Van Dale Grote woordenboeken

Groot woordenboek Engels-Nederlands

Geschiedenis van de Grote woordenboeken

Hedendaags Nederlands
eerste editie	1984	P.G.J. van Sterkenburg en W.J.J. Pijnenburg
tweede editie	1991	P.G.J. van Sterkenburg
tweede editie omgespeld	1996	P.G.J. van Sterkenburg
derde editie	2002	P.G.J. van Sterkenburg
derde editie omgespeld	2006	P.G.J. van Sterkenburg
vierde editie	2008	Van Dale

Engels-Nederlands
eerste editie	1984	W. Martin en G.A.J. Tops
tweede editie	1989	W. Martin en G.A.J. Tops
derde editie	1998	W. Martin en G.A.J. Tops
vierde editie	2008	Van Dale

Nederlands-Engels
eerste editie	1986	W. Martin en G.A.J. Tops
tweede editie	1991	W. Martin en G.A.J. Tops
derde editie	1999	W. Martin en G.A.J. Tops
vierde editie	2008	Van Dale

Frans-Nederlands
eerste editie	1983	B.P.F. Al
tweede editie	1990	B.P.F. Al en P. Bogaards
derde editie	1998	P. Bogaards
vierde editie	2008	Van Dale

Nederlands-Frans
eerste editie	1985	B.P.F. Al
tweede editie	1991	B.P.F. Al en P. Bogaards
derde editie	2000	P. Bogaards
vierde editie	2008	Van Dale

Duits-Nederlands
eerste editie	1983	H.L. Cox
tweede editie	1990	H.L. Cox
derde editie	2002	H.L. Cox
vierde editie	2008	Van Dale

Nederlands-Duits
eerste editie	1986	H.L. Cox
tweede editie	1992	H.L. Cox
derde editie	2002	H.L. Cox
vierde editie	2008	Van Dale

Van Dale Grote woordenboeken – vierde editie

Groot woordenboek Engels-Nederlands

m-z

Van Dale

Utrecht / Antwerpen

Van Dale Groot woordenboek Engels-Nederlands
Vierde editie
eerste oplage, oktober 2008

ISBN 978 90 6648 163 3 (EN compleet)
ISBN 978 90 6648 166 4 (EN deel 1)
ISBN 978 90 6648 176 3 (EN deel 2)
ISBN 978 90 6648 168 8 (set NE-EN)
D/2008/0108/742
R.8163301
NUR 627

Redactionele en vertaalbijdragen aan de vierde editie: Cora Bastiaansen, Ton Beerden, Caroline Boerrigter, Anke Bol, Marjolein Corjanus, Susanne Findenegg-Lackner, Dirk Glandorf, Marie-José Higler, Debbie Kenyon-Jackson, Tino Köhler, Language Unlimited, Nathalie Le More, Sue Muhr-Walker, Barbara Orthen, Peggy van Schaik, Tom Seidel, UvA Vertalers

Vormgeving woordenboekgedeelte: TEFF (www.teff.nl)
Zetwerk woordenboekgedeelte: Van Dale, TEFF
Vormgeving en zetwerk voor- en nawerk: PrePressMediaPartners, Wolvega
Druk- en bindwerk: Clausen & Bosse, Leck, Duitsland
Papier: 60 grams houtvrij wit Primapage FSC
Lettertype: Verdana, Lexicon, Franklin Gothic

Van Dale is gebruikers erkentelijk die nuttige suggesties doen ter verdere verbetering van dit product.

Correspondentieadres:
Van Dale
Postbus 19232
3501 DE Utrecht

info@vandale.nl
www.vandale.nl / www.vandale.be

© 2008 Van Dale Lexicografie bv, Utrecht/Antwerpen

De merknaam *Van Dale* is voor alle publicaties van Van Dale Lexicografie bv als merknaam beschermd.

Alle rechten voorbehouden. Behoudens de in of krachtens de Auteurswet van 1912 gestelde uitzonderingen mag niets uit deze uitgave worden verveelvoudigd, opgeslagen in een geautomatiseerd gegevensbestand, of openbaar gemaakt, in enige vorm of op enige wijze, hetzij elektronisch, mechanisch, door fotokopieën, opnamen of enige andere manier, zonder voorafgaande schriftelijke toestemming van de uitgever.

Voor zover het maken van reprografische verveelvoudigingen uit deze uitgave is toegestaan op grond van artikel 16h Auteurswet 1912 dient men de daarvoor wettelijk verschuldigde vergoedingen te voldoen aan de Stichting Reprorecht (Postbus 3051, 2130 KB Hoofddorp, www.reprorecht.nl). Voor het overnemen van gedeelte(n) uit deze uitgave in bloemlezingen, readers en andere compilatiewerken (artikel 16 Auteurswet 1912) dient men zich tot de uitgever te wenden.

All rights reserved. No part of this publication may be reproduced, stored in a database or retrieval system, or published, in any form or in any way, electronically, mechanically, by print, photoprint, microfilm or any other means without prior written permission from the publisher.

Dit woordenboek bevat enkele trefwoorden die als handelsnaam of merknaam worden gebruikt of van een dergelijke naam zijn afgeleid. Zulke woorden zijn te herkennen aan de aanduiding MERK. Uit opname van deze woorden kan niet worden afgeleid dat afstand wordt gedaan van bepaalde (eigendoms)rechten, dan wel dat Van Dale zulke rechten miskent. Meer informatie vindt u op www.vandale.nl/merknamen.

Ondanks alle aan de samenstelling van de tekst bestede zorg kan noch de redactie noch de uitgever aansprakelijkheid aanvaarden voor eventuele schade, die zou kunnen voortvloeien uit enige fout die in deze uitgave zou kunnen voorkomen.

m-z

m

¹m, M /em/ [telb zn; mv: m's, zelden ms, M's, zelden Ms] ①⟨de letter⟩ m, M ② M ⟨Romeins cijfer 1000⟩
²m [afk] ① (maiden (over)) ② (male) ③ (mare) ④ (married) geh. ⑤ (masculine) m. ⑥ (metre(s)) m ⑦ (mile(s)) ⑧ (milli-) m ⑨ (million(s)) ⑩ (minute(s)) min. ⑪ (month(s))
¹'m [telb zn] (verk: madam) mevrouw ♦ *yes'm* ja mevrouw
²'m (samentrekking van am)
¹M [afk] ① (Marquis) ② (Master) mr. ③ (medium) M ④ (mega-) M ⑤ (Member) ⑥ (Monsieur) M ⑦ ⟨BE⟩ (Motorway)
²M, m [afk] ① (mark) M. ② (meridian)
ma /mɑ:/ [telb zn; vaak Ma] ⟨inf⟩ ma, moe(tje), mens
MA [afk] ① (Massachusetts (postcode)) ② (Master of Arts) ③ (mental age) ④ (Military Acadamy)
ma'am /mæm, mɑ:m, məm, ^mæm/ [telb zn] ① (verk: madam) mevrouw ⟨aanspreekvorm voor koningin/prinses door personeel⟩ ② (verk: madam) mevrouw, juffrouw ⟨aanspreekvorm voor werkgeefster⟩ ③ ⟨AE⟩ (verk: madam) mevrouw
maar /mɑ:, ^mʊr/ [telb zn] ⟨aardr⟩ mare, maar, krater(meer), explosiemeer
mac /mæk/ [telb zn] ⟨inf; vnl BE⟩ (verk: macintosh) regenjas
Mac /mæk/ [telb zn] ① Schot ② ⟨AE⟩ vriend ⟨aanspreekvorm voor onbekende man⟩ ♦ *hey Mac, watch out!* kijk uit, vriend!
Mac-, Mc- /mæk/, **M'-** [duidt 'zoon van' aan in Gaelische namen] Mac, Mc- ♦ *MacArthur* MacArthur
MAC [afk] (Military Airlift Command)
ma·ca·bre /məkɑ:b(rə), ^-bər/ [bn; bw: ~ly] ① griezelig, akelig, angstaanjagend, ijzingwekkend ② macaber, doden- ♦ *danse macabre* dodendans, dans macabre
ma·ca·co /məkaɪkoʊ/ [telb zn] ⟨dierk⟩ ① makaak ⟨Macaca⟩ ② maki, ⟨i.h.b.⟩ echte lemuur ⟨Lemur⟩
mac·ad·am /məkædəm/ [niet-telb zn] macadam
mac·ad·am·i·za·tion, mac·ad·am·i·sa·tion /məkædəmaɪzeɪʃn, ^-dəmə-/ [niet-telb zn] macadamisering
mac·ad·am·ize, mac·ad·am·ise /məkædəmaɪz/ [ov ww] macadamiseren
macadam road [telb zn] macadamweg
¹Ma·ca·nese /mækəniːz/ [telb zn; mv: ook Macanese] Macaoër, Macaose, inwoner/inwoonster van Macao
²Ma·ca·nese /mækəniːz/ [bn] Macaos, uit/van Macao
Ma·cao /məkaʊ/ [eigenn] Macao
ma·caque /məkɑ:k/ [telb zn] ⟨dierk⟩ makaak ⟨Macaca⟩
¹mac·a·ro·ni /mækərouni/ [telb zn; mv: ook macaronies ① ⟨sl⟩ spaghettivreter ⟨Italiaan⟩ ② ⟨sl⟩ iets langs/duns/soepels ③ ⟨geschiedenis; 18e eeuw⟩ fat, dandy, modepop ⟨die in Engeland de mode van het vasteland volgde⟩
²mac·a·ro·ni /mækərouni/ [telb + niet-telb zn; mv: ook macaronies] macaroni
mac·a·ron·ic /mækərɒnɪk, ^-rɑ-/ [bn] macaronisch ⟨van verzen⟩
macaroni cheese [telb + niet-telb zn] ⟨cul⟩ ovenschotel van macaroni met kaas
mac·a·ron·ics /mækərɒnɪks, ^-rɑ-/ [alleen mv] macaronische verzen/poëzie, macaronisch gedicht
mac·a·roon /mækəruːn/ [telb zn] bitterkoekje, amandelkoekje
Ma·cas·sar /məkæsə, ^-ər/, **Macassar oil** [niet-telb zn] makassarolie ⟨pommade⟩
ma·caw /məkɔ:/ [telb zn] ① ⟨dierk⟩ ara ⟨genera Ara en Anodorhynchus⟩ ② ⟨plantk⟩ bepaalde Zuid-Amerikaanse palm ⟨genus Acrocomia⟩
Macc [afk] ⟨Bijb⟩ (Maccabees)
Mac·ca·be·an /mækəbiːən/ [bn] ⟨Bijb⟩ ① van de Maccabeeën ② van de Maccabeeër ⟨Judas⟩
Mac·ca·bees, Mach·a·bees /mækəbi:z/ [eigenn] ⟨Bijb⟩ Maccabeeën, boeken der Maccabeeën
mac·ca·boy, mac·co·boy /mækəbɔɪ/, **mac·ca·baw** /-bɔ:/ [niet-telb zn] makuba(tabak) ⟨snuiftabak⟩
mac·chi·a·to /mækiɑ:tə, ^-toʊ/ [telb zn] macchiato ⟨espresso met opgeschuimde melk⟩
¹mace /meɪs/ [telb zn] ① ⟨gesch⟩ goedendag, (strijd)knots, ⟨bij uitbreiding⟩ knuppel ② scepter, staf ⟨in het bijzonder van spreker in Brits Lagerhuis⟩ ③ stafdrager, pedel ④ bagatellestok, biljartstok, keu ⟨met platte kop⟩ ⑤ houten hamertje ⟨van leerlooier⟩
²mace /meɪs/ [niet-telb zn] ① foelie ⟨van muskaatnoot⟩ ② ⟨voornamelijk Mace⟩ mace, ± traangas
³mace /meɪs/ [ov ww] met mace sproeien/aanvallen ♦ *I got maced in the face* ik kreeg mace in het gezicht
mace-bear·er [telb zn] ① stafdrager, pedel ② ordebewaarder ⟨in Brits parlement⟩
Maced [afk] ① (Macedonia) ② (Macedonian)
mac·é·doine /mæsɪdwɑ:n/ [telb + niet-telb zn] ① macedoine, groentemacedoine, vruchtenmacedoine, groentesla, vruchtensla ② mengeling, allegaartje, mengelmoes, hutspot
Mac·e·do·ni·a /mæsɪdoʊnɪə/ [eigenn] Macedonië
¹Mac·e·do·ni·an /mæsɪdoʊnɪən/ [eigenn] Macedonisch, de Macedonische taal
²Mac·e·do·ni·an /mæsɪdoʊnɪən/ [telb zn] Macedoniër,

Macedonian

Macedonische

Macedonia	
naam	Macedonia *Macedonië*
officiële naam	Former Yugoslav Republic of Macedonia *Voormalige Joegoslavische Republiek Macedonië*
inwoner	Macedonian *Macedoniër*
inwoonster	Macedonian *Macedonische*
bijv. naamw.	Macedonian *Macedonisch*
hoofdstad	Skopje *Skopje*
munt	denar *denar*
werelddeel	Europe *Europa*
int. toegangsnummer 389	www .mk auto MK

³**Mac·e·do·ni·an** /mæsɪdoʊnɪən/ [bn] Macedonisch
mac·er /ˈmeɪsə, ᴬ-ər/ [telb zn] ① stafdrager ② ⟨SchE⟩ ordebewaarder ⟨in gerechtshof⟩
¹**ma·cer·ate** /ˈmæsərət/ [telb zn] gekweekt product
²**ma·cer·ate** /ˈmæsəreɪt/ [onov ww] weken, week/zacht worden, inbijten
³**ma·cer·ate** /ˈmæsəreɪt/ [onov + ov ww] uitteren, vermageren, uitmergelen, verzwakken, afmatten
⁴**ma·cer·ate** /ˈmæsəreɪt/ [ov ww] ① weken, macereren, in de week zetten, doortrekken, zacht maken, doen zwellen, laten inbijten ② kastijden, tuchtigen
mac·er·a·tion /ˌmæsəˈreɪʃn/ [niet-telb zn] ① maceratie, inweking, zwelling ② uitmergeling, vermagering, verzwakking ③ kastijding, tuchtiging
mac·er·a·tor, mac·er·a·ter /ˈmæsəreɪtə, ᴬ-reɪtər/ [telb zn] ⟨techn⟩ stofmaler
mach [afk] ① (machine) ② (machinery) ③ (machinist)
Mach /mæk, ᴬmɑk/ [niet-telb zn] ⟨luchtv⟩ getal van mach, mach ♦ *Mach two* mach twee
Machabees [eigenn] → **Maccabees**
ma·chair /ˈmæxə, ᴬ-ər/ [telb zn] stuk gras/bouwland vlak aan zee ⟨in Schotland⟩
ma·chan /məˈtʃɑːn/ ⟨IndE⟩ uitkijkpost, uitkijktoren ⟨bij tijgerjacht⟩
ma·chet·e /məˈʃeti/, **match·et** /ˈmætʃət/ [telb zn] machete, kapmes
¹**Mach·i·a·vel·li·an, Mach·i·a·vel·i·an** /ˌmækɪəˈvelɪən/, **Mach·i·a·vel** /-vel/, **Mach·i·a·vel·list** /-velɪst/ [telb zn; ook machiavellian] machiavellist ⟨ook figuurlijk⟩, intrigant ♦ *a true Machiavellian* een ware machiavelli
²**Mach·i·a·vel·li·an, Mach·i·a·vel·i·an** /ˌmækɪəˈvelɪən/ [bn; ook machiavellian] machiavellistisch ⟨ook figuurlijk⟩, sluw, leep, listig, verraderlijk
Mach·i·a·vel·li·an·ism /ˌmækɪəˈvelɪənɪzm/, **Mach·i·a·vel·lism** /-velɪzm/ [niet-telb zn; ook machiavellianism] machiavellisme, ⟨pol⟩ opportunisme
ma·chic·o·late /məˈtʃɪkəleɪt/ [ov ww] ⟨bouwk⟩ van machicoulis voorzien
ma·chic·o·la·tion /məˌtʃɪkəˈleɪʃn/ [telb zn] ⟨bouwk⟩ machicoulis, mezenkooi
ma·chic·ou·lis /mɑːʃɪkuːli, ᴬmɑːʃɪkuːliː/ [telb zn; mv: ook machicoulis] ⟨bouwk⟩ machicoulis, mezenkooi
¹**mach·i·nate** /ˈmækɪneɪt/ [onov ww] intrigeren, kuipen, een complot smeden, iets in zijn schild voeren, samenzweren
²**mach·i·nate** /ˈmækɪneɪt/ [ov ww] beramen, verzinnen
¹**mach·i·na·tion** /ˌmækɪˈneɪʃn/ [telb zn; voornamelijk mv] intrige, kuiperij, complot, samenzwering, machinatie ♦ *political machinations* politieke intriges
²**mach·i·na·tion** /ˌmækɪˈneɪʃn/ [niet-telb zn] machinatie, kuiperij, geknoei
mach·i·na·tor /ˈmækɪneɪtə, ᴬ-neɪtər/ [telb zn] intrigant
¹**ma·chine** /məˈʃiːn/ [telb zn] ① ⟨benaming voor⟩ machine, werktuig, apparaat, toestel, (motor)fiets, auto, vliegtuig, computer, badkoets(je), (menselijke) machine ② aandrijf-

mechanisme, overbrengingsmechanisme, drijfwerk
③ enkelvoudig werktuig ⟨hefboom, katrol⟩ ④ apparaat, (partij)organisatie, bestuursapparaat ♦ *machine of government* regeringsapparaat; *political machine* partijapparaat
⑤ toneelmachine ⑥ ⟨letterk⟩ deus ex machina, kunstgreep ⑦ (menselijk) lichaam, orgaan
²**ma·chine** /məˈʃiːn/ [onov ww] machinaal bewerkbaar zijn ♦ *copper machines easily* koper is makkelijk te bewerken
³**ma·chine** /məˈʃiːn/ [ov ww] ① machinaal bewerken/afwerken, machinaal produceren, ⟨i.h.b.⟩ machinaal drukken ② standaardiseren, uniformiseren
machine age [telb zn] machinetijdperk
machine art [niet-telb zn] machinale kunst
machine code [telb + niet-telb zn] ⟨comp⟩ machinetaal
machine gun [telb zn] machinegeweer, lichte mitrailleur
¹**ma·chine-gun** [onov ww] een machinegeweer afvuren
²**ma·chine-gun** [ov ww] mitrailleren, met een machinegeweer beschieten/doden
machine gunner [telb zn] mitrailleur
machine lace [niet-telb zn] machinale kant
machine language [telb + niet-telb zn] ⟨comp⟩ machinetaal
ma·chine-made [bn] machinaal (gemaakt/vervaardigd), ⟨bij uitbreiding⟩ gestandaardiseerd, uniform, stereotiep, mechanisch
machine man [telb zn] ① → **machinist** bet 1 ② ⟨BE⟩ drukker
machiner [telb zn] → **machinist** bet 1
machine readable [bn] machinaal leesbaar, leesbaar voor computer
ma·chin·er·ies /məˈʃiːnəriz/ [alleen mv] methoden, organisatie
machine ruler [telb zn] linieermachine
ma·chin·er·y /məˈʃiːnəri/ [niet-telb zn] ① machinerie, machinepark ② (machine)onderdelen ③ (aandrijf)mechanisme ④ systeem, apparaat ⑤ ⟨letterk⟩ kunstgreepjes ⟨voor epische/dramatische ontwikkeling⟩
machine shop [telb zn] machinewerkplaats
machine time [niet-telb zn] computertijd
machine tool [telb zn] werktuigmachine, gereedschapsmachine, gereedschapswerktuig
machine translation [telb + niet-telb zn] machinale vertaling, computervertaling
ma·chin·ist /məˈʃiːnɪst/, ⟨in betekenis 1 ook⟩ **ma·chin·er** /məˈʃiːnə, ᴬ-ər/, **machine man** [telb zn] ① ⟨benaming voor⟩ machinevakman, monteur, werktuigkundige, mecanicien, machineman, machinenaai(st)er, machineconstructeur, machinebankwerker ② vakman voor werktuigmachines ③ partijganger, partijpoliticus ④ ⟨scheepv⟩ onderofficier-machinist, dekofficier ⟨voor machines⟩
ma·chis·mo /məˈkɪzmoʊ, ᴬmɑtˈʃiːzmoʊ/ [niet-telb zn] machismo, excessief viriel gedrag ⟨voornamelijk tegenover vrouwen⟩
Mach·me·ter [telb zn; ook machmeter] ⟨luchtv⟩ machmeter
Mach number [niet-telb zn; ook mach number] ⟨luchtv⟩ (getal van) mach
¹**ma·cho** /ˈmætʃoʊ, ᴬˈmɑtʃoʊ/ [telb zn] macho, (overdreven) viriele kerel, mannetjesdier ⟨alleen figuurlijk⟩
²**ma·cho** /ˈmætʃoʊ, ᴬˈmɑtʃoʊ/ [niet-telb zn] → **machismo**
³**ma·cho** /ˈmætʃoʊ, ᴬˈmɑtʃoʊ/ [bn] (overdreven) viriel, robuust, krachtig, macho
ma·chree /məˈkriː/ [telb zn] ⟨IE⟩ mijn liefje, mijn hartje
macht·po·li·tik /ˈmɑːxtpɒlitiːk, ᴬ-poʊlitiːk/ [niet-telb zn] machtspolitiek
mack /mæk/ [telb zn] ① ⟨AE; sl⟩ pooier, souteneur ② (verk: mackintosh I) ③ (verk: mackinaw)

mack·er·el /mækrəl/ [telb + niet-telb zn; mv: ook mackerel] ⟨dierk⟩ [1] makreel ⟨Scomber scombrus⟩ [2] ⟨benaming voor⟩ makreelachtige (vis), Spaanse makreel ⟨Scomberomorus maculatus⟩, horsmakreel ⟨Trachurus trachurus⟩

mackerel bird [telb zn] ⟨BE; dierk⟩ [1] draaihals ⟨Jynx torquilla⟩ [2] jonge drieteenmeeuw ⟨Rissa tridactyla⟩

mackerel shark [telb zn] ⟨dierk⟩ haringhaai ⟨Lamma nasus⟩

mackerel sky [telb zn] (hemel met) schapenwolkjes, cirrocumulus

¹**mack·i·naw** /mækɪnɔ:/ [telb zn] ⟨AE⟩ [1] mackinaw, duffel [2] → Mackinaw blanket

²**mack·i·naw** /mækɪnɔ:/ [niet-telb zn] ⟨AE⟩ mackinaw, dikke wollen stof

Mackinaw blanket [telb zn] mackinawdeken, indianendeken

¹**mack·in·tosh, mac·in·tosh** /mækɪntɒʃ, ᴬ-tɑʃ/ [telb zn] ⟨BE⟩ mackintosh, regenjas

²**mack·in·tosh, mac·in·tosh** /mækɪntɒʃ, ᴬ-tɑʃ/ [niet-telb zn] mackintosh, waterdichte stof

¹**mack·le** /mækl/ [telb zn] ⟨drukw⟩ maculatuur, onduidelijke/vage druk, misdruk, dubbeldruk

²**mack·le** /mækl/ [onov ww] ⟨drukw⟩ vaag/onduidelijk worden

³**mack·le** /mækl/ [ov ww] ⟨drukw⟩ onduidelijk/vaag drukken, dubbel drukken, misdrukken

¹**mac·le** /mækl/ [telb zn] [1] tweelingkristal [2] donkere vlek ⟨in een mineraal⟩

²**mac·le** /mækl/ [niet-telb zn] holspaat, chiastoliet, kruissteen

macouba [niet-telb zn] → maccaboy

mac·ra·mé /məkrɑ:mi, ᴬmækrəmeɪ/ [niet-telb zn] ⟨handw⟩ macramé, knoopwerk

mac·ro /mækroʊ/, **macro instruction** [telb zn] ⟨comp⟩ macro(-opdracht)

mac·ro-, macr- /mækr/ macro-, groot- ♦ macropterous met lange vleugels/vinnen; macrosociology macrosociologie

mac·ro·bi·o·sis /mækroʊbaɪoʊsɪs/ [niet-telb zn] lange levensduur, lang leven

mac·ro·bi·ot·ic /mækroʊbaɪɒtɪk, ᴬ-ɑtɪk/ [bn] macrobiotisch

mac·ro·bi·ot·ics /mækroʊbaɪɒtɪks, ᴬ-ɑtɪks/ [niet-telb zn] macrobiotiek

mac·ro·ce·phal·ic /mækroʊsɪfælɪk/, **mac·ro·ceph·a·lous** /-sefələs/ [bn] ⟨med⟩ met een abnormaal groot hoofd

mac·ro·chem·is·try /mækroʊkemɪstri/ [niet-telb zn] macrochemie

mac·ro·cosm /mækroʊkɒzm, ᴬ-kɑzm/ [telb zn] macrokosmos, wereld

mac·ro·cyte /mækroʊsaɪt/ [telb zn] ⟨med⟩ macrocyt ⟨abnormaal grote rode bloedcel⟩

mac·ro·ec·o·nom·ic /mækroʊekənɒmɪk, mækroʊi:kə-, ᴬ-nɑ-/ [bn; bw: ~ally] macro-economisch

mac·ro·ec·o·nom·ics /mækroʊekənɒmɪks, mækroʊi:kə-, ᴬ-nɑ-/ [niet-telb zn] macro-economie

mac·ro·ev·o·lu·tion /mækroʊi:vəlu:ʃn, ᴬ-evə-/ [telb zn] macro-evolutie

mac·ro·ga·mete /mækroʊgəmi:t/ [telb zn] ⟨biol⟩ macrogameet

mac·ro·mol·e·cule /mækroʊmɒlɪkju:l, ᴬ-mɑ-/ [telb zn] macromolecule

ma·cron /mækrɒn, ᴬmeɪkrɑn/ [telb zn] lengteteken ⟨boven klinker/lettergreep⟩

mac·ro·nu·cle·us /mækroʊnju:klɪəs, ᴬ-nu:-/ [telb zn; mv: macronuclei -kliaɪ/] macronucleus

mac·ro·or·gan·ism /mækroʊɔ:gənɪzm, ᴬ-ɔr-/ [telb zn] macro-organisme

mac·ro·pho·tog·ra·phy /mækroʊfətɒgrəfi, ᴬ-tɑ-/ [niet-telb zn] macrofotografie

mac·ro·scop·ic /mækroʊskɒpɪk, ᴬ-skɑ-/, **mac·ro·scop·i·cal** /-ɪkl/ [bn; bw: ~ally] macroscopisch, zichtbaar met het blote oog

mac·u·la /mækjʊlə, ᴬ-kjə-/ [telb zn; mv: maculae /-li:/] [1] vlek, klad, spat, smet, donkere vlek ⟨in mineraal⟩ [2] huidvlek [3] → macula lutea [4] ⟨astron⟩ zonnevlek

mac·u·la lu·te·a /mækjələ lu:tɪə/ [telb zn; mv: maculae luteae /mækjəli: lu:tɪi:/] macula lutea, gele vlek ⟨in het oog⟩

mac·u·lar /mækjələ, ᴬ-ər/ [bn] vlekk(er)ig, gevlekt, gestippeld

¹**mac·u·late** /mækjələt/ [bn] bevlekt ⟨ook figuurlijk⟩, gevlekt, vlekkerig, beklad, bezoedeld, onrein, onzuiver

²**mac·u·late** /mækjʊleɪt, ᴬ-kjə-/ [ov ww] bevlekken ⟨ook figuurlijk⟩, vlekken maken op, vuilmaken, bekladden, bezoedelen, besmetten

¹**mac·u·la·tion** /mækjʊleɪʃn, ᴬ-kjə-/ [telb zn] [1] vlek, spat, klad, smet [2] vlekkenpatroon

²**mac·u·la·tion** /mækjʊleɪʃn, ᴬ-kjə-/ [niet-telb zn] bevlekking, bekladding, bevuiling

¹**mac·ule** /mækju:l/ [telb zn] [1] → mackle¹ huidvlek

²**mac·ule** /mækju:l/ [onov + ov ww] → mackle³, mackle²

¹**mad** /mæd/ [bn; vergr trap: madder] [1] gek, krankzinnig, waanzinnig ♦ drive/send s.o. mad iemand gek/krankzinnig maken; go/run mad gek/krankzinnig worden; (run) like mad (rennen) als een gek; stark raving/staring mad stapelgek ⟨ook figuurlijk⟩ [2] dwaas, mal, gek, onzinnig, vermetel, onbezonnen ♦ mad idea dwaas idee; mad project onbezonnen onderneming [3] dol, gek, onstuimig, rumoerig, vrolijk, uitgelaten, wild ♦ mad party uitgelaten feestje; they're having a mad time het gaat er vrolijk aan toe [4] wild, razend, hevig, fel ♦ make a mad run for the bus als een gek naar de bus rennen; mad wind vreselijke wind [5] hondsdol [·] mad cow disease gekkekoeienziekte; ⟨in België ook⟩ dollekoeienziekte; mad as a hatter/a March hare stapelgek; mad staggers kolder, duizeligheid, draaierigheid ⟨hersenziekte bij paarden, vee⟩

²**mad** /mæd/ [bn, pred; vergr trap: madder] [1] verzot, gek, dol, verkikkerd, wild (enthousiast) ♦ mad about/after/for/on gek/verzot op; ⟨BE; inf⟩ be mad for it er gek op zijn, er wel pap van lusten [2] ⟨inf⟩ boos, kwaad, nijdig, ziedend, woedend ♦ mad about/at his own negligence nijdig om zijn eigen nalatigheid; mad as a wet hen spinnijdig [3] dol, buiten zichzelf, razend, gek, waanzinnig ♦ mad with joy gek van vreugde; mad with pain buiten zichzelf van pijn [·] hopping mad pisnijdig, woest, witheet; have a mad on boos/nijdig zijn, pruilen, mokken, een chagrijnige bui hebben

³**mad** /mæd/ [onov ww] ⟨vero⟩ gek/dol/krankzinnig zijn, gek worden; → madding

⁴**mad** /mæd/ [ov ww] ⟨vnl AE⟩ woedend/razend maken, ergeren, verbitteren; → madding

MAD [afk] (mutual assured destruction)

Madagascar

naam	Madagascar Madagaskar
officiële naam	Republic of Madagascar Republiek Madagaskar
inwoner	Malagasy Malagassiër
inwoonster	Malagasy Malagassische
bijv. naamw.	Malagasy Malagassisch
hoofdstad	Antananarivo Antananarivo
munt	ariary ariary
werelddeel	Africa Afrika
int. toegangsnummer 261 www .mg auto RM	

¹**Mad·a·gas·can** /mædəgæskən/ [telb zn] Malagassiër, Malagassische

²**Mad·a·gas·can** /mædəgæskən/ [bn, attr] Malagassisch,

Madagascar

uit/van/m.b.t. Madagaskar
Mad·a·gas·car /mædəgæskə, ᴬ-ər/ [eigennaam] Madagaskar
mad·am /mædəm/, ⟨in betekenis 1 ook⟩ **ma·dame** [telb zn; mv: in bet 1 ook mesdames /meɪdæm, -dɑːm/] ① ⟨voornamelijk Madam⟩ mevrouw, juffrouw ⟨ook als aanspreektitel⟩ ② ⟨euf⟩ bordeelhoudster, hoerenmadam ③ ⟨vaak the⟩ ⟨inf⟩ vrouw des huizes ④ ⟨pej⟩ opgedirkt/verwaand/pretentieus juffrouwtje, madam(metje), juffie
Ma·dame /mædəm, mədɑːm, ᴬmədæm/ [telb zn; mv: Mesdames /meɪdæm, -dɑːm/] madame, mevrouw
mad-brained, mad·head·ed [bn] dwaas, dol, onbezonnen, onzinnig, heethoofdig
¹**mad·cap** [telb zn] dwaas, wildebras, dolkop
²**mad·cap** [bn, attr] dol, dwaas, roekeloos, wild, impulsief ♦ *madcap ideas* dwaze ideeën
¹**mad·den** /mædn/ [onov ww] ① gek/krankzinnig worden ② woedend/razend worden; → maddening
²**mad·den** /mædn/ [ov ww] ① gek/krankzinnig maken ② woedend/razend maken, irriteren, opwinden; → maddening
mad·den·ing /mædnɪŋ/ [bn; tegenwoordig deelw van madden; bw: ~ly; zn: ~ness] ① om gek te worden ♦ *maddening pain* waanzinnige pijn ② erg vervelend, ergerlijk, irriterend ♦ *maddening waste of time* ergerlijk tijdverlies
¹**mad·der** /mædə, ᴬ-ər/ [telb zn] ① ⟨plantk⟩ meekrap(plant) ⟨Rubia tinctorum⟩ ② meekrapwortel
²**mad·der** /mædə, ᴬ-ər/ [niet-telb zn] ① meekrap ⟨kleurstof⟩, meekrapverf, alizarine ⟨ook synthetisch⟩ ② meekraprood ⟨kleur⟩
³**mad·der** /mædə, ᴬ-ər/ [ov ww] met meekrap verven
mad·ding /mædɪŋ/ [bn; tegenwoordig deelw van mad; bw: ~ly] ① ⟨vero⟩ dol, waanzinnig, razend, tierend ② → maddening
made /meɪd/ [verleden tijd en volt deelw] → make
-made /-meɪd/ gebouwd, gemaakt, gevormd ♦ *well-made* goedgevormd
¹**Ma·dei·ra** /mədɪərə, ᴬmədɪrə/ [eigennaam] Madeira
²**Ma·dei·ra** /mədɪərə, ᴬmədɪrə/ [telb + niet-telb zn] madera
Madeira cake [niet-telb zn] ⟨BE⟩ ⟨soort⟩ Moskovisch gebak
mad·e·leine /mædleɪn, mædlɪn/ [telb zn] madeleine, magdalenakoekje
mad·e·moi·selle /mæd(ə)m(w)əzel/ [telb zn; mv: mesdemoiselles /meɪd(ə)m(w)əzel/] ① mademoiselle, juffrouw ② jong Frans meisje ③ Franse juffrouw, Franse gouvernante
Mad·e·moi·selle /mæd(ə)m(w)əzel/ [telb zn; mv: Mesdemoiselles /meɪd(ə)m(w)əzel/] (me)juffrouw ⟨in titel⟩
made-to-meas·ure, ⟨AE⟩ **made-to-or·der** [bn, attr] op bestelling/maat gemaakt ⟨voornamelijk van kleding⟩, ⟨fig⟩ geknipt, perfect
mad·house [telb zn] krankzinnigengesticht, gekkenhuis ⟨ook figuurlijk⟩
ma·di·a /mɑːdɪə/ [telb zn] ⟨plantk⟩ madia ⟨Madia sativa⟩
madia oil [niet-telb zn] madiaolie
¹**Mad·i·son Av·e·nue** /mædɪsn ævɪnjuː, ᴬ-nuː/ [eigennaam] Madison Avenue ⟨straat in New York⟩
²**Mad·i·son Av·e·nue** /mædɪsn ævɪnjuː, ᴬ-nuː/ [niet-telb zn] ① Amerikaanse reclamewezen ② principes/methoden van het Amerikaanse reclamewezen
madison race [telb zn] ⟨wielersp⟩ koppelkoers
mad·ly /mædli/ [bw] ① → mad ② furieus, als een bezetene ③ dom, dwaas, gek, onbezonnen, onzinnig ④ heel (erg), verschrikkelijk, ontzettend ♦ *madly in love* waanzinnig verliefd
mad·man /mædmən/ [telb zn; mv: madmen /-mən/] gek, dwaas, dolleman ♦ *run like a madman* lopen als een bezetene

mad money [niet-telb zn] ⟨AE; sl⟩ ① noodgeld, busgeld, taxigeld ⟨van meisje, om aan begeleider te ontsnappen⟩ ② spaarpotje, wat geld achter de hand ⟨van vrouw⟩
mad·ness /mædnəs/ [niet-telb zn] ① krankzinnigheid, waanzin(nigheid) ② dwaasheid, domheid, gekheid, onbezonnenheid, vermetelheid ③ woede, razernij ④ enthousiasme, opgewondenheid ⑤ hondsdolheid
¹**Ma·don·na** /mədɒnə, ᴬ-dɑnə/ [eigennaam; vaak the] Madonna, de Heilige Maagd
²**Ma·don·na** /mədɒnə, ᴬ-dɑnə/ [telb zn] Madonnabeeld(je)
Madonna lily [telb zn] ⟨plantk⟩ madonnalelie, witte lelie ⟨Lilium candidum⟩
¹**ma·dras** /mədræs, mədrɑːs, ᴬmædrəs/ [eigennaam] ① Madras ⟨deelstaat van India⟩ ② Madras ⟨stad in India⟩
²**ma·dras** /mədræs, mədrɑːs, ᴬmædrəs/ [telb zn] hoofddoek van madras
³**ma·dras** /mədræs, mədrɑːs, ᴬmædrəs/ [niet-telb zn; vaak attributief] ① madras ⟨geruite/gestreepte zijde/katoen⟩ ♦ *madras shirt* hemd van madras ② → Madras hemp
ma·dra·sa, ma·dras·sa /mədrɑːsə/ [telb zn] madrassa, Koranschool
Madras hemp [niet-telb zn] ⟨plantk⟩ Bengaalse hennep ⟨Crotalaria juncea⟩
mad·re·po·rar·i·an /mædrɪpəreəriən, ᴬ-rer-/ [telb zn] ⟨biol⟩ steenkoraal ⟨orde Madreporaria⟩
mad·re·pore /mædrɪpɔː, ᴬ-pɔr/ [telb zn] ⟨biol⟩ madrepore ⟨genus madrepore⟩, ⟨i.h.b.⟩ sterkoraal, hersenkoraal
mad·re·por·ic /mædrɪpɒrɪk, ᴬ-pɔrɪk/, **mad·re·por·i·an** /-pɔːriən/ [bn] madreporen-, van de madreporen
mad·ri·gal /mædrɪgl/ [telb zn] ① madrigaal ⟨kort gedicht⟩ ② ⟨muz⟩ madrigaal(zang), meerstemmig lied
mad·ri·gal·i·an /mædrɪgæliən, -geɪ-/ [bn] madrigaal-
mad·ri·gal·ist /mædrɪgəlɪst/, **mad·ri·gal·er, mad·ri·gal·ler** /-gələ, ᴬ-ər/ [telb zn] componist van madrigalen
ma·dri·lène, ma·dri·lene /mædrɪlen, -leɪn/ [telb + niet-telb zn] ⟨cul⟩ consommé madrilène
ma·dro·ña /mədrounjə, ᴬ-nə/, **ma·dro·ño** /mədrounjou, ᴬ-nə/, **ma·dro·ne** /mədrounə/ [plantk] aardbeiboom ⟨Arbutus menziesii⟩
Ma·dur·a foot /mædʒuərəfʊt, ᴬ-dʒurə-/, **Madura disease** [telb + niet-telb zn] ⟨med⟩ madoeravoet
¹**Ma·du·rese** /mædʒuriːz, ᴬ-dʒə-/ [eigennaam] Madoerees, de Madoerese taal
²**Ma·du·rese** /mædʒuriːz, ᴬ-dʒə-/ [telb zn; mv: Madurese] Madoerees, Madoerese, inwoner/inwoonster van Madoera
³**Ma·du·rese** /mædʒuriːz, ᴬ-dʒə-/ [bn] Madoerees
ma·du·ro /mədʒuərou, ᴬmədu-/ [telb zn; ook attributief] maduro ⟨sterke donkere sigaar⟩
mad·wo·man [telb zn; mv: madwomen] krankzinnige (vrouw), waanzinnige, dolle/gekke vrouw
mad·wort /mædwɜːt, ᴬ-wɜrt/ [niet-telb zn] ⟨plantk⟩ ① schildzaad ⟨genus Alyssum⟩ ② scherpkruid ⟨Asperugo procumbens⟩ ③ huttentut, vlasdodder, dederzaad ⟨Camelina sativa⟩
Mae·ce·nas /maɪsiːnəs, ᴬmɪsiːnəs/ [eigennaam, telb zn] mecenas
mael·strom /meɪlstrəm/ [telb zn] ① (enorme) draaikolk, wieling ② maalstroom ⟨ook figuurlijk⟩, gewoel ♦ *a maelstrom of new fads* een overstelpende stroom van nieuwe modegrillen; *the maelstrom of city life* het turbulente stadsleven; *the maelstrom of his thinking* de onrust van zijn gedachten
Mael·strom /meɪlstrəm/ [eigennaam; the] de Maelström ⟨bij Noorwegen⟩
mae·nad, me·nad /miːnæd/ [telb zn; mv: ook maenades /miːnədiːz/] maenade ⟨ook figuurlijk⟩, bacchante, ⟨priesteres van Bacchus⟩ waanzinnige/dolle/razende vrouw, dolle danseres
mae·nad·ic /miːnædɪk/ [bn; bw: ~ally] bacchantisch,

wild, dol, waanzinnig, razend
¹ma·es·to·so /maɪstoʊsoʊ, -zoʊ/ [telb zn] ⟨muz⟩ **majestueuze beweging/passage,** majestueuze compositie
²ma·es·to·so /maɪstoʊsoʊ, -zoʊ/ [bn] ⟨muz⟩ **majestueus,** plechtig, statig
³ma·es·to·so /maɪstoʊsoʊ, -zoʊ/ [bw] ⟨muz⟩ **maestoso,** majestueus, plechtig, statig
maes·tro /maɪstroʊ/ [telb zn] ⟨vaak muz⟩ **maestro,** (leer)meester ♦ *maestro of humour* meesterlijk humorist
Mae West /meɪ west/ [telb zn; ook mae west] ⟨AE; sl⟩ **(opblaasbaar) reddingsvest/zwemvest**
MAFF [afk] (Ministry of Agriculture, Fisheries and Food)
maf·fick /mæfɪk/ [onov ww] ⟨vnl BE⟩ **lawaaierig/rumoerig feest vieren,** luidruchtig feesten, dolle pret maken
Ma·fi·a, Maf·fi·a /mæfɪə, ᴬmɑfɪə/ [verzamel; ook mafia] **maffia**
ma·fi·o·so /mæfioʊzoʊ, ᴬmɑfioʊsoʊ/ [telb zn; mv: mafiosi /-oʊsi, ᴬ-oʊzi/] **maffialid,** maffioso
¹mag /mæg/ [telb zn] [1] **ekster** [2] ⟨inf⟩ **kletskous,** kletstante, babbelkous [3] ⟨BE; sl⟩ **halve stuiver** [4] ⟨inf⟩ (verk: magazine) **tijdschrift** [5] ⟨inf⟩ (verk: magneto) **magneto-elektrisch apparaat**
²mag /mæg/ [niet-telb zn] ⟨inf⟩ **geklets,** geleuter, praatjes, (ge)roddel, kletskoek
³mag /mæg/ [onov ww] ⟨inf⟩ **kletsen,** babbelen, leuteren, zwammen
⁴mag [afk] [1] (magazine) [2] (magnet) [3] (magnetic) [4] (magnetism) [5] (magneto) [6] (magnitude)
mag·a·zine /mægəziːn, ᴬmægəziːn/ [telb zn] [1] **magazine,** tijdschrift, radiomagazine, tv-magazine ⟨rubriek⟩ [2] **munitiekamer,** munitiedepot, wapenkamer, magazijn [3] **magazijn** ⟨van geweer⟩ [4] **magazijn** ⟨van diaprojector⟩ [5] ⟨foto⟩ **magazijn,** cassette ♦ *interchangeable magazine* verwisselbaar magazijn [6] ⟨sl⟩ **gevangenisstraf van een halfjaar**
magazine rifle [telb zn] **magazijngeweer**
mag·da·len /mægdəlɪn/, **mag·da·lene** /-liːn, -liːni/ [telb zn] [1] **bekeerde prostituee,** ex-prostituee [2] **Magdalenastichting**
¹Mag·da·le·ni·an /mægdəliːnɪən/ [niet-telb zn] ⟨archeol⟩ **magdalenien** ⟨laatste periode van het paleolithicum⟩
²Mag·da·le·ni·an /mægdəliːnɪən/ [bn] ⟨archeol⟩ **van/m.b.t. het magdalenien**
Mag·de·burg hem·i·spheres /mægdəbɜːg hemɪsfɪəz, ᴬmægdəbɜːrg hemɪsfɪrz/ [alleen mv] **Maagdenburger halve bollen**
mage /meɪdʒ/ [telb zn] ⟨vero⟩ **tovenaar,** magiër
Mag·el·lan·ic /mædʒəlænɪk/ [bn] **van Magelhães,** Magelhães ♦ *Magellanic clouds* Magelhãese Wolken, Kaapse Wolken, Kaapwolken ⟨extragalactische sterrenstelsels⟩
ma·gen·ta /mədʒentə/ [niet-telb zn] [1] **fuchsine,** magenta ⟨rode kleurstof⟩ [2] ⟨vaak attributief⟩ **magenta**
mag·got /mægət/ [telb zn] [1] **made,** maai, larve, worm [2] **gril,** bevlieging ♦ ⟨inf⟩ *have a maggot in one's brain/head* er vreemde ideeën op na houden, ze zien vliegen [3] ⟨sl⟩ **peuk**
mag·got·y /mægəti/ [bn] [1] **vol maden,** wormstekig [2] **grillig,** met kuren
magi /meɪdʒaɪ/ [alleen mv] → **magus**
¹Ma·gi·an /meɪdʒɪən/ [telb zn] [1] **magiër,** wijze ⟨uit het Oosten⟩ [2] **tovenaar**
²Ma·gi·an /meɪdʒɪən/ [bn] **van de magiërs,** van de wijzen
¹mag·ic /mædʒɪk/ [niet-telb zn] [1] **magie,** toverij, toverkunst, toverkracht ♦ *as if by magic, like magic* als bij toverslag; ⟨inf⟩ *work like magic* wonderen verrichten, prima werken [2] **goochelarij** [3] **betovering,** magie ♦ *the magic of the Northern countries* de betovering/magie van de noordelijke landen
²mag·ic /mædʒɪk/ [bn] [1] **magisch,** tover- ♦ *magic circle* tovercirkel, toverkring; *magic wand* toverstok(je); ⟨fig⟩ *wave*

magnanimous

a magic wand iets uit de hoge hoed toveren [2] **betoverend,** toverachtig ♦ *magic view* betoverend uitzicht [·] *magic carpet* vliegend tapijt; *magic eye* afstemoog, afstemindicator, toveroog ⟨van radio⟩; foto-elektrische cel ⟨bijvoorbeeld in liftdeur⟩; *magic lantern* toverlantaarn; *Magic Marker* viltstift; *magic mushrooms* psychedelische paddenstoelen; *magic number* magisch getal; *magic square* magisch vierkant, magisch kwadraat; *magic!* fantastisch!, geweldig!
³mag·ic /mædʒɪk/ [ov ww] [1] **tevoorschijn toveren** [2] **omtoveren** [·] *magic away* wegtoveren
mag·i·cal /mædʒɪkl/ [bn; bw: ~ly] [1] **betoverend,** toverachtig, wonderbaarlijk [2] **magisch,** tover-
ma·gi·cian /mədʒɪʃn/ [telb zn] [1] **tovenaar,** magiër [2] **goochelaar** ⟨ook figuurlijk⟩, kunstenaar
magilp [niet-telb zn] → **megilp**
¹Ma·gi·not Line /mæʒɪnoʊ laɪn/ [eigenn] **Maginotlinie**
²Ma·gi·not Line /mæʒɪnoʊ laɪn/ [bn] **verdediging(slinie) waarop men blindelings vertrouwt**
Ma·gi·not-mind·ed [bn] **overdreven behoudend,** buitensporig conservatief
¹mag·is·te·ri·al /mædʒɪstɪərɪəl, ᴬ-stɪr-/ [bn; bw: ~ly] [1] **gezaghebbend** ⟨ook figuurlijk⟩ ♦ *magisterial book* gezaghebbend boek [2] **autoritair,** gebiedend, overheersend, eigenmachtig [3] **meesterachtig,** van een meester, magistraal
²mag·is·te·ri·al /mædʒɪstɪərɪəl, ᴬ-stɪr-/ [bn, attr; bw: ~ly] **magistraat(s)-,** van een magistraat
¹mag·is·tra·cy /mædʒɪstrəsi/, **mag·is·tra·ture** /-strətʃə, ᴬ-streɪtʃər/ [telb zn] [1] **ambtsgebied van magistraat/politierechter** [2] **magistraatswoning**
²mag·is·tra·cy /mædʒɪstrəsi/, **mag·is·tra·ture** /-strətʃə, ᴬ-streɪtʃər/ [telb + niet-telb zn] [1] **magistratuur,** magistraatsambt [2] **ambt van politierechter** [3] **overheidsambt**
³mag·is·tra·cy /mædʒɪstrəsi/, **mag·is·tra·ture** /-strətʃə, ᴬ-streɪtʃər/ [verzamel; the] **de magistraten,** magistratuur
mag·is·tral /mədʒɪstrəl/ [bn] [1] **meesterachtig,** van een meester, magistraal [2] ⟨farmacie⟩ **volgens speciaal recept** [3] ⟨mil⟩ **hoofd-,** voornaamst ♦ *magistral line* magistraal, gordellijn ⟨van vestingen⟩
mag·is·trate /mædʒɪstreɪt, -strət/ [telb zn] [1] **magistraat,** (rechterlijk) ambtenaar [2] **politierechter,** ⟨BE⟩ vrederechter [3] **overheidspersoon** ♦ *chief/first magistrate* president
mag·is·trates' court /mædʒɪstrəts kɔːt, ᴬ-kɔrt/ [telb + niet-telb zn] **politierechtbank**
mag·is·trate·ship /mædʒɪstrətʃɪp, -streɪtʃɪp/ [telb + niet-telb zn] [1] **magistraatschap,** magistraatsambt [2] **ambt van politierechter**
¹Ma·gle·mo·si·an /mæglɪmoʊzɪən/ [niet-telb zn] ⟨gesch⟩ **Maglemosecultuur** ⟨mesolithische vissers- en jagersgemeenschappen⟩
²Ma·gle·mo·si·an /mæglɪmoʊzɪən/ [bn] ⟨gesch⟩ **Maglemose-,** van de Maglemosecultuur
mag·lev /mæglev/ [telb zn] (verk: magnetic levitation) **(magneet)zweeftrein,** (magnetisch)luchtkussentrein
¹mag·ma /mægmə/ [telb zn; mv: ook magmata /mægmətə/] [1] **kneedbare massa,** deegachtige massa, brij [2] ⟨farmacie⟩ **suspensie,** ⟨oneig⟩ oplossing, poederdrankje
²mag·ma /mægmə/ [niet-telb zn] [1] **overblijfsel,** pulp ⟨van uitgeperste vruchten⟩ [2] ⟨geol⟩ **magma**
mag·mat·ic /mægmætɪk/ [bn] **magmatisch**
Mag·na Car·ta, Mag·na Char·ta /mægnə kɑːtə, ᴬ-kɑrtə/ [eigenn, telb zn] **Magna Charta** ⟨ook figuurlijk⟩
mag·na·nim·i·ty /mægnənɪməti/ [niet-telb zn] **grootmoedigheid,** edelmoedigheid
mag·nan·i·mous /mægnænɪməs/ [bn; bw: ~ly; zn: ~ness] **grootmoedig,** edelmoedig, onbaatzuchtig, onzelfzuchtig

magnate

mag·nate /mægneɪt, -nət/ [telb zn] magnaat
mag·ne·sia /mægniːʃə, ᴬ-ʒə/ [niet-telb zn] [1] magnesiumoxide, magnesia [2] gebrande magnesia ⟨magnesia usta; middel tegen maagzuur⟩
mag·ne·sian /mægniːʃn, ᴬ-niːʒn/ [bn] [1] magnesia- [2] magnesium-, van magnesium, magnesium bevattend
mag·ne·si·um /mægniːzɪəm/ [niet-telb zn] ⟨scheik⟩ magnesium ⟨element 12⟩
magnesium flare, magnesium light [niet-telb zn] magnesiumlicht
¹**mag·net** /mægnɪt/ [telb zn] magneet ⟨ook figuurlijk⟩
²**mag·net** /mægnɪt/ [niet-telb zn] magnetiet, magneetijzer(steen)
mag·net·ic /mægnetɪk/ [bn; bw: ~ally] [1] magnetisch, magneet- ♦ *magnetic compass* kompas; *magnetic declination* declinatie ⟨van magneetnaald⟩; *magnetic dip/inclination* inclinatie ⟨van magneetnaald⟩; *magnetic equator* magnetische equator; *magnetic head* kop, opnamekop, wiskop ⟨van bandrecorder/videorecorder⟩, kop, leeskop, schrijfkop ⟨van computer⟩; ⟨mil⟩ *magnetic mine* magnetische mijn, naaldmijn, inductiemijn; ⟨natuurk⟩ *magnetic moment* magnetisch moment; *magnetic needle* magneetnaald, kompasnaald; *magnetic north* magnetische noordpool, magnetisch noorden; *magnetic pole* magnetische pool; *magnetic resonance imaging* magnetic resonance imaging, MRI ⟨beeldvorming met elektromagneten en radiogolven⟩; *magnetic storm* magnetische storm; *magnetic tape* magneetband ⟨voor bandrecorder e.d.⟩; ⟨comp⟩ *magnetic ink character recognition* magnetische tekenherkenning, MICR [2] magnetiseerbaar [3] onweerstaanbaar, zeer aantrekkelijk, fascinerend, magnetisch [·] *magnetic bottle* magnetische fles ⟨plasma opsluiten in magnetisch veld⟩
mag·net·ics /mægnetɪks/ [niet-telb zn] ⟨AE; natuurk⟩ magnetisme, leer van het magnetisme
mag·net·ism /mægnɪtɪzm/ [niet-telb zn] [1] ⟨natuurk⟩ magnetische kracht, magneetkracht [2] ⟨natuurk⟩ magnetisme [3] ⟨natuurk⟩ leer van het magnetisme [4] aantrekkingskracht, fascinatie [5] ⟨natuurk⟩ magnetische flux [6] biomagnetisme, dierlijk magnetisme, mesmerisme
mag·net·ite /mægnɪtaɪt/ [niet-telb zn] magnetiet, magneetijzer, magnetijzererts, magneetijzersteen
mag·net·iz·a·ble, mag·net·is·a·ble /mægnɪtaɪzəbl/ [bn] magnetiseerbaar
mag·net·i·za·tion, mag·net·i·sa·tion /mægnɪtaɪzeɪʃn, ᴬ-nətə-/ [niet-telb zn] [1] magnetisering, magnetisatie [2] magnetische moment per volume-eenheid materie [3] magnetisme [4] opleving van de aandacht ⟨van publiek⟩
mag·net·ize, mag·net·ise /mægnɪtaɪz/ [ov ww] [1] magnetiseren, magnetisch maken [2] fascineren, boeien, hypnotiseren, fascineren [3] ⟨vero⟩ hypnotiseren, magnetiseren
mag·ne·to /mægniːtoʊ/ [telb zn] magneetontsteker, magneetontsteking, magneto
mag·ne·to- /mægniːtoʊ/ magneto-, magnetisch- ♦ *magnetochemistry* magnetochemie
mag·ne·to·car·dio·gram /mægniːtoʊkɑːdɪəɡræm, ᴬmægniːtoʊkɑrdɪəɡræm/ [telb zn] ⟨med⟩ magnetocardiogram
mag·ne·to·car·dio·graph /mægniːtoʊkɑːdɪəɡrɑːf, ᴬmægniːtoʊkɑrdɪəɡræf/ [telb zn] ⟨med⟩ magnetocardiograaf
mag·ne·to·e·lec·tric /mægniːtoʊɪlektrɪk/ [bn] magneto-elektrisch
mag·ne·to·e·lec·tric·i·ty /mægniːtoʊɪlektrɪsəti/ [niet-telb zn] magneto-elektriciteit
mag·ne·to·gas·dy·nam·ics /mægniːtoʊɡæsdaɪnæmɪks/ [niet-telb zn] magnetohydrodynamica

mag·ne·to·graph /mægniːtoʊɡrɑːf, ᴬmægniːtoʊɡræf/ [telb zn] magnetograaf
mag·ne·to·hy·dro·dy·nam·ic /mægniːtoʊhaɪdroʊdaɪnæmɪk/ [bn] m.b.t. magnetohydrodynamica
mag·ne·to·hy·dro·dy·nam·ics /mægniːtoʊhaɪdroʊdaɪnæmɪks/ [niet-telb zn] magnetohydrodynamica
mag·ne·tom·e·ter /mægnɪtɒmɪtə, ᴬ-tɑmɪtər/ [telb zn] magnetometer
mag·ne·to·mo·tive /mægniːtoʊmoʊtɪv, ᴬmægniːtoʊmoʊtɪv/ [bn] magnetomotorisch ♦ *magnetomotive force* magnetomotorische kracht
mag·ne·ton /mægnɪtɒn, ᴬ-tɑn/ [niet-telb zn] ⟨natuurk⟩ magneton
mag·ne·to·pause /mægnɪtoʊpɔːz/ [niet-telb zn] magnetopauze ⟨grens van het aardmagnetische veld⟩
mag·ne·to·plas·ma·dy·nam·ic /mægniːtoʊplæzmədaɪnæmɪk/ [bn] ⟨natuurk⟩ plasma- ⟨bijvoorbeeld in plasmamotor⟩
mag·ne·to·sphere /mægniːtoʊsfɪə, ᴬmægniːtoʊsfɪr/ [telb zn] magnetosfeer
mag·ne·to·spher·ic /mægniːtoʊsferɪk/ [bn] van de magnetosfeer, magnetosferisch
mag·ne·to·stric·tion /mægniːtoʊstrɪkʃn/ [niet-telb zn] magnetostrictie ⟨kleine lengteverandering door magnetisatie⟩
mag·ne·tron /mægnɪtrɒn, ᴬ-trɑn/ [telb zn] magnetron
magnet school [telb zn] magneetschool ⟨met nadruk op bepaalde vakken⟩, ± kwaliteitsschool, eliteschool
mag·ni·fic /mægnɪfɪk/, **mag·nif·i·cal** /-ɪkl/ [bn; bw: ~ally] ⟨vero⟩ verheven, prachtig, heerlijk, luisterrijk
mag·nif·i·cat /mægnɪfɪkæt/ [telb zn] ⟨rel⟩ canticum, lied, lofzang, Magnificat, kerkgezang
Mag·nif·i·cat /mægnɪfɪkæt/ [eigenn; the] ⟨rel⟩ lofzang van Maria, Magnificat ⟨Luc. 1:46⟩
mag·ni·fi·ca·tion /mægnɪfɪkeɪʃn/ [telb + niet-telb zn] [1] vergroting ♦ *these binoculars have a magnification of twenty* deze verrekijker vergroot twintig keer; *magnification of a photograph* vergroting van een foto [2] verheerlijking, het ophemelen ♦ *magnification of a country* verheerlijking van een land
mag·nif·i·cence /mægnɪfɪsns/ [niet-telb zn] [1] pracht, luister, weelde, rijkdom, praal [2] grootsheid, verhevenheid, indrukwekkendheid
mag·nif·i·cent /mægnɪfɪsnt/ [bn; bw: ~ly] [1] prachtig, schitterend, luisterrijk, met pracht en praal [2] weelderig, overvloedig, overdadig [3] groots, indrukwekkend, verheven [4] ⟨inf⟩ prima, pracht-, schitterend, bij uitstek ♦ *a magnificent spot for fishing* een prima plekje om te vissen, een schitterende visstek
mag·nif·i·co /mægnɪfɪkoʊ/ [telb zn] [1] Venetiaans edelman [2] vooraanstaand persoon, hooggeplaatst iemand, belangrijk heer
mag·ni·fi·er /mægnɪfaɪə, ᴬ-ər/ [telb zn] [1] vergrootglas, loep [2] vergrotingstoestel, vergrotingsapparaat [3] vergroter, iemand die vergrotingen maakt
¹**mag·ni·fy** /mægnɪfaɪ/ [onov + ov ww] [1] vergroten ⟨van lens, enz.⟩, uitvergroten [2] versterken ⟨van geluidsapparatuur; geluid⟩
²**mag·ni·fy** /mægnɪfaɪ/ [ov ww] [1] overdrijven, aandikken, opblazen ♦ *magnify these problems* problemen overdrijven [2] ⟨vero⟩ verheerlijken, loven, roemen
mag·ni·fy·ing glass [telb zn] vergrootglas, loep
mag·nil·o·quence /mægnɪləkwəns/ [niet-telb zn] [1] hoogdravendheid, bombast [2] grootspraak
mag·nil·o·quent /mægnɪləkwənt/ [bn; bw: ~ly] [1] hoogdravend, gezwollen, bombastisch ⟨van persoon, stijl⟩ [2] grootsprakig, vol grootspraak
¹**mag·ni·tude** /mægnɪtjuːd, ᴬ-tuːd/ [telb zn] [1] ⟨astron⟩

helderheid, grootte, magnitude ② ⟨wisk⟩ grootte ③ ⟨wisk⟩ grootheid

²**mag·ni·tude** /mǽgnɪtjuːd, ᴬ-tuːd/ [niet-telb zn] ① belang(rijkheid), gewicht ♦ *of the first magnitude* van het grootste gewicht, van de eerste orde ② omvang, grootte ♦ *a book of that magnitude* een boek van dergelijke omvang ③ rang, positie, kaliber ♦ *a man of his magnitude* een man van zijn kaliber/rang

mag·no·lia /mægnóʊlɪə/ [telb zn] ⟨plantk⟩ magnolia ⟨genus Magnolia⟩ ② magnoliabloem

Magnolia State [eigenn] ⟨AE⟩ Magnoliastaat ⟨Mississippi⟩

mag·num /mǽgnəm/ [telb zn] ① anderhalve liter fles, magnum ⟨voornamelijk van wijn⟩ ② magnum ⟨inhoudsmaat⟩

mag·num bo·num /mǽgnəmbóʊnəm/ [telb zn] ⟨benaming voor⟩ goede, grote vrucht, grote, gele pruim, soort aardappel

magnum opus /mǽgnəmóʊpəs/ [telb zn] meesterwerk, levenswerk

Ma·gog [eigenn] → Gog

ma·got /máːgoʊ, mǽgət/ [telb zn] ① Chinees/Japans poppetje ② ⟨dierk⟩ magot, Turkse aap ⟨Macaca silvana⟩

mag·pie /mǽgpaɪ/ [telb zn] ① verzamelaar, hamsteraar ② kletskous, kletstante, ratel, babbelaar(ster) ③ kruimeldief, diefje ④ op één na buitenste ring ⟨van schietschijf⟩, ⟨bij uitbreiding⟩ schot in de op één na buitenste ring ⑤ ⟨dierk⟩ ekster ⟨Pica pica⟩ ⑥ ⟨dierk⟩ geelsnavelekster ⟨Pica nutalli⟩ ⑦ ⟨dierk⟩ ⟨benaming voor⟩ eksterachtige vogel, soort sierduif ⟨met zwart-wit veren⟩, orgelvogel ⟨Cracticidae⟩, ⟨i.h.b.⟩ zwartrugfluitvogel ⟨Gymnorhina tibicen⟩, witrugfluitvogel ⟨Gymnorhina hyperleuca⟩, fluitekster, westelijke fluitvogel ⟨Gymnorhina dorsalis⟩

magpie moth [telb zn] ⟨dierk⟩ harlekijn ⟨Abraxas grossulariata⟩

mag tape [telb zn] ⟨comp⟩ magneetband

¹**ma·guey** /mǽgweɪ, ᴬməgéɪ/ [telb zn] ⟨plantk⟩ agave ⟨genus Agave/Furcraea⟩

²**ma·guey** /mǽgweɪ, ᴬməgéɪ/ [niet-telb zn] agave(vezel), sisal

ma·gus /méɪgəs/ [telb zn; mv: magi /méɪdʒaɪ/] ① magiër ⟨priesterklasse bij Meden en Perzen⟩, ⟨i.h.b.⟩ wijze ⟨uit het Oosten⟩ ♦ *the (three) Magi* de (drie) Wijzen uit het Oosten, de Drie Koningen ⟨Matth. 2:1⟩ ② tovenaar

¹**Mag·yar** /mǽgjɑː, ᴬ-jɑr/ [eigenn] Magyaars, Hongaars ⟨taal⟩

²**Mag·yar** /mǽgjɑː, ᴬ-jɑr/, ⟨in betekenis 2 ook⟩ **Magyar blouse** [telb zn] ① Magyaar, Hongaar ② Hongaarse bloes, kozakkenkiel

³**Mag·yar** /mǽgjɑː, ᴬ-jɑr/ [bn] Magyaars, Hongaars, uit Hongarije ❖ *Magyar sleeves* aangeknipte mouwen, vleermuismouwen

ma·ha·leb /mɑ́ːhəleb/ [telb zn] ⟨plantk⟩ weichselboom, weichselkers ⟨Prunus mahaleb⟩

ma·ha·ra·ja, ma·ha·ra·jah /mɑ̀ːhərɑ́ːdʒə/ [telb zn] ⟨gesch⟩ maharadja, Indische grootvorst/oppervorst

ma·ha·ra·nee, ma·ha·ra·ni /mɑ̀ːhərɑ́ːniː/ [telb zn] ⟨gesch⟩ ① vrouw van een maharadja ② weduwe van een maharadja ③ vrouwelijke maharadja

ma·ha·ri·shi /mɑ̀ː(h)ərɪ́ːʃi/ [telb zn] ① maharishi, hindoese goeroe, hindoese leermeester ② goeroe, leermeester, voorbeeld

ma·hat·ma /məhǽtmə, ᴬməhɑ́ːtmə/ [telb zn; ook Mahatma] ① wijze, leraar, mahatma ⟨ook als eretitel⟩ ② mahatma ⟨boeddhistische heilige met bovennatuurlijke krachten⟩

Ma·ha·ya·na /mɑ̀ː(h)əjɑ́ːnə/ [telb zn] ⟨rel⟩ mahayana ⟨vorm van boeddhisme⟩

Mah·di /mɑ́ːdiː/ [eigenn, telb zn] Mahdi ⟨verlosser/messias van de mohammedanen⟩

Mah·dism /mɑ́ːdɪzm/, **Mah·di·ism** /mɑ́ːdiːɪzm/ [niet-telb zn] mahdisme, geloof in de Mahdi

Mah·dist /mɑ́ːdɪst/ [telb zn] mahdist, aanhanger van de Mahdi

mah·jong, mah·jongg /mɑ̀ːdʒɒ́ŋ, ᴬ-ʒɑ́ŋ/ [niet-telb zn] ⟨spel⟩ mahjong(spel)

mahlstick [telb zn] → maulstick

ma·hog /məhɒ́g, ᴬ-hɑ́g/ ⟨verk: mahogany⟩

¹**ma·hog·a·ny** /məhɒ́gəni, ᴬməhɑ́-/ [telb zn] ⟨plantk⟩ ① mahonieboom ⟨Swietenia mahagoni⟩ ② mahonieachtige boom ⟨genus Khaya/Entandrophragma⟩

²**ma·hog·a·ny** /məhɒ́gəni, ᴬməhɑ́-/ [niet-telb zn] ① mahonie(hout) ⟨voor meubelen⟩ ② ⟨ook attributief⟩ mahonie, roodbruin, bruinrood, kastanjebruin

Ma·hom·et /məhɒ́mɪt/ [eigenn] Mohammed ❖ ⟨sprw⟩ *if the mountain won't come to Mahomet, Mahomet must go to the mountain* als de berg niet tot Mohammed wil komen, dan moet Mohammed naar de berg gaan

Mahometan [telb zn] → **Muhammadan**

Ma·hound /məháʊnd, məhúːnd/ [eigenn] ⟨vero⟩ Mohammed

ma·hout /məháʊt/ [telb zn] kornak, olifantsleider

Mahrati, Mahratti [eigenn] → Marathi

Mahratta → Maratha

maid /meɪd/, ⟨in betekenis 1 ook in samenstellingen⟩ **maid·ser·vant** [telb zn] ① vaak in samenstellingen⟩ hulpje, meid, dienstmeisje, werkster, hulp in de huishouding ② ⟨form⟩ meisje, (ongetrouwde) jonge vrouw, juffrouw, vrijster ③ ⟨form⟩ maagd ❖ *maid of honour* (ongehuwde) hofdame; ⟨BE⟩ amandeltaartje ⟨soes met appelpudding⟩; ⟨AE⟩ eerste bruidsmeisje; *the Maid (of Orleans)* de Maagd van Orleans ⟨Jeanne d'Arc⟩

mai·dan /maɪdɑ́ːn/ [telb zn] ⟨IndE⟩ ① open plaats, voorplein, esplanada ② paradeplaats

¹**maid·en** /méɪdn/, ⟨in betekenis 6 ook⟩ **maiden over** [telb zn] ① één jaar oude plant ② ⟨form⟩ meisje, ongehuwde vrouw, juffrouw ③ ⟨form⟩ maagd ④ ⟨gesch⟩ Scottish maiden ⟨soort guillotine⟩ ⑤ ⟨sport⟩ maiden ⟨paard dat nog geen ren gewonnen heeft⟩ ⑥ ⟨sport, cricket⟩ maiden-over ⟨over zonder gescoorde runs⟩

²**maid·en** /méɪdn/ [bn, attr] ① maagdelijk, meisjes-, van een maagd ❖ *maiden name* meisjesnaam ⟨van getrouwde vrouw⟩ ② ongetrouwd, ongehuwd ⟨van vrouw⟩ ❖ *maiden aunt* ongetrouwde tante ③ eerste ❖ *maiden speech* maidenspeech, sprekersdebuut ⟨voornamelijk in parlement⟩; *maiden voyage* maidentrip, eerste reis ⟨van boot, persoon enz.⟩ ④ ongerept, onbetreden, fris, rein ❖ *maiden woods* maagdelijke bossen ⑤ onbeproefd, ongebruikt, onervaren ⑥ nog nooit gedekt ⟨van paard, enz.⟩ ⑦ zonder overwinning ⟨van paard⟩, ⟨bij uitbreiding⟩ voor maidens ⟨race⟩ ❖ *maiden horse* maiden, paard zonder overwinning op zijn naam; *maiden race* maidenrace, race voor maidens ⑧ nog nooit genomen ⟨vesting⟩ ⑨ uit zaad gekweekt ⟨plant⟩ ❖ ⟨BE⟩ *maiden assize* rechtzitting zonder strafzaken; ⟨gesch⟩ rechtszitting waarbij geen doodvonnis wordt uitgesproken

maid·en·hair, maidenhair fern [niet-telb zn] ⟨plantk⟩ venushaar ⟨genus Adiantum⟩, ⟨i.h.b.⟩ vrouwenhaar, venushaar ⟨A. capillus veneris⟩

maidenhair tree [telb zn] ⟨plantk⟩ ginkgo, Japanse notenboom ⟨Ginkgo biloba⟩

¹**maid·en·head** /méɪdnhed/ [telb zn] maagdenvlies, hymen

²**maid·en·head** /méɪdnhed/ [niet-telb zn] ① maagdelijkheid ⟨ook figuurlijk⟩, frisheid, puurheid

maid·en·hood /méɪdnhʊd/ [niet-telb zn] ① maagdelijkheid ② meisjesjaren, meisjestijd

¹**maid·en·ly** /méɪdnli/, **maid·en·like** /-laɪk/, **maid·en·ish** /-ɪʃ/ [bn; zn: maidenliness] ① maagdelijk, meisjesachtig, zoals een meisje betaamt ② zacht, teder, aardig,

maidenly

vriendelijk ③ zedig
²**maid·en·ly** /meɪdnli/ [bw] zedig
maid·en's-blush /meɪdnz blʌʃ/ [telb zn] ① ⟨ook attributief⟩ teer roze, bleekrood ② tere, bleekrode roos
maid·ish /meɪdɪʃ/ [bn] als (van) een meisje, meisjesachtig
ma·ieu·tic /meɪjuːtɪk/, **ma·ieu·ti·cal** /-ɪkl/ [bn] maieutisch, socratisch ⟨van methode⟩
¹**mai·gre** /meɪgə, ^-ər/ [telb zn] ⟨dierk⟩ ombervis ⟨familie Sciaenidae⟩, ⟨i.h.b.⟩ ombervis, ⟨België⟩ onzelievevrouwevis ⟨Sciaena aquila⟩
²**mai·gre** /meɪgə, ^-ər/ [bn] ① vleesloos, zonder vlees bereid ② ⟨r-k⟩ onthoudings- ♦ *maigre day* onthoudingsdag ⟨dag zonder vlees(spijzen)⟩
maihem [niet-telb zn] → mayhem
¹**mail** /meɪl/ [telb zn] ① ⟨benaming voor⟩ postvervoerder, postauto, mailboot, postboot, postwagen, mailcoach, posttrein, postvliegtuig ② postzak, brievenmaal ③ pantser, schild ⟨van kreeft, schildpad⟩ ⓘ ⟨AE; sl⟩ *carry/pack the mail* de kar trekken, de kastanjes uit het vuur halen
²**mail** /meɪl/ [niet-telb zn] ① post ♦ *open s.o.'s mail* iemands post/brieven openmaken; *the mail is late today* de post is laat vandaag ② e-mail ③ maliënkolder ④ borstveren ⟨van havik⟩
³**mail** /meɪl/ [onov ww] brieven posten ⟨e.d.⟩
⁴**mail** /meɪl/ [ov ww] ① posten, op de post doen, per post versturen ② e-mailen ③ (be)pantseren
mail·a·ble /meɪləbl/ [bn] per post verzendbaar, opstuurbaar
mail·bag [telb zn] ① postzak ② postbodentas, brieventas
mail·boat [telb zn] mailboot, postboot
mail bomb [telb zn] ① bombrief ② ⟨comp⟩ mailbom ⟨enorme hoeveelheden e-mail naar een gebruiker of server⟩, brievenbom
mail·box [telb zn] ① mailbox, elektronische brievenbus ② ⟨AE⟩ brievenbus, postbus ⟨van PTT⟩ ③ ⟨AE⟩ brievenbus ⟨aan/in deur⟩
mail car [telb zn] ⟨AE⟩ postwagen ⟨van trein⟩
mail carrier [telb zn] ⟨AE⟩ ① postbode, brievenbesteller, post ② ⟨benaming voor⟩ postvervoerder, postauto, postwagen, postkar, postbak, posttrein, postvliegtuig
mail cart [telb zn] ⟨BE⟩ ① postkarretje, postwagentje ⟨van postbode⟩ ② kinderwagen, wandelwagentje
mail·clad [bn] gepantserd, in maliënkolder
mail coach [telb zn] ① postwagen ⟨van trein⟩ ② ⟨gesch⟩ postkoets
mail cover [telb zn] postcontrole ⟨door postkantoor, op verzoek van geadresseerde⟩
mail drop [telb zn] ⟨AE⟩ ① brievenbus, postzak, stortkoker ⟨op postkantoor⟩ ② (post)gleuf ③ correspondentieadres
mailed /meɪld/ [bn] ① in maliënkolder, gepantserd ② van maliën, van ringetjes ③ met schild ⟨van kreeft, e.d.⟩ ⓘ *mailed fist* geweld, harde vuist, ijzeren vuist
mail·ing ad·dress [telb zn] postadres
mailing card [telb zn] ⟨AE⟩ briefkaart
mailing list [telb zn] ① adressenlijst, verzendlijst, verzendstaat, ⟨comp⟩ elektronische verzendlijst ② ⟨comp⟩ distributielijst ⟨van internetgebruikers die zich geabonneerd hebben op een bepaalde groep⟩, rondzendlijst, mailinglist
mailing office [telb zn] postkantoor
mail·lot /mæjoʊ/ [telb zn] ① maillot ⟨van balletdansers, voor gymnastiek e.d.⟩ ② (strapless) badpak ③ jersey
mail·man [telb zn; mv: mailmen] ⟨AE⟩ postbode, post, brievenbesteller
mail order [niet-telb zn] postorder
mail-order firm, mail-order house [telb zn] postorderbedrijf, verzendhuis

mails /meɪlz/ [alleen mv; the] post
mail·shot [telb zn] ansicht(kaart), prentbriefkaart
mail train [telb zn] posttrein
maim /meɪm/ [ov ww] verminken ⟨ook figuurlijk⟩, kreupel maken
¹**main** /meɪn/ [telb zn] ① hoofdleiding ⟨van gas, elektriciteit, water⟩, hoofdbuis, hoofdpijp, hoofdkabel ② hoofdafvoer, riool ③ hanengevecht ④ ⟨scheepv⟩ grote mast ⑤ ⟨scheepv⟩ grootzeil ⑥ ⟨spel⟩ getal, nummer, aantal ogen ⟨vijf tot en met negen, te noemen vóór het werpen van de dobbelsteen⟩
²**main** /meɪn/ [niet-telb zn] ① voornaamste deel, hoofddeel, ⟨comp⟩ hoofdprogramma ② ⟨form⟩ (open) zee ③ ⟨form⟩ vasteland ⓘ *in the main* grotendeels, voor het grootste gedeelte, overwegend, hoofdzakelijk; in het algemeen, meestal, gewoonlijk
³**main** /meɪn/ [bn, attr] ① hoofd-, belangrijkste, grootste, voornaamste ♦ *main body of the army* hoofdmacht van het leger; ⟨taalk⟩ *main clause* hoofdzin, rompzin; *main course* hoofdgerecht, hoofdschotel, hoofdgang; ⟨AE; sl⟩ *main drag* hoofdstraat, dorpsstraat; dope- en hoerenstraat; *main event* hoofdwedstrijd, hoofdfilm, hoofdoptreden ⟨enz.⟩; *main line* hoofdlijn ⟨van spoorwegen⟩; ⟨AE⟩ hoofdstraat, hoofdweg; ⟨AE; sl⟩ *main queen* vaste vriendin; *main road* hoofdweg; *main street* hoofdstraat, dorpsstraat, hoofdweg; ⟨fig⟩ kleinsteedsheid, kneuterigheid ② uiterst, vol(ledig) ♦ *by main force* met alle macht, met een uiterste krachtsinspanning ③ open, uitgestrekt ♦ *the main sea* open zee, de uitgestrekte zee ④ ⟨scheepv⟩ groot-, aan/bij de grote mast ♦ *main brace* grote bras; *main course* groot onderzeil; *main deck* hoofddek, opperdek; *main topgallant mast* grootbramsteng; *main topmast* grootmarssteng; *main topsail* grootmarszeil; *main yard* grote ra ⓘ *have an eye to the main chance* op eigenbelang uit zijn, oog voor eigen zaak hebben; ⟨sl⟩ *main line* (grote) ader ⟨voornamelijk van drugsgebruikers⟩; ⟨AE; sl⟩ *de rijken*; ⟨AE; sl⟩ *main squeeze* belangrijkste pief; grote baas in criminele organisatie; lief(je), lieveling(etje); ⟨AE; inf⟩ *main stem* hoofdstraat, hoofdweg
Main /meɪn/ [eigenn; the] ⟨gesch⟩ noordoostkust van Zuid-Amerika en aangrenzende zee
main-brace [telb zn] ⓘ ⟨inf; scherts⟩ *splice the mainbrace* een drankje/borrel nemen, borrelen
main·frame [niet-telb zn] ⟨comp⟩ ① mainframe, grote computer, hoofdcomputer ② ⟨vero⟩ centrale verwerkingseenheid
main·land /meɪnlənd, ^-lænd/ [niet-telb zn; the] ① vasteland ② hoofdeiland ⟨van eilandengroep⟩
¹**main·line** [bn] ① belangrijkste ② aan de hoofdlijn gelegen ⟨station⟩
²**main·line, main** [onov + ov ww] ⟨inf⟩ spuiten ⟨drugs⟩
main·lin·er [telb zn] ⟨sl⟩ spuiter ⟨van drugs⟩, junk
main·ly /meɪnli/ [bw] ① hoofdzakelijk, voornamelijk, in de eerste plaats, gewoonlijk ♦ *that was mainly why I ... dat was de voornaamste reden waarom ik ...* ② grotendeels, voor het grootste deel
main·mast /meɪnmɑːst, -məst/ [telb zn] ⟨scheepv⟩ grote mast
mains /meɪnz/ [alleen mv; ook attributief] ① (elektriciteits)net, elektriciteit, lichtnet ♦ *we aren't yet connected to the mains* we zijn nog niet (op het elektriciteitsnet) aangesloten ② gas(net) ③ water(leiding) ④ riool, openbaar riool
main·sail /meɪnseɪl, meɪnsl/ [telb zn] ⟨scheepv⟩ grootzeil
main·spring [telb zn] ① veer ⟨van uurwerk⟩ ② drijfveer, drijfkracht, hoofdmotief ♦ *jealousy was the mainspring of his behaviour* jaloezie was de voornaamste reden voor zijn gedrag ③ drijvende kracht ④ slagveer ⟨van geweer⟩
mains set [telb zn] radio ⟨op netvoeding⟩
main·stay [telb zn] ① steunpilaar, pijler, steun

② ⟨scheepv⟩ grootstag
main·stream [niet-telb zn] ① heersende stroming, voornaamste trend, grote stroom ② hoofdstroom ⟨van rivier⟩ ③ ⟨vaak attributief⟩ mainstream, hoofdstroom ⟨in de jazz⟩
main·street [onov ww] ⟨AE; pol⟩ huis-aan-huiscampagne voeren
main·tain /meɪnteɪn/ [ov ww] ① handhaven, behouden, onderhouden, doen/laten voortduren, in stand houden ♦ *he maintained his calm attitude* hij bleef rustig, hij bewaarde zijn kalmte; *maintain a correspondence* een correspondentie aanhouden/onderhouden, blijven schrijven; *maintain life* in leven blijven; *maintain an open mind on sth.* open blijven staan voor iets; *maintain order* de orde bewaren/handhaven; *maintain prices* de prijzen ophouden, de prijzen handhaven; *maintain relations* betrekkingen onderhouden; *maintain war* oorlog (blijven) voeren ② onderhouden, zorgen voor, voorzien in het levensonderhoud van ♦ *maintain a family* een gezin onderhouden; *maintain sth. in* (a) *perfect condition* iets zeer goed onderhouden, iets in perfecte staat houden; *this sum will maintain us for some weeks* dat bedrag zal een paar weken onze levensbehoeften dekken ③ onderhouden ⟨weg, machine, enz.⟩, een onderhoudsbeurt geven ♦ *maintain a house* een huis onderhouden ④ beweren, stellen, verkondigen, volhouden ♦ *our daughter maintains her innocence* onze dochter zegt dat ze onschuldig is; *they maintained that they were not guilty* zij beweerden dat ze niet schuldig waren ⑤ verdedigen, opkomen voor ♦ *maintain an opinion* een mening verdedigen; *maintain one's rights* opkomen voor zijn rechten ⑥ houden ⟨fort, e.d.⟩ ⑦ steunen ⟨zaak, partij⟩
main·tain·a·ble /meɪnteɪnəbl/ [bn] ① te handhaven ② verdedigbaar, houdbaar
main·tain·er, ⟨in betekenis 4 ook⟩ **main·tain·or** /meɪnteɪnə, ᴬ-ər/ [telb zn] ① handhaver ② kostwinner, steun ⟨van familie⟩ ③ verdediger ⟨van mening⟩ ④ ⟨jur⟩ iemand die illegaal een procesvoerende partij geldelijk ondersteunt
main·te·nance /meɪntənəns, ᴬmeɪntnəns/ [niet-telb zn] ① handhaving ♦ *maintenance of old customs* het in ere houden van oude gewoontes; *maintenance of the law* handhaving van de wet ② onderhoud ⟨van huis, machine⟩ ♦ *maintenance of houses* huizenonderhoud ③ levensonderhoud, levensbehoeften, middelen van bestaan ④ toelage ⟨aan vrouw, kind⟩, (i.h.b.) alimentatie ⑤ verdediging ⟨van mening⟩ ⑥ ⟨jur⟩ illegale geldelijke ondersteuning van procesvoerende partij ⟨door buitenstaander⟩
maintenance crew, **maintenance gang** [verzamelnn] onderhoudsploeg, onderhoudspersoneel
maintenance man [telb zn] onderhoudsman, onderhoudsmonteur
maintenance order [telb zn] ⟨jur⟩ bevel tot betaling van alimentatie aan ex-vrouw
maintenance worker [telb zn] onderhoudsman
main·top [telb zn] ⟨scheepv⟩ grootmars
mai·son·ette, **mai·son·nette** /meɪzənet/ [telb zn] ① huisje, flatje ② maisonnette
mai·son joie /meɪzɑ:n ʒwɑ:/ [telb zn] ⟨AE; sl⟩ bordeel
¹**maî·tre d'hô·tel** /meɪtr(ə)doutel/, ⟨ook⟩ **maî·tre d'** /meɪtrədi:/ [telb zn; mv: maîtres d'(hôtel)] ① hofmeester, maître d'hôtel ② ober(kelner), eerste kelner
²**maî·tre d'hô·tel** /meɪtr(ə) doutel/ [telb + niet-telb zn; mv: maîtres d'hôtel] kruidenboter
maître d'hôtel butter, **maître d'hôtel sauce** [telb + niet-telb zn] kruidenboter
maize /meɪz/ [niet-telb zn] ⟨vnl BE⟩ ① ⟨plantk⟩ mais ⟨Zea mays⟩ ② maiskorrels ③ ⟨vaak attributief⟩ mais(geel)
mai·ze·na /meɪzi:nə/ [niet-telb zn] maizena, maismeel
Maj [afk] (major) maj.

ma·jes·tic /mədʒestɪk/, **ma·jes·ti·cal** /-ɪkl/ [bn; bw: ~ally] majestueus, verheven, majesteitelijk
maj·es·ty /mædʒɪsti/ [niet-telb zn] ① grootsheid, pracht, luister, majesteit, allure ♦ *we saw the sun rise in all its majesty* we zagen de zon in al haar majesteit opkomen ② koninklijke waardigheid, verhevenheid, majesteit ③ heerlijkheid ⟨Gods⟩, majesteit, opperhoogheid
Maj·es·ty /mædʒɪsti/ [eigenn] Majesteit, Koninklijke Hoogheid ♦ *His/Her/Your Majesty* Zijne/Hare/Uwe Majesteit; *Their/Your Majesties* Hunne/Uwe Majesteiten ⓘ ⟨BE⟩ *on Her/His Majesty's service* dienst ⟨op enveloppe⟩
Maj·lis /mædʒlɪs/ [telb zn] medjlis, madjlis, parlement ⟨in islamitische landen⟩
ma·jol·i·ca /mədʒɒlɪkə, ᴬ-dʒɑ-/, **ma·iol·i·ca** /məjɒ-, ᴬməjɑ-/ [niet-telb zn] ① majolica, faience ② namaakmajolica
¹**ma·jor** /meɪdʒə, ᴬ-ər/ [telb zn] ① meerderjarige ② ⟨mil⟩ majoor ③ ⟨AE⟩ hoofdvak ⟨van studie⟩ ④ ⟨AE⟩ hoofdvakstudent ⑤ ⟨log⟩ major, majorterm, grote term, hoofdterm ⑥ ⟨log⟩ hoofdpremisse ⟨met de majorterm⟩ ⑦ ⟨muz⟩ majeur, grote terts, drieklank ⑧ ⟨bridge⟩ ⟨verk: *major suit*⟩ hoge kleur ⑨ ⟨Australisch voetb⟩ goal ⟨score van zes punten⟩
²**ma·jor** /meɪdʒə, ᴬ-ər/ [bn] ① groot, groter, grootste, hoofd-, belangrijk(er), voornaamste ♦ *major axis* hoofdas ⟨van ellips e.d.⟩; ⟨AE, CanE; sport⟩ *major league* hoogste klasse, hoofdklasse, eredivisie ⟨ook figuurlijk⟩; *the major part of* de meerderheid van, het overgrote deel van; *major planet* grotere planeet ⟨Jupiter, Neptunus, Saturnus, Uranus⟩; ⟨ook Main Prophets⟩ *major prophets* grote profeten ⟨Jesaja, Jeremia, Ezechiël, Daniël⟩; *major road* hoofdweg, voorrangsweg; *major subject* hoofdvak ⟨van studie⟩ ② ernstig, zwaar, gevaarlijk, ingrijpend ♦ *major heart attack* zware hartaanval; *major operation* zware/ernstige operatie ③ meerderjarig, volwassen ④ ⟨log⟩ major-, grote, hoofd- ⑤ ⟨log⟩ met majorterm, met grote term ⟨premisse⟩ ♦ *major premise/premiss* hoofdpremisse ⑥ ⟨muz⟩ in majeur, in grote terts, majeur ♦ *C major* C-majeur, C grote terts; *major mode* durtoonschaal, durtoonladder, majeur; *major scale* grotetertstoonladder, grotetertstoonschaal, grote toonladder, majeur(toonschaal), dur; *major third* grote terts ⟨schaaksp⟩ *major piece* zwaar stuk; ⟨bridge⟩ *major suit* hoge kleur
³**ma·jor** /meɪdʒə, ᴬ-ər/ [bn, postnom] senior, major, de oudere ♦ *Rowland major* Rowland senior, Rowland de oudere ⟨voornamelijk op kostscholen⟩ ⓘ *Friars Major* dominicanen
ma·jor-do·mo /meɪdʒədoumou, ᴬ-dʒər-/ [telb zn] ① hofmeester ② majordomus, eerste bediende, butler
ma·jor·ette /meɪdʒəret/ [telb zn] majorette
major general [telb zn] ⟨mil⟩ generaal-majoor
major in [onov ww] ⟨AE⟩ als hoofdvak(ken) hebben, (als hoofdvak) studeren ♦ *she's majoring in English literature* zij heeft Engelse literatuur als hoofdvak, zij studeert Engelse letterkunde
ma·jor·i·tar·i·an /mədʒɒrɪteəriən, ᴬmədʒɑrɪteriən/ [telb zn] ⟨AE⟩ lid van de zwijgende meerderheid
¹**ma·jor·i·ty** /mədʒɒrəti, ᴬmədʒɑrəti/ [telb zn; voornamelijk enk] ① meerderheid, majoriteit ⟨van stemmen⟩, stemmenmeerderheid ② ⟨jur⟩ meerderjarigheid, majoriteit ♦ *attain/reach one's majority* meerderjarig worden ③ ⟨mil⟩ majoorsrang
²**ma·jor·i·ty** /mədʒɒrəti, ᴬmədʒɑrəti/ [verzameln] meerderheid, meeste ♦ ⟨euf⟩ *go/pass over to the majority* zich bij zijn voorvaderen voegen, doodgaan; *the great majority was/were against the new plans* de grote meerderheid was tegen de nieuwe plannen; *in the majority* in de meerderheid; ⟨euf⟩ *join the (great) majority* zich bij zijn voorvaderen voegen, doodgaan; *the majority of people* de meeste mensen

majority leader

majority leader [telb zn] ⟨AE⟩ fractievoorzitter van de meerderheid
majority rule [niet-telb zn] meerderheidsbeginsel
majority verdict [telb zn] ⟨jur⟩ uitspraak met meerderheid van stemmen ⟨van jury⟩
ma·jor·ly /ˈmeɪdʒəli, ˄-ərli/ [bw] ⟨inf⟩ uiterst, vet, heel erg ♦ *he is majorly insane* hij is compleet gestoord
ma·jor·med·i·cal [niet-telb zn] ⟨AE⟩ ziekte(kosten)verzekering ⟨met eigen risico⟩
ma·jors /ˈmeɪdʒəz, ˄-ərz/ [alleen mv] ⟨sport⟩ de American League en de National League, ± hoogste klassen ⟨van beroepshonkballers⟩
ma·jor·ship /ˈmeɪdʒəʃɪp, ˄-ər-/ [telb zn] ⟨mil⟩ majoorsrang, majoorschap
¹ma·jus·cule /ˈmædʒəskjuːl/ [telb zn] ⟨boek⟩ hoofdletter, kapitaal, majuskel, unciaal
²ma·jus·cule /ˈmædʒəskjuːl/ [telb + niet-telb zn] ⟨boek⟩ majuskelschrift
³ma·jus·cule /ˈmædʒəskjuːl/, **ma·jus·cu·lar** /məˈdʒʌskjʊlə, ˄-kjələr/ [bn] majuskel-, in hoofdletters, in kapitalen, in majuskelschrift
¹make /meɪk/ [telb zn] ① ⟨benaming voor⟩ uitvoering, model, type, vorm, snit, coupe ♦ *boats of various makes* verschillende typen boten; *the make of a shirt* het model/de snit van een overhemd ② bouw, constructie ③ merk ♦ *a famous make of dress* een jurk van een beroemd merk ④ lichaamsbouw ⑤ natuur, aard, karakter, soort, slag ♦ *a man of your make* een man van jouw slag ⑥ productie ⑦ ⟨sl⟩ gleuf, stoot, stuk
²make /meɪk/ [niet-telb zn] ① fabricage, vervaardiging, constructie ② maaksel, fabricaat, makelij ♦ *of bad make* van slechte makelij, van slecht fabricaat ③ ⟨kaartsp⟩ het schudden, het wassen ④ ⟨elek⟩ sluiting ⟨van stroomcircuit⟩ ⑤ ⟨sl⟩ *on the make* op (eigen) voordeel uit, op winst uit, op de versiertoer, op jacht ⟨naar man/vrouw⟩; *that young man is really on the make* die jongeman is een echte streber; ⟨inf⟩ *put the make on a girl* een meisje trachten te versieren
³make /meɪk/ [onov ww; made, made] ① doen, zich gedragen, handelen ♦ *make as if/though* doen alsof; op het punt staan; ⟨inf⟩ *make like a lion* een leeuw nadoen/spelen/nadoen ② gaan, zich begeven, leiden ♦ ⟨vero⟩ *make after a hare* een haas achtervolgen, achter een haas aan gaan; *make in the direction of the barn* de kant van de schuur opgaan, richting schuur gaan; *we were making toward(s) the woods* wij gingen naar de bossen ③ op het punt staan; *they made to depart* zij stonden op het punt te vertrekken ④ opkomen, aflopen ⟨van getijde⟩ ♦ *the flood makes* de vloed komt op(zetten) ⑤ ⟨kaartsp⟩ de slag maken/winnen, houden ♦ *my ace made* mijn aas hield ⚬ *make against s.o.* ongunstig zijn voor iemand, iemand schaden; *this story makes against your case* dit verhaal pleit tegen jouw zaak; *make at s.o.* op iemand afstormen, op iemand afstuiven; *make away with* doden, uit de weg ruimen; over de balk gooien, kwijtraken ⟨geld⟩; meenemen, jatten, stelen; *make away with o.s.* zich van kant maken, zelfmoord plegen; *make away/off* hem smeren, ervandoor gaan; *make believe* spelen, doen alsof, veinzen, wijsmaken; *they make believe that they are mum and dad/to be mum and dad* ze spelen vader en moeder, ze doen alsof ze vader en moeder zijn; *make do* zich behelpen, het moeten doen/stellen; *make do and mend* zich behelpen met oud goed, het met oude spullen doen; *you'll have to make do with this old pair of trousers* je zult het met deze oude broek moeten doen; zie: **make for**; *make off with* wegnemen, meenemen, stelen, jatten; verkwisten, over de balk gooien; zie: **make out**; zie: **make up**; ⟨AE; sl⟩ *make with* komen met, brengen; maken, doen, uitvoeren; *make with the show* vooruit met de show, kom op met de show; *come on, make with the work* vooruit, doe het werk; → **making**

⁴make /meɪk/ [ov ww; made, made] ① maken, vervaardigen, bouwen, fabriceren, scheppen, voortbrengen, veroorzaken, bereiden, (op)maken, opstellen ⟨wet, testament⟩, aanleggen ⟨vuur⟩ ♦ *make the bill* de rekening uitschrijven/opmaken; *make coffee/tea* koffie/thee zetten; *make dinner* het warme eten klaarmaken; *make a chair from paper* een stoel van papier maken; *make a house* een huis bouwen; *God made man* God schiep de mens; *make an awful noise* een vreselijk lawaai produceren; *make of* maken/bouwen van; *a bridge made of stone* een brug van steen, een stenen brug; ⟨fig⟩ *show them what you are made of* toon wat je waard bent, laat hen zien wat voor vlees ze in de kuip hebben; *they made a cupboard out of oak* zij maakten een kast van eikenhout; *make over a dress* een jurk vermaken/verstellen; *make room* plaatsmaken; *I didn't make these rules* ik heb deze regels niet gemaakt; *they made a lot of trouble for us* zij bezorgden ons een hoop last; *that boy's as fast/bad as they make 'em* die jongen is zo snel/slecht als maar kan ② in een bepaalde toestand/positie brengen, maken, vormen, maken tot, benoemen tot/als ♦ *he makes the windows clean* hij maakt de ramen schoon; *make a stone into an axe* van een steen een bijl maken; *make a day/night of it* er een (mooi) dagje/mooie nacht van maken; *the letter made mother happy* de brief maakte moeder blij; *you've made such a happy man out of me* je hebt van mij zo'n gelukkig mens gemaakt; *make over* vernieuwen, opnieuw inrichten, remodelleren; *make over sth. (into)* iets veranderen (in); *my old school was made over into a cinema* mijn oude school is omgebouwd tot bioscoop; *the shock treatment made him over into a wreck* de schokbehandeling maakte een wrak van hem; *make the news public/known* het nieuws openbaar maken/bekendmaken; *the workers made him their spokesman* de arbeiders maakten hem tot hun woordvoerder; *John made her his wife* John maakte haar tot zijn vrouw; John trouwde haar ③ (ver)krijgen, (be)halen, binnenhalen ⟨winst⟩, hebben ⟨winst⟩, lijden ⟨verlies⟩, verdienen, scoren, maken ⟨punt enz.⟩, een slag maken met ⟨kaart⟩, ⟨bridge⟩ maken ⟨contract⟩ ♦ *make the ace* de slag maken/winnen met de aas; *make enough money to buy a house* genoeg geld verdienen om een huis te kopen; *he made a lot on this deal* hij verdiende een hoop aan deze transactie; *make a packet/pile* een smak geld verdienen/opstrijken; *make a profit of two euros* een winst van twee euro maken; ⟨kaartsp⟩ *make a trick* een slag/trek maken, een slag binnenhalen ④ laten, ertoe brengen, doen, maken dat, dwingen ♦ *you think you can make this old car ride again* je denkt deze oude wagen weer aan de praat te kunnen krijgen; *she made the food go round* ze zorgde ervoor dat er genoeg eten was voor iedereen; *he made himself heard by speaking loud and clear* hij maakte zichzelf hoorbaar/verstaanbaar door hard en duidelijk te spreken; *you can't make me* je kunt me niet dwingen; *make mother listen to me* zorg dat moeder naar mij luistert; *the police made Randy sign the confession* de politie dwong Randy de bekentenis te tekenen; *the story made her laugh* het verhaal maakte haar aan het lachen; *Tom was made to tell his adventures once more* Tom moest zijn avonturen nog eens vertellen; *her words made me feel ashamed* door haar woorden ging ik me schamen ⑤ voorstellen als, doen lijken op, afschilderen (als), maken van ♦ *the picture makes her very beautiful* op het schilderij komt ze heel mooi over; *this book makes the Second World War end in 1943* dit boek laat de Tweede Wereldoorlog eindigen in 1943; *the director made Macbeth a villain* de regisseur maakte van Macbeth een schurk ⑥ schatten (op), komen op ♦ *they make the distance a day's walk* zij schatten de afstand op een dag lopen; *I make it seven thirty* ik heb het halfacht, volgens mij is het halfacht; *what do you make the time?* hoe laat is het volgens u?, hoe laat heeft u het? ⑦ worden, maken, zijn ♦ *a hundred pence make a pound* honderd pence is een pond; *three*

make

and four make **seven** drie en vier is zeven; *this makes the fourth* **stop** *on such a short trip* dit wordt de vierde rust op zo'n kort reisje; *'buy' makes in the past* **tense** *'bought'* 'buy' wordt in de verleden tijd 'bought'; *that makes three who want whisky* dat zijn er drie die whisky willen 8 (geschikt) zijn (voor), vormen, (op)leveren, worden ♦ *this boy will never make a musician* deze jongen zal nooit een musicus worden; *the man is made for this job* de man is geknipt voor deze baan, deze baan is de man op het lijf geschreven; *that novel makes pleasant reading* die roman laat zich lekker lezen; *this woman will make you the perfect secretary* deze vrouw zal de volmaakte secretaresse voor je zijn; *this* **worsted** *will make a fine suit* dit kamgaren zal een goed pak opleveren, uit dit kamgaren kan een goed pak gemaakt worden 9 **afleggen,** overbruggen, doen ♦ *make a few more* **miles** nog een paar mijl afleggen 10 **bereiken,** komen tot, halen (snelheid), gaan, halen, pakken (trein), zien, in zicht krijgen (land), bereiken (rang), worden, komen in, halen (ploeg) ♦ *make an* **appointment** op tijd zijn voor een afspraak; *this car makes a hundred and thirty km/h* deze auto haalt honderddertig km/u, deze auto rijdt honderddertig; *make* **it** op tijd zijn, het halen; (fig) succes hebben, slagen; (sl) haastig vertrekken; *have (got)* **it** *made* gebeiteld zitten, niet meer stuk kunnen, geslaagd zijn, op rozen zitten; *after that he made* **major** daarna werd hij majoor; *make the front* **pages** de voorpagina's halen; *the ship made the* **port** *at midnight* het schip liep om middernacht de haven binnen; *make a* **team** in een team komen/raken 11 **doen** (met handeling als object), verrichten, uitvoeren (onderzoek), geven (belofte), nemen (proef), houden (redevoering), voelen, hebben (twijfels) ♦ *make* **arrangements** plannen maken, regelen; *make a* **decision** een beslissing nemen, beslissen; *make an* **effort** een poging doen, pogen; *make a* **guess** *(at)* een gok doen (naar), schatten; *make an* **offer** een bod doen, bieden; *make a* **phone** *call* opbellen; *make a* **request** een verzoek doen, verzoeken, vragen; *make* **war** *against/on/with* oorlog voeren tegen/met 12 **opmaken** (bed) 13 **eten,** tot zich nemen ♦ *make a good* **breakfast** stevig ontbijten 14 **de gunst/liefde winnen van,** (i.h.b.) verleiden, versieren 15 (inf) **tot een succes maken,** het hem doen, afmaken, de finishing touch geven ♦ *the dark colours make the* **picture** de donkere kleuren maken het schilderij af, de donkere kleuren doen het hem in het schilderij; *make sth. of o.s.* succes hebben, slagen (in het leven) 16 (kaartsp) **schudden,** wassen, mêleren 17 (elek) **inschakelen,** sluiten (stroomcircuit) ▫ *make or* **break** erop of eronder, alles of niets; *this new film will make him or* **break** *him* deze nieuwe film kost hem zijn kop of brengt hem succes, met deze nieuwe film is het erop of eronder voor hem; *this fool can make or* **break**/**mar** *the project* deze gek kan het project maken of breken; *make sth.* **do** zich met iets behelpen, zich redden met iets; *you'll have to make this bike* **do** je zult het met deze fiets moeten doen; (sl) *make* **it** het doen, een nummertje maken, naaien; *let's make* **it** *next week* laten we (voor) volgende week afspreken, laten we volgende week nemen; *make* **little** *of* onbelangrijk vinden, weinig geven om; weinig hebben aan, weinig profijt trekken van; weinig begrijpen van; *he made* **little** *of this wonderful opportunity* hij deed weinig met deze prachtkans; *make/mend or* **mar** erop of eronder, alles of niets; *make the* **most** *of* het beste van maken; zoveel mogelijk profiteren van, zijn voordeel doen met; *make* **much** *of* benadrukken, belangrijk vinden; overdrijven; winst slaan uit, veel hebben aan, veel begrijpen van; veel aandacht schenken aan; *make* **much** *of a girl* veel werk maken van een meisje; *they never made* **much** *of reading at home* thuis vonden ze lezen nooit belangrijk; *make* **nothing** *of* gemakkelijk doen (over), geen problemen maken van; niets begrijpen van; *the horses made* **nothing** *of the obstacles* de paarden namen de hindernissen met gemak; *what do you make* **of** *that story?* wat denk jij van dat verhaal?; *they couldn't make anything* **of** *my notes* ze begrepen niets van mijn aantekeningen; *be made* **one** trouwen; zie: **make out;** *make* **over** overmaken, toewijzen; *he made* **over** *all his money to his daughter* hij vermaakte al zijn geld aan zijn dochter; (inf) *make sth.* **of** *it* overdrijven, opblazen, dramatiseren; ruzie maken, mot zoeken; erom vechten; *want to make sth.* **of** *it?* zocht je soms mot?, knokken?; (inf) *that makes two of us* dat geldt ook voor mij, dan kunnen we elkaar een hand geven, hier idem dito; zie: **make up;** (sprw) *it takes two to make a* **bargain** ± voor een afspraak zijn er twee nodig; (sprw) *beauty won't make the pot boil* ± wel zingen en schoon haar, profiteloze waar; (sprw) *as you make your bed, so must you lie in it* men moet zijn bed maken zoals men slapen wil; (sprw) *promises are like pie crust, made to be broken* ± op grote beloften volgen dikwijls kleine giften, ± in 't land van belofte sterft men van armoede, ± beloven en doen is twee; (sprw) *company in distress makes sorrow less* gedeelde smart is halve smart; (sprw) *the last drop makes the cup run over* de laatste druppel doet de emmer overlopen; (sprw) *empty barrels/vessels make the most sound* holle vaten klinken het hardst; (sprw) *the end makes all equal* ± edel, arm en rijk maakt de dood gelijk; (sprw) *fine feathers make fine birds* ± de kleren maken de man; (sprw) *fingers were made before forks* ± gebruik je handen maar; (sprw) *absence makes the heart grow fonder* afwezigheid versterkt de liefde; (sprw) *God made the country and man made the town* ± God maakte het land en de mens de stad; (sprw) *a good husband makes a good wife* ± die goed doet, goed ontmoet; (sprw) *a green winter makes a fat churchyard* zachte winters, vette kerkhoven; (sprw) *haste makes waste* ± haastige spoed is zelden goed; (sprw) *make hay while the sun shines* men moet het ijzer smeden als het heet is, men moet hooien als de zon schijnt; (sprw) *early to bed and early to rise, makes a man healthy, wealthy and wise* ± vroeg op en vroeg naar bed te zijn, dat is de beste medicijn, ± vroeg uit en vroeg onder dak, is gezond en groot gemak; (sprw) *(a) heavy purse makes a light heart* het goud verlicht het hart; (sprw) *make yourself all honey and the flies will devour you* die zich schaap maakt wordt door de wolf gevreten; (sprw) *you can lead a horse to the water but you can't make it drink* men kan een paard wel in 't water trekken, maar het niet dwingen te drinken; (sprw) *a light purse makes a heavy heart* ± platte beurzen maken kranke zinnen, ± berooide beurs, berooide zinnen; (sprw) *many hands make light work* veel handen maken licht werk; (sprw) *it is love that makes the world go round* ± liefde laat de wereld draaien; (sprw) *manners maketh man* ± met de hoed in de hand komt men door het ganse land; (sprw) *clothes do not make the man* kleren maken de man niet; (sprw) *marriages/matches are made in heaven* huwelijken worden in de hemel gesloten; (sprw) *many a little makes a mickle/many a mickle makes a muckle* veel kleintjes maken een grote; (sprw) *he who makes no mistakes makes nothing* ± niet schieten is zeker mis, ± waar gehakt wordt vallen spaanders; (sprw) *money makes the mare go* ± het geld is de ziel der negotie, ± geld doet alle deuren open; (sprw) *an old poacher makes the best keeper* ± ex-stropers zijn de beste boswachters; (sprw) *you cannot make an omelette without breaking eggs* waar gehakt wordt, vallen spaanders; (sprw) *opportunity makes the thief* de gelegenheid maakt de dief; (sprw) *peace makes plenty* ± vrede brengt welvaart; (sprw) *practice makes perfect* oefening baart kunst; (sprw) *prosperity makes friends, adversity tries them* in het geluk wel broodvrienden, in de armoede geen noodvrienden, als de pot kookt dan bloeit de vriendschap, als de hond in de pot is vlieden de vrienden; (sprw) *it takes two to make a quarrel* waar twee kijven hebben beiden schuld; (sprw) *hope deferred maketh the heart sick* ± als men in zijn verwachtingen teleurgesteld wordt, laat men het hoofd hangen, ± hoop doet leven; (sprw) *you cannot*

make-and-break

make a silk purse out of a sow's ear men kan van een varkensoor geen fluwelen beurs maken; ⟨sprw⟩ *make haste slowly* haast u langzaam; ⟨sprw⟩ *it takes all sorts to make a world* ± op de wereld vind je allerlei soorten mensen, ± zulke mensen moeten er ook zijn; ⟨sprw⟩ *a still tongue makes a wise head* ± het is vaak verstandig om je mond te houden, ± spreken is zilver, zwijgen is goud; ⟨sprw⟩ *adversity makes strange bedfellows* algemene nood maakt vijanden tot vrienden, het zijn vrienden als Herodes en Pilatus; ⟨sprw⟩ *one swallow doesn't make a summer* één zwaluw maakt nog geen zomer; ⟨sprw⟩ *what one loses on the swings one makes up on the roundabouts* ± de winsten moeten de verliezen compenseren; ⟨sprw⟩ *the tailor makes the man* de kleren maken de man; ⟨sprw⟩ *vows made in storms are forgotten in calms* een belofte in dwang en duurt niet lang; ⟨sprw⟩ *two wrongs do not make a right* ± dat iemand anders een fout maakt, is geen excuus om ook die fout te maken, ± vergeld kwaad niet met kwaad; → **making**

make-and-break [telb zn; ook attributief] ⟨elek⟩ onderbreker ♦ *make-and-break contact* omschakelcontact

¹**make-be·lieve, make-be·lief** [telb zn] 1 voorwendsel 2 ⟨benaming voor⟩ iemand die doet alsof, veinzer, huichelaar, toneelspeler, komediant 3 ⟨psych⟩ neiging om in fantasiewereld te leven

²**make-be·lieve, make-be·lief** [niet-telb zn] schijn, fantasie, komedie, het doen alsof, spel ♦ *this fight is just make-believe* dit gevecht is maar voor de schijn; *a world of make-believe* een schijnwereld/fantasiewereld

³**make-be·lieve** [bn] schijn-, fantasie-, gespeeld, voorgewend

make-do [bn] tijdelijk, nood-, geïmproviseerd

make for [onov ww] 1 gaan naar, zich begeven naar, aansturen op ♦ *we made for the nearest pub* we gingen naar de dichtstbijzijnde kroeg; *the ship made for open sea* het schip stuurde op open zee aan 2 afstormen op, afstuiven op ♦ *everyone made for the bar* iedereen stoof naar de bar; *two policemen made for the sailor* twee agenten stormden op de matroos af 3 bevorderen, leiden tot, bijdragen tot, pleiten voor, zorgen voor ♦ *this new chair makes for more comfortable sitting* deze nieuwe stoel maakt het zitten comfortabeler; *drinking two pints of beer a day makes for good health* twee glazen bier per dag bevordert een goede gezondheid

¹**make out** [onov ww] ⟨inf⟩ 1 klaarspelen, het maken, zich redden ♦ *the European industry is not making out as bad as everybody says* met de Europese industrie gaat het niet zo slecht als iedereen zegt 2 een relatie hebben, ⟨i.h.b.⟩ verkering hebben ♦ *how are you making out with Leila?* hoe gaat het tussen jou en Leila? 3 vrijen

²**make out** [ov ww] 1 uitschrijven, opmaken, invullen ♦ *make out a cheque to/in favour of* een cheque uitschrijven op naam van/ten gunste van 2 beweren, verkondigen ♦ *she makes herself out to be very rich* zij beweert dat ze erg rijk is; *he made out that he could read and write at the age of two* hij beweerde dat hij (al) kon lezen en schrijven toen hij twee was 3 onderscheiden, zien ♦ *we could just make out the main building in the rain* we konden nog net het hoofdgebouw onderscheiden in de regen 4 ontcijferen ♦ *only mother can make out father's writing* alleen moeder kan vaders handschrift ontcijferen 5 begrijpen, snappen, er achter komen, hoogte krijgen van ♦ *we couldn't make out if/whether they wanted to move or not* we konden er niet achter komen/wisten niet of ze nu wilden verhuizen of niet; *I can't make Mary out* ik kan geen hoogte van Mary krijgen, ik begrijp Mary niet; *I can't make out this message* ik snap dit bericht niet 6 voorstellen (als), afschilderen (als), uitmaken voor ♦ *they made John out to be a hypocrite* zij maakten John voor hypocriet 7 (proberen te) bewijzen ♦ *how do you make that out?* hoe kom je daar bij?, hoe bewijs je dat? 8 ⟨bij⟩ elkaar krijgen ⟨boekdeel, geld⟩

make·o·ver [telb zn] opknapbeurt, facelift, metamorfose(behandeling)

make-peace [telb zn] vredestichter

mak·er /meɪkə, ˄-ər/ [telb zn] 1 ⟨vaak in samenstellingen⟩ maker, fabrikant, producent 2 ⟨jur⟩ ondertekenaar van een promesse 3 ⟨vero⟩ dichter

Mak·er /meɪkə, ˄-ər/ [eigenn] Schepper, Maker ♦ *the/our Maker* de/onze Schepper · *meet one's Maker* sterven, dood gaan

make-read·y [niet-telb zn] het toestellen ⟨van drukvorm⟩

¹**make-shift** [telb zn] tijdelijke vervanging, noodoplossing

²**make-shift** [bn] voorlopig, tijdelijk, nood-, geïmproviseerd

¹**make up** [onov ww] 1 zich opmaken, zich grimeren, zich schminken, ⟨bij uitbreiding⟩ zich verkleden 2 zich verzoenen, weer goedmaken, vrede sluiten (met elkaar) · *make up for* compenseren, opwegen tegen; weer goedmaken, vergoeden; *make up into* opleveren ⟨van stof⟩; *this will make up into two pairs of trousers* hier kan men twee broeken uit maken, dit is voor twee broeken; *make up to s.o.* bij iemand in de gunst zien te komen; iemand het hof maken, flirten met iemand; op iemand afkomen, afgaan op iemand; *make up to s.o. for sth.* iemand iets vergoeden; iets goedmaken met/bij iemand; *how can we ever make up to them for this?* hoe kunnen we hen dit ooit doen vergeten?; *this girl didn't like being made up to at all* dit meisje stelde het geflirt helemaal niet op prijs

²**make up** [ov ww] 1 opmaken, schminken, grimeren, ⟨bij uitbreiding⟩ verkleden, aankleden ♦ *a heavily made up woman* een zwaar opgemaakte vrouw 2 bijleggen, goedmaken ⟨ruzie⟩ ♦ *make it up (with s.o.)* weer vrienden worden (met iemand) 3 volledig/voltallig maken, aanvullen, aanzuiveren ♦ *father made up the difference of three pound* vader vulde het verschil van drie pond aan, vader legde de ontbrekende drie pond bij; *I asked Nina if she would make up a four at our game of scrabble* ik vroeg Nina of zij de vierde man wilde zijn in ons spelletje scrabble; *make up to* aanvullen tot ⟨bepaald bedrag⟩ 4 vergoeden, goedmaken, compenseren, teruggeven, terugbetalen ♦ *make up lost ground* de schade inhalen, verloren terrein herwinnen; *I don't mind working an extra day, provided it is made up to me later on* ik vind het niet erg om een extra dag te werken, als het later maar vergoed wordt; *make up a loss* een verlies goedmaken; *make up the money you owe him* geef hem het geld terug dat je hem schuldig bent 5 verzinnen, uit zijn duim zuigen, uit zijn mouw schudden ♦ *make up an excuse* een excuus verzinnen 6 opmaken ⟨pagina, e.d.⟩ 7 vormen, samenstellen ♦ *the group was made up of four musicians* de groep bestond uit vier muzikanten; *forty men and thirty women made up the whole tribe* veertig mannen en dertig vrouwen vormden de hele stam 8 maken, opstellen, tot stand brengen, klaarmaken ⟨medicijn⟩, bereiden, maken tot (pakje), (kleren) maken (van), naaien, verwerken ♦ *two skirts could be made up from that length* twee rokken konden uit dat stuk gemaakt worden; *we made up the heap of old clothes into twenty bundles of equal size* van de hoop oude kleren maakten we twintig even grote bundeltjes; *mother made us up a sandwich lunch* moeder maakte voor ons een lunchpakket klaar; *make up today's orders* de bestellingen van vandaag klaarmaken; *he made up a parcel of his old books* hij maakte een pakje van zijn oude boeken; *make up a poem* een gedicht maken; *make up a shirt* een overhemd maken/naaien; *make up a treaty* een verdrag opstellen 9 opmaken ⟨bed⟩ 10 aanleggen ⟨vuur, kachel⟩, hout/kolen/olie gooien op/in 11 verharden ⟨weg⟩, asfalteren, betonneren, bitumineren 12 overdoen ⟨college, examen⟩, inhalen 13 bij elkaar krijgen ⟨geld, publiek⟩, verzamelen · ⟨sprw⟩ *what one los-*

es on the swings one makes up on the roundabouts ± de winsten moeten de verliezen compenseren

¹**make-up** /ˈmeɪkʌp/ [telb zn; voornamelijk enk] [1] aard, karakter, natuur [2] samenstelling, opbouw ♦ *the make-up of the committee* de samenstelling van het comité [3] grime ⟨van toneelspeler⟩, opmaak, vermomming, verkleding, make-up [4] ⟨drukw⟩ opmaak ⟨van zetsel⟩ [5] verzinsel, leugen [6] ⟨vnl AE⟩ herkansing, herexamen

²**make-up** /ˈmeɪk-tɛlb zn/ [niet-telb zn] [1] make-up, ⟨i.h.b.⟩ schmink, grimeersel [2] het opmaken ⟨van pagina, e.d.⟩

make-up girl [telb zn] grimeuse, schminkster

make-up man [telb zn] grimeur, schminker

make·weight [telb zn] [1] aanvulling ⟨tot vereist gewicht⟩ [2] aanvulsel, opvuller ⟨van persoon⟩ [3] (onbelangrijk) toevoegsel, bladvulling, stoplap [4] tegenwicht ⟨ook figuurlijk⟩

make-work [niet-telb zn] ⟨AE⟩ nutteloos werk, werkverschaffing

¹**mak·ing** /ˈmeɪkɪŋ/ [telb zn; oorspronkelijk gerund van make] product, maaksel

²**mak·ing** /ˈmeɪkɪŋ/ [niet-telb zn; oorspronkelijk gerund van make] [1] vervaardiging, fabricage, maak(sel) ♦ *your troubles are of your own making* je hebt je problemen aan jezelf te danken/wijten [2] aanmaak [•] *study will be the making of him* studie zal hem hogerop brengen; *in the making* in de maak, in voorbereiding, in ontwikkeling, op komst; *a magician in the making* een tovenaar in spe; *that last job was the making of him* die laatste baan bracht hem succes

-**mak·ing** /ˈmeɪkɪŋ/ makend ♦ *sick-making* misselijk makend

mak·ings /ˈmeɪkɪŋz/ [alleen mv; oorspronkelijk gerund van make] [1] verdiensten [2] ingrediënten ⟨ook figuurlijk⟩, benodigdheden, (juiste) kwaliteiten, aanleg ♦ *he has the makings of a great film director* hij heeft het in zich om een groot filmregisseur te worden [3] ⟨AE, AuE⟩ shag en vloei

mak·ing-up day [telb zn] ⟨ec⟩ eerste rescontredag

mak·ing-up price [telb zn] ⟨ec⟩ passagekoers, rescontrekoers

ma·ko /ˈmɑːkoʊ/ [telb zn] ⟨dierk⟩ makreelhaai ⟨genus Isurus; in het bijzonder *I. glaucus, I. oxyrhynchus*⟩

mal- /mæl/ [1] slecht, mis-, wan- ♦ *malformed* misvormd, mismaakt; *maladjusted* slecht geregeld; *maladministration* wanbestuur [2] on- ♦ *malcontent* ontevreden

Mal [afk] [1] (Malachi) [2] (Malay(an))

¹**Ma·lac·ca** /məˈlækə/ [eigenn] [1] Malakka ⟨staat, stad in Maleisië⟩ ♦ *Strait of Malacca* Straat van Malakka [2] Straat van Malakka

²**Ma·lac·ca** /məˈlækə/, ⟨ook⟩ **Malacca cane** [telb zn] rotan(wandel)stok

mal·a·chite /ˈmæləkaɪt/ [niet-telb zn] ⟨geol⟩ malachiet ⟨mineraal⟩

mal·a·col·o·gy /ˌmæləˈkɒlədʒi/, ᴬ-ˈkɑː-/ [niet-telb zn] ⟨dierk⟩ malacologie ⟨weekdierenwetenschap⟩

mal·a·dapt /ˌmæləˈdæpt/ [ov ww] slecht/verkeerd aanpassen/aanwenden

mal·ad·just·ed /ˌmæləˈdʒʌstɪd/ [bn] [1] slecht geregeld ⟨voornamelijk techniek⟩ ♦ *a maladjusted machine* een slecht afgestelde machine [2] ⟨psych⟩ onaangepast ♦ *maladjusted behaviour* onaangepast gedrag [3] ⟨ec⟩ onevenwichtig

mal·ad·just·ment /ˌmæləˈdʒʌs(t)mənt/ [niet-telb zn] [1] slechte regeling ⟨voornamelijk techniek⟩ [2] ⟨psych⟩ onaangepastheid [3] ⟨ec⟩ onevenwichtigheid

mal·ad·min·is·ter /ˌmælədˈmɪnɪstə, ᴬ-ər/ [ov ww] slecht besturen/beheren

mal·ad·min·is·tra·tion /ˌmælədmɪnɪˈstreɪʃn/ [niet-telb zn] wanbestuur, wanbeheer

mal·a·droit /ˌmæləˈdrɔɪt/ [bn; bw: ~ly; zn: ~ness] ⟨form⟩ onhandig ⟨ook figuurlijk⟩, klungelig, tactloos

mal·a·dy /ˈmælədi/ [telb zn] ⟨form⟩ kwaal, plaag, ziekte ♦ *a social malady* een sociale plaag

¹**ma·la·fi·de** /ˌmæləˈfaɪdi/ [bn, attr] malafide, onbetrouwbaar

²**ma·la·fi·de** /ˌmæləˈfaɪdi/ [bw] te kwader trouw

Mal·a·ga /ˈmæləɡə/ [eigenn, telb zn] malaga(wijn)

¹**Mal·a·gas·y** /ˌmæləˈɡæsi/ [eigenn] Malagasi ⟨taal van Madagaskar⟩

²**Mal·a·gas·y** /ˌmæləˈɡæsi/ [telb zn] Malagassiër, Malagassische, inwoner/inwoonster van Madagaskar

³**Mal·a·gas·y** /ˌmæləˈɡæsi/ [bn, attr] Malagassisch ♦ *Malagasy Republic* (Republiek) Madagaskar

mal·aise /məˈleɪz/ [telb + niet-telb zn] [1] malaise, onbehagen ♦ *a period of social malaise* een periode van sociale malaise [2] onbehaaglijkheid, wee gevoel ⟨zonder duidelijk ziektebeeld⟩

ma·la·mute, ma·le·mute /ˈmæləmjuːt/ [telb zn] Alaskaanse eskimohond, husky ⟨voornamelijk sledehond⟩

malanders [alleen mv] → **mallenders**

¹**mal·a·pert** /ˈmæləpɜːt, ᴬ-pɜrt/ [telb zn] ⟨vero⟩ brutaaltje, ⟨België⟩ onbeleefderik

²**mal·a·pert** /ˈmæləpɜːt, ᴬ-pɜrt/ [bn; bw: ~ly; zn: ~ness] ⟨vero⟩ brutaal, onbeschoft, vrijpostig

mal·a·prop·i·an /ˌmæləˈproʊpiən, ᴬ-ˈprɑː-/, **mal·a·prop** /ˈmæləprɒp, ᴬ-prɑːp/ [bn, attr] ⟨m.b.t. (grappige) verspreking/dooreenhaspeling van woorden⟩

mal·a·prop·ism /ˈmæləprɒpɪzm, ᴬ-prɑː-/, **malaprop** [telb zn] (grappige) verspreking, dooreenhaspeling van woorden

¹**mal·a·pro·pos** /ˌmæləprəˈpoʊ/ [telb zn; mv: malapropos] ⟨form⟩ inopportuun iets ⟨woord, daad, gebeurtenis⟩

²**mal·a·pro·pos** /ˌmæləprəˈpoʊ/ [bn] ⟨form⟩ inopportuun, ongelegen ♦ *a malapropos remark* een inopportune/verkeerde opmerking

³**mal·a·pro·pos** /ˌmæləprəˈpoʊ/ [bw] ⟨form⟩ mal-à-propos, te onpas

¹**ma·lar** /ˈmeɪlə, ᴬ-ər/ [telb zn] ⟨anat⟩ jukbeen, wangbeen

²**ma·lar** /ˈmeɪlə, ᴬ-ər/ [bn, attr] ⟨anat⟩ jukbeen-, wangbeen-

ma·lar·i·a /məˈleəriə, ᴬ-ˈleriə/ [telb + niet-telb zn] ⟨med⟩ malaria, moeraskoorts

ma·lar·i·al /məˈleəriəl, ᴬ-ˈler-/, **ma·lar·i·an** /-iən/, **ma·lar·i·ous** /-iəs/ [bn] malaria- ♦ *malarial district* malariastreek; *malarial patient* malarialijder, malariapatiënt

ma·lar·ky, ma·lar·key /məˈlɑːki, ᴬ-ˈlɑːr-/ [niet-telb zn] ⟨sl⟩ nonsens, onzin, kletspraat, leugens

Ma·la·wi /məˈlɑːwi/ [eigenn] Malawi

Malawi	
naam	Malawi *Malawi*
officiële naam	Republic of Malawi *Republiek Malawi*
inwoner	Malawian *Malawiër*
inwoonster	Malawian *Malawische*
bijv. naamw.	Malawian *Naamw.*
hoofdstad	Lilongwe *Lilongwe*
munt	Malawian kwacha *Malawische kwacha*
werelddeel	Africa *Afrika*
int. toegangsnummer 265 www .mw auto MW	

¹**Ma·la·wi·an** /məˈlɑːwiən/ [telb zn] Malawiër, Malawische

²**Ma·la·wi·an** /məˈlɑːwiən/ [bn] Malawisch, uit/van/m.b.t. Malawi

¹**Ma·lay** /məˈleɪ, ᴬˈmeɪleɪ/, **Ma·lay·an** /məˈleɪən/ [eigenn] Maleis, de Maleise taal

²**Ma·lay** /məˈleɪ, ᴬˈmeɪleɪ/, **Ma·lay·an** /məˈleɪən/ [telb zn] [1] Maleier, Maleise [2] Maleis hoen

³**Ma·lay** /məˈleɪ, ᴬˈmeɪleɪ/, **Ma·lay·an** /məˈleɪən/ [bn] Maleis ⟨m.b.t. volk/taal/gebied van Malaya/Maleisië⟩ ♦ *Malay Archipelago* Maleise Archipel; *Malay Peninsula* Malaya, Malakka

Malaya

Ma·lay·a /məleɪə/ [eigenn] [1] Malaya, Malakka ⟨schiereiland⟩ [2] Malaya ⟨bondsstaat van Maleisië⟩
Mal·a·ya·lam /mælɪɑːləm/ [eigenn] Malayalam ⟨taal van Malabar, India⟩
¹Ma·lay·o-Pol·y·ne·sian /məleɪoʊpɒlɪniːʒn, ᴬ-pɑ-/ [eigenn] ⟨taalk⟩ Maleis-Polynesisch, Austronesisch
²Ma·lay·o-Pol·y·ne·sian /məleɪoʊpɒlɪniːʒn, ᴬ-pɑ-/ [bn, attr] Maleis-Polynesisch ⟨m.b.t. gebied, bevolking, talen⟩
Ma·lay·sia /məleɪzɪə, ᴬməleɪʒə/ [eigenn] Maleisië

Malaysia	
naam	Malaysia *Maleisië*
officiële naam	Federation of Malaysia *Maleisië*
inwoner	Malaysian *Maleisiër*
inwoonster	Malaysian *Maleisische*
bijv. naamw.	Malaysian *Maleisisch*
hoofdstad	Kuala Lumpur *Kuala Lumpur*
munt	ringgit *ringgit*
werelddeel	Asia *Azië*
int. toegangsnummer 60 www .my auto MAL	

¹Ma·lay·sian /məleɪzɪən, ᴬməleɪʒn/ [telb zn] Maleisiër, Maleisische, inwoner/inwoonster van Maleisië
²Ma·lay·sian /məleɪzɪən, ᴬməleɪʒn/ [bn] Maleisisch ⟨van/uit/m.b.t. Maleisië⟩
¹mal·con·tent /mælkəntent, ᴬ-tent/ [telb zn] misnoegde, ontevredene
²mal·con·tent /mælkəntent, ᴬ-tent/, **mal·con·tent·ed** /mælkəntentɪd/ [bn] misnoegd, ontevreden, malcontent
• *the malcontent* de malcontenten
mal·dis·tri·bu·tion /mældɪstrɪbjuːʃn/ [telb + niet-telb zn] slechte verdeling
Mal·dive Is·lands /mɔːldaɪv aɪlən(d)z, mæl-/ [eigenn; werkwoord mv] Malediven ⟨eilandengroep⟩
Mal·dives /mɔːldɪvz/ [eigenn; werkwoord mv] Malediven ⟨eilandengroep⟩ • *Republic of the Maldives* (Republiek van de) Malediven
¹Mal·div·i·an /mɔːldɪvɪən, mæl-/, **Mal·di·van** /-daɪvn/ [telb zn] Maledivier, Maledivische
²Mal·div·i·an /mɔːldɪvɪən, mæl-/, **Mal·di·van** /-daɪvn/ [bn] Maledivisch
¹male /meɪl/ [telb zn] [1] mannelijk persoon [2] mannetje, mannelijk dier
²male /meɪl/ [bn] mannelijk ⟨ook figuurlijk⟩, manlijk, mannen-, viriel • *male chauvinism* (mannelijk) seksisme; *male(-voice) choir* mannenkoor; ⟨sl⟩ *male chauvinist pig* vuile seksist
³male /meɪl/ [bn, attr] [1] ⟨biol⟩ mannetjes- • *male coupling* mannetjeskoppeling; ⟨plantk⟩ *male fern* mannetjesvaren, bosvaren ⟨Dryopteris filix-mas⟩; *male monkey* mannetjesaap [2] ⟨techn⟩ buiten- • *male plug* mannetje; *male thread* buitendraad [·] *male screw* vaarschroef, schroefbout
male bonding [niet-telb zn] kameraadschap, camaraderie
¹mal·e·dic·tion /mælɪdɪkʃn/ [telb zn] ⟨vnl form⟩ vervloeking, vloek, verwensing
²mal·e·dic·tion /mælɪdɪkʃn/ [niet-telb zn] ⟨vnl form⟩ lasterpraat, laster, kwaadsprekerij
mal·e·dic·tive /mælɪdɪktɪv/, **mal·e·dic·to·ry** /-dɪktri/ [bn, attr] vervloekend, vloek-
mal·e·fac·tion /mælɪfækʃn/ [telb + niet-telb zn] ⟨vnl form⟩ misdaad
mal·e·fac·tor /mælɪfæktə, ᴬ-ər/ [telb zn] ⟨vnl form⟩ boosdoener, misdadiger
ma·lef·ic /məlefɪk/ [bn] ⟨vnl form⟩ verderfelijk, noodlottig, schadelijk, nadelig
ma·lef·i·cence /məlefɪsns/ [niet-telb zn] ⟨vnl form⟩ [1] misdadigheid, boosaardigheid, kwaadaardigheid [2] schadelijkheid, nadeligheid, verderfelijkheid
ma·lef·i·cent /məlefɪsnt/ [bn] ⟨form⟩ [1] misdadig, boosaardig, kwaadaardig [2] schadelijk, nadelig, verderfelijk • *maleficent to s.o.'s reputation* schadelijk voor iemands reputatie
ma·lev·o·lence /məlevələns/ [niet-telb zn] ⟨vnl form⟩ [1] kwaadwilligheid, kwaadaardigheid, boosaardigheid [2] onheilbrengende invloed ⟨m.b.t. bijgeloof⟩
ma·lev·o·lent /məlevələnt/ [bn; bw: ~ly] ⟨vnl form⟩ [1] kwaadwillig, kwaadaardig, boosaardig [2] onheilbrengend ⟨m.b.t. bijgeloof⟩
mal·fea·sance /mælfiːzns/ [telb + niet-telb zn] ⟨jur⟩ misdrijf, ⟨i.h.b.⟩ ambtsmisdrijf
¹mal·fea·sant /mælfiːznt/ [telb zn] ⟨jur⟩ misdadiger, ⟨i.h.b.⟩ oneerlijk ambtenaar
²mal·fea·sant /mælfiːznt/ [bn] ⟨jur⟩ misdadig, ⟨i.h.b.⟩ schuldig aan ambtsmisdrijf
mal·for·ma·tion /mælfɔːmeɪʃn, ᴬ-fɔr-/ [telb + niet-telb zn] misvorming
mal·formed /mælfɔːmd, ᴬ-fɔrmd/ [bn] misvormd
¹mal·func·tion /mælfʌŋkʃn/ [telb zn] ⟨techn⟩ storing, defect
²mal·func·tion /mælfʌŋkʃn/ [onov ww] ⟨techn⟩ defect zijn, slecht/niet werken
Ma·li /mɑːli/ [eigenn] Mali

Mali	
naam	Mali *Mali*
officiële naam	Republic of Mali *Republiek Mali*
inwoner	Malian *Malinees*
inwoonster	Malian *Malinese*
bijv. naamw.	Malian *Malinees*
hoofdstad	Bamako *Bamako*
munt	CFA franc *CFA-frank*
werelddeel	Africa *Afrika*
int. toegangsnummer 223 www .ml auto RMM	

¹Ma·li·an /mɑːlɪən/ [telb zn] Malinees, Malinese
²Ma·li·an /mɑːlɪən/ [bn] Malinees, uit/van/m.b.t. Mali
mal·i·bu board /mælɪbuː bɔːd, ᴬ-bɔrd/ [telb zn] ⟨surfen⟩ malibusurfplank ⟨lange plank⟩
mal·ic /mælɪk, meɪlɪk-/ [bn] [·] ⟨scheik⟩ *malic acid* appelzuur
mal·ice /mælɪs/ [niet-telb zn] [1] kwaadwilligheid, boosaardigheid, kwaadaardigheid, venijn • *bear malice towards/to/against s.o.* (een) wrok tegen iemand hebben/koesteren [2] plaagzucht [3] ⟨jur⟩ boos opzet • *malice aforethought/prepense* voorbedachtheid; *with malice aforethought/prepense*, *of malice prepense* met voorbedachten rade
ma·li·cious /məlɪʃəs/ [bn; bw: ~ly; zn: ~ness] [1] kwaadwillig, boosaardig, kwaadaardig, verraderlijk, malicieus [2] plaagziek, ondeugend, malicieus [3] ⟨jur⟩ opzettelijk, met opzet
¹ma·lign /məlaɪn/ [bn, attr; bw: ~ly] [1] schadelijk, nadelig, verderfelijk [2] kwaadwillig, boosaardig, kwaadaardig, vijandig [3] kwaadaardig, maligne ⟨van ziekte⟩
²ma·lign /məlaɪn/ [ov ww] kwaad spreken van, belasteren
¹ma·lig·nan·cy /məlɪgnənsi/ [telb zn] ⟨med⟩ maligne/kwaadaardige tumor
²ma·lig·nan·cy /məlɪgnənsi/ [niet-telb zn] [1] schadelijkheid, nadeligheid, verderfelijkheid [2] kwaadwilligheid, boosaardigheid, kwaadaardigheid, vijandelijkheid, haat [3] kwaadaardigheid ⟨van ziekte⟩
ma·lig·nant /məlɪgnənt/ [bn; bw: ~ly] [1] schadelijk, nadelig, verderfelijk [2] kwaadwillig, boosaardig, kwaadaardig [3] kwaadaardig, maligne ⟨van ziekte⟩ [·] ⟨med⟩ *malignant pustule* koolzweer, pustula maligna
ma·lign·er /məlaɪnə, ᴬ-ər/ [telb zn] kwaadspreker, lasteraar
¹ma·lig·ni·ty /məlɪgnəti/ [telb zn] blijk van kwaadwilligheid/boosaardigheid

zijn pak het zwaarst is; ⟨sprw⟩ *praise no man until he is dead* ± prijs de dag niet voor het avond is; ⟨sprw⟩ *a drunken man is always dry* ± een gulzige mond is zelden verzadigd, ± duivels zak is nooit vol; ⟨sprw⟩ *dying men speak true* ± stervenden spreken de waarheid; ⟨sprw⟩ *fortune knocks at least once at every man's door* ± iedereen heeft weleens geluk; ⟨sprw⟩ *God made the country and man made the town* ± God maakte het land en de mens de stad; ⟨sprw⟩ *an honest man's word is (as good as) his bond* ± een man een man, een woord een woord; ⟨sprw⟩ *praise makes good men better and bad men worse* ± lof maakt goede mensen beter en slechte mensen slechter; ⟨sprw⟩ *call no man happy until he is dead* ± prijs de dag niet eer het avond is; ⟨sprw⟩ *early to bed and early to rise, makes a man healthy, wealthy and wise* ± vroeg op en vroeg naar bed te zijn, dat is de beste medicijn, ± vroeg uit en vroeg onder dak, is gezond en groot gemak; ⟨sprw⟩ *every man for himself, and God for us all, and the devil take the hindmost* ieder voor zich en God voor ons allen; ⟨sprw⟩ *when thieves fall out honest men come into their own* ± als de dieven ruziën zijn de eerlijke mensen veilig; ⟨sprw⟩ *no man is indispensable* niemand is onmisbaar; ⟨sprw⟩ *no man is infallible* niemand is onfeilbaar; ⟨sprw⟩ *like master, like man* zo meester, zo knecht, goede meesters maken goede knechten; ⟨sprw⟩ *better be an old man's darling than a young man's slave* ± beter het hart van een oude man dan het slaafje van een jonge man; ⟨sprw⟩ *every man has the defects of his own virtues* ± iedereen heeft fouten die uit zijn deugden voortvloeien; ⟨sprw⟩ *a rich man's joke is always funny* ± rijkaards worden altijd omringd door vleiers; ⟨sprw⟩ *the tailor makes the man* de kleren maken de man; ⟨sprw⟩ *time and tide wait for no man* de tijd en het tij wachten op niemand; ⟨sprw⟩ *water is a boon in the desert, but a drowning man curses it* ± water is onmisbaar maar niet voor een drenkeling, ± ik lust wel bonen, maar niet met bakken vol; ⟨sprw⟩ *the way to a man's heart is through his stomach* de weg naar het hart van de man gaat door de maag; ⟨sprw⟩ *wise men learn from other's mistakes* ± verstandige mensen leren van andermans fouten; ⟨sprw⟩ *one volunteer is worth two pressed men* ± met onwillige honden is het kwaad hazen vangen, ± met onwillige paarden is het kwaad rijden

²**man** /mæn/ [niet-telb zn] (de) man ⟨generaliserend⟩ ♦ *man is taller than woman* de man is over het algemeen groter dan de vrouw ▫ ⟨sprw⟩ *manners maketh man* ± met de hoed in de hand komt men door het ganse land; ⟨sprw⟩ *man does what he can, and God what he will* de mens wikt, God beschikt; ⟨sprw⟩ *man proposes, God disposes* de mens wikt, God beschikt; ⟨sprw⟩ *man cannot live by bread alone* van brood alleen kan de mens niet leven

³**man** /mæn/ [ov ww] ⓵ bemannen, bezetten ♦ *manned crossing* bewaakte overweg; *manned flight* bemande (ruimte)vlucht; *man a post* een post bezetten; ⟨scheepv⟩ *man ship* zich langs de verschansing opstellen; ⟨scheepv⟩ *man the yards/shrouds* in het want/op de raas front maken ⓶ vermannen ♦ *man o.s.* zich vermannen

⁴**man** /mæn/ [tw] ⟨AE; inf⟩ sjonge!, lieve hemel!

-man /mən/ [vormt naamwoord] ⓵ ⟨met bijvoeglijk naamwoord van nationaliteit⟩ -man, -lander ⓶ -man, -bediende, -werker ▫ *businessman* zakenman; *chairman* voorzitter; *Dutchman* Nederlander; *Frenchman* Fransman; *postman* postbode

¹**Man** /mæn/ [telb zn; the; mv: Men /men/] ⟨AE; sl⟩ ⓵ de politie, de wet ⓶ blanke ⓷ de baas/leider ⓸ dealer, drugshandelaar

²**Man** /mæn/ [niet-telb zn] (de) mens, het mensdom ♦ *the rights of Man* de mensenrechten

³**Man, Manit** [afk] (Manitoba)

ma·na /mɑːnə/ [telb zn] ⟨etnologie⟩ mana, het bovenmenselijke, transcendente kracht/macht

¹**man·a·cle** /mænəkl/ [telb zn; voornamelijk mv] ⓵ handboei, kluister ⓶ belemmering, hindernis

²**man·a·cle** /mænəkl/ [ov ww] ⓵ de kluisters aanleggen, kluisteren, in de boeien slaan ⓶ belemmeren, hinderen ⓷ vastleggen, vastkluisteren

man advantage [niet-telb zn] ⟨sport, in het bijzonder ijshockey⟩ manvoordeel, numerieke meerderheid, man meer op het ijs

¹**man·age** /mænɪdʒ/ [telb zn] ⟨vero⟩ manege

²**man·age** /mænɪdʒ/ [niet-telb zn] ⟨vero⟩ paardendressuur

³**man·age** /mænɪdʒ/ [onov ww] ⓵ rondkomen, zich behelpen, ⟨België⟩ zich uit de slag trekken ⟨voornamelijk met beperkte middelen⟩ ⓶ slagen, het klaarspelen ♦ *I'll manage* het lukt me wel, ik red me wel, het gaat wel ⓷ als beheerder fungeren/optreden; → managing

⁴**man·age** /mænɪdʒ/ [ov ww] ⓵ ⟨met werkwoord⟩ slagen in, weten te, in staat zijn te, kunnen ♦ *I finally managed to convince him* ik slaagde er eindelijk in hem te overreden; *he managed to escape* hij wist te/kon ontsnappen ⓶ leiden, besturen, beheren ⟨zaak⟩, reguleren ⟨munt⟩, hoeden ⟨vee⟩ ♦ *managed currency* gereguleerde munt ⟨van staatswege⟩ ⓷ beheersen, weten aan te pakken, manipuleren ⓸ hanteren ⓹ aankunnen, aandurven, opbrengen, in staat zijn tot ♦ *can you manage that job?* kun je dat werkje aan?; *I cannot manage another mouthful* ik krijg er geen hap meer in; *she managed a smile* ze wist een glimlach op te brengen ⓺ kunnen gebruiken, zijn voordeel doen met ♦ *I could manage a day off* een vrije dag zou me geen kwaad doen/ niet slecht uitkomen; → managing

man·age·a·bil·i·ty /mænɪdʒəbɪləti/, **man·age·a·ble·ness** /-blnəs/ [niet-telb zn] handelbaarheid, beheersbaarheid, bestuurbaarheid

man·age·a·ble /mænɪdʒəbl/ [bn; bw: manageably; zn: ~ness] handelbaar, gemakkelijk te behandelen, gemakkelijk bestuurbaar, beheersbaar

¹**man·age·ment** /mænɪdʒmənt/ [niet-telb zn] ⓵ beheer, management, bestuur ⓶ overleg, beleid ♦ *more luck than management* meer geluk dan wijsheid ⓷ list, manipulatie, handigheid ⓸ ⟨med⟩ behandeling, behandelingstechniek

²**man·age·ment** /mænɪdʒmənt/ [verzamelw] ⓵ bestuur, management, directie, administratie ⓶ werkgevers, patronaat

management consultant [telb zn] organisatiedeskundige

management team [telb zn] beleidsteam

man·ag·er /mænɪdʒə, ᴬ-ər/ [telb zn] ⓵ bestuurder, leider, chef, directeur, administrateur ⟨van onderneming⟩, manager ⟨van sportploeg⟩, beleid ♦ impresario ⟨van zanger⟩ ⓶ manager, bedrijfsleider ♦ *she is a good manager* zij beheert het huishouden goed, ze weet met geld om te gaan ⓷ ⟨BE⟩ parlementslid met speciale opdracht

man·ag·er·ess /mænɪdʒəres, ᴬmænɪdʒərɪs/ [telb zn] ⓵ bestuurster ⓶ beheerster

man·a·ger·i·al /mænɪdʒɪəriəl, ᴬ-dʒɪriəl/ [bn, attr; bw: ~ly] bestuurs-, directeurs-, leidinggevend, bestuurlijk

man·a·ger·i·al·ist /mænɪdʒɪəriəlɪst, ᴬ-dʒɪr-/ [telb zn] gelover in bestuur ⟨door administratie, staat e.d.⟩

manager's disease [telb + niet-telb zn] managerziekte

man·ag·er·ship /mænɪdʒəʃɪp, ᴬ-dʒər-/ [telb + niet-telb zn] ⓵ bestuur, beheer ⓶ directoraat, ambt van directeur

man·ag·ing /mænɪdʒɪŋ/ [bn, attr; tegenwoordig deelw van manage] beherend ♦ *managing clerk* bureauchef; *managing director* directeur; *managing editor* directeur-hoofdredacteur; *managing man* rentmeester; *managing partner* beherend vennoot

man·a·kin /mænəkɪn/ [telb zn] ⓵ pipra ⟨Zuid-Amerikaanse vogel; familie Pipridae⟩ ⓶ → manikin

¹**ma·ña·na** /mənjɑːnə/ [niet-telb zn] mañana, onbepaald ogenblik (in de toekomst)

²**ma·ña·na** /mənjɑːnə/ [bw] morgen, mañana, later, met

man ape

sint-juttemis
m**a**n ape [telb zn] mensaap
m**a**n-at-**a**rms [telb zn; mv: men-at-arms] ⟨gesch⟩ krijgsman
man·a·tee, man·a·ti /mænəti:, ᴬmænəti:/ [telb zn] ⟨dierk⟩ lamantijn ⟨zeekoeachtige; genus Trichechus⟩
m**a**n bag [telb zn] mannentas, (stoere) handtas voor mannen
Man·ches·ter goods /mæntʃɪstə gʊdz, ᴬ-tʃestər-/ [alleen mv] katoenen stoffen
m**a**n-child [telb zn; mv: men-children] mannelijk kind, jongen
man·chi·neel /mæntʃɪniːl, ᴬmænʃə-/ [telb zn] ⟨plantk⟩ manzenilleboom ⟨Hippomane mancinella⟩
¹**Man·chu** /mæntʃuː/ [eigenn] Mantsjoe ⟨taal⟩
²**Man·chu** /mæntʃuː/ [telb zn; mv: ook Manchu] Mantsjoe
³**Man·chu** /mæntʃuː/ [bn] Mantsjoerijs, Mantsjoe-
man·ci·ple /mænsɪpl/ [telb zn] econoom ⟨in klooster e.d.⟩
m**a**n coverage [niet-telb zn] ⟨AE; sport⟩ mandekking
¹**Man·cu·ni·an** /mæŋkjuːnɪən/ [telb zn] inwoner van Manchester
²**Man·cu·ni·an** /mæŋkjuːnɪən/ [bn] Manchesters, van/m.b.t. Manchester, Manchester-
-**man·cy** /mænsi/ [vormt naamwoord] -mantie, waarzeggerij uit ♦ *cartomancy* cartomantie; *chiromancy* chiromantie
¹**Man·dae·an,** ⟨AE⟩ **Man·de·an** /mændɪən/ [eigenn] ⟨gesch⟩ taal der Mandeeërs
²**Man·dae·an,** ⟨AE⟩ **Man·de·an** /mændɪən/ [telb zn] ⟨gesch⟩ Mandeeër ⟨lid van gnostische sekte⟩
man·da·la /mændələ, ᴬmʌn-/ [telb zn] ⟨rel, psych⟩ mandala ⟨cirkelvormig symbool in oosterse godsdiensten/dromen⟩
man·da·mus /mændeɪməs/ [telb zn] ⟨Jur⟩ bevelschrift van hooggerechtshof
man·da·rin, ⟨in betekenis 3 ook⟩ man·da·rine /mændərɪn/ [telb zn] ① ⟨gesch⟩ mandarijn ⟨hoog Chinees ambtenaar⟩ ② ⟨fig; pej⟩ mandarijn, bureaucraat, verstarde formalist ③ mandarijntje
Man·da·rin /mændərɪn/ [eigenn] Mandarijns ⟨taal⟩, Chinees
m**a**ndarin d**u**ck [telb zn] ⟨dierk⟩ mandarijneend ⟨Aix galericulata⟩
m**a**ndarin **o**range [telb zn] mandarijntje
man·da·ta·ry /mændətri, ᴬ-teri/ [telb zn] ① mandataris, gevolmachtigde ② → **mandatory**
¹**man·date** /mændeɪt/ [telb zn] ① mandaat, lastbrief, volmacht ② mandaat, opdracht ⟨in officiële functie⟩ ③ mandaat, bevelschrift, verordening ④ ⟨gesch⟩ mandaat, opdracht tot toezicht ⟨van Volkenbond⟩
²**man·date** /mændeɪt/ [ov ww] ① onder mandaat stellen ⟨grondgebied, kolonie⟩ ♦ *mandated territory* mandaatgebied ② ⟨AE⟩ opleggen, verplicht stellen
¹**man·da·to·ry** /mændətri, ᴬ-təri/, **man·da·ta·ry** /-tri, ᴬ-teri/ [telb zn] mandataris, beheerder van mandaatgebied
²**man·da·to·ry** /mændətri, ᴬ-təri/ [bn] ① bevel-, bevelend ♦ *mandatory sign* gebodsbord ② verplicht ♦ *mandatory contribution* verplichte bijdrage ③ belast met een mandaat ⟨van de Volkenbond⟩
m**a**n-day [telb zn] mandag
man·di·ble /mændəbl/ [telb zn] ① kaak ② onderkaak ③ deel van een vogelsnavel ④ kauwwerktuig ⟨van insect⟩
man·dib·u·lar /mændɪbjʊlə, ᴬ-jələr/ [bn] kaak- ♦ *mandibular arch* kaakboog
¹**man·dib·u·late** /mændɪbjʊleɪt, -lət, ᴬ-jə-/ [telb zn] kaken/kauwwerktuigen hebbend dier
²**man·dib·u·late** /mændɪbjʊleɪt, -lət, ᴬ-jə-/ [bn] kaken/kauwwerktuigen hebbend

man·do·lin, man·do·line /mændəlɪn/ [telb zn] mandoline
man·drake /mændreɪk/, man·drag·o·ra /mændrægərə/ [telb + niet-telb zn] ① mandragora ⟨tovermiddel, galgenbrok⟩, alruin(wortel) ② ⟨plantk⟩ alruin ⟨bedwelmend kruid; familie Solaneae⟩ ③ wilde alruin ⟨Allium victoralis⟩
man·drel, man·dril /mændrɪl/ [telb zn] ① doorn, kern, leest ⟨gereedschap⟩ ② spil, stift ⟨van gesp⟩ ③ drevel ④ ⟨gew⟩ houweel
man·drill /mændrɪl/ [telb zn] ⟨dierk⟩ mandril ⟨Mandril sphinx⟩
man·du·cate /mændʒʊkeɪt, ᴬ-dʒə-/ [ov ww] ⟨form⟩ ① kauwen ② eten
man·du·ca·tion /mændʒʊkeɪʃn, ᴬ-dʒə-/ [niet-telb zn] ① het kauwen ⟨voornamelijk bij ongewervelde dieren⟩ ② ⟨r-k⟩ het ontvangen van de communie ③ ⟨vero⟩ het eten
man·du·ca·to·ry /mændʒʊkeɪtəri, ᴬmændʒəkətəri/ [bn] kauw-, m.b.t./dienend tot het kauwen ♦ *manducatory apparatus* kauworganen
mane /meɪn/ [telb zn] ① manen ② ⟨inf; scherts⟩ lang haar, manen, oerwoud
m**a**n-eat·er [telb zn] ① mensenvlees etend roofdier, ⟨i.h.b.⟩ mensenhaai ⟨Carcharoclon carcharias⟩, nijlkrokodil, zeekrokodil, tijger ② menseneter, kannibaal ③ ⟨inf⟩ bijtend paard ④ ⟨scherts, pej⟩ vrouw met veel minnaars ⑤ ⟨AE; dierk⟩ modderduivel ⟨Cryptobranchus alleganiensis⟩
m**a**n-eat·ing [bn, attr] mensenetend, kannibalistisch
m**a**n·eb /mæneb/ [niet-telb zn] ⟨scheik⟩ mangaan-ethyleenfungicide
¹**ma·nege, ma·nège** /mæneɪʒ, ᴬmənɛʒ/ [telb zn] manege, (paard)rijschool
²**ma·nege, ma·nège** /mæneɪʒ, ᴬmənɛʒ/ [telb zn] ① rijkunst ② hogeschool, haute école
Ma·nes /mɑːneɪz, ᴬmeɪniːz/ [alleen mv; ook manes] ① manen, geesten der afgestorvenen ⟨bij de Romeinen⟩ ② schim, geest
maneuver → manoeuvre
maneuverable [bn] → manoeuvrable
m**a**n fl**u** [niet-telb zn] ⟨scherts⟩ ± aanstelleritis ⟨van mannen⟩
m**a**n Fr**i**day [telb zn; mv: men Friday, men Fridays] ① handlanger ② rechterhand, toegewijd helper
man·ful /mænfl/ [bn; bw: ~ly; zn: ~ness] manhaftig, dapper, kloekmoedig, mans
man·ga /mæŋgə/ [telb + niet-telb zn] manga, mangastrip, mangafilm
man·ga·bey /mæŋgəbeɪ/ [telb zn] ⟨dierk⟩ mangabey ⟨aap van het genus Cercocebus⟩
man·ga·nate /mæŋgəneɪt/ [niet-telb zn] ⟨scheik⟩ manganaat
man·ga·nese /mæŋgəniːz/ [niet-telb zn] ⟨scheik⟩ mangaan ⟨element 25⟩
m**a**nganese bl**a**ck [niet-telb zn] bruinsteen, mangaandioxide
m**a**nganese n**o**dule [telb zn] mangaanknol
man·gan·ic /mæŋgænɪk/ [bn, attr] ⟨scheik⟩ manganiman·ga·nite /mæŋgənaɪt/ [niet-telb zn] manganiet
mange /meɪndʒ/ [niet-telb zn] ⟨med⟩ schurft, scabiës
man·gel-wur·zel /mæŋglwɜːzl, ᴬ-wɜr-/, man·gold-wur·zel, man·gold /mæŋgoʊld-/ [telb zn] ⟨plantk⟩ mangelwortel, voederbiet ⟨Beta vulgaris⟩
man·ger /meɪndʒə, ᴬ-ər/ [telb zn] trog, krib(be), voerbak ♦ *the child in a manger* het kind in de kribbe, Jezus
mange-tout /mɑːnʒtuː/, mange-tout pea [telb zn] peul(tje), suikererwt
¹**man·gle** /mæŋgl/ [telb zn] ① mangel ② ⟨vnl BE⟩ wringer
²**man·gle** /mæŋgl/ [ov ww] ① mangelen, door de mangel/

wringer draaien ② verscheuren, verminken, versnijden, havenen, ⟨fig⟩ verknoeien, verpesten ♦ *mangled bodies* verminkte lichamen; *mangle a piece of music* een muziekstuk verknoeien/door de mangel halen; *mangle words* woorden verhaspelen

man·go /mæŋgoʊ/ [telb zn; mv: ook mangoes] ⟨plantk⟩ mango, manga(boom) ⟨vrucht van⟩ Mangifera indica⟩

man·go·nel /mæŋgənel/ [telb zn] ⟨gesch⟩ blijde, ballista, steenwerptuig

man·go·steen /mæŋgəstiːn/ [telb zn] manggis, mango(e)stan ⟨vrucht van de Garcinia mangostana⟩

man·grove /mæŋgroʊv/ [telb zn] mangrove, wortelboom

man·gy /meɪndʒi/ [bn; vergr trap: mangier; bw: mangily; zn: manginess] ① schurftig ② sjofel, kaal, aftands

man·han·dle /mænhændl, -hændl/ [ov ww] ① ruw behandelen, toetakelen, afranselen, ervanlangs geven ② door mankracht verplaatsen

man·hat·er [telb zn] ① mensenhater, misantroop ② mannenhater, mannenhaatster

Man·hat·tan /mænhætn/ [telb zn; bw; ook manhattan] manhattan ⟨cocktail met whisky en vermout⟩

man·hole [telb zn] mangat

¹**man·hood** /mænhʊd/ [niet-telb zn] ① mannelijkheid, het man-zijn ② manbaarheid, volwassenheid ♦ *age of manhood* manbare/huwbare leeftijd ③ viriliteit, manhaftigheid, moed ④ menselijkheid, het mens-zijn

²**man·hood** /mænhʊd/ [verzamelnaam] mannelijke bevolking

man·hour [telb zn] manuur

man·hunt [telb zn] drijfjacht, klopjacht, mensenjacht

¹**ma·ni·a** /meɪnɪə/ [telb zn] ⟨inf⟩ ① manie, ingenomenheid, voorliefde ② rage, bevlieging, (mode)gril ♦ *the mania for electronic gadgets* de rage/manie om elektronische snufjes te kopen

²**ma·ni·a** /meɪnɪə/ [niet-telb zn] ① ⟨med⟩ manie, waanzin ② zucht, redeloze geestdrift ♦ *he has football mania* hij is voetbalgek

¹**ma·ni·ac** /meɪniæk/ [telb zn] ① maniak, waanzinnige ② maniak, fanaat, overdreven geestdriftig/enthousiast beoefenaar/aanhanger

²**ma·ni·ac** /meɪniæk/ [bn] maniakaal

ma·ni·a·cal /mənaɪəkl/ [bn; bw: ~ly] maniakaal, doldwaas, ⟨fig⟩ dol enthousiast

man·ic /mænɪk/ [bn] ① ⟨med⟩ manisch, lijdend aan een manie ② erg opgewonden, bezeten, dol

man·ic-de·pres·sive [bn] manisch-depressief

¹**Man·i·chae·an, Man·i·che·an** /mænɪkiːən/ [bn] ⟨gesch⟩ ① manicheeër ② ⟨filos⟩ dualist

²**Man·i·chae·an, Man·i·che·an** /mænɪkiːən/ [bn] ⟨filos⟩ manicheïstisch, dualistisch

Man·i·chae·ism, Man·i·che·ism /mænɪkiːɪzm/, **Man·i·chae·an·ism, Man·i·che·an·ism** /mænɪkiːənɪzm/ [niet-telb zn] ⟨filos⟩ ① manicheïsme, dualisme, syncretisme ② ⟨r-k⟩ dualistische dwaalleer

man·i·cot·ti /mænɪkɒti, ^-kɑti/ [alleen mv] manicotti ⟨Italiaans gerecht⟩, ± ravioli

¹**man·i·cure** /mænɪkjʊə, ^-kjʊr/ [telb zn] ① manicure(beurt) ♦ *she has two manicures a month* zij laat haar handen twee keer per maand manicuren ② manicure, manicuurster, manicuurder

²**man·i·cure** /mænɪkjʊə, ^-kjʊr/ [niet-telb zn] manicure, handverzorging

³**man·i·cure** /mænɪkjʊə, ^-kjʊr/ [ov ww] manicuren ♦ ⟨fig⟩ *manicured lawns* prachtig verzorgde gazons

man·i·cur·ist /mænɪkjʊərɪst, ^-kjʊr-/ [telb zn] manicure, manicuurster, manicuurder

¹**man·i·fest** /mænɪfest/ [telb zn] ① ⟨vnl scheepv⟩ manifest, cargolijst, verzamelstaat van lading, ladingsbrief ② ⟨verk⟩ passagierslijst ③ ⟨AE⟩ goederensneltrein ⟨met bederfelijke waren⟩

²**man·i·fest** /mænɪfest/ [bn; bw: ~ly] ① zichtbaar, kenbaar, merkbaar, manifest ② duidelijk, ontwijfelbaar, klaarblijkelijk ♦ ⟨Amerikaanse gesch⟩ *Manifest Destiny* Onloochenbare Bestemming ⟨heel Noord-Amerika voor de USA, 19e-eeuwse doctrine⟩

³**man·i·fest** /mænɪfest/ [onov ww] verschijnen ⟨van geest⟩, zichtbaar worden, zich manifesteren

⁴**man·i·fest** /mænɪfest/ [ov ww] ① zichtbaar maken, kenbaar/duidelijk/openbaar maken, ⟨rel⟩ openbaren ♦ *God manifests Himself in and through the world* God openbaart zichzelf/maakt zich kenbaar in en via de wereld ② vertonen, blijk geven van, aan de dag leggen, bewijzen ♦ *manifest one's interest* blijk geven van belangstelling; *manifest one's opinion* zijn mening te kennen geven ③ op een ladingsbrief inschrijven

man·i·fes·tant /mænɪfestənt/ [telb zn] manifestant, demonstrant

¹**man·i·fes·ta·tion** /mænɪfesteɪʃn, ^-fə-/ [telb zn] ① manifestatie, publieke betoging ② manifestatie, geestverschijning

²**man·i·fes·ta·tion** /mænɪfesteɪʃn, ^-fə-/ [telb + niet-telb zn] ① verkondiging, openbaring ② uiting, teken, blijk

man·i·fes·to /mænɪfestoʊ/ [telb zn; mv: ook manifestoes] manifest, openbare bekendmaking ⟨in het bijzonder van verkiezingsprogramma/partijprogramma⟩

¹**man·i·fold** /mænɪfoʊld/ [telb zn] ① veelvoud, kopie ② ⟨techn⟩ spruitstuk, verdeelstuk, verdeelleiding, verdeelwerk ③ ⟨techn⟩ verzamelleiding ⟨van uitlaat e.d.⟩, collector ④ ⟨wisk⟩ variëteit, topologisch vlak, topologische ruimte

²**man·i·fold** /mænɪfoʊld/ [bn; bw: ~ly] ① veelvuldig, menigvuldig, verscheiden, veelvoudig ② geleed, uit verscheidene delen/stukken bestaand

³**man·i·fold** /mænɪfoʊld/ [ov ww] vermenigvuldigen, kopiëren ⟨document e.d.⟩

man·i·kin, man·ni·kin, man·a·kin /mænɪkɪn/ [telb zn] ① dwerg, mannetje ② ledenpop ⟨als model⟩ ③ mannequin ④ ⟨med⟩ fantoom

manila hemp, manilla hemp, manila, manilla [niet-telb zn] manilla(hennep), manillavezel

manila paper, manilla paper, manila, manilla [niet-telb zn] manillapapier

ma·nil·la, ⟨AE ook⟩ **ma·nil·a** /mənɪlə/ [telb zn] Afrikaanse armring

¹**Ma·nil·la**, ⟨AE ook⟩ **Ma·nil·a** /mənɪlə/ [telb zn; ook manilla] manillasigaar

²**Ma·nil·la**, ⟨AE ook⟩ **Ma·nil·a** /mənɪlə/ [niet-telb zn; ook manilla] → **manila hemp, manila paper**

¹**man·i·oc** /mænɪɒk, ^-ɑk/, **man·i·o·ca** /mænioʊkə/ [telb zn] maniok, cassave, broodwortel ⟨Manihot utilissima⟩

²**man·i·oc** /mænɪɒk, ^-ɑk/, **man·i·o·ca** /mænioʊkə/ [niet-telb zn] maniokmeel, cassave(meel)

man·i·pe·di /mænɪpedi/ [telb zn] ⟨mode⟩ mani-pedicure ⟨manicure en pedicure ineen⟩

man·i·ple /mænɪpl/ [telb zn] ① ⟨gesch, mil⟩ manipel ⟨Romeinse legerafdeling⟩ ② ⟨r-k⟩ manipel ⟨armdoek van het liturgisch gewaad⟩

ma·nip·u·late /mənɪpjʊleɪt, ^-pjə-/ [ov ww] ① hanteren ⟨toestel, werktuig⟩ ② manipuleren, behandelen, (oneerlijk) beïnvloeden, bewerken ③ knoeien met ⟨tekst, cijfers⟩ ④ ⟨med⟩ betasten, manipuleren

ma·nip·u·la·tion /mənɪpjʊleɪʃn, ^-pjə-/ [telb + niet-telb zn] ① manipulatie, kunstmatige/bedrieglijke behandeling/beïnvloeding ② manipulatie, aftasting, betasting ③ hantering

ma·nip·u·la·tive /mənɪpjʊlətɪv, ^-pjəleɪtɪv/, **ma·nip·u·la·to·ry** /^-lətri, ^-lətɔri/ [bn] manipulatief

ma·nip·u·la·tor /mənɪpjʊleɪtə, ^-pjəleɪtər/ [telb zn] manipulator

man·i·tou, man·i·tu /mænɪtu:/, **man·i·to** /-toʊ/ [telb zn; mv: ook manitou, ook manitu, ook manito] Manitoe, Grote Geest, God ⟨bij indianen⟩

¹**man·kind** /mænkaɪnd/ [niet-telb zn] het mensdom, de mensheid

²**man·kind** /mænkaɪnd/ [verzamelnw] ⟨zelden⟩ de mannen, het sterke geslacht

man·ky /mænki/ [bn] ⟨BE; inf⟩ ① smoezelig, groezelig, vuil ② slonzig, slordig, onverzorgd

man·like /mænlaɪk/ [telb zn] ① mannelijk, manlijk, een man betamend ⟨gedrag e.d.⟩ ② manachtig, mannelijk, op een man gelijkend

man·ly /mænli/ [bn; vergr trap: manlier; zn: manliness] ① mannelijk, manhaftig ② manachtig, mannelijk, op een man gelijkend

man-made [telb zn] door de mens gemaakt, kunstmatig ♦ *man-made fibre* kunstvezel; *a man-made lake* een kunstmatig meer

man-mark [ov ww] ⟨sport⟩ (man)dekken ⟨speler⟩, aan mandekking doen

man-mark·er [telb zn] ⟨sport⟩ mandekker

man-month [telb zn] manmaand

man·na /mænə/ [niet-telb zn] manna, hemels voedsel, ⟨fig⟩ geschenk uit de hemel, onverwacht geschenk ♦ *manna from heaven* een geschenk uit de hemel

manned /mænd/ [bn] bemand ⟨ruimteschip e.d.⟩

man·ne·quin, man·i·kin /mænɪkɪn/ [telb zn] ① mannequin ② etalagepop, ledenpop

man·ner /mænə, ᴬ-ər/ [telb zn] ① manier, wijze ♦ *adverb of manner* bijwoord van wijze; *in a manner* in zekere zin; *in a manner of speaking* bij wijze van spreken ② houding, gedrag, manier van doen/handelen ③ stijl, trant ④ soort, slag ♦ *by no/not by any manner of means* geenszins, in geen geval; *no manner of* geen enkele (soort van); *all manner of* allerlei; *what manner of man is he?* wat voor een man is hij?

man·nered /mænəd, ᴬ-ərd/ [bn] gemaniëreerd, gekunsteld, gemaakt, onnatuurlijk

-man·nered /mænəd, ᴬ-ərd/ -gemanierd ♦ *ill-mannered* ongemanierd; *well-mannered* welgemanierd

¹**man·ner·ism** /mænərɪzm/ [telb zn] ① maniërisme, gekunstelde stijlfiguur, concetto ② maniërisme, terugkerende eigenaardigheid ⟨in stijl⟩, hebbelijkheid

²**man·ner·ism** /mænərɪzm/ [niet-telb zn] ① maniërisme ⟨stijlsoort⟩ ② gemaniëreerdheid, gekunsteldheid

man·ner·ist /mænərɪst/ [telb zn] maniërist

man·ner·less /mænələs, ᴬ-ər-/ [bn; zn: ~ness] ongemanierd, onbeleefd, onbeschoft

man·ner·ly /mænəli, ᴬ-ər-/ [bn; bw] beleefd, goedgemanierd

man·ners /mænəz, ᴬ-ərz/ [alleen mv] ① manieren, goed/beleefd gedrag ♦ *bad manners* slechte/onbeleefde manieren; ⟨België⟩ lelijke manieren; *it's bad manners* dat is onbeleefd; *teach s.o. manners* iemand mores leren, iemand een lesje geven ② zeden, mores, sociale gewoonten ♦ *comedy of manners* zedenspel, sociale komedie/satire; *manners and customs* zeden en gewoonten ▪ *mend one's manners/ways* zich/zijn leven beteren, zich beter gaan gedragen; ⟨sprw⟩ *manners maketh man* ± met de hoed in de hand komt men door het ganse land; ⟨sprw⟩ *other times, other manners* andere tijden, andere zeden

man·nie /mæni/ [telb zn] ⟨SchE⟩ ① ventje, mannetje ② jochie, jongetje

mannikin [telb zn] → manikin

man·nille /mænɪl/ [niet-telb zn] ⟨kaartsp⟩ manille

man·nish /mænɪʃ/ [bn; bw: ~ly; zn: ~ness] ⟨pej⟩ manachtig, mannelijk, als van een man, mannen- ⟨gezegd van vrouwen⟩

man·ny /mæni/ [telb zn] ⟨vnl AE⟩ mannelijke nanny, mannelijke oppas

ma·noa ma·no /mænoʊ ɑ: mænoʊ, ᴬmɑ:noʊ ɑ: mɑ:noʊ/ [bw] tête-à-tête, rechtstreeks, persoonlijk

ma·noeu·vra·bil·i·ty, ⟨AE⟩ **ma·neu·ver·a·bil·i·ty** /mənu:vrəbɪləti/ [niet-telb zn] manoeuvreerbaarheid

ma·noeu·vra·ble, ⟨AE⟩ **ma·neu·ver·a·ble** /mənu:vrəbl/ [bn] manoeuvreerbaar, gemakkelijk te besturen/hanteren

¹**ma·noeu·vre**, ⟨AE⟩ **ma·neu·ver** /mənu:və, ᴬ-ər/ [telb zn] ① ⟨vaak mv⟩ ⟨vnl mil, scheepv⟩ manoeuvre, maneuver ♦ *troops on manoeuvres* troepen op manoeuvre; ⟨fig⟩ *room for/freedom of manoeuvre* speelruimte ② manoeuvre, kunstgreep, slinkse handelwijze

²**ma·noeu·vre**, ⟨AE⟩ **ma·neu·ver** /mənu:və, ᴬ-ər/ [onov ww] ① ⟨mil⟩ manoeuvreren, gevechtsoefening houden, op manoeuvre zijn ② ⟨scheepv⟩ manoeuvreren, een manoeuvre uitvoeren, verhalen ③ manoeuvreren, kunstgrepen/handgrepen uitvoeren, ⟨fig⟩ slinks handelen, slinks te werk gaan ♦ *both candidates are manoeuvring for a few more votes* beide kandidaten wringen zich in bochten voor een paar stemmen meer

³**ma·noeu·vre**, ⟨AE⟩ **ma·neu·ver** /mənu:və, ᴬ-ər/ [ov ww] ① hanteren, manoeuvreren, besturen, doen bewegen ② manoeuvreren, manipuleren, door ingreep/invloed bewerkstelligen ♦ *can you manoeuvre him into a good job?* kun je een goed baantje voor hem versieren?

man-of-war, ma-o'-war /mænəwɔ:, ᴬ-wɔr/ [telb zn; mv: men-of-war] ⟨vero⟩ oorlogsschip, slagschip

ma·nom·e·ter /mənɒmɪtə, ᴬmənɑmɪtər/ [telb zn] manometer

man·o·met·ric /mænəmɛtrɪk/, **man·o·met·ri·cal** /-ɪkl/ [bn; bw: ~ally] manometrisch, manometer- ♦ *manometric flame* manometrische vlam; *manometric pressure* manometerdruk

man·or /mænə, ᴬ-ər/ [telb zn] ① manor, groot (heren)-huis met omliggende gronden ② ⟨BE; sl⟩ politiedistrict ③ ⟨BE; gesch⟩ heerlijkheid, ± havezate, ± riddergoed

man·o·rex·ia /mænərɛksɪə/ [niet-telb zn] ⟨med⟩ manorexia, anorexia bij mannen

manor house [telb zn] manor, herenhuis

ma·no·ri·al /mənɔ:rɪəl/ [bn] heerlijk, ambachtsheerlijk

¹**man·pow·er** /mænpaʊə, ᴬ-ər/ [telb zn; mv: manpower] mankracht ⟨¹⁄₁₀ paardenkracht⟩

²**man·pow·er** /mænpaʊə, ᴬ-ər/ [niet-telb zn] ① arbeidskrachten, werkkrachten ② mankracht ♦ *the statues were moved by manpower only* de standbeelden werden uitsluitend met mankracht verplaatst ③ beschikbare strijdkrachten

man·qué /mɒŋkeɪ, ᴬmɑŋkeɪ/ [bn, postnom] mislukt, miskend, onbegrepen, gemankeerd ♦ *poet/artist manqué* mislukt/miskend dichter/kunstenaar

man-rate [ov ww] veilig verklaren voor bemande vluchten ⟨van ruimteschip e.d.⟩

man·sard /mænsɑ:d, ᴬ-sɑrd/, **mansard roof** [telb zn] mansardedak, gebroken dak

manscape [ov ww] ⟨mode⟩ ontharen, scheren ⟨m.b.t. mannen⟩

manse /mæns/ [telb zn] ⟨vnl SchE⟩ pastorie ♦ *daughter/son of the manse* domineesdochter, domineeszoon

man·ser·vant /mænsɜ:vənt, ᴬ-sɜr-/ [telb zn; mv: menservants /mɛnsɜ:vənts, ᴬ-sər-/] knecht

-man·ship /mənʃɪp/ -kunst, manskunst, -manschap ♦ *horsemanship* rijkunst; *statesmanship* staatsmanschap

man·sion /mænʃn/ [telb zn] ① herenhuis ② ⟨astron⟩ huis, teken van de dierenriem ③ ⟨vero⟩ woonste(d)e, woonplaats, woning

man·sion-house [telb zn] huis van de heer ⟨op heerlijkheid⟩ ♦ *the Mansion House* verblijf van de lord mayor van Londen

Man·sions /mænʃnz/ [alleen mv] ⟨voorafgegaan door eigennaam⟩ ⟨BE⟩ (flat)gebouw ♦ *Holborn Mansions* Holbornhuis, Holbornflat

man-size /mænsaɪz/, **man-sized** /mænsaɪzd/ [bn] ① flink, kolossaal ② voor één man berekend ♦ *a man-size job* een eenmanstaak

man·slaugh·ter /mænslɔːtə, ᴬ-slɔtər/ [niet-telb zn] doodslag, manslag

man·sue·tude /mænswɪtjuːd, ᴬ-tuːd/ [niet-telb zn] ⟨vero⟩ zachtmoedigheid ♦ ⟨rel⟩ *the Lord's mansuetude* de goedertierenheid des Heren

man·tel, **man·tle** /mæntl/ [telb zn] ⟨vero⟩ → **mantelpiece**, **mantelshelf**, **mantle**

man·tel·et, **mant·let** /mæntlɪt/ [telb zn] ① manteltje, cape ⟨zonder mouwen⟩ ② kogelvrij vest

man·tel·piece, **man·tle·piece** [telb zn] schoorsteenmantel

man·tel·shelf, **man·tle·shelf** [telb zn] schoorsteenblad, (bovenblad van) schoorsteenmantel

man·tic /mæntɪk/ [bn] waarzeggings-, profetisch

-man·tic /mæntɪk/ **-mantisch** ♦ *necromantic* necromantisch

man·til·la /mæntɪlə/ [telb zn] mantilla, kanten sluier

man·tis /mæntɪs/, **man·tid** /mæntɪd/ [telb zn; mv: ook mantes /mænti:z/] ⟨dierk⟩ bidsprinkhaan ⟨genus Mantis⟩ ♦ *praying mantis* bidsprinkhaan ⟨Mantis religiosa⟩

man·tis·sa /mæntɪsə/ [telb zn] ⟨wisk⟩ mantisse ⟨decimale logaritmebreuk⟩

¹**man·tle** /mæntl/ [telb zn] ① mantel, overkleed ⟨zonder mouwen⟩, ⟨fig⟩ mantel, dekmantel, bedekking ② (gloei)kousje ⟨van gaslamp⟩ ③ ⟨anat⟩ mantel, cortex ④ ⟨dierk⟩ mantel, mantelvormige tekening ⟨bij honden, vogels, e.d.⟩ ⑤ ⟨dierk⟩ mantel, pallium ⟨bij weekdieren⟩ ⑥ ⟨geol⟩ mantel ⟨tussen aardkorst en aardkern⟩ ⑦ → **mantling**

²**man·tle** /mæntl/ [onov ww] ① zich hullen, een vlies vormen ⟨van vloeistof⟩, schuimen ♦ *the pool mantled with a yellowish scum* op de vijver vormde zich/ontstond een gelig schuim ② zich spreiden ⟨over oppervlak⟩, naar de wangen stijgen ⟨van bloed⟩, blozen, kleuren ♦ *a blush mantled in her face/on her cheek* een blos vloog naar haar gelaat/spreidde zich over haar wangen; ⟨fig⟩ *the sky mantled with dawn* de dageraad verscheen blozend aan de hemel; *his face mantled with a blush* hij kreeg een blos op zijn gezicht ③ ⟨vero⟩ (zich) spreiden ⟨van vleugels⟩; → **-mantled**, **mantling**

³**man·tle** /mæntl/ [ov ww] ① dekken, bedekken, hullen in ② verhullen, verbergen ③ doen kleuren, doen blozen; → **-mantled**, **mantling**

-man·tled /mæntld/ [volt deelw van mantle] ⟨vormt bijvoeglijk naamwoord⟩ bedekt met, gehuld in ♦ *ivy-mantled* bedekt met klimop

mant·ling /mæntlɪŋ/, **mantle** [telb + niet-telb zn; 1e variant (oorspronkelijk) gerund van mantle] ⟨heral⟩ mantel

man-to-man, **man-on-man** [bn, attr] van man tot man, openhartig, op de man af ♦ ⟨sport⟩ *man-to-man defence*, ⟨voetb⟩ *man-to-man marking* mandekking

man·tra /mæntrə/ [telb zn] ⟨rel⟩ mantra, gewijde formule

man·trap [telb zn] val, voetangel, klem ⟨voornamelijk tegen stropers⟩

man·tu·a /mæntjuə, ᴬ-tʃuə/ [telb zn] 17e-eeuwse/18e-eeuwse wijde japon

¹**man·u·al** /mænjuəl/ [telb zn] ① handboek, handleiding ② ⟨muz⟩ manuaal, toetsenbord, klavier ③ ⟨vaak mv⟩ ⟨mil⟩ handgreep

²**man·u·al** /mænjuəl/ [bn; bw: ~ly] ① handmatig ♦ *manual control* handbediening; *manual exchange* handcentrale ⟨telefoon⟩; *manual labour* handenarbeid; *manual power* handkracht; *sign manual* handtekening ⟨voornamelijk van koning op koninklijk besluit⟩; *manual worker* handarbeider ② vinger- ♦ *manual alphabet* vingeralfabet, doofstommenalfabet

man·u·fac·to·ry /mænjuˈfæktrɪ, ᴬmænə-/ [telb zn] fabriek, werkplaats

¹**man·u·fac·ture** /mænjuˈfæktʃə, ᴬmænəˈfæktʃər/ [telb zn] ⟨vnl mv⟩ fabricaat, product, goederen

²**man·u·fac·ture** /mænjuˈfæktʃə, ᴬmænəˈfæktʃər/ [niet-telb zn] ① vervaardiging, fabricage, productie(proces), makelij ② fabriekswezen, industrie ③ ⟨pej⟩ maakwerk(je), broodschrijverij

³**man·u·fac·ture** /mænjuˈfæktʃə, ᴬmænəˈfæktʃər/ [ov ww] ① vervaardigen, verwerken ♦ *manufactured gas* lichtgas, petroleumgas; ⟨ec⟩ *manufacturing industry* verwerkende industrie ② produceren, voortbrengen, ⟨fig; pej⟩ als maakwerk/broodschrijverij voortbrengen ⟨literair werk e.d.⟩ ♦ *he manufactured twenty books in a year's time* hij heeft twintig boeken eruit gedraaid in een jaar tijd ③ verzinnen, uit de duim zuigen, opdissen

man·u·fac·tur·er /mænjuˈfæktʃərə, ᴬmænəˈfæktʃərər/ [telb zn] fabrikant, maker

manufacturing cost [telb + niet-telb zn] productiekosten, productieprijs

ma·nu·ka /mɒnukə/ [niet-telb zn] manuka, manukahoning

man·u·mis·sion /mænjuˈmɪʃn, ᴬ-jə-/ [niet-telb zn] ⟨gesch, jur⟩ vrijlating ⟨van slaaf⟩

man·u·mit /mænjuˈmɪt, ᴬ-jə-/ [ov ww] ⟨gesch, jur⟩ vrijlaten ⟨slaaf⟩

man up [onov ww] ⟨AE⟩ zich vermannen

¹**ma·nure** /mənjuə, ᴬmənur/ [niet-telb zn] mest, compost, gier ● ⟨sprw⟩ *there's no better manure than the farmer's foot* de beste mest hangt aan de zolen van de boer

²**ma·nure** /mənjuə, ᴬmənur/ [ov ww] bemesten, gieren

man·u·script /mænjuskrɪpt, ᴬ-jə-/ [telb + niet-telb zn] manuscript, handschrift ♦ *in manuscript* in manuscript, met de hand geschreven

¹**Manx** /mæŋks/ [eigenn] taal van het eiland Man

²**Manx** /mæŋks/ [telb zn; mv: Manx] ① manxkat ⟨staartloze soort⟩ ② → **Manxman**

³**Manx** /mæŋks/ [bn] Manx-, van/m.b.t. het eiland Man ♦ *Manx cat* manxkat ⟨staartloze soort⟩ ● ⟨dierk⟩ *Manx shearwater* noordse pijlstormvogel ⟨Puffinus puffinus⟩

Manx·man /mæŋksmən/ [telb zn; mv: Manxmen /-mən/] Manxman, bewoner van/persoon geboren op het eiland Man

¹**man·y** /menɪ/ [onbep vnw; vergr trap: more, overtr trap: most] vele(n), menigeen ♦ *as many as that* zoveel; *as many as thirty* wel dertig; *and as many again/more* en nog eens zoveel/even veel; *a good/great many* vele(n), menigeen; *many of the pages were torn* veel bladzijden waren gescheurd; *many's the tale he told his children* vele verhalen heeft hij aan zijn kinderen verteld; *the many* de massa, het (gewone) volk; ⟨filos⟩ de veel(voudig)heid; *many's the time* dikwijls, vaak; *one/two/... too many* één/twee/... te veel; *have had one too many* een glaasje te veel op hebben; *many tried but few succeeded* velen probeerden het maar weinigen slaagden ● *I was (one) too many for him* ik was hem te sterk/te slim af/de baas, mij kon hij niet aan; → **more**, **most**

²**man·y** /menɪ/ [onbep det; vergr trap: more, overtr trap: most] veel, vele, een groot aantal ♦ *ten mistakes in as many lines* tien fouten in tien regels; *he had as many dictionaries as he needed* hij had zo veel woordenboeken als hij nodig had; *a great many houses* een groot aantal huizen; *a good many raisins* een flinke hoeveelheid/heel veel rozijnen; → **more**, **most**

³**man·y** /menɪ/ [predet; alleen met het onbep lidw] menig(e) ♦ *many a one* menigeen; *he travelled for many a year* hij reisde vele jaren; *many a time we talked together* we hebben elkaar menigmaal gesproken; → **more**, **most**

man·y- /menɪ/ veel- ♦ *many-coloured* veelkleurig

man·y-hu·ed /menɪhjuːd/, **mul·ti·hu·ed** /mʌltɪhjuːd/ [bn] rijk geschakeerd, kleurrijk, veelkleurig

man·y·plies /menɪplaɪz/ [alleen mv; werkwoord voorna-

manysided

melijk enk] boekmaag, boekpens ⟨van rund⟩
man·y-sid·ed [bn] veelzijdig ⟨ook figuurlijk⟩ ♦ *a manysided person* een veelzijdig persoon; *a manysided problem* een complex probleem
man·y·splen·doured, ⟨AE⟩ **manysplendored** [bn] prachtig, luisterrijk, schitterend
man·y-to-man·y [bn] ⟨comp⟩ many-to-many, veel-op-veel ♦ *many-to-many relationship* veel-op-veelrelatie
man·za·nil·la /mænzənɪlə, ᴬ-ˈniːə/ [niet-telb zn] manzanilla ⟨soort sherry⟩
man·za·ni·ta /mænzəniːtə/ [telb + niet-telb zn] ⟨plantk⟩ Californische berendruif ⟨genus Arctostaphylos⟩
Mao /maʊ/ [bn, attr] mao- ♦ *Mao flu* maogriep, hongkonggriep; *Mao jacket/collar* maojasje, maokraag
Mao·ism /maʊɪzm/ [niet-telb zn] maoïsme
Mao·ist /maʊɪst/ [telb zn] maoïst
¹**Ma·o·ri** /maʊri/ [eigenn] Maori ⟨taal⟩
²**Ma·o·ri** /maʊri/ [telb zn] Maori ⟨lid van een Polynesische stam⟩
³**Ma·o·ri** /maʊri/ [bn] Maori, van/m.b.t. de Maori's
Mao suit [telb zn] maopak
¹**map** /mæp/ [telb zn] 1 kaart, landkaart, zeekaart, sterrenkaart ♦ ⟨inf⟩ *that village is off the map* dat dorp is aan het andere eind van de wereld; *wipe off the map* van de kaart vegen, met de grond gelijk maken; ⟨fig, inf⟩ onbeduidend/onbelangrijk maken 2 plattegrond 3 plan, grafische voorstelling 4 ⟨sl⟩ bakkes, smoel 5 ⟨AE; sl⟩ ⟨ongedekte⟩ cheque • *put on the map* de aandacht vestigen op, belang geven aan; ⟨inf⟩ *be on the map again* weer aan de orde zijn; *it isn't on the map* er is geen sprake van, het is uitgesloten
²**map** /mæp/ [ov ww] 1 in kaart brengen ♦ *map out* in kaart brengen; ⟨fig⟩ plannen, ontwerpen, indelen; *I've got my whole future mapped out for me* mijn hele toekomst is al uitgestippeld 2 ⟨wisk⟩ afbeelden, uitzetten; → **mapping**
¹**ma·ple** /meɪpl/ [telb zn] 1 ⟨plantk⟩ esdoorn, ahorn ⟨genus Acer⟩ 2 ⟨bowling⟩ ⟨bowling⟩kegel
²**ma·ple** /meɪpl/ [niet-telb zn] esdoornhout
maple leaf [telb zn] esdoornblad ⟨embleem van Canada⟩
ma·ples /meɪplz/ [alleen mv] ⟨bowling⟩ bowlingbaan
maple sugar [niet-telb zn] ahornsuiker
maple syrup [niet-telb zn] ahornstroop
map·ping /mæpɪŋ/ [telb + niet-telb zn; (oorspronkelijk) gerund van map] 1 ⟨wisk, taalk⟩ afbeelding, functie 2 ⟨techn⟩ afbeelding
ma·quis /mæki, mɑːkiː/ [niet-telb zn] maquis, ondoordringbaar struikgewas
Ma·quis /mæki, mɑːkiː/ [eigenn; the] ondergrondse, verzet, illegaliteit ⟨tijdens WO II in Frankrijk⟩
mar /mɑː, ᴬmɑr/ [ov ww] bederven, ontsieren, in de war sturen ♦ *nothing could mar their happiness* niets kon hun geluk verstoren; *make/mend or mar a plan* een plan doen slagen of mislukken
Mar [afk]⟨March⟩
¹**mar·a·bou, mar·a·bout** /mærəbuː/ [telb zn] 1 ⟨dierk⟩ maraboe ⟨Leptoptilus crumenifer⟩ 2 maraboet, vederbont, boa
²**mar·a·bou, mar·a·bout** /mærəbuː/ [niet-telb zn] 1 maraboeveren 2 maraboetzijde
mar·a·bout /mærəbuː/ [telb zn] 1 maraboe(t), mohammedaanse kluizenaar 2 graftempeltje van maraboe(t) 3 → marabou¹
ma·ra·ca /məˈrækə/ [telb zn; vaak mv] ⟨muz⟩ maraca ⟨ritme-instrument⟩
ma·rae /mɑːraɪ/ [telb zn] ontmoetingsplaats/ontmoetingsruimte van de Maori
mar·aging steel /mɑːreɪdʒɪŋ stiːl/ [niet-telb zn] zeer sterke staalsoort ⟨met hoog nikkelgehalte⟩
¹**mar·a·schi·no** /mærəskiːnoʊ, -ʃiː-/ [telb zn] → **maraschino cherry**

²**mar·a·schi·no** /mærəskiːnoʊ, -ʃiː-/ [niet-telb zn] maraschino cherry, maraschino [telb zn] bigarreau, cocktailkers
ma·ras·mus /məˈræzməs/, **ma·ras·ma** /məˈræzmə/ [niet-telb zn] ⟨med⟩ marasme, verval van krachten
¹**Ma·ra·tha, Mah·rat·ta** /məˈrɑːtə, məˈrætə/ [telb zn] Mahrat
²**Ma·ra·tha, Mah·rat·ta** /məˈrɑːtə, məˈrætə/ [verzamelen] Mahraten ⟨volk in India⟩
Ma·ra·thi, Mah·ra·ti /məˈrɑːti, məˈræti/ [eigenn] Mahratti(sch), Marathi(sch) ⟨taal in India⟩
¹**mar·a·thon** /mærəθən, ᴬ-θɑn/ [telb zn; ook Marathon] marathon(loop)
²**mar·a·thon** /mærəθən, ᴬ-θɑn/ [bn, attr] marathon- ♦ *a marathon debate* een marathondebat; *a marathon effort* een langdurige inspanning; *a marathon meeting* een marathonvergadering
mar·a·thon·er /mærəθənə, ᴬ-θɑnər/, **marathon runner** [telb zn] ⟨atl⟩ marathonloper
ma·raud /məˈrɔːd/ [onov + ov ww] plunderen, roven
¹**mar·ble** /mɑːbl, ᴬmɑrbl/ [telb zn] 1 knikker 2 ⟨vaak mv⟩ marmeren beeld ♦ *the Elgin marbles* de beelden(collectie) van Elgin • ⟨inf; scherts⟩ *have all one's marbles* ze allemaal op een rijtje hebben, goed bij hoofd zijn; ⟨inf; scherts⟩ *he's lost his marbles* hij ziet ze vliegen; ⟨België⟩ hij trapt door; ⟨BE⟩ *have marbles in one's mouth* bekakt praten, praten alsof men een hete aardappel in zijn mond heeft
²**mar·ble** /mɑːbl, ᴬmɑrbl/ [niet-telb zn] marmer
³**mar·ble** /mɑːbl, ᴬmɑrbl/ [bn, attr] 1 marmeren, ⟨fig⟩ wit en glad, hard en koud ♦ ⟨fig⟩ *a marble brow* een marmeren/marmerwit voorhoofd 2 gemarmerd • ⟨AE; sl⟩ *marble dome* stomkop, idioot; *a marble heart* een hart van steen; ⟨AE; sl⟩ *marble orchard* kerkhof
⁴**mar·ble** /mɑːbl, ᴬmɑrbl/ [ov ww] marmeren, het uiterlijk van marmer geven ♦ *marbled cake* marmercake; *marbled paper* gemarmerd papier, marmerpapier • *marbled meat* doorregen vlees; *marbled white* damvlinder ⟨vlinder; Melanargia galathea⟩
¹**mar·bles** /mɑːblz, ᴬmɑrblz/ [niet-telb zn] knikkerspel, het knikkeren ♦ *play marbles* knikkeren
²**mar·bles** /mɑːbls, ᴬmɑrbls/ [alleen mv] ⟨BE; sl⟩ kloten
mar·bly /mɑːbli, ᴬmɑrbli/ [bn; vergr trap: marblier] 1 marmerachtig 2 gemarmerd
marc /mɑːk, ᴬmɑrk/ [niet-telb zn] 1 moer, druivenmoer, droesem 2 marc ⟨brandewijn uit droesem⟩
Marc·an /mɑːkən, ᴬmɑr-/ [bn] van/m.b.t. Marcusevangelie
mar·ca·site /mɑːkəsaɪt, ᴬmɑr-/ [niet-telb zn] ⟨geol⟩ marcasiet, speerkies ⟨mineraal⟩
¹**mar·cel** /mɑːsel, ᴬmɑr-/, **marcel wave** [telb zn] ⟨vero⟩ watergolf
²**mar·cel** /mɑːsel, ᴬmɑr-/ [ov ww] watergolven, in een watergolf leggen ⟨kapsel⟩
mar·ces·cent /mɑːsesnt, ᴬmɑr-/ [bn] ⟨plantk⟩ verwelkend maar niet afvallend ⟨bloesem e.d.⟩
¹**march** /mɑːtʃ, ᴬmɑrtʃ/ [telb zn] 1 mars ♦ *forced march* geforceerde mars; *line/route of march* marsroute 2 opmars ♦ *on the march* in opmars 3 ⟨fig⟩ loop, vooruitgang, ⟨fig⟩ ontwikkeling ♦ *the march of science* de vooruitgang/evolutie van de wetenschap 4 betoging, demonstratie 5 ⟨muz⟩ mars, marsmuziek, marstempo 6 ⟨vaak mv⟩ ⟨gesch⟩ mark, grens, grensgewest, grensgebied ♦ *the Marches* grensgebied tussen Engeland en Schotland of Wales; grensgebied • *steal a march on s.o.* iemand te vlug af zijn, iemand een vlieg afvangen
²**march** /mɑːtʃ, ᴬmɑrtʃ/ [onov ww] 1 (op)marcheren, oprukken, aanrukken, stappen ⟨met vastberaden tred⟩ ♦ *march for peace* voor de vrede opmarcheren/betogen; *march on* in gelid opmarcheren; *march on a town* naar een stad

(op)marcheren/oprukken; *march past the officers* voor de officieren defileren; *quick march!* voorwaarts mars!; *march with the times* met zijn tijd meegaan ② grenzen ♦ *England marches on/with Scotland* Engeland grenst aan Schotland

³**march** /mɑːtʃ, ᴬmɑrtʃ/ [ov ww] ① **doen marcheren, laten aanrukken** ② **leiden,** voeren ⟨te voet⟩ ♦ *the prisoner was marched away* de gevangene werd weggeleid

March /mɑːtʃ, ᴬmɑrtʃ/ [eigenn] **maart** · ⟨sprw⟩ *if March comes in like a lion, it goes out like a lamb* ± of als hij komt of als hij scheidt, heeft de oude maart zijn gift bereid; ⟨sprw⟩ *March winds and April showers bring forth May's flowers* de stormen in maart en de buien in april zorgen voor de bloemen in mei; ⟨sprw⟩ *a peck of dust in March is worth a king's ransom* stof in maart is goud waard, een droge maart is goud waard, als 't in april maar regenen wil

march·er /mɑːtʃə, ᴬmɑrtʃər/ [telb zn] ① **marcheerder,** betoger ② ⟨gesch⟩ **markbewoner**

March hare [telb zn] **maartse haas** ⟨personage uit Alice in Wonderland⟩

marching band [telb zn] **muziekkapel,** fanfare

marching order [telb zn] ⟨mil⟩ ① (vaak mv) **marsorder** ② ⟨BE⟩ **marstenue** ③ ⟨BE⟩ **marsorde** ④ ⟨BE⟩ **ontslag** ⟨voornamelijk uit militaire dienst⟩, het afzwaaien, ⟨fig; scherts⟩ afwijzing ⟨van aanbidder⟩

marching song [telb zn] **marslied**

mar·chion·ess /mɑːʃənes, ᴬmɑrʃənɪs/ [telb zn] **markiezin**

march·land [telb zn] **mark,** grensgebied, grensgewest

march·pane /mɑːtʃpeɪn, ᴬmɑrtʃ-/ [niet-telb zn] ⟨vero⟩ **marsepein**

march-past [telb zn] ⟨mil⟩ **defilé,** parade

Mardi gras /mɑːdi grɑː, ᴬmɑrdi grɑ/ [eigenn] **Vastenavond,** carnaval, mardi gras

¹**mare** /meə, ᴬmer/ [telb zn] **merrie** · ⟨sprw⟩ *money makes the mare go* ± het geld is de ziel der negotie, ± geld doet alle deuren open

²**ma·re** /mɑːreɪ/ [telb zn; mv: maria /mɑːrɪə/] ① ⟨astron⟩ **zee** (op maan/Mars) ② ⟨gesch⟩ **zee** ♦ ⟨jur⟩ *mare clausum* territoriale wateren; *mare liberum* open/vrije zee

ma·rem·ma /məremə/ [telb zn] **moerasachtig kustland**

mare's nest [telb zn] ① **iets onmogelijks,** illusie, denkbeeldige vondst ♦ *find a mare's nest* blij zijn met een dode mus ② **huishouden van Jan Steen,** onbeschrijfelijke rommel

mare's tail [telb zn] ⟨plantk⟩ ① **lidsteng** ⟨Hippuris vulgaris⟩ ② **paardenstaart** ⟨genus Equisetum⟩

mare's tails [alleen mv] **lange vederwolken,** cirrusformaties

mar·ga·rine, ⟨AE ook⟩ **mar·ga·rin** /mɑːdʒəriːn, mɑːɡə-, ᴬmɑrdʒərɪn/ [niet-telb zn] **margarine**

mar·gay /mɑːɡeɪ, ᴬmɑrɡeɪ/ [telb zn] ⟨dierk⟩ **margay** ⟨Felis wiedi⟩

marge /mɑːdʒ, ᴬmɑrdʒ/ [niet-telb zn] ⟨BE; inf⟩ (verk: margarine) **margarine**

¹**mar·gin** /mɑːdʒɪn, ᴬmɑr-/ [telb zn] ① **rand,** boord, kant, ⟨plantk⟩ bladrand ② **marge,** kantlijn ③ **grens,** uiterste ♦ *go near the margin* tot het uiterste gaan ④ **marge,** speling, speelruimte, overschot, ⟨beurs⟩ surplus ♦ *margin of error* foutenmarge; *leave a margin* speelruimte laten; *succeed by a narrow margin* met de hakken over de sloot slagen; *margin of profit* winstmarge; *margin of safety* veiligheidsmarge ⑤ ⟨ec⟩ **prolongatie** ♦ *buy on margin* op prolongatie kopen

²**mar·gin** /mɑːdʒɪn, ᴬmɑr-/ [ov ww] ① **van een marge/kantlijn voorzien** ② **van kanttekeningen voorzien** ③ ⟨beurs⟩ **dekken**

margin account [telb zn] **prolongatierekening**

mar·gin·al /mɑːdʒɪnl, ᴬmɑr-/ [bn; bw: ~ly] ① **aangrenzend,** aan de rand gelegen ♦ *states marginal to Spain* aan Spanje grenzende staten ② **marginaal,** in de marge/kantlijn geschreven ♦ *marginal notes* marginaliën, kanttekeningen; *be marginal to society* op de rand van de maatschappij leven; *be marginal to the general tendency* buiten de algemene gevoelens staan ③ **marginaal,** miniem, onbeduidend, bijkomstig, ondergeschikt, ⟨handel⟩ weinig rendabel/winstgevend ♦ *of marginal importance* van ondergeschikt belang; *marginal land* marginaal bouwland; ⟨BE; pol⟩ *marginal seat* onzekere zetel · ⟨ec⟩ *marginal cost* marginale kosten; *marginal rate of income tax* marginaal belastingtarief; ⟨ec⟩ *marginal revenue* marginale inkomsten

mar·gi·na·li·a /mɑːdʒɪneɪlɪə, ᴬmɑr-/ [alleen mv] **marginaliën,** kanttekeningen

mar·gin·al·i·ty /mɑːdʒɪnæləti, ᴬmɑrdʒɪnæləti/ [niet-telb zn] **marginaliteit,** het marginaal-zijn

mar·gin·al·ize, mar·gin·al·ise /mɑːdʒɪnəlaɪz, ᴬmɑr-/ [ov ww] **marginaliseren,** aan de zelfkant van de maatschappij doen belanden, uitsluiten, uitrangeren, verwaarlozen

¹**mar·gin·ate** /mɑːdʒɪneɪt, ᴬmɑr-/, **mar·gin·at·ed** /-neɪtɪd/ [bn] ⟨biol⟩ **gerand**

²**mar·gin·ate** /mɑːdʒɪneɪt, ᴬmɑr-/ [ov ww] **van een kantlijn/marge voorzien**

mar·grave /mɑːɡreɪv, ᴬmɑr-/ [telb zn] ⟨gesch⟩ **markgraaf**

mar·gra·vine /mɑːɡrəviːn, ᴬmɑr-/ [telb zn] ⟨gesch⟩ **markgravin**

mar·gue·rite /mɑːɡəriːt, ᴬmɑr-/ [telb zn] **margriet**

maria [alleen mv] → **mare²**

Ma·ri·a [eigenn] **Maria**

Mar·i·an /meərɪən, ᴬmer-/ [bn] **Maria-,** van Maria

mar·i·cul·ture /mærɪkʌltʃə, ᴬ-ər/ [niet-telb zn] **zeeteelt,** zeecultuur ⟨het kweken van zeegewas en zeedieren⟩

mar·i·gold /mærɪɡoʊld/ [telb zn] ⟨plantk⟩ ① **goudsbloem** ⟨genus Galendula⟩ ② **afrikaantje** ⟨genus Tagetes⟩

mar·i·jua·na, mar·i·hua·na /mærɪwɑːnə, -hwɑːnə/ [niet-telb zn] **marihuana**

ma·rim·ba /mərɪmbə/ [telb zn] ⟨muz⟩ **marimba**

ma·ri·na /məriːnə/ [telb zn] **jachthaven**

¹**ma·ri·nade** /mærɪneɪd/ [telb + niet-telb zn] **marinade**

²**mar·i·nade** /mærɪneɪd/, **mar·i·nate** /mærɪneɪt/ [ov ww] **marineren**

¹**ma·rine** /məriːn/ [telb zn] ① **marinier,** zeesoldaat, lid van de landingsstoottroepen ♦ ⟨BE⟩ *Royal Marines* Koninklijke Mariniers ⟨Britse marine-infanteristen⟩ ② **zeegezicht,** marine, zeestuk · *tell that to the (horse) marines!* maak dat je opoe/de kat wijs!

> **marine**
> · het Engelse woord **Marine** wordt gebruikt voor iemand die deel uitmaakt van de **Marine Corps** (in de Verenigde Staten) of de **Royal Marines** (in het Verenigd Koninkrijk), vergelijkbaar met het Nederlandse Korps Mariniers
> · het Nederlandse woord *marine* (onderdeel van het leger) wordt vertaald met **navy**

²**ma·rine** /məriːn/ [niet-telb zn; the] ① **zeewezen,** scheepvaart ② **marine,** vloot ♦ *the mercantile marine* de koopvaardij, de handelsvloot

³**ma·rine** /məriːn/ [bn, attr] **marine-,** marien, zee(vaart)-, scheeps- ♦ *marine biologist* mariene bioloog, oceanoloog; *marine biology* mariene biologie; *marine dealer* (scheeps)tagrijn; *marine engineer (officer)* scheepswerktuigkundige; *marine insurance* zeeverzekering; *marine painter* marineschilder, schilder van zee(ge)zichten/stukken; *marine parade* zeeboulevard, promenade; *marine plants* zeegewassen; *marine route* zee(vaart)route; *marine science* zeewetenschappen, oceanologie; *marine stores* scheepsbehoeften, scheepsartikelen · ⟨muz⟩ *marine trumpet* monochord(ium)

Marine Corps [eigenn; the] ⟨AE⟩ **korps landingsstoottroepen** ⟨in Amerikaanse marine⟩, ± korps mariniers

mariner

mar·i·ner /mærɪnə, ᴬ-ər/ [telb zn] zeeman, matroos
mariner's compass [telb zn] kompas
mar·i·o·nette /mærɪənet/ [telb zn] marionet
Mar·ist /meərɪst, ᴬmerɪst/ [telb zn] ⟨r-k⟩ marist ⟨lid van de priesterconcregatie van Maria⟩
mar·i·tal /mærɪtl/ [bn; bw: ~ly] ⒈ echtelijk, huwelijks- ♦ *marital bonds* huwelijksbanden; *marital problems* echtelijke moeilijkheden; *marital rape* verkrachting binnen het huwelijk ⒉ maritaal, van de echtgenoot ♦ *marital authority* maritale macht
mar·i·time /mærɪtaɪm/ [bn, attr] maritiem, zee-, zeevarend, kust- ♦ *maritime law* zeerecht; *maritime powers* zeemachten, maritieme mogendheden; *maritime regions* kustgebieden; *maritime type* kusttype
mar·jo·ram /mɑːdʒərəm, ᴬmɑr-/ [niet-telb zn] ⟨plantk⟩ marjolein ⟨Origanum vulgare⟩
¹mark /mɑːk, ᴬmɑrk/ [telb zn] ⒈ ⟨benaming voor⟩ teken, kenteken, merkteken, leesteken, paraaf, kruisje (i.p.v. handtekening), opschrift, etiket, prijsmerk, postmerk, blijk ♦ *as a mark of my esteem* als blijk/teken van mijn achting ⒉ teken, merk, spoor, vlek, littteken, ⟨fig⟩ indruk ♦ *bear the marks of* de sporen dragen van; *black mark* zwarte vlek; ⟨fig⟩ smet; *leave one's mark on* zijn stempel drukken op; *make one's mark* zich onderscheiden, van zich doen spreken, beroemd worden ⒊ ⟨rapport⟩cijfer, punt, waarderingscijfer ♦ *give s.o. full marks for courage* iemands moed erkennen/hoog aanslaan; *good/bad marks* goede/slechte cijfers; *the highest marks* de beste resultaten ⒋ peil, niveau, standaard ♦ *above/below the mark* boven/beneden peil; *up to the mark* op het vereiste niveau; *I don't feel quite up to the mark* ik voel me niet helemaal fit/in orde ⒌ ⟨vaak Mark; voornamelijk met telwoord⟩ model, type, rangnummer ♦ ⟨scherts⟩ *mark one* verouderd/voorhistorisch model ⒍ start(streep), meet ♦ *not quick off the mark* niet vlug/vlot (van begrip); *on the mark* klaar voor de start; *on your marks, get set, go!* op uw plaatsen! klaar? af! ⒎ doel, doelwit, einddoel, ⟨bokssp⟩ maakkuil, ⟨sl⟩ voorkeur, voorliefde ♦ *beside/off the mark* ernaast, naast het doel/onderwerp; *close to/near the mark* dicht bij de waarheid; heel ver gaand, zeer grof ⟨van grap⟩; *find one's mark* doel treffen ⟨bijvoorbeeld van pijl⟩; ⟨fig⟩ *hit the mark* de spijker op de kop slaan, in de roos schieten, ⟨fig⟩ *miss/overshoot the mark* het doel missen/voorbijstreven, te ver gaan; zijn mond voorbijpraten; het geheel bij het verkeerde eind hebben, de plank misslaan; *fall wide of the mark* er helemaal naast zitten ⒏ ⟨gesch⟩ mark, markgrond ⒐ ⟨gesch⟩ mark ⟨munt⟩, D-mark ⟨Duitsland⟩, markka ⟨Finland⟩ ⒑ ⟨AE; sl⟩ slachtoffer, lammetje ♦ *easy/soft mark* dupe, willig slachtoffer ⒒ ⟨AE; sl⟩ ⟨geschikt⟩ object ⟨voor overval enz.⟩ ⒓ ⟨Australisch voetb⟩ mark ⟨vangbal, waarna een vrije trap volgt⟩ · *keep s.o. up to the mark* zorgen dat iemand zijn uiterste best doet/zijn beste beentje voor zet; *overstep the mark* over de schreef gaan; ⟨God⟩ *save the mark!* God betere (het)!; ⟨AE⟩ *toe the mark* precies doen wat gezegd/opgedragen wordt
²mark /mɑːk, ᴬmɑrk/ [niet-telb zn] ⒈ belang ♦ *a man of mark* een man van belang; *of no mark* van geen belang ⒉ aandacht ♦ *worthy of mark* de aandacht waard
³mark /mɑːk, ᴬmɑrk/ [onov ww] ⒈ vlekken, vlekken maken/krijgen ♦ *this pen marks under water* deze pen schrijft zelfs onder water ⒉ cijfers geven ♦ *the new teacher marks more strictly* de nieuwe leraar geeft strengere cijfers ⒊ ⟨sport⟩ stand bijhouden, aantekening houden ⒋ ⟨jacht⟩ markeren; → marked, marking
⁴mark /mɑːk, ᴬmɑrk/ [ov ww] ⒈ merken, kenmerken, kenschetsen, kentekenen, onderscheiden, (be)tekenen ♦ *his birth marks the beginning of a new era* zijn geboorte luidt het begin van een nieuw tijdperk in ⒉ merken, aanduiden, aantekenen, aangeven, markeren, noteren ♦ *marked for life* voor het leven getekend/gebrandmerkt; *there will*

1120

be fireworks to mark the occasion er komt een vuurwerk om de gelegenheid luister bij te zetten ⒊ beoordelen, nazien, corrigeren, cijfers geven voor ⟨schoolwerk⟩ ⒋ prijzen, van een prijskaartje voorzien ⒌ letten op, aandacht schenken aan ♦ *mark how it is done* let op hoe het gedaan wordt; *mark my words* let op mijn woorden ⒍ te kennen geven, vertonen, aan de dag leggen, uiten ⒎ bestemmen, opzijzetten ⒏ ⟨vaak passief⟩ vlekken, tekenen ⟨dier⟩ ♦ *a bird marked with brown* een bruingevlekte vogel; *a face marked with smallpox* een door de pokken geschonden gelaat, een pokdalig gezicht ⒐ ⟨sport⟩ dekken ⒑ ⟨AE; sl⟩ zoeken, vinden ⟨object/plaats voor een overval⟩, verkennen, beloeren · zie: **mark down**; zie: **mark in**; zie: **mark off**; zie: **mark out**; zie: **mark up**; → marked, marking

Mark /mɑːk, ᴬmɑrk/ [eigenn] ⒈ Mark, Marcus ♦ *Saint Mark* Marcus ⟨de evangelist⟩ ⒉ evangelie naar Marcus
mark·down [telb zn] prijsverlaging, afprijzing, korting, disagio
mark down [ov ww] ⒈ eruit pikken, bestemmen, kiezen ⒉ afprijzen ⒊ een lager cijfer geven ⒋ ⟨jacht⟩ in zich opnemen, ⟨AE; sl⟩ afleggen, beloeren, verkennen ♦ *the robber marked down the gasoline station* de dief legde het benzinestation af
marked /mɑːkt, ᴬmɑrkt/ [bn; oorspronkelijk volt deelw van mark; bw: ~ly; zn: ~ness] ⒈ duidelijk, uitgesproken, opvallend ♦ *a marked preference for blondes* een uitgesproken voorkeur voor blondines ⒉ gemarkeerd ⟨ook taalkunde⟩, gemerkt, door een teken herkenbaar/aangeduid ♦ *marked money* gemerkt geld ⒊ bestemd, uitgekozen ♦ *a marked man* iemand die wordt beloerd ⟨m.n. door overvaller/moordenaar⟩; ten dode opgeschreven man, iemand die op zijn laatste benen loopt ⒋ ⟨AE; sl⟩ afgelegd, beloerd
mark·er /mɑːkə, ᴬmɑrkər/ [telb zn] ⒈ teller, (stand)bijhouder, optekenaar, ⟨bilj⟩ scorebord, markeur, ⟨mil⟩ vleugelman, flankeur ⒉ ⟨benaming voor⟩ teken, merk, kenteken, mijlpaal, kilometerpaal, baken, boekenlegger, scorebord, score, stand, wedstrijdpunt, doelpunt, gedenkplaat, grafsteen ⒊ markeerstift, marker ⒋ ⟨voetb⟩ dekker ⒌ ⟨AE; sl⟩ promesse, schuldbekentenis
marker pen [telb zn] marker, markeerstift
¹mar·ket /mɑːkɪt, ᴬmɑr-/ [telb zn] ⒈ markt, marktplaats, marktdag ♦ *be in the market for sth.* iets willen kopen, in de markt zijn voor iets ⒉ markt, handel, koop en verkoop ♦ *buyers'/buyer's market* kopersmarkt; ⟨gesch⟩ (European) *Common Market* euromarkt, EEG; *come into the market* op de markt/in de handel komen; *put on the market* op de markt brengen; *price o.s. out of the market* zich uit de markt prijzen; *sellers'/seller's market* verkopersmarkt ⒊ markt, afzetgebied ♦ *flood the market with* de markt overspoelen met ⒋ marktprijs ♦ *at the market* tegen de marktprijs ⒌ markt, beurs ♦ *play the market* speculeren; *rig the market* de markt manipuleren ⟨door kunstmatig hausse/baisse te veroorzaken⟩; frauduleuze speculeren ⒍ ⟨vaak in samenstellingen⟩ ⟨AE⟩ winkel, supermarkt
²mar·ket /mɑːkɪt, ᴬmɑr-/ [telb + niet-telb zn] markt, vraag ♦ *there is no market for his products* er is geen markt voor/vraag naar zijn producten
³mar·ket /mɑːkɪt, ᴬmɑr-/ [onov ww] ⒈ inkopen doen, winkelen, naar de markt gaan ♦ ⟨vnl AE⟩ *go marketing* (for household supplies) naar de markt/winkel gaan (voor de boodschappen) ⒉ aan markthandel doen; → marketing
⁴mar·ket /mɑːkɪt, ᴬmɑr-/ [ov ww] ⒈ op de markt brengen, in de handel brengen, verkopen ⒉ verhandelen; → marketing
mar·ket·a·bil·i·ty /mɑːkɪtəbɪləti, ᴬmɑrkɪtəbɪləti/ [niet-telb zn] verkoopbaarheid
mar·ket·a·ble /mɑːkɪtəbl, ᴬmɑrkɪtəbl/ [bn; bw: marketably] ⒈ verkoopbaar, (gemakkelijk) te verkopen

marriage

[2] markt-, handels- ♦ *marketable value* marktwaarde, dagwaarde
market cross [telb zn] marktkruis ⟨zinnebeeld op marktplein⟩
mar·ket-day [telb zn] marktdag
mar·ket-driv·en, mar·ket-led [bn] marktgestuurd, door de (vrije) markt bepaald/in het leven geroepen
market economy [telb zn] vrijmarkteconomie
mar·ket·eer /mɑːkɪtɪə, ᴬmɑrkətɪr/ [telb zn] [1] voorstander ♦ *free marketeer* voorstander van een vrije markt(economie) [2] ⟨inf⟩ markthandelaar, marktkramer [3] marktdeskundige, marketingman, marketeer
mar·ket·er /mɑːkətə, ᴬmɑrkətər/ [telb zn] [1] ⟨handel⟩ marketingman, marketeer, marktdeskundige [2] marktganger, marktbezoeker [3] markthandelaar
market forces [alleen mv] vrijmarktmechanisme
market garden [telb zn] ⟨BE⟩ groentekwekerij, tuinderij
market gardener [telb zn] ⟨BE⟩ groentekweker, tuinder
market gardening [niet-telb zn] ⟨BE⟩ groenteteelt, tuinderij
market hall [telb zn] markthal, overdekte markt
mar·ket·ing /mɑːkətɪŋ, ᴬmɑrkətɪŋ/ [niet-telb zn; gerund van markt] [1] marketing, marktanalyse, marktonderzoek [2] afzet, verkoop [3] markthandel [4] ⟨vnl AE⟩ het boodschappen doen, inkopen
market leader [telb zn] marktleider
market maker [telb zn] ⟨BE⟩ market maker, beursmakelaar
mar·ket·place [telb zn] [1] marktplein, marktplaats [2] ⟨the⟩ plaats van verkoop, ⟨fig⟩ (de) openbaarheid, forum
market price [telb zn] marktprijs
market rate [telb zn] marktprijs
market research, marketing research [niet-telb zn] marktonderzoek, marktanalyse
market stake, market share [telb zn] marktaandeel
market stall [telb zn] marktkraam, marktstalletje
market town [telb zn] marktstad, marktplaats
market value [niet-telb zn] marktwaarde, dagwaarde
mark in [ov ww] invullen, aantekenen, toevoegen ♦ *mark in the details on the map* de details aan de kaart toevoegen/op de kaart invullen
¹**mark·ing** /mɑːkɪŋ, ᴬmɑr-/ [telb zn; (oorspronkelijk) gerund van mark] [1] tekening ⟨van dier e.d.⟩ [2] aantekening [3] notering ⟨beurs⟩
²**mark·ing** /mɑːkɪŋ, ᴬmɑr-/ [niet-telb zn; (oorspronkelijk) gerund van marken] [1] het noteren, het aantekenen [2] het cijfers geven [3] het merken ⟨van wasgoed e.d.⟩
marking ink [niet-telb zn] merkinkt
marking iron [telb zn] [1] merkijzer [2] brandijzer
mark·ka /mɑːkɑ, ᴬmɑrkɑ/ [telb zn; mv: markkaa] **mark·ka** ⟨Finse munteenheid⟩
mark off [ov ww] afmerken, afbakenen, aangeven ♦ *marked off with white lines* met witte lijnen afgeperkt/gemarkeerd
mark out [ov ww] [1] afbakenen, afperken, markeren, aanduiden [2] uitkiezen, bestemmen ♦ *John has been marked out as a candidate for promotion* John is uitgekozen als promotiekandidaat
marks·man /mɑːksmən, ᴬmɑrks-/ [telb zn; mv: marksmen /-mən/] scherpschutter
marks·man·ship /mɑːksmənʃɪp, ᴬmɑrks-/ [niet-telb zn] scherpschutterskunst
mark·up [telb zn] [1] winstmarge [2] prijsstijging, prijsverhoging
mark up [ov ww] [1] in prijs verhogen, de prijs doen opslaan van, hoger prijzen [2] een hoger/beter cijfer geven

[3] corrigeren, verbeteren ⟨drukproeven⟩, amenderen ⟨tekst⟩
¹**marl** /mɑːl, ᴬmɑrl/ [niet-telb zn] mergel
²**marl** /mɑːl, ᴬmɑrl/ [ov ww] [1] mergelen, met mergel bemesten [2] ⟨scheepv⟩ marlen, met marlsteek vastzetten
¹**mar·lin** /mɑːlɪn, ᴬmɑr-/ [telb zn; mv: ook marlin] ⟨dierk⟩ marlijn ⟨Amerikaanse vis met speervormige snuit; genus Makaira⟩
²**mar·lin, mar·line** /mɑːlɪn, ᴬmɑr-/, **mar·ling** /mɑːlɪŋ, ᴬmɑr-/ [telb + niet-telb zn] ⟨scheepv⟩ marlijn, huizing
mar·line·spike [telb zn] ⟨scheepv⟩ marlpriem, marlspijker
marl·y /mɑːli, ᴬmɑrli/ [bn; vergr trap: marlier] mergel-, mergelachtig
mar·ma·lade /mɑːməleɪd, ᴬmɑr-/ [niet-telb zn] [1] marmelade [2] ⟨AE; inf⟩ gesnoef, opschepperij, geklets
¹**mar·mite** /mɑːmaɪt, ᴬmɑr-/ [telb zn] kookpot, kookketel
²**mar·mite** /mɑːmaɪt, ᴬmɑr-/ [niet-telb zn] Marmite ⟨pikant smeersel⟩
Mar·mo·ra war·bler /mɑːmərəwɔːblə, ᴬmɑrmərəwɔrblər/ [telb zn] ⟨dierk⟩ Sardijnse grasmus ⟨Sylvia sarda⟩
mar·mo·re·al /mɑːmɔːrɪəl, ᴬmɑrmɪɔːrɪ-/, **mar·mo·re·an** /-rɪən/ [bn] ⟨form⟩ marmerachtig, marmeren, marmer-
mar·mo·set /mɑːməzet, ᴬmɑrməset/ [telb zn] ⟨dierk⟩ ouistiti ⟨zijdeaapje; familie Callithricidae⟩
mar·mot /mɑːmət, ᴬmɑr-/ [telb zn] marmot
ma·ro·cain /mærəkeɪn/ [niet-telb zn] zijden crêpe
¹**ma·roon** /məruːn/ [telb zn] [1] marron, bosneger ⟨in West-Indië⟩ [2] weggelopen negerslaaf [3] uitgestotene, verworpeling [4] vuurpijl, lichtsein
²**ma·roon** /məruːn/ [niet-telb zn; vaak attributief] kastanjebruin
³**ma·roon** /məruːn/ [ov ww] [1] achterlaten, op een onbewoond eiland aan land zetten, ⟨fig⟩ aan zijn lot overlaten [2] isoleren, afsnijden ♦ *marooned by the floods* door de overstromingen ingesloten
mar·plot /mɑːplɒt, ᴬmɑrplɑt/ [telb zn] spelbreker
marque /mɑːk, ᴬmɑrk/ [telb zn] [1] merk ⟨voornamelijk van auto's, e.d.⟩ [2] kaperschip [3] kaperbrief
mar·quee /mɑːkiː, ᴬmɑr-/ [telb zn] [1] grote tent, feesttent, kermistent, ⟨AE⟩ (ingang van) circustent [2] ⟨AE⟩ markies, zonnescherm, kap, luifel
mar·que·try, mar·que·tery, mar·que·terie /mɑːkɪtri, ᴬmɑr-/ [niet-telb zn] marqueterie, inlegwerk
mar·quis, ⟨BE ook⟩ **mar·quess** /mɑːkwɪs, ᴬmɑr-/ [telb zn; mv: ook marquis] markies
mar·quis·ate /mɑːkwɪzət, ᴬmɑrkwɪzeɪt/ [telb zn] markizaat
mar·quise /mɑːkiːz, ᴬmɑr-/ [telb zn] [1] markiezin, marquise [2] markies, zonnescherm, kap, luifel [3] marquise ⟨lancetvormig geslepen diamant⟩ [4] ring met marquise
mar·qui·sette /mɑːk(w)ɪzet, ᴬmɑr-/ [niet-telb zn] lichte gordijnstof, marquisette, vitrage
mar·ram /mærəm/, **marram grass** [niet-telb zn] ⟨plantk⟩ helm, helmgras, zandhaver ⟨Ammophila arenaria⟩
mar·riage /mærɪdʒ/ [telb + niet-telb zn] [1] huwelijk, echt, echtelijke staat, echtverbintenis, ⟨fig⟩ vereniging, verbinding ♦ *arranged marriage* gearrangeerd huwelijk; *the bonds/ties of marriage* de huwelijksbanden; *cousin by marriage* aangetrouwde neef; *contract a marriage* een huwelijk aangaan; *marriage of convenience* verstandshuwelijk, mariage de raison; *give/take/ask in marriage* ten huwelijk geven/nemen/vragen; *marriage of minds* eenheid van gedachten; *mixed marriage* gemengd huwelijk; *her marriage to* haar huwelijk met [2] ⟨kaartsp⟩ mariage • ⟨sprw⟩ *marriage is a lottery* het huwelijk is een gok; ⟨sprw⟩ *marriages/matches are made in heaven* huwelijken worden in de hemel gesloten

marriageability

mar·riage·a·bil·i·ty /ˌmærɪdʒəbɪləti/ [niet-telb zn] huwbaarheid

mar·riage·a·ble /ˈmærɪdʒəbl/ [bn; bw: marriageably; zn: ~ness] huwbaar

marriage broker [telb zn] huwelijksmakelaar, koppelaar(ster)

marriage bureau [telb zn] huwelijksbureau

marriage ceremony [telb + niet-telb zn] huwelijksceremonie, huwelijksplechtigheid

marriage certificate [telb zn] huwelijksakte, trouwakte

marriage counsellor [telb zn] huwelijksconsulent(e), huwelijksmakelaar, relatiebemiddelaar

marriage encounter [telb + niet-telb zn] marriage encounter ⟨gespreksgroep(en) voor betere huwelijksrelatie⟩

marriage guidance [niet-telb zn] huwelijksbegeleiding, huwelijksvoorlichting

marriage licence [telb zn] (ambtelijke) huwelijkstoestemming ⟨m.n. zonder voorafgaande afkondiging⟩

marriage lines [alleen mv; werkwoord voornamelijk enk] ⟨BE; inf⟩ boterbriefje, trouwakte

marriage market [telb zn; (the)] huwelijksmarkt, beschikbare partners

marriage portion [telb zn] bruidsschat

marriage settlement [telb zn] huwelijksvoorwaarden

marriage vows [alleen mv] trouwbeloften

mar·ried /ˈmærɪd/ [bn; volt deelw van marry] [1] gehuwd, getrouwd ♦ *a married couple* een getrouwd stel; *get married* trouwen [2] huwelijks-, echtelijk ♦ *married life* (het) huwelijksleven

mar·ron /ˈmærən/ [telb zn] [1] ⟨plantk⟩ tamme kastanjeboom ⟨Castanea sativa⟩ [2] kastanje ♦ *marron glacé* marron glacé, gekonfijte tamme kastanje

¹**mar·row** /ˈmæroʊ/ [telb zn] ⟨plantk⟩ (eetbare) pompoen ⟨genus Curcubita⟩ ♦ ⟨BE⟩ *vegetable marrow* eetbare pompoen

²**mar·row** /ˈmæroʊ/ [niet-telb zn] [1] merg ⟨ook figuurlijk⟩ ♦ *spinal marrow* ruggenmerg; *to the marrow* door merg en been [2] kern, pit

mar·row·bone /ˈmæroʊboʊn/ [1] mergpijp, mergbeen [2] ⟨mv⟩ ⟨scherts⟩ knieën

mar·row·fat, mar·row·fat pea, marrow pea [telb zn] kapucijner

mar·row·less /ˈmæroʊləs/ [bn] [1] zonder merg [2] futloos

marrow squash [telb zn] ⟨AE; plantk⟩ (eetbare) pompoen ⟨genus Curcubita⟩

mar·row·y /ˈmæroʊi/ [bn; vergr trap: marrowier] [1] mergachtig, vol merg [2] pittig

¹**mar·ry** /ˈmæri/ [onov ww] [1] trouwen, in het huwelijk treden ♦ *marry above/beneath o.s.* boven/beneden zijn stand trouwen; *marry into a rich family* in een rijke familie trouwen; *not a marrying man* geen man om te trouwen, geen trouwlustig iemand; *marry above one* boven zijn stand trouwen; *marry out of one's faith* door huwelijk zijn geloof verlaten; een gemengd huwelijk aangaan; *he was married with two daughters* hij was gehuwd en had twee dochters [2] ⟨fig⟩ zich verenigen, zich met elkaar verbinden, bij elkaar passen ♦ *marry in* aantrouwen; *the troops married up with the guerillas* de troepen verenigden zich met de guerrillastrijders • ⟨sprw⟩ *marry in haste, repent at leisure* haastig getrouwd, lang berouwd; → married

²**mar·ry** /ˈmæri/ [ov ww] [1] trouwen met, in het huwelijk treden met, huwen [2] uithuwelijken ♦ *marry off one's daughters* zijn dochters aan de man brengen/uithuwelijken [3] trouwen, in de echt verbinden, het huwelijk voltrekken tussen ♦ *be/get married* trouwen, in het huwelijk treden; *be married to s.o.* met iemand getrouwd zijn [4] door huwelijk verkrijgen ♦ *marry money/wealth* een rijk huwelijk sluiten [5] paren, nauw verbinden, verenigen, aaneenpassen, combineren ♦ *be married to sth.* ergens aan verknocht zijn; *marry up* samenbrengen, samensmelten, verenigen, bundelen [6] ⟨scheepv⟩ aaneensplitsen ⟨scheepstouw⟩, oplengen; → married

mar·ry-up [telb zn] vereniging, samensmelting, samenbrenging, combinatie

Mars /mɑːz, ᴬmɑrz/ [eigenn] [1] Mars ⟨Romeinse oorlogsgod⟩, ⟨form⟩ het krijgsbedrijf [2] ⟨astron⟩ Mars ⟨planeet⟩

Mar·sa·la /mɑːˈsɑːlə, ᴬmɑr-/ [niet-telb zn] marsala ⟨wijn⟩

Mar·seil·laise /ˌmɑːsəˈleɪz, ᴬmɑr-/ [eigenn; the] Marseillaise ⟨Frans volkslied⟩

mar·seille /mɑːˈseɪl, ᴬmɑr-/, **mar·seilles** /mɑːˈseɪlz, ᴬmɑr-/ [niet-telb zn] marseille ⟨gestreepte katoenen keper⟩

marsh /mɑːʃ, ᴬmɑrʃ/ [telb + niet-telb zn] moeras

¹**mar·shal** /ˈmɑːʃl, ᴬmɑrʃl/ [telb zn] [1] maarschalk ⟨hoogste rang van officier⟩, veldmaarschalk [2] hofmaarschalk, (opper)ceremoniemeester [3] hoofd van ordedienst [4] ⟨jur⟩ ± griffier, ± deurwaarder, ± gerechtsbode [5] ⟨AE⟩ hoofd van politie, ± sheriff [6] ⟨AE⟩ brandweercommandant [7] ⟨sport⟩ wedstrijdcommissaris

²**mar·shal** /ˈmɑːʃl, ᴬmɑrʃl/ [onov ww] [1] zich opstellen, zich rangschikken, zich scharen, zijn plaats innemen

³**mar·shal** /ˈmɑːʃl, ᴬmɑrʃl/ [ov ww] [1] rangschikken, in (volg)orde plaatsen, opstellen, ordenen, scharen [2] samenvoegen, bundelen, samenbrengen [3] leiden, (be)geleiden, (aan)voeren [4] ⟨heral⟩ samenstellen, opstellen ⟨wapen⟩

mar·shall·ing yard /ˈmɑːʃlɪŋ jɑːd, ᴬmɑrʃlɪŋ jɑrd/ [telb zn] rangeerterrein

Marshall Islands /ˈmɑːʃlaɪləndz, ᴬmɑrʃlaɪləndz/ [eigenn; the; werkwoord mv] Marshalleilanden

Mar·shal·sea /ˈmɑːʃlsiː, ᴬmɑr-/ [eigenn] ⟨BE; gesch⟩ [1] hofmaarschalksrechtbank [2] hofmaarschalksgevangenis in Southwark, Londen⟩

mar·shal·ship /ˈmɑːʃlʃɪp, ᴬmɑr-/ [niet-telb zn] maarschalkschap

marsh fever [telb + niet-telb zn] ⟨med⟩ moeraskoorts

marsh gas [niet-telb zn] moerasgas

marsh harrier [telb zn] ⟨dierk⟩ bruine kiekendief ⟨Circus aeruginosus⟩

marsh·land /ˈmɑːʃlənd, ᴬmɑrʃlænd/ [niet-telb zn] moerasland, broekland

marsh·mal·low /ˈmɑːʃmæloʊ, ᴬmɑrʃmeloʊ/ [telb + niet-telb zn] marshmallow, schuimachtig suikerwerk, spek

marsh mallow [niet-telb zn] [1] ⟨plantk⟩ heemst ⟨Althaea officinalis⟩, witte malve [2] suikerwerk/hoestsiroop bereid uit heemst(wortel)

marsh marigold [telb zn] ⟨plantk⟩ dotter(bloem), waterboterbloem ⟨Caltha palustris⟩

marsh sandpiper [telb zn] ⟨dierk⟩ poelruiter ⟨Tringa stagnatilis⟩

marsh tit [telb zn] ⟨dierk⟩ glanskopmees ⟨Parus palustris⟩

marsh trefoil [niet-telb zn] ⟨plantk⟩ waterdrieblad ⟨Menyanthes trifoliata⟩

marsh warbler [telb zn] ⟨dierk⟩ bosrietzanger ⟨Acrocephalus palustris⟩

marsh·y /ˈmɑːʃi, ᴬmɑrʃi/ [bn; vergr trap: marshier] moerassig

¹**mar·su·pi·al** /mɑːˈsjuːpɪəl, ᴬmɑrˈsuːpɪəl/ [telb zn] buideldier

²**mar·su·pi·al** /mɑːˈsjuːpɪəl, ᴬmɑrˈsuːpɪəl/ [bn] [1] buideldragend [2] buidelvormig [3] tot de buideldieren behorend

mart /mɑːt, ᴬmɑrt/ [telb zn] [1] handelscentrum [2] veiling, veilingzaal, veilinglokaal [3] ⟨form⟩ markt, marktplein

mar·ta·gon /ˈmɑːtəɡən, ᴬmɑrtə-/ [telb zn] ⟨plantk⟩ Turk-

mass spectrography [niet-telb zn] massaspectrografie

mass spectrum [telb zn] massaspectrum

mass tourism [niet-telb zn] massatoerisme

mass·y /ˈmæsi/ [telb zn; vergr trap: massier; zn: massiness] ⟨form⟩ massief, zwaar

¹mast /mɑːst, ᴬmæst/ [telb zn] mast, scheepsmast, vlaggenmast, radiomast, ankermast ♦ ⟨vero⟩ *sail before the mast* als gewoon matroos werken/varen

²mast /mɑːst, ᴬmæst/ [niet-telb zn] mast ⟨eikels en beukennoten als varkensvoer⟩

³mast /mɑːst, ᴬmæst/ [ov ww] masten, van een mast voorzien

mas·ta·ba, mas·ta·bah /ˈmæstəbə/ [telb zn] mastaba ⟨Oud-Egyptisch graf⟩

mas·tec·to·my /mæsˈtektəmi/ [telb + niet-telb zn] ⟨med⟩ mastectomie, borstamputatie

¹mas·ter /ˈmɑːstə, ᴬmæstər/ [telb zn] [1] meester ⟨ook vrijmetselarij; schaken, dammen, bridge⟩, heer, baas, machthebber, eigenaar, meerdere, ⟨scheepv⟩ kapitein, gezagvoerder ♦ *a dog and his master* een hond en zijn baas(je); *master of the house* heer des huizes; *Lord and Master* heer en meester; *be master of one's feelings* zijn gevoelens meester/de baas zijn; *make o.s. master of sth.* iets machtig worden, iets onder de knie krijgen; *be one's own master* zijn eigen baas zijn; *the Master* de Heer/Meester ⟨Jezus⟩; *is your master in?* is meneer thuis? [2] meester, schoolhoofd, schoolmeester, leermeester, ⟨fig⟩ voorbeeld ♦ *follow one's master* zijn meester/voorganger navolgen; *the French master* de leraar Frans; *passed master* vakman, ware meester; ⟨onderw⟩ *second master* onderdirecteur [3] meester, geschoold vakman [4] ⟨voornamelijk Master⟩ meester, magister, ± doctorandus (tweede fase) ⟨tot 2002⟩, master ⟨vanaf 2002⟩ ♦ *Master of Arts* ± doctorandus in de letteren/menswetenschappen/sociale wetenschappen ⟨tot 2002⟩, master of arts ⟨vanaf 2002⟩; ⟨SchE⟩ *Master of Literature*, ⟨BE⟩ *Master of Philosophy* ± doctorandus; *Master of Science* ± doctorandus in de (exacte) wetenschappen ⟨tot 2002⟩, master of science ⟨vanaf 2002⟩ [5] origineel ⟨stencil, band, matrijs⟩, model, patroon, moedervorm, moederblad, master(tape) [6] hoofdgedeelte, besturing ⟨van machines⟩ [7] ⟨bk⟩ meester ⟨ook figuurlijk⟩, werk van meester ♦ *Little Masters* Kleine Meesters ⟨volgelingen van Dürer⟩ [8] ⟨sprw⟩ *like master, like man* zo meester, zo knecht, goede meesters maken goede knechten; ⟨sprw⟩ *money is a good servant, but a bad master* geld is een goede dienaar, maar een slechte meester; ⟨sprw⟩ *Jack is as good as his master* ± in wezen zijn alle mensen gelijk; ⟨sprw⟩ *Jack of all trades and master of none* twaalf ambachten, dertien ongelukken; ⟨sprw⟩ *no man can serve two masters* niemand kan twee heren dienen

²mas·ter /ˈmɑːstə, ᴬmæstər/ [bn, attr] [1] hoofd-, voornaamste [2] superieur, voortreffelijk [3] moeder-, commando-, hoofd- ⟨waarvan andere delen/eenheden afhangen⟩

³mas·ter /ˈmɑːstə, ᴬmæstər/ [ov ww] [1] overmeesteren, de baas/machtig worden ⟨ook figuurlijk⟩, te boven komen, bedwingen [2] een moederband/moederopname maken van, een master(tape) maken van

Mas·ter /ˈmɑːstə, ᴬmæstər/ [telb zn] [1] meester ⟨titel van functionaris⟩ ♦ *Master of Ceremonies* ceremoniemeester; *Master of Falkland* jonker/erfgenaam van Falkland; *Master of (the) (fox)hounds* jagermeester; *Master of the Mint* muntmeester; *Master of the King's/Queen's Music* kapelmeester aan het Engelse hof; *Master of the Robes* kamerheer van garderobe; *Master of the Rolls* rijksarchivaris/eerste rechter van hof van beroep [2] ⟨SchE⟩ jonker ⟨aanspreektitel van adelborst⟩, jongeheer ⟨verouderd aanspreekvorm⟩

mas·ter-at-arms [telb zn] ⟨mar⟩ hoogste onderofficier belast met het handhaven van de tucht, met de arrestatie en het toezicht op de gevangenen, ⟨vroeger⟩ provoost-geweldige

master bedroom [telb zn] grootste/grote slaapkamer ⟨in een huis⟩

master card [telb zn] [1] hoogste kaart, hoogste troef [2] (hoge) troef, krachtig/doorslaggevend argument [3] master card ⟨credit card die bij verschillende instanties gebruikt kan worden⟩

master class [telb zn] ⟨muz⟩ masterclass ⟨korte cursus op hoog niveau door beroemd musicus⟩

master copy [telb zn] origineel

mas·ter·dom /ˈmɑːstədəm, ᴬmæstər-/ [niet-telb zn] meesterschap, heerschappij

mas·ter·ful /ˈmɑːstəfl, ᴬmæstər-/ [bn; bw: ~ly; zn: ~ness] [1] meesterachtig, bazig, despotisch [2] meesterlijk, magistraal

mas·ter-hand [telb zn] [1] meesterhand [2] meester ♦ *a master-hand at letter-writing* een meester/kei in het briefschrijven

mas·ter·hood /ˈmɑːstəhʊd, ᴬmæstər-/ [niet-telb zn] meesterschap

master key [telb zn] [1] loper, passe-partout [2] sleutel ⟨van een probleem⟩, oplossing, toegang ♦ *the master key to success* de (beste/kortste) weg naar succes

mas·ter·less /ˈmɑːstələs, ᴬmæstər-/ [bn; bw: ~ly; zn: ~ness] zonder meester

mas·ter·ly /ˈmɑːstəli, ᴬmæstərli/ [bn; zn: masterliness] meesterlijk

master mariner [telb zn] gezagvoerder ⟨aan boord⟩

master mason [telb zn] meester-metselaar

Master Mason [telb zn] ⟨vrijmetselarij⟩ meester

¹mas·ter·mind [telb zn] [1] brein, leider ♦ *the mastermind behind/of the project* het brein achter/van het plan [2] ⟨inf⟩ superbrein, meesterbrein, genie

²mas·ter·mind [ov ww] [1] uitdenken, uitkienen, ontwerpen ♦ *he masterminded the project* hij was het brein achter het project [2] leiden, organiseren

master organisation [telb zn] overkoepelende organisatie

mas·ter·piece [telb zn] meesterstuk, meesterwerk

master plan [telb zn] algemeen plan

master race [telb zn] superieur ras

master runner [telb zn] ⟨AE; atl⟩ veteraan ⟨mannen vanaf 40 jaar, vrouwen vanaf 35 jaar⟩

master's degree, ⟨inf⟩ **master's** [telb zn] ± doctoraalbul, ⟨inf⟩ ± doctoraal, ⟨België⟩ ± licentiaatsdiploma, mastergraad ⟨na 2002⟩

¹mas·ter·ship /ˈmɑːstəʃɪp, ᴬmæstər-/ [telb zn] leraarschap, positie/ambt van leraar

²mas·ter·ship /ˈmɑːstəʃɪp, ᴬmæstər-/ [niet-telb zn] meesterschap, heerschappij

mas·ter·sing·er [telb zn] ⟨gesch⟩ Meistersinger, meesterzanger

mas·ter·stroke [telb zn] meesterlijke zet, meesterstuk, staaltje van meesterschap

mas·ter·switch [telb zn] hoofdschakelaar, stuurschakelaar

mas·ter·work [telb zn] meesterwerk, meesterstuk, ⟨fig⟩ meesterlijk staaltje ♦ *a masterwork of hypocrisy* een prachtig staaltje van huichelarij

mas·ter·y /ˈmɑːstri, ᴬmæ-/ [niet-telb zn] [1] meesterschap, talent, genialiteit [2] meesterschap, heerschappij ♦ *the mastery over* de overhand op [3] beheersing, kennis ♦ *mastery of the language* taalbeheersing

mastery learning [niet-telb zn] beheersingsleren

¹mast·head [telb zn] [1] masttop [2] impressum ⟨ingekaderde kop in krant e.d. met informatie over de uitgave⟩

²mast·head [ov ww] [1] in de mast hijsen ⟨zeil⟩ [2] boven in de mast sturen ⟨matroos; in het bijzonder als straf⟩

¹mas·tic /ˈmæstɪk/ [telb zn] (verk: mastic tree)

²mas·tic /ˈmæstɪk/ [niet-telb zn] [1] mastiek [2] (asfalt)mas-

masticate

tiek
mas·ti·cate /ˈmæstɪkeɪt/ [onov + ov ww] kauwen,
mas·ti·ca·tion /mæstɪˈkeɪʃn/ [niet-telb zn] het kauwen, masticatie
mas·ti·ca·tor /ˈmæstɪkeɪtə, ᴬ-keɪtər/ [telb zn] [1] kauwer [2] (vlees)molen
mas·ti·ca·to·ry /ˈmæstɪkətri, ᴬ-tɔːri/ [bn] kauw-
mastic tree, mastic [telb zn] ⟨plantk⟩ mastiek(boom) ⟨Pistacia lentiscus⟩
mas·tiff /ˈmæstɪf/ [telb zn] mastiff, Engelse dog, buldog
mas·ti·goph·o·ran /mæˈstɪɡɒfrən, ᴬ-ɡɑːf-/ [telb zn] ⟨dierk⟩ zweepdiertje ⟨klasse Mastigophora⟩
mas·ti·tis /mæˈstaɪtɪs/ [telb + niet-telb zn; mv: mastitides /mæstɪˈtɪdiːz/] ⟨med⟩ mastitis, melkklierontsteking, borstontsteking, uierontsteking ⟨van koe⟩
mast·less /ˈmɑːs(t)ləs, ᴬmæst-/ [bn] zonder mast(en)
mas·to·don /ˈmæstədɒn, ᴬ-dɑːn/ [telb zn] ⟨dierk⟩ mastodont ⟨uitgestorven zoogdier; genus Mammut⟩
mas·to·don·tic /mæstəˈdɒntɪk, ᴬ-ˈdɑːntɪk/ [bn] mastodontisch, mammoetachtig
¹mas·toid /ˈmæstɔɪd/ [telb zn] [1] ⟨anat⟩ tepelvormig uitsteeksel van het slaapbeen, processus mastoïdus [2] ⟨inf⟩ → mastoiditis
²mas·toid /ˈmæstɔɪd/ [bn] tepelvormig ♦ ⟨anat⟩ mastoid process tepelvormig uitsteeksel van het slaapbeen, processus mastoïdus
mas·toid·i·tis /mæstɔɪˈdaɪtɪs/, **mastoid** [telb + niet-telb zn; mv: mastoiditides /mæstɔɪˈdɪtɪdiːz/] ⟨med⟩ mastoïditis, ontsteking van processus mastoïdus
mas·tur·bate /ˈmæstəbeɪt, ᴬ-ər-/ [onov + ov ww] masturberen
mas·tur·ba·tion /mæstəˈbeɪʃn, ᴬ-ər-/ [niet-telb zn] masturbatie, zelfbevrediging
mas·tur·ba·to·ry /mæstəˈbeɪtri, ᴬmæstərbətɔːri/ [bn] masturbatie-
¹mat /mæt/ [telb zn] [1] mat (ook sport), deurmat, matje ⟨ook figuurlijk⟩ ♦ *call/have/put s.o. on the mat* iemand op het matje roepen; *leave s.o. on the mat* iemand op de (deur)mat laten staan [2] tafelmatje, onderzettertje, tafelkleedje [3] klit, wirwar, verwarde massa ♦ *a mat of hair* een wirwar van haren [4] gevlochten scherm [5] (matgouden) passepartout ⟨van foto, enz.⟩ [6] ⟨sl⟩ vloer, dek ⟨in het bijzonder van vliegdekschip⟩ [7] mat oppervlak ⟨·⟩ ⟨sl⟩ *on the mat* in de penarie/puree; uitgefoeterd, bekritiseerd; ⟨AuE⟩ *return to the mat* retour à la nature
²mat /mæt/ [niet-telb zn; ook attributief] (het) worstelen, worstelsport
³mat /mæt/ [bn] mat, dof, niet glimmend, niet doorzichtig ⟨van glas⟩
⁴mat /mæt/ [onov ww] klitten, in de war raken, verwarren; → matted, matting
⁵mat /mæt/ [ov ww] [1] van matten voorzien, (met matten) bedekken ♦ *mat up* toedekken ⟨planten⟩ [2] verwarren, doen samenklitten ♦ *matted hair* verward/geklit haar [3] een passe-partout/masker plaatsen rond ⟨foto, tekening⟩ [4] mat maken, matteren; → matted, matting
mat·a·dor /ˈmætədɔː, ᴬˈmætədɔr/ [telb zn] matador, stierenvechter
¹match /mætʃ/ [telb zn] [1] gelijke, partuur, tegenhanger, evenbeeld ♦ *find/meet one's match* zijns gelijke vinden; *be a match for* opgewassen zijn tegen, niet onderdoen voor; *be more than a match for s.o.* iemand de baas zijn [2] wedstrijd, match [3] huwelijk ♦ *make a match of it* trouwen; *make a (happy) match* een (gelukkig) huwelijk sluiten [4] partij, (potentiële) huwelijkspartner ♦ *a good match* een goede partij [5] paar, koppel, span, stel (bij elkaar passende zaken) ♦ *a good match* een goed (bij elkaar passend) paar/stel [6] lucifer ♦ *place/put/set a match to sth.* iets met een lucifer aansteken, iets in brand steken; *strike a match* een lucifer aansteken/aanstrijken [7] lont [8] ⟨paardsp⟩ wedren/draverij tussen twee paarden ⟨·⟩ ⟨spr⟩ *marriages/matches are made in heaven* huwelijken worden in de hemel gesloten

²match /mætʃ/ [onov ww] (bij elkaar) passen ♦ *matching colours* bij elkaar passende kleuren; *the blouse and the skirt match up beautifully* de bloes en de rok passen prachtig bij elkaar; *a shirt and a tie to match* een overhemd en een bijpassende das; *they ate much and drank to match* ze aten veel en dronken navenant

³match /mætʃ/ [ov ww] [1] evenaren, opgewassen zijn tegen, niet onderdoen voor ♦ *not to be matched* niet te evenaren; *can you match that?* kan je me dat nadoen?, kan je dat net zo goed doen?; *they are evenly/well matched* zij zijn aan elkaar gewaagd/tegen elkaar opgewassen; *matching fund* subsidie evenredig met publieke bijdrage ⟨voor project, e.d.⟩; *no one can match him in swimming* niemand kan hem met zwemmen evenaren; *I'll give $5 if you match the sum* ik geef 5 dollar als jij dezelfde som geeft/bijdraagt [2] vergelijken, tegenover elkaar stellen, tegen elkaar uitspelen ♦ *match o.s. against s.o.* zich met iemand meten; *match one's strength against/with s.o. else's* zijn kracht met die van iemand anders meten [3] passen bij ♦ *they are well matched* ze passen goed bij elkaar [4] doen passen, aanpassen, met elkaar in overeenstemming brengen, schakeren ⟨kleur⟩ ♦ *this colour is hard to match* deze kleur is moeilijk met een andere te combineren; *match jobs and applicants* het juiste werk voor de juiste kandidaten uitzoeken; *can you match this silk?* kunt u iets passends vinden bij deze zijde?; *match supply and demand* het aanbod aan de vraag aanpassen; *match to* in overeenstemming brengen met

match·a·ble /ˈmætʃəbl/ [bn] [1] te evenaren [2] aan te passen, voor aanpassing vatbaar
mat chairman [telb zn] ⟨worstelen⟩ matrechter
match·board [telb zn] plank met messing en groef
match·board·ing [telb + niet-telb zn] beschot van ineengrijpende planken
match·book [telb zn] ⟨AE⟩ lucifersboekje
match·box [telb zn] lucifersdoosje
matchet [telb zn] → machete
match·less /ˈmætʃləs/ [bn; bw: ~ly] onvergelijkelijk, niet te evenaren, weergaloos
match·lock [telb zn] [1] lontroer [2] lontslot ⟨van geweer⟩
match·mak·er [telb zn] [1] koppelaar(ster) [2] organisator/organisatrice van een wedstrijd, uitschrijver
match·mak·ing [niet-telb zn] [1] het koppelen, het tot stand brengen van huwelijken [2] het organiseren van wedstrijden, uitschrijven
match penalty [telb zn] ⟨ijshockey⟩ uitsluiting van de wedstrijd ⟨vanwege grove overtreding⟩
match-plane [telb zn] ploegschaaf
match-point [telb + niet-telb zn] ⟨sport⟩ beslissend punt, matchpoint
match·stick [telb zn] lucifershoutje
match-up [telb zn] wedstrijdbeeld
match·wood [niet-telb zn] [1] lucifershout [2] splinters ♦ *crumple/smash to matchwood, make matchwood of* versplinteren, aan splinters slaan
match·y-match·y [bn] ⟨inf⟩ te veel bij elkaar passend ⟨m.b.t. kleding⟩
¹mate /meɪt/ [telb zn] [1] maat ⟨Brits-Engels; ook informeel als aanspreekvorm⟩, kameraad [2] partner, gezel(lin), huwelijkspartner, mannetje, wijfje ⟨voornamelijk van vogels⟩ [3] helper ⟨van ambachtsman⟩, gezel [4] stuurman
²mate /meɪt/ [telb + niet-telb zn] ⟨schaaksp⟩ (schaak)mat ♦ *smothered mate* stikmat
³mate /meɪt/ [onov ww] [1] paren, huwen, trouwen [2] paren, zich voortplanten [3] ⟨techn⟩ aan/bij/in elkaar passen ♦ *mating surface* corresponderend oppervlak
⁴mate /meɪt/ [ov ww] [1] koppelen, doen paren ♦ *mate a horse with a donkey* een paard met een ezel doen paren [2] huwen, in de echt verbinden [3] aaneen passen, samen-

brengen [4] ⟨schaaksp⟩ mat zetten
¹ma·té /mɑːteɪ/ [telb zn] ⟨plantk⟩ maté ⟨boom; Ilex paraguayensis⟩
²ma·té /mɑːteɪ/ [niet-telb zn] maté, paraguaythee
mate·less /ˈmeɪtləs/ [bn] zonder partner/gezel
mate·lot, mat·lo, mat·low /ˈmætloʊ/ [telb zn] ⟨BE; sl⟩ matroos
mat·e·lote, mat·e·lotte /ˈmætloʊt/ [telb + niet-telb zn] ⟨cul⟩ matelote ⟨stoofpotje⟩ vis in wijnsaus⟩
ma·ter /ˈmeɪtə, ᴬˈmeɪtər/ [telb zn] ⟨vero; BE; sl⟩ moer, moeder
ma·ter·fa·mil·i·as /ˌmeɪtəfəˈmɪliəs, ᴬˌmeɪtər-/ [telb zn] vrouw des huizes
¹ma·te·ri·al /məˈtɪəriəl, ᴬ-ˈtɪr-/ [telb + niet-telb zn] [1] materiaal, stof, grondstof, ⟨fig⟩ gegevens, informatie ♦ *collect material for a book* gegevens voor een boek verzamelen [2] stof, textiel ♦ *light material for a dress* lichte stof voor een jurk [3] materiaal, gerief, benodigdheden [4] soort ♦ *soldiers made of the right material* soldaten uit het goede hout gesneden, geboren soldaten
²ma·te·ri·al /məˈtɪəriəl, ᴬ-ˈtɪr-/ [bn; bw: ~ly] [1] materieel, stoffelijk ♦ *material damage* materiële schade; ⟨taalk⟩ *material noun* stofnaam [2] materieel, lichamelijk, fysisch ♦ *material comfort/well-being* materieel welzijn; *material needs* lichamelijke/materiële behoeften ⟨voeding, warmte e.d.⟩; *material pleasures* zinnelijke genoegens/genot [3] belangrijk, relevant, wezenlijk, essentieel ♦ *a material change* een verandering die zoden aan de dijk zet; ⟨jur⟩ *material evidence/facts* concreet bewijs/concrete feiten; *a point material to my argument* een (stand)punt dat relevant is voor mijn argument; *material witness* doorslaggevend(e) getuige(nis)
ma·te·ri·al·ism /məˈtɪəriəlɪzm, ᴬ-ˈtɪr-/ [niet-telb zn] [1] ⟨filos⟩ materialisme ♦ *dialectical/historical materialism* dialectisch/historisch materialisme [2] materialisme, materialistische instelling
¹ma·te·ri·al·ist /məˈtɪəriəlɪst, ᴬ-ˈtɪr-/ [telb zn] [1] ⟨filos⟩ materialist, aanhanger van het materialisme [2] materialist, iemand met een materialistische instelling
²ma·te·ri·al·ist /məˈtɪəriəlɪst, ᴬ-ˈtɪr-/ [bn] materialistisch, eigen aan (het) materialisme ♦ *a materialist lifestyle* een materialistische levensstijl
ma·te·ri·al·is·tic /məˌtɪəriəˈlɪstɪk, ᴬ-ˈtɪr-/ [bn; bw: ~ally] materialistisch
ma·te·ri·al·i·ty /məˌtɪəriˈæləti, ᴬməˌtɪriˈæləti/ [niet-telb zn] [1] materialiteit, stoffelijkheid [2] relevantie, belangrijkheid
ma·te·ri·al·i·za·tion, ma·te·ri·al·i·sa·tion /məˌtɪəriəlaɪˈzeɪʃn, ᴬməˌtɪrɪələ-/ [telb + niet-telb zn] [1] verwezenlijking ♦ *the materialization of his hopes* de verwezenlijking van zijn hoop/verwachtingen [2] materialisatie
¹ma·te·ri·al·ize, ma·te·ri·al·ise /məˈtɪəriəlaɪz, ᴬ-ˈtɪr-/ [onov ww] [1] werkelijkheid worden, verwezenlijkt worden, uitkomen, iets opleveren ♦ *his dreams/plans never materialized* zijn dromen/plannen werden nooit werkelijkheid/verwezenlijkt [2] zich materialiseren, gedaante aannemen, tevoorschijn komen ⟨van geest⟩
²ma·te·ri·al·ize, ma·te·ri·al·ise /məˈtɪəriəlaɪz, ᴬ-ˈtɪr-/ [ov ww] [1] verwezenlijken, realiseren, uitvoeren [2] verstoffelijken, materialiseren, gedaante geven aan [3] materialistisch maken
materials science [niet-telb zn] materiaalleer, materialenkennis
ma·te·ri·a med·i·ca /məˌtɪəriə ˈmedɪkə, ᴬ-ˈtɪr-/ [niet-telb zn] ⟨med⟩ [1] geneeskundige stoffen [2] studie van geneeskundige stoffen
ma·te·ri·el, ma·té·ri·el /məˌtɪəriˈel, ᴬ-ˈtɪr-/ [niet-telb zn] materieel, ⟨i.h.b.⟩ legerbehoeften, oorlogstuig
ma·ter·nal /məˈtɜːnl, ᴬməˈtɜrnl/ [bn; bw: ~ly] [1] moeder-, van een moeder, moederlijk ♦ *maternal love* moederliefde

[2] van moederszijde ♦ *maternal uncle* oom van moederszijde [3] zwangerschaps-, kraam- ♦ *maternal care* zwangerschapszorg
ma·ter·ni·ty /məˈtɜːnəti, ᴬməˈtɜrnəti/ [niet-telb zn] [1] moederschap [2] moederlijkheid
maternity benefit [telb + niet-telb zn] zwangerschapsuitkering, uitkering tijdens zwangerschapsverlof, ⟨België⟩ geboortepremie
maternity blues [verzameln] ⟨inf⟩ kraamvrouwentranen ⟨emotionele inzinking kort na de bevalling⟩, kraamvrouwendag
maternity department [telb zn] [1] kraamafdeling [2] afdeling voor (a.s.) moeders en baby's ⟨in warenhuis, e.d.⟩
maternity dress [telb zn] positiejurk, jurk voor a.s. moeder
maternity home, maternity hospital [telb zn] kraamkliniek, kraaminrichting
maternity leave [telb + niet-telb zn] zwangerschapsverlof, bevallingsverlof
maternity nurse [telb zn] kraamverpleegster
maternity ward [telb zn] kraamafdeling
maternity wear [niet-telb zn] positiekleding
mate·ship /ˈmeɪtʃɪp/ [niet-telb zn] ⟨AuE⟩ camaraderie, kameraadschap
¹ma·tey, ma·ty /ˈmeɪti/ [telb zn] ⟨BE; inf⟩ maat(je), collega
²ma·tey, ma·ty /ˈmeɪti/ [bn; vergr trap: matier; bw: matily; zn: matiness, ~ness] ⟨inf⟩ vriendschappelijk, kameraadschappelijk ♦ *be matey with s.o.* beste maatjes/goed bevriend met iemand zijn
mat·grass [telb + niet-telb zn] ⟨plantk⟩ borstelgras ⟨Nardus stricta⟩
math·e·mat·i·cal /ˌmæθəˈmætɪkl/, ⟨zelden⟩ **math·e·mat·ic** /-ˈmætɪk/ [bn; bw: ~ly] [1] wiskundig, wiskunde-, mathematisch ♦ *mathematical logic* symbolische logica; *mathematical tables* wiskundige tabellen [2] precies, juist, exact, mathematisch
math·e·ma·ti·cian /ˌmæθəməˈtɪʃn/ [telb zn] wiskundige
math·e·mat·ics /ˌmæθəˈmætɪks/ [niet-telb zn] wiskunde ♦ *applied mathematics* toegepaste wiskunde; *pure mathematics* zuivere wiskunde
maths /mæθs/, ⟨AE⟩ **math** /mæθ/ [niet-telb zn] ⟨inf⟩ (verk: mathematics) wiskunde
mat·ie /ˈmeɪti, ᴬˈmæti/ [telb zn] maatje, haring
ma·tière /mɑːˈtjeə, ᴬˈmætjer/ [telb + niet-telb zn] materiaal ⟨van kunstenaar⟩ ♦ *works of art in strange matières* kunstwerken in vreemde materialen
Ma·til·da /məˈtɪldə/ [telb zn] ⟨AuE⟩ bundel/pak van (Australische) kolonist [?] *walk/waltz Matilda* met zijn zak/bundel rondzwerven/reizen
¹mat·in /ˈmætɪn, ᴬˈmætn/ [telb zn] ⟨form⟩ morgenzang ⟨van vogels e.d.⟩
²mat·in /ˈmætɪn, ᴬˈmætn/ [bn, attr] ⟨form⟩ ochtend-, van de morgen
mat·i·nee, mat·i·née /ˈmætɪneɪ, ᴬˈmætneɪ/ [telb zn] [1] matinee [2] ⟨paardsp⟩ matinee ⟨middagdraverij waarvoor geen inschrijfgeld verschuldigd is⟩
matinee coat, matinee jacket [telb zn] wollen babyjasje
mat·ing sea·son [telb zn] paartijd, bronst
mat·ins /ˈmætɪnz, ᴬˈmætnz/ [telb zn] ⟨form⟩ morgenzang ⟨van vogels e.d.⟩
Mat·ins, ⟨BE ook⟩ **Mat·tins** /ˈmætɪnz, ᴬˈmætnz/ [verzameln] [1] metten [2] ⟨anglic⟩ morgendienst, morgengebed
matlo, matlow [telb zn] → matelot
mat·man /ˈmætmən/ [telb zn; mv: matmen /-mən/] ⟨worstelen⟩ worstelaar
mat·rass, mat·ras /ˈmætrəs/ [telb zn] distilleerkolf
ma·tri- /ˈmeɪtri, ˈmætri/ moeder- ♦ *matricide* moeder-

matriarch

moord(enaar); *matriclinous* eigenschappen van moeder hebbend
ma·tri·arch /meɪtrɪɑːk, ᴬ-ɑrk/ [telb zn] ① vrouwelijk gezinshoofd/stamhoofd ② vrouw met gezag/invloed ⟨vaak schertsend⟩
ma·tri·arch·al /meɪtrɪɑːkl, ᴬ-ɑrkl/ [bn] matriarchaal
ma·tri·ar·chate /meɪtrɪɑːkeɪt, ᴬ-ɑr-/ [niet-telb zn] matriarchaat
ma·tri·ar·chy /meɪtrɪɑːki, ᴬ-ɑr-/ [telb + niet-telb zn] ① matriarchale gemeenschap ② matriarchaat
ma·tric /mətrɪk/ [telb + niet-telb zn] ⟨inf⟩ (verk: matriculation)
mat·ri·ci·dal /mætrɪsaɪdl/ [bn] m.b.t. moedermoord, moedermoordend
¹**mat·ri·cide** /mætrɪsaɪd/ [telb zn] moedermoordenaar
²**mat·ri·cide** /mætrɪsaɪd/ [telb + niet-telb zn] moedermoord
¹**ma·tric·u·late** /mətrɪkjʊleɪt, ᴬ-kjə-/ [onov ww] zich (laten) inschrijven als student, toegang verkrijgen ⟨tot universiteit e.d.⟩
²**ma·tric·u·late** /mətrɪkjʊleɪt, ᴬ-kjə-/ [ov ww] als student inschrijven, als student toelaten
ma·tric·u·la·tion /mətrɪkjʊleɪʃn, ᴬ-kjə-/, **ma·tric** [telb + niet-telb zn] ① inschrijving, toegang tot universiteit ⟨enz.⟩ ② ⟨vero⟩ toelatingsexamen
ma·tric·u·la·to·ry /mətrɪkjʊlətri, ᴬ-kjələtɔri/ [bn] toegangs-, toelatings-
mat·ri·lin·e·al /mætrɪlɪnɪəl/ [bn] matrilineair, in de vrouwelijke lijn berekend
mat·ri·lo·cal /mætrɪloʊkl/ [bn] matrilokaal
mat·ri·mo·ni·al /mætrɪmoʊnɪəl/ [bn; bw: ~ly] huwelijks-, echtelijk ♦ *matrimonial agency* huwelijksbureau
mat·ri·mo·ny /mætrɪməni, ᴬ-moʊni/ [niet-telb zn] ① huwelijk, echt(elijke staat) ② ⟨kaartsp⟩ mariage, stuk
ma·trix /meɪtrɪks/ [telb zn; mv: ook **matrices** /meɪtrɪsiːz/] ① matrijs, gietvorm, drukvorm, lettermatrijs ② bakermat, voedingsbodem ③ ⟨geol⟩ matrix, grondmassa ④ bindmiddel ⑤ voornaamste metaal in legering ⑥ ⟨biol⟩ matrix, kiemlaag, nagelbed, omhulsel van chromosomen ⑦ ⟨wisk, comp⟩ matrix ⑧ ⟨vero⟩ baarmoeder
matrix printer [telb zn] ⟨comp⟩ matrixprinter ⟨waarbij elk karakter door een puntenmatrix wordt gevormd⟩
ma·tron /meɪtrən/ [telb zn] ① matrone, getrouwde dame ② ⟨BE⟩ directrice, hoofdverpleegster, huisbeheerster ▪ *matron of honour* getrouwd(e) bruidsjuffer/bruidsmeisje
ma·tron·hood /meɪtrənhʊd/ [niet-telb zn] staat van matrone, het matrone-zijn
ma·tron·ly /meɪtrənli/ [bn] ① matroneachtig, degelijk, eerbaar, bezadigd ② ⟨pej⟩ aan de dikke kant ③ bazig
mat rush [telb + niet-telb zn] ⟨plantk⟩ mattenbies, stoelbies ⟨Scirpus lacustris⟩
¹**matt**, ⟨AE ook⟩ **matte** /mæt/ [telb zn] (matgouden) passe-partout ⟨van foto enz.⟩
²**matt**, ⟨AE ook⟩ **matte** /mæt/ [telb + niet-telb zn] matheid, mat(gouden) oppervlak
³**matt**, ⟨AE ook⟩ **matte** /mæt/ [bn] mat, dof, niet doorzichtig ⟨van glas⟩
⁴**matt**, ⟨AE ook⟩ **matte** /mæt/ [ov ww] mat maken, matteren; → **matted**, **matting**
Matt [afk] ⟨Nieuwe Testament⟩ (Matthew) Matth.
mat·ta·more /mætəmɔː, ᴬmætəmɔr/ [telb zn] ondergrondse bergplaats/woning
¹**mat·te** /mæteɪ, ᴬmɑ-/ [telb zn] ⟨vechtsp⟩ matte ⟨stop het gevecht!⟩
²**matte** /mæt/ [niet-telb zn] steen ⟨door uitsmelting verkregen mengsel van sulfiden⟩
mat·ted /mætɪd/ [bn; volt deelw van **mat**] ① gematteerd, mat- ② met matten bedekt ③ samengekleit
¹**mat·ter** /mætə, ᴬmætər/ [telb zn] ① aangelegenheid ♦ *this matter is between you and me* dit blijft tussen ons; *private matters* privéaangelegenheden ② kwestie, zaak ♦ *but that's another matter* maar daar hebben we het nu niet over, dat is een ander verhaal; *matter of conscience* gewetenszaak, gewetenskwestie; ⟨jur⟩ *a matter of fact* feitenkwestie, de facto situatie; *for that matter/the matter of that* wat dat betreft, nu we het daar toch over hebben; *she's shaking with the cold.* so am I, *for that matter* zij staat te rillen van de kou. ik ook, trouwens; *a hanging matter* een halszaak; *bring matters to a head* tot het punt komen waar een beslissing noodzakelijk is; *the heart of the matter* de kern van de zaak, waar het om draait; *in the matter of* qua, inzake; *no laughing matter* niets om te lachen; ⟨jur⟩ *matter of law* rechtskwestie, de jure situatie; *a matter of life and death* een kwestie van leven en dood; *that will not mend matters* daar wordt het niet beter van; *it is a matter of …* het gaat om …; *it's a matter of opinion* daar kun je verschillend over denken; *raise the matter with s.o.* de zaak bij iemand ter sprake brengen; *settle the matter* de doorslag geven; *take matters/the matter into one's own hands* de zaak zelf in handen nemen; *a (mere) matter of time* (slechts) een kwestie van tijd; *that will only make matters worse* dat maakt de zaak alleen maar ingewikkelder/moeilijker ③ hoeveelheid ♦ *a matter of ten days* zo'n tien dagen; *a matter of five dollars* zo'n bedrag/som van vijf dollar ▪ *a matter of course* iets vanzelfsprekends; *as a matter of course* vanzelfsprekend; *a matter of fact* een feit; *as a matter of fact* eigenlijk, feitelijk, trouwens, om de waarheid te zeggen; *a matter of form* een formaliteit; *a matter of record* een vastgelegd/bewezen feit
²**mat·ter** /mætə, ᴬmætər/ [niet-telb zn] ① materie, stof ♦ *victory of mind over matter* overwinning van de geest op de materie/wilskracht op het instinct ② stof, materiaal, inhoud ♦ *postal matter* post, poststukken; *wander from the matter* van het onderwerp afdwalen ③ stof ⟨in/van lichaam⟩, ⟨i.h.b.⟩ etter, pus ♦ *fecal matter* feces, uitwerpselen ④ belang ♦ *no matter* (het) maakt niet uit, laat maar; *no matter what* wat dan ook; *no matter how/when/where* om het even hoe/wanneer/waar; *it made no matter to him* het kon hem niet schelen; *no matter what (may happen)* hoe dan ook, wat er ook gebeurt ⑤ reden, aanleiding ♦ *the matter of my complaint* de grond/aanleiding voor mijn klacht ⑥ ⟨the⟩ probleem ♦ *the matter is he drinks* het probleem is dat hij drinkt; *what is the matter with it?* wat zou dat geven?, wat is er op tegen?; *what is the matter?/the matter with him?* wat is er (aan de hand)?/wat scheelt hem?; *what matter?* nou en? ⑦ ⟨drukw⟩ zetsel ▪ *put the matter in a nutshell* iets bondig uitdrukken
³**mat·ter** /mætə, ᴬmætər/ [onov ww] ① van belang zijn, betekenen, schelen, deren ♦ *it doesn't matter* het geeft niet/doet er niet toe/maakt niet uit; *it doesn't matter to me* het kan me niet schelen; *what does it matter* wat zou het/dat; *what doesn't matter to you may matter to s.o. else* waar jij niet om geeft, kan voor iemand anders van belang zijn ② ⟨med⟩ etteren
mat·ter·ful /mætəfl, ᴬmætərfl/ [bn] rijk aan inhoud, interessant, pittig
mat·ter-of-course [bn] vanzelfsprekend, gewoon, natuurlijk ♦ *a matter-of-course reaction* een gewone/vanzelfsprekende reactie
mat·ter-of-fact [bn; bw: matter-of-factly; zn: matter-of-factness] zakelijk, nuchter, prozaïsch
mat·ter·y /mætəri/ [bn] etterend, etterig
Mat·thew /mæθjuː/ [eigenn] ① Matthew ② (evangelie naar) Mattheus
¹**mat·ting** /mætɪŋ/ [telb zn; (oorspronkelijk) gerund van **mat**(t)] ① mat (opper)vlak ② sierrand, sierlijst
²**mat·ting** /mætɪŋ/ [niet-telb zn; (oorspronkelijk) gerund van **mat**(t)] ① matwerk, matten ② het matten, het van matten voorzien ③ het matteren, het dof maken

matting wicket [telb zn] ⟨cricket⟩ kunststof pitch
mattins [verzameln] → **matins**
mat·tock /mætək/ [telb zn] houweel
mat·toid /mætɔɪd/ [telb zn] geniale gek, krankzinnig genie
mat·tress /mætrɪs/ [telb zn] [1] matras [2] zinkstuk, vlechtwerk ⟨ter versteviging van dijk e.d.⟩ [3] ⟨gymn⟩ landingsmat, grote mat
¹**mat·u·rate** /mætʃʊreɪt, ᴬ-tʃə-/ [onov ww] [1] rijpen ⟨voornamelijk van puist, abces e.d.⟩ [2] etteren
²**mat·u·rate** /mætʃʊreɪt, ᴬ-tʃə-/ [ov ww] [1] doen rijpen [2] doen etteren
mat·u·ra·tion /mætʃʊreɪʃn, ᴬ-tʃə-/ [niet-telb zn] [1] rijping, het rijpen [2] rijpwording ⟨ook figuurlijk⟩, ontwikkeling [3] ettervorming [4] ⟨biol⟩ ontstaan van gameet
mat·u·ra·tive /mətʃʊərətɪv, ᴬmætʃəreɪtɪv/ [telb zn] ettering bevorderend geneesmiddel
¹**ma·ture** /mətʃʊə, ᴬmətʊr/ [bn; vergr trap: maturer; bw: ~ly] [1] rijp, volgroeid [2] volwassen ♦ *behave maturely* gedraag je als een volwassene [3] weloverwogen ♦ *a mature decision* een weloverwogen beslissing [4] belegen ⟨kaas, wijn⟩ [5] vervallen ⟨wissel⟩ [6] ⟨aardr, geol⟩ rijp ⟨in het middelste stadium van de erosiecyclus⟩ [•] ⟨BE⟩ *a mature student* een oudere student ⟨die een studie begint⟩
²**ma·ture** /mətʃʊə, ᴬmətʊr/ [onov ww] [1] rijpen, tot rijpheid komen, rijp/belegen worden ♦ *matured cheese* belegen kaas; *matured gin* oude jenever [2] volgroeien, zich volledig ontwikkelen [3] volwassen worden [4] vervallen ⟨van wissel e.d.⟩
³**ma·ture** /mətʃʊə, ᴬmətʊr/ [ov ww] laten rijpen, rijp/belegen laten worden, ⟨fig⟩ voltooien, verwezenlijken ⟨plan e.d.⟩ ♦ *mature a plan in one's mind* een plan in zijn gedachten laten rijpen
ma·tur·i·ty /mətʃʊərəti, ᴬmətʊrəti/ [telb + niet-telb zn] [1] rijpheid [2] volgroeidheid [3] volwassenheid [4] het vervallen, vervaltijd ⟨van wissel, e.d.⟩ ♦ *at maturity* op de vervaldag; *arrive at maturity* vervallen; *January maturities* in januari vervallende wissels
maturity-onset diabetes [niet-telb zn] ouderdomssuikerziekte
ma·tu·ti·nal /mætjʊtaɪnl, ᴬmətuːtnˌl/ [bn] ⟨form⟩ ochtend-, morgen-, ochtendlijk, matineus ♦ *the matutinal hour* het ochtenduur; *the matutinal song* de morgenzang ⟨van vogels⟩
maty → **matey**
mat·zo /mɒtsə, ᴬmɑtsə/ [telb zn; mv: ook matzot(h) /-sout, -souθ/] matse, joods paasbrood
maud /mɔːd/ [telb zn] gestreepte Schotse reisdeken, gestreepte plaid
¹**maud·lin** /mɔːdlɪn/ [niet-telb zn] overdreven sentimentaliteit
²**maud·lin** /mɔːdlɪn/ [bn] overdreven sentimenteel, melodramatisch, huilerig ⟨in het bijzonder door dronkenschap⟩
mau·gre, mau·ger /mɔːgə, ᴬmɔgər/ [vz] ⟨vero⟩ ondanks, in weerwil van, niettegenstaande ♦ *maugre his hardest efforts he failed* ondanks het feit dat hij zich tot het uiterste inspande faalde hij
¹**maul,** ⟨in betekenissen 1 en 2 ook⟩ **mall, mawl** /mɔːl/ [telb zn] [1] slegel, grote houten hamer [2] ruzie, vechtpartij [3] ⟨rugby⟩ maul ⟨losse scrum om speler in balbezit⟩
²**maul, mall** /mɔːl/ [ov ww] [1] toetakelen, bont en blauw slaan, afranselen ♦ *mauled by the police* door de politie afgetuigd [2] verscheuren, aan flarden scheuren, afmaken ⟨ook figuurlijk⟩ ♦ *the novel was mauled about by the critics* de roman werd door de kritiek de grond in geboord; *mauled by a lion* door een leeuw verscheurd [3] ruw behandelen, heen en weer duwen ♦ *maul s.o. about* iemand onder de voet lopen/omver gooien [4] ⟨AE⟩ splijten met hamer en wig

maul·stick /mɔːlstɪk/, **mahl·stick** /mɑːl-/ [telb zn] schildersstok(je)
mau-mau /maʊmaʊ/ [ov ww] ⟨AE; sl⟩ terroriseren, schrik aanjagen
¹**Mau Mau** /maʊmaʊ/ [eigenn] [1] Mau Mau ⟨geheim genootschap in Kenia⟩ [2] ⟨AE; sl⟩ Black Panthers/Muslims
²**Mau Mau** /maʊmaʊ/ [telb zn; mv: ook Mau Mau] [1] lid van de Mau Mau [2] ⟨AE; sl⟩ (militante) black panther/muslim
maun·der /mɔːndə, ᴬ-ər/ [onov ww] [1] slenteren, lummelen, rondhangen [2] brabbelen, brabbeltaal spreken, bazelen
Maun·dy /mɔːndi/ [niet-telb zn] [1] ⟨BE⟩ aalmoes op Witte Donderdag, uitgedeeld door koning(in) [2] ⟨verk: Maundy money⟩
Maundy money [niet-telb zn] ⟨BE⟩ speciaal zilvergeld voor de aalmoes op Witte Donderdag
Maundy Thursday [eigenn] Witte Donderdag
Mau·ri·ta·ni·a /mɒrɪteɪnɪə, ᴬmɔː-/ [eigenn] Mauritanië

Mauritania

naam	Mauritania Mauritanië
officiële naam	Islamic Republic of Mauritania Islamitische Republiek Mauritanië
inwoner	Mauritanian Mauritaniër
inwoonster	Mauritanian Mauritaanse
bijv. naamw.	Mauritanian Mauritaans
hoofdstad	Nouakchott Nouakchott
munt	ouguiya ouguiya
werelddeel	Africa Afrika

int. toegangsnummer 222   www .mr   auto RIM

¹**Mau·ri·ta·ni·an** /mɒrɪteɪnɪən, ᴬmɔː-/ [telb zn] Mauritaniër, Mauritaanse, Mauritaan ⟨man⟩
²**Mau·ri·ta·ni·an** /mɒrɪteɪnɪən, ᴬmɔː-/ [bn] Mauritaans, van/uit/m.b.t. Mauritanië
¹**Mau·ri·ti·an** /mərɪʃn/ [telb zn] Mauritiaan(se)
²**Mau·ri·ti·an** /mərɪʃn/ [bn] Mauritiaans, van Mauritius
Mau·ri·tius /mərɪʃəs, ᴬ-ɪəs/ [eigenn] Mauritius

Mauritius

naam	Mauritius Mauritius
officiële naam	Republic of Mauritius Republiek Mauritius
inwoner	Mauritian Mauritiaan
inwoonster	Mauritian Mauritiaanse
bijv. naamw.	Mauritian Mauritiaans
hoofdstad	Port Louis Port Louis
munt	Mauritian rupee Mauritiaanse roepie
werelddeel	Africa Afrika

int. toegangsnummer 230   www .mu   auto MS

Mau·ser /maʊzə, ᴬ-ər/ [telb zn] mauser, mausergeweer, mauserpistool
mau·so·le·um /mɔːsəlɪəm/ [telb zn] mausoleum, praalgraf, tempelgraf
mauve /moʊv/ [niet-telb zn; vaak attributief] mauve, zachtpaars
ma·ven /meɪvn/ [telb zn] ⟨AE; inf⟩ bolleboos, expert, freak
mav·er·ick /mævrɪk/ [telb zn] ⟨AE⟩ [1] ongemerkt kalf/veulen [2] moederloos kalf/veulen, verloren kalf/veulen [3] ⟨uit de kudde ontsnapt(e)⟩ paard/stier [4] non-conformist, onafhankelijke (politicus), individualist, dissident, buitenbeentje
ma·vin, ma·ven /meɪvən/ [telb zn] ⟨AE; sl⟩ kenner, deskundige, kraan
ma·vis /meɪvɪs/, ⟨AE ook⟩ **ma·vie** /meɪvi/ [telb zn] ⟨form; dierk⟩ zanglijster ⟨Turdus philomelos⟩
ma·vour·neen, ma·vour·nin /məvʊəniːn, ᴬməvʊrniːn/ [tw] ⟨IE⟩ mijn lieveling, mijn schat

maw /mɔː/ [telb zn] ⒈ pens, maag ⟨van dier⟩ ⒉ krop ⟨van vogel⟩ ⒊ muil, bek ⟨voornamelijk figuurlijk⟩ ♦ *the war swallowed up/swept many lives into its maw* de oorlog verslond vele levens

mawk·ish /ˈmɔːkɪʃ/ [bn; bw: ~ly; zn: ~ness] ⒈ walgelijk, wee, flauw ⟨van smaak⟩ ⒉ overdreven sentimenteel

mawl [telb zn] → **maul**¹

maw seed [telb + niet-telb zn] maanzaad(je)

maw·worm [telb zn] ⒈ spoelworm ⒉ huichelaar, hypocriet

max [afk] (maximum) max. ♦ ⟨sl; tieners⟩ *to the max* absoluut, compleet, totaal

max·i /ˈmæksi/ [telb zn] ⟨inf⟩ maxi, maxi-jurk, maxi-jas

max·i- /ˈmæksi/ maxi- ♦ *maxi-coat* maxi-jas

max·il·la /mækˈsɪlə/ [telb zn; mv: ook maxillae /-sɪliː/] kaak, bovenkaak, kaakbeen

¹**max·il·lar·y** /mækˈsɪləri, ᴬˈmæksəleri/ [telb zn] kaak, kaakbeen

²**max·il·lar·y** /mækˈsɪləri, ᴬˈmæksəleri/ [bn] kaak- ♦ *maxillary bone* kaakbeen

max·im /ˈmæksɪm/ [telb zn] spreuk, grondregel, stelregel, maxime

Max·im /ˈmæksɪm/ [telb zn] maximgeweer ⟨watergekoeld machinegeweer⟩

max·i·mal /ˈmæksɪml/ [bn] maximaal, zo groot/hoog mogelijk

max·i·mal·ist /ˈmæksɪməlɪst/ [telb zn] maximalist

max·i·mal·ly /ˈmæksɪməli/ [bw] hoogstens, maximaal

max·i·mi·za·tion, max·i·mi·sa·tion /ˌmæksɪmaɪˈzeɪʃn, ᴬ-məˈ-/ [niet-telb zn] maximalisering

max·i·mize, max·i·mise /ˈmæksɪmaɪz/ [ov ww] ⒈ maximaliseren, tot het uiterste vergroten, overdrijven, opblazen ⒉ in verstrekkende zin interpreteren ⒊ het grootste voordeel halen uit, tot het uiterste benutten ♦ *maximize one's experience* zo veel mogelijk munt slaan uit zijn ervaring ⒋ ⟨wisk⟩ maximumwaarde vinden van ⟨functie⟩

¹**max·i·mum** /ˈmæksɪməm/ [telb zn; mv: ook maxima /-mə/] maximum, hoogste waarde, summum, hoogtepunt ♦ *at its maximum* op het hoogste punt/niveau; *at the maximum* ten hoogste, maximaal; *to the maximum* zoveel mogelijk, maximaal

²**max·i·mum** /ˈmæksɪməm/ [bn, attr] maximum-, maximaal, hoogste, top- ♦ *maximum price* maximumprijs; *maximum speed* topsnelheid, maximumsnelheid; *maximum value* maximumwaarde, maximale waarde

¹**max out** [onov ww] ⟨AE; inf⟩ tot het uiterste gaan ♦ *max out on drinking* te veel drinken, overdrijven met drank; *he maxed out on the campaign* hij gaf alles wat hij kon tijdens de campagne

²**max out** [ov ww] ⟨AE; inf⟩ (helemaal) opmaken ⟨creditcard⟩, besteden, leeghalen ♦ *max out one's paycheck* zijn salaris helemaal uitgeven/opsouperen

max·well /ˈmækswəl, -wel/ [telb zn] ⟨elek⟩ maxwell ⟨eenheid van magnetische krachtstroom⟩

¹**may** /meɪ/ [telb zn] ⟨form⟩ maagd

²**may** /meɪ/ [niet-telb zn] meidoorn(bloesem)

³**may** /meɪ/ [hulpww] ⒈ ⟨toelating⟩ mogen, bevoegd zijn te, toestemming hebben om te ♦ *may I ask why you think so?* mag ik vragen waarom je dat denkt?; *no-one under eighteen may enter* verboden toegang voor personen beneden de achttien jaar; *you may not leave yet* je mag nog niet vertrekken; *you may not do it* je mag het niet doen ⒉ ⟨mogelijkheid⟩ kunnen ♦ *they may arrive later than expected* ze komen misschien later dan verwacht; *that is as may be*, ⟨ellipt⟩ *be that as it may* hoe het ook zij, hoe dan ook; *she may be wise but she is cruel* ze is misschien wel verstandig, maar ze is ook wreed; *come what may* wat er ook gebeurt/gebeure/moge gebeuren; *he may not come after all* hij komt misschien helemaal niet; *may I help you?* kan ik u helpen?; *it may well be that* het is mogelijk dat, het kan best zijn dat; *he may well be a fraud* hij zou best eens een oplichter kunnen zijn; *you may (just) as well go* je kunt net zo goed/voor hetzelfde geld gaan ⒊ ⟨in wensen e.d.⟩ mogen ♦ *may you find happiness* ik hoop dat je gelukkig wordt; *long may he reign!* moge hij lang heersen! ⒋ ⟨doel; ook afhankelijk van uitdrukking van hoop, wens, vrees enz.; voornamelijk onvertaald⟩ moge(n) ♦ *she talks that no-one may notice her shyness* ze praat om niet te laten merken dat ze verlegen is; *I hope he may recover, but I fear he may not* ik hoop dat hij beter wordt, maar ik vrees van niet; → **might**

May /meɪ/ [eigenn, telb zn] mei, ⟨fig⟩ bloei, mei van het leven ♦ *the first of May* 1 mei ▪ ⟨sprw⟩ *cast ne'er/don't shed a clout till May is out* ± het is een wenk, reeds lang verjaard, 't vriest even vaak in mei als in maart, ± de mei tot juichmaand uitverkoren, heeft toch de rijp nog achter de oren, ± 't staartje van mei is het staartje van de winter

ma·ya /ˈmaɪə/ [niet-telb zn] ⟨hindoeïsme⟩ Maya ⟨bovenaardse kracht, scheppingskracht; illusie van de waarneembare wereld⟩

¹**Ma·ya** /ˈmaɪə/, **Ma·yan** /ˈmaɪən/ [eigenn] Maya, de taal van de Maya's

²**Ma·ya** /ˈmaɪə/, **Ma·yan** /ˈmaɪən/ [telb zn; mv: ook Maya] Maya ⟨lid van (uitgestorven) indianenvolk⟩

³**Ma·ya** /ˈmaɪə/, **Ma·yan** /ˈmaɪən/ [bn] Maya-, m.b.t./van de Maya's

may·ap·ple [telb zn; ook Mayapple] ⟨plantk⟩ (gele, eivormige vrucht van) Noord-Amerikaans voetblad ⟨Podophyllum peltatum⟩

may·be /ˈmeɪbi/ [bw] misschien, mogelijk, wellicht ♦ *as soon as maybe* zo vlug mogelijk ▪ ⟨AE; inf⟩ *and I don't mean maybe!* en daar sta ik op!, en dat meen ik ook!

may·bee·tle, may·bug [telb zn; ook Maybeetle] ⟨dierk⟩ meikever ⟨familie Melolonthinae⟩

may·day [telb zn; ook Mayday] mayday, noodsignaal, noodsein ⟨van Frans m'aidez⟩

May Day [eigenn] 1 mei, Dag van de Arbeid

may·est /ˈmeɪɪst/ [hulpww] ⟨2e persoon enkelvoud, vero of rel⟩ → **may**

may·flow·er [telb zn; ook Mayflower] ⟨benaming voor⟩ in mei bloeiende bloem, meidoorn, pinksterbloem, sleutelbloem, koekoeksbloem

may·fly [telb zn; ook Mayfly] ⒈ eendagsvlieg, haft ⒉ vishaak met (namaak)haft als lokaas

may·hap /ˈmeɪhæp/ [bw] ⟨vero⟩ wellicht, misschien

may·hem, mai·hem /ˈmeɪhem, ᴬˈmeɪəm/ [niet-telb zn] ⒈ ⟨jur⟩ verminking ⒉ ⟨inf⟩ rotzooi, herrie ♦ *cause/create mayhem* herrie schoppen

may·ing /ˈmeɪɪŋ/ [niet-telb zn] het vieren van het meifeest, meifeest ♦ *go (a)maying* het meifeest (gaan) vieren

may·o /ˈmeɪoʊ/ [niet-telb zn] ⟨inf⟩ (verk: mayonnaise) mayonaise ♦ *chips and mayo* friet met mayonaise, patat mét

¹**may·on·naise** /ˌmeɪəˈneɪz, ᴬˈmeɪəneɪz/ [telb zn] ⟨cul⟩ met mayonaise bereid gerecht, slaatje

²**may·on·naise** /ˌmeɪəˈneɪz, ᴬˈmeɪəneɪz/ [niet-telb zn] ⟨cul⟩ mayonaise

may·or /meə, ᴬˈmeɪər/ [telb zn] burgemeester

may·or·al /ˈmeərəl, ᴬˈmeɪərəl/ [bn] burgemeesters-, m.b.t./van de burgemeester, burgemeesterlijk

may·or·al·ty /ˈmeərəlti, ᴬˈmeɪərəlti/ [telb + niet-telb zn] ⒈ burgemeestersambt ⒉ ambtsperiode van een burgemeester

may·or·ess /ˈmeərɪs, ᴬˈmeɪ-/ [telb zn] ⒈ vrouwelijke burgemeester ⒉ vrouw/zuster/dochter/kennis van de burgemeester ⟨vervult representatieve taken⟩

may·pole [telb zn; ook Maypole] ⒈ meiboom ⒉ bonenstaak

May Queen [telb zn] meikoningin ⟨op meifeest⟩

mayst /meɪst/ [hulpww] ⟨2e persoon enkelvoud, vero of rel⟩ → **may**

may tree [telb zn; ook May tree] ⟨BE⟩ meidoorn
may·weed [telb + niet-telb zn] ⟨plantk⟩ stinkende kamille ⟨Anthemis cotula⟩
maz·ard, maz·zard /mæzəd, ᴬ-ərd/ [telb zn] ① ⟨plantk⟩ zoete kers ⟨Prunus avium⟩ ② ⟨vero; gew⟩ kop, gezicht
maz·a·rine /mæzəri:n/ [niet-telb zn; vaak attributief] diep donkerblauw
Maz·da·ism, Maz·de·ism /mæzdaɪzm/ [niet-telb zn] mazdaïsme, mazdeïsme ⟨Oud-Perzische godsdienst⟩
¹**maze** /meɪz/ [telb zn] ① doolhof, labyrint ⟨ook figuurlijk⟩ ② verbijstering ♦ *be in a maze* in de war/onthutst zijn
²**maze** /meɪz/ [ov ww] verbijsteren, in de war brengen
ma·zel tov, ma·zal tov /mʌzl tɒv, ᴬmɑzl tɔv/ [tw] ⟨Hebreeuws⟩ veel geluk, gefeliciteerd, gelukgewenst, proficiat
ma·zer /meɪzə, ᴬ-ər/ [telb zn] ⟨gesch⟩ houten, in zilver gevatte, drinkbeker
ma·zu·ma, me·zu·ma /məzu:mə/ [niet-telb zn] ⟨AE; sl⟩ mesomme, poen, pegels, duiten, slappe was
ma·zur·ka, ma·zour·ka /məzɜ:kə, ᴬ-zɜr-/ [telb zn] ⟨dans, muz⟩ mazurka
ma·zy /meɪzi/ [bn; vergr trap: mazier; bw: mazily; zn: maziness] verward, ingewikkeld, labyrintisch
MB [afk] ① (Medicinae Baccalaureus ⟨Bachelor of Medicine⟩) ② ⟨comp⟩ (megabyte)
MBA [afk] (Master of Business Administration)
MBD [afk] (Minimal Brain Dysfunction)
MBE [afk] ⟨BE⟩ (Member of (the Order of) the British Empire)
mbi·ra /mbi:rə/ [telb zn] Afrikaanse handpiano
MBO [afk] (management buyout)
MBSc [afk] (Master of Business Science)
MBWA [niet-telb zn] (management by walking around) MBWA ⟨leiderschap door aanwezigheid op de werkvloer⟩
Mc [afk] (megacycles) MHz
Mc- → **Mac-**
¹**MC** [telb zn] MC ⟨persoon aan de microfoon die de tekst uitspreekt⟩, ⟨i.h.b.⟩ rapper
²**MC** [afk] ① (Marine Corps) ② (Master of Ceremonies) ③ (Medical Corps) ④ ⟨AE⟩ (Member of Congress) ⑤ ⟨BE⟩ (Military Cross)
MCC [afk] (Marylebone Cricket Club)
Mc·Car·thy·ism /məkɑ:θiɪzm, ᴬ-kɑr-/ [niet-telb zn] mccarthyisme, (heksen)jacht op communisten ⟨in USA in jaren vijftig⟩, oneerlijke opsporings- en onderzoeksmethoden ⟨naar iemands politieke instelling⟩
Mc·Coy /məkɔɪ/ [niet-telb zn; the] ⟨sl⟩ echte, ware ♦ *that's the real McCoy* dat is het echte/goede, dat is je ware
M Ch, M Chir [afk] (Magister Chirurgiae ⟨Master of Surgery⟩)
¹**Mc·Lu·han·ism** /məklu:ənɪzm/ [telb zn] mcluhanisme, uitdrukking van M. McLuhan ⟨Canadees auteur, geb. 1911⟩
²**Mc·Lu·han·ism** /məklu:ənɪzm/ [niet-telb zn] mcluhanisme, theorie van M. McLuhan ⟨in het bijzonder over de invloed van elektronische media op maatschappij⟩
Mc·Lu·han·ize /məklu:ənaɪz/ [ov ww] onder de invloed brengen van elektronische media ♦ *the written media are afraid of being McLuhanized into obsolescence* de geschreven media vrezen dat ze door de elektronische communicatiemiddelen verdrongen zullen worden
m-com·merce [niet-telb zn] (verk: mobile commerce) mobiele handel ⟨handel via laptop of mobiele telefoon⟩, m-handel
MCP [afk] (male chauvinist pig)
Mc/s [afk] (megacycles per second) MHz
MCS [afk] ① (Master of Commercial Science) ② (Master of Computer Science) ③ (Missile Control System)
Md, MD [afk] (Maryland)
MD [afk] ① (Medicinae Doctor, Doctor of Medicine) m.d. ② (Managing Director) ③ (Maryland) ④ (mentally deficient)

¹**me** [telb + niet-telb zn] → mi
²**me** /mi, ⟨sterk⟩ mi:/ [pers vnw] ① mij, voor mij, aan mij ♦ *he hated me being late* hij had er een hekel aan als ik te laat kwam; *he gave me a book* hij gaf mij een boek; *he liked her better than me* hij mocht haar liever dan mij ② ⟨in nominatieffuncties⟩ ⟨vnl inf⟩ ik, mij ♦ *ah me!* wee mij!; *me and my big mouth* ik met mijn grote mond; *dear me!* ach!; *it is me* ik ben het; *me only a little lad then she didn't notice me* maar ik was toen nog een kleine jongen en ze merkte mij niet op; *poor me* arme ik; ⟨inf⟩ *she's better than me* ze is beter dan ik; *unhappy me* ik ongelukkige; ⟨substandaard⟩ *me and Jack often visit Mary* Jack en ik gaan vaak bij Mary op bezoek; *if you were me* als jij in mijn plaats was; → **I, myself**
³**me** /mi, ⟨sterk⟩ mi:/ [wk vnw] ⟨inf of gew⟩ mij(zelf) ♦ *I got me a wife* ik vond mij een vrouw; → **I, myself**
Me, ME [afk] (Maine)
ME [afk] ① (Maine) ② (Marriage Encounter) ③ (Mechanical Engineer(ing)) ④ (Middle English) ⑤ (Military Engineer) ⑥ (Mining Engineer) ⑦ ⟨med⟩ (myalgic encephalomyelitis) ME
me·a cul·pa /meɪə kʊlpə/ [telb zn; ook tussenwerpsel] mea culpa, door mijn schuld, ik beken schuld
¹**mead** /mi:d/ [telb zn] ⟨vero⟩ weide
²**mead** /mi:d/ [niet-telb zn] mede, mee, honingwijn
mead·ow /medoʊ/ [telb + niet-telb zn] wei(de), grasland, beemd, hooiland
meadow brown [telb zn] ⟨dierk⟩ (bruin) zandoogje ⟨vlinder; voornamelijk Maniola jurtina⟩
mead·ow·lark [telb zn] ⟨dierk⟩ veldleeuwerik ⟨Noord-Amerika; genus Sturnella⟩
mead·ow mouse [telb zn] ⟨dierk⟩ veldmuis ⟨Noord-Amerika; voornamelijk Microtus pennsylvanicus⟩
meadow pipit [telb zn] ⟨dierk⟩ graspieper ⟨Anthus pratensis⟩
meadow saffron [telb + niet-telb zn] ⟨plantk⟩ ① saffraan(krokus) ⟨Crocus sativus⟩ ② herfsttijloos ⟨Colchium autumnale⟩
mead·ow·sweet [telb + niet-telb zn] ⟨plantk⟩ ① spirea ⟨genera Spiraea en Filipendula⟩ ② moerasspirea, geitenbaard ⟨Filipendula ulmaria⟩
mead·ow·y /medoʊi/ [bn] ① m.b.t./karakteristiek voor grasland ♦ *meadowy sweetness* frisheid/bekoorlijkheid als van een weide ② bestaand uit grasland, weide- ♦ *meadowy shores* uit grasland bestaande kusten
mea·gre, ⟨AE⟩ **mea·ger** /mi:gə, ᴬ-ər/ [bn; bw: ~ly; zn: ~ness] ① mager, dun ⟨m.b.t. persoon⟩ ② schraal, pover ⟨maaltijd, productie, e.d.⟩
¹**meal** /mi:l/ [telb zn] maal, maaltijd ♦ *make a meal of* opeten, verorberen; ⟨inf⟩ overdrijven, met overdreven moeite uitvoeren ⟨werk, taak⟩
²**meal** /mi:l/ [niet-telb zn] ① meel ② ⟨AE⟩ maismeel ③ ⟨SchE⟩ havermeel
meal·bee·tle [telb zn] meeltor
meal break [telb zn] schafttijd, etenspauze
meal·ie /mi:li/ [telb zn] ⟨ZAE⟩ ① maiskolf ② ⟨mv⟩ mais
meal pack [telb zn] ⟨AE⟩ diepvriesmaaltijd
¹**meals-on-wheels** [niet-telb zn] ⟨BE⟩ warmemaaltijdendienst ⟨voor bejaarden e.d.⟩, tafeltje-dek-je
²**meals-on-wheels** [alleen mv] ⟨BE⟩ warme maaltijden ⟨thuisbezorgd; voor bejaarden e.d.⟩
meal ticket [telb zn] ① maaltijdbon ② ⟨AE; sl⟩ boterham, broodwinning ♦ *his hands are his meal ticket* met zijn handen verdient hij de kost; *her husband is her meal ticket* haar man is haar broodwinning
meal·time [telb zn; vaak mv] etenstijd, schafttijd
meal·worm [telb zn] meelworm, larve van meeltor
meal·y /mi:li/ [bn; vergr trap: mealier; zn: mealiness] ① melig, meelachtig ② bleek, pips, flets ⟨gelaatskleur⟩

mealybug

3 wit gespikkeld ⟨paard⟩ 4 zoetsappig, niet open/oprecht

meal·y·bug [telb zn] ⟨dierk⟩ witbepoederde schildluis ⟨genus Pseudococcus⟩

meal·y-mouth·ed [bn] 1 onoprecht, draaierig, verhullend, versluierend, wollig ◆ *not mealy-mouthed* recht voor zijn raap 2 zoetsappig, temerig, zalvend, flemerig

¹**mean** /mi:n/ [zn] 1 middelmaat, ⟨fig⟩ middenweg, tussenweg ◆ *the happy mean* de gulden middenweg 2 gemiddelde, gemiddelde waarde ◆ *arithmetic mean* rekenkundig gemiddelde; *geometric mean* geometrisch/meetkundig gemiddelde, middelevenredige

²**mean** /mi:n/ [bn; vergr trap: meaner; bw: ~ly; zn: ~ness] 1 gemeen, laag, slecht, verachtelijk ◆ *mean motives* gemene/laag-bij-de-grondse motieven 2 gemeen, ongemanierd, lomp, plat ◆ *mean behaviour* ongemanierd gedrag; *mean tricks* ordinaire trucs 3 zelfzuchtig, gierig, schriel, bekrompen ◆ *he is rather mean over money* hij is nogal krenterig met geld 4 armzalig, armoedig, pover, vervallen ◆ *a mean building* een armzalig/vervallen gebouw 5 ⟨vnl AE⟩ kwaadaardig, vals, nijdig ◆ *a mean dog* een kwaadaardige/valse hond; *a mean wind* een nijdige wind 6 ⟨AE; inf⟩ naar, niet lekker ◆ *feel mean* zich niet lekker voelen, niet op zijn gemak zijn 7 ⟨AE; inf⟩ beschaamd ◆ *it makes me feel mean* to say no ik voel me zo bezwaard/schuldig als ik het weiger 8 ⟨AE; sl⟩ link, handig, gewiekst, glad 9 ⟨AE; sl⟩ vervelend, moeilijk, gevaarlijk ◆ *a mean street to cross* een vervelende/gevaarlijke straat om over te steken 10 ⟨sl⟩ *shake a mean/wicked calf/hoof/leg* goed/graag dansen

³**mean** /mi:n/ [bn, attr; vergr trap: meaner; bw: ~ly; zn: ~ness] 1 gemiddeld, middelbaar, doorsnee- ◆ *mean sea level* gemiddeld zeeniveau; *mean life* gemiddelde levensduur; ⟨natuurk⟩ *mean free path* gemiddelde vrije weglengte (bijvoorbeeld tussen gasmoleculen); *mean price* middenprijs; *mean proportional* middelevenredige, meetkundig/geometrisch gemiddelde; *mean sun* middelbare zon 2 gebrekkig, beperkt, pover, min ⟨voornamelijk m.b.t. aanleg⟩ ◆ *a person of the meanest abilities* een persoon met heel beperkte capaciteiten; *no mean cook* een buitengewone kok; *no mean sth.* nogal iets 3 laag, gering, minder ⟨voornamelijk m.b.t. afkomst⟩ ◆ *a man of mean birth* een man van lage afkomst; ⟨AE; beled; negers⟩ *mean white* blanke van lage afkomst 4 ⟨inf⟩ geweldig, fantastisch, erg goed ◆ *John plays a mean trumpet* John is een uitstekend trompettist

⁴**mean** /mi:n/ [onov ww; meant, meant] het bedoelen, het voorhebben ◆ *mean ill (to/towards/by s.o.)* het slecht menen (met iemand); *mean well (to/towards/by s.o.)* het goed menen (met iemand); → meaning

⁵**mean** /mi:n/ [ov ww; meant, meant] 1 betekenen, willen zeggen, voorstellen ◆ *it means nothing to me* het zegt me niets; ik begrijp er niets van; *a red light means 'stop!'* een rood licht betekent 'stop!'; bedoelen, menen ◆ *what do you mean by that?* wat bedoel je daarmee?; wat heeft dat te betekenen?; *when I say yes, I don't mean no* als ik ja zeg, bedoel ik niet nee 3 de bedoeling hebben, van plan/voornemens zijn, voorhebben ◆ *mean business* vastberaden zijn; *I didn't mean to hurt you* het lag niet in mijn bedoeling je te kwetsen/beledigen; *he means you no harm/no harm to you* hij wil je geen kwaad doen; *I mean to leave tomorrow* ik ben van plan morgen te vertrekken; *mean mischief/trouble* iets kwaads in de zin hebben 4 menen, in ernst bedoelen ◆ *get out, and I mean it!* eruit, en ik meen het! 5 bestemmen, voorbestemmen ◆ *they meant him/he was meant to be a soldier* hij was voorbestemd om soldaat te worden; *he is not meant for a soldier* hij is niet geschikt om soldaat te zijn/worden 6 betekenen, beduiden, neerkomen op, aanduiden ◆ *those clouds mean rain* die wolken voorspellen regen; *this provocation means war* deze provocatie betekent oorlog 7 betekenen 8 ⟨passief⟩ ⟨vnl BE⟩ verondersteld worden, verplicht zijn ◆ *you are meant to take off your hat in church* je hoort eigenlijk je hoed af te nemen in de kerk; → meaning

¹**me·an·der** /miˈændə, ʌ-ər/ [telb zn] 1 omslachtige reis/route, heen-en-weergereis, omweg, zwerftocht 2 meander ⟨randversiering⟩

²**me·an·der** /miˈændə, ʌ-ər/ [onov ww] 1 zich (in bochten) slingeren, kronkelen, meanderen ⟨van rivier⟩ 2 (rond)-dolen, (rond)banjeren ⟨ook figuurlijk⟩ ◆ *meander through old books* in oude boeken rondsnuffelen

me·an·der·ings /miˈændərɪŋz/ [alleen mv] slingerpad, kronkelpad, gekronkel

me·an·ders /miˈændəz, ʌ-ərz/ [alleen mv] 1 ⟨aardr⟩ meanders ⟨in rivier⟩, kronkelingen, (grillige) bochten 2 slingerpaden, kronkelpaden, labyrint, doolhof

mean deviation [telb zn] ⟨stat⟩ gemiddelde afwijking

me·an·drine /miˈændrɪn/ [bn] vol kronkelingen ⟨voornamelijk van koraal⟩

me·an·drous /miˈændrəs/ [bn] kronkelend, slingerend, meandrisch

mean·ie, mean·y /ˈmi:ni/ [telb zn] ⟨inf⟩ 1 krent, zuinige piet, bekrompen mens 2 lomperik, botterik

¹**mean·ing** /ˈmi:nɪŋ/ [telb + niet-telb zn; (oorspronkelijk) gerund van mean] 1 betekenis, zin, inhoud, belang ◆ *with (much) meaning* veelbetekenend, veelzeggend, gewichtig; *with little meaning* weinigzeggend, van weinig betekenis; ⟨vnl afkeurend⟩ *what's the meaning of this?* wat heeft dit te betekenen? 2 bedoeling, strekking ◆ *I could not grasp his meaning* ik begreep niet wat hij bedoelde

²**mean·ing** /ˈmi:nɪŋ/ [bn, attr; oorspronkelijk tegenwoordig deelw van mean] veelbetekenend, veelzeggend

-mean·ing /ˈmi:nɪŋ/, **-meant** /ment/ met ... bedoelingen, bedoeld ◆ *well-meant, well-meaning* goed bedoeld, welmenend

mean·ing·ful /ˈmi:nɪŋfl/ [bn; bw: ~ly; zn: ~ness] 1 van (grote) betekenis, gewichtig 2 zinvol

mean·ing·less /ˈmi:nɪŋləs/ [bn; bw: ~ly; zn: ~ness] 1 zonder betekenis, nietszeggend 2 zinloos

means /mi:nz/ [alleen mv] 1 ⟨vaak behandeld als enkelvoud⟩ middel ◆ *by no means* in geen geval, geenszins; *by means of* door middel/bemiddeling van; *by some means or other* op de een of andere manier; *by all (manner of) means* in elk geval, alleszins; op alle mogelijke manieren; *not by any (manner of) means* in geen geval, geenszins; *a means to an end* een middel om een doel te bereiken 2 middelen, middelen van bestaan, bestaansmiddelen, geldmiddelen ◆ *live (in a style) beyond one's means* boven zijn middelen/stand leven; *man of means* bemiddeld man; *live within one's means* niet boven zijn stand/op te grote voet leven 3 ⟨sprw⟩ *the end justifies the means* het doel heiligt de middelen

means test [telb zn] inkomensonderzoek

means-test·ed [bn, attr] afhankelijk van het inkomen, inkomensafhankelijk ⟨m.b.t. subsidie, uitkering⟩

meant /ment/ [verleden tijd en volt deelw] → mean

mean·time [niet-telb zn] tussentijd ◆ *for the meantime* voorlopig; *in the meantime* ondertussen, intussen

mean-tone temperament, mean-tone tuning [niet-telb zn] ⟨muz⟩ middentoonstemming, middentoontemperatuur

mean·while, ⟨inf⟩ **meantime** [bw] ondertussen, onderwijl, intussen

meaow → miaow

meas·les /ˈmi:zlz/ [alleen mv; werkwoord voornamelijk enk] 1 mazelen 2 rodehond 3 blaaswormziekte ⟨bij varkens⟩

meas·ly /ˈmi:zli/ [bn; vergr trap: measlier; zn: measliness] 1 met mazelen, mazelen hebbend 2 gortig, garstig, vinnig ⟨van vlees⟩ ③ ⟨inf⟩ armzalig, armetierig, miezerig, waardeloos ♦ *measly tip* hondenfooi

meas·ur·a·ble /mɛʒrəbl/ [bn; bw: measurably] ① meetbaar ♦ *within a measurable distance of* dicht in de buurt van ② van betekenis, belangrijk ③ afzienbaar

¹**meas·ure** /mɛʒə, ʌ-ər/ [telb zn] ① maat(beker) ② maatstok, maatlat, maatlint ③ maatstaf ♦ *a chain's weakest link is the measure of its strength* een keten is zo sterk als de zwakste schakel ④ maatstelsel ⑤ versvoet ⑥ ⟨muz⟩ maat(streep) ⑦ ⟨benaming voor⟩ maat, vaste hoeveelheid, melkmaat, korenmaat, aardappelmaat ⟨enz.⟩ ♦ *a measure of wheat* een bushel tarwe, een maat tarwe ⑧ maatregel, stap ♦ *half measures* halve maatregelen, compromissen; *take strong measures* geen halve maatregelen nemen, krachtig optreden ⑨ beschikking, verordening ⑩ wetsvoorstel ⑪ ⟨wisk⟩ maat ♦ *greatest common measure* grootste gemene deler ⑫ ⟨vero⟩ dans ♦ *tread/trip a measure* een dansje maken/wagen

²**meas·ure** /mɛʒə, ʌ-ər/ [telb + niet-telb zn] ① ⟨benaming voor⟩ maat ⟨ook muziek⟩, maateenheid, mate, gematigdheid, (afgemeten/juiste) hoeveelheid, grootte, (aan)deel, omvang, afmetingen, metrum, versmaat ♦ *beyond measure* buitenmate; mateloos, onmetelijk, onbegrensd; *get/take s.o.'s measure* iemand de maat nemen; ⟨fig⟩ zich een oordeel over iemand vormen, iemand taxeren; *in (a) great/large measure* in hoge/ruime mate, grotendeels; *in a/some measure* in zekere mate; *measure of length* lengtemaat; ⟨BE⟩ *made to measure* op maat gemaakt; *a measure of* enig, een beetje, wat; *measure of time* tijdmaat; *(with)in measure* met mate ② ritme, melodie ③ ⟨drukw⟩ paginabreedte, kolombreedte • ⟨sprw⟩ *measure for measure* leer om leer (sla je mij en ik sla je weer)

³**meas·ure** /mɛʒə, ʌ-ər/ [onov ww] → **measured, measuring, measure up**

⁴**meas·ure** /mɛʒə, ʌ-ər/ [onov + ov ww] meten, afmeten, opmeten, toemeten, uitmeten, de maat nemen ♦ *the room measures three metres by four* de kamer meet drie bij vier (meter); *measure off/out* afmeten ⟨stof, enz.⟩; *measure o.s. with* zich meten met; *measure out* toemeten, toebedelen, uitdelen; *measure one's strength with* zijn krachten meten met • ⟨sprw⟩ *men are not to be measured in inches* ± de lichaamslengte van een mens zegt niets over zijn capaciteiten; → **measured, measuring**

⁵**meas·ure** /mɛʒə, ʌ-ər/ [ov ww] ① beoordelen, taxeren, schatten ② opnemen, met de ogen afmeten ③ letten op, overdenken, (over)wegen ♦ *measure one's words* zijn woorden wegen/afmeten ④ ⟨form⟩ afleggen ⟨afstand⟩, doortrekken; → **measured, measuring**

meas·ured /mɛʒəd, ʌ-ərd/ [bn; volt deelw van measure; bw: ~ly; zn: ~ness] ① weloverwogen, zorgvuldig, nauwkeurig, afgemeten ⟨van taalgebruik⟩ ② gelijkmatig, ritmisch, metrisch ③ berekend ④ beperkt

meas·ure·less /mɛʒələs, ʌ-ʒər-/ [bn; bw: ~ly] onmetelijk, onbegrensd

¹**meas·ure·ment** /mɛʒəmənt, ʌ-ʒər-/ [telb zn] ① ⟨vnl mv⟩ afmeting, maat ⟨ook van personen⟩ ♦ *take s.o.'s measurement* (van) iemand de maat nemen ② maatstelsel

²**meas·ure·ment** /mɛʒəmənt, ʌ-ʒər-/ [niet-telb zn] het meten, meting

measurement goods [alleen mv] ⟨handel⟩ maatvracht

measurement ton [telb zn] ⟨scheepv⟩ maatton ⟨40 kubieke voet, 1,133 m³⟩

measure up [onov ww] voldoen ♦ *measure up to* voldoen aan, beantwoorden aan; berekend zijn op/voor; niet onderdoen voor, opgewassen zijn tegen

meas·ur·ing /mɛʒərɪŋ/ [niet-telb zn; gerund van measure] het meten, meting

measuring chain [telb zn] ⟨landmeetk⟩ meetketting

measuring jug, ⟨vnl AE⟩ **measuring cup** [telb zn] maatbeker

measuring tape [telb zn] meetlint, centimeter

measuring worm [telb zn] spanrups

meat /miːt/ [niet-telb zn] ① vlees ② ⟨AE⟩ eetbaar gedeelte ⟨van vrucht/schaaldier/ei/noot⟩, (vrucht)vlees ③ essentie, kern, (diepere) inhoud, diepgang ♦ *a nice story but there is no real meat in it* een aardig verhaal maar het heeft weinig om het lijf ④ ⟨inf⟩ fort, sterk punt, sterke zijde ♦ *chess is his meat* hij is een kei in schaken ⑤ ⟨vero⟩ voedsel, spijs, kost ♦ *meat and drink* eten en drinken ⟨vero⟩ maaltijd, eten ⑦ ⟨sl⟩ pik, penis ⑧ *this is meat and drink to me* dit is mijn lust en mijn leven, ik lust er wel pap van; ⟨inf⟩ *meat and potatoes* basis(ingrediënten), kern, grondslag, pijler(s); ⟨sprw⟩ *better belly bust than good meat wasted* beter buik geborsten dan goede spijs verloren; ⟨sprw⟩ *one man's meat is another man's poison* wat de een niet lust, daar eet de ander zich dik aan

meat-and-po·ta·toes [bn, attr] ⟨inf⟩ fundamenteel, belangrijkst, grond-, basis-, kern-

meat-axe [telb zn] slagersbijl

meat·ball [telb zn] ① vleesbal, gehaktbal ② ⟨sl⟩ uilskuiken, stommeling, rund

meat counter [telb zn] vleesvitrine, slagersvitrine

meat fly [telb zn] ⟨dierk⟩ vleesvlieg ⟨genus Sarcophaga⟩

meat grinder [telb zn] ⟨AE⟩ vleesmolen

meat·head [telb zn] ⟨sl⟩ uilskuiken, stommeling, rund

meat hook [telb zn] vleeshaak

meat·less /miːtləs/ [bn] ① vleesloos ⟨van dag, dieet⟩ ② zonder inhoud, zouteloos, met weinig om het lijf

meat loaf [telb zn] gehaktbrood ⟨gehakt in de vorm van een brood⟩

meat offering [telb zn] spijsoffer

meat-packing industry [telb zn] vleesverwerkende industrie

meat pie [telb + niet-telb zn] vleespastei(tje)

meat safe [telb zn] ⟨BE⟩ vliegenkast

meat space [niet-telb zn] werkelijke wereld, echte wereld ⟨i.t.t. cyberspace⟩

me·a·tus /miˈeɪtəs/ [telb zn; mv: ook meatus] ⟨anat⟩ gang, kanaal ♦ *auditory meatus* gehoorgang

meat·y /miːti/ [bn; vergr trap: meatier; bw: meatily; zn: meatiness] ① vlezig, lijvig ② vleesachtig, vlees- ③ stevig, substantieel ♦ *a meaty discussion* een pittige discussie

Mec·ca /mɛkə/ [eigenn, telb zn; ook mecca] Mekka, ⟨fig⟩ mekka, paradijs, eldorado

mec·ca·no /mɪˈkɑːnoʊ, ʌməˈkeɪnoʊ/ [niet-telb zn] meccano

¹**me·chan·ic** /mɪˈkænɪk/ [telb zn] ① werktuigkundige, mecanicien, technicus, monteur ② machineconstructeur

²**me·chan·ic** /mɪˈkænɪk/ [bn; bw: ~ally] ① ambachtelijk, ambachts-, handwerk- ② mechanisch, machinaal, automatisch, ⟨fig⟩ werktuiglijk, ongeïnspireerd, zonder nadenken ③ ⟨filos⟩ mechanistisch

¹**me·chan·i·cal** /mɪˈkænɪkl/ [telb zn] ① mechanisme ② bijfiguur

²**me·chan·i·cal** /mɪˈkænɪkl/ [bn; bw: ~ly; zn: ~ness] ① mechanisch, gemechaniseerd, machinaal, automatisch, ⟨fig⟩ werktuiglijk, ongeïnspireerd, zonder nadenken ♦ *mechanical drawing* het technisch tekenen, het tekenen met passer en liniaal; ⟨comp⟩ *mechanical translation* machinale/automatische vertaling ② ambachtelijk, ambachts-, handwerk- ♦ *mechanical art* ambacht ③ mechanisch, m.b.t./van de mechanica ♦ ⟨werktuigkunde⟩ *mechanical advantage* mechanisch rendement; ⟨natuurk⟩ *mechanical equivalent (of heat)* mechanisch warmte-equivalent; *I am not mechanically minded* ik heb geen verstand van machines ④ werktuig(bouw)kundig ♦ *mechanical engineer* werktuig(bouw)kundige, werktuig(bouw)kundig ingenieur; *mechanical engineering* werktuig(bouw)kunde ⑤ ⟨filos⟩ mechanistisch

mech·a·ni·cian /mɛkəˈnɪʃn/ [telb zn] ① machinecon-

mechanics

structuer [2] **werktuigkundige,** mecanicien, technicus, monteur

me·chan·ics /mɪkænɪks/ [alleen mv] [1] ⟨werkwoord voornamelijk enkelvoud⟩ **mechanica,** werktuigkunde [2] **mechanisme** [3] **techniek**

¹mech·a·nism /mekənɪzm/ [telb zn] [1] **mechanisme,** mechaniek [2] **werking,** werkwijze [3] **techniek**

²mech·a·nism /mekənɪzm/ [niet-telb zn] ⟨filos⟩ **mechanisme**

mech·a·nist /mekənɪst/ [telb zn] [1] **machineconstructeur** [2] **werktuigkundige,** mecanicien, technicus, monteur [3] ⟨filos⟩ **aanhanger van het mechanisme**

mech·a·nis·tic /mekənɪstɪk/ [bn; bw: ~ally] [1] ⟨filos⟩ **mechanistisch** [2] **mechanisch**

mech·a·ni·za·tion, mech·a·ni·sa·tion /mekənaɪzeɪʃn, ^-nə-/ [telb + niet-telb zn] **mechanisatie,** mechanisering

mech·a·nize, mech·a·nise /mekənaɪz/ [ov ww] [1] **mechaniseren** [2] **mechanisch maken,** een routine maken van, van zijn spontaniteit ontdoen

mech·a·no·ther·a·py /mekənoʊθerəpi/ [niet-telb zn] ⟨med⟩ **mechanotherapie**

¹Mech·lin /meklɪn/ [eigenn] **Mechelen**

²Mech·lin /meklɪn/, ⟨ook⟩ **Mechlin lace** [niet-telb zn] **Mechelse kant**

M Econ [afk] (Master of Economics)

me·con·ic /mɪkɒnɪk, ^mɪkoʊ-/ [bn, attr] ⟨scheik⟩ **mecon-,** opium- ♦ *meconic acid* meconzuur, opiumzuur

me·co·ni·um /mɪkoʊniəm/ [niet-telb zn] ⟨med⟩ **meconium,** darmpek ⟨eerste ontlasting van pasgeborenen⟩

med [afk] [1] (medical) [2] (medicine) [3] (medieval) [4] (medium)

Med /med/ [eigenn] ⟨inf⟩ (verk: Mediterranean Sea) **Middellandse Zee**

M Ed [afk] (Master of Education)

¹med·al /medl/ [telb zn] **medaille,** erepenning, gedenkpenning, ⟨sport ook⟩ plak [·] ⟨sprw⟩ *every medal has two sides* elke medaille heeft een keerzijde

²med·al /medl/ [onov ww] **een olympische medaille winnen** ♦ *medal two times in swimming* twee olympische medailles winnen met zwemmen

³med·al /medl/ [ov ww] **met een medaille belonen/eren,** een medaille geven

me·dal·lion /mɪdæliən/ [telb zn] [1] **gedenkpenning,** (grote) medaille [2] **(grote Oud-)Griekse munt** [3] **medaillon** ⟨ovale/ronde lijst, vaak met portret⟩ [4] ⟨bouw⟩ **medaillon,** ovaal, cirkel [5] ⟨AE⟩ **penning** ⟨van taxichauffeur, als vergunningsbewijs⟩, **vergunning,** ⟨bij uitbreiding⟩ taxichauffeur (met vergunning)

med·al·list, ⟨AE ook⟩ **med·al·ist** /medlɪst/ [telb zn] [1] **medailleur** (snijder van medailles) [2] **medaillist** (kenner van medailles) [3] ⟨vnl sport⟩ **medaillewinnaar**

med·dle in /medl ɪn/ [onov ww] [1] **zich bemoeien met,** zich mengen in ♦ *you'd better not meddle in that affair* ik zou me daar maar buiten houden; *don't meddle in my affairs* bemoei je met je eigen zaken

med·dler /medlə, ^-ər/ [telb zn] **bemoeial**

med·dle·some /medlsəm/, **med·dling** /medlɪŋ/ [bn; bw: ~ly, meddlingly] **bemoeiziek**

med·dle·some·ness /medlsəmnəs/ [niet-telb zn] **bemoeizucht**

med·dle with [onov ww] [1] **zich bemoeien met,** zich mengen in [2] **rondsnuffelen in** ♦ *who has been meddling with my papers?* wie heeft er met zijn vingers aan mijn papieren gezeten?

Mede /miːd/ [telb zn] **Mediër**

me decade [telb zn] **ik-tijdperk**

¹me·di·a /miːdiə/ [telb zn; mv: mediae /miːdiiː/] ⟨taalk⟩ **media** ⟨stemhebbende occlusief, zoals b en d⟩

²me·di·a /miːdiə/ [alleen mv; werkwoord ook enk] **media, (massa)communicatiemiddelen**

³media /miːdiə/ [alleen mv] → **medium**

mediaeval → **medieval**

media event [telb zn] **mediagebeurtenis,** ⟨pej ook⟩ (door media) opgeklopt(e) gebeurtenis/feit

me·di·a·gen·ic /miːdiədʒenɪk/ [bn] **mediageniek,** ⟨i.h.b.⟩ televisiegeniek

me·di·al /miːdiəl/ [bn; bw: ~ly] [1] **in het midden gelegen,** middel-, midden-, middelst [2] **gemiddeld,** doorsnee [3] ⟨taalk⟩ **mediaal** ⟨van vorm⟩

media man, media person [telb zn] [1] **reclameagent,** publiciteitsagent, propaganda-adviseur [2] **reporter**

¹me·di·an /miːdiən/ [telb zn] [1] ⟨wisk⟩ **zwaartelijn,** mediaan [2] ⟨stat⟩ **mediaan** [3] ⟨AE⟩ **middenberm** [4] ⟨med⟩ **mediaanader**

²me·di·an /miːdiən/ [bn, attr; bw: ~ly] [1] **middel-,** midden-, in het midden (gelegen), middelst ♦ ⟨wisk⟩ *median point* zwaartepunt; ⟨AE⟩ *median strip* middenberm [2] ⟨biol⟩ **mediaan-** ♦ *median line* mediaanlijn

¹Me·di·an /miːdiən/ [telb zn] **Mediër**

²Me·di·an /miːdiən/ [bn] **Medisch,** m.b.t./van de Meden

me·di·ant /miːdiənt/ [telb zn] ⟨muz⟩ **mediante**

media planning [niet-telb zn] **mediaplanning**

me·di·as·ti·num /miːdiəstaɪnəm/ [telb zn; mv: mediastina /-nə/] ⟨med⟩ **mediastinum** ⟨middelste gedeelte van borstholte⟩

¹me·di·ate /miːdiət/ [bn; bw: ~ly] [1] **indirect,** middellijk, niet rechtstreeks [2] **in het midden gelegen,** middel-, midden-, middelst

²me·di·ate /miːdieɪt/ [onov + ov ww] **bemiddelen,** als bemiddelaar optreden, (door bemiddeling) tot stand brengen, beslechten, bijleggen ♦ *mediate between* bemiddelen tussen; *mediate peace* de vrede bemiddelen

³me·di·ate /miːdieɪt/ [ov ww] **overbrengen**

me·di·a·tion /miːdieɪʃn/ [niet-telb zn] **bemiddeling** ⟨ook juridisch⟩, **tussenkomst**

me·di·a·tize /miːdiətaɪz/ [ov ww] **mediatiseren**

me·di·a·tor /miːdieɪtə, ^-eɪtər/ [telb zn] **bemiddelaar,** scheidsman, tussenpersoon ♦ *the Mediator* de Middelaar, Christus

me·di·a·tor·ship /miːdieɪtəʃɪp, ^-eɪtər-/ [niet-telb zn] [1] **middelaarsambt** [2] **middelaarschap,** bemiddeling, tussenkomst

me·di·a·trix /miːdieɪtrɪks, ^-eɪtrɪks/, **me·di·a·tress** /-eɪtrɪs/ [telb zn] **bemiddelaarster,** (be)middelares

med·ic /medɪk/ [telb zn] [1] ⟨inf⟩ **medisch student** [2] ⟨inf⟩ **dokter** [3] → **medick**

med·i·ca·ble /medɪkəbl/ [bn] [1] **geneeslijk** [2] **geneeskrachtig,** medicinaal, genezend

Med·i·caid /medɪkeɪd/ [niet-telb zn] **ziektekostenverzekering** ⟨in USA voor armlui⟩

¹med·i·cal /medɪkl/ [telb zn] ⟨inf⟩ [1] **(medisch) onderzoek,** keuring [2] **medisch student**

²med·i·cal /medɪkl/ [bn; bw: ~ly] [1] **medisch,** geneeskundig, dokters-, gezondheids- ♦ *medical attendant* dokter, arts; *medical care* gezondheidszorg; *medical certificate* gezondheidsverklaring, doktersverklaring; *medical examination* medisch onderzoek, keuring; ⟨BE⟩ *medical officer* arts van de Geneeskundige Dienst; schoolarts; *medical practitioner* medicus, dokter, arts, chirurg; *medical school* medische faculteit; *go to medical school* medicijnen (gaan) studeren; *medical student* student medicijnen [2] **geneeskundig** (tegenover heelkundig) [3] **een geneeskundige/niet-operatieve behandeling vereisend** ⟨van ziekte⟩ [·] *medical jurisprudence* forensische/gerechtelijke geneeskunde

me·dic·a·ment /mɪdɪkəmənt, medɪ-/ [telb zn] **medicament,** medicijn, geneesmiddel, artsenij

Med·i·care /medɪkeə, ^-ker/ [niet-telb zn] **ziektekosten-**

verzekering ⟨in USA voor bejaarden⟩
med·i·cas·ter /mɛdɪkæstə, ᴬ-ər/ [telb zn] kwakzalver

enkele medische termen	
anaemia	bloedarmoede
appendicitis	blindedarmontsteking
arthritis	gewrichtsontsteking, jicht, reuma
cardiac arrest	hartstilstand
cerebral haemorrhage	hersenbloeding
cerebral infarction	herseninfarct
cervical cancer	baarmoederhalskanker
coronary	hartaanval, hartinfarct
cystitis	blaasontsteking
dehydration	uitdroging
hernia	breuk
hypothermia	onderkoeling
hysterectomy	verwijdering van baarmoeder
complete hysterectomy	verwijdering van baarmoeder en eierstokken
mastectomy	borstamputatie
meningitis	hersenvliesontsteking
pneumonia	longontsteking
rheumatism	reuma
rubella	rodehond
septicaemia	bloedvergiftiging
sinusitis	bijholteontsteking, voorhoofdsholteontsteking
slipped disc	hernia
stroke	beroerte
tinnitis	oorsuizen
tonsillitis	keelontsteking
tubectomy	(onomkeerbare) sterilisatie bij de vrouw
vasectomy	(onomkeerbare) sterilisatie bij de man

med·i·cate /mɛdɪkeɪt/ [ov ww] [1] medisch verzorgen, geneeskundig behandelen [2] ⟨vnl passief⟩ met een geneeskrachtige stof vermengen/behandelen, geneeskrachtig maken ♦ *medicated bath* geneeskrachtig bad; *medicated coffee* gezondheidskoffie; *medicated shampoo* shampoo versterkt met geneeskrachtige kruiden; *medicated water* medicinaal water; ⟨i.h.b.⟩ gefluorideerd leidingwater; *medicated wine* medicinale wijn
¹**med·i·ca·tion** /mɛdɪkeɪʃn/ [telb + niet-telb zn] medicament, medicijn(en)
²**med·i·ca·tion** /mɛdɪkeɪʃn/ [niet-telb zn] medicatie, behandeling met geneesmiddelen
med·i·ca·tive /mɛdɪkətɪv, ᴬ-keɪtɪv/ [bn] geneeskrachtig, medicinaal, genezend
Med·i·ce·an /mɛdɪtʃiːən, -siːən/ [bn] m.b.t./van de Medici
¹**me·dic·i·nal** /mɪdɪsnəl/ [telb zn] geneesmiddel, medicijn
²**me·dic·i·nal** /mɪdɪsnəl/ [bn; bw: ~ly] [1] geneeskrachtig, medicinaal, genezend [2] geneeskundig, medisch
¹**med·i·cine** /mɛdsn, ᴬmɛdɪsn/ [telb + niet-telb zn] [1] geneesmiddel, medicijn(en) ♦ *she takes too much medicine* ze slikt te veel medicijnen [2] tovermiddel, toverkracht, magie, fetisj ▪ *get some/a little of one's own medicine* een koekje van eigen deeg krijgen; *take one's medicine* de (bittere) pil slikken, zijn (verdiende) straf ondergaan
²**med·i·cine** /mɛdsn, ᴬmɛdɪsn/ [niet-telb zn] geneeskunde ⟨tegenover heelkunde⟩, medicijnen ♦ *socialized medicine* openbare gezondheidszorg
medicine ball [telb zn] (zware) oefenbal ⟨voor spieroefening⟩
medicine chest [telb zn] medicijnkastje, medicijnkistje, huisapotheek
medicine man [telb zn] medicijnman

med·ick, ⟨AE ook⟩ **med·ic** /mɛdɪk/ [telb zn] ⟨plantk⟩ rupsklaver ⟨genus Medicago⟩
med·i·co /mɛdɪkoʊ/ [telb zn] ⟨inf⟩ [1] medisch student [2] dokter
med·i·co- /mɛdɪkoʊ/ geneeskundig (en), medisch (en) ♦ *medicolegal* gerechtelijk-geneeskundig, m.b.t. de forensische geneeskunde
¹**me·di·e·val, me·di·ae·val** /mediːvl, mediːvl, ᴬmiː-/ [telb zn] middeleeuwer
²**me·di·e·val, me·di·ae·val** /mediːvl, mediːvl, ᴬmiː-/ [bn; bw: ~ly] middeleeuws ⟨informeel; ook figuurlijk⟩, primitief, achterlijk, uit het jaar nul ♦ *medieval Latin* middeleeuws Latijn
¹**me·di·e·val·ism** /mediːvəlɪzm, medi-, ᴬmiː-/ [telb zn] mediëvalisme, middeleeuws gebruik/geloof, middeleeuwse gewoonte/gedachte
²**me·di·e·val·ism** /mediːvəlɪzm, medi-, ᴬmiː-/ [niet-telb zn] [1] geest van de middeleeuwen [2] mediëvistiek, studie van de middeleeuwen [3] bewondering voor de middeleeuwen
me·di·e·val·ist /mediːvəlɪst, medi-, ᴬmiː-/ [telb zn] mediëvist, kenner/bewonderaar van de middeleeuwen
¹**me·di·e·val·ize** /mediːvəlaɪz, medi-, ᴬmiː-/ [onov ww] [1] de middeleeuwen bestuderen [2] middeleeuws denken/optreden
²**me·di·e·val·ize** /mediːvəlaɪz, medi-, ᴬmiː-/ [ov ww] een middeleeuws karakter geven
Med·i·gap /mɛdɪɡæp/ [niet-telb zn] aanvullende ziektekostenverzekering ⟨in USA⟩
me·di·na worm /mediːnə wɜːm, ᴬ- wɜrm/, **guinea worm** [telb zn] ⟨dierk⟩ medinaworm ⟨parasitaire worm bij mens; Dracunculus medinensis⟩
me·di·o·cre /miːdioʊkə, ᴬ-ər/ [bn] middelmatig
¹**me·di·oc·ri·ty** /miːdɪɒkrəti, ᴬ-ɑkrəti/ [telb zn] middelmatig mens, middelmaat, onbeduidend/alledaags figuur
²**me·di·oc·ri·ty** /miːdɪɒkrəti, ᴬ-ɑkrəti/ [niet-telb zn] middelmatigheid
¹**med·i·tate** /mɛdɪteɪt/ [onov ww] [1] diep/ernstig nadenken, peinzen, in gedachten/gepeins verzonken zijn, mijmeren ♦ *meditate (up)on* diep nadenken over, overpeinzen, overdenken [2] mediteren
²**med·i·tate** /mɛdɪteɪt/ [ov ww] [1] overpeinzen, overdenken, zijn gedachten laten gaan over, mijmeren over [2] van plan/zins zijn, denken over, beramen ♦ *meditate revenge* zinnen op wraak
¹**med·i·ta·tion** /mɛdɪteɪʃn/ [telb + niet-telb zn] overpeinzing, bespiegeling, gepeins ♦ *deep in meditation* in gepeins verzonken
²**med·i·ta·tion** /mɛdɪteɪʃn/ [niet-telb zn] meditatie
med·i·ta·tive /mɛdɪtətɪv, ᴬ-teɪtɪv/ [bn; bw: ~ly; zn: ~ness] nadenkend, beschouwend, peinzend, meditatief
Med·i·ter·ra·ne·an /mɛdɪtəreɪnɪən/ [bn] mediterraan, m.b.t./van de Middellandse Zee/het Middellandse Zeegebied, Middellandse Zee- ♦ *Mediterranean climate* mediterraan klimaat; *the Mediterranean (Sea)* de Middellandse Zee ▪ ⟨dierk⟩ *Mediterranean gull* zwartkopmeeuw ⟨Larus melanocephalus⟩
¹**me·di·um** /miːdɪəm/ [telb zn] ⟨spiritisme⟩ medium
²**me·di·um** /miːdɪəm/ [telb zn; mv: ook media /miːdɪə/] [1] middenweg, tussenweg, compromis [2] gemiddelde, midden [3] medium, communicatiemiddel, voertaal, drager, (hulp)middel, werktuig ♦ *medium of circulation/exchange* betalingsmiddel, ruilmiddel; *through the medium of* door middel van [4] ⟨natuurk⟩ medium, middenstof [5] tussenpersoon [6] (natuurlijke) omgeving, milieu, element [7] kweek, kweekvloeistof ⟨van bacteriën⟩ [8] oplosmiddel ⟨voor verf⟩ [9] ruilmiddel [10] uitingsvorm, kunstvorm, expressiemiddel ♦ *mixed media* mediamix ⟨combinatie van verschillende media⟩
³**me·di·um** /miːdɪəm/ [niet-telb zn] mediaan(papier)

medium

⁴**me·di·um** /miːdiəm/ [bn] gemiddeld, modaal, doorsnee-, midden-, middelmatig ♦ ⟨paardsp⟩ *medium canter/trot/walk* gewone galop/draf/stap; *medium duty* middelmatige belasting; *medium income* modaal inkomen; *a car in the medium range* een auto uit de middenklasse, een middenklasser; *in the medium term* op middellange termijn; ⟨radio⟩ *medium wave* middengolf

me·di·um-dat·ed [bn] ⟨BE; fin⟩ middellang, op middellange termijn ⟨5 à 15 jaar⟩

me·di·um-dry [bn] medium dry ⟨van sherry of wijn⟩

me·di·um-haul [bn, attr] middellangeafstands- ♦ *medium-haul passenger jet* passagiersvliegtuig voor de middellange afstand

me·di·um·is·tic /miːdiəmɪstɪk/ [bn] ⟨spiritisme⟩ mediamiek

me·di·um-range [bn, attr] ▣ *medium-range missiles* middellangeafstandsraketten

mediums [alleen mv] ⟨BE; fin⟩ middellange fondsen ⟨5 à 15 jaar⟩

me·di·um-size [bn] middenklasse- ♦ *a medium-size car* een auto uit de middenklasse

me·di·um-siz·ed [bn] middelgroot

me·di·um-term [bn] op middellange termijn

med·lar /medlə, ᴬ-ər/ [telb zn] ⟨plantk⟩ mispel ⟨vrucht en boom; Mespilus germanica⟩

med·ley /medli/ [telb zn] ① mengelmoes(je), bonte verzameling, samenraapsel, mengeling, mengsel ② ⟨letterk⟩ mengelwerk ③ ⟨muz⟩ potpourri, medley

medley relay [telb zn] ⟨zwemsp⟩ wisselslagestafette

me·dul·la /mɪdʌlə/ [telb + niet-telb zn; mv: ook medullae /-liː/] ① merg ⟨ook van haar, plant⟩ ② ruggenmerg ③ verlengde merg

me·dul·la ob·lon·ga·ta /mɪdʌləɒblɒŋgɑːtə, ᴬmɪdʌləɑblɒŋgɑtə/ [telb + niet-telb zn; mv: ook medullae oblongatae /-gɑːtiː/] ⟨anat⟩ verlengde merg

med·ul·lar·y /mɪdʌləri, ᴬmedl-eri/ [bn] ① medullair, m.b.t./van het merg ② mergachtig, merg-

me·du·sa /mɪdjuːzə, ᴬ-duːsə/ [telb zn; mv: ook medusae /-ziː/] medusa, kwal

meed /miːd/ [telb zn] ⟨form⟩ ① beloning, loon, prijs ② aandeel

mee·dja, mee·ja /miːdjə/ [alleen mv] ⟨scherts⟩ (de) media

meek /miːk/ [bn; vergr trap: meeker; bw: ~ly; zn: ~ness] ① gedwee, meegaand, volgzaam, toegevend ♦ *as meek as a lamb* zo gedwee als een lam, zo mak als een lammetje ② deemoedig, bescheiden, nederig, lankmoedig ♦ *he's meek and mild* hij is erg lieve goeierd; ⟨pej⟩ hij laat over zich lopen, hij laat zich alles aanleunen ③ zachtmoedig, goedig, mild, vriendelijk

meer·kat, mier·kat /mɪəkæt, ᴬmɪr-/ [telb zn] ⟨dierk⟩ stokstaartje ⟨Suricata suricatta⟩

¹**meer·schaum** /mɪəʃəm, ᴬmɪr-/ [telb zn] meerschuimen pijp

²**meer·schaum** /mɪəʃəm, ᴬmɪr-/ [niet-telb zn] meerschuim

¹**meet** /miːt/ [telb zn] ① ⟨vnl BE⟩ samenkomst, het verzamelen, trefpunt ⟨voor de jacht⟩ ② ⟨vnl BE⟩ jachtgezelschap ③ ⟨vnl AE; atl⟩ ontmoeting, wedstrijd ④ ⟨spoorw⟩ wisselplaats

²**meet** /miːt/ [bn; bw: ~ly; zn: ~ness] ⟨vero⟩ geschikt, gepast, juist, betamelijk

³**meet** /miːt/ [onov ww; met, met] ① elkaar ontmoeten, elkaar treffen/tegenkomen/raken/passeren ♦ *meet together* samenkomen, bijeenkomen; ⟨inf⟩ *meet up* elkaar tegen het lijf lopen; ⟨inf⟩ *meet up with* stoten op, tegen het lijf lopen ② samenkomen, bijeenkomen, verzamelen, vergaderen ③ kennismaken ④ sluiten, dicht gaan ⟨van kledingstuk⟩ ♦ *my skirt won't meet* ik krijg mijn rok niet dicht ⑤ zich verenigen in ▣ zie: **meet with**; ⟨sprw⟩ *extremes meet* de uitersten raken elkaar; → **meeting**

⁴**meet** /miːt/ [ov ww; met, met] ① ontmoeten, treffen, tegenkomen ♦ ⟨fig⟩ *meet s.o. halfway* iemand tegemoetkomen; het verschil (samen) delen; *run to meet s.o.* iemand tegemoet rennen ② (aan)raken ③ kennismaken met, leren kennen ♦ ⟨AE⟩ *John, meet Mrs Phillips* John, mag ik je voorstellen aan mevrouw Phillips; *pleased to meet you* aangenaam ④ afhalen, wachten op ♦ *I'll meet your train* ik kom je van de trein afhalen; *a taxi will meet the train* bij aankomst van de trein staat er een taxi klaar ⑤ behandelen, tegemoet treden, aanpakken, het hoofd bieden, weerleggen, afrekenen met ♦ *meet criticism* kritiek weerleggen ⑥ tegemoetkomen (aan), voldoen (aan), tevredenstellen, voorzien in, vervullen, verwezenlijken ⟨hoop, wens, behoefte⟩ ♦ *does this meet the case?* volstaat dit? is dit wat je nodig hebt? ⑦ beantwoorden, (onvriendelijk) bejegenen ⑧ ondervinden, ondergaan, dragen, lijden, beleven ♦ *meet one's death* de dood vinden ⑨ ⟨ec⟩ voldoen, betalen, dekken, honoreren, inlossen ♦ *meet the bill* de rekening voldoen; *meet the expenses* de kosten dekken ▣ ⟨sprw⟩ *when Greek meets Greek then comes the tug-of-war* ± als twee gelijkwaardige vijanden vechten, duurt de strijd lang; ⟨sprw⟩ *don't meet trouble halfway* men moet een ongeluk geen bode zenden, men moet geen vuur bij het stro brengen; → **meeting**

meet and greet [telb zn] ① gelegenheid (een beroemdheid) informeel te ontmoeten, meet-and-greet, ontmoet-en-groet ② ontvangstservice ⟨bij aankomst op vliegveld⟩ ③ ouderavond ⟨op een school⟩

meet·ing /miːtɪŋ/ [telb zn; oorspronkelijk tegenwoordig deelw van meet] ① ontmoeting ⟨ook sport⟩, treffen, wedstrijd ② bijeenkomst, vergadering, samenkomst, bespreking ♦ ⟨ec⟩ *meeting of creditors* crediteurenvergadering, verificatievergadering ③ kerkdienst, godsdienstoefening ④ samenkomst, samenvloeiing ⟨van rivieren⟩ ▣ *meeting of minds* consensus, overeenstemming, eendracht

meet·ing·house [telb zn] bedehuis, kerk

meet·ing place [telb zn] ontmoetingsplaats, ontmoetingspunt, trefpunt, verzamelpunt

meeting point [telb zn] trefpunt, ontmoetingspunt, ontmoetingsplaats, snijpunt, raakpunt ⟨van lijnen bijvoorbeeld⟩, samenloop ⟨van rivieren⟩

meeting room [telb zn] vergaderzaal

meet with [onov ww] ① ondervinden, ondergaan, beleven, lijden ♦ *meet with an accident* een ongeluk krijgen; *meet with approval* instemming vinden, goedkeuring wegdragen; *meet with difficulties* moeilijkheden ondervinden; *meet with success* succes hebben ② tegen het lijf lopen, stoten/stuiten op ③ ⟨AE⟩ een ontmoeting hebben met, bijeenkomen met

MEF [afk] (Middle East Forces)

meg·a- /megə/ ① mega-, een miljoen ♦ *megaton* megaton ② mega-, (zeer) groot, reuzen-, ⟨fig⟩ (aller)grootste, supergroot ♦ *megalith* megaliet

meg·a·bar /megəbɑː, ᴬ-bɑr/ [telb zn] ⟨natuurk⟩ megabar

meg·a·buck /megəbʌk/ [telb zn] ⟨AE; sl⟩ een miljoen dollar, ⟨mv ook⟩ tonnen/hopen geld

meg·a·byte /megəbaɪt/ [telb zn] ⟨comp⟩ megabyte ⟨1 miljoen bytes⟩

meg·a·ce·phal·ic /megəsɪfælɪk/, **meg·a·lo·ce·phal·ic** /megələʊ-/ [bn] megalocefaal ⟨een abnormaal groot hoofd hebbend⟩

meg·a·death /megədeθ/ [verzameln] een miljoen doden ⟨bij kernoorlog⟩

meg·a·dick /megədɪk/ [telb zn] ⟨AE; sl; tieners⟩ erg lelijke/onaantrekkelijke jongen

meg·a·dose /megədəʊs/ [telb zn] zeer grote dosis ⟨van medicijn, vitamines enz.⟩

meg·a·hertz /megəhɜːts, ᴬ-hɜrts/, **meg·a·cy·cle** /-saɪkl/ [telb zn] ⟨telecomm⟩ megahertz

meg·a·joule /mɛgədʒuːl/ [telb zn] ⟨natuurk⟩ megajoule
meg·a·lith /mɛgəlɪθ/ [telb zn] [1] megaliet, reuzensteen, menhir [2] dolmen, cromlech, hunebed
meg·a·lith·ic /mɛgəlɪθɪk/ [bn] megalithisch
meg·a·lo- /mɛgəloʊ/ megalo- ♦ *megalopolis* megalopolis
meg·a·load /mɛgəloʊd/ [telb zn] berg, massa, tonnen
meg·a·lo·car·di·a /mɛgəloʊkɑːdiə, ᴬ-kɑr-/ [telb + niet-telb zn] ⟨med⟩ hartvergroting
megalocephalic [bn] → megacephalic
meg·a·lo·ma·ni·a /mɛgəloʊmeɪniə/ [niet-telb zn] megalomanie, grootheidswaan
¹**meg·a·lo·ma·ni·ac** /mɛgəloʊmeɪniæk/ [telb zn] megalomaan, lijder aan grootheidswaan
²**meg·a·lo·ma·ni·ac** /mɛgəloʊmeɪniæk/ [bn] megalomaan, lijdend aan grootheidswaan
meg·a·lop·o·lis /mɛgəlɒpəlɪs, ᴬ-lɑ-/ [telb zn] megalopolis ⟨conglomeraat van grote steden⟩
meg·a·lo·saur /mɛgəloʊsɔː, ᴬ-sɔr/ [telb zn] ⟨dierk⟩ megalosaurus ⟨dinosaurus; genus Megalosaurus⟩
¹**meg·a·phone** /mɛgəfoʊn/ [telb zn] [1] megafoon [2] woordvoerder, spreekbuis
²**meg·a·phone** /mɛgəfoʊn/ [ov ww] [1] door een megafoon toespreken/(toe)roepen [2] overal/aan iedereen bekendmaken, aan de grote klok hangen
megapixel /mɛgəpɪksl/ [telb zn] megapixel
megaplex /mɛgəplɛks/ [telb zn] megaplex, grote bioscoop
meg·a·pode /mɛgəpoʊd/, **meg·a·pod** /-pɒd, ᴬ-pɑd/ [telb zn] ⟨dierk⟩ grootpoothoen ⟨familie Megapodiidae⟩
meg·a·scop·ic /mɛgəskɒpɪk, ᴬ-skɑ-/ [bn; bw: ~ally] [1] macroscopisch, met het blote oog zichtbaar [2] vergroot
meg·a·spore /mɛgəspɔː, ᴬ-spɔr/ [telb zn] ⟨plantk⟩ megaspore, macrospore
me·gass, me·gasse /məgæs/ [niet-telb zn] ampas ⟨uitgeperst suikerriet⟩
meg·a·star /mɛgəstɑː, ᴬ-stɑr/ [telb zn] megaster ⟨bijvoorbeeld popartiest⟩, supersuperster
meg·a·store /mɛgəstɔː, ᴬ-stɔr/ [telb zn] megamarkt, megashop, winkelgigant
meg·a·there /mɛgəθɪə, ᴬ-θɪr/ [telb zn] ⟨dierk⟩ megatherium, reuzenluiaard ⟨uitgestorven soort; genus Megatherium⟩
meg·a·ton, meg·a·tonne /mɛgətʌn/ [telb zn] megaton
meg·a·watt /mɛgəwɒt, ᴬ-wɑt/ [niet-telb zn] megawatt, duizend kilowatt
me·gen·er·a·tion [telb zn; the] ik-generatie, ⟨pej⟩ ikke-ikkegeneratie
meg·ger /mɛgə, ᴬ-ər/ [telb zn] ⟨BE; elek⟩ megohmmeter, weerstandsmeter
me·gilp, ma·gilp /məgɪlp/ [niet-telb zn] bindmiddel ⟨voor verf, voornamelijk lijnolie en vernis⟩
meg·ohm /mɛgoʊm/ [telb zn] ⟨elek⟩ megohm
¹**me·grim** /miːgrɪm/ [telb zn] [1] platvis, ⟨i.h.b.⟩ bot [2] ⟨vnl mv⟩ kuur, gril, luim, frats
²**me·grim** /miːgrɪm/ [telb + niet-telb zn] [1] migraine [2] duizeligheid, duizeling
me·grims /miːgrɪmz/ [alleen mv] [1] neerslachtigheid, melancholie, zwaarmoedigheid [2] kolder ⟨hersenziekte bij paarden, enz.⟩
¹**meh** /meɪ/ [bn] ⟨inf⟩ bleh, waardeloos ⟨voornamelijk op internetfora gebezigde uiting van afkeer⟩
²**meh** /meɪ/ [tw] ⟨inf⟩ bleh, waardeloos ⟨voornamelijk op internetfora gebezigde uiting van afkeer⟩
mei·o·sis /maɪoʊsɪs/ [telb + niet-telb zn; mv: meioses /-siːz/] [1] ⟨biol⟩ meiose, reductiedeling [2] litotes ⟨stijlfiguur⟩
-meis·ter /maɪstə, ᴬ maɪstər/ **-kampioen** ♦ *puzzle-meister* puzzelkampioen; *porn-meister* pornoster

Meis·ter·sing·er /maɪstəsɪŋə, ᴬ-stərsɪŋər/ [telb zn; ook Meistersinger] ⟨muz⟩ Meistersinger
mel·a·mine /mɛləmɪn, -miːn/ [niet-telb zn] ⟨scheik⟩ melamine
mel·an·cho·lia /mɛlənkoʊliə/ [niet-telb zn] ⟨psych⟩ melancholie
¹**mel·an·chol·ic** /mɛlənkɒlɪk, ᴬ-kɑ-/ [telb zn] melancholicus
²**mel·an·chol·ic** /mɛlənkɒlɪk, ᴬ-kɑ-/ [bn; bw: ~ally] [1] melancholisch, melancholiek, zwaarmoedig, droefgeestig, zwartgallig [2] ⟨psych⟩ lijdend aan melancholie
¹**mel·an·chol·y** /mɛlənkəli, ᴬ-kɑli/ [niet-telb zn] [1] melancholie ⟨ook psychologie⟩, zwaarmoedigheid, neerslachtigheid, droefgeestigheid [2] ⟨gesch⟩ melancholie, zwarte gal ⟨een van de vier levenssappen⟩
²**mel·an·chol·y** /mɛlənkəli, ᴬ-kɑli/ [bn; bw: melancholily; zn: melancholiness] [1] melancholisch, melancholiek, zwaarmoedig, neerslachtig, droefgeestig, somber [2] droevig, treurig, triest, somber stemmend, naargeestig ⟨van voorval, bericht⟩
¹**Mel·a·ne·sian** /mɛləniːziən, ᴬ-niːʒn/ [eigenn] Melanesische taal(groep)
²**Mel·a·ne·sian** /mɛləniːziən, ᴬ-niːʒn/ [telb zn] Melanesiër
³**Mel·a·ne·sian** /mɛləniːziən, ᴬ-niːʒn/ [bn] Melanesisch
mé·lange /meɪlɑːnʒ/ [telb zn] melange, mengsel, mix
me·lan·ic /məlænɪk/, **mel·a·nis·tic** /mɛlənɪstɪk/ [bn] melanistisch
mel·a·nin /mɛlənɪn/ [niet-telb zn] melanine ⟨donker pigment in huid, enz.⟩
mel·a·nism /mɛlənɪzm/ [niet-telb zn] melanisme ⟨overmaat aan donker pigment, voornamelijk bij dieren⟩
mel·a·no·ma /mɛlənoʊmə/ [telb zn] ⟨med⟩ melanoom ⟨huidgezwel, vaak kwaadaardig⟩
mel·a·no·sis /mɛlənoʊsɪs/ [telb + niet-telb zn; mv: melanoses /-siːz/] ⟨med⟩ melanose ⟨abnormale opeenhoping van donker pigment⟩
¹**meld** /mɛld/ [telb + niet-telb zn] ⟨kaartsp⟩ roem
²**meld** /mɛld/ [onov ww] ⟨AE⟩ zich vermengen, samensmelten, in elkaar opgaan
³**meld** /mɛld/ [onov + ov ww] ⟨kaartsp⟩ roemen, roem melden
⁴**meld** /mɛld/ [ov ww] ⟨AE⟩ (ver)mengen, (doen) samensmelten
mê·lée ⟨AE vnl⟩ **me·lee** /mɛleɪ, ᴬ meɪleɪ/ [telb zn] mêlée, (strijd)gewoel
mel·ic /mɛlɪk/ [bn] zang-, lyrisch, voor zang bestemd
mel·i·lot /mɛlɪlɒt, ᴬ-lɑt/ [telb zn] ⟨plantk⟩ honingklaver, meliloot, melote ⟨genus Melilotus⟩
mel·i·nite /mɛlɪnaɪt/ [niet-telb zn] meliniet ⟨springstof⟩
mel·io·rate /miːliəreɪt/ [onov + ov ww] verbeteren, beter maken/worden
mel·io·ra·tion /miːliəreɪʃn/ [telb + niet-telb zn] [1] verbetering, vooruitgang [2] ⟨landb⟩ melioratie, grondverbetering [3] ⟨taalk⟩ het krijgen van een gunstige(r) betekenis ⟨van woord⟩
mel·io·rism /miːliərɪzm/ [niet-telb zn] meliorisme ⟨geloof in verbeteringsvatbaarheid van de mens⟩
mel·io·rist /miːliərɪst/ [telb zn] aanhanger van het meliorisme
me·lis·ma /mɪlɪzmə/ [telb zn; mv: ook melismata /-mətə/] ⟨muz⟩ melisme
mel·is·mat·ic /mɛlɪzmætɪk/ [bn] ⟨muz⟩ melismatisch
mel·if·er·ous /mɪlɪfərəs/ [bn] honing voortbrengend
mel·lif·lu·ous /mɪlɪfluəs/ [bn; bw: ~ly; zn: ~ness] ⟨form⟩ honingzoet, zoetvloeiend ⟨van woorden, stem⟩, zoetgevooisd
mel·lite /mɛlaɪt/ [niet-telb zn] melliet, honingsteen ⟨mineraal⟩
¹**mel·low** /mɛloʊ/ [bn; vergr trap: mellower; bw: ~ly; zn: ~ness] [1] rijp, sappig, zoet, zacht ⟨van fruit⟩ [2] zacht,

mellow

warm, vol, aangenaam ⟨van geluid, kleur, smaak⟩ ♦ *mellow walls* zachtgetinte muren ③ rijk, leemachtig ⟨van grond⟩ ④ gerijpt, zacht(moedig), mild ♦ *people of mellow age* mensen van rijpere leeftijd ⑤ joviaal, hartelijk, sympathiek, warm ⑥ lichtelijk aangeschoten ⑦ ⟨AE; inf⟩ relaxt, ontspannen

²**mel·low** /mɛloʊ/ [onov + ov ww] ① rijpen, rijp/zacht worden/maken ⟨zie ook mellow¹ bet 1⟩ ② ⟨ook mellow down⟩ aardiger/toeschietelijker/minder streng (doen) worden ▪ ⟨AE; inf⟩ *mellow out* relaxt(er) worden/maken, (zich) ontspannen

me·lo·de·on, me·lo·di·on /mɪloʊdɪən/ [telb zn] ⟨muz⟩ ① (Amerikaans) harmonium, ± serafine(orgel) ② accordeon, (trek)harmonica

me·lod·ic /mɪlɒdɪk, ᴬmɪlɑ-/ [bn; bw: ~ally] ① melodisch ♦ ⟨muz⟩ *melodic minor* melodische kleinetertstoonladder ② melodieus

me·lo·di·ous /mɪloʊdɪəs/ [bn; bw: ~ly; zn: ~ness] melodieus, welluidend, zoetklinkend ▪ ⟨dierk⟩ *melodious warbler* orpheusspotvogel ⟨Hippolais polyglotta⟩

mel·o·dist /mɛlədɪst/ [telb zn] ① zanger ② componist van melodieën

¹**mel·o·dize, mel·o·dise** /mɛlədaɪz/ [onov ww] een melodie componeren/zingen

²**mel·o·dize, mel·o·dise** /mɛlədaɪz/ [ov ww] ① een melodie componeren voor ② melodieus maken

mel·o·dra·ma /mɛlədrɑːmə, ᴬ-dræmə/ [telb + niet-telb zn] melodrama ⟨ook figuurlijk⟩, draak

mel·o·dra·mat·ic /mɛlədrəmætɪk/ [bn; bw: ~ally] melodramatisch

mel·o·dram·a·tist /mɛlədræmətɪst/ [telb zn] schrijver van melodrama's

mel·o·dram·a·tize /mɛlədræmətaɪz/ [ov ww] een melodrama maken van

¹**mel·o·dy** /mɛlədi/ [telb zn] melodie

²**mel·o·dy** /mɛlədi/ [niet-telb zn] melodiek

mel·o·ma·ni·a /mɛləmeɪniə/ [niet-telb zn] melomanie, verslaafdheid aan muziek

¹**mel·on** /mɛlən/ [telb zn] ⟨sl⟩ te verdelen (grote) winst ♦ *cut/split a melon* een (grote) winst verdelen, een extradividend uitkeren

²**mel·on** /mɛlən/ [telb + niet-telb zn] meloen

¹**melt** /melt/ [telb zn] ① smelt, (hoeveelheid) gesmolten massa, (hoeveelheid) te smelten stof ② smelting, smeltproces

²**melt** /melt/ [niet-telb zn] smelt, het smelten ♦ *the melt of a fuse* het doorslaan van een stop/smeltzekering; *on the melt* smeltend

³**melt** /melt/ [onov ww; volt deelw als bn ook molten] smelten ⟨ook figuurlijk⟩, wegsmelten, zich oplossen ♦ *his heart melted at her tears* haar tranen deden zijn hart smelten; *his capital melted away on unexpected expenses* door onverwachte uitgaven smolt zijn kapitaal weg; *the fog is melting (away)* de mist trekt op; *the fuse has melted* de stop is doorgeslagen; *melt in heavy clothing* smelten (van de hitte) in dikke kleren; *the girl melted into tears* het meisje versmolt in tranen; *the clouds are melting into rain* de wolken lossen zich op in de regen; *melt in the mouth* smelten op de tong; *melt with pity/love* smelten van medelijden/liefde; → **melting, melted**

⁴**melt** /melt/ [ov ww; volt deelw als bn ook molten] (doen) smelten ⟨ook figuurlijk⟩, (doen) oplossen, versmelten, uitsmelten ♦ *melt down* omsmelten, weer tot grondstof maken; *melt into* omsmelten tot, versmelten tot; *melt off* afsmelten; *the sun melted the fog* de zon deed de mist optrekken/loste de mist op; → **melting, melted**

melt·age /mɛltɪdʒ/ [telb + niet-telb zn] ① (hoeveelheid) gesmolten massa, smelt ② smelting, smeltproces

melt·down [telb zn] ① het smelten ⟨van de splijtstofelementen van een kernreactor⟩, meltdown ② in(een)storting, in(een)zakking

melt·ed /mɛltɪd/ [bn; oorspronkelijk volt deelw van melt] ⟨AE; sl⟩ straalbezopen, lazarus ▪ *melted out* uitgekleed, blut ⟨door gokken⟩

melt·ing /mɛltɪŋ/ [bn; tegenwoordig deelw van melt; bw: ~ly] ① smeltend, in elkaar overvloeiend ♦ *melting colours/sound* smeltende kleuren/klanken ② smelterig, smeltend, sentimenteel ♦ *a melting voice/mood* een smeltende stem/sfeer

melt·ing·point [telb zn] smeltpunt

melt·ing·pot [telb zn] smeltkroes ⟨ook figuurlijk⟩ ♦ *go into the meltingpot* een verandering/een revolutie ondergaan; *in the meltingpot* onstabiel; *throw into the meltingpot* op één hoop gooien

mel·ton /mɛltən/ [niet-telb zn] melton ⟨dikke wollen stof⟩

melt·wa·ter [niet-telb zn] smeltwater

¹**Mel·vin** /mɛlvɪn/ [eigenn] Melvin

²**Mel·vin** /mɛlvɪn/ [telb zn] ⟨AE; sl⟩ lulhannes, klootzak, schoft

mem·ber /mɛmbə, ᴬ-ər/ [telb zn] ① lid ⟨van een groepering⟩, lidmaat ♦ *Member of the British Empire* Britse onderscheiding; *member of Congress* congreslid; *member of Parliament* parlementslid ② lid, (onder)deel, element, zinsdeel ③ lid, een van de ledematen, lichaamsdeel ♦ *member of Christ* christen ④ ⟨euf⟩ (mannelijk) lid ⑤ ⟨bouwk⟩ deel van een constructie ⑥ ⟨geol⟩ member ⟨lithostratigrafische eenheid⟩

member country, member state [telb zn] lidstaat

¹**mem·ber·ship** /mɛmbəʃɪp, ᴬ-bər-/ [niet-telb zn] lidmaatschap ⟨ook wiskunde⟩, het behoren bij, het toebehoren aan

²**mem·ber·ship** /mɛmbəʃɪp, ᴬ-bər-/ [verzamelnzn] ledental, de leden

membership fee [telb zn] contributie

mem·bra·na·ce·ous /mɛmbrəneɪʃəs/, **mem·bra·ne·ous** /mɛmbreɪniəs/, **mem·bra·nous** /mɛmbrənəs/ [bn] vliezig

mem·brane /mɛmbreɪn/ [telb + niet-telb zn] ① membraan, vlies, vel ② (stuk) perkament

meme /miːm/ [telb zn] ⟨biol⟩ meme ⟨eenheid van culturele overdracht⟩

me·men·to /mɪmɛntoʊ/ [telb zn; mv: ook mementoes] memento, herinnering, gedenkteken, aandenken, overblijfsel

Me·men·to /mɪmɛntoʊ/ [telb zn; mv: ook Mementoes] memento ⟨gebed uit de rooms-katholieke mis⟩

me·men·to mo·ri /mɪmɛntoʊ mɔːri/ [telb zn; mv: memento mori] memento mori, herinnering(steken) aan de dood

mem·o /mɛmoʊ/ [telb zn] ⟨inf⟩ (verk: memorandum) memo

mem·oir /mɛmwɑː, ᴬ-wɑr/ [telb zn] ① gedenkschrift, biografie ⟨op basis van persoonlijke herinneringen⟩, autobiografie ② verhandeling ③ memorandum

me·moir·ist /mɛmwɑːrɪst/ [telb zn] memoiresschrijver

mem·oirs /mɛmwɑːz, ᴬ-wɑrz/ [alleen mv] ① ⟨zelden enkelvoud⟩ memoires, autobiografie ② rapport van de verhandelingen van een geleerd genootschap

memo pad [telb zn] memoblok, notitieblok

mem·o·ra·bil·i·a /mɛmrəbɪliə/ [alleen mv] memorabilia, gedenkwaardigheden, souvenirs

mem·o·ra·bil·i·ty /mɛmrəbɪləti/ [niet-telb zn] ① gedenkwaardigheid ② onthoudbaarheid

mem·o·ra·ble /mɛmrəbl/ [bn; bw: memorably; zn: ~ness] ① gedenkwaardig, memorabel ② gemakkelijk te onthouden

mem·o·ran·dum /mɛmərændəm/ [telb zn; mv: ook memoranda /-də/] ① memorandum, aantekening ② memorandum, informele nota, samenvatting van een contract, ongetekende diplomatieke nota ♦ *memorandum of association* akte van oprichting

¹**me·mo·ri·al** /mɪmɔ:rɪəl/ [telb zn] ① gedenkteken, monument, herinnering(steken), aandenken ♦ *a memorial to the dead* een gedenkteken voor de overledenen ② herdenking(splechtigheid) ③ memorandum, informele nota, informele diplomatieke nota ④ verzoekschrift, petitie, memorie, adres ♦ *present a memorial* een verzoekschrift indienen ⑤ ⟨vaak mv⟩ kroniek, gedenkschrift

²**me·mo·ri·al** /mɪmɔ:rɪəl/ [bn, attr] ① gedenk-, herdenkings- ♦ *memorial mass* herdenkingsmis; *memorial service* herdenkingsdienst; *memorial stamp* herdenkingszegel ② geheugen-, herinnerings-

Memorial Day [eignam] Memorial Day ⟨oorspronkelijk: gedenkdag voor de gevallenen in de Amerikaanse burgeroorlog; nu: voor de slachtoffers van alle oorlogen, meestal 30 mei⟩

me·mo·ri·al·ist /mɪmɔ:rɪəlɪst/ [telb zn] ① memoiresschrijver ② adressant, rekestrant, schrijver/ondertekenaar van een verzoekschrift

me·mo·ri·al·ize, me·mo·ri·al·ise /mɪmɔ:rɪəlaɪz/ [ov ww] ① herdenken ② een adres richten aan, een verzoekschrift indienen bij ♦ *memorialize the Queen* een adres aan de vorstin richten

memorial park [telb zn] begraafplaats

me·mo·ri·a tech·ni·ca /mɪmɔ:rɪə teknɪkə/ [telb zn] mnemotechnisch middel, ezelsbrug(getje), geheugensteuntje

mem·o·rize, mem·o·rise /meməraɪz/ [ov ww] ① uit het hoofd leren, van buiten leren, memoriseren ② onthouden ③ in gedachtenis houden

¹**mem·o·ry** /memri/ [telb zn] ⟨comp⟩ geheugen, ⟨i.h.b.⟩ intern geheugen

²**mem·o·ry** /memri/ [telb + niet-telb zn] ① geheugen, herinnering, heugenis ♦ *to the best of my memory* voor zover ik mij herinner; *beyond my memory* verder dan mijn herinnering reikt; *commit sth. to memory* iets uit het hoofd leren; *false memory* valse herinnering; *from memory* van buiten, uit het hoofd; ⟨with⟩*in living memory* bij mensenheugenis; *within my memory* in mijn herinnering ② herinnering, ⟨na⟩gedachtenis, aandenken, herinneringsbeeld ♦ *of blessed memory* zaliger ⟨na⟩gedachtenis; *of happy memory* zaliger ⟨na⟩gedachtenis; *in memory of* ter ⟨na⟩gedachtenis aan; *praise s.o.'s memory* iemands nagedachtenis eren; *to the memory of* ter ⟨na⟩gedachtenis aan ③ ⟨sprw⟩ *liars have need of good memories* een leugenaar moet een goed geheugen hebben

memory bank [telb zn] ⟨comp⟩ geheugenbank

memory chip [telb zn] ⟨comp⟩ geheugenchip

memory hog [telb zn] ⟨inf; comp⟩ ① geheugenvreter ⟨programma dat een groot deel van geheugen opslokt⟩ ② iemand die het netwerk vertraagt ⟨door het gebruik van grote programma's⟩

memory lane [niet-telb zn] • *down memory lane* terug in iemands herinnering/het verleden

memory stick [telb zn] geheugenstick, memorystick

memory trace [telb zn] ⟨psych⟩ geheugenspoor

¹**Mem·phi·an** /memfɪən/ [telb zn] inwoner van Memphis ⟨in Oud-Egypte, in USA⟩

²**Mem·phi·an** /memfɪən/ [bn] ① Memphisch, ⟨oneig⟩ Oud-Egyptisch ♦ *Memphian darkness* Egyptische duisternis ② van/m.b.t. Memphis ⟨USA⟩

mem·sa·hib /memsɑ:(ɪ)b, ^-sɑhɪb/ [telb zn] ⟨IndE⟩ ⟨Europese gehuwde⟩ dame, ⟨als beleefde aanspreektitel⟩ mevrouw

men /men/ [alleen mv] → **man**¹

¹**men·ace** /menɪs/ [telb zn] ① bedreiging ♦ *a menace to peace* een bedreiging van de vrede ② lastpost, bedreiging, gevaar, lastige/gevaarlijke persoon/zaak

²**men·ace** /menɪs/ [niet-telb zn] dreiging ♦ *filled with men-*

ace vol dreiging, dreigend

³**men·ace** /menɪs/ [onov ww] dreigen

⁴**men·ace** /menɪs/ [ov ww] bedreigen

mé·nage, me·nage /meɪnɑ:ʒ, mə-/ [telb zn] huishouden, huishouding

mé·nage à trois /meɪnɑ:ʒ ɑ: trwɑ:/ [telb zn] ménage à trois ⟨man, vrouw en minnaar/minnares⟩

me·nag·er·ie /mɪnædʒəri/ [telb zn] ① menagerie, verzameling wilde dieren ② ruimte waarin wilde dieren verblijven, stallen

men·ar·che /menɑ:ki, ^-nɑr-/ [telb zn] menarche, eerste menstruatie

Men·cap /menkæp/ [eignam] ⟨the Royal Society for Mentally Handicapped Children and Adults⟩

¹**mend** /mend/ [telb zn] herstelling, reparatie, lap, stop • *he's on the mend* hij is aan de beterende hand

²**mend** /mend/ [onov ww] ① er weer bovenop komen, herstellen, genezen, beter worden ♦ *the bone mended nicely* het bot groeide mooi aaneen ② zich (ver)beteren; → **mending**

³**mend** /mend/ [ov ww] ① herstellen, repareren, weer aaneenzetten, dichtmaken, verstellen ♦ *mend a hole* een gat dichten; *mend a kettle* een ketel lappen; *mend your manner* gedraag je; *mend a net* een net boeten; *mend stockings* kousen stoppen; *mend one's ways* zich beter gaan gedragen ② goedmaken ③ verbeteren, beter maken • *mend or mar* repareer het of maak het stuk; ⟨fig⟩ verbeter het of verknoei het; ⟨sprw⟩ *it is never too late to mend* ± het is nooit te laat om je leven te beteren; ⟨sprw⟩ *least said, soonest mended* wie wel zegt, heeft veel te verantwoorden, zwijgen en denken kan niemand krenken, spreken is zilver, zwijgen is goud; → **mending**

men·da·cious /mendeɪʃəs/ [bn; bw: ~ly] ⟨form⟩ leugenachtig

¹**men·dac·i·ty** /mendæsəti/ [telb zn] ⟨form⟩ leugen, onwaarheid

²**men·dac·i·ty** /mendæsəti/ [niet-telb zn] ⟨form⟩ leugenachtigheid, zucht tot liegen

men·de·le·vi·um /mendɪli:vɪəm/ [niet-telb zn] ⟨scheik⟩ mendelevium ⟨element 101⟩

¹**Men·de·li·an** /mendi:lɪən/ [telb zn] volgeling van Mendel

²**Men·de·li·an** /mendi:lɪən/ [bn] ① van Mendel ② volgens de erfelijkheidswetten van Mendel

men·del·ize, men·del·ise /mendəlaɪz/ [onov + ov ww; soms Mendelize] mendelen, (doen) overerven van kenmerken volgens het mendelisme

men·di·can·cy /mendɪkənsi/, **men·dic·i·ty** /mendɪsəti/ [niet-telb zn] ① bedelarij ② bedelstand, ⟨fig⟩ bedelstaf ♦ *he reduced himself to mendicancy* hij bracht zichzelf tot de bedelstaf

¹**men·di·cant** /mendɪkənt/ [telb zn] ① mendicant, bedelbroeder, bedelmonnik ② bedelaar

²**men·di·cant** /mendɪkənt/ [bn] bedel-, mendicanten-, bedelend ♦ *mendicant friar* bedelbroeder

mend·ing /mendɪŋ/ [niet-telb zn; ⟨oorspronkelijk⟩ gerund van mend] ① herstelling, reparatie, stopwerk ② verstelwerk, stopwerk, te verstellen kledingstukken, te repareren voorwerpen

men·folk /menfoʊk/, ⟨AE ook⟩ **men·folks** /-foʊks/ [alleen mv] ⟨inf⟩ mansvolk, manvolk, mannen

men·ha·den /menheɪdn/ [telb + niet-telb zn; mv: ook menhaden] soort haring ⟨als aas en voor bereiding van mest, olie, vismeel; Brevoortia Tyrannus⟩

men·hir /menhɪə, ^-hɪr/ [telb zn] menhir

¹**me·ni·al** /mi:nɪəl/ [telb zn] ⟨vaak pej⟩ dienstbode, knecht, meid, bediende, slaaf

²**me·ni·al** /mi:nɪəl/ [bn; bw: ~ly] ① huishoudelijk ♦ *menial servant* dienstbode, knecht, meid ② ondergeschikt, laag, ongeschoold, oninteressant, slaven- ♦ *a menial occupation*

meningeal

een ondergeschikte betrekking, een min baantje ③ dienst-, dienstbaar, slaafs, ondergeschikt ♦ *speak in menial tones* op slaafse toon spreken

me·nin·ge·al /mɪnɪndʒɪəl/ [bn, attr] ⟨med⟩ van het hersenvlies

men·in·git·ic /menɪndʒɪtɪk/ [bn] ⟨med⟩ van hersenvliesontsteking, van meningitis

men·in·gi·tis /menɪndʒaɪtɪs/ [telb + niet-telb zn; mv: meningitides /-dʒɪtɪdi:z/] ⟨med⟩ hersenvliesontsteking, meningitis

me·ninx /mi:nɪŋks/ [telb zn; mv: meninges /mənɪndʒi:z/] hersenvlies

me·nis·cus /mɪnɪskəs/ [telb zn; mv: ook menisci /mɪnɪskaɪ/] meniscus ⟨medisch, natuurkunde; ook holbolle lens⟩

Men·no·nite /menənaɪt/, **Men·no·nist** /menənɪst/, **Men·nist** /menɪst/ [telb zn] mennoniet, doopsgezinde

me·nol·o·gy /mɪnɒlədʒɪ, ᴬ-nɑ-/ [telb zn] ① kerkelijke kalender ② kalender met biografieën van de heiligen ⟨bij de Grieks-orthodoxen⟩

men·o·paus·al /menəpɔ:zl/ [bn] climacterisch, van/in de menopauze, menopauze-

men·o·pause /menəpɔ:z/ [niet-telb zn] menopauze, climacterium

me·no·rah /mɪnɔ:rə/ [telb zn; ook Menorah] ⟨jod⟩ menora, zevenarmige kandelaar

men·or·rha·gi·a /menəreɪdʒə/ [telb + niet-telb zn] ⟨med⟩ menorragie ⟨overmatige menstruale bloeding⟩

Men·sa /mensə/ [niet-telb zn] Mensa ⟨vereniging voor mensen met een hoog IQ⟩

mensch /menʃ/ [telb zn] ⟨inf⟩ kerel, moedig man, bewonderenswaardig man, goed mens

men's doubles /menz dʌblz/ [alleen mv] herendubbel

men·ser·vants /mensə:vənts, ᴬ-sɜr-/ [alleen mv] → **manservant**

men·ses /mensi:z/ [alleen mv; the] ⟨form⟩ menses, menstruatie, ongesteldheid, ⟨België⟩ maandstonden

Men·she·vik /menʃəvɪk/ [telb zn; mv: ook Mensheviki /-vɪki:/] mensjewiek

Men·she·vism /menʃəvɪzm/ [niet-telb zn] mensjewisme

Men·she·vist /menʃəvɪst/ [bn] mensjewistisch

Men's Lib /menz lɪb/ [eigenn] (verk: Men's Liberation)

Men's Liberation [eigenn] mannenemancipatie(beweging)

mens rea /menzri:ə/ [niet-telb zn] ⟨jur⟩ opzet, schuldig geweten

men's room [telb zn] ⟨AE⟩ herentoilet, wc voor mannen

men·stru·al /menstruəl/, **men·stru·ous** /menstruəs/ [bn] ① menstruaal, menstrueel ♦ *menstrual blood* menstruaal bloed; *menstrual cycle* menstruatiecyclus; *menstrual period* menstruatie, ongesteldheid, ⟨België⟩ maandstonden ② maandelijks ③ ⟨zelden⟩ één maand durend

men·stru·ate /menstruɛɪt/ [onov ww] menstrueren, ongesteld zijn, ⟨België⟩ haar maandstonden hebben

men·stru·a·tion /menstruɛɪʃn/ [telb + niet-telb zn] menstruatie, ongesteldheid, ⟨België⟩ maandstonden

men·stru·um /menstruəm/ [telb + niet-telb zn; mv: ook menstrua /-struə/] menstruüm ⟨ook figuurlijk⟩, (vloeibaar) oplossingsmiddel

men·su·ra·ble /menʃrəbl, ᴬmensrəbl/ [bn] ① ⟨muz⟩ mensuraal, met vast ritme ② ⟨form⟩ mensurabel, meetbaar

men·su·ral /menʃrəl, ᴬmensrəl/ [bn] ① ⟨muz⟩ mensuraal, met vast ritme ② van afmeting, betrekking hebbend op afmeting

¹**men·su·ra·tion** /menʃəreɪʃn, ᴬmensə-/ [telb + niet-telb zn] ⟨form⟩ meting

²**men·su·ra·tion** /menʃəreɪʃn, ᴬmensə-/ [niet-telb zn] theorie van de berekening van lengte, oppervlakte en volume

mens·wear, men's wear /menzweə, ᴬ-wer/ [niet-telb zn] herenkleding, herenmode, herenconfectie

-ment /mənt/ ± -ing ⟨vormt naamwoord van resultaat, middel, agens, actie, of toestand van werkwoord⟩ ♦ *government* regering; *environment* omgeving; *measurement* meting

¹**men·tal** /mentl/ [bn; bw: ~ly] ① geestelijk, mentaal, geestes-, geest-, psychisch, verstandelijk ♦ *mentally addled* psychisch verward; *mental age* intelligentieleeftijd; *mental breakdown* geestelijke inzinking, psychische instorting; *mental defective* geestelijk gehandicapte, zwakzinnige; *mentally defective/deficient/handicapped* geestelijk gehandicapt; *mental deficiency* zwakzinnigheid; *mentally deranged* krankzinnig; *mental illness* zenuwziekte, psychische aandoening; *mentally retarded* achterlijk; ⟨AE⟩ *mental telepathy* telepathie; *mental test* intelligentietest; ⟨in mv ook⟩ psychotechnisch onderzoek ② ⟨sl⟩ heftig

²**men·tal** /mentl/ [bn, attr; bw: ~ly] ① hoofd-, met het hoofd, met de geest ♦ *mental arithmetic* hoofdrekenen; *mental gymnastics* hersengymnastiek; *make a mental note of sth.* iets goed onthouden, iets in z'n geheugen prenten, iets in z'n oren knopen ② psychiatrisch, voor zenuwzieken, zenuw-

³**men·tal** ⟨PSYCHOLOGICAL⟩ /mentl/ [bn, pred; bw: ~ly] ⟨inf⟩ ① geestelijk gehandicapt, zenuwziek, krankzinnig, zwakzinnig, geestelijk gestoord ② wild (enthousiast), lyrisch, laaiend (enthousiast) ♦ *he's mental about reggae* hij is helemaal gek van reggae; *go mental* uit zijn dak gaan ▪ *go mental* woest/razend worden

mental health field [niet-telb zn] (terrein van de) geestelijke gezondheidszorg

mental home [telb zn] tehuis voor geestelijk gehandicapten, inrichting voor geesteszieken, psychiatrische inrichting, zenuwinrichting

mental hospital /mentlhɒspɪtl, ᴬmentlhɑspɪtl/ [telb zn] kliniek voor geesteszieken, psychiatrische inrichting, zenuwinrichting

men·tal·ism /mentlɪzm/ [niet-telb zn] ⟨filos, psych, taalk⟩ mentalisme

¹**men·tal·i·ty** /mentæləti/ [telb zn] mentaliteit, geestesgesteldheid, denkwijze

²**men·tal·i·ty** /mentæləti/ [niet-telb zn] geestvermogen(s), geestelijke capaciteiten, intelligentie

mental patient [telb zn] geesteszieke, zenuwpatiënt, zenuwzieke

mental specialist [telb zn] zenuwarts, psychiater

¹**men·ta·tion** /menteɪʃn/ [niet-telb zn] geestesgesteldheid, geestestoestand

²**men·ta·tion** /menteɪʃn/ [telb + niet-telb zn] psychische activiteit, geesteswerkzaamheid

men·thol /menθɒl, ᴬ-θɒl, ᴬ-θɑl/ [niet-telb zn] menthol

men·tho·lat·ed /menθəleɪtɪd/ [bn] met menthol, menthol-

men·ti·cide /mentɪsaɪd/ [telb + niet-telb zn] menticide, geestelijke moord

¹**men·tion** /menʃn/ [telb + niet-telb zn] vermelding, opgave, opgaaf ♦ *mention in (the) dispatches* eervolle vermelding; *honourable mention* eervolle vermelding; *make mention of* gewag maken van, vermelden, opgave/opgaaf doen van, noemen

²**men·tion** /menʃn/ [ov ww] vermelden, opgave doen van, noemen ♦ *mentioned in (the) dispatches* eervol vermeld; *did I hear my name mentioned?* hoorde ik mijn naam noemen? ging het gesprek over mij?; *not to mention* om (nog maar) niet te spreken van; *suddenly she mentioned the subject again* plotseling sneed ze dat onderwerp weer aan; *I'll mention it to Paul* ik zal het tegen Paul zeggen; *without mentioning* om (nog maar) niet te spreken van ▪ *don't mention it* geen dank, graag gedaan, laat maar zitten

men·tor /mentɔː, ᴬmentɔr/ [telb zn] mentor, leidsman, raadsman
men·u /menju:/ [telb zn] [1] menu ⟨ook computer⟩, (menu)kaart ♦ *set menu, fixed price menu* keuzemenu [2] menu, maaltijd [3] ⟨inf⟩ menu, programma
menu bar [telb zn] ⟨comp⟩ menubalk
menu card [telb zn] menu, (menu)kaart
men·u-driv·en [bn] ⟨comp⟩ menugestuurd
menu option [telb zn] ⟨comp⟩ menukeuze
meow → miaow
mep, MEP [afk] (mean effective pressure)
MEP [afk] [1] (mean effective pressure) [2] (the Member of European Parliament)
Me·phis·to·phe·le·an, Me·phis·to·phe·li·an /məfɪstəfiːliən/ [bn] satanisch, mefistofelisch
me·phit·ic /mɪfɪtɪk/, **me·phit·i·cal** /-ɪkl/ [bn; bw: ~ally] mefitisch, stinkend, verpestend
me·phi·tis /mɪfaɪtɪs/ [telb zn; mv: mephites /-iːz/] [1] verpestende dampen, giftig/stinkend gas [2] verpestende stank
mer- → mero-
-mer /mə, ᴬmər/ ± -meer ⟨duidt scheikundige stof aan⟩ ♦ *isomer* isomeer; *polymer* polymeer
merc /mɜːk, ᴬmɜrk/ [telb zn] ⟨inf⟩ (verk: mercenary) huurling
mer·can·tile /mɜːkəntaɪl, ᴬmɜrkənti:l/ [bn] [1] handels-, koopmans- ♦ *mercantile law* handelsrecht; ⟨vnl BE⟩ *mercantile marine* koopvaardijvloot, handelsvloot [2] mercantiel, het mercantilisme betreffend ♦ *the mercantile system* het mercantiele stelsel, het mercantilisme [3] geldbelust, winstbelust, commercieel
mer·can·til·ism /mɜːkəntɪlɪzm, ᴬmɜr-/ [niet-telb zn] mercantilisme ⟨economisch stelsel dat industrie en export wil bevorderen⟩
¹**mer·cap·tan** /mɜːkæptæn, ᴬmɜr-/ [telb + niet-telb zn] ⟨scheik⟩ thioalcohol, mercaptaan
²**mer·cap·tan** /mɜːkæptæn, ᴬmɜr-/ [niet-telb zn] ⟨scheik⟩ ethaanthiol
Mer·ca·tor pro·jec·tion /mɜːkeɪtə prədʒekʃn, ᴬmɜrkeɪtər-/, **Mer·ca·tor's pro·jec·tion** /mɜːkeɪtəz-, ᴬmɜrkeɪtərz-/ [telb zn] mercatorprojectie
¹**mer·ce·nar·y** /mɜːsnri, ᴬmɜrsəneri/ [telb zn] huurling, huursoldaat, mercenair, ⟨gesch⟩ Zwitser
²**mer·ce·nar·y** /mɜːsnri, ᴬmɜrsəneri/ [bn; bw: mercenarily; zn: mercenariness] [1] geldbelust [2] gehuurd, veil, mercenair, huur-, als huurling aangeworven ♦ *mercenary troops* huurtroepen
mer·cer /mɜːsə, ᴬmɜrsər/ [telb zn] ⟨BE⟩ manufacturier, handelaar in kostbare stoffen, zijdehandelaar
mer·cer·ize, mer·cer·ise /mɜːsəraɪz, ᴬmɜr-/ [ov ww] merceriseren, glanzen
mer·cer·y /mɜːsəri, ᴬmɜr-/ [telb zn] ⟨BE⟩ manufacturenwinkel, stoffenwinkel, zijdewinkel
¹**mer·chan·dise, mer·chan·dize** /mɜːtʃəndaɪs, -daɪz, ᴬmɜr-/ [niet-telb zn] koopwaar, handelswaar
²**mer·chan·dise, mer·chan·dize** /mɜːtʃəndaɪs, -daɪz, ᴬmɜr-/ [onov ww] handel drijven; → merchandising
³**mer·chan·dise, mer·chan·dize** /mɜːtʃəndaɪs, -daɪz, ᴬmɜr-/ [ov ww] [1] verhandelen, handelen in [2] op de markt komen met, aan de man brengen; → merchandising
mer·chan·dis·er, ⟨AE⟩ **mer·chan·diz·er** /mɜːtʃəndaɪzə, ᴬmɜrtʃəndaɪzər/ [telb zn] merchandiser, verkoopadviseur, marktbewerker, klantenbezoeker, productstrateeg
mer·chan·dis·ing, ⟨AE⟩ **mer·chan·diz·ing** /mɜːtʃəndaɪzɪŋ, ᴬmɜr-/ [niet-telb zn] merchandising, marktbewerking, productstrategie, marktonderzoek
¹**mer·chant** /mɜːtʃənt, ᴬmɜr-/ [telb zn] [1] groothandelaar, koopman, handelaar ♦ ⟨pej⟩ *merchants of death* wapenhandelaars, de wapenindustrie [2] ⟨AE, SchE⟩ winkelier, handelaar, middenstander [3] ⟨SchE⟩ klant, koper [4] ⟨inf; pej; in samenstellingen⟩ individu ♦ *gossip merchant* roddelaar, roddeltante, roddelbeest; *memory merchant* blokbeest, blokker; *panic merchant* paniekzaaier; *rip-off merchant* afzetter
²**mer·chant** /mɜːtʃənt, ᴬmɜr-/ [bn, attr] [1] koopvaardij- ♦ ⟨BE⟩ *merchant marine* koopvaardijvloot, handelsvloot; *merchant seaman* bemanningslid van koopvaardijschip; *merchant service* koopvaardijvloot, handelsvloot; *merchant shipping* koopvaardij [2] handels-, koopmans- ♦ *merchant bank* handelsbank, financieringsbank; *merchant prince* handelsmagnaat
³**mer·chant** /mɜːtʃənt, ᴬmɜr-/ [bn, postnom] handels- ♦ *law merchant* handelsrecht
mer·chant·a·ble /mɜːtʃəntəbl, ᴬmɜrtʃəntəbl/ [bn] verkoopbaar, verhandelbaar
merchant bank [telb zn] merchantbank, handelsbank, financieringsbank ⟨voornamelijk voor internationale handel⟩
mer·chant·man /mɜːtʃəntmən, ᴬmɜr-/ [telb zn; mv: merchantmen /-mən/] koopvaardijschip
merchant ship [telb zn] koopvaardijschip
mer·ci·ful /mɜːsɪfl, ᴬmɜr-/ [bn; bw: ~ly; zn: ~ness] [1] genadig, barmhartig, clement, goedertieren, mild ♦ *a merciful king* een milde koning; *a merciful punishment* een genadige/milde straf; *be merciful to your servant* wees uw dienaar genadig [2] gelukkig, fortuinlijk ♦ *a merciful outcome* een gelukkige afloop; *mercifully, he came just in time* gelukkig kwam hij net op tijd
mer·ci·less /mɜːsɪləs, ᴬmɜr-/ [bn; bw: ~ly; zn: ~ness] genadeloos, ongenadig, meedogenloos ♦ *a merciless death* een genadeloze dood; *a merciless ruler* een meedogenloos heerser
¹**mer·cu·ri·al** /mɜːkjʊəriəl, ᴬmɜrkjʊriəl/ [telb zn] kwikmiddel
²**mer·cu·ri·al** /mɜːkjʊəriəl, ᴬmɜrkjʊriəl/ [bn; bw: ~ly] [1] kwikhoudend, kwik- [2] kwiek, beweeglijk, levendig, veranderlijk ♦ *a mercurial person* een gevleugelde Mercurius [3] rad van tong, gevat, listig [4] ⟨meestal Mercurial⟩ van Mercurius
mer·cu·ric /mɜːkjʊərɪk, ᴬmɜrkjʊrɪk/ [bn, attr] kwik-, mercuri-
Mer·cu·ro·chrome /məkjʊərəkroʊm, ᴬmɜrkjʊrə-/ [niet-telb zn; ook mercurochrome] mercurochroom, kinderjodium, rode jodium
mer·cu·rous /mɜːkjʊrəs, ᴬmɜrkjərəs/ [bn, attr] kwik-, mercuro-
mer·cu·ry /mɜːkjʊri, ᴬmɜrkjəri/ [niet-telb zn] [1] ⟨ook scheik⟩ kwik(zilver) ⟨element 80⟩ ♦ ⟨vaak fig⟩ *the mercury has dropped* het kwik/de temperatuur is gedaald [2] (eenjarig) bingelkruid ⟨Mercurialis annua⟩
Mer·cu·ry /mɜːkjʊri, ᴬmɜrkjəri/ [eigenn] [1] Mercurius ⟨Romeinse god⟩ [2] ⟨astron⟩ Mercurius (planeet)
mercury vapour lamp [telb zn] kwik(damp)lamp
¹**mer·cy** /mɜːsi, ᴬmɜrsi/ [telb zn] [1] daad van barmhartigheid, weldaad, vertroosting ♦ *thankful for small mercies* gauw tevreden, ± een kinderhand is gauw gevuld [2] zegen, geluk, opluchting ♦ *his death was a mercy* zijn dood was een zegen; *it's a mercy that* (wat) een geluk dat, gelukkig; *that's a mercy!* wat een geluk! [3] *sin one's mercies* niet dankbaar zijn voor zijn geluk, zijn geluk vergooien
²**mer·cy** /mɜːsi, ᴬmɜrsi/ [niet-telb zn] [1] genade, clementie, barmhartigheid ♦ *Lord, have mercy upon us* Heer, ontferm u over ons; *recommend mercy* clementie aanbevelen ⟨bijvoorbeeld gevangenis- in plaats van doodstraf⟩; *they showed no mercy to their enemies* zij kenden voor hun vijanden geen genade [2] ⟨soms meervoud⟩ mededogen, goedheid, vergevensgezindheid ♦ ⟨vaak iron⟩ *left to the (tender) mercy/mercies of* overgeleverd aan de goedheid/genade

mercy flight

van; *God's mercy has/mercies have no limits* Gods goedheid kent geen grenzen; *throw o.s. on a person's mercy* een beroep doen op iemands goedheid • *at the mercy of* in de macht/onder de willekeur van; *for mercy's sake!* om Gods wil!; *mercy (up)on us!* goeie genade!; *mercy (me)!* goeie genade!; ⟨sprw⟩ *mercy tempers justice* door genadig te zijn versterkt men het recht

mercy flight [telb zn] reddingsvlucht

mercy killing [niet-telb zn] ⟨euf⟩ euthanasie, de zachte dood

¹**mere** /mɪə, ᴬmɪr/ [telb zn] ⟨vero, form, behalve in plaatsnamen⟩ ① meer(tje), vijver, poel, moeras ② ⟨BE⟩ grens(lijn)

²**mere** /mɪə, ᴬmɪr/ [bn, attr] ① ⟨superlatief merest enkel na the⟩ louter, puur, rein, bloot • *a mere 10 pounds* niet meer dan/op de kop af 10 pond; *by the merest chance* door stom toeval; *a mere child* (nog) maar een kind; *the mere facts* de blote feiten; *that is the merest folly* dat is je reinste dwaasheid; *mere imagination* zuiver inbeelding; *he's no mere fool, he's a criminal* hij is niet zomaar een gek, hij is een misdadiger; *mere nonsense* pure onzin; *at the mere thought of it* alleen al de gedachte eraan; *the merest trifle* het minste/geringste, de grootste onbenulligheid; *the mere truth* de naakte waarheid; *mere words won't help* woorden alleen zijn niet genoeg ② ⟨jur⟩ bloot ⟨van zaken waarvan men wettige eigenaar is maar niet het vruchtgebruik heeft⟩ • *mere possession/right* blote eigendom · *sell sth. for a mere song* iets voor een appel en een ei verkopen

mere·ly /mɪəli, ᴬmɪr-/ [bw] slechts, enkel, alleen, louter, maar

me·ren·gue /mərɛŋgeɪ/ [telb + niet-telb zn] merengue ⟨Latijns-Amerikaanse dans⟩

mer·e·tri·cious /ˌmɛrɪtrɪʃəs/ [bn; bw: ~ly; zn: ~ness] ① geil, hoerig • *a meretricious relationship* een ontuchtige verhouding ② schoonschijnend, opzichtig, opgedirkt, bedrieglijk, smakeloos • *meretricious praise* valse lof; *a meretricious style* een gezwollen stijl

mer·gan·ser /mɜːˈɡænsə, ᴬmɜrˈɡænsər/ [telb zn] grote zaagbek ⟨eend; Mergus merganser⟩

¹**merge** /mɜːdʒ, ᴬmɜrdʒ/ [onov ww] ① opgaan (in), samensmelten (met), fuseren (met), zich verenigen • *they merged with another company* zij fuseerden met een andere firma ② (geleidelijk) overgaan (in elkaar), versmelten (met), verzinken (in) • *one colour merged into the other* de ene kleur vloeide in de andere over; *the place where the rivers merge* de plaats waar de rivieren samenvloeien ③ ⟨AE; sl⟩ trouwen

²**merge** /mɜːdʒ, ᴬmɜrdʒ/ [ov ww] ① doen opgaan in, doen samensmelten met, incorporeren, inlijven • *the farm was merged in the earl's estate* de boerderij werd ingelijfd bij het landgoed van de graaf ② ⟨comp⟩ insorteren, samenvoegen • *merge two tapes* twee banden samenvoegen en sorteren

merg·ee /mɜːˈdʒiː, ᴬmɜr-/ [telb zn] ⟨ec⟩ fusiepartner

mer·gence /mɜːdʒns, ᴬmɜr-/ [telb + niet-telb zn] versmelting, samensmelting, vermenging

¹**merg·er** /mɜːdʒə, ᴬmɜrdʒər/ [telb zn] ① samensmelting, versmelting, incorporatie ⟨meestal van vast goed⟩ ② ⟨ec⟩ fusie ③ ⟨jur⟩ vermenging, opheffing, het tenietgaan, strafvermenging ⟨het vervallen van recht, titel, eigendom, straf enz. door het opgaan in een ander⟩ • *merger of debts* schuldvermenging; *merger of rights* rechtvermenging

²**merg·er** /mɜːdʒə, ᴬmɜrdʒər/ [niet-telb zn] het opgaan in, het samensmelten

¹**me·rid·i·an** /məˈrɪdɪən/ [telb zn] ① ⟨aardr⟩ meridiaan, middaglijn, lengtecirkel ② (the) ⟨astron⟩ zenit, ⟨fig⟩ culminatiepunt, hoogtepunt, toppunt • *he came to his meridian at a very early age* hij bereikte op zeer jonge leeftijd zijn top ③ geestelijk peil, geestelijke horizon • *calculated for the meridian of the masses* afgestemd op het geestelijk niveau van de massa

²**me·rid·i·an** /məˈrɪdɪən/ [bn, attr] ① hoogste • *in his meridian glory* in zijn hoogste bloei ② middag-

meridian altitude [telb zn] meridiaanshoogte

meridian circle [telb zn] ① meridiaancirkel, uurcirkel ② meridiaankijker, meridiaancirkel

meridian curve [telb zn] meridiaankromme

Mé·rid·ienne /ˌmɪrɪˈdiɛn/ [telb zn] méridienne ⟨sofa voor de middagslaap⟩

¹**me·rid·i·o·nal** /məˈrɪdɪənl/ [telb zn] zuiderling ⟨voornamelijk Zuid-Fransman⟩

²**me·rid·i·o·nal** /məˈrɪdɪənl/ [bn; bw: ~ly] ① meridionaal, zuidelijk • *meridional hospitality* zuidelijke gastvrijheid ⟨voornamelijk Zuid-Franse⟩ ② meridiaan(s)-

¹**me·ringue** /məˈræŋ/ [telb zn] ⟨cul⟩ meringue, schuimpje, schuimgebakje

²**me·ringue** /məˈræŋ/ [niet-telb zn] ⟨cul⟩ ① schuim(gebak) ② schuimkop

¹**me·ri·no** /məˈriːnoʊ/ [telb zn] (verk: merino sheep)

²**me·ri·no** /məˈriːnoʊ/ [niet-telb zn; ook attributief] ① merinos ⟨stof vervaardigd uit merinoswol⟩ ② merinosgaren

merino sheep [telb zn] merinosschaap

mer·i·stem /ˈmɛrɪstɛm/ [telb zn] ⟨plantk⟩ meristeem, deelweefsel

mer·i·ste·mat·ic /ˌmɛrɪstəˈmætɪk/ [bn; bw: ~ally] ⟨plantk⟩ meristeem- • *meristematic cells* meristeemcellen

¹**mer·it** /ˈmɛrɪt/ [telb zn] ① verdienste • *the merits and demerits of sth.* de voors en tegens van iets; *make a merit of sth.* zich als een verdienste aanrekenen, prat gaan op; *judge sth. on its (own) merits* iets op zijn eigen waarde beoordelen; *reward each according to his merits* elk naar eigen verdienste belonen ② ⟨vnl mv⟩ ⟨vaak jur⟩ intrinsieke waarde, merites • *on the merits of the case* als men de zaak op zichzelf beschouwt; ⟨jur⟩ *without merit* onontvankelijk; *the contention is without merits* de bewering mist elke grond

²**mer·it** /ˈmɛrɪt/ [niet-telb zn] verdienste(lijkheid), voortreffelijkheid, waarde • *a certificate of merit* een brevet van verdienste; ⟨ook rel⟩ *gain/acquire merit* (de) verdienste (van Christus) verwerven; *a man of (great) merit* een man van (grote) verdienste

³**mer·it** /ˈmɛrɪt/ [ov ww] ⟨vnl form⟩ verdienen, waard zijn, recht hebben op

¹**mer·i·toc·ra·cy** /ˌmɛrɪˈtɒkrəsi, ᴬ-ˈtɑ-/ [telb zn] meritocratie

²**mer·i·toc·ra·cy** /ˌmɛrɪˈtɒkrəsi, ᴬ-ˈtɑ-/ [verzamelnaam; the] heersende klasse in meritocratie

mer·it·o·crat /ˈmɛrɪtəkræt/ [telb zn] meritocraat

mer·i·to·crat·ic /ˌmɛrɪtəˈkrætɪk/ [bn] meritocratisch

mer·i·to·ri·ous /ˌmɛrɪˈtɔːriəs/ [bn; bw: ~ly; zn: ~ness] verdienstelijk, lofwaardig

merit rating [telb zn] prestatieloon, meritrating

merit system [telb zn] ⟨AE⟩ prestatiesysteem, prestatieselectie ⟨personeelsselectie op basis van vergelijkende examens⟩

merle, merl /mɜːl, ᴬmɜrl/ [telb zn] ⟨SchE; form; dierk⟩ merel ⟨Turdus merula⟩

mer·lin /ˈmɜːlɪn, ᴬmɜr-/ [telb zn] ⟨dierk⟩ smelleken ⟨Falco columbarius⟩

Mer·lin /ˈmɜːlɪn, ᴬmɜr-/ [eigenn] Merlijn ⟨de tovenaar⟩

mer·lon /ˈmɜːlən, ᴬmɜr-/ [telb zn] kanteel, tin(ne)

mer·maid /ˈmɜːmeɪd, ᴬmɜr-/ [telb zn] meermin, zeemeermin

mermaid's purse [telb zn] ⟨dierk⟩ hoornkapsel ⟨eierkapsel bij bepaalde haaien en roggen⟩

mer·man [telb zn; mv: mermen] meerman

mer·o- /ˈmɛroʊ, ᴬˈmɛroʊ/, **mer-** /mɛər, ᴬmɛr/ mero-, gedeeltelijk, half- • *meroblast* meroblast ⟨eicel waarvan het follikel slechts gedeeltelijk barst⟩; *merography* merografie, onvolledig woord

-mer·ous /mərəs/ ⟨vnl biol⟩ -delig, -ledig, -meer • *dimer-*

ous tweedelig, tweeledig; *polymerous* polymeer
¹Mer·o·vin·gian /meroʊvɪndʒɪən/ [telb zn] Merovinger
²Mer·o·vin·gian /meroʊvɪndʒɪən/ [bn] Merovingisch
mer·ri·ment /merɪmənt/ [niet-telb zn] **1** vrolijkheid **2** pret, plezier, vermaak, hilariteit
¹mer·ry /meri/ [telb zn] ⟨plantk⟩ zoete (wilde) kers, meikers, kriek, morel ⟨Prunus avium⟩
²mer·ry, ⟨zelden⟩ **mer·rie** /meri/ [bn; vergr trap: merrier; bw: merrily; zn: merriness] **1** vrolijk, jolig, opgewekt ♦ *Merry Christmas* vrolijk kerstfeest, Zalig Kerstmis; *as merry as a cricket* zo vrolijk als een sijsje; *Merrie England* het goeie, ouwe Engeland ⟨voornamelijk ten tijde van Elisabeth I⟩; *merry fellows* fidele kerels; ⟨AE; inf⟩ *give s.o. the merry haha* iemand in z'n gezicht uitlachen/voor gek zetten; *lead a merry life* een vrolijk leventje leiden **2** plezierig, grappig, schertsend ♦ *a merry joke* een leuke grap **3** ⟨inf⟩ vrolijk, aangeschoten ♦ *lead s.o. a merry dance* iemand het leven zuur maken; iemand voor de gek houden; ⟨inf⟩ *play merry hell with* het in honderd schoppen; *make merry* pret maken, feestelijke stemming maken; *make merry over* zich vrolijk maken over, lachen om; ⟨sprw⟩ *the more the merrier* hoe meer zielen, hoe meer vreugd
mer·ry-an·drew /meriændru:/ [telb zn] **1** hansworst, potsenmaker, clown **2** ⟨gesch⟩ helper van een kwakzalver
mer·ry-go-round [telb zn] draaimolen, carrousel, ⟨fig⟩ maalstroom, roes ♦ *these days I'm on the merry-go-round* vandaag de dag weet ik van voren niet meer of ik van achteren nog leef
mer·ry·mak·er [telb zn] pretmaker
mer·ry·mak·ing /merimeɪkɪŋ/ [niet-telb zn] **1** pret(makerij), feestvreugde **2** feestelijkheid, festiviteit
mer·ry·men /merimən/ [alleen mv] ⟨vero of gesch⟩ **1** trawanten, volgelingen ⟨van bandiet, ridder enz.⟩ **2** ⟨scherts⟩ gezellen, helpers
mer·ry·thought [telb zn] ⟨vero; vnl BE⟩ vorkbeen ⟨van vogel⟩
me·sa /meɪsə/ [telb zn] ⟨AE; aardr⟩ tafelland, plateau ⟨met steile rotswanden, in het bijzonder in zuidwesten van USA⟩
mé·sal·li·ance /mezælɪəns, ᴬmeɪzæljɑ̃ns/ [telb zn] mesalliance ⟨huwelijk beneden iemands stand⟩
¹mes·cal /meskæl/, ⟨soms⟩ **mez·cal** /mezkæl/ [telb zn] ⟨plantk⟩ **1** maguey, Mexicaanse agave ⟨Agave rigida⟩ **2** peyotl, peyote(cactus), mescaline ⟨Lophophora williamsii⟩
²mes·cal /meskæl/, ⟨soms⟩ **mez·cal** /mezkæl/ [niet-telb zn] mescal, peyotlbrandewijn
mes·ca·line, mes·ca·lin /meskəli:n, -lɪn/ [niet-telb zn] mescaline ⟨hallucinogeen⟩
Mesdames [alleen mv] → Madame
Mesdemoiselles [alleen mv] → Mademoiselle
me·seems /mɪsi:mz/ [onov ww; onpersoonlijk] ⟨vero⟩ me dunkt
me·sem·bry·an·the·mum /mɪzembriænθɪməm/ [telb zn] ⟨plantk⟩ middagbloem, ijsplant ⟨Zuid-Afrikaanse vetplant; genus Mesembryanthemum⟩
mes·en·ce·phal·ic /mesensɪfælɪk/ [bn] ⟨biol⟩ van/behorend tot de middenhersenen
mes·en·ceph·a·lon /mesensefələn, ᴬ-lɑn/ [telb zn; mv: mesencephala /-lə/] ⟨biol⟩ middenhersenen
mes·en·ter·ic /meznterɪk, mesn-/ [bn] ⟨biol⟩ mesenterisch, van/behorend tot het darmscheil
mes·en·ter·i·tis /meznteraɪtɪs, mes-/ [telb + niet-telb zn; mv: mesenterites /-ti:z/] ⟨med⟩ darmscheilontsteking
mes·en·ter·i·um /mezntɪərɪəm, mesn-, ᴬ-tɪriəm/ [telb zn; mv: mesenteria /-tɪərɪə, ᴬ-tɪriə/] ⟨biol⟩ → **mesentery**
mes·en·ter·y /mezntri, mes-, ᴬmesnteri/ [telb zn] ⟨biol⟩ mesenterium, darmscheil, darmvlies
¹mesh /meʃ/ [telb zn] **1** maas, steek, ⟨fig ook⟩ strik ♦ *en-*

mesquite bean

tangled in the meshes of politics verstrikt in het netwerk van de politiek **2** net, netwerk ♦ *draw s.o. into one's meshes* iemand in zijn netten verstrikken; *a mesh of lies* een netwerk van leugens
²mesh /meʃ/ [niet-telb zn] **1** netwerk **2** ⟨techn⟩ plaatgaas, wapening(snet) **3** *in mesh* ingeschakeld; *out of mesh* uitgeschakeld ⟨voornamelijk van tandwielen⟩
³mesh /meʃ/ [onov ww] **1** ineengrijpen, ingeschakeld zijn, ⟨fig⟩ harmoniëren, samenhoren ♦ *his character doesn't mesh with his job* zijn karakter spoort niet met zijn baan **2** verstrikt geraken ♦ *the fish wouldn't mesh* de vis liet zich niet in het net verschalken
⁴mesh /meʃ/ [ov ww] **1** in een net vangen ⟨ook figuurlijk⟩, verstrikken **2** inschakelen, in elkaar doen grijpen
mesh connection [telb zn] ⟨elek⟩ veelhoeksschakeling, sterdriehoekschakeling
me·shug·a /mɪʃʊɡə/ [bn] ⟨AE; inf⟩ mesjokke, (stapel)gek
mesh work [telb + niet-telb zn] netwerk, maaswerk
mesh·y /meʃi/ [bn; vergr trap: meshier] uit mazen bestaand, netachtig
mesic [bn] → mesonic
mes·mer·ic /mezmerɪk/ [bn; bw: ~ally] mesmerisch
mes·mer·ism /mezmərɪzm/ [niet-telb zn] ⟨vero of fig⟩ mesmerisme
mes·mer·ist /mezmərɪst/ [telb zn] ⟨vero⟩ mesmerist
mes·mer·ize, mes·mer·ise /mezməraɪz/ [ov ww] **1** ⟨voornamelijk voltooid deelwoord⟩ magnetiseren, biologeren, (als) verlammen, fascineren ♦ *mesmerized at his appearance* gebiologeerd door zijn verschijning **2** ⟨vero⟩ hypnotiseren
mesne /mi:n/ [bn, attr] ⟨jur⟩ tussenkomend, tussen- ♦ *mesne interest* tussenrente, interusurium; *mesne lord* achterleenheer; *mesne process* tussengeding; *mesne profits* onrechtmatige tussentijdse opbrengst ⟨van onroerend goed, verworven tussen datum waarop wettige eigenaar recht op opbrengst heeft en die waarop hij ze effectief krijgt⟩
mes·o- /mesoʊ/, **mes-** /mes/ meso-, midden- ♦ ⟨biol⟩ *mesial* mediaal, in/van/nabij het midden; *mesosphere* mesosfeer
mes·o·ce·phal·ic /mesoʊsɪfælɪk, ᴬmezoʊ-/ [bn] ⟨biol⟩ mesocefaal ⟨in het midden van de schedel⟩
mes·o·derm /mesoʊdɜ:m/ [niet-telb zn] ⟨biol⟩ mesoderm
mes·o·lith·ic /mesoʊlɪθɪk, ᴬmezoʊ-/ [bn, attr] ⟨archeol⟩ mesolithisch
Mes·o·lith·ic [eigenn; the] ⟨archeol⟩ mesolithicum, middelste steentijdperk
mes·o·morph /mesoʊmɔ:f, ᴬmezoʊmɔrf/ [telb zn] gespierd/atletisch persoon
mes·o·mor·phic /mesoʊmɔ:fɪk, ᴬmezoʊmɔrfɪk/, **mes·o·mor·phous** /-fəs/ [bn] gespierd, atletisch gebouwd
mes·on /mi:zɒn, ᴬ-zɑn/ [telb zn] ⟨natuurk⟩ meson ⟨elementair deeltje⟩
me·son·ic /mi:zɒnɪk, ᴬ-zɑ-/, **me·sic** /mi:zɪk/ [bn] ⟨natuurk⟩ meson-
mes·o·pause /mesoʊpɔ:z/ [niet-telb zn] ⟨meteo⟩ mesopauze
Mes·o·po·ta·mi·a /mesəpəteɪmɪə/ [eigenn] Mesopotamië, Tweestromenland
mes·o·tron /mesoʊtrɒn, ᴬmezətrɑn, ᴬmi:-/ [telb zn] ⟨vero; natuurk⟩ meson
mes·o·zo·ic /mesoʊzoʊɪk, mezə-/ [bn, attr] ⟨geol⟩ mesozoïsch ♦ *mesozoic period* mesozoïcum ⟨op één na jongste hoofdtijdperk⟩
Mes·o·zo·ic [eigenn; the] ⟨geol⟩ mesozoïcum ⟨op één na jongste hoofdtijdperk⟩
mes·quite, mes·quit /meski:t/ [telb zn] ⟨plantk⟩ mesquiteboom ⟨genus Prosopis, voornamelijk P. juliflora⟩
mesquite bean, mesquit bean [telb zn] mesquite-

mesquite grass

boon

mesquite grass, mesquit grass [niet-telb zn] ⟨plantk⟩ mesquitegras ⟨voornamelijk genus Bouteloua⟩

¹**mess** /mes/ [telb zn] ⟨zelden mv⟩ ① **(war)boel**, knoeiboel, rotzooi, mislukking ♦ *clear up the mess* de rotzooi opruimen; *the house was in a pretty mess* het huis was een puinhoop; *his life was a mess* zijn leven was een knoeiboel/mislukking; *you've made a pretty mess of it* je hebt het lelijk verknold/verknoeid; *his arrival made a mess of my plans* zijn komst gooide al mijn plannen omver ② vuile boel, troep, vuiligheid ⟨voornamelijk van huisdier⟩ ③ moeilijkheid, klem ♦ *now you're in a mess* nu zit je in de knoei/klem; *get o.s. into a mess* zichzelf in moeilijkheden brengen ④ ⟨inf⟩ schooier, knoeier, sufferd ♦ *you're a mess!* wat zie je eruit!, je bent een knoeier! ⑤ ⟨ook mv⟩ mess, kantine, eetzaal ⟨voornamelijk voor (onder)officieren⟩ ⑥ ⟨ook mv⟩ ⟨vero⟩ gerecht, spijs, mengelmoes ♦ *savoury mess* smakelijk ratjetoe ⑦ ⟨AE; inf⟩ lol, plezier ⑧ ⟨AE; inf⟩ iets plezierigs, moordfuif ⟨enz.⟩ ▪ *mess of pottage* schotel linzen(moes) ⟨ook figuurlijk; naar Gen. 25:29-34⟩

²**mess** /mes/ [niet-telb zn] ① voer, (onaangenaam) mengsel, rotzooi ② ⟨vnl mil⟩ rats, ratjetoe, soldatenkost, ⟨België⟩ menage

³**mess** /mes/ [verzamelnw] ⟨vnl mil⟩ mess, gemeenschappelijke tafel, ⟨scheepv⟩ bak, ⟨België⟩ gamelle ⟨groep matrozen in één wacht, aan één tafel⟩ ♦ *captain of a mess* baksmeester; *cooks of the mess* baksmaten

⁴**mess** /mes/ [onov ww] ① knoeien, ploeteren, morsen ♦ *stop messing and eat* hou op met morsen en eet ② ⟨vnl mil⟩ (samen) eten ♦ *mess together* aan dezelfde tafel eten ⟨voornamelijk officieren⟩; ⟨scheepv⟩ aan dezelfde bak eten, baksmaten zijn; *the commander had to mess with the inferior officers* de commandant moest samen met de lagere officieren eten ③ zich bemoeien met iets, tussenkomen ♦ *mess in other people's business* z'n neus in andermans zaken steken ▪ zie: mess about; zie: mess around¹; ⟨BE; inf⟩ *no messing* echt waar, zonder liegen; zie: mess with

⁵**mess** /mes/ [ov ww] ▪ zie: mess about; zie: mess around¹; zie: mess up

¹**mess about, mess around** [onov ww] ⟨inf⟩ ① leuteren, prutsen, modderen, (lui) rondhangen ♦ *I like messing about with my car* ik pruts graag wat aan mijn wagen; *don't mess about with people like him* laat je met mensen zoals hij niet in; *he spent the weekend messing about* hij verlummelde zijn weekend ② herrie maken, flauwekul verkopen ③ knoeien, rotzooien ♦ *the doctors have messed about with her for years* de dokters hebben jaren met haar rond geknoeid ④ ⟨AE⟩ vreemdgaan, rotzooien, scharrelen

²**mess about, mess around** [ov ww] ⟨inf⟩ aan iemand zitten, rotzooien/rommelen met ♦ *stop messing my daughter about* handen af van mijn dochter

¹**mes·sage** /mesɪdʒ/ [telb zn] ① boodschap ♦ *the message of a book* de boodschap/kerngedachte van een boek; ⟨inf⟩ *(I) got the message* begrepen, gesnopen, ik weet wat me te wachten staat/wat ik moet doen; *go on a message* een boodschap overbrengen; *send s.o. on a message* iemand om een boodschap sturen; *run messages* boodschappen overbrengen, boodschapper/loopjongen zijn; *keep to the message* het partijstandpunt uitdragen; *mixed message* dubbelzinnige boodschap ② bericht, tijding, mededeling ♦ *send a message to s.o.* iemand bericht sturen/laten; *can I take a message?* kan ik de boodschap aannemen? ③ ⟨AE; euf⟩ reclame(boodschap), publiciteit ⟨op tv⟩

²**mes·sage** /mesɪdʒ/ [ov ww] ① overbrengen ⟨voornamelijk d.m.v. signalen⟩, (over)seinen ② (elektronisch) bericht versturen, ⟨ook⟩ e-mailen

message board [telb zn] ① ⟨comp⟩ messageboard ⟨plaats op het web waar berichten uitgewisseld kunnen worden⟩, forum, nieuwsgroep ② ⟨AE⟩ mededelingenbord ③ ⟨AE; sport⟩ scorebord, uitslagenbord

message rate [telb zn] ⟨AE; telefoon⟩ gesprekstarief

mes·sag·ing /mesɪdʒɪŋ/ [niet-telb zn] messaging ⟨elektronische berichtgeving⟩

mess-boy [telb zn] ⟨scheepv⟩ (baks)zeuntje, zeun

Messeigneurs [alleen mv] → Monseigneur

mes·sen·ger /mesndʒə, ʌ-ər/ [telb zn] ① boodschapper, bode, koerier, ⟨vaak rel⟩ gezant ♦ *messenger from Heaven* gezant des hemels ② ⟨vero⟩ voorbode, aankondiger ③ ⟨scheepv⟩ hieuwlijn, kanaallijn, werplijn

messenger boy [telb zn] boodschappenjongen, ⟨fig⟩ loopjongen

messenger cable, messenger wire [telb zn] ⟨elek⟩ draagkabel ⟨van hoogspanningsnet⟩

messenger RNA [telb zn] ⟨biochem⟩ boodschapper-RNA

mess hall [telb zn] ⟨mil⟩ eetzaal, kantine

Mes·si·ah /mɪsaɪə/, **Mes·si·as** /-əs/ [telb zn; soms messiah] ⟨vnl Bijb⟩ Messias, Heiland, Gezalfde, Bevrijder, Redder

mes·si·ah·ship /mɪsaɪəʃɪp/ [niet-telb zn; ook Messiahship] Messiasschap

mes·si·an·ic /mesiænɪk/ [bn; ook Messianic; bw: ~ally] Messiaans

mes·si·a·nism /mɪsaɪənɪzm/ [niet-telb zn; ook Messianism] messianisme

Messieurs [alleen mv] → Monsieur

mess·ing-al·low·ance [telb zn] tafelgeld, maaltijdtoeslag, séjour

mess jacket [telb zn] militair smokingjasje ⟨voornamelijk van officieren⟩, apenpak

mess-kid [telb zn] ⟨scheepv⟩ etensbak

¹**mess-kit** [telb zn] ⟨vnl mil⟩ doos met eetgerei

²**mess-kit** [telb + niet-telb zn] ⟨BE; mil⟩ uitgaanstenue

³**mess-kit** [niet-telb zn] ① ⟨vnl mil⟩ eetgerei ② ⟨scheepv⟩ kommaliewant, kommaliegoed

mess-mate [telb zn] ⟨vnl mil⟩ tafelgenoot, ⟨scheepv⟩ baksmaat, baksgast

mess-or·der·ly [telb zn] ⟨mil⟩ messbediende

mess-pres·i·dent [telb zn] tafelpresident

mess-room [telb zn] ⟨vnl scheepv⟩ messroom ⟨van de officieren⟩

Messrs /mesəz, ʌ-ərz/ [alleen mv; gebruikt vóór achternamen] ① (Messieurs) HH., (de) Heren ② (Messieurs) Fa., Firma ♦ *Messrs Smith & Jones* de firma Smith & Jones

mess-ser·geant [telb zn] sergeant-gerant

mess·suage /meswɪdʒ/ [telb zn] ⟨jur⟩ grond met opstallen, huis met aanhorigheden

mess-tin [telb zn] ⟨vnl mil⟩ eetketel(tje), etensblik, gamel

mess traps [alleen mv] ⟨BE; scheepv⟩ kommaliewant, kommaliegoed

mess up [ov ww] ⟨inf⟩ ① in de war sturen, verknoeien, verknallen, bederven, in het honderd sturen ♦ *be really messed up* helemaal van streek zijn; *mess things up* ergens een potje van maken ② smerig maken, vuilmaken ③ ruw aanpakken, toetakelen ④ ⟨vnl passief⟩ in moeilijkheden brengen ▪ *be messed up in sth.* ergens in verwikkeld raken/zijn

mess-up [telb zn] ⟨inf⟩ warboel, geknoei, misverstand ♦ *there's been a bit of a mess-up* het is in het honderd gelopen; *they made a complete mess-up of it* ze hebben de boel grondig verknoeid, ze hebben alles in het honderd gestuurd

mess with [onov ww; meestal gebiedende wijs negatief] ⟨inf⟩ lastigvallen, hinderen, kwellen ♦ *don't mess with me* laat me met rust

mess·y /mesi/ [bn; vergr trap: messier; bw: messily; zn: messiness] ① vuil, vies, smerig ② slordig, slonzig, verward

mestee [telb zn] → mustee

mes·ti·za /mestiːzə/ [telb zn] (vrouwelijke) mesties, halfbloed, kleurlinge

mes·ti·zo /mestiːzoʊ/ [telb zn; mv: ook mestizoes] ⟨(mannelijke) mesties, halfbloed, kleurling

¹met [afk] [1] (metaphor) [2] (metaphysics) [3] (meteorological) [4] (meteorology) [5] (metropolitan)

²met /met/ [verleden tijd en volt deelw] → **meet**

Met /met/ [eigenn; the] (inf) [1] ⟨BE⟩ (verk: Meteorological Office) Meteorologisch Instituut, ± KNMI ⟨Nederland⟩, ± KMI ⟨België⟩ [2] (verk: Metropolitan Line/Railway ⟨Londen⟩) [3] (verk: Metropolitan Opera House ⟨New York⟩)

¹me·ta /meːtə/ [telb zn] ⟨gesch⟩ meta ⟨keerpunt in Romeins circus⟩

²me·ta /meːtə/ [niet-telb zn] meta ⟨brandstof⟩ ♦

me·ta- /meːtə/ [met- voor klinker of h] meta- ♦ *metaculture* metacultuur; *metanalysis* metanalyse

met·a·blet·ics /metəbletɪks/ [niet-telb zn] ⟨psych⟩ metabletica, leer der veranderingen

met·a·bol·ic /metəbɒlɪk, ᴬmetəbɑː-/ [bn; bw: ~ally] [1] ⟨biol⟩ metabolisch, stofwisselings- [2] ⟨dierk⟩ metabolisch, gedaanteverwisseling

me·tab·o·lism /mɪtæbəlɪzm/ [telb + niet-telb zn] ⟨biol⟩ metabolisme, stofwisseling

me·tab·o·lize, me·tab·o·lise /mɪtæbəlaɪz/ [onov + ov ww] metaboliseren, verandering (doen) ondergaan door metabolisme

me·tab·o·liz·er, me·tab·o·lis·er /mɪtæbəlaɪzə, ᴬ-ər/ [telb zn] metaboliet, stofwisselingsproduct

¹met·a·car·pal /metəkɑːpl, ᴬmetəkɑrpl/ [telb zn] ⟨anat⟩ middelhandsbeen(tje), beentje van de middenvoorpoot

²met·a·car·pal /metəkɑːpl, ᴬmetəkɑrpl/ [bn] ⟨anat⟩ middelhands-, van/behorend tot de middenvoorpoot

met·a·car·pus /metəkɑːpəs, ᴬmetəkɑrpəs/ [telb zn; mv: ook metacarpi /-paɪ/] ⟨anat⟩ middelhand, middenvoorpoot, middelhandsbeentjes

met·a·cen·tre, ⟨AE⟩ **met·a·cen·ter** /metəsentə, ᴬmetəsentər/ [telb zn] ⟨vnl scheepv⟩ metacentrum, zwaaipunt

me·ta·cen·tric /metəsentrɪk/ [bn] metacentrisch

met·a·da·ta /metədeɪtə, ᴬ-deɪtə, ᴬ-dætə/ [alleen mv; werkwoord voornamelijk enk] metagegevens ⟨dossier/logboek van een databestand⟩, metadata

¹met·age /miːtɪdʒ/ [telb zn] (officiële) meting/weging ⟨van allerlei transporten, in het bijzonder vracht steenkool⟩

²met·age /miːtɪdʒ/ [niet-telb zn] [1] meetgeld, meetloon [2] ⟨gesch⟩ tolgeld ⟨op Londense Thames⟩

met·a·gen·e·sis /metədʒenɪsɪs/ [niet-telb zn] ⟨biol⟩ metagenesis, generatiewisseling

met·a·ge·net·ic /metɪdʒənetɪk/ [bn; bw: ~ally] metagenetisch

¹met·al /metl/ [telb + niet-telb zn] metaal • *expanded metal* plaatgaas ⟨voor gewapend beton⟩

²met·al /metl/ [niet-telb zn] [1] ⟨mil⟩ artillerie, geschut, kanonnen, tanks (e.d.) ♦ *the enemy had twice the metal we had* de vijand had twee keer zoveel artillerie als wij [2] ⟨BE; wwb⟩ steenslag ⟨voor wegverharding⟩, ballast ⟨kiezel, steenslag voor spoorwegbedding⟩ [3] ⟨techn⟩ glasspecie, vloeibare glasmassa [4] ⟨heral⟩ metaal, goudtinctuur, zilvertinctuur [5] ⟨fin⟩ metaal, goud of zilver, geldspecie, muntgeld [6] (benaming voor) (voorwerp uit) metaal, zwaard ♦ *the knights drew their metal* de ridders trokken hun zwaard [7] → **mettle**

³met·al /metl/ [bn] metalen, van metaal

⁴met·al /metl/ [ov ww] [1] met metaal bekleden [2] ⟨BE; wwb⟩ (met steenslag) verharden ♦ *a metalled road* een verharde weg

met·a·lan·guage /metəlæŋgwɪdʒ/ [telb + niet-telb zn] metataal

met·al-bash·ing [niet-telb zn] metaalbewerking

metal detector [telb zn] [1] metaaldetector [2] detectiepoortje

metal fatigue [niet-telb zn] metaalmoeheid

met·a·lin·guis·tics /metəlɪŋgwɪstɪks/ [niet-telb zn] metalinguïstiek

me·tal·lic /mɪtælɪk/ [bn; bw: ~ally] [1] metalen, metaal-, metalliek, metaalachtig ♦ *a metallic grey car* een metallic/(metaal)grijze wagen; *metallic lustre* metaalglans; *a metallic sound* een metalen klank; *metallic thermometer* (bi)metaalthermometer [2] metaalhoudend ♦ *metallic compound* metaalverbinding

met·al·lif·er·ous /metlɪfrəs/ [bn] metaalhoudend

met·al·list, ⟨AE⟩ **met·al·ist** /metlɪst/ [telb zn] [1] metaal(be)werker [2] metallist, voorstander van het exclusief gebruik van metaalgeld

met·al·lize, met·al·lise, ⟨AE⟩ **met·al·ize** /metlaɪz/ [ov ww] [1] metalliseren, met metaal behandelen, met een laagje metaal bedekken, zo duurzaam als metaal maken [2] ⟨scheik⟩ van een metalen film voorzien, omzetten in metaalvorm ⟨(metalloïde) stof⟩

met·al·log·ra·phy /metlɒgrəfi, ᴬmetlɑː-/ [niet-telb zn] metallografie

¹met·al·loid /metlɔɪd/ [telb zn] metalloïde, niet-metaal

²met·al·loid /metlɔɪd/, **met·al·loi·dal** /metlɔɪdl/ [bn] metalloïde, metallisch

met·al·lur·gi·cal /metlɜːdʒɪkl, ᴬmetlɜr-/, **met·al·lur·gic** /-dʒɪk/ [bn; bw: ~ally] metallurgisch, metalen verwerkend, metaalkundig ♦ *metallurgical industries* metaalverwerkende industrie

met·al·lur·gist /mɪtælədʒɪst, ᴬmetlərdʒɪst/ [telb zn] [1] metallurg, metaalkundige [2] metaalbewerker

met·al·lur·gy /mɪtælədʒi, ᴬmetlərdʒi/ [niet-telb zn] metallurgie, metaalkunde

met·al·work [niet-telb zn] [1] metaalwerk, (artistiek) bewerkt metaal, metaalwaren [2] metaalbewerking

met·al·work·er [telb zn] metaalbewerker, metaalarbeider

met·a·mere /metəmɪə, ᴬmetəmɪr/ [telb zn] ⟨biol⟩ metameer

met·a·mer·ic /metəmerɪk/ [bn] [1] ⟨biol⟩ metameer, gesegmenteerd [2] ⟨scheik⟩ metameer

met·a·mor·phic /metəmɔːfɪk, ᴬmetəmɔr-/, **met·a·mor·phous** /-mɔːfəs, ᴬ-mɔrfəs/ [bn] [1] de metamorfose/gedaanteverandering betreffend ♦ *metamorphic stage* stadium van metamorfose [2] ⟨geol⟩ metamorf ♦ *metamorphic granite* metamorf graniet

¹met·a·mor·phism /metəmɔːfɪzm, ᴬmetəmɔrfɪzm/ [telb zn] metamorfose

²met·a·mor·phism /metəmɔːfɪzm, ᴬmetəmɔrfɪzm/ [niet-telb zn] ⟨geol⟩ metamorfose

met·a·mor·phose /metəmɔːfoʊz, ᴬmetəmɔrfoʊz/ [onov + ov ww] metamorfoseren, van gedaante (doen) veranderen, omscheppen, herscheppen ♦ *a tadpole metamorphoses (in)to a frog* een kikkervisje verandert in een kikker

met·a·mor·pho·sis /metəmɔːfəsɪs, ᴬmetəmɔrfəsɪs/ [telb zn; mv: metamorphoses /-siːz/] metamorfose, gedaanteverwisseling, gedaanteverandering ♦ *the metamorphosis of the caterpillar into a butterfly* de metamorfose van rups tot vlinder

met·a·phor /metəfə, -fɔː, ᴬmetəfɔr/ [telb + niet-telb zn] metafoor, beeld(spraak), symbool ♦ *mixed metaphor* meestal lachwekkende vermenging van twee beelden in één ⟨bijvoorbeeld catachrese⟩

met·a·phor·i·cal /metəfɒrɪkl, ᴬmetəfɔrɪkl, ᴬ-fɑː-/, **met·a·phor·ic** /-fɒrɪk, ᴬ-fɔrɪk, ᴬ-fɑrɪk/ [bn; bw: ~ly] metaforisch, overdrachtelijk, figuurlijk, in beeldspraak

¹met·a·phrase /metəfreɪz/ [telb zn] (woordelijke/letterlijke) vertaling

²met·a·phrase /metəfreɪz/ [ov ww] [1] letterlijk vertalen [2] met andere woorden weergeven, de verwoording veranderen van, (de woorden van ... lichtjes) verdraaien ♦ *they metaphrased certain Biblical texts in order to win the argu-*

metaphysic

ment ze verdraaien/manipuleerden sommige Bijbelse teksten om hun gelijk te halen

met·a·phys·ic /mɛtəfɪzɪk/ [telb + niet-telb zn] ⟨vero⟩ metafysica

met·a·phys·i·cal /mɛtəfɪzɪkl/ [bn; bw: ~ly] [1] metafysisch, de metafysica betreffend, bovenzinnelijk, bovennatuurlijk [2] ⟨vaak pej⟩ abstract, oversubtiel [3] ⟨vaak Metaphysical⟩ (zoals) van de Metaphysicals

Met·a·phys·ic·als /mɛtəfɪzɪklz/ [eigenn; the; enkel mv] (de) Metaphysicals ⟨groep Engelse 17e-eeuwse dichters, o.a. Donne en Cowley⟩

met·a·phy·si·cian /mɛtəfɪzɪʃn/ [telb zn] metafysicus

met·a·phys·i·cize, met·a·phys·i·cise /mɛtəfɪzɪsaɪz/ ⟨onov ww⟩ aan metafysica doen, quasi diepzinnig of duister filosoferen

met·a·phys·ics /mɛtəfɪzɪks/ [niet-telb zn] [1] metafysica [2] ⟨pej⟩ duistere filosofie, quasi diepzinnig gefilosofeer

met·a·pla·sia /mɛtəpleɪziə, ᴬmɛtəpleɪʒə/ [niet-telb zn] ⟨biol⟩ metaplasie, (ziekelijke) weefselomzetting, verhoorning

met·a·plasm /mɛtəplæzm/ [telb zn] ⟨biol⟩ metaplasma, non-protoplastisch celmateriaal

met·a·sta·ble /mɛtəsteɪbl/ [bn] ⟨scheik⟩ metastabiel

met·a·sta·sis /mɪtæstəsɪs/ [telb zn; mv: metastases /-i:z/] ⟨med⟩ metastase, uitzaaiing, dochtergezwel

met·a·stat·ic /mɛtəstætɪk/ [bn] ⟨med⟩ metastatisch, metastase-

¹met·a·tar·sal /mɛtətɑːsl, ᴬmɛtətɑrsl/ [bn] middenvoetsbeentje

²met·a·tar·sal /mɛtətɑːsl, ᴬmɛtətɑrsl/ [bn] van de middenvoet, middenvoets-

met·a·tar·sus /mɛtətɑːsəs, ᴬmɛtətɑrsəs/ [telb zn; mv: metatarsi /-tɑːsaɪ, ᴬ-tɑrsaɪ/] middenvoet

me·tath·e·sis /mɛtæθəsɪs/ [telb zn; mv: metatheses /-si:z/] [1] metathesis, metathese, letterverspringing, klankomwisseling [2] ⟨scheik⟩ dubbele omzetting

mé·ta·yage /mɛteɪɑːʒ, ᴬmɛtəjɑʒ/ [niet-telb zn] deelpacht, halfbouw

mé·ta·yer /mɛteɪeɪ, ᴬmɛtəjeɪ/ [telb zn] deelpachter, halfbouwer

Met Dis [afk] (Metropolitan District)

¹mete /miːt/ [telb zn] ⟨vero behalve in bijbehorende uitdrukkingen⟩ grens, grenssteen, limiet ♦ ⟨jur⟩ *metes and bounds* grenzen, begrenzing; ⟨ook fig⟩ *the metes and bounds of the freedom of the press* de beperkingen van de persvrijheid

²mete /miːt/ [ov ww] [1] ⟨form⟩ toemeten, uitdelen, toedienen ♦ *mete out rewards and punishments* beloningen en straffen uitdelen [2] ⟨vero⟩ meten

me·tem·psy·cho·sis /mɛtəmsaɪkoʊsɪs, ᴬmətɛmsə-/ [telb zn; mv: metempsychoses] metempsychose, zielsverhuizing

me·tem·psy·cho·sist /mɛtəmsaɪkoʊsɪst, ᴬmətɛmsəkoʊsɪst/ [telb zn] iemand die in zielsverhuizing gelooft

me·te·or /miːtɪə, ᴬmiːtɪər/ [telb zn] meteoor, vallende ster

me·te·or·ic /miːtiɒrɪk, ᴬ-ɔrɪk, ᴬ-ɑrɪk/ [bn; bw: ~ally] [1] van/m.b.t. meteoren, meteoor- ♦ *meteoric stone* meteoorsteen, meteoriet [2] meteorisch, atmosferisch [3] ⟨schitterend, vlug, kort⟩ als een meteoor, zeer vlug, flitsend, bliksemsnel, kort maar schitterend ♦ *a meteoric rise to power* een bliksemsnelle opgang naar de macht

me·te·or·ite /miːtɪəraɪt/ [telb zn] meteoriet, meteoorsteen

me·te·or·o·graph /miːtɪərəɡrɑːf, ᴬmiːtɪərəɡræf/ [telb zn] meteorograaf, barothermohygrograaf

me·te·or·oid /miːtɪərɔɪd/ [telb zn] meteoroïde, meteoor

me·te·or·o·log·i·cal /miːtɪərəlɒdʒɪkl, ᴬmiːtɪərəlɑ-/, **me·te·or·o·log·ic** /-dʒɪk/ [bn; bw: ~ly] meteorologisch, weerkundig ♦ ⟨BE⟩ *the Meteorological Office* het Meteorologisch Instituut, de weerkundige dienst ⟨vergelijkbaar met Nederlandse KNMI en Belgische KMI⟩; *meteorological report* weerbericht; *meteorological tide* meteorologische beïnvloede getijdenwerking

me·te·o·rol·o·gist /miːtɪərɒlədʒɪst, ᴬmiːtɪərɑ-/ [telb zn] meteoroloog, weerkundige

me·te·o·rol·o·gy /miːtɪərɒlədʒi, ᴬmiːtɪərɑ-/ [niet-telb zn] [1] meteorologie, weerkunde [2] meteorologie, (geheel van) atmosferische karakteristieken

meteor shower [telb zn] meteoorregen, sterrenregen

me·te·o·sat /miːtioʊsæt/ [telb zn] meteosat, weersatelliet

¹me·ter /miːtə, ᴬmiːtər/ [telb zn] [1] meter, persoon die meet [2] meter, meettoestel [3] ⟨benaming voor allerlei soorten meters, vooral verkorting⟩ → **taximeter** [4] → **metre**

²me·ter /miːtə, ᴬmiːtər/ [ov ww] [1] meten ⟨met een meettoestel⟩ ♦ *the petrol was metered and charged for* de hoeveelheid benzine werd gemeten en in rekening gebracht [2] doseren ♦ *metering pump* doseerpomp [3] machinaal frankeren ♦ *metered mail* machinaal gefrankeerde post

-me·ter /miːtə, ᴬmiːtər/ [1] -meter ⟨vormt namen van meettoestellen⟩ ♦ *gasmeter* gasmeter [2] ⟨verskunst⟩ -meter ♦ *pentameter* pentameter

me·ter·maid [telb zn] ⟨inf⟩ parkeercontroleuse, vrouwelijke parkeerwacht

me·ter-read·er [telb zn] ⟨AE; sl⟩ tweede piloot, copiloot

meter zone [telb zn] zone met parkeermeters

meth /mɛθ/ [niet-telb zn] ⟨AE; sl⟩ ⟨verk: methamphetamine⟩ speed, pep, methamfetamine

meth·a·done /mɛθədoʊn/, **meth·a·don** /mɛθədɒn, ᴬ-dɑn/ [niet-telb zn] methadon

meth·am·phet·a·mine /mɛθæmfɛtəmɪn, ᴬ-fɛtəmiːn/ [niet-telb zn] methamfetamine ⟨stimulerend middel⟩

me·thane /miːθeɪn, ᴬmɛ-/ [niet-telb zn] methaan(gas), moerasgas, mijngas

meth·a·nol /mɛθənɒl, ᴬ-nɔl/ [niet-telb zn] methanol, methylalcohol

me·theg·lin /məθɛɡlɪn/ [niet-telb zn] ⟨vero; gew⟩ ⟨soort⟩ mede, honingwijn

me·thinks /mɪθɪŋks/ ⟨onov ww; onpersoonlijke wijs; methought⟩ ⟨vero; scherts⟩ me dunkt

¹meth·od /mɛθəd/ [telb zn] methode, leerwijze, (werk)wijze, procedure ♦ *method of approximation* benaderingsmethode; *methods of payment* wijzen van betaling [●] ⟨dram⟩ *the Method* Amerikaanse 'Actors Studio' methode van acteren ⟨volledige identificatie met de te spelen rol⟩

²meth·od /mɛθəd/ [niet-telb zn] methode, regelmaat, orde ♦ *a man of method* een man van orde en regelmaat

me·thod·i·cal /mɪθɒdɪkl, ᴬ-θɑ-/, **meth·od·ic** /-dɪk/ [bn; bw: ~ly; zn: ~ness] methodisch, ordelijk, systematisch, zorgvuldig ♦ *he's a methodical worker* hij gaat methodisch te werk

Meth·od·ism /mɛθədɪzm/ [eigenn] (het) methodisme ⟨protestantse groepering, volgelingen van John Wesley⟩

¹meth·od·ist /mɛθədɪst/ [telb zn] [1] ⟨meestal Methodist⟩ methodist, aanhanger van het methodisme [2] methodicus, iemand die methodisch te werk gaat, iemand die op methode/ordening aandringt

²meth·od·ist /mɛθədɪst/, **meth·od·ist·ic** /mɛθədɪstɪk/, **meth·od·ist·i·cal** /-ɪkl/ [bn] methodistisch, methodisten-

meth·od·ize, meth·od·ise /mɛθədaɪz/ [ov ww] methode brengen in, systematiseren, ordenen

meth·od·o·log·i·cal /mɛθədəlɒdʒɪkl, ᴬ-lɑ-/ [bn; bw: ~ly] methodologisch

meth·od·ol·o·gy /mɛθədɒlədʒi, ᴬ-dɑ-/ [niet-telb zn] methodologie, methodeleer

me·thought /mɪθɔːt/ [verleden tijd] → **methinks**

meths /meθs/ [niet-telb zn] ⟨BE; inf⟩ (verk: methylated spirits) brandspiritus
me·thu·se·lah /mɪθjuːzɪlə, ᴬ-θuː-/ [telb zn] ⓵ ⟨meestal Methuselah⟩ stokoude man ⓶ grote wijnfles ⟨ongeveer 6 l⟩, ⟨oneig⟩ jerobeam, mandenfles, buikfles
Me·thu·se·lah /mɪθjuːzɪlə, ᴬ-θuː-/ [eigenn] Methusalem
♦ *as old as Methuselah* zo oud als Methusalem, stokoud
meth·yl /meθɪl/ [niet-telb zn] methyl
methyl alcohol [niet-telb zn] methylalcohol
meth·yl·ate /meθɪleɪt/ [ov ww] methyleren, met methyl(alcohol) vermengen, denatureren ⟨onbruikbaar maken voor consumptie⟩ ♦ *methylated spirit(s)* gedenatureerde alcohol, (brand)spiritus
met·ic /metɪk/ [telb zn] ⟨Griekse oudh⟩ metoik, inwonend vreemdeling ⟨zonder volledig burgerrecht in de stad⟩
me·tic·u·lous /mɪtɪkjʊləs, ᴬ-kjə-/ [bn; bw: ~ly; zn: ~ness] ⓵ overdreven nauwgezet, pietepeuterig, overscrupuleus ♦ *he's meticulous in his work* hij doet zijn werk overdreven nauwkeurig ⓶ (zeer) nauwgezet, (uiterst) nauwkeurig, precies, accuraat, minutieus
mé·tier /metieɪ, ᴬmeɪtjeɪ/ [telb zn] ⓵ metier, beroep, vak ⓶ specialiteit, sterke zijde, fort ♦ *selling unsaleable products is his 'métier'* onverkoopbare producten verkopen is zijn fort
me·tis /meɪtiː(s)/, **me·tif** /meɪtiːf/ [telb zn; mv: 1e variant metis] mesties, halfbloed ⟨uit indiaanse en blanke (in Canada Frans-Canadese) voorouders⟩
Met Office [eigenn; the] ⟨inf⟩ (verk: Meteorological office) Meteorologisch Instituut, ⟨België⟩ KMI, ⟨Nederland⟩ KNMI
Me·ton·ic /mɪtɒnɪk, ᴬmetɒnɪk/ [bn, attr] maan- ♦ *Metonic cycle* maancirkel, maancyclus ⟨periode van 19 jaar⟩
met·o·nym /metənɪm/ [telb zn] metoniem, metonymisch gebruikt woord
met·o·nym·i·cal /metənɪmɪkl/ [bn; bw: ~ly] metonymisch
me·ton·y·my /mɪtɒnɪmi, ᴬ-tɑ-/ [telb + niet-telb zn] metonymie
me-too, me·too /miːtuː/ [bn, attr] ⟨inf⟩ ⓵ vergelijkbaar ⟨product⟩, nagebootst ♦ *a me-too product* een kloon, een namaak ⟨van een succes van de concurrent⟩ ⓶ ⟨pol⟩ (van) dat-ga-ik-ook-doen, dat kan ik/kunnen wij ook ♦ *the candidate conducted a me-too campaign* de kandidaat voerde een campagne van dat-ga-ik-ook-doen
me-too·ism, me·too·ism /miːtuːɪzm/ [niet-telb zn] ⟨inf; pol⟩ politiek/houding van dat-ga-ik-ook-doen/dat-kan-ik-ook
met·o·pe /metoʊp/ [telb zn; mv: ook metopae /metoʊpiː/] ⟨bouwk⟩ metope, tussenvlak ⟨van Dorisch fries⟩
¹**me·tre**, ⟨AE⟩ **me·ter** /miːtə, ᴬmiːtər/ [telb zn] meter ♦ *metre run* strekkende meter; ⟨België⟩ lopende meter
²**me·tre**, ⟨AE⟩ **me·ter** /miːtə, ᴬmiːtər/ [telb + niet-telb zn] metrum, versmaat, vers, (muziek)maat
met report [telb zn] ⟨BE; inf⟩ weerbericht
¹**met·ric** /metrɪk/ [telb zn] ⓵ meeteenheid ⓶ meetkundige eenheid/functie
²**met·ric** [WEIGHT] /metrɪk/ [bn, attr] ⓵ metriek ♦ *metric centner* 100 kg; ⟨inf⟩ *go metric* overschakelen op het metrieke stelsel; *metric hundredweight* 50 kg; *metric system* metriek stelsel; *metric ton* 1 ton, 1000 kg ⓶ ⟨zelden⟩ → metrical
-met·ric /metrɪk/, **-met·ri·cal** /metrɪkl/ ⟨vormt bijvoeglijk naamwoord uit naamwoord eindigend op -meter, -metry⟩ -metrisch ♦ *geometric, geometrical* geometrisch
¹**met·ri·cal** /metrɪkl/ [bn; bw: ~ly] metrisch, periodisch, ritmisch ♦ *metrical stress* metrisch accent
²**met·ri·cal** /metrɪkl/ [bn, attr; bw: ~ly] ⓵ metingen betreffend ♦ *metrical geometry* metrische meetkunde; *the metrical properties of space* de meetkundige eigenschappen van de ruimte ⓶ ⟨zelden⟩ → metric

met·ri·ca·tion /metrɪkeɪʃn/ [telb + niet-telb zn] overschakeling op/aanpassing aan het metrieke stelsel
¹**met·ri·cize, met·ri·cise** /metrɪsaɪz/, **met·ri·cate** /metrɪkeɪt/ [onov ww] overschakelen op het metrieke stelsel
²**met·ri·cize, met·ri·cise** /metrɪsaɪz/, **met·ri·cate** /metrɪkeɪt/ [ov ww] aanpassen aan het metrieke stelsel
met·ri·fi·ca·tion /metrɪfɪkeɪʃn/ [telb + niet-telb zn] ⓵ overschakeling op/aanpassing aan het metrieke stelsel ⓶ versificatie
¹**met·ri·fy** /metrɪfaɪ/ [onov ww] overschakelen op het metrieke stelsel
²**met·ri·fy** /metrɪfaɪ/ [ov ww] ⓵ aanpassen aan het metrieke stelsel ⓶ versificeren, versifiëren
¹**met·ro, Met·ro** /metroʊ/ [telb zn] ⟨inf⟩ metro, ondergrondse
²**met·ro** /metroʊ/ [bn] ⟨AE⟩ (verk: metropolitan) hoofdstedelijk, metropolitisch
met·ro- /miːtroʊ/, **metr-** /miːtr-/ ⓵ baarmoeder- ♦ *metralgia* baarmoederpijn ⓶ metro- ♦ *metronome* metronoom
met·ro·log·i·cal /metrəlɒdʒɪkl, ᴬ-lɑ-/ [bn; bw: ~ly] metrologisch
met·rol·o·gy /mɪtrɒlədʒi, ᴬ-trɑ-/ [telb + niet-telb zn] metrologie, systeem/leer van de maten en gewichten, techniek van het (land)meten
met·ro·nome /metrənoʊm/ [telb zn] ⟨muz⟩ metronoom
met·ro·nom·ic /metrənɒmɪk, ᴬ-nɑ-/ [bn; bw: ~ally] metronomisch, ⟨pej⟩ overdreven regelmatig, slaafs de maat volgend
¹**me·tro·nym·ic** /metrənɪmɪk/ [telb zn] ⟨taalk⟩ metronymicum ⟨van moedersnaam afgeleide achternaam⟩
²**me·tro·nym·ic** /metrənɪmɪk/ [bn] ⟨taalk⟩ metronymisch
me·trop·o·lis /mɪtrɒpəlɪs, ᴬ-trɑ-/ [telb zn] ⓵ metropool, hoofdstad, wereldstad, miljoenenstad, moederstad ♦ ⟨vaak Metropolis⟩ *the metropolis* de metropool, ⟨BE⟩ Londen; ⟨AE⟩ New York ⓶ zetel van metropoliet ⓷ moederland
¹**met·ro·pol·i·tan** /metrəpɒlɪtən, ᴬ-pɑlɪtn/ [telb zn] ⓵ metropoliet, aartsbisschop, bisschop ⓶ bewoner van een metropool, iemand met grootsteedse opvattingen en gewoonten
²**met·ro·pol·i·tan** /metrəpɒlɪtən, ᴬ-pɑlɪtn/ [bn, attr] ⓵ metropolitisch, hoofdstedelijk ♦ *metropolitan area* (stedelijke) agglomeratie; *the Metropolitan (and District) Line* de Londense metro ⟨officiële naam⟩; ⟨BE⟩ *metropolitan magistrate* Londens stadsmagistraat; ⟨BE⟩ *the Metropolitan Police* de Londense politie ⓶ metropolitaans, aartsbisschoppelijk ♦ *metropolitan bishop* metropoliet, aartsbisschop ⓷ tot het moederland behorend
me·tror·rha·gi·a /miːtrɔːreɪdʒɪə, ᴬ-trɑ-/ baarmoederlijke bloeding, vloeiing ⟨niet menstrueel⟩
met·ro·sex·u·al /metrəsekʃʊəl/ [telb zn] metroseksueel
-me·try /mɪtri/ -metrie ♦ *calorimetry* warmtemeting
met·tle, ⟨AE zelden ook⟩ **met·al** /metl/ [niet-telb zn] ⓵ moed, deugdelijkheid, kracht, pit, spirit, karakter ♦ *a man of mettle* een man met pit; *prove one's mettle* zijn waarde bewijzen; *show one's mettle* zijn karakter tonen ⓶ temperament, aard, karakter ⟨•⟩ *be on one's mettle* op de proef gesteld worden; *put s.o. on his mettle* iemand op de proef stellen; *try s.o.'s mettle* iemand testen/op de proef stellen
met·tle·some /metlsəm/ [bn] kranig, dapper, pittig
Meuse /mɜːz/ [eigenn; the] Maas
¹**mew** /mjuː/ [telb zn] ⓵ ⟨zee⟩meeuw ⟨voornamelijk Larus canus⟩ ⓶ (rui)kooi, havikskooi ⓷ mesthok ⟨voornamelijk voor vetmesten van vogels⟩ ⓸ ⟨form⟩ schuilplaats, toevluchtsoord
²**mew** /mjuː/ [telb + niet-telb zn] miauw, gem(i)auw
³**mew** /mjuː/ [onov ww] ⓵ miauwen, mauwen ⓶ krijsen, kolderen ⟨meeuwen⟩

⁴**mew** /mju:/ [ov ww] ① **opsluiten (in kooi)** ♦ *mew up* opsluiten ② ⟨vero⟩ **verliezen** ⟨veren⟩ ♦ *mew feathers* veren verliezen, ruien
mewl /mju:l/ [onov ww] ① **grienen,** janken, jengelen, dreinen ② **miauwen,** mauwen
mews /mju:z/ [alleen mv; werkwoord meestal enk] ⟨vnl BE⟩ **stall(ing)en** ⟨vroeger voor paarden, nu voor auto's⟩, tot woonhuizen omgebouwde stall(ing)en, straat(je) aan de stallingszijde van rij woonhuizen, (rij) autoboxen ♦ ⟨gesch⟩ *The Royal Mews* de Koninklijke Stallen
Mex [afk] ① (Mexican) ② (Mexico)
¹**Mex·i·can** /mɛksɪkən/ [eigenn] **Mexicaans,** de Mexicaanse taal
²**Mex·i·can** /mɛksɪkən/ [telb zn] **Mexicaan(se)**
³**Mex·i·can** /mɛksɪkən/ [bn] **Mexicaans** · ⟨AE; sl⟩ *Mexican breakfast* ontbijt van sigaret en glas water ⟨na dronken nacht⟩; ⟨AE; sl⟩ *Mexican promotion/raise* bevordering zonder salarisverhoging
Mex·i·co /mɛksɪkoʊ/ [eigenn] **Mexico**

Mexico	
naam	**Mexico** *Mexico*
officiële naam	**United Mexican States** *Verenigde Mexicaanse Staten*
inwoner	**Mexican** *Mexicaan*
inwoonster	**Mexican** *Mexicaanse*
bijv. naamw.	**Mexican** *Mexicaans*
hoofdstad	**Mexico City** *Mexico-Stad*
munt	**Mexican peso** *Mexicaanse peso*
werelddeel	**America** *Amerika*
int. toegangsnummer **52** www .**mx** auto **MEX**	

Mexico wave, Mexican wave [telb zn] ⟨sport⟩ **wave** ⟨golfbeweging door supporters op de tribune⟩
¹**me·ze·re·on** /mɪzɪəriən, ᴬ-zɪr-/, **me·ze·re·um** /mɪzɪəriəm, ᴬ-zɪr-/ [telb zn] **peperboompje** ⟨*Daphne mezereum*⟩, ⟨gew⟩ mizerieboom
²**me·ze·re·on** /mɪzɪəriən, ᴬ-zɪr-/, **me·ze·re·um** /mɪzɪəriəm, ᴬ-zɪr-/ [niet-telb zn] ⟨farm⟩ **peperbast** ⟨schors van het peperboompje als geneesmiddel⟩
me·zu·zah, me·zu·za /məzu:zə/ [telb zn; mv: ook mezuzoth /məzu:zoʊθ/] ⟨jod⟩ **mezoeza** ⟨bijbeltekstrol aan deurpost of als amulet; naar Deut. 6:4-9⟩
mez·za·nine /mɛzəni:n, mɛtsə-, ᴬmɛzəni:n/ [telb zn] ① **tussenverdieping,** mezzanine, insteekverdieping, entresol ② ⟨dram⟩ **mezzanine,** (eerste) balkon
¹**mez·zo** /mɛtsoʊ, mɛdzoʊ/ [telb zn] ⟨inf⟩ **mezzosopraan**
²**mez·zo** /mɛtsoʊ, mɛdzoʊ/ [bw] ⟨vnl muz⟩ **mezzo,** half
mez·zo-re·lie·vo, mez·zo-ri·lie·vo /mɛtsoʊrɪljeɪvoʊ/ [telb + niet-telb zn; mv: ook mezzorelievi /-rɪljeɪvi/] **halfreliëf**
mez·zo-so·pran·o /mɛtsoʊsəprɑ:noʊ/ [telb + niet-telb zn] **mezzosopraan**
¹**mez·zo·tint** /mɛtsoʊtɪnt/ [telb + niet-telb zn] ⟨bk⟩ **mezzotint,** mezzo tinto, zwartekunst(prent)
²**mez·zo·tint** /mɛtsoʊtɪnt/ [ov ww] **graveren in mezzotint**
mf, MF [afk] ① (mezzo forte) ② (medium frequency)
mfg [afk] (manufacturing)
MFN [afk] (Most Favored Nation)
mfr [afk] ① (manufacture) ② (manufacturer)
mg [afk] (milligram)
MG [afk] ① (Major General) ② (machine gun) ③ (Morris Garages)
MGB [afk] (motor gun-boat)
mgr, Mgr [afk] ① (monseigneur) ② (monsignor) ③ (manager)
MH [afk] ⟨AE⟩ (Medal of Honor)
mho /moʊ/ [telb zn] ⟨elek⟩ **siemens** ⟨eenheid van elektrische geleiding, omkering van de ohm⟩

MHR [afk] (Member of the House of Representatives ⟨in USA en Australië⟩)
MHz [afk] (megahertz)
¹**mi, me** /mi:/ [telb + niet-telb zn] ⟨muz⟩ **mi,** E
²**mi** [afk] ⟨AE⟩ ① (mile(s)) ② (mill)
MI [afk] ① (Michigan) ② (Military Intelligence)
MI5 ⟨Britse Binnenlandse Veiligheidsdienst⟩
MI6 ⟨Britse Buitenlandse Inlichtingendienst⟩
MIA [afk] ⟨vnl AE⟩ (missing in action ⟨van soldaten⟩)
¹**mi·aow, mi·aou, me·ow, me·aow** /miaʊ/ [telb zn] **miauw,** kattengejank ⟨ook figuurlijk⟩
²**mi·aow, mi·aou, me·ow, me·aow** /miaʊ/ [onov ww] **m(i)auwen**
mi·as·ma /miæzmə, ᴬmaɪ-/ [telb zn; mv: ook miasmata /-mətə/] ① **miasma,** miasme, (schadelijke) uitwaseming, moerasdamp ② ⟨ook fig⟩ **verpeste atmosfeer,** verpestende atmosfeer, miasma
mi·as·mal /miæzml, ᴬmaɪ-/, **mi·as·mat·ic** /miəzmætɪk, ᴬmaɪəzmætɪk/, **mi·as·mic** /miæzmɪk, ᴬmaɪ-/ [bn] **miasmatisch,** verpest(end), ziekteverwekkend
mi·aul /miaʊl/ [onov ww] **m(i)auwen**
Mic [afk] (Micah)
mi·ca /maɪkə/ [niet-telb zn] **mica,** glimmer ⟨mineraal(groep)⟩
mi·ca·ceous /maɪkeɪʃəs/ [bn] ① **mica,** van glimmer ♦ *micaceous iron ore* ijzerglimmer ② **mica-achtig,** glimmerachtig
Mi·cah /maɪkə/ [eigenn] ⟨Bijb⟩ (boek) **Micha**
mi·ca-schist, mi·ca-slate [niet-telb zn] **glimmerlei**
Mi·caw·ber /mɪkɔ:bə, ᴬ-ər/ [telb zn] **Micawber,** naïeve/ onverwoestbare/zorgeloze optimist, ⟨oneig⟩ Pa Pinkelman ⟨naar personage in Dickens' David Copperfield⟩
Mi·caw·ber·ish /mɪkɔ:bərɪʃ/ [bn] **naïef optimistisch,** onverwoestbaar optimistisch, zorgeloos
Mi·caw·ber·ism /mɪkɔ:bərɪzm/ [niet-telb zn] **naïef optimisme,** onverwoestbaar optimisme, zorgeloosheid
mice /maɪs/ [alleen mv] → **mouse**
MICE [afk] (Member of the Institution of Civil Engineers)
mi·celle, mi·cell /mɪsel, ᴬmaɪ-/, **mi·cel·la** /mɪselə, ᴬmaɪ-/ [telb zn; mv: micelles /-lz/; mv: 3e variant micellae /-seli:/] ⟨scheik⟩ **micel**
Mich [afk] ① (Michaelmas) ② (Michigan)
Mi·chael /maɪkl/ [eigenn] **Michael,** Michiel, Michel
Mich·ael·mas /mɪklməs/ [eigenn] **Sint-Michiel** ⟨29 september⟩
Michaelmas daisy [telb zn] **(soort) herfstaster**
Michaelmas term [telb zn] ⟨BE⟩ **herfsttrimester**
¹**Mich·i·gan** /mɪʃɪgən/ [eigenn] **Michigan** ⟨noordelijke staat in de USA⟩
²**Mich·i·gan** /mɪʃɪgən/ [niet-telb zn; vaak michigan] ⟨AE⟩ **Michigan** ⟨kaartspel⟩
Mich·i·gan·der /mɪʃɪgændə, ᴬ-ər/ [telb zn] **inwoner van (de staat) Michigan**
Michigan roll [telb zn] ⟨AE; sl⟩ **rol bankbiljetten waarvan alleen het buitenste echt is, de rest vals**
mick, Mick /mɪk/ [telb zn] ⟨sl; vaak beled⟩ ① **Ier** ② **(rooms-)katholiek,** paap ♦ *Mike a mick?* is Michiel van 't houtje?
mick·ey, mick·y /mɪki/ [telb zn] ① (verk: Mickey Finn) ② ⟨meestal mv⟩ ⟨AE⟩ **aardappel** · ⟨inf⟩ *take the mickey out of s.o.* iemand voor de gek houden/voor lul zetten, de draak steken met iemand, iemand dollen
Mickey, Mickey Finn [telb zn] ⟨sl⟩ **alcoholische drank waarin stiekem een verdovingsmiddel/laxeermiddel gemengd werd,** dat verdovingsmiddel/laxeermiddel
mick·ey-mouse [ov ww] ⟨inf; vaak pej⟩ **(na)synchroniseren,** lipsynchroniseren, van geluid voorzien ⟨zoals in tekenfilms⟩ · ⟨AE; sl⟩ *mickey-mouse around* rondlummelen, aanrommelen
¹**Mickey Mouse** [eigenn] ⟨AE⟩ **Mickey muis** ⟨tekenfilmfi-

guur van Disney⟩
²**Mickey Mouse** [niet-telb zn] ⟨AE; sl⟩ ① ⟨mil⟩ poeha, warboel ② (schone) schijn
³**Mickey Mouse** [bn, attr] ⟨AE; sl⟩ ① simpel, makkelijk, ⟨bij uitbreiding⟩ onbelangrijk, onbeduidend ② ⟨muz⟩ sentimenteel, onoprecht ③ schoonschijnend, oppervlakkig, bedrieglijk ④ slecht, waardeloos, inferieur
mick·ey-tak·ing [niet-telb zn] geplaag, plagerij
¹**mick·le** /mɪkl/, **muck·le** /mʌkl/ [telb zn] ⟨vero; SchE⟩ grote hoeveelheid ▪ ⟨sprw⟩ *many a little makes a mickle/many a mickle makes a muckle* veel kleintjes maken een grote
²**mick·le** /mɪkl/, **muck·le** /mʌkl/ [onbep det] ⟨vero; SchE⟩ veel, groot
¹**Mic·mac** /mɪkmæk/ [eigenn] Micmac, taal van de Micmacindianen ⟨in Noord-Amerika⟩
²**Mic·mac** /mɪkmæk/ [telb zn; mv: ook Micmac] Micmacindiaan
MICR [niet-telb zn] ⟨comp⟩ (MICR) magnetische tekenherkenning
mi·cro /maɪkroʊ/ [telb zn] ⟨inf⟩ ① supermini ⟨rok, jurk of mantel⟩ ② ⟨comp⟩ micro(computer) ③ ⟨verk: microprocessor⟩
mi·cro- /maɪkroʊ/, **micr-** /maɪkr/ micro-, ⟨abnormaal⟩ klein/kort, miniatuur
mi·cro·a·nal·y·sis /maɪkroʊəˈnæləsɪs/ [telb zn; mv: microanalyses /-siːz/] microanalyse
mi·crobe /maɪkroʊb/ [telb zn] microbe, bacterie
mi·cro·bi·al /maɪkroʊbɪəl/ [bn] microbieel, bacteriologisch ♦ *microbial warfare* bacteriologische oorlogvoering
mi·cro·bic /maɪkroʊbɪk/ [bn] microbieel, bacteriologisch
mi·cro·bi·o·log·i·cal /maɪkroʊbaɪəˈlɒdʒɪkl, ᴬ-lɑ-/ [bn; bw: ~ly] microbiologisch
mi·cro·bi·ol·o·gist /maɪkroʊbaɪˈɒlədʒɪst, ᴬ-ˈɑlə-/ [telb zn] microbioloog
mi·cro·bi·ol·o·gy /maɪkroʊbaɪˈɒlədʒi, ᴬ-ˈɑlə-/ [niet-telb zn] microbiologie
mi·cro·brew /maɪkroʊbruː/ [telb zn] lokaal biertje ⟨waarvan weinig wordt geproduceerd⟩
mi·cro·brew·e·ry /maɪkroʊbruːəri/ [telb zn] microbrouwerij, lokale brouwerij ⟨met eigen café-restaurant⟩
mi·cro·card /maɪkroʊkɑːd, ᴬ-kɑrd/ [telb zn] microkaart, microfiche
¹**mi·cro·ce·phal·ic** /maɪkroʊsɪˈfælɪk/ [telb zn] kleinschedelige, microcefaal
²**mi·cro·ce·phal·ic** /maɪkroʊsɪˈfælɪk/, **mi·cro·ceph·a·lous** /-sɛfələs/ [bn] kleinschedelig, microcefaal
mi·cro·ceph·a·ly /maɪkroʊˈsɛfəli/ [niet-telb zn] kleinschedeligheid, microcefalie
mi·cro·chip /maɪkroʊtʃɪp/ [telb zn] ⟨comp⟩ microchip
mi·cro·cir·cuit /maɪkroʊsɜːkɪt, ᴬ-sɜr-/ [telb zn] microcircuit, microstroomketen, microstroomkring, microkringloop
mi·cro·cir·cuit·ry /maɪkroʊsɜːkɪtri, ᴬ-sɜr-/ [telb zn] microcircuit, microscopisch kringloopsysteem
mi·cro·cli·mate /maɪkroʊklaɪmət/ [telb zn] microklimaat
mi·cro·cli·mat·ic /maɪkroʊklaɪˈmætɪk/, **mi·cro·cli·ma·to·log·ic** /-klaɪmətəˈlɒdʒɪk, ᴬ-klaɪmətəlɑ-/, **mi·cro·cli·ma·to·log·i·cal** /-ɪkl/ [bn] microklimatologisch, microklimatisch
mi·cro·cline /maɪkroʊklaɪn/ [niet-telb zn] ⟨scheik⟩ microclien
mi·cro·com·put·er /maɪkroʊkəmpjuːtə, ᴬ-kəmpjuːtər/ [telb zn] ⟨comp⟩ micro(computer) ⟨computer met microprocessor⟩
mi·cro·cook /maɪkroʊkʊk/ [ov ww] in de magnetron(oven) zetten/verhitten, koken in de magnetron
mi·cro·cosm /maɪkroʊkɒzm, ᴬ-kɑzm/ [telb zn] microkosmos ♦ *in microcosm* in het klein, in miniatuur

mi·cro·cos·mic /maɪkroʊkɒzmɪk, ᴬ-kɑz-/ [bn] microkosmisch
mi·cro·cred·it /maɪkroʊkrɛdɪt/ [telb + niet-telb zn] microkrediet
mi·cro·dot /maɪkroʊdɒt, ᴬ-dɑt/ [telb zn] ① (tot een punt verkleinde) microfoto ⟨van een document⟩ ② ⟨sl⟩ (microscopisch klein) pilletje ⟨o.m. van lsd⟩
mi·cro·e·co·nom·ics /maɪkroʊɛkəˈnɒmɪks, -iːkə-, ᴬ-ˈnɑ-/ [niet-telb zn] micro-economie
mi·cro·e·lec·tron·ics /maɪkroʊɪlɛkˈtrɒnɪks, ᴬ-ˈtrɑ-/ [niet-telb zn] micro-elektronica
mi·cro·el·e·ment /maɪkroʊɛlɪmənt/ [telb zn] micro-element, spoorelement
mi·cro·en·gi·neer·ing /maɪkroʊɛndʒɪˈnɪərɪŋ, ᴬ-ˈnɪrɪŋ/ [niet-telb zn] microtechniek
mi·cro·fiche /maɪkroʊfiːʃ/ [telb zn; mv: ook microfiche] microfiche
microfiche reader [telb zn] microficheleesapparaat
¹**mi·cro·film** /maɪkroʊfɪlm/ [telb + niet-telb zn] microfilm
²**mi·cro·film** /maɪkroʊfɪlm/ [ov ww] microfilmen, op microfilm vastleggen
mi·cro·fi·nance /maɪkroʊfaɪnæns, ᴬ-fɪnæns/ [niet-telb zn] microfinanciering ⟨lokaal opgezet coöperatief spaar- en kredietsysteem voor arme mensen⟩
mi·cro·fi·nanc·ing, mi·cro·fi·nance [niet-telb zn] microfinanciering
mi·cro·form /maɪkroʊfɔːm, ᴬ-fɔrm/ [telb zn] ① microorganisme ② microformaat
mi·cro·graph /maɪkroʊgrɑːf, ᴬ-græf/ [telb zn] ① micrograaf ② foto van een microscopisch waargenomen object
mi·cro·graph·ic /maɪkroʊgræfɪk/ [bn] micrografisch
mi·crog·ra·phy /maɪˈkrɒgrəfi, ᴬ-ˈkrɑ-/ [niet-telb zn] micrografie
mi·cro greens /maɪkroʊgriːnz/ [alleen mv] kiemen, kiemgroenten
mi·cro·groove /maɪkroʊgruːv/ [telb zn] ① langspeelplaat, elpee, lp ② microgroef, zeer smalle groef ⟨in grammofoonplaat⟩
mi·cro leaves /maɪkroʊliːvz/ [alleen mv] kiemen, kiemgroenten
mi·cro·light /maɪkroʊlaɪt/ [telb zn] superlicht vliegtuigje ⟨gewicht ongeveer 150 kg⟩
mi·cro·loan /maɪkroʊloʊn/ [telb zn] microlening ⟨voor armen die een eigen zaak willen starten⟩
mi·cro·man·age /maɪkroʊmænɪdʒ/ [ov ww] ⟨vnl AE⟩ tot in (de kleinste) details besturen/regelen, instrumenteel leiden, micromanagen
mi·cro·mesh /maɪkroʊmɛʃ/ [niet-telb zn] zeer fijn maaswerk
micromesh stockings [alleen mv] fijnmazige kousen
mi·cro·me·te·or·ol·o·gy /maɪkroʊmiːtɪərəˈlɒdʒi, ᴬ-miːtɪərɑ-/ [niet-telb zn] micrometeorologie
mi·crom·e·ter /maɪˈkrɒmɪtə, ᴬ-ˈkrɑmɪtər/ [telb zn] micrometer
mi·cro·met·ric /maɪkroʊmɛtrɪk/, **mi·cro·met·ri·cal** /-ɪkl/ [bn] micrometrisch
mi·cro·min·i /maɪkroʊmɪni/ [telb zn] microminijurkje, microminirokje ⟨zeer kort jurkje of rokje⟩
mi·cro·min·i·a·tur·i·za·tion, mi·cro·min·i·a·tur·i·sa·tion /maɪkroʊmɪnɪtʃəraɪˈzeɪʃn, ᴬ-mɪnɪətʃərə-/ [niet-telb zn] microminiaturisatie, microverkleiningstechniek
mi·cron /maɪkrɒn, ᴬ-krɑn/ [telb zn; mv: ook micra /maɪkrə/] micron, micrometer ⟨0,000001 m⟩
mi·cro·nee·dle [telb zn] micronaald
Mi·cro·ne·si·a /maɪkroʊniːzɪə, ᴬ-ˈniːʒə/ [eigenn] Micronesië ⟨eilandgebied⟩ ♦ *the Federated States of Micronesia* (de Federale Staten van) Micronesia ⟨staat⟩
¹**Mi·cro·ne·sian** /maɪkroʊniːzɪən, ᴬ-ˈniːʒn/ [telb zn] Micronesiër, Micronesische ⟨van Micronesië/Micronesia⟩

Micronesian

²**Mi·cro·ne·sian** /maɪkroʊniːzɪən, ᴬ-niːʒn/ [bn] Micronesisch, uit/van/m.b.t. Micronesië/Micronesia
mi·cro·nu·cle·ar /maɪkroʊnjuːklɪə, ᴬ-nuːklɪər/ [bn, attr] micronucleair, microkernenergetisch
mi·cro·nu·cle·us /maɪkroʊnjuːklɪəs, ᴬ-nuː-/ [telb zn; mv: meestal micronuclei] microkern, micronucleus
mi·cro·nu·tri·ent /maɪkroʊnjuːtrɪənt, ᴬ-nuː-/ [telb zn] ① micro-element, spoorelement ② micronutriënt, microbouwstof
mi·cro·or·gan·ism /maɪkroʊɔːgənɪzm, ᴬ-ɔr-/ [telb zn] micro-organisme, microscopisch klein organisme
mi·cro·phone /maɪkrəfoʊn/ [telb zn] microfoon, ⟨België⟩ micro
mi·cro·pho·to·graph /maɪkroʊfoʊtəgrɑːf, ᴬ-foʊtəgræf/ [telb zn] microfoto, microfilm
mi·cro·proc·es·sor /maɪkroʊproʊsesə, ᴬ-prɑsesər/ [telb zn] ⟨comp⟩ microprocessor ⟨centrale verwerkingseenheid van computer⟩
mi·cro·scope /maɪkrəskoʊp/ [telb zn] microscoop ♦ *put/examine under the microscope* onder de loep nemen ⟨ook figuurlijk⟩
mi·cro·scop·ic /maɪkrəskɒpɪk, ᴬ-skɑ-/, **mi·cro·scop·i·cal** /-ɪkl/ [bn; bw: ~ally] ① microscopisch ② microscopisch klein, uiterst klein • *microscopic section* preparaat ⟨voor microscopisch onderzoek⟩; microtomisch plakje ⟨weefsel⟩
mi·cros·co·py /maɪkrɒskəpi, ᴬ-krɑ-/ [niet-telb zn] microscopie
mi·cro·sec·ond /maɪkrəsekənd/ [telb zn] microseconde
mi·cro·seism /maɪkroʊsaɪzm/ [telb zn] microaardschok, lichte aardtrilling
mi·cro·tome /maɪkroʊtoʊm/ [telb zn] ⟨med⟩ microtoom
mi·cro·tone /maɪkroʊtoʊn/ [telb zn] ⟨muz⟩ microtoon
¹**mi·cro·wave** /maɪrəweɪv/ [telb zn] microgolf
²**mi·cro·wave** /maɪrəweɪv/ [onov ww] geschikt zijn voor de magnetron
³**mi·cro·wave** /maɪrəweɪv/ [ov ww] in de magnetron zetten/verhitten, koken in de magnetron
mi·cro·wave·a·ble, mi·cro·wav·a·ble /maɪrweɪvəbl/ [bn] geschikt voor de magnetron
microwave oven [telb zn] magnetron(oven), ⟨België⟩ microgolfoven
mi·crur·gy /maɪkrɜːdʒi, ᴬ-krɜr-/ [niet-telb zn] microdissectie, protoplasmaontleding
mic·tu·rate /mɪktjʊreɪt, ᴬ-tʃə-/ [onov ww] ⟨med⟩ urineren
mic·tu·ri·tion /mɪktjʊrɪʃn, ᴬ-tʃə-/ [telb + niet-telb zn] ⟨med⟩ mictie, urinelozing
¹**mid** /mɪd/ [telb zn] ⟨vero⟩ midden
²**mid, mid-** /mɪd/ [bn, attr; ook als voorvoegsel] ① ⟨soms superlatief -most⟩ midden, vol, half, het midden van ♦ *in midair* in de lucht, tussen hemel en aarde, in volle vlucht; *from mid-June to mid-August* van midden/half juni tot midden/half augustus; *in mid ocean* in volle zee; *in midterm* in het midden van/halverwege het trimester ⟨zie ook samenstellingen⟩ ② ⟨geen comparatie⟩ ⟨taalk⟩ halfopen, halfgesloten ♦ *mid vowels* halfopen vocalen, halfopen en halfgesloten vocalen
³**mid, 'mid** /mɪd/ [vz] ⟨form⟩ te midden van
⁴**mid** /mɪd/ [afk] ① (middle) ② (midland) ③ (midshipman)
MIDAS /maɪdəs/ [afk] (Missile Defence Alarm System)
Mi·das touch /maɪdəs tʌtʃ/ [telb zn; mv zelden] gouden handen ⟨naar de koning die door zijn aanraking alles in goud veranderde⟩ ♦ ⟨fig⟩ *have the Midas touch* gouden handen hebben
mid-At·lan·tic [bn] Midden-Atlantisch ♦ ⟨geol⟩ *mid-Atlantic ridge* Midden-Atlantische rug
mid·brain [niet-telb zn] middenhersenen
mid·calf [bn, attr] tot halverwege de kuit, midi- ♦ *a midcalf skirt* een midirok

mid·course [niet-telb zn] ⟨ruimtev⟩ middenbaan
midcourse correction [telb + niet-telb zn] koerscorrectie in volle vlucht
Mid·cult /mɪdkʌlt/ [telb + niet-telb zn; ook midcult] (klein)burgerlijke cultuur
mid·day /mɪddeɪ/ [niet-telb zn] middag
mid·den /mɪdn/ [telb zn] mesthoop, afvalhoop, composthoop
¹**mid·dle** /mɪdl/ [telb zn] ① midden, middelpunt, middellijn, middenvlak, middelmaat, middenweg ♦ *in the middle* middenin; *be caught in the middle* tussen twee vuren zitten; *be in the middle of reading* verdiept aan het lezen zijn; *in the middle of the night* in het holst van de nacht; ⟨België⟩ in het putje van de nacht; *in the middle of nowhere* in een uithoek/een of ander (godvergeten) gat ② middel, taille ③ ⟨log⟩ middenterm ④ ⟨taalk⟩ mediale vorm ⑤ ⟨BE⟩ populair literair-essayistisch krantenartikel, cursiefje • *keep to the middle of the road* de kerk in het midden laten, de (gulden) middenweg nemen; ⟨inf⟩ *kick/knock/send s.o. into the middle of next week* iemand een ongeluk slaan
²**mid·dle** /mɪdl/ [bn, attr] middelst, midden, middel-, mid-, tussen-, middelmatig, middelbaar ♦ *middle age* middelbare leeftijd; *Middle Ages* middeleeuwen; *middle aisle* middenschip, middenbeuk; *middle bracket* middenklasse, middengroep; ⟨attributief ook⟩ modaal; *middle class* bourgeoisie; *middle deck* middendek; *middle ear* middenoor; *middle finger* middelvinger; ⟨schaaksp⟩ *middle game* middenspel; *the middle house in the row* het middelste huis in de rij; *middle management* middenkader; ⟨log⟩ *middle term* middenterm; ⟨taalk⟩ *middle voice* mediale vorm; ⟨scheepv⟩ *middle watch* hondenwacht • *Middle America* Midden-Amerika; ⟨fig⟩ de gemiddelde Amerikaan; ⟨muz⟩ *middle C* eengestreepte C; *middle camp* middenklassekitsch; *middle distance* ⟨atl⟩ middenafstand; ⟨België⟩ halve fond ⟨van 400 m tot 1 mijl⟩; *in the middle distance* ⟨nl bk en foto⟩ op het tweede plan/middenplan; *Middle Dutch* Middelnederlands; *Middle East* Midden-Oosten; *Middle England* welgestelde Engelse middenklasse; *Middle English* Middelengels; *middle ground* ⟨bk, foto⟩ middenplan; gematigde houding; ⟨AE; sl⟩ *middle leg* pik, lul; *middle passage* slavenroute ⟨tussen West-Afrika en West-Indië⟩; *Middle West* Midwesten ⟨van de USA, begrensd door de Grote Meren, de Ohio en de Missouri⟩; *middle youth* ± jongvolwassenenfase ⟨levensfase tussen jeugd en middelbare leeftijd⟩
³**mid·dle** /mɪdl/ [onov + ov ww] ① ⟨voetb⟩ naar binnen/het midden spelen ② ⟨cricket⟩ met het midden van de bat raken
⁴**mid·dle** /mɪdl/ [ov ww] ① in het midden plaatsen, centreren ♦ ⟨scheepv⟩ *middle the cable* de ankerkabel precies verdelen over twee uitstaande ankers ② ⟨scheepv⟩ dubbelvouwen ♦ *middle the sail* het zeil dubbelvouwen
mid·dle-ag·ed [bn; bw: middle-agedly; zn: middle-agedness] van/op middelbare leeftijd
middle-age spread, middle-aged spread [niet-telb zn] ⟨scherts⟩ buikje, veertigersvet, vetgordel, vetvorming (rond middel), embonpoint
mid·dle-aisle [onov + ov ww; alleen met it] ⟨sl⟩ trouwen ♦ *middle-aisle it* trouwen
¹**mid·dle·brow** [telb zn] ⟨inf⟩ semi-intellectueel
²**mid·dle·brow** [bn] ⟨inf⟩ semi-intellectueel
mid·dle-class [bn, attr] kleinburgerlijk, bourgeois
mid·dle course [telb zn] middenweg, compromis, tussenweg ♦ *follow/take a/the middle course* de gulden middenweg nemen
middle-distance race [telb zn] ⟨atl⟩ middenafstandswedstrijd
middle-distance runner [telb zn] ⟨atl⟩ middenafstandsloper
middle-distance running [niet-telb zn] ⟨atl⟩ (het)

middenafstandslopen
mid·dle-earth [niet-telb zn] elfenland
mid·dle-in·come [bn, attr] met een modaal inkomen
mid·dle-man [telb zn; mv: middlemen] ① tussenpersoon, bemiddelaar, makelaar ② middenman, middelman ③ ⟨dram⟩ compère ⟨presentator in black minstrel-show⟩
mid·dle·most [bn, attr] middelst
mid·dle·name [telb zn] ① tweede voornaam ② tweede natuur ♦ *bad luck is our middlename* we zijn voor het ongeluk geboren; *sobriety is his middlename* hij is de soberheid zelve, de soberheid in persoon
mid·dle-of-the-road [bn] gematigd, neutraal, populair, gewoon
mid·dle-rate [bn] middelmatig, tweederangs(-)
mid·dl·es·cence /mɪdlesns/ [niet-telb zn] middelbare leeftijd
¹**middle school** [telb zn] middenschool ⟨in Groot-Brittannië; voor ± 9- tot 13-jarigen⟩
²**middle school** [telb + niet-telb zn] middelste klassen ⟨bijvoorbeeld in grammar school⟩, middenbouw
mid·dle-sized [bn; zn: middle-sizedness] middelgroot
mid·dle-tar [bn] met gemiddeld teergehalte
mid·dle-tier [bn, attr] middel-, van het middenkader ♦ *the middle-tier bureaucracy* ⟨de ambtenaren/bureaucraten van⟩ het middenkader
mid·dle·weight [telb zn; ook attributief] ⟨sport⟩ middengewicht
¹**mid·dling** /mɪdlɪŋ/ [bn; bw: ~ly] middelmatig, middelgroot, tamelijk ⟨goed⟩, redelijk, zo zo, tweederangs, ⟨inf⟩ tamelijk gezond
²**mid·dling** /mɪdlɪŋ/ [bw] ⟨inf⟩ tamelijk, redelijk
mid·dlings /mɪdlɪŋz/ [alleen mv; werkwoord ook enk] ① tussensoort ⟨van goederen⟩, middensoort, tussenkwaliteit ② grof gemalen zemelig meel ⟨veevoeder⟩
mid·dy /mɪdi/ [telb zn] ① ⟨inf; verkleinwoord van mid⟩ ⟨verk: midshipman⟩ ② matrozenbloes
middy blouse [telb zn] matrozenbloes
mid·field [telb + niet-telb zn; ook attributief] ⟨voetb⟩ middenveld
mid·field·er [telb zn] ⟨sport⟩ middenvelder, middenveldspeler
midfield stripe [telb zn] ⟨sl; American football⟩ middenlijn, 50 yardlijn
midge /mɪdʒ/ [telb zn] ① ⟨dierk⟩ mug ⟨familie Chironomidae⟩ ② dwerg
¹**midg·et** /mɪdʒɪt/ [telb zn] ① dwerg, lilliputter ② iets kleins, iets nietigs
²**midg·et** /mɪdʒɪt/ [bn, attr] lilliputachtig, miniatuur-, mini-, dwerg-, (zeer) klein ♦ *midget golf* midgetgolf, mini(atuur)golf; *midget submarine* tweepersoonsduikboot
mid·gut [telb zn] middendarm
¹**mid·i** /mɪdi/ [telb zn] midi, midirok, midi-japon, midi-mantel
²**mid·i** /mɪdi/ [bn, attr] midi-
MIDI /mɪdi/ [niet-telb zn] ⟨musical instrument digital interface⟩ MIDI ⟨standaard voor communicatie tussen elektronische muziekinstrumenten en de computer⟩
mid·i·nette /mɪdinet/ [telb zn] modinette, naai- of ateliermeisje, leerling-modiste
mid·i·ron [telb zn] ⟨golf⟩ iron 2 club ⟨stalen club met smalle kop⟩
mid·land /mɪdlənd/ [telb zn] binnenland, centraal gewest, middengedeelte, centrum ⟨van een land⟩
Mid·lands /mɪdləndz/ [eigenn; the] Midden-Engeland
Mid Lent [eigenn] halfvasten
mid·life [telb zn; niet-telb zn; vaak attributief] middelbare leeftijd ♦ *a midlife crisis* een crisis op/van de middelbare leeftijd
mid·most [bn, attr] middelste, binnenste

mid·night [niet-telb zn] middernacht · ⟨sprw⟩ *an hour's sleep before midnight is worth three after* ± de uren slaap voor middernacht tellen dubbel
midnight blue [niet-telb zn; vaak attributief] nachtblauw
midnight hours [alleen mv; the] kleine uurtjes
midnight oil [niet-telb zn; the] werk van de late uurtjes ♦ *burn the midnight oil* werken tot diep in de nacht/tot in de kleine uurtjes; *smell of the midnight oil* naar de lamp ruiken
midnight sun [niet-telb zn; the] middernachtzon
mid·o·ce·an·ic [bn] ⟨geol⟩ Midden-Atlantisch ♦ *mid-oceanic ridge* Midden-Atlantische/midoceanische rug
¹**mid-off** [telb zn] ⟨cricket⟩ mid-off ⟨fielder in positie op het speelveld links achter de bowler⟩
²**mid-off** [telb zn] ⟨cricket⟩ mid-off ⟨positie op het speelveld links achter de bowler⟩
¹**mid-on** [telb zn] ⟨cricket⟩ mid-on ⟨fielder in positie op het speelveld rechts achter de bowler⟩
²**mid-on** [telb zn] ⟨cricket⟩ mid-on ⟨positie op het speelveld rechts achter de bowler⟩
mid·point [telb zn] middelpunt, midden
mid·rib [telb zn] ⟨plantk⟩ hoofdnerf, middelnerf
mid·riff /mɪdrɪf/ [telb zn] ① middenrif, diafragma ② maagstreek ③ lijfje ⟨kledingstuk⟩
mid·ship [telb zn] middelschip
mid·ship·man /mɪdʃɪpmən/ [telb zn; mv: midshipmen /-mən/] ① adelborst, marinecadet, zeecadet ② ± marinekorporaal ⟨rang onder onderluitenant in Royal Navy⟩
¹**mid·ships** [alleen mv; the] middelschip
²**mid·ships** /mɪdʃɪps/ [bw] midscheeps
mid-spectrum [bn] ⟨med⟩ ± normaal, ± doorsnee- ⟨m.b.t. ziekteverschijnselen⟩
¹**midst** /mɪdst/ [niet-telb zn; enkel na voorzetsel] ⟨form⟩ midden, binnenste ♦ *in the midst of the fight* in het heetst van de strijd; *the enemy is in our midst* de vijand is in ons midden
²**midst** /mɪdst/ [bw] ⟨vero⟩ in het midden, te midden ♦ *a circle of trees and a clearing midst* een bomencirkel met een open plek in het midden
³**midst** /mɪdst/ [vz] ⟨form⟩ te midden van ♦ *lost sight of her midst the bustle* verloor haar uit het gezicht te midden van het gewoel
¹**mid·stream** [niet-telb zn] midden van de rivier/stroom, stroomgeul · ⟨sprw⟩ *don't change horses in midstream* ± men moet niet halverwege de race van paard verwisselen
²**mid·stream** [bw] ① in het midden van de stroom, in volle stroom, op stroom ② halfweg, halverwege
mid·sum·mer [niet-telb zn] ① midzomer, hartje zomer ② zonnewende ⟨rond 21 juni⟩
Midsummer Day, Midsummer's Day [eigenn] midzomerdag ⟨24 juni⟩
midsummer madness [niet-telb zn] toppunt van krankzinnigheid
¹**mid-term** [telb zn] examen in het midden van een trimester
²**mid-term** [niet-telb zn] midden van een academisch trimester/politieke ambtstermijn, ⟨attributief; België⟩ halftrimestrieel
mid·town [niet-telb zn; vaak attributief] binnenstad ♦ *a midtown hotel* een hotel in de binnenstad
mid·watch [telb zn] hondenwacht
¹**mid·way** [telb zn] ⟨AE⟩ amusementsruimte ⟨bij jaarmarkt, tentoonstelling enz.⟩
²**mid·way** [bn, attr] ① in het midden, centraal ② gematigd
³**mid·way** [bw] halverwege, in het midden ♦ *stand midway between* het midden houden tussen; *midway between two towns* halverwege twee steden
mid·week [niet-telb zn] het midden van de week

Midwest

Mid·west [eigenn; the] Midwesten ⟨van de USA, begrensd door de Grote Meren, de Ohio en de Missouri⟩
Mid·west·ern [bn] van/m.b.t. het Midwesten
¹**mid·wick·et** [telb zn] ⟨cricket⟩ midwicket ⟨fielder in positie op het speelveld schuin rechts voor de bowler⟩
²**mid·wick·et** [niet-telb zn] ⟨cricket⟩ midwicket ⟨positie op het speelveld schuin rechts voor de bowler⟩
mid·wife [telb zn; mv: midwives] vroedvrouw, verloskundige, ⟨ook⟩ vroedmeester
mid·wife·ry /mɪdwɪfri, ᴬ-waɪfri/ [niet-telb zn] verloskunde
midwife toad [telb zn] ⟨dierk⟩ vroedmeesterpad ⟨Alytes obstetricans⟩
mid·win·ter [niet-telb zn] ① midwinter, midden in de winter, ⟨België⟩ putje van de winter ② zonnewende ⟨rond 21 december⟩
¹**mid·year** [telb zn] examen in het midden van een academiejaar
²**mid·year** [niet-telb zn] midden van een academie- of kalenderjaar
MIEE [afk] (Member of the Institution of Electrical Engineers)
mien /miːn/ [telb zn] ⟨form⟩ voorkomen, houding, uiterlijk, gedrag, gelaatsuitdrukking
mierkat [telb zn] → meerkat
¹**miff** /mɪf/ [telb zn] ⟨inf⟩ ① nijdige bui, wrevel, misnoegdheid ② twist(je), ruzietje, gekrakeel, gekibbel
²**miff** /mɪf/ [ov ww] ⟨inf⟩ krenken, ergeren, beledigen, op de tenen trappen ♦ *Peter was a bit miffed* Peter was een tikje nijdig
mif·fy /mɪfi/ [bn; vergr trap: miffier; zn: miffiness] ① ⟨inf⟩ lichtgeraakt, overgevoelig ② ⟨plantk⟩ delicaat, goede groeicondities vereisend
¹**might** /maɪt/ [niet-telb zn] macht, kracht, sterkte ♦ *by/with might and main* met man en macht, met hand en tand, uit alle macht; *with all one's might* met uiterste krachtsinspanning ▪ ⟨sprw⟩ *might is right* macht gaat boven recht; ⟨sprw⟩ *God is always on the side of might* ± God staat altijd aan de kant van de machtigen
²**might** /maɪt/ [hulpww; verleden tijd van may] ① ⟨toelating; verwijzing naar het verleden verouderd, behalve in indirecte rede⟩ mocht(en), zou(den) mogen ♦ *might I ask you a question?* zou ik u een vraag mogen stellen?; ⟨vero⟩ *formerly Parliament might do nothing without the King's consent* vroeger mocht het Parlement niets ondernemen zonder 's konings toestemming; *he said she might go* hij zei dat ze mocht gaan ② ⟨mogelijkheid⟩; drukt een grotere graad van onzekerheid uit dan may⟩ kon(den), zou(den) (misschien) kunnen ♦ *it might be a good idea to ...* het zou misschien goed zijn te ...; *she might have been delayed* ze is misschien opgehouden; ⟨als verwijt⟩ *you might have warned us* je had ons toch kunnen waarschuwen; *he might return the book if you ask him* hij zal het boek misschien terugbrengen als jij het hem vraagt ③ ⟨doel⟩ ook afhankelijk van uitdrukking van hoop, vrees, wens enz.; voornamelijk onvertaald⟩ mocht(en), moge(n) ♦ *let's hope he might get better* laten we hopen dat hij beter wordt; *she laughed that no-one might notice her embarrassment* ze lachte om niet te laten merken dat ze verlegen was; → may
might·est /maɪtɪst/ [hulpww] ⟨2e persoon enkelvoud, vero of rel⟩ → might
might-have-been [telb zn] ① gemiste kans, wat had kunnen zijn ♦ *Oh, for the glorious might-have-beens* het had zo mooi kunnen zijn ② beloftevol iemand die nooit wat geworden is
might·i·ly /maɪtɪli/ [bw] ① → mighty¹ ② ⟨inf⟩ zeer, heel, erg, allemachtig
might·i·ness /maɪtinəs/ [niet-telb zn] macht, kracht, grootheid, sterkte
Might·i·ness /maɪtinəs/ [telb zn] hoogheid, excellentie ♦ *their High Mightinesses* Hunne Hoogmogendheden
mightst /maɪtst/ [hulpww] ⟨2e persoon enkelvoud, vero of rel⟩ → might
¹**might·y** /maɪti/ [bn; vergr trap: mightier; zn: mightiness] ① machtig, sterk, krachtig ② indrukwekkend, kolossaal, groot, omvangrijk, reusachtig ③ ⟨inf⟩ geweldig, fantastisch, formidabel ▪ ⟨sprw⟩ *the pen is mightier than the sword* de pen is machtiger dan het zwaard
²**might·y** /maɪti/ [bw] ⟨inf⟩ zeer, heel, erg, allemachtig ♦ *think o.s. mighty clever* zich een hele bolleboos vinden; *that is mighty easy* dat is heel gemakkelijk/een peul(en)schil
¹**mi·gnon·ette** /mɪnjənɛt/ [telb + niet-telb zn] ⟨plantk⟩ reseda ⟨genus Reseda⟩, ⟨i.h.b.⟩ tuinreseda ⟨R. odorata⟩
²**mi·gnon·ette** /mɪnjənɛt/ [niet-telb zn] fijne kant
mi·graine /miːgreɪn, ᴬmaɪ-/ [telb + niet-telb zn] migraine(aanval)
mi·grain·ous /miːgreɪnəs, ᴬmaɪ-/ [bn] lijdend aan migraine
¹**mi·grant** /maɪgrənt/ [telb zn] ① migrant, landverhuizer, trekker, zwerver, seizoenarbeider ♦ *economic migrant* economische migrant ② migrant, trekker, trekvogel, migrerend dier
²**mi·grant** /maɪgrənt/ [bn, attr] migrerend, trekkend, trek-, zwervend, nomadisch ♦ *migrant seasonal workers* rondtrekkende seizoenarbeiders
¹**mi·grate** /maɪgreɪt, ᴬmaɪgreɪt/ [onov ww] migreren, trekken, verhuizen, zwerven
²**migrate** [ov ww] ⟨comp⟩ migreren
mi·gra·tion /maɪgreɪʃn/ [telb + niet-telb zn] ① migratie, verhuizing, volksverhuizing, dierenverhuizing, trek ② ⟨scheik⟩ migratie ⟨beweging van ionen enz. onder invloed van een elektrisch veld⟩
mi·gra·to·ry /maɪgrətri, ᴬ-tɔri/ [bn] migrerend, trekkend, trek-, zwervend, nomadisch ♦ *migratory bird* trekvogel; *migratory kidney* wandelende nier
mi·ka·do /mɪkɑːdoʊ/ [telb zn; vaak Mikado] mikado, keizer van Japan
¹**mike** /maɪk/ [telb zn] ⟨inf⟩ ⟨verk: microphone⟩ microfoon, ⟨België⟩ micro
²**mike** /maɪk/ [telb + niet-telb zn] ⟨BE; sl⟩ gelummel, getalm, getreuzel ♦ *do/have a mike, be on the mike* lummelen, luieren
³**mike** /maɪk/ [onov ww] ⟨BE; sl⟩ lummelen, talmen, treuzelen
⁴**mike** /maɪk/ [ov ww] ⟨inf⟩ van een microfoon voorzien
Mike /maɪk/ [eigenn] Mike ⟨vorm van Michael⟩
¹**mil** /mɪl/ [telb zn] ① ¹⁄₁₀₀₀ inch ⟨0,0254 mm⟩ ② milliliter, 1 cm³ ♦ *an alcohol level of .8 per mil* een alcoholgehalte van 0,8 pro mille ③ Cyprisch muntstuk ⟨¹⁄₁₀₀₀ pond⟩
²**mil** [afk] ① (mileage) ② (military) ③ (militia) ④ (million)
mi·la·dy, mi·la·di, m'la·dy /mɪleɪdi/ [telb zn] ① milady ② elegante/modieuze vrouw
milage [telb + niet-telb zn] → mileage
¹**Mil·a·nese** /mɪləniːz/ [zn; mv: Milanese] Milanees
²**Mil·a·nese** /mɪləniːz/ [bn] Milanees, Milaans
¹**milch** /mɪltʃ/ [bn, attr] melkgevend, melk- ♦ ⟨ook fig⟩ *a milch cow* melkkoe(tje)
²**milch** /mɪltʃ/ [ov ww] leegmelken, als melkkoetje gebruiken
¹**mild** /maɪld/ [niet-telb zn] ⟨BE; inf⟩ licht bier
²**mild** /maɪld/ [bn; vergr trap: milder; bw: ~ly; zn: ~ness] ① mild, zacht, zachtaardig, zachtwerkend, goedaardig, welwillend, niet streng, weldadig, (ge)matig(d) ♦ *as mild as a lamb* zo zacht als een lammetje; *mild attempt* schuchtere poging; *mild illness* onschuldige ziekte; *only mildly interested* slechts matig geïnteresseerd; *to put it mildly* om het zachtjes uit te drukken ② zwak, licht, flauw, slap, zacht ♦ *mild flavoured tobacco* tabak met een zacht aroma; *mild steel* zacht staal, vloeistaal ▪ *draw it mild* niet overdrijven

¹**mil·dew** /mɪldjuː, ᴬ-duː/ [niet-telb zn] ① schimmel(vorming), aanslag ② meeldauw(schimmel)
²**mil·dew** /mɪldjuː, ᴬ-duː/ [onov ww] schimmelen
³**mil·dew** /mɪldjuː, ᴬ-duː/ [ov ww] doen schimmelen
mil·dew·y /mɪldjuːi, ᴬ-duːi/ [bn] schimmelig, beschimmeld, muf
mild-man·nered [bn] aardig
mild-spir·it·ed [bn] zachtaardig
mild-spo·ken [bn] vriendelijk
mild-tem·pered [bn] goedaardig
mile ⟨AREA⟩⟨LENGTH⟩ /maɪl/ [telb zn] ① mijl ⟨1609,34 m⟩, ⟨fig⟩ grote afstand ♦ *his thoughts are miles away* hij is met zijn gedachten mijlen hier vandaan; *she's feeling miles better* ze voelt zich stukken beter; *he beat her by miles* hij was stukken beter dan zij, hij won met grote voorsprong; *he missed the target by a mile* hij schoot er mijlen naast; ⟨inf⟩ *miles from nowhere* overal ver vandaan, in een uithoek; *recognise s.o. a mile off* iemand van mijlenver herkennen; *he was miles out in his calculation* hij zat er stukken naast met zijn berekening; ⟨sl⟩ *stick out a mile* in het oog springen, er duimendik op liggen; *there's no one within miles of him as a tennisplayer* als tennisspeler steekt hij met kop en schouders boven de rest uit ② Engelse zeemijl ⟨1853,18 m⟩ ③ internationale zeemijl ⟨1852 m⟩ ④ hardloopwedstrijd van een mijl ♦ *he ran the mile in four minutes* hij liep de mijl in vier minuten · ⟨inf⟩ *talk a mile a minute* ratelen, honderduit praten; ⟨AE; inf⟩ *miss by a mile* er faliekant naast zitten; totaal mislukken; *run a mile from s.o.* met een boog om iemand heenlopen; ⟨sprw⟩ *a miss is as good as a mile* ± mis is mis; ⟨sprw⟩ *give him an inch and he'll take a yard/mile* als men hem een vinger geeft, neemt hij de hele hand
¹**mile·age, mil·age** /maɪlɪdʒ/ [telb + niet-telb zn] ① totaal aantal afgelegde mijlen ② aantal mijlen per gallon ③ (verk: mileage allowance) ④ kostprijs per mijl, ± kilometerprijs
²**mile·age, mil·age** /maɪlɪdʒ/ [niet-telb zn] profijt, rendement, voordeel ♦ *this plan still has a lot of mileage* dit plan gaat nog een hele tijd mee; *he's got a lot of political mileage out of his proposal* zijn voorstel heeft hem geen politieke windeieren gelegd
mileage allowance [telb zn] onkostenvergoeding per mijl, ± kilometervergoeding
mile marker [telb zn] ⟨AE; inf⟩ mijlpaaltje, ± kilometerpaaltje
mileometer [telb zn] → milometer
mile·post [telb zn] ⟨ook fig⟩ mijlpaal
mil·er /maɪlə, ᴬ-ər/ [telb zn] hardloper/paard die/dat zich speciaal op de mijl toelegt
¹**Mi·le·sian** /maɪliːziən, ᴬmɪliːʒn/ [telb zn] ① Meleziër ② ⟨formeel of schertsend⟩ Ier
²**Mi·le·sian** /maɪliːziən, ᴬmɪliːʒn/ [bn] ① Milezisch ② ⟨formeel of schertsend⟩ Iers
mile·stone [telb zn] ⟨ook fig⟩ mijlsteen, mijlpaal
Mi·le·tus /mɪliːtəs/ [eigenn] Milete
milf /mɪlf/ [telb zn] ⟨sl; beled⟩ (mother I'd like to fuck) milf ⟨seksueel aantrekkelijke rijpe vrouw⟩
mil·foil /mɪlfɔɪl/ [niet-telb zn] ⟨plantk⟩ ① (gewoon) duizendblad ⟨Achillea millefolium⟩ ② vederkruid ⟨genus Myriophyllum⟩
mil·i·ar·ia /mɪliɛəriə, ᴬ-æriə/ [niet-telb zn] ⟨med⟩ miliaria, giertstuitslag
mil·i·ar·y /mɪliəri, ᴬmɪlieri/ [bn, attr] ⟨med⟩ miliair, g(i)erst(e)korrelachtig ♦ *miliary fever* gierstkoorts, ⟨Engelse⟩ zweetziekte; *miliary gland* gierstklier; *miliary tuberculosis* miliaire tuberculose, vliegende tering
mi·lieu /miːljuː, ᴬ-ljuː/ [telb zn; mv: ook milieux /-(z)/] milieu
mil·i·tan·cy /mɪlɪtənsi/, **mil·i·tance** [niet-telb zn] strijd(lust), strijdbaarheid
¹**mil·i·tant** /mɪlɪtənt/ [telb zn] militant (persoon), vechter, strijder, activist
²**mil·i·tant** /mɪlɪtənt/ [bn; bw: ~ly; zn: ~ness] militant, strijdlustig, aanvallend, strijdend · ⟨theol⟩ *the Church Militant, the Militant Church* de strijdende kerk
mil·i·ta·rism /mɪlɪtərɪzm/ [niet-telb zn] militarisme
¹**mil·i·ta·rist** /mɪlɪtərɪst/ [telb zn] militarist
²**mil·i·ta·rist** /mɪlɪtərɪst/, **mil·i·ta·ris·tic** /mɪlɪtərɪstɪk/ [bn; bw: ~ically] militaristisch
mil·i·ta·ri·za·tion, mil·i·ta·ri·sa·tion /mɪlɪtəraɪzeɪʃn, ᴬmɪlɪtərə-/ [niet-telb zn] militarisatie, militarisering
mil·i·ta·rize, mil·i·ta·rise /mɪlɪtəraɪz/ [ov ww] ① militariseren, drillen ② van militair materieel voorzien ♦ *militarize a frontier* een grens als militair gebied inrichten
¹**mil·i·tar·y** /mɪlɪtri, ᴬ-teri/ [telb zn, verzamelm; the] leger, soldaten, gewapende macht, strijdkrachten, krijgsmacht ♦ *the military are getting restless* het leger wordt ongedurig; *call in the military* het leger te hulp roepen; *the militaries of the NATO countries* de legers van de NAVO-landen
²**mil·i·tar·y** /mɪlɪtri, ᴬ-teri/ [bn; bw: militarily; zn: militariness] militair, oorlogs-, leger-, dienst-, soldaten- ♦ *military academy* militaire academie; *become of military age* de dienstplichtige leeftijd bereiken; *military band* militaire kapel; *military engineer* genieofficier; *military government* militair bewind; *military heel* platte hak ⟨van een damesschoen⟩; *military honours* militaire onderscheidingen; *military hospital* militair hospitaal; *military intelligence* inlichtingendienst van het leger; *intervene militarily* gewapenderhand tussenbeide komen; *military law* krijgsrecht, standrecht; *military man* soldaat; *military moustache* kort geknipte snor; *military police* militaire politie, politietroepen; *military port* oorlogshaven; *military service* (leger)dienst; *militarily speaking* vanuit militair oogpunt; *military tribunal* krijgsraad, standrecht
mil·i·tar·y-in·dus·tri·al [bn, attr] militair-industrieel ♦ *the military-industrial complex* het militair-industrieel complex
mil·i·tate /mɪlɪteɪt/ [onov ww] ⟨steeds met onpersoonlijk onderwerp⟩ pleiten ♦ *militate against* pleiten tegen, indruisen tegen, in strijd zijn met; *militate for/in favour of* pleiten voor/ten gunste van
mi·li·tia /mɪlɪʃə/ [verzamelm] militie(leger), burgerleger
mi·li·tia·man /mɪlɪʃəmən/ [telb zn; mv: militiamen /-mən/] ① milicien ② burgerwacht
¹**mil·i·um** /mɪliəm/ [telb zn; mv: milia /-iə/] ⟨med⟩ milium, gerstekorrel, huidgierst, grutum
²**mil·i·um** /mɪliəm/ [niet-telb zn] milium, gierstgras
¹**milk** /mɪlk/ [niet-telb zn] ① melk, zog ♦ *condensed/evaporated milk* gecondenseerde melk, geëvaporeerde melk, koffiemelk; *driedpowdered milk* poedermelk, melkpoeder; *a cow in milk* een melkgevende koe; *skim(med) milk* magere, afgeroomde melk ② ⟨plantk⟩ melk(sap) ♦ *in the milk* melkrijp, onrijp ⟨van graan⟩ ③ melk, melkachtige substantie ♦ *milk of barium* bariumhydroxideemelk; *milk of lime* kalkmelk; *milk of magnesia* magnesiumoxide; *milk of sulphur* zwavelmelk, neergeslagen zwavel · *that accounts for the milk in the coconut* dat verklaart alles; ⟨BE; scherts⟩ *come home with the milk* in de kleine uurtjes thuiskomen; *milk and honey* melk en honing, overvloed; *a complexion of milk and roses* een frisse (gezonde) teint; *spill the milk* alles in de war sturen; *(it's no use) cry(ing) over spilt milk* gedane zaken nemen geen keer, niks meer aan te doen; *milk and water* oppervlakkigheid, slapheid, sentimentaliteit; ⟨sprw⟩ *you cannot sell the cow and drink the milk* men kan niet het laken hebben en het geld houden
²**milk** /mɪlk/ [onov ww] melk geven/afscheiden
³**milk** /mɪlk/ [onov + ov ww] melken
⁴**milk** /mɪlk/ [ov ww] ① (ont)trekken, sap/gif aftappen van ⟨boom, slang enz.⟩ ② exploiteren, uitbuiten, uitpersen, (uit)melken ③ ontlokken ⟨informatie⟩, (uit)melken ④ ⟨sl⟩ aftappen ⟨telefoon enz.⟩, afluisteren

milkadder

milkadder [telb zn] → **milk snake**
milk bar [telb zn] melksalon, milkbar
milk bowl [telb zn] melkkom, melknap
milk brother [telb zn] zoogbroeder
milk can [telb zn] melkbus, melkkan
milk cap [telb zn] ⟨plantk⟩ melkzwam ⟨genus Lactarius⟩
milk-car·ton-kid [telb zn] ⟨AE⟩ vermist kind ⟨ter opsporing op melkpak afgebeeld⟩
milk chocolate [niet-telb zn] melkchocola(de)
milk churn [telb zn] [1] karn [2] ⟨BE⟩ melkbus, melkkan
milk container [telb zn] melktankwagen
milk cow, milking cow [telb zn] melkkoe
milk crust, milk scab [niet-telb zn] melkkorst, dauwworm, zuigelingeneczeem, melkschurft
milk duct [telb zn] melkleider, melkvat
milk·er /mɪlkə, ᴬ-ər/ [telb zn] [1] melk(st)er [2] melkmachine [3] melkkoe ♦ *that cow is a good milker* die koe geeft veel melk/heeft een hoge melkgift
milk fever [niet-telb zn] melkkoorts, zogkoorts, kalfsziekte
milk filter [telb zn] melkfilter, melkzeef
milk·fish [telb zn; mv: ook milkfish] ⟨dierk⟩ bandeng ⟨soort Stille-Zuidzeeharing; Chanos chanos⟩
milk-float [telb zn] ⟨BE⟩ melkwagentje, melkkar(retje)
milk food [niet-telb zn] melkkost, melkspijs, melkgerecht
milk glass [niet-telb zn] melkglas, matglas
milking bail [telb zn] doorloopmelkslee
milking machine [telb zn] melkmachine, melkapparaat
milking parlour, milk parlour [telb zn] melkhuis, melkstal, melkhok, melkstandinrichting
milking plant [telb zn] [1] melkfabriek, melkbedrijf, zuivelbedrijf [2] melkmachine
milking shed [telb zn] melkstal
milking stool [telb zn] melkkrukje, melkblok, schemel
milking unit [telb zn] melkmachine, melkapparaat
milking yard [telb zn] melkbocht ⟨omheind stuk weiland⟩
milk intolerant [bn] geen melk verdragend
milk jug [telb zn] melkkan(netje), melkpot, melkpan
milk leg [telb zn] [1] ⟨med⟩ kraambeen, flegmasie [2] voetgezwel bij paarden
milk-liv·ered [bn] ⟨beled⟩ laf(hartig), vreesachtig, bang
milk loaf [telb zn] melkbrood
milk·maid [telb zn] melkmeid, melkster
milk·man /mɪlkmən/ [telb zn; mv: milkmen /-mən/] melkboer, melkman, melkbezorger
milkman's yoke [telb zn] melkjuk
milk marketing board [verzameln] melkcentrale, zuivelcentrale
milk molar [telb zn] melkkies
milk mug [telb zn] melkkroes, melkbeker
milk pail [telb zn] melkemmer
milk parlour [telb zn] → **milking parlour**
milk powder [niet-telb zn] melkpoeder
milk product [telb zn] melkproduct
milk-pud·ding [telb + niet-telb zn] pudding (op basis van melk)
milk round [telb zn] [1] melkronde [2] prospectieronde ⟨van bedrijven bij universiteiten⟩
milk roundsman [telb zn] melkboer, melkman, melkbezorger
milk run [telb zn] ⟨sl; vnl mil, luchtv⟩ regelmatig terugkerende missie, routineklus, makkie
milk scab [niet-telb zn] → **milk crust**
milk shake [telb + niet-telb zn] milkshake
milk snake, milk adder [telb zn] ⟨dierk⟩ melkslang ⟨niet-giftige Amerikaanse slang; Lampropeltis triangulum⟩

milk·sop [telb zn] bangerik, huilebalk, slapjanus
milk sugar [niet-telb zn] melksuiker, lactose, galactose
milk thistle [telb zn] ⟨plantk⟩ [1] mariadistel ⟨Sybylum Marianum⟩ [2] melkdistel, motdistel, ganzendistel ⟨Sonchus oleraceus⟩
milk tooth [telb zn] melktand
milk train [telb zn] stoptrein ⟨die de melk komt ophalen⟩, boemeltrein
milk tree [telb zn] ⟨plantk⟩ melkboom ⟨voornamelijk Brosimum galactodendron⟩
milk van [telb zn] melkauto
milk vetch [telb zn] ⟨plantk⟩ hokjespeul ⟨Astragalens glycyphyllus⟩
milk wagon [telb zn] ⟨AE; sl⟩ arrestantenwagen
milk-weed [telb zn] ⟨plantk⟩ melkplant ⟨familie der Asclepiadaceae⟩, zijdeplant ⟨Asclepias syriaca⟩, engbloem, wolfsmelk, melkeppe, kroontjeskruid, melkdistel
milk wool [niet-telb zn] melkwol, caseïnewol, lanital
milk·wort [telb zn] ⟨plantk⟩ [1] vleugeltjesbloem ⟨genus Polygala⟩ [2] melkkruid ⟨Glaux maritima⟩ [3] klokje ⟨genus Campanula⟩
milk·y /mɪlki/ [bn; vergr trap: milkier; bw: milkily; zn: milkiness] [1] melkachtig, melkig, melk-, troebel [2] melkrijk, melkhoudend, melkgevend [3] zacht, schuchter, bedeesd, stil, slap, zonder spirit [•] ⟨astron⟩ *the Milky Way* de Melkweg; het Melkwegstelsel; ⟨astron⟩ *the Milky Way System* het Melkwegstelsel
milk yield [niet-telb zn] melkgift, melkproductie, melkopbrengst
¹**mill** /mɪl/ [telb zn] [1] molen, watermolen, windmolen, malerij, pellerij [2] molen, pepermolen, koffiemolen, maalmachine, (vruchten)pers [3] ⟨benaming voor⟩ machine, munthamer, metaalwals [4] fabriek, katoenfabriek, spinnerij, papiermolen, staalfabriek, hoogovenbedrijf, pletterij, walserij, zagerij [5] ⟨inf⟩ bokswedstrijd, knokpartij [6] ⟨sl; mil⟩ petoet, cachot [7] ⟨sl⟩ koffiemolen, (lawaaierige) (auto)motor, ⟨mil ook⟩ vliegtuigmotor [8] ¹⁄₁₀₀₀ dollar ⟨rekenmunt⟩ [•] *go through the mill* een zware tijd doormaken; *put a dog through the mill* een hond africhten; *have been through the mill* het klappen van de zweep kennen; *put s.o. through the mill* iemand een zware tijd bezorgen, flink onder handen nemen; ⟨spw⟩ *the mills of God grind slowly, but they grind exceeding small/fine* Gods molens malen langzaam; ⟨spw⟩ *all is grist that comes to the mill* ± alles komt van pas; ⟨spw⟩ *a mill cannot grind with water that is past* met verlopen water maalt geen molen, de molen gaat niet om met wind die voorbij is
²**mill** /mɪl/ [onov ww] [1] (als vee) in het rond lopen, ronddraaien, rondlopen, rondsjouwen ♦ zie: **mill about;** zie: **mill around** [2] ⟨inf⟩ boksen, knokken [3] gemalen worden ⟨bijvoorbeeld van graan⟩
³**mill** /mɪl/ [onov + ov ww] [1] malen [2] ⟨text⟩ vollen [3] ⟨munt⟩ kartelen [4] ⟨metaal⟩ pletten, walsen [5] frezen
⁴**mill** /mɪl/ [ov ww] [1] (tot schuim) kloppen [2] in het rond drijven [3] ⟨inf⟩ afranselen
mill·a·ble /mɪləbl/ [bn] verwerkbaar, maalbaar ♦ *millable trees* bomen geschikt voor de zagerij
mill about, mill around [onov ww] ⟨ordeloos⟩ rondlopen, krioelen ♦ *a large crowd was milling about in the park* in het park wemelde/krioelde het van mensen; *conflicting ideas milled around in his mind* tegenstrijdige ideeën spookten hem door het hoofd
mill·board [niet-telb zn] (zwaar) bordkarton ⟨voornamelijk voor boekbanden⟩
mill·clack, mill·clap·per [telb zn] molenklapper
mill·course [telb zn] molenvliet
mill·dam [telb zn] [1] molenstuw [2] molenkolk ⟨door bet 1 gevormd⟩
¹**mil·le·nar·i·an** /mɪlɪneərɪən, ᴬ-ner-/ [telb zn] chiliast ⟨aanhanger van het geloof aan een duizendjarig vrederijk

²**mil·le·nar·i·an** /mɪlɪneərɪən, ᴬ-ner-/ [bn] [1] duizendjarig, van een/van het millennium [2] gelovend in het duizendjarig vrederijk

mil·le·nar·ian·ism /mɪlɪneərɪənɪzm, ᴬ-ner-/ [niet-telb zn] chiliasme, millenarisme

¹**mil·le·nary** /mɪlənri, ᴬmɪləneri/ [telb zn] [1] millennium, periode van duizend jaar, duizendste verjaardag [2] chiliast

²**mil·le·nary** /mɪlənri, ᴬmɪləneri/ [bn] [1] duizendjarig, van een/van het millennium [2] gelovend in het duizendjarig vrederijk

¹**mil·len·ni·al** /mɪlenɪəl/ [telb zn] millennium, duizendste verjaardag

²**mil·len·ni·al** /mɪlenɪəl/ [bn] duizendjarig, van een/van het millennium

mil·len·ni·um /mɪlenɪəm/ [telb zn; mv: ook millennia] [1] millennium, periode van duizend jaar, duizendste verjaardag [2] ⟨the⟩ millennium, duizendjarig vrederijk, ⟨fig⟩ gouden tijdperk

millennium bug [telb zn] ⟨comp⟩ millenniumbug ⟨de computerstoring die in 2000 (niet) optrad⟩, millenniumprobleem

milleped, millepede [telb zn] → milliped

mil·le·pore /mɪlɪpɔː, ᴬ-pɔr/ [telb zn] (soort) koraal ⟨genus Millepora⟩

mill·er /mɪlə, ᴬ-ər/ [telb zn] [1] molenaar [2] freesbank, freesmachine [3] nachtuiltje, (soort) nachtvlinder

miller's thumb [telb zn] ⟨dierk⟩ rivierdonderpad ⟨Cottus gobio⟩

¹**mil·les·i·mal** /mɪlesɪml/ [telb zn] duizendste (deel)

²**mil·les·i·mal** /mɪlesɪml/ [bn, attr; bw: ~ly] duizendste, duizenddelig

mil·let /mɪlɪt/ [niet-telb zn] ⟨plantk⟩ [1] gierst ⟨Panicum miliaceum⟩ [2] sorghum ⟨Sorghum, in het bijzonder S. vulgare⟩

millet grass [niet-telb zn] ⟨plantk⟩ gierstgras ⟨Milium effusum⟩

mill finish [telb + niet-telb zn] kalanderglans

mill girl [telb zn] fabrieksarbeidster, katoenspinster

mill hand [telb zn] [1] fabrieksarbeider [2] molenaarsknecht

mill head [telb zn] water opgestuwd om molenrad te bewegen

mill hopper [telb zn] (molen)tremel, treem, graantrechter

mil·li- /mɪli/ milli-, duizendste ♦ *milligram* milligram

mil·li·am·me·ter /mɪliæmɪtə, ᴬ-mɪtər/ [telb zn] milliampèremeter

mil·liard /mɪliɑːd, ᴬ-ɑrd/ [uitr vnw] ⟨vero; BE⟩ miljard

mil·li·bar /mɪlibɑː, ᴬ-bɑr/ [niet-telb zn] millibar

mil·li·gram, mil·li·gramme /mɪlɪgræm/ [telb zn] milligram

mil·li·li·tre, ⟨AE⟩ **mil·li·li·ter** /mɪlili:tə, ᴬ-li:tər/ [telb zn] milliliter

mil·li·metre, ⟨AE⟩ **mil·li·me·ter** /mɪlimi:tə, ᴬ-mi:tər/ [telb zn] millimeter

mil·li·ner /mɪlɪnə, ᴬ-ər/ [telb zn] modiste, hoedenmaakster, hoedenmaker, hoedenverkoopster, hoedenverkoper

¹**mil·li·ner·y** /mɪlɪnri/ [telb zn] hoedenhandel, modezaak

²**mil·li·ner·y** /mɪlɪnri/ [niet-telb zn] [1] modistenvak, hoedenmaken [2] modeartikelen ⟨vooral dameshoeden⟩

milling cutter [telb zn] frees

milling machine [telb zn] freesbank, freesmachine

mil·lion /mɪlɪən/ [uitr vnw; mv: ook million] miljoen, ⟨fig⟩ talloos ♦ *in a million* van topkwaliteit; *one/a man in a million* één/een man uit duizenden; *a/one chance in a million* een kans van één op duizend; *make a million* een miljoen (pond/dollar enz.) verdienen; ⟨AE⟩ *thanks a million* duizendmaal dank, reuze bedankt; *the million(s)* de (volks)massa, het grote publiek; *for the million and the millionaire* voor ieders beurs ▫ ⟨inf⟩ *feel like a million (dollars)* zich kiplekker voelen; ⟨inf⟩ *look like a million (dollars)* eruitzien als Hollands welvaren, er stralend uitzien

mil·lion·aire /mɪlɪəneə, ᴬ-ner-/ [telb zn] miljonair

mil·lion·air·ess /mɪlɪəneərɪs, ᴬ-ner-/ [telb zn] [1] (vrouwelijke) miljonair [2] miljonairsvrouw

¹**mil·lion·fold** [bn] miljoenvoudig, duizendvoudig

²**mil·lion·fold** [bw] miljoen maal, duizendmaal

mil·lionth /mɪlɪənθ/ [telw] miljoenste ♦ *a millionth map* een kaart op een schaal van 1:1.000.000

mil·li·ped, mil·le·ped /mɪlɪped/, **mil·li·pede, mil·le·pede** /-pi:d/ [dierk] duizendpoot ⟨klasse der Diplopoda⟩

mill owner [telb zn] [1] fabrikant [2] eigenaar van een molen

mill·pond [telb zn] molenkolk, molenboezem ♦ *the sea was (calm) like a millpond* de zee was zo glad als een spiegel

mill·pool [telb zn] molenkolk, molenboezem

mill·race [telb zn] molenvliet, molentocht

¹**mill-run** [telb zn] [1] molenvliet, molentocht [2] productieproces [3] (hoeveelheid erts voor) ertsanalyse

²**mill-run** [niet-telb zn] [1] productie van zagerij, gezaagd hout [2] mineraal ⟨verkregen door ertsanalyse⟩

³**mill-run** [bn, attr] [1] gefabriceerd [2] gemiddeld, niet geselecteerd, gewoon

Mills /mɪlz/, **Mills bomb, Mills grenade, Mills spud** [telb zn] Mills handgranaat ⟨ovaalvormig⟩

Mills and Boon [telb zn; vaak attributief] bouquetreeks(romannetje), doktersroman(netje), keukenmeidenroman, niemendalletje ♦ *a Mills and Boon hero* bouquetreeksheld, droomprins; *a Mills and Boon novel* een bouquetreeksromannetje

mill·stone [telb zn] molensteen, ⟨fig⟩ zware/drukkende last ♦ *that's like a millstone round my neck* dat is als een molensteen op het hart, het ligt me loodzwaar op de maag, dat is een blok aan het been ▫ *see through/(far) into a millstone* scherpzinnig zijn, inzicht hebben; ⟨iron⟩ de wijsheid in pacht hebben

mill·stream [telb zn] [1] molenvliet [2] molentocht, molenbeek, molensloot

mill·tail [telb zn] uitwateringstocht ⟨van watermolen⟩

mill town [telb zn] fabrieksstadje

mill wheel [telb zn] molenrad, waterrad

mill·wright [telb zn] [1] molenmaker [2] monteur voor draaiende machineonderdelen

mil·o·me·ter, mil·eo·me·ter /maɪlɒmɪtə, ᴬ-lɑmɪtər/ [telb zn] mijlenteller, ± kilometerteller

mi·lord, m'lord /mɪlɔːd, ᴬ-lɔrd/ [telb zn; soms Milord] milord

Mi·lord, M'lord /mɪlɔːd, ᴬ-lɔrd/ [telb zn] ⟨BE; jur⟩ Milord, Edelachtbare

milque·toast /mɪlktoʊst/ [telb zn; vaak Milquetoast] ⟨AE; vero⟩ [1] bangerd, lafbek, bangbroek, jansalie, janhen [2] overvriendelijk mens

mil·reis /mɪlreɪs/ [telb zn; mv: milreis] milreis ⟨vroegere Portugese en Braziliaanse munt⟩

¹**milt** /mɪlt/ [telb zn] [1] milt [2] hom ⟨bij vis⟩, ⟨België⟩ milt

²**milt** /mɪlt/ [niet-telb zn] hom, homvocht

³**milt** /mɪlt/ [ov ww] bevruchten ⟨van vis⟩

milt·er /mɪltə, ᴬ-ər/ [telb zn] hommer, hom(vis)

Mil·to·ni·an /mɪltoʊnɪən/, **Mil·ton·ic** /mɪltɒnɪk, ᴬ-tɑ-/ [bn] miltoniaans, ⟨oneig⟩ vondeliaans, episch

Mil·wau·kee goi·ter [telb zn; sl] bierbuik

¹**mime** /maɪm/ [telb zn] [1] mime(spel), gebarenspel [2] mime(speler), mimicus, gebarenspeler [3] nabootsing, imitatie [4] nabootser [5] clown, hansworst

²**mime** /maɪm/ [niet-telb zn] mime, mimekunst, mimiek

³**mime** /maɪm/ [onov ww] [1] optreden als mime/in mimespel [2] mimische bewegingen maken

mime

⁴**mime** /maɪm/ [ov ww] ① **met gebaren uitdrukken**, mimisch uitbeelden, ⟨bij uitbreiding⟩ playbacken ② **nabootsen**, imiteren
 MIME [afk] ⟨comp⟩ (Multipurpose Internet Mail Extensions ⟨om non-tekstfiles te kunnen mailen⟩)
 M I Mech E [afk] ⟨BE⟩ (Member of the Institution of Mechanical Engineers)
¹**mim·e·o** /mɪmioʊ/ [telb zn] **gestencilde publicatie**, stencil, nieuwsbladje, vlugschrift
²**mim·e·o** /mɪmioʊ/ [ov ww] (verk: mimeograph² bet 1)
¹**mim·e·o·graph** /mɪmiəgrɑːf, ᴬ-græf/ [telb zn] ⟨oorspronkelijk merknaam⟩ ① **mimeograaf**, stencilmachine, kopieermachine ② **stencil**, kopie
²**mim·e·o·graph** /mɪmiəgrɑːf, ᴬ-græf/ [onov + ov ww] **stencilen**, kopiëren ⟨met een mimeograaf⟩
mi·me·sis /mɪmiːsɪs/ [niet-telb zn] ① ⟨kunst⟩ **mimesis** ⟨realistische nabootsing van de natuur⟩ ② ⟨biol⟩ **mimicry**, aanpassing, kleuraanpassing, vormaanpassing
mi·met·ic /mɪmetɪk/ [bn, attr; bw: ~ally] ① **mimetisch**, nabootsend, nagebootst ② **nagebootst**, geïmiteerd, gekopieerd ③ **onomatopoëtisch**, klanknabootsend
¹**mim·ic** /mɪmɪk/ [telb zn] ① **mime(speler)**, mimicus, gebarenspeler ② **nabootser**, na-aper, imitator ③ **namaaksel**, kopie, ⟨kunst⟩ mimicry ④ **dier dat mens na-aapt**, aap ⑤ **vogel die menselijke stem imiteert** ⟨bijvoorbeeld papegaai⟩ ⑥ **schijnvorm aannemend dier/organisme**
²**mim·ic** /mɪmɪk/, **mim·i·cal** /mɪmɪkl/ [bn, attr; bw: ~ally] ① **mimisch** ♦ *mimic art* mimiek ② **nabootsend**, na-apend, nabootsings- ♦ *mimic thrush* spotlijster ⟨familie Mimidae⟩ ③ **nagebootst**, schijn-, voorgewend ♦ *a mimic battle* spiegelgevecht ④ **camouflerend**, camouflage- ♦ *the mimic colouring of tigers* de camouflagekleuren van tijgers
³**mim·ic** /mɪmɪk/ [ov ww; mimicked, mimicking] ① **nabootsen**, na-apen, nadoen ♦ *cheap wood treated to mimic oak* eikengefinisht goedkoop hout ② **simuleren**
mim·ick·er /mɪmɪkə, ᴬ-ər/ [telb zn] **nabootser**, na-aper
¹**mim·ic·ry** /mɪmɪkri/ [telb zn] ① **nabootsing** ② **namaaksel**, ⟨kunst⟩ mimicry
²**mim·ic·ry** /mɪmɪkri/ [niet-telb zn] ① **mimiek** ② **het nabootsen**, navolging, na-aperij ③ ⟨biol⟩ **mimicry**, aanpassing, kleuraanpassing, vormaanpassing
 M I Min E [afk] ⟨BE⟩ (Member of the Institution of Mining Engineers)
mim·i·ny-pim·i·ny /mɪməniˈpɪməni/ [bn] **overdreven (precies/netjes enz.)**, gemaakt, gekunsteld, pietluttig, pietepeuterig
mi·mo·sa /mɪmoʊzə, ᴬ-sə/ [telb + niet-telb zn] ⟨plantk⟩ ① **mimosa** ⟨voornamelijk Mimosa pudica⟩ ② **acacia** ⟨voornamelijk Acacia dealbata⟩ ③ **citroengeel**
mim·u·lus /mɪmjʊləs, ᴬ-jə-/ [telb + niet-telb zn; mv: mimuli /-laɪ/] ⟨plantk⟩ **mimulus** ⟨helmkruidachtige⟩, ⟨vnl⟩ maskerbloem ⟨Mimulus luteus⟩
 M I Mun E [afk] ⟨BE⟩ (Member of the Institution of Municipal Engineers)
¹**min** /mɪn/ [telb zn] ⟨BE; sl⟩ **smeris**, kip, ⟨België⟩ flic
²**min, Min** [afk] ① (mineral) ② (mineralogical) ③ (mineralogy) ④ (minim) ⑤ (minimum) ⑥ (mining) ⑦ (Minister) ⑧ (Ministry) ⑨ (minor) ⑩ (minute(s))
mi·na /maɪnə/ [telb zn; mv: ook minae /maɪniː/] ① **mina** ⟨gewicht- en munteenheid uit oudheid⟩ ② → **mynah**
min·able, mine·able /maɪnəbl/ [bn] **ontginbaar**, geschikt voor exploitatie
mi·na·cious /mɪneɪʃəs/ [bn; bw: ~ly; zn: ~ness] **dreigend**
mi·na·ci·ty /mɪnæsəti/ [telb + niet-telb zn] **(be)dreiging**
mi·nar /mɪnɑː/, ᴬmɪnər/ [telb zn] **toren(tje)** ⟨vooral in India⟩
min·a·ret /mɪnəret/ [telb zn] **minaret**
min·a·to·ry /mɪnətri, ᴬ-tɔri/ [bn; bw: minatorily] **dreigend**
¹**mince** /mɪns/ [niet-telb zn] ① ⟨vnl BE⟩ **gehakt (vlees)** ② ⟨AE⟩ **gehakt voedsel** ③ ⟨AE⟩ (verk: mincemeat)

²**mince** /mɪns/ [onov ww] ① **gemanieëreerd/gemaakt/aanstellerig spreken**, met een pruimenmondje spreken ② **gemanieëreerd/gemaakt/aanstellerig lopen**, (nuffig) trippelen; → **mincing**
³**mince** /mɪns/ [ov ww] ① **fijnhakken** ♦ *minced meat* gehakt (vlees); *minced pie* pasteitje ⟨met mincemeat⟩; ⟨fig⟩ *she minced her steps* zij trippelde ② **geaffecteerd uitspreken** ♦ *he minced his French* hij sprak geaffecteerd Frans; *she didn't mince her words* ⟨fig⟩ zij wond er geen doekjes om, zij nam geen blad voor de mond ③ ⟨vaak met ontkenning⟩ **vergoelijken**, bewimpelen ♦ *not mince matters/the matter* de zaak niet vergoelijken, er geen doekjes om winden, geen blad voor de mond nemen; → **mincing**
mince·meat [niet-telb zn] **pasteivulling** ⟨mengsel, zonder vlees, van rozijnen, appel, suiker, kruiden enz.⟩ ♦ *make mincemeat of* verslaan, in mootjes/de pan hakken ⟨vijand⟩; ondermijnen ⟨geloof⟩; geen stukje heel laten van, ontzenuwen ⟨argument⟩
mince pie, minced pie [telb + niet-telb zn] **zoet pastei(tje)**, gevuld met mincemeat
mince pies, minced pies [alleen mv] ⟨AE; sl⟩ **kijkers**, ogen
minc·er /mɪnsə, ᴬ-ər/ [telb zn] ① **vleesmolen** ② **gemanieëreerd/geaffecteerd persoon**
minc·ing /mɪnsɪŋ/ [bn, attr; tegenwoordig deelw van mince; bw: ~ly] ① **gemanieëreerd**, geaffecteerd, gemaakt ♦ *take mincing steps* trippelen; *walk mincingly* trippelen ② **vergoelijkend**
mincing machine [telb zn] **gehaktmolen**
min·cy /mɪnsi/ [bn] ① **gemanieëreerd** ② **kieskeurig**
¹**mind** /maɪnd/ [telb + niet-telb zn] ① **mening**, opinie ♦ *bend/change one's mind* van mening veranderen, zich bedenken; *have a mind of one's own* er zijn eigen ideeën op na houden; *in my mind* naar mijn mening, volgens mij; *be in two minds (about)* het met zichzelf oneens zijn (omtrent); *there is no doubt in my mind that ...* het sluit voor mij geen twijfel dat ...; *be in/of the same/one/a mind (on/about)* dezelfde mening toegedaan zijn (over); *be of s.o.'s mind* het met iemand eens zijn; *they are of the same mind* zij zijn het met elkaar eens; *she is still of the same mind* zij is nog altijd dezelfde mening toegedaan; *speak one's mind* zijn mening zeggen; *tell s.o. one's mind* iemand zeggen waar 't op staat; *to my mind* volgens mij, naar mijn gevoel ② **bedoeling**, intentie, neiging ♦ *change one's mind* zich bedenken, van besluit veranderen; *nothing is further from my mind!* ik denk er niet aan!; *have half a mind to* min of meer geneigd zijn om; ⟨iron⟩ veel zin hebben om; *have a (good/great) mind to* (veel) zin hebben om te; *old enough to know one's own mind* oud genoeg om te weten wat men wil; *make up one's mind* tot een besluit komen; *make up one's mind to move* het besluit nemen te verhuizen ③ **geest** ⟨persoon⟩ ♦ *the best minds in the country* de knapste koppen/denkers van het land; ⟨Christian Science⟩ *The Mind* God ♦ **herdenkingsmis**, jaarmis ♦ *we're no longer a winning team, we must make up our minds to that* wij zijn niet langer winnaars, daarmee moeten wij leren leven
²**mind** /maɪnd/ [telb + niet-telb zn] ① **geest**, gemoed ♦ *a triumph of mind over matter* een zege van de geest op de materie; *what's on your mind?* waarover loop je te piekeren?; *have sth. on one's mind* iets op zijn hart/lever hebben; *put/set s.o.'s mind at ease/rest* iemand geruststellen ② **verstand** ♦ *be clear in one's mind about sth.* iets ten volle beseffen; *drive s.o. out of his mind* iemand gek maken; *follow your heart, not your mind* volg je hart, niet je verstand; *in one's right mind* bij zijn volle verstand; *lose one's mind* gek worden; *(be/go) out of one's mind* gek (zijn/worden); *a sharp mind* een scherp verstand, een heldere geest; *not of sound mind* niet wel in het hoofd; *a mind like a steel trap* een scherp verstand, een goed stel hersens ③ **wil**, lust, zin-

(nen) ♦ *have sth. in mind* iets van plan zijn; ⟨België⟩ iets zinnens zijn; *set one's mind on sth.* zijn zinnen op iets zetten [4] aandacht, gedachte(n) ♦ *bear/keep in mind* in gedachten houden; *clear one's mind of sth.* iets uit zijn hoofd zetten, van zich afzetten; zich vrij maken van; *close one's mind to* zijn ogen sluiten voor; *cross/enter one's mind* bij iemand opkomen; *get/put out of one's mind* uit zijn hoofd zetten; *give/put/set/turn one's mind to* zijn aandacht richten op; *keep one's mind on* zich concentreren op; *that's finally off my mind* daar ben ik eindelijk vanaf; *his mind is on women* hij is met zijn gedachten bij de vrouwtjes; *open one's mind to* zijn ogen openen voor; *read s.o.'s mind* iemands gedachten lezen; *set one's mind to sth.* zich ergens toe zetten/op concentreren op; *it slipped my mind* het is mij ontgaan; *take one's mind off sth.* iets uit zijn hoofd zetten; *it'll take my mind off things* het zal mij wat afleiden; *take s.o.'s mind off sth.* iemands aandacht van iets afleiden [5] gevoel [6] denkwijze, tijdgeest ♦ *frame of mind* denkpatroon, houding; *the Victorian mind* de victoriaanse tijdgeest; *win the hearts and the minds of the people* de sympathie van het volk veroveren [7] herinnering, mensenheugenis ♦ *bring/call sth. to mind* zich iets herinneren; doen denken/herinneren aan; *cast one's mind back (to)* terugblikken (op), terugdenken (aan); *come/spring to mind, come into one's mind* te binnen schieten; *go out of s.o.'s mind* iemand ontgaan; *have in mind* onthouden; *whom do you have in mind?* aan wie denk je?; *keep in mind* niet vergeten; *keep s.o. in mind of* iemand blijven herinneren aan; *it has been preying/weighing on his mind* hij wordt erdoor gekweld; *put s.o. in mind of* iemand herinneren aan; *it slipped my mind* het is mij ontschoten, ik ben het vergeten; *his mind went blank* hij had een gat in zijn geheugen [·] ⟨inf⟩ *it blew my mind* het verbijsterde/overdonderde/onthutste me, ik stond er paf van; het verraste me; ⟨inf⟩ *he blew his mind* hij raakte in extase/uitzinnig; ⟨inf⟩ *heroin really blew her mind* zij tripte enorm op heroïne; ⟨inf⟩ *the music really blew his mind* hij ging ontzettend te gek op de muziek/uit zijn bol van de muziek; ⟨inf⟩ *LSD blows your mind sth. frightful* van lsd krijg je de meest verschrikkelijke hallucinaties; *it boggles the mind, the mind boggles* het gaat mijn verstand te boven, daar kan ik (met mijn verstand) niet bij; ⟨sprw⟩ *little things please little minds* kleine mensen, kleine wensen; ⟨sprw⟩ *out of sight, out of mind* uit het oog, uit het hart

³**mind** /maɪnd/ [onov ww] opletten, oppassen ♦ zie: **mind out**; ⟨inf⟩ *mind (you), I would prefer not to* maar ik zou het liever niet doen; ⟨inf⟩ *stay away from the fireplace, mind* maar bij de open haard wegblijven, hoor

⁴**mind** /maɪnd/ [onov + ov ww] [1] bezwaren hebben (tegen), erop tegen zijn, geven om, zich storen aan, zich aantrekken van ♦ *if you don't mind* als je er geen bezwaren tegen hebt; *I don't mind him* hij hindert me niet; *I should not mind/I don't mind if I have a cup of tea* ik zou best een kop thee lusten; *do you mind if I smoke?* stoort het je als ik rook?; *he doesn't mind the cold weather* het koude weer deert hem niet; *would you mind?* zou je 't erg vinden?; *would you mind ringing?* zou je 's willen opbellen? [2] gehoorzamen ♦ *the children minded their mother* de kinderen gehoorzaamden hun moeder

⁵**mind** /maɪnd/ [ov ww] [1] denken aan, bedenken, letten op, in acht nemen, oppassen voor ♦ *mind one's own business* zich met zijn eigen zaken bemoeien; *mind closely what I tell you* let goed op wat ik je te vertellen heb; ⟨inf⟩ bij vertrek⟩ *mind how you go* wees voorzichtig; *don't mind me* laat maar niet op mij ⟨ook ironisch⟩; *never mind* maak je geen zorgen; het geeft niet, het maakt niets uit; *never (you) mind* het gaat je niet aan; *never mind the expense* de kosten spelen geen rol; *never mind what your father said* ongeacht wat je vader zei; *mind the/your step* kijk uit voor het opstapje [2] zorgen voor, oppassen, bedienen, runnen ♦ *mind the baby* op de baby passen; *mind a machine* een machine bedienen; *he couldn't walk, never mind run* hij kon niet lopen, laat staan rennen [3] ⟨vero⟩ herinneren aan, zich herinneren ♦ *mind you go to the dentist* denk erom dat je nog naar de tandarts moet

mind-bend·er [telb zn] ⟨sl⟩ [1] drug, hallucinogeen [2] drugsgebruiker [3] hersenbreker [4] demagoog

mind-bend·ing [bn] ⟨inf⟩ [1] hallucinogeen, verdwazend [2] hoofdbrekend

mind-blow [ov ww] ⟨sl⟩ [1] high maken, in extase brengen, verdwazen [2] verwarren

mind-blow·er [telb zn] ⟨sl⟩ [1] drug, hallucinogeen [2] drugsgebruiker [3] extatische ervaring

mind-blow·ing [bn] ⟨inf⟩ [1] verbijsterend, onthutsend, fantastisch, verbazingwekkend, verrassend [2] extatisch, hallucinogeen, verdwazend

mind-bog·ling [bn] ⟨inf⟩ verbijsterend, verbazend

mind·ed /ˈmaɪndɪd/ [bn, pred] geneigd, van zins ♦ *be minded to do sth.* van zins zijn iets te doen; *he could do it if he were so minded* hij zou het kunnen doen als hij er (maar) zin in had

-mind·ed /ˈmaɪndɪd/ geneigd, -willend, -willig, gezind, aangelegd ♦ *evil-minded* kwaadwillig; *travel-minded* reislustig; *commercially-minded* commercieel aangelegd

mind·er /ˈmaɪndə, ᴬ-ər/ [1] verzorger, oppasser, ⟨i.h.b.⟩ kinderoppas ♦ *childminder* kinderoppas [2] bediener, operator ⟨van machine⟩ ♦ *machineminder* bediener van een machine [3] ⟨BE; sl⟩ bodyguard, lijfwacht, handlanger, helper ⟨van crimineel⟩ [4] ⟨sl⟩ pr-man, publicrelationsman ⟨van politicus bijvoorbeeld⟩

mind-ex·pand·er [telb zn] ⟨inf⟩ bewustzijnsverruimend middel

mind-ex·pand·ing [bn] ⟨inf⟩ bewustzijnsverruimend

¹**mind·ful** /ˈmaɪndfl/ [bn; bw: ~ly; zn: ~ness] [1] bedachtzaam, voorzichtig [2] opmerkzaam

²**mind·ful** /ˈmaɪndfl/ [bn, pred; bw: ~ly; zn: ~ness] ⟨form⟩ indachtig, denkend aan ♦ *mindful of one's duties* zijn plichten indachtig

¹**mind·less** /ˈmaɪndləs/ [bn; bw: ~ly; zn: ~ness] [1] ⟨form⟩ geesteloos [2] dwaas, dom, stompzinnig [3] onbedachtzaam, onvoorzichtig, onoplettend, nonchalant

²**mind·less** /ˈmaɪndləs/ [bn, pred; bw: ~ly; zn: ~ness] niet lettend op ♦ *mindless of danger* zonder oog voor gevaar

mind-numb·ing [bn] geestdodend, slaapwekkend

mind out [onov ww] oppassen ♦ *mind out for* opletten voor; *mind out! the soup's hot* pas op! de soep is heet

mind-read·er [telb zn] gedachtelezer, telepaat

mind-read·ing [niet-telb zn] gedachtelezen, telepathie

mind·set [telb zn] [1] denkrichting [2] obsessie

mind's eye [niet-telb zn] [1] geestesoog, verbeelding [2] herinnering

¹**mine** /maɪn/ [telb zn] [1] mijn, groeve, ⟨fig⟩ goudmijn, schatkamer ♦ *a mine of information* een rijke bron van informatie [2] mijn, ondermijning [3] mijn, landmijn, zeemijn [4] mijngang ⟨van insect⟩

²**mine** /maɪn/ [niet-telb zn] ⟨BE⟩ ijzererts

³**mine** /maɪn/ [onov ww] [1] in een mijn werken, graven, een mijn aanleggen ♦ *mine for gold* naar goud zoeken [2] ⟨mil⟩ een mijn aanleggen [3] mijnen leggen [4] zich ingraven ⟨van insecten⟩; → **mining**

⁴**mine** /maɪn/ [ov ww] [1] uitgraven, ontginnen, exploiteren, winnen ♦ *that area will be mined out soon* de mijnen in dat gebied zullen spoedig uitgeput zijn [2] ⟨leger of figuurlijk⟩ ondermijnen, mijnen leggen in/onder, opblazen, kelderen ♦ *the cruiser was mined and sank* de kruiser liep op een mijn en zonk; → **mining**

⁵**mine** /maɪn/ [bez vnw] [1] ⟨predicatief gebruikt⟩ van mij, de/het mijne ♦ *the blame is mine* de schuld ligt bij mij; *that box is mine* die doos is van mij [2] de mijne(n), het mijne ♦ *care for mine* zorg voor de mijnen; *a friend of mine* een vriend van mij, één van mijn vrienden

mine

⁶**mine** /maɪn/ [bez det] → **my**
mineable [bn] → **minable**
mine detector [telb zn] **mijndetector**
mine disposal [niet-telb zn] **het opruimen van mijnen,** ⟨België⟩ **ontmijning**
mine disposal squad [telb zn] **mijnendienst,** ⟨België⟩ **ontmijningsploeg**
mine·field [telb zn] **mijnenveld** ⟨ook figuurlijk⟩
mine hunter [telb zn] **mijnenjager**
mine·lay·er [telb zn] **mijnenlegger** ⟨schip of vliegtuig⟩
min·er /ˈmaɪnə, ᴬ-ər/ [telb zn] ① **mijnwerker** ② **mijnengraafmachine** ③ ⟨mil⟩ **mineur** ④ **mineerder** ⟨larve⟩, mineervlieg, mineerkever, mineermol
¹**min·er·al** /ˈmɪnərəl/ [telb + niet-telb zn] ① **mineraal,** delfstof ② ⟨vnl mv⟩ ⟨BE⟩ **mineraalwater,** ⟨bij uitbreiding⟩ spuitwater, sodawater, priklimonade
²**min·er·al** /ˈmɪnərəl/ [bn] **mineraal,** delfstoffen-, anorganisch ♦ *mineral ores* mineraalertsen; *mineral resources* bodemschatten
min·er·al·i·za·tion, min·er·al·i·sa·tion /ˌmɪnərəlaɪˈzeɪʃn, ᴬ-ləˈzeɪʃn/ [telb zn] **mineralisering,** verstening
min·er·al·ize, min·er·al·ise /ˈmɪnərəlaɪz/ [onov + ov ww] **mineraliseren**
mineral kingdom [telb zn; the] **delfstoffenrijk**
min·er·al·og·i·cal /ˌmɪnərəˈlɒdʒɪkl, ᴬ-ˈlɑ-/ [bn; bw: ~ly] **mineralogisch,** delfstoffen-
min·er·al·o·gist /ˌmɪnəˈrælədʒɪst/ [telb zn] **mineraloog,** delfstofkundige
min·er·al·o·gy /ˌmɪnəˈrælədʒi/ [niet-telb zn] **mineralogie,** delfstoffenleer, delfstofkunde
mineral oil [telb + niet-telb zn] ① ⟨BE⟩ **aardolie,** ⟨ruwe⟩ petroleum ② ⟨AE⟩ **paraffineolie**
mineral pitch [niet-telb zn] **asfalt**
min·er·al-rich [bn] **rijk aan mineralen**
mineral tar [niet-telb zn] **bergteer**
mineral water [telb + niet-telb zn] **mineraalwater**
mineral wax [niet-telb zn] **aardwas,** ozokeriet
mineral wool [niet-telb zn] **slakkenwol,** steenwol
min·e·stro·ne /ˌmɪnɪˈstroʊni/ [niet-telb zn] **minestrone**
mine·sweep·er [telb zn] **mijnenveger**
minever [telb + niet-telb zn] → **miniver**
¹**Ming** /mɪŋ/ [eigenn] **Ming** ⟨Chinese dynastie⟩
²**Ming** /mɪŋ/ [niet-telb zn] **mingporselein**
¹**minge** /mɪndʒ/ [telb zn] ⟨BE; vulg⟩ **kut**
²**minge** /mɪndʒ/ [verzameln] ⟨BE; vulg⟩ **wijven**
ming·er /ˈmɪŋə, ᴬˈmɪŋər/ [telb zn] ⟨fig, sl⟩ **spook, heks, trol** ⟨lelijke vrouw⟩
ming·ing /ˈmɪŋɪŋ/ [bn] ⟨BE; inf⟩ ① **walgelijk, goor** ② **lelijk, afzichtelijk** ⟨voornamelijk gezegd van vrouwen⟩
¹**min·gle** /ˈmɪŋgl/ [onov ww] ① **zich (ver)mengen** ♦ *vineyards mingle with meadows* wijngaarden wisselen af met weiland; *tears mingled with the blood from his forehead* tranen vermengden zich met het bloed van zijn voorhoofd ② **zich mengen (onder),** in contact komen ♦ ⟨zelden⟩ *the queen mingled among the people* de koningin begaf zich onder het volk; *they didn't feel like mingling* ze hadden geen zin om met de anderen te praten ⟨op feest⟩; *mingle in the melee* aan de knokpartij meedoen; *the queen mingled with the people* de koningin begaf zich onder het volk
²**min·gle** /ˈmɪŋgl/ [ov ww] **(ver)mengen,** versnijden ♦ *they mingled their tears* ze huilden samen uit; *mingle truth with falsehood* waarheid en leugens dooreenmengen; *mingle daffodils with tulips* narcissen met tulpen mengen
min·gle-man·gle [telb zn] **mengelmoes**
min·gy /ˈmɪndʒi/ [bn; vergr trap: mingier] ⟨BE; inf⟩ ① **krenterig,** vrekkig ② **krenterig,** karig
¹**min·i** /ˈmɪni/ [telb + niet-telb zn] ⟨inf⟩ ⟨verk: minicar, miniskirt, etc.⟩ **mini**
²**min·i** /ˈmɪni/ [bn, attr] **mini-,** miniatuur ♦ *a mini Marilyn Monroe* een Marilyn Monroe in het klein
min·i- /ˈmɪni/ **mini-,** miniatuur-, dwerg-, in het klein ♦ *minisub* miniduikboot; *minibike* minimotorfiets
min·i·ate /ˈmɪnieɪt/ [ov ww] ① **meniën** ② **illumineren,** verluchten ⟨handschrift⟩
¹**min·i·a·ture** /ˈmɪnətʃə, ᴬˈmɪniətʃər/ [telb zn] **miniatuur**
²**min·i·a·ture** /ˈmɪnətʃə, ᴬˈmɪniətʃər/ [niet-telb zn] **miniatuurkunst** ⚫ *in miniature* in miniatuur
³**min·i·a·ture** /ˈmɪnətʃə, ᴬˈmɪniətʃər/ [bn, attr] **miniatuur-,** mini- ♦ *miniature golf* minigolf; *miniature poodle* dwergpoedel
⁴**min·i·a·ture** /ˈmɪnətʃə, ᴬˈmɪniətʃər/ [ov ww] **in miniatuur/het klein voorstellen**
min·i·a·tur·ist /ˈmɪnətʃərɪst, ᴬˈmɪniə-/ [telb zn] **miniaturist(e),** miniatuurschilder(es), miniator
min·i·a·tur·i·za·tion, min·i·a·tur·i·sa·tion /ˌmɪnətʃəraɪˈzeɪʃn, ᴬˌmɪniətʃərə-/ [niet-telb zn] **miniaturisatie**
min·i·a·tur·ize, min·i·a·tur·ise /ˈmɪnətʃəraɪz, ᴬˈmɪniə-/ [ov ww] **in miniatuur maken,** (sterk) verkleinen
min·i·bar [telb zn] **minibar** ⟨kleine koelkast met dranken en snacks in hotelkamer⟩
min·i-break [telb zn] **korte vakantie**
min·i·bus [telb zn; mv: Amerikaans-Engels ook minibusses] **minibus**
min·i·cab [telb zn] **minitaxi**
min·i·cal·cu·la·tor [telb zn] **(klein) zakrekenmachientje**
min·i·car [telb zn] **miniauto**
min·i·com·put·er, mini [telb zn] **mini(computer)**
min·i·disc [telb zn] **minidisc**
min·i·fy /ˈmɪnɪfaɪ/ [ov ww] **verkleinen,** minimaliseren
¹**min·i·kin** /ˈmɪnɪkɪn/ [telb zn] ⟨vero⟩ **(zeer) klein wezen/iets**
²**min·i·kin** /ˈmɪnɪkɪn/ [bn, attr] ⟨vero⟩ ① **nietig** ② **geaffecteerd,** gemaakt
min·im /ˈmɪnɪm/ [telb zn] ① **neerhaal** ⟨bij het schrijven⟩ ② **kleinigheid,** nietig wezen, dwerg ③ **minim** ⟨UK 0,059 ml; USA 0,062 ml⟩, ⟨fig⟩ druppel ④ ⟨meestal Minim⟩ **miniem** ⟨bedelorde⟩ ⑤ ⟨BE; muz⟩ **halve noot**
min·i·mal /ˈmɪnɪml/ [bn; bw: ~ly] **minimaal,** minimum-, kleinst, laagst ♦ *minimal art* minimal art; *minimal artist* maker van minimal art; ⟨taalk⟩ *minimal pairs* minimale (woord)paren
min·i·mal·ism /ˈmɪnɪməlɪzm/ [niet-telb zn] ① **minimalisme** ② **minimal art**
¹**min·i·mal·ist** /ˈmɪnɪməlɪst/ [telb zn] ① **minimalist** ② **maker van minimal art**
²**min·i·mal·ist** /ˈmɪnɪməlɪst/ [bn] **minimalistisch** ⟨ook m.b.t. minimal art⟩
min·i·mart /ˈmɪniˌmɑːt, ᴬ-mɑrt/ [telb zn] ⟨vnl AE⟩ **avondwinkel, nachtwinkel**
min·i·mind·ed /ˌmɪnɪˈmaɪndɪd/ [bn] **stompzinnig**
min·i·mi·za·tion, min·i·mi·sa·tion /ˌmɪnɪmaɪˈzeɪʃn, ᴬ-məˈzeɪʃn/ [telb + niet-telb zn] **minimalisering**
min·i·mize, min·i·mise /ˈmɪnɪmaɪz/ [ov ww] **minimaliseren,** bagatelliseren
min·i·mum /ˈmɪnɪməm/ [telb zn; vaak attributief; mv: ook minima /-mə/] **minimum** ♦ *keep sth. to a/the minimum* iets tot het minimum beperkt houden
minimum lending rate [telb zn] ⟨fin⟩ **bankdisconto,** officieel disconto ⟨van centrale bank⟩
minimum security prison [telb zn] ⟨AE⟩ **open gevangenis**
minimum temperature [telb zn] **minimumtemperatuur**
minimum wage [telb zn] **minimumloon**
min·ing /ˈmaɪnɪŋ/ [niet-telb zn; gerund van mine] ① **mijnbouw,** mijnexploitatie, mijnontginning, mijnwezen ② **het leggen van mijnen**
mining area, mining district [telb zn] **mijnstreek,**

mijngebied
mining disaster [telb zn] mijnramp
mining engineer [telb zn] mijnbouwkundig ingenieur, mijningenieur
mining engineering [niet-telb zn] mijnbouwkunde
mining expert [telb zn] mijnbouwdeskundige
mining industry [telb zn] mijnindustrie
mining town [telb zn] mijnstad(je)
min·ion /mɪnɪən/ [telb zn] 1 ⟨vaak pejoratief of schertsend⟩ gunsteling, lieveling, slaafs volgeling, hielenlikker ♦ *minion of fortune* geluksvogel; *minion of the law* gerechtsdienaar; ⟨België⟩ wetsdienaar; ⟨in mv⟩ de arm der wet 2 ⟨drukw⟩ mignon, kolonel ⟨7-punts letter⟩
min·i·round·a·bout [telb zn] ⟨BE⟩ klein verkeersplein ⟨alleen door witte lijnen aangegeven⟩, minirotonde
miniscule → minuscule
min·i·se·ries [telb zn] miniserie
min·i·skirt [telb zn] minirok(je)
¹**min·is·ter** /mɪnɪstə, ᴬ-ər/ [telb zn] 1 ⟨vaak Minister⟩ minister ♦ *Minister of the Crown* minister (van het Britse kabinet); *minister plenipotentiary* gevolmachtigd minister; *Minister of State* onderminister, staatssecretaris ⟨in Brits departement⟩ 2 geestelijke, predikant, voorganger ⟨in Groot-Brittannië voornamelijk in presbyteriaanse en non-conformistische kerken⟩ ♦ *minister of religion* geestelijke 3 ⟨vaak Minister⟩ gezant ♦ *minister resident* minister-resident 4 (minister-)generaal ⟨overste van geestelijke orde⟩ ♦ *minister general* (minister-)generaal 5 ⟨form⟩ dienaar
²**min·is·ter** /mɪnɪstə, ᴬ-ər/ [onov ww] → minister to
³**min·is·ter** /mɪnɪstə, ᴬ-ər/ [ov ww] ⟨vero⟩ 1 verlenen, leveren 2 toedienen, uitdelen ♦ *minister the Sacrament* het sacrament toedienen
min·is·te·ri·al /mɪnɪstɪərɪəl, ᴬ-stɪr-/ [bn; bw: ~ly] 1 ministerieel ♦ *ministerial crisis* regeringscrisis; *the next ministerial* de volgende ministerconferentie/ministertop 2 geestelijk, van/m.b.t. de geestelijkheid
min·is·te·ri·al·ist /mɪnɪstɪərɪəlɪst, ᴬ-stɪr-/ [telb zn] regeringsgezinde
minister to [onov ww] ⟨form⟩ bijstaan, verzorgen, hulp verlenen aan
¹**min·is·trant** /mɪnɪstrənt/ [telb zn] dienaar, helper
²**min·is·trant** /mɪnɪstrənt/ [bn] dienend, helpend
min·is·tra·tion /mɪnɪstreɪʃn/ [telb + niet-telb zn; vaak mv] ⟨form⟩ 1 bijstand, hulp 2 geestelijke bijstand, bediening
min·is·tra·tive /mɪnɪstrətɪv, ᴬ-streɪtɪv/ [bn] helpend, (be)dienend
¹**min·is·try** /mɪnɪstri/ [telb zn] 1 ⟨vaak Ministry⟩ ministerie 2 dienst, bediening, verzorging 3 ministerschap 4 ambt(stermijn) van dominee
²**min·is·try** /mɪnɪstri/ [niet-telb zn; the] geestelijk ambt ♦ *enter the ministry* geestelijke/predikant worden
³**min·is·try** /mɪnɪstri/ [verzamelin; the] 1 geestelijkheid, clerus 2 kabinet ⟨alle ministers⟩
ministry official [telb zn] functionaris van een ministerie
min·i·um /mɪnɪəm/ [niet-telb zn] (lood)menie, cinnabar, vermiljoen
min·i·van [telb zn] ⟨AE⟩ minibus, ⟨België⟩ eenvolumewagen
min·i·ver, min·e·ver /mɪnɪvə, ᴬ-ər/ [telb + niet-telb zn] wit(te) bont(rand) langs ceremoniële kledij ⟨meestal hermelijn⟩
¹**mink** /mɪŋk/ [telb zn; mv: ook mink] 1 ⟨dierk⟩ Amerikaanse nerts, mink ⟨Mustela vison⟩ 2 nertsmantel
²**mink** /mɪŋk/ [niet-telb zn] nertsbont
mink coat [telb zn] minkmantel, nertsmantel
minke whale /mɪŋkəweɪl, ᴬmɪŋkəweɪl/, **minke** /mɪŋkə/ [telb zn] ⟨dierk⟩ dwergvinvis ⟨Balaenoptera acutorostrata⟩
Minn [afk] (Minnesota)
min·ne·sing·er /mɪnɪsɪŋə, ᴬ-ər/ [telb zn] minnezanger ⟨Duits, middeleeuws troubadour⟩
min·now /mɪnoʊ/ [telb zn; mv: ook minnow] ⟨dierk⟩ witvis, ⟨vnl⟩ elrits ⟨Phoxinus phoxinus⟩
¹**Mi·no·an** /mɪnoʊən/ [eignn] taal van de inwoners van het minoïsche Kreta
²**Mi·no·an** /mɪnoʊən/ [telb zn] inwoner van het minoïsche Kreta
³**Mi·no·an** /mɪnoʊən/ [bn] minoïsch
¹**mi·nor** /maɪnə, ᴬ-ər/ [telb zn] 1 minderjarige 2 ⟨log⟩ minor, minterm 3 ⟨muz⟩ mineur, kleineterstoonladder ♦ *melodic minor* melodische kleineterstoonladder 4 ⟨vaak Minor⟩ minderbroeder 5 bijvak ⟨aan Amerikaanse universiteiten⟩ 6 student in een bijvak 7 ⟨vnl mv⟩ ⟨AE, CanE; sport, vnl honkb⟩ lagere divisie, onderafdeling ♦ *his team got sent down to the minors* zijn club degradeerde
²**mi·nor** /maɪnə, ᴬ-ər/ [bn; nooit gevolgd door than] 1 minder, kleiner, vrij klein ♦ ⟨meetk⟩ *minor axis* kleine as; *minor planet* asteroïde 2 minder belangrijk, lager, secundair, ondergeschikt ♦ *minor Canon* kanunnik die geen lid is van het kapittel; ⟨sport⟩ *minor league* lagere afdeling(en)/klasse(n)/divisie(s), onderafdeling; ⟨vaak attributief; fig⟩ tweederangs; *minor orders* kleine orden ⟨bij rooms-katholieke clerus⟩; ⟨schaaksp⟩ *minor pieces* lichte stukken ⟨lopers, paarden⟩; *minor poet* poeta minor, minder belangrijke dichter; *minor premise* minorpremisse, minterm; *Minor Prophets* Kleine Profeten, de mindere Profeten; *minor road* secundaire weg; *minor suit* lage kleur ⟨bridge⟩; *minor term* minorterm, minderterm 3 minderjarig
³**mi·nor** /maɪnə, ᴬ-ər/ [bn, attr + postnom; nooit gevolgd door than] ⟨muz⟩ mineur, klein ♦ *A minor* a-klein, a kleine terts, a-mineur; *in a minor key* in kleine terts, in mineur ⟨ook figuurlijk⟩; *minor mode* mineur, mineurtoonaard, mineurtoonschaal; *minor scale* mineurtoonladder, kleineterstoonladder; *minor third* kleine terts
⁴**mi·nor** /maɪnə, ᴬ-ər/ [bn, postnom; nooit gevolgd door than] ⟨vero; BE; onderw⟩ junior ♦ *Smith minor* Smith junior, de jonge Smith • *Friar minor* minderbroeder
¹**Mi·nor·ca** /mɪnɔːkə, ᴬ-nɔr-/ [eignn] Minorca ⟨Baleareneiland⟩
²**Mi·nor·ca** /mɪnɔːkə, ᴬ-nɔr-/ [telb + niet-telb zn] (verk: Minorca fowl)
Minorca fowl [telb + niet-telb zn; ook Minorca fowl] minorcakip ⟨soort leghorn⟩
minor in [onov ww] als bijvak studeren ♦ *minor in chemistry* scheikunde als bijvak studeren/hebben
Mi·nor·ite /maɪnəraɪt/, **Mi·nor·ist** /-rɪst/ [telb zn] minderbroeder, minoriet
mi·nor·i·ty /maɪnɒrəti, ᴬmɪnɔrəti, ᴬ-nɑ-/ [telb zn; vaak attributief] 1 minderheid ♦ ⟨iron⟩ *a minority of one* helemaal alleen 2 minderjarigheid
minority government [telb zn] minderheidsregering
minority group [telb zn] minderheid, minoriteit
minority leader [telb zn] ⟨AE⟩ fractievoorzitter van de minderheid
minority programme [telb zn] minderheidsprogramma ⟨gevolgd door een klein gedeelte van het radio- of tv-publiek⟩
minority report [telb zn] minderheidsrapport
min·o·taur /mɪnətɔː, ᴬ-tɔr/ [eignn; the] Minotaurus
min·ster /mɪnstə, ᴬ-ər/ [telb zn] munster, kloosterkerk, domkerk, kathedraal
min·strel /mɪnstrəl/ [telb zn] 1 minstreel 2 'negerzanger' ⟨showman, in Amerikaans variété, ⟨vaak⟩ in negertravestie⟩
¹**min·strel·sy** /mɪnstrəlsi/ [telb zn] verzameling balla-

minstrelsy

den, tekstboek
²**min·strel·sy** /mɪnstrəlsi/ [niet-telb zn] minstreelkunst
³**min·strel·sy** /mɪnstrəlsi/ [verzamelnw] minstreelgroep
¹**mint** /mɪnt/ [telb zn] ① munt (gebouw, instelling), ⟨inf⟩ bom duiten, ⟨fig⟩ bron, mijn ♦ *a mint of new ideas* een bron van nieuwe ideeën; *a mint of money* een smak geld ② pepermuntje
²**mint** /mɪnt/ [niet-telb zn] ⟨plantk⟩ munt (genus Mentha)
³**mint** /mɪnt/ [ov ww] munten, tot geld slaan, ⟨fig⟩ smeden, uitvinden ♦ *mint a new expression* een nieuwe uitdrukking creëren
¹**mint·age** /mɪntɪdʒ/ [telb zn] ① muntloon ② muntstempel, muntteken
²**mint·age** /mɪntɪdʒ/ [niet-telb zn] muntslag, munt
mint condition [telb zn] perfecte staat/toestand ♦ *in mint condition* puntgaaf
mint·er /mɪntə, ᴬmɪntər/ [telb zn] munter
mint julep [telb zn] ⟨AE⟩ muntcocktail (cognac of whisky met suiker, munt en gestampt ijs)
mint·mark [telb zn] muntteken
mint·mas·ter [telb zn] muntmeester
mint par [niet-telb zn] muntpariteit, muntpari ♦ *mint par of exchange* muntpariteit
mint sauce [telb + niet-telb zn] muntsaus
mint·y /mɪnti/ [bn] munt-, met muntsmaak
min·u·end /mɪnjʊend/ [telb zn] ⟨wisk⟩ aftrektal
min·u·et /mɪnjʊet/ [telb zn] menuet
¹**mi·nus** /maɪnəs/ [telb zn] ① minteken ② minus, negatieve waarde, tekort, ⟨fig⟩ nadeel, min(punt)
²**mi·nus** /maɪnəs/ [bn, attr] ① negatief (voornamelijk wiskunde, natuurkunde) ♦ *minus feelings* negatieve gevoelens, gevoelens van afkeer; *minus value* negatieve waarde; *the minus wire* de negatieve draad, de mindraad ② complementair (van kleuren) ♦ *minus colours* complementaire kleuren
³**mi·nus** /maɪnəs/ [bn, pred] ⟨inf⟩ nul ♦ *the profits were minus* de winst was nihil
⁴**mi·nus** /maɪnəs/ [bn, postnom] ⟨onderw⟩ -min, iets minder goed dan ♦ *a B-minus* een B-min
⁵**mi·nus** /maɪnəs/ [vz] ① ⟨vnl wisk⟩ min(us), ⟨meteo⟩ min, onder nul/het vriespunt ♦ *minus six* zes onder nul; *wages minus taxes* loon na aftrek van belastingen; *six minus two* zes min twee ② minder/lager dan ♦ *minus two cm in diameter* minder dan twee cm doorsnede ③ ⟨scherts⟩ zonder ♦ *a teapot minus a spout* een theepot zonder tuit
mi·nus·cu·lar /mɪnʌskjʊlə, ᴬ-kjələr/ [bn] minuscuul
¹**mi·nus·cule, min·is·cule** /mɪnəskjuːl/ [telb zn] ① minuskel ② handschrift in minuskelschrift ③ kleine letter, onderkast(letter)
²**mi·nus·cule, min·is·cule** /mɪnəskjuːl/ [bn] ① minuscuul ② in minuskel ③ ⟨drukw⟩ in kleine letter, onderkast
minus sign [telb zn] minteken
¹**min·ute** /mɪnɪt/ [telb zn] ① minuut, moment, ogenblik ♦ *it may happen any minute now/at any minute* het kan elk ogenblik gebeuren; *at the last minute* op het laatste ogenblik, op het nippertje; *I won't be a minute* ik ben zo klaar; *in a minute* zo dadelijk; ⟨inf⟩ *just a minute!* moment!; *the minute (that) I saw him* zodra ik hem zag; *this minute* ogenblikkelijk; *at 7.13 to the minute* op de minuut af om 7.13 uur; *fashion up to the minute* allernieuwste mode; *up-to-the-minute news* nieuws heet van de naald; ⟨inf⟩ *wait a minute* wacht eens even; *the police arrived within minutes of the accident* de politie was er binnen enkele minuten na het ongeluk ② minuut, boogminuut ♦ *minute of arc* boogminuut; ⟨aardr⟩ *minute of latitude* breedteminuut ③ nota, memorandum ⸱ *not for a/one minute* helemaal niet
²**mi·nute** /maɪnjuːt, ᴬ-nuːt/ [bn; vergr trap: minuter; bw: ~ly; zn: ~ness] ① miniem, zeer klein, onbeduidend, nietig ♦ *cut the bread up minutely* het brood in kleine stukjes

snijden ② minutieus, gedetailleerd, omstandig, nauwkeurig
³**min·ute** /mɪnɪt/ [ov ww] notuleren
minute gun [telb zn] kanon waarmee minuutschoten afgevuurd worden ♦ *fire the minute gun* minuutschoten afvuren
minute hand [telb zn] grote wijzer, minuutwijzer
min·ute·ly /mɪnɪtli/ [bn; bw] om de minuut, van minuut tot minuut
min·ute·man [telb zn; soms Minuteman; mv: minutemen] ① type Amerikaanse intercontinentale raket ② ⟨gesch⟩ Amerikaanse revolutionair die in één minuut klaar kon zijn voor de strijd (voor en tijdens de onafhankelijkheidsoorlog), iemand die direct klaarstaat
min·utes /mɪnɪtz/ [alleen mv; the] notulen
minute steak [telb zn] biefstuk à la minute
mi·nu·tia /maɪnjuːʃɪə, ᴬmɪnuː-/ [telb zn; meestal mv; mv: minutiae /-ʃiː/] bijzonderheid, detail, kleinigheid, nietigheid ♦ *the minutiae of the ceremony are carefully planned* de ceremonie is tot in details zorgvuldig gepland
minx /mɪŋks/ [telb zn] ⟨vaak scherts⟩ brutale meid, kat(tenkop), nest
¹**Mi·o·cene** /maɪəsiːn/ [eigenn; the] ⟨geol⟩ mioceen (tijdvak van het tertiair)
²**Mi·o·cene** /maɪəsiːn/ [bn] ⟨geol⟩ van/uit het mioceen
mi·o·sis, my·o·sis /maɪoʊsɪs/ [telb + niet-telb zn; mv: mioses, myoses /-siːz/] ⟨med⟩ miosis
¹**mi·ot·ic, my·ot·ic** /maɪɒtɪk, ᴬ-ɑtɪk/ [telb + niet-telb zn] ⟨med⟩ mioticum (stof die miosis veroorzaakt)
²**mi·ot·ic, my·ot·ic** /maɪɒtɪk, ᴬ-ɑtɪk/ [bn] ⟨med⟩ miotisch
mips /mɪps/ [alleen mv] ⟨comp⟩ (a million instructions per second) mips
mir /mɪə, ᴬmɪr/ [telb zn] mir (Russische prerevolutionaire dorpscommune)
¹**mir·a·belle** /mɪrəbel/ [telb zn] mirabel(pruim)
²**mir·a·belle** /mɪrəbel/ [niet-telb zn] mirabel, pruimenbrandewijn
mi·ra·bi·le dic·tu /mɪrɑːbɪleɪ dɪktuː/ [bw] mirabile dictu, wonderlijk genoeg
mir·a·cle /mɪrəkl/ [telb zn] ① mirakel, wonder ♦ *the operation was a miracle of medical skill* de operatie was een wonder van medisch kunnen ② ⟨letterk⟩ mirakelspel
miracle baby [telb zn] onverwacht gezond ter wereld gekomen baby
mir·a·cle-mong·er [telb zn] vals wonderdoener, kwakzalver
miracle play [telb zn] ⟨letterk⟩ mirakelspel
miracle rice [niet-telb zn] wonderrijst (zeer vruchtbaar rijstzaad)
miracle worker [telb zn] wonderdoener
mi·rac·u·lous /mɪrækjʊləs, ᴬ-kjə-/ [bn; bw: ~ly; zn: ~ness] ① miraculeus, wonderbaar, verbazingwekkend ② miraculeus, wonderdoend
mi·ra·dor /mɪrədɔː, ᴬ-dɔr/ [telb zn] mirador, belvédère, uitkijkpost, uitkijktoren
mi·rage /mɪrɑːʒ, ᴬmɪrɑʒ/ [telb zn] ① luchtspiegeling, fata morgana ② begoocheling, droombeeld, hersenschim, illusie
Mi·rage /mɪrɑːʒ, ᴬmɪrɑʒ/ [telb zn] mirage (gevechtsvliegtuig)
¹**mire** /maɪə, ᴬ-ər/ [telb + niet-telb zn] ⟨vnl form⟩ ① moeras(grond), moerasgebied ② slijk, slik, modder ⸱ *be/find o.s./stick in the mire* in de knoei/puree zitten; *drag s.o./s.o.'s name through the mire* iemand/iemands naam door het slijk/de modder halen
²**mire** /maɪə, ᴬ-ər/ [onov ww] ⟨vnl form⟩ in de modder zakken, ⟨fig⟩ in moeilijkheden komen
³**mire** /maɪə, ᴬ-ər/ [ov ww] ⟨vnl form⟩ ① in de modder doen zakken, ⟨fig⟩ in moeilijkheden brengen ② besmeuren, bezoedelen, bespatten, bekladden

mire crow [telb zn] ⟨BE, gew; dierk⟩ kokmeeuw ⟨Larus ridibundus⟩
mire·poix /mɪəpwɑː, ᴬmɪr-/ [telb + niet-telb zn; mv: mirepoix] ⟨cul⟩ mirepoix ⟨saus/braadmix van fijngehakte groenten en kruiden⟩
mirk → murk
mirky [bn] → murky
¹mir·ror /mɪrə, ᴬ-ər/ [telb zn] **1** spiegel, ⟨fig⟩ weerspiegeling ◆ *that article holds the mirror up to the problems of our country* dat artikel houdt een spiegel voor over de problemen van ons land; *a mirror of public opinion* een weergave van de publieke opinie **2** toonbeeld, model
²mir·ror /mɪrə, ᴬ-ər/ [ov ww] spiegelen, weerspiegelen, afspiegelen, weerkaatsen, terugkaatsen
mirror carp [telb zn] ⟨dierk⟩ spiegelkarper ⟨variëteit van de Cyprinus carpio⟩
mirror image [telb zn] spiegelbeeld, ⟨fig⟩ getrouwe weergave/beschrijving
mir·ror·scope [telb zn] **1** kopieerspiegel **2** projector
mirror site [telb zn] ⟨internet⟩ spiegelsite, mirrorsite ⟨dezelfde pagina op internet op andere plaats om bereikbaarheid te vergroten⟩
mirror symmetry [niet-telb zn] ⟨natuurk⟩ spiegelsymmetrie
mirror writing [telb + niet-telb zn] spiegelschrift
mirth /mɜːθ, ᴬmɜrθ/ [niet-telb zn] ⟨vnl form⟩ **1** vrolijkheid, opgewektheid **2** gelach, gejoel
mirth·ful /mɜːθfl, ᴬmɜrθ-/ [bn; bw: ~ly; zn: ~ness] ⟨vnl form⟩ vrolijk, opgewekt, uitgelaten, jolig
mirth·less /mɜːθləs, ᴬmɜrθ-/ [bn; bw: ~ly; zn: ~ness] ⟨vnl form⟩ vreugdeloos, somber, terneergeslagen
MIRV /mɜːv, ᴬmɜrv/ [telb zn] (multiple independently targeted re-entry vehicle) raket met afzonderlijk richtbare koppen
mir·y /maɪəri/ [bn; vergr trap: mirier; zn: miriness] ⟨vnl form⟩ **1** modderig, slijkerig **2** beslijkt, onder het slijk **3** walgelijk, afschuwelijk
mir·za /mɜːzə, ᴬmɪrzə/ [telb zn] mirza ⟨Perzische eretitel vóór naam van vooraanstaande, achter naam van prins⟩
mis- /mɪs/ [vóór naamwoord, bn, werkwoord; geeft of versterkt negatieve of pejoratieve betekenis; voor uitspraak en verdere grammaticale gegevens, zie het enkelvoudig woord] ± mis-, ± wan-, ± tegen-, ± slecht, ± verkeerd, ± onjuist, ± niet ◆ *misadventure* tegenspoed
MIS [afk] (Management Information Systems)
mis·ad·ven·ture [telb + niet-telb zn] ⟨form⟩ tegenspoed, ongeluk, rampspoed, ongelukkig toeval ◆ ⟨jur⟩ *homicide/death by misadventure* onwillige manslag
mis·ad·vise [ov ww; meestal passief] verkeerd/onjuist adviseren, verkeerde/slechte raad geven
mis·al·li·ance [telb zn] ongelukkige verbintenis, ⟨vnl⟩ mesalliance
mis·al·lo·ca·tion [telb + niet-telb zn] onjuiste toewijzing/allocatie ◆ *misallocation of funds* onjuiste toewijzing van fondsen
mis·an·thrope /mɪsnθroʊp, mɪzn-/, **mis·an·thro·pist** /mɪsænθrəpɪst, ᴬ-zæn-/ [telb zn] misantroop, mensenhater
mis·an·throp·ic /mɪsnθrɒpɪk, mɪzn-, ᴬ-θrɑpɪk/, **mis·an·throp·i·cal** /-ɪkl/ [bn; bw: ~ally] misantropisch
¹mis·an·thro·pize /mɪsænθrəpaɪz, -zæn/ [onov ww] de mensen haten
²mis·an·thro·pize /mɪsænθrəpaɪz, -zæn/ [ov ww] tot mensenhater maken
mis·an·thro·py /mɪsænθrəpi, -zæn-/ [niet-telb zn] misantropie, mensenhaat
mis·ap·pli·ca·tion [telb + niet-telb zn] **1** verkeerde/onjuiste toepassing, verkeerd/onjuist gebruik ◆ *accused of misapplication of the law* beschuldigd van wetsmisbruik/verkrachting **2** verduistering ⟨van geld⟩

mis·ap·ply [ov ww] **1** verkeerd toepassen, verkeerd gebruiken **2** verduisteren ⟨geld⟩
mis·ap·pre·hend [ov ww] ⟨form⟩ misverstaan, verkeerd begrijpen/interpreteren
mis·ap·pre·hen·sion [telb + niet-telb zn] misverstand, misvatting, verkeerde interpretatie ◆ *be/labour under a misapprehension* het bij het verkeerde eind hebben; *under the misapprehension that ... in de waan dat ...*
mis·ap·pro·pri·ate [ov ww] ⟨jur⟩ een onjuiste/onwettige bestemming geven, ⟨i.h.b.⟩ verduisteren, zich wederrechtelijk toe-eigenen
mis·ap·pro·pri·a·tion [telb + niet-telb zn] ⟨jur⟩ verduistering ◆ *misappropriation of public resources* verduistering van overheidsmiddelen
mis·be·come [ov ww] ongepast zijn voor, niet (be)horen ◆ *his behaviour misbecomes a gentleman* zijn gedrag is voor een gentleman ongepast
¹mis·be·got·ten /mɪsbɪɡɒtn, ᴬ-ɡɑtn/ [bn] ⟨form⟩ **1** onecht, bastaard-, onwettig, natuurlijk ◆ *his misbegotten son* zijn bastaardzoon **2** onder slecht gesternte geboren
²mis·be·got·ten /mɪsbɪɡɒtn, ᴬ-ɡɑtn/ [bn, attr] ⟨pej of scherts⟩ **1** verachtelijk, berucht, gemeen ◆ *a misbegotten man* een verachtelijk mens **2** waardeloos, onzalig, rampzalig, wanstaltig ◆ *misbegotten plans* onzalige plannen
mis·be·have [onov + ov ww] zich misdragen, zich slecht gedragen ◆ *a misbehaved child* een ongehoorzaam kind, een naar kind; *misbehave o.s.* zich misdragen
mis·be·hav·iour, ⟨AE⟩ **mis·be·hav·ior** [niet-telb zn] wangedrag, slecht gedrag
mis·be·lief [telb zn] **1** ketterij, dwaalleer, verkeerd geloof **2** misvatting, verkeerde mening
misc [afk] (miscellaneous)
¹mis·cal·cu·late [onov ww] zich misrekenen
²mis·cal·cu·late [ov ww] verkeerd schatten, onjuist berekenen/calculeren, niet goed incalculeren, misrekenen ◆ *I had miscalculated the distance* ik had de afstand fout geschat
mis·cal·cu·la·tion [telb + niet-telb zn] misrekening, rekenfout
mis·call [ov ww] **1** ⟨meestal passief⟩ verkeerd/ten onrechte noemen ◆ *a passion miscalled love* een passie ten onrechte liefde genoemd **2** ⟨verouderd of gewestelijk⟩ uitschelden, beschimpen
mis·car·riage /mɪskærɪdʒ/ [telb + niet-telb zn] **1** mislukking, het falen, het niet-slagen ⟨van een plan⟩ ◆ *miscarriage of justice* rechterlijke dwaling **2** miskraam, ontijdige bevalling **3** het verloren gaan, verkeerde bestelling ⟨van verzendingen⟩
mis·car·ry /mɪskæri/ [onov ww] **1** mislukken, niet slagen, falen **2** een miskraam hebben, ontijdig bevallen **3** verloren gaan, verkeerd besteld worden ⟨van verzendingen⟩
mis·cast [ov ww] **1** verkeerd optellen/berekenen **2** ⟨meestal passief⟩ ⟨dram, film⟩ een ongeschikte rol geven aan ◆ *he was badly miscast as Hamlet* hij was heel slecht gecast/gekozen voor de rol van Hamlet **3** ⟨meestal passief⟩ ⟨dram, film⟩ een slechte/verkeerde cast/rolbezetting kiezen voor ◆ *that film has been totally miscast* die film heeft een erg slechte rolbezetting/cast
mis·ce·ge·na·tion /mɪsɪdʒɪneɪʃn, ᴬmɪsedʒə-/ [niet-telb zn] rassenvermenging, verbastering ⟨voornamelijk blank met niet-blank ras⟩
mis·ce·ge·net·ic /mɪsdʒɪnetɪk, ᴬmɪsedʒɪnetɪk/ [bn] van gemengd ras
mis·cel·la·ne·a /mɪsəleɪniə/ [alleen mv] **1** miscellanea, mengelwerk, ⟨journ⟩ gemengde berichten **2** gemengde collectie
mis·cel·la·ne·ous /mɪsəleɪniəs/ [bn; bw: ~ly; zn: ~ness] **1** gemengd, verscheiden, gevarieerd, divers, allerlei ◆ *miscellaneous essays* gevarieerde essays, essays over uiteen-

miscellanist

lopende onderwerpen ② veelzijdig
mis·cel·la·nist /ˈmɪsələnɪst, ᴬˈmɪsəleɪnɪst/ [telb zn]
① compilator/uitgever van miscellanea ② auteur van miscellanea ③ algemeen redacteur
mis·cel·la·ny /mɪˈseləni, ᴬˈmɪsəleɪni/ [telb zn] ① mengeling, mengsel ② ⟨vaak mv⟩ ⟨letterk⟩ mengelwerk
mis·chance [telb + niet-telb zn] ongeluk, tegenslag ♦ *by mischance*, *through a mischance* bij/per ongeluk, ongelukkigerwijs
¹**mis·chief** /ˈmɪstʃɪf/ [telb zn] ⟨inf⟩ plaaggeest, onheilstoker, lastpost, kwajongen ♦ *that boy is a real mischief* die jongen zit vol kattenkwaad
²**mis·chief** /ˈmɪstʃɪf/ [telb + niet-telb zn] onheil, schade, ellende, kwaad ♦ ⟨vnl BE; vaak scherts⟩ *do s.o./o.s. a mischief* aan iemand een ongeluk begaan, (zich) blesseren; *... but the mischief had been done ...* maar het kwaad was al geschied; *make mischief between* tweedracht zaaien tussen; *he means mischief* hij voert iets in zijn schild; *the mischief of the whole affair is ...* het ellendige van de hele zaak is ...; ⟨•⟩ *like the very mischief* als de baarlijke duivel, als bezeten; *what the mischief have you done?* wat heb je in godsnaam uitgericht?
³**mis·chief** /ˈmɪstʃɪf/ [niet-telb zn] ① kattenkwaad, streken, kwaaddoenerij ♦ *the children are up to/mean mischief again* de kinderen zinnen weer op kattenkwaad; *little boys often get into mischief* kleine jongens halen vaak kattenkwaad uit; *keep out of mischief while I'm gone!* haal geen streken uit terwijl ik weg ben!, ondeugendheid, schalksheid ♦ *her eyes were full of mischief* ze keek ondeugend uit haar ogen
mis·chief-mak·er, mis·chief-mong·er [telb zn] onruststoker, tweedrachtzaaier
mis·chie·vous /ˈmɪstʃɪvəs/ [bn; bw: ~ly; zn: ~ness] ① schadelijk, nadelig, ongunstig, kwetsend ♦ *mischievous rumours about the minister* kwalijke geruchten over de minister ② schalks, speels, ondeugend, guitig
misch metal /ˈmɪʃ ˌmetl/ [niet-telb zn] lanthanidelegering ⟨voornamelijk gebruikt voor vuursteentjes voor aanstekers⟩
mis·ci·bil·i·ty /mɪsəˈbɪləti/ [niet-telb zn] mengbaarheid
mis·ci·ble /ˈmɪsəbl/ [bn] mengbaar
mis·com·mu·ni·ca·tion [telb + niet-telb zn] communicatiestoornis
mis·com·pre·hend [ov ww] verkeerd begrijpen
¹**mis·con·ceive** [onov ww] een verkeerde opvatting hebben ♦ *he misconceives of discipline* hij heeft een verkeerde opvatting over discipline
²**mis·con·ceive** [ov ww] verkeerd begrijpen/opvatten
mis·con·cep·tion [telb + niet-telb zn] verkeerde opvatting, misvatting, dwaalbegrip
¹**mis·con·duct** [niet-telb zn] ① wangedrag, onbetamelijkheid, onfatsoenlijkheid, onwelvoeglijkheid ② overspel ③ wanbeheer ④ ⟨jur⟩ ambtsmisdrijf, ambtsovertreding
²**mis·con·duct** [onov ww; wederkerend werkwoord] ① zich misdragen, zich onbetamelijk/onfatsoenlijk/onbehoorlijk gedragen ② overspel plegen ♦ *she was accused of misconducting herself (with several men)* ze werd ervan beschuldigd overspel te plegen (met een aantal mannen)
³**mis·con·duct** [ov ww] slecht beheren, oneerlijk besturen
mis·con·struc·tion [telb + niet-telb zn] ① verkeerde interpretatie, misverstand, verkeerde uitleg ♦ *that law is open to misconstruction* die wet kan makkelijk verkeerd geïnterpreteerd worden ② ⟨taalk⟩ verkeerde constructie/zinsbouw
mis·con·strue [ov ww] ① verkeerd interpreteren, verkeerd begrijpen, ⟨taalk⟩ verkeerd ontleden ⟨zin⟩ ② ⟨taalk⟩ verkeerd opbouwen ⟨zin⟩
mis·cop·y [ov ww] verkeerd kopiëren, verkeerd overnemen/overschrijven

¹**mis·count** [telb zn] verkeerde telling ⟨voornamelijk van stemmen⟩
²**mis·count** [onov ww] zich vertellen, zich verrekenen
³**mis·count** [ov ww] verkeerd tellen/berekenen
¹**mis·cre·ant** /ˈmɪskriənt/ [telb zn] ① ploert, schoft, schoelje ② ⟨vero⟩ ketter, ongelovige, afvallige
²**mis·cre·ant** /ˈmɪskriənt/ [bn] ① ontaard, verdorven ② ⟨vero⟩ ketters, ongelovig
mis·cre·at·ed /mɪskriˈeɪtɪd/ [bn] mismaakt, misvormd, monsterlijk ♦ *a miscreated building* een monsterlijk gebouw
¹**mis·cue** [telb zn] ① ⟨bilj⟩ misstoot ② blunder, miskleun, flater
²**mis·cue** [onov ww] ① ⟨bilj⟩ misstoten ② ⟨dram⟩ zijn claus missen, een verkeerde repliek geven
³**mis·cue** [onov + ov ww] ⟨cricket⟩ misslaan, (de bal) slecht raken
mis·date [ov ww] verkeerd dateren
¹**mis·deal** [telb zn; meestal enk] ⟨kaartsp⟩ het vergeven, het fout delen ♦ *there must be a misdeal* de kaarten moeten verkeerd gegeven zijn
²**mis·deal** [ov ww] ⟨kaartsp⟩ vergeven, fout delen
mis·deed [telb zn] ⟨vnl form⟩ wandaad, misdaad
mis·de·mean·ant /mɪsdɪˈmiːnənt/ [telb zn] ⟨form⟩ misdadiger
mis·de·mean·our, ⟨AE⟩ **mis·de·mean·or** [telb zn] ⟨jur⟩ misdrijf ⟨minder ernstig dan misdaad, maar zwaarder dan overtreding⟩
mis·di·ag·nose [ov ww] foutief diagnosticeren ⟨ook figuurlijk⟩
mis·di·rect [ov ww] ① verkeerd leiden, de verkeerde weg wijzen, verkeerd adresseren/richten ♦ *the boxer misdirected his blows* de bokser richtte zijn slagen verkeerd; *that wrestler misdirects his strength through lack of technique* die worstelaar verspilt zijn kracht door een gebrek aan techniek ② ⟨jur⟩ verkeerd instrueren ⟨rechter tegenover jury m.b.t. interpretatie van wet⟩
mis·do·ing [telb zn; meestal mv] ⟨form⟩ misdaad, slechte daad
mise-en-scène /ˌmiːzɑːŋˈsen, -ˈseɪn/ [telb zn] ⟨dram⟩ mise-en-scène ⟨ook figuurlijk⟩, toneelschikking, bewegingsregie
mis·em·ploy [ov ww] verkeerd gebruiken, misbruiken
mis·em·ploy·ment [telb + niet-telb zn] verkeerd gebruik, misbruik
mi·ser /ˈmaɪzə, ᴬ-ər/ [telb zn] ① vrek, schraper, potter, gierigaard ② ⟨techn⟩ grondboor
mis·er·a·ble /ˈmɪzrəbl/ [bn; bw: miserably; zn: ~ness] ① beroerd, ellendig, erbarmelijk, akelig, naar, belabberd ② ⟨inf⟩ ziekelijk ③ karig, armzalig, armoedig, pover, schamel ♦ *a miserable pension* een schamel pensioentje; *miserably small* onoogelijk klein ④ waardeloos ♦ *that's a miserable car* dat is een ellendige rotwagen
mi·sère /mɪˈzeə, ᴬˈmɪzer/ [niet-telb zn] ⟨kaartsp⟩ misère
mi·se·re·re /mɪzəˈrɪəri, ᴬ-ˈrɪri/ [telb zn] ① miserere, boetpsalm, klaaglied, ⟨fig⟩ roep om medelijden ② → **misericord bet 4**
mis·er·i·cord, mis·er·i·corde /mɪˈzerɪkɔːd, ᴬ-ˈzerɪkɔrd/ [telb zn] ① misericordia ⟨dispensatie, geoorloofde afwijking van kloosterregels⟩ ② kamer in klooster waar misericordia gold ③ misericorde ⟨dolk van ridder om genadestoot te geven⟩ ④ misericorde ⟨steunstuk aan opklapbare zitting van koorbank⟩
mi·ser·ly /ˈmaɪzəli, ᴬ-zər-/ [bn; zn: miserliness] vrekkig, schraperig, schraapzuchtig, schriel
¹**mis·er·y** /ˈmɪz(ə)ri/ [telb zn] ⟨BE; inf; beled⟩ stuk verdriet, stuk chagrijn, zeurpiet, zeurkous ♦ *you misery!* stuk verdriet!
²**mis·er·y** /ˈmɪz(ə)ri/ [telb + niet-telb zn] ① ellende, nood,

lijden, misère, ⟨België⟩ miserie ♦ *put an animal out of its misery* een dier uit zijn lijden helpen [2] ⟨meestal mv⟩ tegenslag, beproeving [3] ⟨inf⟩ pijn, ziekte, kwaal
³**mis·er·y** /mɪz(ə)ri/ [niet-telb zn] ⟨kaartsp⟩ misère
mi·ser·y mem·oir [telb zn] autobiografie vol leed en ellende, schokkende autobiografie
mis·fea·sance /mɪsfiːzns/ [telb + niet-telb zn] ⟨jur⟩ misbruik van bevoegdheid, machtsmisbruik, ambtsovertreding
mis·feed [niet-telb zn] papierstoring ⟨bij fotokopieerapparaat⟩
¹**mis·fire** [telb zn] [1] ketsschot, projectiel dat niet afgaat/afgegaan is [2] weigering, het overslaan ⟨van verbrandingsmotor⟩ [3] flop, fiasco
²**mis·fire** [onov ww] [1] ketsen, niet afgaan [2] weigeren, niet aanslaan, overslaan ⟨van verbrandingsmotor⟩ [3] niet aanslaan, zijn uitwerking missen, floppen, mislukken ♦ *all his jokes misfired* geen van zijn grappen sloeg aan
mis·fit /mɪsfɪt/ [telb zn] [1] onaangepast iemand, buitenbeentje [2] niet-passend kledingstuk
mis·for·ma·tion [telb + niet-telb zn] misvorming
¹**mis·for·tune** /mɪsfɔːtʃən, ᴬ-fər-/ [telb zn] ⟨gew⟩ [1] ongelukje ⟨het ongewenst krijgen van een kind⟩ [2] buitenbeentje ⟨onecht kind⟩
²**mis·for·tune** /mɪsfɔːtʃən, ᴬ-fər-/ [telb + niet-telb zn] ongeluk, tegenspoed, tegenslag ♦ *companions in misfortune* lotgenoten in rampspoed; *they suffered misfortune* zij hadden met tegenslag te kampen [·] ⟨sprw⟩ *it is easy to bear the misfortunes of others* buurmans leed troost; ⟨sprw⟩ *misfortunes never come singly* een ongeluk komt zelden alleen
¹**mis·give** [onov ww] ⟨vero⟩ een bang vermoeden/voorgevoel hebben, twijfelen ♦ *my mind misgives* ik heb een bang voorgevoel; → misgiving
²**mis·give** [ov ww] ⟨vero⟩ een bang vermoeden/voorgevoel geven ♦ *my heart/mind misgives me about that* ik krijg er een bang voorgevoel van; → misgiving
mis·giv·ing [telb zn; meestal mv; oorspronkelijk tegenwoordig deelw van misgive] onzekerheid, twijfel, wantrouwen, bang vermoeden/voorgevoel ♦ *they had serious misgivings about recommending him* ze twijfelden er ernstig aan of ze hem konden aanbevelen
mis·gov·ern [ov ww] slecht besturen
mis·gov·ern·ment [niet-telb zn] slecht bestuur
mis·guid·ance /mɪsɡaɪdns/ [niet-telb zn] het verkeerd leiden, ⟨fig⟩ het misleiden, misleiding
mis·guide /mɪsɡaɪd/ [ov ww; meestal passief] verkeerd leiden, ⟨fig⟩ misleiden, op een dwaalspoor brengen; → misguided
mis·guid·ed /mɪsɡaɪdɪd/ [bn; volt deelw van misguide; bw: ~ly; zn: ~ness] [1] misleid, verdwaasd, verblind [2] ondoordacht, misplaatst
mis·han·dle [ov ww] [1] verkeerd/ruw behandelen/hanteren, slecht regelen/afhandelen ♦ *the organization of the congress was badly mishandled* de organisatie van het congres was erg slecht aangepakt [2] mishandelen
mis·hap /mɪshæp/ [telb + niet-telb zn] ongeluk(je), tegenvaller(tje), tegenslag ♦ *the journey was without mishap* de reis verliep zonder incidenten
mis·hear [ov ww] verkeerd horen
¹**mis·hit** [telb zn] ⟨sport⟩ misslag ⟨van bal⟩
²**mis·hit** [onov + ov ww] ⟨sport⟩ misslaan, zich verslaan ⟨op bal⟩
mish·mash /mɪʃmæʃ/ [telb zn; geen mv] ⟨inf⟩ mengelmoes, allegaartje, samenraapsel
¹**Mish·nah, Mish·na** /mɪʃnə/ [eigenn; the] ⟨jod⟩ Misjna ⟨reeks voorschriften die de basis van de Talmoed vormen⟩
²**Mish·nah, Mish·na** /mɪʃnə/ [telb zn; ook mishnah; mv: ook mishnayoth] ⟨jod⟩ sententie uit de Misjna, reeks van zulke sententies ⟨bijvoorbeeld van één auteur⟩
Mish·na·ic /mɪʃneɪɪk/, **Mish·nic** /mɪʃnɪk/, **Mish·ni·cal** /-ɪkl/ [bn] ⟨jod⟩ van de/een Misjna
mis·in·form [ov ww] verkeerd inlichten/informeren
mis·in·for·ma·tion [telb + niet-telb zn] verkeerde inlichting(en)/informatie
mis·in·ter·pret /mɪsɪntɜːprɪt, ᴬ-tɜr-/ [onov ww] verkeerd interpreteren, verkeerd uitleggen ♦ *misinterpret s.o.'s words* aan iemands woorden een verkeerde betekenis toeschrijven
mis·in·ter·pre·ta·tion /mɪsɪntɜːprɪteɪʃn, ᴬ-tɜr-/ [telb + niet-telb zn] verkeerde interpretatie, misinterpretatie ♦ *open to misinterpretation* voor verkeerde uitleg vatbaar
mis·judge /mɪsdʒʌdʒ/ [ov ww] [1] verkeerd beoordelen, misrekenen ♦ *misjudge the distance* de afstand verkeerd schatten [2] zich vergissen in ♦ *misjudge s.o.* zich in iemand vergissen
mis·judg·ment, mis·judge·ment /mɪsdʒʌdʒmənt/ [telb + niet-telb zn] verkeerd oordeel, verkeerde beoordeling
mis·laid /mɪsleɪd/ [verleden tijd en volt deelw] → mislay
mis·lay /mɪsleɪ/ [ov ww; mislaid, mislaid] [1] zoekmaken, ⟨België⟩ misleggen, ⟨euf⟩ verliezen ♦ *I've mislaid my glasses* ik ben mijn bril kwijt, ik kan mijn bril niet vinden; ⟨euf⟩ *temporarily mislaid* zoek [2] ⟨jur⟩ verleggen ♦ *mislay a document* een stuk verleggen
mis·lead /mɪsliːd/ [ov ww; misled, misled] [1] misleiden [2] bedriegen [3] verleiden, op 't verkeerde spoor brengen; → misleading
mis·lead·ing /mɪsliːdɪŋ/ [bn; tegenwoordig deelw van mislead; bw: ~ly] [1] misleidend [2] bedrieglijk
mis·led /mɪsled/ [verleden tijd en volt deelw] → mislead
mis·like /mɪslaɪk/ [ov ww] ⟨vero⟩ afkeer hebben van
mis·man·age /mɪsmænɪdʒ/ [ov ww] verkeerd beheren, verkeerd besturen/behandelen/aanpakken
mis·man·age·ment /mɪsmænɪdʒmənt/ [niet-telb zn] wanbeheer, wanbestuur, wanbeleid
¹**mis·match** /mɪsmætʃ/ [telb zn] [1] verkeerde combinatie, ⟨i.h.b.⟩ verkeerd/ongeschikt huwelijk [2] wanverhouding
²**mis·match** /mɪsmætʃ/ [ov ww] slecht combineren, ⟨i.h.b.⟩ een verkeerd/ongeschikt huwelijk doen aangaan, slecht aan elkaar aanpassen, slecht bijeenvoegen ♦ *mismatched colours* vloekende kleuren; *mismatched partners* deelnemers die niet tegen elkaar opgewassen zijn; echtpaar dat niet bij elkaar past
¹**mis·mate** /mɪsmeɪt/ [onov ww] een verkeerd/ongewenst/ongepast huwelijk aangaan
²**mis·mate** /mɪsmeɪt/ [ov ww] slecht aan elkaar aanpassen ♦ *a mismated couple* een echtpaar dat niet bij elkaar past; *mismate styles* stijlen slecht met elkaar combineren
mis·name /mɪsneɪm/ [ov ww] een verkeerde naam geven, verkeerd (be)noemen
mis·no·mer /mɪsnoʊmə, ᴬ-ər/ [telb zn] verkeerde naam/benaming ♦ *the title of the book is a misnomer* de titel van het boek past niet bij de inhoud
mi·so [niet-telb zn] miso ⟨pasta van gefermenteerde sojabonen⟩
mi·so- /mɪsɒ, ᴬmɪsɑ/ [1] -haat ♦ *misogyny* vrouwenhaat [2] -hater ♦ *misopedist* kinderhater
mi·sog·a·mist /mɪsɒɡəmɪst, ᴬmɪsɑ-/ [telb zn] tegenstander van het huwelijk, huwelijkshater
mi·sog·a·my /mɪsɒɡəmi, ᴬmɪsɑ-/ [niet-telb zn] afkeer van het huwelijk, huwelijksverachting
mi·sog·y·nist /mɪsɒdʒɪnɪst, ᴬmɪsɑ-/ [telb zn] vrouwenhater
mi·sog·y·ny /mɪsɒdʒɪni, ᴬmɪsɑ-/ [niet-telb zn] vrouwenhaat, afkeer van vrouwen
mi·sol·o·gy /mɪsɒlədʒi, ᴬmɪsɑ-/ [niet-telb zn] afkeer van kennis/wijsheid
mis·o·ne·ism /mɪsoʊniːɪzm, ᴬmɪsə-/ [niet-telb zn] [1] afkeer van het nieuwe [2] afkeer van verandering

mis·o·ri·en·tate /mɪsɔːrɪənteɪt/, ⟨AE vnl⟩ **mis·o·ri·ent** /mɪsɔːrɪənt/ [ov ww] **1** in de verkeerde richting plaatsen ♦ *misorientate a house* een huis verkeerd (op de zon) bouwen **2** de verkeerde kant op sturen, ⟨fig⟩ misleiden, het verkeerde spoor op sturen ♦ *our sense of duty has become misorientate(e)d* ons plichtsbesef is op een dwaalspoor geleid

mis·per·ceive /mɪspəsiːv, ˄-pər-/ [ov ww] een verkeerd beeld hebben van

mis·pick·el /mɪspɪkl/ [niet-telb zn] ⟨vero; geol⟩ arsenopyriet

mis·place /mɪspleɪs/ [ov ww] misplaatsen ⟨ook figuurlijk⟩ ♦ *misplace a book* een boek op de verkeerde plaats terugzetten; *a misplaced remark* een misplaatste opmerking; *misplace the stress* de klemtoon verkeerd leggen

¹mis·place·ment /mɪspleɪsmənt/ [telb + niet-telb zn] misplaatsing

²mis·place·ment /mɪspleɪsmənt/ [niet-telb zn] misplaatstheid

¹mis·play /mɪspleɪ/ [telb + niet-telb zn] ⟨sport, spel; ook fig⟩ slecht/verkeerd spel, geknoei

²mis·play /mɪspleɪ/ [ov ww] ⟨sport, spel; ook fig⟩ verkeerd/fout spelen, een speelfout begaan ♦ *he misplayed his hand* hij speelde zijn troeven verkeerd uit ⟨ook figuurlijk⟩; *misplay the service* verkeerd serveren

¹mis·print /mɪsprɪnt/ [telb zn] drukfout, zetfout

²mis·print /mɪsprɪnt/ [onov ww] ⟨jacht⟩ mank lopen ⟨van hert⟩, onregelmatige sporen nalaten

³mis·print /mɪsprɪnt/ [ov ww] verkeerd drukken ♦ *misprint a word* een drukfout maken

¹mis·pri·sion /mɪsprɪʒn/ [telb zn] ⟨jur⟩ **1** ambtelijke misdaad, plichtsverzuim **2** verheling, strafbare niet-aangifte ♦ *misprision of felony* verheling van misdaad; *misprision of treason* verheling van verraad

²mis·pri·sion /mɪsprɪʒn/ [niet-telb zn] ⟨vero⟩ misprijzen, minachting

mis·prize, mis·prise /mɪspraɪz/ [ov ww] **1** misprijzen, minachten **2** onderschatten

mis·pro·nounce /mɪsprənaʊns/ [ov ww] verkeerd uitspreken

mis·pro·nun·ci·a·tion /mɪsprənʌnsieɪʃn/ [telb + niet-telb zn] verkeerde uitspraak

mis·quo·ta·tion /mɪskwoʊteɪʃn/ [telb + niet-telb zn] incorrecte weergave ⟨van tekst of iemands woorden⟩

mis·quote /mɪskwoʊt/ [onov + ov ww] onjuist aanhalen, incorrect citeren ♦ *misquote s.o.'s words* iemands woorden onjuist weergeven/verdraaien

mis·read /mɪsriːd/ [ov ww; misread, misread] **1** verkeerd lezen **2** verkeerd interpreteren ♦ *the book is commonly misread* het boek wordt gewoonlijk verkeerd begrepen; *misread s.o.'s feelings* zich in iemands gevoelens vergissen

mis·re·mem·ber /mɪsrɪmembə, ˄-ər/ [ov ww] zich verkeerd herinneren, vergeten zijn

mis·re·port /mɪsrɪpɔːt, ˄-pərt/ [ov ww] verkeerd uitslag uitbrengen van, verkeerd weergeven/voorstellen ♦ *s.o. misreported him as the author of the crime* iemand noemde hem ten onrechte als de misdadiger

mis·re·pre·sent /mɪsreprɪzent/ [ov ww] **1** verkeerd voorstellen, in een verkeerd daglicht stellen **2** slecht vertegenwoordigen, niet representatief zijn/handelen voor

mis·rep·re·sen·ta·tion /mɪsreprɪzenteɪʃn/ [telb + niet-telb zn] onjuiste voorstelling ♦ ⟨jur⟩ *wilful misrepresentation* zwendel, bedrog

¹mis·rule /mɪsruːl/ [niet-telb zn] **1** wanbestuur, verkeerd beleid **2** wanorde, anarchie

²mis·rule /mɪsruːl/ [ov ww] slecht/verkeerd besturen

¹miss /mɪs/ [telb zn] **1** juffertje, bakvisje **2** ⟨vaak mv⟩ meisjesmaat in kleding

²miss /mɪs/ [telb zn] **1** misser, misslag, misworp, misstoot ♦ ⟨bilj⟩ *give a miss* een misstoot maken; *give sth. a miss* iets laten voorbijgaan, iets overslaan, passen; *two bombs were very near misses* twee bommen waren bijna raak **2** ⟨verk: miscarriage⟩ **·** zie: *a miss is as good as a mile* mis is mis

³miss /mɪs/ [onov ww] **1** missen ♦ *miss of success* geen succes oogsten; *his shots all missed* hij schoot er telkens naast **2** haperen, weigeren ♦ *my pen never misses* mijn pen hapert nooit/laat me nooit in de steek **3** ⟨enkel in duratieve vormen⟩ ontbreken ♦ *the book is missing* het boek ontbreekt **4** mislopen, falen ♦ *the play missed on Broadway* het stuk was een flop op Broadway **5** ⟨verk: misfire⟩ ♦ *the engine missed* de motor sloeg over; *the gun missed* het geweer ketste **·** zie: **miss out**; →**missing**

⁴miss /mɪs/ [ov ww] **1** missen, niet treffen/raken ♦ *miss one's footing* grond verliezen **2** mislopen, te laat komen voor ♦ *miss the boat* de boot missen ⟨ook figuurlijk⟩; *miss the bus* de bus missen; *miss the market* een gunstige zaak laten glippen; *miss s.o.* een afspraak mislopen **3** ontsnappen aan ♦ *he narrowly missed the accident* hij ontsnapte ternauwernood aan het ongeluk; *he missed being killed* hij ontsnapte op het nippertje aan de dood **4** niet opmerken, niet horen/zien enz. ♦ *miss a joke* een mop niet snappen; *miss the obvious* het te ver zoeken; *she does not miss a thing* niets ontgaat haar **5** (ver)missen, afwezigheid opmerken ♦ *they'll never miss it* ze zullen nooit merken dat het verdwenen is **6** missen, betreuren ♦ *we'll all miss John* we zullen Jan allemaal missen **7** juffrouw noemen, als juffrouw aanspreken **·** zie: **miss out;** ⟨sprw⟩ *you cannot miss what you never had* onbekend, onbemind, onbezien, onberouwd; ⟨sprw⟩ *we never miss the water till the well runs dry* wanneer de put droog is weet men wat het water kost, als er geen water meer is kent men de waarde van de put; →**missing**

¹Miss /mɪs/ [telb zn] **1** ⟨meervoud ook Misses⟩ Mejuffrouw, Juffrouw ⟨titel of aanspreekvorm gevolgd door naam⟩ ♦ *Miss Brown* (Me)juffrouw Brown; ⟨form⟩ *the Misses Brown*, ⟨inf⟩ *the Miss Browns* de (jonge)dames Brown **2** Miss ⟨verkozen schoonheid⟩ ♦ *Miss Holland* Miss Holland **3** ⟨ook miss⟩ jongedame ⟨aanspreekvorm zonder naam⟩ ♦ *your turn, Miss* uw beurt, juffrouw **·** zie: *Miss Nancy* fatje, flikker, nicht, mie

²Miss [afk] (Mississippi)

mis·sal /mɪsl/ [telb zn] missaal, misboek

mis·sel /mɪzl, mɪsl/, **missel thrush** [telb zn] grote lijster, mistellijster ⟨Turdus viscivorus⟩

mis·shape /mɪsʃeɪp/ [ov ww] misvormen

mis·shap·en /mɪsʃeɪpən/ [bn] misvormd, mismaakt, wanstaltig

mis·sile /mɪsaɪl, ˄mɪsl/ [telb zn] **1** projectiel **2** raket ♦ *guided missile* geleide raket

missile base [telb zn] raketbasis

missile ranging [telb + niet-telb zn] raketbaanbepaling

miss·ing /mɪsɪŋ/ [bn; tegenwoordig deelw van miss] **1** ontbrekend ♦ *the missing part* het mankerende stuk; *a missing tooth* een verloren tand **2** vermist ♦ ⟨mil⟩ *missing (in action)* vermist; *go missing* vermist raken/worden **3** verloren, weg **·** ⟨inf⟩ *have a screw/slate/tile missing* ze zien vliegen

mis·sion /mɪʃn/ [telb zn] **1** afvaardiging, gezantschap, legatie ♦ ⟨AE⟩ *foreign mission* gezantschap, ambassade **2** ⟨rel⟩ zending, missie **3** ⟨rel⟩ zendingspost, missiehuis **4** roeping, zending ♦ *her mission in life* haar roeping, haar levenstaak ♦ *mission accomplished* taak volbracht, orders uitgevoerd

¹mis·sion·ary /mɪʃənri, ˄-əneri/ [telb zn] **1** missionaris, zendeling **2** propagandist

²mis·sion·ary /mɪʃənri, ˄-əneri/ [bn] **1** zendings-, missie- ♦ *missionary box* collectebus/collectekist voor de zending; *missionary fervor* zendingsijver; *missionary field* zendingsgebied; *missionary work* zendingswerk [2] zendelings-, missionaris-⸱ *missionary position* houding met de vrouw onder ⟨bij coïtus⟩; ⟨AE; sl⟩ *missionary worker* stakingsbreker, maffer ⟨door werkgever ingehuurd⟩

mission commander [telb zn] gezagvoerder ⟨in het bijzonder op ruimteschip⟩

mission control [niet-telb zn] ⟨ruimtev⟩ (het) controlecentrum

mission creep [niet-telb zn] ⟨AE⟩ reeks sluipende veranderingen van doelstelling

mission furniture [niet-telb zn] meubelen in de stijl van de Spaanse missies in Noord-Amerika ⟨solide, wat plomp⟩

mission statement [telb zn] doelstellingen, missie(verklaring), missionstatement

missis [telb zn] → missus

miss·ish /mɪsɪʃ/ [bn; bw: ~ly; zn: ~ness] [1] juffertjesachtig, sentimenteel, geaffecteerd, nuffig [2] ⟨sl⟩ mieus, nichterig, homo

¹**Mis·sis·sip·pi·an** /mɪsɪsɪpɪən/ [telb zn] inwoner uit Mississippi ⟨USA⟩

²**Mis·sis·sip·pi·an** /mɪsɪsɪpɪən/ [niet-telb zn; the] ⟨AE; geol⟩ mississippien, ondercarboon

³**Mis·sis·sip·pi·an** /mɪsɪsɪpɪən/ [bn] [1] van/m.b.t./uit Mississippi ⟨USA⟩ [2] ⟨AE; geol⟩ van/m.b.t. het mississippien

¹**mis·sive** /mɪsɪv/ [telb zn] [1] missive, officieel schrijven [2] ⟨scherts⟩ epistel

²**mis·sive** /mɪsɪv/ [bn, postnom] ⟨form⟩ gezonden ♦ *letter(s) missive* officiële brief, officieel schrijven ⟨in het bijzonder in geschiedenis, brief waarin vorst de tot bisschop te verkiezen persoon aanduidt⟩

¹**miss out** [onov ww] over het hoofd gezien worden ♦ *when sweets are handed out she always misses out because she's never there* als er snoepjes uitgedeeld worden vist ze altijd achter het net omdat ze er nooit is ⸱ *miss out on the fun* de pret mislopen

²**miss out** [ov ww] [1] vergeten ♦ *his name was missed out on the list* ze waren zijn naam op de lijst vergeten [2] overslaan ♦ *he missed out a line in his song* hij sloeg een regel van zijn liedje over

mis·spell /mɪsspel/ [ov ww; Brits-Engels ook misspelt, misspelt] verkeerd spellen, misschrijven

mis·spelt /mɪsspelt/ [verleden tijd en volt deelw] → misspell

mis·spend /mɪsspend/ [ov ww; misspent, misspent] verspillen, onverstandig uitgeven, ⟨fig⟩ vergooien ♦ *misspend one's fortune on futilities* zijn fortuin er met onbenulligheden door draaien; *he misspent his youth in foolish pleasures* hij vergooide zijn jeugd aan dwaze genoegens

mis·spent /mɪsspent/ [verleden tijd en volt deelw] → misspend

mis·state /mɪsstɛɪt/ [ov ww] verkeerd uitdrukken, verkeerd voorstellen, verkeerd opgeven ♦ *misstate the facts* de feiten onjuist weergeven

mis·state·ment /mɪsstɛɪtmənt/ [telb + niet-telb zn] onjuiste verklaring, verkeerde voorstelling van de feiten ♦ *the minister's speech contained several misstatements about the safety regulations* de toespraak van de minister bevatte verscheidene onjuistheden inzake de veiligheidsmaatregelen

mis·step [telb zn] ⟨AE⟩ misstap, vergissing, fout(je)

mis·sus, mis·sis /mɪsɪz/ [telb zn] [1] ⟨the⟩ ⟨volks; scherts⟩ moeder de vrouw ♦ *how's the missus* hoe is het met je vrouw? [2] ⟨dienstpersoneel⟩ Mevrouw ♦ *the missus will see you in a minute* mevrouw zal u met een ogenblikje ontvangen

mis·sy /mɪsi/ [telb zn] ⟨inf⟩ juffie, ⟨België⟩ meiske

¹**mist** /mɪst/ [telb + niet-telb zn] [1] mist, nevel ⟨ook figuurlijk⟩ ♦ *lost in the mist of antiquity* verloren in de nevelen der oudheid; *be in a mist* beneveld zijn, in een roes verkeren; de kluts kwijt zijn; *the mountains were shrouded in mist* de bergen waren in nevelen gehuld; *the season of mist* het mistseizoen [2] damp, aanslag, waas ♦ *a mist of tears* een floers van tranen; *he saw things through a mist* hij zag alles in een waas

²**mist** /mɪst/ [onov ww] [1] misten ♦ *it's misting from the marshes* de mist komt uit het moeras opzetten [2] beslaan ♦ *his glasses kept misting over/up* zijn bril besloeg voortdurend [3] beneveld worden ♦ *his brain misted over for a moment but cleared up soon* zijn verstand raakte even beneveld, maar werd al vlug weer helder [4] wazig worden ♦ *his eyes misted as he recalled the accident* zijn ogen werden wazig als hij weer aan het ongeluk dacht

³**mist** /mɪst/ [ov ww] [1] met nevel bedekken, beslaan ♦ *the wet air misted (up) the windows* door de vochtige lucht besloegen de ramen [2] wazig maken ♦ *eyes misted with tears* ogen met een waas van tranen

mis·tak·a·ble /mɪstɛɪkəbl/ [bn; bw: mistakably; zn: ~ness] [1] vatbaar voor vergissing, misleidend ♦ *vague and mistakable indications* onduidelijke en misleidende aanwijzingen [2] vatbaar voor verwarring ♦ *the twins are easily mistakable for each other* de tweelingen zijn moeilijk uit elkaar te houden

¹**mis·take** /mɪstɛɪk/ [telb zn] [1] fout, vergissing ♦ *by mistake* per abuis, per ongeluk; *take s.o.'s umbrella in mistake for one's own* iemands paraplu i.p.v. zijn eigen meenemen; *make the mistake of speaking too soon* de fout begaan voor je beurt te spreken; *my mistake* mijn fout, ik vergis me; ⟨inf⟩ *and no mistake,* ⟨inf⟩ *there's no mistake about it* daar kun je van op aan; en dat is zeker; *make no mistake* begrijp dat goed [2] dwaling ♦ ⟨jur⟩ *mistake of fact/law* dwaling omtrent de feiten/het recht; *labour under a mistake* in dwaling verkeren ⸱ ⟨sprw⟩ *he who makes no mistakes makes nothing* ± niet schieten is zeker mis, ± waar gehakt wordt vallen spaanders; ⟨sprw⟩ *wise men learn from other's mistakes* ± verstandige mensen leren van andermans fouten

²**mis·take** /mɪstɛɪk/ [onov ww; mistook, mistaken] ⟨vero⟩ zich vergissen; → mistaken

³**mis·take** /mɪstɛɪk/ [ov ww; mistook, mistaken] [1] verkeerd begrijpen, verkeerd interpreteren ♦ *don't mistake me* begrijp me niet verkeerd; *mistake s.o.'s meanings* iemands bedoelingen verkeerd begrijpen [2] verkeerd beoordelen, onderschatten ♦ *they mistake John if they think they can scare him* als ze denken dat ze Jan bang kunnen maken, dan kennen ze hem niet [3] verkeerd kiezen ♦ *mistake one's road* de verkeerde weg inslaan; *mistake one's vocation* het verkeerde ideaal nastreven [4] niet herkennen ♦ *there's no mistaking him with his orange hat* je kunt hem eenvoudig niet mislopen met zijn oranje hoed [5] verwarren met, verkeerdelijk aanzien voor ♦ *I mistook you for your brother* ik verwarde je met je broer; → mistaken

mis·tak·en /mɪstɛɪkən/ [bn; volt deelw van mistake; bw: ~ly; zn: ~ness] [1] verkeerd, mis ♦ *be mistaken about* zich vergissen omtrent; *mistaken ideas about foreigners* vooroordelen over vreemdelingen; *mistaken notion* dwaalbegrip [2] op een vergissing berustend ♦ *mistaken identity* persoonsverwisseling

mist blower [telb zn] nevelapparaat, nevelspuit, vernevelingsinstallatie

mis·ter /mɪstə, ˄-ər/ [telb zn] [1] ⟨meestal afgekort Mr; steeds gevolgd door familienaam of titel⟩ Mijnheer, De Heer ... ♦ *Mr Average* de gewone man; *Mr Chairman* mijnheer de voorzitter; *Mr Smith* dhr. Smith [2] ⟨zonder familienaam⟩ ⟨volks, kind⟩ mijnheer, meneer ♦ *what's the time, mister?* hoe laat is het, mijnheer? [3] man zonder titel ♦ *now I'm only a mister, but soon I'll be a doctor* nu heb ik nog geen titel, maar binnenkort promoveer ik [4] ⟨inf⟩ echtgenoot, man ♦ *don't tell my mister* vertel het niet aan mijn man ⸱ ⟨AE; sl⟩ *Mr Big/Right* de grote baas; ⟨AE; sl; negers⟩

misterm 1166

Mr Charl(e)y de blanke; ⟨scherts⟩ *Mr Right* de ware Jakob
mis·term /mɪstɜːm, ᴬ-tɜrm/ [ov ww] verkeerd (be)noemen, ten onrechte de naam geven ♦ *schools misterming themselves universities* scholen die zich de naam van universiteit aanmatigen
¹**mis·time** /mɪstaɪm/ [onov + ov ww] ⟨sport⟩ verkeerd timen
²**mis·time** /mɪstaɪm/ [ov ww] ① op het verkeerde/ongepaste ogenblik doen/zeggen, verkeerd timen ♦ *he made a mistimed remark* hij koos voor zijn opmerking een slecht moment ② slecht synchroniseren ♦ *the general mistimed his attack* de generaal viel op het verkeerde tijdstip aan
mistle thrush /mɪslθrʌʃ/ [telb zn] ⟨dierk⟩ grote lijster ⟨Turdus viscivorus⟩
mis·tle·toe /mɪsltoʊ/ [niet-telb zn] maretak, mistletoe, vogellijm ⟨Viscum album⟩ ♦ *mistletoe is used as a Christmas decoration* de maretak wordt als kerstversiering gebruikt
mis·took /mɪstʊk/ [verleden tijd van mistake] → **mistake**
mis·tral /mɪstrəl/ [telb + niet-telb zn; ook Mistral] mistral
mis·trans·late /mɪstrænzleɪt, -træns-/ [onov + ov ww] verkeerd vertalen
mis·trans·la·tion /mɪstrænzleɪʃn, -træns-/ [telb + niet-telb zn] verkeerde vertaling
mis·treat /mɪstriːt/ [ov ww] mishandelen
mis·treat·ment /mɪstriːtmənt/ [niet-telb zn] mishandeling
mis·tress /mɪstrɪs/ [telb zn] ① vrouw des huizes ♦ ⟨BE⟩ *Mistress of the Robes* hofdame voor de koninklijke garderobe; *the First Lady is mistress of the White House* de presidentsvrouw is meesteres op het Witte Huis ② meesteres, bazin ♦ *mistress of the Adriatic* Venetië; *a dog and its mistress* een hond en zijn bazin; *my mistress* ⟨gezegd door dienstbode⟩ mijn mevrouw; *she is her own mistress* zij is haar eigen baas; ⟨onderw⟩ *second mistress* onderdirectrice; *she is mistress of the situation* zij is de situatie meester; *mistress of the World* Rome ③ ⟨BE⟩ lerares ♦ *the English mistress* de lerares Engels ④ ⟨form⟩ geliefde ⑤ maîtresse ⑥ ⟨benaming voor⟩ beste in haar soort, koningin •⟩ ⟨sprw⟩ *experience is the teacher/mistress of fools* door schade en schande wordt men wijs
Mis·tress /mɪstrɪs/ [telb zn] ⟨SchE; vero⟩ Mevrouw, Vrouwe
mis·tri·al /mɪstraɪəl/ [zn] ⟨jur⟩ ① nietig geding ⟨wegens procedurefout⟩ ② ⟨AE⟩ geding zonder conclusie ♦ *ask for a mistrial* verzoeken de zaak te seponeren
¹**mis·trust** /mɪstrʌst/ [telb + niet-telb zn] wantrouwen ♦ *a great mistrust of politicians* geen enkel vertrouwen in politici
²**mis·trust** /mɪstrʌst/ [onov ww] wantrouwig zijn, onzeker zijn
³**mis·trust** /mɪstrʌst/ [ov ww] wantrouwen ♦ *he mistrusted there was sth. wrong* hij vermoedde dat er iets niet in de haak/pluis was
mis·trust·ful /mɪstrʌstfl/ [bn; bw: ~ly] wantrouwig, door wantrouwen gekenmerkt ♦ *the mistrustful atmosphere of cold war* de sfeer van wantrouwen die de koude oorlog kenmerkt; *be mistrustful of* wantrouwen
mist·y /mɪsti/ [bn; vergr trap: mistier; bw: mistily; zn: mistiness] ① mistig ② nevelig, wazig, ⟨fig⟩ vaag ♦ *misty ideas* vage ideeën; *eyes misty with tears* ogen wazig van tranen, betraande ogen
mist·y-eyed [bn] ⟨AE⟩ ① met betraande ogen ② sentimenteel
mis·un·der·stand /mɪsʌndəstænd, ᴬ-dər-/ [ov ww; misunderstood, misunderstood] ① niet begrijpen, waarde niet inzien van ♦ *a misunderstood poet* een onbegrepen dichter ② verkeerd begrijpen, verkeerd interpreteren
¹**mis·un·der·stand·ing** /mɪsʌndəstændɪŋ, ᴬ-dər-/ [telb zn] ① misverstand ② geschil ♦ *misunderstandings between nations* geschillen tussen naties
²**mis·un·der·stand·ing** /mɪsʌndəstændɪŋ, ᴬ-dər-/ [niet-telb zn] onbegrip
mis·us·age /mɪsjuːsɪdʒ/ [niet-telb zn] ① mishandeling ♦ *misusage of the inmates by the attendants* mishandeling van de gevangenen door de bewakers ② verkeerd gebruik, ⟨vnl⟩ verkeerd taalgebruik ♦ *many instances of misusage in his copy* veel gevallen van incorrect taalgebruik in zijn tekst
¹**mis·use** /mɪsjuːs/ [telb + niet-telb zn] ① misbruik ♦ *misuse of funds* verduistering van gelden; *misuse of power* machtsmisbruik ② verkeerd gebruik ♦ *misuse voids the warranty* verkeerd gebruik maakt de garantie ongeldig
²**mis·use** /mɪsjuːz/ [ov ww] ① misbruiken ② verkeerd gebruiken ♦ *if you misuse the tool you'll damage it* als je het gereedschap verkeerd gebruikt, beschadig je het ③ mishandelen
mis·write /mɪsraɪt/ [ov ww; miswrote, miswritten] fout schrijven
MIT [eigenn] ⟨Massachusetts Institute of Technology⟩
mite /maɪt/ [telb zn] ① ⟨dierk⟩ mijt ⟨orde van de Acarina⟩, ⟨vnl⟩ kaasmijt ⟨Tyroglyphus sira of Tyrophagus casei⟩ ② koperstukje, halve duit, penningske ♦ *the widow's mite* het penningske van de weduwe ⟨Marcus 12:42⟩ ③ kleine bijdrage ♦ *contribute one's mite* een duit in het zakje doen ④ ⟨vero; informeel of formeel⟩ ietsje, tikkeltje ♦ *only a mite less expensive* maar een tikkeltje minder duur ⑤ peuter, dreumes ♦ *a mite of a child* een onderkruipsel
miter → **mitre**
mith·ri·date /mɪθrɪdeɪt/ [telb zn] tegengif
mith·ri·da·tism /mɪθrɪdeɪtɪzm/ [niet-telb zn] immuniteit tegen gif ⟨door inname van steeds hogere doses⟩
mith·ri·da·tize, mith·ri·da·tise /mɪθrɪdeɪtaɪz/ [ov ww] ⟨farm⟩ mithridatiseren, aan gif gewennen door telkens grotere doses te geven
mit·i·ga·ble /mɪtɪɡəbl/ [bn] voor matiging vatbaar
mit·i·gate /mɪtɪɡeɪt/ [ov ww] ① lenigen, verlichten ♦ *mitigate s.o.'s grief* iemands verdriet lenigen ② matigen, tot bedaren brengen, verzachten ♦ ⟨jur⟩ *mitigating circumstances* verzachtende omstandigheden
mit·i·ga·tion /mɪtɪɡeɪʃn/ [niet-telb zn] matiging, vermindering ♦ ⟨jur⟩ *mitigation of damages* matiging van schadevergoeding; *tell the court in mitigation that* bij de rechtbank als verzachtende omstandigheid aanvoeren dat; *mitigation of taxes* belastingverlaging
mit·i·ga·to·ry /mɪtɪɡeɪtri, ᴬmɪtɪɡətɔri/ [bn, attr] ① lenigend, verlichtend ② matigend, verzachtend
mi·to·sis /maɪtoʊsɪs/ [telb + niet-telb zn; mv: mitoses /-siːz/] ⟨biol⟩ mitose, kerndeling, somatische deling
mi·tot·ic /maɪtɒtɪk, ᴬ-tɑtɪk/ [bn, attr] ⟨biol⟩ mitotisch
mi·tral /maɪtrəl/ [bn, attr] ① mijtervormig ② ⟨med⟩ mitraal, van het mijtervormige klapvlies ♦ *mitral murmurs* geruis van het mijtervormige klapvlies; *mitral valve* tweeslippige hartklep, mitralisklep
¹**mi·tre**, ⟨AE⟩ **mi·ter** /maɪtə, ᴬmaɪtər/ [telb zn] ① mijter ② schoorsteenkap ③ ⟨techn⟩ verstek
²**mi·tre**, ⟨AE⟩ **mi·ter** /maɪtə, ᴬmaɪtər/ [onov ww] ⟨techn⟩ onder verstek werken
³**mi·tre**, ⟨AE⟩ **mi·ter** /maɪtə, ᴬmaɪtər/ [ov ww] ① mijteren, met een mijter sieren, tot bisschop verheffen ② ⟨techn⟩ onder verstek bewerken
mitre block, mitre board, mitre box [telb zn] ⟨techn⟩ verstekbak, verstekblok, versteklade
mi·tred, ⟨AE⟩ **mi·ter·ed** /maɪtəd, ᴬmaɪtərd/ [bn] ① gemijterd ② mijtervormig
mitre joint [telb zn] ⟨techn⟩ verstek(naad)
mitre square [telb zn] ⟨techn⟩ verstekhaak
mitre wheel [telb zn] ⟨techn⟩ conisch tandwiel
mitt /mɪt/ [telb zn] ① mitaine ⟨lange (vrouwen)handschoen zonder vingers⟩ ② ⟨honkb⟩ handschoen, vang-

handschoen, vangershandshoen ③ ⟨meestal mv⟩ ⟨sl⟩ hand, vuist ♦ *get your mitts off it!* blijf er met je poten af! ④ ⟨AE; sl⟩ arrestatie(bevel) ⑤ ⟨AE; sl⟩ gaarkeuken van liefdadigheidsinstelling ⑥ → **mitten** ⸱ *get a frozen mitt* een koele ontvangst krijgen; *get the frozen mitt* een blauwtje lopen; de bons krijgen

mit·ten /mɪtn/, ⟨in betekenissen 1 en 2 ook⟩ **mitt** [telb zn] ① want, vuisthandschoen ② ⟨meestal mv⟩ ⟨sl⟩ bokshandschoen ③ mitaine ⸱ *get the (frozen) mitten* een blauwtje lopen; de bons krijgen; *give the (frozen) mitten* de bons geven, de zak geven; ⟨sl⟩ *handle without mittens* zonder handschoenen aanpakken

mitt-glom·mer /mɪtglɒmə, ᴬ-glɑmər/ [telb zn] ⟨AE; sl⟩ vleier, slijmerd, stroopsmeerder

mit·ti·mus /mɪtəməs/ [telb zn] ⟨jur⟩ rechterlijk bevel tot opneming in gevangenis

mitt reader [telb zn] ⟨AE; sl⟩ handlijnkundige, waarzegster

mitts /mɪts/ [alleen mv] ⟨AE; sl⟩ handboeien

Mit·ty /mɪti/ [telb zn] dagdromer ⟨naar Walter Mitty, held uit verhaal van J. Thurber⟩

¹**mix** /mɪks/ [telb zn] ① mengsel, mengeling, cocktail, mix ② ⟨inf⟩ mengelmoes, allegaartje, warboel ♦ *a strange mix of people* een vreemd allegaartje van mensen ③ ⟨techn⟩ (geluid)mix, mix(age)

²**mix** /mɪks/ [telb + niet-telb zn] beslag, gebruiksklaar mengsel (van meel, mortel)

³**mix** /mɪks/ [onov ww] ① zich (laten) (ver)mengen ♦ *oil and water don't mix* olie en water vermengen zich niet ② kunnen opschieten, elkaar verdragen ♦ *they don't mix well* ze kunnen niet met elkaar opschieten; *he mixes well in any company* hij voelt zich in alle kringen thuis ③ ⟨biol⟩ (zich) kruisen ④ ⟨BE; inf⟩ tweedracht zaaien ⸱ zie: **mix in;** → **mixed**

⁴**mix** /mɪks/ [ov ww] ① (ver)mengen, dooreenmengen, door elkaar roeren, dooreengooien ♦ ⟨fig⟩ *mix business with pleasure* het nuttige met het aangename verenigen; *mix one's drinks* door elkaar drinken ② bereiden, mixen, mengen ♦ *the doctor mixed me a bottle of medicine* de dokter maakte een drankje voor me klaar; *he was mixing a cocktail/a salad* hij was een cocktail aan het mixen/een slaatje aan het klaarmaken ③ ⟨biol⟩ kruisen ④ ⟨techn⟩ mixen (geluid) ⸱ zie: **mix in;** ⟨inf⟩ *mix it (up)* elkaar in de haren zitten, knokken; zie: **mix up;** ⟨sprw⟩ *don't mix the grape with the grain* men moet de alsem niet bij de wijn mengen, een os en een ezel dienen niet aan enen ploeg, ongelijke aard dient niet gepaard; → **mixed**

mixed /mɪkst/ [bn; volt deelw van mix; zn: ~ness] ① gemengd, vermengd ♦ *mixed bathing* gemengd zwemmen; *mixed biscuits* gemengde biscuits; *mixed farming* gemengd bedrijf ⟨landbouw en veeteelt⟩ ② ⟨inf⟩ in de war, versuft, beneveld ♦ *he got mixed over the dates* hij haalde de data door elkaar

mixed ability [bn, attr] ⟨onderw⟩ intern gedifferentieerd ♦ *mixed ability teaching* intern gedifferentieerd onderwijs ⟨onderwijs aan kinderen van verschillende begaafdheid in één groep⟩

mixed-race [bn] van gemengd bloed

¹**mixed up** [bn; volt deelw van mix up] ① in de war, versuft, beneveld ② wanordelijk, door elkaar

²**mixed up** [bn, pred; volt deelw van mix up] betrokken, verwikkeld ♦ *he was mixed up in a doping case* hij was betrokken bij een dopingaffaire; *I'm worried about that older woman my son got mixed up with* ik maak me zorgen over die oudere vrouw met wie mijn zoon omgaat

mix·er /mɪksə, ᴬ-ər/ [telb zn] ① (benaming voor) mengtoestel, mengmachine, (keuken)mixer, mengpaneel ② (benaming voor) menger, mixer, schakeltechnicus ③ ⟨AE⟩ informeel partijtje ④ ⟨AE⟩ frisdrank (of water) om met andere dranken te mixen ⸱ *a bad mixer* een eenzelvig mens; *a good mixer* een gezellig/onderhoudend mens

¹**mix in** [onov ww] ⟨inf⟩ op de vuist gaan

²**mix in** [ov ww] goed (ver)mengen ♦ *first add the milk to the flour, then mix in four eggs* voeg eerst de melk bij de bloem en klop er dan vier eieren door

mixing bowl [telb zn] mengkom, beslagkom, deegkom

mix·ti·li·ne·ar /mɪkstɪlɪnɪə, ᴬ-ər/ [bn] gemengdlijnig, met rechte en kromme lijnen

mix·to /mɪkstoʊ/ [telb zn] ⟨vnl AE⟩ mixto ⟨tequila die niet voor 100% uit agavesap bestaat⟩

¹**mix·ture** /mɪkstʃə, ᴬ-ər/ [telb zn] ⟨muz⟩ mixtuur ⟨orgelregister⟩ ♦ *the mixture was reduced from 8 ranks to 5* de mixtuur 8-sterk werd op 5-sterk teruggebracht

²**mix·ture** /mɪkstʃə, ᴬ-ər/ [telb + niet-telb zn] mengsel, mengeling, melange ♦ *the engine doesn't start: the mixture is too rich* de motor wil niet starten, het mengsel is te rijk; *Tom is a bit of a mixture: his father was Chinese and his mother English* Tom is een kruising van een Chinese vader en een Engelse moeder ⸱ ⟨inf⟩ *the mixture as before* procedure/behandeling als bekend

³**mix·ture** /mɪkstʃə, ᴬ-ər/ [niet-telb zn] ① het mengen, vermenging ② gespikkelde stof, fantasiestof

mix up [ov ww] ① verwarren ♦ *I always mix him up with his brother* ik verwar hem altijd met zijn broer ② in de war brengen ♦ *that explanation mixed him up even more* die uitleg bracht hem nog meer in verwarring ③ overhoop/door elkaar gooien ♦ *don't mix up my papers* gooi mijn papieren niet door elkaar ⸱ ⟨inf⟩ *mix it up* elkaar in de haren zitten, knokken; → **mixed up**

mix-up [telb zn] ⟨inf⟩ ① verwarring, warboel, knoeiboel ② gevecht

miz·zen, miz·en /mɪzn/ [telb zn] ⟨scheepv⟩ ① bezaan ② bezaansmast

miz·zen·mast, miz·en·mast [telb zn] ⟨scheepv⟩ bezaansmast

miz·zen·yard, miz·en·yard [telb zn] ⟨scheepv⟩ bezaansra

¹**miz·zle** /mɪzl/ [telb + niet-telb zn] ⟨inf⟩ motregen ⸱ ⟨BE; sl⟩ *do a mizzle* zijn biezen pakken

²**miz·zle** /mɪzl/ [onov ww] ⟨inf⟩ ① motregenen ② ⟨BE⟩ 'm smeren

miz·zly /mɪzli/ [bn] druilerig

Mk [afk] ① (mark) ② (markka)

MKS [afk] (metre-kilogram-second)

MKSA [afk] (metre-kilogram-second-ampere)

mkt [afk] (market)

ml [afk] ① (mile(s)) ② (millilitre(s)) ③ ⟨AE⟩ (mail)

ML [afk] ① (mean level) ② (medieval Latin) ③ (motor launch)

MLA [afk] ① (Member of Legislative Assembly) ② (Modern Language Association (of America))

m'lady [telb zn] → milady

MLC [afk] (Member of Legislative Council)

MLD [afk] (minimum lethal dose)

MLF [afk] (multilateral (nuclear) force)

M Litt [afk] ① (Master of Letters) ② ⟨SchE⟩ (Master of Literature)

Mlle [afk] (Mademoiselle) Mlle

Mlles [afk] (Mesdemoiselles)

M'lord [telb zn] → milord

MLR [afk] (minimum lending rate)

MLS [afk] ⟨AE⟩ (Master of Library Science)

M'lud /mɪlʌd/ [telb zn] ⟨BE; jur⟩ M'lud, Milord

¹**mm** [tw] hm, aha

²**mm** [afk] (mutatis mutandis) m.m.

MM [afk] ① (Messieurs) MM. ② (Maelzel's metronome)

MM ③ ((Their) Majesties) ④ ⟨BE⟩ (Military Medal)

Mme [afk] (Madame) Mme, Mad.

Mmes [afk] (Mesdames)

mmf [afk] (magnetomotive force)
MMR jab [telb zn] ⟨med⟩ bmr-prik
M Mus [afk] (Master of Music)
MN [afk] ① ⟨BE⟩ (Merchant Navy) ② ⟨AE⟩ (Minnesota)
M'Nagh·ten rules /məkn<u>ɔ</u>:tn ru:lz/ [alleen mv] ⟨BE; jur⟩ M'Naghtenregels, toerekeningsvatbaarheidsbepalingen
¹**mne·mon·ic** /nɪm<u>ɒ</u>nɪk, ᴬ-m<u>ɑ</u>-/ [telb zn] ezelsbruggetje, geheugensteuntje
²**mne·mon·ic** /nɪm<u>ɒ</u>nɪk, ᴬ-m<u>ɑ</u>-/, **mne·mon·i·cal** /nɪm<u>ɒ</u>nɪkl, ᴬ-m<u>ɑ</u>-/ [bn; bw: ~ally] mnemotechnisch ♦ *mnemonic device* geheugensteuntje
mne·mon·ics /nɪm<u>ɒ</u>nɪks, ᴬ-m<u>ɑ</u>-/ [alleen mv; werkwoord meestal enk] mnemoniek, mnemotechniek, geheugenleer
Mngr [afk] (Monseigneur)
¹**mo** /moʊ/ [telb zn] ⟨inf⟩ snor
²**mo** /moʊ/ [telb zn] ⟨inf⟩ (moment) ogenblik, moment ♦ *I won't be half a mo* ik ben zo terug; *wait a mo* 'n ogenblikje, wacht eens even
-mo ⟨drukw⟩ -mo ⟨duidt formaat aan⟩ ♦ *sixteenmo (16mo)* sedecimo
mo' /moʊ/ [onbep det] ⟨AE; inf⟩ (verk: more) meer
Mo, mo [afk] ① (Monday) ma ② (Missouri) ③ (month)
MO [afk] ① (Medical Officer) ② (money order) ③ (modus operandi)
mo·a /m<u>oʊ</u>ə/ [telb zn] ⟨dierk⟩ moa ⟨uitgestorven vogelsoort uit Nieuw-Zeeland; familie Dinornithidae⟩
¹**Mo·ab·ite** /m<u>oʊ</u>əbaɪt/ [telb zn] Moabiet
²**Mo·ab·ite** /m<u>oʊ</u>əbaɪt/ [bn] Moabitisch
Mo·a·bit·ic /moʊəb<u>ɪ</u>tɪk/, **Mo·a·bit·ish** /-baɪtɪʃ/ [bn] Moabitisch
¹**moan** /moʊn/ [telb zn] ① (ge)kreun, gekerm ♦ *the moans of the wounded* het gekreun/kreunen van de gewonden ② geklaag, gejammer, ⟨vaak pej⟩ gejeremieer ⟨·⟩ *the moan of the wind* het huilen van de wind
²**moan** /moʊn/ [onov ww] ① kermen, kreunen ② (wee)klagen, jammeren, jeremiëren ♦ *what's he moaning about now?* waarover zit ie nu weer te zeuren? ⟨·⟩ *he heard the wind moaning through the night* hij hoorde de wind huilen in de nacht
³**moan** /moʊn/ [ov ww] ① betreuren, bejammeren ② klagend uiten ♦ *he moaned (out) a plea for mercy* hij smeekte klagend om genade
moan·er /m<u>oʊ</u>nə, ᴬ-ər/ [telb zn] klager, klaagster
moan·ful /m<u>oʊ</u>nfl/ [bn] (wee)klagend
¹**moat** /moʊt/ [telb zn] (wal)gracht, gracht, vestinggracht, slotgracht, kasteelgracht
²**moat** /moʊt/ [ov ww] met een gracht omgeven ♦ *a moated castle* een kasteel door een gracht beschermd
¹**mob** /mɒb, ᴬmɑb/ [telb zn] ① ⟨the⟩ gepeupel, grauw, janhagel, gespuis ② (lawaaierige, onordelijke) menigte ③ bende (gangsters/herrieschoppers) ♦ *the Mob* de maffia ④ ⟨AuE⟩ kudde ⑤ ⟨sl⟩ kliek, stel, groep, kring ⑥ (verk: mobcap)
²**mob** /mɒb, ᴬmɑb/ [onov ww] samenrotten, samenscholen
³**mob** /mɒb, ᴬmɑb/ [ov ww] ① in bende aanvallen, lastigvallen ② omstuwen, drummen/drommen rondom/naar ♦ *the crowd mobbed the entrance to the railway station* de menigte dromde het station binnen; *Gullit was mobbed by autograph hunters* Gullit werd omzwermd door handtekeningenjagers
mob·bish /m<u>ɒ</u>bɪʃ, ᴬm<u>ɑ</u>bɪʃ/ [bn] ① van/als/typisch voor het gepeupel ② grof, gemeen, plat, laag ③ wetteloos
mob·cap, mob [telb zn] mop(muts)
¹**mo·bile** /m<u>oʊ</u>baɪl, ᴬ-bi:l/ [telb zn] ① mobiele, mobiel ② draadloze/draagbare telefoon, mobiele telefoon ③ mobiele nummer, nulzesnummer
²**mo·bile** /m<u>oʊ</u>baɪl, ᴬ-bl/ [bn] ① beweeglijk, mobiel, los ♦ *John is not mobile to-day* Jan heeft vandaag geen vervoer; *mobile number* mobiele nummer, nulzesnummer; *a mobile (tele)phone* een mobieltje; een draadloze/draagbare telefoon; een mobilofoon ② beweeglijk, levendig, expressief ⟨van gezicht⟩ ③ veranderlijk, kwiek, onstandvastig ⟨van persoon, geest⟩ ④ rondtrekkend ⟨van wagen, winkel⟩ ♦ *mobile home* ⟨BE⟩ stacaravan; ⟨AE⟩ woonwagen; *a mobile library* een bibliobus; *a mobile shop* een winkelauto/winkelwagen, een rijdende winkel ⑤ vlottend ⟨van geld, kapitaal⟩ ⑥ flexibel, maatschappelijk mobiel ⟨in staat zijn maatschappelijke positie te wijzigen⟩ ♦ *downward(ly) mobile* armer wordend, dalend op de sociale/maatschappelijke ladder; *upward(ly) mobile* met (een) opwaartse (sociale) mobiliteit; *an upward(ly) mobile family* een familie die stijgt op de maatschappelijke/sociale ladder
mo·bil·i·ty /moʊb<u>ɪ</u>ləti/ [niet-telb zn] beweeglijkheid, mobiliteit
mo·bi·li·za·tion, mo·bi·li·sa·tion /moʊbɪlaɪz<u>eɪ</u>ʃn, ᴬ-ləz<u>eɪ</u>ʃn/ [telb + niet-telb zn] ① ⟨leger of figuurlijk⟩ mobilisatie ② ⟨ec⟩ het te gelde maken
¹**mo·bi·lize, mo·bi·lise** /m<u>oʊ</u>bɪlaɪz/ [onov + ov ww] ⟨mil of fig⟩ mobiliseren, mobiel maken ♦ *he mobilized all his forces* hij verzamelde al zijn krachten
²**mo·bi·lize, mo·bi·lise** /m<u>oʊ</u>bɪlaɪz/ [ov ww] ⟨ec⟩ te gelde maken, losmaken
mo·bi·sode /m<u>oʊ</u>bɪsoʊd/ [telb zn] ⟨media⟩ (samentrekking van mobile episode) mobisode ⟨alleen op mobiele telefoon te bekijken aflevering van tv-programma⟩
mob justice, mob law [niet-telb zn] lynchjustitie, lynchwet, volksjustitie ♦ *after the war mob justice reigned* na de oorlog was het gepeupel zijn eigen rechter/nam het gepeupel het recht in eigen handen
¹**mob·oc·ra·cy** /mɒb<u>ɒ</u>krəsi, ᴬmɑb<u>ɑ</u>-/ [telb + niet-telb zn] heerschappij van het gepeupel
²**mob·oc·ra·cy** /mɒb<u>ɒ</u>krəsi, ᴬmɑb<u>ɑ</u>-/ [verzameln] gepeupel
mob orator [telb zn] volksmenner, demagoog
mob rule [niet-telb zn] heerschappij van het gepeupel
mobs·man /m<u>ɒ</u>bzmən, ᴬm<u>ɑ</u>bz-/ [telb zn; mv: mobsmen /-mən/] gangster
mob·ster /m<u>ɒ</u>bstə, ᴬm<u>ɑ</u>bstər/ [telb zn] ① bendelid, gangster ② (gentleman-)oplichter
mob violence [niet-telb zn] straatgeweld, straatschenderij
mo-camp /m<u>oʊ</u>kæmp/ [telb zn] kampeerwagenterrein, camping
moc·ca·sin /m<u>ɒ</u>kəsɪn, ᴬm<u>ɑ</u>-/ [telb zn] ① mocassin ② (verk: moccasin snake)
moccasin flower, moccasin plant [telb zn] ⟨plantk⟩ vrouwenschoentje ⟨Cypripedium acaule⟩
moccasin snake, moccasin [telb zn] ⟨dierk⟩ mocassinslang ⟨familie Agkistrodon⟩
mo·cha /m<u>oʊ</u>kə/ [niet-telb zn] ① (mokka)koffie ② mochaleer
¹**mock** /mɒk, ᴬmɑk/ [vero] ① voorwerp van spot ② namaaksel, imitatie
²**mock** /mɒk, ᴬmɑk/ [telb + niet-telb zn] ⟨vero, behalve in bijbehorende uitdrukking⟩ bespotting, spot, hoon ♦ *make (a) mock of s.o.* met iemand de spot drijven/de draak steken
³**mock** /mɒk, ᴬmɑk/ [bn, attr] onecht, nagemaakt, nep, vals, voorgewend, schijn-, pseudo- ♦ *mock auction* zwendelveiling; *mock battle/combat/fight* spiegelgevecht; *mock moon* bijmaan; ⟨dierk⟩ *mock nightingale* zwartkop ⟨Silvia atricapilla⟩; ⟨dierk⟩ rietzanger ⟨Acrocephalus schoenobaenus⟩; ⟨plantk⟩ *mock orange* (boeren)jasmijn ⟨genus Philadelphus, voornamelijk P. coronarius⟩; *mock sun* bijzon; *mock trial* schijnproces, schertsproces; *mock turtle(soup)* imitatie schildpadsoep; *mock exam* proefexamen
⁴**mock** /mɒk, ᴬmɑk/ [onov ww] spotten, zich vrolijk maken ♦ *don't mock at his efforts* drijf niet de spot met zijn in-

spanningen

⁵**mock** /mɒk, ᴬmɑk/ [ov ww] ① bespotten ② (minachtend) trotseren, tarten ③ bedriegen, misleiden ④ (spottend) na-apen ⑤ namaken, vervalsen

⁶**mock** /mɒk, ᴬmɑk/ [bw] onecht, nagemaakt, nep, vals, pseudo- ♦ *mock serious* zogenaamd serieus, quasiserieus

mock·er /mɒkə, ᴬmɑkər/ [telb zn] spotter ⟨·⟩ ⟨BE; inf⟩ *put the mockers on* een einde maken aan iets, bederven; ⟨BE; inf⟩ *the rain has put the mockers on our plan* door de regen kunnen we ons plannetje wel vergeten

¹**mock·er·y** /mɒkəri, ᴬmɑ-/ [telb zn] ① voorwerp van spot ② namaaksel ③ aanfluiting, karikatuur, schijnvertoning ♦ *that trial was a mockery* dat proces was een schijnvertoning

²**mock·er·y** /mɒkəri, ᴬmɑ-/ [telb + niet-telb zn] bespotting, spot, hoon ♦ *hold s.o./sth. up to mockery* iemand/iets ridiculiseren; *make a mockery of* de spot drijven met

¹**mock-he·ro·ic** [telb zn; meestal mv] burlesk-heroïsch literair werk

²**mock-he·ro·ic** [bn] komisch-burlesk-heroïsch

mock·ie /mɒki, ᴬmɑ-/ [telb zn] ⟨AE; sl; beled⟩ Jood

mock·ing·bird /mɒkɪŋbɜːd, ᴬmɑkɪŋbərd/ [telb zn] ⟨dierk⟩ spotlijster ⟨Mimus polyglottos⟩

mock·ing·ly /mɒkɪŋli, ᴬmɑ-/ [bw] spottend, honend

mock·ney /mɒkni, ᴬmɑk-/ [telb zn] ⟨BE; inf⟩ nepcockney ⟨persoon⟩, mockney

Mock·ney /mɒkni, ᴬmɑk-/ [eigennw; ook mockney] ⟨BE; inf⟩ pseudo-Cockney ⟨dialect⟩, gemaakt plat

mocktail /mɒkteɪl, ᴬmɑk-/ [telb zn] mocktail ⟨cocktail zonder alcohol⟩

mock·u·men·ta·ry /mɒkjʊmentəri, ᴬmɑkjəmentəri/ [telb zn] mocumentaire, nepdocumentaire

mock-up [telb zn] ① model, bouwmodel, proefmodel ⟨meestal op ware grootte⟩, ⟨luchtv⟩ vluchtsimulator ② opmaak, lay-out

¹**mod** /mɒd, ᴬmɑd/ [telb zn; ook Mod] ① modieus persoon ② ⟨vaak mv⟩ ⟨BE⟩ jeugdige bandiet

²**mod** /mɒd, ᴬmɑd/ [niet-telb zn] modieuze stijl uit de jaren zestig in Engeland

³**mod** /mɒd, ᴬmɑd/ [bn] ① modern ♦ ⟨BE; soms enkelvoud⟩ *mod cons* modern comfort ② modieus, chic

⁴**mod** [afk] ① (model) ② (moderate) ③ (modern) ④ (modification)

Mod /mɒd, ᴬmoʊd/ [telb zn] muzikale en literaire jaarlijkse bijeenkomst van de Hooglanders

MOD, MoD [eigennw] ⟨BE⟩ (Ministry of Defence)

¹**mod·al** /moʊdl/ [telb zn] ① ⟨taalk⟩ modale vorm, ⟨vnl⟩ modaal hulpwerkwoord ② ⟨log⟩ modale propositie

²**mod·al** /moʊdl/ [bn; bw: ~ly] modaal ♦ *modal auxiliary, modal verb* modaal hulpwerkwoord

mo·dal·i·ty /moʊdæləti/ [telb + niet-telb zn] modaliteit

¹**mode** /moʊd/ [telb zn] ① wijze, manier, methode, modus ♦ *mode of speaking* spreekwijze, wijze van spreken ② gebruik, procedure ③ ⟨AE; taalk⟩ wijs, modus ④ ⟨muz⟩ toongeslacht, toonaard, hoofdtoonsoort ⑤ ⟨muz⟩ modus ⑥ ⟨filos⟩ modaliteit, suppositie, uitdrukkingswijze ⑦ ⟨stat⟩ modus

²**mode** /moʊd/ [niet-telb zn] ⟨vero, behalve in à la mode⟩ (heersende) mode ♦ *à la mode* à la mode, modieus; *(all) the mode* dé (grote) mode ⟨·⟩ ⟨cul⟩ *à la mode* gesmoord in groenten en wijn ⟨van vlees⟩; ⟨AE; opgediend⟩ met roomijs

¹**mod·el** /mɒdl, ᴬmɑdl/ [telb zn] ① model, monster, schaalmodel, maquette, ⟨BE; fig⟩ evenbeeld ♦ *he's a perfect model of John* hij is net Jan, hij lijkt precies op Jan ② type, model ⟨van auto enz.⟩ ③ exclusief model ⟨kledingstuk⟩ ④ model, fotomodel, schildersmodel, mannequin ♦ *stand model* poseren ⑤ toonbeeld, voorbeeld

²**mod·el** /mɒdl, ᴬmɑdl/ [bn, attr] ① model- ♦ *a model car* een miniatuurauto ② perfect, voorbeeldig ♦ *a model husband* een modelechtgenoot

³**mod·el** /mɒdl, ᴬmɑdl/ [onov ww] mannequin/model zijn ♦ *she models to earn pocket money* ze poseert om aan zakgeld te komen; → modelling

⁴**mod·el** /mɒdl, ᴬmɑdl/ [ov ww] ① modelleren, boetseren, vormgeven, fatsoeneren ② vervaardigen/vormen naar een voorbeeld ♦ *model sth. after/(up)on sth.* iets maken/ontwerpen naar het voorbeeld van iets; ⟨fig⟩ *he modelled himself (up)on his teacher* hij nam een voorbeeld aan zijn leraar ③ een model maken van ④ (als mannequin) showen; → modelling

mod·el·is·ta /mɒdlistə, ᴬmɑd-/ [telb zn] fotomodel, mannequin

mod·el·ler, ⟨AE⟩ **mod·el·er** /mɒdlə, ᴬmɑdlər/ [telb zn] ① modelleur, boetseerder ② modelmaker

mod·el·ling, ⟨AE⟩ **mod·el·ing** /mɒdlɪŋ, ᴬmɑ-/ [niet-telb zn; gerund van model] ① het modelleren, het boetseren ② modelleerkunst, boetseerkunst, plastische kunst ③ vormgeving ④ het model staan ♦ *she used to do some modelling before she married* voor ze trouwde werkte ze als mannequin ⑤ modelbouw

modelling clay [niet-telb zn] boetseerklei

¹**Mod·el-T** [telb zn] T-Ford ⟨autotype⟩

²**Mod·el-T** [bn, attr] ⟨AE; sl⟩ sjofel, armoedig, verlopen

mo·dem /moʊdəm, -dem/ [telb zn] ⟨comp⟩ (verk: modulator-demodulator) modem ⟨verbindt afstandsterminal of computer met andere computer⟩

mo·de·na /mɒdɪnə, ᴬmɔːdnə/ [niet-telb zn; vaak attributief] donkerpaars

Mo·de·na /mɒdɪnə, ᴬmɔːdnə/ [eigennw] Modena ⟨Italiaanse stad⟩

¹**mod·er·ate** /mɒdrət, ᴬmɑ-/ [telb zn] gematigde

²**mod·er·ate** /mɒdrət, ᴬmɑ-/ [bn; bw: ~ly; zn: ~ness] gematigd, matig, middelmatig ♦ ⟨meteo⟩ *moderate breeze* ⟨op zee⟩ matige koelte; ⟨op land⟩ matige wind ⟨windkracht 4⟩; *a moderate climate* een gematigd klimaat; ⟨meteo⟩ *moderate gale* harde wind ⟨windkracht 7⟩; *a moderate oven* een matig warme oven ⟨ongeveer 160 à 200 °C⟩; *moderate prices* redelijke/lage prijzen

³**mod·er·ate** /mɒdəreɪt, ᴬmɑ-/ [onov ww] ① zich matigen, bedaren ② afnemen, verminderen

⁴**mod·er·ate** /mɒdəreɪt, ᴬmɑ-/ [onov + ov ww] presideren, voorzitten

⁵**mod·er·ate** /mɒdəreɪt, ᴬmɑ-/ [ov ww] matigen, verzachten, verlichten

mod·er·a·tion /mɒdəreɪʃn, ᴬmɑ-/ [niet-telb zn] ① gematigdheid, matigheid ♦ *in moderation* met mate ② matiging ③ ⟨kernfys⟩ afremming ⟨van neutronen⟩ ⟨·⟩ ⟨sprw⟩ *moderation in all things* alles met mate

mod·er·a·tions /mɒdəreɪʃnz, ᴬmɑ-/, ⟨ook⟩ **mods** [alleen mv; vaak Moderations] eerste openbaar examen voor de graad van BA in Oxford

¹**mod·e·ra·to** /mɒdərɑːtoʊ, ᴬmɑdərɑtoʊ/ [telb zn] moderato

²**mod·e·ra·to** /mɒdərɑːtoʊ, ᴬmɑdərɑtoʊ/ [bn] moderato

mod·e·ra·tor /mɒdəreɪtə, ᴬmɑdəreɪtər/ [telb zn] ① moderator ⟨ook internet⟩, bemiddelaar, scheidsrechter, gespreksleider ② moderator ⟨voorzitter van universitaire examencommissie, in het bijzonder van die der Moderations in Oxford⟩ ③ ⟨rel⟩ moderator ⟨van synode enz. in presbyteriaanse kerk⟩ ④ ⟨natuurk⟩ moderator ⟨stof die de snelheid van een nucleaire kettingreactie regelt⟩

¹**mod·ern** /mɒdn, ᴬmɑdərn/ [telb zn] ① iemand uit de nieuwe tijd ② aanhanger van de nieuwe tijd ③ ⟨boek⟩ bepaald lettertype

²**mod·ern** /mɒdn, ᴬmɑdərn/ [bn; bw: ~ly; zn: ~ness] ① modern, hedendaags, tot de nieuwere tijd behorend ♦ *ancient and modern buildings* oudere en eigentijdse gebouwen; *modern history* nieuwe geschiedenis ② nieuwerwets ③ ⟨taalk⟩ modern, nieuw-, Nieuw- ♦ *modern English* modern Engels; *modern Greek* Nieuwgrieks; *modern languages*

modern-day

levende moderne talen; *modern* **Latin** modern Latijn, Neolatijn

mod·ern-day [bn, attr] hedendaags, modern

¹**mod·ern·ism** /mɒdn·ɪzm, ᴬmɑdərnɪzm/ [telb zn] modernisme, innovatie, ⟨taalk⟩ neologisme

²**mod·ern·ism** /mɒdn·ɪzm, ᴬmɑdərnɪzm/ [niet-telb zn] modernisme ⟨in het bijzonder religieus⟩

mod·ern·ist /mɒdn·ɪst, ᴬmɑdərnɪst/ [telb zn] modernist

mod·ern·is·tic /mɒdnɪstɪk, ᴬmɑdərnɪstɪk/ [bn; bw: ~ally] modernistisch, opvallend modern, modieus

¹**mo·der·ni·ty** /mɒdɜːnəti, ᴬmədɜrnəti/ [telb zn] iets moderns, iets van/met eigentijds karakter

²**mo·der·ni·ty** /mɒdɜːnəti, ᴬmədɜrnəti/ [niet-telb zn] moderniteit, modern karakter

mod·ern·i·za·tion, mod·ern·i·sa·tion /mɒdnaɪzeɪʃn, ᴬmɑdərnə-/ [telb + niet-telb zn] modernisering, aanpassing aan de nieuwe tijd

¹**mod·ern·ize, mod·ern·ise** /mɒdn·aɪz, ᴬmɑdərnaɪz/ [onov ww] zich aan de moderne tijd aanpassen, zich vernieuwen

²**mod·ern·ize, mod·ern·ise** /mɒdn·aɪz, ᴬmɑdərnaɪz/ [ov ww] moderniseren, vernieuwen

mod·est /mɒdɪst, ᴬmɑ-/ [bn; vergr trap: ook modester; bw: ~ly] ① bescheiden ② niet groot, niet opzichtig, bescheiden ③ redelijk, zonder aanmatiging/overdrijving ♦ *modest demands* redelijke eisen ④ zedig, eerbaar ⟨vooral van vrouw⟩ • *a modest violet* een bescheiden persoon

mod·es·ty /mɒdɪsti, ᴬmɑ-/ [niet-telb zn] ① bescheidenheid ♦ *in all modesty* zonder grootspraak; *feigned modesty* valse bescheidenheid ② redelijkheid ③ zedigheid, eerbaarheid, fatsoenlijkheid ⟨vooral van vrouw⟩

modesty vest [telb zn] ⟨mode⟩ modestie ⟨stuk kant gedragen over boezem, om diep decolleté wat bescheidener te maken⟩

mod·i·cum /mɒdɪkəm, ᴬmɑ-/ [telb zn; mv: ook modica /-kə/] een beetje, een kleine hoeveelheid ♦ *there isn't a modicum of logic in this reasoning* er zit geen greintje logica in deze argumentatie

mod·i·fi·a·ble /mɒdɪfaɪəbl, ᴬmɑ-/ [bn] wijzigbaar, vatbaar voor wijziging/aanpassing

mod·i·fi·ca·tion /mɒdɪfɪkeɪʃn, ᴬmɑ-/ [telb + niet-telb zn] ① wijziging ② verzachting, verzwakking, aanpassing ③ ⟨plantk⟩ modificatie ⟨niet-erfelijke wijziging⟩ ④ ⟨taalk⟩ bepaling ⑤ ⟨taalk⟩ klankverandering

mod·i·fi·ca·to·ry /mɒdɪfɪkeɪtri, ᴬmɑdɪfəkətɔri/ [bn] wijzigend

mod·i·fi·er /mɒdɪfaɪə, ᴬmɑdɪfaɪər/ [telb zn] ① wijzigende factor ② ⟨taalk⟩ bepaling

¹**mod·i·fy** /mɒdɪfaɪ, ᴬmɑ-/ [onov ww] zich wijzigen, veranderingen ondergaan

²**mod·i·fy** /mɒdɪfaɪ, ᴬmɑ-/ [ov ww] ① wijzigen ♦ *genetically modified* genetisch gemodificeerd, genetisch gemanipuleerd ② verzachten, afzwakken ③ ⟨taalk⟩ (nader) bepalen, staan bij ♦ *'tall' modifies 'man' in 'a tall man'* 'lang' staat bij/bepaalt 'man' in 'een lange man'

mo·dil·lion /moʊdɪlɪən/ [telb zn] ⟨bouwk⟩ modillon

mod·ish /moʊdɪʃ/ [bn; bw: ~ly; zn: ~ness] ⟨vaak pej⟩ modieus, modisch

mo·diste /moʊdiːst/ [telb zn] modiste

mods /mɒdz, ᴬmɑdz/ [alleen mv] → moderations

mod·u·lar /mɒdjʊlə, ᴬmɑdʒələr/ [bn] modulair

¹**mod·u·late** /mɒdjʊleɪt, ᴬmɑdʒə-/ [onov + ov ww] ① moduleren, met gepaste stembuiging voordragen/zingen ② ⟨muz⟩ moduleren, veranderen/(doen) overgaan van de ene toonsoort in de andere ♦ *the music modulates from E to G* de muziek gaat van E over in G ③ ⟨techn⟩ moduleren

²**mod·u·late** /mɒdjʊleɪt, ᴬmɑdʒə-/ [ov ww] regelen, afstemmen, reguleren, temperen ♦ *he modulates his thunders to his victims* hij past zijn banbliksems aan zijn slachtoffers aan

mod·u·la·tion /mɒdjʊleɪʃn, ᴬmɑdʒə-/ [telb + niet-telb zn] ① aanpassing, regeling, verzachting ② ⟨muz⟩ modulatie, overgang van de ene toonsoort in de andere ③ modulatie, stembuiging

modulation distortion [telb + niet-telb zn] modulatievervorming

mod·u·la·tor /mɒdjʊleɪtə, ᴬmɑdʒəleɪtər/ [telb zn] ⟨radio; telefoon⟩ modulator

mod·ule /mɒdjuːl, ᴬmɑdʒuːl/ [telb zn] ① modulus, module, maat(staf), ⟨bouwk⟩ bouwmodulus ② module ⟨standaardonderdeel van gebouw, meubels, computer enz.⟩ ③ ⟨ruimtev⟩ module ⟨deel van ruimtetuig dat afzonderlijk gebruikt kan worden⟩ ♦ *lunar module* maanlandingsvoertuig ④ ⟨techn⟩ watermeter ⑤ ⟨munt⟩ modulus

mod·u·lus /mɒdjʊləs, ᴬmɑdʒə-/ [telb zn; mv: ook moduli /-laɪ/] ⟨natuurk, wisk⟩ modulus, coëfficiënt, constante ♦ *modulus of elasticity* elasticiteitsmodulus

mo·dus op·e·ran·di /moʊdəs ɒpərændi, ᴬ-ɑpə-/ [telb zn; mv: ook modi operandi /moʊdaɪ-/] modus operandi

mo·dus vi·ven·di /moʊdəs vɪvendi/ [telb zn; mv: ook modi vivendi /moʊdaɪ-/] modus vivendi

mo·fette /moʊfet/ [telb zn] ⟨geol⟩ mofette, gasbron ② gasuitwaseming

mog /mɒg, ᴬmɑg/, **mog·gie, mog·gy** /mɒgi, ᴬmɑgi/ [telb zn] ⟨BE; sl⟩ kat

¹**mo·gul** /moʊgl/ [telb zn] ① mogol ⟨invloedrijk (pretentieus) iemand⟩ ♦ *the moguls of Hollywood* de filmbonzen, de hoge pieten van de filmindustrie ② ⟨AE⟩ krachtige stoomlocomotief ③ verhoging/heuveltje op skipiste, mogul

²**mo·gul** /moʊgl/ [bn] rijk, belangrijk, invloedrijk

¹**Mo·gul** /moʊgl/ [telb zn] ① mogol ⟨vroegere Mongoolse keizer van Delhi⟩ ♦ *the Grand/Great Mogul* de grote mogol ② Mongool

²**Mo·gul** /moʊgl/ [bn] Mongools ♦ *the Mogul empire* het Mongoolse rijk

MOH [afk] (Medical Officer of Health)

mo·hair /moʊheə, ᴬ-her/ [niet-telb zn] ① mohair ② pluche

Mohammedan → **Muhammadan**

Mohammedanism [niet-telb zn] → **Muhammadanism**

¹**Mo·hawk** /moʊhɔːk/ [eigenn] het Mohawk, taal van de Mohawks

²**Mo·hawk** /moʊhɔːk/ [telb zn; mv: ook Mohawk] Mohawk ⟨lid van indianenstam⟩

mo·hi·can /moʊhiːkən/ [telb zn] ① hanenkam ⟨(punk)kapsel⟩ ② iemand met een hanenkam

Mo·ho /moʊhoʊ/ [telb zn] ⟨geol⟩ ⟨verk: Mohorovicic discontinuity⟩ moho ⟨discontinuïteit van Mohorovicic; niveau waarop de aardkorst in de mantel overgaat⟩

moi /mwɑː/ ⟨pers vnw⟩ ⟨scherts⟩ uw dienaar/dw., moi • ⟨scherts⟩ *moi? ik?, ikke?*

moi·der /mɔɪdə, ᴬ-ər/, **moi·ther** /mɔɪðə, ᴬ-ər/ [ov ww] ⟨gew⟩ ① in de war brengen ② kwellen, pesten

moi·dore /mɔɪdɔː, ᴬ-dɔr/ [telb zn] ⟨gesch⟩ moidore ⟨gouden Portugese/Braziliaanse munt, in omloop in Engeland in de 17e-18e eeuw⟩

moi·e·ty /mɔɪəti/ [telb zn] ⟨jur⟩ helft, deel

¹**moil** /mɔɪl/ [telb + niet-telb zn] ⟨vero⟩ ① gezwoeg ♦ *moil and toil* slaven en zwoegen ② rumoer

²**moil** /mɔɪl/ [onov ww] ⟨vero behalve in bijbehorende uitdrukking⟩ zwoegen, ploeteren ♦ *moil and toil* slaven en zwoegen

¹**moi·ré, moi·re** /mwɑːreɪ, ᴬmwɑreɪ/, **moire antique** [niet-telb zn] ① moiré, gevlamde zijde ② moiré tekening

²**moi·ré** /mwɑːreɪ, ᴬmwɑreɪ/ [bn] gevlamd, gewaterd

moist /mɔɪst/ [bn; vergr trap: moister; bw: ~ly; zn: ~ness] ① vochtig, nattig, klam ♦ *the moist wind* de vochtige wind; *moist with dew* vochtig van (de) dauw; *eyes moist with tears* betraande ogen; *his forehead was moist with sweat*

zijn voorhoofd was klam van het zweet ② regenachtig •
moist sugar basterdsuiker
¹**moist·en** /mɔɪsn/ [onov ww] vochtig worden
²**moist·en** /mɔɪsn/ [ov ww] bevochtigen
mois·ture /mɔɪstʃə, ᴬ-ər/ [niet-telb zn] vochtigheid, vocht ♦ *moisture proof* beschermd tegen vocht, vochtdicht; *moisture resistant* vochtbestendig
mois·tur·ize, mois·tur·ise /mɔɪstʃəraɪz/ [ov ww] bevochtigen ♦ *moisturizing cream* vochtinbrengende crème
mois·tur·iz·er, mois·tur·is·er /mɔɪstʃəraɪzə, ᴬ-ər/ [telb + niet-telb zn] vochtinbrengende crème
moither [ov ww] → moider
mo·jo /moʊdʒoʊ/ [telb zn] ⟨AE; sl⟩ ① magie, magische kracht ② verdovend middel
moke /moʊk/ [telb zn] ⟨sl⟩ ① ⟨BE⟩ ezel ⟨ook figuurlijk⟩ ② ⟨AE; beled⟩ neger ③ ⟨AuE⟩ afgewerkt paard, knol
¹**mol, mole** /moʊl/ [telb zn] ⟨scheik⟩ mol, grammolecule
²**mol** [afk] ① (molecular) ② (molecule)
mo·lal /moʊləl/ [bn] ⟨scheik⟩ m.b.t./van één mol
¹**mo·lar** /moʊlə, ᴬ-ər/ [telb zn] ware kies, kies, maaltand
²**mo·lar** /moʊlə, ᴬ-ər/ [bn, attr] ① m.b.t. de maaltand(en), malend, maal- ② m.b.t. de massa ③ ⟨scheik⟩ molair
mo·lar·i·ty /moʊlærəti/ [niet-telb zn] ⟨scheik⟩ molariteit
mo·las·ses /məlæsɪz/ [niet-telb zn] ① melasse ② ⟨AE⟩ stroop
mold → mould
Mol·da·vi·a /mɒldeɪviə, ᴬmɑl-/ [eigenn] ① Moldavië ⟨streek⟩ ② Moldova ⟨staat⟩
¹**Mol·da·vi·an** /mɒldeɪviən, ᴬmɑl-/ [zn] ① Moldaviër, Moldavische ⟨uit Moldavië⟩ ② Moldovaan(se) ⟨uit Moldova⟩
²**Mol·da·vi·an** /mɒldeɪviən, ᴬmɑl-/ [bn] ① Moldavisch, uit/van Moldavië ② Moldovaans, uit/van Moldova
molder → moulder
molding [telb zn] → moulding
Mol·do·va /mɒldoʊvə, ᴬmɑl-/ [eigenn] Moldova ⟨staat⟩

Moldova

naam	Moldova *Moldavië*
officiële naam	Republic of Moldova *Republiek Moldavië*
inwoner	Moldovan *Moldaviër*
inwoonster	Moldovan *Moldavische*
bijv. naamw.	Moldovan *Moldavisch*
hoofdstad	Chisinau *Chisinau*
munt	Moldovan leu *Moldavische leu*
werelddeel	Europe *Europa*

int. toegangsnummer 373 www .md auto MD

¹**Mol·do·van** /mɒldoʊvən, ᴬmɑl-/ [telb zn] Moldovaan(se) ⟨uit Moldova⟩
²**Mol·do·van** /mɒldoʊvən, ᴬmɑl-/ [bn] Moldovaans, uit/van Moldova
moldy [bn] → mouldy
mole /moʊl/ [telb zn] ① mol ② (kleine) moedervlek, vlekje ③ pier, golfbreker, havendam, strekdam ④ door havendam beschutte haven ⑤ ⟨med⟩ mola ⑥ ⟨scheik⟩ mol ⑦ ⟨inf⟩ spion, mol ⟨tijdelijk niet-actieve geheim agent⟩
mole·cast [telb zn] molshoop
mole cricket [telb zn] ⟨dierk⟩ veenmol ⟨familie Gryllotalpidae⟩
mo·lec·u·lar /məlɛkjʊlə, ᴬ-kjələr/ [bn] moleculair ♦ *molecular gastronomy* moleculaire gastronomie, moleculaire keuken; *molecular weight* moleculegewicht
mol·e·cule /mɒlɪkjuːl, ᴬmɑ-/ [telb zn] molecule
mole-eyed [bn] bijziend, blind
mole·heap [telb zn] molshoop
mole·hill [telb zn] molshoop
mole-plough [telb zn] molploeg, draineerploeg
mole rat [telb zn] ⟨dierk⟩ blindmuis ⟨familie Spalacidae⟩
¹**mole·skin** [telb + niet-telb zn] mollenvel

²**mole·skin** [niet-telb zn] moleskin, Engels leer ⟨soort dichtgeweven katoenen molton⟩
mole·skins [alleen mv] broek van Engels leer
mo·lest /məlɛst/ [ov ww] lastigvallen, molesteren
mo·les·ta·tion /moʊlɛsteɪʃn, ᴬmɑlə-/ [niet-telb zn] ① hinder, overlast ② het molesteren
moll /mɒl, ᴬmɑl/ [telb zn] ⟨sl⟩ ① vriendin/handlangster van een gangster, gangsterliefje ② snol, slet, prostituee
mollah [telb zn] → mullah
moll buzzer [telb zn] ⟨sl⟩ vrouwenberover ⟨in het bijzonder van handtasjes op straat⟩
mol·li·fi·ca·tion /mɒlɪfɪkeɪʃn, ᴬmɑ-/ [telb zn] ① bedaring ② vertedering ③ verzachting
mol·li·fy /mɒlɪfaɪ, ᴬmɑ-/ [ov ww] ① bedaren, sussen ② vertederen, vermurwen ♦ *she refused to be mollified by his flatteries* zij liet zich niet vermurwen door zijn vleierij ③ matigen, verzachten, minder streng maken ♦ *mollify one's demands* zijn eisen matigen
mol·lusc, ⟨AE ook⟩ mol·lusk /mɒləsk, ᴬmɑ-/ [telb zn] weekdier, mollusk
mol·lus·can ⟨AE ook⟩ mol·lus·kan /məlʌskən/ [bn, attr] weekdier-
mol·lus·coid /məlʌskɔɪd/, **mol·lus·cous** /-əs/ [bn] weekdierachtig
molly /mɒli, ᴬmɑ-/ [telb zn] ⟨verk: mollycoddle⟩
Molly /mɒli, ᴬmɑ-/ [eigenn] Molly, Marietje ⟨koosnaam van Mary⟩
¹**mol·ly·cod·dle** /mɒlikɒdl, ᴬmɑlikɑdl/, **mol·ly** /mɒli, ᴬmɑ-/ [telb zn] ⟨beled⟩ moederszoontje, slapjanus, verwijfde man
²**mol·ly·cod·dle** /mɒlikɒdl, ᴬmɑlikɑdl/ [ov ww] ⟨pej⟩ in de watten leggen, verwennen, vertroetelen
mo·loch /moʊlɒk, ᴬmɑlək/ [telb zn] ⟨dierk⟩ moloch ⟨Australische woestijnhagedis; genus Moloch⟩
¹**Mo·loch** /moʊlɒk, ᴬmɑlək/ [eigenn] Moloch
²**Mo·loch** /moʊlɒk, ᴬmɑlək/ [telb zn; ook moloch] ⟨fig⟩ moloch
mo·lo·tov cock·tail /mɒlətɒf kɒkteɪl, ᴬmɑlətɒf kɑk-/ [telb zn] molotovcocktail
molt → moult
mol·ten /moʊltən, ᴬmoʊltn/ [bn, attr; oorspronkelijk volt deelw van melt] ① gesmolten ② ⟨verouderd of Bijbel⟩ gegoten ♦ *a molten image* een gegoten beeld
mol·to /mɒltoʊ, ᴬmoʊl-/ [bw] ⟨muz⟩ molto
mo·ly /moʊli/ [telb zn] ① legendarisch toverkruid met witte bloem en zwarte wortel ② wilde knoflook ⟨Allium moly⟩
mo·lyb·de·nite /məlɪbdənaɪt/ [niet-telb zn] ⟨scheik⟩ molybdeniet
mo·lyb·de·num /məlɪbdənəm/ [niet-telb zn] ⟨scheik⟩ molybdeen ⟨element 42⟩
mom [telb + niet-telb zn] → mum
mom·ag·er /mɒmɪdʒə, ᴬmɑmɪdʒər/ [telb zn] ⟨vnl AE⟩ (samentrekking van mother manager) moeder van beroemdheid die tevens als manager optreedt
mom-and-pop [bn, attr] ⟨AE; inf⟩ familie- ♦ *a mom-and-pop business* een familiebedrijfje
¹**mo·ment** /moʊmənt/ [telb zn] ① ogenblik, moment ♦ *a moment ago* (zo)juist, (zo)net; *just a/one moment, please* een ogenblikje alstublieft; *for the moment* voorlopig, vooralsnog; *not for a moment* geen moment, nooit; *half a moment, please* een ogenblikje alstublieft; *have one's moments* zijn goede momenten hebben; ⟨fig⟩ *be having a moment* een hoogtepunt beleven; *in a moment* ogenblikkelijk, dadelijk, direct; ⟨AE⟩ *be in the moment* leven in het nu, leven in het heden; *I'll be back in a moment* ik ben zo terug ② geschikt ogenblik, moment ♦ *not the moment for sth. like that* niet het moment voor zoiets; *moment of truth* uur der waarheid ⟨ook figuurlijk⟩ ③ tijdstip, moment ♦ *he'll be back (at) any moment now* hij kan elk moment terug zijn; *at*

moment

moments zo nu en dan; *at the moment* op het ogenblik, nu; *at the last moment* op het laatste moment; ⟨BE; form⟩ *at this moment in time* momenteel; *the (very) moment (that)* zodra; *this moment* ogenblikkelijk; zojuist; *to the moment* op de minuut af, precies op tijd; *timed to the moment* precies gelijk ⟨van uurwerk⟩; *(up)on the moment* ogenblikkelijk [4] ⟨natuurk⟩ moment ♦ *moment of inertia* traagheidsmoment; *moment of momentum* impulsmoment, draaistoot

²**mo·ment** /moʊmənt/ [niet-telb zn] belang, gewicht ♦ *of (great) moment* van (groot) belang

mo·men·tar·i·ly /moʊməntrɪli, ᴬmoʊməntɛrɪli/ [bw] [1] kort(stondig), vluchtig [2] ⟨AE⟩ dadelijk, aanstonds, spoedig

mo·men·tar·y /moʊməntri, ᴬ-teri/ [bn; zn: momentariness] [1] kortstondig, snel voorbijgaand, vluchtig ♦ *his nostalgia was but momentary* zijn heimwee was vlug voorbij [2] voortdurend, elk ogenblik ♦ *they live in momentary fear of earthquakes* ze leven in voortdurende angst voor een aardbeving

mo·ment·ly /moʊməntli/ [bw] [1] ieder ogenblik ♦ *his fear momently increased* zijn angst nam met de minuut toe [2] ogenblikkelijk, gedurende een ogenblik

mo·men·tous /moʊmentəs/ [bn; bw: ~ly; zn: ~ness] gewichtig, ernstig, van het allerhoogste belang, gedenkwaardig ♦ *momentous decisions* zwaarwegende beslissingen

¹**mo·men·tum** /moʊmentəm/ [telb + niet-telb zn; mv: ook momenta] ⟨natuurk⟩ impuls ⟨massa maal snelheid⟩, hoeveelheid van beweging

²**mo·men·tum** /moʊmentəm/ [niet-telb zn] vaart ⟨ook figuurlijk⟩, (stuw)kracht, drang ♦ *gain/gather momentum* aan stootkracht winnen; *the struggle for independency loses momentum* de onafhankelijkheidsstrijd verliest aan kracht/bloedt dood

mom·ism /mɒmɪzm, ᴬmɑ-/ [niet-telb zn] ⟨AE; inf; pej⟩ overdreven respect voor moeders, overmatige moederlijke/vrouwelijke invloed op maatschappij

mom job [telb zn] ⟨vnl AE; med⟩ uitgebreide cosmetische chirurgie-ingreep ⟨bestaande uit borst- en buikwandcorrectie en liposuctie⟩

mom·ma /mɒmə, ᴬmɑmə/, **mom·my** /mɒmi, ᴬmɑmi/ [telb zn] ⟨AE⟩ [1] ⟨kind⟩ mammie, mama, moesje [2] ⟨sl⟩ vrouw

mom·my track [telb zn] ⟨AE; inf⟩ vrouwonvriendelijk (loopbaan)traject ⟨vooral voor vrouwen met kinderen⟩

mo·mo /moʊmoʊ/ [telb zn] ⟨AE; sl⟩ idioot, stommeling

mo·mus /moʊməs/ [telb zn; mv: ook momi /moʊmaɪ/] [1] spotgeest, hekelaar [2] haarklover, muggenzifter

Mo·mus /moʊməs/ [eigenn] Momus ⟨god van de spot in de Griekse mythologie⟩

mom·zer, mom·ser /mɒmzə, ᴬmɑmzər/ [telb zn] ⟨AE; sl⟩ [1] bietser, klaploper [2] rotzak, schoft

Mon [afk] (Monday)

¹**Mon·a·can** /mɒnəkən, ᴬmɑn-/ [telb zn] Monegask(ische), inwoner/inwoonster van Monaco

²**Mon·a·can** /mɒnəkən, ᴬmɑn-/ [bn] Monegaskisch, uit/van/m.b.t. Monaco

mon·a·chal, mon·a·cal /mɒnəkl, ᴬmɑ-/ [bn] klooster-, monniken-, monniks-, monachaal, monastiek

mon·a·chism /mɒnəkɪzm, ᴬmɑ-/ [niet-telb zn] kloosterwezen, monnikenleven

mon·ac·id [bn] → monoacid

Mon·a·co /mɒnəkoʊ, ᴬmɑn-/ [eigenn] Monaco

mo·nad /mɒnæd, ᴬmoʊ-/ [telb zn] [1] ⟨filos⟩ monade ⟨in Leibniz' stelsel⟩ [2] ⟨biol⟩ eencellige, afgietseldiertje, infusorie(diertje)

mon·a·del·phous /mɒnədɛlfəs, ᴬmɑ-/ [bn] ⟨plantk⟩ eenbroederig, monadelphus

mon·ad·ism /mɒnædɪzm, ᴬmoʊ-/ [niet-telb zn] monadenleer ⟨van Leibniz⟩, monadisme, monadologie

mo·nan·drous /mənændrəs/ [bn] [1] monandrisch, monogaam [2] ⟨plantk⟩ eenhelmig, monandrisch

mo·nan·dry /mənændri/ [niet-telb zn] monandrie ⟨huwelijk met slechts één man⟩

Monaco	
naam	Monaco *Monaco*
officiële naam	Principality of Monaco *Vorstendom Monaco*
inwoner	Monegasque *Monegask*
inwoonster	Monegasque *Monegaskische*
bijv. naamw.	Monegasque *Monegaskisch*
hoofdstad	Monaco *Monaco*
munt	euro *euro*
werelddeel	Europe *Europa*
int. toegangsnummer 377 www .mc auto MC	

mon·arch /mɒnək, ᴬmɑnərk/ [telb zn] [1] monarch, (alleen)heerser(es), vorst(in) ♦ *absolute monarch* absoluut vorst; *Grand Monarch* Lodewijk XIV [2] uitblinker [3] monarchvlinder ⟨Danaus plexippus⟩ [4] ⟨BE; sl⟩ sovereign ⟨de munt⟩

mo·nar·chal /mənɑːkl, ᴬmɑnɑrkl/, **mo·nar·chic** /-kɪk/, **mo·nar·chi·cal** /-ɪkl/ [bn] monarchaal, vorstelijk

mo·nar·chi·an·ism /mɒnɑːkɪənɪzm, ᴬmənɑr-/ [niet-telb zn] monarchianisme ⟨theologische doctrine uit de 2e en 3e eeuw⟩

mon·ar·chism /mɒnəkɪzm, ᴬmɑnər-/ [niet-telb zn] [1] alleenheerschappij, monarchie, koningschap [2] monarchistische gezindheid

mon·ar·chist /mɒnəkɪst, ᴬmɑnər-/ [telb zn] monarchist

mon·ar·chy /mɒnəki, ᴬmɑnərki/ [telb + niet-telb zn] monarchie, koninkrijk, (erfelijk) koningschap, alleenheerschappij ♦ *the Fifth Monarchy* het vijfde koninkrijk, het koninkrijk Gods; *limited/constitutional monarchy* constitutionele monarchie

mon·as·tery /mɒnəstri, ᴬmɑnəsteri/ [telb zn] (mannen)klooster

¹**mo·nas·tic** /mənæstɪk/ [telb zn] monnik, kloosterling

²**mo·nas·tic** /mənæstɪk/, **mo·nas·ti·cal** /mənæstɪkl/ [bn; bw: ~ally] klooster-, monniken-, monniks-, kloosterlijk, monastiek ♦ *monastic vows* kloostergeloften

mo·nas·ti·cism /mənæstɪsɪzm/ [niet-telb zn] kloosterwezen, monnikenleven

mon·a·tom·ic /mɒnətɒmɪk, ᴬmɑnətɑmɪk/ [bn] ⟨scheik⟩ [1] eenatomig, uit moleculen met slechts één atoom opgebouwd [2] eenatomair

mon·au·ral /mɒnɔːrəl, ᴬmɑnɔrəl/ [bn] monauraal, voor/met één oor, niet-stereofonisch, mono

mon·a·zite /mɒnəzaɪt, ᴬmɑ-/ [telb zn] ⟨scheik⟩ monaziet

¹**mon·daine** /mɒndeɪn, ᴬmoʊn-/ [telb zn] mondaine/wereldse vrouw

²**mon·daine,** ⟨mannelijk ook⟩ **mon·dain** /mɒndeɪn, ᴬmoʊn-/ [bn] mondain, werelds, modieus

Mon·day /mʌndi, -deɪ/ [eigenn, telb zn] maandag ♦ *he arrives (on) Monday* hij komt (op/a.s.) maandag aan; *on Monday(s)* maandags, op maandag, de maandag(en), elke maandag; ⟨BE; scherts⟩ *St Monday* luie maandag ⟨maandag beschouwd als heilige dag, waarop niet of weinig gewerkt wordt⟩; *keep St Monday* maandag houden; ⟨BE⟩ *he arrived on the Monday* hij kwam (de) maandag/op maandag aan; ⟨vnl AE⟩ *he works Mondays* hij werkt maandags/op maandag/elke maandag

Monday Club [eigenn] ⟨BE⟩ Monday Club ⟨in 1961 gestichte club van (zeer) rechtse conservatieven⟩

Mon·day·ish /mʌndiɪʃ/ [bn; zelden mondayish] maandagziek ⟨uitgeteld ten gevolge van het weekend⟩

Monday-morning quarterback [telb zn] ⟨AE⟩ iemand die het goed weet achteraf, ± stuurman aan (de) wal

mon·di·al /mɒndiəl, ᴬmɑn-/ [bn] **mondiaal,** wereldomspannend, wereldomvattend, op wereldschaal

¹**Mo·né·gasque** /mɒnɪgæsk, ᴬmɑn-/ [telb zn] **Monegask(ische),** inwoner/inwoonster van Monaco

²**Mo·né·gasque** /mɒnɪgæsk, ᴬmɑn-/ [bn] **Monegaskisch,** uit/van/m.b.t. Monaco

Mo·nel Met·al /mɒnɛl mɛtl, ᴬmoʊ-/ [niet-telb zn] **monel(metaal)** ⟨nikkel-koper-mangaanlegering⟩

mon·e·ta·rism /mʌnɪtrɪzm, ᴬmɑ-/ [niet-telb zn] ⟨ec⟩ **monetarisme**

¹**mon·e·tar·ist** /mʌnɪtrɪst, ᴬmɑ-/ [telb zn] **monetarist**

²**mon·e·tar·ist** /mʌnɪtrɪst, ᴬmɑ-/ [bn] **monetaristisch**

mon·e·tar·y /mʌnɪtri, ᴬmɑnəteri/ [bn; bw: monetarily] **monetair,** munt- ♦ *monetary reform* munthervorming; *monetary standard* geldstandaard, muntstandaard, muntvoet; *monetary system* muntstelsel; *monetary unit* munteenheid

mon·e·ti·za·tion, mon·e·ti·sa·tion /mʌnɪtaɪzeɪʃn, ᴬmɑnətə-/ [telb + niet-telb zn] **aanmunting,** monetisatie

mon·e·tize, mon·e·tise /mʌnɪtaɪz, ᴬmɑnətaɪz/ [ov ww] ⑴ **aanmunten** ⑵ **(als wettig betaalmiddel) in omloop/circulatie brengen**

mon·ey /mʌni/ [niet-telb zn] ⑴ **geld,** muntgeld, papiergeld ♦ *money of account* rekenmunt, rekenvaluta, reken(ings)eenheid; *I'll bet you any money* ik durf er alles onder te verwedden; *coin/mint money* geld aanmunten; ⟨fig⟩ geld verdienen als water; *make the money fly* geld als water uitgeven, met geld smijten; *have money to burn* in het geld zwemmen; ⟨inf⟩ *be in the money* bulken van het geld; in de prijzen vallen; binnenlopen; *there is money in it* er valt geld aan te verdienen; ⟨BE; inf⟩ *money for jam/for old rope* iets voor niets, gauw/gemakkelijk verdiend geld; *launder/wash money* geld witwassen/witmaken; ⟨inf⟩ *made of money* stinkend rijk; *put money on* wedden/inzetten op; *put money into sth.* ergens geld in steken; *raise money on sth.* iets te gelde maken ⟨door verkoop of verpanding⟩; *throw one's money about/around* met geld smijten; *be wallowing in money* bulken van het geld; *one's money's worth* waar voor je geld ⑵ **welstand,** rijkdom, weelde ♦ *he made his money producing films* hij is rijk geworden als filmproducent; *make money* geld maken, goed verdienen; *marry money* man/vrouw met geld trouwen ▪ ⟨AE; inf⟩ *folding money* papiergeld; *for my money* wat mij betreft, naar mijn mening; *Churchill for my money* geef mij Churchill maar; *money burns a hole in his pocket* hij heeft een gat in z'n hand; ⟨AE; inf⟩ *put one's money on a scratched horse* wedden zonder kans op succes, zijn geld weggooien; *put one's money where one's mouth is* de daad bij het woord voegen; ⟨AE; inf⟩ *on the money* accuraat, volkomen juist; ⟨AE; inf⟩ *be right on the money* de spijker op zijn kop slaan; ⟨sprw⟩ *money makes the mare go* ± het geld is de ziel der negotie, ± geld doet alle deuren open; ⟨sprw⟩ *lend your money and lose your friend* vrienden moeten elkaar uit de beurs blijven; ⟨sprw⟩ *money is the root of all evil* geld is de wortel van alle kwaad; ⟨sprw⟩ *money begets money* geld zoekt geld, waar geld is, wil geld zijn; ⟨sprw⟩ *never spend your money before you have it* verkoop de huid van de beer niet, eer hij gevangen is; ⟨sprw⟩ *pay your money and take your choice* aan u de keus; ⟨sprw⟩ *money burns a hole in the pocket* hij heeft een gat in zijn hand; ⟨sprw⟩ *money talks* geld regeert de wereld; ⟨sprw⟩ *a fool and his money are soon parted* een zot en zijn geld zijn haast gescheiden, als de zotten geld hebben, hebben de kramers nering; ⟨sprw⟩ *money is a good servant, but a bad master* geld is een goede dienaar, maar een slechte meester; ⟨sprw⟩ *the love of money is the root of all evil* geld/bezit is de wortel van alle kwaad; ⟨sprw⟩ *muck and money go together* ± schoon geld kan veel vuil dekken, ± het geld dat stom is, maakt recht wat krom is; ⟨sprw⟩ *time is money* tijd is geld

¹**mon·ey·bag** [telb zn; enk en mv moneybags; werkwoord ook enk] **rijke stinkerd,** rijkaard, geldbuidel, geldzak ⟨van persoon⟩

²**mon·ey·bag** [telb zn] **geldbuidel,** geldzak

mon·ey·bags [alleen mv; werkwoord ook enk] **rijkdom,** welstand

money belt [telb zn] **geldgordel,** geldriem

money bill [telb zn] **belastingwetsontwerp**

mon·ey-box [telb zn] **geldbus,** spaarpot, collectebus

money broker [telb zn] **geldhandelaar**

money changer [telb zn] ⑴ **(geld)wisselaar** ⑵ **geldsorteerbakje**

money economy [telb zn] **geldeconomie**

mon·eyed, mon·ied /mʌnid/ [bn, attr] ⟨form⟩ ⑴ **welgesteld,** rijk, bemiddeld, vermogend, gefortuneerd ⑵ **geldelijk** ♦ *moneyed assistance* geldelijke ondersteuning/bijstand

mon·ey·er /mʌniə, ᴬ-ər/ [telb zn] **muntmeester,** munter

mon·ey-grab·bing, mon·ey·grubbing [bn, attr] ⟨inf⟩ **schraperig,** inhalig, hebberig, geldzuchtig

mon·ey·grub·ber [telb zn] **geldwolf,** duitendief, geldduivel

mon·ey·grub·bing [niet-telb zn] **schraperigheid,** hebzucht

mon·ey·lend·er [telb zn] ⑴ **financier,** geldschieter ⑵ ⟨pej⟩ **woekeraar**

mon·ey·less /mʌniləs/ [bn] **geldeloos,** berooid

mon·ey·mak·er [telb zn] ⑴ **moneymaker** ⑵ **winstgevende zaak,** goudmijn(tje)

¹**mon·ey·mak·ing** [niet-telb zn] **geldmakerij,** het verdienen van geld, het vergaren van rijkdom

²**mon·ey·mak·ing** [bn, attr] **winstgevend,** lucratief

mon·ey·man [telb zn] **geldman,** financier, bankier

money market [telb zn] **geldmarkt**

money market interest rate [telb zn] **geldmarktrente**

money order [telb zn] ⟨fin⟩ ⑴ **postwissel** ⑵ **betalingsmandaat**

mon·eys, monies /mʌniz/ [alleen mv] **sommen gelds,** gelden

money spider [telb zn] **geluksspinnetje**

money spinner [telb zn] ⟨BE; inf⟩ **winstgevende zaak,** goudmijn(tje), melkkoetje

money supply [telb zn] **geldvoorraad**

mon·ey-wash·ing [niet-telb zn] **(het) witten** ⟨van zwart geld⟩, (het) witmaken, (het) witwassen

mon·ey·wort /mʌniwɜːt, ᴬ-wɜrt/ [niet-telb zn] ⟨plantk⟩ **penningkruid** ⟨Lysimachia nummularia⟩

monged out /mʌŋgdaʊt/ [bn] ⟨vnl BE; sl⟩ **stoned**

mong·er /mʌŋgə, ᴬmʌŋgər/ [telb zn; voornamelijk als 2e lid in samenst] ⑴ **handelaar,** koopman, kramer ⑵ **verspreider van,** zaaier van ⑶ **stoker,** opruier

¹**mon·gol** /mɒŋgl, ᴬmɑŋgl/ [telb zn] **mongool,** mongooltje, lijder aan mongolisme

²**mon·gol** /mɒŋgl, ᴬmɑŋgl/ [bn, attr] **mongoloïde,** aan mongolisme lijdend

¹**Mon·gol** /mɒŋgl, ᴬmɑŋgl/ [telb zn] **Mongool(se),** inwoner van Mongolië

²**Mon·gol** /mɒŋgl, ᴬmɑŋgl/ [bn] **Mongools,** mongolide, Mongolië betreffende

Mon·go·li·a /mɒŋgoʊliə, ᴬmɑn-/ [eigenn] **Mongolië**

mon·go·li·an /mɒŋgoʊliən, ᴬmɑn-/ [bn] **mongoloïde,** mongolen betreffende

¹**Mon·go·li·an** /mɒŋgoʊliən, ᴬmɑn-/ [eigenn] **Mongools** ⟨taal⟩

²**Mon·go·li·an** /mɒŋgoʊliən, ᴬmɑn-/ [telb zn] **Mongool(se),** Mongoliër, Mongolische

³**Mon·go·li·an** /mɒŋgoʊliən, ᴬmɑn-/ [bn] ⑴ **Mongools,** m.b.t. Mongolië, mongolide ⑵ **Mongools,** m.b.t. Mongoolse taal

mon·gol·ism /mɒŋgəlɪzm, ᴬmɑn-/ [niet-telb zn] **mongo-**

Mongoloid

lisme, ziekte van Down
¹**Mon·gol·oid** /mɒŋgəlɔɪd, ᴬmɑ̱ŋ-/ [telb zn] Mongoloïde, lid van het Mongoolse ras

Mongolia	
naam	Mongolia *Mongolië*
officiële naam	Mongolia *Mongolië*
inwoner	Mongolian *Mongool, Mongoliër*
inwoonster	Mongolian *Mongoolse, Mongolische*
bijv. naamw.	Mongolian *Mongools, Mongolisch*
hoofdstad	Ulan Bator *Oelan Bator*
munt	tugrik *tugrik*
werelddeel	Asia *Azië*
int. toegangsnummer 976 www .mn auto MGL	

²**Mon·gol·oid** /mɒŋgəlɔɪd, ᴬmɑ̱ŋ-/ [bn] Mongoloïde, m.b.t. het Mongoolse ras
mon·goose /mɒŋguːs, ᴬmɑ̱ŋ-/ [telb zn] 〈dierk〉 mangoeste 〈voornamelijk Herpestes nyula〉
¹**mong·rel** /mʌŋgrəl, ᴬmɑ̱ŋ-/ [telb zn] [1] bastaard(hond), bastaarddier, bastaardplant [2] 〈scherts, beled〉 bastaard ♦ *Europe is a continent of energetic mongrels* Europa is een werelddeel bewoond door een krachtig vuilnisbakkenras [3] mengvorm, kruising(sproduct)
²**mong·rel** /mʌŋgrəl, ᴬmɑ̱ŋ-/ [bn, attr] bastaard-, onzuiver van ras, van gemengd bloed, halfbloed, halfslachtig, heterogeen ♦ *mongrel dog* bastaardhond; *mongrel words* hybridische woorden
mon·grel·ism /mʌŋgrəlɪzm, ᴬmɑ̱ŋ-/ [niet-telb zn] bastaardij
mon·grel·ize, mon·grel·ise /mʌŋgrəlaɪz, ᴬmɑ̱ŋ-/ [ov ww] bastaarderen, verbasteren
'**mongst** /mʌŋst/ [vz] 〈dichtl〉 (verk: amongst)
mo·ni·al /moʊnɪəl/ [telb zn] (verticale) middenstijl 〈in raam〉
mon·ick·er, mon·i·ker /mɒnɪkə, ᴬmɑ̱nɪkər/ [telb zn] 〈sl〉 (bij)naam
monied [bn, attr] → moneyed
monies [alleen mv] → money
mon·ism /mɒnɪzm, ᴬmɑ̱-/ [niet-telb zn] 〈filos〉 monisme
mon·ist /mɒnɪst, ᴬmɑ̱-/ [telb zn] 〈filos〉 monist
mo·nis·tic /mənɪstɪk/ [bn] 〈filos〉 monistisch
mo·ni·tion /mənɪʃn/ [telb zn] [1] 〈form〉 waarschuwing, (gevaar)signaal [2] 〈kerk〉 monitum 〈herderlijke vermaning〉 [3] 〈jur〉 dagvaarding
¹**mon·i·tor** /mɒnɪtə, ᴬmɑ̱nɪtər/ [telb zn] [1] mentor, monitor 〈oudere leerling die minder gevorderden onderwijst〉, leraarshulpje [2] controleapparaat, monitor 〈televisieontvanger/radio-ontvanger in studio ter controle van de kwaliteit van het signaal〉; meetapparaat voor radioactieve straling [3] meeluisteraar, afluisteraar 〈bij radio en telefonie〉, interceptor, rapporteur [4] waarnemer ♦ *UN monitor* VN-waarnemer [5] beeldscherm, monitor [6] 〈form〉 vermaner, raadgever [7] 〈scheepv, gesch〉 monitor 〈pantserschip voor kustverdediging〉 [8] 〈mijnb〉 monitor 〈soort hydraulische spuit〉 [9] → monitor lizard
²**mon·i·tor** /mɒnɪtə, ᴬmɑ̱nɪtər/ [onov ww] als mentor/monitor optreden, toezicht houden
³**mon·i·tor** /mɒnɪtə, ᴬmɑ̱nɪtər/ [ov ww] [1] controleren, meekijken/meeluisteren met, afluisteren, doorlichten, volgen, in beeld houden [2] als mentor/monitor optreden van, toezicht houden op
mon·i·to·ri·al /mɒnɪtɔːrɪəl, ᴬmɑ̱nətɔrɪəl/ [bn; bw: ~ly] vermanend, waarschuwend
monitor lizard [telb zn] 〈dierk〉 varaan 〈grote vleesetende hagedis〉
¹**mon·i·to·ry** /mɒnɪtri, ᴬmɑ̱nətɔri/ [bn] 〈kerk〉 monitumbrief, vermanend schrijven, herderlijke vermaning
²**mon·i·to·ry** /mɒnɪtri, ᴬmɑ̱nətɔri/ [bn] vermanend, waarschuwend

monk /mʌŋk/ [telb zn] [1] (klooster)monnik, kloosterling, kloosterbroeder [2] monnik 〈vlek bij het drukken〉 [3] 〈AE; inf〉 aap [4] → monkfish
monk·ery /mʌŋkəri/ [telb zn] 〈vaak pej〉 [1] monnikenleven [2] monnikenstand [3] kloostergemeenschap [4] monnikenpraktijken
¹**mon·key** /mʌŋki/ [telb zn] [1] aap 〈vooral de kleine primaten met lange staarten〉 ♦ 〈inf〉 *make a monkey (out) of s.o.* iemand voor aap/voor schut zetten [2] 〈inf〉 aap, rekel, deugniet, kwajongen, belhamel [3] 〈AE; inf〉 doorsneeman, buitenstaander [4] 〈sl〉 vijfhonderd pond 〈in Engeland〉, vijfhonderd dollar 〈in USA〉 [5] 〈techn〉 heiblok, valblok [6] 〈mijnb〉 luchtgalerij, ventilatiegalerij [7] 〈AE; inf〉 *monkey on one's back* loodzware last, kwelling, blok aan het been; drugsverslaving; 〈AE; inf〉 *have a monkey on one's back* verslaafd zijn; wrokgevoelens hebben; 〈sl〉 *she doesn't give a monkey's (fart)* het kan haar geen barst schelen; 〈BE; inf〉 *put s.o.'s monkey up* iemand op de kast/op stang jagen; *a monkey with a long tail* een hypotheek
²**mon·key** /mʌŋki/ [onov ww] de aap uithangen ♦ *monkey about/around* donderjagen, rotzooien; *don't monkey (about/around) with those matches* zit niet met die lucifers te klooien
³**mon·key** /mʌŋki/ [ov ww] na-apen, voor de gek houden
monkey bars [alleen mv] [1] 〈AE〉 klimrek 〈voor kinderen〉 [2] 〈BE〉 klimrek, wandrek 〈in gymnastieklokaal〉
mon·key·board [telb zn] 〈BE〉 treeplank 〈aan koets of bus〉
monkey bread [telb zn] [1] apenbrood 〈vrucht van de baobab〉 [2] → monkey bread tree
monkey bread tree [telb zn] 〈plantk〉 apenbroodboom, baobab 〈Adansonia digitata〉
monkey business [niet-telb zn] 〈inf〉 [1] apenstreken, kattenkwaad, capriolen [2] bedriegerij, gezwendel
monkey cup [telb zn] 〈BE〉 kannetjeskruid, Indische bekerplant 〈Nepenthes〉
monkey flower [telb zn] [1] elke plant van het genus Mimulus, muskusplant, maskerbloem [2] vlasleeuwenbek 〈Linaria vulgaris〉
mon·key·ish /mʌŋkiɪʃ/ [bn; bw: ~ly; zn: ~ness] aapachtig
monkey jacket [telb zn] [1] matrozenjekker [2] 〈inf; mil〉 matrozensmoking [3] 〈sl〉 smoking
monkey nut [telb zn] 〈BE〉 apennoot(je), pinda, olienoot(je)
monkey puzzle [telb zn] apenboom, apenpuzzel 〈Araucaria araucana〉
monkey suit [telb zn] 〈AE; inf〉 [1] apenpak, (opzichtig) uniform, apenrok [2] smoking, rokkostuum
mon·key-tricks, 〈AE〉 **mon·key-shines** [alleen mv] 〈inf〉 apenstreken, trucjes, listen en lagen, (flauwe) grapjes
mon·key-wrench [ov ww] saboteren 〈vooral door milieubeweging〉, onklaar maken
monkey wrench [telb zn] Engelse sleutel, verstelbare moersleutel, schroefsleutel [▪] *throw a monkey wrench into sth.* iets in de war schoppen/sturen; *throw a monkey wrench into the works* stokken in de wielen steken
monk·fish [telb zn] 〈dierk〉 [1] zeeduivel, hozemond 〈Lophius piscatorius〉 [2] zee-engel 〈Squatina squatina〉
monk·ish /mʌŋkɪʃ/ [bn] 〈vaak pej〉 monnikachtig, monachaal, monastiek
monk's cloth [niet-telb zn] monnikenbaai, molton
monk seal [telb zn] 〈dierk〉 monniksrob 〈genus Monachinae〉
monk shoe [telb zn] gespschoen
monks·hood [telb zn] 〈plantk〉 monnikskap 〈Aconitum napellus〉
¹**mon·o** /mɒnoʊ, ᴬmɑ̱noʊ/ [telb zn] monogrammofoonplaat
²**mon·o** /mɒnoʊ, ᴬmɑ̱noʊ/ [niet-telb zn] [1] monogeluids-

productie ② ⟨vnl AE⟩ (verk: mononucleosis)
³**mon·o** /mɒnoʊ, ᴬmɑnoʊ/ [bn] (verk: monophonic) mono
mon·o-, ⟨voor klinker ook⟩ **mon-** mono-, een-, alleen-, enkel-
mon·o·ac·id /mɒnoʊæsɪd, ᴬmɑnoʊ-/, **mon·ac·id** /mɒnæsɪd, ᴬmɑn-/ [bn] ⟨scheik⟩ eenzurig (m.b.t. basen: met 1 OH-groep)
mon·o·car·pic /mɒnoʊkɑːpɪk, ᴬmɑnoʊkɑrpɪk/, **mon·o·car·pous** /mɒnoʊkɑːpəs, ᴬmɑnoʊkɑrpəs/ [bn] ⟨plantk⟩ monocarpisch ⟨eenmaal vruchtdragend⟩
mon·o·chord /mɒnoʊkɔːd, ᴬmɑnoʊkɔrd/ [telb zn] ⟨muz⟩ monochord, monochordium, sonometer
mon·o·chro·mat·ic /mɒnoʊkroʊmætɪk, ᴬmɑnoʊkroʊmætɪk/ [bn] monochromatisch, eenkleurig, van één golflengte
¹**mon·o·chrome** /mɒnoʊkroʊm, ᴬmɑnoʊ-/ [telb zn] ① monochromie ⟨in één kleur uitgevoerd schilderij e.d.⟩ ② ⟨BE⟩ zwart-witfilm
²**mon·o·chrome** /mɒnoʊkroʊm, ᴬmɑnoʊ-/ [niet-telb zn] monochromie ⟨techniek van het maken van monochromieën⟩
³**mon·o·chrome** /mɒnoʊkroʊm, ᴬmɑnoʊ-/ [bn] monochroom, zwart-wit ♦ *a monochrome television set* zwart-wittelevisie
mon·o·cle /mɒnəkl, ᴬmɑ-/ [telb zn] monocle
mon·o·clin·ic /mɒnəklɪnɪk, ᴬmɑnəklɪnɪk/ [bn] ⟨geol⟩ monoclien ⟨kristalstelsel⟩
mon·o·coque /mɒnəkɒk, ᴬmɑnəkoʊk/ [telb zn] ⟨techn⟩ schaalconstructie, zelfdragende carrosserie/koetswerk ⟨zonder chassis⟩, monocoque, schaalromp
mon·o·cot /mɒnəkɒt, ᴬmɑnəkɑt/, **mon·o·cot·y·le·don** /mɒnəkɒtɪliːdn, ᴬmɑnəkɑtɪliːdn/ [telb zn] ⟨plantk⟩ eenzaadlobbige (plant), monocotyledon, monocotyl
mon·o·cot·y·le·don·ous /mɒnəkɒtɪliːdnəs, ᴬmɑnəkɑtɪliːdnəs/ [bn] ⟨plantk⟩ een(zaad)lobbig
mo·noc·ra·cy /mənɒkrəsi, ᴬ-nɑ-/ [telb zn] monocratie, alleenheerschappij
mon·o·crat /mɒnəkræt, ᴬmɑ-/ [telb zn] ① monocraat ② voorstander der monocratie
mon·oc·u·lar /mənɒkjʊlə, ᴬ-nɑkjələr/ [bn] eenogig, voor/van één oog
mon·o·cul·ture /mɒnəkʌltʃə, ᴬmɑnəkʌltʃər/ [niet-telb zn] monocultuur
mon·o·cy·cle /mɒnəsaɪkl, ᴬmɑnəsaɪkl/ [telb zn] fiets met één wiel, eenwieler
mon·o·cyte /mɒnəsaɪt, ᴬmɑnəsaɪt/ [telb zn] ⟨med⟩ monocyt ⟨soort wit bloedlichaampje⟩
mon·o·dist /mɒnədɪst, ᴬmɑ-/ [telb zn] maker/zanger van monodie/elegie
mon·o·dy /mɒnədi, ᴬmɑ-/ [telb zn] ① monodie ⟨in Grieks treurspel⟩ ② elegie, klaagzang, lijkzang ③ monodie, eenstemmig a-capellagezang
mo·noe·cious, mo·ne·cious /məniːʃəs/ [bn; bw: ~ly] ① ⟨plantk⟩ eenhuizig ② ⟨dierk⟩ hermafrodiet
mo·nog·a·mist /mənɒgəmɪst, ᴬ-nɑ-/ [telb zn] monogamist
mo·nog·a·mous /mənɒgəməs, ᴬ-nɑ-/ [bn; bw: ~ly] monogaam
mo·nog·a·my /mənɒgəmi, ᴬ-nɑ-/ [niet-telb zn] monogamie
mon·o·gen·e·sis /mɒnoʊdʒenɪsɪs, ᴬmɑnoʊ-/ [niet-telb zn] ① monogonie, ongeslachtelijke voortplanting ② monogenese ⟨afstamming van alle entiteiten uit één, in het bijzonder van alle levende wezens uit één cel⟩
mo·nog·e·nism /mənɒdʒənɪzm, ᴬ-nɑ-/, **mo·nog·e·ny** /mənɒdʒəni, ᴬ-nɑ-/ [niet-telb zn] monogenese ⟨afstamming van de mens van één paar⟩
mo·no·glot /mɒnəglɒt, ᴬmɑnəglɑt/ [bn] eentalig
¹**mon·o·gram** /mɒnəgræm, ᴬmɑ-/ [telb zn] monogram, naamteken, naamcijfer, initiaalteken

²**mon·o·gram** /mɒnəgræm, ᴬmɑnə-/ [ov ww] voorzien van een monogram
¹**mon·o·graph** /mɒnəgrɑːf, ᴬmɑnəgræf/ [telb zn] monografie
²**mon·o·graph** /mɒnəgrɑːf, ᴬmɑnəgræf/ [ov ww] een monografie schrijven over
mo·nog·ra·pher /mənɒgrəfə, ᴬ-nɑgrəfər/, **mo·nog·ra·phist** /mənɒgrəfɪst, ᴬ-nɑ-/ [telb zn] monografieënschrijver
mon·o·graph·ic /mɒnəgræfɪk, ᴬmɑnə-/ [bn] monografisch
mo·nog·y·ny /mənɒdʒəni, ᴬ-nɑ-/ [niet-telb zn] monogamie
mon·o·hull /mɒnəhʌl, ᴬmɑnə-/ [telb zn] boot met één romp
mon·o·ki·ni /mɒnəkiːni, ᴬmɑnə-/ [telb zn] ① monokini ② ⟨scherts⟩ zeer kort herenbroekje
mon·o·lin·gual /mɒnəlɪŋgwəl, ᴬmɑnə-/ [bn] eentalig
mon·o·lith /mɒnəlɪθ, ᴬmɑnə-/ [telb zn] monoliet
mon·o·lith·ic /mɒnəlɪθɪk, ᴬmɑnə-/ [bn] monolithisch ♦ *the monolithic buildings of a great city* de steenkolossen/betonkolossen van een grote stad; *monolithic states are totalitarian* monolithische staten zijn totalitair
mo·nol·o·gist, mon·o·logu·ist /mənɒlədʒɪst, ᴬmɑnəlɑgɪst/ [telb zn] ① houder van een monoloog ② iemand die anderen nooit aan het woord laat komen, iemand die de conversatie monopoliseert
mo·nol·o·gize, mo·nol·o·gise /mənɒlədʒaɪz, ᴬ-nɑ-/, **mon·o·logu·ize, mon·o·logu·ise** /mɒnəlɒgaɪz, ᴬmɑnələ-/ [onov ww] een monoloog houden
mon·o·logue, ⟨AE ook⟩ **mon·o·log** /mɒnəlɒg, ᴬmɑnəlɔg, ᴬ-lɑg/ [telb zn] monoloog, alleenspraak
mon·o·ma·ni·a /mɒnəmeɪniə, ᴬmɑnə-/ [telb + niet-telb zn] monomanie
mon·o·ma·ni·ac /mɒnəmeɪniæk, ᴬmɑnə-/, **mon·o·ma·ni·a·cal** /-məˈnaɪəkl/ [bn; bw: ~ally] monomaan
mon·o·mark /mɒnəmɑːk, ᴬmɑnəmɑrk/ [telb zn] ⟨BE⟩ (geregistreerd) kenteken, identificatiemerk
mon·o·mer /mɒnəmə, ᴬmɑnəmər/ [telb zn] ⟨scheik⟩ monomeer
mon·o·met·al·lism /mɒnəmetlɪzm, ᴬmɑnəmetlɪzm/ [niet-telb zn] ⟨gesch⟩ monometallisme ⟨exclusief gebruik van gouden/zilveren standaard in muntstelsel⟩
mo·no·mi·al /mənoʊmiəl/ [telb zn] ⟨wisk⟩ eenterm
mon·o·mo·lec·u·lar /mɒnoʊməlekjʊlə, ᴬmɑnoʊməlekjələr/ [bn] monomoleculair
mon·o·mor·phic /mɒnoʊmɔːfɪk, ᴬmɑnoʊmɔrfɪk/, **mon·o·mor·phous** /-mɔːfəs, ᴬ-mɔrfəs/ [bn] monomorf, eenvormig
mon·o·nu·cle·o·sis /mɒnoʊnjuːkliˈoʊsɪs, ᴬmɑnoʊnuːkliˈoʊsɪs/ [telb + niet-telb zn; mv: mononucleoses /-siːz/] ⟨vnl AE⟩ klierkoorts, ziekte van Pfeiffer
mon·o·ped /mɒnoʊped, ᴬmɑnoʊ-/ [telb zn] eenbenige
mon·o·pet·al·ous /mɒnoʊpetləs, ᴬmɑnoʊpetləs/ [bn] ⟨plantk⟩ vergroeidbladig
mon·o·phon·ic /mɒnoʊfɒnɪk, ᴬmɑnoʊfɑnɪk/ [bn] ① ⟨form⟩ mono ② ⟨muz⟩ homofoon
mo·noph·o·ny /mənɒfəni, ᴬ-nɑ-/ [niet-telb zn] ① monogeluidsproductie, mono ② ⟨muz⟩ homofonie
mon·oph·thong /mɒnəfθɒŋ, ᴬmɑnəfθɔŋ/ [telb zn] ⟨taalk⟩ monoftong
mon·oph·thon·gal /mɒnəfθɒŋgl, ᴬmɑnəfθɔŋgl/ [bn] ⟨taalk⟩ monoftongisch
mon·oph·thong·ize, mon·oph·thong·ise /mɒnəfθɒŋgaɪz, ᴬmɑnəfθɔŋgaɪz/ [ov ww] ⟨taalk⟩ monoftongeren
mon·o·phy·let·ic /mɒnoʊfaɪletɪk, ᴬmɑnoʊ-/ [bn] ⟨biol⟩ monofyletisch
mon·o·plane /mɒnəpleɪn, ᴬmɑnə-/ [telb zn] eendekker
mon·o·pole /mɒnəpoʊl, ᴬmɑnə-/ [telb zn] ⟨natuurk⟩ mo-

monopolist

no·pool, eenpolige magneet
mo·nop·o·list /mənɒpəlɪst, ᴬ-nɑ-/ [telb zn] 1 monopolist, monopoliehouder 2 voorstander van het monopoliestelsel
mo·nop·o·lis·tic /mənɒpəlɪstɪk, ᴬ-nɑ-/ [bn; bw: ~ally] monopolistisch
mo·nop·o·li·za·tion, mo·nop·o·li·sa·tion /mənɒpəlaɪzeɪʃn, ᴬ-nɑpələ-/ [niet-telb zn] monopolisering
mo·nop·o·lize, mo·nop·o·lise /mənɒpəlaɪz, ᴬ-nɑ-/ [ov ww] monopoliseren, voor zich opeisen, geheel in beslag nemen ♦ *monopolize the* **conversation** de conversatie naar zich toe trekken
mo·nop·o·ly /mənɒpəli, ᴬ-nɑ-/ [telb zn] monopolie, alleenrecht, alleenverkoop ♦ *have the monopoly of sth.* het monopolie van iets hebben
Mo·nop·o·ly /mənɒpəli, ᴬ-nɑ-/ [niet-telb zn] monopoly(spel)
mo·nop·so·ny /mənɒpsəni, ᴬ-nɑ-/ [telb zn] ⟨ec⟩ monopsonie, kopersmonopolie
mon·o·rail /mɒnəreɪl, ᴬmɑnə-/ [telb zn] monorail(baan) ♦ *by monorail* met de monorail
mon·o·sex·u·al /mɒnəsekʃuəl, ᴬmɑnə-/ [bn] bedoeld voor/gericht op personen van één geslacht
mon·o·ski /mɒnəski:, ᴬmɑnə-/ [telb zn] ⟨(water)skiën⟩ monoski
mon·o·so·di·um glu·ta·mate /mɒnousoʊdiəmgluːtəmeɪt, ᴬmɑnəsoʊdiəmgluːtəmeɪt/ [niet-telb zn] ⟨vnl cul⟩ ve-tsin
mon·o·sper·mal /mɒnousp3ːml, ᴬmɑnousp3rml/, mon·o·sper·mous /-məs/ [bn] ⟨dierk⟩ bevrucht door één zaadcel
mon·o·syl·lab·ic /mɒnəsɪlæbɪk, ᴬmɑnəsɪ-/ [bn; bw: ~ally] eenlettergrepig, monosyllabisch, ⟨fig⟩ kort, zwijgzaam ♦ *a monosyllabic* **man** een man van weinig woorden; ⟨fig⟩ *a monosyllabic reply* een bondig/kortaf antwoord
mon·o·syl·la·ble /mɒnəsɪləbl, ᴬmɑnə-/ [telb zn] monosyllabe, eenlettergrepig woord ♦ *speak in monosyllables* kortaf/bits spreken
mon·o·the·ism /mɒnəθiːɪzm, ᴬmɑnə-/ [niet-telb zn] monotheïsme
mon·o·the·ist /mɒnəθiːɪst, ᴬmɑnə-/ [telb zn] monotheïst
mon·o·the·is·tic /mɒnəθiːɪstɪk, ᴬmɑnə-/ [bn] monotheïstisch
mon·o·tint /mɒnətɪnt, ᴬmɑnə-/ [telb zn] monochromie
¹mon·o·tone /mɒnətoʊn, ᴬmɑnə-/ [telb zn; geen mv] 1 monotone manier van spreken/zingen, monotone klankreeks ♦ *speak in a monotone* monotoon/op één dreun spreken 2 monotonie, eentonigheid
²mon·o·tone /mɒnətoʊn, ᴬmɑnə-/, mon·o·ton·ic /-tɒnɪk, ᴬ-tɑnɪk/ [bn] monotoon, eentonig
mo·not·o·nous /mənɒtnəs, ᴬ-nɑ-/ [bn; bw: ~ly; zn: ~ness] monotoon, eentonig, slaapverwekkend, vervelend, geestdodend
mo·not·o·ny /mənɒtni, ᴬ-nɑ-/ [niet-telb zn] monotonie, eentonigheid
mon·o·treme /mɒnoʊtriːm, ᴬmɑnə-/ [telb zn] ⟨dierk⟩ vogelbekdier ⟨orde Monotremata⟩
¹mon·o·type /mɒnətaɪp, ᴬmɑnə-/ [telb zn; vaak Monotype] ⟨grafi⟩ monotype(machine)
²mon·o·type /mɒnətaɪp, ᴬmɑnə-/ [niet-telb zn; vaak Monotype] monotypie
mon·o·un·sat·u·rat·ed /mɒnoʊʌnsætʃʊreɪtɪd, ᴬmɑnoʊʌnsætʃəreɪtɪd/ [bn] ⟨scheik⟩ enkelvoudig onverzadigd ⟨van vetzuren⟩
mon·o·va·lent /mɒnoʊveɪlənt, ᴬmɑnoʊ-/ [bn] ⟨scheik⟩ monovalent, eenwaardig
mon·ox·ide /mɒnɒksaɪd, ᴬ-nɑk-/ [telb + niet-telb zn] ⟨scheik⟩ monoxide

Mon·roe doc·trine /mənroʊ dɒktrɪn, mʌnroʊ, ᴬ-dɑktrɪn/ [niet-telb zn] ⟨gesch⟩ monroeleer
Mon·sei·gneur [telb zn; mv: Messeigneurs] ⟨ook gesch⟩ monseigneur
Mon·sieur /məsjɜː, ᴬməsjɜr/ [telb zn; mv: Messieurs /meɪsjɜːz, ᴬ-sjɜrz/] monsieur ⟨aanspreektitel voor Franstalige⟩, meneer
Mon·si·gnor /mɒnsiːnjə, ᴬmɑnsiːnjər/ [telb zn; mv: ook Monsignori /mɒnsiːnjɔːri, ᴬmɑnsiːnjɔri/] ⟨r-k⟩ monseigneur
mon·soon /mɒnsuːn, ᴬmɑn-/ [telb zn] 1 moesson(wind), passaatwind 2 ⟨the⟩ (natte/kwade) moesson, zomermoesson, regenseizoen, regentijd 3 ⟨inf⟩ plensbui, stortbui, slagregen
¹mon·ster /mɒnstə, ᴬmɑnstər/ [telb zn] 1 monster, gedrocht, monstrum, misgeboorte, wanschepsel 2 onmens, bloedhond, beest, monster ♦ *a monster of* **cruelty** een monster van wreedheid 3 ⟨vaak attributief⟩ bakbeest, kolos, kanjer, joekel ♦ *monster* **potatoes** enorme aardappelen
²mon·ster /mɒnstə, ᴬmɑnstər/ [ov ww] ⟨inf⟩ zwaar bekritiseren, ernstig bekritiseren
mon·strance /mɒnstrəns, ᴬmɑn-/ [telb zn] ⟨rel⟩ monstrans
mon·stre sa·cré [telb zn; mv: monstres sacrés /mɔ̃strə sækreɪ/] monstre sacré ⟨letterlijk 'geheiligd monster'; beroemdheid wiens afwijkende gedrag wordt gebillijkt of bewonderd door het publiek⟩
¹mon·stros·i·ty /mɒnstrɒsəti, ᴬmɑnstrɑsəti/ [telb zn] monstruositeit, wanproduct, misbaksel
²mon·stros·i·ty /mɒnstrɒsəti, ᴬmɑnstrɑsəti/ [niet-telb zn] monsterlijkheid, wanschapenheid, wanstaltigheid, monstruositeit
mon·strous /mɒnstrəs, ᴬmɑn-/ [bn; bw: ~ly; zn: ~ness] 1 monsterlijk, monstrueus, monsterachtig, wanstaltig, ⟨fig ook⟩ onmenselijk, schandelijk ♦ *it's perfectly monstrous that men should be paid more than women for the same job* het is een grof schandaal dat mannen voor hetzelfde werk beter betaald worden dan vrouwen 2 enorm
mons ve·ne·ris /mɒnz venərɪs, ᴬmɑnz-/ [telb zn; ook mons Veneris; mv: montes veneris] venusheuvel, schaamheuvel
¹mon·tage /mɒntɑːʒ, ᴬmɑn-/ [telb zn] ⟨bk, dram, film, foto, muz⟩ collage, montage
²mon·tage /mɒntɑːʒ, ᴬmɑn-/ [niet-telb zn] ⟨bk, dram, film, foto, muz⟩ montering, montage
mon·ta·gnard /mɒntənjɑːd, ᴬmoʊntənjɑrd/ [telb zn] bergbewoner ⟨in het bijzonder van Zuidoost-Azië⟩
Mon·ta·gu's har·ri·er /mɒntəgjuːzhærɪə, ᴬmɑntəgjuːzhærɪər/ [telb zn] ⟨dierk⟩ grauwe kiekendief ⟨Circus pygargus⟩
mon·tane /mɒnteɪn, ᴬmɑn-/ [bn, attr] montaan, berg-

Montenegro

naam	**Montenegro** *Montenegro*
officiële naam	**Republic of Montenegro** *Republiek Montenegro*
inwoner	**Montenegran** *Montenegrijn*
inwoonster	**Montenegran** *Montenegrijnse*
bijv. naamw.	**Montenegran** *Montenegrijns*
hoofdstad	**Podgorica** *Podgorica*
munt	**euro** *euro*
werelddeel	**Europe** *Europa*

int. toegangsnummer **382** www **.me** auto **MNE**

¹mon·te /mɒnti, ᴬmɑnti/ [telb zn] 1 speeltafel voor monte 2 geldstapel van de montebankhouder
²mon·te /mɒnti, ᴬmɑnti/ [niet-telb zn] monte ⟨Spaans gokspel met kaarten⟩
Mon·te Car·lo meth·od /mɒntikɑːloʊ meθəd, ᴬmɑntikɑrloʊ-/ [telb zn] ⟨wisk⟩ montecarlomethode ⟨ge-

bruik van toevalsmechanismen om wiskundige problemen op te lossen⟩

¹**Mon·te·ne·grin** /mɒntɪniːɡrɪn, ᴬmɑntə-/ [telb zn] Montenegrijn(se)

²**Mon·te·ne·grin** /mɒntɪniːɡrɪn, ᴬmɑntə-/ [bn] Montenegrijns, uit/van/m.b.t. Montenegro

Mon·te·ne·gro /mɒntɪniːɡroʊ, ᴬmɑntə-/ [eigenn] Montenegro

Mon·tes·so·ri meth·od /mɒntɪsɔːri meθəd, ᴬmɑntəsɔri-/, **Mon·tes·so·ri system** [telb zn] montessorimethode, montessorisysteem

mon·te·zu·ma's re·venge /mɒntɪzuːməz rɪvendʒ, ᴬmɑntə-/ [niet-telb zn] ⟨scherts⟩ (de) racekak, diarree, ⟨België⟩ turista

month /mʌnθ/ [telb zn] maand ♦ *a four-month old baby* een baby van vier maanden; *lunar month* maanmaand ▪ ⟨inf; meestal met negatie⟩ *a month of Sundays* een eeuwigheid, een eeuwige tijd; *I won't do it in a month of Sundays* ik doe het in geen honderd jaar

month·lies /mʌnθliz/ [alleen mv] ⟨vero, inf⟩ maandstonden

¹**month·ly** /mʌnθli/ [telb zn] maandblad, maandschrift

²**month·ly** /mʌnθli/ [bn] maandelijks

³**month·ly** /mʌnθli/ [bw] maandelijks

mon·ti·cule /mɒntɪkjuːl, ᴬmɑntɪ-/ [telb zn] heuveltje, kleine vulkaan op een vulkaanhelling, uitstulpinkje op huidoppervlak van een dier, bultje

mon·u·ment /mɒnjʊmənt, ᴬmɑnjə-/ [telb zn] ▪ monument, gedenkteken, gedenkzuil, overblijfsel, relict ♦ ⟨vnl AE⟩ *national monument* natuurmonument, rijksmonument ▪ monumentaal geschrift, monument, ⟨soms iron⟩ schoolvoorbeeld ♦ *this history of the Roman Empire is a monument of learning* deze geschiedenis van het Romeinse Rijk is een monument van eruditie; ⟨iron⟩ *a monument to foolishness* een monument van dwaasheid; *a monument to the late queen* een gedenkteken voor wijlen de koningin

Mon·u·ment /mɒnjʊmənt, ᴬmɑnjə-/ [eigenn; the] ⟨BE⟩ zuil in Londen, opgericht ter herinnering aan de grote brand van 1666

¹**mon·u·men·tal** /mɒnjʊmentl, ᴬmɑnjəmentl/ [bn; bw: ~ly] ▪ monumentaal, imponerend, grandioos, magnifiek ▪ kolossaal, gigantisch, enorm ♦ *monumental achievement* kolossale prestatie; *monumental ignorance* monumentale domheid

²**mon·u·men·tal** /mɒnjʊmentl, ᴬmɑnjəmentl/ [bn, attr; bw: ~ly] monumentaal, gedenk- ♦ *monumental mason* (graf)steenhouwer; *monumental pillar* gedenkzuil

mon·u·men·tal·ize, mon·u·men·tal·ise /mɒnjʊmentlaɪz, ᴬmɑnjəmentlaɪz/ [ov ww] vereeuwigen/ gedenken (als) door/in/met een monument

-mo·ny /-məni, ᴬ-moʊni/ ⟨suffix dat voornamelijk abstracte naamwoorden vormt⟩ ♦ *acrimony* scherpheid; *matrimony* huwelijke staat; *testimony* getuigenis, testimonium

¹**moo** /muː/ [telb zn] ▪ boe(geluid) ⟨van een koe⟩ ▪ ⟨BE; sl; beled⟩ troel(a), trut ♦ *silly (old) moo!* stomme koe/trut! ▪ ⟨AE; sl⟩ biefstuk ▪ ⟨AE; sl⟩ melk, room

²**moo** /muː/ [onov ww] loeien

moobs /muːbz/ [alleen mv] ⟨sl⟩ mannentieten, spiertieten

¹**mooch** /muːtʃ/ [onov ww] → **mooch about**

²**mooch** /muːtʃ/ [ov ww] ⟨sl⟩ ▪ jatten, gappen, pikken, achteroverdrukken ▪ ⟨vnl AE⟩ bietsen, schooien, op de biets lopen

mooch about, mooch around [onov ww] ⟨inf⟩ rondlummelen, rondhangen, lanterfanten, lopen/staan te niksen

mooch·er /muːtʃə, ᴬ-ər/ [telb zn] ⟨sl⟩ ▪ lanterfanter, leegloper ▪ bietser, uitvreter, klaploper ▪ jatter

moo-cow /muːkaʊ/ [telb zn] ⟨kind⟩ koetje boe

mood /muːd/ [telb zn] ▪ stemming, bui, gemoedstoestand, humeur ♦ *a bad/happy mood* een slechte/vrolijke stemming/bui; ⟨inf⟩ *he is in a mood* hij heeft weer een van zijn buien, hij is weer eens uit zijn humeur; *in no mood for/to* niet in de stemming voor/om; *(not) in the mood for/to* (niet) in de stemming voor/om; *he is in one of his moods* hij heeft weer een van zijn buien, hij is weer eens uit zijn humeur; *a man of moods* een wispelturig/veranderlijk/humeurig man ▪ ⟨taalk⟩ wijs, modus ♦ *indicative/imperative/subjunctive mood* aantonende/gebiedende/aanvoegende wijs ▪ ⟨log⟩ modus ⟨syllogismenpatroon⟩, uitdrukkingswijze

mood drug [telb zn] stemmingsbeïnvloedend middel, pepmiddel, kalmeringsmiddel, tranquillizer

mood music [niet-telb zn] sfeermuziek

mood·y /muːdi/ [bn; vergr trap: ook moodier; bw: moodily; zn: moodiness] ▪ humeurig, veranderlijk, wispelturig ▪ slechtgehumeurd, chagrijnig, kregelig, knorrig

moof·er /muːfə, ᴬmuːfər/ [telb zn] ⟨vnl BE⟩ telewerker, thuiswerker

Moog syn·the·siz·er /muːɡ sɪnθəsaɪzə, ᴬ-ər/ [telb zn] ⟨muz⟩ (moog)synthesizer

moo·lah, moo·la /muːlə/ [niet-telb zn] ⟨sl⟩ poen, geld

¹**moon** /muːn/ [telb zn] ▪ maan ⟨aardsatelliet⟩, satelliet van andere planeten ♦ *full moon* vollemaan; *new moon* nieuwemaan; *Saturn has several moons* Saturnus heeft verscheidene manen ▪ ⟨vnl mv⟩ ⟨form⟩ maanmaand, maan ♦ *age of the moon* maansouderdom ⟨tijd verstreken sinds laatste nieuwemaan⟩; *for many moons she abode her lover* vele manen lang wachtte zij op haar geliefde ▪ ⟨the⟩ iets onbereikbaars ♦ *ask for the moon* het onmogelijke willen; *cry/reach for the moon* naar de maan reiken, de maan met de handen willen grijpen; *promise s.o. the moon* iemand gouden bergen/koeien met gouden hoorns beloven ▪ ⟨vnl AE; sl⟩ blote kont/gat ▪ *bay (at) the moon* tegen de maan blaffen; *be over the moon* in de wolken/de zevende hemel zijn, zielsgelukkig zijn

²**moon** /muːn/ [niet-telb zn] (verk: moonshine)

³**moon** /muːn/ [onov ww] ⟨vnl AE; sl⟩ zijn broek laten zakken ⟨om billen te tonen aan vooral vrouwen als teken van minachting⟩ ▪ zie: **moon about**; zie: **moon around**; zie: **moon away**

moon about, moon around [onov ww] (met zijn ziel onder zijn arm) rondhangen

moon away [ov ww] verlummelen ⟨van tijd⟩, verbeuzelen, lusteloos uitzitten, verdromen

moon·beam [telb zn] manestraal, straal maanlicht

moon·blind [bn; zn: moonblindness] ▪ maanblind ⟨van paarden⟩ ▪ nachtblind

moon boot [telb zn; voornamelijk mv] moonboot

moon·bug·gy [telb zn] maanwagentje ⟨bij Amerikaanse landing op de maan⟩

moon·calf [telb zn] ▪ misgeboorte, maankind, gedrocht ▪ geboren idioot, achterlijke figuur, uilskuiken, malloot

moon·craft [telb zn] maanraket, maanschip, ruimtevaartuig

moon·crawl·er [telb zn] maanwagentje

moon dog [telb zn] ⟨astron⟩ bijmaan, tegenmaan

moon·er /muːnə, ᴬ-ər/ [telb zn] ⟨AE; sl⟩ bedrijver van misdrijven zonder geldelijk oogmerk, zedenmisdrijver, verkrachter

moon·eye [niet-telb zn] maanoog ⟨bij paarden⟩

moon·eyed [bn] maanogig ⟨van paarden⟩

moon·face [telb zn] vollemaansgezicht, blotebillengezicht

moon·fall [telb zn] maanlanding

moon·fish [telb zn] ⟨dierk⟩ ▪ koningsvis ⟨Lampris regius⟩ ▪ plaatje ⟨genus Platypoecilus⟩ ▪ maanvis ⟨Mola mola⟩ ▪ klompvis ⟨Orthagoriscus mola⟩

moon·flight [telb zn] maanexpeditie

moonflower

moon·flow·er [telb zn] ⟨BE; plantk⟩ [1] margriet ⟨Chrysanthemum leucanthemum⟩ [2] (wilde) kamperfoelie ⟨Lonicera periclymenum⟩

moon·glade [niet-telb zn] ⟨AE; form⟩ glans van het maanlicht op het water

moon·ie /ˈmuːni/ [telb zn] volgeling van Moon ⟨lid van religieuze sekte⟩

¹**moon landing** [telb zn] maanlanding

²**moon landing** [bn, attr] mammoet- ♦ *a project of moon landing proportions* een mammoetproject

moon·less /ˈmuːnləs/ [bn] maanloos

moon·let /ˈmuːnlɪt/ [telb zn] maantje

¹**moon·light** [telb zn] (verk: moonlight flit)

²**moon·light** [niet-telb zn] maanlicht ▪ ⟨AE; sl⟩ *let moonlight into s.o.* met z'n kogels doorzeven

³**moon·light** [onov ww; enkel regelmatige vormen] ⟨inf⟩ [1] een bijbaantje hebben, bijverdienen, klussen, schnabbelen ⟨vooral 's avonds, na regelmatig werk⟩ ♦ *he moonlights as a waiter* hij verdient wat bij als kelner [2] zwartwerken

moon·light·er [telb zn] iemand die twee banen/een bijbaantje heeft, ± klusser, ± schnabbelaar

moonlight flit [telb zn] ⟨BE; inf⟩ vertrek met de noorderzon

moonlight flitting [niet-telb zn] ⟨BE; inf⟩ verhuizing/vertrek met de noorderzon

moon·lit /ˈmuːnlɪt/ [bn, attr] maanbeschenen, door de maan verlicht, met maanlicht overgoten

moon over [onov ww] dagdromen over, zwijmelen, zich verliezen, mijmeren, opgaan in

moon pool [telb zn] ⟨techn⟩ [1] boorkoker in scheepsromp ⟨voor diepzeeboringen⟩ [2] duikersgat ⟨waardoor duikers of een duikklok het water ingaan/uitgaan⟩

moon·port [telb zn] lanceerbasis, lanceerplaats

moon·quake [telb zn] maanbeving

moon·rise [niet-telb zn] maansopgang

moon·rock [telb + niet-telb zn] maansteen, maangesteente

moon's age [niet-telb zn] maansouderdom ⟨tijd verstreken sinds laatste nieuwemaan⟩

moon·scape /ˈmuːnskeɪp/ [telb zn] maanlandschap

moon·seed [telb zn] elk gewas van het genus Menispermum ⟨in Europa niet-inheemse klimplant⟩

moon·set [telb zn] maansondergang

moon·shine [niet-telb zn] [1] maneschijn [2] ⟨inf⟩ gekletst/gezwam in de ruimte, dromerij, irreëel gedoe [3] ⟨vnl AE; sl⟩ illegaal gestookte/ingevoerde sterkedrank

moon·shin·er [telb zn] illegale drankstoker, dranksmokkelaar

moon·shin·y [bn] [1] maanbeschenen [2] hersenschimmig, dromerig, dweperig

moon·ship [telb zn] maanraket, maanschip, ruimtevaartuig

moon·shot [telb zn] [1] maanraket [2] maanschot, lancering van maanraket

moon·stone [telb zn] ⟨geol⟩ maansteen, parelgrijze veldspaat

moon·strick·en, moon-struck [bn] [1] maanziek, (geestelijk) gestoord [2] ⟨inf⟩ ijlhoofdig, warhoofdig, geschift, daas

moon·wort /ˈmuːnwɜːt, ᴬ-wɜːrt/ [niet-telb zn] ⟨plantk⟩ maankruid, judaspenning ⟨Lunaria annua⟩, maanvaren ⟨Botrychium lunaria⟩

moon·y /ˈmuːni/ [bn; vergr trap: moonier] [1] maanachtig, maanvormig, maanbeschenen, maanvergoten [2] ⟨inf⟩ dromerig, mijmerend, suffig, sloom [3] ⟨BE⟩ getikt

¹**moor** /mʊə, ᴬmʊr/ [telb zn; vaak mv met enkelvoudige betekenis] [1] ⟨vnl BE⟩ hei(de), woeste grond ⟨waar in Engeland vooral korhoenders worden geschoten in het jachtseizoen⟩, vogellandschap [2] ⟨AE⟩ veenmoeras, moer

²**moor** /mʊə, ᴬmʊr/ [onov + ov ww] ⟨scheepv⟩ meren, aanmeren, afmeren, vastmeren, (ver)tuien, vastleggen, voor anker komen/gaan; → **mooring**

Moor /mʊə, ᴬmʊr/ [telb zn] Moor, Moriaan, Saraceen

¹**moor·age** /ˈmʊərɪdʒ, ᴬmʊr-/ [telb + niet-telb zn] ⟨scheepv⟩ [1] ankerplaats, ligplaats [2] ankergeld, meergeld

²**moor·age** /ˈmʊərɪdʒ, ᴬmʊr-/ [niet-telb zn] ⟨scheepv⟩ het afmeren/aanmeren

moor·cock [telb zn] ⟨dierk⟩ [1] mannetje van Schots sneeuwhoen ⟨Lagopus scotius⟩ [2] korhaan ⟨mannetje van de korhoen; Lyrurus tetrix⟩

moor·fowl [telb zn; mv: ook moorfowl] ⟨dierk⟩ Schots sneeuwhoen ⟨Lagopus scotius⟩

moor·hen [telb zn] ⟨dierk⟩ [1] vrouwtje van Schots sneeuwhoen ⟨Lagopus scotius⟩ [2] waterhoen ⟨Gallinula chloropus⟩

¹**moor·ing** /ˈmʊərɪŋ, ᴬmʊr-/ [telb zn; (oorspronkelijk) gerund van moor] ⟨scheepv⟩ [1] meertros, landvast, meerketting, meerkabel [2] ⟨ook meervoud met enkelvoudige betekenis⟩ ligplaats, ankerplaats [3] ⟨vaak mv met figuurlijke enkelvoudige betekenis⟩ houvast ♦ *lose one's moorings* zijn houvast verliezen, (geestelijk) op drift raken

²**moor·ing** /ˈmʊərɪŋ, ᴬmʊr-/ [niet-telb zn; (oorspronkelijk) gerund van moor] ⟨scheepv⟩ het afmeren/aanmeren

mooring buoy [telb zn] ⟨scheepv⟩ meerboei, tuiboei

moor·ish /ˈmʊərɪʃ, ᴬmʊrɪʃ/ [bn] heideachtig

Moor·ish /ˈmʊərɪʃ, ᴬmʊrɪʃ/ [bn] Moors, Saraceens ♦ *Moorish arch* hoefijzerboog, Moorse boog ▪ ⟨dierk⟩ *Moorish idol* wimpelvis ⟨genus Zanclinae, in het bijzonder Zanclus cornutus en Zanclus canescens⟩

moor·land /ˈmʊələnd, ᴬmʊr-/ [niet-telb zn; ook in mv met enkelvoudige betekenissen] ⟨BE⟩ heide(landschap), woeste grond

moor·wort /ˈmʊəwɜːt, ᴬmʊrwɜːrt/ [niet-telb zn] ⟨plantk⟩ rotsbes ⟨genus Andromeda⟩

moor·y /ˈmʊəri, ᴬmʊri/ [bn; vergr trap: moorier] heideachtig

moose /muːs/ [telb zn; mv: moose] ⟨dierk⟩ eland ⟨Noord-Amerika; Alces americana⟩

moose·bird [telb zn] ⟨dierk⟩ Canadese gaai ⟨Perisoreus canadensis⟩

moose·wood [telb + niet-telb zn] ⟨plantk⟩ gestreepte ahorn/esdoorn, Noord-Amerikaanse bergahorn ⟨Acer pennsylvanicum⟩

¹**moot** /muːt/ [telb zn] [1] ⟨jur⟩ procesnabootsing ⟨rechtszaaksimulatie door studenten ter oefening⟩, casusdiscussie, pleitavond, disputzitting [2] ⟨gesch⟩ volksvergadering ⟨voornamelijk van de vrijen in een Engels graafschap⟩ [3] ⟨gesch⟩ plaats voor een volksvergadering

²**moot** /muːt/ [bn] [1] onbeslist, onuitgemaakt, betwistbaar, discutabel ♦ *a moot point/question* een onopgeloste kwestie/openstaande vraag/onuitgemaakte zaak [2] ⟨AE; jur⟩ academisch, theoretisch, hypothetisch, fictief ♦ *a moot case* een studeerkamergeval/zaak die naar de lamp ruikt

³**moot** /muːt/ [ov ww] [1] aansnijden, entameren, aan de orde stellen, ter sprake/tafel brengen ♦ *the question has been mooted again* de kwestie is weer aan de orde geweest [2] debatteren, discussiëren

moot court [telb zn] ⟨jur⟩ studentenrechtbank ⟨ter behandeling van hypothetische zaken als oefening⟩

¹**mop** /mɒp, ᴬmɑp/ [telb zn] [1] zwabber, stokdweil, raamwasser [2] afwaskwast, (borden)kwast, vaatkwast [3] ⟨inf⟩ (dichte) haarbos, ragebol ♦ *a curly, cherubic mop* een engelachtige krullenbol [4] ⟨BE; gesch⟩ feest in de herfst waarop meiden en knechts in dienst genomen werden [5] ⟨BE; sl⟩ zuiplap ▪ ⟨vero⟩ *mops and mows* grimassen, lelijk gezicht; ⟨scherts⟩ *Mrs Mop(p)* werkster, boenster

²**mop** /mɒp, ᴬmɑp/ [onov ww] ⟨vero; vnl in bijbehorende uitdrukking⟩ grimassen maken ♦ ⟨vero⟩ *mop and mow* een

lelijk gezicht trekken
³**mop** /mɒp, ᴬmɑp/ [ov ww] ① **dweilen, aandweilen, schoondweilen,** zwabberen ② **droogwrijven,** afwissen, (af)vegen ♦ *mop one's brow* zich het zweet van het voorhoofd wissen ③ **betten,** opnemen, deppen ♦ *the nurse mopped the blood from the wound* de verpleegster bette de wond ▪ zie: **mop up**
mop-board [telb zn] ⟨AE⟩ **plint**
¹**mope** /moʊp/ [telb zn] ① **kniesoor,** tobber, brompot, knorrepot, iezegrim ② ⟨inf⟩ **kniesbui** ♦ *have a mope* klagerig zeuren, kankeren
²**mope** /moʊp/ [onov ww] ① **kniezen,** chagrijnen, mokken, druilen ♦ *mope about/(a)round* treurig/lusteloos/landerig rondhangen, neerslachtig rondsloffen, het hoofd laten hangen ② ⟨AE; sl⟩ **lopen,** in beweging blijven, doorlopen ③ ⟨AE; sl⟩ **ontsnappen,** ervandoor gaan
mo·ped /moʊped/ [telb zn] ⟨vnl BE⟩ **rijwiel met hulpmotor,** bromfiets, brommertje
moped rider [telb zn] **bromfietser**
mop·er /moʊpə, ᴬ-ər/ [telb zn] **zeurpiet,** kniesoor, chagrijn
mopes /moʊps/ [alleen mv; the] **neerslachtigheid,** bedruktheid, landerigheid ♦ *have a fit of the mopes* in de put zitten, balen, het zat zijn
mop·head [telb zn] ⟨scherts⟩ **ragebol,** (persoon met) wilde bos haar
mop·pet /mɒpɪt, ᴬmɑ-/ [telb zn] ① **snoes(je),** lief klein kindje/meisje ② **lappenpop** ③ **schoothondje**
mop·py /mɒpi, ᴬmɑ-/ [bn; vergr trap: moppier] **ruig,** borstelig (voornamelijk van haar)
mop·stick [telb zn] **steel** ⟨van zwabber of ragebol⟩
mop up [ov ww] ① **opdweilen,** opnemen ② **opslokken,** verslinden ♦ *most of the profits were mopped up by taxation* het merendeel van de winst werd opgeslokt door de fiscus ③ ⟨inf⟩ **afhandelen,** afwikkelen ♦ *I'll mop up the last of the work* ik handel de laatste klusjes (wel) af ④ ⟨mil⟩ **zuiveren,** verzetshaarden opruimen ♦ *mopping-up operations* zuiveringsacties ▪ ⟨sl⟩ *mop up on* aftuigen, in elkaar slaan
mop-up [telb zn] ⟨inf⟩ ① ⟨fig⟩ **grote schoonmaak,** opruiming ② ⟨mil⟩ **zuiveringsactie**
mo·quette /mɒket, ᴬmoʊ-/ [niet-telb zn] **moquette,** trijp
MOR ⟨afk⟩ (middle-of-the-road ⟨voornamelijk m.b.t. muziek⟩)
mo·raine /məreɪn/ [telb zn] ⟨geol⟩ **morene** ⟨opeenhoping van gletsjerpuin⟩
¹**mor·al** /mɒrəl, ᴬmɔːrəl/ [telb zn] ① **moraal,** (zeden)les ♦ *you may draw your own moral (from it)* trek er het eigen les(je) maar uit; *point a moral* een (zeden)les bevatten/bieden; *the moral of the story* de moraal van het verhaal ② **stelregel,** principe, credo
²**mor·al** /mɒrəl, ᴬmɔːrəl/ [bn; bw: ~ly] **deugdzaam,** zedig, kuis, moreel ♦ *she faced moral dangers in the big city* haar onschuld liep gevaar in de grote stad
³**mor·al** /mɒrəl, ᴬmɔːrəl/ [bn, attr; bw: ~ly] **moreel,** zedelijk, ethisch, zedenkundig ♦ *moral law* moreel recht, morele wet; *moral philosophy* moraalfilosofie; ethiek; *moral play* moraliteit, zinnespel; *moral re-armament* ⟨vaak Moral Re-armament⟩ morele herbewapening ⟨de Oxfordgroep⟩; *moral sense* moraal; *in a moral sense* in morele zin; *moral theology* moraaltheologie; *a moral victory* een morele overwinning ▪ *moral majority* fundamentalistische pressiegroep in de USA; ⟨pej⟩ rechtse fatsoensrakkers/moraalridders; ⟨vero⟩ *it's a moral certainty/morally certain het* is zogoed als zeker
mo·rale /mərɑːl, ᴬməræl/ [niet-telb zn] **moreel,** mentale veerkracht ♦ *the morale of the troops* het moreel van de soldaten
mor·al·ism /mɒrəlɪzm, ᴬmɔːr-/ [niet-telb zn] **moralisme**
mor·al·ist /mɒrəlɪst, ᴬmɔːr-/ [telb zn] ① **moralist,** zedenmeester, zedenprediker ② **aanhanger van het moralisme**

mor·al·is·tic /mɒrəlɪstɪk, ᴬmɔːr-/ [bn; bw: ~ally] **moralistisch,** moraliserend
mo·ral·i·ties /məræləti:z/ [alleen mv] **zedelijke beginselen**
¹**mo·ral·i·ty** /məræləti/ [telb zn] ① **moraalsysteem,** zedenleer, ethiek ♦ *commercial morality* ethiek van het zakendoen ② → **morality play**
²**mo·ral·i·ty** /məræləti/ [niet-telb zn] **moraliteit,** zedelijk gedrag, zedelijkheid, moraal, deugdzaamheid ♦ *Christian morality* de christelijke moraal
morality play [telb zn] ⟨letterk⟩ **moraliteit,** zinnespel
¹**mor·al·ize, mor·al·ise** /mɒrəlaɪz, ᴬmɔːr-/ [onov ww] **moraliseren,** zedenpreken, zedenkundige beschouwingen houden ♦ *he moralized about/(up)on the failings of the young* hij moraliseerde over de tekortkomingen van de jeugd
²**mor·al·ize, mor·al·ise** /mɒrəlaɪz, ᴬmɔːr-/ [ov ww] ① **zedenkundig duiden,** moreel interpreteren, een zedenles trekken uit ♦ *moralize a fable* de/een moraal trekken uit een fabel ② **hervormen,** de moraal verbeteren van
mor·als /mɒrəlz, ᴬmɔːrəlz/ [alleen mv] **zeden,** zedelijke beginselen, ethiek, seksuele normen, seksueel gedrag ♦ *he's a man of loose morals* op seksueel gebied neemt hij het niet zo nauw; *public morals* openbare zedelijkheid; *without morals* gewetenloos
mo·rass /məræs/ [telb zn] **moeras,** laagveen, broekland, ⟨fig⟩ poel, uitzichtloze situatie ♦ *the morass of insecurity* de ellende der onzekerheid; *be stuck in the morass* in het slop geraakt zijn; *morass of vice* poel van ontucht, poel des verderfs
mor·a·to·ri·um /mɒrətɔːrɪəm, ᴬmɔːrətɔːr-/ [telb zn; mv: ook moratoria /-rɪə/] ① **moratorium,** algemeen uitstel van betaling ⟨op rijksvoorschrift⟩ ② **(tijdelijk) verbod of uitstel,** opschorting ③ **duur van moratorium**
¹**Mo·ra·vi·an** /məreɪvɪən/ [eigennm] **Moravisch,** het dialect van Moravië
²**Mo·ra·vi·an** /məreɪvɪən/ [telb zn] ① **Moraviër** ② **hernhutter,** Moravische broeder
³**Mo·ra·vi·an** /məreɪvɪən/ [bn] **Moravisch**
mo·ray /mɒreɪ/ [telb zn] **murene** ⟨vis van het genus Muraenidae⟩
mor·bid /mɔːbɪd, ᴬmɔːr-/ [bn; bw: ~ly; zn: ~ness] ① **morbide,** ziekelijk, ongezond ♦ *a morbid imagination* een ziekelijke fantasie ② **zwartgallig,** somber ③ ⟨med⟩ **ziek,** aangetast, ziekte-, pathologisch ♦ *morbid anatomy* pathologische anatomie; *tumours are morbid growths* tumoren zijn ziektegezwellen
¹**mor·bid·i·ty** /mɔːbɪdəti, ᴬmɔːrbɪdəti/ [telb zn] **ziekelijkheid,** morbiditeit ♦ *their passion for privacy verges on morbidity* hun hang naar privacy is op het ziekelijke af
²**mor·bid·i·ty** /mɔːbɪdəti, ᴬmɔːrbɪdəti/ [niet-telb zn] **ziektecijfer,** morbiditeit
mor·bif·ic /mɔːbɪfɪk, ᴬmɔːr-/ [bn] **ziekteverwekkend,** morbigeen, pathogeen, ziekte veroorzakend
mor·da·cious /mɔːdeɪʃəs, ᴬmɔːr-/ [bn; bw: ~ly] **bijtend,** bijterig, ⟨fig⟩ bits, sarcastisch, scherp, agressief
mor·dac·i·ty /mɔːdæsəti, ᴬmɔːrdæsəti/ [niet-telb zn] **(bijtende) scherpte,** bitsigheid ♦ *his mordacity was dreaded everywhere* overal vreesde men zijn scherpe tong
mor·dan·cy /mɔːdnsi, ᴬmɔːr-/ [niet-telb zn] **scherpte**
¹**mor·dant** /mɔːdnt, ᴬmɔːr-/ [telb zn] ① **bijtmiddel** ⟨dat kleurstoffen op weefsels fixeert⟩, beits ② **etsvloeistof,** etswater ③ **mordant** ⟨plakmiddel voor bladgoud en -zilver⟩
²**mor·dant** /mɔːdnt, ᴬmɔːr-/ [bn; bw: ~ly] ① **bijtend,** bits(ig), scherp, sarcastisch ② **snijdend,** bijtend, pijnlijk ③ **etsend,** ontvettend
³**mor·dant** /mɔːdnt, ᴬmɔːr-/ [ov ww] **beitsen** ⟨van weefsels⟩, met een bijtmiddel behandelen
mor·dent /mɔːdnt, ᴬmɔːr-/ [telb zn] ⟨muz⟩ **mordent** ⟨versieringsfiguur opgebouwd uit een hoofdtoon en zijn on-

more

derseconde) ♦ *inverted mordent* pralltriller

¹**more** /mɔː, ᴬmɔr/ [onbep vnw; vergrotende trap van much en many] meer ♦ *more than enough* meer dan genoeg, ruim voldoende, te veel; *a few more* nog enkele(n), nog een paar; *$50, more or less* ongeveer vijftig dollar; *there were many more* er waren er nog veel meer; *there was much more* er was nog veel meer; *there is no more* er is niets meer/er geen meer; *there are no more* er zijn er geen meer; *spend more of one's time at the seaside* een groter gedeelte van zijn tijd aan de kust doorbrengen; *more's the pity* jammer genoeg, des te erger; *there is some more* er is nog wat; *there are some more* er zijn er nog enkele(n); *the more I give her, the more she wants* hoe meer ik haar geef, des te meer wil ze/hoe meer ze wil; *letters? I have to write two more* brieven? ik moet er nog twee schrijven; *he said he would, and more than that, he did it* hij zei dat hij het zou doen, en meer nog/en wat meer zegt, hij deed het ook ▪ *we are going to see more of him* we gaan hem nog vaker (terug)zien; *he's more of a poet than a novelist* hij is een dichter veeleer dan een romanschrijver; *and what's more* en wat nog belangrijker is, en daarbij komt nog dat; ⟨sprw⟩ *more than enough is too much* meer dan genoeg is te veel; ⟨sprw⟩ *gluttony kills more than the sword* ± de veelvraat delft zijn eigen graf met mond en tanden tot zijn straf; ⟨sprw⟩ *the more you have, the more you want* hoe meer men heeft, hoe meer men wil hebben; ⟨sprw⟩ *much would have more* menig heeft te veel, niemand heeft genoeg; ⟨sprw⟩ *kind hearts are more than coronets* edel van hart is beter dan hoog van afkomst; ⟨sprw⟩ *the longer we live the more we learn* verstand komt met de jaren, een mens leert net zo vlug tot zijn vingers even lang zijn; ⟨sprw⟩ *the more the merrier* hoe meer zielen, hoe meer vreugd; ⟨sprw⟩ *more know Tom Fool than Tom Fool knows* ± je bent bekender dan je denkt

²**more** /mɔː, ᴬmɔr/ [bw; vergrotende trap van much] ① meer, veeleer, eerder ♦ *more and more* meer en meer, altijd maar meer; *I can't go on any more* ik kan niet meer verder; *he was angry, and she was even more so* hij was kwaad, maar zij was nog veel kwader; *more frightened than hurt* geschrokken eerder dan gekwetst; *more or less* min of meer, zo ongeveer; *it's neither more nor less than absurd* het is noch min noch meer absurd; *that's more like it* dat lijkt er al beter/meer op; *I can go on no more* ik kan niet meer verder; *once more* nog eens/een keer, nog eenmaal; *so much the more* des te meer; ⟨inf⟩ *more than happy* overgelukkig; ⟨form of iron⟩ *he'll be more than a little angry* hij zal nog niet zo'n beetje kwaad zijn, hij zal kwaad zijn, en nog niet zo zuinig ook; *the more fool you* des te gekker ben je; *carouse, the more the better* zet de bloemetjes buiten, hoe meer hoe liever; *he works more than before* hij werkt meer dan vroeger ② -er, meer ♦ *more difficult* moeilijker; *more easily* makkelijker ③ bovendien ♦ *it's stupid and, more, it's criminal* het is dom en bovendien misdadig ▪ *he is no more* hij is er niet meer, hij is overleden; ⟨form⟩ *I can't afford it, and no more can you* ik kan het mij niet permitteren en jij ook niet/evenmin/net zo min

³**more** /mɔː, ᴬmɔr/ [onbep det; vergrotende trap van much en many] meer ♦ *more milk* meer melk; *no more bread* geen brood meer; *one more try* nog een poging; *more plans* meer plannen; *some more water* nog een beetje water; *the more people there are the happier he feels* hoe meer mensen er zijn, des te gelukkiger voelt hij zich/hoe gelukkiger hij zich voelt ▪ ⟨sprw⟩ *more haste, less speed* hoe meer haast, hoe minder spoed, haastige spoed is zelden goed; ⟨sprw⟩ *raise no more devils than you can lay* men moet niet te veel hooi op zijn vork nemen; ⟨sprw⟩ *there are more ways of killing a dog than hanging him* men kan de hond wel dood krijgen, al hangt men hem niet op

mo·reen /məriːn/ [niet-telb zn] ⟨text⟩ moreen ⟨sterk weefsel van Engels kamgaren⟩

more·ish, mor·ish /mɔːrɪʃ/ [bn] ⟨inf⟩ lekker, smakend naar meer

mo·rel /mərel/ [telb zn] ⟨plantk⟩ ① morielje ⟨eetbare paddenstoel, voornamelijk Morchella esculenta⟩ ② nachtschade, ⟨vnl⟩ zwarte nachtschade ⟨Solanum nigrum⟩

mo·rel·lo /mərelou/ [telb zn] ① morel ⟨zure, donkere kers⟩ ② morellenboom ⟨Prunus cerasus austera⟩

more·o·ver /mɔːrouvə, ᴬ-ər/ [bw] bovendien, daarenboven, voorts, daarnaast, evenzo, tevens

mo·res /mɔːreɪz/ [alleen mv] ⟨form⟩ zeden, mores

¹**Mo·resque** /mɔːresk/ [telb zn] ⟨bk⟩ moreske, arabesk van Moorse vorm

²**Mo·resque** /mɔːresk/ [bn] ⟨bk⟩ Moors ⟨van stijl of vormgeving⟩

mor·ga·nat·ic /mɔːgənætɪk, ᴬmɔrgənætɪk/ [bn; bw: ~ally] morganatisch ♦ *morganatic marriage* morganatisch huwelijk, huwelijk met de linkerhand

mor·gen /mɔːgən, ᴬmɔr-/ [telb zn] (Rijnlandse) morgen ⟨Zuid-Afrikaanse oppervlaktemaat, ongeveer 85a⟩

¹**morgue** /mɔːg, ᴬmɔrg/ [telb zn] ① lijkenhuis, morgue ② ⟨inf⟩ gribus, naargeestige bedoening ③ ⟨inf⟩ archief ⟨van krant of tijdschrift⟩

²**morgue** /mɔːg, ᴬmɔrg/ [niet-telb zn] verwaandheid ⟨vooral als Engelse eigenschap⟩, hoogmoed, hooghartigheid

¹**mor·i·bund** /mɒrɪbʌnd, ᴬmɔː-, ᴬmɑ-/ [telb zn] stervende, zieltogende

²**mor·i·bund** /mɒrɪbʌnd, ᴬmɔː-, ᴬmɑ-/ [bn] stervend, zieltogend, ten dode opgeschreven, op sterven na dood ♦ *moribund economy* vastgelopen economie

mo·ri·on /mɒrɪən, ᴬmɔːrɪən/ [telb zn] stormhoed, stormhelm ⟨16e-17e-eeuwse helm zonder vizier of kinstuk⟩

¹**Mo·ris·co** /mərɪskou/ [telb zn; mv: ook moriscoes] ① morisk, ⟨Spaanse⟩ Moor, morisco ② moriskendans, morisca, moreske

²**Mo·ris·co** /mərɪskou/ [bn] Moors ⟨van stijl of vormgeving⟩

morish [bn] → moreish

¹**Mor·mon** /mɔːmən, ᴬmɔr-/ [eigenn] Mormon ⟨profeet in het Boek van Mormon⟩ ♦ *the Book of Mormon* het Boek van Mormon

²**Mor·mon** /mɔːmən, ᴬmɔr-/ [telb zn] mormoon, lid van de kerk van Jezus Christus van de Heiligen der Laatste Dagen

³**Mor·mon** /mɔːmən, ᴬmɔr-/ [bn] mormoons

Mor·mon·ism /mɔːmənɪzm, ᴬmɔr-/ [niet-telb zn] mormonisme

morn /mɔːn, ᴬmɔrn/ [telb zn] ⟨form⟩ dageraad, ochtend(stond), ochtendkrieken ♦ *the morn's morn* morgenochtend

mor·nay /mɔːneɪ, ᴬmɔr-/, **mornay sauce** [niet-telb zn; ook Mornay] ⟨cul⟩ mornaysaus ⟨bechamelsaus met geraspte kaas⟩

morn·ing /mɔːnɪŋ, ᴬmɔr-/ [telb + niet-telb zn; ook attributief] ① ochtend, morgen, voormiddag, ⟨fig⟩ begin ♦ ⟨inf⟩ *the morning after* kater, katterig gevoel; *good morning* goedemorgen; *in the morning's* morgens; morgenochtend; *she's still in the morning of her life* ze staat nog aan het begin van haar leven; *morning news* ochtendnieuws; *can't it wait until morning?* kan het niet tot morgenochtend wachten?; ⟨AE⟩ *he works mornings* hij werkt 's morgens; *morning!* morgen!, mogge!, och'nd! ② deel van de dag tussen middernacht en middaguur ♦ *at two o'clock in the morning's* nachts om twee uur ▪ ⟨sprw⟩ *red sky at night, shepherd's/sailor's delight; red sky in the morning, shepherd's/sailor's warning* des avonds rood, des morgens goed weer aan boord; morgenrood, water in de sloot

morn·ing-af·ter pill [telb zn] morning-afterpil, spijtpil

morning call [telb zn] beleefdheidsbezoek vroeg in de middag

morning coat [telb + niet-telb zn] jacquet
¹morning dress [telb zn] ochtendjapon, ochtendjas
²morning dress [telb + niet-telb zn] ① jacquet(kostuum) ♦ *he was in morning dress* hij was in jacquet ② colbertkostuum
morning glory [telb zn] ① dagbloem, haagwinde ⟨Convulvus sepium⟩, purperwinde ⟨Ipomoea purpurea⟩ ② dagschone ⟨Convulvus tricolor⟩
morning gown [telb zn] ochtendjapon, ochtendjas
morning gun [telb zn] morgenschot ⟨van kanon aan het begin van de dag⟩
morning paper [telb zn] ochtendblad, ochtendkrant
Morning Prayer [niet-telb zn] ochtenddienst in de anglicaanse kerk, morgengebed, metten
morning room [telb zn] ① ('s morgens gebruikte) zitkamer, huiskamer ② ⟨BE⟩ eethoek
morning sickness [niet-telb zn] zwangerschapsmisselijkheid, zwangerschapsbraken
morning star [telb zn] ① Morgenster ② ⟨gesch⟩ goedendag ⟨knots met ijzeren punten⟩
morning suit [telb zn] jacquet(kostuum)
morning watch [telb + niet-telb zn] ⟨scheepv⟩ dagwacht ⟨van 4 tot 8 uur 's morgens⟩
Mo·ro /mɔːroʊ/ [telb zn; mv: ook Moro] Filippijnse moslim
¹Mo·roc·can /mərɒkən, ᴬmərɑ-/ [telb zn] Marokkaan(se)
²Mo·roc·can /mərɒkən, ᴬmərɑ-/ [bn] Marokkaans
¹Mo·roc·co /mərɒkoʊ, ᴬmərɑ-/ [eigennaam] Marokko

Morocco	
naam	Morocco *Marokko*
officiële naam	Kingdom of Morocco *Koninkrijk Marokko*
inwoner	Moroccan *Marokkaan*
inwoonster	Moroccan *Marokkaanse*
bijv. naamw.	Moroccan *Marokkaans*
hoofdstad	Rabat *Rabat*
munt	Moroccan dirham *Marokkaanse dirham*
werelddeel	Africa *Afrika*
int. toegangsnummer 212 www .ma auto MA	

²Mo·roc·co /mərɒkoʊ, ᴬmərɑ-/ [niet-telb zn; meestal morocco] → morocco leather
morocco leather [niet-telb zn] marokijn(leer)
mo·ron /mɔːrɒn, ᴬmɔːrɑn/ [telb zn] ① zwakzinnige, debiel ② ⟨beled⟩ imbeciel, zakkenwasser, rund, randdebiel
mo·ron·ic /mərɒnɪk, ᴬ-rɑ-/ [bn; bw: ~ally] ① debiel ② ⟨beled⟩ imbeciel, dom in slaap
mo·rose /mərəʊs/ [bn; bw: ~ly; zn: ~ness] ① knorrig, chagrijnig, nors, stuurs, narrig ② somber
mo·ros·i·ty /mərɒsəti, ᴬ-rɑːsəti/ [niet-telb zn] knorrigheid, chagrijn
¹morph /mɔːf, ᴬmɔːrf/ [telb zn] ① ⟨taalk⟩ (fonologische representatie van een) morfeem ② ⟨taalk⟩ allomorf ③ ⟨dierk⟩ variant ④ ⟨AE; sl⟩ hermafrodiet
²morph /mɔːf, ᴬmɔːrf/ [niet-telb zn] ⟨AE; sl⟩ morfine
³morph /mɔːf, ᴬmɔːrf/ [onov + ov ww] veranderen, morfen ♦ *morph into* veranderen in; → **morphing**
mor·pheme /mɔːfiːm, ᴬmɔːr-/ [telb zn] ⟨taalk⟩ morfeem ⟨kleinste betekenisdragende eenheid⟩
mor·phe·mics /mɔːfiːmɪks, ᴬmɔːr-/ [niet-telb zn] ⟨taalk⟩ morfologie ⟨vooral Amerikaanse structuralistische⟩
Mor·pheus /mɔːfɪəs, -fjuːs, ᴬmɔːr-/ [eigennaam] Morpheus ⟨god van de slaap⟩ ♦ ⟨form⟩ *in the arms of Morpheus* in Morpheus' armen, in slaap
mor·phine /mɔːfiːn, ᴬmɔːr-/, **mor·phi·a** /mɔːfɪə, ᴬmɔːr-/ [niet-telb zn] morfine
morph·ing /mɔːfɪŋ, ᴬmɔːr-/ [niet-telb zn; gerund van morph] ⟨comp⟩ morphing ⟨techniek waarbij een bepaald beeld overvloeit in een ander⟩
mor·phin·ism /mɔːfɪnɪzm, ᴬmɔːr-/ [niet-telb zn] morfinisme

mor·phin·ist /mɔːfɪnɪst, ᴬmɔːr-/ [telb zn] morfinist
mor·pho·gen·e·sis /mɔːfoʊdʒenɪsɪs, ᴬmɔːr-/ [niet-telb zn] ⟨biol⟩ morfogenese, (leer van de) vormontwikkeling bij organismen
mor·pho·log·ic /mɔːfəlɒdʒɪk, ᴬmɔːrfəlɑdʒɪk/, **mor·pho·log·i·cal** /-ɪkl/ [bn; bw: ~ally] morfologisch
mor·phol·o·gist /mɔːfɒlədʒɪst, ᴬmɔːrfɑ-/ [telb zn] morfoloog
mor·phol·o·gy /mɔːfɒlədʒi, ᴬmɔːrfɑ-/ [niet-telb zn] ⟨biol, taalk, geol⟩ morfologie, vormleer
mor·ris /mɒrɪs, ᴬmɔːrɪs/, **morris dance** [telb + niet-telb zn] morisque, morisca, moriskendans, morrisdans ⟨oude, gekostumeerde Engelse volksdans⟩
Morris chair [telb zn] rookstoel ⟨armstoel met verstelbare rugleuning⟩
mor·row /mɒroʊ, ᴬmɔːroʊ/ [niet-telb zn] ① ⟨the⟩ ⟨form⟩ volgende dag, dag van morgen, dag erna, tijd die onmiddellijk op iets volgt ♦ *on the morrow of their triumph* dadelijk na hun overwinning ② ⟨vero⟩ morgen
morse /mɔːs, ᴬmɔːrs/ [telb zn] walrus
Morse /mɔːs, ᴬmɔːrs/ [niet-telb zn] ⟨verk: Morse code⟩
Morse code, Morse alphabet [niet-telb zn] morse(alfabet)
mor·sel /mɔːsl, ᴬmɔːrsl/ [telb zn] hap, mondvol, stuk(je), brok(je), greintje ♦ *he hasn't got a morsel of sense* hij heeft geen greintje verstand
¹mort /mɔːt, ᴬmɔːrt/ [telb zn] ① hoorngeschal als het wild gedood is ② ⟨BE⟩ zalm in het 3e levensjaar ③ ⟨sl⟩ meid, stoot, stuk, mokkel
²mort /mɔːt, ᴬmɔːrt/ [niet-telb zn] ⟨BE, gew⟩ hoop, stoot, berg ♦ *a mort of money* een stoot geld
¹mor·tal /mɔːtl, ᴬmɔːrtl/ [telb zn] sterveling, ⟨scherts⟩ wezen, schepsel ♦ *what a lazy mortal you are!* wat ben jij een lui wezen!
²mor·tal /mɔːtl, ᴬmɔːrtl/ [bn] ① sterfelijk, vergankelijk ♦ *the mortal remains* het stoffelijk overschot ② dodelijk, moordend, fataal ⟨ook figuurlijk⟩ ♦ *locked in a mortal combat* in een dodelijk gevecht gewikkeld; ⟨sl⟩ *mortal lock* handgreep; ⟨fig⟩ zekerheid; *this fact proved mortal to his theory* dit feit betekende het einde van zijn theorie
³mor·tal /mɔːtl, ᴬmɔːrtl/ [bn, attr] ① doods-, dodelijk, zeer hevig/groot, enorm ⟨vaak als overdrijving⟩ ♦ *mortal agony* doodsstrijd; *mortal enemy* aartsvijand; *mortal fear* doodsangst(en); *mortal pain* stervensnood; *it's a mortal shame* het is een grof schandaal; *a mortal sin* een doodzonde ② dodelijk vervelend, vreselijk langdurig, eindeloos ♦ *wait a mortal time* een eeuwigheid wachten ③ ⟨inf⟩ (op aarde) voorstelbaar ♦ *she did every mortal thing to please him* ze wrong zich in de gekste bochten om het hem naar de zin te maken
¹mor·tal·i·ty /mɔːtæləti, ᴬmɔːrtæləti/ [telb zn] ① sterftecijfer, mortaliteit ② ⟨verk: mortality rate⟩
²mor·tal·i·ty /mɔːtæləti, ᴬmɔːrtæləti/ [niet-telb zn] ① sterfelijkheid, mortaliteit, het sterfelijk-zijn, vergankelijkheid ② sterfte, het sterven
mortality rate [telb zn] mortaliteitscoëfficiënt ⟨aantal sterfgevallen per jaar per 1000 levenden⟩, mortaliteit, sterfte
mor·tal·ly /mɔːtəli, ᴬmɔːrtli/ [bw] ① dodelijk ♦ *mortally wounded* dodelijk gewond ② doods-, enorm, diep ♦ *mortally afraid* doodsbang; *mortally offended* diep gegriefd
¹mor·tar /mɔːtə, ᴬmɔːrtər/ [telb zn] ① vijzel, mortier ② mortier
²mor·tar /mɔːtə, ᴬmɔːrtər/ [niet-telb zn] mortel, (metsel)specie
³mor·tar /mɔːtə, ᴬmɔːrtər/ [ov ww] ① (vast)metselen ② met mortiergranaten beschieten
mor·tar·board [telb zn] ① mortelplank, specieplank, metselplank, voegbord ② baret ⟨gedragen door leden van

mortgage

een universiteit⟩

¹**mort·gage** /mɔːgɪdʒ, ᴬmɔr-/ [telb zn] ① hypotheek(bedrag), onderzetting ♦ *a mortgage for £200,000* een hypotheek van 200.000 pond; *take out a mortgage* een hypotheek nemen ② ⟨verk: mortgage deed⟩

²**mort·gage** /mɔːgɪdʒ, ᴬmɔr-/ [ov ww] (ver)hypothekeren, ⟨ook fig⟩ verpanden ♦ *mortgage the future* een wissel op de toekomst trekken; *mortgage one's heart* zijn hart verpanden; *mortgage one's house to s.o.* zijn huis verhypothekeren bij iemand

mortgage bond [telb zn] pandbrief

mortgage deed [telb zn] hypotheekakte

mort·ga·gee /mɔːgədʒiː, ᴬmɔr-/ [telb zn] ① hypotheeknemer, hypothecaire schuldeiser ② hypotheekhouder, hypothecaris

mort·gag·er /mɔːgədʒə, ᴬmɔr-/, **mort·ga·gor** /mɔːgədʒɔː, ᴬmɔrgədʒɔr/ [telb zn] hypotheekgever, hypothecaire schuldenaar

mor·ti·cian /mɔːtɪʃn, ᴬmɔr-/ [telb zn] ⟨AE⟩ begrafenisondernemer, lijkbezorger, aanspreker

mor·ti·fi·ca·tion /mɔːtɪfɪkeɪʃn, ᴬmɔrtɪ-/ [niet-telb zn] ① ascese, zelfkastijding, versterving ♦ *mortification of the flesh* mortificatie, het doden van het vlees; *to his mortification* tot zijn schande ② mortificatie, (diepe) gekrenktheid, gekwetstheid, gêne ③ gangreen, koudvuur, necrose

¹**mor·ti·fy** /mɔːtɪfaɪ, ᴬmɔrtɪfaɪ/ [onov ww] ① zich versterven, ascese beoefenen, ascetisch leven ② ⟨door gangreen⟩ afsterven, mortificeren

²**mor·ti·fy** /mɔːtɪfaɪ, ᴬmɔrtɪfaɪ/ [ov ww] ① tuchtigen, kastijden, mortificeren ♦ *mortify the flesh* het vlees doden ② krenken, kwetsen, vernederen, verootmoedigen

¹**mor·tise, mor·tice** /mɔːtɪs, ᴬmɔrtɪs/ [telb zn] tapgat, spiegel

²**mor·tise, mor·tice** /mɔːtɪs, ᴬmɔrtɪs/ [ov ww] ① inlaten, verbinden met pen-en-gatverbinding ② een tapgat maken in

mortise and tenon joint [telb zn] pen-en-gatverbinding

mortise lock [telb zn] inlaatslot

mort·main /mɔːtmeɪn, ᴬmɔrt-/ [niet-telb zn] ⟨jur⟩ dode hand, (goederen in) onvervreerbare eigendom, ⟨fig, gezegd van het verleden⟩ verstikkende/beklemmende invloed

¹**mor·tu·ar·y** /mɔːtʃʊəri, ᴬmɔrtʃʊeri/ [telb zn] lijkenhuis(je), mortuarium, lijkenkamer

²**mor·tu·ar·y** /mɔːtʃʊəri, ᴬmɔrtʃʊeri/ [bn, attr] funerair, betrekking hebbend op dood/begrafenis ♦ *mortuary poetry* lijk- en grafdichten, funeraire poëzie

mor·u·la /mɒrʊlə, ᴬmɔrələ/ [telb zn; mv: morulae] ⟨biol⟩ morula ⟨volledig gedeelde eicel waaruit zich de kiemblaas vormt⟩

¹**mo·sa·ic** /moʊzeɪɪk/ [telb zn] ① mozaïek(werk) ⟨ook figuurlijk⟩, mozaïekkaart ⟨uit luchtfoto's opgebouwde terreinkaart⟩ ② mozaïek ⟨gevoelige laag in de opnamebuizen voor televisie⟩ ③ ⟨biol⟩ hybride, entbastaard

²**mo·sa·ic** /moʊzeɪɪk/ [niet-telb zn] ① mozaïek(kunst), mozaïektechniek ② ⟨verk: mosaic disease⟩

³**mo·sa·ic** /moʊzeɪɪk/ [ov ww] ① mosaicked, mosaicking⟩ met mozaïek versieren, tot mozaïek verwerken

Mo·sa·ic /moʊzeɪɪk/, **Mo·sa·i·cal** /-ɪkl/ [bn] mozaïsch ♦ *Mosaic law* mozaïsche wet

mosaic disease [niet-telb zn] mozaïek(ziekte) ⟨o.a. van tabak, mais, aardappelen en suikerriet⟩

mosaic floor [telb zn] mozaïekvloer

mosaic gold [niet-telb zn] ① musiefgoud, tindisulfide ② doublé ③ goudbronslak

mo·sa·i·cist /moʊzeɪəsɪst/ [telb zn] mozaïekwerker

mo·sa·sau·rus /moʊzəsɔːrəs/ [telb zn] mosasaurus, maashagedis

mos·cha·tel /mɒskətl, ᴬmɑs-/ [telb + niet-telb zn] muskuskruid ⟨Adoxa moschatellina⟩

Mos·cow /mɒskoʊ, ᴬmɑskaʊ/ [eigenn] Moskou

¹**Mo·selle** /moʊzel/ [eigenn; the] Moezel

²**Mo·selle** /moʊzel/ [niet-telb zn; ook moselle] moezel(wijn)

Mo·ses /moʊzɪz/ [eigenn] Mozes

Moses basket [telb zn] ⟨BE⟩ draagmand ⟨om een baby te dragen⟩

mo·sey /moʊzi/ [onov ww] ⟨AE; inf⟩ ① (voort)slenteren, kuieren ♦ *just mosey along/about* zo'n beetje rondlummelen ② ervandoor gaan, 'm smeren

mosh /mɒʃ, ᴬmɑʃ/ [onov ww] ⟨inf⟩ moshen ⟨wild om zich heen slaand dansen op rockmuziek⟩

mosh pit [telb zn] ⟨inf⟩ moshpit ⟨gebied vlak voor het podium met wild dansend publiek⟩

Moslem → Muslim

mosque /mɒsk, ᴬmɑsk/ [telb zn] moskee

mos·qui·to /məskiːtoʊ/ [telb zn; mv: mosquitoes] ① (steek)mug, muskiet, malariamug ② Mosquito, bommenwerper uit Tweede Wereldoorlog

mosquito boat, mosquito craft [telb zn; mv: mosquito craft] snel, wendbaar, klein oorlogsschip, ⟨in Amerikaanse zeemacht i.h.b.⟩ torpedomotorboot, tm-boot

mosquito net, mosquito bar [telb zn] klamboe, muggengordijn, muggennet, muggenscherm, muskietennet, muskietentule

¹**moss** /mɒs, ᴬmɔs/ [telb zn] ⟨vnl SchE⟩ laagveen, moeras

²**moss** /mɒs, ᴬmɔs/ [niet-telb zn] ① mos ② ⟨BE; sl⟩ poen, geld ◉ ⟨sprw⟩ *a rolling stone gathers no moss* een rollende steen vergaart geen mos/begroeit niet

³**moss** /mɒs, ᴬmɔs/ [ov ww] met mos bedekken

moss agate [telb + niet-telb zn] mosagaat

moss·back [telb zn] ① oud schelpdier/oude schildpad met algengroei op de rug ② ⟨AE; inf⟩ aartsreactionair, rechtse rakker

moss·bun·ker, moss·bank·er [telb + niet-telb zn; mv: ook mossbunker] soort haring ⟨vooral Noord-Amerikaanse oostkust; Brevoortia tyrannus⟩

moss-grown [bn] bemost, mossig

moss hag [telb zn] ⟨SchE⟩ veendobbe, veenput ⟨door ontvening ontstaan meertje⟩

mos·sie, moz·zie /mɒzi, ᴬmɑzi/ [telb zn] ⟨AuE; inf⟩ mug

mos·so /mɒsoʊ, ᴬmoʊsoʊ/ [bw] ⟨muz⟩ mosso, beweeglijk, levendig

moss rose [telb zn] ⟨plantk⟩ mosroos ⟨Rosa centifolia muscosa⟩

moss stitch [niet-telb zn] gerstekorrel(steek) ⟨breisteek: een recht, een averecht⟩

moss-troop·er [telb zn] ① struikrover ⟨in het Engels-Schotse grensgebied in de 17e eeuw⟩ ② stroper, plunderaar

moss·y /mɒsi, ᴬmɔsi/ [bn; vergr trap: mossier; zn: mossiness] ① bemost ② mossig ⟨ook figuurlijk⟩, mos- ♦ *mossy green* mosgroen

¹**most** /moʊst/ [onbep vnw; overtreffende trap van much en many] meeste(n), grootste gedeelte van ♦ *twelve at (the) most/at the very most* hoogstens twaalf; *most of it is/most of them are poor* het grootste deel ervan is van slechte kwaliteit; *this is the most I can do* dit is al wat ik kan doen, meer kan ik niet doen; *his work is better than most* hij werkt beter dan de meeste mensen ◉ *this is at most but a temporary solution* dit is in het beste geval slechts een tijdelijke oplossing; ⟨sprw⟩ *lookers-on see most of the game* ± de toeschouwers zien beter wat er gebeurt dan de deelnemers

²**most** /moʊst/ [bw; in bet 1 en bet 2 overtreffende trap van much] ① meest, hoogst, zeer, uiterst, aller- ♦ *what bothers me most (of all), what most bothers me* wat mij het meest (van allemaal) dwars zit; *most enjoyable* zeer/hoogst vermakelijk; *most probably* he won't come hoogstwaarschijnlijk komt hij niet; *most Reverend Father* Zeereerwaarde Pa-

ter; *most of all I like books* bovenal/voor alles houd ik van boeken ② -st(e), meest ♦ *the most **difficult** problem* het moeilijkste probleem ③ ⟨AE; inf⟩ bijna, haast ♦ *most **anything*** bijna alles; *most every evening* bijna elke avond; *most **unbelievable*** bijna ongelofelijk ⑥ ⟨sprw⟩ *advice when most needed is least heeded* ± wie niet te raden is, is niet te helpen; ⟨sprw⟩ *they brag most who can do least* de grootste klappers zijn de minste doeners, ± eigen roem stinkt

³**most** /moʊst/ [onbep det; overtreffende trap van much en many] meeste ♦ *I have made most errors* ik heb de meeste vergissingen begaan; *'The Cats' made the most noise* 'The Cats' maakten het meeste/grootste lawaai; *for the most part* grotendeels, in het algemeen ⑥ ⟨sprw⟩ *busiest men find the most time* die het meest te doen heeft, heeft de meeste tijd; ⟨sprw⟩ *empty barrels/vessels make the most sound* holle vaten klinken het hardst; ⟨sprw⟩ *do as most men do, then most men will speak well of you* ± men moet doen gelijk het gezelschap, ± men moet huilen met de wolven in het bos

-most /moʊst/ ⟨vormt bijvoeglijk naamwoord met een superlatief karakter van o.m. voorzetsels⟩ ♦ *inmost* binnenste; ⟨fig⟩ intiemste; *topmost* allerhoogst(e)

most-fa·voured-na·tion clause [telb zn] ⟨handel⟩ meestbegunstigingsclausule

most·ly /ˈmoʊstli/ [bw] grotendeels, voornamelijk, vooral, meestal, in het algemeen ♦ *the audience, mostly blacks* de toehoorders, voornamelijk zwarten; *they are mostly reliable* ze zijn in het algemeen betrouwbaar

mot /moʊ/ [telb zn; mv: mots /moʊ(z)/] kwinkslag, (bon) mot

MOT [telb zn] ⟨BE; inf⟩ ① (Ministry of Transport) verplichte jaarlijkse keuring ⟨voor auto's ouder dan 3 jaar⟩ ② (Ministry of Transport) (bewijs van) goedkeuring ⟨na MOT-test⟩

mote /moʊt/ [telb zn] stofje, stofdeeltje ⑥ *a mote in s.o.'s eye* een splinter in iemands oog ⟨naar Matth. 7:3⟩

mo·tel /moʊˈtel/ [telb zn] motel

mo·tet /moʊˈtet/ [telb zn] ⟨muz⟩ motet

¹**moth** /mɒθ, ˆmɔːθ/ [telb zn] ① mot ⟨familie Tineidae⟩ ② nachtvlinder, uil(tje), nachtkapel ⟨Heterocera, onderafdeling van de orde der Lepidoptera⟩ ③ iemand die als een vlieg op de stroop afkomt

²**moth** /mɒθ, ˆmɔːθ/ [niet-telb zn; the] mot ♦ *this sweater has got the moth in it* de mot zit in deze trui

¹**moth·ball** [telb zn] mottenbal ♦ ⟨fig⟩ *in mothballs* in de mottenballen, opgelegd

²**moth·ball** [ov ww] opleggen, in de mottenballen doen

moth-eat·en [bn] mottig, aangevreten door de mot, pokdalig ② ⟨pej⟩ versleten, aftands ♦ *a moth-eaten phrase* een afgezaagde uitdrukking, een cliché

¹**moth·er** /ˈmʌðə, ˆ-ər/ [telb zn] ① moeder ⟨ook figuurlijk⟩, bron, oorsprong ♦ *adoptive mother* adoptiefmoeder; *become a mother* moeder worden, een kind krijgen; *expectant/pregnant mother* aanstaande moeder; *Mother of God* Moeder Gods; *misgovernment is often considered the mother of revolt* wanbestuur wordt vaak beschouwd als dé bron voor opstandigheid ② moeder(-overste) ♦ *mother superior* moeder-overste ③ ⟨ook Mother⟩ moeder(tje), oudere vrouw uit het volk ④ broedmachine, kunstmoeder ♦ *artificial mother* broedmachine, kunstmoeder ⑤ → **motherfucker** ⑥ ⟨AE; sl; mil⟩ moedertoestel ⑦ ⟨AE; sl⟩ nicht, homoseksueel ⑥ *be mother* thee schenken; ⟨inf⟩ *go home to your mother* je tante!; ⟨inf⟩ *does your mother know you're out?* laat naar je kijken!; ⟨sprw⟩ *he that would the daughter win, must with the mother first begin* die de dochter trouwen wil, moet de moeder vrijen; ⟨sprw⟩ *experience is the mother of wisdom* ± ondervinding is de beste leermeester; ⟨sprw⟩ *necessity is the mother of invention* nood zoekt list, nood doet wonderen; ⟨sprw⟩ *want is the mother of industry* nood zoekt brood

²**moth·er** /ˈmʌðə, ˆ-ər/ [niet-telb zn] azijnmoer ♦ *mother of vinegar* azijnmoer

³**moth·er** /ˈmʌðə, ˆ-ər/ [ov ww] ① baren ⟨vaak figuurlijk⟩ ② (be)moederen, als een moeder zorgen voor, betuttelen ③ als (geestes)kind erkennen

moth·er·board [telb zn] ⟨comp⟩ moederbord

Moth·er Car·ey's chick·en /ˈmʌðə ˈkeəriz ˈtʃɪkɪn, ˆmʌðər ˈker-/ [telb zn] ⟨dierk⟩ stormvogeltje ⟨Hydrobates pelagius⟩

Moth·er Car·ey's goose /ˈmʌðə ˈkeəriz ˈɡuːs, ˆmʌðər ˈker-/ [telb zn] ⟨dierk⟩ zuidelijke reuzenstormvogel ⟨Macronectes giganteus⟩

mother church [telb zn] moederkerk

Moth·er Church [eigenn] ⟨rel⟩ (onze) moeder (, de Heilige Kerk)

moth·er coun·try [telb zn] ① vaderland, geboorteland ② moederland, land van herkomst

moth·er·craft [niet-telb zn] deskundig moederschap, bedrevenheid als moeder ♦ *courses in mothercraft* baby- en kleuterverzorgingslessen

moth·er earth [niet-telb zn] Moeder Aarde, de grond

moth·er·ese /ˌmʌðəˈriːz/ [niet-telb zn] oudertaal

moth·er·fuck·er, mother [telb zn] ⟨AE; vulg⟩ klootzak, lul

Moth·er Goose [eigenn] Moeder de Gans

Moth·er Goose rhyme [telb zn] ⟨AE⟩ kinderversje, berijmde kindervertelling

moth·er·hood /ˈmʌðəhʊd, ˆ-ər-/ [niet-telb zn] moederschap

¹**Moth·er Hub·bard** /ˌmʌðə ˈhʌbəd, ˆ-ər ˈhʌbərd/ [eigenn] Mother Hubbard ⟨hoofdpersoon uit kinderversje⟩

²**Moth·er Hub·bard** /ˌmʌðə ˈhʌbəd, ˆ-ər ˈhʌbərd/ [telb zn] ① zakjurk, reformjurk ② ⟨AE; sl⟩ locomotief met cabine in het midden

Moth·er·ing Sun·day [eigenn] ⟨BE⟩ (Britse) Moederdag ⟨vierde zondag van de vasten⟩

moth·er-in-law [telb zn; mv: mothers-in-law] schoonmoeder

moth·er·land [telb zn] ① vaderland, geboorteland ② moederland, land van herkomst

moth·er·less /ˈmʌðələs, ˆ-ər-/ [bn] moederloos

moth·er·like /ˈmʌðəlaɪk, ˆ-ər-/ [bn] moederlijk, als een moeder

moth·er·li·ness /ˈmʌðəlinəs, ˆ-ər-/ [niet-telb zn] moederliefde, moederlijkheid

moth·er liq·uor [niet-telb zn] ⟨scheik⟩ moederloog

mother lode [telb zn] ⟨AE⟩ rijke (goud/zilver/...)ader/ (goud/zilver/...)mijn, ⟨fig⟩ goudmijn, onuitputtelijke bron, overvloed, (ongekende) weelde

moth·er·ly /ˈmʌðəli, ˆ-ər-/ [bn] moederlijk

Moth·er Mc·Cre·a /ˌmʌðə məˈkreɪ, ˆmʌðər -/ [telb zn] ⟨AE; sl⟩ ① alibi ② smartlap ⟨naar figuur uit Iers volksliedje⟩

moth·er-na·ked [bn; zn: mother-nakedness] moedernaakt, spiernaakt

Moth·er Na·ture [niet-telb zn] Moeder Natuur

moth·er-of-mil·lions, moth·er-of-thou·sands [telb zn] ⟨plantk⟩ muurleeuwenbek ⟨Linaria cymbalaria⟩

moth·er-of-pearl [niet-telb zn] paarlemoer

moth·er-of-thyme [telb zn] ⟨plantk⟩ wilde tijm ⟨Thymus serpyllum⟩

mother right [niet-telb zn] moederrecht, matriarchaat

mother's boy [telb zn] moederskindje

Mother's Day [eigenn] ① ⟨BE⟩ → **Mothering Sunday** ② ⟨AE⟩ Moederdag

mother ship [telb zn] ⟨vnl BE⟩ moederschip

mother's milk [niet-telb zn] moedermelk ♦ *drink/suck/ take in with one's mother's milk* met de paplepel ingegeven krijgen

mother's ruin [niet-telb zn] ⟨vero; BE; scherts⟩ gin

mother's son [telb zn] man ♦ *every mother's son* iedereen, niemand uitgezonderd

mother-to-be [telb zn] aanstaande moeder
mother tongue [telb zn] moedertaal, stamtaal
mother wit [niet-telb zn] gezond verstand, intelligentie van huis uit
moth·er·wort /mʌðəwɜːt, ᴬmʌðərwɜːrt/ [niet-telb zn] ⟨plantk⟩ hartgespan ⟨Leonurus cardiaca⟩
moth·er·y /mʌðəri/ [bn] schimmelig
moth mullein [niet-telb zn] ⟨plantk⟩ mottenkruid ⟨Verbascum blattaria⟩
¹**moth·proof** [bn] motecht
²**moth·proof** [ov ww] motecht maken
moth·y /mɒθi, ᴬmɔθi/ [bn; vergr trap: mothier] mottig, vol mot, door mot beschadigd
mo·tif /moʊtiːf/ [telb zn] ① (leid)motief, (grond)thema ② ⟨muz⟩ motief ③ motief ⟨zich op regelmatige wijze herhalende vorm of (versierings)figuur⟩ ④ kantgarnering ⑤ autovignet, auto-embleem
mo·tile /moʊtaɪl, ᴬmoʊtl/ [bn] ⟨biol⟩ beweeglijk, tot beweging in staat
mo·til·i·ty /moʊtɪləti/ [niet-telb zn] ⟨biol⟩ motiliteit, beweeglijkheid, bewegingsvermogen
¹**mo·tion** /moʊʃn/ [telb zn] ① beweging, gebaar, wenk, verandering van plaats/houding ◆ *her motions were graceful* haar bewegingen waren gracieus ② motie ③ ⟨jur⟩ verzoek om een rechterlijke uitspraak ④ mechaniek, bewegend mechanisme ⑤ impuls, opwelling ⑥ *go through the motions* plichtmatig/voor de vorm verrichten; de schijn ophouden, net doen alsof
²**mo·tion** /moʊʃn/ [niet-telb zn] ① beweging, gang, loop ◆ *the train was already in motion* de trein had zich al in beweging gezet; *put/set sth. in motion* iets in beweging zetten/op gang brengen; *the film was shown in slow motion* de film werd vertraagd afgedraaid ② ⟨BE⟩ defecatie, ontlasting
³**mo·tion** /moʊʃn/ [onov ww] wenken, door een gebaar beduiden/te kennen geven ◆ *he motioned to her to come nearer* hij gaf haar een teken/beduidde haar dichterbij te komen
⁴**mo·tion** /moʊʃn/ [ov ww] (door een handgebaar) beduiden, gebaren ◆ *motion aside/away* gebaren aan de kant/weg te gaan; *the policeman motioned the crowd to keep moving* de agent gebaarde de mensen door te lopen
mo·tion·al /moʊʃnəl/ [bn] kinetisch, van beweging
mo·tion·less /moʊʃnləs/ [bn; bw: ~ly; zn: ~ness] onbeweeglijk, doodstil
motion picture [telb zn] (speel)film, bioscoopfilm
mo·tions /moʊʃnz/ [alleen mv] ① ⟨BE⟩ stoelgang ② ontlasting, uitwerpselen
motion sickness [niet-telb zn] bewegingsziekte, zeeziekte, luchtziekte, wagenziekte
motion study [telb zn] arbeidsanalyse, bewegingsstudie ⟨ook beeldende kunst⟩
mo·ti·vate /moʊtɪveɪt/, **motive** /moʊtɪv/ [ov ww] motiveren, een aanleiding vormen, een beweegreden opleveren, aanzetten, de interesse prikkelen ◆ *politically motivated* om politieke redenen
mo·ti·va·tion /moʊtɪveɪʃn/ [telb + niet-telb zn] ① motivering ② motivatie, gemotiveerdheid
mo·ti·va·tion·al /moʊtɪveɪʃnəl/ [bn] m.b.t. de motivatie, de motivatie betreffend ◆ *motivational research* motivatieonderzoek
motivation research [telb zn] motivatieonderzoek
¹**mo·tive** /moʊtɪv/ [telb zn] ① motief, beweegreden, drijfveer, aanleiding ◆ *without motive* ongegrond, zonder reden(en) ② → motif
²**mo·tive** /moʊtɪv/ [bn, attr] beweging veroorzakend ◆ *motive power* beweegkracht, drijfkracht
³**mo·tive** /moʊtɪv/ [ov ww] → motivate
mo·tive·less /moʊtɪvləs/ [bn] ongemotiveerd, zonder motief
mo·tiv·i·ty /moʊtɪvəti/ [niet-telb zn] beweegkracht, drijfkracht

mot juste [telb zn; mv: mots justes /moʊ ʒuːst/] mot juste, juiste woord, de spijker op de kop
¹**mot·ley** /mɒtli, ᴬmɑtli/ [telb zn] bonte mengeling, mengelmoes
²**mot·ley** /mɒtli, ᴬmɑtli/ [niet-telb zn] narrenkledij, narrenpak ◆ *put on/wear (the) motley* zich als nar verkleden; de pias spelen/uithangen
³**mot·ley** /mɒtli, ᴬmɑtli/ [bn] bont, geschakeerd, uiteenlopend, ⟨pej⟩ samengeraapt ◆ *a motley collection of books* een bonte verzameling boeken; *motley crew* zootje ongeregeld
⁴**mot·ley** /mɒtli, ᴬmɑtli/ [bn, attr] (veel)kleurig, bont, geschakeerd ◆ *a motley dress* een kleurige jurk
mot·mot /mɒtmɒt, ᴬmɑtmɑt/ [telb zn] ⟨dierk⟩ motmot ⟨familie Momotidae⟩
mo·to /moʊtoʊ/ [telb zn] ⟨motorsp⟩ reeks, manche
mo·to·cross /moʊtoʊkrɒs, ᴬmoʊtoʊkrɔs/ [niet-telb zn] ① motorcross ② rallycross
¹**mo·tor** /moʊtə, ᴬmoʊtər/ [telb zn] ① motor, verbrandingsmotor, elektromotor ② ⟨BE⟩ → motorcar ③ motor, drijvende kracht ④ ⟨biol⟩ motor ⟨zenuw/spier die beweging veroorzaakt/uitvoert⟩
²**mo·tor** /moʊtə, ᴬmoʊtər/ [bn, attr] ① motor-, met motoraandrijving, auto- ◆ *motor industry* auto-industrie; *motor mower* motormaaier ② motorisch ◆ *motor nerve* motorische zenuw
³**mo·tor** /moʊtə, ᴬmoʊtər/ [onov ww] ⟨vero⟩ per auto reizen, rijden ◆ *we motored from Dover to London* we gingen met de auto van Dover naar Londen; → motoring
⁴**mo·tor** /moʊtə, ᴬmoʊtər/ [ov ww] per auto vervoeren; → motoring
mo·tor-as·sist·ed [bn] voorzien van hulpmotor ◆ *motor-assisted pedal bicycle* rijwiel met hulpmotor, bromfiets
mo·tor·bike [telb zn] ① ⟨BE⟩ motor(fiets) ◆ *I came by motorbike* ik ben met/op de motor ② ⟨AE⟩ bromfiets, brommer, lichte motor(fiets)
mo·tor·boat [telb zn] motorboot, racebooot, speedboot
motor cab [telb zn] taxi
mo·tor·cade /moʊtəkeɪd, ᴬmoʊtər-/ [telb zn] ⟨vnl AE⟩ autocolonne, stoet/optocht van auto's, autocorso
mo·tor·car [telb zn] auto(mobiel)
motor caravan [telb zn] ⟨BE⟩ kampeerbus
motor court [telb zn] ⟨AE⟩ motel
mo·tor·cy·cle [telb zn] motor(fiets)
motorcycle race [telb zn] ⟨sport⟩ motorrace
motorcycle racing [niet-telb zn] ⟨sport⟩ motorrensport
mo·tor·cy·cling [niet-telb zn] het motorrijden, het toeren met de motor(fiets)
mo·tor·cy·clist [telb zn] motorrijder
mo·tor·drome /moʊtədroʊm, ᴬmoʊtər-/ [telb zn] ⟨AE⟩ motodroom, renbaan, piste ⟨voor motorfietsen⟩
motor fitter [telb zn] automonteur
motor home [telb zn] kampeerauto, camper
mo·to·ri·al /moʊtɔːriəl/ [bn] motorisch, in beweging brengend
mo·to·ring /moʊtərɪŋ/ [niet-telb zn; gerund van motor] het autorijden, het toeren met de auto
motor inn [telb zn] ⟨AE⟩ motel
mo·tor·ist /moʊtərɪst/ [telb zn] automobilist, autorijder
mo·tor·i·za·tion, mo·tor·i·sa·tion /moʊtəraɪzeɪʃn, ᴬmoʊtərə-/ [niet-telb zn] motorisering
mo·tor·ize, mo·tor·ise /moʊtəraɪz/ [ov ww] motoriseren
motor launch [telb zn] motorbarkas
motor lodge [telb zn] ⟨AE⟩ motel
motor lorry [telb zn] ⟨BE⟩ vrachtauto
mo·tor·man /moʊtəmən, ᴬmoʊtər-/ [telb zn; mv: motormen /-mən/] ① wagenbestuurder ⟨van tram, metro of stadsspoor⟩ ② chauffeur ⟨van bus of truck⟩
motor mechanic [telb zn] mecanicien, monteur

mo·tor·mouth [telb zn] ⟨inf⟩ kletskous, babbelkous, kwebbelaar, grote mond
motor nerve [telb zn] motorische zenuw
motor neurone disease [niet-telb zn] ⟨med⟩ motorneuronziekte
motor-paced race [telb zn] ⟨wielersp⟩ stayerswedstrijd
motor-paced racer [telb zn] ⟨wielersp⟩ stayer
motor pacer [telb zn] ⟨wielersp⟩ gangmaker
motor pool [telb zn] ⟨AE⟩ carpool
motor race [telb zn] ⟨sport⟩ autorace
motor racing [niet-telb zn] ⟨sport⟩ autorensport
motor scooter [telb zn] scooter
mo·tor·ship [telb zn] ⟨zeewaardig⟩ motorship
motor show [telb zn] autotentoonstelling
motor sleigh [telb zn] motorslee
mo·tor·truck [telb zn] ⟨AE⟩ vrachtwagen
motor van [telb zn] ⟨BE⟩ bestelwagen
motor vehicle [telb zn] motorvoertuig
mo·tor·way [telb zn] ⟨BE⟩ autosnelweg
mo·to·ry /moʊtəri/ [bn] motorisch ♦ *motory nerves* motorische zenuwen
Mo·town /moʊtaʊn/ [eigenn] ⟨inf⟩ Detroit
MOT-test [telb zn] ⟨BE; inf⟩ verplichte jaarlijkse keuring ⟨voor auto's ouder dan 3 jaar⟩
¹**mot·tle** /mɒtl, ᴬmɑtl/ [telb zn] ① vlek, spikkel ② (geschakeerd) vlekkenpatroon
²**mot·tle** /mɒtl, ᴬmɑtl/ [ov ww; vaak in volt deelw] vlekken, spikkelen, marmeren, aderen, schakeren ♦ *mottled linoleum* gemarmerd linoleum; *the mottled skin of a snake* de gevlekte huid van een slang
mot·to /mɒtoʊ, ᴬmɑtoʊ/ [telb zn; mv: ook mottoes] ① devies, wapenspreuk, motto, lijfspreuk ♦ *the mottos of the chapters tend to be quotations* het motto van de hoofdstukken is gewoonlijk een citaat ② ⟨vnl BE⟩ ulevellenrijmpje, ulevellenspreuk ③ → **motto kiss** ④ → **motto theme**
motto kiss [telb zn] ⟨AE⟩ ulevel
motto theme [telb zn] ⟨muz⟩ leidmotief
mouch [onov + ov ww] → **mooch**
moue /muː/ [zn] pruilend gezicht(je), pruilmond(je)
mou·flon, mouf·flon /muːflɒn, ᴬmuːflɑn/ [telb zn] ⟨dierk⟩ moeflon ⟨wild schaap op Corsica en Sardinië; Ovis musimon⟩
mouil·lé /muːjeɪ, ᴬ-jeɪ/ [bn] ⟨taalk⟩ gemouilleerd, gepalataliseerd
mou·jik, mu·zhik /muːʒɪk, ᴬ-ʒɪk/ [telb zn] moezjiek, Russische (kleine) boer ⟨vóór 1917⟩
¹**mould**, ⟨AE⟩ **mold** /moʊld/ [telb zn] ① ⟨benaming voor⟩ vorm die als model dient, vorm, lijnen ⟨voornamelijk van dierenlichaam⟩, mal, matrijs, gietvorm, sjabloon, vorm, pudding(vorm), aard, karakter ♦ *break the mould of* met de tradities breken van, afwijken van de tradities van; *cast in one/the same mould* uit hetzelfde hout gesneden, met één sop overgoten; *cast in stubborn/heroic mould* koppig/heldhaftig (van karakter); *she's made/cast in her father's mould* zij heeft een aardje naar haar vaartje ② → **moulding**
²**mould**, ⟨AE⟩ **mold** /moʊld/ [telb + niet-telb zn] schimmel ♦ *contract mould* beschimmelen
³**mould**, ⟨AE⟩ **mold** /moʊld/ [niet-telb zn] ① teelaarde, bladaarde ♦ *a man of mould* sterveling, een mens van vlees en bloed ② (de aarde van) het graf
⁴**mould**, ⟨AE⟩ **mold** /moʊld/ [onov ww] ⟨AE⟩ beschimmelen; → **moulding**
⁵**mould**, ⟨AE⟩ **mold** /moʊld/ [ov ww] ① vormen, vorm geven, kneden, boetseren, modelleren, een gietvorm maken voor ♦ *mould bread into balls* brood tot balletjes kneden; ⟨scheepv⟩ *moulded breadth* grootste breedte over de spanten; ⟨fig⟩ *mould a person's character* iemands karakter vormen; ⟨scheepv⟩ *moulded depth* diepte van kielbalk tot dek,

grootste diepte; *mould a head from/in/out of clay* een kop uit/van klei boetseren; *moulded on* naar het patroon/voorbeeld van ② aanaarden, met aarde bedekken ③ ⟨vero⟩ doen beschimmelen; → **moulding**
mould·a·ble, ⟨AE⟩ **mold·a·ble** /moʊldəbl/ [bn] kneedbaar
mould·board [telb zn] strijkbord ⟨van een ploeg⟩, ri(e)ster
¹**mould·er**, ⟨AE⟩ **mold·er** /moʊldə, ᴬ-ər/ [telb zn] vormdraaier, vormer, maker van gietvormen
²**mould·er**, ⟨AE⟩ **mold·er** /moʊldə, ᴬ-ər/ [onov ww] (tot stof) vergaan, vermolmen, verrotten, wegschrompelen ⟨ook figuurlijk⟩
mould·ing, ⟨AE⟩ **mold·ing** /moʊldɪŋ/ [telb zn; oorspronkelijk tegenwoordig deelw van mould] ① afgietsel, afdruk, moulage ② ⟨bouwk⟩ lijstwerk, profiel, lofwerk, ⟨België⟩ moulure
mould loft [telb zn] ⟨scheepv⟩ mal(len)zolder
moulds, ⟨AE⟩ **molds** /moʊldz/ [alleen mv; the] (de aarde van) het graf
mould·warp, ⟨AE⟩ **mold·warp** /moʊldwɔːp, ᴬ-wɔrp/ [telb zn] ⟨vero of gew⟩ mol
mould·y, ⟨AE⟩ **mold·y** /moʊldi/ [bn; vergr trap: mouldier; zn: mouldiness] ① beschimmeld, schimmelig ② muf ♦ *a mouldy smell* een muffe lucht ③ afgezaagd, oudbakken, muf, stoffig, vermolmd ♦ *his brains are getting rather mouldy* het wordt wat stoffig in zijn bovenkamer ④ ⟨BE; sl⟩ waardeloos ♦ *what a mouldy meal!* wat hebben we beroerd gegeten! ⑤ ⟨BE; kind⟩ kinderachtig, streng ♦ *a mouldy old uncle* een ouwe zuurpruim van een oom ⑥ ⟨BE; kind⟩ miezerig, krenterig ♦ *all we got was a mouldy five pence* een rottig/luizig kwartje was al wat we kregen ⑦ ⟨AE; sl⟩ *a mouldy fig* een ouwe zak
mou·lin /muːlɪn, ᴬ-lẽ/ [telb zn] ⟨geol⟩ gletsjermolen
¹**moult**, ⟨AE⟩ **molt** /moʊlt/ [telb zn] rui, het ruien, het verharen, het vervellen ♦ *in moult* in/aan de rui
²**moult**, ⟨AE⟩ **molt** /moʊlt/ [onov + ov ww] ruien, verharen, vervellen, (veren/huid/hoorns) verliezen/afleggen/afwerpen ♦ ⟨fig⟩ *moult one's old notions* afstand doen van zijn oude opvattingen
¹**mound** /maʊnd/ [telb zn] ① aardhoop, aardverhoging, terp, (graf)heuvel, tumulus, ⟨fig⟩ berg, hoop ② wal, aarden omheining, dam, dijk ③ ⟨honkb⟩ (werp)heuvel ④ ⟨heral⟩ rijksappel
²**mound** /maʊnd/ [ov ww] ① ophopen, opstapelen ② omwallen, met aarde omringen, bedekken ♦ *mound the roses* de rozen aanaarden
¹**mount** /maʊnt/ [telb zn] ① ⟨vaak Mount; verouderd behalve in namen⟩ berg, heuvel ♦ *Mount Everest* de Everest; *Mount of Olives* de Olijfberg ② ⟨handlijnkunde⟩ berg ③ rijdier ④ rijwiel, fiets ⑤ ⟨benaming voor⟩ iets waarop men iets plaatst om het tentoon te stellen, standaard ⟨in etalage⟩, voet ⟨van bokaal⟩, beslag, zetting, montering ⟨van juwelen⟩, opplakkarton, opzetkarton ⟨van foto, plaatje⟩, rand, montuur, omlijsting, prepareerglaasje, preparaat ⑥ (geschut)wagen, affuit, opzet
²**mount** /maʊnt/ [onov ww] ① (op)stijgen, (op)klimmen, omhoog gaan, rijzen ♦ *with mounting indignation* met stijgende/toenemende verontwaardiging; *the blood mounted over his cheeks* het bloed vloog naar zijn wangen; *the blood mounted to his head* het bloed steeg hem naar het hoofd, hij bloosde diep; *the expenses mount up to a huge amount* de uitgaven lopen tot een enorm bedrag op ② een paard bestijgen/berijden ♦ *mounted on a thoroughbred* gezeten op een volbloed ③ ⟨BE; sl⟩ meineed plegen, valse getuigenis afleggen; → **mounting**
³**mount** /maʊnt/ [ov ww] ① bestijgen, beklimmen ♦ *mount the throne* de troon beklimmen/aanvaarden ② opgaan, opklimmen, opstijgen ♦ *he mounted the stairs* hij liep de trap op ③ bespringen, dekken, copuleren met ♦ *the bull*

mountain

mounted the cow de stier dekte de koe [4] te paard zetten, laten rijden, van rijdier voorzien ♦ *badly mounted* van slechte rijdieren voorzien; *he mounted his son on a mule* hij zette zijn zoon op een muilezel; *the soldiers were mounted on black horses* de soldaten bereden zwarte paarden; *mounted police* bereden politie; *the stable can mount all of them* de stal kan ze allemaal van een paard voorzien [5] ⟨benaming voor⟩ iets op iets plaatsen, voeren ⟨stukken geschut⟩, opzetten, opstellen ⟨geweren enz.⟩, uitstallen, (ver)tonen ⟨kledingstukken⟩, opplakken, opzetten ⟨foto's⟩, opprikken ⟨vlinders⟩, zetten, vatten ⟨juwelen⟩, beslaan ⟨met zilver⟩, toebereiden, toerusten, uitrusten, prepareren [6] organiseren, in stelling brengen ♦ *mount an attack* een aanval inzetten; *mount a bid* een bod uitbrengen; *mount a play* een toneelstuk ensceneren; → **mounting**
moun·tain /maʊntɪn, ᴬmaʊntn̩/ [telb zn] berg, heuvel, hoop ♦ *mountains/a mountain of dirty clothes* een stapel vuile kleren, massa's vuile kleren; *mountain(s) high waves* huizenhoge golven [·] *the mountain has produced a mole* de berg heeft een muis gebaard; *make a mountain out of a molehill* van een mug een olifant maken; *move mountains* bergen verzetten, hemel en aarde bewegen; ⟨sprw⟩ *if the mountain won't come to Mahomet, Mahomet must go to the mountain* als de berg niet tot Mohammed wil komen, dan moet Mohammed naar de berg gaan
mountain ash [telb zn] ⟨plantk⟩ [1] lijsterbes, sorbenboom ⟨genus Sorbus, voornamelijk S. aucuparia⟩ [2] Australische eucalyptus, gomboom
mountain bicycle, mountain bike [telb zn] terreinfiets, klimfiets
mountain board, all-terrain board [telb zn] mountainboard ⟨skateboard voor op berghellingen⟩, all-terrainboard
mountain chain [telb zn] bergketen
mountain classification [telb zn] ⟨wielersp⟩ bergklassement
moun·tain-climb·ing [niet-telb zn] het bergbeklimmen, alpinisme
mountain cock [telb zn] ⟨dierk⟩ auerhaan ⟨Tetrao urogallus⟩
mountain devil [telb zn] ⟨dierk⟩ bergduivel ⟨Australische hagedis; genus Moloch⟩
¹**moun·tain·eer** /maʊntɪnɪə, ᴬmaʊntnɪr/ [telb zn] [1] bergbeklimmer, bergbeklimster [2] bergbewoner, bergbewoonster [3] lid van de Bergpartij, lid van 'La Montagne'
²**moun·tain·eer** /maʊntɪnɪə, ᴬmaʊntnɪr/ [onov ww] bergbeklimmen, alpinisme bedrijven; → **mountaineering**
moun·tain·eer·ing /maʊntɪnɪərɪŋ, ᴬmaʊntnɪrɪŋ/ [niet-telb zn; gerund van mountaineer] bergsport, alpinisme
mountain finch [telb zn] ⟨dierk⟩ keep ⟨Fringilla montifringilla⟩
mountain goat [telb zn] ⟨dierk⟩ [1] sneeuwgeit, sneeuwgems ⟨Oreamnos americanus⟩ [2] ⟨alg⟩ berggeit, wilde geit
mountain gorp [niet-telb zn] studentenhaver
mountain laurel [telb zn] ⟨plantk⟩ breedbladige lepelboom ⟨Kalmia latifolia⟩
mountain lion [telb zn] ⟨dierk⟩ poema ⟨Felis concolor⟩
moun·tain·ous /maʊntɪnəs, ᴬmaʊntn·əs/ [bn] [1] bergachtig, berg- [2] gigantisch, reusachtig, huizenhoog, enorm (groot), kolossaal
mountain oyster [telb + niet-telb zn] ⟨vnl AE; cul⟩ lamstestikels, varkenstestikels
mountain range [telb zn] bergkam, bergketen
mountain refuge [telb zn] berghut
mountain sickness [niet-telb zn] bergziekte, hoogteziekte
moun·tain·side [telb zn] berghelling
Mountain Standard Time, Mountain Time [niet-telb zn] Mountain States Time, Mountain Standard Time

mountain tobacco [niet-telb zn] ⟨plantk⟩ valkruid, wolverlei ⟨Arnica montana⟩
moun·tain-top [telb zn] bergtop
moun·te·bank /maʊntɪbæŋk/ [telb zn] [1] ⟨rondtrekkend⟩ kwakzalver, lapzalver, kakadoris [2] charlatan, bedrieger, gladakker, oplichter [3] clown, nar
Moun·tie, Moun·ty /maʊnti/ [telb zn] ⟨inf⟩ lid van de 'Royal Canadian Mounted Police'
mount·ing /maʊntɪŋ/ [telb zn; oorspronkelijk tegenwoordig deelw van mount] [1] bevestiging, montuur, montage, montering, zetting, beslag [2] bevestigingsstuk, bevestigingsring, bevestigingsschroef ⟨enz.⟩, bevestigingspunt
¹**mourn** /mɔːn, ᴬmɔrn/ [onov ww] [1] rouwen, in de rouw zijn, treuren, van rouw vervuld zijn, weeklagen ♦ *he mourns for/over the loss of his daughter* hij rouwt om het verlies van zijn dochter [2] rouw dragen
²**mourn** /mɔːn, ᴬmɔrn/ [ov ww] betreuren, bedroefd zijn over, bewenen
mourn·er /mɔːnə, ᴬmɔrnər/ [telb zn] [1] rouwdrager, rouwdraagster, treurende [2] rouwklager, rouwklaagster, huilebalk
mourners' bench [telb zn] ⟨AE⟩ zondaarsbankje ⟨bij bijeenkomsten van religieuze 'revivalists'⟩
mourn·ful /mɔːnfl, ᴬmɔrn-/ [bn; bw: ~ly; zn: ~ness] bedroefd, triest, treurig, verdrietig, somber
mourn·ing /mɔːnɪŋ, ᴬmɔr-/ [niet-telb zn] [1] rouw, rouwdracht, rouwkledij ♦ *deep mourning* zware rouw; *half mourning* halve rouw; *stop being in mourning* uit de rouw gaan, de rouw afleggen; *go into mourning* de rouw aannemen, zich in rouw storten [2] het rouwen, het treuren, het tonen van smart [3] rouwtijd, treurtijd
mourning band [telb zn] rouwband
mourning dove [telb zn] ⟨dierk⟩ treurduif ⟨Zenaidura macroura carolinensis⟩
mourning ring [telb zn] ring ter nagedachtenis van een overledene, gedachtenisring
¹**mouse** /maʊs/ [telb zn; mv: mice /maɪs/; mv: in bet 4 voornamelijk mouses] [1] muis ♦ *mouse-coloured* muiskleurig [2] ⟨inf⟩ bangerik, bang vogeltje, schuw persoon ⟨vooral van vrouw⟩ [3] ⟨inf⟩ mop, dotje, schatje ⟨vooral van vrouw⟩ [4] ⟨comp⟩ muis [5] ⟨sl⟩ blauw oog [6] ⟨scheepv⟩ muizing, touwverdikking, bindsel [·] ⟨sprw⟩ *a lion may come to be beholden to a mouse* ± soms kunnen de zwakken de sterken helpen; ⟨sprw⟩ *when the cat is away the mice will play* als de kat van huis is, dansen de muizen op tafel; ⟨sprw⟩ *the mouse that has but one hole is quickly taken* de muis die maar één gat en kent, is van de kat haast overrend
²**mouse** /maʊz/ [onov ww] [1] muizen, muizen vangen, jacht op muizen maken ♦ *mouse about* rondsnuffelen; *mouse round libraries* bibliotheken doorsnuffelen [2] snuffelen, (rond)neuzen, speuren, (rond)sluipen [3] ⟨scheepv⟩ muizen, bindselen
mouse deer [telb zn] ⟨dierk⟩ dwerghert ⟨familie Tragulidae⟩
mouse-ear [telb zn] ⟨plantk⟩ ⟨benaming voor⟩ plantje met oor/lepelvormige blaadjes, muizenoor ⟨Hieracium pilosela⟩, vergeet-mij-nietje ⟨genus Myosotis⟩, hoornbloem ⟨genus Cerastium⟩
mouse grey [niet-telb zn; vaak attributief] muisvaal, muisgrijs
mouse mat, mouse pad [telb zn] ⟨comp⟩ muismatje
mouse potato [telb zn] ⟨inf⟩ computerverslaafde, computerjunk
mous·er /maʊzə, ᴬ-ər/ [telb zn] muizenvanger, muizenkat, muizerd
¹**mouse·trap** /maʊs·træp/ [telb zn] [1] muizenval, val [2] ⟨AE; sl⟩ derderangs theater/nachtclub, zoldertheater [3] ⟨verk: mousetrap cheese⟩

²**mouse·trap** /m<u>au</u>s·træp/ [ov ww] in de val doen lopen, misleiden

mousetrap cheese [niet-telb zn] ⟨vnl BE; scherts⟩ inferieure kaas, prutkaas

mous·sa·ka /mu:s<u>a</u>kə/ [niet-telb zn] ⟨cul⟩ moussaka

¹**mousse** /mu:s/ [telb + niet-telb zn] ① ⟨cul⟩ mousse ② mousse, schuimverstevinger

²**mousse** /mu:s/ [ov ww] mousse/schuimverstevinger aanbrengen ⟨op het haar⟩, verstevigen met een mousse

mous·tache, ⟨AE ook⟩ **mus·tache** /məst<u>ɑ</u>:ʃ, ᴬ-stæʃ/ [telb zn] snor, snorrenbaard, knevel ◆ *a pair of moustaches* een snor(renbaard)

moustache cup [telb zn] snorrenkop

mous·tached, ⟨AE ook⟩ **mus·tached** /məst<u>ɑ</u>:ʃt, ᴬ-stæʃt/ [bn] met een snor(renbaard) ⦁ ⟨dierk⟩ *moustached warbler* zwartkopprietzanger ⟨Acrocephalus melanopogon⟩

moustachioed [bn] → mustachioed

Mous·te·ri·an, Mous·tie·ri·an /mu:st<u>ɪə</u>rɪən, ᴬ-stɪr-/ [bn] moustérien, uit het (middenpaleolithische) moustérien afkomstig

mous·y, mous·ey /m<u>au</u>si/ [bn; vergr trap: mousier; zn: mousiness] ① muisachtig ② muiskleurig, muisgrijs, muisvaal ⟨vooral van haar⟩ ③ timide ⟨vooral van vrouw⟩, verlegen, bangig ④ muisstil

¹**mouth** /mauθ/ [zn; mv: mouths /mauðz/] ① mond, muil, bek, snoet ◆ *the horse has a bad/hard mouth, not a good one* het paard is hard in de mond, niet zacht ⟨luistert slecht naar het bit, niet goed⟩; *a big mouth* een grote mond; *it is in everybody's mouth* iedereen heeft er de mond van vol; *another mouth to feed* alweer een mond (om) te voeden; *mouth-filling talk* gezwollen, bombastisch gepraat; *have a foul mouth* vuilbekken; *from mouth to mouth* van mond tot mond; *have you been blabbing your mouth?* heb je je mond voorbijgepraat?; *it sounds odd in his mouth* uit zijn mond klinkt het gek; *keep one's mouth shut* niets verklappen/verraden, zwijgen als het graf; *be in many mouths* over de tong gaan; *melt in the mouth* smelten op de tong; *with one mouth* uit één mond; *he didn't open his mouth* hij deed geen bek open; *out of s.o.'s own mouth* met iemands eigen woorden; *shut your mouth* hou je mond/bek/klep dicht; ⟨AE, gew⟩ *well, shut my mouth* asjemenou, wel heb je me daar, goeie hemel ⟨uitroep van verbazing⟩; *shut/stop s.o.'s mouth* iemand tot zwijgen brengen, iemand de mond snoeren; *a thin mouth* dunne lippen; *through the mouth of James* met Jacob als woordvoerder; *it makes my mouth water* het is begeerlijk, om van te watertanden; *take the words out of s.o.'s mouth* iemand de woorden uit de mond nemen ② ⟨benaming voor⟩ opening, ingang, toegang, (uit)monding ⟨van rivier⟩, mond ⟨van haven, tunnel, rivier, zak, oven, kanon, vulkaan⟩, zeegat, schacht ⟨van mijn⟩, tromp, muil ⟨van kanon⟩, bek ⟨van tang⟩, (klank)beker, paviljoen ⟨van blaasinstrument⟩, mondstuk, klanksspleet ⟨van orgelpijp⟩ ③ grijns, scheef gezicht ◆ *make mouths/a mouth at* gezichten trekken tegen, een scheve mond trekken tegen ④ ⟨AE; sl⟩ advocaat ⦁ ⟨inf⟩ *down in the mouth* terneergeslagen, bedrukt, ontmoedigd, gedeprimeerd; ⟨vnl AE; inf⟩ *shoot one's mouth off* zijn mond voorbijpraten; zijn mening luidkeels verkondigen; uit zijn nek(haren) kletsen, overdrijven

²**mouth** /mauθ/ [niet-telb zn] ① uitdrukking ◆ *give mouth to* uitdrukking geven aan ② geblaf, ⟨jacht⟩ hals ◆ *the dog gave mouth when it found the track* de hond sloeg aan/gaf hals toen hij het wildspoor vond ③ ⟨inf⟩ brutale bek, snavel, onbeschaamdheid ◆ *don't take any mouth from him* je moet je door hem niet laten afbekken ④ ⟨inf⟩ praatzucht, praatziekte, babbelzucht, praatjesmakerij ◆ ⟨inf⟩ *be all mouth and trousers* overal de mond van vol hebben, maar weinig doen, ± veel geschreeuw maar weinig wol

³**mouth** /mauð/ [onov ww] ① oreren, geaffecteerd/gemaakt spreken, declameren, galmen ② gezichten trekken, bekken trekken, grijnzen ③ de lippen (geluidloos) bewegen ④ uitmonden

⁴**mouth** /mauð/ [ov ww] ① declameren, geaffecteerd/bombastisch/hoogdravend/met pathos (uit)spreken/zeggen ◆ *you can hear them mouthing their multiplication tables* je kunt ze hun tafels van vermenigvuldiging horen opdreunen ② met de lippen (geluidloos) vormen, (voor zich uit) mompelen, murmelen, grommen ◆ *she was mouthing the words, but he didn't understand* zij vormde de woorden met haar lippen, maar hij begreep haar niet ③ de mond zetten aan, met de mond opnemen/grijpen, happen naar, bijten in, in de mond nemen ⟨van paard⟩ ◆ *mouth down some food* wat eten naar binnen werken ④ zorgvuldig kauwen ⑤ aan bit laten wennen ⟨paard⟩

mouth·breed·er [telb zn] mondbroeder

mouth·feel /mauθfi:l/ [niet-telb zn] ⟨cul⟩ mondgevoel

mouth·ful /mauθfʊl/ [telb zn] ① mond(je)vol, hapje, brokje, beet(je) ② ⟨inf; scherts⟩ hele mond vol, een lang woord, een woord waar je tong over struikelt ◆ *a large mouthful to swallow* moeilijk te slikken/geloven ③ ⟨sl⟩ iets belangrijks, gewichtige opmerking/uitdrukking ◆ *you said a mouthful* daar ben ik het roerend mee eens, goed gezegd

mouth organ [telb zn] ① mondorgel(tje), mondharmonica ② panfluit ③ monddeel ⟨van insecten⟩

mouth·piece /mauθpi:s/ [telb zn] ① mondstuk ◆ *speak through the mouthpiece* in de hoorn spreken ② sigarenpijpje, sigarettenpijpje ③ ⟨inf⟩ spreekbuis, woordvoerder, vertolker, orgaan ④ ⟨sl⟩ advocaat ⟨van kwade zaken⟩ ⑤ ⟨bokssp⟩ gebitsbeschermer, tandbeschermer, ⟨inf⟩ bit(je)

mouth-to-mouth [bn, attr] mond-op-mond- ◆ *mouth-to-mouth resuscitation* mond-op-mondbeademing, mondbeademing

mouth·wash /mauθwɒʃ, ᴬ-wɔʃ, ᴬ-wɑʃ/ [telb + niet-telb zn] mondspoeling, spoeldrank, gorgeldrank

mouth·wa·ter·ing [bn] om van te watertanden, verrukkelijk

mouth·y /mauði/ [bn; vergr trap: mouthier; bw: mouthily; zn: mouthiness] ① praatziek, babbelziek, zwammerig, zwetserig ② bombastisch, hoogdravend, gezwollen, snoevend

¹**mov·a·ble, move·a·ble** /mu:vəbl/ [telb zn] roerend goed, meubelstuk

²**mov·a·ble, move·a·ble** /mu:vəbl/ [bn; bw: movably; zn: ~ness] ① beweegbaar, beweeglijk, los ◆ *movable scene* coulisse ② verplaatsbaar, verstelbaar ③ verspringend, veranderlijk ◆ *movable feast* iets wat op een onvoorspelbaar moment gebeurt; ⟨r-k⟩ veranderlijke/roerende feestdag ④ ⟨jur⟩ roerend, vervoerbaar, beweegbaar ◆ *movable property* roerend goed, roerende goederen ⦁ *movable kidney* wandelende nier

mov·a·bles, move·a·bles /mu:vəblz/ [alleen mv] roerende goederen, mobilia

¹**move** /mu:v/ [telb zn] ① beweging, verroering ◆ ⟨inf⟩ *get a move on* in beweging komen, aanpakken; voortmaken, opschieten; *get s.o./sth. on the move* iemand/iets in beweging brengen; *nobody dared to make a move* niemand durfde een vin te verroeren; *large forces were on the move* grote strijdkrachten waren in beweging/op de been ② verhuizing, trek ◆ *be on the move* op trek zijn ⟨van vogels⟩; op reis zijn, aan het zwerven/trekken zijn; vooruitkomen, vooruitgang boeken ③ zet, beurt, slag ◆ *learn the moves* de zetten leren; *make a move* een zet doen, zetten; ⟨schaaksp⟩ *sealed move* afgegeven zet; *it's your move* jij bent aan zet, het is jouw beurt ④ stap, maatregel, manoeuvre ◆ *they made a move to leave* ze maakten aanstalten om te vertrekken; *make a move* opstaan ⟨van tafel⟩; opstappen, het initiatief nemen; maatregelen treffen; *make moves to stop the*

move

war stappen ondernemen om de oorlog te staken • ⟨AE; sl⟩ *bust a move* wild dansen

²**move** /muːv/ [onov ww] ⓵ **(zich) bewegen,** zich verplaatsen, van positie/houding veranderen, zich in beweging zetten, in beweging komen ♦ *move along* doorlopen, opschieten; *he moved away from her* hij ging een stapje opzij, hij verwijderde zich van haar; ⟨fig⟩ *move carefully* omzichtig te werk gaan; *that door wouldn't move* er was in die deur geen beweging te krijgen; *move down a road* een weg afgaan/aflopen/afrijden; *move off!* verdwijn!, vertrek!, hoepel op!; *move over* inschikken, opschuiven; *move over in favour of a younger person* plaatsmaken voor een jongere; *it's time to be moving* het is tijd om op te stappen; ⟨fig⟩ *move towards better understanding* tot een beter begrip komen; ⟨fig⟩ *move with the times* met zijn tijd meegaan ⓶ **vorderen,** vooruitkomen, vooruitgaan, (vooruit)gang tonen, opschieten, zich voortbewegen, zich ontwikkelen, marcheren ♦ *suddenly things began to move* plotseling kwam er leven in de brouwerij/begon alles te floreren/vlot te verlopen; *that car is really moving* die auto rijdt echt hard; *keep moving!* blijf doorgaan!, doorlopen!; *the army moves off* het leger marcheert af/trekt weg; *the plot moves slowly* de plot ontvouwt zich/ontwikkelt zich langzaam; *the work moves quickly* het werk vordert snel ⓷ ⟨bordspel⟩ **een zet doen,** zetten ♦ *the bishop moves diagonally* de loper beweegt zich diagonaal ⓸ **stappen ondernemen,** (eerste) aanzet geven, maatregelen treffen, iets aanvragen ♦ *move to halt inflation* iets ondernemen om de inflatie een halt toe te roepen ⓹ **verkeren,** zich bewegen ♦ *he moves in the highest circles* hij beweegt zich in de hoogste kringen ⓺ **verhuizen,** (weg)trekken, zich verzetten ♦ *they moved away/out* ze trokken weg/verhuisden; *they moved into a flat* ze betrokken een flat ⓻ **verkocht worden,** aftrek vinden ♦ *oranges move well in winter* sinaasappels lopen goed/vinden grote aftrek in de winter ⓼ **een voorstel/verzoek doen** ♦ *move for adjournment* verdaging voorstellen • zie: **move about;** zie: **move around¹;** zie: **move down;** zie: **move in;** zie: **move on;** zie: **move up;** → **moving**

³**move** /muːv/ [ov ww] ⓵ **bewegen,** (ver)roeren, in beweging/beroering brengen, in beweging zetten ♦ *move it!* vooruit! ⓶ **verplaatsen,** de houding/positie veranderen van, ⟨bordspelen⟩ zetten, verschuiven ♦ *the police moved them along* de politie dwong hen door te lopen/rijden; zie: **move on;** ⟨bordspelen⟩ *white to move* wit aan zet ⓷ **verhuizen,** vervoeren, overbrengen ♦ zie: **move in;** *the Council has moved us into a new house* de gemeente heeft ons op een nieuwe woning gezet; *we are being moved by Johnson* we hebben (de firma) Johnson als verhuizer ⓸ **opwekken** ⟨gevoelens⟩, (ont)roeren, raken, aangrijpen, ontzetten, overstuur maken, tergen ♦ *move s.o. to laughter* iemand aan het lachen maken, op iemands lachspieren werken; *be moved with pity* van medelijden vervuld zijn ⓹ **drijven,** ertoe zetten, aanzetten, bewegen, aansporen ♦ *be moved to* zich geroepen voelen (om) te; *move s.o. from ancient ideas* iemand van ouderwetse ideeën afbrengen/ouderwetse ideeën uit het hoofd praten; *it moved us to great activity* het zette ons aan tot grote activiteit ⓺ **voorstellen,** verzoeken om ♦ *move s.o. into the chair* voorstellen iemand tot voorzitter te benoemen ⓻ **afnemen** ⟨hoed enz.⟩, optillen, aantikken ⓼ ⟨vnl sl⟩ **verkopen,** verpatsen ♦ *he moves his cars quickly* hij raakt zijn auto's snel kwijt ⓽ ⟨AE; sl⟩ **stelen,** jatten, pikken • zie: **move about;** zie: **move around¹;** ⟨AE; sl⟩ *that moved him back ten grand* dat heeft hem tien mille gekost/armer gemaakt; zie: **move down;** *move s.o. out* iemand uit z'n/haar huis zetten, iemand op straat zetten/gooien; zie: **move up;** → **moving**

¹**move about, move around** [onov ww] ⓵ **rondreizen,** heel wat afreizen, altijd tussen de wielen zitten, vaak op weg/pad/onderweg zijn, rondtrekken ⓶ **zich (voortdurend) bewegen,** rondlopen, ronddrentelen, heen en weer gaan ⓷ **dikwijls verhuizen,** vaak verkassen, vaak van huis veranderen

²**move about, move around** [ov ww] ⓵ **vaak laten verhuizen,** vaak verplanten ⓶ **dikwijls verschikken,** vaak verschuiven/verplaatsen, rondsjouwen

¹**move down** [onov ww] ⓵ **in een lagere klas komen,** naar een lagere klas/in rang teruggezet worden ⓶ **doorlopen,** aanschuiven, opschuiven

²**move down** [ov ww] **naar een lagere klas/in rang terugzetten,** overplaatsen, degraderen ♦ *move down to another class* naar een andere klas terugzetten

¹**move in** [onov ww] ⓵ **intrekken,** gaan wonen, betrekken ⟨huis, flat, enz.⟩ ♦ *move in with s.o.* bij iemand intrekken ⓶ **binnenvallen,** optrekken, aanvallen, tussenbeide komen ♦ ⟨AE; sl⟩ *move in on* inpalmen, inpikken; *the police moved in on the crowd* de politie reed op de menigte in ⓷ **inzoomen,** een close-up nemen ♦ *the camera moved in on her face* de camera zoomde in op haar gezicht

²**move in** [ov ww] ⓵ **(op/in een woning) zetten,** verhuizen ⓶ **inzetten,** inschakelen ⟨politie, manschappen⟩

¹**move·ment** /muːvmənt/ [telb zn] ⓵ **gangwerk,** mechaniek, mouvement ⟨muz⟩ **beweging,** deel ⟨van symfonie enz.⟩

²**move·ment** /muːvmənt/ [telb + niet-telb zn] ⟨benaming voor⟩ **beweging,** voortgang, ontwikkeling, impuls, trend, tendens, manoeuvre, activiteit, omzet, tempo, stoelgang, ontlasting, verplaatsing ♦ *movement towards the left* tendens naar links; *an upward movement in the price of oil* een stijging van de olieprijzen; *the police watched his movements* de politie ging zijn gangen na

³**move·ment** /muːvmənt/ [verzamelb] **beweging,** organisatie ♦ *the feminist movement* de vrouwenbeweging

¹**move on** [onov ww] ⓵ **verder gaan,** opschieten, doorgaan, doorlopen ⓶ **vooruitkomen,** zich opwerken, opklimmen, promotie maken, overstappen ⓷ **(naar een betere woning) verhuizen**

²**move on** [ov ww] **iemand gebieden door te lopen/rijden/gaan,** verdrijven, verjagen

mov·er /muːvə, ᴬ-ər/ [telb zn] ⓵ **iemand die beweegt** ⓶ **indiener van een voorstel** ⓷ **verhuizer** ⓸ **emigrant** ⓹ **fonds/bedrijf waarin veel handel wordt gedreven** ⟨op beurs⟩, actief fonds • ⟨inf⟩ *movers and shakers* kopstukken, zwaargewichten, voormannen

¹**move up** [onov ww] ⓵ **in een hogere klas komen,** naar een hogere klas gaan, in rang opklimmen ⓶ **vooruitkomen,** het ver brengen, zich opwerken, opklimmen ⓷ **stijgen,** toenemen, rijzen, hoger worden, omhooggaan ⓸ **oprukken,** aanvallen

²**move up** [ov ww] **bevorderen** ⟨m.b.t. sport, school enz.⟩, promoveren

mov·ie /muːvi/ [telb zn] ⟨AE; inf⟩ ⓵ **film** ⓶ **bioscoop**

mov·ie·go·er /muːviɡoʊə, ᴬ-ər/ [telb zn] **bioscoopbezoeker,** ⟨bij uitbreiding⟩ cinefiel

movie house [telb zn] ⟨AE⟩ **bioscoop**

mov·ie·mak·er [telb zn] **filmer,** cineast

mov·ies /muːvis/ [alleen mv; the] ⟨AE; inf⟩ ⓵ **film** ♦ *go to the movies* naar de film gaan ⓶ **bioscoop** ⓷ **filmindustrie**

movie star [telb zn] ⟨AE⟩ **filmster**

movie theater [telb zn] ⟨AE⟩ **filmzaal**

movie tie-in [telb zn] **boek dat naar aanleiding van een film wordt uitgegeven**

¹**mov·ing** /muːvɪŋ/ [bn; tegenwoordig deelw van move; bw: ~ly] **ontroerend,** aandoenlijk

²**mov·ing** /muːvɪŋ/ [bn, attr; tegenwoordig deelw van move; bw: ~ly] **bewegend,** bewegings- ♦ ⟨techn⟩ *moving coil* draaispoel; *moving pavement* rollend trottoir; ⟨AE⟩ *moving picture* film; ⟨AE⟩ *moving sidewalk* rollend trottoir; *moving staircase/stairway* roltrap

moving van [telb zn] **verhuiswagen**

Mov·i·o·la /muːvioʊlə/ ⟨film⟩ **montagetafel,** vie-

wingtafel
¹**mow** /maʊ/ [telb zn] ⒈ hooischelf, hooiberg ⒉ berg graan ⒊ plaats in schuur voor hooi/graan, enz., hooizolder, graanzolder ⒋ ⟨vero⟩ grimas
²**mow** /maʊ/ ⟨onov ww⟩ ⟨vero⟩ gezichten trekken
³**mow** /moʊ/ [ov ww; volt deelw ook mown] maaien ♦ *mow down soldiers* soldaten neermaaien; *mow the **lawn*** het gras/gazon maaien
mow·burnt /ˈmoʊbɜːnt, ˈ-bɜrnt/ [bn] bedorven door hooibroei
mow·er /ˈmoʊə, ˈ-ər/ [telb zn] ⒈ maaier ⒉ maaimachine, grasmaaier
mown [volt deelw] → mow
mox·a /ˈmɒksə, ˈmɑ-/ [niet-telb zn] ⟨med⟩ moksa, bijvoetwol ⟨middel tegen jicht⟩
mox·ie /ˈmɒksi, ˈmɑ-/ [niet-telb zn] ⟨AE; inf⟩ ⒈ lef, durf, moed ⒉ ervaring, handigheid, linkheid ⒊ initiatief
moy·a /ˈmɔɪə/ [niet-telb zn] vulkanische modder, moya
¹**Mo·zam·bi·can** /ˌmoʊzæmˈbiːkən/ [telb zn] Mozambikaan(se)
²**Mo·zam·bi·can** /ˌmoʊzæmˈbiːkən/ [bn] Mozambikaans
Mo·zam·bique /ˌmoʊzæmˈbiːk/ [eigenn] Mozambique

Mozambique	
naam	**Mozambique** *Mozambique*
officiële naam	**Republic of Mozambique** *Republiek Mozambique*
inwoner	**Mozambican** *Mozambikaan*
inwoonster	**Mozambican** *Mozambikaanse*
bijv. naamw.	**Mozambican** *Mozambikaans*
hoofdstad	**Maputo** *Maputo*
munt	**metical** *metical*
werelddeel	**Africa** *Afrika*
int. toegangsnummer 258 www .mz auto MOC	

Moz·ar·ab /moʊˈzærəb/ [telb zn] ⟨gesch⟩ mozarabier ⟨Spaanse christen onder de heerschappij van de Moren⟩
mozzie [telb zn] → mossie
mp [afk] ⒈ (mezzo piano) mp ⒉ (melting point)
MP [afk] ⒈ (Member of Parliament) MP ⒉ (military police(man)) MP
MPEG /ˈɛmpɛɡ/ [niet-telb zn] ⟨comp⟩ (Moving Pictures Expert Group) MPEG ⟨een codeermethode voor bewegende beelden⟩
mpg [afk] (miles per gallon)
mph [afk] (miles per hour)
M Phil [afk] ⟨BE⟩ (Master of Philosophy)
¹**MP3** [telb zn] ⟨comp⟩ (MPEG, layer 3) mp3 ⟨gecomprimeerd (geluids)bestand⟩
²**MP3** [niet-telb zn] ⟨comp⟩ (MPEG, layer 3) MP3 ⟨standaard voor de compressie van geluidssignalen⟩
MP3 player [telb zn] ⟨comp⟩ mp3-speler
MPV [telb zn] (multipurpose vehicle) MPV, spacewagon, ruimtewagen
Mr /ˈmɪstə, ˈ-ər/ [telb zn; mv: Messrs /ˈmɛsəz, ˈ-sərz/] (mister) dhr., M ♦ ⟨inf⟩ *Mr **Right*** de ware jakob
MR [afk] (Master of the Rolls)
MRA [afk] (Moral Re-Armament)
MRC [afk] (Medical Research Council)
MRE [telb zn] (meal ready to eat) kant-en-klare maaltijd
MRI [afk] ⟨med⟩ (magnetic resonance imaging) MRI
Mrs /ˈmɪsɪz/ [telb zn; mv: Mmes /meɪˈdɑːm/] (mistress) mevr. ▪ *Mrs **Grundy*** de mensen, de (buiten)wereld, de publieke opinie; *what will Mrs **Grundy** say?* wat zullen de mensen wel niet zeggen?
MRSA [niet-telb zn] (methicillin-resistant Staphylococcus aureus)
Ms /mɪz/ [telb zn; mv: Mses, Mss /ˈmɪzɪz/] ⟨zogenaamd afkorting⟩ mw. ⟨in plaats van Miss of Mrs, die ongewenste informatie over de huwelijkse staat van de vrouw ver-

schaffen⟩ ♦ *Ms **Average*** de gewone vrouw
¹**MS** [telb zn; mv: MSS] (manuscript) ms.
²**MS** [afk] ⒈ (Master of Science/Surgery) ⒉ (multiple sclerosis)
M Sc [afk] (Master of Science)
MSC [afk] (Manpower Services Commission)
MSF [afk] (Manufacturing, Science, and Finance (Union)) ⟨in Groot-Brittannië⟩
MSG [afk] (monosodium glutamate)
MSP [telb zn] (Member of the Scottish Parliament) MSP ⟨lid van het Schotse parlement⟩
MST [afk] ⟨AE⟩ (Mountain Standard Time)
Mt [afk] (Mount)
MT [afk] (mechanical transport)
MTB [afk] (motor torpedo boat)
MTV [eigenn] (Music Television)
mu /mjuː/ [telb zn] ⒈ mu ⟨12e letter van het Griekse alfabet⟩ ⒉ micro ⟨symbool voor een miljoenste deel⟩, micron
¹**much** /mʌtʃ/ [onbep vnw; vergr trap: more, overtr trap: most] veel, een grote hoeveelheid, een groot deel, een belangrijk iets ♦ *as much as $2 million* wel/(maar) liefst 2 miljoen dollar; *I've got chutzpa, but my lawyer has **as much** again* ik heb gotspe, maar mijn advocaat heeft er (nog) eens zo veel; *how **much** is it?* hoeveel is/kost het?; *it's **not** up to much* het heeft niet veel om het lijf/te betekenen, het stelt niet veel voor; *I'm **not** much on maths* ik ben niet erg goed in wiskunde; *the chapel is **not** much to look at* de kapel ziet er onooglijk uit; *she told me much about herself* ze vertelde me veel over zichzelf; *too much of a good thing* te veel van het goede ▪ *he said as much* dat zei hij met zoveel woorden; hij zei zoiets/iets wat daarop neerkwam; *I thought as much* dat dacht ik al; *it was as much as I could do to stop them* ik had er mijn handen vol mee om ze tegen te houden; *there isn't much in it* het maakt niet veel uit; *he's **not** much of a sportsman* hij is geen sportman, als sportman heeft hij niet veel te betekenen; *this isn't much of a holiday* als vakantie is het niet veel zaaks/geen succes; *well, so much for that* dat was dan dat, dat hebben we ook weer gehad; *so much for all my trouble* daar heb ik nu al die moeite voor gedaan; *so much for his high falutin' words* daarmee weten we wat we aan zijn mooie woorden hebben; ⟨AE; sl⟩ *too much!* het einde!, fantastisch!; *it is too much for me* het is meer dan ik (ver)dragen kan; *he was too much for me* hij was me te sterk/te slim af, ik kon hem niet aan/de baas; ⟨sprw⟩ *much would have more* menig heeft te veel, niemand heeft genoeg; ⟨sprw⟩ *more than enough is too much* ± meer dan genoeg is te veel; → **more, most**
²**much** /mʌtʃ/ [bw; vergr trap: more, overtr trap: most] ⒈ ⟨graad⟩ veel, zeer, erg ♦ *much (as) as he would have liked to go* hoe graag hij ook was gegaan; *much **beloved*** zeer geliefd; *much **older*** veel ouder; *much the **oldest*** verreweg de oudste; *he was much **pleased** with it* hij was er erg mee ingenomen; *he didn't so much want to meet John as (to meet) John's sister* hij wilde niet zozeer John ontmoeten als (wel) Johns zuster; *much to my surprise* tot mijn grote verrassing ⒉ ⟨duur en frequentie⟩ veel, vaak, dikwijls, lang ♦ *she doesn't **go out** much* ze gaat niet dikwijls uit; *she didn't **stay** much* ze bleef niet lang ⒊ ⟨benadering⟩ ongeveer ♦ *much **about** as big* zo ongeveer even groot; *much the **same** size* ongeveer even groot; *it amounts to much the **same** thing* het komt vrijwel op hetzelfde neer; *much the **same** colour as your dress* bijna dezelfde kleur als je jurk; *they are much of a colour* zij hebben vrijwel dezelfde kleur ▪ *he as/so much as told me I was a fool* het kwam erop neer dat hij me een idioot noemde; → **more, most**
³**much** /mʌtʃ/ [onbep det; vergr trap: more, overtr trap: most] veel, een grote hoeveelheid ♦ *how much **icecream** do you want?* hoeveel ijs wil je?; *not much **use*** niet erg bruikbaar ▪ *so much **rubbish*** allemaal/niets dan nonsens; ⟨sprw⟩ *much cry and little wool* veel geschreeuw en weinig wol;

much-heralded

→ **more, most**

much·her·ald·ed [bn, attr] met veel ophef/tamtam aangekondigd

much·ness /mʌtʃnəs/ [telb zn] hoeveelheid, grootte ♦ *much of a muchness* lood om oud ijzer

mu·ci·lage /mjuːsɪlɪdʒ/ [niet-telb zn] [1] plantaardige gom, slijm [2] ⟨vnl AE⟩ vloeibare lijm (uit gom gemaakt)

mu·ci·lag·i·nous /mjuːsɪlædʒɪnəs/ [bn] gomachtig, kleverig, slijmerig

¹**muck** /mʌk/ [telb zn] ⟨inf⟩ troep, rommel, rotzooi ♦ *he had made a muck of his room* hij had zijn hele kamer overhoop gehaald; *make a muck of a job* niets terecht brengen van een klus

²**muck** /mʌk/ [niet-telb zn] [1] (natte) mest, drek [2] ⟨inf⟩ slijk, slik, viezigheid, vuiligheid, smeerboel ⟨ook figuurlijk⟩ ♦ *drag s.o.'s name through the muck* iemand door het slijk halen [3] ⟨AE⟩ rotsgruis/rotsaarde dat/die bij het mijnwerk naar boven komt [4] ⟨AE⟩ (laag)veen, turf • ⟨sprw⟩ *muck and money go together* ± schoon geld kan veel vuil dekken, ± het geld dat stom is, geen beetje vuil krom is; ⟨sprw⟩ *where there is muck there's brass* je kan rijk worden, als je bereid bent vuile zaakjes aan te pakken

³**muck** /mʌk/ [onov ww] → **muck about, muck around, muck in**

⁴**muck** /mʌk/ [ov ww] [1] bevuilen, vies maken ♦ ⟨inf⟩ *muck up* bevuilen, verknoeien, in de war gooien; *don't muck it up!* maak er geen potje van! [2] bemesten [3] uitmesten ♦ *muck out* uitmesten • zie: **muck about;** zie: **muck around**¹

¹**muck about, muck around** [onov ww] [1] niksen, lummelen [2] vervelen, klieren, lastig zijn ♦ *muck about with* knoeien met

²**muck about, muck around** [ov ww] [1] pesten [2] knoeien met

muck·a·muck /mʌkəmʌk/, **muck·e·ty·muck** /mʌkətimʌk/ [telb zn] ⟨AE; inf⟩ hotemetoot, hoge piet

muck·er /mʌkə, ᴬ-ər/ [telb zn] ⟨inf⟩ ⟨BE⟩ smak, lelijke val/klap ♦ *come/go a mucker* een lelijke smak maken; failliet gaan [2] ⟨AE⟩ onverlaat, proleet, ruw en grof persoon

muck·heap [telb zn] mesthoop, mestvaalt

muck in [onov ww] ⟨inf⟩ meehelpen, werk samen doen, een handje meehelpen ♦ *he always mucks in with me* hij komt me altijd een handje helpen

muckle → **mickle**

¹**muck·rake** [telb zn] mestvork, riek, greep

²**muck·rake** [onov ww] (ware of vermeende) schandalen zoeken en roddel verspreiden over beroemdheden, mensen bekladden, vuilspuiten; → **muckraking**

muck·rak·er [telb zn] iemand die altijd naar/in schandaaltjes zit te wroeten

muck·rak·ing [niet-telb zn; gerund van muckrake] vuilspuiterij

muck·spread·er [telb zn] ⟨BE⟩ mestspreider

muck·worm [telb zn] [1] mestworm, mestpier [2] gierigaard, vrek

muck·y /mʌki/ [bn; vergr trap: muckier] ⟨inf⟩ [1] vies, vuil, smerig [2] slecht, stormachtig ⟨van weer⟩

mu·co·sa /mjuːkousə, -zə/ [telb zn; mv: ook mucosae /-siː, -ziː/] slijmvlies

mu·cous /mjuːkəs/ [bn] slijm afscheidend, slijmig, slijm- ♦ *mucous membrane* slijmvlies

mu·cus /mjuːkəs/ [niet-telb zn] slijm

¹**mud** /mʌd/ [niet-telb zn] [1] modder, slijk, ⟨fig⟩ vuiligheid, roddel, laster ♦ *fling/sling/throw mud at s.o.* iemand door de modder sleuren, iemand belasteren; *drag s.o.'s name through the mud* iemand door het slijk halen, iemand schandvlekken [2] opgedroogde modder, leem [3] ⟨AE; sl⟩ opium [4] ⟨AE; sl⟩ goedkope kermisprullaria [5] ⟨AE; sl⟩ (benaming voor) donkere/kleverige massa/vocht, koffie, chocoladepudding, dikke motor olie • ⟨vero; scherts⟩

(here's) mud in your eye! proost, daar ga je!; ⟨inf⟩ *stick in the mud* aartsconservatief zijn

²**mud** /mʌd/ [ov ww] modderig maken, vies maken, bemodderen, troebel maken, vertroebelen

mud bath [telb zn] modderbad

mud boat [telb zn] modderschuit, baggerboot, onderlosser

mud cat [telb zn] meervalachtige ⟨o.a. Pylodictis olivaris⟩

mud dauber /mʌd dɔːbə, ᴬ-dɔbər/ [telb zn] ⟨dierk⟩ urntjeswesp ⟨familie Sphecidae⟩

¹**mud·dle** /mʌdl/ [telb + niet-telb zn] verwarring, warboel, knoeiboel ♦ *in a muddle* in de war; *make a muddle of* verknoeien, in de war sturen

²**mud·dle** /mʌdl/ [onov ww] wat aanknoeien, wat aanmodderen ♦ *muddle along/on* voortmodderen, verder rommelen/scharrelen; *muddle through* erdoorheen sukkelen, met vallen en opstaan het einde halen

³**mud·dle** /mʌdl/ [ov ww] [1] benevelen, in de war brengen ♦ *Pete was a bit muddled* Piet was een beetje doezelig/lichtjes beneveld [2] door elkaar gooien, verwarren ♦ *muddle out* ontwarren, uit de knoop halen; *muddle together/up* door elkaar/in de war gooien [3] verknoeien, in de war sturen [4] ⟨AE⟩ mixen ⟨drank⟩, mengen [5] troebel maken

mud·dle·head [telb zn] warhoofd, sufferd

mud·dle·head·ed [bn; zn: muddleheadedness] [1] warrig, warhoofdig, dom, traag van begrip [2] beneveld

mud·dle·ment /mʌdlmənt/ [telb zn] verwardheid

mud·dler /mʌdlə, ᴬ-ər/ [telb zn] [1] knoeier, kluns [2] modderaar, rommelaar ⟨iemand die ondanks onsystematische werkwijze toch resultaat boekt⟩ [3] ⟨AE⟩ roerstaafje, karnstok

¹**mud·dy** /mʌdi/ [bn; vergr trap: muddier; bw: muddily; zn: muddiness] [1] modderig [2] troebel, ondoorzichtig, wazig ♦ *muddy weather* bewolkt [3] vaal, dof, flets [4] warhoofdig, verward, vaag ♦ *a muddy style* een verwarde/vage stijl

²**mud·dy** /mʌdi/ [ov ww] bemodderen, vuilmaken

mud eel [telb zn] grote sirene ⟨soort amfibie; Siren lacertina⟩

mu·de·jar /muːdeɪhɑː, ᴬ-hɑr/ [telb zn; mv: ook mudejares /-hɑːriːz/] mudejar ⟨mohammedaan die na de herovering van Spanje door de christenen zijn geloof behield⟩

mud·fish [telb zn] ⟨dierk⟩ ⟨benaming voor⟩ vis die in het slijk leeft, oostelijke hondsvis ⟨Umbra limi⟩, Amerikaanse moddersnoek ⟨Amia calva⟩

mud flap [telb zn] spatlap

mud flat [telb zn] wad, slik

mud·guard [telb zn] spatbord

mud·hole [telb zn] [1] modderpoel [2] vlek, gat, klein dorp/stadje [3] ⟨techn⟩ slijkgat ⟨van ketel⟩

mud·lark [telb zn] [1] iemand die in de modder werkt, rioolwerker [2] ⟨BE; sl⟩ straatjongen

mud lava [niet-telb zn] vulkaanmodder

mud·pack [telb zn] kleimasker

mud pie [telb zn] zandtaartje ♦ *the children were baking mud pies* de kinderen zaten zandtaartjes te bakken

mud puppy [telb zn] ⟨AE; dierk⟩ mudpuppy ⟨salamander; genus Necturus⟩

¹**mud·sill** [telb zn] [1] grondbalk, onderste laag steen of hout van een gebouw [2] ⟨AE⟩ iemand uit de onderste laag van de maatschappij

²**mud·sill** [verzamelN] ⟨AE⟩ onderste laag van de maatschappij

mud·sling·er [telb zn] vuilspuiter, kwaadspreker, kwaadspreekster

mud·stone [niet-telb zn] ⟨geol⟩ kleisteen

mues·li /mjuːzli/ [niet-telb zn] muesli

mu·ez·zin /muːɛzɪn/ [telb zn] muezzin, muezzin ⟨mohammedaanse tempeldienaar die van boven uit de minaret de gelovigen tot het gebed roept⟩

¹**muff** /mʌf/ [telb zn] ① mof ② **onhandig persoon,** sufferd, uilskuiken, knoeier ③ misser ⟨oorspronkelijk bij balspel⟩, fiasco, miskleun, knoeiwerk ♦ *make a muff of it* de zaak verknoeien ④ ⟨AE; sl⟩ **(sterk behaarde) kut** ⑤ ⟨AE; sl⟩ **pruik**

²**muff** /mʌf/ [onov ww] **een bal missen,** knoeien

³**muff** /mʌf/ [ov ww] ① ⟨balspelen⟩ **missen,** niet vangen ♦ *muff an easy catch* een makkelijke bal missen ② **verknoeien** ♦ *I know I'll muff it* ik weet zeker dat ik het verknal

¹**muf·fin** /mʌfɪn/ [telb zn] ① ⟨BE⟩ **muffin,** theegebakje ⟨plat, rond cakeje dat warm en beboterd bij de thee gegeten wordt⟩ ♦ ⟨AE⟩ *English muffin* (Engelse) muffin ② ⟨AE⟩ **muffin,** cakeje ⟨met vanillesmaak/chocoladesmaak of met vruchtjes⟩

²**muffin** /mʌfɪn/ [niet-telb zn] **vetrolletjes**

muffin cap [telb zn] **platte, ronde muts,** baret

muf·fin·eer /mʌfɪniə, ᴬ-nɪr/ [telb zn] ① **suikerstrooier,** zoutstrooier ⟨voor muffins⟩ ② **schotel met deksel waarin muffins warm gehouden worden**

muffin face [telb zn] ⟨inf⟩ **stom gezicht,** stom smoelwerk

muffin man [telb zn] **muffinverkoper**

muf·fin top [telb zn] ⟨scherts⟩ **buikje, vetrolletje,** zwembandje

¹**muf·fle** /mʌfl/ [telb zn] ① **snuit,** snoet ⟨van dieren⟩ ② **moffel,** moffeloven ③ **geluiddemper** ④ **gedempt geluid**

²**muf·fle** /mʌfl/ [ov ww] ① **warm inpakken,** warm toedekken ♦ *muffle up* goed/warm inpakken ② **dempen** ⟨geluid⟩ ♦ *muffled curse* gedempte vloek ③ **omwikkelen,** isoleren ⟨personen⟩, een doek voor de mond doen ♦ *muffled drum* omfloerste trom

muf·fler /mʌflə, ᴬ-ər/ [telb zn] ① **das,** sjaal ② **geluiddemper,** klankdemper, sourdine ③ ⟨AE⟩ **knalpot,** knaldemper, uitlaat ④ **want,** (halve) handschoen

muf·ti /mʌfti/ [telb zn] ① **moefti,** mohammedaanse rechtsgeleerde ② **burgerpak** ♦ *in mufti* in burger, in civiel

¹**mug** /mʌg/ [telb zn] ① **mok,** beker, kroes ♦ *mug of tea* kop thee ② ⟨inf⟩ **kop,** smoel ③ ⟨BE; inf⟩ **sufferd,** sul ④ ⟨AE; inf⟩ **nozem,** boef ⑤ ⟨inf⟩ **politiefoto** ⑥ ⟨BE; inf⟩ **blokker,** ⟨België⟩ blokbeest

²**mug** /mʌg/ [onov ww] ⟨inf⟩ ① **gezichten trekken,** overdreven acteren ② ⟨BE⟩ **blokken,** heien, hard studeren • zie: **mug up**; → **mugging**

³**mug** /mʌg/ [ov ww] ⟨inf⟩ ① **(van achteren) aanvallen en beroven,** wurgen ② **erin stampen,** erin heien, uit je hoofd leren **fotograferen** ⟨voor politiedossier⟩ • zie: **mug up**; → **mugging**

mug·ful /mʌgfʊl/ [telb zn; mv: ook mugsful] **beker,** inhoud van een beker

mug·ger /mʌgə, ᴬ-ər/ [telb zn] ① **iemand die (van achteren) aanvalt en berooft,** ± straatdief, ± straatrover ② ⟨dierk⟩ **moeraskrokodil** (Crocodilus palustris) ③ ⟨AE; sl⟩ **iemand die schmiert** ⟨overdreven acterend iemand⟩, bekkentrekker ④ ⟨AE; sl⟩ **portretfotograaf**

mug·ging /mʌgɪŋ/ [telb + niet-telb zn; oorspronkelijk tegenwoordig deelw van mug] **aanranding,** straatroof

¹**mug·gins** /mʌgɪnz/ [telb zn; mv: ook muggins] ⟨inf⟩ **sul,** sufferd

²**mug·gins** /mʌgɪnz/ [niet-telb zn] ① **soort kaartspel** ② **soort domino**

mug·gy /mʌgi/ [bn; vergr trap: muggier; bw: muggily; zn: mugginess] **benauwd,** drukkend, zwoel

¹**Mu·ghal** /muːgɑːl/ [telb zn] **Mongool,** mogol

²**Mu·ghal** /muːgɑːl/ [bn] **Mongools,** mogol-

mug's game [telb zn] ⟨BE; inf⟩ **zinloze bezigheid,** gekkenwerk

mug shot [telb zn] ⟨inf⟩ **portretfoto** ⟨voor politiedossier⟩

¹**mug up** [onov ww] ⟨inf⟩ ① **zich grimeren,** zich schminken ② **een hapje eten** ③ **koffie drinken**

²**mug up** [ov ww] ① ⟨BE⟩ **uit je hoofd leren,** erin pompen, erin stampen ② **grimeren** ③ **dronken voeren**

mug·wort /mʌgwɜːt, ᴬ-wɜrt/ [telb zn] ⟨plantk⟩ **bijvoet** ⟨Artemisia vulgaris⟩

mug·wump /mʌgwʌmp/ [telb zn] ⟨AE; inf; pej⟩ ① **hoge piet** ② **ongebonden politicus** ③ **verwaand persoon**

¹**Mu·ham·ma·dan** /mʊhæməd(ə)n/, **Mo·ham·me·dan** /moʊhæmɪd(ə)n/, **Ma·hom·et·an** /məhɒmətn, ᴬ-hɑ-/ [telb zn] **mohammedaan,** moslim

²**Mu·ham·ma·dan** /mʊhæməd(ə)n/, **Mo·ham·me·dan** /moʊhæmɪd(ə)n/, **Ma·hom·et·an** /məhɒmətn, ᴬ-hɑ-/ [bn] **mohammedaans**

Mu·ham·ma·dan·ism /mʊhæmədn·ɪzm/, **Mo·ham·me·dan·ism** /moʊhæmɪdn·ɪzm/ [niet-telb zn] **mohammedanisme,** leer van Mohammed

mu·ja·hed·in /muːdʒəhediːn/ [alleen mv] **moedjahedien**

muk·luks /mʌklʌks/ [alleen mv] ⟨AE⟩ **sneeuwlaarzen** ⟨gemaakt van dierenvellen⟩

mu·lat·to /mjuːlætoʊ, ᴬmʊlætoʊ/ [telb zn; mv: Amerikaans-Engels ook mulattoes] **mulat,** kleurling

mul·ber·ry /mʌlbri, ᴬ-beri/ [telb zn] **moerbeiboom**

¹**mulch** /mʌltʃ/ [telb zn] **mulch, muls** ⟨deklaag van vergaan of rottend materiaal over aanplantingen⟩

²**mulch** /mʌltʃ/ [ov ww] **met mulch bedekken**

¹**mulct** /mʌlkt/ [telb zn] **boete**

²**mulct** /mʌlkt/ [ov ww] ① **beboeten,** een boete opleggen ♦ *John was mulcted in £30* John kreeg een boete van £30; *William was mulcted £20* William kreeg een boete van £20 ② **aftroggelen,** afzetten, bezwendelen, beroven ♦ *Charles was mulcted of £40* Charles werd £40 lichter gemaakt; er werd £40 van Charles gestolen

mule /mjuːl/ [telb zn] ① **muildier,** muilezel ♦ *obstinate/stubborn as a mule* koppig als een ezel ② **stijfkop,** dwarskop, halsstarrig persoon ③ **bastaard** ④ **muiltje,** slipper, slof(je), pantoffel(tje) ⑤ ⟨techn⟩ **fijnspinmachine** ⑥ ⟨AE; sl⟩ **drugssmokkelaar,** drugskoerier

mu·le·teer /mjuːlɪtɪə, ᴬ-tɪr/, **mule driver,** ⟨AE⟩ **mule·skin·ner** [telb zn] **muilezeldrijver**

mul·ga /mʌlgə/ [niet-telb zn] ⟨AuE; inf⟩ **rimboe,** binnenland

mu·li·eb·ri·ty /mjuːliebrəti/ [niet-telb zn] ① **vrouwelijkheid** ② **vrouwelijke eigenschappen,** vrouwelijkheid

mul·ish /mjuːlɪʃ/ [bn; bw: ~ly; zn: ~ness] ① **koppig,** halsstarrig, obstinaat ② **als (van) een muildier**

¹**mull** /mʌl/ [telb zn] ① ⟨BE; inf⟩ **rommel,** rotzooi, geknoei ♦ *make a mull of sth.* iets verknoeien ② ⟨SchE⟩ **kaap,** voorgebergte ③ ⟨SchE⟩ **snuifdoos**

²**mull** /mʌl/ [niet-telb zn] **mul,** (turf)molm

³**mull** /mʌl/ [onov ww] ⟨AE; inf⟩ **piekeren** ♦ *mull over sth.* ergens over piekeren, iets (grondig) overwegen/overpeinzen

⁴**mull** /mʌl/ [ov ww] ① **overdenken,** overwegen ♦ *mull sth. over* iets (grondig) overwegen/overpeinzen ② **verwarmen en kruiden** ♦ *mulled wine* bisschopswijn; ⟨België⟩ warme wijn

mul·lah /mʌlə/ [telb zn] **mollah,** moellah, ⟨mohammedaans⟩ schriftgeleerde

mul·lein /mʌlɪn/ [niet-telb zn] ⟨plantk⟩ **toorts,** ⟨i.h.b.⟩ koningskaars ⟨genus Verbascum⟩

mul·ler /mʌlə, ᴬ-ər/ [telb zn] ① **wrijfsteen** ② **wijnketel** ⟨voor bisschopswijn⟩

mullered /mʌləd, ᴬmʌlərd/ [bn] **bezopen, zat**

¹**mullet** /mʌlɪt/ [telb zn] ⟨BE⟩ **matje** ⟨kapsel⟩

²**mul·let** /mʌlɪt/ [telb + niet-telb zn] ⟨dierk⟩ ① ⟨vnl AE⟩ **harder** ⟨familie Mugilidae⟩ ♦ *grey mullet* harder ② **zeebarbeel** ⟨familie Mullidae⟩ ♦ *red mullet* mul, koning van de poon ⟨Mullus surmuletus⟩

mulligan

mul·li·gan /mʌlɪgən/ [telb zn] ⟨AE; sl⟩ ① ⟨cul⟩ prutje, ratjetoe ② smeris

mul·li·ga·taw·ny /mʌlɪgətɔːni/ [telb + niet-telb zn] ⟨cul⟩ kerriesoep, mulligatawny

mul·li·grubs, mul·ly·grubs /mʌlɪgrʌbz/ [alleen mv] ① kribbigheid, slecht humeur ② maagpijn

mul·lion /mʌlɪən/ [telb zn] ⟨bouwk⟩ verticale raamstijl

mul·lioned /mʌlɪənd/ [bn] ⟨bouwk⟩ met verticale raamstijlen

mul·lock /mʌlək/ [niet-telb zn] ⟨AuE⟩ ① ⟨ook gew⟩ rommel, rotzooi ② afval van gouderts ③ waardeloos gesteente ⟨zonder goud⟩

mult·an·gu·lar /mʌltæŋgjʊlə, ᴬ-gjələr/ [bn] veelhoekig

mul·te·i·ty /mʌltiːəti/ [niet-telb zn] ⟨vero⟩ veelvuldigheid

mul·ti- /mʌlti/ veel-, multi- ♦ *multiplex* veelvoudig

mul·ti·cel·lu·lar /mʌltɪseljʊlə, ᴬ-jələr/ [bn] meercellig

mul·ti·choice /mʌltɪtʃɔɪs/ [bn] multiplechoice-, meerkeuze-

mul·ti·col·our·ed, ⟨AE⟩ **mul·ti·col·or·ed** /mʌltɪkʌləd, ᴬ-kʌlərd/ [bn] veelkleurig

mul·ti·com·pa·ny /mʌltɪkʌmpəni/ [bn, attr] m.b.t. een holdingcompany met vele dochterondernemingen

mul·ti·cul·ti, mul·ti·kul·ti /mʌltɪkʌlti/ [bn] ⟨inf⟩ multiculti

mul·ti·cul·tur·al /mʌltɪkʌltʃrəl/ [bn] multicultureel

mul·ti·di·men·sion·al /mʌltɪdaɪmenʃnəl, ᴬ-dɪ-/ [bn] gecompliceerd, met veel kanten/aspecten ⟨bijvoorbeeld probleem⟩

mul·ti·di·rec·tio·nal /mʌltɪdaɪrekʃnəl, -dɪ-/ [bn] in vele richtingen werkend ♦ *multidirectional lighting* algemene verlichting

mul·ti·dis·ci·pli·nar·y /mʌltɪdɪsɪplɪnəri, ᴬ-dɪsəplənəri/ [bn] multidisciplinair

mul·ti·en·gine /mʌltiendʒɪn/, **mul·ti·en·gined** /-endʒɪnd/ [bn] meermotorig

mul·ti·eth·nic /mʌltieθnɪk/ [bn] ① multi-etnisch ⟨bestaande uit meerdere volkeren⟩ ② ⟨AE⟩ van gemengd bloed, van ouders van verschillend ras ♦ *a multi-ethnic person* een halfbloed

mul·ti·e·vent /mʌltiːɪvent/ [telb zn] ⟨sport⟩ meerkamp

mul·ti·fac·et·ed /mʌltɪfæsɪtɪd/ [bn] veelzijdig, met veel kanten, rijk geschakeerd ♦ *a multifaceted problem* een probleem waar veel kanten aan zitten

mul·ti·faith /mʌltɪfeɪθ/ [bn, attr] oecumenisch, interconfessioneel

mul·ti·fam·i·ly /mʌltɪfæm(ɪ)li/ [bn, attr] voor meerdere gezinnen ♦ *multifamily house* meergezinswoning

mul·ti·far·i·ous /mʌltɪfeərɪəs, ᴬ-fer-/ [bn; bw: ~ly; zn: ~ness] veelsoortig, uiteenlopend, verscheiden, verschillend

mul·ti·fid /mʌltɪfɪd/ [bn] ⟨biol⟩ met veel spleten

mul·ti·flo·rous /mʌltɪflɔːrəs/ [bn] ⟨plantk⟩ veelbloemig

mul·ti·foil /mʌltɪfɔɪl/ [telb zn] ⟨bouwk⟩ veelpas

mul·ti·form /mʌltɪfɔːm, ᴬ-fɔrm/ [bn] veelvormig

mul·ti·for·mi·ty /mʌltɪfɔːməti, ᴬ-fɔrməti/ [niet-telb zn] veelvormigheid

mul·ti·func·tion /mʌltɪfʌŋ(k)ʃn/, **mul·ti·func·tion·al** /-fʌŋ(k)ʃnəl/ [bn, attr] multifunctioneel

multihued [bn] → many-hued

mul·ti·hull /mʌltɪhʌl/ [telb zn; ook attributief] ⟨zeilsp⟩ meerrompboot ⟨algemene benaming voor catamaran of trimaran⟩

mul·ti·in·dus·try /mʌltiɪndəstri/ [bn, attr] m.b.t. veel verschillende bedrijven

mul·ti·kul·ti [bn] ⟨inf⟩ → multiculti

mul·ti·lat·er·al /mʌltɪlætrəl, ᴬ-lætərəl/ [bn; bw: ~ly] ① veelzijdig ② ⟨pol⟩ multilateraal

mul·ti·lin·gual /mʌltɪlɪŋgwəl/ [bn] ① meertalig, in veel talen gesteld ② polyglot, veeltalig

mul·ti·lin·gual·ism /mʌltɪlɪŋgwəlɪzm/ [niet-telb zn] veeltaligheid

¹mul·ti·me·di·a /mʌltimiːdɪə/ [niet-telb zn] multimedia ⟨voornamelijk schrift, beeld, geluid⟩

²mul·ti·me·di·a /mʌltimiːdɪə/ [bn, attr] ① m.b.t. een totaalprogramma/totaalshow ② multimedia- ⟨voornamelijk schrift, beeld, geluid⟩

mul·ti·mil·lion /mʌltimɪlɪən/ [bn, attr] miljoenen-

mul·ti·mil·lion·aire /mʌltimɪljənɛə, ᴬ-ner/ [telb zn] multimiljonair

¹mul·ti·na·tion·al /mʌltinæʃnəl/ [telb zn] multinational, multinationaal concern, multinationale onderneming

²mul·ti·na·tion·al /mʌltinæʃnəl/ [bn] multinationaal, vele landen omvattend, van/uit/door verschillende nationaliteiten

¹mul·ti·no·mi·al /mʌltinoʊmɪəl/ [telb zn] ⟨wisk⟩ veelterm, polynoom

²mul·ti·no·mi·al /mʌltinoʊmɪəl/ [bn] ① ⟨wisk⟩ multinomiaal, veeltermig ② veelnamig, veel namen bezittend

mul·tip·a·rous /mʌltɪpərəs/ [bn] ⟨biol⟩ ① met meer dan één jong/kind ② meerdere jongen werpend

mul·ti·par·tite /mʌltɪpɑːtaɪt, ᴬ-pɑr-/ [bn] veeldelig

mul·ti·par·ty /mʌltɪpɑːti, ᴬ-pɑrti/ [bn, attr] meerpartijen- ♦ *a multi-party government* een meerpartijenregering

¹mul·ti·ped /mʌltiped/, **mul·ti·pede** /-piːd/ [telb zn] ⟨dierk⟩ veelpoot, veelvoet ⟨insect⟩

²mul·ti·ped /mʌltiped/ [bn] ⟨dierk⟩ veelpotig, veelvoetig

mul·ti·phase /mʌltifeɪz/ [bn] ⟨elek⟩ veelfasig

¹mul·ti·play·er /mʌltipleɪə, ᴬ-ər/ [telb zn] ① cd-wisselaar ② multimediacenter, multimediasysteem

²mul·ti·play·er /mʌltipleɪə, ᴬ-ər/ [bn] ⟨comp⟩ met meerdere spelers, multiplayer- ♦ *multiplayer gaming* multiplayergaming ⟨het spelen van een spel met meerdere spelers over een netwerk⟩

¹mul·ti·ple /mʌltɪpl/ [telb zn] ① ⟨wisk⟩ veelvoud ♦ *45 is a multiple of 5* 45 is een veelvoud van 5 ② ⟨verk: multiple shop/store⟩

²mul·ti·ple /mʌltɪpl/ [bn] ① veelvoudig, multipel ♦ *multiple choice* multiple choice; ⟨vaak attributief⟩ meerkeuze-; *multiple collision* kettingbotsing; *multiple personality* meervoudige persoonlijkheid; ⟨AE⟩ *multiple plug* verdeelstekker, dubbelstekker; ⟨BE⟩ *multiple shop/store* grootwinkelbedrijf; *multiple star* dubbelster ② divers, veelsoortig, verspreid voorkomend ♦ ⟨med⟩ *multiple sclerosis* multiple sclerose ③ ⟨plantk⟩ samengesteld ♦ *multiple fruit* samengestelde vrucht ④ ⟨handel⟩ *multiple standard* conversietabel waarmee schuld ⟨van importeur⟩ aan variabele wisselkoers gekoppeld wordt

mul·ti·plet /mʌltɪplet/ [telb zn] ⟨kernfys⟩ multiplet

¹mul·ti·plex /mʌltɪpleks/ [telb zn] megabioscoop, multiplex, bioscoopcomplex

²mul·ti·plex /mʌltɪpleks/ [bn] veelvoudig, multiplex ♦ *multiplex eye* samengesteld oog ⟨van insect⟩; *multiplex telegraphy* multiplextelegrafie

³mul·ti·plex /mʌltɪpleks/ [ov ww] ⟨comm⟩ simultaan overseinen; → multiplexing

multiplexer /mʌltɪpleksə, ᴬ-ər/ [telb zn] ⟨comm⟩ multiplexer ⟨schakeling die meerdere signalen over één transmissieweg overbrengt⟩, multiplexinrichting

mul·ti·plex·ing /mʌltɪpleksɪŋ/ [niet-telb zn; gerund van multiplex] ⟨comm⟩ multiplexsysteem ⟨het samenvoegen van meerdere communcatiekanalen⟩, multiplexing

mul·ti·pli·a·ble /mʌltɪplaɪəbl/, **mul·ti·plic·a·ble** /-plɪkəbl, ᴬ-plɪkəbl/ [bn] ⟨wisk⟩ vermenigvuldigbaar ♦ *multipliable by* te vermenigvuldigen met

mul·ti·pli·cand /mʌltɪplɪkænd/ [telb zn] ⟨wisk⟩ vermenigvuldigtal

¹mul·ti·pli·ca·tion /mʌltɪplɪkeɪʃn/ [telb zn] ⟨wisk⟩ vermenigvuldiging, vermenigvuldigsom

²mul·ti·pli·ca·tion /mʌltɪplɪkeɪʃn/ [niet-telb zn] ⟨wisk⟩

1193　　**mummy**

1 het vermenigvuldigen, vermenigvuldiging 2 vermeerdering, aanwas ♦ *the multiplication of the number of cars* de groei van het aantal auto's
mul·ti·pli·ca·tion sign [telb zn] ⟨wisk⟩ maalteken, vermenigvuldigingsteken
mul·ti·pli·ca·tion table [telb zn] ⟨wisk⟩ tafel van vermenigvuldiging
mul·ti·pli·ca·tive /mʌltɪplɪkətɪv, ᴬ-plɪkeɪtɪv/ [bn; bw: ~ly] 1 vermenigvuldigend 2 ⟨wisk⟩ vermenigvuldigings-, multiplicatief
mul·ti·pli·ci·ty /mʌltɪplɪsəti/ [telb + niet-telb zn] 1 veelheid, massa, menigvuldigheid, veelvoudigheid ♦ *the multiplicity of traffic accidents* de grote hoeveelheid verkeersongelukken 2 veelsoortigheid, veelvormigheid ♦ *a multiplicity of ideas* een grote verscheidenheid aan ideeën
mul·ti·pli·er /mʌltɪplaɪə, ᴬ-ər/ [telb zn] 1 vermenigvuldiger ⟨ook wiskunde⟩ 2 ⟨techn⟩ multiplicator, vermenigvuldiger, versterker 3 ⟨ec⟩ multiplier
¹**mul·ti·ply** /mʌltɪplaɪ/ [bn, attr] ⟨techn⟩ multiplex ⟨hout⟩
²**mul·ti·ply** /mʌltɪplaɪ/ [onov ww] 1 zich vermeerderen, aangroeien, meer/groter worden ♦ *Henry saw his chances multiply* Henry zag zijn kansen sterk stijgen 2 zich vermenigvuldigen, zich voortplanten 3 een vermenigvuldiging uitvoeren
³**mul·ti·ply** /mʌltɪplaɪ/ [ov ww] 1 vermenigvuldigen ♦ *multiply three by four* drie met vier vermenigvuldigen; *multiply two numbers together* twee getallen met elkaar vermenigvuldigen 2 vergroten, vermeerderen ♦ *multiply one's chances* zijn kansen doen stijgen
⁴**mul·ti·ply** /mʌltɪpli/ [bw] 1 → **multiple** 2 veelvoudig, op vele manieren ♦ *multiply useful* op vele manieren te gebruiken
mul·ti·ply·ing coil [telb zn] ⟨techn⟩ multiplicatorspoel
mul·ti·ply·ing glass [telb zn] vergrootglas
mul·ti·point /mʌltipɔɪnt/ [bn] met meerdere poorten/balies/kassa's ♦ *a multipoint immigration lounge* een douanehal met een reeks balies
mul·ti·po·lar /mʌltipoʊlə, ᴬ-ər/ [bn] ⟨elek⟩ veelpolig, multipool
mul·ti·pro·ces·sing /mʌltiproʊsesɪŋ, ᴬ-prɑ-/ [niet-telb zn] ⟨comp⟩ multiprocessing ⟨verwerking van programma's door meer processors tegelijk⟩
mul·ti·pro·gram·ming /mʌltiproʊgræmɪŋ/ [niet-telb zn] ⟨comp⟩ multiprogrammering ⟨uitvoeren van meer programma's tegelijk door één processor⟩
mul·ti·pur·pose /mʌltipɜːpəs, ᴬ-pɜrpəs/ [bn] veelzijdig, voor meerdere doeleinden geschikt, flexibel
mul·ti·ra·cial /mʌltireɪʃl/ [bn] multiraciaal
mul·ti·re·sis·tant /mʌltirɪzɪstənt/ [bn] ⟨biol⟩ multiresistent ⟨van virus⟩
mul·ti·role /mʌltiroʊl/ [bn, attr] veelzijdig, met veel functies
mul·ti·skill·ing /mʌltiskɪlɪŋ/ [niet-telb zn] training in verschillende vaardigheden, scholing tot multi-inzetbaarheid
mul·ti·stage /mʌltisteɪdʒ/ [bn, attr] ⟨ruimtev⟩ meertraps-, veeltrappig ⟨van raket⟩
¹**mul·ti·sto·rey** /mʌltistɔːri/ [telb zn] (BE; inf) (bovengrondse) parkeergarage (met meer verdiepingen)
²**mul·ti·sto·rey** /mʌltistɔːri/ [bn, attr] (BE) met meerdere verdiepingen ♦ *multistorey block* torenflat
mul·ti·task /mʌltitɑːsk, ᴬ-tæsk/ [onov ww] verschillende taken tegelijkertijd doen, meerdere dingen tegelijkertijd doen, aan multitasking doen; → **multitasking**
mul·ti·task·ing /mʌltitɑːskɪŋ, ᴬ-tæsk-/ [niet-telb zn; gerund van multitask] multitasking ⟨het tegelijkertijd laten uitvoeren van verschillende taken⟩, ⟨comp⟩ het parallel laten lopen van processen
multitrip ticket [telb zn] ± strippenkaart, ⟨België⟩ ± zonekaart

mul·ti·tude /mʌltɪtjuːd, ᴬ-tuːd/ [telb zn] 1 massa, grote hoeveelheid, groot aantal ♦ *that covers a multitude of sins* dat is een handige smoes; *a multitude of ideas* een grote hoeveelheid ideeën 2 menigte, massa ♦ *the multitude* de grote massa 3 ⟨sprw⟩ *charity covers a multitude of sins* ± de liefde dekt vele gebreken
mul·ti·tu·di·nous /mʌltɪtjuːdɪnəs, ᴬ-tuːdnəs/ [bn; bw: ~ly; zn: ~ness] 1 talrijk 2 veelsoortig, van uiteenlopende aard, verscheiden 3 uitgestrekt ⟨van zee⟩, onmetelijk
mul·ti·us·er /mʌltijuːzə, ᴬ-juːzər/ [bn] ⟨comp⟩ multiuser-, voor meer gebruikers tegelijk
mul·ti·va·lent /mʌltiveɪlənt/ [bn] ⟨scheik⟩ veelwaardig, polyvalent
mul·ti·valve /mʌltivælv/ [bn, attr] ⟨biol⟩ met twee kleppen ⟨van schelp⟩
mul·ti·ver·si·ty /mʌltivɜːsəti, ᴬ-vɜrsəti/ [telb zn] grote/uitgebreide universiteit
mul·ti·vo·cal /mʌltɪvəkl/ [bn] meerduidig, dubbelzinnig
mul·ti·vol·umed /mʌltivɒljuːmd, ᴬ-vɑljəmd/ [bn, attr] uit veel delen bestaand ⟨encyclopedie, enz.⟩
mul·ti·war·head·ed /mʌltiwɔːhedɪd, ᴬ-wɔr-/ [bn] met meerdere kernkoppen
mul·ti·way /mʌltiweɪ/ [bn] ⟨techn⟩ meerkanalig ♦ *multiway intersection* meervoudig kruispunt
mult·oc·u·lar /mʌltɒkjʊlə, ᴬ-tɑkjələr/ [bn] veelogig
¹**mum** /mʌm/, ⟨AE in betekenis 1⟩ **mom** /mɒm, ᴬmɑm/ [telb zn] ⟨inf⟩ 1 ⟨vnl BE⟩ mamma, mam(s), mammie 2 chrysant
²**mum** /mʌm/ [niet-telb zn] ⟨inf⟩ stilzwijgen ♦ *mum's the word!* mondje dicht!
³**mum** /mʌm/ [bn, pred] stil, niets loslatend ♦ *keep mum* zijn mondje dicht houden
⁴**mum** /mʌm/ [onov ww] 1 in een pantomime spelen 2 een masker dragen, zich vermommen
⁵**mum** /mʌm/ [tw] mondje dicht!, sst!, niets zeggen! ♦ *mum's the word!* mondje dicht!
¹**mum·ble** /mʌmbl/ [telb zn] gemompeld woord, gemompel, geprevel
²**mum·ble** /mʌmbl/ [onov ww] binnensmonds praten, mummelen, murmelen
³**mum·ble** /mʌmbl/ [ov ww] 1 mompelen, prevelen ♦ *mumble a quick prayer* een schietgebedje mompelen 2 knauwen op, mummelen op ♦ *Auntie was mumbling a biscuit* tante zat op een biscuitje te mummelen
mum·ble·core [niet-telb zn] ⟨film⟩ mumblecore, 'mompelgenre' ⟨low budget en geïmproviseerd⟩
¹**mum·bo jum·bo** /mʌmboʊ dʒʌmboʊ/ [telb zn] 1 afgod, idool 2 boeman
²**mum·bo jum·bo** /mʌmboʊ dʒʌmboʊ/ [niet-telb zn] 1 gebrabbel, abracadabra 2 poppenkast, malle vertoning, komedie
Mum·bo Jum·bo /mʌmboʊ dʒʌmboʊ/ [eigenn] afgod ⟨in Sudan⟩
mum·chance /mʌmtʃɑːns, ᴬ-tʃæns/ [bn] ⟨vero; gew⟩ zwijgend
mum·mer /mʌmə, ᴬ-ər/ [telb zn] 1 pantomimespeler 2 gemaskerde 3 ⟨gesch⟩ toneelspeler
¹**mum·mer·y** /mʌməri/ [telb zn] 1 hol ritueel, overdreven ceremonieel, poppenkast, komedie 2 pantomime 3 maskerade
²**mum·mer·y** /mʌməri/ [niet-telb zn] mime, het pantomimespelen
mum·mi·fi·ca·tion /mʌmɪfɪkeɪʃn/ [niet-telb zn] mummificatie, balseming, het mummificeren/balsemen
mum·mi·fy /mʌmɪfaɪ/ [ov ww] 1 mummificeren, balsemen 2 doen uitdrogen, laten verschrompelen ♦ *mummified fruit* verdroogd fruit
¹**mum·my** /mʌmi/, ⟨AE in betekenis 3⟩ **mom·my** /mɒmi, ᴬmɑmi/, **mom·ma** /mɒmə, ᴬmɑmə/, **ma·ma** /mɑːmə,

mummy

¹**mum·my** /mʌmi/ [telb zn] ① mummie ② brij, moes, pulp ♦ *beat to a mummy* tot moes slaan ③ 〈BE; inf〉 mammie, moesje, mam(s)

²**mum·my** /mʌmi/, **mom·ma** /mɒmə, ˄mɑmə/, **ma·ma** /mɑːmə, məmɑ/ [niet-telb zn] roodbruine verf

³**mum·my** /mʌmi/ [ov ww] mummificeren, balsemen

mum·my's boy [telb zn] 〈BE; inf〉 moederskindje

mump /mʌmp/ [onov ww] 〈vero〉 ① zitten mokken ② bedelen

mump·ish /mʌmpɪʃ/ [bn] landerig, futloos

mumps /mʌmps/ [alleen mv; the] ① 〈med〉 de bof ② landerigheid, lamlendigheid ♦ *have the mumps* zitten kniezen

mum·sy /mʌmsi/ [bn; vergr trap: mumsier; zn: mumsiness] 〈inf〉 moederlijk, kleurloos, saai

mum-to-be [telb zn] 〈BE; inf〉 aanstaande moeder

¹**munch** /mʌntʃ/ [niet-telb zn] gekauw, geknaag

²**munch** /mʌntʃ/ [onov ww] op iets kauwen, ergens op knabbelen ♦ *munch away at an apple* kan een appel knagen

³**munch** /mʌntʃ/ [ov ww] kauwen op, knabbelen aan, knagen op ♦ *munch an apple* aan een appel knabbelen

munch·ies /mʌntʃiz/ [alleen mv] 〈AE; inf〉 hapjes, knabbels · *have the munchies* trek hebben

mun·dane /mʌndeɪn/ [bn; bw: ~ly; zn: ~ness] ① gewoon, afgezaagd, doorsnee-, routine-, alledaags ② platvloers, gespeend van visie ③ aards, aardgebonden, van deze wereld

mung bean /mʌŋbiːn/ [telb zn] 〈ook plantk〉 taugéboon, katjang idjo 〈Phaseolus aureus〉

mun·go /mʌŋɡoʊ/ [telb + niet-telb zn] mungo, kunstwol 〈herwonnen uit vervilte oude wol〉

mungoose [telb zn] → mongoose

Mu·nich /mjuːnɪk/ [eigenn] München

mu·nic·i·pal /mjuːnɪsɪpl/ [bn; bw: ~ly] ① gemeentelijk, gemeente-, stedelijk, stads-, municipaal ♦ *municipal buildings* openbare gebouwen; *municipal corporation* stadsbestuur ② lands-, staats-, nationaal ♦ *municipal law* nationaal recht

mu·nic·i·pal·ism /mjuːnɪsɪpəlɪzm/ [niet-telb zn] ① gemeentelijk zelfbestuur ② plaatselijk patriottisme

¹**mu·nic·i·pal·i·ty** /mjuːnɪsɪpæləti/ [telb zn] gemeente

²**mu·nic·i·pal·i·ty** /mjuːnɪsɪpæləti/ [verzamelnw] gemeentebestuur

mu·nic·i·pal·i·za·tion /mjuːnɪsɪpəlaɪzeɪʃn, ˄-pələ-/ [niet-telb zn] het onder gemeentelijk beheer brengen

mu·nic·i·pal·ize /mjuːnɪsɪpəlaɪz/ [ov ww] onder gemeentelijk beheer brengen

mu·nif·i·cence /mjuːnɪfɪsns/ [niet-telb zn] 〈form〉 generositeit, goedgeefsheid, gulheid, vrijgevigheid

mu·nif·i·cent /mjuːnɪfɪsnt/ [bn; bw: ~ly] 〈form〉 genereus, goedgeefs, gul, vrijgevig, royaal

mu·ni·ment /mjuːnɪmənt/ [telb zn] 〈zelden〉 verdedigingsmiddel

mu·ni·ments /mjuːnɪmənts/ [alleen mv] 〈jur〉 akte, bewijs 〈van eigendom/privilege〉, documenten, archief

¹**mu·ni·tion** /mjuːnɪʃn/ [telb zn; meestal mv] ① 〈ook attributief〉 munitie, ammunitie, schietvoorraad, schietbenodigdheden ② 〈mv〉 wapens ③ 〈mv〉 bommen, granaten

²**mu·ni·tion** /mjuːnɪʃn/ [ov ww] van munitie voorzien

mun·ta /mʌntə/ [telb zn] 〈fig, sl〉 spook, heks, trol 〈lelijke vrouw〉

munt·jak, munt·jac /mʌntdʒæk/ [dierk] muntjak 〈hert van de Kleine Soenda Eilanden, genus Muntiacus〉

mu·on /mjuːɒn, ˄mjuːɑn/ [telb zn] 〈natuurk〉 muon

muppet /mʌpɪt/ [telb zn] stomkop, sukkel

Mup·pet /mʌpɪt/ [telb zn] Muppet 〈pop uit gelijknamige tv-serie〉

¹**mu·ral** /mjʊərəl, ˄mjʊrəl/ [telb zn] muurschildering

²**mu·ral** /mjʊərəl, ˄mjʊrəl/ [bn, attr] ① muur-, wand- ♦ 〈gesch〉 *mural crown* muurkroon 〈voor de eerste soldaat die de muur van een belegerde stad beklimt〉; *mural painting* muurschildering ② muurachtig

mu·ral·ist /mjʊərəlɪst, ˄mjʊr-/ [telb zn] muurschilder

¹**mur·der** /mɜːdə, ˄mɜrdər/, 〈vero〉 **mur·ther** /mɜːðə, ˄mɜrðər/ [telb zn] moord

²**mur·der** /mɜːdə, ˄mɜrdər/, 〈vero〉 **mur·ther** /mɜːðə, ˄mɜrðər/ [niet-telb zn] ① moord, het ombrengen ♦ *attempted murder* poging tot moord; 〈inf〉 *get away with murder* alles kunnen maken ② 〈inf〉 heksentoer, hels karwei ♦ *it was murder to remove the brakes from the car* het was een hels karwei om de remmen uit de auto te halen ③ 〈inf〉 beroerde toestand ♦ *this drought is murder for the garden* deze droogte is funest voor de tuin ④ 〈sprw〉 *murder will out* een moord komt altijd aan het licht

³**mur·der** /mɜːdə, ˄mɜrdər/, 〈vero〉 **mur·ther** /mɜːðə, ˄mɜrðər/ [ov ww] ① vermoorden, ombrengen, om zeep helpen ② 〈inf〉 verknoeien, ruïneren ♦ *two girls were murdering Mozart at the piano* twee meisjes draaiden Mozart de nek om aan de piano ③ 〈sl〉 volledig inmaken

mur·der·a·bil·i·a /mɜːdrəbɪliə, ˄mɜrdərə-/ [alleen mv] morbide souvenirs van veroordeelde criminelen 〈als verzamelobject〉

mur·der·er /mɜːdrə, ˄mɜrdərər/ [telb zn] moordenaar

mur·der·ess /mɜːdrɪs, ˄mɜrdərɪs/ [telb zn] moordenares

mur·der·ous /mɜːdrəs, ˄mɜr-/ [bn; bw: ~ly; zn: ~ness] ① moordzuchtig, moordlustig ♦ *murderous intentions* moordzuchtige bedoelingen ② moordend, moorddadig ♦ *murderous heat* moordende hitte

mure /mjʊə, ˄mjʊr/, 〈in betekenissen 2 en 3 ook〉 **mure up** [ov ww] 〈vero〉 ① ommuren ② dichtmetselen ③ opsluiten

mu·rex /mjʊəreks, ˄mjʊr-/ [telb zn; mv: ook murices /-rɪsiːz/] purperslak, stekelslak

mu·ri·ate /mjʊəriət, ˄mjʊr-/ [telb + niet-telb zn] 〈vero; scheik〉 muriaat, chloride ♦ *muriate of potash* kaliumchloride

mu·ri·at·ic /mjʊəriætɪk, ˄mjʊriætɪk/ [bn, attr] · 〈vero; scheik〉 *muriatic acid* zoutzuur

mu·rine /mjʊəraɪn, ˄mjʊr-/ [bn, attr] ① muizen- ② ratten- ♦ *murine plague* door ratten verbreide pest

¹**murk** /mɜːk, ˄mɜrk/ [niet-telb zn] duisternis, donkerte

²**murk** /mɜːk, ˄mɜrk/ [bn] 〈vero〉 duister, donker, mistig

murk·y /mɜːki, ˄mɜrki/ [bn; vergr trap: murkier; bw: murkily; zn: murkiness] ① duister, donker, somber, onheilspellend ♦ *a murky evening* een donkere avond ② duister, vunzig, kwalijk ♦ *murky affairs* weinig verheffende zaken ③ dicht, dik, ondoordringbaar ♦ *murky fog* dichte mist

¹**mur·mur** /mɜːmə, ˄mɜrmər/ [telb + niet-telb zn] ① gemurmel, geruis 〈van beekje〉 ② gemopper, gebrom, geklaag ③ gemompel, geprevel ④ 〈med〉 ruis 〈van harttonen〉

²**mur·mur** /mɜːmə, ˄mɜrmər/ [onov ww] ① mompelen, prevelen ② ruisen, suizen ③ mopperen, klagen, murmureren ♦ *murmur against/at* mopperen op/over; → murmuring

³**mur·mur** /mɜːmə, ˄mɜrmər/ [ov ww] mompelen, prevelen, lispelen; → murmuring

mur·mur·er /mɜːmərə, ˄mɜrmərər/ [telb zn] ① mompelaar(ster) ② mopperaar(ster)

mur·mur·ing /mɜːmərɪŋ, ˄mɜr-/ [telb + niet-telb zn; (oorspronkelijk) gerund van murmur] ① gemompel, geprevel ② geruis, gesuis ③ gemurmureer, gemopper, geklaag

mur·mur·ous /mɜːmərəs, ˄mɜr-/ [bn, attr; bw: ~ly] ① mompelend, prevelend ② ruisend, suizend, murmelend

¹**mur·phy** /mɜːfi, ˄mɜrfi/ [telb zn] 〈sl; scherts〉 ① pieper, zandsodemieter 〈aardappel〉 ② oplichterij

²**mur·phy** /mɜːfi, ᴬmɜrfi/ [ov ww] ⟨AE; sl⟩ oplichten
Mur·phy's Law [niet-telb zn] de wet van Murphy, de wet van het behoud van pech ⟨als er iets fout kán gaan, gaat dat ook fout⟩; zie ook Sod's Law⟩
mur·ra /mʌrə, ᴬmʌrə/ [niet-telb zn] ⟨geol⟩ [1] vloeispaat, fluoriet ⟨in de oudheid gebruikt voor siervoorwerpen⟩ [2] jade [3] porselein
¹**mur·rain** /mʌrɪn, ᴬmʌrɪn/ [telb zn; alleen enk] ⟨vero⟩ pest
²**mur·rain** /mʌrɪn, ᴬmʌrɪn/ [telb + niet-telb zn] veepest
murre /mɜː, ᴬmɜr/ [telb zn] ⟨AE, CanE; dierk⟩ zeekoet ⟨genus Uria⟩
mur·rey /mʌri, ᴬmʌri/ [niet-telb zn; vaak attributief] ⟨vero⟩ purperrood
mur·rhine /mʌrɪn, -raɪn, ᴬmʌr-/ [bn, attr] [1] uit fluoriet vervaardigd ♦ *murrhine glass* glaswerk uit fluoriet; ⟨i.h.b.⟩ millefioriglas [2] (van) jade, uit jade vervaardigd [3] (van) porselein
murther → murder
mus [afk] [1] ⟨museum⟩ [2] ⟨music⟩ muz. [3] ⟨musical⟩
Mus B, Mus Bac [afk] ⟨Bachelor of Music⟩
¹**mus·ca·dine** /mʌskədaɪn, -dɪn/, **mus·cat** /mʌskət, mʌskæt/ [telb zn] muskadel(druif)
²**mus·ca·dine** /mʌskədaɪn, -dɪn/, **mus·cat** /mʌskət, mʌskæt/ [niet-telb zn] muskadel, muskaatwijn
mus·ca·rine /mʌskəriːn, -rɪn/ [niet-telb zn] ⟨scheik⟩ muscarine
¹**mus·ca·tel** /mʌskətel/, **mus·ca·del** /-del/ [telb zn] [1] muskadel(druif) [2] muskadelrozijn
²**mus·ca·tel** /mʌskətel/, **mus·ca·del** /-del/ [niet-telb zn] muskadel, muskaatwijn
¹**mus·cle** /mʌsl/ [telb zn] [1] spier ♦ *flex one's muscles* de spieren losmaken; als vingeroefening doen; *not move a muscle* geen spier vertrekken, zich niet bewegen [2] ⟨AE; inf⟩ sterke man, gorilla
²**mus·cle** /mʌsl/ [niet-telb zn] [1] spierweefsel, spieren [2] spierkracht ♦ *Ard has got all the muscle necessary for speed skating* Ard heeft genoeg spierkracht voor hardrijden [3] kracht, macht ♦ *put some muscle into your attitude!* toon eens wat meer ruggengraat!
mus·cle-bound [bn] [1] (overdreven) gespierd [2] stijf, verkrampt
mus·cled /mʌsld/ [bn; vaak in samenst] gespierd
mus·cle-head [telb zn] ⟨sl⟩ stommeling
muscle in [onov ww] ⟨inf⟩ zich indringen ♦ *muscle in on* zich indringen in
mus·cle·man [telb zn; mv: musclemen] bodybuilder, tarzan
muscle out [onov ww] ⟨AE; sl⟩ met geweld verwijderen
mus·co·lo·gy /mʌskɒlədʒi, ᴬ-skɑ-/ [niet-telb zn] leer der mossen, bryologie
mus·co·va·do /mʌskəvɑːdoʊ, ᴬ-veɪ-/ [telb + niet-telb zn] moscovade ⟨ruwe, ongeraffineerde suiker⟩
¹**Mus·co·vite** /mʌskəvaɪt/ [telb zn] [1] Moskoviet, inwoner van Moskou [2] ⟨vero⟩ Rus
²**Mus·co·vite** /mʌskəvaɪt/ [niet-telb zn] ⟨geol⟩ mica, (kali)glimmer, muskoviet, Moskovisch glas
³**Mus·co·vite** /mʌskəvaɪt/ [bn] [1] Moskovisch [2] ⟨vero⟩ Russisch
Mus·co·vy /mʌskəvi/ [eigenn] [1] Moskovië [2] ⟨vero⟩ Rusland
Muscovy duck [telb zn] ⟨dierk⟩ muskuseend ⟨Cairina moschata⟩
mus·cu·lar /mʌskjʊlə, ᴬ-kjələr/ [bn; bw: ~ly] [1] spier-, m.b.t. de spieren ♦ *muscular dystrophy* spierdystrofie; *muscular rheumatism* spierreuma(tiek); *muscular stomach* spiermaag (bijvoorbeeld bij vogels) [2] gespierd, krachtig
mus·cu·lar·i·ty /mʌskjʊlærəti, ᴬ-kjələræti/ [niet-telb zn] gespierdheid, kracht
mus·cu·la·ture /mʌskjʊlətʃə, ᴬ-kjələtʃər/ [telb zn] spierstelsel, musculatuur

Mus D, Mus Doc [afk] ⟨Doctor of Music⟩
¹**muse** /mjuːz/ [telb zn] [1] muze ♦ *The Muses* de (negen) muzen, kunsten en wetenschappen [2] ⟨vero⟩ afwezige bui, gepeins
²**muse** /mjuːz/ [niet-telb zn; the] muze, inspiratie
³**muse** /mjuːz/ [onov ww] peinzen, mijmeren, nadenken, dromen ♦ *muse on* peinzen over, nadenkend beschouwen; *muse over/upon* mijmeren over
⁴**muse** /mjuːz/ [ov ww] overdenken, nadenken over ♦ *muse a course of action* een gedragslijn overwegen
mu·se·o·lo·gi·cal /mjuːziəlɒdʒɪkl, ᴬ-lɑ-/ [bn] museologisch
mu·se·o·lo·gy /mjuːziɒlədʒi, ᴬ-ɑlədʒi/ [niet-telb zn] museologie, museumkunde
mus·er /mjuːzə, ᴬ-ər/ [telb zn] mijmeraar(ster), dromer, droomster
mu·sette /mjuːzet/ [telb zn] [1] doedelzak, musette ⟨ook als orgelregister⟩ [2] musette, dans(wijsje) ⟨als gespeeld op doedelzak⟩ [3] officiersransel, musette
mu·se·um /mjuːziəm/ [telb zn] museum
museum piece [telb zn] museumstuk
¹**mush** /mʌʃ/ [telb zn] [1] moes, brij [2] ⟨AE⟩ maismeelpap [3] ⟨inf⟩ sentimenteel geklets/gedoe, geouwehoer, onzin [4] ⟨comm⟩ geruis [5] ⟨AE⟩ tocht met een hondenslee [6] ⟨BE; sl⟩ tronie, smoel, porem [7] ⟨BE; sl⟩ makker, maatje, figuur ♦ *hey you, mush!* hé makker, jij daar! [8] ⟨sl⟩ mond [9] ⟨sl⟩ kus
²**mush** /mʌʃ/ [onov ww] ⟨AE⟩ [1] een tocht per hondenslede maken [2] ⟨sl⟩ leven van zwendel
³**mush** /mʌʃ/ [tw] ⟨AE⟩ vooruit!, mars! ⟨tegen sledehonden⟩
mush area [telb zn] ⟨comm⟩ stoorgebied
mush·er /mʌʃə, ᴬ-ər/ [telb zn] ⟨AE⟩ sleehondendrijver
mush-head [telb zn] ⟨AE; sl⟩ stommeling
mush-head·ed [bn] ⟨AE; sl⟩ stom
mush ice [niet-telb zn] ⟨AE⟩ fondantijs, zacht ijs
mush-mouth [telb zn] ⟨AE; sl⟩ onduidelijke prater, brabbelaar
¹**mush·room** /mʌʃruːm, -rʊm/ [telb zn] [1] champignon [2] (eetbare) paddenstoel [3] parvenu [4] atoomwolk, paddenstoelwolk [5] ⟨enkelvoud⟩ explosieve groei ♦ *the mushroom of small boutiques* het snel toenemen aantal boetiekjes [6] platte breedgerande dameshoed
²**mush·room** /mʌʃruːm, -rʊm/ [onov ww] [1] paddenstoelen zoeken ♦ *go mushrooming* paddenstoelen gaan zoeken [2] zich snel ontwikkelen, snel in aantal toenemen, als paddenstoelen uit de grond schieten ♦ *group training is mushrooming everywhere* groepstraining is opeens overal erg populair [3] een paddenstoelvorm aannemen, paddenstoelvormig uitwaaieren ⟨van rook⟩, breed/plat uitzetten ⟨van kogel⟩; → mushrooming
mushroom cloud [telb zn] atoomwolk, paddenstoelwolk
mush·room-col·our, ⟨AE⟩ **mush·room-col·or** [niet-telb zn; vaak attributief] licht geelbruin
mushroom growth [telb zn] snelle ontwikkeling
mush·room·ing /mʌʃruːmɪŋ, -rʊmɪŋ/ [telb + niet-telb zn; gerund van mushroom] snelle groei, explosieve toename
mush·y /mʌʃi/ [bn; vergr trap: mushier; bw: mushily; zn: mushiness] [1] papperig, zacht, soepig ♦ *a mushy pear* een beurse peer; ⟨BE⟩ *mushy peas* erwtenpuree ⟨voornamelijk Noord-Engels gerecht⟩ [2] ⟨inf⟩ halfzacht, week(hartig), verliefd, sentimenteel ♦ *a mushy letter* een sentimentele brief
mu·sic /mjuːzɪk/ [niet-telb zn] [1] muziek ♦ *music of the spheres* harmonie der sferen; *Will's words were music to my ears* Wills woorden klonken me als muziek in de oren [2] (blad)muziek, partituur [3] begeleiding ♦ *set a poem to music* een gedicht op muziek zetten [4] ⟨AE⟩ herrie, leven

musical

▫ *face the music* de consequenties aanvaarden, de gevolgen onder ogen zien; ⟨vnl pej; BE⟩ *piped music,* ⟨vnl pej; AE⟩ *piped-in music* ingeblikte muziek, achtergrondmuziek ⟨bijvoorbeeld in restaurant⟩

¹**mu·si·cal** /mjuːzɪkl/ [telb zn] [1] musical [2] ⟨zelden⟩ muziekavondje, soirée musicale

²**mu·si·cal** /mjuːzɪkl/ [bn; bw: ~ly; zn: ~ness] [1] muzikaal [2] welluidend, klankvol, muzikaal ♦ *musical glasses* glasharmonica; *a musical laugh* een welluidende lach; *musical saw* zingende zaag

³**mu·si·cal** /mjuːzɪkl/ [bn, attr; bw: ~ly; zn: ~ness] [1] muziek-, ⟨de⟩ muziek betreffend ♦ *musical instrument* muziekinstrument; *musical sound* klank ⟨i.t.t. geluid⟩ [2] muzikaal, op muziek gezet, met muzikale ondersteuning ♦ ⟨BE⟩ *musical box* muziekdoos, speeldoos; *musical chairs* stoelendans; *musical clock* speelklok; ⟨vero⟩ *musical comedy* musical; *musical film* muziekfilm; *put/place s.o. on musical hold* iemand met een muziekje in de wacht zetten ⟨bij telefoongesprek⟩; *musical ride* cavalerie-exercitie op muziek

mu·si·cale /mjuːzɪkɑːl, ᴬ-kæl/ [telb zn] ⟨AE⟩ muziekavondje, soirée musicale

mu·si·cal·i·ty /mjuːzɪkælətɪ/ [niet-telb zn] [1] welluidendheid, muzikale kwaliteit [2] muzikaliteit, muzikaal gevoel

mu·si·cas·set·te /mjuːzɪkəset/ [telb zn] (muziek)cassette

music box [telb zn] ⟨AE⟩ muziekdoos

music centre [telb zn] audiorack, stereotoren

music destination [telb zn] muziekinformatiesite

music drama [telb zn] ± opera, muziekdrama

¹**mu·sic-hall** [telb zn] ⟨BE⟩ [1] variététheater [2] concertzaal

²**mu·sic-hall** [niet-telb zn] ⟨BE⟩ variété(theater)

mu·sic-halls [alleen mv; the] variété(theater)

mu·si·cian /mjuːzɪʃn/ [telb zn] [1] musicus, musicienne, toonkunstenaar, muzikant [2] componist

mu·si·cian·ship /mjuːzɪʃnʃɪp/ [niet-telb zn] muzikaal vakmanschap

mu·sic-lo·ver [telb zn] muziekliefhebber, muziekliefhebster, muziekminnaar

mu·si·col·o·gist /mjuːzɪkɒlədʒɪst, ᴬ-kɑ-/ [telb zn] musicoloog

mu·si·col·o·gy /mjuːzɪkɒlədʒɪ, ᴬ-kɑ-/ [niet-telb zn] musicologie, muziekwetenschap

music paper [niet-telb zn] muziekpapier

music rack [telb zn] muziekstandaard, muziekhouder

music room [telb zn] muziekkamer

music scene [telb zn] muziekwereld, muziekgebeuren

music stand [telb zn] muziekstandaard

mu·sic-stool [telb zn] pianokruk

music video [telb zn] videoclip

mus·ing·ly /mjuːzɪŋlɪ/ [bw] peinzend, nadenkend

¹**musk** /mʌsk/, ⟨in betekenis 1 ook⟩ **musk deer** [telb zn] [1] muskusdier, muskushert [2] muskusplant

²**musk** /mʌsk/ [niet-telb zn] muskus

³**musk** /mʌsk/ [ov ww] met muskus parfumeren

musk duck [telb zn] ⟨dierk⟩ [1] muskuseend ⟨Cairina moschata⟩ [2] Australische lobeend ⟨Biziura lobata⟩

mus·keg /mʌskeg/ [telb zn] ⟨CanE⟩ moeras

muskellunge [telb zn] → maskinonge

mus·ket /mʌskɪt/ [telb zn] ⟨gesch⟩ musket ⟨soort geweer⟩

mus·ket·eer /mʌskɪtɪə, ᴬ-tɪr/ [telb zn] ⟨gesch⟩ musketier

mus·ket·ry /mʌskɪtrɪ/ [niet-telb zn] [1] het geweerschieten, schietoefeningen, schietkunst [2] musketten, geweren [3] musketvuur, geweervuur [4] geweerbehandeling [5] ⟨vero⟩ met musketten bewapende troepen

musket shot [telb zn] [1] musketschot [2] schietbereik ⟨van musket⟩

musk melon [telb zn] ⟨plantk⟩ meloen ⟨Cucumis melo⟩

musk ox [telb zn] muskusos

musk plant [telb zn] muskusplant

musk·rat [telb zn] muskusrat, bisamrat

musk rose [telb zn] muskusroos

musk·y /mʌskɪ/ [bn; vergr trap: muskier; zn: muskiness] muskusachtig

¹**Mus·lim, Mus·lem** /mʌzlɪm, muz-/, **Mos·lem** /mɒzlɪm, ᴬmɑz-/ [telb zn; mv: ook Muslim, ook Moslim] [1] mohammedaan, islamiet, moslim [2] ⟨AE⟩ lid van de Black Muslims

²**Mus·lim, Mus·lem** /mʌzlɪm, muz-/, **Mos·lem** /mɒzlɪm, ᴬmɑz-/ [bn] mohammedaans, islamitisch, moslims

mus·lin /mʌzlɪn/ [niet-telb zn] [1] mousseline [2] neteldoek [3] ⟨AE⟩ katoen

mus·lin·et /mʌzlɪnet/ [niet-telb zn] grove mousseline

Mus M [afk] (Master of Music)

mu·so /mjuːzoʊ/ [telb zn; mv: musos] ⟨BE; inf⟩ [1] muziekfreak ⟨vooral gespitst op de techniek⟩ [2] muziekgek ⟨van popmuziek⟩, muziekfan

¹**mus·quash** /mʌskwɒʃ, ᴬmʌskwɑʃ/ [telb zn] muskusrat

²**mus·quash** /mʌskwɒʃ, ᴬmʌskwɑʃ/ [niet-telb zn] bont van de muskusrat

¹**muss** /mʌs/ [telb + niet-telb zn] ⟨AE; inf⟩ [1] wanorde [2] rommel, rotzooi ♦ *without muss or fuss* zonder rommel en drukte [3] gevecht, kloppartij, schermutseling

²**muss** /mʌs/ [ov ww] ⟨AE; inf⟩ in de war maken, verknoeien ⟨haar, kleding⟩ ♦ *muss up one's suit* zijn pak ruïneren

mus·sel /mʌsl/ [telb zn] mossel

¹**Mus·sul·man** /mʌslmən/ [telb zn; mv: ook Mussulmen /-mən/] ⟨vero⟩ mohammedaan, moslim, islamiet, ⟨gesch⟩ muzelman

²**Mus·sul·man** /mʌslmən/ [bn] mohammedaans, moslims, islamitisch

mus·sy /mʌsɪ/ [bn; vergr trap: mussier; bw: mussily] ⟨AE; inf⟩ rommelig, in de war, slordig, vuil ♦ *a mussy suit* een verkreukeld pak

¹**must** /mʌst/ [telb zn] [1] schimmel [2] ⟨enkelvoud⟩ ⟨inf⟩ noodzaak, vereiste, must ♦ *the Louvre is a must* je moet beslist naar het Louvre toe

²**must,** ⟨in betekenis 3 ook⟩ **musth** /mʌst/ [niet-telb zn] [1] must [2] razernij ⟨van mannetjesolifant/mannetjeskameel⟩ [3] mufheid, oudbakkenheid

³**must, musth** /mʌst/ [bn] razend ⟨van mannetjesolifant/ mannetjeskameel⟩

⁴**must** /mʌst/ [onov ww] beschimmelen

⁵**must** /məs(t), ⟨sterk⟩ mʌst/ [onov ww] ⟨vero⟩ moeten gaan ♦ *to London we must* wij moeten naar Londen gaan

⁶**must** /məs(t), ⟨sterk⟩ mʌst/ [hulpww] [1] ⟨gebod, verplichting, noodzaak⟩ moeten, ⟨in indirecte rede ook⟩ moest(en), ⟨met have + voltooid deelwoord⟩ zou(den) zeker ♦ *you must admit it isn't fair* je moet toch toegeven dat het niet eerlijk is; *must I close the window?* moet ik het venster sluiten?; *you must come and see us* je moet ons beslist eens komen opzoeken; *why must my plans always fail?* waarom zijn mijn plannen altijd tot mislukken gedoemd?; *if you must have your way* als je per se je eigen gang wil gaan; *she must have drowned if John hadn't saved her* ze was zeker verdronken als John haar niet had gered; *you really must hear this song* dit lied moet je echt gehoord hebben; ⟨ellipt⟩ *laugh if you must* lach maar als je het niet kunt laten; *must you really leave it behind?* is het nu echt nodig dat je het achterlaat?; *he said you must listen to me* hij zei dat je naar mij moest luisteren; *where must I sleep?* waar mag ik slapen? [2] ⟨steeds met ontkenning⟩ (niet) mogen ♦ *you must not go near the water* je mag niet dicht bij het water komen [3] ⟨onderstelling⟩ (niet) moeten, ⟨AE met ontkenning⟩ (niet) kunnen ♦ *it must be almost time to go* het zal bijna tijd zijn om te vertrekken; ⟨AE⟩ *you mustn't be very enthusiastic* je kunt niet heel enthousiast zijn, je bent beslist niet heel enthousiast; *you must be out of your mind to say such things* je moet wel gek zijn om zulke din-

gen te zeggen; *she must* **have known** *beforehand* ze moet het al van tevoren geweten hebben • ⟨sprw⟩ *what must be must be* ± moeten is een bitter kruid

must- /mʌst/ aanbevelenswaardig ♦ *the book is a must-read* het boek is een aanrader; *a must-see/must-do* iets wat je moet zien/moet doen, een aanrader

mustache [telb zn] → moustache

mus·ta·chio /məstɑːʃiou, ᴬməstæ-/ [telb zn; vaak mv] (hang)snor, knevel

mus·ta·chio·ed, ᴬᴱ ook **mous·ta·chioed** /məstɑːʃioud, ᴬməstæ-/ [bn] besnord, gekneveld

mus·tang /mʌstæŋ/ [telb zn] mustang, prairiepaard

¹**mus·tard** /mʌstəd, ᴬ-ərd/ [telb + niet-telb zn] mosterd(poeder) • ⟨ᴬᴱ; sl⟩ *cut the mustard* het 'm flikken, het maken; *not cut the mustard* ergens niet voor in de wieg gelegd zijn

²**mus·tard** /mʌstəd, ᴬ-ərd/ [niet-telb zn] 1 mosterdplant ♦ *mustard and cress* mosterd en waterkers ⟨als broodbeleg⟩ 2 ⟨ᴬᴱ; sl⟩ pit, fut, pep

mustard gas [niet-telb zn] mosterdgas

mustard plaster [telb zn] mosterdpleister

mus·tard-pot [telb zn] mosterdpot

mustard seed [telb zn] mosterdzaad

mus·tee /mʌstiː/ [telb zn] mesties, halfbloed

¹**mus·ter** /mʌstə, ᴬ-ər/ [telb zn; scheepv] 1 appel, inspectie, monstering, wapenschouwing ♦ *pass muster* ermee door kunnen 2 verzameling, vergadering, bijeenkomst 3 monsterrol, alarmrol, presentielijst ♦ *call the muster* alle namen afroepen, de presentielijst checken 4 ⟨handel⟩ monster, specimen

²**mus·ter** /mʌstə, ᴬ-ər/ [onov ww] ⟨vnl mil, scheepv⟩ zich verzamelen, bijeenkomen ⟨voor inspectie⟩

³**mus·ter** /mʌstə, ᴬ-ər/ [ov ww] ⟨vnl mil, scheepv⟩ 1 verzamelen, bijeenroepen, bijeenhalen ⟨manschappen voor inspectie⟩ ♦ ⟨ᴬᴱ⟩ *muster in* rekruteren, in dienst nemen; ⟨ᴬᴱ⟩ *muster out* ontslaan 2 bijeenrapen, verzamelen ⟨moed⟩ ♦ *muster up one's courage* al zijn moed bijeenrapen

mus·ter-book [telb zn] ⟨mil⟩ stamboek

mus·ter-roll [telb zn] ⟨mil, scheepv⟩ monsterrol, alarmrol

musth → must

must-have [telb zn; ook attributief] iets dat iedereen moet/wil hebben ♦ *three must-have books for parents* drie boeken die elke ouder gelezen moet hebben

must·y /mʌsti/ [bn; vergr trap: mustier; bw: mustily; zn: mustiness] 1 muf, onfris, benauwd ♦ *musty air* bedompte lucht 2 schimmelig, bedorven 3 verouderd, achterhaald, afgezaagd ♦ *musty jokes* oudbakken grapjes

mut /mʌt/ [telb zn] ⟨sl⟩ straathond

mu·ta·bil·i·ty /mjuːtəbɪləti/ [niet-telb zn] 1 veranderlijkheid, wisselvalligheid 2 wispelturigheid, ongedurigheid, grilligheid

mu·ta·ble /mjuːtəbl/ [bn; bw: mutably; zn: ~ness] 1 veranderlijk, wisselvallig 2 wispelturig, ongedurig, grillig

mu·ta·gen /mjuːtədʒen/ [telb zn] ⟨biol⟩ mutageen, mutageen middel

mu·ta·gen·ic /mjuːtədʒenɪk/ [bn; bw: ~ally] ⟨biol⟩ mutageen

¹**mu·tant** /mjuːtnt/ [telb zn] ⟨biol⟩ mutant

²**mu·tant** /mjuːtnt/ [bn, attr] ⟨biol⟩ door mutatie ontstaan, gemuteerd

¹**mu·tate** /mjuːteɪt, ᴬmjuːteɪt/ [onov ww] ⟨vaak biol, taalk⟩ veranderen, wisselen, verschuiven

²**mu·tate** /mjuːteɪt, ᴬmjuːteɪt/ [ov ww] ⟨vaak biol, taalk⟩ doen veranderen, muteren

mu·ta·tion /mjuːteɪʃn/ [telb + niet-telb zn] 1 verandering, wisseling, wijziging 2 ⟨biol⟩ mutatie 3 ⟨vero; taalk⟩ umlaut, verschuiving

mutation stop [telb zn] vulstem ⟨orgelregister⟩

mu·ta·tis mu·tan·dis /muːtɑːtɪs muːtændɪs,

muttonheaded

ᴬ-muːtɑndɪs/ [bw] mutatis mutandis, met de nodige veranderingen

mutch /mʌtʃ/ [telb zn] ⟨SchE⟩ 1 kindermutsje 2 vrouwenmuts

mutch·kin /mʌtʃkɪn/ [telb zn] ⟨SchE⟩ mutchkin (inhoudsmaat)

¹**mute** /mjuːt/ [telb zn] 1 (doof)stomme 2 pantomimespeler 3 figurant 4 doodbidder, kraai 5 ⟨taalk⟩ ploffer, explosief 6 ⟨taalk⟩ onuitgesproken letter 7 ⟨muz⟩ demper, sourdine

²**mute** /mjuːt/ [bn; vergr trap: muter; bw: ~ly; zn: ~ness] 1 stom 2 zwijgend, stil, sprakeloos ♦ *mute adoration* stille aanbidding; ⟨jur⟩ *stand mute of malice* opzettelijk weigeren te verdedigen 3 ⟨taalk⟩ plof-, explosief 4 ⟨taalk⟩ onuitgesproken ⟨van letter⟩ • ⟨dierk⟩ *mute swan* knobbelzwaan ⟨*Cygnus olor*⟩

³**mute** /mjuːt/ [onov ww] defeceren ⟨van vogel⟩

⁴**mute** /mjuːt/ [ov ww] dempen ⟨voornamelijk muziekinstrument of figuurlijk⟩ ♦ *muted colours* gedempte/zachte kleuren; *muted criticism* matige/gematigde/milde kritiek; *muted trombone* trombone con sordino

mute button [telb zn] ruggespraaktoets, ruggespraakknop ⟨op telefoon⟩

mu·ti·late /mjuːtɪleɪt/ [ov ww] verminken, mutileren, toetakelen ⟨ook figuurlijk⟩

mu·ti·la·tion /mjuːtɪleɪʃn/ [telb + niet-telb zn] verminking

mu·ti·la·tor /mjuːtɪleɪtə, ᴬmjuːtɪleɪtər/ [telb zn] verminker

mu·ti·neer /mjuːtɪnɪə, ᴬmjuːtɪnɪr/ [telb zn] muiter

mu·ti·nous /mjuːtɪnəs, ᴬmjuːtn·əs/ [bn; bw: ~ly] muitend, muitziek, rebels, opstandig, oproerig

¹**mu·ti·ny** /mjuːtɪni, ᴬmjuːtn·i/ [telb zn] muiterij, rebellie, opstand, oproer ♦ ⟨gesch⟩ *the (Indian/Sepoy) Mutiny* opstand der Bengaalse troepen ⟨1857-58⟩

²**mu·ti·ny** /mjuːtɪni, ᴬmjuːtn·i/ [onov ww] muiten, rebelleren, in opstand komen ♦ *mutiny against* in opstand komen tegen

Mutiny Act [niet-telb zn; the] ⟨BE; gesch⟩ ± jaarlijkse verordening m.b.t. de krijgstucht

mut·ism /mjuːtɪzm/ [niet-telb zn] 1 stomheid 2 (stil)zwijgen, zwijgzaamheid 3 ⟨psych⟩ mutisme

mutt /mʌt/ [telb zn] 1 ⟨sl⟩ ⟨verk: mutton-head⟩ halvegare, idioot, stomkop 2 ⟨pej⟩ ⟨verk: mutton-head⟩ straathond, mormel, bastaard

¹**mut·ter** /mʌtə, ᴬmʌtər/ [telb zn; meestal enk] 1 gemompel, geprevel, gemurmel 2 gemopper, gepruttel

²**mut·ter** /mʌtə, ᴬmʌtər/ [onov ww] 1 mompelen, prevelen 2 mopperen, foeteren, pruttelen ♦ *mutter against/at* mopperen over 3 rommelen ⟨van onweer⟩

³**mut·ter** /mʌtə, ᴬmʌtər/ [ov ww] mompelen, prevelen ♦ *he muttered an oath* hij vloekte zachtjes

mut·ter·er /mʌtərə, ᴬmʌtərər/ [telb zn] 1 mompelaar(ster) 2 mopperaar(ster)

¹**mut·ton** /mʌtn/ [telb zn] ⟨scherts⟩ schaap • *return to one's muttons* weer ter zake komen, weer op zijn chapiter terugkeren

²**mut·ton** /mʌtn/ [niet-telb zn] schapenvlees • *mutton dressed as lamb* een te jeugdig geklede vrouw; *eat s.o.'s mutton* iemands gastvrijheid accepteren

mut·ton-bird [telb zn] ⟨dierk⟩ grauwe pijlstormvogel ⟨*Puffinus griseus*⟩

mut·ton-chop [telb zn] schaapskotelet

mut·ton-chops /mʌtnʃɒps, ᴬmʌtnʃɑps/ [alleen mv] bakkebaarden

muttonchop whiskers [alleen mv] bakkebaarden

mutton fist [telb zn] grote dikke hand, kolenschop

mut·ton-head, mut·ton-top [telb zn] ⟨inf⟩ stomkop, sufferd

mut·ton·head·ed /mʌtnhedɪd/, **mut·ton·y** /mʌtn·i/

mutual

[bn] ⟨inf⟩ stompzinnig, koeiig, schaapachtig

mu·tu·al /mjuːtʃʊəl/ [bn; bw: ~ly] ① wederkerig, onderling ♦ *mutual admiration society* wederzijdse schouderklopperij; *mutual consent* wederzijds goedvinden; *mutual feelings* wederkerige gevoelens; ⟨elek⟩ *mutual induction* (coëfficiënt van) wederzijdse inductie; *on mutual terms* au pair ② ⟨inf⟩ gemeenschappelijk, onderling ♦ ⟨AE⟩ *mutual fund* beleggingsmaatschappij; *mutual insurance* onderlinge verzekering; *mutual interests* gemeenschappelijke belangen

mu·tu·al·ism /mjuːtʃʊəlɪzm/ [niet-telb zn] ⟨biol⟩ symbiose, mutualisme

mu·tu·al·i·ty /mjuːtʃʊæləti/ [niet-telb zn] ① wederkerigheid ② gemeenschappelijkheid

muu muu /muːmuː/ [telb zn] muumuu ⟨zeer wijde jurk⟩

muv·ver /mʌvə, ᴬ-ər/ [telb zn] ⟨BE; sl⟩ ma(ms)

mu·zak /mjuːzæk/ [niet-telb zn] ⟨vaak pej⟩ muzak, (nietszeggende) achtergrondmuziek, muziekbehang

muzhik [telb zn] → moujik

¹**muz·zle** /mʌzl/ [telb zn] ① snuit, snoet, muil, bek ⟨van dier⟩ ② mond, tromp ⟨van geweer⟩ ③ muilkorf, muilband

²**muz·zle** /mʌzl/ [ov ww] ① muilkorven ⟨ook figuurlijk⟩, de mond snoeren, het zwijgen opleggen ② ⟨scheepv⟩ innemen ⟨zeil⟩ ③ ⟨sl⟩ kussen, vrijen

muz·zle·load·er [telb zn] voorlader

muzzle velocity [telb + niet-telb zn] ⟨mil⟩ mondingssnelheid, aanvangssnelheid

muz·zy /mʌzi/ [bn; vergr trap: muzzier; bw: muzzily; zn: muzziness] ① duf, saai, dof, geestloos ♦ *a muzzy afternoon* een saaie middag ② wazig, vaag ♦ *muzzy picture* vage foto ③ beneveld, verward, warrig

MV [afk] (motor vessel) ms

MVO [afk] ⟨BE⟩ (Member of the Royal Victorian Order)

MVP [afk] (most valuable player)

mW [afk] (milliwatt(s))

MW [afk] ① (Master of Wine) ② (medium wave) ③ (megawatt(s))

mwah /mwɑ/ [tw] weergave van het geluid van een kus in de lucht

M-way [telb zn] ⟨BE⟩ autosnelweg

MWB [afk] ⟨BE⟩ (Metropolitan Water Board)

Mx [afk] ① (maxwell(s)) ② (Middlesex)

MX [afk] (missile experimental)

¹**my** /maɪ, ⟨inf⟩ mi/, ⟨vero voor klinker ook⟩ mine /maɪn/ [bez det] mijn ♦ *my dear boy* beste jongen; *that was my day* het was mijn grote dag; *my family and friends* mijn familie en vrienden; *he disapproved of my going out* hij vond het niet goed dat ik uitging; *I know my job* ik ken mijn vak; *yes my lord* ja heer; *here you are my love* alsjeblieft kind; *I can spot my man* ik kan de man die ik zoek herkennen

²**my** /maɪ/ [tw] ① o jee ♦ *my (oh my), what have you done now!* hé/lieve help/o god, wat heb je nu weer gedaan! ② wel ♦ *my, my* welwel

my·al·gi·a /maɪældʒə/ [telb + niet-telb zn] ① spierpijn, myalgie ② spierreumatiek

my·al·gic /maɪældʒɪk/ [bn, attr] ⟨med⟩ myalgisch ♦ *myalgic encephalomyelitis* myalgische encefalomyelitis

Myanmar	
naam	**Myanmar** *Myanmar (Birma)*
officiële naam	**Union of Myanmar** *Unie van Myanmar*
inwoner	**Burmese** *Myanmarees; Birmaan*
inwoonster	**Burmese** *Myanmarees; Birmaanse*
bijv. naamw.	**Burmese** *Myanmarees; Birmaans*
hoofdstad	**Naypyidaw; Yangon** *Naypyidaw; Yangon*
munt	**kyat** *kyat*
werelddeel	**Asia** *Azië*
int. toegangsnummer 95 www .mm auto MYA	

¹**my·all** /maɪəl, ᴬ-ɔl/ [telb zn] ⟨AuE⟩ (Australische) acacia

²**my·all** /maɪəl, ᴬ-ɔl/ [niet-telb zn] ⟨AuE⟩ acaciahout

My·an·mar /mjænmɑː, ᴬmjɑnmɑr/ [eigenn] Myanmar ⟨officiële naam van Birma⟩

my·as·the·ni·a /maɪəsθiːnɪə/ [telb + niet-telb zn] myasthenie, spierzwakte

my·ce·li·al /maɪsiːlɪəl/ [bn, attr] mycelium-, m.b.t. het mycelium

my·ce·li·um /maɪsiːlɪəm/ [telb zn; mv: mycelia /-siːlɪə/] ⟨plantk⟩ zwamvlok, mycelium

My·ce·nae·an /maɪsəniːən/ [bn] Myceens

my·ce·to·ma /maɪsɪtoʊmə/ [telb zn; mv: ook mycetomata] ⟨med⟩ madoeravoet (schimmelinfectie)

my·col·o·gist /maɪkɒlədʒɪst, ᴬ-kɑ-/ [telb zn] mycoloog

my·col·o·gy /maɪkɒlədʒi, ᴬ-kɑ-/ [niet-telb zn] mycologie ⟨kennis der zwammen⟩

my·cor·rhi·za /maɪkəraɪzə/ [telb zn; mv: mycorrhizae /-ziː/] ⟨plantk⟩ mycorrhiza (symbiose van plantenwortels met schimmels)

my·cor·rhi·zal /maɪkəraɪzl/ [bn, attr] ⟨plantk⟩ mycorrhizaal

my·co·sis /maɪkoʊsɪs/ [telb zn; mv: mycoses /-siːz/] ⟨plantk, med⟩ mycose

my·dri·a·sis /maɪdraɪəsɪs, mɪ-/ [telb + niet-telb zn] ⟨med⟩ abnormale pupilverwijding, mydriasis

my·e·lin /maɪəlɪn/ [niet-telb zn] ⟨biol⟩ myeline, mergschede

my·e·li·tis /maɪəlaɪtɪs/ [telb + niet-telb zn] ruggenmergontsteking, myelitis

my·e·lo·ma /maɪəloʊmə/ [telb zn; mv: ook myelomata /-loʊmətə/] ⟨med⟩ tumor van het beendermerg, myeloom

my·gale /mɪɡəli/ [telb zn] vogelspin

my·nah, my·na, mi·na /maɪnə/, **mynah bird, myna bird** [telb zn] Aziatische spreeuw, ⟨vnl⟩ beo ⟨Gracula religiosa⟩

myn·heer /maɪnhɪə, mənɪə, ᴬmaɪnhɛr, ᴬ-hɪr/ [telb zn; ook Mynheer] ⟨inf⟩ Nederlander, Hollander

my·o- /maɪoʊ/ spier- ♦ *myocardium* hartspierweefsel; *(electro)myography* (elektro)myografie

my·ol·o·gy /maɪɒlədʒi, ᴬ-ɑlədʒi/ [niet-telb zn] myologie ⟨leer der spieren⟩

my·ope /maɪoʊp/ [telb zn] bijziend persoon, kippig iemand

¹**my·o·pi·a** /maɪoʊpɪə/, **my·o·py** /maɪəpi/ [telb + niet-telb zn] bijziendheid, myopie, kippigheid

²**my·o·pi·a** /maɪoʊpɪə/, **my·o·py** /maɪəpi/ [niet-telb zn] kortzichtigheid

my·op·ic /maɪɒpɪk, ᴬ-ɑpɪk/ [bn; bw: ~ally] ① bijziend, myoop, kippig ② kortzichtig

myosis [telb + niet-telb zn] → miosis

my·o·so·tis /maɪəsoʊtɪs/, **my·o·sote** /-soʊt/ [niet-telb zn] vergeet-mij-niet, ⟨onder andere⟩ moerasvergeet-mij-niet

¹**myr·i·ad** /mɪrɪəd/ [telb zn] ① ⟨form⟩ horde, groot aantal, myriade ♦ *myriads of people* drommen mensen ② ⟨vero⟩ tienduizendtal, myriade

²**myr·i·ad** /mɪrɪəd/ [bn, attr] ⟨form⟩ ontelbaar, onmetelijk, talloos

¹**myr·i·a·pod** /mɪrɪəpɒd, ᴬ-pɑd/ [telb zn] ⟨dierk⟩ duizendpoot ⟨genus Myriapoda⟩

²**myr·i·a·pod** /mɪrɪəpɒd, ᴬ-pɑd/ [bn, attr] ⟨dierk⟩ veelpotig

myr·mi·don /mɜːmɪdən, ᴬmɜr-/ [telb zn] ① slaafse volgeling ② huurling, trawant

my·rob·a·lan /maɪrɒbələn, mɪ-, ᴬ-rɑ-/ [niet-telb zn] myrobalaan (Oost-Indische vrucht)

myrrh /mɜː, ᴬmɜr/ [niet-telb zn] ① mirre ② roomse kervel

myrrh·ic /mɜːrɪk/ [bn, attr] mirre-, van mirre

myr·tle /mɜːtl, ᴬmɜrtl/ [telb zn] ⟨plantk⟩ ① mirt(e) ⟨genus

Myrtus) [2] ⟨AE⟩ maagdenpalm ⟨genus Vinca⟩ [3] gagel ⟨Myrica gale⟩

myr·tle·ber·ry [telb zn] [1] mirtenbes [2] blauwe bosbes

my·self /maɪsˈelf, ⟨inf⟩ mɪ-/ [wk vnw; 1e pers enk] [1] mij, me, mezelf, mijzelf ♦ *I am not myself today* ik voel me niet al te best vandaag; *I'm thinking of myself* ik denk aan mezelf; *I could see myself in the glass* ik kon mezelf in het glas zien [2] ⟨als nadrukwoord⟩ zelf ♦ *none know so well as myself* niemand weet het zo goed als ikzelf; *it was aimed at Jill and myself* het was gericht op Jill en mij; *I'll go myself* ik zal zelf gaan; *I myself told her so* ik zelf heb het haar gezegd; *myself a strong man I can help you lift it* als sterke man kan ik je helpen om het op te tillen; ⟨vero⟩ *myself visited the shrine* ik bezocht in eigen persoon de schrijn; ⟨inf⟩ *Jack and myself would be delighted to go* Jack en ik zouden graag gaan

mys·ta·gog·ic /mɪstəɡˈɒdʒɪk, ᴬ-ɡɑ-/ [bn] mystagogisch, in de mysteriën inwijdend

mys·ta·gogue /mɪstəɡɒɡ, ᴬ-ɡɑɡ/ [telb zn] mystagoog, hiërofant, inwijder in mysteriën

mys·ter·ies /mɪstriz/ [alleen mv] geheime riten, mysteriën ⟨in antieke oudheid⟩

mys·te·ri·ous /mɪstɪərɪəs, ᴬ-stɪr-/ [bn; bw: ~ly; zn: ~ness] geheimzinnig, mysterieus, duister, raadselachtig

¹**mys·ter·y** /mɪstri/ [telb zn] [1] geheim, mysterie, raadsel [2] mysteriespel [3] ⟨vero⟩ beroep, vak, handwerk [4] ⟨vero⟩ gilde

²**mys·ter·y** /mɪstri/ [niet-telb zn] geheimzinnigheid, geheimzinnigdoenerij ♦ *there's a lot of mystery about his descent* zijn afkomst is in nevelen gehuld

mystery novel [telb zn] detectiveroman

mystery play [telb zn] mysteriespel

mystery shopper [telb zn] mysteryshopper ⟨ingehuurd om klantgerichtheid van winkelpersoneel te testen⟩

mystery tour [telb zn] tocht met onbekende bestemming, verrassingstocht

¹**mys·tic** /mɪstɪk/ [telb zn] mysticus

²**mys·tic** /mɪstɪk/ [bn] [1] mystiek, allegorisch, symbolisch, mystisch [2] occult, esoterisch [3] raadselachtig, mysterieus, verborgen [4] wonderbaarlijk, onvoorstelbaar

mys·ti·cal /mɪstɪkl/ [bn; bw: ~ly; zn: ~ness] [1] mystiek, symbolisch [2] occult, esoterisch, verborgen

mys·ti·cism /mɪstɪsɪzm/ [niet-telb zn] [1] mystiek [2] mysticisme, wondergeloof

¹**mys·ti·fi·ca·tion** /mɪstɪfɪkeɪʃn/ [telb zn] mystificatie, misleiding

²**mys·ti·fi·ca·tion** /mɪstɪfɪkeɪʃn/ [niet-telb zn] het misleiden, het mystificeren

mys·ti·fy /mɪstɪfaɪ/ [ov ww] [1] misleiden, bedriegen, voor de gek houden, mystificeren [2] verbijsteren, verwarren, voor een raadsel stellen ♦ *her behaviour mystified me* ik begreep niets van haar gedrag

mys·tique /mɪstiːk/ [telb zn; meestal enk] [1] aura, bijzondere aantrekkingskracht [2] geheime techniek/vaardigheid

¹**myth** /mɪθ/ [telb zn] [1] mythe [2] fabel, allegorie [3] verzinsel, fictie ♦ *your fear of flying is a myth* je vliegangst is een fabeltje

²**myth** /mɪθ/ [niet-telb zn] mythen, mythologie

³**myth** /mɪθ/ [ov ww] tot een legende maken, een mythe maken van

myth·ic /mɪθɪk/ [bn] [1] ⟨form⟩ mythisch [2] mythisch, legendarisch, fabelachtig, fameus, vermaard

myth·i·cal /mɪθɪkl/ [bn; bw: ~ly] [1] mythisch [2] fictief, imaginair, verzonnen

myth·i·cize, myth·i·cise /mɪθɪsaɪz/ [ov ww] mythologisch analyseren

my·thog·ra·pher /mɪθɒɡrəfə, ᴬ-θɑɡrəfər/ [telb zn] mythograaf, verteller/optekenaar/schrijver van mythen

my·thol·o·ger /mɪθɒlədʒə, ᴬ-θɑlədʒər/ [telb zn] mytholoog

myth·o·log·i·cal /mɪθəlɒdʒɪkl, ᴬ-lɑ-/, **myth·o·log·ic** /-lɒdʒɪk, ᴬ-lɑ-/ [bn; bw: ~ly] [1] mythologisch [2] mythisch [3] denkbeeldig, imaginair ♦ *children have mythological proclivities* kinderen zijn geneigd hun eigen droomwereld te creëren

my·thol·o·gist /mɪθɒlədʒɪst, ᴬ-θɑ-/ [telb zn] mytholoog

¹**my·thol·o·gize** /mɪθɒlədʒaɪz, ᴬ-θɑ-/ [onov ww] [1] een mythe vertellen/bedenken [2] over een mythe schrijven

²**my·thol·o·gize** /mɪθɒlədʒaɪz, ᴬ-θɑ-/ [ov ww] mythologiseren

my·thol·o·gy /mɪθɒlədʒi, ᴬ-θɑ-/ [telb + niet-telb zn] mythologie

myth·o·ma·ni·a /mɪθəmeɪnɪə/ [niet-telb zn] mythomanie, ziekelijke fantasterij, leugenzucht

myth·o·poe·ia /mɪθəpiːə/ [niet-telb zn] het maken/bedenken van mythen

myth·o·poe·ic /mɪθəpiːɪk/ [bn] [1] aanleiding gevend tot mythen [2] geneigd tot het bedenken van mythen

myth·us /maɪθəs/, **myth·os** /maɪθɒs, mɪθɒs, ᴬ-ɑs/ [telb zn; mv: mythi /maɪθaɪ/; mv: mythoi /-θɔɪ/] ⟨vero⟩ mythe

myx·oe·de·ma, ⟨AE ook⟩ **myx·e·de·ma** /mɪksədiːmə/ [telb + niet-telb zn] ⟨med⟩ myxoedeem

myx·o·ma /mɪksoʊmə/ [telb zn; mv: ook myxomata /-mətə/] ⟨med⟩ myxoma

myx·o·ma·to·sis /mɪksəmətoʊsɪs/ [telb + niet-telb zn; mv: myxomatoses /-siːz/] ⟨med⟩ myxomatose

n

¹n, N /en/ [telb zn; mv: n's, zelden ns, N's, zelden Ns] (de letter) n, N ♦ *to the nth* tot de macht n; ⟨fig⟩ tot het uiterste
²n, N [afk] 1 (knight) 2 (name) 3 (nano-) 4 (nephew) 5 (net) 6 (neuter) n 7 (neutron) 8 (new) 9 (newton(s)) N 10 (nominative) 11 (noon) 12 (normal) 13 (Norse) 14 (North(ern)) N 15 (note) 16 (noun) 17 (November) 18 (nuclear) 19 (number)
n/a [afk] (not applicable) n.v.t., niet van toepassing
NA [afk] 1 (no advice) 2 (North America(n)) 3 (not available)
NAACP [afk] ⟨AE⟩ (National Association for the Advancement of Colored People)
NAAFI /næfi/ [eigenn, telb zn] ⟨BE⟩ 1 (Navy, Army, and Air Force Institutes) kantinedienst ⟨van de strijdkrachten⟩ 2 (Navy, Army, and Air Force Institutes) legerkantine
naan [niet-telb zn] → nan²
¹nab /næb/ [telb zn] (verk: no-alcohol beer) malt(je), alcoholvrij bier
²nab /næb/ [ov ww] ⟨inf⟩ 1 snappen, (op)pakken, inrekenen ♦ ⟨sl⟩ *nab at* happen naar 2 (mee)pikken, te pakken krijgen ♦ *mind if I nab a cupa tea before we go?* is het goed als ik nog snel even een kop thee drink voor we gaan? 3 inpikken, gappen, jatten
NAB [afk] ⟨BE⟩ (National Assistance Board)
nabe /neɪb/ [telb zn] ⟨AE; sl⟩ plaatselijke bioscoop
na·bob /neɪbɒb, ˄-bəb/ [telb zn] 1 nabob, inheems vorst 2 rijkaard
na·bob·ess /neɪbɒbɛs, ˄-bəbɪs/ [telb zn] vrouwelijke nabob
nac·a·rat /nækəræt/ [telb zn] oranje rood
na·celle /næsɛl/ [telb zn] motorgondel
na·cho /nætʃoʊ, ˄nɑt-/ [telb zn; voornamelijk mv] ⟨cul⟩ nacho ⟨Mexicaanse snack/chip⟩
nacho chips [alleen mv] nacho's, nachochips
na·cre /neɪkə, ˄-ər/ [niet-telb zn] paarlemoer
na·cre·ous /neɪkrɪəs/ [bn] paarlemoer-, paarlemoeren, paarlemoerachtig
NACRO, Nacro /nækroʊ/ [afk] (National Association for the Care and Resettlement of Offenders)
na·dir /neɪdɪə, ˄-dər/ [telb zn] 1 ⟨form⟩ dieptepunt 2 ⟨astron⟩ nadir, voetpunt
nae·vus, ⟨AE ook⟩ ne·vus /niːvəs/ [telb zn; mv: n(a)evi /-vaɪ/] ⟨med⟩ moedervlek, pigmentvlek, wijnvlek
¹naff /næf/, **naf·fing** /næfɪŋ/ [bn] ⟨BE; sl⟩ waardeloos, flut-, snert-, niks waard
²naff /næf/ [onov ww] ⊡ ⟨BE; sl⟩ *naff off!* donder/rot/sodemieter op!; ⟨BE; sl⟩ euf voor fucking⟩ *naffing* verdomd
NAFTA /næftə/ [telb zn] 1 (North American Free Trade Agreement) 2 (New Zealand and Australia Free Trade Agreement)
¹nag /næg/ [telb zn] 1 klein paard(je), pony 2 ⟨inf⟩ knol, slecht/oud renpaard 3 ⟨inf⟩ zeur(kous), zeurder
²nag /næg/ [onov + ov ww] 1 zeuren, zaniken, vitten ♦ *nag at s.o.* tegen iemand zeuren, iemand aan het hoofd zeuren; *a nagging headache* een zeurende hoofdpijn; *he was nagged into coming along* er werd net zolang gezeurd tot hij meeging 2 dwarszitten, knagen (aan) ♦ *that problem has been nagging me for days* dat probleem zit me al dagen dwars; *a nagging suspicion* een knagend/hardnekkig vermoeden 3 sarren, treiteren
na·ga·na, n'ga·na /nəgɑːnə/ [telb + niet-telb zn] nagana, tseetseeziekte
nag·ger /nægə, ˄-ər/ [telb zn] 1 zeur(kous), zeurder 2 treiteraar
nag·ging·ly /nægɪŋli/ [bw] zeurend
nag·gish /nægɪʃ/, **nag·gy** /nægi/ [bn; vergr trap: naggier] zeurderig, vitterig
na·gor /neɪɡɔː, ˄-ɡɔr/ [telb zn] ⟨dierk⟩ rietbok, izabelantilope ⟨Redunca redunca⟩
nag·ware [niet-telb zn] ⟨scherts; comp⟩ nagware ⟨software die de gebruiker steeds aanmaant om zich te registreren⟩
nai·ad /naɪæd, ˄neɪəd/ [telb zn; mv: ook naiades /-ədiːz/] 1 najade, waternimf, bronnimf 2 ⟨plantk⟩ najade, nimfkruid ⟨Najas⟩ 3 najade, zoetwatermossel 4 pop ⟨van libel, eendagsvlieg⟩
naïf [bn] → naive
¹nail /neɪl/ [telb zn] 1 nagel ♦ *bite one's nails* nagelbijten 2 spijker, nagel ♦ *hit the (right) nail on the head* de spijker op de kop slaan 3 2¼ duim ⟨oude lengtemaat⟩ 4 ⟨sl⟩ spuit ⟨voor drugs⟩ ⊡ *let's add another nail to our coffin* laten we er nog eentje nemen; *be a nail in s.o.'s coffin*, *drive/hammer a nail into someone's coffin* een nagel aan iemands doodkist zijn; ⟨BE⟩ *pay on the nail* dadelijk/contant betalen; ⟨AE⟩ *be right on the nail* de spijker op de kop slaan; ⟨sprw⟩ *for want of a nail the shoe was lost* ± men moet om een ei geen pannenkoek bederven
²nail /neɪl/ [ov ww] 1 (vast)spijkeren ♦ *a sign was nailed on/onto/to the door* er werd een bordje aan de deur gespijkerd; *he nailed the boards together* hij timmerde/spijkerde de planken aan elkaar 2 fixeren, concentreren, vastleggen, vastzetten ♦ *she had her eyes nailed to the stage* ze hield haar blik strak op het podium gevestigd; *he was nailed to his*

seat hij zat als vastgenageld op zijn stoel [3] **zich verzekeren van,** bemachtigen, te pakken krijgen ♦ *he nailed me as soon as I came in* hij schoot me direct aan toen ik binnenkwam; *he nailed the source of the rumours* hij wist te achterhalen wie de geruchten had verspreid [4] **met spijkers beslaan** [5] (inf) **betrappen,** snappen 〈bijvoorbeeld inbreker〉 [6] (inf) **raken,** neerhalen, neerschieten ♦ *with his second shot he nailed a partridge* met zijn tweede schot raakte hij een patrijs [7] (inf) **aan de kaak stellen** ♦ *nail a lie/liar* een leugenaar aan de kaak stellen [8] (inf) **gappen,** pikken • zie: **nail down;** zie: **nail up**
nail bar [telb zn] nagelstudio
nail bed [telb zn] nagelbed
nail-bit·er [telb zn] (inf) razend spannend film/boek 〈enz.〉
¹**nail-biting** [niet-telb zn] [1] **het nagelbijten** [2] **nervositeit,** zenuwachtigheid
²**nail-biting** [bn, attr] (inf) **zenuwslopend,** ontzettend spannend
nail bomb [telb zn] spijkerbom 〈spijkers om staven dynamiet gebonden〉
nail brush [telb zn] nagelborstel
nail down [ov ww] [1] **vastspijkeren,** vasttimmeren [2] **(nauwkeurig) vaststellen,** bepalen ♦ *nail down the facts* de feiten nauwkeurig vaststellen; *John had nailed him down* John had hem precies door [3] **vastleggen,** houden aan ♦ *it's difficult to nail him down on any subject* hij zegt niet gauw wat hij ergens van denkt; *we nailed him down to his promise* we hielden hem aan zijn belofte; *Tom is not easy to nail down* Tom legt zich niet gemakkelijk ergens op vast [4] **zich verzekeren van,** veiligstellen ♦ *they've already nailed down the championship* ze zijn al zeker kampioen
nail enamel [niet-telb zn] 〈AE〉 nagellak
nail·er /ˈneɪlə, ᴬ-ər/ [telb zn] spijkermaker
nail·er·y /ˈneɪləri/ [telb zn] spijkerfabriek
nail file [telb zn] nagelvijl
nail gun [telb zn] spijkerpistool
nail·head [telb zn] spijkerkop
nail·less /ˈneɪlləs/ [bn] [1] **zonder nagels** [2] **spijkerloos**
nail polish [niet-telb zn] 〈AE〉 nagellak
nail puller [telb zn] nageltang, spijkertang, spijkerklauw, spijkertrekker
nail punch, nail set [telb zn] drevel, doorslag
nail scissors [alleen mv] nagelschaar(tje)
nail set [telb zn] → **nail punch**
nail up [ov ww] [1] **dichtspijkeren,** dichttimmeren [2] **(op)hangen**
nail varnish [niet-telb zn] 〈BE〉 nagellak
nain·sook /ˈneɪnsʊk/ [niet-telb zn] nansoek 〈dun katoenen weefsel〉
na·ive, na·ïve /naɪˈiːv, ᴬnɑːˈiːv/, **na·if, na·ïf** /nɑːˈiːf/ [bn; bw: ~ly, naïvely; zn: ~ness, naïveness] [1] **naïef,** natuurlijk, ongekunsteld, eenvoudig [2] **onnozel,** naïef, dom
na·ive·ty, na·ïve·ty /naɪˈiːvəti, ᴬnɑːˈiːvəti/, **na·ive·té, na·ïve·té** /naɪˈiːvteɪ, ᴬnɑːˈiːvteɪ/ [telb + niet-telb zn; mv: naiveties, naïveties] [1] **naïviteit,** natuurlijke openhartigheid, onschuld, ongekunstelde eenvoud [2] **onnozelheid,** naïviteit
na·ked /ˈneɪkɪd/ [bn; bw: ~ly; zn: ~ness] [1] **naakt,** bloot [2] **weerloos,** onbeschermd, ongewapend [3] **onbedekt,** kaal [4] **puur,** regelrecht, je reinste ♦ *naked aggression/exploitation* pure/je reinste agressie/uitbuiting [5] **onopgesmukt,** kaal, schraal [6] **niet opgetuigd** 〈van rijdier/trekdier〉, ongezadeld [7] (fin) **ongedekt** 〈van optie〉, zonder zakelijke zekerheid 〈van obligatie〉 [8] 〈elek〉 **blank** 〈draad, bijvoorbeeld〉 • 〈plantk〉 *naked boys/lady/ladies* herfsttijloos 〈Colchium autumnale〉; *naked conviction* op niets berustende overtuiging, rotsvaste overtuiging; *the naked eye* het blote oog; *naked light* open licht; *naked of comfort* arm, behoeftig; *a wall naked of paintings* een wand zonder schilderijen; *naked order* bevel zonder meer; *naked sword* ontbloot zwaard; *naked truth* naakte waarheid
NALGO /ˈnælɡoʊ/ [afk] 〈BE〉 (National and Local Government Officers' Association)
Nam /næm/ [eigenn; the] 〈sl, sold〉 Vietnam
NAM [afk] 〈AE〉 (National Association of Manufacturers)
nam·by /ˈnæmbi/ [bn] 〈AE; inf〉 (not in anyone's backyard) niet in de achtertuin 〈bijvoorbeeld doelend op kerncentrales〉
¹**nam·by-pam·by** /ˌnæmbiˈpæmbi/ [telb zn] slappeling
²**nam·by-pam·by** /ˌnæmbiˈpæmbi/ [niet-telb zn] [1] **sentimentaliteit,** zoetelijkheid [2] **slapheid,** dweperigheid
³**nam·by-pam·by** /ˌnæmbiˈpæmbi/ [bn] [1] **slap,** dweperig ♦ *namby-pamby boys* moederskindjes [2] **sentimenteel,** zoetelijk
¹**name** /neɪm/ [telb zn] [1] **naam,** benaming ♦ *go by the name of* bekendstaan als; *I know him by name* ik ken hem van naam; *a man, John by name* een man, John heet/John genaamd; *he knows all his students by name* hij weet hoe al zijn studenten heten/kent al zijn studenten bij naam; *a man by/of the name of Jones* iemand die Jones heet, een zekere Jones; *enter/put down one's name for* zich opgeven voor; *first name* voornaam; *just give it a name* geef er maar een naam aan, als het beestje maar een naam heeft; *in name only* alleen in naam; *in all but name* de facto, officieus, niet-officieel, in praktische zin; *it's in my name* het staat op mijn naam; *in one's own name* à titre personnel, op persoonlijke titel; op eigen initiatief; *in s.o.'s name* in iemands naam, namens iemand; *for years she's been his wife in all but name* al jaren leeft zij als zijn vrouw; *could you leave your name, please?* zou u uw naam willen opgeven?, mag ik uw naam even?; *take one's name off the books* zich laten uitschrijven, zijn lidmaatschap opzeggen; *the article was published over my name* mijn naam stond onder het artikel; 〈vnl BE〉 *second name* familienaam, achternaam; *put one's name to a list* zijn naam op een lijst (laten) zetten; *I can't put a name to it* ik weet niet precies hoe ik het moet zeggen, ik kan het niet precies aanduiden; *I can't put a name to him* ik kan hem niet precies thuisbrengen; *he hasn't a penny to his name* hij heeft geen cent; *he has several publications to his name* hij heeft diverse publicaties op zijn naam staan; *Brian Nolan wrote under the name of Flann O'Brien* Brian Nolan schreef onder de naam Flann O'Brien; *he used my name to get a job* hij noemde mijn naam om een baantje te krijgen; *what's in a name?* wat zegt een naam?; *what's-his-name?, what's-her-name?, what's-its-name?* hoe heet hij/zij/het ook alweer?, dinges [2] **reputatie,** naam, faam, bekendheid, roem ♦ *he has a name for avarice* hij staat als gierig bekend; *make/win a name for o.s., win oneself a name* naam maken [3] **name** 〈iemand die hoofdelijk aansprakelijk is voor aangegane verzekeringen bij Lloyd's〉 • *call s.o. names* iemand uitschelden; *a name to conjure with* een naam die wonderen verricht/die alle deuren opent, een invloedrijke naam; 〈inf〉 *his name is dirt/mud* hij heeft een reputatie van likmevestje; hij zit in de penarie; 〈inf〉 *the name of the game* waar het om gaat, het geheim van de smid; *in the name of* in (de) naam van, omwille van; *in the name of common sense, what are you up to?* wat ben je in vredesnaam/'s hemelsnaam van plan?; *lend one's name to* zijn naam lenen aan; *drag s.o.'s name through the mire* iemands naam door het slijk halen; 〈sprw〉 *no names, no pack drill* niemand genoemd, niemand gelasterd; 〈sprw〉 *give a dog a bad name and hang him* ≈ wee de wolf die in een kwaad gerucht staat; 〈sprw〉 *a good name is sooner lost than won* eer is teer, let op uw eer en houd ze net, het witste kleed is 't eerst besmet, verloren eer keert moeilijk weer; 〈sprw〉 *sticks and stones may break my bones, but names/words will never hurt me* ± schelden doet geen zeer; 〈sprw〉 *a rose by any other name would smell as sweet* ± hoe men een roos ook zou noemen, ze blijft altijd even

name

heerlijk ruiken

namen van beroemde dingen	
Dam Square	de Dam
the Eiffel Tower	de Eiffeltoren
the Leaning Tower of Pisa	de scheve toren van Pisa
the Mount of Olives	de Olijfberg
the Night Watch	de Nachtwacht
Romeo and Juliet	Romeo en Julia
the Secret Annexe	het Achterhuis
the Statue of Liberty	het Vrijheidsbeeld
the Venus de Milo	de Venus van Milo

²**name** /neɪm/ [ov ww] [1] **noemen, benoemen, een naam geven** ♦ *she was named after her mother,* ⟨AE ook⟩ *she was named for her mother* ze was naar haar moeder genoemd; ⟨handel⟩ *bill of lading to a named person* cognossement op naam [2] **dopen** ⟨schip⟩ [3] **(op)noemen** ♦ *name names* namen noemen; *name your price* noem maar een prijs [4] **benoemen,** aanstellen [5] **vaststellen** ♦ *name the day* de trouwdag/huwelijksdatum vaststellen; *they named 14 September for their wedding day* ze besloten om op 14 september te gaan trouwen [6] ⟨vnl passief⟩ **de naam vrijgeven van** ♦ *the victim has been named as John Smith* de naam van het slachtoffer is vrijgegeven; *het is John Smith;* ⟨BE⟩ *name and shame s.o.* iemand publiekelijk als schuldige aanwijzen, iemand publiekelijk aan de schandpaal nagelen; ⟨BE⟩ *naming and shaming* openbaarmaking van de namen van de schuldige(n)/overtreder(s), naming-and-shaming • ⟨inf⟩ *you name it* het maakt niet uit wat, noem maar op, je kunt het zo gek niet bedenken; *he's not to be named on/in the same day with you* hij is veel minder goed dan jij, hij haalt het lang niet bij jou

name·a·ble, nam·a·ble /ˈneɪməbl/ [bn] **noembaar,** te noemen ♦ *nameable objects* voorwerpen die men kan benoemen

name brand [telb zn] **merkartikel**

name-call·ing [niet-telb zn] **het schelden,** het beschimpen, scheldpartij

name·check [ov ww] ⟨vnl AE; inf⟩ **bij naam noemen**

name-child [telb zn] **naamgenoot** ♦ *he's a name-child of his granddad's* hij is naar zijn opa vernoemd

name day [telb zn] [1] **naamdag** [2] ⟨BE; beurs⟩ **tweede rescontredag**

name·drop [onov ww] **met (bekende) namen strooien,** opscheppen, snoeven, indruk maken; → **namedropping**

name·drop·per [telb zn] **iemand die met (bekende) namen strooit,** opschepper, snoever, snob

name·drop·ping [niet-telb zn; gerund van namedrop] (het) **met (bekende) namen strooien,** opscheperij, snoeverij

name·less /ˈneɪmləs/ [bn; bw: ~ly; zn: ~ness] [1] **naamloos,** anoniem, onbekend ♦ *a person who shall be nameless* iemand wiens naam ik niet zal noemen [2] **gruwelijk,** afschuwelijk, afgrijselijk, vreselijk ♦ *nameless crimes* afschuwelijke misdaden [3] **vaag,** onduidelijk, ondefinieerbaar ♦ *nameless desires* vage verlangens

name·ly /ˈneɪmli/ [bw] **namelijk**

name part [telb zn] **titelrol,** hoofdrol

name·plate [telb zn] **naambord(je),** naamplaat(je)

nam·er /ˈneɪmə, ᴬ-ər/ [telb zn] **naamgever**

name·sake /ˈneɪmseɪk/ [telb zn] **naamgenoot** ♦ *she is her mother's namesake* ze is naar haar moeder vernoemd, ze heet naar haar moeder

name tag [telb zn] **badge**

name tape [telb zn] **(kleding)merk(je)**

Na·mib·i·a /nəˈmɪbɪə/ [eigenn] **Namibië**

¹**Na·mib·i·an** /nəˈmɪbɪən/ [telb zn] **Namibiër, Namibische**

²**Na·mib·i·an** /nəˈmɪbɪən/ [bn] **Namibisch,** uit/van/m.b.t. Namibië

1202

Na·mur /næˈmʊə, ᴬnəˈmʊr/ [eigenn] **Namen**

¹**nan** /næn/, **nan·a, nan·na** /ˈnænə/ [telb zn] ⟨kind⟩ **oma**

²**nan, naan** /næn/, **nan bread** [niet-telb zn] ⟨cul⟩ **naan** ⟨plat, Indiaas brood⟩

¹**nan·cy** /ˈnænsi/ [telb zn] ⟨beled⟩ **mietje,** nicht, flikker

²**nan·cy** /ˈnænsi/ [bn; vergr trap: nancier] ⟨beled⟩ **verwijfd,** nichterig

nan·keen /nænˈkiːn/ [niet-telb zn] **nanking**

nan·keens /nænˈkiːnz/ [alleen mv] **nanking broek**

¹**nan·ny** /ˈnæni/ [telb zn] [1] **kinderjuffrouw** [2] ⟨BE; kind⟩ **oma**

²**nan·ny** /ˈnæni/ [ov ww] **betuttelen,** bemoederen

nanny goat [telb zn] **geit** ⟨tegenover bok⟩

nanny state [telb zn; the] ⟨vnl BE; pej; pol⟩ **(de) kinderjuffrouwstaat** ⟨betuttelende verzorgingsstaat⟩

nan·o /ˈnænoʊ, ᴬˈneɪnoʊ/ [telb zn] **extreem kort minirokje**

nan·o- /ˈnænoʊ, ˈneɪnoʊ/ **nano-,** één miljardste deel ♦ *nanometre* nanometer

nan·o·tech·nol·o·gy /ˌnænoʊbaɪˌoʊtekˈnɒlədʒi, ˌneɪnoʊ-, ᴬ-nɑ-/ [niet-telb zn] **nanotechnologie**

Namibia	
naam	Namibia Namibië
officiële naam	Republic of Namibia Republiek Namibië
inwoner	Namibian Namibiër
inwoonster	Namibian Namibische
bijv. naamw.	Namibian Namibisch
hoofdstad	Windhoek Windhoek
munt	Namibian dollar Namibische dollar
werelddeel	Africa Afrika
int. toegangsnummer **264** www **.na** auto **NAM**	

¹**nap** /næp/ [telb zn] [1] **dutje,** slaapje, tukje ♦ *have/take a nap* een dutje doen, een uiltje knappen [2] **vleug** ⟨van weefsel⟩ [3] **inzet** ⟨bij paardenrennen⟩ [4] **tip** ⟨bij paardenrennen, speculatie e.d.⟩ [5] **napoleon** ⟨gouden 20 frankstuk⟩ [6] ⟨golf⟩ **vleug** ⟨richting waarin gras van de green groeit/valt⟩

²**nap** /næp/ [niet-telb zn] [1] **nap** ⟨kaartspel⟩ [2] ⟨AuE; inf⟩ **dekens,** beddengoed • *go nap* het maximumaantal (= vijf) slagen bieden; ⟨vero, inf⟩ *go nap on* alles riskeren omwille van

³**nap** /næp/ [onov ww] **dutten,** doezelen, dommelen, soezen ♦ *catch s.o. napping* iemand betrappen/overrompelen

⁴**nap** /næp/ [ov ww] [1] **omhoogborstelen** ⟨de vleug van textiel⟩, ruw/ruig maken [2] **tippen** ⟨renpaard, beursaandeel e.d.⟩

nap·a /ˈnæpə/ [niet-telb zn] **nappa(leer)**

na·palm /ˈneɪpɑːm, ᴬ-pɑ(l)m/ [niet-telb zn] **napalm**

nape /neɪp/ [telb zn] **(achterkant van de) nek** ♦ *nape of the neck* nek

na·per·y /ˈneɪpəri/ [niet-telb zn] **tafellinnen**

nap hand [telb zn] **winstkans** ♦ *have a nap hand* er goed voor staan, een goede kans maken om te winnen/slagen

naph·tha /ˈnæfθə, ˈnæpθə/ [niet-telb zn] ⟨scheik⟩ **nafta**

naph·tha·lene /ˈnæfθəliːn, ˈnæp-/, **naph·tha·line,** **naph·tha·lin** /-lɪn/ [niet-telb zn] ⟨scheik⟩ **naftaleen**

naph·thene /ˈnæfθiːn, ˈnæp-/ [niet-telb zn] ⟨scheik⟩ **nafteen**

naph·then·ic /næfˈθiːnɪk, næp-/ [bn] • ⟨scheik⟩ *naphthenic acid* nafteenzuur

Na·pier·i·an /nəˈpɪərɪən, ᴬ-ˈpɪr-/ [bn] ⟨wisk⟩ **neper(iaan)s** ♦ *Napierian log* log van Napier

nap·kin /ˈnæpkɪn/ [telb zn] [1] **servet** [2] **vingerdoekje** [3] **(hand)doekje** [4] ⟨BE⟩ **luier** [5] ⟨AE⟩ **maandverband**

napkin ring [telb zn] **servetring,** servetband

Na·ples /ˈneɪplz/ [eigenn] **Napels**

nap·less /ˈnæpləs/ [bn] **kaal,** versleten

Naples yellow [niet-telb zn] **Napels geel** ⟨verfstof⟩

¹**na·po·le·on** /nəˈpoʊliən/ [telb zn] [1] **napoleon** ⟨gouden

20 frankstuk⟩ ② hoge laars ③ ⟨AE; cul⟩ tompoes

²na·po·le·on /nəpoʊliən/ [niet-telb zn] nap, napoleon ⟨kaartspel⟩

Na·po·le·on·ic /nəpoʊlɪɒnɪk, ᴬ-ɑnɪk/ [bn; bw: ~ally] napoleontisch

nap·pa, nap·a /næpə/ [niet-telb zn] nappa(leer)

nap·per /næpə, ᴬ-ər/ [telb zn] ⟨BE; sl⟩ kop, kersenpit, test, harses

nap·ping /næpɪŋ/ [niet-telb zn] ⟨paardsp⟩ verzet ⟨weigering van paard om verder te gaan⟩

¹nap·py, nap·pie /næpi/ [telb zn] ⟨BE; inf⟩ luier

²nap·py /næpi/ [bn; vergr trap: nappier] ① donzig, harig ② koppig, sterk, krachtig, schuimend ⟨van dranken⟩ ③ ⟨vero⟩ aangeschoten, tipsy

nappy rash [telb zn] ⟨inf⟩ luieruitslag, rode billetjes ⟨van baby⟩

narc, narco [telb zn] → nark¹ bet 2

nar·ce·ine /nɑːsiːn, ᴬnɑrsiiːn/ [niet-telb zn] narceïne

nar·cis·sism /nɑːsɪsɪzm, ᴬnɑr-/, nar·cism /nɑːsɪzm, ᴬnɑr-/ [niet-telb zn] narcisme

nar·cis·sist /nɑːsɪsɪst, ᴬnɑr-/ [telb zn] narcist

nar·cis·sis·tic /nɑːsɪsɪstɪk, ᴬnɑr-/ [bn; bw: ~ally] narcistisch

nar·cis·sus /nɑːsɪsəs, ᴬnɑr-/ [zn; mv: ook narcissi /-saɪ/] ⟨witte⟩ narcis

nar·co- /nɑːkoʊ, ᴬnɑrkoʊ/ narco-, drugs- ♦ narcomania narcomanie, verslaving aan verdovende middelen; narcoterrorism drugsterrorisme

nar·co·dol·lar /nɑːkoʊdɒlə, ᴬnɑrkoʊdɑlər/ [telb zn; vaak mv] drugsdollar

nar·co·lep·sy /nɑːkəlepsi, ᴬnɑr-/ [telb + niet-telb zn] ⟨med⟩ narcolepsie

nar·co·lept /nɑːkoʊlept, ᴬnɑr-/ [telb zn] ⟨med⟩ narcolepticus

nar·co·lep·tic /nɑːkəleptɪk, ᴬnɑr-/ [bn] ⟨med⟩ narcoleptisch

nar·co·sis /nɑːkoʊsɪs, ᴬnɑr-/ [zn; mv: narcoses /-siːz/] narcose, verdoving, bedwelming

¹nar·cot·ic /nɑːkɒtɪk, ᴬnɑrkɑtɪk/ [telb zn] ① narcoticum, verdovend/bedwelmend middel ♦ he was arrested on a narcotics charge hij werd gearresteerd wegens het in bezit hebben van verdovende middelen ② slaapmiddel ⟨ook figuurlijk⟩

²nar·cot·ic /nɑːkɒtɪk, ᴬnɑrkɑtɪk/ [bn; bw: ~ally] narcotisch, verdovend, bedwelmend, slaapverwekkend ♦ narcotic addiction verslaving aan verdovende middelen

nar·co·tism /nɑːkətɪzm, ᴬnɑrkətɪzm/ [niet-telb zn] ① narcose, verdoving, bedwelming ② verslaving (aan verdovende middelen) ③ slaapzucht

nar·co·tist /nɑːkətɪst, ᴬnɑrkətɪst/ [telb zn] verslaafde ⟨aan verdovende middelen⟩

nar·co·ti·za·tion /nɑːkətaɪzeɪʃn, ᴬnɑrkətə-/ [telb zn] narcotisering, het onder narcose brengen, bedwelming, verdoving

nar·co·tize /nɑːkətaɪz, ᴬnɑr-/ [ov ww] narcotiseren, onder narcose brengen, bedwelmen, verdoven

nard /nɑːd, ᴬnɑrd/ [niet-telb zn] ① nardus ② nardusolie

na·res /neərɪz, ᴬner-/ [alleen mv] ⟨anat⟩ neusgaten

nar·ghi·le, nar·gi·le, nar·gi·leh /nɑːɡɪli, -leɪ, ᴬnɑr-/ [telb zn] nargileh, ⟨oosterse⟩ waterpijp

¹nark, ⟨in betekenis 2 ook⟩ narc /nɑːk, ᴬnɑrk/, ⟨in betekenis 2 ook⟩ nar·co /nɑːkoʊ, ᴬnɑrkoʊ/ [telb zn] ① ⟨BE; sl⟩ verlinker, verklikker, aanbrenger, tipgever, politiespion ② ⟨AE; sl⟩ drugsspeurder, rechercheur van de narcotica/drugsbrigade ③ ⟨AuE; inf⟩ zeur, zeikerd, spelbreker

²nark /nɑːk, ᴬnɑrk/ [onov ww] ⟨BE⟩ ① ⟨inf⟩ zeuren ♦ stop narking! hou op met dat gezeur! ② ⟨sl⟩ spioneren, verlinken, verklikken, aanbrengen ♦ nark on s.o. iemand verlinken

³nark /nɑːk, ᴬnɑrk/ [ov ww] ⟨BE⟩ ① ⟨inf⟩ kwaad maken, ergeren, irriteren ♦ she felt narked at/by his words zijn woorden ergerden haar ② ⟨sl⟩ verlinken, verklikken, aanbrengen, bespieonen ③ nark it! kop dicht!

nark·y /nɑːki, ᴬnɑr-/ [bn; vergr trap: narkier] ⟨BE; inf⟩ geërgerd, geïrriteerd, pissig ♦ he got narky hij kreeg de pest in

nar·rate /nəreɪt, ᴬnæreɪt, ᴬnæreɪt/ [onov + ov ww] vertellen, verhalen, beschrijven ♦ a famous actor was going to narrate in the new film een beroemd acteur zou in de film optreden als verteller

¹nar·ra·tion /nəreɪʃn, ᴬnæ-/ [telb zn] verhaal, vertelling, beschrijving, verslag

²nar·ra·tion /nəreɪʃn, ᴬnæ-/ [niet-telb zn] het vertellen

¹nar·ra·tive /nærətɪv/ [telb zn] verhaal, vertelling, beschrijving, commentaar

²nar·ra·tive /nærətɪv/ [niet-telb zn] het vertellen

³nar·ra·tive /nærətɪv/ [bn; bw: ~ly] verhalend, verhaal-, narratief ♦ narrative power vertelkunst

nar·ra·tor /nəreɪtə, ᴬnæreɪtər, ᴬnæreɪtər/ [telb zn] verteller

nar·ra·tress /nærətrɪs/ [telb zn] vertelster

¹nar·row /næroʊ/ [telb zn; vaak mv] ⟨benaming voor⟩ engte, zee-engte, bergengte, smalle plaats in rivier, smalle doorgang

²nar·row /næroʊ/ [bn; zn: ~ness] ① smal, nauw, eng, benauwd ♦ narrow gauge smalspoor ② beperkt, gering, klein, krap ♦ narrow circumstances behoeftige omstandigheden, armoede; a narrow group of people een kleine groep mensen; a narrow majority een kleine meerderheid; a narrow market een krappe markt ⟨op beurs⟩ ③ bekrompen, beperkt, kleingeestig ④ nauwgezet, precies, nauwkeurig ♦ a narrow examination een zorgvuldig onderzoek; in the narrowest sense in de meest strikte zin, strikt genomen ⑤ ⟨gew⟩ krenterig, gierig, schriel ⑥ ⟨taalk⟩ gespannen ⑦ narrow cloth stof met een breedte van minder dan 132 cm; it was a narrow escape het was op het nippertje/op het kantje af; we zijn door het oog van de naald gekropen; narrow goods garen en band; walk a very narrow line spitsroeden lopen; ⟨BE⟩ the narrow seas het Kanaal en de Ierse Zee; ⟨inf⟩ it was a narrow shave/squeak/squeeze het was op het nippertje/op het kantje af; we zijn door het oog van de naald gekropen

³nar·row /næroʊ/ [onov + ov ww] ① versmallen, vernauwen, verengen ♦ she narrowed her eyes in the sunlight ze kneep haar ogen dicht tegen het zonlicht ② verkleinen, verminderen, beperken, inperken ③ minderen ⟨bij breien⟩ ④ zie: narrow down

narrow boat [telb zn] aak, kanaalschip

¹nar·row·cast /næroʊkæst/ [telb zn] uitzending/programma voor beperkt publiek/op lokaal/regionaal kabelnet

²nar·row·cast [onov + ov ww] voor beperkt publiek/op lokaal/regionaal kabelnet uitzenden

narrow down [ov ww] beperken, terugbrengen, reduceren ♦ let's narrow down what we mean by honesty laten we nauwkeurig vaststellen wat we met eerlijkheid bedoelen; narrow down the number of suspects het aantal verdachten beperken; it narrowed down to this het kwam (ten slotte) hierop neer

nar·row-gauge rail·way [telb + niet-telb zn] smalspoor

nar·row·ly /næroʊli/ [bw] ① → narrow ② net, juist, ternauwernood ♦ the sailor narrowly escaped drowning de zeeman ontkwam maar net aan de verdrinkingsdood ③ zorgvuldig, nauwgezet, nauwlettend, onderzoekend ♦ I watched him narrowly ik hield hem goed in de gaten

nar·row-mind·ed [bn; bw: narrow-mindedly; zn: narrow-mindedness] bekrompen, kleingeestig, vooringenomen

nar·thex /nɑːθeks, ᴬnɑr-/ [telb zn] ⟨bouwk⟩ narthex, voorhal, portaal ⟨van kerkelijke groeperingen⟩

narwhal

nar·whal /nɑːwəl, ᴬnɑrhwɑl/ [telb zn] ⟨dierk⟩ narwal ⟨Monodon monoceros⟩
nar·y /neəri, ᴬneri/ [bw] • ⟨vero, behalve in AE⟩ *nary a* geen (enkel(e))
NASA /næsə/ [afk] ⟨AE⟩ (National Aeronautics and Space Administration)
¹**na·sal** /neɪzl/ [telb zn] 1 neusklank, nasaal 2 neusstuk ⟨van helm⟩ 3 neusbeen(tje)
²**na·sal** /neɪzl/ [bn, attr; bw: ~ly] 1 neus- ♦ *nasal spray* neusspray 2 nasaal, door de neus uitgesproken
na·sal·i·ty /neɪzæləti/ [telb + niet-telb zn] nasaliteit, nasaal geluid, neusgeluid
na·sal·i·za·tion /neɪzəlaɪzeɪʃn, ᴬ-lə-/ [telb zn] nasal(is)ering
na·sal·ize, na·sal·ise /neɪzəlaɪz/ [onov + ov ww] nasaleren, nasaliseren, door de neus (uit)spreken
nas·cen·cy /næsnsi, ᴬneɪsnsi/ [telb zn] oorsprong, ontstaan, geboorte
nas·cent /næsnt, ᴬneɪsnt/ [bn] 1 ⟨form⟩ ontluikend, beginnend, opkomend, ontstaand 2 ⟨scheik⟩ in wordingstoestand ♦ *nascent hydrogen* waterstof in wordingstoestand/in statu nascendi
NASDAQ [afk] (National Association of Securities Dealers Automated Quotes ⟨oorspronkelijk in USA⟩)
nase·ber·ry /neɪzbri, ᴬ-beri/ [telb zn] ⟨plantk⟩ 1 sapotilleboom, kauwgomboom, sapotilla ⟨Achras zapota⟩ 2 sapotilla(vrucht), chiku
NASL [afk] (North American Soccer League)
na·so- /neɪzoʊ/ naso-, neus- ♦ *naso-frontal* van neus en voorhoofd
nas·tic /næstɪk/ [bn] ⟨plantk⟩ nastisch ♦ *nastic movements* nastische bewegingen
na·stur·tium /nəstɜːʃm, ᴬ-stɜr-/ [telb zn] ⟨plantk⟩ 1 Oost-Indische kers ⟨Tropaeolum⟩ 2 waterkers ⟨Nasturtium⟩
nas·ty /nɑːsti, ᴬnæsti/ [bn; vergr trap: nastier; bw: nastily; zn: nastiness] 1 gemeen, vals, hatelijk, akelig, onbeschoft, lelijk ♦ ⟨BE; inf⟩ *a nasty bit/piece of work* een stuk ongeluk, een rotzak, een etter; *a nasty look* een boze/dreigende/niet veel goeds belovende blik; *that dog has a nasty temper* die hond is vals; *was he nasty to you?* deed hij onaardig/onvriendelijk tegen je?; *he turned nasty when I refused to leave* hij werd giftig/onbeschoft toen ik niet wilde weggaan 2 onaangenaam, onprettig, onplezierig, vies, kwalijk, onsmakelijk, lelijk ♦ *a nasty interior* een lelijk/smakeloos interieur; *the bill was a nasty shock* de rekening zorgde voor een onaangename verrassing 3 ernstig, hevig, zwaar, ingrijpend ♦ *a nasty accident* een ernstig ongeluk; *a nasty blow* een flinke/harde klap, opstopper; een tegenvaller; *a nasty bruise* een lelijke blauwe plek; *a nasty cold* een zware verkoudheid; *a nasty sea* een woeste/woelige zee 4 lastig, moeilijk, hinderlijk, vervelend, gevaarlijk 5 smerig, vuil, vies, goor 6 schunnig, schuin, obsceen, vies, smerig ♦ *nasty jokes* schuine moppen; *he has a nasty mind* hij denkt altijd aan viezigheid 7 guur ♦ *nasty weather!* wat een vies weertje! • *sling a nasty ankle/foot* bedreven dansen; *that's a nasty one* dat is een rotopmerking; dat is een rotstreek; dat is lastig, dat is een moeilijke vraag; die was raak, dat is een goeie (klap)
nas·ty-nice [bn] ⟨pej⟩ gemaakt vriendelijk
nat [afk] 1 (national) 2 (nationalist) 3 (native) 4 (natural)
na·tal /neɪtl/ [bn, attr] geboorte-, nataal ♦ *his natal day* zijn verjaardag
na·tal·i·ty /nətæləti/ [telb zn] geboortecijfer
na·ta·tion /nəteɪʃn/ [niet-telb zn] ⟨form⟩ het zwemmen, de zwemkunst
na·ta·to·ri·al /neɪtətɔːriəl/, **na·ta·to·ry** /-tri, ᴬ-tɔri/ [bn] ⟨form⟩ zwem-, zwemmend
na·ta·to·ri·um /neɪtətɔːriəm/ [telb zn; mv: ook natatoria

/-iə/⟩ ⟨AE⟩ overdekt zwembad, binnenbad
natch /nætʃ/ [tw] ⟨inf⟩ ⟨verk: naturally⟩ tuurlijk, vanzelf
na·tes /neɪtiːz/ [alleen mv] zitvlak, billen
nathe·less /neɪθləs/, **nath·less** /næθləs/ [bw] ⟨vero⟩ (desal)niettemin
¹**na·tion** /neɪʃn/ [telb zn] 1 natie, volk 2 land, staat ♦ ⟨handel⟩ *most favoured nation* meest begunstigde natie 3 (indianen)stam, volk 4 hoop, heleboel • *what in the nation shall we do?* wat moeten we in vredesnaam doen?
²**na·tion** /neɪʃn/ [bn, attr] ⟨vnl gew⟩ veel, hoop, heleboel, heel wat
¹**na·tion·al** /næʃnəl/ [telb zn] 1 landgenoot 2 staatsburger, onderdaan
²**na·tion·al** /næʃnəl/ [bn; bw: ~ly] 1 nationaal, rijks-, staats-, volks- ♦ *national anthem* volkslied; *National Assembly* nationale vergadering; ⟨BE; gesch; vaak National Assistance⟩ *national assistance* steun, bijstand; ⟨AE⟩ *national bank* handelsbank ⟨met wettelijk verplichte deposito's bij de Amerikaanse centrale bank⟩; nationale bank; *national costume/dress* nationale klederdracht; ⟨BE⟩ *National Covenant* het grote covenant van 1638; ⟨BE; ook National Curriculum⟩ *national curriculum* landelijk leerprogramma/onderwijsprogramma ⟨voor lager en middelbaar onderwijs⟩; ⟨BE⟩ *national debt* staatsschuld, nationale schuld; *National Front* Nationale Front ⟨Britse fascistoïde, politieke organisatie⟩; ⟨AE; vnl National Guard⟩ *national guard* nationale garde; ⟨BE⟩ *(on the) National Health Service* (op kosten van de) Nationale Gezondheidszorg, ± (van/op kosten van het) ziekenfonds; *national income* nationaal inkomen; ⟨BE⟩ *National Insurance* sociale verzekering; ⟨AE⟩ *National League* nationale honkballiga; *national monument* historisch monument, bezienswaardigheid; *national park* nationaal park; ⟨BE⟩ *National Vocational Qualification* (landelijk erkend) diploma voor beroepsonderwijs; *national security* staatsveiligheid; ⟨BE; gesch; vaak National Service⟩ *national service* militaire dienst, dienstplicht; *National Socialism* nationaalsocialisme; *National Socialist* nationaalsocialist; ⟨BE⟩ *National Trust* ± organisatie voor monumentenzorg en landschapsbeheer; *National Assembly for Wales* Nationale Assemblee van Wales ⟨Welsh parlement, vanaf 1999⟩ 2 landelijk, nationaal ♦ ⟨AE⟩ *national convention* nationale conventie, partijcongres; ⟨BE⟩ *national grid* landelijk hoogspanningsnet; *national holiday* nationale feestdag/vrije dag; *national news* binnenlands nieuws; *national newspaper* landelijk dagblad
Na·tion·al /næʃnəl/ [telb zn] ⟨BE⟩ Grand National, jaarlijkse hindernisrace te Aintree
na·tion·al·ism /næʃnəlɪzm/ [niet-telb zn] nationalisme
¹**na·tion·al·ist** /næʃnəlɪst/ [telb zn] nationalist
²**na·tion·al·ist** /næʃnəlɪst/, **na·tion·al·is·tic** /næʃnəlɪstɪk/ [bn; bw: ~ically] nationalistisch
na·tion·al·i·ty /næʃənæləti/ [telb + niet-telb zn] 1 nationaliteit 2 volkskarakter, volksaard
na·tion·al·i·za·tion, na·tion·al·i·sa·tion /næʃnəlaɪzeɪʃn, ᴬ-lə-/ [telb zn] 1 nationalisatie, nationalisering, naasting 2 naturalisatie 3 vorming van een natie
na·tion·al·ize, na·tion·al·ise /næʃnəlaɪz/ [ov ww] 1 nationaliseren, naasten 2 naturaliseren 3 tot een natie maken
na·tion·hood /neɪʃnhʊd/ [niet-telb zn] bestaan als natie/volk/land ♦ *a strong sense of nationhood* een sterk nationaal bewustzijn; *colonies receiving the status of nationhood* kolonies die zelfstandige naties worden
nation state [telb zn] nationale staat
na·tion·wide [bn; bw] landelijk, door het hele land, nationaal
¹**na·tive** /neɪtɪv/ [telb zn] 1 inwoner, bewoner ♦ *are you a native here?* woont u hier?, komt u hier vandaan? 2 ⟨vaak mv⟩ autochtoon, inheemse, inlander, oorspronkelijke be-

woner/bewoonster, ⟨pej⟩ inboorling ♦ *a native of Dublin* een geboren Dubliner ③ inheemse diersoort/plantensoort ♦ *the wolf was once a native of Western Europe* wolven kwamen vroeger (overal) in West-Europa voor ④ oester ⟨in Engeland gekweekt⟩

²**na·tive** /neɪtɪv/ [bn; bw: ~ly; zn: ~ness] ① autochtoon, inheems, binnenlands ♦ *go native* zich aanpassen aan de autochtone/plaatselijke bevolking/gebruiken; *native title* eigendomsrecht op land voor oorspronkelijke bewoners; *an animal native to Europe* een inheemse Europese diersoort ② aangeboren, ingeboren ♦ *a talent native to his countrymen* een gave waarover al zijn landgenoten van nature beschikken; *a type of shrewdness native to some people* een soort schranderheid die sommige mensen aangeboren is

³**na·tive** /neɪtɪv/ [bn, attr; bw: ~ly; zn: ~ness] ① geboorte- ♦ *Native American* indiaan; *his native Canada* zijn geboorteland Canada; *one's native heath* z'n geboortegrond; *native language* moedertaal; *a native New Yorker* een geboren (en getogen) New Yorker; *a native speaker of English* iemand met Engels als moedertaal, een Engelse moedertaalspreker, een native speaker Engels ② (vaak pej) inlands, inheems, autochtoon ♦ *native bear* koala; *native rock* autochtoon gesteente ③ natuurlijk, ongekunsteld ④ ⟨ook geol⟩ gedegen ⟨van metalen e.d.⟩ ♦ *native elements* gedegen elementen

na·tiv·ism /neɪtɪvɪzm/ [niet-telb zn] ① ⟨filos⟩ nativisme ② ⟨AE; pol⟩ begunstiging van ingezetenen boven immigranten

na·tiv·ist /neɪtɪvɪst/ [telb zn] ① ⟨filos⟩ nativist ② ⟨AE; pol⟩ voorstander van de begunstiging van ingezetenen boven immigranten

na·tiv·i·ty /nətɪvəti/ [telb zn] ① ⟨voornamelijk Nativity⟩ afbeelding van Christus' geboorte, kerstvoorstelling ② geboorte ♦ *the place of my nativity* de plaats waar ik geboren ben ③ nativiteit, horoscoop

Na·tiv·i·ty /nətɪvəti/ [telb zn; voornamelijk enk; the] ⟨benaming voor⟩ geboorte(feest) van Christus/Heilige Maagd/Johannes de Doper, Kerstmis, Maria-Geboorte, St.-Jan ♦ *the Nativity of the Virgin Mary* Maria-Geboorte

nativity play [telb zn; vaak Nativity Play] kerstspel

Nato, NATO /neɪtoʊ/ [eigenn] ⟨North Atlantic Treaty Organization⟩ NAVO, NATO

na·tron /neɪtrən, ˄neɪtrɑn/ [niet-telb zn] ⟨miner⟩ natron

¹**nat·ter** /næta, ˄næt̬ər/ [telb zn; geen mv] ⟨BE; inf⟩ ① babbeltje, kletspraatje, gebabbel ♦ *have a bit of a natter* wat babbelen/kletsen ② gemopper

²**nat·ter** /næta, ˄næt̬ər/ [onov ww] ⟨BE; inf⟩ ① kletsen, beuzelen, babbelen ② mopperen

nat·ter·jack /nætədʒæk, ˄nætər-/, **nat·ter·jack toad** [telb zn] ⟨dierk⟩ rugstreeppad ⟨*Bufo calamita*⟩

nat·ty /næti/ [bn; vergr trap: nattier; bw: nattily; zn: nattiness] ⟨inf⟩ ① chic, netjes, keurig, proper, elegant ♦ *John's a very natty dresser* John ziet er altijd uit om door een ringetje te halen ② handig, vaardig, bedreven

¹**nat·u·ral** /nætʃrəl/ [telb zn] ① ⟨vnl enkelvoud⟩ ⟨inf⟩ kanshebber, geboren winnaar, favoriet, meest geschikte persoon, natuurtalent, ⟨fig⟩ kanspaard ♦ *John's a natural for the job* John is geknipt voor die baan; *that horse is a natural to win the race* dat paard is de grootste kanshebber voor deze race/wint deze race beslist ② ⟨muz⟩ stamtoon ③ ⟨muz⟩ herstellingsteken, naturel ④ naturel, beige, grauwgeel ⑤ ⟨AE⟩ afrokapsel, afrolook ⑥ ⟨vero⟩ zwakzinnige, idioot, debiel, imbeciel ♦ *John's a natural* John is achterlijk

²**nat·u·ral** /nætʃrəl/ [bn; zn: ~ness] ① natuurlijk, natuur- ♦ *natural childbirth* natuurlijke geboorte; ⟨biol⟩ *natural classification* natuurlijk stelsel; *natural death* natuurlijke dood; *natural food* natuurlijke voeding; *natural forces/phenomena* natuurverschijnselen; *natural gas* aardgas; *natural historian* bioloog; *natural history* natuurlijke historie, biologie; *natural language* natuurlijke taal; *natural law* natuurwet; natuurlijke zedenwet; *natural life* (natuurlijke) levensduur; *natural magic* natuurlijke magie, ⟨plantk⟩ *natural orders* natuurlijk systeem; *natural philosopher* natuurwetenschapper, fysicus ⟨aan Schotse universiteiten⟩; *natural philosophy* natuurwetenschap, fysica ⟨aan Schotse universiteiten⟩; *natural resources* natuurlijke hulpbronnen/rijkdommen; *natural science* natuurwetenschap; *natural selection* natuurlijke selectie; *natural therapist* natuurgenezer; *natural uranium* natuurlijk uranium; *natural wastage* natuurlijk verloop; *natural year* zonnejaar ② aangeboren, ingeschapen, natuurlijk ♦ *natural religion* natuurlijke godsdienst, deïsme; *natural theology* natuurlijke theologie; *natural virtues* kardinale deugden, hoofddeugden ③ normaal, gewoon, verklaarbaar, begrijpelijk, te verwachten, natuurlijk ④ ongedwongen, ongekunsteld, natuurlijk ⑤ ⟨muz⟩ natuurlijk, naturel, zonder verplaatsingsteken ♦ *B natural, B sharp, B flat* b, bis, bes; *natural horn* natuurhoorn; *natural key/scale* natuurlijke toonladder; *natural note* stamtoon; *natural trumpet* natuurtrompet, bachtrompet ⑥ ⟨AE⟩ Afro-, in afrostijl ⑦ *natural logarithm* natuurlijk logaritme; *natural numbers* natuurlijke getallen; ⟨jur⟩ *natural person* natuurlijk persoon; *learning languages comes natural to him* talen leren gaat hem gemakkelijk af; ⟨sprw⟩ *dying is as natural as living* ± alle vlees is als gras, ± helaas de mens met al zijn pracht, en is maar ijs van ene nacht, ± als met een kaars in open veld, zo is het met de mens gesteld

³**nat·u·ral** /nætʃrəl/ [bn, attr; zn: ~ness] ① geboren, van nature ♦ *he's a natural linguist* hij heeft een talenknobbel ② ⟨form⟩ natuurlijk, onecht, buitenechtelijk ③ echt, natuurlijk ⟨van familiebetrekkingen⟩ ♦ *John never knew his natural parents* John heeft zijn echte ouders nooit gekend

nat·u·ral-born [bn, attr] ① geboren ♦ *a natural-born writer* een geboren schrijver ② geboorte ♦ *in the USA only natural-born citizens can be elected President* alleen staatsburgers die in de VS zelf geboren zijn kunnen tot president worden gekozen

nat·u·ral·ism /nætʃrəlɪzm/ [niet-telb zn] ① instinctief gedrag ② naturalisme ⟨ook filosofie, letterkunde⟩ ③ onverschilligheid voor conventies

¹**nat·u·ral·ist** /nætʃrəlɪst/ [telb zn] ① naturalist ② natuurkenner, naturalist ③ ⟨BE⟩ handelaar in dieren ④ ⟨BE⟩ preparateur, opzetter van dieren

²**nat·u·ral·ist** /nætʃrəlɪst/, **nat·u·ral·is·tic** /nætʃrəlɪstɪk/ [bn; bw: ~ically] naturalistisch

nat·u·ral·i·za·tion, nat·u·ral·i·sa·tion /nætʃrəlaɪzeɪʃn, ˄-lə-/ [niet-telb zn] ① het naturaliseren, naturalisatie ② het inburgeren, acclimatisering ③ het inheems maken ⟨van planten, dieren⟩

¹**nat·u·ral·ize, nat·u·ral·ise** /nætʃrəlaɪz/ [onov ww] ① inburgeren, acclimatiseren ② de natuur bestuderen

²**nat·u·ral·ize, nat·u·ral·ise** /nætʃrəlaɪz/ [ov ww] ① naturaliseren ② doen inburgeren, overnemen ♦ *many English words have been naturalized in/into Dutch* veel Engelse woorden zijn in het Nederlands ingeburgerd geraakt ③ inheems maken, inburgeren, uitzetten ⟨planten, dieren⟩ ♦ *rabbits have become naturalized in Australia* konijnen zijn in Australië een inheemse diersoort geworden ④ een natuurlijk aanzien geven ⑤ naturalistisch maken

nat·u·ral·ly /nætʃrəli, ˄nætʃərli/ [bw] → **natural** ② natuurlijk, vanzelfsprekend, uiteraard ③ van nature ⚫ *it comes naturally to her*, ⟨inf⟩ *it comes natural to her* het gaat haar gemakkelijk af, het komt haar aanwaaien

¹**na·ture** /neɪtʃə, ˄-ər/ [telb zn] ① wezen, natuur, aard, karakter, kenmerk, eigenschap ♦ *the nature of the beast* de aard van 't beestje; *he is stubborn by nature* hij is koppig van aard/van nature koppig ② soort, aard ♦ *her request was in/of the nature of a command* haar verzoek was eigenlijk/

nature

had meer weg van een bevel; *sth. of that nature* iets van dien aard; *things of this nature* dit soort dingen; *it's in the nature of things that ...* het is normaal dat ...

²**na·ture** /neɪtʃə, ᴬ-ər/ [niet-telb zn] **1** ⟨vaak Nature⟩ de natuur ⟨ook als personificatie⟩ ♦ *against/contrary to nature* wonderbaarlijk; onnatuurlijk, tegennatuurlijk; *paint from nature* schilderen naar de natuur; *in nature* bestaand; ter wereld, wat/waar dan ook; ⟨fig⟩ *let nature take its course* de zaken op hun beloop laten, zien wat er van komt; *back to nature* terug naar de natuur **2** lichaamsfunctie, natuurlijke functie ♦ *ease/relieve nature* zijn behoefte doen; wateren; *that diet doesn't support nature* van dat dieet blijft men niet op krachten **▪** ⟨sprw⟩ *nature abhors a vacuum* horror vacui ⟨de afschuw der natuur van het ledige⟩; ⟨sprw⟩ *self-preservation is nature's first law* ± zelfbehoud gaat voor alles

Nature Conservancy Council [niet-telb zn] natuurbescherming(sraad), milieubescherming(sraad)

nature conservation, ⟨BE ook⟩ **nature conservancy** [niet-telb zn] natuurbehoud, natuurbescherming

nature cure [telb zn] natuurgeneeswijze

na·ture-friend·ly [bn] milieuvriendelijk

nature lover [telb zn] natuurvriend, natuurliefhebber

nature printing [niet-telb zn] natuurdruk

nature reserve [telb zn] natuurreservaat

nature study [niet-telb zn] natuurstudie

nature trail [telb zn] natuurpad

nature worship [niet-telb zn] animisme, natuurgodsdienst

na·tur·ism /neɪtʃərɪzm/ [niet-telb zn] naturisme, nudisme

na·tur·ist /neɪtʃərɪst/ [telb zn] naturist, nudist

na·tur·o·path /neɪtʃərəpæθ/ [telb zn] natuurgenezer, natuuropaat

na·tur·o·path·ic /neɪtʃərəpæθɪk/ [bn; bw: ~ally] m.b.t. natuurgeneeswijzen

na·tur·op·a·thy /neɪtʃərpəθi, ᴬ-rɑ-/ [niet-telb zn] natuurgeneeswijze(n), natuurgeneeskunde

¹**naught, nought** /nɔːt, ᴬnɒt, ᴬnɑt/ [onbep vnw] ⟨vero, form⟩ niets, ⟨fig⟩ onbelangrijk, waardeloos, van generlei waarde ♦ *the ghost disappeared into the black naught* het spook verdween in het zwarte niets; *come to naught* falen, mislukken; *we could do naught but stare, amazed* we konden alleen maar verbaasd staren; *Anthony thinks he's an artist, but he is naught* Anthony denkt dat hij een kunstenaar is, maar hij is een nul; *these rags are naught* deze vodden zijn waardeloos; *he is naught to me* hij betekent niets voor mij

²**naught, nought** /nɔːt, ᴬnɒt, ᴬnɑt/ [telw] → nought²

naugh·ty /nɔːti/ [bn; vergr trap: naughtier; bw: naughtily; zn: naughtiness] **1** ondeugend, stout, ongehoorzaam **2** ⟨vnl BE⟩ slecht, onfatsoenlijk, onbehoorlijk, gewaagd, pikant

Nau·mann's thrush /naʊmænz θrʌʃ/ [telb zn] ⟨dierk⟩ Naumanns lijster ⟨*Turdus naumanni naumanni*⟩

nau·pli·us /nɔːpliəs/ [telb zn; mv: nauplii /nɔːpliaɪ/] ⟨dierk⟩ nauplius

Na·u·ru /naʊruː, nɑː-/ [eigenn] Nauru

¹**Na·u·ru·an** /naʊruːən, nɑː-/ [telb zn] Nauruaan(se), inwoner/inwoonster van Nauru

²**Na·u·ru·an** /naʊruːən, nɑː-/ [bn] Nauruaans, van/uit/m.b.t. Nauru

nau·se·a /nɔːziə, -siə, ᴬ-ʃə/ [niet-telb zn] **1** ⟨form⟩ misselijkheid **2** walging, afkeer

¹**nau·se·ate** /nɔːzieɪt, -si-, ᴬ-ʒi-/ [onov ww] misselijk worden ⟨ook figuurlijk⟩, van walging/afkeer vervuld worden, walgen

²**nau·se·ate** /nɔːzieɪt, -si-, ᴬ-ʒi-/ [ov ww] misselijk maken ♦ *he was nauseated at the sight of such cruelty* het zien van zoveel wreedheid vervulde hem met afschuw; *his job nauseates him* hij is (dood)ziek van zijn baan; hij walgt van zijn

werk; *he was nauseated by the movement of the boat* hij werd misselijk door het bewegen van de boot; *a nauseating taste* een walgelijke smaak

nau·seous /nɔːziəs, -siəs, ᴬ-ʃəs/ [bn; bw: ~ly; zn: ~ness] **1** ⟨vnl AE⟩ misselijk **2** ⟨form⟩ misselijk makend ⟨ook figuurlijk⟩, walgelijk

nautch /nɔːtʃ/ [niet-telb zn] Indiase dansshow

nautch girl [telb zn] Indiase danseres

nau·ti·cal /nɔːtɪkl/ [bn; bw: ~ly] nautisch, zee(vaart)-, scheep(vaart)-, zeevaartkundig ♦ *nautical almanac* scheepsalmanak; *nautical league* (Engelse) league ⟨5559,55 m⟩; internationale league ⟨5556 m⟩; *nautical mile* (Engelse) zeemijl ⟨1853,18 m⟩; internationale zeemijl ⟨1852 m⟩; *nautical tables* zeevaartkundige tafels, koers- en verheidstafels; *nautical terms* zeevaarttermen, scheepstermen

nau·ti·lus /nɔːtɪləs/ [telb zn; mv: ook nautili /-laɪ/] ⟨dierk⟩ nautilus

nav·aid /nævˌeɪd/ [telb zn] **1** ⟨verk: navigational aid⟩ navigatie(hulp)middel **2** ⟨verk: navigational aid⟩ navigatiesysteem

na·val /neɪvl/ [bn, attr; bw: ~ly] **1** zee-, scheeps- ♦ *naval architect* scheepsbouwkundig ingenieur, scheepsbouwkundige **2** marine-, vloot- ♦ *naval academy* officiersopleiding van de marine; *naval battle* zeeslag; *naval cadet* adelborst (tweede klasse); *Naval Lord* tot de marine behorend lid van de admiraliteit; *naval officer* marineofficier, zeeofficier; *naval power* zeemacht, zeemogendheid; *naval shipyard* marinewerf; *naval stores* scheepsbehoeften; harsproducten ⟨terpentijn, pek, harsolie, e.d. voor scheepsreparatie⟩

nave /neɪv/ [telb zn] **1** schip ⟨van kerk⟩ **2** naaf ⟨van wiel⟩

na·vel /neɪvl/ [telb zn] **1** navel ♦ *contemplate one's navel* navelstaren; **2** middelpunt, centrum, midden **3** navel(sinaasappel)

navel orange [telb zn] navelsinaasappel

na·vel·wort /neɪvlwɜːt, ᴬ-wɜrt/ [telb zn] ⟨plantk⟩ **1** waternavel ⟨*Hydrocotyle vulgaris*⟩ **2** Amerikaans vergeet-mij-nietje ⟨*Omphalodes verna*⟩

¹**na·vic·u·lar** /nəvɪkjʊlə, ᴬ-kjələr/, **na·vic·u·la·re** /nəvɪkjʊlɑːri, ᴬnəvɪkjələri/ [telb zn] ⟨anat⟩ scheepvormig been(tje) ⟨hand- of voetwortelbeentje⟩

²**na·vic·u·lar** /nəvɪkjʊlə, ᴬ-kjələr/ [bn] **1** scheepvormig, bootvormig ♦ ⟨anat⟩ *navicular bone* scheepvormig beentje **2** ⟨anat⟩ m.b.t./van het scheepvormig been

nav·i·ga·bil·i·ty /nævɪɡəbɪlɪti/ [niet-telb zn] bevaarbaarheid

nav·i·ga·ble /nævɪɡəbl/ [bn; bw: navigably; zn: ~ness] **1** bevaarbaar **2** zeewaardig **3** bestuurbaar

¹**nav·i·gate** /nævɪɡeɪt/ [onov ww] **1** navigeren, een schip/vliegtuig besturen ♦ *navigating officer* navigatieofficier **2** varen **3** de route aangeven, de weg wijzen ⟨in auto⟩

²**nav·i·gate** /nævɪɡeɪt/ [onov + ov ww] ⟨comp⟩ navigeren (op), internetten (op), surfen (op)

³**nav·i·gate** /nævɪɡeɪt/ [ov ww] **1** bevaren, varen op/over/door **2** oversteken, vliegen over, bevliegen **3** besturen **4** loodsen ⟨figuurlijk⟩, (ge)leiden

¹**nav·i·ga·tion** /nævɪɡeɪʃn/ [telb zn] ⟨zee⟩reis

²**nav·i·ga·tion** /nævɪɡeɪʃn/ [niet-telb zn] **1** navigatie, het navigeren, stuurmanskunst **2** navigatie, scheepvaart, zeevaart ♦ *inland navigation* binnen(scheep)vaart, binnenschipperij **3** luchtvaart

nav·i·ga·tion·al /nævɪɡeɪʃnəl/ [bn] navigatie-, m.b.t./van de scheepvaart/luchtvaart

navigation light [telb zn] navigatielicht, positielicht ⟨van vliegtuig⟩

nav·i·ga·tor /nævɪɡeɪtə, ᴬ-ɡeɪtər/ [telb zn] **1** ⟨luchtv⟩ navigator **2** ⟨scheepv⟩ navigatieofficier **3** zeevaarder

¹**nav·vy** /nævi/ [telb zn] ⟨BE⟩ **1** grondwerker **2** graafmachine, excavateur

²**nav·vy** /nævi/ [onov ww] ⟨BE⟩ grondwerker zijn, grond-

werk doen

¹**na·vy** /neɪvi/ [telb zn] ① oorlogsvloot, zeemacht ② ⟨vero⟩ vloot, ⟨i.h.b.⟩ handelsvloot

²**na·vy** /neɪvi/ [telb zn, verzamelin; vaak Navy] marine ♦ *follow the navy* bij de marine zijn; *join the navy* bij de marine gaan

³**na·vy** /neɪvi/ [niet-telb zn] (verk: navy blue) marineblauw

navy bean [telb zn] ⟨vnl AE⟩ witte boon

navy blue [niet-telb zn; ook attributief] marineblauw

Navy List [telb zn] ⟨BE⟩ naam- en ranglijst van marineofficieren

navy yard [telb zn] ⟨AE⟩ marinewerf

na·wab /nəwɑːb/ [telb zn] ⟨gesch⟩ nabob ⟨titel van gouverneur in India⟩

¹**nay** /neɪ/ [telb + niet-telb zn] ① nee(n) ② tegenstemmer, stem tegen ♦ *the nays have it* de motie/het (wets)voorstel is verworpen ⟨in parlement⟩ ③ weigering ♦ *say nay* weigeren, verbieden; tegenspreken; ontkennen; *I will not take nay* ik wil geen nee(n) horen, ik accepteer geen weigering

²**nay** /neɪ/ [bw] ① ⟨form⟩ ja (zelfs) ♦ *aren't we all different, nay, unique?* zijn we niet allemaal anders, ja uniek? ② ⟨vero⟩ neen

¹**Naz·a·rene** /næzəriːn/ [telb zn] ① Nazarener, Nazareeër ⟨inwoner van Nazareth⟩ ♦ *the Nazarene* de Nazarener, Christus ② Nazarener, lid van eerste joods-christelijke groepering ③ christen ④ Nazarener, lid van de Amerikaanse (methodistische) Nazarenerkerk

²**Naz·a·rene** /næzəriːn/ [bn] ① Nazareens ② christelijk

Naz·a·rite, ⟨in betekenis 2 ook⟩ **Naz·i·rite** /næzəraɪt/ [telb zn] ① Nazarener, Nazareeër ⟨inwoner van Nazareth⟩ ② nazireeër

naze /neɪz/ [telb zn] landtong, kaap, voorgebergte

Na·zi /nɑːtsi/ [telb zn; vaak attributief] nazi, nationaalsocialist

Na·zism /nɑːtsɪzm/, **Na·zi·ism** /nɑːtsiɪzm/ [niet-telb zn] nazisme, nationaalsocialisme

NB [afk] ① (nota bene) **NB** ② (New Brunswick) ③ (Nebraska) ④ (North Britain) ⑤ (no ball)

NBA [afk] (National Basketball Association ⟨in USA⟩)

NBC [afk] ① (Nuclear, Biological and Chemical) ABC- ② ⟨AE⟩ (National Broadcasting Company)

NBC suit [telb zn] beschermende kleding, beschermpak

NBF [afk] (new best friend) nieuwe beste vriend(in)

NBG [afk] ⟨BE; inf⟩ (no bloody good)

N by E, NbE [afk] (north by east)

N by W, NbW [afk] (north by west)

NC [afk] ① (North Carolina) ② (numerical control)

NCB [afk] ⟨vero; BE⟩ (National Coal Board)

NCC [afk] ① (National Curriculum Council ⟨in Groot-Brittannië⟩) ② (Nature Conservancy Council ⟨in Groot-Brittannië⟩)

NCCL [afk] (National Council for Civil Liberties)

NCO [afk] (noncommissioned officer)

NCR [afk] (no carbon required)

NCU [afk] ⟨BE⟩ (National Communications Union)

ND, nd [afk] ① (neutral density) ② (North Dakota) ③ (no date)

N Dak [afk] (North Dakota)

NDE [afk] (near-death-experience)

ND filter [telb zn] ⟨foto⟩ ND-filter, grijsfilter

NE [afk] ① (New England) ② (northeast(ern)) **N.O.** ③ (no effects)

NEA [afk] ① (National Education Association) ② ⟨AE⟩ (National Endowment for the Arts)

Ne·an·der·thal /niɡændətɑːl, ᴬ-dərtəl, ᴬ-tɑl/ [telb zn] neanderthaler ⟨ook informeel, schertsend⟩, holbewoner, barbaar, primitieveling, conservatieveling, iemand uit het jaar nul

Neanderthal man [eigenn, telb zn] (de) neanderthaler, neandardalmens

¹**neap** /niːp/, **neap tide** [telb zn] doodtij

²**neap** /niːp/ [onov ww] ① kleiner worden ⟨van getijdenverschillen⟩, lager worden ⟨van hoogwaterstand⟩ ♦ *the tides are neaping* de getijdenverschillen worden kleiner, het wordt doodtij ② de hoogste stand van doodtij bereiken ▪ *be neaped* (door doodtij) vastzitten/niet uit kunnen varen

¹**Ne·a·pol·i·tan** /nɪəpɒlɪtn, ᴬ-pɑ-/ [telb zn] Napolitaan(se)

²**Ne·a·pol·i·tan** /nɪəpɒlɪtn, ᴬ-pɑ-/ [bn] Napolitaans, van/m.b.t. Napels ♦ *Neapolitan ice cream* blok(je) ijs met lagen van verschillende kleuren en smaken

¹**near** /nɪə, ᴬnɪr/ [bn; vergr trap: nearer; zn: ~ness] ① dichtbij(gelegen), nabij(gelegen), naburig ♦ *Near East* Nabije Oosten; ⟨vero⟩ Balkan; *£60 or nearest offer* vraagprijs £60; ⟨voetb⟩ *near post* eerste paal; *we walked on the near side of the river* we liepen aan deze kant van de rivier; *near work* werk dat je vlak voor je ogen moet houden, priegelwerk; *£60 ono* vraagprijs £60 ② kort ⟨weg⟩ ③ nauw verwant, naverwant ♦ *near affairs* nauw verwante zaken; ⟨fin⟩ *near money* bijna-geld, secundaire liquiditeiten ⟨bijvoorbeeld wissels⟩; *our nearest and dearest* zij die ons het meest dierbaar zijn; *my nearest relation* mijn naaste bloedverwant ④ intiem, persoonlijk ⟨vriend⟩ ⑤ krenterig, op de centen, gierig ⑥ nauwkeurig, woordelijk, getrouw ⟨vertaling⟩ ⑦ sprekend/veel lijkend op, veel weg hebben van, imitatie- ♦ ⟨AE⟩ *near beer* alcoholvrij bier ▪ *he had a near escape* het scheelde maar een haartje, het was maar op het nippertje; ⟨meteo⟩ *near gale* harde wind ⟨windkracht 7⟩; *it was a near guess, Peter!* je had het bijna geraden/je was heel warm, Peter!; *near likeness/resemblance* sprekende/sterke gelijkenis; *it was a near miss* het was bijna raak ⟨ook figuurlijk⟩; ⟨inf⟩ *it was a near thing/go* het scheelde maar een haartje, het was maar op het nippertje; *a near touch* net mis; *that was a near touch* dat was maar nét aan; ⟨sprw⟩ *the nearer the church, the farther from God* hoe dichter bij de kerk, hoe groter geus, hoe dichter bij Rome/de paus, hoe slechter christen; ⟨sprw⟩ *the longest way round is the nearest/shortest way home* een goed pad krom loopt niet om

²**near** /nɪə, ᴬnɪr/ [bn, attr; vergr trap: nearer; zn: ~ness] bijdehands, linker ♦ *near front wheel* linker voorwiel

³**near** /nɪə, ᴬnɪr/ [onov + ov ww] naderen, dichterbij/naderbij komen

⁴**near** /nɪə, ᴬnɪr/ [bw] ① dichtbij, nabij ♦ *as near as near new* nagenoeg nieuw; *as near as makes no difference/as dammit/as makes no odds* zogoed als, bijna; *near by* dichtbij; *draw near* naderen, dichterbij komen; *they were near famished* ze waren bijna van de honger gestorven; *far and near* ver en nabij; *from far and near* van heinde en ver; *go near to doing sth.* iets bijna doen, op het punt staan iets te doen; ⟨inf⟩ *he is nowhere/not anywhere near as clever as his brother* hij is lang niet zo slim als zijn broer; *she was near to tears* ze begon bijna te huilen, het huilen stond haar nader dan het lachen; *she came near to/she came as near as could be to being drowned* het scheelde maar een haartje of ze was verdronken; ⟨BE; inf⟩ *(as) near as dammit* (of) verdorie toch bijna ② ⟨vero⟩ bijna, vrijwel, nagenoeg, zogoed als ♦ *not near so bad* lang niet zo slecht; *near perfect* bijna volmaakt ③ ⟨vero⟩ karig, schriel, spaarzaam, krenterig

⁵**near** /nɪə, ᴬnɪr/ [vz] ⟨duidt nabijheid aan; ook fig⟩ dichtbij, nabij, naast ♦ *returned near Christmas* kwam rond Kerstmis thuis; *she was near death* ze was bijna/op sterven na dood; *go/come near doing sth.* iets bijna doen, op het punt staan iets te doen; *lived near his sister* woonde niet ver van zijn zuster

near- /nɪə, ᴬnɪr/ ① bijna, nagenoeg, vrijwel, praktisch, zogoed als ♦ *near-win* bijna bereikte overwinning; *near-perfect* vrijwel perfect; *near-monopoly* net geen monopolie ② nauw ♦ *near-related* nauw verwant

near-ac·ci·dent [telb zn] bijna gebeurd ongeluk

nearby

¹near·by [bn, attr] dichtbij(gelegen), nabij(gelegen), naburig
²near·by [bw] dichtbij
³near·by [vz] ⟨vero⟩ dichtbij
near-death-ex·pe·ri·ence [telb + niet-telb zn] bijnadoodervaring ⟨waarbij men buiten eigen lichaam treedt⟩
near·ly /nɪəli, ᴬnɪrli/ [bw] ① bijna, (wel)haast, schier, vrijwel, zogoed als ♦ *is his book nearly finished?* is zijn boek nu al eens/haast af? ② nauw, na, van nabij ♦ *it concerns me nearly* het ligt me na aan het hart; *nearly related* nauw verwant ⦁ *not nearly* lang niet, op geen stukken na
near·side [bn, attr] ⟨vnl BE⟩ bijdehands, linker ♦ *nearside lane* linker rijstrook; *the nearside wheel* het linker wiel
near·sight·ed [bn; bw: nearsightedly; zn: nearsightedness] bijziend
near-term [bn, attr] op korte termijn
near·win [telb zn] bijna bereikte overwinning
¹neat /niːt/ [telb zn; mv: neat] ⟨vero⟩ rund
²neat /niːt/ [verzamelnaam] ⟨vero⟩ (rund)vee
³neat /niːt/ [bn; vergr trap: neater; bw: ~ly; zn: ~ness] ① net(jes), keurig ♦ *neat clothes* nette kleren; *his room was neat* zijn kamer was netjes/aan kant ② proper, zindelijk ③ puur, onversneden, zonder ijs/water ⟨van drank⟩ ♦ *neat effluent* ongezuiverd afvalwater; *whisky neat* whisky puur ④ handig, vaardig, behendig, slim, kunstig, mooi ♦ *a neat solution* een mooie/elegante oplossing ⑤ sierlijk, bekoorlijk, smaakvol, fraai, gracieus, elegant ♦ *a neat figure* een mooi figuurtje ⑥ ⟨AE⟩ schoon, netto ⑦ ⟨AE; inf⟩ gaaf, prima, flitsend ⑧ bondig, kernachtig, compact, goed/trefzeker geformuleerd ♦ *neat style* bondige stijl ⦁ *as neat as a (new) pin* keurig, om door een ringetje te halen
neat·en /niːtn/ [ov ww] net(jes) maken, opruimen
neat freak [telb zn] netheidsfreak, schoonmaakfreak
neath, 'neath /niːθ/ [vz] ⟨form⟩ → beneath
neat's foot [telb + niet-telb zn] ⟨cul⟩ runderpoot
neat's-foot oil [niet-telb zn] klauwenolie, klauwenvet
neat's leath·er [niet-telb zn] rundleer
neat's tongue [telb + niet-telb zn] ⟨cul⟩ rundertong, ossentong
neb /neb/ [telb zn] ⟨vnl SchE⟩ ① sneb(be), snavel, neb(be) ② snuit, neus, snoet ③ uitsteeksel, sneb(be), tuit, punt
NEB [afk] ① (National Enterprise Board) ② (New English Bible)
¹neb·bish /nɛbɪʃ/ [telb zn] schlemiel, nebbisjmannetje
²neb·bish /nɛbɪʃ/ [bn] schlemielig, nebbisj
Nebr [afk] (Nebraska)
neb·u·chad·nez·zar /nɛbjʊkədnɛzə, ᴬnɛbəkədnɛzər/ [telb zn] nebukadnezar ⟨wijnfles met inhoud van 20 'gewone' flessen⟩
Neb·u·chad·nez·zar /nɛbjʊkədnɛzə, ᴬnɛbəkədnɛzər/ [eigenn] Nebukadnezar
neb·u·la /nɛbjʊlə, ᴬ-bjə-/ [telb zn; mv: ook nebulae /-liː/] ① ⟨astron⟩ nevel, diffuse/lichtende nevel, emissienevel, donkere nevel, reflectienevel, galactische nevel ② ⟨med⟩ nebula, troebele plek in het hoornvlies
neb·u·lar /nɛbjʊlə, ᴬ-bjələr/ [bn] m.b.t. een nevel/nevels, nevelachtig, nevel- ♦ *nebular hypothesis/theory* contractiehypothese, nevelhypothese ⟨m.b.t. het ontstaan van het heelal⟩
neb·u·li·um /nɛbjʊləm, ᴬ-bjə-/ [niet-telb zn] ⟨scheik⟩ nebulium ⟨hypothetisch element⟩
neb·u·lize /nɛbjʊlaɪz, ᴬ-bjə-/ [ov ww] verstuiven, vernevelen, vaporiseren
neb·u·liz·er /nɛbjʊlaɪzə, ᴬnɛbjəlaɪzər/ [telb zn] verstuiver, nevelapparaat, nevelspuit
neb·u·los·i·ty /nɛbjʊlɒsəti, ᴬnɛbjələsəti/ [niet-telb zn] neveligheid, vaagheid
neb·u·lous /nɛbjʊləs, ᴬ-bjə-/, ⟨zelden⟩ **neb·u·lose** /-loʊs/ [bn; bw: ~ly; zn: ~ness] ① nevelig, troebel, vaag, mistig, wazig ② nevelvormig, wolkvormig, waasvormig ③ ⟨astron⟩ nevelvormig, nevel- ♦ *nebulous star* nevelster

NE by E, NEbE [afk] (Northeast by East)
NE by N, NEbN [afk] (Northeast by North)
NEC [afk] (National Executive Committee)
necessarian → **necessitarian**
necessarianism [niet-telb zn] → **necessitarianism**
nec·es·sar·ies /nɛsɪsriz, ᴬnɛsɪseriz/ [alleen mv] ① benodigdheden, vereisten ② (levens)behoeften
nec·es·sar·i·ly /nɛsɪsərɪli/ [bw] noodzakelijk(erwijs), onvermijdelijk, onontkoombaar, per definitie, uiteraard, per se
¹nec·es·sar·y /nɛsɪsri, ᴬnɛsɪseri/ [telb zn; voornamelijk mv] behoefte, vereiste, noodzaak ♦ *the necessary* het benodigde; ⟨i.h.b.⟩ geld
²nec·es·sar·y /nɛsɪsri, ᴬnɛsɪseri/ [bn] ① noodzakelijk, nodig, benodigd, vereist ② onontbeerlijk, onmisbaar, essentieel, noodzakelijk ③ onontkoombaar, onvermijdelijk, onafwendbaar, noodwendig, noodzakelijk ♦ *necessary evil* noodzakelijk kwaad
¹ne·ces·si·tar·i·an /nɪsɛsɪteərɪən, ᴬ-ter-/, **nec·es·sar·i·an** /nɛsɪseərɪən, ᴬ-ser-/ [telb zn] determinist
²ne·ces·si·tar·i·an /nɪsɛsɪteərɪən, ᴬ-ter-/, **nec·es·sar·i·an** /nɛsɪseərɪən, ᴬ-ser-/ [bn] deterministisch
ne·ces·si·tar·i·an·ism /nɪsɛsɪteərɪənɪzm, ᴬ-ter-/, **nec·es·sar·i·an·ism** /nɛsɪseərɪənɪzm, ᴬ-ser-/ [niet-telb zn] determinisme
ne·ces·si·tate /nɪsɛsɪteɪt/ [ov ww] ① noodzaken, nopen tot, verplichten tot ② vereisen, dwingen tot, nodig maken
ne·ces·si·tous /nɪsɛsɪtəs/ [bn; bw: ~ly] ⟨form⟩ ① ⟨euf⟩ behoeftig, nooddruftig, misdeeld ② urgent, dringend, dwingend
¹ne·ces·si·ty /nɪsɛsəti/ [telb zn] ① behoefte, vereiste ② noodzakelijkheid, noodwendigheid ♦ *a logical necessity* een logische noodzakelijkheid
²ne·ces·si·ty /nɪsɛsəti/ [niet-telb zn] noodzaak, dwang, gedwongenheid, nood(druft) ♦ *in case of necessity* in geval van nood; *driven/forced by necessity* noodgedwongen ⦁ *bow to necessity* zich schikken in het onvermijdelijke; *by/of necessity* noodzakelijkerwijs, onvermijdelijk; *lay s.o. under necessity* iemand dwingen; *be under the necessity of* zich genoopt/genoodzaakt zien te, het noodzakelijk achten om; ⟨sprw⟩ *necessity knows no law* nood breekt wet; ⟨sprw⟩ *necessity is the mother of invention* nood zoekt list, nood doet wonderen
¹neck /nek/ [telb zn] ① hals, nek, halslengte ♦ ⟨sport⟩ *by a neck* met een halslengte (verschil); *wring a chicken's neck* een kip de nek omdraaien ② hals(lijn), kraag ③ ⟨benaming voor⟩ hals(vormig voorwerp), flessenhals, vioolhals, tandhals, ribbenhals, baarmoederhals, zuilhals ④ ⟨geol⟩ lavaprop ⑤ engte, zee-engte, landengte, bergengte, dalengte, stroomengte ♦ *a neck of land* een landengte, een landtong ⑥ ⟨BE, gew⟩ laatste garf ⟨bij de oogst⟩ ⦁ *to have sth. hanging about one's neck* opgescheept zitten met iets; *break one's neck* zijn hals/nek breken; ⟨inf⟩ zich uit de naad werken; ⟨inf⟩ *breathe down s.o.'s neck* iemand op de hielen zitten; iemand op de vingers zien, over iemands schouder meekijken; *down (on) s.o.'s neck* achter iemand aan; op iemand voorzien hebbend; ⟨BE; inf⟩ *get/catch it in the neck* het voor zijn kiezen krijgen, het zwaar te verduren hebben; ⟨BE; sl⟩ *have the neck to do sth.* het (gore) lef hebben/zo brutaal zijn iets te doen; *neck or nothing* alles of niets, erop of eronder, op leven en dood; *risk one's neck* zijn leven wagen; ⟨inf⟩ *save one's neck* zijn hachje (zien te) redden, het vege lijf redden; ⟨inf⟩ *stick one's neck out* zijn nek uitsteken, zijn hachje wagen, risico nemen; ⟨sl⟩ *talk through (the back of) one's neck* uit zijn nek(haren) kletsen; *tread on the neck of s.o.* iemand de voet op de nek zetten; ⟨inf⟩ *up to one's neck in (debt)* tot zijn nek in (de schuld); ⟨vnl AE; sl⟩ *neck of the woods* buurt, omgeving, plaats; ⟨sport⟩

neck and neck nek aan nek, gelijk liggend
²**neck** /nek/ [telb + niet-telb zn] ⟨cul⟩ **hals, halsstuk, nek, nekstuk**
³**neck** /nek/ [onov + ov ww] ⟨1⟩ **vernauwen** ⟨2⟩ ⟨inf⟩ **vrijen (met),** kussen, strelen, omhelzen
⁴**neck** /nek/ [ov ww] **nekken,** de nek omdraaien
neck·band [telb zn] **(hals)boord(je),** kraag
neck·cloth [telb zn] **das(je),** stropdas
-necked /nekt/ -genekt, -gehalsd ♦ *a low-necked dress* een laag uitgesneden japon; *a V-necked sweater* een trui met een V-hals; *a open-necked shirt* een overhemd met het bovenste knoopje los
neck·er·chief /nekətʃɪf, ᴬ-kər-/ [telb zn] **halsdoek(je),** sjaaltje
neck·ing /nekɪŋ/ [telb zn] ⟨bouwk⟩ ⟨1⟩ **zuilhals** ⟨2⟩ **insnoering**
¹**neck·lace** /neklɪs/ [telb zn] **halsband, halssnoer,** (hals)ketting
²**neck·lace** /neklɪs/ [ov ww] **executeren/vermoorden d.m.v. 'halsband'** ⟨brandende autoband om hals⟩
necklace murder, necklace killing [telb zn] **halsbandmoord** ⟨d.m.v. brandende autoband om hals; in Zuid-Afrika⟩
neck·let /neklɪt/ [telb zn] ⟨1⟩ **halsbandje,** (hals)kettinkje, halssieraad ⟨2⟩ **bontje,** boa
neck·line [telb zn] **kraaglijn, halslijn** ♦ *plunging neckline* diep decolleté
neck·piece [telb zn] ⟨1⟩ **sjaal** ⟨2⟩ **bontje,** boa
neck·spring [telb zn] ⟨gymn⟩ **nekoverslag**
neck·tie [telb zn] ⟨vnl AE⟩ **stropdas**
necktie party [telb zn] ⟨iron⟩ **lynchpartij,** lynching
neck·wear [niet-telb zn] **boorden en dassen**
ne·cro- /nekroʊ/, **necr-** necro-, lijk(en)- ♦ *necrology* necrologie
ne·cro·bi·o·sis /nekroʊbaɪoʊsɪs/ [niet-telb zn] ⟨biol⟩ **necrobiose,** celafsterving
ne·cro·log·i·cal /nekrəlɒdʒɪkl, ᴬ-lɑ-/ [bn] **necrologisch**
ne·crol·o·gist /nekrɒlədʒɪst, ᴬ-krɑ-/ [telb zn] **necroloog,** necrologieënschrijver
ne·crol·o·gy /nekrɒlədʒi, ᴬ-krɑ-/ [telb zn] ⟨1⟩ **necrologie,** lijst van overledenen ⟨2⟩ **necrologie,** levensbeschrijving van overledene
nec·ro·man·cer /nekrəmænsə, ᴬ-ər/ [telb zn] ⟨1⟩ **dodenbezweerder** ⟨2⟩ **tovenaar**
nec·ro·man·cy /nekrəmænsi/ [niet-telb zn] ⟨1⟩ **necromantie,** dodenbezwering ⟨2⟩ **magie,** zwarte kunst, tovenarij
nec·ro·man·tic /nekrəmæntɪk/ [bn] **necromantisch**
ne·croph·a·gous /nekrɒfəgəs, ᴬ-krɑ-/ [bn] **necrofaag,** aasetend
nec·ro·phil·i·a /nekroʊfɪliə/, **ne·croph·i·lism** /nekrɒfɪlɪzm, ᴬ-krɑ-/ [niet-telb zn] **necrofilie**
¹**nec·ro·phil·i·ac** /nekroʊfɪliæk, -rə-/, **nec·ro·phile** /-faɪl/ [telb zn] **necrofiel**
²**nec·ro·phil·i·ac** /nekroʊfɪliæk, -rə-/ [bn] **necrofiel**
ne·croph·o·rus /nekrɒfərəs, ᴬ-krɑ-/ [telb zn] ⟨dierk⟩ **doodgraver** ⟨kever; Necrophorus vespillo⟩
nec·rop·o·lis /nekrɒpəlɪs, ᴬ-krɑ-/ [telb zn; mv: ook necropoleis /-leɪs/] **necropolis,** necropool, dodenstad
nec·rop·sy /nekrɒpsi, ᴬ-krɑ-/, **ne·cros·co·py** /nekrɒskəpi, ᴬ-krɑ-/ [telb zn] **necropsie,** lijkopening, lijkschouwing
ne·cro·sis /nekroʊsɪs/ [telb + niet-telb zn; mv: necroses /-siːz/] ⟨biol⟩ **necrose,** versterf, afsterving
ne·cro·tize /nekrətaɪz/ [onov ww] ⟨biol⟩ **necrotiseren,** aan necrose onderhevig zijn, afsterven, versterven
nec·tar /nektə, ᴬ-ər/ [niet-telb zn] ⟨1⟩ **nectar,** godendrank ⟨2⟩ **nectar,** honingsap
nec·tar·i·fer·ous /nektərɪfrəs/ [bn] **nectar afscheidend/producerend**

nec·tar·ine /nektəriːn, ᴬ-riːn/ [telb zn] **nectarine(perzik)**
nec·tar·ous /nektrəs/, **nec·tar·e·ous** /-iəs/ [bn] **nectarachtig,** naar nectar geurend/smakend, zoet als nectar
nec·ta·ry /nektri/ [telb zn] ⟨plantk⟩ **honingklier,** nectarium
NEDC [afk] (National Economic Development Council)
Ned·dy /nedi/ [eignn] ⟨BE; inf⟩ ⟨1⟩ **ook neddy**) **grauwtje,** ezel(tje) ⟨2⟩ **Neddy,** NEDC
née, ⟨AE ook⟩ **nee** /neɪ/ [bn, postnom] **geboren** ♦ *Mrs Albert Corde(,) née Raresh* Mevr. Corde, geboren Raresh
¹**need** /niːd/ [telb + niet-telb zn] **behoefte,** nood, ⟨mv ook⟩ benodigdheden ♦ *as/if/when the need arises* als de behoefte zich voordoet, naar behoefte; *a need for love* een behoefte aan liefde; *have need of* behoefte/gebrek hebben aan; *people in need of help* hulpbehoevenden; *special needs* specifieke behoeften; *he's special needs* hij is hulpbehoevend; *special needs budget* zorgbudget; *special needs education* buitengewoon onderwijs ⟨•⟩ ⟨sprw⟩ *liars have need of good memories* een leugenaar moet een goed geheugen hebben
²**need** /niːd/ [niet-telb zn] ⟨1⟩ **noodzaak** ♦ *there's no need for you to leave yet* je hoeft nog niet weg (te gaan) ⟨2⟩ **behoeftigheid,** armoede, nood, gebrek ♦ *at need* in tijd van nood; ⟨inf⟩ *a friend in need* een echte/ware vriend ⟨•⟩ *if need be* desnoods, zo nodig, als het moet; ⟨sprw⟩ *a friend in need is a friend indeed* in nood leert men zijn vrienden kennen
³**need** /niːd/ [onov ww] ⟨1⟩ **nood lijden** ♦ *help all who need* alle noodlijdenden helpen ⟨2⟩ ⟨vero⟩ **nodig zijn** ♦ *more/greater/... than needs* meer/groter/... dan nodig (is)
⁴**need** /niːd/ [ov ww] **nodig hebben,** behoefte hebben aan, vereisen ♦ *he needs to be praised* hij heeft er behoefte aan geprezen te worden; *this needs doing/to be done urgently* dit moet dringend gedaan worden; *as elaborate as (it) needs to be* zo uitgebreid als nodig is; *he worked as hard as (it was) needed* hij werkte zo hard als nodig was; *they need more room to play* ze hebben meer speelruimte nodig; ⟨inf⟩ *the Tory government? who needs it?* de conservatieve regering? wie heeft daar nu wat aan?/waardeloze boel! ⟨•⟩ ⟨sprw⟩ *advice when most needed is least heeded* ± wie niet te raden is, is niet te helpen; ⟨sprw⟩ *good wine needs no bush* goede wijn behoeft geen krans
⁵**need** /niːd/ [hulpww; 3e pers enk need, ontkenning need not, ontkenning, verkorting needn't, vragend need I?, enz.] **hoeven,** moeten, ⟨met have + voltooid deelwoord⟩ had (niet) hoeven ♦ *all he need do is ...* al wat hij moet doen is ...; *you had need ask first* je had het eerst moeten vragen; *we need not have worried* we hadden ons geen zorgen hoeven te maken; *one need only look at him* men hoeft hem maar aan te kijken; *he need not panic* hij hoeft niet in paniek te raken ⟨•⟩ ⟨sprw⟩ *he that is down need fear no fall* ± als het erg slecht met je gaat, kan het alleen maar beter worden

need·fire [telb zn] ⟨1⟩ ⟨folklore⟩ **noodvuur** ⟨2⟩ **bakenvuur, vreugdevuur**
need·ful /niːdfl/ [bn; bw: ~ly; zn: ~ness] ⟨1⟩ **noodzakelijk,** benodigd, nodig ⟨2⟩ ⟨zelden⟩ → **needy** ⟨•⟩ ⟨inf⟩ *do the needful* doen wat er gedaan moet worden; ⟨i.h.b.⟩ met het nodige geld over de brug komen
¹**nee·dle** /niːdl/ [telb zn] ⟨1⟩ **naald,** naaldvormig voorwerp, speld, naai(machine)naald, stopnaald, breinaald, haaknaald, borduurnaald, magneetnaald, etsnaald, graveernaald, injectienaald, grammofoonnaald, gedenknaald, obelisk, dennennaald, wijzer(naald) ♦ *look for a needle in a haystack/in a bottle of hay* een speld in een hooiberg zoeken, onbegonnen werk doen ⟨2⟩ **prikkel,** stimulans ⟨3⟩ ⟨ook attributief⟩ **sterke rivaliteit** ♦ *needle match* wedstrijd op het scherp van de snede ⟨•⟩ ⟨inf⟩ *get the (dead) needle to s.o.* kwaad/pissig worden op iemand; ⟨inf⟩ *give s.o. the needle* iemand stangen; *the needle* de zenuwen; ⟨AE; sl⟩ de naald/spuit, heroïne
²**nee·dle** /niːdl/ [onov ww] **naaldvormig kristalliseren**

needle

³**nee·dle** /niːdl/ [onov + ov ww] naaien, naaiwerk doen, een naald halen door, (door)prikken
⁴**nee·dle** /niːdl/ [ov ww] ① ⟨inf⟩ stangen, zieken, pesten, plagen ② ⟨AE; inf⟩ oppeppen, opvoeren ⟨drank, door alcohol toe te voegen⟩ ③ (zich ergens doorheen) slingeren/wurmen
nee·dle·book [telb zn] naaldenboekje, naaldenetui
needle candy [niet-telb zn] ⟨sl⟩ de spuit, drug die gespoten wordt
needle contest [telb zn] → needle game
nee·dle·cord [niet-telb zn] needlecord, fijn corduroy
nee·dle·craft [niet-telb zn] naaldvaardigheid, naaikunst, borduurkunst
needle fight [telb zn] → needle game
nee·dle·fish [telb zn] ⟨dierk⟩ ① geepvis ⟨genus Belonidae⟩, ⟨i.h.b.⟩ geep ⟨Belone belone⟩ ② naaldvis ⟨familie Syngnathidae⟩
nee·dle·ful /niːdlʊl/ [telb zn] (in een naald gestoken) draad
nee·dle·furze [telb zn] ⟨plantk⟩ stekelbrem ⟨Genista anglica⟩
needle game [telb zn] ⟨BE⟩ wedstrijd op het scherp van de snede, felle/verbeten/verhitte strijd
needle lace [niet-telb zn] naaldkant
needle match [telb zn] → needle game
¹**nee·dle·point** [telb zn] speldenpunt
²**nee·dle·point** [niet-telb zn] ① naaldkant ② borduurwerk, ⟨kruissteek⟩borduursel, ⟨i.h.b.⟩ gros point
needle printer [telb zn] ⟨comp⟩ matrixprinter, naaldprinter
needle's eye [telb zn; the] oog van de naald
need·less /niːdləs/ [bn; bw: ~ly; zn: ~ness] nodeloos, onnodig, overbodig ♦ *needless to say* … het hoeft geen betoog …, overbodig te zeggen …
needle time [niet-telb zn] ⟨radio⟩ tijd voor grammofoonmuziek
needle valve [telb zn] naaldklep
nee·dle·wom·an [telb zn] naaister
nee·dle·work [niet-telb zn] ① naaiwerk ② naaldwerk, handwerk(en), borduurwerk, kantwerk
nee·dling /niːdlɪŋ/ [niet-telb zn] gepor, geprik
need·ments /niːdmənts/ [alleen mv] (reis)benodigdheden
need·n't /niːdnt/ (samentrekking van need not)
needs /niːdz/ [bw] ⟨vero behalve in combinatie met need⟩ noodzakelijkerwijs ♦ *he needs must* hij kan niet anders; *at a moment like this, he must needs go* uitgerekend op een moment als dit moet hij zo nodig/met alle geweld weg ● ⟨sprw⟩ *needs must when the devil drives* met geweld kan de kat de kerk ompissen
needs test [telb zn] onderzoek naar (primaire) behoeften
need-to-know [bn, attr] ● *information on a need-to-know basis* niet meer dan de noodzakelijke informatie ⟨voor de uitvoering van een taak⟩
need·y /niːdi/ [bn; vergr trap: needier; bw: needily; zn: neediness] behoeftig, nooddruftig, arm, noodlijdend ♦ *the poor and needy* de armen en hulpbehoevenden
ne'er /neə, ᴬner/ [bw] ⟨form⟩ nimmer
ne'er-do-well /neəduːwel, ᴬner-/ [telb zn] ⟨vero⟩ nietsnut
nef /nef/ [telb zn] ⟨gesch⟩ tafelschip
ne·far·i·ous /nɪfeərɪəs, ᴬ-fer-/ [bn; bw: ~ly; zn: ~ness] ⟨form⟩ snood, misdadig, infaam, schandelijk
neg [afk] (negative)
ne·gate /nɪɡeɪt/ [ov ww] ⟨form⟩ ① tenietdoen, ontkrachten, nietig maken/verklaren ② loochenen, ontkennen, uitsluiten
ne·ga·tion /nɪɡeɪʃn/ [telb + niet-telb zn] ontkenning ⟨ook taalkunde⟩, loochening, negatie

ne·ga·tion·ist /nɪɡeɪʃənɪst/ [telb zn] negativist
¹**neg·a·tive** /neɡətɪv/ [telb zn] ① afwijzing, afwijzend(e) antwoord/reactie, verwerping ② ontkenning, ontkennend antwoord, loochening ♦ *the answer is in the negative* het antwoord luidt nee/is ontkennend ③ weigering ④ ⟨foto⟩ negatief ⑤ ⟨taalk⟩ ontkennende vorm, ontkennend(e) woord/zin, negatie, ontkenning ♦ *put that sentence in(to) the negative* zet die zin in de ontkennende vorm ⑥ ⟨wisk⟩ negatief (getal), negatieve grootheid ⑦ negatieve eigenschap ⑧ ⟨zelden⟩ vetorecht
²**neg·a·tive** /neɡətɪv/ [bn; bw: ~ly; zn: ~ness] ① negatief ♦ *negative feedback* negatieve terugkoppeling; ⟨biol⟩ *negative geotropism* negatieve geotropie; *negative income tax* negatieve inkomstenbelasting; *negative instance* negatief geval, tegenvoorbeeld; *the negative pole* de negatieve pool; ⟨scherts⟩ *negative quantity* negatieve hoeveelheid, niets; *the negative sign* het minteken; *negative virtue* negatieve deugdzaamheid; ⟨BE⟩ *negative equity* negatief actief vermogen ② ontkennend, afwijzend, negatief ♦ *negative answer* ontkennend/afwijzend antwoord; *negative criticism* negatieve/afbrekende kritiek; *negative evidence* negatief bewijsmateriaal; *negative proposition* negatieve propositie, negatie ③ ⟨med⟩ resusnegatief ● ⟨AE⟩ *negative option* inertiaselling, inertiaverkoop ⟨toezending van onbestelde goederen⟩
³**neg·a·tive** /neɡətɪv/ [ov ww] ⟨form⟩ ① verbieden, zijn goedkeuring onthouden, afwijzen, verwerpen, zijn veto uitspreken over ② ontkennen, loochenen, tegenspreken ③ logenstraffen, weerleggen, de onjuistheid aantonen van, ontzenuwen ④ tegengaan, ontkrachten, neutraliseren
⁴**neg·a·tive** /neɡətɪv/ [tw] nee
neg·a·tiv·ism /neɡətɪvɪzm/ [niet-telb zn] negativisme
neg·a·tiv·ist /neɡətɪvɪst/ [telb zn] negativist
neg·a·tiv·i·ty /neɡətɪvəti/ [niet-telb zn] negativiteit
neg·a·to·ry /nɪɡeɪtri, ᴬneɡətɔri/ [bn] ontkennend
¹**ne·glect** /nɪɡlekt/ [niet-telb zn] ① verwaarlozing, veronachtzaming ② onachtzaamheid ③ verzuim, nalatigheid ♦ *neglect of duty* plichtsverzuim
²**ne·glect** /nɪɡlekt/ [ov ww] ① veronachtzamen, geen acht slaan op, verwaarlozen, laten sloffen ♦ *neglect a warning* een waarschuwing in de wind slaan ② verzuimen, nalaten
ne·glect·ful /nɪɡlektfl/ [bn; bw: ~ly; zn: ~ness] achteloos, onachtzaam, slordig, onoplettend, nalatig ♦ *he's neglectful of his duties* hij verzuimt zijn plichten
¹**neg·li·gee, neg·li·gé, neg·li·gée, neg·li·gé** /neɡlɪʒeɪ, ᴬ-ʒeɪ/ [telb zn] negligé
²**neg·li·gee, neg·li·gé, neg·li·gée, neg·li·gé** /neɡlɪʒeɪ, ᴬ-ʒeɪ/ [niet-telb zn] vrijetijdskleding
neg·li·gence /neɡlɪdʒəns/ [niet-telb zn] ① achteloosheid, onachtzaamheid, slordigheid, onoplettendheid, (toestand van) verwaarlozing ② ⟨jur⟩ nalatigheid, plichtsverzaking ③ moeiteloosheid, ongedwongenheid, achteloos gemak
neg·li·gent /neɡlɪdʒənt/ [bn; bw: ~ly; zn: ~ness] ① onachtzaam, achteloos, slordig, onoplettend, nalatig ② moeiteloos, achteloos, ongedwongen
neg·li·gi·ble /neɡlɪdʒəbl/ [bn; bw: negligibly; zn: ~ness] verwaarloosbaar, niet noemenswaardig, te verwaarlozen, onaanzienlijk, miniem, minimaal ♦ *negligible quantity* quantité négligeable
né·go·ci·ant /neɪɡousiɑ̃, ᴬneɪɡousjɑ̃/ [telb zn] (wijn)handelaar
ne·go·tia·bil·i·ty /nɪɡouʃəbɪləti/ [niet-telb zn] ① bespreekbaarheid ② verhandelbaarheid ③ begaanbaarheid
ne·go·tia·ble /nɪɡouʃəbl/ [bn] ① bespreekbaar, voor onderhandeling vatbaar ♦ *salary negotiable* salaris nader overeen te komen/n.o.t.k. ② verhandelbaar, converteer-

baar, inwisselbaar ◆ *negotiable **instruments*** verhandelbare waardepapieren ③ ⟨inf⟩ begaanbaar, berijdbaar, bevaarbaar, neembaar, doenlijk

ne·go·ti·ant /nɪɡoʊʃnt/ [telb zn] onderhandelaar

¹**ne·go·ti·ate** /nɪɡoʊʃieɪt/ [onov ww] onderhandelen, onderhandelingen voeren

²**ne·go·ti·ate** /nɪɡoʊʃieɪt/ [ov ww] ① (na onderhandeling) sluiten, afsluiten ② ⟨inf⟩ nemen, passeren, doorheen/overheen komen, ⟨bij uitbreiding⟩ zich heen slaan door, tot een goed einde brengen ◆ *negotiate a sharp **bend*** een scherpe bocht nemen; *negotiate a difficult **passage*** goed door een moeilijke passage heen komen ③ inwisselen, verzilveren, verhandelen

negotiating table [telb zn] onderhandelingstafel

¹**ne·go·ti·a·tion** /nɪɡoʊʃieɪʃn/ [telb + niet-telb zn] ① ⟨vaak mv⟩ onderhandeling, bespreking ◆ *salary **by** negotiation* salaris nader overeen te komen; *enter **into**/open/start negotiations **with*** in onderhandeling gaan met, in pourparlers treden met ② (af)sluiting

²**ne·go·ti·a·tion** /nɪɡoʊʃieɪʃn/ [niet-telb zn] ⟨vero⟩ inwisseling, verzilvering, verhandeling

ne·go·ti·a·tor /nɪɡoʊʃieɪtə, ᴬ-eɪtər/ [telb zn] onderhandelaar

ne·go·ti·a·tress /nɪɡoʊʃətrɪs/, **ne·go·ti·a·trix** /-trɪks/ [telb zn] onderhandelaarster

Ne·gress /niːɡrɪs/ [telb zn] ⟨vooral in USA beled⟩ negerin, zwartje, zwarte vrouw

Ne·gril·lo /nɪɡrɪloʊ/ [telb zn; mv: ook Negrilloes] negrillo, dwergneger, ± pygmee

Ne·grit·ic /nɪɡrɪtɪk/ [bn] negritisch

Ne·gri·to /nɪɡriːtoʊ/ [telb zn] ① negrito ② negrillo

ne·gri·tude /negrɪtjuːd, niː-, ᴬ-tuːd/ [niet-telb zn; ook Negritude] ① zwartheid, negerschap ② bevestiging van waarde van negercultuur

negro [bn] nègre ⟨van dieren⟩

¹**Ne·gro** /niːɡroʊ/ [telb zn; mv: Negroes] ⟨thans vaak beled⟩ neger, zwarte

²**Ne·gro** /niːɡroʊ/ [bn] zwart, negride, negroïde ◆ *Negro **spiritual*** negrospiritual

¹**Ne·groid** /niːɡrɔɪd/ [telb zn] negroïde, neger(achtige)

²**Ne·groid** /niːɡrɔɪd/ [bn] negroïde, negride, negerachtig, neger-

Ne·groid·al /nɪɡrɔɪdl/ [bn] negerachtig

¹**Ne·gro·ism** /niːɡroʊɪzm/ [telb zn] negeruitdrukking, negerwoord, zwart idioom

²**Ne·gro·ism** /niːɡroʊɪzm/ [niet-telb zn] negeremancipatie

ne·gro·pho·bi·a /niːɡroʊfoʊbɪə/ [niet-telb zn; ook Negrophobia] negerhaat, negervrees

ne·gus /niːɡəs/ [niet-telb zn] negus ⟨warme gekruide wijn⟩

Ne·gus /niːɡəs/ [telb zn] ⟨gesch⟩ negus ⟨⟨titel van de⟩ keizer van Ethiopië⟩

Neh [eigenn] (Nehemiah) Neh. ⟨Bijbelboek⟩

NEH [afk] ⟨AE⟩ (National Endowment for the Humanities)

Neh·ru /neəruː, ᴬneru/, **Nehru coat, Nehru jacket** [telb zn] nehrujas, maojas

Nehru suit [telb zn] nehrupak, maopak

¹**neigh** /neɪ/ [telb zn] hinnik(geluid), gehinnik

²**neigh** /neɪ/ [onov ww] hinniken

¹**neigh·bour,** ⟨AE⟩ **neigh·bor** /neɪbə, ᴬ-ər/ [telb zn] ① buurman, buurvrouw, nabuur, ⟨bij uitbreiding⟩ naburig/belendend ding ◆ *my neighbour **at dinner*** mijn tafelgenoot, mijn tafelheer/tafeldame; *the **next-door** neighbours* de buren van hiernaast ② medemens, naaste ◆ *duty to one's neighbour* (ver)plicht(ing) t.o.v. zijn naaste • ⟨sprw⟩ *love your neighbour, yet pull not down your fence* ± het is goed een hek rond je erf te hebben, ± wel goede vrienden, maar op een afstand; ⟨sprw⟩ *good fences make good neighbours* ± buren zijn heel aardig als je ze niet te vaak ziet; ⟨sprw⟩ *one rotten apple will infect the whole barrel/the rotten apple injures its neighbours* één rotte appel bederft de hele mand, één rotte appel in de mand maakt al het gave fruit te schand

²**neigh·bour,** ⟨AE⟩ **neigh·bor** /neɪbə, ᴬ-ər/ [onov ww] belenden, naburig zijn, aan elkaar grenzen ◆ *neighbour **on*** grenzen aan; → **neighbouring**

³**neigh·bour,** ⟨AE⟩ **neigh·bor** /neɪbə, ᴬ-ər/ [ov ww] grenzen aan, liggen naast; → **neighbouring**

¹**neigh·bour·hood,** ⟨AE⟩ **neigh·bor·hood** /neɪbəhʊd, ᴬ-bər-/ [telb zn] buurt, wijk

²**neigh·bour·hood,** ⟨AE⟩ **neigh·bor·hood** /neɪbəhʊd, ᴬ-bər-/ [niet-telb zn] ① nabijheid, omgeving, omtrek ② nabuurschap • *I paid a sum **in** the neighbourhood of 150 dollars* ik heb rond de/om en nabij de/zo'n 150 dollar betaald

neighbourhood group [telb zn] buurtvereniging

neighbourhood watch [telb zn, verzamelen] buurtwacht, wijkbescherming

neigh·bour·ing, ⟨AE⟩ **neigh·bor·ing** /neɪbrɪŋ/ [bn, attr; tegenwoordig deelw van neighbour] belendend, naburig, aangrenzend

neigh·bour·ly, ⟨AE⟩ **neigh·bor·ly** /neɪbəli, ᴬ-bər-/ [bn; zn: neighbourliness] zoals een goede buur betaamt, behulpzaam, vriendelijk, gemoedelijk

¹**nei·ther** /naɪðə, ᴬniːðər/ [onbep vnw] geen van beide(n), ⟨zelden⟩ geen van allen, geen (enkele) ◆ *there were four clerks but neither **looked up*** er waren vier bedienden aanwezig maar geen enkele keek op; *neither **of** us wanted it* we wilden het geen van beiden; *Ann and Jill both took the exam but neither **passed*** Ann en Jill namen beiden deel aan het examen maar geen van beiden slaagde

²**nei·ther** /naɪðə, ᴬniːðər/ [bw] ① ⟨tegenover also⟩ evenmin, ook niet ◆ *he was not pleased and neither **was** his colleague* hij was niet tevreden en zijn collega evenmin/ook niet/net zo min als zijn collega ② ⟨als tweede deel van een dubbele of meervoudige ontkenning⟩ ⟨substandaard⟩ ook niet ◆ *I couldn't even read it neither* ik kon het ook zelfs niet lezen

³**nei·ther** /naɪðə, ᴬniːðər/ [onbep det] geen van beide, ⟨zelden⟩ geen (enkele) ◆ *neither **candidate*** geen van beide kandidaten

⁴**nei·ther** /naɪðə, ᴬniːðər/ [nevensch vw] ① ⟨leidt het eerste van twee (informeel ook van meer) negatieve alternatieven in; correlatief met nor⟩ noch ◆ *neither **Jack** nor **Jill**,* ⟨inf⟩ *neither **Jack** nor **Jill** nor **Jonathan*** noch Jack, noch Jill (noch Jonathan); *she could neither **laugh** nor **cry*** ze kon (noch) lachen noch huilen ② en (ook) niet, en evenmin, noch ook ◆ *they toil not, neither do they spin* zij arbeiden en spinnen niet

nek·ton /nektən/ [verzamelen] ⟨biol⟩ nekton

nel·ly /neli/ [telb zn; soms Nelly] stormvogel • ⟨BE; inf⟩ *not on your nelly* schrijf het maar op je buik, voor geen goud, over m'n lijk

nel·son /nelsn/ [telb zn] ⟨worstelen⟩ nelson, oksel-nekgreep ◆ *a half/full nelson* een halve/dubbele nelson, een halve/dubbele oksel-nekgreep

ne·lum·bo /nɪlʌmboʊ/ [telb zn] ⟨plantk⟩ Indische lotus ⟨Nelumbo nucifera⟩

nem·a·to·cyst /nemətəsɪst, nɪmætə-/ [telb zn] ⟨dierk⟩ netelkapsel, nematocyste ⟨holte in netelcel⟩

nem·a·tode /nemətoʊd/ [telb zn] ⟨dierk⟩ draadworm, rondworm ⟨klasse Nematoda⟩

Nem·bu·tal /nembjʊtɒl, ᴬnembjətɒl/ [niet-telb zn; ook nembutal] ⟨handelsmerk⟩ nembutal ⟨kalmeringsmiddel; pentobarbital⟩

nem con /nem kɒn, ᴬ-kɑn/ [bw] (nemine contradicente) met algemene stemmen, unaniem, eenstemmig

Nem·ean /nɪmiːən, ᴬniːmɪən/ [bn] Nemeïsch ◆ *Nemean **games*** Nemeïsche spelen; *Nemean **lion*** Nemeïsche leeuw

nem·er·te·an /nɪmɜːtɪən, ᴬnɪmɜrtɪən/, **nem·er·tine**

nemesis

/nemətaɪn, ˄nɛmərtɪn/ [telb zn] ⟨dierk⟩ snoerworm ⟨stam Nemertini⟩

¹**nem·e·sis** /nemɪsɪs/ [telb zn; mv: ook nemeses /-si:z/] ① wreker, wraaknemer, wraakgodin ② verwoester, vernietiger, ondergang ③ sterke/onverslaanbare tegenstander, meerdere ♦ *English grammar, the nemesis of my students* Engelse grammatica, de schrik van al mijn studenten

²**nem·e·sis** /nemɪsɪs/ [niet-telb zn] wrekende gerechtigheid

Nem·e·sis /nemɪsɪs/ [eigennm] Nemesis, godin der wraak

ne·ne /neɪneɪ/ [telb zn] ⟨dierk⟩ nene ⟨hawaïgans; Branta sandvicensis⟩

ne·nu·phar /nenjʊfɑ:, ˄nɛnjəfɑr/ [telb zn] waterlelie

ne·o-, Ne·o- /ni:oʊ/ neo-, Neo-, nieuw-, Nieuw- ♦ *Neo-Fascism* neofascisme

ne·o·clas·si·cal /ni:oʊklæsɪkl/, **ne·o·clas·sic** /-klæsɪk/ [bn] ⟨vnl bouwk, muz⟩ neoklassiek

ne·o·col·o·ni·al·ism /ni:oʊkəloʊniəlɪzm/ [niet-telb zn] neokolonialisme

ne·o·con·ser·va·tism /ni:oʊkɒnsɜ:vətɪzm, ˄-sɜrvətɪzm/ [niet-telb zn] neoconservatisme

¹**ne·o·con·ser·va·tive** /ni:oʊkɒnsɜ:vətɪv, ˄-sɜrvətɪv/, ⟨inf⟩ **ne·o·con** /-kɒn, ˄-kɑn/ [telb zn] neoconservatief

²**ne·o·con·ser·va·tive** /ni:oʊkɒnsɜ:vətɪv, ˄-sɜrvətɪv/ [bn] neoconservatief

ne·o·dym·i·um /ni:oʊdɪmiəm/ [niet-telb zn] ⟨scheik⟩ neodymium ⟨element 60⟩

¹**ne·o·fas·cist** /ni:oʊfæʃɪst/ [telb zn] neofascist

²**ne·o·fas·cist** /ni:oʊfæʃɪst/ [bn] neofascistisch

ne·o·gram·mar·i·an /ni:oʊgræmɛəriən, ˄-mɛriən/ [telb zn] neogrammaticus

ne·o·left·y /ni:oʊlefti/ [telb zn] ⟨pol⟩ nieuwlinkspoliticus

ne·o·lith·ic /ni:əlɪθɪk/ [bn; ook Neolithic] neolithisch ♦ *the Neolithic* het neolithicum

¹**ne·ol·o·gism** /niɒlədʒɪzm, ˄-ɑlə-/, **ne·ol·o·gy** /niɒlədʒi, ˄-ɑlə-/ [telb zn] ⟨taalk⟩ neologisme, nieuwvorming, nieuw woord, nieuwe betekenis (van een woord)

²**ne·ol·o·gism** /niɒlədʒɪzm, ˄-ɑlə-/, **ne·ol·o·gy** /niɒlədʒi, ˄-ɑlə-/ [niet-telb zn] ⟨taalk⟩ gebruik/introductie van neologismen

ne·ol·o·gize /niɒlədʒaɪz, ˄-ɑlə-/ [onov ww] ① nieuwvormingen/nieuwe woorden maken ② nieuwe betekenissen maken

ne·o·my·cin /ni:oʊmaɪsɪn/ [niet-telb zn] neomycine ⟨antibioticum⟩

ne·on /ni:ɒn, ˄ni:ɑn/ [niet-telb zn] ⟨scheik⟩ neon ⟨element 10⟩

ne·o·nat·al /ni:oʊneɪtl/ [bn] ⟨med⟩ neonataal ⟨m.b.t. pasgeborenen⟩ ♦ *neonatal mortality* zuigelingensterfte

ne·o·nate /ni:oʊneɪt/ [telb zn] nieuwgeborene, pasgeborene

¹**neon light, neon lamp** [telb zn] neonlamp, tl-buis, tl-lamp

²**neon light, neon lamp** [niet-telb zn] neonlicht, neonverlichting

neon sign [telb zn] lichtreclame, neonreclame

ne·o·pa·gan·ism /ni:oʊpeɪgənɪzm/ [niet-telb zn] nieuw/hernieuwd heidendom

ne·o·phil·i·a /ni:oʊfɪliə/ [niet-telb zn] neofilisme, voorkeur voor het nieuwe, vernieuwingsdrang, veranderingsgezindheid

ne·o·phyte /ni:əfaɪt/ [telb zn] ① beginner, nieuweling, beginnende ② nieuwbekeerde, neofiet ③ ⟨r-k⟩ neofiet, neomist

ne·o·plasm /ni:oʊplæzm/ [telb + niet-telb zn] ⟨med⟩ neoplasma, nieuwgroei, gezwel ⟨voornamelijk kwaadaardig⟩

Ne·o-Pla·to·nism /ni:oʊpleɪtn·ɪzm/ [niet-telb zn] ⟨filos⟩ neoplatonisme

ne·o·prene /ni:əpri:n/ [niet-telb zn] ⟨handelsmerk⟩ neopreen ⟨synthetische rubber⟩

Ne·o-Scho·las·ti·cism /ni:oʊskəlæstɪsɪzm/ [niet-telb zn] ⟨filos⟩ neoscholastiek

ne·o·ter·ic /ni:ətɛrɪk/ [bn] nieuwerwets, van recente oorsprong, modern

Ne·o·trop·i·cal /ni:oʊtrɒpɪkl, ˄-trɑ-/ [bn] neotropisch

Ne·o·zo·ic /ni:oʊzoʊɪk/ [bn] ⟨geol⟩ neozoïsch, kaenozoïsch

NEP [eigennm] (New Economic Policy) NEP

Ne·pal /nɪpɔ:l/ [eigennm] Nepal

Nepal	
naam	Nepal *Nepal*
officiële naam	Kingdom of Nepal *Koninkrijk Nepal*
inwoner	Nepalese *Nepalees*
inwoonster	Nepalese *Nepalese*
bijv. naamw.	Nepalese *Nepalees*
hoofdstad	Kathmandu *Katmandoe*
munt	Nepalese rupee *Nepalese roepie*
werelddeel	Asia *Azië*
int. toegangsnummer 977 www .np auto NEP	

¹**Nep·al·ese** /nepəli:z/, **Ne·pali** /nɪpɔ:li/ [eigennm] Nepalees, de Nepalese taal

²**Nep·al·ese** /nepəli:z/, **Ne·pali** /nɪpɔ:li/ [telb zn; mv: Nepalese] Nepalees, Nepalese

³**Nep·al·ese** /nepəli:z/, **Ne·pali** /nɪpɔ:li/ [bn] Nepalees, van/m.b.t. Nepal

ne·pen·the /nəpɛnθi/, **ne·pen·thes** /-θi:z/ [telb zn] ① middel dat/drank die vergetelheid schenkt, nepent(hes), bron van vergetelheid, leedverzachter, pijnverzachter ② ⟨plantk⟩ bekerplant ⟨genus Nepenthes⟩

neph·e·lom·e·ter /nefɪlɒmɪtə, ˄-lɑmɪtər/ [telb zn] ⟨scheik; bacteriologie⟩ nefelometer

neph·e·lo·met·ric /nefɪloʊmɛtrɪk/ [bn] nefelometrisch

neph·ew /nefju:, nev-, ˄nefju:/ [telb zn] neef, oomzegger, tantezegger

ne·phol·o·gy /nɪfɒlədʒi, ˄-fɑ-/ [niet-telb zn] wolkenkunde

ne·phrec·to·my /nɪfrɛktəmi/ [telb zn] ⟨med⟩ nefrectomie, operatieve verwijdering van een nier

neph·rite /nefraɪt/ [telb + niet-telb zn] nefriet ⟨soort jade⟩

ne·phrit·ic /nɪfrɪtɪk/ [bn] ⟨med⟩ nefritisch, nier-

ne·phri·tis /nɪfraɪtɪs/ [telb + niet-telb zn] ⟨med⟩ nefritis, nierontsteking, nierziekte

ne·phrol·o·gy /nɪfrɒlədʒi, ˄-frɑ-/ [niet-telb zn] ⟨med⟩ nefrologie ⟨wetenschap van de nierziekten⟩

ne·phrot·o·my /nɪfrɒtəmi, ˄nɪfrɑtəmi/ [telb zn] ⟨med⟩ nefrotomie, insnijding in de nier, nieroperatie

ne plus ul·tra /ni: plʌs ʌltrə, neɪ-/ [niet-telb zn; the] ⟨form⟩ ne/nec/non plus ultra, toppunt, culminatie, climax, maximum

nep·o·tism /nepətɪzm/ [niet-telb zn] nepotisme

nep·o·tist /nepətɪst/ [telb zn] nepotist

¹**Nep·tune** /nɛptju:n, ˄-tu:n/ [eigennm] ① Neptunus ⟨Romeinse god⟩ ② ⟨astron⟩ Neptunus ⟨planeet⟩

²**Nep·tune** /nɛptju:n, ˄-tu:n/ [niet-telb zn] ⟨form⟩ Neptunus, de zee

Neptune's cup [telb zn] ⟨biol⟩ neptunusbeker ⟨spons; Poterion neptuni⟩

¹**Nep·tu·ni·an** /nɛptju:niən, ˄-tu:-/, **Nep·tun·ist** /nɛptju:nɪst, ˄-tu:-/ [telb zn] ⟨geol⟩ aanhanger van het neptunisme

²**Nep·tu·ni·an** /nɛptju:niən, ˄-tu:-/, **Nep·tun·ist** /nɛptju:nɪst, ˄-tu:-/ [bn] ⟨geol⟩ ① geproduceerd door de activiteit van water ② van/m.b.t. het neptunisme

nep·tun·ism /nɛptju:nɪzm, ˄-tu:-/ [niet-telb zn] ⟨geol⟩ neptunisme ⟨leer dat gesteenten een mariene oorsprong hebben⟩

nep·tu·ni·um /neptjuːniəm, ᴬ-tuː-/ [niet-telb zn] ⟨scheik⟩ neptunium ⟨element 93⟩

NERC [afk] ⟨BE⟩ (Natural Environment Research Council)

nerd, nurd /nɜːd, ᴬnɜrd/ [telb zn] ⟨inf⟩ [1] lul, sul, oen, sufferd, druiloor, klungel [2] computergek, computerfreak

nerd·y, nurd·y /nɜːdi, ᴬnɜrdi/ [bn] ⟨inf⟩ lullig, sullig, suf(fig), dom, naïef

ne·re·id /nɪərɪɪd, ᴬnɪr-/, **ne·re·is** /nɪərɪɪs, ᴬnɪrɪɪs/ [telb zn; mv: nereides /nɪriːədiːz/] ⟨dierk⟩ zeeduizendpoot ⟨worm; genus Nereis⟩

¹**Ne·re·id** /nɪərɪɪd, ᴬnɪr-/ [eigenn] ⟨astron⟩ nereïde ⟨zeenimf, satelliet van Neptunus⟩

²**Ne·re·id** /nɪərɪɪd, ᴬnɪr-/ [telb zn; ook nereid] nereïde, zeenimf

ne·rit·ic /nerɪtɪk/ [bn] ⟨geol⟩ neritisch ♦ *neritic zone* neritische zone, vlakzeezone

ner·o·li /nɪərəli, ᴬnerəli/ [niet-telb zn] neroli(olie), (bittere) oranjebloesemolie

Ne·ro·ni·an /nɪroʊniən/ [bn] [1] Nero-, van/m.b.t. Nero [2] nero-, tiranniek, wreed, meedogenloos

nerts /nɜːts, ᴬnɜrts/ [tw] ⟨AE; sl⟩ gelul, larie, kletskoek

ner·vate /nɜːveɪt, ᴬnɜr-/ [bn] ⟨plantk⟩ generfd

ner·va·tion /nɜːveɪʃn, ᴬnɜr-/ [niet-telb zn] [1] generfdheid [2] nervatuur, nervenpatroon

¹**nerve** /nɜːv, ᴬnɜrv/ [telb zn] [1] zenuw ♦ ⟨fig⟩ *hit/strike/touch a (raw) nerve* een zenuw/gevoelige plek raken [2] ⟨geen mv⟩ lef, brutaliteit, onbeschaamdheid ♦ *you've got a nerve!* jij durft, zeg!; *he had the nerve to tell me he's been married before* hij presteerde het me te zeggen/hij zei me doodleuk dat hij al eens eerder getrouwd is geweest; *have a nerve* zelfverzekerd/brutaal zijn, lef hebben [3] ⟨plantk⟩ (blad)nerf [4] ⟨vero⟩ zenuw, pees

²**nerve** /nɜːv, ᴬnɜrv/ [niet-telb zn] moed, durf, vastberadenheid, zelfbeheersing, wilskracht ♦ *get up the nerve to do sth.* de moed opbrengen om iets te doen; *lose one's nerve* de moed verliezen; verlegen/besluiteloos worden

³**nerve** /nɜːv, ᴬnɜrv/ [ov ww] sterken, stalen, kracht verlenen ♦ *nerve o.s. for* zich oppeppen voor/moed inspreken om, zich schrap zetten om; *nerve o.s. (for)* zich oppeppen (voor), zich moed inspreken (voor), zich schrap zetten (om)

nerve cell [telb zn] zenuwcel

nerve centre [telb zn] [1] ⟨med⟩ zenuwknoop [2] ⟨fig⟩ zenuwcentrum

nerved /nɜːvd, ᴬnɜrvd/ [bn] generfd, nervig

nerve end, nerve ending [telb zn] ⟨med⟩ zenuwuiteinde

nerve fibre [telb zn] zenuwvezel

nerve gas [telb + niet-telb zn] zenuwgas

nerve impulse [telb zn] zenuwimpuls

nerve·less /nɜːvləs, ᴬnɜrv-/ [bn; bw: ~ly; zn: ~ness] [1] krachteloos, zwak, slap, lusteloos, futloos, zenuwloos [2] koelbloedig, gevoelloos, onverstoorbaar, beheerst [3] ongenerfd

nerve-rack·ing, nerve-wrack·ing [bn] zenuwslopend

nerves /nɜːvz, ᴬnɜrvz/ [alleen mv] [1] zenuwen, nervositeit, zenuwachtigheid ♦ *get on s.o.'s nerves* iemand op de zenuwen werken; *live on one's nerves* voortdurend/tot het uiterste gespannen zijn, voortdurend over van alles inzitten; *it wears on his nerves* het matte hem af; het ergerde hem [2] zenuwen, zelfbeheersing, koelbloedigheid ♦ *nerves of steel* stalen zenuwen

nerve war [telb zn] zenuw(en)oorlog

¹**nerv·ine** /nɜːviːn, ᴬnɜr-/ [telb zn] ⟨med⟩ zenuwmiddel, ⟨i.h.b.⟩ zenuwstiller

²**nerv·ine** /nɜːviːn, ᴬnɜr-/ [bn] ⟨med⟩ [1] de zenuwen betreffend, zenuw- [2] de zenuwen beïnvloedend, ⟨i.h.b.⟩ zenuwstillend

ner·vos·i·ty /nɜːvɒsəti, ᴬnɜrvɑsəti/ [niet-telb zn] nervositeit, nerveusheid, zenuwachtigheid

nerv·ous /nɜːvəs, ᴬnɜr-/ [bn; bw: ~ly; zn: ~ness] [1] zenuwachtig, nerveus, geagiteerd, gejaagd, gespannen ♦ *you're making me nervous* ik krijg de zenuwen van je; *be a nervous wreck* geestelijk een wrak zijn; op zijn van de zenuwen, een bonk zenuwen zijn [2] nerveus, nervaal, van/m.b.t. het zenuwstelsel, zenuw- ♦ *nervous breakdown* zenuwinstorting, zenuwinzinking; *nervous disorders* zenuwstoringen; *nervous exhaustion/prostration* zenuwzwakte; *(central) nervous system* (centraal) zenuwstelsel [3] angstig, bang(ig), huiverig, benauwd, beducht ♦ *a Nervous Nellie* een bangeschijter, een angsthaas; *nervous of* bang voor/om te [4] ⟨sl⟩ kleurrijk, enthousiast, opwindend [·] *nervous pudding* gelatinepudding

ner·vure /nɜːvjʊə, ᴬnɜrvjər/ [telb zn] [1] ⟨plantk⟩ nerf, ⟨i.h.b.⟩ hoofdnerf, middennerf [2] ⟨dierk⟩ ader ⟨van insectenvleugel⟩

nerv·y /nɜːvi, ᴬnɜrvi/ [bn; vergr trap: nervier] [1] ⟨vnl BE; inf⟩ zenuwachtig, schrikkerig [2] ⟨vnl AE; sl⟩ koel(bloedig), onverschillig [3] zenuwslopend, veel vergend van de zenuwen, zenuwen-, inspannend [4] ⟨inf⟩ brutaal, vrijpostig, onbeschaamd [5] ⟨vero⟩ pezig, gespierd

nes·cience /nesɪəns, ᴬneʃns/ [niet-telb zn] ⟨form⟩ [1] onwetendheid, onkundigheid, onkunde ♦ *nescience of* onbekendheid met [2] agnosticisme

¹**nes·cient** /nesɪənt, ᴬneʃnt/ [telb zn] [1] onwetende [2] agnosticus

²**nes·cient** /nesɪənt, ᴬneʃnt/ [bn] [1] onwetend, onkundig [2] agnostisch

ness /nes/ [telb zn] ⟨vnl in plaatsnamen⟩ nes(se), landtong, kaap

-ness /nəs/ [vormt abstract naamwoord uit bn; y voor -ness wordt i] ± -heid, ± -te, ± -schap ♦ *illness* ziekte; *sadness* droefheid; *happiness* blijdschap, geluk

¹**nest** /nest/ [telb zn] [1] nest ⟨ook figuurlijk⟩, nestje, hol(letje) ♦ *leave the nest* het nest verlaten, uitvliegen ⟨ook figuurlijk⟩; *a nest of robbers* een rovershol/roversnest [2] broeinest, haard ♦ *a nest of vice* een oord van verderf [3] ⟨mil⟩ nest ♦ *a machine gun nest* een mitrailleur(s)nest [4] set, verzameling ⟨van in elkaar passende voorwerpen⟩ ♦ *a nest of boxes* een nest dozen; *a nest of tables* een mimi(etje) [·] *feather one's nest* zijn zakken vullen, zich (ongeoorloofd) verrijken; *foul one's own nest* het eigen nest bevuilen; *nest one's nest* zijn zakken vullen, zich (ongeoorloofd) verrijken; ⟨AE⟩ je huis inrichten; ⟨sprw⟩ *it's a foolish bird that soils its own nest* het is een slechte vogel, die zijn eigen nest bevuilt

²**nest** /nest/ [onov ww] [1] (zich) nestelen [2] nesten uithalen, eieren rapen/zoeken

³**nest** /nest/ [onov + ov ww] nesten ⟨ook computer⟩, inbedden, in elkaar passen

nest egg [telb zn] [1] nestei [2] appeltje voor de dorst, (geld)reserve, potje

¹**nest·le** /nesl/ [onov ww] [1] zich nestelen, zich (neer)vlijen, lekker (gaan) zitten/liggen, het zich behaaglijk maken [2] (half) verscholen liggen, (in een) beschut(ting) liggen [3] schurken, (dicht) aankruipen, zich, (tegen iemand) aan drukken ♦ *nestle up against/to s.o.* dicht tegen iemand aan kruipen, zich tegen iemand aan drukken [4] ⟨zelden⟩ zich nestelen, een nest bouwen/zoeken

²**nest·le** /nesl/ [ov ww] [1] vlijen ♦ *nestle one's head against/on s.o.'s shoulder* zijn hoofd tegen/op iemands schouder leggen [2] tegen zich aan drukken, in zijn armen nemen, vasthouden, wiegen

nest·ling /nes(t)lɪŋ/ [telb zn] nestvogel, jong vogeltje

Nes·tor /nestɔː, nestə, ᴬnestɔr, ᴬnestər/ [telb zn; soms nestor] nestor, wijze oude raadgever

¹**Nes·to·rian** /nestɔːriən/ [telb zn] ⟨theol⟩ nestoriaan

²**Nes·to·rian** /nestɔːriən/ [bn] ⟨theol⟩ nestoriaans

Nestorianism

Nes·to·ri·an·ism /nestɔːriənɪzm/ [niet-telb zn] ⟨theol⟩ nestorianisme

¹**net** /net/ [telb zn] ⟨1⟩ ⟨benaming voor⟩ net, visnet, vogelnet, vlindernet, haarnet, ladingnet, muggennet, vliegennet, muskietennet, tennisnet, vangnet, doelnet, spinnenweb, televisienet ♦ ⟨comp⟩ *surf the Net* internetten, op het (inter)net surfen ⟨2⟩ ⟨fig⟩ net, web, valkuil, list, strik ⟨3⟩ ⟨sport⟩ netbal, in het net geslagen bal ⟨4⟩ ⟨vnl enkelvoud⟩ ⟨cricket⟩ training(speriode) in de netkooi ⟨5⟩ ⟨vaak mv⟩ kooi, ijshockeydoel ⟨6⟩ nettobedrag ⟨·⟩ *cast one's net wide* in alle hoeken en gaten zoeken, stad en land aflopen, zich breed oriënteren; ⟨sprw⟩ *all is fish that comes to the net* ± spiering is ook vis, als er niet anders is

²**net** /net/ [niet-telb zn] netmateriaal, mousseline, tule, vitrage

³**net,** ⟨BE ook⟩ **nett** /net/ [bn, attr] netto, schoon, zuiver, per saldo ♦ *net asset value* eigen vermogen; *net profit* nettowinst, netto-opbrengst; *the net result* per saldo, het uiteindelijke resultaat; *net ton* nettoton; ⟨ec⟩ *net worth* nettowaarde (activa minus passiva) ⟨·⟩ *net price* bodemprijs, minimumprijs

⁴**net** /net/ [onov ww] netten breien/boeten/maken; → **netting**

⁵**net,** ⟨in betekenissen 8 en 9 BE ook⟩ **nett** /net/ [ov ww] ⟨1⟩ (in een net) vangen, ⟨ook fig⟩ (ver)strikken ♦ ⟨fig⟩ *net a contract* een contract te pakken krijgen; ⟨België⟩ een contract binnenrijven ⟨2⟩ (met een net) afdekken/bedekken ⟨3⟩ netten/fuiken zetten in, bevissen ⟨4⟩ ⟨sport⟩ in/tegen het net slaan ⟨5⟩ ⟨sport⟩ in het doel schieten, inschieten, het net doen trillen, scoren ⟨6⟩ (met/van netmateriaal) breien/knopen ⟨7⟩ een ruitjespatroon aanbrengen op ⟨8⟩ (als winst) opleveren, (netto) opbrengen ⟨9⟩ ⟨vnl AE⟩ winnen, opstrijken, (netto) verdienen ⟨·⟩ *net down a gross sum* tot een bruto bedrag tot de nettowaarde reduceren; → **netting**

¹**net·ball** [telb zn] ⟨tennis, volleybal⟩ netbal

²**net·ball** [niet-telb zn] ⟨sport⟩ netbal ⟨soort (dames)korfbal⟩

Net Book Agreement [telb zn] ⟨Groot-Brittannië⟩ prijsafspraak voor boeken

net-cord judge [telb zn] ⟨tennis⟩ netrechter

net curtain [telb zn] vitrage

net fault [telb zn] ⟨tennis, volleybal⟩ netfout

nethead [telb zn] internetnerd

neth·er /neðə, ᴬ-ər/ [bn, attr] ⟨vero of scherts⟩ onder-, neder-, beneden- ♦ *nether lip* onderlip; *nether man/person* onderdanen, benen; *nether regions/world* schimmenrijk, onderwereld

Neth·er·land·er /neðələndə, ᴬneðərlændər/ [telb zn] Nederlander

Neth·er·land·ish /neðəlændɪʃ, ᴬ-ðər-/ [bn] Nederlands

Neth·er·lands /neðələndz, ᴬneðərləndz/ [eigenn; the] ⟨1⟩ Nederland, Koninkrijk der Nederlanden ⟨2⟩ ⟨gesch⟩ (de) Nederlanden

The Netherlands

naam	The Netherlands *Nederland*
officiële naam	Kingdom of the Netherlands *Koninkrijk der Nederlanden*
inwoner	Dutchman *Nederlander*
inwoonster	Dutchwoman *Nederlandse*
bijv. naamw.	Dutch *Nederlands*
hoofdstad	Amsterdam, The Hague *Amsterdam; regering: Den Haag*
munt	euro *euro*
werelddeel	Europe *Europa*
int. toegangsnummer 31 www .nl auto NL	

Neth·er·lands An·til·les /neðələndzæntɪliːz, ᴬneðərləndzæntɪliːz/ [eigenn; the] Nederlandse Antillen

1214

Netherlands Antilles

naam	Netherlands Antilles *Nederlandse Antillen*
officiële naam	Netherlands Antilles *Nederlandse Antillen*
inwoner	Antillean *Nederlands-Antilliaan*
inwoonster	Antillean *Nederlands-Antilliaanse*
bijv. naamw.	of the Netherlands Antilles *Nederlands-Antilliaans*
hoofdstad	Willemstad *Willemstad*
munt	Netherlands Antillean guilder *Nederlands-Antilliaanse gulden*
werelddeel	America *Amerika*
int. toegangsnummer 599 www .an auto NA	

neth·er·most /neðəmoʊst, ᴬ-ðər-/ [bn] ⟨form⟩ onderste, laagste, diepste

neth·er·ward /neðəwəd, ᴬneðərwərd/, **neth·er·wards** /-wədz, ᴬ-wərdz/ [bw] ⟨form⟩ neerwaarts

net·i·quette /netɪket, ᴬnetɪkɪt/ [niet-telb zn] nettiquette, etiquette op internet

net·i·zen /netɪzn/ [telb zn] netizen, internetburger, netburger

net·mind·er [telb zn] ⟨ijshockey⟩ doelman, keeper

net post [telb zn] ⟨tennis⟩ netpaal

net·pre·neur /netprənɜː, ᴬ-prənɜr/, **net·re·pre·neur** /netrəprənɜː, ᴬ-prənɜr/ [inf] oprichter van een internetbedrijf, internetondernemer

nets /nets/ [alleen mv; the] ⟨cricket⟩ netkooi

net serve [telb zn] ⟨tennis, volleybal⟩ netserve

net·speak [niet-telb zn] ⟨comp⟩ internettaal, internetjargon

net strap, net strop [telb zn] ⟨tennis⟩ nethouder

net·suke /netsʊkeɪ/ [telb zn; mv: ook netsuke] netsuke, gordelknoop

nett → **net**

net·ted /netɪd/ [bn] -betaald, -verdienend ♦ *a highly netted individual* iemand met een zeer goedbetaalde baan

¹**net·ting** /netɪŋ/ [telb zn; (oorspronkelijk) gerund van net] ⟨stuk⟩ net, gaaswerk, netwerk

²**net·ting** /netɪŋ/ [niet-telb zn; (oorspronkelijk) gerund van net] ⟨1⟩ het netten maken ⟨2⟩ netvisserij ⟨3⟩ gaas, kippengaas, metaalgaas

¹**net·tle** /netl/ [telb zn] ⟨1⟩ ⟨plantk⟩ (brand)netel ⟨genus Urtica⟩ ⟨2⟩ kwelling, (bron van) ergernis, crime ⟨·⟩ ⟨BE⟩ *grasp the nettle* de koe bij de hoorns vatten, doortastend optreden; ⟨sprw⟩ *he who handles a nettle tenderly is soonest stung* ± een gevaarlijke onderneming kan men het best voortvarend afhandelen

²**net·tle** /netl/ [ov ww] ⟨1⟩ prikken, steken, branden, netelen ⟨2⟩ irriteren, ergeren, sarren, stangen

nettle cell [telb zn] ⟨dierk⟩ netelcel

nettle rash [telb + niet-telb zn] ⟨med⟩ netelroos ⟨door contact met netels veroorzaakt⟩

net·tle·some /netlsəm/ [bn] ⟨1⟩ irriteerbaar ⟨2⟩ irriterend, ergerlijk

¹**net·work** [telb zn] ⟨1⟩ net(werk) ⟨2⟩ radio- en televisiemaatschappij, omroep ⟨3⟩ ⟨comp⟩ netwerk ⟨interconnectie van computersystemen⟩

²**net·work** [onov ww] netwerken ⟨gebruikmaken van relaties voor uitbouw van carrière⟩; → **networking**

³**net·work** [ov ww] ⟨1⟩ via een netwerk uitzenden ⟨2⟩ ⟨comp⟩ d.m.v. netwerk verbinden; → **networking**

network analysis [niet-telb zn] netwerkanalyse, netwerkplanning

net·work·ing /netwɜːkɪŋ, ᴬ-wɜrkɪŋ/ [niet-telb zn; gerund van network] ⟨1⟩ ⟨comp⟩ (het) werken met/in een netwerk(systeem) ⟨2⟩ netwerken ⟨het gebruikmaken van relaties voor uitbouw van carrière⟩

neume, neum /njuːm, ᴬnuːm/ [telb zn; voornamelijk mv] ⟨gesch, muz⟩ neum

neu·ral /njʊərəl, ᴬnʊrəl/ [bn] ① neuraal, de zenuwen/het zenuwstelsel betreffend, zenuw- ♦ ⟨comp⟩ *neural network/net* neuraal netwerk; *neural computer* neurale computer ⟨die de werking van hersens simuleert⟩ ② aan de rugzijde liggend, rug-, ruggenmergs-

neu·ral·gia /njʊrældʒə, ᴬnʊ-/ [niet-telb zn] neuralgie, zenuwpijn

neu·ral·gic /njʊrældʒɪk, ᴬnʊ-/ [bn] neuralgisch

neu·ras·the·ni·a /njʊərəsθiːniə, ᴬnʊrəs-/ [niet-telb zn] neurasthenie, zenuwzwakte

¹**neu·ras·then·ic** /njʊərəsθɛnɪk, ᴬnʊrəs-/ [telb zn] neurasthenicus, zenuwlijder, zenuwpatiënt

²**neu·ras·then·ic** /njʊərəsθɛnɪk, ᴬnʊrəs-/ [bn; bw: ~ally] neurasthenisch, zenuwzwak

neu·rit·ic /njʊrɪtɪk, ᴬnʊrɪtɪk/ [bn] van/m.b.t. een zenuwontsteking

neu·ri·tis /njʊraɪtɪs, ᴬnʊraɪtɪs/ [niet-telb zn] neuritis, zenuwontsteking

neu·ro- /njʊərəʊ, ᴬnʊrəʊ/, **neur-** /njʊər, ᴬnʊr/ neur(o)-, zenuw- ♦ *neuralgia* zenuwpijn; *neurosurgeon* neurochirurg

neu·rog·li·a /njʊrɒɡliə, ᴬnʊrɒɡliə/ [niet-telb zn] (neuro)glia, soort steunweefsel

neu·ro·in·for·mat·ics /njʊərəʊɪnfəmætɪks, ᴬnʊrəʊɪnfərmætɪks/ [niet-telb zn] neuro-informatica ⟨informatica ten behoeve van de neurowetenschappen⟩

¹**neu·ro·lep·tic** /njʊərəlɛptɪk, ᴬnʊrə-/ [telb zn] neurolepticum ⟨antipsychotisch kalmeringsmiddel⟩

²**neu·ro·lep·tic** /njʊərəlɛptɪk, ᴬnʊrə-/ [bn] neuroleptisch

neu·ro·lin·guis·tics /njʊərəʊlɪŋɡwɪstɪks, ᴬnʊ-/ [niet-telb zn] neurolinguïstiek ⟨studie van neurologische taalstoornissen⟩

neu·ro·log·i·cal /njʊərəlɒdʒɪkl, ᴬnʊrələ-/ [bn] neurologisch

neu·rol·o·gist /njʊrɒlədʒɪst, ᴬnʊrɑ-/ [telb zn] neuroloog

neu·rol·o·gy /njʊrɒlədʒi, ᴬnʊrɑ-/ [niet-telb zn] neurologie

neu·ro·ma /njʊrəʊmə, ᴬnʊ-/ [telb zn; mv: ook neuromata /-mətə/] neuroma, neuroom, zenuwgezwel

neu·ron /njʊərɒn, ᴬnʊrɑn/, **neu·rone** /njʊərəʊn, ᴬnʊr-/ [telb zn] neuron, zenuwcel

neu·ro·path /njʊərəʊpæθ, ᴬnʊrə-/ [telb zn] neuropaat

neu·ro·path·ic /njʊərəpæθɪk, ᴬnʊrə-/ [bn] neuropathisch

neu·ro·pa·thol·o·gy /njʊərəʊpəθɒlədʒi, ᴬnʊrəpəθɑ-/ [niet-telb zn] neuropathologie, leer/kennis der zenuwziekten

neu·rop·a·thy /njʊrɒpəθi, ᴬnʊrɑ-/ [niet-telb zn] neuropathie

neu·ro·phar·ma·col·o·gy /njʊərəʊfɑːməkɒlədʒi, ᴬnʊrəʊfɑrməkɑlədʒi/ [niet-telb zn] neurofarmacologie

neu·rop·ter·ous /njʊrɒptərəs, ᴬnʊrɑp-/ [bn] ⟨dierk⟩ netvleugelig

neu·ro·sci·ence /njʊərəʊsaɪəns, ᴬnʊrəʊ-/ [telb + niet-telb zn] neurotechnisch onderzoek, neurologie, leer van het zenuwstelsel

neu·ro·sis /njʊrəʊsɪs, ᴬnʊ-/ [telb + niet-telb zn; mv: neuroses /-siːz/] neurose

neu·ro·sur·ge·ry /njʊərəʊsɜːdʒəri, ᴬnʊrəsɜr-/ [niet-telb zn] neurochirurgie

¹**neu·rot·ic** /njʊrɒtɪk, ᴬnʊrɑtɪk/ [telb zn] neuroticus, neuroot

²**neu·rot·ic** /njʊrɒtɪk, ᴬnʊrɑtɪk/ [bn; bw: ~ally] neurotisch

neu·rot·o·my /njʊrɒtəmi, ᴬnʊrɑtəmi/ [telb + niet-telb zn] chirurgische verwijdering van (deel van) zenuw

neu·ro·trans·mit·ter /njʊərəʊtrænzmɪtə, ᴬnʊrəʊtrænzmɪtər/ [telb zn] neurotransmitter, prikkeloverdrager

¹**neu·ter** /njuːtə, ᴬnuːtər/ [bn] ① ⟨taalk⟩ neutrum, onzijdig, onzijdig(e) vorm/genus/woord ② ⟨biol⟩ geslachtloos/gecastreerd dier ③ geslachtloze plant ④ onpartijdige, neutraal

²**neu·ter** /njuːtə, ᴬnuːtər/ [bn] ① ⟨taalk⟩ onzijdig ② ⟨biol⟩ geslachtloos, aseksueel ③ onpartijdig, neutraal ♦ *stand neuter* zich neutraal opstellen, zich afzijdig houden

³**neu·ter** /njuːtə, ᴬnuːtər/ [ov ww] ① ⟨BE; euf⟩ helpen, castreren, steriliseren ⟨dier⟩ ② neutraliseren

¹**neu·tral** /njuːtrəl, ᴬnuː-/ [telb zn] ① neutrale, onpartijdige, partijloze, neutrale staat ② neutrale kleur

²**neu·tral** /njuːtrəl, ᴬnuː-/ [niet-telb zn] ⟨techn⟩ vrijloop ♦ *in neutral* in z'n vrij

³**neu·tral** /njuːtrəl, ᴬnuː-/ [bn; bw: ~ly] ① neutraal ⟨ook scheikunde⟩, onpartijdig, onbestemd ♦ ⟨bokssp⟩ *neutral corner* neutrale hoek; *neutral tint* neutrale kleur/tint, grijs; *neutral vowel* stomme klinker; ⟨American football⟩ *neutral zone* neutraal gebied ⟨lengtestrook tussen de twee scrimmagelijnen⟩ ② onzijdig, geslachtloos ③ *neutral equilibrium* indifferent evenwicht; *in neutral gear* in z'n vrij

neu·tral·ism /njuːtrəlɪzm, ᴬnuː-/ [niet-telb zn] neutralisme

neu·tral·ist /njuːtrəlɪst, ᴬnuː-/ [telb zn] neutralist

neu·tral·i·ty /njuːtræləti, ᴬnuːtræləti/ [niet-telb zn] neutraliteit ♦ *armed neutrality* gewapende neutraliteit

neu·tral·i·za·tion, neu·tral·i·sa·tion /njuːtrəlaɪzeɪʃn, ᴬnuːtrələ-/ [niet-telb zn] neutralisatie, neutralisering

neu·tral·ize, neu·tral·ise /njuːtrəlaɪz, ᴬnuː-/ [ov ww] neutraliseren, het effect tegengaan/tenietdoen van, opheffen

neu·tral·iz·er, neu·tral·is·er /njuːtrəlaɪzə, ᴬnuːtrəlaɪzər/ [telb zn] iemand die/iets dat neutraliseert

neu·tri·no /njuːtriːnəʊ, ᴬnuː-/ [telb zn] ⟨natuurk⟩ neutrino

neu·tron /njuːtrɒn, ᴬnuːtrɑn/ [telb zn] ⟨natuurk⟩ neutron

neutron bomb [telb zn] neutronenbom

neutron star [telb zn] neutronenster

Nev [afk] ⟨Nevada⟩

né·vé /nɛveɪ, ᴬneɪveɪ/ [telb + niet-telb zn] firn, firnveld, firnsneeuw ⟨⟨gebied met⟩ korrelige sneeuw boven aan gletsjer⟩

nev·er /nɛvə, ᴬ-ər/ [bw] nooit, nimmer ♦ *never-ceasing* onophoudelijk, niet-aflatend; *never-dying* onsterfelijk; *never-ending* altijddurend; *never ever* nooit ofte nimmer; *never-failing* gegarandeerd, geheid, onvermijdelijk; *never-to-be-forgotten* onvergetelijk; ⟨inf⟩ *I never heard you come in* ik heb je helemaal niet horen binnenkomen; ⟨BE; kind⟩ 'You broke that window!' 'No I never!' 'Jij hebt die ruit gebroken!' 'Ikke niet!'; *I never remember her saying that* ik kan me niet herinneren dat ze dat ooit gezegd heeft ① *never a* geen (enkel); *never a one* niet één; *this'll never do* dit is niks, dit is niet goed genoeg; *you never left the door unlocked!* je hebt de deur toch wel op slot gedaan?!; *he never so/as much as looked!* hij keek niet eens!; *she is never the better for it* ze is er niets mee opgeschoten; *though he try never so hard* al doet hij nog zo zijn best; *never!* geen sprake van!, uitgesloten!, nooit (van mijn leven)!; ⟨sl⟩ *never was/wuzzer* mislukkeling, pechvogel; *well, I never (did)!* (wel) heb je (nu) ooit!; *the Never Never (Land)* het eldorado, luilekkerland; de rimboe, het niets; ⟨i.h.b.⟩ Noord-Queensland ⟨in Australië⟩; ⟨sprw⟩ *better late than never* beter laat dan nooit

nev·er·more /nɛvəmɔː, ᴬnɛvərmɔr/ [bw] nooit weer, nimmermeer

nev·er-nev·er, never-never system [niet-telb zn; the] ⟨BE; inf⟩ huurkoop(systeem) ♦ *on the never-never* op afbetaling

nev·er·the·less /nɛvəðəlɛs, ᴬ-vər-/ [bw] niettemin, desondanks, toch, evengoed

nevus [telb zn] → naevus

new /njuː, ᴬnuː/ [bn; vergr trap: newer; zn: ~ness] nieuw, ongebruikt, vers, fris, recent, modern ♦ *new bread* vers

new-

brood; *as good as new* zogoed als nieuw; *Happy New Year!* gelukkig nieuwjaar!; *New Latin* Neolatijn; *New Left* New Left, Nieuw Links ⟨voornamelijk in USA⟩; *a new life* een nieuw leven; *a new look* een nieuw aanzien; *New Man* New Man, nieuwe man, (echte) moderne man ⟨gevoelig voor feministische tendensen⟩; *feel like a new man/woman* zich een ander mens voelen; *new mathematics* nieuwe wiskunde ⟨op basis van de verzamelingenleer⟩; *new moon* ⟨eerste fase van de⟩ wassende maan, nieuwemaan; ⟨zelden⟩ maansikkel; *new penny* nieuwe penny; *the new poor* de nieuwe armen; *new potatoes* nieuwe aardappelen; *new star* nieuwe ster, nova; ⟨ook New Style⟩ *new style* nieuwe stijl, gregoriaanse tijdrekening; *the New Testament* het Nieuwe Testament; *the new* het nieuwe, de nieuwen; *new town* new town, nieuwbouwstad, overloopgemeente ⟨voornamelijk in Engeland⟩; *the New World* de Nieuwe Wereld, Noord- en Zuid-Amerika; *new year* jaarwisseling; nieuw jaar; ⟨vnl BE⟩ begin⟨tijd⟩ van een (nieuw) jaar; ⟨AE⟩ *New Year's* nieuwjaarsdag; *New Zealand* Nieuw-Zeeland; *New Zealander* Nieuw-Zeelander; *new economy* nieuwe economie ⟨gebaseerd op moderne technologieën⟩ • *New Age* new age ⟨alternatieve beweging⟩; newagemuziek; ⟨theol⟩ *new birth* wedergeboorte; *new blood* vers bloed; *the new boy/girl* de nieuwe(ling), de nieuwkomer, het groentje; *new broom* nieuwe bezem, frisse wind; ⟨AuE⟩ *new chum* pas geïmmigreerde, nieuwkomer; ⟨gesch⟩ *New Deal* New Deal ⟨van Roosevelt⟩; ⟨gesch⟩ *New Dealer* New Dealer, aanhanger/voorstander van de New Deal; ⟨gesch⟩ *New Economic Policy* Nieuwe economische politiek ⟨in Rusland⟩; *new economics* neokeynesianisme; *New Englander* inwoner van New England ⟨in USA⟩; *put a new face on* een nieuw gezicht geven; *new from school* vers van school; *break new ground* ⟨lett⟩ op een nieuw terrein/nieuwe grond beginnen; ⟨fig⟩ baanbrekend werk/pionierarbeid verrichten, nieuwe wegen banen; ⟨AE; inf⟩ *the new kid on the block* de nieuwe(ling), de nieuwkomer, het groentje; *turn over a new leaf* met een schone lei beginnen, een nieuw begin maken, een nieuwe weg inslaan; ⟨gesch⟩ *New Learning* humanisme; *get/give (s.o./sth.) a new lease of life*, ⟨AE⟩ *get/give (someone/something) a new lease on life* het leven verlengen (van persoon/voorwerp), de levensduur verlengen, genezen, repareren, een hart onder de riem steken; *cast a new light on* een nieuw licht werpen op; ⟨gesch, mode⟩ *the New Look* de New Look; ⟨gesch⟩ *the New Model* the New Model ⟨hervorming van het parlementsleger in 1645⟩; *new money* nouveaux riches, nieuwe rijken, parvenu's; ⟨inf⟩ *it's a new one on me* het is voor mij een onbekende; *of the new school* nieuwerwetse, modern; ⟨BE⟩ *white is the new black* wit is het nieuwe zwart, wit is de opvolger van zwart als modekleur; *that's new to me* dat is nieuw voor me; *I'm new to the job* ik werk hier nog maar pas, ik ben hier nieuw; *New Wave* nouvelle vague ⟨film⟩; new wave ⟨muziek, mode⟩; *what's new?* is er nog nieuws?; *new wine in old bottles* radicale vernieuwing, vernieuwing die zich niet door oude vormen laat tegenhouden; ⟨gesch; vnl pej⟩ *the new woman* de nieuwe vrouw ⟨laat 19e-eeuwse feministe⟩; ⟨sprw⟩ *there is nothing new under the sun* er is geen/niets nieuws onder de zon; ⟨sprw⟩ *new love drives out the old* een nieuw liefje is de beste medicijn voor een gebroken hart; ⟨sprw⟩ *it is best to be off with the old love before you are on with the new* twee op ene tijd vrijen, ziet men zelden wel gedijen; ⟨sprw⟩ *you cannot teach/it's hard to teach an old dog new tricks* oude beren dansen leren is zwepen verknoeien

new- /nju:, ᴬnu:/ pas(-), nieuw(-) ♦ *new-cut, new-mown* pasgemaaid; *new-made* pas gemaakt, splinternieuw

New Age [bn, attr] new age ♦ *New Age music* newagemuziek

new·bie /nju:bi, ᴬnu:bi/ [telb zn] ⟨comp⟩ newbie, nieuwkomer/groentje op internet

new-blood [bn, attr] dynamisch, creatief en jong
new-blown [bn] ⟨form⟩ pas ontloken, pril
new-born [bn, attr] ① pasgeboren ② herboren, herwonnen, hervonden
New·cas·tle dis·ease /nju:kɑ:sl dɪsi:z, ᴬnu:kæsl -/ [telb + niet-telb zn] ⟨dierk⟩ pseudovogelpest
new-come [bn, attr] pas gearriveerd, pas aangekomen
new·com·er /nju:kʌmə, ᴬnu:kʌmər/ [telb zn] nieuwkomer, nieuwe(ling), beginner, beginneling ♦ *a newcomer to* een nieuwkomer in, iemand die nieuw is op het gebied van
new·el /nju:əl, ᴬnu:əl/ [telb zn] ① trapspil, wentelspil ② trapstil, hoofdbaluster, trappaal, aanzetpost, aanzetstijl ③ trapbaluster, trappijl
new·fan·gled [bn; zn: newfangledness] ⟨pej⟩ nieuwlichterig, nieuwerwets, modern(istisch), modieus
new-found [bn] pas ontdekt, pas gevonden
New·found·land /nju:fəndlənd, ᴬnu:-/, **Newfoundland dog** [telb zn] newfoundlander ⟨hond⟩
New·gate /nju:gɪt, -geɪt, ᴬnu:-/ [eigenn, telb zn] Newgate, ⟨bij uitbreiding⟩ gevangenis
new·ish /nju:ɪʃ, ᴬnu:ɪʃ/ [bn] tamelijk/vrij nieuw
new-laid [bn] pas gelegd, vers ⟨van ei⟩
new·ly /nju:li, ᴬnu:li/ [bw] ① op nieuwe wijze, anders ② onlangs, pas, recentelijk ♦ *newly wed* pasgetrouwd ③ opnieuw, wederom
new·ly·wed [telb zn; voornamelijk mv] jonggehuwde, pasgetrouwde
¹**New·mar·ket** /nju:mɑ:kɪt, ᴬnu:mɑrkɪt/, ⟨ook⟩ **Newmarket coat** [telb zn] ⟨vero⟩ Newmarket, nauwsluitende overjas
²**New·mar·ket** /nju:mɑ:kɪt, ᴬnu:mɑrkɪt/ [niet-telb zn; ook newmarket] newmarket ⟨kaartspel⟩
new-mint·ed [bn] fris, opgefleurd
new-mod·el [ov ww] opnieuw vormgeven, reorganiseren, herstructureren
¹**news** /nju:z, ᴬnu:z/ [telb zn; geen mv] (verk: newspaper)
²**news** /nju:z, ᴬnu:z/ [niet-telb zn] ① nieuws ♦ ⟨inf⟩ *break the news to s.o.* (als eerste) iemand het (slechte) nieuws vertellen; ⟨sl⟩ in elkaar slaan; *be in the news* in het nieuws zijn; *news from nowhere* oud nieuws; *that is news to me* dat is nieuw voor mij ② ⟨the⟩ nieuws(berichten), journaal(uitzending) • ⟨sprw⟩ *bad news travels fast* ± slecht nieuws komt altijd te vroeg; ⟨sprw⟩ *no news is good news* geen nieuws is goed nieuws; ⟨sprw⟩ *ill news comes apace* slecht nieuws komt altijd te vroeg
news agency [telb zn] nieuwsagentschap, persagentschap, nieuwsbureau, persbureau
news agent [telb zn] ⟨BE⟩ kioskhouder, krantenverkoper, tijdschriftenverkoper
news·boy [telb zn] krantenjongen, (kranten)bezorger
news bulletin [telb zn] ① ⟨BE⟩ kort nieuwsbulletin ② ⟨AE⟩ nieuwsflits, kort nieuwsbericht ⟨dat normale programma's onderbreekt⟩
news·cast [telb zn] nieuwsuitzending, journaal, nieuwsbericht(en)
news·cast·er /nju:zkɑ:stə, ᴬnu:zkæstər/ [telb zn] nieuwslezer
new-school [bn, attr] ⟨inf⟩ nieuwe stijl aanhangend, vernieuwd
news conference [telb zn] persconferentie
news dealer [telb zn] ⟨AE⟩ kioskhouder, krantenverkoper, tijdschriftenverkoper
news·flash [telb zn] ⟨vnl BE⟩ nieuwsflits, kort nieuwsbericht ⟨dat normale programma's onderbreekt⟩
news·girl [telb zn] krantenmeisje, (kranten)bezorgster
news·group [telb zn] ⟨comp⟩ nieuwsgroep ⟨discussiegroep op het internet⟩, newsgroup
news headlines [alleen mv] hoofdpunten van het nieuws

news·hound, ⟨AE ook⟩ **news·hawk** [telb zn] nieuwsjager
newsie [telb zn] → newsy
news-leak [telb zn] nieuwslek
news·less /njuːzləs, ᴬnuː-/ [bn] zonder nieuws
news·let·ter [telb zn] nieuwsbrief ⟨ook geschiedenis⟩, clubblad, verenigingsblad, bedrijfsorgaan, bulletin
news·mag·a·zine [telb zn] weekblad, opinieblad
news·ma·ker [telb zn] gebeurtenis/persoon met nieuwswaarde, publiciteitstrekker
news·man /njuːzmən, ᴬnuː z-/ [telb zn] ⟨AE⟩ [1] verslaggever, krantenman, persman [2] kioskhouder
news media [alleen mv; the] (nieuws)media
news·mong·er [telb zn] roddelaar(ster), nieuwtjesjager
¹**news·pa·per** /njuːspeɪpə, ᴬnuːzpeɪpər/ [telb zn] [1] krant, dagblad, nieuwsblad [2] krant(enbedrijf)
²**news·pa·per** /njuːspeɪpə, ᴬnuːzpeɪpər/ [niet-telb zn] krant(enpapier) ♦ *a piece of newspaper* een stuk krant
newspaper article [telb zn] krantenartikel
news·pa·per·man /njuːspeɪpəmən, ᴬnuːzpeɪpərmən/ [telb zn] krantenman
newspaper report [telb zn] krantenbericht
newspaper story [telb zn] krantenverhaal
newspaper tycoon [telb zn] krantenmagnaat
New·speak /njuːspiːk, ᴬnuː-/ [niet-telb zn; ook newspeak] nieuwspraak, newspeak ⟨naar '1984' van Orwell⟩
news·print [niet-telb zn] krantenpapier
news·read·er [telb zn] ⟨BE⟩ nieuwslezer
news·reel [telb zn] (bioscoop)journaal, nieuwsfilm
news release [telb zn] perscommuniqué, persbericht
news reporter [telb zn] verslaggever, journalist
news·room [telb zn] [1] redactie(kamer) [2] leeszaal, kranten- en tijdschriftenzaal
news·sheet [telb zn] nieuwsblad, nieuwsbulletin
news·stall [telb zn] ⟨BE⟩ krantenstalletje, krantenkiosk
news·stand, news·pa·per stand [telb zn] kiosk
news·ven·dor [telb zn] ⟨vnl BE⟩ krantenverkoper
news·wom·an [telb zn] verslaggeefster, journaliste
news·wor·thy [bn] met voldoende nieuwswaarde, actueel
¹**news·y, news·ie** /njuːzi, ᴬnuːzi/ [telb zn] ⟨inf⟩ krantenjongen
²**news·y** /njuːzi, ᴬnuːzi/ [bn; vergr trap: newsier; zn: newsiness] ⟨inf⟩ met nieuwtjes (gevuld), vol nieuwtjes, roddelachtig
newt /njuːt, ᴬnuːt/ [telb zn] ⟨dierk⟩ watersalamander ⟨genus Triturus⟩ ♦ ⟨als versterking⟩ *tired as a newt* hondsmoe
new·ton /njuːtn, ᴬnuːtn/ [telb zn] ⟨natuurk⟩ newton ⟨eenheid van kracht⟩
¹**New·to·ni·an** /njuːtoʊnɪən, ᴬnuː-/ [telb zn] newtoniaan, aanhanger/volgeling van Newton
²**New·to·ni·an** /njuːtoʊnɪən, ᴬnuː-/ [bn] newtoniaans, à la Newton, newton- ♦ *Newtonian telescope* newtonkijker
new variant CJD [niet-telb zn] nieuwe variant van CJD ⟨veroorzaakt door BSE⟩, nvCJD
new·y, new·ey, new·ie /njuːi, ᴬnuːi/ ⟨sl⟩ nieuwtje, iets nieuws
New Year's Day [eigenn] nieuwjaarsdag
New Year's Eve [eigenn] [1] oudejaarsavond [2] oudejaar(sdag)
New Yorker /njuː jɔːkə, ᴬnuː jɔrkər/ [telb zn] New Yorker
¹**next** /nekst/ [bn; adnominaal ook te beschouwen als aanwijzend determinator] [1] volgend ⟨van plaats⟩, na, naast, dichtstbijzijnd ♦ *be next door to* zich bevinden naast; *the girl next door* het meisje van hiernaast/van de buren, het buurmeisje; *she lives next door* ze woont hiernaast; *Mary is next in line* Mary is de volgende; *the next shop is two streets away* de dichtstbijzijnde/eerste winkel is twee straten verderop; *the next but one* de volgende op één na [2] volgend ⟨van tijd⟩, aanstaand ♦ *the next day* de volgende dag, de dag daarna/daarop; *next Monday* volgende week/aanstaande maandag; *the next few weeks* de komende weken ▪ *that's next door/thing to …* dat komt neer op …, dat is bijna …, dat staat gelijk aan …; ⟨jur⟩ *next friend* zaakwaarnemer ⟨van minderjarige/handelingsonbekwame⟩, ± voogd, ± curator; *as concerned as the next man* even bezorgd als ieder ander/om het even wie; *the next thing I knew I was lying in the gutter* ik zag ik goed wist wat er gebeurde lag ik in de goot; ⟨AE; sl⟩ *Sheila was next to the ringleader* Sheila was intiem met de leider van de opstand; ⟨AE; sl⟩ *Mary was next to all their secrets* Mary was deelgenote van al hun geheimen; *next to singing I like dancing best* na/behalve van zingen hou ik het meest van dansen; *knock s.o. into the middle of next week* iemand het ziekenhuis in slaan; *the next world* het hiernamaals

New Zealand	
naam	New Zealand Nieuw-Zeeland
officiële naam	New Zealand Nieuw-Zeeland
inwoner	New Zealander Nieuw-Zeelander
inwoonster	New Zealander Nieuw-Zeelandse
bijv. naamw.	of New Zealand Nieuw-Zeelands
hoofdstad	Wellington Wellington
munt	New Zealand dollar Nieuw-Zeelandse dollar
werelddeel	Oceania Oceanië
int. toegangsnummer 64	www .nz auto NZ

²**next** /nekst/ [aanw vnw, telw] (eerst)volgende ♦ *to be continued in our next* wordt vervolgd in het eerstvolgende nummer; *next, please* volgende graag ▪ *next!* volgende!; *next of kin* (naaste) bloedverwant(en), nabestaande(n)
³**next** /nekst/ [bw] ⟨ook fig⟩ [1] ⟨plaats⟩ daarnaast ♦ *next to Jill* naast/vergeleken bij Jill; *he placed his chair next to mine* hij zette zijn stoel naast de mijne; *what next?* wat (krijgen we) nu?; ⟨pej⟩ kan het nog gekker?; *who's next?* wie is er aan de beurt?, wie volgt? [2] ⟨tijd⟩ daarna, daaropvolgend, de volgende keer ♦ *the next best (thing)* (de) op één na het beste; (de) tweede keus; *who comes next?* wie volgt?, wie is er nu aan de beurt?; *next we had tea* daarna dronken we thee; *when they next met* de volgende keer dat ze elkaar zagen; *Sheila is the tiniest of all; the next smallest child is May* Sheila is het kleinste van allemaal; het kleinste kind na Sheila is May; *the next tallest girl* op één na het grootste meisje; *next up* hierna, zo meteen, als volgende; *they'll be winning against Manchester next* straks winnen ze nog tegen Manchester ▪ *next to impossible* haast/bijna onmogelijk; *for next to nothing* voor een appel en een ei; ⟨inf⟩ *get next to s.o.* iemand (goed) leren kennen, met iemand bevriend raken; ⟨sl⟩ intiem worden met ⟨meisje⟩; ⟨sl⟩ *get next to o.s.* beseffen hoe vervelend/… men is; *there was next to nothing left* er schoot bijna niets over; *he came next after/before Sheila* hij kwam onmiddellijk na/voor Sheila
⁴**next** /nekst/ [vz] ⟨vero⟩ naast, dichtstbij, vlak naast ⟨ook figuurlijk⟩ ♦ *she sat next a young boy* zij zat naast een jongen; *she loved him next her own children* ze hield van hem als van haar eigen kinderen
next-door [bn, attr] naburig, aangrenzend ♦ *we are next-door neighbours* we wonen naast elkaar
nex·us /neksəs/ [telb zn; mv: ook nexus] [1] nexus, (ver)band, samenhang, (dwars)verbinding [2] reeks, groep, keten, kluwen, massa
NF [afk] [1] ⟨National Front⟩ [2] ⟨Newfoundland⟩ [3] ⟨No Funds⟩
NFL [afk] ⟨National Football League ⟨in USA⟩⟩
Nfld [afk] ⟨Newfoundland⟩
NFU [afk] ⟨National Farmers' Union ⟨in Engeland⟩⟩
NGA [afk] ⟨National Graphical Association⟩
NGO [afk] ⟨non-governmental organization⟩
NH [afk] ⟨New Hampshire⟩
NHS [afk] ⟨National Health Service ⟨in Engeland⟩⟩

NI

NI [afk] ① (National Insurance) ② (Northern Ireland)
ni·a·cin /naɪəsɪn/ [niet-telb zn] **niacine**, nicotinezuur
Ni·ag·a·ra /naɪæɡrə/ [telb zn] **Niagara**, waterval, stortvloed
¹**nib** /nɪb/ [telb zn] ① **pen**, kroontjespen ② **sneb(be)**, snavel ③ **punt(ig uiteinde)**, spits
²**nib** /nɪb/ [ov ww] ① **(aan)punten**, (bij)slijpen ② **van een pen voorzien**, een pen doen in
¹**nib·ble** /nɪbl/ [telb zn] ① **hapje**, mondjevol ② ⟨voornamelijk van vis aan aas⟩ **rukje** ③ **gegadigde**, geïnteresseerde, kandidaat, potentiële klant
²**nib·ble** /nɪbl/ [onov ww] ① **kleine hapjes nemen,** knabbelen, knagen, peuzelen ♦ *nibble at* knabbelen/knagen aan; *nibble away/off* wegknabbelen, afknabbelen, wegknagen, afknagen ② **interesse tonen,** geïnteresseerd zijn, op het punt staan toe te happen, snuffelen ♦ *nibble at sth.* ergens wel iets voor voelen ③ **muggenziften,** vitten ▪ ⟨sprw⟩ *the fish will soon be caught that nibbles at every bait* ± je moet je neus niet overal insteken
³**nib·ble** /nɪbl/ [ov ww] **beknabbelen,** knabbelen/knagen aan, kleine hapjes nemen van, oppeuzelen ▪ *nibble a hole in sth.* ergens een gat in knagen; *nibble one's way through sth.* zich ergens doorheen knagen
nib·bles /nɪblz/ [alleen mv] **(borrel)hapjes,** knabbeltjes
nib·lick /nɪblɪk/ [telb zn] **niblick** ⟨zwaar type golfstok⟩
¹**nibs** /nɪbz/ [telb zn; geen mv] ⟨BE; sl⟩ **vervelend iemand** ♦ *His nibs* Zijne Kaleneterigheid; *we're waiting here in the rain, while His nibs takes a taxi* wij staan hier te wachten in de regen, terwijl meneer een taxi neemt
²**nibs** /nɪbz/ [alleen mv] **gepulpte/gepelde (koffie/cacao)bonen**
NIC [afk] ① (National Insurance Contribution) ② (Newly Industrialised Country)
Ni·Cad, ni·cad /naɪkæd/ [telb zn] (verk: nickel-cadmium) **nikkel-cadmiumbatterij** ⟨oplaadbare batterij⟩, nicad
nicad battery [telb zn] **nikkel-cadmiumbatterij**
Nic·a·ra·gua /nɪkəræɡjʊə, ᴬ-rɑɡwə/ [eigenn] **Nicaragua**

Nicaragua	
naam	*Nicaragua* Nicaragua
officiële naam	*Republic of Nicaragua* Republiek Nicaragua
inwoner	*Nicaraguan* Nicaraguaan
inwoonster	*Nicaraguan* Nicaraguaanse
bijv. naamw.	*Nicaraguan* Nicaraguaans
hoofdstad	*Managua* Managua
munt	*córdoba* cordoba
werelddeel	*America* Amerika
int. toegangsnummer 505 www .ni auto NIC	

¹**Ni·ca·ra·guan** /nɪkəræɡjʊən, ᴬ-rɑɡwən/ [telb zn] **Nicaraguaan(se)**
²**Ni·ca·ra·guan** /nɪkəræɡjʊən, ᴬ-rɑɡwən/ [bn] **Nicaraguaans,** uit/van/m.b.t. Nicaragua
nic·co·lite /nɪkəlaɪt/ [niet-telb zn] **nikkelien,** niccoliet ⟨mineraal⟩
nice /naɪs/ [bn; vergr trap: nicer; zn: ~ness] ① **aardig,** vriendelijk ♦ ⟨iron⟩ *you're a nice friend!* mooie vriend ben jij!; ⟨sl⟩ *nice guy* prima kerel; *not very nice* niet zo aardig, verveeld; ⟨inf⟩ *as nice as pie* vreselijk aardig; *be as nice as pie about sth.* ergens helemaal niet moeilijk over doen ② **mooi,** goed, aardig, fraai ♦ ⟨inf⟩ *nice one* mooi zo, keurig ⟨ook ironisch⟩; ⟨BE; inf⟩ *nice work!* goed zo!, keurig!, vakwerk! ③ **leuk,** prettig, aangenaam, lekker, jofel ♦ *a nice day* een mooie dag, een aangename dag, mooi weer; *have a nice day* nog een prettige dag; ⟨bij afscheid ook⟩ tot ziens, dáág; *nice to meet you* aangenaam; *nice to have met you* het was me aangenaam ④ **genuanceerd,** verfijnd, subtiel, delicaat ♦ *a nice observer* een oplettend/subtiel observator ⑤ ⟨soms pej⟩ **fijn,** net, keurig, beschaafd, precieus ♦ *a nice accent* een beschaafd/keurig accent ⟨pej⟩ een bekakt accent ⑥ **kies(keurig),** scrupuleus, gewetensvol, precies, nauwgezet, kritisch ▪ *nice and warm/fast* lekker warm/hard; ⟨sl⟩ *a nice bit (of stuff)* een lekker stuk, een knappe meid; ⟨sl⟩ *nice Nellie* preuts persoon; *Nice work if you can get it!* Je moet het maar kunnen!, Je moet maar geluk hebben
niceish [bn] → **nicish**
nice-look·ing [bn] **mooi,** goed uitziend, knap
nice·ly /naɪsli/ [bw] ① **aardig** ② **goed** ♦ *I've been doing nicely (for myself)* het gaat me (tegenwoordig) goed, ik heb (de laatste tijd) aardig geboerd ③ **fraai** ④ **subtiel** ⑤ **precies** ▪ *this'll do nicely* dat kan er aardig mee door, dat is prima, dat/dit is ruim voldoende; *that'll do nicely, thank you!* zo kan ie wel weer, hoor!
Ni·cene /naɪsiːn/ [bn, attr] ⟨gesch⟩ **van/m.b.t. Nicea** ▪ *Nicene Creed* geloofsbelijdenis van Nicea
¹**ni·ce·ty** /naɪsəti/ [telb zn; vaak mv] ① **detail,** bijzonderheid, subtiliteit, nuance, fijn onderscheid ② **aantrekkelijke kant,** geneugte ③ **finesse** ▪ *to a nicety* exact, precies, tot in detail/de finesses, tot op de millimeter nauwkeurig
²**ni·ce·ty** /naɪsəti/ [niet-telb zn] ① **nauwkeurigheid,** precisie ② **subtiliteit,** verfijning, kiesheid
nic·ey-nice /naɪsinaɪs/ [bn] ⟨sl⟩ ① **overdreven aardig** ② **verwijfd**
¹**niche** /niːʃ, nɪtʃ, ᴬnɪtʃ/ [telb zn] ① **nis** ② **stek,** plek(je), hoekje, passende omgeving ♦ *he's found his niche* hij heeft zijn draai gevonden ③ **niche,** (natuurlijk) leefmilieu ④ ⟨handel⟩ **niche** (gespecialiseerd segment van de markt) ▪ *he has a niche in the temple of fame* hij heeft zijn plaats onder de groten der mensheid/een hoekje in de eregalerij
²**niche** /niːʃ, nɪtʃ, ᴬnɪtʃ/ [ov ww; voornamelijk als volt deelw] **in een nis plaatsen** ▪ *niche o.s.* zich nestelen, wegkruipen
niche marketing [niet-telb zn] ⟨handel⟩ **nichemarketing**
nicht /nɪxt/ [telb zn] ⟨SchE⟩ **nacht,** avond
nic·ish /naɪsɪʃ/ [bn] **wel aardig,** niet onaardig
¹**nick** /nɪk/ [telb zn] ① **kerf** ⟨ook boekwezen⟩, keep, insnijding, inkeping, kartel, deuk(je) ② **snee(tje),** kras ③ ⟨BE; inf⟩ **bajes,** nor ④ ⟨BE; inf⟩ **politiebureau** ▪ *in the nick of time* op het nippertje, nog net op tijd
²**nick** /nɪk/ [niet-telb zn] ⟨BE; inf⟩ **toestand,** staat, gesteldheid, vorm, conditie ♦ *in good nick* in prima conditie; *in bad/poor nick* er slecht/belazerd aan toe
³**nick** /nɪk/ [ov ww] ① **inkepen, inkerven,** kartelen, (in)snijden, krassen, deuken, met een kerfje markeren ② ⟨vnl BE; inf⟩ **jatten,** gappen, pikken, achteroverdrukken ③ ⟨BE; sl⟩ **in de kraag grijpen,** arresteren, vatten ④ ⟨vnl AE; inf⟩ **tillen,** afzetten, oplichten ⑤ **insnijden** ⟨(staartaanzetting van) paard, ter verkrijging van een hogere staartdracht⟩ ⑥ ⟨op het nippertje/nog net⟩ **halen** ⟨trein, tijdstip⟩
¹**nick·el** /nɪkl/ [telb zn] ① **vijfcentstuk** ⟨in Canada en USA⟩, stuiver ② ⟨AE; sl⟩ **vijf dollar,** vijfje ③ ⟨AE; sl⟩ **pakje drugs van vijf dollar**
²**nick·el** /nɪkl/ [niet-telb zn] ⟨ook scheik⟩ **nikkel** ⟨element 28⟩
³**nick·el** /nɪkl/ [onov ww] ⟨AE; sl⟩ *nickel up* vijf cent bieden ⟨van bedelaar, voor iets dat veel duurder is⟩
⁴**nick·el** /nɪkl/ [ov ww] **vernikkelen**
¹**nick·el-and-dime** [bn] ⟨AE; inf⟩ **goedkoop,** flut-
²**nick·el-and-dime** [ov ww] ⟨AE; inf⟩ ① **krentenkakkerig letten op** ♦ *nickel-and-dime it through college* goed op de kleintjes letten/passen terwijl je studeert ② **krentenkakkeriger behandelen**
nick·el brass [niet-telb zn] **nikkelbrons**
nick·el·ic /nɪkɛlɪk/ [bn] ① **nikkelachtig,** nikkel- ② **van/met driewaardig nikkel**
nick·el·if·er·ous /nɪkəlɪfrəs/ [bn] **nikkelhoudend**
nick·el nurs·er /nɪkl nɜːsə, ᴬ-nɜrsər/ [telb zn] ⟨AE; sl⟩ **vrek**

nick·el·o·de·on /ˌnɪkəlˈoʊdɪən/ [telb zn] ⟨AE⟩ ① jukebox ② pianola ③ ⟨vero⟩ bioscoop, theatertje, filmhuis
nick·el·ous /ˈnɪkələs/ [bn] ① nikkelachtig, nikkel- ② van/met tweewaardig nikkel
nick·el-plate [ov ww] vernikkelen
nick·el sil·ver [niet-telb zn] nikkelmessing, nikkelzilver
nick·el steel [niet-telb zn] nikkelstaal
nick·er /ˈnɪkə, ᴬ-ər/ [telb zn; mv: nicker] ⟨BE; sl⟩ pond ⟨£⟩
nicknack [telb zn] → knickknack
¹**nick·name** /ˈnɪkneɪm/ [telb zn] ① bijnaam ② roepnaam
²**nick·name** /ˈnɪkneɪm/ [ov ww] ① een bijnaam geven (aan) ♦ *nicknamed* bijgenaamd ② aanspreken met een bijnaam
ni·col prism /ˌnɪkl ˈprɪzm/ [telb zn] nicolprisma
ni·co·ti·an·a /nɪˌkoʊʃiˈɑːnə, ᴬ-ˈænə/ [niet-telb zn] nicotiana ⟨plantengeslacht⟩
nic·o·tine /ˈnɪkətiːn, -tiːn/ [niet-telb zn] nicotine
nicotine addiction [telb + niet-telb zn] rookverslaving
nicotine fit [telb zn] ⟨scherts⟩ aanval van nicotinezucht, rookdrang
nicotine patch [telb zn] nicotinepleister, nicotine-patch
nic·o·tin·ic /nɪkəˈtiːnɪk, -ˈtɪnɪk/ [bn] nicotine(zuur) betreffende, nicotine-, niacine- ♦ *nicotinic acid* nicotinezuur, niacine
nic·o·tin·ism /ˈnɪkətiːnɪzm/ [niet-telb zn] nicotinevergiftiging
nic·o·to·nize /ˈnɪkətiːnaɪz/ [ov ww] met nicotine behandelen/verdoven
nic·ti·tate /ˈnɪktɪteɪt/, **nic·tate** /ˈnɪkteɪt/ [ov ww] knippen, knipperen ♦ ⟨dierk⟩ *nic(ti)tating membrane* derde ooglid
nic·ti·ta·tion /nɪktɪˈteɪʃn/ [niet-telb zn] knippering
¹**nid·der·ing, nid·er·ing** /ˈnɪdrɪŋ/ [telb zn] ⟨vero⟩ bloodaard, lafaard
²**nid·der·ing, nid·er·ing** /ˈnɪdrɪŋ/ [bn] ⟨vero⟩ blo, laf
¹**nid·dle-nod·dle** /ˈnɪdlnɒdl, ᴬ-nɑdl/ [bn] waggelend, wankelend, wiebelend
²**nid·dle-nod·dle** /ˈnɪdlnɒdl, ᴬ-nɑdl/ [onov ww] knikkebollen, (met het hoofd) waggelen/wiebelen
nide /naɪd/ [telb zn] fazantennest
nid·i·fi·ca·tion /nɪdɪfɪˈkeɪʃn/ [niet-telb zn] nestbouw
nid·i·fy /ˈnɪdɪfaɪ/ [onov ww] nestelen, een nest/nesten bouwen
nid-nod /ˈnɪdnɒd, ᴬ-nɑd/ [onov ww] knikkebollen
ni·dus /ˈnaɪdəs/ [telb zn; mv: ook nidi /ˈnaɪdaɪ/] ① nest, ⟨fig⟩ bakermat ② haard, infectiehaard, besmettingshaard, ⟨fig⟩ broeinest
niece /niːs/ [telb zn] nicht, oomzegster, tantezegster
¹**ni·el·lo** /niˈeloʊ/ [telb zn; mv: ook nielli /niˈelaɪ, ᴬ-liː/] ① niëllo(poeder) ② niëllo-oppervlak, niëllowerk
²**ni·el·lo** /niˈeloʊ/ [niet-telb zn] niëllokunst, niëllotechniek
³**ni·el·lo** /niˈeloʊ/ [ov ww] met niëllowerk verfraaien
Nier·stein·er /ˈnɪəstaɪnə, ᴬˈnɪrstaɪnər/ [telb + niet-telb zn] niersteiner(wijn)
¹**Nie·tzsche·an** /ˈniːtʃiən/ [telb zn] nietzscheaan
²**Nie·tzsche·an** /ˈniːtʃiən/ [bn] nietzscheaans
Nie·tzsche·an·ism /ˈniːtʃiənɪzm/, **Nie·tzsche·ism** /ˈniːtʃiːɪzm/ [niet-telb zn] nietzscheanisme, ⟨i.h.b.⟩ übermenschidee
niff /nɪf/ [telb zn; geen mv] ⟨BE; inf⟩ lucht, stank
nif·fy /ˈnɪfi/ [bn] ⟨BE; inf⟩ stinkend
¹**nif·ty** /ˈnɪfti/ [telb zn] ⟨inf⟩ ① geintje ② handigheidje, nieuwigheidje, slimmigheidje ③ geestigheid, geestige/rake opmerking
²**nif·ty** /ˈnɪfti/ [bn] ⟨inf⟩ ① jofel, tof, gis, snel, eindeloos, link ② handig, behendig ③ chic, snel, hip, gek
ni·gel·la /naɪˈdʒelə/ [telb zn] ⟨plantk⟩ nigelle ⟨genus Nigella⟩, juffertje-in-'t-groen ⟨N. damascena⟩

Ni·ger /ˈniːʒeə, ᴬˈnaɪdʒər, ᴬˈniː-/ [eigenn] Niger

Niger	
naam	Niger *Niger*
officiële naam	Republic of Niger *Republiek Niger*
inwoner	Nigerien *Nigerees*
inwoonster	Nigerien *Nigerese*
bijv. naamw.	Nigerien *Nigerees*
hoofdstad	Niamey *Niamey*
munt	CFA franc *CFA-frank*
werelddeel	Africa *Afrika*
int. toegangsnummer 227 www .ne auto RN	

Ni·ge·ri·a /naɪˈdʒɪəriə, ᴬ-ˈdʒɪr-/ [eigenn] Nigeria

Nigeria	
naam	Nigeria *Nigeria*
officiële naam	Federal Republic of Nigeria *Federale Republiek Nigeria*
inwoner	Nigerian *Nigeriaan*
inwoonster	Nigerian *Nigeriaanse*
bijv. naamw.	Nigerian *Nigeriaans*
hoofdstad	Abuja *Abuja*
munt	naira *naira*
werelddeel	Africa *Afrika*
int. toegangsnummer 234 www .ng auto WAN	

¹**Ni·ge·ri·an** /naɪˈdʒɪəriən, ᴬ-ˈdʒɪr-/ [telb zn] Nigeriaan(se)
²**Ni·ge·ri·an** /naɪˈdʒɪəriən, ᴬ-ˈdʒɪr-/ [bn] Nigeriaans, van/uit/m.b.t. Nigeria
¹**Ni·ger·ien** /niːˈʒeəriən, ᴬˈnaɪdʒəriən/ [telb zn] Nigerees, Nigerese
²**Ni·ger·ien** /niːˈʒeəriən, ᴬˈnaɪdʒəriən/ [bn] Nigerees, uit/van/m.b.t. Niger
¹**nig·gard** /ˈnɪɡəd, ᴬ-ərd/ [telb zn] ⟨pej⟩ vrek, krent(enweger)
²**nig·gard** /ˈnɪɡəd, ᴬ-ərd/, **nig·gard·ly** /ˈnɪɡədli, ᴬ-gərd-/ [bn; zn: ~liness] ⟨pej⟩ ① vrekkig, gierig, krenterig ② karig, schamel, schraal
nig·ger /ˈnɪɡə, ᴬ-ər/ [telb zn] ① ⟨beled⟩ nikker, neger, zwartjoekel, zwarte ② gediscrimineerde, achtergestelde, kansarme, onderdrukte, lid van een minderheid ▪ ⟨sl⟩ *a nigger in the woodpile*, ⟨AE; sl⟩ *a nigger in the fence* een adder onder het gras, een slang in het paradijs; *work like a nigger* werken als een paard, zwoegen
nigger heaven [telb zn] ⟨AE; sl⟩ engelenbak
nig·ger·toe [telb zn] ⟨sl⟩ paranoot
¹**nig·gle** /ˈnɪɡl/ [telb zn] (kleingeestige) aanmerking, (onbeduidende) klacht, kinderachtigheid
²**nig·gle** /ˈnɪɡl/ [onov ww] ① beuzelen, tutten, mieren ② muggenziften, vitten, kankeren ♦ *don't niggle over a few dollars* maak niet zo'n drukte over een paar dollar ③ doorzeuren, knagen, kwellen ♦ *niggle at s.o.'s mind* iemand niet meer loslaten, iemand niet met rust aten; → niggling
³**nig·gle** /ˈnɪɡl/ [ov ww] ① knagen aan, irriteren, dwarszitten, hinderen, ongerust maken ② vitten/kankeren op; → niggling
¹**nig·gling** /ˈnɪɡlɪŋ/ [niet-telb zn; gerund van niggle] gepietepeuter, gemier, gepruts
²**nig·gling** /ˈnɪɡlɪŋ/ [bn, attr; oorspronkelijk tegenwoordig deelw van niggle; bw: ~ly] ① kinderachtig, tuttig, pietluttig, kleingeestig ② knagend, hardnekkig, doorvretend ③ pietepeuterig (ook van handschrift), bekrompen
nig·gra /ˈnɪɡrə/ [telb zn] ⟨sl; beled⟩ nikker, neger, zwartjoekel, zwarte
¹**nigh** /naɪ/ [bn] ⟨vero; gew⟩ ① na(bij) ② vrekkig, krenterig
²**nigh** /naɪ/ [bw] ⟨vero; gew⟩ na(bij) ♦ *draw nigh* naken, naderbij komen; *nigh on 40* bijna 40; *well nigh* welhaast, bijkans, bijna

nigh

³nigh /naɪ/ → **near**

night /naɪt/ [telb zn] nacht, avond ♦ *night after night* avond aan avond; *all night (long)* heel de avond/nacht; *at night's* nachts, 's avonds; bij invallende avond; *before night* voor de avond valt, voor (het) donker; *by night's* nachts, 's avonds, bij avond, in het donker; *turn night into day* van de nacht een dag maken; *night and day/day and night* dag en nacht; *first night* première(avond), eerste avond; *vanish into the night* verdwijnen in de nacht/het duister; *last night* gisteravond, vannacht, afgelopen nacht; *night off* vrije avond; *night out* avondje uit; vrije avond; *spend the night with* overnachten bij, slapen bij/met, naar bed gaan met; *stay the night* blijven logeren/slapen ▪ ⟨inf⟩ *let's call it a night* laten we er (voor vanavond) een punt achter zetten; *make a night of it* nachtbraken, de hele nacht doorfeesten, een nachtje gaan stappen; *a night on the town* een avondje uit, een avondje stappen; ⟨inf⟩ *night!*, ⟨kind ook⟩ *night night!* goeienacht!, trusten!; ⟨sprw⟩ *if you sing before breakfast, you will cry before night/supper* die vandaag lacht zal morgen wenen, ± vogeltjes die vroeg zingen zijn voor de poes; ⟨sprw⟩ *red sky at night, shepherd's/sailor's delight; red sky in the morning, shepherd's/sailor's warning* des avonds rood, des morgens goed weer aan boord; morgenrood, water in de sloot

night·bell [telb zn] nachtbel, nachtschel ⟨bijvoorbeeld bij arts⟩

night·bird [telb zn] ① nachtvogel ② nachtbraker, nachtvogel

night-blind [bn; zn: night-blindness] nachtblind

night·boat [telb zn] nachtboot

night·cap [telb zn] ① nachtmuts, slaapmuts ② slaapmutsje

night·clothes [alleen mv] nachtgoed, nachtkleding, nachtkledij

¹night·club [telb zn] nachtclub

²night·club [onov ww] ▪ ⟨BE⟩ *go nightclubbing* (de) nachtclubs aflopen/afgaan/afschuimen

night crawler [telb zn] ⟨AE⟩ aardworm, aasworm

night depository [telb zn] ⟨AE⟩ nachtkluis

night·dress /naɪtdres/, **night-gown** /naɪtgaʊn/, ⟨inf⟩ **night·ie, night·y** /naɪti/ [telb zn] nachthemd, nachtpon, nachtjapon, nachtgewaad

night editor [telb zn] nachtredacteur

night·ery /naɪtəri/ [telb zn] nachtclub

night·fall [niet-telb zn] vallen van de avond, avondval

night fighter [telb zn] ⟨luchtv⟩ nachtjager

night glass [telb zn] nachtglas, nachtkijker

nightgown [telb zn] → **nightdress**

night hag [telb zn] nachtfeeks, nachtheks, nachtmerrie

night·hawk [telb zn] ① → **nightjar** ② ⟨dierk⟩ Amerikaanse nachtzwaluw ⟨*Chordeiles minor*⟩ ③ ⟨inf; vnl AE⟩ nachtbraker, nachtmens, nachtraaf

night heron [telb zn] ⟨dierk⟩ kwak ⟨*Nycticorax nycticorax*⟩

night·in·gale /naɪtɪŋgeɪl/ [telb zn] ① nachtegaal ② ⟨sl⟩ verklikker

night·jar [telb zn] ⟨dierk⟩ nachtzwaluw ⟨familie Caprimulgidae, in het bijzonder *Caprimulgus europaeus*⟩

night latch [telb zn] nachtslot

night letter [telb zn] nachttelegram

night·life [niet-telb zn] nachtleven, uitgaansleven

night·light [telb zn] nachtkaars, nachtlamp(je), nachtlicht(je)

night·line [telb zn] ⟨viss⟩ ('s nachts gebruikte) zetlijn

¹night·long [bn, attr] nachtelijk, een nacht lang, nacht-

²night·long [bw] nachtelijk, een nacht lang, 's nachts

¹night·ly /naɪtli/ [bn] nachtelijk, avondlijk, avond-, nacht-

²night·ly /naɪtli/ [bw] 's nachts/avonds, nachtelijk, avondlijk, elke nacht/avond

night·man /naɪtmən/ [telb zn; mv: nightmen] nachtwerker, beersteker, rioolruimer, secreetruimer

night·mare [telb zn] nachtmerrie

night·mar·ish /naɪtmeərɪʃ, ᴬ-merɪʃ/ [bn; bw: ~ly; zn: ~ness] nachtmerrieachtig

night-night /naɪtnaɪt/, **night-y-night** /naɪtinaɪt/ [tw] ⟨inf⟩ trusten, lekker slapies doen, welterusten

night nurse [telb zn] nachtzuster

night owl [telb zn] nachtuil, ⟨inf⟩ nachtbraker, nachtmens

night people [verzamelnn] ⟨sl⟩ ① nachtmensen ② nonconformisten

night porter [telb zn] nachtportier

night·rid·er [telb zn] ⟨gesch⟩ nachtelijke terrorist, wraakcommando, terreurverspreider ⟨voornamelijk in het zuiden van de USA⟩

night·robe [telb zn] nachthemd, nacht(ja)pon, nachtgewaad

nights /naɪts/ [bw] ⟨vnl AE⟩ 's nachts ♦ *work nights* 's nachts/'s avonds werken, nachtdienst hebben

night safe [telb zn] ⟨BE⟩ nachtkluis

night school [telb + niet-telb zn] avondschool

night·shade [telb zn] ⟨plantk⟩ nachtschade ⟨genus *Solanum*⟩

¹night shift [telb zn] ① nachtdienst ② nachthemd

²night shift [verzamelnn] nachtploeg

night·shirt [telb zn] nachthemd

night·side [telb zn] ① nachtzijde, achterkant van de maan/van een planeet ② donkere/verborgen/onbekende kant

night·sight [telb zn] nachtvizier

night soil [niet-telb zn] ⟨euf⟩ secreetmest, drek, beer

night·spot [telb zn] ⟨inf⟩ nachtclub, nachttent

night·stick [telb zn] ⟨AE⟩ wapenstok, (politie)knuppel, ⟨België⟩ matrak

night table ⟨AE vnl⟩ **night·stand** [telb zn] nachtkastje, nachttafeltje

night terror [niet-telb zn] het plotseling wakker schrikken

night·tide, night·time [niet-telb zn] nacht(elijk uur)

night·town [telb zn] nachtelijke stad, stad bij nacht

night viewer [telb zn] nachtkijker

night·walk·er [telb zn] ① nachtloper, nachtzwerver ② ⟨AE, gew⟩ aardworm, aasworm

¹night watch [telb zn] nachtwake ♦ *in the night watches* in het nachtelijk uur, tijdens de bange/doorwaakte nacht

²night watch [telb zn, verzamelnn] nachtwacht

night watchman [telb zn] ① nachtwaker ② ⟨cricket⟩ night watchman ⟨een minder goede batsman die laat in het spel wordt ingezet⟩

night·wear [niet-telb zn] nachtkleding, nachtkledij, nachtgoed

nighty [telb zn] → **nightdress**

nig·nog /nɪgnɒg, ᴬ-nɑg/ [telb zn] ⟨BE; sl; beled⟩ nikker, neger

ni·gres·cence /naɪgresns/ [niet-telb zn] ① (ver)zwarting, verdonkering ② zwartheid, donkerte

ni·gres·cent /naɪgresnt/ [bn] zwartig, tegen zwart aan, bijna zwart

nig·ri·tude /nɪgrɪtjuːd, ᴬ-tuːd/ [niet-telb zn] zwartheid

ni·hil·ism /naɪɪlɪzm/ [niet-telb zn] ⟨filos, gesch, pol⟩ nihilisme

ni·hil·ist /naɪɪlɪst/ [telb zn] ⟨filos, gesch, pol⟩ nihilist

ni·hil·is·tic /naɪɪlɪstɪk/ [bn] ⟨filos, gesch, pol⟩ nihilistisch

ni·hil·i·ty /naɪhɪləti/ [niet-telb zn] niets

ni·hil ob·stat /naɪɪl ɒbstæt, ᴬ-ɑb-/ [telb; geen mv] ⟨r-k⟩ nihil obstat ⟨ook figuurlijk⟩

-nik /nɪk/ ⟨inf, meestal pej/scherts⟩ ⟨vormt persoonsaanduidend zelfstandig naamwoord⟩ ♦ *beatnik* beatnik; *cinenik* cinefiel; *peacenik* vredesvoorstander; *nogoodnik* nietsnut

nil /nɪl/ [niet-telb zn] **nihil,** niets, nul ♦ ⟨BE; sport⟩ *three goals to nil,* ⟨BE; sport⟩ *three-nil;* ⟨BE; sport⟩ *3-0* drie tegen nul, drie-nul, 3-0

nil·gai /ˈnɪlɡaɪ/ [telb zn] ⟨dierk⟩ **nijlgau** ⟨soort antilope; Boselaphus tragocamelus⟩

nilly-willy → **willy-nilly**

Ni·lot·ic /naɪˈlɒtɪk, ᴬ-ˈlɑtɪk/ [bn] ① **de Nijl betreffende,** Nijl- ② **m.b.t. de (talen van de) niloten**

nim·ble /nɪmbl/ [bn; vergr trap: ook nimbler; bw: nimbly; zn: ~ness] ① **behendig,** vlug, wendbaar, vaardig, lichtvoetig ② **alert,** levendig, gevat, ad rem, spits

nim·bo·stra·tus /ˌnɪmboʊˈstrɑːtəs, ᴬ-ˈstreɪtəs, ᴬ-ˈstrætəs/ [telb zn; mv: ook nimbostrati /-taɪ/] ⟨meteo⟩ **nimbostratus,** dicht grijs wolkendek

nim·bus /ˈnɪmbəs/ [telb zn; mv: ook nimbi /-baɪ/] ① **nimbus,** stralenkroon, aura, aureool ② ⟨vero; meteo⟩ **nimbus,** regenwolk

¹**nim·by** /ˈnɪmbi/ [telb zn; ook Nimby; mv: ook nimbies] ⟨inf; vaak pej⟩ (not in my backyard) **niet-in-mijn-achtertuinprotesteerder** ⟨bijvoorbeeld tegen kerncentrales, huisvestingsprojecten in eigen buurt⟩

²**nim·by** /ˈnɪmbi/ [bn, attr; ook Nimby] ⟨inf; vaak pej⟩ (not in my backyard) **niet in mijn achtertuin** ⟨bijvoorbeeld doelend op kerncentrales, huisvestingsprojecten⟩, ± nee, ± bedankt ♦ *nimby syndrome* blijf-uit-mijn-buurtsyndroom

NiMH [telb zn] (nickel metal hybride) **NiMH-batterij** ⟨oplaadbare batterij⟩

ni·mi·e·ty /nɪˈmaɪəti/ [niet-telb zn] ⟨form⟩ **overdaad**

nim·i·ny-pim·i·ny /ˌnɪmɪnɪˈpɪmɪni/ [bn] **gemaakt,** geaffecteerd, tuttig, nuffig, precieus

¹**Nim·rod** /ˈnɪmrɒd, ᴬ-rɑd/ [eigenn] **Nimrod**

²**Nim·rod** /ˈnɪmrɒd, ᴬ-rɑd/ [telb zn; ook nimrod] **nimrod,** ⟨voortreffelijke⟩ jager

nin·com·poop /ˈnɪŋkəmpuːp/ [telb zn] ⟨vero⟩ **oelewapper,** druiloor, uilskuiken, druif, malloot

nine /naɪn/ [telw] **negen** ⟨ook voorwerp/groep ter waarde/grootte van negen⟩, ⟨i.h.b. AE; honkb⟩ **negental,** honkbalteam ♦ *nine children* negen kinderen; *from nine to five* van negen tot vijf, tijdens de kantooruren; ⟨sport⟩ *formed a nine* vormden een negental; *arranged in nines* per negen gerangschikt; *he made nine* hij maakte er negen; *at nine o'clock* om negen uur; *the (sacred) Nine* de muzen ⃞ ⟨BE⟩ *999* nationaal alarmnummer; ⟨Belgisch equivalent⟩ de honderd ⟨vroeger de negenhonderd⟩; *(up) to the nines* tot in de puntjes; *he was dressed (up) to the nines* hij was piekfijn gekleed

nine days' wonder [telb zn] **eendagsvlieg,** modeverschijnsel, gril, kortstondige rage, iets waar het nieuwtje snel van af is

nine·fold /ˈnaɪnfoʊld, ᴬ-foʊld/ [bn] **negenvoudig, negenhoekig, negenzijdig**

nine·pin [telb zn] **kegel**

nine·pins [niet-telb zn] **kegelen,** kegelspel

nine·teen /naɪnˈtiːn/ [telw] **negentien** ⟨ook voorwerp/groep ter waarde/grootte van negentien⟩

nine·teenth /naɪnˈtiːnθ/ [telw] **negentiende** ⃞ ⟨golf; scherts⟩ *the nineteenth* de bar van de club ⟨the 19th hole⟩

nine·ti·eth /ˈnaɪntiɪθ/ [telw] **negentigste**

nine-to-five [onov ww] ⟨inf⟩ **een vaste baan hebben**

nine-to-fiv·er /ˌnaɪntəˈfaɪvə, ᴬˌnaɪntəˈfaɪvər/, **nine-to-five** [telb zn] ⟨sl⟩ ① **iemand met een vaste baan** ② ⟨pej; scherts⟩ **betrouwbaar persoon** ③ ⟨inf⟩ **vaste baan**

nine·ty /ˈnaɪnti/ [telw] **negentig** ♦ *the gay nineties* de vrolijke jaren (achttien)negentig; *he was in his nineties* hij was in de negentig; *temperatures in the nineties* temperaturen boven de negentig (graden)

Ni·ne·vite /ˈnɪnəvaɪt/ [telb zn] **inwoner van Ninive,** Ninivieter

nin·ja /ˈnɪndʒə/ [telb zn] ⟨vechtsp⟩ **ninja,** schaduwkrijger

NINJA [afk] ⟨AE⟩ (no income, no job or assets) **zonder inkomen, werk of bezit** ⟨als kwalificatie voor een hypotheeklening met hoog risico⟩

nin·jut·su /nɪnˈdʒʊtsuː/, **nin·jit·su** /nɪnˈdʒɪtsuː/ [niet-telb zn] ⟨vechtsp⟩ **ninjutsu, ninjitsu** ⟨Japanse krijgskunst van de ninja⟩

nin·ny /ˈnɪni/ [telb zn] ⟨vero⟩ **imbeciel,** sukkel, onnozele hals, sufferd

ni·non /ˈniːnɒn, ᴬniːˈnɔ̃/ [niet-telb zn] **dunne (kunst)zijden/nylon stof** ⟨voor dameskleding⟩

ninth /naɪnθ/ [telw; bw: ~ly] **negende,** ⟨muz⟩ none ♦ *she is the ninth tallest of the class* ze is op acht na de grootste van de klas; *ninthly* ten negende, in/op de negende plaats

Ni·o·be·an /naɪˈoʊbiən/ [bn] **(zo)als Niobe,** ontroostbaar

ni·o·bi·um /naɪˈoʊbiəm/ [niet-telb zn] ⟨scheik⟩ **niobium** ⟨element 41⟩

¹**nip** /nɪp/ [telb zn; voornamelijk enk] ① **kneep,** neep, het knijpen, beet ② **steek,** vinnigheid, scherpe opmerking ③ **kou,** bijtende kou ♦ *there was a nip in the air* het was nogal fris(jes) ④ **beschadiging van planten door kou** ⑤ ⟨AE⟩ **pikante smaak** ⑥ **klein stukje,** snippertje ⑦ ⟨inf⟩ **slokje,** borrel ⃞ ⟨inf⟩ *nip and tuck* nek aan nek; kantje boord, een dubbeltje op z'n kant; ⟨inf⟩ *the game was nip and tuck till the last minute* het spel ging gelijk op tot de laatste minuut; ⟨inf⟩ *a nip and tuck* een cosmetische operatie, een schoonheidsoperatie, een facelift

²**nip** /nɪp/ [onov ww] ⟨inf⟩ ① ⟨BE⟩ **wippen,** snellen, vliegen, rennen ♦ *nip in* binnenwippen; naar links/rechts schieten; *I'll nip out and get it* ik wip even naar buiten om het te halen ② **pimpelen,** een slokje nemen; → **nipping**

³**nip** /nɪp/ [ov ww] ① **knijpen,** nijpen, beknellen, klemmen, bijten ♦ *nip in* innemen ⟨kleding⟩; *nip off* afknijpen, afhalen, dieven ⟨zijscheuten⟩ ② **bijten** ⟨van dier⟩ ♦ *nip at* happen naar ③ **in de groei stuiten,** in de kiem smoren ♦ *nip in the bud* in de kiem smoren ④ **beschadigen** ⟨van kou⟩ ⑤ **doen verkleumen** ⑥ ⟨sl⟩ **grissen,** gappen, achteroverdrukken; → **nipping**

¹**Nip** /nɪp/ [sl; pej] **jap**

²**Nip** /nɪp/ [bn] ⟨sl; pej⟩ **Japans**

¹**ni·pa** /ˈniːpə/ [telb zn] ⟨plantk⟩ **nipa(palm)** ⟨moeraspalm; Nipa frutitans⟩

²**ni·pa** /ˈniːpə/ [niet-telb zn] **palmwijn** ⟨van de nipapalm⟩

nip·per /ˈnɪpə, ᴬ-ər/ [telb zn] ① **nijper** ② ⟨inf⟩ **pimpelaar** ③ ⟨AE; dierk⟩ **lipvis** ⟨familie Labridae⟩ ④ ⟨BE; sl⟩ **koter,** peuter, jochie, meisje ⑤ **snijtand van paard** ⑥ **schaar** ⟨van kreeft⟩

nip·pers /ˈnɪpəz, ᴬ-ərz/ [alleen mv] ① **tang,** forceps, nijptang, buigtang ② ⟨sl⟩ **armbandjes,** handboeien

nip·ping /ˈnɪpɪŋ/ [bn, attr; tegenwoordig deelw van nip] **bijtend,** vinnig, scherp, sarcastisch

nip·ple /ˈnɪpl/ [telb zn] ① **tepel,** speen, tiet ② ⟨AE⟩ **speen** ⟨van zuigfles⟩ ③ **uitsteeksel,** verhoging, heuveltje ④ ⟨gesch⟩ **uitsteeksel van het geweerslot waarop het slaghoedje geplaatst werd** ⑤ **smeernippel** ⑥ ⟨AE⟩ **nippel,** paspijp

nip·ple·wort /ˈnɪplwɜːt, ᴬ-wɜrt/ [niet-telb zn] ⟨plantk⟩ **akkerkool** ⟨Lapsana communis⟩

Nip·pon /ˈnɪpɒn, ᴬnɪˈpɑn/ [eigenn] **Nippon,** Japan

nip·py /ˈnɪpi/ [bn; vergr trap: nippier; bw: nippily; zn: nippiness] ① ⟨BE; inf⟩ **vlug,** snel, rap ♦ *look nippy!* schiet op!, vlug wat! ② **fris(jes)** ⟨van kou⟩, beetje koud

ni·qab /nɪˈkɑːb/ [telb zn] **nikab,** gezichtssluier

NI·REX /ˈnaɪreks/ [afk] ⟨BE⟩ (Nuclear Industry Radioactive Waste Executive)

¹**nir·va·na** /nɪəˈvɑːnə, nɜː-, ᴬnɪr-, ᴬnɜr-/ [eigenn; voornamelijk Nirvana] **nirwana**

²**nir·va·na** /nɪəˈvɑːnə, nɜː-, ᴬnɪr-, ᴬnɜr-/ [telb + niet-telb zn; ook Nirvana] **gelukzaligheid,** hemel

Ni·sei /ˈniːseɪ/ [telb zn; mv: ook Nisei] **Japanner van de tweede generatie in USA**

ni·si /ˈnaɪsaɪ/ [bn, postnom] ⟨jur⟩ nisi, tenzij, onder/met opschortende voorwaarde ♦ *decree nisi* voorlopig vonnis van echtscheiding

ni·si pri·us /ˈnaɪsaɪ ˈpraɪəs/ [telb zn] ⟨jur⟩ behandeling van een civiele zaak door het Crown Court ⟨gerechtshof voor strafzaken⟩, behandeling van een civiele zaak door het hof van assisen ⟨geschiedenis⟩

Nis·sen hut /ˈnɪsn hʌt/ [telb zn] nissenhut ⟨tunnelvormige barak van gegolfd plaatijzer met een vloer van cement⟩

nit /nɪt/ [telb zn] **1** neet, luizenei **2** ⟨BE; inf⟩ imbeciel, idioot, stommeling, uilskuiken **3** ⟨sl⟩ nul (komma nul), niets

ni·te·ry /ˈnaɪtəri/ [telb zn] ⟨sl⟩ nachtclub

nit·pick /ˈnɪtpɪk/ [onov ww] ⟨inf⟩ muggenziften, vitten; → nitpicking

nit·pick·er /ˈnɪtpɪkə, ˆ-ər/ [telb zn] ⟨sl⟩ **1** muggenzifter, kommaneuker **2** betweter

¹nit·pick·ing /ˈnɪtpɪkɪŋ/ [niet-telb zn; gerund van nitpick] ⟨inf⟩ muggenzifterij, vitterij, haarkloverij

²nit·pick·ing /ˈnɪtpɪkɪŋ/ [bn; tegenwoordig deelw van nitpick] ⟨inf⟩ muggenzifterig, vitterig

¹ni·trate /ˈnaɪtreɪt, -trət/ [telb + niet-telb zn] ⟨scheik⟩ **1** nitraat ♦ *nitrate of lime* kalksalpeter **2** nitraatmeststof ⟨kalium- of natriumnitraat⟩

²ni·trate /ˈnaɪtreɪt, -trət/ [ov ww] ⟨scheik⟩ nitreren, behandelen met salpeterzuur

ni·tre, ⟨AE⟩ **ni·ter** /ˈnaɪtə, ˆnaɪtər/ [niet-telb zn] ⟨scheik⟩ salpeter, kalisalpeter, kaliumnitraat, salpeterzure potas

ni·tric /ˈnaɪtrɪk/ [bn, attr] ⟨scheik⟩ salpeter- ♦ *nitric acid* salpeterzuur, sterkwater; *nitric oxide* stikstofmonoxide

ni·tride /ˈnaɪtraɪd/ [telb zn] ⟨scheik⟩ nitride

ni·tri·fi·ca·tion /ˌnaɪtrɪfɪˈkeɪʃn/ [niet-telb zn] ⟨scheik⟩ nitrificatie, salpetervorming

ni·tri·fy /ˈnaɪtrɪfaɪ/ [ov ww] ⟨scheik⟩ nitrificeren, met stikstof behandelen, tot salpeter vormen

ni·trile /ˈnaɪtraɪl, -trɪl/ [telb + niet-telb zn] ⟨scheik⟩ nitril, cyanide

ni·trite /ˈnaɪtraɪt/ [telb + niet-telb zn] ⟨scheik⟩ nitriet

ni·tro /ˈnaɪtroʊ/ [niet-telb zn] ⟨inf⟩ (verk: nitroglycerin) nitroglycerine

ni·tro- /ˈnaɪtroʊ/ ⟨scheik⟩ nitro-

ni·tro·ben·zene /ˌnaɪtroʊˈbɛnziːn/ [niet-telb zn] ⟨scheik⟩ nitrobenzeen

ni·tro·cel·lu·lose /ˌnaɪtroʊˈsɛljʊloʊs, ˆ-ˈsɛljə-/ [niet-telb zn] ⟨scheik⟩ nitrocellulose, schietkatoen

ni·tro·chalk /ˈnaɪtroʊtʃɔːk/ [niet-telb zn] ⟨BE; scheik⟩ kalkammonsalpeter ⟨kunstmest⟩

ni·tro·com·pound [telb zn] ⟨scheik⟩ nitroverbinding

ni·tro·ex·plo·sive [telb zn] springstof vervaardigd met salpeterzuur

ni·tro·gen /ˈnaɪtrədʒən/ [niet-telb zn] ⟨scheik⟩ stikstof, nitrogenium ⟨element 7⟩

nitrogen cycle [niet-telb zn; the] stikstofkringloop

nitrogen fixation [niet-telb zn] stikstofbinding

ni·trog·e·nous /naɪˈtrɒdʒɪnəs, ˆ-ˈtrɑ-/ [bn] stikstofhoudend

ni·tro·glyc·er·ine, ni·tro·glyc·er·in /ˌnaɪtroʊˈɡlɪsərɪn, -riːn/ [niet-telb zn] ⟨scheik⟩ nitroglycerine, nitroglycerol

nitro group [telb zn] ⟨scheik⟩ nitrogroep

ni·tro·lime /ˈnaɪtrəlaɪm/ [niet-telb zn] ⟨scheik⟩ kalkstikstof ⟨calciumcyaanamide, gebruikt als kunstmest⟩

ni·tro·pow·der /ˈnaɪtroʊpaʊdə, ˆ-ər/ [niet-telb zn] springstof vervaardigd uit salpeterzuur

ni·trous /ˈnaɪtrəs/ [bn] ⟨scheik⟩ salpeterachtig ♦ *nitrous acid* salpeterigzuur; *nitrous oxide* lachgas

nit·ty-grit·ty /ˌnɪtiˈɡrɪti/ [niet-telb zn; the] kern, essentie ♦ *let's get down to the nitty-gritty* laten we nu de harde feiten eens bekijken

nit·wit /ˈnɪtwɪt/ [telb zn] ⟨inf⟩ imbeciel, idioot, stommeling, uilskuiken

nit·wit·ted [bn] ⟨inf⟩ imbeciel, idioot, stom, leeghoofdig

¹nix /nɪks/ [telb zn] nix, nikker ⟨watergeest in de Germaanse mythologie⟩

²nix /nɪks/ [niet-telb zn] ⟨sl⟩ niks, niets, noppes

³nix /nɪks/ [onov ww] ⟨sl⟩ *nix out* 'm smeren, ervandoor gaan, z'n biezen pakken

⁴nix /nɪks/ [ov ww] ⟨AE; sl⟩ een streep halen door, nee zeggen tegen

⁵nix /nɪks/ [bw] ⟨AE; sl⟩ nee

⁶nix /nɪks/ [tw] ⟨BE⟩ pas op!

nix·ie, ⟨in betekenis 2 ook⟩ **nix·y** /ˈnɪksi/ [telb zn] **1** nixe, nikker ⟨vrouwelijke watergeest in de Germaanse mythologie⟩ **2** ⟨AE; sl⟩ onbestelbaar poststuk

ni·zam /naɪˈzæm, ˆnɪˈzæm/ [telb zn; mv: nizam] Turks soldaat

Ni·zam [telb zn] ⟨gesch⟩ nizam ⟨vorst van Haiderabad, India⟩

NJ [afk] (New Jersey)

NL [afk] **1** (New Latin) **2** (north latitude) N. Br.

NLC [afk] (National Liberal Club)

NLP [afk] ⟨taalk⟩ (Natural Language Processing)

NLQ [afk] (Near Letter Quality)

NLRB [afk] (National Labor Relations Board)

nm [afk] **1** (nautical mile) **2** (nuclear magneton)

NM, N Mex [afk] (New Mexico)

NNE [afk] (north-northeast) N.N.O.

NNW [afk] (north-northwest) N.N.W.

¹no, noh /noʊ/ [telb zn; vaak No; mv: no, noh] no ⟨Japans klassiek toneel(spel)⟩

²no /noʊ/ [telb zn; mv: noes] **1** neen, ontkenning, weigering ♦ *my no is definite* mijn neen blijft neen **2** negatieve stem, neenstemmer, tegenstemmer ♦ *the noes had it* de meerderheid was tegen; *I won't take no for an answer* ik accepteer geen neen, je kunt niet weigeren; *twelve yesses to one no* twaald voor tegen een tegen

³no /noʊ/ [bw] **1** nee(n) ♦ *she is pretty, no a beautiful lady* ze is een aantrekkelijke, neen zelfs een mooie dame; *none will escape, no not one* niemand zal ontsnappen, neen, geen enkele; *oh no!* 't is niet waar!; *oh no, not again!* ach, toch niet weer/opnieuw!; *no!* neen toch!; ⟨inf⟩ *no can do* (ik) kan 't niet; *he didn't finish it* neen, hij heeft het niet afgemaakt; *no, that's impossible!* neen, dat kan toch niet!; *did you tell her? no I didn't* heb je het haar gezegd? neen **2** ⟨in sommige uitdrukkingen en algemeen in Schots-Engels⟩ niet, geenszins, in geen enkel opzicht ♦ *her cooking is no better than yours* zij kookt niet beter dan jij; ⟨SchE⟩ *he did no like to come* hij kwam niet graag; *this course is no different from that one* deze cursus verschilt in niets van die; *no mean thing* geen kleinigheid; *tell me whether or no you are coming* zeg me of je komt of niet; *no small victory* een grote overwinning; *he told her in no uncertain terms* hij zei het haar in duidelijke bewoordingen; ⟨iron⟩ *she came herself, no less* ze kwam in hoogsteigen persoon; *the mayor himself, no less* niemand minder dan de burgemeester (zelf)

⁴no /noʊ/ [onbep det] **1** geen, geen enkele, helemaal geen ♦ *there's no escaping* er is geen ontsnappen mogelijk; *that was no holiday but a nightmare* dat was helemaal geen vakantie maar een nachtmerrie; *no one man could do that* er is geen mens die dat in z'n eentje zou kunnen; *king or no king* koning of geen koning; *I'm no philosopher* ik ben geen filosoof; *there was no talking sense with her* je kon er niet mee praten; *no two were alike* er waren geen twee dezelfde **2** haast geen, bijna geen, heel weinig, een minimum van ♦ *it's no distance to the next town* de volgende stad is vlakbij; *in no time* in een (mini)mum van tijd ▸ zie: no-one

⁵no, No [afk] (number) nr. (nummer)

⁶no [afk] ⟨cricket⟩ (not out)

No [afk] **1** (north, northern) N. (noord) **2** (number) nr.

(nummer)

NOAA [afk] (National Oceanic and Atmospheric Administration (of the United States))

¹**no-account** [telb zn] ⟨AE, gew; inf⟩ vent van niets, nietsdoener, nietsnut(ter), onnut

²**no-account** [bn, attr] ⟨AE, gew; inf⟩ waardeloos, van niets, prullerig, onnut, nietsdoend

No·a·chi·an /noʊeɪkɪən/, **No·ach·ic** /-ækɪk, ᴬ-eɪkɪk/ [bn, attr] ① van (de tijd van) Noach/Noë ② uit de arke Noachs, ouderwets, verouderd

¹**No·ah's ark** /noʊəz ɑːk, ᴬ-ɑrk/ [telb zn] ① ark ⟨kinderspeelgoed⟩ ② grote/ouderwetse/moeilijk te hanteren koffer ③ groot/ouderwets/moeilijk te manoeuvreren voertuig, schuit ④ ⟨dierk⟩ (soort) arkschelp, ark van Noach ⟨Arca noae⟩

²**No·ah's ark** /noʊəz ɑːk, ᴬ-ɑrk/ [niet-telb zn] ⟨Bijb⟩ ark van Noach/Noë, arke Noachs/Noë's ⟨Gen. 5-9⟩

nob /nɒb, ᴬnɑb/ [telb zn] ⟨sl⟩ ① knikker ⟨hoofd⟩, kop, kanis ♦ ⟨kaartsp; cribbage⟩ *his nob* ± troefboer ② hoge ome/piet

¹**no-ball** [telb zn] ⟨cricket⟩ ① no-ball, tegen de regels gebowlde bal ② no-ball ⟨uitroep van scheidsrechter dat de aangooi niet reglementair is⟩

²**no-ball** [ov ww] ± *een no-ball geven,* verklaren dat een bal tegen de regels gebowld is ⟨persoon, bowler⟩

nob·ble /nɒbl, ᴬnɑbl/ [ov ww] ⟨BE, inf⟩ ① ⟨sport⟩ uitschakelen ⟨paard, hond; in het bijzonder door doping⟩, dopen, doping toedienen (aan) ② omkopen ③ aanschieten, aanklampen ⟨persoon⟩ ④ dwarsbomen, tegenwerken, verijdelen ⑤ gappen, kapen, jatten ⟨geld⟩ ⑥ vangen, grijpen, inrekenen ⟨misdadiger⟩

nob·bler /nɒblə, ᴬnɑblər/ [telb zn] ⟨BE; inf⟩ ① ⟨sport⟩ iemand die doping toedient ⟨aan paard, hond⟩ ② omkoper, bedotter ③ gapper, jatter ④ iemand die inrekent ⟨misdadiger⟩

nob·by /nɒbi, ᴬnɑbi/ [bn] ⟨sl⟩ chic, (piek)fijn, tiptop

no·bel·i·um /noʊbiːliəm, ᴬ-be-/ [niet-telb zn] ⟨scheik⟩ nobelium ⟨element 102⟩

No·bel Prize /noʊbel praɪz/ [telb zn] Nobelprijs ♦ *the Nobel Prize in (the field of) medicine* de Nobelprijs voor geneeskunde

no·bil·i·ary /noʊbɪliəri/ [bn, attr] adellijk, adel-, van adel ♦ *nobiliary particle* voorzetsel in adellijke familienaam ⟨als *von* in het Duits⟩

¹**no·bil·i·ty** /noʊbɪləti/ [niet-telb zn] ① adellijkheid, adeldom ② edelmoedigheid, adel, verhevenheid, voortreffelijkheid, nobelheid ♦ *with nobility* uit edelmoedigheid

²**no·bil·i·ty** /noʊbɪləti/ [niet-telb zn] ⟨verzamelw; met bw: ~ly⟩ adel, adelstand ♦ *marry into the nobility* met iemand van adel trouwen

¹**no·ble** /noʊbl/ [telb zn] ① edele, edelman, edelvrouw ② ⟨gesch⟩ nobel, rozennobel ⟨Engelse gouden munt⟩

²**no·ble** /noʊbl/ [bn; vergr trap: nobler; zn: ~ness] ① adellijk, van adel ② edel, edelaardig, edelmoedig, nobel ♦ *noble savage* edele wilde ③ prachtig, groots, statig, indrukwekkend, imposant, bewonderenswaardig ♦ *the noble art/science* de bokssport

³**no·ble** /noʊbl/ [bn, attr; vergr trap: nobler; zn: ~ness] ⟨scheik⟩ edel, inert, indifferent ♦ *noble gas* edelgas, inert/indifferent gas; *noble metal* edel metaal

no·ble·man /noʊblmən/ [telb zn; mv: noblemen /-mən/] edelman, pair ⟨lid van de Engelse adel⟩, edelman die zitting heeft in het Engels Hogerhuis

no·ble-mind·ed [bn; bw: noble-mindedly; zn: noble-mindedness] ① grootmoedig, met nobele inborst ② edelmoedig, onzelfzuchtig, gul

no·blesse /noʊbles/ [niet-telb zn] ① adel, adelstand ♦ *noblesse oblige* noblesse oblige, adeldom schept verplichtingen ② adellijkheid, adeldom

no·ble·wom·an [telb zn; mv: noblewomen] edelvrouw, dame van adel

no·bly /noʊbli/ [bw] ① → noble ② op grootmoedige/onzelfzuchtige/edelmoedige wijze ③ adellijk, met een adellijke titel ♦ *nobly born* van adel, van adellijke geboorte/afkomst

¹**no·bod·y** /noʊbədi, ᴬ-bɑdi, ᴬ-bədi/ [telb zn] onbelangrijk persoon, nul, niemendal ♦ *she's a mere nobody* zij is van geen belang/niemendal

²**no·bod·y** /noʊbədi, ᴬ-bɑdi, ᴬ-bədi/ [onbep vnw] niemand ♦ *I hurt nobody* ik heb niemand pijn gedaan · ⟨sl⟩ *nobody home!* hij/... is niet thuis! ⟨dom; verstrooid⟩; ⟨inf⟩ *he's nobody's socialist* hij is een socialistisch buitenbeentje, hij is een eigensoortig/zinnig socialist; ⟨sprw⟩ *everybody's business is nobody's business* allemans werk is niemands werk

no-brain·er [telb zn; voornamelijk enk] ① fluitje van een cent, koud kunstje, vanzelfsprekendheid, makkie ♦ *the job they offered me was more money and shorter hours, so that was a no-brainer, really* de baan die ze me aanboden betekende meer geld voor minder uren, dus daar hoefde ik niet lang over na te denken ② iem. zonder hersens, dombo

¹**nock** /nɒk, ᴬnɑk/ [telb zn] ⟨handboogschieten⟩ keep ⟨in een boog/pijl⟩, nok, hieltje, bekje

²**nock** /nɒk, ᴬnɑk/ [ov ww] ⟨handboogschieten⟩ ① kepen, inkepen, een keep maken in ⟨pijl, boog⟩ ② op de boog zetten ⟨pijl⟩

no-claim bonus, no-claims bonus [telb zn] no-claimkorting

no-confidence motion [telb zn] motie van wantrouwen

no-count → no-account

noc·tam·bu·lant /nɒktæmbjʊlənt, ᴬnɑktæmbjə-/ [bn] slaapwandelend, die slaapwandelt, slaapwandel-

noc·tam·bu·lism /nɒktæmbjʊlɪzm, ᴬnɑktæmbjə-/ [niet-telb zn] het slaapwandelen, noctambulisme, somnambulisme

noc·tam·bu·list /nɒktæmbjʊlɪst, ᴬnɑktæmbjə-/ [telb zn] slaapwandelaar(ster), noctambule, somnambule

nocti- /nɒkti, ᴬnɑkti/, **noct-** /nɒkt, ᴬnɑkt/ noct(i)-, nacht-, 's nachts ♦ *nocturnal* nachtelijk; *noctilucent* 's nachts lichtgevend; ⟨plantk⟩ *noctiflorous* 's nachts bloeiend

noc·ti·va·gant /nɒktɪvɪgənt, ᴬnɑk-/, **noc·ti·va·gous** /-gəs/ [bn] 's nachts rondzwervend

noc·tu·id /nɒktjʊɪd, ᴬnɑk-/ [telb zn] ⟨dierk⟩ uil(tje), nachtuil ⟨nachtvlinder; familie Noctuidae⟩

noc·tule /nɒktjuːl, ᴬnɑktʃuːl/ [telb zn] ⟨dierk⟩ rosse vleermuis ⟨genus Nyctalus⟩

noc·turn /nɒktɜːn, ᴬnɑktɜrn/ [telb zn] ⟨r-k⟩ nocturne ⟨hoofdbestanddeel der metten⟩

noc·tur·nal /nɒktɜːnl, ᴬnɑktɜrnl/ [bn; bw: ~ly] ⟨form of biol⟩ nachtelijk, nacht- ⟨ook biologie⟩ ♦ *nocturnal emission* pollutie ⟨onwillekeurige zaadlozing in de slaap⟩

noc·turne /nɒktɜːn, ᴬnɑktɜrn/ [telb zn] ① ⟨muz⟩ nocturne ② ⟨schilderk⟩ nachtstuk, nachttafereel

noc·u·ous /nɒkjʊəs, ᴬnɑk-/ [bn; bw: ~ly] ⟨form⟩ schadelijk, verderfelijk

¹**nod** /nɒd, ᴬnɑd/ [telb zn] ① knik(je), wenk(je) ♦ *be at s.o.'s nod* in iemands macht zijn, geheel van iemand afhangen; ⟨inf⟩ *get the nod* uitverkoren worden, toestemming krijgen, goedgekeurd worden; ⟨inf⟩ *give the nod* uitkiezen, toestemming geven, goedkeuren; *give (..) a nod* ⟨iemand toe⟩knikken; *be dependent on s.o.'s nod* in iemands macht zijn, geheel van iemand afhangen ② ⟨AE; sl⟩ roes ⟨van drugs⟩ ♦ *go on a nod* in een roes/bedwelmd/suf raken, buiten westen raken · ⟨AE; sl⟩ *collar a nod* een dutje/tukje doen; ⟨sl⟩ *dig (o.s.) a nod* een potje pitten; ⟨inf⟩ *on the nod* op de pof, op krediet; ⟨BE⟩ zonder discussie/formele stemming; ⟨sprw⟩ *a nod is as good as a wink (to a blind horse)* een goed verstaander heeft maar een half woord nodig

²**nod** /nɒd, ᴬnɑd/ [niet-telb zn] het knikken, het wenken

³**nod** /nɒd, ᴬnɑd/ [onov ww] ① knikken ⟨als groet, bevel⟩, ja

nod

knikken ⟨als goedkeuring⟩ ② **knikkebollen, indutten,** in slaap vallen ♦ ⟨inf⟩ *nod off* in slaap vallen, indutten ③ **suffen,** niet opletten, een fout(je) maken ④ **overhangen,** het kopje laten hangen ⟨bloem, plant⟩ ⑤ **dansen,** wippen ⟨veren⟩ ⑥ ⟨sl⟩ **in een roes/bedwelmd/suf zijn** ⟨door drugs⟩, buiten westen zijn ♦ *nod out* in een roes/buiten westen raken, bedwelmd/suf worden ⟨door drugs⟩ ▪ ⟨sprw⟩ *even Homer sometimes nods* ook Homerus slaapt weleens; → **nodding**

⁴**nod** /nɒd, ᴬnɑd/ [ov ww] ① **knikken met** ⟨hoofd⟩ ② **door knikken/wenken te kennen geven** ⟨goedkeuring, groet, toestemming⟩ ♦ *nod approval* ten teken van goedkeuring knikken, goedkeurend knikken; *nod a greeting* goedendag knikken ③ **wenken** ♦ *nod s.o. into a place* iemand naar binnen wenken; *nod s.o. out* iemand beduiden/wenken weg te gaan; → **nodding**

nod·al /noʊdl/ [bn, attr] ⟨wisk⟩ knoop-

nod·ding /nɒdɪŋ, ᴬnɑ-/ [bn, attr; tegenwoordig deelw van nod] ① **afhangend** ② **oppervlakkig** ♦ *have a nodding acquaintance with s.o.* iemand vaag/oppervlakkig kennen; *have a nodding acquaintance with sth.* een vage notie hebben van iets, vaag op de hoogte zijn van iets; *be on nodding terms with s.o.* iemand vaag/oppervlakkig kennen

¹**nod·dle** /nɒdl, ᴬnɑdl/ [telb zn] ⟨vero; BE; inf⟩ **knikker,** kop, hersenpan

²**nod·dle** /nɒdl, ᴬnɑdl/ [onov + ov ww] **herhaaldelijk knikken,** schudden ⟨hoofd⟩

nod·dy /nɒdi, ᴬnɑdi/ [telb zn] ① **sul,** simpele geest, sukkel ② ⟨dierk⟩ **noddy** ⟨genus Anous, tropische stern⟩

node /noʊd/ [telb zn] ① **knoest,** knobbel ② ⟨med⟩ **jichtknobbel,** gezwel ③ ⟨plantk, astron, natuurk, wisk, taalk, elek, comp⟩ **knoop,** knooppunt ④ ⟨comp⟩ **node** ⟨op een netwerk aangesloten computerterminal⟩

no·dose /noʊdoʊs/, **nod·u·lar** /nɒdjʊlə, ᴬnɑdʒələr/, **nod·u·lat·ed** /nɒdjʊleɪtɪd, ᴬnɑdʒəleɪtɪd/ [bn] **knoestig,** knobbelig, met knoesten/knobbels

no·dos·i·ty /noʊdɒsəti, ᴬ-dɑsəti/ [niet-telb zn] **knoestigheid,** knobbeligheid

nod·ule /nɒdjuːl, ᴬnɑdʒuːl/ [telb zn] ① **knoestje,** knobbeltje ② ⟨plantk⟩ **knoopje** ③ ⟨plantk⟩ **gezwel (als) van knolvoet** ⟨op wortels⟩ ④ ⟨anat⟩ **knobbeltje,** klein gezwel, klompje

no·dus /noʊdəs/ [telb zn; mv: nodi /-daɪ/] ① **netelig punt,** netelige situatie/kwestie, moeilijkheid ② **verwikkeling** ⟨in een verhaal⟩

no·el /noʊel/ [telb zn] **kerstlied**

No·el /noʊel/ [telb zn] ⟨form⟩ **Kerstmis,** kerst ⟨voornamelijk in kerstliederen⟩

¹**no·et·ic** /noʊetɪk/ [telb zn; vaak mv] **verstandsleer**

²**no·et·ic** /noʊetɪk/ [bn] ① **verstandelijk,** intellectueel, geestelijk, verstands- ② **abstract,** (alleen) verstandelijk kenbaar ③ **beschouwend,** bespiegelend, theoretiserend

no-fault [bn, attr] ⟨AE⟩ ± **(op basis) van/m.b.t. het niet-aansprakelijkheidsprincipe**

no-fly zone [telb zn] **verboden gebied** ⟨voor vliegtuigen⟩

no-frills, no-frill [bn, attr] **zonder franje,** zonder overbodigheden, kaal, eenvoudig

¹**nog** /nɒɡ, ᴬnɑɡ/ [telb zn] ① **houten pen** ② **houten blokje,** ⟨bouwk⟩ ingemetseld stuk hout ③ **knoest** ⟨van boom⟩

²**nog** /nɒɡ, ᴬnɑɡ/ [niet-telb zn] ① ⟨BE⟩ **zwaar bier** ⟨uit East Anglia⟩ ② ⟨verk: eggnog⟩ **flip,** (soort) advocaat

³**nog** /nɒɡ, ᴬnɑɡ/ [ov ww] ⟨bouwk⟩ ① **met pennen bevestigen** ② **met metselwerk opvullen** ⟨vakken in vakwerk⟩; → **nogging**

nog·gin /nɒɡɪn, ᴬnɑ-/ [telb zn] ① **kroesje,** mokje ② **noggin,** gill ⟨in het bijzonder sterkedrank; UK 0,142 l; USA 0,118 l⟩, ± slokje, ± glaasje ③ ⟨inf⟩ **knikker,** kop, hersenpan

nog·ging /nɒɡɪŋ, ᴬnɑ-/ [niet-telb zn; gerund van nog] ⟨bouwk⟩ **vakwerk,** metselwerk in houtwerk

¹**no-go** [bn] ⟨inf⟩ ① **slecht functionerend** ② **onaf,** niet klaar ③ **nutteloos,** vergeefs ④ **verboden,** niet toegestaan ♦ *singing was no-go there* zingen mocht daar niet/was er daar niet bij

²**no-go** [bn, attr] ⟨BE⟩ **verboden,** niet toegankelijk ⟨voor bepaalde groepen mensen⟩ ♦ *no-go area* verboden wijk/buurt/gebied ⟨voornamelijk in Noord-Ierland, voor Britse soldaten⟩

¹**no-good** [telb zn] ⟨inf⟩ **nietsnut**

²**no-good** [bn] ⟨inf⟩ **waardeloos**

no-growth [telb + niet-telb zn; ook attributief] **nulgroei** ♦ ⟨inf⟩ *a no-growth budget* een budget zonder verhoging

noh [telb zn] → **no¹**

no-hit·ter [telb zn] ⟨AE; honkb⟩ **no-hitter** ⟨wedstrijd waarbij een team niet het eerste honk kan bereiken⟩

no-hop·er [telb zn] ⟨AuE⟩ **vent van niets,** nietsnut, onnut

no·how [bw] ⟨inf⟩ ① ⟨scherts⟩ **op geen enkele manier,** helemaal niet, van geen kant ♦ *we couldn't find the thing nohow* we konden het ding helemaal nergens vinden ② ⟨gew⟩ **niet in zijn sas,** niet lekker, zijn draai niet hebbend, akelig, onwel ♦ *feel nohow* niet in zijn sas zijn; *look nohow* er pips uitzien

noil /nɔɪl/ [niet-telb zn] **kammeling** ⟨korte wolharen⟩

noils /nɔɪlz/ [alleen mv] **kammeling** ⟨korte wolharen⟩

¹**noise** /nɔɪz/ [telb zn] ① **geluid,** gerucht ♦ *hear funny noises/a strange noise* rare geluiden/een vreemd geluid horen; ⟨dram⟩ *noises off* geluiden van achter de coulissen ② ⟨sl⟩ **blaffer,** revolver

²**noise** /nɔɪz/ [telb + niet-telb zn] **lawaai,** leven, rumoer ♦ *not make any noise* geen lawaai maken ▪ ⟨inf⟩ *make a/some noise about sth.* luidruchtig klagen over iets, ergens een zaak van maken

³**noise** /nɔɪz/ [niet-telb zn] ① **lawaai,** geschreeuw ② ⟨sl⟩ **geklets,** onzin ③ ⟨techn⟩ **(ge)ruis,** storing

⁴**noise** /nɔɪz/ [onov ww] ① **kletsen,** veel praten ② ⟨vero⟩ **(veel) lawaai maken**

⁵**noise** /nɔɪz/ [ov ww; vaak passief] **ruchtbaar maken,** bekend/openbaar maken, aankondigen ♦ ⟨vero; vnl BE⟩ *noise about/around* openbaar maken, ruchtbaarheid geven aan; ⟨vero; vnl BE⟩ *it is being noised abroad that* het gerucht loopt/gaat dat

noise abatement [niet-telb zn] **bestrijding van geluidshinder**

noise·less /nɔɪzləs/ [bn; bw: ~ly; zn: ~ness] **geruisloos,** stil, zonder lawaai/geluid/rumoer

noise level [telb + niet-telb zn] **geluidsniveau,** lawaainiveau

noise·mak·er [telb zn] ① **herriemaker** ② ⟨benaming voor⟩ **iets dat herrie maakt,** ratel, toeter, knalerwt, rotje

noise pollution [niet-telb zn] **geluidshinder,** lawaai(hinder)

noise reducer [telb zn] **ruisonderdrukker,** ± dolby ⟨op cassetterecorder e.d.⟩

nois·es /nɔɪzɪz/ [alleen mv] **klanken,** geluiden, uitlatingen ♦ *make polite noises* beleefd reageren; *make sympathetic/encouraging noises* gunstig reageren, zich gunstig/aanmoedigend uitlaten ▪ *make noises* laten doorschemeren, bedekt te kennen geven

noi·sette /nwɑːzet, ᴬnwə-/ [telb zn] ① ⟨plantk⟩ **noisette** ⟨soort roos⟩ ② **klein stukje vlees,** blokje

noi·some /nɔɪsm/ [bn; bw: ~ly; zn: ~ness] ⟨form⟩ ① **schadelijk,** ongezond, verderfelijk ② **stinkend,** kwalijk/walgelijk riekend ③ **walgelijk,** laakbaar, aanstootgevend

nois·y /nɔɪzi/ [bn; vergr trap: noisier; bw: noisily; zn: noisiness] ① **lawaaierig,** luidruchtig, (veel) lawaai makend, druk, gehorig ② **schreeuwend** ⟨bijvoorbeeld kleur, kleding⟩

no·li-me-tan·ge·re /noʊli meɪ tæŋɡəreɪ/ [telb zn] ① **noli me tangere** ⟨waarschuwing tegen aanraking/bemoeiing; letterlijk raak me niet aan⟩ ② ⟨fig⟩ **kruidje-roer-**

mij-niet, ± heilige koe, ± heilig huisje ⟨personen en zaken⟩ ③ ⟨rel⟩ ⟨benaming voor⟩ afbeelding van Christus ⟨zoals hij aan Maria Magdalena verscheen bij het graf; Joh. 20:17⟩ ④ ⟨vero; med⟩ lupus, wolf ⟨huidaandoening⟩

nol·le pros·e·qui /nɒli prɒsɪkwaɪ, ᴬnɑli prɑ-/ [telb zn] ⟨jur⟩ intrekking van (deel van) de aanklacht, ± seponering, ± ontslag van rechtsvervolging

no·load [bn] ⟨handel⟩ zonder commissie

no·lo con·ten·de·re /noʊloʊ kɒntɛndəri/ [telb zn] ⟨AE; jur⟩ verklaring van het afzien van ontkennen, ± schuldigverklaring, ± erkenning van de feiten

nol pros [afk] ⟨nolle prosequi⟩

nol-pros /nɒlprɒs, ᴬnɑlprɑs/ [ov ww] ⟨jur⟩ de aanklacht intrekken (d.m.v. een 'nolle prosequi')

nom [afk] (nominative)

¹no·mad /noʊmæd/ [telb zn] ① nomade ② zwerver ⟨ook figuurlijk⟩

²no·mad /noʊmæd/, **no·mad·ic** /noʊmædɪk/ [bn, attr; bw: ~ically] ① nomadisch, als (van) een nomade, nomaden- ② (rond)zwervend

no·mad·ism /noʊmædɪzm/ [niet-telb zn] ① nomadenleven ② zwerversbestaan

no·mad·ize /noʊmædaɪz/ [onov ww] ① een nomadenleven leiden ② een zwerversbestaan leiden

no man's land [telb zn; voornamelijk enk] niemandsland, no man's land ⟨ook figuurlijk; leger⟩

nom de guerre /nɒm də gɛə, ᴬnɑm də gɛr/ [telb zn; mv: noms de guerre /nɒm(z)-, ᴬnɑm(z)/] pseudoniem, schuilnaam

nom de plume /nɒm də pluːm, ᴬnɑm-/ [telb zn; mv: noms de plume /nɒm(z)-, ᴬnɑm(z)-/] nom de plume, pseudoniem, schuilnaam ⟨van schrijver⟩

nome /noʊm/ [telb zn] ① ⟨gesch⟩ provincie ⟨in Egypte⟩, gouw ② provincie ⟨in Griekenland⟩

no·men·cla·tor /noʊmənkleɪtə, ᴬ-kleɪtər/ [telb zn] ① ⟨gesch⟩ nomenclator ⟨slaaf die bezoekers aankondigde in het oude Rome⟩ ② ⟨voornamelijk biologie, scheikunde⟩ nomenclator

¹no·men·cla·ture /noʊmənklætʃə, ᴬnoʊmənkleɪtʃər/ [telb zn] naamregister, namenlijst, nomenclator

²no·men·cla·ture /noʊmənklætʃə, ᴬnoʊmənkleɪtʃər/ [telb + niet-telb zn] ① nomenclatuur, naamgeving ② ⟨jur⟩ terminologie ③ ⟨jur⟩ systematische naamgeving

¹nom·i·nal /nɒmɪnl, ᴬnɑ-/ [telb zn] ⟨taalk⟩ nomen, naamwoord, nominale groep

²nom·i·nal /nɒmɪnl, ᴬnɑ-/ [bn] ① ⟨taalk⟩ nominaal, naamwoordelijk, (als) van een naamwoord ♦ *nominal phrase* bijzin in de functie van een zelfstandig naamwoord ② (als) van een naam, op naam, naam(s)-, nominaal, met name (genoemd) ♦ *nominal definition* woordverklaring, naamsverklaring ③ in naam (alléén), theoretisch, niet echt, slechts formeel ♦ *nominal partner* vennoot in naam (alléén); ⟨fin, handel⟩ *nominal price* indicatieprijs, geïndiceerde koers; nominale waarde, pariwaarde; *nominal ruler* heerser in naam (alléén) ④ zogoed als geen, miniem, niet noemenswaardig, onbetekenend, symbolisch ⟨bijvoorbeeld bedrag⟩ ♦ *at (a) nominal price* voor een spotprijs; *nominal rent* zogoed als geen huur, een symbolisch huurbedrag ⑤ naamgevend, met namen, naam- ♦ *nominal list/roll* namenlijst ⑥ ⟨ec⟩ nominaal ♦ *nominal value* nominale waarde ⑦ ⟨letterk, taalk⟩ nominaal, met (te) veel naamwoorden ⑧ ⟨vnl AE⟩ gepland, zoals voorzien ⑨ ⟨boekh⟩ *nominal accounts* inkomsten-en-uitgavenrekening; ⟨ec⟩ *nominal capital* maatschappelijk/vennootschappelijk kapitaal

nom·i·nal·ism /nɒmɪnəlɪzm, ᴬnɑ-/ [niet-telb zn] ⟨filos⟩ nominalisme

nom·i·nal·ist /nɒmɪnəlɪst, ᴬnɑ-/ [telb zn] ⟨filos⟩ nominalist

nom·i·nal·ly /nɒmɪnəli, ᴬnɑ-/ [bw] ① → **nominal**

② slechts in naam, niet echt ③ symbolisch

nom·i·nate /nɒmɪneɪt, ᴬnɑ-/ [ov ww] ① kandidaat stellen, (als kandidaat) voordragen ♦ *nominate s.o. for President/the Presidency* iemand voordragen als presidentskandidaat/voor het presidentschap ② benoemen ♦ *nominate s.o. to an office* iemand in een ambt benoemen; *nominate s.o. to be/as* iemand benoemen tot ③ noemen

¹nom·i·na·tion /nɒmɪneɪʃn, ᴬnɑ-/ [telb zn] ① kandidaatstelling, voordracht, nominatie ♦ *place s.o.'s name in nomination* iemand op de nominatie/voordracht plaatsen, iemand voordragen ② benoeming, nominatie

²nom·i·na·tion /nɒmɪneɪʃn, ᴬnɑ-/ [niet-telb zn] ① het voordragen, voordracht, kandidaatstelling ② benoemingsrecht, nominatie

¹nom·i·na·tive /nɒm(ɪ)nətɪv, ᴬnɑm(ɪ)nətɪv/ [telb zn] ⟨taalk⟩ nominatief, eerste naamval, onderwerpsvorm

²nom·i·na·tive /nɒm(ɪ)nətɪv, ᴬnɑm(ɪ)nətɪv/ [bn] ① voorgedragen, op de voordracht ♦ *nominative principles* voorgedragen stelregels ② benoemd ③ op naam ♦ *nominative shares* aandelen op naam ④ ⟨taalk⟩ nominatief- ♦ *nominative case* nominatief, eerste naamval

nom·i·na·tor /nɒmɪneɪtə, ᴬnɑmɪneɪtər/ [telb zn] ① voordrager ② (be)noemer

nom·i·nee /nɒmɪniː, ᴬnɑ-/ [telb zn] ① voorgedragene, kandidaat ② benoemde ③ ⟨fin⟩ toonder ④ ⟨fin⟩ gevolmachtigde ⟨die onder geheimhouding van opdrachtgever beurstransacties verricht⟩

nom·o- /nɒmoʊ, ᴬnɑ-/ nomo-, wet(s)-, recht(s)- ♦ *nomothetic* nomothetisch, wetgevend

nom·o·gram /nɒməgræm, ᴬnɑ-/, **nom·o·graph** /-grɑːf, ᴬ-græf/ [telb zn] ⟨wisk⟩ nomogram

no·mog·ra·phy /nəmɒgrəfi, ᴬ-mɑ-/ [niet-telb zn] ⟨wisk⟩ nomografie

no·mus·cle [bn, attr] krachteloos

-no·my /nəmi/ -nomie ♦ *autonomy* autonomie

non- /nɒn, ᴬnʌn/ non-, niet(-), on-, a- ♦ *nonflammable* onbrandbaar; *non-aggression* non-agressie

non·ab·stain·er /nɒnəbsteɪnə, ᴬnɑnəbsteɪnər/ [telb zn] persoon die (wel) alcohol drinkt, niet-onthouder

non·ac·cess /nɒnækses, ᴬnʌn-/ [telb zn] ⟨jur⟩ onmogelijkheid van geslachtsgemeenschap ⟨bij vaderschapsonderzoek⟩

non·a·chiev·er [telb zn] ⟨vnl AE⟩ iemand die niets presteert, nul, non-valeur, mislukkeling, ⟨i.h.b. onderw⟩ zakker

non·ad·dict /nɒnædɪkt, ᴬnʌn-/ [telb zn] niet-verslaafde drugsgebruiker

non·ad·dict·ing /nɒnədɪktɪŋ, ᴬnʌn-/, **non·ad·dict·ive** /-tɪv/ [bn] niet verslavend ⟨van drugs⟩, geen gewenning veroorzakend

non-aer·o·sol [bn, attr] zonder drijfgas, freonvrij

non·age /noʊnɪdʒ, ᴬnɑ-/ [niet-telb zn] ⟨vnl jur⟩ minderjarigheid, onrijpheid, onvolwassenheid

non·a·ge·nar·i·an /noʊnədʒɪnɛərɪən, ᴬ-nɛrɪən/ [telb zn; ook attributief] negentiger, negentigjarige ⟨tussen 90 en 99 jaar oud⟩

non·ag·gres·sion /nɒnəgreʃn, ᴬnʌn-/ [niet-telb zn] non-agressie, (belofte van) het niet aanvallen

nonaggression pact, nonaggression agreement, nonaggression treaty [telb zn] non-agressiepact, niet-aanvalsverdrag, niet-aanvalspact

non·a·gon /nɒnəgɒn, ᴬnɑnəgɑn/ [telb zn] negenhoek

non·al·co·hol·ic /nɒnælkəhɒlɪk, ᴬnɑnælkəhɑlɪk/ [bn] alcoholvrij, niet-alcoholisch

non·a·ligned /nɒnəlaɪnd, ᴬnʌn-/ [bn] ⟨pol⟩ niet gebonden, neutraal ⟨land, politiek⟩

non·a·lign·ment /nɒnəlaɪnmənt, ᴬnʌn-/ [niet-telb zn] ⟨pol⟩ het neutraal-zijn/niet-gebonden-zijn, niet-gebondenheid

no·name [telb zn] wit artikel ⟨tegenover merkartikel⟩,

no-name

huismerk
no-name [bn, attr] onbekend, huis-, wit ⟨van merk⟩
non·ap·pear·ance /nɒnəpɪərəns, ᴬnɑnəpɪr-/ [telb zn] ⟨vnl jur⟩ het niet (ter zitting) verschijnen, afwezigheid, verstek, ontstentenis
¹**non·a·ry** /noʊnəri/ [telb zn] negental
²**non·a·ry** /noʊnəri/ [bn, attr] ⟨wisk⟩ negentallig, van negen ⟨bijvoorbeeld schaal⟩
non·as·sert·ive /nɒnəsɜːtɪv, ᴬnɑnəsɜrtɪv/ [bn; bw: ~ly] ⟨taalk⟩ niet bevestigend ⟨zin, woord e.d.⟩
non·a·vail·a·bil·i·ty /nɒnəveɪləbɪləti, ᴬnɑnəveɪləbɪləti/ [niet-telb zn] het niet-beschikbaar-zijn
non·bel·lig·er·ent /nɒnbɪlɪdʒərənt, ᴬnɑn-/ [telb zn; ook attributief] niet oorlogvoerende partij, ⟨mv⟩ non-belligerenten
non·can·di·da·cy /nɒnkændɪdəsi, ᴬnɑn-/ [telb zn] het niet-kandidaat-zijn
non·can·di·date /nɒnkændɪdət, ᴬnɑnkændɪdeɪt/ [telb zn] niet-kandidaat, iemand die zijn kandidatuur (nog) niet heeft gesteld/wil stellen
nonce /nɒns, ᴬnɑns/ [telb zn] ① ⟨vnl enkelvoud, the⟩ moment, ogenblik, keer ♦ ⟨form⟩ *for the nonce* voor het ogenblik, voorlopig; voor de gelegenheid ② ⟨sl; gevangenen⟩ ⟨benaming voor⟩ iemand die seksueel misdrijf heeft gepleegd, verkrachter, kinderlokker
nonce word [telb zn] gelegenheidswoord, ad hoc gevormd woord, hapax legomenon
non·cha·lance /nɒnʃələns, ᴬnɑnʃəlɑns/ [telb zn] nonchalance, onverschilligheid, nalatigheid, achteloosheid
non·cha·lant /nɒnʃələnt, ᴬnɑnʃəlɑnt/ [bn; bw: ~ly] nonchalant, onverschillig, nalatig, achteloos
non·claim /nɒnkleɪm, ᴬnɑn-/ [telb zn] ⟨jur⟩ verzuim om binnen wettelijke periode een eis in te stellen
non·col·leg·i·ate /nɒnkəliːdʒɪət, ᴬnɑn-/ [bn] ① niet verbonden aan een 'college' ② zonder 'college'
non·com /nɒnkɒm, ᴬnɑnkɑm/ [telb zn] ⟨mil⟩ (verk: noncommissioned officer) onderofficier
non·com·bat·ant /nɒnkɒmbətənt, ᴬnɑnkəmbætnt/ [telb zn; ook attributief] non-combattant, niet-strijder
non·com·mis·sioned /nɒnkəmɪʃnd, ᴬnɑn-/ [bn, attr] ⟨mil⟩ zonder officiersaanstelling ♦ *noncommissioned officer* onderofficier
non·com·mit·tal /nɒnkəmɪtl, ᴬnɑnkəmɪtl/ [bn; bw: ~ly] neutraal, (opzettelijk) vaag, vrijblijvend, tot niets verbindend, zich niet blootgevend, een slag om de arm houdend ⟨antwoord⟩, nietszeggend ⟨gelaatsuitdrukking⟩
non·com·mit·ted /nɒnkəmɪtɪd, ᴬnɑnkəmɪtɪd/ [bn] niet gebonden, neutraal ⟨bijvoorbeeld land⟩
non·com·pli·ance /nɒnkəmplaɪəns, ᴬnɑn-/ [niet-telb zn] het niet-inschikkelijk-zijn, weigering, niet nakoming, het zich niet houden aan
non com·pos men·tis /nɒnkɒmpɒsmentɪs, ᴬnɑnkɑmpɑsmentɪs/ [bn, pred] ⟨jur⟩ niet gezond van geest, ± niet toerekeningsvatbaar, ± niet handelingsbekwaam
non·con·duct·ing /nɒnkəndʌktɪŋ, ᴬnɑn-/ [bn] ⟨techn⟩ niet geleidend, isolerend
non·con·duc·tor /nɒnkəndʌktə, ᴬnɑnkəndʌktər/ [telb zn] ⟨techn⟩ niet-geleider, niet-geleidend materiaal, isolator
non·con·form·ist /nɒnkənfɔːmɪst, ᴬnɑnkənfɔrmɪst/ [telb zn; vaak attributief] ① non-conformist ② ⟨rel⟩ iemand die niet akkoord gaat met de leer van een gevestigde kerk/staatskerk
Non·con·form·ist /nɒnkənfɔːmɪst, ᴬnɑnkənfɔrmɪst/ [telb zn; vaak attributief] ⟨rel⟩ niet-anglicaans protestant
non·con·form·i·ty /nɒnkənfɔːməti, ᴬnɑnkənfɔrməti/
non·con·form·ism /-fɔːmɪzm, -fɔr-/ [niet-telb zn] ① ⟨rel⟩ non-conformiteit, non-conformistische principes ② non-conformisme, het zich niet schikken/regelen/voegen ③ gebrek aan overeenkomst/overeenstemming
non·con·tent /nɒnkəntent, ᴬnɑn-/ [telb zn] ⟨BE⟩ tegenstem(mer), stem tegen ⟨in het Hogerhuis⟩
non·con·ten·ti·ous /nɒnkəntenʃəs, ᴬnɑn-/ [bn] niet controversieel, (waarschijnlijk) onbetwistbaar, onbetwist, niet aangevochten
non·con·trib·u·tor·y /nɒnkəntrɪbjʊtri, ᴬnɑnkəntrɪbjətɔri/ [bn] zonder premiebetaling ⟨bijvoorbeeld pensioenregeling⟩
non·co·op·er·a·tion /nɒnkoʊɒpəreɪʃn, ᴬnɑnkoʊɑpəreɪʃn/ [telb zn] ① het niet samenwerken, weigering van medewerking ② ⟨pol⟩ non-coöperatie ⟨bijvoorbeeld van Gandhi⟩
non·de·grad·a·ble /nɒndɪɡreɪdəbl, ᴬnɑn-/ [bn] niet (chemisch) afbreekbaar
non·de·li·ver·y /nɒndɪlɪvri, ᴬnɑn-/ [telb zn] ① het niet leveren ⟨van goederen⟩, niet-levering ② het niet bezorgen ⟨van brief⟩, niet-bestelling, verlies
non·de·nom·i·na·tion·al /nɒndɪnɒmɪneɪʃnəl, ᴬnɑndɪnɑmɪneɪʃnəl/ [bn] ⟨rel⟩ niet gebonden aan een kerkgenootschap, niet confessioneel, onkerkelijk
¹**non·de·script** /nɒndɪskrɪpt, ᴬnɑn-/ [telb zn] ① niet te beschrijven persoon/zaak ② nietszeggend iemand/iets
²**non·de·script** /nɒndɪskrɪpt, ᴬnɑn-/ [bn] ① non-descript, niet/moeilijk te beschrijven, onopvallend, onbestemd ② nietszeggend, onbeduidend
non·dis·pos·a·ble /nɒndɪspoʊzəbl, ᴬnɑn-/ [bn] die/dat niet weggegooid kan worden, met statiegeld, niet-wegwerp- ⟨van product e.d.⟩
¹**non·dom** [telb zn] ⟨BE; ec⟩ (non-domiciled resident) niet-ingezetene, niet-resident ⟨persoon die in Groot-Brittannië woont, maar er geen belasting betaalt⟩
²**non·dom** [bn] ⟨BE; ec⟩ niet-ingezeten, niet-resident ⟨van persoon die in Groot-Brittannië woont, maar er geen belasting betaalt⟩
non·domiciled [bn] ⟨ec⟩ niet-ingezeten, niet-resident ⟨van persoon die in Groot-Brittannië woont, maar er geen belasting betaalt⟩
non·drink·er /nɒndrɪŋkə, ᴬnɑndrɪŋkər/ [telb zn] niet-drinker ♦ *be a non-drinker* geen alcohol drinken
non·dri·ver /nɒndraɪvə, ᴬnɑndraɪvər/ [telb zn] niet-rijder
non·du·ra·bles /nɒndjʊərəblz, ᴬnɑndʊrəblz/ [alleen mv] verbruiksgoederen, consumptiegoederen
¹**none** /nʌn/ [onbep vnw] ① geen (enkele), geen ervan, geen van hen, niemand, niets ♦ *I'll have none of your tricks* ik moet niets hebben van jouw streken; *there is none left* er is niets meer over; *none of the students* niemand van de studenten; *none other than the President* niemand minder dan de President, de President zelf/in hoogst eigen persoon; *I want none of him* ik wil met hem niets te maken hebben; *none were there to meet him* niemand was hem komen afhalen ② geen zulke, er geen, helemaal geen ♦ *make a hero of one who is none* een held maken van iemand die er geen is; *scholars we are none* geleerden zijn wij niet; *a leaking roof is better than none* een lekkend dak is beter dan helemaal geen dak ③ ⟨vero⟩ helemaal niet, niets van ♦ *thou art none of my father* gij zijt helemaal niet mijn vader
²**none** /nʌn/ [bw] helemaal niet, niet erg, niet veel, niet al ♦ *she's none too bright* ze is niet al te slim; *she was none the wiser* ze was er niets wijzer op/van geworden; *they were none too rich* ze waren helemaal niet rijk ⚫ zie: **nonetheless**
non·earth·ly /nɒnɜːθli, ᴬnɑnɜrθli/ [bn] buitenaards
¹**non·ef·fec·tive** /nɒnɪfektɪv, ᴬnɑn-/ [telb zn] ⟨mil⟩ niet tot het effectief behorend militair
²**non·ef·fec·tive** /nɒnɪfektɪv, ᴬnɑn-/ [bn] ① ondoeltreffend, niet effectief ② ⟨mil⟩ niet effectief, niet tot het effectief behorend, niet inzetbaar, niet werkelijk
non·e·go /nɒniːɡoʊ, -eɡoʊ/ ᴬnɑniːɡoʊ, ᴬ-eɡoʊ/ [telb zn]

⟨filos⟩ **non-ego,** nicht-ich ⟨alle ik-vreemde ervaringen⟩

¹**non·en·ti·ty** /nɒnentəti, ᴬnanentəti/ [telb zn] **onbetekenend(e) persoon/zaak,** nul, onbeduidendheid, onbeduidende persoon, nietszeggend persoon

²**non·en·ti·ty** /nɒnentəti, ᴬnanentəti/ [niet-telb zn] [1] **het niet bestaan** [2] **het onbetekenend-zijn/onbeduidend-zijn** ♦ *sink into nonentity* opgaan/ondergaan in de anonimiteit

nones /nounz/ [alleen mv] [1] **negende dag voor de ides** ⟨Romeinse kalender⟩ [2] ⟨r-k⟩ **nonen** [3] ⟨r-k⟩ **tijd/dienst van de nonen**

non·es·sen·tial /nɒnɪsenʃl, ᴬnan-/ [bn] **niet essentieel,** niet wezenlijk/werkelijk, onbelangrijk

nonesuch [telb zn] → **nonsuch**

¹**no·net** /nounet/ [telb zn] ⟨muz⟩ **nonet,** negenstemmig stuk

²**no·net** /nounet/ [verzameln] [1] ⟨muz⟩ **nonet** ⟨ensemble⟩ [2] ⟨natuurk⟩ **groep van negen kerndeeltjes**

none·the·less /nʌnðəles/ [bw] **(desal)niettemin,** echter, evenwel, toch

non-Eu·clid·e·an /nɒnjuːklɪdɪən, ᴬnanju-/ [bn] ⟨wisk⟩ **niet-euclidisch** ⟨meetkunde⟩

non·e·vent /nɒnɪvent, ᴬnan-/ [telb zn] ⟨inf⟩ **afknapper**

non·ex·ist·ent /nɒnɪgzɪstənt, ᴬnan-/ [bn] **niet-bestaand**

non·fea·sance /nɒnfiːzns, ᴬnan-/ [jur] **nalatigheid,** plichtsverzaking

non·fer·rous /nɒnferəs, ᴬnan-/ [bn] **niet-ijzer(houdend),** non-ferro(-)

non·fic·tion /nɒnfɪkʃn, ᴬnan-/ [niet-telb zn] ⟨boek⟩ **non-fiction,** ⟨oneig⟩ niet-literair

non·fi·nan·cial /nɒnfɪnænʃl, ᴬnan-/ [bn, attr] ⟨AuE⟩ **contributie niet betaald hebbend** ♦ *non-financial member* lid dat contributie niet betaald heeft, lid dat niet bij is met betaling van contributie

non·flam /nɒnflæm, ᴬnan-/, **non·flam·ma·ble** /-əbl/, **non·in·flam·ma·ble** /-ɪn-/ [bn] **onbrandbaar**

non·flush·ing [bn] **zonder (water)spoeling** ⟨van wc⟩

nong /nɒŋ, ᴬnɑŋ/ [telb zn] ⟨AuE; inf⟩ **oen,** stommeling, uilskuiken, domkop, sufkop

non·grad·ed /nɒngreɪdɪd, ᴬnan-/ [bn] [1] **niet voorzien van een graad,** ongegradeerd, ongesorteerd, zonder categorie [2] ⟨AE; onderw⟩ **niet verdeeld in niveaugroepen/klassen**

non·hu·man /nɒnhjuːmən, ᴬnan(h)juːmən/ [bn] **niet menselijk,** niet tot het menselijk ras behorend

No·ni juice /nounidʒuːs/ [niet-telb zn] **nonisap**

no·nil·lion /nounɪlɪən/ [telb zn] [1] ⟨BE⟩ **noniljoen** (10^{54}) [2] ⟨AE⟩ **quintiljoen** (10^{30})

non·in·dict·a·ble /nɒnɪndaɪtəbl, ᴬnɒnɪndaɪtəbl/ [bn] ⟨jur⟩ **niet vervolgbaar**

non·in·ter·fer·ence /nɒnɪntəfɪərəns, ᴬnanɪntərfɪrəns/, **non·in·ter·ven·tion** /-venʃn/ [telb zn] **non-interventie** ⟨ook politiek⟩, het niet tussenbeide komen

non·in·tox·i·cat·ing /nɒnɪntɒksɪkeɪtɪŋ, ᴬnɒnɪntɑksɪkeɪtɪŋ/ [bn] **niet bedwelmend,** zonder alcohol

non·in·volve·ment /nɒnɪnvɒlvmənt, ᴬnanɪnvɑlvmənt/ [niet-telb zn] **niet-inmenging**

non·i·ron /nɒnaɪən, ᴬnanaɪərn/ [bn] **no-iron,** zelfstrijkend

no·ni·us /nounɪəs/ [telb zn] **nonius,** latje als hulpschaalverdeler

non·join·der /nɒndʒɔɪndə, ᴬnandʒɔɪndər/ [telb zn] ⟨jur⟩ **verzuim waardoor men niet tot de partij behoort**

non·ju·ring /nɒndʒʊərɪŋ, ᴬnandʒʊrɪŋ/ [bn] **de eed weigerend,** ⟨i.h.b. gesch⟩ die weigert de eed van trouw aan Willem III en Maria af te leggen ⟨1689; van geestelijke⟩

non·ju·ror /nɒndʒʊərə, ᴬnandʒʊrər/ [telb zn] **iemand die een eed weigert,** eedweigeraar, ⟨gesch; i.h.b. Nonjuror⟩ iemand die weigerde de eed van trouw aan Willem III en Maria af te leggen ⟨1689; van geestelijke⟩

non·ju·ry /nɒndʒʊəri, ᴬnandʒʊri/ [bn, attr] ⟨jur⟩ **(berecht) zonder jury**

non·lead /nɒnled, ᴬnan-/, **non·lead·ed** /-ledɪd/ [bn, attr] ⟨techn⟩ **zonder lood,** niet loodhoudend, loodvrij

non·le·thal /nɒnliːθl, ᴬnan-/ [bn] **niet-dodelijk**

non·lin·e·ar /nɒnlɪnɪə, ᴬnanlɪnɪər/ [bn] ⟨wisk⟩ **niet-lineair**

non·line com·mu·ni·ty [niet-telb zn] ⟨comp⟩ niet op het internet aangesloten personen

non·log·i·cal /nɒnlɒdʒɪkl, ᴬnanlɑdʒɪkl/ [bn] **niet logisch**

non·mar·ket e·con·o·my [telb zn] **geleide economie**

non·mem·ber /nɒnmembə, ᴬnanmembər/ [telb zn] **niet-lid**

non·mem·ber·ship /nɒnmembəʃɪp, ᴬnanmembərʃɪp/ [niet-telb zn] **het niet-lid-zijn**

non·met·al /nɒnmetl, ᴬnanmetl/ [telb zn] ⟨scheik⟩ **niet-metaal**

non·me·tal·lic /nɒnmɪtælɪk, ᴬnan-/ [bn] **niet metallisch** ⟨ook scheikunde⟩

non·mor·al /nɒnmɒrəl, ᴬnanmɔrəl/ [bn] **amoreel**

non·nat·u·ral /nɒnnætʃrəl, ᴬnan-/ [bn] **niet natuurlijk**

non·nu·cle·ar /nɒnnjuːklɪə, ᴬnannuːklɪər, ᴬ-nuːkjələr/ [bn, attr] **niet nucleair,** ⟨i.h.b. biol, atoomfysica⟩ niet atoom-

no-no [telb zn] ⟨AE; sl⟩ **taboe** ♦ *that's a no-no* dat mag niet

non·ob·ser·vance /nɒnəbzɜːvəns, ᴬnanəbzɜr-/ [niet-telb zn] **het niet-in-acht-nemen,** het verwaarlozen, schending

no-non·sense [bn, attr] [1] **ernstig,** zakelijk, praktisch, no-nonsense, nuchter [2] **zonder tierelantijntjes/franjes** ⟨bijvoorbeeld jurk⟩

non·pa·reil /nɒnpərel, ᴬnan-/ [telb zn] [1] ⟨ook attributief⟩ **weergaloze persoon/zaak,** uniek iets/iemand, toonbeeld van volmaaktheid, onvergelijkelijke persoon/zaak [2] ⟨drukw⟩ **nonpareille, nonparel** ⟨kleine drukletter ter grootte van zes punten⟩ [3] ⟨drukw⟩ **gegoten regel ter grootte van zes punten** [4] **bonbon/flikje met suikerkristalletjes**

non-parole period [telb zn] ⟨jur⟩ **deel van vonnis** ⟨zonder aftrek van remissies⟩ **in detentie door te brengen** ⟨voordat vrijlating in aanmerking komt voor parool⟩

non·par·ty /nɒnpɑːti, ᴬnanpɑrti/ [bn, attr] ⟨pol⟩ **niet aan een partij gebonden**

non·pay·ment /nɒnpeɪmənt, ᴬnan-/ [telb zn] **wanbetaling,** het niet betalen

non·per·son /nɒnpɜːsn, ᴬnanpɜrsn/ [telb zn] **niemand,** iemand wiens bestaan genegeerd wordt/die doodgezwegen wordt, onpersoon

non·play·ing /nɒnpleɪɪŋ, ᴬnan-/ [bn, attr] ⟨vnl sport⟩ **niet-spelend** ♦ *nonplaying captain* niet-spelende aanvoerder

¹**non·plus** /nɒnplʌs, ᴬnan-/ [telb zn] **verlegenheid,** verbijstering, verwarring, nauw, klem ♦ *at a nonplus* verbijsterd, verward, onthutst, in het nauw gedreven, perplex; *reduce to a nonplus* in verlegenheid brengen, in het nauw drijven/brengen, perplex doen staan

²**non·plus** /nɒnplʌs, ᴬnan-/ [ov ww] **in verlegenheid brengen,** in het nauw drijven, perplex doen staan

non pos·su·mus /nɒnpɒs(j)uːməs, ᴬnanpɑs(j)əməs/ [telb zn] ⟨jur⟩ **± verklaring van onmacht** ⟨tot handelen in een bepaalde zaak⟩

non·prof·it /nɒnprɒfɪt, ᴬnanprɑfɪt/, ⟨AE ook⟩ **not-for-profit** [bn] **zonder winstbejag**

non·prof·it·mak·ing [bn] [1] **niet commercieel,** die/dat geen winst maakt [2] ⟨BE⟩ → **nonprofit**

non·pro·lif·er·a·tion /nɒnprəlɪfəreɪʃn, ᴬnan-/ [niet-telb zn] [1] ⟨vaak attributief⟩ **non-proliferatie** ⟨van kernwapens⟩ [2] **niet-vermeerdering,** niet-verspreiding, het voor-

nonproliferation treaty

komen van woekering
non·pro·lif·er·a·tion trea·ty [telb zn] **non-proliferatieverdrag,** kernstopverdrag, verdrag tegen kernproliferatie
non·rec·og·ni·tion /ˌnɒnrekəgnɪʃn, ˆnɑn-/ [niet-telb zn] **het niet erkennen**
non·re·cur·rent /ˌnɒnrɪkʌrənt, ˆnɑnrɪkɜrənt/ [bn] **eenmalig** ♦ *nonrecurrent allowance* eenmalige uitkering
non·res·i·dent /ˌnɒnrezɪdənt, ˆnɑn-/ [telb zn; ook attributief] ⟨benaming voor⟩ **persoon die niet verblijft** ⟨in bepaald land of bepaalde plaats; Brits-Engels ook in hotel⟩, niet-ingezetene, vreemdeling, forens, in het buitenland verblijvende, bezoeker ⟨van een hotel⟩ ♦ *nonresident student* externe, niet-inwonende student
non·re·sis·tance /ˌnɒnrɪzɪstəns, ˆnɑn-/ [niet-telb zn] 1 **passieve gehoorzaamheid** 2 **het niet-resistent-zijn** 3 **geweldloosheid**
non·re·stric·tive /ˌnɒnrɪstrɪktɪv, ˆnɑn-/ [bn] **niet restrictief** ⟨ook taalkunde⟩, zonder voorbehoud, niet beperkend, uitbreidend
non·re·turn·a·ble /ˌnɒnrɪtɜːnəbl, ˆnɑnrɪtɜrnəbl/ [bn] ± **zonder statiegeld**
¹**non·rig·id** /ˌnɒnrɪdʒɪd, ˆnɑn-/ [bn] **buigbaar,** niet stijf/strak/star
²**non·rig·id** /ˌnɒnrɪdʒɪd, ˆnɑn-/ [bn, attr] ⟨techn⟩ **niet van het stijve type** ⟨luchtschip, luchtvaartuig⟩
¹**non·sense** /ˌnɒnsns, ˆnɑnsens/ [telb + niet-telb zn] ⟨ook attributief⟩ **onzin,** nonsens, gekheid, flauwekul, dwaasheid, klets(praat) ♦ *make nonsense of,* ⟨BE ook⟩ *make a nonsense of* verijdelen, tenietdoen, het effect/resultaat bederven van; *stand no nonsense* geen gekheid/flauwekul dulden, geen gekheid verdragen; *talk nonsense* onzin uitkramen; *what nonsense,* ⟨BE ook⟩ *what a nonsense* (wat een) flauwekul ▫ *there is no nonsense about him* het is een ernstige kerel/vent uit één stuk, hij weet wat hij wil; *nonsense!* flauwekul!, nonsens!, geklets!
²**non·sense** /ˌnɒnsns, ˆnɑnsens/ [niet-telb zn] 1 **nonsensversjes, nonsenspoëzie** 2 **prullaria,** waardeloos spul
non·sen·si·cal /ˌnɒnsensɪkl, ˆnɑn-/ [bn; bw: ~ly] **onzinnig,** ongerijmd, absurd, dwaas, gek, zot
non seq [afk] (non sequitur)
non se·qui·tur /ˌnɒn sekwɪtə, ˆnɑn sekwɪtər/ [telb zn] ⟨form⟩ 1 ⟨log⟩ **non sequitur,** onlogische gevolgtrekking 2 **bewering waarop geen redelijk/aanvaardbaar antwoord is**
non·sex·u·al /ˌnɒnsekʃʊəl, ˆnɑn-/ [bn] **niet seksueel/geslachtelijk,** geslachtloos
non-shrink /ˌnɒnʃrɪŋk, ˆnɑn-/ [bn] **krimpvrij**
non-skid /ˌnɒnskɪd, ˆnɑn-/ [bn] **niet-slippend,** antislip-⟨van autoband⟩
non-smok·er /ˌnɒnsməʊkə, ˆnɑnsmoʊkər/ [telb zn] 1 **niet-roker** 2 ⟨BE⟩ **coupé voor niet-rokers,** niet-roken(coupé)
non-smok·ing [bn] **niet-rokend,** bestemd voor niet-rokers ♦ *non-smoking area* zone voor niet-rokers, niet-roken(zone)
non-speak·ing /ˌnɒnspiːkɪŋ, ˆnɑn-/ [bn] (stil)zwijgend ♦ *a non-speaking role* een stille rol
non-stan·dard /ˌnɒnstændəd, ˆnɑnstændərd/ [bn] **niet-standaard** ⟨ook taalkunde⟩, non-standaard, niet in overeenstemming met de norm, niet gangbaar
non-start·er /ˌnɒnstɑːtə, ˆnɑnstɑrtər/ [telb zn; voornamelijk enk] ⟨BE; inf⟩ 1 ⟨paardsp⟩ (ingeschreven) **niet-gestart paard** 2 ⟨fig⟩ **kansloze persoon/zaak,** waardeloos iets/iemand
non-stick /ˌnɒnstɪk, ˆnɑn-/ [bn] **die/dat aanbakken tegengaat,** (met een) antiaanbak(laag), tefal-
¹**non-stop** /ˌnɒnstɒp, ˆnɑnstɑp/ [telb zn] 1 **doorgaande trein** 2 **vlucht zonder tussenlandingen**
²**non-stop** /ˌnɒnstɒp, ˆnɑnstɑp/ [bn; bw] **non-stop,** zonder te stoppen, doorgaand ⟨trein⟩, zonder tussenlandingen

⟨vlucht⟩, direct ⟨verbinding⟩, doorlopend ⟨voorstelling⟩
non·such, none·such /ˈnʌnsʌtʃ/ [telb zn; voornamelijk enk; ook attributief] ⟨form⟩ 1 **weergaloze persoon/zaak,** uniek iemand/iets, toonbeeld van volmaaktheid 2 ⟨plantk⟩ **hopklaver** ⟨Medicago lupulina⟩
¹**non-suit** /ˌnɒnsuːt, ˆnɑn-/ [telb zn] ⟨jur⟩ **royering,** afwijzing van een aanklacht
²**non-suit** /ˌnɒnsuːt, ˆnɑn-/ [ov ww] ⟨jur⟩ ± **de eis ontzeggen,** een eis niet ontvankelijk verklaren
non-tar·iff /ˌnɒntærɪf, ˆnɑn-/ [bn] **non-tarifair** ♦ *nontariff barriers* non-tarifaire handelsbelemmeringen ⟨bijvoorbeeld als gevolg van verschillen in veiligheidseisen of andere regels⟩
non-trade /ˌnɒntreɪd, ˆnɑn-/ [bn, attr] **niet-handels-** ♦ *nontrade accounts* niet-handelsrekeningen ⟨op betalingsbalans⟩
non-tra·di·tion·al /ˌnɒntrədɪʃnəl, ˆnɑn-/ [bn, attr] **niet-traditioneel,** niet gebruikelijk
non-U /ˌnɒnjuː, ˆnɑn-/ [bn] ⟨vnl BE; inf; scherts⟩ **niet gebruikelijk bij de hogere standen** ⟨bijvoorbeeld van woord, uitdrukking⟩
non-un·ion /ˌnɒnjuːniən, ˆnɑn-/ [bn, attr] 1 **niet aangesloten bij een vakbond,** ⟨België⟩ niet gesyndikeerd 2 **niet in verband met een vakvereniging,** geen vakbonds-
non-un·ion·ist /ˌnɒnjuːniənɪst, ˆnɑn-/ [telb zn] **iemand die geen lid is van een vakbond,** niet-lid, niet-aangeslotene, ⟨België⟩ niet-gesyndikeerde
non-us·er /ˌnɒnjuːzə, ˆnɑnjuːzər/ [telb zn] ⟨jur⟩ **niet-uitoefening** ⟨van recht⟩, verbeuring
non-ver·bal /ˌnɒnvɜːbl, ˆnɑnvɜrbl/ [bn; bw: ~ly] **niet-verbaal** ⟨communicatie⟩
non-vi·o·lence /ˌnɒnvaɪələns, ˆnɑn-/ [niet-telb zn] ⟨vnl pol⟩ **geweldloosheid**
non-vi·o·lent /ˌnɒnvaɪələnt, ˆnɑn-/ [bn; bw: ~ly] **geweldloos** ⟨demonstratie e.d.⟩
non-vot·ing /ˌnɒnvəʊtɪŋ, ˆnɑnvoʊtɪŋ/ [bn] 1 **niet-stemmend** 2 ⟨fin⟩ **zonder stemrecht** ♦ *non-voting shares* aandelen zonder stemrecht
¹**non-white** /ˌnɒnwaɪt, ˆnɑnhwaɪt/ [telb zn] **niet-blanke**
²**non-white** /ˌnɒnwaɪt, ˆnɑnhwaɪt/ [bn] **niet blank**
non-work·ing /ˌnɒnwɜːkɪŋ, ˆnɑnwɜrkɪŋ/ [bn] **niet-werkend**
¹**noo·dle** /ˈnuːdl/ [telb zn] 1 ⟨vnl mv⟩ (soort eier)**vermicelli,** (soort) mi, noedels 2 **uilskuiken,** domkop, ezel 3 ⟨sl⟩ **kop,** knikker, knar
²**noo·dle** /ˈnuːdl/ [onov + ov ww] ⟨sl⟩ 1 (over)**denken,** (be)studeren 2 ⟨muz⟩ (zomaar (wat)) **improviseren**
nook /nʊk/ [telb zn] ⟨vnl scherts⟩ 1 **hoek(je)** ♦ ⟨inf⟩ *search every nook and cranny* in elk hoekje en gaatje/overal zoeken 2 **veilig(e) plek(je),** rustig(e)/verborgen hoek(je), schuilhoek
¹**nook·y, nook·ey, nook·ie** /ˈnʊki/ [telb zn] ⟨sl⟩ 1 (lekker) **stuk** 2 **kut**
²**nook·y, nook·ey, nook·ie** /ˈnʊki/ [telb + niet-telb zn] ⟨sl⟩ **partijtje vrijen,** potje neuken
³**nook·y** /ˈnʊki/ [bn] **hoekig**
¹**noon** /nuːn/ [telb + niet-telb zn; ook attributief] 1 **middag(uur),** twaalf uur 's middags 2 **hoogtepunt**
²**noon** /nuːn/ [onov ww] ⟨AE, gew⟩ 1 **het middagmaal gebruiken** 2 **'s middags rusten**
noon·day, noon·tide, noon·time [niet-telb zn; ook attributief] **middag** ♦ *the noonday sun* de middagzon
no-one /ˈnəʊwʌn/ [onbep vnw] **niemand** ♦ *there was no-one at home* er was niemand thuis
noon·ing /ˈnuːnɪŋ/ [telb + niet-telb zn] ⟨AE, gew⟩ 1 **middagmaal,** twaalfuurtje 2 **middagslaapje** 3 **middagpauze**
¹**noose** /nuːs/ [telb zn] 1 **lus,** strik, strop, schuifknoop 2 **val(strik),** hinderlaag 3 **huwelijksband**
²**noose** /nuːs/ [ov ww] 1 **strikken,** in een strik/strop/lus

vangen, verstrikken ② **strikken, lussen** ⟨touw, koord⟩
③ **opknopen**, ophangen
noov, noove /nuːv/ [telb zn; vaak mv] ⟨inf⟩ **nouveau riche**, nieuwe rijke, parvenu
nop [afk] (not otherwise provided for)
NOP [afk] (National Opinion Poll)
no·pal /nˈoʊpl/ [telb zn] ⟨plantk⟩ ① **nopal** ⟨genus Nopalea⟩, ⟨vaak⟩ cochenillecactus ⟨Nopalea coccinellifera⟩ ② ⟨soort⟩ **vijgcactus** ⟨Opuntia lindheimeri⟩
nope /noʊp/ [tw] ⟨inf⟩ **nee**, nee hoor
no place [bw] ⟨vnl AE; inf⟩ **nergens**
¹**nor** /nɔː, ˄nɔr/ [bw] ⟨BE⟩ **evenmin**, ook niet ♦ *it didn't cost much and/but nor was it palatable* het kostte niet veel en/maar het was dan ook niet te pruimen
²**nor** /nɔː, ˄nɔr/ [ondersch vw; na vergrotende trap] ⟨SchE of gew⟩ **dan**, als ♦ *taller nor John* groter dan John
³**nor** /nɔː, ˄nɔr/ [nevensch vw; in negatieve constructies] ① ⟨voor volgende element van een reeks, in het bijzonder na neither⟩ **noch**, en ook niet, en evenmin ♦ *I don't like you, nor your brother, nor your friends* ik mag jou niet, noch je broer, noch je vrienden; *neither Jill nor Sheila* noch Jill noch Sheila; *she was not ill, nor did she seem unhappy* ze was niet ziek en ze leek ook niet ongelukkig ② ⟨zelden⟩ **en niet** ♦ *repent nor look back* heb geen spijt en zie niet om ③ ⟨als eerste element van een reeks⟩ ⟨vero⟩ **noch** ♦ *nor Jill nor Sheila appealed to him* hij vond noch Jill noch Sheila aantrekkelijk ④ ⟨in dubbele of meervoudige ontkenning substandaard⟩ **niet** ♦ *I cannot nor I will not consent* ik kan niet en ik wil niet toegeven
nor'- /nɔː, ˄nɔr/ [afk] (north)
¹**Nor·dic** /nˈɔːdɪk, ˄nɔr-/ [telb zn] **Noord-Europeaan**, Scandinaviër
²**Nor·dic** /nˈɔːdɪk, ˄nɔr-/ [bn, attr] ① **noords**, Noord-Europees, Scandinavisch ② ⟨ook nordic⟩ ⟨sport⟩ **noords** ⟨langlauf, skispringen⟩ ♦ *Nordic cross-country* langlaufen; ⟨België⟩ fondskiën; *Nordic skiing* het noordse skiën ⟨langlauf en schansspringen⟩
Nordic combined [niet-telb zn] ⟨sport⟩ **noordse combinatie**, noordse combiné ⟨schanssprong- en langlaufwedstrijd⟩
Nor·folk jack·et /nˈɔːfək dʒækɪt, ˄nɔr-/ [telb zn] **jasje** ⟨los herenjasje met een rij knopen, ceintuur, zakken en dubbele plooien voor en achter⟩
Norfolk plover [telb zn] ⟨dierk⟩ **griel** ⟨Burhinus oedicnemus⟩
no·ri·a /nˈɔːrɪə/ [telb zn] **noria**, ± kettingmolen ⟨met emmers/bakjes⟩
nor·land /nˈɔːlənd, ˄nɔr-/ [niet-telb zn; ook Norland] ⟨BE; form⟩ **noordelijke streken**
¹**norm** /nɔːm, ˄nɔrm/ [telb zn] ① **norm**, standaard, regel, richtsnoer ② **(verwachte) gemiddelde**
²**norm** [afk] (normal)
¹**nor·mal** /nˈɔːml, ˄nɔrml/ [telb zn] ① **het normale** ② **gemiddelde** ③ **normale temperatuur** ④ ⟨wisk⟩ **normaal**, loodlijn
²**nor·mal** /nˈɔːml, ˄nɔrml/ [niet-telb zn] **normale/gewone toestand/hoogte** ♦ *above/below normal* boven/onder het normale
³**nor·mal** /nˈɔːml, ˄nɔrml/ [bn; bw: ~ly] ① **normaal** ⟨ook psychologie⟩, gewoon, typisch, standaard, overeenkomstig de regel ② ⟨wisk⟩ **loodrecht**, volgens de normaal/loodlijn ⓖ ⟨geol⟩ *normal fault* afschuiving
⁴**nor·mal** /nˈɔːml, ˄nɔrml/ [bn, attr] ⟨scheik⟩ **normaal-** ⟨oplossing⟩
nor·mal·i·ty /nɔːmˈæləti, ˄nɔrmˈæləti/, ⟨vnl AE ook⟩ **nor·mal·cy** /nˈɔːmlsi, ˄nɔr-/ [niet-telb zn] **normaliteit** ⟨ook scheikunde⟩, het normaal-zijn, het gewoon-zijn, normale/gewone toestand, het overeenstemmen met de norm
nor·mal·i·za·tion, nor·mal·i·sa·tion /ˌnɔːməlaɪzˈeɪʃn, ˄nɔrmələ-/ [niet-telb zn] ⟨ook boek, techn⟩ **normalisatie**

¹**nor·mal·ize, nor·mal·ise** /nˈɔːməlaɪz, ˄nɔr-/ [onov ww] **normaal worden**
²**nor·mal·ize, nor·mal·ise** /nˈɔːməlaɪz, ˄nɔr-/ [ov ww] ① **normaliseren** ⟨ook boekwezen⟩, in overeenstemming brengen met een norm, normaal maken ♦ *normalize relations* de betrekkingen herstellen, de betrekkingen weer normaal maken ② ⟨techn⟩ **normaalgloeien** ⟨staal⟩
normal school [telb zn] **pedagogische academie**, kweekschool, ⟨België⟩ (lagere) normaalschool voor onderwijzers/onderwijzeressen ⟨o.a. in Frankrijk, en voorheen in de USA en Canada⟩
¹**Nor·man** /nˈɔːmən, ˄nɔr-/ [eigenn] ① **Norman** ② ⟨gesch⟩ **Normandisch Frans** ⟨taal⟩
²**Nor·man** /nˈɔːmən, ˄nɔr-/ [telb zn] ① **Normandiër** ② **Noorman**
³**Nor·man** /nˈɔːmən, ˄nɔr-/ [niet-telb zn] ⟨bouwk⟩ **Normandische (rondboog)stijl**, romaans
⁴**Nor·man** /nˈɔːmən, ˄nɔr-/ [bn] **Normandisch** ♦ *Norman architecture* Normandische (rondboog)stijl, romaanse bouwkunst/stijl (in Groot-Brittannië); *the Norman Conquest* de verovering (van Engeland) door de Normandiërs ⟨1066⟩; *Norman English* Normandisch Engels; *Norman French* Normandisch Frans
Nor·man·ism /nˈɔːmənɪzm, ˄nɔr-/ [telb zn] **typisch Normandisch(e) iets/gewoonte/neiging**
Nor·man·i·za·tion, Nor·man·i·sa·tion /ˌnɔːmənaɪzˈeɪʃn, ˄nɔrmənə-/ [niet-telb zn] **het Normandisch maken/worden**
¹**Nor·man·ize, Nor·man·ise** /nˈɔːmənaɪz, ˄nɔr-/ [onov ww] **Normandisch worden**
²**Nor·man·ize, Nor·man·ise** /nˈɔːmənaɪz, ˄nɔr-/ [ov ww] **Normandisch maken**
nor·ma·tive /nˈɔːmətɪv, ˄nɔrmətɪv/ [bn; bw: ~ly; zn: ~ness] **normatief**, bindend
Norn /nɔːn, ˄nɔrn/ [telb zn; mv: ook Nornir /nˈɔːnɪə, ˄nɔrnɪr/] **een der Nornen**, schikgodin ⟨uit de Germaanse mythologie⟩
¹**Norse** /nɔːs, ˄nɔrs/ [eigenn] ① **Noors**, de Noorse taal ② **Scandinaafs**, de Scandinavische talen
²**Norse** /nɔːs, ˄nɔrs/ [verzameln; the] **Scandinaviërs**, ⟨vaak⟩ Noren, Oud-Noren
³**Norse** /nɔːs, ˄nɔrs/ [bn] ① **Scandinavisch**, ⟨vaak⟩ (Oud-)Noors ② **West-Scandinavisch**, Noors, IJslands, Faeroers ③ **Noorweegs, Noors**
Norse·man /nˈɔːsmən, ˄nɔrs-/ [telb zn; mv: Norsemen /-mən/] ⟨gesch⟩ **Noorman**
¹**north** /nɔːθ, ˄nɔrθ/ [niet-telb zn; in bet 1 soms the; in bet 2 en bet 3 altijd the; vaak North] ① **noorden** ⟨windrichting⟩, noord ♦ *face (the) north* op het noorden liggen; *north and south* langs een lijn van noord naar zuid; *(to) the north of* ten noorden van, noordwaarts van; ⟨fig⟩ hoger/meer dan; *where is (the) north?* waar is het noorden? ② **het noorden** ⟨van, land/wereld⟩, ⟨Amerikaanse gesch⟩ oostelijke staten ten noorden van Washington DC, ⟨Engeland⟩ het noorden van Engeland ⟨vanaf de lijn Manchester-Hull⟩, het (rijke/ontwikkelde) noorden ⟨m.n. Noord-Amerika en Europa⟩ ③ ⟨bridge⟩ **noord** ♦ *love all, dealer north* noord geeft, niemand kwetsbaar ④ **noordenwind**
²**north** /nɔːθ, ˄nɔrθ/ [bn, attr; vaak North] **noord(-)**, noorden-, noorder-, noordelijk, noordwaarts ♦ *North Britain* Schotland; *North Korea* Noord-Korea; *a north light* licht uit het noorden, noordelijk licht ⟨in atelier, fabriek enz.⟩; *North Atlantic Treaty Organization* Noord-Atlantische Verdragsorganisatie; *the North Pole* de Noordpool; *the North Sea* de Noordzee; *the North Star* de Poolster
³**north** /nɔːθ, ˄nɔrθ/ [onov ww] **naar het noorden draaien/gaan/keren** ⟨van de wind⟩
⁴**north** /nɔːθ, ˄nɔrθ/ [bw] **noordwaarts**, van/naar/in het noorden ♦ *north by east/west* noord ten oosten/ten westen; *face north* op het noorden liggen; *travel north* noordwaarts

North American

reizen, naar het noorden reizen; ⟨inf⟩ *live up north* in het noorden van het land wonen; *travel up north* naar het noorden reizen
North A·mer·i·can [telb zn; ook attributief] Noord-Amerikaan(s), Amerikaan(s), Canadees
North·ants /nɔːˈθænts, ˄nɔrθ-/ ⟨verk: Northamptonshire⟩
north·bound [bn] die/dat naar het noorden gaat/reist ⟨verkeer⟩
North coun·try [telb + niet-telb zn; the] ⟨BE⟩ het noorden van Engeland ⟨boven de lijn Manchester-Hull⟩
North-coun·try·man [telb zn; mv: North countrymen] ± noorderling ⟨bewoner van het noorden van Engeland⟩
¹**north·east,** ⟨vnl scheepv⟩ **nor·east, nor'east** [niet-telb zn; the] noordoosten
²**north·east** [bn] noordoostelijk, noordoosten-
³**north·east,** ⟨vnl scheepv⟩ **nor·east, nor'east** [bw] in/naar/uit het noordoosten, in/uit noordoostelijke richting ♦ *northeast by east* noordoost ten oosten; *northeast by north* noordoost ten noorden
north·east·er /nɔːˈθiːstə, ˄nɔrˈθiːstər/ [telb zn; voornamelijk enk] noordooster, noordoostenwind
north·east·er·ly [bn, attr] naar/uit het noordoosten, noordoostelijk
north·east·ern [bn, attr; vaak Northeastern] uit/van het noordoosten, noordoostelijk
north·east·ward [bn, attr] noordoostelijk, in noordoostelijke richting
north·east·wards, ⟨AE ook⟩ **north·east·ward** [bw] naar het noordoosten
north·er /nɔːˈðə, ˄nɔrðər/ [telb zn] ⟨AE⟩ koude noordenwind ⟨in Texas, Florida, Golf van Mexico, in herfst/winter⟩
¹**north·er·ly** /nɔːˈðəli, ˄nɔrðərli/ [telb zn] noorderwind, noorderstorm
²**north·er·ly** /nɔːˈðəli, ˄nɔrðərli/ [bn] noordelijk, uit/naar/in het noorden
³**north·er·ly** /nɔːˈðəli, ˄nɔrðərli/ [bw] uit/naar/in noordelijke richting, noordwaarts
north·ern /nɔːˈðən, ˄nɔrðərn/ [bn, attr; vaak Northern] noord(-), noorden-, noordelijk ♦ *the northern lights* het noorderlicht, aurora borealis ▣ ⟨dierk⟩ *great northern diver* ijsduiker ⟨Gavia immer⟩
north·ern·er /nɔːˈðənə, ˄nɔrðənər/ [telb zn; vaak Northerner] noorderling ⟨bewoner van het noorden van Engeland, Amerika, Europa⟩
north·ern·most /nɔːˈðənmoʊst, ˄nɔrðərn-/ [bn, attr] noordelijkst, meest noordelijk
¹**North Ger·man·ic** [eigennm] Noord-Germaans ⟨taal⟩
²**North Ger·man·ic** [bn] Noord-Germaans, Scandinaafs
north·ing /nɔːˈθɪŋ, ˄nɔr-/ [telb zn] ⟨scheepv⟩ ▣ noorderdeclinatie, noordelijke declinatie ▣ afgelegde afstand in noordelijke richting

North Korea

naam	North Korea *Noord-Korea*
officiële naam	Democratic People's Republic of Korea *Democratische Volksrepubliek Korea*
inwoner	North Korean *Noord-Koreaan*
inwoonster	North Korean *Noord-Koreaanse*
bijv. naamw.	North Korean *Noord-Koreaans*
hoofdstad	Pyongyang *Pyongyang*
munt	North Korean won *Noord-Koreaanse won*
werelddeel	Asia *Azië*
int. toegangsnummer 850	www.kp autoPRK

¹**North Korean** [telb zn] Noord-Koreaan(se)
²**North Korean** [bn] Noord-Koreaans, uit/van/m.b.t. Noord-Korea
north·land /nɔːˈθlənd, ˄nɔrθ-/ [telb zn] ⟨form⟩ noordelijke streken

North·land /nɔːˈθlənd, ˄nɔrθ-/ [eigennm] ⟨form⟩ Scandinavië
North·man /nɔːˈθmən, ˄nɔrθ-/ [telb zn; mv: Northmen /-mən/] Scandinaviër, ⟨vnl⟩ Noor, ⟨ook⟩ Noorman
¹**north-north·east,** ⟨vnl scheepv⟩ **nor-nor·east** [niet-telb zn; vaak attributief] noordnoordoost, noordnoordoostelijk
²**north-north·east** [bw] noordnoordoostelijk
¹**north-north·west,** ⟨vnl scheepv⟩ **nor-nor·west** [niet-telb zn; vaak attributief] noordnoordwest, noordnoordwestelijk
²**north-north·west,** ⟨vnl scheepv⟩ **nor-nor·west** [bw] noordnoordwestelijk
North-South dialogue [telb zn] ⟨pol⟩ Noord-Zuid-dialoog
¹**North·um·bri·an** /nɔːˈθʌmbrɪən, ˄nɔr-/ [eigennm] ▣ ⟨gesch⟩ dialect van Northumbria ▣ dialect van Northumberland
²**North·um·bri·an** /nɔːˈθʌmbrɪən, ˄nɔr-/ [telb zn] ▣ ⟨gesch⟩ inwoner van Northumbria ▣ inwoner van Northumberland
³**North·um·bri·an** /nɔːˈθʌmbrɪən, ˄nɔr-/ [bn] ▣ ⟨gesch⟩ uit/van Northumbria ▣ uit/van Northumberland ♦ ⟨taalk⟩ *Northumbrian burr* huig-r, gebrouwde r
north·ward /nɔːˈθwəd, ˄nɔrθwərd/ [bn, attr] in/naar het noorden (gaand), noordelijk, noordwaarts
north·wards /nɔːˈθwədz, ˄nɔrθwərdz/, ⟨AE ook⟩ **north·ward** [bw] noordwaarts, naar het noorden
¹**north·west** [niet-telb zn; the] noordwesten
²**north·west** [bn] noordwest(elijk) ♦ *the Northwest Passage* de noordwestelijke (pool)doorvaart
³**north·west** [bw] in/naar/uit het noordwesten, ten noordwesten ♦ *northwest by west* noordwest ten westen; *northwest by north* noordwest ten noorden
North·west [niet-telb zn; the] ⟨benaming voor⟩ noordwesten ⟨van een land⟩, Noordwest-Canada, ⟨gesch⟩ gebied ten noorden van de Missouri en ten westen van de Mississippi, het noordwesten van de USA ⟨Washington, Oregon, Idaho⟩
north·west·er /nɔːˈθwestə, ˄nɔrθwestər/ [telb zn] noordwester, noordwestenwind
north·west·er·ly [bn] noordwestelijk, uit/naar/in het noordwesten
north·west·ern [bn, attr] noordwest(elijk)
north·west·ward [bn, attr] noordwest(elijk)
north·west·wards, ⟨AE ook⟩ **north·west·ward** [bw] noordwestelijk
Norw [afk] ⟨Norway⟩
Nor·way /nɔːˈweɪ, ˄nɔr-/ [eigennm] Noorwegen

Norway

naam	Norway *Noorwegen*
officiële naam	Kingdom of Norway *Koninkrijk Noorwegen*
inwoner	Norwegian *Noor*
inwoonster	Norwegian *Noorse*
bijv. naamw.	Norwegian *Noors*
hoofdstad	Oslo *Oslo*
munt	Norwegian krone *Noorse kroon*
werelddeel	Europe *Europa*
int. toegangsnummer 47	www.no autoN

Norway lobster [telb zn] ⟨dierk⟩ keizerskreeft ⟨Nephrops norvegicus⟩
Norway rat [telb zn] ⟨dierk⟩ bruine rat ⟨Rattus norvegicus⟩
¹**Nor·we·gian** /nɔːˈwiːdʒən, ˄nɔr-/ [eigennm] Noors, de Noorse taal
²**Nor·we·gian** /nɔːˈwiːdʒən, ˄nɔr-/ [telb zn] Noor(se)
³**Nor·we·gian** /nɔːˈwiːdʒən, ˄nɔr-/ [bn] Noors
nor'-west·er [telb zn] ▣ noordwester, noordwesten-

wind ⟨2⟩ glaasje sterkedrank, borrel, hart(ver)sterking ⟨3⟩ zuidwester ⟨geoliede regenhoed⟩

nos, Nos [afk] (numbers)

¹nose /noʊz/ [telb zn] ⟨1⟩ neus, reukorgaan, ⟨fig⟩ reukzin ♦ ⟨inf⟩ *on the nose* precies!; *speak through one's nose* door de neus praten; ⟨inf⟩ *(right) under s.o.'s (very) nose* vlak voor zijn neus/ogen ⟨2⟩ geur, reuk ⟨3⟩ (smalle) opening, tuit, hals, pijp, uiteinde ⟨van pijp, leiding, bus, balg, kolf⟩ ⟨4⟩ ⟨sl⟩ stille, rechercheur ⟨5⟩ neuslengte ♦ *(win) by a nose* een neuslengte vóór zijn, met een kleine marge winnen ⟨6⟩ aanbrenger, verklikker ⟨bij politie⟩ ⟨7⟩ punt, neus ⟨van schip, vliegtuig, auto⟩ ♦ ⟨vnl BE⟩ *be/stand nose to tail* bumper aan bumper/kop aan staart staan ⟨8⟩ (trap)randje, bies, ronde rand ⟨9⟩ *with one's nose in the air* uit de hoogte, hautain; *bite/snap s.o.'s nose off* iemand zijn neus afbijten, iemand afsnauwen, iemand toesnauwen; *bloody s.o.'s nose* iemand beledigen; *she always has her nose in a book* ze zit altijd met haar neus in de boeken; *count/tell noses* neuzen tellen, de aanwezigen tellen; *cut off one's nose to spite one's face* (in een woedebui) zijn eigen glazen/ruiten ingooien; *follow one's nose* rechtuit gaan, zijn ingeving/instinct volgen; ⟨BE; inf⟩ *get up s.o.'s nose* iemand op de zenuwen werken, iemand ergeren/irriteren; ⟨BE; inf⟩ *have a nose round* eens (lekker) rondneuzen; *have a nose for sth.* ergens een fijne neus voor hebben; *have one's nose in a book* met z'n neus in een boek zitten, zitten te lezen; *have/hold/keep one's nose to the grindstone* zwoegen, ploeteren, voortdurend hard werken; *hold one's nose* zijn neus dichtknijpen; *hold/keep s.o.'s nose to the grindstone* iemand afbeulen, iemand ongenadig aan het werk houden; *keep one's nose out of s.o.'s affairs* zich niet met zijn eigen zaken bemoeien; ⟨inf⟩ *lead s.o. by the nose* iemand bij de neus leiden, met iemand kunnen doen wat men wil; *look down one's nose at s.o.* de neus voor iemand ophalen, neerkijken op iemand; ⟨inf⟩ *pay through the nose (for)* moeten bloeden (voor), zich laten afzetten; *poke/push/shove/stick/thrust one's nose in(to) sth./s.o.'s affairs* zijn neus in iets/andermans zaken steken; *put s.o.'s nose out* iemand jaloers maken; ⟨vnl BE; inf⟩ *put s.o.'s nose out of joint* iemand verdringen in iemand anders waardering/liefde, iemand jaloers maken; iemand dwarsbomen, iemand de voet dwars zetten; ⟨vnl BE; inf⟩ *rub s.o.'s nose in it/the dirt* iemand iets onder de neus wrijven, iemand iets inpeperen; *see no further than one's nose, not see beyond one's nose* niet verder kijken dan zijn neus lang is; *thumb one's nose at* een lange neus maken naar, zich niets aantrekken van iets/iemand; *turn up one's nose at sth./s.o.* zijn neus ophalen voor iets/iemand; ⟨sprw⟩ *he that has a great nose thinks that everyone is speaking of it* ± als iemand een gebrek heeft denkt hij dat iedereen erover spreekt

²nose /noʊz/ [onov ww] ⟨1⟩ snuffelen, ruiken ♦ *nose about* rondneuzen, rondsnuffelen; *nose about the house for sth.* op zoek naar iets rondsnuffelen in huis; *nose after/for sth.* zoeken/snuffelen naar; zijn neus ergens insteken, iets (bemoeiziek) proberen te weten te komen; ⟨AE ook⟩ *nose around* rondneuzen, rondsnuffelen; ⟨AE ook⟩ *nose around the house for sth.* op zoek naar iets rondsnuffelen in huis; *nose at sth.* snuffelen aan, ruiken aan; *nose into sth.* zijn neus steken in, zich bemoeien met andermans zaken ⟨2⟩ zich (voorzichtig) een weg banen ⟨van schip, auto⟩ ♦ zie: **nose out**; → **nosing**

³nose /noʊz/ [ov ww] ⟨1⟩ besnuffelen, (be)ruiken, ⟨fig⟩ in de neus krijgen, erachter komen ♦ zie: **nose out** ⟨2⟩ met de neus wrijven tegen ⟨3⟩ zich banen ⟨een weg⟩, voortbewegen ♦ *she nosed the car through the traffic* ze manoeuvreerde de auto door het verkeer; *the ship/car noses its way* het schip/de auto baant zich een weg ⟨4⟩ met de neus/snoet openduwen ♦ *the cat nosed the door open* de kat duwde de deur open met haar snoet ⟨5⟩ door de neus (uit)spreken; → **nosing**

nose-ape [telb zn] ⟨dierk⟩ neusaap ⟨Nasalis larvatus⟩

nose·bag [telb zn] ⟨vnl BE⟩ ⟨1⟩ voederzak ⟨van paard⟩ ⟨2⟩ ⟨sl⟩ eetketeltje, broodtrommeltje, ⟨bij uitbreiding⟩ maaltijd, boterham ♦ ⟨scherts⟩ *put on the nosebag* eten

nose·band [telb zn] neusriem ⟨van paardenhoofdstel⟩

nose·bleed [telb zn] ⟨1⟩ neusbloeding ⟨2⟩ ⟨plantk⟩ duizendblad ⟨Achillea millefolium⟩

nose bob, nose job [telb zn] ⟨AE; sl⟩ neusoperatie ⟨ter verfraaiing⟩

¹nose candy [niet-telb zn] ⟨sl⟩ lijntje, sneeuw, poedersuiker, coke ⟨cocaïne⟩

²nose candy [niet-telb zn] ⟨AE; sl⟩ te snuiven drug, ⟨i.h.b.⟩ cocaïne

nose cone [telb zn] ⟨techn⟩ neuskegel ⟨van raket, e.d.⟩

-nosed /noʊzd/ -geneusd, -neuzig, met een ... neus ♦ *long-nosed* met een lange neus

nose dive [telb zn] ⟨1⟩ ⟨luchtv⟩ duikvlucht ⟨2⟩ duik, daling ⟨3⟩ ⟨inf⟩ plotselinge (prijs)daling

nose-dive [onov ww] ⟨1⟩ ⟨luchtv⟩ een duikvlucht maken ⟨2⟩ plotseling dalen/duiken/vallen

nose flute [telb zn] neusfluit

nose·gay [telb zn] ⟨vero⟩ ruiker(tje), boeketje

nose-heav·y [bn] ⟨luchtv, scheepv⟩ koplastig

nose job [telb zn] ⟨inf⟩ neusoperatie, neuscorrectie ⟨in het bijzonder plastisch⟩, nieuwe neus ♦ *get a nose job* zijn/haar neus laten doen

nose monkey [telb zn] ⟨dierk⟩ neusaap ⟨Nasalis larvatus⟩

¹nose out [onov ww] zich (voorzichtig) een weg banen, een vrije doorgang zoeken ⟨van schip, auto⟩

²nose out [ov ww] ⟨1⟩ ontdekken, erachter komen ⟨2⟩ ⟨AE⟩ met een neuslengte/op het nippertje winnen van ♦ *he was nosed out by her* zij was hem net even een neuslengte voor

nose·piece [telb zn] ⟨1⟩ neusriem ⟨van paardenhoofdstel⟩ ⟨2⟩ neusstuk ⟨van helm⟩ ⟨3⟩ ⟨techn⟩ objectiefverwisselaar ⟨van microscoop⟩

nose·pipe [telb zn] tuit ⟨van waterslang, pijp, buis⟩

nos·er /noʊzə, ᴬnoʊzər/ [telb zn] krachtige tegenwind

nose·rag [telb zn] ⟨sl⟩ zakdoek

nose·ring [telb zn] neusring

nose spray [telb zn] neusspray

nose·warm·er [telb zn] neuswarmertje, kort pijpje

nose·wheel [telb zn] ⟨luchtv⟩ neuswiel

nosey → **nosy**

¹nosh /nɒʃ, ᴬnɑʃ/ [telb zn] ⟨inf⟩ ⟨1⟩ hap ♦ *have a nosh* bikken, een hapje eten ⟨2⟩ hapje, snack, tussendoortje

²nosh /nɒʃ, ᴬnɑʃ/ [niet-telb zn] ⟨inf⟩ bik, eten ♦ *the nosh is good* de bik is goed

³nosh /nɒʃ, ᴬnɑʃ/ [onov + ov ww] ⟨inf⟩ ⟨1⟩ ⟨vnl BE⟩ bikken, eten ⟨2⟩ ⟨AE⟩ snoepen, een hapje (tussendoor) nemen, snacken

nosh·er /nɒʃə, ᴬnɑʃər/ [telb zn] ⟨vnl BE; sl⟩ bikker, eter

no-show [telb zn] iemand die het laat afweten/niet komt opdagen ⟨in het bijzonder (vliegtuig)passagier⟩

nosh-up [telb zn] ⟨BE; inf⟩ grote/goede maaltijd

nos·i·ness /noʊzinəs/ [niet-telb zn] bemoeizucht, nieuwsgierigheid, weetgierigheid

nos·ing /noʊzɪŋ/ [telb zn] oorspronkelijk tegenwoordig deelw van nose] (trap)randje, bies, ronde rand

no·so- /nɒsoʊ/ noso-, ziekte- ♦ *nosography* nosografie, systematische ziektebeschrijving

no·sol·o·gy /noʊsplədʒi, ᴬ-sɑ-/ [telb zn] ziekteleer, nosologie

nos·tal·gi·a /nɒstældʒə, ᴬnɑ-/ [niet-telb zn] nostalgie, heimwee, verlangen (naar het verleden)

nos·tal·gic /nɒstældʒɪk, ᴬnɑ-/ [bn; bw: ~ally] nostalgisch, met/vol heimwee, vol verlangen (naar het verleden)

nos·toc /nɒstɒk, ᴬnɑstɑk/ [niet-telb zn] ⟨plantk⟩ nostoc, blauwwier ⟨Cyanophyta⟩

Nostradamus

¹**Nos·tra·da·mus** /nɒstrədeɪməs, ᴬnɑ-/ [eigenn] Nostradamus ⟨Michel de Nostredame, Frans astroloog en waarzegger 1503-1566⟩
²**Nos·tra·da·mus** /nɒstrədeɪməs, ᴬnɑ-/ [telb zn] (beroeps)waarzegger, (beroeps)voorspeller
nos·tril /nɒstrɪl, ᴬnɑ-/ [telb zn] ① neusgat ② neusvleugel
nos·trum /nɒstrəm, ᴬnɑ-/ [telb zn] ⟨form⟩ (geheim) middel, geneesmiddel, kwakzalversmiddel, panacee, wondermiddel, ⟨fig⟩ alleenzaligmakend middel ⟨politiek, sociaal⟩
¹**nos·y, nos·ey** /noʊzi/ [telb zn] persoon met een lange neus, ⟨fig⟩ 'neus'
²**nos·y, nos·ey** /noʊzi/ [bn; vergr trap: nosier; bw: nosily] ① ⟨inf; beled⟩ bemoeiziek, nieuwsgierig, weetgierig ♦ ⟨BE; inf; beled⟩ *Nosey Parker* bemoeial; *you Nosey Parker* je neus is geen kapstok ② met een lange neus ③ met een kenmerkende/bepaalde (goede/slechte) geur
not /nɒt, ᴬnɑt/, ⟨samentrekking⟩ **n't** /nt/ [bw] niet, geen, helemaal niet, zelfs niet ♦ ⟨BE⟩ *not at all* geen dank; ⟨sl⟩ *not all there* niet helemaal bij, een beetje geschift; *as soon as not* vlug, weldra, spoedig; *as likely as not* waarschijnlijk; ⟨vero⟩ *not but*, ⟨form⟩ *not but that*; ⟨niet-standaard⟩ *not but what* hoewel, niettegenstaande (het feit) (dat); *not hard but easy* niet moeilijk maar makkelijk; *not a bus but a tram* geen bus maar een tram; *I do not hope, that ik hoop niet dat*; ⟨BE; inf⟩ *not half* heel erg; *I hope not* ik hoop van niet; *if not* indien niet, anders; *I do not know* ik weet (het) niet; *not least* vooral, boven al(les); *not once or twice* vaak; *not only ... but (also)* niet alleen ..., maar (ook); ⟨inf⟩ *not to say* bijna zelfs, misschien zelfs, niet te zeggen; ⟨vero⟩ *not such a fool but he can see*, ⟨form⟩ *not such a fool but that he can see it*; ⟨niet standaard⟩ *not such a fool but what he can see it* niet zo stom, dat hij het niet ziet; *not that I want to know* niet (om)dat ik het wil weten, ik wil het trouwens helemaal niet weten; *not a thing* helemaal niets; *not too/so well* niet zo best, een beetje ziek; *not a word* geen woord; ⟨inf; vnl jongerentaal/kind; na bevestigende zin⟩ *I really like her - not!* ik mag haar echt - maar niet heus!
no·ta be·ne /noʊtə beneɪ, ᴬnoʊtə biːni/ [tw] nota bene, let wel, geef acht, merk op
¹**no·ta·bil·i·ty** /noʊtəbɪləti/ [telb zn] ⟨form⟩ voornaam persoon, notabele, belangrijk/vooraanstaand persoon, kopstuk
²**no·ta·bil·i·ty** /noʊtəbɪləti/ [niet-telb zn] opmerkelijkheid, merkwaardigheid
¹**no·ta·ble** /noʊtəbl/ [telb zn] ① ⟨vnl mv⟩ voornaam persoon, notabele, belangrijk/vooraanstaand persoon, kopstuk ② ⟨gesch⟩ notabele ⟨vóór Franse revolutie⟩
²**no·ta·ble** /noʊtəbl/ [bn] ① opmerkelijk, merkwaardig, opvallend, bijzonder ♦ *a woman notable for her beauty* een door haar schoonheid opvallende vrouw ② vooraanstaand, aanzienlijk, voornaam, eminent ♦ *notable guests* voorname gasten; *notable scientist* vooraanstaand wetenschapsman
no·ta·bly /noʊtəbli/ [bw] ① → notable ② in het bijzonder, met name, speciaal ♦ *others, notably the Americans and the English, didn't want to talk about it* anderen, met name de Amerikanen en Engelsen, wilden er niet over praten
no·tar·i·al /noʊtɛərɪəl, ᴬ-ter-/ [bn; bw: ~ly] notarieel ♦ *notarial certificate* notariële verklaring; *notarial deed* notariële akte
no·ta·rize, no·ta·rise /noʊtəraɪz/ [ov ww] ⟨vnl AE⟩ legaliseren, notarieel bekrachtigen, (als notaris) authentiseren
no·ta·ry /noʊtəri/ [telb zn] notaris ♦ *notary public*, *public notary* notaris
no·tate /noʊteɪt, ᴬnoʊteɪt/ [ov ww] noteren ⟨ook muziek⟩, beschrijven
¹**no·ta·tion** /noʊteɪʃn/ [telb zn] ⟨AE⟩ aantekening, noot
²**no·ta·tion** /noʊteɪʃn/ [telb + niet-telb zn]: voornamelijk ⟨enk⟩ notatie ⟨muziek, schaken e.d.⟩, (wijze van) noteren, schrijfwijze, tekenschrift ♦ *chemical notation* chemisch tekenschrift; *the notation of chess* het notatiesysteem van schaken; *musical notation* muzieknotatie
¹**notch** /nɒtʃ, ᴬnɑtʃ/ [telb zn] ① keep ⟨ook figuurlijk op kerfstok⟩, kerf, inkeping, insnijding, streepje ♦ *this film is notches better than your last one* deze film is stukken/klassen beter dan je vorige ② ⟨inf⟩ graad, tre(d)e, klasse, stuk(je) ♦ *a notch above* een graad hoger dan, een tre(d)e boven, een klasse beter dan; *an excellent play, notches above his other writings* een uitstekend stuk, met kop en schouders uitstekend boven zijn andere werken ③ ⟨AE⟩ bergpas, bergengte · ⟨inf⟩ *take down a notch* een toontje lager doen zingen, op zijn nummer zetten
²**notch** /nɒtʃ, ᴬnɑtʃ/ [ov ww] ① (in)kepen, (in)kerven, insnijden, ⟨i.h.b.⟩ tanden ② noteren, aantekenen ③ inlaten, door kepen in elkaar voegen, vergaren ④ ⟨inf⟩ (be)halen ⟨overwinning, punten⟩, boeken, binnenhalen, maken ♦ *notch up* halen, bereiken ⟨bepaald aantal⟩; *we notched up nine victories in a row* we behaalden negen overwinningen op een rij ⑤ ⟨inf⟩ bezorgen, opleveren ♦ *his two films notched him a place in 'Cinema a Critical Dictionary'* zijn twee films leverden hem een plaats op in 'Cinema a Critical Dictionary'
notch·back [telb zn] ⟨AE⟩ notchback, sedan met kort kontje ⟨type auto⟩
notch·board [telb zn] trapwang
notch·er·y /nɒtʃəri, ᴬnɑ-/ [telb zn] ⟨sl⟩ bordeel
¹**note** /noʊt/ [telb zn] ① ⟨vaak mv⟩ aantekening, notitie, ⟨bij uitbreiding⟩ kort verslag, nota ♦ *note of charges* onkostennota; *make notes, make a note* aantekeningen maken, kort verslag schrijven, noteren; *make a note of your expenses* noteer je onkosten, houd bij wat voor onkosten je maakt; *make a mental note of an address* een adres in je geheugen prenten; *you must make a mental note to see the dentist tomorrow* je moet goed onthouden/niet vergeten morgen naar de tandarts te gaan; *speak without notes/a note* spreken zonder iets op papier te hebben, voor de vuist weg praten ② briefje, berichtje, ⟨i.h.b.⟩ (diplomatieke) nota, brief, schrijven, memorandum ♦ *a covering note* een begeleidend schrijven; *there was a note for her* er lag een briefje voor haar ③ (voet)noot, aantekening, annotatie ④ biljet, briefje, lapje, papier ♦ *fifty pounds in notes* vijftig pond aan papiergeld ⑤ promesse, orderbriefje ♦ *note of hand* promesse ⑥ ⟨benaming voor⟩ teken, kenmerk, kenteken ♦ *that's a note of classicism* dat is een kenmerk van het classicisme ⑦ toon, geluid, teneur, klank ♦ *a note of carelessness* een zekere achteloosheid, iets van achteloosheid; *change one's note* een toontje lager (gaan) zingen; *there was a note of pessimism in his latest poems* zijn laatste gedichten hadden iets pessimistisch; *sound/strike a note of warning against sth.* tegen iets waarschuwen, een waarschuwend geluid tegen iets laten horen ⑧ toets ⟨van piano e.d.⟩ ⑨ gezang, roep, schreeuw, geluid ⟨voornamelijk van vogels⟩ ⑩ ⟨muz⟩ toon ⑪ ⟨muz⟩ noot, ⟨bij uitbreiding⟩ lied, melodie, wijsje ♦ ⟨AE⟩ *sixteenth/thirty-second note* zestiende/tweeëndertigste noot · ⟨fig⟩ *compare notes* elkaars gedachten/standpunten/ervaringen naast elkaar leggen, ervaringen/ideeën/indrukken uitwisselen, beraadslagen; *compare notes with s.o.* indrukken met iemand uitwisselen; *he and his brother have been comparing notes on their holidays in Sweden* hij en zijn broer hebben met elkaar zitten praten over hun vakantie-ervaringen in Zweden
²**note** /noʊt/ [niet-telb zn] ① aanzien, belang, gewicht, reputatie ♦ *of note* van gewicht, van belang, met een reputatie; *a director of note* een belangrijk/beroemd regisseur; *his political views are a matter of note* zijn politieke opvattingen hebben nogal wat bekendheid gekregen ② aandacht, acht, nota, notitie, kennisname ♦ *take note of* notitie ne-

men van, kennisnemen van, aandacht schenken aan; *worthy of note* opmerkenswaardig

³**note** /noʊt/ [ov ww] 1 **nota nemen van,** aandacht schenken aan, letten op ♦ *please note my advice* luister alsjeblieft goed naar mijn raad; *please note that you still have to pay last month's bill* neemt u er nota van dat u de rekening van de afgelopen maand nog moet voldoen 2 **(op)merken,** bemerken, bespeuren, waarnemen ♦ *the disease is to be noted first in the arms and legs* de ziekte valt het eerst waar te nemen in de armen en benen; *you may have noted that* het zal je wel opgevallen zijn/je zal wel gemerkt hebben dat 3 **aandacht vestigen op,** opmerken ♦ *he noted the uniqueness of the meeting* hij vestigde de aandacht op het unieke karakter van de bijeenkomst 4 **vermelden,** melding maken van, laten zien, noemen ♦ *the report didn't note that she'd died last week* het rapport vermeldde niet dat zij afgelopen week was overleden 5 **opschrijven,** noteren, aantekenen ♦ *note down the date and place* de datum en plaats noteren; *note names on a piece of paper* namen op een stuk papier schrijven 6 **annoteren,** van noten voorzien ⟨boek⟩ 7 ⟨ec⟩ **laten protesteren** ⟨wissel⟩ ♦ ⟨fin⟩ *bill (of exchange) noted for protest* geprotesteerde wissel; → **noted**

note·book [telb zn] 1 **notitieboekje,** aantekenboekje, zakboekje 2 ⟨comp⟩ **notebook,** schootcomputer

notebook computer [telb zn] → **notebook bet 2**

note card [telb zn] ⟨AE⟩ **briefje,** kaartje

note·case [telb zn] ⟨zak⟩**portefeuille**

not·ed /ˈnoʊtɪd/ [bn; volt deelw van note; bw: ~ly; zn: ~ness] 1 **beroemd,** bekend ♦ *this city is noted for its architecture* deze stad is beroemd/bekend om haar bouwkunst 2 **belangrijk,** opmerkelijk

note·head [niet-telb zn] ⟨vnl AE⟩ **postpapier** ⟨met gedrukt/geperst hoofd⟩

note·let /ˈnoʊtlɪt/ [telb zn] ⟨BE⟩ **briefje**

note·pad [telb zn] ⟨comp⟩ **tablet-pc**

notepad computer [telb zn] → **notepad**

note·pa·per [niet-telb zn] **postpapier**

note·wor·thy [bn; bw: noteworthily; zn: noteworthiness] **opmerkenswaardig,** opmerkelijk

not-for-profit [bn] → **nonprofit**

¹**noth·ing** /ˈnʌθɪŋ/ [telb zn] 1 ⟨vnl enkelvoud⟩ **nul,** waardeloos iemand, lul, prul ♦ ⟨sl⟩ *nothing doing* neel; waardeloos; ⟨sl⟩ *if he asks, you (don't) know from nothing* als hij het je vraagt, weet je van niets; *the new teacher was a nothing* de nieuwe leraar was een nul/lul 2 **kleinigheid,** nietigheid, niets, niemendalletje ♦ *pleased with every nothing he gave her* blij met elk kleinigheidje dat hij haar gaf 3 **nietszeggende opmerking,** nietszeggend woord, (i.h.b.) woordje ♦ *whisper soft/sweet nothings* zoete/lieve woordjes fluisteren, kozen, troetelwoordjes fluisteren ⟨inf⟩ *this town has no films, no theatre, no sports, no nothing* dit gat heeft geen films, geen toneel, geen sport, niks/noppes

²**noth·ing** /ˈnʌθɪŋ/ [bn] ⟨inf⟩ 1 **onbetekenend,** van niks, van geen betekenis, klein, nietig ♦ *a nothing play* een stuk van niks, een onbetekenend stuk 2 **saai,** slaapverwekkend, kleurloos

³**noth·ing** /ˈnʌθɪŋ/ [onbep vnw] **niets,** ⟨wisk⟩ nul, ⟨oneig⟩ niets belangrijks/moeilijks/waars ⟨enz.⟩ ♦ *she did nothing (else) but/than grumble* ze deed niets (anders) dan mopperen; *nothing indicated trouble* er was niets dat op moeilijkheden wees; *it's nothing* 't is niets, 't stelt niets voor, 't heeft geen belang, 't maakt niets uit; *nothing less than* niets minder dan, minstens; *I had expected nothing less than this* dit had ik wel het allerminst verwacht; *he expected nothing less than a slap in the face* hij verwachtte minstens een klap in z'n gezicht te zullen krijgen; *there's nothing like a hot bath* er gaat niets boven een warm bad; *What I did there? Nothing much* Wat ik daar uitgespookt heb? Niks speciaals/van belang; *nothing of those days remains* niets uit die tijd is overgebleven; *there's nothing of gentleness in him*

er zit niets zachtzinnigs in hem; *I saw nothing* ik heb niets gezien ⟨inf⟩ *be nothing* bij geen enkele kerk horen; *for nothing* tevergeefs, onverrichter zake; gratis, voor niets; zo maar, zonder reden; *it was not for nothing that ...* het was niet voor niets/niet zonder reden dat ...; *there was nothing for it but to call a doctor* er zat niets anders op dan een dokter op te bellen; ⟨inf⟩ *have nothing on ...* niets zijn vergeleken bij ...; *nothing if not sly* uitermate/heel erg sluw; *if nothing else, we should have a laugh* in elk geval wordt het lachen; ⟨sport⟩ *there's nothing in it* er is geen winnaar, zij staan/lopen/... gelijk; *John has nothing in him* John is een vent van niks; *there's nothing in/to it* er is niets van aan, er klopt niets van, er is niets aan, 't is een makkie, 't is een koud kunstje; ⟨inf⟩ *it's nothing* 't is niets, geen dank, graag gedaan; *nothing less than* ⟨zelden⟩ helemaal niet, het tegendeel van; *it's nothing to me* het betekent niets voor mij, het doet me niets; *sport's nothing to it* sport is er niets bij; ⟨sprw⟩ *much ado about nothing* veel leven om niets, veel geschreeuw en weinig wol

⁴**noth·ing** /ˈnʌθɪŋ/ [bw] **helemaal niet,** lang niet, niets ♦ *crying helps you nothing* huilen helpt je niets; *nothing like/near* bij lange niet, op geen stukken na, in de verste verte niet; *my painting is nothing like/near as/so good as yours* mijn schilderij is bij lange na niet zo goed als het jouwe ⟨AE; inf⟩ *is this a Mondriaan? Mondriaan nothing; it's just trash* is dit een Mondriaan? niks Mondriaan/Mondriaan, kom nou/Mondriaan, maak het een beetje; het is gewoon troep

noth·ing·ar·i·an /ˌnʌθɪŋˈɛəriən, ˄-ˈger-/ [telb zn] **vrijdenker,** atheïst, ongelovige ♦ *the new neighbours are nothingarians* de nieuwe buren zijn niks

¹**noth·ing·ness** /ˈnʌθɪŋnəs/ [telb zn] **nietigheid,** bagatel, iets van weinig/geen belang, niets

²**noth·ing·ness** /ˈnʌθɪŋnəs/ [niet-telb zn] 1 **niets,** het niet-zijn ♦ *he was afraid of the nothingness after death* hij was bang voor het niets/de grote leegte na de dood 2 **onbelangrijkheid,** zinloosheid, onbeduidendheid, leegte ♦ *he had a feeling of nothingness* hij had het gevoel dat het allemaal niet meer hoefde 3 **ruimte,** leegte

¹**no·tice** /ˈnoʊtɪs/ [telb zn] 1 **mededeling,** bericht, aankondiging ♦ *notice of death* overlijdensbericht, overlijdensbericht; *the notice on the coffee machine said 'out of order'* op het briefje op de koffieautomaat stond 'buiten werking'; *notice of marriage* huwelijksaankondiging 2 ⟨vaak mv⟩ **bespreking,** recensie ♦ *his new book got good notices* zijn nieuwe boek kreeg goede recensies/kritieken

²**no·tice** /ˈnoʊtɪs/ [niet-telb zn] 1 **(voorafgaande) kennisgeving,** aanzegging, aankondiging, waarschuwing, (i.h.b.) opzegging ⟨van huurcontract/arbeidscontract⟩, ontslagaanzegging ♦ *at a moment's/a minute's notice* direct, ogenblikkelijk, zonder bericht vooraf; *can you be here at two hours' notice?* kun je hier binnen twee uur zijn?; *give notice (of)* kennis geven (van), op de hoogte stellen (van), (van tevoren) verwittigen (over); *give s.o. notice to quit* iemand de huur opzeggen; *give an employer one's notice* opzeggen bij een baas, zijn ontslag indienen bij een werkgever; *give the maid (a month's) notice, give (a month's) notice to the maid* de dienstbode (met een maand) opzeggen; *this gives/serves notice that people are becoming restless* dit geeft te kennen/dit is een teken dat de mensen onrustig beginnen te worden; *leave without notice* vertrekken zonder op te zeggen; ⟨vnl AE⟩ *on notice* gewaarschuwd, ingelicht; *they all are on notice that ..., everybody is put on notice that ...* ze zijn allen gewaarschuwd dat ..., iedereen is ingelicht dat ...; *we received a three month's notice to quit* de huur is ons met drie maanden opgezegd; *they are under notice (to leave)* zij zijn opgezegd, de dienst/huur is hun opgezegd 2 **aandacht,** belangstelling, acht, attentie, notitie ♦ *be beneath one's notice* je aandacht niet waard zijn; *I'd like to bring this book to your notice* ik zou graag je aandacht op dit

notice

boek vestigen/dit boek onder uw aandacht willen brengen; *come into/to/under notice* de aandacht trekken, in de belangstelling komen; ⟨form⟩ *it has come to our notice that ...* wij hebben gemerkt dat ...; *escape one's notice* aan iemands aandacht ontsnappen; *this new film will make the critics sit up and take notice* deze nieuwe film zal de critici versteld doen staan, deze nieuwe film zal niet ongemerkt aan de critici voorbijgaan; *take notice of* acht slaan op, belangstelling tonen voor, notitie nemen van; *take no notice of* geen acht slaan op, niet letten op; niet ingaan op, niet reageren op; *take notice that ...* let op dat ...; *sit up and take notice* wakker worden/schrikken ⟨alleen figuurlijk⟩; geïnteresseerd raken, interesse tonen; weer belangstelling tonen voor de omgeving ⟨van zieke⟩; *take particular notice of your style* let speciaal op je stijl

³**no·tice** /noʊtɪs/ [ov ww] ① (op)merken, zien, waarnemen, bespeuren ⟨met zintuigen⟩ ♦ ⟨passief⟩ *be/get noticed* opgemerkt worden, opvallen, de aandacht trekken; *didn't you want to notice me yesterday* wilde je me gisteren niet zien/herkennen; *the teacher didn't notice that many boys had a crush on her* de lerares had niet in de gaten dat veel jongens smoorverliefd op haar waren; ⟨inf; iron⟩ *not so (as) you'd notice* maar dan toch niet heel erg ⟨duidelijk/luid/...⟩; *didn't you ever notice ...* is het je nooit opgevallen ... ② letten op, nota nemen van, opmerken ⟨met verstand⟩ ♦ *notice the differences* let op de verschillen ③ attent zijn voor, hoffelijk behandelen ④ vermelden, noemen, terloops opmerken, een opmerking maken over ♦ *he started his lecture by noticing the absence of many students* hij begon zijn college met een opmerking over de afwezigheid van veel studenten ⑤ ⟨BE⟩ (kort) bespreken, recenseren ⑥ de huur/dienst opzeggen

no·tice·a·ble /noʊtɪsəbl/ [bn; bw: noticeably] ① merkbaar, zichtbaar, duidelijk ⟨van smaak⟩, waarneembaar ② opmerkelijk, opmerkenswaardig, belangrijk ♦ *there's a noticeable rise in the number of divorces* er is een opmerkelijke stijging in het aantal echtscheidingen ③ opvallend, in het oog lopend

notice board [telb zn] ⟨BE⟩ mededelingenbord, prikbord, aanplakbord

no·ti·fi·a·ble /noʊtɪfaɪəbl/ [bn] ⟨vnl BE⟩ met aangifteplicht, waarvan aangifte verplicht is, waarvan men de autoriteiten in kennis moet stellen ⟨in het bijzonder van bepaalde ziekten⟩

no·ti·fi·ca·tion /noʊtɪfɪkeɪʃn/ [telb + niet-telb zn] ⟨form⟩ ① aangifte ② informatie, mededeling, bericht, het in kennis stellen ♦ ⟨handel⟩ *date of notification* datum van advies

no·ti·fy /noʊtɪfaɪ/ [ov ww] ① informeren, berichten, op de hoogte stellen, in kennis stellen ♦ ⟨handel⟩ *notify the beneficiary* aan de begunstigde adviseren; *notify of when he may arrive* berichten wanneer hij aankomt ② ⟨vnl BE⟩ bekendmaken, aankondigen, rapporteren, berichten, aangeven ♦ *notify a birth/a theft* aangifte doen van een geboorte/van diefstal

no·tion /noʊʃn/ [telb zn] ① begrip, concept, notie ♦ *first/second notions* primaire/secundaire begrippen ② idee, gedachte, mening, veronderstelling, theorie, indruk ♦ *get notions into one's head* malle ideeën krijgen; *she had no notion of what I was talking about* ze had geen benul waar ik het over had; *I had a vague notion that they were making fun of me* ik had vaag het idee dat ze me voor de gek hielden; *have half a notion to* min of meer geneigd zijn om; ⟨iron⟩ *the notion of her leaving home at sixteen is too ridiculous for words* het idee dat ze op haar zestiende uit huis zou gaan, is te belachelijk om over te praten; *the notion that the earth is flat* het denkbeeld dat de aarde plat is ③ gril, wild idee ♦ *take a notion to* het in zijn hoofd krijgen/halen om te ④ neiging, bedoeling

no·tion·al /noʊʃnəl/ [bn; bw: ~ly] ① hypothetisch, spe-

culatief, niet proefondervindelijk, theoretisch, abstract, nominaal ② denkbeeldig, onwerkelijk, in de fantasie ③ grillig, dwaas ④ ⟨taalk⟩ zelfstandig ⟨met lexicale betekenis⟩ ♦ *notional verb* zelfstandig werkwoord

no·tions /noʊʃnz/ [alleen mv] ⟨AE⟩ kleine artikelen, ⟨i.h.b.⟩ fournituren

no·to·chord /noʊtəkɔːd, ᴬnoʊtəkɔrd/ [telb zn] ⟨biol⟩ rudimentaire ruggengraat/ruggenmerg

no·to·ri·e·ty /noʊtəraɪəti/ [niet-telb zn] ① notoriteit, algemene bekendheid ② beruchtheid

no·to·ri·ous /noʊtɔːriəs/ [bn; bw: ~ly; zn: ~ness] berucht, roemrucht, ongunstig bekend, notoir ♦ *notorious criminals* notoire misdadigers; *notorious for his bloodcurdling tales* berucht om zijn bloedstollende verhalen

no-trump, no-trumps [telb + niet-telb zn; mv: no-trump, no-trumps] ⟨bridge⟩ sans atout, ⟨spel⟩ zonder troef

Notts /nɒts, ᴬnɑts/ [afk] (Nottinghamshire)

¹**not·with·stand·ing** /nɒtwɪðstændɪŋ, -wɪθ-, ᴬnɑt-/ [bw] ⟨form⟩ desondanks, desniettegenstaande, ondanks/niettegenstaande dat, toch ♦ *he liked her notwithstanding* hij mocht haar toch graag

²**not·with·stand·ing** /nɒtwɪðstændɪŋ, -wɪθ-, ᴬnɑt-/ [vz; soms achtergeplaatst] ⟨form⟩ ondanks, niettegenstaande, in weerwil van ♦ *his thesis was rejected, notwithstanding its importance/its importance notwithstanding* zijn dissertatie werd geweigerd ondanks het belang ervan

³**not·with·stand·ing** /nɒtwɪðstændɪŋ, -wɪθ-, ᴬnɑt-/ [ondersch vw] ⟨vero⟩ niettegenstaande ♦ *notwithstanding that he had gone* niettegenstaande (het feit) dat hij vertrokken was; *recognisable, notwithstanding he had been away so long* herkenbaar niettegenstaande (het feit) dat hij zo lang was weggeweest

nou·gat /nuːgɑː, ᴬ-gət/ [niet-telb zn] noga

¹**nought** [onbep vnw] → **naught**¹

²**nought** ⟨ZERO⟩, ⟨AE⟩ **naught** /nɔːt, ᴬnɔt, ᴬnɑt/ [telw; niet als numerieke determinator] ① ⟨BE⟩ nul ② ⟨vero⟩ niets • ⟨BE⟩ *nought and crosses* boter-kaas-en-eieren, kruisje-nulletje ⟨spel⟩

nough·ties /nɔːtiz, ᴬnɔtiz, ᴬnɑtiz/ [alleen mv; the] de jaren nul ⟨de jaren 2000-2010⟩

nou·me·nal /nuːmɪnl/ [bn] ⟨filos⟩ noumenaal

nou·me·non /nuːmɪnɒn, ᴬ-nɑn/ [telb zn; mv: noumena /-mɪnə/] ⟨filos⟩ ① noumenon ② ding in zichzelf, Ding an sich

noun /naʊn/ [telb zn] ⟨taalk⟩ (zelfstandig) naamwoord, nomen, substantief

noun·al /naʊnl/ [bn; bw: ~ly] substantivisch, van het zelfstandig naamwoord

noun phrase [telb zn] ⟨taalk⟩ nominale constituent, substantiefgroep, zelfstandignaamwoordgroep

nour·ish /nʌrɪʃ, ᴬnɜrɪʃ/ [ov ww] ① voeden ⟨ook figuurlijk⟩, ondersteunen, onderhouden, bevorderen ♦ *nourish a baby* een baby voeden/eten geven; ⟨i.h.b.⟩ een baby borstvoeding geven; *nourishing food* voedzaam eten; *nourish land* land bemesten ② koesteren ♦ *nourish a dislike for s.o.* een afkeer van iemand hebben; *nourish a distrust of s.o.* wantrouwen tegen iemand koesteren; *nourish the hope to* de hoop koesteren om te • ⟨sprw⟩ *desire is nourished by delay* ± uitstel versterkt het verlangen

nour·ish·ment /nʌrɪʃmənt, ᴬnɜrɪʃ-/ [niet-telb zn] ① voeding ⟨ook figuurlijk⟩, het voeden/gevoed worden ② voeding, voedsel, eten

nous /naʊs, ᴬnuːs/ [niet-telb zn] ① ⟨filos⟩ geest ② ⟨BE; inf⟩ hersens, verstand, esprit

nou·veau /nuːvoʊ/ [bn; voorafgaand aan zn in het mv: nouveaux] ⟨scherts, pej⟩ neo-, nieuw ♦ *a nouveau hippie* een neohippie

nou·veau riche /nuːvoʊ riːʃ/ [telb zn; mv: nouveaux riches /-riːʃ/] ⟨vaak mv; vnl pej⟩ nouveau riche, parvenu

nou·velle cui·sine /nu:velkwɪzi:n, ᴬnu:velkwɪzi:n/ [niet-telb zn] nouvelle cuisine
Nov [afk] (November)
no·va /nouvə/ [telb zn; mv: ook novae /-vi:/] ⟨astron⟩ nova
no·va·tion /nouveɪʃn/ [telb zn] ⟨fin⟩ novatie, schuldvernieuwing
¹**nov·el** /nɒvl, ᴬnɑvl/ [telb zn] ① roman ♦ *the novel* de roman, de romanliteratuur ② ⟨jur⟩ novelle
²**nov·el** /nɒvl, ᴬnɑvl/ [bn] nieuw, onbekend, ongekend, ongewoon, baanbrekend, oorspronkelijk ♦ *novel ideas* verrassende ideeën
nov·el·ese /nɒvəli:z, ᴬnɑ-/ [niet-telb zn] triviaal geschrijf, romannetjesstijl, banale stijl
nov·el·ette /nɒvəlet, ᴬnɑ-/ [telb zn] ① novelle ② ⟨BE⟩ romannetje, keukenmeidenroman ③ ⟨muz⟩ novelette ⟨pianostuk⟩
nov·el·et·tish /nɒvəletɪʃ, ᴬnɑvəletɪʃ/ [bn; bw: ~ly] sentimenteel, weeïg, zoetelijk-romantisch
nov·el·ist /nɒv(ə)lɪst, ᴬnɑ-/ [telb zn] romanschrijver, schrijver, romancier
nov·el·is·tic /nɒvəlɪstɪk, ᴬnɑ-/ [bn; bw: ~ally] roman-, van romans
nov·el·ize, nov·el·ise /nɒvəlaɪz, ᴬnɑ-/ [ov ww] ① romantiseren, tot een roman maken/omwerken ② romantiseren, fictionaliseren, aandikken, overdrijven
no·vel·la /nouvelə/ [telb zn; mv: ook novelle /-li:/] ① vertelling, verhaal ② korte roman, novelle
¹**nov·el·ty** /nɒvlti, ᴬnɑ-/ [telb zn] ① ⟨vaak mv⟩ nieuwigheidje, modesnufje, nouveauté, noviteit ② nieuwigheid, nieuws, iets onbekends, iets vreemds ♦ *that was no novelty to me* dat was niets nieuws voor mij
²**nov·el·ty** /nɒvlti, ᴬnɑ-/ [niet-telb zn] vreemdheid, nieuwigheid, onbekendheid ♦ *the novelty soon wore off* het nieuwe/vreemde was er al gauw af
No·vem·ber /nouvembə, ᴬ-ər/ [eigenn] november
no·ve·na /nouvi:nə/ [telb zn; mv: ook novenae /-ni:/] ⟨r-k⟩ novene, noveen
no·ven·ni·al /nouvenɪəl/ [bn] negenjaarlijks, elke negen jaar
no·ver·cal /nouvɜ:kl, ᴬ-vɜr-/ [bn] ⟨vero⟩ stiefmoederlijk
nov·ice /nɒvɪs, ᴬnɑ-/ [telb zn] ① ⟨rel⟩ novice ② beginneling, nieuweling ③ bekeerling
¹**no·vi·ci·ate, no·vi·ti·ate** /nouvɪʃɪət/ [telb zn] ① ⟨rel⟩ noviciaat, novicehuis ② ⟨rel⟩ novice ③ beginneling
²**no·vi·ci·ate, no·vi·ti·ate** /nouvɪʃɪət/ [niet-telb zn] ① ⟨rel⟩ noviciaat, proeftijd ② begintijd, nieuwelingschap
no·vo·cain /nouvəkeɪn/ [niet-telb zn] ⟨med⟩ novocaïne, procaïne hydrochloride ⟨narcoticum⟩
¹**now** /nau/ [niet-telb zn] nu, dit ogenblik, deze tijd ♦ *every now and again/then* zo nu en dan, van tijd tot tijd; *before now* hiervoor, eerder, tot nu toe; *by now* onderhand; *for now* voorlopig, tot een later tijdstip; *goodbye for now* tot dan/ziens/later; *as from now* van nu af aan; *as of now* nu; *from now on* van nu af aan; *until/up till/up to now* tot op heden
²**now** /nau/ [bn, attr] ① ⟨form⟩ huidig, eigentijds ♦ *the now generation* de huidige generatie ② ⟨sl⟩ in, hip
³**now** /nau/ [bw] ① (m.b.t. heden) nu, op dit ogenblik, tegenwoordig, thans ♦ '*He was stretchered off*.' '*And now?*' 'Hij werd van het veld gedragen.' 'En hoe is 't nu met 'm?'; *even now* zelfs/ook nu; *he has three children now* op het ogenblik heeft hij drie kinderen; *just now* nu, op dit ogenblik; *now or never* nu of nooit; *right now I'm working for B.* tegenwoordig werk ik voor B.; *it's now 5 o'clock* het is nu vijf uur ② (m.b.t. verleden) nu, toen, op dat ogenblik ♦ *now they were doomed* nu was het met ze gedaan; *he came in just now*, ⟨vero⟩ *he came in even/but now* hij is daarnet/zo-even/zopas binnengekomen ③ (m.b.t. de toekomst) dadelijk, zo meteen, nu ♦ *any day now* zeer binnenkort, een dezer dagen; *I'm going home now* ik ga nu naar huis; *they'll be here any minute/moment now* ze kunnen elk ogenblik aankomen ④ ⟨van⟩ nu/toen (af aan), onder deze/die omstandigheden ♦ *she cannot now ever go there again after what happened* ze kan daar nu nooit meer naartoe gaan, na wat er gebeurd is ⑤ nu, vervolgens ♦ *let's now try out the first recipe* we gaan nu het eerste recept uitproberen ⑥ nu (al)weer, weer, nog meer ♦ *what did he want now?* wat moest hij nu weer?; *it's now two years since he died* het is nu (al-weer) twee jaar geleden dat hij overleed ⑦ nou, (wel)nu, toch, ⟨soms contrastief⟩ maar ♦ *come now!* toe nou!; nou zeg!; *now for the next question* en nu de volgende vraag; *now what do you mean?* maar wat bedoel je nu eigenlijk?; *now really!* nee maar!; *he never said that now* dat heeft hij immers nooit gezegd; *why didn't you tell me now?* waarom heb je me dat dan niet gezegd?; *now then, where do you think you're going?* zo, en waar dacht jij heen te gaan?; *there now* nou, hè hè; kalmpjes aan; *now your mum was a tough lady, so ...* nu was je moeder voor geen kleintje vervaard, dus ...; *now now!* ⟨waarschuwing⟩ nounou!, zeg eens!, kalmpjes/zachtjes aan!; ⟨troost⟩ kom kom!, rustig maar!; *I wouldn't know. Now, if Ann were here, she could help you* ik zou het niet weten. Maar Ann, als die eens hier was, die zou je kunnen helpen ⑧ ⟨*every*⟩ *now and again/then* zo nu en dan, af en toe, van tijd tot tijd; ⟨vero⟩ *how now?* hoe/wat nu?, wat betekent dit?; ⟨na ferme uitspraak⟩ *now there!* voilà!, nu weet je het!, daar kun je het mee stellen!; *with prices now rising/skyhigh, now falling/rockbottom low* met prijzen die nu eens stijgen/torenhoog zijn, dan weer dalen/afgrijselijk laag zijn
⁴**now** /nau/ [ondersch vw] nu (dat), gezien (dat) ♦ *now you are here I will show you* nu je hier bent zal ik het je laten zien; *now that he has succeeded nothing will stop him* nu dat hij geslaagd is zal niets meer hem tegenhouden
NOW [afk] (National Organization for Women)
now·a·day /nauədeɪ/, **now·a·days** /-deɪz/ [bn, attr] hedendaags, huidig, tegenwoordig
¹**now·a·days** /nauədeɪz/ [niet-telb zn] huidige tijd, tegenwoordige tijd
²**now·a·days** /nauədeɪz/ [bw] tegenwoordig, vandaag de dag, nu, thans, heden ten dage
no-war pact, no-war treaty [telb zn] niet-aanvalspact, niet-aanvalsverdrag
Nowel, Nowell [telb zn] → noel
no·whence /nouwens, ᴬ-hwens/ [bw] ⟨vero⟩ nergens vandaan
¹**no·where** /nouweə, ᴬ-(h)wer/ [telb zn] het niets ♦ *lost in the eternal nowhere* verloren in het eeuwige niets
²**no·where** /nouweə, ᴬ-(h)wer/ [bn] ⟨sl⟩ saai, stom, square
³**no·where** /nouweə, ᴬ-(h)wer/, ⟨AE gew ook⟩ **no·wheres** /nouweəz, ᴬ-hwerz/ [bw] nergens ⟨ook figuurlijk⟩, nergens heen ♦ *she lived miles away from nowhere* ze leefde mijlen van de bewoonde wereld vandaan; *he started from nowhere but became famous* hij kwam uit het niets maar werd beroemd; *the work was going/leading nowhere* het werk leverde niets op; *it got/led him nowhere* hij kwam er niet verder mee, het leverde hem niets op; *he has friends nowhere* hij heeft nergens vrienden; *she is nowhere when it comes to running* als het op rennen aankomt, is zij nergens; *she is nowhere near as bright as him* ze is lang niet zo intelligent als hij; *the idea emerged out of nowhere* het idee kwam uit het niets; *he travelled nowhere* hij reisde nergens heen; *I'm visiting nowhere* ik bezoek niets ⑧ ⟨paardsp⟩ *Mayfly came in/was nowhere* Mayfly kwam er niet aan te pas/was helemaal nergens; ⟨*from*⟩ *out of nowhere he asked me* hij heeft me zo maar gevraagd
no·whith·er /nouwɪðə, ᴬ-hwɪðər/ [bw] ⟨vero⟩ nergens (heen)
no-win [bn, attr] met alleen maar verliezers/nadelen, altijdfout- ♦ *be in a no-win situation* het altijd fout doen, het nooit goed doen

no·wise /nˈoʊwaɪz/ [bw] ⟨vero⟩ **geenszins,** geheel niet
nowt /naʊt/ [onbep vnw] ⟨ScheE⟩ **niets,** niks
nox·ious /ˈnɒkʃəs, ˆnɑk-/ [bn; bw: ~ly; zn: ~ness] ⟨form, ook fig⟩ **schadelijk,** ongezond, verderfelijk ♦ *noxious fumes* schadelijke/kwalijke/giftige dampen; *noxious influence* verderfelijke invloed
no·yade /nwɑːˈjɑːd/ [telb zn] **(massale) executie door verdrinking** ⟨in het bijzonder in Frankrijk, 1794⟩
no·yau /nwɑˈjoʊ, ˆnwɑˈjoʊ/ [telb + niet-telb zn; mv: noyaux /-z/] **persico** ⟨soort notenlikeur⟩, crème de noyaux
noz·zle /ˈnɒzl, ˆnɑzl/ [telb zn] 1 **tuit,** pijp 2 ⟨techn⟩ **(straal)pijp,** mondstuk, straalbuis 3 **tromp** ⟨van geweer⟩ 4 ⟨AE; sl⟩ **snufferd,** neus, snotter, snuit
np [afk] 1 **(new paragraph)** 2 **(no place of publication)**
NP [afk] 1 **(neuropsychiatric)** 2 **(neuropsychiatry)** 3 **(Notary Public)** 4 ⟨taalk⟩ **(noun phrase)**
NPA [afk] ⟨BE⟩ **(Newspaper Publishers' Association)**
NPL [afk] ⟨BE⟩ **(National Physical Laboratory)**
np or d [afk] **(no place or date)**
npt [afk] **(normal pressure and temperature)**
NPT [afk] **(nonproliferation treaty)**
nr [afk] ⟨BE; in adressen⟩ **(near)**
NR [afk] **(North Riding)**
NRA [afk] 1 ⟨AE⟩ **(National Recovery Administration)** 2 ⟨BE⟩ **(National Rifle Association)** 3 ⟨BE⟩ **(National Rivers Authority)**
ns, NS [afk] 1 **(new series)** 2 **(not specified)**
NS [afk] 1 **(new series)** 2 **(new style) NS** 3 **(not specified)** 4 **(not sufficient)** 5 **(Nova Scotia)** 6 **(nuclear ship) NS**
NSB [afk] ⟨BE⟩ **(National Savings Bank)**
NSC [afk] ⟨AE⟩ **(National Security Council)**
NSF [afk] 1 ⟨AE⟩ **(National Science Foundation)** 2 ⟨fin⟩ **(not sufficient funds)**
NSPCA [afk] ⟨AE⟩ **(National Society for the Prevention of Cruelty to Animals)**
NSPCC [afk] ⟨BE⟩ **(National Society for the Prevention of Cruelty to Children)**
NSU [niet-telb zn] **(non-specific urethritis)**
NSW [afk] **(New South Wales)**
-n't /nt/ (verk: not)
NT [afk] 1 **(National Trust)** 2 **(New Testament) N.T.** 3 ⟨AuE⟩ **(Northern Territory)** 4 **(no trumps)**
nth /enθ/ [bn, attr] 1 ⟨wisk⟩ **n'de** ♦ *nth power* n'de macht; *to the nth* tot de n'de macht; ⟨fig⟩ tot het uiterste 2 ⟨inf⟩ **uiterst,** hoogst, laatst ♦ *boring to the nth degree* uiterst vervelend, zo vervelend als maar kan 3 ⟨inf⟩ **zoveelste** ♦ *for the nth time* voor de zoveelste keer
Nth [afk] **(North) N.**
ntp, NTP [afk] **(normal temperature and pressure)**
nu /njuː, ˆnuː/ [telb zn] **nu** ⟨13e letter van het Griekse alfabet⟩
¹**nu·ance** /ˈnjuːɑːns, ˆnuːɑːns/ [telb zn] **nuance,** (kleur)schakering, fijn onderscheid, klein verschil
²**nu·ance** /ˈnjuːɑːns, ˆnuːɑːns/ [ov ww] **nuanceren**
nub /nʌb/ [telb zn] 1 ⟨vnl enkelvoud⟩ ⟨inf⟩ **kern(punt),** pointe, essentie ♦ *nub of the matter* kern van de zaak 2 **brok(je),** klompje, ⟨i.h.b.⟩ noot ⟨bepaalde maat stukkolen⟩ 3 **stomp(je),** knobbel(tje)
nub·bin /ˈnʌbɪn/ [telb zn] ⟨AE⟩ 1 **onvolgroeid iets,** ⟨i.h.b.⟩ onvolgroeide maiskolf/maisvrucht 2 → **nub**
nub·ble /ˈnʌbl/ [telb zn] 1 **knobbeltje,** stompje 2 **brok(je)**
nub·bly /ˈnʌbli/ [bn; vergr trap: nubblier] **knobbelig,** bultig, bobbelig
¹**Nu·bi·an** /ˈnjuːbɪən, ˆnuː-/ [eigenn] **Nubisch,** de Nubische taal
²**Nu·bi·an** /ˈnjuːbɪən, ˆnuː-/ [telb zn] 1 **Nubiër** 2 **Nubische geit** 3 **Nubisch paard**
³**Nu·bi·an** /ˈnjuːbɪən, ˆnuː-/ [bn] **Nubisch,** m.b.t. Nubië/de Nubiërs/Nubische taal

nu·bile /ˈnjuːbaɪl, ˆnuːbl/ [bn] 1 ⟨form⟩ **huwbaar** ⟨van vrouw⟩, manbaar, nubiel 2 ⟨scherts⟩ **lekker,** aantrekkelijk, bekoorlijk
nu·bil·i·ty /njuːˈbɪləti, ˆnuːˈbɪləti/ [niet-telb zn] **huwbaarheid,** nubiliteit
nu·chal /ˈnjuːkl, ˆnuːkl/ [bn] **m.b.t. de nek,** van de nek, nek-
nu·ci- /ˈnjuːsi, ˆnuːsi/ **noot-** ♦ *nuciform* nootvormig; *nuciferous* nootdragend; *nucivorous* nootetend
¹**nu·cle·ar** /ˈnjuːklɪə, ˆnuːklɪər, ˆ-kjələr/ [telb zn] 1 **kernwapen,** atoomwapen 2 **kernmogendheid,** kernmacht
²**nu·cle·ar** /ˈnjuːklɪə, ˆnuːklɪər, ˆ-kjələr/ [bn] 1 **m.b.t. de kern(en),** kern-, tot de kern behorend 2 ⟨soc⟩ *nuclear family* nucleair gezin 2 ⟨natuurk⟩ **nucleair,** kern-, atoom- ♦ *nuclear armament* kernbewapening; *nuclear arms-race* nucleaire bewapeningswedloop; *nuclear arms/weapons* kernwapens; *nuclear bomb* atoombom; ⟨vnl AE⟩ *nuclear capacity* kernstrijdmacht; *nuclear cutting* kernwapenvermindering; *nuclear disarmament* kernontwapening, nucleaire ontwapening; *nuclear energy* kernenergie, atoomenergie; *nuclear explosion* kernontploffing, kernexplosie; *nuclear fission* kernsplitsing, atoomsplitsing, kernsplijting, atoomsplijting; *nuclear (strike) force* kernstrijdmacht; *nuclear freeze* kernwapenstop; *nuclear fuel* kernbrandstof; *nuclear fusion* kernfusie; ⟨med⟩ *nuclear medicine* nucleaire geneeskunde; *nuclear missiles* kernraketten; *nuclear physicist* kernfysicus; *nuclear physics* kernfysica, kernwetenschap, nucleonica; *nuclear (power) plant/station* kerncentrale; *nuclear power* kernenergie; kernmogendheid, kernmacht; *nuclear reaction* kernreactie; *nuclear reactor* kernreactor, atoomreactor; *nuclear magnetic resonance* kernmagnetische resonantie; *nuclear ships* nucleaire schepen, atoomschepen; *nuclear submarine* atoomduikboot; *nuclear test* kernproef; *nuclear testing* nucleaire proefnemingen; *nuclear war* kernoorlog, atoomoorlog; *nuclear warfare* nucleaire oorlogvoering; *nuclear warhead* atoomkernkop; *nuclear waste* kernafval; *nuclear weapon* kernwapen, atoomwapen; *nuclear winter* nucleaire winter
nu·cle·ar-free [bn] **atoomvrij**
nu·cle·ar-pow·ered [bn] **nucleair,** atoom-, met kernaandrijving, gebruikmakend van kernenergie ♦ *nuclear-powered ship* nucleair schip, atoomschip; *nuclear-powered submarine* atoomduikboot
nu·cle·ase /ˈnjuːklɪeɪz, ˆnuː-/ [telb zn] ⟨scheik⟩ **nuclease**
¹**nu·cle·ate** /ˈnjuːklɪeɪt, ˆnuː-/ [bn] **met kern(en)**
²**nu·cle·ate** /ˈnjuːklɪeɪt, ˆnuː-/ [onov ww] **de kern vormen**
³**nu·cle·ate** /ˈnjuːklɪeɪt, ˆnuː-/ [ov ww] 1 **tot kern maken** 2 **kern zijn voor,** als kern dienen voor
nuclei [alleen mv] → **nucleus**
nu·cle·ic /njuːˈkliːɪk, ˆnuː-/ [bn, attr] • ⟨biochem⟩ *nucleic acid* nucleïnezuur ⟨twee groepen: DNA en RNA⟩
nu·cle·o- /ˈnjuːklɪoʊ, ˆnuː-/, **nu·cle-** /ˈnjuːkli, ˆnuː-/ ⟨biol, scheik⟩ **nucleo-,** kern- ♦ *nucleoplasm* nucleoplasma, karyoplasma; *nucleophilic* nucleofiel; *nucleosynthesis* nucleosynthese, nucleogenese
nu·cle·o·lar [bn] ⟨biol⟩ **nucleolair,** m.b.t. de nucleolus
nu·cle·o·lus /njuːˈkliːoʊləs, ˆnuː-/, **nu·cle·ole** /-oʊl/ [telb zn; mv: 1e variant nucleoli /-laɪ/] ⟨biol⟩ **nucleolus,** kernlichaampje, plasmasoon, karyosoom
nu·cle·on /ˈnjuːklɪɒn, ˆnuːklɪɑn/ [telb zn] ⟨natuurk⟩ **nucleon** ⟨proton/neutron⟩, kerndeeltje
nu·cle·on·ic /njuːklɪˈɒnɪk, ˆnuːklɪˈɑ-/ [bn] ⟨natuurk⟩ 1 **m.b.t. een nucleon** 2 **kernfysisch,** m.b.t. nucleonica
nu·cle·on·ics /njuːklɪˈɒnɪks, ˆnuːklɪˈɑ-/ [niet-telb zn] ⟨natuurk⟩ **kernfysica,** kernwetenschap, nucleonica
nu·cle·o·pro·tein /ˌnjuːklɪoʊˈproʊtiːn, ˆnuː-/ [telb zn] **nucleoproteïne,** nucleoproteïde
nu·cle·o·side /ˈnjuːklɪəsaɪd, ˆnuː-/ [telb zn] ⟨scheik⟩ **nucleoside**
nu·cle·o·tide /ˈnjuːklɪətaɪd, ˆnuː-/ [telb zn] ⟨scheik⟩ nu-

cleotide
nu·cle·us /nju:kliəs, ᴬnu:-/ [telb zn; mv: meestal nuclei /-kliaɪ/] ① ⟨benaming voor⟩ kern ⟨alleen figuurlijk⟩, hart, middelpunt, begin(sel), basis, uitgangspunt ♦ *the nucleus of a collection* de kern van een verzameling; *the nucleus of an idea* de kern/het uitgangspunt van een idee; *nucleus of the story* kern van het verhaal ② ⟨natuurk, astron⟩ kern, nucleus ③ ⟨biol⟩ (cel)kern, nucleus, kiem ④ ⟨med⟩ nucleus ⟨groep zenuwcellen in centrale zenuwstelsel⟩
nu·clide /nju:klaɪd, ᴬnu:-/ [telb zn] ⟨natuurk⟩ nuclide ⟨kernsoort⟩, nucleïde
nu·clid·ic /nju:klɪdɪk, ᴬnu:-/ [bn] ⟨natuurk⟩ m.b.t. een nuclide
¹**nude** /nju:d, ᴬnu:d/ [telb zn] ① naakt iemand ② ⟨kunst⟩ naakt (model), naaktfiguur
²**nude** /nju:d, ᴬnu:d/ [niet-telb zn; the] ① naaktheid ♦ *in the nude* naakt, in zijn nakie ② ⟨kunst⟩ (het) naakt
³**nude** /nju:d, ᴬnu:d/ [bn; vergr trap: nuder; bw: ~ly; zn: ~ness] ① naakt, bloot, ongekleed ♦ *nude beach* naaktstrand, nudistenstrand; *nude swimming* naakt/naturistisch zwemmen ② vleeskleurig ⟨voornamelijk van kousen⟩ ③ ⟨jur⟩ niet bindend, eenzijdig ④ ⟨jur⟩ *nude contract* nudum pactum
nude scene [telb zn] naaktscène
¹**nudge** /nʌdʒ/ [telb zn] ① por, stoot(je), duwtje ② ⟨AE; sl⟩ zeur, bemoeial, kwal, klier
²**nudge** /nʌdʒ/ [ov ww] ① ⟨zachtjes⟩ aanstoten ⟨met de elleboog⟩, een por geven ② de aandacht trekken van ③ lichtjes/langzaam duwen, schuiven ♦ *he nudged his neighbour out of the way* hij duwde zijn buur zachtjes opzij
nu·di- /nju:di, ᴬnu:-/ ⟨biol⟩ naakt- ♦ *nudicaul* met kale/bladloze stengel; *nudibranch* zeenaaktslak
¹**nud·ie** /nju:di, ᴬnu:di/ [telb zn] ⟨sl⟩ ① blote film, seksfilm ② seksblad ③ naaktshow ④ naaktdanseres
²**nud·ie** /nju:di, ᴬnu:di/ [bn, attr] ⟨sl⟩ met veel bloot ♦ *nudie magazine* seksblad
nud·ism /nju:dɪzm, ᴬnu:-/ [niet-telb zn] naaktloperij, nudisme, naturisme
nud·ist /nju:dɪst, ᴬnu:-/ [telb zn] naaktloper, nudist, naturist
nudist camp, nudist colony [telb zn] nudistenkamp, naturistenkamp
¹**nu·di·ty** /nju:dəti, ᴬnu:dəti/ [telb zn] ⟨kunst⟩ naakt(figuur)
²**nu·di·ty** /nju:dəti, ᴬnu:dəti/ [niet-telb zn] naaktheid, nuditeit ♦ *a lot of nudity* veel naakt/bloot
nud·nik, nud·nick /nʊdnɪk/ [telb zn] ⟨sl⟩ klier, klootzak
nuff /nʌf/ [bw] ⟨inf⟩ (verk: enough) genoeg
nu·gae /nju:dʒi:, ᴬnu:-/ [alleen mv] kleinigheden, futiliteiten, nietigheden, beuzelarijen
nu·ga·to·ry /nju:gətri, ᴬnu:gətɔri/ [bn] ⟨form⟩ ① waardeloos, futiel, nietig, onbeduidend, beuzelachtig, triviaal ② ongeldig, niet van kracht, nietig
nug·gar /nʌgə, ᴬnəgɑr/ [telb zn] vrachtboot ⟨op Boven-Nijl⟩
nug·get /nʌgɪt/ [telb zn] ① (goud)klompje ② juweel(tje) ⟨alleen figuurlijk⟩ ♦ *nugget of information* informatie die goud waard is, belangrijke informatie
nug·get·y /nʌgəti/ [bn] ① als een (goud)klompje ② ⟨AuE; inf⟩ gedrongen ⟨van gestalte⟩
¹**nui·sance** /nju:sns, ᴬnu:-/ [telb zn; voornamelijk enk] lastig iemand/iets, lastpost, plaag ♦ *don't be such a nuisance* wees niet zo vervelend/lastig; *make a nuisance of o.s.* vervelend/lastig zijn
²**nui·sance** /nju:sns, ᴬnu:-/ [telb + niet-telb zn; voornamelijk enk] (over)last, hinder ♦ *what a nuisance* wat vervelend, wat een ellende ⑤ *commit no nuisance* verboden te wateren; afval in de bak, verboden hier afval te deponeren

nuisance tax [telb zn] ± verbruikersbelasting
nuisance value [telb + niet-telb zn; geen mv] ⟨BE⟩ waarde als tegenwicht/iets hinderlijks ♦ *the nuisance value of minor political parties* de waarde van kleine politieke partijen als stoorzender/tegenwicht
NUJ [afk] ⟨BE⟩ (National Union of Journalists)
¹**nuke** /nju:k, ᴬnu:k/ [telb zn] ⟨vnl AE; inf⟩ ① (verk: nuclear bomb) atoombom ② (verk: nuclear weapon) kernwapen ③ (verk: nuclear power plant) kerncentrale
²**nuke** /nju:k, ᴬnu:k/ [ov ww] met kernwapens aanvallen, kernwapens gebruiken tegen
nul hypothesis [telb zn] ⟨stat⟩ nulhypothese
¹**null** /nʌl/ [bn] ① ⟨jur⟩ niet bindend, niet van kracht, nietig, ongeldig ♦ *null and void* van nul en gener waarde ② zinloos, waardeloos, onbelangrijk ③ nietszeggend ♦ *null face* nietszeggende (gelaats)uitdrukking ④ niet bestaand, van niets, nihil ⑤ ⟨techn⟩ met nullezing ♦ *null indicator* nulindicator ⑥ ⟨wisk⟩ leeg ⟨van verzameling⟩ ♦ *null set* lege verzameling ⑦ ⟨wisk⟩ m.b.t. nul, van nul, nul- ♦ *null set* nulverzameling
²**null** /nʌl/ [ov ww] ① nietig verklaren, vernietigen, annuleren ② opheffen, afschaffen
³**null** /nʌl/ [telw] nul ⟨in cijfer⟩

woorden met getallen	1/3
0800 number (uitspraak: oh eight hundred number)	
gratis telefoonnummer (Verenigd Koninkrijk)	
0898 number (oh eight nine eight number)	
telefoonnummer met hoog tarief (Verenigd Koninkrijk)	
A-1 (A one)	
super, van hoge kwaliteit	
B2B (B to B; business to business)	
handel tussen ondernemingen	
V2 (V two)	
raket	
2.1 (two one)	
eindbeoordeling van een universitaire studie, lager dan een first maar hoger dan een 2.2	
2.2 (two two)	
eindbeoordeling van een universitaire studie, lager dan een 2.1 maar hoger dan een third	
3-D (three D)	
driedimensionaal	
4x4 (four by four)	
een auto met vierwielaandrijving	
4-F (four F)	
een aanduiding die aangeeft dat iemand niet geschikt is voor het Amerikaanse leger	
4WD (four wheel drive)	
een auto met vierwielaandrijving	

nul·la /nʌlə/, **nul·la-nul·la** [telb zn] ⟨AuE⟩ hardhouten stok/knots
nul·la·bo·na /nʌlə boʊnə/ [telb zn] ⟨jur⟩ nulla bona ⟨sheriffs verklaring: geen goederen (waarop beslag gelegd kan worden)⟩
nul·lah /nʌlə/ [telb zn] ⟨IndE⟩ ① waterloop, stroom(bedding) ② ravijn
nul·li·fi·ca·tion /nʌlɪfɪkeɪʃn/ [niet-telb zn] ① ⟨jur⟩ ongeldigverklaring, nietigverklaring, vernietiging, nullificering ② ⟨form⟩ opheffing, het te niet doen, neutralisering
¹**nul·li·fid·i·an** /nʌlɪfɪdiən/ [telb zn] ongelovige, heiden
²**nul·li·fid·i·an** /nʌlɪfɪdiən/ [bn] ongelovig, niet godsdienstig
nul·li·fy /nʌlɪfaɪ/ [ov ww] ① ⟨jur⟩ nietig/ongeldig verklaren, vernietigen, nullificeren, tenietdoen ♦ *nullify a contract* een contract nietig/ongeldig verklaren ② ⟨form⟩ opheffen, het effect wegnemen van, neutraliseren, tenietdoen ♦ *nullify the rise in prices by lower taxes* de prijsverhogingen te niet doen/opheffen door lagere belastingen

nullipara

nul·lip·a·ra /nʌlɪpərə/ [telb zn; mv: ook nulliparae /-riː/] ⟨med⟩ kinderloze vrouw, nullipara ⟨vrouw die niet gebaard heeft⟩

nul·lip·a·rous /nʌlɪpərəs/ [bn] ⟨med⟩ kinderloos, niet gebaard hebbend ⟨van vrouw⟩

nul·li·pore /nʌləpɔː, ᴬ-pɔr/ [telb zn] ⟨plantk⟩ roodwier ⟨Rhodophyceae⟩

¹nul·li·ty /nʌləti/ [telb zn] [1] oppervlakkig iets/iemand, nul, nulliteit [2] ongeldig(e) document/wet

²nul·li·ty /nʌləti/ [niet-telb zn] [1] ⟨jur⟩ nietigheid ⟨in het bijzonder van huwelijk⟩, ongeldigheid, nulliteit ♦ *decree of nullity of marriage* echtscheiding [2] zinloosheid, onbelangrijkheid, onbeduidendheid ♦ *the nullity of life* de zinloosheid van het leven

nullity suit [telb zn] echtscheidingsproces

null set [telb zn; the] ⟨wisk⟩ lege verzameling

num [afk] [1] ⟨number⟩ [2] ⟨numeral⟩

Num [afk] ⟨Oude Testament⟩ ⟨Numbers⟩ Num.

NUM [afk] ⟨BE⟩ ⟨National Union of Mineworkers⟩

¹numb /nʌm/ [bn; vergr trap: number; bw: ~ly; zn: ~ness] [1] verstijfd, verdoofd, verlamd, gevoelloos, ⟨i.h.b. door kou⟩ verkleumd ♦ *numb with cold* verkleumd; *numb with fear* verstijfd van angst, door angst verlamd [2] ⟨AE⟩ stom, dom, onhandig

²numb /nʌm/ [onov ww] verstijven, verstarren, verkleumen

³numb /nʌm/ [ov ww] [1] verlammen ⟨ook figuurlijk⟩, doen verstijven/verstarren [2] verdoven ♦ *medicines numbed the pain* medicijnen verzachtten de pijn

num·bat /nʌmbæt/ [telb zn] ⟨dierk⟩ numbat ⟨buidelmiereneter; Myrmecobius fasciatus⟩

¹num·ber /nʌmbə, ᴬ-ər/ [telb zn] [1] getal ♦ *by numbers*, ⟨AE⟩ *by the numbers* stap voor stap, volgens genummerde instructie ⟨in het bijzonder van militaire oefeningen⟩; ⟨inf⟩ mechanisch, werktuigelijk; *the number of the house* het huisnummer; *mixed number* gemengd getal; *the number of times I've seen that movie* hoe vaak ik die film al niet gezien heb [2] aantal ♦ ⟨inf⟩ *any number (of)* een boel, een (hele) hoop, ik weet niet hoeveel; *there are numbers who live in great poverty* er zijn tal van mensen die in grote armoede leven; ⟨form⟩ *beyond/out of/without number* ontelbaar, talloos; *in number* in aantal, in getal; *numbers of cats and dogs* een heleboel katten en honden; ⟨form⟩ *only three of our number* slechts drie van/onder ons; *quite a number* heel wat; *to the number of (twenty)* ten getale van (twintig), (twintig) in getal [3] ⟨benaming voor⟩ nummer, volgnummer, rangnummer, getalmerk, maat, registratienummer, telefoonnummer, deel, aflevering, optreden, programmaonderdeel, song, liedje ⟨op plaat⟩ ♦ *published in numbers* in afleveringen verschenen [4] gezelschap, groep [5] ⟨inf⟩ mens, persoon(tje), vent, kerel, nummer, meid, stuk, griet [6] ⟨inf⟩ ⟨benaming voor⟩ ding, exemplaar, geval, ⟨i.h.b.; handel⟩ kledingstuk, jurk, stuk [7] ⟨inf⟩ werk, job [8] ⟨sl⟩ psychologische truc ♦ *when my number comes up* wanneer ik iets win/in de prijzen val; ⟨AE; sl⟩ *do a number on* kleineren; met minachting spreken/schrijven over; een loer draaien, belazeren; inmaken, in de pan hakken; ⟨sl⟩ *do one's number* met gezag spreken/schrijven; zijn rol spelen; ⟨sl⟩ *have/get s.o.'s number* iemand doorhebben; ⟨inf⟩ *make one's number with* bij de kraag vatten, aanspreken; ⟨BE; inf; mil⟩ *number nine* purgeermiddel; *number one* de eerste, (nummer) een; ⟨sl⟩ heel goed, best; ⟨kind; euf⟩ plasje, kleine boodschap; ⟨BE; sl⟩ eerste officier ⟨van marine⟩; *be number one* nummer een zijn, de belangrijkste zijn; ⟨sl⟩ *number one boy* baas; eerste assistent; jaknikker; tijdelijk geëngageerde filmacteur; *my number one problem* mijn grootste probleem; *public enemy number one* volksvijand nummer een; *always look after/take care of/think of number one* altijd alleen maar aan zichzelf denken; ⟨sl⟩ *number ten* heel slecht, ergst; ⟨BE⟩ *Number Ten (Downing Street)* Downing Street 10, de ambtswoning van de Eerste Minister; *number two* de tweede, (nummer) twee; ⟨kind; euf⟩ grote boodschap, hoopje; *be s.o.'s number two* iemands rechterhand zijn; ⟨inf⟩ *your number is/has come up* het is met je gedaan, je bent er geweest/erbij, je gaat eraan; ⟨sprw⟩ *there is safety in numbers* ± opgaan in de massa biedt voordelen, ± in het donker zijn alle katjes grauw

woorden met getallen	2/3
MI5 (uitspraak: M I five)	
Britse binnenlandse veiligheidsdienst	
MI6 (M I six)	
Britse buitenlandse veiligheidsdienst	
G8 (G eight)	
de acht meest geïndustrialiseerde landen ter wereld	
V8 (V eight)	
een motor met acht cilinders	
9/11 (nine eleven)	
verwijzing naar de datum 11 september 2001 (de gebeurtenis in de Verenigde Staten)	
20/20 vision (twenty twenty vision)	
zeer goed gezichtsvermogen	
catch 22 (catch twenty-two)	
een situatie waaruit niet te ontsnappen valt	
.22 (point two two)	
een vuurwapen van het kaliber .22 (een klein vuurwapen)	
24/7 (twenty-four seven)	
voortdurend, de hele tijd	
.45 (forty-five)	
een vuurwapen van het kaliber .45	
P45 (P forty-five)	
loon- en belastingoverzicht van de werkgever na uitdiensttreding (Verenigd Koninkrijk)	
B52 (B fifty-two)	
grote bommenwerper	

²num·ber /nʌmbə, ᴬ-ər/ [telb + niet-telb zn] ⟨taalk⟩ getal

³num·ber /nʌmbə, ᴬ-ər/ [onov + ov ww] [1] tellen ♦ *number to ten* tot tien tellen [2] vormen ⟨aantal⟩, zijn, bedragen ♦ *we numbered eleven* we waren met ons elven; *the people numbered in the thousands* er waren duizenden mensen [3] tellen, behoren tot, tellen/geteld worden onder, beschouwen/beschouwd worden als ♦ ⟨form⟩ *I number him among my best friends*, ⟨form⟩ *he numbers among my best friends* hij behoort tot mijn beste vrienden; *she numbers with our enemies* ze is een van onze vijanden [•] ⟨BE; mil⟩ *number off* (laten) nummeren, de nummers (laten) afroepen (van)

⁴num·ber /nʌmbə, ᴬ-ər/ [ov ww] [1] nummeren, nummers geven ♦ *numbering machine* numeroteur; *number the questions (from) one to six* de vragen van een tot en met zes nummeren; *numbering system* nummersysteem [2] tellen, bezitten, hebben, bevatten, bestaan uit ♦ *the collection numbers 700 pieces* de verzameling telt 700 stuks [3] (op)noemen, opsommen [4] tellen ⟨jaren⟩, de leeftijd hebben van

number cruncher [telb zn] ⟨inf; scherts⟩ [1] rekenwonder [2] ⟨comp⟩ getallenkraker

number crunching [niet-telb zn] ⟨comp⟩ (het) getallenkraken ⟨verwerking van grote hoeveelheid numerieke data⟩

num·ber-fudg·ing [niet-telb zn] al te gunstige voorstelling ⟨van statistische gegevens⟩, flattering, windowdressing

num·ber·less /nʌmbələs, ᴬ-bər-/ [bn] [1] ontelbaar, talloos [2] zonder nummer

number plate [telb zn] ⟨BE⟩ nummerplaat, nummerbord ⟨van auto⟩

num·bers /nʌmbəz, ᴬ-ərz/ [alleen mv; in bet 3 werkwoord ook enk] [1] aantallen, hoeveelheid, ⟨i.h.b.⟩ grote

aantallen, overmacht ♦ *they came in (great) numbers* ze kwamen in groten getale; *win by (force/weight of) numbers* winnen door getalsterkte ⟨2⟩ **getallen,** het rekenen, het cijferen ♦ *be good/bad at numbers* goed/slecht zijn in rekenen ⟨3⟩ ⟨the⟩ ⟨AE⟩ **(illegale) loterij**
Num·bers /nʌmbəz, ᴬ-ərz/ [eigenn] ⟨Bijb⟩ **Numeri**
numbers game, ⟨in betekenis 2 ook⟩ **numbers pool, numbers racket** [telb zn] ⟨1⟩ ⟨BE⟩ **rekenwerk** ⟨2⟩ ⟨AE⟩ **getallenloterij**

woorden met getallen	3/3
86 (uitspraak: eighty-six)	
je snel ontdoen van iets of iemand	
E111 (E one eleven)	
document waarmee binnen de EU gratis medische hulp verkregen kan worden	
190 number (one nine oh number)	
telefoonnummer met hoog tarief (Australië)	
401k (four oh one K)	
een belastingvrije spaarrekening (Verenigde Staten)	
800 number (eight hundred number)	
gratis telefoonnummer (Verenigde Staten)	
900 number (nine hundred number)	
telefoonnummer met hoog tarief (Verenigde Staten)	
911 (nine one one)	
alarmnummer (Verenigde Staten)	
999 (nine nine nine)	
alarmnummer (Verenigd Koninkrijk)	
1099 (ten ninety-nine)	
aangifte van inkomsten niet in loondienst verkregen (Verenigde Staten)	
1471 (one four seven one)	
telefoonnummer dat men kan bellen om het laatste telefoonnummer te achterhalen waarmee het eigen nummer is gebeld (Verenigd Koninkrijk)	
1800 number (one eight hundred number)	
gratis telefoonnummer (Australië)	
the $ 64,000 question (the sixty-four thousand dollar question)	
belangrijkste en lastigste vraag in een bepaalde situatie, de hamvraag	

numb·fish [telb zn] ⟨dierk⟩ **sidderrog** ⟨Torpedinidae⟩
num·bles, nom·bles /nʌmblz/ [alleen mv] ⟨vero⟩ **hertenigewanden**
numb·ly /nʌmli/ [bw] ⟨1⟩ → **numb** ⟨2⟩ **gevoelloos** ⟨3⟩ **verbijsterd,** verslagen, verstomd
numbskull [telb zn] → **numskull**
nu·men /njuːmən, ᴬnuː-/ [telb zn; mv: numina /-mɪnə/] ⟨1⟩ **huisgod** ⟨2⟩ **genius,** geest, scheppend vermogen ⟨3⟩ **ziel**
nu·mer·a·ble /njuːmrəbl, ᴬnuː-/ [bn] **telbaar**
nu·mer·a·cy /njuːmrəsi, ᴬnuː-/ [niet-telb zn] **wiskundige onderlegdheid,** het hebben van een rekenkundige/wiskundige basiskennis, het met getallen kunnen omgaan
¹**nu·mer·al** /njuːmrəl, ᴬnuː-/ [telb zn] ⟨1⟩ **cijfer** ⟨2⟩ **telwoord**
²**nu·mer·al** /njuːmrəl, ᴬnuː-/ [bn; bw: ~ly] **getal(s)-,** van getallen
nu·mer·als /njuːmrəlz, ᴬnuː-/ [alleen mv] ⟨AE⟩ **eindexamenjaar, afstudeerjaar** ♦ *everybody wore a badge with their numerals on it* iedereen droeg een speldje met zijn eindexamenjaar
¹**nu·mer·ate** /njuːmərət, ᴬnuː-/ [bn] **met een wiskundige basiskennis**
²**nu·mer·ate** /njuːməreɪt, ᴬnuː-/ [ov ww] ⟨1⟩ **opsommen** ⟨2⟩ **tellen**
nu·mer·a·tion /njuːməreɪʃn, ᴬnuː-/ [telb + niet-telb zn] ⟨1⟩ **rekenmethode** ⟨2⟩ **berekening** ⟨3⟩ **uitspraak van getallen**
nu·mer·a·tor /njuːməreɪtə, ᴬnuːməreɪtər/ [telb zn] ⟨ook wisk⟩ **teller**

nu·mer·ic /njuːmerɪk, ᴬnuː-/ [bn] **getal(s)-,** in getallen uitgedrukt ♦ *numeric code* cijfercode, numerieke code
nu·mer·i·cal /njuːmerɪkl, ᴬnuː-/ [bn; bw: ~ly] ⟨1⟩ **getallen-,** rekenkundig ♦ *numerical skill* rekenkundige bekwaamheid ⟨2⟩ **numeriek,** in aantal ♦ ⟨vnl mil⟩ *numerical superiority* (overmacht door) getalsterkte ⟨3⟩ **numeriek,** getals- ♦ *numerical control* numerieke besturing; *numerical symbol* getalsymbool, getalteken; ⟨ook wisk⟩ *numerical value* numerieke waarde, getalswaarde
nu·mer·ol·o·gy /njuːmərɒlədʒi, ᴬnuːmərɑː-/ [niet-telb zn] **leer der getalsymboliek**

numerals	1/2
hoofdtelwoorden	rangtelwoorden
cardinal numbers	ordinal numbers
1, one	first, 1st
2, two	second, 2nd
3, three	third, 3rd
4, four	fourth, 4th
5, five	fifth, 5th
6, six	sixth, 6th
7, seven	seventh, 7th
8, eight	eighth, 8th
9, nine	ninth, 9th
10, ten	tenth, 10th
11, eleven	eleventh, 11th
12, twelve	twelfth, 12th
13, thirteen	thirteenth, 13th
14, fourteen	fourteenth, 14th
15, fifteen	fifteenth, 15th
16, sixteen	sixteenth, 16th
17, seventeen	seventeenth, 17th
18, eighteen	eighteenth, 18th
19, nineteen	nineteenth, 19th
20, twenty	twentieth, 20th
21, twenty-one	twenty-first, 21st
22, twenty-two	twenty-second, 22nd

nu·mer·ous /njuːmrəs, ᴬnuː-/ [bn; bw: ~ly; zn: ~ness] ⟨1⟩ **talrijk,** groot, veelomvattend, uitgebreid ♦ *a numerous family* een grote familie, een groot gezin ⟨2⟩ **talrijke,** vele ♦ *numerous children* veel kinderen
¹**Nu·mid·i·an** /njuːmɪdiən, ᴬnuː-/ [telb zn] **Numidiër**
²**Nu·mid·i·an** /njuːmɪdiən, ᴬnuː-/ [bn] **Numidisch** • ⟨dierk⟩ *Numidian crane* jufferkraan ⟨vogel; Anthropoides virgo⟩
numina [alleen mv] → **numen**
nu·mi·nous /njuːmɪnəs, ᴬnuː-/ [bn; zn: ~ness] ⟨1⟩ **goddelijk,** heilig, sacraal ⟨2⟩ **ontzagwekkend** ⟨3⟩ **spiritueel** ⟨4⟩ **bovennatuurlijk,** magisch, toverachtig
nu·mis·mat·ic /njuːmɪzmætɪk, ᴬnuːmɪzmætɪk/ [bn, attr; bw: ~ally] **numismatisch,** m.b.t. munt- en penningkunde
nu·mis·mat·ics /njuːmɪzmætɪks, ᴬnuːmɪzmætɪks/, **nu·mis·ma·tol·o·gy** /-mətɒlədʒi, ᴬ-mətɑːlədʒi/ [niet-telb zn] **numismatiek,** munt- en penningkunde
nu·mis·ma·tist /njuːmɪzmətɪst, ᴬnuːmɪzmətɪst/ [telb zn] **numismaticus**
num·ma·ry /nʌməri/ [bn] **munten-, geld-**
num·mu·lar /nʌmjʊlə, ᴬ-mjələr/ [bn] ⟨med⟩ **nummulair,** muntvormig
num·mu·lite /nʌmjʊlaɪt, ᴬ-mjə-/ [telb zn] **nummuliet** ⟨fossiele schelp⟩
numpty /nʌm(p)ti/ [telb zn] ⟨inf⟩ **idioot, sufferd**
num·skull, numb·skull /nʌmskʌl/ [telb zn] ⟨inf⟩ ⟨1⟩ **ezel,** stomkop, sufferd ⟨2⟩ **stomme kop,** harses
nun /nʌn/ [telb zn] ⟨1⟩ **non,** kloosterzuster, religieuze ♦ *nuns of the Visitation* Zusters/Orde van de Visitatie ⟨2⟩ **noen** ⟨14e letter van het Hebreeuws alfabet, 25e letter

nun buoy

van het Arabisch alfabet⟩ ③ non ⟨duif⟩ ④ ⟨dierk⟩ **nonvlinder** ⟨Lymantria monacha⟩ ⑤ ⟨BE; dierk⟩ **nonnetje** ⟨Mergus albellus⟩ ⑥ ⟨BE, gew; dierk⟩ **pimpelmees** ⟨Parus caeruleus⟩
nun buoy [telb zn] ⟨scheepv⟩ spitse boei, kegelboei
nunc di·mit·tis /nʊŋk dɪmɪtɪs/ [niet-telb zn] ① **nunc dimittis** ⟨Luc. 2:29⟩ ② toestemming om te vertrekken • *sing nunc dimittis* gewillig afscheid nemen (van het leven)
nun·ci·a·ture /nʌnsɪətʃə, ʌ-tʃʊr/ [telb + niet-telb zn] ⟨r-k⟩ **nuntiatuur**, functie/ambtstermijn van nuntius
nun·ci·o /nʌnsɪoʊ/ [telb zn] ⟨r-k⟩ **nuntius**, pauselijk gezant
nun·cle /nʌŋkl/ [telb zn] ⟨vero⟩ oom, nonkel
nun·cu·pate /nʌŋkjʊpeɪt, ʌ-kjə-/ [ov ww] ⟨jur⟩ **mondeling kenbaar maken** ⟨testament⟩
nun·cu·pa·tion /nʌŋkjʊpeɪʃn, ʌ-kjə-/ [jur] mondeling testament
nun·cu·pa·tive /nʌŋkjuːpətɪv, ʌnʌŋkjəpeɪtɪv/ [bn] ⟨jur⟩ mondeling ⟨van testament⟩
nun·ner·y /nʌnəri/ [telb zn] ⟨form⟩ **vrouwenklooster**, nonnenklooster

numerals	2/2
hoofdtelwoorden	rangtelwoorden
cardinal numbers	ordinal numbers
30, thirty	thirtieth, 30th
40, forty	fortieth, 40th
50, fifty	fiftieth, 50th
60, sixty	sixtieth, 60th
70, seventy	seventieth, 70th
80, eighty	eightieth, 80th
90, ninety	ninetieth, 90th
100, a/one hundred	hundredth, 100th
200, two hundred	two hundredth, 200th
300, three hundred	three hundredth, 300th
1,000, a/one thousand	thousandth, 1,000th
100,000, a/one hundred thousand	hundred thousandth, 100,000th
1,000,000, a/one million	millionth, 1,000,000th

NUPE /njuːpi, ʌnuːpi/ [afk] ⟨BE⟩ (National Union of Public Employees)
nu·phar /njuːfə, ʌnuːfər/ [telb zn] ⟨plantk⟩ **nufar**, gele plomp ⟨genus Nuphar⟩
nup·tial /nʌpʃl/ [bn, attr] ① ⟨form⟩ **huwelijks-**, bruids- • *nuptial feast* huwelijksfeest ② ⟨dierk⟩ parings- • *nuptial flight* bruidsvlucht
nup·tials /nʌpʃlz/ [alleen mv] ⟨form⟩ **huwelijk**, bruiloft
NUR [afk] ⟨BE⟩ (National Union of Railwaymen)
nu-rave /njuːreɪv, ʌnuː-/ [niet-telb zn] **nurave, neorave, new rave** ⟨muziek-/kledingstijl⟩
nurd [telb zn] → **nerd**
¹**nurse** /nɜːs, ʌnɜrs/ [telb zn] ① **verpleegster, verpleger**, ziekenverpleegster, ziekenbroeder, verpleegkundige, verzorg(st)er • ⟨BE⟩ *enrolled nurse* ± ziekenverzorg(st)er; *male nurse* verpleger, ziekenbroeder; ⟨BE⟩ *registered nurse* gediplomeerd verpleegkundige met staatsdiploma; ⟨vnl AE⟩ *visiting nurse* wijkverpleegkundige, wijkverpleegster; *nurse!* zuster! ② ⟨vero⟩ **kindermeisje**, kinderjuffrouw ③ **min**, voedster, ⟨fig⟩ bakermat ④ **windbreking**, boom als beschutting voor kleinere ⑤ werkbij ⑥ werkmier ⑦ ⟨dierk⟩ **bakerhaai** ⟨familie Orectolobidae⟩ ⑧ ⟨sprw⟩ *many kiss the child for the nurse's sake* uit liefde voor de ridder kust de vrouw de schildknaap
²**nurse** /nɜːs, ʌnɜrs/ [niet-telb zn] ① **verpleging**, verzorging ② het zogen • *at nurse* bij een min uitbesteed/gebracht; *put a baby out to nurse* een baby naar een min brengen ③ **beheer** • *put one's estate to nurse* zijn bezittingen in beheer geven

³**nurse** /nɜːs, ʌnɜrs/ [onov ww] ① **in de verpleging zijn**, als verpleegkundige werken ② min zijn ③ **kindermeisje zijn** ④ **zuigen**, aan de borst zijn/drinken • *be nursing at one's mother's breast* de borst krijgen; → **nursing**
⁴**nurse** /nɜːs, ʌnɜrs/ [ov ww] ① **verplegen** ② **verzorgen** ③ **zogen**, borstvoeding geven • *nursing mother* zogende moeder ④ **behandelen**, genezen • *nurse a cold* een verkoudheid uitvieren; *nurse a disease* een kwaal behandelen; *nurse s.o. back to health* door verpleging iemand weer gezond krijgen/maken ⑤ ⟨vaak passief⟩ **grootbrengen** • *nursed in luxury* opgegroeid in weelde ⑥ **bevorderen**, tot ontwikkeling brengen, beheren, zuinig zijn met, beschermen, koesteren • *he's been nursing that drink all evening* hij doet al de hele avond over dat ene drankje; *nurse a fire* dichtbij/vlak op een vuur zitten; *nurse a grievance/grudge against s.o.* een grief/wrok tegen iemand koesteren; *nurse one's hatred* zijn haat voeden; *nurse plants* planten met zorg omgeven/koesteren ⑦ **vasthouden**, beetpakken, omklemmen, koesteren ⑧ ⟨BE; pol⟩ **te vriend houden** ⟨kiezers⟩, in de gunst proberen te komen van de kiezers van ⑨ ⟨bilj⟩ **bijeenhouden** ⟨ballen, voor een verzamelstoot⟩; → **nursing**
nurse-child [telb zn] ① **pleegkind** ② **zoogkind**
nurse-hound [telb zn] ⟨dierk⟩ **kathaai** ⟨Scyliorhinus stellaris⟩
¹**nurse-maid** [telb zn] ① **verzorg(st)er** • *be nursemaid to* de verzorger zijn van ② ⟨vero⟩ **kindermeisje**
²**nurse-maid** [ov ww] **passen op**, zorgen voor
nurs·er·y /nɜːsri, ʌnɜr-/ [telb zn] ① **kinderkamer** ② **kinderbewaarplaats**, crèche, kinderdagverblijf, peuterklas ③ **kweekplaats, kweekschool** ⟨figuurlijk⟩, bakermat ④ **kwekerij, boomkwekerij, plantenkwekerij**, plantenkas, tuincentrum ⑤ **kweekvijver, pootvijver** ⑥ (paarden)wedren voor tweejarigen
nursery governess [telb zn] **kinderjuffrouw**
nurs·er·y·man /nɜːsrimən, ʌnɜr-/ [telb zn; mv: nurserymen /-mən/] **kweker, boomkweker, plantenkweker**
nursery nurse [telb zn] ⟨BE⟩ **kinderverzorgster**
nursery rhyme [telb zn] **kinderversje, kinderliedje**, bakerrijmpje
nursery school [telb + niet-telb zn] **peuterklas** ⟨voor kinderen beneden de vijf jaar⟩
nursery slope [telb zn] ⟨BE⟩ **oefenhelling**, oefenpiste (voor beginners)
nursery stakes [telb zn] (paarden)wedren voor tweejarigen
nursery tale [telb zn] (baker)sprookje
nurs·ing /nɜːsɪŋ, ʌnɜr-/ [niet-telb zn; gerund van nurse] ① **verpleging**, verzorging, zorg, oppas(sing), het verplegen/verzorgen/oppassen ② **verpleegkunde**
nursing home [telb zn] ① (particulier) **verpleeg(te)huis/verzorgings(te)huis** ② ⟨BE⟩ **particulier ziekenhuis**, ⟨i.h.b.⟩ particuliere kraamkliniek
nurs·ling, nurse·ling /nɜːslɪŋ, ʌnɜrs-/ [telb zn] ① **zuigeling**, ⟨i.h.b.⟩ zoogkind, kind dat door een min wordt gevoed ② **troetelkind** ③ **voedsterling**, voedsterkind
nur·tur·ance /nɜːtʃərəns, ʌnɜrtʃə-/ [niet-telb zn] ⟨AE⟩ **koestering**, koesterende zorg
nur·tur·ant /nɜːtʃərənt, ʌnɜrtʃə-/ [bn] ⟨AE⟩ **koesterend**, zorgend
¹**nur·ture** /nɜːtʃə, ʌnɜrtʃər/ [niet-telb zn] ⟨form⟩ ① **voeding**, voedsel, eten ② **opvoeding**, vorming, het grootbrengen ③ **bevordering**, promotie, ontwikkeling, het stimuleren
²**nur·ture** /nɜːtʃə, ʌnɜrtʃər/ [ov ww] ⟨form⟩ ① **voeden** ② **koesteren**, verzorgen ③ **opvoeden**, vormen, grootbrengen ④ **bevorderen**, vooruithelpen
NUS [afk] ⟨BE⟩ (National Union of Students)
¹**nut** /nʌt/ [telb zn] ① **noot** ② **moer** ③ **slof** ⟨van strijkstok⟩ ④ **zadel**, kam ⟨van snaarinstrument⟩ ⑤ **neut** ⟨van anker⟩

nymphean

[6] kern ⟨van zaak⟩ [7] ⟨vnl mv⟩ noot ⟨steenkolenformaat⟩ [8] ⟨sl⟩ kop, knar, test, hoofd ♦ *off one's nut* ⟨van lotje⟩ getikt [9] ⟨sl⟩ halvegare, gek, idioot, mafkees, lijp, zot [10] ⟨sl⟩ enthousiast, fan, fanaat, gek [11] ⟨AE; inf⟩ bom geld ⟨in het bijzonder voor theaterproductie⟩ [12] ⟨sl⟩ smeergeld, steekpenningen ⟨aan politieman⟩ [13] ⟨vnl mv⟩ ⟨sl⟩ bal, kloot ▪ ⟨inf⟩ *nuts and bolts* grondbeginselen, hoofdzaken; *I don't know the nuts and bolts of the system* ik weet niet hoe het systeem precies werkt (in de praktijk)/hoe het systeem precies in elkaar steekt; ⟨BE; sl⟩ *do one's nut(s)* als een gek tekeergaan, als een bezetene te werk gaan; zich suf piekeren ⟨van bezorgdheid⟩; razend zijn; ⟨vnl BE; inf⟩ *she can't sing for nuts* ze kan totaal niet zingen; *crack/break a nut with a sledgehammer* met een kanon op een mug schieten; ⟨sl⟩ *nuts!* onzin!, gelul!; ⟨vnl AE; sl⟩ *nuts (to you)!* je kunt mijn kloten kussen!, krijg de klere!, barst!; ⟨sprw⟩ *he that would eat the kernel must crack the nut* wie noten wil smaken, moet ze kraken

²**nut** /nʌt/ [onov ww] noten plukken/zoeken
³**nut** /nʌt/ [ov ww] ⟨BE; inf⟩ een kopstoot geven
NUT [afk] ⟨BE⟩ (National Union of Teachers)
nu·tant /ˈnjuːtnt, ᴬˈnuː-/ [bn] ⟨plantk⟩ (over)hangend, (neer)buigend
nu·ta·tion /njuːˈteɪʃn, ᴬˈnuː-/ [niet-telb zn] [1] het knikken, knikbeweging ⟨van hoofd⟩ [2] ⟨plantk, astron⟩ nutatie
nut-brown [bn] hazelnootbruin, roodbruin
nut·case [telb zn] ⟨inf; scherts⟩ halvegare, gek, idioot, mafkees, zot
nut·crack·er [telb zn] [1] notenkraker ♦ *haven't you got a nutcracker/any nutcrackers/a pair of nutcrackers?* heb je geen notenkraker? [2] ⟨dierk⟩ notenkraker ⟨vogel; Nucifraga caryocatactes⟩ [3] → **nuthatch**
nut·gall [telb zn] galnoot, gal(appel)
nut·hatch [telb zn] ⟨dierk⟩ boomklever ⟨vogel; familie Sittidae⟩
nut·house [telb zn] ⟨sl⟩ gekkenhuis
nut·let /ˈnʌtlɪt/ [telb zn] [1] nootje [2] pit ⟨van kers, enz.⟩
¹**nut·meg** /ˈnʌtmeg/ [telb zn] muskaatnoot
²**nut·meg** /ˈnʌtmeg/ [niet-telb zn] nootmuskaat
³**nut·meg** /ˈnʌtmeg/ [ov ww] ⟨voetb⟩ de bal door de benen spelen
Nut·meg /ˈnʌtmeg/ [telb zn] ⟨AE; inf⟩ inwoner van Connecticut
nutmeg apple [telb zn] muskaatnoot
nutmeg butter [niet-telb zn] muskaatboter
nutmeg oil [niet-telb zn] [1] muskaat(noten)olie [2] muskaatboter
nut oil [niet-telb zn] nootolie, notenolie
nu·tra·ceu·ti·cal /ˌnjuːtrəˈsjuːtɪkl, ᴬˌnuːtrəˈsuːtɪkl/ [telb zn] nutricijn ⟨uit voeding onttrokken middel dat tegen ziektes bescherming biedt⟩, nutraceutical, nutraceutisch middel, functioneel voedingssupplement
¹**nu·tri·a** /ˈnjuːtrɪə, ᴬˈnuː-/ [telb zn] ⟨dierk⟩ beverrat ⟨Myocastor coypus⟩
²**nu·tri·a** /ˈnjuːtrɪə, ᴬˈnuː-/ [niet-telb zn] nutria, beverbont
¹**nu·tri·ent** /ˈnjuːtrɪənt, ᴬˈnuː-/ [telb zn] nutriënt, voedingsstof, bouwstof, voedingsmiddel
²**nu·tri·ent** /ˈnjuːtrɪənt, ᴬˈnuː-/ [bn] voedend, voedings-, voedingswaarde hebbend
nu·tri·ment /ˈnjuːtrɪmənt, ᴬˈnuː-/ [telb + niet-telb zn] voeding, voedsel, voedingsmiddel
nu·tri·ment·al /ˌnjuːtrɪˈmentl, ᴬˌnuːtrɪˈmentl/ [bn] voedend, voedzaam
nu·tri·tion /njuːˈtrɪʃn, ᴬˈnuː-/ [niet-telb zn] [1] voeding [2] voedingsleer
nu·tri·tion·al /njuːˈtrɪʃnəl, ᴬˈnuː-/ [bn; bw: ~ly] voedings-
nu·tri·tion·ism /njuːˈtrɪʃənɪzm, ᴬˈnuː-/ [niet-telb zn] nutritionisme ⟨leer die voedingssupplementen promoot⟩
nu·tri·tion·ist /njuːˈtrɪʃənɪst, ᴬˈnuː-/ [telb zn] voedingsdeskundige
nu·tri·tious /njuːˈtrɪʃəs, ᴬˈnuː-/ [bn; bw: ~ly; zn: ~ness] voedzaam, voedend, voedingswaarde hebbend
¹**nu·tri·tive** /ˈnjuːtrətɪv, ᴬˈnuːtrətɪv/ [telb zn] voedingsmiddel
²**nu·tri·tive** /ˈnjuːtrətɪv, ᴬˈnuːtrətɪv/ [bn; bw: ~ly; zn: ~ness] [1] voedings- ♦ *nutritive value* voedingswaarde [2] ⟨form⟩ voedzaam, voedend, voedingswaarde hebbend
nuts /nʌts/ [bn, pred] ⟨inf⟩ gek, dol, ⟨van lotje⟩ getikt, hoteldebotel, mesjokke ♦ *be nuts about/on/over* weg zijn van, dol/gek zijn op, wild enthousiast zijn over; *she's nuts about/over him* ze is smoor(verliefd) op hem; ⟨vnl AE⟩ *drive s.o. nuts* iemand gek maken; *go nuts* gek worden
nuts-and-bolts [bn; informeel] [1] praktisch [2] fundamenteel
¹**nut·shell** [telb zn] notendop ⟨ook figuurlijk⟩ ♦ *in a nutshell* in een notendop, kort samengevat
²**nut·shell** [ov ww] kort samenvatten, in een paar woorden weergeven/uiteenzetten
nut·ter /ˈnʌtə, ᴬˈnʌtər/ [telb zn] [1] notenplukker [2] ⟨BE; inf⟩ halvegare, gek, idioot, zot, mafkees
nut·tree [telb zn] [1] notenboom [2] hazelaar
nut·ty /ˈnʌti/ [bn; vergr trap: nuttier; bw: nuttily; zn: nuttiness] [1] met (veel) noten, vol noten [2] naar noten smakend [3] smakelijk, vol ⟨van smaak⟩, geurig, pittig, kruidig [4] ⟨inf⟩ gek, ⟨van lotje⟩ getikt, mesjokke ♦ *be nutty about/on* weg zijn van, dol/gek zijn op, smoor(verliefd)/verkikkerd zijn op; *as nutty as a fruitcake* stapelgek, mesjokke
nut weevil [telb zn] ⟨dierk⟩ notenboorder ⟨kever die eitjes legt in noten⟩
nux vom·i·ca /ˌnʌks ˈvɒmɪkə, ᴬ-ˈvɑ-/ [telb zn] [1] braaknoot [2] ⟨plantk⟩ braaknotenboom ⟨Strychnos nux-vomica⟩
¹**nuz·zle** /ˈnʌzl/ [onov ww] [1] snuffelen ♦ *nuzzle (up) against* met de neus duwen/wrijven tegen, besnuffelen [2] wroeten ♦ *nuzzle into* de neus steken in, wroeten in [3] zich nestelen, zich vlijen
²**nuz·zle** /ˈnʌzl/ [ov ww] [1] besnuffelen, met de neus aanraken [2] wroeten in [3] vlijen ♦ *nuzzle o.s.* zich nestelen/vlijen
NV [afk] [1] (Nevada) [2] (new version) [3] (non-vintage)
NVQ [afk] (National Vocational Qualification ⟨in Groot-Brittannië⟩)
NW [afk] (northwest(ern)) N.W.
NW by N, NWbN [afk] (Northwest by North)
NW by W, NWbW [afk] (Northwest by West)
NWT [afk] (Northwest Territories)
NY [afk] (New York)
nya·la /ˈnjɑːlə/ [telb zn; mv: ook nyala] nyala ⟨Zuid-Afrikaanse antilope; Tragelaphus angasi⟩
NYC [afk] (New York City)
nyc·ta·lo·pi·a /ˌnɪktəˈləʊpɪə/ [niet-telb zn] [1] nachtblindheid [2] dagblindheid, nachtziendheid, nyctalopie
nyc·tit·ro·pism /nɪkˈtɪtrəpɪzm/ [niet-telb zn] ⟨plantk⟩ het aannemen van een slaapstand ⟨van plant⟩
NYD [afk] (not yet diagnosed)
nye /naɪ/ [telb zn] ⟨BE⟩ broedsel fazanten
nylghau [telb zn] → **nilgai**
ny·lon /ˈnaɪlɒn, ᴬ-lɑn/ [niet-telb zn] nylon
ny·lons /ˈnaɪlɒnz, ᴬ-lɑnz/ [alleen mv] nylons, nylonkousen
nymph /nɪmf/ [telb zn] [1] nimf [2] ⟨form⟩ nimf, jonge schoonheid, bekoorlijk meisje [3] nimf ⟨van insect⟩ [4] ⟨dierk⟩ pop ⟨van insect⟩ [5] ⟨sportvis⟩ nimf
nym·pha /ˈnɪmfə/ [telb zn; mv: nymphae /-fiː/] ⟨dierk⟩ nimf ⟨van insect⟩
nym·phae /ˈnɪmfiː/ [alleen mv] ⟨anat⟩ kleine schaamlippen
nym·phe·an /ˈnɪmfɪən/, **nymph·like** /ˈnɪmflaɪk/, **nym-**

nymphet

ph·ish /nɪmfɪʃ/ [bn] nimfachtig, (als) van een nimf, nimfen-
nym·phet /nɪmfɛt, nɪmfɪt, ᴬnɪmfɛt/, **nym·phette** /nɪmfɛt/ [telb zn] 1 nimfje 2 ⟨inf⟩ vampje, vroegrijp meisje
nym·pho /nɪmfoʊ/ [telb zn] ⟨inf⟩ (verk: nymphomaniac) nymfomane
nym·pho·lep·sy /nɪmfəlepsi/ [telb + niet-telb zn] 1 extase ⟨veroorzaakt door nimfen⟩ 2 bezeten drang naar onbereikbaar iets/ideaal
nym·pho·lept /nɪmfəlept/ [telb zn] bezeten idealist
nym·pho·ma·ni·a /nɪmfəmeɪnɪə/ [niet-telb zn] nymfomanie
[1]**nym·pho·ma·ni·ac** /nɪmfəmeɪniæk/ [telb zn] nymfomane
[2]**nym·pho·ma·ni·ac** /nɪmfəmeɪniæk/, **nym·pho·ma·ni·a·cal** /nɪmfoʊmənaɪəkl/ [bn] nymfomaan
NYP [afk] (not yet published)
NYSE [afk] (New York Stock Exchange)
nys·tag·mus /nɪstægməs/ [niet-telb zn] ⟨med⟩ nystagmus, oogsiddering ⟨oogaandoening, vaak bij mijnwerkers⟩
NZ [afk] (New Zealand)

O

¹**o, O** /oʊ/ [telb zn; mv: ook o's, zelden os, ook O's, zelden Os] ① ⟨de letter⟩ o, O ② O-vorm⟨ig iets/voorwerp⟩, o'tje, cirkel
²**o, O** /oʊ/ [telb + niet-telb zn; mv: ook o's, zelden os, ook O's, zelden Os] nul ⟨in telefoonnummer⟩
³**o** [afk] ⟨old⟩
-o /oʊ/ ⟨vormt informeel of slang varianten⟩ ♦ *wacko* halvegare; *righto!* okido!
o' /ə/ [vz] ⟨vero of gew, behalve in sommige uitdrukkingen of samenstellingen⟩ ① ⟨verk: on⟩ op ♦ *the colour o'her cheeks* de kleur op haar wangen ② ⟨verk: of⟩ van ♦ *five o'clock* vijf uur; *the colour o'your coat* de kleur van je jas
¹**O** /oʊ/ [tw] ⟨form⟩ o ♦ *O God!* o God!
²**O** [afk] ⟨taalk⟩ ⟨object⟩ O, object, voorwerp
O' /oʊ/ O' ⟨in Ierse namen: afstammelingen van⟩
OA [afk] ① ⟨on account⟩ ② ⟨open account⟩
oaf /oʊf/ [telb zn; mv: ook oaves /oʊvz/] ① klungel, sukkel, onnozele hals, domoor, druif ② lummel, pummel, lomperd, boer
oaf·ish /oʊfɪʃ/ [bn; bw: ~ly; zn: ~ness] ① klungelig, onnozel, ezelachtig, sullig ② lomp, pummelig
¹**oak** /oʊk/ [telb zn] ① eik ② buitendeur ⟨van College in Cambridge of Oxford⟩ · ⟨BE⟩ *the Oaks* jaarlijkse wedren te Epsom voor driejarige volbloedmerries; ⟨sprw⟩ *if the oak is out before the ash, you will only get a splash; If the ash is out before the oak, you will surely get a soak* als de eik bladeren heeft voor de es zover is, krijgen we een mooie zomer, maar als de es groen is voor de eik, een natte; ⟨sprw⟩ *great oaks from little acorns grow* eikels worden bomen, een mosterdzaadje wordt welhaast een grote boom; ⟨sprw⟩ *little strokes fell great oaks* kleine houwen vellen grote eiken
²**oak** /oʊk/ [niet-telb zn] ① ⟨ook attributief⟩ eiken, eikenhout ② ⟨ook attributief⟩ eiken ⟨kleur bruin⟩ ③ eikenloof
³**oak** /oʊk/ [verzamelnw] ⟨form⟩ houten schepen
⁴**oak** /oʊk/ [bw] ⟨sl⟩ oké, ja
oak apple, oak fig, oak gall, oak plum, oak potato, oak spangle, oak wart [telb zn] galappel, galnoot
oak-ap·ple day [eigenn] ⟨BE⟩ Oak-apple Day ⟨29 mei, dag van de restauratie van Karel II⟩
oak egger [telb zn] ⟨dierk⟩ hagenheld ⟨nachtvlinder; Lasiocampa quercus⟩
oak·en /oʊkən/ [bn] ⟨form⟩ eiken, eikenhouten
oak·ette /oʊket/ [bn] imitatie-eiken
oak fern [telb zn] ⟨plantk⟩ gebogen beukvaren ⟨Thelypteris dryopteris⟩
oak lappet [telb zn] ⟨dierk⟩ eikenblad ⟨nachtvlinder; Gastropacha quercifolia⟩
oak leaf lettuce [niet-telb zn] eikenbladsla
oak leaf roller [telb zn] ⟨dierk⟩ eikenbladrolkever ⟨Attelabus nitens⟩
oak tree [telb zn] eikenboom, eik
oa·kum /oʊkəm/ [niet-telb zn] werk, uitgeplozen touw, breeuwwerk ⟨voornamelijk voor het kalfaten⟩
¹**oak wood** [telb zn] eikenbos
²**oak wood** [niet-telb zn] ① eikenhout, eiken ② eiken(hak)hout
OAP [afk] ⟨BE⟩ ⟨old age pension(er)⟩ AOW('er)
¹**oar** /ɔː, ˆɔr/ [telb zn] ① roeispaan, (roei)riem ♦ *back the oars* de riemen strijken; *pull a good oar* goed roeien; *peak the oars* de riemen opsteken; *toss oars* de riemen opsteken ⟨als groet⟩ ② roeier ③ vlerk, vin, arm, poot ④ ⟨ind⟩ roerarm · *have an oar in* zich bemoeien met; ⟨AE⟩ *lay on one's oars* zich ontspannen, uitrusten, op zijn lauweren rusten; *put/shove/stick one's oar in* tussenbeide komen, zich ermee bemoeien; *rest/lie on one's oars* zich ontspannen, uitrusten, op zijn lauweren rusten
²**oar** /ɔː, ˆɔr/ [onov ww] roeien ⟨ook figuurlijk⟩, wieken, zwaaien, maaien, slaan
³**oar** /ɔː, ˆɔr/ [ov ww] ① roeien, roeien in ♦ *oar a boat* een boot roeien ② roeien over, overroeien ♦ *oar the channel* het kanaal overroeien
oared /ɔːd, ˆɔrd/ [bn] met roeispanen/roeiriemen
oar·fish [telb zn; mv: ook oarfish] ⟨dierk⟩ lintvis ⟨genus Regalecus⟩
oar·lock [telb zn] ⟨AE; scheepv⟩ dol
oars·man /ɔːzmən, ˆɔrz-/ [telb zn; mv: oarsmen /-mən/] roeier
oars·man·ship /ɔːzmənʃɪp, ˆɔrz-/ [niet-telb zn] roeikunst
oars·wo·man [telb zn; mv: oarswomen] roeister
OAS [afk] ① ⟨on active service⟩ ② ⟨Organization of American States⟩
o·a·sis /oʊeɪsɪs/ [telb zn; mv: oases /-siːz/] oase ⟨ook figuurlijk⟩, welkome afwisseling ♦ *an oasis in the desert* een oase in de woestijn ⟨voornamelijk figuurlijk⟩
oast /oʊst/ [telb zn] ⟨BE⟩ eest, droogvloer, ⟨België⟩ ast ⟨voornamelijk voor hop⟩
oast-house [telb zn] ⟨BE⟩ eest(huis), ⟨België⟩ ast ⟨voornamelijk voor hop⟩
¹**oat** /oʊt/ [telb zn] ⟨plantk⟩ ① haverplant ⟨Avena sativa⟩ ② haversoort ⟨genus Avena⟩ ♦ *wild oat* oot ⟨Avena fatua⟩ ③ ⟨form⟩ halm, herdersfluit
²**oat** /oʊt/ [niet-telb zn] herderspoëzie, bucolische poëzie

oat·cake [telb + niet-telb zn] haverkoek
oat·en /oʊtn/ [bn, attr] haver-, van havermeel/stro ♦ *oaten fodder* havervoer
oat·er /oʊtə, ˄oʊtər/ [telb zn] ⟨AE; sl⟩ ⟨stereotiepe⟩ western
oat·grass [niet-telb zn] ⟨plantk⟩ ① oot ⟨Avena fatua⟩ ② glanshaver ⟨genus Arrhenatherum⟩
oath /oʊθ/ [telb zn; mv: oaths /oʊðz, ˄oʊðvoʊθs/] ① eed ♦ *administer an oath to s.o.* iemand een eed afnemen; *make/take/swear an oath* een eed afleggen, zweren; *oath of office* ambtseed; *on my oath* dat zweer ik, eerlijk waar; *on/under oath* onder ede; *take oath* een eed afleggen, zweren; *put s.o. under oath* iemand een eed afnemen ② vloek, godslastering
oat·meal [niet-telb zn] ① havermeel, havervlokken ② havermout(pap) ③ ⟨vaak attributief⟩ beigegrijs
oats /oʊts/ [alleen mv] haver, haverkorrels, havermeel, havervlokken ♦ *rolled oats* havervlokken • ⟨inf⟩ *feel one's oats* goed in zijn vel zitten, bruisen van energie; ⟨AE ook⟩ kapsones hebben; ⟨BE; inf⟩ *get one's oats* niets te kort komen, aan zijn trekken komen (m.b.t. seks); ⟨inf⟩ *off one's oats* zonder eetlust, niet lekker
OAU [afk] ⟨gesch⟩ ⟨Organization of African Unity⟩
ob [afk] (obiit) Ob.
ob-, ⟨voor c⟩ **oc-**, ⟨voor f⟩ **of-**, ⟨voor p⟩ **op-** ob-, oc-, of-, op- ⟨voornamelijk met betekenis van openheid, gerichtheid, vijandigheid⟩ ♦ *object* object; *oblong* oblong; *occasion* gelegenheid; *opponent* tegenstander, opponent; *offensive* offensief; *opportune* opportuun
OB [afk] ① ⟨Old Boy⟩ ② ⟨BE⟩ ⟨outside broadcast⟩
Obad [afk] ⟨Oude Testament⟩ ⟨Obadiah⟩
O·ba·di·ah /oʊbədaɪə/ [eigenn] ⟨Oude Testament⟩ Obadja ⟨profeet⟩
¹**ob·bli·ga·to**, ⟨AE ook⟩ **ob·li·ga·to** /ɒblɪgɑːtoʊ, ˄ɑblɪgɑtoʊ/ [telb zn] ⟨muz⟩ obligaat, obligaatpartij
²**ob·bli·ga·to**, ⟨AE ook⟩ **ob·li·ga·to** /ɒblɪgɑːtoʊ, ˄ɑblɪgɑtoʊ/ [bn, postnom] ⟨muz⟩ obligaat
ob·cor·date /ɒbkɔːdeɪt, ˄ɑbkɔr-/ [bn] ⟨plantk⟩ hartvormig
ob·du·ra·bil·i·ty /ɒbdjʊərəbɪləti, ˄ɑbdərəbɪləti/ [niet-telb zn] hardheid, weerstandsvermogen ⟨van stoffen⟩
ob·du·ra·cy /ɒbdjʊərəsi, ˄ɑbdə-/ [niet-telb zn] ⟨form⟩ ① onverbeterlijkheid, verstoktheid ② onverzettelijkheid, ontoegeeflijkheid
ob·du·rate /ɒbdjʊrət, ˄ɑbdə-/ [bn; bw: ~ly; zn: ~ness] ⟨form⟩ ① onverbeterlijk, verstokt, koppig, niet te beïnvloeden ② onverzettelijk, hard, onvermurwbaar, niet over te halen
OBE [afk] ⟨BE⟩ ⟨Officer (of the Order) of the British Empire⟩
¹**o·be·ah** /oʊbɪə/, **o·bi** /oʊbi/ [telb zn] ⟨antr⟩ obeahfetisj
²**o·be·ah** /oʊbɪə/, **o·bi** /oʊbi/ [niet-telb zn] ⟨antr⟩ obeah, religieuze tovenarij van West-Indische negers
o·be·di·ence /əbiːdɪəns/ [niet-telb zn] ① gehoorzaamheid ♦ *in obedience to* gehoorzamend aan; *passive obedience* passieve gehoorzaamheid; onvoorwaardelijke gehoorzaamheid ② ⟨rel⟩ obediëntie, gehoorzaamheid, dienstplicht, taak ⟨in klooster⟩ ③ ⟨r-k⟩ (kerkelijk) gezag, (geestelijke) jurisdictie ♦ *the obedience of Rome* het gezag van Rome/van de paus
o·be·di·ent /əbiːdɪənt/ [bn; bw: ~ly] ① gehoorzaam, gehoorzamend, gewillig, plichtsgetrouw ♦ ⟨BE⟩ *your obedient servant* uw dienstwillige dienaar ⟨slotformule in officiële brieven⟩ ② onderworpen
o·be·di·en·tia·ry /oʊbiːdiːenʃəri/ [telb zn] kloosterling onder gezag ⟨van abt⟩
¹**o·bei·sance** /oʊbeɪsns/ [telb + niet-telb zn] buiging, reverence, kniebuiging ♦ *make an/do/pay obeisance* een buiging maken, groeten
²**o·bei·sance** /oʊbeɪsns/ [niet-telb zn] eerbied, respect,

eerbetoon ♦ *do/make/pay obeisance to* zijn respect betuigen aan
o·bei·sant /oʊbeɪsnt/ [bn] eerbiedig, onderdanig
ob·e·lis·cal /ɒbəlɪskl, ˄ɑbə-/ [bn] obeliskachtig, obeliskvormig, obelisk-
ob·e·lisk /ɒbəlɪsk, ˄ɑbə-/ [telb zn] ① obelisk, naald ② het teken -. of ÷ ⟨gebruikt in oude manuscripten om aan te duiden dat een woord/passage verdacht/onecht is⟩ ♦ *double obelisk* dubbel kruis ③ dolkteken, kruisje ⟨† als referentieteken⟩
ob·e·lis·koid /ɒbəlɪskɔɪd, ˄ɑbə-/ [bn] obeliskvormig
ob·e·lize, ob·e·lise /ɒbəlaɪz, ˄ɑbə-/ [ov ww] met een dolkteken merken ⟨†⟩, van een dolkteken voorzien, ⟨fig⟩ als twijfelachtig beschouwen
ob·e·lus /ɒbɪləs, ˄ɑbɪ-/ [telb zn; mv: obeli /-laɪ/] → **obelisk bet 2**
o·bese /oʊbiːs/ [bn; zn: ~ness] ⟨form⟩ zwaarlijvig, gezet, vet, corpulent, vlezig
o·be·si·ty /oʊbiːsəti/ [niet-telb zn] zwaarlijvigheid, corpulentie
¹**o·bey** /əbeɪ/ [onov ww] gehoorzamen, gehoorzaam/volgzaam zijn • ⟨sprw⟩ *he that cannot obey cannot command* geen goed heer of hij was tevoren knecht, geen wijzer abt dan die eerst monnik is geweest
²**o·bey** /əbeɪ/ [ov ww] ① gehoorzamen (aan), opvolgen, nakomen, volbrengen ♦ *obey an order* (aan) een bevel gehoorzamen, een bevel opvolgen; *obey one's parents* (aan) zijn ouders gehoorzamen ② gehoorzamen (aan), toegeven aan, gehoor geven aan, zich laten leiden door ♦ *obey one's passions* aan zijn driften gehoorzamen/toegeven, zich door zijn driften laten meeslepen ③ gehoorzamen (aan), onderworpen zijn aan, volgen, in beweging/werking gebracht worden door ♦ *a falling apple obeys a natural law* een vallende appel is aan een natuurwet onderworpen
ob·fus·cate /ɒbfəskeɪt, ˄ɑb-/ [ov ww] ⟨form⟩ ① verduisteren, verdonkeren, donker/duister maken, ⟨fig⟩ vertroebelen, benevelen, versluieren ♦ *the clouds obfuscated the sun* de wolken verduisterden de zon; *he obfuscated the topic* hij versluierde het onderwerp ② verwarren, in de war brengen, verbijsteren ♦ *the tragic circumstances had obfuscated his mind* de tragische omstandigheden hadden zijn geest in de war gebracht • ⟨sl⟩ *obfuscated* dronken, in de wind, beneveld
ob·fus·ca·tion /ɒbfəskeɪʃn, ˄ɑb-/ [telb + niet-telb zn] ⟨form⟩ ① verduistering, verdonkering, ⟨fig⟩ vertroebeling, beneveling ② verwarring, verbijstering
ob/gyn [afk; voornamelijk Amerikaans-Engels] (obstetrics and gynaecology)
¹**o·bi** /oʊbi/ [telb zn; mv: ook obi] obi ⟨Japanse gordel in de oude dracht, gedragen door vrouwen en kinderen⟩
²**o·bi** /oʊbi/ [telb + niet-telb zn] → **obeah**
O·bie /oʊbi/ [telb zn] (OB, off-Broadway) jaarlijkse persprijs voor niet op Broadway opgevoerde theaterstukken
o·bi·it /ɒbiɪt, ˄oʊbiɪt/ hij/zij is gestorven/overleden ⟨gevolgd door datum; oorspronkelijk Latijn⟩
o·bit /ɒbɪt, ˄oʊbɪt/ [telb zn] ① (aantekening van) overlijdensdatum ② ⟨inf⟩ overlijdensbericht ⟨in de krant⟩
o·bi·ter dic·tum /ɒbɪtə dɪktəm, ˄oʊbɪtər-/ [telb zn; mv: obiter dicta /-tə/] ⟨form; jur⟩ terloopse opmerking
o·bi·tu·ar·ist /əbɪtʃʊərɪst, ˄oʊbɪtʃərɪst/ [telb zn] necroloog
¹**o·bit·u·ar·y** /əbɪtʃʊəri, ˄oʊbɪtʃʊeri/ [telb zn] ① necrologie, in memoriam, overlijdensbericht ⟨met korte biografie⟩ ② necrologie, dodenlijst, lijst van afgestorvenen, obituarium
²**o·bit·u·ar·y** /əbɪtʃʊəri, ˄oʊbɪtʃʊeri/ [bn, attr] overlijdens-, stervens-, doden-, doods- ♦ *obituary notice* overlijdensbericht
obj [afk] ① ⟨object⟩ ② ⟨objective⟩ ③ ⟨objection⟩

¹ob·ject /ɒbdʒɪkt, ᴬʌb-/ [telb zn] ① **voorwerp,** ding, object ♦ *object of virtu* kleinood, kunstvoorwerp ② **doel,** oogmerk, bedoeling ③ **onderwerp** ⟨van studie, enz.⟩ ④ ⟨BE; inf⟩ **sujet** ⟨belachelijk/meelijwekkend/verachtelijk iets of iemand⟩, voorwerp ⑤ ⟨filos⟩ **object,** buitenwereld, het niet-ik ⑥ ⟨taalk⟩ **voorwerp** ♦ *direct object (of a verb)* lijdend voorwerp, direct object; *indirect object (of a verb)* meewerkend voorwerp, indirect object; *object of a preposition* voorzetselvoorwerp; *prepositional object* voorzetselvoorwerp ⑦ ⟨comp⟩ **systeemcomponent,** object ♦ *object-oriented programming* objectgeoriënteerde programmering ⑧ *money is no object* geld speelt geen rol/is bijzaak

²ob·ject /əbdʒekt/ [onov ww] **bezwaar hebben/maken,** tegenwerpingen maken, afkerig staan, zijn afkeuring laten blijken ♦ *he objected to being called Irish* hij wou niet voor een Ier doorgaan; *if you don't object* als je er geen bezwaar tegen hebt

³ob·ject /əbdʒekt/ [ov ww] **aanvoeren,** tegenwerpen, inbrengen (tegen) ♦ *object against s.o. that ...* tegen iemand aanvoeren dat ...

object ball [telb zn] ⟨bilj⟩ **aangespeelde (rode/witte) bal**
object clause [telb zn] ⟨taalk⟩ **voorwerpszin**
object code [telb + niet-telb zn] ⟨comp⟩ **machinetaal**
ob·ject-find·er /ɒbdʒɪktlər, ᴬʌb-/ [telb zn] **zoeker** ⟨op microscoop⟩
object glass, object lens [telb zn] ⟨foto, opt⟩ **objectief,** lens

¹ob·jec·ti·fi·ca·tion /əbdʒektɪfɪkeɪʃn/ [telb + niet-telb zn] **objectivering,** belichaming
²ob·jec·ti·fi·ca·tion /əbdʒektɪfɪkeɪʃn/ [niet-telb zn] ⟨psych⟩ **het objectiveren** ⟨van hallucinaties⟩
ob·jec·ti·fy /əbdʒektɪfaɪ/ [ov ww] ① **objectiveren,** objectief/concreet/gekwantificeerd voorstellen, belichamen ② ⟨psych⟩ **objectiveren,** een visuele uiterlijke vorm geven aan ⟨hallucinatie⟩

¹ob·jec·tion /əbdʒekʃn/ [telb zn] ① **bezwaar,** tegenwerping, bedenking, objectie ♦ *raise objections* bezwaren maken/opperen ② **gebrek,** tekort, schaduwzijde
²ob·jec·tion /əbdʒekʃn/ [telb + niet-telb zn] **afkeuring,** afkeer, tegenzin, hekel ♦ *he took objection to my intervention* hij had bezwaar tegen mijn tussenkomst
ob·jec·tion·a·ble /əbdʒekʃnəbl/ [bn; bw: objectionably; zn: ~ness] ① **niet onbedenkelijk,** aan bezwaar/bedenking onderhevig ② **ongewenst,** onaangenaam ♦ *an objectionable smell* een onaangename reuk ③ **aanstootgevend,** aanstotelijk ④ **laakbaar,** afkeurenswaardig
ob·jec·ti·val /ɒbdʒɪktaɪvl, ᴬʌb-/ [bn] ⟨taalk⟩ **(met de kenmerken) van/m.b.t. een voorwerp,** voorwerps-
¹ob·jec·tive /əbdʒektɪv/ [telb zn] ① **doel,** oogmerk, doelstelling ② ⟨foto, opt⟩ **objectief,** lens ③ ⟨taalk⟩ **voorwerpsnaamval,** accusatief ④ ⟨mil⟩ **doel(wit),** operatiedoel
²ob·jec·tive /əbdʒektɪv/ [bn; bw: ~ly; zn: ~ness] ① **objectief,** onpartijdig, feitelijk, echt ② ⟨taalk⟩ **voorwerps-,** (met de kenmerken) van/m.b.t. een voorwerp ♦ *objective case* voorwerpsnaamval; *objective complement* voorzetselvoorwerp ③ ⟨mil⟩ *objective point* doel(wit), operatiedoel ④ ⟨fig⟩ **doel, oogmerk**

ob·jec·tiv·ism /əbdʒektɪvɪzm/ [niet-telb zn] **objectivisme** ⟨voornamelijk filosofie⟩
ob·jec·tiv·ist /əbdʒektɪvɪst/ [telb zn] **objectivist** ⟨voornamelijk filosofie⟩
ob·jec·tiv·is·tic /əbdʒektɪvɪstɪk/ [bn] **objectivistisch** ⟨voornamelijk filosofie⟩
ob·jec·tiv·i·ty /ɒbdʒektɪvəti, ᴬʌbdʒektɪvəti/ [niet-telb zn] **objectiviteit,** onpartijdigheid
object language [telb zn] ① ⟨filos, taalk⟩ **objecttaal** ② ⟨comp⟩ **doeltaal**
ob·ject·less /ɒbdʒɪktləs, ᴬʌb-/ [bn; bw: ~ly; zn: ~ness] **doelloos**
object lesson [telb zn] ① **aanschouwelijke les** ② **praktisch voorbeeld,** toonbeeld

object of vir·tu /ɒbdʒɪkt əv vɜːtuː, ᴬʌbdʒɪkt əv vɜrtuː/ [telb zn; voornamelijk mv; mv: objects of virtu /ɒbdʒɪkts əv vɜːtuː/⟩ ⟨kunst⟩ **kleinood,** kunstvoorwerp
ob·jec·tor /əbdʒektə, ᴬ-ər/ [telb zn] **tegenstander,** opponent, tegenspreker, wie bezwaar maakt
ob·ject-o·ri·ent·ed [bn] ⟨comp⟩ **objectgeoriënteerd** ♦ *object-oriented programming* objectgeoriënteerde programmering
object teaching [niet-telb zn] **aanschouwelijk onderwijs**
ob·jet d'art /ɒbʒeɪ dɑː, ᴬʌbʒeɪ dɑr/ [telb zn; mv: objets d'art /-ʒeɪ-/] **(klein) kunstvoorwerp**
ob·jet de ver·tu /ɒbʒeɪ də-, ᴬʌbʒeɪ də-/ [telb zn; voornamelijk mv; mv: objets de vertu /-ʒeɪ-/] ⟨kunst⟩ **kleinood,** kunstvoorwerp
ob·jet trou·vé /ɒbʒeɪ truːveɪ, ᴬʌb-/ [telb zn; mv: objets trouvés /-ʒeɪ-/] ⟨kunst⟩ **object** ⟨tot kunstwerk verheven gevonden voorwerp⟩
ob·jur·gate /ɒbdʒəgeɪt, ᴬʌbdʒər-/ [ov ww] ⟨form⟩ **berispen,** gispen, schelden op, hekelen, laken, verwijten
ob·jur·ga·tion /ɒbdʒəgeɪʃn, ᴬʌbdʒər-/ [telb + niet-telb zn] ⟨form⟩ **berisping,** uitbrander, verwijt
ob·jur·ga·to·ry /ɒbdʒɜːgətri, əbdʒɜrgətɔri/ [bn; bw: objurgatorily] **berispend,** gispend, scheldend, hekelend, lakend, verwijtend
obl [afk] ① ⟨oblong⟩ ② ⟨oblong⟩
ob·lan·ce·o·late /ɒblɑːnsɪələt, -leɪt, ᴬʌblæn-/ [bn] ⟨plantk⟩ **omgekeerd lancetvormig**
ob·last /ɒblɑːst, ᴬʌblæst/ [telb zn; mv: ook oblasti /-ti/] **provincie,** gewest, district ⟨in Rusland⟩
¹ob·late /ɒbleɪt, ᴬʌb-/ [telb zn] ⟨kerk⟩ **oblaat, oblate**
²ob·late /ɒbleɪt, ᴬʌb-/ [bn; bw: ~ly; zn: ~ness] ⟨wisk⟩ **afgeplat (aan de polen),** afgeplat bolvormig, sferoïdaal ♦ *oblate sphere* afgeplatte bol, sferoïde
ob·la·tion /əbleɪʃn/ [telb + niet-telb zn] ⟨form⟩ ① **offering,** offer ② ⟨r-k⟩ **offerande,** opdracht ⟨van brood en wijn⟩
ob·la·tion·al /əbleɪʃnəl/, **ob·la·to·ry** /ɒblətri, ᴬʌblətɔri/ [bn] **als een offer,** offer-
¹ob·li·gate /ɒblɪgət, ᴬʌblɪ-/ [bn] ① **onontbeerlijk,** onmisbaar, noodzakelijk, essentieel ② ⟨biol⟩ **obligaat** ③ ⟨vero⟩ **verplicht,** gedwongen
²ob·li·gate /ɒblɪgeɪt, ᴬʌb-/ [ov ww] ⟨vnl AE; form⟩ **verplichten,** (ver)binden, dwingen ⟨wettelijk, moreel⟩ ♦ *obligate s.o. to do sth.* iemand verplichten iets te doen; *feel obligated to do sth.* zich verplicht voelen iets te doen
¹ob·li·ga·tion /ɒblɪgeɪʃn, ᴬʌb-/ [telb zn] ① **plicht,** (zware) taak, dure plicht ② ⟨fin⟩ **obligatie,** schuldbekentenis, promesse, schuldbrief
²ob·li·ga·tion /ɒblɪgeɪʃn, ᴬʌb-/ [telb + niet-telb zn] ① **verplichting,** verbintenis, contract ♦ *be/lie under an obligation to s.o.* aan iemand verplichtingen hebben; *lay/place/put s.o. under an obligation* iemand aan zich verplichten; *of obligation* verplicht, (ver)bindend, vereist ② **verplichting,** het verplicht-zijn/verschuldigd-zijn, verschuldigde dank(baarheid) ③ ⟨r-k⟩ *day of obligation* verplichte feestdag
obligato → **obbligato**
o·blig·a·to·ry /əblɪgətri, ᴬ-tɔri/ [bn; bw: obligatorily; zn: obligatoriness] ① **verplicht,** obligatoir, obligatorisch, (ver)bindend, vereist, met bindende kracht ♦ *obedience is obligatory on soldiers* soldaten zijn tot gehoorzaamheid verplicht ② ⟨biol⟩ **obligaat**
¹o·blige /əblaɪdʒ/ [onov ww] ① **het genoegen doen,** ten beste geven, voordragen, brengen, zingen ♦ *oblige with a song* een lied ten beste geven ② **gewenst zijn** ♦ *full particulars will oblige* volledige inlichtingen gewenst; *an early reply will oblige* wij hopen op een spoedig antwoord; → **obliging**
²o·blige /əblaɪdʒ/ [ov ww] ① **aan zich verplichten,** een dienst bewijzen, een genoegen doen, obligeren ♦ *oblige me*

obligee

by leaving this house wees zo goed/gelieve dit verlaten; *could you oblige me by opening the door?* wilt u zo vriendelijk zijn de deur voor mij te openen?; *(I'm) much obliged (to you)* dank u zeer, ik ben u ten zeerste dankbaar; *we're obliged to you for your hospitality* wij zijn u ten zeerste dankbaar voor uw gastvrijheid; *could you oblige me with your pen?* mag ik uw pen even lenen? [2] ⟨voornamelijk passief, behalve verouderd en juridisch⟩ verplichten, (ver)binden, dwingen ⟨door eed, belofte, contract⟩ ♦ *the law obliges me to do this* de wet verplicht me dit te doen; *I feel obliged to say that ...* ik voel me verplicht te zeggen dat ...; *they were obliged to sell their house* ze moesten hun huis verkopen; → obliging

ob·li·gee /ɒblɪdʒiː, ᴬɑblɪ-/ [telb zn] [1] wie zich verplicht voelt jegens een ander [2] ⟨jur⟩ schuldeiser, crediteur, rechthebbende, aan wie men zich bij contract verbindt/verplicht

o·blig·er /əblaɪdʒə, ᴬ-ər/ [telb zn] wie (aan zich) verplicht

o·blig·ing /əblaɪdʒɪŋ/ [bn; oorspronkelijk tegenwoordig deelw van oblige; bw: ~ly; zn: ~ness] [1] hoffelijk, beleefd, wellevend [2] attent, vriendelijk, voorkomend, behulpzaam

ob·li·gor /ɒblɪɡɔː, ᴬɑblɪɡɔr/ [telb zn] ⟨jur⟩ schuldenaar, wie zich bij contract verbindt/verplicht

¹**o·blique** /əbliːk/ [telb zn] [1] schuin(e) streep(je)/lijn [2] ⟨med⟩ schuine spier

²**o·blique** /əbliːk/ [telb + niet-telb zn] [1] ⟨taalk⟩ casus obliquus, verbogen naamval [2] schuine richting ⟨ook scheepvaart⟩

³**o·blique** /əbliːk/ [bn; bw: ~ly; zn: ~ness] [1] schuin, scheef, hellend, scherp, stomp ⟨van hoek⟩ ♦ *oblique angle* scheve hoek; *oblique section* schuine doorsnede; *oblique stroke* schuin(e) streep(je); *oblique triangle* scheefhoekige driehoek [2] eromheen draaiend, indirect, onduidelijk, dubbelzinnig [3] slinks, niet rechtuit, misleidend, onoprecht, oneerlijk [4] zijdelings, indirect, collateraal, in de zijlinie ⟨van verwantschap⟩ [5] ⟨plantk⟩ ongelijkzijdig ⟨van blad⟩ [6] ⟨taalk⟩ verbogen, indirect ♦ *oblique case* casus obliquus, verbogen naamval; *oblique narration/oration/speech* indirecte rede; *oblique question* indirecte vraag

⁴**o·blique** /əbliːk/ [onov ww] [1] een schuine richting hebben/nemen [2] ⟨vnl mil⟩ in schuine richting marcheren/oprukken/vooruitgaan

⁵**o·blique** /əbliːk/ [bw] ⟨mil⟩ schuins ♦ *left oblique, march!* schuinlinks, mars!

o·blique-an·gled [bn] scheefhoekig

o·bliq·ui·tous /əblɪkwətəs/ [bn] afwijkend, scheef

¹**o·bliq·ui·ty** /əblɪkwəti/ [telb zn] afwijkingshoek, afwijkingsgraad, divergentie

²**o·bliq·ui·ty** /əblɪkwəti/ [telb + niet-telb zn] [1] afwijking, perversiteit, verdorvenheid, ontaarding, verkeerdheid, aberratie [2] onduidelijkheid, duisterheid, verwardheid

³**o·bliq·ui·ty** /əblɪkwəti/ [niet-telb zn] [1] schuinsheid, scheefheid, schuinte, schuine/scheve richting [2] afwijking, deviatie, helling [3] ⟨astron⟩ helling van de ecliptica ♦ *obliquity of the ecliptic* helling van de ecliptica

o·blit·er·ate /əblɪtəreɪt/ [ov ww] [1] uitwissen, doorhalen, vernietigen, uitroeien, oblitereren ♦ ⟨fig⟩ *obliterate o.s.* zichzelf wegcijferen; *obliterate a postage stamp* een postzegel (af)stempelen [2] doen verdwijnen, verwijderen

o·blit·er·a·tion /əblɪtəreɪʃn/ [niet-telb zn] [1] uitwissing, doorhaling, vernietiging, uitroeiing, obliteratie [2] afstempeling ⟨van postzegel⟩

o·blit·er·a·tive /əblɪtrətɪv, ᴬəblɪtəreɪtɪv/ [bn; bw: ~ly] uitwissend, doorhalend, vernietigend

o·blit·er·a·tor /əblɪtəreɪtə, ᴬəblɪtəreɪtər/ [telb zn] [1] uitwisser, doorhaler, vernietiger [2] stempelmachine

o·bliv·i·on /əblɪvɪən/ [niet-telb zn] [1] vergetelheid ♦ *fall/sink into oblivion* in vergetelheid raken [2] het vergeten [3] veronachtzaming [4] onbewustheid [5] ⟨jur⟩ amnestie ♦ ⟨gesch⟩ *Bill/Act of Oblivion* amnestiewet [6] vergeetachtigheid

o·bliv·i·ous /əblɪvɪəs/ [bn; bw: ~ly; zn: ~ness] [1] vergeetachtig [2] onbewust, zich niet bewust ♦ *oblivious of* niet lettend op, niet denkend om, vergetend; *oblivious of/to* zich niet bewust van

¹**ob·long** /ɒblɒŋ, ᴬɑblɔŋ/ [telb zn] rechthoek, langwerpige figuur

²**ob·long** /ɒblɒŋ, ᴬɑblɔŋ/ [bn; bw: ~ly; zn: ~ness] [1] langwerpig, oblong ♦ ⟨plantk⟩ *oblong leaves* langwerpige bla(de)ren [2] rechthoekig [3] ellipsvormig

ob·lo·quy /ɒbləkwi, ᴬɑb-/ [niet-telb zn] ⟨form⟩ [1] (be)laster(ing), smaad, scheldwoorden [2] schande, oneer, diskrediet, slechte naam

ob·mu·tes·cence /ɒbmjuːtesns, ᴬɑbmjə-/ [niet-telb zn] ⟨vero⟩ hardnekkige zwijgzaamheid/stilte

ob·mu·tes·cent /ɒbmjuːtesnt, ᴬɑbmjə-/ [bn] ⟨vero⟩ hardnekkig zwijgzaam/zwijgend

ob·nox·ious /əbnɒkʃəs, ᴬ-nɑk-/ [bn; bw: ~ly; zn: ~ness] ⟨form⟩ [1] aanstootgevend, aanstotelijk, afschuwelijk, verfoeilijk, hatelijk [2] ⟨uiterst⟩ onaangenaam, onhebbelijk ♦ *an obnoxious child* een stierlijk vervelend kind [3] verafschuwd, gehaat

ob·nu·bi·late /ɒbnjuːbɪleɪt, ᴬɑbnuː-/ [ov ww] ⟨form⟩ verduisteren, benevelen ⟨ook figuurlijk⟩

ob·nu·bi·la·tion /ɒbnjuːbɪleɪʃn, ᴬɑbnuː-/ [telb + niet-telb zn] ⟨form⟩ verduistering, beneveling ⟨ook figuurlijk⟩

o·boe /oʊboʊ/ [telb zn] [1] hobo ⟨ook bepaald orgelregister⟩ [2] hoboïst

o·bo·ist /oʊboʊɪst/ [telb zn] hoboïst

ob·ol /ɒbɒl, ᴬɑbl/, **ob·o·lus** /ɒbələs, ᴬɑb-/ [telb zn; mv: 2e variant obol -/laɪ/] [1] obool (Oud-Griekse pasmunt/gewichtseenheid) [2] obool (benaming voor klein muntstuk; voornamelijk in de middeleeuwen)

ob·o·vate /ɒbouveɪt, ᴬɑb-/ [bn] ⟨plantk⟩ obovaal, omgekeerd eivormig ⟨van blad⟩

ob·o·void /ɒbouvɔɪd, ᴬɑb-/ [bn] ⟨plantk⟩ obovaal, omgekeerd eivormig ⟨van vrucht⟩

ob·rep·tion /ɒbrepʃn, ᴬɑbrepʃn/ [niet-telb zn] verschalking, misleiding, verwerving/verkrijging door list/sluwheid

ob·rep·ti·tious /ɒbreptɪʃəs, ᴬɑb-/ [bn; bw: ~ly] slinks, sluw, arglistig, op sluwe wijze verworven/verkregen

obs [afk] [1] (obscure) [2] (observation) [3] (observatory) [4] (obsolete) [5] (obstetric) [6] (obstetrician) [7] (obstetrics)

Obs [afk] (observatory)

ob·scene /əbsiːn/ [bn; bw: ~ly] [1] obsceen, onzedelijk, onwelvoeglijk, onfatsoenlijk, schunnig [2] ⟨inf⟩ aanstootgevend, weerzinwekkend, afstotelijk, vies [3] ⟨BE; jur⟩ verderfelijk, corrupt

ob·scen·i·ties /əbsenətiz/ [alleen mv] vuile taal, vuiligheden

ob·scen·i·ty /əbsenəti/ [telb + niet-telb zn] obsceniteit, onzedelijkheid, onwelvoeglijkheid, onfatsoenlijkheid, schunnigheid, vies woord

¹**ob·scur·ant** /ɒbskjʊərənt, ᴬɑbskjʊrənt/ [telb zn] [1] obscurant, duisterling, domper [2] ⟨gesch⟩ vijand van beschaving en verlichting ⟨18e eeuw⟩

²**ob·scur·ant** /ɒbskjʊərənt, ᴬɑbskjʊrənt/ [bn] [1] van een obscurant, domper- [2] verduisterend

ob·scur·ant·ism /ɒbskjʊræntɪzm, ᴬɑbskjəræntɪzm/ [niet-telb zn] obscurantisme ⟨leer/stelsel om de beschaving en verlichting van het volk tegen te houden⟩

¹**ob·scur·ant·ist** /ɒbskjʊræntɪst, ᴬɑbskjəræntɪst/ [telb zn] obscurantist, obscurant, duisterling, domper

²**ob·scur·ant·ist** /ɒbskjʊræntɪst, ᴬɑbskjəræntɪst/ [bn] obscurantistisch, van een obscurant, domper-

ob·scu·ra·tion /ɒbskjʊəreɪʃn, ᴬɑbskjə-/ [telb + niet-telb zn] verduistering

¹**ob·scure** /əbskjʊə, ᴬəbskjʊr/ [telb + niet-telb zn] ⟨form⟩

duisterheid, duister(nis)

²**ob·scure** /əbskjʊə, ᴬəbskjʊr/ [bn; bw: ~ly; zn: ~ness] [1] obscuur, donker, duister, somber ♦ *an obscure room* een duistere kamer [2] onduidelijk, onbepaald, vaag, zwak ⟨van beeld, geluid⟩ ♦ *an obscure sign* een onduidelijk teken; *an obscure sound* een zwak geluid [3] verborgen, afgelegen, onopgemerkt, onopvallend ♦ *an obscure genius* een verborgen genie; *an obscure hidingplace* een afgelegen schuilplaats [4] obscuur, onbekend, weinig bekend, nederig ♦ *of obscure descent* van nederige afkomst; *an obscure writer* een onbekend schrijver [5] obscuur, cryptisch, moeilijk, onverklaard, onbegrepen ♦ *the obscure cause of the accident* de onverklaarde oorzaak van het ongeval; *an obscure statement* een cryptische verklaring [6] ⟨taalk⟩ dof, neutraal ⟨van klinker⟩ ♦ *an obscure vowel* een doffe klinker

³**ob·scure** /əbskjʊə, ᴬəbskjʊr/ [ov ww] [1] verduisteren, verdonkeren, obscuur/onduidelijk/onbegrijpelijk/onverstaanbaar maken, verdoezelen, doen vervagen, versluieren [2] overschaduwen, in de schaduw stellen, kleineren, van zijn glans beroven [3] verbergen [4] belemmeren, (ver)hinderen, versperren [5] ⟨taalk⟩ verdoffen ⟨klinker⟩

¹**ob·scu·ri·ty** /əbskjʊərəti, ᴬəbskjʊrəti/ [telb zn] onbekende grootheid

²**ob·scu·ri·ty** /əbskjʊərəti, ᴬəbskjʊrəti/ [niet-telb zn] [1] duisterheid, donker(te), duister(nis) [2] onbekendheid ♦ *live in obscurity* een obscuur leven leiden [3] onduidelijkheid, onbegrijpelijkheid, duister punt

ob·se·crate /ɒbsɪkreɪt, ᴬɑb-/ [ov ww] ⟨vero⟩ smeken, dringend verzoeken

ob·se·cra·tion /ɒbsɪkreɪʃn, ᴬɑb-/ [telb + niet-telb zn] ⟨vero⟩ smeekbede, afsmeking

ob·se·qui·al /əbsiːkwɪəl/ [bn, attr] uitvaart-, begrafenis-, rouw-, lijk-, treur-

ob·se·quies /ɒbsɪkwiz, ᴬɑb-/ [alleen mv] uitvaart, begrafenisplechtigheid, teraardebestelling

ob·se·qui·ous /əbsiːkwɪəs/ [bn; bw: ~ly; zn: ~ness] [1] kruiperig, slaafs, onderworpen, onderdanig, overbeleefd, overgedienstig [2] ⟨vero⟩ gehoorzaam, plichtsgetrouw, inschikkelijk

¹**ob·serv·a·ble** /əbzɜːvəbl, ᴬ-zɜr-/ [telb zn] waarneembaar feit, fenomeen

²**ob·serv·a·ble** /əbzɜːvəbl, ᴬ-zɜr-/ [bn; bw: observably; zn: ~ness] [1] waarneembaar, merkbaar [2] opmerkenswaard(ig), opmerkelijk [3] in acht te nemen, die/dat nageleefd moet worden

¹**ob·ser·vance** /əbzɜːvns, ᴬ-zɜr-/ [telb zn] ⟨vaak mv⟩ (godsdienstige) plechtigheid, ritus, ceremonie [2] voorschrift, regel, ⟨rel⟩ gebruik [3] kloosterorde, klooster(gebouw)

²**ob·ser·vance** /əbzɜːvns, ᴬ-zɜr-/ [niet-telb zn] [1] inachtneming, naleving, viering, eerbiediging ⟨van wet, plicht, riten⟩ [2] observantie ⟨van religieuze voorschriften⟩ [3] waarneming ⟨van de natuur⟩ [4] ⟨vero⟩ eerbied, achting

¹**ob·ser·vant** /əbzɜːvnt, ᴬ-zɜr-/ [zn] ⟨r-k⟩ observant, streng franciscaan/karmeliet

²**ob·ser·vant** /əbzɜːvnt, ᴬ-zɜr-/ [bn; bw: ~ly; zn: ~ness] [1] opmerkzaam, oplettend, alert, waakzaam [2] in acht nemend, eerbiedigend, nalevend ⟨van wet, plicht, riten⟩, belijdend ♦ *be observant of the rules* de regels streng naleven

¹**ob·ser·va·tion** /ɒbzəveɪʃn, ᴬɑbzər-/ [telb zn] opmerking, commentaar

²**ob·ser·va·tion** /ɒbzəveɪʃn, ᴬɑbzər-/ [telb + niet-telb zn] [1] waarneming, observatie ♦ *come/fall under observation* onder de aandacht komen/vallen; *escape observation* aan de aandacht ontsnappen; *keep s.o. under observation* iemand in de gaten (blijven) houden/schaduwen; iemand in observatie houden; *military observations* militaire waarnemingen, verkenning [2] ⟨scheepv⟩ het schieten ⟨van zon/ster⟩, hoogtebepaling ♦ ⟨scheepv⟩ *take an observation* een ster/de zon schieten

³**ob·ser·va·tion** /ɒbzəveɪʃn, ᴬɑbzər-/ [niet-telb zn] [1] waarnemingsvermogen [2] ⟨benaming voor⟩ soort geheugenspel [3] observantie ⟨van religieuze voorschriften⟩

ob·ser·va·tion·al /ɒbzəveɪʃnəl, ᴬɑbzər-/ [bn; bw: ~ly] waarnemings-, observatie-

observation balloon [telb zn] ⟨mil⟩ observatieballon, waarnemingsballon

observation car [telb zn] ⟨vnl AE⟩ uitzichtrijtuig, panoramarijtuig ⟨in trein⟩

observation plane [telb zn] observatievliegtuig, waarnemingsvliegtuig, ± verkenningsvliegtuig

observation post [telb zn] ⟨mil⟩ observatiepost

ob·ser·va·tions /ɒbzəveɪʃnz, ᴬɑbzər-/ [alleen mv] (wetenschappelijk) rapport

ob·ser·va·to·ry /əbzɜːvətri, ᴬəbzɜrvətɔri/ [telb zn] [1] observatiepost, observatieplaats, uitkijktoren, uitkijkpost [2] ⟨astron⟩ observatorium, sterrenwacht

¹**ob·serve** /əbzɜːv, ᴬəbzɜrv/ [onov + ov ww] opmerken, een opmerking maken, zeggen ♦ *he observed that* hij merkte op dat; *observe (up)on* opmerkingen maken over; → **observing**

²**ob·serve** /əbzɜːv, ᴬəbzɜrv/ [ov ww] [1] naleven, in acht nemen, zich houden aan, respecteren ♦ *observe a command* een bevel opvolgen; *observe the law* de wet(ten) naleven/eerbiedigen; *observe the silence* de stilte bewaren [2] vieren, celebreren ♦ *observe Christmas* Kerstmis vieren [3] (be)merken, gewaar worden, zien ♦ *he was observed to break in/observed breaking in* hij werd gezien terwijl hij aan het inbreken was; *I've never observed him make a mistake* ik heb nooit gemerkt dat hij een fout maakte; *he observed that it had snowed again* hij zag dat het weer gesneeuwd had [4] gadeslaan, observeren ♦ *observe the behaviour of a child* het gedrag van een kind observeren [5] waarnemen, observeren, opmerken; → **observing**

ob·ser·ver /əbzɜːvə, ᴬəbzɜrvər/ [telb zn] [1] iemand die iets naleeft ♦ *a strict observer of the law* iemand die zich stipt aan de wet houdt [2] opmerker, iemand die een opmerking maakt [3] iemand die gadeslaat, toeschouwer [4] waarnemer, waarneemster ⟨ook luchtvaart⟩, observeerder, observator

ob·serv·ing /əbzɜːvɪŋ, ᴬ-zɜr-/ [bn; (oorspronkelijk) tegenwoordig deelw van observe; bw: ~ly] opmerkzaam, oplettend

ob·sess /əbses/ [ov ww] [1] obsederen, geheel in beslag nemen, niet loslaten, onophoudelijk achtervolgen, kwellen ♦ *obsessed by/with* geobsedeerd/bezeten door, vervuld van [2] in bezit nemen ⟨van kwade geest⟩ ♦ *obsessed by an evil spirit* bezeten door een kwade geest

¹**ob·ses·sion** /əbseʃn/ [telb zn] obsessie, dwanggedachte, dwangvoorstelling ♦ *have an obsession about sth.* bezeten zijn door iets

²**ob·ses·sion** /əbseʃn/ [telb + niet-telb zn] bezetenheid, het bezeten-zijn

ob·ses·sion·al /əbseʃnəl/ [bn; bw: ~ly] [1] tot een obsessie geworden, iemand achtervolgend [2] geobsedeerd, bezeten

¹**ob·ses·sive** /əbsesɪv/ [telb zn] bezetene, iemand die geobsedeerd is

²**ob·ses·sive** /əbsesɪv/ [bn; bw: ~ly; zn: ~ness] [1] obsederend, iemand achtervolgend [2] bezeten

ob·ses·sive-com·pul·sive [bn] obsessief-compulsief ♦ *obsessive-compulsive disorder* obsessief-compulsieve stoornis, dwangneurose

ob·sid·i·an /əbsɪdɪən/ [niet-telb zn] ⟨geol⟩ obsidiaan, zwart/grauw vulkanisch glas, lavaglas

ob·so·les·cence /ɒbsəlesns, ᴬɑb-/ [niet-telb zn] [1] het verouderen, het in onbruik raken ♦ *planned obsolescence* ingecalculeerde veroudering ⟨zodat mensen weer nieuwe versies moeten kopen⟩ [2] ⟨biol⟩ het geleidelijk verdwijnen, het rudimentair worden, ⟨med⟩ atrofie

obsolescent

ob·so·les·cent /ɒbsəlesnt, ᴬɒb-/ [bn; bw: ~ly] [1] verouderend, in onbruik rakend [2] ⟨biol⟩ geleidelijk verdwijnend, rudimentair

ob·so·lete /ɒbsəliːt, ᴬɒbsəliːt/ [bn; bw: ~ly; zn: ~ness] [1] verouderd, obsoleet, in onbruik (geraakt), achterhaald ♦ *be obsolete* ⟨ook⟩ afgedaan hebben; *an obsolete word* een verouderd woord [2] ⟨biol⟩ rudimentair

¹**ob·so·let·ism** /ɒbsəliːtɪzm, ᴬɒbsəliːtɪzm/ [telb zn] iets dat verouderd is, iets dat in onbruik is

²**ob·so·let·ism** /ɒbsəliːtɪzm, ᴬɒbsəliːtɪzm/ [niet-telb zn] het verouderd-zijn, het in-onbruik-zijn

ob·sta·cle /ɒbstəkl, ᴬɒb-/ [telb zn] obstakel, belemmering, hindernis, hinderpaal, sta-in-de-weg ♦ *put obstacles in one's way* iemand hindernissen in de weg leggen; *form an obstacle to freedom of establishment* een beletsel vormen voor de vrijheid van vestiging

obstacle course [telb zn] [1] hindernisbaan ♦ *he had to run an obstacle course* hij moest allerlei hindernissen overwinnen [2] ⟨AE; mil⟩ stormbaan

obstacle race [telb zn] hindernisren

ob·stet·ric /əbstetrɪk/, **ob·stet·ri·cal** /-ɪkl/ [bn; bw: ~ally] obstetrisch, verloskundig ♦ *obstetric clinic* kraamkliniek, kraaminrichting; *obstetric ward* verloskundige afdeling, kraamafdeling ⊡ ⟨dierk⟩ *obstetrical toad* vroedmeesterpad (Alytes obstetricans)

ob·ste·tri·cian /ɒbstɪtrɪʃn, ᴬɒb-/ [telb zn] obstetricus, obstetrica, verloskundige, arts voor verloskunde

ob·stet·rics /əbstetrɪks/ [alleen mv; werkwoord ook enk] obstetrie, verloskunde

ob·sti·na·cy /ɒbstɪnəsi, ᴬɒb-/ [telb + niet-telb zn] [1] halsstarrigheid, obstinaatheid, koppigheid, onbuigzaamheid, eigenzinnigheid [2] hardnekkigheid ⟨ook van ziekte⟩

ob·sti·nate /ɒbstɪnət, ᴬɒb-/ [bn; bw: ~ly; zn: ~ness] [1] halsstarrig, koppig, onbuigzaam, eigenzinnig, obstinaat ♦ *as obstinate as a mule* koppig als een ezel [2] hardnekkig, niet willende wijken ♦ *an obstinate cold* een hardnekkige verkoudheid

ob·strep·er·ous /əbstrepərəs/ [bn; bw: ~ly; zn: ~ness] [1] luidruchtig, rumoerig, lawaaiig [2] woelig, recalcitrant, weerspannig

¹**ob·struct** /əbstrʌkt/ [onov ww] ⟨sport, in het bijzonder voetbal⟩ obstructie plegen

²**ob·struct** /əbstrʌkt/ [ov ww] [1] versperren, blokkeren, ondoorgankelijk maken, obstrueren ♦ *obstruct a road* een weg versperren [2] belemmeren, hinderen, ophouden, obstructie voeren, verhinderen ♦ *obstruct the view* het uitzicht belemmeren [3] ⟨sport, in het bijzonder voetbal⟩ obstructie plegen tegen

¹**ob·struc·tion** /əbstrʌkʃn/ [telb zn] [1] belemmering, hinderpaal, hindernis ♦ *obstruction of justice* belemmering van de rechtsgang [2] versperring, obstakel ♦ *an obstruction in the road* een versperring op de weg

²**ob·struc·tion** /əbstrʌkʃn/ [telb + niet-telb zn] ⟨med⟩ obstructie, verstopping

³**ob·struc·tion** /əbstrʌkʃn/ [niet-telb zn] [1] het versperren, het blokkeren, het obstrueren [2] obstructie ⟨ook sport, in het bijzonder voetbal⟩, het hinderen, het afhouden ♦ *adopt a policy of obstruction, practice obstruction* obstructie voeren

ob·struc·tion·ism /əbstrʌkʃənɪzm/ [niet-telb zn] obstructionisme, obstructiepolitiek

ob·struc·tion·ist /əbstrʌkʃənɪst/ [telb zn] obstructionist, dwarsdrijver

¹**ob·struc·tive** /əbstrʌktɪv/ [bn] [1] obstructionist, dwarsdrijver [2] belemmering, hinderpaal, hindernis

²**ob·struc·tive** /əbstrʌktɪv/ [bn; bw: ~ness] [1] obstructief, obstructie voerend [2] belemmerend, hinderend ♦ *that is obstructive to trade* dat vormt een belemmering voor de handel

ob·struc·tor, ob·struct·er /əbstrʌktə, ᴬ-ər/ [telb zn] [1] iemand die (de doorgang) verspert [2] iemand die (de voortgang) belemmert, obstructionist

¹**ob·tain** /əbteɪn/ [onov ww] bestaan, algemeen zijn, heersen, gelden ♦ *this custom has obtained for many years* deze gewoonte bestaat al jaren

²**ob·tain** /əbteɪn/ [ov ww] (ver)krijgen, verwerven, behalen ♦ *obtain an antique cupboard* een antieke kast bemachtigen

ob·tain·a·ble /əbteɪnəbl/ [bn] verkrijgbaar, te verwerven, te behalen, beschikbaar

¹**ob·tain·ment** /əbteɪnmənt/, ⟨ook⟩ **ob·ten·tion** /əbtenʃn/ [telb zn] verworvenheid, iets dat verkregen/behaald is

²**ob·tain·ment** /əbteɪnmənt/ [niet-telb zn] verkrijging, verwerving, het verkrijgen, het behalen

¹**ob·test** /ɒbtest, ᴬɑb-/ [onov ww] protesteren ♦ *obtest against/with* protesteren tegen

²**ob·test** /ɒbtest, ᴬɑb-/ [ov ww] [1] bezweren, smeken [2] tot getuige nemen

ob·tes·ta·tion /ɒbtesteɪʃn, ᴬɑb-/ [telb + niet-telb zn] bezwering, het smeken

¹**ob·trude** /əbtruːd/ [onov ww] opdringerig zijn/worden, zich opdringen ♦ *memories kept obtruding (upon my mind)* herinneringen bleven zich opdringen

²**ob·trude** /əbtruːd/ [ov ww] [1] opdringen, ongevraagd naar voren brengen ♦ *he obtruded his views (up)on the guests* hij drong zijn mening op aan de gasten [2] ⟨form⟩ (voor)uitsteken

ob·trud·er /əbtruːdə, ᴬ-ər/ [telb zn] iemand die zich opdringt, opdringerig persoon

ob·trun·cate /ɒbtrʌŋkeɪt, ᴬɑb-/ [ov ww] ⟨form⟩ [1] onthoofden [2] de kop/top afhalen van, toppen ⟨bomen⟩

¹**ob·tru·sion** /əbtruːʒn/ [telb zn] iets dat zich opdringt

²**ob·tru·sion** /əbtruːʒn/ [telb + niet-telb zn] indringing, opdringing

ob·tru·sive /əbtruːsɪv/ [bn; bw: ~ly; zn: ~ness] [1] opdringerig, zich opdringend ♦ *obtrusive behaviour* opdringerig gedrag [2] opvallend, opzichtig [3] ⟨form⟩ (voor)uitstekend

ob·tund /ɒbtʌnd, ᴬɑb-/ [ov ww] [1] afstompen ⟨zintuigen⟩ [2] verdoven ⟨pijn⟩, verzwakken

¹**ob·tun·dent** /ɒbtʌndənt, ᴬɑb-/ [telb zn] pijnstiller, pijnstillend/verdovend middel

²**ob·tun·dent** /ɒbtʌndənt, ᴬɑb-/ [bn, attr] pijnstillend, verdovend, verzachtend

ob·tu·rate /ɒbtjʊəreɪt, ᴬɒbtjə-/ [ov ww] afsluiten ⟨in het bijzonder staartstuk van geweer⟩, verstoppen

ob·tu·ra·tion /ɒbtjʊəreɪʃn, ᴬɒbtjə-/ [telb + niet-telb zn] afsluiting, verstopping

ob·tu·ra·tor /ɒbtjʊəreɪtə, ᴬɒbtjəreɪtər/ [telb zn] ⟨ook med⟩ obturator, afsluiter

ob·tuse /əbtjuːs, ᴬəbtuːs/ [bn; bw: ~ly; zn: ~ness] [1] stomp ⟨ook wiskunde⟩, bot ♦ *an obtuse angle* een stompe hoek [2] dof, niet scherp ♦ *an obtuse pain* een doffe pijn [3] traag van begrip, dom, stompzinnig, afgestompt

¹**ob·tu·sion** /əbtjuːʒn, ᴬəbtuːʒn/ [telb + niet-telb zn] verstomping, afstomping, versuffing

²**ob·tu·sion** /əbtjuːʒn, ᴬəbtuːʒn/ [niet-telb zn] [1] het verstompt-zijn [2] stompzinnigheid, domheid

ob·tu·si·ty /əbtjuːsəti, ᴬəbtuːsəti/ [niet-telb zn] [1] stompheid, botheid [2] stompzinnigheid, domheid

¹**ob·verse** /ɒbvɜːs, ᴬɑbvɜrs/ [niet-telb zn; the] [1] obvers ⟨bovenzijde van een penning die geen beeldenaar draagt⟩ [2] ⟨form⟩ front, voorkant [3] het omgekeerde ⟨van stelling⟩, het tegengestelde, de keerzijde

²**ob·verse** /ɒbvɜːs, ᴬɑbvɜrs/ [bn; bw: ~ly] [1] smaller aan de voet dan aan de top ⟨ook plantkunde⟩ [2] tegengesteld, omgekeerd [3] toegekeerd ♦ *obverse side* voorzijde; *the obverse side of a statue* het vooraanzicht van een standbeeld

¹**ob·ver·sion** /ɒbvɜːʃn, ᴬɑbvɜrʒn/ [telb zn] omgekeerde

stelling
²**ob·ver·sion** /ɒbvɜːʃn, ˆɑbvɜrʒn/ [niet-telb zn] omkering
ob·vert /ɒbvɜːt, ˆɑbvɜrt/ [ov ww] [1] een andere kant naar voren draaien [2] omkeren ⟨stelling⟩
ob·vi·ate /ɒbvieɪt, ˆɑb-/ [ov ww] ondervangen, afwenden, uit de weg ruimen, voorkomen ♦ *obviate the necessity/need of sth.* iets overbodig maken
¹**ob·vi·ous** /ɒbvɪəs, ˆɑb-/ [bn; zn: ~ness] [1] duidelijk, zonneklaar, kennelijk, onmiskenbaar ♦ *an obvious lie* een aperte leugen [2] voor de hand liggend, doorzichtig
²**ob·vi·ous** /ɒbvɪəs, ˆɑb-/ [bn, attr; zn: ~ness] aangewezen, juist ♦ *the obvious man for the job* de aangewezen man voor het karweitje
ob·vi·ous·ly /ɒbvɪəsli, ˆɑb-/ [bw] [1] → obvious [2] duidelijk, kennelijk, klaarblijkelijk, blijkbaar
o/c [afk] (overcharge)
oc- → ob-
OC [afk] (Officer Commanding)
oc·a·ri·na /ɒkəriːnə, ˆɑkə-/ [telb zn] ⟨muz⟩ ocarina
¹**oc·ca·sion** /əkeɪʒn/ [telb zn] [1] gebeurtenis, voorval [2] evenement, gelegenheid, feest ♦ *we'll make an occasion of it* we zullen het vieren
²**oc·ca·sion** /əkeɪʒn/ [telb + niet-telb zn] [1] gelegenheid ♦ *he seemed to be equal to the occasion* hij leek tegen de situatie opgewassen te zijn; *have few occasions to speak Russian* weinig gelegenheid hebben om Russisch te spreken; *on occasion* bij gelegenheid; zo nodig; nu en dan; *on the occasion of your birthday* ter gelegenheid van je verjaardag; *on rare occasions* zelden, heel af en toe; *rise to the occasion* er staan als het (echt) nodig is, presteren als het echt moet; *he took occasion to say a few words* hij maakte van de gelegenheid gebruik om een paar woorden te zeggen [2] aanleiding ♦ *give occasion to* aanleiding geven tot [•] *take occasion by the forelock* de gelegenheid/kans aangrijpen
³**oc·ca·sion** /əkeɪʒn/ [niet-telb zn] reden, grond, noodzaak, behoefte ♦ *by occasion of* vanwege; *there was no occasion for saying it so bluntly* het was niet nodig geweest om het zo botweg te zeggen; *you have no occasion to leave* jij hebt geen reden om weg te gaan
⁴**oc·ca·sion** /əkeɪʒn/ [ov ww] veroorzaken, aanleiding geven tot ♦ *it occasioned him to reconsider* het deed hem de zaak opnieuw overwegen
¹**oc·ca·sion·al** /əkeɪʒnəl/ [bn] [1] incidenteel, occasioneel, nu en dan voorkomend, toevallig, irregulier ♦ *occasional showers* verspreide buien; *then there is the occasional tramp* en dan komt er af en toe een zwerver [2] aanleidend, veroorzakend ♦ *occasional cause* aanleidende oorzaak [3] extra, bijzet- ♦ *occasional chairs* extra stoelen; *an occasional table* een bijzettafel
²**oc·ca·sion·al** /əkeɪʒnəl/ [bn, attr] gelegenheids- ♦ *occasional verse* gelegenheidspoëzie; *an occasional waiter* een ober voor de gelegenheid
oc·ca·sion·al·ism /əkeɪʒnəlɪzm/ [niet-telb zn] ⟨filos⟩ occasionalisme
oc·ca·sion·al·ly /əkeɪʒnəli/ [bw] [1] → occasional [2] nu en dan, af en toe, van tijd tot tijd, bij gelegenheid
Oc·ci·dent /ɒksɪdənt, ˆɑksɪdənt/ [niet-telb zn; the] ⟨form⟩ Occident, Westen, Avondland, westerse beschaving
¹**Oc·ci·den·tal** /ɒksɪdentl, ˆɑksɪdentl/ [telb zn; mv: ook occidental] ⟨form⟩ westerling
²**Oc·ci·den·tal** /ɒksɪdentl, ˆɑksɪdentl/ [bn; ook occidental; bw: ~ly] ⟨form⟩ occidentaal, westers, westelijk
Oc·ci·den·tal·ism /ɒksɪdentlɪzm, ˆɑksɪdentə-/ [niet-telb zn; ook occidentalism] kenmerk(en) van de westerse beschaving
Oc·ci·den·tal·ize /ɒksɪdentəlaɪz, ˆɑksɪdentl-/ [ov ww; ook occidentalize] verwestersen
oc·cip·i·tal /ɒksɪpɪtl, ˆɑksɪpɪtl/ [bn, attr; bw: ~ly] occipitaal, betreffend/gelegen bij het achterhoofd

oc·ci·put /ɒksɪpʌt, ˆɑksɪ-/ [telb zn; mv: ook occipita /ɒksɪpɪtə, ˆɑksɪpɪtə/] achterhoofd
oc·clude /əkluːd/ [ov ww] [1] afsluiten, afdichten [2] ⟨scheik⟩ occluderen ⟨gassen⟩ [3] ⟨meteo⟩ occluderen ♦ ⟨meteo⟩ *an occluded front* een occlusiefront
¹**oc·clu·sion** /əkluːʒn/ [telb zn] ⟨meteo⟩ occlusiefront
²**oc·clu·sion** /əkluːʒn/ [telb + niet-telb zn] ⟨taalk, meteo, scheik, tandh⟩ occlusie, het afsluiten, het afdichten
¹**oc·cult** /ɒkʌlt, əkʌlt, ˆɑkʌlt/ [bn; bw: ~ly; zn: ~ness] [1] occult ⟨ook medisch⟩, esoterisch, geheim, verborgen ♦ *occult blood* occult bloed; *occult sciences* occulte wetenschappen; *the occult* het occulte [2] mysterieus, duister, raadselachtig, geheimzinnig, magisch
²**oc·cult** /ɒkʌlt, əkʌlt, ˆɑkʌlt/ [onov ww] onderbroken worden ⟨van licht⟩ ♦ *occulting light* afgebroken licht ⟨van vuurtoren⟩
³**oc·cult** /ɒkʌlt, əkʌlt, ˆɑkʌlt/ [ov ww] ⟨astron⟩ verduisteren, bedekken, eclipseren
¹**oc·cul·ta·tion** /ɒkʌlteɪʃn, ˆɑkʌl-/ [telb zn] ⟨astron⟩ eclips, occultatie, verduistering
²**oc·cul·ta·tion** /ɒkʌlteɪʃn, ˆɑkʌl-/ [niet-telb zn] het verborgen-zijn, vergetelheid
oc·cult·ism /ɒkʌltɪzm, ˆɑkʌl-/ [niet-telb zn] occultisme
oc·cult·ist /ɒkʌltɪst, ˆɑkʌl-/ [telb zn] occultist(e), beoefenaar van het occultisme
oc·cu·pan·cy /ɒkjupənsi, ˆɑkjə-/ [niet-telb zn] [1] inbezitneming [2] bewoning, pachting, huur, verblijf [3] bezetting, het bekleden ⟨van ambt⟩, het innemen ⟨van plaats of ruimte⟩ [4] bezettingsgraad ⟨van hotel⟩
oc·cu·pant /ɒkjupənt, ˆɑkjə-/ [telb zn] [1] bezitter, bezitster, ⟨i.h.b.⟩ landbezitter, landbezitster [2] bewoner, bewoonster [3] inzittende, opvarende [4] bezitnemer, bezitneemster, ⟨i.h.b.⟩ eerste bezitnemer/bezitneemster [5] bekleder, bekleedster ⟨van ambt⟩
¹**oc·cu·pa·tion** /ɒkjupeɪʃn, ˆɑkjə-/ [telb zn] [1] beroep [2] bezigheid, activiteit ♦ ⟨ec⟩ *commercial occupations* handelsactiviteiten
²**oc·cu·pa·tion** /ɒkjupeɪʃn, ˆɑkjə-/ [niet-telb zn] [1] bezetting, occupatie ♦ *army of occupation* bezettingsleger [2] bewoning, het bewonen [3] bezit [4] het bezetten, bekleding ⟨van ambt⟩ [5] het bezet-worden
oc·cu·pa·tion·al /ɒkjupeɪʃnəl, ˆɑkjə-/ [bn; bw: ~ly] [1] m.b.t. een beroep, beroeps- ♦ *Occupational Health and Safety Act* Arbowet; *occupational disease/illness* beroepsziekte; *occupational hazard* beroepsrisico; *occupational health officer* arbeidshygiënist; *occupational injury* beroepsongeval; *occupational psychology* arbeidspsychologie [2] m.b.t. een bezigheid, bezigheids- ♦ *occupational therapist* ergotherapeut; *occupational therapy* ergotherapie [3] m.b.t. een bezetting, bezettings-
occupation bridge [telb zn] particuliere brug ⟨die twee delen van een particulier terrein met elkaar verbindt⟩
occupation road [telb zn] particuliere weg
oc·cu·pi·er /ɒkjupaɪə, ˆɑkjəpaɪər/ [telb zn] ⟨BE⟩ [1] bewoner, bewoonster, huurder, huurster, eigenaar, eigenares [2] bezetter, lid van het bezettingsleger
oc·cu·py /ɒkjupaɪ, ˆɑkjə-/ [ov ww] [1] bezetten, bezet houden, bezit nemen van, occuperen ♦ *occupy a building* een gebouw bezetten [2] in beslag nemen, beslaan, innemen ♦ *it will occupy a lot of his time* het zal veel van zijn tijd in beslag nemen; *occupy space* ruimte innemen [3] bezighouden, zich occuperen ♦ *be occupied in writing* bezig zijn met schrijven; *it occupies my mind* het houdt me bezig; *occupy o.s. with* zich bezighouden met; *he was too occupied with his own thoughts* hij was te zeer bezig met zijn eigen gedachten [4] bekleden ⟨ambt⟩ [5] bewonen, betrekken
oc·cur /əkɜː, ˆəkɜr/ [onov ww] [1] voorkomen, aangetroffen worden [2] opkomen, invallen ♦ *it simply did not occur to him* het kwam eenvoudigweg niet bij hem op [3] gebeu-

occurrence

ren, plaatsvinden, voorvallen, zich voordoen
¹**oc·cur·rence** /əkʌrəns, ᴬəkɜrəns/ [telb zn] voorval, gebeurtenis
²**oc·cur·rence** /əkʌrəns, ᴬəkɜrəns/ [niet-telb zn] het voorkomen, het aangetroffen worden, aangetroffen hoeveelheid ♦ *it is of frequent occurrence* het komt dikwijls voor
OCD [niet-telb zn] (obsessive-compulsive disorder) ocs ⟨obsessief-compulsieve stoornis⟩, dwangneurose
¹**o·cean** /oʊʃn/ [telb zn] 1 ⟨vaak Ocean⟩ oceaan, wereldzee ♦ *Pacific Ocean* Stille Zuidzee 2 ⟨vaak mv⟩ overstelpend grote massa, oceaan ♦ *oceans of money* een zee van geld; *oceans of time* zeeën van tijd
²**o·cean** /oʊʃn/ [niet-telb zn; the] oceaan, ⟨form⟩ zee
o·cean-floor [telb zn] oceaanbodem
o·cean-go·ing [bn] zee-, oceaan- ⟨i.t.t. kust-⟩ ♦ *oceangoing vessel* zeeschip, oceaanboot
o·ce·an·ic /oʊʃiænɪk/ [bn] 1 oceanisch, de oceaan betreffend, oceaan- ♦ *oceanic island* oceaaneiland 2 immens, onmetelijk
O·ce·an·ic /oʊʃiænɪk/ [bn] Oceanisch, van Oceanië
O·ce·a·nid /oʊsiənɪd/ [telb zn; mv: ook Oceanides /oʊsiænɪdi:z/] ⟨myth⟩ oceanide, najade, dochter van de zeegod
ocean liner [telb zn] oceaanboot
o·cean·og·ra·pher /oʊʃənɒgrəfə, ᴬ-nɑgrəfər/ [telb zn] oceanograaf
o·cean·o·graph·i·cal /oʊʃənəgræfɪkl/ [bn; bw: ~ly] oceanografisch
o·cean·og·ra·phy /oʊʃənɒgrəfi, ᴬ-nɑ-/ [niet-telb zn] oceanografie
ocean tramp, ocean steamer [telb zn] tramp(boot), vrachtzoeker
oc·el·late /ɒsɪleɪt, ᴬoʊseleɪt/, **oc·el·lat·ed** /-eɪtɪd/ [bn] 1 ⟨dierk⟩ met een puntoog, met puntogen 2 oogvormig 3 met oogvormige vlekken, gevlekt
o·cel·lus /oʊseləs/ [telb zn; mv: ocelli /-laɪ/] 1 ⟨dierk⟩ ocel, puntoog 2 ⟨dierk⟩ facet ⟨van oog⟩ 3 oogvormige vlek, oogje
oc·e·lot /ɒsɪlɒt, ᴬɑsɪlɑt/ [telb zn] ⟨dierk⟩ ocelot ⟨Felis pardalis⟩
och /ɒx, ᴬɑx/ [tw] ⟨IE, SchE⟩ och, ach, ah
oche /ɒki, ᴬɑki/ [telb zn] ⟨darts⟩ teenlijn, werplijn
och·loc·ra·cy /ɒklɒkrəsi, ᴬɑklɑ-/ [telb + niet-telb zn] ochlocratie, regering van het gepeupel
och·lo·crat /ɒkləkræt, ᴬɑk-/ [telb zn] ochlocraat, volksmenner, aanvoerder van het gepeupel
och·lo·crat·ic /ɒklɒkrætɪk, ᴬɑklɑkrætɪk/, **och·lo·crat·i·cal** /-ɪkl/ [bn; bw: ~ally] ochlocratisch
och·o·ne, o·ho·ne /ɒxoʊn, ᴬɑ-/ [tw] ⟨SchE, IE⟩ ach!, helaas!, wee!
o·chre, ⟨AE⟩ **o·cher** /oʊkə, ᴬ-ər/ [niet-telb zn] 1 oker ⟨kleiaarde met ijzeroxide vermengd⟩ 2 ⟨vaak attributief⟩ oker(kleur) 3 ⟨sl⟩ poen
o·chre·ous /oʊkrɪəs/, **o·chrous**, ⟨AE ook⟩ **o·cher·ous** /oʊkrəs/, **o·chry** /oʊkri/ [bn] okerachtig, okerkleurig, oker-
-ock /ək/ -je ♦ *hillock* heuveltje
ock·er /ɒkə, ᴬɑkər/ [telb zn] ⟨AuE; inf⟩ onbehouwen Australiër
Ock·ham's ra·zor, Occam's razor /ɒkəmzreɪzə, ᴬɑkəmzreɪzər/ [telb zn] ⟨filos⟩ Ockhams scheermes
o'clock /əklɒk, ᴬəklɑk/ [bw] uur ♦ *ten o'clock* tien uur
OCR [afk] 1 (optical character reader) 2 ⟨comp⟩ (optical character recognition) OCR ⟨⟨software voor⟩ optische tekstherkenning⟩
-ocracy /ɒkrəsi, ᴬɑ-/ → -cracy
-ocrat /əkræt/ → -crat
-ocratic /əkrætɪk/ → -cratic
Oct [afk] (October) okt
oc·ta-, oct- /ɒkt, ᴬɑkt/, **oc·to-** /ɒktə, ᴬɑktə/ octa-, octo-,

acht- ♦ ⟨scheik⟩ *octavalent* achtwaardig
¹**oc·ta·chord** /ɒktəkɔ:d, ᴬɑktəkɔrd/ [telb zn] 1 achtsnarig instrument 2 achttonige toonschaal
²**oc·ta·chord** /ɒktəkɔ:d, ᴬɑktəkɔrd/ [bn] achtsnarig
oc·tad /ɒktæd, ᴬɑk-/ [telb zn] achttal, groep van acht
oc·ta·gon /ɒktəgən, ᴬɑktəgən/ [telb zn] 1 achthoek, octogoon 2 achthoekig(e) voorwerp/constructie, achthoekig(e) kamer/gebouw, ⟨bouwk⟩ octogoon, achtkant
oc·tag·o·nal /ɒktægənl, ᴬɑktægənl/ [bn; bw: ~ly] achthoekig, octogonaal
oc·ta·he·dral /ɒktəhi:drəl, -he-, ᴬɑktə-/ [bn; bw: ~ly] achtvlakkig, met acht vlakken
oc·ta·he·drite /ɒktəhi:draɪt, -he-, ᴬɑktə-/ [telb + niet-telb zn] octaëdriet, anataas ⟨mineraal⟩
oc·ta·he·dron /ɒktəhi:drən, -he-, ᴬɑktə-/ [telb zn; mv: ook octahedra /-drə/] 1 achtvlak, octaëder ♦ *regular octahedron* regelmatig achtvlak 2 achtvlakkig voorwerp, ⟨i.h.b.⟩ achtvlakkig kristal
oc·tam·e·ter /ɒktæmɪtə, ᴬɑktæmɪtər/ [telb zn] ⟨letterk⟩ achtvoetig vers
oc·tane /ɒkteɪn, ᴬɑk-/ [telb + niet-telb zn] ⟨scheik⟩ octaan
octane number, octane rating [telb zn] octaangetal, octaanwaarde
oc·tan·gu·lar /ɒktæŋgjʊlə, ᴬɑktæŋgjələr/ [bn] achthoekig, octogonaal
oc·tant /ɒktənt, ᴬɑk-/ [telb zn] 1 ⅛ deel van een cirkel, boog van 45° 2 ⟨wisk⟩ octant 3 octant ⟨meetinstrument⟩
oc·tar·chy /ɒktɑ:ki, ᴬɑktɑrki/ [telb zn] 1 regering die uit acht personen bestaat 2 confederatie van acht koninkrijken
octaroon [telb zn] → octoroon
¹**oc·ta·style** /ɒktəstaɪl, ᴬɑk-/ [telb zn] 1 gebouw met acht frontzuilen 2 achtzuilig portiek
²**oc·ta·style** /ɒktəstaɪl, ᴬɑk-/ [bn, attr] achtzuilig
Oc·ta·teuch /ɒktətju:k, ᴬɑktətu:k/ [eigenn] ⟨Bijb⟩ 1e acht boeken van het Oude Testament
oc·tave /ɒktɪv, ᴬɑk-/ [telb zn] 1 achttal 2 ⟨muz⟩ octaaf ♦ *second octave* noot die twee octaven hoger/lager ligt dan een gegeven noot; *third octave* noot die drie octaven hoger/lager ligt dan een gegeven noot 3 ⟨rel⟩ octaaf ⟨tijdperk van acht dagen voor viering van kerkfeest⟩ 4 ⟨rel⟩ octaafdag 5 ⟨letterk⟩ octaaf ⟨twee kwatrijnen van een sonnet⟩ 6 ⟨letterk⟩ ottava rima, achtregelige strofe 7 ⟨schermsp⟩ octave ⟨achtste handpositie⟩, de wering acht 8 ⟨BE⟩ wijnvat met een inhoud van ⅛ pijp ⟨13½ gallons⟩
octave jump [telb zn] ⟨muz⟩ octaafsprong
oc·ta·vo /ɒkteɪvoʊ, ᴬɑk-/ [telb + niet-telb zn] ⟨drukw⟩ octavo ⟨boekformaat/papierformaat⟩
oc·ten·ni·al /ɒktenɪəl, ᴬɑk-/ [bn] 1 achtjarig 2 achtjaarlijks
¹**oc·tet, oc·tette** /ɒktet, ᴬɑk-/ [telb zn] 1 ⟨muz⟩ octet, achtstemmig stuk 2 ⟨letterk⟩ octaaf ⟨2 kwatrijnen van een sonnet⟩
²**oc·tet, oc·tette** /ɒktet, ᴬɑk-/ [verzameln] achttal, ⟨muz⟩ octet ⟨ensemble⟩, ⟨natuurk⟩ octet ⟨groep van 8 elektronen in buitenste schil van atoom⟩
oc·til·lion /ɒktɪlɪən, ᴬɑk-/ [telb zn] 1 ⟨BE⟩ miljoen tot de achtste (10^{48}) 2 ⟨AE⟩ triljard (10^{27})
octo- → octa-
Oc·to·ber /ɒktoʊbə, ᴬɑktoʊbər/ [eigenn] oktober
October Revolution [eigenn; the] Oktoberrevolutie ⟨in Rusland, 1917⟩
oc·to·cen·ten·a·ry /ɒktoʊsenti:nəri, ᴬ-sentn·eri/, **oc·to·cen·ten·ni·al** /-sentenɪəl/ [telb zn] 800-jarige gedenkdag, 800e verjaardag(sfeest)
oc·to·dec·i·mo /ɒktoʊdesɪmoʊ, ᴬɑktoʊ-/ [telb zn] ⟨boek⟩ octodecimo, een boek op octodecimoformaat ⟨18°⟩
¹**oc·to·ge·nar·i·an** /ɒktoʊdʒɪneərɪən, ᴬɑktoʊdʒɪnerɪən/, **oc·tog·e·nar·y** /ɒktɒdʒɪnəri, ᴬɑktɑdʒɪneri/ [telb zn]

tachtiger, tachtigjarige ⟨tussen 80 en 90⟩
²oc·to·ge·nar·i·an /ˌɒktoʊdʒɪnˈeərɪən, ᴬˌɑktoʊdʒɪnˈerɪən/, oc·tog·e·nar·y /ɒkˈtɒdʒɪnəri, ᴬɑktˈɑdʒɪneri/ [bn] tachtigjarig, tussen de 80 en de 90 jaar oud, van een tachtiger
oc·to·nar·i·us /ˌɒktəˈnɛərɪəs, ᴬˌɑktəˈnerɪəs/ [telb zn; mv: octonarii /-iaɪ/] ⟨letterk⟩ **achtvoetig vers**
¹oc·to·nar·y /ˈɒktənəri, ᴬˈɑktəneri/ [telb zn] ① **achttal**, groep/reeks van acht ② ⟨letterk⟩ **achtregelige strofe**, octet
²oc·to·nar·y /ˈɒktənəri, ᴬˈɑktəneri/ [bn] **achttallig**, op acht gebaseerd, uit acht leden bestaand
¹oc·to·pod /ˈɒktəpɒd, ᴬˈɑktəpɑd/ [telb zn] ⟨dierk⟩ **achtpotig weekdier**, ⟨i.h.b.⟩ octopus ⟨orde der Octopoda⟩
²oc·to·pod /ˈɒktəpɒd, ᴬˈɑktəpɑd/ [bn] **achtpotig**
oc·to·pus /ˈɒktəpəs, ᴬˈɑktə-/ [telb zn; mv: ook octopodes /ɒkˈtɒpədiːz, ᴬˈɑktə-, ᴬɑk-/; mv: octopi /ˈɒktəpaɪ/] ① ⟨dierk⟩ **octopus** (inktvis; genus Octopus) ② **moloch**, wijdvertakte organisatie, om zich heen grijpende macht ③ **spin(binder)**
oc·to·push /ˈɒktəpʊʃ, ᴬˈɑk-/ [niet-telb zn] ⟨inf; sport⟩ **onderwaterhockey**
oc·to·roon, oc·ta·roon /ˌɒktəˈruːn, ᴬˌɑk-/ [telb zn] **octoroon** ⟨kind van een blanke en een quarterone, met ⅛ negerbloed⟩
¹oc·to·syl·lab·ic /ˌɒktoʊsɪˈlæbɪk, ᴬˌɑk-/ [telb zn] ⟨letterk⟩ **achtlettergrepig vers**
²oc·to·syl·lab·ic /ˌɒktoʊsɪˈlæbɪk, ᴬˌɑk-/ [niet-telb zn] ⟨letterk⟩ **poëzie met achtlettergrepige verzen**
³oc·to·syl·lab·ic /ˌɒktoʊsɪˈlæbɪk, ᴬˌɑk-/ [bn] **achtlettergrepig**
oc·to·syl·la·ble /ˈɒktoʊsɪləbl, ᴬˈɑk-/ [telb zn] ⟨letterk⟩ ① **achtlettergrepig woord** ② **achtlettergrepig vers** ③ **achtlettergrepige versregel**
oc·troi /ˈɒktrwɑː, ᴬˈɑktrɔɪ/ [telb zn] ⟨gesch⟩ ① **octrooi** ⟨soort accijns die betaald moest worden om met bepaalde goederen een stad binnen te komen⟩ ② **octrooiontvanger** ③ **octrooikantoor**
OCTU [afk] ⟨BE⟩ (Officer Cadet(s) Training Unit)
¹oc·tu·ple /ˈɒktjuːpl, ᴬˈɑktuːpl/ [telb zn] **achtvoud**, het achtvoudige
²oc·tu·ple /ˈɒktjuːpl, ᴬˈɑktuːpl/ [bn] ① **achtvoudig**, met acht vermenigvuldigd ② **achtdelig**, achtledig
³oc·tu·ple /ˈɒktjuːpl, ᴬˈɑktuːpl/ [onov + ov ww] **verachtvoudigen**, met acht vermenigvuldigen
¹oc·u·lar /ˈɒkjʊlə, ᴬˈɑkjələr/ [telb zn] **oculair**, oculairlens, oogglas
²oc·u·lar /ˈɒkjʊlə, ᴬˈɑkjələr/ [bn; bw: ~ly] ⟨form; med⟩ ① **oculair**, oog-, gezichts- ② **zichtbaar**, visueel
oc·u·lar·ist /ˈɒkjʊlərɪst, ᴬˈɑkjə-/ [telb zn] **kunstogenmaker**
oc·u·list /ˈɒkjʊlɪst, ᴬˈɑkjə-/ [telb zn] ① **oculist**, oogarts, oftalmoloog, oogheelkundige ② **optometrist**
oc·u·lo·mo·tor /ˌɒkjʊloʊˈmoʊtə, ᴬˌɑkjələˈmoʊtər/ [bn, attr] **oculomotorisch**, m.b.t. de bewegingen van de oogbol ♦ *oculomotor nerve* oculomotorische zenuw
od /ɒd, ᴬɑd/ [telb zn] ⟨vero⟩ **od** ⟨eertijds hypothetisch vooropgestelde natuurkracht ter verklaring van allerlei natuurverschijnselen⟩
o/d [afk] ① (overdraft) ② (overdrawn)
Od /ɒd, ᴬɑd/ [tw] ⟨euf⟩ **pot(ver)** ♦ *Od rot it* potverdorie, potverdomme
¹OD /ˌoʊdiː/ [telb zn] ⟨sl⟩ **overdosis (drugs)**
²OD, oh-dee [onov ww; OD'd/ODed, OD'ing] ⟨sl⟩ ⟨overdose⟩ **ziek worden van/sterven aan een overdosis**, een overdosis (drugs) innemen ♦ ⟨fig⟩ *I'm ODing on work* ik ben me te pletter aan het werken; *she ODed on heroin* zij heeft een overdosis heroïne ingenomen
³OD, od [afk] ① (Doctor of Optometry) ② (officer of the day) ③ ⟨taalk⟩ (Old Dutch) ④ (olive drab) ⑤ (on demand) ⑥ (ordnance datum) ⑦ (outer/outside diameter) ⑧ (overdose) ⑨ (overdraft) ⑩ (overdrawn)

o·da·lisque, o·da·lisc, o·da·lisk /ˈoʊdəlɪsk/ [telb zn] **odalisk(e)** ⟨oosterse slavin of concubine⟩
¹odd /ɒd, ᴬɑd/ [telb zn] ① **oneven nummer**, overblijvend persoon, oneven getal ② ⟨golf⟩ **slag meer dan de tegenpartij** ③ ⟨golf⟩ **voorgift van één slag**, handicap van één slag
²odd /ɒd, ᴬɑd/ [bn; vergr trap: odder; bw: ~ly; zn: ~ness] ① **oneven** ② **vreemd**, zonderling, ongewoon, excentriek, eigenaardig, onaangepast ♦ *an oddly assorted/matched set* een eigenaardige combinatie, een raar stel; *oddly enough* gek/vreemd genoeg; ⟨inf⟩ *an odd fish* een rare snuiter, een vreemde vogel; *an odd habit* een gekke gewoonte
³odd /ɒd, ᴬɑd/ [bn, attr] ① **overblijvend**, overschietend ♦ *you can keep the odd change* je mag het wisselgeld/het overschot houden; *the odd man at the table* de man die aan tafel overschiet ⟨nadat de anderen in paren gegroepeerd zijn⟩; *the odd vegetable* wat groente ⟨die je toevallig nog over had⟩ ② **toevallig**, onverwacht, onberekenbaar, onvoorspelbaar, onregelmatig ♦ *odd hand* los werkman; *earn some odd money during the weekends* tijdens het weekend iets extra verdienen; *he drops in at odd times* hij komt zo nu en dan eens langs ③ **los**, niet behorend tot een reeks, zonder bijbehoren(de), ongepaard ♦ *an odd glove* een handschoen waarvan de tweede weg is; *an odd issue* een losse aflevering; *odd job* klusje, los karweitje; *odd socks* twee verschillende sokken ▪ *odd man out* het opgooien/tossen, middel om door kruis of munt iemand uit een groep te selecteren, ⟨inf⟩ vreemde eend, buitenbeentje; overblijver, overschot; *what's the odd man out in the following list?* wie/wat hoort in het volgende rijtje niet thuis?
⁴odd /ɒd, ᴬɑd/ [bn, postnom; ook na numerieke voornaamwoord] **iets meer dan** ♦ *60-odd persons* ruim 60 personen, tussen 60 en 70 personen; *sixty pounds odd* iets meer dan/ruim/een goeie zestig pond; *three hundred odd* driehonderd en nog wat, tussen drie- en vierhonderd
¹**oddball** [telb zn] ⟨vnl AE; inf⟩ **rare snuiter**, rare, ⟨België⟩ vieze apostel, vreemde kwant/snaak, vreemd heerschap
²**oddball** [bn] ⟨vnl AE; inf⟩ **vreemd**, raar, excentriek
Odd Fellow [telb zn] **lid van de broederschap der Odd Fellows** ⟨soort vrijmetselaarsorde⟩
odd·ish /ˈɒdɪʃ, ᴬˈɑ-/ [bn] **enigszins vreemd**, nogal/vrij/tamelijk eigenaardig/ongewoon
¹odd·i·ty /ˈɒdəti, ᴬˈɑdəti/ [telb zn] ① **eigenaardigheid**, vreemde eigenschap ② **vreemde snuiter** ③ **iets vreemds**, vreemd(e) object/gebeurtenis
²odd·i·ty /ˈɒdəti, ᴬˈɑdəti/ [niet-telb zn] **vreemdheid**, excentriciteit, curiositeit
odd-job·ber, odd-job·man [telb zn; mv: odd-jobmen] **manusje-van-alles**, klusjesman, scharrelaar, los werkman
odd·ment /ˈɒdmənt, ᴬˈɑd-/ [telb zn] **overschot**, overblijfsel, rest, restant
odd·ments /ˈɒdmənts, ᴬˈɑd-/ [alleen mv] ① **miscellanea**, prullaria, snuisterijen, rommel ② ⟨BE; boek⟩ **voorwerk**
odd-pin·nate [telb zn] ⟨plantk⟩ **geveerd blad met ongepaard eindblaadje**
odds /ɒdz, ᴬɑdz/ [alleen mv; mv soms enk] ① **ongelijkheid**, verschil ♦ *make odds even* verschillen wegwerken, gelijkmaken; ⟨BE; inf⟩ *that makes no odds* dat maakt niets uit; ⟨BE; inf⟩ *he is as near to bankruptcy as makes no odds* hij is zogoed als failliet; *what's the odds?* wat zou dat?, wat doet dat ertoe? ② **onenigheid**, onmin, conflict, ruzie ♦ *be at odds with* overhoop liggen met ③ **(grote) kans**, waarschijnlijkheid, voordeel ♦ *the odds are against/on his winning the election* naar alle waarschijnlijkheid zal hij de verkiezingen verliezen/winnen; *beat the odds* alle voorspellingen tarten, tegen alle verwachtingen in toch slagen; *by all odds* zeker, ongetwijfeld, naar alle waarschijnlijkheid; *the odds are even* er is evenveel kans voor als tegen; *face fearful odds* tegenover een geweldige overmacht staan; *the odds are that she will do it* de kans is groot dat ze het doet

oddsmaker

④ verhouding tussen de inzetten bij weddenschap ♦ *fixed odds* vaste uitbetaling ⟨ongeacht aantal inzetten⟩; *odds of ten to one* een inzet van tien tegen één; *take odds of one to ten* een inzet accepteren van één tegen tien, een ongelijke weddenschap aannemen ⑤ ⟨golf⟩ voorgift ⟨van één slag⟩ ♦ *give/receive odds* voorgift geven/krijgen ⑥ overschotjes, kleinigheden · *against all odds, against (all the) odds* tegen alle verwachtingen in; *odds and ends* bric-à-brac, snuisterijen, prullen, miscellanea, allerlei spullen/ karweitjes, van alles; *give/lay odds (on)* wedden (op); *have the odds stacked against o.s.* tot mislukken gedoemd zijn, alles tegen zich hebben; *I'll lay odds (on it) that he won't win* ik durf te wedden dat hij niet wint; ⟨BE; inf⟩ *pay over the odds* te veel betalen, zich blauw betalen; *play the odds* op de notering van de winnaar gokken; *what's the odds?* wat maakt het uit?; ⟨BE; sl⟩ *odds and sods* troep, rommel, prullen

odds·mak·er [telb zn] gokker
odds-on [bn] hoogstwaarschijnlijk, te verwachten, zo goed als zeker ♦ *an odds-on favourite* een uitgesproken favoriet
ode /oʊd/ [telb zn] ① ode ⟨verheven gedicht⟩ ② ⟨gesch⟩ lied, ode ♦ *choral ode* koorlied
-ode /oʊd/ ① -ode, -achtig, van de aard van ♦ *geode* geode ⟨bolvormige holte in gesteente⟩; *phyllode* bladachtige bladstengel ② ⟨techn⟩ -ode ⟨vormt namen van elektroden⟩ ♦ *cathode* kathode
o·de·um /oʊdɪəm/, **o·de·on** /-ɪən, ᴬ-ɪɑn/ [telb zn; mv: ook odea /-ɪə/] ① odeon ⟨gebouw waar in de oudheid muzikale concoursen werden gehouden⟩ ② concertgebouw, opera, odeon
o·di·ous /oʊdɪəs/ [bn; bw: ~ly; zn: ~ness] hatelijk, ergerlijk, verfoeilijk, afschuwelijk, afstotelijk, weerzinwekkend · ⟨sprw⟩ *comparisons are odious* ± elke vergelijking gaat mank
o·di·um /oʊdɪəm/ [niet-telb zn] ⟨form⟩ ① odium ♦ *his crime exposed him to odium* zijn misdaad maakte hem bij iedereen gehaat ② blaam, oneer, schande, stigma, odium
o·dom·e·ter /oʊdɒmɪtə, ᴬoʊdɑmɪtər/ [telb zn] (h)odometer, afstandsmeter, wegmeter, ⟨i.h.b.⟩ kilometerteller
o·dont- /oʊdɒnt, ᴬ-dɑnt/, **o·don·to-** /oʊdɒntə, ᴬoʊdɑntə/ tand- ♦ *odontalgia* tandpijn; *odontalgic* tandpijnmiddel; *odontology* odontologie, tandheelkunde
o·don·to·glos·sum /oʊdɒntəglɒsəm, ᴬoʊdɑntəglɑsəm/ [telb zn] ⟨plantk⟩ odontoglossum ⟨orchideeëngeslacht⟩
o·don·toid /oʊdɒntɔɪd, ᴬoʊdɑntɔɪd/ [bn] tandachtig, tandvormig · *odontoid process* tandvormig uitsteeksel op de tweede halswervel
o·do·rif·er·ous /oʊdərɪfərəs/ [bn; bw: ~ly; zn: ~ness] ⟨form⟩ geurig, (wel)riekend
o·dor·ous /oʊd(ə)rəs/ [bn; bw: ~ly; zn: ~ness] ⟨form⟩ ① geurig, welriekend ② slechtriekend, stinkend
¹**o·dour**, ⟨AE⟩ **o·dor** /oʊdə, ᴬ-ər/ [telb zn] geur, reuk, stank, lucht(je), ⟨fig⟩ zweem ♦ *there is an odour of melancholy in the evening air* de avondlucht heeft iets melancholisch
²**o·dour**, ⟨AE⟩ **o·dor** /oʊdə, ᴬ-ər/ [niet-telb zn] faam, reputatie, naam ♦ *be in good/bad/ill odour with* goed/slecht aangeschreven staan bij
odour control [niet-telb zn] stankbestrijding
o·dour·less /oʊdələs, ᴬ-dər-/ [bn; bw: ~ly] geurloos, reukloos
odour nuisance [niet-telb zn] stankoverlast
od·ys·sey /ɒdəsi, ᴬɑ-/ [telb zn] odyssee ⟨lange, avontuurlijke reis⟩
Od·ys·sey /ɒdəsi, ᴬɑ-/ [eigenn; the] Odyssee ⟨heldendicht van Homerus⟩
OE [afk] (Old English)
OECD [eigenn] (Organization for Economic Cooperation and Development) OESO (Organisatie voor Economische Samenwerking en Ontwikkeling)
oe·cist /iːsɪst/ [telb zn] kolonist
oecology [niet-telb zn] → ecology
oecumenical [bn] → ecumenical
OED [afk] (Oxford English Dictionary)
oe·de·ma, ⟨AE ook⟩ **e·de·ma** /ɪdiːmə/ [telb zn; mv: ook (o)edemata /-mətə/] ⟨med⟩ oedeem
oe·de·ma·tous /ɪdiːmətəs/ [bn] ⟨med⟩ waterzuchtig
Oe·di·pal /iːdɪpl, ᴬedɪpl/ [bn] ⟨psych⟩ oedipaal
Oe·di·pus com·plex /iːdɪpəs kɒmpleks, ᴬedɪpəs kɑm-/ [telb zn] ⟨psych⟩ oedipuscomplex
OEEC [eigenn] ⟨gesch⟩ (Organization for European Economic Co-operation) OEES (Organisatie voor Europese Economische Samenwerking)
oeil·lade /ɜːjɑːd, ᴬʊijɑd/ [telb zn] lonk
oe·no·log·i·cal /iːnəlɒdʒɪkl, ᴬ-lɑ-/ [bn] van/m.b.t. oenologie
oe·nol·o·gist /iːnɒlədʒɪst, ᴬɪnɑ-/ [telb zn] oenoloog
oe·nol·o·gy, ⟨AE ook⟩ **e·nol·o·gy** /iːnɒlədʒi, ᴬ-nɑ-/, **oi·nol·o·gy** /ɔɪ-/ [niet-telb zn] oenologie ⟨leer van de wijn en de wijnbouw⟩
oe·no·mel /iːnəmel/ [telb + niet-telb zn] mede, honingwijn
oe·no·phile /iːnəfaɪl/, **oe·noph·i·list** /iːnɒfɪlɪst, ᴬiːnɑ-/ [telb zn] wijnkenner
OEO [afk] ⟨AE⟩ (Office of Economic Opportunity)
OEP [afk] ⟨AE⟩ (Office of Emergency Planning/Preparedness)
o'er [bw] → over
oer·sted /ɜːsted, ᴬɜr-/ [telb + niet-telb zn] ⟨natuurk⟩ oersted ⟨eenheid van magnetische veldsterkte; symbool Oe⟩
oe·soph·a·ge·al, **e·soph·a·ge·al** /iːspfədʒiːəl, ᴬiːsɑ-/ [bn] van/m.b.t. de slokdarm, slokdarm-
oe·soph·a·gus, **e·soph·a·gus** /iːspfəgəs, ᴬiːsɑ-/ [telb zn; mv: ook (o)esophagi /-gaɪ/] ⟨med⟩ slokdarm
oes·tro·gen, **es·tro·gen** /iːstrədʒən, ᴬes-/ [telb + niet-telb zn] (o)estrogeen (hormoon), oestrogene stof
oes·tro·gen·ic, **es·tro·gen·ic** /iːstrədʒenɪk, ᴬes-/ [bn; bw: ~ally] (o)estrogeen
oes·trous, **es·trous** /iːstrəs, ᴬes-/ [bn] ① van/m.b.t. oestrum/oestrus ♦ *oestrous cycle* oestrus, oestrum ② bronstig, tochtig
oes·trum, **es·trum** /iːstrəm, ᴬe-/, **oes·trus**, **es·trus** /iːstrəs, ᴬe-/ [niet-telb zn] ⟨biol⟩ oestrus, oestrum, vruchtbare periode, bronst, paardrift
oestrus cycle, estrus cycle [niet-telb zn] ⟨biol⟩ oestrus, oestrum, vruchtbare periode, bronst, paardrift
¹**oeu·vre** /ɜːv(rə), ᴬɜː(r)v(rə)/ [telb zn] (kunst)werk
²**oeu·vre** /ɜːv(rə), ᴬɜː(r)v(rə)/ [niet-telb zn] oeuvre
of /ə(v), ᴬə(v), ⟨sterk⟩ ɒv, ᴬɑv, ᴬʌv/ [vz] ① ⟨ook fig; afstand in plaats of tijd⟩ van, verwijderd van, van ... af, van ... vandaan ♦ *south of the city* ten zuiden van de stad; *rob s.o. of his happiness* iemand van zijn geluk beroven; *it fell within four inches of her* het viel geen tien centimeter van haar vandaan; *upwards of an hour* meer dan een uur; *cured of his illness* van zijn ziekte genezen; *go wide of the mark* ver naast het doel schieten; *within a month of their wedding* minder dan een maand voor/na hun huwelijk ② ⟨uitgangspunt; herkomst; reden⟩ (afkomstig) van, uit, (veroorzaakt/gemaakt) door ♦ *of my own choice* zelf gekozen; *a girl of Belfast* een meisje van Belfast; *the grace of God* de genade van God; *of itself* vanzelf, uit zichzelf; *that's too much to ask of Jane* dat is te veel van Jane gevraagd; *a dress of her own making* een zelfgemaakte jurk; *music of Beethoven* muziek van Beethoven; *of necessity* uit noodzaak, noodzakelijkerwijze; *born of wealthy parents* geboren uit rijke ouders; *she demanded hard work of her pupils* zij eiste van haar leerlingen dat ze hard zouden werken; ⟨vero; bij passief, in plaats van by⟩ *rejected of men* verworpen door de mensen; *die of shame* doodgaan van schaamte; *it tastes of sugar*

het smaakt naar suiker; *I bought it of a street **vender*** ik heb het van een straatventer gekocht; *proud of his **work*** trots op zijn werk; *that's sweet of you* dat is lief van je ③ ⟨samenstelling; inhoud; hoeveelheid⟩ bestaande uit, van ♦ *a **distance** of 50 km* een afstand van 50 km; *a **gown** of silk* een zijden gewaad; *he made a good **job** of it* hij heeft het er goed van af gebracht; *they had a hard **time** of it* ze hebben het hard te verduren gehad; *a **plate** of beans* een bord bonen; *he was all of a **tremble*** hij beefde van kop tot teen ④ betreffende, over, van, met betrekking tot ♦ *five years of **age*** vijf jaar oud; ***dream** of peace* vredesdroom; *greedy of **gain*** op winst uit; *think of **Jill*** denk aan Jill; ⟨gew⟩ *what's the **matter** of May?* wat is er met May aan de hand?; *rumours of his **death*** geruchten over zijn dood; *the **truth** of the story was ...* de waarheid was ...; *quick of **understanding*** snel van begrip ⑤ ⟨identificerend kenmerk, zoals hoedanigheid, plaats, tijd, ouderdom enz.⟩ van, te, bij, met ♦ *the **battle** of Waterloo* de slag bij Waterloo; *be of **importance**/**value*** van belang/waarde zijn, belang/waarde hebben; *a **child** of six* een kind van zes jaar; *men of **courage*** mannen met moed; *the **house** of her dreams* haar droomhuis; *all men of **goodwill*** alle mensen van goede wil; *a girl of infinite good **humour*** een meisje dat altijd goedgehumeurd is; *the **queen** of England* de koningin van Engeland; *the **university** of Oxford* de universiteit van/te Oxford ⑥ ⟨ook fig; bezit; ook in dubbele genitief⟩ van, behorend tot ♦ *a **book** of May's* een boek van May, een van Mays boeken; *the **toys** of my children* het speelgoed van mijn kinderen; *look at that **sweater** of hers!* kijk eens naar die trui van d'r!; ⑦ ⟨voorwerpsgenitief⟩ van, tot, naar, voor ♦ ⟨gew⟩ *a **curse** of the tyrants* een vloek over de tirannen; *her **explanation** of the events* haar uitleg van wat er gebeurd was; ***fear** of the dark* angst voor het donker; ***love** of nature* liefde voor de natuur; *in **pursuit** of success* op zoek naar succes; ⟨gew⟩ *stop **teasing** of your sister* hou op je zus te plagen; *he is sparing of **words*** hij is een man van weinig woorden ⑧ ⟨partitieve genitief⟩ van, onder, der ♦ *he ate of the **cake*** hij at van de taart; *none of his **friends*** geen van zijn vrienden; *of all the **impudence**!* zo'n brutaliteit slaat alles!, wat een brutaliteit!; *partake of the **meal*** aan de maaltijd deelnemen; *most of the **men*** de meeste mannen, de meesten; *you of all **people**!* uitgerekend/juist jij!; *a **pound** of flour* een pond bloem; *a **queen** of queens* op-en-top een koningin; *his **temper** is of the quickest* hij is uiterst lichtgeraakt; *five of **us*** vijf mensen van/uit onze groep; *twenty **years** of marriage* twintig jaar huwelijk ⑨ ⟨relatie individu-klasse; onvertaald⟩ ♦ *the **Isle** of Man* het eiland Man; *the **name** of Jones* de naam Jones; *the **sin** of laziness* de zonde der luiheid ⑩ ⟨identiteit⟩ van ♦ *an **angel** of a husband* een engel van een man; *the **three** of them* met z'n drieën ⑪ ⟨tijd⟩ op, des ♦ *they like to go out of an **evening*** ze gaan graag eens een avondje uit; *they left of a **Tuesday*** zij vertrokken op een dinsdag ⑫ ⟨tijd⟩ ⟨AE⟩ voor ♦ *a **quarter** of the hour* een kwartier vóór het uur

of- → **ob-**

o·fay /ˈoʊfeɪ/ [telb zn] ⟨AE; sl; negers⟩ bleekscheet, witte, blanke

¹off /ɒf, ˆɔːf/ [telb zn] start ⟨van race⟩, af ♦ *from the **off*** van het begin af aan

²off /ɒf, ˆɔːf/ [niet-telb zn; the] offside ⟨deel van cricketveld rechts van een rechtshandige slagman⟩

³off /ɒf, ˆɔːf/ [bn] ① vrij, onbezet ♦ *my **boss** is off today* mijn baas is er vandaag niet, mijn baas heeft vandaag vrij; *he's **off** sick* hij is ziek/ligt ziek thuis ② minder (goed), slecht(er), teleurstellend, beneden de maat ♦ *production was **off*** de productie was slechter; *her **singing** was off tonight* haar zang was niet zo best/teleurstellend vanavond

⁴off /ɒf, ˆɔːf/ [bn, attr] ① verder (gelegen), ver(ste) ♦ *the **off** side of the house* de verste kant van het huis ② ⟨vnl BE⟩ rechter(-) ⟨van kant van een paard, voertuig⟩, vandehands, rechts ♦ *the **off** hind leg* rechterachterbeen, rechter-

achterpoot ③ rustig, stil ♦ *during the **off** season* in de slappe/stille tijd, buiten het (hoog)seizoen ④ (hoogst) onwaarschijnlijk ♦ *off **chance*** kleine/geringe kans; ⟨inf⟩ *go somewhere on the off **chance*** op goed geluk ergens naartoe gaan ⑤ ⟨sl⟩ gek, excentriek, niet goed snik ⑥ ⟨cricket⟩ off-, m.b.t. de offside ♦ *off **break*** afwijking van de bal weg van de offside, offbreak

⁵off /ɒf, ˆɔːf/ [bn, pred] ① bedorven ⟨van voedsel⟩, zuur ♦ *the **milk** is off* de melk is zuur/bedorven; *this **sausage** is off* dit worstje is bedorven/is niet meer te eten ② ⟨van het menu⟩ afgevoerd, van de kaart, niet (meer) verkrijgbaar ♦ ***banana** cream pie is off* ze serveren geen bananenroomtaart meer ③ oneerlijk, stiekem ♦ *a **bit** off* niet in de haak, niet zoals het hoort ④ van de baan, afgelast, uitgesteld ♦ *the **meeting** is off* de bijeenkomst gaat niet door; *the **wedding** is off* het huwelijk is van de baan ⑤ weg, vertrokken, gestart ♦ *be/get off to a bad **start*** slecht van start gaan, slecht beginnen; *be/get off to a good **start*** goed van start gaan, goed beginnen; *they're **off*** ze zijn weg/van start/vertrokken ⟨paarden, renners⟩; *(be) off **with** you* maak dat je wegkomt ⑥ uit(geschakeld), buiten werking, niet aan, afgesloten ♦ *the **water** is off* het water is afgesloten/niet aangesloten ⑦ uit, af ⟨van kleding⟩ ♦ *your **coat** was off* je had je jas niet aan ⑧ mis, naast ♦ *his **guess** was slightly off* hij zat er enigszins naast ⑤ *the **gilt** is off* het sprookje is voorbij, de glans is eraf

⁶off /ɒf, ˆɔːf/ [onov ww; vaak gebiedende wijs] vertrekken, weggaan

⁷off /ɒf, ˆɔːf/ [ov ww] ① uittrekken, uitdoen ⟨kleding⟩ ② ⟨inf⟩ zich (willen) terugtrekken uit, (willen) opzeggen/afzeggen ③ ⟨inf⟩ uitmaken met ⟨verloofde⟩, breken met ④ ⟨sl⟩ neuken (met) ⑤ ⟨AE; sl⟩ afmaken, koud maken, doden

⁸off /ɒf, ˆɔːf/ [bw; vaak predicatief] ① ⟨verwijdering of afstand in ruimte of tijd⟩ verwijderd, weg, (er)af, van zich af, ver, hiervandaan, uit, ⟨dram⟩ af, achter de coulissen, ⟨scheepv⟩ van de wind weg ♦ *he off **and** bought a car* kocht hij, warempel, een auto; ***buy** off a favour* een gunst afkopen; ***chase** the dog off* de hond wegjagen; ***clear** off!* hoepel op!; ***far** off in the mountains* ver weg in de bergen; ***fight** off sleep* vechten tegen de slaap; ***go** off* weggaan; *three **miles** off* drie mijl daarvandaan; *off or I **shoot*** maak je weg of ik schiet; ***run** a few pounds off* er een paar pondjes afrennen; ***send** off a letter* een brief versturen; *off **shopping*** uit winkelen; ***take** one's clothes off* zijn kleren uitdoen; ⟨scheepv⟩ *off to **sea*** zeewaarts; ***turn** off* afslaan; *off **with** it* weg ermee; *off **with** you* maak dat je wegkomt; *off **with** his head* maak hem een kopje kleiner; *off in the **mountains*** (ver weg) in de bergen ② ⟨einde, voltooiing of onderbreking⟩ af, uit, helemaal, ten einde ♦ *he broke **off** in the middle of a sentence* hij brak zijn zin af; *a **day** off* een dagje vrij; ***drink** off one's glass* zijn glas ledigen; ***kill** off* uitroeien; ***write** off* afschrijven; ***know** off by heart* volledig van buiten kennen ③ ⟨vaak overdrachtelijk⟩ ondergeschikt, minder belangrijk, minderwaardig, onder de norm, onder de maat ♦ *5% **off*** 5% vermindering, 5% lager/korting; ⟨bridge⟩ *one **off*** één down, één te kort ④ zie: **be off**; *off **and** on* af en toe, nu en dan

⁹off /ɒf, ˆɔːf/ [vz] ① ⟨ook fig; plaats of richting m.b.t. een beweging⟩ van, van af, vandaan, verwijderd van ♦ *he got off the **bus*** hij stapte uit de bus; *she fell off the **chair*** zij viel van de stoel; *he had his watch stolen off **him*** hij werd van zijn horloge beroofd; *take your hands off **me*** hou je handen thuis ② ⟨bron⟩ op, van, met, uit ♦ *he sponges off his **friends*** hij gaat bij zijn vrienden bedelen; *I bought it off a **gypsy*** ik heb het van een zigeuner gekocht; *dined off **honey** and rice* aten honing en rijst; *I got this **information** off John* ik heb deze informatie van John gekregen; *live off the **land*** van het land leven; *he lives off his **mother*** hij leeft op zijn moeders kosten; *ate off a **plate*** at van een bord; *he earns money off our **refuse*** hij verdient geld met onze afval; *took the re-*

off

sponsibility off John nam de verantwoordelijkheid van John zijn schouders; *turn off the road* afslaan; *take it off the table* pak het van de tafel; *bounced off the wall* ketste van de muur terug ③ 〈einde of onderbreking van bezigheid of toestand〉 **van de baan,** van ... af, afgestapt van ♦ *off duty* vrij (van dienst), buiten dienst; *I've gone off fishing* ik vis niet meer; *he went off smoking* hij heeft het roken opgegeven ④ 〈ook fig; ligging m.b.t. een plaats〉 **van ... af,** naast, opzij van, uit ♦ *an alley off the square* een steegje dat op het plein uitkomt; *two inches off centre* twee duim van het middelpunt af; *it was off the mark* het miste zijn doel (ook figuurlijk); *off New York* op de hoogte van New York; *a house off the road* een huis opzij van de weg; *lives off the square* woont vlakbij het plein; *off the subject* van het onderwerp afgeweken; 〈scheepv〉 *off the wind* van de wind af ⑤ 〈afwijking van een norm〉 **onder,** beneden, achter zijn, minder dan ♦ *he is off his usual condition* hij is niet in zijn gewone conditie; *three figures off the winning number* met drie cijfers van het winnende nummer af; *he's off it* hij zit ernaast, hij vergist zich; *three percent off the price* drie procent onder de prijs; *a year or two off sixty* een jaar of wat onder de zestig ⑥ 〈golf〉 **met een officiële handicap van** ♦ *play off four* spelen met een officiële handicap van vier

¹⁰**off** [afk] ① (office) ② (officer) ③ (official)

of·fal /ɒfl, ᴬɔfl, ᴬɑfl/ [niet-telb zn] ① **afval,** overschot, vuil(nis), 〈fig〉 uitschot, uitvaagsel ② **afval** 〈minderwaardige delen van geslachte dieren〉, slachtafval ③ **kreng,** aas, rot vlees, kadaver ④ **droesem,** bezinksel, (koffie)dik, drab, grondsop, moer

off artist [telb zn] 〈sl〉 **dief**

off base [bn] 〈sl〉 **hondsbrutaal,** impertinent

¹**off·beat** [telb + niet-telb zn] 〈muz〉 **onbeklemtoond maatdeel**

²**off·beat** [bn] ① 〈inf〉 **ongebruikelijk,** excentriek, extravagant, onconventioneel ② 〈muz〉 **van/m.b.t. het onbeklemd maatdeel**

off-Broad·way [bn] 〈AE; dram〉 **off Broadway,** experimenteel, niet-commercieel 〈van theaterproductie〉

off-cam·er·a [bn] **buiten bereik van de camera**

off-cast [bn] **afgewezen,** verworpen, versmaad, afgedankt

off-cen·tre [bn] ① **niet in het midden,** niet helemaal goed, excentrisch ② **excentriek,** buitenissig, zonderling, vreemd

off-col·our [bn] ① **zonder de juiste/vereiste tint,** getint 〈van diamant〉 ② **ongepast,** onbetamelijk, onfatsoenlijk, onkies ♦ *an off-colour joke* een schuine/gewaagde grap; *an off-colour reputation* een twijfelachtige reputatie ③ 〈vnl BE〉 **onwel,** niet lekker ♦ *you're looking off-colour* je ziet er een beetje pips uit

off-cut [telb zn] ① **restant** 〈van papier〉, (productie)afval ② **(stuk) houtafval**

off-day [telb zn] 〈inf〉 **ongeluksdag** ♦ *this is one of my off-days* ik heb vandaag mijn dag niet

¹**off-drive** [telb zn] 〈cricket〉 **slag in de off**

²**off-drive** [ov ww] 〈cricket〉 **in de off slaan** 〈bal〉

¹**of·fence,** 〈AE ook〉 **of·fense** /əfens/ [telb zn] ① **kwelling,** ongenoegen, plaag, ergernis ♦ *his swearing is an offence to the company* zijn gescheld is een bron van ergernis voor het gezelschap ② **overtreding,** misdrijf, delict, misdaad, vergrijp, zonde, wangedrag ♦ *commit an offence* een overtreding begaan; *a first offence* eerste misdrijf 〈waaraan iemand zich schuldig maakt〉; *make an act an offence* een daad strafbaar stellen

²**of·fence,** 〈AE ook〉 **of·fense** /əfens/ [niet-telb zn] ① **het aanvallen,** aanval, agressief gedrag, 〈sport〉 aanval ♦ *the best defence is offence* de aanval is de beste verdediging; *no offence* sorry, pardon, ik wilde je niet beledigen; *no offence was meant* het was niet kwaad bedoeld; *weapons of offence* aanvalswapens ② **het beledigen,** belediging, aanstoot, ergernis ♦ *cause/give offence to s.o.* iemand beledigen; *take offence at* aanstoot nemen aan; *he is quick to take offence* hij is lichtgeraakt

of·fence·less /əfensləs/ [bn] **onschuldig,** argeloos, onschadelijk, inoffensief

¹**of·fend** /əfend/ [onov ww] **kwaad doen,** misdoen, zondigen ♦ *the verdict offends against all principles of justice* het vonnis is een aanfluiting van alle rechtsprincipes

²**of·fend** /əfend/ [ov ww] **beledigen** (ook figuurlijk), grieven, boos maken, verontwaardigen, ontstemmen, ergeren, irriteren ♦ *his sense of justice was offended at/by the rashness of the verdict* het overhaaste oordeel krenkte zijn rechtsgevoel; *don't be offended by/with me* wees niet boos op me; *glaring colours that offend the eye* schreeuwende kleuren die pijn doen aan de ogen

of·fend·er /əfendə, ᴬ-ər/ [telb zn] **overtreder,** zondaar, misdadiger ♦ *first offender* first offender 〈iemand met een voordien blanco strafblad〉; *an old offender* een recidivist

offender profiling [niet-telb zn] **het opstellen van een daderprofiel**

of·fense·ful /əfensfl/ [bn] **kwellend,** hatelijk, grievend, ergernisgevend, aanstootgevend

¹**of·fen·sive** /əfensɪv/ [telb zn] **aanval,** offensief, 〈fig〉 campagne, beweging ♦ *act/be on the offensive* in de aanval zijn, offensief optreden; *take/go into the offensive* aanvallen, in het offensief gaan

²**of·fen·sive** /əfensɪv/ [bn; bw: ~ly; zn: ~ness] ① **offensief,** agressief, aanvallend ♦ *offensive power* aanvalskracht; *an offensive war* een aanvalsoorlog; *offensive weapon* aanvalswapen ② **beledigend,** kwetsend, aanstootgevend ♦ *offensive language* beledigings ③ **walgelijk,** onaangenaam, afschuwelijk, weerzinwekkend ♦ *cheese with an offensive smell* kaas met een misselijke geur

offensive zone [telb zn] 〈ijshockey〉 **aanvalszone, aanvalsvak**

¹**of·fer** /ɒfə, ᴬɔfər, ᴬɑ-/ [telb zn] ① **aanbod,** aanbieding, offerte, bod, voorstel ♦ *an offer of marriage* een huwelijksaanzoek; *be on offer* in de aanbieding/te koop zijn; *be open to an offer* te koop zijn; 〈fin〉 *offer for sale* emissieaanbod, uitgifteaanbod 〈van aandelen〉; 〈BE〉 *this house is under offer* op dit huis is een bod gedaan ② **poging** ③ 〈jur〉 **wetsvoorstel,** ④ 〈dierk〉 **onontwikkelde geweitak**

²**of·fer** /ɒfə, ᴬɔfər, ᴬɑ-/ [niet-telb zn] **het aanbieden,** het voorstellen

³**of·fer** /ɒfə, ᴬɔfər, ᴬɑ-/ [onov + ov ww; wederkerend werkwoord] **voorkomen,** gebeuren, zich aanbieden, ontstaan, verschijnen, optreden ♦ *act when the right moment offers itself* het ijzer smeden terwijl het heet is; *as occasion offers* wanneer de gelegenheid zich voordoet; *we turned into the first side-road that offered* we sloegen de eerste zijstraat in die we tegenkwamen; → **offering**

⁴**of·fer** /ɒfə, ᴬɔfər, ᴬɑ-/ [ov ww] ① **(aan)bieden,** geven, schenken, 〈rel〉 (op)offeren, sacrifiëren ♦ *he offered £100 for my old car* hij bood honderd pond voor mijn oude auto; *offer battle* (tot de strijd) uitdagen; *he offered to drive me home* hij bood aan me naar huis te brengen; *offer one's hand* zijn hand uitsteken; *offer one's opinions* zijn mening ten beste geven; *offer a prize* een prijs uitloven; 〈rel〉 *offer up* (op)offeren, sacrifiëren ② **te koop aanbieden,** aanbieden, tonen ③ **pogen,** trachten, bereidheid/bedoeling tonen, aanstalten maken ♦ *he did not offer to hide* hij probeerde niet zich te verbergen; *he will offer to do anything for you* hij is bereid om alles voor jou te doen ④ **(behaald) hebben,** in het bezit zijn van 〈diploma〉; → **offering**

¹**of·fer·ing** /ɒfrɪŋ, ᴬɔ-, ᴬɑ-/ [telb zn; (oorspronkelijk) gerund van offer] ① **offergave,** offer(ande), offergift ② **aanbieding,** aanbod, bod, gift ♦ *foreign offerings on the market* buitenlandse koopwaar op de markt ③ **onderwerp** 〈van een college, les〉 ♦ 〈AE〉 *new offerings* nieuwe collegeonderwerpen/colleges

²**of·fer·ing** /ˈɒfrɪŋ, ᴬ-ɔ-, ᴬ-ɑ-/ [niet-telb zn; (oorspronkelijk) gerund van offer] **het aanbieden,** het offeren, offering
offer price [telb zn] ⟨fin⟩ **vraagprijs** ⟨voornamelijk voor effecten⟩
of·fer·to·ry /ˈɒfətri, ᴬˈɔfərtɔri, ᴬ-ɑ-/ [telb zn] ⟨rel⟩ [1] ⟨vaak Offertory⟩ **offerande, offerandegebed, offerandezang,** offertorium, oblatie [2] **offergave,** offergeld, offergift, offerpenning [3] **collecte**
of·fer·to·ry-box [telb zn] ⟨rel⟩ **offerbus,** offerblok, collectebus
off-grid [bn] niet gekoppeld aan het nationaal elektriciteitsnet
¹**off·hand** [bn] [1] **nonchalant,** achteloos, ruw, onachtzaam, kortaf, oneerbiedig [2] **laconiek,** makkelijk, relaxed
²**off·hand** [bn, attr] [1] **onvoorbereid,** geïmproviseerd ♦ *avoid making offhand remarks* maak geen onoordachte opmerkingen [2] **terloops**
³**off·hand** [bw; voornamelijk in niet-bevestigende zinnen] **zomaar,** zonder meer, ineens, voor de vuist weg
off·hand·ed [bn; bw: offhandedly; zn: offhandedness] → **offhand**
¹**of·fice** /ˈɒfɪs, ᴬ-ɔ-, ᴬ-ɑ-/ [telb zn] ⟨rel⟩ [1] ⟨vaak mv⟩ **dienst,** hulp, bijstand, attentie, zorg ♦ *good offices* goede diensten, bijstand; *ill offices* (een) slechte dienst(en) [2] **plicht,** functie, taak, opdracht [3] **kantoor,** bureau, zetel ⟨vak firma⟩ ♦ *our Brighton office* ons filiaal in Brighton [4] ⟨AE⟩ **spreekkamer,** kantoor ⟨van dokter, advocaat⟩ [5] ⟨vaak Office⟩ ⟨BE⟩ **ministerie,** departement ♦ *the Foreign office* het ministerie van Buitenlandse Zaken [6] ⟨vaak Office⟩ ⟨AE⟩ **subdivisie van een departement van de federale regering** [7] ⟨vaak mv; soms Office⟩ ⟨rel⟩ **rite,** ritus, ceremonie, mis ♦ *perform the last offices* de laatste eer bewijzen [8] ⟨soms Office⟩ ⟨rel⟩ **officie** ⟨o.m. getijden⟩ ♦ *say (divine) office* getijden bidden, brevieren [9] ⟨sl⟩ **tip,** wenk, teken, sein, vingerwijzing ♦ *take the office* een tip krijgen [10] ⟨sl⟩ **secreet,** bestekamer, plee, ⟨België⟩ kabinet, privaat
²**of·fice** /ˈɒfɪs, ᴬ-ɔ-, ᴬ-ɑ-/ [telb + niet-telb zn] **ambt,** openbare betrekking, functie, officie, (i.h.b.) regeringsambt, staatsbetrekking ♦ *accept/enter (upon)/take office* een ambt aanvaarden; *hold office* een ambt bekleden/uitoefenen; *lay down/leave/resign/go out of/retire from office* een ambt/zijn portefeuille neerleggen; *seek office* solliciteren naar een ambt [•] *be in office* in de regering zetelen, aan het bewind zijn; *be out of office* niet meer aan het bewind zijn; ⟨AE; inf⟩ *be termed out of office* gedwongen zijn af te treden ⟨bij het bereiken van de maximale ambtstermijn⟩
of·fice-ap·pli·anc·es [alleen mv] **kantoorbehoeften**
office automation [niet-telb zn] **kantoorautomatisering**
of·fice-bear·er, of·fice-hold·er [telb zn] **(staats)ambtenaar,** ambtsbekleder, beambte, functionaris
of·fice-block [telb zn] **kantoorgebouw**
office boy, of·fice clerk [telb zn] **loopjongen,** kantoorjongen, bediende
office building, office block [telb zn] **kantoorgebouw**
office girl [telb zn] **kantoormeisje,** secretaresse
office hours [alleen mv] [1] **kantooruren** [2] **spreekuren**
office manager [telb zn] **bureauchef**
office party [telb zn] **(kerst)feestje op (het/een) kantoor**
¹**of·fi·cer** /ˈɒfɪsə, ᴬˈɔfɪsər, ᴬ-ɑ-/ [telb zn] [1] **ambtenaar,** functionaris ♦ *Officer of Health* ambtenaar van de gezondheidsdienst; *Officer of the Household* officier/beambte in de koninklijke hofhouding; *medical officer* ambtenaar van de gezondheidsdienst [2] ⟨benaming voor⟩ **iemand die een belangrijke functie bekleedt,** directeur, voorzitter, chef, schatbewaarder, secretaris ♦ *clerical/executive officer* (hoge) regeringsfunctionaris; *officer of state* minister [3] ⟨benaming voor⟩ **gerechtsdienaar,** politieman, politieagent, diender, deurwaarder [4] **officier** ⟨leger, koopvaardij, ridderorde⟩ ♦ *officer of arms* (wapen)heraut, wapenkoning; *officer commanding* commandant; *commissioned officer* officier; *officer of the deck* dekofficier; *medical officer* officier van gezondheid; *non-commissioned officer* onderofficier
²**of·fi·cer** /ˈɒfɪsə, ᴬˈɔfɪsər, ᴬ-ɑ-/ [ov ww; voornamelijk volt deelw] [1] **van officieren voorzien** [2] **aanvoeren,** leiden, bevelen, het commando voeren over
of·fices /ˈɒfɪsɪz, ᴬ-ɔ-, ᴬ-ɑ-/ [alleen mv] ⟨vnl BE⟩ **bijgebouw(en)**
of·fice-seek·er [telb zn] **sollicitant** ⟨naar overheidsbetrekking⟩
office worker [telb zn] **bediende,** beambte
¹**of·fi·cial** /əˈfɪʃl/, ⟨in betekenis 2 ook⟩ **official principal** [telb zn] [1] **beambte,** functionaris, (staats)ambtenaar, officiant, ⟨sport⟩ official, wedstrijdcommissaris [2] **officiaal** ⟨voorzitter/rechter van geestelijke rechtbank⟩
²**of·fi·cial** /əˈfɪʃl/ [bn; bw: ~ly] [1] **officieel,** ambtelijk, ambts-, dienst-, regerings- ♦ *official duties* ambtsbezigheden; *official newspaper* staatscourant; *official receiver* curator ⟨bij faillissement⟩; *in official uniform* in dienstkleding/uniform [2] **vormelijk,** officieel, ambtelijk, deftig ♦ *an official face* een deftig gezicht [3] ⟨med⟩ **officinaal** ⟨bereid volgens recept van de farmacopee⟩, in de apotheek verkrijgbaar [•] ⟨BE⟩ *Official Referee* onderzoeksrechter
of·fi·cial·dom /əˈfɪʃldəm/ [niet-telb zn] ⟨vaak pej⟩ [1] **ambtenarij,** ambtenarenstand, ambtenarenkorps [2] **bureaucratie,** ambtenarij
of·fi·cial·ese /əˌfɪʃəˈliːz/ [niet-telb zn] ⟨pej⟩ **stadhuistaal,** ambtenarenlatijn, ambtelijk jargon, kanselarijtaal
of·fi·cial·ism /əˈfɪʃəlɪzm/ [niet-telb zn] **bureaucratie,** ambtenarij
of·fi·cial·ize, of·fi·cial·ise /əˈfɪʃəlaɪz/ [ov ww] **officieel maken,** bureaucratiseren
of·fi·cial-rid·den [bn] **bureaucratisch**
of·fi·ci·ant /əˈfɪʃənt/ [telb zn] ⟨r-k⟩ **officiant,** celebrant
¹**of·fi·ci·ar·y** /əˈfɪʃəri, ᴬəˈfɪʃieri/ [telb zn] [1] **ambtenarencomité** [2] **officierencomité**
²**of·fi·ci·ar·y** /əˈfɪʃəri, ᴬəˈfɪʃieri/ [bn] **officieel,** ambtelijk ⟨m.b.t. titel, functie⟩
of·fi·ci·ate /əˈfɪʃieɪt/ [onov ww] [1] ⟨r-k⟩ **officiëren,** celebreren, de mis opdragen ♦ *officiate at a marriage ceremony* een huwelijksmis celebreren [2] **officieel optreden/handelen** ♦ *officiate as chairman* (officieel) als voorzitter dienstdoen; *officiate as speaker* een officiële toespraak houden [3] ⟨sport⟩ **arbitreren,** scheidsrechteren
¹**of·fic·i·nal** /ˌɒfɪˈsaɪnl, ᴬˈɔfɪ-/ [telb zn] **officieel geneesmiddel**
²**of·fic·i·nal** /ˌɒfɪˈsaɪnl, ᴬˈɔfɪ-/ [bn; bw: ~ly] [1] **officinaal** ⟨bereid volgens de regels van de farmacopee⟩, in de apotheek verkrijgbaar [2] **geneeskrachtig**
of·fi·cious /əˈfɪʃəs/ [bn; bw: ~ly; zn: ~ness] [1] **bemoeiziek,** opdringerig, indringerig [2] **overgedienstig** [3] ⟨diplomatie⟩ **officieus,** onofficieel, informeel
¹**off·ing** /ˈɒfɪŋ, ᴬ-ɔ-, ᴬ-ɑ-/ [telb zn] **volle zee,** open zee, (het) ruime sop ♦ *keep an offing* in volle zee/van de kust weg blijven; *take the offing* in zee steken, het ruime sop kiezen
²**off·ing** /ˈɒfɪŋ, ᴬ-ɔ-, ᴬ-ɑ-/ [niet-telb zn; the] **zichtbaar gedeelte van de volle zee** ⟨vanaf de kust⟩ ♦ *a ship in the offing* een schip in zicht [•] ⟨fig⟩ *in the offing* in het verschiet, op handen
off·ish /ˈɒfɪʃ, ᴬ-ɔ-, ᴬ-ɑ-/ [bn; bw: ~ly; zn: ~ness] ⟨inf⟩ **koel,** afstandelijk, gereserveerd, terughoudend
¹**off-is·land** [telb zn] **eiland voor de kust**
²**off-is·land** [bw] **van het eiland weg**
off-is·land·er [telb zn] ⟨AE⟩ **eilandbezoeker,** tijdelijk eilandbewoner
off-key [bn] **vals,** uit de toon ⟨ook figuurlijk⟩
¹**off-li·cence** [telb zn] ⟨BE⟩ [1] **slijtvergunning** [2] **slijterij,** drankzaak ⟨waarbij drank niet ter plekke mag worden geconsumeerd⟩

off-licence

²**off·li·cence** [bn, attr] ⟨BE⟩ met slijtvergunning ♦ *off-licence shop* slijterij

off-line [bn; bw] ⟨1⟩ ⟨comp⟩ offline, niet-gekoppeld ⟨niet direct kunnende communiceren met de centrale computer⟩ ⟨2⟩ ⟨techn⟩ uitgeschakeld, buiten werking ⟨bijvoorbeeld kernreactor⟩

off-load [ov ww] ⟨1⟩ afladen, lossen, ontladen ⟨voertuig, voornamelijk vliegtuig; vuurwapen⟩ ⟨2⟩ ⟨BE⟩ kwijtraken, van de hand doen, dumpen ⟨3⟩ ⟨ruimtev⟩ lanceren met gedeeltelijk gevulde tanks ⟨raketten, om hun zwaartepunt te verplaatsen⟩

off·mes·sage [bn; bw] buiten de partijlijn ♦ *go off-message* zich niet houden aan het partijprogramma, privémening geven

off-night [telb zn] vrije avond

off-off-Broad·way [bn] ⟨AE; dram⟩ off-off-Broadway, avant-garde, sterk experimenteel

off-peak [bn, attr] buiten het hoogseizoen/de spits/piek(uren) ⟨van gebruik, verkeer⟩, goedkoop, minder druk, rustig, kalm ♦ *in the off-peak hours* buiten de spitsuren, tijdens de daluren; *off-peak tariff* goedkoop tarief, nachttarief ⟨van stroom⟩

off-piste [bn] offpiste ⟨m.b.t. skiën⟩, buiten de pistes

off-po·si·tion [telb zn] ⟨elek⟩ uitgeschakelde stand

¹**off·print** [telb zn] overdruk

²**off·print** [ov ww] overdrukken, een overdruk maken van

off·put·ting [bn] ⟨BE⟩ ⟨1⟩ ontmoedigend, onthutsend, verwarrend ⟨2⟩ ⟨inf⟩ walgelijk, afstotelijk, onaantrekkelijk

off-ramp [telb zn] ⟨AE⟩ afrit ⟨van autoweg⟩, afslag, ⟨België⟩ uitrit

off-road [bn, attr] terrein- ♦ *off-road vehicles* terreinvoertuigen

off·sad·dle [ov ww] ⟨vnl BE⟩ afzadelen

off-sale [telb zn] verkoop van alcoholhoudende drank voor verbruik elders

off·scour·ing [telb zn] verstoteling, verworpeling, onaangepaste

off·scour·ings [alleen mv] afval, vuilnis, ⟨fig⟩ uitschot, uitvaagsel, hef(fe) ♦ *offscourings of humanity* gepeupel

¹**off-screen** [bn] buitenbeeld-, privé-, echt

²**off-screen** [bw] buiten beeld, privé, buiten de set

off·scum [niet-telb zn] schuim, uitvaagsel, uitschot

¹**off-sea·son, off-time** [telb + niet-telb zn] stille/slappe tijd, komkommertijd

²**off-sea·son** [bn, attr] buiten het seizoen

¹**off·set** /ɒfset, ᴬɔ-/ [telb zn] ⟨1⟩ scheut, spruit, loot, zijwortel, wortelscheut, bijwortel, bijbol, uitloper ⟨van gebergte/plant⟩ ⟨2⟩ tegenwicht, compensatie, vergoeding ⟨3⟩ ⟨landmeetk⟩ ordinaat ⟨4⟩ ⟨bouwk⟩ versnijding ⟨5⟩ ⟨techn⟩ bocht ⟨in pijp/staaf, om hindernis heen⟩ ⟨6⟩ ⟨mijnb⟩ afwijkende mijnader

²**off·set** /ɒfset, ᴬɔ-/ [niet-telb zn] ⟨drukw⟩ ⟨1⟩ het afgeven ⟨van inkt⟩ ⟨2⟩ offset(druk)

³**off·set** /ɒfset, ᴬɔ-/ [onov ww] (uit)schieten ⟨van planten⟩

⁴**off·set** /ɒfset, ᴬɔ-/ [onov + ov ww] in offset drukken

⁵**off·set** /ɒfset, ᴬɔ-/ [ov ww] ⟨1⟩ compenseren, ongedaan maken, verrekenen, opwegen tegen, neutraliseren ♦ ⟨BE, AuE⟩ *offset against* aftrekken van, zetten tegenover ⟨2⟩ buigen ⟨pijp, staaf⟩ ⟨3⟩ ⟨bouwk⟩ versnijden ⟨4⟩ ⟨drukw⟩ besmeuren ⟨door afgeven van inkt⟩

offset process [telb zn] offsetprocedé

off·set·ting [niet-telb zn] CO₂-compensatie toepassen

off·shoot [telb zn] uitloper ⟨ook figuurlijk⟩, scheut, spruit, zijtak, afstamming

¹**off·shore** [bn] ⟨1⟩ in zee, voor/uit de kust, buitengaats ♦ *offshore fishing* zeevisserij ⟨2⟩ aflandig ♦ *offshore wind* aflandige wind

²**off·shore** [bn, attr] buitenlands ♦ *offshore purchases* aankopen in het buitenland

³**off·shore** [bw] ⟨1⟩ voor de kust, offshore ⟨2⟩ van de kust af, zeewaarts ⟨van wind⟩ ⟨3⟩ in het buitenland

offshore racing [niet-telb zn] ⟨zeilsp⟩ (het) zeezeilen, (het) wedstrijdzeilen op zee

off·shor·ing [niet-telb zn] offshoring ⟨het verplaatsen van arbeidsintensieve werkzaamheden naar lagelonenlanden⟩

¹**off·side** [telb zn] ⟨vnl BE⟩ ⟨1⟩ rechterkant ⟨van auto, van weg⟩ ⟨2⟩ verste/afgelegen kant

²**off·side** [telb + niet-telb zn] ⟨sport⟩ buitenspel(positie)

³**off·side** [bn] ⟨sport⟩ buitenspel- ♦ *the offside rule* de buitenspelregel

⁴**off·side** [bn, attr] ⟨vnl BE⟩ rechts, rechter ⟨van auto, paard, weg enz.⟩

⁵**off·side** [bw] ⟨1⟩ ⟨sport⟩ buitenspel, offside ⟨2⟩ ⟨vnl BE⟩ rechts, aan de rechterkant ⟨van auto, paard, weg enz.⟩

off·sid·er [telb zn] ⟨AuE; inf⟩ helper, assistent, bondgenoot, hulp(je)

offside trap [telb zn] ⟨voetb⟩ buitenspelval

off-size [telb zn] incourante maat

off·spring [telb zn; mv: offspring] ⟨1⟩ kroost, afstammeling(en), jong(en), nakomeling(en), spruit(en), telg(en) ♦ *their offspring comes of a tainted stock* hun nageslacht is erfelijk belast ⟨2⟩ vrucht ⟨figuurlijk⟩, resultaat, product, uitkomst

off·stage [bn; bw] ⟨1⟩ achter (de coulissen/schermen) ⟨2⟩ privé ⟨3⟩ onzichtbaar

off·steer·ed [bn] ⟨sl⟩ op een zijpad gebracht

off-street [bn, attr] op een parkeerstrook, naast de weg, in een zijstraat ♦ *there are off-street parking facilities* er is parkeergelegenheid (in een zijweg), er is parkeerruimte in de buurt

off·take [telb + niet-telb zn] afzet, omzet

off-the-cuff [bn] nonchalant, ondoordacht, geïmproviseerd

off-the-job [bn, attr] vrijetijds-, werkloos

off-the-peg [bn, attr] ⟨BE⟩ confectie- ⟨van kleding⟩

off-the-rack [bn, attr] ⟨AE⟩ confectie- ⟨van kleding⟩

¹**off-the-record** [bn] onofficieel, binnenskamers, onuitgegeven, niet genotuleerd

²**off-the-record** [bw] onofficieel, onder vier ogen, achter de coulissen

off-the-shelf [bn] overal verkrijgbaar ⟨·⟩ *off-the-shelf sale* directe verkoop

off-the-wall [bn; bw] ⟨inf⟩ ⟨1⟩ onconventioneel, ongewoon, ongebruikelijk ♦ *off-the-wall questions* ongewone/niet-stereotiepe/originele vragen ⟨2⟩ ⟨vnl AE⟩ (al) te gek, absurd, maf, geschift

off-time [niet-telb zn] ⟨1⟩ rustige/kalme periode, komkommertijd, slappe tijd ⟨2⟩ vrije tijd, vrijaf

off-track [bn] ⟨gokspel⟩ niet op de renbaan ♦ *off-track betting* gokken buiten de renbaan ⟨bijvoorbeeld op kantoor verbonden met renbaan⟩

off·ward /ɒfwəd, ᴬɔfwərd/, **off·wards** /ɒfwədz, ᴬɔfwərdz/ [bw] zeewaarts

¹**off-white** [niet-telb zn] gebroken wit

²**off-white** [bn] gebroken wit

off year [telb zn] ⟨AE⟩ jaar zonder nationale verkiezingen, (i.h.b.) jaar zonder presidentsverkiezingen

OFM [afk] (Ordo Fratrum Minorum) O.F.M. ⟨orde der minderbroeders⟩

OFS [afk] (Orange Free State)

oft /ɒft, ᴬɔft/ [bw] ⟨vero⟩ menigmaal, veelvuldig, herhaaldelijk, dikwijls ♦ *many time and oft* menigmaal, dikwerf; *an oft-told story* een vaak verteld verhaal

¹**of·ten** /ɒfn, ɒftən, ᴬɔ-/ [bn; vergr trap: oftener, overtr trap: oftenest] ⟨vero⟩ menigvuldig, veelvuldig, talrijk, frequent, vaak voorkomend

²**of·ten** /ɒfn, ɒftən, ᴬɔ-/ [bw; vergr trap: ook oftener, overtr trap: soms oftenest] dikwijls, vaak, herhaaldelijk, veelvuldig, meermaals ♦ *as often as* zo vaak als, elke keer/tel-

kens wanneer; *as often as not* de helft van de keren, vaak; *often as I beg him to, he never studies* hoewel ik hem er vaak om smeek, studeert hij nooit; *more often than not* meer wel dan niet; *often and often* telkens opnieuw, heel vaak; *once too often* één keer te veel; *an often-repeated warning* een vaak herhaalde waarschuwing ▪ *every so often* nu en dan, af en toe, van tijd tot tijd

of·ten·times /ˈɒfntaɪmz, ˈɒftən-, ˈɔː-/, **oft-times** [bw] ⟨vero⟩ **menigmaal**, dikwerf, veelvuldig

og·am, og·ham /ˈɒɡəm, ˈɑː-/ [telb + niet-telb zn] **ogam**, ogamalfabet, ogaminscriptie, ogamkarakter, ogamsteen ⟨Oudiers alfabet⟩

og·do·ad /ˈɒɡdoʊæd, ˈɑːɡ-/ [telb zn] **acht(tal)**

o·gee /ˈoʊdʒiː, -ˈ-/ ⟨in betekenis 3 ook⟩ **ogee arch** [telb zn] ⟨bouwk⟩ ① **ojief**, vloeilijst, talon ② **S-vormige lijn/boog** ③ **ojiefboog**, ezelsrug

o·geed, o·gee'd /ˈoʊdʒiːd, ˈoʊdʒiːd/ [bn] **ojiefvormig**, S-vormig, met een ojief/ojieven

og·fray /ˈɒɡfreɪ, ˈɑːɡ-/ [telb zn] ⟨sl; beled⟩ **fransoos**

ogi·val /ˈoʊdʒaɪvl/ [bn] ① **ogivaal**, spitsboogvormig ② **ojiefvormig**, S-vormig

o·give /ˈoʊdʒaɪv, ˈoʊdʒaɪv/ [telb zn] ⟨bouwk⟩ ① **ogief**, graatrib, welfrib, diagonaalrib ② **ogief**, puntboog, spitsboog, puntgewelf ③ ⟨stat⟩ **cumulatieve frequentieverdeling**

¹**o·gle** /ˈoʊɡl/ [telb zn; geen mv] **lonk**
²**o·gle** /ˈoʊɡl/ [onov ww] **lonken** ♦ *ogle at* lonken naar
³**o·gle** /ˈoʊɡl/ [ov ww] **toelonken**, lonken naar

o·gler /ˈoʊɡlə, -ər/ [telb zn] **lonker, lonkster**

OGM [telb zn] (outgoing message) **meldtekst**, uitgaand bericht, uitgaande boodschap

OGO [afk] (Orbiting Geophysical Observatory)

Ogpu, OGPU /ˈɒɡpuː, ˈɑːɡpuː, ˈɑːɡ-/, **G P Oe** [eigenn] ⟨gesch⟩ (Obedinennoe Gosudarstvennoe Politicheskoe Upravlenie) **GPOe**, GEPO (afdeling van de Sovjet Geheime Politie)

O grade [telb zn] (eindexamenvak op) **eindexamenniveau** (ongeveer havo, in Schotland)

o·gre /ˈoʊɡə, -ər/ [telb zn] ① **mensenetende reus**, ⟨bij uitbreiding⟩ boeman, wildeman, bullebak, bruut

o·gress /ˈoʊɡrɪs/ [telb zn] **reusachtige mensenetster**, mensenetende reuzin, ⟨bij uitbreiding⟩ angstaanjagende/bloeddorstige/wilde vrouw

o·grish, o·gre·ish /ˈoʊɡ(ə)rɪʃ/ [bn; bw: ~ly] **kannibaals**, angstaanjagend, bruut, wild, bloeddorstig, wreedaardig

Ogyg·i·an /ɒdʒɪdʒiən, ˈoʊ-/ [bn] **voorhistorisch**, prehistorisch, oorspronkelijk, oeroud, archaïsch

oh, O, o /oʊ/ [tw] **o!, och! ach!** ♦ ⟨sl⟩ *oh fudge* verdikkie; *oh no!* zeker niet!, dat niet!, o nee!; *oh well* och, och kom, och ja; *oh yes* o ja!, jazeker!; *oh yes?* zo?, o ja? ▪ *oh boy!* sjonge!, jeetje!

OHC [afk] (Overhead Camshaft)

O·hi·o·an /oʊˈhaɪoʊən/ [telb zn] **inwoner van Ohio**

Ohio buckeye [telb zn] ⟨plantk⟩ **Amerikaanse paardenkastanje** ⟨Aesculus glabia⟩

ohm /oʊm/ [telb zn] **ohm** (eenheid van elektrische weerstand)

ohm·age /ˈoʊmɪdʒ/ [telb zn] **ohmweerstand**

ohm·ic /ˈoʊmɪk/ [bn, attr] **ohm-**, gemeten in ohm

ohm·me·ter [telb zn] **ohmmeter** (elektrisch meetinstrument)

OHMS [afk] (On His/Her Majesty's Service)

Ohm's law /ˈoʊmz lɔː/ [eigenn] ⟨elek⟩ **de wet van Ohm**

o·ho /oʊˈhoʊ/ [tw] **oho**, (h)aha!

-o·hol·ic, -a·hol·ic /əˈhɒlɪk, -hɑː-/ [vormt zn] ⟨inf⟩ **-freak**, -idioot, -verslaafde, -maniak ♦ *bookaholic* boekenfanaat; *Coke-oholic* verwoed coladrinker; *footballaholic* voetbalfan

ohone [tw] → **ochone**

OH & S [afk] (Occupational Health and Safety)

ohv [afk] (overhead valve)

-oid /ɔɪd/ [vormt (bijvoeglijk) naamwoord uit naamwoord] **-ide**, -achtig, -lijk ▪ *asteroid* stervormig; asteroïde; ⟨pej⟩ *humanoid* mensachtig; *anthropoid* antropoïde, mensachtig

-oid·al /ɔɪdl/ [vormt bn uit naamwoord; bw: ~ly] **-idaal**, -vormig, -achtig ♦ *rhomboidal* romboïdaal, ruitvormig

oik /ɔɪk/ [telb zn] ⟨BE; sl⟩ **onbenul**, pummel, boerenkinkel

¹**oil** /ɔɪl/ [telb zn] ⟨vnl mv⟩ ① **olieverf** ♦ *paint in oils* in/met olieverf schilderen ② **olieverfschilderij** ③ ⟨inf⟩ **oliepak**, oliejas, oliejekker

²**oil** /ɔɪl/ [niet-telb zn] ① **(aard)olie**, ⟨België⟩ petroleum ♦ *fixed oil* vette/niet-vluchtige olie; *oil of juniper* jeneverbessenolie; *penetrating oil* kruipolie; *strike oil* olie aanboren; ⟨fig⟩ op een goudader stuiten, plotseling rijk worden; *oil of turpentine* terpentijnolie; *oil of vitriol* zwavelzuur, vitriool ② ⟨benaming voor⟩ **aardoliederivaat**, petroleum, kerosine, paraffineolie, lampenpetroleum, stookolie, dieselbrandstof, smeerolie ③ ⟨inf⟩ **gatlikkerij**, gevlei ④ ⟨sl⟩ **onzin**, larie ⑤ ⟨sl⟩ **(omkoop)geld** ▪ *pour oil on the flames*, add oil to the fire olie op het vuur gooien, de gemoederen ophitsen; *pour oil on the waters/on troubled waters* olie op de golven gooien, de gemoederen bedaren; ⟨sprw⟩ *pouring oil on fire is not the way to quench it* men moet geen olie op het vuur gooien

³**oil** /ɔɪl/ [onov + ov ww] ① **smelten**, vloeibaar maken/worden ② **tanken**, voltanken, bijtanken; → **oiled**

⁴**oil** /ɔɪl/ [ov ww] ① **smeren**, (be)oliën, insmeren, besmeren, invetten ♦ *oiled bird* met olie besmeurde vogel; *oiled silk* oliezijde ② **vleien**, spreken met gladde/fluwelen tong, met de stroopkan/pot lopen ③ ⟨sl⟩ **omkopen** ④ ⟨sl⟩ **slaan**; → **oiled**

oil bath [telb zn] **oliebad**

oil-bear·ing [bn] **oliehoudend**

oil beetle [telb zn] ⟨dierk⟩ **oliekever** ⟨Meloë proscarbeus⟩

oil·berg [telb zn] **oliereus**, mammoettanker

oil·bird [telb zn] ⟨dierk⟩ **olievogel** ⟨Steatornis cripensis⟩

oil burner [telb zn] ⟨benaming voor⟩ **olieverbruikende machine**, olieketel, oliestookketel, petroleumkachel, oliemotor

oil bust [telb zn] **oliecrisis**

oil cake [niet-telb zn] **lijnkoek(en)**, oliekoek(en)

oil·can [telb zn] **oliebusje**, smeerbus, oliekan, oliespuit

oil cartel [telb zn] **oliekartel**

oil-change [telb zn] **olieverversing** ♦ *do an oil-change* de olie verversen

oil·cloth [niet-telb zn] ① **wasdoek**, oliegoed, zeildoek, geoliede stof ② **oliejasstof**, oliejekkerstof ③ ⟨BE⟩ **linoleum**

oil-coat [telb zn] **oliejas**

oil col·our [telb zn; voornamelijk mv] **olieverf**

oil com·pa·ny [telb zn] **oliemaatschappij**, petroleummaatschappij

oil consumption [telb + niet-telb zn] **oliegebruik**

oil coun·try [telb zn] **olieland**

oil crisis [telb zn] **oliecrisis**

oil-crush·er, oil-press·er [telb zn] **olieslager**

oil-der·rick [telb zn] **olieboortoren**

oil discovery, oil find [telb zn] **olievondst**

oil drum [telb zn] **olievat**, olieton

oiled /ɔɪld/ [bn; volt deelw van *oil*] ⟨inf⟩ **bezopen**, in de olie

oil embargo [telb zn] **olie-embargo**

oil engine [telb zn] **oliemotor**, dieselmotor, petroleummotor

oil·er /ˈɔɪlə, -ər/ [telb zn] ① **oliebusje**, smeerbus ② **olietanker**, petroleumtanker ③ ⟨AE⟩ **oliebron**, petroleumbron ④ **olieman**, machinesmeerder ⑤ **met olie gestookte boot**

oil·ers /ˈɔɪləz, -ərz/ [alleen mv] ⟨AE⟩ **oliepak**

oil exploration [telb + niet-telb zn] **onderzoek naar**

oil export

aardolie
oil export [telb zn; vaak mv] olie-uitvoer
oil-ex·port·ing [bn, attr] olie-exporterend
oil field [telb zn] olieveld
oil-fired [bn, attr] met olie gestookt, oliegestookt ♦ *oil-fired central heating* centrale verwarming op stookolie
oil-fu·el [niet-telb zn] stookolie
oil-gauge [telb zn] [1] hydrometer om de zwaarte van oliën te meten [2] oliepeilstok, oliemeter
oil heater [telb zn] petroleumkachel, oliekachel
oil import [telb zn; vaak mv] olie-invoer
oil-im·port·ing [bn, attr] olie-importerend
oil industry [telb zn] aardolie-industrie, petroleumindustrie
oil-lamp [telb zn] olielamp
oil·less /ɔɪlləs/ [bn] zonder olie, niet oliehoudend
oil·man [telb zn; mv: oilmen] [1] olieman, oliehandelaar [2] olieverfhandelaar [3] ⟨AE⟩ eigenaar van een oliebron, oliebaas
oil-meal [niet-telb zn] gemalen lijnkoek
oil mill [telb zn] oliemolen
oil minister [telb zn] olieminister
oil output [telb + niet-telb zn] olieproductie
oil paint [telb + niet-telb zn] olieverf
¹**oil paint·ing** [telb zn] olieverfschilderij · ⟨inf; scherts⟩ *he's no oil painting* hij/het is geen adonis
²**oil paint·ing** [niet-telb zn] het schilderen met olieverf
oil palm, oil-tree [telb zn] ⟨plantk⟩ oliepalm ⟨Elaeis guineensis⟩
oil pan [telb zn] oliecarter
oil·pa·per [telb + niet-telb zn] oliepapier
oil pipeline [telb zn] oliepijpleiding
oil-plant [telb zn] olieplant
oil platform [telb zn] olieboorplatform, boorplatform
oil-pow·ered [bn] met olie gestookt ♦ *oil-powered central heating* oliestook
oil-press [telb zn] oliepers
oil-presser [telb zn] → oil-crusher
oil price [telb zn; vaak mv] olieprijs
oil producer [telb zn] olieproducent
oil-pro·duc·ing [bn, attr] olieproducerend
oil production [telb + niet-telb zn] olieproductie
oil refinery [telb zn] olieraffinaderij
oil reserve [telb zn] oliereserve
oil-rich [bn] olierijk
oil rig [telb zn] booreiland
oils /ɔɪlz/ [alleen mv] olies, oliewaarden, petroleumaandelen
oil sand [telb + niet-telb zn] [1] oliezand [2] oliehoudend(e) gesteente/laag
oil·seed [telb zn] oliezaad
oil seed rape [niet-telb zn] ⟨plantk⟩ koolzaad ⟨plant, zaad; Brassica napus⟩
oil-shale [telb zn] oliehoudende leisteen
oil-share [telb zn] olieaandeel, petroleumaandeel
oil-sheik [telb zn] oliesjeik
oil-silk [niet-telb zn] oliezijde
¹**oil-skin** [telb zn] oliejas, oliejekker
²**oil-skin** [telb + niet-telb zn] geolied doek, wasdoek
oil·skins [alleen mv] oliepak
oil slick [telb zn] olievlek ⟨op water⟩
oil spill [telb zn] olieverlies ⟨van schepen⟩
¹**oil-stock** [telb zn] ⟨r-k⟩ heiligolievaatje
²**oil-stock** [niet-telb zn] oliewaarden, olies
oil·stone [telb zn] oliesteen
oil storage [niet-telb zn] olieopslag
oil·stove [telb zn] [1] oliekachel, petroleumkachel [2] oliestel
oil stratum [telb zn] aardolielaag
oil supply [telb zn] (aard)olievoorraad

oil tanker [telb zn] olietanker
oil terminal [telb zn] olieterminal, oliehaven
oil well, oil spring [telb zn] (aard)oliebron, petroleumbron, oliepunt
oil·y /ɔɪli/ [bn; vergr trap: oilier; bw: oilily; zn: oiliness] [1] olieachtig, geolied, vettig ♦ *an oily sea* een met olie bedekte zee [2] ⟨pej⟩ kruiperig, vleiend, flemend, zalvend ♦ *an oily tongue* een gladde tong
¹**oink** /ɔɪŋk/ [telb zn] knor ⟨geluid⟩
²**oink** /ɔɪŋk/ [onov ww] knorren, snorken
oint·ment /ɔɪntmənt/ [telb zn] zalf, smeersel
Oi·reach·tas /ɛrəkθəs/ [eigenn] (het) Ierse Parlement
OJ [afk] ⟨AE⟩ (orange juice)
¹**OK, o·kay** /oʊkeɪ/ [telb zn] ⟨inf⟩ goedkeuring, akkoord, fiat ♦ *give the OK* zijn toestemming geven, toestemmen
²**OK, o·kay** /oʊkeɪ/ [bn] ⟨inf⟩ oké, in orde, voldoende ♦ *it looks OK now* nu ziet het er goed uit
³**OK, o·kay** /oʊkeɪ/ [ov ww] ⟨inf⟩ haar/zijn fiat geven aan, goedkeuren, akkoord gaan met
⁴**OK, o·kay** /oʊkeɪ/ [bw] ⟨inf⟩ oké, in orde, akkoord, afgesproken, ja
⁵**OK** [afk] (Oklahoma)
o·ka·pi /oʊkɑːpi/ [telb zn; mv: ook okapi] okapi
o·key-do·key, o·key-do·ke, o·kie-do·kie /oʊkidoʊki/ [bn, pred; bw] ⟨sl⟩ okido, oké, goed, in orde, akkoord, afgesproken
O·kie /oʊki/ [telb zn] ⟨inf; beled⟩ [1] verarmde migrant ⟨oorspronkelijk uit Oklahoma⟩ [2] bewoner van Oklahoma
Okla. (verk: Oklahoma)
o·kra /oʊkrə/ [telb zn] ⟨plantk⟩ okra ⟨Hibiscus esculentus; tropische plant met eetbare peulvruchten⟩
-ol /ɒl, ˈɒl, ˈoʊl/, **-ole** /oʊl/ [vormt namen van alcoholen/koolwaterstoffen] -ol ♦ *benzol* benzol; *phenol* fenol
-olatry → **-latry**
¹**old** /oʊld/ [telb zn; in samenst] [1] persoon van bepaalde leeftijd ♦ *twelve-year-olds* twaalfjarigen [2] dier van bepaalde leeftijd ⟨voornamelijk renpaarden⟩
²**old** /oʊld/ [niet-telb zn] vroeger tijden, het verleden ♦ *heroes of old* helden uit het verleden; *of old there were dwarves* lang geleden bestonden er dwergen
³**old** /oʊld/ [bn; vergr trap: older, ook elder, overtr trap: oldest, ook eldest; zn: ~ness] [1] oud, bejaard, antiek ♦ *old age* ouderdom, oude dag, hoge leeftijd; *old bachelor* verstokte vrijgezel; ⟨België⟩ oude jonkman; *my old bones* mijn oude botten; *(not) make old bones* (niet) oud worden; ⟨vnl BE; inf⟩ *old boy/girl* vadertje, moedertje, oudje; ⟨vnl AE⟩ *old folk*, ⟨BE ook⟩ *old folks* oudjes, oude mensen; *old foundation* gebouw van voor de Reformatie; ⟨sl⟩ *the old army game* zwendel; *old gold* donker goud, bruingoud(en kleur); *(as) old as the hills* (zo) oud als de weg naar Rome/Kralingen; ⟨België⟩ oud als de straat; *old maid* oude vrijster; ⟨inf⟩ *my old man* mijn ouwe (heer), mijn pa/vader; ⟨inf⟩ *the old man* de ouwe, de baas; *old name* een gevestigde naam; *the oldest profession* het oudste beroep, prostitutie; *an old retainer* een oude trouwe dienaar; *of old standing* gevestigd; *the Old Testament* het Oude Testament; *the old* de bejaarden, de oude mensen, de ouderen; *the old year* het oude jaar; *young and old* jong en oud, iedereen; *old economy* oude economie ⟨gebaseerd op oude industrieën⟩ [2] versleten, oud, gebruikt, vervallen, afgedankt, afgeleefd, ouwelijk ♦ *old clothes* oude/versleten kleren; afdankertjes, afleggertjes [3] oud, van de leeftijd van ♦ *a 17-year-old girl* een zeventienjarig meisje [4] ervaren, bekwaam, gerijpt, bedreven, wijs, oud ♦ *an old campaigner* een veteraan; *an old hand at poaching* een doorgewinterde stroper; *be old in knavery* een doortrapte schurk zijn; *be old in diplomacy* een doorgewinterde diplomaat zijn; ⟨sl⟩ *an old lag* een bajesklant; *an old offender* een recidivist; *old soldier* oud-soldaat, veteraan ⟨ook figuurlijk⟩; *old stager* oude rot,

veteraan ⑤ verouderd, ouderwets, in onbruik geraakt ♦ ⟨inf⟩ *old buffer* ouwe sok/zak; ⟨BE⟩ *old face* druklettertype dat de 18e-eeuwse lettervorm imiteert; *you old fog(e)y* ouwe sok, ouwe paai; *the old guard* de oude garde; *the old guard/school* mensen van de oude stempel; *of the old school/style* van de oude stempel, ouderwets ▫ *that joke is as old as Adam* die mop heeft een heel lange baard; ⟨BE; inf⟩ *the old bill* de kit/smerissen/politie; *an old bird* een slimme vogel; *a chip off the old block* helemaal zijn/haar vader/moeder; *like old boots* van je welste, enorm, ontzettend; *you bet your old boots* daar kun je gif op innemen/ donder op zeggen; *he worked like old boots* hij werkte berehard/steenhard; *there's life in the old dog yet* ik ben nog heel wat mans; *Old Glory* nationale vlag van de USA; ⟨sl⟩ *old goat* ouwe zak/trut; *pay off an old grudge* een oude rekening vereffenen; *an old head on young shoulders* vroegrijp/ vroegwijs iemand; *Old Hundredth* hymne naar psalm 100; *the old leaven* het oude zuurdeeg ⟨Korinthiërs 5:6-7⟩; *old maid* lastige/bangelijke/vitterige vent/vrouw; ⟨kaartsp⟩ het zwartepieten; *old man of the sea* iemand die je niet gemakkelijk kwijtraakt, plakker; *old-man-and-woman* huislook; *old moon* laatste kwartier van de maan; *old moon in new moon's arms* (maan in) het eerste kwartier ⟨wanneer het donkere gedeelte zichtbaar is⟩; *Old Pretender* oude troonpretendent ⟨J. F. E. Stuart, zoon van Jakobus II⟩; *money for old rope* iets voor niets, gauw/gemakkelijk verdiend geld; *old salt* oud zeiler, zeerot; *come/play the old soldier (over s.o.)* de baas spelen (over iemand) ⟨op basis van grotere ervaring/vaardigheid⟩; ⟨dierk⟩ *old squaw* ijseend ⟨Glangula bryemalis⟩; ⟨vnl AE⟩ *old style* druklettertype dat de 18e-eeuwse lettervorm imiteert; *Old Style* oude stijl; juliaanse tijdrekening; ⟨inf⟩ *old sweat* veteraan, ouwe rot; ⟨inf⟩ *old woman* lastige/bangelijke/vitterige vent/vrouw; *open old wounds, open up/reopen old wounds/sores* oude wonden openrijten; ⟨sprw⟩ *a man is as old as he feels, and a woman as old as she looks* een man is net zo oud als hij zich voelt en een vrouw is zo oud als ze eruitziet; ⟨sprw⟩ *one is never too old to learn* je bent nooit te oud om te leren; ⟨sprw⟩ *better be an old man's darling than a young man's slave* beter het liefje van een oude man dan het slaafje van een jonge man; ⟨sprw⟩ *an old poacher makes the best keeper* ex-stropers zijn de beste boswachters; ⟨sprw⟩ *you cannot put old heads on young shoulders* ± grijze haren groeien op geen zotte bollen, ± het verstand komt met de jaren; ⟨sprw⟩ *old friends and old wine are best* oude vrienden en oude wijn zijn de beste; ⟨sprw⟩ *there's no fool like an old fool* hoe ouder hoe gekker; ⟨sprw⟩ *there is many a good tune played on an old fiddle* ± iemands leeftijd zegt vaak niets over wat hij nog kan presteren; ⟨sprw⟩ *you cannot teach/it's hard to teach an old dog new tricks* oude beren dansen leren is zwepen verknoeien; → elder, eldest

⁴**old** /oʊld/ [bn, attr; vergr trap: older, ook elder, overtr trap: oldest, ook eldest; zn: ~ness] ① **oud**, lang bekend ♦ ⟨AE⟩ *Old Abe* Old Abe ⟨Abraham Lincoln⟩; ⟨vnl BE; inf⟩ *old boy/girl* ouwe/beste jongen, beste meid; ⟨inf⟩ *hello old chap* hallo ouwe jongen; ⟨inf⟩ *good old John* allerbeste Jan; ⟨AE; scherts⟩ *little old wife/dog/cat* oudje; ⟨inf; scherts⟩ *you old rascal* jij ouwe schurk; *the (same) old story* het oude liedje, hetzelfde deuntje; *old stuff* oud nieuws, oude koek ② voormalig, vroeger, gewezen, ex-, oud- ♦ *Old Bulgarian* Oudbulgaars, Oudkerkslavisch; *the good old days/times* de goede oude tijd; *Old English* Oudengels, Angelsaksisch; *old Etonian* oud-leerling van Eton; *old fashions* oude gewoonte(n)/mode(s); *Old French* Oudfrans; *old London/Paris/England* Londen/Parijs/Engeland van vroeger; *Old Prussian* Oudpruisisch; *old school* oude, vroegere school; ⟨fig⟩ *pay off old scores* een oude rekening vereffenen; *for old times' sake, for old times* ter wille van de oude vriendschap ▫ ⟨inf⟩ *any old how* om het even hoe, hoe ook; *the Old Bailey* the Old Bailey ⟨naam van de straat waar de Central Criminal Court gevestigd is, in Londen⟩; ⟨vero; BE; sl⟩ *old bean/cock/egg/fruit/stick/top* ouwe/beste (jongen); *old boy/girl* oud-leerling(e) (van Engelse school); *Old Catholic* oud-katholiek; *the Old Colony* The Old Colony ⟨Massachusetts⟩; ⟨inf⟩ *the Old Contemptibles* de Old Contemptibles ⟨verwijzing naar Britse leger in Frankrijk in 1914⟩; *old country* land in de Oude Wereld; ⟨the⟩ moederland, geboorteland; ⟨AuE; sl⟩ *the Old Dart* Engeland; ⟨AE⟩ *Old Dominion* Virginia; *old faggot* vervelend mens; ⟨inf⟩ *the old gentleman*, ⟨inf⟩ *Old Harry/Nick/Scratch* Heintje Pik; ⟨inf⟩ *old hat* ouwe koek; ⟨sl⟩ *old Joe* sjanker; ⟨inf⟩ *the/my old lady* mijn ouwetje; moeder (de vrouw); mijn maîtresse/vriendin/kamergenote; ⟨BE; scherts⟩ *Old Lady of Threadneedle Street* Bank van Engeland; *old man* ⟨inf; the⟩ de ouwe ⟨ook scheepskapitein⟩; de baas ⟨ook echtgenoot⟩; mijn ouwe-heer/ouwe; vaste vriend; souteneur; suikeroompje; citroenkruid; ⟨theol⟩ de oude Adam/mens; ⟨AuE⟩ volwassen mannetjeskangoeroe; ⟨theol⟩ *put off the old man* de oude mens afleggen; *old master* (schilderij van) oude meester; *old one* ouwetje, versleten grap; ⟨inf⟩ *the old one* de Boze, de duivel; ⟨inf⟩ *in any old place* waar je maar kan denken; ⟨sl⟩ *old saw* gezegde, spreuk; *the old Serpent* de duivel ⟨naar Gen. 3⟩; ⟨BE; vulg⟩ *old sod* ouwe gabber; ⟨inf⟩ *the old sod* het vaderland; ⟨sl⟩ *Old Sol* zon; ⟨SchE⟩ *the Old/Auld Thief* de duivel; ⟨inf⟩ *old thing* ouwe rakker, ouwe/beste (jongen/ meid); ⟨inf⟩ *any old thing* wil do alles is goed/bruikbaar; ⟨inf⟩ *any old time* om het even wanneer; ⟨inf⟩ *the old woman* moeder de vrouw; *the Old World* de Oude Wereld, de oostelijke hemisfeer; ⟨AE⟩ (continentaal) Europa, de Oude Wereld; ⟨sprw⟩ *it is best to be off with the old love before you are on with the new* twee op ene tijd vrijen, ziet men zelden wel gedijen; ⟨sprw⟩ *new love drives out the old* ± een nieuw liefje is de beste medicijn voor een gebroken hart;
→ elder, eldest

old-age pension [telb zn] ouderdomspensioen, AOW
old-age pensioner [telb zn] gepensioneerde, AOW'er
old-boy network [telb zn; voornamelijk the] ⟨BE⟩ vriendjespolitiek ⟨van vroegere schoolgenoten, voornamelijk van public schools⟩, oud-leerlingennetwerk, solidariteit van oud-leerlingen
old-clothes-man [telb zn] voddenboer, lompenhandelaar
¹**old·en** /oʊldən/ [bn, attr] ⟨form⟩ voormalig, vroeger, voorbij, oud ♦ *in olden days/times* weleer, voorheen; *the olden time* vervlogen jaren
²**old·en** /oʊldən/ [onov + ov ww] ⟨form⟩ verouderen, oud(er) maken/worden
Old English sheepdog [telb zn] bobtail
old-es·tab·lished [bn] gevestigd, vanouds bestaand
olde-worlde /oʊldi wɜːldi, ᴬ-wɜrldi/ [bn, attr] ⟨BE; scherts⟩ ouderwets, antiek, verouderd
¹**old-fash·ioned** [telb zn] ⟨AE⟩ old-fashioned ⟨cocktail met whisky⟩
²**old-fash·ioned** [bn] ouderwets, verouderd, conservatief ▫ *old-fashioned look* terechtwijzende/afkeurende blik
old·fo·gey·ish, old·fo·gy·ish [bn] ouderwets, ouwepaaiachtig
old folks home [telb zn] ⟨inf⟩ bejaardentehuis
old-growth [bn] oud, oer- ♦ *old-growth forests* oerbossen
old·ie /oʊldi/ [telb zn] ⟨inf⟩ oudje, ouwe, oude grap/grammofoonplaat
old·ish /oʊldɪʃ/ [bn] ouwelijk, oudachtig, nogal oud, oud uitziend
old-line [bn, attr] ⟨AE⟩ conservatief, reactionair, gevestigd
old·ly /oʊldli/ [bn] verouderd, van vroeger
old-maid·ish [bn; bw: old-maidishly; zn: old-maidishness] ouwevrijsters-, vitterig, nuffig, bangelijk
old-man cactus [telb zn] ⟨plantk⟩ grijsaard(cactus) ⟨Cephalocereus senilis⟩

old-man's-beard [telb zn] ⟨plantk⟩ [1] clematis ⟨genus Clematis⟩ [2] bosrank, bosdruif, meelbloem ⟨Clematis vitalba⟩ [3] Spaans mos ⟨Tillandsia usneoides⟩ [4] baardmos ⟨geslacht Usnea; in het bijzonder Usnea longissima⟩
Old Pals Act [eigenn; the] ⟨BE; scherts⟩ Old Pals Act ⟨vriendensolidariteit⟩, vriendjespolitiek
old people's home [telb zn] bejaardentehuis
old-school [bn, attr] ouderwets, van de oude stempel
¹old-school tie [telb zn] schooldas ⟨van oud-leerlingen van dezelfde school⟩, ⟨fig⟩ teken van sterke behoudsgezindheid
²old-school tie [niet-telb zn] [1] oud-leerlingensolidariteit, vriendjespolitiek ⟨van oud-leerlingen van Engelse scholen⟩ [2] kliekgeest, clanmentaliteit
old·ster /ˈoʊl(d)stə, ᴬ-ər/ [telb zn] ⟨inf⟩ [1] oudje, ouder lid, oudgediende [2] ⟨marine⟩ vierdejaarsadelborst
Old Stone Age [eigenn; the] paleolithicum
old-time /ˈoʊltaɪm/ [bn, attr] oud, van vroeger, van weleer, ouderwets
old-tim·er [telb zn] ⟨vnl AE⟩ [1] oudgediende, oude rot, veteraan [2] oude bewoner [3] iets ouds/ouderwets, ⟨i.h.b.⟩ oude auto [4] oudje
old-ti·mey, old-ti·my /ˈoʊltaɪmi/ [bn] ⟨sl⟩ nostalgisch
old-wife [telb zn] ⟨dierk⟩ [1] ijseend ⟨Clangula hyemalis⟩ [2] ⟨benaming voor⟩ haringachtige vissoorten ⟨Alosa pseudoharengus, Brevoortia tyrannus⟩
old wives' tale [telb zn] [1] oudewijvenverhaal, oudewijvenpraat, bijgeloof [2] overgeleverd verhaal, oud geloof
old-wom·an·ish [bn] ouwewijven-, van/zoals een oude vrouw, bangelijk, vitterig
old-world [bn, attr] [1] ouderwets, verouderd, van vroeger ♦ *old-world atmosphere* ouderwetse/traditionele sfeer [2] ⟨vaak Old-World⟩ van de Oude Wereld
-ole, -ol /oʊl/ ⟨scheik⟩ [1] -ool ⟨vormt namen van heterocyclische verbindingen⟩ ♦ *pyrrole* pyrrool [2] -ool ⟨vormt namen van verbindingen die geen hydroxylgroep bevatten⟩ ♦ *eucalyptol* eucalyptol, cineol
ole·a·ceous /ˌoʊliˈeɪʃəs/ [bn] ⟨plantk⟩ van de familie Oleaceae
o·le·ag·i·nous /ˌoʊliˈædʒɪnəs/ [bn; bw: ~ly; zn: ~ness] [1] olieachtig, vettig, glibberig, olieproducerend [2] zalvend
o·le·an·der /ˌoʊliˈændə, ᴬ-ər/ [telb zn] ⟨plantk⟩ oleander ⟨Nerium oleander⟩
o·le·as·ter /ˌoʊliˈæstə, ᴬ-ər/ [telb zn] ⟨plantk⟩ [1] oleaster, wilde olijfboom ⟨Olea oleaster⟩ [2] olijfwilg ⟨Elaeagnus angustifolia⟩
o·le·ate /ˈoʊlieɪt/ [niet-telb zn] ⟨scheik⟩ oleaat ⟨zout van oliezuur⟩
o·lec·ra·non /oʊˈlekrənɒn, ᴬ-nɑn/ [telb zn] olecranon, ellepijpshoofd
ole·fi·ant /ˈoʊləfaɪənt/ [bn] olievormend ⟨van gas⟩
o·le·fin, o·le·fine /ˈoʊləfɪn/ [telb + niet-telb zn] ⟨scheik⟩ olefine, alkeen ⟨onverzadigde koolwaterstof⟩
o·le·ic /ˈoʊliːɪk/ [bn] ♦ *oleic acid* oliezuur
o·le·if·er·ous /ˌoʊliˈɪfrəs/ [bn] oliegevend
o·le·in, o·le·ine /ˈoʊliːɪn/ [telb + niet-telb zn] ⟨scheik⟩ oleïne, olievet
o·le·o /ˈoʊlioʊ/ [telb + niet-telb zn] ⟨AE⟩ ⟨verk: oleomargarine⟩ oleomargarine
o·le·o- /ˌoʊlioʊ/, **o·le-** /ˌoʊli/ olie-, olieachtig, met/van/voor olie ♦ *oleometer* oleometer ⟨om dichtheid en zuiverheid van olie te meten⟩
o·le·o·graph /ˈoʊlioʊɡrɑːf, ᴬ-ɡræf/ [telb zn] [1] oleografie ⟨reproductie in olieverf⟩ [2] vorm van druppel olie op water
o·le·og·ra·phy /ˌoʊliˈɒɡrəfi, ᴬ-ˈɑɡrəfi/ [niet-telb zn] oleografie ⟨procedé voor het maken van reproducties in olieverf⟩

o·le·o·mar·ga·rine, ⟨AE ook⟩ **o·le·o·mar·ga·rin** /ˌoʊlioʊmɑːˈdʒɜːriːn, ᴬ-ˈmɑrdʒrɪn/ [niet-telb zn] [1] oleomargarine ⟨grondstof voor bereiding van margarine⟩ [2] ⟨AE⟩ margarine bereid uit plantaardige oliën
o·le·o·phil·ic /ˌoʊlioʊˈfɪlɪk/ [bn] oliezuigend, olie aantrekkend
o·le·o·res·in /ˌoʊlioʊˈrezɪn/ [niet-telb zn] oliehoudend hars ⟨o.a. van pijnbomen⟩
O·les·tra /ɒˈlestrə, ᴬəˈlestrə/ [niet-telb zn] ⟨handelsmerk⟩ olestra ⟨vetvervanger⟩
o·le·um /ˈoʊlɪəm/ [telb + niet-telb zn; mv: ook olea /-lɪə/] oleum ⟨rokend zwavelzuur⟩
O level [telb zn] ⟨BE⟩ ⟨ordinary level⟩ (examenvak op) eindexamenniveau ⟨ongeveer havo; thans GCSE⟩
ol·fac·tion /ɒlˈfækʃn, ᴬ-əl-/ [niet-telb zn] ⟨med⟩ [1] het ruiken [2] olfactie, reukzin
ol·fac·tion·ics /ˌɒlfækˈʃɪnɪks, ᴬˌɑlfækˈʃɪə-/ [niet-telb zn] reukstudie
ol·fac·to·ry /ɒlˈfækt(ə)ri, ᴬ-əl-/ [bn] ⟨med⟩ olfactorisch, reuk-, van de reukzin, ⟨dienend⟩ om te ruiken ♦ *olfactory nerves* reukzenuwen
o·lib·a·num /ɒˈlɪbənəm, ᴬoʊ-/ [niet-telb zn] olibanum ⟨soort gomhars⟩
ol·i·garch /ˈɒlɪɡɑːk, ᴬˈɑlɪɡɑrk/ [telb zn] oligarch
oli·gar·chic /ˌɒlɪˈɡɑːkɪk, ᴬˌɑlɪˈɡɑrkɪk/, **oli·gar·chi·cal** /-ɪkl/ [bn; bw: ~ally] oligarchisch
¹ol·i·gar·chy /ˈɒlɪɡɑːki, ᴬˈɑlɪɡɑrki/ [telb zn] [1] oligarchie ⟨regering van enkele dictators⟩ [2] oligarchie ⟨land bestuurd door een oligarchie⟩
²ol·i·gar·chy /ˈɒlɪɡɑːki, ᴬˈɑlɪɡɑrki/ [verzameln] (leden van een) oligarchie
ol·i·go- /ˈɒlɪɡoʊ, ᴬˈɑlɪɡoʊ/ oligo-, weinig, enkele(n) ♦ ⟨scheik⟩ *oligomer* oligomeer; *oligocarpus* weinig vruchten dragend
¹Ol·i·go·cene /ˈɒlɪɡoʊsiːn, ɒlɪ-, ᴬˈɑlɪ-, ᴬɑlɪ-/ [niet-telb zn; the] ⟨geol⟩ oligoceen ⟨tijdvak van het tertiair⟩
²Ol·i·go·cene /ˈɒlɪɡoʊsiːn, ɒlɪ-, ᴬˈɑlɪ-, ᴬɑlɪ-/ [bn] ⟨geol⟩ oligoceen
ol·i·go·gene /ˈɒlɪɡoʊdʒiːn, ᴬˈɑlɪɡoʊdʒiːn/ [telb zn] oligogen ⟨gen die de belangrijkste erfelijke eigenschappen draagt⟩
ol·ig·o·nu·cle·o·tide /ˌɒlɪɡoʊˈnjuːkliətaɪd, ᴬˌɑlɪɡoʊˈnuːkliətaɪd/ [telb zn] substantie samengesteld uit een klein aantal nucleotiden
ol·i·go·phre·ni·a /ˌɒlɪɡoʊˈfriːnɪə, ᴬˌɑlɪɡoʊˈfriːnɪə/ [niet-telb zn] oligofrenie, zwakzinnigheid
ol·i·go·phren·ic /ˌɒlɪɡoʊˈfrenɪk, ᴬˌɑlɪɡoʊˈfrenɪk/ [bn] oligofreen, zwakzinnig
ol·i·gop·o·lis·tic /ˌɒlɪɡɒpəˈlɪstɪk, ᴬˌɑlɪɡɑ-/ [bn] ⟨ec⟩ oligopolide
ol·i·gop·o·ly /ˌɒlɪˈɡɒpəli, ᴬˌɑlɪˈɡɑ-/ [telb zn] ⟨ec⟩ oligopolie ⟨marktvorm met weinig aanbieders⟩
ol·i·gop·so·nis·tic /ˌɒlɪɡɒpˈsɒnɪstɪk, ᴬˌɑlɪɡɑp-/ [bn] ⟨ec⟩ oligopsonistisch
ol·i·gop·so·ny /ˌɒlɪˈɡɒpsəni, ᴬˌɑlɪˈɡɑp-/ [telb zn] oligopsonie ⟨marktvorm met weinig afnemers⟩
o·li·o /ˈoʊlioʊ/ [telb zn] [1] olla podrida ⟨hutspot van vlees, groenten en kekers⟩ [2] mengeling, mengelmoes, allegaartje, zootje, poespas [3] ⟨letterk, muz⟩ mengelwerk, potpourri [4] vaudeville ⟨gespeeld tussen de bedrijven van een andere opvoering⟩
ol·i·va·ceous /ˌɒlɪˈveɪʃəs, ᴬˌɑ-/ [bn] olijfgroen, geelgroen ♦ ⟨dierk⟩ *olivaceous warbler* vale spotvogel ⟨Hippolais pallida⟩
ol·i·var·y /ˈɒlɪvəri, ᴬˈɑlɪveri/ [bn] olijfvormig, ovaal
¹ol·ive /ˈɒlɪv, ᴬˈɑ-/ [telb zn] [1] ⟨plantk⟩ olijf(boom) ⟨Olea europaea⟩ [2] olijf [3] olijftak, olijftwijg, olijfkrans [4] ⟨dierk⟩ zeeslak ⟨genus Oliva⟩ [5] olijfschelp ⟨schelp van zeeslak⟩ [6] ⟨anat⟩ olijf
²ol·ive /ˈɒlɪv, ᴬˈɑ-/ [niet-telb zn] [1] olijfhout [2] olijfgroen,

geelgroen, olijfkleur ③ olijfbruin, geelbruin, donker bruinachtig groen ⟨huidskleur⟩
³ol·ive /ɒlɪv, ᴬɑ-/ [bn] olijfkleurig, geelachtig groen/bruin
ol·ive-backed [bn] • ⟨dierk⟩ *olive-backed thrush* dwerglijster ⟨Catharus ustulatus⟩
olive branch [telb zn] olijftak, olijftwijg, ⟨scherts; fig⟩ olijfscheut, kind ⟨naar psalm 128:3⟩ • *hold out an/the olive branch* een vredesduif loslaten, de hand reiken
olive crown [telb zn] lauwerkrans, lauwerkroon, olijfkrans
¹olive drab [telb zn] grijsbruin uniform ⟨van het Amerikaanse leger⟩
²olive drab [telb + niet-telb zn] grijsbruine stof ⟨van Amerikaanse legeruniformen⟩
³olive drab [bn] grijsbruin, olijfgrijs ⟨kleur van het Amerikaanse legeruniform⟩
olive drabs [alleen mv] grijsbruinachtig uniform ⟨van het Amerikaanse leger⟩
olive green [telb + niet-telb zn] olijfgroen, olijfkleur, geelachtig groen
olive-green [bn] olijfgroen, geelgroen, olijfkleurig
o·liv·e·nite /ɒlɪvənaɪt, ᴬoʊ-/ [niet-telb zn] ⟨scheik⟩ oliveniet
olive oil [niet-telb zn] olijfolie
ol·ives /ɒlɪvz, ᴬɑ-/ [alleen mv] ⟨cul⟩ blinde vinken
olive tree [telb zn] ⟨plantk⟩ olijfboom ⟨Olea europaea⟩
olive tree warbler [telb zn] ⟨dierk⟩ Griekse spotvogel ⟨Hippolais olivetorum⟩
¹ol·i·vine /ɒlɪviːn, ᴬɑ-/ [telb zn] chrysoliet, peridot ⟨edelsteen van olivijn⟩
²ol·i·vine /ɒlɪviːn, ᴬɑ-/ [niet-telb zn] ⟨geol⟩ olivijn, olivien ⟨mineraal⟩
o·lla po·dri·da /ɒlə pɒdriːdə, ᴬɑlə pə-/ [telb zn; mv: ook ollas podridas] ① olla podrida, hutspot ② mengelmoes, hutspot, olla podrida, allegaartje, ratjetoe, poespas
olm /oʊlm/ [telb zn] olm, grotsalamander ⟨Proteus anguinus⟩
-ol·o·gist → -logist
ol·o·gy /ɒlədʒi, ᴬɑ-/ [telb zn] ⟨inf⟩ ologie, wetenschap, theorie, doctrine
-ology → -logy
olo·ro·so /ɒlərəʊsoʊ, oʊ-/ [telb + niet-telb zn] oloroso ⟨soort sherry⟩
O·lym·pi·ad /əlɪmpiæd/ [telb zn; ook olympiad] ① olympiade ⟨periode van vier jaar tussen de Griekse Olympische Spelen⟩ ② olympiade ⟨internationale sportwedstrijd⟩
¹O·lym·pi·an /əlɪmpiən/ [telb zn] ① olympiër ⟨ook figuurlijk⟩ ② deelnemer aan de Griekse Olympische Spelen
²O·lym·pi·an /əlɪmpiən/ [bn] ① Olympisch ⟨ook figuurlijk⟩, goddelijk, superieur, verheven, majestueus, ongenaakbaar, minzaam • *Olympian calm* olympische kalmte ② olympisch, van/voor de Olympische Spelen
O·lym·pic /əlɪmpɪk/ [bn, attr] ① olympisch, m.b.t. de Olympische Spelen • *the Olympic Games* de Olympische Spelen; *the Olympic torch* de olympische fakkel ② Olympisch, van Olympia
O·lym·pics /əlɪmpɪks/ [alleen mv; the] ① Olympische Spelen ② olympiade
O·lym·pus /əlɪmpəs/ [eigenn; the] Olympus, hemel, godenverblijf
OM [afk] ⟨BE⟩ ((Member of the) Order of Merit)
O & M [afk] (organisation and methods)
-o·ma /oʊmə/ -oom ⟨vormt namen van tumors⟩ • *fibroma* fibroom; *carcinoma* carcinoom
om·a·dhaun /ɒmədɔːn, ᴬɑmədɔn/ [telb zn] ⟨IE⟩ idioot, gek
O·man /oʊmɑːn/ [eigenn] Oman
¹O·man·i /oʊmɑːni/ [telb zn; mv: ook Omani] Omaniet, Omanitische, inwoner/inwoonster van Oman

Oman	
naam	**Oman** *Oman*
officiële naam	**Sultanate of Oman** *Sultanaat Oman*
inwoner	**Omani** *Omaniet*
inwoonster	**Omani** *Omanitische*
bijv. naamw.	**Omani** *Omanitisch*
hoofdstad	**Muscat** *Maskate*
munt	**Omani rial** *Omanitische rial*
werelddeel	**Asia** *Azië*
int. toegangsnummer **968** www **.om** auto **OM**	

²O·man·i /oʊmɑːni/ [bn, attr] Omanitisch, Omaans
o·ma·sum /oʊmeɪsəm/ [telb zn; mv: omasa /-sə/] ⟨dierk⟩ boekmaag, bladmaag, boekpens
-o·mat /əmæt/ -omaat ⟨vormt namen van toestellen met betaalautomaten⟩ • *laundromat* wasserij met zelfbediening
OMB [afk] (Office of Management & Budget)
¹om·bre, om·ber, hom·bre /ɒmbrə, ᴬɑmbər/ [niet-telb zn] ⟨kaartsp⟩ omber(spel)
²ombre /ɒmbrə/ [niet-telb zn] ⟨mode⟩ kleurverloop, tiedye
³ombre /ɒmbrə/ [bn] • *ombre cardigan* vest in overlopende kleuren
om·bro- /ɒmbroʊ-/ ombro-, regen- • *ombrometer* ombrometer, regenmeter
om·buds·man /ɒmbʊdzmən, ᴬʌm-/ [telb zn; ook Ombudsman; mv: ombudsmen /-mən/] ombudsman
om·buds·man·ship /ɒmbʊdzmənʃɪp, ᴬʌm-/ [niet-telb zn] ombudsmanschap
om·buds·wom·an [telb zn] ombudsvrouw
-ome /-oʊm/ ⟨biol⟩ -oom ⟨vormt namen van groepen, groepsdelen en substanties⟩ • *trichome* trichoom ⟨haar op opperhuid van planten⟩
o·me·ga /oʊmɪgə, ᴬoʊmeɡə, ᴬ-meɪ-/ [telb zn] omega ⟨24e en laatste letter van het Griekse alfabet⟩, ⟨fig⟩ slot, besluit, afloop, afwikkeling
om·e·lette, om·e·let /ɒmlɪt, ᴬʌm-/ [telb zn] omelet • ⟨sprw⟩ *you cannot make an omelette without breaking eggs* waar gehakt wordt, vallen spaanders
¹o·men /oʊmən/ [telb zn] omen, voorteken, voorgevoel, voorspelling, teken aan de wand, aankondiging, voorbode • *be of good omen* een gunstig voorteken zijn
²o·men /oʊmən/ [ov ww] voorspellen, een voorteken zijn van, aankondigen, waarzeggen, profeteren
o·men·tal /oʊmentəl/ [bn, attr] ⟨anat⟩ van het omentum, voor/m.b.t. het omentum
o·men·tum /oʊmentəm/ [telb zn; mv: ook omenta /-mentə/] ⟨anat⟩ omentum, net, darmscheil
OMG [afk] ⟨met name sms-taal⟩ (oh my god) o mijn god, o nee hè
om·i·cron /oʊmaɪkrɒn, ᴬɒmɪkrɑn/ [telb zn] o-mikron ⟨15e letter van het Griekse alfabet⟩, Griekse o
omigod [tw] ⟨scherts⟩ o mijn god
om·i·nous /ɒmɪnəs, ᴬɑ-/ [bn; bw: ~ly; zn: ~ness] ① veelbetekenend, veelzeggend, voorspellend, omineus ② onheilspellend, dreigend • *ominous of calamity* een ramp voorspellend
o·mis·si·ble /əmɪsəbl/ [bn] weglaatbaar, verwaarloosbaar
¹o·mis·sion /əmɪʃn/ [telb zn] weglating, omissie, uitlating, verwaarlozing, verzuim, veronachtzaming
²o·mis·sion /əmɪʃn/ [niet-telb zn] het weglaten, het overslaan, het verwaarlozen, het verzuimen, het nalaten • *sins of omission and commission* zonden door doen en laten
o·mis·sive /əmɪsɪv/ [bn; bw: ~ly] nalatig, onachtzaam, verwaarlozend, verzuimend, veronachtzamend, weglatend
o·mit /əmɪt/ [ov ww] ① weglaten, uitlaten, omitteren,

ommatidium

overslaan ♦ *omit all insinuations from a speech* alle insinuaties in een toespraak achterwege laten ⓶ **verzuimen,** nalaten, verwaarlozen, veronachtzamen, over het hoofd zien
om·ma·tid·i·um /ˈɒmətɪdɪəm, ᴬmə-/ [telb zn; mv: ommatidia /-dɪə/] ⟨dierk⟩ **ommatidium** ⟨afzonderlijk element van facetoog⟩
om·ni- /ˈɒmni, ᴬˈɑmni/ **omni-,** allen-, alles-, overal, algemeen, universeel ♦ *omnific* alleppende; *omnigenious* alzijdig, van/met alle soorten/variëteiten; *omnicompetent* met alle bevoegdheden
¹**om·ni·bus** /ˈɒmnɪbəs, ᴬˈɑm-/ [telb zn] ⓵ ⟨vero⟩ **(auto)bus** ⓶ ⟨boek⟩ **omnibus(uitgave)**
²**om·ni·bus** /ˈɒmnɪbəs, ᴬˈɑm-/ [bn, attr] **omnibus-**, verzamel- ♦ ⟨elek⟩ *omnibus bar* verzamelrail; *omnibus bill* verzamel(wets)ontwerp; *omnibus book/edition/volume* omnibus(uitgave); *omnibus box* avant-scène ⟨in theater⟩; *omnibus clause* omnibusclausule; *omnibus train* boemeltrein, stoptrein
om·ni·di·rec·tion·al /ˌɒmnɪdɪˈrekʃnəl, ᴬˌɑmnɪdaɪ-/ [bn] alzijdig gericht ⟨van zender/ontvanger⟩
om·ni·fac·et·ed /ˌɒmnɪˈfæsɪtɪd, ᴬˌɑmnɪˈfæsɪtɪd/ [bn] alzijdig, allesomvattend
om·ni·far·i·ous /ˌɒmnɪˈfeərɪəs, ᴬˌɑmnɪˈfer-/ [bn; bw: ~ly; zn: ~ness] **alzijdig,** veelsoortig, veelzijdig, veelvormig
om·ni·fo·cal /ˌɒmnɪˈfoʊkl, ᴬˌɑmni-/ [bn; pred] **omnifocaal**
om·nip·o·tence /ɒmˈnɪpətəns, ᴬɑmˈnɪpətəns/ [niet-telb zn] **almacht,** alvermogen, almogendheid, omnipotentie
om·nip·o·tent /ɒmˈnɪpətənt, ᴬɑmˈnɪpətənt/ [bn; bw: ~ly] **almachtig,** al(ver)mogend, omnipotent ♦ *the Omnipotent* de Almachtige, God
om·ni·pres·ence /ˌɒmnɪˈprezns, ᴬˌɑmni-/ [niet-telb zn] **alomtegenwoordigheid,** omnipresentie
om·ni·pres·ent /ˌɒmnɪˈpreznt, ᴬˌɑmni-/ [bn; bw: ~ly] **alomtegenwoordig,** overal aanwezig
om·nis·cience /ɒmˈnɪʃns, ᴬɑm-/ [niet-telb zn] **alwetendheid**
om·nis·cient /ɒmˈnɪʃnt, ᴬɑm-/ [bn; bw: ~ly] **alwetend** ♦ *the Omniscient* de Alwetende, God
om·ni·um-gath·er·um /ˌɒmnɪəmˈɡæðərəm, ᴬˌɑm-/ [telb zn] **allegaartje,** mengelmoes, hutspot, zootje, ratjetoe
om·ni·vore /ˈɒmnɪvɔː, ᴬˈɑmnɪvɔr/ [telb zn] ⟨dierk⟩ **omnivoor,** alleseter
om·niv·o·rous /ɒmˈnɪvərəs, ᴬɑm-/ [bn; bw: ~ly; zn: ~ness] ⟨dierk; ook fig⟩ **allesetend** ♦ *an omnivorous reader* een allesverslindende lezer
om·pha·lo- /ˈɒmfəloʊ, ᴬˈɑm-/ ⟨anat⟩ **navel-** ♦ *omphalotomy* het doorsnijden van de navelstreng; *omphalocele* navelbreuk
om·pha·los /ˈɒmfələs, ᴬˈɑmfələs/ [telb zn; mv: omphali /-laɪ/] ⓵ **ronde verhevenheid** ⟨in midden van schild⟩ ⓶ **omphalos** ⟨kegelvormige steen in Delphi, beschouwd als centrum van de wereld⟩ ⓷ **centrum,** midden, middelpunt, naaf ⓸ ⟨anat⟩ **navel**
¹**on** /ɒn, ᴬɑn/ [niet-telb zn; the] **on side** ⟨deel van cricketveld links van een rechtshandige slagman⟩
²**on** /ɒn, ᴬɑn/ [bn, attr] ⟨cricket⟩ **on-,** aan de on side van de wicket
³**on** /ɒn, ᴬɑn/ [bn, pred] ⓵ **aan(gesloten),** ingeschakeld, ingedrukt, open ♦ *I think one of the taps is on* ik denk dat er een kraan open staat; *the telly is always on there* daar staat de tv altijd aan ⓶ **aan de gang,** gaande, te doen ♦ *the match is on* de wedstrijd is aan de gang; *what's on tonight?* wat is er vanavond te doen?, welke film draait er vanavond?, wat is er op tv vanavond? ⓷ **op** ⟨toneel⟩ ♦ *you're on in five minutes* je moet over vijf minuten op ⓸ **aan de beurt,** dienstdoend, ⟨i.h.b. cricket⟩ bowlend ♦ *be on* aan de beurt zijn, dienst hebben, werken; ⟨cricket⟩ bowlen ⟨van bowler⟩; ⟨sl⟩ *on* in beeld ⓹ ⟨sl⟩ **blauw,** aangeschoten, zat, in de olie ⓺ ⟨beurs⟩ **stijgend** ♦ *oil on to $16* olie stijgt tot 16

dollar ⓻ ⟨inf⟩ *be on* willen meedoen, goedvinden, goedkeuren; gokken, wedden; doorgaan; er mee door kunnen ⟨van plan⟩; acceptabel zijn; *I'm on!* oké, ik doe mee; *the wedding is on* de trouwpartij gaat door; *your plan is not on* je plan(netje) gaat niet door; je plan kon er niet mee door; *the match is on for Sunday* de wedstrijd zal zondag gespeeld worden; *you're on* daar houd ik je aan!
⁴**on** /ɒn, ᴬɑn/ [bw; vaak predicatief] ⓵ **in werking,** aan, in functie ♦ *leave the light on* het licht aan laten; *put a record on* zet een plaat op; *turn the lights on* steek het licht aan ⓶ ⟨van kledingstukken⟩ **aan,** gekleed in, bekleed met ♦ *she's got a funny hat on* ze heeft een rare hoed op; *he had a white suit on* hij droeg een wit pak; *put on your new dress* trek je nieuwe jurk aan ⓷ ⟨vordering in tijd of ruimte⟩ **verder,** later, voort, door ♦ *(talk) on and on* almaar door/zonder onderbreking (praten); *come on!* haast je wat!, schiet op!; *go on!* ga maar door, toe!; *later on* later; *the circus is moving on* het circus trekt verder; *slept on through the noise* sliep door het lawaai heen; *and so on* enzovoort, et cetera; *speak on* doorpraten, door blijven praten; *they travelled on for miles* ze reisden vele mijlen verder; *wait on* blijven wachten; *well on in years* op gevorderde leeftijd; *well on into the night* diep in de nacht; *five years on* vijf jaar na dato/later; *on!* vooruit!; *from that moment on* vanaf dat ogenblik ⓸ ⟨ook fig⟩ plaats- of richtingaanduidend **op,** tegen, aan, toe ♦ *end on* met de achterkant naar voren (gericht); *they collided head on* ze botsten frontaal, ze reden recht op elkaar in; *she looked on* ze keek toe ⓹ zie: **be on;** *it's getting on for 4 o'clock* het loopt (al) tegen vieren; zie: **have on;** *on and off* af en toe, van tijd tot tijd, (zo) nu en dan
⁵**on** /ɒn, ᴬɑn/, ⟨meer form, in sommige uitdrukkingen en in betekenis 7⟩ **up·on** /əˈpɒn, ᴬəˈpɑn/, ⟨verkorting⟩ **'pon** /pɒn, ᴬpɑn/ [vz] ⓵ ⟨ook fig⟩ plaats of richting **op,** in, aan, bovenop ♦ *on good authority* uit betrouwbare bron; *the sun revolves on its axis* de zon draait om haar as; *swear on the Bible* bij de Bijbel zweren; *live on bread and water* leven van water en brood; *ride on a bus* met de bus gaan; *stand on the chair* op de stoel staan; *the charge on parking* het tarief om te parkeren, het parkeertarief; *sleep was still on the child* het kind was slaapdronken; ⟨form⟩ *the Madonna smiled on her child* de Madonna keek glimlachend neer op haar kind; *stay on course* koers houden; *start on a new course* van koers veranderen, een nieuwe koers inslaan; *they marched on the enemy* ze marcheerden op de vijand af; *fate smiled on Jill* het lot was Jill gunstig gezind; *lean on a friend* steunen op een vriend; *hurt herself on the ledge* bezeerde zich aan de rand; *upon my life* bij mijn leven; *pay off a sum on the loan* een som op de lening afbetalen; *I had no money on me* ik had geen geld op zak; *play on the piano* (op de) piano spelen; *gain six pence on the pound* zes pence op een pond winnen; *a hit on the screen* een succes op het scherm; *a stain on her dress* een vlek op haar jurk; *a shop on the main street* een winkel in de hoofdstraat; *he had just come on the town* hij was nieuw in de stad; *encounter trial upon trial* de ene beproeving na de andere doorstaan; *hang on the wall* aan de muur hangen; *war on poverty* oorlog tegen de armoede ⓶ ⟨ook fig; nabijheid of verband⟩ **bij,** nabij, aan, verbonden aan ♦ *the dog's on the chain* de hond ligt aan de ketting; *on one condition* op een voorwaarde; *on the east* naar het oosten; *just on sixty people* amper zestig mensen; *on your right* aan de rechterkant; *a house on the river* een huis bij de rivier; *on the side of the building* opzij van het gebouw; *she works on the town* ze werkt bij de gemeente; *winter is on us* de winter staat voor de deur; ⟨vero⟩ *he was upon leaving* hij stond op het punt te vertrekken ⓷ ⟨tijd⟩ **op,** bij ♦ *on his departure* bij zijn vertrek; *arrive on the hour* op het uur aankomen; *on opening the door* bij het openen van de deur; *upon reading the letter she fainted* (net) toen ze de brief gelezen had viel ze flauw; *pay on receipt of the goods* betaal bij

ontvangst van de goederen; *come on Tuesday* kom dinsdag ④ ⟨toestand⟩ **in,** met ♦ *the patient is on antibiotics* de patiënt krijgt antibiotica; *cut on the bias* schuin gesneden; *on sale* te koop; *beer on tap* bier uit het vat; *on trial* op proef; *business is on the way down* de zaken gaan slecht ⑤ **over,** met betrekking tot, aangaande, betreffende ♦ *a satire on city life* een satire op het stadsleven; *have a monopoly on shoes* een monopolie hebben van schoenen; *take pity on the poor* medelijden hebben met de armen; *agree on a solution* tot een akkoord komen over een oplossing; *work on a sum* aan een som werken; *be at variance on the implications* van mening verschillen over de implicaties; ⟨gew⟩ *be jealous on the winner* jaloers zijn op de winnaar ⑥ **ten koste van,** op kosten van, in het nadeel van ♦ *she left on her husband and children* ze liet haar man en kinderen in de steek; *the strain told on John* John was getekend door de spanning; *the joke was on Mary* de grap was ten koste van Mary; *this round is on me* dit rondje is voor mij/op mijn kosten; *don't you do that on me* doe mij dat niet aan; *the glass fell and broke on me* tot mijn ergernis viel het glas en brak; *his work has nothing on Mary's* zijn werk haalt het niet bij dat van Mary; *she has a year on her opponents in age* ze is een jaar ouder dan haar tegenkandidaten ⑦ ⟨middel⟩ ⟨vero⟩ **door,** aan ♦ *on the hand of a woman* door toedoen van een vrouw; *he died on my sword* hij stierf door mijn zwaard ▪ zie: **be on**

-on /ɒn, ən, ˄ɑn/ [vormt zn] ⟨natuurk, scheik⟩ **-on** ♦ *photon* foton; *neutron* neutron; *interferon* interferon

ON [afk] ⟨taalk⟩ (Old Norse)

on-a·gain, off-a·gain [bn, attr] ⟨vnl AE⟩ **wisselvallig,** nu weer wel dan weer niet, geen peil op te trekken

on·a·ger /ˈɒnədʒə, ˄ˈɑnədʒər/ [telb zn] ① ⟨dierk⟩ **onager** ⟨wilde Aziatische ezel; Equus onager⟩ ② **onager** ⟨oud krijgswerktuig⟩

on-air [bn, attr] **live (uitgezonden)**

on-and-off·ish [bn] ⟨inf⟩ **op en af,** wispelturig, onbetrouwbaar

o·nan·ism /ˈoʊnənɪzm/ [niet-telb zn] ① **onanie,** masturbatie, zelfbevrediging ② ⟨Bijb⟩ **coitus interruptus**

o·nan·ist /ˈoʊnənɪst/ [telb zn] **onanist**

o·nan·is·tic /ˌoʊnəˈnɪstɪk/ [bn] **onanistisch,** m.b.t. onanie

on-ball [telb zn] ⟨bilj⟩ **aanspeelbal,** aan te spelen bal

on·board [bn, attr] **aan boord,** boord- ♦ *onboard computer* boordcomputer ▪ *I'm onboard* ik doe mee

ONC [afk] ⟨BE⟩ (Ordinary National Certificate)

¹once /wʌns/ [telb zn] **één keer/maal** ♦ *that/this once* die/deze ene keer; *he only said it the once* hij zei het maar één keer

²once /wʌns/ [bn, attr] **vroeger,** voorbij, gewezen ♦ *the once popular artist* de eens zo populaire kunstenaar; *the once trade centre of the nation* het voormalige handelscentrum van het land; *Arthur, the once and future king* Arthur, koning voor eens en altijd

³once /wʌns/ [bw] ① **eenmaal,** eens, één keer ♦ *once again/more* opnieuw, nogmaals, weer, nog eens; *(all) at once* tegelijk(ertijd), samen; *for once* ⟨ook⟩ nu eens, voor de verandering, bij uitzondering; *once and for all* voorgoed, definitief, voor eens en altijd; voor de laatste keer; *(just) for (this) once* (net) (voor) deze/die éne keer; *(for) once in a while* een enkele keer, zelden; *(every) once in a while* van tijd tot tijd, af en toe, nu en dan; *once too often* een keer te veel; *once or twice* een paar keer, zo nu en dan, af en toe, van tijd tot tijd ② **vroeger,** ooit, ooit eens ♦ *once upon a time there was a beautiful princess* er was eens een mooie prinses ▪ *at once* onmiddellijk, meteen, dadelijk; *all at once* plots(eling), eensklaps, ineens, opeens

⁴once /wʌns/ [ondersch vw] **eens (dat),** als, eenmaal, zodra ♦ *once that you insult me I'll leave you for good* als je mij eenmaal beledigt zal ik voorgoed vertrekken; *once she had noticed she distrusted them in everything* toen zij het gemerkt had wantrouwde zij hen in alles

once-and-for-all [bn, attr] **allerlaatste**

once-marked [bn, attr] ⟨muz⟩ **eengestreept**

once-o·ver [telb zn; voornamelijk enk] ⟨inf⟩ ① **kijkje,** vluchtig overzicht, haastige inspectie ♦ *give s.o. the once-over* iemand snel opnemen, iemand vluchtig bekijken ② **vluchtige afwerking** ③ **pak rammel,** pak slaag

once-o·ver-light·ly [telb zn; voornamelijk enk] ⟨inf⟩ **snelle (schoonmaak)beurt,** vluchtige afwerking

onc·er /ˈwʌnsə, ˄-ər/ [telb zn] ① ⟨inf⟩ **iemand die éénmaal iets doet,** (i.h.b.) iemand die éénmaal per week naar de kerk gaat ② ⟨BE; sl⟩ **briefje van één pond**

on·co- /ˈɒŋkoʊ, ˄ˈɑŋkoʊ/ ⟨med⟩ **onco-,** gezwel-, tumor- ♦ *oncogenic* oncogeen, gezwellen veroorzakend

on·co·gene /ˈɒŋkoʊdʒiːn, ˄ˈɑŋ-/ [telb zn] ⟨med⟩ **oncogen** (gezwellen veroorzakend gen)

on·co·ge·nic·i·ty /ˌɒŋkoʊdʒənɪsəti, ˄ˌɑŋkoʊdʒənɪsəti/ [niet-telb zn] ⟨med⟩ **oncogeniciteit**

on·col·o·gy /ɒŋˈkɒlədʒi, ˄ɑŋˈkɑ-/ [niet-telb zn] ⟨med⟩ **oncologie,** leer van de gezwellen

¹on·com·ing [telb zn] ⟨vero⟩ **nadering,** komst, tocht, aankomst, aantocht

²on·com·ing [bn, attr] ① **naderend,** aanstaand ♦ *the oncoming shift* de opkomende ploeg ⟨bij werk in ploegen⟩; *the oncoming war* de op handen zijnde oorlog ② **tegemoetkomend** ⟨ook figuurlijk⟩ ♦ *oncoming traffic* tegenliggers

on-cost /ˈɒŋkɒst, ˄ˈɑŋ-/ [telb zn] ⟨BE⟩ **algemene/vaste (on)kosten**

on dit /ɒnˈdiː, ˄ɔ̃ˈdiː/ [telb zn] **gerucht,** geroddel, praatje

¹on-drive [telb zn] ⟨cricket⟩ **slag in de on**

²on-drive [ov ww] ⟨cricket⟩ **in de on slaan** ⟨bal⟩

¹one /wʌn/ [telb zn] **één,** iets ter grootte/waarde van één ♦ ⟨spel⟩ *draw/throw a one* een één trekken/gooien; *the figure one* het cijfer één; ⟨inf⟩ *I've got four ones* ik heb vier biljetten van één; *these come only in ones* deze worden alleen in verpakkingen van één/per stuk verkocht; *by ones and twos* alleen of in groepjes van twee; ⟨fig⟩ heel geleidelijk, druppelsgewijze ▪ ⟨sl⟩ *one and only* lief(je)

²one /wʌn/, ⟨in betekenissen 1 en 2 inf ook⟩ **'un** /ən/ [onbep vnw] ① ⟨in plaats van naamwoord; meestal onvertaald⟩ **(er) een,** (er) eentje ⟨grap, verhaal, drankje, slag, snuiter enz.⟩ ♦ *you are a one* je bent me d'r eentje; *the one about the generous Scot* die mop/dat verhaal over de vrijgevige Schot; *the One above* de Heer hierboven; *the best ones* de beste(n); *I'll go him one better* ik zal hem een slag voor zijn/overtroeven; *like one dead* als een dode; *he's a one for music* hij is een muziekliefhebber; *give him one* geef hem er een van; *geef hem een optater; let's have (a quick) one* laten we er (gauw) eentje gaan drinken; *what kind of a one do you want?* welke soort wil je?; ⟨form⟩ *many a one* vele(n); *never a one* geen enkele; ⟨inf⟩ *you are a nice one* jij bent me d'r eentje, een fraaie jongen ben jij; *this one's on me* ik trakteer; *this one* deze hier; *he was once up on me* hij was me een slag voor, hij was me net de baas ② ⟨form⟩ **men** ♦ ⟨BE⟩ *one must never pride o.s. on one's achievements*, ⟨AE⟩ *one must never pride himself on his achievements* men mag nooit trots zijn/prat gaan op zijn prestaties ③ ⟨vero⟩ **iemand** ♦ *one entered and announced the king's arrival* er kwam iemand binnen en kondigde 's konings komst aan

³one /wʌn/, **'un** /ən/ [uitr vnw] **één** ♦ *one or another* de ene of de andere; *one after another* een voor een, de een na de andere; *as one* als één man; *be/feel at one with nature* zich één voelen met de natuur; *he and I are at one (with one another)* hij en ik zijn het (roerend) eens (met elkaar); *become one* één worden, samenvallen, samensmelten; *one by one* een voor een, de een na de ander; *one of the members* een van de leden; *one to one* één op/tegen één; *one to one match* één op één/puntsgewijze overeenkomst; *one or two* één of twee, een paar; *I am one with the Father* ik ben één/verenigd met de Vader; *I am one with you in your sorrow* ik voel

one

met je mee; ⟨gew⟩ *go with John or stay at home, one* ga met John mee of blijf thuis, één van de twee ▪ *one and all* iedereen, jan en alleman, alle(n) zonder uitzondering; zie: **one another**; *one with another* door elkaar genomen, samengenomen; ⟨inf⟩ *have/be one over the eight* er eentje te veel op hebben, dronken zijn; *I, for one, will refuse* ik, tenminste/bijvoorbeeld, zal weigeren; *(all) in one* (allemaal) tegelijkertijd/gecombineerd; ⟨inf⟩ *done/got it in one!* in één keer (geraden)!, de eerste keer goed!; *I was one too many for him* ik was hem te sterk/te slim af/de baas, mij kon hij niet aan; ⟨vero, inf⟩ *like one o'clock* als een dolle/gek, energiek

⁴**one** /wʌn/ [onbep det] een zeker(e), één of ander(e), ene ♦ *one day he left* op een goeie dag vertrok hij; *we'll meet again one day* we zullen elkaar ooit weer ontmoeten; *one Mr Smith called for you* een zekere Mr. Smith heeft jou gebeld

⁵**one** /wʌn/ [telw] één, enig, ⟨fig⟩ dezelfde, hetzelfde, ondeelbaar, verenigd, ⟨AE; als versterker; inf⟩ enig, hartstikke ♦ *from one chore to another* van het ene klusje naar het andere; *this is one good book* dit is een hartstikke goed/kei-goed boek; *it all went to make one cake* het werd allemaal gebruikt om één en dezelfde taart te maken; *they are all one colour* ze hebben allemaal dezelfde kleur; *that's one comfort* dat is toch één troost; *one day out of six* één op de zes dagen, om de zes dagen; *one man in a ten thousand* bijna niemand; *my one and only friend* mijn enige echte vriend; *the one and only truth* de alleenzaligmakende waarheid; *one and the same thing* één en dezelfde zaak, precies hetzelfde; *my hammer is the one thing of all others that I need now* en het is uitgerekend mijn hamer die ik nu nodig heb ▪ *for one thing* ten eerste; (al was het) alleen maar omdat; *neither one thing nor the other* vlees noch vis, het een noch het ander

-one /oʊn/ [vormt zn] ⟨scheik; geeft ketonen aan⟩ *-on* ♦ *ketone* keton; *acetone* aceton

one·act·er [telb zn] eenakter

one another [wdg vnw] elkaar, elkander, mekaar ♦ *they loved one another* ze hielden van elkaar

one-armed [bn] eenarmig ♦ ⟨inf⟩ *one-armed bandit* eenarmige bandiet (gokautomaat)

one-bag·ger [telb zn] ⟨sl; honkb⟩ honkslag

one-base hit [telb zn] ⟨honkb⟩ honkslag

one-de·sign [bn, attr] ⟨zeilsp⟩ uit de eenheidsklasse

one-dol·lar bill [telb zn] dollarbiljet

one down [telb zn] ⟨sl⟩ ① het eerste dat tot stand gebracht is ② eerste hindernis die genomen is

one-eye [telb zn] ⟨sl⟩ stommeling, achterlijke, idioot

one-eyed [bn] ① eenogig ② ⟨sl⟩ bekrompen, eng ⟨van blik⟩ ▪ ⟨sprw⟩ *in the country of the blind the one-eyed man is king* in het land der blinden is eenoog koning

one·fold /wʌnfoʊld, ᴬ-foʊld/ [bn] enkelvoudig, in enkelvoud

one-hand·ed [bn] eenhandig

one-horse [bn, attr] ① met één paard ⟨rijtuig e.d.⟩ ② ⟨inf⟩ derderangs, slecht (toegerust), pover ♦ *one-horse town* gat

o·nei·ric /oʊnaɪrɪk/ [bn] oneirisch, van een droom, hersenschimmig

o·nei·ro- /oʊnaɪroʊ/ droom-, oneiro-, van dromen ♦ *oneirology* droomstudie; *oneiromancy* oneiromantie, droomuitlegging, droomvoorspelling; *oneiro-critic* droomuitlegger, droomverklaarder

one-legged [bn] ① eenbenig, met een been ② eenzijdig, ongelijk ⟨van strijd⟩

one-lin·er [telb zn] (heel) korte grap/mop, gevatte uitspraak

one-man [bn, attr] eenmans-, eenpersoons ♦ *one-man band* eenmansformatie, straatmuzikant; *one-man show* onemanshow, solovoorstelling

¹**one·ness** /wʌnnəs/ [telb zn] ① eenheid, enkelvoudigheid ② integratie, eenheid, homogeniteit ③ harmonie, eenheid, eendracht, verbondenheid, het een-zijn ④ identiteit, eenheid, gelijkheid, onveranderlijkheid

²**one·ness** /wʌnnəs/ [niet-telb zn] het uniek-zijn, uniciteit

one-night stand [telb zn] ⟨inf⟩ ① eenmalig optreden/concert ② eendagsvlieg ⟨figuurlijk⟩, korte affaire, liefje/liefde voor een nacht

one-of-a-kind [bn] uniek, eenmalig

¹**one-off** [telb zn] ⟨BE⟩ iets eenmaligs

²**one-off** [bn, attr] ① exclusief ⟨van kleding, bediening⟩, uniek ② ⟨BE⟩ eenmalig

one-on-one [bn] ① ⟨sport⟩ één tegen één ② ⟨AE⟩ individueel ⟨bijvoorbeeld m.b.t. onderwijs⟩

one-parent family [telb zn] eenoudergezin

one-piece [bn, attr] uit één stuk, eendelig ♦ *one-piece bathing suit* badpak ⟨tegenover bikini⟩

on·er /wʌnə, ᴬ-ər/ [telb zn] ⟨BE; inf⟩ ① kraan, baas, kei, merkwaardig/uitzonderlijk iemand/iets ② opstopper, harde klap

one-room [bn, attr] eenkamer- ♦ *a one-room flat* een eenkamerwoning

on·er·ous /ɒnərəs, ᴬ-ɑ-/ [bn; bw: ~ly; zn: ~ness] ① lastig, drukkend, moeilijk ② ⟨jur⟩ onereus, bezwarend, verplichtend ♦ *onerous property* bezwaard eigendom

one-seat·er [telb zn] eenpersoonsauto

one·self /wʌnself/ [wk vnw] ① zich, zichzelf ♦ *be o.s.* zichzelf zijn; *by o.s.* in z'n eentje, alleen; *come to o.s.* bijkomen, tot zichzelf komen; zichzelf worden; *pleased with o.s.* met zichzelf ingenomen ② ⟨als nadrukwoord⟩ zelf ♦ *better than o.s. could do it* beter dan men het zelf zou kunnen doen ③ zichzelf, zijn eigen persoon(lijkheid)

¹**one-shot** [telb zn] ⟨sl⟩ eenmalige gebeurtenis

²**one-shot** [bn, attr] ⟨inf⟩ ① eenmalig ② effectief, afdoende, in één keer (raak)

one-sid·ed [bn; bw: one-sidedly; zn: one-sidedness] ① eenzijdig ② bevooroordeeld, partijdig ③ aan een kant begroeid/beplant/bebouwd ⟨enz.⟩ ♦ *one-sided street* straat met aan een kant huizen, aan een kant bebouwde straat

one-star [bn] met één ster, eensterren-, goedkoop ⟨hotel, restaurant⟩

one-step [telb zn] snelle foxtrot

one-stop shop [telb zn] grote supermarkt ⟨waar alles te koop is⟩

one-syl·la·ble [bn, attr] eenlettergrepig, monosyllabisch

one-third [niet-telb zn] een derde

one-time [bn, attr] ① voormalig, vroeger, oud- ② (voor) eenmalig (gebruik)

one-to-one, ⟨in betekenis 3 ook⟩ **one-one** [bn] ① een op een, punt voor punt ♦ *one-to-one correspondence* overeenkomst op elk punt ② individueel ⟨bijvoorbeeld m.b.t. onderwijs⟩ ③ ⟨wisk⟩ isomorf ♦ *one-to-one mapping* een-eenafbeelding

one-track [bn, attr] beperkt ⟨figuurlijk⟩, eenzijdig ♦ *have a one-track mind* bij alles aan één ding denken

one-two [bn] ⟨inf⟩ ① ⟨sport, in het bijzonder voetbal⟩ een-twee(tje) ② bliksemactie, snelle, beslissende manoeuvre, verrassingsaanval

¹**one-up** [bn, pred] ① ⟨sport⟩ een (punt) voor ② een stap voor, in het voordeel

²**one-up** [ov ww] een stap/slag voor zijn op ⟨figuurlijk⟩

one-up·man·ship [niet-telb zn] ⟨inf⟩ ± slagvaardigheid, ± kunst de ander steeds een slag voor te zijn

one-way [bn] ① in één richting, eenrichtings-, unilateraal ♦ *one-way mirror* doorkijkspiegel; *one-way street* straat met eenrichtingsverkeer, verboden in te rijden; *one-way traffic* eenrichtingsverkeer ② ⟨AE⟩ enkel ⟨van (spoor)-kaartje⟩ ♦ *one-way ticket (to)* enkele reis (naar), enkeltje (naar) ③ wegwerp-

one-wom·an [bn, attr] onewoman-, uit één vrouw bestaand ♦ *a one-woman ballet* een solo voor ballerina

on·fall [telb zn] aanval, bestorming, offensief

on·flow [telb + niet-telb zn] (voortdurende) stroom

on·glide [telb zn] beginklank, overgangsklank, aanzet tot een klank

on·go·ing [bn, attr; zn: ongoingness] [1] voortdurend, aanhoudend, gestaag, aan de gang, doorgaand, zich voortzettend ♦ *ongoing development of* verdere ontwikkeling van; *ongoing research* lopend onderzoek [2] groeiend, zich ontwikkelend

on·go·ings [alleen mv] ⟨inf; vnl pej⟩ [1] gedraging, handelswijze [2] gebeurtenissen, voorvallen, activiteiten

onhanger [telb zn] → hanger-on

¹**on·ion** /ʌnjən/ [telb + niet-telb zn] [1] ui ⟨Allium cepa⟩ [2] ⟨sl⟩ knikker, bol, kop ♦ *be off one's onion* gek zijn, niet goed snik zijn [3] ⟨sl⟩ rampzalig (uitgevoerd) plan ▪ *flaming onions* kettingvormig projectiel van afweergeschut; ⟨sl⟩ *know one's onions* zijn vak verstaan, van wanten weten

²**on·ion** /ʌnjən/ [ov ww] met een ui doen tranen, een ui gebruiken voor

onion dome [telb zn] uivormig koepeldak

on·ion-skin [telb + niet-telb zn] [1] uienschil [2] licht doorschijnend papier, cellofaan

on·ion·y /ʌnjəni/ [bn] uiachtig, met de geur/smaak van een ui

¹**on·li·cence** [telb zn] ⟨BE⟩ [1] tapvergunning [2] café, kroeg

²**on·li·cence** [bn] ⟨BE⟩ met tapvergunning

on·line [bn; bw] ⟨comp⟩ online, gekoppeld ⟨met directe communicatiemogelijkheid met centrale computer⟩, ⟨i.h.b.⟩ via het internet ♦ *online auction* onlineveiling, internetveiling; *online banking* online/elektronisch bankieren, internetbankieren; *online dating* onlinedating

on·look·er [telb zn] toeschouwer, (toe)kijker

on·look·ing [bn, attr] toekijkend, toeschouwend

¹**on·ly** /ounli/ [bn] [1] enig ♦ *an only child* een enig kind; *my one and only hope* de enige hoop die me nog rest; *his one and only friend* zijn enige echte vriend; *we were the only people wearing hats* we waren de enigen met een hoed (op); *the only thing now is to call the police* het enige wat je nu nog kunt doen, is de politie bijhalen [2] best, (meest) geschikt, juist ♦ *Pete is the only person for this job* Pete is de enige die deze klus aankan/voor deze job geschikt is; *I think boxing is the only sport* voor mij is de bokssport helemaal het einde; *holidays abroad are the only thing these days* je moet tegenwoordig wel naar het buitenland voor je vakantie; *you're not the only pebble on the beach* je bent niet alleen op de wereld, je moet ook met anderen rekening houden; er zijn ook nog anderen te krijgen

²**on·ly** /ounli/ [bw] [1] slechts, alleen (maar), maar, enkel, amper ♦ *only five minutes more* nog vijf minuten, niet meer; *if only as ... maar, ik wou dat ...; if and only if* als en alleen als; *if only to/because* al was het alleen maar om; *if only you had come earlier!* was je maar wat vroeger gekomen!; *I've only just enough money* ik heb maar net genoeg geld; *only think!* stel je voor!; *she was only too glad* ze was wat/maar al te blij; *it was only too obvious* het was overduidelijk; *we walked for two hours, only to find out the path led back to the village* we liepen twee uur, maar enkel om te ontdekken dat het pad naar het dorp terugvoerde [2] ⟨bij tijdsbepalingen⟩ pas, (maar) eerst, nog ♦ *the train has only just left* de trein is nog maar net weg; *he arrived only yesterday* hij arriveerde gisteren pas; *she told me only last week that* ze vertelde het me vorige week nog dat

³**on·ly** /ounli/ [onderschr vw; beperkend] [1] ⟨drukt tegenstelling uit⟩ maar, alleen, echter, nochtans ♦ *I like it, only I cannot afford it* ik vind het mooi, maar ik kan het niet betalen [2] ⟨voorwaardelijk⟩ maar, alleen, op voorwaarde dat, ware het niet dat, behalve dat ♦ *I would have phoned,*

only I didn't know your number ik zou gebeld hebben maar ik wist je nummer niet; *you can play outside, only don't get your clothes dirty* je mag buiten spelen, zorg er alleen voor dat je je kleren niet vuil maakt

on·ly-be·got·ten [bn] eniggeboren ♦ *the Only-Begotten Son* de eniggeboren zoon ⟨Jezus⟩

on-mes·sage [bn, pred; bw] binnen de partijlijn ♦ *be on-message* de partijlijn volgen, de mening van de partij uitdragen

ono [afk] ⟨BE; form⟩ (or near(est) offer)

on-off [bn, attr] aan-(en-)uit- ♦ *an on-off dialogue* een dialoog die afwisselend stop- en dan weer voortgezet wordt; *on-off switch* aan-(en-)uit-schakelaar

on·o·ma·si·ol·o·gy /ɒnoʊmeɪsiˈɒlədʒi, ˈɑnoʊmeɪsiɒlədʒi/ [niet-telb zn] ⟨taalk⟩ onomasiologie

on·o·mas·tic /ɒnəˈmæstɪk, ˈɑnə-/ [bn] ⟨taalk⟩ onomastisch, naamkundig

on·o·mas·tics /ɒnəˈmæstɪks, ˈɑnə-/ [niet-telb zn] ⟨taalk⟩ onomastiek, naamkunde

on·o·ma·tope /ˈɒnəmoʊp, ˈɑnə-/ [telb zn] onomatopee, klanknabootsing

¹**on·o·mat·o·poe·ia** /ɒnəmætəˈpiːə, ˈɑnəmætəpiːə/ [telb + niet-telb zn] klanknabootsing, onomatopee, onomatopoësis

²**on·o·mat·o·poe·ia** /ɒnəmætəˈpiːə, ˈɑnəmætəpiːə/ [niet-telb zn] onomatopoëtisch taalgebruik, gebruik van onomatopeeën

on·o·mat·o·poe·ic /ɒnəmætəˈpiːɪk, ˈɑnəmætəpiːɪk/, **on·o·mat·o·po·et·ic** /-poʊˈetɪk/ [bn; bw: onomatopoe(t)ically] onomatopoëtisch, klanknabootsend

on-ramp [telb zn] ⟨AE⟩ oprit ⟨van autoweg⟩

on·rush /ɒnrʌʃ, ˈɑn-/ [telb zn; voornamelijk enk] [1] toeloop, toestroming, stormloop, het voortsnellen, het komen aanstormen ♦ *the onrush of industrialization* de sterk toenemende industrialisering [2] aanval, overval, bestorming

on·rush·ing /ˈɒnrʌʃɪŋ, ˈɑn-/ [bn, attr] toelopend, toestromend, voortsnellend, aanstormend

¹**on-screen** [bn] [1] in beeld, op het scherm, televisie-, film- ♦ *an on-screen course in economics* een tv-cursus economie; *his on-screen personality* zijn publieke persoonlijkheid/karakter [2] ⟨comp⟩ scherm-, monitor-, op het scherm/de monitor

²**on-screen** [bw] [1] in beeld, op het scherm/televisie, in de film [2] ⟨comp⟩ op het scherm/de monitor

on·set /ˈɒnset, ˈɑn-/ [niet-telb zn; the] [1] aanval, (plotselinge) bestorming [2] begin, aanvang, start, aanzet ♦ *the onset of scarlet fever* het begin/de eerste symptomen van roodvonk; *at the first onset* bij het (eerste) begin

¹**on-shore** [bn, attr] [1] aanlandig, zee- ♦ *onshore breeze* zeebries; *an onshore gale* een aanlandige stormwind [2] kust-, aan/langs/op de kust gelegen, binnenlands ♦ *onshore fishing* kustvisserij; *an onshore patrol* een patrouille van de kustwacht

²**on-shore** [bw] [1] land(in)waarts, naar het land/de kust toe, langs de kust [2] aan land, aan (de)/op de wal

on-side [bn; attr + bw] ⟨sport⟩ niet offside/buitenspel ♦ *an onside player* een speler die onside staat/zich niet in buitenspelpositie bevindt

onsides kick, onside kick [telb zn] ⟨American football⟩ korte aftrap ⟨om in balbezit te blijven⟩

on-site [bn] plaatselijk, ter plekke ♦ *on-site (cara)van* stacaravan; *perform an on-site inspection* een onderzoek ter plaatse uitvoeren

on·slaught /ˈɒnslɔːt, ˈɑn-/ [telb zn] (hevige) aanval, (scherpe) uitval, aanslag ♦ *an onslaught of fever* een zware koortsaanval; *an onslaught on* een woeste aanval op; *her husband's verbal onslaughts* de woede-uitbarstingen/scheldkanonnades van haar man

on-stage [bn; bw] op het toneel, op, op de planken/büh-

on-street 1266

ne, op het podium ♦ *onstage experience* toneelpraktijk, ervaring als toneelspeler
on-street [bn, attr] straat- ♦ *on-street parking* parkeren in de straat/op straat
Ont [afk] (Ontario)
on-the-job-train·ing [telb + niet-telb zn] opleiding in de praktijk
on-the-spot [bn, attr] ter plekke/plaatse, hier en nu ♦ *on-the-spot fine* bekeuring ⟨ter plekke te voldoen⟩
on to, on·to /ˈɒntʊ, ˈɒntʊ, ˈɒntə, ˈɒntʊ, ⟨sterk⟩ ˈɒntuː, ˈɒntuː/ [vz] ① ⟨richting⟩ op ♦ *leapt on to the roof* sprong op het dak ② op het spoor van ♦ *the police are on to the murderer* de politie is de moordenaar op het spoor ③ ⟨plaats⟩ ⟨gew⟩ op, aan ♦ *she wore a ribbon on to her bonnet* ze droeg een lint aan haar kap
on·to·gen·e·sis /ɒntəˈdʒɛnɪsɪs, ˈɒntə-/, **on·tog·e·ny** /ɒnˈtɒdʒəni, ˈɒntə-/ [niet-telb zn] ⟨biol⟩ ontogenese
on·to·ge·net·ic /ɒntədʒɪˈnɛtɪk, ˈɒntədʒɪˈnɛtɪk/, **on·to·gen·ic** /-ˈdʒɛnɪk/ [bn; bw: ~ally, ontogenically] ⟨biol⟩ ontogenetisch, m.b.t. de ontogenese
on·to·log·i·cal /ɒntəˈlɒdʒɪkl, ˈɒntəˈlɒdʒɪkl/ [bn; bw: ~ly] ontologisch, m.b.t. de zijnsleer/het zijn, zijns- ♦ *the ontological argument for the existence of God* het ontologisch godsbewijs
on·tol·o·gy /ɒnˈtɒlədʒi, ˈɒntə-/ [niet-telb zn] ontologie, zijnsleer
o·nus /ˈəʊnəs/ [niet-telb zn; the] ① last, plicht, taak, verantwoordelijkheid ♦ *the onus of proof falls on/lies with her* het is aan haar om het bewijs te leveren; *the onus of proof rests with the plaintiff* de bewijslast rust op/ligt bij de eiser ② blaam, schuld ♦ *she tried to put the onus for starting the quarrel onto me* ze probeerde mij voor de ruzie te laten opdraaien; *put/shift the onus onto* de schuld geven aan, de schuld schuiven/werpen op
onus pro·ban·di /ˈəʊnəs prəʊˈbændaɪ, -diː/ [niet-telb zn; the] onus probandi, bewijslast
¹**on·ward** /ˈɒnwəd, ˈɒnwərd/ [bn, attr; zn: ~ness] voorwaarts, voortgaand ♦ *the onward course of events* het verdere verloop van de gebeurtenissen; *the onward march of technology* de technologische vooruitgang
²**on·ward** /ˈɒnwəd, ˈɒnwərd/, ⟨vnl BE ook⟩ **on·wards** /ˈɒnwədz, ˈɒnwərdz/ [bw] voorwaarts, vooruit, voort ♦ *from the 16th century onward* sedert/vanaf de 16e eeuw; *farther onward* verderop; *move onward* doorlopen, naar voren/verder gaan; *in section 58 onward* in artikel 58 en volgende
on·y·mous /ˈɒnɪməs, ˈɒnɪ-/ [bn; bw: ~ly] niet anoniem, ondertekend ⟨brief, krantenartikel enz.⟩
¹**on·yx** /ˈɒnɪks, ˈɒnɪks/ [telb + niet-telb zn; voornamelijk enkl] ⟨geol⟩ onyx, onyxsoort, onyxsteen ⟨soort kwartssteente⟩
²**on·yx** /ˈɒnɪks, ˈɒnɪks/ [niet-telb zn] onyx(marmer)
onyx marble [niet-telb zn] onyx(marmer) ⟨oosters albast⟩
oo·dles /ˈuːdlz/ [alleen mv] ⟨sl⟩ hopen, een massa, een hoop ♦ *have oodles of money* hopen geld hebben, bulken van de centen
¹**oof** /uːf/ [niet-telb zn] ⟨sl⟩ poen, spie, splint, duiten
²**oof** /uːf/ [tw] oef, oeh, bah, pf
oof·y /ˈuːfi/ [bn] ⟨sl⟩ rijk, goed bij kas, met splint
o·o·gen·e·sis /ˌəʊəˈdʒɛnɪsɪs/ [niet-telb zn] ⟨biol⟩ oögenesis, oögenese, eicelvorming
ooh /uː/ [tw] ooh
ooh la la /ˌuːlɑːˈlɑː/ [tw] ⟨scherts⟩ sjonge jonge
o·o·lite /ˈəʊəlaɪt/, **o·o·lith** /-lɪθ/ [telb + niet-telb zn] oöliet, kuitsteen, eiergesteente ⟨in het bijzonder kalksteenrots⟩
o·ol·o·gy /əʊˈɒlədʒi, ˈəʊˈɒlədʒi/ [niet-telb zn] oölogie, eierkunde, het verzamelen van vogeleieren
oo·long /ˈuːlɒŋ, ˈuːlɒŋ/ [niet-telb zn] wulungthee ⟨donkere Chinese thee⟩
oomiak [telb zn] → umiak
oom·pah /ˈuːmpɑː/ [niet-telb zn] (hoempa)gedreun, (h)oempageluid, (eentonig) gehoempapa ⟨van militaire kapel, fanfarekorps enz.⟩
oomph /ʊm(p)f/ [niet-telb zn; ook attributief] ⟨sl⟩ ① charme, aantrekkingskracht, persoonlijkheid, sexappeal, zwier(igheid) ② geestdrift, spirit, pit, animo, enthousiasme, vitaliteit
o·o·pho·rec·to·my /ˌəʊəfəˈrɛktəmi/ [telb + niet-telb zn] ⟨med⟩ ovariotomie ⟨het wegnemen van eierstok(ken)⟩
oops /ʊps/ [tw] ⟨inf⟩ oei, jee(tje), nee maar, pardon
oops-a-dai·sy [tw] ⟨inf⟩ hup(sakee), hoepla(la), hop
¹**ooze** /uːz/ [niet-telb zn] ① looistofextract, runaftreksel, runsap ② (modderig/drabbig) stroompje ③ (stuk) moddergrond, moeras, veengrond
²**ooze** /uːz/ [niet-telb zn] ① modder, slijk, drab, slib(brij), slik ② sijpeling, binnensijpeling, doorsijpeling, insijpeling, afscheiding, druppeling, het (binnen)lekken ③ aanslibbing, slikafzetting
³**ooze** /uːz/ [onov ww] ① sijpelen, binnensijpelen, doorsijpelen, insijpelen, doordringen, druipen, druppelen ♦ *ooze out of/from* sijpelen/druppelen/lekken/vloeien uit ② (uit)zweten, vocht afscheiden, lekken, ⟨i.h.b.⟩ bloed opgeven ③ ⟨sl⟩ slenteren, kuieren ▪ *his courage oozed away* de moed zonk hem in de schoenen; *ooze forward* (naar voren) dringen; *ooze on* langzaam vooruitgaan/voorbijgaan, traag opschieten, zich voortslepen; *ooze out* uitlekken ⟨van geheim⟩; ⟨sl⟩ wegsluipen; *ooze with* druipen/doortrokken zijn van; *his letter oozed with hatred* zijn brief zat vol hatelijke toespelingen
⁴**ooze** /uːz/ [ov ww] ① afscheiden, afgeven, (uit)zweten, uitwasemen, ⟨fig⟩ druipen/blaken van, doortrokken zijn van, uitstralen ♦ *a boy oozing confidence* een jongen vol zelfvertrouwen; *her voice oozed sarcasm* er klonk sarcasme in haar stem; *they ooze self-importance* de verwaandheid druipt van hen af ② laten uitlekken, doorspelen ♦ *ooze information* informatie doorspelen/laten uitlekken
ooz·y /ˈuːzi/ [bn; vergr trap: oozier] ① sijpelend, druipend, lekkend, ⟨bij uitbreiding⟩ vochtig, klam ② modderig, slijkerig, slibachtig, drassig
¹**op** /ɒp, ˈɒp/ [telb zn] ⟨BE; inf; med, mil⟩ ⟨verk: operation⟩ operatie
²**op** [afk] ① (operation) ② (operator) ③ (opposite) ④ (optical) ⑤ (opus) op. ⑥ (out of print) ⑦ (overproof)
op- → **ob-**
Op [afk] ① (operation) ② (opus) op. ③ (out of print)
OP [afk] ① (observation plane) ② (observation post) ③ (Old Pale) ④ (old prices) ⑤ (open policy) ⑥ (opposite prompt (side)) ⑦ (Order of Preachers)
¹**o·pac·i·ty** /əʊˈpæsəti/ [telb + niet-telb zn] onduidelijkheid, onbegrijpelijkheid, ondoorgrondelijkheid, duisterheid
²**o·pac·i·ty** /əʊˈpæsəti/ [telb + niet-telb zn] ① ondoorschijnendheid, opaciteit, (graad van) ondoorzichtigheid, matheid, dekvermogen ⟨van verf, kleur⟩ ② stompzinnigheid, botheid, domheid, traagheid van begrip, sufferigheid
o·pah /ˈəʊpə/ [telb zn] ⟨dierk⟩ koningsvis ⟨Lampris regius⟩
¹**o·pal** /ˈəʊpl/ [telb + niet-telb zn] ⟨geol⟩ opaal(steen) ⟨(amorfe) kwartsvariëteit⟩
²**o·pal** /ˈəʊpl/ [niet-telb zn] opaalglas, melkglas
opal blue [telb + niet-telb zn] opaalblauw, bleu de Lyon
o·pal·esce /ˌəʊpəˈlɛs/ [onov ww] opaliseren, glanzen/schitteren/iriseren (als opaal)
o·pal·es·cence /ˌəʊpəˈlɛsns/ [niet-telb zn] opalescentie, opaalglans, kleurenschittering/glinstering (als van een opaal)
o·pal·es·cent /ˌəʊpəˈlɛsnt/, **o·pal·esque** /-ˈlɛsk/, **o·pal·ine** /ˌəʊpəˈlaɪn/ [bn] ① opaalachtig, opalen, opaal- ② opaliserend, glanzend, schitterend, iriserend (als opaal)

¹**o·pal·ine** /ˈoʊpəliːn, -laɪn/, **opal glass** [niet-telb zn] opaalglas, melkglas, opalineglas

²**o·pal·ine** /ˈoʊpəliːn, -laɪn/ [bn] → opalescent

¹**o·paque** /oʊˈpeɪk/ [telb zn] ⟨benaming voor⟩ opake substantie, opake verf, dekkleur, (af)dekverf

²**o·paque** /oʊˈpeɪk/ [bn; vergr trap: soms opaquer; bw: ~ly; zn: ~ness] ① opaak, ondoorschijnend, ondoorzichtig, ondoordringbaar, ⟨i.h.b.⟩ dekkend ⟨van verf, kleur⟩ ♦ *opaque colour* dekverf; *be opaque to X-rays* geen röntgenstralen doorlaten ② mat ⟨ook figuurlijk⟩, glansloos, saai, slap, eentonig ③ onduidelijk, onbegrijpelijk, ondoorgrondelijk, moeilijk verklaarbaar, obscuur ④ stompzinnig, bot, dom, traag van begrip, weinig snugger

³**o·paque** /oʊˈpeɪk/ [ov ww] ① opaak/ondoorzichtig maken, een opake stof aanbrengen op ② ⟨foto⟩ (af)dekken ⟨deel van negatief/afdruk⟩

op art [niet-telb zn] ⟨bk⟩ (optical art) opart, kinetische kunst, bewegingskunst

op cit [afk] (opere citato) op. cit., o.c.

¹**ope** /oʊp/ [bn] ⟨form⟩ open

²**ope** /oʊp/ [onov ww] ⟨form⟩ opengaan, zich ontsluiten

³**ope** /oʊp/ [ov ww] ⟨form⟩ openen, openmaken, open doen, ontsluiten

OPEC /ˈoʊpek/ [eigenn] (Organization of Petroleum Exporting Countries) OPEC

op-ed /ˌɒpˈed, ˌɑːpˈed/ [AE; inf] (verk: opposite editorial) opinie- ♦ *op-ed page* opiniepagina ⟨met ingezonden stukken⟩

op-ed·i·to·ri·al /ˌɒpedɪˈtɔːriəl, ˌɑːp-/ [bn, attr] van/m.b.t. de opiniepagina

¹**o·pen** /ˈoʊpən/ [telb zn] ① opening, ⟨i.h.b.⟩ open plek, laar ② open kampioenschap, wedstrijd/toernooi voor profs en amateurs ③ breuk, onderbreking, defect ⟨in elektrische leiding⟩

²**o·pen** /ˈoʊpən/ [niet-telb zn; the] ⟨benaming voor⟩ (de) open ruimte, buitenlucht, vlakte, openlucht/open veld/ open zee, openbaarheid ♦ *be in the open* ⟨algemeen⟩ bekend/(voor iedereen) duidelijk zijn, voor de hand liggen, openbaar/publiek (gemaakt) zijn; *bring into the open* aan het licht brengen, bekend/openbaar/publiek maken, in de openbaarheid brengen; onthullen, verduidelijken, openleggen; *come (out) into the open* zich nader verklaren, openhartig zijn/spreken, open kaart spelen ⟨van iemand⟩ aan het licht komen, (publiek) bekend raken/worden, (voor iedereen) duidelijk worden ⟨van iets⟩; *why don't you come into the open and say exactly what's on your mind?* kom, vertel nu eens eerlijk wat je precies dwars zit; *in the open* buiten⟨shuis⟩, in de openlucht/buitenlucht; in het open/ vrije veld, op het land; in volle zee

³**o·pen** /ˈoʊpən/ [bn; vergr trap: opener; zn: ~ness] ① ⟨benaming voor⟩ open, geopend, met openingen, onbedekt, niet gesloten, niet afgesloten, niet ingesloten, vrij ♦ ⟨BE⟩ *open access* openkastsysteem ⟨in bibliotheek⟩; *open boat* open boot ⟨zonder dek⟩; *open book* open(geslagen) boek; ⟨taalk⟩ *open compound* niet-aaneengeschreven samenstelling; *the open country* het open landschap; ⟨muz⟩ *open diapason* geopend register; ⟨fig⟩ *keep an eye open (for)* oppletten (op), in de gaten houden; *keep one's eyes open* goed opletten, uitkijken, in de gaten houden; ⟨fig⟩ *with one's eyes open* bij zijn/haar volle verstand; ⟨fig⟩ *you bought that old car with your eyes open* je wist wat je deed toen je die oude auto kocht; *open harbour* ijsvrije haven; ⟨muz⟩ *open horn* ongedempte hoorn ⟨zonder geluiddemper⟩; *in the open air* buiten⟨shuis⟩, in de openlucht; ⟨sport, i.h.b. voetb⟩ *open net* open/leeg doel; *open passage* vrije doorgang; ⟨BE⟩ *open prison* open gevangenis; ⟨BE⟩ *open sandwich* canapé, belegde boterham; ⟨AE⟩ *open shelf* openkastsysteem; ⟨AuE; inf, fig⟩ *open slather* vrije teugel, het onbeperkt handelen; ⟨BE⟩ *open station* open station ⟨zonder kaartjescontrole bij in- of uitgang⟩; *open to* open/geopend/toegankelijk voor;

⟨taalk⟩ *open vowel* open klinker; *open weave* los weefsel; *open winter* open/zachte winter; *doors open at 7.00 p.m.* zaal geopend om 19.00 uur ② ⟨benaming voor⟩ open(staand), beschikbaar, onbeschut, blootgesteld, vacant, onbeslist, onbepaald ♦ *there are four courses open to us* we kunnen vier dingen doen; ⟨BE; fin⟩ *open cheque* ongekruiste cheque; ⟨mil⟩ *open city* open stad; *it is open to you to* het staat je vrij te; *lay open* openleggen, openhalen ⟨bijvoorbeeld hand⟩; ⟨fig⟩ bloetleggen, uiteenzetten; *lay o.s. (wide) open to* zich (helemaal) blootstellen aan; *leave/keep one's options open* zich nergens op vastleggen, ± zich op de vlakte houden; *an open question* een open vraag; *open return ticket* retourkaartje geldig voor onbepaalde duur; *throw open* opengooien, openstellen ⟨bijvoorbeeld voor publiek⟩; ⟨jur⟩ *open verdict* juryuitspraak m.b.t. een overlijden waarbij geen melding wordt gemaakt van de juiste doodsoorzaak ③ openbaar, ⟨algemeen⟩ bekend, duidelijk, openlijk, onverholen ♦ *open contempt* onverholen minachting; *fight s.o. openly* iemand met open vizier bestrijden; *open hostilities* openlijke vijandigheden; *an open letter* een open brief; *be an open member of* openlijk lid zijn van; *an open secret* een publiek geheim ④ open(hartig), oprecht, rondborstig, mededeelzaam ♦ *admit openly* rondborstig/eerlijk uitkomen voor; *with open heart* met een open hart, openhartig, ronduit; *be open with* openhartig spreken/zijn met, open kaart spelen met ⑤ open(baar), voor iedereen vrij toegankelijk, publiek, vrij, zonder beperkingen ♦ ⟨AE⟩ *open bar* gratis drinken/consumpties; *open champion* winnaar van een open kampioenschap; *open championship* open kampioenschap; ⟨jur⟩ *open court* terechtzitting met open deuren; *open day* open dag/huis; ⟨België⟩ opendeur(dag); ⟨handel⟩ *(policy of) the open door* opendeurpolitiek, vrijhandel; *open examination* openbaar examen; ⟨AE⟩ *open house* open dag/huis; ⟨België⟩ opendeur(dag); ⟨handel⟩ *open market* open/vrije markt; ⟨AE⟩ *open meeting* openbare vergadering; ⟨AE⟩ *open mike* open podium; ⟨AE; pol⟩ *open primary* open voorverkiezing ⟨waarin iedereen mag stemmen⟩; *open scholarship* beurs verkrijgbaar voor iedereen ⟨zonder toelatingsvoorwaarden⟩; *open shop* atelier/bedrijf/werkplaats waar zowel leden als niet-leden van een vakvereniging mogen werken; ⟨comp⟩ *open system* open systeem; ⟨BE⟩ *the Open University* de Open Universiteit ⟨met vrije inschrijving, veel studierichtingen, en onderwijs vooral via radio, tv en correspondentie⟩ ⑥ ⟨AE; American football⟩ ongedekt, vrijstaand ⟨van speler⟩ ⑦ *with open arms* met open armen, hartelijk; *be open to an offer* bereid zijn een aanbod in overweging te nemen; *force an open door* ± een open deur intrappen; *with open ears* met open/gespitste oren, met rode oortjes, aandachtig; *open education* vrij/niet-traditioneel/antroposofisch onderwijs; *with open eyes* aandachtig, scherp toekijkend; met grote ogen, verbaasd; *have an open field* het veld voor zich alleen hebben, vrij spel hebben; *with open hands/an open hand* gul, royaal; *open heart* vriendelijkheid, gulheid; *open house* open huis, ⟨België⟩ open deur, openhuisfeest, ⟨België⟩ opendeurdag; ⟨AE⟩ kijkwoning; *keep open house* erg gastvrij zijn, open huis houden; *open marriage* vrij/open huwelijk; *have/keep an open mind on* openstaan voor, onbevooroordeeld staan tegenover, een open oor hebben voor; *with open mouth* met open mond, aandachtig, sprakeloos van verbazing; zonder een blad voor de mond te nemen; ⟨muz⟩ *open note* grondtoon ⟨van instrument⟩; halve/hele noot ⟨in notenschrift⟩; *lay o.s. open to ridicule* zich belachelijk maken, voor schut staan; ⟨muz⟩ *open score* enkelvoudige partituur ⟨met één partij per balk⟩; *be open to* openliggen voor; ⟨fig⟩ beschikbaar zijn voor; openstaan voor, oog/een open oor hebben voor, vatbaar zijn voor; blootgesteld zijn aan, aanleiding geven tot; *open to doubt* betwijfelbaar; *that question is open to debate* dat staat nog ter discussie, daarover kan men van mening verschillen; *it is*

open

open to abuse by fare dodgers zwartrijders kunnen er misbruik van maken; ⟨AE⟩ *open town* gokstad ⟨bijvoorbeeld Las Vegas⟩; ⟨sprw⟩ *open confession is good for the soul* ± je moet van je hart geen moordkuil maken; ⟨sprw⟩ *a door must be either open or shut* een deur moet open of dicht zijn

⁴**o·pen** /ˈoʊpən/ [onov ww] **1** opengaan, (zich) openen, geopend worden ♦ *the back door opens into a blind alley* de achterdeur komt uit op/in een blinde steeg; *open onto the garden* uitkomen op de tuin; *the gate opens outwards* het hek gaat naar buiten open; *the shop does not open on Mondays* de zaak/winkel is 's maandags niet open **2** zichtbaar worden, in het gezicht komen, zich vertonen/ontrollen, ⟨fig⟩ zich openbaren ♦ *a lovely vista opened (out) before our eyes/us* een prachtig vergezicht ontrolde zich voor onze ogen **3** openen, beginnen, starten, een aanvang nemen, van wal steken ⟨van spreker⟩ ♦ ⟨muz⟩ *open for* in het voorprogramma staan/spelen bij; *the opera season opened with Peter Grimes by Britten* het operaseizoen begon/werd geopend met Peter Grimes van Britten **4** tot inzicht komen, ontvankelijk/vatbaar worden, zijn gemoed openstellen **5** openlijk/vrijuit spreken, voor zijn mening uitkomen, zijn plannen toelichten, zijn hart openleggen **6** opendoen, de deur openen **7** een boek openslaan ♦ *I opened at page 58* ik deed/sloeg het boek open op bladzijde 58 **8** aanslaan ⟨van jachthond⟩ **·** zie: **open out;** zie: **open up;** ⟨sprw⟩ *when one door shuts another opens* ± er komt altijd weer een nieuwe kans, ± wat in het vat zit verzuurt niet; → **opening**

⁵**o·pen** /ˈoʊpən/ [ov ww] **1** ⟨benaming voor⟩ openen, opendoen, openmaken, ontsluiten, losmaken, openleggen, openstellen, openzetten, openvouwen, toegankelijk/vrij maken, opereren ♦ *open the paper at the sports page* de krant op de sportpagina openvouwen/openleggen; *open a bottle* een fles ontkurken/aanbreken; *open a can* een blik opendraaien; *a cathartic to open the bowels* een purgatief om de stoelgang te bevorderen; *open a credit* een krediet openen; *open ground* de grond omploegen/losploegen; *open a passage* een doorgang vrij maken; ⟨mil⟩ *open ranks* de gelederen openen, in open gelid gaan staan; *open a new road through the jungle* een nieuwe weg aanleggen door de rimboe; *open the door to s.o.* voor iemand opendoen; *open a well* een bron aanboren; ⟨comp⟩ *open a file* een bestand openen **2** openen, voor geopend verklaren, inleiden, beginnen, starten, in exploitatie brengen ♦ *open fire at/on* het vuur openen, onder vuur nemen; *open the bidding* als eerste bieden ⟨op veiling, bij kaartspel⟩; *open the card game* bij het kaarten als eerste bieden/inzetten, uitkomen **3** openleggen, blootleggen, verduidelijken, toelichten, meedelen ♦ *open one's heart/mind to s.o.* zijn hart voor iemand openleggen, bij iemand zijn hart uitstorten/luchten **4** openstellen, ontvankelijk/vatbaar maken, verruimen ♦ *open one's heart to* zijn gemoed openstellen voor, zich laten vermurwen door **5** ⟨scheepv⟩ in het gezicht komen (te liggen) van ⟨door koerswijziging⟩, in het gezicht krijgen **6** ⟨sl⟩ beroven **·** zie: **open out;** zie: **open up;** ⟨sprw⟩ *a golden key opens every door* een zilveren hamer verbreekt ijzeren deuren, geld vermag alles; → **opening**

o·pen-air [bn, attr] openlucht-, buiten-, in de openlucht ♦ *open-air concert* buitenconcert; *open-air meeting* openluchtbijeenkomst; *open-air school* openluchtschool, buitenschool

o·pen-and-shut [bn] (dood)eenvoudig, (over)duidelijk, makkelijk in en handomdraai op te lossen/te regelen ♦ *an open-and-shut case* een uitgemaakte zaak

o·pen-bor·der trade [telb zn] vrijhandel

o·pen·cast, ⟨AE ook⟩ **o·pen-cut** [bn] bovengronds, in de openlucht, in dagbouw ♦ *opencast coalmine* open steenkolengroeve; *opencast mining* (ontginning/exploitatie in) dagbouw

o·pen-date [telb zn; vaak attributief] versheidsdatum,

uiterste gebruiksdatum, uiterste verkoopdatum

o·pen-door [bn, attr] ⟨handel⟩ opendeur-, open ♦ *open-door policy* opendeurpolitiek, vrijhandelstelsel

o·pen-eared [bn] **1** aandachtig (luisterend/volgend), met open/gespitste oren **2** tot luisteren bereid, met een open oor, begrijpend

o·pen-end [bn, attr] ⟨AE⟩ **1** ⟨fin⟩ zonder vast kapitaal ♦ *open-end investment company* beleggingsfonds ⟨zonder gefixeerd aantal participatiebewijzen⟩ **2** → **open-ended**

o·pen-end·ed, ⟨AE ook⟩ **o·pen-end** [bn] **1** open, met een open einde, niet afgesloten/beëindigd/vastomlijnd, (geldig) voor onbepaalde duur ♦ *open-ended discussion* vrije/open discussie; *open-ended proposal* ruw voorstel **2** open aan de uiteinden/het uiteinde ♦ *open-ended spanner* steeksleutel, gaffelsleutel

o·pen·er /ˈoʊpənə, ˈ-ər/ [telb zn] **1** ⟨benaming voor⟩ iemand die/iets dat opent, opener, blikopener, flesopener, opener, duivel, wolf, openingsnummer, openingsronde, eerste manche/partij/spel/ronde ⟨enz.⟩, inzetter, speler die als eerste inzet ♦ *a standard opener* een klassiek begin **2** ⟨sl⟩ berover, overvaller

o·pen-eyed [bn] **1** aandachtig, nauwlettend, waakzaam, met de ogen wijd open **2** verbaasd, verrast, met grote ogen (van verbazing) **3** met open ogen, welingelicht, volledig op de hoogte

o·pen-faced [bn] **1** betrouwbaar, eerlijk (van gezicht), openhartig, met een open gelaat, bonafide **2** (aan één kant) open/onbedekt, zonder bovenkant/voorkant/deksel ♦ ⟨BE⟩ *open-faced sandwich* canapé, belegde boterham; *an ordinary open-faced watch* een gewoon (pols)horloge ⟨met dubbele wijzerplaat, i.t.t. savonethorloge⟩

o·pen-field [bn, attr] ⟨gesch, landb⟩ m.b.t. het engstelsel ⟨middeleeuws landbouwstelsel⟩

o·pen-hand·ed [bn; bw: openhandedly; zn: openhandedness] **1** met zijn hand open/geopend **2** gul(hartig), royaal, genereus, vrijgevig

o·pen-heart [bn, attr] openhart- ♦ *open-heart surgery* openhartchirurgie

o·pen-heart·ed [bn; bw: open-heartedly; zn: openheartedness] **1** openhartig, eerlijk, oprecht, rondborstig **2** hartelijk, edelmoedig, ontvankelijk, open, met een open hart

o·pen-hearth [bn, attr] sm-, martin-, m.b.t. de siemensmartinmethode van staalbereiding ♦ *open-hearth furnace* sm-oven, siemens-martinoven; *open-hearth process* siemens-martinprocedé; *open-hearth steel* sm-staal, martinstaal

¹**o·pen·ing** /ˈoʊpənɪŋ/ [telb zn; (oorspronkelijk) gerund van open] **1** opening, begin, beginfase, beginperiode, beginstadium, inleiding, ⟨schaaksp, damsp⟩ opening(szet), beginspel **2** opening, kans, (gunstige) gelegenheid, geschikt ogenblik, ⟨sport⟩ scoringskans, doelkans ♦ *new openings for trade* nieuwe afzetgebieden/afzetmogelijkheden **3** vacature, vacante plaats, openstaande betrekking

²**o·pen·ing** /ˈoʊpənɪŋ/ [telb + niet-telb zn; (oorspronkelijk) gerund van open] **1** ⟨benaming voor⟩ opening, het openen/opendoen/openstellen/opengaan/geopend worden, bres, doorgang, gat, spleet, uitweg ♦ *hours of opening are Tuesdays 1 to 5* openingsuren/geopend/open op dinsdag van 1 tot 5 **2** ⟨sl⟩ beroving

³**o·pen·ing** /ˈoʊpənɪŋ/ [bn, attr; tegenwoordig deelw van open] openings-, inleidend ♦ *a few opening remarks* enkele opmerkingen vooraf; ⟨bilj⟩ *opening shot* acquitstoot

opening ceremony [telb zn] openingsplechtigheid

opening hours [alleen mv] openingstijden

o·pen·ing night [telb zn] première

opening price [telb zn] ⟨fin⟩ openingskoers

opening time [telb + niet-telb zn] openingstijd, (i.h.b.) tijdstip waarop de pubs opengaan

o·pen-jaw [bn] openjaw- ⟨voor een reis waarbij de luchthaven van aankomst niet de luchthaven van vertrek is) ♦ *open-jaw fare/ticket* openjawtarief/-ticket

o·pen·ly /ˈoʊpənli/ [bw] **open**, openhartig, openlijk, vrijuit ♦ *you can speak openly* u kunt vrijuit spreken

o·pen-mind·ed [bn; bw: open-mindedly; zn: open-mindedness] **onbevooroordeeld**, voor rede vatbaar, ruimdenkend

¹**o·pen-mouthed** /ˌoʊpənˈmaʊðd/ [bn] [1] **met de mond wijd open(gesperd)**, gulzig, happig [2] **verrast**, sprakeloos van verbazing, verstomd [3] **luidruchtig**, schreeuwerig, een grote mond opzettend

²**o·pen-mouthed** /ˌoʊpənˈmaʊðd/, ⟨AE ook⟩ **o·pen-mouthed·ly** /ˌoʊpənˈmaʊðdli/ [bw] [1] **met de mond wijd open(gesperd)**, gulzig [2] **verrast**, sprakeloos van verbazing, met open mond [3] **luidkeels**, met klem

¹**open out** [onov ww] [1] **verbreden**, breder worden, zich uitbreiden/uitstrekken ♦ *open out into* uitmonden in ⟨van rivier⟩; *open out to* zich uitstrekken naar [2] **opengaan**, (naar buiten) openslaan, (zich) ontrollen, zich ontplooien, openbloeien, ⟨fig⟩ loskomen, zijn hart luchten, vrijuit (gaan) spreken ♦ *both sides open out* beide zijden gaan naar buiten open/kunnen worden opengeslagen [3] **versnellen**, gas (op de plank) geven, de remmen losgooien [4] ⟨mil⟩ **de gelederen openen**, deployeren

²**open out** [ov ww] **openvouwen**, openleggen, uitslaan, blootleggen

open-pit, open-pit mine [telb zn] **dagbouwmijn**, open groeve, bovengrondse mijn

o·pen-plan [bn, attr] ⟨bouwk⟩ **met weinig tussenmuren** ♦ *an open-plan office* een kantoortuin

open season [telb zn] ⟨jacht⟩ [1] **open seizoen**, ⟨i.h.b.⟩ open jachttijd/seizoen, hengelseizoen, (open) vistijd ♦ *it's open season for/on game* de jacht is geopend op wild; ⟨fig⟩ *it's open season on s.o.* de jacht is geopend op iemand

open sesame [telb zn; ook Open sesame] **(middel zoals) 'sesam open u!'** ⟨onfeilbaar middel tot toegang/succes⟩ ♦ *be an open sesame to* toegang verschaffen/onmiddellijk leiden tot, een magisch passe-partout zijn voor

open-source [bn] ⟨comp⟩ **opensource-** ♦ *open-source software* opensourcesoftware

¹**open up** [onov ww] [1] **opengaan**, zich openen, zich ontplooien, openbloeien, ⟨fig⟩ loskomen, zijn hart luchten, vrijuit (gaan) spreken, ⟨pej⟩ opspelen ♦ *open up about* openhartig (gaan) spreken over; *in the second half the game opened up* in de tweede helft werd er aantrekkelijker gespeeld; *more and more jobs are opening up for women* er komen steeds meer banen vrij voor vrouwen [2] ⟨vnl gebiedende wijs⟩ **(de deur) opendoen** ♦ *open up in the name of the law* in naam der wet, doe open [3] ⟨mil⟩ **het vuur openen**, beginnen te schieten ♦ *open up on* het vuur openen op [4] ⟨inf⟩ **versnellen**, sneller gaan rijden, gas geven [5] **aanslaan** ⟨van jachthond⟩ [6] ⟨sport⟩ **levendiger/spannender/aantrekkelijker worden**

²**open up** [ov ww] **openen**, openmaken, toegankelijk/vrij maken, openstellen, ⟨i.h.b.⟩ opensnijden ♦ *open up a breach* (zich) een bres slaan; *open up new oil fields* nieuwe olievelden in exploitatie brengen/nemen; *open up a room* een kamer weer in gebruik nemen; *open up a new area to trade* een nieuw afzetgebied openen [2] **zichtbaar maken** ⟨ook figuurlijk⟩, blootleggen, onthullen, aan het licht brengen, ⟨sl⟩ verraden, verlinken [3] **openen**, beginnen ♦ *open up negotiations* onderhandelingen beginnen [4] ⟨sport⟩ **meer leven/spanning brengen in** ⟨spel, wedstrijd⟩

o·pen·work [niet-telb zn] ⟨benaming voor⟩ **open(gewerkte) constructie**, vakwerk, ajourwerk ♦ *wrought-iron openwork* open smeedwerk

openwork lace [niet-telb zn] **opengewerkt kant**

openwork stocking [telb zn] **ajourkous**, opengewerkte kous, netkous

¹**op·er·a** /ˈɒprə, ˈɑprə/ [telb + niet-telb zn] **opera**, opera-uitvoering, operagebouw, operagezelschap, operamuziek ♦ *opera buffa* opera buffa, opéra bouffe; *comic opera* opéra comique, komische opera; *grand opera* grand opéra, grote opera; *opera seria* opera seria, ernstige opera

²**o·pe·ra** /ˈɒprə, ˈɑprə/ [alleen mv] → **opus**

op·er·a·bil·i·ty /ˌɒprəˈbɪləti, ˌɑprəˈbɪləti/ [niet-telb zn] ⟨med⟩ **operabiliteit**, opereerbaarheid

op·er·a·ble /ˈɒprəbl, ˈɑprəbl/ [bn; bw: operably] [1] **operationeel**, bruikbaar, hanteerbaar, functionerend [2] **uitvoerbaar**, realiseerbaar, haalbaar, doenlijk [3] ⟨med⟩ **operabel**, opereerbaar, te opereren

opera cloak, opera hood [telb zn] **sortie**, avondmantel, capuchon, cape

opera glass [telb zn] **toneelkijker**

opera glasses [alleen mv] **toneelkijker**

opera hat [telb zn] **klak(hoed)**, klap(cilinder)hoed, gibus

opera house [telb zn] **opera(gebouw)**

op·er·and /ˈɒpərænd, ˈɑpərænd/ [telb zn] ⟨wisk⟩ **operand**

¹**op·er·ate** /ˈɒpəreɪt, ˈɑ-/ [onov ww] [1] ⟨benaming voor⟩ **in werking/werkzaam zijn**, werken, functioneren, lopen ⟨ook van trein⟩, draaien ⟨van motor⟩, te werk gaan ♦ *our company also operates abroad* ons bedrijf is ook werkzaam/doet ook zaken in het buitenland; *the gang usually operated at night* de bende ging gewoonlijk 's nachts op pad; *the tractor operates on diesel oil* de tractor rijdt op dieselolie [2] **(de juiste) uitwerking hebben**, werken, (het gewenste) resultaat geven, invloed uitoefenen, van kracht zijn, gelden ⟨van tarief, verdrag, wet⟩ ♦ *operate against* tegenwerken, in het nadeel spelen van; *his behaviour operated to cause a lot of trouble* zijn gedrag veroorzaakte flink wat narigheid; *the new cutbacks will not operate till next month* de nieuwe bezuinigingsmaatregelen treden pas volgende maand in werking; *operate to s.o.'s advantage* in iemands voordeel/kaart spelen, gunstig uitvallen voor iemand; *operate (up)on* (in)werken op, (proberen te) beïnvloeden, effect hebben op [3] ⟨benaming voor⟩ **te werk gaan**, opereren, een operatie doen, ingrijpen, operatief ingrijpen, militaire acties ondernemen/bewegingen uitvoeren, beursoperaties verrichten, beurstransacties tot stand brengen, speculeren ♦ *operate on crude ore* ruw erts bewerken; *operate on s.o. for appendicitis* iemand opereren aan de blindedarm [•] *operate (up)on s.o.'s credulity* (handig) gebruik/misbruik maken van, inspelen op iemands lichtgelovigheid;
→ **operating**

²**op·er·ate** /ˈɒpəreɪt, ˈɑ-/ [ov ww] [1] **bewerken**, veroorzaken, teweegbrengen, tot stand brengen, leiden tot [2] **bedienen** ⟨machine, toestel⟩, besturen ⟨ook auto, schip⟩, laten werken, in werking/beweging brengen, (aan)drijven ♦ *be operated by* werken op, (aan)gedreven worden door ⟨stoom, elektriciteit⟩ [3] **beheren**, besturen, leiden, runnen ♦ *operate a coalmine* een steenkolenmijn exploiteren; *operate a grocery store* een kruidenierswinkel houden [4] ⟨vnl AE; med⟩ **opereren**, een operatie verrichten op;
→ **operating**

op·er·at·ic /ˌɒpəˈrætɪk, ˌɑpəˈrætɪk/ [bn; bw: ~ally] **opera-achtig**, opera-, ⟨fig⟩ theatraal, melodramatisch, bombastisch ♦ *operatic aria* opera-aria; *an operatic character* een operettefiguur/schertsfiguur

op·er·at·ics /ˌɒpəˈrætɪks, ˌɑpəˈrætɪks/ [alleen mv; werkwoord ook enk] **theatraal/pathetisch gedoe**, kouwe drukte, bombarie

¹**op·er·at·ing** /ˈɒpəreɪtɪŋ, ˈɑpəreɪtɪŋ/ [bn; tegenwoordig deelw van operate] **werkzaam,** (goed) werkend/functionerend/lopend

²**op·er·at·ing** /ˈɒpəreɪtɪŋ, ˈɑpəreɪtɪŋ/ [bn, attr; tegenwoordig deelw van operate] **werk(ings)-**, bedrijfs-, m.b.t. de werking ⟨van machine, bedrijf⟩ ♦ *operating box* cabine ⟨van bioscoop⟩; *operating efficiency* bedrijfsefficiëntie, bedrijfs-

operating room

rendement ⟨van motor⟩; *operating expenses* bedrijfskosten; *the operating safety of a sparking plug* de bedrijfszekerheid van een bougie; *operating voltage* werkspanning, bedrijfsspanning

operating room [telb zn] operatiekamer, operatiezaal
operating system [telb zn] ⟨comp⟩ besturingssysteem
operating table [telb zn] operatietafel
operating theatre [telb zn] operatiezaal, operatiekamer ⟨oorspronkelijk praktijklokaal voor studenten⟩

¹op·er·a·tion /ɒpəreɪʃn, ᴬɑ-/ [telb zn] [1] ⟨benaming voor⟩ operatie, activiteit, handeling, verrichting, campagne, chirurgische ingreep, manoeuvre, militaire actie, troepenbeweging, beursoperatie, transactie, beurstransactie, handelstransactie, ⟨wiskundige⟩ bewerking ⟨bijvoorbeeld vermenigvuldiging⟩ ♦ *begin operations* de werkzaamheden aanvangen; *operation of breathing* ademhaling, ademhalingsbeweging, ademhalingsfunctie; *Caesarian operation* keizersnede; *perform an operation on s.o. for appendicitis* iemand opereren aan de blindedarm; *Operation Overlord* Operatie Overlord ⟨codenaam van militaire campagne⟩ [2] onderneming, bedrijf, zaak

²op·er·a·tion /ɒpəreɪʃn, ᴬɑ-/ [niet-telb zn] [1] (uit)werking, het werken/functioneren ♦ *be in operation* in werking/van kracht zijn, gelden; *bring/put sth. into operation* iets in werking brengen/zetten; *come into operation* in werking treden, ingaan ⟨van wet⟩; *ready for operation* bedrijfsklaar, gebruiksklaar, operationeel [2] bediening, besturing, het (aan)drijven/regelen [3] beheer, leiding, exploitatie, het runnen

¹op·er·a·tion·al /ɒpəreɪʃnəl, ᴬɑ-/ [bn; bw: ~ly] operationeel, gebruiksklaar, bedrijfsklaar, ⟨i.h.b.⟩ gevechtsklaar ♦ *an operational airplane* een startklaar/operationeel vliegtuig; *be operational* werken, functioneren, in werking/orde zijn

²op·er·a·tion·al /ɒpəreɪʃnəl, ᴬɑ-/ [bn, attr; bw: ~ly] operationeel, operatie-, bedrijfs-, werk(ings)- ♦ *operational costs* werkingskosten, bedrijfskosten; *operational fluctuations* bedrijfsschommelingen; ⟨vnl BE⟩ *operational research* operationele research, toegepaste bedrijfsresearch

operations research, operation research [niet-telb zn] ⟨vnl AE; ec⟩ operationele research, operationeel onderzoek, toegepaste bedrijfsresearch, bedrijfseconometrie, beslisundige

operations room [telb zn] ⟨mil⟩ controlekamer ⟨bij manoeuvres⟩, commandopost, hoofdkwartier

¹op·er·a·tive /ɒprətɪv, ᴬɑprətɪv, ᴬɑpəreɪtɪv/ [telb zn] [1] ⟨vaak euf⟩ (geschoold) handarbeider, werkman, arbeider, fabrieksarbeider, staalarbeider, mecanicien [2] ⟨AE⟩ (privé)detective, speurder, stille

²op·er·a·tive /ɒprətɪv, ᴬɑprətɪv, ᴬɑpəreɪtɪv/ [bn; bw: ~ly; zn: ~ness] [1] doeltreffend, functioneel, efficiënt ♦ *an operative dose* een gepaste dosis [2] werkzaam, werkend, functionerend, in werking, van kracht ♦ *become operative* in werking treden, ingaan ⟨van wet⟩; *the operative force* de drijvende kracht [3] praktisch ⟨i.t.t. theoretisch⟩, praktijkgericht ♦ *operative skills* praktische bekwaamheden [4] ⟨med⟩ operatief, heelkundig, chirurgisch ♦ *operative treatment* heelkundige behandeling

³op·er·a·tive /ɒprətɪv, ᴬɑprətɪv, ᴬɑpəreɪtɪv/ [bn, attr; bw: ~ly; zn: ~ness] invloedrijk, krachtig, voornaamste, meest relevant ♦ ⟨jur⟩ *an operative mistake* een cruciale/vernietigende fout ⟨bijvoorbeeld in contract⟩; *the operative word* het sleutelwoord, het woord waar het om gaat; *the operative words* de belangrijkste/relevante woorden/regels ⟨bijvoorbeeld in testament⟩

op·er·a·tize, op·er·a·tise /ɒprətaɪz, ᴬɑ-/ [ov ww] voor de/als opera bewerken, tot (een) opera omwerken

opera top [bn, attr] ⟨BE⟩ met een operahals, laag uitgesneden

op·er·a·tor /ɒpəreɪtə, ᴬɑpəreɪtər/ [telb zn] [1] ⟨benaming voor⟩ iemand die machine/toestel/schakelbord bedient/voertuig bestuurt, operateur, operator, operatrice, machineoperator, machineoperatrice, procesoperator, procesoperatrice, bedienings(vak)man, regulist, machinedrijver, machineman, telefonist(e), telefoonjuffrouw, telegrafist(e), bestuurder [2] ondernemer, handelaar, zelfstandige, ⟨i.h.b.⟩ (beurs)speculant [3] ⟨AE⟩ bedrijfsleider, beheerder, directeur, eigenaar, werkgever [4] ⟨wisk, log⟩ operator, bewerking(steken), functie [5] ⟨inf; vaak pej⟩ linkmichel, charmeur, blitsmaker, mannetjesputter, gladjanus, goochemerd ♦ *a clever operator* een gewiekst/succesvol zakenman; *a slick operator* een uitgeslapen/schrandere vent, een lepe kerel [6] ⟨sl⟩ dief, oplichter, zwendelaar [7] ⟨sl⟩ actieve student

o·per·cu·lar /ɒpɜːkjʊlə, ᴬoʊpɜrkjələr/ [bn; bw: ~ly] ⟨biol⟩ van/m.b.t./als een operculum ♦ *opercular bone* kieuwplaatje

o·per·cu·late /ɒpɜːkjʊlət, ᴬoʊpɜrkjələt/, **o·per·cu·lat·ed** /-leɪtɪd/ [bn] ⟨biol⟩ met/voorzien van een operculum

o·per·cu·lum /ɒpɜːkjələm, ᴬoʊpɜrkjələm/ [telb zn; mv: ook opercula /-lə/] ⟨biol⟩ operculum, (sluit)klep, (kieuw)deksel, dekvlies, lid

op·e·ret·ta /ɒpərɛtə, ᴬɑpərɛtə/ [telb zn] operette

op·er·ose /ɒpərəʊs, ᴬɑ-/ [bn; bw: ~ly; zn: ~ness] [1] vermoeiend, moeilijk, zwaar, inspannend ♦ *progress operosely* moeizaam vooruitkomen [2] bedrijvig, werkzaam, ijverig, nijver

oph·i·cleide /ɒfɪklaɪd, ᴬɑ-/ [telb zn] ophicleïde ⟨verouderd koperen blaasinstrument van het klephoorntype; soort orgelpijp⟩

¹o·phid·i·an /ɒfɪdiən, ᴬoʊ-/ [telb zn] ⟨dierk⟩ slang ⟨Ophidia, Serpentes⟩

²o·phid·i·an /ɒfɪdiən, ᴬoʊ-/ [bn; bw: ~ly] slangachtig, slangvormig

oph·i·ol·a·try /ɒfiɒlətri, ᴬɑfiɑ-/ [niet-telb zn] slangenaanbidding, slangendienst, slangenverering

oph·i·ol·o·gy /ɒfiɒlədʒi, ᴬɑfiɑ-/ [niet-telb zn] ofiologie, slangenkunde, leer der slangen

¹oph·ite /ɒfaɪt, ᴬɑ-/ [telb zn; ook Ophite] slangenaanbidder, slangendienaar ⟨lid van sekte⟩

²oph·ite /ɒfaɪt, ᴬɑ-/ [telb + niet-telb zn] ofiet, serpentijn (marmer/steen), slangensteen

o·phit·ic /ɒfɪtɪk, ᴬɑfɪtɪk/ [bn] ofitisch, serpentijn-

oph·thal·mia /ɒfθælmiə, ᴬɑf-/, **oph·thal·mi·tis** /ɒfθælmaɪtɪs, ᴬɑfθælmaɪtɪs/ [niet-telb zn] oftalmie, oogontsteking ⟨in het bijzonder bindvliesontsteking⟩

oph·thal·mic /ɒfθælmɪk, ᴬɑfθælmɪk/ [bn] ⟨med⟩ [1] oculair, van/m.b.t. het oog, oog- ♦ *ophthalmic glass* brillenglas [2] ontstoken ⟨van oog⟩, aangetast door oftalmie [3] oogheelkundig, oog(lijders)- ♦ *ophthalmic ointment* oogzalf; ⟨BE⟩ *ophthalmic optician* optometrist, (gediplomeerd) opticien

oph·thal·mol·o·gist /ɒfθælmɒlədʒɪst, ᴬɑfθælmɑ-/ [telb zn] oftalmoloog, oogheelkundige, oculist, oogarts

oph·thal·mol·o·gy /ɒfθælmɒlədʒi, ᴬɑfθælmɑlədʒi/ [niet-telb zn] oftalmologie, oogheelkunde

oph·thal·mo·scope /ɒfθælməskəʊp, ᴬɑfθæl-/ [telb zn] oftalmoscoop, oogspiegel

¹o·pi·ate /əʊpɪət/ [telb zn] [1] opiaat, slaapmiddel, pijnstiller ⟨op basis van opium⟩, ⟨fig⟩ verzachting(smiddel), verlichting, troost ♦ *an opiate to grief* een pleister op de wonde

²o·pi·ate /əʊpɪət/ [bn] [1] opium bevattend [2] slaap(ver)wekkend, pijnstillend, verdovend, bedwelmend, ⟨fig⟩ verzachtend, kalmerend, sussend

³o·pi·ate /əʊpieɪt/ [ov ww] [1] met opium (ver)mengen, opium mengen door [2] verdoven, bedwelmen, ⟨fig⟩ verzachten, kalmeren, in slaap wiegen, sussen

o·pine /əʊpaɪn/ [ov ww] ⟨form⟩ menen, van mening/opinie/oordeel zijn ♦ *opine that* de mening toegedaan zijn dat

¹o·pin·ion /əpɪnjən/ [telb zn] ① advies, oordeel, mening ⟨van deskundige⟩ ♦ *a legal opinion* een rechtskundig advies; *have a second opinion* bijkomend advies inwinnen, (nog) iemand anders/een specialist/vakman raadplegen ② ⟨AE; jur⟩ motivering ⟨van redenen van vonnis⟩

²o·pin·ion /əpɪnjən/ [telb + niet-telb zn] ① mening, oordeel, opinie, opvatting, ⟨i.h.b.⟩ publieke/algemene opinie ♦ *act up to one's opinions* consequent handelen; *opinion has changed* de publieke opinie is omgeslagen; *have the courage of one's opinions* voor zijn opvattingen durven uitkomen; *in my opinion* naar mijn mening/gevoel, voor zover ik weet; *a matter of opinion* een kwestie van opvatting; *be of (the) opinion that* van opinie/oordeel/mening zijn dat, menen/vinden/ervan overtuigd zijn dat; *give one's opinion on* zijn mening zeggen over; *in the opinion of most people* volgens (de opinie/het oordeel van) de meeste mensen, de meeste mensen zijn van mening/vinden dat; *her political opinions* haar politieke overtuiging/denkbeelden ② (hoge) dunk, waardering, (gunstig) denkbeeld ♦ *have a high opinion of s.o.* een hoge dunk hebben van, hoog aanslaan; *have no mean/a great opinion of o.s.* van zichzelf geen geringe/een hoge dunk hebben, niet bepaald bescheiden zijn; *have no opinion of* niets moeten hebben van, geen hoge dunk hebben van

o·pin·ion·at·ed /əpɪnjəneɪtɪd/ [bn; zn: ~ness] koppig, eigenwijs, eigenzinnig, verwaand, zelfverzekerd

o·pin·ion·a·tive /əpɪnjəneɪtɪv/ [bn; bw: ~ly; zn: ~ness] ① gemotiveerd, gebaseerd op een mening/overtuiging ② koppig, eigenwijs, eigenzinnig, verwaand, zelfverzekerd

opinion maker [telb zn; voornamelijk mv] opiniemaker

opinion poll [telb zn] opinieonderzoek, opiniepeiling

o·pi·um /oʊpɪəm/ [niet-telb zn] opium

opium den, opium dive, opiumsmoking dive [telb zn] opiumkit, opiumhol

opium poppy [telb zn] ⟨plantk⟩ maankop, slaapbol ⟨Papaver somniferum⟩

opium smoker [telb zn] opiumschuiver, opiumroker

¹o·pos·sum /əpɒsəm, ˈɑpɑ-/ [telb zn; mv: ook opossum] ⟨dierk⟩ ① opossum ⟨buidelrat; Didelphis marsupialis⟩ ② klimbuideldier ⟨familie Phalangeridae⟩, ⟨vnl⟩ koeskoes ⟨Phalanger⟩

²o·pos·sum /əpɒsəm, ˈɑpɑ-/ [niet-telb zn; vaak attributief] (bont/huid/pels van een) opossum

opp [afk] ① (opportunity) ② (opposed) ③ (opposite)

¹op·pi·dan /ɒpɪdən, ˈɑ-/ [telb zn] ① stedeling, stadsbewoner ② extern (leerling) ⟨van Eton College⟩

²op·pi·dan /ɒpɪdən, ˈɑ-/ [bn] stedelijk, stads-

op·pi·late /ɒpɪleɪt, ˈɑ-/ [ov ww] ⟨vero; med⟩ verstoppen

op·pi·la·tion /ɒpɪleɪʃn, ˈɑ-/ [niet-telb zn] ⟨vero; med⟩ verstopping

op·po /ɒpoʊ, ˈɑ-/ [telb zn] ⟨BE; sl⟩ (verk: opposite number) collega, compagnon, kameraad, gabber, (boezem)vriend

op·po·nen·cy /əpoʊnənsi/ [niet-telb zn] het opponeren, tegenwerking, tegenstand, oppositie

¹op·po·nent /əpoʊnənt/ [telb zn] ① opponent, opposant, tegenpartij, tegenstander, tegenspeler, tegenkandidaat ② ⟨med⟩ antagonist, tegen(over)steller ⟨⟨musculus⟩ opponens⟩

²op·po·nent /əpoʊnənt/ [bn] ① tegenwerkend, opponerend ♦ ⟨med⟩ *opponent muscle* antagonistische spier, tegen(over)steller ⟨⟨musculus⟩ opponens⟩ ② tegengesteld, strijdig, tegendraads ③ tegenovergelegen, tegenoverliggend ♦ ⟨fig⟩ *opponent armies* vijandige legers

op·por·tune /ɒpətjuːn, ˌɑpərtuːn/ [bn; bw: ~ly; zn: ~ness] opportuun, gelegen, geschikt, gunstig (gekozen), op het juiste ogenblik komend ♦ *the most opportune moment* het meest geschikte ogenblik; *be particularly opportune* zeer gelegen komen, uitermate van pas komen; *that remark is not opportune now* die opmerking is nu niet opportuun

op·por·tun·ism /ɒpətjuːnɪzm, ˌɑpərtuː-/ [niet-telb zn] opportunisme

¹op·por·tun·ist /ɒpətjuːnɪst, ˌɑpərtuː-/ [telb zn] opportunist

²op·por·tun·ist /ɒpətjuːnɪst, ˌɑpərtuː-/, **op·por·tun·is·tic** /ɒpətjuːnɪstɪk, ˌɑpərtuː-/ [bn; bw: ~ically] opportunistisch

op·por·tu·ni·ty /ɒpətjuːnəti, ˌɑpərtuːnəti/ [telb + niet-telb zn] (gunstige/geschikte) gelegenheid, kans, opportuniteit ♦ *at every opportunity* bij elke gelegenheid, zoveel mogelijk; *at the earliest/first opportunity* bij de eerst(volgend)e gelegenheid, zo spoedig mogelijk; *she had ample opportunity for talking him out of it* ze had ruimschoots de gelegenheid om het hem uit zijn hoofd te praten; *not a single opportunity for counteroffensive was lost/missed* men liet geen enkele gelegenheid voor een tegenoffensief voorbijgaan; *I found no opportunity to see him* ik zag geen kans hem onder vier ogen te spreken; *give s.o. the opportunity to pursue his education* iemand in de gelegenheid stellen verder te studeren; *grasp/seize the opportunity to* de gelegenheid (met beide handen) aangrijpen om; *leap at an opportunity* een gelegenheid met beide handen aangrijpen; *see one's opportunity* zijn kans schoon zien; *I take this opportunity to inform you* ik maak van de gelegenheid gebruik om u te melden; *take the first opportunity of slipping away* de eerste de beste gelegenheid aangrijpen/te baat nemen om weg te glippen ⚬ ⟨sprw⟩ *opportunity makes the thief* de gelegenheid maakt de dief; ⟨sprw⟩ *opportunity seldom knocks twice* ± men moet het ijzer smeden als het heet is, ± het geluk staat niet stil voor iemands deur

opportunity cost [telb + niet-telb zn] ⟨ec⟩ alternatieve kost(en)

op·pos·a·bil·i·ty /əpoʊzəbɪləti/ [niet-telb zn] ① het bestrijdbaar-zijn, weerstaanbaarheid, aanvechtbaarheid ② opponeerbaarheid

op·pos·a·ble /əpoʊzəbl/ [bn] ① bestrijdbaar, vatbaar voor oppositie/tegenkanting/tegenwerking, weerstaanbaar, weerlegbaar, aanvechtbaar ② opponeerbaar ♦ *the thumb is an opposable digit* de duim is een opponeerbare vinger; *be opposable to sth.* geplaatst kunnen worden tegenover iets, opponeerbaar zijn t.o.v. iets

¹op·pose /əpoʊz/ [onov ww] (zich) opponeren, oppositie voeren, zich verzetten, als opponent optreden; → **opposed, opposing**

²op·pose /əpoʊz/ [ov ww] ① tegen(over)stellen, tegenover plaatsen/zetten, contrasteren, tegenover elkaar stellen, opponeren ♦ *oppose sth. against/to* iets plaatsen/stellen tegenover/contrasteren met/inbrengen tegen; *oppose a desperate resistance to* wanhopig weerstand bieden aan; *you are opposing things that are practically identical* je maakt een onderscheid tussen dingen die vrijwel identiek zijn ② zich verzetten tegen, oppositie voeren/zich kanten tegen, tegenstand bieden aan, bestrijden, tegenwerken ♦ *oppose unilateral disarmament* tegen eenzijdige ontwapening (gekant) zijn; → **opposed, opposing**

op·posed /əpoʊzd/ [bn; volt deelw van oppose] ① tegen(over)gesteld, tegenoverstaand, tegenoverliggend ♦ *be opposed to* tegen(over)gesteld zijn aan, het tegen(over)gestelde zijn van ② tegen, afkerig, vijandig ♦ *be opposed to* (gekant) zijn tegen, het oneens zijn met, niet te vinden zijn voor, afkeuren, verwerpen ⚬ *as opposed to* tegen(over), in tegenstelling met/tot, onderscheiden van

op·pos·er /əpoʊzə, -ər/ [telb zn] opposant, opponent

op·pos·ing /əpoʊzɪŋ/ [bn; tegenwoordig deelw van oppose; bw: ~ly] ① tegenoverstaand, tegenoverliggend ♦ ⟨AE⟩ *opposing train* tegenligger ⟨trein op hetzelfde spoor uit tegenovergestelde richting⟩ ② tegenwerkend, tegen-,

opposite

⟨sport⟩ vijandig ♦ *opposing force* tegenkracht; *the opposing team* de tegenpartij/tegenspelers

¹**op·po·site** /ˈɒpəzɪt, -əsɪt, ᴬˈɑ-/ [telb + niet-telb zn] tegen(over)gestelde, tegendeel, tegenpool, tegenstelling, omgekeerde ♦ *be opposites* elkaars tegenpolen zijn; *she meant quite the opposite* ze bedoelde juist het tegendeel; *the opposite of* het tegen(over)gestelde van

²**op·po·site** /ˈɒpəzɪt, -əsɪt, ᴬˈɑ-/ [bn; bw: ~ly; zn: ~ness] tegen(over)gesteld, tegenoverliggend, tegenoverstaand, overstaand, tegengesteld ⟨van bladeren, hoeken⟩, tegenover elkaar gelegen/liggend/geplaatst, tegen- ♦ *a ship coming from the opposite direction* een tegenliggend schip; *be opposite from/to* tegen(over)gesteld zijn aan, het tegendeel zijn van, diametraal tegen/staan tegenover, radicaal verschillen van; *opposite number* ambtgenoot, collega, tegenhanger, evenknie, equivalent; *the opposite sex* het andere geslacht; *on the opposite side* aan de overkant; *on opposite sides of the square* aan weerszijden van het plein; *the opposite sides of a building* de parallel lopende zijden van een gebouw; *the opposite way round* andersom, het tegenovergestelde

³**op·po·site** /ˈɒpəzɪt, -əsɪt, ᴬˈɑ-/ [bn, postnom; bw: ~ly; zn: ~ness] tegenover, aan de overkant (gelegen/liggend) ♦ *the houses opposite* de huizen hier tegenover/aan de overkant

⁴**op·po·site** /ˈɒpəzɪt, -əsɪt, ᴬˈɑ-/ [bw] tegenover (elkaar), aan de overkant/andere kant ♦ *just opposite* recht tegenover, vis-à-vis; *she lives opposite* ze woont hiertegenover; *opposite to* tegenover, vis-à-vis

⁵**op·po·site** /ˈɒpəzɪt, -əsɪt, ᴬˈɑ-/ [vz] tegenover, tegenovergesteld aan, aan de overkant van ♦ *opposite a fat boy* tegenover een dikke jongen; *put a cross opposite your name* zet een kruisje naast je naam; ⟨dram⟩ *she played opposite Yul Brynner* ze was de tegenspeelster van Yul Brynner • ⟨vnl BE; dram⟩ *opposite prompt* rechter(voor)kant van het toneel ⟨links vanuit de zaal⟩

¹**op·po·si·tion** /ˌɒpəˈzɪʃn, ᴬˈɑ-/ [telb + niet-telb zn] oppositie ⟨ook in logica, schaakspel⟩, tegen(over)stelling, tegen(over)stand, tegenoverplaatsing, tegengestelde positie/stand ♦ ⟨astrol, astron⟩ *in opposition* in oppositie/tegen(over)stand (met de zon) ⟨i.t.t. in conjunctie⟩; *in opposition to* tegen(over), (in een positie) tegen(over)gesteld aan, (op een standpunt) verschillend van

²**op·po·si·tion** /ˌɒpəˈzɪʃn, ᴬˈɑ-/ [niet-telb zn] oppositie, verzet, tegenstand, tegenwerking ♦ *be in opposition* in de oppositie zijn/zitten; *in opposition to public opinion* in strijd met de publieke opinie, tegen de publieke opinie in; *meet with strong opposition* op hevig verzet stuiten; *offer determined opposition to* vastberaden oppositie voeren tegen/weerstand bieden aan

³**op·po·si·tion** /ˌɒpəˈzɪʃn, ᴬˈɑ-/ [verzamelnw; vaak Opposition; werkwoord voornamelijk enk; the] oppositie, oppositiegroep, oppositiepartij, tegenpartij, opponenten, tegenstanders ♦ *the Leader of the Opposition* de oppositieleider; *The/Her Majesty's Opposition* de oppositie ⟨in Engeland⟩

op·po·si·tion·al /ˌɒpəˈzɪʃnəl, ᴬˈɑ-/ [bn] oppositioneel, oppositie-, tegen-

op·po·si·tive /əˈpɒzətɪv, ᴬəˈpɑzətɪv/ [bn; bw: ~ly] tegengesteld, tegenstellend, tegenwerkend, tegendraads, in de contramine

op·press /əˈpres/ [ov ww] [1] onderdrukken, verdrukken, onderwerpen, opprimeren ♦ *be oppressed* in onderdrukking leven [2] benauwen, (zwaar) drukken/wegen (op), opprimeren, beklemmen, neerslachtig maken, deprimeren ♦ *oppressed by anxiety* doodsbenauwd; *feel oppressed with the heat* het benauwd hebben door de hitte, last ondervinden van de hitte [3] overweldigen, overstelpen, verpletteren

op·pressed /əˈprest/ [bn; volt deelw van oppress] onderdrukt ♦ *the oppressed* de onderdrukte bevolking

op·pres·sion /əˈpreʃn/ [telb + niet-telb zn] [1] oppressie, benauwing, beklemming, druk, last, neerslachtigheid ♦ *an oppression of spirits* een lamlendig/zwaarmoedig gevoel [2] oppressie, onderdrukking(smaatregel), verdrukking

op·pres·sive /əˈpresɪv/ [bn; bw: ~ly; zn: ~ness] [1] onderdrukkend, streng, hard(vochtig), tiranniek ♦ *an oppressive measure* een onderdrukkingsmaatregel [2] benauwend, drukkend, deprimerend, lastig, zwaar ♦ *oppressively hot* drukkend/ondraaglijk heet

op·pres·sor /əˈpresə, ᴬ-ər/ [telb zn] onderdrukker, verdrukker, overheerser, tiran, dwingeland

op·pro·bri·ous /əˈproʊbrɪəs/ [bn; bw: ~ly; zn: ~ness] ⟨form⟩ [1] honend, smalend, beledigend, geringschattend ♦ *opprobrious language* schimp(taal); *opprobrious laughter* hoongelach; *opprobrious words* scheldwoorden, smaadwoorden, geschimp [2] schandelijk, smadelijk, verachtelijk, snood

¹**op·pro·bri·um** /əˈproʊbrɪəm/ [telb zn] ⟨form⟩ (publiek) schandaal, schanddaad, schande, aanstotelijkheid, onbetamelijkheid

²**op·pro·bri·um** /əˈproʊbrɪəm/ [niet-telb zn] ⟨form⟩ [1] schande(lijkheid), oneer ♦ *attach opprobrium to* als een schande beschouwen, (een) schande vinden [2] smaad, afkeer, minachting ♦ *a term of opprobrium* een smaadwoord/minachtende term

op·pugn /əˈpjuːn/ [ov ww] bestrijden, betwisten, zich verzetten tegen, in twijfel trekken, een vraagteken plaatsen bij, tegenspreken

op·pug·nance /əˈpʌgnəns/, **op·pug·nan·cy** /-si/ [niet-telb zn] bestrijding, betwisting, verzet, tegenstand, tegenwerking

op·pug·nant /əˈpʌgnənt/ [bn] aanvallend, betwistend, zich verzettend, vijandig, tegenwerkend

op·si·math /ˈɒpsɪmæθ, ᴬˈɑp-/ [telb zn] student op latere leeftijd

op·son·ic /ɒpˈsɒnɪk, ᴬɑpˈsɑ-/ [bn] ⟨med⟩ opsonisch, opsonine-

op·so·nin /ˈɒpsənɪn, ᴬˈɑp-/ [telb + niet-telb zn] ⟨med⟩ opsonine ⟨substantie in bloed(serum) die helpt bij fagocytose⟩

¹**opt** /ɒpt, ᴬɑpt/ [onov ww] opteren, kiezen ♦ *opt between two alternatives* een keuze doen uit/kiezen tussen twee alternatieven; *opt in favour of* de voorkeur geven aan, kiezen voor, besluiten tot; *opt for* opteren voor; *we opted to spend the weekend in Venice* we besloten het weekend in Venetië door te brengen • zie: **opt out**

²**opt** [afk] [1] (operate) [2] (optative) [3] (optical) [4] (optician) [5] (optics) [6] (optimum) [7] (option(al))

op·tant /ˈɒptənt, ᴬˈɑp-/ [telb zn] iemand die opteert, optant

¹**op·ta·tive** /ˈɒptətɪv, ᴬˈɑptətɪv/ [telb zn] ⟨taalk⟩ [1] optatief, wensende wijs [2] optatieve (werkwoords)vorm, werkwoord in de optatief

²**op·ta·tive** /ˈɒptətɪv, ᴬˈɑptətɪv/ [bn; bw: ~ly] ⟨taalk⟩ optatief, wensend, wens- ♦ *optative mood* optatief, wensende wijs, optativus

¹**op·tic** /ˈɒptɪk, ᴬˈɑp-/ [telb zn] [1] optisch onderdeel, onderdeel van een optisch instrument [2] ⟨verouderd, behalve schertsend⟩ gezichtsorgaan, oog [3] ⟨BE⟩ maatdop

²**op·tic** /ˈɒptɪk, ᴬˈɑp-/ [bn, attr] gezichts-, oog-, m.b.t. het gezicht/oog, optisch ♦ *optic angle* gezichtshoek, optische hoek; *optic axis* optische (hoofd)as, gezichtsas, oogas; *optic lobe* gezichtscentrum; *optic nerve* gezichtszenuw, oogzenuw

op·ti·cal /ˈɒptɪkl, ᴬˈɑp-/ [bn, attr; bw: ~ly] [1] optisch, gezichts-, m.b.t. het gezicht/zien ♦ *optical art* opart, kinetische kunst, bewegingskunst; *optical fibre* glasvezel; *optical illusion* optisch bedrog, gezichtsbedrog; ⟨comp⟩ *optical (character) reader* optische lezer; *optical character recognition* (software voor) optische tekstherkenning, OCR

[2] **optisch**, m.b.t. de optica, gezichtkundig ♦ ⟨scheik⟩ *optically active* optisch actief

op·ti·cian /ɒptɪʃn, ᴬɑp-/ [telb zn] opticien, maker van/handelaar in optische instrumenten, brillenmaker

op·tics /ɒptɪks, ᴬɑp-/ [niet-telb zn] [1] optica, gezichtkunde, leer van het zien/licht [2] optiek

op·ti·mism /ɒptɪmɪzm, ᴬɑp-/ [niet-telb zn] optimisme ⟨ook filosofie⟩, optimistische ingesteldheid/levensbeschouwing, levensvreugde

op·ti·mist /ɒptɪmɪst, ᴬɑp-/ [telb zn] optimist, ⟨i.h.b.⟩ aanhanger van het optimisme

op·ti·mis·tic /ɒptɪmɪstɪk, ᴬɑp-/, **op·ti·mis·ti·cal** /-ɪkl/, **op·ti·mist** [bn; bw: ~ally] optimist(isch), vol optimisme, gunstig

op·ti·mi·za·tion, op·ti·mi·sa·tion /ɒptɪmaɪzeɪʃn, ᴬɑptəmə-/ [telb + niet-telb zn] optimalisering

¹**op·ti·mize, op·ti·mise** /ɒptɪmaɪz, ᴬɑp-/ [onov ww] optimist(isch) zijn ♦ *optimize about* optimist(isch) zijn over, optimistisch inzien/voorstellen

²**op·ti·mize, op·ti·mise** /ɒptɪmaɪz, ᴬɑp-/, ⟨in betekenis 1 ook⟩ **op·ti·mal·ize, op·ti·mal·ise** /ɒptɪməlaɪz, ᴬɑp-/ [ov ww] [1] optimaliseren, optimaal maken/doen functioneren, tot grotere efficiëntie brengen, perfectioneren [2] optimaal aanwenden/benutten/gebruikmaken van, zo veel mogelijk/zijn voordeel (proberen te) doen met, uitbuiten ⟨kans, gelegenheid, toestand⟩, het beste zien te maken van

¹**op·ti·mum** /ɒptɪməm, ᴬɑp-/ [telb zn; mv: ook optima /-mə/] optimum, optimale/beste/gunstigste (voor)waarde/hoeveelheid, hoogtepunt, beste compromis/oplossing

²**op·ti·mum** /ɒptɪməm, ᴬɑp-/, **op·ti·mal** /ɒptɪml, ᴬɑp-/ [bn, attr; bw: optimally] optimaal, best, gunstigst, geschiktst, grootst mogelijk

¹**op·tion** /ɒpʃn, ᴬɑpʃn/ [telb zn] ⟨fin, handel⟩ optie, (recht van) keuze/voorkeur, ⟨i.h.b.⟩ premie(affaire) ♦ *buyer of an option* optant, premiegever; *dealer in options* premiemakelaar; *naked option* ongedekte optie; *have an option on* in optie hebben, de voorkeur hebben van; *take an option on a piece of land* een lap grond in optie nemen; *term of an option* optietermijn, premieperiode

²**op·tion** /ɒpʃn, ᴬɑpʃn/ [telb + niet-telb zn] keus, keuze, het (ver)kiezen/opteren, keuzemogelijkheid, alternatief, oplossing, ⟨i.h.b. vnl BE⟩ keuzevak ♦ *at option* naar keuze; *at the student's option* ter keuze van de student, als de student het verkiest; *at/in one's option* naar zijn keuze, naar men verkiest/wil; *have an option between* de keuze hebben tussen; *keep/leave one's options open* zich nergens op vastleggen, ± zich op de vlakte houden; *she has kept her options open* ze kan nog alle kanten uit; *I had little option* ik had weinig keus, er werd mij weinig keus gelaten; *make one's option* zijn keuze bepalen/doen, kiezen, opteren; *have no option but to go* geen andere keus hebben dan te gaan; *we had no option but to leave* er bleef ons geen andere keuze over dan te vertrekken

op·tion·al /ɒpʃnəl, ᴬɑp-/ [bn; bw: -ly] keuze-, facultatief, naar (eigen) keuze, vrij, optioneel ♦ *an optional extra* accessoire, leverbaar tegen meerprijs; *it is optional on/with you to* het staat u vrij te; *render sth. optional* iets facultatief stellen; *optional subject* keuzevak; *be optional with* facultatief zijn voor; ⟨fin⟩ *optional with the buyer* naar kopers keus

option business [niet-telb zn] ⟨fin, handel⟩ premiezaken, premieaffaires

options exchange [telb zn] ⟨fin, handel⟩ optiebeurs

op·tom·e·ter /ɒptɒmɪtə, ᴬɑptɑmɪtər/ [telb zn] optometer, gezichtsmeter

op·tom·e·trist /ɒptɒmɪtrɪst, ᴬɑptɑ-/ [telb zn] optometrist, specialist in de optometrie, (gediplomeerd) opticien

op·tom·e·try /ɒptɒmɪtri, ᴬɑptɑ-/ [niet-telb zn] optometrie, oogmeetkunde

op·to·phone /ɒptəfoʊn, ᴬɑp-/ [telb zn] optofoon ⟨leesinstrument voor blinden⟩

opt out [onov ww] niet meer (willen) meedoen, zich terugtrekken, weggaan, zijn verantwoordelijkheid ontduiken ♦ *opt out of* niet meer (willen) meedoen aan, afzien van, zich onttrekken aan, zich terugtrekken uit, ontvluchten, opgeven, laten varen ⟨idee, plan⟩; afschuiven ⟨verantwoordelijkheid⟩; ontduiken ⟨verbintenis⟩; opzeggen ⟨contract⟩

op·u·lence /ɒpjʊləns, ᴬɑpjə-/, **op·u·len·cy** /-si/ [niet-telb zn] (enorme) rijkdom, opulentie, overvloed, weelde(righeid), weligheid, volheid

op·u·lent /ɒpjʊlənt, ᴬɑpjə-/ [bn; bw: ~ly] overvloedig, (schat)rijk, opulent, weelderig, welig (groeiend/tierend) ♦ *an opulent beard* een volle/dichte baard; *opulent vegetation* welige plantengroei

o·pun·ti·a /oʊpʌnʃə, ᴬ-tʃə/ [telb + niet-telb zn] ⟨plantk⟩ [1] opuntia ⟨plantengeslacht uit de cactusfamilie; genus Opuntia⟩ [2] vijgencactus ⟨Opuntia ficus-indica⟩

o·pus /oʊpəs/ [telb zn; voornamelijk enk; mv: ook opera /ɒpərə, ᴬoʊpərə/] [1] ⟨vaak Opus⟩ ⟨muz⟩ opus, (muziek)werk, muziekstuk, compositie ⟨meestal door nummer aangeduid⟩ [2] ⟨vaak ironisch, hoogdravend⟩ opus, werk(stuk), kunstwerk, gewrocht ♦ *opus magnum/magnum opus* opus magnum, meesterwerk; ⟨i.h.b.⟩ groots opgevat literair werk

o·pus·cule /ɒpʌskjuːl, ᴬoʊ-/, **o·pus·cle** /ɒpʌsl, ᴬoʊ-/, **o·pus·cu·lum** /ɒpʌskjʊləm, ᴬoʊpʌskjələm/ [telb zn; mv: ook opuscula /-lə/] opusculum, minder belangrijk (literair/muzikaal) werkje

o·quas·sa /oʊkwɒsə, ᴬoʊkwɑsə/ [telb zn; mv: ook oquassa] ⟨dierk⟩ oquassa ⟨soort zalmforel; Salvelinus oquassa⟩

¹**or** /ɔː, ᴬɔr/ [niet-telb zn] ⟨heral⟩ goud(kleur)

²**or** /ɔː, ᴬɔr/ [bn, postnom] ⟨vnl heral⟩ gouden, goudkleurig, goudgeel, van goud

³**or** /ɔː, ᴬɔr/ [vz] ⟨vero of gew; tijd⟩ vóór ♦ *it was not long or the lord's return* het was niet lang vóór de terugkeer van de heer

⁴**or** /ɔː, ᴬɔr/ [ondersch vw] ⟨vero of gew⟩ [1] ⟨tijd⟩ vóór(aleer), tot, alvorens ♦ *he will be dead or (ever/ere) I come* hij zal dood zijn voor ik kom [2] ⟨na vergrotende trap⟩ dan ♦ *he ran faster or they could catch him* hij liep te snel dan dat zij hem konden vangen

⁵**or** /ɔː, ᴬɔr/ [nevensch vw] [1] ⟨leidt aantal alternatieven in⟩ of, en, ofwel, of ook/nog/misschien ♦ *he dislikes cats or dogs* hij heeft een hekel aan katten of honden; *she fell or tripped* ze viel, of, anders gezegd, struikelde; *tea or coffee* thee of koffie; *she wrote a book, or a treatise* ze schreef een boek of, beter gezegd, een verhandeling [2] ⟨vero⟩ ⟨leidt het eerste van twee alternatieven in⟩ hetzij, of ♦ *or guilty or innocent* hetzij schuldig hetzij onschuldig [3] ⟨leidt een gevolgaanduidende zin in die volgt op een gebod⟩ of (anders) ♦ *tell us or we'll execute you* vertel het ons of we stellen je terecht

-or /ə, ɔː, ᴬɔr/ [1] ⟨vormt persoonsnaam uit werkwoord⟩ **-er**, -eur, -aar ♦ *actor* acteur; *obligor* schuldenaar; *inventor* uitvinder [2] ⟨vormt abstract naamwoord⟩ **-ing** ♦ *error* vergissing; *tremor* huivering [3] ⟨vormt bijvoeglijk naamwoord met comparatieve betekenis⟩ **-er** ♦ *major* groter; *senior* ouder [4] → **-our**

Or, ⟨als postcode⟩ **OR** [afk] (Oregon)

OR [afk] [1] (operational research) [2] (operations research) [3] ⟨postcode⟩ (Oregon) [4] (other ranks)

or·ache, or·ach /ɒrɪtʃ, ᴬɑ-/ [niet-telb zn] ⟨plantk⟩ melde ⟨genus Atriplex⟩, ⟨i.h.b.⟩ tuinmelde ⟨A. hortensis⟩

or·a·cle /ɒrəkl, ᴬɔr-, ᴬɑr-/ [telb zn] [1] orakel ⟨tempel/heiligdom waar orakels worden gegeven⟩ [2] ⟨jod⟩ Allerheiligste, heilige der heiligen ⟨1 Kon. 6:16⟩ [3] ⟨benaming voor⟩ orakelachtige uitspraak, orakel, orakelspreuk, orakeltaal, godsspraak, goddelijke inspiratie/openbaring, profetie, raadselachtig/dubbelzinnig antwoord, raadselachtige/dubbelzinnige raadgeving, onomstotelijke waar-

oracular

heid ▪ orakel, profeet, ⟨fig⟩ raadsman, vraagbaak, ⟨onfeilbare⟩ autoriteit/gids/leidraad, bron van wijsheid ♦ *consult the oracle* het orakel raadplegen; ⟨BE⟩ *work the oracle* het orakel ⟨heimelijk⟩ beïnvloeden/manipuleren ▪ ⟨BE; inf⟩ *work the oracle* slagen ⟨in iets moeilijks⟩; stiekem te werk gaan, achter de schermen opereren

o·rac·u·lar /ərækjʊlə, ᴬ-jələr/ [bn; bw: ~ly; zn: ~ness] orakelachtig, orakel-, profetisch, raadselachtig, dubbelzinnig ♦ *oracular utterances* orakelspreuken, orakeltaal

or·a·cy /ɔːrəsi, ᴬɒ-, ᴬɑ-/ [niet-telb zn] spreekvaardigheid

¹o·ral /ɔːrəl/, **oral exam** [telb zn; voornamelijk mv] mondeling (examen)

²o·ral /ɔːrəl/ [bn; bw: ~ly] ① mondeling, oraal, gesproken, bij monde ⟨overgebracht⟩ ♦ *oral agreement* mondelinge overeenkomst; *oral history* geschiedschrijving gebaseerd op orale overlevering, oral history; ⟨soc⟩ *oral society* orale samenleving ⟨van analfabeten⟩; *oral tradition* mondelinge overlevering ② oraal, door/m.b.t./van/voor de mond, mond- ♦ *oral administration* orale toediening ⟨van geneesmiddel⟩; *oral contraceptive* oraal contraceptief ⟨de 'pil'⟩; *oral hygiene* mondhygiëne; *oral mucous membrane* mondslijmvlies; *oral sex* orale seks; *oral surgeon* mondarts ③ ⟨taalk⟩ oraal ⟨gerealiseerd met afgesloten neusholte, i.t.t. nasaal⟩ ④ ⟨psych⟩ oraal, m.b.t. de orale fase ▪ ⟨sl⟩ *oral days* goede oude tijd ⟨vor totalisator bij paardenrennen⟩

¹or·ange /ɒrɪndʒ, ᴬɔː-, ᴬɑ-/ [telb zn] ① sinaasappel, oranje ⟨appel/vrucht⟩ ② oranje(boom), sinaasappelboom ▪ ⟨fig⟩ *squeezed orange* uitgeknepen citroen

²or·ange /ɒrɪndʒ, ᴬɔː-, ᴬɑ-/ [niet-telb zn] oranje(kleur), roodgeel

³or·ange /ɒrɪndʒ, ᴬɔː-, ᴬɑ-/ [bn] oranje(kleurig), roodgeel ♦ ⟨BE⟩ *orange fin* ⟨soort⟩ jonge zeeforel; ⟨plantk⟩ *orange milkweed* (oranje) zijdeplant ⟨Asclepias tuberosa⟩; *orange pekoe* oranje pecco(thee); *orange tip* oranjetip(vlinder), peterselievlinder

¹Or·ange /ɒrɪndʒ, ᴬɔː-, ᴬɑ-/ [eigenn] Oranje(huis) ⟨naam van het Nederlandse vorstenhuis sinds 1815⟩ ♦ *the House of Orange* het Huis van Oranje

²Or·ange /ɒrɪndʒ, ᴬɔː-, ᴬɑ-/ [bn] ① Oranje-, m.b.t. het Huis van Oranje, Oranjegezind, orangistisch ♦ *Orange flag* Oranjevlag, vlag van het Huis van Oranje ② ⟨vnl gesch⟩ orangistisch, m.b.t. de orangisten ⟨protestantse Engelsgezinde partij in Noord-Ierland, opgericht in 1795⟩, extreem protestants

or·ange·ade /ɒrɪndʒeɪd, ᴬɔːr-, ᴬɑr-/ [niet-telb zn] orangeade, sinaasappeldrank, ranja, sinas

orange blossom [telb + niet-telb zn] oranjebloesem

orange flower [telb zn] oranjebloesem

orange flower oil [niet-telb zn] oranjebloesemolie, neroli(olie)

orange flower water [niet-telb zn] oranjebloesemwater ⟨oplossing van neroli in water⟩

Orange Free State [eigenn] Oranje-Vrijstaat

orange juice [telb + niet-telb zn] jus d'orange, sinaasappelsap

Or·ange·man /ɒrɪndʒmən, ᴬɔː-, ᴬɑ-/ [telb zn; mv: Orangemen /-mən/] ⟨vnl gesch⟩ orangist, aanhanger van het orangisme, lid van de partij van de orangisten ⟨protestantse Engelsgezinde partij in Noord-Ierland, opgericht in 1795⟩, ⟨alg⟩ protestantse Ier ⟨in het bijzonder uit Ulster⟩

Orangeman's Day [eigenn] orangistendag ⟨12 juli, protestantse gedenkdag in Noord-Ierland⟩

orange peel [niet-telb zn] oranjeschil, sinaasappelschil

or·ange·ry /ɒrɪndʒri, ᴬɔː-, ᴬɑ-/ [telb zn] oranjerie, kas

orange soda [niet-telb zn] → orangeade

orange spoon [telb zn] (gepunt/getand) dessertlepeltje ⟨voor citrusvruchten/meloenen⟩

orange squash [telb + niet-telb zn] sinaasappeldrank(je), sinaasappel(limonade), sinas, ranja

orange stick [telb zn] oranje stick, ⟨soort⟩ nagelvijltje/

nagelmesje ⟨puntige stift uit oranjebomenhout⟩

or·ange·wood [niet-telb zn] oranje(bomen)hout, ⟨hout van de⟩ oranjeboom/sinaasappelboom

Or·ang·ism, Or·ange·ism /ɒrɪndʒɪzm, ᴬɔː-, ᴬɑː-/ [niet-telb zn] ⟨gesch⟩ orangisme ⟨protestantse Engelsgezinde politieke beweging in Noord-Ierland⟩

o·rang-u·tan, o·rang-u·tang, o·rang-ou·tan, o·rang-ou·tang /ɔːræŋuːtæn, -tæŋ, ᴬərææŋətæn, ᴬ-tæŋ/ [telb zn] orang-oetang

o·rate /ɔːreɪt/ [onov ww] oreren, een oratie/rede(voering)/toespraak houden, een speech afsteken, ⟨plechtig⟩ het woord voeren

¹o·ra·tion /ɔːreɪʃn/ [telb zn] oratie, ⟨hoogdravende⟩ rede(voering), toespraak, voordracht, vertoog ♦ *deliver an oration on* een oratie/voordracht houden over, het in gezwollen bewoordingen hebben over; *a funeral oration* een grafrede

²o·ra·tion /ɔːreɪʃn/ [niet-telb zn] ⟨vero; taalk⟩ rede ⟨manier van weergeven van iemands woorden⟩ ♦ *direct oration* directe rede; *indirect/oblique oration* indirecte rede

or·a·tor /ɒrətə, ᴬɔrətər, ᴬɑ-/ [telb zn] (begaafd) redenaar, orator, (goed/vlot) spreker, (officiële) woordvoerder

¹or·a·to·ri·an /ɒrətɔːriən, ᴬɔrətɔriən, ᴬɑ-/ [telb zn; vaak Oratorian] ⟨r-k⟩ oratoriaan ⟨seculier priester⟩, lid van een oratorium ⟨in het bijzonder van het oratorium van de Heilige Filippo Neri⟩

²or·a·to·ri·an /ɒrətɔːriən, ᴬɔrətɔriən, ᴬɑ-/ [bn; vaak Oratorian] ⟨r-k⟩ oratorium-, m.b.t. de oratorianen

or·a·tor·i·cal /ɒrətɒrɪkl, ᴬɔrətɑ-, ᴬɑ-/ [bn; bw: ~ly] oratorisch, retorisch, redekunstig, redenaars-, ⟨soms pej⟩ hoogdravend, bombastisch ♦ *oratorical contest* voordrachtswedstrijd; *oratorical gestures* retorische gebaren; *oratorical phrase* oratorische wending

or·a·to·ri·o /ɒrətɔːriəʊ, ᴬɔrətɔrioʊ, ᴬɑ-/ [telb + niet-telb zn] ⟨muz⟩ oratorium

¹or·a·to·ry /ɒrətri, ᴬɔrətɔri, ᴬɑ-/ [telb zn] oratorium, kapel, bidkapel, huiskapel, bidvertrek

²or·a·to·ry /ɒrətri, ᴬɔrətɔri, ᴬɑ-/ [niet-telb zn] ① retorica, redenaarskunst, welsprekendheid ② ⟨soms pej⟩ retoriek, het oreren/gekunsteld spreken, bombast, holle/hoogdravende/mooie woorden

Or·a·to·ry /ɒrətri, ᴬɔrətɔri, ᴬɑ-/ [eigenn; the] ⟨r-k⟩ (de congregatie van) de oratorianen

or·a·tress /ɒrətrɪs, ᴬɔrətrɪs, ᴬɑrə-/ [telb zn] redenares, vrouwelijke redenaar

or·a·trix /ɒrətrɪks, ᴬɔrə-, ᴬɑrə-/ [telb zn; mv: oratrices /-traɪsiːz/] redenares, vrouwelijke redenaar

¹orb /ɔːb, ᴬɔrb/ [telb zn] ① ⟨benaming voor⟩ bolvormig iets, (hemel)bol, globe, hemellichaam, (hemel)sfeer, hemelgewelf, rijksappel, oog, oogappel, oogbol ② bereik ⟨figuurlijk⟩, (invloeds)sfeer, (werkings)gebied ③ ⟨vero⟩ ⟨benaming voor⟩ cirkelvormig iets, cirkel, kring, wiel, rad ⟨ook figuurlijk⟩, baan, kringloop, omloop ⟨van planeet/satelliet⟩

²orb /ɔːb, ᴬɔrb/ [onov ww] ① een baan beschrijven/doorlopen, in een baan/het rond bewegen, omwentelen ② (zich) ronden; → orbed

³orb /ɔːb, ᴬɔrb/ [ov ww] ① bolvormig/cirkelvormig maken, tot een bol/cirkel/schijf (om)vormen, ronden, opvullen, samenballen ② ⟨vero⟩ omsluiten, insluiten, omhullen, omwelven, om(k)ringen; → orbed

orbed /ɔːbd, ᴬɔrbd/ [bn; volt deelw van orb] ⟨form⟩ (ge)rond, bol(vormig)

or·bic·u·lar /ɔːbɪkjʊlə, ᴬɔrbɪkjələr/ [bn; bw: ~ly] ① orbiculair, (k)ringvormig, cirkelvormig ② (ge)rond, bol, bolrond, bolvormig, sferisch ③ afgerond ⟨alleen figuurlijk⟩, compleet, volledig (uitgewerkt)

or·bic·u·lar·i·ty /ɔːbɪkjʊlærəti, ᴬɔrbɪkjələræti/ [niet-telb zn] ① orbiculariteit, (k)ringvormigheid, cirkelvormigheid ② rondheid, bolvormigheid ③ afgerondheid, volledigheid

or·bic·u·late /ɔːbɪkjʊlət, ᴬɔrbɪkjə-/, **or·bic·u·lat·ed** /-leɪtɪd/ [bn; bw: ~ly] ⟨plantk⟩ rond ⟨van blad⟩

¹**or·bit** /ɔːbɪt, ᴬɔr-/ [telb zn] ① oogkas, oogholte, oogrand ⟨van insect/vogel⟩, oogvlies ⟨van vogel⟩ ② kring ⟨alleen figuurlijk⟩, sfeer, invloedssfeer, interessefeer, gebied, veld, werkingsgebied, werkingsveld, (ervarings)wereld ③ baan ⟨van planeet, satelliet, elektron enz.⟩, omloop, kring, omwenteling ♦ *the orbit of the earth around the sun* de omloop van de aarde om de zon; *put into orbit round the earth* in een baan rond de aarde brengen

²**or·bit** /ɔːbɪt, ᴬɔr-/ [onov ww] een (cirkel)baan beschrijven/doorlopen, een cirkelbeweging maken, cirkelen, (in kringen) ronddraaien

³**or·bit** /ɔːbɪt, ᴬɔr-/ [ov ww] ① een baan beschrijven/doorlopen rond, bewegen/zich bevinden in een baan om/rond, cirkelen/draaien/wentelen om ♦ *the moon orbits the earth* de maan draait om de aarde ② in een baan brengen/schieten

¹**or·bit·al** /ɔːbɪtl, ᴬɔrbɪtl/ [telb zn] ① ⟨natuurk⟩ (atoom)orbit ② ⟨BE; verk⟩ ring(baan) ③ ⟨ruimtev, astron⟩ (omloop)-baan

²**or·bit·al** /ɔːbɪtl, ᴬɔrbɪtl/ [bn; bw: ~ly] ① ⟨anat⟩ orbitaal, m.b.t. de oogkas(sen) ② ⟨ruimtev, natuurk⟩ orbitaal, omloop- ♦ *orbital electron* schilelektron; *orbital velocity* omloopsnelheid ③ ring- ⟨van baan/autobaan/spoorbaan⟩ ♦ ⟨BE⟩ *the orbital road/motorway* de ringweg ⟨in het bijzonder de M25 rond Londen⟩

or·bit·er /ɔːbɪtə, ᴬɔrbɪtər/ [telb zn] satelliet, (rond de aarde cirkelend) ruimtevaartuig

orc /ɔːk, ᴬɔrk/, ⟨in betekenissen 1 en 2 ook⟩ **or·ca** /ɔːkə, ᴬɔrkə/ [telb zn] ① ⟨dierk⟩ orka, zwaardwalvis ⟨genus Orca⟩ ② monster, gedrocht, zeemonster, zeegedrocht ③ ⟨sl⟩ ⟨verk: orchestra⟩ orkest, band

ORC [afk] (Opinion Research Corporation)

¹**Or·ca·di·an** /ɔːkeɪdɪən, ᴬɔr-/ [telb zn] bewoner van de Orcaden/Orkneyeilanden

²**Or·ca·di·an** /ɔːkeɪdɪən, ᴬɔr-/ [bn] Orcadisch, m.b.t./van de (bewoners van de) Orcaden/Orkneyeilanden

¹**orch** /ɔːk, ᴬɔrk/ [telb zn] ⟨sl⟩ ⟨verk: orchestra⟩ orkest, band

²**orch** [afk] ① (orchestra(tion)) ② (orchestrated by)

or·chard /ɔːtʃəd, ᴬɔrtʃərd/ [telb zn] boomgaard, fruitkwekerij, fruittuin

orchard grass [niet-telb zn] ⟨AE; plantk⟩ kropaar ⟨Dactylis glomerata⟩

or·chard·ing /ɔːtʃədɪŋ, ᴬɔrtʃərdɪŋ/ [niet-telb zn] fruitteelt, fruitkwekerij, het kweken van fruitbomen ⟨soms ook van notenbomen⟩

or·chard·ist /ɔːtʃədɪst, ᴬɔrtʃər-/, **or·chard·man** /-mən/ [telb zn; mv: orchardmen /-mən/] fruitteler, fruitkweker

or·ches·tic /ɔːkestɪk/ [bn] dans-, m.b.t. het dansen/de dans(kunst)

or·ches·tics /ɔːkestɪks/ [alleen mv; werkwoord voornamelijk enk] danskunst

¹**or·ches·tra** /ɔːkɪstrə, ᴬɔr-/ [telb zn] ① orkest(ra) ⟨in het Griekse theater⟩ ② orkest, orkestruimte, orkestbak ③ ⟨AE⟩ orkest(plaatsen), stalles(plaatsen), ⟨bij uitbreiding⟩ parket

²**or·ches·tra** /ɔːkɪstrə, ᴬɔr-/ [verzamel] orkest

orchestra bells [alleen mv] klokkenspel, glockenspiel

or·ches·tral /ɔːkestrəl, ᴬɔr-/ [bn; bw: ~ly] orkestraal ⟨ook figuurlijk⟩, orkest-, door/m.b.t./voor/van een orkest ♦ *orchestral performance* orkestuitvoering

orchestra pit [telb zn] orkest, orkestbak, orkestruimte

orchestra stalls [alleen mv] orkest(plaatsen), stalles-(plaatsen), voorste parketplaatsen

or·ches·trate /ɔːkɪstreɪt, ᴬɔr-/ [ov ww] orkestreren, voor orkest arrangeren/bewerken/componeren, instrumenteren, ⟨fig⟩ (harmonieus/natuurlijk/doeltreffend) samenbrengen/combineren/integreren, (zorgvuldig) organiseren

or·ches·tra·tion /ɔːkəstreɪʃn, ᴬɔr-/ [telb + niet-telb zn] orkestratie, (orkestrale) bewerking/compositie, instrumentatie, arrangement, ⟨fig⟩ het (harmonieus/ordelijk/natuurlijk/doeltreffend) samenbrengen/ineenwerken, combinatie, integratie

or·ches·tra·tor, **or·ches·tra·ter** /ɔːkɪstreɪtə, ᴬɔrkɪstreɪtər/ [telb zn] orkestrator, bewerker, arrangeur

or·ches·tri·na /ɔːkɪstriːnə/, ⟨AE ook⟩ **or·ches·tri·on** /ɔːkestrɪən, ᴬɔr-/ [telb zn] ⟨muz⟩ orkestrion ⟨kabinetorgel dat de blaasinstrumenten nabootst⟩

¹**or·chid** /ɔːkɪd, ᴬɔr-/ [telb zn] ⟨plantk⟩ orchidee(ënbloem) ⟨familie Orchidaceae⟩

²**or·chid** /ɔːkɪd, ᴬɔr-/ [niet-telb zn] lichtpaars

or·chi·da·ceous /ɔːkɪdeɪʃəs, ᴬɔr-/ [bn; bw: ~ly] ① orchidee(ën)-, behorend tot/m.b.t. de familie van de orchideeën, orchideeachtig ② opvallend (mooi) ⟨als een orchidee⟩, opzichtig, luisterrijk, weelderig

or·chid·ist /ɔːkɪdɪst, ᴬɔr-/ [telb zn] ① orchideeënkweker ② orchideeënliefhebber

or·chid·ol·o·gy /ɔːkɪdɒlədʒi, ᴬɔrkɪdɑː-/ [niet-telb zn] orchidologie, orchideeënleer

or·chids /ɔːkɪdz, ᴬɔr-/ [alleen mv] lofbetuigingen ♦ *extend orchids to* met lof overgieten

or·chil /ɔːtʃɪl/, **or·chil·la** /ɔːtʃɪlə, ᴬɔr-/, **ar·chil** /ɑːtʃɪl, ᴬɑr-/ [niet-telb zn] ① ⟨plantk⟩ korstmos, ⟨i.h.b.⟩ orseillemos ⟨Roccella tinctoria⟩ ② orseille ⟨purperrode kleurstof⟩

or·chis /ɔːkɪs, ᴬɔr-/ [telb + niet-telb zn] ⟨plantk⟩ orchis ⟨genus Orchis⟩, standelkruid, orchidee

ord [afk] ① (order) ② (orderly) ③ (ordinal) ④ (ordinance) ⑤ (ordinary) ⑥ (ordnance)

or·dain /ɔːdeɪn, ᴬɔr-/ [ov ww] ① ⟨rel⟩ (tot geestelijke/priester) wijden, ordenen/aanstellen (als) ⟨predikant, rabbijn⟩, ordineren ♦ *ordain s.o. king* iemand tot koning kronen/zalven; ⟨r-k⟩ *be ordained priest* tot priester worden gewijd ② (ver)ordineren, (voor)beschikken, (voor)bestemmen ⟨van God, noodlot⟩ ♦ *fate has ordained us to die* het noodlot heeft beschikt dat wij moeten sterven; *ordained to fail* voorbestemd te mislukken/tot mislukking; *ordain that* (het zo) beschikken/beslissen/willen dat ③ verordenen, vestigen, stellen, instellen, vaststellen, voorschrijven, bepalen ⟨wet, gezagsorgaan⟩ ♦ *ordain that* bevelen dat, het bevel uitvaardigen dat

or·dain·ment /ɔːdeɪnmənt, ᴬɔr-/ [telb zn] verordening, verordinering, (voor)beschikking ♦ ⟨r-k⟩ *God's ordainments* de verordineringen Gods

¹**or·deal** /ɔːdiːl, ᴬɔr-/ [telb zn] beproeving, bezoeking, ⟨fig⟩ penitentie, vuurproef, pijnlijke ervaring ♦ *the ordeal of the climb* de afmattende/moeilijke beklimming; *pass through terrible ordeals* harde beproevingen doorstaan, door de hel gaan; *undergo a severe ordeal* een zware vuurproef ondergaan

²**or·deal** /ɔːdiːl, ᴬɔr-/ [niet-telb zn] ⟨gesch⟩ ordale, ordalium, godsoordeel, godsgericht ♦ *ordeal by battle* tweegevecht-ordale, beslechting door het zwaard; *ordeal by fire* vuurproef, vuurordale; *trial by ordeal* godsgericht, godsoordeel

ordeal bean [telb zn] ⟨plantk⟩ calabarboon ⟨giftig zaad van Afrikaanse klimplant, Physostigma venenosum⟩

ordeal tree [telb zn] ⟨plantk⟩ oepas(boom) ⟨Antiaris toxicaria⟩

¹**or·der** /ɔːdə, ᴬɔrdər/ [telb zn] ① orde ⟨ook biologie⟩, stand, rang, (sociale) klasse/laag, ⟨form⟩ soort, aard ♦ *clerical order* geestelijke stand, clerus; *all orders and degrees of men* mensen van alle rangen en standen; *poetry of a high order* eersterangspoëzie; *order of knights* ridderstand, ridderorde; *the lower orders* de lagere volksklassen, het gepeupel/klootjesvolk; *military order* militaire stand, solda-

order

tenstand ② orde, kloosterorde, ridderorde, (geestelijke) vereniging, congregatie ♦ *the Order of the Bath* de Bathorde; *the Order of the Garter* de Orde van de Kousenband ⟨hoogste ridderorde in Engeland⟩; *the Order of Merit* de Orde van Verdienste ⟨in Engeland⟩; *monastic order* kloosterorde, monnikenorde; *Order of Preachers* orde der predikheren/dominicanen; ⟨IE⟩ *the Order of St Patrick* de Orde van St.-Patrick; *the Order of St Benedict* de orde van St.-Benedictus, de benedictijnenorde; *the order of Templars* de (ridder)orde van de tempeliers ③ orde(teken), waardigheidsteken, onderscheidingsteken ⟨van een orde⟩, ⟨i.h.b.⟩ ridderorde, ridderteken ♦ *the order of the Golden Fleece* de ordeketen van het Gulden Vlies ④ orde ⟨rang bij de geestelijkheid⟩, wijding(sgraad) ♦ *holy orders* hogere orden/wijdingen ⟨bijvoorbeeld diaconaat⟩; *minor orders* kleine orden, kleinere/lagere wijdingen ⟨bijvoorbeeld lectoraat⟩; *order of priesthood* ⟨r-k⟩ priesterschap; ⟨prot⟩ predikdienst, tweede orde van geestelijkheid ⟨tussen diaken- en bisschopsambt⟩ ⑤ ⟨r-k⟩ engelenkoor ⟨een van de negen klassen/rangen van engelen rond Gods troon⟩ ⑥ ⟨bouwk⟩ orde, bouworde, zuilenorde, (bouw)stijl ⟨voornamelijk m.b.t. de zuil⟩ ♦ *the five (classical) orders* de vijf (klassieke) orden; *a cathedral of the Gothic order* een kathedraal in gotische stijl ⑦ orde (van grootte) ⟨ook natuurkunde, wiskunde⟩, rang, (moeilijkheids)graad ♦ *a derivative of the first order* een afgeleide van de eerste orde; ⟨BE⟩ *in/of the order of*, ⟨AE⟩ *on the order of* in de orde (van grootte)/van de orde/rang van, ongeveer, om en (na)bij; *order of magnitude* orde (van grootte), grootteorde, groottteklasse ⑧ ⟨rel⟩ ordinarium, formulier ⟨vastgelegde vorm/orde van eredienst e.d.⟩ ♦ *order of baptism* doopformulier, doopplechtigheid ⑨ toelatingsbewijs, entreebewijs, kaart, entreekaart, contributiekaart, reductiekaart, pas(je) ♦ ⟨BE⟩ *an order to view* een bezichtigingsbriefje ⟨van makelaar gekregen, tot bezichtiging van huis⟩ ⟨·⟩ ⟨AE⟩ *on the order of* zoals, in de stijl/trant van, vergelijkbaar met; ⟨AE⟩ *be much on the order of* veel/aardig wat weg hebben van; ⟨AE⟩ *sth. on the order of a large automobile* zoiets als een/een soort grote auto

²**or·der** /ˈɔːdə, ᴬˈɔrdər/ [telb + niet-telb zn] ① ⟨vaak mv⟩ bevel, order, opdracht, instructie, dienstvoorschrift, ⟨jur⟩ vonnis, rechterlijk bevel ♦ *order of adjudication* (vonnis van) faillietverklaring; *buying order* kooporder; *by order of* op bevel/in opdracht van; *on doctor's orders* op doktersvoorschrift; *by (an) order of the court* bij rechterlijk vonnis, krachtens/op rechterlijk bevel; *Order in Council* Koninklijk Besluit, raadsbesluit, bestuursmaatregel ⟨in Engeland, op advies van de Privy Council door de koning(in) genomen⟩; *executive order* uitvoeringsbesluit; ⟨i.h.b. AE⟩ presidentieel besluit; *he gave orders for the settlements to be bulldozed to the ground* hij gaf bevel de nederzettingen met de grond gelijk te maken; ⟨mil⟩ *mention in general orders* bij dagorder vermelden; *orders to let no one in* instructie(s)/opdracht om niemand binnen te laten; *make/issue an order* een bevel uitvaardigen; *obey orders* een bevel/bevelen gehoorzamen; *pass an order* een vonnis wijzen; *take one's orders from* zijn bevelen krijgen van/uit; *under the orders of* onder bevel/aanvoering van; *be under marching orders* marsorders ontvangen hebben; *be under orders to leave for the Pacific* bevel (gekregen) hebben te vertrekken naar de Stille Zuidzee ② ⟨fin⟩ (betalings)opdracht, order(briefje), (betalings)mandaat, assignatie, bankassignatie, postassignatie, (post)wissel(formulier) ♦ *order for payment* assignatie, betalingsopdracht; *issue an order for the payment of* opdracht/bevel geven tot uitbetaling van; *order to pay* betalingsmandaat; *postal order* postwissel; ⟨beurs⟩ *standing order* legorder; *cheque to order* cheque aan order; *payable to the order of* betaalbaar aan de order van; *order to transfer* (giro-)overschrijving ③ bestelling, order, opdracht, levering, leveringsopdracht ♦ *book an order* een bestelling/order boeken/noteren; *cancel an order* een bestelling annuleren/order intrekken; *fill an order* een bestelling uitvoeren; *give s.o. an order for sth.* iets bij iemand bestellen; *place an order for six tons of coal* zes ton kolen bestellen; *two orders of French fries* twee porties friet/patat; *made to order* op bestelling/maat gemaakt; ⟨fig⟩ perfect, precies wat werd gevraagd; *be on order* in bestelling/besteld zijn; *per your order* volgens uw order; *take orders* bestellingen opnemen ⟨van winkelier, firma, ober enz.⟩; *to the order of* op bestelling/in opdracht/voor rekening van ⟨·⟩ ⟨inf⟩ *orders are orders* een bevel is een bevel

³**or·der** /ˈɔːdə, ᴬˈɔrdər/ [niet-telb zn] ① orde, rangorde, volgorde, op(een)volging ♦ *in order* in (de juiste) volgorde, (mooi) op volgorde; *in alphabetical order* in alfabetische (volg)orde, alfabetisch gerangschikt; *in order of importance* in (volg)orde van belangrijkheid; *out of order* niet in/op volgorde, door elkaar; *in the reverse order* in omgekeerde volgorde ② (benaming voor) ordelijke schikking/inrichting/toestand, orde, ordelijkheid, ordening, het geordend-zijn, regeling, regelmaat, geregeldheid, netheid, opstelling, gelid, formatie, stelsel, (maatschappij)structuur, regime ♦ *in order of battle* in slagorde, in gevechtsformatie; *bring some order into/to* een beetje/wat orde brengen in; *advance in close order* in gesloten orde/gelederen oprukken; ⟨mil⟩ *in extended order* in verspreide orde; *in good order* piekfijn/netjes in orde; *the troops retired in good order* in goede orde trokken de troepen terug; *in order* in/op orde, klaar, bedrijfsklaar, gebruiksklaar, oké; *be in perfect running/working order* perfect in orde zijn/functioneren/werken/lopen ⟨van machine, motor enz.⟩; *leave one's affairs in order* orde op zaken stellen, zijn zaken mooi geregeld achterlaten; *out of order* defect, niet klaar/bedrijfsklaar/gebruiksklaar, in wanorde, in de war, van streek, buiten gebruik/werking, onklaar; *the phone is out of order* de telefoon werkt niet (meer); *put/set sth. in order* orde scheppen in iets, iets in orde brengen; *the order of things* de orde der dingen; *the order of the world* de wereldorde ③ (dag)orde, agenda, reglement (van orde), (voorgeschreven) verloop/procedure ⟨van vergadering, bijeenkomst enz.⟩ ♦ *call s.o. to order* iemand tot de orde roepen; *call (a meeting) to order* een vergadering openen/voor geopend verklaren; *be the order of the day* aan de orde van de dag zijn ⟨ook figuurlijk⟩; ⟨form⟩ *in order* in orde, in overeenstemming met de regels, geoorloofd, toegelaten; *be in order* niet buiten de orde/het reglement van orde gaan ⟨van spreker⟩; aan de orde zijn, op de agenda staan, tot de dagorde behoren ⟨van voorstel, zaak enz.⟩; *introduce a motion of order* een motie van orde stellen; *Order! (Order!)* Tot de orde! (protest als iemand buiten de orde gaat); *be out of order* buiten de orde/het reglement van orde gaan ⟨van spreker⟩; (nog) niet aan de orde zijn ⟨van voorstel, zaak enz.⟩; *rise to a point of order* een procedurekwestie stellen, een vraag stellen over de orde; *proceed to the order of the day* tot de orde van de dag overgaan ④ orde, tucht, regel, gehoorzaamheid ♦ *keep order* orde houden, de orde handhaven; *keep (the class) in order* orde houden (in de klas); *disturb public order* de openbare orde verstoren; *restore order* de orde herstellen ⑤ ⟨mil⟩ tenue, uitrusting ♦ *in fighting order* in gevechtstenue, in gevechtsuitrusting ⑥ bedoeling, doel, intentie ♦ *in order to*, teneinde, met het oog op; ⟨form⟩ *in order that* opdat, (met de bedoeling) om, teneinde; *in order for the dog not to escape* opdat de hond niet zou ontsnappen, om de hond niet te laten ontsnappen; *she has left early in order that she may not miss the train* ze is vroeg weggegaan om de trein niet te missen ⟨·⟩ ⟨mil⟩ *the order* de positie van geweer bij voet, de houding met afgezet geweer

⁴**or·der** /ˈɔːdə, ᴬˈɔrdər/ [onov ww] ① bevelen (geven), het bevel hebben/voeren ② bestellen, een bestelling doen, een order plaatsen; → **ordered, ordering**

⁵**or·der** /ˈɔːdə, ᴬˈɔrdər/ [ov ww] ① ordenen, in orde brengen, regelen, (rang)schikken, inrichten ♦ *order one's affairs*

better zijn zaken beter regelen/behartigen ② ⟨benaming voor⟩ (een) bevel/order/opdracht/dwingend advies geven, het bevel geven (tot), verordenen, gelasten, vragen/verzoeken om, aanraden, voorschrijven ⟨van dokter⟩, (ver)ordineren, beschikken ⟨van God, noodlot⟩ ♦ *order s.o. about the place* iemand commanderen, iemand altijd maar bevelen geven/afjakkeren; *order new elections* nieuwe verkiezingen uitschrijven/laten houden; *order a player off the field* een speler van/uit het veld sturen; *he ordered the troops to open fire* hij gaf de troepen bevel het vuur te openen; *order s.o. a month's rest* iemand een maand rust voorschrijven; *order silence* stilte eisen/verzoeken; *be ordered to an outpost* naar een buitenpost worden (weg)gestuurd/moeten vertrekken; *it was so ordered of God* dat was zo van God verordinend; ⟨AE⟩ *the Defense Minister has ordered the journalists barred from the area* de minister van Defensie heeft de journalisten verboden in het gebied te komen ③ bestellen, een order plaatsen voor, laten bezorgen/brengen/komen/maken ⟨enz.⟩ ♦ *order o.s. two weenies* (voor zichzelf) twee hotdogs bestellen ④ ⟨rel⟩ ordineren, ordenen, wijden · *she is used to ordering people about* ze is gewend te bevelen; *order s.o. about/around* iemand commanderen, iemand voortdurend de wet voorschrijven, iemand afbeulen, over iemand de baas spelen; ⟨mil⟩ *order arms* (!) zet af het geweer!; *order s.o. away* iemand wegsturen/doorsturen/wegbonjouren; *order home* naar huis/het vaderland (terug)sturen/terugroepen; *order s.o. off* van/uit het veld sturen ⟨van scheidsrechter⟩; zie: **order out;** *order round* laten komen, laten halen; *order up* (naar) boven laten komen; ⟨mil⟩ oproepen, laten oprukken, naar het front sturen; *the regiment was ordered up (to the front)* het regiment kreeg bevel naar het front te trekken; → **ordered, ordering**

order book [telb zn] ① ⟨handel⟩ orderboek, bestel(lingen)boek ② ⟨ook Order Book⟩ agenda, dagorde ⟨van vergadering van het Engelse Lagerhuis⟩

order cheque [telb zn] ordercheque, cheque aan order

or·dered /ˈɔːdəd, ˈɔrdərd/ [bn; volt deelw van order] geordend, geregeld, ordelijk, regelmatig

order form [telb zn] ⟨handel⟩ bestelformulier, bestelbiljet, orderbriefje

or·der·ing /ˈɔːdrɪŋ, ˈɔr-/ [telb + niet-telb zn; (oorspronkelijk) gerund van order] ordening, regeling, schikking, inrichting, indeling

¹**or·der·ly** /ˈɔːdəli, ˈɔrdərli/ [telb zn] ① ⟨mil⟩ ordonnans, adjudant, (officiers)oppasser, soldaat-huisknecht, legerbode ② (zieken)oppasser, ziekenbroeder, verpleeghulp, zaalhulp ⟨in gif⟩ ⟨mil⟩ hospitaalsoldaat, kamerwacht ⟨in hospitaal⟩ ♦ *medical orderly* verpleeghulp, hulpverpleger, verpleegassistent; *nursing orderly* hospitaalsoldaat, (soldaat-)oppasser

²**or·der·ly** /ˈɔːdəli, ˈɔrdərli/ [bn; zn: orderliness] ordelijk, geordend, geregeld, regelmatig, in/op orde, netjes (opgeruimd), ordelievend, gedisciplineerd, methodisch, ordentelijk, fatsoenlijk, rustig, vreedzaam (verlopend)

³**or·der·ly** /ˈɔːdəli, ˈɔrdərli/ [bn, attr; zn: orderliness] ⟨mil⟩ bevel(en)-, order-, bevelvoerend, van dienst ♦ ⟨BE⟩ *orderly book* bevelenboek/instructieboek (van het regiment/van de compagnie); *orderly man* ordonnans; hospitaalsoldaat; ⟨BE⟩ *orderly officer* officier van de dag; ordonnans; *orderly room* administratiekamer, bureau van een compagnie/kazerne

⁴**or·der·ly** /ˈɔːdəli, ˈɔrdərli/ [bw] ordelijk, regelmatig, systematisch, in/op orde, netjes, behoorlijk

order out [ov ww] ① wegsturen, bevelen naar buiten/weg te gaan, de deur wijzen, eruit bonjouren/gooien ♦ *order s.o. out of the room* iemand de kamer uit sturen ② laten uitrukken, een beroep doen op, de hulp inroepen van, erop uitsturen ⟨oproerpolitie, soldaten, veiligheidstroepen enz.⟩

order paper [telb zn] agenda, dagorde ⟨van vergadering, (parlements)zitting enz.⟩

or·ders /ˈɔːdəz, ˈɔrdərz/ [alleen mv] ⟨rel⟩ ⟨benaming voor⟩ geestelijke staat, predikantschap, priesterschap, priesterambt ♦ *be in (holy) orders* geestelijke/predikant/priester zijn; *take (holy) orders* (tot) geestelijke/priester (gewijd) worden, als predikant geordend/bevestigd worden

order sheet [telb zn] bestelformulier, bestelbiljet, orderformulier

order word [telb zn] parool

¹**or·di·nal** NUMERAL /ˈɔːdɪnl, ˈɔrdn·əl/ [telb zn] ① rangtelwoord, ranggetal ② ⟨rel⟩ misboek, altaarboek, formulierboek

²**or·di·nal** /ˈɔːdɪnl, ˈɔrdn·əl/ [bn] ① ordinaal, rang- ♦ *ordinal numbers* rangtelwoorden, ranggetallen, ordinalia ② ⟨biol⟩ van/m.b.t. een orde, orde- ♦ *the ordinal name of these fishes* de naam van deze orde van vissen

or·di·nance /ˈɔːdɪnəns, ˈɔrdn·əns/ [telb zn] ① verordening, ordonnantie, bepaling, voorschrift, decreet, ordinantie ♦ *ordinance of the city council* raadsbesluit, besluit van de gemeenteraad, stedelijke ordonnantie ② ritueel, religieuze plechtigheid, (i.h.b.) communieritus ③ regel(ing), gewoonte, (vast) gebruik

or·di·nand /ˈɔːdɪnænd, ˈɔr-/ [telb zn] ⟨rel⟩ ordinandus, kandidaat voor het predikambt/priesterambt/tot de Heilige Dienst, proponent, wijdeling

or·di·nar·ies /ˈɔːdnriz, ˈɔrdn·eriz/ [alleen mv] alledaagse dingen ♦ *the little ordinaries of life* de kleine, alledaagse dingen van het leven

or·di·nar·i·ly /ˈɔːdnərɪli, ˈɔrdnerɪli/ [bw] ① → **ordinary**³ ② (zoals) gewoonlijk, doorgaans, door de band, in de regel, normaliter

¹**or·di·nar·y** /ˈɔːdnri, ˈɔrdn·eri/ [telb zn] ① ⟨BE⟩ (eenvoudige) maaltijd (tegen vaste prijs), dagschotel ② ⟨vnl BE⟩ gaarkeuken, ordinaris, eethuis ③ ⟨BE⟩ ⟨benaming voor⟩ overheidspersoon met volledige bevoegdheid, ⟨jur⟩ rechter (met directe bevoegdheid), ⟨kerkrecht⟩ ordinari(u)s, kerkelijk rechter ♦ *the Ordinary* de ordinaris ⟨bijvoorbeeld aartsbisschop in een kerkprovincie⟩ ④ ⟨r-k⟩ ordinarium, gewone orde van de Heilige Mis ⑤ ⟨heral⟩ heraldstuk, (eenvoudig) wapenbeeld ⟨paal, faas, keper, sint-andrieskruis enz.⟩ ⑥ ⟨vaak mv⟩ ⟨BE; fin⟩ (gewoon) aandeel (i.t.t. preferent/uitgesteld aandeel) ⑦ ⟨tech⟩ acatène

²**or·di·nar·y** /ˈɔːdnri, ˈɔrdn·eri/ [niet-telb zn] het gewone ♦ *by ordinary* gewoonlijk, door de band, normaliter; (in titels) *in ordinary* gewoon, vast (benoemd/in dienst), lijf-, hof-; *physician in ordinary to Her Majesty* lijfarts van Hare Majesteit; *out of the ordinary* ongewoon, uitzonderlijk, bijzonder; *nothing out of the ordinary* niets abnormaals/noemenswaardigs; *the ordinary* de gewone/normale gang van zaken

³**or·di·nar·y** /ˈɔːdnri, ˈɔrdn·eri/ [bn; zn: ordinariness] ① gewoon, alledaags, gebruikelijk, normaal, vertrouwd, routine- ♦ *in an ordinary way* in gewone omstandigheden; *in the ordinary way* gewoonlijk, normaal, eigenlijk, in gewone omstandigheden; op de gewone manier; ⟨BE⟩ *ordinary level* standaarddiploma/eindexamen (van de middelbare school) ⟨in Groot-Brittannië⟩; *ordinary seaman* (rang van) lichtmatroos, gemene matroos; ⟨BE⟩ *ordinary shares* gewone aandelen (i.t.t. preferente/uitgestelde aandelen) ② ⟨pej⟩ ordinair, gewoontjes, gemeen, doordeweeks, middelmatig, tweederangs ♦ *the ordinary run of things* de doorsnee/middelmaat

⁴**or·di·nar·y** /ˈɔːdnri, ˈɔrdn·eri/ [bn, pred + postnom; zn: ordinariness] ⟨jur⟩ bevoegd, met rechterlijke bevoegdheid, ambtshalve met rechtsmacht voorzien ♦ *Lord Ordinary* Lord Ordinary ⟨een van de vijf rechters van het Court of Session in Schotland⟩

¹**or·di·nate** /ˈɔːdɪnət, ˈɔrdn·ət/ [telb zn] ⟨wisk⟩ ordinaat, ⟨meestal⟩ tweede coördinaat ⟨afstand van een punt tot de

ordinate

x-as⟩

²**or·di·nate** /ˈɔːdɪnət, ᴬˈɔrdn·ət/ [bn] **in rijen geordend/geplaatst**, in/op regelmatige rijen, gerijd

or·di·na·tion /ˌɔːdɪˈneɪʃn, ᴬˌɔrdnˈeɪʃ/ [telb + niet-telb zn] ① **ordening**, rangschikking, indeling, classificatie ② **verordinering** ⟨van God, Voorzienigheid⟩, (voor)beschikking, (ver)ordening, ordinantie ③ ⟨rel⟩ **ordinatie**, wijding

or·di·nee /ˌɔːdɪˈniː, ᴬˌɔrdnˈiː/ [telb zn] **pas gewijd/geordend geestelijke**, gewijde, wijdeling, aankomend predikant/priester

ordn [afk] (ordnance)

ord·nance /ˈɔːdnəns, ᴬˈɔr-/ [niet-telb zn] ① **(zwaar) geschut**, artillerie, kanonnen ② **militaire voorraden en materieel** ⟨wapenarsenaal, munitie, voertuigen, onderhoudsmateriaal enz.⟩, oorlogsmateriaal, logistiek ③ **logistieke dienst**, bevoorradingsdienst/onderhoudsdienst ⟨van het leger⟩

Ordnance Corps [eigenn; the] ⟨AE⟩ **logistieke dienst** ⟨van het leger⟩, bevoorradingskorps

ordnance datum [niet-telb zn] ⟨BE⟩ **normaal zeeniveau/zeepeil** ⟨bepaald door de Ordnance Survey⟩

ordnance map [telb zn] ⟨BE⟩ **topografische kaart**, stafkaart

¹**ordnance survey** [eigenn; ook Ordnance Survey; the] ⟨BE⟩ **topografische dienst** ⟨van Groot-Brittannië en vroeger Ierland⟩, karteringsbureau

²**ordnance survey** [telb zn] ⟨BE⟩ ⟨verk: ordnance survey map⟩ **topografische kaart**, stafkaart

³**ordnance survey** [niet-telb zn] ⟨BE⟩ **kartering**, topografische opmeting/verkenning/waarneming

or·do /ˈɔːdoʊ, ᴬˈɔr-/ [telb zn; mv: ook ordines /ˈɔːdɪniːz, ᴬˈɔr-/] ⟨r-k⟩ **(mis)kalender**

or·don·nance /ˈɔːdənəns, ᴬˈɔr-/ [telb zn] ① **ordonnantie**, bouw, compositie, structuur ⟨van literair werk/kunstwerk/gebouw⟩ ② ⟨gesch⟩ **ordonnance**, ordonnantie, koninklijk besluit, voorschrift(en), wet(ten) ⟨in Frankrijk⟩

¹**Or·do·vi·cian** /ˌɔːdoʊˈvɪʃn, ᴬˈɔrdə-/ [eigenn; the] ⟨geol⟩ **ordovicium** ⟨2e periode van het paleozoïcum⟩

²**Or·do·vi·cian** /ˌɔːdoʊˈvɪʃn, ᴬˈɔrdə-/ [bn] ⟨geol⟩ **ordovicisch**, van/m.b.t. het ordovicium

¹**or·dure** /ˈɔːdjʊə, ᴬˈɔrdʒər/ [telb + niet-telb zn] ⟨form⟩ **vuil(igheid)**, viezigheid, smeerlapperij, obsceniteit, obscene/vuile taal, vuilbekkerij

²**or·dure** /ˈɔːdjʊə, ᴬˈɔrdʒər/ [niet-telb zn] ⟨form⟩ **uitwerpselen**, drek

ore /ɔː, ᴬɔr/ [telb + niet-telb zn] **erts**

Ore [afk] (Oregon)

o·re·ad /ˈɔːriæd/ [telb zn] **oreade**, bergnimf

orec·tic /ɒˈrektɪk, ᴬˈɔrek-/ [bn] **begerend**, begeerte-, begeer-

ore dressing [niet-telb zn] **ertsverwerking**, ertsscheiding

Oreg [afk] (Oregon)

¹**o·reg·a·no** /ɒrɪˈɡɑːnoʊ, ᴬˌɔrəˈɡænoʊ/ [telb zn] → **origan**

²**o·reg·a·no** /ɒrɪˈɡɑːnoʊ, ᴬˌɔrəˈɡænoʊ/ [telb zn] **oregano**, wilde marjolein ⟨specerij⟩

¹**Or·e·gon** /ˈɒrɪɡən, ᴬˈɔrɪ-, ᴬˈɑrɪ-/ [eigenn] **Oregon** ⟨westelijke staat van de USA⟩

²**Or·e·gon** /ˈɒrɪɡən, ᴬˈɔrɪ-, ᴬˈɑrɪ-/ [niet-telb zn] **oregon**, (soort) grenenhout

¹**Oregon fir, Oregon pine** [telb zn] ⟨vnl AE⟩ **douglas(den)**, douglasspar

²**Oregon fir, Oregon pine** [niet-telb zn] ⟨vnl AE⟩ **douglas(hout)**, oregon(hout) ⟨soort grenenhout⟩

¹**Or·e·go·ni·an** /ɒrɪˈɡoʊniən, ᴬˈɔrɪ-, ᴬˈɑrɪ-/ [telb zn] **inwoner van Oregon**

²**Or·e·go·ni·an** /ɒrɪˈɡoʊniən, ᴬˈɔrɪ-, ᴬˈɑrɪ-/ [bn] **van/uit Oregon**, Oregon-

oreide [niet-telb zn] → **oroide**

orfe /ɔːf, ᴬɔrf/ [telb zn] ⟨dierk⟩ **winde** ⟨siervis; Idus idus⟩

orfray, orfrey [telb + niet-telb zn] → **orphrey**

¹**org** /ɔːɡ, ᴬɔrɡ/ [telb zn] ⟨inf⟩ **organisatie**

²**org** [afk] ① (organic) ② (organization) ③ (organized)

or·gan /ˈɔːɡən, ᴬˈɔr-/ [telb zn] ① **orgel**, harmonium, huisorgel, draaiorgel, straatorgel, mondharmonica ② **orgaan**, ⟨euf⟩ penis ♦ *organs of speech* spraakorganen; *vital organs* vitale organen ③ **orgaan**, werktuig, instrument, instelling, dienst ④ **orgaan**, spreekbuis, blad, krant ♦ *the organs of public opinion* de media

organa [alleen mv] → **organon, organum**

or·gan-bel·lows [alleen mv; werkwoord soms enk] **orgelblaasbalg**

or·gan·bird [telb zn] ⟨dierk⟩ **witrugfluitvogel** ⟨Gymnorhina hyperleuca⟩

or·gan-blow·er [telb zn] **orgeltrapper**, orgeltreder

or·gan·die, or·gan·dy /ˈɔːɡəndi, ᴬˈɔr-/ [telb + niet-telb zn] **organdie**, (soort) mousseline

or·gan·elle /ˌɔːɡəˈnel, ᴬˈɔr-/, **or·gan·el·la** /ˌɔːɡəˈnelə, ᴬˈɔr-/ [telb zn] ⟨biol⟩ **organel**, organoïde

organ grinder [telb zn] **orgeldraaier**, orgelman, lierenman

¹**or·ga·nic** /ɔːˈɡænɪk, ᴬˈɔr-/ [telb zn] **organische stof**

²**or·ga·nic** /ɔːˈɡænɪk, ᴬˈɔr-/ [bn; bw: ~ally] ① **organisch**, bewerktuigd, wezenlijk, essentieel, vitaal ♦ *organic chemistry* organische scheikunde; *organic unity* organisch geheel ② **biologisch**, organisch-biologisch, natuurlijk ♦ *organic food* natuurvoeding; *organic gardening* biologisch tuinieren, biotuinieren; *organic waste* ± gft-afval ③ **organiek**, constitutioneel, grondwettelijk ♦ *organic act* organieke wet; *organic law* staatsrecht, organieke wet

or·gan·i·cism /ɔːˈɡænɪsɪzm, ᴬˈɔr-/ [niet-telb zn] ⟨biol, med, soc⟩ **organicisme**

or·gan·ism /ˈɔːɡənɪzm, ᴬˈɔr-/ [telb zn] **organisme**

or·gan·is·mal /ˌɔːɡəˈnɪzml, ᴬˈɔr-/, **or·gan·is·mic** /-mɪk/ [bn; bw: organismically] ① **organisch** ② **organicistisch**

or·gan·ist /ˈɔːɡənɪst, ᴬˈɔr-/ [telb zn] **organist**, orgelspeler

or·gan·iz·able, or·gan·is·able /ˌɔːɡəˈnaɪzəbl, ᴬˈɔr-/ [bn] **organiseerbaar**

or·gan·i·za·tion, or·gan·i·sa·tion /ˌɔːɡənaɪˈzeɪʃn, ᴬˌɔrɡənə-/ [telb + niet-telb zn] **organisatie**, het organiseren, organisme, structuur, vereniging ♦ ⟨ec⟩ *organization and method(s)* organisatieleer, arbeidsanalyse, arbeidsstudie ⟨van administratie⟩

or·gan·i·za·tion·al, or·gan·i·sa·tion·al /ˌɔːɡənaɪˈzeɪʃnəl, ᴬˌɔrɡənə-/ [bn; bw: ~ly] **organisatorisch**, organisatie-

¹**or·gan·ize, or·gan·ise** /ˈɔːɡənaɪz, ᴬˈɔr-/ [onov ww] ① **organisch worden** ② **zich organiseren/verenigen**; → **organized**

²**or·gan·ize, or·gan·ise** /ˈɔːɡənaɪz, ᴬˈɔr-/ [ov ww] ① **organisch maken**, organisch doen worden, van organen voorzien ② **organiseren**, regelen, tot stand brengen, oprichten, verenigen ③ **lid worden van** ⟨vakbond⟩, zich verenigen in, zich aansluiten bij; → **organized**

or·gan·ized, or·gan·ised /ˈɔːɡənaɪzd, ᴬˈɔr-/ [bn; oorspronkelijk volt deelw van organize] ① **georganiseerd**, aangesloten ⟨van vakbondsleden⟩, ⟨België⟩ gesyndikeerd ♦ *organized labour* bij een vakbond aangesloten arbeiders, georganiseerden; ⟨België⟩ gesyndikeerden ② **organisch**, gestructureerd ③ **georganiseerd**, georganiseerd, van organen voorzien ⟨van leven e.d.⟩ ④ **efficiënt**, alert, bij de pinken ♦ *be organized* alles op orde hebben; *get organized* orde op zaken stellen

or·gan·iz·er, or·gan·is·er /ˈɔːɡənaɪzə, ᴬˈɔrɡənaɪzər/ [telb zn] ① **organisator** ② **systematische agenda**, organizer

or·gan-loft [telb zn] **orgelgalerij**, orgelkoor, ⟨r-k⟩ oksaal, doksaal

or·gan·o·gen·e·sis /ˌɔːɡənoʊˈdʒenɪsɪs, ᴬˌɔrɡənoʊˈdʒenɪsɪs/ [telb zn; mv: organogeneses /-siːz/] **or-**

ganogenese, orgaanvorming, orgaanontwikkeling
or·gan·o·ge·net·ic /ɔːɡənoʊdʒɪnɛtɪk, ˄ɔːɡənoʊdʒɪnɛtɪk/ [bn; bw: ~ally] organogenetisch
or·gan·o·gram /ɔːɡænəɡræm, ˄ɔːr-/ [telb zn] organigram
or·gan·o·graph·i·cal /ɔːɡənoʊɡræfɪkl, ˄ɔːɡənoʊɡræfɪkl/ [bn] organografisch
or·gan·og·ra·phy /ɔːɡənɒɡrəfi, ˄ɔːɡənɑː-/ [telb + niet-telb zn] organografie, orgaanbeschrijving
or·gan·o·lep·tic /ɔːɡənoʊlɛptɪk, ˄ɔːr-/ [bn; bw: ~ally] organoleptisch, d.m.v. zintuigen ♦ *an organoleptic investigation* een organoleptisch/sensorisch onderzoek
or·gan·o·log·ic /ɔːɡənoʊlɒdʒɪk, ˄ɔːɡənoʊlɑːdʒɪk/, **or·gan·o·log·i·cal** /-ɪkl/ [bn; bw: ~ally] organologisch
or·gan·ol·o·gy /ɔːɡənɒlədʒi, ˄ɔːɡənɑː-/ [telb + niet-telb zn] orgaanleer, organologie
or·gan·o·me·tal·lic /ɔːɡənoʊmɪtælɪk, ˄ɔːr-/ [bn] metaalalkyl- ♦ *organometallic compound* metaal-alkylverbinding, organometaalverbinding
or·ga·non /ɔːɡənɒn, ˄ɔːɡənɑːn/, **or·ga·num** /ɔːɡənəm, ˄ɔːr-/ [telb zn; mv: ook organa /ɔːɡənə, ˄ɔːr-/] [1] ⟨filos⟩ organon ⟨naar Aristoteles' logische geschriften⟩ [2] ⟨muz⟩ organum, ⟨oudste manier van⟩ meerstemmig zingen
or·gan·o·ther·a·peu·tic /ɔːɡənoʊθɛrəpjuːtɪk, ˄ɔːɡənoʊθɛrəpjuːtɪk/ [bn] organotherapeutisch
or·gan·o·ther·a·py /ɔːɡənoʊθɛrəpi, ˄ɔːɡənoʊθɛrəpi/ [niet-telb zn] ⟨med⟩ organotherapie
or·gan-pipe [telb zn] orgelpijp
or·gan-point [telb zn] orgelpunt
organ stop [telb zn] orgelregister
organum [telb zn] → organon
or·gan·za /ɔːɡænzə, ˄ɔːr-/ [telb + niet-telb zn] organza
or·gan·zine /ɔːɡənziːn, ˄ɔːr-/ [telb + niet-telb zn] organzin, kettingzijde, organzinzijde
or·gasm /ɔːɡæzm, ˄ɔːr-/ [telb + niet-telb zn] [1] orgasme, het klaarkomen [2] opwinding, vervoering [3] paroxisme, ⟨vlaag van⟩ woede, smart enz.
or·gas·mic /ɔːɡæzmɪk, ˄ɔːr-/, **or·gas·tic** /ɔːɡæstɪk, ˄ɔːr-/ [bn] orgastisch
or·geat /ɔːʒɑː, ˄ɔːrʒɑː/ [niet-telb zn] orgeade, amandelmelk
or·gi·as·tic /ɔːdʒiæstɪk, ˄ɔːr-/, **or·gi·as·ti·cal** /-ɪkl/ [bn; bw: ~ally] orgiastisch, dol, als een orgie, bacchanalisch
or·gu·lous /ɔːɡjʊləs, ˄ɔːrɡələs/, **or·gil·lous** /ɔːɡɪləs, ˄ɔːr-/ [bn; bw: ~ly] ⟨vero⟩ hooghartig, trots
or·gy, or·gie /ɔːdʒi, ˄ɔːr-/ [telb zn] orgie, zwelgpartij, bacchanaal, braspartij, uitspatting, ⟨fig⟩ weelde, overvloed, overdaad ♦ *an orgy of parties* een eindeloze reeks feestjes; *an orgy of spending* teugelloze verkwisting
or·i·bi /ɒrəbi, ˄ɔːr-/, **ou·re·bi** /ʊərəbi/ [telb zn; mv: ook oribi] ⟨dierk⟩ oribi ⟨kleine Afrikaanse antilope; genus Ourebia⟩
o·rie-eyed /ɔːriaɪd/ [bn] ⟨sl⟩ bezopen
o·ri·el /ɔːriəl/ [telb zn] erker, erkel, erkervenster, arkel
oriel window [telb zn] erkervenster
¹**o·ri·ent** /ɔːriənt/ [telb zn] parel ⟨met uitzonderlijke glans⟩
²**o·ri·ent** /ɔːriənt/ [niet-telb zn] parelglans
³**o·ri·ent** /ɔːriənt/ [bn, attr] [1] ⟨form⟩ oriëntaal, oosters, oostelijk [2] glanzend, schitterend, van het zuiverste water ⟨van parels⟩ [3] ⟨vero⟩ rijzend, opgaand ⟨van zon of maan⟩
⁴**o·ri·ent** /ɔːriɛnt/, ⟨vnl BE ook⟩ **o·ri·en·tate** /ɔːriənteɪt/ [onov ww] [1] (naar het oosten keren) [2] (naar het oosten) gericht worden
⁵**o·ri·ent** /ɔːriɛnt/, ⟨vnl BE ook⟩ **o·ri·en·tate** /ɔːriənteɪt/ [ov ww] [1] (naar het oosten) richten [2] oriënteren, situeren ♦ *environmentally-oriented research* milieutechnisch onderzoek; *orient o.s.* zich oriënteren
O·ri·ent /ɔːriənt/ [eigenn; the] ⟨vnl form⟩ Oriënt, Oosten, Morgenland [2] oosten
o·ri·en·tal /ɔːriɛntl/ [bn, attr; bw: ~ly] [1] ⟨vaak Oriental⟩ oosters, oostelijk, oriëntaal ♦ *oriental poppy* oosterse papaver; *oriental rug/carpet* oosters tapijt [2] glanzend, schitterend, van het zuiverste water ⟨van parel⟩ [3] ⟨vero⟩ oostelijk, oosten- ⟨o.m. van wind⟩ [?] *oriental ruby* echte/oosterse robijn; *oriental topaz* oosterse topaas
O·ri·en·tal [telb zn] ⟨vero; thans vaak als beled opgevat⟩ oosterling, Aziaat
o·ri·en·tal·ism /ɔːriɛntəlɪzm/ [niet-telb zn; ook Orientalism] [1] oriëntalisme, oosters karakter [2] oriëntalistiek, kennis/leer/studie van het oosten/oosterse talen
o·ri·en·tal·ist /ɔːriɛntəlɪst/ [telb zn; ook Orientalist] oriëntalist
¹**o·ri·en·tal·ize** /ɔːriɛntəlaɪz/ [onov ww; ook Orientalize] [1] oosters worden [2] oosters lijken, er oosters uitzien
²**o·ri·en·tal·ize** /ɔːriɛntəlaɪz/ [ov ww; ook Orientalize] oosters maken, er oosters uit laten zien
orientate [onov + ov ww] → orient⁴
o·ri·en·ta·tion /ɔːriɛnteɪʃn/ [telb + niet-telb zn] [1] oriëntatie, oriëntering, plaatsbepaling, gerichtheid, inlichting, voorlichting [2] oriënteringsvermogen
orientation course [telb zn] oriëntatiecursus, voorlichtingscursus, propedeuse
-o·ri·ent·ed /ɔːriɛntɪd/ [vormt bn] gericht/georiënteerd op ♦ *outdoor-oriented* op het buitenleven gericht
o·ri·en·teer /ɔːriəntɪə, ˄ɔːriəntɪr/ [telb zn] oriëntatieloper
o·ri·en·teer·ing /ɔːriəntɪərɪŋ, ˄ɔːriəntɪrɪŋ/ [niet-telb zn] ⟨sport⟩ oriëntatielopen, oriënteringslopen, oriënteringssport
or·i·fice /ɒrɪfɪs, ˄ɔːr-, ˄ɑːr-/ [telb zn] ⟨form⟩ opening, gat, mond
or·i·flamme, au·ri·flamme /ɒrɪflæm, ˄ɔːr-/ [telb zn] ⟨gesch⟩ oriflamme, banier ⟨van St.-Denis⟩, ⟨ook fig⟩ vaandel, wimpel, vlag
orig [afk] [1] ⟨origin⟩ [2] ⟨original⟩ [3] ⟨originally⟩
o·ri·ga·mi /ɒrɪɡɑːmi, ˄ɔːrɪɡɑːmi/ [niet-telb zn] origami ⟨Japanse papiervouwkunst⟩
or·i·gan /ɒrɪɡən, ˄ɔːr-, ˄ɑːr-/, **or·i·gane** /ɒrɪɡæn, -ɡeɪn, ˄ɔːr-/, **o·rig·a·num** /ərɪɡənəm/, **o·reg·a·no** /ɒrɪɡɑːnoʊ, ˄ərɛɡənoʊ/ [telb zn] ⟨plantk⟩ wilde marjolein ⟨Origanum vulgare⟩
or·i·gin /ɒrɪdʒɪn, ˄ɔːr-, ˄ɑːr-/ [telb + niet-telb zn; vaak mv met enkelvoudige betekenis] [1] ⟨benaming voor⟩ oorsprong, origine, ontstaan, begin(punt), bron, afkomst, herkomst, oorzaak ♦ *the origin(s) of civilization* de bakermat van de beschaving; *country of origin* land van herkomst; *the origin of a fight* de oorzaak van een ruzie; *a word of Greek origin* een woord van Griekse oorsprong; *of noble origin(s)* van hoge geboorte/afkomst; *the origin of a river* de bron(nen) van een rivier [2] ⟨anat⟩ aanhechtingspunt ⟨van een spier⟩
¹**o·rig·i·nal** /ərɪdʒnəl/ [telb zn] [1] ⟨vaak the⟩ (het) origineel, oorspronkelijk(e) stuk/versie/taal, eerste exemplaar, voorbeeld, model ♦ *read Dante in the original* Dante in het Italiaans lezen [2] vernieuwer [3] ⟨vero⟩ zonderling, origineel
²**o·rig·i·nal** /ərɪdʒnəl/ [bn; bw: ~ly] ⟨benaming voor⟩ origineel, oorspronkelijk, vroegst, aanvankelijk, onvervalst, authentiek, fris, inventief, creatief, verrassend, zonderling ♦ *original capital* stamkapitaal; *an original mind* een creatieve geest; *original print* eerste druk; *original sin* erfzonde
¹**o·rig·i·nal·i·ty** /ərɪdʒənæləti/ [telb zn] iets origineels
²**o·rig·i·nal·i·ty** /ərɪdʒənæləti/ [niet-telb zn] originaliteit, oorspronkelijkheid, echtheid
¹**o·rig·i·nate** /ərɪdʒɪneɪt/ [onov ww] ontstaan, beginnen, voortkomen, ontspruiten ♦ *originate from/in sth.* voortkomen uit/uitgaan van iets; *originate from/with s.o.* aanvan-

originate

gen met/in 't leven geroepen worden door iemand, opkomen bij iemand

²**o·rig·i·nate** /ərɪdʒəneɪt/ [ov ww] doen ontstaan, voortbrengen, scheppen, in het leven roepen

o·rig·i·na·tion /ərɪdʒəneɪʃn/ [telb zn] ① ontstaan, opkomst, oorsprong, begin ② voortbrenging, productie, verwekking, schepping, creatie

o·rig·i·na·tive /ərɪdʒənətɪv, ᴬ-neɪtɪv/ [bn; bw: ~ly] creatief, scheppend, voortbrengend, vindingrijk

o·rig·i·na·tor /ərɪdʒəneɪtə, ᴬ-neɪtər/ [telb zn] voortbrenger, schepper, grondlegger, oorsprong

o·ri·ole /ɔːrioʊl/, ⟨in betekenis 1 ook⟩ **golden oriole**, ⟨in betekenis 2 ook⟩ **Baltimore oriole** [telb zn] ⟨dierk⟩ ① wielewaal ⟨familie Oriolidae, in het bijzonder Oriolus oriolus⟩ ② oriool ⟨genus Icterus⟩, ⟨i.h.b.⟩ baltimoretroepiaal ⟨Icterus galbula⟩

O·ri·on /əraɪən/ [eigenn] ⟨astron⟩ Orion ♦ *Orion's belt* Gordel van Orion

Orion's hound [eigenn] Sirius, Hondsster

or·i·son /ɒrɪzn, ᴬɑrɪsn/ [telb zn; vaak mv] ⟨vero⟩ gebed

-o·ri·um /ɔːriəm, ᴬ-/ ⟨vormt zelfstandig naamwoord⟩ -orium ♦ *auditorium* auditorium; *crematorium* crematorium

¹**O·ri·ya** /ɔːriːə/ [eigenn] Oriya ⟨taal gesproken in Orissa, India⟩

²**O·ri·ya** /ɔːriːə/ [telb zn; mv: ook Oriya] inwoner van Orissa

ork, orc, orch /ɔːk, ᴬɔrk/ [telb zn] ⟨sl⟩ orkest, band

Ork·ney Is·lands /ɔːkni aɪlən(d)z, ᴬɔrk-/, **Ork·neys** /ɔːkniz, ᴬɔrk-/ [eigenn; the] Orcaden

orle /ɔːl, ᴬɔrl/ [telb zn] binnenzoom ⟨van wapenschild⟩

¹**Or·leans** /ɔːliːnz, ᴬɔrliənz/ [eigenn] Orleans ⟨stad in Frankrijk⟩

²**Or·leans** /ɔːliːnz, ᴬɔrliənz/ [telb zn] ⟨soort van⟩ pruim

³**Or·leans** /ɔːliːnz, ᴬɔrliənz/ [niet-telb zn] orleans ⟨geweven stof⟩

Or·lon /ɔːlɒn, ᴬɔrlɑn/ [niet-telb zn] orlon ⟨kunstvezel⟩

or·lop /ɔːlɒp, ᴬɔrlɑp/, **orlop deck** [telb zn] ⟨scheepv⟩ koebrug(dek), benedentussendek

or·mer /ɔːmə, ᴬɔrmər/ [BE; dierk] gewone zeeoor ⟨schelpdier, genus Haliotis⟩

¹**or·mo·lu** /ɔːməluː, ᴬɔr-/ [telb + niet-telb zn] ormouluartikel(en)

²**or·mo·lu** /ɔːməluː, ᴬɔr-/ [niet-telb zn; vaak attributief] ormolu, goudbrons, klatergoud

¹**or·na·ment** /ɔːnəmənt, ᴬɔr-/ [telb zn] ① ornament, sieraad, ⟨fig⟩ aanwinst, trots ♦ ⟨fig⟩ *she's an ornament to her profession* ze doet haar beroep eer aan ② ⟨vnl mv⟩ ⟨rel⟩ accessoire voor eredienst ③ ⟨vaak mv⟩ ⟨muz⟩ ornament, versiering

²**or·na·ment** /ɔːnəmənt, ᴬɔr-/ [niet-telb zn] versiering, decoratie, ornamentatie ♦ *a ceiling rich in ornament* een rijkversierd plafond

³**or·na·ment** /ɔːnəmənt, ᴬɔr-/ [ov ww] (ver)sieren, ornamenteren, tooien

¹**or·na·men·tal** /ɔːnəmentl, ᴬɔrnəmentl/ [telb zn] ornament, ⟨i.h.b.⟩ sierplant

²**or·na·men·tal** /ɔːnəmentl, ᴬɔrnəmentl/ [bn; bw: ~ly] ⟨ook pej⟩ sier-, ornamenteel, (ver)sierend, (louter) decoratief ♦ *ornamental art* ornamentiek, versieringskunst; *ornamental painter* decoratieschilder

or·na·men·tal·ism /ɔːnəmentəlɪzm, ᴬɔrnəmentəlɪzm/ [telb + niet-telb zn] ornamentalisme

or·na·men·ta·tion /ɔːnəmenteɪʃn, ᴬɔr-/ [telb + niet-telb zn] ornamentatie, versiering

or·nate /ɔːneɪt, ᴬɔr-/ [bn; bw: ~ly; zn: ~ness] sierlijk, overladen, barok, bloemrijk

or·ner·y /ɔːnəri, ᴬɔr-/ [bn; vergr trap: ornerier; zn: orneriness] ⟨vnl AE; inf⟩ ① gewoon, van lage kwaliteit ② chagrijnig, knorrig, koppig ③ gemeen, smerig ⟨streek⟩

or·nith·ic /ɔːnɪθɪk, ᴬɔr-/ [bn] vogel-, ornithologisch

or·ni·tho·log·i·cal /ɔːnɪθəlɒdʒɪkl, ᴬɔrnɪθəlɑdʒɪkl/, **or·ni·tho·log·ic** /-lɒdʒɪk, ᴬ-lɑdʒɪk/ [bn; bw: ~ly] ornithologisch, vogel-

or·ni·thol·o·gist /ɔːnɪθɒlədʒɪst, ᴬɔrnɪθɑ-/ [telb zn] ornitholoog, vogelkenner

¹**or·ni·thol·o·gy** /ɔːnɪθɒlədʒi, ᴬɔrnɪθɑ-/ [telb zn] ornithologisch geschrift

²**or·ni·thol·o·gy** /ɔːnɪθɒlədʒi, ᴬɔrnɪθɑ-/ [niet-telb zn] ornithologie, vogelkunde, leer der vogels

or·ni·tho·man·cy /ɔːnɪθoʊmænsi, ᴬɔrnɪθəmænsi/ [niet-telb zn] vogelwichelarij

or·ni·thop·ter /ɔːnɪθɒptə, ᴬɔrnɪθɑptər/ [telb zn] ornithopter, klapvliegtuig

or·ni·tho·ryn·chus /ɔːnɪθoʊrɪŋkəs, ᴬɔrnɪθə-/ [telb zn] vogelbekdier

or·ni·thos·co·py /ɔːnɪθɒskəpi, ᴬɔrnɪθɑ-/ [niet-telb zn] ① vogelwichelarij ② vogelobservatie

or·o·gen·e·sis /ɒrədʒenɪsɪs, ᴬɔroʊ-/, **o·rog·e·ny** /ɒrɒdʒəni, ᴬɔrɑ-/ [telb + niet-telb zn; mv: orogeneses /-siːz/] ⟨geol⟩ orogenese, gebergtevorming, plooiing van de aardkorst

or·o·ge·net·ic /ɒrədʒɪnetɪk, ᴬɔrədʒɪnetɪk/, **or·o·gen·ic** /ɒrədʒenɪk, ᴬɔrə-/ [bn; bw: ~ally, orogenically] ⟨geol⟩ orogenetisch, m.b.t. gebergtevorming

or·o·graph·ic /ɒrəgræfɪk, ᴬɔrə-/, **or·o·graph·i·cal** /-ɪkl/ [bn; bw: ~ally] orografisch, gebergtebeschrijvend

o·rog·ra·phy /ɒrɒgrəfi, ᴬɔrɑ-/ [niet-telb zn] orografie, gebergtebeschrijving

o·ro·ide /ɔːroʊaɪd/, **o·re·ide** /ɔːriaɪd/ [niet-telb zn] oreid, kunstgoud

o·ro·log·i·cal /ɒrəlɒdʒɪkl, ᴬɔrəlɑ-/ [bn; bw: ~ly] orologisch

o·rol·o·gist /ɒrɒlədʒɪst, ᴬɔrɑ-/ [telb zn] oroloog

o·rol·o·gy /ɒrɒlədʒi, ᴬɔrɑ-/ [niet-telb zn] orologie, (vergelijkende) gebergteleer

o·ro·tund /ɒroʊtʌnd, ᴬɔrə-/ [bn] ① vol ⟨van klank⟩, imposant, waardig, indrukwekkend ② bombastisch, gezwollen, pretentieus, hoogdravend

¹**or·phan** /ɔːfn, ᴬɔrfn/ [telb zn] wees, ouderloos kind, ⟨fig⟩ verstoteling

²**or·phan** /ɔːfn, ᴬɔrfn/, **or·phan·ize** /ɔːfənaɪz, ᴬɔr-/ [ov ww] tot wees maken, van zijn/haar ouders beroven; → orphaned

¹**or·phan·age** /ɔːfɪnɪdʒ, ᴬɔr-/ [telb zn] weeshuis

²**or·phan·age** /ɔːfɪnɪdʒ, ᴬɔr-/ [niet-telb zn] verweesdheid, ouderloosheid

³**or·phan·age** /ɔːfɪnɪdʒ, ᴬɔr-/ [verzameln] wezen

orphan child [telb zn] weeskind

or·phaned /ɔːfnd, ᴬɔrfnd/ [bn; volt deelw van orphan] ouderloos, verweesd, ⟨fig⟩ weerloos

orphan emission [telb zn] emissie/uitstoot van onbekende oorsprong

orphan home [telb zn] weeshuis

or·phan·hood /ɔːfnhʊd, ᴬɔr-/ [niet-telb zn] verweesdheid, ouderloosheid

Or·phe·an /ɔːfiən, ᴬɔr-/ [bn] verrukkelijk, melodieus, meeslepend ⟨voornamelijk van muziek⟩ ① ⟨dierk⟩ *Orphean warbler* orfeusgrasmus ⟨Sylvia hortensis⟩

Or·phic /ɔːfɪk, ᴬɔr-/, **Or·phic·al** /-ɪkl/ [bn; bw: ~ally] ① orfisch, (als) van Orpheus, mystiek, orakelachtig, esoterisch ② verrukkelijk, melodieus, meeslepend ⟨voornamelijk van muziek⟩

Or·phism /ɔːfɪzm, ᴬɔr-/ [niet-telb zn] orfisme ⟨religieuze beweging in oudheid⟩

or·phrey, or·fray, or·frey /ɔːfri, ᴬɔr-/ [telb + niet-telb zn] (rand van) goudborduursel

or·pi·ment /ɔːpɪmənt, ᴬɔr-/, **orpiment yellow** [niet-telb zn] auripigment, operment, goudkleur, koningsgeel

or·pine, or·pin /ɔːpɪn, ᴬɔr-/ [telb zn] ⟨plantk⟩ hemelsleutel ⟨Sedum telephium⟩, vetkruid

Or·ping·ton /ˈɔːpɪŋtən, ˈɔr-/ [telb + niet-telb zn] Orpington ⟨(kip van) als braadhoen gekweekt ras⟩

or·ra, or·row /ˈɒrə, ˈɔrə/ [bn, attr] ⟨SchE⟩ [1] ongeregeld, toevallig, occasioneel ♦ *orra jobs* karweitjes; *orra man* klusjesman, manusje-van-alles ⟨op boerderij⟩ [2] vrij ♦ *orra hours* lege uurtjes

or·re·ry /ˈɒrəri, ˈɔ-/ [telb zn] planetarium ⟨voornamelijk van het type ontworpen door Charles Boyle, graaf van Orrery⟩

¹**or·ris** /ˈɒrɪs, ˈɔrɪs/ [telb zn] ⟨plantk⟩ Florentijnse iris ⟨Iris Florentina⟩

²**or·ris** /ˈɒrɪs, ˈɔrɪs/ [niet-telb zn] [1] iriswortel, viooltjeswortel ⟨wortelstok van Florentijnse iris⟩ [2] goudgalon, zilvergalon

or·ris-pow·der [niet-telb zn] poudre de riz, poudre d'iris ⟨poeder van de wortelstok van de Florentijnse iris⟩

or·ris-root [niet-telb zn] iriswortel, viooltjeswortel

orth [afk] [1] (orthopedic) [2] (orthopedics)

or·thi·con /ˈɔːθɪkɒn, ˈɔrθɪkɑn/ [telb zn] orthicon ⟨opneembuis van een televisiecamera⟩

or·tho- /ˈɔːθoʊ, ˈɔr-/, **orth-** /ˈɔːθ, ˈɔrθ/ **orth(o)-** ♦ *orthicon* orthicon; *orthogonal* orthogonaal

or·tho·cen·tre, ⟨AE ook⟩ **or·tho·cen·ter** /ˈɔːθoʊsentə, ˈɔrθoʊsentər/ [telb zn] ⟨wisk⟩ hoogtepunt ⟨van een driehoek⟩, orthocentrum

or·tho·ce·phal·ic /ˌɔːθoʊsɪˈfælɪk, ˌɔrθə-/, **or·tho·ceph·a·lous** /-səfələs/ [bn] orthocefaal ⟨met schedelbreedte tussen ¾ en ⅘ van de lengte⟩

or·tho·chro·mat·ic /ˌɔːθəkrəˈmætɪk, ˌɔrθəkrəˈmætɪk/ [bn] orthochromatisch, isochromatisch

or·tho·clase /ˈɔːθəkleɪs, ˈɔr-/ [telb + niet-telb zn] ⟨geol⟩ orthoklaas ⟨een kaliveldspaat⟩

or·tho·don·tia /ˌɔːθəˈdɒnʃə, ˌɔrθəˈdɑnʃə/ [niet-telb zn] orthodontie

or·tho·don·tic /ˌɔːθəˈdɒntɪk, ˌɔrθəˈdɑntɪk/ [bn] orthodontisch

or·tho·don·tics /ˌɔːθəˈdɒntɪks, ˌɔrθəˈdɑntɪks/ [alleen mv; werkwoord ook enk] orthodontie

or·tho·don·tist /ˌɔːθəˈdɒntɪst, ˌɔrθəˈdɑntɪst/ [telb zn] orthodontist, tandorthopedist

¹**or·tho·dox** /ˈɔːθədɒks, ˈɔrθədɑks/ [telb zn; mv: ook orthodox] orthodox, rechtgelovige, rechtzinnige, ⟨vnl Orthodox⟩ lid van de orthodoxe kerk

²**or·tho·dox** /ˈɔːθədɒks, ˈɔrθədɑks/ [bn; bw: ~ly; zn: ~ness] [1] orthodox, rechtgelovig, rechtzinnig, ⟨vnl Orthodox⟩ oosters-orthodox, ⟨oneig⟩ katholiek, koosjer ♦ *the Orthodox Church* de orthodoxe/oosterse/Grieks-katholieke kerk; *Orthodox Judaism* orthodox jodendom [2] conservatief, conventioneel, ouderwets, gebruikelijk, gewoon, gepast [3] orthodox ⟨m.b.t. slaap⟩, langzaam [·] *orthodox sleep* n-remslaap, S-state, droomloze slaap

¹**or·tho·dox·y** /ˈɔːθədɒksi, ˈɔrθədɑksi/ [telb zn] orthodox(e) praktijk/gewoonte/idee

²**or·tho·dox·y** /ˈɔːθədɒksi, ˈɔrθədɑksi/ [niet-telb zn] orthodoxie, rechtzinnigheid

or·tho·ep·ic /ˌɔːθoʊˈepɪk, ˌɔr-/, **or·tho·ep·i·cal** /-ɪkl/ [bn; bw: ~ally] orthoëpisch, orthofonisch

or·tho·e·pist /ˈɔːθoʊepɪst, ˈɔrθoʊˌəpɪst/ [telb zn] uitspraakkundige

¹**or·tho·e·py** /ˈɔːθoʊepi, ˈɔrθoʊˌəpi/ [telb + niet-telb zn] juiste uitspraak

²**or·tho·e·py** /ˈɔːθoʊepi, ˈɔrθoʊˌəpi/ [telb zn] orthoëpie, uitspraakleer, orthofonie

or·tho·gen·e·sis /ˌɔːθəˈdʒenɪsɪs, ˌɔrθə-/ [niet-telb zn] ⟨biol, soc⟩ orthogenese, orthogenesis

or·tho·ge·net·ic /ˌɔːθəˈdʒɪnetɪk, ˌɔrθəˈdʒɪnetɪk/ [bn; bw: ~ally] orthogenetisch

or·thog·na·thous /ɔːˈθɒɡnəθəs, ɔrˈθɑɡ-/, **or·thog·nath·ic** /ˌɔːθoʊɡˈnæθɪk, ˌɔrθɑɡ(ɡ)-/ [bn] orthognaat ⟨met niet uitstekende kaken⟩

or·thog·o·nal /ɔːˈθɒɡənl, ɔrˈθɑɡə-/ [bn; bw: ~ly] ⟨wisk⟩ orthogonaal, orthogonisch, rechthoekig ♦ *orthogonal projection* orthogonale projectie

or·thog·ra·pher /ɔːˈθɒɡrəfə, ɔrˈθɑɡrəfər/, **or·thog·ra·phist** /-fɪst/ [telb zn] spellingkundige

or·tho·graph·ic /ˌɔːθəˈɡræfɪk, ˌɔr-/, **or·tho·graph·i·cal** /-ɪkl/ [bn; bw: ~ally] [1] orthografisch, spelling(s)- [2] ⟨wisk⟩ orthogonaal, orthogonisch, rechthoekig

or·thog·ra·phy /ɔːˈθɒɡrəfi, ɔrˈθɑɡə-/ [telb + niet-telb zn] orthografie, spelkunst, spellingleer, juiste spelling

or·tho·hy·dro·gen /ˌɔːθəˈhaɪdrədʒɪn, ˌɔr-/ [niet-telb zn] orthowaterstof

or·tho·pae·dic, ⟨AE vnl⟩ **or·tho·pe·dic** /ˌɔːθəˈpiːdɪk, ˌɔrθə-/ [bn; bw: ~ally] orthopedisch ♦ *orthopaedic shoe* orthopedische schoen; *orthopaedic surgeon* orthopedisch chirurg, orthopedist

or·tho·pae·dics, ⟨AE vnl⟩ **or·tho·pe·dics** /ˌɔːθəˈpiːdɪks, ˌɔrθəˈpiːdɪks/ [alleen mv; werkwoord ook enk] orthopedie

or·tho·pae·dist, ⟨AE vnl⟩ **or·tho·pe·dist** /ˌɔːθəˈpiːdɪst, ˌɔrθəˈpiːdɪst/ [telb zn] orthopedist, orthopeed

or·tho·pae·dy, ⟨AE vnl⟩ **or·tho·pe·dy** /ˈɔːθəpiːdi, ˈɔrθəpiːdi/ [niet-telb zn] orthopedie

or·tho·psy·chi·at·ric /ˌɔːθoʊsaɪkiˈætrɪk, ˌɔrθoʊsaɪkiˈætrɪk/, **or·tho·psy·chi·at·ri·cal** /-ɪkl/ [bn] orthopsychiatrisch, preventief-psychiatrisch

or·tho·psy·chi·a·trist /ˌɔːθoʊsaɪˈkaɪətrɪst, ˌɔrθoʊsaɪˈkaɪətrɪst/ [telb zn] orthopsychiater

or·tho·psy·chi·a·try /ˌɔːθoʊsaɪˈkaɪətri, ˌɔrθoʊsaɪˈkaɪətri/ [niet-telb zn] orthopsychiatrie, preventieve psychiatrie

or·thop·tic /ɔːˈθɒptɪk, ɔrˈθɑ-/ [bn] orthoptisch

or·thop·tics /ɔːˈθɒptɪks, ɔrˈθɑ-/ [alleen mv; werkwoord ook enk] orthoptie

or·thop·tist /ɔːˈθɒptɪst, ɔrˈθɑ-/ [telb zn] orthoptist(e)

or·tho·rhom·bic /ˌɔːθəˈrɒmbɪk, ˌɔrθəˈrɑm-/ [bn] ⟨geol⟩ rombisch

or·tho·scope /ˈɔːθəskoʊp, ˈɔrθəskoʊp/ [telb zn] orthoscoop

or·tho·scop·ic /ˌɔːθəˈskɒpɪk, ˌɔrθəˈskɑpɪk/ [bn] orthoscopisch, onvervormd

or·thos·ti·chous /ɔːˈθɒstəkəs, ɔrˈθɑ-/ [bn] ⟨plantk⟩ orthostichisch

or·thot·ro·pic /ɔːˈθɒtrəpɪk, ɔrˈθɑtrəpɪk/, **or·thot·ro·pous** /ɔːˈθɒtrəpəs, ɔrˈθɑ-/ [bn] ⟨plantk⟩ orthotroop

or·to·lan /ˈɔːtələn, ˈɔrtə-/, ⟨in betekenis 1 ook⟩ **ortolan bunting** [telb zn] ⟨dierk⟩ [1] ortolaan ⟨soort gors; Emberiza hortulana⟩ [2] tapuit ⟨Oenanthe oenanthe⟩ [3] bobolink, rijsttroepiaal ⟨Dolichonyx oryzivorus⟩

or·vi·e·tan /ˈɔːviːtn, ˈɔrvieɪtn/ [niet-telb zn] orvietaan ⟨soort van tegengif⟩

Or·well·i·an /ɔːˈwelɪən, ɔr-/ [bn] orwelliaans, totalitair ⟨naar een boek van G. Orwell⟩

-o·ry /(ə)ri, ˌɔri/ [1] ⟨vormt zelfstandig naamwoord⟩ -orium ♦ *laboratory* laboratorium; *conservatory* conservatorium [2] ⟨vormt zelfstandig naamwoord en bijvoeglijk naamwoord⟩ ♦ *accessory* bijkomstig, bijkomstigheid; *promissory* belovend

o·ryx /ˈɒrɪks, ˈɔ-/ [telb zn; mv: ook oryx] spiesbok, algazel, gemsbok, beisa, Arabische oryx ⟨genus Oryx⟩

¹**os** /ɒs, ˈɑs/ [telb zn; mv: ossa /ˈɒsə, ˈɑsə/] ⟨anat⟩ os, been, bot

²**os** /ɒs, ˈɑs/, **ose** /oʊs/ [telb zn; mv: ook osar /ˈoʊsə, ˈ-ər/] ⟨aardr⟩ esk, smeltwaterrug, oos

³**os** /ɒs, ˈɑs/ [telb zn; mv: ora /ˈɔːrə/] ⟨anat⟩ os, mond, opening, ingang

o.s., o/s [afk] (out of stock)

OS [afk] [1] (Old Saxon) [2] (Old Series) [3] (Old Style) [4] (ordinary seaman) [5] (ordnance survey) [6] (out of stock) [7] (outsize)

OSA

OSA [afk] (Order of St Augustine)

¹O·sage /ˈoʊseɪdʒ/ [eigenn] Osage ⟨taal van de Osage-indianen⟩

²O·sage /ˈoʊseɪdʒ/ [telb zn] ① ⟨ook Osage⟩ Osage(-indiaan) ② → Osage orange¹

³O·sage /ˈoʊseɪdʒ/ [niet-telb zn] → Osage orange²

⁴O·sage /ˈoʊseɪdʒ/ [verzamel; the] Osage ⟨indianenstam⟩

¹Osage orange [telb zn] ⟨plantk⟩ Amerikaanse oranjeappel ⟨Maclura pomifera⟩

²Osage orange [niet-telb zn] ① iroko, kambala ⟨hout van de Maclura excelsa⟩ ② maclurageel ⟨geelachtige kleurstof uit Maclura tinctoria⟩

OSB [eigenn] (Order of St Benedict) O.S.B.

¹Os·can /ˈɒskən, ᴬˈɑs-/ [eigenn] Oskisch ⟨taal van de Osken⟩

²Os·can /ˈɒskən, ᴬˈɑs-/ [bn] Oskisch, van/m.b.t. de Osken/het Oskisch

¹Os·car /ˈɒskə, ᴬˈɑskər/ [eigenn] Oskar

²Os·car /ˈɒskə, ᴬˈɑskər/ [telb zn] Oscar ⟨jaarlijkse Amerikaanse filmprijs⟩, ± onderscheiding

OSCE [eigenn] (Organisation for Security and Co-operation in Europe) OVSE ⟨Organisatie voor Veiligheid en Samenwerking in Europa⟩

¹os·cil·late /ˈɒsɪleɪt, ᴬˈɑ-/ [onov ww] ① ⟨vnl techn⟩ oscilleren, trillen, (heen en weer) slingeren/schommelen ♦ *oscillating current* wisselstroom ② weifelen, heen en weer geslingerd worden, in dubio staan, wankelen ♦ *she kept oscillating between the two* ze kon er niet toe komen een van de twee te nemen

²os·cil·late /ˈɒsɪleɪt, ᴬˈɑ-/ [ov ww] doen oscilleren, doen trillen/slingeren/schommelen

os·cil·la·tion /ɒsɪˈleɪʃn, ᴬˈɑ-/ [telb + niet-telb zn] ① oscillatie, slingering, schommeling, trilling ② besluiteloosheid

os·cil·la·tor /ˈɒsɪleɪtə, ᴬˈɑsɪleɪtər/ [telb zn] ⟨techn⟩ oscillator, trillingsgenerator

os·cil·la·to·ry /ɒˈsɪlətri, ᴬˈɑsɪlətɔri/ [bn] oscillerend, trillend, slingerend, schommelend, oscillatie-

os·cil·lo·gram /əˈsɪləgræm/ [telb zn] oscillogram

os·cil·lo·graph /əˈsɪləgrɑːf, ᴬ-græf/ [telb zn] oscillograaf

os·cil·lo·scope /əˈsɪləskoʊp/ [telb zn] oscilloscoop, kathodestraaloscillograaf, glimlichtoscilloscoop

os·cine /ˈɒsaɪn, ᴬˈɑsn/, **os·ci·nine** /ˈɒsɪnaɪn, ᴬˈɑ-/ [bn] zangvogel-, roestvogel-, musachtig

os·ci·tan·cy /ˈɒsɪtənsi, ᴬˈɑsɪtənsi/, **os·ci·tance** /ˈɒsɪtəns, ᴬˈɑsɪtəns/ [telb + niet-telb zn] ① sufheid, loomheid, luiheid ② gegeeuw, gegaap

os·ci·tant /ˈɒsɪtənt, ᴬˈɑsɪtənt/ [bn] ① geeuwend ② suf, slaperig, loom

os·ci·ta·tion /ɒsɪˈteɪʃn, ᴬˈɑ-/ [telb + niet-telb zn] ① (ge)geeuw, sufheid, loomheid ② onoplettendheid, onachtzaamheid

os·cu·lar /ˈɒskjʊlə, ᴬˈɑskjələr/ [bn, attr] ① mond-, oraal ② ⟨vaak scherts⟩ kus-, kussend

¹os·cu·late /ˈɒskjʊleɪt, ᴬˈɑskjə-/ [onov ww] ⟨biol⟩ (indirect) verwant zijn ⟨van soorten⟩

²os·cu·late /ˈɒskjʊleɪt, ᴬˈɑskjə-/ [onov + ov ww] ⟨vero of scherts⟩ kussen

³os·cu·late /ˈɒskjʊleɪt, ᴬˈɑskjə-/ [ov ww] ⟨wisk⟩ osculeren, driepuntig raken

¹os·cu·la·tion /ɒskjʊˈleɪʃn, ᴬˈɑskjə-/ [telb zn] ⟨scherts⟩ kus

²os·cu·la·tion /ɒskjʊˈleɪʃn, ᴬˈɑskjə-/ [telb + niet-telb zn] aanraking, ⟨wisk⟩ osculatie, raakpunt

³os·cu·la·tion /ɒskjʊˈleɪʃn, ᴬˈɑskjə-/ [niet-telb zn] ⟨scherts⟩ gekus

os·cu·la·to·ry /ˈɒskjʊlətri, ᴬˈɑskjələtɔri/ [bn] ① kus-, kussend ② ⟨wisk⟩ osculatie-, osculatorisch

os·cule /ˈɒskjuːl, ᴬˈɑs-/, **os·cu·lum** /ˈɒskjʊləm, ᴬˈɑskjə-/ [telb zn; mv: oscula /-lə/] ⟨dierk⟩ osculum ⟨van spons⟩, uitstromingsopening

OSD [afk] (Order of St Dominic)

-ose /-oʊs/ ① ⟨vormt bijvoeglijk naamwoord⟩ ± -oos ♦ *morose* morose; *verbose* breedsprakig; *grandiose* grandioos ② ⟨vormt naamwoord⟩ ⟨scheik⟩ -ose ♦ *fructose* fructose, vruchtensuiker; *cellulose* cellulose

OSF [afk] (Order of St Francis)

o·sier /ˈoʊzɪə, ᴬˈoʊʒər/ [telb zn] ① ⟨plantk⟩ katwilg, bindwilg, teenwilg ⟨Salix viminalis⟩ ② (bind)rijs, twijg, (wilgen)teen

osier basket [telb zn] tenen mand(je)

o·sier-bed [telb zn] griend, teenwilgaanplant

-o·sis /ˈoʊsɪs/ [vormt naamwoord] -ose ♦ *acidosis* acidose, zuurvergiftiging; *morphosis* morfose; *metamorphosis* metamorfose

-os·i·ty /ˈɒsəti, ᴬˈɑsəti/ [vormt naamwoord] ± -ositeit ♦ *verbosity* verbositeit; *curiosity* nieuwsgierigheid

¹Os·man·li /ɒzˈmænli, ᴬˈɑz-/ [eigenn] Osmanli, Turks, Turkse taal

²Os·man·li /ɒzˈmænli, ᴬˈɑz-/ [telb zn] Osmaan, Ottomaan, Turk

³Os·man·li /ɒzˈmænli, ᴬˈɑz-/ [bn, attr] Osmaans, Turks, Osmanisch, Ottomaans

os·mat·ic /ɒzˈmætɪk, ᴬˈɑzmætɪk/ [bn] reuk-

os·mic /ˈɒzmɪk, ᴬˈɑz-/ [bn] ① osmium- ♦ *osmic acid* osmiumtetroxide ② reuk-

os·mi·rid·i·um /ɒzmɪˈrɪdɪəm, ᴬˈɑz-/ [telb + niet-telb zn] osmiridium ⟨osmium-iridiumlegering⟩

os·mi·um /ˈɒzmɪəm, ᴬˈɑz-/ [niet-telb zn] ⟨scheik⟩ osmium ⟨element 76⟩

os·mose /ˈɒzmoʊs, ᴬˈɑz-/, **os·mo·sis** /ɒzˈmoʊsɪs, ᴬˈɑz-/ [telb + niet-telb zn; mv: osmoses /-siːz/] osmose

os·mot·ic /ɒzˈmɒtɪk, ᴬˈɑzmɑtɪk/ [bn; bw: ~ally] osmotisch

os·mous /ˈɒzməs, ᴬˈɑz-/, **os·mi·ous** /-mɪəs/ [bn] osmium-

os·mund /ˈɒzmənd, ᴬˈɑz-/, **os·mun·da** /ɒzˈmʌndə, ᴬˈɑz-/ [telb zn] ⟨plantk⟩ osmunda ⟨genus Osmunda⟩, ⟨i.h.b.⟩ koningsvaren ⟨O. regalis⟩

osmund royal [telb zn] ⟨plantk⟩ koningsvaren ⟨Osmunda regalis⟩

os·na·burg /ˈɒznəbɜːg, ᴬˈɑznəbɜrg/ [niet-telb zn] grof linnen, zakkenlinnen

os·prey /ˈɒspri, -preɪ, ᴬˈɑ-/ [telb zn] ① ⟨dierk⟩ visarend ⟨Pandion haliaetus⟩ ② aigrette, reigerveer ⟨als viersersel⟩

ossa /ˈɒsə, ᴬˈɑsə/ [alleen mv] → os¹

os·se·in /ˈɒsiɪn, ᴬˈɑ-/ [niet-telb zn] beenderlijm

os·se·ous /ˈɒsɪəs, ᴬˈɑ-/ [bn; bw: ~ly] osteoïd, beenachtig, benig, been-

os·sia /ˈɒsɪə, ᴬˈoʊsɪə/ [nevensch vw] ⟨muz⟩ ossia, of (ook) ⟨duidt alternatieve, voornamelijk eenvoudigere uitvoering van een passage aan⟩

Os·si·an·ic /ɒsɪˈænɪk, ᴬˈɑ-/, **Os·si·an·esque** /ɒsɪəˈnɛsk, ᴬˈɑ-/ [bn] ossiaans, bombastisch, gezwollen, hoogdravend

os·si·cle /ˈɒsɪkl, ᴬˈɑ-/ [telb zn] ⟨anat⟩ ossiculum, (gehoor)beentje

Os·sie /ˈɒzi, ᴬˈɑzi/ [telb zn] ⟨sl⟩ aussie, Australiër

os·si·fer /ˈɒsɪfə, ᴬˈɑsɪfər/ [AE; inf; pej] ① (leger)officier ② (politie)agent

os·sif·ic /ɒˈsɪfɪk, ᴬˈɑ-/ [bn] beenvormend

os·si·fi·ca·tion /ɒsɪfɪˈkeɪʃn, ᴬˈɑ-/ [telb + niet-telb zn] ① ⟨med⟩ ossificatie, botvorming, beenvorming, verbening ② verstarring, afstomping, verharding

os·si·frage /ˈɒsɪfrɪdʒ, ᴬˈɑ-/ [telb zn] ⟨dierk⟩ ① visarend ⟨Pandion haliaetus⟩ ② lammergier ⟨Gypaëtus barbatus⟩

¹os·si·fy /ˈɒsɪfaɪ, ᴬˈɑ-/ [onov ww] verbenen, in been veranderen, verstenen, ⟨fig⟩ verharden, verstarren, afstompen

²os·si·fy /ˈɒsɪfaɪ, ᴬˈɑ-/ [ov ww] doen verbenen, in been (doen) veranderen, (doen) verstenen, ⟨fig⟩ verharden, verstarren

os·su·a·ry /ˈɒsjʊəri, ᴬˈɑ-/ [telb zn] ① ossuarium, knekelhuis, beenderhuis, beenderurn ② beenderengrot, beenderhoop, begraafplaats

os·te·i·tis /ɒstiaɪtɪs, ᴬɑstiɑɪtɪs/ [telb zn; mv: osteitides /ɒstiɪtədi:z, ᴬɑstiɪtə-/] ⟨med⟩ ostitis, botontsteking, beenontsteking

Ost·end /ɒstɛnd, ᴬɑ-/ [eigenn] Oostende

os·ten·si·ble /ɒstɛnsəbl, ᴬɑ-/ [bn; bw: ostensibly] ogenschijnlijk, schijnbaar, voorwendend, zogenaamd, gewaand

os·ten·sion /ɒstɛnʃn, ᴬɑ-/ [telb + niet-telb zn] ⟨r-k⟩ opheffing ⟨van de hostie tijdens de consecratie⟩

os·ten·sive /ɒstɛnsɪv, ᴬɑ-/ [bn; bw: ~ly] [1] ostensief, aanschouwelijk, nadrukkelijk, aantonend, deiktisch, aanwijzend [2] ogenschijnlijk, schijnbaar, voorwendend

os·ten·so·ri·um /ɒstənsɔ:rɪəm, ᴬɑ-/, **os·ten·so·ry** /ɒstɛnsəri, ᴬɑ-/ [telb zn; mv: ostensoria /-rɪə-/] ⟨r-k⟩ ostensorium, monstrans

os·ten·ta·tion /ɒstəntɛɪʃn, ᴬɑ-/ [niet-telb zn] vertoon, praal(zucht), bluf, pralerij, ostentatie

os·ten·ta·tious /ɒstəntɛɪʃəs, ᴬɑ-/ [bn; bw: ~ly] opzichtig, demonstratief, opvallend, blufferig, ostentatief

os·teo- /ɒstiou, ᴬɑ-/ osteo-, been-, bot- ♦ *osteogenesis* osteogenese, beenvorming, botvorming

os·te·o·ar·thri·tis /ɒstiouɑ:θraɪtɪs, ᴬɑstiouɑrθraɪtɪs/ [niet-telb zn] ⟨med⟩ osteoartritis

os·te·o·blast /ɒstɪəblɑ:st, ᴬɑstɪəblæst/ [telb zn] ⟨med⟩ osteoblast

os·te·oc·la·sis /ɒstɪɒkləsɪs, ᴬɑstɪɑ-/ [telb + niet-telb zn] ⟨med⟩ osteoclasie

os·te·o·clast /ɒstɪəklɑ:st, ᴬɑstɪəklæst/ [telb zn] ⟨med⟩ osteoclast

os·te·o·gen·e·sis /ɒstioudʒɛnɪsɪs, ᴬɑ-/ [niet-telb zn] ⟨med⟩ osteogenese, been(weefsel)vorming, botvorming

os·te·og·ra·phy /ɒstɪɒgrəfi, ᴬɑstɪɑ-/ [niet-telb zn] ⟨med⟩ beenderbeschrijving

os·te·oid /ɒstɪɔɪd, ᴬɑ-/ [bn] osteoïd, benig, beenachtig

¹**os·te·ol·o·gy** /ɒstɪɒlədʒi, ᴬɑstɪɑ-/ [telb zn] ⟨med⟩ beendergestel, beenderstelsel

²**os·te·ol·o·gy** /ɒstɪɒlədʒi, ᴬɑstɪɑ-/ [niet-telb zn] osteologie, beenderleer

os·te·o·ma /ɒstiɒumə, ᴬɑ-/ [telb zn; mv: ook osteomata /-mətə/] ⟨med⟩ osteoom, osteoma, beenweefselgezwel

os·te·o·ma·la·cia /ɒstiɒuməlɛɪʃə, ᴬɑ-/ [niet-telb zn] ⟨med⟩ osteomalacie, botverweking, beenverweking

os·te·o·my·e·li·tis /ɒstioumaɪəlaɪtɪs, ᴬɑstioumaɪəlaɪtɪs/ [niet-telb zn] ⟨med⟩ osteomyelitis, beenmergontsteking

os·te·o·path /ɒstɪəpæθ, ᴬɑ-/, **os·te·op·a·thist** /ɒstɪɒpəθɪst, ᴬɑstɪɑ-/ [telb zn] osteopaat, orthopedist

os·te·op·a·thy /ɒstɪɒpəθi, ᴬɑstɪɑ-/ [niet-telb zn] ⟨med⟩ [1] osteopathie, beenderziekte [2] osteopathie, orthopedie

os·te·o·phyte /ɒstɪəfaɪt, ᴬɑ-/ [telb zn] ⟨med⟩ osteofyt, beenderuitwas

os·te·o·plas·tic /ɒstiouplæstɪk, ᴬɑ-/ [bn] ⟨med⟩ osteoplastisch

os·te·o·plas·ty /ɒstiouplæsti, ᴬɑ-/ [niet-telb zn] ⟨med⟩ osteoplastiek

os·te·o·po·ro·sis /ɒstioupə:rousɪs, ᴬɑstioupə-/ [niet-telb zn] osteoporose, botontkalking

os·ti·ar·y /ɒstɪəri, ᴬɑ-/ [telb zn] [1] deurwachter [2] ⟨r-k⟩ ostiarius

¹**os·ti·na·to** /ɒstɪnɑ:tou, ᴬɑstɪnɑtou/ [telb zn] ⟨muz⟩ ostinato

²**os·ti·na·to** /ɒstɪnɑ:tou, ᴬɑstɪnɑtou/ [bn] ⟨muz⟩ ostinato

os·ti·ole /ɒstioul, ᴬɑ-/, **os·ti·um** /ɒstɪəm, ᴬɑ-/ [telb zn; mv: ostia /-tɪə/] ⟨biol⟩ ostium, instromingsopening

os·tler /ɒslə, ᴬɑslər/ [telb zn] stalknecht ⟨in herberg⟩

os·tra·cism /ɒstrəsɪzm, ᴬɑ-/ [telb + niet-telb zn] ostracisme, schervengericht, ⟨fig⟩ verbanning, doodverklaring

os·tra·cize, **os·tra·cise** /ɒstrəsaɪz, ᴬɑ-/ [ov ww] verbannen ⟨door schervengericht⟩, ostraciseren, ⟨fig⟩ uitstoten, doodverklaren, mijden

os·tra·con, **os·tra·kon** /ɒstrəkɒn, ᴬɑstrəkɑn/ [telb zn; meestal mv: ostraca, ostraka /-kə/] ⟨gesch⟩ ostrakon, potscherf

os·trei·cul·ture /ɒstrɪəkʌltʃə, ᴬɑstrɪəkʌltʃər/ [telb + niet-telb zn] oesterteelt

os·trich /ɒstrɪtʃ, ᴬɑ-/ [telb zn; mv: ook ostrich] ⟨dierk⟩ [1] struisvogel ⟨genus Struthio; ook figuurlijk⟩ [2] rea ⟨Zuid-Amerikaanse struisvogel; genus Rheidae⟩

ostrich farm [bn] struisvogelkwekerij

ostrich fern [telb zn] ⟨plantk⟩ struis(veer)varen ⟨Matteuccia struthiopteris⟩

os·trich·like /ɒstrɪtʃlaɪk, ᴬɑ-/ [bn] struisvogel-, struisvogelachtig

ostrich plume [telb zn] struisvogelveer, struisveer

ostrich tip [telb zn] struisveerpunt

Os·tro·goth /ɒstrəgɒθ, ᴬɑstrəgɑθ/ [telb zn] Oost-Goot, Ostrogoot

¹**Os·tro·goth·ic** /ɒstrəgɒθɪk, ᴬɑstrəgɑθɪk/ [eigenn] Oost-Gotisch, Ostrogotisch ⟨taal⟩

²**Os·tro·goth·ic** /ɒstrəgɒθɪk, ᴬɑstrəgɑθɪk/ [bn] Oost-Gotisch, Ostrogotisch

¹**Os·ty·ak, Os·ti·ak** /ɒstiæk, ᴬɑ-/ [eigenn] Ostjaaks ⟨Fins-Oegrische taal⟩

²**Os·ty·ak, Os·ti·ak** /ɒstiæk, ᴬɑ-/ [telb zn] Ostjaak

-ot /ət, ɒt, ᴬət, ᴬɑt/, **-ote** /out/ [vormt naamwoord] -(o)ot ♦ *Cypriot* Cyprioot; *patriot* patriot

¹**OT** [eigenn] (Old Testament) O.T.

²**OT** [afk] ⟨comp⟩ (off topic) offtopic ⟨niets met het onderwerp van doen hebbend⟩

OTB [afk] ⟨AE⟩ (off-track betting)

OTC [afk] [1] (Officer in Tactical Command) [2] (Officers' Training Corps) [3] (over the counter)

OTE [niet-telb zn] ⟨BE; fin⟩ (on target earnings) OTE ⟨totale inkomen inclusief prestatiebeloning⟩

¹**oth·er** /ʌðə, ᴬʌðər/ [telb zn; the] het complement, de tegenhanger, het tegenovergestelde ♦ *reality is the other of perception* de realiteit is de tegenhanger van de perceptie

²**oth·er** /ʌðə, ᴬʌðər/ [bn, pred] anders, verschillend ♦ ⟨vero⟩ *I don't want you to be other from what you are* ik wil niet dat je anders zou zijn dan je bent; *none other than John* niemand anders/minder dan John; *I don't want you to be other than what you are* ik wil niet dat je anders zou zijn dan je bent

³**oth·er** /ʌðə, ᴬʌðər/ [onbep vnw] (nog/weer) andere(n), overige(n), nieuwe ♦ *one after the other* na elkaar; *among others* onder andere; *others arrived later* anderen kwamen later; *other of the members complained* andere leden klaagden; *each followed the other closely* elk volgde dicht op de andere; *tell one from the other* ze uit elkaar houden; *some man or other* een of andere man; ⟨vero⟩ *no other* niets anders; *one or other of them* één van hen; *s.o. or other* iemand; *some time or other* ooit eens; *on that day/the one day of all others* uitgerekend/juist op die éne dag; zie: **A.N. Other** ⟨·⟩ zie: **each other**; *this*, *that and the other* allerhande, ditjes en datjes, koetjes en kalfjes

⁴**oth·er** /ʌðə, ᴬʌðər/ [bw] ⟨·⟩ (als voorzetsel) *other than* behalve, buiten; *you can't get there other than by walking* je kunt daar alleen maar lopend komen, je kunt daar niet komen behalve door te lopen

⁵**oth·er** /ʌðə, ᴬʌðər/ [onbep det] ander(e), nog een, verschillend(e), bijkomend(e), overblijvend(e) ♦ *every other day* om de andere dag; *the other evening* gisteravond; een paar avonden geleden; *she hurt her other foot* ze bezeerde haar andere voet; *on the other hand* daarentegen; *keep the other one* houd de andere maar; *she could take no other pupils* ze kon er geen leerlingen meer bijnemen; ⟨inf⟩ *the other thing* het tegenovergestelde; *if he does not want to go, he can do the other thing* als hij niet wil gaan, dan kan hij blijven; *other things being equal I'd agree* als alles verder gelijk blijft, behalve dit, dan zou ik ermee akkoord gaan ⟨·⟩ *the other day/night/week* een paar dagen/avonden/weken geleden; *in other days* vroeger

oth·er·di·rec·ted /ˌʌðədɪˈrektɪd, ᴬˌʌðər-/ [bn] ⟨psych⟩ heteronoom ⟨van buiten af komend/gecontroleerd⟩

oth·er·ness /ˈʌðənəs, ᴬˈʌðər-/ [telb + niet-telb zn] het anders-zijn, diversiteit, verschil, iets anders

¹**oth·er·wise** /ˈʌðəwaɪz, ᴬˈʌðər-/ [bn] anders, verschillend, tegengesteld ♦ *mothers, married and/or otherwise* moeders, al dan niet gehuwd; *their otherwise dullness* hun saaiheid onder andere omstandigheden, hun gebruikelijke saaiheid; *her otherwise equals* haars gelijken in andere opzichten; *the evidence is otherwise* alles wijst op het tegendeel; *be otherwise than happy* allesbehalve gelukkig zijn · ⟨sprw⟩ *some are wise and some are otherwise* ± de ene mens is de andere niet, ± je hebt mensen en potloden

²**oth·er·wise** /ˈʌðəwaɪz, ᴬˈʌðər-/ [bw] anders, op een andere manier, andersom, in andere opzichten, overigens, alias ♦ *act otherwise* zich anders gedragen; *the advantages and/or otherwise* de voor- en nadelen; *he is not otherwise blameworthy* in andere opzichten treft hem geen blaam; *be otherwise engaged* andere dingen te doen hebben; *an otherwise excellent* een overigens mooie zet; *Judas, otherwise (called/known as) Iscariot* Judas, ook wel Iskariot genoemd; *he could say it no otherwise* hij kon het niet anders zeggen; *by train or otherwise* per trein of hoe dan ook; *I would rather stay than otherwise* ik zou liever blijven dan weggaan; *go now; otherwise it'll be too late* ga nu, anders wordt het te laat

oth·er·world /ˈʌðəwɜːld, ᴬˈʌðərwɜːrld/ [telb zn] bovennatuur, hiernamaals

oth·er·world·ly /ˈʌðəwɜːldli, ᴬˈʌðərwɜːrldli/ [bn; zn: otherworldliness] bovenaards, bovennatuurlijk, bovenzinnelijk, transcendentaal, ⟨pej⟩ zwevend, onrealistisch, irreëel

Oth·man /ˈɒθmən, ᴬˈɑθ-/ [telb zn] ⟨form⟩ Turk, Osmaan, Ottomaan

o·tic /ˈɒtɪk, ᴬˈoʊtɪk/ [bn] oor-, gehoors-

-o·tic /ˈɒtɪk, ᴬˈɑtɪk/ 1 ⟨vormt bijvoeglijk naamwoord⟩ -otisch ♦ *hypnotic* hypnotisch; *neurotic* neurotisch 2 ⟨vormt naamwoord⟩ -oticum, -otics ♦ *narcotic* narcoticum

o·ti·ose /ˈoʊʃioʊs, ˈoʊti-/ [bn; bw: ~ly; zn: ~ness] ⟨form⟩ 1 overbodig, onbetekenend, vruchteloos, nutteloos, waardeloos, vergeefs 2 nietsdoend, traag, lui, vadsig

o·ti·tis /oʊˈtaɪtɪs/ [telb + niet-telb zn; mv: otitides /-tɪdiːz/] ⟨med⟩ otitis, oorontsteking

o·to·cyst /ˈoʊtəsɪst/ [telb zn] ⟨anat⟩ otocyste, statocyste

o·to·lar·yn·go·log·i·cal /ˌoʊtoʊlærɪŋɡəˈlɒdʒɪkl, ᴬˌoʊtəlærɪŋɡə-/, **o·to·rhi·no·lar·yn·go·log·i·cal** /-raɪnoʊ-/ [bn] keel-, neus- en oor-

o·to·lar·yn·gol·o·gist /ˌoʊtoʊlærɪŋˈɡɒlədʒɪst, ᴬˌoʊtəlærɪŋɡə-/, **o·to·rhi·no·lar·yn·gol·o·gist** /-raɪnoʊ-/ [telb zn] keel-, neus- en oorspecialist

o·to·lar·yn·gol·o·gy /ˌoʊtoʊlærɪŋˈɡɒlədʒi, ᴬˌoʊtəlærɪŋɡɑ-/, **o·to·rhi·no·lar·yn·gol·o·gy** /-raɪnoʊ-/ [niet-telb zn] ⟨med⟩ oto-rino-laryngologie, keel-, neus- en oorheelkunde

o·to·lith /ˈoʊtəlɪθ/ [telb zn] otoliet, (ge)hoorsteentje, evenwichtssteentje

o·tol·o·gist /oʊˈtɒlədʒɪst, ᴬ-ˈtɑ-/ [telb zn] otoloog, oorspecialist, ooriarts, oorchirurg

o·tol·o·gy /oʊˈtɒlədʒi, ᴬ-ˈtɑ-/ [niet-telb zn] otologie, leer van het oor

o·to·scope /ˈoʊtəskoʊp/ [telb zn] otoscoop, oorspiegel

OTT [afk] (over the top, over-the-top)

ottar [niet-telb zn] → attar

ot·ta·va /oʊˈtɑːvə/ [bw] ⟨muz⟩ ottava ⟨een octaaf lager of hoger⟩

ot·ta·va ri·ma /oʊtɑːvəˈriːmə/ [telb + niet-telb zn] ⟨letterk⟩ ottava rima ⟨achtregelige strofe met rijm abababcc⟩, stanza, stance

¹**ot·ter** /ˈɒtə, ᴬˈɑtər/ [telb zn; mv: ook otter] 1 ⟨vis⟩otter ⟨genus Lutra⟩ 2 ⟨viss⟩ **ottertrawl** ⟨schrobnet met korplanken⟩ 3 ⟨scheepv⟩ otter, paravaan, mijnenvanger

²**ot·ter** /ˈɒtə, ᴬˈɑtər/ [niet-telb zn] otter(bont)

otter board [telb zn] ⟨viss⟩ korplank, visbord

ot·ter·dog, ot·ter·hound [telb zn] otterhond ⟨gebruikt bij otterjacht⟩

Ot·to en·gine [telb zn] ottomotor, viertaktmotor

¹**ot·to·man** /ˈɒtəmən, ᴬˈɑtə-/ [telb zn] 1 ottomane ⟨soort sofa⟩ 2 voetenbank, poef

²**ot·to·man** /ˈɒtəmən, ᴬˈɑtə-/ [niet-telb zn] ottoman ⟨wollen of zijden ribweefsel⟩

¹**Ot·to·man** /ˈɒtəmən, ᴬˈɑtə-/ [telb zn] Turk, Osmaan, Ottomaan

²**Ot·to·man** /ˈɒtəmən, ᴬˈɑtə-/ [bn, attr] Osmaans, Osmaans, Turks ♦ *Ottoman Empire* Osmaanse/Ottomaanse Rijk; ⟨gesch⟩ *the Ottoman Porte* de Porte ⟨het Turkse rijk, de regering van Turkije⟩

OU [afk] ⟨BE⟩ 1 (Open University) 2 (Oxford University)

oua·ba·in /wɑːˈbɑːɪn/ [niet-telb zn] ouabaïne ⟨soort van giftig glucoside⟩

ou·bli·ette /uːbliˈet/ [telb zn] oubliëtte, onderaardse kerker

¹**ouch** /aʊtʃ/ [telb zn] ⟨vero⟩ 1 broche, sierspeld ⟨met juwelen bezet⟩ 2 zetting, invatting ⟨van edelsteen⟩

²**ouch** /aʊtʃ/ [tw] ai, au, oh, oe ⟨uitroep van pijn, ergernis e.d.⟩

OUDS [afk] (Oxford University Dramatic Society)

ought → aught

oughtn't /ˈɔːtnt/ ⟨samentrekking van ought not⟩ → **ought to**

ought to /ˈɔːtə, ˈɔːtʊ/ [hulpww; substandaard ontkennend didn't ought to, hadn't ought to; verouderd 2e pers enk oughtest to, oughtst to; elliptisch soms zonder to] 1 ⟨gebod, verplichting, noodzaak⟩ moeten, zou moeten ♦ *you ought to be grateful* je zou dankbaar moeten zijn; *you ought to have been at the party* je had op het feestje moeten zijn; ⟨ellipt⟩ *he did as he ought (to)* hij deed wat hij moest doen; *one ought to help one's neighbour* men moet zijn naaste helpen; *you ought to try this one* probeer deze eens 2 ⟨onderstelling⟩ moeten, zullen, zou moeten ♦ *this ought to do the trick* dit zou het probleem moeten oplossen

oui·ja /ˈwiːdʒə/, **ouija board** [telb zn; vaak Ouija] ouija ⟨letterplankje gebruikt bij spiritisme⟩

ouis·ti·ti, wis·ti·ti /ˈwɪstɪti/, **wis·tit** [telb zn] ⟨dierk⟩ penseelaapje ⟨Callithrix jacchus⟩

ounce ⟨LIQUID⟩⟨WEIGHT⟩ /aʊns/ [telb zn] 1 (Engels/Amerikaans) ons, ounce ⟨'avoirdupois', 28,349 g⟩, ⟨fig⟩ klein beetje, greintje ♦ ⟨sl⟩ *an ounce of lead* een blauwe boon; *an ounce of common sense* een greintje gezond verstand 2 ounce, 8 drachmen (UK 28,41 ml; USA 29,57 ml) 3 ounce, apothekersons, 8 drachmen ⟨ook 'troy', 31,103 g⟩ 4 ⟨dierk⟩ sneeuwpanter ⟨Uncia uncia⟩ 5 ⟨vero⟩ los, lynx · ⟨sprw⟩ *an ounce of discretion is worth a pound of wit* ± wees niet grappig ten koste van anderen, gezond verstand is meer waard dan grote intelligentie

OUP [afk] (Oxford University Press)

our /aʊə, ᴬ-ər/ [bez det] ons, onze, van ons ♦ *our children* onze kinderen; *our day* onze grote dag, onze geluksdag; *he's our man* hij is de man die we moeten hebben, hij is ons gunstig gezind; *she knew our place* ze wist waar wij wonen; *our welcoming her in* het feit dat wij haar verwelkomden

-our, ⟨AE⟩ **-or** /ə, ᴬər/ ⟨vormt naamwoord en werkwoord⟩ ♦ *colour* kleur, kleuren; *honour* eer, eren; *labour* werk, werken

ourebi [telb zn] → **oribi**

ours /aʊəz, ᴬˈaʊərz/ [bez vnw] 1 ⟨predicatief gebruikt⟩ van ons, de/het onze ♦ *the decision is ours* de beslissing ligt bij ons; *the house was all ours* we hadden het huis helemaal voor ons; *victory is ours* de overwinning is aan ons 2 de

onze(n)/het onze ♦ *hers was saved, ours were lost* het hare werd gered, de onze/die van ons gingen verloren; *a friend of ours* een vriend van ons, één van onze vrienden; *that son of ours* die zoon van ons toch

our·selves /aʊəsɛlvz, ˄aʊər-/, ⟨verwijzend naar majesteitsmeervoud⟩ **our·self** [wk vnw] ① **ons**, onszelf ♦ *we bought ourselves a new car* we kochten een nieuwe auto; *we busied ourselves with organizing the party* we hielden ons bezig met het organiseren van het feestje; *we learned it (all) by ourselves* we leerden het (helemaal) alleen/in ons eentje; *we did it for ourselves* we deden het voor onszelf; *we came to ourselves* we kwamen bij, we kwamen weer tot onszelf; *we are ourselves again* we zijn weer de oude ② ⟨als nadrukwoord⟩ **zelf**, wij zelf, ons zelf ♦ *we, the King, ourself have decreed this* wij, de Koning, hebben dit zelf verordend; *it dismayed ourselves but not the others* wij waren ontzet maar de anderen niet; *we ourselves would do no such thing* wij zelf zouden zoiets nooit doen; *we went ourselves* we gingen zelf

-ous /əs/ [vormt bn] ① ± **-eus** ♦ *fabulous* fabuleus; *glorious* glorieus ② ± **-achtig**, ± **-ig** ♦ *sulphurous* zwavelig; *mountainous* bergachtig

ousel [telb zn] → **ouzel**

oust /aʊst/ [ov ww] ① **verdrijven, uitdrijven**, ontzetten, afzetten, uitzetten, wegdoen, wegzenden, ontslaan, verwijderen, de voet lichten ♦ *oust s.o. from/of* iemand ontheffen van/uit, iemand ontzetten uit, iemand iets ontnemen ② **verdringen**, vervangen ③ ⟨jur⟩ **onteigenen**, uit het bezit stoten, wegnemen, ontnemen, beroven

oust·er /aʊstə, ˄-ər/ [telb zn] ⟨vnl AE⟩ ① **uitzetting** ⟨ook juridisch⟩, ontzetting, verdrijving, afzetting, ontslag ② **ontzetter**

¹**out** /aʊt/ [telb zn] ① **uitweg** ⟨ook figuurlijk⟩ ② **uitvlucht**, excuus ③ ⟨vnl mv⟩ **persoon/partij die niet (meer) aan de macht is**, oppositie ♦ *the ins and outs* de regeringspartij(en) en de oppositie ④ ⟨AE⟩ **buitenkant** ♦ *the width of the building from out to out* de breedte van het gebouw aan de buitenkant ⑤ ⟨AE⟩ **vertoning**, schouwspel ♦ *the old temples made a poor out* de oude tempels waren een zielig schouwspel ⑥ ⟨AE⟩ **schaduwzijde**, nadeel, gebrek, schoonheidsfout(je) ♦ *the pill has few outs* de pil heeft weinig nadelen ⑦ ⟨AE; vnl mv⟩ **uitverkocht artikel**, artikel dat niet meer in voorraad/voorradig is ⑧ ⟨sport, in het bijzonder tennis⟩ **out (geslagen) bal**, uitbal ⑨ ⟨honkb⟩ **uitspel** ⟨met uitgetikte speler⟩ ⑩ ⟨honkb⟩ **uitgetikte speler**

²**out** /aʊt/ [bn] ① **niet-in**, niet-populair, niet-modieus, uit ② ⟨van apparatuur⟩ ③ **voor uitgaande post** ♦ *out box/tray* brievenbak voor/met uitgaande post

³**out** /aʊt/ [bw; vaak predicatief] ① **plaats; richting; ook figuurlijk en sport**⟩ **uit**, buiten, weg ♦ *contract out* uitbesteden; *cry out* het uitschreeuwen; *dealt out money* deelde geld uit; *dine out* uit eten gaan; *an evening out* een avondje uit; *go out* uitgaan; *inside out* binnenste buiten; *smoking is out!* er wordt niet gerookt!; *looked out to the hills* keek uit op de bergen; *pour out a drink* iets inschenken; *he's out playing in the garden* hij speelt buiten in de tuin; *your shirt is sticking out* je hemd steekt uit (je broek); *out there* daarginds, ginder ver; *they took his lung out* ze haalden zijn long weg; *he was voted out* hij werd weggestemd; *voyage out* heenreis; *the ball was out* de bal was uit; ⟨scheepv⟩ *some way out* een eindje buitengaats; *you're out* je doet/telt niet (meer) mee; *out!* d'r uit!; *out in Canada* daarginds in Canada; *out it goes/with it!* vertel op!, voor de dag ermee! ② **weg**, onzichtbaar ♦ *paint out an inscription* een inschrift overschilderen ③ **buiten bewustzijn**, buiten gevecht ⟨ook figuurlijk⟩, ⟨inf⟩ uitgeteld, in slaap, ⟨sl⟩ dronken ♦ *out cold* finaal van de kaart ④ **niet (meer) in werking**, uit ♦ *day out* vrije dag; *put out the light* doe het licht uit ⑤ **uit**, openbaar, tevoorschijn, naar buiten ♦ *the results are out* de resultaten zijn bekend; *when does the magazine come out?* wanneer verschijnt het tijdschrift?; *send out invitations* uitnodigingen versturen; *they all turned out to welcome him* ze kwamen allemaal opdagen om hem te verwelkomen; ⟨form⟩ *truth will out* de waarheid komt toch aan het licht; *out with it!* vertel op!, zeg het maar! ⑥ **uit**, volledig, geheel, af, leeg ♦ *out and out* door en door, tot in de grond, compleet; *he cried himself out* hij huilde uit; *drawn out* lang uitgesponnen; *she grew out into a beautiful woman* ze groeide op tot een mooie vrouw ⑦ **uit (de mode)**, passé, niet meer in ⑧ **ernaast** ⟨bij schattingen⟩ ⑨ *out and about* (weer) op de been, in de weer; *out and away* veruit; zie: **be out**; *she's out for trouble* ze zoekt moeilijkheden; *be/get out from under* erbovenop komen, erdoorheen komen; zie: **out of**; *way out* te gek, excentriek

⁴**out** /aʊt/ [vz; richtingaanduidend] ① **uit**, naar buiten ♦ *chased the animal out the door* joeg het dier de deur uit; *from out the window* vanuit het raam; *looked out the window* keken uit het venster; *chuck it out the window* gooi het door het venster ② **langs**, uit ♦ *they drove out Jubilee Road* ze reden over de Jubilee Road weg

out- /aʊt/ ① ⟨vormt naamwoord en bijvoeglijk naamwoord⟩ **uit-** ♦ *outbreak* uitbarsting; *outspread* uitgespreid ② ⟨vormt naamwoord en bijvoeglijk naamwoord⟩ **buiten-** ♦ *outdoor* buitenshuis ③ ⟨vormt werkwoord⟩ **langer/verder dan**, over- ♦ *outlive* overleven, langer leven dan ④ ⟨vormt werkwoord⟩ **beter/harder dan**, over- ♦ *outrun* harder/beter lopen dan; *outargue* overtroeven

out·a·chieve [ov ww] **overtreffen**, het beter doen dan

out·act [ov ww] **overspelen** ⟨als acteur⟩, overschaduwen, beter spelen/acteren dan

out·age /aʊtɪdʒ/ [telb zn] ① **defect**, black-out ♦ *there has been a short outage* er is een korte stroomonderbreking geweest ② **ontbrekende hoeveelheid** ⟨van verzonden of opgeslagen goederen⟩

out-and-a·bout [bn, attr] **buitenshuis plaatsvindend**

out-and-out [bn, attr] **volledig**, door en door, grondig, radicaal, helemaal, voortreffelijk ♦ *an out-and-out supporter of the programme* een verdediger van het programma door dik en dun

out-and-out·er [telb zn] ⟨vero, inf⟩ ① **uitblinker**, kei, kraan, prachtexemplaar ② **extremist**, (ultra)radicaal

out-and-return course [telb zn] ⟨zweefvliegen⟩ **retourvluchtparcours**

out·ar·gue [ov ww] **overtroeven** ⟨in discussie⟩, onder tafel praten, platpraten

out·a·site, out·a·sight /aʊtəsaɪt/ [bn] ⟨AE; inf⟩ **fantastisch**, te gek, prachtig

¹**out·back** /aʊtbæk/ [niet-telb zn; the] ⟨vnl AuE⟩ **binnenland**, woeste/afgelegen streek, rimboe

²**out·back** /aʊtbæk/ [bn] ⟨vnl AuE⟩ **van/in het binnenland**, afgelegen ♦ *outback life* het leven in de rimboe

out·bal·ance [ov ww] **zwaarder wegen dan**, overwicht hebben op, overtreffen, belangrijker zijn dan

out·bid [ov ww] **meer bieden dan**, overbieden, overtreffen, de loef afsteken, overtroeven

¹**out·blaze** [onov ww] **oplaaien**

²**out·blaze** [ov ww] **overschitteren**, overstralen, in glans overtreffen, in de schaduw stellen

out·board [bn; attr + bw] **buitenboord(s)** ♦ *outboard motor* buitenboordmotor

out·bound [bn] **uitgaand**, op de uitreis, vertrekkend ♦ *outbound traffic* uitgaand verkeer

out·box [telb zn] ⟨comp⟩ **postvak uit**, outbox

out·brag [ov ww] **overtreffen in het grootspreken**

out·brave [ov ww] **tarten**, trotseren, uitdagen, het hoofd bieden

¹**out·break** /aʊtbreɪk/ [telb zn] ① **uitbarsting**, uitbraak, het uitbreken, het uitbarsten, ⟨fig ook⟩ explosie ② **opstand**, oproer, opstootje ③ ⟨geol⟩ **dagzomende aardlaag/**

outbreak

ader
²**out·break** /aʊtbreɪk/ [niet-telb zn] ⟨geol⟩ het dagzomen ⟨van aardlaag, ader enz.⟩
out·breed [ov ww] ⟨biol⟩ kruisen
out·breed·ing [telb + niet-telb zn] ① ⟨biol⟩ kruising ② exogamie ⟨huwelijk buiten stamverband⟩
out·build·ing [telb zn] bijgebouw, paviljoen
¹**out·burst** /aʊtbɜ:st, ᴬ-bɜrst/ [telb zn] ① uitbarsting, uitval, uitstorting, ontboezeming ♦ *outburst of anger* woede-uitbarsting ② ⟨geol⟩ dagzomende aardlaag/ader
²**out·burst** /aʊtbɜ:st, ᴬ-bɜrst/ [niet-telb zn] ⟨geol⟩ het dagzomen ⟨van aardlaag, ader enz.⟩
out·bye, out-by /aʊtbaɪ/ [bw] ⟨vnl SchE⟩ ① buiten, in de openlucht ② (naar) buiten ③ ver, veraf
¹**out·cast** /aʊtkɑ:st, ᴬ-kæst/ [telb zn] ① verschoppeling, outcast, verworpene, uitgestotene, paria, verstotene ② ⟨SchE⟩ ruzie
²**out·cast** /aʊtkɑ:st, ᴬ-kæst/ [bn] uitgestoten, verstoten, verworpen, verbannen, veracht, versmaad
¹**out·caste** /aʊtkɑ:st, ᴬ-kæst/ [telb zn] paria, uit zijn kaste gestotene, kasteloze
²**out·caste** /aʊtkɑ:st, ᴬ-kæst/ [bn] kasteloos, uit zijn kaste gestoten, paria-
³**out·caste** /aʊtkɑ:st, ᴬ-kæst/ [ov ww] uit zijn kaste stoten
out·class [ov ww] overtreffen, overklassen, een klasse beter zijn dan
out·clear·ing /aʊtklɪərɪŋ, ᴬ-klɪrɪŋ/ [niet-telb zn] ⟨BE; fin⟩ ① het verzenden van cheques/wissels (naar het clearinghouse) ② (naar het clearinghouse) te verzenden cheques/wissels
out·col·lege [bn, attr] ⟨vnl BE⟩ extern, uitwonend ♦ *out-college students* externen
out·come /aʊtkʌm/ [telb zn; voornamelijk enk] ① resultaat, gevolg, uitslag, uitkomst, effect ♦ *the outcome of the elections* de uitslag van de verkiezingen ② uitingsmogelijkheid, uitweg
¹**out·crop** /aʊtkrɒp, ᴬ-krɑp/ [telb zn] ① ⟨geol⟩ dagzomende aardlaag/ader ② uitbarsting
²**out·crop** /aʊtkrɒp, ᴬ-krɑp/ [niet-telb zn] ⟨geol⟩ het dagzomen ⟨van aardlaag, ader enz.⟩
³**out·crop** /aʊtkrɒp, ᴬ-krɑp/ [onov ww] ① ⟨geol⟩ dagzomen, tevoorschijn treden ⟨van aardlaag enz.⟩ ② zich manifesteren
¹**out·cry** /aʊtkraɪ/ [telb zn] schreeuw, kreet, geschreeuw, misbaar
²**out·cry** /aʊtkraɪ/ [telb + niet-telb zn] (publiek) protest, tegenwerping, dringend verzoek ♦ *public outcry against/over* publiek protest tegen; *an outcry for* een dringend verzoek om
out·curve /aʊtkɜ:v, ᴬ-kɜrv/ [telb zn] ⟨honkb⟩ wijkende bal, van de plaat wegdraaiende bal
out·dance [ov ww] beter dansen dan
out·dare [ov ww] ① overbluffen, tarten, trotseren ② overtreffen in waaghalzerij
out·date [ov ww] voorbijstreven, doen verouderen
out·dat·ed, out-of-date [bn] achterhaald, ouderwets, verouderd, uit de tijd
out·dis·tance [ov ww] achter zich laten, voorbijgaan, voorbijlopen, overtreffen, overvleugelen
out·do [ov ww] ① overtreffen ② overwinnen, verslaan, de loef afsteken, verdringen, uit het zadel lichten
out·door /aʊtdɔ:, ᴬaʊtdɔr/, **outdoors** /aʊtdɔ:z, ᴬaʊtdɔrz/, **out-of-door** /aʊtəvdɔ:, ᴬaʊtəvdɔr/, **out-of-doors** /aʊtəvdɔ:z, ᴬaʊtəvdɔrz/ [bn, attr] ① openlucht-, buiten(shuis)- ♦ *outdoor advertising* buitenreclame ② buiten de/een instelling, thuiszittend, thuis zijnd ⟨armen, bejaarden enz.⟩ ③ buiten het Parlement, onder het volk ♦ *outdoor agitation* opwinding in den lande/onder het volk

¹**out·doors** /aʊtdɔ:z, ᴬ-dɔrz/, **out-of-doors** [niet-telb zn; the] openlucht, buiten ♦ *a man of the outdoors* een buitenmens
²**out·doors** /aʊtdɔ:z, ᴬ-dɔrz/, **out-of-doors** [bw] buiten(shuis), in (de) openlucht
out·door·sy /aʊtdɔ:zi, ᴬ-dɔr-/ [bn] ⟨inf⟩ ① buiten(shuis), verzot op de vrije natuur/het buitenleven ♦ *a real outdoorsy type* een echt buitenmens ② buiten-, voor buiten ♦ *outdoorsy clothes* kleren (geschikt) voor buiten
out·draw [ov ww] (een) pistool sneller trekken dan
¹**out·er** /aʊtə, ᴬaʊtər/ [telb zn] ① rand van schietschijf ⟨buiten de buitenste ring⟩ ② randschot ⟨schot in rand van schietschijf⟩
²**out·er** /aʊtə, ᴬaʊtər/ [bn, attr] ① buitenste, aan de buitenzijde, buiten-, over- ♦ ⟨AE⟩ *outer city* voorstad; *outer door* buitendeur; *outer ear* uitwendig oor; *outer garments/wear* bovenkleding; *Outer-Mongolia* Buiten-Mongolië; *outer office* kantoor van het personeel; *Outer Hebrides* Buiten-Hebriden; *outer space* de (kosmische) ruimte; *the outer world* het buitenwereld ② uiterlijk, uitwendig ♦ *the outer man/woman* het uiterlijk, het voorkomen ▪ ⟨BE⟩ *outer bar* advocaten die nog geen Queen's/King's Counsel zijn, ± jonge balie
out·er·most /aʊtəmoʊst, ᴬaʊtər-/, **out·most** /aʊtmoʊst/ [bn, attr] buitenste, uiterste
out·er·wear /aʊtəweə, ᴬaʊtərwer/ [niet-telb zn] bovenkleding
out·face [ov ww] (de blik) trotseren (van), de ogen doen neerslaan, in verlegenheid brengen, van zijn stuk brengen
out·fall /aʊtfɔ:l/ [telb zn] (uit)lozing, mond(ing), afvloeiing, afvoerkanaal
outfall sewer [telb zn] eindriool, afvoerriool, afvoerkanaal ⟨van stad naar buiten⟩
outfall works [telb zn] rioolgemaal
¹**out·field** [telb zn] afgelegen veld ⟨van boerderij⟩
²**out·field** [niet-telb zn; the] ⟨cricket, honkb⟩ verreveld, buitenveld
³**out·field** [verzamel; the] ⟨cricket, honkb⟩ verrevelders, buitenvelders
out·field·er [telb zn] ⟨cricket, honkb⟩ verrevelder, buitenvelder
out·fight [ov ww] overwinnen, beter vechten dan
out·fight·ing /aʊtfaɪtɪŋ/ [niet-telb zn] het vechten op afstand, het boksen op armslengte
¹**out·fit** /aʊtfɪt/ [telb zn] uitrusting, toerusting, gereedschap, outfit, kostuum, outillage ♦ ⟨inf⟩ *the whole outfit* de hele handel/santenkraam
²**out·fit** /aʊtfɪt/ [niet-telb zn] het uitrusten
³**out·fit** /aʊtfɪt/ [verzamel] ⟨inf⟩ groep, (reis)gezelschap, team, ploeg, ⟨mil⟩ compagnie
⁴**out·fit** /aʊtfɪt/ [onov ww] zich uitrusten, zich toerusten
⁵**out·fit** /aʊtfɪt/ [ov ww] uitrusten, outilleren, voorzien van, verschaffen ♦ *outfit with* voorzien van
out·fit·ter /aʊtfɪtə, ᴬ-fɪtər/ [telb zn] ① uitrustingsleverancier, sportwinkel, sportmagazijn ② (heren)modehandelaar, herenmodezaak
out·flank [ov ww] ① ⟨mil⟩ overvleugelen, omtrekken ② verschalken, beetnemen, ⟨fig⟩ de wind uit de zeilen nemen
out·flow [telb zn] ① uitloop, afvoer, debiet ② uitstroming, uitvloeiing, afvloeiing, uitstorting ♦ *an outflow of gold bullion* een stroom van ongemunt goud; *an outflow of abusive language* een vloed van scheldwoorden
out·flung /aʊtflʌŋ/ [bn] gestrekt, (open)gespreid ♦ *outflung arms* open armen
out·fly [ov ww] sneller/verder vliegen dan
out·fox [ov ww] verschalken, te slim af zijn
out-front [bn] ⟨inf⟩ rechtuit, ronduit, openhartig
out·frown [ov ww] ① de ogen doen neerslaan, in verle-

genheid brengen [2] **somberder kijken dan**
¹**out·gas** [onov ww] **gas afgeven/uitwasemen**
²**out·gas** [ov ww] **ontgassen**
out·gen·er·al [ov ww] [1] **overtreffen als strateeg** [2] **te slim af zijn**
¹**out·giv·ing** /ˈaʊtɡɪvɪŋ/ [telb zn] ⟨AE⟩ **(officiële) verklaring,** uitspraak
²**out·giv·ing** /ˈaʊtɡɪvɪŋ/ [bn] **open,** extravert
¹**out·go** /ˈaʊtɡoʊ/ [telb zn; mv: outgoes] [1] **uitgave,** verbruik [2] **uitgang,** uitweg
²**out·go** /ˈaʊtɡoʊ/ [ov ww] **overschrijden,** overtreffen, te boven gaan; → **outgoing**
out·go·er /ˈaʊtɡoʊə, ˄-ər/ [telb zn] **vertrekkend persoon,** vertrekkend huurder, de dienst verlatend ambtenaar
¹**out·go·ing** /ˈaʊtɡoʊɪŋ/ [telb zn; oorspronkelijk tegenwoordig deelw van outgo] [1] **vertrek,** beëindiging [2] **afloop,** eb, afvloeiing, lozing
²**out·go·ing** /ˈaʊtɡoʊɪŋ/ [bn; (oorspronkelijk) tegenwoordig deelw van outgo; zn: ~ness] **extravert,** vriendelijk, gezellig, hartelijk, vlot
³**out·go·ing** /ˈaʊtɡoʊɪŋ/ [bn, attr; (oorspronkelijk) tegenwoordig deelw van outgo] [1] **vertrekkend,** uitgaand, heengaand ♦ *outgoing goods* uitgaande goederen; *outgoing tide* aflopend/gaand tij [2] **uittredend,** aftredend, ontslag nemend
out·go·ings /ˈaʊtɡoʊɪŋz/ [alleen mv; oorspronkelijk tegenwoordig deelw van outgo] **uitgaven,** verbruik, onkosten
out·grow [ov ww] [1] **ontgroeien (aan),** te groot worden voor, groeien uit, afleren, te boven komen ♦ *outgrow one's clothes* uit zijn kleren groeien; *outgrow one's strength* uit zijn krachten groeien [2] **boven het hoofd groeien,** sneller groeien dan, groter worden dan ♦ *outgrow one's brothers* zijn broers boven het hoofd groeien
¹**out·growth** /ˈaʊtɡroʊθ/ [telb zn] [1] **product,** resultaat, gevolg, uitvloeisel, voortvloeisel [2] **uitwas,** uitgroeisel, zijtak, uitloper
²**out·growth** /ˈaʊtɡroʊθ/ [niet-telb zn] **het groeien uit**
out·guess [ov ww] [1] **doorzien** [2] **te slim af zijn**
out·gun [ov ww] **overtreffen (in geschutsterkte),** overtroeven
out-her·od /ˌaʊtˈhɛrəd/ [ov ww] **wreder dan wreed zijn** ♦ *out-herod Herod* de baarlijke duivel zijn
out·house /ˈaʊthaʊs/ [telb zn] [1] **bijgebouw,** aanbouw [2] ⟨vnl AE⟩ **gemakhuisje,** buiten-wc, privaathuisje
out·ing /ˈaʊtɪŋ/ [telb zn] [1] **uitstap(je),** uitje, tochtje, excursie [2] **wandeling,** ommetje [3] ⟨sport⟩ **wedstrijd,** (oefen)tochtje ⟨van roeiteam, enz.⟩, (oefen)rit ⟨van renpaard⟩
out·jock·ey [ov ww] **te slim af zijn,** bij de neus nemen, bedriegen
out·land [telb zn] [1] **vreemd land,** buitenland [2] ⟨gesch⟩ **verpachte grond** ⟨buiten eigenlijk landgoed⟩
out·land·ing /ˈaʊtlændɪŋ/ [telb zn] ⟨zweefvliegen⟩ **buitenlanding**
out·land·ish /ˌaʊtˈlændɪʃ/ [bn; bw: ~ly; zn: ~ness] [1] **vreemd,** bizar, zonderling, excentriek [2] **afgelegen** [3] ⟨vero⟩ **buitenlands**
out·lands [alleen mv; the] **provincie,** platteland
out·last [ov ww] **langer duren/meegaan dan,** overleven, het langer uithouden dan
¹**out·law** /ˈaʊtlɔː/ [telb zn] [1] **vogelvrijverklaarde,** balling, misdadiger, bandiet, outlaw [2] **wild/ontembaar/onhandelbaar dier**
²**out·law** /ˈaʊtlɔː/ [bn] **onwettig** ♦ *outlaw strike* wilde/onwettige staking
³**out·law** /ˈaʊtlɔː/ [ov ww] [1] **(ver)bannen,** buiten de wet stellen, verbieden, vogelvrij verklaren [2] ⟨AE; jur⟩ **van onwaarde verklaren** ♦ *outlaw a claim* een beslag van onwaarde verklaren
out·law·ry /ˈaʊtlɔːri/ [niet-telb zn] [1] **vogelvrijverklaring,** verbanning [2] **ballingschap** [3] **het leven buiten de wet** [4] ⟨AE; jur⟩ **nietigverklaring** ⟨van schuld, beslag, recht enz.⟩
¹**out·lay** /ˈaʊtleɪ/ [telb + niet-telb zn; voornamelijk enk⟩ **uitgave(n),** onkosten, bedrag ♦ *outlay on/for his college education* uitgaven voor zijn universitaire opleiding
²**out·lay** /ˈaʊtleɪ/ [ov ww] **uitgeven,** besteden, spenderen
out·let /ˈaʊtlet/ [telb zn] [1] **uitlaat(klep),** afvoerkanaal, afvoerbuis, afvoeropening, afvoerleiding, uitlaatbuis, uitlaatopening, uitgang, uitweg, ⟨fig⟩ uitingsmogelijkheid [2] **afzetgebied,** markt [3] **vestiging,** verkooppunt, ⟨i.h.b.⟩ outlet, fabriekswinkel [4] **verdeelkap** ⟨van schoenenblazer⟩ [5] ⟨vnl AE; elek⟩ **(wand)contactdoos,** stopcontact
outlet mall [telb zn] ⟨AE⟩ **winkelpromenade met fabriekswinkels** ⟨vaak aan de rand van een stad⟩, factoryoutletcenter
out·li·er /ˈaʊtlaɪə, ˄-ər/ [telb zn] [1] **geïsoleerd deel,** uitloper [2] ⟨geol⟩ **outlier** ⟨beperkt gebied van jongere gesteenten dat volledig omsloten is door oudere gesteenten⟩, ⟨bijvoorbeeld⟩ getuigenberg [3] ⟨ook stat⟩ **uitschieter,** uitbijter [4] **forens,** uitwonende [5] ⟨AE; gesch⟩ **woudloper,** struikrover [6] **zwerfdier** [7] **buitenstaander**
¹**out·line** /ˈaʊtlaɪn/ [telb zn] [1] **omtrek(lijn),** contour, silhouet [2] **schets,** omtrektekening, contourtekening, samenvatting, overzicht, synopsis, ontwerp, plan ♦ *in broad outline* in grote trekken, grof geschetst
²**out·line** /ˈaʊtlaɪn/ [ov ww] [1] **schetsen,** in grote trekken weergeven, samenvatten [2] **omlijnen,** de contouren tekenen van, aftekenen ♦ *outlined against* afgetekend/zich aftekenend tegen [3] **uitzetten,** afbakenen, aftekenen
out·lin·e·ar /ˌaʊtˈlɪnɪə, ˄-ər/ [bn] **schetsmatig,** in hoofdtrekken
out·lines /ˈaʊtlaɪnz/ [alleen mv; the] **(hoofd)trekken,** hoofdpunten, kern, beginselen ♦ *agree on the outlines* het eens zijn over de hoofdlijnen
out·live [ov ww] **overleven,** langer leven/duren/meegaan dan, doorleven, te boven komen, doorstaan ♦ *not outlive the night* de morgen niet halen; *outlive the pain* de pijn te boven komen; *the organization has outlived its usefulness* de stichting heeft zichzelf overleefd/heeft haar tijd gehad
out·look /ˈaʊtlʊk/ [telb zn] [1] **uitkijk(post)** ♦ *be on the outlook for* uitzien/kijken naar [2] **uitzicht,** gezicht [3] **vooruitzicht,** verwachting [4] **kijk,** oordeel, mening, opvatting, zienswijze, visie ♦ *a narrow outlook on life* een bekrompen levensopvatting
out·ly·ing /ˈaʊtlaɪɪŋ/ [bn, attr] [1] **buiten-,** afgelegen, verwijderd, perifeer, ⟨fig⟩ bijkomstig, extra ♦ ⟨mil⟩ *outlying picket* veldwacht, velddienst, buitenpost [2] **vreemd**
out·ma·noeu·vre, ⟨AE⟩ **out·ma·neu·ver** [ov ww] [1] **handiger manoeuvreren dan** [2] **verschalken,** te slim af zijn, in de luren leggen
out·march [ov ww] **beter/sneller/langer marcheren dan,** achter zich laten, voorkomen, eruit lopen
out·match [ov ww] ⟨vnl passief⟩ **overtreffen,** de baas zijn, overklassen
out·meas·ure [ov ww] **overtreffen in grootte/omvang**
out·mod·ed /ˌaʊtˈmoʊdɪd/ [bn] [1] **uit de mode,** ouderwets [2] **verouderd,** achterhaald
outmost [bn, attr] → **outermost**
out·ness /ˈaʊtnəs/ [niet-telb zn] **uitwendigheid,** uiterlijkheid
out·num·ber [ov ww] **in aantal overtreffen,** talrijker zijn dan ♦ *our men were outnumbered* onze mannen waren in de minderheid
out of [vz] [1] ⟨ook fig; plaats en richting⟩ **buiten,** naar buiten uit, uit, uit ... weg ♦ *took it out of the bag* haalde het uit de zak; *the car got out of control* hij verloor de controle over de auto; *out of danger* buiten gevaar; *she swam until she was out of her depth* ze zwom tot waar ze niet meer kon staan; *turned out of doors* de straat opgejaagd; *it was good*

out-of-body

out of all expectation het was buiten verwachting goed; *marry out of one's faith* met iemand van een ander geloof trouwen; *he knew nothing and felt altogether out of it* hij wist van niets en voelde zich buitengesloten; *was voted out of office* werd uit zijn functie weggestemd; *out of the ordinary* ongewoon; *out of the port* uit de haven; *out of her reach* buiten haar bereik; *walked out of the room* ging de kamer uit [2] ⟨duidt oorsprong, herkomst, oorzaak enz. aan⟩ **uit, vanuit,** komende uit ♦ *act out of pity* uit medelijden handelen; *financed out of hard-won earnings* gefinancierd met zuur verdiende centen; *a foal out of a thoroughbred* een veulen uit een volbloed(merrie) geboren; *he made a fortune out of carpets* hij maakte een fortuin met het verkopen van tapijten; *translated out of Greek* vertaald uit het Grieks; *only one out of four marriages survives* slechts één op de vier huwelijken houdt stand; *a girl out of the mountains* een meisje uit de bergen; *wake up out of a deep sleep* uit een diepe slaap ontwaken [3] **zonder, -loos** ♦ *out of breath* buiten adem; *I'm out of cash* ik zit aan de grond; *we had run out of milk* we hadden geen melk meer; *he was cheated out of his money* z'n geld werd hem ontfutseld
out-of-bod·y [bn, attr] **uit/buiten het lichaam** ♦ *out-of-body experience* uittreding, buiten-het-lichaam-treden
out-of-court [bn, attr] **buiten het gerecht/de rechtbank om** ♦ *an out-of-court settlement* een overeenkomst zonder tussenkomst van het gerecht
out-of-date [bn] → **outdated**
out-of-door [bn, attr] → **outdoor**
out-of-doors → **outdoors**
out-of-pocket [bn, attr] **contant,** in specie ♦ *out-of-pocket expenses* contante uitgaven, verschotten
out-of-sight [bn] → **outasite**
out-of-sync /aʊtəvsɪŋk/ [bn] **uit de toon vallend,** niet in de pas lopend
out-of-the-way [bn] [1] **afgelegen,** afgezonderd [2] **onbekend,** ongewoon, buitensissig
¹**out-of-work** [telb zn] **werkloze**
²**out-of-work** [bn, attr] **werkloos**
out·pace [ov ww] [1] **achter zich laten,** sneller gaan dan [2] **voorbijstreven,** overtreffen
out·par·ty [telb zn] ⟨pol⟩ **oppositiepartij**
out·pa·tient [telb zn] **niet in ziekenhuis verpleegd patiënt,** poliklinische patiënt
outpatient clinic, outpatients' clinic [telb zn] **polikliniek**
outpatient department, outpatients' department [telb zn] **poliklinische afdeling**
out·per·form [ov ww] **overtreffen,** beter doen/presteren dan
out·place [ov ww] ⟨AE⟩ **plaatsen (bij een andere werkgever)**
out·place·ment [telb + niet-telb zn] **outplacement,** vertrekbemiddeling, ontslagbegeleiding, uitplaatsing
out·play [ov ww] **beter spelen dan,** overspelen, een klasse beter spelen dan, overklassen
out·point [ov ww] [1] **hoger scoren dan** [2] ⟨vnl boksp⟩ **op punten verslaan** [3] **overtreffen**
out·port [telb zn] [1] **secundaire haven,** kleinere haven ⟨in Engeland elke havenstad behalve Londen⟩ [2] **uitvoerhaven,** exporthaven [3] **voorhaven**
out·post /aʊtpoʊst/ [telb zn] [1] **voorpost** [2] **buitenpost**
out·pour·ing /aʊtpɔːrɪŋ/ [telb zn] [1] **uitvloeiing,** afvloeiing, stroom [2] ⟨vnl mv⟩ **ontboezeming**
out·pro·duce [ov ww] **meer produceren dan**
¹**out·put** /aʊtpʊt/ [telb + niet-telb zn] **opbrengst,** productie, debiet, prestatie, nuttig effect, vermogen, capaciteit, ⟨elek⟩ uitgangsvermogen, uitgangsspanning, ⟨comp⟩ uitvoer, output
²**out·put** /aʊtpʊt/ [ov ww; ook output, output] [1] **voortbrengen,** produceren, opleveren [2] ⟨comp⟩ **uitvoeren,** als

output leveren
¹**out·rage** /aʊtreɪdʒ/ [telb + niet-telb zn] [1] **geweld(daad),** wandaad, euveldaad, misdaad, misdrijf, vergrijp, aanslag, aanranding, verkrachting, belediging, smaad, schandaal [2] ⟨vnl AE⟩ **verontwaardiging,** verbolgenheid
²**out·rage** /aʊtreɪdʒ/ [ov ww] [1] **geweld aandoen,** zich vergrijpen aan, schenden, overtreden, met voeten treden, een aanslag plegen op, aanranden, verkrachten, beledigen, krenken [2] ⟨vnl AE⟩ **verontwaardigen,** verbolgen maken ♦ *I felt outraged by what they had done* ik was buiten mezelf over wat ze gedaan hadden
out·ra·geous /aʊtreɪdʒəs/ [bn; bw: ~ly; zn: ~ness] [1] **buitensporig,** onmatig, extravagant [2] **gewelddadig,** misdadig, wreed, onbeheerst [3] **schandelijk,** grof, beledigend, ongehoord, ergerlijk, afschuwelijk
out·range [ov ww] [1] **verder dragen dan** ⟨van vuurwapens⟩ [2] **verder reiken dan,** overtreffen
out·rank [ov ww] **hoger zijn in rang dan,** belangrijker zijn dan, overtreffen
ou·tré /uːtreɪ, ᴬuːtreɪ/ [bn; zn: ~ness] **buitennissig,** onbehoorlijk, excentriek, bizar, extravagant
¹**out·reach** /aʊtriːtʃ/ [telb zn] [1] **reikwijdte** [2] **hulpverlening,** dienstverlening, ⟨attributief ook⟩ welzijns- ♦ *outreach center* wijkcentrum, wijkpost, buurthuis; *outreach service* welzijnszorg
²**out·reach** /aʊtriːtʃ/ [niet-telb zn] **het reiken**
³**out·reach** /aʊtriːtʃ/ [onov ww] [1] **reiken,** zich uitstrekken [2] **te ver gaan**
⁴**out·reach** /aʊtriːtʃ/ [ov ww] [1] **verder reiken dan,** overtreffen, overschrijden [2] **beetnemen,** bedriegen [3] ⟨form⟩ **uitstrekken,** uitsteken
out·re·lief [niet-telb zn] ⟨gesch⟩ **steun (aan armen) buiten het armenhuis**
out·ride [ov ww] [1] **sneller/beter rijden dan,** achter zich laten, voorbijrijden, er afrijden [2] ⟨scheepv; ook fig⟩ **afrijden,** doorstaan ⟨van schip in storm⟩
out·rid·er [telb zn] [1] **voorrijder,** escorte, begeleider ⟨te paard, op motorfiets enz.⟩ [2] ⟨AE⟩ **outrider** ⟨cowboy die afgedwaald vee binnen grenzen van de ranch moet houden⟩
out·rigged [bn] ⟨scheepv⟩ **met uitlegger,** met drijver, met vlerk, vlerk-, buitenboord
out·rig·ger [telb zn] [1] ⟨scheepv⟩ **vlerk,** drijver, uitlegger [2] ⟨scheepv⟩ **vlerkprauw** [3] ⟨scheepv⟩ **roeidol op klamp,** outrigger [4] ⟨scheepv⟩ **boot met outriggers** ⟨zie bet 3⟩ [5] ⟨scheepv⟩ **uithouder,** fokkenloet, papegaaistok, botteloef [6] **kraanbalk** ⟨ook scheepvaart⟩ [7] **verlengstuk van zwenghout** ⟨zodat extra paard buiten lamoen kan worden ingespannen⟩ [8] **extra paard** ⟨buiten lamoen⟩ [9] ⟨AE; elek⟩ **draadklem**
out·rig·gers [alleen mv] **(stel) steunbalken** ⟨van mobiele kraan⟩
¹**out·right** /aʊtraɪt/ [bn, attr; bw: ~ly; zn: ~ness] [1] **totaal,** volledig, geheel, volkomen, grondig [2] **volstrekt,** absoluut, duidelijk, onmiskenbaar ♦ *outright nonsense* je reinste onzin, klinkklare flauwekul [3] **onverdeeld,** onvoorwaardelijk, zonder voorbehoud, open, uitgesproken [4] **direct,** rechtstreeks, onmiddellijk
²**out·right** /aʊtraɪt/ [bw] [1] **helemaal,** geheel (en al), eens en voor al, volstrekt, totaal [2] **ineens,** ter plaatse, onmiddellijk ♦ *kill outright* ter plaatse afmaken [3] **openlijk,** ronduit, rondweg, openhartig, zonder voorbehoud
out·ri·val [ov ww] **overtreffen,** het winnen van, overtroeven
out·roar [ov ww] **overstemmen,** harder brullen dan
out·run [ov ww] [1] **harder/verder/beter lopen dan,** inhalen, achter zich laten [2] **ontlopen,** ontvluchten, ontsnappen aan, ontduiken, ontwijken [3] **passeren,** voorbijstreven, overtreffen, het verder brengen dan [4] **te buiten gaan,** de grenzen overschrijden van ♦ *let one's ambition*

outrun one's ability te hoog mikken, te ambitieus zijn

out·run·ner [telb zn] [1] (be)geleider ⟨die naast of voor rijtuig loopt⟩ [2] extra paard ⟨buiten het lamoen ingespannen⟩ [3] koploper ⟨van hondenspan⟩ [4] voorloper

out·rush [telb zn] (snelle) uitstroming, uitvloeiing, afvloeiing, uitstorting

outs /aʊts/ [alleen mv] ⟨BE⟩ uitgaven, uitgegeven bedragen ▸ *be at outs/on the outs with* op slechte voet staan/ruzie hebben met

out·sail [ov ww] harder/verder zeilen dan, voorbijzeilen, voorbijvaren

out·sell [ov ww] [1] meer verkopen dan [2] meer verkocht worden dan, in verkoop/opbrengst overtreffen

out·set /aʊtset/ [niet-telb zn; the] begin, aanvang ▸ *at the (very) outset* (al dadelijk) bij/in het begin; *from the (very) outset* van meet/het begin af aan

out·set·tle·ment [telb zn] afgelegen nederzetting, buitenpost

¹**out·shine** [onov ww] uitblinken, er bovenuit schitteren/steken, afsteken

²**out·shine** [ov ww] overstralen, in glans/luister overtreffen, ⟨fig⟩ overschaduwen, overtreffen, in de schaduw stellen

¹**out·shoot** [telb zn] [1] uitsteeksel, vooruitspringend deel [2] uitstroming, uitstorting, uitvloeiing, afvloeiing

²**out·shoot** [onov ww] tevoorschijn schieten/komen, uitschieten, uitsteken

³**out·shoot** [ov ww] [1] beter/verder schieten dan [2] voorbijgroeien, verder uitschieten dan, hoger opschieten dan [3] verder reiken dan, voorbijstreven

¹**out·side** /aʊtsaɪd/ [telb zn] ⟨sport⟩ buitenspeler, vleugelspeler

²**out·side** /aʊtsaɪd/ [niet-telb zn; the] [1] buiten(kant), buitenste, buitenzijde, uiterlijk, uitwendige, voorkomen ▸ *from the outside* van buiten; *outside in* binnenste buiten; *on the outside* van buiten, buitenop, bovenop [2] buitenwereld [3] uiterste, (uiterste) grens ▸ *at the (very) outside* uiterlijk, op zijn laatst

³**out·side** /aʊtsaɪd/ [bn, attr] [1] buitenste, buiten-, van buiten, buitenstaand, uitwendig, aan de buitenzijde, uiterlijk ▸ *outside broadcast* uitzending/reportage van buiten de studio; *outside broker* effectenmakelaar die geen lid is van de Beurs, outsider; ⟨cricket⟩ *the outside edge* buitenkant ⟨van bat, ten opzichte van batsman⟩; ⟨kunstrijden⟩ *do the outside edge* buitenwaarts rijden, kantrijden, beentjeover rijden; *outside opinion* opinie van buitenstaanders; *outside patient* poliklinisch patiënt; ⟨AE; tv⟩ *outside pickup* buitenopname, buitenreportage; *outside seat* zitplaats aan de zijkant ⟨van rij zitplaatsen⟩; ⟨basketb⟩ *outside shot* afstandsschot; *outside shutter* (raam)luik, buitenblind; *outside track* buitenbaan; *outside window* tochtraam; *outside work* buitenwerk, werk 'op karwei'; *the outside world* de buitenwereld [2] gering, klein, summier ▸ *an outside chance* een miniem kansje [3] uiterst, hoogst, laagst, maximum, minimum ▸ *outside price* uiterste prijs

⁴**out·side** /aʊtsaɪd/ [bw] [1] buiten, buitenshuis ▸ *I don't often get outside* ik kom niet vaak in de frisse lucht; *wait outside please* wacht alstublieft buiten; *he went outside to the garden* hij ging naar buiten, de tuin in [2] aan de buitenkant, langs buiten ▸ *the paint was coming off outside* de verf kwam er aan de buitenkant af [3] ⟨sl⟩ buiten, op vrije voeten ▸ *Bill's still outside* Bill loopt nog vrij rond ▸ zie: **outside of**⁵

⁵**out·side** /aʊtsaɪd/, **outside of** [vz] [1] ⟨plaats- en richtingaanduiding⟩ buiten ⟨ook figuurlijk⟩, naar buiten, uit, aan de buitenkant van ▸ *rushed outside the building* haastte zich het gebouw uit; *outside all our hopes* boven al onze verwachtingen; *outside the law* buiten de wet; *she talked outside the subject* ze praatte om het onderwerp heen; *the rose outside my window* de roos buiten, vóór mijn venster

[2] behalve, uitgezonderd, buiten ▸ *none outside John and me* niemand behalve Jan en ik

out·sid·er /aʊtsaɪdə, ˆ-ər/ [telb zn] [1] buitenstaander, outsider, oningewijde, leek, niet-lid [2] zonderling [3] ⟨sport⟩ outsider ⟨mededinger, voornamelijk paard met weinig kans op de overwinning⟩

out·sides /aʊtsaɪdz/ [alleen mv] buitenste boeken/vellen ⟨van riem papier⟩

out·sight [niet-telb zn] waarneming(svermogen)

out·sit [ov ww] langer zitten dan, blijven zitten tot na

¹**out·size** [telb zn] (kledingstuk in) extra grote maat, buitenmodel, persoon met extra grote maat

²**out·size, out·sized** [bn, attr] extra groot, reuzen-, buitenmaat-, bovenmaats

out·skirt /aʊtskɜːt, ˆ-skɜrt/ [telb zn] rand, zoom, grens, buitenkant, buitenwijk

out·skirts /aʊtskɜːts, ˆ-skɜrts/ [alleen mv] buitenwijken, randgebied, periferie ▸ *on the outskirts of town* aan de rand van de stad; ⟨fig⟩ *on the outskirts of society* aan de zelfkant der maatschappij

out·smart [ov ww] ⟨inf⟩ verschalken, te slim af zijn, in de luren leggen ▸ *outsmart o.s.* in zijn eigen strikken gevangen worden

out·soar [ov ww] uitstijgen boven, overvleugelen

out·source /aʊtsɔːs, ˆ-sɔrs/ [ov ww] [1] uitbesteden ⟨werk⟩, outsourcen [2] van buiten het bedrijf betrekken, van elders aangeleverd krijgen, toegeleverd krijgen ⟨goederen⟩

¹**out·span** /aʊtspæn/ [telb zn] ⟨ZAE⟩ uitspanning, rustplaats ⟨met stalhouderij of waar uitgespannen paarden kunnen grazen⟩

²**out·span** /aʊtspæn/ [niet-telb zn] ⟨ZAE⟩ het uitspannen

³**out·span** /aʊtspæn/ [onov + ov ww] ⟨ZAE⟩ uitspannen

¹**out·speak** [onov ww] vrijuit spreken; → **outspoken**

²**out·speak** [ov ww] [1] overtreffen in spreekvaardigheid [2] vrijuit zeggen; → **outspoken**

out·spend [ov ww] meer uitgeven dan

out·spo·ken [bn; oorspronkelijk volt deelw van outspeak; bw: outspokenly; zn: outspokenness] [1] open(hartig), onverbloemd, onomwonden, oprecht, ronduit [2] onmiskenbaar, duidelijk waarneembaar ⟨van een ziekte⟩

¹**out·spread** [telb + niet-telb zn] uitspreiding, het uitspreiden

²**out·spread** [bn] uitgespreid, uitgestrekt ▸ *with arms outspread, with outspread arms* met gestrekte/gespreide armen

³**out·spread** [onov ww] zich strekken, zich uitspreiden/uitstrekken

⁴**out·spread** [ov ww] uitspreiden, uitstrekken

out·stand /aʊtstænd/ [onov ww] [1] uitsteken, uitblinken [2] ⟨scheepv⟩ onder zeil gaan

out·stand·ing /aʊtstændɪŋ/ [bn; bw: ~ly] [1] opmerkelijk, bijzonder, markant, opvallend, opzienbarend, uitmuntend, voortreffelijk, eminent ▸ *of outstanding importance* van bijzonder belang [2] onafgedaan, onbeslist, onopgelost, onbetaald, uitstaand, achterstallig ▸ *outstanding debts* uitstaande schulden; *one of the outstanding mysteries* één van de onopgeloste mysteries; *outstanding work* werk dat nog afgehandeld moet worden [3] uitstaand, uitstekend, naar buiten staand ▸ *outstanding ears* uitstaande oren, flaporen

out·stare [ov ww] kijken naar zonder de ogen neer te slaan, (de blikken) trotseren (van), in verlegenheid/van zijn stuk brengen

out·sta·tion [telb zn] buitenpost, afgelegen standplaats

out·stay [ov ww] langer blijven dan, nablijven ▸ *outstay one's welcome* langer blijven dan men welkom is

out·step [ov ww] te buiten gaan, overschrijden

out·stretch [ov ww] [1] uitstrekken, uitspreiden [2] verder reiken dan, te buiten gaan, overschrijden

out·strip [ov ww] [1] achter zich laten, inhalen, voorbijlo-

outstroke

pen ② overtreffen, voorbijstreven, de loef afsteken
out·stroke [telb zn] buitenwaartse slag ⟨voornamelijk van zuiger in motor⟩
out·swing·er [telb zn] ⟨cricket, voetb⟩ outswinger ⟨van been/doel wegdraaiende bal⟩
out·take [telb zn] ⟨film, tv⟩ fragment
out·talk [ov ww] overbluffen, omverpraten
¹out·throw [telb zn] ① voortbrengsel ♦ *a creative outthrow* een creatieve worp
²out·throw [niet-telb zn] ① het uitgooien, het opzijwerpen ② het opzijgeworpene, afval
out·thrust [telb zn] ① buitenwaartse druk ② uitsteeksel
out·top [ov ww] uitsteken boven, overstijgen, overtreffen
out tray [telb zn] brievenbakje voor/met uitgaande post
out·trump [ov ww] overtroeven, verschalken
out·turn /ˈaʊtˌtɜːn, ᴬ-tɜrn/ [telb zn] productie, output
outturn sample [telb zn] uitvalmonster
out·val·ue [ov ww] meer waard zijn dan
out·vie [ov ww] overtreffen, voorbijstreven, het winnen van
out·voice [ov ww] overschreeuwen
out·vote [ov ww] overstemmen ⟨door meerderheid van stemmen⟩, wegstemmen
out·vot·er [telb zn] ⟨BE⟩ buiten het district wonend kiezer
out·walk [ov ww] verder/sneller wandelen dan
¹out·ward /ˈaʊtwəd, ᴬ-wərd/ [telb zn] buiten(kant), buitenste, buitenzijde, uiterlijk(heid), uitwendige, voorkomen
²out·ward /ˈaʊtwəd, ᴬ-wərd/ [niet-telb zn; the] buitenwereld
³out·ward /ˈaʊtwəd, ᴬ-wərd/ [bn, attr] ① buitenwaarts, naar buiten (gekeerd), uit-, uitgaand ♦ *outward mail* uitgaande post; *outward passage/journey* uitreis, heenreis ② uitwendig, lichamelijk, materieel, uiterlijk ♦ *to all outward appearances* ogenschijnlijk, naar alle schijn; *outward form* vóórkomen; *the outward man* de uitwendige mens, het uiterlijk; *to outward seeming* ogenschijnlijk; *outward things* de buitenwereld, de wereld om ons ③ ⟨vero⟩ buitenste, buiten-
⁴out·ward /ˈaʊtwəd, ᴬ-wərd/, **out·wards** /ˈaʊtwədz, ᴬ-wərdz/ [bw] ① naar buiten, buitenwaarts ♦ *outward bound* uitgaand, op de uitreis ② klaarblijkelijk ③ ⟨vero⟩ aan de buitenkant, uiterlijk
out·ward·ly /ˈaʊtwədli, ᴬ-wərd-/ [bw] ① klaarblijkelijk, ogenschijnlijk ② (form) naar buiten, buitenwaarts ③ aan de buitenkant, uiterlijk
out·ward·ness /ˈaʊtwədnəs, ᴬ-wərd-/ [niet-telb zn] ① uitwendig bestaan, objectiviteit, uitwendigheid, uiterlijke schijn ② aandacht voor uiterlijkheden
out·watch [ov ww] ① langer waken dan ② uitwaken, wakend doorbrengen ♦ *outwatch the night* de nacht uitwaken; ⟨België⟩ de nacht doordoen
out·wear [ov ww] ① langer meegaan dan ♦ *good shoes outwear cheap ones* goede schoenen gaan langer mee dan goedkope ② overleven, te boven komen, ontgroeien ③ verslijten, afdragen, opgebruiken, uitputten; → **outworn**
out·weigh [ov ww] ① zwaarder wegen dan, te zwaar zijn voor ② belangrijker zijn dan, voorgaan, primeren over ③ goedmaken, compenseren ♦ *outweigh the disadvantages* de nadelen compenseren ④ tenietdoen ♦ *outweigh the advantages* de voordelen tenietdoen
out·wing [ov ww] ① sneller/verder vliegen dan ② ⟨mil⟩ overvleugelen
out·wit [ov ww] te slim af zijn, verschalken, foppen, beetnemen, om de tuin leiden
out·with /ˌaʊtˈwɪθ, -wɪð/ [vz] ⟨vnl SchE⟩ ① buiten, aan de buitenkant van ♦ *outwith the house* buiten het huis ② behalve, buiten ♦ *nothing outwith an old coat and cap* niets op een oude mantel en een muts na
¹out·work [telb zn; voornamelijk mv] ⟨mil⟩ buitenwerk, ravelijn
²out·work [niet-telb zn] ① thuiswerk, huisarbeid ② buitenwerk ⟨buiten fabriek enz.⟩
³out·work [ov ww] ① beter/sneller werken dan ② afwerken, afmaken
out·work·er [telb zn] thuiswerk(st)er
out·worn [bn; volt deelw van outwear] ① versleten, afgedragen, uitgeput ② verouderd, achterhaald, afgezaagd
ou·zel, ou·sel /ˈuːzl/, ⟨in betekenis 1 ook⟩ **ring ouzel**, **ring ousel**, ⟨in betekenis 2 ook⟩ **water ouzel**, **water ousel** [telb zn] ⟨dierk⟩ ① beflijster ⟨Turdus torquatus⟩ ② waterspreeuw ⟨Cinclus cinclus⟩ ③ ⟨vero⟩ merel ⟨Turdus merula⟩
ou·zo /ˈuːzoʊ/ [telb + niet-telb zn] ouzo ⟨Griekse sterkedrank⟩
ova /ˈoʊvə/ [alleen mv] → **ovum**
¹o·val /ˈoʊvl/ [telb zn] ① ovaal ♦ ⟨BE⟩ *the Oval* de Oval ⟨cricketterrein in Londen⟩ ② (ren)baan ③ ⟨sl; American football⟩ voetbal
²o·val /ˈoʊvl/ [bn; bw: ~ly; zn: ~ness] ovaal(vormig), eirond, eivormig, ellipsvormig ♦ *oval lathe* ovaaldraaibank; *the Oval Office/Room* het ovale kantoor/Oval Office; ⟨fig⟩ het presidentschap
o·val·i·ty /oʊˈvæləti/ [niet-telb zn] ovaalvormigheid
o·var·i·al /oʊˈvɛəriəl, ᴬ-ˈvɛriəl/, **o·var·i·an** /oʊˈvɛəriən, ᴬ-ˈvɛriən/ [bn] ① ovariaal, van de eierstok(ken) ② ⟨plantk⟩ van het vruchtbeginsel
o·var·i·ec·to·my /oʊvɛəriˈɛktəmi, ᴬ-ˌvɛri-/ [telb zn] ⟨med⟩ ovariëctomie, verwijdering van de eierstok(ken), ovariotomie
o·va·ri·tis /ˌoʊvəˈraɪtɪs/ [telb zn; mv: ovaritides /ˌoʊvəˈrɪtɪdiːz/] ovaritis, eierstokontsteking
o·va·ry /ˈoʊvəri/ [telb zn] ovarium, eierstok, ⟨plantk⟩ vruchtbeginsel
¹o·vate /ˈoʊveɪt/ [telb zn] (soort) bard ⟨in Wales⟩
²o·vate /ˈoʊveɪt/ [bn] ovaal(vormig), eirond, eivormig
o·va·tion /oʊˈveɪʃn/ [telb zn] ovatie, hulde(betoon) ♦ *standing ovation* staande ovatie
ov·en /ˈʌvn/ [telb zn] ① (bak)oven, fornuis ♦ *drying oven* droogoven; *like an oven* snikheet ② heteluchtkamer, droogkamer
ov·en·bird [telb zn] ⟨dierk⟩ ① ovenvogel ⟨genus Furnarius⟩ ② goudkopzanger ⟨Seiurus aurocapillus⟩
oven glove, oven mitt [telb zn] ovenwant
ov·en·proof [bn] ovenvast, vuurvast
ov·en·read·y [bn] bakklaar
ov·en·ware [niet-telb zn] vuurvaste schotels/potten
¹o·ver /ˈoʊvə, ᴬ-ər/ [telb zn] ① overschot, surplus ② ⟨cricket⟩ over ⟨6, in Australië 8, achtereenvolgende gebowlde ballen vanaf één kant van de pitch⟩ ③ ⟨jacht⟩ sprong ⟨over hindernis enz.⟩
²o·ver /ˈoʊvə, ᴬ-ər/ [bn, ook postnom] over, meer, extra, te veel ♦ *over curiousness* overdreven nieuwsgierigheid; *five dollars over* vijf dollar extra/te veel; *leave sth. over* iets over houden
³o·ver /ˈoʊvə, ᴬ-ər/ [bn, attr] ① bovenste ♦ *the over and the nether* de bovenste en de onderste ② buitenste
⁴o·ver /ˈoʊvə, ᴬ-ər/ [bn, pred] over, voorbij, uit, gedaan, afgelopen ♦ *get sth. over (with)* iets afmaken; *the rain is over* het regent niet meer, het is droog; *the war is over* de oorlog is voorbij; *it's all over with us* ons spelletje is uit
⁵o·ver /ˈoʊvə, ᴬ-ər/ [bn, postnom] aan twee kanten gebakken ♦ *a couple of eggs over* een paar eieren aan twee kanten gebakken
⁶o·ver /ˈoʊvə, ᴬ-ər/, ⟨vero⟩ **o'er** /ɔː, oʊə, ᴬɔr, ᴬoʊər/ [bw] ① ⟨ook fig; richting⟩ over-, naar de overkant, omver, naar

overbear

de andere kant, overboord, voorbij ♦ *boil over* overkoken; *bowled over* omvergekegeld, verbluft; *he called her over* hij riep haar bij zich; *they came over to see us* ze kwamen ons bezoeken; *John fell over* John viel omver; *he tried to get the message over* hij probeerde de boodschap over te laten komen; *it measures two meters over* het heeft twee meter doorsnede; *she ran over to see what was up* zij liep ernaartoe om te zien wat er gaande was; *throw the ball over* gooi de bal naar de overkant; *throw the anchor over* het anker overboord gooien; *turned the job over to Mary* gaf het karwei aan Mary over; *turn it over* draai het om; *he went over to greet her* hij ging haar begroeten ② ⟨plaats⟩ daarover, aan de overkant, voorbij, verderop, ginder, ⟨AE⟩ ommezijde ♦ *over against* tegenover; *in France they eat snails* (daarginds) in Frankrijk eten ze slakken; *over here* hier (te lande), bij ons; *she lives four houses over* ze woont vier huizen verderop; *she's over at her aunt's* ze is naar haar tante; *over there* daarginds, bij jullie; ⟨radio⟩ *over (to you)* over; ⟨alg, fig⟩ jouw beurt; *over at your place* bij jou thuis ③ ⟨graad⟩ boven, meer, over-, te ♦ *have sth. over* iets overhebben; *a hundred and over* honderd, ja zelfs nog meer, meer dan honderd; *we're five minutes over* we zijn vijf minuten over tijd; *she's over sensitive* ze is overgevoelig; *not over well* niet al te best ④ ⟨plaats⟩ boven, bovenop, bedekt, overdekt ♦ *he's mud all over* hij zit onder de modder; *a jet flew over* er vloog een straaljager over; *she painted the stains over* ze verfde over de vlekken heen ⑤ ten einde, af, over, gedaan, helemaal, volledig, tot het einde ♦ *it's over and done (with)* het is uit; *the show is over* het spektakel is afgelopen; *look sth. over* iets doornemen/goed bekijken; *they talked the matter over* ze hebben er zaak werd grondig besproken; *she thought it over* ze dacht er goed over na ⑥ opnieuw, over-, her- ♦ *over again* opnieuw, nog eens; *I've done it twice over already* ik heb het al twee keer opnieuw gedaan; *over and over again* telkens/altijd weer, herhaaldelijk; *read it over* herlees het nog eens; *a few times over* een paar keer opnieuw/achter elkaar; *you'll pay for this a hundred times over* dit zet ik je dubbel en dwars betaald ▪ *over and above* bovendien; *five for John (as) over against seven for Pete* vijf voor John tegenover/vergeleken bij zeven voor Pete; *that's him all over* dat is typisch voor hem, zo is hij nu eenmaal; zie: be over ⁷**o·ver** /ˈoʊvə, ˆ-ər/ [vz] ① (ook fig; plaats) over, op, boven ... uit, over ... heen ♦ *but over and above these problems there are others* maar behalve/buiten/naast deze problemen zijn er nog andere; *cost over a pound* meer dan een pond kosten; *put a cover over the child* leg een deken over het kind; *chat over a cup of tea* keuvelen bij een kopje thee; *gain the victory over one's enemy* de zege behalen op zijn vijand; *buy nothing over fifty euros* koop niets boven de vijftig euro; *prefer fruit over sweets* fruit boven snoep verkiezen; *she hit him over the head* ze sloeg hem op het hoofd; *I could see over the heads of the crowd* ik kon over de hoofden van de massa zien; *over the hill* over de heuvel; *have a lead over one's opponents* een voorsprong hebben op zijn tegenstanders; *they lived over the post office* zij woonden boven het postkantoor; *he has it over Sam* hij krijgt de bovenhand van Sam, hij wint het van Sam; *he wrote the letter over his father's signature* hij schreef de brief boven de handtekening van zijn vader; *she towers over Sonny* zij steekt hoog boven Sonny uit; *get over his sorrow* zijn verdriet te boven komen; *a fog hung over the town* er hing een mist boven de stad; *we gained nothing over last year* we hebben geen vooruitgang geboekt ten opzichte van vorig jaar ② ⟨afstand⟩ tot boven ♦ *sink over his knees in mud* tot over zijn knieën in de modder zakken ③ ⟨lengte, oppervlakte enz.⟩ doorheen, door, over, via, langs, gedurende ♦ *broadcast over the air* uitzenden over de radio; *all over England* in/over heel Engeland; *spots all over my arm* vlekken over mijn hele arm; *we came over the motorway* we zijn via de autoweg gekomen; *speak over the phone* door de telefoon spreken; *he worked over the weekends* hij werkte de weekeinden door; *over the past five weeks* gedurende de afgelopen vijf weken; *where shall we stay over winter?* waar zullen we de winter doorbrengen?; *he has travelled over the world* hij heeft de wereld rondgereisd ④ ⟨richting⟩ naar de overkant van, over ♦ *over the hills and far away* ver weg over de bergen; *he climbed over the wall* hij klom over de muur ⑤ ⟨plaats⟩ aan de overkant van, aan de andere kant van ♦ *the girl over the road* het meisje van de overkant ⑥ betreffende, met betrekking tot, over, om ♦ *watch over the child* waak over het kind; *pause over the details* bij de details blijven stilstaan; *he fell into disgrace over some serious debts* hij viel in ongenade omdat hij zware schulden had gemaakt; *all this fuss over a trifle* zo'n drukte om een kleinigheid; *they quarrelled over a girl* ze maakten ruzie om een meisje; *he got soft over Jane* hij raakte door Jane vertederd; *cheat s.o. over a transaction* iemand met een zaak bedriegen ⑦ ⟨wisk⟩ gedeeld door ♦ *eight over four equals two* acht gedeeld door vier is twee ▪ zie: be over

over- /ˈoʊvə, ˆ-ər/ [vormt naamwoord, bn, bijwoord, werkwoord] over-, al te

o·ver·a·bound [onov ww] ① al te overvloedig zijn, in overdreven overvloed voorkomen ② in overvloed hebben ♦ *overabound in/with* overvloed hebben van

o·ver·a·bun·dance [niet-telb zn] (overdreven) overvloed, weelde, overdadigheid, oververzadiging

o·ver·a·bun·dant [bn; bw: overabundantly] al te overvloedig, overmatig, overdadig

o·ver·a·chieve [onov ww] beter presteren (dan verwacht)

o·ver·a·chiev·er [telb zn] iemand die/iets dat meer presteert ⟨dan verwacht⟩

o·ver·act [onov + ov ww] overdrijven, overacteren, chargeren

o·ver·ac·tive [bn] hyperactief

o·ver·ac·tiv·i·ty [niet-telb zn] hyperactiviteit

¹**o·ver·age** /ˈoʊvərɪdʒ/ [telb zn] overschot, surplus, teveel

²**o·ver·age** /ˌoʊvərˈeɪdʒ/ [bn] te oud, over de leeftijdsgrens

¹**o·ver·all** /ˈoʊvərɔːl/ [telb zn] ⟨BE⟩ overal, (werk)kiel, werkjas, stofjas, jasschort

²**o·ver·all** /ˈoʊvərɔːl/ [bn, attr] ① totaal, geheel, alles omvattend ♦ *overall efficiency* totaal rendement; *overall length* totale/volle lengte; *overall majority* absolute meerderheid (van stemmen); *the overall price* de totaalprijs; ⟨sport⟩ *overall standings* algemene rangschikking ② globaal, algemeen ♦ *overall picture* globaal/algemeen beeld; *overall sales* globale verkoop ③ ⟨scheepv⟩ tussen de loodlijnen

³**o·ver·all** /ˈoʊvərɔːl/ [bw] ① in totaal, van kop tot teen ♦ ⟨scheepv⟩ *dressed overall* met alle vlaggen gehesen; *measure three feet overall* een totale lengte hebben van drie voet ② globaal, in het algemeen ③ overal

o·ver·alls /ˈoʊvərɔːlz/ [alleen mv] ① overal(l), ketelpak, monteurspak, werkpak ② ⟨BE⟩ cavaleristenbroek

o·ver·anx·i·e·ty /ˌoʊvəræŋ(k)ˈzaɪəti, ˆˌoʊvəræŋ(k)ˈzaɪəti/ [telb + niet-telb zn] overbezorgdheid

o·ver·anx·ious [bn; bw: overanxiously] overbezorgd

o·ver·arch [ov ww] overwelven ♦ ⟨fig⟩ *the overarching question is ...* de allesomvattende vraag is ...; *overarching structure* overkoepelende constructie

o·ver·arm [bn; attr + bw] ⟨sport⟩ bovenarms

o·ver·awe [ov ww] imponeren, ontzag inboezemen, intimideren

¹**o·ver·bal·ance** [telb + niet-telb zn] ① overwicht, surplus, extra, meerderheid ② onevenwichtigheid

²**o·ver·bal·ance** [ov ww] het evenwicht verliezen, kapseizen, omslaan

³**o·ver·bal·ance** [ov ww] ① zwaarder wegen dan ② belangrijker zijn dan, meer dan opwegen tegen ③ uit het evenwicht brengen, doen kapseizen/omslaan

¹**o·ver·bear** [onov ww] te veel vruchten dragen; → *over-*

overbear

bearing

²**o·ver·bear** [ov ww] ⓵ doen zwichten, overwinnen, overtreffen, tot toegeven dwingen, overbluffen ♦ *overbear an argument* een argument omverwerpen/ontkrachten ⓶ belangrijker zijn dan; → **overbearing**

o·ver·bear·ing [bn; tegenwoordig deelw van overbear; bw: overbearingly] dominerend, bazig, hooghartig, aanmatigend, arrogant ♦ *overbearing manner* arrogante houding

overbed table [telb zn] zwenktafel(tje)

¹**o·ver·bid** [telb zn] ⓵ hoger bod ⓶ te hoog bod

²**o·ver·bid** [onov + ov ww] overbieden, meer bieden (dan), hoger annonceren (dan), te veel bieden, ⟨i.h.b. kaartsp⟩ aangetrokken/te hoog bieden

o·ver·bite [telb zn] ⟨tandh⟩ het overbijten

o·ver·blouse [telb zn] bloes ⟨gedragen boven rok of broek⟩

¹**o·ver·blow** [onov ww] ⓵ overwaaien, gaan liggen, uitrazen ⟨van storm enz.⟩ ⓶ ⟨muz⟩ te krachtig blazen ⟨op blaasinstrument⟩; → **overblown**

²**o·ver·blow** [ov ww] ⓵ wegblazen, doen wegwaaien ⓶ overblazen, blazen/waaien over ⓷ ⟨muz⟩ te krachtig blazen op ⟨instrument⟩; → **overblown**

o·ver·blown [bn; verleden deelw van overblow] ⓵ overgewaaid, uitgeraasd ⟨van storm enz.⟩ ⓶ overdreven, gezwollen, hoogdravend ⓷ ⟨bijna⟩ uitgebloeid, te ver opengebloeid

o·ver·board [bw] overboord ♦ *fall/be lost overboard* overboord vallen/slaan; ⟨inf⟩ *go/fall overboard (for/about)* wild enthousiast worden/zijn (over); *throw overboard* overboord gooien; ⟨ook fig⟩ prijsgeven

¹**o·ver·boil** [onov ww] overkoken

²**o·ver·boil** [ov ww] te gaar/hard koken

o·ver·bold [bn] vrijpostig, al te stout/vrijmoedig, overmoedig

o·ver·book [onov + ov ww] te vol boeken ⟨vliegtuig enz.⟩

o·ver·boot [telb zn] overlaars, bovenlaars

o·ver·brew [ov ww] te lang laten trekken ⟨thee⟩

¹**o·ver·brim** [onov ww] overlopen

²**o·ver·brim** [ov ww] stromen/vloeien over

o·ver·build [ov ww] te dicht bebouwen

¹**o·ver·bur·den** [telb + niet-telb zn] ⓵ overbelasting, overlast ⓶ ⟨mijnb⟩ deklaag

²**o·ver·bur·den** [ov ww] ⟨ook fig⟩ overbelasten, overladen ♦ *overburdened with* overladen met, gebukt onder

o·ver·bus·y [bn] te druk (bezig), te druk bezet

o·ver·buy [onov + ov ww] te veel kopen

¹**o·ver·call** [telb zn] ⓵ hoger bod ⓶ ⟨bridge⟩ volgbod

²**o·ver·call** [onov + ov ww] ⓵ overbieden, meer bieden (dan), hoger annonceren (dan), ⟨bridge⟩ volgen, een volgbod doen ⓶ ⟨vnl BE⟩ te veel bieden

o·ver·can·o·py [ov ww] ⟨form⟩ (als) met een baldakijn overdekken

o·ver·ca·pac·i·ty [telb + niet-telb zn] overcapaciteit

o·ver·cap·i·tal·i·za·tion, o·ver·cap·i·tal·i·sa·tion [telb + niet-telb zn] overkapitalisatie, kapitaalverwatering

o·ver·cap·i·tal·ize, o·ver·cap·i·tal·ise [ov ww] overkapitaliseren

o·ver·care [niet-telb zn] overzorgvuldigheid, te grote zorg

o·ver·care·ful [bn; bw: overcarefully] overzorgvuldig, al te voorzichtig

o·ver·car·ry [ov ww] te ver meenemen ⟨goederen⟩

¹**o·ver·cast** [telb zn] ⓵ overhandse naad/steek ⓶ ⟨mijnb⟩ luchtkruising ⓷ ⟨viss⟩ te verre worp

²**o·ver·cast** [niet-telb zn] bewolking, mist, wolkendek

³**o·ver·cast** [bn; volt deelw van overcast] ⓵ betrokken, bewolkt, mistig ⓶ donker, somber ⓷ overhands genaaid

⁴**o·ver·cast** [ov ww] ⓵ bewolken, betrekken ⓶ verduisteren, overschaduwen ⓷ overhands naaien ⓸ overslaan ⟨goederen⟩ ⓹ ⟨viss⟩ te ver werpen; → **overcast**

o·ver·cau·tion [niet-telb zn] overdreven voorzichtigheid

o·ver·cau·tious [bn; bw: overcautiously; zn: overcautiousness] te voorzichtig

o·ver·cen·tral·i·za·tion, o·ver·cen·tral·i·sa·tion [niet-telb zn] overcentralisatie

¹**o·ver·charge** [telb zn] ⓵ overbelasting, overlading, te zware/sterke lading ⓶ overvraging, surplus

²**o·ver·charge** [onov ww] overvragen, te veel vragen ♦ *overcharge by five dollars for sth.* vijf dollars te veel voor iets vragen; → **overcharged**

³**o·ver·charge** [ov ww] ⓵ overbelasten, overladen, te zwaar/sterk laden ⓶ chargeren, overladen, overdrijven ♦ *overcharged with emotion* te emotioneel geladen ⓷ overvragen, te veel vragen/in rekening brengen (voor) ♦ *overcharge a person* iemand te veel laten betalen; *overcharge a thing* te veel vragen voor iets; → **overcharged**

o·ver·charged [bn; volt deelw van overcharge] afgeladen, overvol

o·ver·check [telb + niet-telb zn] ⟨stof met⟩ combinatie van twee niet even grote ruitpatronen

o·ver·choice [telb zn] te grote keuze

o·ver·class [telb zn] bovenklasse

o·ver·clothe [ov ww] te dik aankleden

o·ver·cloud [onov + ov ww] ⓵ bewolken, betrekken ⓶ verdonkeren, verduisteren, overschaduwen

o·ver·coat [telb zn] ⓵ overjas ⓶ deklaag ⟨verf enz.⟩

o·ver·col·our, ⟨AE⟩ **o·ver·col·or** [ov ww] te sterk kleuren

¹**o·ver·come** [bn, pred; volt deelw van overcome] overwonnen, overmand, overstelpt, van streek, onder de indruk ♦ *overcome by the heat* door de warmte bevangen; *overcome by/with grief* door leed overmand; *overcome with liquor* dronken

²**o·ver·come** [onov + ov ww] overwinnen, zegevieren, te boven komen, overweldigen ♦ *overcome a disaster* een ramp te boven komen; *overcome a drawback* een bezwaar ondervangen; *overcome a bad habit* een slechte gewoonte afleren; *overcome a temptation* een verleiding weerstaan; → **overcome**

o·ver·com·pen·sate [onov + ov ww] overcompenseren

o·ver·com·pen·sa·tion [telb + niet-telb zn] overcompensatie

o·ver·con·fi·dence [niet-telb zn] overmoed, te groot (zelf)vertrouwen

o·ver·con·fi·dent [bn; bw: overconfidently] overmoedig, met overdreven zelfvertrouwen

o·ver·cooked [bn] overgaar

o·ver·crank·ing [niet-telb zn] het vertraagd opnemen, het opnemen met slowmotioneffect

o·ver·cre·du·li·ty [niet-telb zn] lichtgelovigheid

o·ver·cred·u·lous [bn] (al te) lichtgelovig

o·ver·crop [ov ww] door roofbouw uitputten; → **overcropping**

o·ver·crop·ping [niet-telb zn; gerund van overcrop] roofbouw

o·ver·crow [ov ww] triomferen over

o·ver·crowd [ov ww] ⓵ overladen ⓶ overbevolken; → **overcrowded, overcrowding**

o·ver·crowd·ed [bn; volt deelw van overcrowd] ⓵ overvol, stampvol ⓶ overbevolkt

o·ver·crowd·ing [niet-telb zn] ⓵ overlading ⓶ overbevolking

o·ver·cu·ri·os·i·ty [telb + niet-telb zn] te grote nieuwsgierigheid

o·ver·cu·ri·ous [bn] al te nieuwsgierig

o·ver·del·i·ca·cy [niet-telb zn] overgevoeligheid

o·ver·del·i·cate [bn] overgevoelig

o·ver·den·tures [alleen mv] (overkappings)prothese

o·ver·de·vel·op [ov ww] overontwikkelen ⟨ook fotografie⟩, te sterk ontwikkelen

o·ver·de·vel·op·ment [telb + niet-telb zn] overontwikkeling ⟨ook fotografie⟩, te sterke ontwikkeling

o·ver·do [ov ww] [1] overdrijven, te ver gaan in, te veel gebruiken ♦ *overdo the salt in the sauce* te veel zout in de saus doen; *overdo things/it* te hard werken, overdrijven, te ver gaan, te hard van stapel lopen [2] uitputten, te veel vergen van, (te zeer) vermoeien, ⟨België⟩ overdoen [3] te gaar koken, overbakken ♦ *overdone meat* overgaar vlees

o·ver·door [telb zn] versiering boven de deur

¹**o·ver·dose** [telb zn] overdosis, te grote/zware dosis

²**o·ver·dose** [ov ww] overdoseren, een overdosis toedienen/nemen van

¹**o·ver·draft** [telb zn] overdispositie, bankschuld, debet, voorschot in lopende rekening

²**o·ver·draft** [niet-telb zn] het overdisponeren

overdraft facility [telb zn] ⟨BE⟩ kredietlimiet ⟨bij bank e.d.⟩, kredietovereenkomst, mogelijkheid om rood te staan

o·ver·dram·a·tize [onov + ov ww] overdreven dramatiseren

¹**o·ver·draw** [onov + ov ww] overdisponeren ♦ *overdraw one's account* overdisponeren

²**o·ver·draw** [ov ww] [1] overdrijven, te sterk kleuren [2] overspannen, te sterk spannen ⟨boog enz.⟩

¹**o·ver·dress** [telb zn] overkleed, bovenjurk, bovenkleed

²**o·ver·dress** [onov ww] [1] zich te formeel/opzichtig kleden [2] zich te warm kleden

³**o·ver·dress** [ov ww] [1] te formeel/opzichtig kleden [2] te warm kleden

o·ver·drink [onov ww] overdadig drinken

¹**o·ver·drive** [telb + niet-telb zn] overversnelling, overdrive

²**o·ver·drive** [ov ww] [1] te ver/lang rijden met [2] afmatten, afjakkeren, afbeulen, uitbuiten; → **overdriven**

o·ver·driv·en [bn; volt deelw van overdrive] afgezaagd

o·ver·due [bn] te laat, over (zijn) tijd, achterstallig, over de vervaltijd/dag ♦ *the book is long overdue* het boek had al lang moeten verschijnen; *the baby is a week overdue* de baby is al een week over tijd

o·ver·ea·ger [bn; bw: overeagerly; zn: overeagerness] (al) te enthousiast

o·ver·ear·nest [bn] (al) te ernstig

o·ver·eat [onov ww] zich overeten, te veel eten

o·ver·em·pha·sis [telb zn] te sterke beklemtoning

o·ver·em·pha·size [ov ww] te sterk de nadruk leggen op

¹**o·ver·es·ti·mate, o·ver·es·ti·ma·tion** [telb zn] overschatting

²**o·ver·es·ti·mate** [ov ww] overschatten, te hoog ramen

o·ver·ex·cite [ov ww] te zeer opwinden

o·ver·ex·ert [onov + ov ww; wederkerend werkwoord] (zich) te zeer inspannen ♦ *overexert o.s.* zich te zeer inspannen

o·ver·ex·er·tion [telb zn] overdreven inspanning

o·ver·ex·pose [ov ww] te lang blootstellen, ⟨foto⟩ overbelichten

o·ver·ex·po·sure [niet-telb zn] te lange blootstelling, ⟨foto⟩ overbelichting

o·ver·ex·tend [ov ww] overbelasten ♦ *overextend o.s.* zich overbelasten, zich over de kop werken

o·ver·ex·tend·ed [bn] [1] langdradig, al te zeer uitgesponnen, te wijdlopig ♦ *an overextended address* een langdradige toespraak [2] ⟨mil⟩ te sterk verspreid, verstrooid ♦ *overextended positions* te sterk verspreide posities [3] ⟨fin⟩ te grote (financiële) risico's nemend/dragend ♦ *an overextended account* een overtrokken rekening; *an overextended speculator* een roekeloos speculant

o·ver·face [ov ww] ⟨paardsp⟩ overbelasten, te veel vergen van ⟨paard⟩

o·ver·fall [telb zn] [1] onstuimige zee [2] overlaat

¹**o·ver·fa·tigue** [niet-telb zn] oververmoeidheid

²**o·ver·fa·tigue** [ov ww] oververmoeien

¹**o·ver·feed** [onov ww] zich overeten

²**o·ver·feed** [ov ww] overmatig voeden

¹**o·ver·fill** [onov ww] te vol worden, zich te zeer vullen

²**o·ver·fill** [ov ww] te vol doen

o·ver·fish [ov ww] overbevissen, leegvissen

¹**o·ver·flow,** ⟨in betekenis 1 ook⟩ **overflow pipe** [telb zn] [1] overloop(pijp), overlaat [2] overschot, overvloed, teveel, surplus

²**o·ver·flow** [telb + niet-telb zn] [1] overstroming, overvloeiing [2] ⟨comp⟩ overloop

³**o·ver·flow** [onov + ov ww] ⟨ook fig⟩ overstromen, (doen) overlopen, overvloeien, blank zetten, buiten de oevers treden ♦ *full to overflowing* boordevol; *overflow with* overlopen van, barsten van

overflow meeting [telb zn] nevenvergadering ⟨voor wie bij de hoofdvergadering geen plaats vinden⟩

o·ver·fly [ov ww] vliegen over

o·ver·fold [telb zn] ⟨geol⟩ overhellende/overkiepte plooi ⟨⟨soort⟩ anticlinaal⟩

o·ver·fond [bn] al te gek (op) ♦ *be overfond of* te verzot zijn op

o·ver·ful·fil, ⟨AE⟩ **o·ver·ful·fill** [ov ww] meer dan vervullen

o·ver·full [bn; zn: overfullness] overvol, boordevol, tot barstens toe gevuld

o·ver·gild [ov ww] vergulden

¹**o·ver·glaze** [telb zn] bovenste glazuurlaag

²**o·ver·glaze** [bn, attr] op de glazuurlaag

³**o·ver·glaze** [ov ww] glazuren, verglazen

o·ver·go [ov ww] ⟨BE, gew⟩ [1] oversteken, gaan over/door [2] overtreffen, overweldigen

o·ver·gov·ern [ov ww] te sterk reguleren

o·ver·ground [bn] bovengronds

¹**o·ver·grow** [onov ww] [1] te groot worden [2] overwoekerd worden; → **overgrown**

²**o·ver·grow** [ov ww] [1] overgroeien, groeien over, begroeien, bedekken, overdekken [2] verstikken, overwoekeren, harder groeien dan [3] te groot worden voor, ontgroeien, boven het hoofd groeien ♦ *overgrow the bounds* de perken te buiten gaan; *overgrow o.s.* te sterk/uit zijn krachten groeien; → **overgrown**

o·ver·grown [bn; volt deelw van overgrow] [1] overgroeid, begroeid, bedekt, overwoekerd ♦ *overgrown with* overgroeid/overwoekerd door [2] verwilderd, overwoekerd [3] uit zijn krachten gegroeid, opgeschoten

o·ver·growth [telb + niet-telb zn; geen mv] [1] te welige/snelle groei, wildgroei [2] overgroeiing, overwoekering [3] overvloed

¹**o·ver·hand** [telb zn] [1] ⟨sport⟩ bovenhandse slag/worp [2] ⟨naaien⟩ overhandse steek/zoom

²**o·ver·hand, o·ver·hand·ed** [bn] [1] ⟨sport⟩ bovenhands, bovenarms, ⟨zwemmen⟩ bovenwater- ♦ *overhand stroke* bovenwateroverhaal [2] overhands ♦ *overhand knot* overhandse knoop, halve knoop

³**o·ver·hand** [ov ww] overhands naaien

⁴**o·ver·hand** [bw] ⟨sport⟩ bovenhands, boven water [2] overhands

¹**o·ver·hang** [telb zn] [1] overhang(end gedeelte), overstek, uitsteeksel, oversteeksel [2] ⟨luchtv⟩ overhang [3] ⟨elek⟩ overstek

²**o·ver·hang** [niet-telb zn] het overhangen

³**o·ver·hang** [onov + ov ww] overhangen, uitsteken, oversteken, vooruitspringen

⁴**o·ver·hang** [ov ww] [1] behangen ⟨met sieraden enz.⟩ [2] boven het hoofd hangen, voor de deur staan, dreigen

overhaste

o·ver·haste [niet-telb zn] al te grote haast
o·ver·hast·y [bn; bw: overhastily; zn: overhastiness] overhaast, overijld
¹**o·ver·haul** [telb zn] revisie, grondig(e) inspectie/onderzoek/controle, controlebeurt
²**o·ver·haul** [ov ww] ① grondig nazien, reviseren, onderzoeken, inspecteren, ⟨bij uitbreiding⟩ repareren, herstellen, onder handen nemen, een beurt geven ② ⟨vnl scheepv⟩ inhalen, voorbijsteken, voorbijvaren ③ ⟨scheepv⟩ schaken ⟨touwwerk⟩
¹**o·ver·head** [telb zn] ① zoldering, plafond ⟨in schip⟩ ② ⟨tennis⟩ overhead, smash
²**o·ver·head** [niet-telb zn] ⟨AE⟩ overheadkosten, vaste bedrijfsuitgaven, algemene onkosten
³**o·ver·head** [bn, attr] ① hoog (aangebracht), boven-, bovengronds, lucht-, boven het hoofd, in de lucht ♦ *overhead bridge* luchtbrug; *overhead camshaft* bovenliggende nokkenas ⟨van automotor⟩; ⟨mil⟩ *overhead cover* horizontale dekking, ⟨mil⟩ *overhead fire* vuur over eigen troepen; *overhead projector* overheadprojector; *overhead railway* luchtspoorweg; ⟨voetb⟩ *overhead volley* achterwaartse omhaal ② algemeen, vast ♦ *overhead cost/charges/expenses* overheadkosten, algemene onkosten, vaste bedrijfsuitgaven; *overhead price* prijs met alles inbegrepen
⁴**o·ver·head** [bw] boven het hoofd, (hoog) in de lucht, (naar) boven, daarboven
o·ver·heads [alleen mv] ⟨BE⟩ overheadkosten, vaste bedrijfsuitgaven, algemene onkosten
o·ver·hear [ov ww] ① toevallig horen/opvangen ② afluisteren
¹**o·ver·heat** [onov ww] ⟨ook fig⟩ oververhit worden, warmlopen ♦ *an overheated economy* een oververhitte economie
²**o·ver·heat** [ov ww] ⟨ook fig⟩ te heet maken/stoken, oververhitten, te veel verhitten ♦ *overheated by insults* opgehitst door beledigingen
o·ver·housed [bn] te ruim behuisd
o·ver·in·dulge [onov + ov ww] al te veel toegeven, te inschikkelijk/toegeeflijk zijn
o·ver·in·dul·gence [telb + niet-telb zn] te grote toegeeflijkheid
o·ver·in·dul·gent [bn] al te toegeeflijk
¹**o·ver·is·sue** [telb zn] te grote uitgifte
²**o·ver·is·sue** [ov ww] te veel uitgeven, te veel in omloop brengen ⟨bankbiljetten e.d.⟩
o·ver·joyed [bn] in de wolken, in de zevende hemel, verrukt, dolblij ♦ *overjoyed at* verrukt om
o·ver·kill [niet-telb zn] ① overkill, overdreven (gebruik van) vernietigingspotentieel
¹**o·ver·la·bour**, ⟨AE⟩ **o·ver·la·bor** [onov ww] zich afjakkeren, te hard werken, zich overwerken
²**o·ver·la·bour**, ⟨AE⟩ **o·ver·la·bor** [ov ww] ① afjakkeren, te hard doen werken ② te fijn bewerken
o·ver·lade [ov ww] overladen; → overladen
o·ver·la·den [bn; volt deelw van overlade] overladen, overbelast
¹**o·ver·land** [bn, attr] over land (gaand) ♦ *overland hauler* langeafstandsvervoerder; *overland mail* overlandmail, post over land, landpost
²**o·ver·land** [onov ww] ⟨AuE⟩ vee drijven (over lange afstanden)
³**o·ver·land** [ov ww] ⟨AuE⟩ drijven (over lange afstanden) ⟨vee⟩
⁴**o·ver·land** [bw] te land, over land
o·ver·land·er [telb zn] ① reiziger over land ② ⟨AuE⟩ veedrijver
¹**o·ver·lap** [telb + niet-telb zn] overlap(ping), verdubbeling, (gedeeltelijke) bedekking
²**o·ver·lap** [onov ww] ① elkaar overlappen, elkaar gedeeltelijk bedekken, in elkaar grijpen, gedeeltelijk samenvallen

³**o·ver·lap** [ov ww] ① overlappen, gedeeltelijk bedekken ② ⟨form⟩ verder reiken dan
o·ver·large [bn] te groot, buitenmatig
¹**o·ver·lay** [telb zn] ① ⟨benaming voor⟩ bekleding, bedekking, (bedden)overtrek, tafelkleedje, bovenmatras ② deklaagje, fineerplaat ③ overplakker ④ ⟨drukw⟩ pikeersel
²**o·ver·lay** [ov ww] ① bedekken, bekleden, overtrekken, overlagen ② fineren ③ overplakken ④ ⟨drukw⟩ toestellen
o·ver·leaf [bw] aan ommezijde, op de keerzijde
o·ver·leap [ov ww] ① springen over, overspringen ② verder reiken dan ♦ *overleap o.s.* te ver springen/gaan, zich vergalopperen ③ overslaan
o·ver·leath·er [niet-telb zn] overleer
o·ver·lie [ov ww] ① liggen over/op, bedekken ♦ *overlying strata* deklagen ② doodliggen ⟨kind⟩
o·ver·line [ov ww] ① een lijn trekken boven ② boven de lijn schrijven ③ aan de buitenkant bekleden
¹**o·ver·load** [telb zn; voornamelijk enk] overbelasting, te zware (be)last(ing), overlading
²**o·ver·load** [ov ww] te zwaar (be)laden, overbelasten
o·ver·long [bn; bw] te lang
¹**o·ver·look** [telb + niet-telb zn] ① uitkijk(post), uitzicht ② vergissing, het over het hoofd zien ③ negering ④ toezicht, surveillance ⑤ onderzoek, inspectie ⑥ beheksing ⟨door het boze oog⟩
²**o·ver·look** [ov ww] ① overzien, uitkijken op, uitzicht bieden op ② over het hoofd zien, voorbijzien, vergeten ③ door de vingers zien, negeren ④ in het oog houden, toezien op, surveilleren, toezicht houden op ♦ *we're being overlooked here* we worden hier op de vingers gekeken ⑤ onderzoeken, inspecteren, inkijken, doorkijken ⑥ beheksen ⟨door het boze oog⟩
o·ver·look·er [telb zn] opzichter, ploegbaas
o·ver·lord [telb zn] opperheer
o·ver·lord·ship [niet-telb zn] opperheerschappij
o·ver·ly /ˈoʊvəli/, ˄ˈoʊvərli/ [bw] ⟨vnl AE, SchE⟩ (al) te, overdreven ♦ *overly protective* overdreven beschermend
¹**o·ver·man** /ˈoʊvəmən/, **o·vers·man** /ˈoʊvəzmən/, ˄ˈoʊvərzmən/ [telb zn; mv: over(s)men /-mən/] ① opzichter, ploegbaas, voorman ⟨voornamelijk in mijn⟩ ② ⟨vnl SchE⟩ scheidsrechter ③ ⟨filos⟩ übermensch
²**o·ver·man** /ˈoʊvəmən/ [ov ww] overbemannen, van te veel personeel voorzien
o·ver·man·tel [telb zn] schoorsteenstuk, schoorsteenspiegel
o·ver·ma·ny [bn] al te veel
o·ver·mast [ov ww] van te hoge/zware masten voorzien
o·ver·mas·ter [ov ww] overmeesteren, overweldigen, overstelpen, overwinnen, overheersen
¹**o·ver·match** [telb zn] ① ongelijke (wed)strijd ② meerdere, te zware partij
²**o·ver·match** [ov ww] ① de baas zijn, aankunnen, overtreffen, overwinnen, verslaan ② tegen een te zware tegenstander doen spelen
o·ver·mat·ter [niet-telb zn] te veel gezette kopij
o·ver·mea·sure [telb zn] overmaat, extra, toegift
o·ver·mo·dest [bn; bw: overmodestly] overbescheiden
¹**o·ver·much** [niet-telb zn] overmaat
²**o·ver·much** [bn; bw] te hard/veel, overdreven, overmatig, te zeer ♦ ⟨scherts⟩ *he doesn't like to work overmuch* hij maakt zich niet graag moe
o·ver·nice [bn; bw: overnicely; zn: overniceness] ① te aardig ② te nauwgezet, te kieskeurig
o·ver·nice·ty [niet-telb zn] ① overdreven aardigheid ② overdreven nauwgezetheid, overdreven kieskeurigheid
¹**o·ver·night** [telb zn] vooravond, vorige avond
²**o·ver·night** [bn, attr] ① van de vorige avond ② nachte-

lijk, nacht- ♦ *overnight journey* nachtelijke reis; *for overnight use only* alleen tot de volgende ochtend te gebruiken 3 voor één dag ♦ *overnight money* voor één dag geleend geld 4 plotseling ⟨bijvoorbeeld succes⟩ 5 *overnight bag* weekendtas

³**o·ver·night** [onov ww] overnachten

⁴**o·ver·night** [ov ww] ⟨vnl AE⟩ per omgaande versturen ⟨zodat het er de volgende dag is⟩

⁵**o·ver·night** [bw] 1 de avond/nacht tevoren, op de vooravond 2 tijdens de nacht ♦ *leave overnight* een nacht laten staan; *stay overnight* overnachten, blijven slapen; *travel overnight* 's nachts reizen 3 in één nacht, van de ene op de andere dag, zomaar ineens, in een vloek en een zucht ♦ *become famous overnight* van de ene dag op de andere beroemd worden

o·ver·op·ti·mis·tic [bn] al te optimistisch, al te rooskleurig

o·ver·paint [ov ww] 1 overschilderen 2 te sterk kleuren

o·ver·par·ti·cu·lar [bn] 1 te kieskeurig 2 te nauwgezet

¹**o·ver·pass** [telb zn] viaduct, bovenkruising

²**o·ver·pass** [ov ww] 1 oversteken, overkruisen 2 overschrijden, te buiten gaan, uitsteken over 3 voorbijgaan, over het hoofd zien, overslaan, passeren 4 overtreffen, te boven komen; → **overpassed, overpast**

o·ver·passed, o·ver·past [bn; volt deelw van overpass] voorbij(gegaan), gedaan

o·ver·pay [onov + ov ww] te veel betalen

o·ver·pay·ment [niet-telb zn] te veel loon, te veel betaald bedrag

o·ver·peo·pled [bn] overbevolkt, te dichtbevolkt

o·ver·per·suade [ov ww] overreden, bepraten, overhalen

o·ver·pitch [ov ww] 1 ⟨cricket⟩ zo bowlen dat de bal te dicht bij de stumps stuit 2 overdrijven

o·ver·play [ov ww] 1 overdreven acteren, overdrijven, chargeren 2 ⟨golf⟩ buiten de green slaan

o·ver·plus [telb zn] overschot, surplus, teveel, extra

o·ver·pop·u·la·ted [bn] overbevolkt

o·ver·pop·u·la·tion [niet-telb zn] overbevolking

o·ver·pow·er [ov ww] 1 bedwingen, beteugelen, onderwerpen 2 overweldigen, overmannen, overstelpen 3 bevangen 4 van te veel (drijf)kracht voorzien; → **overpowering**

o·ver·pow·er·ing [bn; tegenwoordig deelw van overpower; bw: overpoweringly] 1 overweldigend, overstelpend 2 onweerstaanbaar

¹**o·ver·praise** [niet-telb zn] overdreven lof

²**o·ver·praise** [ov ww] overdreven lof toezwaaien

o·ver·pres·sure [niet-telb zn] ⟨techn⟩ overdruk, te hoge druk

o·ver·price [ov ww] te veel vragen voor, te duur maken ♦ *overpriced articles* (veel) te dure artikelen

¹**o·ver·print** [telb zn] overdruk, indruk

²**o·ver·print** [ov ww] 1 te veel drukken van, overexemplaren drukken van 2 overdrukken, opdrukken, van een opdruk voorzien 3 ⟨foto⟩ te donker afdrukken

o·ver·pro·duce [ov ww] overproduceren

o·ver·pro·duc·tion [telb + niet-telb zn] overproductie

o·ver·proof [bn] boven de normale sterkte, met meer dan 50% alcohol

o·ver·pro·tect [ov ww] overbeschermen, te angstvallig beschermen

o·ver·pro·tec·tive [bn] overbezorgd, al te bezorgd

o·ver·qual·i·fied [bn] te hoog opgeleid, met een te hoge opleiding

o·ver·rate [ov ww] overschatten, overwaarderen

¹**o·ver·reach** [onov ww] 1 aanslaan, (zich) strijken ⟨van paard⟩ 2 te ver reiken, te ver gaan, zich verrekken

²**o·ver·reach** [ov ww] 1 oplichten, te slim af zijn, verschalken, beetnemen, bedriegen 2 verder reiken dan, voorbijschieten, voorbijstreven ♦ *overreach one's goal* zijn doel voorbijschieten; *his ambition overreached itself* hij werd het slachtoffer van zijn ambitie; *overreach o.s.* te veel wagen, te slim (willen) zijn, zich vergalopperen, te veel hooi op zijn vork nemen; (lett) te ver reiken 3 uitsteken boven, uitreiken boven 4 inhalen

o·ver·re·act [onov ww] te sterk reageren

o·ver·re·ac·tion [telb + niet-telb zn] overdreven/te sterke reactie

o·ver·re·fine [ov ww] te zeer verfijnen

¹**o·ver·ride** [telb zn] commissieloon ⟨van topfunctionaris⟩

²**o·ver·ride** [ov ww] 1 met voeten treden, terzijde schuiven, te niet doen, opheffen, voorbijgaan aan ♦ *override one's commission* zijn boekje te buiten gaan; *override a law* een wet terzijde schuiven; *override s.o.'s wishes* iemands wensen terzijde schuiven 2 onder de voet lopen ⟨land⟩ 3 onder de duim houden, onderdrukken, overheersen 4 overrijden, omverrijden, vertrappen 5 uitsteken/schuiven over ⟨van stuk(ken) gebroken been⟩ 6 (te paard) doorkruisen 7 afrijden, afjakkeren ⟨paard⟩; → **overriding**

o·ver·rid·er [telb zn] ⟨BE⟩ (verticale) bumperbeschermer

o·ver·ri·ding [bn; tegenwoordig deelw van override] doorslaggevend, allergrootste ♦ *of overriding importance* van doorslaggevend belang

o·ver·ripe [bn; zn: overripeness] 1 overrijp 2 decadent, afgestompt

o·ver·ruff [ov ww] overtroeven

o·ver·rule [ov ww] 1 verwerpen, afwijzen, terzijde schuiven ♦ *overrule an objection* een bezwaar terzijde schuiven 2 herroepen, intrekken, annuleren, nietig verklaren ♦ *overrule a decision* een beslissing herroepen 3 overheersen, domineren, overstemmen, overreden ♦ *be overruled* overstemd worden, in de minderheid blijven; *his passion overruled his conscience* zijn geweten moest zwichten voor zijn hartstocht

¹**o·ver·run** [telb + niet-telb zn; voornamelijk enk] 1 overstroming 2 overschrijding 3 wrijvingsverlies ⟨van auto⟩

²**o·ver·run** [onov ww] 1 overstromen, overlopen 2 ⟨fig⟩ uitlopen ♦ *the meeting overran* de vergadering liep uit

³**o·ver·run** [ov ww] 1 overstromen ⟨ook figuurlijk⟩ 2 onder de voet lopen, aflopen, afstropen, platlopen, veroveren ♦ *the new ideas overran the country* de nieuwe ideeën veroverden het hele land 3 overschrijden ⟨tijdslimiet⟩ 4 overgroeien, overwoekeren 5 overdrukken, overexemplaren drukken van 6 ⟨drukw⟩ laten verlopen 7 ⟨vero⟩ voorbijlopen, harder lopen dan ♦ *overrun o.s.* te hard lopen

¹**o·ver·sail** [onov ww] uitsteken, oversteken ⟨van stenen van gebouw⟩

²**o·ver·sail** [ov ww] 1 bevaren, bezeilen, doorzeilen 2 doen uitsteken/oversteken ⟨(bak)stenen van gebouw⟩

o·ver·score [ov ww] doorstrepen

o·ver·scru·pu·lous [bn] al te nauwgezet

¹**o·ver·seas, o·ver·sea** [bn] overzees, buitenlands ♦ ⟨handel⟩ *overseas agent* agent, importeur; *overseas countries* overzeese landen; *overseas territories* overzeese gebiedsdelen; *overseas trade* overzeese handel

²**o·ver·seas, o·ver·sea** [bw] overzee, in (de) overzeese gebieden, in het buitenland

¹**o·ver·see** [onov ww] toezicht houden, surveilleren

²**o·ver·see** [ov ww] 1 toezicht houden op, toezien op 2 ⟨vero⟩ overzien, nakijken, onderzoeken, nalopen 3 ⟨gew⟩ over het hoofd zien, verwaarlozen

o·ver·se·er [telb zn] opzichter, inspecteur, surveillant, voorman, ploegbaas ♦ ⟨vnl BE; gesch⟩ *overseer of the poor* armbestuurder, armenverzorger; *working overseer* meesterknecht, ploegbaas

o·ver·sell [onov + ov ww] 1 te veel verkopen, meer ver-

oversensitive

kopen dan men kan leveren ② **overdreven (aan)prijzen** ③ **(zijn waren) opdringen,** opdringerig aanpraten

o·ver·sen·si·tive [bn; zn: oversensitiveness] **overgevoelig,** hypersensitief

¹**o·ver·set** [onov ww] ① **omslaan,** omvallen ② **van zijn stuk raken,** in de war raken ③ ⟨drukw⟩ **te breed zetten**

²**o·ver·set** [ov ww] ① **doen omslaan,** omgooien, om(ver)werpen ② **in de war brengen,** van zijn stuk brengen ③ ⟨drukw⟩ **te breed zetten**

o·ver·sew [ov ww] ① **overhands naaien** ② **overhands opnaaien** ⟨katernen van een boek⟩

o·ver·sexed [bn] **oversekst,** seksueel geobsedeerd ♦ *oversexed person* seksmaniak

o·ver·shad·ow [ov ww] **overschaduwen,** beschutten, ⟨fig⟩ in de schaduw stellen, domineren

o·ver·shoe [telb zn] **overschoen**

¹**o·ver·shoot** [telb zn] ⟨luchtv⟩ ① **doorgeschoten landing** ② **schijnlanding,** niet doorgezette landing

²**o·ver·shoot** [telb + niet-telb zn] ⟨fin⟩ **overschrijding**

³**o·ver·shoot** [niet-telb zn] **het doorschieten/voorbijschieten**

⁴**o·ver·shoot** [onov ww] ① **te ver gaan/schieten** ⟨ook figuurlijk⟩ ② **doorschieten** ⟨van vliegtuig bij landing⟩; → **overshoot**

⁵**o·ver·shoot** [ov ww] ① **voorbijschieten,** schieten over, verder gaan/schieten dan ♦ *overshoot the mark/o.s.* te ver gaan, zijn mond voorbijpraten, zijn doel voorbijschieten, het geheel bij het verkeerde eind hebben; *overshoot the runway* de landingsbaan voorbijschieten, doorschieten op de landingsbaan ⟨van vliegtuig⟩ ② **overspoelen;** → **overshoot**

o·ver·shot [bn; volt deelw van overshoot] ① **voorbijgeschoten** ② **(met) vooruitstekend (bovengedeelte),** met vooruitstekend bovenkaaksbeen, met overbeet ③ **bovenslags-** ♦ *overshot wheel* bovenslagsrad ⟨van watermolen⟩

¹**o·ver·side** [telb zn] **flipside,** B-kant ⟨van grammofoonplaat⟩

²**o·ver·side** [bn; attr + bw] ① **over de reling,** over de verschansing ⟨van schip⟩ ② **op de B-kant/flipside** ⟨van grammofoonplaat⟩

¹**o·ver·sight** [telb + niet-telb zn] **onoplettendheid,** vergissing

²**o·ver·sight** [niet-telb zn] **supervisie,** toezicht

o·ver·sim·pli·fi·ca·tion [telb + niet-telb zn] **oversimplificatie,** (al) te eenvoudige voorstelling

o·ver·sim·pli·fy [ov ww] **oversimplificeren,** (al) te eenvoudig voorstellen

o·ver·sing [onov ww] **te luid/nadrukkelijk zingen,** brullen, blèren

o·ver·six·ties [alleen mv] **zestigplussers,** mensen ouder dan zestig jaar

¹**o·ver·size** [telb zn] ① **extra grote maat** ② **bovenmaats exemplaar**

²**o·ver·size, o·ver·sized** [bn] **bovenmaats,** te groot

o·ver·skirt [telb zn] **overrok**

¹**o·ver·slaugh** /ˈoʊvəslɔː, ˈ^-vər-/ [telb + niet-telb zn] ⟨BE; mil⟩ **vrijstelling** ⟨van verplichting omwille van belangrijker taak⟩

²**o·ver·slaugh** /ˈoʊvəslɔː, ˈ^-vər-/ [ov ww] ① ⟨BE; mil⟩ **vrijstellen** ② ⟨AE⟩ **passeren,** overslaan ⟨bij promotie⟩

¹**o·ver·sleep** [onov + ov ww; wederkerend werkwoord] **zich verslapen,** te lang slapen ♦ *oversleep o.s.* zich verslapen

²**o·ver·sleep** [ov ww] **verslapen,** slapen tot na ♦ *oversleep an appointment* een afspraak verslapen

o·ver·sleeve [telb zn] **overmouw,** morsmouw

o·ver·so·lic·i·tous [bn] ① **overbezorgd** ② **(al) te nauwgezet**

o·ver·so·lic·i·tude [niet-telb zn] ① **overbezorgdheid** ② **overdreven nauwgezetheid**

o·ver·soul [niet-telb zn; the] **algeest**

¹**o·ver·spend** [onov + ov ww; wederkerend werkwoord] **te veel uitgeven,** op te grote voet leven; → **overspent**

²**o·ver·spend** [ov ww] ① **meer uitgeven dan** ♦ *overspend one's income* op te grote voet leven ② **uitputten** ♦ *overspend one's strength* zijn krachten uitputten; → **overspent**

o·ver·spent [bn; volt deelw van overspend] ① **te veel uitgegeven** ② **uitgeraasd** ⟨van storm⟩ ③ **uitgeput,** afgemat

¹**o·ver·spill** [telb zn] ① **overloop,** gemorst/overtollig water, enz. ② **surplus,** teveel ③ ⟨vnl BE⟩ **overloop,** migratie ⟨van bevolkingsoverschot⟩

²**o·ver·spill** [onov ww] **overlopen**

overspill town [telb zn] **overloopgemeente,** voorstad, satellietstad, groeikern

o·ver·spread [ov ww] **overspreiden,** (zich) verspreiden over, overdekken, bedekken ♦ *overspread with* overspreiden/bedekken met

o·ver·staff [ov ww] **overbezetten,** van te veel personeel voorzien, overbemannen

o·ver·state [ov ww] **overdrijven,** te sterk stellen ♦ *overstate one's age* zijn leeftijd te hoog opgeven; *overstate one's case* overdrijven

o·ver·state·ment [telb + niet-telb zn] **overdrijving,** te sterke bewering

o·ver·stay [ov ww] **langer blijven dan**

o·ver·stay·er [telb zn] ⟨vnl AuE⟩ **immigrant wiens verblijfsvergunning verlopen is,** illegale immigrant

¹**o·ver·steer** [niet-telb zn] **overstuur** ⟨van auto⟩

²**o·ver·steer** [onov ww] **oversturen,** overstuurd zijn ⟨van auto⟩

o·ver·step [ov ww] **overschrijden** ♦ *overstep one's authority* zijn boekje te buiten gaan

¹**o·ver·stock** [telb zn] **te grote voorraad**

²**o·ver·stock** [onov ww] **een te grote voorraad aanhouden**

³**o·ver·stock** [ov ww] ① **van een te grote voorraad voorzien,** overmatig vullen, overladen, overvoeren ♦ *overstock with* overladen met, overvoeren met/van ② **een te grote voorraad aanhouden/opslaan van**

¹**o·ver·strain** [telb + niet-telb zn] **overspanning,** verrekking

²**o·ver·strain** [onov ww] **zich te zeer inspannen,** te veel vergen van zichzelf, overdrijven, zich verrekken

³**o·ver·strain** [ov ww] **overspannen,** te zeer (in)spannen, verrekken, te veel vergen van

o·ver·stress [ov ww] ① **overbeklemtonen,** te zeer benadrukken ♦ *it is impossible to overstress this point* dit punt kan niet genoeg benadrukt worden ② **overspannen,** overbelasten

¹**o·ver·stretch** [onov ww] **zich verrekken,** zich overrekken

²**o·ver·stretch** [ov ww] ① **overspannen,** spannen over, uitstrekken over ② **te ver (uit)rekken,** verrekken, overrekken, ⟨fig⟩ overbelasten

o·ver·strung [bn] ① **overspannen,** overgevoelig, prikkelbaar, nerveus ② **kruissnarig** ⟨van piano⟩

¹**o·ver·stud·y** [onov ww] **te veel studeren**

²**o·ver·stud·y** [ov ww] **te grondig bestuderen**

o·ver·stuff [ov ww] ① **te zeer/vast opvullen** ② **(luxueus) bekleden,** stofferen ⟨meubelen⟩; → **overstuffed**

o·ver·stuffed [bn; volt deelw van overstuff] ① **overvuld,** overvol ② **corpulent,** vol, zwaarlijvig ③ **goed gestoffeerd** ⟨van meubelen⟩

o·ver·sub·scribe [ov ww; voornamelijk volt deelw] **overtekenen** ⟨voornamelijk handel; van lening enz.⟩ ♦ *the opera season is oversubscribed* er zijn te veel aanvragen voor het operaseizoen

o·ver·sub·tle [bn] **(al) te subtiel**

¹**o·ver·sup·ply** [telb zn] **surplus,** overbevoorrading

²**o·ver·sup·ply** [ov ww] ① **overbevoorraden** ② **te veel le-**

veren van

¹o·ver·swell [onov ww] te sterk zwellen, overstromen

²o·ver·swell [ov ww] te sterk doen zwellen, overstromen

o·ver·swing [onov ww] te krachtig (uit)zwaaien ⟨voornamelijk golf⟩

¹o·vert /ouvɜ:t, ᴬouvɜrt/ [bn; bw: ~ly] ⟨form⟩ open, openlijk ♦ *overt hostility* openlijke vijandigheid

²o·vert /ouvɜ:t, ᴬouvɜrt/ [bn, postnom; bw: ~ly] ⟨form⟩ ① ⟨jur⟩ openbaar ♦ *market overt* openbare markt ② ⟨heral⟩ (open)gespreid · *letters overt* octrooibrieven

o·ver·take [ov ww] ① inhalen, voorbijlopen, voorbijrennen, voorbijstevenen, voorbijstreven ② overvallen, verrassen ♦ *overtaken by the events* verrast door de gebeurtenissen; *overtaken by surprise* uit het lood geslagen, verbouwereerd

overtaking power [niet-telb zn] ⟨auto⟩ acceleratievermogen

o·ver·talk [niet-telb zn] woordenkramerij, vloed van woorden

o·ver·task [ov ww] overbelasten, te veel vergen van

o·ver·tax [ov ww] ① te zwaar belasten ② overbelasten, te veel vergen van ♦ *overtax s.o.'s patience* iemands geduld op de proef stellen

over-the-counter [bn, attr] ① ⟨handel⟩ incourant, niet aan de beurs genoteerd ⟨van effecten⟩ ♦ *over-the-counter market* markt van incourante fondsen; *over-the-counter securities* incourante fondsen ② zonder (dokters)recept verkrijgbaar, bij de drogist verkrijgbaar ♦ *over-the-counter drug* vrij geneesmiddel, geneesmiddel zonder voorschrift

o·ver-the-top [bn] ⟨BE; inf⟩ overtrokken, te gek, overdreven ♦ *a bit over-the-top* een beetje al té

¹o·ver·throw [telb zn] ① ⟨vnl de, vnl enkelvoud⟩ val, omverwerping, nederlaag ② ⟨honkb, cricket⟩ foute aangooi (die te ver gaat) ⟨van veldspeler⟩, ⟨bij uitbreiding⟩ run gescoord t.g.v. een foute aangooi

²o·ver·throw [ov ww] ① om(ver)werpen, omgooien ② overwerpen, ten val brengen, overwinnen, ten gronde richten, tenietdoen ③ ⟨honkb, cricket⟩ te ver gooien, fout aangooien

o·ver·throw·al /ouvəθrouəl, ᴬ-ər-/ [telb zn] omverwerping, nederlaag, val

¹o·ver·thrust, overthrust fault [telb zn] ⟨geol⟩ overschuiving ⟨breukvlak met geringe hellingshoek⟩

²o·ver·thrust [onov ww] ⟨geol⟩ overschuiven

¹o·ver·time [niet-telb zn] ① (loon voor) overuren, overwerk(geld), overtijd ♦ *be on overtime* overwerken, overuren maken ② ⟨AE, CanE; sport⟩ (extra) verlenging ♦ *go into overtime* verlengd worden

²o·ver·time [bw] over-, meer dan de normale tijd ♦ ⟨AE, CanE; sport⟩ *go overtime* extra verlengd worden; *work overtime* overwerken, overuren maken

overtime parking [niet-telb zn] het te lang parkeren

o·ver·tip [onov + ov ww] (een) hoge fooi(en) geven

o·ver·tire [ov ww] uitputten, afmatten

¹o·ver·tone [telb zn] ① ⟨muz⟩ boventoon, bijtoon, harmonische (toon) ② ⟨vnl mv⟩ ⟨fig⟩ ondertoon, bijbetekenis, implicatie ♦ *overtones of envy* een ondertoon van afgunst

²o·ver·tone [ov ww] ① overstemmen ② ⟨foto⟩ te sterk/diep tonen

o·ver·top [ov ww] ① hoger zijn/worden dan, zich verheffen/uitsteken boven ② overtreffen, belangrijker zijn dan, voorbijstreven

o·ver·trade [onov + ov ww] te veel inkopen

¹o·ver·train [onov ww] zich overtrainen

²o·ver·train [ov ww] overtrainen

o·ver·trick [telb zn] ⟨kaartsp⟩ overslag

o·ver·trump [onov + ov ww] ⟨kaartsp⟩ overtroeven ⟨ook figuurlijk⟩

o·ver·ture /ouvətʃuə, ᴬouvərtʃʊr/ [telb zn] ① ⟨muz⟩ ouverture ② ⟨vaak mv⟩ ouverture, inleiding ⟨van gedicht, tot onderhandeling, enz.⟩, voorstel, aanbod, opening, eerste stap, avance ♦ *make overtures (to)* toenadering zoeken (tot), avances doen/maken, een opening maken (naar)

¹o·ver·turn [telb zn] omverwerping, val, nederlaag

²o·ver·turn [onov ww] omslaan, omvallen, kantelen, ten val komen, verslagen worden

³o·ver·turn [ov ww] doen omslaan, doen omvallen, kantelen, om(ver)werpen, ten val brengen, verslaan, vernietigen, te niet doen

¹o·ver·use [niet-telb zn] overdadig gebruik, misbruik, roofbouw

²o·ver·use [ov ww] te veel gebruiken, roofbouw plegen op

¹o·ver·value [telb zn] overwaarde, overdreven schatting/prijs

²o·ver·value [ov ww] overwaarderen, overschatten

o·ver·view [telb zn] overzicht, samenvatting

o·ver·walk [onov + ov ww; wederkerend werkwoord] te veel lopen

o·ver·ween·ing /ouvəwi:nɪŋ, ᴬ-vər-/ [bn; bw: ~ly; zn: ~ness] ⟨form⟩ ① aanmatigend, arrogant, verwaand ② buitensporig, overdreven ♦ *overweening ambition* tomeloze ambitie

o·ver·weigh [ov ww] ① meer wegen dan ② overbelasten, overladen

¹o·ver·weight [niet-telb zn] over(ge)wicht, extra gewicht, te zware last ⟨ook figuurlijk⟩ ♦ *he suffers from overweight* hij heeft last van zwaarlijvigheid

²o·ver·weight [bn] te zwaar ♦ *overweight by two pounds* twee pond te zwaar; *overweight luggage* te zware bagage; *overweight person* corpulent persoon

³o·ver·weight [ov ww] ① overladen, overbelasten ② overbeklemtonen, overaccentueren, te zeer benadrukken

o·ver·whelm /ouvəwelm, ᴬouvərwelm/ [ov ww] bedelven, overstromen, verpletteren, overstelpen, overweldigen ♦ *overwhelmed by work* bedolven onder het werk; *overwhelmed by a flood* totaal overstroomd; *overwhelmed by the enemy* door de vijand onder de voet gelopen; *overwhelmed with grief* door leed overmand; → **overwhelming**

o·ver·whelm·ing /ouvəwelmɪŋ, ᴬouvərwelmɪŋ/ [bn; tegenwoordig deelw van overwhelm; bw: ~ly] overweldigend, verpletterend, onweerstaanbaar ♦ *overwhelming majority* overgrote/ruime/absolute meerderheid; *overwhelming victory* verpletterende overwinning

o·ver·wind /ouvəwaɪnd, ᴬ-vər-/ [ov ww] te sterk opwinden, kapotdraaien ⟨horloge enz.⟩

¹o·ver·win·ter [onov ww] overwinteren

²o·ver·win·ter [ov ww] laten overwinteren

¹o·ver·work [niet-telb zn] te veel/zwaar werk, overwerk

²o·ver·work [onov ww] te hard werken, zich overwerken, zich uitputten

³o·ver·work [ov ww] ① te hard laten werken, uitputten, afmatten ♦ *an overworked doctor* een overwerkte/overspannen dokter; *overwork a horse* een paard afjakkeren; *overwork o.s.* zich overwerken ② te vaak gebruiken, verslijten, tot cliché maken ♦ *overworked metaphor* afgezaagde metafoor

¹o·ver·write [onov + ov ww; wederkerend werkwoord] te veel schrijven

²o·ver·write [ov ww] ① beschrijven, schrijven op ② te veel schrijven over, overstileren ③ ⟨comp⟩ overschrijven

o·ver·wrought /ouvərɔ:t/ [bn] ① overspannen, overwerkt, geagiteerd, opgewonden ② overdadig, te gedetailleerd, te verfijnd

o·ver·zeal·ous [bn; bw: overzealously; zn: overzealousness] (al) te ijverig, overijverig

o·vi- /ouvi/ ① ovi-, eier-, ei- ♦ *oviduct* oviduct, eileider ② schaap-, schapen- ♦ *ovine* schaapachtig

o·vi·bos /ouvɪbɒs, ᴬ-bɑs/ [telb zn; mv: ovibos] ⟨dierk⟩

ovibovine

muskusos ⟨Ovibos moschatus⟩
¹o·vi·bo·vine /ˈoʊvɪboʊvaɪn/ [telb zn] ⟨dierk⟩ muskusos ⟨Ovibos moschatus⟩
²o·vi·bo·vine /ˈoʊvɪboʊvaɪn/ [bn] van de muskusos, muskusachtig, muskusos-
o·vi·ci·dal /ˌoʊvɪˈsaɪdl/ [bn] eierdodend
¹o·vi·cide /ˈoʊvɪsaɪd/ [telb zn] eierdodend middel
²o·vi·cide /ˈoʊvɪsaɪd/ [telb + niet-telb zn] ⟨scherts⟩ schapenmoord, ovicide
Ov·id /ˈɒvɪd/, ᴬ-ɑ-/ [eignm] Ovidius
Ov·id·i·an /ɒˈvɪdiən, ᴬ-ɑ-/ [bn] ovidisch, (in de stijl) van Ovidius
o·vi·duct /ˈoʊvɪdʌkt/ [telb zn] ⟨anat⟩ oviduct, eileider, buis van Fallopio
o·vif·er·ous /oʊˈvɪfərəs/ [bn] eicellen producerend
o·vi·form /ˈoʊvɪfɔːm, ᴬ-fɔrm/ [bn] eivormig
¹o·vine /ˈoʊvaɪn/ [telb zn] schaapachtig dier
²o·vine /ˈoʊvaɪn/ [bn] schapen-, schaapachtig
o·vi·par·i·ty /ˌoʊvɪˈpærəti/ [niet-telb zn] het eierleggen, ovipariteit
o·vip·a·rous /oʊˈvɪpərəs/ [bn; bw: ~ly; zn: ~ness] ovipaar, eierleggend
o·vi·pos·it /ˌoʊvɪˈpɒzɪt, ᴬ-ˈpɑzɪt/ [onov ww] eitjes leggen ⟨voornamelijk van insecten⟩
o·vi·po·si·tion /ˌoʊvɪpəˈzɪʃn/ [niet-telb zn] het eitjes leggen
o·vi·pos·i·tor /ˌoʊvɪˈpɒzɪtə, ᴬ-ˈpɑzɪtər/ [telb zn] legboor ⟨orgaan van insect⟩
o·vi·sac /ˈoʊvɪsæk/ [telb zn] ⟨anat⟩ (Graafse) follikel
ovo- /ˈoʊvoʊ/ ovo-, eier-, ei-
¹o·void /ˈoʊvɔɪd/ [telb zn] eivormig lichaam/oppervlak
²o·void /ˈoʊvɔɪd/, o·voi·dal /oʊˈvɔɪdl/ [bn] ovoïde, eivormig
o·voids /ˈoʊvɔɪdz/ [alleen mv] eierbriketten, eierkolen
o·vo·lac·tar·i·an /ˌoʊvoʊlækˈteəriən, ᴬ-ˈter-/ [telb zn] lactovegetariër
o·vo·vi·vip·a·rous /ˌoʊvoʊvaɪˈvɪpərəs/ [bn; bw: ~ly; zn: ~ness] ovovivipaar, eierlevendbarend
o·vu·lar /ˈɒvjʊlə, ᴬˈoʊvjələr/ [bn] eier-
o·vu·late /ˈɒvjʊleɪt, ᴬˈoʊvjə-/ [onov ww] ovuleren
o·vu·la·tion /ˌɒvjʊˈleɪʃn, ᴬˌoʊvjə-/ [telb + niet-telb zn] ovulatie, eisprong
o·vu·la·to·ry /ˈɒvjʊlətəri, ᴬˈoʊvjələtɔri/ [bn] ovulatie-, van/m.b.t. de ovulatie
o·vule /ˈɒvjuːl, ᴬˈoʊ-/ [telb zn] ① ⟨dierk⟩ (onbevrucht) eitje ② ⟨plantk⟩ zaadknop, ovulum
o·vum /ˈoʊvəm/ [telb zn; mv: ova /-və/] ovum, ei(tje), eicel
ow /aʊ/ [tw] ai, au
¹owe /oʊ/ [onov ww] schuld(en) hebben ♦ owe for everything one has voor alles wat men heeft nog (ten dele) moeten betalen; → owing
²owe /oʊ/ [ov ww] ① schuldig zijn, verplicht/verschuldigd zijn ♦ owe s.o. for sth. iemand verplicht zijn wegens iets; owe a person sth. iemand iets schuldig zijn; owe sth. to s.o. iemand iets schuldig zijn; owe it to o.s. to do sth. aan zichzelf verplicht zijn iets te doen ② te danken hebben, toeschrijven ♦ owe sth. to s.o. iets aan iemand te danken hebben; owe one's wealth to hard work zijn weelde toeschrijven aan hard werk; → owing
OWI (afk) (Office of War Information)
ow·ing /ˈoʊɪŋ/ [bn, pred; tegenwoordig deelw van owe] ① verschuldigd, schuldig, onbetaald, te betalen ♦ pay what/all that is owing betalen wat er (nog) staat; how much is owing to you? hoeveel komt u nog toe? ② te danken, toe te schrijven, te wijten ♦ it is owing to your carelessness het komt door uw onvoorzichtigheid ③ zie: owing to
owing to [vz] wegens, ten gevolge van ♦ owing to the rain ten gevolge van de regen
owl /aʊl/ [telb zn] uil ⟨ook figuurlijk⟩ ♦ ⟨dierk⟩ little owl steenuil ⟨Athena noctua⟩

¹owl·er·y /ˈaʊləri/ [telb zn] uilennest, uilenverblijf
²owl·er·y /ˈaʊləri/ [niet-telb zn] uilachtigheid
owl·et /ˈaʊlɪt/ [telb zn] jonge/kleine uil, uiltje, uilskuiken
owlet moth [telb zn] ⟨vnl AE; dierk⟩ uiltje ⟨nachtvlinder; familie Noctuidae⟩
owl·ish /ˈaʊlɪʃ/, owl·like /ˈaʊllaɪk/, owl·y /ˈaʊli/ [bn; bw: ~ly; zn: ~ness] uilachtig, uilig ⟨ook figuurlijk⟩
owl light [niet-telb zn] schemerlicht, schemering
owl monkey [telb zn] ⟨dierk⟩ nachtaap ⟨genus Aotes⟩
¹own /oʊn/ [bn; steeds na bezittelijke determinator/genitief] eigen, van ... zelf, eigen bezit/familie ♦ it has a value all its own het heeft een heel bijzondere waarde; pull o.s. up by one's own bootlaces/bootstraps zichzelf opwerken, het helemaal alleen maken; mind one's own business zich met zijn eigen zaken bemoeien; not have a moment/minute/second to call one's own geen moment voor zichzelf hebben, geen tijd hebben om te doen waar men zin in heeft; he finally came into his own eindelijk verkreeg hij zijn rechtmatig bezit/erfdeel, eindelijk kreeg hij wat hem toekwam; they ate of their own cooking zij aten uit hun eigen keuken; my own country mijn vaderland; name your own day bepaal zelf de dag; leave s.o. to his/her own devices/resources iemand aan zijn lot overlaten, iemand iets alleen laten klaren; I saw it with my own eyes ik heb het met eigen ogen gezien; stand on one's own (two) feet op eigen benen staan; may I have it for my own? mag ik het echt hebben?/houden?; take the law into one's own hands het recht in eigen hand nemen, voor eigen rechter spelen; take matters into one's own hands de zaak zelf onder handen nemen/aanpakken; ⟨Bijb⟩ he came unto his own, and his own received him not Hij kwam tot het zijne, en de zijnen hebben hem niet aangenomen; put/set one's own house in order voor zijn eigen deur vegen, orde op zijn (eigen) zaken stellen; let s.o. stew in his own juice iemand in zijn eigen vet/sop gaar laten koken; be one's own lawyer zijn eigen advocaat zijn; let me have my own geef me wat me toekomt; make sth. one's own zich iets eigen maken, iets verwerven; be one's own man/master zijn eigen heer en meester/onafhankelijk zijn; my own self ikzelf, ik persoonlijk; that is my own dat is van mij/mijn eigendom; I'll give you one of my own ik geef je een van de/het mijne; he has a way of his own hij heeft zo zijn eigen manier van doen; in a world of one's own in zijn eigen wereld; he has nothing of his own hij bezit niets (dat echt van hem is); he has a computer of his own hij heeft zijn eigen computer; he resigned for reasons of his own hij nam ontslag om persoonlijke redenen; study a subject for its own sake een vak studeren om het vak; the truth for its own sake is often hard to accept de waarheid op zich(zelf) is vaak moeilijk te aanvaarden; ⟨sl⟩ do one's own thing zijn (eigen) zin doen; my time is my own ik heb de tijd aan mezelf; each to his own smaken verschillen, ieder zijn meug; appropriate sth. for one's own use iets voor zichzelf gebruiken; it is my very own het is echt van mij/helemaal van mij alleen ② come into one's own as ... erkenning krijgen/vinden als; ⟨inf⟩ have/get (some of) one's own back on s.o. het iemand betaald zetten, iemand iets inpeperen, zich op iemand wreken; hold one's own standhouden, niet wijken; niet achteruitgaan (m.b.t. gezondheid); hold one's own with/against standhouden, opgewassen zijn tegen; kunnen wedijveren met; my own (sweetheart)! schat!, (mijn) liefste!; on one's own in zijn eentje, alleen, alleenstaand; op zichzelf, onafhankelijk; op/voor eigen risico, voor eigen rekening, op eigen houtje; ongeëvenaard; een klasse apart, zonder weerga; ⟨sprw⟩ virtue is its own reward deugd beloont zichzelf; ⟨sprw⟩ every cock crows on his own dunghill de haan kraait het hardst op zijn eigen mesthoop; ⟨sprw⟩ every man has the defects of his own virtues iedereen heeft fouten die uit zijn deugden voortvloeien; ⟨sprw⟩ the devil looks after his own de duivel beschermt zijn vrienden; ⟨sprw⟩ every horse thinks his own pack heaviest ieder meent dat zijn pak het zwaarst is;

⟨sprw⟩ *men are blind in their own cause* ± elk ziet door zijn eigen bril; ⟨sprw⟩ *when thieves fall out honest men come into their own* ± als de dieven ruziën zijn de eerlijke mensen veilig

²**own** /oʊn/ [bn, attr; ook bezittelijk voornaamwoord] (bloed)eigen, vol ♦ *his own children* zijn (bloed)eigen kinderen; *an own goal* een doelpunt/goal in eigen doel; ⟨fig⟩ bok, flater; *score an own goal* in eigen doel schieten, zijn/hun eigen glazen ingooien, het voor zichzelf verknoeien ▪ *paddle one's own canoe* z'n eigen boontjes doppen; ⟨vulg⟩ *to one's own cheek* van/voor/op z'n eige; *beat s.o. at his own game* iemand op zijn eigen terrein/met zijn eigen wapens verslaan; ⟨inf⟩ *in one's own right* op zichzelf (staande); ⟨AE⟩ *hoe one's own row* z'n eigen boontjes doppen; ⟨inf⟩ *in his own (good) time* wanneer het hem zo uitkomt

³**own** /oʊn/ [onov ww] bekennen, toegeven ♦ *he owned to having said that* hij gaf toe dat hij dat gezegd had; *he owned to his real motives* hij gaf zijn ware beweegredenen toe; ⟨inf⟩ *own up to mischief* kattenkwaad opbiechten

⁴**own** /oʊn/ [ov ww] ① eigenaar/eigenares zijn van, in eigendom hebben, bezitten ② toegeven, bekennen, erkennen, zwichten voor ♦ *he owned such a strong argument* hij zwichtte voor een zo sterk argument; *he wouldn't own that old car* hij wou niet toegeven/weten dat die oude auto van hem was; *he wouldn't own the child* hij wou (het vaderschap van) het kind niet erkennen; *he owned (that) he had failed* hij gaf toe dat hij gefaald had ③ ⟨voornamelijk met wederkerend voornaamwoord⟩ erkennen te zijn ♦ *he owned himself a supporter of the union* hij erkende een aanhanger van de vakbond te zijn; *own o.s. (to be) beaten* zijn nederlaag toegeven ④ ⟨inf⟩ inmaken, verslaan

own-brand, own-la·bel [bn, attr] ⟨BE⟩ huis-, van eigen merk, huismerk-

own·er /ˈoʊnə, ˆ-ər/ [telb zn] ① eigenaar ♦ *owner's mark* eigendomsmerk; *at owner's risk* op risico van de eigenaar ② scheepseigenaar, reder ♦ *the owners* de reder(ij) ③ ⟨sl⟩ kapitein

own·er·less /ˈoʊnələs, ˆ-nər-/ [bn] zonder eigenaar, onbeheerd

own·er·oc·cu·pied [bn] ⟨vnl BE⟩ door de eigenaar bewoond

own·er·oc·cu·pi·er [telb zn] ⟨vnl BE⟩ bewoner van eigen woning, eigenaar-bewoner

own·er·ship /ˈoʊnəʃɪp, ˆ-nər-/ [niet-telb zn] ① eigenaarschap, eigendom, bezit ② eigendom(srecht) ♦ *land of uncertain ownership* grond met onbekende eigenaar

ox /ɒks, ˆɑks/ [telb zn; mv: oxen /ˈɒksn, ˆɑksn/] ① os ② rund ♦ ⟨inf, fig⟩ *dumb ox* rund, grote stommeling

ox- /ɒks-, ˆɑks-/, **ox·a-** /ˈɒksə-, ˆɑksə-/ ox-, oxa- ♦ *oxacillin* oxacilline

¹**ox·a·late** /ˈɒksəleɪt, ˆɑk-/ [telb + niet-telb zn] ⟨scheik⟩ oxalaat, zuringzuur zout

²**ox·a·late** /ˈɒksəleɪt, ˆɑk-/ [ov ww] behandelen met zuringzuur (zout)

ox·al·ic /ɒkˈsælɪk, ˆɑk-/ [bn, attr] ⟨scheik⟩ oxaal- ♦ *oxalic acid* oxaalzuur, zuringzuur, dicarbonzuur

ox·a·lis /ˈɒksəlɪs, ˆɑkˈsælɪs/ [niet-telb zn] ⟨plantk⟩ klaverzuring ⟨genus Oxalis⟩

ox·bird [telb zn] ① bonte strandloper ⟨Calidris alpina⟩ ② ossenpikker ⟨genus Buphagus⟩

ox·blood, oxblood red [niet-telb zn] ossenbloed, wijnrood

ox·bow [telb zn] ① halsgordel, gareel ⟨van ossenjuk⟩ ② ⟨aardr⟩ U-bocht ⟨in rivier⟩ ③ → oxbow lake

oxbow lake [telb zn] ⟨aardr⟩ hoefijzermeer

Ox·bridge /ˈɒksbrɪdʒ, ˆɑks-/ [eigenn] ⟨BE⟩ Oxbridge, Oxford en Cambridge

ox·cart [telb zn] ossenkar

oxen [alleen mv] → ox

ox·er /ˈɒksə, ˆɑksər/ [telb zn] ① sterke omheining ⟨met heg en vaak sloot⟩ ② ⟨paardsp⟩ oxer

ox·eye [telb zn] ① ossenoog, koeienoog ⟨ook figuurlijk⟩ ② ⟨plantk⟩ ⟨benaming voor⟩ ossenoog, wilde kamille ⟨Anthemis arvensis⟩, margriet ⟨Chrysanthemum leucanthemum⟩ ③ ⟨plantk⟩ gele ganzenbloem ⟨Chrysanthemum segetum⟩ ④ ⟨plantk⟩ koeienoog ⟨genus Buphtalmum⟩ ⑤ ⟨plantk⟩ rudbeckia ⟨genus Rudbeckia⟩ ⑥ ⟨dierk⟩ Amerikaanse kleinste strandloper ⟨Calidris minutilla⟩ ⑦ ⟨dierk⟩ zilverpluvier ⟨Squatarola squatarola⟩ ⑧ ⟨BE, gew; dierk⟩ bonte strandloper ⟨Calidris alpina⟩ ⑨ ⟨BE, gew; dierk⟩ koolmees ⟨Parus major⟩ ⑩ oeil-de-boeuf ⟨rond venster⟩

ox·eyed [bn] met koeienogen

oxeye daisy [telb zn] margriet

Ox·fam /ˈɒksfæm, ˆɑks-/ [afk] ⟨Oxford Committee for Famine Relief⟩

¹**Ox·ford** /ˈɒksfəd, ˆɑksfərd/ [eigenn] Oxford ⟨Engelse universiteitsstad⟩

²**Ox·ford** /ˈɒksfəd, ˆɑksfərd/ [telb zn; voornamelijk oxford] ⟨vnl AE⟩ ⟨verk: Oxford shoe⟩

³**Ox·ford** /ˈɒksfəd, ˆɑksfərd/ [niet-telb zn; voornamelijk oxford] ⟨vnl AE⟩ ① ⟨verk: Oxford cloth⟩ ② ⟨verk: Oxford gray⟩

Oxford accent [telb zn] Oxford accent, geaffecteerde uitspraak

Oxford bag [telb zn] (grote) reiszak

Oxford bags [alleen mv] ⟨BE⟩ wijde broek

Oxford blue [niet-telb zn] donkerblauw

Oxford cloth [niet-telb zn] oxford ⟨bonte katoenen stof⟩

Oxford frame [telb zn] Oxfordlijst ⟨schilderijlijst met kruisvormige hoeken⟩

Oxford gray [niet-telb zn] donkergrijs

Oxford Group, Oxford Group Movement [eigenn; the] Oxfordgroep(beweging) ⟨godsdienstig-ethische beweging⟩

Oxford man [telb zn] Oxfordiaan

Oxford Movement [eigenn; the] Oxfordbeweging, (het) tractarianisme ⟨katholiserende beweging in de anglicaanse kerk; 19e eeuw⟩

Oxford Tracts [eigenn; the] Oxfordtraktaten ⟨basis van de Oxfordbeweging⟩

Oxford trousers [alleen mv] wijde broek

ox·heart [telb zn] hartvormige zoete kers

ox·herd [telb zn] veehoeder, ossenhoeder

ox·hide [telb + niet-telb zn] (leer van) ossenhuid

ox·i·dant /ˈɒksɪdənt, ˆɑk-/ [telb zn] oxidatiemiddel

ox·i·dase /ˈɒksɪdeɪz, ˆɑk-/ [telb zn] oxidase

ox·i·da·tion /ˌɒksɪˈdeɪʃn, ˆɑk-/ [niet-telb zn] oxidatie

ox·i·da·tive /ˈɒksɪdeɪtɪv, ˆɑksɪdeɪtɪv/ [bn; bw: ~ly] oxiderend

ox·ide, ox·yde /ˈɒksaɪd, ˆɑk-/ [telb + niet-telb zn] oxide

ox·i·diz·a·ble /ˈɒksɪdaɪzəbl, ˆɑk-/ [bn] oxideerbaar

ox·i·di·za·tion /ˌɒksɪdaɪˈzeɪʃn, ˆɑksɪdə-/ [niet-telb zn] oxidatie

ox·i·dize, ox·i·dise /ˈɒksɪdaɪz, ˆɑk-/ [onov + ov ww] oxideren

ox·i·diz·er /ˈɒksɪdaɪzə, ˆɑksɪdaɪzər/ [telb zn] oxidatiemiddel

ox·lip [telb zn] ⟨plantk⟩ slanke sleutelbloem, primula ⟨Primula elatior⟩

¹**Ox·on** /ˈɒksɒn, ˆɑksɑn/ [eigenn] ⟨verk: Oxonia⟩ (het graafschap) Oxford

²**Ox·on** /ˈɒksɒn, ˆɑksɑn/ [bn, postnom] ⟨verk: Oxoniensis⟩ van (de universiteit/het bisdom) Oxford ⟨in titels⟩

¹**Ox·o·ni·an** /ɒkˈsoʊniən, ˆɑk-/ [telb zn] ① Oxfordiaan ② Oxforder

²**Ox·o·ni·an** /ɒkˈsoʊniən, ˆɑk-/ [bn] van Oxford

ox·peck·er [telb zn] ⟨dierk⟩ ossenpikker ⟨genus Buphagus⟩

ox·tail [telb zn] ossenstaart

oxtail soup

ox·tail soup [niet-telb zn] ossenstaartsoep
ox·ter /ɒkstə, ˆɑkstər/ [telb zn] ⟨ScHE, gew⟩ oksel
ox·tongue [telb zn] ① ossentong ② ⟨plantk⟩ ossentong (Anchusa officinalis) ③ ⟨plantk⟩ bitterkruid (genus Picris)
ox·y- /ɒksi, ˆɑksi/ oxy- ♦ *oxygen* oxygenium, zuurstof
¹**ox·y·a·cet·y·lene** /ɒksɪəsetˌliːn, ˆɑksɪəsetliːn/ [niet-telb zn] acetyleen-zuurstofmengsel
²**ox·y·a·cet·y·lene** /ɒksɪəsetˌliːn, ˆɑksɪəsetliːn/ [bn, attr] met acetyleen en zuurstof ♦ *oxyacetylene blowpipe/torch* lasbrander; *oxyacetylene burner* snijbrander, acetyleen(-zuurstof)brander; *oxyacetylene welding* (het) lassen met zuurstof en acetyleen
ox·y·ac·id /ɒksiæsɪd, ˆɑk-/ [telb zn] oxyzuur
ox·y·carp·ous /ɒksɪkɑːpəs, ˆɑksɪkɑrpəs/ [bn] ⟨plantk⟩ met puntvormige vruchten
ox·y·ce·phal·ic /ɒksɪsɪfælɪk, ˆɑk-/, **ox·y·ceph·a·lous** /-sefələs/ [bn] ⟨med⟩ oxycefaal, met puntvormige schedel
ox·y·ceph·a·ly /ɒksɪsefəli, ˆɑk-/ [niet-telb zn] ⟨med⟩ oxycefalie, torenschedel
ox·y·gas /ɒksɪgæs, ˆɑk-/ [niet-telb zn] oxygas
ox·y·gen /ɒksɪdʒən, ˆɑk-/ [niet-telb zn] ⟨scheik⟩ zuurstof, oxygenium ⟨element 8⟩
ox·y·gen·ate /ɒksɪdʒəneɪt, ˆɑk-/, **ox·y·gen·ize**, **ox·y·gen·ise** /-naɪz/ [ov ww] ① ⟨scheik⟩ oxideren, met zuurstof mengen/verbinden ② van zuurstof voorzien ⟨bloed⟩
ox·y·gen·a·tion /ɒksɪdʒəneɪʃn, ˆɑk-/ [niet-telb zn] ⟨scheik⟩ oxygenatie
oxygen bar [telb zn] zuurstofbar
ox·y·gen·ic /ɒksɪdʒenɪk, ˆɑk-/, **ox·yg·e·nous** /ɒksɪdʒənəs, ˆɑk-/ [bn; bw: ~ally] ⟨scheik⟩ zuurstof-, zuurstofhoudend
oxygen mask [telb zn] zuurstofmasker
oxygen tent [telb zn] zuurstoftent
ox·y·hae·mo·glo·bin, ⟨AE⟩ **ox·y·he·mo·glo·bin** /ɒksɪhiːməɡloʊbɪn, ˆɑksɪhiːməɡloʊbɪn/ [niet-telb zn] oxyhemoglobine
ox·y·hy·dro·gen /ɒksɪhaɪdrədʒən, ˆɑk-/ [bn, attr] knalgas- ♦ *oxyhydrogen blowpipe* knalgasbrander; *oxyhydrogen flame* knalgasvlam; *oxyhydrogen welding* het autogeen lassen met knalgasvlam
ox·y·mo·ron /ɒksɪmɔːrɒn, ˆɑksɪmɔrɑn/ [telb zn; mv: oxymora /-mɔːrə/] oxymoron ⟨stijlfiguur⟩
ox·y·o·pi·a /ɒksioʊpɪə, ˆɑk-/ [niet-telb zn] oxyopie, scherpziendheid
ox·y·salt /ɒksɪsɔːlt, ˆɑksɪsɔlt/ [telb zn] oxyzout
ox·y·to·cin /ɒksɪtoʊsɪn, ˆɑk-/ [telb zn] ⟨biochem⟩ oxytocine
oy·er /ɔɪə, ˆɔɪər/ [telb zn] ⟨jur⟩ verhoor, rechtszitting ♦ *oyer and terminer* verhoor, rechtszitting; ⟨AE⟩ hoog gerechtshof; ⟨BE⟩ rogatoire commissie
o·yez, o·yes /oʊjez, oʊjes/ [tw] ⟨gesch, jur⟩ hoort! ⟨driemaal herhaalde uitroep door stadsomroeper of voor rechtszitting⟩
¹**oys·ter** /ɔɪstə, ˆ-ər/ [telb zn] ① oester ② ⟨fig⟩ lekkernij, delicatesse ③ ⟨sl⟩ oester, zwijger ♦ *mum as an oyster* gesloten als een oester
²**oys·ter** /ɔɪstə, ˆ-ər/ [niet-telb zn] ⟨verk: oyster white⟩
³**oys·ter** /ɔɪstə, ˆ-ər/ [onov ww] oesters vissen/vangen
oyster bar [telb zn] oesterbar ⟨in restaurant⟩
oyster bed [telb zn] oesterbed
oyster brood [niet-telb zn] oesterbroed
oys·ter·catch·er, oys·ter·bird [telb zn] ⟨dierk⟩ scholekster ⟨genus Haematopus⟩
oyster culture [niet-telb zn] oesterteelt, oestercultuur
oys·ter·cul·tur·ist [telb zn] oesterkweker
oyster dredge [telb zn] oesterkor, oesternet
oyster dredging [niet-telb zn] oestervangst
oyster farm [telb zn] oesterkwekerij
oyster knife [telb zn] oestermes
oyster park [telb zn] ① oesterbed ② oesterkwekerij

oyster plant [telb zn] schorseneer
oys·ter·seed [niet-telb zn] oesterzaad, oesterbroed
oys·ter·shell [telb zn] oesterschelp
oyster spat [telb + niet-telb zn] oesterbroed, oesterzaad
oyster white [niet-telb zn] oesterwit, grijswit
oz [afk] ⟨ounce(s)⟩
Oz /ɒz, ˆɑz/ [eigenn] ⟨AuE; sl⟩ Australië
o·zo·ce·rite /oʊzoʊsɪəraɪt, ˆoʊzəsɪraɪt/, **o·zo·ke·rite** /-kɪəraɪt, ˆ-kɪraɪt/ [niet-telb zn] ozokeriet, aardwas
o·zone /oʊzoʊn/ [niet-telb zn] ① ⟨scheik⟩ ozon ② ⟨inf⟩ frisse/zuivere lucht ③ ⟨inf⟩ opbeurende invloed
ozone depletion [niet-telb zn] ozonafbraak, ozonvermindering
o·zone-friend·ly [bn] de ozonlaag niet aantastend, ± milieuvriendelijk
ozone hole [telb zn] gat in de ozonlaag
ozone layer [telb zn] ozonlaag
o·zon·er /oʊzoʊnə, ˆ-ər/ [telb zn] ⟨sl⟩ openluchtbioscoop, openluchttheater
ozone shield [niet-telb zn] ozonlaag
o·zo·nic /oʊzɒnɪk, ˆ-zɑ-/, **o·zon·ous** /oʊzoʊnəs/ [bn] ozon-, ozonhoudend
o·zo·nize /oʊzoʊnaɪz/ [ov ww] ozoniseren, in ozon omzetten, met ozon vullen/behandelen, tot ozon omvormen
o·zon·iz·er /oʊzoʊnaɪzə, ˆ-ər/ [telb zn] ⟨techn⟩ ozonisator
oztr, ⟨AE⟩ **ozt, oz t** [afk] ⟨troy ounce(s)⟩
Oz·zie /ɒzi, ˆɑzi/ [eigenn] ⟨AuE; sl⟩ Australiër

p

¹p, P /piː/ [telb zn; mv: p's, zelden ps, P's, zelden Ps] (de letter) p, P ▫ *mind/watch one's p's and q's* op zijn woorden/tellen passen, zijn woorden wikken en wegen
²p [afk] ① (page) p. ② (part) ③ (participle) ④ ((decimal) penny/pence) ⑤ (per) ⑥ (perch(es)) ⑦ (peseta) ⑧ (peso) ⑨ (piano) p ⑩ (pico-) ⑪ (pint) ⑫ (pipe) ⑬ (pole) ⑭ (population) ⑮ (pro) ⑯ (proton) ⑰ (purl)
³p, P [afk] ① (president) ② (prince)
P [afk] ① (parity) ② (parking) P ③ (pawn) ④ (poise) ⑤ (pressure) ⑥ (priest) pr.
¹pa /pɑː/ [telb zn] ⟨inf⟩ ① pa, va ② → **pah**
²pa [afk] (per annum)
Pa [afk] (Pennsylvania)
P/A [afk] ① (power of attorney) ② (private account)
PA [afk] ① (personal assistant) ② (press agent) ③ (Press Association) ④ (prosecuting attorney) ⑤ (public address (system))
pab·u·lum /pæbjʊləm, ᴬ-bjə-/ [niet-telb zn] ⟨form, fig⟩ voedsel ♦ *mental pabulum* voedsel voor de geest, geestelijk voedsel
PABX [afk] ⟨BE⟩ (private automatic branch (telephone) exchange)
pac, pack /pæk/ [telb zn] mocassin ⟨in laars gedragen⟩
PAC [afk] (political action committee)
pa·ca /pækə, pɑːkə/ [telb zn] ⟨dierk⟩ paca ⟨Cuniculus paca⟩
¹pace /peɪs/ [telb zn] ① pas, stap, schrede, tred(e) ② gang, pas, loop, telgang, tred, pasgang ♦ *the paces of a horse* de gangen van het paard; *put a horse through its paces* een paard laten voordraven ③ tempo, snelheid, gang, tred, pace ♦ *at a slow pace* met een trage gang, langzaam, rustig; *at a good pace* met flinke/vaste tred, met een flinke vaart; *change of pace* tempowisseling; ⟨fig⟩ afwisseling; *force the pace* het tempo opdrijven; ⟨fig⟩ de zaak/de gang van zaken forceren; *go the pace* er een flinke tred in zetten; ⟨fig⟩ er op los leven; *keep one's pace* niet te veel van zijn krachten vergen; *keep pace (with)* gelijke tred houden (met); *mend one's pace* zijn tred verhaasten; ⟨sl; sport⟩ *off the pace* (op de) tweede plaats; *set/make the pace (for s.o.)* het tempo aangeven (voor iemand); ⟨fig⟩ de toon aangeven; *slow down one's pace* zijn gang vertragen; *stand/stay the pace* het tempo aanhouden/volhouden; *within one's pace* volgens zijn eigen tempo, zonder (zich) te forceren ▫ *go through one's paces* tonen wat iemand kan; *put s.o. through his paces* iemand uittesten/aan de tand voelen/laten tonen wat hij kan; *show (off) one's paces* laten zien wat men kan
²pace /peɪs/ [onov ww] ① stappen, kuieren ♦ *pace up and down* op en neer lopen/stappen, ijsberen ② in de telgang gaan/lopen ⟨van paard⟩; → **paced, pacing**
³pace /peɪs/ [ov ww] ① op en neer stappen in, aftreden ♦ *pace a room* heen en weer lopen in een kamer ② afstappen, afpassen, aftreden ♦ *pace off/out* afpassen ③ het tempo aangeven voor, gangmaken, pacen ④ in de telgang doen gaan/lopen ⟨paard⟩ ♦ *pace o.s.* een gelijkmatig tempo aanhouden; de tijd nemen; → **paced, pacing**
⁴pa·ce /peɪsi/ [vz] ⟨form⟩ met alle respect voor ♦ *pace Prof M. I disagree* met alle respect voor prof. M., ik ben het niet met hem eens
pace bowler, pace man [telb zn] ⟨cricket⟩ snelle bowler
paced /peɪst/ [bn; volt deelw van pace] ① afgepast, afgemeten ② ⟨sport⟩ met gangmaker, ⟨atl⟩ met haas
pace·line [telb zn] ⟨wielersp⟩ (renners)lint
pace·mak·er [telb zn] ① ⟨sport⟩ gangmaker, pacemaker, ⟨atl⟩ haas, tempoloper ② koploper, leider, toonaangever ③ ⟨med⟩ pacemaker
pac·er /peɪsə, ᴬ-ər/ [telb zn] ① gangmaker ② telganger ③ wadloper ⟨type trein⟩ ④ → **pacemaker bet 1**
pace·set·ter [telb zn] ⟨vnl AE⟩ ① ⟨sport⟩ gangmaker, pacemaker, ⟨atl⟩ haas, tempoloper ② koploper, leider, toonaangever
pace·set·ting [bn] ⟨vnl AE⟩ toonaangevend
pacha [telb zn] → **pasha**
pa·chin·ko /pətʃɪŋkoʊ/ [telb + niet-telb zn] pachinko
pa·chi·si /pətʃiːzi/ [niet-telb zn] pachisi ⟨Indisch soort triktrak⟩
pach·y·derm /pækɪdɜːm, ᴬ-dɜrm/ [telb zn] pachyderm, dikhuid(ige) ⟨ook figuurlijk⟩
pach·y·der·ma·tous /pækɪdɜːmətəs, ᴬ-dɜrmətəs/, **pach·y·der·mous** /-dɜːməs, ᴬ-dɜr-/ [bn] dikhuidig, pachydermisch ⟨ook figuurlijk⟩
pa·cif·ic /pəsɪfɪk/ [bn; bw: ~ally] vreedzaam, vredelievend
¹Pa·cif·ic /pəsɪfɪk/ [eigenn; the] (de) Grote/Stille Oceaan, (de) Stille Zuidzee, (de) Pacific
²Pa·cif·ic /pəsɪfɪk/ [bn, attr] m.b.t. de Grote Oceaan ♦ *the Pacific Ocean* de Grote Oceaan, de Stille Oceaan/Zuidzee; *the Pacific Rim* ⟨countries⟩ the Pacific Rim ⟨kustgebieden van de⟩ landen aan de Grote Oceaan⟩; *Pacific Time* tijd in de zone langs de Grote Oceaan ⟨in Amerika⟩
pac·i·fi·ca·tion /pæsɪfɪkeɪʃn/ [telb + niet-telb zn] ⟨form⟩ pacificatie, vrede(sluiting) ♦ *the Pacification of Ghent* de pacificatie van Gent
pa·cif·i·ca·tor /pæsɪfɪkeɪtə, ᴬ-keɪtər/ [telb zn] ⟨form⟩ pa-

pacificatory

cificator, vredestichter
pa·cif·i·ca·to·ry /pəsɪfɪkətri, ˄-tɔri/ [bn] ⟨form⟩ vreedzaam, vredelievend, vredes-
pac·i·fi·er /pæsɪfaɪə, ˄-ər/ [telb zn] [1] ⟨vnl AE⟩ fopspeen [2] ⟨vnl AE⟩ bijtring [3] ⟨form⟩ pacificator, vredestichter
pac·i·fism /pæsɪfɪzm/ [niet-telb zn] pacifisme
¹**pac·i·fist** /pæsɪfɪst/ [telb zn] pacifist
²**pac·i·fist** /pæsɪfɪst/, **pac·i·fis·tic** /pæsɪfɪstɪk/ [bn] pacifistisch
pac·i·fy /pæsɪfaɪ/ [ov ww] pacificeren, pacifiëren, bedaren, kalmeren, stillen, tot rust/bedaren/vrede brengen
pac·ing /peɪsɪŋ/ [telb + niet-telb zn; gerund van pace] harddraverij ⟨met sulky, voor telgangers⟩
¹**pack** /pæk/ [telb zn] [1] **pak**, bundel, (rug)zak, last, ransel, bepakking, mars ⟨van kramer⟩, verpakking, pakket [2] pak, hoop, collectie, pak vis/vlees/fruit, (verpakte) vangst/oogst ⟨van een seizoen⟩, ⟨BE⟩ pak/spel kaarten, ⟨AE⟩ pakje ⟨sigaretten⟩ ♦ *pack of lies* pak leugens; *pack of nonsense* hoop onzin; *this season's pack of salmon* de zalmvangst van dit seizoen [3] veld van pakijs [4] ⟨med⟩ kompres, (natte) omslag [5] ⟨cosmetica⟩ (klei)masker [6] → pac [•] ⟨sprw⟩ *every horse thinks his own pack heaviest* ieder meent dat zijn pak het zwaarst is
²**pack** /pæk/ [telb + niet-telb zn] pakijs
³**pack** /pæk/ [verzamelnaam] troep, bende, groep, afdeling, horde, meute, vloot, ⟨sport⟩ peloton, ⟨rugby⟩ pack ⟨de voorwaartsen van een team bij een scrum⟩ ♦ *pack of hounds* meute honden; ⟨fig⟩ *hunt in the same pack* hetzelfde doel nastreven, hetzelfde wild najagen; *pack of thieves* bende dieven
⁴**pack** /pæk/ [onov ww] [1] **(in)pakken,** zijn koffer pakken [2] **inpakken,** zich laten inpakken ♦ *dishes pack more easily than cups* borden zijn gemakkelijker in te pakken dan kopjes [3] **samenklitten,** samenklonteren, samentroepen, zich verenigen, zich ophopen ♦ *the rain made the dirt pack* de regen deed de grond samenklonteren; ⟨rugby⟩ *pack down* een scrum vormen; *pack into an overcrowded bus* zich verdringen in een propvolle bus; *pack up* zich samenpakken [4] **opkrassen,** opkarren, zijn biezen/boeltje pakken, zich wegpakken, ⟨sport, i.h.b. wielrennen⟩ opgeven ♦ *pack away/off (to)* opkrassen (naar); ⟨inf⟩ *pack in/up* opkrassen, zijn biezen pakken, het opgeven, het begeven ⟨ook van machine⟩; ⟨inf⟩ *pack up on s.o.* iemand in de steek laten [5] **pakken dragen;** → **packed, packing**
⁵**pack** /pæk/ [ov ww] [1] **(in)pakken,** verpakken, inmaken ⟨fruit enz.⟩ ♦ ⟨fig⟩ *pack one's bags* zich inpakken; *packed lunch* lunchpakket [2] **samenpakken,** samenpersen, ophopen ♦ *pack clay and straw into bricks* klei en stro tot stenen persen; *pack in crowds, pack them in* volle zalen trekken [3] **wegsturen,** doen opkrassen ♦ *pack s.o. off* iemand (ver)wegsturen [4] **bepakken,** beladen, volproppen, opvullen, dichten ♦ *pack out* volproppen; ⟨inf⟩ *packed out* overvol, propvol; *pack a valve* een kraan dichten [5] **inwikkelen,** omsluiten, omwikkelen [6] ⟨med⟩ **van een kompres voorzien** [7] **manipuleren,** partijdig samenstellen ⟨jury⟩ [8] ⟨vnl AE; inf⟩ **op zak hebben,** bij de hand hebben ♦ *pack a pistol* een revolver dragen [9] ⟨scheepv⟩ **bijzetten** ⟨zeilen⟩ ♦ *pack on all sails* alle zeilen bijzetten [•] ⟨inf⟩ *pack it in* er alles uithalen; toegeven ⟨mislukking⟩; ⟨inf⟩ *pack it in/up* ermee ophouden; → **packed, packing**
pack·a·ble /pækəbl/ [bn] inpakbaar, verpakbaar
¹**pack·age** /pækɪdʒ/ [telb zn] [1] **pakket,** pak(je), bundel, ⟨comp⟩ programmapakket, standaardprogramma ♦ ⟨AE⟩ *a package of cigarettes* een pakje sigaretten [2] **verpakking,** emballage, doos, zak, baal ♦ *number of packages* aantal colli [3] **arbeidsvoorwaarden(pakket)** [4] ⟨sl⟩ **stoot,** sexy meisje [5] → **package deal** [•] ⟨sl⟩ *have a package (on)* bezopen zijn
²**pack·age** /pækɪdʒ/ [ov ww] [1] **verpakken,** inpakken

[2] **groeperen,** ordenen; → **packaging**
package deal [telb zn] [1] speciale aanbieding [2] pakagedeal, koppeltransactie, koppelverkoop
package holiday, package tour [telb zn] geheel verzorgde vakantie, georganiseerde reis, pakketreis
package offer [telb zn] speciale aanbieding
package store [telb zn] drankwinkel, slijterij
pack·ag·ing /pækɪdʒɪŋ/ [telb + niet-telb zn; (oorspronkelijk) gerund van package] verpakking
pack animal [telb zn] pakdier, lastdier
pack drill [telb + niet-telb zn] ⟨mil⟩ strafexercitie [•] ⟨sprw⟩ *no names, no pack drill* niemand genoemd, niemand gelasterd
packed /pækt/ [bn; volt deelw van pack] [1] → **pack** [2] **opeengepakt** ♦ *packed (in/together) like sardines* als haringen opeengepakt [3] **volgepropt,** overvol ⟨voornamelijk met mensen⟩ ♦ *the theatre was packed with people* het theater was afgeladen
pack·er /pækə, ˄-ər/ [telb zn] [1] **(in)pakker,** emballeur, verpakker ⟨voornamelijk van voedingswaren⟩ [2] **groothandelaar,** conservenfabrikant [3] **pakmachine** [4] **perser,** persmachine [5] **drager** [6] **vulstuk,** inzetstuk, tussenstuk
¹**pack·et** /pækɪt/ [telb zn] [1] **pak(je)** ♦ *a packet of cigarettes* een pakje sigaretten; *packet soup* soep uit een pakje; ⟨fig⟩ *a packet of trouble* een hoop last [2] ⟨inf⟩ **pak/bom geld** [3] **pakketboot** [4] ⟨comp⟩ **pakketje,** datapakket [•] ⟨BE; sl⟩ *catch/cop/get/stop a packet* zich in de nesten werken, harde klappen krijgen, (zwaar) gewond raken
²**pack·et** /pækɪt/ [ov ww] verpakken, inpakken
packet boat [telb zn] pakketboot, pakketvaartuig
pack·et-switch·ing [telb zn] pakketschakeling
pack·horse [telb zn] pakpaard, lastpaard
pack ice [niet-telb zn] pakijs
¹**pack·ing** /pækɪŋ/ [telb + niet-telb zn; gerund van pack] [1] **verpakking** [2] **pakking,** dichtingsmiddel, opvulsel, vulling, vulplaat
²**pack·ing** /pækɪŋ/ [niet-telb zn; gerund van pack] ⟨med⟩ het kompressen leggen
packing cloth [niet-telb zn] paklinnen
pack·ing·house, packing plant, packing station [telb zn] [1] **verpakkingsbedrijf** ⟨voor levensmiddelen⟩ [2] **conservenfabriek**
packing list [telb zn] ⟨handel⟩ paklijst
packing material [telb + niet-telb zn] verpakkingsmateriaal, emballage
packing piece [telb zn] vulstuk, tussenstuk
packing press, packing screw [telb zn] pakpers
packing ring [telb zn] pakkingring
packing room [telb zn] pakkamer
packing sheet [telb + niet-telb zn] [1] **pakdoek,** paklinnen [2] ⟨med⟩ **kompresdoek** [3] ⟨handel⟩ **paklijst**
pack rat [telb zn] ⟨AE⟩ [1] ⟨dierk⟩ **hamsterrat** ⟨Neotoma Cinerea⟩ [2] ⟨sl⟩ **kruimeldief** [3] ⟨sl⟩ **verzamelaar** [4] ⟨sl⟩ **kruier**
pack·sack [telb zn] rugzak
pack·sad·dle [telb zn] pakzadel
pack·thread [niet-telb zn] pakgaren
pack·train [telb zn] groep pakdieren
pack trip [telb zn] ⟨AE⟩ trektocht op paard/pony
pact /pækt/ [telb zn] pact, verdrag, overeenkomst, verbond
¹**pad** /pæd/ [telb zn] [1] ⟨benaming voor⟩ **kussen(tje),** vulkussen, opvulling, opvulsel, stootkussen, bekleding, beschermlaag, onderlegger, inktkussen, beenbeschermer, dempingslid ⟨van telefoon⟩ [2] **blok papier,** blocnote, schrijfblok, tekenblok, vloeiblok, vloeiboek, buvard [3] **platform,** landingsplatform, lanceerplatform ⟨voor helikopter, raket⟩ [4] **zoolkussen(tje)** ⟨van dier⟩, poot ⟨van vos, haas enz.⟩, muis ⟨van hand⟩, spoor, afdruk ⟨ook van vinger⟩ [5] **gedempt geluid** [6] ⟨inf⟩ **flat,** ka-

mer, hok, kot ♦ ⟨sl⟩ *hit/knock the pad* gaan zitten [7] handvat ⟨voor verschillende werktuigen⟩ [8] ⟨vnl gew⟩ mand ⟨als maat⟩ [9] dameszadel, zacht zadel, olifantenzadel [10] zeester [11] ⟨AE⟩ drijfblad ⟨van waterplanten⟩ [12] ⟨sl⟩ steekpenning ♦ *be on the pad* steekpenningen krijgen ⟨in het bijzonder politieman⟩ [13] ⟨vero⟩ licht lopend paard, telganger [14] ⟨vero, sl⟩ pad, weg ♦ *gentleman/knight/squire of the pad* struikrover [15] ⟨sl⟩ kentekenplaat [16] ⟨sl⟩ lijst van omgekochte personen

²pad /pæd/ [onov ww] [1] draven, trippelen ♦ *pad along* meelopen ⟨van hond enz.⟩ [2] lopen, stappen, te voet gaan/dolen/zwerven; → padding

³pad /pæd/ [ov ww] [1] (op)vullen, stofferen, bekleden, watteren, capitonneren, van kussens voorzien ♦ *padded cell* gecapitonneerde isoleercel; *pad out with* opvullen met; *a jacket with padded shoulders* een jasje met schoudervullingen [2] overladen, rekken ⟨zin, tekst enz.⟩ ♦ *pad a bill* een te hoge rekening maken, fictieve posten op zijn rekening zetten; *padded out with references* overladen met referenties [3] aflopen, lopen/zwerven langs; → padding

padauk [telb + niet-telb zn] → padouk

pad·ding /pædɪŋ/ [niet-telb zn; gerund van pad] [1] opvulling, (op)vulsel [2] bladvulling, bladvulsel

¹**pad·dle** /pædl/ [telb zn] [1] peddel, paddel, pagaai, roeispaan, riem(blad) ♦ *double paddle* peddel met twee bladen [2] peddel, schoep, bord ⟨van schepraad⟩ [3] ⟨benaming voor⟩ peddelvormig instrument, grote lepel, spatel, wasbord, bat ⟨voor tafeltennis⟩, palet ⟨van pottenbakker⟩ [4] ⟨dierk⟩ vin, zwempoot, zwemvoet [5] raderboot [6] schepraad [7] peddeltochtje ♦ *go for a paddle* gaan peddelen

²**pad·dle** /pædl/ [onov ww] [1] pootjebaden, plassen ⟨met water⟩, waden, kalmpjes zwemmen [2] waggelen, trippelen, met onvaste pasjes lopen ⟨van kind⟩

³**pad·dle** /pædl/ [onov + ov ww] (voort)peddelen, pagaaien, rustig roeien

⁴**pad·dle** /pædl/ [ov ww] ⟨vnl AE; inf⟩ voor de billen geven ⟨met plat voorwerp⟩, een pak slaag geven, klappen/ervanlangs geven

paddle boat, paddle steamer [telb zn] rader(stoom)boot

paddle box [telb zn] ⟨scheepv⟩ raderkast

pad·dle·fish [telb zn; mv: ook paddlefish] ⟨dierk⟩ [1] lepelsteur ⟨familie Polyodontidae; in het bijzonder Polyodon spathula⟩ [2] zwaardsteur ⟨Psephurus gladius⟩

paddle tennis [niet-telb zn] ⟨AE⟩ tafeltennis

paddle wheel [telb zn] schepraad

paddling pool [telb zn] pierenbad, pierenbak, kinder(zwem)bad, spartelvijver

pad·dock /pædək/ [telb zn] [1] paddock, omheinde wei(de) ⟨bij stal of renbaan⟩ [2] ⟨AuE⟩ (omheind) veld, (omheinde) akker/wei(de) [3] ⟨vero; gew, vnl BE⟩ pad, kikvors

¹**pad·dy** /pædi/ [telb zn] [1] ⟨sl⟩ sul, lul [2] ⟨AE; sl; beled⟩ bleekscheet, blanke [3] ⟨verk: paddybird⟩ [4] ⟨verk: paddy field⟩ [5] ⟨verk: paddywhack⟩ ♦ ⟨BE; inf⟩ *in a paddy* uit zijn hum, slechtgemutst

²**pad·dy** /pædi/ [niet-telb zn] ⟨verk: paddy rice⟩ padie ⟨rijst⟩

¹**Pad·dy** /pædi/ [eigenn] Pat, Patrick

²**Pad·dy** /pædi/ [telb zn] ⟨inf⟩ Ier

pad·dy·bird [telb zn] ⟨dierk⟩ rijstvogel ⟨Padda oryzivora⟩

paddy field [telb zn] padieveld, rijstveld

paddy rice [niet-telb zn] padie

paddy wagon [telb zn] ⟨AE; inf⟩ boevenwagen, gevangenwagen, arrestantenauto, politiebusje

¹**pad·dy·whack** /pædiwæk/ [telb zn] [1] ⟨vnl BE; inf⟩ woedeaanval, woede-uitbarsting, boze bui [2] pak slaag

²**pad·dy·whack** /pædiwæk/ [ov ww] een pak slaag geven, afstraffen

Pad·dy·whack /pædiwæk/ [telb zn] ⟨sl⟩ Ier

pad·e·mel·on, pad·dy·mel·on /pædɪmelən/ [telb zn;

mv: ook pademelon, ook paddymelon] kleine kangoeroe

pad horse, pad-nag [telb zn] licht lopend paard, telganger, draver

pa·di·shah /pɑːdɪʃɑː/ [telb zn] [1] ⟨vaak Padishah⟩ padisjah, sjah, sultan, keizer, heerser [2] ⟨vnl AE; inf⟩ hoge piet, hoge ome

¹**pad·lock** /pædlɒk, ᴬ-lɑk/ [telb zn] hangslot [·] ⟨sprw⟩ *wedlock is a padlock* ± trouwen is houwen, ± geen houwelijk of het heeft iets berouwelijk

²**pad·lock** /pædlɒk, ᴬ-lɑk/ [ov ww] met een hangslot vastmaken

¹**pa·douk, pa·dauk** /pədaʊk/ [telb zn] ⟨plantk⟩ padoekboom ⟨genus Pterocarpus⟩

²**pa·douk, pa·dauk** /pədaʊk/ [niet-telb zn] padoek(hout)

pa·dre /pɑːdri, ᴬpɑdreɪ/ [telb zn; vaak Padre] [1] padre ⟨aanspreektitel voor priester, voornamelijk in Latijns-Amerika, Spanje, Italië⟩ [2] ⟨inf⟩ aal(moezenier), veldpredikant, vlootpredikant [3] ⟨vnl BE; inf⟩ dominee

pa·dro·ne /pədroʊni, ᴬ-neɪ/ [telb zn; mv: ook padroni /-niː/] [1] patroon, baas, meester [2] eigenaar, huisbaas [3] waard ⟨van herberg⟩

pad saw [telb zn] ⟨techn⟩ (smalle) handzaag

¹**pad·u·a·soy** /pædʒʊəsɔɪ/ [telb zn] paduazijden kledingstuk

²**pad·u·a·soy** /pædʒʊəsɔɪ/ [niet-telb zn] paduazijde

pae·an /piːən/ [telb zn] paean, overwinningslied, triomflied, lofzang, danklied

paederast [telb zn] → pederast

paederasty [niet-telb zn] → pederasty

pae·di·at·ric, ⟨AE vnl⟩ **pe·di·at·ric** /piːdiætrɪk/ [bn] kindergeneeskundig, van/m.b.t. de kindergeneeskunde/pediatrie

pae·di·a·tri·cian, ⟨AE vnl⟩ **pe·di·a·tri·cian** /piːdiətrɪʃn/ [telb zn] pediater, kinderarts

pae·di·at·rics, ⟨AE vnl⟩ **pe·di·at·rics** /piːdiætrɪks/ [niet-telb zn] pediatrie, kindergeneeskunde, leer van de kinderziekten

pae·do-, ⟨AE vnl⟩ **pe·do-** /pedoʊ, piːdoʊ/, **paed-,** ⟨AE vnl⟩ **ped-** /ped, piːd/ kinder-, ped(o)- ♦ *paedophilia* pedofilie; *paedobaptism* kinderdoop

pae·do·don·tia, ⟨AE vnl⟩ **pe·do·don·tia** /piːdoʊdɒnʃiə, ᴬ-dɑn-/ [niet-telb zn] kindertandheelkunde, pedodontie

pae·do·gen·e·sis, pe·do·gen·e·sis /piːdoʊdʒenɪsɪs/ [niet-telb zn] pedogenesis ⟨het levende larven baren van de made⟩

pae·dol·o·gy, ⟨AE ook⟩ **pe·dol·o·gy** /piːdɒlədʒi, ᴬ-dɑ-/ [niet-telb zn] kinderontwikkelingspsychologie, kindergedragswetenschap

pae·do·phile, ⟨AE vnl⟩ **pe·do·phile** /piːdəfaɪl/ [telb zn] pedofiel

pa·el·la /paɪelə, ᴬpɑ-/ [telb + niet-telb zn] paella ⟨Spaanse schotel⟩

pae·on /piːən/ [telb zn] metrische versvoet

paeony [telb zn] → peony

¹**pa·gan** /peɪgən/ [telb zn] heiden, ongelovige, goddeloze

²**pa·gan** /peɪgən/, **pa·gan·ish** /peɪgənɪʃ/ [bn] heidens, ongelovig, goddeloos, ongodsdienstig

¹**pa·gan·ize** /peɪgənaɪz/ [onov ww] heidens worden

²**pa·gan·ize** /peɪgənaɪz/ [ov ww] heidens maken

¹**page** /pɑːʒ/ [telb zn] [·] *à la page* modieus, naar de laatste mode

²**page** /peɪdʒ/ [telb zn] [1] pagina, bladzijde [2] page, (schild)knaap, wapendrager, hofjonker, livrei-jongen, piccolo, bruidsjonker, sleepdrager [·] *page three girl* pin-up(meisje)

³**page** /peɪdʒ/ [onov ww] bladeren; → paging

⁴**page** /peɪdʒ/ [ov ww] [1] pagineren [2] in pagina's opmaken ♦ *page up* in pagina's opmaken [3] doorbladeren [4] als

pageant

page dienen [5] oproepen, de naam laten omroepen van ⟨in restaurant, hotel enz.⟩ [6] oppiepen; → paging
¹**pag·eant** /pædʒənt/ [telb zn] [1] (praal)vertoning, pronkstoet, groots schouwspel, spektakelstuk, tableau ♦ *naval pageant* vlootrevue, vlootschouw [2] historische optocht, historisch schouwspel
²**pag·eant** /pædʒənt/ [niet-telb zn] praal, pracht, pralend vertoon
pageant play [telb zn] spektakelstuk
pag·eant·ry /pædʒəntri/ [telb + niet-telb zn] praal(vertoning)
page boy, ⟨in betekenis 2 ook⟩ **page·boy** [telb zn] [1] page, livrei-jongen, piccolo, bruidsjonker [2] pagekop(je)
page break [telb zn] ⟨comp⟩ vaste paginaovergang/scheiding
page·hood /peɪdʒhʊd/, **page·ship** /-ʃɪp/ [niet-telb zn] pageschap
page proof [telb zn] in pagina's opgemaakte proef
pag·er /peɪdʒə, ^-ər/ [telb zn] pieper, oppiepapparaat, semafoon
page traffic [niet-telb zn] aantal lezers van een pagina
page·turn·er [telb zn] ⟨inf⟩ spannend boek, boek dat je in één adem uitleest
pag·i·nal /pædʒɪnl/, **pag·i·na·ry** /pædʒɪnri, ^-neri/ [bn] pagina-, bladzijde voor bladzijde, per bladzijde
pag·i·nate /pædʒɪneɪt/ [ov ww] pagineren
pag·i·na·tion /pædʒɪneɪʃn/ [telb + niet-telb zn] paginering, paginatuur, bladzijdenummering
pag·ing /peɪdʒɪŋ/ [niet-telb zn; gerund van page] ⟨comp⟩ paginering
pa·go·da /pəɡoʊdə/ [telb zn] pagode
pagoda stone /pəɡoʊdəstoʊn/, **pa·go·dite** /pəɡoʊdaɪt, ^pægədaɪt/ [telb + niet-telb zn] pagodiet, agalmatoliet, Chinese speksteen
pagoda tree /pəɡoʊdətri:/ [telb zn] ⟨plantk⟩ ⟨benaming voor⟩ pagodevormige boom ⟨in het bijzonder Ficus indica⟩
pa·gu·ri·an /pəɡjʊəriən, ^-ɡjʊr-/ [telb zn] ⟨dierk⟩ heremietkreeft ⟨genus Paguras⟩
¹**pah, pa** /pɑː/ [telb zn] (versterkt) Maori dorp
²**pah** /pɑː/ [tw] bah!
pa·ho·e·ho·e /pəhoʊihoʊi/ [niet-telb zn] ⟨geol⟩ pahoehoe, touwlava
¹**paid** /peɪd/ [bn; volt deelw van pay] [1] betaald, voldaan [2] betaald, bezoldigd ♦ *paid officials* bezoldigde ambtenaren; *paid vacation* betaald verlof [3] betaald, te betalen ♦ *paid broadcasting time* gehuurde zendtijd ⟨·⟩ ⟨BE⟩ *put paid to* afrekenen met, een eind maken aan, de kop indrukken
²**paid** /peɪd/ [verleden tijd] → pay
paid-up [bn] betaald, voldaan ♦ *paid-up member* lid dat zijn contributie heeft betaald; *paid-up policy* premievrije polis; *paid-up shares* volgestorte aandelen
pail /peɪl/ [telb zn] [1] emmer(vol) [2] ⟨AE; sl⟩ buik, maag
pail·ful /peɪlfʊl/ [telb zn] emmervol
paillasse [telb zn] → palliasse
pail·lette /pælʒet, ^paɪet/ [telb zn] paillette, (metalen) lovertje, sierblaadje
¹**pain** /peɪn/ [telb zn] ⟨inf⟩ [1] lastpost ♦ *he's a real pain (in the neck/ass)* hij is werkelijk onuitstaanbaar, hij is een ontzettende etter [2] ergernis ♦ *it's a (real) pain in the neck/ass* het is (echt) strontvervelend, het is (echt) een ramp/rampzalig
²**pain** /peɪn/ [telb + niet-telb zn] [1] pijn, leed, lijden ♦ *give pain* pijn doen; *be in pain* pijn hebben; *put s.o. out of his pain* iemand uit zijn lijden verlossen; *weep for/with pain* huilen van (de) pijn; *cry with pain* huilen van pijn ⟨·⟩ ⟨inf⟩ *feel no pain* 'm om hebben, zat/dronken zijn; *on/under/upon pain of* op straffe van; ⟨sprw⟩ *no gain without pain* wie maaien wil, moet zaaien; ⟨sprw⟩ *no pleasure without pain* geen lusten zonder lasten
³**pain** /peɪn/ [onov + ov ww] pijn doen, pijnigen, leed doen, smarten, bedroeven, pijnlijk treffen, beledigen; → pained
pain barrier [telb zn] ⟨vnl sport⟩ pijngrens
pain control [niet-telb zn] pijnbestrijding
pained /peɪnd/ [bn; volt deelw van pain] gepijnigd, pijnlijk, bedroefd, beledigd ♦ *pained look* pijnlijke blik
pain·ful /peɪnfl/ [bn; bw: ~ly; zn: ~ness] [1] pijnlijk, zeer [2] moeilijk, moeizaam [3] ⟨inf⟩ verschrikkelijk (slecht) ♦ *painfully shy* pijnlijk verlegen
pain·kill·er, pain reliever [telb zn] pijnstiller, pijnstillend middel
pain·less /peɪnləs/ [bn; bw: ~ly; zn: ~ness] [1] pijnloos [2] ⟨inf⟩ moeiteloos
pains /peɪnz/ [alleen mv] [1] (barens)weeën, pijnen [2] moeite, last ♦ *be at pains (to do sth.)* zich tot het uiterste inspannen (om iets te doen); *get little thanks/a thrashing for one's pains* stank voor dank krijgen; *go to/take great pains (with/over sth./to do sth.)* zich veel moeite geven/getroosten (voor iets/om iets te doen); *spare no pains* geen moeite ontzien ⟨·⟩ ⟨sl⟩ *feel no pains* zat/dronken zijn
¹**pains·tak·ing** /peɪnzteɪkɪŋ/ [niet-telb zn] moeite, nauwgezetheid, ijver
²**pains·tak·ing** /peɪnzteɪkɪŋ/ [bn; bw: ~ly] nauwgezet, ijverig, zorgvuldig, onverdroten ♦ *avoid s.o. painstakingly* iemand angstvallig vermijden
¹**paint** /peɪnt/ [telb zn] kleurstof, verf
²**paint** /peɪnt/ [niet-telb zn] [1] verf ♦ *two coats of paint* twee lagen verf; ⟨inf⟩ *as fresh as paint* zogoed als nieuw; *wet paint!* pas geverfd! [2] ⟨vaak pej⟩ maquillage, blanketsel, schmink, rouge ♦ *facial paint* maquillage
³**paint** /peɪnt/ [onov ww] (zich laten) verven ♦ *this surface paints badly* dit oppervlak is moeilijk te verven; → painted, painting
⁴**paint** /peɪnt/ [onov + ov ww] [1] verven, (be)schilderen ♦ *paint in* aanbrengen in (een schilderij); *paint on(to)* walls op muren schilderen; *paint out* overschilderen [2] (af)schilderen, portretteren ♦ *paint in oils/water colours* in olieverf/waterverf schilderen [3] ⟨vaak pej⟩ (zich) verven, maquilleren, (zich) schminken/opmaken; → painted, painting
⁵**paint** /peɪnt/ [ov ww] [1] afschilderen, beschrijven, weergeven, vertellen ♦ *not so black as he is painted* niet zo slecht als hij wordt afgeschilderd; *paint in* aanbrengen, invullen; *paint a picture of* een beeld schetsen van [2] penselen ⟨wond⟩ ⟨·⟩ ⟨sprw⟩ *the devil is not so black as he is painted* de duivel is zo zwart niet als men hem schildert; → painted, painting
paint·ball game, paint·ball [niet-telb zn] ⟨sport⟩ paintball ⟨survivalspel met pistolen en verfkogels⟩
paint box [telb zn] verfdoos, kleurdoos
paint·brush [telb zn] [1] verfkwast [2] penseel
paint·ed /peɪntɪd/ [bn; volt deelw van paint] [1] geverfd, geschilderd, ⟨fig⟩ (te) zwaar opgemaakt [2] kleurrijk [3] kunstmatig, artificieel, vals, hol, leeg ♦ *painted expressions* lege uitdrukkingen ⟨·⟩ ⟨dierk⟩ *painted lady* distelvlinder ⟨Vanessa cardui⟩
paint·er /peɪntə, ^peɪntər/ [telb zn] [1] schilder, kunstschilder, huisschilder, verver [2] ⟨gew⟩ panter, lynx
paint·er·ly /peɪntəli, ^peɪntərli/ [bn] [1] kunstzinnig, artistiek [2] schilderkunstig [3] flou, vloeiend ⟨van schilderij⟩
painter's colic [niet-telb zn] loodkoliek, schilderskoliek
¹**paint·ing** /peɪntɪŋ/ [telb zn; (oorspronkelijk) gerund van paint] schilderij, schilderstuk, schildering
²**paint·ing** /peɪntɪŋ/ [niet-telb zn; (oorspronkelijk) gerund van paint] [1] schilderkunst [2] schildersambacht, schilderswerk
paint remover [telb + niet-telb zn] oplosmiddel voor verf/om verf te verwijderen, verfremover, afbijtmiddel

paint·ress /peɪntrɪs/ [telb zn] schilderes
paint roller [telb zn] verfroller
paints /peɪnts/ [alleen mv] verfdoos, kleurdoos, schilderdoos ♦ *box of paints* kleurdoos, verfdoos
paint stripper [telb + niet-telb zn] oplosmiddel voor verf/om verf te verwijderen, verfremover, afbijtmiddel
paint·work [niet-telb zn] lak, verfwerk, verflaag ⟨van auto enz.⟩
paint·y /peɪnti/ [bn] ① verfachtig ♦ *painty odour* verfgeur ② vol verf(vlekken) ♦ *her clothes were all painty* haar kleren zaten vol verf ③ met verf overladen ⟨van schilderij enz.⟩
¹**pair** /peə, ˄per/ [telb zn; mv: in bet 1 en bet 2 ook pair] ① paar, twee(tal), koppel, paartje, stelletje ♦ *pair and pair* twee aan twee; ⟨vaak iron⟩ *a fine/pretty pair* een mooi duo/stelletje/span; *a pair of gloves* een paar handschoenen; *I have only one pair of hands!* ik heb maar twee handen!, ik kan toch niet meer doen dan ik al doe!; *the happy pair* het jonge paar; *in pairs* twee aan twee, bij paren, paarsgewijs; *the pair of them* allebei; *there's a pair of you* jullie zijn een mooi stelletje/zijn aan elkaar gewaagd ② ⟨als kwantor vóór zelfstandig naamwoord dat alleen in meervoud voorkomt⟩ ⟨onvertaald⟩ ♦ *a pair of compasses* een passer; *two pair(s) of compasses* twee passers; *a pair of spectacles* een bril; ⟨cricket; fig⟩ brilstand ③ andere ⟨van een paar⟩ ♦ *where is the pair to this sock?* waar is de tweede sok? ④ tweespan ♦ *a pair of horses* een tweespan ⑤ twee gelijkwaardige speelkaarten ♦ *a pair of aces* twee azen ⑥ ⟨cricket⟩ brilstand ♦ *bag/get/make a pair* twee nullen scoren ⑦ ⟨parlement⟩ (één van) twee afwezigen ⟨van verschillende partij, bij stemming⟩ ♦ *find/strike up a pair* iemand (van de tegenpartij) bereid vinden de stemming niet bij te wonen/zich te onthouden ⑧ ⟨vaste/losse⟩ trap ♦ *pair of stairs* trap; *pair of steps* (vaste/losse) trap; *two pair (of stairs) up* tweehoog ⑨ ⟨sl⟩ (mooie) tieten ⓾ ⟨inf⟩ *that's another pair of shoes/boots* dat is andere koffie/koek/een ander verhaal; ⟨België⟩ dat is een ander paar mouwen; ⟨sprw⟩ *one pair of heels is often worth two pairs of hands* ± het is beter te buigen dan te barsten, ± beter blo Jan dan do Jan
²**pair** /peə, ˄per/ [onov ww] paren ⟨van honden⟩
³**pair** /peə, ˄per/ [onov + ov ww] paren, een paar (doen) vormen, (zich) verenigen, koppelen, huwen, huwen, een paar/stel worden, paarsgewijs rangschikken ♦ *pair off* in paren plaatsen/heengaan; ⟨parlement⟩ zich beiden bereid verklaren zich te onthouden/de stemming niet bij te wonen ⟨van twee leden van verschillende partijen⟩; ⟨inf⟩ *pair off* paren, aan elkaar paren, koppelen, huwen; *pair off with* huwen met, een stel vormen met; *pair up* paren (doen) vormen ⟨bij werk, sport enz.⟩; *pair with* een paar (doen) vormen met
pairing season [telb zn] paartijd
pair-oared [bn] tweeriemig
pair production [niet-telb zn] ⟨natuurk⟩ paarvorming
pair royal [telb zn; mv: pairs royal of pair royal] ① drie gelijkwaardige speelkaarten ② drie gelijk gegooide dobbelstenen ③ drietal
pairs /peəz, ˄perz/ [alleen mv] ⟨roeisp⟩ (wedstrijd voor) twee (roeiers)
pair skating [niet-telb zn] ⟨schaatssp⟩ (het) paarrijden
pai·sa /paɪsə/ [telb zn; mv: ook paise /-seɪ/] paisa ⟨munt⟩
pai·san /paɪsn/, **pai·sa·no** /paɪsɑːnoʊ/ [telb zn] ① landgenoot ② ⟨sl⟩ makker, kameraad
pais·ley /peɪzli/ [telb + niet-telb zn; soms Paisley] paisley ⟨(product gemaakt van) wollen stof met gedraaide kleurige motieven⟩
Pais·ley·ite /peɪzliaɪt/ [telb zn] volgeling van Paisley, Paisleyaanhanger ⟨militant protestant in Ulster⟩
pajamas [alleen mv] → pyjamas
pak choi /pɒktʃɔɪ, ˄pɑːk-/, **pak-choi cabbage** [niet-telb zn] ⟨vnl AE; cul, plantk⟩ paksoi ⟨Brassica chinensis⟩
pa·ke·ha /pɑːkəhɑː/ [telb zn; mv: ook pakeha] ⟨NZE⟩ blanke
Pak·i·stan /pɑːkɪstɑːn, ˄pækɪstæn/ [eigenn] Pakistan

Pakistan	
naam	Pakistan *Pakistan*
officiële naam	Islamic Republic of Pakistan *Islamitische Republiek Pakistan*
inwoner	Pakistani *Pakistan*
inwoonster	Pakistani *Pakistaanse*
bijv. naamw.	Pakistani *Pakistaans*
hoofdstad	Islamabad *Islamabad*
munt	Pakistani rupee *Pakistaanse roepie*
werelddeel	Asia *Azië*
int. toegangsnummer 92 www .pk auto PK	

¹**Pak·i·stan·i** /pɑːkɪstɑːni, ˄pækɪstæni/ [telb zn; mv: ook Pakistani] Pakistaan(se), Pakistaner, Pakistani ⟨man⟩
²**Pak·i·stan·i** /pɑːkɪstɑːni, ˄pækɪstæni/ [bn] Pakistaans
¹**pal** /pæl/ [telb zn] ⟨inf⟩ makker, kameraad, vriend(je)
²**pal** /pæl/ [onov ww] ⟨inf⟩ maatjes zijn/worden, bevriend zijn/worden ♦ *pal around for years (with)* jarenlang bevriend zijn (met); *pal up (with)* maatjes zijn/worden (met)
¹**pal·ace** /pælɪs/ [telb zn] paleis ♦ *the Palace of Westminster* de parlementsgebouwen
²**pal·ace** /pælɪs/ [niet-telb zn; the] het hof
palace revolution [telb zn] paleisrevolutie
pal·a·din /pælədɪn/ [telb zn] paladijn, voorvechter
pa·lae·o-, ⟨AE⟩ **pa·le·o-** /pæliou, ˄peɪliou/, **pa·lae-**, ⟨AE⟩ **pa·le-** /pæli, ˄peɪli/ paleo-, prehistorisch, oud ♦ *palaearctic* pale(o)arctisch; *palaeobotany* paleobotanie; *palaeomagnetism* paleomagnetisme; *palaeoanthropology* paleoantropologie
¹**Pal·ae·o·cene**, ⟨AE⟩ **Pa·le·o·cene** /pæliousiːn, ˄peɪ-/ [eigenn; the] ⟨geol⟩ paleoceen ⟨tijdvak van het tertiair⟩
²**Pal·ae·o·cene**, ⟨AE⟩ **Pa·le·o·cene** /pæliousiːn, ˄peɪ-/ [bn] ⟨geol⟩ (uit/van het) paleoceen
pal·ae·o·cli·ma·tol·o·gy, ⟨AE⟩ **pa·le·o·cli·ma·tol·o·gy** /pæliouklaɪmətɒlədʒi, ˄peɪliouklaɪmətɑːlədʒi/ [niet-telb zn] paleoklimatologie
pal·ae·og·ra·pher, ⟨AE⟩ **pa·le·og·ra·pher** /pæliɒgrəfə, ˄peɪliɑːgrəfər/ [telb zn] paleograaf
pal·ae·o·graph·ic, ⟨AE⟩ **pa·le·o·graph·ic** /pæliəgræfɪk, ˄peɪ-/, **pal·ae·o·graph·i·cal**, ⟨AE⟩ **pa·le·o·graph·i·cal** /-ɪkl/ [bn] paleografisch
¹**pal·ae·og·ra·phy**, ⟨AE⟩ **pa·le·og·ra·phy** /pæliɒgrəfi, ˄peɪliɑːgrəfi/ [telb zn] oude handschriften
²**pal·ae·og·ra·phy**, ⟨AE⟩ **pa·le·og·ra·phy** /pæliɒgrəfi, ˄peɪliɑːgrəfi/ [telb + niet-telb zn] oud(e) hand(schrift)/wijze van schrijven
³**pal·ae·og·ra·phy**, ⟨AE⟩ **pa·le·og·ra·phy** /pæliɒgrəfi, ˄peɪliɑːgrəfi/ [niet-telb zn] paleografie ⟨studie⟩
¹**Pal·ae·o·lith·ic**, ⟨AE⟩ **Pa·le·o·lith·ic** /pæliəlɪθɪk, ˄peɪ-/ [eigenn] paleolithicum
²**pal·ae·o·lith·ic**, ⟨AE⟩ **pa·le·o·lith·ic** /pæliəlɪθɪk, ˄peɪ-/ [bn; soms ook palaeolithic] paleolithisch
pal·ae·on·tol·o·gist, ⟨AE⟩ **pa·le·on·tol·o·gist** /pæliɒntɒlədʒɪst, ˄peɪliɑːntɑː-/ [telb zn] ⟨geol⟩ paleontoloog
pal·ae·on·tol·o·gy, ⟨AE⟩ **pa·le·on·tol·o·gy** /pæliɒntɒlədʒi, ˄peɪliɑːntɑː-/ [niet-telb zn] ⟨geol⟩ paleontologie
¹**Pal·ae·o·zo·ic**, ⟨AE⟩ **Pa·le·o·zo·ic** /pæliəzouɪk, ˄peɪ-/ [eigenn; the] ⟨geol⟩ paleozoïcum ⟨hoofdtijdperk⟩
²**Pal·ae·o·zo·ic**, ⟨AE⟩ **Pa·le·o·zo·ic** /pæliəzouɪk, ˄peɪ-/ [bn] ⟨geol⟩ paleozoïsch
pa·laes·tra, **pa·les·tra** /pəlestrə/, **pa·lais·tra** /-laɪstrə/ [telb zn; mv: ook palaestrae, ook palestrae, ook palaistrae /-triː/] ⟨gesch⟩ palaestra, turnzaal, worstelschool
pal·a·fitte /pæləfɪt, -fiːt/ [telb zn; mv: ook palafitti /-fɪti,

palais

-fi:ti/] paalwoning
pa·lais /pæleɪ, ˄pæleɪ/, ⟨in betekenis 2 ook⟩ **palais de danse** /-də dɑ:ns/ [telb zn; mv: palais] ① (residentie)paleis ② danszaal
pal·an·quin, pal·an·keen /pælənki:n/ [telb zn] palankijn, ⟨Indische/Chinese⟩ draagstoel
pal·at·a·bil·i·ty /pælətəbɪləti/ [niet-telb zn] ① eetbaarheid ② aanvaardbaarheid
pal·at·a·ble /pælətəbl/ [bn; bw: palatably; zn: ~ness] ① smakelijk, eetbaar ② aangenaam, aanvaardbaar, bevredigend ♦ *palatable solution* aanvaardbare/bevredigende oplossing
¹**pal·a·tal** /pælətl/ [telb zn] ① gehemeltebeen ② ⟨taalk⟩ palataal, palatale klank/klinker/medeklinker
²**pal·a·tal** /pælətl/ [bn] ① gehemelte- ② ⟨taalk⟩ palataal
pal·a·tal·i·za·tion /pælətəlaɪzeɪʃn, ˄pælətləzeɪʃn/ [telb + niet-telb zn] ⟨taalk⟩ palatalisering, mouillering
pal·a·tal·ize /pælətlaɪz/ [ov ww] ⟨taalk⟩ palataliseren, mouilleren
pal·ate /pælət/ [telb zn] ① gehemelte, verhemelte ♦ *cleft palate* gespleten gehemelte; *the hard palate* het harde gehemelte; *the soft palate* het zachte gehemelte ② gehemelte ⟨figuurlijk⟩, smaak, tong ♦ *pleasing to the palate* het gehemelte/de tong strelend, delicieus
pa·la·tial /pəleɪʃl/ [bn; bw: ~ly] paleisachtig, prachtig, schitterend, vorstelijk, paleis-
pa·lat·i·nate /pəlætɪnət, ˄-lætn·ət/ [telb zn] ① palatinaat, paltsgraafschap ♦ *the Palatinate* de Palts ② ⟨BE⟩ lichtpaars sportjasje ⟨voornamelijk van universiteit van Durham⟩
¹**pal·a·tine** /pælətaɪn/ [telb zn] ① ⟨gesch⟩ paltsgraaf ② paleiswachter ③ ⟨gesch⟩ palatine, damespelskraag ④ gehemeltebeen
²**pal·a·tine** /pælətaɪn/ [bn] ① gehemelte, verhemelte- ♦ *palatine bones* verhemeltebeenderen ② paleis-
³**pal·a·tine** /pælətaɪn/ [bn, postnom; vaak Palatine] paltsgrafelijk ♦ *Count/Earl Palatine* paltsgraaf; *County Palatine* palatinaat, paltsgraafschap
pal·a·to·gram /pælətəgræm/ [telb zn] palatogram
¹**pa·lav·er** /pəlɑ:və, ˄pəlævər/ [telb zn] ① palaver, bespreking, onderhandeling ② ⟨sl⟩ zaak
²**pa·lav·er** /pəlɑ:və/ [niet-telb zn] ① gepalaver, gewauwel, over-en-weergepraat ② ⟨inf⟩ gezanik, gezeur, drukte ③ vleierij, vleitaal
³**pa·lav·er** /pəlɑ:və, ˄pəlævər/ [onov ww] palaveren, wauwelen
⁴**pa·lav·er** /pəlɑ:və, ˄pəlævər/ [ov ww] ① vleien ② bepraten ♦ *palaver a person into doing sth.* iemand ertoe overhalen iets te doen
¹**pale** /peɪl/ [telb zn] ① (schutting)paal, staak, (puntige) heklat ② (omheind) gebied, omsloten ruimte, grenzen ⟨ook figuurlijk⟩ ♦ *beyond/outside the pale* buiten de perken, over de schreef, ongeoorloofd, onbetamelijk; *beyond/outside/out of the pale of civilization* ver weg van alle beschaving; ⟨gesch⟩ *the Pale* de Tsjerta ⟨Joods gettogebied in Rusland⟩; *within the pale* geoorloofd, binnen de perken; *within the pale of the Church* in de schoot van de kerk ③ ⟨vero⟩ schutting, (om)heining
²**pale** /peɪl/ [telb + niet-telb zn] ⟨heral⟩ paal ♦ *in pale* paalswijs, paalswijze; *per pale* door een paal gescheiden ⟨van blazoen⟩
³**pale** /peɪl/ [bn; vergr trap: paler; bw: ~ly; zn: ~ness] ① (ziekelijk) bleek, lijkbleek, wit(jes), licht-, vaal, flets, dof, mat ♦ *pale ale* pale ale ⟨licht Engels bier⟩; *pale blue* lichtblauw; *look pale* er pips uitzien, wat wit om de neus zien; *pale sun* flets/bleek zonnetje; *turn pale* verbleken; *pale with rage* (krijt)wit van woede ② zwak, minderwaardig
⁴**pale** /peɪl/ [onov ww] bleek worden, verbleken ⟨ook figuurlijk⟩ ♦ *pale at the thought* verbleken bij de gedachte;

pale before/beside/by (the side of) verbleken bij, niet te vergelijken zijn met
⁵**pale** /peɪl/ [ov ww] ① doen verbleken ② omheinen, insluiten, omgeven
pa·le·a /peɪlɪə/ [telb zn; mv: paleae /peɪlɪi:/] ⟨plantk⟩ palea, schub(be)
pale·face [telb zn] ① bleekgezicht, blanke ② ⟨AE; inf⟩ whisky ③ ⟨AE; inf⟩ clown
pale·faced [bn] met bleke gelaatskleur, bleek
paleo- → **palaeo-**
¹**Pal·es·tin·i·an** /pælɪstɪnɪən/ [telb zn] Palestijn
²**Pal·es·tin·i·an** /pælɪstɪnɪən/ [bn] Palestijns
palestra [telb zn] → **palaestra**
pal·e·tot /pæl(ə)toʊ/ [telb zn] paletot, korte/losse overjas
pal·ette /pælɪt/ [telb zn] ① (schilders)palet, verfbord ② (kleuren)palet, kleurmenging, schilderwijze
palette knife, pallet knife [telb zn] paletmes, tempermes, spatel
pal·frey /pɔ:lfri/ [telb zn] ⟨vero⟩ hakkenei, telganger
Pa·li /pɑ:li/ [eigenn] Pali ⟨heilige taal der boeddhisten⟩
pal·i·mo·ny /pælɪməni, ˄-moʊni/ [niet-telb zn] ⟨AE⟩ alimentatie ⟨voor partner met wie men lang ongetrouwd heeft samengewoond⟩
pal·imp·sest /pælɪmpsest/ [telb zn] palimpsest ⟨meermaals beschreven perkamentrol⟩, dubbel gebruikte gedenkplaat
pal·in·drome /pælɪndroʊm/ [telb zn] palindroom, omkeerwoord, omkeerzin, omkeervers ⟨bijvoorbeeld: parterretrap⟩
pal·in·drom·ic /pælɪndrɒmɪk, ˄-drɑ-/ [bn; bw: ~ally] palindromisch
¹**pal·ing** /peɪlɪŋ/ [telb zn] ① (schutting)paal, staak, puntige heklat ② schutting, palissade, omheining, staketsel
²**pal·ing** /peɪlɪŋ/ [niet-telb zn] ① paalhout ② (houten) palen ③ (om)paling
pal·in·gen·e·sis /pælɪndʒenɪsɪs/ [telb + niet-telb zn; mv: palingeneses /-si:z/] palingenese ⟨ook biologie⟩, ⟨geestelijke⟩ wedergeboorte, herleving, regeneratie
pal·in·ge·net·ic /pælɪndʒɪnetɪk/ [bn; bw: ~ally] palingenetisch ⟨ook biologie⟩
pal·ings /peɪlɪŋz/ [alleen mv] schutting, omheining
pal·i·node /pælɪnoʊd/ [telb zn] palinodie ⟨gedicht ter herroeping van vroeger spotdicht⟩, ⟨bij uitbreiding⟩ (formele) herroeping, intrekking
¹**pal·i·sade** /pælɪseɪd/ [telb zn] ① palissade, (paal)heining ② ⟨mil⟩ schanspaal
²**pal·i·sade** /pælɪseɪd/ [ov ww] palissaderen, afsluiten/versterken (met palissaden)
pal·i·sades /pælɪseɪdz/ [alleen mv] ⟨AE⟩ (steile) kliffen
pal·i·san·der /pælɪsændə, ˄-ər/ [telb + niet-telb zn] ⟨AE⟩ palissander(hout)
pal·ish /peɪlɪʃ/ [bn] bleekjes, witjes
¹**pall** /pɔ:l/ [telb zn] ① baarkleed, lijkkleed ② ⟨AE⟩ doodkist, lijkkist ③ ⟨rel⟩ pallium, schouderband ⟨van paus, aartsbisschop⟩, kelkkleedje, ⟨vero⟩ altaarkleed ④ mantel ⟨alleen figuurlijk⟩, sluier, domper ♦ *cast a pall on/over* een domper zetten op; *pall of darkness* mantel der duisternis; *pall of smoke* rooksluier ⑤ ⟨heral⟩ vorkkruis
²**pall** /pɔ:l/ [onov ww] ① vervelend/smakeloos worden, zijn aantrekkelijkheid verliezen ♦ *his stories began to pall (up)on them* zijn verhaaltjes begonnen hen te vervelen/tegen te staan, ze raakten zijn verhaaltjes zat ② verzadigd raken, overladen worden
³**pall** /pɔ:l/ [ov ww] (over)verzadigen, tegenstaan, doen walgen
Pal·la·di·an /pəleɪdɪən/ [bn] ① ⟨bouwk⟩ palladiaans ⟨van/m.b.t. de stijl van A. Palladio⟩ ② van/m.b.t. Pallas Athene, ⟨bij uitbreiding⟩ wijs, geleerd
¹**pal·la·di·um** /pəleɪdɪəm/ [telb zn; mv: ook palladia /-dɪə/] palladium, beveiliging, bescherming, waarborg

²**pal·la·di·um** /pəleɪdɪəm/ [niet-telb zn] ⟨scheik⟩ palladium ⟨element 46⟩
Pal·la·di·um /pəleɪdɪəm/ [eigenn] Palladium ⟨Pallasbeeld dat Troje beschermde⟩
Pal·las's grass·hop·per /pæləsɪzgrɑːshɒpə, ᴬpæləsɪzgræshɑpər/, **Pal·las's war·bler** /pæləsɪzwɔːblə, ᴬpæləsɪzwɔrblər/ [telb zn] ⟨dierk⟩ Siberische snor ⟨Locustella certhiola⟩
Pal·las's leaf war·bler [telb zn] ⟨dierk⟩ Pallas' boszanger ⟨Phylloscopus proregulus⟩
pall·bear·er [telb zn] slippendrager ⟨niet figuurlijk⟩, (baar)drager
pal·let /pælɪt/ [telb zn] [1] strozak, kermisbed, stromatras, veldbed, hard bed [2] palet, spatel, strijkmes ⟨gereedschap van pottenbakker, stukadoor, e.d.⟩ [3] (schilders)palet [4] pal, pen, anker ⟨in uurwerk⟩ [5] pallet, laadbord, stapelbord [6] verguldstaafje, verguldstempel ⟨boekbindersinstrument⟩ [7] droogplank, pallet ⟨voor gebakken stenen⟩
pal·let·ize /pælɪtaɪz/ [ov ww] [1] palletiseren, op pallets stapelen/vervoeren [2] geschikt maken voor/overschakelen op vervoer met pallets
pal·lette /pælɪt/ [telb zn] okselschijf ⟨van een harnas⟩
pal·liasse, pail·lasse /pæliæs, ᴬpæliæs/ [telb zn] strozak
pal·li·ate /pælieɪt/ [ov ww] ⟨form⟩ [1] verzachten, verlichten, lenigen, verminderen [2] vergoelijken, goedpraten, verbloemen
pal·li·a·tion /pælieɪʃn/ [telb + niet-telb zn] ⟨form⟩ [1] verzachting, verlichting, leniging [2] vergoelijking, verbloeming, bewimpeling
¹**pal·li·a·tive** /pæliətɪv, ᴬpælieɪtɪv/ [telb zn] [1] pijnstiller, pijnstillend middel, lapmiddel, palliatief [2] uitvlucht, excuus, verbloeming
²**pal·li·a·tive** /pæliətɪv, ᴬpælieɪtɪv/ [bn; bw: ~ly] [1] verzachtend, lenigend, pijnstillend [2] verbloemend, vergoelijkend
pal·lid /pælɪd/ [bn; bw: ~ly; zn: ~ness] [1] (ziekelijk) bleek, vaal, flets, kleurloos [2] mat, flauw, zwak, lusteloos, saai [•] ⟨dierk⟩ *pallid harrier* steppekiekendief ⟨Circus macrourus⟩; ⟨dierk⟩ *pallid swift* vale gierzwaluw ⟨Apus pallidus⟩
pal·li·di·ty /pælɪdəti/ [niet-telb zn] bleekheid, bleke kleur
pal·li·um /pæliəm/ [telb zn; mv: ook pallia /-lɪə/] [1] pallium ⟨mantel bij oude Grieken en Romeinen⟩ [2] ⟨rel⟩ pallium, schouderband, altaardoek [3] ⟨anat⟩ hersenmantel, pallium [4] mantel ⟨van vogels⟩ [5] pallium, mantel ⟨van weekdieren⟩
¹**pall-mall** /pælmæl, pelmel/ [telb zn] ⟨gesch⟩ maliebaan, kolfbaan
²**pall-mall** /pælmæl, pelmel/ [niet-telb zn] ⟨gesch⟩ maliespel, kolfspel
Pall Mall /pælmæl, pelmel/ [eigenn] Pall Mall ⟨straat in Londen⟩
pal·lor /pælə, ᴬ-ər/ [telb + niet-telb zn; geen mv] (ziekelijke) bleekheid, bleke gelaatskleur
pal·ly /pæli/ [bn, pred; vergr trap: pallier] ⟨inf⟩ vriendschappelijk, kameraadschappelijk, vertrouwelijk ♦ *be pally with* beste maatjes zijn met
¹**palm** /pɑːm, ᴬpɑ(l)m/ [telb zn] [1] palm(boom) [2] palm, palmblad, palmtak, ⟨bij uitbreiding⟩ zegepalm, triomf, overwinning, verdienste ♦ ⟨form⟩ *bear/carry off the palm* met de zegepalm gaan strijken, de overwinning behalen, boven alle anderen uitsteken; ⟨form⟩ *yield/give the palm* zich gewonnen geven, het veld ruimen [3] palmtak ⟨voor palmzondag⟩ [4] (hand)palm ⟨ook van handschoen⟩ [5] zool ⟨van zoogdieren⟩ [6] palm, handbreed(te), handlengte ⟨lengtemaat⟩ [7] blad ⟨van roeispaan⟩ [8] ankerblad, ankerhand, vloei [9] zeilhand, zeilhans ⟨handbeschermer van zeilmaker⟩ [•] *cross s.o.'s palm (with silver)* iemand om-

kopen; *grease/oil s.o.'s palm* iemand omkopen/smeergeld geven; *be in the palm of s.o.'s hand* uit iemands hand eten, voor iemand kruipen; *have/hold s.o. in the palm of one's hand* iemand geheel in zijn macht hebben; *have an itching palm* inhalig/hebberig zijn, op geld uit zijn, alles doen voor geld
²**palm** /pɑːm, ᴬpɑ(l)m/ [ov ww] [1] palmeren, wegtoveren, (in de hand) verbergen, heimelijk doen verdwijnen, weggrissen, wegpikken [2] (met de hand) aanraken, strelen, aaien, de hand drukken [3] omkopen, smeergeld geven [4] aansmeren ♦ zie: palm off; *palm sth. on(to)/upon s.o.* iemand iets aansmeren/in de handen stoppen; → **palmed**
pal·ma·ceous /pælmeɪʃəs/ [bn] palmachtig, palm-
pal·ma Chris·ti /pælmə krɪsti/, **palm·crist** /pɑːmkrɪst, ᴬpɑ(l)m-/ [telb zn; mv: palmae Christi /pælmiː krɪstaɪ/] ⟨plantk⟩ ricinusboom, wonderboom, ricinusplant ⟨Ricinus communis⟩
pal·mar /pælmə, ᴬ-ər/ [bn, attr] (hand)palm-
pal·ma·ry /pælməri/ [bn] lofwaardig, uitstekend, voortreffelijk, markant, uitmuntend, eminent
pal·mate /pælmeɪt/, **pal·ma·ted** /-meɪtɪd/ [bn; bw: ~ly] handvormig, gevingerd, gelobd ⟨blad⟩, met zwemvliezen ⟨watervogels⟩ ♦ *palmate antlers* handvormig gewei; *palmate foot* zwempoot
¹**pal·ma·tion** /pælmeɪʃn/ [telb zn] (deel van) handvormige/vingervormige structuur, lob, vingervormig uiteinde, (afzonderlijk) blaadje
²**pal·ma·tion** /pælmeɪʃn/ [niet-telb zn] handvormigheid, gevingerdheid, gelobdheid
¹**Palm Beach** [eigenn] Palm Beach ⟨vakantieoord in Florida, USA⟩
²**Palm Beach** [niet-telb zn; ook attributief] palmbeach, tropenstof ⟨lichte stof voor herenkostuums⟩
palm civet, palm cat [telb zn] ⟨dierk⟩ palmmarter ⟨Paradoxurus⟩
palm·cord·er /pɑːmkɔːdə, ᴬpɑ(l)mkɔrdər/ [telb zn] kleine camcorder ⟨ter grootte van je handpalm⟩
palmed /pɑːmd, ᴬpɑ(l)md/ [bn; oorspronkelijk volt deelw van palm] [1] van handpalmen voorzien [2] → **palmate**
pal·mer /pɑːmə, ᴬpɑ(l)mər/ [telb zn] [1] ⟨gesch⟩ pelgrim, bedevaartganger ⟨met palmtakken uit het Heilige Land terugkerend⟩ [2] bedelmonnik [3] → **palmerworm** [4] ⟨sportvis⟩ palmer ⟨soort kunstvlieg⟩ [5] ⟨geschiedenis; onderwijs⟩ plak [6] goochelaar, valsspeler, bedrieger ⟨met kaarten, dobbelstenen⟩
palmer fly [telb zn] ⟨sportvis⟩ palmer ⟨soort kunstvlieg⟩
pal·mer·worm [telb zn] ⟨dierk⟩ harige rups
pal·mette /pælmet/ [telb zn] palmet, palmetversiering ⟨waaiervormige palmtak⟩
¹**pal·met·to** /pælmetoʊ/ [telb zn; mv: ook palmettoes] ⟨plantk⟩ (benaming voor) kleine palmboom, dwergpalm ⟨Chamaerops humilis⟩, koolpalm ⟨Sabal palmetto⟩, waaierpalm ⟨genera Thrinax, Coccothrinax⟩
²**pal·met·to** /pælmetoʊ/ [niet-telb zn] palmbladrepen ⟨voor vlechtwerk⟩
palm·ful /pɑːmfʊl, ᴬpɑ(l)m-/ [telb zn] handvol
palm honey [niet-telb zn] palmhoning
¹**pal·mi·ped** /pælmɪped/, **pal·mi·pede** /-piːd/ [telb zn] zwemvogel, watervogel
²**pal·mi·ped** /pælmɪped/, **pal·mi·pede** /-piːd/ [bn, attr] met zwemvliezen/zwempoten ♦ *palmiped birds* zwemvogels
palm·ist /pɑːmɪst, ᴬpɑ(l)mɪst/, **palm·is·ter** /-mɪstə, ᴬ-mɪstər/ [telb zn] handlijnkundige, handkijker, handlezer
palm·is·try /pɑːmɪstri, ᴬpɑ(l)-/ [niet-telb zn] [1] handlijnkunde, chiromantie, handleeskunst [2] vingervlugheid, zakkenrollerij
palm kernel [telb zn] palmpit

palm off [ov ww] ⟨inf⟩ [1] aansmeren, aanpraten, in de handen stoppen, opzadelen met ♦ *palm o.s. off as* zich uitgeven voor; *palm sth. off on s.o.* iemand iets aansmeren/ aanpraten [2] afschepen, zoet houden ♦ *palm off s.o. with some story* iemand zoet houden met een verhaaltje

palm oil [niet-telb zn] [1] palmolie [2] ⟨sl⟩ steekpenning(en), omkoopgeld

palm reader [telb zn] handlezer, handkijker, handlijnkundige

palm-sized [bn] palmsize ♦ *palm-sized computer/PC/PDA* palmcomputer, palmtop

palm strap [telb zn] ⟨gymn⟩ handbeschermer

palm sugar [niet-telb zn] palmsuiker

Palm Sunday [eigenn] palmzondag

palm·top [telb zn] ⟨comp⟩ palmtop(computer)

palm tree [telb zn] palm(boom) ⟨genus Palmae⟩

palm wine [niet-telb zn] palmwijn

palm·y /pɑːmi, ᴬpɑ(l)mi/ [bn; vergr trap: palmier] [1] palm(bomen)-, palmachtig, vol palmbomen [2] voorspoedig, bloeiend, gelukkig, welvarend, zegevierend ♦ *palmy days* ⟨fig⟩ bloeitijd, bloeiperiode

¹**pal·my·ra** /pælmaɪərə/ [telb zn] ⟨plantk⟩ palmyra(palm), lontar(palm) ⟨Borassus flabellifera⟩

²**pal·my·ra** /pælmaɪərə/ [niet-telb zn] palmyra ⟨vezelstof⟩

pal·o·lo /pəlouloʊ/, **palolo worm** [telb zn] ⟨dierk⟩ paloloworm ⟨Eunice viridis⟩

pal·omi·no /pæləmiːnoʊ/ [telb zn] palomino ⟨goudkleurig/roomkleurig paard⟩

pa·lone /pəloʊn/, **po·lo·ne, po·lo·ny** /pəloʊni/ [telb zn] ⟨BE; sl⟩ meid, griet, juffrouw

pa·loo·ka /pəluːkə/ [telb zn] ⟨AE; sl; sport⟩ [1] kluns, klungel, knoeier, klojo, dommekracht [2] ⟨bokssp⟩ maaier, logge bokser

pa·lo·ver·de /pæloʊvɜːdi, ᴬ-vɜrdi/ [telb zn] ⟨plantk⟩ paloverde ⟨genus Cercidium⟩

¹**palp** /pælp/ [telb zn] voeler, taster, voeldraad, voelhoorn, voelspriet, antenne ⟨bij weekdieren, insecten⟩

²**palp** /pælp/ [ov ww] betasten, (be)voelen

pal·pa·bil·i·ty /pælpəbɪləti/ [telb + niet-telb zn] voelbaarheid, tastbaarheid

pal·pa·ble /pælpəbl/ [bn; bw: palpably; zn: ~ness] tastbaar, voelbaar, palpabel, ⟨fig⟩ duidelijk, manifest, zonneklaar

pal·pal /pælpl/ [bn, attr] voeler-, voelspriet-, voel-, tast-

¹**pal·pate** /pælpeɪt/ [bn, attr] met voelers/voelsprieten

²**pal·pate** /pælpeɪt/ [ov ww] ⟨vnl med⟩ palperen, betasten, bekloppen

pal·pa·tion /pælpeɪʃn/ [telb + niet-telb zn] ⟨vnl med⟩ palpatie, betasting, bevoeling

pal·pe·bral /pælpəbrəl/ [bn, attr] van de oogleden

pal·pi·tate /pælpɪteɪt/ [onov ww] [1] (hevig/snel) kloppen, bonzen, jagen ⟨van hart⟩ [2] trillen, beven, rillen, sidderen ♦ *palpitate with fear* beven van angst

¹**pal·pi·ta·tion** /pælpɪteɪʃn/ [telb + niet-telb zn] ⟨med⟩ hartklopping, palpitatie

²**pal·pi·ta·tion** /pælpɪteɪʃn/ [niet-telb zn] [1] klopping, het bonzen [2] het trillen

pal·pus /pælpəs/ [telb zn; mv: palpi /-paɪ/] voeler, taster, voelhoorn, voelspriet, voeldraad

pals·grave /pɔːlzgreɪv/ [telb zn] ⟨gesch⟩ paltsgraaf

pal·sied /pɔːlzid/ [bn; volt deelw van palsy] ⟨med⟩ geparalyseerd, verlamd, lam

pal·stave /pɔːlsteɪv/ [telb zn] ⟨gesch⟩ voorhistorische (bronzen) beitel/bijl, vuistbijl

¹**pal·sy** /pɔːlzi/ [telb + niet-telb zn] ⟨med⟩ paralyse, verlamming, ⟨i.h.b.⟩ ziekte van Parkinson ♦ *cerebral palsy* hersenverlamming

²**pal·sy** /pɔːlzi/ [ov ww] ⟨vero of med⟩ paralyseren, verlammen, ⟨fig⟩ ontzenuwen, krachteloos maken; → palsied

pal·sy-wal·sy, pal·sey-wal·sey /pælziwælzi/ [bn] ⟨inf⟩ familiair, familiaar, intiem, gemeenzaam, kameraadschappelijk ♦ *be palsy-walsy with* de beste/dikke maatjes zijn met

pal·ter /pɔːltə, ᴬ-ər/ [onov ww] [1] dubbelzinnig spreken, mooipraten, er omheen praten/draaien, vals spelen ♦ *palter with s.o.* iemand misleiden, iemand om de tuin leiden, iemand in de luren leggen [2] afdingen, marchanderen, pingelen, beknibbelen ♦ *palter with s.o. about sth.* met iemand over iets sjacheren [3] beuzelen, een spelletje spelen, keutelen ♦ *palter with the truth* het niet (erg) nauw nemen met de waarheid

pal·try, paul·try /pɔːltri/ [bn; vergr trap: paltrier; bw: paltrily; zn: paltriness] [1] waardeloos, prull(er)ig, minderwaardig, nietig, schamel, onbetekenend, onbeduidend ♦ *two paltry dollars* twee armzalige dollars; *paltry excuse* gebrekkig excuus [2] verachtelijk, laag, gemeen, walgelijk, stuitend ♦ *paltry trick* goedkoop trucje/foefje

pa·lu·dal /pəljuːdl, ᴬpəluːdl/ [bn] ⟨vero⟩ [1] moerassig, moeras- [2] malaria-

pal·u·dism /pæljʊdɪzm, ᴬ-jə-/ [niet-telb zn] ⟨vero⟩ paludisme, moeraskoorts, malaria

pal·u·drine /pæljʊdriːn, ᴬ-jə-/ [niet-telb zn] paludrine ⟨middel tegen malaria⟩

pal up [onov ww] ⟨inf⟩ vriendjes worden ♦ *pal up with s.o.* goede maatjes worden/aanpappen met iemand

pal·y /peɪli/ [bn; vergr trap: palier] ⟨heral⟩ gepaald

pal·y·no·log·i·cal /pælɪnəlɒdʒɪkl, ᴬ-lɑ-/ [bn; bw: ~ly] ⟨plantk⟩ palynologisch, m.b.t. stuifmeelanalyse

pal·y·nol·o·gy /pælɪnɒlədʒi, ᴬ-nɑ-/ [niet-telb zn] ⟨plantk⟩ palynologie, pollenonderzoek, stuifmeelanalyse

¹**pam** /pæm/ [telb zn] [1] ⟨kaartsp⟩ klaverboer ⟨hoogste kaart bij het lanterlu⟩ [2] ⟨AE; inf⟩ pamflet, strooibiljet

²**pam** /pæm/ [niet-telb zn] ⟨kaartsp⟩ lanterlu(i), ⟨gew⟩ lanteren

pam·pa /pæmpə/ [telb + niet-telb zn; voornamelijk mv] pampa

pampas grass /pæmpəs grɑːs, ᴬ-græs/ [niet-telb zn] ⟨plantk⟩ pampa(s)gras ⟨Cortaderia selloana⟩

pam·per /pæmpə, ᴬ-ər/ [ov ww] [1] (al te veel) toegeven aan, zich helemaal overgeven aan, inwilligen, koesteren, verwennen, knuffelen [2] ⟨vero⟩ (over)verzadigen, overvoeden

pam·pe·ro /pæmperoʊ/ [telb zn] pampero, pampawind

pam·phlet /pæmflɪt/ [telb zn] pamflet, strooibiljet, folder, boekje, ⟨i.h.b.⟩ vlugschrift, spotschrift, smaadschrift

¹**pam·phlet·eer** /pæmflɪtɪə, ᴬ-tɪr/ [telb zn] pamfletschrijver, pamflettist

²**pam·phlet·eer** /pæmflɪtɪə, ᴬ-tɪr/ [onov ww] pamfletten schrijven en publiceren

¹**pan** /pæn/ [telb zn] [1] pan, braadpan, koekenpan [2] ⟨benaming voor⟩ panvormig inhoudsvat, vat, bekken, ketel, schaal ⟨van weegschaal⟩, toiletpot, kruitpan ⟨van antiek geweer⟩, ⟨goud⟩zeef [3] ⟨benaming voor⟩ komvormige laagte, waterbekken, zoutpan, duinpan [4] harde ondergrond, oerbank [5] ijsschots [6] hevige uitval, slechte kritiek ⟨bijvoorbeeld op uitvoering⟩ ♦ *his policy is on the pan* zijn politiek wordt volledig gekraakt [7] ⟨sl⟩ gezicht, tronie, toet, wafel, smoel, snuit [8] ⟨film⟩ pan, panorama ▪ ⟨inf⟩ *go down the pan* bestemd zijn voor de schroothoop; ⟨sprw⟩ *if 'ifs' and 'ans' were pots and pans, there'd be no work for tinkers* as is verbrande turf, als de hemel valt, hebben we allemaal blauwe hoedjes, als de hemel valt, zijn alle mussen dood

²**pan** /pɑːn/ [telb zn] [1] betelblad [2] sirih(pruim)

³**pan** /pæn/ [onov ww] [1] (goud)erts wassen [2] goud opleveren ♦ zie: **pan out** [3] ⟨film⟩ pannen, panoramisch filmen

⁴**pan** /pæn/ [ov ww] [1] wassen in een goudzeef ♦ *pan off the gravel for gold* het grind wassen op zoek naar goud; zie: **pan out** [2] ⟨inf⟩ scherp bekritiseren, afkammen, kraken

③ ⟨film⟩ **pannen,** panorameren, laten meedraaien ⟨camera⟩
pan- /pæn/ [ook Pan-] pan-, al-, universeel ♦ *Pan-American* pan-Amerikaans
pan·a·ce·a /pænəsi:ə/ [telb zn] ⟨vaak pej⟩ **panacee,** universeel geneesmiddel, wondermiddel
¹**pa·nache** /pənæʃ, pənɑ:ʃ/ [telb zn] **vederbos,** helmbos, pluimbos, panache
²**pa·nache** /pənæʃ, pənɑ:ʃ/ [niet-telb zn] **panache,** zwier, (veel) vertoon, opschepperij, lef
pa·na·da /pənɑ:də/ [niet-telb zn] **broodpap,** bloempap
Pan-Af·ri·can /pænæfrıkən/ [bn] **pan-Afrikaans**
pan·a·ma /pænəmɑ:, ˄-mɑ/ [telb zn] **panama(hoed)**
Pan·a·ma /pænəmɑ:, ˄-mɑ/ [eigenn] **Panama**

Panama	
naam	**Panama** Panama
officiële naam	**Republic of Panama** Republiek Panama
inwoner	**Panamanian** Panamees
inwoonster	**Panamanian** Panamese
bijv. naamw.	**Panamanian** Panamees
hoofdstad	**Panama City** Panama-Stad
munt	**US dollar** balboa
werelddeel	**America** Amerika
int. toegangsnummer 507 www .pa auto PA	

panama hat [telb zn] **panama(hoed)**
¹**Pan·a·ma·ni·an** /pænəmeınıən/ [telb zn] **Panamees, Panamese**
²**Pan·a·ma·ni·an** /pænəmeınıən/ [bn] **Panamees,** m.b.t./ van Panama
Pan-A·mer·i·can /pænəmerıkən/ [bn] **pan-Amerikaans**
Pan-An·gli·can /pænæŋglıkən/ [bn] **pananglicaans**
Pan-Ar·ab /pænærəb/ [bn] **pan-Arabisch**
Pan-Ar·ab·ism /pænærəbızm/ [niet-telb zn] **panarabisme**
pan·a·tel·la, pan·a·tel·a, pan·e·tel·la, pan·e·tel·a /pænətelə/ [telb zn] **panatella** ⟨sigaar⟩
¹**pan·cake** /pæŋkeık/ [telb zn] ① **pannenkoek,** ⟨oneig⟩ flensje ♦ *as flat as a pancake* zo plat als een dubbeltje ② **pancake,** make-upbasis ③ ⟨verk: pancake landing⟩ ④ ⟨AE; inf⟩ **(hard) wijf,** bikkelharde meid
²**pan·cake** /pæŋkeık/ [onov ww] ① ⟨luchtv⟩ **doorzakken,** door de wielen zakken ② ⟨zwemsp⟩ **plat duiken,** ⟨fig⟩ als een blok neerkomen
³**pan·cake** /pæŋkeık/ [ov ww] ⟨luchtv⟩ **(door de wielen) doen zakken**
Pancake Day, Pancake Tuesday [eigenn] ⟨inf⟩ **Vastenavond**
pancake landing [telb zn] ⟨luchtv⟩ **brokkenlanding,** noodlanding ⟨waarbij vliegtuig vernield/beschadigd wordt⟩
pancake roll [telb zn] ⟨BE⟩ **loempia**
pan·cha·yat /pʌntʃaıət/ [telb zn] ⟨IndE⟩ **dorpsraad**
pan·chres·ton /pænkrestɒn, ˄-stən/ [telb zn] **alles regelende verklaring,** overgeneralisatie, passe-partoutverklaring
pan·chro·mat·ic /pænkrəmætık/ [bn] ⟨foto⟩ **panchromatisch** ⟨gevoelig voor alle kleuren⟩
pan·cra·ti·um /pænkreıʃəm/, **pan·cra·ti·on** /-kreıʃn/ [telb zn] ⟨gesch⟩ **pancratium,** pankration ⟨worstel- en bokskamp bij Grieken⟩
pan·cre·as /pæŋkrıəs/ [telb zn] **pancreas,** alvleesklier
pan·cre·at·ic /pæŋkriætık/ [bn] **m.b.t./van de pancreas,** pancreas-, alvleesklier- ♦ *pancreatic juice* pancreassap, alvleessap
pan·cre·a·tin /pæŋkrıətın/ [niet-telb zn] ⟨med⟩ **pancreatine**
pan·cre·a·ti·tis /pæŋkrıətaıtıs/ [telb + niet-telb zn] ⟨med⟩ **pancreatitis,** alvleesklierontsteking

pan·da /pændə/ [telb zn] ⟨dierk⟩ ① **panda,** katbeer ⟨Ailurus fulgens⟩ ♦ *lesser/red panda* panda, katbeer ② **reuzenpanda,** bamboebeer ⟨Ailuropoda melanoleuca⟩
Panda car [telb zn] ⟨BE; inf⟩ **(politie)patrouillewagen**
Panda crossing [telb zn] ⟨BE⟩ **zebra(pad),** oversteekplaats ⟨met drukknopbediening⟩
pan·da·nus /pændeınəs/ [telb zn] ⟨plantk⟩ **pandan,** pandanus, schroefpalm, steltpalm ⟨genus Pandanus⟩
Pan·de·an /pændıən, ˄pændıən/ [bn, attr] **Pan(s)-,** panisch, van/m.b.t. Pan ♦ *Pandean pipe* panfluit
pan·dect /pændekt/ [telb zn] **verzamelwerk,** pandecten, compendium
pan·dects /pændekts/ [alleen mv] ① **wettenverzameling,** codex ② ⟨gesch⟩ **pandecten,** (justiniaanse) wettenverzameling
¹**pan·dem·ic** /pændemık/ [telb zn] **pandemie,** algemene volksziekte
²**pan·dem·ic** /pændemık/ [bn] **pandemisch,** algemeen verbreid ⟨van ziekte⟩, algemeen, overal verspreid, universeel
¹**pan·de·mo·ni·um** /pændımoʊnıəm/ [telb zn] ① **pandemonium** ⟨rijk der demonen⟩ ② **hel** ⟨ook figuurlijk⟩, inferno, hels spektakel, pandemonium
²**pan·de·mo·ni·um** /pændımoʊnıəm/ [niet-telb zn] **volstrekte verwarring,** hels lawaai, chaos, tumult
¹**pan·der** /pændə, ˄-ər/, **pan·der·er** /pændrə, ˄-ər/ [telb zn] ① **koppelaar,** pooier, souteneur ② **verleider,** verlokker, uitbuiter, mefisto
²**pan·der** /pændə, ˄-ər/ [onov ww] ⟨vero⟩ **pooi(er)en,** koppelen, souteneur zijn/spelen ⊡ *pander to* toegeven aan, inspelen op, voeden, exploiteren, uitbuiten
³**pan·der** /pændə, ˄-ər/ [ov ww] ⟨vero⟩ **koppelen,** verlokken, vleien, uitbuiten
pandit [telb zn] → **pundit**
pan·do·ra /pændɔ:rə/, **pan·dore** /pændɔ:, ˄pændɔr/ [telb zn] ⟨muz⟩ ① **pandora** ⟨antieke Griekse luit⟩ ② **pandora,** pandara ⟨Engelse continuoluit⟩ ③ **landura** ⟨Russische citergitaar⟩
Pan·do·ra /pændɔ:rə/ [eigenn] ⟨myth⟩ **Pandora** ♦ *Pandora's box* de doos van Pandora
pan·dow·dy /pændaʊdi/ [telb zn] ⟨AE⟩ **appeltaart**
p and p, p & p [afk] ① **(plug and play/pray)** ② **(postage and packing)**
¹**pane** /peın/ [telb zn] ① **(venster)ruit,** glasruit ② **paneel,** vlak, (muur)vak ③ **zijvlak** ⟨o.a. van meerkantige boutkop⟩, (hamer)pin ♦ *pane of a diamond* facet van een diamant
²**pane** /peın/ [ov ww] ① **uitbanen** ⟨stof⟩ ② **van ruiten voorzien**
¹**pan·e·gyr·ic** /pænıdʒırık/ [telb zn] ⟨form⟩ **panegyriek,** lofrede, lofspreuk, lofdicht, éloge ♦ *panegyric (up)on s.o.* lofrede op iemand
²**pan·e·gyr·ic** /pænıdʒırık/ [niet-telb zn] ⟨form⟩ **lof(spraak),** lofprijzing, éloge
³**pan·e·gyr·ic** /pænıdʒırık/, **pan·e·gyr·i·cal** /pænıdʒırıkl/ [bn; bw: ~ally] **lovend,** prijzend, lof-
pan·e·gyr·ist /pænıdʒırıst/ [telb zn] ⟨form⟩ **lofredenaar,** panegyrist, panegyricus
pan·e·gy·rize, pan·e·gy·rise /pænıdʒıraız/ [onov + ov ww] **een lofrede houden (op),** (overdreven) loven/prijzen, verheerlijken
¹**pan·el** /pænl/ [telb zn] ① **paneel,** vlak, (muur)vak, beschot, (wand)plaat, ⟨boek⟩ titelblad, frontispice, luik ⟨van triptiek⟩ ② **(gekleurd) inzetstuk** ⟨in rok, jurk⟩, geer, oplegwerk ③ **schakelbord,** controlebord, controlepaneel, bedieningspaneel, instrumentenbord ④ ⟨schilderk⟩ **paneel,** schilderijtje ⟨op hout⟩ ⑤ → **panel photograph** ⑥ ⟨benaming voor⟩ **naamlijst,** lijst van juryleden, lijst van ziekenfondsartsen/ziekenfondspatiënten ♦ *be on the panel* (patiënt van een) ziekenfonds(arts) zijn

panel

²**pan·el** /pænl/ [verzameln] [1] ⟨ook attributief⟩ panel, commissie, comité, groep, forum [2] jury ♦ *serve on the panel* jurylid zijn [3] ⟨SchE; jur⟩ beschuldigde(n) ♦ *be in/(up)on the panel* terechtstaan

³**pan·el** /pænl/ [ov ww] [1] met panelen bekleden, lambriseren, van panelen voorzien, in panelen/vakken verdelen [2] op de lijst van juryleden plaatsen, samenstellen, selecteren ⟨jury⟩ [3] ⟨vnl passief⟩ ⟨SchE; jur⟩ voorbrengen, aanklagen

panel beater [telb zn] uitdeuker, carrosserieherstelller, plaatwerker

panel discussion [telb zn] forum(gesprek)

panel doctor [telb zn] ziekenfondsarts

pane·less /peɪnləs/ [bn] zonder ruiten

panel game [telb zn] panelspel, panelquiz

panel gardening [niet-telb zn] mozaïekaanleg ⟨van tuin⟩

panel heating [niet-telb zn] paneelverwarming

pan·el·ling, ⟨AE⟩ **pan·el·ing** /pænl·ɪŋ/ [niet-telb zn] lambrisering, paneelwerk

pan·el·list, ⟨AE⟩ **pan·el·ist** /pænl·ɪst/ [telb zn] panellid

panel photograph [telb zn] lange smalle foto, foto van staand formaat

panel pin [telb zn] ⟨techn⟩ draadnagel met verloren kop, hardboardspijker

panel saw [telb zn] fineerzaag(je)

panel truck [telb zn] ⟨AE⟩ (kleine) bestelwagen, pick-up

pan·el·work [niet-telb zn] lambrisering, paneelwerk, vakwerk

pan·e·to·ne /pænətouni/ [telb zn; mv: ook panetoni /-ni/] panettone ⟨Italiaans feestgebak⟩

pan fish [telb zn] pan(nen)vis, bakvis, gebakken vis

pan·fry [ov ww] bakken in de (koeken)pan, sauteren

pang /pæŋ/ [telb zn] plotselinge pijn ⟨ook figuurlijk⟩, steek, scheut, kwelling, ellendig/naar gevoel ♦ *pangs of hunger* knagende honger; *pangs of remorse* hevige gewetenswroeging

pan·ga /pæŋgə/ [telb zn] machete, Afrikaans kapmes

pan·ge·ne·sis /pændʒenɪsɪs/ [niet-telb zn] ⟨biol⟩ pangenesis ⟨darwiniaanse celtheorie⟩

Pan-Ger·man·ism /pændʒɜːmənɪzm, ᴬ-dʒɜr-/ [niet-telb zn] pangermanisme ⟨streven naar Groot-Duitse eenheid⟩

Pan·gloss·ian /pæŋglɒsɪən, ᴬ-glɑ-/ [bn] panglossiaans, uiterst optimistisch ⟨naar Pangloss, uit Voltaires Candide⟩

pan·go·lin /pæŋgoʊlɪn/ [telb zn] ⟨dierk⟩ schubdier ⟨genus Manis⟩, ⟨i.h.b.⟩ pangolin

pan·gram /pæŋgræm/ [telb zn] pangram ⟨zin met alle letters van het alfabet⟩

pan gravy [niet-telb zn] jus ⟨ongebonden, op smaak gebracht⟩, vleessaus

¹**pan·han·dle** /pænhændl/ [telb zn] [1] steel van een pan [2] ⟨ook Panhandle⟩ ⟨AE⟩ smalle strook ⟨voornamelijk van Amerikaanse staat⟩ [3] ⟨badm⟩ mattenkloppergreep

²**pan·han·dle** /pænhændl/ [onov + ov ww] ⟨AE; inf⟩ bedelen, schooie(re)n, bietsen, afbedelen, bij elkaar bedelen, schobberdebonken

pan·han·dler /pænhændlə, ᴬ-ər/ [telb zn] ⟨AE; inf⟩ bedelaar, bietser, schooier

¹**pan·ic** /pænɪk/ [telb zn] ⟨AE; sl⟩ giller, dolkomisch iemand

²**pan·ic** /pænɪk/ [telb + niet-telb zn] [1] ⟨ook attributief⟩ paniek, panische angst, koortsachtige schrik, vertwijfeling ♦ *to be at panic stations (over sth.)* ⟨iets⟩ overijld moeten doen, paniekerig/vertwijfeld handelen; *be in a panic* in paniek zijn; *get into a panic (about)* in paniek raken (over) [2] ⟨fin⟩ beurspaniek, plotselinge koersdaling, koersval ♦ *spread a panic* paniek zaaien

³**pan·ic** /pænɪk/ [niet-telb zn] → **panic grass**

⁴**pan·ic** /pænɪk/ [bn, attr] panisch, vertwijfeld, ongegrond, blind ♦ *panic fear/terror* panische angst; *panic haste* blinde/dwaze haast

⁵**pan·ic** /pænɪk/ [onov ww] [1] in paniek raken, angstig/bang worden, panieken [2] ⟨AE; inf⟩ zich belachelijk maken, zich vastliegen/vastkletsen

⁶**pan·ic** /pænɪk/ [ov ww] [1] in paniek brengen, angstig/bang maken [2] ⟨AE; inf⟩ op zijn kop zetten, publiek op de stoelen brengen

Panic [bn, attr] m.b.t./van Pan, panisch

panic bolt [telb zn] paniekssluiting

panic button [telb zn] noodknop, noodsignaal ♦ ⟨inf⟩ *push/hit/press the panic button* panieken, in paniek raken, ondoordacht handelen

panic grass [niet-telb zn] ⟨plantk⟩ vingergras, panikgras ⟨genus Panicum⟩

pan·ick·y /pænɪki/ [bn; zn: panickiness] ⟨inf⟩ [1] paniekerig, angstig, in paniek, schichtig [2] ⟨AE⟩ schitterend, opwindend, verrukkelijk, mieters

pan·i·cle /pænɪkl/ [telb zn] ⟨plantk⟩ pluim ⟨bloeiwijze⟩

pan·ic·mon·ger [telb zn] paniekzaaier

pan·ic-strick·en, pan·ic-struck [bn] angstig, in paniek, bang, paniekerig

pan·jan·drum /pændʒændrəm/ [telb zn] ⟨scherts⟩ hoge piet, hotemetoot, bonze, bons, seigneur, opschepper, druktemaker

pan-lift·er [telb zn] ⟨AE; inf⟩ pannenlap

pan·nage /pænɪdʒ/ [niet-telb zn] ⟨BE⟩ [1] varkensweiden ⟨voornamelijk in bossen⟩ [2] het recht op varkensweiden, betaling voor het varkensweiden [3] mast ⟨eikels, beukennoten als varkensvoer⟩

panne /pæn/, **panne velvet** [niet-telb zn] geplet fluweel

pan·nel /pænl/ [telb zn] zadelkussen, zadelkleed

pan·nier /pænɪə, ᴬ-ər/ [telb zn] [1] (draag)mand, (draag)korf, rugmand, ben [2] fietstas [3] hoepelwerk ⟨voor rok⟩, hoepelrok, crinoline, panier [4] ⟨inf⟩ bediende ⟨Inner Temple, Londen⟩

pan·ni·kin /pænɪkɪn/ [telb zn] ⟨BE⟩ [1] (saus)pannetje [2] kroes

pan·o·plied /pænəplɪd/ [bn] ⟨ook fig⟩ volledig toegerust, in feesttooi, met alles erop en eraan

¹**pan·o·ply** /pænəpli/ [telb zn] wapenrek ⟨als wandversiering⟩

²**pan·o·ply** /pænəpli/ [telb + niet-telb zn] [1] (volledige) wapenrusting, panoplie, arsenaal, ⟨fig ook⟩ beschutting ♦ *in panoply* in volledige uitrusting [2] (volledige) uitrusting, verzameling, reeks ⟨met alle toebehoren⟩ [3] feestgewaad, tooi, dos, fraaie kledij, praal, prachtvertoning ♦ *in panoply* in vol ornaat

pan·op·tic /pænɒptɪk, ᴬ-ɑptɪk/, **pan·op·ti·cal** /-ɪkl/ [bn] panoptisch, alles met één blik omvattend, alziend, allesomvattend

pan·op·ti·con /pænɒptɪkən, ᴬ-ɑptɪkɑn/ [telb zn] ⟨AE⟩ koepelgevangenis

pan·o·ra·ma /pænərɑːmə, ᴬ-ræmə/ [telb zn] panorama, diorama, vergezicht, panoramische foto, overzicht, serie, cyclorama ⟨ook gebouw⟩ ♦ *panorama of American history* overzicht van de Amerikaanse geschiedenis; *vast panorama of problems* een waaier van problemen

pan·o·ram·ic /pænəræmɪk/ [bn; bw: ~ally] panoramisch

¹**pan out** [onov ww] [1] goud opleveren [2] ⟨fig⟩ (goed) uitvallen, succes hebben, slagen, aflopen ♦ *how will the economy pan out?* wat zal er van de economie worden?; *pan out well* een groot succes worden

²**pan out** [ov ww] wassen ⟨op zoek naar goud⟩

pan·pipe [telb zn] panfluit

pan·pipes [alleen mv; werkwoord soms enk] panfluit

pan·si·fied /pænzifaɪd/ [bn] ⟨AE; inf⟩ verwijfd, aanstellerig

Pan-Slav /pænslɑːv/, **Pan-Slav·ic** /pænslɑːvɪk/ [bn]

pan-Slavisch
Pan·Slav·ism /pænslɑːvɪzm/ [niet-telb zn] panslavisme
Pan's pipes /pænz paɪps/ [alleen mv] panfluit
pan·sy /pænzi/ [telb zn] ⓵ ⟨plantk⟩ **(driekleurig) viooltje** ⟨Viola tricolor⟩ ⓶ ⟨vaak attributief⟩ **paars,** violet(kleurig) ⓷ ⟨inf⟩ **verwijfde man/jongen** ⓸ ⟨inf⟩ **nicht,** flikker, mietje

¹**pant** /pænt/ [telb zn] ⓵ **hijgende beweging,** snak ⓶ **puf,** stoot ⓷ **klop(ping)** ⟨van hart⟩
²**pant** /pænt/ [niet-telb zn] **gehijg**
³**pant** /pænt/ [onov ww] ⓵ **hijgen,** ⟨fig⟩ snakken, ⟨vurig⟩ verlangen, hunkeren, smachten ♦ *pant along* hijgend/puffend rennen/lopen; *be panting for attention* snakken naar aandacht; *panting for/after breath* naar adem snakkend ⓶ **snuiven,** blazen, sissen, puffen ⟨van stoomtrein⟩ ⓷ **hevig/snel kloppen,** slaan, jagen, palpiteren ⟨van hart⟩
⁴**pant** /pænt/ [ov ww] **hijgend uitbrengen,** uitstoten ♦ *he could only pant out a few words* hij kon maar enkele woorden uitbrengen
Pan·ta·gru·el·i·an /ˌpæntəgruˈeliən/ [bn] **pantagruelesk,** boertig ⟨naar Pantagruel van Rabelais⟩
Pan·ta·gru·el·ism /ˌpæntəˈgruəlɪzm/ [niet-telb zn] **pantagruelisme,** boertigheid, aardse humor
pan·ta·let·tes, pan·ta·lets /ˌpæntəˈlets/ [alleen mv] ⟨gesch⟩ **lange damesonderbroek** ⟨met kantjes aan pijpen, 19e eeuw⟩, ⟨wijde⟩ directoire ⟨tot de knie⟩, fietsbroek, wijde damesbroek
pan·ta·loon /ˌpæntəˈluːn/ [telb zn] ⟨dram⟩ **hanswost,** paljas, pias
Pan·ta·loon /ˌpæntəˈluːn/ [eigenn] **Pantalone** ⟨dwaze, rijke heer uit commedia dell'arte⟩
pan·ta·loons /ˌpæntəˈluːnz/ [alleen mv; enk ook attributief] ⓵ **kniebroek** ⓶ ⟨verouderd of schertsend⟩ **(lange, wijde) broek,** pantalon
pant·dress [telb zn] **broekjurk**
pan·tech·ni·con /pænˈteknɪkən, ᴬ-kɑn/, ⟨in betekenis 2 ook⟩ **pantechnicon van** [telb zn] ⟨vero; BE⟩ ⓵ **meubelmagazijn,** meubelwinkel ⓶ **(grote) verhuiswagen**
pan·the·ism /ˈpænθiɪzm/ [niet-telb zn] **pantheïsme**
pan·the·ist /ˈpænθiɪst/ [telb zn] **pantheïst**
pan·the·is·tic /ˌpænθiˈɪstɪk/, **pan·the·is·ti·cal** /-ɪkl/ [bn; bw: ~ally] **pantheïstisch**
pan·the·on /ˈpænθiən, ᴬˈpænθiɑn/ [telb zn] ⓵ **pantheon** ⟨tempel voor alle goden of vermaarde doden⟩, eretempel, erehal ⓶ **godendom**
Pan·the·on /ˈpænθiən, ᴬˈpænθiɑn/ [eigenn] **Pantheon** ⟨in Rome⟩
¹**pan·ther** /pænθə, ᴬ-ər/ [telb zn] ⓵ **panter,** luipaard ⟨Panthera pardus⟩ ⓶ ⟨AE⟩ **poema** ⟨Felis concolor⟩
²**pan·ther** /pænθə, ᴬ-ər/, ⟨ook⟩ **panther piss** [niet-telb zn] ⟨AE; sl⟩ **slechte whiskey,** puur vergif, bocht
Pan·ther /pænθə, ᴬ-ər/ [telb zn] ⟨verk: Black Panther⟩ **(Zwarte) Panter** ⟨lid van militante negerbeweging in de USA⟩
pantie belt, ⟨AE⟩ **pantie girdle** [telb zn] **gordeltje,** step-in
pant·ies /pæntiːz/ [alleen mv] ⓵ **slipje,** (dames)broekje ♦ *a pair of panties* een (dames)slipje ⓶ **kinderbroekje**
pantihose [verzameln] **→ pantyhose**
pan·tile /pæntaɪl/ [telb zn] **(S-vormige) dakpan**
pant·i·soc·ra·cy /ˌpæntɪˈsɒkrəsi, ᴬˌpæntɪˈsɑ-/ [telb zn] **pantisocratie,** gelijkheerschappij ⟨utopische staat⟩
pan·to /pæntoʊ/ [telb + niet-telb zn] ⟨BE; inf⟩ ⟨verk: pantomime² bet 2⟩
pan·to- /pæntoʊ/ **al-,** universeel, alomvattend ♦ *pantology* pantologie; *pantomorphic* alle vormen aannemend; *pantoscopic glasses* pantoscopische bril ⟨voor ver- en bijziendheid⟩
pan·to·graph /pæntəgrɑːf, ᴬpæntəgræf/ [telb zn] ⓵ **pantograaf,** tekenaap ⓶ ⟨elek⟩ **pantograaf,** stroomaf-

nemer, (tram)beugel
¹**pan·to·mime** /pæntəmaɪm/ [telb zn] ⟨gesch⟩ **pantomimist,** (panto)mimespeler
²**pan·to·mime** /pæntəmaɪm/ [telb + niet-telb zn] ⓵ ⟨dram⟩ **(panto)mime,** ⟨bij uitbreiding⟩ gebarenspel, mime ⓶ ⟨BE⟩ **(humoristische) kindermusical,** sprookjesvoorstelling ⟨voornamelijk rond Kerstmis opgevoerd⟩
pan·to·mim·ic /ˌpæntəˈmɪmɪk/, **pan·to·mim·i·cal** /-ɪkl/ [bn; bw: ~ally] **pantomimisch,** gebaren-
pan·to·then·ic /ˌpæntəˈθenɪk/ [bn] ⟨scheik⟩ **pantotheen-** ♦ *pantothenic acid* pantotheenzuur ⟨vitamine B5⟩
pan·try /pæntri/ [telb zn] **provisiekast,** voorraadkamer, kelderkast, etenskast, aanrechtkeuken, ⟨luchtv, scheepv⟩ pantry ♦ *butler's/housemaid's pantry* kamer voor het eetgerei
pan·try·man /pæntrimən/ [telb zn; mv: pantrymen /-mən/] **butler,** chef de cuisine
¹**pants** /pænts/ [alleen mv; werkwoord soms enk; enk ook attributief] ⟨inf⟩ ⓵ ⟨vnl AE⟩ **(lange) broek** ♦ ⟨iron⟩ *dust s.o.'s pants* iemand het stof uit z'n broek kloppen, iemand een pak voor de broek geven; *a pair of pants* een broek; ⟨fig⟩ *wear the pants* de broek aanhebben; ⟨België⟩ de broek dragen; *wet one's pants* het in zijn broek doen ⟨ook figuurlijk⟩; doodsbenauwd zijn ⓶ **(dames)onderbroek,** directoire, kinderbroek(je), panty's ⓷ ⟨vnl BE⟩ **(heren)onderbroek** ⓸ ⟨inf⟩ *bore s.o.'s pants off* iemand gruwelijk/dood vervelen; ⟨sl⟩ *with one's pants down* met de broek op de enkels, in een penibele situatie, onverhoeds; *scare s.o.'s pants off* iemand de stuipen/doodsangst op het lijf jagen; *talk s.o.'s pants off* iemand de oren van het hoofd/murw/suf praten
²**pants** /pænts/ [bn, pred] ⟨BE; sl⟩ **ruk,** klote, waardeloos
pant·skirt [telb zn] **broekrok**
pants-leg [telb zn] ⟨AE; inf; luchtv⟩ **windzak,** slurf
pants·suit, pant·suit [telb zn] **broekpak**
panty [telb zn] **→ panties**
pant·y·hose, pant·i·hose /pæntihoʊz/ [verzameln; werkwoord steeds mv] ⟨vnl AE, AuE⟩ **panty,** ⟨België⟩ kousenbroek ♦ *two pairs of pantyhose* twee panty's
pan·ty·lin·er [telb zn] **inlegkruisje**
panty shield [telb zn] **inlegkruisje**
pant·y·waist /pæntiweɪst/ [telb zn] ⟨AE⟩ ⓵ **hemdbroek,** combinaison ⓶ ⟨ook attributief⟩ **verwijfde man,** mietje, doetje, moederskindje
pan·zer /pænzə, -tsə, ᴬ-ər/ [telb zn; ook Panzer; vaak attributief] **(Duitse) tank,** (Duitse) pantserwagen/pantserauto ♦ *panzer division* pantserdivisie; *panzer troops* pantsertroepen
pan·zers /pænzəz, -tsəz, ᴬ-ərz/ [telb zn] **(Duitse) pantsertroepen/pantserdivisie**
¹**pap** /pæp/ [telb zn] ⟨vero of gew⟩ **tepel,** tiet
²**pap** /pæp/ [niet-telb zn] ⓵ **pap,** brij, moes, pulp ⓶ **geleuter,** kinderpraat, trivialiteit, leesvoer, keukenmeidenroman ♦ *intellectual pap* intellectueel gebeuzel ⓷ ⟨AE; inf⟩ **vriendjespolitiek,** bevoordeling, bevordering
³**pap** /pæp/ [ov ww] ⟨inf⟩ **een beroemdheid fotograferen**
pa·pa /pəpɑː, ᴬˈpɑpə/ [telb zn] ⟨kind⟩ ⓵ **papa,** vader, pa, paps, pappie ⓶ ⟨AE; inf⟩ **minnaar,** liefje, vrijer
¹**pa·pa·cy** /peɪpəsi/ [telb zn] **pausdom,** regering/regeringstijd/ambtstermijn van een paus
²**pa·pa·cy** /peɪpəsi/ [niet-telb zn] ⓵ **pausschap,** pausdom, pauselijk(e) waardigheid/gezag ⓶ ⟨ook Papacy⟩ **pausdom,** (systeem van) pauselijke heerschappij, papaal systeem
papadum [telb zn] **→ popadom**
pa·pa·in /pəpeɪɪn, -paɪ-/ [niet-telb zn] **papaïne** ⟨gedroogd melksap uit de papaja⟩
pa·pal /peɪpl/ [bn; bw: ~ly] ⓵ **pauselijk,** papaal, van de paus ♦ *papal bull* pauselijke bul; *papal crown* tiara ⓶ **rooms-katholiek**
Papal States [alleen mv] ⟨gesch⟩ **pauselijke Staat**

paparazzo

pa·pa·raz·zo /pæpəˈrætsoʊ, ᴬpɑpəˈrɑtsoʊ/ [telb zn; mv: paparazzi /-tsi:/] paparazzo ⟨agressieve persfotograaf⟩
pa·pav·er·a·ceous /pəpeɪv(ə)reɪʃəs, ᴬpepæv(ə)-/ [bn] tot de papaverachtigen/papaveraceeën behorend
pa·pav·er·ine /pəpeɪv(ə)riːn, -ɪn, ᴬpəpæ-/ [niet-telb zn] ⟨med⟩ papaverine
¹**pa·paw, paw·paw** /pɔːˈpɔː/ [telb zn] ⟨plantk⟩ ① ⟨vnl AE⟩ pawpaw ⟨Asimina triloba⟩ ② papaja, meloenboom ⟨Carica papaya⟩
²**pa·paw, paw·paw** /pɔːˈpɔː/ [telb + niet-telb zn] ⟨plantk⟩ ① ⟨vnl AE⟩ pawpaw(vrucht) ② papaja(vrucht)
¹**pa·pa·ya** /pəˈpaɪə/ [telb zn] ⟨plantk⟩ papaja, meloenboom ⟨Carica papaya⟩
²**pa·pa·ya** /pəˈpaɪə/ [telb + niet-telb zn] ⟨plantk⟩ papaja(vrucht)
¹**pa·per** /ˈpeɪpə, ᴬ-ər/ [telb zn] ① blad/vel papier, papiertje, blad, vel, wikkel(tje), zak(je) ♦ *a paper of* **needles** een brief naalden, een naaldenboekje ② krant, krantje, dagblad ③ ⟨benaming voor⟩ paper, opstel, werkstuk, scriptie, essay, verhandeling, voordracht, artikel ♦ *give/read/deliver a paper on* een lezing houden over ④ proefwerk, schriftelijk(e) toets/overhoring/werk ♦ *set a paper* een proefwerk/toets opgeven ⑤ document
²**pa·per** /ˈpeɪpə, ᴬ-ər/ [telb + niet-telb zn] behang(selpapier)
³**pa·per** /ˈpeɪpə, ᴬ-ər/ [niet-telb zn] ① papier ♦ ⟨form⟩ *commit to paper* op papier zetten, aan het papier toevertrouwen; ⟨techn⟩ *laid paper* vergépapier; ⟨fig⟩ *on paper* op papier, in theorie; ⟨techn⟩ *squared paper* ruitjespapier ② (waarde)papier, papiergeld, bankbiljetten, wissels, cheques ③ ⟨sl⟩ vals geld ④ ⟨sl⟩ (publiek) met vrijkaartjes
⁴**pa·per** /ˈpeɪpə, ᴬ-ər/ [onov ww] behangen
⁵**pa·per** /ˈpeɪpə, ᴬ-ər/ [ov ww] ① in papier wikkelen/pakken ② behangen, met papier bekleden/beplakken/bedekken ♦ *paper over* (met papier) overplakken/beplakken/bedekken; ⟨fig⟩ verdoezelen, verbloemen, verbergen, wegmoffelen; *paper up* (met papier) overplakken/beplakken ③ schuren ⟨met schuurpapier⟩ ④ ⟨sl⟩ vol laten lopen (door het uitdelen van vrijkaarten) ⟨schouwburg e.d.⟩ ♦ *paper the house* met vrijkaartjes de zaal vol krijgen ⑤ ⟨sl⟩ betalen met vals geld/ongedekte cheques
¹**pa·per·back** [telb zn; ook attributief] paperback, pocket(boek) ♦ *(available) in paperback* als pocket (verkrijgbaar)
²**pa·per·back** [ov ww] uitgeven als pocket/paperback
pa·per·backed, pa·per·bound [bn] in paperback, paperback
pa·per·bel·ly [telb zn] ⟨sl⟩ iemand die niet tegen sterkedrank kan
pa·per·board [niet-telb zn] karton
paper boy [telb zn] krantenjongen
paper case [telb zn] schrijfmap
paper chase [telb zn] snipperjacht
pa·per·clip [telb zn] paperclip, papierklem, papierbinder
paper credit [niet-telb zn] ⟨fin⟩ wisselkrediet
paper cup [telb zn] kartonnen bekertje, wegwerpbekertje
paper cutter [telb zn] ① papiermes, vouwbeen ② papiersnijmachine
paper doll [telb zn] (papieren) aankleedpop
paper fastener [telb zn] papierklem
paper feed [niet-telb zn] ⟨comp⟩ papierinvoer, papierdoorvoer
paper folder [telb zn] vouwbeen, papiermes
paper girl [telb zn] krantenbezorgster, krantenmeisje
paper gold [niet-telb zn] papiergoud ⟨monetaire reserve⟩
pa·per·hang·er [telb zn] ① behanger ② verspreider van vals geld

1312

pa·per·hang·ing [niet-telb zn] ① het behangen ② ⟨sl⟩ het uitgeven van ongedekte cheques
pa·per-house [telb zn] ⟨sl⟩ theater/circus met veel bezoekers met vrijkaartjes
paper hunt [telb zn] snipperjacht
pa·per-knife [telb zn] papiermes, briefopener
pa·per-like /ˈpeɪpəlaɪk, ᴬ-pər-/ [bn] papierachtig
pa·per-mak·er [telb zn] papiermaker, papierfabrikant
paper mill [telb zn] papierfabriek, papiermolen
paper money, paper currency [niet-telb zn] papiergeld, bankbiljetten, cheques
paper mulberry [telb + niet-telb zn] ⟨plantk⟩ papiermoerbei ⟨Broussonetia papyrifera⟩
paper nautilus [telb zn] ⟨dierk⟩ papiernautilus ⟨Argonauta argo⟩
paper plant, paper reed, paper rush [telb zn] ⟨plantk⟩ papierplant, papierriet, papyrus ⟨Cyperus papyrus⟩
paper profit [telb zn] denkbeeldige winst, winst op papier
pa·per-push·er [telb zn] pennenlikker, kantoorpik, klerk
paper qualifications [alleen mv] vereiste papieren/diploma's
paper round [telb zn] ⟨BE⟩ krantenwijk(je) ♦ *do a paper round* een krantenwijk lopen
paper route [telb zn] ⟨AE⟩ krantenwijk(je)
pa·pers /ˈpeɪpəz, ᴬ-ərz/ [alleen mv] ① papieren, identiteitspapieren, scheepspapieren, legitimatiepapieren, geloofsbrieven, bescheiden ② (verzamelde) geschriften/werken ⟨·⟩ ⟨AE; sl⟩ *put one's papers in* zich inschrijven ⟨voor school e.d.⟩; zijn ontslag indienen; met pensioen gaan; ⟨BE; mil⟩ *send in one's papers* zijn ontslag aanvragen
paper shop [telb zn] ⟨BE⟩ kiosk, krantenboer
paper shredder [telb zn] papierversnipperaar
pa·per stain·er [telb zn] behangfabrikant
paper tape [telb + niet-telb zn] ⟨comp⟩ ponsband
pa·per-thin [bn] flinterdun, vliesdun
paper tiger [telb zn] papieren tijger, schijnmacht
paper towel [telb zn] papieren handdoekje, tissue
paper tree [telb zn] ⟨plantk⟩ papierboom
paper warfare [niet-telb zn] pennenstrijd
pa·per-weight [telb zn] presse-papier
pa·per·work [niet-telb zn] schrijfwerk, papierwinkel, administratief werk, administratie
pa·per·y /ˈpeɪp(ə)ri/ [bn] papierachtig
pap·e·te·rie /ˈpæpətri/ [telb zn] schrijfmap
¹**Pa·phi·an** /ˈpeɪfiən/ [telb zn] ① inwoner van Paphos ⟨stad gewijd aan Venus⟩ ② ⟨gesch⟩ prostituee
²**Pa·phi·an** /ˈpeɪfiən/ [bn] ① wulps, wellustig, ontuchtig, liefdes- ② ⟨gesch⟩ van/uit Paphos
pa·pier-mâ·ché /ˈpæpieɪ ˈmæʃeɪ, -ˈpeɪpə, ᴬˈpeɪpər məˈʃeɪ/ [niet-telb zn; vaak attributief] papier-maché
pa·pil·i·o·na·ceous /pəpɪliəˈneɪʃəs/ [bn] ⟨plantk⟩ vlinderachtig, ⟨vnl⟩ vlinderbloemig
pa·pil·la /pəˈpɪlə/ [telb zn; mv: papillae /-liː/] papil ⟨ook plantkunde⟩, smaakpapil, huidpapil
pap·il·lar·y /ˈpæpɪləri, ᴬˈpæpəleri/, **pap·il·lar** /ˈpæpɪlə, ᴬˈpæpələr/ [bn] papillair, papilvormig, papil-
pap·il·late /ˈpæpɪleɪt/, **pap·il·lose** /-loʊs/ [bn] ① met papillen bedekt ② papilvormig, papillair
pap·il·lo·ma /ˈpæpɪloʊmə/ [telb zn; mv: ook papillomata /-mətə/] ⟨med⟩ papilloma, papilloom ⟨wratachtig gezwel⟩
pap·il·lon /ˈpæpɪlɒn, ᴬ-lɑn/ [telb zn] vlinderhondje, (soort) miniatuurhondje/schoothondje ⟨vaak spaniël⟩
pa·pist /ˈpeɪpɪst/ [telb zn] ① papist, pausgezinde ② ⟨beled⟩ paap
pa·pis·tic /pəˈpɪstɪk/, **pa·pis·ti·cal** /-ɪkl/ [bn; bw: ~ally] ① papistisch, pausgezind ② ⟨beled⟩ paaps
pa·pi·stry /ˈpeɪpɪstri/ [niet-telb zn] ① papisterij, papisme

² ⟨beled⟩ paapsheid, papendom
pa·poose, pap·poose /pəpuːs/ [telb zn] papoose ⟨Indiaans woord voor baby⟩, ⟨bij uitbreiding⟩ rugzak ⟨waarin de baby wordt gedragen⟩
pap·pose /pæpoʊs/, **pap·pous** /pæpəs/ [bn] 1 ⟨plantk⟩ met zaadpluimpjes 2 donzig, pluizig
pap·pus /pæpəs/ [telb zn; mv: pappi /-aɪ/] 1 ⟨plantk⟩ zaadpluimpje, vruchtpluis, zaadpluis 2 donshaar ⟨voornamelijk van baard⟩
¹**pap·py** /pæpi/ [telb zn] ⟨vnl AE; inf⟩ pappie
²**pap·py** /pæpi/ [bn; vergr trap: pappier] papachtig, papperig, slap
pappy guy [telb zn] ⟨sl⟩ oude baas, oudste
¹**pa·pri·ka** PEPPER /pæprɪkə, ᴬpəpriːkə/ [telb + niet-telb zn] rode paprika
²**pa·pri·ka** /pæprɪkə, ᴬpəpriːkə/ [niet-telb zn] paprika- (poeder)
paps /pæps/ [alleen mv] ⟨inf⟩ paparazzi
Pap smear [telb zn] ⟨AE; med⟩ uitstrijkje
Pap test /pæp test/, **Pap smear** [telb zn] ⟨med⟩ paptest ⟨uitstrijkje voornamelijk voor opsporing van kanker⟩
¹**Pap·u·an** /pæpʊən, ᴬpæpjʊən/ [eigenn] Papoea, Papoea- (taal)
²**Pap·u·an** /pæpʊən, ᴬpæpjʊən/ [telb zn] Papoea, inwoner van West-Irian
³**Pap·u·an** /pæpʊən, ᴬpæpjʊən/ [bn] Papoeaas
Pap·u·a New Guin·ea /pæpʊənjuːgɪni, ᴬpæpjʊənuːgɪni/ [eigenn] Papoea-Nieuw-Guinea

Papua New Guinea

naam	Papua New Guinea Papoea-Nieuw-Guinea
officiële naam	Independent State of Papua New Guinea Onafhankelijke Staat Papoea-Nieuw-Guinea
inwoner	Papua New Guinean Papoea-Nieuw-Guineeër
inwoonster	Papua New Guinean Papoea-Nieuw-Guinese
bijv. naamw.	of Papua New Guinea Papoea-Nieuw-Guinees
hoofdstad	Port Moresby Port Moresby
munt	kina kina
werelddeel	Oceania Oceanië
int. toegangsnummer 675 www .pg auto PNG	

¹**Papua New Guinean** [telb zn] inwoner/inwoonster van Papoea-Nieuw-Guinea
²**Papua New Guinean** [bn] van/uit/m.b.t. Papoea-Nieuw-Guinea
pap·u·lar /pæpjələ, ᴬ-ər/ [bn] papuleus, papel-, pukkelvormig
pap·ule /pæpjuːl/, **pap·u·la** /pæpjələ/ [telb zn; mv: 2e variant ook papulae /-liː/] 1 papel, pukkel(tje), huidknobbeltje 2 ⟨plantk⟩ papil(letje)
pap·u·lose /pæpjəloʊs/, **pap·u·lous** /-ləs/ [bn] bedekt met pukkels/knobbeltjes, papuleus
pa·py·ra·ceous /pæpɪreɪʃəs/ [bn] papyrusachtig, papyrus-, papieren, papierachtig
pa·py·ro·log·i·cal /pæpɪrəlɒdʒɪkl, ᴬpəpaɪrəlɑ-/ [bn] papyrologisch
pap·y·rol·o·gist /pæpɪrɒlədʒɪst, ᴬ-rɑ-/ [telb zn] papyroloog
pa·py·rol·o·gy /pæpɪrɒlədʒi, ᴬ-rɑ-/ [niet-telb zn] papyrologie
¹**pa·py·rus** /pəpaɪrəs/ [telb zn; mv: ook papyri /-raɪ/] papyrus, papyrustekst, papyrusrol
²**pa·py·rus** /pəpaɪrəs/ [niet-telb zn] 1 ⟨plantk⟩ papyrus- (plant), papierplant, papierriet (Cyperus papyrus) 2 papyrus ⟨papier⟩
¹**par** /pɑː, ᴬpɑr/ [telb zn] 1 ⟨geen mv⟩ gelijkheid, gelijk-

waardigheid ♦ be on/to a par (with) gelijk zijn (aan), op één lijn staan (met); put (up)on a par gelijkstellen, op één lijn stellen, op gelijke hoogte brengen 2 ⟨BE; inf⟩ ⟨verk: paragraph⟩ berichtje, stukje, artikeltje, krantenberichtje, krantenstukje, krantenartikeltje 3 → parr
²**par** /pɑː, ᴬpɑr/ [niet-telb zn] 1 ⟨ook attributief⟩ ⟨fin⟩ pari, pariteit, nominale waarde ♦ above par boven pari, boven de nominale waarde, met winst; at par op pari; below par onder pari; par of exchange wisselpari; the par value of these bonds is £100 de nominale waarde van deze aandelen is honderd pond 2 gemiddelde/normale toestand ♦ ⟨inf⟩ above par in (de) beste conditie, kiplekker, prima; ⟨inf⟩ below/under par wat van streek, ondermaats; ⟨inf⟩ be up to par zich goed voelen, voldoende zijn 3 ⟨golf⟩ par ⟨standaardaantal slagen voor een hole of een course⟩ ▪ par for the course de gebruikelijke procedure, wat je kunt verwachten, gemiddeld
³**par** /pɑː, ᴬpɑr/ [ov ww] 1 op één lijn zetten, gelijk stellen 2 ⟨golf⟩ par spelen (zie par² bet 3)
⁴**par** [afk] 1 ⟨paragraph⟩ par., al. 2 ⟨parallel⟩ 3 ⟨parenthesis⟩ 4 ⟨parish⟩
par·a /pærə/ [telb zn] ⟨inf⟩ 1 ⟨verk: parachutist⟩ para 2 ⟨verk: paragraph⟩ berichtje, artikeltje, stukje, krantenberichtje, krantenartikeltje, krantenstukje
par·a- /pærə-/ ⟨in betekenis 1 voor klinker of h⟩ **par-** 1 par(a)- ♦ paramedical paramedisch; paresthesia paresthesie 2 para-, parachute- ♦ parasol zonnescherm, parasol; paratroops paratroepen
par·ab·a·sis /pəræbəsɪs/ [telb zn; mv: parabases /-siːz/] parabasis, parabase, koorlied ⟨in Oud-Griekse komedie⟩
paraben [telb zn] ⟨biol⟩ parabeen
par·a·bi·o·sis /pærəbaɪoʊsɪs/ [telb zn; mv: parabioses /-siːz/] ⟨biol⟩ parabiose ⟨vereniging/dubbelgroei van organismen⟩
par·a·bi·ot·ic /pærəbaɪɒtɪk, ᴬ-ɑtɪk/ [bn; bw: ~ally] ⟨biol⟩ parabiotisch
par·a·ble /pærəbl/ [telb zn] parabel, gelijkenis, allegorie ♦ ⟨form⟩ speak in parables in gelijkenissen spreken
pa·rab·o·la /pəræbələ/ [telb zn] ⟨wisk⟩ parabool
par·a·bol·ic /pærəbɒlɪk, ᴬ-bɑ-/, **par·a·bol·i·cal** /-ɪkl/ [bn; bw: ~ally] 1 parabolisch, in/d.m.v. gelijkenissen 2 parabolisch, paraboolvormig, parabool-
pa·rab·o·loid /pəræbəlɔɪd/ [telb zn] ⟨wisk⟩ paraboloïde ♦ paraboloid of revolution omwentelingsparaboloïde
pa·rab·o·loi·dal /pəræbəlɔɪdl/ [bn] ⟨wisk⟩ paraboloïdaal
par·a·ce·ta·mol /pærəsiːtəmɒl, -se-, ᴬ-siːtəmɑl/ [telb + niet-telb zn] paracetamol ⟨(tablet) koorts- en pijnwerend middel⟩
par·ach·ro·nism /pəræknɪzm/ [telb zn] parachronisme ⟨te laat geplaatste gebeurtenis; tegenover anachronisme⟩
¹**par·a·chute** /pærəʃuːt/ [telb zn; ook attributief] parachute, valscherm
²**par·a·chute** /pærəʃuːt/ [onov ww] aan/met een parachute neerkomen; → parachuting
³**par·a·chute** /pærəʃuːt/ [ov ww] parachuteren, aan een parachute neerlaten; → parachuting
parachute flare [telb zn] parachutefakkel, parachutelicht
parachute troops [alleen mv] para(chute)troepen
par·a·chut·ing /pærəʃuːtɪŋ/ [niet-telb zn; gerund van parachute] ⟨sport⟩ (het) parachutespringen, (het) valschermspringen
par·a·chut·ist /pærəʃuːtɪst/ [telb zn] parachutist, valschermspringer
Par·a·clete /pærəkliːt/ [eigenn; vaak the] ⟨rel⟩ Parakleet ⟨Heilige Geest⟩
¹**pa·rade** /pəreɪd/ [telb zn] 1 parade, vertoning, (uiterlijk) vertoon, show ♦ make a parade of paraderen/pronken met, te koop lopen met 2 paradeplaats, exercitieplein

parade

③ stoet, optocht, processie, rij, paradetroepen, ⟨BE⟩ modeshow ♦ *parade of fashions* opeenvolging van trends; *parade of songs* liedjesprogramma, tour de chant ④ promenade, (zee)boulevard, winkelcentrum, ⟨bij uitbreiding⟩ (groep) wandelaars ⑤ ⟨schermsp⟩ parade, wering

²**pa·rade** /pəreɪd/ [telb + niet-telb zn] ⟨vnl mil⟩ parade, wapenschouwing, defilé ♦ *be on parade* parade houden, paraderen; pronken

³**pa·rade** /pəreɪd/ [onov ww] ① paraderen, een optocht houden, marcheren, in een stoet voorbijtrekken, defileren ② paraderen, pronken, pralen ♦ *old ideas parading as new ones* oude wijn in nieuwe zakken ③ ⟨mil⟩ aantreden, aanrukken, parade houden

⁴**pa·rade** /pəreɪd/ [ov ww] ① paraderen door, een optocht houden door, marcheren door ② paraderen met, te koop lopen met ③ (opzichtig) heen en weer lopen in/op, rondparaderen in/op ♦ *she was parading the room in her new evening-dress* ze liep door de kamer te paraderen in haar nieuwe avondjapon ④ ⟨mil⟩ parade laten houden, laten aanrukken/aantreden

parade duty [niet-telb zn] ⟨mil⟩ appel
parade ground [telb zn] paradeplaats, exercitieplein
parade march [telb zn] parademars
parade step [telb zn] paradepas

par·a·di·chlor·o·ben·zene /pærədaɪklɔːrəbɛnziːn/ [niet-telb zn] paradichloorbenzeen ⟨bestrijdingsmiddel tegen mot⟩

par·a·did·dle /pærədɪdl/ [telb zn] roffel ⟨op trom⟩

par·a·digm /pærədaɪm/ [telb zn] ① paradigma ⟨ook filosofie⟩, voorbeeld, model ② ⟨taalk⟩ paradigma, modelwoord, vervoegingsschema

par·a·dig·mat·ic /pærədɪgmætɪk/, **par·a·dig·mat·i·cal** /-ɪkl/ [bn; bw: ~ally] ① paradigmatisch, model- ② ⟨taalk⟩ paradigmatisch ⟨tegenover syntagmatisch⟩

paradigm shift [telb zn] ingrijpende verandering in het denkpatroon, totaal ander manier van denken, paradigmaverandering, paradigmaverschuiving

¹**par·a·dise** /pærədaɪs/ [telb zn] dierenpark, dierentuin, vogelpark, vogeltuin

²**par·a·dise** /pærədaɪs/ [telb + niet-telb zn] paradijs, zevende hemel, eldorado, geluk ♦ *a golfer's paradise, a paradise for golfers* een paradijs voor golfers; *paradise of married life* gelukzaligheid van het huwelijksleven

³**par·a·dise** /pærədaɪs/ [niet-telb zn; vaak Paradise] ① het (aardse) paradijs, de hof van Eden ② het (hemelse) paradijs, hemel(hof)

par·a·dise·an /pærədaɪsɪən/ [bn] ① paradijsvogel-, van/behorend tot de paradijsvogels ② ⟨zelden⟩ paradijsachtig, paradijselijk

par·a·di·si·a·cal /pærədɪsaɪəkl/, **par·a·di·si·ac** /-dɪsɪæk/, **par·a·di·sa·ic** /-dɪseɪɪk/, **par·a·di·sa·i·cal** /-dɪseɪɪkl/, **par·a·dis·i·an** /-dɪsɪən/, **par·a·dis·ic** /-dɪsɪk/, **par·a·dis·i·cal** /-dɪsɪkl/ [bn; bw: ~ly, paradisaically, paradisically] paradijsachtig, paradijselijk, paradijs-

par·a·dos /pærədɒs, ᴬ-dɑs/ [telb zn; mv: ook parados] ⟨mil⟩ parados, rugwering, achterwaartse gronddekking

par·a·dox /pærədɒks, ᴬ-dɑks/ [telb + niet-telb zn] paradox, (schijnbare) tegenstrijdigheid/ongerijmdheid/contradictie

par·a·dox·i·cal /pærədɒksɪkl, ᴬ-dɑk-/ [bn; bw: ~ly; zn: ~ness] paradoxaal, tegenstrijdig, ongerijmd ♦ *paradoxical sleep* remslaap, paradoxale slaap

par·a·dox·ure /pærədɒksʃər, ᴬ-dɑkʃər/ [dierk] palmmarter ⟨genus Paradoxurus⟩

par·a·drop /pærədrɒp, ᴬ-drɑp/ [telb zn] (parachute)dropping

par·aes·the·sia, ⟨AE⟩ **par·es·the·sia** /pærɪsθiːʒə/ [telb + niet-telb zn] paresthesie ⟨verkeerde gevoelswaarneming⟩

1314

¹**par·af·fin** /pærəfɪn/ [telb + niet-telb zn] ⟨scheik⟩ paraffine, alkaan

²**par·af·fin** /pærəfɪn/ [niet-telb zn] ① (harde) paraffine ② ⟨BE⟩ kerosine, paraffineolie, (lampen)petroleum

paraffin oil [niet-telb zn] ⟨BE⟩ kerosine, paraffineolie, (lampen)petroleum

paraffin wax [niet-telb zn] (harde) paraffine

par·a·form·al·de·hyde /pærəfɔːmældəhaɪd, ᴬ-fər-/, **par·a·form** /-fɔːm, ᴬ-fɔrm/ [niet-telb zn] paraform(aldehyde) ⟨desinfectiemiddel⟩

par·a·glid·er /pærəglaɪdə, ᴬ-ər/ [telb zn] ⟨sport⟩ zweefparachutist, paraglider

par·a·glid·ing /pærəglaɪdɪŋ/ [niet-telb zn] ⟨sport⟩ zweefparachutisme, paragliding

par·a·go·ge /pærəɡoʊdʒi/ [telb zn] ⟨taalk⟩ paragoge ⟨klanktoevoeging achteraan een woord⟩

par·a·gog·ic /pærəɡɒdʒɪk, ᴬ-ɡɑ-/, **par·a·gog·i·cal** /-ɪkl/ [bn; bw: ~ally] ⟨taalk⟩ paragogisch

¹**par·a·gon** /pærəgən, ᴬ-gɑn/ [telb zn] ① toonbeeld, voorbeeld, model ♦ *paragon of virtue* toonbeeld van deugd ② para(n)gon ⟨diamant van meer dan 100 karaat⟩

²**par·a·gon** /pærəgən, ᴬ-gɑn/ [telb + niet-telb zn] ⟨drukw⟩ para(n)gon ⟨achttienpuntsletter⟩

¹**par·a·graph** /pærəɡrɑːf, ᴬ-græf/ [telb zn] ① alinea, paragraaf, hoofdstuk, ⟨jur⟩ lid ♦ *hanging paragraph* paragraaf waarvan alle regels (behalve de eerste) inspringen ② paragraaf(teken), verwijzingsteken ③ krantenbericht(je), artikeltje, stukje, krantenartikeltje, krantenstukje, entrefilet

²**par·a·graph** /pærəɡrɑːf, ᴬ-græf/ [onov ww] (kranten)berichtjes/(kranten)stukjes schrijven

³**par·a·graph** /pærəɡrɑːf, ᴬ-græf/ [ov ww] ① paragraferen, in paragrafen verdelen ② (kranten)berichtjes/(kranten)stukjes schrijven over

par·a·graph·ic /pærəɡræfɪk/, **par·a·graph·i·cal** /-ɪkl/ [bn; bw: ~ally] paragrafisch, paragraaf-, in paragrafen

Par·a·guay /pærəɡwaɪ/ [eigenn] Paraguay

Paraguay	
naam	Paraguay *Paraguay*
officiële naam	Republic of Paraguay *Republiek Paraguay*
inwoner	Paraguayan *Paraguayaan*
inwoonster	Paraguayan *Paraguayaanse*
bijv. naamw.	Paraguayan *Paraguayaans*
hoofdstad	Asunción *Asunción*
munt	guaraní *guarani*
werelddeel	America *Amerika*
int. toegangsnummer 595 www .py auto PY	

¹**Par·a·guay·an** /pærəɡwaɪən/ [telb zn] Paraguayaan(se), Paraguees, Paraguese

²**Par·a·guay·an** /pærəɡwaɪən/ [bn] Paraguayaans, Paraguees

par·a·keet /pærəkiːt/ [telb zn] parkiet

par·a·kite /pærəkaɪt/ [telb zn] zweefsportvlieger

par·a·kit·ing /pærəkaɪtɪŋ/ [niet-telb zn] parasailing

par·a·lan·guage /pærəlæŋɡwɪdʒ/ [niet-telb zn] parataal, paralinguale verschijnselen, paratalige aspecten ⟨bijvoorbeeld gebaren, spreeksnelheid⟩

par·al·de·hyde /pərældəhaɪd/ [niet-telb zn] ⟨med⟩ paraldehyde ⟨voornamelijk slaapmiddel⟩

par·a·le·gal /pærəliːɡl/ [telb zn] ⟨AE⟩ assistent van advocaat

par·a·lin·guis·tic /pærəlɪŋɡwɪstɪk/ [bn] paralinguïstisch, paratalig, paralinguaal

par·a·lin·guis·tics /pærəlɪŋɡwɪstɪks/ [alleen mv; werkwoord voornamelijk enk] paralinguïstiek

par·a·li·pom·e·na, par·a·lei·pom·e·na /pærəlaɪpɒmənə, ᴬ-lɪpɑ-/ [alleen mv] paralipomena, aanvullingen, supplementen ⟨in Bijbel⟩

par·a·lip·sis /pærəlɪpsɪs/, **par·a·leip·sis** /-laɪpsɪs/ [telb + niet-telb zn; mv: paralipses /-si:z/; mv: paraleipses /-si:z/] paral(e)ipsis, praeteritio ⟨stijlfiguur die iets benadrukt door het schijnbaar te negeren⟩

par·al·lac·tic /pærəlæktɪk/ [bn] parallactisch

par·al·lax /pærəlæks/ [niet-telb zn] parallax, verschilzicht, parallactische verschuiving, parallaxis

¹**par·al·lel** /pærəlel/ [telb zn] ⒈ ⟨aardr⟩ parallel, breedtecirkel ◆ *parallel of latitude* breedtecirkel ⒉ parallelteken ⟨verwijzingsteken⟩

²**par·al·lel** /pærəlel/ [telb + niet-telb zn] ⒈ parallel, evenwijdige lijn, ⟨fig⟩ gelijkenis, overeenkomst, equivalent ◆ *draw a parallel (between)* een parallel trekken (tussen), een vergelijking maken (tussen); *on a parallel with* parallel/ evenwijdig op één lijn met; *without (a) parallel* zonder weerga ⒉ ⟨elek⟩ parallel(schakeling) ◆ *in parallel* parallel geschakeld

³**par·al·lel** /pærəlel/ [bn; bw: ~ly] parallel, evenwijdig, ⟨fig⟩ overeenkomend, vergelijkbaar, corresponderend ◆ ⟨gymn⟩ *parallel bars* brug met gelijke leggers; ⟨muz⟩ *parallel fifths* kwintenparallellen; *parallel parking* fileparkeren; *parallel passage* parallelplaats ⟨in tekst⟩; ⟨taalk⟩ *parallel phrases* ⟨syntactisch⟩ gelijke zinsdelen; ⟨comp⟩ *parallel processing* paralleluitvoering; *parallel to/with* parallel/ evenwijdig met; vergelijkbaar met

⁴**par·al·lel** /pærəlel/ [onov ww] parallel lopen

⁵**par·al·lel** /pærəlel/ [ov ww] ⒈ vergelijken, op één lijn stellen ◆ *parallel sth. with* iets op één lijn stellen met ⒉ evenaren, vergelijkbaar zijn met, overeenstemmen/ corresponderen met ⒊ parallel (doen) lopen met, evenwijdig (doen) lopen/zijn met ◆ *the tracks parallel the road* de sporen lopen parallel met de weg

par·al·lel·e·pi·ped, par·al·lel·o·pi·ped /pærələpaɪped/ [telb zn] ⟨wisk⟩ parallellepipedum

par·al·lel·ism /pærəlelɪzm/ [telb + niet-telb zn] parallellisme ⟨ook als stijlfiguur⟩, evenwijdigheid, parallellie, ⟨fig⟩ overeenkomst, gelijk(aardig)heid ◆ *find a parallelism (between)* een parallel trekken (tussen)

par·al·lel·o·gram /pærələləgræm/ [telb zn] ⟨wisk⟩ parallellogram ◆ *parallelogram of forces* krachtenparallellogram

parallel rule, parallel ruler [telb zn] parallelliniaal

pa·ral·o·gism /pərælədʒɪzm/ [telb zn] paralogisme ⟨valse syllogisme⟩, onjuiste redenering/gevolgtrekking, drogreden, valse sluitrede

pa·ral·o·gist /pərælədʒɪst/ [telb zn] drogredenaar

pa·ral·o·gize /pərælədʒaɪz/ [onov ww] onjuist redeneren, valse gevolgtrekkingen maken

Par·a·lym·pics /pærəlɪmpɪks/ [alleen mv; the] Paralympics ⟨Olympische Spelen voor (lichamelijk) gehandicapten⟩

par·a·ly·sa·tion, par·a·ly·za·tion /pærəlaɪzeɪʃn, ˄pærələ-/ [telb + niet-telb zn] verlamming ⟨ook figuurlijk⟩, ontregeling, machteloosheid

par·a·lyse, par·a·lyze /pærəlaɪz/ [ov ww] verlammen ⟨ook figuurlijk⟩, krachteloos/onbruikbaar maken, lamleggen, paralyseren ◆ *paralysed by the news* als aan de grond genageld door het nieuws; → paralyzed

pa·ral·y·sis /pərælɪsɪs/ [telb + niet-telb zn; mv: paralyses /-si:z/] verlamming, paralys(i)e, ⟨fig⟩ machteloosheid, onmacht

pa·ral·y·sis ag·i·tans /pərælɪsɪsædʒɪtænz/ [niet-telb zn] ⟨med⟩ paralysis agitans, ziekte van Parkinson

¹**par·a·lyt·ic** /pærəlɪtɪk/ [telb zn] ⒈ lamme ⟨ook figuurlijk⟩, verlamde ⒉ ⟨BE; sl⟩ bezopene, lamme, dronken lor, dronkenlap

²**par·a·lyt·ic** /pærəlɪtɪk/ [bn; bw: ~ally] ⒈ verlamd, paralytisch, lam, ⟨fig⟩ krachteloos, machteloos ⒉ verlammend ⟨ook figuurlijk⟩ ◆ *paralytic laughter* (lach)stuip; *paralytic seizure/stroke* beroerte ⒊ ⟨BE; sl⟩ lam, bezopen, afgeladen, teut

par·a·lyzed /pærəlaɪzd/ [bn; oorspronkelijk volt deelw van paralyze] ⟨AE; inf⟩ stomdronken, lam, ladderzat

par·a·mag·net·ic /pærəmægnetɪk/ [bn] ⟨natuurk⟩ paramagnetisch

par·a·mag·net·ism /pærəmægnɪtɪzm/ [niet-telb zn] ⟨natuurk⟩ paramagnetisme

paramatta [niet-telb zn] → parramatta

par·a·me·ci·um, par·a·moe·ci·um /pærəmi:sɪəm, ˄-mi:ʃəm/ [telb zn; mv: ook param(o)ecia /-sɪə, ˄-ʃə/] ⟨dierk⟩ pantoffeldiertje ⟨genus Paramaecium⟩

par·a·med·ic /pærəmedɪk/ [telb zn] ⒈ paramedicus ⒉ ⟨AE⟩ verpleger, ± EHBO'er, ± ambulancebroeder

par·a·med·i·cal /pærəmedɪkl/ [bn] paramedisch

pa·ram·e·ter /pərəmɪtə, ˄-mɪtər/ [telb zn] ⒈ parameter, kenmerkende grootheid, ⟨bij uitbreiding⟩ factor, kenmerk ⒉ ⟨inf⟩ limiet, beperking ◆ *within the parameters of the budget* binnen het budget

pa·ram·e·ter·ize, pa·ram·e·ter·ise, pa·ram·e·trize, pa·ram·e·trise /pərəmɪtəraɪz/, /-traɪz/ [ov ww] de parameter(s) bepalen van, parametriseren

par·a·met·ric /pærəmetrɪk/ [bn; bw: ~ally] parametrisch, parameter-

par·a·mil·i·tary /pærəmɪlɪtri, ˄-mɪliteri/ [bn] paramilitair

pa·ra·mo /pærəmoʊ/ [telb zn] paramo ⟨hoogvlakte⟩

¹**par·a·mount** /pærəmaʊnt/ [telb zn] opperste, opperheer

²**par·a·mount** /pærəmaʊnt/ [bn; bw: ~ly] opperst, opper-, hoogst, voornaamst, overheersend ◆ *paramount chief* opperhoofd; *of paramount importance* van het grootste belang; *paramount over/to* hoger dan, van meer belang dan

par·a·moun·cy /pærəmaʊntsi/ [niet-telb zn] opperheerschappij

par·a·mour /pærəmʊə, -mɔ:, ˄-mʊr/ [telb zn] ⟨vero⟩ minnaar, minnares, maîtresse, liefje

pa·rang /pɑ:ræŋ, ˄pərəŋ/ [telb zn] parang ⟨dolkmes⟩

par·a·noi·a /pærənɔɪə/ [telb + niet-telb zn] ⟨med⟩ paranoia, vervolgingswaanzin, grootheidswaanzin, (abnormale) achterdochtigheid

¹**par·a·noi·ac** /pærənɔɪæk/, **par·a·noid** /pærənɔɪd/ [telb zn] ⟨med⟩ paranoïcus, paranoialijder

²**par·a·noi·ac** /pærənɔɪæk/, **par·a·noid** /pærənɔɪd/ [bn; bw: ~ally] ⟨med⟩ paranoïde

par·a·nor·mal /pærənɔ:ml, ˄-nɔrml/ [bn; bw: ~ly] paranormaal

par·a·pet /pærəpɪt, -pet/ [telb zn] ⒈ balustrade, (brug)leuning, reling, muurtje ⒉ ⟨mil⟩ parapet, borstwering, verschansing

par·a·pet·ed /pærəpetɪd/ [bn] voorzien van een leuning/balustrade

¹**par·aph** /pærəf/ [telb zn] paraaf

²**par·aph** /pærəf/ [ov ww] paraferen, aftekenen

par·a·pher·na·lia /pærəfəneɪlɪə, ˄-fər-/ [alleen mv; werkwoord ook enk] ⒈ persoonlijk(e) eigendom/bezittingen, ⟨jur⟩ paraphernalia ⟨persoonlijke goederen van een vrouw⟩ ⒉ uitrusting, toebehoren, apparatuur, accessoires, attributen, parafernalia ◆ *photographic paraphernalia* fotospullen, fotospulletjes ⒊ ⟨inf⟩ troep, (overbodige) dingetjes

¹**par·a·phrase** /pærəfreɪz/ [telb zn] ⟨Bijbel⟩parafrase ⟨in verzen⟩

²**par·a·phrase** /pærəfreɪz/ [telb + niet-telb zn] parafrase, omschrijving, vrije weergave, verduidelijking

³**par·a·phrase** /pærəfreɪz/ [onov ww] een parafrase geven

⁴**par·a·phrase** /pærəfreɪz/ [ov ww] parafraseren, omschrijven, vrij weergeven

par·a·phras·tic /pærəfræstɪk/, **par·a·phras·ti·cal** /-ɪkl/ [bn; bw: ~ally] omschrijvend, vrij weergegeven

par·a·ple·gi·a /pærəpli:dʒə/ [telb + niet-telb zn] ⟨med⟩ paraplegie

paraplegic

¹**par·a·ple·gic** /pærəpliːdʒɪk/ [telb zn] ⟨med⟩ paraplegielijder

²**par·a·ple·gic** /pærəpliːdʒɪk/ [bn; bw: ~ally] ⟨med⟩ paraplegisch, verlamd in de onderste ledematen

par·a·pro·fes·sion·al /pærəprəfeʃnəl/ [bn] paraprofessioneel, assisterend ♦ *a paraprofessional (worker)* een paraprofessionele kracht/medewerker, een assistent

par·a·psy·cho·log·i·cal /pærəsaɪkəlɒdʒɪkl, ˄-lɑ-/ [bn] parapsychologisch

par·a·psy·chol·o·gist /pærəsaɪkɒlədʒɪst, ˄-kɑ-/ [telb zn] parapsycholoog

par·a·psy·chol·o·gy /pærəsaɪkɒlədʒi, ˄-kɑ-/ [niet-telb zn] parapsychologie

par·a·quat /pærəkwɒt, ˄-kwɑt/ [niet-telb zn] paraquat ⟨uiterst giftige onkruidverdelger⟩

par·as /pærəz/ [alleen mv] ⟨inf⟩ ⟨verk: paratroops⟩ para's, paratroepen

par·a·sail·ing /pærəseɪlɪŋ/ [niet-telb zn] ⟨sport⟩ parasailing ⟨door motorvoertuig/motorboot voorttrekken van parachutist⟩

par·a·sang /pærəsæŋ/ [telb zn] parasang ⟨oude Perzische lengtemaat, ongeveer 6 km⟩

par·a·scend·ing /pærəsendɪŋ/ [niet-telb zn] ⟨BE; sport⟩ ① parasailing ② (het) parachutezweven, (het) parachutevliegen

par·a·se·le·ne /pærəsɪliːni/ [telb zn; mv: paraselenae /-niː/] bijmaan ⟨haloverschijnsel⟩

par·a·site /pærəsaɪt/ [telb zn] parasiet, woekerdier, woekerplant, woekerkruid, ⟨fig⟩ klaploper, profiteur, tafelschuimer ♦ *be a parasite on* parasiteren op

par·a·sit·ic /pærəsɪtɪk/, **par·a·sit·i·cal** /-ɪkl/ [bn; bw: ~ally] parasitisch, parasitair, woekerend, ⟨fig⟩ profiterend, klaplopend ♦ *parasitic disease* parasitaire ziekte

par·a·sit·i·cide /pærəsɪtɪsaɪd/ [telb zn] parasietenverdelger, parasietendoder

par·a·sit·ism /pærəsaɪtɪzm/ [niet-telb zn] parasitisme ⟨ook figuurlijk⟩, klaploperij

par·a·sit·ize, **par·a·sit·ise** /pærəsɪtaɪz, -saɪtaɪz/ [ov ww; voornamelijk passief] ① parasiteren op ⟨ook figuurlijk⟩, klaplopen op, een plaag zijn voor ② met parasieten teisteren

par·a·si·tol·o·gy /pærəsaɪtɒlədʒi, ˄-tɑ-/ [niet-telb zn] parasitologie

par·a·ski /pærəski:/ [onov ww] ⟨sport⟩ paraskiën

par·a·sol /pærəsɒl, ˄-sɔl, ˄-sɑl/ [telb zn] parasol, zonnescherm

parasol mushroom [telb zn] parasolzwam ⟨genus Lepiota, in het bijzonder L. procera⟩

par·a·sta·tal /pærəsteɪtl/ [bn] parastataal, gelijkgesteld aan staatsinstelling

¹**par·a·su·i·cide** /pærəsuːɪsaɪd/ [telb zn] persoon die zelfmoordpoging doet

²**par·a·su·i·cide** /pærəsuːɪsaɪd/ [telb + niet-telb zn] (gefingeerde) zelfmoordpoging

par·a·sym·pa·thet·ic /pærəsɪmpəθetɪk/ [bn] ⟨med⟩ parasympathisch ♦ *parasympathetic nervous system* parasympathisch zenuwstelsel

par·a·syn·the·sis /pærəsɪnθəsɪs/ [niet-telb zn] ⟨taalk⟩ samenstellende afleiding

par·a·syn·thet·ic /pærəsɪnθetɪk/ [bn] ⟨taalk⟩ van/m.b.t./ gevormd door samenstellende afleiding

par·a·tac·tic /pærətæktɪk/, **par·a·tac·ti·cal** /-ɪkl/ [bn; bw: ~ally] paratactisch

par·a·tax·is /pærətæksɪs/ [niet-telb zn] ⟨taalk⟩ parataxis ⟨nevenschikking zonder voegwoord⟩

par·a·thi·on /pærəθaɪɒn, ˄-ɑn/ [niet-telb zn] parathion ⟨insectenverdelger⟩

¹**par·a·thy·roid** /pærəθaɪrɔɪd/ [telb zn] ⟨anat⟩ bijschildklier, epitheellichaampje, parathyroïde

²**par·a·thy·roid** /pærəθaɪrɔɪd/ [bn, attr] ⟨anat⟩ ① naast de schildklier (gelegen) ♦ *parathyroid gland* bijschildklier, epitheellichaampje, parathyroïde ② bijschildklier-

par·a·troop·er /pærətruːpə, ˄-ər/ [telb zn] para, paratroeper, parachutist, valschermjager

par·a·troops /pærətruːps/ [alleen mv] para(chute)troepen, parachutisten, para's, valschermjagers

¹**par·a·ty·phoid** /pærətaɪfɔɪd/ [telb + niet-telb zn] ⟨med⟩ paratyfus

²**par·a·ty·phoid** /pærətaɪfɔɪd/ [bn, attr] ⟨med⟩ ① tyfusachtig ♦ *paratyphoid fever* paratyfus ② paratyfus-

par·a·vane /pærəveɪn/ [telb zn] paravaan, paravane ⟨apparaat tegen zeemijnen⟩

par·a·wing /pærəwɪŋ/ [telb zn] valschermzwever

par·boil /pɑːbɔɪl, ˄pɑr-/ [ov ww] ⟨cul⟩ blancheren, even aan de kook brengen, voorkoken

¹**par·buck·le** /pɑːbʌkl, ˄pɑr-/ [telb zn] schrooituw

²**par·buck·le** /pɑːbʌkl, ˄pɑr-/ [ov ww] schrooien

¹**par·cel** /pɑːsl, ˄pɑrsl/ [telb zn] ① pak(je), pakket, bundel ♦ *parcel of shares* aandelenpakket ② perceel, kavel, lap/ stuk grond ♦ *parcel of land* perceel ③ partij ⟨goederen⟩ ④ zooi, ⟨vaak pej⟩ troep, bende, stel, zootje ♦ *parcel of idiots* stelletje idioten ⑤ ⟨vero⟩ deel

²**par·cel** /pɑːsl, ˄pɑrsl/ [ov ww] ① verdelen ♦ *parcel out* verdelen, uitdelen, toebedelen, indelen, kavelen ② inpakken ♦ *parcel up* inpakken, inwikkelen ③ ⟨scheepv⟩ smarten; → **parcelling**

³**par·cel** /pɑːsl, ˄pɑrsl/ [bw] ⟨vero⟩ gedeeltelijk

parcel bomb [telb zn] bompakket

parcel delivery [niet-telb zn] besteldienst

par·cel·ling, ⟨AE⟩ **par·ce·ling** /pɑːslɪŋ, ˄pɑr-/ [niet-telb zn; gerund van parcel] ⟨scheepv⟩ smarting(doek)

parcel post [niet-telb zn] pakketpost

parcel rate [telb zn] pakkettarief, stukgoedtarief

par·cels /pɑːslz, ˄pɑrslz/ [alleen mv] bestelgoed(eren), stukgoed(eren)

parcels office [telb zn] bestelgoedbureau, bagagedepot

par·ce·nar·y /pɑːsɪnri, ˄pɑrsɪneri/, **co·par·ce·nar·y** /koʊpɑːsɪnri, ˄-ɪneri/ [niet-telb zn] ⟨jur⟩ mede-erfgenaamschap

par·ce·ner /pɑːsɪnə, ˄pɑrsɪnər/, **co·par·ce·ner** /koʊpɑːsɪnə, ˄-ɪnər/ [telb zn] ⟨jur⟩ mede-erfgenaam

parch /pɑːtʃ, ˄pɑrtʃ/ [onov + ov ww] verdorren, uitdrogen, verdrogen, roosteren, verschroeien, (doen) versmachten, (doen) verschrompelen ♦ *parched with thirst* uitgedroogd, stervend van de dorst

Par·chee·si /pɑːtʃiːzi, ˄pɑr-/ [niet-telb zn] parcheesi ⟨oud Indiaas bordspel⟩

¹**parch·ment** /pɑːtʃmənt, ˄pɑr-/ [telb zn] perkament, ⟨i.h.b.⟩ oorkonde, diploma

²**parch·ment** /pɑːtʃmənt, ˄pɑr-/ [niet-telb zn] ① perkament ② perkamentpapier

parchment paper [niet-telb zn] perkamentpapier

parch·ment·y /pɑːtʃmənti, ˄pɑrtʃmənti/ [bn] perkamentachtig

par·close /pɑːkloʊz, ˄pɑr-/ [telb zn] hek, traliewerk ⟨in kerk⟩

pard /pɑːd, ˄pɑrd/, ⟨in betekenis 1 ook⟩ **pard·ner** /pɑːdnə, ˄pɑrdnər/ [telb zn] ① ⟨AE; inf⟩ partner, kameraad, vriendje, maat, makker ② ⟨vero⟩ luipaard

¹**par·don** /pɑːdn, ˄pɑrdn/ [telb zn] ① pardon, begenadiging, kwijtschelding ② ⟨jur⟩ kwijtschelding (van straf), gratie(verlening), amnestie ♦ *general pardon* amnestie ③ ⟨r-k⟩ aflaat, aflatenfeest

²**par·don** /pɑːdn, ˄pɑrdn/ [niet-telb zn] vergiffenis, vergeving, pardon, genade, gratie ⟨·⟩ (*I*) *beg (your) pardon* neemt u mij niet kwalijk, excuseer, wat zei u? ⟨ook ironisch⟩; *pardon excuseert U, pardon, wat zei u?; ⟨sprw⟩ never ask pardon before you are accused* wie zich verontschuldigt, beschuldigt zich

³**par·don** /pɑːdn, ˄pɑrdn/ [ov ww] ① vergeven, genade/

vergiffenis schenken, een straf kwijtschelden, gratie verlenen, begenadigen ② **verontschuldigen,** excuseren, verschonen ♦ *pardon me for coming too late* neemt u mij niet kwalijk dat ik te laat kom ▪ *pardon me* excuseer, pardon, wat zei u?

par·don·a·ble /pɑːdnəbl, ᴬpɑr-/ [bn; bw: pardonably] **vergeeflijk,** pardonnabel

par·don·er /pɑːdnə, ᴬpɑrdnər/ [telb zn] ⟨rel⟩ **aflaatverkoper,** aflaatkramer, aflaatpredikant

pare /peə, ᴬper/ [ov ww] ① **(af)knippen,** bijknippen, schillen, snoeien, afvijlen, afschaven ② **afsnijden,** wegsnijden ♦ *pare away/off the bark* de schors wegsnijden; *pare down the meat to the bone* het vlees tot aan het bot afsnijden ③ **reduceren,** besnoeien, beperken, beknotten, verminderen, beknibbelen ♦ *pare away/down the expenses* de uitgaven beperken; → **paring**

¹**par·e·gor·ic** /pærəgɒrɪk, ᴬ-gɔː-/ [telb zn] **pijnstiller,** pijnstillend middel

²**par·e·gor·ic** /pærəgɒrɪk, ᴬ-gɔː-/ [niet-telb zn] **opiumtinctuur**

³**par·e·gor·ic** /pærəgɒrɪk, ᴬ-gɔː-/, **par·e·gor·i·cal** /pærəgɒrɪkl, ᴬ-gɔː-/ [bn; bw: ~ally] **pijnstillend** ♦ ⟨BE⟩ *paregoric elixer* opiumtinctuur

pa·ren·chy·ma /pəreŋkɪmə/ [telb + niet-telb zn; mv: parenchymata] ① ⟨plantk⟩ **parenchym,** grondweefsel, celweefsel ⟨van plant⟩ ② ⟨med⟩ **parenchym,** orgaanweefsel, edel weefsel

pa·ren·chy·mal /pəreŋkɪml/, **pa·ren·chy·ma·tic** /pərenkɪmætɪk/, **pa·ren·chym·a·tous** /pærɪŋkɪmətəs/ [bn; bw: ~ly] ⟨med, plantk⟩ **parenchymatisch,** parenchym-

par·ent /peərənt, ᴬper-/ [telb zn] ① **ouder,** vader, moeder ② **voorouder,** voorvader, voorzaat ③ **voogd,** beschermer, pleegvader ④ ⟨vaak attributief⟩ ⟨biol⟩ **moederdier,** moederplant, ⟨fig⟩ moederinstelling ⑤ **oorsprong,** oorzaak, bron, moeder, vader ♦ *the parent of evil* de bron van alle kwaad ▪ *our first parents* onze stamouders, Adam en Eva

par·ent·age /peərəntɪdʒ, ᴬper-/ [niet-telb zn] ① **ouderschap** ♦ *child of unknown parentage* kind van onbekende ouders ② **afkomst,** afstamming, geboorte, familie

pa·ren·tal /pərentl/ [bn; bw: ~ly] **ouderlijk,** ouder- ♦ *parental authority* ouderlijk gezag; *parental leave* ouderschapsverlof

parental leave [niet-telb zn] **ouderschapsverlof**

parent company [telb zn] **moedermaatschappij**

par·en·ter·al /pærentrəl, ᴬpərentərəl/ [bn; bw: ~ly] ⟨med⟩ **parenteraal**

pa·ren·the·sis /pərenθɪsɪs/ [telb zn; mv: parentheses /pərenθɪsiːz/] ① ⟨taalk⟩ **parenthese,** inlassing, uitweiding, tussenzin ② ⟨vaak mv⟩ **ronde haak/haken** ⟨ook wiskunde⟩, haakje(s), parenthese ♦ *in parenthesis/parentheses* tussen (twee) haakjes, bij parenthese ⟨ook figuurlijk⟩ ③ **pauze,** intermezzo, interludium, tussenspel, interval

pa·ren·the·size, pa·ren·the·sise /pərenθɪsaɪz/ [ov ww] ① **inlassen,** tussenvoegen, invoegen ② **tussen haakjes zetten** ③ ⟨overvloedig⟩ **van uitweidingen voorzien**

par·en·thet·ic /pærənθetɪk/, **par·en·thet·i·cal** /-ɪkl/ [bn; bw: ~ally] ① **parenthetisch,** ingelast, tussen haakjes, verklarend ♦ *parenthetic remark* verklarende opmerking; *say sth. parenthetically* iets langs zijn neus weg zeggen; *parenthetically* ⟨ook⟩ tussen haakjes ② **met parenthesen** ♦ *parenthetic speech* voordracht vol uitweidingen

par·ent·hood /peərənthʊd, ᴬper-/ [niet-telb zn] **ouderschap**

pa·rent·ing /peərəntɪŋ, ᴬperəntɪŋ/ [niet-telb zn] ① **het ouderschap** ② ⟨vaak attributief⟩ **opvoeding**

parent organisation [telb zn] **moederinstelling**

parent plant [telb zn] **moederplant**

parent rock [niet-telb zn] **moedergesteente,** oergesteente

parents' evening [telb zn] **ouderavond,** oudervergadering

parent ship [telb zn] **moederschip**

par·ent-teach·er as·so·ci·a·tion [telb zn] **oudercommissie,** oudervereniging ⟨van school⟩

par·er /peərə, ᴬperər/ [telb zn] **schilmesje,** aardappelschiller, kaasschaaf

par·er·gon /pærɜːgɒn, ᴬ-rɜːrgɑn/ [telb zn; mv: parerga /-gə/] ⟨form⟩ ① **bijwerk,** bijverdienste ② **versiersel,** verfraaiing

pa·re·sis /pærəsɪs, ᴬpəriːsɪs/ [telb + niet-telb zn] ⟨med⟩ ① **parese** ⟨gedeeltelijke verlamming⟩ ♦ *general paresis* progressieve paralyse ② **progressieve paralyse**

¹**pa·ret·ic** /pəretɪk/ [telb zn] **pareselijder,** gedeeltelijk verlamde

²**pa·ret·ic** /pəretɪk/ [bn; bw: ~ally] **paretisch,** gedeeltelijk verlamd

par ex·cel·lence /pɑːr eksəlɑːns/ [bw] **par excellence,** bij uitstek, bij uitnemendheid

par·fait /pɑːfeɪ, ᴬpɑr-/ [telb zn] ⟨cul⟩ **parfait** ⟨⟨dessert met⟩ bepaald soort ijs⟩

¹**par·get** /pɑːdʒɪt, ᴬpɑr-/ [telb + niet-telb zn] ⟨versierd⟩ **pleisterwerk,** pleisterornamenten

²**par·get** /pɑːdʒɪt, ᴬpɑr-/ [niet-telb zn] **pleister,** ⟨ruwe⟩ pleisterkalk, witkalk

³**par·get** /pɑːdʒɪt, ᴬpɑr-/ [ov ww] **pleisteren,** stukadoren, met stuc versieren; → **pargetting**

par·get·ting, ⟨AE⟩ **par·get·ing** /pɑːdʒɪtɪŋ, ᴬpɑrdʒɪtɪŋ/ [telb + niet-telb zn; (oorspronkelijk) gerund van parget] **versierd pleisterwerk,** stukadoorswerk, pleisterornament

par·he·li·a·cal /pɑːhiːlɪəkl, ᴬpɑr-/, **par·he·lic** /-hiːlɪk, -helɪk/ [bn; bw: ~ly] ⟨astron⟩ **parhelisch** ♦ *parheliacal circle* parhelische ring

par·he·li·on /pɑːhiːlɪən, ᴬpɑr-/ [telb zn; mv: parhelia /-lɪə/] ⟨astron⟩ **bijzon,** parhelium

pa·ri·ah /pəraɪə/ [telb zn] ① **paria** ⟨lid van de laagste klasse in Indië⟩ ② **verstoteling,** verschoppeling, outcast, verworpeling

pariah dog [telb zn] **pariahond,** kamponghond, gladakker

¹**Par·i·an** /peərɪən, ᴬper-/ [telb zn] **inwoner van Paros**

²**Par·i·an** /peərɪən, ᴬper-/ [niet-telb zn] **ivoorporselein,** Parisch porselein

³**Par·i·an** /peərɪən, ᴬper-/ [bn] **Parisch** ♦ *Parian marble* Parisch marmer

pa·ri·e·tal /pəraɪətl/ [bn] ① ⟨biol, med⟩ **pariëtaal,** wand-, wandbeen- ♦ *parietal bone* wandbeen; *parietal lobe* pariëtale hersenkwab ② ⟨plantk⟩ **wandstandig** ③ ⟨AE⟩ **universiteits-,** intern, huis- ♦ *parietal rules* reglement van de universiteit

pa·ri·e·tals /pəraɪətlz/ [alleen mv] ⟨AE⟩ **bezoekregels** ⟨in universiteit, voor mannelijke en vrouwelijke studentenhuizen⟩

par·i·mu·tu·el /pærɪmjuːtjʊəl, ᴬ-tʃʊəl/ [telb zn; mv: in bet 1 ook paris-mutuels] ① ⟨soort⟩ **weddenschap** ② **totalisator**

par·ing /peərɪŋ, ᴬper-/ [telb zn; oorspronkelijk tegenwoordig deelw van pare; vaak mv] **schil,** afknipsel

paring knife [telb zn] ① **schilmesje** ② ⟨techn⟩ **hoefmes,** veegmes

pa·ri pas·su /pæripæsuː/ [bw] **gelijklopend,** in hetzelfde tempo, gelijkmatig, gelijktijdig, gelijkelijk

Par·is [eigenn] **Parijs**

Par·is dai·sy /pærɪs deɪzi/ [telb zn] ⟨plantk⟩ **struikmargriet** ⟨Chrysanthemum frutescens⟩

Paris doll [telb zn] **kleermakerspop**

Paris green [niet-telb zn] **Parijs groen** ⟨giftig, groen poeder⟩

¹**pa·rish** /pærɪʃ/ [telb zn] ① **parochie,** kerkdorp, kerkelijke

parish

gemeente ♦ ⟨BE⟩ *Ecclesiastical parish* kerkgemeente, kerkdorp, parochie ② ⟨BE⟩ gemeente, dorp, district ♦ *buried by the parish* als arme begraven; ⟨BE⟩ *Civil parish* gemeente, dorp, district ③ ⟨AE⟩ district ('county' in Louisiana) ④ ⟨inf⟩ werkterrein, gebied, bevoegdheid, ressort, tak

²**pa·rish** /pærɪʃ/ [verzamelen] parochie(gemeenschap), parochianen, gemeente

parish church [telb zn] parochiekerk

parish clerk [telb zn] koster, kerkbewaarder

parish council [verzamelen] ⟨BE⟩ gemeenteraad, dorpsraad

parish hall [telb zn] parochiehuis, parochiezaal

pa·rish·ion·er /pərɪʃənə, ᴬ-ər/ [telb zn] parochiaan, gemeentelid

parish priest [telb zn] parochiepriester, pastoor

pa·rish-pump [bn, attr] bekrompen, kleinsteeds, peuterig ♦ *parish-pump politics* pietluttige politiek

parish register [telb zn] kerkelijk register, kerkboek

parish relief [niet-telb zn] armensteun, onderstand

¹**Pa·ri·sian** /pərɪziən, ᴬpərɪʒn, ᴬ-riː-/ [telb zn] Parijzenaar, Parisienne

²**Pa·ri·sian** /pərɪziən, ᴬpərɪʒn, ᴬ-riː-/ [bn] Parijs

par·i·son, par·ai·son /pærɪsn/ [telb zn] ⟨techn⟩ glasklomp, glasmassa, glaspasta

Paris white [niet-telb zn] ① gebrande gips ② polijstkalk

par·i·ty /pærəti/ [niet-telb zn] ① gelijkheid, gelijkwaardigheid, gelijkgerechtigdheid, pariteit ♦ *parity of pay* gelijke wedde ② overeenkomst, analogie, gelijkenis, gelijk(aardig)heid, overeenstemming ♦ *by parity of reasoning* analoog redenerend ③ ⟨fin⟩ pari(teit), omrekeningskoers, wisselkoers ♦ *parity of exchange* wisselkoers ④ ⟨natuurk, wisk⟩ pariteit ⑤ ⟨med⟩ pariteit (aantal zwangerschappen)

¹**park** /pɑːk, ᴬpɑrk/ [telb zn] ① park, domein, landgoed, natuurpark, natuurreservaat, wildpark, ⟨BE; jur⟩ jachtterrein ♦ *national park* nationaal park, natuurreservaat ② parkeerplaats, parkeerterrein ③ oesterbank, oesterkwekerij, oesterbed ④ ⟨mil⟩ (artillerie)park ⑤ ⟨AE⟩ stadion, sportpark, speelveld, sportterrein, (i.h.b.) honkbalstadion ⑥ ⟨vaak the⟩ ⟨BE; inf; voetb⟩ voetbalveld

²**park** /pɑːk, ᴬpɑrk/ [onov + ov ww] ① parkeren ♦ *park and ride* de auto bij het station/de bushalte achterlaten en verder rijden met openbaar vervoer ② ⟨inf⟩ knuffelen, vrijen ⟨(oorspronkelijk) in geparkeerde auto⟩; → **parking**

³**park** /pɑːk, ᴬpɑrk/ [ov ww] ① omheinen, insluiten, omsluiten, als park aanleggen ② ⟨inf⟩ (tijdelijk) plaatsen, neerzetten, wegzetten, deponeren, (achter)laten ♦ *don't always park your books on my desk!* laat je boeken niet altijd op mijn bureau slingeren!; ⟨inf⟩ *park o.s.* gaan zitten ③ ⟨mil⟩ parkeren, opstellen (geschut e.d.); → **parking**

par·ka /pɑːkə, ᴬpɑrkə/ [telb zn] parka, anorak

par·ker /pɑːkə, ᴬpɑrkər/ [telb zn] parkeerder

par·kin /pɑːkɪn, ᴬpɑr-/ [niet-telb zn] ⟨SchE⟩ (fijne) ontbijtkoek, (soort) peperkoek

park·ing /pɑːkɪŋ, ᴬpɑr-/ [niet-telb zn; gerund van park] (het) parkeren, parkeerruimte, parkeergelegenheid ♦ *no parking* verboden te parkeren

parking bay [telb zn] ⟨AuE⟩ parkeerhaven

parking brake [telb zn] parkeerrem, handrem

parking disc [telb zn] parkeerschijf

parking fee [telb zn] parkeergeld

parking garage [telb zn] ⟨AE⟩ parkeergarage

parking lane [telb zn] parkeerstrook

parking light [telb zn] ⟨AE⟩ stadslicht ⟨van auto⟩, parkeerlicht

parking lot [telb zn] ⟨AE⟩ parkeerplaats, parkeerterrein

parking meter [telb zn] parkeermeter

parking orbit [telb zn] ⟨ruimtev⟩ parkeerbaan

parking place [telb zn] parkeerplaats, parkeerterrein

parking space [telb + niet-telb zn] parkeerruimte, parkeergelegenheid, parkeerplaats

parking station [telb zn] ⟨AuE⟩ parkeergarage

parking ticket [telb zn] parkeerbon

Par·kin·son's dis·ease /pɑːkɪnsnz dɪziːz, ᴬpɑr-/, **par·kin·son·ism** /pɑːkɪnsnɪzm, ᴬpɑr-/ [niet-telb zn] ⟨med⟩ ziekte van Parkinson

Parkinson's Law [eigenn; ook parkinson's law] ⟨scherts⟩ de wet van Parkinson ⟨o.a. werk duurt net zo lang als er tijd voor beschikbaar is⟩

park keeper [telb zn] ⟨BE⟩ parkwachter, parkopziener

park·land [niet-telb zn] ① open grasland ⟨met bomen bezaaid⟩ ② parkgrond

park ranger [telb zn] ⟨AE⟩ boswachter

park·way [telb zn] ⟨AE⟩ snelweg ⟨weg door fraai landschap⟩

¹**park·y** /pɑːki, ᴬpɑrki/ [telb zn] ⟨BE; sl, kind⟩ parkwachter

²**park·y** /pɑːki, ᴬpɑrki/ [bn] ⟨BE; sl⟩ kil, koud, koel, ijzig

Parl [afk] ① (Parliament) ② (parliamentary)

¹**par·lance** /pɑːləns, ᴬpɑr-/ [telb zn] ⟨vero⟩ gesprek, debat, conversatie, discussie

²**par·lance** /pɑːləns, ᴬpɑr-/ [niet-telb zn] zegswijze, uitdrukkingsvorm, taal ♦ *in common parlance* eenvoudig/verstaanbaar/duidelijk uitgedrukt; *in legal parlance* in rechtstaal, in juridische termen

par·lan·do /pɑːlændoʊ, ᴬpɑr-/, **par·lan·te** /-læntei/ [bn; bw] ⟨muz⟩ parlando ⟨meer gesproken dan gezongen⟩

¹**par·lay** /pɑːli, ᴬpɑrlei/ [telb zn] ⟨AE⟩ nieuwe inzet ⟨in kansspel⟩

²**par·lay** /pɑːli, ᴬpɑrlei/ [ov ww] ⟨AE⟩ ① opnieuw inzetten ② munt slaan uit, gebruikmaken van, (volledig) benutten, uitbouwen, vermeerderen, vergroten ♦ *parlay one's talents into a glamourous career* zijn talenten uitbouwen tot een prachtcarrière ③ ⟨sl⟩ begrijpen

¹**par·ley** /pɑːli, ᴬpɑrli/ [telb zn] ① debat, discussie, vergadering, (i.h.b.) (wapenstilstands)onderhandeling ♦ *beat/sound a parley* onderhandelingen aanvragen met de trom/trompet ② gesprek, conversatie, bespreking, onderhoud

²**par·ley** /pɑːli, ᴬpɑrli/ [onov ww] onderhandelen, onderhandelingen/vredesonderhandelingen/wapenstilstandsonderhandelingen voeren, parlementeren

¹**par·ley-voo** /pɑːlivuː, ᴬpɑr-/ [niet-telb zn] ⟨scherts⟩ Frans

²**par·ley-voo** /pɑːlivuː, ᴬpɑr-/ [onov ww] ⟨scherts⟩ ① Frans spreken ② ⟨sl⟩ een vreemde taal spreken/begrijpen ③ ⟨sl⟩ praten

Par·ley-voo /pɑːlivuː, ᴬpɑr-/ [telb zn] ⟨scherts⟩ Fransman

par·lia·ment /pɑːləmənt, ᴬpɑr-/ [telb zn; ook Parliament] parlement, volksvertegenwoordiging

Par·lia·ment /pɑːləmənt, ᴬpɑr-/ [eigenn] het (Britse) parlement ♦ *act of Parliament* (parlementaire) wet; *Parliament is adjourned* het parlement gaat uiteen; *enter Parliament* in het parlement gekozen worden; *Parliament rises* het parlement gaat uiteen/op reces; *Parliament sits* het parlement zetelt; *summon Parliament* het parlement bijeenroepen

par·lia·men·tar·i·an /pɑːləməntɛəriən, ᴬpɑrləmentɛriən/ [telb zn] ① (ervaren) parlementariër, parlementslid ② ⟨the; voornamelijk Parliamentarian⟩ adviseur van de parlementsvoorzitter m.b.t. procedure ⟨zelf parlementslid⟩ ③ ⟨vaak Parliamentarian⟩ ⟨gesch⟩ rondkop ⟨aanhanger van het parlement tijdens Engelse burgeroorlog⟩

par·lia·men·ta·ry /pɑːləməntri, ᴬpɑrləmentəri/, **parlementarian** /-tɛəriən, ᴬ-tɛriən/ [bn] ① parlementair, parlements-, ⟨ook Parliamentary⟩ door het (Brits) parlement goedgekeurd ♦ ⟨BE⟩ *parliamentary agent* parlementair agent ⟨behartigt belangen van privaat persoon in parlementaire zaken⟩; ⟨gesch⟩ *parliamentary army* parlementair leger, leger van de rondkoppen ⟨Engelse burgeroorlog〉; 〈BE〉 Parliamentary *Commissioner for Administration*, parliamentary *commissioner* officieel ombudsman; parliamentary *decree* parlementair besluit; parliamentary *immunity* parlementaire immuniteit/onschendbaarheid; parliamentary *law* parlementair recht; parliamentary *party* kamerfractie; parliamentary *privilege* parlementair privilege/voorrecht; parliamentary *procedures* parlementaire handelingen; Parliamentary (Private) *Secretary* parlementair ministersassistent 〈in Groot-Brittannië〉; parliamentary *state* parlementaire/democratische staat; Parliamentary *Undersecretary* parlementair ministersassistent 〈in Groot-Brittannië〉 [2] 〈inf〉 parlementair, beleefd, omzichtig, hoffelijk ♦ parliamentary *language* hoffelijke/parlementaire taal

par·lour 〈AE〉 **par·lor** /pɑːlə, ᴬpɑrlər/ [telb zn] [1] salon, ontvangkamer, mooie kamer, 〈bij uitbreiding〉 woonkamer, leefkamer, zitkamer [2] spreekkamer(tje), parloir, gastenkamer 〈in klooster〉, salon, lounge 〈in hotel〉 [3] 〈AE; handel〉 salon [4] melkhuisje

parlour game [telb zn] gezelschapsspel, 〈i.h.b.〉 woordspel

par·lour·maid [telb zn] 〈BE〉 dienstmeisje, tafelmeisje

parlour pink [telb zn] 〈AE; sl〉 saloncommunist, salonsocialist

parlour socialist [telb zn] salonsocialist

parlour tricks [alleen mv] 〈pej〉 maniertjes, complimentjes

¹**par·lous** /pɑːləs, ᴬpɑr-/ [bn] gevaarlijk, hachelijk, moeilijk, riskant

²**par·lous** /pɑːləs, ᴬpɑr-/ [bw] bijzonder, buitengewoon, uitzonderlijk, vreselijk

Par·ma vi·o·let /pɑːmə vaɪəlɪt, ᴬpɑrmə-/ [telb zn] 〈plantk〉 geurig viooltje, welriekend/maarts viooltje 〈Viola odorata sempervirens〉

¹**Par·me·san** /pɑːmɪzæn, ᴬpɑrmɪzən/ [telb + niet-telb zn] parmezaan(kaas), Parmezaanse kaas

²**Par·me·san** /pɑːmɪzæn, ᴬpɑrmɪzən/ [bn] Parmezaans ♦ Parmesan *cheese* Parmezaanse kaas

¹**Par·nas·si·an** /pɑːnæsɪən, ᴬpɑr-/ [bn] 〈letterk〉 parnassien

²**Par·nas·si·an** /pɑːnæsɪən, ᴬpɑr-/ [bn] [1] m.b.t. de Parnasberg, Parnas- [2] poëtisch, dichterlijk [3] Parnassiaans 〈m.b.t. Franse dichtersgroep〉

¹**Par·nas·sus** /pɑːnæsəs, ᴬpɑr-/ [eigenn] Parnas(sus), Parnasberg, muzenberg

²**Par·nas·sus** /pɑːnæsəs, ᴬpɑr-/ [telb zn] 〈vero〉 bundel/verzameling gedichten, dichtbundel, verzenbundel

pa·ro·chi·aid /pəroʊkieɪd/ [niet-telb zn] 〈AE〉 regeringssubsidie 〈voor confessionele school〉

pa·ro·chi·al /pəroʊkɪəl/ [bn; bw: ~ly] [1] parochiaal, parochie-, gemeentelijk, dorps- ♦ parochial *church council* kerkenraad, kerkfabriek 〈in Engelse kerk〉 [2] 〈AE〉 confessioneel ♦ 〈vnl AE〉 parochial *school* confessionele school; 〈r-k〉 parochieschool [3] bekrompen, eng, kortzichtig, beperkt, kleingeestig, kleinsteeds, provinciaal ♦ parochial *mind* bekrompen geest; parochial *point of view* kortzichtig standpunt

pa·ro·chi·al·ism /pəroʊkɪəlɪzm/, **pa·ro·chi·al·i·ty** /pəroʊkɪæləti/ [niet-telb zn] bekrompenheid, kleingeestigheid, kortzichtigheid, kleinsteedsheid, esprit de clocher

¹**pa·ro·chial·ize, pa·ro·chial·ise** /pəroʊkɪəlaɪz/ [onov ww] parochiaal werk doen

²**pa·ro·chial·ize, pa·ro·chial·ise** /pəroʊkɪəlaɪz/ [ov ww] parochiaal maken

pa·rod·ic /pərɒdɪk, ᴬpərɑ-/, **pa·rod·i·cal** /-ɪkl/ [bn] parodiërend, parodistisch

par·o·dist /pærədɪst/ [letterk zn] parodist, parodieënschrijver, parodieënmaker

¹**par·o·dy** /pærədi/ [telb zn] parodie, karikatuur, travestie, vertekening ♦ this trial is a parody of *justice* dit proces is een karikatuur van rechtvaardigheid

²**par·o·dy** /pærədi/ [telb + niet-telb zn] parodie, parodiëring, nabootsing ♦ parody *on/of a poem* parodie op een gedicht

³**par·o·dy** /pærədi/ [ov ww] parodiëren, navolgen

pa·roe·mia /pəriːmɪə/ [telb zn] 〈form〉 spreekwoord

pa·roe·mi·ol·o·gist /pəriːmiɒlədʒɪst, ᴬ-ɑlə-/ [telb zn] paremioloog, paremiologe, spreekwoordkundige

pa·roe·mi·ol·o·gy /pəriːmiɒlədʒi, ᴬ-ɑlə-/ [niet-telb zn] paremiologie, spreekwoordenleer

¹**pa·rol** /pəroʊl/ [telb zn] 〈jur〉 mondelinge verklaring, uitspraak ♦ by parol mondeling, door mondelinge overeenkomst

²**pa·rol** /pəroʊl/ [bn] 〈jur〉 [1] mondeling ♦ parol *evidence* getuigenbewijs, mondeling bewijs [2] ongezegeld, onbekrachtigd ♦ parol *contract* niet formeel/ongezegeld contract

¹**pa·role** /pəroʊl/ [telb zn] [1] erewoord, parool, woord ♦ break one's *parole* zijn parool breken; parole *of honour* erewoord [2] 〈mil〉 wachtwoord [3] mondelinge verklaring, uitspraak

²**pa·role** /pəroʊl/ [telb + niet-telb zn] 〈jur〉 voorwaardelijke vrijlating, parooltijd ♦ on parole voorwaardelijk vrijgelaten, op parool

³**pa·role** /pəroʊl/ [ov ww] 〈jur〉 voorwaardelijk vrijlaten

parole board [telb zn] 〈jur〉 paroolcommissie

pa·rol·ee /pəroʊliː/ [telb zn] 〈jur〉 voorwaardelijk vrijgelatene

par·o·no·ma·sia /pærənoʊmeɪzɪə, ᴬ-meɪʒə/ [telb + niet-telb zn] paronomasie, woordspeling

par·o·no·mas·tic /pærənoʊmæstɪk/ [bn; bw: ~ally] woordspelig

par·o·nym /pærənɪm/ [telb zn] [1] paroniem, stamverwant woord [2] (woord gevormd door) leenvertaling

pa·ron·y·mous /pərɒnɪməs, ᴬ-rɑ-/, **par·o·nym·ic** /pærənɪmɪk/ [bn] [1] stamverwant [2] leenvertaald

paroquet [telb zn] → **parakeet**

¹**pa·rot·id** /pərɒtɪd, ᴬpərɑtɪd/ [telb zn] 〈med〉 parotis, oorspeekselklier

²**pa·rot·id** /pərɒtɪd, ᴬpərɑtɪd/ [bn, attr] 〈med〉 (gelegen) bij de oorspeekselklier/parotis ♦ parotid *duct* kanaal van Steno; parotid *gland* oorspeekselklier, parotis

par·o·ti·tis /pærətaɪtɪs/, **pa·rot·i·di·tis** /pərɒtɪdaɪtɪs, ᴬ-rɑtɪdaɪtɪs/ [telb + niet-telb zn; mv: parotites, parotidites] 〈med〉 parotitis, oorspeekselklierontsteking, 〈i.h.b.〉 bof 〈parotitis epidemica〉

-pa·rous /pərəs/ -barend ♦ viviparous levendbarend

par·ox·ysm /pærəksɪzm/ [telb zn] [1] 〈med〉 paroxisme, (acute ziekte)aanval, kramp, spasme, hoogtepunt [2] (gevoels)uitbarsting, uitval, aanval ♦ paroxysm *of anger* woedeaanval; paroxysm *of laughter* hevige lachbui

par·ox·ys·mal /pærəksɪzml/, **par·ox·ys·mic** /pærəksɪzmɪk/ [bn; bw: ~ly, paroxysmically] paroxismaal, spasmisch, convulsief, krampachtig

par·pen /pɑːpən, ᴬpɑr-/, **par·pend** /-pənd/, **per·pend** /pɜːpənd, ᴬpɜr-/, **per·pent** /-pənt/ [telb zn] 〈bouwk〉 (bewerkte) bindsteen

¹**par·quet** /pɑːkeɪ, pɑːki, ᴬpɑrkeɪ/ [telb zn] 〈AE; dram〉 parket, stalles

²**par·quet** /pɑːkeɪ, pɑːki, ᴬpɑrkeɪ/ [telb + niet-telb zn; ook attributief] parket, parketvloer, parketwerk

³**par·quet** /pɑːkeɪ, pɑːki, ᴬpɑrkeɪ/ [ov ww] parketteren, parket leggen in

parquet circle [telb zn] 〈AE; dram〉 parterre

parquet floor [telb zn] parket(vloer)

par·quet·ry /pɑːkɪtri, ᴬpɑr-/ [niet-telb zn] parket(werk), inlegwerk

parr /pɑː, ᴬpɑr/ [telb zn; mv: ook parr] kleine zomerzalm, 〈bij uitbreiding〉 jonge vis

parrakeet [telb zn] → **parakeet**

parramatta

par·ra·mat·ta, par·a·mat·ta /pærəmætə/ [niet-telb zn] paramat ⟨gekeperde stof van katoen en wol⟩
par·ri·cid·al /ˌpærɪˈsaɪdl/ [bn; bw: ~ly] [1] m.b.t. vadermoord/landverraad [2] schuldig aan vadermoord/landverraad
¹par·ri·cide /ˈpærɪsaɪd/ [telb zn] [1] vadermoordenaar, moedermoordenaar [2] familiemoordenaar
²par·ri·cide /ˈpærɪsaɪd/ [niet-telb zn] [1] vadermoord, moedermoord [2] familiemoord
parroquet [telb zn] → parakeet
¹par·rot /ˈpærət/ [telb zn] papegaai ⟨ook figuurlijk⟩, napraper, na-aper
²par·rot /ˈpærət/ [onov ww] snateren, ratelen
³par·rot /ˈpærət/ [ov ww] [1] papegaaien, napraten, na-apen, nabootsen [2] leren papegaaien
parrot crossbill [telb zn] ⟨dierk⟩ grote kruisbek ⟨Loxia pytyopsittacus⟩
par·rot-cry [telb zn] slogan, leus, (holle) frase, kreet, slagzin
parrot fashion [bn; attr + bw] ⟨inf⟩ onnadenkend, machinaal, uit het hoofd ♦ *pray parrot fashion* gebeden afratelen
parrot fever, parrot disease [telb + niet-telb zn] ⟨med⟩ papegaaienziekte, psittacosis
par·rot·fish [telb zn] ⟨dierk⟩ papegaaivis ⟨genus Scarus⟩
par·rot·let /ˈpærətlɪt/ [telb zn] ⟨dierk⟩ muspapegaai ⟨genus Forpus⟩
¹par·ry /ˈpæri/ [telb zn] [1] afweermanoeuvre, wering, ⟨i.h.b. schermsp⟩ parade [2] ontwijking, ontwijkend antwoord
²par·ry /ˈpæri/ [onov ww] een aanval afwenden/afkeren ⟨ook figuurlijk⟩
³par·ry /ˈpæri/ [ov ww] [1] afwenden, (af)weren, afkeren, ⟨schermsp⟩ pareren ♦ *parry a blow* een stoot afwenden [2] ontwijken, (ver)mijden, ontduiken ♦ *parry a question* zich van een vraag afmaken
¹parse /pɑːz, ᴬpɑrs/ [onov ww] ⟨taalk⟩ [1] ontleden, analyseren, parseren [2] zich laten ontleden (in directe constituenten) ♦ *the sentence did not parse easily* de zin was niet makkelijk te ontleden
²parse /pɑːz, ᴬpɑrs/ [ov ww] ⟨taalk⟩ ontleden in directe constituenten, (syntactisch) analyseren/ontleden, parseren
par·sec /ˈpɑːsek, ᴬpɑr-/ [telb zn] ⟨astron⟩ parsec ⟨3,26 lichtjaar⟩
¹Par·see, Par·si /pɑːˈsiː, ᴬpɑrsi:/ [eigenn] Perzisch, de Perzische taal ⟨uit de tijd der Sassanieden⟩
²Par·see, Par·si /pɑːˈsiː, ᴬpɑrsi:/ [telb zn] pars ⟨aanhanger van de leer van Zoroaster⟩
Par·see·ism, Par·si·ism /ˈpɑːsiːɪzm, ᴬpɑr-/, **Par·sism** /-sɪzm/ [niet-telb zn] parsisme ⟨leer van Zoroaster⟩
pars·er /ˈpɑːzə, ᴬpɑrsər/ [telb zn] ⟨comp⟩ parser, automatische ontleder
par·si·mo·ni·ous /ˌpɑːsɪˈməʊniəs, ᴬpɑr-/ [bn; bw: ~ly; zn: ~ness] spaarzaam, sober, karig, gierig, krenterig, schriel, vrekkig
par·si·mo·ny /ˈpɑːsɪməni, ᴬpɑrsɪməʊni/ [niet-telb zn] ⟨form⟩ spaarzaamheid, soberheid, karigheid, schrielheid, gierigheid, krenterigheid, vrekkigheid ⟨ook immaterieel⟩
pars·ley /ˈpɑːsli, ᴬpɑr-/ [niet-telb zn] ⟨plantk⟩ peterselie ⟨Petroselinum crispum⟩
parsley fern [telb zn] ⟨plantk⟩ (benaming voor) peterselieachtige plant, gekroesde rolvaren ⟨Cryptogramma crispa⟩, wijfjesvaren ⟨Athyrium felix feminina⟩, streepvaren ⟨genus Asplenium⟩, boerenwormkruid ⟨Tanacetum vulgare⟩
¹parsley piert /ˈpɑːsli pɪət, ᴬpɑrsli pɪrt/ [telb + niet-telb zn] ⟨plantk⟩ akkerleeuwenklauw ⟨Aphanes/Alchemilla arvensis⟩
²parsley piert /ˈpɑːsli pɪət, ᴬpɑrsli pɪrt/ [niet-telb zn]

⟨plantk⟩ dopheide, erica ⟨genus Erica⟩
pars·nip /ˈpɑːsnɪp, ᴬpɑr-/ [telb + niet-telb zn] ⟨plantk⟩ pastinaak ⟨Pastinaca sativa⟩, pastinaakwortel · ⟨sprw⟩ *fine words butter no parsnips* schone woorden maken de kool niet vet, woorden vullen geen zakken, praatjes vullen geen gaatjes
par·son /ˈpɑːsn, ᴬpɑrsn/ [telb zn] predikant ⟨in anglicaanse kerk⟩, ⟨inf⟩ dominee, (parochie)priester, pastoor, geestelijke
par·son·age /ˈpɑːsnɪdʒ, ᴬpɑr-/ [telb zn] pastorie
parson bird [telb zn] ⟨dierk⟩ (Nieuw-Zeelandse) tui, halskraagvogel ⟨Prosthemadera novaeseelandiae⟩
par·son·ic /pɑːˈsɒnɪk, ᴬpɑrsɑ-/, **par·son·i·cal** /-ɪkl/ [bn] [1] domineeachtig, dominees-, priester-, pastoors- [2] geestelijk
par·son's nose /ˈpɑːsnz nəʊz, ᴬpɑr-/ [telb zn] ⟨inf⟩ stuit ⟨van gebraden gevogelte⟩
¹part /pɑːt, ᴬpɑrt/ [telb zn] [1] (onder)deel, aflevering, (reserve)onderdeel, ⟨biol⟩ lid, orgaan, ⟨wisk⟩ deel, deelverzameling ♦ *component part* bestanddeel; *two parts of flour* twee delen bloem; *moving part* beweegbaar (onder)deel; *the parts of the digestive tract* de organen van het spijsverteringsstelsel [2] ⟨dram⟩ rol ♦ *look the part* er naar uitzien; ⟨fig⟩ *play a part* een rol spelen, veinzen, huichelen; ⟨fig⟩ *play a part in* een rol spelen bij/in, van invloed zijn op, een factor zijn in; ⟨fig⟩ *play an unworthy part* zich onwaardig gedragen; *top one's part* zijn rol volmaakt uitvoeren/perfect spelen [3] ⟨muz⟩ partij, stem ♦ *sing in three parts* driestemmig zingen [4] ⟨AE⟩ scheiding (in het haar) · *the parts* de geslachtsdelen, de genitaliën; *three parts* drie kwart
²part /pɑːt, ᴬpɑrt/ [telb + niet-telb zn] [1] ⟨ook attributief⟩ deel, gedeelte, stuk ♦ *the better/best/greater/most part* de meerderheid, het overgrote deel; *part by part* stuk voor stuk; *the dreadful part of it* het verschrikkelijke ervan; *it is part of the game* het hoort er bij; *a great part* een groot deel, heel wat [2] aandeel, part, plicht, taak, functie ♦ *do one's part* zijn plicht vervullen; *have a part in* iets te maken hebben met, de hand hebben in; *have an important part at the election* een belangrijke taak vervullen bij de verkiezing [3] houding, gedragslijn ♦ *silence usually is the better part* zwijgen is gewoonlijk verstandiger · *bear a part in* deelnemen aan, een rol spelen in, delen in; *for my part* wat mij betreft; *in part(s)* gedeeltelijk, deels, ten dele, voor een gedeelte; *for the most part* meestal, in de meeste gevallen; overwegend, vooral; *on the part of ...* van(wege) ..., wat ... betreft; *part and parcel of* een essentieel onderdeel van; ⟨taalk⟩ *part of speech* woordsoort, woordklasse; *take part in* deelnemen aan, betrokken zijn bij; *on one's part* van(wege) ..., wat ... betreft; ⟨sprw⟩ *discretion is the better part of valour* ± voorzichtigheid is de moeder der wijsheid
³part /pɑːt, ᴬpɑrt/ [niet-telb zn] zijde, kant ♦ *a contract between X of one part and Y of the other part* een contract tussen X ten ene zijde en Y ten andere zijde; *take the part of, take part with* steunen, de zijde kiezen van
⁴part /pɑːt, ᴬpɑrt/ [onov ww] [1] van/uit elkaar gaan, scheiden, breken, scheuren, losgaan, losraken, splitsen ♦ *the clouds part* de wolken breken open; *the curtain parts* het gordijn scheurt; *part (as) friends* als vrienden uit elkaar gaan; *the paths part here* hier splitsen de wegen zich; *the rope parted* het touw brak [2] ⟨euf⟩ heengaan, sterven [3] ⟨vero⟩ vertrekken [4] ⟨inf⟩ afstand doen van zijn geld, betalen, geld uitgeven · zie: **part from;** zie: **part with;** → **parted, parting**
⁵part /pɑːt, ᴬpɑrt/ [ov ww] [1] scheiden, (ver)delen, breken, ⟨scheepv⟩ losslaan van ♦ *the ship parted her moorings* het schip sloeg los van de kabels [2] scheiden, afzonderen, uit elkaar houden ♦ *till death us do part* tot de dood ons scheidt; *part the fighting dogs* de vechtende honden scheiden; *he wouldn't be parted from his money* hij wilde niet betalen [3] een scheiding kammen/leggen in ⟨haar⟩ · ⟨sprw⟩

a fool and his money are soon parted een zot en zijn geld zijn haast gescheiden, als de zotten geld hebben, hebben de kramers nering; → **parted, parting**

⁶**part** /pɑːt, ˄pɑrt/ [bw] **deels**, gedeeltelijk, voor een deel, ten dele

par·take /pɑːˈteɪk, ˄pɑr-/ [onov ww; partook, partaken] **deelnemen**, participeren, deelhebben, delen ♦ *partake in the festivities with s.o.* met iemand aan de festiviteiten deelnemen ▢ zie: **partake of**

partake of [onov ww] ① **deelnemen aan**, participeren in, deelhebben aan, delen (in) ② **delen**, (een stukje) eten (van), (wat) drinken (van) ♦ *will you partake of our lowly fare?* wilt u onze nederige maaltijd delen? ③ **iets hebben van** ♦ *his nature partakes of arrogance* hij heeft iets arrogants

par·tan /pɑːtn, ˄pɑrtn/ [telb zn] ⟨SchE⟩ **krab**

part author [telb zn] **medeauteur**

part delivery, part order [telb zn] **gedeeltelijke levering**

part·ed /pɑːtɪd, ˄pɑrtɪd/ [bn; volt deelw van part] ① **(af)gescheiden**, verdeeld, (in)gedeeld, gekloofd, uit elkaar ② ⟨biol⟩ **gedeeld** ♦ *parted leaves* gedeeld bladeren

par·terre /pɑːˈteə, ˄pɑrˈter/ [telb zn] ① **bloemperk(en)**, bloembed, parterre ② ⟨dram⟩ **parterre**

part exchange [telb zn] **goederenruil** ⟨als gedeeltelijke betaling⟩

part from [onov ww] ① **verlaten**, achterlaten, weggaan, scheiden van ② **afstand doen van**, afstaan, opgeven

par·the·no·car·py /pɑːˈθiːnoʊkɑːpi, ˄pɑrθənoʊkɑrpi/ [niet-telb zn] ⟨plantk⟩ **parthenocarpie** ⟨vruchtvorming zonder bevruchting⟩

par·the·no·gen·e·sis /pɑːθɪnoʊdʒenɪsɪs, ˄pɑr-/ [niet-telb zn] ⟨biol⟩ **parthenogenese** ⟨voortplanting zonder bevruchting⟩

par·the·no·ge·net·ic /pɑːˌθɪnoʊdʒɪˈnetɪk, ˄pɑr-/ [bn; bw: ~ally] **parthenogenetisch**

par·the·no·ge·none /pɑːˈθɪnədʒənoʊn, ˄pɑrˈθənɑ-/ [telb zn] **parthenogenon** ⟨organisme dat zich zonder bevruchting kan voortplanten⟩

¹**Par·thi·an** /pɑːθɪən, ˄pɑr-/ [telb zn] **Parth**

²**Par·thi·an** /pɑːθɪən, ˄pɑr-/ [bn] **Parthisch** ▢ *Parthian shot/shaft* laatste schot, venijnige opmerking, hatelijke toespeling, trap na

par·ti /pɑːˈtiː, ˄pɑr-/ [telb zn] **partij**, huwelijkspartner

¹**par·tial** /pɑːʃl, ˄pɑrʃl/ [telb zn] ① ⟨muz⟩ **deeltoon** ② ⟨wisk⟩ **partiële afgeleide**

²**par·tial** /pɑːʃl, ˄pɑrʃl/ [bn] ① **partijdig**, gunstig gezind, vooringenomen, bevoordeeld, eenzijdig ♦ *be partial towards pretty girls* mooie meisjes bevoorrechten ② **gedeeltelijk**, deel-, partieel ♦ ⟨wisk⟩ *partial derivative* partiële afgeleide; ⟨wisk⟩ *partial differentiation* partiële differentiatie; *partial lunar eclipse* gedeeltelijke maansverduistering; *partial solar eclipse* gedeeltelijke zonsverduistering; ⟨wisk⟩ *partial differential equation* partiële differentiaalvergelijking; ⟨wisk⟩ *partial fraction* partiële breuk; ⟨wisk⟩ *partial product* deelproduct; ⟨jur⟩ *partial verdict* deelvonnis, deeluitspraak ⟨iemand gedeeltelijk schuldig bevinden⟩

³**par·tial** /pɑːʃl, ˄pɑrʃl/ [bn, pred] **verzot**, gek, gesteld, dol, verkikkerd, verlekkerd ♦ *be partial to* erg houden van, een voorliefde hebben voor, gek zijn op

partial-birth abortion [telb + niet-telb zn] ⟨vnl AE; med⟩ ± **late abortus**

¹**par·ti·al·i·ty** /pɑːʃiˈæləti, ˄pɑrʃiˈæləti/ [telb zn] **voorkeur**, voorliefde, zwak, predilectie ♦ *a partiality for French cuisine* een voorliefde voor de Franse keuken

²**par·ti·al·i·ty** /pɑːʃiˈæləti, ˄pɑrʃiˈæləti/ [niet-telb zn] **partijdigheid**, bevoorrechting, vriendjespolitiek, vooringenomenheid, vooroordeel

par·tial·ly /pɑːʃəli, ˄pɑr-/ [bw] **gedeeltelijk**, deels, partieel

par·ti·ble /pɑːtəbl, ˄pɑrtəbl/ [bn] **(ver)deelbaar**, scheidbaar ⟨voornamelijk m.b.t. erfenis⟩ ♦ *partible among* deelbaar onder

par·tic·i·pance /pɑːˈtɪsɪpəns, ˄pɑr-/ [niet-telb zn] **deelname**

¹**par·tic·i·pant** /pɑːˈtɪsɪpənt, ˄pɑr-/, **par·tic·i·pa·tor** /-peɪtə, ˄-peɪtər/ [telb zn] **deelnemer**, deelhebber, participant

²**par·tic·i·pant** /pɑːˈtɪsɪpənt, ˄pɑr-/ [bn, attr] **deelnemend**, participerend

¹**par·tic·i·pate** /pɑːˈtɪsɪpeɪt, ˄pɑr-/ [onov ww] ① **deelnemen**, participeren, delen, deelhebben, meewerken, meedoen ♦ *participate in s.o.'s joy* in iemands vreugde delen; *everyone participated in the strike* iedereen was betrokken bij de staking ② ⟨form⟩ **iets hebben** ♦ *participate of the nature of humour* iets humoristisch hebben; → **participating**

²**par·tic·i·pate** /pɑːˈtɪsɪpeɪt, ˄pɑr-/ [ov ww] **delen (in)**, deelnemen aan; → **participating**

par·tic·i·pat·ing /pɑːˈtɪsɪpeɪtɪŋ, ˄pɑrˈtɪsɪpeɪtɪŋ/ [bn, attr; tegenwoordig deelw van participate] **deelnemend**

¹**par·tic·i·pa·tion** /pɑːˌtɪsɪˈpeɪʃn, ˄pɑr-/ [telb zn] **aandeel**

²**par·tic·i·pa·tion** /pɑːˌtɪsɪˈpeɪʃn, ˄pɑr-/ [niet-telb zn] ① **participatie**, deelname, deelneming, medewerking, inspraak, medezeggenschap ⟨ook in bedrijf⟩ ② ⟨ec⟩ **winstdeling**

par·tic·i·pa·tor·y /pɑːˈtɪsɪpeɪtri, ˄pɑrˈtɪsɪpətɔri/ [bn, attr] **deelnemend** ♦ *participatory democracy* groepsdemocratie; *participatory theatre* participatietheater

par·ti·cip·i·al /pɑːˈtɪsɪpɪəl, ˄pɑrˈtɪ-/ [bn] ⟨taalk⟩ **participiaal**, deelwoord-

par·ti·ci·ple /pɑːtsɪpl, ˄pɑrtɪ-/ [telb zn] ⟨taalk⟩ **deelwoord**, participium ♦ ⟨AE⟩ *dangling participle* onverbonden/zwevend participium; *past participle* voltooid/verleden deelwoord; *present participle* onvoltooid/tegenwoordig deelwoord

par·ti·cle /pɑːtɪkl, ˄pɑrtɪkl/ [telb zn] ① **deeltje**, partikel, ⟨fig⟩ beetje, greintje, zier(tje), aasje ♦ ⟨natuurk⟩ *elementary particle* elementair deeltje; *not a particle of common sense* geen greintje gezond verstand ② ⟨taalk⟩ **partikel** ③ ⟨taalk⟩ **affix** ④ ⟨vero⟩ **clausule**, paragraaf(je), hoofdstukje ⑤ (r-k) **partikel** ⟨deel van gewijde hostie⟩

particle accelerator [telb zn] ⟨natuurk⟩ **deeltjesversneller**

particle physics [niet-telb zn] **elementairedeeltjesfysica**

par·ti-col·oured, par·ty-col·oured [bn] **bont**, veelkleurig

¹**par·tic·u·lar** /pəˈtɪkjʊlə, ˄pərˈtɪkjələr/ [telb + niet-telb zn] ① **bijzonderheid**, detail, (individueel) punt/feit ♦ *correct in every particular* juist op elk punt; *go into particulars* in detail treden; *in particular* in het bijzonder, voornamelijk, hoofdzakelijk, vooral ② ⟨log⟩ **particuliere propositie**

²**par·tic·u·lar** /pəˈtɪkjʊlə, ˄pərˈtɪkjələr/ [bn] ① **bijzonder**, afzonderlijk, specifiek, bepaald, individueel, particulier ♦ *this particular case* dit specifieke geval; *the particular demands of the job* de specifieke eisen van het werk; ⟨rel⟩ *particular election* uitverkiezing; *my particular opinion* mijn persoonlijke mening ② **nauwgezet**, kieskeurig, veeleisend, (angstvallig) precies ♦ *particular about/over* kieskeurig met; *he's over particular* 't is een pietje-precies; *he's not over particular* hij neemt het zo nauw niet ③ **omstandig**, uitvoerig, gedetailleerd, exact ♦ *full and particular account* omstandig verslag ④ ⟨log⟩ **particulier** ♦ *particular proposition* particuliere propositie ▢ *particular average* bijzondere/particuliere/kleine averij

³**par·tic·u·lar** /pəˈtɪkjʊlə, ˄pərˈtɪkjələr/ [bn, attr] ① **bijzonder**, uitzonderlijk, merkwaardig, speciaal, ongewoon ♦ *of particular importance* van uitzonderlijk belang; ⟨rel⟩ *particular intention* bijzondere/speciale intentie; *for no particular reason* niet om een speciale reden, zomaar; *take particu-*

particularism

lar trouble ongewoon veel moeite doen [2] intiem, persoonlijk, particulier ♦ *particular friend* intieme vriend

par·tic·u·lar·ism /pətɪkjʊlərɪzm, ᴬpərtɪkjə-/ [niet-telb zn] [1] particularisme [2] ⟨rel⟩ leer der uitverkiezing

par·tic·u·lar·ist /pətɪkjʊlərɪst, ᴬpərtɪkjə-/ [telb zn] particularist

par·tic·u·lar·is·tic /pətɪkjʊlərɪstɪk, ᴬ-jə-/ [bn] particularistisch

¹**par·tic·u·lar·i·ty** /pətɪkjʊlærəti, ᴬpərtɪkjəlærəti/ [telb zn] bijzonderheid, detail, eigenaardigheid

²**par·tic·u·lar·i·ty** /pətɪkjʊlærəti, ᴬpərtɪkjəlærəti/ [niet-telb zn] [1] bijzonderheid, individualiteit, specificiteit [2] omstandigheid, exactheid, uitvoerigheid [3] kieskeurigheid, nauwgezetheid

par·tic·u·lar·i·za·tion, par·tic·u·lar·i·sa·tion /pətɪkjʊləraɪzeɪʃn, ᴬpərtɪkjələrə-/ [telb + niet-telb zn] detailbehandeling, nauwkeurige omschrijving

¹**par·tic·u·lar·ize, par·tic·u·lar·ise** /pətɪkjʊləraɪz, ᴬpərtɪkjə-/ [onov ww] details geven, in bijzonderheden treden

²**par·tic·u·lar·ize, par·tic·u·lar·ise** /pətɪkjʊləraɪz, ᴬpərtɪkjə-/ [ov ww] particulariseren, specificeren, nauwkeurig aangeven, punt voor punt opnoemen

par·tic·u·lar·ly /pətɪkj(ʊl)əli, ᴬpərtɪkjələrli/ [bw] [1] → particular² [2] (in het) bijzonder, vooral, bij uitstek, voornamelijk, hoofdzakelijk ♦ *not particularly smart* niet bepaald slim

par·tic·u·lars /pətɪkjʊləz, ᴬpərtɪkjələrz/ [alleen mv] [1] feiten, (volledig) verslag, informatie, inlichtingen [2] personalia

¹**par·tic·u·late** /pɑːtɪkjʊlət, ᴬpɑrtɪkjəleɪt/ [telb zn; meestal mv] deeltje ⟨m.b.t. luchtverontreiniging⟩

²**par·tic·u·late** /pɑːtɪkjʊlət, ᴬpɑrtɪkjəleɪt/ [bn] corpusculair, partikel-, deeltjes-

¹**par·ting** /pɑːtɪŋ, ᴬpɑrtɪŋ/ [telb zn; oorspronkelijk tegenwoordig deelw van part] [1] scheidingslijn, ⟨vnl BE⟩ scheiding ⟨in het haar⟩ [2] ⟨techn⟩ naad ⟨van gietvorm⟩ [3] ⟨geol⟩ scheur, breuk, scheidingslaag [4] ⟨geol⟩ breukvlak

²**par·ting** /pɑːtɪŋ, ᴬpɑrtɪŋ/ [telb + niet-telb zn; oorspronkelijk tegenwoordig deelw van part; ook attributief] [1] scheiding, (het) breken, breuk ♦ *at the parting of the ways* op de tweesprong (der wegen) ⟨ook figuurlijk⟩ [2] vertrek, afscheid, afreis, ⟨euf⟩ dood

parting kiss [telb zn] afscheidskus

parting sand [niet-telb zn] ⟨techn⟩ modelzand, koolzand

parting shot [telb zn] laatste woord, hatelijke toespeling/blik, trap na

par·ti pris /pɑːtiːpriː, ᴬpɑrti-/ [telb + niet-telb zn; mv: partis pris] vooroordeel, partijdigheid, vooringenomenheid

¹**par·ti·san, par·ti·zan** /pɑːtɪzæn, ᴬpɑrtɪzn/ [telb zn] [1] partijganger, partijgenoot, volgeling, aanhanger [2] ⟨ook attributief⟩ partizaan, guerrillastrijder, partizanenleider [3] partizaan ⟨hellebaard⟩

²**par·ti·san, par·ti·zan** /pɑːtɪzæn, ᴬpɑrtɪzn/ [bn] partijgebonden, partij-, partijdig, bevooroordeeld ♦ *partisan politics* partijpolitiek; *partisan spirit* partijgeest

par·ti·san·ship /pɑːtɪzænʃɪp, ᴬpɑrtɪzn-/ [niet-telb zn] partijgeest, eenzijdigheid, partijdigheid, vooroordeel

partisan troops, partisan forces [alleen mv] partizanentroepen

par·ti·ta /pɑːtiːtə, ᴬpɑrtiːtə/ [telb zn; mv: partitae /-tiːtiː/] ⟨muz⟩ partita, suite, (reeks) variaties ⟨instrumentale muziek⟩

par·ti·te /pɑːtaɪt, ᴬpɑrtaɪt/ [bn] [1] verdeeld, -delig [2] ⟨biol⟩ gespleten ♦ *partite leaf* gespleten blad

¹**par·ti·tion** /pɑːtɪʃn, ᴬpɑr-/ [telb zn] [1] deel, gedeelte, ruimte, sectie [2] scheid(ing)smuur, tussenmuur, (tussen)schot, plaat, paneel ♦ *folding partition* vouwscherm

[3] ⟨muz⟩ partituur [4] ⟨wisk⟩ scheiding ⟨variabelen⟩, partitie, onderverdeling ⟨matrix⟩

²**par·ti·tion** /pɑːtɪʃn, ᴬpɑr-/ [niet-telb zn] [1] (ver)deling, scheiding, indeling, afzondering, ⟨jur⟩ verdeling [2] ⟨log⟩ verdeling

³**par·ti·tion** /pɑːtɪʃn, ᴬpɑr-/ [ov ww] (ver)delen, indelen, afscheiden, afschieten ♦ *partition off* afscheiden ⟨d.m.v. scheidsmuur⟩

¹**par·ti·tive** /pɑːtɪtɪv, ᴬpɑrtɪtɪv/ [telb zn] ⟨taalk⟩ [1] deelaanduidend woord [2] partitivus, partitief ⟨naamval⟩

²**par·ti·tive** /pɑːtɪtɪv, ᴬpɑrtɪtɪv/ [bn; bw: ~ly] [1] (ver)delend [2] ⟨taalk⟩ partitief, deelaanduidend ♦ *partitive genitive* genitivus partitivus, partitieve genitief

par·ti·tur /pɑːtɪtʊə, ᴬpɑrtɪtʊr/, **par·ti·tu·ra** /-tʊərə, ᴬ-tʊrə/ [telb zn] ⟨muz⟩ partituur

part·let /pɑːtlɪt, ᴬpɑrt-/ [telb zn] [1] kip, hen [2] plooikraag, pijpkraag [3] ⟨pej⟩ wijf

part·ly /pɑːtli, ᴬpɑrtli/ [bw] gedeeltelijk, deels, ten dele ♦ *partly ..., partly ...* ⟨ook⟩ enerzijds ..., anderzijds ...

¹**part·ner** /pɑːtnə, ᴬpɑrtnər/ [telb zn] [1] partner, deelgenoot [2] ⟨handel⟩ vennoot, handelsgenoot, compagnon, partner, firmant ♦ *active partner* actieve vennoot; *dormant/silent/sleeping partner* stille vennoot [3] ⟨huwelijks⟩partner, echtgenoot, echtgenote, (levens)gezel(lin) [4] partner, danspartner, cavalier, medespeler, tafelgenoot, tafeldame, tafelheer ♦ *be partners with* de partner zijn van; ⟨i.h.b.⟩ spelen met [5] ⟨in het bijzonder als aanspreekvorm⟩ ⟨vnl AE; inf⟩ makker, maat(je), vriend [?] *partner in crime* medeplichtige

²**part·ner** /pɑːtnə, ᴬpɑrtnər/ [onov ww] partner zijn ♦ zie: **partner off**; zie: **partner up**; *partner with* de partner zijn van

³**part·ner** /pɑːtnə, ᴬpɑrtnər/ [ov ww] [1] associëren, samengaan met, passen bij, verbinden, samenbrengen ♦ zie: **partner off**; zie: **partner up** [2] de partner zijn van

¹**partner off** [onov ww] een partner kiezen/vinden ♦ *everyone had partnered off with s.o.* iedereen had een partner gevonden

²**partner off** [ov ww] een partner bezorgen ♦ *partner off with* als partner geven

¹**part·ner·ship** /pɑːtnəʃɪp, ᴬpɑrtnər-/ [telb zn] ⟨handel⟩ vennootschap, associatie ⟨contract⟩

²**part·ner·ship** /pɑːtnəʃɪp, ᴬpɑrtnər-/ [niet-telb zn] partnerschap, deelgenootschap, deelhebberschap, associatie ♦ *enter into partnership with* zich associëren met

¹**partner up** [onov ww] partner zijn, een koppel vormen ♦ *we partner up for the game* wij vormen een team; *partner up with* de partner zijn van

²**partner up** [ov ww] associëren, verbinden, samenbrengen ♦ *partner up two people* twee mensen samenbrengen

par·ton /pɑːtɒn, ᴬpɑrtɑn/ [telb zn] ⟨natuurk⟩ parton

par·took /pɑːtʊk, ᴬpɑr-/ [verleden tijd] → **partake**

part order [telb zn] → **part delivery**

part owner [telb zn] mede-eigenaar, ⟨scheepv⟩ medereder

par·tridge /pɑːtrɪdʒ, ᴬpɑr-/ [telb + niet-telb zn] ⟨dierk⟩ [1] patrijs, veldhoen ⟨genus Perdix, in het bijzonder P. perdix; ook genus Alectoris⟩ ♦ *common/grey partridge* patrijs ⟨Perdix perdix⟩ [2] kraaghoen ⟨Bonasa umbellus⟩ [3] boomkwartel ⟨Colinus virginianus⟩

partridge cane [telb zn] stok van patrijshout

partridge chick [telb zn] patrijzenjong

partridge wood [niet-telb zn] [1] partridgewood, patrijshout, cochenille, fazantenhout [2] gevlekt kernhout

parts /pɑːts, ᴬpɑrts/ [alleen mv] [1] streek, gebied, gewest [2] bekwaamheid, talent(en), capaciteiten, gaven, begaafdheid ♦ *a man of good/many parts* een erg bekwaam/begaafd man

part-sing·ing [niet-telb zn] meerstemmig gezang

part-song [telb zn] meerstemmig lied

part-time [bn; bw] in deeltijd, parttime ♦ *part-time parent* deeltijddouder; ⟨sport⟩ *part-time pro* semiprof; *part-time work* deel(tijd)arbeid, parttimewerk; *work part-time* een deeltijdbaan hebben

part-tim·er [telb zn] deeltijdwerker, parttimer

par·tu·ri·ent /pɑːtjʊərɪənt, ᴬpɑrtʊrɪənt/ [bn] ① barend, weeën hebbend, bevallings- ② zwanger ⟨figuurlijk, van ideeën⟩

par·tu·ri·tion /pɑːtjʊrɪʃn, ᴬpɑrtə-/ [niet-telb zn] baring, partus, geboorte, bevalling ⟨ook figuurlijk⟩

part·way [bw] voor een deel, ergens

part with [onov ww] ① afstand doen van, afstaan, opgeven, laten varen, afgeven, weggeven ② verlaten, weggaan van

part work [telb zn] boek in afleveringen

¹**par·ty** /pɑːti, ᴬpɑrti/ [telb zn] ① feestje, partij(tje), party ② partij, participant, deelhebber, medeplichtige ♦ *contracting party* contractant; *party interested/concerned* belanghebbende, betrokkene; *be a party to* deelnemen aan; ⟨pej⟩ medeplichtig zijn aan; *become a party to* toetreden tot, deelnemen aan ③ ⟨inf⟩ persoon, individu, figuur, mannetje, vrouwtje ♦ *old party* ouwe rakker; *queer party* rare snuiter ④ ⟨jur⟩ partij, ⟨i.h.b.⟩ procesvoerende partij, litigant ♦ *the injured party* de benadeelde/beledigde partij; *third party* derde ⑤ ⟨sl⟩ neukpartij, vrijpartij

²**par·ty** /pɑːti, ᴬpɑrti/ [niet-telb zn] partij(geest), partijzucht, partijdigheid, vooringenomenheid ♦ *the king is above party* de koning staat boven de partijen

³**par·ty** /pɑːti, ᴬpɑrti/ [verzameln] ① (politieke) partij ② gezelschap, groep, stel, vereniging ③ ⟨mil⟩ afdeling, detachement ♦ *the Party* de (communistische) partij; ⟨sprw⟩ *the absent party is always to blame* de afwezige hebben altijd ongelijk

⁴**par·ty** /pɑːti, ᴬpɑrti/ [bn] ⟨heral⟩ ① verticaal verdeeld (in) ② in gelijke delen verdeeld ⟨vlag, schild⟩

⁵**par·ty** /pɑːti, ᴬpɑrti/ [onov ww] ⟨inf⟩ een feestje bouwen, naar een feest gaan, fuiven

⁶**par·ty** /pɑːti, ᴬpɑrti/ [ov ww] ⟨inf⟩ op een feest onthalen

party allegiance, party attachment [niet-telb zn] partijband, partijgevoel

party chairman [telb zn] ⟨pol⟩ partijvoorzitter

party congress [telb zn] ⟨pol⟩ partijcongres

party discipline [niet-telb zn] partijdiscipline, partijtucht

party dress [telb zn] avondjapon, avondjurk

party favors [alleen mv] ⟨vnl AE⟩ (kinder)feestartikelen

party leader [telb zn] partijleider

party leadership [verzameln] partijleiding

¹**party line** [telb zn] ① gemeenschappelijke (telefoon)lijn ② ⟨AE⟩ scheid(ing)slijn ⟨tussen aangrenzende eigendommen⟩

²**party line** [niet-telb zn] partijlijn, partijpolitiek, partijprogramma ♦ *follow the party line* handelen volgens het partijbeleid/de partijlijn

party machine [niet-telb zn] partijmachine, partijorganisatie

party man [telb zn] partijganger, partijman

party member [telb zn] partijlid

party piece [telb zn] ⟨vaak scherts⟩ vast/favoriet nummer ⟨bij feestjes e.d.⟩, stokpaardje

party platform [niet-telb zn] partijprogramma, partijplatform

party political [bn, attr] partijpolitiek ♦ *party political broadcast* ± uitzending in de zendtijd voor politieke partijen ⟨via de openbare omroep⟩

party politics [alleen mv; werkwoord ook enk] partijpolitiek

par·ty-poop·er /pɑːtipuːpə, ᴬpɑrtipuːpər/ [telb zn] ⟨AE; sl⟩ spelbreker

party spirit [niet-telb zn] ① partijgeest ② enthousiasme voor feestjes, feeststemming

party tent [telb zn] feesttent

party wall [telb zn] ⟨jur⟩ gemeenschappelijke muur

pa·rure /pərʊə, ᴬ-ʊr/ [telb zn] parure

par value [niet-telb zn] ① pari(teit), nominale waarde ② wisselkoers

¹**par·ve·nu** /pɑːvənjuː, ᴬpɑrvənuː/ [telb zn] parvenu

²**par·ve·nu** /pɑːvənjuː, ᴬpɑrvənuː/ [bn] parvenuachtig

par·vis, par·vise /pɑːvɪs, ᴬpɑr-/ [telb zn] ⟨bouwk⟩ ① paradijs, voorplein, voorplaats, voorhof ⟨van een kerk⟩ ② kerkportaal

¹**pas** /pɑː/ [telb zn; mv: pas /pɑː(z)/] ⟨dans⟩ (dans)pas, stap

²**pas** /pɑː/ [niet-telb zn] voorrang, prioriteit ♦ *give/yield the pas to* voorrang geven aan; *take the pas of/over* voorrang nemen, prevaleren boven, komen voor

pas·cal /pæskæl/ [telb zn] ⟨natuurk⟩ pascal ⟨eenheid van druk⟩

PAS·CAL, Pas·cal /pæskl, pæskæl/ [eigenn] ⟨comp⟩ Pascal ⟨computertaal⟩

pas·chal /pæskl/ [bn, attr; ook Paschal] paas- ♦ *paschal feast* paasfeest; *paschal lamb* paaslam; *Paschal Lamb* Lam Gods, Paaslam ⚬ ⟨plantk⟩ *paschal flower* wildemanskruid ⟨Anemone pulsatilla⟩

pas de chat /pɑː də ʃæ/ [telb zn; mv: pas de chat] ⟨dans⟩ kattensprong, pas de chat

pas de deux /pɑː də dɜː, ᴬ-duː/ [telb zn; mv: pas de deux] ⟨dans⟩ dans voor twee, pas de deux

pa·se /pɑːseɪ/ [telb zn] capebeweging ⟨van matador⟩

pas glis·sé /pɑː ɡlɪseɪ/ [telb zn; mv: pas glissés] ⟨dans⟩ glijpas, sleeppas

pash /pæʃ/ [telb zn] ⟨sl⟩ vlam ♦ *have a pash for s.o.* smoor-(verliefd)/gek zijn op iemand

pa·sha, pa·cha /pæʃə, pɑːʃə/, ⟨vero⟩ **ba·shaw** [telb zn] pasja ⟨Turks officier⟩

pashm /pæʃm/ [niet-telb zn] wolhaar, onderhaar

¹**pash·mi·na** /pʌʃmiːnə, pæʃ-/ [telb zn] pashmina shawl/omslagdoek

²**pash·mi·na** /pʌʃmiːnə, pæʃ-/ [niet-telb zn] pashmina(wol) ⟨zijdeachtige wol van de kasjmiergeit⟩

Pash·to /pʌʃtoʊ/, **Push·tu** /-tuː/ [eigenn] Pasjtoe, Zuid-Afghaans ⟨taal⟩

pa·so do·ble /pæsoʊ doʊbleɪ/ [telb zn; mv: paso dobles /doʊbleɪz/; mv: pasos dobles /pæsoʊz-/] paso doble, dubbelpas ⟨Latijns-Amerikaanse marspas, (muziek voor) gezelschapsdans⟩

pasque·flow·er /pæskflaʊə, ᴬ-ər/ [telb zn] ⟨plantk⟩ wildemanskruid, paarse anemoon ⟨Anemone pulsatilla, Pulsatilla vulgaris⟩

¹**pas·qui·nade** /pæskwɪneɪd/, **pas·quil** /pæskwɪl/ [telb zn] schotschrift, paskwil, pamflet, satire

²**pas·qui·nade** /pæskwɪneɪd/ [ov ww] hekelen (met een spotschrift), belachelijk maken, doorhalen

¹**pass** /pɑːs, ᴬpæs/ [telb zn] ① (berg)pas, toegang, weg, doorgang, doorvaart, bergengte, zee-engte ② vaargeul, visdoorgang ⟨aan dam⟩ ③ geslaagd examen, ⟨BE⟩ voldoende ♦ *very few passes this year* erg weinig geslaagden dit jaar ④ kritische toestand, gevaarlijk punt, hachelijke situatie ♦ *bring to pass* tot stand brengen; ⟨inf⟩ *things came to/reached a (pretty/fine/sad) pass* het is een mooie boel geworden, we zijn lelijk in de knel komen te zitten; *it/things had come to such a pass that* het was zo ver gekomen dat ⑤ ⟨benaming voor⟩ pas, vrijgeleide, vrijbrief, toegangsbewijs, paspoort, ticket, pasje, abonnement, verlofbrief ⑥ scheervlucht ⟨van vliegtuig⟩ ⑦ handbeweging, goocheltrucje, pas ⟨van goochelaar⟩, strijkbeweging ⟨van hypnotiseur⟩ ⑧ ⟨schermsp⟩ passe, uitval ⑨ avance ♦ ⟨inf⟩ *make a pass at a girl* een meisje trachten te versieren, avances maken bij een meisje ⑩ ⟨voetb⟩ pass, toegespeelde bal ⑪ ⟨honkb⟩ vrije loop ⑫ ⟨tennis⟩ passeerslag ⑬ ⟨kaartsp⟩ pas ⑭ capebeweging ⟨van matador⟩ ⚬ *hold*

pass

the pass de (goede) zaak verdedigen; *sell the pass* de stelling opgeven; ⟨fig⟩ de (goede) zaak verraden

²**pass** /pɑːs, ᴬpæs/ [telb + niet-telb zn] passage, doorgang, doortocht

³**pass** /pɑːs, ᴬpæs/ [onov ww] **1** (verder) gaan, (door)lopen, voortgaan, verder gaan ♦ *clouds passed across the sun* wolken gleden voor de zon; *pass along* verder gaan, doorlopen, voortgaan; *the carriage couldn't pass* de wagen kwam niet vooruit; *pass to other matters* overgaan naar/tot andere zaken **2** ⟨benaming voor⟩ voorbijgaan, passeren, inhalen, voorbijtrekken, voorbijkomen, voorbijstromen, circuleren, overgaan, eindigen ♦ *his anger will pass* zijn woede gaat wel voorbij; *the wine passed around the table* de wijn ging de tafel rond; *pass behind s.o.* achter iemand langslopen; *two cars can't pass here* twee auto's kunnen elkaar hier niet voorbij; *pass down the street* de straat aflopen; ⟨fig⟩ *pass down the centuries* de eeuwen doorlopen; *everything must pass* aan alles moet een einde komen; *pass on the left* links inhalen; *time passes quickly* de tijd vliegt voorbij; *pass unnoticed* niet opgemerkt worden, onopgemerkt blijven **3** passeren, er door(heen) raken/komen, verder raken, een weg banen, doorbreken ♦ *the bus couldn't pass* de bus kwam er niet door; *please, let me pass* mag ik er even langs; ⟨schaaksp⟩ *a passed pawn* een vrijpion; *no passing permitted* geen doorgang; *we are only passing through* we zijn enkel op doorreis **4** circuleren, gangbaar zijn, algemeen aangenomen/verspreid zijn, algemeen gekend zijn, ⟨i.h.b. AE⟩ doorgaan voor/aanvaard worden als (de gelijke van) een blanke ⟨van neger⟩ ♦ *pass as/for* doorgaan/passeren voor; *these coins won't pass here* deze munten worden hier niet aangenomen/zijn niet gangbaar; *pass by/under the name of* bekendstaan als, passeren/doorgaan voor **5** overgeplaatst/verplaatst worden, overstappen, veranderen ♦ *pass from one prison to another* van de ene gevangenis naar de andere overgebracht worden; *pass from a solid to an oily state* van een vaste in een olieachtige stof overgaan **6** vertrekken, weggaan, sterven, heengaan ♦ *pass hence* heengaan **7** aanvaard/aangenomen worden, slagen, door de beugel kunnen, bekrachtigd worden ♦ *the bill passed* het wetsvoorstel werd aangenomen; *the candidate passed* de kandidaat slaagde; *such crudeness cannot pass* zulke grofheid kan niet door de beugel; *let the matter pass* laat de zaak maar doorgaan **8** ⟨form⟩ gebeuren, plaatsvinden ♦ *bring to pass* tot stand brengen; *come to pass* gebeuren; *angry words passed* verwensingen werden naar elkaars hoofd geslingerd **9** uitspraak doen, geveld worden ♦ *judgment passed for the plaintiff* de uitspraak was in het voordeel van de eiser **10** ⟨kaartsp⟩ passen **11** overgemaakt/overgedragen worden ♦ *the estate passed to the elder son* het landgoed werd aan de oudste zoon vermaakt **12** ⟨sport⟩ passeren, een pass geven, ⟨tennis⟩ een passeerslag geven/maken ♦ *pass forward* een voorwaartse pas geven **·** zie: **pass away**; zie: **pass between**; zie: **pass by**; zie: **pass into**; zie: **pass off**; zie: **pass on**; ⟨jur⟩ *pass on/upon a constitutional question* een uitspraak doen/vonnis vellen/zetelen/zitting houden over een grondwettelijke kwestie; zie: **pass out**; zie: **pass over**; *let's pass over yesterday's results* laat ons eens kort teruggaan naar de resultaten van gisteren; zie: **pass through**; → **passing**

⁴**pass** /pɑːs, ᴬpæs/ [ov ww] **1** passeren, voorbijlopen, voorbijtrekken, voorbijkomen, achter (zich) laten, inhalen ♦ *pass a car* een auto inhalen; *pass the details* de details eruit laten; *turn right after passing the post office* ga naar rechts wanneer je het postkantoor voorbij bent **2** oversteken, gaan/lopen door, komen over, trekken door, doorlopen ♦ ⟨fig⟩ *no secret passed her lips* er kwam geen geheim over haar lippen; *pass the mountains* over de bergen trekken; *pass the straits* de zee-engte doorvaren **3** (door)geven, overhandigen, laten rondgaan, ⟨i.h.b.⟩ uitgeven ⟨geld⟩, laten circuleren ♦ *pass the wine (a)round* de wijn rondgeven;

pass the word (a)round vertel het verder/rond, doorgeven, zegt het voort; *pass a cheque* een cheque uitschrijven; *pass in* inleveren, overhandigen, indienen; *pass counterfeit money* vals geld uitgeven/in omloop brengen; *pass the salt* het zout doorgeven; *pass the wine* de wijn laten rondgaan **4** goedkeuren, aanvaarden, bevestigen, bekrachtigen, laten passeren, doorlaten ♦ *pass a bill* een wetsvoorstel goedkeuren; *pass all the candidates* alle kandidaten er door laten; *pass the patient* de patiënt (medisch) goedkeuren; *pass sth. for press* iets persklaar verklaren **5** slagen in/voor ♦ *pass an exam* voor een examen slagen **6** komen door, aanvaard/bekrachtigd worden door ♦ *the bill passed the senate* het wetsvoorstel werd door de senaat bekrachtigd **7** overschrijden, te boven gaan, overtreffen, overvleugelen ♦ *this passes my comprehension* dit gaat mijn petje te boven; *pass all expectations* alle verwachtingen overtreffen **8** laten glijden, (doorheen) laten gaan ♦ *pass the flour through the sieve* de bloem zeven; *pass one's hand across/over one's forehead* met zijn hand over zijn voorhoofd strijken; *pass the liquid through a filter* de vloeistof filteren; *pass a rope around* een touw leggen om/rond **9** ⟨sport⟩ passeren, toespelen, doorspelen, werpen ♦ *pass the ball back and forth* de bal heen en weer werpen, de bal rondspelen **10** uiten ♦ *pass an affront (up)on* beledigen; *pass a comment/remark* een opmerking maken; *pass criticism* kritiek leveren; *pass judgment (up)on* een oordeel vellen over; *pass an opinion* een oordeel/idee geven **11** vermaken, overdragen ♦ *pass a property under will* een eigendom bij testamentaire beschikking vermaken **12** doorbrengen, spenderen ♦ *pass the winter* de winter doorbrengen **13** afscheiden, ontlasten, ledigen ♦ *pass blood* bloed afscheiden **14** passeren, niet uitkeren ⟨dividend⟩ ♦ *pass a dividend* een dividend passeren/niet uitkeren **·** zie: **pass away**; zie: **pass by**; zie: **pass down**; zie: **pass off**; zie: **pass on**; zie: **pass out**; zie: **pass over**; zie: **pass up**; → **passing**

⁵**pass** [afk] **1** (passage) **2** (passenger) **3** (passive)

pass·a·ble /ˈpɑːsəbl, ᴬpæ-/ [bn] **1** passabel, passeerbaar, begaanbaar, doorwaadbaar **2** gangbaar ♦ *passable currency* gangbare munt **3** passabel, redelijk, tamelijk, vrij goed

pas·sa·ca·glia /ˌpæsəkɑːˈliːə/ [telb zn] ⟨muz⟩ passacaglia ⟨dansstuk in driekwartsmaat⟩

¹**pas·sage** /ˈpæsɪdʒ/ [telb zn] **1** passage, doorgang, kanaal, weg, opening, ingang, uitgang ♦ *auditory passage* gehoorgang; *force a passage through the crowd* zich een doorgang banen door de menigte; *urinary passage* urinekanaal **2** passage, (zee)reis, overtocht, vlucht, plaats, passagegeld, passagebiljet ♦ *book a passage* passage boeken; *home passage* thuisreis; *outward passage* uitreis, heenreis; *rough passage* ruwe overtocht; *work one's passage* voor zijn overtocht aan boord werken **3** gang, corridor **4** passage, passus, plaats ⟨bijvoorbeeld in boek⟩ ♦ *famous passage* bekende passage **5** ontlasting, stoelgang **6** ⟨muz⟩ passage, loopje **·** *passage at/of arms* strijd, gevecht, dispuut, woordenwisseling

²**pas·sage** /ˈpæsɪdʒ/ [niet-telb zn] **1** (het) voorbijgaan, doorgang, doortocht, (het) doorlaten, overgang, passage, verloop, (het) verstrijken ♦ *the Indians didn't allow the passage of their domain* de indianen lieten niemand door hun grondgebied trekken; *give s.o. passage* iemand doorgang verlenen **2** (recht op) doortocht, vrije doorgang/ingang, doorvaart **3** aanneming, goedkeuring, verordening ⟨van een wet⟩

³**pas·sage** /ˈpæsɪdʒ, pæˈsɑːʒ/ [telb zn] ⟨paardsp⟩ passage

⁴**pas·sage** /ˈpæsɪdʒ, pæˈsɑːʒ/ [onov ww] zijwaarts stappen/bewegen ⟨van paard in dressuur⟩

⁵**pas·sage** /ˈpæsɪdʒ, pæˈsɑːʒ/ [ov ww] zijwaarts doen stappen

passage boat [telb zn] veerboot, overzetboot

passage money [niet-telb zn] ⟨scheepv⟩ passagegeld, overtochtkosten
pas·sages /pæsɪdʒɪz/ [alleen mv] uitwisseling, ⟨i.h.b.⟩ woordenwisseling
pas·sage·way [telb zn] gang, corridor
pass·a·long /pɑːsəloŋ, ˄pæsəloŋ/ [telb zn] doorberekening
pas·sant /pæsnt/ [bn, pred] ⟨heral⟩ stappend
¹**pass away** [onov ww] ① sterven, heengaan ② voorbijgaan, stoppen, eindigen, weggaan ♦ *the storm passed away* het onweer luwde
²**pass away** [ov ww] verdrijven, doen voorbijgaan, spenderen ♦ *playing cards passes the time away* kaarten doet de tijd voorbijgaan
pass between [onov ww] ① lopen/gaan door ♦ *pass between the slopes* tussen de hellingen door marcheren ② gebeuren tussen, uitgewisseld worden tussen ♦ *no friendly words passed between them* zij hadden nog geen vriendelijk woord tegen elkaar gezegd; *don't forget what passed between us* vergeet niet wat er tussen ons is geweest
pass·book [telb zn] ① bankboekje, spaarboekje, depositoboekje, rekeningboekje ② kredietboek(je) ⟨bij handelaar⟩
¹**pass by** [onov ww] voorbijgaan, voorbijwandelen, voorbijkomen, voorbijvliegen ⟨tijd⟩
²**pass by** [ov ww] over het hoofd zien, veronachtzamen, in de wind slaan, vergeten, links laten liggen, schuwen, geen aandacht schenken aan ♦ *his friends pass him by* zijn vrienden mijden hem/laten hem links liggen; *life passes her by* het leven gaat aan haar voorbij; *pass by a section* een passage overslaan
pass check [telb zn] ⟨AE⟩ ① contramerk, sortie ② toegangskaartje
pass degree [telb zn] ⟨BE⟩ (universitaire) graad zonder lof, voldoende
pass down [ov ww] overleveren, doorgeven
pas·sé /pɑːseɪ, ˄pæseɪ/ [bn] ① verouderd, ouderwets, oudmodisch, achterhaald, uit de tijd, passé ② verouderd, uitgebloeid, verwelkt, verflenst ♦ *passé beauty* uitgebloeide schoonheid
pas·sel /pæsl/ [telb zn] ⟨AE; inf⟩ (grote) groep, troep, stel ♦ *a passel of letters* een heleboel brieven
passe·men·terie /pæsmentri/ [niet-telb zn] passementerie, passementwerk ⟨decoratief boordsel⟩
pas·sen·ger /pæsɪndʒə, ˄-ər/ [telb zn] ① passagier, reiziger ② ⟨inf⟩ profiteur ⟨in groep⟩, klaploper, parasiet ③ ⟨motorsp⟩ bakkenist ④ ⟨vero⟩ doortrekkend reiziger, zwerver
passenger car [telb zn] ① passagiersrijtuig ⟨in trein⟩ ② personenwagen
passenger lift [telb zn] personenlift
pas·sen·ger-mile [telb zn] passagiersmijl ⟨als eenheid van verkeer⟩
passenger pigeon [telb zn] ⟨dierk⟩ trekduif ⟨Ectopistes migratorius⟩
passenger race [telb zn] ⟨motorsp⟩ motorzijspanrace
passenger seat [telb zn] passagierszetel
passenger ship [telb zn] passagiersschip
passenger traffic [niet-telb zn] reizigersverkeer, passagiersverkeer
passenger train [telb zn] passagierstrein, reizigerstrein
¹**passe-par·tout** /pæspɑːtuː, ˄-pərtuː/ [telb zn] ① loper, passe-partout ② passe-partout ⟨om een foto⟩ ③ fotolijst ⟨van glas en gegomd papier⟩
²**passe-par·tout** /pæspɑːtuː, ˄-pərtuː/ [niet-telb zn] gegomd papier ⟨om foto's in te lijsten⟩
pas·ser /pɑːsə, ˄pæsər/ [telb zn] ① mus ② voorbijganger
pas·ser-by [telb zn; mv: passers-by] (toevallige) voorbijganger, passant

¹**pas·ser·ine** /pæsəraɪn/ [telb zn] ⟨dierk⟩ zangvogel ⟨Passeriformes⟩
²**pas·ser·ine** /pæsəraɪn/ [bn, attr] ⟨dierk⟩ van de zangvogel(s)
pas seul /pɑː sʌl/ [telb zn; mv: pas seuls /-l(z)/] ⟨dans⟩ solodans, pas seul
pass-fail [niet-telb zn; ook attributief] geslaagdsysteem, niet-geslaagdsysteem, voldoende-onvoldoendesysteem ⟨zonder cijfers⟩
pas·si·bil·i·ty /pæsəbɪləti/ [niet-telb zn] gevoeligheid, sensitiviteit
pas·si·ble /pæsəbl/ [bn] ⟨vnl theol⟩ ① gevoelig, sensitief, vatbaar voor indrukken ② tot lijden in staat
pas·sim /pæsɪm/ [bw] passim, verspreid, op verschillende plaatsen ⟨in boek, bij schrijver⟩ ♦ *this word occurs in Shakespeare passim* dit woord komt in heel Shakespeares werk voor
pass in [telb zn] toelatingsvoorwaarde
¹**pass·ing** /pɑːsɪŋ, ˄pæ-/ [niet-telb zn; gerund van pass] ① het voorbijgaan, het verdwijnen, einde, het overschrijden, het passeren ♦ *the passing of old customs* het verdwijnen van oude gewoonten; *in passing* terloops, tussen haakjes, in het voorbijgaan; *the passing of the old year* de jaarwisseling ② ⟨euf⟩ het heengaan, dood
²**pass·ing** /pɑːsɪŋ, ˄pæ-/ [bn, attr; tegenwoordig deelw van pass] ① voorbijgaand, voorbijtrekkend ♦ *with every/each passing day/week/year* met de dag/de week/het jaar, ieder(e) dag/week/jaar ② vluchtig, snel, vlug, kortstondig, voorbijgaand ③ vluchtig, haastig, oppervlakkig, terloops
³**pass·ing** /pɑːsɪŋ, ˄pæ-/ [bw] uitzonderlijk, zeer, heel
passing bell [telb zn] doodsklok
passing grade [telb zn] voldoende ♦ *get a passing grade for an exam* slagen voor een examen
passing lane [telb zn] inhaalstrook
passing note [telb zn] ⟨muz⟩ overgangstoon
passing-out ceremony [telb zn] ⟨BE⟩ promotieplechtigheid
passing-out parade [telb zn] ⟨BE⟩ promotieoptocht
passing shot [telb zn] ⟨tennis⟩ passeerslag
passing tone [telb zn] ⟨AE; muz⟩ overgangstoon
pass into, ⟨in betekenis 2 ook⟩ **pass in** [onov ww] ① overgaan in ♦ *oxygen passes into the blood* zuurstof wordt door het bloed opgenomen ② toegelaten worden tot, toegang krijgen tot ♦ *pass into a college through exams* tot een universiteit worden toegelaten d.m.v. examens ③ veranderen in, overgaan in, deel gaan uitmaken van, worden ♦ *his words passed into history* zijn woorden werden geschiedenis; *pass into a proverb* spreekwoordelijk worden ④ raken in, terecht komen in, vallen in ⟨slaap, trance e.d.⟩ ♦ *pass into a deep sleep* in een diepe slaap vallen
¹**pas·sion** /pæʃn/ [telb zn] (hevige) gevoelsuitbarsting, ⟨i.h.b.⟩ woedeaanval, driftbui, toorn, ergernis ♦ *break into a passion of tears* in tranen uitbarsten; *fly into a passion* in woede uitbarsten
²**pas·sion** /pæʃn/ [telb + niet-telb zn] ① passie, (hartstochtelijke) liefde, verliefdheid, hartstocht, lust, (seksuele) begeerte, emotie, gevoelen ♦ *his former passions* zijn vroegere liefdes ② passie, zwak, voorliefde, geestdrift, enthousiasme ♦ *his passion for a good cause* zijn enthousiasme voor een goede zaak; *he's got a passion for skiing* hij is een hartstochtelijk skiër
³**pas·sion** /pæʃn/ [niet-telb zn] ① passiviteit ② martelaarschap
⁴**pas·sion** /pæʃn/ [onov ww] ⟨form⟩ hartstochtelijk zijn, met hartstocht vervuld raken
⁵**pas·sion** /pæʃn/ [ov ww] ⟨form⟩ hartstochtelijk maken, met hartstocht vervullen
Pas·sion /pæʃn/ [telb zn; the] ⟨rel⟩ passie(verhaal), lijden van Christus, lijdensverhaal, passiespel
¹**pas·sion·al** /pæʃnəl/ [telb zn] ⟨rel⟩ ① passionaal ⟨boek

passional

over het lijden der heiligen⟩ ② **passieboek** ⟨over martelaars⟩

²**pas·sion·al** /pǽʃnəl/ [bn] **hartstochtelijk**, gepassioneerd, geestdriftig, vurig

pas·sion·ate /pǽʃnət/ [bn; bw: ~ly; zn: ~ness] ① **gepassioneerd**, hartstochtelijk, vurig, heftig, hevig, geestdriftig, enthousiast, onstuimig, emotioneel ♦ *passionate plea* geestdriftig pleidooi; *passionate woman* vurige vrouw ② **begerig**, wellustig, verliefd ③ **opvliegend**, lichtgeraakt, oplopend, driftig ♦ *passionate nature* (licht) ontvlambaar karakter

pas·sion flow·er [telb zn] ⟨plantk⟩ **passiebloem** ⟨genus Passiflora⟩

passion fruit [telb zn] **passievrucht**, granadilla ⟨eetbare vrucht van passiebloem⟩

Pas·sion·ist /pǽʃnɪst/ [telb zn] **passionist** ⟨lid van de kloosterorde van het Heilige Kruis⟩

pas·sion·less /pǽʃnləs/ [bn; bw: ~ly; zn: ~ness] **zonder hartstocht**, rustig, bedaard, koud, koel, onverschillig

passion play [telb zn; ook Passion play] ⟨rel⟩ **passiespel**

Passion Sunday [eigenn] ⟨rel⟩ **passiezondag**

Pas·sion·tide /...tid/ [eigenn; the] ⟨rel⟩ **passietijd**, ⟨prot⟩ lijdenstijd

Passion Week [eigenn; the] ⟨rel⟩ ① **passieweek**, lijdensweek, goede/heilige/stille week ② **week tussen passie- en palmzondag**

pas·si·vate /pǽsɪveɪt/ [ov ww] ⟨scheik⟩ **passiveren**, passief/inactief maken

pas·si·va·tion /pæsɪveɪʃn/ [telb + niet-telb zn] ⟨scheik⟩ **passivering**

the passive	**1/2**
present tense	
· my cousin paints the house	
· the house is painted by my cousin	
· my cousin is painting the house	
· the house is being painted by my cousin	
perfect tense	
· he has painted the house	
· the house has been painted by him	
past tense	
· he painted the house	
· the house was painted by him	
· he was painting the house	
· the house was being painted by him	
past perfect tense	
· he had painted the house	
· the house had been painted by him	
future tense	
· we will wash the clothes	
· the clothes will be washed by us	
future perfect tense	
· we will have washed the clothes	
· the clothes will have been washed by us	

¹**pas·sive** /pǽsɪv/ [telb + niet-telb zn] ⟨taalk⟩ **passief**, lijdende/passieve vorm, passivum

²**pas·sive** /pǽsɪv/ [bn; bw: ~ly; zn: ~ness] ① **passief**, lijdend, lijdelijk, duldend, ondergaand, lethargisch ♦ *passive resistance* passieve tegenstand, lijdelijk verzet; *passive smoker* meeroker, passieve roker; *passive smoking* passief roken ② **passief**, onderdanig, onderworpen, inschikkelijk, meegaand ③ **passief** ⟨ook techniek⟩, inactief, rustig, ⟨pej⟩ traag, loom, log, inert, onverschillig ♦ ⟨telecom⟩ *passive communication satellite* passieve communicatiesatelliet; ⟨med⟩ *passive immunization* passieve immunisatie; ⟨scheik⟩ *passive iron* passief ijzer; *passive knowledge of a language* passieve/latente kennis van een taal ④ ⟨ec⟩ **renteloos**, zonder interest ⑤ ⟨taalk⟩ **passief**, lijdend ♦ *passive voice* passief, lijdende/passieve vorm ⑥ *a passive balance of trade* een passieve/ongunstige handelsbalans; *passive obedience* onvoorwaardelijke gehoorzaamheid

the passive	**2/2**
het meewerkend voorwerp kan ook onderwerp worden van de lijdende zin	
· the mayor gave the tennis player a decoration	
· the tennis player was given a decoration by the mayor	
het voorzetselvoorwerp kan ook onderwerp worden van de lijdende zin	
· at first they laughed at the inventor	
· at first the inventor had been laughed at	
· he set fire to the woodpile	
· the woodpile has been set fire to	
soms zijn twee lijdende constructies mogelijk	
· they took no notice of the photographers	
· the photographers were taken no notice of; no notice was taken of the photographers	
soms wordt het onderwerp van de that-zin onderwerp van de lijdende zin	
· they say that Henry is a secret agent	
· Henry is said to be a secret agent	
in spreektaal wordt ook het werkwoord to get gebruikt	
· one hostage got wounded during the riots	

pas·siv·ism /pǽsɪvɪzm/ [niet-telb zn] **passivisme**, passiviteit, lijdelijkheid, passief karakter, onverschilligheid

pas·siv·i·ty /pæsɪvəti/ [niet-telb zn] **passiviteit**, lijdelijkheid, onverschilligheid, berusting, onderdanigheid, inertie

pas·siv·i·za·tion, pas·siv·i·sa·tion /pæsɪvaɪzeɪʃn, ^-və-/ [telb + niet-telb zn] ⟨taalk⟩ **passivisering**

¹**pas·siv·ize, pas·siv·ise** /pǽsɪvaɪz/ [onov ww] ⟨taalk⟩ **gepassiviseerd worden**

²**pas·siv·ize, pas·siv·ise** /pǽsɪvaɪz/ [ov ww] ⟨taalk⟩ **passiviseren**

pass·key [telb zn] ① **privésleutel**, huissleutel ② **loper**

pass·man [telb zn; mv: passmen] ⟨BE⟩ **student die een graad behaalt zonder lof**

pass-mark [telb zn] **minimumcijfer** ⟨om te slagen⟩

¹**pass off** [onov ww] **(geleidelijk) voorbijgaan**, weggaan, wijken, stoppen, opheffen, niet meer gevoeld worden ♦ *the day passed off smoothly* de dag verliep rimpelloos

²**pass off** [ov ww] ① **negeren**, niet ingaan op, heenglijden over, ontwijken ♦ *pass sth. off with a laugh* iets weglachen; *pass sth. off with a smile* zich met een glimlachje van iets afmaken ② **uitgeven**, laten doorgaan, aansmeren, in handen stoppen ♦ *pass o.s. off as* zich voordoen als; *pass s.o. off for* iemand laten doorgaan voor; *pass off sth. on s.o.* iemand iets aansmeren ③ **afgeven** ④ **verdrijven**

¹**pass on** [onov ww] ① **verder lopen**, doorlopen, doorgaan ♦ *pass on to* overgaan tot, overstappen naar; *please pass on* doorlopen s.v.p. ② **sterven**, heengaan

²**pass on** [ov ww] ① **doorgeven**, (verder) geven, doorzenden, afstaan, doorvertellen ♦ *pass it on* zegt het voort; *pass on the job to s.o. else* het werk aan iemand anders overgeven ② **doorberekenen aan**, laten genieten van ♦ *pass on the decreased costs to the public* de verlaagde prijzen ten goede laten komen aan de bevolking

¹**pass out** [onov ww] ① ⟨inf⟩ **flauwvallen**, bewusteloos worden, van zijn stokje gaan ② **sterven**, heengaan ③ ⟨BE⟩ **promoveren** ⟨op/aan militaire academie⟩, zijn diploma behalen, meelopen in de promotieoptocht, de school verlaten

²**pass out** [ov ww] **verdelen**, uitdelen, ronddelen, verspreiden

pass-out, ⟨in betekenis 1 ook⟩ **pass-out check** [telb zn] ① **contramerk**, sortie ② **toegangskaartje** ③ ⟨AE⟩ **flauwte** ④ ⟨sl⟩ **uitdeling** ⑤ ⟨sl⟩ **bewusteloze** ⟨door drank⟩

¹**pass over** [onov ww] **sterven**, heengaan

²**pass over,** ⟨in betekenis 1 ook⟩ **pass up** [ov ww] [1] laten voorbijgaan, laten schieten, overslaan, niet te baat nemen ♦ *pass over an opportunity* een kans laten schieten [2] **voorbijgaan aan**, overslaan, vergeten, over het hoofd zien, links laten liggen, niet onder ogen zien, door de vingers zien ♦ *pass it over in silence* er zwijgend aan voorbijgaan; *pass over the subject of sex* het onderwerp seks vermijden [3] **overhandigen**, aanreiken, aangeven, overbrengen

¹**Pass·o·ver** /pɑːsoʊvə, ˆpæsoʊvər/ [eigenn] ⟨rel⟩ Pascha ⟨joods paasfeest⟩

²**Pass·o·ver** /pɑːsoʊvə, ˆpæsoʊvər/ [telb zn] ⟨rel⟩ paaslam
Passover bread, Passover cake [niet-telb zn] ⟨rel⟩ paasbrood, matse, ongezuurd brood

pass·port /pɑːspɔːt, ˆpæsport/ [telb zn] [1] **paspoort**, (reis)pas [2] **vrijgeleide** [3] **zeebrief**, zeepas [4] **toegang** ⟨figuurlijk⟩, weg, sleutel ♦ *the passport to happiness* de sleutel tot het geluk

passport control [niet-telb zn] **paspoortcontrole**

pass through [onov ww] [1] **ervaren**, doormaken, meemaken, ondergaan, ondervinden, beleven ♦ *pass through a difficult period* een moeilijke periode doormaken; *pass through police training* de politieopleiding doorlopen [2] **passeren**, trekken door, reizen door, lopen/rijden door, (er) door (ge)raken, heen/komen door ♦ *blood passes through the lungs* het bloed loopt door de longen; *pass through the crowd* zich een weg banen door de menigte

pass-through [telb zn] **doorgeefluik**
pass-through cupboard [telb zn] **doorgeefkast**

pass up [ov ww] [1] **laten voorbijgaan**, laten schieten, overslaan, niet te baat nemen [2] **(naar boven) aanreiken**, aangeven

pass·word [telb zn] **wachtwoord** ⟨ook computer⟩, parool, herkenningswoord

¹**past** [TENSE] /pɑːst, ˆpæst/ [telb zn] **verleden**, verleden tijd ⟨ook taalkunde⟩ ♦ *past definite/historic* verleden tijd ⟨m.b.t. voltooide handeling; in het Engels de niet-duratieve verleden tijd⟩; *past perfect* voltooid verleden tijd; ⟨euf⟩ *a woman with a past* een vrouw met een verleden

²**past** /pɑːst, ˆpæst/ [bn; zn: ~ness] **voorbij(gegaan)**, over, gepasseerd ♦ *the war is past* de oorlog is voorbij; *our past youth* onze voorbije jeugd(jaren) · *past history* voltooid verleden tijd, 'ouwe koe'; ⟨sprw⟩ *a mill cannot grind with water that is past* met verlopen water maalt geen molen, de molen gaat niet om met wind die voorbij is

³**past** /pɑːst, ˆpæst/ [bn, attr; zn: ~ness] [1] **vroeger**, gewezen, vorig, oud- ♦ *past senator* oud-senator [2] ⟨taalk⟩ **verleden**, voltooid · *past participle* verleden/voltooid deelwoord; *past tense* verleden tijd · *past master* ex-meester ⟨in gilde/vrijmetselaarsloge⟩; ⟨fig⟩ vakman, echte kenner, ware meester; *past mistress* ervaren/volleerde vrouw, echte kenner, kunstenares

⁴**past** /pɑːst, ˆpæst/ [bn, attr + postnom; zn: ~ness] [1] **voorbij(gegaan)**, vroeger, geleden ♦ *in times past* in vroegere tijden; *live in a past world* in een vroegere wereld leven; *fifty years past* vijftig jaar geleden/terug [2] **voorbij**, vorig, laatst, verleden ♦ *your letter of the fifteenth past* uw brief van vijftien dezer/van de vijftiende jl.; *an hour past* sedert een uur, het laatste uur; *for some time past* sinds enige tijd; *the past weeks* de laatste/afgelopen weken

⁵**past** /pɑːst, ˆpæst/ [bw] [1] **voorbij**, langs ♦ *the soldiers marched past* de soldaten marcheerden langs; *a man rushed past* een man kwam voorbijgestormd [2] ⟨SchE, IE⟩ **opzij**, weg ♦ *he put the book past* hij legde het boek opzij

⁶**past** /pɑːst, ˆpæst/ [vz] ⟨plaats in tijd of ruimte; ook fig⟩ **voorbij**, verder dan, later dan, ouder dan ♦ *he is past his contemporaries in originality* in originaliteit steekt hij boven zijn tijdgenoten uit; *he looked past Debbie* hij keek langs Debbie heen; *half past three* halfvier; *past help* niet meer te helpen; *past all hope* hopeloos; *cycled past our house*

fietste voorbij/langs ons huis; ⟨inf⟩ *he's past it* hij is er te oud voor; *that was past John* dat ging John z'n macht/verstand te boven; ⟨BE, gew⟩ *past o.s.* (with joy) buiten zichzelf (van vreugde); *the shop past the post office* de winkel voorbij het postkantoor; *she's past writing school essays* ze is te oud om nog opstellen te moeten schrijven; *just past sixty* net over de zestig; *it's past our understanding* het gaat ons begrip te boven · ⟨inf⟩ *I wouldn't put it past her* dat zie ik haar wel doen, daartoe acht ik haar wel in staat

pas·ta /pæstə, ˆpɑː-/ [telb + niet-telb zn] ⟨cul⟩ **pasta**, pastagerecht, (gerecht met) deegwaren

¹**paste** /peɪst/ [telb zn] [1] **similidiamant**, imitatiediamant [2] **klap**, oplawaai, opduvel, draai, opstopper

²**paste** /peɪst/ [telb + niet-telb zn] [1] **deeg** ⟨voor gebak⟩ [2] **(amandel)pas** [3] **pastei**, paté, puree [4] **stijfsel(pap)**, plakstijfsel, plaksel, plakmiddel, (meel)pap [5] **pasta**, brij(achtige massa) [6] **stras**, glasvloed ⟨voor namaakjuwelen⟩ [7] **kleibrij** ⟨voor pottenbakken, porselein⟩

³**paste** /peɪst/ [onov ww] → **pasting, paste up**

⁴**paste** /peɪst/ [ov ww] [1] **kleven**, plakken, vastkleven, samenkleven, beplakken, volplakken ♦ *paste down* vastplakken, vastkleven; *paste sth. on* iets plakken op; *paste over* dichtplakken, overplakken; *paste the walls with* de muren volplakken met [2] **uitsmeren** [3] **pasta maken van**, in een pasta verwerken [4] ⟨comp⟩ **plakken** [5] ⟨sl⟩ **afranselen**, op zijn donder geven, afdrogen, aframmelen, afrossen [6] ⟨sl⟩ **beschuldigen**, een aanklacht indienen tegen · zie: **paste up**; → **pasting**

¹**paste·board** /peɪs(t)bɔːd, ˆ-bɔrd/ [telb zn] [1] **rolplank** ⟨voor deeg⟩ [2] ⟨sl⟩ **kaart(je)**, ticket, toegangskaartje, treinkaart, visitekaart, speelkaart

²**paste·board** /peɪs(t)bɔːd, ˆ-bɔrd/ [niet-telb zn] **karton**

³**paste·board** /peɪs(t)bɔːd, ˆ-bɔrd/ [bn, attr] [1] **kartonnen** [2] **zwak**, nietig, ongedegelijk, prutsig ♦ *pasteboard soldier* slappe soldaat [3] **voorgewend**, onecht, vals ♦ *pasteboard romanticism* valse romantiek

paste·down [telb zn] ⟨drukw⟩ **vastgeplakt deel van schutblad**

paste job [telb zn] **mengelmoes**, allegaartje, samenraapsel

¹**pas·tel** /pæstl, ˆpæstel/ [telb zn] [1] **pastelstift** [2] **pasteltekening** [3] ⟨ook attributief⟩ **pastelkleur** [4] **licht prozastukje** [5] ⟨plantk⟩ **wede** ⟨Isatis tinctoria⟩

²**pas·tel** /pæstl, ˆpæstel/ [niet-telb zn] [1] ⟨ook attributief⟩ **pastel** (grondstof) [2] **pastel(schilderen)** [3] **wedeblauw**

pastel colour [telb zn] **pastelkleur**, delicate/lichte kleur

pas·tel·list, pas·te·list /pæstəlɪst, ˆpæstelɪst/ [telb zn] **pastellist**, pastelschilder, pasteltekenaar

pastel shade [telb zn] **pasteltint**

pas·tern /pæstən, ˆ-tərn/ [telb zn] **koot** ⟨voornamelijk bij paarden⟩

¹**paste up** [onov ww] ⟨drukw⟩ **plakvellen maken**

²**paste up** [ov ww] [1] **aanplakken** [2] **dichtplakken**, overplakken, verzegelen [3] ⟨drukw⟩ **(op)plakken** ⟨kopij⟩ ♦ *paste up the text to the illustrations* de tekst bij de illustraties plakken

paste-up [telb zn] [1] **collage** [2] ⟨drukw⟩ **plakvel**

pas·teur·i·za·tion, pas·teur·i·sa·tion /pæstʃəraɪzeɪʃn, ˆ-rə-/ [telb + niet-telb zn] **pasteurisatie**

pas·teur·ize, pas·teur·ise /pæstʃəraɪz/ [ov ww] **pasteuriseren**

pas·teur·iz·er, pas·teur·is·er /pæstʃəraɪzə, ˆ-ər/ [telb zn] **pasteurisatieapparaat**

¹**pas·tiche** /pæstiːʃ, **pas·tic·cio** /pæstɪtʃoʊ, ˆ-stiː-/ [telb zn; mv: ook pasticci /-tʃiː/] [1] **mengelmoes**, allegaartje, samenraapsel, ⟨muz⟩ potpourri [2] ⟨muz⟩ **pastiche**, ⟨alg⟩ (slechte) kopie

²**pas·tiche** /pæstiːʃ/, **pas·tic·cio** /pæstɪtʃoʊ, ˆ-stiː-/ [niet-telb zn] **het pasticheren**, nabootsing

¹**pas·tille** /pæstiːl/ [telb zn] [1] **pastille**, reukbal(letje)

pastille

2 ⟨med⟩ pastille, hoesttablet 3 pastelstift
²**pas·tille** /pæstiːl/ [niet-telb zn] pastel ⟨grondstof⟩
pas·time /pɑːstaɪm, ˄pæs-/ [telb zn] tijdverdrijf, hobby, ontspanning, vermaak, amusement
past·ing /peɪstɪŋ/ [telb zn; oorspronkelijk tegenwoordig deelw van paste] pak slaag, opdonder, oplawaai, afstraffing, zware nederlaag
pas·tor /pɑːstə, ˄pæstər/ [telb zn] 1 predikant, dominee, pastoor, priester 2 zielenherder, zielzorger, pastor, geestelijk leider 3 ⟨vero⟩ herder 4 ⟨dierk⟩ roze spreeuw ⟨Pastor/Sturnus roseus⟩
¹**pas·to·ral** /pɑːstrəl, ˄pæs-/ [telb zn] 1 pastorale, herdersspel, herdersdicht, herderszang, idylle 2 landelijk tafereel/schilderij 3 ⟨r-k⟩ herderlijke/bisschoppelijke brief, herderlijk schrijven, zendbrief 4 ⟨rel⟩ bisschopsstaf, kromstaf 5 ⟨muz⟩ pastorale
²**pas·to·ral** /pɑːstrəl, ˄pæs-/ [niet-telb zn] pastorale/arcadische poëzie, herderspoëzie, pastoraal toneel
³**pas·to·ral** /pɑːstrəl, ˄pæs-/ [bn; bw: ~ly; zn: ~ness] 1 herders-, herderlijk, v.m.b.t. herders ♦ *pastoral people* herdersvolk 2 gras- ♦ *inferior pastoral land* slecht gras/weiland 3 pastoraal, landelijk, ruraal, idyllisch, herderlijk, arcadisch ♦ *pastoral poetry* herderspoëzie, pastorale gedichten, arcadische poëzie; *pastoral scene* idyllisch tafereel 4 ⟨rel⟩ pastoraal, herderlijk, zielverzorgend ♦ *pastoral care* zielzorg, geestelijke (gezondheids)zorg; *pastoral letter* herderlijke/bisschoppelijke brief, herderlijk schrijven; *pastoral staff* bisschopsstaf; *pastoral theology* pastorale theologie
pas·to·rale /pæstərɑːli, ˄-ræl/ [telb zn; mv: ook pastorali/-liː/] ⟨muz⟩ pastorale ⟨landelijk(e) opera/muziekstuk⟩
pas·tor·al·ism /pɑːstrəlɪzm, ˄pæs-/ [niet-telb zn] 1 landelijk karakter 2 ⟨letterk⟩ pastorale stijl
pas·to·ral·ist /pɑːstrəlɪst, ˄pæ-/ [telb zn] 1 pastoralecomponist 2 ⟨vnl AuE⟩ veefokker, schapenfokker
pas·to·rals /pɑːstrəlz, ˄pæs-/ [alleen mv; ook Pastorals; the] ⟨r-k⟩ pastorale brieven/epistels
¹**pas·tor·ate** /pɑːstrət, ˄pæ-/ [telb zn] 1 ambtstermijn van predikant/dominee/priester 2 ⟨AE⟩ pastorie
²**pas·tor·ate** /pɑːstrət, ˄pæ-/ [niet-telb zn] 1 pastoraat, predikambt, herderlijk ambt 2 predikanten, pastoors, geestelijken
pas·tor·ship /pɑːstəʃɪp, ˄pæstərʃɪp/ [niet-telb zn] herderlijk(e) ambt/waardigheid
pas·tra·mi /pəstrɑːmi/ [niet-telb zn] ⟨cul⟩ pastrami ⟨gerookt, sterk gekruid (rund)vlees⟩
¹**pas·try** /peɪstri/ [telb zn] gebakje, (vruchten)taart(je), pasteitje
²**pas·try** /peɪstri/ [niet-telb zn] 1 (korst)deeg, pasteikorst, pasteideeg, taartendeeg 2 gebak(jes), taart, vruchtentaartjes, pasteitjes
pas·try·cook [telb zn] pasteibakker, banketbakker
pas·tur·a·ble /pɑːstʃərəbl, ˄pæstʃərə/ [bn] geschikt voor weiland, (goed) om op te grazen, weiderecht
pas·tur·age /pɑːstʃərɪdʒ, ˄pæs-/ [niet-telb zn] 1 weiderecht, het weiden, het laten grazen ⟨vee⟩ 2 (weide)gras, veevoe(de)r 3 grasland, weiland, weide
¹**pas·ture** /pɑːstʃə, ˄pæstʃər/ [telb + niet-telb zn] weiland, wei(de), grasland • ⟨inf, fig⟩ *put out to pasture* op stal zetten
²**pas·ture** /pɑːstʃə, ˄pæstʃər/ [niet-telb zn] (weide)gras ⟨als voedsel⟩
³**pas·ture** /pɑːstʃə, ˄pæstʃər/ [onov ww] grazen, weiden
⁴**pas·ture** /pɑːstʃə, ˄pæstʃər/ [ov ww] 1 weiden, op de wei(de) plaatsen/drijven, laten grazen ♦ *pasture the cows on the open range* de koeien op de open vlakte laten grazen 2 (genoeg) gras voortbrengen voor ♦ *rich fields can pasture many cows* een goede wei(de) kan veel koeien voeden 3 afgrazen ♦ *pastured bare* kaal gevreten 4 als weiland gebruiken, laten afgrazen 5 gras voeren

pas·ture·land [telb + niet-telb zn] weiland, wei(de), grasland
¹**pas·ty** /pæsti/ [telb zn] 1 (vlees)pastei, (vlees)taart(je), vruchtentaart(je) 2 tepellapje ⟨o.a. bij stripteasedanseressen⟩
²**pas·ty** /pæsti/ [bn; vergr trap: pastier; bw: pastily; zn: pastiness] 1 pasta-achtig, deegachtig, pappig, kleverig, brijig 2 bleek(jes), mat, flets, ziekelijk
pas·ty-faced /peɪsti feɪst/ [bn] bleek(jes), mat, flets, ziekelijk
¹**pat** /pæt/ [telb zn] 1 klopje, tikje, klapje, aaitje, streling 2 stukje, brokje, klompje, klontje ⟨voornamelijk boter⟩ 3 geklop, getik, geklap, licht getrappel • *pat on the back* (goedkeurend) (schouder)klopje; ⟨fig⟩ aanmoedigend woordje; *give o.s. a pat on the back* zichzelf feliciteren, trots zijn op zichzelf
²**pat** /pæt/ [bn; bw: ~ly; zn: ~ness] 1 passend, geschikt, pasklaar, net van pas komend ♦ *a pat solution* een pasklare oplossing 2 ingestudeerd, (al te) gemakkelijk, oppervlakkig, (te) vlot, luchtig ♦ *a pat answer to a difficult problem* een al te gemakkelijk antwoord op een moeilijk probleem 3 paraat, gereed, klaar, bij de hand, onmiddellijk 4 perfect (geleerd), exact (juist) ♦ ⟨kaartsp⟩ *a pat hand* een sterk spel, een mooie kaart, perfecte kaarten; *pat to time* precies op tijd 5 ⟨sl⟩ vast, onbeweeglijk, ⟨fig⟩ niet te veranderen, niet te verbeteren
³**pat** /pæt/ [onov ww] 1 tikken, (zacht) kloppen, slaan 2 huppelen
⁴**pat** /pæt/ [ov ww] 1 tikken op, (zachtjes) kloppen op, slaan op 2 (zacht) platslaan, platkloppen ♦ zie: **pat down** 3 aaien, strelen
⁵**pat** /pæt/ [bw] geschikt, gepast, goed/net van pas ♦ *the intervention came pat* de interventie kwam op het juiste moment 2 paraat, gereed, onmiddellijk, bij de hand ♦ *have one's answer pat* zijn antwoord klaar hebben 3 perfect (aangeleerd), exact (juist), onder de knie ♦ ⟨inf⟩ *have sth. down pat* iets onder de knie hebben; *have/know sth. (off) pat* iets perfect kennen/kunnen dromen; iets uit het hoofd/op zijn duimpje kennen; *recite a poem pat* een gedicht perfect uit het hoofd opzeggen
⁶**pat, Pat** [afk] (patent)
Pat /pæt/ [telb zn] Ier ⟨bijnaam⟩
pat-a-cake /pætəkeɪk/ [niet-telb zn] handjeklap
pa·ta·gi·um /pəteɪdʒɪəm/ [telb zn; mv: patagia /-dʒɪə/] 1 vlieghuid ⟨o.a. bij vleermuizen⟩ 2 huidplooi ⟨tussen vleugels en lichaam⟩ 3 schildje over vleugelgewricht, patagium
¹**Pat·a·go·ni·an** /pætəgoʊnɪən/ [telb zn] Patagoniër
²**Pat·a·go·ni·an** /pætəgoʊnɪən/ [bn] Patagonisch
pat·a·phys·i·cal /pætəfɪzɪkl/ [bn] patafysisch
pat·a·phys·ics /pætəfɪzɪks/ [niet-telb zn] patafysica ⟨satire van wetenschappelijk denken⟩
¹**pat·a·vin·i·ty** /pætəvɪnəti/ [telb zn] provincialisme, gewestelijke uitdrukking/woord
²**pat·a·vin·i·ty** /pætəvɪnəti/ [niet-telb zn] 1 ⟨letterk⟩ dialectkenmerken van Padua ⟨bij Livius⟩ 2 dialectgebruik 3 provincialisme, kleinsteedsheid
pat-ball [niet-telb zn] 1 slecht gespeeld tennis/cricket 2 rounders ⟨soort honkbal⟩
¹**patch** /pætʃ/ [telb zn] 1 ⟨benaming voor⟩ lap(je), stuk (stof), metalen plaatje, ooglap, (hecht)pleister, insigne, kenteken 2 schoonheidspleister(tje), mouche, moesje, pronkpleistertje 3 vlek, plek, huidvlek ♦ *dog with white patches* hond met witte vlekken 4 lapje grond 5 ⟨BE; inf⟩ district, gebied, werkterrein 6 stuk(je), beetje, flard, rest, plaats ⟨bijvoorbeeld in boek⟩ ♦ *patches of fog* mistbanken, flarden mist; *in patches* op sommige plaatsen/momenten; *patches of blue sky* flarden blauwe hemel 7 ⟨comp⟩ patch ⟨hulpprogramma/correctieprogramma in ander programma ingepast⟩ 8 patch, pleister ⟨soort pil op huid ge-

kleefd⟩ ▫ ⟨AE; inf⟩ *lay a patch* racen, scheuren; ⟨inf⟩ *not a patch on* het niet halend bij

²**patch** /pætʃ/ [ov ww] ① (een) lap(pen) naaien op/in ② (op)lappen, verstellen, (slordig/tijdelijk) herstellen/repareren, opkalefateren ◆ *material to patch the holes* stof om de gaten te verstellen ③ (haastig/tijdelijk) bijleggen, beslechten ④ (slordig) samenlappen, samenflansen, aan elkaar lappen ◆ *patch together a thesis* een dissertatie samenflansen ⑤ van patchwork maken ⑥ als vlekken verschijnen op, vlekken maken op, uitslaan op ◆ *the paint patches the wall* de verf slaat uit op de muur ⑦ moesjes plakken op ⟨gezicht⟩ ⑧ ⟨elek⟩ onderling verbinden ⟨elektrische circuits⟩ ⑨ corrigeren ⟨computerprogramma⟩ ▫ zie: patch up

patch·board, patch panel [telb zn] ⟨elek⟩ schakelbord

patch cord [telb zn] ⟨elek⟩ verbindingskabel

patch·er /pætʃə, ᴬ-ər/ [telb zn] ① (op)lapper, versteller, hersteller ② knoeier

patch·er·y /pætʃəri/ [niet-telb zn] ① lapwerk, knoeiwerk, half werk ② het (op)lappen, het verstellen

¹**patch·ou·li, patch·ou·ly, pach·ou·li** /pətʃuːli, ᴬpætʃəli/ [telb zn] ⟨plantk⟩ patchoeli ⟨Pogostemon patchouli⟩

²**patch·ou·li, patch·ou·ly, pach·ou·li** /pətʃuːli, ᴬpætʃəli/ [niet-telb zn] patchoeli(parfum)

patch pocket [telb zn] opgenaaide zak

patch test [telb zn] ⟨med⟩ allergietest

patch up [ov ww] ① (op)lappen, verstellen, (slordig/tijdelijk) herstellen, opkalefat(er)en ◆ *patch up a car* een auto (wat) oplappen; *patch up a soldier* een soldaat oplappen ② (haastig) bijleggen, beslechten ◆ *patch up a quarrel* een ruzie bijleggen ③ samenflansen, aan elkaar lappen

¹**patch·work** [telb zn; vaak attributief] mengelmoes, allegaartje

²**patch·work** [telb + niet-telb zn; vaak attributief] ① patchwork, lapjeswerk ◆ ⟨fig⟩ *a patchwork of fields* een bonte schakering/lappendeken velden ② lapwerk, knoeiwerk

patchwork quilt [telb zn] lappendeken

patch·y /pætʃi/ [bn; vergr trap: patchier; bw: patchily; zn: patchiness] ① gelapt, vol lappen, van lappen gemaakt ② gevlekt, vol vlekken ◆ *a patchy curtain* een vuil gordijn, een gordijn vol vlekken ③ in flarden voorkomend, ongelijk ⟨van mist e.d.⟩ ◆ *patchy fog* flarden mist ④ onregelmatig, ongelijk, zonder eenheid, fragmentarisch, samengeflanst ◆ *patchy knowledge* fragmentarische kennis; *patchy work* ongelijk werk

pat down [ov ww] (zacht) platslaan, platkloppen ◆ *pat down one's hair* zijn haar platstrijken

pat-down search [telb zn] ⟨AE⟩ fouillering ⟨door aftasting; tegenover visitatie⟩

pate /peɪt/ [telb zn] ⟨vero, nu inf⟩ kop, hoofd, knikker, schedel, ⟨scherts⟩ hersens, koppie ◆ *bald pate* kale knikker

¹**pâ·té** /pæteɪ, ᴬpɑteɪ/ [telb zn] pastei, vleespastei, vispastei

²**pâ·té** /pæteɪ, ᴬpɑteɪ/ [telb + niet-telb zn] paté, wildpastei, ganzenleverpastei

pâ·té de foie gras /pæteɪ dəfwɑː grɑː, ᴬpɑteɪ -/ [niet-telb zn] ganzenleverpastei

pa·tel·la /pətelə/ [telb zn; mv: patellae /-liː/] knieschijf

pa·tel·lar /pətelə, ᴬ-ər/ [bn] knieschijf-

pa·tel·late /pətelət, -leɪt/, **pa·tel·li·form** /-telɪfɔːm, ᴬ-fɔrm/ [bn] napvormig, schotelvormig, schaalvormig, schijfvormig

pat·en, pat·in /pætn/, **pat·ine** /pætiːn/ [telb zn] ① ⟨r-k⟩ pateen, hostieschoteltje ② metalen schijf ③ plaat, bord, schaal

pa·ten·cy /peɪtnsi, ᴬpæ-/ [niet-telb zn] ① duidelijkheid, klaarheid

¹**pat·ent** /peɪtnt, ᴬpætnt/ [telb zn] ① patent, octrooi ◆ *take out a patent for* een patent nemen op ② gepatenteerde uitvinding, gepatenteerd artikel ③ vergunning, machtiging, diploma, licentie, geloofsbrief ④ exclusief recht, monopolie ⑤ ⟨inf⟩ schranderheid, vindingrijkheid, bekwaamheid, vernuft ⑥ ⟨AE⟩ (akte van) landoverdracht ⑦ lakleer

²**pat·ent** /peɪtnt, ᴬpætnt/ [niet-telb zn] patentbloem, patentmeel

³**pat·ent** /peɪtnt/ [bn; bw: ~ly] ① open(baar), niet geobstrueerd, niet verstopt ② duidelijk, klaar, evident ◆ *patently absurd* gewoonweg/overduidelijk absurd; *patent nonsense* klinkklare onzin

⁴**pat·ent** /peɪtnt, ᴬpætnt/ [bn, attr; bw: ~ly] ① ⟨benaming voor⟩ patent-, gepatenteerd, m.b.t. patent ◆ *patent law* patentwet, octrooiwet; *patent lock* gepatenteerd slot; *patent medicine* patentgeneesmiddel(en); wondermiddel ② patent-, kwaliteits- ⟨van bloem, meel⟩ ◆ *patent flour* patentmeel, patentbloem, kwaliteitsmeel ③ ⟨inf⟩ slim, schrander, patent, vindingrijk, voortreffelijk ◆ *patent device* vindingrijk middel ▫ *patent leather* lakleer; *patent leathers* lakschoenen; ⟨scheepv⟩ *patent log* patentlog; *patent still* continustokerij

⁵**pat·ent** /peɪtnt/ [bn, postnom; bw: ~ly] ▫ ⟨jur⟩ *letters patent* ⟨getuigschrift van een⟩ patent

⁶**pat·ent** /peɪtnt, ᴬpætnt/ [ov ww] ① een patent verkrijgen voor ② een patent/octrooi verlenen aan, patenteren, octrooieren, door patent machtigen ③ patenteren, een patent/octrooi nemen op

pat·ent·a·ble /peɪtntəbl, ᴬpæ-/ [bn; bw: patentably] octrooieerbaar

patent agent [telb zn] octrooigemachtigde

patent attorney [telb zn] ⟨AE⟩ octrooigemachtigde

pat·ent·ee /peɪtntiː, ᴬpæ-/ [telb zn] ① patenthouder ② patentnemer

patent office [telb zn; ook Patent Office] patentbureau, octrooibureau

pat·en·tor /peɪtntə, ᴬpætntər/ [telb zn] octrooigemachtigde, patentverlener

patent right [niet-telb zn] patentrecht

patent rolls [alleen mv; ook Patent Rolls] octrooiregister

pa·ter /peɪtə, ᴬpeɪtər/ [telb zn] ⟨BE; sl⟩ ouwe heer

pat·er·a /pætərə/ [telb zn] drinkschaal, offerschaal

pa·ter·fa·mil·i·as /peɪtəfəmɪliæs, ᴬpeɪtər-/ [telb zn; mv: patresfamilias /pɑːtreɪs-, peɪtriːs-/] ⟨scherts⟩ gezinshoofd, huisvader, pater familias

pa·ter·nal /pətɜːnl, ᴬ-tɜr-/ [bn; bw: ~ly] ① vaderlijk, vader-, ⟨fig⟩ beschermend, welwillend, paternalistisch ◆ *paternal care* vaderlijke zorgen; *paternal government* bemoeizieke regering ② langs vaderszijde, van vaders kant

pa·ter·nal·ism /pətɜːnəlɪzm, ᴬ-tɜr-/ [niet-telb zn] ⟨vaak pej⟩ paternalisme, bevoogding, vaderlijke zorg ⟨van regering⟩, bemoeizucht

pa·ter·nal·ist /pətɜːnəlɪst, ᴬ-tɜr-/, **pa·ter·nal·is·tic** /-lɪstɪk/ [bn; bw: ~ically] ⟨vaak pej⟩ paternalistisch, vaderlijk, beschermend, bemoeiziek

pa·ter·ni·ty /pətɜːnəti, ᴬ-tɜrnəti/ [niet-telb zn] ① vaderschap, paterniteit ② auteurschap, bron, oorsprong, ontstaan, vaderschap

paternity leave [niet-telb zn] vaderschapsverlof, ouderschapsverlof ⟨voor de vader⟩

paternity suit [telb zn] ⟨jur⟩ vaderschapsactie

paternity test [telb zn] vaderschapsonderzoek

pa·ter·nos·ter /pætənɒstə, ᴬpætərnɒstər/ [telb zn] ① ⟨ook Paternoster⟩ onzevader, paternoster ◆ *say ten paternosters* tien onzevaders bidden ② paternosterkraal ③ gebed, (magische) formule, toverspreuk ④ paternosterlift ⑤ ⟨viss⟩ paternoster, zetlijn

¹**path** /pɑːθ, ᴬpæθ/ [telb zn; mv: paths /pɑːðz, ᴬpæðz/

path

pæθs/] ① pad, weg, paadje, ⟨België⟩ wegeltje ♦ *beat/clear a path* zich een weg banen ⟨ook figuurlijk⟩; *path through the forest* weg door het bos ② pad, fietspad, voetpad ③ baan, route, ⟨fig ook⟩ weg, pad ♦ *path of a bullet* baan van een kogel; *comet's path* baan van een komeet; *cross the path of s.o.* iemands pad kruisen, iemand dwarsbomen/tegenwerken; *stand in the path of* in de weg staan van, verhinderen; *path to success* weg naar het succes ▪ *beat a path to s.o.'s door* in groten getale op iemand afkomen

²**path** [afk] ① (pathological) ② (pathology)

-path /pæθ/ ① -paat ⟨specialist⟩ ♦ *homeopath* homeopaat ② -paat ⟨lijder⟩ ♦ *neuropath* zenuwlijder, zenuwzieke

Pa·than /pətɑːn/ [telb zn] Afghaan ⟨lid van belangrijkste Afghaanse stam⟩

path·break·ing [bn] baanbrekend, revolutionair

pa·thet·ic /pəθetɪk/ [bn; bw: ~ally] ① pathetisch, gevoelvol, aandoenlijk, roerend, deerniswekkend ♦ *pathetic lament* meelijwekkend geklaag; *pathetic sight* treurig gezicht ② zielig, (hopeloos) ontoereikend, erbarmelijk, jammerlijk ♦ *pathetic attempts to learn a new language* bedroevende pogingen om een nieuwe taal te leren ③ waardeloos, oninteressant ♦ *pathetic people* vervelende mensen ▪ *the pathetic fallacy* het toekennen van menselijke gevoelens aan de natuur

pa·thet·ics /pəθetɪks/ [alleen mv; werkwoord voornamelijk enk] ① emoties, sentimentaliteit, pathetisch vertoon ② studie der emoties

path·find·er [telb zn] ① verkenner, padvinder, ⟨fig⟩ pionier, baanbreker, voorloper ② ⟨mil⟩ verkenningsvliegtuig, verkenner ⟨o.a. om doel aan te duiden voor bombardement⟩

path·ic /pæθɪk/ [telb zn] passieve partij, (seks)vriendje

path·less /pɑːθləs, ᴬpæθ-/ [bn; zn: ~ness] ongebaand, onbegaanbaar

path·o- /pæθoʊ/ patho-, m.b.t. ziekte ♦ *pathognomonic* kenmerkend voor een ziekte

path·o·gen /pæθədʒən/, **path·o·gene** /-dʒiːn/ [telb zn] ziekteverwekker, pathogene stof, ziektekiem

path·o·gen·e·sis /pæθədʒenɪsɪs/, **pa·thog·e·ny** /pəθɒdʒəni, ᴬ-θɑ-/ [niet-telb zn] pathogenese ⟨ontstaan van een ziekte⟩

path·o·ge·net·ic /pæθoʊdʒɪnetɪk/, **path·o·gen·ic** /-dʒenɪk/, **path·o·gen·ous** /pæθɒdʒənəs, ᴬ-θɑ-/ [bn] ① pathogeen, ziekteverwekkend, ziekteveroorzakend ② pathogenetisch ⟨m.b.t. tot de leer van het ontstaan van ziekten⟩

path·og·no·mon·ic /pæθɒgnəmɒnɪk, ᴬ-θɑgnəmɑnɪk/, **path·og·no·mon·i·cal** /-ɪkl/ [bn; bw: ~ally] pathognostisch, typisch voor een ziekte

path·og·no·my /pæθɒgnəmi, ᴬ-θɑg-/ [niet-telb zn] studie van emoties/gevoelens

¹**path·o·log·i·cal** /pæθəlɒdʒɪkl, ᴬ-lɑ-/ [bn], **path·o·log·ic** /-lɒdʒɪk, ᴬ-lɑ-/ [bn] ① pathologisch, pathologiek, ziek, ziekte- ♦ *pathological liar* pathologische/ziekelijke leugenaar; *pathological processes* ziekteverschijnselen; *pathological tissue* ziek weefsel ② pathologisch, onredelijk, onnatuurlijk, ziekelijk ♦ *pathological fear* onnatuurlijke/denkbeeldige angst

²**path·o·log·i·cal** /pæθəlɒdʒɪkl, ᴬ-lɑ-/ [bn], **path·o·log·ic** /-lɒdʒɪk, ᴬ-lɑ-/ [bn, attr] pathologisch ♦ *pathological lab* pathologisch lab

pa·thol·o·gist /pəθɒlədʒɪst, ᴬ-θɑ-/ [telb zn] patholoog

pa·thol·o·gy /pəθɒlədʒi, ᴬ-θɑ-/ [niet-telb zn] pathologie, ziekteleer

pa·thos /peɪθɒs, ᴬ-θɑs/ [telb zn] ① pathos, aandoenlijkheid ⟨in letterkunde⟩ ② medelijden

pa·tho·type /pæθoʊtaɪp/ [telb zn] pathogeen organisme

path·way [telb zn] pad, weg, baan

-pa·thy /pəθi/ -pathie ♦ *homeopathy* homeopathie

¹**pa·tience** /peɪʃns/ [telb + niet-telb zn] ⟨plantk⟩ patiëntie, spinaziezuring ⟨Rumex patientia⟩

²**pa·tience** /peɪʃns/ [niet-telb zn] ① geduld, lijdzaamheid, verdraagzaamheid, volharding, doorzettingsvermogen, inschikkelijkheid, toegevendheid ♦ *have no patience with* niet kunnen verdragen, geïrriteerd worden door; *patience of Job* jobsgeduld; *lose one's patience* zijn geduld verliezen, ongeduldig worden; *be out of patience with* niet langer kunnen verdragen ② ⟨BE⟩ patience ⟨kaartspel⟩ ▪ ⟨sprw⟩ *patience is a virtue* geduld is een schone zaak

¹**pa·tient** /peɪʃnt/ [telb zn] patiënt, zieke, lijder, ⟨bij uitbreiding⟩ klant ♦ *patients at the beauty shop* klanten bij de kapper

²**pa·tient** /peɪʃnt/ [bn; bw: ~ly] geduldig (verdragend), lijdzaam, verdraagzaam, tolerant, volhardend, volhoudend ▪ *patient of two interpretations* vatbaar voor twee interpretaties/tweeërlei uitleg

pa·tient-day [telb zn] verpleegdag

pa·tient·hood /peɪʃnthʊd/ [niet-telb zn] het patiëntzijn

patin [telb zn] → **paten**

¹**pat·i·na** /pætɪnə/ [telb zn; mv: ook patinae /-niː/] ⟨r-k⟩ pateen, hostieschoteltje

²**pat·i·na** /pætɪnə/, ⟨in betekenis 1 ook⟩ **pa·tine** /pætiːn/ [telb + niet-telb zn; mv: ook patinae /-niː/] ① patina-(laag), patijn, oxidatielaag, kopergroen, laag ♦ *patina of ice* ijslaagje ② ouderdomsglans ⟨op hout⟩ ③ patina, glans, eerbiedwaardig uitzicht ♦ *patina of wealth* glans der rijkdom

pat·i·nat·ed /pætɪneɪtɪd/ [bn; oorspronkelijk volt deelw van patinate] gepatineerd

pat·i·na·tion /pætɪneɪʃn/ [telb + niet-telb zn] patinering

¹**pa·tine** /pætiːn/ [telb zn] → **paten**

²**pa·tine** /pætiːn/ [telb + niet-telb zn] → **patina**

³**pa·tine** /pætiːn/, **pat·i·nate** /pætɪneɪt/ [ov ww] patineren; → **patinated**

pat·i·o /pætioʊ/ [telb zn] patio, binnenhof, binnenplaats, ⟨bij uitbreiding⟩ terras

patio door [telb zn; vaak mv] ⟨vnl BE⟩ patiodeur, terrasdeur

¹**pa·tis·se·rie** /pətiːsəri/ [telb zn] patisserie, banketbakkerij, pasteibakkerij

²**pa·tis·se·rie** /pətiːsəri/ [telb zn] patisserie, gebakjes, taartjes

Pat·na rice /pætnə raɪs/ [niet-telb zn] patnarijst ⟨langkorrelige rijst⟩

pat·ois /pætwɑː/ [telb + niet-telb zn; mv: patois /-z/] ① patois, dialect, volkstaal, ⟨pej⟩ (plat) taaltje ② patois, jargon, Bargoens

pa·too·tie /pətuːti/ [telb zn] ⟨sl⟩ ① liefje, schatje ② (mooi) meisje

pa·tri- /peɪtri/, **pat·r-** /pætr/, **pa·tro-** /peɪtroʊ/ patri-, vader- ♦ *patricide* vadermoord, vadermoordenaar

¹**pa·tri·al** /peɪtrɪəl/ [telb zn] ⟨BE; ook attributief⟩ niet-Brit met Brits staatsburgerschap ⟨door in Groot-Brittannië geboren ouders⟩

²**pa·tri·al** /peɪtrɪəl/ [bn] vaderlands, nationaal

pa·tri·al·i·ty /peɪtriæləti/ [niet-telb zn] ⟨BE⟩ Brits staatsburgerschap van niet-Brit ⟨door in Groot-Brittannië geboren ouders⟩

pa·tri·arch /peɪtriɑːk, ᴬ-ɑrk/ [telb zn] ① patriarch, stamhoofd, familiehoofd, ⟨Bijb⟩ stamvader, aartsvader, ⟨fig⟩ oude grijsaard, ouderling, veteraan, stichter, grondlegger, nestor ♦ *patriarch of the herd* oudste dier van de kudde; *patriarch of the meat industry* grondlegger van de vleesindustrie; *the three patriarchs* de drie aartsvaders ⟨Abraham, Izaäk, Jacob⟩ ② ⟨rel⟩ patriarch ⟨benaming voor kerkelijk hoofd⟩

pa·tri·ar·chal /peɪtriɑːkl, ᴬ-ɑrkl/, **pa·tri·ar·chic** /-kɪk/ [bn; bw: ~ly] ① patriarchaal, vaderrechtelijk, ⟨Bijb⟩ aartsvaderlijk ♦ *patriarchal basilica* patriarchale basiliek; ⟨he-

ral〉 *patriarchal cross* patriarchaal kruis; *patriarchal society* patriarchale maatschappij; *patriarchal territory* patriarchaal gebied ② eerbiedwaardig, deftig, oud
pa·tri·ar·chal·ism /peɪtrɪɑːkəlɪzm, ᴬ-ɑr-/ [niet-telb zn] patriarchaat
pa·tri·ar·chate /peɪtrɪɑːkət, ᴬ-ɑr-/ [telb + niet-telb zn] ① 〈rel〉 patriarchaat, patriarchaal gebied, patriarchale waardigheid ② patriarchaat, vaderrecht
pa·tri·ar·chy /peɪtrɪɑːki, ᴬ-ɑr-/ [telb + niet-telb zn] patriarchaat, vaderrecht
¹pa·tri·cian /pətrɪʃn/ [telb zn] patriciër 〈ook geschiedenis〉, edelman, aristocraat, heer, gentleman, gecultiveerd persoon
²pa·tri·cian /pətrɪʃn/ [bn; bw: ~ly] patricisch, edel, aristocratisch, aanzienlijk
pat·ri·cid·al /pætrɪsaɪdl/ [bn] m.b.t. vadermoord, schuldig aan vadermoord
¹pat·ri·cide /pætrɪsaɪd/ [telb zn] vadermoordenaar
²pat·ri·cide /pætrɪsaɪd/ [telb + niet-telb zn] vadermoord
pat·ri·lin·e·al /pætrɪlɪnɪəl/ [bn] patrilineaal 〈langs de mannelijke lijn, bijvoorbeeld erfopvolging〉
pat·ri·lo·cal /pætrɪloʊkl/ [bn] patrilokaal
pat·ri·mo·ni·al /pætrɪmoʊnɪəl/ [bn; bw: ~ly] patrimoniaal, geërfd, erf-
pat·ri·mo·ny /pætrɪməni, ᴬ-moʊni/ [telb + niet-telb zn] ① patrimonium, (vaderlijk) erfdeel, erfgoed, vermogen, 〈ook fig〉 erfenis ② kerkgoed
pa·tri·ot /pætrɪət, ᴬ-peɪ-/ [telb zn] patriot, goed vaderlander
pa·tri·ot·eer /pætrɪətɪə, ᴬ-peɪtrɪətɪr/ [telb zn; ook attributief] 〈AE〉 chauvinist
pa·tri·ot·ic /pætrɪɒtɪk, ᴬ-peɪtrɪɒtɪk/ [bn; bw: ~ally] patriottisch, vaderlandslievend
pa·tri·ot·ism /pætrɪətɪzm, ᴬ-peɪ-/ [niet-telb zn] patriottisme, vaderlandsliefde, burgerzin, nationalisme
pa·tris·tic /pətrɪstɪk/, **pa·tris·ti·cal** /-ɪkl/ [bn; bw: ~ally] patristisch, van de kerkvaders
pa·tris·tics /pətrɪstɪks/ [niet-telb zn] patristiek, patrologie
¹pa·trol /pətroʊl/ [niet-telb zn] patrouille, (inspectie)ronde, wachtronde, routinevlucht, routinereis, (routine)controle ♦ *on patrol* op patrouille
²pa·trol /pətroʊl/ [verzameln] (verkennings)patrouille, (verkennings)eenheid, verkenningsvliegtuig, verkenningsschip, detachement, wacht, wachtronde ♦ *A.A. patrol* wegenwacht
³pa·trol /pətroʊl/ [onov ww] patrouilleren, de ronde doen, op patrouille/verkenning zijn
⁴pa·trol /pətroʊl/ [ov ww] ① afpatrouilleren, de ronde doen van ② rondbanjeren over/in, in groepen zwerven/trekken over/in
patrol boat [telb zn] patrouilleboot, patrouillevaartuig
patrol car [telb zn] politiewagen, politieauto
patrol leader [telb zn] patrouilleleider
pa·trol·man /pətroʊlmən/ [telb zn] ① 〈BE〉 wegenwachter ② 〈AE〉 politieagent, opziener
pa·trol·o·gist /pətrɒlədʒɪst, ᴬ-trɑ-/ [telb zn] patroloog
pa·trol·o·gy /pətrɒlədʒi, ᴬ-trɑ-/ [niet-telb zn] patrologie, patristiek
patrol plane [telb zn] patrouillevliegtuig
patrol wagon [telb zn] 〈AE〉 arrestantenwagen, gevangenwagen, boevenwagen, politiebusje
pa·trol·wom·an [telb zn] 〈AE〉 politieagente
pa·tron /peɪtrən/ [telb zn] ① patroon, beschermheer, beschermvrouw, steuner, beschermer, begunstiger, weldoener, bevorderaar, voorstander ♦ *patron of the arts* mecenas ② (geregelde/vaste) klant, -ganger ③ patroon(heilige), beschermheilige, naamheilige, schutspatroon ④ 〈gesch〉 patroon, beschermheer 〈van cliënt, slaaf〉 ⑤ 〈rel〉 patroon, collator, begever ⑥ patroon, chef, baas, hoofd, uitbater

pattern

¹pa·tron·age /pætrənɪdʒ, ᴬpeɪ-/ [telb + niet-telb zn] klandizie, clientèle ♦ *store with a considerable patronage* goed beklante winkel
²pa·tron·age /pætrənɪdʒ, ᴬpeɪ-/ [niet-telb zn] ① steun, bescherming, begunstiging, aanmoediging ♦ *foundation with/under the patronage of* stichting onder de bescherming van ② 〈BE〉 patronaatsrecht, collatierecht, begevingsrecht ③ benoemingsrecht ♦ 〈pej〉 *man with a great deal of patronage* iemand die aan vriendjespolitiek doet ④ (neerbuigende) minzaamheid, paternalisme
pa·tron·al /pətroʊnl, ᴬpeɪtrənl/ [bn] patronaal
pa·tron·ess /peɪtrənɪs/ [telb zn] patrones, beschermheilige, beschermvrouw
pa·tron·ize, pa·tron·ise /pætrənaɪz, ᴬpeɪ-/ [ov ww] ① patron(is)eren, beschermen, begunstigen, steunen, bevorderen ② klant zijn van, frequenteren, vaak bezoeken, gebruiken ♦ *well patronized store* goed beklante winkel ③ uit de hoogte behandelen, neerbuigend doen, minzaam/paternalistisch behandelen, bevoogden; → **patronizing**
pa·tron·iz·er, pa·tron·is·er /pætrənaɪzə, ᴬpeɪtrənaɪzər/ [telb zn] ① beschermer, begunstiger, bevorderaar, patroon ② klant
pa·tron·iz·ing, pa·tron·is·ing /pætrənaɪzɪŋ, ᴬpeɪ-/ [bn; oorspronkelijk onvoltooid deelw van patronize; bw: ~ly] neerbuigend, minzaam, uit de hoogte, paternalistisch, bevoogdend
pa·tronne /pətrɔːn/ [telb zn] bazin, uitbaatster, chef
patron saint [telb zn] patroon(heilige), beschermheilige, naamheilige, schutspatroon
¹pat·ro·nym·ic /pætrənɪmɪk/ [telb zn] 〈taalk〉 patronymicum, patroniem, vadersnaam, familienaam, geslachtsnaam
²pat·ro·nym·ic /pætrənɪmɪk/, **pat·ro·nym·i·cal** /pætrənɪmɪkl/ [bn; bw: ~ally] 〈taalk〉 patronymisch, familie-, geslachts- ♦ *patronymic name* patronymicum
pa·troon /pətruːn/ [telb zn] 〈AE〉 geprivilegieerd grootgrondbezitter 〈uit koloniale tijd van USA〉
pat·sy /pætsi/ [telb zn] 〈AE; sl〉 dupe, slachtoffer, sufferd, sukkel, klungel ♦ *be the patsy* de lul zijn
pat·ten /pætn/ [telb zn] klomp, steltschoen
¹pat·ter /pætə, ᴬpætər/ [telb + niet-telb zn] ① jargon, taaltje, koeterwaals, patois, dieventaal ♦ *salesman's patter* verkoperstaaltje; *thieves' patter* Bargoens ② geratel, gerammel, het afraffelen 〈o.a. van tekst door komiek〉 ③ gekakel, gekakel, gesnater, gesnap, gezwam, geleuter ④ gekletter, geplets, geknetter, getrappel, getrippel ♦ *patter of feet* getrippel van voeten; *patter of rain* geplets van de regen
²pat·ter /pætə, ᴬpætər/ [niet-telb zn] ① tekst, woorden 〈van humoristisch lied〉 ② gebabbel 〈in humoristisch lied〉
³pat·ter /pætə, ᴬpætər/ [onov ww] ① ratelen, rammelen ② kletsen, snateren, kakelen, babbelen ③ kletteren, knetteren, pletsen ④ trippelen, trappelen ♦ *patter about/(a)round* rondtrippelen
⁴pat·ter /pætə, ᴬpætər/ [ov ww] ① aframmelen, afraffelen, afratelen ② doen kletteren
¹pat·tern /pætn, ᴬpætərn/ [telb zn] ① 〈ook attributief〉 model, toonbeeld, voorbeeld, prototype ♦ *a pattern of virtue* een toonbeeld van deugd; *a pattern wife* een modelechtgenote, een droomvrouw ② 〈benaming voor〉 patroon, (giet)model, mal, plan, schema, borduurpatroon, proefmunt, landingspatroon, patroon, constructie ♦ *a pattern for a coat* een patroon voor een jas; *cut to one pattern* op dezelfde leest geschoeid ③ 〈vaak in samenstellingen〉 patroon, tekening, dessin, ontwerp, stijl ♦ *a flower pattern on a dress* een bloemendessin op een jurk; *geometric patterns* geometrische figuren ④ staal, monster ⑤ patroon, vorm, volgorde ♦ *historical patterns* historische wetmatigheden; *the pattern of the illness* het ontwikkelingspatroon

pattern

van de ziekte [6] trefferbeeld, kogelpatroon, bompatroon, schietbeeld [7] coupon ⟨voor kledingstuk⟩

²**pat·tern** /pætn, ᴬpætərn/ [onov ww] [1] een patroon/tekening/(treffer)beeld vormen [2] ⟨taalk⟩ een taalpatroon/taalconstructie vormen ♦ *pattern like/after* geconstrueerd worden als; *'avoid' patterns with the gerund* 'avoid' krijgt/ wordt geconstrueerd met de gerund; → **patterning**

³**pat·tern** /pætn, ᴬpætərn/ [ov ww] [1] vormen, maken, modelleren, nabouwen, natekenen ♦ *pattern after/(up)on* modelleren/vormen naar; *pattern o.s. on a movie star* een filmster tot voorbeeld nemen, zich richten naar een filmster; *pattern out* aanleggen volgens een bepaald patroon/model [2] met een patroon/tekening versieren, schakeren ♦ *pattern with flowers* met een bloemendessin versieren; → **patterning**

pattern bombing [niet-telb zn] bombardement van een hele streek, bomtapijt, systematisch bombardement

pattern book [telb zn] stalenboek

pat·tern·ing /pætn·ɪŋ, ᴬpætərnɪŋ/ [niet-telb zn; gerund van pattern] [1] patroon, schakering, versiering, samenstelling [2] gedragspatroon [3] ⟨med⟩ patroontherapie

pat·tern·mak·er [telb zn] modelmaker ⟨in gieterij⟩, patroontekenaar

pattern reading [niet-telb zn] modellectuur ⟨voorlezen als model⟩

pattern recognition [niet-telb zn] ⟨comp⟩ patroonherkenning

pat·ty, pat·tie /pæti/ [telb zn] [1] pasteitje, gebakje, taartje [2] vleeskoekje, hamburgerkoekje, hapje

patty melt [telb zn] ⟨AE⟩ hamburger met kaas

pat·ty·pan [telb zn] gebakjespan

pattypan squash [telb zn] ⟨soort⟩ zomerpompoen

patty shell [telb zn] pasteitje

pat·u·lous /pætjələs/ [bn] [1] (wijd) open, openstaand, opengespalkt, gapend ♦ *patulous wound* gapende wond [2] uitgespreid, breedgetakt ♦ *patulous beech* breedgetakte beuk

pat·zer /pætsə, ᴬ-ər/ [telb zn] ⟨sl⟩ slechte schaker

PAU [afk] (Pan American Union)

pau·a /pauə/ [telb zn] [1] ⟨dierk⟩ zeeoor ⟨genus Haliotis⟩ [2] zeeoorschelp

pau·ci·ty /pɔːsəti/ [telb + niet-telb zn; geen mv] geringheid, kleine hoeveelheid, gebrek, schaarste

Paul /pɔːl/ [eigenn] Paul, Paulus • *Paul Jones* Paul Jones ⟨dans met veel partnerwissel⟩; ⟨fig⟩ partnerwissel

paul·dron /pɔːldrən/, **poul·dron** /poʊl-/ [telb zn] schouderstuk, schouderplaat

Paul·i ex·clu·sion prin·ci·ple /pɔːli, pauli/ [telb zn] ⟨natuurk⟩ uitsluitingsbeginsel, pauliverbod

Paul·ine /pɔːlaɪn/ [bn] paulinisch ♦ *Pauline epistles* epistelen van Paulus

Paul·in·ism /pɔːlɪnɪzm/, **Paul·ism** /pɔːlɪzm/ [niet-telb zn] paulinisme, paulinische denktrant/theologie

Paul·in·ist /pɔːlɪnɪst/ [telb zn] paulinist

pau·low·ni·a /pɔːloʊniə/ [telb zn] ⟨plantk⟩ paulownia ⟨genus Paulownia⟩

paultry [bn] → **paltry**

¹**paunch** /pɔːntʃ/ [telb zn] [1] buik(je), maag, ⟨pej⟩ pens, dikke buik [2] ⟨dierk⟩ pens ⟨eerste maag van herkauwers⟩ [3] ⟨scheepv⟩ stootmat, wrijfhout ⟨aan mast⟩

²**paunch** /pɔːntʃ/ [ov ww] [1] ontweien, de buik openrijten, de ingewanden uithalen van [2] een stoot/steek in de buik geven

paunch mat [telb zn] ⟨scheepv⟩ stootmat

paunch·y /pɔːntʃi/ [bn; zn: paunchiness] dik(buikig), corpulent

¹**pau·per** /pɔːpə, ᴬ-ər/ [telb zn] [1] pauper, arme, bedelaar, armlastige, bedeelde [2] ⟨jur⟩ genieter van armenrecht, pro Deo procederende

²**pau·per** /pɔːpə, ᴬ-ər/, **pau·per·ize, pau·per·ise** /pɔːpəraɪz/ [ov ww] (ver)pauperiseren, verarmen, armlastig maken

pau·per·ism /pɔːpərɪzm/, **pau·per·dom** /pɔːpədəm, ᴬ-pər-/ [niet-telb zn] [1] pauperisme, armoede, verarming [2] de armen, de armlastigen

pau·per·i·za·tion, pau·per·i·sa·tion /pɔːpəraɪzeɪʃn, ᴬ-əzeɪʃn/ [niet-telb zn] pauperisatie, verpaupering, verarming

¹**pause** /pɔːz/ [telb zn] [1] pauze, onderbreking, rust(punt), stop, stilte, adempauze, ⟨i.h.b.⟩ weifeling, aarzeling ♦ *make a pause* pauzeren, rusten, rust/pauze houden; *pause to take a breath* adempauze [2] gedachtestreep [3] ⟨muz⟩ orgelpunt, fermate [4] ⟨letterk⟩ cesuur • *give pause to* doen aarzelen/weifelen, tot nadenken brengen

²**pause** /pɔːz/ [onov ww] [1] pauzeren, pauze/rust houden, wachten [2] talmen, dralen, blijven hangen ♦ *pause (up)on* aanhouden ⟨muzieknoot⟩; stilstaan bij, blijven staan op/bij [3] aarzelen, weifelen, nadenken over

pav·age /peɪvɪdʒ/ [niet-telb zn] [1] bestrating, (het) bestraten, (het) plaveien [2] straatbelasting

pa·van, pa·vane /pəvæn/, **pa·vin** /pævɪn/ [telb zn] pavane ⟨muziek voor⟩ oude Italiaanse dans⟩

pave /peɪv/ [ov ww] bestraten ⟨ook figuurlijk⟩, plaveien, bevloeren, bedekken, verharden, beleggen ♦ *pave with flowers* met bloemen bedekken • ⟨sprw⟩ *the road to hell is paved with good intentions* de weg naar de hel is met goede voornemens geplaveid; → **paved, paving**

¹**pa·vé** /pæveɪ, ᴬpæveɪ/ [telb zn] voetpad, trottoir, stoep

²**pa·vé** /pæveɪ, ᴬpæveɪ/ [niet-telb zn; ook attributief] het dicht bij elkaar plaatsen ⟨van diamanten⟩ ♦ *brooch in pavé* broche met dicht bij elkaar geplaatste diamanten

paved /peɪvd/ [bn; volt deelw van pave] [1] bestraat, geplaveid, bedekt, verhard [2] vol (van), vergemakkelijkt (door) ♦ *a life paved with success* een succesrijk leven; *paved with good intentions* vol goede voornemens

¹**pave·ment** /peɪvmənt/ [telb zn] [1] bestrating, wegdek, (stenen) vloer ♦ ⟨AE; inf⟩ *pound the pavement* zich de benen uit het lijf lopen [2] ⟨BE⟩ trottoir, voetpad, stoep [3] ⟨AE⟩ rijweg, straat [4] ⟨biol⟩ tegelvormige ordening ♦ *pavement cells* tegelvormig geordende cellen

²**pave·ment** /peɪvmənt/ [niet-telb zn] bestrating, plaveisel, straatstenen, verharding

pavement artist [telb zn] trottoirschilder, trottoirtekenaar, straattekenaar

pavement cafe [telb zn] terrasje

pav·er /peɪvə, ᴬ-ər/ [telb zn] [1] stratenmaker, plaveier, tegellegger [2] straatsteen, vloersteen, (vloer)tegel, trottoirsteen [3] betonmolen

pav·id /pævɪd/ [bn] bang, timide, beschroomd, bedeesd

¹**pa·vil·ion** /pəvɪliən/ [telb zn] [1] ⟨benaming voor⟩ paviljoen, (leger)tent, tuinpaviljoen, amusementsgebouw, bijgebouw, dependance, stand, tentoonstellingsgebouw, tentoonstellingstent, zomerhuis, tuinhuis, buitenverblijf, cricketpaviljoen, clubhuis [2] paviljoen ⟨van edelsteen⟩

²**pa·vil·ion** /pəvɪliən/ [ov ww] [1] (als) in een paviljoen/tent onderbrengen, omhullen, omgeven, beschermen [2] met tenten bedekken

¹**pav·ing** /peɪvɪŋ/ [telb zn; (oorspronkelijk) gerund van pave] [1] bestrating, wegdek, (stenen) vloer, rijweg, straat [2] straatsteen, plavei

²**pav·ing** /peɪvɪŋ/ [niet-telb zn; (oorspronkelijk) gerund van pave] [1] bestrating, het bestraten, het plaveien [2] bestrating, plaveisel, straatstenen, verharding

paving beetle [telb zn] straatstamper, juffer

paving stone [telb zn] straatsteen, tegel, plavei, vloersteen

paving tile [telb zn] (vloer)tegel, trottoirtegel, muurtegel

pav·iour, ⟨AE ook⟩ **pav·ior, pav·ier** /peɪvjə, ᴬ-ər/ [telb zn] **1** stratenmaker, tegellegger **2** straatsteen, vloersteen, (vloer)tegel, plaveisel **3** straatstamper, juffer

pav·is, pav·ise /pævɪs/ [telb zn] ⟨gesch⟩ ⟨benaming voor⟩ groot bol schild

pav·lo·va /pævlouvə, ^pɑv-/ [telb zn] ⟨AuE⟩ schuimtaart

Pav·lov·i·an /pævlouviən, ^pɑv-/ [bn, attr] pavlov-, automatisch ♦ *Pavlovian reaction/response* pavlovreactie

pav·o·nine /pævənaɪn/ [bn] **1** pauwachtig **2** pauwenstaartachtig, iriserend, regenboogkleurig, schitterend, pauwblauw

¹paw /pɔː/ [telb zn] **1** poot ⟨met klauw⟩, klauw **2** ⟨inf⟩ hand, poot, klauw

²paw /pɔː/ [onov ww] **1** klauwen, krabben, (wild) grijpen, trappen, slaan, stampen, stampvoeten ♦ *paw at* klauwen naar, (wild) grijpen naar, stampen op **2** onhandig (rond)klauwen, klungelen, ⟨België⟩ potelen ♦ zie: **paw about;** *paw about/around a trunk for a book* rondklauwen in een koffer op zoek naar een boek

³paw /pɔː/ [ov ww] **1** klauwen naar, krabben, (wild) grijpen naar, trappen op, schuren over, stampen op **2** klauwen naar, onhandig aanpakken, betasten, bepo(e)telen, ⟨België⟩ bepotelen ♦ zie: **paw about;** zie: **paw around¹**

¹paw about, paw around [onov ww] rondklauwen, rondklungelen, bepo(e)telen, tasten

²paw about, paw around [ov ww] onhandig/ruw aanpakken/behandelen, betasten, bepo(e)telen ♦ *paw about a girl* een meisje lastigvallen

paw·ky /pɔːki/ [bn; bw: pawkily; zn: pawkiness] ⟨BE, SchE⟩ **1** drooggeestig ♦ *pawky humour* droge humor **2** scherp(zinnig), slim, schrander, listig **3** levendig, brutaal, onbeschaamd

¹pawl, pall, paul /pɔːl/ [telb zn] pal ⟨ook scheepvaart⟩, klink, sluithaak, pen, anker ⟨in horloge⟩

²pawl /pɔːl/ [ov ww] met een pal vastzetten

¹pawn /pɔːn/ [telb zn] **1** (onder)pand, belofte, garantie **2** ⟨schaaksp⟩ pion, ⟨fig⟩ mannetje, marionet, stroman ♦ *doubled pawns* dubbelpion; *isolated pawn* geïsoleerde pion; *passed pawn* vrijpion

²pawn /pɔːn/ [niet-telb zn] (onder)pand, verpanding ♦ *at/in pawn* in pand, verpand

³pawn /pɔːn/ [ov ww] **1** verpanden, in pand geven, belenen **2** verpanden ⟨figuurlijk⟩, plechtig beloven op, op het spel zetten, wagen, riskeren ♦ *pawn one's life* zijn leven op het spel zetten; *pawn one's word/honour* plechtig beloven op zijn woord van eer

pawn·a·ble /pɔːnəbl/ [bn] verpandbaar

pawn·age /pɔːnɪdʒ/ [telb zn] verpanding

pawn·bro·ker [telb zn] lommerdhouder, pandjesbaas

pawn·bro·king [niet-telb zn] een lommerd/pandjeshuis houden

pawn·ee /pɔːni/ [telb zn] pandhouder, pandbezitter

pawn·er /pɔːnə, ^-ər/ [telb zn] pandgever

pawn·shop [telb zn] pandjeshuis, lommerd, bank van lening

pawn ticket [telb zn] pandbewijs, lommerdbriefje

pawpaw [telb + niet-telb zn] → papaw

¹pax /pæks/ [telb zn] **1** vredeskus, pax, vredeswens, vredesteken **2** ⟨r-k⟩ paxtafeltje

²pax /pæks/ [tw] ⟨BE; sl⟩ stop, genoeg, vrede, wapenstilstand

PAX [afk] ⟨BE⟩ ⟨private automatic (telephone) exchange⟩

Pax Ro·man·a /pæks roumɑːnə/ [eigenn] pax Romana

pax·wax [telb zn] ⟨gew⟩ nekband

¹pay /peɪ/ [niet-telb zn; ook attributief] **1** betaling **2** loon, salaris, wedde, soldij, gage, premie, toeslag ♦ *on full pay* met behoud van salaris/van volle wedde **3** betaler ♦ *the Japanese are good pay* de Japanners zijn goede betalers **4** rijke/productieve (erts)laag ⟨•⟩ *in the pay of* in dienst van, betaald/bezoldigd door

²pay /peɪ/ [onov ww; paid, paid] **1** betalen, ⟨fig⟩ boeten ♦ *pay down* contant betalen; *make s.o. pay* iemand laten boeten **2** renderen, lonend zijn, de moeite lonen ♦ *it pays to be honest* eerlijk duurt het langst; *it doesn't pay* het is de moeite niet **3** ⟨scheepv⟩ afdrijven ⟨•⟩ zie: **pay for;** zie: **pay off;** zie: **pay out;** zie: **pay up;** ⟨sprw⟩ *crime doesn't pay* ± gestolen goed gedijt niet; → **paid, paying**

³pay /peɪ/ [ov ww; paid, paid] **1** betalen, afbetalen, uitbetalen, voldoen, vereffenen, vergoeden, honoreren, afdokken ♦ *pay cash* contant betalen; *pay a dividend* een dividend uitkeren; *pay down* als voorschot betalen; *pay money in the bank/into s.o.'s account* geld op de bank/op iemands rekening storten; *pay over* (uit)betalen; ⟨fig⟩ *pay the penalty of the crime* boeten voor een misdaad; *pay high wages* een hoog loon betalen **2** belonen ⟨figuurlijk⟩, vergoeden, schadeloosstellen, vergelden, betaald zetten, straffen ♦ *pay s.o. for his loyalty* iemand voor zijn trouw belonen **3** schenken, verlenen, bewijzen, maken ♦ *pay attention* opletten, aandacht schenken; *pay a compliment* een compliment(je) maken, gelukwensen; *pay court to* het hof maken, met eerbied bejegenen; *pay heed to* letten op, acht slaan op; *pay homage* eer betuigen; *pay lip service to* lippendienst bewijzen aan; *pay tribute* hulde brengen; *pay a visit* bezoeken, een (beleefdheids)bezoek afleggen **4** renderen voor, lonend zijn (voor), iets opbrengen (voor), winst opleveren ♦ *it didn't pay him at all* het bracht hem niets op; *the investment pays five percent* de investering levert een winst van vijf procent op ⟨•⟩ zie: **pay away;** zie: **pay back;** *pay as you earn* loonbelasting; voorheffing op loon ⟨voor belasting⟩; *pay as you go* contant betalen, de tering naar de nering zetten; zie: **pay off;** zie: **pay out;** zie: **pay up;** ⟨sprw⟩ *pay your money and take your choice* ± aan u de keus; ⟨sprw⟩ *he who pays the piper calls the tune* wiens brood men eet, diens woord men spreekt; → **paid, paying**

⁴pay /peɪ/ [ov ww; ook paid, paid] ⟨scheepv⟩ teren, pikken, harpuizen, kal(e)faten

¹pay·a·ble /peɪəbl/ [bn; bw: payably] rendabel, lonend, productief, winstgevend

²pay·a·ble /peɪəbl/ [bn, pred + postnom; bw: payably] betaalbaar, te betalen, verschuldigd ♦ ⟨vnl AE; boekh⟩ *accounts payable* te betalen rekeningen; *be(come) payable* vervallen ⟨van wissel⟩; *make payable* betaalbaar stellen ⟨wissel⟩; *payable to* betaalbaar aan, uit te betalen aan, ten gunste van

pay-as-you-go [bn, attr] prepaid ♦ *pay-as-you-go mobile* prepaid mobiel

pay away [ov ww] **1** uitbetalen **2** betalen, uitgeven, weggeven, weggooien ⟨geld⟩ **3** ⟨BE⟩ terugbetalen, met gelijke munt betalen, (weer)wraak nemen, betaald zetten, vergelden **4** vieren ⟨touw, kabel⟩

pay·back, ⟨in betekenis 2 ook⟩ **payback time, payback period** [telb zn] **1** opbrengst, resultaat, rendement **2** terugverdientijd

pay back [ov ww] **1** terugbetalen, teruggeven, vergoeden, restitueren **2** terugbetalen, met gelijke munt betalen, (weer)wraak nemen, betaald zetten, vergelden ♦ *she paid him back his infidelities* ze zette hem zijn avontuurtjes betaald

pay-bed [telb zn] ziekenhuisbed ⟨waarvoor betaald moet worden door particulier verzekerde⟩

pay-bill [telb zn] loonlijst, betaallijst

pay·book [telb zn] ⟨mil⟩ zakboekje

pay·box [telb zn] ⟨BE⟩ kas(sa), (plaatskaarten)loket

pay channel [telb zn] betaalkanaal

pay·check [telb zn] ⟨AE⟩ looncheque, salaris, loon

pay claim [telb zn] eis/aanvraag tot weddeverhoging

pay·day [telb zn] **1** betaaldag, traktementsdag **2** ⟨fin⟩ rescontre(dag) ⟨•⟩ ⟨sl⟩ *make a payday* geld versieren ⟨zonder te werken⟩

pay dirt, pay gravel [niet-telb zn] **1** rijke/productieve (ertshoudende) grond, ⟨bij uitbreiding⟩ (waardevolle)

PAYE

vondst ② ⟨sl⟩ doel(gebied) • ⟨sl⟩ *hit the pay dirt* succes hebben
PAYE [afk] (pay as you earn)
pay·ee /peɪː/ [telb zn] begunstigde, ontvanger, remittent, nemer ⟨van wissel e.d.⟩
pay envelope [telb zn] ⟨AE⟩ loonzakje
pay·er /peɪə, ^-ər/ [telb zn] betaler, betaalster
pay for [onov ww] betalen (voor), de kosten betalen van, ⟨fig⟩ boeten/opdraaien voor ♦ *the house is all paid for* het huis is helemaal afbetaald; *pay for the trip* het reisje betalen
pay freeze [telb zn] loonstop
pay gravel [niet-telb zn] → **pay dirt**
pay hike [telb zn] loonsverhoging, weddeverhoging
pay·ing /peɪɪŋ/ [bn; tegenwoordig deelw van pay] lonend, productief, winstgevend, rendabel
paying guest [telb zn] kostganger, kamerbewoner, betalende logé
paying-in book [telb zn] ⟨BE⟩ boekje met stortingsformulieren, setje stortingsformulieren
paying-in slip [telb zn] ⟨BE⟩ stortingsformulier, stortingsbewijs, reçu
pay·ing-la·dle [telb zn] ⟨scheepv⟩ peklepel
pay·load, paying load [telb zn] ① betalende vracht, nuttige last/vracht ⟨in schip, vliegtuig⟩ ② nuttige last, springlading ⟨in bom/raket⟩, meetapparatuur ⟨van satelliet⟩ ③ netto lading/laadvermogen
pay·mas·ter [telb zn] betaalmeester
paymaster general [telb zn; mv: ook paymasters general] ⟨mil⟩ algemene betaalmeester
Paymaster General [telb zn; mv: ook Paymasters General] ⟨BE⟩ minister van Financiën
¹pay·ment /peɪmənt/ [telb zn] ① betaalde som, bedrag, (af)betaling ♦ *make monthly payments* maandelijks afbetalen ② betaling, loon, soldij
²pay·ment /peɪmənt/ [telb + niet-telb zn] vergoeding, beloning, (verdiende) loon, straf, vergelding, wraak ♦ *in payment for services rendered* als beloning voor bewezen diensten
³pay·ment /peɪmənt/ [niet-telb zn] ① (uit)betaling, vereffening, het uitbetalen ♦ *prompt payment* onmiddellijke betaling ② (af)betaling • *deferred payment, payment on deferred terms* betaling in termijnen; ⟨i.h.b.⟩ afbetaling
pay·ment-in-kind [telb + niet-telb zn; mv: payments-in-kind] (af)betaling in natura
pay·nim /peɪnɪm/ [telb zn] ⟨vero⟩ heiden(se), ongelovige, mohammedaan, Saraceen
pay·nize /peɪnaɪz/ [ov ww] met bederfwerende oplossing laten doortrekken ⟨hout⟩
pay-off [telb zn; ook attributief] ⟨inf⟩ ① uitbetaling ⟨van loon⟩, betaaldag, afrekening ② ⟨fig⟩ afrekening, vergelding, weerwraak ③ resultaat, inkomsten, winst, loon, beloning ④ steekpenningen, omkoopsom, omkoopgeld ⑤ afvloeiingspremie, gouden handdruk ⑥ climax, hoogtepunt, ontknoping ⑦ beslissende/doorslaggevende factor ⑧ iets onverwachts ⑨ iets absurds
¹pay off [onov ww] ① renderen, (de moeite) lonen, de moeite waard zijn, winst/resultaat opleveren ② ⟨scheepv⟩ lijwaarts draaien, onder de wind draaien ⟨van schip⟩
²pay off [ov ww] ① betalen en ontslaan, afmonsteren ② (af)betalen, vereffenen, aflossen, voldoen ③ steekpenningen geven, omkopen, afkopen ④ terugbetalen, met gelijke munt betalen, (weer)wraak nemen op, (het) betaald zetten, vergelden
pay-of·fice [telb zn] betaalkantoor
¹pay·o·la /peɪoʊlə/ [telb + niet-telb zn; geen mv] steekpenning
²pay·o·la /peɪoʊlə/ [niet-telb zn] omkoperij ⟨voornamelijk van diskjockeys⟩
pay ore [niet-telb zn] rijk/productief erts

¹pay out [onov ww] ① uitbetalen ② geld uitgeven/weggeven ♦ *pay out on school uniforms* geld weggeven voor schooluniformen
²pay out [ov ww] ① uitbetalen ② betalen, uitgeven, weggeven, weggooien ⟨geld⟩ ♦ *pay out millions* miljoenen uitgeven ③ ⟨BE⟩ terugbetalen, met gelijke munt betalen, (weer)wraak nemen op, (het) betaald zetten, vergelden ④ vieren ⟨touw, kabel⟩
pay-out [telb zn] uitgave, betaling
pay packet [telb zn] ⟨BE⟩ loonzakje
pay pause [telb zn] loonpauze
pay-per-view [bn, attr] betaal- ♦ *pay-per-view television* betaaltelevisie, pay-tv
pay phone, pay telephone [telb zn] (publieke) telefooncel, munttelefoontoestel
pay rise [telb zn] loonsverhoging, weddeverhoging, salarisverhoging
pay rock [niet-telb zn] rijk/productief (ertshoudend) gesteente
pay·roll, ⟨in betekenis 1 ook⟩ **pay sheet** [telb zn] ① loonlijst, betaalstaat ♦ *be on the payroll* op de loonlijst staan ② loonkosten
payroll tax [telb + niet-telb zn] personeelsbelasting
pay·sage /peɪzɑːʒ, ^peɪsɪdʒ/ [telb zn] ① landschap, landelijk tafereel ② landschapschildering
pay·sa·gist /peɪzɑːʒɪst, ^-sədʒɪst/ [telb zn] landschapschilder
pay scale [telb zn] loonschaal, salarisschaal
pay settlement [telb zn] loonovereenkomst
pay slip [telb zn] loonstrookje, loonslip
pay station [telb zn] ⟨AE⟩ (publieke) telefooncel
pay streak [niet-telb zn] → **pay dirt**
¹pay television [telb zn] munttelevisietoestel
²pay television, pay TV, ⟨ook⟩ **pay cable** [niet-telb zn] abonneetelevisie, betaaltelevisie
pay toilet [telb zn] munttoilet
pay train [telb zn] trein waarin je je kaartje bij de conducteur moet kopen
pay up [onov + ov ww] betalen, het volledige bedrag betalen, (helemaal) afbetalen, ⟨i.h.b.⟩ volstorten ⟨aandelen⟩ ♦ ⟨fin⟩ *paid-up capital* gestort kapitaal
pazazz [niet-telb zn] → **pizazz**
¹PB [telb zn] ⟨comp⟩ (petabyte) petabyte ⟨1000 terabyte⟩
²PB [afk] ① (passbook) ② (prayer book)
PBI [afk] ⟨inf⟩ (poor bloody infantry)
pbk [afk] (paperback)
PBX [afk] (private branch exchange)
p/c, P/C [afk] ① (petty cash) ② (price current)
pc [afk] ① (after meals) ② (per cent) ③ (personal computer) ④ (petty cash) ⑤ (piece) ⑥ (post card) ⑦ (price)
PC [afk] ① (personal computer) pc ② (police constable) ③ (politically correct, political correctness) ④ (Post Commander) ⑤ (Privy Council(lor))
PCAS [afk] (Polytechnics Central Admissions System)
PCB [afk] ① (polychlorinated biphenyl) pcb, polychloorbifenyl ② (Printed Circuit Board) printplaat
PC card [telb zn] ⟨comp; handelsmerk⟩ pc-kaart ⟨uitbreidingskaart⟩
pcm [afk] (per calendar month) p.m. (per maand)
¹PCP [afk] ⟨AE⟩ (primary care physician) huisarts, eerstelijnshulpverlener
²PCP [afk] ① (phencyclidine hydrochloride) PCP, angel dust ⟨als drug gebruikt narcosemiddel⟩ ② (Portable Code Processor)
PCS [niet-telb zn] (personal communications service) PCS ⟨communicatiesysteem voor mobiele telefoons⟩
pct [afk] ⟨AE⟩ (per cent)
pd [afk] ① (paid) ② (per diem)
PD [afk] ⟨AE⟩ (police department)
PDA [telb zn] (personal digital assistant) pda ⟨persoonlij-

ke handcomputer), elektronische agenda, palmtop
Pd B [afk] (Bachelor of Pedagogy)
Pd D [afk] (Doctor of Pedagogy)
PDF [niet-telb zn] ⟨comp⟩ (portable document format) PDF ⟨bestandsformaat⟩
Pd M [afk] (Master of Pedagogy)
pdq [afk] ⟨sl⟩ (pretty damn quick)
PDT [afk] ⟨AE⟩ (pacific daylight time)
p/e [afk] (price/earnings ratio)
PE [afk] (physical education)
pea /piː/ [telb zn] [1] ⟨plantk⟩ erwt ⟨Pisum sativum⟩, doperwt ♦ *green peas* erwtjes [2] ⟨plantk⟩ ⟨benaming voor⟩ op erwt lijkende plant/peul, lathyrus ⟨genus Lathyrus; in het bijzonder L. odoratus⟩, keker ⟨Cicer arietinum⟩, kousenband, katjang pandjang ⟨Vigna sinensis⟩ [3] stukje erts/kool, kiezelsteentje ▪ *as like as two peas (in a pod)* (op elkaar lijkend) als twee druppels water
pea beetle, pea bug, pea weevil [telb zn] ⟨dierk⟩ erwtenkever ⟨Bruchus pisorum⟩
pea·bird [telb zn] ⟨dierk⟩ [1] ⟨BE, gew⟩ draaihals ⟨Jynx torquilla⟩ [2] baltimoretroepiaal ⟨Icterus galbula⟩
Pea·bod·y bird /piːbɒdi bɜːd, ᴬ-bɑdi bɜrd/ [telb zn] ⟨dierk⟩ witkeelgors ⟨Zonotrichia albicollis⟩
¹**peace** /piːs/ [telb zn] [1] vrede(speriode) ♦ *a brief peace* een korte (periode van) vrede [2] ⟨voornamelijk Peace⟩ vredesverdrag, vredesakkoord ♦ *the countries signed a Peace* de landen ondertekenden een vredesakkoord
²**peace** /piːs/ [niet-telb zn] [1] vrede, vredestijd, vredesbestand ♦ *make peace with* vrede sluiten met [2] ⟨vnl the⟩ openbare orde, openbare rust, openbare veiligheid ♦ *break the peace* de openbare orde verstoren; *keep the peace* de openbare orde handhaven; *the peace of the realm* de binnenlandse orde [3] rust, kalmte, tevredenheid, sereniteit ♦ *hold/keep one's peace* zich koest houden, rustig blijven, zwijgen; *in peace* in alle rust; *leave me in peace* laat me met rust; *do let me finish this job in peace* laat me dit werkje nu toch rustig afmaken; *peace of mind* gemoedsrust, gewetensrust; *in peace and quiet* in rust en vrede, in alle rust [4] harmonie, goede verstandhouding, eensgezindheid ♦ *at peace with* in harmonie met, in goede verstandhouding met; *the thief never felt at peace with himself* de dief leefde steeds in onvrede met zichzelf; *keep one's peace with* op goede voet blijven met, geen ruzie zoeken met; *make one's peace with* zich verzoenen met, vrede sluiten met ▪ *be at peace* de eeuwige rust genieten, dood zijn; *peace to his ashes* hij ruste in vrede; ⟨sprw⟩ *if you want peace, prepare for war* die vrede wil, bereide zich ten oorlog; ⟨sprw⟩ *peace makes plenty* vrede brengt welvaart; ⟨sprw⟩ *there is no peace for the wicked* het zijn altijd dezelfden die ervoor moeten opdraaien, ± eens een dief, altijd een dief
peace·a·ble /piːsəbl/ [bn; bw: peaceably; zn: ~ness] [1] vredelievend, vreedzaam [2] vredig, rustig, kalm, ongestoord
peace conference [telb zn] vredesconferentie
Peace Corps [verzameln] Peace Corps, vredeskorps ⟨Amerikaanse overheidsinstelling voor vrijwilligershulp aan ontwikkelingslanden⟩
peace demonstration [telb zn] vredesbetoging
peace dividend [telb zn; geen mv] vredesdividend
peace feeler [telb zn] vredesverkenner, vredesverkenning, proefballonnetje naar vredesgezindheid ♦ *put out peace feelers toward a country* (via diplomaten) de vredesgezindheid van een land peilen
peace·ful /piːsfl/ [bn; bw: ~ly; zn: ~ness] [1] vredig, stil, rustig, tevreden, in vrede levend [2] vreedzaam, zonder oorlogsdoeleinden, op vrede gericht, vredesgezind ♦ *peaceful coexistence* vreedzame co-existentie; *peaceful uses of nuclear energy* vreedzaam gebruik van atoomenergie
peace·keep·er [telb zn] vredestichter, vredebrenger ♦ *UN peacekeepers* VN-soldaten, VN-vredesmacht

peacekeeping force [telb zn] vredesstrijdkrachten, vredesmacht
peace-lov·ing [bn] vredelievend
peace·mak·er [telb zn] [1] vredestichter, vredebrenger [2] ⟨AE; scherts⟩ revolver
peace march [telb zn] vredesmars
peace-mong·er·ing [bn] ⟨pej⟩ vredestichtend
peace movement [verzameln] vredesbeweging
peace negotiations [alleen mv] → peace talks
peace·nik /piːsnɪk/ [telb zn] ⟨AE; sl⟩ pacifist, vredesactivist
peace offering [telb zn] [1] zoenoffer [2] ⟨Bijb⟩ dankoffer
peace pipe [telb zn] vredespijp, calumet ♦ *smoke the peace pipe* de vredespijp roken; ⟨fig⟩ zich verzoenen
peace plan [telb zn] vredesplan
peace shield [telb zn] vredesschild
peace sign [telb zn] [1] ⟨vnl the⟩ vredesteken, V-teken ⟨met de vingers⟩ [2] vredessymbool
peace symbol [telb zn] vredessymbool, ban-de-bomteken
peace talks [alleen mv] vredesonderhandelingen, vredesbesprekingen
peace·time [niet-telb zn] vredestijd
peace treaty [telb zn] vredesverdrag
¹**peach** /piːtʃ/ [telb zn] [1] perzik [2] perzikboom [3] ⟨inf⟩ ⟨benaming voor⟩ bijzonder aantrekkelijk persoon of zaak, prachtstuk, prachtexemplaar, prachtmeid, knap ding, knap meisje, snoesje ♦ *a peach of a dress* een snoezig jurkje/prachtjapon/jurkje om van te smullen; *a peach of a girl* een schat/dotje/droom van een meisje; *a peach of a housewife* een prima huisvrouw, een heerlijke, ouderwetse huisvrouw; *a peach of a week-end* een heerlijk weekend, zó'n weekend ▪ *all peaches and cream* met een perzikhuidje, met perzikwangen
²**peach** /piːtʃ/ [niet-telb zn] perzik(kleur)
³**peach** /piːtʃ/ [onov ww] ⟨sl⟩ klikken, een klikspaan zijn ♦ *peach against/on an accomplice* met een medeplichtige verraden; *he's always peaching against/on his classmates to the headmaster* hij klikt altijd over zijn klasgenoten bij de directeur, hij verlinkt zijn klasgenoten steeds bij de directeur
peach·blow [niet-telb zn] [1] ⟨ook attributief⟩ paarsroze (kleur) [2] paarsroze glazuur
peach brandy [telb + niet-telb zn] ⟨glaasje⟩ persico, ⟨glaasje⟩ perzikbrandewijn
pea-chick /piːtʃɪk/ [telb zn] jonge pauw
peach mel·ba /piːtʃ melbə/, **pêche melba** /peʃ-, ᴬpiːtʃ-, ᴬpeʃ-/ [telb zn] ⟨cul⟩ pêche melba ⟨perzik met roomijs enz.⟩
peach·y /piːtʃi/ [bn; vergr trap: peachier; bw: peachily; zn: peachiness] [1] perzikachtig, perzikkleurig, zacht, donzig [2] ⟨AE; inf⟩ reuze, fijn, leuk, puik, prima
pea coat [telb zn] → pea jacket
¹**pea·cock** /piːkɒk, ᴬ-kɑk/ [telb zn] [1] (mannetjes)pauw ⟨ook figuurlijk⟩, pronker, protser, poehamaker, dikdoener ♦ *as proud as a peacock* zo trots als een pauw [2] ⟨verk: peacock butterfly⟩
²**pea·cock** /piːkɒk, ᴬ-kɑk/ [niet-telb zn] pauwblauw, groenblauw
³**pea·cock** /piːkɒk, ᴬ-kɑk/ [onov ww] paraderen, pronken, pralen, met zichzelf te koop lopen
⁴**pea·cock** /piːkɒk, ᴬ-kɑk/ [ov ww] ⟨vnl wederkerend werkwoord⟩ bewieroken, pochen/bluffen over
peacock blue [niet-telb zn] pauwblauw, groenblauw
peacock butterfly [telb zn] ⟨dierk⟩ dagpauwoog ⟨Vanessa io⟩
pea·cock·er·y /piːkɒkəri, ᴬ-kɑ-/ [niet-telb zn] pronkerij, protserigheid, dikdoenerij
pea·cock-fish [telb zn] ⟨dierk⟩ pauwvis ⟨Crenilabrus pavo⟩

peafowl

pea·fowl [telb zn] pauw
peag, peage /piːɡ/, **peak** /piːk/ [niet-telb zn] ⟨AE⟩ wampumgeld ⟨geld van kralenstrengen bij Noord-Amerikaanse indianen⟩
pea green [niet-telb zn; ook attributief] erwtengroen, geelgroen
pea·head [telb zn] ⟨AE; inf⟩ sufferd, stommerd, idioot
pea·hen /piːhen/ [telb zn] pauwhen
pea jacket, pea coat [telb zn] (pij)jekker, jopper, duffel, wambuis
¹**peak** /piːk/ [telb zn] ① piek, spits, punt, kop, uitsteeksel, ⟨fig⟩ hoogtepunt, toppunt, uitschieter, maximum ♦ *the peak of a beard* de punt van een baard; *a peak of hair* een haarpiek; *waves with high peaks* golven met hoge koppen; *the peak of a roof* de nok/punt van een dak; ⟨fig⟩ *peaks and troughs* pieken en dalen ② (berg)piek, (hoge) berg, berg (met piek), top ③ klep ⟨van pet⟩ ④ ⟨scheepv⟩ piek, achteronder, vooronder ⑤ ⟨scheepv⟩ nokhoek ⑥ ⟨scheepv⟩ gaffelpiek, gaffelnok, gaffeltop
²**peak** /piːk/ [onov ww] ① een piek/hoogtepunt bereiken, ⟨sport⟩ pieken ♦ *the traffic peaks at 6 om 6 uur* is het spitsuur (in het verkeer) ② wegkwijnen, zwak(jes) worden, wegteren ♦ *peak and pine* wegteren, versmachten ③ pieken vormen ♦ *beat the egg whites until they peak* klop de eiwitten stijf ④ loodrecht duiken ⟨van walvis, met de staartvin recht omhoog⟩; → **peaked**
³**peak** /piːk/ [ov ww] ① een piek doen vormen ♦ *she peaked her eyebrows* ze trok haar wenkbrauwen op ② een hoogtepunt/piek doen bereiken, maximaliseren ♦ *the shop peaked the summer stocks* de winkel sloeg een zo groot mogelijke zomervoorraad in ③ ⟨scheepv⟩ pieken, toppen, rechtbrassen, in het kruis zetten ⟨ra⟩ ♦ *peak the yards* de ra's toppen ④ ⟨scheepv⟩ pieken, (op)hijsen ⟨gaffel⟩ ⑤ opsteken, rechtop zetten ⟨staartvin van walvis⟩ ♦ *the whale peaked its flukes* de walvis dook loodrecht met de staartvin recht omhoog; *peak the oars* de roeispanen opsteken; → **peaked**
peaked /piːkt/ [bn; oorspronkelijk volt deelw van peak] ① ziekelijk, mager, bleek, pips ② gepunt, puntig, spits, scherp ♦ *a peaked cap* een pet (met klep); *a peaked roof* een puntdak
peak hour [telb + niet-telb zn] spitsuur, piekuur
peak load [telb zn] ⟨elek⟩ piekbelasting
peak month [telb zn] topmaand
peak performance [telb zn] topprestatie ⟨van machines/atleten⟩
peak·y /piːki/ [bn; vergr trap: peakier] ① ziekelijk, mager, bleek, pips ② puntig, scherp, spits
¹**peal** /piːl/ [telb + niet-telb zn] ① klokkengelui, galm, klokgebeier ② klokkenspel, carillon, beiaard ③ luide klank, galm, geluidsalvo, geschal, resonantie ♦ *peals of applause* stormachtige bijval; *peals of laughter* lachsalvo's; *the loud peal of the telephone* het luide gerinkel van de telefoon; *a peal of thunder* een donderslag ④ (jonge) zalm
²**peal** /piːl/ [onov + ov ww] ① luiden ② galmen, (doen) klinken, weerklinken, luid verkondigen ♦ *peal out* weerklinken, weergalmen; *her voice pealed out over the classroom* haar stem galmde door de klas; *she pealed her success through the whole neighbourhood* ze verkondigde haar succes luidkeels in heel de buurt
pean [telb zn] → **paean**
¹**pea·nut** /piːnʌt/ [telb zn] ① pinda, apennootje, olienootje, pindanootje, aardnoot ② ⟨plantk⟩ pinda(plant) ⟨Arachis hypogaea⟩ ③ ⟨AE; sl⟩ onderdeur(tje), mannetje van niks, prutsventje, prulventje, magere spiering, onderkruiper, onderkruipsel
²**pea·nut** /piːnʌt/ [niet-telb zn; vaak attributief] vlaskleur
peanut brittle [niet-telb zn] pindarotsjes
peanut butter [niet-telb zn] pindakaas
peanut gallery [telb zn] ⟨AE; inf; dram⟩ schellinkje, engelenbak

peanut oil [niet-telb zn] arachideolie, aardnotenolie
peanut policy [niet-telb zn] ⟨AE⟩ kruidenierspolitiek
peanut politician [telb zn] onbeduidende/onbetekenende politicus, krenterige/bekrompen politicus
pea·nuts /piːnʌts/ [alleen mv] ⟨AE; inf⟩ ⟨benaming voor⟩ onbeduidend iets, kleinigheid, bagatel, kinderspel, habbekrats, schijntje, prikje, spotprijs(je), een appel en een ei ♦ *shoes are going for peanuts at that store* schoenen kosten zogoed als niks/gaan voor een habbekrats de deur uit in die winkel; *this problem is peanuts to what is standing in store for you* dit probleem is nog niks/een lachertje vergeleken bij wat je nog te wachten staat [·] *peanuts!* flauwekul!, onzin!, prietpraat!
pea·pod [telb zn] erwtendop, erwtenbast, peulenschil
pear /peə, ^per/ ① peer ② perenboom, perelaar
¹**pear drop** [telb zn] peervormig juweel, (oor)hangertje
²**pear drop** [telb + niet-telb zn] peerdrops, peerdrop
pear haw, pear hawthorn [telb zn] ⟨plantk⟩ (soort) meidoorn ⟨Crataegus uniflora⟩
¹**pearl** /pɜːl, ^pɜrl/ [telb zn] ① parel ⟨ook figuurlijk⟩, parelvormig voorwerp ♦ *pearls of dew* dauwdruppels, dauwpareltjes; *his mother is a pearl among women* zijn moeder is een parel van een vrouw ② ⟨BE⟩ picot, picotje [·] ⟨vero⟩ *cast pearls before swine* paarlen voor de zwijnen werpen
²**pearl** /pɜːl, ^pɜrl/ [telb + niet-telb zn] ⟨drukw⟩ parel, vijfpunts(letter)
³**pearl** /pɜːl, ^pɜrl/ [niet-telb zn] ① paarlemoer ② parelgrijs
⁴**pearl** /pɜːl, ^pɜrl/ [onov ww] ① parelen ♦ *tears are pearling down his face* de tranen parelen/biggelen over zijn wangen ② parelduiken; → **pearled**
⁵**pearl** /pɜːl, ^pɜrl/ [ov ww] ① beparelen ♦ *dew pearled the grass* het gras was met dauw bepareld ② parelen, parelvormig/parelkleurig maken, afronden ♦ *pearl barley* gerst parelen ③ ⟨BE⟩ met picot afzetten; → **pearled**
pearl ash [niet-telb zn] parelas, (gezuiverde) potas
pearl barley [niet-telb zn] parelgerst, gepareldde gerst, parelgort
pearl button [telb zn] paarlemoeren knoopje
pearl disease [telb + niet-telb zn] parelziekte ⟨tbc bij rundvee⟩
pearl diver [telb zn] ① parelduiker, parelvisser ② ⟨inf; scherts⟩ bordenwasser
pearled /pɜːld, ^pɜrld/ [bn; oorspronkelijk volt deelw van pearl] ① bepareld, (bedekt) met parels/druppels ② parelachtig, paarlen-
pearl·er /pɜːlə, ^pɜrlər/ [telb zn] ① parelduiker, parelvisser ② parelhandelaar ③ parelvissersboot
¹**pearl eye** [telb zn] kraaloog ⟨van een vogel⟩
²**pearl eye** [niet-telb zn] pareloog ⟨oogaandoening bij hoenders⟩
pearl fisher [telb zn] parelduiker, parelvisser
pearl fishery [telb zn] parelvisserij ⟨zeebedding met pareloesters⟩
pearl grey [niet-telb zn] parelgrijs
pearl hen [telb zn] parelhoen, poelepetaat
pearl·ies /pɜːliz, ^pɜr-/ [alleen mv] ① met paarlemoeren knopen versierde kleren ⟨van marktventerskoning/marktventerskoningin⟩ ② marktkramerskoning(inn)en ③ ⟨sl⟩ bijtertjes, tanden
pearl·ite, ⟨in betekenis 1 ook⟩ **per·lite** /pɜːlaɪt, ^pɜr-/ [niet-telb zn] ① perliet ⟨vulkanisch glas⟩ ② parelsteen
pearl·ized /pɜːlaɪzd, ^pɜrl-/ [bn] met paarlemoerglans, paarlemoeren
pearl millet [telb + niet-telb zn] ⟨plantk⟩ kattenstaartgierst ⟨Pennisetum glaucum⟩
pearl mussel [telb zn] parelmossel
pearl oyster, pearl shell [telb zn] ⟨dierk⟩ pareloester ⟨genus Avicula of Pinctada, in het bijzonder P. margaritifera⟩

pearl powder, pearl white [niet-telb zn] parelwit ⟨verfstof⟩
pearls /pɜːlz, ᴬpɜrlz/ [alleen mv] parelsnoer
pearl sago [niet-telb zn] parelsago, geparelde sago
pearl tea [niet-telb zn] parelthee, joosjesthee, buskruitthee
pearl·y /pɜːli, ᴬpɜrli/ [bn; vergr trap: pearlier; zn: pearliness] ① parelachtig, parelvormig, parelkleurig ♦ *pearly teeth* parelwitte tanden ② bepareld ③ met paarlemoer bedekt ④ parelen, paarlen ♦ *the Pearly Gates (of Heaven)* de paarlen (hemel)poorten ⟨Openb. 21:21⟩ • ⟨BE; sl⟩ *pearly gates* tanden; ⟨BE⟩ *pearly king/queen* ± marktventerskoning, marktventerskoningin ⟨zie ook pearlies⟩; ⟨dierk⟩ *pearly nautilus* nautilus, poliepslak ⟨Nautilus pompilius⟩
pear·main /pɛəmeɪn, ᴬper-/ [telb zn] ⟨BE⟩ (soort) rode appel
pear-shaped [bn] ① peervormig ② ⟨BE; sl⟩ verkeerd, slecht ♦ *go pear-shaped* volledig mislukken, faliekant verkeerd gaan
peart [bn] → **pert**
peas /piːz/ [alleen mv] doperwtjes
peas·ant /pɛznt/ [telb zn] ① (kleine) boer, boertje, keuterboer, pachtboer ② plattelander, landman, buitenman ③ lomperik, (boeren)kinkel, lomperd, (lompe) boer
¹**peas·ant·ry** /pɛzntri/ [niet-telb zn] boerse manieren
²**peas·ant·ry** /pɛzntri/ [verzamelnv; voornamelijk the] ① plattelandsbevolking, plattelandsbewoners, landvolk, boeren ② boerenstand
pease /piːz/ [telb zn; mv: ook pease, ook peasen, ook peason /piːzn/] ⟨vero⟩ erwt
pease·cod, peas·cod /piːzkɒd, ᴬ-kɑd/ [telb zn] ⟨vero⟩ erwtenpeul
pease pudding, peas pudding [telb + niet-telb zn] erwtenbrij, erwtenpap, erwtensoep, erwtenpastei
pea·shoot·er [telb zn] ① (erwten)blaaspijp, proppenschieter ② ⟨scherts⟩ proppenschieter, pistool ⟨in het bijzonder klein kaliber⟩
pea soup [telb + niet-telb zn] ① erwtensoep, snert ② ⟨inf⟩ erwtensoep, dikke mist
¹**pea-soup·er** [telb zn] ⟨CanE; beled⟩ Frans(talig) Canadees
²**pea-soup·er** [telb + niet-telb zn] ⟨inf⟩ erwtensoep, dikke mist
pea-soup·y /piːsuːpi/ [bn] brijachtig, snerterig, erwtensoepachtig ♦ *pea-soupy fog* mist als erwtensoep
peat /piːt/ [telb + niet-telb zn] turf, (laag)veen ♦ *the peats in the fire* de turven op het vuur
peat bog, peat moor [telb + niet-telb zn] veenland, veengrond, turfland
peat dust [niet-telb zn] turfmolm, turfmot, turfstrooisel
peat hag [telb zn] steil talud van een veengeul, in hooggelegen veengrond
peat moss [telb + niet-telb zn] ① ⟨plantk⟩ veenmos ⟨genus Sphagnum⟩ ② veenland, turfland, veengrond
peat·y /piːti/ [bn; vergr trap: peatier] turfachtig, veenachtig
pea·vey, pea·vy /piːvi/ [telb zn] ⟨AE⟩ kant(s)haak
¹**peb·ble** /pɛbl/ [telb zn] ① kiezelsteen, rolsteentje, kiezel, grind ♦ *a path with pebbles* een kiezelpad, een grindpad ② lens van bergkristal ③ ⟨inf⟩ dik brillenglas, jampotbodem, uilenlens ④ edelsteentje, agaat(steentje)
²**peb·ble** /pɛbl/ [niet-telb zn] ① bergkristal ② greinleer ③ vlaskleur
³**peb·ble** /pɛbl/ [ov ww] ① met steentjes gooien naar ② (met kiezelstenen) plaveien, met grind bedekken ♦ *pebbled plains* grindvlakten ③ korrelen, granuleren, greineren, krispelen, nerven
pebble dash [niet-telb zn] grindpleister, grindsteen
pebble leather [niet-telb zn] greinleer, gegranuleerd leer

peb·ble stone [telb zn] kiezelsteen, rolsteentje, kiezel, grind
peb·bly /pɛbli/ [bn] bekiezeld, met grind bedekt, kiezel-, grind-, kiezelachtig
pec [afk] (photoelectric cell)
pe·can /pɪkæn, ᴬpɪkɑn/ [telb zn] ① ⟨plantk⟩ pecannotenboom ⟨Carya illinoensis⟩ ② pecannoot
pec·ca·bil·i·ty /pɛkəbɪləti/ [niet-telb zn] zondigheid
pec·ca·ble /pɛkəbl/ [bn] zondig
pec·ca·dil·lo /pɛkədɪloʊ/ [telb zn; mv: ook peccadilloes] pekelzonde, peccadille, kleine zonde, slippertje
¹**pec·can·cy** /pɛkənsi/ [telb zn] vergrijp, zonde, fout, overtreding
²**pec·can·cy** /pɛkənsi/ [niet-telb zn] slechtheid, corruptheid, zondigheid
pec·cant /pɛkənt/ [bn; bw: ~ly] ① zondig, slecht, kwaad, corrupt ② dwalend, verkeerd, onjuist ③ ziekelijk, kwijnend morbide
pec·ca·ry /pɛkəri/ [telb zn] ⟨dierk⟩ pekari ⟨genus Tayassu⟩, ⟨i.h.b.⟩ halsbandpekari ⟨T. tajacu⟩, bisamzwijn ⟨T. pecari⟩
pec·ca·vi /pɛkɑːviː/ [telb zn] peccavi, schuldbelijdenis, schuldbekentenis ♦ *cry peccavi* schuld bekennen • *peccavi!* peccavi!, ik heb gezondigd!
pêche melba [telb zn] → **peach melba**
¹**peck** /pɛk/ [telb zn] ① pik, prik, steek, gaatje ② ⟨inf⟩ vluchtige zoen, vluchtig kusje ③ peck ⟨voor vloeistoffen 9,092 l; voor droge waren 8,809 l; ook vaatje van een peck⟩ ④ hoop, massa ♦ *a peck of dirt* een pak/stamp vuil, een vuile troep; *a peck of troubles* een hoop narigheid ⑤ ⟨AE; sl⟩ blanke • ⟨sprw⟩ *every man must eat a peck of dirt before he dies* ± onze weg is met distels en doorns bezaaid; ⟨sprw⟩ *a peck of dust in March is worth a king's ransom* stof in maart is goud waard, een droge maart is goud waard, als 't in april maar regenen wil
²**peck** /pɛk/ [niet-telb zn] ⟨inf⟩ voer, vreten, kost, hap
³**peck** /pɛk/ [onov ww] ① pikken, kloppen, hakken ♦ *peck at* pikken in/naar, kloppen op; ⟨fig⟩ vitten op, afgeven op; *peck (away) at the keys* op de toetsen hameren; *the birds are pecking (away) at the berries* de vogels pikken van/naar de bessen ② eten, knabbelen, bikken ♦ *peck at* knabbelen op/van; kieskauwen, met lange tanden eten van
⁴**peck** /pɛk/ [ov ww] ① steken, prikken, pikken, kappen, (af)bikken, openhakken ♦ *the cock pecked a hole in the bag* de haan pikte een gat in de zak; *peck out* pikken, (af)bikken, hakken, inhakken, uithakken; *peck out a drawing on a rock* een tekening in een steen hakken ② oppikken, wegpikken, afpikken, uitpikken, kapotpikken ♦ *the hens are pecking the corn* de kippen pikken het graan (op); *peck up* oppikken ③ ⟨inf⟩ vluchtig zoenen, snel/even een zoen geven
peck·er /pɛkə, ᴬ-ər/ [telb zn] ① ⟨benaming voor⟩ iets dat pikt, pikker, specht, pikhaak, (pik)houweel, prikstok ② snavel, sneb, bek ③ ⟨BE; sl⟩ neus, gok ④ ⟨AE; vulg⟩ lul, pik • ⟨BE; inf⟩ *keep your pecker up* kop op!, hou de moed erin!
peck·ing or·der, peck order [telb + niet-telb zn] ① pikorde ⟨bepaalde hiërarchie bij vogels⟩ ② ⟨scherts⟩ hiërarchie, (rang)orde ♦ *poor boy, he's at the bottom of the pecking order* arme jongen, hij komt helemaal achteraan/heeft niets in te brengen
peck·ish /pɛkɪʃ/ [bn] ① ⟨inf⟩ hongerig ♦ *I'm feeling peckish* ik zou wel wat lusten, ik heb (een beetje) trek ② ⟨AE⟩ vitterig, vitachtig, prikkelbaar, geïrriteerd
Peck's Bad Boy [telb zn] ⟨AE⟩ enfant terrible, zwart schaap ⟨naar een romanfiguur van G.W. Peck (1840-1916)⟩
Peck·sniff /pɛksnɪf/ [telb zn] hypocriet, farizeeër, huichelaar ⟨naar een romanfiguur in Dickens' Martin Chuzzlewit⟩

Pecksniffian

Peck·sniff·i·an /pɛksnɪfɪən/ [bn] hypocriet, huichelachtig

pecs /pɛks/ [alleen mv] ⟨inf⟩ (verk: pectorals) borstspieren, gespierde borstkas, brede borst

pec·ten /pɛktɪn/ [telb zn; mv: ook pectines /-niːz/] ⟨dierk⟩ [1] kam, kamvormig voorwerp, kamvormig uitsteeksel [2] kamschelp (genus Pecten)

pec·tic /pɛktɪk/, **pec·tin·ous** /pɛktɪnəs/ [bn, attr] ⟨scheik⟩ pectinehoudend ♦ *pectic acid* pectinezuur

pec·tin /pɛktɪn/ [niet-telb zn] ⟨scheik⟩ pectine

pec·ti·nate /pɛktɪneɪt/, **pec·ti·nat·ed** /pɛktɪneɪtɪd/ [bn] [1] gekamd, getand [2] kamvormig

¹pec·ti·na·tion /pɛktɪneɪʃn/ [telb zn] kam(vorm)

²pec·ti·na·tion /pɛktɪneɪʃn/ [niet-telb zn] kamvormigheid

¹pec·to·ral /pɛkt(ə)rəl/ [telb zn] [1] borstspier [2] borstvin [3] borstmiddel, pectoraal [4] borstversiering, pectorale, pectoraal, borststuk, borstlap [5] borstkruis, pectorale, pectoraal

²pec·to·ral /pɛkt(ə)rəl/ [bn, attr; bw: ~ly] [1] borst-, pectoraal, m.b.t./van/voor de borst, op de borst gedragen, thoracaal ♦ *pectoral arch/girdle* schoudergordel, schoudergewrichten; *pectoral cross* borstkruis, pectorale, pectoraal; *pectoral fin* borstvin; *pectoral muscle* borstspier; *pectoral syrup* borstsiroop, thoracale siroop [2] oprecht, vurig, innig, subjectief · ⟨dierk⟩ *pectoral sandpiper* Amerikaanse gestreepte zandloper (Calidris melanotos)

pec·to·ra·lis /pɛktərælɪs/ [telb zn; mv: pectorales /-liːz/] ⟨anat⟩ borstspier ♦ *pectoralis major* grote borstspier; *pectoralis minor* kleine borstspier

¹pec·u·late /pɛkjʊleɪt, ˆ-kjə-/ [onov ww] ⟨form⟩ frauderen, fraude plegen, geld verduisteren

²pec·u·late /pɛkjʊleɪt, ˆ-kjə-/ [ov ww] ⟨form⟩ verduisteren, achterhouden

¹pec·u·la·tion /pɛkjʊleɪʃn, ˆ-kjə-/ [telb zn] geval van verduistering

²pec·u·la·tion /pɛkjʊleɪʃn, ˆ-kjə-/ [niet-telb zn] verduistering, fraude, het verduisteren

pec·u·la·tor /pɛkjʊleɪtə, ˆpɛkjəleɪtər/ [telb zn] verduisteraar, fraudeur

¹pe·cu·liar /pɪkjuːlɪə, ˆ-ər/ [telb zn] [1] particulier iets, privébezit, (persoonlijk) privilege, persoonlijke kwestie [2] ⟨BE; rel⟩ onafhankelijke parochie

²pe·cu·liar /pɪkjuːlɪə, ˆ-ər/ [bn; bw: ~ly] [1] vreemd, ongewoon, eigenaardig, bijzonder ♦ *peculiar galaxy* vreemdvormig melkwegstelsel; *peculiar smell* rare/verdachte/onaangename geur [2] bijzonder, speciaal, buitengewoon, groot ♦ *peculiarly difficult* bijzonder/heel/erg moeilijk; *a matter of peculiar interest* een zaak van bijzonder belang [3] excentriek, gek, raar, vreemd [4] eigen, typisch, persoonlijk, uniek, individueel ♦ *a peculiar habit of their own* een (typische) gewoonte van hen; *a habit peculiar to him* een gewoonte hem eigen; *this mistake is peculiar to beginners* deze fout is eigen aan/typisch voor/karakteristiek voor beginnelingen · (*God's*) *peculiar people* de uitverkorenen Gods, het uitverkoren volk, de Joden; ⟨kerk⟩ *Peculiar People* uitverkoren volk, gezondbidders ⟨sekte⟩

³pe·cu·liar /pɪkjuːlɪə, ˆ-ər/ [bn, pred; bw: ~ly] ⟨inf⟩ ziek, onwel ♦ *I feel rather peculiar* ik voel me niet zo lekker

Pe·cu·liar /pɪkjuːlɪə, ˆ-ər/ [telb zn] ⟨kerk⟩ uitverkorene (lid van de sekte van de Peculiar People), gezondbidder, gebedsgenezer

¹pe·cu·li·ar·i·ty /pɪkjuːlɪærəti/ [telb zn] eigenheid, (typisch) kenmerk, (karakteristieke) eigenschap, individualiteit ♦ *this is a peculiarity of* dit is een typisch kenmerk van/is eigen aan

²pe·cu·li·ar·i·ty /pɪkjuːlɪærəti/ [telb + niet-telb zn] eigenaardigheid, eigenheid, bijzonderheid, merkwaardigheid, gril

pe·cu·ni·ar·y /pɪkjuːnɪəri, ˆ-nɪeri/ [bn; bw: pecuniarily]

⟨form⟩ [1] pecuniair, geldelijk, geld-, financieel ♦ *pecuniary loss* geldverlies [2] ⟨jur⟩ met (geld)boete, met (geld)straf, op straffe van (geld)boete ♦ *pecuniary offence* overtreding waarop een geldboete staat, lichte overtreding

ped-, pedi-, pedo- → **paed-, paedi-, paedo-**

-ped /pɛd/, **-pede** /piːd/ ⟨vormt (bijvoeglijk) naamwoord⟩ ±-voet(er), ±-voetig, ±-poot ♦ *maxilliped(e)* kaakpoot

ped·a·gog·ic /pɛdə gɒdʒɪk, ˆ-gɑ-, ˆ-gou-/, **ped·a·gog·i·cal** /-ɪkl/ [bn; bw: ~ally] [1] opvoedkundig, pedagogisch [2] schoolmeesterachtig, pedant

ped·a·gog·ics /pɛdəgɒdʒɪks, ˆ-gɑ-, ˆ-gou-/ [niet-telb zn] pedagogie(k), onderwijskunde, didactiek, opvoedkunde

ped·a·gog·ism, ped·a·gogu·ism /pɛdəgɒgɪzm, ˆ-gɑ-/ [niet-telb zn] [1] schoolvosserij, betweterij, frikkerigheid [2] het opvoedkundige, opvoedkundig karakter

ped·a·gogue, ⟨AE ook⟩ **ped·a·gog** /pɛdəgɒg, ˆ-gɑg/ [telb zn] [1] pedagoog, opvoedkundige [2] ⟨vero; beled⟩ schoolmeester, schoolfrik

ped·a·gog·y /pɛdəgɒdʒi, ˆ-gou-/ [niet-telb zn] [1] pedagogiek, onderwijskunde, opvoedkunde [2] het onderwijzen, onderricht

¹ped·al /pɛdl/ [telb zn] [1] pedaal, trapper, trede ♦ ⟨muz⟩ *sustaining pedal* rechterpedaal; middenpedaal ⟨bij piano's met drie pedalen; houdt één noot aan⟩ [2] ⟨muz⟩ fermata, orgelpunt, point d'orgue

²ped·al /pɛdl/ ⟨in betekenis 2 ook⟩ /piːdl/ [bn, attr] [1] pedaal-, trap(s)-, met pedalen voortbewogen [2] ⟨dierk⟩ poot-, voet-

³ped·al /pɛdl/ [onov ww] peddelen, fietsen, trappen

⁴ped·al /pɛdl/ [onov + ov ww] trappen, treden

pedal bin [telb zn] pedaalemmer

pedal boat [telb zn] waterfiets, pedalo

pedal cycle [telb zn] (trap)fiets, rijwiel

ped·al·o, ped·al·lo /pɛdəlou/ [telb zn] waterfiets

ped·ant /pɛdnt/ [telb zn] [1] pedant, muggenzifter, schoolmeester, schoolvos, betweter [2] boekengeleerde, theoreticus, theorist, doctrinair (persoon) [3] geleerddoener, iemand die met zijn kennis te koop loopt, iemand die moet laten zien dat hij gestudeerd heeft, waanwijze [4] ⟨vero⟩ schoolmeester, onderwijzer, leermeester, pedagoog

pe·dan·tic /pɪdæntɪk/ [bn; bw: ~ally] [1] pedant, schoolmeesterachtig, vitterig, betweterig, pietepeuterig, waanwijs [2] (louter) theoretisch, geleerd, saai, doctrinair, formalistisch

¹pe·dan·tize, pe·dan·tise /pɛdntaɪz/ [onov ww] [1] schoolmeesteren, vitten, muggenziften, haarkloven ♦ *he's really pedantizing* hij hangt werkelijk de schoolmeester uit [2] pedant worden, vitterig/een vitter worden, muggenzifterig/een muggenzifter worden

²pe·dan·tize, pe·dan·tise /pɛdntaɪz/ [ov ww] pedant maken, tot schoolvos maken, vitterig maken

¹ped·ant·ry /pɛdntri/ [telb + niet-telb zn] pedanterie, schoolvosserij, schoolmeesterachtigheid, muggenzifterij, vitterij

²ped·ant·ry /pɛdntri/ [niet-telb zn] geleerddoenerij, getheoretiseer, waanwijsheid, boekengeleerdheid, boekenwijsheid

ped·ate /pɛdeɪt/ [bn] [1] voetvormig, voetachtig, als voet(en) dienend ♦ *pedate appendages* voetachtige aanhangsels [2] ⟨dierk⟩ gepoot [3] ⟨plantk⟩ voetvormig ♦ *pedate leaves* voetvormige bladeren

¹ped·dle /pɛdl/ [onov ww] [1] leuren, venten, met waren/producten lopen, aan de deur verkopen ♦ ⟨sl⟩ *peddle out* uitverkoop houden, zijn laatste bezittingen verkopen [2] beuzelen, zeuren, kissebissen ♦ *peddle with the terminology* beuzelen over de terminologie; → **peddling**

²ped·dle /pɛdl/ [ov ww] [1] (uit)venten, leuren met, (aan de deur) verkopen, aan de man brengen ♦ *peddle ice from a*

booth ijs in een kraampje verkopen; ⟨sl⟩ *go peddle your papers* rot op, bemoei je met je eigen zaken ② (in kleine hoeveelheden) verspreiden, rondstrooien, rondvertellen ♦ *peddle dope* drugs verkopen; *peddle gossip* roddel(praatjes) verkopen; *peddle bad stories about s.o.* praatjes rondstrooien over iemand ③ ingang doen vinden, verspreiden ♦ *he can't stop peddling his theories* hij kan het niet nalaten zijn theorieën te verkondigen; → peddling
peddlery [niet-telb zn] → pedlary
ped·dling /pedlɪŋ/ [bn]; oorspronkelijk tegenwoordig deelw van peddle; bw: ~ly) onbeduidend, nietig, beuzelachtig, onbelangrijk, triviaal
-pede → -ped
ped·er·ast, paed·er·ast /pedəræst, piː-/ [telb zn] pederast
ped·er·as·ty, paed·er·as·ty /pedəræsti, piː-/ [niet-telb zn] pederastie
¹**ped·es·tal** /pedɪstl/ [telb zn] ① voetstuk ⟨ook figuurlijk⟩, piëdestal, pedestal, postament, sokkel ♦ ⟨fig⟩ *knock s.o. off his pedestal* iemand van zijn voetstuk stoten; ⟨fig⟩ *place/put/set s.o. on a pedestal* iemand op een voetstuk plaatsen ② ⟨vaak attributief⟩ poot ⟨in het bijzonder met laden⟩, kolompoot ③ steunstuk, fundament, grondslag, basis ⟨ook figuurlijk⟩
²**ped·es·tal** /pedɪstl/ [ov ww] van een voetstuk voorzien, ondersteunen, funderen, ⟨fig⟩ op een voetstuk plaatsen, verheerlijken
pedestal cupboard [telb zn] nachtkastje, nachttafeltje
pedestal desk, pedestal writing-table [telb zn] bureau(-ministre), schrijftafel
¹**pe·des·tri·an** /pɪdestrɪən/ [telb zn] voetganger, wandelaar
²**pe·des·tri·an** /pɪdestrɪən/ [bn] ① voetgangers-, wandel-, voet-, lopend/te voet ♦ *pedestrian crossing* voetgangersoversteekplaats, zebrapad; *pedestrian island* vluchtheuvel; *pedestrian journey* voetreis, voettocht, wandeltocht; ⟨AE, AuE⟩ *pedestrian mall* winkelpromenade; ⟨België⟩ winkelwandelstraat; *pedestrian precinct* autovrij/verkeersvrij gebied, voetgangersgebied, voetgangerszone; *pedestrian shopping area* winkelpromenade; ⟨België⟩ winkel-wandelstraat; *pedestrian subway* voetgangerstunnel ② (dood)gewoon, alledaags, nuchter, prozaïsch
pe·des·tri·an·ism /pɪdestrɪənɪzm/ [niet-telb zn] ① wandelsport, het wandelen, het te voet gaan, het lopen ② alledaagsheid, banaliteit, onbeduidendheid, gewoonheid
pe·des·tri·an·ize, pe·des·tri·an·ise /pɪdestrɪənaɪz/ [ov ww] verkeersvrij maken, tot voetgangersgebied maken ♦ *pedestrianized shopping centre* verkeersvrij winkelcentrum
pediatric [bn] → paediatric
pediatrician [telb zn] → paediatrician
pediatrics [niet-telb zn] → paediatrics
ped·i·cab /pedɪkæb/ [telb zn] riksja, riksjadriewieler, fietstaxi ⟨vervoermiddel in bepaalde Aziatische landen⟩
ped·i·cel /pedɪsel/, **ped·i·cle** /-ɪkl/ [telb zn] ⟨biol, med⟩ steel(tje), stengeltje ♦ *the pedicel of a sporangium* het steeltje van een sporenkapsel; *the pedicel of a tumour* de steel van een gezwel
ped·i·cel·lar /pedɪselə, ᴬ-ər/, **ped·i·cel·late** /-selət/, **ped·i·cel·lat·ed** /-seleɪtɪd/, **pe·dic·u·late** /pɪdɪkjələt/, **pe·dic·u·lat·ed** /-kjəleɪtɪd/ [bn] ⟨biol, med⟩ gesteeld ♦ *pedicellar leaves* gesteelde bladeren
pe·dic·u·lar /pɪdɪkjələ, ᴬ-ər/, **pe·dic·u·lous** /-ləs/ [bn] luizig, vol luizen, luis-, luizen-
pe·dic·u·lo·sis /pɪdɪkjʊloʊsɪs, ᴬ-kjə-/ [telb + niet-telb zn; mv: pediculoses /-siːz/] luizenplaag
¹**ped·i·cure** /pedɪkjʊə, ᴬ-kjʊr/, ⟨in betekenis 2 ook⟩ **ped·i·cur·ist** /-kjʊərɪst, ᴬ-kjʊr-/ [telb zn] ① voetbehandeling, pedicurebeurt ② pedicure, voetverzorg(st)er
²**ped·i·cure** /pedɪkjʊə, ᴬ-kjʊr/ [niet-telb zn] pedicure, voetverzorging
³**ped·i·cure** /pedɪkjʊə, ᴬ-kjʊr/ [ov ww] pedicuren, de voeten verzorgen van
ped·i·form /pedɪfɔːm, ᴬ-fɔrm/ [bn] voetvormig
¹**ped·i·gree** /pedɪɡriː/ [telb zn] ① stamboom, genealogie, stamtafel, geslachtslijst, geslachtsboom ♦ *the pedigree of an idea* de genealogie/herkomst/achtergrond/wordingsgeschiedenis/voorgeschiedenis van een idee; *a family with long pedigrees* een familie met lange stamtafels/van hoge komaf, een zeer oude familie; *the pedigree of a word* de oorsprong/geschiedenis van een woord ② pedigree, stamboek ⟨van dieren⟩ ③ pedigree ⟨lijst van vroegere eigenaars van kunstwerk, e.d.⟩
²**ped·i·gree** /pedɪɡriː/ [telb + niet-telb zn] afstamming, voorgeslacht, (aanzienlijke) afkomst, voorvaderen ♦ *a family of pedigree* een familie van goede komaf
³**ped·i·gree** /pedɪɡriː/ [bn, attr] ras-, raszuiver, rasecht, volbloed, stamboek- ♦ *pedigree cattle* rasvee, stamboekvee; *pedigree dog* rashond
ped·i·greed /pedɪɡriːd/ [bn] ras-, raszuiver, rasecht, volbloed, stamboek- ♦ *pedigreed cattle* rasvee, stamboekvee; *pedigreed dog* rashond
ped·i·ment /pedɪmənt/ [telb zn] ⟨bouwk⟩ fronton, timpaan, geveldriehoek, gevelveld
ped·lar, ⟨AE ook⟩ **ped·ler, ped·dler** /pedlə, ᴬ-ər/ [telb zn] ① venter, leurder, marskramer, marktkramer, straathandelaar ② drugsdealer, drugshandelaar, pusher ③ verspreider ♦ *a pedlar gossip* een roddelaar(ster), iemand die praatjes rondstrooit ④ ⟨AE; inf⟩ boemel(trein), stoptrein, langzame stukgoederentrein
ped·lar·y, ⟨AE ook⟩ **ped·ler·y, ped·dler·y** /pedləri/ [niet-telb zn] ① venterij, het venten, marskramerij, marktkramerij, het leuren ② kramerswaren, kramerij, prullen, snuisterijen
pedogenesis [niet-telb zn] → paedogenesis
pe·dol·o·gy /pɪdɒlədʒi, ᴬ-dɑ-/ [niet-telb zn] ① → paedology ② aardkunde, geologie, bodemkunde, agrologie
pe·dom·e·ter /pɪdɒmɪtə, ᴬpɪdɑmɪtər/ [telb zn] schredenteller, stappenteller, pedometer, hodometer
pe·dun·cle /pɪdʌŋkl, ᴬpiːdʌŋkl/ [telb zn] ① ⟨plantk⟩ bloemsteel ⟨m.n. hoofdsteel van vertakte bloeiwijze⟩, pedunculus ② ⟨biol⟩ steelvormige verbinding ③ ⟨ontleedkunde⟩ stuart van verbindingsvezels, hersensteel
pe·dun·cu·late /pɪdʌŋkjələt/, **pe·dun·cu·lat·ed** /-leɪtɪd/ [bn] ⟨biol, anat⟩ gesteeld
¹**pee** /piː/ [telb zn] ⟨inf⟩ plas(je), kleine boodschap ♦ *go for/have/take a pee* een plasje gaan doen, (gaan) plassen
²**pee** /piː/ [niet-telb zn] ⟨inf⟩ pi(e)s, urine
³**pee** /piː/ [onov ww] pissen, piesen, een plas/kleine boodschap doen, plassen, wateren • ⟨sl⟩ *be peed off* er genoeg van hebben, de pest in hebben
¹**peek** /piːk/ [telb zn] (vluchtige/steelse) blik, kijkje ♦ *have a peek at* een (vlugge) blik werpen/slaan op
²**peek** /piːk/ [onov ww] ① gluren, piepen, loeren, spieden ♦ *the sun peeked in through a window* de zon gluurde door een raam naar binnen; *the sun peeked out from behind a cloud* de zon kwam achter een wolk gluren/tevoorschijn ② vluchtig kijken, een kijkje nemen, even gluren ♦ *peek at* een (vluchtige) blik werpen/slaan op
¹**peek·a·boo** /piːkəbuː/, **peep-bo** /piːpbəʊ/ [niet-telb zn] kiekeboe(spelletje) • ⟨sl⟩ peekaboo! kiekeboe!
²**peek·a·boo** /piːkəbuː/ [bn, attr] doorkijk- ♦ *a peekaboo blouse* een doorkijkbloes
¹**peel** /piːl/ [telb zn] ① schieter, schietschop, schietplank ⟨schop om brood in de oven te steken⟩ ② ⟨gesch⟩ versterkte toren
²**peel** /piːl/ [telb + niet-telb zn] schil, schel, pel ♦ *candied peel* sukade, gekonfijte schil
³**peel** /piːl/ [onov ww] ① afpellen, afschilferen, afbladderen, loskomen, loslaten ♦ *my nose peeled* mijn neus vervel-

peel

de; *peel off* afpellen, afschilferen, afbladderen, loskomen, loslaten; *peel off* loskomen van, afpellen van, afschilferen van, afbladderen van; *the bark peels off the tree* de schors komt van de boom af; *this potato peels easily* deze aardappel pelt/schilt gemakkelijk (af) [2] ⟨inf⟩ **zich uitkleden,** zijn kleren/iets uitdoen ♦ *peel off* zich uitkleden, iets uitdoen [·] *peel away (from)* weggaan (van); *peel off* zich verspreiden, zich afsplitsen, de groep/formatie verlaten; *the aircraft peeled off for an attack* het vliegtuig verliet de formatie voor een aanval; ⟨AE; sl⟩ *peel out* ervandoor gaan, plotseling vertrekken; → **peeling**

⁴**peel** /pi:l/ [ov ww] [1] **schillen,** pellen, schellen, ontschorsen ♦ *peel a stamp from an envelope* een zegel van een enveloppe trekken; *peel from/off* (af)trekken van, lostrekken van, losmaken van; *peel off* (af)pellen, schillen, lostrekken, losmaken; *peel off the skin* het vel eraf halen; *peel the skin off a banana* de schil van een banaan afhalen; *peel off the bark from a tree* een boom van een schors ontdoen, een boom ontschorsen [2] ⟨croquet⟩ **door een poortje slaan** ⟨bal van de tegenspeler⟩ [·] ⟨inf⟩ *peel off* uittrekken, uitdoen ⟨kleren⟩; → **peeling**

peel·er /pi:lə, ^-ər/ [telb zn] [1] ⟨benaming voor⟩ **persoon/zaak die schilt,** schiller, aardappelmesje, schilmes(je), schilmachine, schilwerktuig [2] ⟨vaak Peeler⟩ ⟨BE; gesch⟩ **Peeler** ⟨politieman van korps gesticht door Sir R. Peel⟩, ⟨vero, sl⟩ smeris, klabak [3] ⟨AE; sl⟩ **stripteaseuse**

peel·ing /pi:lɪŋ/ [telb zn; oorspronkelijk tegenwoordig deelw van peel; voornamelijk mv] **(aardappel)schil,** stuk (aardappel)schil

¹**peen** /pi:n/ [telb zn] **hamerpin,** pen

²**peen** /pi:n/ [ov ww] **(be)hameren (met hamerpin),** uithameren

¹**peep** /pi:p/ [telb zn] [1] **piep,** piepgeluid, gepiep, tjilp(geluid) [2] ⟨inf, kind⟩ **toeter,** toet(geluid), claxon [3] **kik,** geluid, woord, nieuws ♦ *I haven't had a peep of him for weeks* ik heb al weken niets meer/geen nieuws van hem gehoord; *I don't want to hear a peep out of you* ik wil geen kik/woord van je horen [4] **(vluchtige/steelse) blik,** kijkje ♦ *get a (quick) peep* (nog net) een glimp opvangen; *take a peep at* vluchtig bekijken, een vlugge blik werpen op [5] ⟨AE; dierk⟩ **strandloper** ⟨bijvoorbeeld Erolia minutilla, Ereunetes posillus⟩ [6] ⟨BE; dierk⟩ **graspieper** ⟨Anthos prutensis⟩

²**peep** /pi:p/ [niet-telb zn] **(het) gloren,** (het) krieken, (het) aanbreken ⟨van de dag⟩ ♦ *at the peep of dawn* bij het krieken van de dag

³**peep** /pi:p/ [onov ww] [1] **gluren,** loeren, spieden ♦ *peep at* begluren, bespieden, gluren/staren naar; *peep from* komen kijken/gluren vanuit/vanachter; *peep through a keyhole* door een sleutelgat loeren/gluren [2] **vluchtig kijken,** een kijkje nemen ♦ *peep at* een (vluchtige) blik werpen/slaan op, vluchtig kijken naar [3] **tevoorschijn komen,** uitsteken ♦ *peep out* (opeens) tevoorschijn komen, opduiken; *his superstition peeps out every now and then* zijn bijgeloof steekt af en toe de kop op; *the flowers are peeping through the soil* de bloemen steken hun kopjes boven de grond [4] **piepen,** tjirpen ♦ *a peeping voice* een pieperig stemmetje, een piepende stem [·] ⟨sprw⟩ *he who peeps through a hole may see what will vex him* ± wie luistert aan de wand, hoort vaak zijn eigen schand

⁴**peep** /pi:p/ [ov ww] [1] **doen piepen** [2] **doen uitsteken,** doen kijken, doen vertonen [3] ⟨inf⟩ **bekijken,** gaan zien

peepal [telb zn] → **pipal**

peep-bo [niet-telb zn] → **peekaboo**

peep·er /pi:pə, ^-ər/ [telb zn] [1] ⟨benaming voor⟩ **dier dat piepgeluid maakt,** pieper, piepkuiken, jong kuiken, kikker [2] **voyeur,** gluurder, loerder [3] ⟨vnl mv⟩ ⟨sl⟩ **oog,** ⟨mv⟩ doppen, ⟨AE⟩ zonnebril

peep-hole [telb zn] **kijkgaatje,** kijkgat, loergat

peep-of-day boys [alleen mv] ⟨gesch⟩ **peep-of-day boys** ⟨Ierse protestantse organisatie die 's ochtends vroeg huizen van tegenstanders op wapens onderzocht⟩

peep·show [telb zn] [1] **kijkkast,** rarekiek(kast), kiekkast, kijkdoos [2] **peepshow** ⟨seksattractie⟩

peep sight [telb zn] **oogdopvizier,** diopter

peep-toe, peep-toed [bn] **met open neus** ⟨van schoenen⟩

peepul [telb zn] → **pipal**

¹**peer** /pɪə, ^pɪr/ [telb zn] [1] **edelman,** adellijke, edele [2] **peer** ⟨in Engeland een lid van de hoge adel; in Frankrijk een leenman op één lijn met de vorst⟩ [3] **gelijke,** we(d)erga, collega, mede- ♦ *he doesn't find his peer* hij vindt zijn(s) gelijke niet; *the pupils have to teach their peers* de leerlingen moeten lesgeven aan hun medeleerlingen [4] ⟨vero⟩ **gezel,** compagnon, maat [·] *peer of the realm* edelman die lid is van het Hogerhuis

²**peer** /pɪə, ^pɪr/ [onov ww] [1] **turen,** staren, spieden ♦ *peer at* turen/staren naar/op; *peer into a dark corner* naar een donkere hoek turen; *he's peering into the flames* hij zit in de vlammen te staren [2] **gluren,** tevoorschijn komen, zich vertonen [·] zie: **peer with**

³**peer** /pɪə, ^pɪr/ [ov ww] **(doen) evenaren,** evenwaardig (doen) zijn met, zijn gelijke (doen) vinden in, (doen) opwegen tegen

¹**peer·age** /pɪərɪdʒ, ^pɪrɪdʒ/ [telb zn] **adelboek,** stamboek der peers

²**peer·age** /pɪərɪdʒ, ^pɪrɪdʒ/ [niet-telb zn] [1] **peerdom,** adel(dom), aristocratie [2] **peerschap,** adelstand, adellijkheid, edelheid ♦ *raise s.o. to the peerage* iemand in/tot de adelstand verheffen, iemand adelen

peer·ess /pɪərɪs, ^pɪrɪs/ [telb zn] [1] **(vrouwelijke) peer,** edelvrouw, vrouw van adel ♦ *she's a peeress in her own right* ze heeft zelf de rang van peer [2] **vrouw van een peer**

peer group [telb zn] **groep van gelijken,** gelijken, collega's, -genoten ♦ *my son seems so much younger than his peer group* mijn zoon lijkt zoveel jonger dan zijn leeftijdgenoten

peer·less /pɪələs, ^pɪr-/ [bn; bw: ~ly; zn: ~ness] **weergaloos,** ongeëvenaard, zonder weerga, zonder gelijke

peer pressure [telb zn] **groepsdwang** ⟨gewoonlijk van leeftijdgenoten⟩ ♦ *start smoking because of peer pressure* beginnen met roken om er bij te horen

peer review [telb + niet-telb zn] **bespreking/beoordeling door een vakgenoot,** collegiale toetsing

peer-to-peer, P2P [bn, attr] **peer-to-peer-** ⟨tussen gelijkwaardige computers⟩ ♦ *peer-to-peer network* peer-to-peernetwerk ⟨netwerk van gelijkwaardige computers⟩

peer with [onov ww] **evenaren,** evenwaardig zijn met, zijn gelijke vinden in, opwegen tegen

peet·weet /pi:twi:t/ [telb zn] ⟨AE; dierk⟩ **gevlekte oeverloper** ⟨Actitis macularia⟩

¹**peeve** /pi:v/ [telb zn] ⟨inf⟩ [1] **slechte bui,** slecht humeur, kwade luim, boze stemming ♦ *be in a peeve* uit zijn humeur zijn [2] **verdriet(je),** wrok, pik ♦ *a pet peeve of his* één van zijn gekoesterde verdrietjes

²**peeve** /pi:v/ [telb + niet-telb zn] ⟨inf⟩ **ergernis,** irritatie, ontstemming

³**peeve** /pi:v/ [ov ww] ⟨inf⟩ **ergeren,** irriteren, ontstemmen, prikkelen ♦ *get peeved quickly* lichtgeraakt zijn, vlug op zijn tenen getrapt zijn; *a peeved woman* een knorrige/prikkelbare vrouw

pee·vish /pi:vɪʃ/ [bn; bw: ~ly; zn: ~ness] [1] **chagrijnig,** slechtgeluimd, slechtgemutst, slechtgehumeurd, knorrig, bromm(er)ig, gemelijk, twistziek [2] **weerbarstig,** dwars, bokkig, tegendraads

peewit [telb zn] → **pewit**

¹**peg** /peg/ [telb zn] [1] **pin,** pen, plug, wig, nagel [2] **schroef** ⟨van een snaarinstrument⟩ [3] **(tent)haring,** piket(paal), tentpin [4] **paal,** grenspaal, landpaal, limietpaal [5] **kapstok** ⟨ook figuurlijk⟩, haak, voorwendsel, aanknopings-

punt ♦ *the meeting was used as a peg to **hang** their complaints on/on which to **hang** their complaints* de vergadering werd gebruikt als voorwendsel om te kunnen klagen; *off the peg* confectie-; *buy clothes off the peg* confectiekleding kopen; *buy sth. off the peg* iets kant-en-klaar kopen [6] ⟨BE⟩ wasknijper, pen, ⟨België⟩ wasspeld [7] ⟨BE⟩ borrel(tje) ⟨in het bijzonder whisky-soda of brandy-soda⟩ [8] ⟨inf⟩ (houten) been, kunstbeen, ⟨scherts⟩ been [9] ⟨BE, AuE; sl⟩ cricket wicketpaaltje, stump [10] ⟨sportvis⟩ stek(kie) [•] ***come down a peg (or two)*** een (paar) toontje(s) lager zingen; ⟨fin⟩ *crawling peg* tijdelijke bevriezing van wisselkoersen; ***take/bring s.o. down a peg (or two)*** iemand een toontje lager doen zingen, iemand op zijn plaats zetten

²**peg** /peg/ [onov ww] [1] zwoegen, doorwerken, wroeten, volhouden, doorzetten ♦ *peg away (at)* doorwerken/zwoegen/zich afjakkeren (aan) [2] scoren ♦ ***level pegging*** gelijke stand, gelijke vooruitgang ⟨ook figuurlijk⟩ [•] zie: **peg out**

³**peg** /peg/ [ov ww] [1] vastpennen, vastpinnen, vastpluggen, vastmaken ♦ *peg down* aan banden doen, doen volgen, beperken tot; *peg down a flap* een zeil vastpennen/vastmaken; *peg s.o. down* iemand inperken, iemand beperkingen opleggen; ⟨inf⟩ iemand vastpinnen/leggen; *he's hard to peg down* je krijgt moeilijk vat op hem, het is moeilijk hem eraan te houden; *peg s.o. down to a new course of action* iemand een nieuwe koers doen volgen [2] ⟨BE⟩ (met wasknijpers) ophangen [3] doorpriemen, met een pin doorsteken [4] ⟨ec⟩ stabiliseren, vastleggen, blokkeren, bevriezen ♦ *peg (wage increases) at a certain percentage* (loonsverhogingen) op een bepaald percentage vastleggen/blokkeren; *peg down (a price) (at)* (de prijs) bevriezen/blokkeren (op/aan); *peg the price of meat* de prijs van vlees stabiliseren/blokkeren [5] aanduiden, aangeven (score) [6] ⟨sl⟩ plaatsen, herkennen als, classificeren [•] zie: **peg out**

peg·board [telb zn] pennenbord, pegboard, geperforeerd bord, bord met gaatjes ⟨van gezelschapsspel⟩

peg box [telb zn] kop ⟨snaarinstrument⟩

peg leg [telb zn] ⟨inf⟩ [1] houten been, staak, kunstbeen [2] mank(e)poot, iemand met een houten been

peg·ma·tite /ˈpegmətaɪt/ [niet-telb zn] ⟨geol⟩ pegmatiet

¹**peg out** [onov ww] ⟨inf⟩ [1] zijn laatste adem uitblazen, het hoekje omgaan, het afleggen, sterven, peigeren ♦ *to feel pegged out* omvallen van moeheid, nog nauwelijks op zijn benen kunnen staan, er haast bij neervallen [2] ⟨croquet⟩ het piket raken met de bal ⟨waarna bal uit het spel wordt genomen⟩

²**peg out** [ov ww] [1] afpalen, afbakenen, afzetten, uitbakenen ♦ *peg out a claim* (een stuk land) afpalen; *peg out a claim to a piece of land* een stuk land afpalen, beslag leggen op een stuk land; *the army pegged out claims well inland* het leger veroverde grondgebied tot ver in het binnenland [2] aangeven ⟨score, bij cribbage⟩

peg top /pegtɒp/ [telb zn] priktol

peg-top /pegtɒp, ˈpegtɑp/, **peg-topped** /pegtɒpt, ˈpegtɑpt/ [bn] bovenaan wijd en onderaan smal, tolvormig ♦ *peg-top trousers* ± heupbroek

PEI [afk] (Prince Edward Island)

pei·gnoir /peɪnˈwɑː, ˈpenwɔr/ [telb zn] peignoir, ochtendjas, kamerjas ⟨voor vrouwen⟩

pej·o·ra·tion /piːdʒəˈreɪʃn, ˌpe-/ [telb + niet-telb zn] [1] ⟨taalk⟩ het pejoratief worden ⟨van betekenis⟩ [2] verslecht(er)ing, achteruitgang, degeneratie

¹**pe·jo·ra·tive** /pɪˈdʒɒrətɪv, ˈdʒɔrətɪv, ˈdʒɑ-/ [telb zn] pejoratief, woord met ongunstige betekenis

²**pe·jo·ra·tive** /pɪˈdʒɒrətɪv, ˈdʒɔrətɪv, ˈdʒɑ-/ [bn] pejoratief, ongunstig, kleinerend, slecht ♦ *a pejorative **word*** een woord met ongunstige betekenis

pek·an /ˈpekən/ [dierk] vismarter ⟨Martes pennanti⟩

peke /piːk/ [telb zn] ⟨inf⟩ (verk: pekingese) pekinees ⟨hond⟩

¹**pe·kin** /ˈpiːkɪn/ [telb zn; voornamelijk Pekin] pekingeend

²**pe·kin** /ˈpiːkɪn/ [niet-telb zn; vaak Pekin] pekin(g) ⟨zijden weefsel⟩

¹**Pe·king·ese** /piːkɪˈniːz/, **Pe·kin·ese** /piːkəˈniːz/ [eigenn] het Pekinees ⟨dialect van Peking⟩

²**Pe·king·ese** /piːkɪˈniːz/, **Pe·kin·ese** /piːkəˈniːz/ [telb zn; mv: ook Pekingese, ook Pekinese] [1] ⟨ook pekingese⟩ pekinees ⟨hond⟩ [2] ⟨zelden⟩ Pekinees ⟨inwoner van Peking⟩

Pe·king·ol·o·gy /piːkɪŋˈɒlədʒi/, ˌpiːkɪŋˈɑlə-/, **Pe·kin·ol·o·gy** /piːkənˈɒlədʒi/, -ˈnɑ-/ [niet-telb zn] kennis/studie van communistisch China, pekinologie

pe·koe /ˈpiːkoʊ/ [niet-telb zn; soms Pekoe] pecco(thee)

pel·age /ˈpelɪdʒ/ [telb zn] vacht, pels, bont

¹**pe·la·gi·an** /pɪˈleɪdʒiən/ [telb zn] [1] ⟨voornamelijk Pelagian⟩ ⟨theol⟩ pelagiaan ⟨aanhanger van Pelagius⟩ [2] zeebewoner

²**pe·la·gi·an** /pɪˈleɪdʒiən/ [bn] [1] ⟨voornamelijk Pelagian⟩ ⟨theol⟩ pelagiaans ⟨van/m.b.t. de leer van Pelagius⟩ [2] van de zee, zee-

Pe·la·gi·an·ism /pɪˈleɪdʒənɪzm/ [niet-telb zn] ⟨theol⟩ pelagianisme

pe·la·gic /pəˈlædʒɪk/ [bn] pelagisch, (diep)zee, van de zee ♦ *pelagic **fish*** diepzeevis

pel·ar·go·ni·um /ˌpeləˈɡoʊniəm, ˈlɑr-/ [telb zn] ⟨plantk⟩ pelargonium ⟨genus Pelargonium⟩, ooievaarsbek, ⟨oneig⟩ geranium

¹**Pe·las·gi·an** /pəˈlæzɡiən, ˈpəˈlæzdʒiən/ [telb zn] ⟨mv⟩ Pelasgen ⟨prehistorische bewoners van Griekenland⟩

²**Pe·las·gi·an** /pəˈlæzɡiən, ˈpəˈlæzdʒiən/, **Pe·las·gic** /pəˈlæzɡɪk, -ˈdʒɪk/ [bn] Pelasgisch

pel·er·ine /ˈpeləriːn, -ˈriːn/ [telb zn] pelerine, schoudermanteltje

pelf /pelf/ [niet-telb zn] ⟨beled⟩ (onverdiende) rijkdom, geld, welvaart ♦ *before penniless, he now possesses **uncounted** pelf* vroeger bezat hij geen cent, en nu zwemt hij in/barst hij van de poen

pel·i·can /ˈpelɪkən/ [telb zn] [1] pelikaan [2] → **pelican crossing**

pelican crossing [telb zn] ⟨vnl BE⟩ oversteekplaats ⟨met door de voetganger te bedienen verkeerslichten⟩

pel·isse /peˈliːs/ [telb zn] [1] pellies, lange (bont)mantel, lange (bont)cape ⟨voornamelijk voor vrouwen⟩ [2] huzarenmantel, huzarenjasje

pe·lite /ˈpiːlaɪt/ [niet-telb zn] schalie

pel·la·gra /pɪˈlæɡrə, -leɪ-/ [niet-telb zn] ⟨med⟩ pellagra

pel·la·grin /pɪˈlæɡrɪn, -leɪ-/ [telb zn] ⟨med⟩ pellagralijder

pel·la·grous /pɪˈlæɡrəs, -leɪ-/ [bn] ⟨med⟩ pellagreus

¹**pel·let** /ˈpelɪt/ [telb zn] [1] balletje, bolletje, prop(je), pellet [2] kogeltje, hagelkorrel, ⟨mv⟩ hagel, schroot [3] (stenen) kogel, kanonbal [4] ⟨vnl BE⟩ tablet, pil(letje), pastille [5] braakbal, uilenbal [6] keutel [7] bolvormige uitstulping ⟨in lijstwerk⟩ [8] ⟨sl⟩ honkbal, voetbal, golfbal

²**pel·let** /ˈpelɪt/ [ov ww] [1] bekogelen, (met proppen) beschieten, (met proppen) gooien naar, bewerpen [2] tot een balletje rollen, in/tot balletjes kneden, pelletiseren

pel·let·ize, pel·let·ise /ˈpelɪtaɪz/ [ov ww] tot een balletje rollen, in/tot balletjes kneden, pelletiseren

pel·li·cle /ˈpelɪkl/ [telb zn] vlies, (dun) huidje, vel(letje), membraan, film

pel·lic·u·lar /pəˈlɪkjələr, ˈ-ər/ [bn] vliezig, vliesachtig, vlies-

pel·li·to·ry /ˈpelɪtri, ˈpelɪtɔri/ [telb + niet-telb zn] ⟨plantk⟩ glaskruid(plant) ⟨Parietaria⟩

pel·li·to·ry-of-the-wall [telb + niet-telb zn] ⟨plantk⟩ glaskruid(plant) ⟨Parietaria⟩

¹**pell-mell** /pelmel/ [telb + niet-telb zn] [1] warboel, verwarring, wanorde, pêle-mêle, mêlee, vechtpartij, handgemeen ♦ *they met in a pell-mell of **greetings*** ze ontmoetten elkaar in een kluwen van begroetingen; *everything was in a*

pell-mell

pell-mell alles lag overhoop ② mengelmoes, allegaartje, potpourri, (bont) samenraapsel

²**pell-mell** /pelmel/ [bn, attr] ① verward, wanordelijk, onstuimig, onbesuisd ② luidruchtig, lawaai(er)ig, rumoerig, druk

³**pell-mell** /pelmel/ [bw] ① door elkaar, pêle-mêle, verward, wanordelijk ② halsoverkop, holderdebolder, onstuimig, in allerijl

pel·lu·cid /pɪluːsɪd/ [bn; bw: ~ly; zn: ~ness] doorzichtig, transparant, helder ⟨ook figuurlijk⟩ ♦ *pellucid reasonings* heldere/duidelijke redeneringen

pel·lu·cid·i·ty /pɛluːsɪdəti, ᴬpɛljəsɪdəti/ [niet-telb zn] doorzichtigheid, transparantie, helderheid ⟨ook figuurlijk⟩

pel·met /pelmɪt/ [telb zn] lambrekijn, gordijnval, gordijnkap, deklat

¹**Pel·o·pon·ne·sian** /peləpəniːʃn, ᴬ-niːʒn/ [telb zn] Peloponnesiër

²**Pel·o·pon·ne·sian** /peləpəniːʃn, ᴬ-niːʒn/ [bn] Peloponnesisch, van/m.b.t. de Peloponnesus

pe·lo·ri·a /pəlɔːriə/ [niet-telb zn] ⟨plantk⟩ pelorie

¹**pelt** /pelt/ [telb zn] vacht, huid, vel

²**pelt** /pelt/ [niet-telb zn] het kloppen, het meppen, het hameren, het slaan ♦ *the pelt of the rain* het gekletter/gedruis van de regen

³**pelt** /pelt/ [onov ww] ① (neer)kletteren, kletsen, plenzen, neerkletsen, neerplenzen, hagelen ♦ *pelt down* neerkletteren, neerkletsen, neerplenzen, neerhagelen; *it's pelting down* het regent dat het giet, het klettert/stroomt van de regen, het stortregent; *pelting rain* kletterende regen; ⟨vnl BE⟩ *it's pelting with rain* het regent dat het giet, het klettert/stroomt van de regen, het stortregent ② hollen, snellen, rennen ♦ *pelt along the houses* langs/voorbij de huizen hollen; *pelt down a hill* een heuvel afrennen ③ kloppen, hameren ♦ *the smith pelts (away) at his iron* de smid hamert op het ijzer ④ vuren, gooien, werpen, schieten ♦ *they started pelting at one another with snowballs* ze begonnen elkaar te bekogelen met sneeuwballen

⁴**pelt** /pelt/ [ov ww] ① bekogelen, beschieten, gooien naar, (al gooiend) bestormen, afvuren op, naar het hoofd gooien ⟨ook figuurlijk⟩ ♦ *the journalists pelted the president with questions* de journalisten onderwierpen de president aan een vragenvuur ② raken, slaan/kletteren/botsen tegen

pel·ta /peltə/ [telb zn; mv: peltae /-tiː/] ⟨gesch⟩ ① peltè, licht leren schild ⟨van de peltasten, Griekse soldaten⟩ ② ⟨plantk⟩ schildvormige structuur

pel·tate /pelteɪt/ [bn] ⟨plantk⟩ peltaat, schildvormig

pelt·er /peltə, ᴬ-ər/ [telb zn] ⟨AE; sl⟩ ① slecht paard ② snel paard

pel·try /peltri/ [niet-telb zn] ① bontwerk, pelterij ② dierenhuiden

pel·vic /pelvɪk/ [bn, attr] ⟨anat⟩ bekken-, aan/in/van het bekken ♦ *pelvic arch* bekkengordel; *pelvic artery* bekkenader; *pelvic fin* buikvin; *pelvic girdle* bekkengordel

pel·vis /pelvɪs/ [telb zn; mv: ook pelves /-viːz/] ⟨anat⟩ ① bekken, pelvis ② nierbekken ♦ *renal pelvis* nierbekken

Pemb, Pembs [afk] ⟨Pembrokeshire ⟨graafschap in Wales⟩⟩

Pem·broke /pembrʊk/, **Pembroke table** [telb zn] klaptafel

pem·i·can, pem·mi·can /pemɪkən/ [niet-telb zn] pemmik(a)an ⟨koek met vlees, vet en vruchten⟩

pem·phi·gus /pemfɪgəs/ [niet-telb zn] ⟨med⟩ pemfigus ⟨huidziekte⟩

¹**pen** /pen/ [telb zn] ① pen, (ganzen)veer, balpen, vulpen, viltstift, pennetje, penpunt, stiftpunt ♦ *dip one's pen in gall* zijn pen in gal dopen; *pen and ink* pen en inkt; schrijfgerief, pen en papier; het schrijven; *put/set pen to paper* de pen op het papier zetten; ⟨form⟩ *take up one's pen* de pen opvatten/opnemen/ter hand nemen ② ⟨vnl enkelvoud⟩ ⟨form⟩ pen, auteur(schap), schrijver(schap) ♦ *live by one's pen* van zijn pen leven; *a novel by an unknown pen* een roman van een onbekende auteur ③ ⟨vnl enkelvoud⟩ pen, stijl, schrijftrant ♦ *a view as no pen can describe* een uitzicht dat met geen pen te beschrijven is; *wield a formidable pen* een indrukwekkende stijl gebruiken, een schrijver van formaat zijn ④ hok, kooi, cel, ⟨België⟩ kot ⑤ (baby)box, loophek, looprek, loophok ⑥ bunker voor onderzeeërs, duikbootdok ⑦ (vee)boerderij, plantage ⟨op Jamaica⟩ ⑧ vrouwtjeszwaan ⑨ ⟨AE; sl⟩ ⟨verk: penitentiary⟩ gevangenis, bak, nor ⑩ *drive a pen* schrijven, de pen voeren; *push a pen* pennenlikker zijn; ⟨sprw⟩ *the pen is mightier than the sword* de pen is machtiger dan het zwaard

²**pen** /pen/ [ov ww] op papier zetten, schrijven, opschrijven, neerschrijven, (neer)pennen

³**pen** /pen/ [ov ww; ook pent, pent] opsluiten ⟨ook figuurlijk⟩, afzonderen, isoleren, beperken ♦ *pen in* opsluiten, beperken; *all the sheep were penned in* alle schapen zaten in de schaapskooi; *feel penned in by one's marriage* zich opgesloten in/beperkt door zijn huwelijk voelen; *pen up* opsluiten; → pent

⁴**pen** [afk] ① ⟨penetration⟩ ② ⟨peninsula⟩ ③ ⟨penitent⟩

PEN /pen/ [eigenn] ⟨International Association of Poets, Playwrights, Editors, Essayists and Novelists⟩ PEN, PEN-club

pe·nal /piːnl/ [bn; bw: ~ly] ① straf-, penaal ♦ *penal code* strafwetboek, wetboek van strafrecht; *penal laws* strafwetten, strafrecht; *penal sum* geldstraf, boete, schadeloosstelling ② strafbaar, penaal, verboden ♦ *penal offence* strafbaar feit, wetsovertreding, wetsschennis ③ zwaar, (heel) ernstig, (heel) onaangenaam, (heel) nadelig, afstraffend ♦ *penal taxes* zware/hoge belastingen; *these terms are penal to multinationals* deze overeenkomsten zijn (heel) nadelig voor multinationals ④ *penal servitude* dwangarbeid

penal colony, penal settlement [telb zn] strafkolonie

¹**pe·nal·i·za·tion, pe·nal·i·sa·tion** /piːn(ə)laɪzeɪʃn, ᴬ-ləzeɪʃn/ [telb zn] straf

²**pe·nal·i·za·tion, pe·nal·i·sa·tion** /piːn(ə)laɪzeɪʃn, ᴬ-ləzeɪʃn/ [niet-telb zn] ① het straffen, bestraffing ② het geven van een handicap/achterstand ③ ⟨sport⟩ het toekennen van een strafschop/penalty ④ het strafbaar stellen

pe·nal·ize, pe·nal·ise /piːn(ə)laɪz/ [ov ww] ① straffen, een straf opleggen/geven ② een handicap/achterstand geven, benadelen, achterstellen, handicappen, penaliseren ♦ *penalize for* iemand een handicap geven wegens ③ ⟨sport⟩ een strafschop/penalty toekennen ④ strafbaar stellen, strafbaar maken, verbieden

pen·al·ty /penlti/ [telb zn] ① ⟨vnl enkelvoud⟩ ⟨jur⟩ straf, geldstraf, gevangenisstraf, (geld)boete, ⟨bridge⟩ straf ♦ *on/under penalty of* op straffe van; *pay the penalty* de straf ondergaan ② ⟨nadelig⟩ gevolg, nadeel, schade, verlies ♦ *the penalty of* het nadeel van; *the penalty of fame is that everybody recognizes you* één van de nadelen van roem is dat iedereen je herkent; *pay the penalty of* de gevolgen dragen van ③ ⟨sport⟩ handicap, achterstand, strafpunt ④ ⟨voetb⟩ strafschop, penalty(kick) ⑤ ⟨robberbridge⟩ score voor downslagen, punten boven de streep

penalty arc [telb zn] ⟨voetb⟩ strafschopcirkel
penalty area [telb zn] ⟨voetb⟩ strafschopgebied
penalty bench [telb zn] ⟨sport, in het bijzonder ijshockey⟩ strafbank(je)
penalty box [telb zn] ⟨ijshockey⟩ strafbank, strafhok(je)
penalty bully [telb zn] ⟨ijshockey⟩ strafbal, strafbully
penalty card [telb zn] ⟨bridge⟩ strafkaart
penalty clause [telb zn] ⟨jur⟩ (paragraaf/passage met) strafbepaling, boeteclausule
penalty corner [telb zn] ⟨veldhockey⟩ strafhoekschop,

strafcorner, korte corner
penalty double [telb zn] ⟨bridge⟩ strafdoublet
penalty flag [telb zn] ⟨American football⟩ strafvlag ⟨door officials op het veld gegooid ter aanduiding van (plaats van) overtreding⟩
penalty goal [telb zn] [1] ⟨voetb⟩ benutte strafschop, doelpunt uit/via een strafschop [2] ⟨polo⟩ strafgoal
penalty hit [telb zn] ⟨polo⟩ strafslag
penalty kick, penalty shot [telb zn] ⟨voetb⟩ strafschop, penalty(kick)
penalty marker [telb zn] → penalty flag
penalty minute [telb zn] ⟨sport⟩ strafminuut
penalty pass [telb zn] ⟨netbal⟩ vrije worp
penalty point [telb zn] ⟨sport⟩ strafpunt
penalty rates [alleen mv] ⟨AuE⟩ onregelmatigheidstoeslag
penalty shoot-out [telb zn] (serie) strafschoppen ⟨om wedstrijd te beslissen⟩
penalty spot [telb zn] strafschopstip
penalty stroke [telb zn] ⟨golf, hockey⟩ strafslag
penalty throw [telb zn] ⟨sport⟩ strafworp
penalty zone [telb zn] ⟨paardsp⟩ strafzone ⟨rechthoekig gebied om hindernis waar paard niet mag stilstaan⟩
¹**pen·ance** /pɛnəns/ [telb zn] ⟨scherts⟩ penitentie, bezoeking, straf, onaangename taak
²**pen·ance** /pɛnəns/ [niet-telb zn] [1] ⟨rel⟩ penitentie ⟨ook figuurlijk⟩, boete(doening) ♦ *do penance for* boeten voor, boete doen voor [2] ⟨rel⟩ biecht [3] berouw, spijt, boetvaardigheid
³**pen·ance** /pɛnəns/ [ov ww] boete laten doen, boetedoening opleggen, doen boeten, straffen
pen-and-ink [bn, attr] pen- ♦ *pen-and-ink drawing/sketch* pentekening
pe·na·tes /pənɑːtiːz, -teɪz, ˄pəneɪtiːz/ [alleen mv] ⟨gesch⟩ penaten, huisgoden
pence /pens/ [alleen mv] → penny
pen·chant /pɛntʃənt, pɑːnʃɑ̃/ [telb zn; voornamelijk enk] hang, neiging, voorliefde, trek ♦ *a penchant for* (een) hang tot, een voorliefde voor
¹**pen·cil** /pɛnsl/ [telb zn; vaak attributief] [1] potlood, vulpotlood, stift, griffel, waskrijtje, ⟨bij uitbreiding⟩ schrijfgerei, (bal)pen [2] pen, penseel, tekenstijl, schilderstijl, manier van beschrijven ♦ *the characters were drawn with a strong pencil* de personages waren sterk uitgetekend/goed in de verf gezet [3] ⟨med; cosmetica⟩ (maquilleer)stift ♦ *a styptic pencil* een bloedstelpende stift [4] ⟨natuurk⟩ stralenbundel, (smalle, weinig con- of divergerende) lichtbundel ♦ *a pencil of rays* een stralenbundel [5] ⟨wisk⟩ bundel, waaier [6] ⟨AE; vulg⟩ potlood, pik
²**pen·cil** /pɛnsl/ [niet-telb zn; vaak attributief] potlood, grafiet
³**pen·cil** /pɛnsl/ [ov ww] [1] (met potlood) kleuren, met potlood tinten/merken ♦ *pencilled eyebrows* zwart gemaakte/gepenseelde wenkbrauwen [2] schetsen, tekenen ⟨ook figuurlijk⟩ [3] in potlood (op/uit)schrijven [4] voorlopig (op/uit)schrijven ♦ *pencil an essay* de voorlopige versie van een essay uitschrijven [5] ⟨med⟩ penselen, (met een penseel) bevochtigen ♦ *pencil one's throat* de keel penselen [6] ⟨BE; sl⟩ inschrijven ⟨naam van een paard bij weddenschappen⟩
pencil case [telb zn] potloodetui, potloodkoker
pencil drawing [telb zn] potloodtekening
pen·cil·ler /pɛns(ə)lə, ˄-ər/ [telb zn] [1] ⟨BE; sl⟩ bookmaker ⟨beroepswedder bij paardenwedrennen⟩ [2] (potlood)tekenaar, schrijver
pencil pusher [telb zn] ⟨AE; sl⟩ pennenlikker
pencil sharpener [telb zn] potloodslijper, potloodscherper, puntenslijper
pencil skirt [telb zn] ⟨BE⟩ kokerrok
pen·dant, pen·dent /pɛndənt/ [telb zn] [1] hanger(tje),

oorhanger, pendentief, pendeloque [2] luster, hangende luchter, kroonkandelaar [3] ⟨bouwk⟩ hangend versiersel [4] pendant, tegenhanger, tegenstuk, complement, parallel [5] ring, beugel ⟨van zakhorloge, waaraan ketting bevestigd wordt⟩ [6] ⟨scheepv⟩ schinkel [7] ⟨scheepv⟩ wimpel, scheepsvaan, signaalvlag
pen·den·cy /pɛndənsi/ [niet-telb zn] het hangende-zijn, onzekerheid, onbeslistheid
pen·dent, pen·dant /pɛndənt/ [bn; bw: ~ly] [1] (neer)hangend, neerbengelend [2] overhangend, uitstekend ♦ *pendent rocks* overhangende rotsen [3] ⟨form⟩ hangend, onbeslist, onafgedaan, in behandeling, nog gaande, zwevend [4] onvolledig, onaf ⟨van een spraakkundige constructie⟩ ♦ *pendent nominative* losse nominatief, absolute nominatief, nominatief zonder bijhorend werkwoord
pen·den·tive /pɛndɛntɪv/ [telb zn] ⟨bouwk⟩ pendentief, gewelfzwik, hoekzwik, hangboog
¹**pend·ing** /pɛndɪŋ/ [bn] [1] hangend, onbeslist, onafgedaan, in behandeling, nog gaande, zwevend ♦ *patent pending* octrooi/patent aangevraagd; *what are the problems pending?* welke problemen moeten er nog afgehandeld worden? [2] ophanden (zijnd), aanstaand, dreigend ♦ *a climax is pending* er is een climax ophanden
²**pend·ing** /pɛndɪŋ/ [vz; oorspronkelijk tegenwoordig deelw van pend] [1] gedurende, in de loop van ♦ *a steady economic decline pending the years before the war* een gestaag economisch verval gedurende de jaren vóór de oorlog [2] in afwachting van ♦ *temporary regulations pending the new laws* tijdelijke maatregelen in afwachting van de nieuwe wetten
pen·drag·on /pɛndrægən/ [telb zn] ⟨gesch⟩ (oorlogs)leider, hoofd, koning ⟨bij de vroegere Britten⟩
pen·du·lar /pɛndjʊlə, ˄-dʒələr/ [bn] over en weer gaand, slingerend, wisselvallig
pen·du·late /pɛndjʊleɪt, ˄-dʒə-/ [onov ww] (heen en weer) slingeren ⟨ook figuurlijk⟩, schommelen, twijfelen ♦ *pendulate between love and hate* heen en weer geslingerd worden tussen haat en liefde
pen·du·line /pɛndjʊlɪn, -laɪn, ˄-dʒə-/ [bn, attr] [1] hangend ⟨van nest⟩ ♦ *penduline nest* hangnest [2] een hangnest bouwend ⟨van vogel⟩ ♦ *penduline birds* hangnestvogels [•] ⟨dierk⟩ *penduline tit* buidelmees ⟨Remiz pendulinus⟩
pen·du·lous /pɛndjʊləs, ˄-dʒə-/ [bn; bw: ~ly; zn: ~ness] [1] (neer)hangend, bengelend, schommelend ♦ *pendulous cheeks/jowls* hangwangen, kwabwangen [2] schommelend, twijfelend, weifelend, variërend
¹**pen·du·lum** /pɛndjʊləm, ˄-dʒə-/ [telb zn] slinger ♦ *a clock with a pendulum* een slingeruurwerk, een pendule; *compound pendulum* samengestelde slinger; *simple pendulum* enkelvoudige slinger
²**pen·du·lum** /pɛndjʊləm, ˄-dʒə-/ [niet-telb zn] pendelbeweging, verandering, kentering, het heen en weer slingeren ♦ *the pendulum of public opinion* de slingerbeweging/het omslaan van de publieke opinie
Pe·nel·o·pe /pɪnɛləpi/ [eigenn, telb zn] Penelope, bijzonder trouwe vrouw, toonbeeld van huwelijkstrouw
pe·ne·plain, pe·ne·plane /piːnɪpleɪn/ [telb zn] ⟨geol⟩ peneplain, schiervlakte ⟨vlakte ontstaan door erosie⟩
pen·e·tra·bil·i·ty /pɛnɪtrəbɪləti/ [niet-telb zn] doordringbaarheid, penetrabiliteit, toegankelijkheid
pen·e·tra·ble /pɛnɪtrəbl/ [bn; bw: penetrably] [1] doordringbaar [2] ontvankelijk ♦ *penetrable to your kind entreaties* ontvankelijk voor uw vriendelijke verzoeken
pen·e·tra·li·um /pɛnɪtreɪlɪəm/ [telb zn; mv: penetralia /-lɪə/] ⟨meestal mv⟩ binnenste (deel), diepste (deel) ♦ *the penetralium of the soul* de diepste diepten/roerselen van de ziel; *the penetralium of a temple* het heiligste deel/het heiligdom van een tempel
pen·e·trant /pɛnɪtrənt/ [bn] doordringend, penetrant, scherp

pen·e·trate /pɛnˌtreɪt/ [onov ww] [1] doordringen, penetreren, doortrekken, drenken ♦ *penetrate into* doordringen (tot) in, doordringen tot; *penetrate into the mysteries of nature* in/tot de geheimen van de natuur doordringen, de geheimen van de natuur uitvorsen/doorgronden/doorvorsen; *penetrate through* dringen door; *penetrate to* doordringen tot [2] doordringen, begrepen/gesnapt worden ♦ *the hint didn't penetrate* de wenk kwam niet over/werd niet gevat [3] binnendringen, indringen, dringen in; → **penetrating**

pen·e·trate /pɛnˌtreɪt/ [ov ww] [1] doordringen, (door)dringen (tot) in, dringen door, binnendringen (bij/in), penetreren, zich boren in ♦ *the cold penetrated the bones* de kou drong tot op het bot door [2] doordringen, (ver)vullen ♦ *penetrate s.o. with* iemand doordringen van/vervullen met [3] doorgronden, doorvorsen, uitvorsen, vatten, penetreren [4] doorzien, achterhalen ♦ *penetrate s.o.'s disguise* iemands vermomming doorzien, iemands identiteit achterhalen [5] dringen door(heen), zien door(heen) ♦ *our eyes couldn't penetrate the darkness* onze ogen konden niet door de duisternis zien/heendringen [6] betreden, binnengaan in ♦ *penetrate a house* een huis betreden/binnengaan; → **penetrating**

pen·e·trat·ing /pɛnˌtreɪtɪŋ/ [bn; (oorspronkelijk) tegenwoordig deelw van penetrate; bw: ~ly] [1] doordringend, scherp(zinnig) [2] doordringend, scherp, snijdend [3] doordringend ⟨van geluid⟩, scherp, luid, verdragend [4] diepgaand, grondig, gedetailleerd [5] *penetrating oil* kruipolie

pen·e·tra·tion /pɛnˌtreɪʃn/ [telb zn] penetratie, inbrenging, doordringing

pen·e·tra·tion /pɛnˌtreɪʃn/ [niet-telb zn] [1] penetratie, doordringing, indringing ♦ *peaceful penetration* vreedzame uitbreiding van de invloedssfeer [2] doordringingsvermogen [3] indringingsvermogen, indringingsdiepte ⟨van projectiel⟩ [4] scherpzinnigheid, inzicht, doorzicht, scherpte

pen·e·tra·tive /pɛnˌtrətɪv, ^-treɪtɪv/ [bn; bw: ~ly] [1] doordringend, met doordringingsvermogen [2] doordringend, scherp(zinnig), intelligent

pen feather [telb zn] slagpen, slagveer, schacht
pen-friend, ⟨AE⟩ **pen pal** [telb zn] penvriend(in), (buitenlandse) correspondentievriend(in)
pen·guin /pɛŋwɪn/ [telb zn] pinguïn, vetgans
penguin suit [telb zn] ⟨sl; ruimtev⟩ pinguïnpak, ruimtepak
pen·hold·er [telb zn] pen(nen)houder
pen·i·cil·late /pɛnˌtsɪlət, -leɪt/ [bn; bw: ~ly] ⟨biol⟩ [1] met oorpluimen [2] met/in pluimen ⟨bloeiwijze⟩
pen·i·cil·lin /pɛnˌtsɪlɪn/ [niet-telb zn] penicilline
pen·i·cil·li·um /pɛnˌtsɪliəm/ [telb zn; mv: ook penicillia /-liə/] ⟨plantk⟩ penseelschimmel ⟨Penicillium⟩
pe·nile /piːnaɪl, ^piːnl/, **pe·ni·al** /piːnɪəl/ [bn] ⟨anat⟩ van de penis, penis-
pen·in·su·la /pɪnˌɪnsjulə, ^-sjələ/ [telb zn] schiereiland
Pen·in·su·la /pɪnˌɪnsjulə, ^-sjələ/ [eigenn; the] (verk: the Iberian Peninsula) het Iberisch schiereiland
pen·in·su·lar /pɪnˌɪnsjulə, ^-sjələ/ [telb zn] bewoner van een schiereiland
pen·in·su·lar /pɪnˌɪnsjulə, ^-sjələ/ [bn] [1] als/van/m.b.t. een schiereiland [2] ⟨voornamelijk Peninsular⟩ Iberisch ♦ *the Peninsular War* de napoleontische oorlog
pe·nis /piːnɪs/ [telb zn; mv: ook penes /-niːz/] ⟨anat⟩ penis, (mannelijk) lid
penis envy [niet-telb zn] ⟨psych⟩ penisnijd
pen·i·tence /pɛnˌtəns/ [niet-telb zn] [1] boete(doening), penitentie [2] berouw, spijt, boetvaardigheid ♦ *penitence for* berouw over
pen·i·tent /pɛnˌtənt/, **pen·i·ten·tial** /pɛnˌtenʃl/ [telb zn] [1] boetvaardige, berouwvol iemand [2] ⟨rel⟩ boeteling,

penitent [3] ⟨rel⟩ biechteling(e) [4] ⟨vaak Penitent⟩ ⟨rel⟩ broeder penitent

pen·i·tent /pɛnˌtənt/, ⟨in betekenis 1 ook⟩ **pen·i·ten·tial** /pɛnˌtenʃl/ [bn; bw: ~ly, ~ially] [1] berouwvol, berouwhebbend, boetvaardig [2] boete doend, boetend ♦ *be penitent* boete doen

pen·i·ten·tial /pɛnˌtenʃl/ [telb zn] [1] boeteboek, biechtboek [2] → **penitent**

pen·i·ten·tial /pɛnˌtenʃl/ [bn; bw: ~ly] [1] berouwvol, berouwhebbend, boetvaardig [2] boet(e)- ♦ *penitential psalms* boetpsalmen

pen·i·ten·tials /pɛnˌtenʃlz/ [alleen mv] boetgewaden, boetekleding

pen·i·ten·tia·ry /pɛnˌtenʃəri/ [telb zn] [1] penitentiaire inrichting, heropvoedingsgevangenis, heropvoedingsgesticht, verbeteringsgesticht, rehabilitatiecentrum [2] ⟨AE⟩ federale gevangenis [3] ⟨r-k⟩ penitentiaire ⟨hoogste kerkelijk gerechtshof⟩ [4] ⟨soms Penitentiary⟩ ⟨r-k⟩ penitentiaris, grootpenitencier, penitentiër ♦ *Grand Penitentiary* grootpenitencier [5] ⟨r-k⟩ penitentiaris, boetepriester, biechtvader [6] ⟨r-k⟩ boetegeestelijke ⟨geestelijke die administratie van boetedoening bijhoudt⟩

pen·i·ten·tia·ry /pɛnˌtenʃəri/ [bn] [1] penitentiair, straf-, boet(e)- [2] heropvoedings-, rehabilitatie-, verbeterings- [3] ⟨AE; jur⟩ op straffe van gevangenneming, met gevangenisstraf

pen·knife [telb zn] pennenmes, zak(knip)mes
pen·light [telb zn] zaklampje ⟨in de vorm van een vulpen⟩
pen·man /pɛnmən/ [telb zn] [1] (schoon)schrijver, kalligraaf [2] schrijver ⟨op een bepaalde manier⟩ ♦ *he's a bad penman* hij heeft een lelijk handschrift; *he's a good shorthand penman* hij is goed in steno; *a swift penman* een vlugge schrijver [3] schrijver, auteur [4] (af)schrijver, kopiist, klerk [5] ⟨sl⟩ vervalser
pen·man·ship /pɛnmənʃɪp/ [niet-telb zn] [1] kalligrafie, schoonschrijfkunst [2] (hand)schrift, schrijfwijze [3] schrijfstijl, schrijftrant
Penn, Penna ⟨afk⟩ (Pennsylvania)
pen name [telb zn] schrijversnaam, pseudoniem
pen·nant /pɛnənt/ [telb zn] [1] ⟨scheepv⟩ wimpel, scheepsvaan, signaalvlag [2] ⟨scheepv⟩ schinkel [3] pennoen, riddervaantje, lansvaantje, vaandel [4] ⟨vnl AE; in het bijzonder honkbal⟩ kampioenschapsvaan, kampioenschapsvlag, kampioenschap
pen·ni·less /pɛniləs/ [bn; bw: ~ly; zn: ~ness] [1] zonder geld, blut ♦ *be penniless* blut/platzak zijn, zonder geld zitten, geen rode duit meer hebben, op zwart zaad zitten; *a penniless purse* een lege portemonnee [2] arm, behoeftig
pen·non /pɛnən/ [telb zn] [1] pennoen, riddervaantje, lansvaantje, lanswimpel, vaandel [2] vlag, wimpel, banier, vaandel [3] ⟨scheepv⟩ wimpel, scheepsvaan, signaalvlag [4] ⟨vnl AE; in het bijzonder honkbal⟩ kampioenschapsvaan, kampioenschapsvlag, kampioenschap [5] ⟨AE⟩ schoolembleem [6] ⟨form⟩ wiek, vlerk, vleugel
pen·noned /pɛnənd/ [bn] [1] met een pennoen [2] met een wimpel/vlag, bewimpeld
penn'orth [telb zn] (samentrekking van pennyworth)
Penn·syl·va·nia Dutch /pɛnslveɪnɪə dʌtʃ/, **Pennsylvania German** [eigenn] Pennsylvaans ⟨het Duits in Pennsylvania gesproken⟩
Penn·syl·va·nian /pɛnslveɪnɪən/ [telb zn] inwoner van Pennsylvania ⟨USA⟩
Penn·syl·va·nian /pɛnslveɪnɪən/ [niet-telb zn; the] ⟨AE; geol⟩ pennsylvanian, bovencarboon
Penn·syl·va·nian /pɛnslveɪnɪən/ [bn] [1] van/m.b.t./uit Pennsylvania ⟨USA⟩ [2] ⟨AE; geol⟩ van/m.b.t. het Pennsylvanian
pen·ny /pɛni/ [telb zn; mv: pence /pɛns/; mv: in bet 1 pennies] [1] muntstuk van één penny, stuiver, cent, duit ♦ *he's*

*not a penny the **worse** for it* hij is er geen cent armer om/door geworden; *it's not **worth** a penny* het is niets/geen cent waard ② ⟨nieuwe⟩ penny ⟨£0,01 sinds 1971⟩ ③ ⟨oude⟩ penny ⟨£½₄₀ tot 1970⟩ ④ ⟨AE, CanE⟩ cent ⟨$0.01⟩ ⑤ ⟨gesch⟩ denarius ⟨Romeinse munt⟩ • *cut s.o. off without a penny* iemand zonder een cent laten zitten; ⟨België⟩ iemand zonder een frank laten zitten, iemand geen cent nalaten, iemand geen frank nalaten (in testament); ⟨BE; inf⟩ *the penny has **dropped*** ik/... heb het door, ik snap 'm, het muntje/kwartje is gevallen; *not **have** two pennies to rub together* geen rooie cent bezitten, geen nagel hebben om zijn kont te krabben; *pennies from **heaven*** geld dat (als manna) uit de hemel komt vallen; *not have/be without a penny to one's **name*** geen rooie cent bezitten; *pinch pennies* op de kleintjes passen, elke cent driemaal omdraaien; ⟨inf; euf⟩ *spend a penny* een kleine boodschap doen; *a penny for your **thoughts*** een cent voor je gedachten, wat gaat er in je om?, hé dagdromer; ⟨BE; inf⟩ ***two/ten** (for) a penny* twaalf/dertien in een dozijn; ⟨sprw⟩ *in for a penny, in for a pound* wie A zegt, moet ook B zeggen, wie in het schuitje zit, moet varen, wie A zegt, moet ook B zeggen; ⟨sprw⟩ *a penny saved is a penny gained/earned/got* een stuivertje gespaard is een stuivertje gewonnen; ⟨sprw⟩ *a bad penny always turns up* ± het zwarte schaap van de familie komt altijd opdagen; ⟨sprw⟩ *take care of the pence and the pounds will take care of themselves* die het kleine niet eert, is het grote niet weerd; ⟨sprw⟩ *penny wise, pound foolish* ± sommige mensen zijn zuinig als het om kleine bedragen gaat, terwijl ze grote bedragen over de balk gooien

penny ante [niet-telb zn] ⟨AE⟩ ① poker met lage inzet, pennypoker ② ⟨inf⟩ geldzaakje van niets

penny black [telb zn; vaak Penny Black] penny black ⟨eerste postzegel; gemaakt in 1840 in Groot-Brittannië⟩

penny candy [telb + niet-telb zn] ⟨vero; AE⟩ snoepje van een cent

pen·ny·cress [telb zn] ⟨plantk⟩ ① boerenkers ⟨Thlaspi⟩ ② witte krodde ⟨Thlaspi arvense⟩

penny dreadful [telb zn] ⟨BE⟩ sensatieverhaal, sensatieromannetje

pen·ny-far·thing [telb zn] ⟨BE; gesch⟩ vélocipède, hoge fiets

pen·ny-half·pen·ny [telb zn] ⟨BE⟩ anderhalve penny

penny pincher [telb zn] ⟨inf⟩ vrek, gierigaard

¹**pen·ny-pinch·ing** [niet-telb zn] vrekkigheid, gierigheid, geldzucht, hebzucht

²**pen·ny-pinch·ing** [bn] vrekkig, gierig, hebzuchtig

penny post [niet-telb zn] ⟨gesch⟩ penny post ⟨posttarief⟩

pen·ny·roy·al [telb zn] ⟨plantk⟩ ① polei ⟨Mentha pulegium⟩ ② ⟨AE⟩ Noord-Amerikaanse polei ⟨Hedeoma pulegioides⟩ ③ ⟨AE⟩ ⟨soort⟩ aromatische plant, bergamotplant, monarda ⟨Monardella⟩

pen·ny·weight [telb zn] pennyweight ⟨1,555 g⟩

penny whistle [telb zn] ⟨speelgoed⟩fluitje, bekfluitje

pen·ny-wise [bn] op de kleintjes lettend/passend • *penny-wise and **pound-foolish*** zuinig met muntjes maar kwistig met briefjes

pen·ny·wort /pɛniwɜːt, ᴬ-wɜrt/ [telb zn] ⟨plantk⟩ ① navelkruid ⟨Umbilicus rupestris⟩ ② waternavel ⟨Hydrocotyle vulgaris⟩ ③ ⟨AE⟩ pennywort ⟨Obolaria virginica⟩

pen·ny·worth, pen·n'orth /pɛniwəθ, pɛnəθ, ᴬpɛniwərθ, ᴬpɛnərθ/ [telb zn; mv: ook pennyworth, ook penn'orth] ① (de waarde van een) penny • *give me a pennyworth of sweets* geef me (voor) een penny snoepjes ② koopje • *a **good** pennyworth* een koopje ③ beetje, ietsje • *he hasn't got a pennyworth of sense* hij heeft geen greintje/geen cent verstand

pe·no·log·i·cal /piːnəlɒdʒɪkl, ᴬ-lɑ-/ [bn; bw: ~ly] penologisch, van/m.b.t. de penologie/strafwetenschap

pe·nol·o·gist /piːnɒlədʒɪst, ᴬ-nɑ-/ [telb zn] kenner van de penologie/strafwetenschap

pe·nol·o·gy, poe·nol·o·gy /piːnɒlədʒi, ᴬ-nɑ-/ [niet-telb zn] penologie, strafwetenschap, leer van de straffen

pen pal [telb zn] → **pen-friend**

pen-push·er [telb zn] ⟨beled⟩ pennenlikker, klerk

pen·sile /pɛnsaɪl, ᴬpɛnsl/ [bn; zn: ~ness] ① (neer)hangend, bengelend, schommelend ② een hangnest bouwend ⟨van vogel⟩ • *pensile bird* hangnestvogel

¹**pen·sion** /pɑːnsjɔ̃, ᴬpɑnsjɔ̃/ [telb zn] ① pension, kosthuis • *en pension* in (een) pension; *live en pension* in pension zijn, in de kost zijn, in een pension wonen ② pension, kostgeld • *en pension* tegen kostgeld

²**pen·sion** /pɛnʃn/ [telb zn] pensioen, ouderdomspensioen, jaargeld, (geld)uitkering, toelage, geldelijke gift • *Pension's Act* pensioenwet; *draw one's pension* zijn pensioen krijgen; *retire on a pension* met pensioen gaan

³**pen·sion** /pɑːnsjɔ̃, ᴬpɑnsjɔ̃/ [onov ww] in pension zijn, in een pension wonen, logeren (en pension)

⁴**pen·sion** /pɛnʃn/ [ov ww] ① een pensioen/jaargeld/subsidie toekennen/uitkeren ② pensioneren, op pensioen stellen ③ met een pensioen/jaargeld/subsidie omkopen • zie: **pension off**

pen·sion·able /pɛnʃnəbl/ [bn] ① pensioengerechtigd • *pensionable age* pensioenleeftijd ② recht gevend op een pensioen

¹**pen·sion·ar·y** /pɛnʃənri, ᴬ-neri/ [bn] ① huurling, (om)gekochte (persoon) • *the council consisted of pensionaries of the French King* de raad bestond uit huurlingen/spionnen van de Franse koning ② ⟨gesch⟩ pensionaris, stadsadvocaat • *Grand Pensionary* raadpensionaris, ± eerste minister ⟨in Holland en West-Friesland tijdens de Republiek⟩ ③ → **pensioner**

²**pen·sion·ar·y** /pɛnʃənri, ᴬ-neri/ [bn] ① pensioentrekkend, een jaargeld ontvangend ② een pensioen/jaargeld uitmakend, pensioen(s)- ③ (om)gekocht, gehuurd, corrupt, als huurling (werkend)

pension book [telb zn] boekje met reçu's voor opname van pensioen op het postkantoor ⟨in Groot-Brittannië⟩

pen·sion·er /pɛnʃənə, ᴬ-ər/ [telb zn] ① gepensioneerde, pensioentrekkende ② financiële bescherming/gunsteling ③ ⟨vero⟩ (koninklijke) lijfwacht

pension fund [telb zn] pensioenfonds

pension off [ov ww] ① op pensioen stellen, pensioneren, met pensioen sturen, met een pensioen ontslaan • *pensioned-off teachers* op pensioen gestelde/gepensioneerde leerkrachten ② afdanken, afschaffen, buiten gebruik stellen

pension plan, pension system, ⟨BE⟩ **pension scheme** [telb zn] pensioenregeling

pen·sive /pɛnsɪv/ [bn; bw: ~ly; zn: ~ness] ① peinzend, (diep) in gedachten, in gepeins verzonken, nadenkend, meditatief ② droefgeestig, zwaarmoedig, melancholisch, somber, treurig

pen·ste·mon /pɛnstiːmən/, **pent·ste·mon** /pɛnt-/ [telb zn] ⟨plantk⟩ schildpadbloem ⟨Pen(t)stemon⟩

pen·stock /pɛnstɒk, ᴬ-stɑk/ [telb zn] ① sluis, sas, sluispoort(je) ② water(aanvoer)buis, waterpijp ⟨bij waterrad of turbine⟩

pent /pɛnt/ [bn, attr; volt deelw van pen] ingesloten, opgesloten, vastzittend • *pent in* opgesloten • zie: **pent-up**

pent- /pɛnt/, **pen·ta-** /pɛntə/ penta-, vijf- • *pentagon* pentagoon, vijfhoek; *pentagram* pentagram

pen·ta·chord /pɛntəkɔːd, ᴬpɛntəkɔrd/ [telb zn] ⟨muz⟩ ① pentafoon ⟨vijfsnarig instrument⟩ ② reeks van vijf noten

pen·ta·cle /pɛntəkl/ [telb zn] pentakel, pentagram

pen·tad /pɛntæd/ [telb zn] ① (het getal/nummer) vijf ② vijftal, groep van vijf ③ lustrum, vijfjarige periode

pen·ta·dac·tyl /pɛntədæktɪl/, **pen·ta·dac·ty·late** /-dæktɪlət/ [bn] vijfvingerig, vijftenig

pen·ta·gon /pɛntəgən, ᴬpɛntəgɑn/ [telb zn] pentagoon,

Pentagon
vijfhoek

Pen·ta·gon /pentəgən, ˄pentəgɑn/ [eigenn; the] Pentagon ⟨ministerie van Defensie van de USA; het vijfhoekig gebouw waarin dit ministerie gevestigd is⟩

pen·tag·o·nal /pentægənl/ [bn; bw: ~ly] pentagonaal, vijfhoekig

pen·ta·gram /pentəgræm/, **pen·tan·gle** /pentæŋgl/ [telb zn] pentagram, vijfpuntige ster, drudevoet

pen·ta·he·dral /pentəhi:drəl, -he-/ [bn] pentaëdrisch, vijfvlakkig

pen·ta·he·dron /pentəhi:drən, -hedrən/ [telb zn: mv: ook pentahedra /-drə/] pentaëder, vijfvlak

pen·tam·er·ous /pentæmərəs/ [bn] vijfdelig, pentameer, vijftallig ♦ *the calyx is pentamerous* de kelk is vijfdelig

pen·tam·e·ter /pentæmɪtə, ˄-mɪtər/ [letterk] [1] pentameter, vijfvoetig vers [2] heroïsch vers, dactylische hexameter

pen·tane /penteɪn/ [niet-telb zn] ⟨scheik⟩ pentaan ♦ *normal pentane* gewoon pentaan

pen·tan·gle /pentæŋgl/ [telb zn] pentagram

pen·tan·gu·lar /pentæŋgjələ, ˄-ər/ [bn] vijfhoekig

pen·tar·chy /pentɑ:ki, ˄pentɑrki/ [telb zn] pentarchie, oppermacht van vijf vorsten

Pen·ta·teuch /pentətju:k, ˄pentətu:k/ [eigenn; the] Pentateuch ⟨vijf boeken die het eerste deel van het Oude Testament vormen⟩

Pen·ta·teuch·al /pentətju:kl, ˄pentətu:kl/ [bn] van de Pentateuch

pen·tath·lete /pentæθli:t/ [telb zn] ⟨atl, bilj⟩ vijfkamp(st)er

pen·tath·lon /pentæθlɒn, ˄-lɑn/ [telb zn] ⟨atl, bilj⟩ vijfkamp ♦ *modern pentathlon* moderne vijfkamp

pen·ta·ton·ic /pentətɒnɪk, ˄pentətɑnɪk/ [bn] ⟨muz⟩ pentatonisch ♦ *pentatonic scale* pentatonische/vijftonige (toon)schaal

pen·ta·va·lent /pentəveɪlənt/ [bn] ⟨scheik⟩ vijfwaardig, met valentie vijf

Pen·te·cost /pentɪkɒst, ˄pentɪkɔst, ˄-kɑst/ [eigenn] [1] ⟨vnl AE⟩ ⟨rel⟩ pinksterzondag, Pinksteren [2] ⟨jod⟩ pinksterfeest, Wekenfeest, oogstfeest, feest der eerstelingen

¹**pen·te·cos·tal** /pentɪkɒstl, ˄pentɪkɔstl, ˄-kɑstl/ [telb zn] lid van een pinksterkerk, pinkstergelovige

²**pen·te·cos·tal** /pentɪkɒstl, ˄pentɪkɔstl, ˄-kɑstl/ [bn, attr; vaak Pentecostal] pinkster-, m.b.t. Pinksteren ♦ *pentecostal churches* pinksterkerken; *pentecostal movement* pinksterbeweging

pen·te·cost·al·ist /pentɪkɒstəlɪst, ˄pentɪkɔ-/ [telb zn] lid van de pinksterbeweging/van een pinksterkerk, pinkstergelovige

pent·house [telb zn] [1] penthouse, dakwoning, dakappartement [2] afdak, luifel, penthouse [3] machineruimte, trapruimte, liftruimte, machinekoepel, trapkoepel, liftkoepel ⟨op dak van een gebouw⟩ [4] bergplaats, berghok, schuur, loods, hut ⟨in het bijzonder met schuin dak⟩

pen·to·bar·bi·tone /pentəbɑ:bɪtəʊn, ˄pentoʊbɑrbətoʊn/, ⟨AE⟩ **pen·to·bar·bi·tal** /-bɑ:bɪtɒl, ˄-bɑrbɪtɑl/ [niet-telb zn] pentobarbituraat

pen·tode /pentoʊd/ [telb zn] ⟨elek⟩ penthode

pen·to·san /pentəsæn/ [telb zn] ⟨biol⟩ pentosaan

pen·tose /pentoʊs/ [telb zn] pentose ⟨suikersoort⟩

pent roof, penthouse roof [telb zn] lessenaar(s)dak

pentstemon [telb zn] penstemon

pent-up [bn, attr; volt deelw van pen up] [1] opgesloten, ingesloten, vastzittend [2] opgekropt, onderdrukt, ingehouden ♦ *pent-up emotions* opgekropte gevoelens; *pent-up energy* opgestapelde energie

pen·tyl /pentɪl/ [niet-telb zn] ⟨scheik⟩ pentyl, amyl

penuchle, penuckle [niet-telb zn] → pinochle

¹**pe·nult** /pɪnʌlt, ˄pi:nʌlt/, **pe·nul·ti·ma** /pɪnʌltɪmə/ [telb zn] ⟨taalk⟩ penultima, voorlaatste lettergreep

²**pe·nult** /pɪnʌlt, ˄pi:nʌlt/ [bn, attr] voorlaatst, op één na laatst

¹**pe·nul·ti·mate** /pɪnʌltɪmət/ [telb zn] [1] voorlaatst, op één na laatst [2] ⟨taalk⟩ penultima, voorlaatste lettergreep

²**pe·nul·ti·mate** /pɪnʌltɪmət/ [bn, attr] [1] voorlaatst, op één na laatst [2] ⟨taalk⟩ op de/van de penultima, op de/van de voorlaatste lettergreep ♦ *penultimate stress* klemtoon op de voorlaatste lettergreep

pe·num·bra /pɪnʌmbrə/ [telb zn; mv: ook penumbrae /-bri:/] [1] halfschaduw, schemerdonker, halfdonker, halve duisternis [2] ⟨natuurk, astron⟩ penumbra ♦ *the penumbra of a sunspot* de penumbra van een zonnevlek [3] randgebied, periferie, overgangsgebied, zelfkant

pe·num·bral /pɪnʌmbrəl/, **pe·num·brous** /-brəs/ [bn] halfduister, halfdonker, van de halfschaduw

pe·nu·ri·ous /pɪnjʊərɪəs, ˄-nʊr-/ [bn; bw: ~ly; zn: ~ness] ⟨form⟩ [1] zeer behoeftig, straatarm [2] hebzuchtig, gierig, vrekkig [3] armoedig, armzalig, schamel, karig, schraal, onvruchtbaar

pen·u·ry /penjʊri, ˄-jə-/ [niet-telb zn] ⟨form⟩ [1] grote behoeftigheid, grote armoede, ontbering [2] grote schaarste, (nijpend) gebrek, (geld)nood, penurie

pen·wip·er [telb zn] inktlap, pennenlap

¹**pe·on** /pi:ən, ˄pi:ɑn/ [telb zn; mv: ook peones /pɪoʊneɪz, -neɪs/] [1] peon, (ongeschoold) arbeider, dagloner ⟨in Latijns-Amerika en in het zuidwesten van de USA⟩ [2] pandeling, schuldslaaf ⟨in Latijns-Amerika en in het zuidwesten van de USA⟩ [3] helper ⟨bij stierengevecht; in Latijns-Amerika⟩ [4] slavenarbeider, knecht, dienstbode [5] ⟨gesch⟩ dwangarbeider ⟨in het zuiden van de USA⟩

²**pe·on** /pi:ən, ˄pi:ɑn/ [telb zn] ⟨IndE⟩ [1] loopjongen, boodschappenjongen, bode [2] infanteriesoldaat [3] ⟨inheems⟩ politieagent

pe·on·age /pi:ənɪdʒ/, **pe·on·ism** /-ɪzm/ [niet-telb zn] [1] het peon-zijn, staat van peon [2] pandelingschap

pe·o·ny, pae·o·ny /pi:əni/ [telb zn] pioen

¹**peo·ple** /pi:pl/ [telb zn] [1] volk, gemeenschap, ras, stam ♦ *the people of the Book* het Joodse volk; *the English people* de Engelsen [2] staat, natie [3] volkje, wezentjes ♦ *the little people* het kaboutervolkje

²**peo·ple** /pi:pl/ [verzamelnw; werkwoord steeds mv; mv: people] [1] mensen, personen, volk, lui ♦ *were there many people at the party?* waren er veel mensen/aanwezigen op het feestje? [2] de mensen, ze, men ♦ *what will people say?* wat zullen de mensen/ze wel zeggen?; *people say that he's a thief* men zegt dat hij een dief is [3] ⟨the; vaak People⟩ (gewone) volk, massa, plebs, gepeupel ♦ *government of the people, by the people, for the people* regering door het volk, voor het volk en van/met het volk [4] ⟨inf⟩ huisgenoten, ouwelui, oudjes, (naaste) familie, verwanten [5] volgelingen, aanhangers, gemeenschap [6] onderdanen, volk [7] ⟨huis⟩bedienden [8] ⟨the⟩ kiezers(korps), kiezersbevolking [9] *the chosen people* het uitverkoren volk, de Joden, het volk Gods; *go to the people* een volksraadpleging/volksstemming/referendum houden, naar de kiezers gaan; ⟨sprw⟩ *when the sun is in the west, lazy people work the best* als de zon is in 't west, zijn de luiaards op hun best

³**peo·ple** /pi:pl/ [onov ww] bevolkt/bewoond geraken

⁴**peo·ple** /pi:pl/ [ov ww] [1] bevolken ⟨ook figuurlijk⟩, voorzien van (inwoners), vullen, bezetten ♦ *dreams peopled with strange creatures* met vreemde wezens bevolkte dromen; *a sky peopled with stars* een met sterren bezaaide hemel; *a thickly peopled town* een dichtbevolkte stad [2] bevolken, bewonen, leven in/op, wonen in/op ♦ *the Indians have peopled this region for centuries* de indianen hebben sinds eeuwen deze streek bevolkt

people carrier [telb zn] ruimtewagen, MPV (multipurpose vehicle)

people mover, people mover system [telb zn] ⟨verk⟩ geautomatiseerd personenvervoersysteem
people's front [niet-telb zn] ⟨pol⟩ volksfront
People's Party [eigenn] People's Party, volkspartij ⟨in 1891 opgerichte Amerikaanse politieke partij o.m. ter verdediging van de landbouw⟩
people's republic [telb zn] volksrepubliek
¹**pep** /pep/ [niet-telb zn] ⟨inf⟩ fut, vuur, energie, pit, pep
²**pep** /pep/ [ov ww] ⟨inf⟩ oppeppen, opkikkeren, opwekken, doen opleven ♦ *pep up* oppeppen, opkikkeren, (doen) opfleuren, doen opleven, stimulans geven aan; *pep up a dish by adding spice* een gerecht smaak geven door er kruiden aan toe te voegen
PEP [afk] [1] (Personal Equity Plan) [2] ⟨vnl BE⟩ (Political and Economic Planning)
pep·er·i·no /pepəriːnoʊ/ [niet-telb zn] peperine ⟨tufsteen⟩
Pep·in /pepɪn/ [eigenn] Pepijn ♦ *Pepin the Short* Pepijn de Korte
pep·los, pep·lus /pepləs/ [telb zn] peplos ⟨Grieks overkleed⟩
pep·lum /pepləm/ [telb zn; mv: ook pepla /-lə/] [1] peplos ⟨Grieks overkleed⟩ [2] aangerimpeld rokje ⟨aan bloes, jurk⟩
pe·po /piːpoʊ/ [telb zn] komkommervrucht, pepo
¹**pep·per** /pepə, ᴬ-ər/ [telb zn] [1] ⟨plantk⟩ peper(plant), peperstruik, peperboom ⟨in het bijzonder Piper nigrum⟩ [2] ⟨plantk⟩ paprika(plant), (Hongaarse) peper ⟨Capsicum frutescens, Capsicum annuum⟩ [3] peper(vrucht), paprika(vrucht) ♦ *green peppers* groene paprika's; *hot peppers* sterke/pittige Spaanse paprika's; *long peppers* langwerpige/Spaanse pepers; *red peppers* rode paprika's; *sweet peppers* zachte pepers, paprika's [4] sterk iets, kruidig/krachtig/gepeperd iets ⟨ook figuurlijk⟩

> **pepper, peppers en paprika**
> - met het Engelse *pepper* wordt meestal *peper* bedoeld (gemalen, poeder of peperkorrels), maar het kan ook *paprika* zijn (om te onthouden: het enkelvoud **pepper** is meestal *peper*, het meervoud **peppers** is altijd *paprika's*)
> - om verwarring te voorkomen wordt een *paprika* ook wel **bell pepper** genoemd, of green/red/yellow pepper
> - het Engelse **paprika** (klemtoon op de tweede lettergreep) is *paprikapoeder*
> - een Spaanse peper wordt in het Engels **chilli** of **chilli pepper** genoemd (ook wel gespeld als **chili** of **chile**)

²**pep·per** /pepə, ᴬ-ər/ [niet-telb zn] [1] peper ♦ *black pepper* zwarte peper; *white pepper* witte peper [2] paprika
³**pep·per** /pepə, ᴬ-ər/ [ov ww] [1] peperen [2] bezaaien, bespikkelen, bestippelen, bestrooien ♦ *peppered with* bezaaid met [3] bekogelen, bestoken, afvuren op ⟨ook figuurlijk⟩ ♦ *pepper with* bekogelen met; *pepper s.o. with insults* iemand beledigingen naar het hoofd gooien/in het gezicht slingeren; *pepper s.o. with questions* vragen op iemand afvuren [4] flink kruiden, levendig/bijtend maken ♦ *pepper a speech with witty remarks* een toespraak doorspekken/kruiden met grappige opmerkingen [5] afstraffen, streng straffen, afransen, inpeperen
pepper-and-salt [bn] peper en zout, peper-en-zoutkleurig
pep·per·box, ⟨in betekenis 1 ook⟩ **pepper caster, pepper pot** [telb zn] [1] pepervaatje, peperbus, pepervat, peperpot [2] peperbus, torentje [3] heethoofd, driftkop
pep·per·bush [telb zn] ⟨plantk⟩ peperheester ⟨Clethra alnifolia⟩
pep·per·corn, ⟨in betekenis 3 ook⟩ **peppercorn rent** [telb zn] [1] peperkorrel, peperbol [2] niemendalletje, kleinigheid, akkefietje, bagatel [3] onbeduidende huursom, een huur van niets
peppered moth, pepper-and-salt moth [telb zn] ⟨dierk⟩ berkenspanner ⟨vlinder; Biston betularia⟩
pepper gas [niet-telb zn] pepergas ⟨strijdgas⟩
pep·per·grass [telb + niet-telb zn] ⟨plantk⟩ kruidkers ⟨genus Lepidium⟩, ⟨i.h.b.⟩ tuinkers ⟨L. sativum⟩, Amerikaanse kruidkers ⟨L. virginicum⟩
pepper mill [telb zn] pepermolen
¹**pep·per·mint** [telb zn] pepermunt(je), pepermunttabletje
²**pep·per·mint** [niet-telb zn] [1] ⟨plantk⟩ pepermunt ⟨Mentha piperita⟩ [2] pepermunt(olie) [3] pepermuntsmaak
pep·pe·ro·ni /pepəroʊni/ [telb + niet-telb zn] pepperoni ⟨pikante salami⟩
¹**pepper pot** [telb zn] → pepperbox
²**pepper pot** [niet-telb zn] vleesschotel, vleesragout ⟨in West-Indië⟩
pepper steak [telb zn] [1] steak au poivre [2] steak met paprikasaus
pep·per-up·per [telb zn] ⟨AE; sl⟩ oppepper
pep·per·wort /pepəwɜːt, ᴬpepərwɔrt/ [telb + niet-telb zn] ⟨plantk⟩ [1] kruidkers ⟨genus Lepidium⟩, ⟨i.h.b.⟩ veldkruidkers ⟨L. campestre⟩ [2] (soort) watervaren ⟨genus Marsilea⟩
pep·per·y /pepəri/ [bn] [1] peperig, peperachtig, gepeperd, pikant, sterk, bijtend [2] bijtend, scherp, hekelend [3] heethoofdig, driftig, heetgebakerd, opvliegend
pep pill [telb zn] ⟨inf⟩ peppil, pepmiddel
pep·py /pepi/ [bn; zn: peppiness] ⟨inf⟩ pittig, levendig, energiek, vol vuur
pep rally [telb zn] ⟨AE; sl⟩ bijeenkomst om de aanwezigen op te peppen
pep·sin /pepsɪn/ [niet-telb zn] pepsine, pepsase ⟨maagsapenzym⟩
pep talk [telb + niet-telb zn] opwekkend gesprek, peptalk, peppraatjes, aanmoedigingen
pep·tic /peptɪk/ [bn, attr] [1] peptisch, maag-, spijsverterings- ♦ *peptic glands* spijsverteringsklieren; maagsapklieren; *peptic ulcer* maagzweer [2] de vertering bevorderend, digestief [3] met een goede spijsvertering
pep·ti·dase /peptɪdeɪs/ [niet-telb zn] peptidase
pep·tize, pep·tise /peptaɪz/ [ov ww] peptiseren
pep·tone /peptoʊn/ [telb zn] pepton
pep·to·nize, pep·to·nise /peptənaɪz/ [ov ww] peptoniseren, in peptonen omzetten, laten verteren met peptonen, met peptonen combineren
¹**per** /pɜː, ᴬpɜr/ [bw] ⟨sl⟩ [1] elk, per eenheid ♦ *I paid 6 franks per* ik heb 6 frank per stuk betaald [2] gewoonlijk ♦ *he found her in the office, as per* hij vond haar in het kantoor zoals gewoonlijk
²**per** /pə, ᴬpər, ⟨sterk⟩ pɜː, ᴬpɜr/ [vz] [1] via, per, door, met behulp van, door toedoen van ♦ *enters the body per the oral cavity* komt het lichaam binnen langs de mondholte; *transport per ship* vervoer per schip [2] per, voor, elk(e), in elk(e) ♦ *per head (of the population)* per hoofd (van de bevolking), per persoon; *60 km per hour* zestig km per uur; *3 apples per pound* 3 appels per pond [3] volgens, in overeenkomst met ♦ *they acted as per his explicit instructions* ze handelden volgens/overeenkomstig zijn expliciete instructies; *she was paid per number of items sold* ze werd betaald naar het aantal verkochte stuks
³**per** [afk] [1] (period) [2] (person) pers
per- /pɜː, ᴬpɜr/ [1] ⟨scheik⟩ per- ♦ *peroxide* (su)peroxide; *perchloric acid* perchloorzuur [2] ± per-, ± ver-, ± be-, ± door- ♦ *pervade* doordringen, vervullen; *perceive* bemerken
per·ac·id /pɜːræsɪd/ [niet-telb zn] ⟨scheik⟩ perzuur
¹**per·ad·ven·ture** /pɜːrədventʃə, ᴬpɜrədventʃər/ [telb zn] veronderstelling, vermoeden, gissing, giswerk
²**per·ad·ven·ture** /pɜːrədventʃə, ᴬpɜrədventʃər/ [telb

peradventure

+ niet-telb zn] twijfel, onzekerheid, mogelijkheid ♦ *beyond/without (a/all) peradventure* buiten/zonder twijfel

³**per·ad·ven·ture** /pɜːrədˈventʃə, ˄pɜr-/ [bw] ⟨vero⟩ mogelijkerwijs, mogelijkerwijze, mogelijk, misschien, wellicht

¹**per·am·bu·late** /pərˈæmbjʊleɪt, ˄-bjə-/ [onov ww] rondwandelen, kuieren, slenteren, op en neer wandelen

²**per·am·bu·late** /pərˈæmbjʊleɪt, ˄-bjə-/ [ov ww] [1] doorwandelen, afwandelen [2] ⟨ter inspectie⟩ doorreizen/afreizen, (in processie) afbakenen ♦ *perambulate the parish* in processie de grenzen van de parochie inspecteren/bepalen ⟨oud gebruik⟩ [3] ⟨scherts⟩ in een kinderwagen voortduwen

per·am·bu·la·tion /pəræmbjʊˈleɪʃn, ˄-bjə-/ [telb zn] [1] wandeling, kuiering, tochtje, toertje [2] voetreis [3] inspectiereis, rondgang, schouwing [4] grens, omtrek, gebied

per·am·bu·la·tor /pərˈæmbjʊleɪtə, ˄-bjəleɪtər/ [telb zn] ⟨vnl BE; form⟩ kinderwagen

per·am·bu·la·to·ry /pərˈæmbjʊlətəri, ˄-bjələtɔːri/ [bn] [1] rondwandelend, kuierend, slenterend [2] rondtrekkend, rondreizend [3] afdwalend, uitweidend, breedsprakig

per an·num /pə ˈrænəm/ [bw] per jaar, jaarlijks, in ieder jaar

per·cale /pəˈkeɪl, ˄pər-/ [niet-telb zn] ⟨text⟩ katoenbatist, perkal

per·ca·line /pɜːrkəlɪn, -liːn, ˄pɜr-/ [niet-telb zn] ⟨text⟩ perkaline

per ca·pi·ta /pə ˈkæpɪtə, ˄pər ˈkæpɪtə/, **per cap·ut** /-kæpət/ [bn; attr + bw] per hoofd (van de bevolking), per persoon ♦ *per capita consumption* verbruik per hoofd

per·ceiv·a·ble /pəˈsiːvəbl, ˄pər-/ [bn; bw: perceivably] [1] waarneembaar [2] begrijpelijk, bevattelijk, vatbaar

per·ceive /pəˈsiːv, ˄pər-/ [ov ww] [1] waarnemen, bespeuren, (be)merken, zien ♦ *I perceived him to be an idiot* ik merkte dat hij een idioot was; *I perceived him leaving the house* ik zag hem het huis verlaten; *Pakistan's perceived support for Muslim separatists* de vermeende/als zodanig ervaren steun van Pakistan aan de moslimseparatisten [2] bemerken, beseffen, vatten, begrijpen ♦ *I perceived that I'd better leave* ik zag/merkte dat ik beter kon weggaan; → perceiving

per·ceiv·ing /pəˈsiːvɪŋ, ˄pər-/ [bn; tegenwoordig deelw van perceive] [1] opmerkzaam, oplettend [2] scherpzinnig, verstandig

¹**per cent, per·cent** /pəˈsent, ˄pər-/ [telb zn; mv: ook per cent, ook percent] [1] procent, percent, ten honderd ♦ *sixty per cent of the students has/have passed the examination* zestig procent van de studenten is/zijn voor het examen geslaagd [2] honderdste ♦ *ten per cents* tien honderdsten [3] percentage, deel

²**per cent** /pəˈsent, ˄pər-/ [bw] procent, percent, ten honderd ♦ *I'm one hundred per cent in agreement with you* ik ben het (voor) honderd procent/ten volle/volledig met je eens

¹**per·cent·age** /pəˈsentɪdʒ, ˄pərˈsentɪdʒ/ [telb zn; voornamelijk enk; vaak attributief] [1] percentage ⟨verhouding ten honderd⟩ ♦ *a large percentage of* een groot percentage van [2] percentage, deel, gehalte, verhouding ⟨tot een geheel⟩ ♦ *only a small percentage of children like wine* slechts een klein aantal kinderen lust wijn [3] percent, procent, commissie(loon), tantième [4] ⟨inf⟩ winst, voordeel, percentje ♦ *there is no percentage in this job* van dit werk valt geen profijt te trekken [•] *play the percentages* geen risico's nemen, het zekere voor het onzekere nemen

²**per·cent·age** /pəˈsentɪdʒ, ˄pərˈsentɪdʒ/ [bn, attr] ⟨sport, spel⟩ gelijkmatig, berekend

per·cen·tile /pəˈsentaɪl, ˄pərˈsentaɪl/ [telb zn] ⟨stat⟩ percentiel

per cents, per·cents /pəˈsents, ˄pər-/ [alleen mv] ⟨BE⟩ effecten ♦ *three per cents* effecten met drie procent interest, effecten van drie procent

per·cept /ˈpɜːsept, ˄pɜr-/ [telb zn] [1] (zintuiglijk) waargenomen iets [2] beeld, voorstelling ⟨van het zintuiglijk waargenomene⟩

per·cep·ti·bil·i·ty /pəseptəˈbɪləti, ˄pərseptəˈbɪləti/ [niet-telb zn] [1] waarneembaarheid, merkbaarheid, perceptibiliteit [2] begrijpelijkheid, bevattelijkheid, duidelijkheid, vatbaarheid

per·cep·ti·ble /pəˈseptəbl, ˄pər-/ [bn; bw: perceptibly] [1] waarneembaar, (be)merkbaar, perceptibel, hoorbaar, zichtbaar, voelbaar ♦ *he worsened perceptibly* hij ging zienderogen achteruit [2] begrijpelijk, bevattelijk, duidelijk, vatbaar

¹**per·cep·tion** /pəˈsepʃn, ˄pər-/ [telb zn] [1] voorstelling, beeld, perceptie, concept [2] ⟨vnl enkelvoud⟩ (in)zicht, (ap)perceptie, besef, visie ♦ *a clear perception of* een duidelijk inzicht in, een goed zicht op, een goede visie op

²**per·cep·tion** /pəˈsepʃn, ˄pər-/ [telb + niet-telb zn] [1] waarneming, gewaarwording, observatie [2] ⟨jur⟩ perceptie, ontvangst, inning

per·cep·tion·al /pəˈsepʃnəl, ˄pər-/ [bn] op waarneming gebaseerd/gericht, waarnemings-, perceptie-

per·cep·tive /pəˈseptɪv, ˄pər-/ [bn; bw: ~ly; zn: ~ness] [1] opmerkzaam, oplettend, aandachtig [2] scherp(zinnig), verstandig, doordringend [3] sensitief, (fijn)gevoelig [4] perceptief, perceptie-, onderscheidings-, op waarneming gebaseerd/gericht, m.b.t. waarnemingsvermogen

per·cep·tiv·i·ty /pɜːsepˈtɪvəti, ˄pɜrsepˈtɪvəti/ [niet-telb zn] [1] opmerkzaamheid, oplettendheid, aandacht [2] scherp(zinnig)heid, verstand(igheid) [3] sensitiviteit, (fijn)gevoeligheid [4] waarnemingsvermogen, perceptievermogen, waarnemingstalent

per·cep·tu·al /pəˈseptʃʊəl, ˄pərˈseptʃəl/ [bn; bw: ~ly] op waarneming gebaseerd/gericht, van de perceptie, m.b.t. het waarnemingsvermogen, waarnemings-, onderscheidings- ♦ *a large part of our knowledge is perceptual* een groot deel van onze kennis is op waarneming gebaseerd

¹**perch** /pɜːtʃ, ˄pɜrtʃ/ [telb zn] [1] stok(je), stang, staaf, roest ⟨voor vogel⟩ [2] hoge plaats ⟨ook figuurlijk⟩, toppositie, hoge positie ♦ *have a perch in a firm* een toppositie/goed plaatsje in een bedrijf bezetten [3] ⟨scherts⟩ plaats, rustplaats, zitplaats [4] ⟨vnl BE⟩ roe(de) ⟨5,029 m⟩ ♦ *square perch* vierkante roe(de), perch [5] ⟨vnl BE⟩ vierkante roe(de), perch ⟨25,29 m²⟩ [6] ⟨vnl BE⟩ perch ⟨volume-eenheid; varieert van streek tot streek; voornamelijk 16,5 ft³ = 0,46 m³ of ongeveer 25 ft³ = 0,7 m³⟩ [7] polsstok, staaf, paal [•] ⟨inf⟩ *come off your perch* laat die pretentie eens varen, doe niet zo verwaand/eigenwijs; *knock s.o. off his perch* iemand op zijn nummer zetten, iemand van zijn voetstuk stoten

²**perch** /pɜːtʃ, ˄pɜrtʃ/ [telb zn; mv: voornamelijk perch] ⟨dierk, cul⟩ baars ⟨Perca; in het bijzonder P. flavescens/fluviatilis⟩

³**perch** /pɜːtʃ, ˄pɜrtʃ/ [onov ww] [1] neerstrijken, neerkomen, roesten ⟨van vogels⟩ ♦ *perch on/upon* neerstrijken (boven)op [2] neerstrijken, plaatsnemen, zich neerzetten, rusten ♦ *guests perched on barstools* de gasten zaten hoog op hun barkrukken [3] ⟨sl⟩ vrijen; → perching

⁴**perch** /pɜːtʃ, ˄pɜrtʃ/ [ov ww; voornamelijk als volt deelw] (neer)zetten, (neer)plaatsen, (neer)leggen ⟨in het bijzonder op iets hoogs⟩ ♦ *a village perched on a hill* een dorp hoog op een heuvel (gelegen); *the boy was perched on the wall* de jongen zat (hoog) bovenop de muur; → perching

per·chance /pəˈtʃɑːns, ˄pərˈtʃæns/ [bw] ⟨vero⟩ mogelijkerwijs, mogelijk, misschien, wellicht ♦ *if perchance* indien toevallig(erwijs); *lest perchance* tenzij toevallig(erwijs)

perch·er /ˈpɜːtʃə, ˄ˈpɜrtʃər/ [telb zn] roestvogel

Per·che·ron /ˈpɜːʃərɒn, ˄ˈpɜrtʃərʌn/ [telb zn; ook percheron] Percheron

perch·ing /pɜːtʃɪŋ, ᴬpɜr-/ [bn, attr; tegenwoordig deelw van perch] ① ⟨dierk⟩ zang- ♦ *perching birds* zangvogels ② neerstrijkend

¹**per·chlo·rate** /pɜːkloːreɪt, ᴬpɜrkloreɪt/ [telb + niet-telb zn] ⟨scheik⟩ perchloraat

²**per·chlo·rate** /pɜːkloːreɪt, ᴬpɜrkloreɪt/ [bn, attr] ⟨scheik⟩ perchloor-

per·cip·i·ence /pəsɪpɪəns, ᴬpər-/, **per·cip·i·en·cy** /-si/ [niet-telb zn] ① waarneming, gewaarwording ② opmerkzaamheid, oplettendheid, aandacht, scherp(zinnig)heid

¹**per·cip·i·ent** /pəsɪpɪənt, ᴬpər-/ [telb zn] ① waarnemer, opmerker, observator ② percipiënt ⟨passief waarnemer bij telepathie⟩

²**per·cip·i·ent** /pəsɪpɪənt, ᴬpər-/ [bn] ① met waarnemingsvermogen, waarnemend ② opmerkzaam, oplettend, aandachtig, scherp(zinnig)

¹**per·co·late** /pɜːkəleɪt, ᴬpɜr-/ [onov ww] ① sijpelen ⟨ook figuurlijk⟩, (door)dringen, vloeien, lekken, infiltreren ♦ *the rumours had percolated into the country* de geruchten waren het land binnengesijpeld; *the ideas percolated through to the new members* de ideeën drongen door tot de nieuwe leden ② filteren, filtreren, door een filter lopen ♦ *wait until the coffee has percolated* wacht tot de koffie doorgelopen/door de filter gelopen is ③ ⟨AE; inf⟩ opkikkeren, opleven, opfleuren ♦ *percolate with* opleven van ④ ⟨sl⟩ koken ⟨van motor⟩ ⑤ ⟨sl⟩ lekker lopen ⟨auto, motor⟩ ⑥ ⟨sl⟩ efficiënt denken/handelen ⑦ ⟨sl⟩ lopen, slenteren, kuieren

²**per·co·late** /pɜːkəleɪt, ᴬpɜr-/ [ov ww] ① doorsijpelen, doorzijgen, doordringen ② ziften, zeven ③ filteren, filtreren, met een percolator zetten, percoleren ⟨in het bijzonder koffie⟩

per·co·la·tion /pɜːkəleɪʃn, ᴬpɜr-/ [telb + niet-telb zn] ① doorsijpeling, infiltratie ② filtrering, percolatie

per·co·la·tor /pɜːkəleɪtə, ᴬpɜrkəleɪtər/ [telb zn] ① percolator, filtreerkan, koffiezetapparaat ② filter(apparaat), percolator ③ ⟨sl⟩ feest ⟨waarvoor de gasten allemaal iets betalen⟩

per con·tra /pɜː kɒntrə, ᴬpɜr kɑntrə/ [bw] ⟨form⟩ integendeel

per·cuss /pəkʌs, ᴬpər-/ [onov + ov ww] ⟨med⟩ percuteren, (be)kloppen

¹**per·cus·sion** /pəkʌʃn, ᴬpər-/ [telb + niet-telb zn] ① percussie, botsing, schok, slag, stoot ② ⟨vaak attributief⟩ percussie, slag, schok ⟨bij ontsteking van wapens⟩ ③ ⟨med⟩ percussie

²**per·cus·sion** /pəkʌʃn, ᴬpər-/, (ook) **percussion section** [verzameln] ⟨muz⟩ slagwerk, slaginstrumenten, percussie

percussion bomb [telb zn] percussiebom

percussion cap [telb zn] ① percussiedopje, slaghoedje ② klappertje

percussion fuse [telb zn] schokbuis

percussion instrument [telb zn] ⟨muz⟩ slaginstrument, percussie-instrument

per·cus·sion·ist /pəkʌʃənɪst, ᴬpər-/ [telb zn] slagwerker, drummer

percussion lock [telb zn] percussieslot, slagslot ⟨van geweer⟩

percussion shell [telb zn] percussiegranaat

per·cus·sive /pəkʌsɪv, ᴬpər-/ [bn; bw: ~ly; zn: ~ness] slaand, schokkend, slag-, percussie-

per·cu·ta·ne·ous /pɜːkjuːteɪnɪəs, ᴬpɜr-/ [bn; bw: ~ly] ⟨med⟩ percutaan, door de huid (heen) ♦ *percutaneous absorption* absorptie door de huid (heen)

¹**per di·em** /pɜː diːem, -daɪəm, ᴬpɜr diːem/ [telb zn] bedrag/betaling per dag, dagvergoeding, dagloon

²**per di·em** /pɜː diːem, -daɪəm, ᴬpɜr diːem/ [bn; bw] ⟨form⟩ per dag, dagelijks ♦ *per diem costs* dagelijkse kosten

per·di·tion /pədɪʃn, ᴬpər-/ [niet-telb zn] ① verdoemenis, verdommenis, vervloeking ② hel ③ ⟨vero⟩ ondergang, verderf, vernietiging

per·du, per·due /pɜːdjuː, ᴬpərduː/ [bn, pred] ① ⟨mil⟩ verdekt (opgesteld), verscholen, in hinderlaag ♦ *be/lie perdu* verdekt liggen, verscholen zijn ② onopgemerkt, verstopt, verborgen ♦ *he hid in a cave and remained perdu for a week* hij verstopte zich in een grot en hield zich een week schuil

per·du·ra·bil·i·ty /pədjʊərəbɪləti, ᴬpərdʊrəbɪləti/ [niet-telb zn] ① duurzaamheid, onverwoestbaarheid ② permanentie, het permanente/blijvende bestaan ③ eeuwigheid

per·du·ra·ble /pədjʊərəbl, ᴬpərdʊrəbl/ [bn; bw: perdurably; zn: ~ness] ① (heel) duurzaam, (goed) blijvend, (lang) durend, onverwoestbaar ② permanent, gedurig, aanhoudend, voortdurend ③ eeuwig

¹**per·e·gri·nate** /perɪɡrɪneɪt/ [onov ww] ⟨vero of scherts⟩ (rond)trekken, (rond)reizen, (rond)zwerven

²**per·e·gri·nate** /perɪɡrɪneɪt/ [ov ww] ⟨vero of scherts⟩ doorreizen, doorzwerven ♦ *peregrinate Europe* Europa doortrekken, Europa 'doen'

¹**per·e·gri·na·tion** /perɪɡrɪneɪʃn/ [telb zn] ⟨vero⟩ verblijf (in het buitenland)

²**per·e·gri·na·tion** /perɪɡrɪneɪʃn/ [telb + niet-telb zn] ⟨vero of scherts⟩ het rondtrekken, zwerftocht, trektocht, rondzwerving, peregrinatie

per·e·gri·na·tor /perɪɡrɪneɪtə, ᴬ-neɪtər/ [telb zn] ⟨vero of scherts⟩ reiziger, trekker

¹**per·e·grine** /perɪɡrɪn/, **peregrine falcon** [telb zn] ⟨dierk⟩ slechtvalk ⟨Falco peregrinus⟩

²**per·e·grine** /perɪɡrɪn/ [bn] ⟨vero⟩ (rond)trekkend, (rond)reizend, (rond)zwervend, periëgetisch

per·emp·to·ry /pərem(p)tri/ [bn; bw: peremptorily; zn: peremptoriness] ⟨form⟩ ① gebiedend, bevelend, geen tegenspraak duldend, commanderend, overbiddelijk ♦ *peremptory obedience* onvoorwaardelijke gehoorzaamheid ② dwingend, dringend ③ peremptoir, afdoend, onweerlegbaar, absoluut ④ dogmatisch, dictatoriaal ⑤ hoogharig, hautain, hoogmoedig ⑥ onontbeerlijk, essentieel, wezenlijk, noodzakelijk ⑦ ⟨jur⟩ definitief, beslissend ♦ *peremptory decree* definitief/laatste/onherroepelijk vonnis, eindvonnis ⑧ ⟨jur⟩ *peremptory challenge* wraking om dringende redenen; ⟨BE⟩ jur *peremptory writ* schriftelijke dagvaarding

¹**per·en·ni·al** /pərenɪəl/ [telb zn] ⟨plantk⟩ overblijvende plant ♦ *hardy perennials* vorstbestendige overblijvende planten

²**per·en·ni·al** /pərenɪəl/ [bn; bw: ~ly] ① het hele jaar durend/bestaand ♦ *a perennial stream* een stroom die het hele jaar door blijft vloeien/die nooit opdroogt ② vele jaren durend, langdurig ③ eeuwig, blijvend, durend, permanent ♦ *perennial snow* eeuwige sneeuw ④ telkens weer opduikend, terugkerend, wederkomend ⑤ ⟨plantk⟩ overblijvend, perennerend

per·e·stroi·ka /perɪstrɔɪkə/ [niet-telb zn] ⟨pol⟩ perestrojka

perf [afk] ① (perfect) ② ⟨taalk⟩ (perfect) perf., volt. ③ (perforated) ④ (performance)

¹**per·fect** TENSE /pɜːfɪkt, ᴬpɜr-/ [bn; voornamelijk enk] ⟨taalk⟩ (werkwoord in een) voltooide tijd, (werkwoord in) het perfectum/de voltooid tegenwoordige tijd, perfectumvorm ♦ *future perfect* (werkwoord in de) voltooid toekomende tijd; *past perfect* (werkwoord in de) voltooid verleden tijd/het plusquamperfectum; *present perfect* (werkwoord in de) voltooid tegenwoordige tijd/het perfectum

²**per·fect** /pɜːfɪkt, ᴬpɜr-/ [bn; bw: ~ly; zn: ~ness] ① perfect, volmaakt, ideaal, volkomen, echt ♦ *a perfect circle* een perfecte cirkel; *the perfect crime* de volmaakte misdaad; *perfect for* uitermate/volmaakt geschikt voor; *perfect gas* ideaal gas; *more perfect* dichter bij de perfectie; *in order to*

perfect

form a more perfect union om een zo perfect/ideaal mogelijke eenheid te vormen ⟨tekst uit de Amerikaanse constitutie⟩; *a perfect timing* een perfecte/uiterst nauwkeurige timing ② perfect, uitstekend, voortreffelijk, heel bekwaam, geperfectioneerd ♦ *a perfect artist* een topartiest; *perfectly capable of* alleszins in staat om; *perfect in* heel bekwaam/heel bedreven in; *very perfect* schitterend, uitmuntend, voortreffelijk ③ perfect, volledig, (ge)heel, volkomen gaaf, ongeschonden ♦ *have a perfect set of teeth* een volledig gaaf gebit hebben ④ perfect, onberispelijk, volledig correct, foutloos, vlekkeloos ⑤ zuiver, puur, onvermengd ♦ *perfect blue* zuiver blauw ⑥ ⟨wisk⟩ perfect, volkomen ♦ *a perfect number* een perfect/volkomen getal ⑦ ⟨muz⟩ rein, volmaakt ♦ *a perfect cadence* een ritme eindigend op een volmaakt akkoord/op een zuivere prime; *a perfect interval* een rein interval ⑧ ⟨taalk⟩ voltooid ♦ *perfect participle* voltooid deelwoord, participium perfectum; *perfect tense* (werkwoord in de) voltooide tijd; *past perfect tense* (werkwoord in de) voltooid verleden tijd/in het plusquamperfectum; *future perfect tense* (werkwoord in de) voltooid toekomende tijd; *present perfect tense* (werkwoord in) de voltooid tegenwoordige tijd/het perfectum, perfectumvorm ⑨ ⟨plantk⟩ volkomen ♦ *a perfect flower* een volkomen bloem ⓾ ⟨muz⟩ *perfect pitch* absoluut gehoor; *have a perfect right* (to do sth.) het volste recht hebben (om iets te doen); ⟨wisk⟩ *perfect square* volkomen kwadraat(getal); ⟨sprw⟩ *practice makes perfect* oefening baart kunst

³**per·fect** /pɜːˈfɪkt, ᴬpɜr-/ [bn, attr; bw: ~ly; zn: ~ness] volslagen, volledig, volstrekt, totaal ♦ *a perfect fool* een volslagen idioot; *perfectly good* bijzonder goed, voortreffelijk; *perfect nonsense* je reinste onzin, klinkklare nonsens, gebeuzel; *a perfect stranger* een volslagen vreemdeling/onbekende; *perfectly ugly* vreselijk lelijk

⁴**per·fect** /pəˈfekt, ᴬpɜr-/ [ov ww] ① perfectioneren, vervolmaken, perfect maken ♦ *perfect o.s. in sth.* zich bekwamen in iets, iets tot in de perfectie leren ② voltooien, beëindigen, voltrekken, volbrengen ③ verbeteren, beter doen worden ♦ *perfect one's English* zijn Engels verbeteren ④ ⟨boek⟩ de keerzijde bedrukken van

per·fect·i·bil·i·ty /pəfektəˈbɪləti, ᴬpər-/ [niet-telb zn] (ver)volmaakbaarheid, perfectibiliteit

per·fect·i·ble /pəˈfektəbl, ᴬpər-/ [bn] (ver)volmaakbaar

¹**per·fec·tion** /pəˈfekʃn, ᴬpər-/ [telb zn] hoogtepunt, perfect voorbeeld, toonbeeld ♦ *the perfection of beauty* het toppunt van schoonheid, de schoonheid in perfectie/haar volmaakte vorm; *this portrait is a perfection of the art of painting* dit portret is een hoogtepunt in de schilderkunst

²**per·fec·tion** /pəˈfekʃn, ᴬpər-/ [telb + niet-telb zn] ① perfectie, volmaaktheid, volkomenheid ♦ *her beauty was perfection (itself)* haar schoonheid was de perfectie zelf; *bring sth. to perfection* iets tot perfectie brengen, iets tot de perfectie voeren ② perfectie, voortreffelijkheid, uitmuntendheid, onberispelijkheid ♦ *do sth. to perfection* iets op een voortreffelijke manier doen/uitvoeren; *the dish was cooked to perfection* het gerecht was voortreffelijk/perfect klaargemaakt; *the task was performed to perfection* de opdracht was onberispelijk uitgevoerd ③ perfectionering, (ver)volmaking, het perfectioneren ④ voltooiing, volledige/volle ontwikkeling

per·fec·tion·ism /pəˈfekʃənɪzm, ᴬpər-/ [niet-telb zn] perfectionisme

per·fec·tion·ist /pəˈfekʃənɪst, ᴬpər-/ [telb zn] ① perfectionist ② ⟨pej⟩ vitter, muggenzifter, haarklover

per·fec·tive /pəˈfektɪv, ᴬpər-/ [bn; bw: ~ly; zn: ~ness] ① ⟨taalk⟩ perfectief ♦ *the perfective aspect* het perfectief aspect ② ⟨vero⟩ perfectief, tot perfectie neigend/komend/brengend

per·fer·vid /pɜːˈfɜːvɪd, ᴬpɜrˈfɜrvɪd/ [bn; bw: ~ly; zn: ~ness] ⟨form⟩ ① fervent, vurig, gloedvol ② fervent, heel ijverig

per·fid·i·ous /pəˈfɪdiəs, ᴬpər-/ [bn; bw: ~ly; zn: ~ness] ⟨form⟩ perfide, trouweloos, verraderlijk, vals

¹**per·fi·dy** /ˈpɜːfɪdi, ᴬpɜr-/ [telb zn] ⟨form⟩ trouweloosheid, trouweloze/verraderlijke handeling, trouwbreuk, valsheid

²**per·fi·dy** /ˈpɜːfɪdi, ᴬpɜr-/ [niet-telb zn] ⟨form⟩ perfidie, trouweloosheid, ontrouwheid, bedrog

per·fo·li·ate /pɜːˈfoʊliət, ᴬpɜr-/ [bn] ⟨plantk⟩ doorgroeid, perfoliaat

¹**per·fo·rate** /ˈpɜːfərət, ᴬpɜr-/ [bn] geperforeerd, doorboord, open ♦ ⟨biol⟩ *perforate shell* open (navelvormige) schelp

²**per·fo·rate** /ˈpɜːfəreɪt, ᴬpɜr-/ [onov ww] doordringen, penetreren, doorbreken, perforeren ♦ *perforate into* dringen in, doorbreken in; *perforate through* dringen/penetreren door; *an ulcer may perforate under the skin* een zweer kan onderhuids doorbreken/perforeren

³**per·fo·rate** /ˈpɜːfəreɪt, ᴬpɜr-/ [ov ww] ① perforeren, een gat/gaatjes maken in, doorprikken, doorboren ♦ *a perforated box* een doos met gaatjes; *bays perforating the coast* baaien die in de kust inspringen, inspringende baaien; *perforated tape* ponsband; *perforate a tumour* een gezwel perforeren ② perforeren, een perforatielijn maken in ♦ *stamps with perforated edges* postzegels met tandjes; *perforated sheets of paper* geperforeerde bladen papier, bladen papier met perforatielijnen; *perforated stamps* geperforeerde postzegels ③ doordringen, penetreren, zich uitbreiden over

¹**per·fo·ra·tion** /pɜːfəˈreɪʃn, ᴬpɜr-/ [telb zn] perforatie(lijn), doorboring, gaatje(s), gat(en), opening(en)

²**per·fo·ra·tion** /pɜːfəˈreɪʃn, ᴬpɜr-/ [niet-telb zn] perforatie, het perforeren/doorboren, doorboring, het maken van gaatjes in

per·fo·ra·tive /ˈpɜːfərətɪv, ᴬpɜrfəreɪtɪv/, **per·fo·ra·to·ry** /ˈpɜːfərətri, ᴬpɜrfərətɔri/ [bn] om te perforeren, perforeer-, perforatie-

per·fo·ra·tor /ˈpɜːfəreɪtə, ᴬpɜrfəreɪtər/ [telb zn] ① perforator, perforateur, perforeermachine ② perforator, perforeerder ⟨persoon⟩ ③ ⟨med⟩ perforatorium, schedelboor

per·force /pəˈfɔːs, ᴬpərˈfɔrs/ [bw] noodgedwongen, noodzakelijk(erwijs), onvermijdelijk

¹**per·form** /pəˈfɔːm, ᴬpərˈfɔrm/ [onov ww] ① optreden, een uitvoering/voorstelling geven, spelen, acteren ♦ *perform at the piano* op de piano spelen, een pianoconcert geven; *perform on the flute* fluit spelen, een fluitconcert geven ② presteren, werken, functioneren ⟨in het bijzonder van machines⟩ ♦ *the car performs well* de auto loopt goed/doet het goed ③ ⟨inf⟩ presteren, ⟨i.h.b.⟩ het goed doen, zijn beste beentje voorzetten, zich van zijn sterkste kant laten zien ④ ⟨inf⟩ goed zijn in bed, alles doen ⟨seksueel⟩ ♦ *he can really perform* hij is heel goed in bed ⑤ doen, handelen ♦ *not only promise, but also perform* niet alleen beloven, maar ook doen, de daad bij het woord voegen ⑥ ⟨sl⟩ afzuigen, pijpen; → **performing**

²**per·form** /pəˈfɔːm, ᴬpərˈfɔrm/ [ov ww] ① uitvoeren, volbrengen, volvoeren, ten uitvoer brengen, doen, verrichten ♦ *perform miracles* wonderen doen/bewerken; *this herb performs miracles in curing a cold* dit kruid doet wonderen bij/voor de genezing van een verkoudheid; *perform an operation* een operatie uitvoeren ② vervullen, nakomen ⟨een belofte⟩, uitvoeren ③ ⟨dram⟩ uitvoeren, opvoeren, (ver)tonen, presenteren, een voorstelling geven van, spelen, acteren, uitbeelden ♦ *what play will be performed tomorrow?* welk stuk speelt er morgen?, welk stuk wordt er morgen gespeeld? ④ afmaken, afhandelen, beëindigen, ten einde brengen ♦ *performed distance* afgelegde weg; → **performing**

per·form·able /pəˈfɔːməbl, ᴬpərˈfɔrməbl/ [bn] ① uitvoerbaar, doenbaar, vervulbaar, te volbrengen ♦ *an easily per-*

formable course een cursus die gemakkelijk gedaan/afgemaakt kan worden; *a distance performable on foot* een afstand die te voet gedaan/afgelegd kan worden; *a performable service* een dienst die verleend kan worden; *a performable task* een uitvoerbare opdracht, een taak die te doen valt [2] **uitvoerbaar,** speelbaar, vertoonbaar, geschikt om gespeeld/uitgevoerd te worden ♦ *this music is not performable* die muziek is niet te spelen

¹**per·form·ance** /pəfɔ:məns, ᴬpərfɔr-/ [telb zn] [1] **voorstelling,** opvoering, uitvoering, tentoonstelling, uitbeelding ♦ *his performance as Romeo* zijn spel als Romeo, zijn uitbeelding/vertolking/rolopvatting van Romeo; *his performance of Romeo* zijn uitbeelding/vertolking/rolopvatting van Romeo; *theatrical performance* toneelopvoering [2] **prestatie,** succes, opmerkelijke daad ♦ *that was a good performance* dat heb je er goed afgebracht [3] **(test)uitslag,** (test)resultaat, prestatie [4] ⟨inf⟩ **karwei,** klus, werk ♦ *that was a good performance* dat heb je goed gedaan; *making this cake is quite a performance* deze taart maken is een heel karwei/heel werk/flinke klus/hele toer; *be too much of a performance* een te lastig karwei zijn [5] ⟨inf⟩ **scène,** komedie, aanstellerij ♦ *make a performance* een scène/spektakel maken; *what a performance!* zo'n scène!, zo'n komedie!, wat een spel!, wat een gedrag!

²**per·form·ance** /pəfɔ:məns, ᴬpərfɔr-/ [niet-telb zn] [1] **uitvoering,** volbrenging, verrichting, vervulling [2] **prestaties,** werking ♦ *a car's performance* de prestaties/werking van een auto; *our team's performance was excellent this year* onze ploeg heeft dit jaar een schitterende prestatie geleverd [3] ⟨taalk⟩ **performance,** performantie, taalgebruik, taalgedrag ⟨tegenover competence⟩ ♦ *Chomsky distinguishes competence and performance* Chomsky onderscheidt competence en performance/taalkennis en taalgebruik

performance appraisal [telb zn] **beoordeling(sgesprek),** functiewaardering

performance art [niet-telb zn] **performance kunst**

performance enhancer, enhancer [telb zn] **prestatieverhogend middel,** stimulerend middel

performance-related pay [niet-telb zn] **prestatieloon**

¹**per·for·ma·tive** /pəfɔ:mətɪv, ᴬpərfɔrmətɪv/ [telb zn] ⟨taalk, filos⟩ **performatief (werkwoord)**

²**per·for·ma·tive** /pəfɔ:mətɪv, ᴬpərfɔrmətɪv/ [bn; bw: ~ly] ⟨taalk, filos⟩ **performatief**

per·form·er /pəfɔ:mə, ᴬpərfɔrmər/ [telb zn] [1] **uitvoerder, uitvoerster** [2] **artiest,** (toneel)speler, (toneel)speelster, acteur, actrice, zanger(es)

per·form·ing /pəfɔ:mɪŋ, ᴬpərfɔr-/ [bn, attr; tegenwoordig deelw van perform] [1] **gedresseerd,** afgericht ♦ *performing animals* gedresseerde dieren, dieren die kunstjes ten beste (kunnen) geven [2] **uitvoerend,** dramatisch ♦ *performing arts* uitvoerende kunsten

performing rights [alleen mv] **auteursrechten** ⟨op opvoering/uitvoering⟩

¹**per·fume** /pɜ:fju:m, ᴬpɜr-, ᴬpərfju:m/ [telb + niet-telb zn] [1] **parfum,** reukwater, reukstof [2] **parfum,** (aangename) geur

²**per·fume** /pəfju:m, ᴬpər-/ [ov ww] [1] **parfumeren,** parfum doen op [2] ⟨form⟩ **parfumeren,** welriekend/geurig maken, doorgeuren, met een aangename geur vervullen

per·fum·er /pəfju:mə, ᴬpərfju:mər/, **per·fum·i·er** /pəfju:mɪə, ᴬpərfju:mɪər/ [telb zn] [1] **parfumeur** [2] **parfumcomponist**

¹**per·fum·er·y** /pəfju:mri, ᴬpər-/ [telb zn] **parfumerie,** parfumwinkel

²**per·fum·er·y** /pəfju:mri, ᴬpər-/ [niet-telb zn] [1] **parfumerie,** het maken van parfum [2] **parfumerie,** reukwerk, parfumwaren, parfumerieën

per·func·to·ry /pəfʌŋktri, ᴬpər-/ [bn; bw: perfunctorily; zn: perfunctoriness] [1] **plichtmatig (handelend),** plichtshalve gedaan/gehouden, obligaat, werktuiglijk, machinaal, mechanisch, ongeïnteresseerd ♦ *perfunctory inspection* routine-inspectie; *a perfunctory visit* een plichtshalve afgelegd bezoek, een routinebezoek [2] **nonchalant,** oppervlakkig, vluchtig, met de Franse slag (gedaan) ♦ *a perfunctory person* iemand die zich er steeds met de Franse slag van afmaakt, een minimalist

per·fuse /pəfju:z, ᴬpər-/ [ov ww] [1] **(doen) doortrekken,** (doen) doordringen, (doen) verspreiden [2] **doorgieten, overgieten,** doordrenken [3] **besprenkelen,** besproeien, bedruppelen

per·fu·sion /pəfju:ʒn, ᴬpər-/ [telb + niet-telb zn] [1] ⟨med⟩ **ononderbroken infusie/infuus** [2] **doordringing,** verspreiding [3] **overgieting, begieting** ♦ **besprenkeling**

per·ga·me·ne·ous /pɜ:gəmi:nɪəs, ᴬpɜr-/ [bn] **perkamentachtig**

per·go·la /pɜ:gələ, ᴬpɜr-/ [telb zn] **pergola**

per·haps /pəhæps, ᴬpər-/ [bw] **misschien,** mogelijk(erwijs), wellicht

pe·ri /pɪəri, ᴬpɪri/ [telb zn] [1] **peri,** fee, elf, goede geest ⟨in de Perzische mythologie⟩ [2] **gracieus wezen,** prachtige vrouw

pe·ri- /peri/ **peri-,** (rond)om- ♦ *perimeter* perimeter

per·i·anth /periænθ/ [telb zn] ⟨plantk⟩ **periant,** bloembekleedsel

per·i·apt /periæpt/ [telb zn] **amulet,** afweermiddel

per·i·car·di·ac /perɪkɑ:diæk, ᴬperɪkɑr-/, **per·i·car·di·al** /-dɪəl/ [bn, attr] ⟨med⟩ **pericardiaal,** van/aan het pericard(ium)/hartzakje ♦ *pericardiac inflammation* ontsteking van het hartzakje

per·i·car·di·tis /perɪkɑ:daɪtɪs, ᴬ-kɑrdaɪtɪs/ [telb + niet-telb zn; mv: pericarditides] ⟨med⟩ **pericarditis**

per·i·car·di·um /perɪkɑ:dɪəm, ᴬ-kɑr-/ [telb zn; mv: pericardia /-dɪə/] ⟨anat⟩ **pericard(ium),** hartzakje

per·i·carp /perɪkɑ:p, ᴬ-kɑrp/ [telb zn] ⟨plantk⟩ **vruchtwand,** pericarp [2] **zaadhuisje,** klokhuis

per·i·chon·dri·um /perɪkɒndrɪəm, ᴬ-kɑn-/ [telb zn; mv: perichondria /-drɪə/] ⟨anat⟩ **kraakbeenvlies,** perichondrium

per·i·clase /perɪkleɪs/ [niet-telb zn] ⟨geol⟩ **periklaas**

per·i·cope /perɪkəpi/ [telb zn] [1] **perikoop** ⟨voorgelezen Bijbelpassage⟩ [2] **passage,** paragraaf, fragment

per·i·cra·ni·um /perɪkreɪnɪəm/ [telb zn; mv: pericrania /-nɪə/] ⟨anat⟩ **pericranium,** schedelvlies

per·i·cy·cle /perɪsaɪkl/ [telb zn] ⟨plantk⟩ **pericykel,** pericambium

per·i·cyn·thi·on /perɪsɪnθɪən/ [telb zn] ⟨ruimtev⟩ **periluna** ⟨dichtst bij de maan gelegen punt van satellietbaan⟩

per·i·derm /perɪdɜ:m, ᴬ-dɜrm/ [telb + niet-telb zn] ⟨plantk⟩ **periderm,** kurkweefsel

per·i·dot /perɪdɒt, ᴬ-doʊ/ [telb zn] **peridot,** chrysoliet

per·i·gee /perɪdʒi/ [telb zn] ⟨astron⟩ **perigeum** ⟨het dichtst bij de aarde gelegen punt van (kunst)maan⟩

per·i·gla·cial /perɪɡleɪʃl/ [bn] **periglaciaal,** periglaciair

pe·rig·y·nous /pərɪdʒɪnəs/ [bn] ⟨plantk⟩ **perigynisch,** rondomstandig

per·i·he·li·on /perɪhi:lɪən/ [telb zn; mv: perihelia /-lɪə/] ⟨astron⟩ **perihelium** ⟨het dichtst bij de zon gelegen punt van omloopbaan om de zon⟩

¹**per·il** /perɪl/ [telb + niet-telb zn] **gevaar, groot gevaar, levensgevaar,** perikel, risico ♦ *at one's peril* op/voor eigen risico, op eigen verantwoordelijkheid; *you do it at your peril* je doet het op/voor eigen risico/verantwoordelijkheid; *in peril of* op gevaar af (van), met het risico (van); *in peril of one's life* met levensgevaar; *be in peril of death/one's life* met de dood bedreigd worden, in levensgevaar verkeren

²**per·il** /perɪl/ [ov ww] ⟨form⟩ **in gevaar brengen,** riskeren

per·i·lous /perɪləs/ [bn; bw: ~ly; zn: ~ness] **(levens)gevaarlijk,** periculeus, gevaarvol, riskant, hachelijk ♦ *a peri-*

perilune

lous condition een hachelijke toestand
per·i·lune /ˈperɪluːn/ [telb zn] ⟨ruimtev⟩ periluna ⟨dichtst bij de maan gelegen punt van satellietbaan⟩
pe·rim·e·ter /pəˈrɪmɪtə, ᴬ-mɪtər/ [telb zn]; vaak attributief] [1] ⟨wisk⟩ **omtrek**, perimeter [2] **omtrek**, buitenrand, grenzen [3] ⟨mil⟩ **versterkte grens/strook** [4] **perimeter**, gezichtsveldmeter
perimeter fence [telb zn] **grensschutting**
perimeter track [telb zn] ⟨luchtv⟩ **randrijbaan** ⟨weg rondom vliegveld⟩
per·i·my·si·um /ˌperɪˈmɪzɪəm/ [telb zn; mv: perimysia /-zɪə/] ⟨anat⟩ **perimysium**, spiervlies, spierschede
per·i·na·tal /ˌperɪˈneɪtl/ [bn] **perinataal** ♦ *perinatal mortality* perinatale sterfte
per·i·neph·ri·um /ˌperɪˈnefrɪəm/ [telb zn; mv: perinephria /-frɪə/] ⟨anat⟩ **nieromhulsel** ⟨bind- en vetweefsel rondom de nier⟩
per·i·ne·um, per·i·nae·um /ˌperɪˈniːəm/ [telb zn; mv: perinea /-niːə/] ⟨anat⟩ **bilnaad**, perineum, bodem van de buikholte
per·i·neu·ri·um /ˌperɪˈnjʊərɪəm/ [telb zn; mv: perineuria /-rɪə/] ⟨anat⟩ **zenuwschede**, perineurium
¹**pe·ri·od** /ˈpɪərɪəd, ᴬˈpɪr-/ [telb zn] [1] **periode** ⟨ook geologie⟩, tijdperk, tijdvak, fase, stadium ♦ *Picasso's blue period* Picasso's blauwe periode/fase; ⟨meteo⟩ *there will be showers with bright periods in the afternoon* in de namiddag zullen er buien zijn met opklaringen; *costumes of the period* kleren uit die periode/tijd; *the first period of a game* de eerste speeltijd/ronde in een spel; *habits of the period* gewoonten uit die tijd; ⟨i.h.b.⟩ gewoonten uit onze tijd; *a period of happiness* een periode/tijd van geluk, een gelukkige periode; *the period of incubation of a disease* de incubatietijd/fase/tijdperk van een ziekte; *the rainy period in Africa* het regenseizoen in Afrika; *the period of the Russian Revolution* het tijdperk/de periode van de Russische Revolutie [2] **lestijd**, lesuur, les ♦ *there are six periods in the schoolday* er zijn zes lestijden in een schooldag; *teaching period* lestijd [3] ⟨vaak mv⟩ **(menstruatie)periode**, ongesteldheid, maandstonden, regels ♦ *menstrual period* menstruatieperiode; *miss a/one's period* ⟨haar menstruatie⟩ een keertje overslaan [4] **rustpunt**, pauze, rust ⟨na een zin⟩ [5] ⟨vnl AE⟩ **punt** ⟨interpunctieteken⟩ ♦ *turned period* punt bovenaan de regel; *I won't do it, period!* ik doe het niet, punt uit/en daarmee uit/basta! [6] ⟨astron⟩ **periode**, omlooptijd, cyclus, tijdkring [7] ⟨natuurk⟩ **periode** ⟨constante tijdsduur tussen opeenvolgend voorkomen van dezelfde toestand in een beweging⟩ [8] ⟨taalk⟩ **periode**, volzin, ⟨mv⟩ retorische/overladen taal, barokstijl [9] ⟨muz⟩ **periode**, muzikale volzin [10] ⟨scheik⟩ **periode** ⟨alle elementen tussen twee opeenvolgende edelgassen in de tabel van het periodieke systeem⟩ [11] ⟨wisk⟩ **periode**, terugkerende cijfergroep bij repeterende breuk, periodieke functie
²**pe·ri·od** /ˈpɪərɪəd, ᴬˈpɪr-/ [bn, attr] **historisch**, in/met een historische stijl, in/volgens de stijl van (een bepaalde periode), d'époque ♦ *period costumes* historische klederdrachten; *period furniture* stijlmeubelen; ⟨muz⟩ *period instruments* authentieke instrumenten; *period piece* stijlmeubel; ⟨inf; scherts⟩ historisch stuk, ouderwets geval ⟨ook van personen⟩; *a period play* een historisch toneelstuk; *a period room* een stijlkamer
period appointment [telb zn] **tijdelijke benoeming/aanstelling**
¹**pe·ri·od·ic** /ˌpɪərɪˈɒdɪk, ᴬˌpɪrɪˈɑdɪk/, ⟨in betekenissen 1,2,3 en 4 ook⟩ **pe·ri·od·i·cal** /ˌpɪərɪˈɒdɪkl, ᴬˌpɪrɪˈɑdɪkl/ [bn; bw: ~ally] [1] **periodiek**, regelmatig terugkerend, zich regelmatig herhalend ♦ *periodic motion* periodieke beweging; *periodic revolution* periodieke omwenteling [2] **(periodiek) terugkerend**, zich herhalend, telkens weer opduikend, occasioneel ♦ *periodic attacks of epilepsy* (periodiek) terugkerende aanvallen van epilepsie [3] **periodiek**, cyclisch, omloop(s)-, kring-, periodisch ♦ *periodic vibrations* periodieke/isochrone trillingen [4] ⟨natuurk, scheik, wisk⟩ **periodiek** ♦ *periodic function* periodieke functie; *periodic table/system* periodiek systeem [5] **retorisch** [•] *periodic time* periode
²**pe·ri·od·ic** /ˌpɪərɪˈɒdɪk, ᴬˌpɪrɪˈɑdɪk/ [bn, attr] ⟨scheik⟩ **perjood-** ♦ *periodic acid* perjoodzuur
¹**pe·ri·od·i·cal** /ˌpɪərɪˈɒdɪkl, ᴬˌpɪrɪˈɑdɪkl/ [telb zn] **periodiek**, (periodiek verschijnend) tijdschrift
²**pe·ri·od·i·cal** /ˌpɪərɪˈɒdɪkl, ᴬˌpɪrɪˈɑdɪkl/ [bn; bw: ~ly] [1] → **periodic** [2] **periodiek**, regelmatig/met regelmatige tussenpozen verschijnend [3] m.b.t. een tijdschrift
pe·ri·od·ic·i·ty /ˌpɪərɪəˈdɪsəti, ᴬˌpɪrɪəˈdɪsəti/ [niet-telb zn] **periodiciteit**, geregelde/periodieke terugkeer
pe·ri·od·i·za·tion /ˌpɪərɪədaɪˈzeɪʃn, ᴬˌpɪrɪədə-/ [telb + niet-telb zn] **periodisering**, indeling in tijdvakken
per·i·o·don·tal /ˌperioʊˈdɒntl, ᴬ-ˈdɑntl/ [bn] ⟨med⟩ **periodontaal**, parodontaal, m.b.t. het wortelvlies
per·i·o·don·tics /ˌperioʊˈdɒntɪks, ᴬ-ˈoʊdntɪks/, **per·i·o·don·tia** /-ˈoʊdnʃə, ᴬ-ˈoʊdnʃə/ [niet-telb zn] ⟨med⟩ **periodontologie**, parodontologie
period pain [telb + niet-telb zn] **menstruatiepijn**
per·i·os·te·um /ˌperɪˈɒstɪəm, ᴬ-ˈɑs-/ [telb zn; mv: periostea /-stɪə/] ⟨anat⟩ **periost**, beenvlies
per·i·os·ti·tis /ˌperɪɒsˈtaɪtɪs, ᴬ-ɑsˈtaɪtɪs/ [niet-telb zn] ⟨med⟩ **periostitis**, beenvliesontsteking
¹**per·i·pa·tet·ic** /ˌperɪpəˈtetɪk/ [telb zn] [1] ⟨meestal Peripatetic⟩ **peripateticus**, aristoteliaan, leerling/aanhanger van Aristoteles [2] **(handels)reiziger**, zwerver, rondtrekkend handelaar
²**per·i·pa·tet·ic** /ˌperɪpəˈtetɪk/ [bn; bw: ~ally] [1] ⟨meestal Peripatetic⟩ **peripatetisch**, aristotelisch [2] **rondreizend**, rondzwervend, rondtrekkend, ronddwalend, van de ene plaats naar de andere trekkend ♦ ⟨vnl BE⟩ *peripatetic teachers* rondreizende leerkrachten [3] **om mee rond te reizen**, verplaatsbaar, vervoerbaar
per·i·pa·tet·i·cism /ˌperɪpəˈtetɪsɪzəm/ [niet-telb zn] **aristoteliaanse filosofie**, peripatetisme
per·i·pe·te·ia, per·i·pe·ti·a /ˌperɪpəˈtaɪə, -ˈtiːə/, **pe·rip·e·ty** /pəˈrɪpəti/ [telb zn] **peripetie**, onvoorziene wending, lotswending, om(me)keer ⟨in het bijzonder in literair werk⟩
¹**pe·riph·er·al** /pəˈrɪfrəl/ [telb zn] **randapparaat, randapparatuur**
²**pe·riph·er·al** /pəˈrɪfrəl/, **per·i·pher·ic** /ˌperɪˈferɪk/, **per·i·pher·i·cal** /-ɪkl/ [bn; bw: ~ly, peripherically] [1] **ondergeschikt**, marginaal, relatief onbelangrijk, bijkomstig ♦ *considerations of peripheral interest* overwegingen van marginaal belang [2] **perifeer**, langs/aan de omtrek, aan de/van de buitenkant, niet centraal (gelegen), rand- ⟨ook figuurlijk⟩ ♦ *peripheral shops* niet centraal gelegen winkels, winkels aan de rand van de stad; *peripheral wars* randoorlogen [3] ⟨med⟩ **perifeer** ♦ *the peripheral nervous system* het perifere zenuwstelsel [4] ⟨comp⟩ **perifeer**, m.b.t. randapparatuur ♦ *peripheral equipment* randapparatuur
pe·riph·er·y /pəˈrɪfri/ [telb zn; voornamelijk enk] [1] **periferie**, (cirkel)omtrek [2] **periferie**, buitenkant, buitenzijde, rand ⟨ook figuurlijk⟩ ♦ *the periphery of a political party* de periferie/randfiguren van een politieke partij [3] **buitenoppervlak** [4] ⟨med⟩ **periferie**
¹**pe·riph·ra·sis** /pəˈrɪfrəsɪs/, **pe·riph·rase** /ˈperɪfreɪz/ [telb + niet-telb zn; mv: 1e variant periphrases /pəˈrɪfrəsiːz/] **perifrase**, omschrijving
²**pe·riph·ra·sis** /pəˈrɪfrəsɪs/, **pe·riph·rase** /ˈperɪfreɪz/ [niet-telb zn] **het (overbodig) gebruik van omschrijvingen**, omhaal
per·i·phras·tic /ˌperɪˈfræstɪk/ [bn; bw: ~ally] **perifrastisch**, omschrijvend ♦ ⟨taalk⟩ *periphrastic conjugation* samengestelde/perifrastische tijden ⟨gevormd met hulpwerkwoord⟩

¹**pe·rip·ter·al** /pərɪptərəl/ [telb zn] ⟨bouwk⟩ peripteros
²**pe·rip·ter·al** /pərɪptərəl/ [bn] ⟨bouwk⟩ met zuilengangen omgeven
pe·rique /pəriːk/ [niet-telb zn] perique ⟨tabakssoort⟩
per·i·scope /perɪskoʊp/ [telb zn] periscoop
per·i·scop·ic /perɪskɒpɪk, ᴬ-skɑpɪk/, **per·i·scop·i·cal** /-ɪkl/ [bn; bw: ~ally] periscopisch, met ruim gezichtsveld
¹**per·ish** /perɪʃ/ [telb zn] ⟨AuE⟩ ontbering • *do a perish* bijna omkomen van honger/dorst/kou
²**per·ish** /perɪʃ/ [onov ww] [1] omkomen ⟨ook figuurlijk⟩, (vroegtijdig) om het leven komen, het leven verliezen, sterven • *perish by* omkomen door; *perish by the sword* door het zwaard omkomen/vergaan; *perish for want of love* geestelijk omkomen door gebrek aan liefde; *perish in an earthquake* omkomen in een aardbeving; *perish with cold* vergaan van de kou [2] vergaan, verteren, wegteren, (ver)rotten, wegrotten, verslijten, ten onder gaan; → perishing
³**per·ish** /perɪʃ/ [ov ww] [1] ⟨vaak passief⟩ vernietigen, vernielen • ⟨BE; inf⟩ *I'm perished* ik verga van de kou; *these shoes perish my feet* deze schoenen zijn funest voor mijn voeten; *be perished with* omkomen/vergaan van; *they were perished with hunger* zij vergingen van de honger [2] verslijten, doen slijten [3] ⟨SchE⟩ verspillen, verkwisten;
→ perishing
¹**per·ish·able** /perɪʃəbl/ [telb zn; voornamelijk mv] beperkt houdbaar (voedsel)product, ⟨mv⟩ snel bedervende goederen/(voedsel)producten, aan bederf onderhevige waren
²**per·ish·able** /perɪʃəbl/ [bn; bw: perishably; zn: ~ness] [1] vergankelijk, kortstondig, onbestendig [2] (licht) bederfelijk, vatbaar voor bederf, beperkt houdbaar • *perishable goods* aan bederf onderhevige waren
per·ish·er /perɪʃə, ᴬ-ər/ [telb zn] [1] ⟨inf⟩ stouterd(je), deugniet, dondersteen • *go away, you little perisher!* ga weg, dondersteen! [2] ⟨inf⟩ stakker, (arme) donder • *the poor little perisher* de arme stakker [3] ⟨sl⟩ ellendeling, mispunt, stuk ongeluk
¹**per·ish·ing** /perɪʃɪŋ/ [bn, attr; tegenwoordig deelw van perish; bw: ~ly] ⟨inf⟩ [1] beestachtig, moordend, ijzig • *perishing cold* beestachtige kou [2] vervloekt, ellendig • *you perishing blighter!* vervloekte ellendeling!, ellendige vent!; *a perishing shame* een vervloekte schande
²**per·ish·ing** /perɪʃɪŋ/ [bn, pred; tegenwoordig deelw van perish; bw: ~ly] ⟨inf⟩ beestachtig koud, ijzig/moordend koud • *it's really perishing today!* 't werkelijk niet te harden van de kou vandaag!
per·i·sperm /perɪspɜːm, ᴬ-spɜrm/ [niet-telb zn] ⟨plantk⟩ perisperm
pe·ris·so·dac·tyl /pərɪsoʊdæktɪl/, **pe·ris·so·dac·ty·late** /-dæktɪlət/, **pe·ris·so·dac·tyle** /-dæktaɪl/ [bn] ⟨dierk⟩ onevenhoevig
pe·ri·sta·lith /pərɪstəlɪθ/ [telb zn] ⟨archeol⟩ steenkring
¹**per·i·stal·sis** /perɪstælsɪs, ᴬ-stɔlsɪs/ [telb zn; mv: peristalses /-siːz/] ⟨biol⟩ peristaltische beweging, wormvormige beweging ⟨in het bijzonder van darmen⟩
²**per·i·stal·sis** /perɪstælsɪs, ᴬ-stɔlsɪs/ [niet-telb zn] ⟨biol⟩ peristaltiek, peristaltische bewegingen
per·i·stal·tic /perɪstæltɪk, ᴬ-stɔltɪk/ [bn; bw: ~ally] ⟨biol⟩ peristaltisch, wormvormig
per·i·stome /perɪstoʊm/ [telb zn] [1] ⟨plantk⟩ peristoma ⟨getande rand rond huidmondje⟩ [2] ⟨dierk⟩ mondslijm(vlies)
per·i·style /perɪstaɪl/ [telb zn] ⟨bouwk⟩ peristyle, peristil(i)um, zuilengang, zuilengalerij
per·i·to·ne·al /perɪtəniːəl/ [bn] ⟨anat⟩ peritoneaal
per·i·to·ne·um /perɪtəniːəm/ [telb zn; mv: ook peritonea /-niːə/] ⟨anat⟩ peritoneum, buikvlies
per·i·to·ni·tis /perɪtəˈnaɪtɪs/ [telb + niet-telb zn] ⟨med⟩ peritonitis, buikvliesontsteking
pe·ri·tus /pərɪːtəs/ [telb zn; mv: periti /-tiː/] peritus ⟨theologisch raadgever tijdens het tweede Vaticaans concilie⟩
per·i·wig /perɪwɪɡ/ [telb zn] ⟨vnl gesch⟩ pruik
per·i·wigged /perɪwɪɡd/ [bn] bepruikt, met een pruik
¹**per·i·win·kle** /perɪwɪŋkl/ [telb zn] [1] ⟨plantk⟩ maagdenpalm ⟨Vinca⟩ [2] ⟨dierk⟩ alikruik ⟨eetbare zeeslak; in het bijzonder genus Littorina⟩
²**per·i·win·kle** /perɪwɪŋkl/, ⟨in betekenis 1 ook⟩ **periwinkle blue** [niet-telb zn] maagdenpalmblauw
per·jure /pɜːdʒə, ᴬpɜrdʒər/ [ov ww; wederkerend werkwoord] meineed plegen, een meineed doen • *the witness perjured himself* de getuige pleegde meineed; *a perjured witness* een meinedige getuige
per·jur·er /pɜːdʒərə, ᴬpɜrdʒərər/ [telb zn] meinedige, eedbreker, eedbreekster
per·ju·ri·ous /pɜːdʒʊəriəs, ᴬpərdʒʊriəs/ [bn; bw: ~ly] meinedig
per·ju·ry /pɜːdʒəri, ᴬpɜr-/ [telb + niet-telb zn] [1] meineed [2] meinedige getuigenis, eedbreuk, woordbreuk
¹**perk** /pɜːk, ᴬpɜrk/ [telb zn; voornamelijk mv; BE; inf] [1] ⟨verk: perquisite⟩ extra verdienste, ⟨mv⟩ extra's, extraatjes, emolumenten [2] ⟨verk: perquisite⟩ (extra) voordeel, meegenomen extraatje, faciliteit • *one of the perks of my job* één van de voordelen van mijn werk
²**perk** /pɜːk, ᴬpɜrk/ [onov ww] [1] opleven, herleven, opfleuren, opkikkeren • *perk up* opleven, herleven, opfleuren, opkikkeren [2] omhoogsteken, uitsteken, uitspringen • *a red handkerchief perked from his pocket* een rode zakdoek hing uit zijn zak [3] zijn neus in de wind steken, zich aanstellen, een hoge borst zetten • *he perks over his colleagues* hij waant zich beter dan zijn collega's; *the man perked down the room* de man beende hoogbartig door de kamer [4] opspringen [5] ⟨inf⟩ ⟨verk: percolate⟩ pruttelen, borrelen ⟨in het bijzonder van koffie(pot)⟩, ⟨fig⟩ lekker lopen ⟨van auto, motor, e.d.⟩ • ⟨vero; AuE; sl⟩ *perk up* kotsen, overgeven
³**perk** /pɜːk, ᴬpɜrk/ [ov ww] [1] opkikkeren, opmonteren, opbeuren, opvrolijken • *perk up* opkikkeren, opmonteren, opbeuren, opvrolijken [2] (met een ruk) oprichten, overeind brengen/zetten • *perked up ears* rechtopstaande oren; *perk up one's head* zijn hoofd oprichten; *the dog perked up his ears* de hond zette zijn oren overeind/spitste de oren [3] ⟨wederkerend werkwoord⟩ zich opmaken, zich mooi maken • *perk o.s. up* zich opmaken/mooi maken [4] ⟨inf⟩ ⟨verk: percolate⟩ filteren, filtreren ⟨in het bijzonder koffie⟩ • *perk a cup of coffee* een kopje koffie zetten/brouwen
perk·y /pɜːki, ᴬpɜrki/, **perk** [bn; vergr trap: perkier; bw: perkily; zn: perkiness] [1] levendig, opgewekt, geestdriftig, kwiek, parmantig, zwierig [2] verwaand, hoogmoedig, aanmatigend, brutaal [3] uitstekend, uitspringend
per·lite, pearl·ite /pɜːlaɪt, ᴬpɜr-/ [niet-telb zn] ⟨geol⟩ perliet
per·lo·cu·tion /pɜːləkjuːʃn, ᴬpɜr-/ [telb zn] ⟨taalk, filos⟩ perlocutie ⟨effect dat door het spreken wordt bereikt⟩
¹**perm** /pɜːm, ᴬpɜrm/ [telb zn] ⟨vnl BE; inf⟩ [1] ⟨verk: permanent (wave)⟩ permanent, blijvende haargolf/ondulatie [2] ⟨verk: permutation⟩ combinatie, selectie ⟨bij voetbaltoto⟩
²**perm** /pɜːm, ᴬpɜrm/ [onov ww] ⟨inf⟩ gepermanent zijn, een permanent hebben • *her hair perms* ze heeft een permanent in haar haar (laten zetten)
³**perm** /pɜːm, ᴬpɜrm/ [ov ww] ⟨inf⟩ [1] permanenten, een permanent geven [2] ⟨verk: permute⟩ een combinatie kiezen ⟨in het bijzonder in voetbaltoto⟩ • *perm 2 teams from 3* uit 3 ploegen een combinatie van 2 kiezen
⁴**perm** [afk] ⟨permanent⟩
permaculture /pɜːməkʌltʃə, ᴬpɜrməkʌltʃər/ [niet-telb zn] permacultuur
per·ma·frost /pɜːməfrɒst, ᴬpɜrməfrɔst/ [niet-telb zn]

permalloy

permafrost ⟨altijd bevroren grondlaag, in polaire gebieden⟩
perm·al·loy /pɜːməlɔɪ, ᴬpɜr-/ [niet-telb zn] permalloy ⟨gemakkelijk (ont)magnetiseerbare legering van nikkel en ijzer⟩
per·ma·nence /pɜːmənəns, ᴬpɜr-/ [niet-telb zn] permanentie, bestendigheid, duurzaamheid, blijvendheid, vastheid
¹**per·ma·nen·cy** /pɜːmənənsi, ᴬpɜr-/ [telb zn] permanent iemand/iets, blijvend/vast element/figuur ♦ *is your new address a permanency or merely temporary?* is je nieuwe adres permanent of slechts tijdelijk?
²**per·ma·nen·cy** /pɜːmənənsi, ᴬpɜr-/ [niet-telb zn] permanentie, bestendigheid, duurzaamheid, blijvendheid, vastheid
¹**per·ma·nent** /pɜːmənənt, ᴬpɜr-/ [telb zn] permanent, blijvende haargolf/ondulatie, permanent wave
²**per·ma·nent** /pɜːmənənt, ᴬpɜr-/ [bn] permanent, blijvend, bestendig, duurzaam, vast ♦ *permanent address* permanent/vast adres; *permanent bridge* vaste brug; *permanent magnet* permanente magneet; *a permanent position* een vaste betrekking; *permanent set* blijvende vervorming; *permanent teeth* definitieve tanden; *permanent wave* permanente, blijvende haargolf/ondulatie, permanent wave ⸱ *permanent press* blijvende (linnen)pressing/(linnen)persing; ⟨BE⟩ *Permanent Undersecretary*, ⟨BE⟩ *Permanent Secretary* ± secretaris-generaal ⟨van ministerie⟩; ⟨BE⟩ *permanent way* spoorbaan ⟨ballast, dwarsliggers en spoorstaven⟩; ⟨sprw⟩ *there is nothing permanent except change* niets is blijvend, alles verandert
per·ma·nent·ly /pɜːmənəntli, ᴬpɜr-/ [bw] ① → permanent ② voorgoed, voor altijd, definitief
per·man·ga·nate /pəmæŋɡəneɪt, ᴬpɜr-/ [niet-telb zn] ⟨scheik⟩ permanganaat ♦ *permanganate of potash/potassium* kaliumpermanganaat
per·man·gan·ic /pɜːmæŋɡænɪk, ᴬpɜr-/ [bn, attr] ⟨scheik⟩ permangaan- ♦ *permanganic acid* permangaanzuur
per·me·a·bil·i·ty /pɜːmɪəbɪləti, ᴬpɜrmɪəbɪləti/ [niet-telb zn] ① permeabiliteit, doorlaatbaarheid, doordringbaarheid ♦ *the permeability of a membrane* de permeabiliteit van een membraan ② ⟨magnetisme⟩ permeabiliteit ♦ *magnetic permeability* magnetische permeabiliteit; *relative permeability* relatieve permeabiliteit ③ waterdampdoorlaatbaarheid
per·me·a·ble /pɜːmɪəbl, ᴬpɜr-/ [bn; bw: permeably] doordringbaar, permeabel, poreus, doorlatend ♦ *a permeable membrane* een permeabel membraan
per·me·ance /pɜːmɪəns, ᴬpɜr-/ [niet-telb zn] permeantie ⟨ook natuurkunde⟩, (magnetisch) geleidingsvermogen
¹**per·me·ate** /pɜːmɪeɪt, ᴬpɜr-/ [onov ww] dringen, trekken, zich (ver)spreiden ♦ *the new ideas have permeated among the people* de nieuwe ideeën hebben zich onder de mensen verspreid; *permeate through* dringen/trekken door, doordringen
²**per·me·ate** /pɜːmɪeɪt, ᴬpɜr-/ [ov ww] doordringen, doortrekken, vullen ♦ *the liquid permeated the membrane* de vloeistof drong door het membraan; *a revolt permeated the country* een opstand verspreidde zich over het land
per·me·a·tion /pɜːmɪeɪʃn, ᴬpɜr-/ [telb + niet-telb zn] doordringing, permeatie, verspreiding
per men·sem /pɜː mensəm, ᴬpɜr-/ [bw] ⟨form⟩ per maand, maandelijks
¹**Per·mi·an** /pɜːmɪən, ᴬpɜr-/ [eigenn; the] ⟨geol⟩ perm
²**Per·mi·an** /pɜːmɪən, ᴬpɜr-/ [bn] ⟨geol⟩ permisch
per mill, per mil /pɜːmɪl, ᴬpɜr-/ [bw] ⟨form⟩ pro mille, per duizend
per·mil·lage /pɜːmɪlɪdʒ, ᴬpɜr-/ [telb zn] promillage
per·mis·si·ble /pəmɪsəbl, ᴬpɜr-/ [bn; bw: permissibly] toelaatbaar, admissibel, toegestaan, geoorloofd, veroorloofd, duldbaar

per·mis·sion /pəmɪʃn, ᴬpɜr-/ [telb + niet-telb zn] toestemming, permissie, vergunning, verlof, goedkeuring, instemming ♦ *by whose permission did you enter?* met wiens toestemming ben jij binnengekomen?; *have s.o.'s permission (to do sth.)* iemands toestemming hebben (om iets te doen); *with your permission* met uw permissie/verlof; *a written permission* een schriftelijke vergunning
¹**per·mis·sive** /pəmɪsɪv, ᴬpɜr-/, **per·mis·sion·ist** /-mɪʃənɪst/, **per·mis·si·vist** /-mɪsɪvɪst/ [telb zn] verdediger van vrije moraal
²**per·mis·sive** /pəmɪsɪv, ᴬpɜr-/ [bn; bw: ~ly; zn: ~ness] ① (al te) toegeeflijk, toegevend, verdraagzaam, lankmoedig, tolerant, liberaal ⟨in het bijzonder op moreel/seksueel gebied⟩ ♦ *the permissive society* the permissive society, de tolerante maatschappij ② toestemming/vergunning gevend, veroorlovend, toelatend ③ vrijblijvend, niet verplicht ⟨in het bijzonder in wetgeving⟩ ♦ *permissive legislation* vrijblijvende/optionele/rechtscheppende wetten
per·mis·si·vism /pəmɪsɪvɪzm, ᴬpɜr-/ [niet-telb zn] toegeeflijkheid, tolerantie, verdraagzaamheid, vrije moraal
¹**per·mit** ⟨DOCUMENT⟩ /pɜːmɪt, ᴬpɜr-, ᴬpɜrmɪt/ [telb zn] ① verlofbrief, permissiebriefje, permissiebiljet, permissiebewijs, pasje, machtigingsbrief, machtigingsformulier, geleidebiljet ⟨van goederen⟩ ② (schriftelijke) vergunning, (schriftelijke) toestemming, verlof, machtiging
²**per·mit** /pəmɪt, ᴬpɜr-/ [onov ww] toestaan, toelaten, veroorloven, niet in de weg staan ♦ ⟨form; vnl in ontkennende zinnen⟩ *permit of* toelaten, toestaan, veroorloven; *circumstances do not permit of any delay* de omstandigheden laten geen uitstel toe; *weather permitting* als het weer het toelaat
³**per·mit** /pəmɪt, ᴬpɜr-/ [ov ww] toestaan, toelaten, veroorloven, vergunnen, permitteren, mogelijk maken ♦ *permit s.o. access to* iemand toegang verlenen tot; *appeals are permitted* het is mogelijk in beroep te gaan; *circumstances permit no indecision* de omstandigheden laten geen besluiteloosheid toe
per·mit·tiv·i·ty /pɜːmɪtɪvəti, ᴬpɜrmɪtɪvəti/ [telb zn] ⟨elek, natuurk⟩ diëlektrische constante
per·mu·ta·tion /pɜːmjuteɪʃn, ᴬpɜrmjə-/ [telb + niet-telb zn] ① permutatie, verwisseling, verschikking, herordening ② wijziging, verandering, transformatie, omzetting ③ combinatie, selectie ⟨in het bijzonder in voetbaltoto⟩ ④ ⟨wisk⟩ permutatie
permutation lock [telb zn] combinatieslot, ringslot, letterslot
per·mute /pəmjuːt, ᴬpɜr-/ [ov ww] ① herschikken, herordenen, verwisselen, verplaatsen, omzetten ② ⟨wisk⟩ permuteren, de permutaties geven van
pern /pɜːn, ᴬpɜrn/ [telb zn] ⟨dierk⟩ wespendief ⟨Pernis apivorus⟩
per·ni·cious /pənɪʃəs, ᴬpɜr-/ [bn; bw: ~ly; zn: ~ness] ① schadelijk, kwaadaardig, pernicieus, nadelig ♦ ⟨med⟩ *pernicious anaemia* pernicieuze anemie; *pernicious habits* schadelijke gewoonten; *pernicious to* schadelijk/pernicieus/nadelig voor ② dodelijk, fataal ③ verderfelijk, slecht, funest ♦ *a pernicious philosophy* een verderfelijke filosofie
per·nick·e·ty /pənɪkəti, ᴬpɜrnɪkəti/, ⟨AE ook⟩ **per·snick·e·ty** /-snɪ-/ [bn; zn: per(s)nicketiness] ⟨inf⟩ ① kieskeurig, snobistisch ② angstvallig nauwgezet, vitterig, muggenzifterig ③ lastig, veeleisend, netelig, delicaat, hachelijk
per·noc·ta·tion /pɜːnɒkteɪʃn, ᴬpɜrnɑk-/ [telb + niet-telb zn] ⟨vnl rel⟩ nachtwake
per·o·ne·al /perənɪəl/ [bn, attr] ⟨anat⟩ peroneaal, kuitbeen-
per·o·rate /perəreɪt/ [onov ww] ① (per)oreren, druk, ononderbroken spreken ② peroreren, recapituleren, afsluiten
per·o·ra·tion /perəreɪʃn/ [telb zn] ① peroratie, slotrede,

perseverant

recapitulatie, samenvatting [2] peroratie, hoogdravende oratie, hoogdravende redevoering, declamatie

¹**per·ox·ide** /pəɹɒksaɪd, ˄pəɹɑk-/, **per·ox·id** /pəɹɒksɪd, ˄pəɹɑk-/ [niet-telb zn] ⟨scheik⟩ [1] peroxide [2] ⟨inf⟩ (verk: hydrogen peroxide) superoxide, waterstof(su)peroxide ⟨in het bijzonder als bleekmiddel⟩ ♦ *peroxide of hydrogen* waterstof(su)peroxide

²**per·ox·ide** /pəɹɒksaɪd, ˄pəɹɑk-/, **per·ox·id** /pəɹɒksɪd, ˄pəɹɑk-/ [ov ww] [1] met superoxide bleken, blonderen [2] met peroxide behandelen

peroxide blonde [telb zn] ⟨beled⟩ geblondeerde (vrouw)

¹**perpend, perpent** [telb zn] → parpen

²**per·pend** /pəpend, ˄pəɹ-/ [onov ww] ⟨vero⟩ peinzen, (na)denken, reflecteren

³**per·pend** /pəpend, ˄pəɹ-/ [ov ww] ⟨vero⟩ overpeinzen, overwegen, bepeinzen, nadenken over

¹**per·pen·dic·u·lar** /pɜːpəndɪkjʊlə, ˄pɜɹpəndɪkjələɹ/ [telb zn] [1] loodlijn, verticale, loodrechte/verticale lijn [2] ⟨benaming voor⟩ instrument om verticaallijn te bepalen, schietlood, paslood, dieplood, waterpas [3] (bijna) loodrecht vlak, (bijna) verticaal vlak [4] loodrechte positie/stand [5] (bijna) loodrechte (berg)wand

²**per·pen·dic·u·lar** /pɜːpəndɪkjʊlə, ˄pɜɹpəndɪkjələɹ/ [niet-telb zn; vaak the] loodrechte stand, loodrecht vlak ♦ *be out of (the) perpendicular* niet in het lood staan, niet loodrecht zijn

³**per·pen·dic·u·lar** /pɜːpəndɪkjʊlə, ˄pɜɹpəndɪkjələɹ/ [bn; bw: ~ly] [1] loodrecht, perpendiculair, rechtstandig, heel steil ♦ *perpendicular to* loodrecht op [2] verticaal [3] rechtop(staand) [4] ⟨vaak Perpendicular⟩ ⟨bouwk⟩ perpendiculair ⟨Laatengelse gotiek, 14e en 15e eeuw⟩ ♦ *Perpendicular style* perpendiculaire stijl

Per·pen·dic·u·lar /pɜːpəndɪkjʊlə, ˄pəɹpəndɪkjələɹ/ [eigenn; the] ⟨bouwk⟩ perpendiculaire stijl/gotiek

per·pen·dic·u·lar·i·ty /pɜːpəndɪkjʊlærəti, ˄pɜɹpəndɪkjələræti/ [niet-telb zn] loodrechte stand/houding

per·pe·trate /pɜːpɪtreɪt, ˄pəɹ-/ [ov ww] [1] ⟨formeel of schertsend⟩ plegen, bedrijven, begaan, uitvoeren ♦ *perpetrate a blunder* een blunder begaan; *perpetrate a crime* een misdaad plegen [2] ⟨scherts⟩ produceren, plegen, maken, zich bezondigen/schuldig maken aan ♦ *who perpetrated this awful poem?* wie heeft dit afschuwelijk gedicht geproduceerd?; *perpetrate a pun* een (slechte) woordspeling produceren

per·pe·tra·tion /pɜːpɪtreɪʃn, ˄pəɹ-/ [niet-telb zn] [1] ⟨formeel of schertsend⟩ het plegen, het bedrijven, het begaan, het uitvoeren [2] ⟨scherts⟩ het produceren, productie, het plegen

per·pe·tra·tor /pɜːpɪtreɪtə, ˄pəɹpətreɪtəɹ/ [form of scherts] dader, bedrijver, pleger, verrichter

¹**per·pet·u·al** /pəpetʃʊəl, ˄pəɹ-/ [telb zn] ⟨plantk⟩ het hele seizoen doorbloeiende plant

²**per·pet·u·al** /pəpetʃʊəl, ˄pəɹ-/ [bn; bw: ~ly; zn: ~ness] [1] eeuwig(durend), blijvend, bestendig, permanent, vast, perpetueel ♦ *perpetual calendar* eeuwdurende kalender, eeuwige/eeuwigdurende kalender; *perpetual check* eeuwig schaak; *perpetual friendship* levenslange vriendschap; *perpetual president* vaste voorzitter, voorzitter voor het leven; *perpetual snow* eeuwige sneeuw [2] eeuwig(durend), langdurig, duurzaam [3] eeuwig, onafgebroken, gedurig, aanhoudend, onophoudelijk ♦ *he nags her perpetually* hij pest haar zonder ophouden [4] ⟨plantk⟩ het hele seizoen door bloeiend ▪ *perpetual motion* perpetuum mobile

per·pet·u·ate /pəpetʃʊeɪt, ˄pəɹ-/ [ov ww] [1] vereeuwigen, onsterfelijk maken, voor altijd bewaren, vastleggen [2] handhaven, aanhouden, doen voortduren, bestendigen

per·pet·u·a·tion /pəpetʃʊeɪʃn, ˄pəɹ-/, ⟨soms⟩ **per·pet-**

u·ance /pəpetʃʊəns, ˄pəɹ-/ [telb + niet-telb zn] [1] vereeuwiging [2] handhaving, bestendiging

¹**per·pe·tu·i·ty** /pɜːpɪtjuːəti, ˄pɜɹpɪtuːəti/ [telb zn] [1] levenslang bezit [2] levenslange lijfrente

²**per·pe·tu·i·ty** /pɜːpɪtjuːəti, ˄pɜɹpɪtuːəti/ [niet-telb zn] eeuwigheid, eindeloosheid, eeuwige/eindeloze duur ♦ *in/for/to perpetuity* in eeuwigheid, voor altijd, definitief

per·plex /pəpleks, ˄pəɹ-/ [ov ww] [1] verwarren, onthutsen, verbluffen, van zijn stuk/van streek brengen, verbijsteren ♦ *perplex with* overstelpen/overrompelen met [2] ingewikkeld(er) maken, bemoeilijken, compliceren, verwikkelen ♦ *perplex a matter* een zaak ingewikkelder maken; *a perplexing task* een hoofdbrekend karwei; → **perplexed**

per·plexed /pəplekst, ˄pəɹ-/ [bn; volt deelw van perplex; bw: ~ly] [1] perplex, onthutst, verward, verbijsterd ♦ *be perplexed* perplex staan [2] ingewikkeld, gecompliceerd, moeilijk, lastig [3] ⟨vero⟩ in elkaar gestrengeld, door elkaar gevlochten, verstrengeld

¹**per·plex·i·ty** /pəpleksəti, ˄pəɹpleksəti/ [telb zn] verbijsterend iets, onthutsend/verwarrend iets

²**per·plex·i·ty** /pəpleksəti, ˄pəɹpleksəti/ [telb + niet-telb zn] [1] perplexiteit, perplexheid, verwarring, onthutsing, verbijstering [2] complexiteit, ingewikkeldheid

per pro·cu·ra·ti·on·em /pɜː prɒkʊɹɑˈtiʊnem, ˄pɜɹ prakəɹɑˈtiʊnem/ [bw] [1] per procurationem, bij volmacht [2] per procuratorum, door een gevolmachtigde, via een agent, via een tussenpersoon

per·qui·site /pɜːkwɪzɪt, ˄pəɹ-/ [telb zn; vaak mv] [1] faciliteit, (extra/meegenomen) voordeel, (extra) voorziening [2] extra verdienste, ⟨vaak mv⟩ emolument, supplementair inkomen, vaste vergoeding, extralegaal voordeel, bijkomstige baten [3] fooi, drinkgeld ⟨in het bijzonder als vaste toelage⟩ [4] monopolie, alleenrecht, voorrecht [5] afdankertje, tweedehands voorwerp ⟨in gebruik bij ondergeschikte⟩

per·ron /peɹən/ [telb zn] bordes(trap)

per·ry /peɹi/ [telb + niet-telb zn] perencider, perenwijn

pers [afk] [1] (person) pers. [2] (personal) pers.

Pers [afk] [1] (Persia) [2] (Persian)

perse /pɜːs, ˄pəɹs/ [niet-telb zn; vaak attributief] ⟨vero⟩ blauwgrijs

per se /pɜː seɪ, ˄pəɹ siː, ˄-seɪ/ [bw] per se, in se, op zichzelf gezien, als zodanig, noodzakelijkerwijs

per·se·cute /pɜːsɪkjuːt, ˄pəɹ-/ [ov ww] vervolgen, achtervolgen, najagen, nazetten, achternazitten, persecuteren, ⟨fig⟩ kwellen, pijnigen, vervelen, lastigvallen ♦ *persecute s.o. with questions* iemand voortdurend lastigvallen met vragen

per·se·cu·tion /pɜːsɪkjuːʃn, ˄pəɹ-/ [telb + niet-telb zn] vervolging, persecutie, ⟨fig⟩ kwelling ♦ *suffer persecution for one's beliefs* wegens zijn geloof vervolgd worden

persecution complex, persecution mania [telb zn] achtervolgingswaan, achtervolgingscomplex

per·sec·u·tive /pɜːsɪkjuːtɪv, ˄pəɹ-/ [bn; zn: ~ness] vervolgziek, vervolgzuchtig, vervolg(ings)-

per·se·cu·tor /pɜːsɪkjuːtə, ˄pəɹsɪkjuːtəɹ/ [telb zn] vervolger, ⟨fig⟩ kweller

per·se·cu·to·ry /pɜːsɪkjuːtəɹi, ˄pəɹsɪkjuːtɔɹi/ [bn] vervolgend

per·se·cu·trix /pɜːsɪkjuːtrɪks, ˄pəɹ-/ [telb zn; mv: persecutrices /-trɪsiːz/] vervolgster, ⟨fig⟩ kwelster

Per·se·id /pɜːsiɪd, ˄pəɹ-/ [telb zn; mv: ook Perseides /pɜːsiˈaɪdiːz, ˄pəɹ-/] ⟨astron⟩ Perseïde

per·se·ver·ance /pɜːsɪvɪəɹəns, ˄pəɹsəvɪɹəns/ [niet-telb zn] volharding, doorzetting(svermogen), vasthoudendheid, standvastigheid

per·se·ver·ant /pəsevəɹənt, ˄pəɹ-/ [bn] volhardend, doorzettend, vasthoudend, hardnekkig, wilskrachtig, standvastig

per·sev·er·ate /pəsevəreɪt, ᴬpər-/ [onov ww] [1] steeds weerkeren, (te lang) volhouden [2] ⟨vnl psych⟩ telkens weerkeren, steeds weer opduiken, spontaan terugkeren ♦ *perseverating thoughts* dwanggedachten

per·sev·er·a·tion /pəsevəreɪʃn, ᴬpər-/ [niet-telb zn] [1] volharding, hardnekkigheid, inflexibiliteit [2] ⟨vnl psych⟩ perseveratie, dwangmatige herhaling, het steeds weerkeren

per·se·vere /pɜːsɪvɪə, ᴬpɜrsɪvɪr/ [onov ww] volharden, doorzetten, doorbijten, volhouden, persevereren ♦ *persevere at/in/with* volharden in/bij, vasthouden aan, doorzetten; *persevere in doing sth.* volharden in iets, iets doorzetten; ♦ **persevering**

per·se·ver·ing /pɜːsɪvɪərɪŋ, ᴬpɜrsɪvɪrɪŋ/ [bn; tegenwoordig deelw van persevere; bw: ~ly] [1] hardnekkig, volhardend, steeds terugkerend [2] volharding vereisend, doorzetting(svermogen) vereisend

Per·sia /pɜːʃə, pɜːʒə/ [eigenn] Perzië, Iran

¹Per·sian /pɜːʃn, pɜːʒn, ᴬpɜrʒn/ [eigenn] Perzisch, de Perzische taal, (het) Iranees

²Per·sian /pɜːʃn, pɜːʒn, ᴬpɜrʒn/ [telb zn] [1] Pers, Iraniër [2] pers, Perzische kat

³Per·sian /pɜːʃn, pɜːʒn, ᴬpɜrʒn/ [bn] Perzisch ♦ *Persian carpet/rug* Perzisch tapijt, oosters tapijt, pers; *Persian cat* Perzische kat, pers [?] *Persian blinds* persiennes, zonneblinden; *Persian lamb* persianer, Perzisch lam; persianer, astrakan, breitschwanz ⟨bont van Perzisch lam⟩; ⟨techn⟩ *Persian wheel* emmerrad

Per·sians /pɜːʃnz, pɜːʒnz, ᴬpɜrʒnz/ [alleen mv] persiennes, zonneblinden

per·si·ennes /pɜːsienz, ᴬpɜr-/ [alleen mv] persiennes, zonneblinden

per·si·flage /pɜːsɪflɑːʒ, ᴬpɜr-/ [niet-telb zn] [1] (zachte) spot, (lichte) spotternij, (lichte) bespotting, persiflage [2] speels geplaag, speelse plagerij, badinage [3] licht spottende stijl, persiflerende stijl

per·sim·mon /pəsɪmən, ᴬpər-/ [telb zn] ⟨plantk⟩ [1] dadelpruim ⟨genus Diospyros⟩, persimmon [2] kaki(vrucht) ⟨van Diospyros kaki⟩

historische en religieuze personen	1/2
over het algemeen worden namen van personen niet vertaald, maar sommige historische en religieuze personen hebben in het Engels een andere naam; in het volgende kader staan een aantal voorbeelden	

per·sist /pəsɪst, ᴬpər-/ [onov ww] [1] volharden, (hardnekkig) doorzetten, (koppig) volhouden, persisteren, blijven aandringen, insisteren ♦ *persist in/with* (koppig) volharden in/bij, (hardnekkig) doorgaan met, (tegen beter weten in) vasthouden aan/blijven bij, blijven werken aan [2] (blijven) duren, voortduren, standhouden ♦ *the rain will persist all over the country* de regen zal over heel het land aanhouden; *traditions may persist through centuries* traditions kunnen eeuwen standhouden/overleven

per·sist·ence /pəsɪstəns, ᴬpər-/, **per·sis·ten·cy** /-si/ [niet-telb zn] [1] volharding, doorzetting(svermogen), vasthoudendheid, persistentie [2] hardnekkigheid, halsstarrigheid, onverzettelijkheid, koppigheid [3] nawerking ♦ *persistence of vision* nawerking van het oog

per·sist·ent /pəsɪstənt, ᴬpər-/ [bn; bw: ~ly] [1] vasthoudend, volhardend, doorzettend, standvastig [2] voortdurend, blijvend, aanhoudend, herhaald, persistent ♦ *a persistent cough* een hardnekkige hoest; *persistent rain* aanhoudende regen [3] hardnekkig, koppig, halsstarrig, aandringend, insisterend ♦ *a persistent lock of hair* een weerbarstige haarlok; *a persistent thief* een onverbeterlijke dief [4] ⟨plantk⟩ blijvend, bladhoudend ♦ *persistent leaves* niet afvallende bladeren [5] ⟨dierk⟩ definitief ♦ *persistent gills* definitieve kieuwen [6] moeilijk afbreekbaar ⟨van chemische producten⟩, persistent

persnickety [bn] → **pernickety**

¹per·son /pɜːsn, ᴬpɜrsn/ [telb zn] [1] persoon, individu, mens, man, vrouw, figuur ♦ *you are the person I am looking for* jij bent de man/vrouw/persoon die ik zoek; ⟨euf⟩ *displaced person* ontheemde, vluchteling; *persons under eighteen not admitted* verboden voor personen onder de achttien jaar; *missing person* vermiste; *Missing Persons* (Afdeling) Vermissingen ⟨bij politie⟩; ⟨pej⟩ *some person or other has torn up my diary* iemand/een of ander individu heeft mijn dagboek verscheurd [2] lichaam, uiterlijk, voorkomen ♦ *attracted by her fine person* aangetrokken door haar fraaie voorkomen; *in the person of* in de persoon/gedaante van; *have sth. on/about one's person* iets bij zich hebben; *nothing was found on/about his person* er werd niets op hem gevonden [3] persoonlijkheid, karakter, persoon [4] ⟨euf⟩ geslachtsdelen ♦ *expose one's person* zijn geslachtsdeel ontbloten [5] ⟨jur⟩ rechtspersoon [6] personage, rol, karakter [7] ⟨vaak Person⟩ ⟨theol⟩ (goddelijk) persoon ♦ ⟨rel⟩ *First Person* Vader; *Second Person* Zoon; *Third Person* Heilige Geest [8] ⟨taalk⟩ persoon ♦ *first person singular* eerste persoon enkelvoud [9] ⟨inf⟩ liefhebber ⟨in het bijzonder van huisdieren⟩

historische en religieuze personen	2/2
Adam and Eve	Adam en Eva
Alexander the Great	Alexander de Grote
Aristotle	Aristoteles
Charlemagne	Karel de Grote
Henry the Eighth	Hendrik de Achtste
Herod	Herodotus
Homer	Homerus
Jesus Christ	Jezus Christus
John the Baptist	Johannes de Doper
Louis the Fourteenth	Lodewijk de Veertiende
Luke	Lucas
Mark	Marcus
Martin Luther	Maarten Luther
Mary	Maria
Matthew	Mattheus
Ovid	Ovidius
Paul	Paulus
Pope John Paul the Second	Paus Johannes Paulus de Tweede
William of Orange	Willem van Oranje

²per·son /pɜːsn, ᴬpɜrsn/ [niet-telb zn] fysieke persoon ♦ *the President appeared in his own proper person* de president verscheen in hoogsteigen persoon; *offence against the person* mishandeling

-per·son /pɜːsn, ᴬpɜrsn/ [vormt naamwoord] ⟨soms scherts⟩ -persoon ⟨gebruikt in plaats van -man i.v.m. discriminatie tegenover vrouwen; vrijwel uitsluitend m.b.t. vrouw⟩ ♦ *chairperson* voorzit(s)ter

¹per·so·na /pəsoʊnə, ᴬpər-/ [telb zn; voornamelijk mv; mv: personae /-niː/] personage, rol, karakter

²per·so·na /pəsoʊnə, ᴬpər-/ [telb zn] ⟨psych⟩ persona, imago, façade

per·son·a·ble /pɜːsnəbl, ᴬpɜr-/ [bn; bw: personably; zn: ~ness] knap, voorkomend, bevallig, aardig, goed gevormd

per·son·age /pɜːsnɪdʒ, ᴬpɜr-/ [telb zn] [1] personage, voornaam/eminent/belangrijk persoon [2] persoon, individu, figuur [3] personage, rol, karakter

per·so·na gra·ta /pəsoʊnə grɑːtə, ᴬpərsoʊnə grætə/ [telb zn; mv: personae gratae /-soʊni grɑːtiː/] persona grata, persoon die in de gunst staat ⟨in het bijzonder bij de regering van een land⟩

¹per·son·al /pɜːsnəl, ᴬpɜr-/ [telb zn] [1] kort krantenartikel over lokale personages [2] persoonlijke advertentie

3 ⟨vero; taalk⟩ persoonlijk voornaamwoord 4 ⟨basketb, American football⟩ persoonlijke fout 5 ⟨vnl mv⟩ ⟨vero; jur⟩ persoonlijk bezit, ⟨in mv ook⟩ roerend goed

personal pronoun	
onderwerp	lijdend of meewerkend voorwerp
I	me
you	you
he	him
she	her
it	it
we	us
you	you
they	them

²**per·son·al** /pɜːsnəl, ᴬpɜr-/ [bn] 1 persoonlijk, individueel, particulier, privaat, eigen ♦ *personal affairs* persoonlijke aangelegenheden; *personal assistant* persoonlijke medewerker; *personal belongings* persoonlijke bezittingen; ⟨telefoon⟩ *personal call* persoonlijk gesprek; *a personal computer* een pc, een personal computer; *elimination of the personal equation in historical writing* eliminatie van de persoonlijke fout bij geschiedschrijving; ⟨basketb, American football⟩ *personal foul* persoonlijke fout; *personal identification number* persoonlijk identificatienummer, pin; *personal organizer* personal organizer ⟨dikke zakagenda met ruimte voor rekenmachientje, creditcards e.d.⟩, elektronische agenda; *personal property* persoonlijk eigendom; ⟨jur⟩ *personal service* bestelling op naam; *personal stereo* walkman; *personal tax* personele belasting; ⟨België⟩ personenbelasting; *personal touch* persoonlijk cachet, persoonlijke toets; *personal mission statement* persoonlijke missionstatement, persoonlijke doel(stellingen); ⟨comp⟩ *personal digital assistant* persoonlijke handcomputer ⟨elektronische agenda⟩, pda; ⟨comp⟩ *personal communicator* persoonlijke/personal communicator ⟨pda-achtig apparaat⟩; ⟨comp⟩ *personal data organizer* organizer ⟨elektronische agenda⟩; ⟨comp⟩ *personal electronic devices* kleine, draagbare elektronica ⟨zoals laptop, mobieltje⟩; *personal shopper* persoonlijke shopper ⟨iemand die je boodschappen doet of je helpt/adviseert bij het boodschappen doen⟩, bezorger van de boodschappendienst; *personal trainer* persoonlijke trainer, privétrainer 2 ⟨vaak pej⟩ persoonlijk, à titre personnel, vertrouwelijk, intiem, beledigend ♦ *let us not become personal!* laten we niet (te) persoonlijk worden; *personal remarks* persoonlijke/beledigende opmerkingen; *he was very personal in his letters* hij was erg persoonlijk/beledigend in zijn brieven •⟩ ⟨boekh⟩ *personal accounts* persoonlijke rekening, personenrekening; ⟨BE⟩ *personal allowance* belastingvrije som, onbelastbaar inkomen

³**per·son·al** /pɜːsnəl, ᴬpɜr-/ [bn, attr] 1 persoonlijk, in (eigen) persoon verricht, uit eigen naam, zelf ♦ *a personal visit by the Queen* een persoonlijk bezoek van de koningin, een bezoek van de koningin zelf 2 persoonlijk, een zelfstandige persoon uitmakend ♦ *a personal god* een persoonlijke god 3 fysiek, lichamelijk, uiterlijk ♦ *personal hygiene* persoonlijke/intieme hygiëne, lichaamshygiëne 4 ⟨jur⟩ roerend ♦ *personal estate/property, things personal* roerend goed, roerende goederen 5 ⟨taalk⟩ persoonlijk ♦ *personal pronoun* persoonlijk voornaamwoord

personal column [telb zn] de rubriek 'persoonlijk' ⟨in blad⟩, familieberichten

¹**per·son·al·ism** /pɜːsnəlɪzm, ᴬpɜr-/ [telb + niet-telb zn] idiosyncrasie, individualisme

²**per·son·al·ism** /pɜːsnəlɪzm, ᴬpɜr-/ [niet-telb zn] ⟨filos⟩ personalisme, subjectief idealisme

per·son·al·i·ties /pɜːsənælətiz, ᴬpɜrsənælətiz/ [alleen mv] persoonlijkheden, (persoonlijk bedoelde) beledigingen, kwetsende/krenkende opmerkingen, personaliteiten ♦ *indulge in personalities* in beledigingen vervallen

¹**per·son·al·i·ty** /pɜːsənæləti, ᴬpɜrsənæləti/ [telb zn] persoonlijkheid, bekende figuur, beroemdheid

²**per·son·al·i·ty** /pɜːsənæləti, ᴬpɜrsənæləti/ [telb + niet-telb zn] 1 persoonlijkheid, karakter, inborst, aard, natuur ♦ *Walter has a weak personality* Walter is zwak van karakter; ⟨psych⟩ *split personality* gespleten persoonlijkheid 2 persoonlijkheid, bestaan als persoon, individualiteit, subjectiviteit, zelfbewustzijn ♦ *respect for a child's personality* respect voor de individualiteit van een kind 3 karakter, sfeer, eigenheid ♦ *the house has a lot of personality* het huis heeft veel sfeer

³**per·son·al·i·ty** /pɜːsənæləti, ᴬpɜrsənæləti/ [niet-telb zn] (sterk) karakter, persoonlijkheid ♦ *the job requires a great deal of personality* voor de baan is een flinke dosis persoonlijkheid vereist

personality cult [telb zn] persoonlijkheidscultus, persoonsverering

per·son·al·i·za·tion, per·son·al·i·sa·tion /pɜːsnəlaɪzeɪʃn, ᴬpɜrsnələ-/ [telb + niet-telb zn] 1 personificatie, verpersoonlijking 2 personalisatie, individualisering

¹**per·son·al·ize, per·son·al·ise** /pɜːsnəlaɪz, ᴬpɜr-/ [onov + ov ww] subjectiveren, persoonlijk opvatten, subjectief interpreteren ♦ *let us not personalize* laten we objectief blijven; *personalize a remark* een opmerking persoonlijk nemen

²**per·son·al·ize, per·son·al·ise** /pɜːsnəlaɪz, ᴬpɜr-/ [ov ww] 1 personifiëren, verpersoonlijken, antropomorfiseren 2 merken, labelen ♦ *personalized handkerchiefs* gemerkte zakdoeken; *personalized luggage* gelabelde bagage; *personalized stationery* postpapier op naam

per·son·al·ly /pɜːsnəli, ᴬpɜr-/ [bw] 1 persoonlijk, in (eigen) persoon, zelf 2 als persoon 3 voor mijn part, voor zoveel mij aangaat, wat mij betreft 4 van persoon tot persoon ♦ *speak personally to s.o. about sth.* iets onder vier ogen met iemand bespreken 5 persoonlijk, als een persoonlijke belediging ♦ *take sth. personally* iets als een persoonlijke belediging opvatten

per·son·al·ty /pɜːsnəlti, ᴬpɜr-/ [telb + niet-telb zn] ⟨jur⟩ roerend goed

per·so·na non gra·ta /pəsoʊnə nɒn grɑːtə, ᴬpɜrsoʊnə nɑn grætə/ [telb zn; mv: personae non gratae /-soʊni: -grɑːti/] persona non grata, persoon die niet in de gunst staat ⟨in het bijzonder m.b.t. de regering van een land⟩, ongewenste vreemdeling

¹**per·son·ate** /pɜːsənət, -neɪt, ᴬpɜr-/ [bn] ⟨plantk⟩ gemaskerd

²**per·son·ate** /pɜːsəneɪt, ᴬpɜr-/ [ov ww] 1 vertolken, voorstellen, uitbeelden, representeren, de rol spelen van 2 personifiëren, verpersoonlijken, belichamen 3 zich uitgeven voor, zich voordoen als, zich laten doorgaan voor

per·son·a·tion /pɜːsəneɪʃn, ᴬpɜr-/ [telb + niet-telb zn] 1 vertolking, impersonatie, voorstelling, uitbeelding, representatie 2 personificatie, verpersoonlijking, belichaming 3 persoonsvervalsing, (bedrieglijke) impersonatie

per·son·a·tor /pɜːsəneɪtə, ᴬpɜrsəneɪtər/ [telb zn] 1 vertolker, impersonator 2 personificatie, verpersoonlijking, belichaming 3 persoonsvervalser, bedrieglijk impersonator

per·son-day [telb zn] mandag

per·son·i·fi·ca·tion /pəsɒnɪfɪkeɪʃn, ᴬpɜrsɑː-/ [telb + niet-telb zn] personificatie, verpersoonlijking, belichaming, symbool ♦ *John is the personification of vanity* John is de ijdelheid in persoon

per·son·i·fy /pəsɒnɪfaɪ, ᴬpɜrsɑː-/ [ov ww] 1 personifiëren, verpersoonlijken, antropomorfiseren 2 belichamen,

personnel

verpersoonlijken, incarneren, symboliseren, representeren ♦ *John is vanity personified* John is de ijdelheid in persoon

¹per·son·nel /pɜːsənel, ᴬpɜr-/ [niet-telb zn] personeelsafdeling, (dienst) personeelszaken

²per·son·nel /pɜːsənel, ᴬpɜr-/ [verzamelw] **1** personeel, staf, werknemers, medewerkers **2** ⟨mil⟩ personele hulpmiddelen, troepen, manschappen

personnel carrier [telb zn] ⟨mil⟩ (gepantserde) troepentransportwagen

personnel manager [telb zn] personeelschef

per·son-to-per·son [bn; bw] ⟨vnl telefoon⟩ van persoon tot persoon, persoonlijk ♦ *person-to-person call* persoonlijk gesprek

per·spec·ti·val /pɜːspektaɪvl, ᴬpəspektɪvl/ [bn; bw: ~ly] perspectivisch

¹per·spec·tive /pəspektɪv, ᴬpər-/ [telb zn] **1** perspectieftekening, perspectivische tekening **2** perspectief ⟨ook figuurlijk⟩, verhouding, dimensie, proportie, configuratie ♦ *experience altered all perspectives* de ervaring wijzigde alle verhoudingen **3** vergezicht, uitzicht, perspectief **4** overzicht, perspectief ♦ *a perspective of the history of Belgium* een historisch perspectief van België **5** gezichtspunt ⟨ook figuurlijk⟩, oogpunt, standpunt ♦ *a distorted perspective of the matter* een vervormde kijk op de zaak; *see/look at sth. in its/the right perspective* iets vanuit de goede/juiste hoek bekijken, een juiste kijk op iets hebben; *see/look at sth. in its/the wrong perspective* iets vanuit een verkeerde hoek benaderen **6** toekomstperspectief, vooruitzicht, verschiet ♦ *a disappointing perspective* een teleurstellend toekomstperspectief

²per·spec·tive /pəspektɪv, ᴬpər-/ [niet-telb zn] **1** perspectief, doorzichtkunde, perspectivisch tekenen, dieptezicht ⟨ook figuurlijk⟩ ♦ *in perspective* in perspectief; *the picture is not in perspective* er zit geen perspectief in de tekening; ⟨fig⟩ *see/look at sth. in perspective* iets relativeren; *out of perspective* niet in perspectief **2** ⟨wisk⟩ perspectief ♦ *in perspective* homoloog **3** objectiviteit, relativiteit, (de) juiste verhoudingen ♦ *try to get perspective on your problems* tracht je moeilijkheden in een juist daglicht te plaatsen/ in hun juiste verhoudingen te zien

³per·spec·tive /pəspektɪv, ᴬpər-/ [bn; bw: ~ly] **1** perspectivisch **2** ⟨wisk⟩ perspectief, perspectivisch gelegen

per·spex /pɜːspeks, ᴬpɜr-/ [niet-telb zn; vaak Perspex] (soort) plexiglas, perspex

per·spi·ca·cious /pɜːspɪkeɪʃəs, ᴬpɜr-/ [bn; bw: ~ly; zn: ~ness] ⟨form⟩ scherpzinnig, schrander, pienter, spits

per·spi·cac·i·ty /pɜːspɪkæsəti, ᴬpɜrspɪkæsəti/ [niet-telb zn] ⟨form⟩ scherpzinnigheid, doorzicht, spitsheid, perspicaciteit

per·spi·cu·i·ty /pɜːspɪkjuːəti, ᴬpɜrspɪkjuːəti/ [niet-telb zn] ⟨form⟩ **1** helderheid, luciditeit, klaarheid, begrijpelijkheid **2** → **perspicacity**

per·spic·u·ous /pəspɪkjuəs, ᴬpər-/ [bn; bw: ~ness] ⟨form⟩ doorzichtig, helder, limpide, duidelijk, lucide

per·spi·ra·tion /pɜːspəreɪʃn, ᴬpɜr-/ [niet-telb zn] **1** transpiratie, het transpireren, het zweten **2** zweet

per·spir·a·to·ry /pəspɪrətri, ᴬpərspaɪrətɔri/ [bn] zweet-, zweetafscheidend, zweetdrijvend

¹per·spire /pəspaɪə, ᴬpərspaɪər/ [onov ww] transpireren, zweten

²per·spire /pəspaɪə, ᴬpərspaɪər/ [ov ww] uitzweten, afscheiden, uitwasemen

per·suad·a·ble /pəsweɪdəbl, ᴬpər-/, **per·sua·si·ble** /pəsweɪzəbl, ᴬpər-/ [bn; bw: persuadably; zn: ~ness; bw: persuasibly; zn: persuasibleness] **1** overtuigend, overredend, klemmend, afdoend **2** overreedbaar, (licht/gemakkelijk) te overtuigen/over te halen

per·suade /pəsweɪd, ᴬpər-/ [ov ww] **1** overreden, overhalen ♦ *persuade s.o. into doing sth.* iemand iets aanpraten, iemand brengen/bewegen tot iets; *persuade s.o. out of doing sth.* iemand van iets afbrengen, iemand iets uit het hoofd praten **2** overtuigen, klemmen, bepraten ♦ *persuade s.o. to do sth.* iemand tot iets overhalen; *persuade o.s. of sth.* zich met eigen ogen van iets overtuigen, zich van iets vergewissen; zichzelf iets wijsmaken; *persuade s.o. of sth.* iemand van iets overtuigen; *persuade s.o. that* iemand ervan overtuigen dat

per·suad·er /pəsweɪdə, ᴬpərsweɪdər/ [telb zn] **1** iemand die (gemakkelijk) overtuigt, pleitbezorger **2** ⟨inf⟩ klem, dwangmiddel ⟨geweer, zweep e.d.⟩ **3** ⟨sl⟩ ⟨benaming voor⟩ wapen, ⟨i.h.b.⟩ revolver, schietijzer

per·sua·si·bil·i·ty /pəsweɪzəbɪləti, ᴬpərsweɪzəbɪləti/ [niet-telb zn] **1** het overtuigend-zijn **2** het overreedbaar-zijn

¹per·sua·sion /pəsweɪʒn, ᴬpər-/ [telb zn] **1** overtuiging, convictie, mening, geloof, beginsel **2** (godsdienstige) overtuiging, denominatie, sekte, (religieuze) groepering, godsdienst ♦ *people of different persuasions* mensen met verschillende (geloofs)overtuiging; *be of the Roman Catholic persuasion* behoren tot de rooms-katholieke kerk **3** ⟨vnl enkelvoud⟩ ⟨vaak scherts⟩ slag, soort, genre, geslacht

²per·sua·sion /pəsweɪʒn, ᴬpər-/ [telb + niet-telb zn] overtuiging, overreding

³per·sua·sion /pəsweɪʒn, ᴬpər-/ [niet-telb zn] **1** overtuigdheid, het overtuigd-zijn **2** overtuigingskracht, overredingskracht

per·sua·sive /pəsweɪsɪv, ᴬpər-/ [bn; bw: ~ly; zn: ~ness] overtuigend, overredend, klemmend, afdoend

pert /pɜːt, ᴬpɜrt/, ⟨in betekenis 3 AE ook⟩ **peart** /pɪət, ᴬpɪrt/ [bn; vergr trap: perter; bw: ~ly; zn: ~ness; bw: peartly; zn: peartness] **1** vrijpostig, brutaal, stout, bijdehand **2** zwierig, kwiek, elegant, sierlijk, parmantig, pront **3** ⟨vnl AE⟩ monter, levendig, opgewekt, vrolijk

per·tain /pəteɪn, ᴬpər-/ [onov ww] ⟨form⟩ passen, geschikt/pertinent/relevant zijn **•** zie: **pertain to**

pertain to [onov ww] ⟨form⟩ **1** behoren tot, deel uitmaken van **2** eigen zijn aan, karakteristiek zijn voor, passend/geschikt zijn voor **3** betrekking hebben op, verband houden met, in relatie staan tot/met, gerelateerd zijn aan

per·ti·na·cious /pɜːtɪneɪʃəs, ᴬpɜrtəneɪʃəs/ [bn; bw: ~ly; zn: ~ness] ⟨form⟩ halsstarrig, hardnekkig, koppig, obstinaat, volhardend

per·ti·nac·i·ty /pɜːtɪnæsəti, ᴬpɜrtənæsəti/ [niet-telb zn] ⟨form⟩ halsstarrigheid, balsturigheid, stijfhoofdigheid, volharding

per·ti·nence /pɜːtɪnəns, ᴬpɜrtn-əns/, **per·ti·nen·cy** /-nsi/ [niet-telb zn] ⟨form⟩ pertinentie, relevantie, toepasselijkheid

¹per·ti·nent /pɜːtɪnənt, ᴬpɜrtn-ənt/ [telb zn; voornamelijk mv] ⟨SchE; jur⟩ toebehoren, afhankelijkheden

²per·ti·nent /pɜːtɪnənt, ᴬpɜrtn-ənt/ [bn; bw: ~ly] ⟨form⟩ relevant, raak, ad rem, ter zake, gepast, pertinent ♦ *pertinent to* toepasselijk op, betrekking hebbend op

per·turb /pətɜːb, ᴬpərtɜrb/ [ov ww] **1** ⟨form⟩ in de war brengen ⟨ook figuurlijk⟩, verfomfaaien, in verwarring brengen, van streek brengen, verontrusten **2** ⟨techn⟩ (ver)storen, de baan/beweging (ver)storen van

¹per·tur·ba·tion /pɜːtəbeɪʃn, ᴬpɜrtər-/ [telb zn] ⟨techn⟩ (ver)storing, stoornis, afwijking ⟨in baan van hemellichaam, elektron e.d.⟩

²per·tur·ba·tion /pɜːtəbeɪʃn, ᴬpɜrtər-/ [telb + niet-telb zn] ⟨form⟩ verwarring, storing, opschudding, agitatie, wanorde, ontsteltenis

per·tus·sis /pətʌsɪs, ᴬpər-/ [niet-telb zn] ⟨med⟩ kinkhoest

Pe·ru /pəruː/ [eigenn] Peru

pestilent

Peru	
naam	**Peru** *Peru*
officiële naam	**Republic of Peru** *Republiek Peru*
inwoner	**Peruvian** *Peruaan*
inwoonster	**Peruvian** *Peruaanse*
bijv. naamw.	**Peruvian** *Peruaans*
hoofdstad	**Lima** *Lima*
munt	**new sol** *nieuwe sol*
werelddeel	**America** *Amerika*
int. toegangsnummer **51** www **.pe** auto **PE**	

pe·ruke /pəru:k/ [telb zn] ⟨vnl gesch⟩ (lange) pruik

pe·rus·al /pəru:zl/ [telb + niet-telb zn] [1] het doorlezen, nalezing, (nauwkeurige/grondige) lezing ♦ *the article demands careful perusal* het artikel vereist nauwkeurige lezing, het artikel dient nauwkeurig/aandachtig gelezen te worden; *for perusal* ter inzage [2] het bestuderen, analyse, uitpluizing

pe·ruse /pəru:z/ [ov ww] [1] doorlezen, nalezen, (nauwkeurig/grondig) lezen, doornemen [2] bestuderen, analyseren, uitpluizen

¹Pe·ru·vi·an /pəru:vɪən/ [telb zn] Peruaan(se), Peruviaan(se)

²Pe·ru·vi·an /pəru:vɪən/ [bn] Peruaans, Peruviaans • *Peruvian bark* kinabast

¹per·vade /pəveɪd, ᴬpər-/ [onov ww] algemeen verspreid/verbreid zijn, heersen

²per·vade /pəveɪd, ᴬpər-/ [ov ww] doordringen ⟨ook figuurlijk⟩, zich verspreiden in, doortrekken, diffunderen, vervullen ♦ *the smell of roses pervaded the air* de lucht was doordrongen van rozengeur; *his spirit pervades the entire book* zijn geest is in het hele boek aanwezig

per·va·sion /pəveɪʒn, ᴬpər-/ [niet-telb zn] [1] doordringing ⟨ook figuurlijk⟩, verspreiding, diffusie, doordrongenheid [2] doordrongenheid ⟨ook figuurlijk⟩, verzadiging [3] algemene verspreiding/verbreiding

per·va·sive /pəveɪsɪv, ᴬpər-/ [bn; bw: ~ly; zn: ~ness] [1] doordringend ⟨ook figuurlijk⟩, diepgaand [2] algemeen verspreid/verbreid, alomtegenwoordig, overal tegenwoordig

¹perve, perv /pɜ:v, ᴬpɜrv/ [telb zn] [1] ⟨BE; inf⟩ pervers/geil persoon [2] ⟨AuE⟩ geile blik

²perve /pɜ:v, ᴬpɜrv/ [onov ww] [1] ⟨BE⟩ zich geil gedragen, geilen [2] ⟨AuE⟩ geil kijken

per·verse /pəvɜ:s, ᴬpərvɜrs/ [bn; bw: ~ly; zn: ~ness] [1] pervers, verkeerd, verdorven, slecht [2] dwars, tegendraads, contrarie [3] eigenzinnig, koppig, onhandelbaar, gemelijk, balorig, vervelend, onaangenaam [4] pervers, tegennatuurlijk

¹per·ver·sion /pəvɜ:ʃn, ᴬpərvɜrʒn/ [telb zn] perversiteit, perversie ⟨in het bijzonder seksueel⟩

²per·ver·sion /pəvɜ:ʃn, ᴬpərvɜrʒn/ [telb + niet-telb zn] pervertering, verdraaiing, verwringing, vervorming, verkeerde voorstelling/opvatting/toepassing ♦ *a perversion of the law* een verdraaiing/valse uitlegging van de wet; *a perversion of the truth* een verwrongen voorstelling van de waarheid

³per·ver·sion /pəvɜ:ʃn, ᴬpərvɜrʒn/ [niet-telb zn] perversie, het pervers-zijn ⟨in het bijzonder seksueel⟩

per·ver·si·ty /pəvɜ:səti, ᴬpərvɜrsəti/ [telb + niet-telb zn] perversiteit, vorm/uiting van perversiteit, perversie

per·ver·sive /pəvɜ:sɪv, ᴬpərvɜr-/ [bn] verderfelijk, verdraaiend

¹per·vert /pɜ:vɜ:t, ᴬpɜrvɜrt/ [telb zn] [1] pervers persoon, viezerik, gedegenereerde, geperverteerde ⟨in het bijzonder seksueel⟩ [2] afvallige

²per·vert /pəvɜ:t, ᴬpərvɜrt/ [ov ww] [1] verkeerd aanwenden, misbruiken, aantasten, verstoren ♦ *pervert the course of justice* verhinderen dat het recht zijn loop heeft, dilatoire middelen gebruiken; *pervert evidence* bewijsmateriaal misbruiken [2] verdraaien, verwringen, vervormen, verkeerd voorstellen/opvatten/toepassen ♦ *his ideas had been perverted by shrewd politicians* zijn opvattingen waren door gewiekste politici verkeerd voorgesteld; *pervert the law* het recht naar zijn hand zetten [3] perverteren, corrumperen, bederven, afvallig maken, doen ontaarden/degenereren; → perverted

per·vert·ed /pəvɜ:tɪd, ᴬpərvɜrtɪd/ [bn; volt deelw van pervert; bw: ~ly] [1] verdraaid, verwrongen, vervormd [2] geperverteerd, pervers, gecorrumpeerd, verdorven [3] ontaard, gedegenereerd

per·vert·i·ble /pəvɜ:təbl, ᴬpərvɜrtəbl/ [bn] [1] vatbaar voor verdraaiing [2] vatbaar voor corruptie

per·vi·ous /pɜ:vɪəs, ᴬpɜr-/ [bn, attr; bw: ~ly; zn: ~ness] ⟨form⟩ [1] toegankelijk ⟨ook figuurlijk⟩, bereikbaar, accessibel, vatbaar, genaakbaar ♦ *to be pervious to reason* vatbaar zijn voor rede [2] doordringbaar, doorlatend ♦ *pervious to water* waterdoorlatend; *a metal that is pervious to heat* een metaal dat goed warmte geleidt

¹Pe·sach, Pe·sah /peɪsɑ:k, -sɑ:x/ [eigenn] ⟨jod⟩ Pesach, Pascha ⟨joods paasfeest⟩

²Pe·sach, Pe·sah /peɪsɑ:k, -sɑ:x/ [telb zn] ⟨jod⟩ paaslam

pes·ky /peski/ [bn; vergr trap: peskier; bw: peskily; zn: peskiness] ⟨AE; inf⟩ verduiveld, hinderlijk, irriterend, vervelend, beroerd, ellendig

pes·sa·ry /pesəri/ [telb zn] pessarium

pes·si·mism /pesɪmɪzm/ [niet-telb zn] pessimisme ⟨ook filosofie⟩, zwartkijkerij, negativisme

pes·si·mist /pesɪmɪst/ [telb zn] pessimist ⟨ook filosofie⟩, zwartkijker, negativist

pes·si·mis·tic /pesɪmɪstɪk/, ⟨soms⟩ **pes·si·mis·ti·cal** /-ɪkl/ [bn; bw: ~ally] pessimistisch ⟨ook filosofie⟩, zwartgallig, negativistisch

pest /pest/ [telb zn] [1] lastig iemand/iets, lastpost, lastpak, plaag, etter [2] schadelijk dier, schadelijke plant [3] pest, plaag, verderf, kwelling [4] ⟨vero⟩ pest, epidemie, plaag

pest control [niet-telb zn] ⟨landb⟩ bestrijding van plagen, ongediertebestrijding, plantenziektebestrijding

pes·ter /pestə, ᴬ-ər/ [ov ww] kwellen, lastigvallen, pesten, aandringen bij, drammen bij ♦ *pester s.o. to do sth.* iemand ertoe nopen iets te doen, iemand door te blijven zeuren, dwingen tot het doen van iets; *pester s.o. for sth.* iemand om iets lastigvallen, bij iemand om iets zeuren; ⟨fig⟩ *pester the life out of s.o.* iemand het leven zuur/onmogelijk maken, iemand de Calvarieberg opleiden; *pester s.o. with sth.* iemand met iets lastigvallen/teisteren

pes·ter·er /pestərə, ᴬ-ər/ [telb zn] kwelgeest, zeur, drammer

pester power [niet-telb zn] zeurterreur ⟨dwingelandij, met name van kinderen⟩

pest house [telb zn] ⟨gesch⟩ pesthuis, lazaret

pes·ti·cide /pestɪsaɪd/ [telb + niet-telb zn] pesticide, verdelgingsmiddel, (plantenziekte)bestrijdingsmiddel

pes·tif·er·ous /pestɪfərəs/ [bn; bw: ~ly; zn: ~ness] [1] schadelijk, pernicieus, besmettelijk, verpestend [2] verderfelijk, funest, pestilent, corrumperend, verpestend [3] ⟨inf⟩ vervelend, irriterend, lastig

¹pes·ti·lence /pestɪləns/ [telb zn] [1] pestilentie, (pest)epidemie [2] pestilentie, pestbuil, pest

²pes·ti·lence /pestɪləns/ [niet-telb zn] pest, ⟨vnl⟩ builenpest

pes·ti·lent /pestɪlənt/, **pes·ti·len·tial** /-lenʃl/ [bn; bw: ~ly, ~ially] [1] fataal, dodelijk, funest, vernietigend, letaal [2] verderfelijk, corrumperend, verpestend, pestilent [3] besmettelijk, verpestend, pestilent, pesterig, pestziek, pestachtig [4] ⟨inf⟩ (dood)vervelend, irriterend, lastig, drammerig, zeurderig ♦ *these pestilent children give me no peace* die zeurende/drenzerige kinderen laten me niet pestle

met rust
¹**pes·tle** /pesl, pestl/ [telb zn] stamper
²**pes·tle** /pesl, pestl/ [onov + ov ww] stampen, fijnstampen
pes·to /pestoʊ/ [niet-telb zn] ⟨cul⟩ pesto
pes·tol·o·gy /pestplədʒi, ^-stɑ-/ [niet-telb zn] studie van schadelijk gedierte
pests /pests/ [alleen mv] ongedierte, schadelijk gedierte
¹**pet** /pet/ [telb zn] ① huisdier, troeteldier, lievelingsdier ② lieveling, favoriet, gunsteling, troetel ♦ *the teacher's pet* het lievelingetje/de oogappel van de leraar ③ ⟨inf⟩ snoes ♦ *what a pet of a dress!* wat een snoes/schat van een jurk! ④ boze bui ♦ *be in a pet* een bui hebben
²**pet** /pet/ [bn, attr] ① tam, huis-, gedomesticeerd ♦ *pet snake* huisslang ② bestemd voor huisdieren ♦ *pet food* voedsel voor huisdieren, honden- en kattenvoer ③ favoriet, geliefkoosd, lievelings-, troetel- ♦ *politicians are my pet aversion* aan politici heb ik een hartgrondige hekel, ik verfoei politici; ⟨inf⟩ *pet hate* iets/iemand waar men een (grondige) hekel aan heeft; *pet name* koosnaam, troetelnaam; *one of his pet theories* een van zijn lievelingsideeën; *pet topic* stokpaardje
³**pet** /pet/ [onov ww] ① een kwade bui hebben, zich gepikeerd voelen, verontwaardigd/geraakt/gekwetst zijn, pruilen ② vrijen, flikflooien ♦ *heavy petting* stevige vrijpartij, onstuimig voorspel ⟨seks zonder penetratie⟩
⁴**pet** /pet/ [ov ww] ① (ver)troetelen, verwennen, koesteren ② strelen, aaien, liefkozen, aanhalen, vrijen met
PET [afk] ① (positron emission tomography) pet (positronemissietomografie) ② (polyethylene terephthalate) pet (polyethyleentereftalaat)
pet·a- /petə, ^petə/ peta- ⟨factor van 10¹⁵⟩
petabyte [telb zn] ⟨comp⟩ petabyte ⟨1000 terabyte⟩
pet·a·flop /petəflɒp, ^petəflɑp/ [telb zn; voornamelijk mv] ⟨comp⟩ petaflop ⟨computersnelheidsmaat: 1 petaflop = 10¹⁵ berekeningen per seconde⟩
pet·al /petl/ [telb zn] ⟨plantk⟩ bloemblad, kroonblad, petaal
pet·al·ine /petlaɪn/ [bn] ⟨plantk⟩ ① m.b.t./van een bloemblad ② bloembladachtig
pet·alled, ⟨AE ook⟩ **pet·aled** /petld/ [bn] ⟨plantk⟩ met bloembladen
pet·al·oid /petlɔɪd/ [bn] ⟨plantk⟩ bloembladachtig
pe·tard /pɪtɑːd, ^-tɑrd/ [telb zn] ① petard, springbus ② voetzoeker, klapper, bommetje ❋ *be hoist with one's own petard* in de kuil vallen die je voor een ander gegraven hebt
pet·a·sus, pet·a·sos /petəsəs/ [telb zn] petasos, hermeshoed
Pete /piːt/ [eigenn] Pete, Piet ❋ ⟨inf⟩ *for Pete's sake* in 's hemelsnaam, in godsnaam
pe·te·chia /pɪtiːkɪə/ [telb zn; mv: petechiae /-kiː/] ⟨med⟩ petechie
¹**pe·ter** /piːtə, ^piːtər/ [telb zn] ① ⟨kaartsp⟩ invite ② ⟨sl⟩ cachot, cel, bak, nor ③ ⟨sl⟩ (brand)kast, kluis, safe ④ ⟨sl⟩ getuigenbank ⑤ ⟨vnl AE; sl⟩ piemel, pik, fluit
²**pe·ter** /piːtə, ^piːtər/ [onov ww] ① afnemen, uitsterven, slinken, verminderen, verzwakken ♦ *our food supply is petering out* onze voedselvoorraad slinkt ② ⟨vaak met *out*⟩ uitgeput raken, opraken, doodlopen, verzanden, uitgaan, doven, opdrogen ♦ *the Victorian age petered out at about the end of 1918* het victoriaanse tijdperk liep tegen het einde van 1918 af ③ ⟨kaartsp⟩ inviteren, een invite doen
Pe·ter /piːtə, ^piːtər/ [eigenn] ① Peter, Piet(er), Petrus ♦ *St Peter's Keys* de sleutels van Sint-Pieter, het wapen van de paus ② ⟨Bijb⟩ (brief van) Petrus ❋ *rob Peter to pay Paul* het ene gat met het andere vullen
pe·ter·man /piːtəmən, ^piːtər-/ [telb zn] ⟨inf⟩ brandkastkraker
Peter penny, Peter's penny /piːtəz peni, ^piːtərz-/,

Peter pence, Peter's pence [niet-telb zn] Sint-Pieterspenning
¹**pe·ter·sham** /piːtəʃəm, ^piːtər-/ [telb zn] ① geribd zijden lint ② zware (wollen) overjas
²**pe·ter·sham** /piːtəʃəm, ^piːtər-/ [niet-telb zn] zware (wollen) stof
pet·i·o·lar /petioʊlə, ^petioʊlər/ [bn] ⟨plantk⟩ ① m.b.t./van de bladstengel ② groeiend op een bladstengel
pet·i·o·late /petioʊleɪt, -lət/, **pet·i·o·lat·ed** /-leɪtɪd/ [bn] ⟨plantk⟩ met een bladstengel
pet·i·ole /petioʊl/ [telb zn] ⟨plantk⟩ bladstengel
pet·it /peti/ [bn, attr] ⟨jur⟩ klein, gering ♦ *petit jury* jury (met twaalf leden); *petit larceny* gewone diefstal, kruimeldiefstal; *petit sessions* ⟨in Nederland⟩ kantongerecht; ⟨in België⟩ politierechtbank ❋ *petit bourgeois* lagere middenstander; ⟨pej⟩ bourgeois, bekrompen burger; *petit four* petitfour
pe·tite /pətiːt/ [bn] tenger, fijn, sierlijk, keurig ⟨van vrouw⟩ ❋ *petite bourgeoisie* lagere middenstand, kleine burgerij
¹**pe·ti·tion** /pɪtɪʃn/ [telb zn] ① verzoek, vraag, smeking, smeekbede ② petitie, smeekschrift, verzoek(schrift), rekest, adres, petitionnement ♦ *petition to the Crown* adres aan de Koning; ⟨BE; gesch⟩ *petition of right* verzoekschrift om willekeur van Koning te beperken ③ ⟨jur⟩ verzoek(schrift), aanvraag ♦ *petition in bankruptcy* faillissementsaanvrage; *file a petition for divorce* een aanvraag tot echtscheiding indienen; ⟨BE⟩ *petition of right* aanvraag tot rechtsherstel (tegen de Kroon)
²**pe·ti·tion** /pɪtɪʃn/ [onov ww] petitioneren, rekestreren, een petitie indienen, smeken ♦ *petitioning creditor* faillissement aanvragende crediteur/schuldeiser; *several associations petitioned for a change in the law* verscheidene verenigingen dienden een petitie tot wetswijziging in/petitioneerden om een wetswijziging te verkrijgen
³**pe·ti·tion** /pɪtɪʃn/ [ov ww] petitioneren, rekestreren, bij petitie verzoeken, een petitie richten tot ♦ *ten organizations petitioned the government for the release of the detainees* tien organisaties verzochten de regering bij petitie de gedetineerden vrij te laten
pe·ti·tion·ar·y /pɪtɪʃənri, ^-neri/ [bn] verzoek-, smeek-, smekend, biddend
pe·ti·tion·er /pɪtɪʃənə, ^-ər/ [telb zn] ① petitionaris, verzoeker, rekestrant, adressant, rekwirant ② ⟨BE; jur⟩ eiser ⟨in een echtscheidingsgeding⟩
pe·ti·ti·o prin·ci·pi·i /pɪtɪʃioʊ prɪnsɪpiaɪ/ [telb zn] ① ⟨filos⟩ petitio principii, schijnbewijs ⟨bewijs met gebruikmaking van de te bewijzen stelling⟩ ② het ontwijken van de moeilijkheid
pe·tit mal /peti mæl, ^pəti: mɑl/ [niet-telb zn] ⟨med⟩ petit mal, (vorm van) epilepsie
petit point /peti pɔɪnt/ [niet-telb zn] ① petit point ⟨halve kruissteek⟩ ② borduurwerk in petit point
pet·nap·per /petnæpə, ^-ər/ [telb zn] persoon die huisdieren steelt
pet·nap·ping /petnæpɪŋ/ [niet-telb zn] het stelen van huisdieren
pet·rel /petrəl/ [telb zn] ⟨dierk⟩ stormvogel ⟨orde der Procellariiformes⟩ ♦ *stormy petrel* stormvogeltje ⟨Hydrobates pelagicus⟩
Pe·tri dish /piːtri dɪʃ/ [telb zn] petrischaal
¹**pet·ri·fac·tion** /petrɪfækʃn/, **pet·ri·fi·ca·tion** /petrɪfɪkeɪʃn/ [telb zn] verstening, versteend lichaam, fossiel, petrefact
²**pet·ri·fac·tion** /petrɪfækʃn/, **pet·ri·fi·ca·tion** /petrɪfɪkeɪʃn/ [niet-telb zn] ① verstening, petrificatie ② verstijving, verbijstering, ontzetting, verlamming
¹**pet·ri·fy** /petrɪfaɪ/ [onov ww] verstenen, petrificeren, tot steen worden, fossiliseren ⟨ook figuurlijk⟩ ♦ *the Petrified Forest* het Petrified Forest, het versteende

woud ⟨in Arizona, USA⟩

²**pet·ri·fy** /petrɪfaɪ/ [ov ww] ① (doen) verstenen, tot steen maken ② doen verstijven, verbijsteren, ontzetten, verlammen ♦ *be petrified by/with terror* verstijfd/ontzet zijn van schrik, verlamd zijn door angst ③ verharden, verstompen, doen verschalen

pet·ro- /petroʊ/ ① olie-, petro- ♦ *petrodollar* oliedollar ② petro-, m.b.t./van gesteenten, rots- ♦ *petroglyph* rotstekening

¹**pet·ro·chem·i·cal** /petroʊkemɪkl/ [telb zn] petrochemische stof, ⟨mv⟩ petrochemicaliën

²**pet·ro·chem·i·cal** /petroʊkemɪkl/ [bn] petrochemisch

pet·ro·chem·is·try /petroʊkemɪstri/ [niet-telb zn] petrochemie

pet·ro·dol·lar /petroʊ dɒlə, ᴬ-dɑ-/ [telb zn] petrodollar, oliedollar

pet·ro·glyph /petrəglɪf/ [telb zn] ⟨gesch⟩ rotstekening

pe·trog·ra·pher /pɪtrɒgrəfə, ᴬpɪtrɑgrəfər/ [telb zn] petrograaf

pet·ro·graph·ic /petrəgræfɪk/, **pet·ro·graph·i·cal** /-ɪkl/ [bn; bw: ~ally] petrografisch

pe·trog·ra·phy /pɪtrɒgrəfi, ᴬpɪtrɑ-/ [niet-telb zn] petrografie

pet·rol /petrəl/ [niet-telb zn] ⟨BE⟩ benzine ♦ *fill the car up with petrol* de wagen vol tanken

pet·ro·la·tum /petrəleɪtəm/ [niet-telb zn] ⟨AE⟩ ① petrolatum, vaseline ⟨gezuiverd⟩, smeervet ② ⟨vnl med⟩ paraffineolie, paraffinum liquidum

petrol bomb [telb zn] benzinebom

pe·tro·le·um /pɪtroʊliəm/ [niet-telb zn] aardolie

pe·tro·le·um-bear·ing [bn] ⟨aard⟩oliehoudend

petroleum industry [telb zn] ⟨aard⟩olie-industrie

petroleum jelly [niet-telb zn] ⟨BE⟩ petrolatum, vaseline ⟨gezuiverd⟩, smeervet

petrol gauge [telb zn] benzinemeter

pe·trol·ic /pɪtrɒlɪk, ᴬ-trɑ-/ [bn] ① benzine- ② aardolie-

pet·ro·log·ic /petrəlɒdʒɪk, ᴬ-lɑ-/, **pet·ro·log·i·cal** /-ɪkl/ [bn; bw: ~ally] ⟨geol⟩ petrologisch

pe·trol·o·gist /pɪtrɒlədʒɪst, ᴬ-trɑ-/ [telb zn] ⟨geol⟩ petroloog

pe·trol·o·gy /pɪtrɒlədʒi, ᴬ-trɑ-/ [niet-telb zn] ⟨geol⟩ petrologie, wetenschap der gesteenten

petrol pump [telb zn] benzinepomp

petrol station [telb zn] ⟨BE⟩ tankstation, benzinestation

pet·ro·pound /petroʊpaʊnd/ [telb zn] petropond, oliepond

pe·tro·sal /pətroʊsl/ [bn] ⟨biol⟩ m.b.t. het rotsbeen

pet·rous /petrəs/ [bn] ① rots-, rotsachtig, rotsig ② hard ③ → petrosal

PET scan /petskæn/ [telb zn] ⟨med⟩ (positron emission tomography) PET-scan

pet shop [telb zn] dierenwinkel

¹**pet·ti·coat** /petɪkoʊt/ [telb zn] ① (onder)rok, petticoat ♦ *she's a Cromwell in petticoats* ze is een vrouwelijke Cromwell ② kinderjurk ♦ *I have known him since he was in petticoats* ik ken hem van kindsbeen af ③ ⟨inf; vaak beled⟩ meid, vrouw, meisje

²**pet·ti·coat** /petɪkoʊt/ [bn, attr; vaak beledigend] vrouwelijk, door/van vrouwen ♦ *petticoat government* vrouwenregering, gynocratie, overheersing van de man door de vrouw

pet·ti·coat·ed /petɪkoʊtɪd/ [bn] ① in onderrok ② versierd met smokwerk

pet·ti·fog /petɪfɒg, ᴬpetɪfɑg, ᴬ-fɔg/ [onov ww] ① juristerij gebruiken, door de mazen van de wet kruipen, chicaneren ② beunhazen ③ haarkloven, muggenziften, vitten

pet·ti·fog·ger /petɪfɒgə, ᴬpetɪfɑgər/ [telb zn] ① procedurier, chicaneur, advocaat van kwade zaken ② beunhaas, brekebeen, kluns, roffelaar ③ haarklover, muggenzifter, vitter

pet·ti·fog·gery /petɪfɒgəri, ᴬpetɪfɑgəri/ [telb + niet-telb zn] ① juristerij, chicane, advocaterij, captie ② beunhazerij, onbevoegdheid, knoeierij ③ haarkloverij, muggenzifterij, vitterij

pet·ti·fog·ging /petɪfɒgɪŋ, ᴬpetɪfɑgɪŋ/ [bn] ① chicanerend ② muggenzifterig, vitterig, kleingeestig ③ beuzelachtig, nietig, onbeduidend

petting zoo [telb zn] ⟨AE⟩ kinderboerderij

pet·tish /petɪʃ/ [bn; bw: ~ly; zn: ~ness] humeurig, lichtgeraakt, nukkig, gemelijk, kribbig

pet·ti·toes /petɪtoʊz/ [alleen mv] ⟨cul⟩ varkenspootjes

¹**pet·ty** /peti/ [bn; vergr trap: pettier; bw: pettily; zn: pettiness] ① onbetekenend, onbelangrijk, onbeduidend, triviaal, nietig ♦ *petty details* onbelangrijke details; *petty troubles* overkomelijke moeilijkheden ② kleingeestig, enggeestig, bekrompen, klein, verachtelijk ♦ *petty act of unkindness* verachtelijke daad van liefdeloosheid; *petty outlook* bekrompen kijk ③ klein, kleinschalig, tweederangs, ondergeschikt ♦ *petty bourgeois* lagere middenstander; ⟨pej⟩ bourgeois, bekrompen burger; *petty bourgeoisie* lagere middenstand; *petty cash* kleine kas; *petty farmers* kleine boeren; ⟨scheepv⟩ *petty officer* onderofficier; *petty shopkeepers* kleine winkeliers

²**pet·ty** /peti/ [bn, attr; vergr trap: pettier; bw: pettily; zn: pettiness] ⟨jur⟩ klein, gering ⟨voornamelijk tegenover grand⟩ ♦ *petty jury* jury ⟨met twaalf leden⟩; *petty larceny* gewone diefstal, kruimeldiefstal; *petty sessions* ⟨in Nederland⟩ kantongerecht; ⟨in België⟩ politierechtbank; ⟨gesch⟩ *petty treason* misdaad tegen een van 's konings onderdanen; ⟨i.h.b.⟩ moord op een meerdere ⟨knecht op meester, vrouw op man, enz.; tegenover high treason⟩

pet·u·lance /petʃʊləns, ᴬ-tʃə-/, ⟨AE ook⟩ **pet·u·lan·cy** /-si/ [niet-telb zn] prikkelbaarheid, humeurigheid, nukkigheid

pet·u·lant /petʃʊlənt, ᴬ-tʃə-/ [bn; bw: ~ly] prikkelbaar, humeurig, gemelijk, nukkig, kregelig

pe·tu·nia /pɪtjuːniə, ᴬpɪtuː-/ [telb zn] ⟨plantk⟩ petunia ⟨genus Petunia⟩

¹**pew** /pjuː/ [telb zn] ① kerkbank ② ⟨inf⟩ stoel, zitplaats ♦ ⟨BE⟩ *find/take a pew* ga zitten

²**pew** /pjuː/ [tw] ⟨AE⟩ pf, jasses, bah

pew·age /pjuːɪdʒ/ [niet-telb zn] stoelengeld, plaatsgeld

pew·hold·er [telb zn] huurder/eigenaar van een kerkbank

pe·wit, pee·wit /piːwɪt/ [telb zn] ① ⟨dierk⟩ kievit ⟨Vanellus vanellus⟩ ② ⟨verk: pewit gull⟩ ③ piewiet ⟨vogelroep⟩

pewit gull, peewit gull [telb zn] ⟨dierk⟩ kokmeeuw ⟨Larus ridibundus⟩

pew-open·er [telb zn] plaatsaanwijzer van kerkgangers

¹**pew·ter** /pjuːtə, ᴬpjuːtər/ [telb zn] ⟨BE; inf⟩ (ere)beker

²**pew·ter** /pjuːtə, ᴬpjuːtər/ [niet-telb zn] ① peauter, ⟨zogenaamd⟩ tin ② tin, tinnegoed, tinnen vaatwerk, tinwerk

³**pew·ter** /pjuːtə, ᴬpjuːtər/ [bn, attr] tinnen, uit peauter vervaardigd ♦ *pewter dishes* tinnen schotels; *pewter mugs* tinnen kroezen

pew·ter·er /pjuːtərə, ᴬpjuːtərər/ [telb zn] tinnegieter

pewter ware [niet-telb zn] tinnegoed, tinnen vaatwerk

¹**pe·yo·te** /peɪoʊti/, ⟨AE ook⟩ **pe·yo·tl** /peɪoʊtl/ [telb zn] ⟨plantk⟩ peyotl(cactus), peyote ⟨voornamelijk Lophophora williamsii⟩

²**pe·yo·te** /peɪoʊti/, ⟨AE ook⟩ **pe·yo·tl** /peɪoʊtl/ [niet-telb zn] mescaline ⟨drug uit de peyote⟩

peyotero /peɪoʊtəroʊ/ [telb zn] ⟨vnl AE⟩ vergunninghouder voor het verhandelen van peyote

Pfc [afk] (private first class)

PFI [afk] (private finance initiative)

P45 /piː fɔːtifaɪv, ᴬ-fɔr-/ [telb zn] ⟨Groot-Brittannië⟩ over-

zicht van loon en pensioenpremies dat verkregen wordt bij ontslag
PG [afk] ① ⟨AE; film⟩ (Parental Guidance) ② (paying guest)
pH [telb zn] ⟨scheik⟩ (potential of hydrogen) pH
PH [afk] (Purple Heart)
pha·e·ton /feɪtn, ᴬfeɪətn/ [telb zn] ① faëton ⟨licht vierwielig rijtuigje⟩ ② ⟨AE⟩ cabriolet ⟨auto⟩
phage /feɪdʒ/ [telb zn] ⟨dierk⟩ (verk: bacteriophage) faag, bacteriofaag
phag·e·den·ic, phag·e·daen·ic /fædʒədiːnɪk, ᴬ-denɪk/ [bn] ⟨med⟩ fagedenisch, in de omgeving doordringend ⟨van een zweer⟩
phag·o·cyte /fægəsaɪt/ [telb zn] ⟨dierk⟩ fagocyt
phag·o·cyt·ic /fægəsɪtɪk/ [bn] ⟨dierk⟩ fagocytair
phag·o·cyt·ize, phag·o·cyt·ise /fægəsaɪtaɪz/ [ov ww] ⟨dierk⟩ fagocyteren
phag·o·cy·to·sis /fægəsaɪtoʊsɪs/ [telb zn; mv: phagocytoses /-siːz/] ⟨dierk⟩ fagocytose
-pha·gous /fəgəs/ -etend ◆ *ichthyophagous* visetend
-pha·gy /fədʒi/, **-pha·gia** /feɪdʒɪə/ -fagie ◆ *aerophagy* aerofagie; *ichthyophagy* ichtyofagie
pha·lange /fælændʒ, ᴬfəlændʒ/ [telb zn] ⟨anat⟩ falanx, vingerkootje, teenkootje
pha·lan·ge·al /fəlændʒɪəl/, **pha·lan·gal** /fəlæŋgl/ [bn] ⟨anat⟩ van/m.b.t. de falanx/falanxen
pha·lan·ger /fəlændʒə, ᴬ-ər/ [telb zn] ⟨dierk⟩ klimbuideldier ⟨familie Phalangeridae⟩
pha·lan·gist /fəlændʒɪst/ [telb zn] ⟨pol⟩ falangist
¹**phal·an·ste·ri·an** /fælənstɪərɪən, ᴬ-stɪr-/ [telb zn] ① lid van een falanx ② fouriërist
²**phal·an·ste·ri·an** /fælənstɪərɪən, ᴬ-stɪr-/ [bn] van/m.b.t. een falanx/het fourierisme
phal·an·ster·y /fælənstri, ᴬ-steri/ [telb zn] ① falanstère, falanx ⟨werkeenheid waarvan de leden in gemeenschap leven; uitgedacht door Fourier⟩ ② falanstère, falansterium ⟨verblijfplaats van zo'n werkeenheid⟩
pha·lanx /fælæŋks, ᴬfeɪ-/ [telb zn; mv: ook phalanges /fəlændʒiːz/] ① falanx ⟨ook figuurlijk⟩, slagorde, gevechtsformatie, schare ② ⟨anat⟩ falanx, vingerkootje, teenkootje ③ ⟨plantk⟩ bundel meeldraden
phal·a·rope /fæləroʊp/ [telb zn] ⟨dierk⟩ franjepoot ⟨soort watervogel van familie Phalaropodidae⟩
phal·lic /fælɪk/ [bn] fallisch, van/m.b.t. de fallus/het fallisme ◆ *phallic symbol* fallussymbool; *phallic worship* fallusverering
phal·li·cism /fælɪsɪzm/, **phal·lism** /fælɪzm/ [niet-telb zn] fallisme
phal·lo·crat /fæloʊkræt/ [telb zn] fallocraat, mannetje, macho
phal·lus /fæləs/ [telb zn; mv: ook phalli /fælaɪ/] ① fallus, penis ② ⟨anat⟩ fallus ⟨huidvergroeiing bij embryo waaruit penis/clitoris ontstaat⟩
phan·er·o·gam /fænərəgæm/ [telb zn] ⟨plantk⟩ fanerogaam, zaadplant
phan·er·o·gam·ic /fænərəgæmɪk/, **phan·er·og·a·mous** /-rɒgəməs, ᴬ-rɑ-/ [bn] ⟨plantk⟩ fanerogaam, zichtbaar bloeiend
¹**Phan·er·o·zo·ic** /fænərəzoʊɪk/ [eigenn; the] ⟨geol⟩ fanerozoïcum ⟨omvat het cambrium t/m het quartair⟩
²**Phan·er·o·zo·ic** /fænərəzoʊɪk/ [bn] ⟨geol⟩ fanerozoïsch, van/m.b.t. het fanerozoïcum
phantasize [onov + ov ww] → fantasize
phan·tasm /fæntæzm/ [telb zn] ① fantasma, fantoom, hallucinatie, hersenschim, illusie ② (geest)verschijning, fantoom, geest, spook, schim
phan·tas·ma·go·ri·a /fæntæzməgɔːrɪə, fæntæz-/, **phan·tas·ma·go·ry** /fæntæzməgəri, ᴬ-gɔri/ [telb zn] fantasmagorie ⟨ook figuurlijk⟩, geestverschijning, toverij, schimmenspel
phan·tas·ma·gor·ic /fæntæzməgɔːrɪk,

ᴬfæntæzməgɔrɪk, ᴬ-gɑrɪk/, **phan·tas·ma·gor·i·cal** /-ɪkl/ [bn; bw: ~ally] fantasmagorisch
phan·tas·mal /fæntæzml/, **phan·tas·mic** /-mɪk/ [bn; bw: phantasmically] fantastisch, denkbeeldig, illusoir, imaginair, hersenschimmig
phantast [telb zn] → fantast
phantasy → fantasy
¹**phan·tom,** ⟨AE ook⟩ **fan·tom** /fæntəm/ [telb zn] ① spook ⟨ook figuurlijk⟩, geestverschijning, geest, schim, fantoom ◆ *the phantom of war and violence* het schrikbeeld van oorlog en geweld ② schijn, schaduw, vertoon ◆ *he is only a phantom of a king* hij is slechts in naam koning ③ fantoom, (droom)beeld, hallucinatie, hersenschim, illusie ④ ⟨med⟩ fantoom, anatomisch model
²**phan·tom,** ⟨AE ook⟩ **fan·tom** /fæntəm/ [bn, attr] ① spook-, spookachtig, schimmig ◆ *phantom ship* spookschip ② schijn-, schijnbaar, vals, denkbeeldig, illusoir, imaginair, hersenschimmig, onecht ◆ ⟨comm⟩ *phantom circuit* fantoomverbinding, fantoom; *phantom government* schijnregering; ⟨med⟩ *phantom limb* denkbeeldig(e) arm/been; ⟨med⟩ *phantom (limb)pain* fantoompijn, denkbeeldige pijn; ⟨med⟩ *phantom pregnancy* schijnzwangerschap; ⟨med⟩ *phantom swelling* fantoomgezwel, schijngezwel; *phantom promotion* pseudopromotie, zijwaartse promotie
phar, Phar, pharm, Pharm [afk] ① (pharmaceutical) ② (pharmacist) ③ (pharmacopocia) ④ (pharmacy)
phar·a·oh /feəroʊ, ᴬferoʊ/ [telb zn; ook Pharaoh] farao
pharaoh ant [telb zn] ⟨dierk⟩ faraomier ⟨Monomorium pharaonis⟩
pharaoh's serpent [telb zn] faraoslang, slangetje, salamander
phar·a·on·ic /feərɒnɪk, ᴬfereɪɒnɪk/ [bn; ook Pharaonic] faraonisch
Phar B [afk] (Bachelor of Pharmacy)
Phar D [afk] (Doctor of Pharmacy)
phar·i·sa·ic /færɪseɪɪk/, **phar·i·sa·i·cal** /-ɪkl/ [bn; bw: ~ally; zn: ~alness] farizees, schijnheilig, huichelachtig, hypocriet
Phar·i·sa·ic /færɪseɪɪk/, **Phar·i·sa·i·cal** /-ɪkl/ [bn] farizees, farizeïsch
phar·i·sa·ism /færɪseɪɪzm/, ⟨AE ook⟩ **phar·i·see·ism** /færɪsiːɪzm/ [niet-telb zn] schijnheiligheid, huichelarij
Phar·i·sa·ism /færɪseɪɪzm/, ⟨AE ook⟩ **Phar·i·see·ism** /færɪsiːɪzm/ [niet-telb zn] farizeïsme
phar·i·see /færɪsiː/ [telb zn] farizeeër, schijnheilige, huichelaar, hypocriet, schijnvrome
Phar·i·see /færɪsiː/ [telb zn] farizee, een van de farizeeën
Phar M [afk] (Master of Pharmacy)
phar·ma /fɑːmə, ᴬfɑrmə/ [niet-telb zn] ⟨med⟩ de farmaceutische industrie
phar·ma·ceu·ti·cal /fɑːməsjuːtɪkl, ᴬfɑrməsuːtɪkl/, **phar·ma·ceu·tic** /-ɪk/, **phar·ma·cal** /-məkl/ [bn; bw: ~ly] farmaceutisch, artsenijkundig ◆ *pharmaceutical chemist* apotheker
phar·ma·ceu·ti·cals /fɑːməsjuːtɪklz, ᴬfɑrməsuːtɪklz/ [alleen mv] farmaceutica, geneesmiddelen, medicijnen
phar·ma·ceu·tics /fɑːməsjuːtɪks, ᴬfɑrməsuːtɪks/ [niet-telb zn] farmacie, artsenijmengkunde
phar·ma·cist /fɑːməsɪst, ᴬfɑrməsɪst/, **phar·ma·ceu·tist** /-sjuːtɪst, ᴬ-suːtɪst/ [telb zn] farmaceut, apotheker
phar·ma·co·dy·nam·ics /fɑːməkoʊdaɪnæmɪks, ᴬfɑrməkoʊdaɪnæmɪks/ [niet-telb zn] farmacodynamie
phar·ma·cog·no·sy /fɑːməkɒgnəsi, ᴬfɑrməkɑgnəsi/ [niet-telb zn] farmacognosie
phar·ma·co·log·ic /fɑːməkəlɒdʒɪk, ᴬfɑrməkəlɑdʒɪk/, **phar·ma·co·log·i·cal** /-ɪkl/ [bn; bw: ~ally] farmacologisch, artsenijkundig
phar·ma·col·o·gist /fɑːməkɒlədʒɪst, ᴬfɑrməkɑlədʒɪst/ [telb zn] farmacoloog
phar·ma·col·o·gy /fɑːməkɒlədʒi, ᴬfɑrməkɑlədʒi/ [niet-

telb zn] farmacologie
phar·ma·co·poe·ia, ⟨AE ook⟩ **phar·ma·co·peia** /fɑːməkəpiːə, ᴬfɑrməkəpiːə/ [telb zn] ① farmacopee, artsenijboek, apothekersboek ② voorraad geneesmiddelen ③ lijst van toegelaten geneesmiddelen
phar·ma·co·poe·ial /fɑːməkəpiːəl, ᴬfɑrməkəpiːəl/ [bn] in overeenstemming met de farmacopee
¹**phar·ma·cy** /fɑːməsi, ᴬfɑr-/ [telb zn] apotheek, farmacie
²**phar·ma·cy** /fɑːməsi, ᴬfɑr-/ [niet-telb zn] farmacie, artsenijmengkunde
pha·ros /feərɒs, ᴬfeɪrəs/ [telb zn] farus, vuurtoren, baken
phar·yng- /fərɪŋ-/, **phar·yng·o-** /fərɪŋoʊ-/ faryng(o)-, van/m.b.t. de keel(holte) ♦ *pharyngoscope* faryngoscoop
pha·ryn·gal /fərɪŋgl/, **pha·ryn·ge·al** /færɪndʒiːəl, ᴬfərɪndʒl/ [bn] faryngaal, van/m.b.t. de keelholte
phar·yn·gi·tis /færɪndʒaɪtɪs/ [niet-telb zn] ⟨med⟩ faryngitis, keelholteontsteking, ontsteking van de farynx
phar·ynx /færɪŋks/ [telb zn; mv: ook pharynges /fərɪndʒiːz/] farynx, keelholte, keel
¹**phase** /feɪz/ [telb zn] ① fase, stadium, trap, tijdperk, periode ♦ *a new phase in the relations between the two nations* een nieuwe fase in de betrekkingen tussen de twee naties; *the most productive phase in the author's life* de meest productieve periode in het leven van de auteur; *he's just going through a phase* het is maar een bevlieging ② ⟨astron⟩ fase, schijngestalte ♦ *the phases of the moon* de schijngestalten van de maan ③ aspect, facet ♦ *the moral phase of the problem* de morele kant van het probleem ④ ⟨dierk⟩ fase, kleurvariatie ⑤ ⟨natuurk, scheik⟩ fase ♦ *in phase* in fase, gelijkfasig; corresponderend; *out of phase* niet in fase, ongelijkfasig; niet corresponderend
²**phase** /feɪz/ [ov ww] faseren, in periodes doen verlopen ♦ *the phased introduction of* het geleidelijke invoeren van; *a well-phased programme* een goed gedoseerd programma ▪ zie: **phase down**; zie: **phase in**; zie: **phase out**
phase down [ov ww] geleidelijk elimineren, geleidelijk doen afvloeien/verdwijnen, geleidelijk opheffen, ophouden te produceren, uit de productie nemen
phase-down [telb zn] geleidelijke eliminatie, geleidelijke wegwerking/verwijdering
phase in [ov ww] geleidelijk introduceren, geleidelijk invoeren
phase out [ov ww] geleidelijk elimineren, geleidelijk doen afvloeien/verdwijnen, geleidelijk opheffen/stopzetten, ophouden te produceren, uit de productie nemen
phase-out [telb zn] geleidelijke eliminatie, geleidelijke wegwerking/verwijdering
phase rule [niet-telb zn] ⟨scheik⟩ faseregel ⟨van Gibbs⟩
pha·sic /feɪzɪk/ [bn] gefaseerd
phat /fæt/, **phat-ass** [bn] ⟨AE; inf⟩ tof, vet (goed), cool, gaaf
phat·ic /fætɪk/ [bn] ⟨taalk⟩ fatisch ♦ *phatic communion* fatische communicatie; *the phatic level of speech* de fatische laag van taal
Ph B [afk] (Bachelor of Philosophy)
Ph D [afk] (Doctor of Philosophy ⟨philosophiae doctor⟩)
¹**pheas·ant** /feznt/ [telb zn; mv: ook pheasant] ① fazant ② ⟨AE⟩ boshoen
²**pheas·ant** /feznt/ [niet-telb zn] (vlees van een) fazant
pheas·ant·ry /fezntri/ [telb zn] fazantenpark, fazantenhok
pheas·ant's-eye [telb zn] ⟨plantk⟩ ① (herfst)adonis ⟨Adonis annua/autumnalis⟩ ② witte narcis ⟨Narcissus poeticus⟩ ③ grasanjer ⟨Dianthus plumarius⟩
phe·nac·e·tin, ⟨AE ook⟩ **phe·nac·e·tine** /fɪnæsɪtɪn/ [niet-telb zn] fenacetine, acetylfenetidine
phenix [telb zn] → **phoenix**
phe·no- /fiːnoʊ/, **phen-** /fiːn/ feno-, fen- ♦ *phenol-*

phthalein fenolftaleïne
phe·no·bar·bi·tone /fiːnoʊbɑːbɪtoʊn, ᴬ-bɑr-/, ⟨AE⟩ **phe·no·bar·bi·tal** /-bɪtl, ᴬ-bɪtɔl/ [niet-telb zn] fenobarbital, farmacol
phe·no·cryst /fiːnəkrɪst/ [telb zn] ⟨miner⟩ fenocryst, eersteling, inzet
phe·nol /fiːnɒl, ᴬ-nɔl, ᴬ-nɑl/ [niet-telb zn] ⟨scheik⟩ fenol, carbolzuur
phe·no·log·i·cal /fiːnəlɒdʒɪkl, ᴬ-lɑ-/ [bn] ⟨vnl biol⟩ fenologisch
phe·nol·o·gist /fɪnɒlədʒɪst, ᴬ-nɑ-/ [telb zn] ⟨vnl biol⟩ beoefenaar der fenologie
phe·nol·o·gy /fɪnɒlədʒi, ᴬ-nɑ-/ [niet-telb zn] ⟨vnl biol⟩ fenologie
phe·nom /fɪnɒm, ᴬfɪnɑm/ [telb zn] ⟨AE; inf⟩ uitblinker, fenomeen
phe·nom·e·nal /fɪnɒmɪnl, ᴬ-nɑ-/ [bn; bw: ~ly] ① fenomenaal, (zintuiglijk) waarneembaar ♦ *the phenomenal sciences* de wetenschappen der waarneembare verschijnselen; *the phenomenal world* de waarneembare wereld, de wereld der uiterlijke verschijnselen ② fenomenaal, uitzonderlijk, schitterend ♦ *phenomenal profits* fenomenale winsten; *phenomenal strength* uitzonderlijke kracht
phe·nom·e·nal·ism /fɪnɒmɪnəlɪzm, ᴬ-nɑ-/ [niet-telb zn] ⟨filos⟩ fenomenalisme
phe·nom·e·nal·ist /fɪnɒmɪnəlɪst, ᴬfɪnɑmɪnəlɪst/ [telb zn] ⟨filos⟩ aanhanger van het fenomenalisme
phe·nom·e·nal·is·tic /fɪnɒmɪnəlɪstɪk, ᴬfɪnɑmɪnəlɪstɪk/ [bn; bw: ~ally] ⟨filos⟩ fenomenalistisch
phe·nom·e·no·log·i·cal /fɪnɒmɪnəlɒdʒɪkl, ᴬfɪnɑmɪnəlɑdʒɪkl/ [bn; bw: ~ly] fenomenologisch
phe·nom·e·nol·o·gist /fɪnɒmɪnɒlədʒɪst, ᴬfɪnɑmɪnɑ-/ [telb zn] fenomenoloog
phe·nom·e·nol·o·gy /fɪnɒmɪnɒlədʒi, ᴬfɪnɑmɪnɑlədʒi/ [niet-telb zn] fenomenologie, leer der verschijnselen
phe·nom·e·non /fɪnɒmɪnən, ᴬfɪnɑmɪnən, ᴬ-nɒn/ [telb zn; mv: ook phenomena /-mɪnə/] ① fenomeen, (waarneembaar) verschijnsel, natuurverschijnsel ♦ *surrealism was an international phenomenon* het surrealisme was een internationaal verschijnsel ② ⟨filos⟩ fenomeen, verschijningsvorm ③ fenomeen, wonder, bijzonderheid ♦ *that man is a phenomenon at arithmetic* die man is een rekenwonder
phe·no·type /fiːnoʊtaɪp/ [telb zn] ⟨biol⟩ fenotype
phe·no·typ·ic /fiːnoʊtɪpɪk/, **phe·no·typ·i·cal** /-ɪkl/ [bn; bw: ~ally] ⟨biol⟩ fenotypisch
phen·yl /fenɪl, fiː-/ [niet-telb zn] ⟨scheik⟩ fenyl
pher·o·mone /ferəmoʊn/ [telb zn] ⟨biol⟩ feromoon
phew /fjuː, pfff/, **whew** /hjuː/ [tw] oef, hè, poeh
phi /faɪ/ [telb zn] phi ⟨21e letter van het Griekse alfabet⟩
PHI [afk] (Permanent Health Insurance)
phi·al /faɪəl/, **vial** /vaɪəl/ [telb zn] fiool, (medicijn)flesje, ⟨i.h.b.⟩ injectieflacon
Phi Be·ta Kap·pa /faɪ biːtə kæpə, ᴬ-beɪtə-/ [eigenn] ⟨AE⟩ (philosophia biou kubernètès) Phi Beta Kappa ⟨oudste academische broederschap in de USA⟩
Phil [afk] ① (Philadelphia) ② (Philharmonic) ③ (Philippians) ④ (Philosophy) ⑤ (Philippines)
philabeg [telb zn] → **filibeg**
Phil·a·del·phi·a Law·yer /fɪlədelfɪə lɔɪə, ᴬ-ər/ [telb zn] ⟨AE⟩ uitmuntend/geslepen jurist
phi·lan·der /fɪlændə, ᴬ-ər/ [onov ww] achter de vrouwen/meisjes aanzitten, sjansen, op de versierder zijn
phi·lan·der·er /fɪlændrə, ᴬ-ər/ [telb zn] rokkenjager, donjuan, versierder
phil·an·throp·ic /fɪlənθrɒpɪk, ᴬ-θrɑ-/, **phil·an·throp·i·cal** /-ɪkl/ [bn; bw: ~ally] filantropisch, menslievend, liefdadig, humaan, welwillend ♦ *philanthropic institutions* filantropische instellingen, liefdadigheidsinstellingen
phi·lan·thro·pist /fɪlænθrəpɪst/, **phi·lan·thro·pe**

philanthropize

/fɪlənθroʊp/ [telb zn] filantroop, mensenvriend
¹phi·lan·thro·pize, phi·lan·thro·pise /fɪlænθrəpaɪz/ [onov ww] filantropisch handelen, de filantropie beoefenen
²phi·lan·thro·pize, phi·lan·thro·pise /fɪlænθrəpaɪz/ [ov ww] filantropisch behandelen, filantropisch maken
phi·lan·thro·py /fɪlænθrəpi/ [niet-telb zn] filantropie, menslievendheid, liefdadigheid, humaniteit, welwillendheid
phil·a·tel·ic /fɪlətɛlɪk/, phil·a·tel·i·cal /-ɪkl/ [bn; bw: ~ally] filatelistisch ♦ *philatelic exhibition* filatelistische tentoonstelling
phi·lat·e·list /fɪlætlɪst/ [telb zn] filatelist, postzegelverzamelaar
phi·lat·e·ly /fɪlætli/ [niet-telb zn] filatelie, postzegelkunde
-phile /faɪl/, -phil /fɪl/ [vormt naamwoord en bn] -fiel ♦ *Anglophil(e)* anglofiel; *bibliophil(e)* bibliofiel
Philem [afk] (Philemon)
philharmonic [bn] ⟨ook Philharmonic⟩ filharmonisch, toonkunstminnend, muzieklievend ♦ *philharmonic orchestra* filharmonisch orkest; *philharmonic society* filharmonisch genootschap; *the Royal Philharmonic Society* het Koninklijk Filharmonisch Genootschap
Phil·har·mon·ic /fɪləmɒnɪk, fɪl(h)ɑː-, ᴬfɪlərmɑ-, ᴬfɪl(h)ɑr-/ [telb zn] ① filharmonisch orkest/genootschap ② filharmonisch concert
phil·hel·lene /fɪlhɛliːn/, phil·hel·len·ist /fɪlhɛlɪnɪst/ [telb zn] filhelleen, graecofiel, Griekszezinde
phil·hel·len·ic /fɪlhɛliːnɪk, ᴬ-lɛnɪk/ [bn] filhelleens, graecofiel, Griekszezind
phil·hel·len·ism /fɪlhɛlɪnɪzm/ [niet-telb zn] filhellenisme, graecofilie
-phil·i·a /fɪliə/ [vormt abstract naamwoord] -filie ♦ *Anglophilia* anglofilie; *haemophilia* hemofilie; *necrophilia* necrofilie
-phil·i·ac /fɪliæk/ [vormt naamwoord en bn] -fiel ♦ *haemophiliac* hemofiliepatiënt, hemofiel; *necrophiliac* necrofiel
-phil·ic /fɪlɪk/, -phi·lous /fɪləs/ [vormt bn] -fiel ♦ *bibliophilic* bibliofiel
Phi·lip·pi·an /fɪlɪpiən/ [telb zn] inwoner van Filippi
Phi·lip·pi·ans /fɪlɪpiənz/ [alleen mv; werkwoord enk] ⟨Bijb⟩ (brief aan de) Filippenzen
phi·lip·pic /fɪlɪpɪk/ [telb zn] ① filippica, strafrede, smaadrede ② ⟨voornamelijk Filippic⟩ filippica ⟨redevoering van Demosthenes of Cicero⟩
phil·ip·pi·na /fɪlɪpiːnə/, phil·ip·pine /-piːn/, phil·o·poe·na, ⟨AE ook⟩ phil·o·pe·na /-piːnə/ [telb zn] filippine
Phil·ip·pine /fɪlɪpiːn/ [bn] Filippijns, van/uit/m.b.t. de Filippijnen
Phil·ip·pines /fɪləpiːnz/ [eigenn; the; werkwoord ook mv] Filippijnen

Philippines	
naam	Philippines *Filippijnen*
officiële naam	Republic of the Philippines *Republiek der Filippijnen*
inwoner	Filipino *Filippijn*
inwoonster	Filipino *Filippijnse*
bijv. naamw.	Philippine *Filippijns*
hoofdstad	Manila *Manila*
munt	Philippine peso *Filippijnse peso*
werelddeel	Asia *Azië*
int. toegangsnummer 63 www .ph auto RP	

phi·lis·tine /fɪlɪstaɪn, ᴬ-stiːn/ [telb zn] cultuurbarbaar, filister
¹Phi·lis·tine /fɪlɪstaɪn, ᴬ-stiːn/ [eigenn] Filistijn
²Phi·lis·tine /fɪlɪstaɪn, ᴬ-stiːn/ [bn] ① Filistijns ② ⟨vaak philistine⟩ acultureel, barbaars, alledaags, prozaïsch, droogstoppelig
Phi·lis·tin·ism /fɪlɪstɪnɪzm/ [niet-telb zn; ook philistinism] filisterij, platburgerlijkheid, bekrompenheid, ploertigheid, filisterdom
Phil·lips screw /fɪlɪps skruː/ [telb zn] kruiskopschroef
Phillips screwdriver [telb zn] kruiskopschroevendraaier
phil·lu·men·ist /fɪluːmənɪst/ [telb zn] filumist, verzamelaar van luciferdoosjes
Phil·ly /fɪli/ [eigenn; ook attributief] ⟨sl⟩ Philadelphia
phi·lo- /fɪloʊ/, phil- /fɪl/ filo-, fil-, -liefhebber, -vriend, -fiel ♦ *philobiblic* bibliofiel
phil·o·bib·lic /fɪləbɪblɪk/ [bn] bibliofiel
phil·o·den·dron /fɪlədɛndrən/ [telb zn; mv: ook philodendra /-drə/] ⟨plantk⟩ filodendron, klimplant, slingerplant ⟨als kamerplant⟩
Phil·o·den·dron /fɪlədɛndrən/ [eigenn] ⟨plantk⟩ Philodendron ⟨genus van klimheesters⟩
phil·o·log·i·cal /fɪləlɒdʒɪkl, ᴬ-lɑ-/, phil·o·log·ic /-lɒdʒɪk, ᴬ-lɑ-/ [bn; bw: ~ly] filologisch
phi·lol·o·gist /fɪlɒlədʒɪst, ᴬ-lɑ-/, phi·lol·o·ger /-dʒə, ᴬ-dʒər/, phil·o·lo·gi·an /fɪləloʊdʒən/ [telb zn] filoloog
¹phi·lol·o·gize /fɪlɒlədʒaɪz, ᴬ-lɑ-/ [onov ww] aan filologie doen
²phi·lol·o·gize /fɪlɒlədʒaɪz, ᴬ-lɑ-/ [ov ww] filologisch behandelen/onderzoeken
phi·lol·o·gy /fɪlɒlədʒi, ᴬ-lɑ-/ [niet-telb zn] filologie ⟨voornamelijk historische en/of vergelijkende taalwetenschap⟩
phil·o·mel /fɪləmel/, phi·o·me·la /-miːlə/ [telb zn; ook Philomel] ⟨form⟩ filomeel, nachtegaal
philopena [telb zn] → philippina
philopoena [telb zn] → philippina
phil·o·pro·gen·i·tive /fɪloʊproʊdʒɛnətɪv/ [bn] ① vruchtbaar, veel nageslacht voortbrengend ② kinderminnend ③ m.b.t. de liefde tot kinderen
phi·los·o·pher /fɪlɒsəfə, ᴬfɪlɑsəfər/ [telb zn] filosoof ⟨ook figuurlijk⟩, wijsgeer
philosopher's stone, philosophers' stone [telb zn] steen der wijzen ⟨ook figuurlijk⟩, elixer
phil·o·soph·i·cal /fɪləsɒfɪkl, ᴬ-sɑ-/, phil·o·soph·ic /-sɒfɪk, ᴬ-sɑfɪk/ [bn; bw: ~ly] ① filosofisch, wijsgerig ② filosofisch, kalm, gematigd, wijs, sereen
¹phi·los·o·phize, phi·los·o·phise /fɪlɒsəfaɪz, ᴬ-lɑ-/ [onov ww] filosoferen, speculeren, theoretiseren, moraliseren
²phi·los·o·phize, phi·los·o·phise /fɪlɒsəfaɪz, ᴬ-lɑ-/ [ov ww] filosofisch behandelen, bespiegelen, overpeinzen
¹phi·los·o·phy /fɪlɒsəfi, ᴬ-lɑ-/ [telb zn] ① filosofie, wijsgerig stelsel ♦ *the philosophy of Aristotle* de filosofie van Aristoteles ② filosofie, levensbeschouwing, wereldbeschouwing, opvatting, bedoeling
²phi·los·o·phy /fɪlɒsəfi, ᴬ-lɑ-/ [niet-telb zn] ① filosofie, (wetenschap der) wijsbegeerte ♦ *moral philosophy* moraalfilosofie; *natural philosophy* natuurfilosofie ② sereniteit, gelijkmoedigheid, kalmte, bedaardheid
-phi·lous /fɪləs/, -phil·ic /fɪlɪk/ -fiel ♦ *hygrophilous* hygrofiel
¹phil·tre, ⟨AE⟩ phil·ter /fɪltə, ᴬ-ər/ [telb zn] filtrum, drank, ⟨i.h.b.⟩ minnedrank, toverdrank
²phil·tre, ⟨AE⟩ phil·ter /fɪltə, ᴬ-ər/ [ov ww] (als) onder de invloed van een filtrum brengen, ophitsen, fascineren, in vervoering brengen
-phi·ly /fəli/ [vormt abstract naamwoord] -filie ♦ *hydrophily* hydrofilie
phi·mo·sis /faɪmoʊsɪs/ [telb + niet-telb zn; mv: phimoses /-siːz/] ⟨med⟩ phimosis, fimose
phish·ing /fɪʃɪŋ/ [niet-telb zn] phishing ⟨vorm van cybercriminaliteit, oplichting via internet⟩
phiz /fɪz/, phiz·og /fɪzɒɡ, ᴬfɪzɑɡ/ [telb zn; voornamelijk

enk⟩ ⟨vero; BE; inf⟩ ⟨verk: physiognomy⟩ facie, tronie, gezicht, gelaatsuitdrukking
phle·bit·ic /flɪbɪtɪk/ [bn] ⟨med⟩ m.b.t./van flebitis, m.b.t./van aderontsteking
phle·bi·tis /flɪbaɪtɪs/ [telb + niet-telb zn; mv: phlebitides] ⟨med⟩ flebitis, aderontsteking
phle·bot·o·mist /flɪbɒtəmɪst, ᴬ-bɑtə-/ [telb zn] ⟨med⟩ aderlater
¹**phle·bot·o·mize, phle·bot·o·mise** /flɪbɒtəmaɪz, ᴬ-bɑtə-/ [onov ww] ⟨med⟩ flebotomie uitvoeren
²**phle·bot·o·mize, phle·bot·o·mise** /flɪbɒtəmaɪz, ᴬ-bɑtə-/ [ov ww] ⟨med⟩ aderlaten
phle·bot·o·my /flɪbɒtəmi, ᴬ-bɑtə-/ [telb + niet-telb zn] ⟨gesch, med⟩ flebotomie, aderlating, venesectie
phlegm /flem/ [niet-telb zn] [1] slijm, fluim, kwalster, mucus [2] flegma, onverstoorbaarheid, kalmte [3] onverschilligheid, apathie
phleg·mat·ic /flegmætɪk/, **phleg·mat·i·cal** /-ɪkl/ [bn; bw: ~ally; zn: ~(al)ness] flegmatiek, flegmatisch, onverstoorbaar, koel, ongevoelig
phleg·mon /flegmɒn, ᴬ-mɑn/ [telb + niet-telb zn] ⟨med⟩ flegmone, flegmoon, bindweefselontsteking, (bloed)zweer
phlegm·y /flemi/ [bn] fluimachtig, slijmachtig, slijmerig, viskeus ♦ *phlegmy cough* slijmhoest, kinkhoest
phlo·em /fləʊəm/ [niet-telb zn] ⟨plantk⟩ floëem, bastweefsel
phlo·gis·tic /flɒdʒɪstɪk, ᴬfloʊ-/ [bn] [1] ⟨scheik⟩ m.b.t. flogiston [2] ⟨med⟩ ontstekings-, ontstoken
phlo·gis·ton /flɒdʒɪstən, ᴬfloʊ-/ [niet-telb zn] ⟨scheik⟩ flogiston
phlox /flɒks, ᴬflɑks/ [telb zn; mv: ook phlox] ⟨plantk⟩ flox, vlambloem, herfstsering ⟨familie Polemoniaceae⟩
-phobe /fəʊb/ -foob, -hater, persoon met -fobie ♦ *xenophobe* vreemdelingenhater
pho·bi·a /fəʊbɪə/ [telb zn] fobie, angst(beklemming), (ziekelijke) vrees, afkeer
-pho·bi·a /fəʊbɪə/ -fobie ♦ *agoraphobia* agorafobie
¹**pho·bic** /fəʊbɪk/ [telb zn] persoon met een fobie, fobiepatiënt
²**pho·bic** /fəʊbɪk/ [bn] gekenmerkt door een fobie
-pho·bic /fəʊbɪk/ [1] -foob [2] met -fobie, hatend
pho·ca /fəʊkə/ [telb zn] ⟨dierk⟩ ⟨soort⟩ rob, ⟨vnl⟩ (gewone) zeehond ⟨Phoca vitulina⟩
phoe·be /fiːbi/ [telb zn] ⟨dierk⟩ tiranvliegenvanger ⟨Sayornis phoebe⟩
¹**Phoe·be** /fiːbi/ [eigenn, niet-telb zn] Phoebe, Febe, de maan
²**Phoe·be** /fiːbi/ [niet-telb zn] ⟨sl⟩ vijf ⟨bij dobbelen⟩
Phoe·bus /fiːbəs/ [eigenn] Phoebus, Febus, de lichtende
¹**Phoe·ni·cian** /fɪniːʃn/ [eigenn] Fenicisch, de Fenicische taal
²**Phoe·ni·cian** /fɪniːʃn/ [telb zn] Feniciër
³**Phoe·ni·cian** /fɪniːʃn/ [bn] Fenicisch
phoe·nix /⟨AE ook⟩ **phe·nix** /fiːnɪks/ [telb zn] feniks ⟨ook figuurlijk⟩, unicum, zeldzaamheid
phoenix palm [telb zn] dadelpalm
pho·las /fəʊləs/ [telb zn; mv: pholades /-lədiːz/] ⟨dierk⟩ gewone boormossel ⟨Pholas dactylus⟩
phon /fɒn, ᴬfɑn/ [telb zn] ⟨natuurk⟩ foon ⟨eenheid van luidheid⟩
phon- /fəʊn/ fon(e)- ♦ *phoneme* foneem; *phonetics* fonetiek
pho·nate /fəʊneɪt, ᴬfoʊneɪt/ [onov ww] spraakklanken produceren, stemgeluid voortbrengen, de stembanden doen trillen
pho·na·tion /fəʊneɪʃn/ [niet-telb zn] productie van spraakklanken, het voortbrengen van stem, fonatie
¹**phone** /fəʊn/ [telb zn] [1] ⟨inf⟩ telefoon [2] ⟨taalk⟩ spraakklank
²**phone** /fəʊn/ [onov + ov ww] ⟨inf⟩ telefoneren, opbellen ♦ *phone back* terugbellen; zie: **phone in**; *phone up* opbellen
-phone /fəʊn/ [1] -foon ♦ *dictaphone* dictafoon [2] -foon, -talig ♦ *francophone* francofoon, Franstalig, Franssprekend
phone banking [niet-telb zn] telebankieren, bankieren per telefoon
phone book [telb zn] telefoongids
phone booth [telb zn] ⟨BE⟩ telefooncel
phone box [telb zn] ⟨AE⟩ telefooncel
phone call [telb zn] telefoontje
phone·card [telb zn] [1] tele(foon)kaart [2] kaarttelefoon, telemaat ⟨werkt alleen op tele(foon)kaarten⟩
phone in [onov + ov ww] ⟨BE⟩ deelnemen aan een radio- of televisieprogramma via de telefoon ♦ *listeners can phone in their questions to Radio 3's request programme* luisteraars kunnen via de telefoon hun vragen kwijt in het verzoekprogramma van Radio 3
phone-in [telb zn] ⟨BE⟩ opbelprogramma, radioprogramma/tv-programma met deelname van luisteraars/kijkers ⟨via telefoon⟩
pho·neme /fəʊniːm/ [telb zn] ⟨taalk⟩ foneem
pho·ne·mic /fəniːmɪk/, **pho·ne·mat·ic** /fəʊnɪmætɪk/ [bn; bw: ~ally, phonematically] ⟨taalk⟩ fonologisch, fonemisch
pho·ne·mics /fəniːmɪks/ [niet-telb zn] ⟨taalk⟩ fonologie, studie van de fonemen ⟨vooral Amerikaans structuralisme⟩
phone sex [niet-telb zn] telefoonseks ♦ *have phone sex with s.o.* telefoonseks hebben met iemand
phone-tap·ping [niet-telb zn] (het) afluisteren/aftappen van telefoons
pho·net·ic /fənetɪk/ [bn; bw: ~ally] ⟨taalk⟩ fonetisch ♦ *phonetic alphabet* fonetisch alfabet; *phonetic spelling* fonetische spelling
pho·ne·ti·cian /fəʊnɪtɪʃn/, **pho·net·i·cist** /fənetɪsɪst/ [telb zn] ⟨taalk⟩ foneticus
pho·net·i·cize, pho·net·i·cise /fəʊnetɪsaɪz/ [ov ww] ⟨taalk⟩ fonetisch spellen, fonetisch maken
pho·net·ics /fənetɪks/ [niet-telb zn] ⟨taalk⟩ fonetiek, fonetica, klankleer, uitspraak(leer)
pho·ne·tist /fəʊnətɪst/ [telb zn] ⟨taalk⟩ [1] foneticus [2] voorstander van fonetische spelling
phone tree [telb zn] ⟨inf⟩ telefoonketen, telefoonboom, telefoonkring
¹**pho·ney, pho·ny** /fəʊni/ [telb zn] ⟨inf⟩ [1] valsaard, gluiper(d), bedrieger, huichelaar [2] namaaksel, nep, namaak, bedrog [3] opschepper, patser, snob
²**pho·ney, pho·ny** /fəʊni/ [bn; vergr trap: phonier; bw: phonily; zn: phoniness, ~ness] ⟨inf⟩ vals, nagemaakt, onecht, bedrieglijk, voorgewend, nep [•] ⟨gesch⟩ *phoney war* schemeroorlog ⟨september 1939 - mei 1940⟩
phoney up [onov ww] ⟨sl⟩ opkloppen, liegen, overdrijven
phon·ic /fɒnɪk, ᴬfɑ-/ [bn; bw: ~ally] (spraak)klank-, fonisch, akoestisch
phon·ics /fɒnɪks, ᴬfɑ-/ [niet-telb zn] [1] geluidsleer, acustica, gehoorleer [2] fonetische leesmethode
pho·no /fəʊnəʊ/ [telb zn] ⟨AE; inf⟩ ⟨verk: phonograph⟩ grammofoon
pho·no- /fəʊnəʊ/ fono- ♦ *phonolite* fonoliet, klinksteen; *phonometer* fonometer
pho·no·gram /fəʊnəgræm/ [telb zn] [1] klankteken, fonetisch teken [2] fonogram, fonografische opname
¹**pho·no·graph** /fəʊnəɡrɑːf, ᴬ-ɡræf/ [telb zn] [1] fonograaf [2] ⟨vnl AE⟩ grammofoon
²**pho·no·graph** /fəʊnəɡrɑːf, ᴬ-ɡræf/ [ov ww] opnemen/weergeven door de fonograaf, fonografisch opnemen/weergeven
pho·no·graph·ic /fəʊnəɡræfɪk/ [bn; bw: ~ally] fonografisch

phonography

pho·nog·ra·phy /founngrəfi, ᴬ-nα-/ [niet-telb zn] [1] fonetische transcriptie [2] fonetische stenografie [3] fonografie

pho·no·lite /founəlaɪt/ [niet-telb zn] fonoliet

pho·no·log·i·cal /fɒnəlɒdʒɪkl, ᴬfounəlɑdʒɪkl/, ⟨zelden⟩

pho·no·log·ic /-lɒdʒɪk, ᴬ-lɑdʒɪk/ [bn; bw: ~ly] ⟨taalk⟩ [1] fonologisch [2] van/m.b.t. de fonetiek/uitspraak ⟨voornamelijk in Amerikaans structuralisme⟩

pho·nol·o·gist /fənɒlədʒɪst, ᴬ-nα-/ [telb zn] ⟨taalk⟩ [1] fonoloog [2] fonoloog-foneticus ⟨voornamelijk in Amerikaans structuralisme⟩

pho·nol·o·gy /fənɒlədʒi, ᴬ-nα-/ [telb + niet-telb zn] ⟨taalk⟩ [1] fonologie [2] foniek ⟨voornamelijk in Amerikaans structuralisme⟩

pho·nom·e·ter /fənɒmɪtə, ᴬfənɑmɪtər/ [telb zn] fonometer, geluidsmeter

pho·non /founɒn, ᴬ-nαn/ [telb zn] ⟨natuurk⟩ fonon

pho·no·scope /founəskoup/ [telb zn] fonoscoop, klankschouwer

¹**pho·no·type** /founətaɪp/ [telb zn] ⟨drukw⟩ fonetisch letterteken

²**pho·no·type** /founətaɪp/ [telb + niet-telb zn] ⟨drukw⟩ fonetisch lettertype, fonetisch gedrukte tekst

pho·nus bo·lo·nus /founəs bəlounəs/ [niet-telb zn; the] ⟨sl⟩ rotzooi, namaak, troep

phony → **phoney**

phoo·ey /fuːi/ [tw] poeh ⟨als uitdrukking van afkeer/ongeloof⟩

-phore /fɔː, ᴬfɔr/ **-foor** ♦ *chromatophore* chromatofoor

-pho·re·sis /-fəriːsɪs/ **-forese**, -overdracht

-pho·rous /fərəs/ **-dragend** ♦ *ascophorous* sporendragend

phos·gene /fɒzdʒiːn, ᴬ-ɑz-/ [niet-telb zn] ⟨scheik⟩ fosgeen, carbonylchloride, koolstofoxychloride, mosterdgas

phos·phate /fɒsfeɪt, ᴬfɑs-/ [telb + niet-telb zn] [1] ⟨scheik⟩ fosfaat [2] ⟨vaak mv⟩ (fosfaten bevattende) kunstmeststof [3] fosfaat bevattend bruisdrankje

phosphate slag [telb zn] fosfaatslak

phos·phat·ic /fɒsfætɪk, ᴬfɑsfætɪk/ [bn] ⟨scheik⟩ fosfaat-, fosfaathoudend

phos·phene /fɒsfiːn, ᴬfɑs-/ [telb zn] verschijning van lichtringen bij externe druk op oogbal

phos·phide /fɒsfaɪd, ᴬfɑs-/, **phos·phid** /-fɪd/ [telb + niet-telb zn] ⟨scheik⟩ fosfide

phos·phine /fɒsfiːn, ᴬfɑs-/, **phos·phin** /-fɪn/ [telb + niet-telb zn] ⟨scheik⟩ fosfine, gasvormig fosforwaterstof

phos·phite /fɒsfaɪt, ᴬfɑs-/ [telb zn] ⟨scheik⟩ fosfiet

phos·pho- /fɒsfou, ᴬfɑs-/ **fosfo-** ♦ *phosphoprotein* fosfoproteïne

phos·phor /fɒsfə, ᴬfɑsfər/ [telb + niet-telb zn] [1] fosforescerende stof [2] → **phosphorus**

phos·pho·rate /fɒsfəreɪt, ᴬfɑs-/ [ov ww] ⟨scheik⟩ met fosfor verbinden/impregneren

phosphor bronze [niet-telb zn] fosforbrons

phos·pho·resce /fɒsfəres, ᴬfɑs-/ [onov ww] fosforesceren

phos·pho·res·cence /fɒsfəresns, ᴬfɑs-/ [niet-telb zn] fosforescentie

phos·pho·res·cent /fɒsfəresnt, ᴬfɑs-/ [bn; bw: ~ly] fosforescerend

phos·phor·ic /fɒsfɒrɪk, ᴬfɑsfɔ-/ [bn] ⟨scheik⟩ fosfor-, fosforisch, fosforachtig, fosforhoudend (vijfwaardig) ♦ *phosphoric acid* (ortho)fosforzuur

phos·pho·rism /fɒsfərɪzm, ᴬfɑs-/ [telb + niet-telb zn] fosforvergiftiging

phos·pho·rite /fɒsfəraɪt, ᴬfɑs-/ [niet-telb zn] fosforiet

phos·pho·rous /fɒsfrəs, ᴬfɑs-/ [bn] ⟨scheik⟩ fosfor-, fosforisch, fosforachtig, fosforhoudend ♦ *phosphorous acid* fosforigzuur

phos·pho·rus /fɒsfrəs, ᴬfɑs-/ [niet-telb zn] ⟨scheik⟩ fosfor, fosforus ⟨element 15⟩

phos·sy /fɒsi, ᴬfɑsi/ [bn, attr] ⟨inf⟩ fosfor- • *phossy jaw* kaakgangreen ⟨door fosforvergiftiging⟩

phot /fɒt, fout, ᴬfɑt, ᴬfout/ [telb zn] ⟨natuurk⟩ fot ⟨lichteenheid⟩

pho·tic /foutɪk/ [bn; bw: ~ally] [1] foto-, licht- [2] binnen het bereik van zonlicht ⟨m.b.t. water⟩

pho·to /foutou/ [telb zn] ⟨inf⟩ ⟨verk: photograph⟩ foto

pho·to- /foutou/ **foto-** ♦ *photocell* fotocel

photo booth [telb zn] (pas)fotoautomaat

pho·to·call, ⟨AE vnl⟩ **photo opportunity** [telb zn] fotosessie ⟨in het bijzonder voor de pers⟩, foto-uurtje

pho·to·cell /foutousel/ [telb zn] fotocel, foto-elektrische cel, fotokathodebuis, elektronisch oog

pho·to·chem·i·cal /foutoukemɪkl/ [bn; bw: ~ly] fotochemisch

pho·to·chem·is·try /foutoukemɪstri/ [niet-telb zn] fotochemie

pho·to·chro·mic /foutoukroumɪk/ [bn] fotochromisch ♦ *photochromic glass* fotochromisch glas

pho·to·chro·mism /foutoukroumɪzm/ [niet-telb zn] fotochromie

pho·to·com·po·si·tion /foutoukɒmpəzɪʃn, ᴬfoutoukɑmpəzɪʃn/ [niet-telb zn] ⟨AE; drukw⟩ fototypografie, het fotografisch zetten

pho·to·con·duc·tiv·i·ty /foutoukɒndʌktɪvəti, ᴬfoutoukɑndʌktɪvəti/ [niet-telb zn] ⟨natuurk⟩ fotogeleidingsvermogen

pho·to·cop·i·er /foutoukɒpɪə, ᴬfoutoukɑpɪər/ [telb zn] fotokopieerapparaat, fotokopieertoestel

¹**pho·to·cop·y** /foutoukɒpi, ᴬfoutoukɑpi/ [telb zn] fotokopie

²**pho·to·cop·y** /foutoukɒpi, ᴬfoutoukɑpi/ [ov ww] fotokopiëren, een fotokopie maken van

pho·to·de·grad·a·ble /foutoudɪɡreɪdəbl/ [bn] afbreekbaar onder invloed van (zon)licht

photodegrade /foutoudɪɡreɪd/ [onov ww] ⟨biol⟩ afbreken onder invloed van zonlicht

pho·to·e·lec·tric /foutouɪlektrɪk/, **pho·to·e·lec·tri·cal** /-ɪkl/ [bn; bw: ~ally] foto-elektrisch ♦ *photoelectric cell* foto-elektrische cel, fotocel, fotokathodebuis, elektronisch oog

photo finish [telb zn] ⟨ook fig⟩ fotofinish

photo-finish camera [telb zn] ⟨sport⟩ fotofinishcamera

Pho·to·fit /foutoufɪt/ [telb zn; ook photofit; ook attributief] robotfoto, compositiefoto

pho·to·flash /foutouflæʃ/ [telb zn] flitslampje

pho·tog /foutɒɡ, fətɒɡ, ᴬfoutɑɡ, ᴬfətɑɡ/ [telb zn] ⟨sl⟩ fotograaf

pho·to·gen·ic /foutoudʒenɪk/ [bn; bw: ~ally] [1] lichtgevend, lichtend, luminescent [2] fotogeniek

pho·to·gram /foutəɡræm/ [telb zn] ⟨foto⟩ [1] fotogram [2] ⟨vero⟩ (artistieke) foto

pho·to·gram·me·try /foutəɡræmɪtri/ [niet-telb zn] fotogrammetrie

¹**pho·to·graph** /foutəɡrɑːf, ᴬfoutəɡræf/ [telb zn] foto, fotografie, portret ♦ *have one's photograph taken* zich laten fotograferen; *take a photograph* een foto nemen/maken

²**pho·to·graph** /foutəɡrɑːf, ᴬfoutəɡræf/ [onov ww] zich laten fotograferen ♦ *she photographs well/badly* ze laat zich goed/slecht fotograferen

³**pho·to·graph** /foutəɡrɑːf, ᴬfoutəɡræf/ [onov + ov ww] fotograferen, foto's maken, een foto nemen van

pho·tog·ra·pher /fətɒɡrəfə, ᴬ-tɑɡrəfər/ [telb zn] fotograaf, fotografe ♦ *amateur photographer* amateurfotograaf; *professional photographer* (beroeps)fotograaf

pho·to·graph·ic /foutəɡræfɪk/, **pho·to·graph·i·cal** /-ɪkl/ [bn; bw: ~ally] fotografisch, fotografie- ♦ *photographic goods* fotografiebenodigdheden; *a photographic lens* een fotografische lens; *a photographic memory* een fotografisch geheugen

pho·tog·ra·phy /fətɒgrəfi, ᴬ-tɑ-/ [niet-telb zn] fotografie

pho·to·gra·vure /ˌfoʊtəgrəvjʊə, ᴬˌfoʊtəgrəvjʊr/ [telb + niet-telb zn] fotogravure

pho·to·jour·nal·ist [telb zn] fotojournalist(e), persfotograaf, persfotografe

pho·to·li·thog·ra·phy /ˌfoʊtoʊlɪθɒgrəfi, ᴬˌfoʊtoʊlɪθɑ-/ [niet-telb zn] fotolithografie, lichtsteendruk

pho·tol·y·sis /foʊtɒlɪsɪs, ᴬ-tɑ-/ [niet-telb zn] 〈scheik〉 fotolyse, fotochemische ontleding

pho·tom·e·ter /foʊtɒmɪtə, ᴬ-tɑmɪtər/ [telb zn] fotometer, lichtmeter

pho·to·met·ric /ˌfoʊtəmɛtrɪk/, **pho·to·met·ri·cal** /-ɪkl/ [bn; bw: ~ally] fotometrisch

pho·tom·e·try /foʊtɒmɪtri, ᴬ-tɑ-/ [niet-telb zn] 〈natuurk〉 fotometrie

pho·to·mi·cro·graph /ˌfoʊtəmaɪkrəgrɑːf, ᴬˌfoʊtəmaɪkrəgræf/ [telb zn] microfoto

pho·to·mi·crog·ra·phy /ˌfoʊtəmaɪkrɒgrəfi, ᴬˌfoʊtəmaɪkrɑ-/ [niet-telb zn] microfotografie

pho·to·mon·tage [telb + niet-telb zn] fotomontage

pho·ton /foʊtɒn, ᴬfoʊtɑn/ [telb zn] 〈natuurk〉 foton, lichtquant

pho·to-off·set [niet-telb zn] foto-offset

photo opportunity, 〈AE; inf ook〉 **photo op** [telb zn] → photocall

pho·to·pe·ri·od /ˌfoʊtoʊpɪərɪəd, ᴬˌfoʊtoʊpɪr-/ [telb zn] 〈biol〉 fotoperiode

pho·to·pe·ri·od·ism /ˌfoʊtoʊpɪərɪədɪzm, ᴬˌfoʊtoʊpɪrɪədɪzm/ [niet-telb zn] 〈biol〉 fotoperiodiciteit

pho·to·pho·bi·a /ˌfoʊtoʊfoʊbɪə/ [telb + niet-telb zn] fotofobie, lichtschuwheid

pho·to·phone /ˌfoʊtoʊfoʊn/ [telb zn] fotofoon, lichttelefoon

pho·to·sen·si·tive /ˌfoʊtoʊsɛnsətɪv/ [bn] lichtgevoelig

pho·to·sen·si·ti·za·tion, pho·to·sen·si·ti·sa·tion /ˌfoʊtoʊsɛnsɪtaɪzeɪʃn, ᴬˌfoʊtoʊsɛnsɪtəzeɪʃn/ [telb + niet-telb zn] ❶ lichtgevoeligmaking ❷ 〈med〉 fotosensibilisatie, lichtgevoeligmaking

pho·to·sen·si·tize, pho·to·sen·si·tise /ˌfoʊtoʊsɛnsɪtaɪz/ [ov ww] lichtgevoelig maken

pho·to·set·ting /ˌfoʊtoʊsɛtɪŋ/ [niet-telb zn] 〈drukw〉 fototypografie, het fotografisch zetten

photo shoot [telb zn] fotosessie

pho·to·shop [onov + ov ww] fotoshoppen 〈foto's digitaal bewerken〉

pho·to·sphere /ˌfoʊtəsfɪə, ᴬˌfoʊtoʊsfɪr/ [niet-telb zn] fotosfeer

pho·to·spher·ic /ˌfoʊtəsfɛrɪk, ᴬˌfoʊtəsfɛrɪk/ [bn] m.b.t. de fotosfeer

¹**pho·to·stat** /ˌfoʊtəstæt/ [telb zn; ook Photostat] ❶ fotokopie ❷ fotokopieerapparaat, fotokopieertoestel 〈oorspronkelijk handelsmerk〉

²**pho·to·stat** /ˌfoʊtəstæt/ [ov ww; ook Photostat] fotokopiëren, een fotokopie maken van

pho·to·stat·ic /ˌfoʊtəstætɪk/ [bn; ook Photostatic] fotokopie-

pho·to·syn·the·sis /ˌfoʊtoʊ sɪnθɪsɪs/ [niet-telb zn] 〈biol〉 fotosynthese

pho·to·syn·thet·ic /ˌfoʊtoʊsɪnθɛtɪk/ [bn; bw: ~ally] 〈biol〉 fotosynthetisch

pho·to·te·leg·ra·phy /ˌfoʊtoʊtɪlɛgrəfi/ [niet-telb zn] beeldtelegrafie, facsimiletelegrafie

pho·to·ther·a·py /ˌfoʊtoʊθɛrəpi/, **pho·to·ther·a·peu·tics** /-θɛrəpjuːtɪks/ [niet-telb zn] fototherapie, lichttherapie

pho·to·trop·ic /ˌfoʊtoʊtrɒpɪk, ᴬˌfoʊtoʊtrɑpɪk/ [bn; bw: ~ally] 〈biol〉 fototroop

pho·tot·ro·pism /foʊtɒtrəpɪzm, ᴬ-tɑ-/, **pho·tot·ro·py** /-trəpi/ [niet-telb zn] 〈biol〉 fototropie

pho·to·type /ˌfoʊtoʊtaɪp/ [telb zn] ❶ fototypie, lichtdruk ❷ lichtdrukplaat

pho·to·vol·ta·ic /ˌfoʊtoʊvɒlteɪk, ᴬˌfoʊtoʊvɑlteɪk/ [bn] fotovoltaïsch 〈elektrische spanning voortbrengend d.m.v. licht〉

phr, phrs [afk] (phrase)

phras·al /freɪzl/ [bn; bw: ~ly] 〈taalk〉 van/m.b.t./bestaand uit een woordgroep ♦ *phrasal verb* woordgroep die als werkwoord fungeert 〈werkwoord en bijwoord en/of voorzetsel〉

¹**phrase** /freɪz/ [telb zn] ❶ fraseologie, uitdrukkingswijze, bewoordingen, zinsnede, dictie ♦ *in Shakespeare's phrase* in de bewoordingen van Shakespeare; *a turn of phrase* stijl, uitdrukkingswijze ❷ frase, spreekwijze, gezegde, uitdrukking ❸ 〈taalk〉 constituent, woordgroep, zinsdeel, constructie ♦ *participial phrase* participiumconstructie, deelwoordconstructie ❹ kernspreuk, sententie, kernachtig gezegde ♦ *turn a phrase* een rake uitspraak doen ❺ 〈muz〉 frase ⋅ *coin a phrase* een uitdrukking smeden, een neologisme bedenken; 〈iron〉 *to coin a phrase* om het maar eens origineel uit te drukken, zogezegd

²**phrase** /freɪz/ [ov ww] ❶ uitdrukken, verwoorden, formuleren, onder woorden brengen ♦ *a politely-phrased apology* een beleefd geformuleerde verontschuldiging; *phrase one's thoughts* zijn gedachten uitdrukken/formuleren ❷ 〈vnl muz〉 fraseren, in frasen verdelen; → phrasing

phrase book [telb zn] (ver)taalgids

phrase·mak·er [telb zn] fraseur, praatjesmaker

phrase marker, p-mark·er [telb zn] 〈taalk〉 p(hrase)-marker, boom(structuur), boomdiagram, zinsdiagram

phrase·mong·er [telb zn] fraseur, praatjesmaker

phra·se·o·gram /freɪzɪəgræm/ [telb zn] (stenografisch) symbool voor uitdrukking/woordgroep

phra·se·o·log·i·cal /ˌfreɪzɪəlɒdʒɪkl, ᴬ-lɑ-/ [bn; bw: ~ly] fraseologisch

phra·se·ol·o·gy /ˌfreɪzɪɒlədʒi, ᴬ-ɑlə-/ [telb + niet-telb zn] fraseologie, idioom, woordkeus, stijl, uitdrukkingswijze ♦ *scientific phraseology* wetenschappelijk jargon

phrase structure [telb zn] 〈taalk〉 constituentenstructuur

phrase structure rule [telb zn] 〈taalk〉 herschrijfregel

¹**phras·ing** /freɪzɪŋ/ [telb zn; (oorspronkelijk) gerund van phrase] bewoording, uitdrukkingswijze

²**phras·ing** /freɪzɪŋ/ [telb + niet-telb zn; (oorspronkelijk) gerund van phrase] 〈vnl muz〉 frasering

phre·at·ic /frɪætɪk/ [bn] 〈geol〉 freatisch

phrenetic [bn] → frenetic

phren·ic /frɛnɪk/ [bn] 〈anat〉 m.b.t. het diafragma, m.b.t. het middenrif, diafragma-, middenrifs-

phren·o·log·ic /ˌfrɛnəlɒdʒɪk/, **phren·o·log·i·cal** /-ɪkl/ [bn; bw: ~ally] frenologisch, m.b.t. de schedelvorm

phre·nol·o·gist /frɪnɒlədʒɪst, ᴬ-nɑ-/ [telb zn] frenoloog, schedelkundige

phre·nol·o·gy /frɪnɒlədʒi, ᴬ-nɑ-/ [niet-telb zn] frenologie

¹**Phryg·i·an** /frɪdʒɪən/ [eigenn] Frygisch, de Frygische taal

²**Phryg·i·an** /frɪdʒɪən/ [telb zn] Frygiër

³**Phryg·i·an** /frɪdʒɪən/ [bn] Frygisch ♦ *Phrygian cap/bonnet* Frygische muts, vrijheidsmuts; 〈muz〉 *Phrygian mode* Frygische toonschaal/toonaard

phthal·ic /θælɪk/ [bn] 〈scheik〉 (verk: naphthalic) ftaal-, afgeleid van naftaleen ♦ *phthalic acid* ftaalzuur

phthis·ic /θaɪsɪk, ᴬtɪzɪk/, **phthis·i·cal** /-ɪkl/ [bn] 〈med〉 teringachtig, tuberculeus

phthi·sis /θaɪsɪs, taɪ-/ [telb + niet-telb zn] 〈med〉 ftisis, (long)tering, (long)tuberculose

phut /fʌt/ [bw] ⟨inf⟩ pf ♦ *go phut* in elkaar zakken, de pijp aan Maarten geven, op de fles gaan

pH value /piːeɪtʃˈvæljuː/ [telb zn] pH-waarde

phy·col·o·gy /faɪˈkɒlədʒi, ᴬ-kɑː-/ [niet-telb zn] studie van de algen

phy·lac·ter·y /fɪˈlækt(ə)ri/ [telb zn] [1] joodse gebedsriem [2] godsdienstijver, geloofsijver, vroomheidsvertoon [3] fylacterion, beschermmiddel, amulet, talisman [4] relikwieënkastje

phy·let·ic /faɪˈletɪk/, **phy·lo·ge·net·ic** /faɪloʊdʒɪˈnetɪk/ [bn; bw: ~ally, phylogenetically] ⟨biol⟩ fylogenetisch

phyl·lo- /ˈfɪloʊ/ **fyllo-** ♦ *phyllophagous* fyllofaag

phyl·lode /ˈfɪloʊd/ [telb zn] fyllodium ⟨verbrede bladsteel zonder bladschijf⟩

phyl·loph·a·gous /fɪˈlɒfəɡəs, ᴬ-lɑː-/ [bn] ⟨dierk⟩ fyllofaag, bladetend

¹**phyl·lo·pod** /ˈfɪləpɒd, ᴬ-pɑːd/, **phyl·lop·o·dan** /fɪˈlɒpədən, ᴬ-lɑː-/ [telb zn] ⟨dierk⟩ bladpootkreeft ⟨Phyllopoda⟩

²**phyl·lo·pod** /ˈfɪləpɒd, ᴬ-pɑːd/, **phyl·lop·o·dan** /fɪˈlɒpədən, ᴬ-lɑː-/, **phyl·lop·o·dous** /fɪˈlɒpədəs, ᴬ-lɑː-/ [bn] ⟨dierk⟩ [1] fyllopode, bladpotig [2] m.b.t. de bladpootkreeften

phyl·lo·tax·y /ˈfɪloʊtæksi/, **phyl·lo·tax·is** /-sɪs/ [telb + niet-telb zn; mv: 2e variant phyllotaxes] ⟨plantk⟩ bladstand, fyllotaxis, fyllotaxie

phyl·lox·e·ra /fɪlɒkˈsɪərə, ᴬfɪlɒkˈsərə/ [telb zn; mv: phylloxerae /-riː/] ⟨dierk⟩ fylloxera ⟨genus Phylloxera⟩, ⟨i.h.b.⟩ druifluis ⟨P. vastatrix⟩

phy·log·e·ny /faɪˈlɒdʒəni/, **phy·lo·gen·e·sis** /faɪloʊˈdʒenɪsɪs/ [telb + niet-telb zn; mv: 2e variant phylogeneses /-siːz/] fylogenese, fylogenie

phy·lum /ˈfaɪləm/ [telb zn; mv: phyla /ˈfaɪlə/] ⟨biol⟩ fylum, stam, divisie

phys [afk] [1] (physical) [2] (physician) [3] (physicist) [4] (physics) [5] (physiological) [6] (physiology)

phy·sa·lis /faɪˈseɪlɪs/ [telb zn] ⟨plantk⟩ lampionplant ⟨genus Physalis⟩

phys·i- /ˈfɪzi/, **phys·i·o-** /ˈfɪzioʊ/ fysi(o) ♦ *physiatry* fysiatrie

phys·i·at·rics /fɪziˈætrɪks/ [niet-telb zn] ⟨AE⟩ fysiotherapie

¹**phys·ic** /ˈfɪzɪk/ [telb + niet-telb zn] ⟨vero, behalve scherts⟩ medicijn, geneesmiddel, artsenij ♦ *take a good dose of physic* flink wat medicamenten tot zich nemen/pillen slikken

²**phys·ic** /ˈfɪzɪk/ [niet-telb zn] [1] geneeskunde, geneeskunst [2] medisch ambt [3] ⟨vero⟩ natuurkunde

³**phys·ic** /ˈfɪzɪk/ [ov ww; physicked] [1] medicijn toedienen, genezen ⟨ook figuurlijk⟩ [2] een purgeermiddel geven

¹**phys·i·cal** ᴾˢʸᶜʰᵒˡᵒᵍⁱᶜᵃˡ /ˈfɪzɪkl/ [telb zn] ⟨AE⟩ lichamelijk onderzoek, medische keuring

²**phys·i·cal** /ˈfɪzɪkl/ [bn; bw: ~ly] [1] fysiek, natuurlijk, lichamelijk, lijfelijk, natuur- ♦ ⟨vnl AE; euf⟩ *physically challenged* mindervalide, met een lichamelijke beperking; *physical education*, PE lichamelijke oefening, gymnastiek; *physical examination* lichamelijk onderzoek; *physical exercise* lichaamsbeweging; *physical forces* natuurlijke krachten; ⟨scherts⟩ *physical jerks* gym, lichamelijke oefening(en); *physical medicine* fysiotherapie; ⟨vnl AE⟩ *physical therapy* fysische therapie, fysiotherapie; *physical training*, PT lichamelijke oefening, gymnastiek [2] materieel, tastbaar [3] ⟨inf⟩ aanrakerig

³**phys·i·cal** /ˈfɪzɪkl/ [bn, attr; bw: ~ly] natuurkundig, fysisch ♦ *physical anthropology* fysische antropologie; *physical chemistry* fysicochemie, fysische chemie; *physical geography* fysische geografie, natuurkundige aardrijkskunde; *physical science* natuurkunde, natuurwetenschap ▪ *a physical impossibility* absolute/technische onmogelijkheid; *physically impossible* absoluut onmogelijk

phys·i·cal·ism /ˈfɪzɪkəlɪzm/ [niet-telb zn] fysicalisme

phys·i·cal·ist /ˈfɪzɪkəlɪst/ [telb zn] aanhanger van het fysicalisme

physic garden [telb zn] tuin met geneeskrachtige kruiden

phy·si·cian /fɪˈzɪʃn/ [telb zn] [1] arts, dokter, medicus, geneesheer ⟨vaak i.t.t. chirurg⟩, internist [2] genezer ⟨figuurlijk⟩ ▪ ⟨sprw⟩ *physician, heal thyself* geneesheer, genees uzelf

physician's assistant [telb zn] doktersassistent(e)

phys·i·cist /ˈfɪzɪsɪst/ [telb zn] fysicus, natuurkundige

phys·ick·y /ˈfɪzɪki/ [bn] medicijnachtig

phys·i·co-chem·i·cal /fɪzɪkoʊˈkemɪkl/ [bn; bw: ~ly] fysicochemisch

phys·ics /ˈfɪzɪks/ [alleen mv; werkwoord voornamelijk enk] fysica, natuurkunde, natuurwetenschap

¹**phy·si·o** /ˈfɪzioʊ/ [telb zn] ⟨inf⟩ fysiotherapeut(e)

²**phy·si·o** /ˈfɪzioʊ/ [niet-telb zn] ⟨inf⟩ fysio(therapie)

phys·i·oc·ra·cy /fɪziˈɒkrəsi, ᴬ-ˈɑːkrə-/ [telb zn] (regering volgens het) fysiocratisch systeem/denkbeeld

phys·i·o·crat /ˈfɪzioʊkræt, ᴬˈfɪziə-/ [telb zn] fysiocraat

phys·i·og·nom·ic /fɪzioʊˈnɒmɪk, ᴬ-ˈ(g)nɑːmɪk/, **phys·i·og·nom·i·cal** /-ɪkl/ [bn; bw: ~ally] m.b.t. de fysionomie, gelaatkundig, gelaat-

phys·i·og·no·mist /fɪzɪˈɒnəmɪst, ᴬ-ˈɑ(g)nə-/ [telb zn] fysionomist, gelaatkundige

¹**phys·i·og·no·my** /fɪzɪˈɒnəmi, ᴬ-ˈɑ(g)nə-/ [telb zn] [1] fysionomie, uiterlijk, gezicht, gelaat(suitdrukking) [2] kenmerk, kenteken

²**phys·i·og·no·my** /fɪzɪˈɒnəmi, ᴬ-ˈɑ(g)nə-/ [niet-telb zn] [1] fysiognomiek, gelaatkunde [2] natuurlijke kenmerken ⟨van een land, gebied enz.⟩

phys·i·o·graph·ic /fɪziəˈɡræfɪk/, **phys·i·o·graph·i·cal** /-ɪkl/ [bn; bw: ~ally] [1] m.b.t. de fysische geografie [2] fysiografisch

phys·i·og·ra·phy /fɪziˈɒɡrəfi, ᴬ-ˈɑːɡrə-/ [niet-telb zn] [1] fysische geografie, natuurkundige aardrijkskunde [2] fysiografie, natuurbeschrijving

phys·i·o·log·ic /fɪziəˈlɒdʒɪk, ᴬ-ˈlɑː-/, **phys·i·o·log·i·cal** /-ɪkl/ [bn; bw: ~ally] fysiologisch ♦ *a physiological salt solution* een fysiologische zoutoplossing

phys·i·ol·o·gist /fɪziˈɒlədʒɪst, ᴬ-ˈɑlə-/ [telb zn] fysioloog

phys·i·ol·o·gy /fɪziˈɒlədʒi, ᴬ-ˈɑlə-/ [niet-telb zn] [1] fysiologie, verrichtingsleer [2] levensfuncties

phys·i·o·ther·a·pist /fɪzioʊˈθerəpɪst/ [telb zn] fysiotherapeut(e)

phys·i·o·ther·a·py /fɪzioʊˈθerəpi/ [niet-telb zn] fysiotherapie

phy·sique /fɪˈziːk/ [telb + niet-telb zn] fysiek, lichaamsbouw, lichaamsgestel

-phyte /faɪt/ ⟨biol⟩ -fyt ♦ *saprophyte* saprofyt

-phyt·ic /ˈfɪtɪk/ ⟨biol⟩ -fytisch

phy·to- /ˈfaɪtoʊ/ ⟨biol⟩ fyto- ♦ *phytogeography* fytogeografie

phy·to·chem·is·try /faɪtoʊˈkemɪstri/ [niet-telb zn] ⟨biol⟩ fytochemie

phy·to·gen·e·sis /faɪtoʊˈdʒenɪsɪs/, **phy·tog·e·ny** /faɪˈtɒdʒəni, ᴬ-ˈtɑː-/ [niet-telb zn] [1] ontstaan der planten [2] ontwikkeling der planten

phy·tog·ra·phy /faɪˈtɒɡrəfi, ᴬ-ˈtɑː-/ [niet-telb zn] fytografie, plantenbeschrijving, beschrijvende plantkunde

phy·to·mer /ˈfaɪtəmə, ᴬˈfaɪtəmər/ [telb zn] plantendeel

phy·to·nu·tri·ent /faɪtoʊˈnjuːtriənt, ᴬ-ˈnuː-/ [telb zn] fytonutriënt

phy·to·pa·thol·o·gy /faɪtoʊpəˈθɒlədʒi, ᴬfaɪtoʊpəˈθɑː-/ [niet-telb zn] fytopathologie ⟨leer van de ziekten der planten⟩

phy·toph·a·gous /faɪˈtɒfəɡəs, ᴬ-ˈtɑː-/ [bn] plantenetend, fytofaag

phy·to·plank·ton /faɪtəˈplæŋktən, ᴬfaɪtoʊ-/ [niet-telb

zn] **fytoplankton** 〈plantaardige plankton〉
phy·to·tom·y /faɪtɒtəmi, ᴬ-tɑtəmi/ [niet-telb zn] fytotomie, plantenanatomie
phy·to·tox·ic /faɪtətɒksɪk, ᴬfaɪtətɑk-/ [bn] giftig voor planten
phy·to·zo·on /faɪtəzouɒn, ᴬfaɪtəzouɑn/ [telb zn; mv: phytozoa /-zouə/] zoöfyt, plantdier
¹**pi** /paɪ/ [telb zn] pi 〈16e letter van het Griekse alfabet; ook wiskunde〉
²**pi** /paɪ/ [telb + niet-telb zn] → **pie**
³**pi** /paɪ/ [bn, pred] 〈BE; sl〉 braaf, heilig ♦ *she is terribly pi* zij is zo'n heilig boontje
⁴**pi** /paɪ/ [ov ww] → **pie**
pi·ac·u·lar /paɪækjələ, ᴬ-ækjələr/ [bn] ① zoen-, verzoenend ② zondig, verdorven, slecht, misdadig
¹**piaffe** /piæf/, **piaf·fer** /piæfə, ᴬ-ər/ [telb + niet-telb zn] 〈paardsp〉 piaffe 〈verzamelde draf op de plaats〉
²**piaffe** /piæf/ [onov ww] 〈paardsp〉 een piaffe maken
pi·a ma·ter /paɪəmeɪtə, ᴬ-meɪtər/ [niet-telb zn] pia mater 〈zachte hersenvlies〉
pi·a·ni·no /piəniːnou/ [telb zn] pianino 〈gewone piano〉
pi·an·ism /piənɪzm/ [niet-telb zn] pianistiek
pi·a·nis·si·mo /piənɪsɪmou/ [telb zn; mv: ook pianissimi /-mi/] 〈muz〉 pianissimo 〈zeer zacht te spelen passage〉
pi·a·nis·si·mo /piənɪsɪmou/ [bn; bw] 〈muz〉 zeer zacht, pianissimo
pi·a·nist /piənɪst, ᴬpiænɪst/ [telb zn] pianist(e), pianospeler, pianospeelster
pi·a·nis·tic /piənɪstɪk/ [bn; bw: ~ally] ① goed piano kunnende spelen ② piano- ③ aangepast voor de piano
¹**pi·an·o** /piænou, 〈in betekenis 2〉 piɑːnou/ [telb zn] ① piano, klavier ② piano 〈zacht te spelen passage〉
²**pi·an·o** /piɑːnou/ [bn; bw] 〈muz〉 zacht, piano
piano accordion [telb zn] accordeon, trekharmonica
pi·an·o·for·te /piænoufɔːti, ᴬ-fɔrti/ [telb zn] piano, klavier
pi·a·no·la /piənoulə/ [telb zn] ① pianola ② 〈benaming voor〉 iets dat gemakkelijk is, kinderspel, makkie, vlijer, leggertje, kinderkaart 〈oorspronkelijk merknaam〉
piano organ [telb zn] piano-orgel
piano player [telb zn] ① pianist(e) ② pianola
piano stool [telb zn] ① pianokruk ② muziekstandaard voor piano
piano tuner [telb zn] pianostemmer, pianostemster
pi·as·sa·va /piəsɑːvə/, **pi·as·sa·ba** /-sɑːbə/ [niet-telb zn] piassava 〈stijve borstelvezels uit de bladeren van palmbomen〉
pi·as·tre, 〈AE〉 **pi·as·ter** /piæstə, ᴬ-ər/ [telb zn] piaster 〈muntje in landen van het Midden-Oosten〉
pi·az·za /piætsə/ [telb zn] ① piazza, (markt)plein ② 〈BE〉 zuilengalerij, zuilengang ③ 〈AE〉 veranda, buitengalerij
pi·broch /piːbrɒk, -brɒx, ᴬ-brɑx/ [telb zn] 〈muz〉 serie variaties op een thema voor doedelzak 〈voornamelijk mars- en treurmuziek〉
pic /pɪk/ [telb zn; mv: ook pix] 〈inf〉 ① 〈verk: picture〉 foto, plaatje, illustratie ② 〈verk: picture〉 film
¹**pi·ca** /paɪkə/ [telb zn] pica 〈Angelsaksische typografische eenheid〉
²**pi·ca** /paɪkə/ [telb + niet-telb zn] 〈med〉 pica 〈ziekelijke lust tot het eten van bizarre dingen〉
³**pi·ca** /paɪkə/ [niet-telb zn] cicero 〈drukletter van 12 punten〉
pic·a·dor /pɪkədɔː, ᴬ-dɔr/ [telb zn; mv: ook picadores /-dɔːriːz/] picador 〈ruiter bij het stierengevecht〉
pic·a·resque /pɪkərɛsk/ [bn] picaresk, schelmen- ♦ *a picaresque novel* een schelmenroman
pic·a·roon /pɪkəruːn/ [telb zn] ① picaro, bandiet, schelm ② dief ③ piraat, kaper, zeerover ④ piratenschip, kaper
¹**pic·a·yune** /pɪkəjuːn/ [telb zn] 〈AE〉 ① geldstukje, 〈i.h.b.〉 vijf dollarcent ♦ *not worth a picayune* geen stuiver waard ② 〈inf〉 kleinigheid, bagatel, prul ③ 〈inf〉 onbelangrijk persoon, nul
²**pic·a·yune** /pɪkəjuːn/, **pic·a·yun·ish** /pɪkəjuːnɪʃ/ [bn] 〈AE〉 ① armzalig, miezerig, schamel, onbeduidend ② kleingeestig, pietluttig
pic·ca·lil·li /pɪkəlɪli/ [niet-telb zn] 〈cul〉 piccalilly
pic·ca·nin·ny, 〈AE〉 **pick·a·nin·ny** /pɪkənɪni, pɪkənɪni/ [telb zn] 〈vero〉 negerkindje, nikkertje
pic·co·lo /pɪkəlou/ [telb zn] ① piccolo(fluit) ② piccolospeler, piccolospeelster
piccolo player [telb zn] ① piccolospeler, piccolospeelster ② 〈AE; sl〉 afzuig(st)er
pice /paɪs/ [telb zn; mv: pice] 〈IndE; fin〉 ① 1/100 ropij ② 〈gesch〉 1/4 anna, 1/64 ropij
pich·i·cie·go /pɪtʃɪsieɪgou/, **pich·i·ci·a·go** /-ɑgou/ [telb zn] 〈dierk〉 ① gordelmol 〈Chlamyphorus truncatus〉 ② burmeistergordelmol 〈Burmeisteria retusa〉
¹**pick** /pɪk/ [telb zn] ① pikhouweel ② 〈benaming voor〉 puntig instrument(je), plectrum, tandenstoker, slothaak, loper ③ pluk, oogst
²**pick** /pɪk/ [niet-telb zn] ① keus, keur, selectie ♦ *take your pick* zoek maar uit ② 〈the〉 beste, puikje ♦ *the pick of the bunch* het neusje van de zalm, de crème de la crème
³**pick** /pɪk/ [onov + ov ww] ① (zorgvuldig) kiezen, selecteren, uitzoeken ♦ *pick and choose* zorgvuldig kiezen, kieskeurig zijn; *pick on* (uit)kiezen; *why should you pick on me to do that* waarom moet je mij nou hebben/nemen om dat te doen; 〈sport〉 *pick sides* teams kiezen; *pick one's steps/way* voorzichtig een weg zoeken; 〈fig〉 behoedzaam te werk gaan; *pick the winner* op het goede/winnende paard wedden; *pick one's words* zijn woorden zorgvuldig kiezen, zijn woorden wikken en wegen ② plukken, oogsten ③ pikken 〈van vogels〉, bikken ④ stelen, pikken, gappen ⑤ met kleine hapjes eten, kieskauwen (met), peuzelen/knabbelen (aan) ♦ *pick at a meal* zitten te kieskauwen • *pick at* plukken/pulken/peuteren aan; vitten/hakken op; 〈American football〉 *pick off* een pass onderscheppen; *pick on* vitten/hakken/afgeven op; *pick over* uitziften, de beste halen uit; doorzeuren/malen over, steeds terugkomen op; zie: **pick up**; → **picked, picking**
⁴**pick** /pɪk/ [ov ww] ① hakken (in), bikken, prikken, opensteken 〈slot〉 ♦ *pick a hole in* een gat maken in ② peuteren in 〈tanden bijvoorbeeld〉, wroeten in, pulken in 〈neus〉 ③ afkluiven, kluiven op, ontdoen van 〈vlees〉 ④ uit elkaar halen, pluizen ♦ *pick apart* uit elkaar halen; 〈fig〉 *the play was picked apart by the critics* de critici lieten geen spaan heel van het stuk; *pick oakum* touw pluizen ⑤ 〈AE〉 plukken 〈gevogelte〉 ⑥ 〈AE〉 tokkelen (op) • *pick off* één voor één neerschieten; uitpikken; afplukken; zie: **pick out**; zie: **pick up**; → **picked, picking**
pickaback → **piggyback**
pickaninny [telb zn] → **piccaninny**
¹**pick·axe**, 〈AE〉 **pick·ax** [telb zn] pikhouweel
²**pick·axe**, 〈AE〉 **pick·ax** [onov ww] een pikhouweel gebruiken
³**pick·axe**, 〈AE〉 **pick·ax** [ov ww] loshakken 〈met een pikhouweel〉, bikken
picked /pɪkt/ [bn, attr; (oorspronkelijk) volt deelw van pick] ① uitgelezen, uitgezocht, keur-, elite- ② geplukt ③ (met de pikhouweel) losgehakt ④ gesorteerd
pick·er /pɪkə, ᴬ-ər/ [telb zn] ① iemand die een houweel gebruikt ② houweel ③ plukker ④ iemand die de spullen uitzoekt/sorteert ⑤ slothaak ⑥ tandenstoker ⑦ dief, dievegge
pick·er·el /pɪkrəl/ [telb zn; mv: ook pickerel] 〈dierk〉 ① snoek 〈genus Esox〉, 〈i.h.b.〉 ketensnoek 〈E. niger〉, grassnoek 〈E. vermiculatus〉 ② 〈BE〉 jonge snoek ③ 〈vnl AE〉 snoekbaars 〈Stizostedium lucioperca〉
pick·er·up·per /pɪkərʌpə, ᴬ-ər/ [telb zn] 〈sl〉 ① opraper ② aanpapper ③ opkikkertje

picket

¹**pick·et** /pɪkɪt/ [telb zn] ① piket, paal, staak ② post(er) ⟨bij staking⟩ ♦ *flying pickets* vliegende/mobiele stakingsposten ③ ⟨inf⟩ (verk: picket line)

²**pick·et,** ⟨ook⟩ **pi·quet** /pɪkɪt/ [verzamelen] ⟨mil⟩ ① piket ♦ *inlying picket* piket; *outlying picket* veldwacht ② patrouille ⟨soort militaire politie⟩

³**pick·et** /pɪkɪt/ [onov + ov ww] posten, postend bewaken ♦ *picket a factory/people* een bedrijf/mensen posten

⁴**pick·et** /pɪkɪt/ [ov ww] ① omheinen, ompalen, versterken met piketten ② vastzetten ⟨dier⟩, tuien, aan een paal binden ③ als post neerzetten

pick·et·er /pɪkɪtə, ˄pɪkɪtər/ [telb zn] poster ⟨iemand die bij stakingen post⟩

picket fence [telb zn] staketsel

picket line [telb zn] groep posters, stakerspost

picket ship [telb zn] patrouilleschip, verkenningsschip

pick·ing /pɪkɪŋ/ [niet-telb zn; (oorspronkelijk) gerund van pick] ① het kiezen ② (het) pluk(ken), oogst ③ het stelen

pick·ings /pɪkɪŋz/ [alleen mv; (oorspronkelijk) gerund van pick] ① restjes, kliekjes, overschot ② emolumenten, profijtjes, bijkomende voordeeltjes, wat men achterover kan drukken, iets te halen ♦ *there are easy pickings to be made* daar valt wel wat te snaaien

¹**pick·le** /pɪkl/ [telb zn] ① ingelegde ui, Amsterdamse ui ② ⟨AE⟩ augurk ③ ⟨BE; inf⟩ ondeugd, deugniet, rakker

²**pick·le** /pɪkl/ [telb + niet-telb zn] pekel ⟨ook figuurlijk⟩, pekelnat, moeilijk parket, knoei ♦ *be in a sad/sorry/nice pickle* zich in een moeilijk parket bevinden, lelijk in de knoei zitten, in de pekel zitten

³**pick·le** /pɪkl/ [niet-telb zn] ① ⟨cul⟩ zuur, azijn ♦ *vegetables in pickle* groenten in het zuur ② bijtmiddel ⟨voor metalen⟩

⁴**pick·le** /pɪkl/ [ov ww] ① pekelen ② inleggen, inmaken ③ met een bijtmiddel behandelen, blank bijten, blancheren; → pickled

¹**pick·led** /pɪkld/ [bn; (oorspronkelijk) volt deelw van pickle] ingelegd (in het zuur/de pekel)

²**pick·led** /pɪkld/ [bn, pred; (oorspronkelijk) volt deelw van pickle] ⟨sl⟩ in de olie, lazarus

pick·les /pɪklz/ [alleen mv] ⟨cul⟩ tafelzuur, zoetzuur

pick·lock [telb zn] ① insluiper, inbreker ② slothaak, loper

pick-me-up [telb zn] ⟨inf⟩ opkikkertje

pick out [ov ww] ① (uit)kiezen, eruit halen, uitpikken ② onderscheiden, zien, ontdekken, eruit halen ♦ *pick out one's son in the crowd* zijn zoon in de menigte ontdekken; *pick out the meaning* achter de betekenis komen ③ op het gehoor spelen ④ doen uitkomen, afsteken, ophalen, accentueren, doen opvallen ♦ *the trees in the picture were picked out in red* de bomen op het plaatje staken af door hun rode kleur; *picked out with white* door de witte kleur goed uitkomend ⑤ vangen ⟨in licht⟩

pick·pock·et [telb zn] zakkenroller

¹**pick-up** [telb zn] ① vondst ② ⟨ook ec⟩ herstel, opleving ♦ *a pickup of five seats in the Senate* een vooruitgang van vijf zetels in de Senaat ③ ⟨inf⟩ (benaming voor) iemand die men oppikt, taxipassagier, vrachtje, lifter, vreemde ⟨met seksuele bedoelingen⟩ ④ pick-up, toonopnemer ⑤ (verk: pickup truck) ⑥ (verk: pickup point) ⑦ ⟨sl⟩ arrestatie ⑧ ⟨sl⟩ opkikkertje

²**pick-up** [telb + niet-telb zn] acceleratievermogen

³**pick-up** [niet-telb zn] ① het ophalen, het innemen, het aan boord nemen ② het aannemen ⟨van smaak e.d.⟩

¹**pick up** [onov ww] ① beter worden, opknappen, erbovenop komen, ⟨ec⟩ opleven, aantrekken ♦ *the weather is picking up* het weer wordt weer beter ② snelheid vermeerderen, vaart krijgen, accelereren, aanwakkeren ⟨van wind⟩ ③ ⟨sport⟩ teams kiezen · *pick up with* aanpappen met, leren kennen

²**pick up** [onov + ov ww] ① opruimen ♦ *pick up (the room) after the children* de rommel van de kinderen (in de kamer) opruimen ② weer beginnen, hervatten ♦ *pick up the threads* de draad weer opvatten

³**pick up** [ov ww] ① oppakken, opnemen, oprapen, optillen, ⟨sl⟩ verschutten, in hechtenis nemen ♦ *pick up your feet* til je voeten op; *pick o.s. up* overeind krabbelen; *pick s.o. up for questioning* iemand oppakken om te verhoren; *pick up a stitch* een steek ophalen ⟨bij het breien⟩ ② opdoen, oplopen, zich eigen maken, oppikken ♦ *I must have picked up a germ* ik moet een virus opgelopen hebben; *he picked her up in one of those bars* hij heeft haar in een van die bars opgepikt; *pick up a language* zich een taal eigen maken; *pick up a livelihood* zijn kostje bijeenscharrelen; *she picked up a nice profit* zij heeft een aardig winstje gemaakt; *pick up speed* snelheid/vaart winnen, vaart maken, sneller gaan; *where did you pick that up?* waar heb je dat geleerd? ③ opvangen ⟨radiosignalen/lichtsignalen⟩, krijgen, ontvangen ④ ophalen, een lift geven, meenemen, innemen, aan boord nemen ♦ *I'll pick you up at seven* ik kom je om zeven uur ophalen ⑤ (terug)vinden, terugkrijgen ♦ *pick up courage* moed vatten; *pick up flesh* aankomen; *pick up one's health* weer beter/gezond worden; *pick up strength* zijn krachten terugkrijgen; *pick up the trail* het spoor terugvinden ⑥ (bereid zijn te) betalen ⟨rekening⟩ ⑦ op(en)breken ⟨met houweel⟩, omhakken ⑧ opkikkeren, oppeppen ⑨ op de kop tikken, toevallig tegenaan lopen ⑩ berispen, op de vingers tikken ♦ *pick up s.o. on sth.* iemand over iets berispen ⑪ ⟨AE; sl⟩ vatten, begrijpen · ⟨AE; sl⟩ *pick 'em up and lay 'em down* dansen; rennen, vliegen; *pick up and leave* zijn spullen pakken en vertrekken

pickup point [telb zn] ⟨afgesproken⟩ plaats ⟨waar je iets ophaalt/iemand oppikt⟩, afhaalplaats

pickup truck [telb zn] pick-up, kleine open bestelauto

Pick·wick·i·an /pɪkwɪkɪən/ [bn, attr] speciaal, anders dan gewoon, niet letterlijk, pickwickiaans ⟨van woorden⟩ ♦ *in a Pickwickian sense* in een speciale betekenis ⟨naar Dickens⟩

pick·y /pɪki/ [bn; vergr trap: pickier; zn: pickiness] ⟨AE; inf⟩ ① pietluttig, pietepeuterig ② kieskeurig

¹**pic·nic** /pɪknɪk/ [telb zn] ① picknick ② ⟨inf⟩ makkie, fluitje van een cent ♦ *it is no picnic* het valt niet mee, het is geen sinecure/pretje ③ ⟨sl⟩ geweldig feest

²**pic·nic** /pɪknɪk/ [onov ww; picknicked] picknicken

picnic area [telb zn] picknickplaats

picnic hamper [telb zn] picknickmand

pic·nick·er /pɪknɪkə, ˄-ər/ [telb zn] picknicker

pic·nick·y /pɪknɪki/ [bn] als een picknick

pi·co- /paɪkoʊ, piːkoʊ/ pico- ⟨biljoenste deel⟩

pi·cot /piːkoʊ/ [telb zn] picot ⟨uitstekend puntje als versiering aangebracht bij borduur- en haakwerk⟩

pic·o·tee /pɪkətiː/ [telb zn] ⟨plantk⟩ (gerande) tuinanjer ⟨Dianthus caryophyllus⟩

picquet [verzamelen] → picket, piquet

pic·ric ac·id /pɪkrɪk æsɪd/ [niet-telb zn] ⟨scheik⟩ picrinezuur

pic·ro- /pɪkroʊ/ picro- ♦ *picrotoxin* picrotoxine

Pict /pɪkt/ [telb zn] Pict

¹**Pict·ish** /pɪktɪʃ/ [eigennm] Pictisch ⟨taal der Picten⟩

²**Pict·ish** /pɪktɪʃ/ [bn] Pictisch

pic·to·gram /pɪktəgræm/, **pic·to·graph** /-grɑːf, ˄-græf/ [telb zn] ① pictogram ② beeldschriftteken, hiëroglief

pic·to·graph·ic /pɪktəgræfɪk/ [bn; bw: ~ally] pictografisch

pic·tog·ra·phy /pɪktɒgrəfi, ˄-tɑ-/ [niet-telb zn] pictografie, beeldschrift

Pic·tor /pɪktə, ˄-ər/ [eigennm] ⟨astron⟩ Pictor, Schilder ⟨sterrenbeeld⟩

¹**pic·to·ri·al** /pɪktɔːrɪəl/ [telb zn] ① geïllustreerd tijd-

schrift/blad/magazine [2] postzegel met afbeelding(en)
²**pic·to·ri·al** /pɪktɔ:rɪəl/ [bn; bw: ~ly] [1] schilder-, beeld- [2] geïllustreerd [3] schilderachtig, picturaal, aanschouwelijk
¹**pic·ture** /pɪktʃə, ᴬ-ər/ [telb zn] [1] (benaming voor) afbeelding, schilderij, plaat, prent, tekening, schets, portret, foto, afbeeldsel, beeltenis, schildering, beeld, tafereel [2] plaatje, iets beeldschoons ♦ *her hat is a picture* zij heeft een beeld van een hoedje; *(as) pretty as a picture* beeldschoon [3] toonbeeld, zinnebeeld, belichaming ♦ *he looks/is the (very) picture of health* hij blaakt van gezondheid [4] evenbeeld [5] (speel)film [6] beeld (op tv) [7] aanschouwelijke beschrijving [8] situatie, omstandigheden [9] tableau vivant, levend schilderij [•] *enter the picture, come into the picture* een rol gaan spelen, verschijnen; plaatsgrijpen; *fit into the picture* bij het geheel passen; (inf) *get the picture* het snappen/verstaan; *(be) in the picture* op de hoogte (zijn); *put s.o. in the picture* iemand op de hoogte brengen; *make a picture of s.o.* iemand foto te pakken; (inf) *out of the picture* niet ter zake, niet toepasselijk, zonder belang, irrelevant; niet op de hoogte; *be out of the picture* niet meetellen, er niet bij horen, niet in aanmerking komen; *leave out of the picture* erbuiten laten, terzijde laten
²**pic·ture** /pɪktʃə, ᴬ-ər/ [ov ww] [1] afbeelden, schilderen, tekenen ♦ *picture to o.s.* zich voorstellen [2] beschrijven [3] zich voorstellen, zich inbeelden
picture bag [telb zn] platenhoes met foto('s)
picture book [telb zn] prentenboek
picture card [telb zn] [1] prentkaart [2] pop (kaartspel)
picture disc [telb zn] picturedisk (met afbeelding op het vinyl)
picture gallery [telb zn] [1] schilderijenkabinet, galerie/zaal voor schilderijen, schilderijenmuseum, prentenkabinet [2] schilderijenverzameling, prentenverzameling [3] (sl) fotoverzameling (van bekende/gezochte misdadigers)
pic·ture·go·er /pɪktʃəgoʊə, ᴬ-tʃərgoʊər/ [telb zn] (BE) (regelmatige) bioscoopbezoeker
picture hat [telb zn] chique breedgerande dameshoed
picture messaging [niet-telb zn] picturemessaging (het per mobiele telefoon foto's versturen en ontvangen)
picture moulding [telb zn] schilderijlijst (aan muur)
picture palace, picture theatre [telb zn] (vero; BE, AuE) bioscoop
pic·ture-per·fect [bn] (AE) beeldschoon ♦ *doesn't she look picture-perfect?* is het geen plaatje?
picture postcard [telb zn] prentbriefkaart, ansicht(kaart)
pic·ture-post·card [bn, attr] (BE) schilderachtig, pittoresk
picture puzzle [telb zn] legpuzzel
picture rail [telb zn] schilderijlijst, rail
pic·tures /pɪktʃəz, ᴬ-ərz/ [alleen mv; the] (vero; vnl BE) film, bioscoop
picture show [telb zn] (AE) [1] schilderijententoonstelling [2] bioscoopvoorstelling [3] bioscoop
pic·tur·esque /pɪktʃəresk/ [bn; bw: ~ly; zn: ~ness] schilderachtig, pittoresk
picture telephone [telb zn] videofoon
picture tube [telb zn] beeldbuis
picture window [telb zn] venster met weids uitzicht
picture writing [niet-telb zn] beeldschrift
pic·ul /pɪkl/ [telb zn] pikol (Chinees gewicht; ± 60 kg)
¹**pid·dle** /pɪdl/ [telb zn] (inf) plasje, (België) pipi
²**pid·dle** /pɪdl/ [onov ww] [1] beuzelen, peuteren, prutsen, zijn tijd verdoen ♦ *stop piddling around* schiet toch eens op [2] kieskauwen [3] (inf) een plasje doen, (België) pipi doen; → piddling
³**pid·dle** /pɪdl/ [ov ww] verspillen, verspelen, verdoen (tijd)
♦ *piddle away one's time* zijn tijd verspillen; → **piddling**
pid·dler /pɪdlə, ᴬ-ər/ [telb zn] beuzelaar, prutser
pid·dling /pɪdlɪŋ/ [bn; tegenwoordig deelw van piddle] (inf; pej) belachelijk (klein), onbenullig, te verwaarlozen
pid·dock /pɪdək/ [telb zn] (dierk) (gewone) boormossel (genus Pholas, in het bijzonder Ph. dactylus)

pidgeon		
dier	pidgeon, dove	duif
mannetje	cock	doffer
vrouwtje	hen	duivin
jong	squab	kuiken
groep	flock	zwerm
roep	coo	koeren
geluid	coo	roekoe

pidg·in /pɪdʒɪn/ [telb + niet-telb zn] pidgin, pidgintaal, mengtaal (voornamelijk op basis van het Engels)
Pidgin English [eigenn; ook pidgin English] Pidginengels (handelstaal op basis van het Engels)
¹**pie** /paɪ/ [telb zn] [1] ekster [2] bonte/gevlekte vogel [3] (BE; gesch) dienstalmanak (in de Engelse kerk vóór de Reformatie) [4] (gesch) munteenheid in India en Pakistan
²**pie,** (in betekenis 3 AE ook) **pi** /paɪ/ [telb + niet-telb zn] [1] pastei [2] taart [3] pastei (door elkaar gevallen letters), (fig) warboel, chaos ♦ *fall into pie* in pastei vallen; (fig) in de war lopen/(ge)raken; (fig) *make pie of* verknoeien, in de war sturen [•] (inf) *pie in the sky (when you die)* rijstebrij met gouden lepels, gouden bergen, koeien met gouden hoorns, luchtkasteel
³**pie,** (AE ook) **pi** /paɪ/ [ov ww] (drukw) in pastei doen vallen (zetsel), (fig) door elkaar gooien, verwarren
pie alley [telb zn] (AE; sl; bowling) makkelijke baan
¹**pie·bald** /paɪbɔ:ld/ [telb zn] gevlekt/bont dier/paard
²**pie·bald** /paɪbɔ:ld/ [bn] [1] gevlekt (voornamelijk wit en zwart), bont (ook figuurlijk) [2] halfslachtig, bastaard-, gemengd, heterogeen, hybride [•] (sl) *piebald eye* blauw oog
pie-can [telb zn] (sl) idioot
¹**piece** /pi:s/ [telb zn] [1] (benaming voor) stuk, portie, brok, onderdeel, deel (ook techniek), stukje (land), lapje, eindje, schaakstuk, damschijf, muntstuk, geldstuk, artikel, muziekstuk, toneelstuk, geschut, kanon, vuurmond, geweer, schietijzer, blaffer, aandeel ♦ (sl) *piece of the action* aandeel; *piece of advice* raad, advies; *piece of bread and butter* boterham; *break to/fall in pieces* in stukken/uit elkaar vallen; *break sth. to pieces* iets stukmaken; *piece by piece* stuk voor stuk; *be paid by the piece* per stuk betaald krijgen, stukloon krijgen; *five cents a piece* vijf cent per stuk; (inf) *come/go (all) to pieces* (helemaal) kapotgaan (ook figuurlijk); instorten, in/uit elkaar vallen, bezwijken; mislukken, op de fles gaan; *come/take to pieces* uit elkaar genomen kunnen worden; (fig) *cut to pieces* in de pan hakken; *cut into pieces* in stukken snijden/knippen/hakken; *piece of eight* Spaanse mat (geldstuk ter waarde van acht realen); *fixed piece* veldstuk; *piece of furniture* meubel(stuk); *in pieces* in/aan stukken; *in one piece* in één stuk; (fig) heel, ongedeerd, onbeschadigd; *piece of information* inlichting, mededeling; *piece of land* stuk land; *piece of (good) luck* buitenkansje; *piece of music* muziekstuk; *piece of news* nieuwtje; *of a piece* in/uit één stuk; *of one piece* uit één stuk; (fig) *be (all) of a piece with* (helemaal) van dezelfde aard zijn als, eenvormig zijn met, in overeenstemming zijn met, verenigbaar zijn met, van hetzelfde slag zijn als; uit hetzelfde hout gesneden zijn als; *piece of paper* stukje papier; (inf) *pick/pull/take/tear to pieces* uit elkaar halen; (fig) scherp kritiseren/hekelen, afbreken, afkammen, vitten op; (inf) *say/speak/state one's piece* zijn stuk(je) voordragen; (fig) zijn zegje doen, zijn mening zeggen, een woordje meespreken; *piece of string* eindje touw, touwtje;

piece

take sth. to pieces iets uit elkaar nemen/demonteren; ⟨fig⟩ *be all to pieces* helemaal kapot zijn; *piece of wallpaper* baan behangpapier; *piece of water* vijver, meertje, waterpartij; *piece of work* stuk(je) werk; *that's a fine piece of work* dat ziet er prachtig/prima uit [2] staaltje, voorbeeld ◆ *piece of cheek* staaltje van brutaliteit, brutaal stukje; *piece of impudence* staaltje van onbeschaamdheid; *piece of nonsense/folly* dwaasheid, onzinnige grap; *piece of wit* geestige zet [3] ⟨vulg⟩ stuk, stoot, spetter ◆ *piece of ass/tail* stuk, stoot, neukpartij [4] ⟨AE, gew⟩ stukje, eindje, korte afstand [5] ⟨AE⟩ tijdje [6] ⟨BE, gew⟩ lunchpakket [7] ⟨sl⟩ piece ⟨graffiti op metrotrein⟩ [8] ⟨vulg⟩ kut, pruim [•] ⟨BE; inf⟩ *it was a piece of cake* het was een makkie/peulenschilletje/fluitje van een cent; ⟨sl⟩ *piece of change/jack* poen; ⟨inf⟩ *give s.o. a piece of one's mind* iemand flink de waarheid zeggen, iemand een uitbrander geven, iemand zijn vet geven; ⟨inf⟩ *pick up the pieces* ⟨fig⟩ (weer) overeind krabbelen (en doorgaan), de draad weer opvatten ⟨na catastrofe⟩; ⟨vulg⟩ *piece of piss* makkie, peulenschilletje; ⟨sl⟩ *piece of shit* leugen, gelul; rotzooi; klotevoorstelling, rotproduct ⟨enz.⟩; ⟨inf⟩ *(all) shot to pieces* (helemaal, compleet) kapot, ontzet, verslagen; ontzenuwd ⟨argumenten⟩; de bodem ingeslagen ⟨verwachtingen⟩; *like a piece of chewed string* zo slap als een vaatdoek, uitgeteld; ⟨sl⟩ *piece of trade* hoer; stuk, stoot, ⟨BE⟩ ⟨nasty⟩ *piece of work/goods* (gemene) vent/griet; ⟨inf; scherts⟩ *he is a (real) piece of work* hij is een vreemde snuiter, hij is een irritante vent

²**piece** /piːs/ ⟨onov ww⟩ ⟨spinnerij⟩ [1] gebroken draden aanhechten [2] ⟨gew⟩ eten tussen de maaltijden, knabbelen

³**piece** /piːs/ ⟨ov ww⟩ [1] lappen, verstellen ◆ *piece up* oplappen, verstellen [2] samenvoegen, in elkaar zetten, aaneenzetten, aaneenhechten, verbinden ◆ *piece in* invoegen; *piece on to* vasthechten aan, verbinden met; *piece together* aaneenhechten, aaneenvoegen, in elkaar zetten, aaneenflansen, samenlappen, samenstellen; opbouwen ⟨uit afzonderlijke stukken⟩; reconstrueren ⟨verhaal⟩ [•] *piece out* aanvullen, de stukken bij elkaar brengen ⟨verhaal⟩; bijwerken, samenstellen; verlengen, vermeerderen, vergroten, rekken

-piece /piːs/ -delig ◆ *six-piece band* orkestje van zes man; *fifteen-piece tea-set* vijftiendelig theeservies

pièce de re·si·stance /piɛs də rezistɑːs/ [telb zn; mv: pièces de resistance] [1] hoofdschotel, pièce de resistance [2] pronkstuk

piece goods [alleen mv] (geweven) stukgoed, ellengoed, manufacturen

piece·meal /ˈpiːsmiːl/ [bn; attr + bw] stuksgewijs, geleidelijk, stuk(je) voor stuk(je), bij stukjes en beetjes, trapsgewijze

piec·er /ˈpiːsə, ᴬ-ər/ [telb zn] ⟨spinnerij⟩ arbeid(st)er die gebroken draden knoopt/aanhecht

piece-rate [telb zn] stuktarief

piece-wa·ges [alleen mv] stukloon

piece-work [niet-telb zn] stukwerk

piece·work·er [telb zn] stukwerk(st)er

pie chart [telb zn] cirkeldiagram

pie-crust [telb + niet-telb zn] pasteikorst [•] ⟨sprw⟩ *promises are like pie crust, made to be broken* ± op grote beloften volgen dikwijls kleine giften, ± in 't land van belofte sterft men van armoede, ± beloven en doen is twee

piecrust table [telb zn] ronde chippendaletafel

pied /paɪd/ [bn] bont, gevlekt ◆ ⟨dierk⟩ *pied flycatcher* bonte vliegenvanger (Ficedula hypoleuca); ⟨dierk⟩ *pied wheatear* bonte tapuit (Oenanthe pleshanka) [•] ⟨fig; ook *Pied Piper*⟩ *pied piper* verleider; *the Pied Piper (of Hamelin)* de rattenvanger van Hamelen; ⟨dierk⟩ *pied wagtail* rouwkwikstaart (Motacilla alba)

pied-à-terre /ˌpieɪdɑːˈtɛə, ᴬˌpiedəˈtɛr/ [telb zn; mv: pieds-à-terre] optrekje, buitenhuisje, pied-à-terre

pied·mont /ˈpiːdmɒnt, ᴬ-mənt/ [telb zn] [1] piedmonttrap [2] streek aan de voet van een berg

Pied·mont /ˈpiːdmɒnt, ᴬ-mənt/ [eigenn] [1] Piemont ⟨in Italië⟩ [2] Piedmont ⟨in USA⟩

¹**Pied·mon·tese** /ˌpiːdmənˈtiːz/ [telb zn; mv: Piedmontese] Piemontees

²**Pied·mon·tese** /ˌpiːdmənˈtiːz/ [bn] Piemontees

pie-dog [telb zn] → **pye-dog**

pie-eat·er [telb zn] ⟨AuE; inf; beled⟩ vent van niks

pie-eyed [bn] ⟨sl⟩ lazarus, stomdronken, zwaar beschonken

pie-man /ˈpaɪmən/ [telb zn; mv: piemen /-mən/] ⟨BE; vero⟩ [1] pasteibakker [2] pasteitjesverkoper

pie·plant [niet-telb zn] ⟨AE, gew⟩ rabarber

pier /pɪə, ᴬpɪr/ [telb zn] [1] pier, havenhoofd, havendam, strekdam, golfbreker, ⟨AE⟩ (aanleg)steiger [2] pijler, brugpijler [3] ⟨bouwk⟩ penant, (muur)dam

pier·age /ˈpɪərɪdʒ, ᴬˈpɪrɪdʒ/ [niet-telb zn] liggeld, kaaigeld

¹**pierce** /pɪəs, ᴬpɪrs/ [onov ww] doordringen, (binnen)dringen, boren, steken; → **piercing**

²**pierce** /pɪəs, ᴬpɪrs/ [ov ww] [1] doordringen, binnendringen in, doorboren, doorsteken, heendringen door [2] opensteken ⟨vat⟩, een gaatje maken in ⟨oorlel⟩ [3] zich een weg banen door [4] doorgronden, doorzien ⟨mysterie⟩ [5] diep schokken, als aan de grond nagelen; → **piercing**

pierce·a·ble /ˈpɪəsəbl, ᴬˈpɪrsəbl/ [bn] doordringbaar, doorboorbaar, doorgrondbaar

pierc·er /ˈpɪəsə, ᴬˈpɪrsər/ [telb zn] [1] priem, stilet [2] angel [3] legboor ⟨van insect⟩ [4] boorder [5] ⟨techn⟩ pons, doorslag, doorn, boor

¹**piercing** /ˈpɪəsɪŋ, ᴬˈpɪr-/ [telb + niet-telb zn; gerund van pierce] piercing

²**pierc·ing** /ˈpɪəsɪŋ, ᴬˈpɪr-/ [bn; tegenwoordig deelw van pierce; bw: ~ly] [1] doordringend, onderzoekend ⟨ook van blik⟩ [2] scherp, snijdend ⟨wind, kou⟩, stekend ⟨pijn⟩, snerpend ⟨geluid⟩

pier-glass [telb zn] penantspiegel

pier-head [telb zn] uiteinde van een pier

Pi·e·ri·an /paɪˈɪəriən, ᴬ-ˈɪriən/ [bn] Piërisch, van de Piërides/muzen ◆ *Pierian Spring* Piërische bron; ⟨fig⟩ inspiratiebron

pier·rette /pɪəˈret, ᴬpɪˈret/ [telb zn; ook Pierrette] Pierrette ⟨vrouwelijke witte clown⟩

pier·rot /ˈpɪəroʊ/ [telb zn; ook Pierrot] Pierrot

pie·tà /piːeɪˈtɑː/ [telb zn] piëta

pi·e·tism /ˈpaɪətɪzm/ [niet-telb zn] [1] piëtisme [2] vroomheid [2] kwezelarij

pi·e·tist /ˈpaɪətɪst/ [telb zn] [1] piëtist [2] kwezel

pi·e·tis·tic /ˌpaɪəˈtɪstɪk/, **pi·e·tis·ti·cal** /-ɪkl/ [bn; bw: ~ally] [1] piëtistisch [2] kwezelachtig

pi·e·ty /ˈpaɪəti/ [telb + niet-telb zn] vroomheid, piëteit, getrouwheid, trouw ⟨aan ouders, familie⟩ ◆ *filial piety* kinderlijke liefde/trouw

pie wagon [telb zn] ⟨sl⟩ boevenwagen

pi·e·zo- /paɪˈiːzoʊ, ᴬˈpieɪzoʊ/ piëzo-, drukknop-

pi·e·zo·e·lec·tric /paɪˌiːzoʊɪˈlektrɪk, ᴬˈpieɪzoʊ-/, **pi·e·zo·e·lec·tri·cal** /-ɪkl/ [bn; bw: ~ally] ⟨natuurk⟩ piëzo-elektrisch

pi·e·zo·e·lec·tric·i·ty /paɪˌiːzoʊɪlekˈtrɪsəti, ᴬˈpieɪzoʊɪlekˈtrɪsəti/ [niet-telb zn] ⟨natuurk⟩ piëzo-elektriciteit

pi·e·zom·e·ter /ˌpaɪəˈzɒmɪtə, ᴬˈpiəˈzɑːmɪtər/ [telb zn] ⟨natuurk⟩ piëzometer, drukmeter

pi·e·zo·met·ric /paɪˌiːzoʊˈmetrɪk, ᴬˈpieɪ-/, **pi·e·zo·met·ri·cal** /-ɪkl/ [bn] ⟨natuurk⟩ piëzometrisch

pi·e·zom·e·try /ˌpaɪəˈzɒmɪtri, ᴬˈpiəzɑː-/ [niet-telb zn] ⟨natuurk⟩ piëzometrie, drukmeting

¹**pif·fle** /ˈpɪfl/ [niet-telb zn] ⟨inf⟩ [1] nonsens, kletskoek, kletspraat, onzin [2] geleuter, geklets, gebeuzel, gewau-

piggy bank

wel ▯ *piffle!* kom nou!, loop heen!, barst!

²**pif·fle** /pɪfl/ [onov ww] ⟨inf⟩ leuteren, kletsen, beuzelen, wauwelen

pif·fler /pɪflə, ^-ər/ [telb zn] ⟨inf⟩ leuteraar, kletsmajoor, beuzelaar, wauwelaar

pif·fling /pɪflɪŋ/ [bn] ⟨inf⟩ ⓵ belachelijk (klein), onbeduidend, waardeloos ⓶ onbenullig, triviaal

¹**pig** /pɪɡ/ [telb zn] ⓵ varken, (wild) zwijn, ⟨fig, inf⟩ schrok, gulzigaard, slokop, vuilik, viespeuk, knorrepot, stijfkop, zanik, zeiker(d), lomperik, hufter, lomperd, ⟨België⟩ onbeschofterik, kwezel, fascist, racist ⓶ ⟨AE⟩ big ⓷ ⟨sl; beled⟩ klabak, smeris, kit ⓸ ⟨sl⟩ partje ⟨van sinaasappel⟩ ⓹ ⟨sl; mil⟩ gepantserd voertuig ⓺ ⟨sl⟩ knol, slecht renpaard ⓻ ⟨sl⟩ leren portefeuille ▯ *bleed like a (stuck) pig* bloeden als een rund; ⟨BE; inf⟩ *buy a pig in a poke* een kat in de zak kopen; ⟨inf⟩ *live like pigs in clover* leven als een vorst; ⟨sl⟩ *in a/the pig's eye* zeker niet; *and pigs might fly!* ja, je kan me nog meer vertellen!; *in pig* drachtig ⟨van zeug⟩; *make a pig of o.s.* zich als een varken gedragen, schrokken, zuipen; *pig in the middle* Jan Modaal, de man in de straat; ⟨spel⟩ lummelen; *be pig(gy) in the middle* tussen twee vuren zitten; ⟨sl⟩ *please the pigs* als de omstandigheden het toelaten; ⟨inf⟩ *sweat like a pig* etter en bloed zweten; ⟨België⟩ water en bloed zweten; *it was a real pig* het was een vreselijk lastig karwei; ⟨sprw⟩ *even a blind pig finds an acorn sometimes* een blind varken vindt wel een eikel, ± je weet nooit hoe een koe een haas vangt; ⟨sprw⟩ *little pitchers/pigs have long/big ears* kleine potjes hebben grote oren; ⟨sprw⟩ *pigs might fly if they had wings (but they are very unlikely birds)* met sint-juttemis, als de kalveren op het ijs dansen, als de katten ganzeneieren leggen

pig		
dier	pig	varken
mannetje	boar	beer
vrouwtje	sow	zeug
jong	piglet	big
roep	grunt	knorren
geluid	oink	knor
vlees	pork	varkensvlees

²**pig** /pɪɡ/ [telb + niet-telb zn] ⟨techn⟩ gieteling, piekijzer, geus ⟨blok ruw ijzer⟩, schuitje ⟨tin⟩

³**pig** /pɪɡ/ [niet-telb zn] varkensvlees

⁴**pig** /pɪɡ/ [onov ww] ⓵ biggen, biggen werpen ⓶ (samen)hokken, samenwonen, samenliggen ♦ *pig together* samenhokken; *pig in with s.o.* met iemand samenhokken ⓷ zich als een varken gedragen ▯ *pig in* schrokken; ⟨AE⟩ *pig out* zich volvreten/volproppen

⁵**pig** /pɪɡ/ [ov ww] ⓵ werpen ⟨biggen, jongen⟩ ⓶ bij elkaar stoppen, samenpakken, openpakken, openhopen ⓷ ⟨inf⟩ (naar binnen) schrokken ▯ ⟨vnl BE⟩ *pig it* als een varken leven; ⟨sl⟩ ophouden met rennen, snelheid minderen, als een varken gaan lopen; *pig o.s.* zich volvreten/volstoppen

pig·bed [telb zn] ⓵ varkensstal, varkenskot ⓶ ⟨techn⟩ zandbed voor gieteling

pig·boat [telb zn] ⟨sl⟩ duikboot, onderzeeër

¹**pi·geon** /pɪdʒɪn/ [telb zn] ⓵ duif ⓶ kleiduif ⓷ ⟨inf⟩ sul, onnozelaar, onnozele bloed ⓸ ⟨inf⟩ zaak, zaken, verantwoordelijkheid, aangelegenheid ♦ *it's not my pigeon* het zijn mijn zaken niet ⓹ ⟨sl⟩ verklikker, politiespion ⓺ ⟨sl⟩ duifje, liefje, meisje ⓻ ⟨sl⟩ vals/ongeldig kaartje/lot ⟨enz.⟩ ⓼ → pidgin

²**pi·geon** /pɪdʒɪn/ [ov ww] plukken, beetnemen, geld afzetten

pigeon breast [telb zn] kippenborst

pi·geon-breast·ed, pi·geon-chest·ed [bn] met een kippenborst

pigeon English [eigenn] → Pidgin English

pigeon fancier [telb zn] duivenmelker

pigeon flyer [telb zn] postduivenhouder, duivenliefhebber

pigeon hawk [telb zn] ⟨dierk⟩ smelleken ⟨Falco columbarius⟩

pi·geon-heart·ed [bn] ⓵ laf(hartig), bang ⓶ timide, bedeesd

¹**pi·geon-hole** [telb zn] ⓵ duivengat, poortje in duiventil ⓶ loket, hokje, (post)vakje ♦ *set of pigeon-holes* loketkast ⓷ kamertje, vertrekje

²**pi·geon-hole** [ov ww] ⓵ in een vakje leggen ⟨document⟩, opbergen ⓶ in vakjes verdelen, van vakjes voorzien ⓷ op de lange baan schuiven, opzijleggen, onder het loodje leggen, de behandeling uitstellen van ⓸ vastleggen, een plaats toekennen ⟨in het geheugen⟩ ⓹ in vakjes ordenen, classificeren, categoriseren, ⟨fig; vaak pej⟩ in een hokje stoppen/plaatsen, een label geven

pigeon house [telb zn] duiventil

pi·geon-liv·ered [bn] ⓵ laf(hartig), bang ⓶ zacht, vriendelijk

pigeon loft [telb zn] duivenplat

pigeon milk, pigeon's milk [niet-telb zn] ⓵ duivenmelk ⓶ ⟨BE⟩ aprilboodschap, aprilgrap

pigeon pair [telb zn] ⟨BE⟩ ⓵ tweelingpaar ⓶ jongen en meisje ⟨als enige kinderen⟩

pigeon race [telb zn] ⟨sport⟩ duivenwedstrijd

pigeon racing [niet-telb zn] ⟨sport⟩ ⟨het⟩ wedstrijdvliegen met duiven, duivensport

pi·geon·ry /pɪdʒɪnri/ [telb zn] duivenhok

pi·geon-toed [bn] met naar binnen gekeerde tenen

pig-eyed [bn] met varkensoogjes

pig·farm [telb zn] varkensboerderij, varkensbedrijf

pig·ger·y /pɪɡəri/ [telb zn] ⓵ varkensfokkerij ⓶ varkensstal, varkenskot ⓷ zwijnerij

pig·gin /pɪɡɪn/ [telb zn] ⟨gew⟩ handemmer ⟨houten emmer⟩

pig·gish /pɪɡɪʃ/ [bn; bw: ~ly; zn: ~ness] ⓵ varkensachtig, varkens- ⓶ vuil, smerig ⓷ gulzig ⓸ onbeschoft, ongemanierd ⓹ ⟨vnl BE; inf⟩ gemeen ⓺ ⟨vnl BE; inf⟩ koppig

¹**pig·gy** /pɪɡi/ [bn] ⟨inf⟩ ⓵ big, varkentje ⟨voornamelijk voor kind⟩ ⓶ teen, vinger ⟨van kind⟩ ⓷ pinkerspel, timpspel ▯ *piggy in the middle* Jan Modaal, de man in de straat; ⟨BE; spel⟩ lummelen; ⟨België⟩ tussen twee vuren; *be piggy in the middle* tussen twee vuren zitten

²**pig·gy** /pɪɡi/ [bn; vergr trap: piggier] ⓵ varkensachtig, varkens- ⓶ drachtig ⟨van zeug⟩ ⓷ → piggish

¹**pig·gy·back** /pɪɡibæk/, **pick·a·back** /pɪkəbæk/ [telb zn] ritje op de rug/schouders ♦ *will you give me a piggyback?* mag ik even op je rug?

²**pig·gy·back** /pɪɡibæk/, **pick·a·back** /pɪkəbæk/ [niet-telb zn] vervoer (van opleggers) op platte open goederenwagons

³**pig·gy·back** /pɪɡibæk/, **pick·a·back** /pɪkəbæk/ [bn; attr + bw] ⓵ op de rug/schouders ♦ *carry s.o. piggyback* iemand op de rug dragen; *he used to give me piggyback rides* vroeger mocht ik op zijn rug zitten/rijden ⓶ per open platte goederenwagon ♦ *piggyback car* platte spoorwagen voor opleggers; *piggyback service* vervoer per spoor van opleggers ▯ *piggyback commercial* supplementaire reclamespot; *piggyback load* extra lading ⟨in het bijzonder in/op ruimtevaartuig⟩

⁴**pig·gy·back** /pɪɡibæk/, **pick·a·back** /pɪkəbæk/ [ov ww] ⓵ op de rug/schouders vervoeren/laten rijden ⓶ ophijsen ⟨opleggers op spoorwagens⟩ ▯ *the janitors piggybacked their demands on the teacher's strike* de schoonmakers gebruikten de lerarenstaking om hun eisen op tafel te leggen

piggyback rig [telb zn] ⟨parachutespringen⟩ tandemsysteem ⟨reservechute⟩

piggy bank [telb zn] spaarvarken(tje)

pigheaded

pig·head·ed [bn; bw: pigheadedly; zn: pigheadedness] koppig, stijfhoofdig, eigenwijs
pig ignorant [bn] ⟨sl⟩ zo stom als het achtereind van een varken, ezelsdom, oerstom
pig iron [niet-telb zn] ruw ijzer, gieteling, piekijzer
¹**pig-jump** [telb zn] ⟨AuE; sl⟩ sprong met de vier poten in de lucht ⟨van paarden⟩
²**pig-jump** [onov ww] ⟨AuE; sl⟩ met de vier poten in de lucht springen ⟨van paarden⟩
pig Latin [telb + niet-telb zn] jargon met systematische woordverminking ⟨bijvoorbeeld: igpay atinlay voor pig Latin⟩
pig·let /pɪglɪt/, **pig·ling** /-lɪŋ/ [telb zn] big, biggetje, schram
pig·like /pɪglaɪk/ [bn] varkensachtig, varkens-
pig-meat [niet-telb zn] ① ⟨BE⟩ varkensvlees, ham, spek ② ⟨sl⟩ afgeschreven bokser ③ ⟨sl⟩ iemand die op sterven na dood is
¹**pig·ment** /pɪgmənt/ [telb + niet-telb zn] pigment, kleurstof, verfstof
²**pig·ment** /pɪgment/ [ov ww] kleuren, pigmenteren
pig·men·tal /pɪgmentl/, **pig·men·ta·ry** /pɪgməntri, ᴬ-teri/ [bn] van pigment, pigment-
pig·men·ta·tion /pɪgmənteɪʃn/ [telb + niet-telb zn] ① pigmentatie ② kleuring
pigment cell [telb zn] pigmentcel
pigmy → pygmy
pig·nut [telb zn] ⟨plantk⟩ aardnoot, ⟨i.h.b.⟩ Franse aardkastanje ⟨Conopodium majus⟩
pig·pen [telb zn] ⟨AE⟩ varkensstal ⟨ook figuurlijk⟩, varkenskot
¹**pig's ear** /pɪgz ɪə, ᴬ-ɪr/ [telb zn] knoeiboel ♦ *make a pig's ear of sth.* ergens een potje van maken
²**pig's ear** /pɪgz ɪə, ᴬ-ɪr/ [niet-telb zn] ⟨sl⟩ bier
pig·skin [niet-telb zn] ① varkenshuid ② varkensleer ③ ⟨AE; inf⟩ zadel ⟨van jockey⟩ ④ ⟨inf; American football⟩ leer, rugbybal
pig-stick·er [telb zn] ① varkensslachter ② wildezwijnenjager ③ slagersmes, hartsvanger
pig-stick·ing [niet-telb zn] wildezwijnenjacht ⟨te paard met speren⟩
pig-sty [telb zn] varkensstal ⟨ook figuurlijk⟩, varkenskot
pig sweat [niet-telb zn] ⟨sl⟩ ① bier ② bocht, uilenzeik
pig's whisper [telb zn] gefluister ⟨•⟩ ⟨sl⟩ *in a pig's whisper* in een handomdraai/mum
pig-swill /pɪgswɪl/, **pig's wash** /pɪgzwɒʃ, ᴬ-wɔʃ/ [niet-telb zn] ① varkensdraf, spoeling ② ⟨inf⟩ slootwater, zwijnenkost, varkensvoer
pig-tail [telb zn] ① varkensstaart ② ⟨haar⟩vlecht, staartje, pruikstaartje ③ rol tabak ④ ⟨inf⟩ Chinees
pig-tailed [bn] met een staart/haarvlecht
pig-weed [telb zn] ⟨plantk⟩ ① papegaaienkruid ⟨Amaranthus retroflexus⟩ ② meelganzenvoet ⟨Chenopodium album⟩
¹**pi·jaw** /paɪdʒɔː/ [telb zn] ⟨BE; sl⟩ zedenpreek
²**pi·jaw** /paɪdʒɔː/ [ov ww] ⟨BE; sl⟩ de levieten lezen, de les lezen
PIK [afk] (payment-in-kind)
pi·ka /piːkə/ [telb zn] ⟨dierk⟩ fluithaas ⟨genus Ochotona⟩
¹**pike** /paɪk/ [telb zn] ① piek, spies ② tolboom ③ tol ④ tolweg ⑤ (speer)punt ⑥ ⟨vnl BE⟩ piek, spitse heuveltop ⑦ ⟨gew⟩ hooivork ⑧ ⟨sport, in het bijzonder gymnastiek⟩ gehoekte houding
²**pike** /paɪk/ [telb zn; mv: ook pike] ⟨dierk⟩ snoek ⟨Esox lucius⟩
³**pike** /paɪk/ [onov ww] ⟨inf⟩ gaan ♦ *pike along* zijn weg (wel) vinden; ⟨sl⟩ *pike off* ertussenuit knijpen; ⟨fig⟩ het loodje leggen, de pijp uitgaan; *pike on/out* ertussenuit knijpen, de plaat poetsen, vertrekken; → **piked**
⁴**pike** /paɪk/ [ov ww] doorsteken, doorprikken, doodste-

ken; → **piked**
piked /paɪkt/ [bn; volt deelw van pike] ① puntig, stekelig ② ⟨sport, in het bijzonder gymnastiek⟩ gehoekt ⟨van (af)sprong⟩
pike jump [telb zn] ⟨gymn⟩ hoeksprong
pike·let /paɪklɪt/ [telb zn] ⟨BE⟩ drie-in-de-pan
pike·man /paɪkmən/ [telb zn; mv: pikemen /-mən/] ① ⟨gesch⟩ piekenier ② tolbaas, tolgaarder ③ ertshouwer
pike perch [telb zn] ⟨dierk⟩ baars ⟨genus Stizostedium⟩, ⟨i.h.b.⟩ snoekbaars ⟨S. lucioperca⟩, Canadese baars ⟨S. canadense⟩
pik·er /paɪkə, ᴬ-ər/ [telb zn] ⟨sl⟩ ① schrielhannes, vrek, ⟨België⟩ gierige pin ② ⟨AE⟩ voorzichtige gokker ③ lafaard
pike·staff /paɪkstɑːf, ᴬ-stæf/ [telb zn] ① piekschacht ② wandelstok met ijzeren/metalen punt, prikstok
pi·key /paɪki/ [telb zn] aso, asociaal persoon
pi·laf, pi·laff /pɪlæf, ᴬpɪlɑf/, **pi·lau, pi·law** /pɪlaʊ, piːlaʊ/ [telb + niet-telb zn] ⟨cul⟩ pilau, pilav ⟨scherpe rijstschotel⟩, rijstmoes ⟨scherpe rijstschotel⟩
pi·lar /paɪlə, ᴬ-ər/ [bn] haar-, harig, behaard, haarachtig
pi·las·ter /pɪlæstə, ᴬ-ər/ [telb zn] pilaster
Pi·la·tes /pɪlɑːtiːz/ [niet-telb zn] ⟨handelsmerk⟩ pilates ⟨oefenmethode die het midden houdt tussen yoga en dans⟩
pilch /pɪltʃ/ [telb zn] driehoekige luier, luierbroekje
pil·chard /pɪltʃəd, ᴬ-ərd/ [telb zn] ⟨dierk⟩ pelser, sardien ⟨Sardina pilchardus⟩
¹**pile** /paɪl/ [telb zn] ① paal, heipaal, staak, pijler, steigerpaal, juffer ② stapel, hoop ♦ *piles of books* stapels boeken; ⟨inf⟩ *piles of work* een berg/stoot werk ③ ⟨vaak enkelvoud⟩ ⟨inf⟩ hoop/berg geld, fortuin ♦ *he has made his pile* hij is binnen, hij heeft zijn schaapjes op het droge; *make a/one's pile* fortuin maken ④ rot ⟨geweren⟩ ⑤ brandstapel ⑥ hoog/groot gebouw(encomplex), blok gebouwen ⑦ pijlpunt ⑧ aambei ⑨ ⟨heral⟩ wigvormig wapenbeeld, (naar beneden gerichte) paalpunt ⑩ ⟨elek⟩ zuil, zuil van Volta, batterij, element ⑪ ⟨natuurk⟩ (kern)reactor ♦ *atomic pile* kernreactor ⟨•⟩ ⟨inf⟩ *like a pile of bricks* dat het een aard heeft, hard, duchtig; ⟨sl⟩ *pile of shit* gelul; klote/kut ding; klootzak, kutwijf
²**pile** /paɪl/ [niet-telb zn] ① dons, wol, vacht, haar ② pool ⟨op fluweel, pluche, tapijt⟩, pluis, nop
³**pile** /paɪl/ [onov ww] zich ophopen/opstapelen, samentroepen, samenstromen ♦ *pile in* binnenstromen, binnendrommen; *they piled into the car* ze persten zich in de auto; *pile off* (in drommen) weggaan, wegstromen; *pile out (of the cinema)* (uit de bioscoop) naar buiten stromen/drommen; *seven people piled out of that car* zeven mensen kropen uit die auto (naar buiten); *pile up* zich opstapelen ⟨•⟩ ⟨inf⟩ *pile after s.o.* iemand achterna rennen; ⟨inf⟩ *pile in!* kom (maar) binnen!, kom erbij!, val aan!, tast toe!; ⟨inf⟩ *pile into s.o.* iemand te lijf gaan; *pile up* stranden, aan de grond lopen ⟨van schip⟩; op elkaar inrijden ⟨van auto's⟩; → **piling**
⁴**pile** /paɪl/ [ov ww] ① heien ② voorzien van palen, ondersteunen/verstevigen/uitrusten met palen ③ stapelen, opstapelen, ophopen, beladen, vullen, bedekken, volzetten ♦ *pile arms* de geweren aan rotten zetten; *pile the luggage in* de bagage opladen; ⟨cricket⟩ *pile on runs* aan de lopende band runs scoren; *pile the pressure on* de druk verhogen, onder grotere druk zetten; *pile wood on(to) the fire* hout op het vuur gooien; *pile on/up sth.* iets opstapelen ⟨•⟩ ⟨inf⟩ *pile it on (thick)* overdrijven, de waarheid geweld aandoen, het er dik opleggen; *pile sth. onto s.o.* iemand met iets opschepen; *pile up a car* een auto in de kreukels/vernieling rijden; *pile up a ship* een schip aan de grond doen lopen;
→ **piling**
pi·le·at·ed /paɪlieɪtɪd/, **pi·le·ate** /paɪlɪət, -ieɪt/ [bn] ① ⟨plantk⟩ met een hoed ⟨van paddenstoel⟩ ② ⟨dierk⟩ met een kuif ⟨van vogel⟩

pile driver [telb zn] ① heimachine, heikar ② heier ③ ⟨inf⟩ opstopper, opduvel, optater, (harde) knal/slag/stoot ⟨voornamelijk in boksen⟩, (harde) trap/schop ④ ⟨inf⟩ beuker, rammer

pile dwelling, pile house [telb zn] paalwoning

pile-up /paɪlʌp/ [telb zn] ① opeenstapeling, op(een)hoping ② kettingbotsing

pi·le·us /paɪliəs, pɪl-/ [telb zn; mv: pilei /-liaɪ/] ① ⟨plantk⟩ hoed ⟨van paddenstoel⟩ ② ⟨r-k⟩ kalot, pileolus, solideo ③ ⟨gesch⟩ pilos, pileus ⟨Romeinse muts⟩

pile·worm [telb zn] ⟨dierk⟩ paalworm ⟨genus Teredo⟩

pile·wort /paɪlwɜːt, ^-wɜrt/ [telb + niet-telb zn] ⟨plantk⟩ ① speenkruid ⟨Ranunculus ficaria⟩ ② helmkruid ⟨genus Scrophularia⟩

pil·fer /pɪlfə, ^-ər/ [onov + ov ww] stelen, pikken ♦ *my room's been pilfered* er is iemand met lange vingers op mijn kamer geweest

¹**pil·fer·age** /pɪlfrɪdʒ/ [telb + niet-telb zn] kruimeldiefstal, gegap, gepik

²**pil·fer·age** /pɪlfrɪdʒ/ [niet-telb zn] gestolen goed, gegapte spullen, buit

pil·fer·er /pɪlfrə, ^-ər/ [telb zn] kruimeldief

¹**pil·grim** /pɪlgrɪm/ [telb zn] ① pelgrim ② reiziger

²**pil·grim** /pɪlgrɪm/ [onov ww] ① op bedevaart gaan, een bedevaart doen, een pelgrimstocht ondernemen ② rondzwerven als een pelgrim

¹**pil·grim·age** /pɪlgrɪmɪdʒ/ [telb + niet-telb zn] bedevaart, pelgrimstocht, pelgrimage, pelgrimsreis, ⟨fig⟩ levensreis ♦ *go on (a) pilgrimage, go in pilgrimage* op bedevaart gaan

²**pil·grim·age** /pɪlgrɪmɪdʒ/ [onov ww] op bedevaart gaan, een bedevaart doen

Pilgrim Fathers [alleen mv; the] Pilgrim Fathers ⟨Engelse puriteinen die in 1620 de kolonie Plymouth stichtten in Massachusetts⟩

¹**pil·grim·ize** /pɪlgrɪmaɪz/ [onov ww] op bedevaart gaan, een bedevaart doen, een pelgrimstocht ondernemen

²**pil·grim·ize** /pɪlgrɪmaɪz/ [ov ww] tot pelgrim maken, een pelgrim maken van

Pil·grims /pɪlgrɪmz/ [alleen mv; the] → Pilgrim Fathers

pi·lif·er·ous /paɪlɪf(ə)rəs/ [bn] ① behaard, harig ⟨voornamelijk plantkunde⟩ ② haar producerend

pil·i·form /paɪlɪfɔːm, ^-fɔrm/ [bn] haarvormig

pil·ing /paɪlɪŋ/ [niet-telb zn; (oorspronkelijk) gerund van pile] ① het heien, heiwerk ② paalwerk, palen

¹**pill** /pɪl/ [telb zn] ① pil ⟨ook figuurlijk⟩, bittere pil ♦ *a bitter pill (to swallow)* een bittere pil (om te slikken); *gild/sweeten/sugar(coat) the pill* de pil vergulden ② ⟨vnl scherts⟩ bal ⟨kanonbal, tennisbal, honkbal, golfbal⟩ ③ ⟨inf⟩ klootzak, klier ④ ⟨sl⟩ peuk, sigaret ⑤ ⟨sl⟩ opiumballetje, ⟨bij uitbreiding⟩ drug

²**pill** /pɪl/ [niet-telb zn; vaak Pill; the] ⟨(anticonceptie)pil ♦ *go on the pill* de pil gaan gebruiken/slikken; *(be) on the pill* aan de pil (zijn)

³**pill** /pɪl/ [onov ww] ① pluizen ⟨van stof⟩ ② ⟨vero⟩ plunderen, roven

⁴**pill** /pɪl/ [ov ww] ① pillen toedienen/voorschrijven, met pillen behandelen ② pillen maken van ③ ⟨sl⟩ deballoteren, uitsluiten, stemmen tegen, afwijzen ♦ *he was pilled* hij was gezakt ④ ⟨vero; BE⟩ plunderen ⑤ ⟨BE; verouderd, behalve gewestelijk⟩ pellen

¹**pil·lage** /pɪlɪdʒ/ [niet-telb zn] ① plundering, roof ② buit

²**pil·lage** /pɪlɪdʒ/ [onov + ov ww] plunderen, (be)roven

pil·lag·er /pɪlɪdʒə, ^-ər/ [telb zn] plunderaar

¹**pil·lar** /pɪlə, ^-ər/ [telb zn] ① pilaar, zuil, steunpilaar ⟨ook figuurlijk⟩ ♦ *pillars of the state* steunpilaren van de staat ② zuil, kolom ⟨rook, water, lucht, rots, zout⟩ ♦ *pillar of smoke* rookzuil ③ ⟨mijnb⟩ (steun)pijler ▪ *Pillars of Hercules* zuilen van Hercules ⟨rotsen aan weerszijden van Straat van Gibraltar⟩; *(driven) from pillar to post* van het kastje naar de muur/van Pontius naar Pilatus (gestuurd)

²**pil·lar** /pɪlə, ^-ər/ [onov ww] met pilaren ondersteund worden

³**pil·lar** /pɪlə, ^-ər/ [ov ww] (als) met pilaren ondersteunen/versterken

pil·lar-box [telb zn] ⟨BE⟩ ronde brievenbus ⟨op straat⟩

pillar-box red [niet-telb zn] ⟨BE⟩ helderrood

pil·lared /pɪləd, ^pɪlərd/ [bn] met pilaren (ondersteund)

pil·lar·et /pɪlərɛt/ [telb zn] kleine pilaar, zuiltje

pill-box [telb zn] ① pillendoosje ② klein rond (dames)hoedje ③ ⟨scherts⟩ poppenhuisje ④ ⟨mil⟩ kleine bunker ⟨met kanon, voornamelijk ter versterking langs kust⟩, bomvrije schuilplaats

pill bug [telb zn] ⟨dierk⟩ pissebed

pill·head [telb zn] ⟨sl⟩ (pillen)slikker

pil·lion /pɪliən/ [telb zn] ① duozitting, buddyseat ♦ *ride pillion* achterop zitten, duopassagier zijn ② ⟨gesch⟩ licht vrouwenzadel ③ ⟨gesch⟩ zadelkussen ⟨voor vrouw, achter zadel⟩

pillion passenger, pillion rider [telb zn] duopassagier(e)

pil·li·winks /pɪliwɪŋks/ [alleen mv; werkwoord ook enk] ⟨gesch⟩ duimschroeven

pil·lock /pɪlək/ [telb zn] ⟨BE; inf⟩ dwaas, idioot, klootzak

pil·locks /pɪləks/ [alleen mv] ⟨BE; inf⟩ onzin, gelul

¹**pil·lo·ry** /pɪləri/ [telb zn] ⟨gesch⟩ blok, schandpaal, kaak ♦ *in the pillory* in het blok, aan de schandpaal

²**pil·lo·ry** /pɪləri/ [ov ww] ① aan de kaak stellen, aan de schandpaal nagelen, hekelen ② ⟨gesch⟩ in het blok slaan

¹**pil·low** /pɪloʊ/ [telb zn] ① (hoofd)kussen ② (sier)kussen ③ kantkussen ④ ⟨techn⟩ kussenblok ⑤ ⟨honkb⟩ (honk)kussen

²**pil·low** /pɪloʊ/ [onov ww] (als) op een kussen rusten, zijn hoofd op een kussen leggen

³**pil·low** /pɪloʊ/ [ov ww] ① (als) op een kussen laten rusten ② als een kussen liggen onder, als kussen dienen voor ③ met kussens steunen

pillow block [telb zn] ⟨techn⟩ kussenblok

pil·low·case, pillow slip [telb zn] kussensloop

pil·low-fight [telb zn] kussengevecht

pil·low-lace [niet-telb zn] kloskant

pillow lava [niet-telb zn] ⟨geol⟩ kussenlava

pillow mate [telb zn] ⟨sl⟩ bedgenoot

pillow puncher [telb zn] ⟨sl⟩ dienstmeisje, kamermeisje

pillow talk [niet-telb zn] intiem gesprek tussen minnaars in bed

pil·low·y /pɪloʊi/ [bn] als/van een kussen, zacht

pill pad [telb zn] ⟨sl⟩ verzamelplaats van drugsgebruikers

pill peddler, pill pusher, pill roller [telb zn] ⟨sl⟩ pil, pillendraaier, apotheker, arts

pills /pɪlz/ [alleen mv] ⟨sl⟩ ballen, testikels

pillule [telb zn] → pilule

pill·wort /pɪlwɜːt, ^-wɜrt/ [telb + niet-telb zn] ⟨plantk⟩ pilvaren ⟨Pilularia globulifera⟩

pi·lose /paɪloʊs/, **pi·lous** /paɪləs/ [bn] behaard, harig

pi·los·i·ty /paɪlɒsəti, ^-lɑsəti/ [niet-telb zn] behaardheid, harigheid

¹**pi·lot** /paɪlət/ [telb zn] ① loods ② piloot, vlieger, bestuurder ③ gids, leider ④ waakvlam(metje) ⑤ controlelamp(je), verklikkerlamp(je) ⑥ ⟨radio/tv⟩ proefuitzending, proefaflevering, pilot, ⟨tv⟩ trailer, voorpeuze ⟨van een serie⟩ ⑦ ⟨AE⟩ baanschuiver ⟨van locomotief⟩ ⑧ ⟨AE⟩ geleider, geleiding ⑨ ⟨AE⟩ manager van een honkbalteam ⑩ ⟨vero⟩ stuurman, roerganger ▪ ⟨sprw⟩ *in a calm sea every man is a pilot* op een stille zee kan iedereen stuurman zijn

²**pi·lot** /paɪlət/ [ov ww] ① loodsen, (be)sturen, vliegen, (ge)leiden, de koers bepalen van ⟨ook figuurlijk⟩ ♦ *pilot a ship into port* een schip de haven binnenloodsen; *pilot a bill*

pilotage

through *Parliament* een wetsontwerp door het parlement loodsen ② als loods bevaren

pi·lot·age /ˈpaɪlətɪdʒ/ [niet-telb zn] ① **het loodsen**, het (be)sturen, loodskunst ② **loodsgeld** ③ **loodswezen** ④ **loodsbetrekking** ⑤ **vliegkunst** ⟨op zicht/radar⟩

pilot balloon [telb zn] ⟨meteo⟩ **proefballon**

pilot bird [telb zn] ⟨dierk⟩ **zilverplevier** ⟨Pluvialis squatarola⟩

pilot boat [telb zn] **loodsboot**

pilot bread [niet-telb zn] **scheepsbeschuit**

pilot burner, pilot flame [telb zn] **waakvlam(metje)**

pilot cell [telb zn] **controlebatterij(tje)**

pilot chute [telb zn] ⟨parachutespringen⟩ **loodschute** ⟨die hoofdparachute tevoorschijn trekt⟩

pilot cloth [niet-telb zn] **donkerblauwe stof** ⟨voor marine-uniform⟩

pilot coat [telb zn] **pijjekker**

pilot engine [telb zn] **(losse) locomotief**

pilot film [telb zn] ⟨tv⟩ **trailer**, voorproefje ⟨van serie⟩

pilot fish [telb zn] ⟨dierk⟩ **loodsmannetje** ⟨vis; Naucrates ductor⟩

pi·lot·house [telb zn] ⟨scheepv⟩ **stuurhuis**

pilot jack, pilot flag [telb zn] **loodsvlag**

pilot lamp [telb zn] **controlelamp(je)**

pilot light [telb zn] ① **waakvlam(metje)** ② **controlelamp(je)**

pilot model [telb zn] **proefmodel**, prototype

pilot officer [telb zn] ⟨BE⟩ **tweede luitenant-vlieger** ⟨in de RAF⟩

pilot plant [telb zn] **proeffabriek**

pilot product [telb zn] **proefmonster** ⟨om de markt uit te testen⟩

pilot project [telb zn] **proefproject**

pilot scheme [telb zn] **proefontwerp**

pilot study [telb zn] **proefonderzoek**, vooronderzoek

pilot valve [telb zn] ⟨techn⟩ **regelklep**

pilot whale [telb zn] ⟨dierk⟩ **griend** ⟨Globicephala melaena⟩

pilous [bn] → **pilose**

pil·sner, pil·sen·er /ˈpɪlznə, ᴧ-ər/ [telb + niet-telb zn; ook Pilsner] **pilsener**, pils

pil·u·lar, pil·lu·lar /ˈpɪljʊlə, ᴧ-jələr/, **pil·u·lous, pil·lu·lous** /-ləs/ [bn] **pilvormig**, pilachtig, pil(len)-

pil·ule, pil·lule /ˈpɪljuːl/ [telb zn] **pil(letje)**

¹**pi·men·to** /pɪˈmentoʊ/ [telb zn; mv: ook pimento] ⟨plantk⟩ ① **pimentboom** ⟨Pimenta officinalis⟩ ② **Spaanse peper** ⟨Capsicum annuum⟩

²**pi·men·to** /pɪˈmentoʊ/ [niet-telb zn] ① **piment**, jamaicapeper, nagelbollen, nagelgruis ② **Spaanse peper**

¹**pi·mien·to** /pɪmˈjentoʊ, ᴧpɪmˈentoʊ/ [telb zn; mv: ook pimiento] ⟨plantk⟩ **Spaanse peper** ⟨Capsicum annuum⟩

²**pi·mien·to** /pɪmˈjentoʊ, ᴧpɪmˈentoʊ/ [niet-telb zn] **Spaanse peper**

¹**pimp** /pɪmp/ [telb zn] ① **souteneur**, pooier, koppelaar ② ⟨AuE; sl⟩ **tipgever**, aanbrenger, spion ③ ⟨sl⟩ **homoprostitué**

²**pimp** /pɪmp/ [bn] ⟨sl⟩ **verwijfd**

³**pimp** /pɪmp/ [onov ww] ① **pooi(er)en**, souteneur zijn ② ⟨AuE; sl⟩ **als tipgever optreden**, spion zijn ♦ *pimp on* aanbrengen

⁴**pimp** /pɪmp/ [ov ww] ⟨inf⟩ **pimpen**, oppimpen

pim·per·nel /ˈpɪmpənel, ᴧ-pər-/ [telb zn] ⟨plantk⟩ **guichelheil**, guichelkruid, rode bastaardmuur ⟨genus Anagallis⟩

pimp·ing /ˈpɪmpɪŋ/ [bn] **klein**, nietig, onbeduidend, ziekelijk

pim·ple /ˈpɪmpl/ [telb zn] ① **puist**, puistje, pukkel ② ⟨sl⟩ **heuveltje** ③ ⟨AE; sl⟩ **kop**, kanis, smoel, tronie ④ ⟨AE; inf⟩ **(rij)zadel**

pim·pled /ˈpɪmpld/ [bn] **puistig**, puisterig, vol puisten

pim·ply /ˈpɪmpli/ [bn; vergr trap: pimplier] **puistig**, puisterig, vol puisten

¹**pin** /pɪn/ [telb zn] ① **speld**, sierspeld, broche ♦ *you could hear a pin drop* je kon een speld horen vallen ② **pin**, pen, stift, ⟨techn⟩ splitpen, bout, tap, spie, nagel, luns ③ **deegrol** ④ **vaatje** ⟨25 liter⟩, ⟨fig⟩ kleinigheid, bagatel, zier(tje) ♦ *I don't care/give a pin/two pins* ik geef er geen zier om; *for two pins I'd do it* wat let me of ik doe het ⑤ **kegel** ⟨bowling⟩ ⑥ **sleutel**, schroef ⟨van snaarinstrument⟩ ⑦ **vlaggenstok** ⟨in een 'hole' bij golf⟩ ⑧ **pijp** ⟨van sleutel⟩ ⑨ ⟨schaaksp⟩ **penning** ⑩ ⟨scheepv⟩ **korvijnagel** ⑪ ⟨scheepv⟩ **roeipen**, roeipin · *I have pins and needles in my arm/my arm is all pins and needles* mijn arm slaapt; ⟨AE⟩ *be on pins and needles* op hete kolen zitten

²**pin** /pɪn/ [ov ww] ① **spelden**, vastspelden, vastmaken, vasthechten, prikken, vastklemmen, vastpennen ⟨met speld, pin, enz.⟩ ♦ *pin sth. down* iets vastprikken/neerdrukken; *pin a flower on/to a dress* een bloem op een japon spelden; *pin documents together* documenten samenhechten; *pin up a notice* een bericht opprikken/ophangen; *pin up butterflies* vlinders opzetten/opprikken ② **doorboren**, doorsteken ③ **vasthouden**, vastgrijpen, knellen, drukken, (met de schouders) op de grond krijgen/hebben ⟨worstelen⟩ ♦ *pin s.o. against the wall* iemand tegen de muur drukken; *pin s.o. down* iemand neerdrukken/op de grond houden; ⟨fig⟩ *he was pinned down to a point* hij werd op één punt in het nauw gedreven; *she got pinned under the car* ze lag onder de auto beknled ④ **opsluiten**, schutten ⟨vee⟩ ⑤ ⟨schaaksp⟩ **pennen** ⑥ **toeschrijven**, toekennen ⟨schuld, misdaad⟩ ⑦ ⟨AE⟩ **verloven** ⟨door het laten uitwisselen van een insigne⟩ · *pin s.o. down on sth.* iemand dwingen zijn wensen/plannen/bedoeling i.v.m. iets kenbaar te maken; *pin s.o. down to his promise* iemand aan zijn belofte houden, iemand op zijn toezegging vastpinnen; *it's difficult to pin down in words* het is moeilijk onder woorden te brengen; *the soldiers were pinned down in the trenches by heavy shelling* zwaar granaatvuur hield de soldaten in de loopgraven; *pin sth. on/to s.o.* iemand iets in de schoenen schuiven

PIN /pɪn/ [telb zn] (personal identification number) **persoonlijk identificatienummer**

pi·na co·la·da /ˌpiːnəkəˈlɑːdə/ [telb + niet-telb zn] **pina colada**

pin·a·fore /ˈpɪnəfɔː, ᴧ-fɔr/, ⟨inf⟩ **pin·ny** /ˈpɪni/ [telb zn] **schort**, kinderschort

pinafore dress [telb zn] **overgooier**

pi·nas·ter /paɪˈnæstə, ᴧ-ər/ [telb zn] ⟨plantk⟩ **zeeden**, zeepijnboom ⟨Pinus pinaster⟩

pin·ball [niet-telb zn] **flipper(spel)**, trekspel

pinball arcade [telb zn] **gokautomatenhal**, ⟨België⟩ lunapark

pinball machine [telb zn] **flipper(kast)**, trekbiljart

pin·board [telb zn] **prikbord**

pince-nez /ˈpænsneɪ, pɪns-/ [telb zn; mv: pince-nez] **pince-nez**, knijpbril

pincer movement [telb zn] ⟨mil⟩ **tangbeweging**

pin·cers /ˈpɪnsəz, ᴧ-ərz/, **pin·chers** /ˈpɪntʃəz, ᴧ-ərz/ [alleen mv; werkwoord voornamelijk mv] ① **nijptang**, tang ♦ *a pair of pincers* een nijptang ② **schaar**, tang ⟨van kreeft⟩ ③ ⟨mil⟩ **tang(beweging)**

pin·cette /pænˈset/ [telb zn] **pincet**

¹**pinch** /pɪntʃ/ [telb zn] ① **kneep** ♦ *give s.o. a pinch* iemand knijpen ② ⟨the⟩ **klem**, knel, druk, spanning, uiterste nood, noodsituatie ♦ *if it comes to the pinch* als het begint te knijpen, als de nood aan de man komt; *feel the pinch* de nood voelen; *the pinch of poverty/hunger* de nijpende armoede/honger ③ **snuifje**, heel klein beetje, iets tussen duim en vinger ♦ *a pinch of salt* een snuifje zout; *take sth. with a pinch of salt* iets met een korreltje zout nemen; *a pinch of snuff* een snuifje ④ ⟨inf⟩ **diefstal** ⑤ ⟨sl⟩ **arrestatie** · *at/in a pinch* desnoods, in geval van nood

²**pinch** /pɪntʃ/ [onov ww] ⓵ krenterig zijn, gierig/vrekkig/schraperig zijn ♦ *pinch and save/scrape* kromliggen ⓶ ⟨scheepv⟩ te hoog aan de wind zeilen, knijpen

³**pinch** /pɪntʃ/ [onov + ov ww] knellen, pijn doen ♦ *these shoes pinch my toes* mijn tenen doen pijn in deze schoenen ⓟ ⟨sprw⟩ *only the wearer knows where the shoe pinches* ieder voelt het best waar hem de schoen wringt

⁴**pinch** /pɪntʃ/ [ov ww] ⓵ knijpen, dichtknijpen, knellen, klemmen, nijpen, plooien ⓶ kwellen, in het nauw brengen ♦ *a pinched face* een mager gezicht; *pinched with anxiety* door zorgen gekweld ⓷ verkleumen, verschrompelen, verdorren ♦ *pinched by the frost* afgevroren; *pinched with cold* verkleumd van de kou ⓸ karig toemeten, karig zijn met, sparen, krap houden, beknibbelen, gebrek laten lijden ♦ *be pinched for money* er krap bij zitten; *pinch s.o. for/in/of money* iemand krap houden/financieel in de tang houden; *pinch o.s.* zich bekrimpen; *pinch pennies* op de kleintjes passen, elke cent driemaal omdraaien ⓹ inkorten, snoeien ⟨planten⟩ ♦ *pinch back/down plants* planten inkorten/terugsnoeien; *pinch off the tops of the plants* de planten aftoppen; *pinch out the shoots* de scheuten afknijpen/dieven ⓺ (met een koevoet) oplichten ⓻ aanzetten, aansporen ⟨paard⟩ ⓼ ⟨inf⟩ gappen, ritselen, achterover drukken, bestelen ♦ *who pinched my ball-point?* wie heeft mijn balpen gejat?; ⟨sl⟩ *be pinched* blut zijn ⓽ ⟨inf⟩ inrekenen, in de kraag grijpen, snappen, arresteren

pinch-bar [telb zn] koevoet, breekijzer

¹**pinch·beck** /pɪntʃbek/ [niet-telb zn] pinsbek, klatergoud

²**pinch·beck** /pɪntʃbek/ [bn] klatergouden, onecht, vals, namaak

pinch·cock [telb zn] ⟨scheik⟩ klemkraantje

pinch·er /pɪntʃə, ^-ər/ [telb zn] ⓵ knijper ⓶ vrek, schraper, beknibbelaar, gierigaard, schrielhannes ⓷ ⟨inf⟩ gapper, langvinger

pinchers [alleen mv] → pincers

pinch-fist [telb zn] vrek, schraper, gierigaard

pinch-fist·ed [bn] vrekkig, schriel, gierig, inhalig

pinch-hit [onov ww] ⟨AE; honkb; ook fig⟩ vervangen, als pinchhitter optreden/ingezet worden

pinch-hitter [telb zn] ⟨AE; honkb⟩ pinchhitter ⟨vervangende slagman in kritieke fase⟩, ⟨fig⟩ invaller, plaatsvervanger

pinch-pen·ny [telb zn] duitendief, vrek, schraper

pin curl [telb zn] ⟨AE⟩ haarkrul, vastgezet met clip/speld

pin-cush·ion [telb zn] speldenkussen

¹**pine** /paɪn/ [telb zn] ⓵ pijn(boom), den ⟨genus Pinus⟩ ⓶ ananas

²**pine** /paɪn/ [niet-telb zn] ⓵ grenenhout, dennenhout, naaldhout, pijn(boom)hout ⓶ ⟨vero⟩ smart, hartzeer, smachting

³**pine** /paɪn/ [onov ww] ⓵ kwijnen, verkwijnen, treuren ⟨dieren⟩ ♦ *pine away* wegkwijnen; *pine from hunger* wegkwijnen van honger ⓶ smachten, verlangen, hunkeren ♦ *pine after/for sth.* naar iets smachten; *pine to do sth.* ernaar hunkeren iets te doen

⁴**pine** /paɪn/ [ov ww] ⟨vero⟩ betreuren

pin·e·al /pɪnɪəl, paɪ-/ [bn, pred] pijnappelvormig, dennenappelvormig ♦ ⟨anat⟩ *pineal body/gland/organ* pijnappelklier, epifyse

pine·ap·ple [telb + niet-telb zn] ananas

pine-bar·ren [telb zn] ⟨AE⟩ met pijnbomen begroeide dorre grond

pine box [telb zn] ⟨bergsp⟩ dodelijke val

pine bunting [telb zn] ⟨dierk⟩ witkopgors ⟨Emberiza leucocephala⟩

pine-clad [bn] met pijnbomen begroeid

pine-cone [telb zn] dennenappel, pijnappel

pine gros·beak [telb zn] ⟨dierk⟩ haakbek ⟨Pinicola enucleator⟩

pine marten [telb zn] ⟨dierk⟩ boommarter ⟨Martes martes⟩

pine-nee·dle [telb zn] dennennaald

pine nut [telb zn] pijnboompit

pin·er·y /paɪn(ə)ri/ [telb zn] ⓵ ananaskwekerij ⓶ dennenbos, pijnwoud

pine-straw [niet-telb zn] dennennaalden

pine-tags [alleen mv] dennennaalden

pine-tree [telb zn] pijnboom, grove den ⟨Pinus sylvestris⟩

pi·ne·tum /paɪniːtəm/ [telb zn; mv: pineta /-tə/] pinetum, dennenaanplant

¹**pine·wood** [telb zn] dennenbos, pijnbos, pijnwoud

²**pine·wood** [niet-telb zn] grenen(hout), pitchpine, dennenhout, naaldhout

piney [bn] → piny

pin·fall [telb zn] → fall¹ bet 7

pin-feath·er [telb zn] stoppelveer

¹**pin·fold** [telb zn] schutstal

²**pin·fold** [ov ww] schutten, opsluiten ⟨verdwaald vee⟩

¹**ping** /pɪŋ/ [telb zn] ping, kort tinkelend geluid

²**ping** /pɪŋ/ [onov ww] ⓵ 'ping' doen ⟨een kort tinkelend geluid maken⟩ ⓶ ⟨AE⟩ pingelen ⟨van verbrandingsmotor⟩

³**ping** [ov ww] ⟨comp⟩ pingen

pin·go /pɪŋɡoʊ/ [telb zn] pingo, vorstheuvel

¹**ping-pong** [niet-telb zn] ⟨inf⟩ pingpong, tafeltennis

²**ping-pong** [ov ww] ⟨AE; med; inf⟩ (nodeloos) van de ene naar de andere specialist sturen

pin-guid /pɪŋɡwɪd/ [bn] ⟨vnl scherts⟩ vettig, vet, zalvend

pin·guin /pɪŋɡwɪn/ [telb + niet-telb zn] ⟨plantk⟩ ⟨vrucht van⟩ West-Indische bromelia ⟨Bromelia pinguin⟩

pin-head [telb zn] ⓵ speldenkop ⓶ kleinigheid ⓷ ⟨inf⟩ uilskuiken, domoor, domkop, sufferd, malloot

pin-head·ed [bn] ⟨inf⟩ dom, stom, stupide, leeghoofdig

pin-high [bn] ⟨golf⟩ liggend ter hoogte van de hole/vlag ⟨van bal⟩

pin-hold·er [telb zn] bloemenprikker

pin-hole [telb zn] speldenprik, speldengaatje

pin-hole camera [telb zn] gaatjescamera

¹**pin·ion** /pɪnɪən/ [telb zn] ⓵ vleugelpunt ⓶ slagpen ⓷ ⟨form⟩ wiek, vleugel ⓸ ⟨techn⟩ rondsel, klein(ste) tandwiel ♦ *rack and pinion* tandheugel en rondsel

²**pin·ion** /pɪnɪən/ [ov ww] ⓵ kortwieken ⓶ binden, knevelen, vastbinden ⟨armen⟩, boeien ⟨handen⟩

¹**pink** /pɪŋk/ [telb zn] ⓵ anjelier, anjer ⓶ ⟨BE⟩ rode jagersjas, vossenjager ⓷ ⟨scheepv⟩ pink ⟨vaartuig⟩ ⓸ ⟨BE⟩ jonge zalm, ⟨gew⟩ voorn(tje) ⓹ ⟨sl; pol⟩ (gematigd) radicaal, rozerode, communistenvriend, socialistenvriend ⓺ ⟨AE; sl⟩ blanke

²**pink** /pɪŋk/ [niet-telb zn] ⓵ roze, rozerood ⓶ puikje, toppunt, toonbeeld, perfectie, volmaaktheid ♦ *the pink of elegance* het toppunt van elegantie; ⟨inf⟩ *in the pink (of condition/health)* in blakende vorm/gezondheid ⓷ geelachtig verfpigment ⓸ ⟨BE⟩ jagersrood

³**pink** /pɪŋk/ [bn; vergr trap: pinker; bw: ~ly; zn: ~ness] ⓵ roze ♦ *pink disease* acrodynie ⟨kinderziekte⟩; *pink elephants* witte muizen, roze olifanten ⟨dronkemanshallucinaties⟩; *pink gin* glaasje gin met angostura-elixer, ± jonge angst; *pink lady* cocktail met o.a. grenadine ⓶ ⟨sl⟩ gematigd links, rozerood, met socialistische/communistische sympathieën ⓷ ⟨BE⟩ jagersrood ⓟ ⟨AE; inf⟩ *pink slip* ontslagbriefje; ⟨sl⟩ *strike me pink!* krijg nou wat!, hoe bestaat het!; ⟨AE; inf⟩ *pink tea* formele bijeenkomst, elitebijeenkomst; ⟨inf⟩ *tickled pink* bijzonder ingenomen/opgetogen/in zijn sas; *be tickled pink with sth.* in de wolken zijn over iets; ⟨BE⟩ *pink pound* homokoopkracht; ± roze euro

⁴**pink** /pɪŋk/ [onov ww] ⓵ pingelen ⟨van motor⟩ ⓶ roze worden

⁵**pink** /pɪŋk/ [ov ww] ⓵ doorboren, doorsteken, prikken, perforeren ⓶ versieren ⟨voornamelijk leer, door perfora-

pink-collar

ties⟩, met een kartelschaar knippen, uittanden, uitschulpen ♦ *pink out* uittanden, uitschulpen, versieren, tooien ③ roze maken
pink-collar [bn, attr] ① van/m.b.t. vrouwelijke werkers in cosmetische branche ② van/m.b.t. vrouwenbanen ♦ *pink-collar jobs* vrouwenbanen
Pin·ker·ton /pɪŋkətən, ᴬ-ərtn/ [telb zn] ⟨AE; inf⟩ ⟨particulier⟩ detective, speurder, speurneus
pink·eye [telb + niet-telb zn] ⟨med⟩ ① bindvliesontsteking, conjunctivitis ② paardengriep
pink-foot·ed [bn] ⟨·⟩ ⟨dierk⟩ *pink-footed goose* kleine rietgans ⟨Anser brachyrhynchus⟩
pink·ie, pink·y /pɪŋki/ [telb zn] ① pink ⟨kleinste vinger⟩ ② ⟨scheepv⟩ pink ⟨vaartuig⟩
pink·ing shears, pink·ing scissors [alleen mv] kartelschaar
pink·ish /pɪŋkɪʃ/ [bn; zn: ~ness] rozeachtig, licht roze
pink·o /pɪŋkoʊ/ [telb zn; mv: ook pinkoes] ⟨inf⟩ ⟨gematigd⟩ radicaal, rozerode, communistenvriend, socialistenvriend
pink·slip /pɪŋkslɪp/ [ov ww] ⟨AE; inf⟩ ontslaan, de zak geven
pink·ster flow·er, pinx·ter flow·er [telb zn] roze azalea
¹**pinky** [telb zn] → pinkie
²**pin·ky** /pɪŋki/ [bn] rozeachtig
pin-mon·ey [niet-telb zn] speldengeld
pin·na /pɪnə/ [telb zn; mv: ook pinnae /-niː/] ① oorschelp ② ⟨plantk⟩ blaadje van geveerd blad ③ vin, veer, vleugel
pin·nace /pɪnɪs/ [telb zn] ⟨scheepv⟩ pinas, sloep
¹**pin·na·cle** /pɪnəkl/ [telb zn] ① pinakel, siertorentje ② ⟨berg⟩top, spits, piek, ⟨fig⟩ toppunt, hoogtepunt, climax
²**pin·na·cle** /pɪnəkl/ [ov ww] ① op een toren zetten, verheffen ② van pinakels/siertorentjes voorzien ③ ⟨be⟩kronen, het toppunt zijn van
pin·nate /pɪneɪt/, **pin·nat·ed** /-eɪtɪd/ [bn; bw: ~ly] ① ⟨plantk⟩ geveerd, veervormig vertakt, gevind, vinnervig ② ⟨dierk⟩ getakt
¹**pin·ni·grade** /pɪnɪgreɪd/, **pin·ni·ped** /pɪnɪped/ [telb zn] vinpotig dier
²**pin·ni·grade** /pɪnɪgreɪd/, **pin·ni·ped** /pɪnɪped/ [bn] vinpotig
pin·nule /pɪnjuːl/, **pin·nu·la** /pɪnjələ/ [telb zn; mv: 2e variant pinnulae /-liː/] ① ⟨plantk⟩ geveerd blaadje ② ⟨dierk⟩ vin, vleugeltje
pinny [telb zn] → pinafore
pi·noch·le, pi·noc·le /piːnɒkl, ᴬ-nɑkl/, **pe·nuch·le, pe·nuck·le** /piːnʌkl/ [niet-telb zn] ⟨AE⟩ ① pinochle ⟨kaartspel vergelijkbaar met bezique⟩ ② pinochle ⟨combinatie van schoppenvrouw en ruitenboer⟩
pi·no·le /pɪnoʊli/ [niet-telb zn] ⟨AE⟩ pinole ⟨meel⟩
pi·ñon, pin·yon /pɪnjən, -joʊn/ [telb zn; mv: 1e variant ook piñones /-niːz/] ⟨plantk⟩ ① pijnboom ⟨met pijnpitten⟩ ⟨Pinus edulis⟩ ② pijnpit
¹**pin-point** [telb zn] ① speldenpunt ② stipje, kleinigheid, greintje, puntje ③ ⟨mil⟩ uiterst precies omschreven doel, scherpschuttersdoel
²**pin-point** [bn, attr] ① uiterst precies/nauwkeurig, haarfijn ② minuscuul
³**pin-point** [ov ww] ① doorpriemen ② uiterst precies lokaliseren, uiterst nauwkeurig aanduiden/aanwijzen/vaststellen/vastleggen ③ ⟨mil⟩ nauwkeurig mikken/aanleggen op, scherpschieten, het doel treffen/bombarderen
¹**pin-prick** [telb zn] ⟨ook fig⟩ speldenprik, hatelijke opmerking
²**pin-prick** [onov ww] speldenprikken geven
³**pin-prick** [ov ww] prikken
pin printer [telb zn] ⟨comp⟩ pinprinter
pins /pɪnz/ [alleen mv] ⟨vero, inf⟩ stelten, benen ♦ *knock s.o. off his pins* iemand beentje lichten/ten val brengen; ⟨fig⟩ iemand onderuithalen; *she's quick on her pins* ze is goed ter been
pin·set·ter [telb zn] kegelzetter ⟨persoon of machine⟩
pin·spot·ter [telb zn] ⟨bowling⟩ kegelzetter
pin-stripe [telb zn] smal streepje ⟨als patroon op stof enz.⟩
pin-striped [bn] met dunne streepjes ⟨stof, pak enz.⟩
pint ⟨LIQUID⟩ ⟨SOLID⟩ /paɪnt/ [telb zn] ① pint ⟨voor vloeistof, UK 0,568 l, USA 0,473 l; voor droge waren 0,550 l⟩ ② ⟨inf⟩ pint(je), grote pils

pint	
Brits-Engels: iets *meer* dan een halve liter	0,568 liter
Amerikaans-Engels: iets *minder* dan een halve liter	0,473 liter

pint·a /paɪntə/ [telb zn] ⟨BE; inf⟩ pint ⟨melk⟩
pin·ta·ble [telb zn] ⟨BE⟩ flipperkast, trekbiljart
pin·ta·do /pɪntɑːdoʊ/, ⟨in betekenis 1 ook⟩ **pintado petrel**, ⟨in betekenis 3 ook⟩ **pin·ta·da** /-də/ [telb zn; mv: 1e variant ook pintadoes] ⟨dierk⟩ ① Kaapse duif ⟨Daption capense⟩ ② parelhoen ⟨Numida meleagris⟩ ③ soort Spaanse makreel ⟨Scomberomorus regalis⟩
pin-tail [telb zn; mv: ook pin-tail] ⟨dierk⟩ pijlstaart ⟨eend, Anas acuta⟩
pin·ta·no /pɪntɑːnoʊ/ [telb zn; mv: ook pintano] ⟨dierk⟩ ⟨soort⟩ rifbaars ⟨Abudefduf marginatus⟩
pin·tle /pɪntl/ [telb zn] ① ⟨techn⟩ pin, pen, bout, scharnierpen ② ⟨scheepv⟩ roerpin, roerpen, roerhaak
¹**pin·to** /pɪntoʊ/ [telb zn; mv: ook pintoes] ⟨AE⟩ ① gevlekt/gespikkeld paard ② ⟨sl⟩ doodkist, lijkkist
²**pin·to** /pɪntoʊ/ [bn] ⟨AE⟩ bont, gevlekt
pinto bean [telb zn] pintoboon, kievietsboon
pint-pot [telb zn] (tinnen) pot/beker/kroes van een pint
pint-size, pint-sized [bn] ⟨inf; vaak pej⟩ nietig, klein, minuscuul
pin-tuck [telb zn] fijne figuurnaad, gepaspelde naad
¹**pin-up** [telb zn] ⟨inf⟩ pin-up, prikkelpop
²**pin-up** [bn, attr] ① *pin-up girl* pin-upgirl; prikkelpop ② muur- ♦ *pin-up lamp* muurlamp
pin-wheel [telb zn] ① molentje ⟨kinderspeelgoed⟩ ② vuurrad ③ ⟨techn⟩ pennenrad, kroonwiel, pignon
pin-worm [telb zn] ⟨dierk⟩ draadworm ⟨Enterobius vermicularis⟩
pinx·it /pɪŋksɪt/ [telb zn] ⟨hij⟩ heeft (dit) geschilderd ⟨vroeger deel van de handtekening van een schilder⟩
pinx·ter flow·er [telb zn] → pinkster flower
pin·y, pine·y /paɪni/ [bn; vergr trap: pinier] pijnboom-
Pin·yin /pɪnjɪn/ [niet-telb zn] pinyin ⟨gebruik van Romeinse letters voor Chinese karakters⟩
pinyon [telb zn] → piñon
pi·o·let /pjoʊleɪ, ᴬpɪə-/ [telb zn] ijshouweel, ijshaak
pi·on /paɪɒn, ᴬpaɪɑn/ [telb zn] ⟨natuurk⟩ pion ⟨π-meson⟩
¹**pi·o·neer** /paɪənɪə, ᴬ-nɪr/ [telb zn] pionier, voortrekker, baanbreker, wegbereider
²**pi·o·neer** /paɪənɪə, ᴬ-nɪr/ [onov ww] pionieren, pionierswerk verrichten, baanbrekend werk verrichten, de weg bereiden, de stoot geven ♦ *pioneering work* baanbrekend/vernieuwend/grensverleggend werk, pionierswerk
³**pi·o·neer** /paɪənɪə, ᴬ-nɪr/ [ov ww] ① exploreren, toegankelijk maken, koloniseren ② leiden, geleiden, beginnen met
pioneer spirit [telb zn] pioniersgeest
pi·os·i·ty /paɪɒsəti, ᴬ-ɑsəti/ [niet-telb zn] ostentatieve vroomheid, overdreven godsvrucht
¹**pi·ous** /paɪəs/ [bn; bw: ~ly; zn: ~ness] ① vroom, godvruchtig, devoot ② hypocriet, braaf ③ stichtelijk, gewijd, godsdienstig ⟨lectuur⟩ ④ ⟨vero⟩ gehoorzaam, trouw

²**pi·ous** /paɪəs/ [bn, attr; bw: ~ly; zn: ~ness] ① vroom ⟨wens, bedrog, hoop⟩, niet te vervullen, ijdel, goedbedoeld ♦ *pious fraud* vroom bedrog; *pious hope* ijdele hoop; *pious wish* vrome wens ② lofwaardig, prijzenswaardig ♦ *pious attempt* lofwaardige poging

¹**pip** /pɪp/ [telb zn] ① oog, oogje ⟨op dobbelsteen e.d.⟩ ② bloempje ⟨in bloemtros⟩ ③ schub ⟨van ananas⟩ ④ impuls, signaal ⟨dat voorwerp aanduidt op radarscherm⟩ ⑤ pit ⟨van fruit⟩ ♦ *squeeze s.o. until/till the pips squeak* iemand uitknijpen als een citroen ⑥ b(l)iep, tikje, toontje ⟨tijdsein, radiosignaal⟩ ⑦ letter P ⟨bij het telegraferen⟩ ⑧ ⟨BE⟩ ster ⟨op uniform⟩ ⑨ ⟨sl⟩ pracht ⟨van een meid e.d.⟩ ♦ *a pip of a plan* een juweeltje van een plan ⑩ ⟨AE; sl⟩ uitblinker, opmerkelijk iemand

²**pip** /pɪp/ [niet-telb zn; the] ① pip ⟨hoender- en vogelziekte⟩ ② ⟨BE; sl⟩ aanval van neerslachtigheid, humeurigheid ♦ *get the pip* het op zijn heupen krijgen; *she gives me the pip* ik krijg de pip van haar, ze werkt op mijn zenuwen; *have the pip* humeurig/terneergeslagen/landerig zijn

³**pip** /pɪp/ [onov ww] ① piepen, tjilpen ② uitkomen ⟨van kuiken enz.⟩, openbreken ⟨van eierschaal⟩ ③ ⟨sl⟩ zakken ⟨voor examen⟩ • *pip out* het afpiepen, sterven, doodgaan

⁴**pip** /pɪp/ [ov ww] ① doorbreken ⟨eierschaal door kuiken enz.⟩ ② pitten, van de pitten ontdoen ③ ⟨BE; sl⟩ laten zakken, ⟨België⟩ buizen ⟨bij examen⟩ ④ ⟨BE; sl⟩ deballoteren, uitsluiten, afwijzen ⑤ ⟨BE; sl⟩ neerknallen, neerschieten, raken, treffen, verwonden, doden ⑥ ⟨BE; sl⟩ verslaan

pi·pa /piːpə/ [telb zn] ⟨dierk⟩ pipa ⟨Surinaamse pad; Pipa pipa⟩

pip·age, pipe·age /paɪpɪdʒ/ [niet-telb zn] ① vervoer door buizen ② prijs voor vervoer door buizen ③ buizen, buizensysteem

pi·pal, pee·pal, pee·pul /piːpl/ [telb zn] heilige Indische vijgenboom ⟨Ficus religiosa⟩

¹**pipe** /paɪp/ [telb zn] ① pijp, buis, leiding(buis), orgelpijp, tabakspijp, pijpje tabak, kraterpijp ♦ *knock one's pipe out* zijn pijp uitkloppen; *pipe of peace* vredespijp ② fluit(je), bootsmansfluitje, fluitsignaal ③ vat, kanaal, buis ⟨in dierlijk lichaam⟩ ④ cilindrische ertsader, verticale diamantader ⑤ vat, pijp ⑥ ⟨techn⟩ krimpholte ⟨in gietmetaal⟩ ⑦ ⟨sl⟩ makkie, lichte taak, gemakkelijk werk, ⟨vnl onderw⟩ gemakkelijke cursus ⑧ ⟨AE; sl⟩ telefoon ⑨ ⟨CanE; inf; ijshockey⟩ (doel)paal • ⟨AE; sl⟩ *hit the pipe* opium schuiven, marihuana roken; ⟨inf⟩ *put that in your pipe and smoke it* die kun je in je zak steken

²**pipe** /paɪp/ [niet-telb zn] ⟨vero⟩(zang)stem, vogelzang, gefluit, vogelroep, gepiep, geluid van schrille stemmen

³**pipe** /paɪp/ [onov ww] ⟨techn⟩ krimpholtes vormen ⟨in gietmetaal⟩; → piping

⁴**pipe** /paɪp/ [onov + ov ww] ① pijpen, fluiten, op de doedelzak spelen ② piepen, kwelen, zingen ③ ⟨scheepv⟩ door een fluitsignaal verwittigen/oproepen/verwelkomen ⟨scheepsbemanning⟩ ♦ *pipe aboard* aan boord verwelkomen ⟨van hogere officier⟩; *pipe away* de afvaart fluiten ⟨van een schip⟩; *pipe down* ⟨matrozen⟩ door een fluitsignaal van een activiteit ontslaan; *pipe all hands on deck* alle hens aan boord fluiten; *pipe the side* aan boord verwelkomen ⟨hogere officier⟩; fluiten bij het aan wal gaan ⟨van hogere officier⟩ ④ ⟨AE; sl⟩ (een brief) schrijven, (een boodschap) sturen ⑤ ⟨AE; sl⟩ praten, vertellen, doorslaan, loslippig zijn • ⟨inf⟩ *pipe down* een toontje lager zingen, zijn mond houden; ⟨inf⟩ *pipe up* beginnen te spelen/zingen/spreken/fluiten, aanheffen, opspreken; → piping

⁵**pipe** /paɪp/ [ov ww] ① door buizen leiden/aanvoeren ♦ *pipe away* door buizen afvoeren ② van buizen voorzien, met buizen verbinden ③ leiden, lokken ⟨door fluitspel⟩ ④ versieren ⟨bijvoorbeeld gebak, met reepjes suikerglazuur⟩, zomen ⟨bijvoorbeeld kledingstuk, met biezen/galons⟩ ⑤ stekken ⟨planten⟩ ⑥ door kabelverbinding overbrengen ⟨muziek, radioprogramma⟩ ⑦ ⟨AE; sl⟩ opmerken, zien, kijken naar; → piping

pipe bomb [telb zn] staafbom ⟨zelfgemaakte bom in ijzeren buis⟩

pipe-bowl [telb zn] pijpenkop

¹**pipe clay** [niet-telb zn] pijpaarde

²**pipe clay** [ov ww] ① met pijpaarde wit maken/reinigen ② ⟨fig⟩ in orde brengen, schoonmaken, opknappen

pipe cleaner [telb zn] pijpenrager, pijpenwisser, pijpreiniger

pipe dream [telb zn] ① ⟨inf⟩ opiumdroom ② droombeeld, luchtkasteel, hersenschim, onuitvoerbaar plan, onmogelijk idee

pipe·fish [telb zn; mv: ook pipefish] ⟨dierk⟩ zeenaald ⟨genus Syngnathus⟩

pipe·fit·ter [telb zn] loodgieter

¹**pipe·fit·ting** [telb zn] pijpfitting ⟨hulpstuk in buisleiding⟩

²**pipe·fit·ting** [niet-telb zn] loodgieterij

pipe·ful /paɪpfʊl/ [telb zn] pijpvol

¹**pipe·line** [telb zn] ① pijpleiding, buisleiding, ⟨i.h.b.⟩ oliepijpleiding ② ⟨fig⟩ toevoerkanaal ⟨goederen, informatie enz.⟩, informatiebron • *in the pipeline* onderweg, op stapel

²**pipe·line** [onov ww] een pijpleiding aanleggen

³**pipe·line** [ov ww] in een pijpleiding vervoeren

pipe major [telb zn] eerste doedelzakspeler

pipe·man /paɪpmən/ [telb zn; mv: pipemen /-mən/] ⟨AE⟩ ① pijpfitter ② spuitgast, brandweerman

¹**pip em·ma** /pɪp emə/ [telb + niet-telb zn] ⟨BE⟩ namiddag, avond ⟨seinerstaal voor p.m.⟩

²**pip em·ma** /pɪp emə/ [bw] ⟨BE⟩ in de namiddag, 's avonds

pipe opener [telb zn] ⟨BE⟩ vooroefening

pipe organ [telb zn] pijporgel

pip·er /paɪpə, ˄-ər/ [telb zn] ① pijper, fluitspeler, doedelzakspeler ⟨voornamelijk rondtrekkend⟩ ② fitter ③ dampig paard ④ jonge duif ⑤ ⟨dierk⟩ poon ⟨genus Trigla⟩ • *pay the piper* het gelag betalen; ⟨sprw⟩ *he who pays the piper calls the tune* wiens brood men eet, diens woord men spreekt

pipe rack [telb zn] pijpenrek

pipe-rolls [alleen mv; the] ⟨BE⟩ voormalige archieven van de Britse schatkist

pipes /paɪps/ [alleen mv] ① doedelzak(ken) ② panfluit ③ ⟨inf⟩ luchtpijpen, stembanden, keel, strot

pipe-stem [telb zn] pijpensteel

pipe stone [niet-telb zn] rode pijpaarde

pi·pette, pi·pet /pɪpet, ˄paɪpet/ [telb zn] pipet

pipe wrench [telb zn] pijptang, buistang

¹**pip·ing** /paɪpɪŋ/ [niet-telb zn; gerund van pipe] ① buisleiding, pijpleiding, buizennet ② het pijpen, het fluitspelen, het doedelzakspelen, doedelzakmuziek ♦ *dance to s.o.'s piping* naar iemands pijpen dansen ③ biesversiering, zoom, omboordsel, omzoming, bies, galon ⟨op kledij, meubelen enz.⟩, suikerbiesje, suikerglazuur in reepjes ⟨op gebak⟩ ④ (the)vogelzang, vogelgefluit, vogelroep, gepiep, geluid van schrille stemmen

²**pip·ing** /paɪpɪŋ/ [bn, attr; tegenwoordig deelw van pipe] schril ⟨stem⟩

³**pip·ing** /paɪpɪŋ/ [bw] zeer, erg ♦ *piping hot* kokend heet

pip·it /pɪpɪt/ [telb zn] ⟨dierk⟩ pieper ⟨genus Anthus⟩

pip·kin /pɪpkɪn/ [telb zn] ① aarden potje/pannetje ② ⟨AE, gew⟩ houten emmertje/tobbe

pip·less /pɪpləs/ [bn] pitloos, zonder pit

pip·pin /pɪpɪn/ [telb zn] ① pippeling ⟨appel⟩ ② pit ⟨van vrucht⟩ ③ ⟨sl⟩ fantastische kerel, prachtmeid, je van het, fantastisch ding

pip-pip [tw] ⟨BE; sl⟩ ajuus

pip-squeak [telb zn] ⟨sl⟩ ① nul, vent van niks, onbedui-

dend mens ② ⟨mil⟩ kleine granaat ⟨WO I⟩
pip·y /ˈpaɪpi/ [bn; vergr trap: pipier] buisvormig, pijpachtig
pi·quan·cy /ˈpiːkənsi/ [niet-telb zn] pikanterie, het pikante
pi·quant /ˈpiːkənt/ [bn; bw: ~ly; zn: ~ness] ① pikant, prikkelend ② ⟨vero⟩ scherp, bijtend
¹**pique** /piːk/ [telb + niet-telb zn] ① gepikeerdheid, wrok, verbolgenheid, wrevel ♦ *in a fit of pique* in een nijdige bui; *go away in a pique* nijdig/gepikeerd opstappen; *she took a pique against me* ze heeft de pik op mij
²**pique** /piːk/ [niet-telb zn] het behalen van dertig punten tegen nul ⟨bij piket⟩
³**pique** /piːk/ [onov ww] 30 punten winnen ⟨bij piket⟩
⁴**pique** /piːk/ [ov ww] ① kwetsen ⟨trots, eigendunk⟩, irriteren, pikeren ② prikkelen ⟨nieuwsgierigheid⟩ ③ dertig punten winnen van ⟨bij piket⟩ ⚬ *pique o.s. (up)on sth.* zich op iets laten voorstaan, op iets prat gaan
pi·qué /ˈpiːkeɪ, ˆpiːˈkeɪ/ [niet-telb zn] piqué ⟨stof⟩
pi·quet, pic·quet /pɪˈket, ˆpiːˈkeɪ/ [telb zn] ① piket ⟨kaartspel⟩ ② → picket
pi·ra·cy /ˈpaɪərəsi/ [telb + niet-telb zn] zeeroverij, piraterij ⟨ook figuurlijk⟩, letterdieverij, plagiaat
pi·ra·gua /pɪˈrɑːgwə, -ræ-/, **pi·rogue** /pɪˈroʊg, ˆpiːˈroʊg/ [telb zn] ① boomkano ② prauw ⟨met twee masten⟩
pi·ra·nha /pɪˈrɑːnjə, -nə/ [telb zn; mv: ook piranha] piranha
¹**pi·rate** /ˈpaɪərət/ [telb zn] ① zeerover, piraat, stroper, plunderaar ② zeeroversschip, piratenschip ③ letterdief, plagiator ④ etherpiraat
²**pi·rate** /ˈpaɪərət/ [onov ww] aan zeeroverij doen, zeeroof plegen
³**pi·rate** /ˈpaɪərət/ [ov ww] ① plunderen ② plagiëren, nadrukken
pirate copy [telb zn] illegale kopie ⟨bijvoorbeeld van computerband/videoband⟩
pi·rat·ic /paɪˈrætɪk/, **pi·rat·i·cal** /-ɪkl/ [bn; bw: ~ally] ① zeerovers-, piraten- ② ongeoorloofd/wederrechtelijk (nagedrukt), nadruk plegend, roof- ♦ *piratic edition* roofdruk
¹**pir·ou·ette** /ˌpɪruˈet/ [telb zn] pirouette
²**pir·ou·ette** /ˌpɪruˈet/ [onov ww] pirouette draaien
pis·ca·ry /ˈpɪsk(ə)ri/ [telb zn] ① visplaats, visgrond ② ⟨vero; jur⟩ visrecht ♦ *Common of piscary* visrecht
pis·ca·to·ri·al /ˌpɪskəˈtɔːrɪəl/, **pis·ca·to·ry** /ˈpɪskətri, ˆ-tɔːri/ [bn; bw: ~ly] ① vissers-, visserij-, hengelaars-, vis- ② Romeins zwembassin
¹**Pis·ces** [SIGN] /ˈpaɪsiːz/ [eigennn] ⟨astrol, astron⟩ (de) Vissen
²**Pis·ces** /ˈpaɪsiːz/ [zn] ⟨astrol⟩ Vis ⟨iemand geboren onder dit sterrenbeeld⟩
pis·ci- /ˈpɪsi/ vis- ♦ *pisciform* visvormig
¹**pi·sci·cide** /ˈpɪsɪsaɪd/ [telb zn] visdodend middel
²**pi·sci·cide** /ˈpɪsɪsaɪd/ [niet-telb zn] het doden van vis, vissterfte
pi·sci·cul·tur·al /ˌpɪsɪˈkʌltʃrəl/ [bn] de visteelt betreffend, visteelt-
pi·sci·cul·ture /ˈpɪsɪkʌltʃə, ˆ-ər/ [niet-telb zn] pisciculuur, visteelt
pi·sci·cul·tur·ist /ˌpɪsɪˈkʌltʃrɪst/ [telb zn] viskweker
pi·sci·na /pɪˈsiːnə, pɪˈsaɪnə/ [telb zn; mv: ook piscinae /-niː/] ① piscine, visvijver, ⟨rel⟩ stenen nis met waterafvoer ② Romeins zwembassin
¹**pi·scine** /ˈpɪsiːn, ˆpɪsiːn/ [telb zn] zwembad, zwembassin
²**pi·scine** /ˈpɪsaɪn/ [bn] vis-, visachtig
pi·sciv·o·rous /pɪsˈɪv(ə)rəs/ [bn] vistetend
pi·sé /piːˈzeɪ/ [niet-telb zn] pisé, stampaarde
Pis·gah sight /ˈpɪzgə saɪt/ [telb zn] uitzicht op iets onbereikbaars
¹**pish** /pɪʃ/ [telb zn] ⟨sl⟩ schavuitenwater, borrel, whisky
²**pish** /pɪʃ/ [onov ww] foei/bah zeggen

³**pish** /pɪʃ/ [ov ww] foei/bah zeggen tegen, met verachting behandelen/wegzenden/verwerpen
⁴**pish** /pʃʃʃ/ [tw] foei, bah
¹**pi·si·form** /ˈpaɪsɪfɔːm, ˆ-fɔrm/, **pisiform bone** [telb zn] ⟨anat⟩ erwtbeentje
²**pi·si·form** /ˈpaɪsɪfɔːm, ˆ-fɔrm/ [bn] erwtvormig, als een erwt, erwt-
pis·mire /ˈpɪsmaɪə, ˆpɪzmaɪər/ [telb zn] ⟨gew⟩ mier ⟨genus Formicidae⟩
¹**piss** /pɪs/ [telb + niet-telb zn] ⟨vulg⟩ ① pis, zeik ② het pissen ③ ⟨sl⟩ scharrebier, paardenpis ⚬ ⟨inf⟩ *frighten the piss out of s.o.* iemand de stuipen op het lijf jagen; *go on the piss* aan de zwier gaan; *a piece of piss* een niemendalletje; *take a piss* een plasje plegen; *take the piss out of s.o.* iemand voor de gek houden
²**piss** /pɪs/ [onov ww] ⟨vulg⟩ pissen, zeiken ⚬ ⟨BE⟩ *piss about/around* rotzooien, knoeien; rondlummelen; ⟨BE⟩ *it's pissing (down)* het zeikt uit de lucht, het regent pijpenstelen; ⟨BE⟩ *piss off* opdonderen, oprotten, ophoepelen;
→ pissed
³**piss** /pɪs/ [ov ww] ⟨vulg⟩ bepissen ⚬ *piss s.o. about/around* iemand aan het lijntje houden; *it pisses me off/I'm pissed off with it* ik ben het beu, ik ben woest; *piss o.s.* het bescheuren, zich rot lachen; → pissed
⁴**piss** /pɪs/ [bw] ⟨vulg⟩ ontiegelijk, onwijs ♦ *piss poor* straatarm
¹**piss-ant, pis·sant** /ˈpɪsænt/ [telb zn] ⟨AE; inf⟩ lulhannes, lamzak, zakkenwasser
²**piss-ant, pis·sant** /ˈpɪsænt/ [bn, attr] ⟨AE; inf⟩ flut, kut-, klote- ♦ *piss-ant little jobs* flutbaantjes, kutbaantjes
piss-art·ist [telb zn] ⟨BE; sl⟩ ① praatjesmaker, oplichter ② zuipschuit
piss-ass [bn, attr] ⟨AE; inf⟩ flut, kut-, klote- ♦ *that piss-ass little job* dat stomme klotebaantje
pissed /pɪst/ [bn, pred; volt deelw van piss] ⟨vulg⟩ ① bezopen, teut, lam ♦ *pissed up to the eyebrows, pissed out of one's head/mind; pissed as a newt* straalbezopen, stomdronken, volslagen lazarus ② ⟨AE⟩ kwaad, boos ♦ *be pissed off at s.o.* woest zijn op iemand
pis·ser /ˈpɪsə, ˆ-ər/ [telb zn] ⟨AE; vulg⟩ ① kloteklus, harde job ♦ *the climb was a pisser* de klim was berelastig ② plee, schijthuis ③ giller, kanller ♦ *what a pisser!* wat een giller/mazzel!
piss·head [telb zn] ⟨BE; inf⟩ zuipschuit, drankorgel
pis·soir /pɪsˈwɑː, ˆpɪswɑr/ [telb zn] pissoir, urinoir
piss-pot [telb zn] ⟨vulg⟩ pispot
piss-take [telb zn, voornamelijk enk] ⟨BE; inf⟩ grap, voor-de-gek-houderij ♦ *do a piss-take of s.o.* iemand te kakken zetten; *is this a piss-take or have I really won £1000?* word ik voor de gek gehouden of heb ik echt £1000 gewonnen?
piss-up [telb zn] ⟨vnl BE; vulg⟩ zuippartij
pis·sy /ˈpɪsi/ [bn] ⟨vulg⟩ zeikerig, lullig, kloterig
¹**pis·ta·chi·o** /pɪsˈtɑːʃioʊ, ˆ-stæ-/ [telb zn] ① pistache, groene amandel, pimpernoot ② pistacheboom ⟨Pistacia vera⟩
²**pis·ta·chi·o** /pɪsˈtɑːʃioʊ, ˆ-stæ-/, (ook) **pistachio green** [niet-telb zn] pistachegroen, pistachesmaak
piste /piːst/ [telb zn] (ski)piste
pis·til /ˈpɪstl/ [telb zn] ⟨plantk⟩ stamper
pis·til·lar·y /ˈpɪstɪlri, ˆpɪstɪleri/, **pis·til·line** /ˈpɪstɪlaɪn/ [bn] ⟨plantk⟩ stamper-, van de stamper, tot de stamper behorend
pis·til·late /ˈpɪstɪleɪt/, **pis·til·lif·er·ous** /ˌpɪstɪˈlɪf(ə)rəs/ [bn] ⟨plantk⟩ met (alleen) stamper(s)
¹**pis·tol** /ˈpɪstl/ [telb zn] ① pistool ♦ *hold a pistol to s.o.'s head* iemand een pistool tegen de slaap houden ② pistoolvormig werktuig ③ ⟨AE; sl⟩ kanjer, fantastisch persoon
²**pis·tol** /ˈpɪstl/ [ov ww] met een pistool neerschieten
pis·tole /pɪstˈoʊl/ [telb zn] pistolet ⟨oud Spaans goud-

stuk⟩
pis·to·leer /pɪstəlɪə, ᴬ-lɪr/ [telb zn] ⟨vero⟩ pistoolschutter
pis·tol-grip [telb zn] pistoolgreep ⟨ook van werktuigen⟩
pistol shooting [niet-telb zn] ⟨sport⟩ (het) pistoolschieten
pis·tol-shot [telb zn] pistoolschot
pis·tol-whip [ov ww] met de kolf van een pistool neerslaan
pis·ton /pɪstən/ [telb zn] ① ⟨techn⟩ zuiger, piston ② ⟨AE; muz⟩ cornet à piston, (ventiel)trombone
pis·ton en·gined [bn] aangedreven door zuigermotoren
pis·ton ring [telb zn] zuigerveer
pis·ton rod [telb zn] zuigerstang
pis·ton stroke [telb zn] zuigerslag
pis·ton valve [telb zn] zuigerklep
¹**pit** /pɪt/ [telb zn] ① kuil, put, groeve, (kolen)mijn, mijnschacht, valkuil, ⟨fig⟩ onraad, valstrik, verborgen gevaar ♦ *dig a pit for s.o.* voor iemand een kuil graven ② dierenkuil ⟨in dierentuin⟩, hanenkampplaats, hanenmat ③ kuiltje, (pok)putje, diepte, holte ♦ *pit of the stomach* maagkuil ④ werkkuil, smeerkuil ⟨in autowerkplaats⟩, ⟨vnl mv⟩ pits ⟨op autocircuit⟩ ⑤ orkestbak, ⟨BE⟩ parterre ⟨theater⟩ ⑥ ⟨AE⟩ hoek ⟨op de beurs⟩ ⑦ ⟨the⟩ ⟨Bijb⟩ hel, afgrond ♦ *the (bottomless) pit of hell* de hellepoel, de hellekolk ⑧ ⟨BE; scherts⟩ nest, koffer, bed ⑨ ⟨AE⟩ pit, steen ⟨van vrucht⟩
²**pit** /pɪt/ [onov ww] ① kuilen/kuiltjes/putjes krijgen ② ⟨med⟩ een kuiltje achterlaten ⟨na vingerdruk⟩; → **pitted**
³**pit** /pɪt/ [ov ww] ① inkuilen ② als tegenstander opstellen, uitspelen, laten vechten ♦ *pit cocks against each other* hanen tegen elkaar opzetten; *pit s.o. against s.o. else* iemand tegen iemand anders opzetten; *pit one's strength against s.o.* zijn krachten met iemand meten ③ kuilen/kuiltjes/putjes maken in, met kuiltjes bedekken ⟨gezicht⟩ ④ pitten ⟨vruchten⟩; → **pitted**
pita [telb zn] → **pitta**
pita bread [telb zn] → **pitta**
¹**pit·a·pat** /pɪtəpæt/, **pit-pat** [niet-telb zn] gerikketik, getiktak, geklop, getrippel
²**pit·a·pat** /pɪtəpæt/, **pit-pat** [onov ww] rikketikken, tiktakken, snel kloppen, trippelen
³**pit·a·pat** /pɪtəpæt/ [bw] rikketik, tiktak, klopklop, triptrip, triptrap ♦ *his heart went pitapat* zijn hartje sloeg van rikketik; *the horse went pitapat* trippel, trappel ging het paard
pit boss [telb zn] ⟨AE; inf⟩ voorman
pit bull terrier, pit bull [telb zn] pitbull(terriër)
¹**pitch** /pɪtʃ/ [telb zn] ① ⟨ook sport⟩ worp, (wijze van) het werpen, werpafstand, ⟨golf⟩ pitch ⟨met tegeneffect hoog geslagen bal die na het neerkomen slechts weinig verder rolt⟩ ♦ ⟨fig⟩ *make a/one's pitch for sth.* zich meester proberen te maken van iets, een gooi naar iets doen, proberen af te snoepen; ⟨BE; inf⟩ *queer s.o.'s pitch*, ⟨BE; inf⟩ *queer the pitch for someone* iemands kansen bederven, roet in iemands eten gooien ② top(punt), hoogtepunt ♦ *sing at the pitch of one's voice* luidkeels zingen, zingen zo hard men kan ③ ⟨BE; sport⟩ (sport)terrein, veld, grasmat, ⟨cricket⟩ pitch ⟨rechthoekig deel midden op het veld tussen de wickets⟩ ④ ⟨inf⟩ (slim) verkoopverhaal, handigheid in het aanprijzen/verkopen, ⟨BE⟩ babbelpraatje ⑤ ⟨BE⟩ standplaats, stalletje, (hoeveelheid) uitgestalde goederen ⟨van marktkoopman⟩, visplaats, stek(kie), ⟨sl⟩ rustplaats, standplaats voor circus of show ⑥ ⟨inf⟩ ⟨verk: pitch shot⟩
²**pitch** /pɪtʃ/ [telb + niet-telb zn] ① hoogte, graad, trap, intensiteit, vluchthoogte, verdiepinghoogte, ⟨muz⟩ toon(hoogte) ② ⟨techn⟩ (benaming voor) verhouding, regelmatige afstand, spoed ⟨van schroef⟩, steek ⟨van tandwiel⟩, afstand tussen perforaties ⟨van film⟩, aantal lettertekens (per duim) ⟨op schrijfmachine/printer⟩, (dak)helling,

schuinte ⟨ook bouwkunst⟩ ♦ *fly a high pitch* hoog vliegen, een hoge vlucht nemen ⟨ook figuurlijk⟩
³**pitch** /pɪtʃ/ [niet-telb zn] ① pek, pik, asfaltbitumen, pijnhars ♦ *as black/dark as pitch* pikzwart, pikdonker ② het stampen ⟨van schip⟩ ③ pitch ⟨kaartspel waarbij de eerst uitgekomen kaart de troef bepaalt⟩ ⋅ *touch pitch* met pek/slechte mensen omgaan; ⟨sprw⟩ *he that touched pitch shall be defiled* ± wie met pek omgaat wordt ermee besmet, ± wie met honden in zijn bed gegaan, is met vlooien opgestaan
⁴**pitch** /pɪtʃ/ [onov ww] ① (voorover)vallen, neervallen, neerstorten ② stampen ⟨van schip⟩, op en neer gaan, steigeren ⟨van vliegtuig⟩, bokken ⟨van paard⟩ ③ neerkomen, ⟨cricket⟩ stuiten ⟨van gebowlde bal⟩ ♦ *pitch up* de bal dichter bij de batsman gooien ④ afhellen, aflopen ⟨van dak⟩ ⑤ strompelen, slingeren ⑥ kwartier maken, kamperen, zich vestigen ⑦ ⟨AE; inf⟩ overdrijven ⑧ ⟨AE; inf⟩ avances maken ⋅ ⟨inf⟩ *pitch in* aan het werk gaan, aanpakken, hem van katoen geven; bijdragen, meehelpen, meedoen; *pitch in with an offer to help* aanbieden om mee te helpen; *pitch into work* aan het werk slaan, de hand aan de ploeg slaan; *pitch into (food)* toetasten, aanvallen, beginnen te eten van; ⟨inf⟩ *pitch into s.o.* iemand ervanlangs geven, op iemand los slaan, iemand te lijf gaan, iemand met verwijten overladen, iemand uitschelden; ⟨American football⟩ *pitch out* een zijwaartse/achterwaartse pass geven; *pitch (up)on sth.* zijn keus laten vallen op iets; op iets komen; → **pitching**
⁵**pitch** /pɪtʃ/ [ov ww] ① pekken, pikken, met pek insmeren/bestrijken ② opslaan ⟨tent, kamp⟩ ♦ *pitch one's tent* zijn tenten opslaan, zich vestigen ③ bevestigen, opstellen, (overeind) zetten, planten ♦ ⟨cricket⟩ *pitch wickets* wickets overeind zetten ④ bestraten ⑤ doen afhellen/aflopen ⟨dak⟩ ♦ *pitched roof* schuin dak ⑥ (op een handige manier) aanpraten, aansmeren ⑦ uitkomen ⟨kaart; om troefkleur te bepalen⟩ ⑧ ⟨muz⟩ op toon stemmen, op een bepaalde toon zetten, (toon) aangeven, ⟨fig⟩ een bepaalde toon geven aan ⑨ werpen, (op)gooien, ⟨cricket⟩ doen neerkomen bij het wicket ⟨bal⟩, opsteken ⟨hooi⟩ ⑩ ⟨golf⟩ met een pitch slaan ⟨bal⟩ ⑪ ⟨BE; sl⟩ opdissen ♦ *pitch a yarn/tale/story* een verhaal ophangen/verzinnen ⑫ ⟨vnl BE⟩ uitstallen, uitkramen ⟨goederen⟩ ⑬ ⟨AE; inf⟩ geven ⟨een feest⟩ houden ⋅ *pitch one's expectation high* zijn verwachtingen hoog spannen; *pitch s.o. out* iemand eruit gooien; ⟨inf⟩ *pitch it a bit too strong* het een beetje te kras uitdrukken, overdrijven; → **pitching**
pitch-and-putt [niet-telb zn] ⟨BE; golf⟩ pitch-and-puttbaan ⟨kleine baan om de pitch en putt op te oefenen⟩
pitch-and-toss [niet-telb zn] ± kruis of munt
pitch-black [bn] pikzwart
pitch·blende /pɪtʃblɛnd/ [niet-telb zn] pekblende, uraniniet
pitch control [telb + niet-telb zn] toerentalsturing, toerentalregeling ⟨op draaitafel⟩
pitch-dark [bn; zn: pitch-darkness] pikdonker
pitch·er /pɪtʃə, ᴬ-ər/ [telb zn] ① grote (aarden) kruik, ⟨AE⟩ kan ② straatsteen, straatkei ③ ⟨plantk⟩ bladurn ④ ⟨sport⟩ pitcher ⟨golfstok met sterk gebogen uiteinde⟩ ⑤ ⟨honkb⟩ pitcher, werper, ⟨softbal ook⟩ opwerper ⑥ ⟨vnl BE⟩ standwerker, straatventer ⋅ ⟨sprw⟩ *the pitcher goes so often to the well that it is broken at last* de kruik gaat zolang te water tot zij breekt; ⟨sprw⟩ *little pitchers/pigs have long/big ears* kleine potjes hebben grote oren
pitch·er·ful /pɪtʃəful, ᴬ-ər-/ [telb zn] kruikvol
pitch·er·plant [telb zn] bekerplant
pitcher's mound [telb zn] ⟨honkb⟩ werpheuvel
pitcher's plate [telb zn] ⟨honkb; softbal⟩ werpplaat
¹**pitch·fork** [telb zn] hooivork
²**pitch·fork** [ov ww] (met een hooivork) opsteken, (op)gooien ⋅ *pitchfork s.o. into a job* iemand in een baantje werken; *he was pitchforked into the chairmanship* hij werd tot

pitching

voorzitter gebombardeerd
¹**pitch·ing** /pɪtʃɪŋ/ [telb zn; gerund van pitch] bestrating, stenen glooiing
²**pitch·ing** /pɪtʃɪŋ/ [niet-telb zn; gerund van pitch] ① het werpen, het gooien ② het neervallen ③ het oprichten, het opzetten ④ het uitstallen ⑤ het stampen ⟨van schip⟩
pitch invasion [telb zn] ⟨sport⟩ bestorming van het veld
pitch·man /pɪtʃmən/ [telb zn; mv: pitchmen /-mən/] ⟨AE⟩ ① standwerker, straatventer, marktkoopman ② aanprijzer, handige verkoper
pitch·out [telb zn] ① ⟨American football⟩ zijwaartse/achterwaartse pass ② ⟨honkb⟩ opzettelijk wijd gegooide bal
pitch-pine [telb + niet-telb zn] ⟨plantk⟩ pitchpine ⟨Pinus rigida⟩, Amerikaans grenenhout
pitch pipe [telb zn] stemfluitje
pitch shot [telb zn] ⟨golf⟩ effectbal ⟨die door tegeneffect slechts weinig verder rolt⟩
pitch·stone [telb zn] peksteen
pitch·y /pɪtʃi/ [bn; vergr trap: pitchier; zn: pitchiness] pekachtig, pikzwart, pikdonker
pit coal [niet-telb zn] steenkool
pit dwelling [telb zn] holwoning
pit·e·ous /pɪtiəs/ [bn; bw: ~ly; zn: ~ness] ① beklagenswaardig, meelijwekkend, jammerlijk, deerniswekkend, zielig ② ⟨vero⟩ vol medelijden, medelijdend, meedogend
pit·fall [telb zn] valkuil, ⟨fig⟩ valstrik
¹**pith** /pɪθ/ [niet-telb zn] ① merg, pit, hart, het wit en de velletjes ⟨van citrusvruchten⟩ ② kern, essentie, kwintessens, het beste ♦ *the pith (and marrow) of the matter* de kern van de zaak ③ geestkracht, energie, kracht, sterkte ④ betekenis, belang, gewicht
²**pith** /pɪθ/ [ov ww] ① slachten door het ruggenmerg door te snijden ② ⟨plantk⟩ het merg verwijderen van/uit
pit·head [telb zn] mijningang, terrein rond mijningang
pith·e·can·thrope /pɪθɪkænθroʊp/, **pith·e·can·thro·pus** /-kænθrəpəs, -kænθrəpəs/ [telb zn; mv: ze variant pithecanthropi /-paɪ/] pithecanthropus, aapmens
¹**pith·e·coid** /pɪθɪkɔɪd, pɪθi:-/ [telb zn] aapmens
²**pith·e·coid** /pɪθɪkɔɪd, pɪθi:-/ [bn] aapachtig
pith hat, pith helmet [telb zn] tropenhelm ⟨van gedroogd merg⟩
pith·less /pɪθləs/ [bn] zonder pit/fut, futloos, slap
pi·thos /pɪθɒs, paɪ-, ˆ-θɑs/ [telb zn; mv: pithoi /-θɔɪ/] grote aarden kruik ⟨oudheid⟩
pith·y /pɪθi/ [bn; vergr trap: pithier; bw: pithily; zn: pithiness] ① mergachtig, vol merg, rijk aan merg ② pittig, krachtig, bondig, kernachtig
pit·i·a·ble /pɪtiəbl/ [bn; bw: pitiably; zn: ~ness] ① beklagenswaardig, meelijwekkend, deerniswekkend, zielig, erbarmelijk, jammerlijk ② verachtelijk, waardeloos, armzalig, miserabel, nietig
pit·i·ful /pɪtɪfl/ [bn; bw: ~ly; zn: ~ness] ① beklagenswaardig, meelijwekkend, deerniswekkend, zielig, erbarmelijk, jammerlijk ② verachtelijk, waardeloos, armzalig, miserabel, nietig ③ ⟨vero⟩ vol medelijden, medelijdend, meedogend
pit·i·less /pɪtɪləs/ [bn; bw: ~ly; zn: ~ness] meedogenloos, onmeedogend, zonder medelijden
pit lizard [telb zn] ⟨AE; sl⟩ pitspoes
pit·man /pɪtmən/ [telb zn; mv: ook pitmen /-mən/] ① kolenmijnwerker ② ⟨AE; techn⟩ drijfstang, krukstang
pi·ton /pi:tɒn, ˆpi:tɑn/ [telb zn] ⟨bergsp⟩ rotshaak ⟨met oog waaraan karabiner wordt bevestigd⟩, piton
pi·tot tube /pi:toʊ tju:b, ˆpi:toʊ tu:b/ [telb zn] pitotbuis
pitpat → pitapat
pit pony [telb zn] ⟨BE⟩ mijnpony
pit-prop [telb zn] mijnhout, mijnstut
pit road [telb zn] ⟨auto⟩ pitsstraat

pits /pɪts/ [alleen mv; the] ⟨inf⟩ (een) ramp, het afschuwelijkste/ergste, de meest verschrikkelijke (persoon/plaats) ⟨enz.⟩ ♦ *in the pits* in de put, down
pit·saw [telb zn] boomzaag, grote trekzaag, kraanzaag
pit stop [telb zn] pitsstop ♦ ⟨AE; fig⟩ *make a pit stop* een pitsstop/tussenstop/sanitaire stop maken
pit·ta, ⟨AE⟩ **pit·a** /pɪtə, ˆpi:tə/, **pit·ta bread,** ⟨AE⟩ **pit·a bread** /pɪtəbred, ˆpi:təbred/ [telb zn] pitabroodje
pit·tance /pɪtns/ [telb zn] ① hongerloon, karig salaris, schrale toelage/beloning ♦ *a mere pittance* een bedroevend klein beetje ② schijntje, klein beetje, schimmetje, aalmoes ③ ⟨gesch⟩ vroom legaat aan klooster voor het opdragen van rouwmissen/voor extra voedsel
pit·ted /pɪtɪd/ [bn; volt deelw van pit] ① met kuiltjes/putjes, pokdalig ② gepit
pitter-patter → pitapat
pit·tite /pɪtaɪt/ [telb zn] ⟨vnl BE; inf⟩ parterrezitter
¹**pi·tu·i·tar·y** /pɪtju:ɪtri, ˆpətu:ɪteri/ [telb zn] ⟨med⟩ ① hypofyse, hersenaanhangsel ② pituïtrine, hypofyse-extract, hypofysepreparaat
²**pi·tu·i·tar·y** /pɪtju:ɪtri, ˆpətu:ɪteri/ [bn] ⟨med⟩ ① van de hypofyse, hypofyse- ♦ *pituitary body/gland* hypofyse ② ⟨vero⟩ slijmafscheidend, slijmachtig, slijmig, slijm-
pi·tu·i·tous /pɪtju:ɪtəs, ˆpətu:ɪtəs/ [bn] slijmafscheidend, slijmachtig, slijmig, slijm-
pit viper [telb zn] ⟨dierk⟩ groefkopadder ⟨genus Crotalidae⟩
¹**pit·y** /pɪti/ [telb zn] betreurenswaardig/jammerlijk feit ♦ *it is a great pity/a thousand pities* het is erg jammer/doodzonde; ⟨inf⟩ *more's the pity* jammer genoeg, des te erger; *the pity is that ...* het jammerlijke/spijtige is dat ...; *what a pity!* wat jammer!
²**pit·y** /pɪti/ [niet-telb zn] medelijden ♦ *have/take pity on s.o.* medelijden hebben met iemand; *out of pity* uit medelijden ♦ *for pity's sake* in godsnaam, in 's hemelsnaam; ⟨sprw⟩ *pity is akin to love* ± medelijden is nauw verwant met de liefde; ⟨sprw⟩ *a little help is worth a deal of pity* ± een beetje hulp is meer waard dan een lange preek, ± een lepel vol daad is beter dan een schepel vol raad
³**pit·y** /pɪti/ [ov ww] medelijden hebben met, beklagen, te doen hebben met ♦ *she is much to be pitied* zij is zeer te beklagen; → **pitying**
pit·y·ing /pɪtiɪŋ/ [bn; tegenwoordig deelw van pity; bw: ~ly] vol medelijden, medelijdend
¹**piv·ot** /pɪvət/ [telb zn] spil ⟨ook leger en sport⟩, tap, taats, draaipunt, draaipen, ⟨fig⟩ centrale figuur, hoofdpersoon, iemand/iets waar alles om draait, hoofdpunt
²**piv·ot** /pɪvət/ [onov ww] om een spil/steunpunt draaien, ⟨fig⟩ draaien, steunen, ⟨mil⟩ zwenken ♦ *pivot (up)on sth.* om iets draaien, op iets steunen, afhangen van
³**piv·ot** /pɪvət/ [ov ww] van een spil voorzien, met een spil bevestigen
piv·ot·al /pɪvətl/ [bn; bw: ~ly] ① als spil dienend, spil- ② centraal, van groot belang, onmisbaar, waar alles om draait, hoofd- ♦ *pivotal question* cruciale vraag
pivot bridge [telb zn] draaibrug
pivot foot [telb zn] ⟨sport⟩ draaivoet
pivot joint [telb zn] draaigewricht
piv·ot·man [telb zn] ⟨sport⟩ pivot, post ⟨speler met taak onder de basket van de tegenpartij⟩
¹**pix** /pɪks/ [alleen mv] ⟨sl⟩ ① foto's, plaatjes, ⟨AE; techn⟩ fotomateriaal, illustraties, artwork ② film, bioscoop, ⟨AE⟩ films, de filmindustrie
²**pix** /pɪks/ → **pyx**
pix·el /pɪksl/ [telb zn] pixel, beeldelement, beeldpunt ⟨op beeldscherm⟩
pix·el·at·ed, pix·el·lat·ed /pɪksəleɪtɪd/ [bn] met (zichtbare) pixels/beeldpuntjes, gepixeleerd
¹**pix·ie, pix·y** /pɪksi/, ⟨in betekenis 2 ook⟩ **pixie hat, pixie hood** [telb zn] ① fee, elf, tovergodin, kabouter

2 punthoedje 3 ⟨AE⟩ mannenkopje, bobbykopje ⟨kapsel⟩
²**pix·ie, pix·y** /pɪksi/ [bn] ondeugend
pix·i·lat·ed, pix·il·lat·ed /pɪksɪleɪtɪd/ [bn] ⟨vnl AE; scherts; inf⟩ 1 confuus, in de war 2 dazig, getikt, geschift 3 aangeschoten, dronken
pi·zazz, piz·zazz /pɪzæz/, **pa·zazz, paz·zazz, pza·zz** /pəzæz/, **bi·zazz, biz·zazz** /bɪ-/ [niet-telb zn] ⟨AE; inf⟩ 1 pit, fut, lef 2 overbodige versiering, franje
pizz [afk] (pizzicato)
piz·za /pi:tsə/ [telb + niet-telb zn] pizza
pizza parlor [telb zn] pizzeria
piz·ze·ri·a /pi:tsəri:ə/ [telb zn] pizzeria, pizzarestaurant
¹**piz·zi·ca·to** /pɪtsɪkɑ:toʊ/ [telb zn; mv: ook pizzicati /-ti/] ⟨muz⟩ pizzicato, pizzicatospel, getokkelde passage
²**piz·zi·ca·to** /pɪtsɪkɑ:toʊ/ [bn; bw] ⟨muz⟩ pizzicato, getokkeld
piz·zle /pɪzl/ [telb zn] ⟨vulg⟩ 1 lul, tamp, roede ⟨van grotere dieren⟩ 2 bullenpees
PJ's [afk] ⟨AE; inf⟩ (pajamas)
pk [afk] 1 (pack) 2 (park) 3 (peak) 4 (peck)
pkg, pkge [afk] (package)
pkt [afk] (packet)
pl [afk] 1 (place) 2 (plate) 3 (plural) 4 (platoon)
PL [afk] (Poet Laureate)
PLA [afk] ⟨BE⟩ (Port of London Authority)
plac·a·bil·i·ty /plækəbɪləti/ [niet-telb zn] verzoenlijkheid, vergevensgezindheid
plac·a·ble /plækəbl/ [bn; bw: placably] verzoenlijk, vergevensgezind, tolerant, toegevend, meegaand, soepel
¹**plac·ard** /plækɑ:d, ᴬplækərd/ [telb zn] plakkaat, poster, aanplakbiljet, raambiljet, ⟨i.h.b.⟩ bord ⟨van demonstrant, met leus erop⟩
²**plac·ard** /plækɑ:d, ᴬplækərd/ [ov ww] 1 beplakken, van posters voorzien, aanplakken, afficheren, van borden met protestleuzen voorzien 2 door posters/aanplakbiljetten aanprijzen/bekendmaken
pla·cate /pləkeɪt, ᴬpleɪ-/ [ov ww] tot bedaren brengen, kalmeren, sussen, verzoenen, bedaren, stillen, gunstig stemmen, bevredigen
pla·cat·er /pləkeɪtə, ᴬpleɪkeɪtər/ [telb zn] verzoener
pla·ca·tion /pləkeɪʃn, ᴬpleɪkeɪʃn/ [niet-telb zn] verzoening
pla·ca·to·ry /plækətri, pləkeɪ-, ᴬpleɪkətɔri/, **pla·ca·tive** /plækətɪv, pləkeɪ-, ᴬpleɪkətɪv/ [bn] verzoenend, verzoenings-
¹**place** /pleɪs/ [telb zn] 1 (benaming voor) verblijfplaats, gemeente, stad, dorp, woonplaats, huis, woning, flat(je), villa, buitenplaats, landgoed, kleine straat, plein ♦ *at our place* bij ons (thuis); *come round to my place some time* kom eens (bij mij) langs; *place in the country* landgoed; huis op het platteland; ⟨fig⟩ *it's all over the place* de hele stad weet het; *scream/yell the place down* de hele boel bij elkaar krijsen/schreeuwen 2 gelegenheid ⟨café e.d.⟩ ♦ *place of amusement* ontspanningsgelegenheid; *place of worship* bedehuis, huis des gebeds, kerk, kapel 3 passage ⟨in boek⟩ ♦ *I can't find/have lost my place* ik weet niet waar ik gebleven ben ⟨in boek⟩ 4 stand, rang, positie ♦ *know one's place* zijn plaats kennen/weten 5 ereplaats, plaats bij de eerste drie ⟨bij wedren⟩ 6 (staats)betrekking, positie, ambt, aanstelling, baan(tje) 7 taak, functie, rol ♦ *it is not my place to do that* het is niet mijn taak/het ligt niet op mijn weg dat te doen • ⟨sprw⟩ *there's no place like home* zoals het klokje thuis tikt, tikt het nergens
²**place** /pleɪs/ [telb + niet-telb zn] plaats, plek, ruimte, zitplaats ♦ *calculate to five decimal places/to five places of decimals* tot op 5 decimalen/cijfers na de komma uitrekenen; ⟨scheepv⟩ *place of call* plaats/haven die men (regelmatig) aandoet; *change places with s.o.* met iemand van plaats verwisselen/ruilen; ⟨fig⟩ *there's no place for doubt* er is geen re-

place

den tot twijfel; ⟨fig⟩ *in the first place* in de eerste plaats, meteen, eerst en vooral; ⟨fig⟩ *give place* plaatsmaken, toegeven, zwichten; ⟨fig⟩ *give place to s.o.* voor iemand de plaats ruimen/wijken; ⟨inf⟩ *go places* op reis gaan, ergens naartoe gaan, ⟨fig⟩ succes boeken/behalen, het ver brengen; een interessant/opwindend leven leiden ⟨voornamelijk in het buitenland⟩; *have a (prominent/minor) place in* een (belangrijke/onbelangrijke) plaats innemen in; ⟨fig⟩ *in place* op zijn plaats, passend, geschikt; *in places* hier en daar; *in place of* in plaats van; ⟨fig⟩ *be/stay in place* van kracht zijn/blijven; *lay/set a place for s.o.* voor iemand dekken; ⟨fig⟩ *make place for s.o.* de voorrang verlenen aan iemand, voorbijgegaan worden door iemand ⟨bij promotie⟩; ⟨fig⟩ *out of place* misplaatst, niet op zijn plaats, niet passend/geschikt; ⟨inf⟩ *all over the place* overal, overal rondslingerend, slordig, wanordelijk; ⟨fig⟩ in de war, van streek, van zijn stuk; ⟨fig⟩ *put yourself in my place* stel je in mijn plaats; ⟨fig⟩ *put/keep s.o. in his (proper) place* iemand op zijn plaats zetten/houden; ⟨fig⟩ *have one's heart in the right place* het hart op de juiste plaats dragen/hebben; ⟨fig⟩ *a place in the sun* een plaatsje onder de zon, een gunstige positie; ⟨fig⟩ *take place* plaatshebben, plaatsgrijpen, plaatsvinden, gebeuren; ⟨fig⟩ *take one's place* zijn plaats innemen/krijgen; *take your places* neem uw plaatsen in; ⟨fig⟩ *take s.o.'s/sth.'s place*, ⟨fig⟩ *take the place of someone/something* iemands plaats innemen, iemand/iets vervangen; *be in two places at once* op twee plaatsen tegelijk zijn • ⟨BE⟩ *another place* het andere Huis ⟨in het Lagerhuis gebruikt om het Hogerhuis aan te duiden en omgekeerd⟩; *fall into place* op zijn plaats/terecht komen, klikken, duidelijk worden; ⟨BE; scherts⟩ *the other place* (in Cambridge) Oxford; (in Oxford) Cambridge; ⟨sprw⟩ *one cannot be in two places at once* men kan niet op twee plaatsen tegelijk zijn; ⟨sprw⟩ *a place for everything and everything in its place* ± opgeruimd staat netjes; ⟨sprw⟩ *lightning doesn't strike twice in the same place* ± de duivel danst niet altijd voor één mans deur
³**place** /pleɪs/ [onov ww] zich plaatsen, bij de eerste drie eindigen, ⟨AE⟩ als tweede eindigen ⟨bij wedren⟩
⁴**place** /pleɪs/ [ov ww] 1 plaatsen, stellen, zetten, aanbrengen ♦ ⟨fig⟩ *place sth. above sth. else* aan iets boven iets anders de voorkeur geven; *place sth. before s.o.* iets aan iemand voorleggen; ⟨fig⟩ *place a bet* een weddenschap aangaan; ⟨fig⟩ *place one's cards (up)on the table* open kaart spelen; ⟨fig⟩ *place confidence in/on s.o.* in iemand vertrouwen stellen; ⟨fig⟩ *what construction am I to place on that?* hoe moet ik dat interpreteren?; ⟨fig⟩ *she's differently placed* met haar is het anders gesteld, zij staat er anders voor; ⟨fig⟩ *place a/one's finger to one's lips* de vinger op de lippen leggen; ⟨fig⟩ *place one's head in the lion's mouth* zijn hoofd in de muil van de leeuw steken; ⟨fig⟩ *place importance on sth.* belang hechten aan iets; ⟨fig⟩ *place in jeopardy* in gevaar brengen; *place in inverted commas* tussen aanhalingstekens plaatsen (ook figuurlijk); ⟨fig⟩ *place s.o. in an awkward position* iemand in een netelige positie brengen; *place a match to sth.* iets aansteken; ⟨fig⟩ *place on one side* opzijleggen; *place in alphabetical order* alfabetiseren; *place an order for goods with a firm* bij een firma goederen bestellen; ⟨fig⟩ *place a premium on s.o./sth.* een premie op iemand/iets zetten/stellen; ⟨fig⟩ *place pressure (up)on s.o./sth.* druk uitoefenen op iemand/iets; ⟨fig⟩ *place a strain (up)on s.o.* iemand onder druk zetten; *place a telephone-call* een telefoongesprek aanvragen; ⟨fig⟩ *place one's trust in s.o.* vertrouwen stellen in iemand 2 aanstellen, een betrekking geven, een plaats bezorgen 3 beleggen, uitzetten, investeren (geld), van de hand doen, verkopen (goederen) ♦ *place on the market* op de markt brengen 4 thuisbrengen, identificeren, een rang/positie toekennen aan, rangschikken, schatten, herkennen, dateren ♦ ⟨fig⟩ *place sth. at a premium* iets hoog aanslaan; *I can't place that man* ik kan die man

place-bet

niet thuisbrengen [5] inschalen [6] laten uitgeven, een uitgever/producer vinden voor ⟨roman/toneelstuk⟩ [7] een ereplaats toekennen ⟨bij wedren⟩ ♦ *the horse is placed* het paard heeft zich geplaatst/is bij de eerste drie geëindigd [8] scoren na placekick ⟨football, rugby⟩ [9] toon aangeven

place-bet [telb zn] weddenschap bij paardenrennen dat een paard bij de eerste drie eindigen ⟨Brits-Engels⟩, weddenschap bij paardenrennen dat een paard bij de eerste twee eindigen ⟨Amerikaans-Engels⟩

¹**pla·ce·bo** /pləsi:boʊ/ [telb zn; mv: ook placeboes] ⟨med⟩ placebo, neppil

²**pla·ce·bo** /pləsi:boʊ/ [telb + niet-telb zn] ⟨r-k⟩ (openingsantifoon in de) vespers voor de doden

placebo effect [telb zn] ⟨med⟩ placebo-effect

place-brick [telb zn] blekerd ⟨baksteen⟩

place card [telb zn] tafelkaartje

place-hunt·er [telb zn] baantjesjager

place-hunt·ing [niet-telb zn] ambtsbejag, baantjesjagerij

place kick [telb zn] ⟨American football, rugby⟩ plaatstrap, place kick

place-kick [onov ww] ⟨sport⟩ [1] plaatstrap uitvoeren/nemen [2] scoren (met een plaatstrap)

place·man /pleɪsmən/ [telb zn; mv: placemen /-mən/] ⟨BE⟩ verpolitiekt ambtenaar

place-mat [telb zn] onderleggertje, placemat

¹**place·ment** /pleɪsmənt/ [telb zn] [1] ⟨American football, rugby⟩ plaatstrap, place kick [2] ⟨tennis⟩ goedgeplaatste bal ⟨vaak moeilijk te retourneren⟩

²**place·ment** /pleɪsmənt/ [telb + niet-telb zn] plaatsing

placement test [telb zn] niveautest

place·name [telb zn] plaatsnaam, toponiem

pla·cen·ta /pləsentə/ [telb zn; mv: ook placentae /pləsenti:/] [1] ⟨dierk⟩ placenta, moederkoek, nageboorte [2] ⟨plantk⟩ zaadkoek

pla·cen·tal /pləsentl/ [bn, attr] m.b.t. de placenta

place-of-safety order [telb zn] ⟨BE; jur⟩ bevel tot uithuisplaatsing

plac·er /pleɪsə, ^-ər/ [telb zn] [1] ⟨AE⟩ placer, goudbedding, open groeve (met goudhoudend zand of grind) [2] goudwasserij

placer miner [telb zn] ⟨vnl AE⟩ goudwasser

placer mining [niet-telb zn] ⟨vnl AE⟩ het goudwassen

place-set·ting [telb zn] couvert

plac·id /plæsɪd/ [bn; bw: ~ly; zn: ~ness] [1] vreedzaam, rustig, kalm, onbewogen [2] evenwichtig

pla·cid·i·ty /pləsɪdəti/ [niet-telb zn] [1] vreedzaamheid, rust, kalmte, onbewogenheid [2] evenwichtigheid

placing judge [telb zn] ⟨zwemsp⟩ finishrechter, keerpuntrechter

plack·et /plækɪt/, ⟨in betekenis 1 ook⟩ **placket hole** [telb zn] [1] split ⟨in japon, bloes e.d.⟩ [2] zak ⟨in rok⟩

¹**plac·oid** /plækɔɪd/ [telb zn] ⟨dierk⟩ vis met plaatvormige schubben

²**plac·oid** /plækɔɪd/ [bn, attr] ⟨dierk⟩ plaatvormig ⟨van schubben⟩

pla·gal /pleɪgl/ [bn] ⟨muz⟩ plagaal ♦ *plagal cadence/close* plagale cadens, kerkelijk slot

plage /plɑ:ʒ/ [telb zn] strand ⟨in het bijzonder van mondaine badplaats⟩

pla·gia·rism /pleɪdʒərɪzm/ [telb + niet-telb zn] plagiaat, letterdieverij

pla·gia·rist /pleɪdʒərɪst/, **pla·gia·riz·er** /pleɪdʒəraɪzə, ^-ər/ [telb zn] plagiaris, plagiator, letterdief

pla·gia·ris·tic /pleɪdʒərɪstɪk/ [bn] plagiaat-

¹**pla·gia·rize**, **pla·gia·rise** /pleɪdʒəraɪz/ [onov ww] plagiaat plegen

²**pla·gia·rize**, **pla·gia·rise** /pleɪdʒəraɪz/ [ov ww] plagiëren, naschrijven

¹**pla·gia·ry** /pleɪdʒəri/ [telb zn] ⟨vero⟩ plagiaris, plagiator, letterdief

²**pla·gia·ry** /pleɪdʒəri/ [telb + niet-telb zn] ⟨vero⟩ plagiaat, letterdieverij

pla·gi·o- /pleɪdʒioʊ/ schuin- ♦ ⟨dierk⟩ *plagiostome* dwarsbek

pla·gi·o·clase /pleɪdʒioʊkleɪz/ [telb + niet-telb zn] ⟨geol⟩ plagioklaas ⟨mineraal⟩

¹**plague** /pleɪg/ [telb zn] [1] plaag, teistering, (goddelijke) straf ♦ *a plague of caterpillars* een rupsenplaag [2] lastpost [3] pest, pestilentie ♦ ⟨fig⟩ *avoid s.o./sth. like the plague* iemand/iets schuwen als de pest; *the plague* de builenpest, de longpest [·] ⟨vero, form⟩ *(a) plague on you!* de duivel hale je!

²**plague** /pleɪg/ [ov ww] [1] teisteren, treffen, bezoeken (met plaag) [2] ⟨inf⟩ lastigvallen, kwellen, pesten, het leven zuur maken ♦ *plague s.o. with sth.* iemand met iets (voortdurend) lastigvallen

plague·some /pleɪgsəm/ [bn] ⟨inf⟩ beroerd, vervelend, lastig, ergerlijk, drommels, donders

¹**pla·guy**, ⟨AE⟩ **pla·guey** /pleɪgi/ [bn; bw: plaguily] ⟨vero, inf⟩ beroerd, vervelend, lastig, ergerlijk

²**pla·guy**, ⟨AE⟩ **pla·guey** /pleɪgi/ [bw] ⟨vero, inf⟩ beroerd, drommels, donders

plaice /pleɪs/ [telb + niet-telb zn; mv: voornamelijk plaice] ⟨dierk⟩ [1] schol ⟨Pleuronectes platessa⟩ [2] ⟨AE⟩ platvis, (i.h.b.) lange schar ⟨Hippoglossoides platessoides⟩

¹**plaid** /plæd/ [telb + niet-telb zn] plaid, tartan

²**plaid** /plæd/ [bn, attr] plaid-, met Schots patroon

plaid·ed /plædɪd/ [bn] [1] met een plaid [2] met Schots patroon

¹**plain** /pleɪn/ [telb zn] [1] (vaak mv met enkelvoudige betekenis) vlakte, prairie [2] ⟨bilj⟩ (speler met de) gewone witte bal

²**plain** /pleɪn/ [niet-telb zn] ⟨breien⟩ rechte steek

³**plain** /pleɪn/ [bn; vergr trap: plainer; bw: ~ly; zn: ~ness] [1] duidelijk, klaar, evident ♦ ⟨inf⟩ *as plain as day/a pikestaff/the nose on your face* klaar als een klontje; *in plain English/language/speech/terms/words* in duidelijke taal, zonder omwegen, ronduit, overbloemd [2] ⟨benaming voor⟩ eenvoudig, simpel, niet ingewikkeld, niet in code, onopgesmukt, ongebloemd, onversierd, ongekleurd, onvermengd, puur ⟨water, whisky e.d.⟩, (dood)gewoon, alledaags, sober ⟨levenswijze⟩, niet luxueus, lelijk, weinig attractief ⟨vrouw, meisje⟩, ongelijnd ⟨papier⟩ ♦ *plain cake* cake zonder krenten/chocoladebrokjes ⟨enz.⟩; *plain chocolate* pure chocola; *plain cigarette* sigaret zonder filter/mondstuk; *in plain clothes* in burger(kleren); *plain cook* kok die burgerpot kookt; *plain cooking* burgerpot, burgerkost; *under plain cover* onopvallend; *plain flour* bloem zonder bakpoeder; *plain knitting* recht breien; *a plain man* een eenvoudig man; *plainer than an old shoe* doodgewoon, zonder enige opsmuk [3] ronduit, openhartig, onomwonden, overbloemd, ruchtit, eerlijk, open, oprecht, ongecompliceerd, ongekunsteld, rondborstig ♦ *be plain with s.o.* iemand onomwonden de waarheid/zijn mening zeggen, openhartig zijn tegen iemand; *plain dealing* eerlijk(heid), oprecht(heid), openhartig(heid) [4] vlak, effen, glad ⟨ring⟩, plat [5] recht ⟨breisteek⟩ ♦ ⟨breien⟩ *plain stitch* rechte steek [·] *plain card* bijkaart, niet-trop; *plain sailing* ⟨scheepv⟩ het varen volgens de planiglobe/naar de gelijkgradige kaart; ⟨fig⟩ gemakkelijk werk, doodgewone zaak, licht karwei; *it was plain sailing all the way* het liep allemaal van een leien dakje, het was allemaal rechttoe rechtaan; ⟨rel⟩ *plain service* gelezen dienst/mis, stille mis; *plain sewing* nuttige handwerken; *plain suit* bijkaarten, kleur die geen troef is; *plain time worker* niet-overwerker; *plain weaving* kruisweven; *plain work* nuttige handwerken; effen metselwerk

⁴**plain** /pleɪn/ [bn, attr; vergr trap: plainer; bw: ~ly; zn:

~ness) volslagen, totaal, zuiver, rein, klinkklaar ⟨onzin⟩ ♦ *it's plain foolishness* het is je reinste dwaasheid

⁵plain /pleɪn/ [onov ww] ① een rechte steek breien ② ⟨vero⟩ weeklagen, klagen, jammeren

⁶plain /pleɪn/ [ov ww] ① vlakken, gelijkmaken ② met een rechte steek breien

⁷plain /pleɪn/ [bw] ⟨inf⟩ ① duidelijk ② ronduit ③ volslagen, gewoonweg

plain-chant /pleɪntʃɑːnt, ᴬ-tʃænt/, **plain-song** /pleɪnsɒŋ, ᴬ-sɔŋ/ [niet-telb zn] eenstemmig/gregoriaans kerkgezang

plain-clothes [bn, attr] in burger(kleren)

plain-clothes of·fi·cer /pleɪnkloʊðzɒfɪsə, ᴬ-ɔfɪsər/ [telb zn] politieman in burger, rechercheur

plain-clothes po·lice·man /pleɪnkloʊðzmən/ [telb zn; mv: plain-clothes policemen /-mən/] politieman in burger, rechercheur

plain·ly /pleɪnli/ [bw] ① → plain ② ronduit, ongedwongen, openhartig ③ zonder meer

plains·man /pleɪnzmən/ [telb zn; mv: plainsmen /-mən/] prairiebewoner, vlaktebewoner

plain·spo·ken [bn] openhartig, rond(borstig), oprecht

¹plaint /pleɪnt/ [telb zn] ⟨form⟩ weeklacht, jammerklacht, klacht

²plaint /pleɪnt/ [telb + niet-telb zn] ⟨vnl jur⟩ aanklacht, beschuldiging

plain·tiff /pleɪntɪf/ [telb zn] ⟨jur⟩ aanklager, klager, eiser

plain·tive /pleɪntɪv/ [bn; bw: ~ly; zn: ~ness] ① klagend, klaaglijk, klaag- ② treurig, droef, triest

plaister → plaster

¹plait /plæt, ᴬpleɪt/, ⟨in betekenis 1 ook⟩ **plat** /plæt/ [telb zn; vaak mv] ① vlecht ② plooi, vouw

²plait /plæt, ᴬpleɪt/, ⟨in betekenis 1 ook⟩ **plat** /plæt/ [ov ww] ① vlechten ② vouwen, plooien

¹plan /plæn/ [telb zn] ① plan, voornemen ♦ *what are your plans for tonight?* wat ga je vanavond doen?; *go according to plan* volgens plan verlopen ② plattegrond, schets, tekening, bovenaanzicht, stadsplan ♦ *buy off plan* in de put kopen ⟨huis⟩ ③ tabel, planbord ④ ontwerp, opzet, methode, stelsel ♦ *plan of action/campaign/battle* plan de campagne ⑤ ⟨vaak mv⟩ ⟨techn⟩ schema, ontwerp ⑥ verticaalvlak, ⟨perspectieftekenen⟩ horizontale projectie

²plan /plæn/ [onov ww] plannen maken/smeden ♦ *he hadn't planned for/on so many guests* hij had zoveel gasten niet voorzien; ⟨inf⟩ *plan on doing sth.* er op rekenen iets te (kunnen) doen; → planning

³plan /plæn/ [ov ww] ① een plan maken van, in kaart brengen, schetsen, ontwerpen ② plannen, zich voornemen, van plan zijn, van zins zijn, programmeren, beramen, het erop aanleggen ♦ *plan everything ahead* alles van tevoren regelen; *plan to do sth.* van plan/zins zijn iets te doen; ⟨ec⟩ *planned economy* planeconomie, geleide economie; ⟨ec⟩ *planned obsolescence* geplande veroudering; *plan out* ontwerpen; *he had it all planned out* hij had alles tot in de details geregeld; → planning

pla·nar /pleɪnə, ᴬ-ər/ [bn, attr] ⟨wisk⟩ ① vlak, plat, in een vlak liggend ② van/m.b.t. een vlak, vlak-

pla·nar·i·an /pləneərɪən, ᴬ-næ-/ [telb zn] ⟨dierk⟩ ⟨zoetwater⟩planaria ⟨platworm van de orde Tricladida⟩

planch·et /plɑːntʃɪt, ᴬplæntʃɪt/ [telb zn] ⟨techn⟩ muntplaatje

plan·chette /plɑːnʃet, ᴬplænʃet/ [telb zn] planchette ⟨plankje met 2 rolletjes en een potlood bij spiritistische seances⟩

Planck's constant /plæŋks kɒnstənt, ᴬ-kʌn-/, **Planck constant** [niet-telb zn] ⟨natuurk⟩ de constante van Planck

¹plane /pleɪn/, ⟨in betekenis 1 ook⟩ **plane tree** [telb zn] ① ⟨plantk⟩ plataan ⟨genus Platanus⟩ ② schaaf ③ vlak, plat vlak, draagvlak, vleugel ⟨van vliegtuig⟩ ④ plan, peil, niveau ⟨alleen figuurlijk⟩ ⑤ ⟨inf⟩ vliegtuig, toestel ⑥ ⟨mijnb⟩ vervoergang, horizontale gang ⑦ ⟨wisk⟩ vlak

²plane /pleɪn/ [bn, attr] vlak, plat, effen, in een vlak liggend ♦ *plane angle* vlakke hoek; *plane chart* wassende kaart ⟨in mercatorprojectie⟩; *plane figure* vlakke figuur; *plane geometry* vlakke meetkunde, planimetrie; *plane sailing* ⟨scheepv⟩ het varen op een gelijkgradige kaart/volgens de planiglobe; ⟨fig⟩ gemakkelijk werk, doodgewone zaak; *it was plane sailing all the way* het liep allemaal van een leien dakje

³plane /pleɪn/ [onov ww] ① glijden, planeren, zweven, zeilen ⟨vliegtuig⟩, vliegen ⟨in vliegtuig⟩, scheren ⟨van speedboot⟩ ② schaven

⁴plane /pleɪn/ [ov ww] schaven, effen maken, gladmaken ♦ *plane away/down/off* afschaven

plane bit, plane iron [telb zn] schaafmes, schaafijzer

plane crash [telb zn] vliegtuigongeluk

plane load [telb zn] vliegtuiglading

plan·er /pleɪnə, ᴬ-ər/ [telb zn] ① schaver ② schaafmachine ③ ⟨techn⟩ klophout, ⟨drukw⟩ dresseerplank

¹plane·side [telb zn] vliegtuigzijde ♦ *an interview at plane-side* een interview bij het vliegtuig

²plane·side [bn, attr] bij/naast het vliegtuig

plan·et /plænɪt/ [telb zn] ① planeet ♦ *major planets* grote planeten; *minor planets* kleine planeten, asteroïden ② kazuifel

the planets	
Earth	aarde
Jupiter	Jupiter
Mars	Mars
Mercury	Mercurius
Neptune	Neptunus
Pluto	Pluto
Saturn	Saturnus
Uranus	Uranus
Venus	Venus
the Milky Way, the Galaxy	de Melkweg
our solar system	ons zonnestelsel
the Sun	de zon
the moon	de maan
secondary planet	bijplaneet, satelliet
satellite	satelliet (kunstmaan of bijplaneet)
a hundred light-years away	honderd lichtjaar van ons verwijderd
at the speed of light	met de snelheid van het licht

¹plane table [telb zn] ⟨wwb⟩ planchet, ⟨landmeetk⟩ meettafel(tje)

²plane table [ov ww] ⟨wwb⟩ met een planchet opmeten

plan·e·tar·i·um /plænɪteərɪəm, ᴬ-ter-/ [telb zn; mv: ook planetaria] planetarium

plan·e·tar·y /plænɪtri, ᴬ-teri/ [bn] ① planetair, planeet- ♦ *planetary nebula* planetaire nevelvlek, planeetnevel ② aards, werelds, ondermaans ③ dwalend, erratisch ④ ⟨techn⟩ planetair ⟨van versnellingsapparaat⟩

plan·e·toid /plænɪtɔɪd/ [telb zn] ⟨astron⟩ planetoïde ⟨op een planeet gelijkend hemellichaam⟩, asteroïde, kleine planeet

plan·e·to·log·i·cal /plænɪtəlɒdʒɪkl, ᴬ-nɪtlɑ-/ [bn] planetologisch

plan·e·tol·o·gist /plænɪtɒlədʒɪst, ᴬ-tɑ-/ [telb zn] planetoloog

plan·e·tol·o·gy /plænɪtɒlədʒi, ᴬ-tɑ-/ [niet-telb zn] planetologie

plan·et-strick·en, plan·et-struck [bn] ⟨astrol⟩ onder een slechte planeet staand/geboren, ⟨fig⟩ verdoemd

planet wheel [telb zn] ⟨techn⟩ planeetwiel

plan·gen·cy /plændʒənsi/ [telb + niet-telb zn] ① weer-

plangent

galming, het schallen ② het klotsen ③ het weeklagen
plan·gent /plændʒənt/ [bn; bw: ~ly] ⟨form⟩ ① luid, weerklinkend, weergalmend, luid klinkend ② klotsend ③ klagend, klaaglijk
plani- → **plano-**
pla·nim·e·ter /plænɪmɪtə, ᴬplənɪmətər/ [telb zn] ⟨techn⟩ planimeter, vlaktemeter
pla·ni·met·ric /plænɪmetrɪk/, **pla·ni·met·ri·cal** /-ɪkl/ [bn; bw: ~ally] planimetrisch
pla·nim·e·try /plænɪmɪtri, ᴬplə-/ [niet-telb zn] planimetrie, vlakke meetkunde
pla·ning ma·chine /pleɪnɪŋ məʃiːn/ [telb zn] schaafmachine
plan·ish /plænɪʃ/ [ov ww] ⟨techn⟩ planeren, pletten, gladhameren, vlakken, uitslaan, uitsmeden, polijsten ⟨metaal⟩
pla·ni·sphere /plænɪsfɪə, ᴬ-sfɪr/ [telb zn] planisfeer ⟨voorstelling van de aarde/sterrenhemel in een plat vlak⟩
pla·ni·spher·ic /plænɪsferɪk/, **pla·ni·spher·i·cal** /-ɪkl/ [bn] planisferisch
¹**plank** /plæŋk/ [telb zn] ① (zware) plank ② grondslag, steun ③ ⟨pol⟩ punt/basisprincipe van (partij)programma ④ sukkel, oen • *make s.o. walk the plank* iemand de voeten spoelen ⟨eertijds bij piraten⟩; ⟨fig⟩ *walk the plank* gedwongen ontslag nemen, het veld ruimen
²**plank** /plæŋk/ [onov + ov ww] ⟨sl⟩ neuken; → **planking**
³**plank** /plæŋk/ [ov ww] ① met planken beleggen, beplanken, bevloeren, van planken voorzien ② ⟨AE; cul⟩ (klaarmaken en) op een plank opdienen ③ ⟨inf⟩ *plank down* neersmakken; ⟨inf⟩ *plank down/out/up* dokken, opdokken ⟨geld⟩; → **planking**
plank-bed [telb zn] brits
¹**plank·ing** /plæŋkɪŋ/ [telb zn; (oorspronkelijk) gerund van plank] planken vloer, planken, beplanking
²**plank·ing** /plæŋkɪŋ/ [niet-telb zn; (oorspronkelijk) gerund van plank] het planken leggen, het beplanken
plank·ton /plæŋktən/ [niet-telb zn] plankton
plank·ton·ic /plæŋktɒnɪk, ᴬ-tɑ-/ [bn, attr] planktonplan·less /plænləs/ [bn; bw: ~ly] planloos, zonder enig plan, stelselloos • *planless building* lukraak/weinig systematisch/zonder enig beleid bouwen
plan·ner /plænə, ᴬ-ər/ [telb zn] ① ontwerper ② ⟨stadsontwikkeling⟩ planoloog
plan·ning /plænɪŋ/ [niet-telb zn; gerund van plan] planning, ordening
planning de·part·ment [telb zn] afdeling planologie, planologische afdeling
planning permission [niet-telb zn] ⟨vnl BE⟩ bouwvergunning
pla·no- /pleɪnoʊ/, **pla·ni-** /plæni/ plano- • *planoconvex* planconvex; *planoconcave* planconcaaf
pla·no·graph /pleɪnəgrɑːf, ᴬplænəgræf/ [ov ww] vlakdrukken
pla·no·graph·ic /pleɪnəgræfɪk, ᴬplænə-/ [bn; bw: ~ally] planografisch, vlakdruk-
pla·nog·ra·phy /plənɒgrəfi, ᴬ-nɑ-/ [niet-telb zn] planografie, vlakdruk
pla·nom·e·ter /plænɒmɪtə, ᴬplənɒmɪtər/ [telb zn] ⟨techn⟩ planometer
pla·nom·e·try /plænɒmɪtri, ᴬ-nɑ-/ [niet-telb zn] planometrie
¹**plant** /plɑːnt, ᴬplænt/ [telb zn] ① plant, gewas ② machine, apparaat ③ fabriek, bedrijf ④ ⟨dram⟩ claqueur ⑤ ogenschijnlijk onbelangrijk detail in verhaal of toneelstuk ⑥ val, valstrik ⑦ bergplaats van gestolen goederen ⑧ houding, manier van staan, postuur ⑨ ⟨inf⟩ stille (diender), infiltrant, politiespion, geheim agent
²**plant** /plɑːnt, ᴬplænt/ [niet-telb zn] ① machinerie, opstand, opstal, inrichting, complex, uitrusting, benodigdheden, outillage, materieel, installatie ② gestolen goede-

1386

ren
³**plant** /plɑːnt, ᴬplænt/ [ov ww] ① planten, poten, zetten ⟨ook vis⟩, beplanten, aanplanten, aanleggen • *plant out* verplanten, uitplanten ② (met kracht) neerzetten ⟨voeten⟩, plaatsen ⟨bom⟩, posteren ⟨spion⟩, stationeren • *plant one's feet wide apart* met gespreide benen gaan staan; ⟨fig⟩ *he has his feet planted (firmly) on the ground* hij staat met beide voeten (stevig) op de grond; *with one's feet planted (firmly) on the ground* met beide voeten (stevig) op de grond; *plant o.s.* positie kiezen/innemen ③ vestigen, stichten, grondvesten, oprichten ④ zaaien ⟨alleen figuurlijk⟩, de kiem leggen van, veroorzaken, in het geheim verspreiden ⟨bericht⟩, aan de man brengen ⑤ ⟨inf⟩ toebrengen ⟨slag⟩, steken ⟨mes⟩ • *plant a blow on s.o.'s ear* iemand een draai om de oren geven; *plant a dagger in s.o.'s heart* iemand een dolk in het hart steken ⑥ ⟨sl⟩ onderschuiven, verbergen ⟨gestolen goederen⟩, met iets opknappen, laten opdraaien voor, in de schoenen schuiven, op de hals laden, ⟨België⟩ opmaken, vooraf beramen/afspreken, opzetten, bekonkelen • *plant false evidence* vals bewijsmateriaal onderschuiven; *plant s.o./sth. on s.o.* iemand iets in de schoenen schuiven ⑦ ⟨AE; inf⟩ begraven
plant·a·ble /plɑːntəbl, ᴬplæntəbl/ [bn] plantbaar, verplantbaar
plan·tain /plæntɪn, ᴬplæntn/ [telb + niet-telb zn] ⟨plantk⟩ ① weegbree ⟨familie Plantago⟩ ② pisang ⟨Musa paradisiaca⟩
plantain lily [telb zn] ⟨plantk⟩ Hosta ⟨familie Liliaceae⟩
plan·tar /plæntə, ᴬplæntər/ [bn, attr] plantair, voetzool-
plan·ta·tion /plænteɪʃn, plɑː-, ᴬplæn-/ [telb zn] ① beplanting, aanplant, aanplanting ② plantage ③ ⟨vero⟩ vestiging
plantation rubber [telb + niet-telb zn] plantagerubber, ondernemingsrubber
plantation song [telb zn] plantagelied ⟨van negers⟩
plant·er /plɑːntə, ᴬplæntər/ [telb zn] ① planter, plantagebezitter ② grondlegger, stichter ③ kolonist ④ plantmachine, zaaimachine ⑤ ⟨AE⟩ bloembak, bloempot
¹**plan·ti·grade** /plæntɪgreɪd/ [telb zn] ⟨dierk⟩ zoolganger
²**plan·ti·grade** /plæntɪgreɪd/ [bn] ⟨dierk⟩ op de zolen lopend
plant·let /plɑːntlɪt, ᴬplænt-/ [telb zn] plantje
plant louse [telb zn] bladluis
plan·toc·ra·cy /plɑːntɒkrəsi, ᴬplæntɑ-/ [telb + niet-telb zn] plantersheerschappij, heersende klasse van planters
planx·ty /plæŋksti/ [telb zn] ⟨IE⟩ planxty ⟨harpmelodie⟩
¹**plaque** /plɑːk, ᴬplæk/ [telb zn] ① plaque, plaat ⟨van metaal, porselein⟩, gedenkplaat ② insigne, ordeteken, decoratie, broche ③ ⟨med⟩ vlek ⟨op huid⟩
²**plaque** /plɑːk, ᴬplæk/ [niet-telb zn] ⟨med⟩ plaque, plak, tandaanslag
pla·quette /plækɛt/ [telb zn] plaquette, plaatje, reliëfplaatje
¹**plash** /plæʃ/ [telb zn] (moerassige) poel, plas
²**plash** /plæʃ/ [telb + niet-telb zn] ⟨vnl form⟩ geplas, geplons, geklater, gespat, gekabbel
³**plash** /plæʃ/ [onov + ov ww] ⟨vnl form⟩ plassen, plonzen, klateren, kabbelen, (doen) spatten
⁴**plash** /plæʃ/ [ov ww] in elkaar vlechten ⟨takken, twijgen⟩, maken, vernieuwen ⟨haag⟩
plash·y /plæʃi/ [bn] ① drassig, nat, vol plassen, moerassig ② plassend, plonzend, klaterend, kletterend, spattend
-pla·si·a /pleɪzɪə, ᴬpleɪʒə/, **-plas·y** /pleɪzi, ᴬpleɪsi, ᴬplæsi/ ⟨biol⟩ -plasie • *metaplasia* metaplasie
-plasm /plæzm/ ⟨biol⟩ -plasma ⟨materie voor celvorming⟩ • *protoplasm* protoplasma
plas·ma /plæzmə/, **plasm** /plæzm/ [niet-telb zn] ① (bloed)plasma ② protoplasma, cytoplasma ③ (melk)wei ④ ⟨natuurk⟩ plasma ⟨deels geïoniseerde, elektrisch

neutrale gasmassa⟩ [5] ⟨geol⟩ **plasma** ⟨donkergroene kwartsvariëteit⟩
plasma screen [telb zn] plasmascherm
plas·mat·ic /plæzmætɪk/, **plas·mic** /plæzmɪk/ [bn, attr] (proto)plasma-
plasma TV [telb zn] plasma-tv
plas·mo·des·ma /plæzmoʊdezmə/ [telb zn; mv: plasmodesmata /-dezmətə/] ⟨plantk⟩ plasmodesme, ectodesme
¹**plas·mo·di·um** /plæzmoʊdiəm/ [telb zn; mv: plasmodia /-diə/] ⟨biol⟩ plasmodium, malariaparasiet
²**plas·mo·di·um** /plæzmoʊdiəm/ [telb + niet-telb zn; mv: plasmodia /-diə/] ⟨biol⟩ plasmodium ⟨protoplasma(organisme) met talrijke celkernen⟩
plas·mol·y·sis /plæzmɒlɪsɪs, ᴬ-mə-/ [telb + niet-telb zn; mv: plasmolyses] ⟨biol⟩ plasmolyse ⟨celkrimping⟩
¹**plas·mo·lyze, plas·mo·lyse** /plæzməlaɪz/ [onov ww] ⟨biol⟩ samenkrimpen ⟨van protoplasma⟩
²**plas·mo·lyze, plas·mo·lyse** /plæzməlaɪz/ [ov ww] ⟨biol⟩ doen samenkrimpen ⟨van protoplasma⟩
plas·tax /plæstæks/ [telb + niet-telb zn] ⟨vnl AE⟩ statiegeld op plastic draagtassen
¹**plas·ter** /plɑːstə, ᴬplæstər/ [telb zn] [1] ⟨BE⟩ pleister, hechtpleister [2] ⟨sl⟩ achtervolger [3] ⟨sl⟩ bankbiljet [4] ⟨sl⟩ dagvaarding [5] ⟨sl⟩ arrestatiebevel
²**plas·ter** /plɑːstə, ᴬplæstər/ [niet-telb zn] [1] pleister [2] pleisterkalk [3] gips ♦ *plaster of Paris* (gebrand) gips [4] mosterdpleister
³**plas·ter** /plɑːstə, ᴬplæstər/ [bn, attr] pleisteren, gipsen, gips- • *plaster saint* heilig boontje
⁴**plas·ter** /plɑːstə, ᴬplæstər/ [ov ww] [1] pleisteren, bepleisteren, (be)plakken, besmeren, bekladden, bedekken, maskéren ♦ ⟨inf⟩ *plaster one's hair down* zijn haar pommaderen; *plaster make-up on one's face* zich zwaar schminken; *plaster sth. on sth.* iets dik besmeren/bedekken/beplakken met iets; *plaster over/up* dichtpleisteren; *plaster sth. with sth.* iets bedekken/beplakken met iets [2] ⟨fig⟩ overladen, beladen ♦ *plaster s.o. with praise* iemand met lof overladen/ophemelen/vleien [3] ⟨sl⟩ hevig bombarderen, platgooien [4] een pleister leggen op ⟨ook figuurlijk⟩ [5] ⟨inf; sport⟩ verpletteren, in de pan hakken, inmaken [6] ⟨sl⟩ een hypotheek nemen op; → **plastered**, **plastering**
plas·ter·board [niet-telb zn] gipsplaat
plaster cast [telb zn] [1] gipsafgietsel, gipsafdruk [2] gipsverband
plas·tered /plɑːstəd, ᴬplæstərd/ [bn, pred; oorspronkelijk volt deelw van plaster] ⟨sl; scherts⟩ lazarus, dronken
plas·ter·er /plɑːstrə, ᴬplæstrər/ [telb zn] stukadoor, pleisteraar
¹**plas·ter·ing** /plɑːstrɪŋ, ᴬplæ-/ [telb zn; (oorspronkelijk) gerund van plaster] ⟨inf; sport⟩ verpletterende nederlaag
²**plas·ter·ing** /plɑːstrɪŋ, ᴬplæ-/ [niet-telb zn; (oorspronkelijk) gerund van plaster] het bepleisteren
plas·ter·y /plɑːstri, ᴬplæ-/ [bn] pleisterachtig, gipsachtig
¹**plas·tic** /plæstɪk/ [telb + niet-telb zn] plastic, plastiek, kunsthars, kunststof
²**plas·tic** /plæstɪk/ [niet-telb zn] plastic geld
³**plas·tic** /plæstɪk/ [bn; bw: ~ally] [1] plastisch, kneedbaar, gekneed, gemodelleerd ♦ ⟨vnl AE⟩ *plastic bomb* kneedbom, plasticbom; *plastic bullet* plastic kogel; *plastic clay* pottenbakersklei; *plastic explosive* kneedbom, plasticbom [2] plastic, plastieken, synthetisch ♦ *plastic mac* plastic regenjas; ⟨AE⟩ *plastic wrap* huishoudfolie, plastic folie [3] goedgevormd, mooi [4] ⟨pej⟩ kunstmatig, kunst-, artificieel, onecht, vals • *plastic money* plastic geld ⟨via betaalpas, creditcard⟩
⁴**plas·tic** /plæstɪk/ [bn, attr; bw: ~ally] plastisch, beeldend, vormend ♦ *plastic arts* beeldende kunsten; *plastic surgeon* plastisch chirurg; *plastic surgery* plastische chirurgie
-plas·tic /plæstɪk/ ⟨duidt vorming, groei aan⟩ ♦ *thermoplastic* thermoplastisch
plas·ti·cine /plæstɪsiːn/ [niet-telb zn; ook Plasticine] plasticine, boetseerklei
plas·tic·i·ty /plæstɪsəti/ [niet-telb zn] plasticiteit, kneedbaarheid, vormbaarheid, smijdigheid
¹**plas·ti·cize, plas·ti·cise** /plæstɪsaɪz/ [onov ww] kneedbaar/week worden
²**plas·ti·cize, plas·ti·cise** /plæstɪsaɪz/ [ov ww] plastificeren, kneedbaar/week maken
plas·ti·ciz·er, plas·ti·cis·er /plæstɪsaɪzə, ᴬ-ər/ [telb + niet-telb zn] weekmaker, plastificeermiddel
plas·tics /plæstɪks/ [alleen mv; werkwoord voornamelijk enk] [1] kennis/wetenschap van (het maken van) plastic [2] plastische chirurgie
plas·tid /plæstɪd/ [telb zn] ⟨plantk⟩ plastide
plas·tron /plæstrən/ [telb zn] plastron, borstlap ⟨van schermer⟩, borststuk, front ⟨van keursje/hemd⟩, buikschild ⟨van schildpad⟩, borstplaat, kurasplaat ⟨van harnas⟩
-plasy → **-plasia**
¹**plat** /plæt/ [1] vlecht [2] ⟨AE⟩ plan, plattegrond, tekening [3] ⟨AE; vero⟩ lapje grond
²**plat** /plɑː/ [telb zn; mv: plats] schotel ♦ *plat du jour* dagschotel
³**plat** /plæt/ [ov ww] [1] vlechten [2] ⟨AE⟩ een plattegrond/plan maken van
⁴**plat** [afk] [1] (platform) [2] (platoon)
plat·an /plætn/ [telb zn] ⟨plantk⟩ plataan ⟨genus Platanus⟩
plat·band /plætbænd/ [telb zn] [1] ⟨bouwk⟩ platte lijst, architraaf, epistyl, bovendrempel ⟨van deur, venster⟩ [2] rand ⟨van bloemen, zoden⟩, smal bloembed
¹**plate** /pleɪt/ [telb zn] [1] ⟨benaming voor⟩ plaat, plaatje, metalen plaat, naamplaatje, naambordje, schild, nummerbord, nummerplaat, cliché, afbeelding, illustratie, etsplaat, harnas(plaat), anode ⟨van radiobuis⟩, muurplaat, plaat ⟨groot stuk continentale/oceanische aardkorst⟩, plaat [2] renbeker, prijs, wedstrijd om gouden of zilveren beker ♦ *selling plate* wedren waarbij het winnend paard moet worden verkocht [3] bord, schotel, bordvol ⟨eten⟩ [4] collectieschaal, collecte [5] gebitplaat, kunstgebit, tandprothese ♦ *dental plate* plaat, kunstgebit [6] licht hoefijzer voor renpaard [7] dun sneetje rundvlees van borststuk [8] ⟨AE⟩ hoofdmaaltijd op één bord geserveerd, maaltijd voor geldinzameling [9] ⟨vaak mv⟩ ⟨BE; scherts⟩ voet [10] ⟨honkb⟩ (thuis)plaat [11] ⟨sl⟩ chique gekleed persoon [12] ⟨sl⟩ stuk, aantrekkelijke vrouw • ⟨BE; sl⟩ *plates and dishes* kusjes, zoentjes; ⟨inf⟩ *hand/give s.o. sth. on a plate* iemand iets op een presenteerblaadje aanbieden, iemand iets in de schoot werpen; ⟨inf⟩ *have enough/a lot/too much on one's plate* genoeg/(te) veel omhanden hebben, te veel hooi op zijn vork hebben; ⟨BE; sl⟩ *plate of meat* straat; ⟨BE; sl⟩ *plates of meat* voeten; *put up one's plate* ⟨van dokter e.d.⟩ zich vestigen; ⟨AE; sl⟩ *read one's plate* in stilte (moeten) eten
²**plate** /pleɪt/ [niet-telb zn] ⟨BE⟩ zilveren/gouden bestek/vaatwerk, verzilverd/verguld bestek/vaatwerk, pleet ⟨soms van niet edel metaal⟩
³**plate** /pleɪt/ [ov ww] [1] pantseren, met metaalplaten/staal bekleden ⟨schip⟩ [2] plateren ♦ *plated ware* pleetwerk [3] ⟨drukw⟩ galvano's/stereotypeplaten maken van [4] satineren ⟨papier⟩; → **plated**, **plating**
plate armour [niet-telb zn] pantser
¹**pla·teau** /plætoʊ, ᴬplætoʊ/ [telb zn; mv: ook plateaux /-toʊz/] plateau, tafelland ⟨fig ook⟩ stilstand ⟨in groei, vooruitgang⟩
²**pla·teau** /plætoʊ, ᴬplætoʊ/ [onov ww] op gelijk niveau blijven, zich stabiliseren

plated

plat·ed /pleɪtɪd/ [bn; (oorspronkelijk) volt deelw van plate] ① geplateerd ② gepantserd, met metaalplaten bedekt ③ tweekleurig/tweesoortig gebreid ④ voorzien van nummerbord
plate·ful /pleɪtfʊl/ [telb zn] ① bordvol ② ⟨inf⟩ hoop, boel
plate glass [niet-telb zn] vlakglas
plate-i·ron [niet-telb zn] plaatijzer
plate·lay·er [telb zn] ⟨techn; BE⟩ lijnwerker, spoorwegarbeider, raillegger, onderhoudsman van sporen
plate·let /pleɪtlɪt/ [telb zn] bloedplaatje
plate-mark [telb zn] stempel, keur, waarmerk
plat·en /plætn/ [telb zn] ① ⟨techn⟩ opspantafel ② ⟨drukw⟩ degel
plate-pow·der [niet-telb zn] poetspoeder, zilverpoeder, zilverpoets
plat·er /pleɪtə, ᴬpleɪtər/ [telb zn] ① plateerder, vergulder ② iemand die schepen met staalplaten bekleedt ③ ⟨inf⟩ (minderwaardig) renpaard ④ hoefsmid die renpaarden met lichte hoefijzers beslaat
plate-rack [telb zn] ⟨BE⟩ (af)druiprek, bordenrek
plate tectonics [niet-telb zn] ⟨geol⟩ plaattektoniek
plate tracery [niet-telb zn] maaswerk, opengewerkte tracering
plat·form /plætfɔːm, ᴬ-fɔrm/ [telb zn] ① platform ⟨ook schoonspringen⟩, verhoging, terras ② podium, tribune, spreekgestoelte, ⟨fig⟩ sprekers op de tribune, stijl van deze sprekers ③ ⟨verk: platform sole⟩ ④ ⟨the⟩ ⟨vnl BE⟩ balkon ⟨van bus, tram, (Amerikaans-Engels ook) trein⟩ ⑤ ⟨BE⟩ perron ⑥ partijprogram, kiesplatform, politiek programma ⑦ ⟨comp⟩ platform, besturingssysteem ⑧ ⟨AE⟩ geschutemplacement ⟨op hoogte⟩ ⑨ ⟨ruimtev⟩ navigatiesysteem
platform balance [telb zn] gelijkarmige weegschaal ⟨meestal met verplaatsbaar ruitertje⟩
platform car [telb zn] ⟨AE⟩ platte goederenwagen
platform diving [niet-telb zn] ⟨schoonspringen⟩ (het) torenspringen
platform game [telb zn] ⟨comp⟩ platformspel
platform rocker [telb zn] ⟨AE⟩ soort schommelstoel
platform scale [telb zn] balans, weegbrug
platform sole [telb zn] plateauzool
platform ticket [telb zn] perronkaartje
plat·in- /plætɪn/, **plat·i·ni-** /plætɪni/, **plat·i·no-** /plætɪnoʊ/ platina-, platini-, platino- ◆ *platinotype* platinotypie, platinadruk
¹plat·ing /pleɪtɪŋ/ [telb zn; (oorspronkelijk) gerund van plate] laagje zilver/goud, verguldsel
²plat·ing /pleɪtɪŋ/ [telb + niet-telb zn; (oorspronkelijk) gerund van plate] pantsering
³plat·ing /pleɪtɪŋ/ [niet-telb zn; (oorspronkelijk) gerund van plate] het plateren/vergulden/verzilveren, vergulding, verzilvering
pla·tin·ic /plətɪnɪk/ [bn] van platina, platina-, platini-
plat·i·nif·er·ous /plætɪnɪfrəs, ᴬplætnɪfrəs/ [bn] platinahoudend
plat·i·nize, plat·i·nise /plætɪnaɪz, ᴬplætn-/ [ov ww] platineren
¹plat·i·noid /plætɪnɔɪd, ᴬplætn-/ [telb + niet-telb zn] ① metaal van de platinagroep ② platinoïde ⟨legering van koper, nikkel, tungsteen en zink⟩
²plat·i·noid /plætɪnɔɪd, ᴬplætn-/ [bn] platina-achtig
plat·i·nous /plætɪnəs, ᴬplætn-əs/ [bn] van platina, platina-, platinahoudend
plat·i·num /plætɪnəm, ᴬplætn-əm/ [niet-telb zn] ⟨ook scheik⟩ platina ⟨element 78⟩
platinum black [niet-telb zn] platinazwart
platinum blond [niet-telb zn] platinablond, witblond
platinum blonde [telb zn] ⟨inf⟩ blondine, blondje
platinum metal [niet-telb zn] platinametaal
platinum record [telb zn] platinaplaat

plat·i·tude /plætɪtjuːd, ᴬplætɪtuːd/ [telb + niet-telb zn] platitude, gemeenplaats, alledaagsheid, platheid, banaliteit
¹plat·i·tu·di·nar·i·an /plætɪtjuːdɪneərɪən, ᴬplætɪtuːdnerɪən/ [telb zn] verkondiger van gemeenplaatsen/platheden
²plat·i·tu·di·nar·i·an /plætɪtjuːdɪneərɪən, ᴬplætɪtuːdnerɪən/ [bn] vol gemeenplaatsen
plat·i·tu·di·nize /plætɪtjuːdɪnaɪz, ᴬplætɪtuːdn-/ [onov ww] platheden/gemeenplaatsen/banaliteiten/afgezaagde waarheden verkopen
plat·i·tu·di·nous /plætɪtjuːdɪnəs, ᴬplætɪtuːdn-əs/ [bn] banaal, alledaags, gewoon, vol gemeenplaatsen, nietszeggend
pla·ton·ic /plətɒnɪk, ᴬ-tɑ-/ [bn; ook Platonic; bw: ~ally] platonisch ◆ *platonic love* platonische liefde ▪ ⟨geometrie⟩ *platonic body/solid* regelmatige veelvlak
Pla·to·nism /pleɪtənɪzm, ᴬpleɪtn-ɪzm/ [niet-telb zn] platonisme ⟨(navolging van de) filosofie van Plato⟩
Pla·to·nist /pleɪtənɪst, ᴬpleɪtn-ɪst/ [telb zn] platonist
Pla·to·nize, Pla·to·nise /pleɪtənaɪz, ᴬpleɪtn-aɪz/ [onov + ov ww] platoniseren, platonisch redeneren, platonisch maken
¹pla·toon /plətuːn/ [telb zn] ① peloton, groep ② ⟨American football⟩ groep wisselspelers, wisselgroep ⟨die voor bepaalde spelfase wordt ingezet⟩
²pla·toon /plətuːn/ [onov ww] ⟨AE; sl; sport⟩ ① zich specialiseren in bepaald(e) spel/positie ② van plaats verwisselen, wisselspelers opstellen ⟨met dezelfde opdracht⟩
³pla·toon /plətuːn/ [ov ww] ⟨AE; sl; sport⟩ van plaats doen veranderen, opstellen ⟨wisselspeler met dezelfde opdracht⟩ ◆ *platoon a player in left field* een speler op links laten spelen
plat·te·land /plɑːtəlɑːnt/ [niet-telb zn; the] ⟨ZAE⟩ platteland
plat·ter /plætə, ᴬplætər/ [telb zn] ⟨AE⟩ ① ⟨ook verouderd in Brits-Engels⟩ plat bord, platte schotel ⟨voornamelijk van hout⟩, maaltijd, gang ⟨op platte schotel⟩ ② ⟨inf⟩ (grammofoon)plaat ▪ *on a platter* op een presenteerblaadje; op een gouden schotel
plat·y- /plæti/ breed, plat ◆ *platyhelminth* platworm
plat·y·pus /plætɪpəs/ [telb zn] ⟨dierk⟩ vogelbekdier ⟨Ornithorhynchus anatinus⟩ ◆ *duck-billed platypus* vogelbekdier
¹plat·yr·rhine /plætɪraɪn/, **plat·yr·rhin·i·an** /-rɪnɪən/ [telb zn] breedneus ⟨breedneuzig(e) persoon/aap⟩
²plat·yr·rhine /plætɪraɪn/, **plat·yr·rhin·i·an** /-rɪnɪən/ [bn] breedneuzig
plau·dit /plɔːdɪt/ [telb zn; voornamelijk mv] toejuiching, bijval, applaus
plau·di·to·ry /plɔːdɪtri, ᴬplɔdətɔri/ [bn] toejuichend, lovend
¹plau·si·bil·i·ty /plɔːzəbɪləti/ [telb zn] plausibel argument/excuus
²plau·si·bil·i·ty /plɔːzəbɪləti/ [niet-telb zn] plausibiliteit, aannemelijkheid
plau·si·ble /plɔːzəbl/ [bn; bw: plausibly; zn: ~ness] ① plausibel, aannemelijk, aanvaardbaar, geloofwaardig, niet onwaarschijnlijk, passend ② glad, gewiekst, schijnbaar te vertrouwen, bedrieglijk innemend ③ bedrieglijk overtuigend, schoonschijnend
¹play /pleɪ/ [telb zn] ① toneelstuk, drama, voorstelling, spel, opvoering ◆ *the plays of Shakespeare* de stukken van Shakespeare; *go to the play* naar de schouwburg gaan ② beurt, zet, ⟨AE; vnl sport⟩ manoeuvre, spel(fase) ◆ ⟨AE; sl⟩ *he made a play for the girl* hij probeerde het meisje te versieren; ⟨AE; sl⟩ *make a play for sth.* iets proberen te krijgen; *set play* ingestudeerd spel(patroon), ingestudeerde (spel)manoeuvre; *it's your play* 't is jouw beurt ③ speelwijze, speelstijl, manier van spelen

playback

²**play** /pleɪ/ [telb + niet-telb zn] ① spel ♦ *allow/give full/free play to sth.* iets vrij spel laten; ⟨verkeersbord⟩ *children at play* spelende kinderen; *play of colours* kleurenspel; *hold/keep in play* bezig/aan de gang/aan de praat houden; *the ball is in play/out of play* de bal is in/buiten het spel; *he lost all his money in an hour's play* met een uur spelen verloor hij al zijn geld; *play (up)on words* woordspeling ② actie, werking, activiteit, beweging ♦ *bring/call into play* in het spel brengen, erbij betrekken, laten gelden; *come into play* mee gaan spelen, in het spel komen; *in full play* in volle gang; *say/do sth. in play* iets voor de grap zeggen/doen; *the lively play of fancy* het rijke verbeeldingsspel, de rijke fantasie ③ ⟨techn⟩ speling ♦ *there's too much play in the rope* het touw heeft te veel speling; *not have sufficient play* niet genoeg speling hebben, klemmen ④ ⟨gew⟩ werkstaking, vakantie, verlof ⑤ ⟨vnl in samenstellingen⟩ hantering, het hanteren ▪ *give play to one's talents* zijn talenten niet onbenut laten; *make play* zich weren; *make play with sth.* iets uitbuiten, met iets schermen, erg de nadruk op iets leggen, het uitvoerig hebben over iets; *make great play about/ of sth., make a lot of play of something* iets sterk benadrukken, erg de nadruk leggen op iets, iets hoog opspelen; *what's the state of play?* hoe staan de zaken?, wat is de stand van zaken?; ⟨sprw⟩ *all work and no play makes Jack a dull boy* ± 't is een slecht dorp waar het nooit kermis is, ± de boog kan niet altijd gespannen zijn

³**play** /pleɪ/ [onov ww] ① spelen ♦ ⟨fig⟩ *play at sth.* iets niet ernstig nemen, iets doen voor de pret/het plezier ervan, liefhebberen in iets; *play at soldiers/keep-shop/hide-and-seek/ blind-man's buff* soldaatje/winkeltje/verstoppertje/blindemannetje spelen; *play dead* doen alsof men dood is; ⟨voetb⟩ *play (as/at) half-back* op het middenveld spelen; ⟨cricket⟩ *play on* de bal (onopzettelijk) in eigen wicket spelen; *play on* doorspelen; ⟨fig⟩ *he played round the idea ...* hij speelde met het idee ...; *a smile played on her lips* een glimlach speelde om haar lippen; ⟨sport⟩ *play through* doorspelen ⟨bij golf, terwijl de andere spelers wachten⟩; ⟨fig⟩ *Tom won't play any more* Tom doet/speelt niet meer mee; ⟨fig⟩ *play with fire* met vuur spelen; ⟨fig⟩ *play with s.o.* iemand voor de gek houden; ⟨fig⟩ *play with the idea of ...* met het idee spelen om ... ② werken, spuiten ⟨fontein, water⟩ ♦ *the fountains play from nine till five* de fonteinen werken van negen tot vijf ③ zich vermaken, pret maken, schertsen, grappen, dartelen, beuzelen, futselen ♦ *aan zet zijn* ⟨schaak⟩ ⑤ glinsteren, flikkeren ⟨licht⟩ ⑥ zich laten spelen ⟨toneelstuk⟩ ♦ *that scene doesn't play well* die scène is lastig om te spelen ⑦ vrijen, gemeenschap hebben, paren ⑧ ⟨sport⟩ bespeelbaar zijn, geschikt zijn om bespeeld te worden ⟨voetbalveld, tennisbaan⟩ ♦ *the pitch plays well/ badly* het veld is goed/slecht bespeelbaar ⑨ ⟨techn⟩ zich vrij bewegen, speelruimte hebben ⑩ ⟨sl⟩ toebijten ♦ *she wouldn't play* ze wou niet toebijten ▪ *play about/around* ronddartelen, stoeien; ⟨sl⟩ aanklooien; onzin uitkramen; *play about/around with s.o.* iemand voor de gek houden; ⟨pej⟩ zich afgeven met iemand; *play along with s.o.'s ideas* doen alsof men met iemands ideeën akkoord gaat; *play around* diverse vriend(inn)en eropna houden; zijn vrouw/ haar man bedriegen, vreemdgaan, rotzooien; *play at fighting* niet ernstig vechten, doen alsof men vecht; ⟨inf⟩ *what on earth are you playing at?* wat heeft dit allemaal te betekenen?; *play down to s.o.* zich aan iemand aanpassen, zich aanpassen aan iemands bevattingsvermogen/niveau; smaak, tegemoetkomen aan iemand; ⟨vero⟩ *play false with s.o.* iemand bedriegen (voornamelijk in (liefdes)relatie); zie: **play off;** *make sure that light does not play on it* geef het licht geen kans erop in te werken; *play with o.s.* met zichzelf spelen (masturberen); zie: **play out;** zie: **play up;** *play (up)on s.o.'s feelings* op iemands gevoelens werken; *(up)on s.o.'s fears/credulity* van iemands angst/lichtgelovigheid misbruik maken; ⟨sprw⟩ *when the cat is away the mice will play* als de kat van huis is, dansen de muizen op tafel; ⟨sprw⟩ *that is a game that two can play at* zo men doet, zo men ontmoet

⁴**play** /pleɪ/ [ov ww] ① spelen, bespelen, laten spelen, spelen met/op/tegen/voor, zich voordoen als, uithangen, slaan ⟨bal⟩, uitspelen ⟨kaart⟩, verzetten ⟨schaakstuk⟩, opvoeren ⟨toneelstuk⟩, voorstellingen geven/optreden/spelen in, afdraaien ⟨grammofoonplaat⟩ ♦ ⟨fig⟩ *play one's ace/ trump card* zijn troeven uitspelen; ⟨fig⟩ *play s.o. against s.o. else* iemand tegen iemand anders uitspelen; ⟨inf⟩ *play the ape/fool/(giddy) goat/giddy ox* de gek uithangen; *play back a ball* een bal terugspelen; *play back a tape* een band afspelen/weergeven; ⟨sport⟩ *play the ball, not the man* op de bal spelen, niet op de man; ⟨inf⟩ *play the bear* de beest uithangen; *play the drum* op de trom(mel) slaan; ⟨fig⟩ *play God* voor God spelen; *play host(ess)* als gastheer/gastvrouw optreden, de honneurs waarnemen; *play in s.o.* ⟨muziek⟩ spelen bij iemands aankomst; *play the New Year in* het nieuwe jaar (met muziek) verwelkomen; *play the congregation in* het orgel bespelen bij het binnentreden van de kerkgangers; *play people into the church* het orgel spelen terwijl de mensen de kerk betreden; *play London* in Londen optreden; ⟨form, fig⟩ *play the man* de dappere/held uithangen; *play o.s. in* zich inspelen ⟨cricket⟩ *play the ball onto the stumps* de bal tegen eigen wicket slaan; *play one's part well* zijn rol goed spelen; ⟨fig⟩ *play a (big/small) part/role (in sth.)* (in iets) een (grote/kleine) rol spelen; *play Desdemona to s.o.'s Othello* Desdemona spelen als tegenspeelster van iemand in de rol van Othello ② richten, spuiten ⟨water⟩, mikken ♦ *play one's guns (on the enemy)* de kanonnen (op de vijand) laten spelen; *play searchlights on sth.* zoeklichten op iets richten; *play water on a burning house* water spuiten op een brandend huis ③ afmatten, laten uitspartelen ⟨vis⟩ ♦ *play a fish* een vis laten uitspartelen ④ uitvoeren, uithalen ⟨grap⟩, doen ♦ *play a joke on s.o.* met iemand een grap uithalen; *play s.o. a (mean/dirty) trick* iemand een (lelijke) poets bakken, met iemand een (lelijke) grap uithalen; *play tricks on s.o.* met iemand grappen uithalen ⑤ hanteren ⑥ ⟨zwaar⟩ speculeren op ⟨beurs⟩ ♦ *play the market* speculeren ⑦ verwedden, op het spel zetten, wedden op, inzetten ♦ *he played his last dollar* hij zette zijn laatste dollar in; ⟨inf⟩ *play the horses,* ⟨AE; inf⟩ *play the races* op paarden wedden ⑧ ⟨inf⟩ ontrouw zijn aan ♦ *he has been playing her* hij bedriegt haar met een ander met iemand anders ⑨ ⟨sport⟩ opstellen ⟨speler⟩ ♦ *England will be playing J.* Engeland zal J. opstellen; *we played them offside* we zetten hen buitenspel ⑩ ⟨sl⟩ klant zijn van ⑪ ⟨sl⟩ zaken doen met ⑫ ⟨sl⟩ afspreken met, uitgaan met ▪ *play s.o. along* iemand aan het lijntje houden; *play sth. down* iets bagatelliseren/minimaliseren/afzwakken/verbloemen/verzachten; *play s.o. false/foul* een smerig spelletje met iemand spelen, iemand bedriegen (voornamelijk in (liefdes)relatie); zie: **play off;** ⟨voetb⟩ *play on s.o.* iemand niet buitenspel zetten, iemand vrijspelen; zie: **play out;** zie: **play up;** ⟨sprw⟩ *there is many a good tune played on an old fiddle* ± iemands leeftijd zegt vaak niets over wat hij nog kan presteren

pla·ya /plaɪə/ [telb zn] ① strand ② ⟨aardr⟩ playa ⟨woestijndepressie met periodieke meren (en zoutafzetting ten gevolge van indamping)⟩

play·a·ble /pleɪəbl/ [bn] ① speelbaar, bespeelbaar ② ⟨cricket⟩ maakbaar, te maken ⟨m.b.t. bal⟩

play-act [onov ww] doen alsof, toneelspelen

play-act·ing [niet-telb zn] komedie(spel), uiterlijk vertoon

play-ac·tor [telb zn] ⟨vero⟩ ① acteur ② ⟨pej; fig⟩ komediant

¹**play·back** [telb zn] ① opname op tape ⟨die onmiddellijk kan worden weergegeven⟩ ② weergavetoets ③ weergaveapparaat

playback

²**play·back** [niet-telb zn] het terugspelen ⟨van tape⟩
play·bill [telb zn] ① affiche ⟨voor theatervoorstelling⟩ ② ⟨AE⟩ (theater)programma
play·book [telb zn] ① gedrukt toneelstuk ② boek met toneelstukken ③ ⟨AE; sport, in het bijzonder American football⟩ speltactiekboekje
play·boy [telb zn] playboy ⟨rijk uitgaanstype⟩
play-by-play [telb zn; ook attributief] ⟨AE⟩ gedetailleerd/doorlopend verslag ⟨van sportwedstrijd⟩
play·date [telb zn] speelafspraakje ⟨van (kleine) kinderen⟩
Play-Doh /pleɪdoʊ/ [niet-telb zn] ⟨merknaam⟩ play-doh, (soort) klei ⟨voor kinderen⟩
play·er /pleɪə, ˄-ər/ [telb zn] ① speler ② speler ⟨in de markt⟩ ③ ⟨inf⟩ player ⟨iemand met meerdere relaties tegelijk zonder dat de anderen dat weten⟩, versierder, ⟨i.h.b.⟩ donjuan, casanova ④ ⟨sl⟩ pooier ⑤ ⟨inf⟩ liefhebber van groepsseks en partnerruil ⑥ ⟨vero⟩ toneelspeler
play·er-coach [telb zn] ⟨sport⟩ trainer-speler
player piano [telb zn] pianola, mechanische piano
play·fel·low [telb zn] speelmakker, speelkameraad
play·ful /pleɪfl/ [bn; bw: ~ly; zn: ~ness] speels, vrolijk, schertsend, schalks, niet ernstig
play·go·er /pleɪgoʊə, ˄-ər/ [telb zn] schouwburgbezoeker
play·ground [telb zn] speelplaats, ⟨fig⟩ geliefkoosd(e) recreatiegebied/werkkring ▪ *the playground of Europe* Zwitserland
play·group [verzameln] ① groep speelkameraadjes ⟨peuters⟩ ② peuterklasje, kleuterklasje ⟨niet officieel georganiseerd⟩
play·house [telb zn] ① schouwburg ② ⟨AE⟩ speelhuisje ⟨voor kinderen⟩, hut
playing card [telb zn] speelkaart
playing field [telb zn] ① speelveld, sportveld, speelterrein, sportterrein ② speelweide
play·let /pleɪlɪt/ [telb zn] toneelstukje
play·list [telb zn] platenlijst ⟨van radiostation⟩
play·mak·er [telb zn] ⟨sport⟩ spelmaker, spelverdeler
play·mate [telb zn] ① speelmakker, speelkameraad ② pin-up
¹**play off** [onov ww] ⟨sport⟩ de beslissingswedstrijd spelen
²**play off** [ov ww] ⟨sport⟩ ① beëindigen, uitspelen ⟨spel, match⟩ ② uitspelen ♦ *she played him off against her father* ze speelde hem tegen haar vader uit; *he played his parents off* hij speelde zijn ouders tegen elkaar uit ▪ *play off one's talents* met zijn talenten te koop lopen
play-off [telb zn] ① beslissingswedstrijd ② ⟨voornamelijk Amerikaans-Engels, Canadees-Engels⟩ play-off(s) ⟨serie wedstrijden om kampioenschap⟩
play out [ov ww] ① beëindigen ⟨spel; ook figuurlijk⟩ ♦ ⟨sport⟩ *play out time* op safe spelen, geen risico's nemen ② helemaal uitspelen ③ met muziek uitgeleide doen ♦ *play the congregation out* het orgel bespelen terwijl de gelovigen de kerk verlaten; *play the Old Year out* met muziek afscheid nemen van het oude jaar ④ uitbeelden ▪ *played out* uitgespeeld, afgedaan, uitgeput; ouderwets
play·pen [telb zn] loophek, babybox, kinderbox
play·pit [telb zn] ⟨BE⟩ zandbak ⟨voor kinderen⟩
play·room [telb zn] speelkamer
play·school [telb zn] ⟨BE⟩ peuterklasje, kleuterklasje ⟨niet officieel georganiseerd⟩
PlayStation [telb zn] playstation ⟨spelcomputer⟩
play·street [telb zn] speelstraat
play·suit [telb zn] speelpakje
play·thing [telb zn] stuk speelgoed, ⟨fig⟩ speelbal
play·time [telb zn] speelkwartier, pauze
¹**play up** [onov ww] ⟨BE; inf⟩ slecht functioneren, het laten afweten ⟨van toestel⟩ ▪ ⟨inf⟩ *play up to s.o.* iemand vlei-

en/naar de mond praten; *play up to each other* elkaar (onder)steunen ⟨op het toneel⟩
²**play up** [onov + ov ww] last bezorgen, vervelend/lastig zijn (tegen), pijn doen, pesten, plagen ♦ *my leg is playing up again* ik heb weer last van mijn been; ⟨inf⟩ *this played up with our plans* dit stuurde onze plannen in de war
³**play up** [ov ww] benadrukken, (te veel) nadruk geven, accentueren, ophemelen
play·wright [telb zn] toneelschrijver
pla·za /plɑːzə, ˄plæzə/ [telb zn] ① plein, marktplein ⟨voornamelijk in Spaanse stad⟩ ② ⟨AE⟩ brede geplaveide toegangsweg ⟨tot de tolhuisjes op autoweg⟩ ③ ⟨AE⟩ parkeerterrein ⟨bij servicestation op autoweg⟩ ④ ⟨AE⟩ modern winkelcomplex
PLC, plc [afk] ⟨BE⟩ (Public Limited Company) nv
plea /pliː/ [telb zn] ① verontschuldiging, voorwendsel, uitvlucht, argument ♦ *on/under/with the plea of* onder voorwendsel van ② smeking, smeekbede, verzoek, appel ③ ⟨jur⟩ verweer, pleit, pleidooi, verdediging, betoog, exceptie ♦ ⟨sl⟩ *make/cop a plea* schuld bekennen ⟨om strafvermindering te krijgen⟩; *special plea* het aanvoeren van een nieuw feit; *plea of tender* verweer waarbij beklaagde aanvoert dat hij zijn schuld steeds heeft willen voldoen en dat nog wil ④ ⟨gesch⟩ rechtsgeding, pleitgeding, proces
plea bargaining [niet-telb zn] ⟨vnl AE; jur⟩ het bepleiten van strafvermindering in ruil voor schuldbekentenis
pleach /pliːtʃ/ [ov ww] ⟨vnl BE⟩ vlechten, ineenvlechten
¹**plead** /pliːd/ [onov ww; gewestelijk Amerikaans-Engels of Schots-Engels ook pled, pled] ① pleiten, zich verdedigen, zijn zaak uiteenzetten, argumenten/bewijzen aanvoeren, een exceptie opwerpen ♦ *plead for s.o. with s.o.* iemands zaak bij iemand bepleiten; een goed woordje voor iemand doen bij iemand; *plead for/against s.o./sth.* voor/tegen iemand/iets pleiten; *plead guilty/not guilty* schuld bekennen/ontkennen ② smeken, dringend verzoeken, smekend zeggen ♦ *plead with s.o. for sth./to do sth.* iemand dringend verzoeken iets te doen; → **pleading**
²**plead** /pliːd/ [ov ww; gewestelijk Amerikaans-Engels of Schots-Engels ook pled, pled] ① bepleiten, verdedigen ♦ *plead s.o.'s cause* iemands zaak bepleiten ② aanvoeren ⟨als verdediging/verontschuldiging⟩, zich beroepen op, voorwenden ♦ *plead ignorance* onwetendheid voorwenden; → **pleading**
plead·a·ble /pliːdəbl/ [bn] rechtsgeldig, aanvoerbaar, afdoend
plead·er /pliːdə, ˄-ər/ [telb zn] pleiter, verdediger
¹**plead·ing** /pliːdɪŋ/ [telb zn; (oorspronkelijk) gerund van plead] pleidooi, pleitrede, betoog, uiteenzetting
²**plead·ing** /pliːdɪŋ/ [niet-telb zn; (oorspronkelijk) gerund van plead] het pleiten
³**plead·ing** /pliːdɪŋ/ [bn; tegenwoordig deelw van plead; bw: ~ly] smekend
plead·ings /pliːdɪŋz/ [gerund/ alleen mv; (oorspronkelijk) gerund van plead] ⟨jur⟩ schriftelijke uiteenzettingen van de zaak van beide partijen ⟨ingediend vóór de zitting⟩
pleas·ance /plɛzns/ [telb zn] lusthof, lustwarande
pleas·ant /plɛznt/ [bn; vergr trap: ook pleasanter; bw: ~ly; zn: ~ness] ① aangenaam, prettig ♦ *pleasant room* prettige/gezellige kamer ② aardig, sympathiek, vriendelijk ③ mooi, heerlijk, fijn ⟨weer⟩ ⟨sprw⟩ *pleasant hours fly fast* ± gezelligheid kent geen tijd
¹**pleas·ant·ry** /plɛzntri/ [telb zn] grap(je), aardigheid(je), ⟨mv⟩ beleefdheden ♦ *exchange pleasantries* beleefdheden uitwisselen
²**pleas·ant·ry** /plɛzntri/ [niet-telb zn] vrolijkheid, gekheid, grappigheid, humor
¹**please** /pliːz/ [onov + ov ww] ① behagen, bevallen, aanstaan, plezieren, tevredenstellen, bevredigen, een genoegen doen ♦ *she's hard to please* het is haar moei-

lijk naar de zin te maken; ⟨form⟩ *(may it) please your Majesty* met Uwer Majesteits verlof; ⟨form; iron⟩ *Her Majesty has been graciously pleased to* het heeft Hare Majesteit goedgunstig behaagd om ② believen, verkiezen, willen, wensen ♦ *do as you please!* doe zoals je wilt/wenst/verkiest!; *please God* als het God belieft, als God wil, laten we hopen; ⟨form⟩ *if you please* als ik zo vrij mag zijn, als u mij toestaat, als het u belieft; ⟨iron⟩ nota bene, waarachtig, geloof me of geloof me niet; *please yourself!* ga je gang!, doe zoals je wilt/wenst/verkiest! ⓘ ⟨inf⟩ *he looked as cheerful as you please* hij zag er zo vrolijk uit als 't maar kon; ⟨sprw⟩ *little things please little minds* kleine mensen, kleine wensen; → **pleased, pleasing**

²**please** /pliːz/ [tw] ① ⟨excuus⟩ alstublieft, pardon ♦ *may I come in, please?* mag ik alstublieft binnenkomen?; *please, sir, I can't follow!* pardon, meneer, ik kan het niet volgen! ② ⟨verzoek⟩ gelieve, wees zo goed, alstublieft ♦ *do come in, please!* komt u toch binnen, alstublieft!; *please return it soon* wees zo goed/gelieve het spoedig terug te sturen ③ graag (dank u) ♦ *'Yes, please'* 'Ja, graag'

pleased /pliːzd/ [bn; volt deelw van please; bw: ~ly] tevreden, blij, vergenoegd ♦ *be pleased at sth.* zich over iets verheugen; *I shall be pleased to hear* het zal mij verheugen te vernemen; *a pleased smile* een tevreden glimlach; *be pleased with sth.* met iets tevreden zijn; *she is very well/highly pleased with herself* ze is erg ingenomen met/tevreden over zichzelf

pleas·ing /pliːzɪŋ/ [bn; tegenwoordig deelw van please; bw: ~ly; zn: ~ness] ① aangenaam, prettig, welgevallig, innemend, charmant, behaaglijk ♦ *pleasing to the ear* aangenaam voor het oor ② bevredigend ♦ *a pleasing result* een bevredigend resultaat

pleas·ur·a·ble /plɛʒrəbl/ [bn; bw: pleasurably; zn: ~ness] ⟨form⟩ genoeglijk, aangenaam, prettig

¹**pleas·ure** /plɛʒə, ᴬ-ər/ [telb + niet-telb zn] genoegen, plezier, genot, lust, vermaak, vreugde, pret ♦ *a/my/our pleasure* met genoegen, het is me/ons een genoegen, gaarne, graag (gedaan); *I'm only here for pleasure* ik ben hier slechts voor mijn plezier/uit liefhebberij/met vakantie; *we have pleasure in sending you* ... we hebben het genoegen u ... te sturen, met genoegen sturen we u ...; *may I have the pleasure of your company for dinner?* mag ik u voor het diner uitnodigen?; *with all the pleasure in life* met alle plezier in/van de wereld; *man of pleasure* losbol, genotzoeker, genotsmens; *it's been a pleasure to meet you* het was me een waar genoegen u te ontmoeten; *the pleasure is ours* het is ons een genoegen; ⟨vero⟩ *take one's pleasure* zich amuseren, zich vermaken; *take (a) pleasure in sth.* behagen scheppen/plezier hebben in iets; ⟨vnl form⟩ *take great/no pleasure in sth.* groot/geen behagen scheppen in iets; *to our great pleasure, greatly to our pleasure* tot ons grote genoegen; *her life is given (up) to pleasure* ze brengt haar dagen door in vreugde en genot; *it was a pleasure (to me)* het was me een genoegen; graag gedaan; *with pleasure* met genoegen, graag, gaarne, zeker ⓘ ⟨sprw⟩ *no pleasure without pain* geen lusten zonder lasten; ⟨sprw⟩ *stolen pleasures are sweet(est)* ± gestolen drank is zoet, ± gestolen beten smaken het best

²**pleas·ure** /plɛʒə, ᴬ-ər/ [niet-telb zn] ⟨form⟩ verkiezing, believen, welgevallen, welbehagen, goeddunken, wens, verlangen ♦ *at pleasure* naar verkiezing/eigen goeddunken/believen; *consult s.o.'s pleasure* met iemands wensen rekening houden; ⟨BE; jur⟩ *be detained during Her Majesty's pleasure* gevangen gehouden worden zolang het Hare Majesteit behaagt; ⟨form⟩ *it is Our pleasure to* ... het heeft Ons behaagd te ...

³**pleas·ure** /plɛʒə, ᴬ-ər/ [onov ww] ① behagen/genoegen scheppen ♦ *pleasure in sth.* in iets behagen scheppen ② plezier zoeken, zich amuseren, zich vermaken

⁴**pleas·ure** /plɛʒə, ᴬ-ər/ [ov ww] ① plezieren, een genoegen/plezier doen aan, voldoen aan ② seksueel bevredi-

gen

pleas·ure-boat [telb zn] plezierboot
pleas·ure-ground [telb zn] lusthof, park
pleas·ure-lov·ing [bn] genotziek
pleasure principle [niet-telb zn] ⟨psych⟩ lustprincipe
pleas·ure-re·sort [telb zn] ontspanningsoord
pleas·ure-seek·er [telb zn] genotzoeker
pleas·ure-seek·ing [bn] genotzuchtig
pleas·ure-trip [telb zn] pleziertochtje
pleas·ure-yacht [telb zn] plezierjacht

¹**pleat** /pliːt/ [telb zn] platte plooi, plooi, vouw ♦ *inverted pleat* dubbele plooi aan de binnenkant van een stof

²**pleat** /pliːt/ [ov ww] plooien, plisseren ♦ *pleated skirt* plooirok, plisserok

pleat·er /pliːtə, ᴬpliːtər/ [telb zn] plisseermachine
pleath·er /plɛðə, ᴬ-ər/ [niet-telb zn] namaakleer
pleb /plɛb/ [telb zn] ⟨inf⟩ ① ⟨pej⟩ plebejer, proleet ② ⟨AE⟩ eerstejaarscadet
pleb·by /plɛbi/ [bn; vergr trap: plebbier] ⟨BE; pej⟩ plebejisch, onbeschaafd, vulgair, plat
plebe /pliːb/ [telb zn] ⟨AE⟩ eerstejaarscadet
¹**ple·be·ian** /plɪbiːən/ [telb zn] ⟨pej⟩ plebejer, proleet
²**ple·be·ian** /plɪbiːən/ [bn] ⟨pej⟩ plebejisch, proleterig, onbeschaafd, vulgair, plat, grof, ruw, laag, gemeen
ple·be·ian·ism /plɪbiːənɪzm/ [niet-telb zn] vulgariteit, grofheid, gemeenheid
ple·bis·ci·tar·y /plɪbɪsɪtri, ᴬ-teri/ [bn] plebiscitair
pleb·i·scite /plɛbɪsɪt, ᴬ-saɪt/ [telb zn] ⟨pol⟩ plebisciet, volksbesluit, volksstemming, referendum
¹**plebs** /plɛbz/ [verzameln; mv: plebes /pliːbiːz/] plebs ⟨in het oude Rome⟩
²**plebs** /plɛbz/ [alleen mv] plebs, plebejers, proleten, gepeupel, grauw
plec·trum /plɛktrəm/ [telb zn; mv: ook plectra /-trə/] ⟨muz⟩ ① plectrum, tokkelplaatje ② pen ⟨van klavecimbel⟩
pled /plɛd/ [verleden tijd en volt deelw] → **plead**
¹**pledge** /plɛdʒ/ [telb zn] ① ⟨vero⟩ toost, (heil)dronk ② ⟨AE; vnl stud⟩ aspirant-lid ⟨van sociëteit⟩
²**pledge** /plɛdʒ/ [telb + niet-telb zn] ① pand, onderpand, borgtocht, teken, bewijs, ⟨fig⟩ liefdepand, kind ♦ *hold sth. in pledge* iets in pand houden; *goods lying in/taken out of pledge* verpande/ingeloste goederen; *put sth. in pledge* iets verpanden ② plechtige belofte, ⟨scherts⟩ gelofte geheelonthouder te worden, ⟨AE⟩ gelofte tot een broederschap toe te treden, ⟨pol⟩ gelofte om een bepaalde politieke lijn te volgen, toezegging ⟨om geldbedrag te schenken aan liefdadige instelling bijvoorbeeld⟩ ♦ ⟨inf; scherts⟩ *take/sign/keep the pledge* ridder van de blauwe knoop zijn, geheelonthouder worden; *under pledge of secrecy* met belofte van geheimhouding

³**pledge** /plɛdʒ/ [onov ww] ① een plechtige gelofte doen ② toosten

⁴**pledge** /plɛdʒ/ [ov ww] ① verpanden, in pand geven, belenen ② een toost uitbrengen op, drinken op de gezondheid van, toosten op ③ plechtig beloven, (ver)binden ♦ ⟨AE; vnl stud⟩ *pledge to join a fraternity* (plechtig) beloven/zich ertoe verbinden lid te worden van een studentenvereniging; *pledge o.s.* zijn woord geven, zich (op erewoord) verbinden ④ ⟨AE; vnl stud⟩ aanvaarden ⟨als toekomstig lid van een broederschap⟩

pledge·able /plɛdʒəbl/ [bn] beleenbaar, verpandbaar
pledg·ee /plɛdʒiː/ [telb zn] pandnemer, pandhouder
pledg·er /plɛdʒə, ᴬ-ər/ [telb zn] pandgever
pledg·et /plɛdʒɪt/ [telb zn] tampon, propje, dot ⟨watten⟩
pledg·or, pledg·eor /plɛdʒɔː, ᴬplɛdʒɔr/ [telb zn] ⟨jur⟩ pandgever
-ple·gi·a /pliːdʒə/ ⟨med⟩ -plegie ♦ *paraplegia* paraplegie
¹**Ple·iad, Plei·ad, Ple·iade** /plaɪəd, ᴬplaɪəd/ [telb zn; mv: ook Pleiades /-diːz/] ① Plejade ⟨een van de dochters

Pleiad

van Atlas in de Griekse mythologie⟩ ② één van de sterren in de Plejaden/het Zevengesternte

²**Ple·iad, ple·iade** /plaɪəd, ˄pliːəd/ [verzamelen] Pléiade, plejade ⟨groep illustere personen⟩

Ple·iades /plaɪədiːz, ˄pliːədiːz/ [alleen mv] ① Plejaden ⟨zeven dochters van Atlas in de Griekse mythologie⟩ ② Plejaden, Zevengesternte

¹**Pleis·to·cene** /plaɪstəsiːn/ [niet-telb zn; the] ⟨geol⟩ pleistoceen, ⟨vero ook⟩ diluvium, ijstijdvak

²**Pleis·to·cene** /plaɪstəsiːn/ [bn; ook pleistocene] ⟨geol⟩ pleistoceen, ⟨vero ook⟩ diluviaal, uit de ijstijd

ple·na·ry /pliːnəri, plɛnəri/ [bn; bw: plenarily; zn: plenariness] ① volkomen, volledig, geheel, compleet, absoluut, onbeperkt ♦ ⟨r-k⟩ *plenary indulgence* volle aflaat; *with plenary powers* met volmacht(en) ② plenair, voltallig ♦ *plenary assembly/meeting/session* plenaire vergadering/zitting

¹**plen·i·po·ten·ti·a·ry** /plɛnɪpətɛnʃəri, ˄-ʃieri/ [telb zn] ⟨pol⟩ gevolmachtigde

²**plen·i·po·ten·ti·a·ry** /plɛnɪpətɛnʃəri, ˄-ʃieri/ [bn] ⟨pol⟩ ① gevolmachtigd ② absoluut ⟨macht⟩

plen·i·tude /plɛnɪtjuːd, ˄-tuːd/ [niet-telb zn] ① ⟨form⟩ volkomenheid, volheid, volledigheid ② overvloed

plen·te·ous /plɛntɪəs/ [bn; bw: ~ly; zn: ~ness] ⟨form⟩ overvloedig, rijkelijk, copieus

plen·ti·ful /plɛntɪfl/ [bn; bw: ~ly; zn: ~ness] overvloedig, rijkelijk, copieus ♦ *they're as plentiful as blackberries* ze liggen voor het grijpen

¹**plen·ty** /plɛnti/ [niet-telb zn] overvloed ♦ *live in plenty* in overvloed leven; *we are in plenty of time* we hebben tijd zat; *there are apples in plenty* er zijn appelen genoeg; *plenty of money* geld genoeg, volop geld • *he has plenty going for him* alles loopt hem mee; ⟨sprw⟩ *peace makes plenty* ± vrede brengt welvaart

²**plen·ty** /plɛnti/ [bn, pred] ⟨inf⟩ overvloedig, veel, talrijk, genoeg

³**plen·ty** /plɛnti/ [bw] ⟨inf⟩ ① ruimschoots ♦ *plenty big enough* ruimschoots/meer dan groot genoeg ② ⟨AE⟩ zeer, heel (erg) ♦ *it is plenty cold* het is bitter koud

ple·num /pliːnəm/ [telb zn; mv: ook plena /pliːnə/] ① voltallige vergadering, plenum ② ⟨natuurk⟩ met gecomprimeerd(e) lucht/gas gevulde ruimte ③ ⟨filosofie, verouderd in natuurkunde⟩ geheel gevulde ruimte ④ volheid

ple·o- /pliːoʊ/, **plei·o-**, **pli·o-** /plaɪoʊ/ pleo-, meer-, veel- ♦ ⟨natuurk⟩ *pleochroic* pleochroïtisch

ple·o·nasm /pliːənæzm/ [telb + niet-telb zn] pleonasme

ple·o·nas·tic /pliːənæstɪk/ [bn; bw: ~ally] pleonastisch

ple·si·o·saur /pliːsɪəsɔː, ˄pliːsɪəsɔːr/, **ple·si·o·sau·rus** /-sɔːrəs/ [telb zn; mv: ook plesiosauri /-sɔːraɪ/] ⟨dierk⟩ plesiosaurus, slangenhagedis ⟨voorwereldlijk, uitgestorven reptiel⟩

pleth·o·ra /plɛθərə/ [telb + niet-telb zn] ① ⟨med⟩ plethora, volbloedigheid ② ⟨form⟩ overvloed, overmaat, oververzadiging

ple·thor·ic /plɛθɒrɪk, ˄-θɔrɪk/ [bn; bw: ~ally] ① ⟨med⟩ volbloedig ② ⟨form⟩ overvol, overvloedig, gezwollen, hoogdravend

pleu·ra /plʊərə, ˄plʊrə/ [telb zn; mv: pleurae /-riː/] ① ⟨med⟩ pleura, borstvlies ② ⟨dierk⟩ borststukplaat ⟨van de geleedpotigen⟩

pleu·ral /plʊərəl, ˄plʊr-/ [bn] ⟨med⟩ borstvlies-

pleu·ri·sy /plʊərɪsi, ˄plʊr-/, **pleu·ri·tis** /plʊəraɪtɪs, ˄plʊraɪtɪs/ [telb + niet-telb zn; mv: ze variant pleuritides /-tɪdiːz/] ⟨med⟩ pleuritis, pleuris, borstvliesontsteking

pleu·rit·ic /plʊərɪtɪk, ˄plʊrɪtɪk/ [bn] ⟨med⟩ pleuritisch

pleu·ro- /plʊərə, ˄plʊroʊ/ pleur, pleura, zijde, rib ♦ *pleurotomy* pleurotomie; *pleurodynia* steek/pijn in de zijde

pleu·ron /plʊərɒn, ˄plʊrɑn/ [telb zn; mv: pleura /-rə/] ⟨dierk⟩ borststukplaat ⟨van de geleedpotigen⟩

pleu·ro·pneu·mo·nia /plʊəroʊnjuːmoʊnɪə, ˄plʊroʊnuː-/ [telb + niet-telb zn] ⟨med⟩ pleuropneumonie

plex·i·form /plɛksɪfɔːm, ˄-fɔrm/ [bn] ⟨med⟩ netwerkvormig

plex·i·glas, plex·i·glass /plɛksɪglɑːs, ˄-glæs/ [niet-telb zn] plexiglas

plex·im·e·ter /plɛksɪmɪtə, ˄-mɪtər/, **ples·sim·e·ter** /plɛ-/ [telb zn] ⟨med⟩ plessimeter ⟨percussieplaatje⟩

plex·or /plɛksə, ˄-ər/, **ples·sor** /plɛsə, ˄-ər/ [telb zn] ⟨med⟩ percussiehamer

plex·us /plɛksəs/ [telb zn; mv: ook plexus /plɛksəsɪz/] ⟨med⟩ plexus, netwerk, vlechtwerk ⟨van zenuwen, bloedvaten⟩ ♦ *solar plexus* zonnevlecht

plf ⟨afk⟩ (plaintiff)

pli·a·bil·i·ty /plaɪəbɪləti/, **pli·an·cy** /plaɪənsi/ [niet-telb zn] buigzaamheid, buigbaarheid, plooibaarheid, ⟨fig⟩ gedweeheid

pli·a·ble /plaɪəbl/ [bn; bw: pliably; zn: ~ness] buigzaam, plooibaar, buigbaar, flexibel, ⟨fig⟩ smijdig, gedwee, volgzaam

pli·an·cy /plaɪənsi/ [niet-telb zn] buigzaamheid ⟨ook figuurlijk⟩

pli·ant /plaɪənt/ [bn; bw: ~ly; zn: ~ness] buigzaam, plooibaar, buigbaar, flexibel, soepel, ⟨fig⟩ gedwee, volgzaam, dociel

¹**pli·ca** /plaɪkə/ [telb zn; mv: plicae /plaɪsiː, plaɪkiː/] ⟨dierk⟩ (huid)plooi

²**pli·ca** /plaɪkə/ [niet-telb zn] ⟨med⟩ Poolse (haar)vlecht ⟨haarziekte⟩

pli·cate /plaɪkeɪt/, **plic·at·ed** /-keɪtɪd/ [bn; bw: ~ly; zn: ~ness] ⟨biol, geol⟩ geplooid

¹**pli·ca·tion** /plaɪkeɪʃn/, **plic·a·ture** /plɪkətʃʊə, ˄-tʃʊr/ [telb zn] ⟨biol, geol⟩ plooi

²**pli·ca·tion** /plaɪkeɪʃn/, **plic·a·ture** /plɪkətʃʊə, ˄-tʃʊr/ [niet-telb zn] ⟨biol, geol⟩ het plooien, het geplooid-zijn, plooivorming

pli·é /pliːeɪ, ˄plieɪ/ [telb zn] plié ⟨ballethouding⟩

pli·er /plaɪə, ˄-ər/ [telb zn] plooier

pli·ers /plaɪəz, ˄-ərz/ [alleen mv] buigtang, combinatietang ♦ *a pair of pliers* een buigtang

¹**plight** /plaɪt/ [telb zn] ① (benarde) toestand, positie, conditie, situatie, staat ♦ *in sorry plight* er slecht aan toe; *a sorry/evil/hopeless plight* een benarde/hopeloze toestand ② ⟨vero⟩ gelofte, belofte, verbintenis

²**plight** /plaɪt/ [ov ww] ⟨vero⟩ plechtig beloven, verpanden ⟨woord⟩ ♦ *plighted lovers* (trouwe) verloofden; *plight o.s.* zijn woord geven, zich verloven; *plight one's troth/faith to s.o.* iemand trouw zweren/zijn woord geven ⟨met huwelijksbelofte⟩

plim·soll, plim·sol, plim·sole /plɪmsl, -soʊl/ [telb zn] ⟨BE⟩ gymschoen, gympie, gymnastiekschoen

Plimsoll, Plimsoll line, Plimsoll mark [telb zn] ⟨scheepv⟩ plimsollmerk, uitwateringsmerk, lastlijn

¹**plink** /plɪŋk/ [onov ww] ⟨AE⟩ ① rinkelen ② paffen, lukraak schieten

²**plink** /plɪŋk/ [ov ww] ⟨AE⟩ ① doen rinkelen ② paffen op, lukraak schieten op

plinth /plɪnθ/ [telb zn] ⟨bouwk⟩ plint, voetstuk, zuilvoet, sokkel

¹**Pli·o·cene** /plaɪəsiːn/ [niet-telb zn; the] ⟨geol⟩ plioceen ⟨tijdvak van het tertiair⟩

²**Pli·o·cene** /plaɪəsiːn/ [bn; ook pliocene] ⟨geol⟩ plioceen

PLO [eigenn] (Palestine Liberation Organization) PLO

¹**plod** /plɒd, ˄plɑd/ [telb zn] ① geploeter, gezwoeg, getob, gesjouw ② zware stap, zware/slepende gang/tred

²**plod** /plɒd, ˄plɑd/ [onov ww] ploeteren, zwoegen, sloven, tobben, sjouwen, hard werken, zich afbeulen, blokken, hengsten ♦ *plod along/on* zich voortslepen, voortsukkelen; *plod away/along at/through one's work all night* de hele nacht door zwoegen/blokken/hengsten; → plodding

³**plod** /plɒd, ˄plɑd/ [ov ww] afsjokken ♦ *plod the streets* de straten afsjokken; *plod one's way* zich voortslepen, voort-

sukkelen; → **plodding**
plod·der /plɒdə, ᴬplɑdər/ [telb zn] ploeteraar, zwoeger, blokker
plod·ding /plɒdɪŋ, ᴬplɑdɪŋ/ [bn, attr; tegenwoordig deelw van plod; bw: ~ly] moeizaam, onverdroten, ijverig, volhardend
-ploid /plɔɪd/ 〈biol〉 **-ploïde** ♦ *polyploid* polyploïde
¹**plonk** /plɒŋk, ᴬplɑŋk/ [telb zn] → **plunk**
²**plonk** /plɒŋk, ᴬplɑŋk/ [niet-telb zn] 〈BE, AuE; inf〉 goedkope wijn
³**plonk** /plɒŋk, ᴬplɑŋk/ → **plunk**
plonk·er /plɒŋkə, ᴬplɑŋkər/ [telb zn] 〈BE; sl〉 [1] eikel, oen, oetlul [2] pik, lul
¹**plop** /plɒp, ᴬplɑp/ [telb zn] 〈inf〉 plons, floep, plof 〈in water〉, knal 〈van champagnekurk〉
²**plop** /plɒp, ᴬplɑp/ [onov ww] 〈inf〉 met een plons neervallen, plonzen, ploffen, knallen 〈van champagnekurk〉
³**plop** /plɒp, ᴬplɑp/ [ov ww] 〈inf〉 doen (neer)plonzen, laten ploffen/plonzen
⁴**plop** /plɒp, ᴬplɑp/ [bw] 〈inf〉 met een plons/plof, plons, plof
plo·sion /ploʊʒn/ [telb + niet-telb zn] 〈taalk〉 plof
¹**plo·sive** /ploʊsɪv/ [telb zn] 〈taalk〉 explosief, plofklank, ploffer
²**plo·sive** /ploʊsɪv/ [bn] 〈taalk〉 explosief, plof-
¹**plot** /plɒt, ᴬplɑt/ [telb zn] [1] stuk(je)/lap(je) grond, perceel [2] intrige, verwikkeling, plot 〈van toneelstuk, roman〉, complot, samenzwering, kuiperij, geheim plan ♦ *the plot thickens* de zaak wordt ingewikkelder [3] grafische voorstelling, curve [4] 〈AE〉 plattegrond, kaart, diagram
²**plot** /plɒt, ᴬplɑt/ [onov ww] [1] samenzweren, intrigeren, plannen en complot smeden, samenspannen, complotteren [2] liggen, gelokaliseerd zijn
³**plot** /plɒt, ᴬplɑt/ [ov ww] [1] in kaart brengen, intekenen, kaartpassen, uitzetten, afbakenen, ontwerpen 〈grafiek, diagram〉, grafisch voorstellen [2] in percelen indelen 〈land〉 ♦ *plot out* in percelen verdelen [3] verzinnen, de plot bedenken van, plotten 〈intrige van toneelstuk, roman〉 [4] beramen, smeden 〈complot〉
plot·less /plɒtləs, ᴬplɑt-/ [bn] zonder intrige/handeling 〈toneelstuk, roman〉
plot·ter /plɒtə, ᴬplɑtər/ [telb zn] [1] traceur, ontwerper [2] samenzweerder, intrigant [3] 〈comp〉 plotter 〈door computer bestuurde tekenmachine〉
¹**plough,** 〈vero of AE〉 **plow** /plaʊ/ [telb zn] [1] ploeg ♦ 〈form; Bijb; fig〉 *put/set one's hand to the plough* de hand aan de ploeg slaan; 〈fig〉 *under the plough* gebruikt voor graanteelt 〈bouwland〉 [2] ploegschaaf 〈van timmerman〉 [3] ploegmes, snijmachine 〈van boekbinder〉
²**plough,** 〈vero of AE〉 **plow** /plaʊ/ [niet-telb zn] omgeploegd land
³**plough,** 〈vero of AE〉 **plow** /plaʊ/ [onov ww] [1] ploegen, 〈fig〉 ploeteren, zwoegen, hard werken ♦ *plough through the snow* door de sneeuw ploegen, zich door de sneeuw heen worstelen; *plough through a dull book* een vervelend boek doorworstelen [2] beploegbaar zijn 〈land〉 ♦ *this land ploughs easily* dit land laat zich makkelijk ploegen [3] 〈BE; sl〉 stralen 〈voor examen〉 • 〈AE; inf〉 *plough into work* aan het werk schieten; *the car ploughed into our house* de auto boorde zich in ons huis
⁴**plough,** 〈vero of AE〉 **plow** /plaʊ/ [ov ww] [1] ploegen, beploegen, omploegen, doorploegen ♦ *plough back/down/in/under* onderploegen, inploegen; 〈fig〉 *plough money into* geld pompen/investeren in; *the ship ploughed the ocean* het schip ploegde/doorkliefde de oceaan; *plough out* uitploegen, uithollen, uitroeien; *plough up* omploegen, blootleggen, aan de oppervlakte brengen, uit de grond ploegen; 〈fig〉 *plough one's way through sth.* zich (moeizaam) een weg banen door iets [2] 〈BE; sl〉 laten zakken, 〈België〉 buizen 〈in examen〉 • *plough back profits into equipment* winsten in

apparatuur (her)investeren
Plough /plaʊ/ [eigenn; the] 〈astron〉 de Grote Beer
plough·able /plaʊəbl/ [bn] (be)ploegbaar, bebouwbaar
plough-boy [telb zn] boerenjongen
plough·er /plaʊə, ᴬ-ər/ [telb zn] ploeger
¹**plough-land** [telb zn] stuk ploegland, stuk akker/bouwland
²**plough-land** [niet-telb zn] ploegland, akkerland, bouwland
plough·man /plaʊmən/ [telb zn; mv: ploughmen /-mən/] [1] ploeger [2] boer, plattelander
ploughman's lunch, 〈inf〉 **ploughman's** [telb zn] 〈BE〉 boerenlunch 〈brood- en kaasmaaltijd met bier〉
ploughman's spikenard [telb zn] 〈plantk〉 donderkruid (Inula squarrosa)
Plough Monday [eigenn] eerste maandag na Driekoningen
plough·share [telb zn] 〈landb〉 ploegschaar
plov·er /plʌvə, ᴬ-ər/ [telb zn; mv: ook plover] 〈dierk〉 plevier 〈familie der Charadriidae, waaronder de kievit〉 • *ringed plover* bontbekplevier (Charadrius hiaticula); *little ringed plover* kleine plevier (Charadrius pluvius)
plow → **plough**
ploy /plɔɪ/ [telb zn] 〈inf〉 [1] truc(je), list, listigheid(je), manoeuvre, zet [2] 〈vnl SchE〉 bezigheid, werk, baan, karwei [3] onderneming, expeditie
PLP [afk] 〈BE〉 (Parliamentary Labour Party)
PLR [afk] 〈BE〉 (Public Lending Right)
PLS, pls [afk] 〈chat〉 (please) a.u.b.
plu [afk] (plural)
¹**pluck** /plʌk/ [telb zn] [1] ruk(je), trek, getokkel [2] 〈the〉 hart, lever en longen van geslacht dier
²**pluck** /plʌk/ [niet-telb zn] moed, durf, lef
³**pluck** /plʌk/ [onov ww] [1] rukken, trekken ♦ *pluck at sth.* aan iets rukken/trekken [2] tokkelen • *pluck up* opmonteren, vrolijk worden
⁴**pluck** /plʌk/ [ov ww] [1] plukken 〈formeel ook m.b.t. bloemen〉, trekken, pluimen ♦ *pluck away/out/off/up* wegtrekken, uittrekken, aftrekken; *pluck sth. up from the floor* iets van de vloer oppikken [2] betokkelen [3] bedotten, oplichten, beroven, pluimen ♦ *pluck a pigeon* een sul bedotten [4] 〈sl〉 neuken
pluck·y /plʌki/ [bn; vergr trap: pluckier; bw: pluckily; zn: pluckiness] dapper, moedig, kranig
¹**plug** /plʌg/ [telb zn] [1] plug, stop, tap, prop, pin, pen, tandvulling [2] stekker, steekcontact, contactstop ♦ *pull the plug* de stekker eruit halen 〈in het bijzonder van ademhalingsapparaat van comateuze patiënten〉 [3] brandkraan, hydrant [4] bougie 〈van auto〉 [5] pruim, pluk tabak [6] 〈techn〉 smeltprop 〈bij stoomketels〉 [7] 〈inf〉 contactdoos [8] 〈inf〉 aanbeveling, reclame, spot, gunstige publiciteit 〈op radio, tv〉 [9] 〈med〉 steen, knobbel [10] 〈geol〉 zuilvormige vulkaanprop [11] 〈sportvis〉 plug, schijnvis [12] 〈AE; sl〉 ouwe knol [13] 〈AE; sl〉 matige bokser [14] 〈sl〉 valse munt • 〈sl〉 *pull the plug on s.o.* iemand ontmaskeren; 〈inf〉 *pull the plug on sth.* iets cancelen/niet laten doorgaan, een eind maken aan iets
²**plug** /plʌg/ [onov ww] 〈inf〉 [1] ploeteren, zwoegen, blokken, hengsten ♦ *plug away/along at one's work all night* de hele nacht doorzwoegen/blokken/hengsten; *plug for sth.* zich voor iets uitsloven [2] 〈sl〉 knallen, schieten
³**plug** /plʌg/ [ov ww] [1] vullen, opvullen, toeproppen, dichtstoppen, verstoppen, plomberen, 〈med〉 tamponneren ♦ *plug up* opvullen, dichtstoppen, toeproppen [2] elektrisch aansluiten ♦ *plug in* aansluiten, de stekker insteken, inschakelen; *plug into* aansluiten op; *plug and play* plug and play, aansluiten en het werkt 〈van computer〉; *plug and pray* aansluiten/insteken en bidden dat het werkt 〈van computer〉 [3] 〈sl〉 neerknallen, neerschieten, beschieten, een blauwe boon door het lijf jagen [4] 〈sl〉 een

plug-and-play

opdoffer/opduvel/opstopper geven 5 ⟨inf⟩ pluggen, reclame maken voor, aanbevelen ⟨op radio, tv⟩, voortdurend hameren op 6 ⟨sl; sport⟩ oppeppen
plug-and-play, PnP [bn] ⟨comp⟩ plug-and-play- ⟨voor automatische installatie van randapparaten⟩
plug·board [telb zn] schakelbord
plug hat [telb zn] ⟨AE; sl⟩ hoge hoed
plug·hole [telb zn] ⟨BE⟩ afvoer, gootsteengat
¹**plug-in, plug·in** [telb zn] 1 elektrisch toestel 2 ⟨comp⟩ plug-in ⟨programma dat toegevoegd kan worden⟩
²**plug-in, plug·in** [bn, attr] insteek-
plug·o·la /plʌgoʊlə/ [niet-telb zn] ⟨inf⟩ 1 omkoping ⟨van omroepers⟩, steekpenningen 2 tendentieuze berichtgeving
plug-ug·ly [telb zn] ⟨AE; sl⟩ 1 ploert, schoft, schurk, gangster 2 beroepsbokser
¹**plum** /plʌm/ [telb zn] 1 pruim 2 pruimenboom, pruim 3 rozijn ⟨bijvoorbeeld in cake⟩ 4 ⟨inf⟩ iets heel goeds/begerenswaardigs, het neusje van de zalm ♦ *this job is a plum* het is een moordbaan/een zeer goed betaalde baan 5 suikerbonbon 6 *have a plum in one's mouth* bekakt praten, praten alsof men een hete aardappel in zijn mond heeft
²**plum** /plʌm/ [niet-telb zn; vaak attributief] donkerrood, donkerpaars
³**plum** /plʌm/ → **plumb**
plum·age /pluːmɪdʒ/ [telb + niet-telb zn] 1 veren(kleed) ⟨van vogel⟩, gevederte, pluimage, vederbos, vedertooi 2 overdadige kleding, opsmuk ♦ *plume o.s. with borrowed plumage* pronken met andermans veren
¹**plumb** /plʌm/ [telb zn] 1 ⟨amb⟩ (loodje van) schietlood, paslood ♦ *off/out of plumb* niet loodrecht, niet in het lood 2 ⟨scheepv⟩ (loodje van) dieplood, peillood, werplood
²**plumb** /plʌm/ [bn] loodrecht, precies verticaal/horizontaal, in het vlak ⟨bijvoorbeeld van wicket⟩
³**plumb**, ⟨ook⟩ **plum** /plʌm/ [bn, attr] ⟨vnl AE; inf⟩ uiterst, absoluut, volledig ♦ *a plumb fool* een absolute domoor, *plumb nonsense* je reinste onzin
⁴**plumb** /plʌm/ [onov ww] als loodgieter werken, loodgieterswerk verrichten; → **plumbing**
⁵**plumb** /plʌm/ [ov ww] 1 loden, peilen met dieplood, meten met schietlood 2 in het lood zetten, verticaal zetten, loodrecht maken ♦ *plumb sth. up* iets loodrecht maken 3 verzegelen (als) met lood, loden, plomberen 4 (trachten te) doorgronden, peilen ♦ *plumb a mystery* een geheim doorgronden 5 van leiding(en)/gasleiding(en)/waterleiding(en) voorzien; → **plumbing**
⁶**plumb**, ⟨in betekenis 2 ook⟩ **plum** /plʌm/ [bw] 1 loodrecht, precies in het lood/verticaal ♦ *plumb down* (lood)recht naar beneden; *plumb in the middle* precies in het midden 2 ⟨vnl AE; inf⟩ volkomen, compleet, helemaal ♦ *plumb crazy* volslagen gek; *plumb tired* doodmoe
¹**plum·ba·go** /plʌmbeɪgoʊ/ [telb zn] ⟨plantk⟩ plumbago, loodkruid, soda plant ⟨genus Plumbago⟩
²**plum·ba·go** /plʌmbeɪgoʊ/ [niet-telb zn] ⟨mijnb⟩ grafiet, potlood
plumb bob [telb zn] loodje, gewicht van diep/schietlood
plum·be·ous /plʌmbɪəs/ [bn] 1 van lood, loden, loodachtig 2 (bedekt) met loodglazuur, gelood
plumb·er /plʌmə, ᴬ-ər/ [telb zn] loodgieter ⟨ook figuurlijk, iemand die het uitlekken van geheimen probeert te stoppen⟩, gas- en waterfitter
plumb·er's help·er /plʌməz helpə, ᴬplʌmərz helpər/, **plumb·er's friend** [telb zn] ⟨AE; inf⟩ ontstopper, afvoerontstopper, gootsteenontstopper, plopper
plumb·ic /plʌmbɪk/ [bn] loodhoudend, ⟨ook med⟩ loodˉ
¹**plumb·ing** /plʌmɪŋ/ [telb + niet-telb zn; gerund van plumb] 1 loodgieterswerk, (het aanleggen van een) systeem van afvoerbuizen 2 ⟨inf⟩ sanitair
²**plumb·ing** /plʌmɪŋ/ [niet-telb zn; gerund van plumb]

1394

het loden, het gebruiken van een loodlijn
plumb·ism /plʌmbɪzm/ [telb + niet-telb zn] loodvergiftiging, saturnisme
plumb·less /plʌmləs/ [bn] peilloos, ondoorgrondelijk
plumb line [telb zn] loodlijn, (lijn van) diep/schietlood
plum book [telb zn] ⟨AE; inf⟩ banenboek ⟨officiële publicatie waarin staatsbetrekkingen staan die de President bij benoeming kan vergeven⟩
plumb rule [telb zn] ⟨amb⟩ schietlood, (plankje met) loodlijn
plum·cake [telb + niet-telb zn] ⟨vnl BE⟩ rozijnencake, krentencake
plum·duff [telb + niet-telb zn] ⟨cul⟩ jan-in-de-zak ⟨meelspijs, vaak met krenten of rozijnen⟩
¹**plume** /pluːm/ [telb zn] 1 ⟨vaak mv⟩ pluim, (sier)veer, vederbos 2 pluim, sliert, wolkje ♦ *a plume of smoke* een rookpluim; *a plume of steam* een stoomwolk 3 ⟨plantk⟩ pluim 4 *show off in borrowed plumes* met geleende kleren pronken; ⟨fig⟩ met andermans veren pronken
²**plume** /pluːm/ [onov ww] pluimen vormen
³**plume** /pluːm/ [ov ww] 1 voorzien van pluimen/veren, met pluimen/veren bedekken/tooien ♦ *a plumed helmet* een helm met een pluim 2 met andermans kleren tooien/uitdossen 3 schoonmaken, gladstrijken ⟨van vogel⟩ ♦ *the bird plumed itself* de vogel streek zijn veren glad 4 *plume o.s. on/upon* trots zijn op, zich laten voorstaan op, pochen op
¹**plum·met** /plʌmɪt/ [telb zn] 1 (loodje van) loodlijn, (gewicht van) diep/schietlood, ⟨sportvis⟩ paternosterlood, schietlood 2 zinklood 3 last, druk
²**plum·met** /plʌmɪt/ [onov ww] pijlsnel vallen/zakken, scherp dalen, instorten, neerstorten ♦ *the aircraft plummeted down to earth* het vliegtuig dook naar beneden; *prices plummeted* de prijzen kelderden
plum·my /plʌmi/ [bn; vergr trap: plummier] 1 pruimachtig, vol/van pruimen/rozijnen 2 ⟨inf⟩ (zeer) goed, lekker, prima, fantastisch ♦ *a plummy job* een vet baantje 3 ⟨inf⟩ vol ⟨voornamelijk van stem⟩, ⟨i.h.b.⟩ te vol, geaffecteerd
plummy mummy [telb zn] ⟨BE; scherts⟩ bekakte moeder
plu·mose /pluːmoʊs, -ly/ [bn; bw: ~ly] 1 gevederd, met veren 2 veerachtig, vederachtig
¹**plump** /plʌmp/ [telb zn] 1 (plotselinge) val, smak 2 (harde) plof, klap, slag 3 ⟨vero⟩ troep, groep, zwerm
²**plump** /plʌmp/ [bn; vergr trap: plumper; bw: ~ly; zn: ~ness] 1 stevig ⟨vaak eufemistisch⟩, rond, mollig, goedgevuld, vlezig ♦ *a plump armchair* een grote luie stoel; *plump cheeks* volle/bolle wangen; *a plump reward* een royale beloning 2 ⟨inf⟩ bot, kort, plomp ♦ *a plump answer* een bot/kort antwoord; *a plump lie* een regelrechte leugen
³**plump** /plʌmp/ [onov ww] 1 rond/stevig/mollig worden, uitdijen, uitzetten ♦ *the baby plumped out/up* de baby werd mollig 2 neervallen, neerzakken, neerploffen ♦ *plump down (on/upon)* neerploffen/neervallen (in/op); *plump into a chair* in een stoel neerploffen 3 ⟨vnl AE⟩ plotseling arriveren/vertrekken ♦ *plump in* (plotseling/snel) binnenvallen; *plump out* (plotseling/snel) weggaan, haastig vertrekken 4 ⟨BE⟩ *plump for* (overtuigd) kiezen voor, stemmen op, zich uitspreken voor, volledige steun geven aan
⁴**plump** /plʌmp/ [ov ww] 1 rond/stevig/mollig maken, doen uitzetten, mesten ♦ *plump out/up a cushion/pillow* een kussen opschudden 2 (plotseling) neergooien, neerploffen, neerkwakken, laten vallen, plompen ♦ *plump down a heavy bag* een zware tas neergooien; *plump a stone into the water* een steen in het water gooien/smijten 3 ⟨inf⟩ eruit flappen ♦ *plump out a remark* een onverwachte opmerking maken/eruit flappen
⁵**plump** /plʌmp/ [bw] 1 met een smak, met een (harde) klap/plof 2 botweg, plompverloren, zonder omwegen

[3] plotseling, onverwachts, pardoes, zonder waarschuwing ♦ *fall plump into a hole* opeens/onverhoeds in een kuil vallen

plum pudding [telb + niet-telb zn] plumpudding

plump·y /plʌmpi/ [bn; vergr trap: plumpier] stevig, rond, mollig

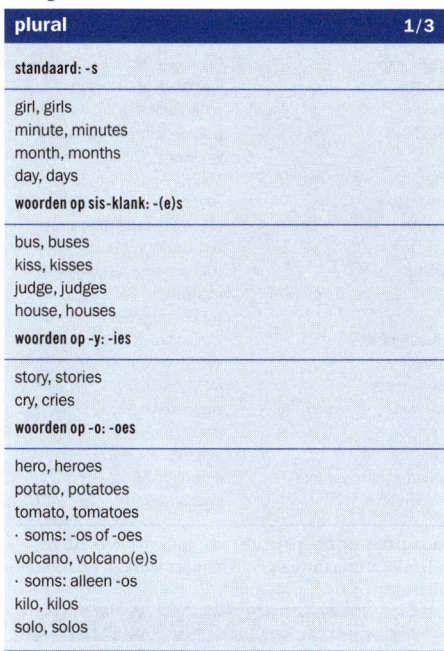

plural	1/3
standaard: -s	
girl, girls	
minute, minutes	
month, months	
day, days	
woorden op sis-klank: -(e)s	
bus, buses	
kiss, kisses	
judge, judges	
house, houses	
woorden op -y: -ies	
story, stories	
cry, cries	
woorden op -o: -oes	
hero, heroes	
potato, potatoes	
tomato, tomatoes	
· soms: -os of -oes	
volcano, volcano(e)s	
· soms: alleen -os	
kilo, kilos	
solo, solos	

plum tomato [telb zn] pruimtomaat

plu·mule /plu:mju:l/ [telb zn] [1] ⟨plantk⟩ pluimpje [2] (klein) donzen veertje

plum·y /plu:mi/ [bn; vergr trap: plumier] [1] gevederd, gepluimd, getooid met veren [2] donzig [3] vederachtig, lijkend op een veer/veren

¹**plun·der** /plʌndə, ᴬ-ər/ [niet-telb zn] [1] plundering, roof, beroving [2] buit [3] ⟨inf⟩ winst, voordeel [4] ⟨AE, gew; inf⟩ bagage, vracht [5] ⟨AE; inf⟩ uitrusting

²**plun·der** /plʌndə, ᴬ-ər/ [onov ww] stelen, roven, plunderen, diefstal plegen

³**plun·der** /plʌndə, ᴬ-ər/ [ov ww] [1] plunderen, (be)roven, (be)stelen ♦ *plunder s.o. of his money* iemand van zijn geld beroven; *plunder a shop* een winkel leegroven; *plunder valuables* kostbaarheden stelen; *plunder an old woman* een oude vrouw beroven [2] verduisteren, achterhouden, achteroverdrukken

plun·der·age /plʌndərɪdʒ/ [niet-telb zn] [1] plundering, beroving [2] verduistering ⟨van goederen op schip⟩ [3] (op een schip) verduisterde goederen [4] buit

plun·der·er /plʌndərə, ᴬ-ər/ [telb zn] plunderaar, (be)rover

¹**plunge** /plʌndʒ/ [telb zn] [1] duik, sprong, (onder)dompeling, plons ♦ *make a plunge downstairs* naar beneden rennen [2] (zwem)bad, plaats om te baden/duiken [3] ruk, duw, zet • *take the plunge* de knoop doorhakken, de beslissende stap nemen, de sprong wagen

²**plunge** /plʌndʒ/ [onov ww] [1] zich werpen, duiken, springen, zich storten, plonzen ♦ *the water was cold but he plunged in* het water was koud maar hij dook/sprong erin; *he plunged into debt* hij stak zich diep in de schulden [2] (plotseling) neergaan, dalen, steil aflopen ♦ *a plunging neckline* een diep-uitgesneden hals, een decolleté; *house prices have plunged* de prijzen van de huizen zijn gekelderd; *this road plunges* deze weg loopt heel steil naar beneden [3] onstuimig binnenkomen, binnenvallen ♦ *he plunged into the room* hij stormde de kamer binnen [4] stampen ⟨van schip⟩ [5] bokken ⟨van paard: plotseling naar voren en omlaag springen⟩ [6] ⟨inf⟩ (grof) gokken, speculeren [7] ⟨inf⟩ (grote) schulden maken

³**plunge** /plʌndʒ/ [ov ww] [1] werpen, stoten, gooien, duwen, (onder)dompelen, storten ♦ *he was plunged in gloom* hij was zeer somber; *he was plunged into grief* hij werd door verdriet overmand; *the country was plunged into war* het land raakte plotseling in een oorlog verwikkeld; *be plunged in thought* in gedachten verzonken zijn [2] poten ⟨potplant⟩

plung·er /plʌndʒə, ᴬ-ər/ [telb zn] [1] duiker [2] ontstopper, gootsteenontstopper, afvoerontstopper [3] plunjer, zuiger van (pers)pomp, dompelaar [4] ⟨inf⟩ roekeloze gokker, speculant

plural	2/3
twaalf woorden op -f(e): -ves	
calf/calves, half/halves, knife/knives, leaf/leaves, life/lives, loaf/loaves, self/selves, sheaf/sheaves, shelf/shelves, thief/thieves, wife/wives, wolf/wolves	
soms -fs of -ves	
scarf, scarfs/scarves	
hoof, hoofs/hooves	
de klinker verandert	
man, men	
woman, women	
postman, postmen	
foot, feet	
louse, lice	
mouse, mice	
tooth, teeth	
goose, geese	
meervoudsvorm -en	
child, children	
ox, oxen	
bij samenstellingen: -(e)s	
grown-up, grown-ups	
boy friend, boy friends	
soms na eerste deel	
sister-in-law, sisters-in-law	
soms bij beide delen meervoud	
manservant, menservants	
bij sommige vreemde woorden	
stimulus, stimuli	
phenomenon, ook phenomena	
oasis, oases	

¹**plunk** /plʌŋk/, **plonk** /plɒŋk, ᴬplɑŋk/ [telb zn] [1] tokkelend geluid ⟨bijvoorbeeld van snaarinstrument⟩, getokkel, getingel [2] ⟨inf⟩ plof, (harde) klap, bonk [3] ⟨sl⟩ goedkope wijn

²**plunk** /plʌŋk/, **plonk** /plɒŋk, ᴬplɑŋk/ [onov + ov ww] ⟨inf⟩ [1] tokkelen, tokkelend (doen) klinken, tingelen (op) [2] neerploffen, luidruchtig (laten) vallen ♦ *plunk down (money)* geld neersmijten/neergooien; betalen, lammeren, dokken; *plunk down on the beach* op het strand neerploffen [3] ⟨vnl AE⟩ (onverwachts) slaan

³**plunk** /plʌŋk/, **plonk** /plɒŋk, ᴬplɑŋk/ [bw] [1] met een plof/klap [2] precies, juist ♦ *plunk in the middle* precies in het midden

¹**plu·per·fect** /plu:pɜ:fɪkt, ᴬ-pɜr-/ [telb zn] ⟨taalk⟩ (werk-

pluperfect

woordsvorm in de) voltooid verleden tijd
²**plu·per·fect** /pluːpɜːfɪkt, ᴬ-pɜr-/ [bn] ⟨taalk⟩ voltooid verleden, in/van de voltooid verleden tijd ♦ *a pluperfect form* een vorm in de voltooid verleden tijd
¹**plu·ral** /plʊərəl, ᴬplʊrəl/ [telb zn] ⟨taalk⟩ meervoud(svorm), pluralis(vorm), meervoudige vorm

plural	3/3
geen uitgang bij	
· de volgende woorden: deer, sheep, means, works, (air)craft, Swiss	
· bij eigennamen op -ese Portuguese	
· bij dierennamen als jachtterm (he shot two) grouse	
· bij sommige woorden met telwoord (two) dozen (boxes) (three) million (people)	
· alleen een meervoudsvorm, bijvoorbeeld brains, clothes, pyjamas	

²**plu·ral** /plʊərəl, ᴬplʊrəl/ [bn; bw: ~ly] ① ⟨taalk⟩ meervoudig, in/van het meervoud, meervouds- ♦ *the plural number* het meervoudige getal, het meervoud ② meervoudig, met meer dan één ♦ *a plural society* een multiraciale samenleving/pluriforme maatschappij; *a plural voter* iemand die in meer dan één kiesdistrict stemt
plu·ral·ism /plʊərəlɪzm, ᴬplʊr-/ [niet-telb zn] ① ⟨pol⟩ pluralisme ② ⟨filos⟩ pluralisme, veelheidsleer ③ ⟨vaak pej⟩ het bekleden van meer dan één (kerkelijk) ambt tegelijkertijd ④ het meervoudig-zijn

meervoudswoorden	1/3
· in het Engels komen zogenaamde *meervoudswoorden* voor	
· meervoudswoorden worden altijd in het meervoud gebruikt, ook al is er maar één van (deze draadtang is bot: these wire-cutters are blunt)	
· om te benadrukken dat er maar één van is of dat er meer van zijn, gebruikt men a pair of of pairs of (ik heb twee nieuwe onderbroeken gekocht en één panty: I bought two pairs of knickers and one pair of tights)	
· voorbeelden van meervoudswoorden staan elders op deze pagina's	

¹**plu·ral·ist** /plʊərəlɪst, ᴬplʊr-/ [telb zn] ① ⟨filos, pol⟩ pluralist, aanhanger van het pluralisme ② iemand met meer dan één (kerkelijk) ambt
²**plu·ral·ist** /plʊərəlɪst, ᴬplʊr-/, **plu·ral·is·tic** /plʊərəlɪstɪk, ᴬplʊr-/ [bn] ① ⟨filos, pol⟩ pluralistisch ② meer dan één (kerkelijk) ambt bekledend
¹**plu·ral·i·ty** /plʊærələti/ [telb zn] ① groot aantal, menigte ② meerderheid ♦ *plurality of votes* meerderheid van stemmen ③ ⟨vnl AE⟩ grootste aantal stemmen ⟨maar geen absolute meerderheid⟩ ④ (kerkelijk) ambt bekleed naast een tweede
²**plu·ral·i·ty** /plʊærələti/ [niet-telb zn] ① ⟨taalk⟩ meervoudigheid, het meervoudig-zijn ② het bekleden van meer dan één (kerkelijk) ambt tegelijkertijd
¹**plu·ral·ize, plu·ral·ise** /plʊərəlaɪz, ᴬplʊr-/ [onov ww] ① meer dan één (kerkelijk) ambt tegelijk bekleden ② meervoud(ig) worden, pluraliseren
²**plu·ral·ize, plu·ral·ise** /plʊərəlaɪz, ᴬplʊr-/ [ov ww] ① pluraliseren, meervoud(ig) maken, veelvormig maken ② in het meervoud uitdrukken
pluri- /plʊəri, ᴬplʊri/ ⟨veel-, multi-, (met/van) verscheidene, (met/van) meer dan één ♦ *plurilateral* veelzijdig, multilateraal; *plurilingual* veeltalig; met/in verscheidene talen; *plurisyllabic* met meer dan één lettergreep
plu·ri·lit·e·ral /plʊərilɪtrəl, ᴬplʊrilɪtərəl/ [bn] ⟨taalk⟩ met meer dan drie letters in de stam ⟨in het Hebreeuws⟩

meervoudswoorden	2/3
kleding aan de benen	
braces	(BE) bretels
boxers, boxer shorts	boxershort
coveralls	overal
dungarees	tuinbroek
fatigues	legerkleding
jeans	spijkerbroek
knickers	(BE) onderbroek (meisjes, vrouwen)
nylons	panty
overalls	overal
panties	(AE) onderbroek (meisjes, vrouwen)
pants	(BE) onderbroek (jongens, mannen)
	(AE) lange broek
sweat pants	joggingbroek
shorts	korte broek
suspenders	(AE) bretels
swimming trunks	zwembroek
tights	panty
trousers	lange broek
pyjama trousers/bottoms	pyjamabroek
underpants	onderbroek

plu·ri·pres·ence /plʊəriprezns, ᴬplʊri-/ [niet-telb zn] ⟨rel⟩ bilocatie ⟨aanwezigheid in meer dan één plaats tegelijkertijd⟩

meervoudswoorden	3/3
tangen en dergelijke	
clippers	kniptang, tondeuse
nail clippers	nagelknippertje
pincers	nijptang
pliers	combinatietang
shears	grote schaar
garden shears	heggenschaar
scissors	schaar
tongs	tang
tweezers	pincet
wire-cutters	draadtang
voor ogen en oren	
binoculars	verrekijker
earphones	koptelefoon
glasses	bril
field glasses	veldkijker, verrekijker
goggles	beschermende bril (bijvoorbeeld sneeuwbril, stofbril, vliegbril)
spectacles	(BE) bril
sunglasses	zonnebril

¹**plus** /plʌs/ [telb zn; mv: ook plusses] ① plus, plusteken ② extra hoeveelheid, plus, overschot ③ ⟨inf⟩ plus(punt), voordeel, (bijkomend) positief element, iets extra's ♦ *she is clever and her beauty is a plus* ze is slim en nog mooi ook
²**plus** /plʌs/ [bn, attr] ① extra, plus, additioneel, toegevoegd, bijkomend, gunstig ♦ *a plus benefit* een extra/bijkomend voordeel ② ⟨wisk⟩ plus, groter dan nul ♦ *a plus quantity* een positieve hoeveelheid ③ ⟨elek⟩ plus, positief
³**plus** /plʌs/ [bn, postnom] ① ten minste, of ouder, minimaal ♦ *I got a B plus* ik kreeg een ruime B/B plus ⟨in Engels/Amerikaans waarderingssysteem⟩; *you have to be twelve plus for this* hier moet je minimaal twaalf jaar/

twaalf of ouder voor zijn [2] ⟨inf⟩ meer dan, ook nog, op de koop toe ♦ *she's got beauty plus* ze is meer dan knap; *he is a personality plus* hij is meer dan een persoonlijkheid/ een bijzonder grote persoonlijkheid

⁴**plus** /plʌs/ [vz] [1] plus, vermeerderd met, met ... meer, en, ⟨meteo⟩ plus, boven nul/het vriespunt ♦ *he paid back the loan plus interest* hij betaalde de lening terug met de rente; *six plus six makes twelve* zes plus zes is twaalf; *plus six (degrees centigrade)* zes graden boven nul [2] ⟨inf⟩ met ♦ *he returned from his travels plus a cither and a pet elephant* hij kwam terug van zijn reis, een citer en een tamme olifant rijker

⁵**plus** /plʌs/ [nevensch vw] en (bovendien), en (ook)

plus fours [alleen mv] plusfour, pofbroek ⟨tot net over de knie⟩, knickerbockers

¹**plush** /plʌʃ/ [niet-telb zn] [1] pluche [2] ⟨sl⟩ ⟨benaming voor⟩ luxueus/duur/weelderig voorwerp/gebouw/materiaal

²**plush** /plʌʃ/ [bn; vergr trap: plusher] [1] pluchen, van pluche [2] ⟨inf⟩ chic, luxueus, duur aandoend, stijlvol

³**plush** /plʌʃ/ [onov ww] ⟨sl⟩ rijk zijn, weelderig leven

plush·er·y /plʌʃəri/ [telb zn] ⟨sl⟩ chique tent, duur hotel, dure nachtclub

plush·es /plʌʃɪz/ [alleen mv] korte pluchen broek ⟨bijvoorbeeld van lakei⟩

plush·y /plʌʃi/ [bn; vergr trap: plushier; bw: plushily; zn: plushiness] [1] plucheachtig [2] ⟨inf⟩ chic, luxueus, duur aandoend, stijlvol

plus-point [telb zn] pluspunt, voordeel

plus sign [telb zn] plus(teken), het symbool +

plus-size [bn, attr] met een maatje meer zwaarlijvig ♦ *plus-size women* vrouwen met een maatje meer

plu·tarch·y /pluˈtɑːki, ˄-tɑr-/ [telb + niet-telb zn] plutocratie

Plu·to /ˈpluːtoʊ/ [eigennm] [1] Pluto ⟨Griekse god⟩ [2] ⟨astron⟩ Pluto ⟨planeet⟩

plu·toc·ra·cy /pluːˈtɒkrəsi, ˄-tɑ-/ [telb + niet-telb zn] plutocratie, heerschappij van de rijken

plu·to·crat /ˈpluːtəkræt/ [telb zn] plutocraat

plu·to·crat·ic /pluːtəˈkrætɪk/, **plu·to·crat·i·cal** /-ɪkl/ [bn; bw: ~ally] plutocratisch

plu·tol·a·try /pluːˈtɒlətri, ˄-tɑ-/ [niet-telb zn] geldaanbidding

plu·ton /ˈpluːtɒn, ˄pluːtɑn/ [telb zn] ⟨geol⟩ plutoon, plutonisch gesteentelichaam

Plu·to·ni·an /pluːˈtoʊniən/, **Plu·ton·ic** /pluːˈtɒnɪk, ˄-tɑ-/ [bn] [1] m.b.t./van (Pluto, god van) de onderwereld [2] hels, duivels [3] m.b.t./van de planeet Pluto

plu·ton·ic /pluːˈtɒnɪk, ˄-tɑ-/ [bn] ⟨geol⟩ plutonisch ⟨van gesteente⟩ ♦ *plutonic rock* plutonisch gesteente, plutoniet, dieptegesteente

Plu·ton·ic /pluːˈtɒnɪk, ˄-tɑ-/ [bn] → Plutonian

plu·to·ni·um /pluːˈtoʊniəm/ [niet-telb zn] ⟨scheik⟩ plutonium ⟨element 94⟩

¹**plu·vi·al** /ˈpluːviəl/ [telb zn] pluviaal(tijd), regentijd, regen(achtige)/natte tijd, pluviale periode

²**plu·vi·al** /ˈpluːviəl/ [bn] [1] pluviaal, van/m.b.t. regen, regenachtig, regen- [2] ⟨geol⟩ pluviaal, veroorzaakt/ontstaan door regen

plu·vi·om·e·ter /pluːviˈɒmɪtə, ˄-ˈɑmɪtər/ [telb zn] pluviometer, regenmeter

plu·vi·o·met·ric /pluːviəˈmɛtrɪk/, **plu·vi·o·met·ri·cal** /-ɪkl/ [bn; bw: ~ally] van/m.b.t. een regenmeting/regenmeter

plu·vi·ous /ˈpluːviəs/, **plu·vi·ose** /ˈpluːvioʊs/ [bn] pluviaal, van/m.b.t. regen, regen-, regenachtig

plu·vi·us in·sur·ance /ˈpluːviəs -/ [telb + niet-telb zn] ⟨verz⟩ stormschadeverzekering

¹**ply** /plaɪ/ [telb + niet-telb zn] [1] ⟨vaak in samenstellingen⟩ laag ⟨van hout of dubbele stof⟩, vel ⟨van dun hout⟩, vouw, plooi ⟨van stof, e.d.⟩ ♦ *three-ply wood* triplex [2] ⟨vaak in samenstellingen⟩ streng, draad ⟨van touw, wol⟩ ♦ *three-ply wool* driedraads wol; *what ply is this wool?* hoeveel draads wol is dit? [3] triplex, multiplex ⟨hout⟩

²**ply** /plaɪ/ [onov ww] [1] ⟨form⟩ zich inspannen, zijn best doen, ijverig/regelmatig werken ♦ *he plies at the journalist's trade* hij legt zich ijverig toe op de journalistiek; *ply to one's task* zich vol ijver van zijn taak kwijten [2] een bepaalde route regelmatig afleggen ⟨van bus, schip, e.d.⟩, pendelen, geregeld gaan/heen en weer rijden/varen ♦ *the boat plies across the river* de boot gaat heen en weer over de rivier; *the ship plies between Ostend and Dover* het schip pendelt tussen Oostende en Dover [3] ⟨scheepv⟩ laveren [4] (ijverig) klandizie zoeken ⟨bijvoorbeeld van taxichauffeur, kruier⟩, (heen en weerrijdend/heen en weerlopend) op klanten wachten, snorren ♦ *the taxi-driver plies at the station* de taxichauffeur zoekt/snort passagiers op bij het station; *ply for hire* passagiers opzoeken/opsnorren ⟨van taxi⟩

³**ply** /plaɪ/ [ov ww] [1] ⟨form⟩ ijverig/regelmatig beoefenen, zich toeleggen op, (hard) werken aan ♦ *he has plied this trade* for 20 years hij beoefent dit vak al 20 jaar [2] ⟨form⟩ hanteren, ijverig/regelmatig/krachtig gebruiken/werken met ⟨bijvoorbeeld instrument, wapen⟩ ♦ *ply a needle* ijverig naaien/naaldwerk doen; *ply a sword* het zwaard hanteren, vechten [3] geregeld bevaren, pendelen over ♦ *the boat plies the Thames* de boot vaart (altijd) op de Theems [4] samenvlechten, ineendraaien, strengelen [5] (dubbel)vouwen ⟨bijvoorbeeld stof⟩ [6] zie: **ply with**

Plym·outh Breth·ren /ˈplɪməθ ˈbrɛðrən/ [alleen mv] Plymouth broeders/broederschap ⟨calvinistische sekte⟩

Plym·outh Rock [telb + niet-telb zn] Plymouth Rock ⟨kippenras⟩

ply with [ov ww] [1] (voortdurend) volstoppen/te vol stoppen met ⟨voedsel, drank⟩, (doorlopend) voorzien van, opdringen, (te) veel geven (aan) ♦ *they plied him with drink* ze voerden hem (te veel) drank [2] (doorlopend) lastigvallen met, (steeds) aanvallen met ♦ *they plied the M.P. with questions* ze bestookten/bestormden het kamerlid met vragen

ply·wood [niet-telb zn] gelaagd hout, triplex, multiplex

pm [afk] [1] (post-mortem) [2] (premium)

p.m., PM [bw] (post meridiem) p.m., na de middag, in de namiddag, 's middags

PM [afk] [1] (Past Master) [2] (Paymaster) [3] (Police Magistrate) [4] (Postmaster) [5] (post meridiem) → **p.m.** [6] (Prime Minister) [7] (Provost Marshal)

PMG [afk] [1] (Paymaster General) [2] (Postmaster General)

PMS [afk] (premenstrual syndrome) PMS

PMT [afk] ⟨vnl BE⟩ (premenstrual tension)

p.n., P/N [afk] (promissory note)

¹**pneu·mat·ic** /njuːˈmætɪk, ˄nuːˈmætɪk/ [telb zn] luchtband

²**pneu·mat·ic** /njuːˈmætɪk, ˄nuːˈmætɪk/, ⟨zelden⟩ **pneu·mat·i·cal** /njuːˈmætɪkl, ˄nuːˈmætɪkl/ [bn; bw: ~ally] [1] pneumatisch, gevuld met/aangedreven door (pers)lucht, lucht(druk)- ♦ *pneumatic brake* lucht(druk)rem; *pneumatic dispatch* buispost, pneumatisch transport; *pneumatic drill* lucht(druk)boor, pneumatische boor; *pneumatic post* buispost [2] pneumatisch, geestelijk [3] ⟨biol⟩ met luchtholtes ⟨bijvoorbeeld van bepaalde vogelbotten⟩ [4] met goed gevulde boezem

pneu·ma·tic·i·ty /njuːməˈtɪsəti, ˄nuːməˈtɪsəti/ [telb + niet-telb zn] pneumaciteit

pneu·mat·ics /njuːˈmætɪks, ˄nuːˈmætɪks/ [alleen mv; werkwoord voornamelijk enk] ⟨vero⟩ pneumatiek, aeromechanica

pneu·ma·to- /ˈnjuːmətoʊ, ˄ˈnuːmətoʊ/ pneumato-

pneu·ma·to·cyst /njuːˈmætəsɪst, ˄ˈnuːmətə-/ [telb zn] [1] luchtzak ⟨in vogellichaam⟩ [2] ⟨dierk⟩ pneumatofoor

pneumatology

pneu·ma·tol·o·gy /njuːməˈtɒlədʒi, ᴬnuːmətɑ-/ [niet-telb zn] pneumatologie ⟨doctrine van de Heilige Geest⟩
pneu·ma·tom·e·ter /njuːməˈtɒmɪtə, ᴬnuːmətɑmɪtər/ [telb zn] ⟨med⟩ pneumatometer
pneu·ma·to·phore /njuːˈmætəfɔː, ᴬnuːmətəfɔr/ [telb zn] ⟨biol⟩ pneumatofoor
pneu·mo- /njuːmoʊ, ᴬnuː-moʊ/ ⟨vnl med⟩ **pneumo-**, long- ♦ *pneumothorax* pneumothorax, luchtborst; *pneumogastric* van/m.b.t. de longen en de maag
pneu·mo·coc·cus /njuːmoʊkɒkəs, ᴬnuːmoʊkɑkəs/ [telb zn; mv: pneumococci /-kaɪ/] ⟨med⟩ **pneumokok, pneumococcus** ⟨bacterie⟩
pneu·mo·co·ni·o·sis /njuːmoʊkoʊniˈoʊsɪs, ᴬnuːmoʊ-/ [telb + niet-telb zn; mv: pneumoconioses /-siːz/] ⟨med⟩ pneumoconiosis, stoflong
pneu·mo·nec·to·my /njuːməˈnektəmi, ᴬnuː-/ [telb + niet-telb zn] ⟨med⟩ **pneum(on)ectomie** ⟨verwijdering van (deel van de) long⟩
pneu·mo·nia /njuːˈmoʊniə, ᴬnuː-/ [telb + niet-telb zn] ⟨med⟩ **longontsteking,** pneumonie ♦ *double pneumonia* dubbele longontsteking; *single pneumonia* enkele longontsteking
pneu·mon·ic /njuːˈmɒnɪk, ᴬnuːmɑ-/ [bn] ⟨med⟩ [1] **m.b.t. longontsteking,** veroorzaakt/aangetast door longontsteking [2] **long-,** van/m.b.t. de long(en) ♦ *pneumonic plague* longpest
pneu·mon·i·tis /njuːməˈnaɪtɪs, ᴬnuːməˈnaɪtɪs/ [telb + niet-telb zn; mv: pneumonitides /-nɪtədiːz/] ⟨med⟩ [1] **longontsteking,** pneumonie [2] **pneumonitis**
PNG, png [afk] ⟨persona non grata⟩
PnP [afk] ⟨comp⟩ ⟨plug and play⟩
po /poʊ/ [telb zn] ⟨BE; inf, vnl kind⟩ **po,** potje
PO, po [afk] [1] ⟨personnel officer⟩ [2] ⟨petty officer⟩ [3] ⟨pilot officer⟩ [4] ⟨pissed off⟩ [5] ⟨postal order⟩ [6] ⟨post office⟩ [7] ⟨putout⟩
P & O [afk] ⟨Peninsular and Oriental Steamship Company⟩
¹**poach** /poʊtʃ/ [onov ww] [1] **stropen,** illegaal vissen/jagen, stelen ♦ *poach for salmon* illegaal/zonder vergunning/zonder toestemming zalm vangen [2] **zich illegaal (op het land/terrein van iemand anders) begeven** ⟨ook figuurlijk⟩ ♦ *poach on s.o.'s preserve(s)* zich op het land/terrein van iemand anders begeven; ⟨fig⟩ onder iemands duiven schieten, aan iemands bezit/zaken/werk komen; *poach (up)on s.o.'s land* binnendringen op iemands land, onbevoegd iemands terrein betreden [3] **vertrapt worden** ⟨van land⟩, vochtig worden/zijn, drassig/moerassig worden [4] **(lopend) wegzakken** ⟨in zachte aarde⟩ [5] ⟨sport⟩ **de bal (van je partner) inpikken/afpakken/afsnoepen** ⟨bij dubbelspel, tennis e.d.⟩
²**poach** /poʊtʃ/ [ov ww] [1] **pocheren** ⟨ei, vis⟩ [2] **stropen** ⟨wild, vis⟩ ♦ *he was caught poaching hares* hij werd betrapt bij het hazen stropen [3] **illegaal betreden,** ⟨i.h.b.⟩ afstropen ⟨grondgebied⟩ [4] **vertrappen** ⟨land⟩, gaten maken in, drassig/moerassig maken [5] **op oneerlijke wijze verkrijgen,** zich toe-eigenen ♦ *poach an advantage* een (oneerlijk) voordeel behalen ⟨bijvoorbeeld bij start van wedstrijd⟩ [6] ⟨sport⟩ **inpakken, afpakken,** afsnoepen ⟨bal; bij dubbelspel, tennis enz.⟩ [7] ⟨vnl BE⟩ **(krachtig) steken,** duwen ⟨bijvoorbeeld vinger⟩
poach·er /poʊtʃə, ᴬ-ər/ [telb zn] [1] **stroper** [2] **indringer** [3] **pocheerpan** ∙ ⟨sprw⟩ *an old poacher makes the best keeper* ± ex-stropers zijn de beste boswachters
POB [afk] ⟨Post Office Box⟩
PO Box [telb zn] ⟨inf⟩ ⟨Post Office Box⟩ **postbus**
po·chard /poʊtʃəd, ᴬ-ərd/ [telb zn; mv: ook pochard] ⟨dierk⟩ **duikeend** ⟨genus Aythya/Netta⟩, ⟨i.h.b.⟩ **tafeleend** ⟨A. ferina⟩
pock /pɒk, ᴬpɑk/ [telb zn] [1] **pok,** pokpuist, pokzweer [2] **pokput,** litteken [3] **put,** gat, kuil

1398

pocked [bn] → **pockmarked**
¹**pock·et** /ˈpɒkɪt, ᴬˈpɑkɪt/ [telb zn] [1] **zak** ⟨in kleding; ook bij Engels biljart⟩ ♦ *pick pockets* zakkenrollen [2] ⟨benaming voor⟩ **(opberg)vak,** zak, voorvakje, buidel, map, enveloppe [3] ⟨vnl enkelvoud⟩ **financiële middelen,** portemonnee, beurs, inkomen, geld ♦ *that's beyond my pocket* dat kan ik niet betalen, dat is me te duur, dat kan bruin niet trekken; *my pocket cannot stand this* mijn financiële situatie laat dit niet toe; *I will suffer in my pocket* mijn portemonnee zal het wel voelen [4] **ertsader, olieader** [5] **holte met erts/olie** ⟨benaming voor⟩ **klein(e) afgesloten groep/gebied,** enclave, haard, afgesneden manschappen, geïsoleerde troepen, geïsoleerd gebied, doodlopende gang/laan ♦ *pockets of mist* nevelbanken; ⟨mil⟩ *mop up enemy pockets* vijandelijke nesten opruimen; *pockets of resistance* verzetskernen, verzetsnesten; *pockets of unemployment* werkloosheidskernen, werkloosheidscentra [7] ⟨AE⟩ **handtas,** ⟨bij uitbreiding⟩ portemonnee ⟨van vrouw⟩ [8] ⟨sport⟩ **ingesloten positie** [9] ⟨luchtv⟩ **luchtzak** [10] ⟨vaak attributief⟩ **zakformaat** [11] **(graan)bak,** kist [12] **pocket** ⟨gewicht⟩ [13] ⟨ZAE⟩ **zak,** tas ⟨voornamelijk met groenten of fruit⟩ [14] ⟨sl⟩ **put,** dal, moeilijke situatie ∙ *have s.o. in one's pocket* iemand volledig in zijn macht hebben; *have sth. in one's pocket* iets (bijna) in zijn zak hebben, ergens (bijna) in geslaagd zijn; *in pocket* beschikbaar ⟨van geld⟩; in winstgevende positie; *in s.o.'s pocket* intiem met iemand; volledig in iemands macht; *he is ten pounds in pocket* hij heeft er tien pond aan overgehouden, hij is er tien pond rijker op geworden; *line one's pockets* zijn zakken vullen, (op een oneerlijke manier) rijk worden, zich verrijken; *be out of pocket* geen geld hebben; *I was twenty dollars out of pocket* ik ben twintig dollar kwijtgeraakt; ⟨sprw⟩ *money burns a hole in the pocket* hij heeft een gat in zijn hand; ⟨sprw⟩ *shrouds haven't any pockets* een doodshemd heeft geen zakken, wat iemand rooft of vindt of erft, hij laat het al wanneer hij sterft
²**pock·et** /ˈpɒkɪt, ᴬˈpɑkɪt/ [ov ww] [1] **in zijn zak steken,** ⟨i.h.b.⟩ in eigen zak steken ♦ *he pocketed his change* hij stopte zijn wisselgeld in zijn zak [2] **opstrijken,** (op oneerlijke wijze) ontvangen ⟨geld⟩ [3] **verdragen,** slikken, verduren, ondergaan ♦ *he had to pocket that insult* hij moest die belediging slikken [4] **onderdrukken** ⟨gevoelens⟩, verbergen, overwinnen ♦ *you will have to pocket your pride* je zult je trots moeten overwinnen [5] ⟨zakkenbiljart⟩ **potten,** in de zak stoten [6] ⟨AE; pol⟩ **tegenhouden,** niet tekenen ⟨wet; door president⟩ [7] **insluiten, omsluiten** ⟨ook tegenstander in wedstrijd⟩, hinderen ♦ *this village is pocketed by mountains* dit dorp is aan alle kanten omsloten door bergen [8] **geheel in zijn macht hebben/krijgen**
pock·et·a·ble /ˈpɒkɪtəbl, ᴬˈpɑkɪtəbl/ [bn] **mee te nemen in de zak,** in zakformaat, draagbaar
pocket battleship [telb zn] **klein slagschip**
pocket billiards [alleen mv; werkwoord voornamelijk enk] **Engels biljartspel** ⟨met zes zakken waarin ballen gestoten moeten worden⟩, ± potspel, ± poule
pock·et·book [telb zn] [1] **zakboekje,** notitieboekje [2] ⟨AE⟩ **portefeuille** ♦ *he hurt my pocketbook* hij deed een aanslag op mijn portemonnee [3] ⟨AE⟩ **inkomen,** financiële positie ♦ *pocketbook issues* financiële kwesties, geldzaken [4] ⟨AE⟩ **pocket(boek),** ⟨i.h.b.⟩ paperback [5] ⟨AE⟩ **(dames)handtas,** ⟨i.h.b.⟩ enveloptas [6] ⟨AE⟩ **(dames)portemonnee**
pocket borough [telb zn] ⟨BE; gesch⟩ **klein kiesdistrict** ⟨vertegenwoordigd in parlement, en beheerst door één persoon/familie⟩
pocket calculator [telb zn] **zakrekenmachientje**
pocket camera [telb zn] **pocketcamera**
pocket dictionary [telb zn] **zakwoordenboek**
pocket edition [telb zn] **pocketuitgave**
pocket expenses [alleen mv] **kleine/lopende uitgaven**

pock·et·ful /pɒkɪtfʊl, ᴬpɑ-/ [telb zn; mv: Amerikaans-Engels ook pocketsful /-kɪts-/] zak vol ⟨ook figuurlijk⟩, heel grote hoeveelheid

pocket handkerchief [telb zn] [1] ⟨vero⟩ zakdoek [2] klein vierkantje, heel klein stukje ♦ *a pocket handkerchief of a garden/lawn* een piepklein tuintje/grasveldje

pock·et-hand·ker·chief [bn, attr] ⟨BE; inf⟩ heel klein, piepklein

pocket hole [telb zn] zakopening

pock·et·knife [telb zn] zakmes

pocket lantern, pocket torch [telb zn] zaklantaarn

pocket lettuce [niet-telb zn] ⟨sl⟩ poen, duiten

pocket litter [niet-telb zn] ⟨sl⟩ inhoud van jas/broekzak

pocket money [niet-telb zn] ⟨vnl BE⟩ zakgeld ⟨van kinderen⟩

pock·et-sized, pock·et-size [bn] [1] in zakformaat ♦ *a pocket-sized book* een pocket(boek) [2] heel klein, minuscuul, miniatuur, mini-

pocket square [telb zn] pochette ⟨zakdoek voor bovenste zakje van colbert⟩

pocket veto [telb zn] indirect veto ⟨door een wet niet te ondertekenen (voor het reces)⟩

pocket watch [telb zn] zakhorloge

pock·mark /pɒkmɑːk, ᴬpɑkmɑrk/ [telb zn] [1] pokput [2] put, kuil, gat, holte

pock·marked /pɒkmɑːkt, ᴬpɑkmɑrkt/, **pocked** /pɒkt, ᴬpɑkt/ [bn] [1] pokdalig, door de pokken geschonden [2] vol gaten, met kuilen/holen ♦ *the moon is pockmarked with craters* het oppervlak van de maan zit vol kraters

pock·wood [niet-telb zn] pokhout

pock·y /pɒki, ᴬpɑki/ [bn; vergr trap: pockier] [1] pokkig, lijkend op pokken, pokken- [2] syfilitisch, m.b.t./lijkend op syfilis

¹**po·co·cu·ran·te** /poʊkoʊkjʊrænti/ [telb zn] onverschillige, nonchalant iemand, zorgeloze ziel

²**po·co·cu·ran·te** /poʊkoʊkjʊrænti/ [bn] onverschillig, nonchalant, onbewogen

po·co·cu·ran·te·ism /poʊkoʊkjʊræntiɪzm/, **po·co·cu·ran·tism** /-tɪzm/ [niet-telb zn] onverschilligheid, onbezorgdheid, nonchalance

¹**pod** /pɒd, ᴬpɑd/ [telb zn] [1] peul(enschil), (peul)dop, schil, omhulsel [2] cocon ⟨van zijderups⟩ [3] eierkoker ⟨van sprinkhaan⟩ [4] fuik, aalfuik [5] ⟨luchtv⟩ gondel, houder ⟨ruimte voor lading/brandstof onder vliegtuigvleugel⟩ [6] ⟨ruimtev⟩ voortstuwingsorgaan, voortstuwingseenheid ⟨afscheidbaar deel van ruimtevaartuig⟩ [7] ⟨ruimtev⟩ afzonderlijke cabine ⟨voor personeel, instrumenten⟩ [8] ⟨dierk⟩ school, grote groep ⟨van zeehonden, walvissen⟩ [9] gleuf, groef ⟨bijvoorbeeld in aardboor⟩ [10] boorhouder

²**pod** /pɒd, ᴬpɑd/ [onov ww] [1] peulen vormen, peulen voortbrengen ♦ *these pea plants pod up* deze erwtenplanten ontwikkelen zich goed [2] uitzetten, zwellen ⟨als een peul⟩; → **podded**

³**pod** /pɒd, ᴬpɑd/ [ov ww] [1] doppen, peulen [2] bijeendrijven ⟨bijvoorbeeld zeehonden⟩; → **podded**

POD [afk] (Pay On Delivery)

po·dag·ra /pədægrə/ [telb + niet-telb zn] ⟨med⟩ podagra, voetjicht, het pootje

po·dag·ral /pədægrəl/, **po·dag·ric** /-grɪk/, **po·dag·rous** /-grəs/ [bn] ⟨med⟩ van/m.b.t./lijdend aan podagra, podagreus

¹**pod·cast** /pɒdkɑːst, ᴬpɑdkæst/ [telb zn] podcast ⟨digitale geluidsuitzending via internet voor op je pc of audiospeler⟩

²**pod·cast** /pɒdkɑːst, ᴬpɑdkæst/ [ov ww] podcasten, als podcast uitzenden

pod·ded /pɒdɪd, ᴬpɑ-/ [bn; in bet 1 en bet 2 volt deelw van pod] [1] peuldragend, peulen voortbrengend [2] in de peul groeiend, peul- [3] ⟨inf⟩ welgesteld, er warmpjes bijzittend [4] ⟨luchtv⟩ vrijhangend ⟨motor⟩

pod·dy /pɒdi, ᴬpɑdi/ [telb zn] ⟨AuE⟩ handgevoed kalf

po·des·ta /pɒdestə, ᴬpoʊdestɑ-/ [telb zn] [1] lid van een gemeentebestuur, magistraat ⟨in Italië⟩ [2] ⟨gesch⟩ podesta, stadsbestuurder ⟨in middeleeuwen⟩

podge /pɒdʒ, ᴬpɑdʒ/ [telb zn] ⟨inf⟩ propje ⟨van persoon⟩, klein dikkerdje, dikzak

podg·i·ness /pɒdʒinəs, ᴬpɑ-/ [niet-telb zn] rondheid, dikheid

podg·y /pɒdʒi, ᴬpɑdʒi/, **pudg·y** /pʌdʒi/ [bn; vergr trap: podgier] ⟨inf⟩ rond, klein en dik, propperig

po·di·a·trist /pədaɪətrɪst/ [telb zn] ⟨AE⟩ chiropodist, voetkundige, voetverzorger

po·di·a·try /pədaɪətri/ [telb zn] ⟨AE⟩ chiropodie

po·di·um /poʊdiəm/ [telb zn; mv: ook podia /poʊdiə/] [1] podium, (voor)toneel, verhoging, spreekgestoelte, platform, rostrum [2] arenamuurtje ⟨van amfitheater⟩ [3] voet ⟨van huis⟩, (bovengrondse) fundering [4] doorlopende bank ⟨langs kamermuren⟩

pod·o·phyl·lin /pɒdəfɪlɪn, ᴬpɑ-/ [niet-telb zn] ⟨med⟩ podofylline ⟨poeder uit de wortels van de podophyllum peltatum⟩

po·dunk /poʊdʌŋk/ [bn, attr] ⟨AE; inf⟩ provincie-, afgelegen, plattelands ♦ *podunk town* (provincie)gat, gehucht

pod·zol /pɒdzɒl, ᴬpɑdzɑl/, **pod·sol** /-sɒl, ᴬ-sɑl/, **podzol soil, podsol soil** [niet-telb zn] podsol, schierzand

pod·zol·ize, pod·zol·ise /pɒdzəlaɪz, ᴬpɑdzə-/, **pod·sol·ize, pod·sol·ise** /-sɒ-, ᴬ-sɑ-/ [onov + ov ww] podsoleren, (doen) veranderen in podsol

poe /poʊ/ [telb zn] ⟨dierk⟩ tui ⟨vogel; Prosthemadera novaeseelandiae⟩

POE [afk] ⟨AE⟩ (Port Of Entry/Embarkation)

p·o·ed /piːoʊd/ [bn] ⟨AE; inf⟩ woest, pisnijdig, hels

po·em /poʊɪm/ [telb zn] gedicht, vers, dichtstuk

poenology [niet-telb zn] → **penology**

po·e·sy /poʊɪzi/ [telb + niet-telb zn] ⟨form⟩ poëzie, dichtkunst, gedichten, dichterlijk gevoel

po·et /poʊɪt/ [telb zn] dichter, poëet

po·et·as·ter /poʊɪtæstə, ᴬ-tæstər/ [telb zn] ⟨pej⟩ rijmelaar, poëtaster, pruldichter

po·et·ess /poʊɪtes, ᴬpoʊɪtɪs/ [telb zn] dichteres

po·et·ic /poʊetɪk/ [bn; bw: ~ally] [1] dichterlijk, poëtisch, als een gedicht, m.b.t. de dichtkunst, van een dichter ♦ *poetic diction* poëtisch taalgebruik; *the Poetic Edda* de Poëtische Edda; *in poetic form* in dichtvorm, in versvorm; *poetic genius* geest (als) van een dichter; *poetic licence* dichterlijke vrijheid [2] (poëtisch) mooi, tot de verbeelding sprekend, expressief ♦ *poetic grace* poëtische/uitdrukkingsvolle gratie [·] *poetic justice* perfecte rechtvaardigheid, ideale gerechtigheid

¹**po·et·i·cal** /poʊetɪkl/ [bn; bw: ~ly] [1] dichterlijk [2] (poëtisch) mooi, expressief [3] geïdealiseerd, gepoëtiseerd ♦ *a poetical love* een geïdealiseerde liefde

²**po·et·i·cal** /poʊetɪkl/ [bn, attr] in versvorm ♦ *the poetical works of Yeats* de gedichten/verzen van Yeats

po·et·i·cize, po·et·i·cise /poʊetɪsaɪz/ [ov ww] poëtiseren, (tot/in) een gedicht maken, dichten ♦ *he poeticized his feelings* hij verwerkte zijn gevoelens in/tot een gedicht

po·et·ics /poʊetɪks/ [alleen mv; werkwoord voornamelijk enk] [1] poetica, theorie/studie van de poëzie [2] verskunst, dichtkunst [3] poëtische uiting(en)

¹**po·et·ize, po·et·ise** /poʊɪtaɪz/ [onov ww] poëtiseren, dichten

²**po·et·ize, po·et·ise** /poʊɪtaɪz/ [ov ww] tot een gedicht maken, in dichtvorm bezingen

po·et·ry /poʊɪtri/ [niet-telb zn] [1] poëzie, dichtkunst ♦ *prose and poetry* proza en poëzie [2] poëzie, dichtwerk, gedichten, verzen ♦ *the poetry of Shakespeare* de gedichten van Shakespeare [3] dichterlijke bekoring, poëtische schoonheid/expressie

po-faced /poʊfeɪst/ [bn] ⟨BE; inf; pej⟩ met een zuur/cha-

pogo

grijnig gezicht, met een stuurse/gemelijke blik
¹po·go /ˈpoʊɡoʊ/, **pogo stick** [telb zn] springstok ⟨met veer; speelgoed⟩
²po·go /ˈpoʊɡoʊ/ [onov ww] pogoën, de pogo dansen ⟨punkdans⟩
po·go stick·ing [niet-telb zn] ⟨vnl AE; comp⟩ het heen-en-weersurfen ⟨om informatie te kunnen vinden op een website⟩
po·grom /ˈpɒɡrəm, ˈpəɡrɒm/ [telb zn] pogrom
poign·an·cy /ˈpɔɪn(j)ənsi/, **poign·ance** /ˈpɔɪn(j)əns/ [telb + niet-telb zn] [1] scherpheid, schrijning, pijnlijkheid, stekeligheid [2] aangrijpendheid, ontroering, gevoeligheid [3] pikantheid, prikkeling
poign·ant /ˈpɔɪn(j)ənt/ [bn; bw: ~ly] [1] scherp ⟨van smaak, gevoelens⟩, doordringend, schrijnend, stekelig, penetrant ♦ her poignant criticism haar scherpe/bijtende kritiek; our poignant hunger onze knagende honger; a poignant smell of garlic een scherpe knoflooklucht; his poignant sorrow zijn diepgevoelde leed [2] aangrijpend, ontroerend, gevoelig, schrijnend, navrant ♦ a poignant description of the war een aangrijpende oorlogsbeschrijving [3] stimulerend, prikkelend, pikant ♦ poignant details pikante details; her poignant felicity haar stimulerende/aanstekelijke geluk [4] urgent, nijpend ⟨probleem⟩
poi·ki·lo·therm /ˈpɔɪkɪloʊθɜːm, ˈ-kɪləθɜrm/ [telb zn] ⟨dierk⟩ koudbloedig dier, poikilotherm dier
poi·ki·lo·ther·mal /ˌpɔɪkɪloʊˈθɜːml, ˌpɔɪkɪləˈθɜrml/, **poi·ki·lo·ther·mic** /-mɪk/, **poi·ki·lo·ther·mous** /-məs/ [bn] ⟨dierk⟩ koudbloedig
poi·lu /pwɑːˈluː/ [telb zn] ⟨vero, sl⟩ poilu ⟨soldaat aan Franse frontlijn in Eerste Wereldoorlog⟩
poin·ci·an·a /ˌpɔɪnsiˈɑːnə, ˈ-ænə/ [telb + niet-telb zn] ⟨plantk⟩ poinciana ⟨genus Poinciana⟩, ⟨i.h.b.⟩ flamboyant ⟨Delonix regia⟩
poin·set·ti·a /pɔɪnˈsɛtɪə/ [telb zn] ⟨plantk⟩ poinsettia, kerstster ⟨Euphorbia pulcherrima⟩
¹point FRACTION /pɔɪnt/ [telb zn] [1] punt, stip, spikkel, plek, spits, ⟨rekenkunde⟩ decimaalteken, komma ♦ ⟨natuurk⟩ fixed point vast punt ⟨van temperatuur⟩; a full point at the end of a sentence een punt aan het einde van de zin; a point of light een lichtpuntje; the raised point indicates vowel length de hoge punt geeft de lengte van de klinkers aan; point three nul komma drie, 0,3; four point three vier komma drie, 4,3 [2] punt, waardepunt, waarderingspunt, punteenheid ♦ how many points is this diamond? hoeveel punten is die diamant?; the price of corn fell a few points de graanprijs daalde een paar punten; give points to s.o. iemand punten vóór geven; ⟨fig⟩ sterker zijn dan iemand; lose on points op punten verliezen; shares rose some points de aandelen gingen enkele punten omhoog; score a point/points against/off/over s.o. het van iemand winnen ⟨in woordenstrijd⟩; iemand op zijn nummer zetten, iemand van repliek dienen, iemand de loef afsteken; ⟨drukw⟩ a six-point character een letter van zes punten; win/be beaten on points op punten winnen/verliezen op punten; we won by four points to one we wonnen met vier-één; ⟨AE⟩ points for this semester's work een cijfer voor het werk van dit semester [3] ⟨benaming voor⟩ (puntig) uiteinde, (land)punt, voorgebergte, spits, tak, end ⟨van gewei⟩, uitsteeksel, punt(ig) deel, (spits toelopend) vakje ⟨op triktrakbord⟩ ♦ the point of Africa de punt/kaap van Afrika; at the point of a gun onder bedreiging van een geweer, met een geweer in de nek; the ballet dancer was on her points de balletdanseres stond op de punten van haar tenen; the point of an etching-needle de punt van een etsnaald; the point of a knife/pencil/sword de punt van een mes/potlood/zwaard; the point of a shield de punt/het benedendeel van een schild; the point of the vanguard de spits van de voorhoede [4] punt, kwestie, onderwerp, opzicht ♦ at all points in alle opzichten, geheel en al; a point of conscience een gewetenskwestie; I sup-

pose it has its points ik neem aan dat het zijn positieve kanten heeft; a point of honour een erezaak, een point d'honneur; labour the/a point in details treden, op de details ingaan; on this point in dit opzicht, op dit punt; a point of order een ordepunt, een opmerking m.b.t. de gang van zaken; don't press the point dring daar niet zo op aan; pursue this point hierover doorgaan; some points in your speech een paar onderdelen/zaken in je toespraak; ⟨form⟩ I yield the point op dat punt/wat dat betreft/dat geef ik toe [5] karakteristiek, ⟨kenmerkende⟩ eigenschap, ⟨ras⟩kenmerk ⟨van dier⟩ ♦ that's his strong point dat is zijn sterke kant/zijn beste eigenschap/zijn fort [6] (kompas)streek ♦ the cardinal points de (vier) hoofdrichtingen (op een kompas), de vier windstreken [7] ⟨jacht⟩ het staan, het aangeven ⟨wild⟩ ♦ come to/make a point ⟨muurvast⟩ staan; een punt maken, recht afgaan ⟨op wild⟩ ⟨van jachthond⟩ [8] ⟨jacht⟩ punt [9] ⟨cricket⟩ verdediger(spositie) ⟨tegenover batsman aan de offside⟩ [10] koord, rijgsnoer, rijgveter, ⟨scheepv⟩ rifkoordje, lint met malie [11] ⟨vnl BE⟩ contactpunt, stopcontact [12] ⟨sl⟩ uitkijk ⟨bij misdaad⟩ ♦ ⟨inf⟩ that article is on point dat artikel sloeg de spijker op zijn kop, dat artikel heeft het treffend/correct weergegeven/verwoord; ⟨AE; sl⟩ shave the points een wedstrijd/spel opzettelijk verliezen ⟨voor geldelijk gewin⟩; stretch/strain a point een uitzondering maken, soepel zijn, met de hand over het hart strijken; overdrijven, te ver gaan; at the point of the sword met het mes op de keel; ⟨sprw⟩ possession is nine points of the law ± hebben is hebben en krijgen is de kunst

²point /pɔɪnt/ [telb + niet-telb zn] punt ⟨precieze plaats/tijd/toestand/graad/fase⟩, ⟨bij uitbreiding⟩ kern, essentie, clou, pointe ♦ first point of Aries punt Aries, lentepunt; at the point of death op het randje van de dood; only at that point did he tell me pas toen/daar vertelde hij het mij; the most beautiful points de mooiste plekjes; that's beside the point dat heeft er niets mee te maken, daar gaat het (nu) niet om; the point of this book de essentie van dit boek, waar het om gaat in dit boek; full to bursting point propvol, barstensvol; he answered my question point by point hij beantwoordde mijn vraag puntsgewijs; when it came to the point toen puntje bij paaltje kwam, toen het er echt op aankwam; I've come to the point of hating him ik begin hem nu zelfs te haten; come/get to the point ter zake komen; point of contact aanrakingspunt; the point of death het tijdstip van de dood; point of departure punt/tijdstip van vertrek; point of entry inschaling ⟨m.b.t. loon⟩; from a political point of view uit politiek oogpunt; get/see the point of sth. iets snappen; you have a point there daar heb je gelijk in; in point of cost wat de kosten betreft, m.b.t. de kosten; the point of this joke de clou van deze grap; the main point het allerbelangrijkste, de hoofdzaak; I always make a point of being in time ik zorg er altijd goed voor op tijd te zijn; he always misses the point hij begrijpt de strekking/geestigheid nooit; he got off the point hij dwaalde van het onderwerp af; off/away from the point niet ter zake, niet relevant; be on the point of op het punt staan te, er na aan toe zijn om; a point-to-point race paardenrace van punt naar punt ⟨route aangegeven door bepaalde tekens⟩; reach the point ter zake komen; point of reference referentiepunt; point of no return ⟨beslissend⟩ punt (waarna men moet doorgaan); some points along this road enkele haltes/stopplaatsen langs deze weg; that's just the point dat is het hele punt, dat is het 'm juist; it's the point to do it soon het is zaak het spoedig te doen; I take your point, point taken ik begrijp wat je bedoelt; at this point in/of time op dit ogenblik, momenteel; he's always to the point hij is altijd zakelijk; that's (not) to the point dat is (ir)relevant; to the point of rudeness op het onbeleefde af, grenzend aan grofheid; up to a (certain) point tot op zekere hoogte, binnen zekere grenzen; point of view uitkijkpunt; ⟨fig⟩ gezichtspunt, standpunt; wander off/away from the point afdwalen ▸ in point of fact in feite/werkelijkheid; bovendien, zelfs, en niet te vergeten; *a case in point* een dergelijk geval, toepasselijk; *the case in point* het betreffende geval, de zaak in kwestie

³**point** /pɔɪnt/ [niet-telb zn] zin, doel(treffendheid), bedoeling, effect ♦ *carry/gain your point* je doel bereiken, een overtuigend effect bereiken; *there is no/not much point in this* dit heeft geen/niet veel zin; *his remarks lacked point* zijn opmerkingen sloegen nergens op; *you have made your point* je hebt je bedoeling duidelijk (genoeg) gemaakt; *you've proved your point* je hebt je gelijk bewezen, je hebt je mening duidelijk onder woorden gebracht; *I take your point* ik begrijp wat je bedoelt; *his advice was to the point* zijn advies was zinvol/nuttig; *what's the point?* wat heeft het voor zin/voordeel? wat is de reden? ⑦ *give point to one's words* zijn woorden benadrukken, nadruk leggen op zijn woorden

⁴**point** /pɔɪnt/ [onov ww] ① gericht zijn, aandachtig/geconcentreerd zijn, mikken, gekeerd zijn, de aandacht trekken ♦ *the gun pointed at/towards me* het geweer was op mij gericht ② neigen, zich draaien ③ wijzen, het bewijs zijn ♦ *point to sth.* ergens naar wijzen, iets aangeven, iets suggereren, iets bewijzen ④ (blijven) staan (van hond); → **pointed, pointing**

⁵**point** /pɔɪnt/ [ov ww] ① in een punt maken, scherp/spits maken, aanpunten ♦ *point a pencil* een potlood slijpen/punten; *she pointed her toes* ze spitste haar tenen ② richten, (be)wijzen, mikken ♦ *he pointed his gun at/towards the door* hij richtte zijn geweer op de deur; *he pointed his finger at me* hij wees mij aan; ⟨fig⟩ *point a finger (of scorn) at s.o.* iemand in het openbaar beschuldigen/aanvallen ③ interpungeren, (lees)tekens aanbrengen in, d.m.v. punt/decimaal scheiden, ⟨muz⟩ punteren (voor staccato-effect), een punt zetten na ⟨noot; verlengt haar waarde met de helft⟩, ⟨België⟩ punteren ♦ *point off a figure* een getal d.m.v. een decimaal scheiden ④ kracht bijzetten aan, verduidelijken, benadrukken ♦ *this points up the difference between them* dit benadrukt het verschil tussen hen ⑤ voegen ⟨metselwerk⟩ ⑥ aangeven ⟨van hond/kompas⟩ ♦ *the dog pointed the game* de hond gaf het wild aan ⑦ zie: **point out**; → **pointed, pointing**

¹**point·blank** [bn] ① à bout portant, korteafstands-, van vlakbij, regelrecht ♦ *pointblank distance* van korte afstand; *at pointblank range* à bout portant; *a pointblank shot* een kernschot ② rechtstreeks, (te) direct, bot ♦ *a pointblank accusation* een regelrechte beschuldiging; *a pointblank refusal* een botte weigering

²**point·blank** [bw] ① à bout portant, van korte afstand, van vlakbij, regelrecht ♦ *fire pointblank at s.o.* van korte afstand op iemand schieten ② rechtstreeks, zonder omhaal, op de man af ♦ *he told me pointblank* hij vertelde het mij op de man af/zonder omhaal/ijskoud

point duty [niet-telb zn] ⟨BE⟩ verkeersregeling ⟨voornamelijk op kruispunt⟩ ♦ *a policeman on point duty* verkeersagent, verkeersregelaar

point·ed /pɔɪntɪd/ [bn; volt deelw van point; bw: ~ly; zn: ~ness] ① puntig, met een punt, puntvormig, punt- ♦ *pointed fingernails* spitse nagels; *pointed shoes* puntschoenen ② scherp, venijnig, bits, doordringend, ad rem ♦ *a pointed answer* een bits/ad rem antwoord; *a pointed question* een scherpe vraag; *looking in a pointed way* doordringend kijken; *she has a pointed wit* zij is niet op haar mondje gevallen, zij is zeer ad rem ③ gericht, op de man/vrouw af, persoonlijk ♦ *pointed accusations* persoonlijke beledigingen ④ nadrukkelijk, duidelijk, opvallend

point·er /pɔɪntə, ˆpɔɪntər/ [telb zn] ① wijzer ⟨van klok, weegschaal e.d.⟩ ② aanwijsstok ③ aanwijzing, suggestie, hint, advies, wenk ④ ⟨jacht⟩ pointer, staande hond ⑤ graveernaald, etsnaald

point·ers /pɔɪntəz, ˆpɔɪntərz/ [alleen mv; voornamelijk Pointers; the] ⟨astron⟩ de twee Grote Beersterren

point-head /pɔɪnthed/, **point·y·head** /pɔɪntihed/ [telb zn] ⟨sl⟩ ① vandaal, straatschender ② stommeling

point-head·ed, point·y·head·ed [bn] ⟨sl⟩ geleerd, intellectueel

poin·til·lism /pwæntɪlɪzm, pɔɪntɪlɪzm/ [niet-telb zn] ⟨bk⟩ pointillisme

¹**poin·til·list** /pwæntɪlɪst, pɔɪntɪ-/ [telb zn] ⟨bk⟩ pointillist

²**poin·til·list** /pwæntɪlɪst, pɔɪntɪ-/, **poin·til·lis·tic** /pwæntɪlɪstɪk, pɔɪntɪ-/ [bn] ⟨bk⟩ pointillistisch

point·ing /pɔɪntɪŋ/ [telb + niet-telb zn] ⟨oorspronkelijk⟩ gerund van point] ① voegwerk ② het voegen, voegwerk ③ (voeg)specie

point lace [niet-telb zn] naaldkant

point·less /pɔɪntləs/ [bn; bw: ~ly; zn: ~ness] ① zinloos, doelloos ② nutteloos, onnodig, onbelangrijk ③ bot, stomp, zonder punt, puntloos ④ puntloos, zonder (gescoorde) punten ♦ *a pointless draw* een o-o gelijk spel ⑤ flauw, zwak, krachteloos ♦ *a pointless joke* een flauwe mop

point man [telb zn] ⟨AE; inf⟩ ① uitkijk ⟨bij misdaad⟩ ② ⟨mil; ook fig⟩ voorman

point-of-sale [telb zn] verkooppunt

point-of-sale terminal [telb zn] betaalautomaat ⟨bijvoorbeeld bij benzinestation, in supermarkt⟩

point out [ov ww] ① wijzen naar ♦ *point out sth. to s.o.* iemand op iets attenderen ② naar voren brengen, in het midden/te berde brengen, betogen ♦ *point out s.o.'s responsibilities* iemand zijn plichten voorhouden

point penalty [telb zn] ⟨sport, in het bijzonder tennis⟩ strafpunt

points /pɔɪnts/ [alleen mv] ① ⟨BE; spoorw⟩ (punt)wissel ② extremiteiten ⟨van hond/paard⟩, uiteinden

points classification [telb zn] ⟨wielersp⟩ puntenklassement

points·man /pɔɪntsmən/ [telb zn; mv: pointsmen /-mən/] ⟨BE⟩ ① wisselwachter ② verkeersagent

point system [telb + niet-telb zn] ① ⟨drukw⟩ puntenstelsel ② ⟨onderw, ec⟩ puntensysteem

point-to-point [telb zn; ook attributief] ⟨BE; paardsp⟩ steeplechase

¹**poise** /pɔɪz/ [telb zn] ⟨scheik⟩ poise

²**poise** /pɔɪz/ [telb + niet-telb zn] ① evenwicht, stabiliteit, balans, ⟨fig⟩ zelfverzekerdheid, zelfvertrouwen, onverstoorbaarheid, rust, kalmte, waardigheid ♦ *at poise* in evenwicht ② houding ⟨bijvoorbeeld van hoofd⟩, voorkomen

³**poise** /pɔɪz/ [niet-telb zn] ① het hangen/zweven ⟨in de lucht⟩ ② besluiteloosheid, onzekerheid ♦ *at poise* in onzekerheid

⁴**poise** /pɔɪz/ [onov ww] balanceren, zweven; → **poised**

⁵**poise** /pɔɪz/ [ov ww] ① (in evenwicht) houden, (doen) balanceren ② klaar/gereed houden; → **poised**

¹**poised** /pɔɪzd/ [bn; volt deelw van poise] evenwichtig, weloverwogen, stabiel, verstandig

²**poised** /pɔɪzd/ [bn, pred; volt deelw van poise] ① zwevend, ⟨fig⟩ in onzekerheid, balancerend ♦ *he was poised between life and death* hij zweefde tussen leven en dood ② stil (in de lucht hangend) ♦ *the hummingbird* hung poised above the flower de kolibrie hing stil boven de bloem ③ klaar, gereed, bereid ♦ *be poised for victory* op het punt staan te winnen; *the soldiers were poised for action* de soldaten waren klaar voor de strijd; *the mother sat poised on the edge of the chair* de moeder zat op het puntje van haar stoel

¹**poi·son** /pɔɪzn/ [telb + niet-telb zn] ① vergif(t), gif, ⟨fig⟩ schadelijke invloed/doctrine, kwaad ② ⟨scheik⟩ inhibitor, vergif(t), negatieve katalysator ③ ⟨sl⟩ ongeluksbrenger, pest ⑦ ⟨sprw⟩ *one man's meat is another man's poison* wat de een niet lust, daar eet de ander zich dik aan

²**poi·son** /pɔɪzn/ [niet-telb zn] ⟨inf; scherts⟩ drank ♦ *What's your poison?* Wat mag het zijn?

poison

³**poi·son** /pɔɪzn/ [ov ww] [1] vergiftigen ♦ ⟨fig⟩ *his friends poisoned his mind against the school* zijn vrienden stookten hem op tegen de school; *a poisoned arrow* een giftige pijl; *a poisoned cup* een gifbeker; *our dog was poisoned* onze hond werd vergiftigd; *poisoned food* vergiftigd voedsel [2] bederven ⟨sfeer, mentaliteit⟩, verzieken, vergallen ♦ *he poisoned their pleasure* hij bedierf hun plezier; *their good relationship was poisoned by jealousy* hun goede verhouding werd door jaloezie verstoord/verziekt [3] vervuilen ⟨bijvoorbeeld water⟩, verontreinigen ♦ *this river is poisoned with chemicals* deze rivier is verontreinigd door chemische stoffen [4] ⟨BE⟩ ontsteken ♦ *a poisoned leg* een ontstoken been [5] ⟨scheik⟩ vergiftigen; → poisoning

poi·son·er /pɔɪznə, ᴬ-ər/ [telb zn] gifmeng(st)er, vergiftiger, gifmoordenaar

poison fang [telb zn] giftand

poison gas [niet-telb zn] gifgas

poison gland [telb zn] gifklier

poi·son·ing /pɔɪznɪŋ/ [telb + niet-telb zn; gerund van poison] vergiftiging

poison ivy [telb + niet-telb zn] ⟨plantk⟩ gifsumak ⟨Rhus radicans⟩

poison nut [telb zn] ⟨plantk⟩ [1] braaknoot ⟨Nux vomica⟩ [2] braaknotenboom ⟨Strychnos nux-vomica⟩

poison oak [telb + niet-telb zn] ⟨plantk⟩ poison oak ⟨Rhus toxicodendron/diversiloba⟩

poi·son·ous /pɔɪznəs/ [bn; bw: ~ly; zn: ~ness] [1] giftig ♦ *a poisonous snake* een giftige slang [2] verderfelijk, negatief, zeer slecht, corrumperend ♦ *poisonous ideas* verderfelijke ideeën [3] verontreinigend, vervuilend ♦ *the poisonous effect of this substance* het verontreinigende effect van deze stof [4] akelig, zeer onaangenaam, gemeen, afschuwelijk ♦ *a poisonous dish* afschuwelijk eten; *a poisonous glance* een vernietigende blik; *poisonous green* gifgroen

poi·son-pen [telb zn] (anonieme) lasterschrijver, lasteraar

poison-pen letter [telb zn] (anonieme) lasterbrief, lasterschrift

poison pill [telb zn] ⟨ook handel⟩ gifpil

¹**poke** /poʊk/ [telb zn] [1] por, prik, duw, zet, stoot ♦ *he gave me a poke in the ribs* hij porde me in mijn zij [2] ⟨AE; honkb⟩ hit, slag [3] vuistslag ♦ *take a poke at* met de vuist uithalen naar [4] luifel ⟨van hoed⟩ [5] luifelhoed [6] ⟨AE⟩ slome duikelaar, sufferd, boerenheikneuter [7] ⟨verouderd of gewestelijk⟩ zak [8] ⟨plantk⟩ karmozijnbes ⟨Phytolacca americana⟩ [9] ⟨AE; sl⟩ portemonnee, portefeuille, beurs, platvink [10] ⟨AE; inf⟩ cowboy [11] ⟨AE; inf⟩ dagloner [12] ⟨BE; vulg⟩ neukpartij, wip

²**poke** /poʊk/ [niet-telb zn] ⟨AE; sl⟩ poen, geld, centen

³**poke** /poʊk/ [onov ww] [1] tevoorschijn komen, uitsteken ♦ *the boy's head poked from among the leaves* het hoofd van de jongen kwam tussen de bladeren tevoorschijn [2] hannesen, lummelen ♦ *I've been poking around in the shed all morning,* ⟨BE ook⟩ *I've been poking about in the shed all morning* ik heb de hele ochtend in de schuur rondgescharreld [3] zoeken, snuffelen, ⟨i.h.b.⟩ zich bemoeien met iets ♦ ⟨BE ook⟩ *who has been poking about among my letters* wie heeft er in mijn brieven zitten neuzen?; ⟨BE ook⟩ *he poked about the cupboard for a bottle of plonk* hij zocht in zijn kast naar een fles goedkope wijn; *who has been poking around among my letters* wie heeft er in mijn brieven zitten neuzen?; *he poked around the cupboard for a bottle of plonk* hij zocht in zijn kast naar een fles goedkope wijn; *poke into s.o.'s business* zijn neus in iemands zaken steken

⁴**poke** /poʊk/ [onov + ov ww] [1] porren, prikken, steken, priemen, boren ♦ *she was just poking at her plate* ze zat maar een beetje in haar bord te prikken; *stop poking your fork at the poor cat* zit niet zo met je vork te prikken naar die arme poes; *poke a hole in sth.* ergens een gat in maken; *poke one's nose into sth.* zijn neus ergens insteken; *poke s.o.*

in the ribs iemand in zijn zij porren [2] stoten, duwen ♦ *poke one's way through the crowd* zich door de menigte ellebogen ♦ ⟨vulg⟩ neuken, naaien

⁵**poke** /poʊk/ [ov ww] [1] (op)poken, (op)porren ⟨vuur⟩ [2] uitsteken, tevoorschijn brengen ♦ *poke one's head* met het hoofd naar voren lopen; het hoofd (ergens) uitsteken [3] een vuistslag geven, stompen ♦ *he threatened to poke me one* hij dreigde me een mep te verkopen [4] ⟨inf⟩ opsluiten (in kleine/smerige ruimte) ♦ *I hate to be poked up in this village for another week* ik vind het vreselijk om nog een week in dit gat te moeten zitten [5] ⟨AE⟩ hoeden ⟨vee⟩ [6] ⟨AE; honkb⟩ hitten, een honkslag/homerun slaan [7] ⟨AE; inf⟩ beïnvloeden, oppeppen, lokken [8] ⟨comp⟩ begroeten (op digitaal sociaal netwerk Facebook)

poke·ber·ry [telb zn] ⟨plantk⟩ karmozijnbes ⟨Phytolacca americana⟩

poke bonnet [telb zn] luifelhoed, tuithoed

¹**pok·er** /poʊkə, ᴬ-ər/ [telb zn] kachelpook, pook

²**pok·er** /poʊkə, ᴬ-ər/ [niet-telb zn] poker ⟨kaartspel⟩

¹**poker dice** [telb zn; mv: poker dice] pokerstenen

²**poker dice** [niet-telb zn] poker ⟨met pokerstenen⟩

poker face [telb zn] [1] pokergezicht, onbewogen gezicht, pokerface [2] iemand met een pokergezicht/onbewogen gezicht

pok·er-faced [bn] met een pokergezicht, (met een) onbewogen (gezicht)

poker machine [telb zn] ⟨AuE⟩ gokautomaat

poker work [telb + niet-telb zn] (ontwerp/versiering in) brandwerk

poke·weed [telb + niet-telb zn] ⟨plantk⟩ karmozijnbes ⟨Phytolacca Americana⟩

po·kie /poʊki/ [telb zn] ⟨AuE; inf⟩ gokautomaat, gokkast

¹**po·ky, po·key** /poʊki/ [telb zn] ⟨AE; sl⟩ nor, bak, gevangenis

²**po·ky,** ⟨AE ook⟩ **po·key** /poʊki/ [bn; vergr trap: pokier; bw: pokily; zn: pokiness] ⟨inf⟩ [1] benauwd, klein, hokkerig, petieterig, miezerig [2] slonzig ♦ *her clothes were as poky as ever* ze ging nog altijd even slonzig gekleed [3] sloom, traag

pol [afk] [1] (political) [2] (politician) [3] (politics)

po·lac·ca /poʊlækə/, **po·la·cre** /poʊlɑːkə, ᴬ-lɑkər/ [telb zn] ⟨scheepv⟩ polakker(brik)

po·lack /poʊlæk, ᴬpoʊlɑk/ [telb zn; soms Polack] ⟨AE; beled⟩ Pool, polak

Po·land /poʊlənd/ [eigenn] Polen

Poland	
naam	Poland *Polen*
officiële naam	Republic of Poland *Republiek Polen*
inwoner	Pole *Pool*
inwoonster	Pole *Poolse*
bijv. naamw.	Polish *Pools*
hoofdstad	Warsaw *Warschau*
munt	zloty *zloty*
werelddeel	Europe *Europa*
int. toegangsnummer 48 www .pl auto PL	

Poland China [telb zn] poland-chinavarken ⟨Amerikaans varkensras⟩

po·lar /poʊlə, ᴬ-ər/ [bn, attr; bw: ~ly] [1] ⟨aardr⟩ polair, pool-, van de poolstreken ♦ *polar bear* ijsbeer; *polar cap* ijskap; ⟨i.h.b.⟩ poolkap; ⟨astron⟩ poolstreek ⟨van planeet⟩; *polar circle* poolcirkel; *polar lights* poollicht, noorderlicht, zuiderlicht; *polar star* Poolster [2] ⟨natuurk⟩ polair, pool- [3] tegenovergesteld ♦ *they are polar opposites at that point* wat dat betreft staan ze lijnrecht tegenover elkaar/zijn ze elkaars tegenpolen [4] ⟨wisk⟩ pool-, polair ♦ *polar angle* middelpuntshoek; *polar axis* poolas; ⟨kristallografie⟩ polaire symmetrieas; *polar coordinate* poolcoördinaat; *polar curve* poolkromme; *polar distance* poolafstand [5] leidend

police court

◆ *polar principle* leidend beginsel [6] centraal, kern- ◆ *the polar datum* het cruciale gegeven [7] ⟨biol⟩ *polar body* poolliichaampje, richtingslichaampje ⟨polocyt⟩

po·lar·i- /pou̯ləri, pou̯læri/ polari-, polair

po·lar·im·e·ter /ˌpou̯ləˈrɪmɪtə, ᴬ-mɪtər/ [telb zn] ⟨natuurk, scheik⟩ polarimeter

po·lar·i·met·ric /ˌpou̯ləˈrɪmɛtrɪk, pou̯læri-/ [bn] ⟨natuurk, scheik⟩ polarimetrisch

po·lar·im·e·try /ˌpou̯ləˈrɪmɪtri/ [niet-telb zn] ⟨natuurk, scheik⟩ polarimetrie

¹**Po·lar·is** /pəˈlɑːrɪs/ [eigenn] Polaris, de Poolster

²**Po·lar·is** /pəˈlɑːrɪs/ [telb zn] ⟨AE; mil⟩ polarisraket

po·lar·i·scope /pou̯ˈlærɪskou̯p/ [telb zn] ⟨natuurk⟩ polariscoop

po·lar·i·scop·ic /pou̯ˌlærɪsˈkɒpɪk, ᴬ-skɑ-/ [bn; bw: ~ally] ⟨natuurk, scheik⟩ polariscopisch

po·lar·i·ty /pou̯ˈlærəti/ [telb + niet-telb zn] [1] ⟨natuurk⟩ polariteit, ⟨fig⟩ tegengesteldheid, tegenstrijdigheid [2] voorliefde, gerichtheid

po·lar·i·za·tion, po·lar·i·sa·tion /ˌpou̯ləraɪˈzeɪʃn, ᴬ-rəˈzeɪʃn/ [telb + niet-telb zn] ⟨natuurk, scheik⟩ polarisatie ⟨ook figuurlijk⟩, toespitsing van tegenstellingen

¹**po·lar·ize, po·lar·ise** /ˈpou̯ləraɪz/ [onov ww] in tweeën splijten, gepolariseerd worden, splitsen, uiteenvallen

²**po·lar·ize, po·lar·ise** /ˈpou̯ləraɪz/ [ov ww] [1] ⟨natuurk, scheik⟩ polariseren ⟨ook figuurlijk⟩, doen uiteenvallen, in tweeën splijten ◆ *the unexpected crash polarized the party into two groups* de plotselinge krach heeft de partij in twee groepen uiteen doen vallen [2] sturen, richten, doen concentreren, een bepaalde wending geven ◆ *society today is polarized towards material prosperity* de maatschappij is tegenwoordig gericht op materiële welvaart

po·lar·iz·er /ˈpou̯ləraɪzə, ᴬ-ər/ [telb zn] ⟨natuurk⟩ polarisator

po·lar·o·graph·ic /pou̯ˌlærəˈɡræfɪk/ [bn; bw: ~ally] ⟨scheik⟩ polarografisch

po·lar·og·ra·phy /ˌpou̯ləˈrɒɡrəfi, ᴬ-rɑ-/ [niet-telb zn] ⟨scheik⟩ polarografie

¹**Po·lar·oid** /ˈpou̯ləroɪd/ [telb zn] polaroidcamera

²**Po·lar·oid** /ˈpou̯ləroɪd/ [niet-telb zn; ook polaroid] polaroid

Po·lar·oids /ˈpou̯ləroɪdz/ [alleen mv] ⟨inf⟩ polaroidbril

po·la·touche /ˌpou̯ləˈtuːʃ/ [telb zn] ⟨dierk⟩ vliegende eekhoorn ⟨Sciuropterus volans⟩

pol·der /ˈpɒldə, ᴬˈpou̯ldər/ [telb zn] polder

¹**pole** /pou̯l/ [telb zn] [1] ⟨aardr, biol, natuurk, astron, wisk⟩ pool, ⟨fig⟩ tegenpool ◆ *from pole to pole* van pool tot pool, over de hele wereld [2] ⟨benaming voor⟩ paal, mast, stok, staaf, stang, vaarboom, disselboom, rondhout, (pols)stok, springstok [3] ⟨sport⟩ binnenbaan ⟨zie ook poleposition⟩ [4] rod, roede ⟨5,029 m⟩ [5] rod, roede ⟨25,29 m²⟩ [6] kernpunt, draaipunt [7] ⟨sl⟩ lul, pik, paal [8] ⟨sl; honkb⟩ knuppel, slaghout [·] *be poles apart/asunder* onverzoenlijk/onverenigbaar zijn, hemelsbreed van elkaar verschillen, tegenpolen zijn; *drive s.o. up the pole* iemand op de kast jagen, iemand razend maken; ⟨vnl BE⟩ *up the pole* in de problemen; aangeschoten; excentriek, geschift

²**pole** /pou̯l/ [onov ww] [1] ⟨scheepv⟩ bomen, punteren [2] skiën met skistokken [3] ⟨sl⟩ blokken, hard studeren [4] ⟨sl; sport, in het bijzonder honkbal⟩ 'm vol raken, meppen [5] ⟨sl⟩ eenstemmigheid bereiken [6] ⟨sl⟩ in stemming brengen

³**pole** /pou̯l/ [ov ww] [1] ⟨scheepv⟩ voortbomen, punteren met [2] ⟨landb⟩ stokken, van staken voorzien [3] slaan (met een paal) [4] ⟨sl; sport, in het bijzonder honkbal⟩ vol raken (met knuppel/slaghout)

Pole /pou̯l/ [telb zn] Pool(se), iemand van Poolse afkomst

¹**pole·axe** [telb zn] [1] strijdbijl [2] hellebaard [3] slachtbijl

²**pole·axe** [ov ww] [1] slachten [2] neerslaan/doden met bijl, ⟨fig⟩ bewusteloos slaan ◆ ⟨fig⟩ *be poleaxed* sprakeloos zijn, paf staan

pole bean [telb zn] stokboon

pole·cat [telb zn] ⟨dierk⟩ [1] bunzing ⟨in Europa; Mustela putorius⟩ [2] marterachtige ⟨in Amerika; familie Mustelidae⟩, ⟨i.h.b.⟩ stinkdier, skunk ⟨in Amerika; familie Mephitinae⟩

pole-horse [telb zn] trekpaard, ⟨i.h.b.⟩ achterpaard

¹**pole jump** [telb zn] ⟨atl⟩ polsstoksprong

²**pole jump** [niet-telb zn] ⟨atl⟩ (het) polsstok(ver)springen

³**pole jump** [onov ww] ⟨atl⟩ polsstok(ver)springen

¹**po·lem·ic** /pəˈlɛmɪk/ [telb zn] [1] polemiek, pennenstrijd, twist, controverse [2] polemicus, polemist

²**po·lem·ic** /pəˈlɛmɪk/ [niet-telb zn] het polemiseren

³**po·lem·ic** /pəˈlɛmɪk/, **po·lem·i·cal** /pəˈlɛmɪkl/ [bn; bw: ~ally] [1] polemisch, twist- [2] controversieel [3] polemisch, twistziek, offensief

po·lem·i·cist /pəˈlɛmɪsɪst/, **pol·e·mist** /ˈpɒləmɪst, ᴬˈpɑ-/ [telb zn] polemicus, polemist

po·lem·ics /pəˈlɛmɪks/ [alleen mv; werkwoord voornamelijk enk] [1] het polemiseren [2] ⟨rel⟩ polemiek

po·le·mize /ˈpɒlɪmaɪz, ᴬˈpɑ-/ [onov ww] polemiseren, disputeren, een pennenstrijd voeren

po·le·mol·o·gist /ˌpɒlɪˈmɒlədʒɪst, ᴬˌpɑləˈmɑl-/ [telb zn] polemoloog

po·le·mol·o·gy /ˌpɒlɪˈmɒlədʒi, ᴬˌpɑləˈmɑl-/ [niet-telb zn] polemologie

po·len·ta /pou̯ˈlɛntə/ [niet-telb zn] ⟨cul⟩ polenta

pole position [telb + niet-telb zn] [1] ⟨auto⟩ eerste/beste startpositie, poleposition, voorste rij ⟨van de startopstelling⟩, ⟨bij uitbreiding⟩ voordelige positie ◆ *start in pole position* vanuit de eerste positie starten [2] ⟨AE, CanE; paardsp⟩ de (gunstige) binnenbaan

pole star [telb zn] Poolster

¹**pole vault** [telb zn] ⟨atl⟩ polsstoksprong

²**pole vault** [niet-telb zn] ⟨atl⟩ (het) polsstok(hoog)springen

³**pole vault** [onov ww] ⟨atl⟩ polsstok(hoog)springen

pole-vault·er [telb zn] polsstokspringer

¹**pole·ward** /ˈpou̯lwəd, ᴬ-wərd/ [bn, attr] nabij de noordpool/zuidpool ◆ *poleward areas* poolgebieden, poolstreken; ⟨m.b.t. noordpool⟩ het hoge noorden

²**pole·ward** /ˈpou̯lwəd, ᴬ-wərd/, **pole·wards** /ˈpou̯lwədz, ᴬ-wərdz/ [bw] [1] poolwaarts, in de richting van de noordpool/zuidpool ◆ *lie poleward of* noordelijker/zuidelijker liggen dan [2] nabij de noordpool/zuidpool

¹**po·lice** /pəˈliːs/ [niet-telb zn] [1] ministerie van Justitie [2] handhaving van de openbare orde

²**po·lice** /pəˈliːs/ [verzamelln; Brits-Engels werkwoord steeds mv; mv: police] [1] politie, politiekorps, politiemacht, politieapparaat [2] bewaking(sdienst) [3] ⟨mil⟩ corveedienst, onderhoud(sdienst)

³**po·lice** /pəˈliːs/ [alleen mv] [1] politieagenten [2] bewakers, leden van een bewakingsdienst [3] leden van een corvee/onderhoudsdienst, corveeërs

⁴**po·lice** /pəˈliːs/ [ov ww] [1] onder politiebewaking stellen ◆ *this area has been policed very carefully since the night of the murder* deze buurt wordt sinds de nacht van de moord zorgvuldig door de politie bewaakt [2] controleren, toezicht uitoefenen op/over ◆ *British forces policed the border for ten years* Engelse troepen hebben tien jaar lang het grensgebied bewaakt

police action [telb zn] ⟨mil⟩ politionele actie

police box [telb zn] melder, alarmtoestel

police chief [telb zn] politiecommissaris

police constable [telb zn] ⟨BE; form⟩ politieambtenaar, politieambtenares, politieman, politievrouw ⟨van laagste rang⟩

police court [telb zn] politierechter ⟨enkelvoudige kamer van arrondissementsrechtbank⟩

police department

police department [telb zn] ⟨AE⟩ politie(bureau)
police dog [telb zn] politiehond
police force [telb zn] politie, politiemacht, politiekorps
police inquiry [telb zn; vaak mv] politieonderzoek ♦ ⟨euf⟩ *X is helping police inquiries into ...* de politie ondervraagt X in verband met ...
police inspector [telb zn] inspecteur van politie
police magistrate [telb zn] politierechter ⟨persoon⟩
po·lice·man /pəliːsmən/, **police officer** [telb zn; mv: policemen /-mən/] politieman, politievrouw, politieagent(e) ▪ ⟨BE⟩ *sleeping policeman* verkeersdrempel
police office [telb zn] ⟨vnl BE⟩ hoofdbureau van politie
police officer [telb zn] politieagent(e)
police power [niet-telb zn] rechterlijke macht ⟨een van de machten van de staat⟩
police reporter [telb zn] misdaadverslaggever
police state [telb zn] politiestaat
police station [telb zn] politiebureau
police woman [telb zn] politieagente
pol·i·clin·ic /pɒlɪklɪnɪk, ᴬpɑ-/ [telb zn] polikliniek
¹pol·i·cy /pɒlɪsi, ᴬpɑ-/ [telb zn] ① beleid, gedragslijn, politiek ② leidraad, principe ③ polis, verzekeringspolis ▪ ⟨sprw⟩ *honesty is the best policy* eerlijk duurt het langst
²pol·i·cy /pɒlɪsi, ᴬpɑ-/ [niet-telb zn] ① voorzichtigheid, verstand, tactiek ♦ *lying is bad policy* het is onverstandig om te liegen; *he has handled the case with more policy than you would have expected* hij heeft het probleem verstandiger aangepakt dan je verwacht zou hebben ② policy ⟨gokspel⟩
pol·i·cy·hol·der [telb zn] verzekeringnemer, polishouder
pol·i·cy·mak·er [telb zn] beleidsvormer, beleidsman, policymaker
pol·i·cy·mak·ing [niet-telb zn] beleidsvorming
policy shift [telb zn] beleidsombuiging
po·li·o /pəʊliəʊ/ [niet-telb zn] ⟨med⟩ (verk: poliomyelitis) polio, kinderverlamming
po·li·o·my·e·li·tis /pəʊliəʊmaɪəlaɪtɪs/ [niet-telb zn] ⟨med⟩ poliomyelitis, (acute) kinderverlamming
po·li·o·vi·rus /pəʊliəʊ-/ [med] poliomyelitisvirus
po·lis /pəʊlɪs/ [telb zn, verzamelln] ⟨IE, SchE⟩ politie(agent)
pol·i sci /pɒlisaɪ, ᴬpɑlisaɪ/ [niet-telb zn] ⟨AE; inf⟩ (verk: political science) politicologie
¹pol·ish /pɒlɪʃ, ᴬpɑ-/ [telb zn] ① poetsbeurt ② glans, glimmend oppervlak, politoer ▪ ⟨sprw⟩ *elbow grease gives the best polish* ± arbeid verwarmt, luiheid verarmt, ± arbeid adelt
²pol·ish /pɒlɪʃ, ᴬpɑ-/ [telb + niet-telb zn] poetsmiddel
³pol·ish /pɒlɪʃ, ᴬpɑ-/ [niet-telb zn] ① het polijsten, het oppoetsen ② beschaving, verfijning, élégance ♦ *her manners are badly in need of polish* haar manieren moeten nodig worden bijgeschaafd ③ ⟨sl⟩ nieuw(ig)heid, frisheid
⁴pol·ish /pɒlɪʃ, ᴬpɑ-/ [onov ww] gaan glanzen, glanzend worden ♦ *any metal polishes easily with this new liquid* met dit nieuwe middel is elk metaal gemakkelijk op te poetsen
⁵pol·ish /pɒlɪʃ, ᴬpɑ-/ [ov ww] oppoetsen, polijsten ⟨ook figuurlijk⟩, bijschaven, bijvijlen, beschaven, verfijnen, vervolmaken ♦ *don't polish your boots with that* daar moet je je laarzen niet mee poetsen; *a most polished young man* een bijzonder elegant jongmens, een uiterst elegante jongeman; *a polished performance* een perfecte/tot in de puntjes verzorgde voorstelling; *he has polished up his speech* hij heeft zijn taalgebruik bijgeschaafd ▪ zie: **polish off**
¹Po·lish /pəʊlɪʃ/ [eigenn] Pools, de Poolse taal
²Po·lish /pəʊlɪʃ/ [bn] Pools ♦ *Polish draughts/checkers* Pools dammen
pol·ish·er /pɒlɪʃə, ᴬpɑlɪʃər/ [telb zn] ⟨sl⟩ strooplikker, vleier
polish off [ov ww] ⟨inf⟩ ① wegwerken, afraffelen ♦ *he polished off his dinner* hij werkte haastig zijn eten naar binnen; *she can polish off those dishes within fifteen minutes* zij werkt die vaat binnen een kwartier weg ② verslaan, korte metten maken, afrekenen ♦ *polish off one's enemies* met zijn vijanden afrekenen ③ ⟨sl⟩ vermoorden, naar de andere wereld helpen
polit [afk] ① (political) ② (politics)
pol·it·bu·ro /pɒlɪtbjʊərəʊ, ᴬpəlɪtbjʊrəʊ/ [telb zn; vaak Politburo] ⟨pol⟩ politbureau ⟨ook figuurlijk⟩
po·lite /pəlaɪt/ [bn; vergr trap: ook politer; bw: ~ly; zn: ~ness] ① beleefd, goed gemanierd ② verfijnd, elegant ♦ *polite literature* bellettrie ▪ *polite conversation* sociaal gebabbel; ⟨sprw⟩ *punctuality is the politeness of princes/kings* het is beleefd om stipt op tijd te zijn
pol·i·tesse /pɒlɪtes, ᴬpɑ-/ [niet-telb zn] hoffelijkheid
¹pol·i·tic [POLITICAL] /pɒlɪtɪk, ᴬpɑ-/ [bn; bw: ~ly] ① scherpzinnig, verstandig, oordeelkundig ② geslepen, sluw, gehaaid, diplomatiek, handig
²pol·i·tic /pɒlɪtɪk, ᴬpɑ-/ [bn, postnom; bw: ~ly] politiek, staats- ♦ *the body politic* de staat, het staatslichaam
³pol·i·tic, pol·i·tick /pɒlɪtɪk, ᴬpɑ-/ [onov ww] zich met politiek bezighouden, aan politiek doen; → **politicking**
¹po·lit·i·cal /pəlɪtɪkl/ [telb zn] politiek betrokkene, ⟨i.h.b.⟩ politiek gevangene

> ### politic of political?
> **politic** – diplomatiek, verstandig
> · *it was not politic to ask any more questions at that point*
> **political** – met betrekking tot politiek
> · *the political system in The Netherlands*

²po·lit·i·cal /pəlɪtɪkl/ [bn; bw: ~ly; zn: ~ness] ① politiek, staatkundig ♦ ⟨AE⟩ *political action committee* politieke lobby/pressiegroep/actiegroep; *political asylum* politiek asiel; *politically correct/incorrect* politiek correct/incorrect; *political economy* economie, staatshuishoudkunde; *political geography* politieke geografie, staatkundige aardrijkskunde; *political prisoner* politieke gevangene; *political science* politicologie; *political scientist* politicoloog; *political will* politieke wil ② overheids-, rijks-, staats- ⟨niet leger⟩ ♦ ⟨BE⟩ *political agent* regeringsadviseur ⟨door het rijk afgevaardigd naar land onder Brits protectoraat⟩ ③ politiek geëngageerd ♦ *he is not a very political person* hij is niet zo erg in politiek geïnteresseerd ▪ ⟨AE⟩ *political machine* partijapparaat
po·lit·i·cal·i·za·tion, po·lit·i·cal·i·sa·tion /pəlɪtɪkəlaɪzeɪʃn, ᴬpəlɪtɪkələ-/ [telb + niet-telb zn] verpolitieking, politisering
po·lit·i·cal·ize, po·lit·i·cal·ise /pəlɪtɪkəlaɪz/ [ov ww] verpolitieken, politiseren
pol·i·ti·cian /pɒlɪtɪʃn, ᴬpɑ-/ [telb zn] ① politicus ② partijpoliticus ③ politiek actief mens ④ ⟨pej⟩ intrigant, versierder, strooplikker
po·lit·i·ci·za·tion, po·lit·i·ci·sa·tion /pəlɪtɪsaɪzeɪʃn, ᴬ-lɪtɪsə-/ [telb + niet-telb zn] politisering
¹po·lit·i·cize, po·lit·i·cise /pəlɪtɪsaɪz/ [onov ww] aan politiek doen, de politicus uithangen, politiseren, over politiek praten
²po·lit·i·cize, po·lit·i·cise /pəlɪtɪsaɪz/ [ov ww] politiseren, tot een politieke zaak maken
pol·i·tick·ing /pɒlɪtɪkɪŋ, ᴬpɑ-/ [telb + niet-telb zn; (oorspronkelijk) gerund van politic(k)] het spelen van een politiek spelletje ⟨vaak pejoratief⟩
po·lit·i·co /pəlɪtɪkəʊ/ [telb zn; mv: ook politicoes] politicus, politiekeling ⟨ook pejoratief⟩
po·lit·i·co- /pəlɪtɪkəʊ/ politiek-, politico- ♦ *politico-phobia* angst voor politiek; *politico-economic* politiek-economisch
pol·i·tics /pɒlɪtɪks, ᴬpɑ-/ [alleen mv; werkwoord voorna-

melijk enk) [1] **politieke wetenschappen,** politicologie [2] **politiek,** staatkunde, staatsmanskunst ♦ *politics is his only possible career* de politiek is voor hem de enig mogelijke loopbaan [3] **politieke overtuigingen/principes** ♦ *what are his politics?* wat voor politieke ideeën houdt hij er op na? [4] **intriges,** gekonkel ♦ *if he doesn't stop playing politics things will end up unmanageable* als hij niet ophoudt met zijn gekonkel lopen de zaken uit de hand

¹**pol·i·ty** /pɒləti/ [telb zn] **bestuursvorm,** organisatie, ⟨i.h.b.⟩ kerkbestuur

²**pol·i·ty** /pɒləti, ᴬpɑləti/ [niet-telb zn] **staat,** staatsbestuur, staatsbestel, staatsvorm

³**pol·i·ty** /pɒləti, ᴬpɑləti/ [verzameln] **(leden van) gemeenschap,** maatschappij

¹**pol·ka** /pɒlkə, ᴬpoʊlkə/ [telb zn] ⟨dans, muz⟩ **polka**

²**pol·ka** /pɒlkə, ᴬpoʊlkə/ [onov ww] **de polka dansen**

pol·ka·dot, pol·ka-dot·ted [bn, attr] **gestippeld,** genopt

polka dot [telb zn] **stip,** nop

polka jacket [telb zn] **gebreid jasje**

¹**poll** /poʊl/ [telb zn] [1] **aantal (uitgebrachte) stemmen** ♦ *a heavy/light poll* een grote/kleine opkomst [2] **kiesregister,** lijst van kiesgerechtigden [3] **opiniepeiling** [4] **hoofd,** kop, ⟨i.h.b.⟩ kop met haar, kruin ♦ *a close-cropped poll* een kortgeknipte kop; *per poll* per persoon [5] **kop,** bovenkant, bovenste kant ⟨van bijl, hamer, e.d.⟩ [6] **hoornloos dier,** ⟨i.h.b.⟩ hoornloos rund [7] → **poll parrot**

²**poll** /poʊl/ [telb + niet-telb zn] [1] **stemming,** het stemmen ♦ *be without success at the poll* niet veel stemmen krijgen; *head the poll* de meeste stemmen behalen; *the result of the poll* de verkiezingsuitslag [2] **verkiezingsuitslag** ♦ *declare the poll* de verkiezingsuitslag bekendmaken [3] **telling van de stemmen** [4] **personele belasting**

³**poll** /poʊl/ [bn, attr] [1] **hoornloos** [2] **geknot,** getopt, afgesneden [3] **geschoren**

⁴**poll** /poʊl/ [onov ww] **zijn stem uitbrengen;** → **polling**

⁵**poll** /poʊl/ [ov ww] [1] **knotten,** toppen ⟨bomen⟩ [2] ⟨voornamelijk als voltooid deelwoord⟩ **de hoorns afsnijden** ⟨vee⟩, hoornloos maken [3] **scheren** [4] **krijgen,** winnen, ontvangen, behalen ⟨stemmen⟩ ♦ *he polled thirty percent of the votes* hij kreeg dertig procent van de stemmen [5] **uitbrengen** ⟨stem⟩ [6] **(in kiesregister) inschrijven** [7] **doen stemmen,** naar de stembus krijgen ♦ *be polled* zijn stem geven; *the first election to poll people under twenty-one* de eerste verkiezingen waarbij mensen onder de eenentwintig naar de stembus gaan [8] **ondervragen,** een opiniepeiling houden; → **polling**

pol·lack, pol·lock /pɒlək, ᴬpɑ-/ [telb zn; mv: ook pollack, ook pollock] [1] ⟨dierk⟩ **pollak,** koolvis ⟨Pollachius virens/pollachius⟩ [2] → **polack**

pol·lan /pɒlən, ᴬpɑ-/ [telb zn; mv: pollan] ⟨dierk⟩ **(Ierse) marene** ⟨forelachtige vis in Ierse meren; Coregonus pollan⟩

¹**pol·lard** /pɒləd, ᴬpɑlərd/ [telb zn] [1] **geknotte boom** [2] ⟨veeteelt⟩ **hoornloos dier**

²**pol·lard** /pɒləd, ᴬpɑlərd/ [niet-telb zn] [1] **zemelen** [2] **zemelmeel**

³**pol·lard** /pɒləd, ᴬpɑlərd/ [ov ww] **knotten** ⟨boom⟩, toppen, kandelaberen

pollard willow [telb zn] **knotwilg**

pol·len /pɒlən, ᴬpɑ-/ [niet-telb zn] [1] **pollen,** stuifmeel [2] ⟨sl⟩ **polm**

pollen analysis [niet-telb zn] **palynologie,** pollenanalyse

pollen count [telb zn] **stuifmeelgehalte** ⟨in de lucht⟩

pollen tube [telb zn] ⟨plantk⟩ **stuifmeelbuis,** pollenbuis

pol·lex /pɒleks, ᴬpɑ-/ [telb zn; mv: pollices /-ɪsiːz/] ⟨anat⟩ **pollex,** duim

poll figures, poll ratings [alleen mv] **enquête-uitkomsten,** uitslag van opiniepeilingen

pol·lic·i·ta·tion /pɒlɪsɪteɪʃn/ [telb zn] ⟨jur⟩ **onofficiële toezegging**

pol·lin- /pɒlɪn, ᴬpɑ-/, **pol·lin·i-** /pɒlɪni, ᴬpɑ-/ **pollen-,** stuifmeel-

pol·li·nate, pol·len·ate /pɒlɪneɪt, ᴬpɑ-/ [ov ww] ⟨plantk⟩ **bestuiven,** bevruchten

pol·li·na·tion /pɒlɪneɪʃn, ᴬpɑ-/ [telb + niet-telb zn] ⟨plantk⟩ **bestuiving,** bevruchting

poll·ing /poʊlɪŋ/ [niet-telb zn; gerund van poll] **het stemmen,** stemming

polling booth [telb zn] ⟨vnl BE⟩ **stemhokje**

polling clerk [telb zn] ⟨vnl BE⟩ **stemopnemer**

polling day [telb zn] **stemdag,** verkiezingsdag

polling firm [telb zn] **enquêtebureau**

polling station [telb zn] ⟨vnl BE⟩ **stemlokaal**

pol·lin·ic /pəlɪnɪk/ [bn] ⟨plantk⟩ **pollen-,** stuifmeel-

pol·li·nif·er·ous, pol·len·if·er·ous /pɒlɪnɪf(ə)rəs, ᴬpɑ-/ [bn] [1] ⟨plantk⟩ **pollen-,** stuifmeelvormend [2] ⟨dierk⟩ **pollendragend,** stuifmeelverspreidend

pol·lin·i·um /pəlɪniəm/ [telb zn; mv: pollinia /-nɪə/] ⟨plantk⟩ **stuifmeelklompje,** pollinium

pol·li·ni·za·tion /pɒlɪnaɪzeɪʃn, ᴬpɑlɪnəzeɪʃn/ [telb + niet-telb zn] ⟨plantk⟩ **bestuiving,** bevruchting

pol·li·nize /pɒlɪnaɪz, ᴬpɑ-/ [ov ww] ⟨plantk⟩ **bestuiven,** bevruchten

pol·li·no·sis, pol·len·o·sis /pɒlɪnoʊsɪs, ᴬpɑ-/ [telb + niet-telb zn; mv: pollinoses, pollenoses /-siːz/] ⟨med⟩ **hooikoorts**

pol·li·wog, pol·ly·wog /pɒliwɒg, ᴬpɑliwɑg/ [telb zn] ⟨AE, gew⟩ **kikkervisje**

pollock [telb zn] → **pollack**

poll parrot [telb zn] [1] **tamme papegaai,** lorre [2] **kletsmeier**

polls /poʊlz/ [alleen mv] **stembureau,** stemlokalen ♦ *go to the polls* stemmen

poll·ster /poʊlstə, ᴬ-ər/ [telb zn] **enquêteur, enquêtrice**

poll-tak·er /poʊlteɪkə, ᴬ-ər/ [telb zn] **enquêteur,** leider van opinieonderzoek

poll tax [telb + niet-telb zn] **hoofdelijke belasting**

pol·lut·ant /pəluːtnt/ [telb + niet-telb zn] **vervuiler,** verontreiniger, ⟨i.h.b.⟩ milieu verontreinigende stof

pol·lute /pəluːt/ [ov ww] [1] **verderven,** in het verderf storten [2] **schenden,** ontheiligen, onteren, bezoedelen [3] **vervuilen,** verontreinigen; → **polluted**

pol·lut·ed /pəluːtɪd/ [bn; oorspronkelijk volt deelw van pollute] ⟨AE; inf⟩ **bezopen,** zat, toeter

pol·lu·tion /pəluːʃn/ [niet-telb zn] [1] **bederf,** verderf [2] **schennis** [3] **vervuiling,** (milieu)verontreiniging

pollution charge [telb zn; vaak mv] **milieuheffing**

pol·ly /pɒli, ᴬpɑli/ [telb zn; ook Polly] **(tamme) papegaai,** lorre

Pol·ly·an·na /pɒliænə, ᴬpɑ-/ [telb zn] ⟨vnl AE⟩ **dwaze optimist** ⟨naar Pollyanna, roman van Eleanor Porter, 1913⟩

po·lo /poʊloʊ/ [niet-telb zn] ⟨sport⟩ [1] **polo** [2] (verk: water polo) **waterpolo**

polo coat [telb zn] **duffel,** duffelse jas

poloi [alleen mv] → **hoi polloi**

po·lo·ist /poʊloʊɪst/ [telb zn] ⟨sport⟩ **polospeler**

pol·o·naise /pɒləneɪz, ᴬpɑ-, ᴬpoʊ-/ [telb zn] [1] ⟨dans, muz⟩ **polonaise** [2] **polonaise** ⟨18e-eeuwse japon⟩

polone, polony [telb zn] → **palone**

polo neck [telb zn] ⟨BE⟩ **col,** rolkraag

po·lo-neck sweat·er [telb zn] ⟨BE⟩ **coltrui**

po·lo·ni·um /pəloʊniəm/ [niet-telb zn] ⟨scheik⟩ **polonium** ⟨element 84⟩

po·lo·ny /pəloʊni/ [telb + niet-telb zn] ⟨BE⟩ **Bolognese worst** ⟨voornamelijk van varkensvlees⟩

polo pit [telb zn] ⟨polo⟩ **oefenplaats, oefenveld** ⟨voor polospelers⟩

polo shirt [telb zn] **poloshirt,** polohemd, tennisshirt

polo stick

po·lo stick [telb zn] ⟨polo⟩ polostick
pol·ter·geist /pɒltəgaɪst, ˄poʊltər-/ [telb zn] poltergeist, klopgeest
pol·troon /pɒltruːn, ˄pɑl-/ [telb zn] ⟨vero; pej⟩ lafaard, laffe hond
¹**pol·y** /pɒli, ˄pɑli/ [telb zn; mv: polys] (verk: polytechnic)
²**pol·y** /pɒli, ˄pɑli/ [telb + niet-telb zn; mv: polys] polyestervezel
pol·y- /pɒli, ˄pɑli/ poly-, veel-, meer-
pol·y·a·del·phous /pɒliədelfəs, ˄pɑ-/ [bn] ⟨plantk⟩ veelbroederig
pol·y·am·ide /pɒliæmaɪd, ˄pɑ-/ [telb + niet-telb zn] ⟨scheik⟩ polyamide
pol·y·an·drous /pɒliændrəs, ˄pɑ-/ [bn] ① ⟨antr⟩ polyandrisch, met meerdere mannen ② ⟨plantk⟩ polyandrisch, met veel meeldraden
pol·y·an·dry /pɒliændri, ˄pɑ-/ [niet-telb zn] ① ⟨antr⟩ polyandrie, veelmannerij ② ⟨plantk⟩ polyandrie, het voorkomen van veel meeldraden
pol·y·an·thus /pɒliænθəs, ˄pɑ-/ [telb zn] ⟨plantk⟩ primula (Primula polyantha)
polyanthus narcissus [telb zn] ⟨plantk⟩ trosnarcis, tazetnarcis (Narcissus tazetta)
pol·y·ar·chy /pɒliɑːki, ˄pɑliɑrki/ [telb zn] ⟨pol⟩ polyarchie
pol·y·a·tom·ic /pɒliətɒmɪk, ˄pɑliətɑmɪk/ [bn] ⟨scheik⟩ meeratomig
pol·y·ba·sic /pɒlibeɪsɪk, ˄pɑ-/ [bn] ⟨scheik⟩ veelbasisch
pol·y·chae·tan /pɒlikiːtn, ˄pɑ-/, **pol·y·chae·tous** /-kiːtəs/ [bn] ⟨dierk⟩ veelborstelig
pol·y·chaete, pol·y·chete /pɒlikiːt, ˄pɑ-/ [telb zn] ⟨dierk⟩ veelborstelige worm (behorend tot de Polychaeta)
pol·y·chro·mat·ic /pɒlikrəmætɪk, ˄pɑlikrəmætɪk/, **pol·y·chro·mic** /-kroʊmɪk/, **pol·y·chro·mous** /-kroʊməs/ [bn] polychroom, veelkleurig
¹**pol·y·chrome** /pɒlikroʊm, ˄pɑ-/ [bk] polychroom kunstwerk
²**pol·y·chrome** /pɒlikroʊm, ˄pɑ-/ [bn] polychroom, veelkleurig ⟨ook beeldende kunst⟩
pol·y·chro·my /pɒlikroʊmi, ˄pɑ-/ [niet-telb zn] ⟨bk⟩ polychromie
pol·y·clin·ic /pɒliklɪnɪk, ˄pɑ-/ [telb zn] algemeen ziekenhuis
pol·y·dac·tyl /pɒlidæktɪl, ˄pɑ-/, **pol·y·dac·ty·lous** /-dæktɪləs/ [bn] ⟨dierk, med⟩ lijdend aan polydactylie
pol·y·dac·tyl·ism /pɒlidæktɪlɪzm, ˄pɑ-/, **pol·y·dac·ty·ly** /-dæktɪli/ [niet-telb zn] ⟨dierk, med⟩ polydactylie
pol·y·es·ter /pɒliestə, ˄pɑliestər/ [telb + niet-telb zn] ⟨scheik⟩ polyester, synthetische hars
pol·y·eth·yl·ene /pɒlieθəliːn, ˄pɑ-/ [niet-telb zn] ⟨AE; scheik⟩ polyethyleen, polytheen, polyetheen
po·lyg·a·mic /pɒligæmɪk, ˄pɑ-/ [bn; bw: ~ally] ⟨antr, biol⟩ polygaam
po·lyg·a·mist /pəlɪgəmɪst/ [telb zn] polygame man/vrouw
po·lyg·a·mous /pəlɪgəməs/ [bn; bw: ~ly] ① ⟨antr⟩ polygaam, met meerdere echtgenoten/echtgenotes ② ⟨dierk⟩ polygaam, met meerdere wijfjes/mannetjes ③ ⟨plantk⟩ polygaam, gemengslachtig, veelhuizig, veeltelig
po·lyg·a·my /pəlɪgəmi/ [niet-telb zn] ⟨antr, biol⟩ polygamie
pol·y·gene /pɒlidʒiːn, ˄pɑli-/ [biol] polygen
pol·y·gen·e·sis /pɒlidʒenɪsɪs, ˄pɑ-/ [niet-telb zn] ① ⟨biol⟩ polygenese, polyfyletisch ontstaan ⟨het ontstaan van een soort uit meer dan één oorsprong⟩ ② polygenisme ⟨de leer dat de mens van meerdere voorzaten stamt⟩
pol·y·gen·e·sist /pɒlidʒenɪsɪst, ˄pɑ-/, **pol·y·gen·ist** /pɒlidʒənɪst/ [telb zn] aanhanger van het polygenisme
pol·y·gen·e·tic /pɒlidʒɪnetɪk, ˄pɑlidʒɪnetɪk/ [bn; bw: ~ally] ① ⟨geol⟩ polygeen, polygenetisch ② ⟨biol⟩ polygeen, polygenetisch, met meer dan één oorsprong, polyfyletisch
pol·y·gen·ic /pɒlidʒenɪk, ˄pɑ-/ [bn] ① ⟨geol⟩ polygeen ② ⟨biol⟩ polygeen, polygenetisch ③ ⟨biol⟩ polygeen, met/van polygenen
pol·y·gen·ous /pəlɪdʒənəs/ [bn] ① veelsoortig, samengesteld ② polygeen
pol·y·gen·y /pəlɪdʒəni/ [niet-telb zn] ① polygenisme ⟨de afstamming van de mens van verschillende voorzaten⟩ ② de leer van het polygenisme
¹**pol·y·glot** /pɒliglɒt, ˄pɑliglɑt/ [telb zn] ① polyglot, talenkenner, iemand die veel talen beheerst ② ⟨vaak Polyglot⟩ polyglotte, meertalig boek, ⟨i.h.b.⟩ polyglot(tenbijbel) ③ mengtaal
²**pol·y·glot** /pɒliglɒt, ˄pɑliglɑt/, **pol·y·glot·tic** /pɒliglɒtɪk, ˄pɑliglɑtɪk/ [bn] ① polyglottisch, veeltalig ② samengesteld uit meerdere talen ♦ *a polyglot terminology* een meertalige/uit veel talen samengestelde terminologie
pol·y·glot·tal /pɒliglɒtl, ˄pɑliglɑtl/ [bn; bw: ~ly] polyglottisch, veeltalig
pol·y·glot·tism, pol·y·glot·ism /pɒliglɒtɪzm, ˄pɑliglɑtɪzm/ [niet-telb zn] veeltaligheid
po·ly·gon /pɒlɪgən, ˄pɑlɪgɑn/ [telb zn] ⟨meetk⟩ veelhoek, polygoon ♦ ⟨natuurk⟩ *polygon of forces* krachtenveelhoek
po·lyg·o·nal /pəlɪgənl/ [bn; bw: ~ly] ⟨meetk⟩ veelhoekig, polygonaal
po·lyg·o·num /pəlɪgənəm/ [telb zn] ⟨plantk⟩ duizendknoop ⟨genus Polygonum⟩
pol·y·graph /pɒligrɑːf, ˄pɑligræf/ [telb zn] ① ⟨med⟩ polygraaf, registratietoestel ⟨van polsslag, bloeddruk enz.⟩ ② leugendetector
pol·y·graph·ic /pɒligræfɪk, ˄pɑligræfɪk/ [bn; bw: ~ally] ① met een polygraaf/leugendetector ② veelschrijvend, productief ③ over uiteenlopende onderwerpen ④ door verschillende schrijvers
po·lyg·y·nous /pəlɪdʒɪnəs, -gɪnəs/ [bn] ① ⟨antr⟩ polygyn, met meerdere vrouwen ② ⟨dierk⟩ polygyn, met meerdere wijfjes ③ ⟨plantk⟩ met veel stampers
po·lyg·y·ny /pəlɪdʒɪni, -gɪni/ [niet-telb zn] ① ⟨antr⟩ polygynie, veelwijverij ② ⟨dierk⟩ polygynie, het paren met meerdere wijfjes
pol·y·he·dral /pɒlihiːdrəl, -he-, ˄pɑli-/, **pol·y·he·dric** /-drɪk/ [bn] ⟨meetk⟩ veelvlakkig, polyedrisch ♦ *polyhedral angle* veelvlakshoek
pol·y·he·dron /pɒlihiːdrən, -he-, ˄pɑlihiːdrən, ˄-he-/ [telb zn; mv: ook polyhedra] ⟨meetk⟩ veelvlak, polyeder
pol·y·his·tor /pɒlihɪstə, ˄pɑlihɪstər/ [telb zn] polyhistor, veelzijdig geleerde, veelweter, iemand met een veelzijdige kennis
pol·y·his·tor·ic /pɒlihɪstɒrɪk, ˄pɑlihɪstɔrɪk, ˄-stɑr-/ [bn] met een veelzijdige/encyclopedische kennis, (als) van een veelweter
¹**pol·y·math** /pɒlimæθ, ˄pɑlimæθ/ [telb zn] polyhistor, veelzijdig geleerde
²**pol·y·math** /pɒlimæθ, ˄pɑlimæθ/, **pol·y·math·ic** /-mæθɪk/ [bn] met een veelzijdige/encyclopedische kennis, (als) van een veelweter ♦ *a polymath mind* een encyclopedische geest
pol·y·mer /pɒlimə, ˄pɑlimər/ [telb zn] ⟨scheik⟩ polymeer
po·ly·mer·ic /pɒlimerɪk, ˄pɑlimerɪk/ [bn; bw: ~ally] ⟨scheik⟩ polymeer
po·lym·er·ism /pəlɪmərɪzm/ [niet-telb zn] ⟨scheik⟩ polymerie
po·lym·er·i·za·tion /pəlɪməraɪzeɪʃn, ˄-mərə-/ [telb + niet-telb zn] ⟨scheik⟩ polymerisatie
¹**pol·y·mer·ize** /pɒlɪməraɪz, pəlɪ-, ˄pɑ-/ [onov ww] ⟨scheik⟩ gepolymeriseerd worden, polymeren vormen
²**pol·y·mer·ize** /pɒlɪməraɪz, pəlɪ-, ˄pɑ-/ [ov ww] ⟨scheik⟩ polymeriseren

po·lym·er·ous /pəlɪmərəs/ [bn] ⟨biol⟩ uit veel delen bestaand

pol·y·mor·phic /pɒlɪmɔːfɪk, ᴬpɑlɪmɔrfɪk/ [bn; bw: ~ally] ⟨biol, geol⟩ polymorf, veelvormig

pol·y·mor·phism /pɒlɪmɔːfɪzm, ᴬpɑlɪmɔrfɪzm/ [niet-telb zn] [1] ⟨biol⟩ polymorfie, polymorfisme [2] ⟨geol⟩ polymorfie

pol·y·mor·phous /pɒlɪmɔːfəs, ᴬpɑlɪmɔrfəs/ [bn; bw: ~ly; zn: ~ness] ⟨biol, geol⟩ polymorf, veelvormig

Pol·y·ne·sia /pɒlɪniːʒə, ᴬpɑ-/ [eigenn] Polynesië

¹**Pol·y·ne·sian** /pɒlɪniːʒn, ᴬpɑ-/ [eigenn] Polynesisch, Polynesische taal

²**Pol·y·ne·sian** /pɒlɪniːʒn, ᴬpɑ-/ [telb zn] Polynesiër, bewoner van Polynesië

³**Pol·y·ne·sian** /pɒlɪniːʒn, ᴬpɑ-/ [bn] Polynesisch

pol·y·neu·ri·tis /pɒlɪnjʊəraɪtɪs, ᴬpɑlɪnʊraɪtɪs/ [telb + niet-telb zn] ⟨med⟩ polyneuritis

po·lyn·ia, po·lyn·ya /pɒlənjɑː, ᴬpɑlənjɑ/ [telb zn] polynya ⟨open water in ijszee⟩

¹**pol·y·no·mi·al** /pɒlɪnoʊmɪəl, ᴬpɑ-/ [1] ⟨biol⟩ veelterm [2] ⟨wisk⟩ polynoom, veelterm

²**pol·y·no·mi·al** /pɒlɪnoʊmɪəl, ᴬpɑ-/ [bn] uit meerdere namen/termen bestaand

pol·y·on·y·mous /pɒlɪɒnɪməs, ᴬpɑlɑnɪməs/ [bn] veelnamig

pol·yp /pɒlɪp, ᴬpɑlɪp/ [telb zn] ⟨dierk, med⟩ poliep

pol·y·par·y /pɒlɪpri, ᴬpɑlɪperi/ [telb zn] ⟨dierk⟩ poliepenkolonie

pol·y·pep·tide /pɒlɪpeptaɪd, ᴬpɑ-/ [telb + niet-telb zn] ⟨biochem⟩ polypeptide, eiwit

pol·y·pha·gi·a /pɒlɪfeɪdʒə, ᴬpɑlɪfeɪdʒə/ [telb + niet-telb zn] ⟨med⟩ polyfagie, ziekelijke vraatzucht

po·lyph·a·gous /pəlɪfəgəs/ [bn] ⟨dierk⟩ polyfaag ⟨levend van verscheidene voedingsstoffen⟩

pol·y·phase /pɒlɪfeɪz, ᴬpɑ-/ [bn] ⟨elek⟩ veelfasig

pol·y·phone /pɒlɪfoʊn, ᴬpɑ-/ [telb zn] ⟨taalk⟩ polyfoon symbool

pol·y·phon·ic /pɒlɪfɒnɪk, ᴬpɑlɪfɑnɪk/ [bn; bw: ~ally] ⟨muz, taalk⟩ polyfoon

po·lyph·o·nous /pəlɪfənəs/ [bn; bw: ~ly] ⟨muz, taalk⟩ polyfoon

po·lyph·o·ny /pəlɪfəni/ [niet-telb zn] ⟨muz⟩ polyfonie, contrapunt

pol·y·phy·let·ic /pɒlɪfaɪletɪk, ᴬpɑlɪfaɪletɪk/ [bn; bw: ~ally] ⟨biol⟩ polyfyletisch, polygenetisch, met meer dan één oorsprong

pol·yp·ite /pɒlɪpaɪt, ᴬpɑ-/ [telb zn] ⟨dierk⟩ afzonderlijke poliep

¹**pol·y·ploid** /pɒlɪplɔɪd, ᴬpɑlɪplɔɪd/ [telb zn] ⟨biol⟩ polyploïde (organisme/plant)

²**pol·y·ploid** /pɒlɪplɔɪd, ᴬpɑlɪplɔɪd/, **pol·y·ploi·dic** /-plɔɪdɪk/ [bn] ⟨biol⟩ polyploïde

pol·y·ploi·dy /pɒlɪplɔɪdi, ᴬpɑlɪplɔɪdi/ [niet-telb zn] ⟨biol⟩ polyploïdie

¹**pol·y·pod** /pɒlɪpɒd, ᴬpɑlɪpɑd/ [telb zn] ⟨biol⟩ veelpotig dier

²**pol·y·pod** /pɒlɪpɒd, ᴬpɑlɪpɑd/, **po·lyp·o·dous** /pəlɪpədəs/ [bn] ⟨biol⟩ veelpotig

pol·y·po·dy /pɒlɪpoʊdi, ᴬpɑ-/ [telb zn] ⟨plantk⟩ eikvaren ⟨genus Polypodium⟩

pol·yp·oid /pɒlɪpɔɪd, ᴬpɑ-/, **pol·yp·ous** /-pəs/ [bn] ⟨dierk, med⟩ poliepachtig

pol·y·pro·pyl·ene /pɒlɪproʊpɪliːn, ᴬpɑ/ [niet-telb zn] ⟨scheik⟩ polypropyleen

pol·yp·tych /pɒlɪptɪk, ᴬpɑ-/ [telb zn] ⟨bk⟩ polyptiek, veelluik

pol·y·pus /pɒlɪpəs, ᴬpɑ-/ [telb zn; mv: ook polypi /-paɪ/] ⟨med⟩ poliep

pol·y·sac·cha·rid /pɒlɪsækərɪd, ᴬpɑ-/, **pol·y·sac·cha·ride** /-raɪd/, **pol·y·sac·cha·rose** /-roʊs/ [telb + niet-telb zn] ⟨scheik⟩ polysacharide

pol·y·sem·ic /pɒlɪsiːmɪk, ᴬpɑlɪsiːmɪk/, **pol·y·sem·ous** /-məs/ [bn] ⟨taalk⟩ polyseem, polysemantisch, meerduidig

pol·y·sem·y /pɒlɪsiːmi, ᴬpɑlɪsiːmi/ [niet-telb zn] ⟨taalk⟩ polysemie, meerduidigheid

pol·y·sty·rene /pɒlɪstaɪriːn, ᴬpɑlɪstaɪriːn/ [niet-telb zn] ⟨scheik⟩ polystyreen, plastic

polystyrene cement [niet-telb zn] polystyreenlijm, plasticlijm

pol·y·syl·lab·ic /pɒlɪsɪlæbɪk, ᴬpɑlɪsɪlæbɪk/ [bn; bw: ~ally] ⟨taalk⟩ polysyllabisch, veellettergrepig, meerlettergrepig

¹**pol·y·syl·lab·i·cism** /pɒlɪsɪlæbɪsɪzm, ᴬpɑlɪsɪlæbɪsɪzm/, **pol·y·syl·la·bism** /-sɪləbɪzm/ [telb zn] ⟨taalk⟩ polysyllabisch woord

²**pol·y·syl·lab·i·cism** /pɒlɪsɪlæbɪsɪzm, ᴬpɑlɪsɪlæbɪsɪzm/, **pol·y·syl·la·bism** /-sɪləbɪzm/ [niet-telb zn] ⟨taalk⟩ gebruik van lange woorden

pol·y·syl·la·ble /pɒlɪsɪləbl, ᴬpɑlɪsɪləbl/ [telb zn] ⟨taalk⟩ polysyllabisch/meerlettergrepig/veellettergrepig woord

pol·y·syn·de·ton /pɒlɪsɪndətɒn, ᴬpɑlɪsɪndətɑn/ [telb + niet-telb zn] ⟨taalk⟩ polysyndeton, reeks nevenschikkingen

pol·y·syn·thet·ic /pɒlɪsɪnθetɪk, ᴬpɑlɪsɪnθetɪk/ [bn; bw: ~ally] ⟨taalk⟩ polysynthetisch, incorporerend ♦ *Eskimo is a polysynthetic language* Eskimo is een incorporerende taal

¹**pol·y·tech·nic** /pɒlɪteknɪk, ᴬpɑlɪ-/ [telb zn] ± hogeschool, ± polytechnische school, ± hts, ± technische hogeschool/universiteit, ± ingenieursopleiding

²**pol·y·tech·nic** /pɒlɪteknɪk, ᴬpɑlɪ-/ [bn, attr] polytechnisch

pol·y·the·ism /pɒlɪθiːɪzm, ᴬpɑlɪθiːɪzm/ [niet-telb zn] ⟨rel⟩ polytheïsme, veelgodendom, veelgoderij

pol·y·the·ist /pɒlɪθiːɪst, ᴬpɑlɪθiːɪst/ [telb zn] ⟨rel⟩ polytheïst

pol·y·the·is·tic /pɒlɪθiːɪstɪk, ᴬpɑ-/ [bn; bw: ~ally] ⟨rel⟩ polytheïstisch

pol·y·thene /pɒlɪθiːn, ᴬpɑ-/ [niet-telb zn; ook attributief] ⟨vnl BE; scheik⟩ polyetheyleen ♦ *polythene bag* plastic tasje/zak

pol·y·ton·al /pɒlɪtoʊnl, ᴬpɑlɪ-/ [bn; bw: ~ly] ⟨muz⟩ polytonaal, pluritonaal, multitonaal

pol·y·to·nal·i·ty /pɒlɪtoʊnæləti, ᴬpɑlɪtoʊnæləti/ [niet-telb zn] ⟨muz⟩ polytonaliteit, pluritonaliteit, multitonaliteit

pol·y·tun·nel /pɒlɪtʌnl, ᴬpɑlɪ-/ [telb zn] polytunnel ⟨met plastic overdekte kas⟩

pol·y·un·sat·u·rate /pɒlɪʌnsætʃərət, ᴬpɑ-/ [telb zn; voornamelijk mv] ⟨scheik⟩ meervoudig onverzadigd vetzuur

pol·y·un·sat·u·rat·ed /pɒlɪʌnsætʃəreɪtɪd, ᴬpɑ-/ [bn] ⟨scheik⟩ meervoudig onverzadigd

pol·y·ur·e·thane /pɒlɪjʊərəθeɪn, ᴬpɑ-/ [niet-telb zn] ⟨scheik⟩ polyurethaan

pol·y·va·lence /pɒlɪveɪləns, ᴬpɑ-/, **pol·y·va·len·cy** /-veɪlənsi/ [niet-telb zn] ⟨scheik⟩ polyvalentie

pol·y·vi·nyl chlo·ride /pɒlɪvaɪnlklɔːraɪd, ᴬpɑlɪvaɪnlklɔːraɪd/ [niet-telb zn] ⟨scheik⟩ polyvinylchloride, pvc

¹**pol·y·zo·an** /pɒlɪzoʊən, ᴬpɑ-/ [telb zn] ⟨dierk⟩ één van de bryozoa

²**pol·y·zo·an** /pɒlɪzoʊən, ᴬpɑ-/ [bn, attr] ⟨dierk⟩ behorende tot de klasse der bryozoa/mosdiertjes

pom /pɒm, ᴬpɑm/ [telb zn] [1] ⟨dierk⟩ Pomeranian, Engelse dwergkees [2] ⟨verk: pommy⟩

pom·ace /pʌmɪs/ [niet-telb zn] [1] appelpulp ⟨bij ciderbereiding⟩ [2] ⟨alg⟩ resten, afval(koek) ⟨na uitpersen⟩, ⟨i.h.b.⟩ visafval

pomace fly [telb zn] ⟨dierk⟩ fruitvliegje ⟨genus Droso-

pomade

phila of familie der Trypetidae⟩
¹**po·made** /pəmɑːd, pəmeɪd/ [niet-telb zn] pommade, haarcrème
²**po·made** /pəmɑːd, pəmeɪd/ [ov ww] pommaderen, met haarcrème bewerken
po·man·der /poʊmændə, pə-, ᴬ-ər/ [telb zn] ① reukbal, ⟨i.h.b.; gesch⟩ pomander(bol), amberappel, ruikappel ⟨mengsel van amber en aromatische kruiden, gedragen tegen infecties⟩ ② ⟨gesch⟩ pomanderdoosje, pomanderzakje
po·ma·rine /poʊməriːn/ [bn] · ⟨dierk⟩ pomarine skua middelste jager ⟨Stercorarius pomarinus⟩
po·ma·tum /pəmeɪtəm/ [telb zn] pommade
pome /poʊm/ [telb zn] ① ⟨plantk⟩ pitvrucht, kernvrucht ② ⟨gesch⟩ rijksappel
pome·gran·ate /pɒmɪɡrænɪt, ᴬpʌm-/ [telb zn] ⟨plantk⟩ ① granaatappel(boom) ⟨Punica granatum⟩ ② granaatappel ⟨vrucht van bet 1⟩
pom·e·lo /pɒmɪloʊ, ᴬpɑ-/ [telb zn] ⟨plantk⟩ ① pompelmoes ⟨Citrus grandis⟩ ② grapefruit ⟨Citrus paradisi⟩
Pom·er·a·ni·a /pɒməreɪnɪə, ᴬpɑ-/ [eigenn] Pommeren
Pom·er·a·ni·an /pɒməreɪnɪən, ᴬpɑ-/, **Pomeranian dog** [telb zn] Pomeranian, Engelse dwergkees
pom·fret /pɒmfrɪt, ᴬpʌm-/ [telb zn] ⟨dierk⟩ ① braam ⟨zwarte vis; Brama raii⟩ ② pampus, ⟨i.h.b.⟩ zilveren bungelvis ⟨Pampus argenteus⟩
pomfret cake [telb zn] ⟨BE⟩ ⟨zoet⟩ dropje
po·mi·cul·ture /poʊmɪkʌltʃə/ [niet-telb zn] fruitteelt
po·mif·er·ous /poʊmɪfrəs/ [bn] ⟨plantk⟩ pitvruchten/kernvruchten dragend
¹**pom·mel** /pʌml/ [telb zn] ① degenknop, knop aan degen/zwaardgevest ② voorste zadelboog
²**pom·mel** /pʌml/ [ov ww] stompen, met de vuisten bewerken
pommel horse [telb zn] ⟨gymn⟩ voltigepaard, paard met beugels
pom·my, pom·mie /pɒmi, ᴬpɑ-/, **pom** /pɒm, ᴬpɑm/ [telb zn] ⟨AuE; sl; soms pej⟩ pommie, Engelsman, Engelse, Brit(se)
po·mo /poʊmoʊ/ [bn] pomo, postmodern
po·mo·log·i·cal /poʊməlɒdʒɪkl, ᴬ-lɑ-/ [bn; bw: ~ly] pomologisch, ooftkundig
po·mol·o·gist /poʊmɒlədʒɪst, ᴬ-mɑ-/ [telb zn] pomoloog, ooftkundige
po·mol·o·gy /poʊmɒlədʒi, ᴬ-mɑ-/ [niet-telb zn] pomologie, ooftkunde, vruchtkunde, fruitteeltkunde
pomp /pɒmp, ᴬpʌmp/ [niet-telb zn] ① prachtvertoon, praal ♦ *pomp and circumstance* pracht en praal ② pompeuze ijdelheid
¹**pom·pa·dour** /pɒmpədʊə, ᴬpɑmpədɔr/ [telb zn] pompadoerkapsel ⟨hoog opgekamd kapsel⟩
²**pom·pa·dour** /pɒmpədʊə, ᴬpɑmpədɔr/ [niet-telb zn] pompadoer ⟨veelkleurig gebloemde stof⟩
pom·pa·no /pɒmpənoʊ, ᴬpɑm-/ [telb zn; mv: ook pompano] ⟨dierk⟩ ① makreel(achtige), ⟨i.h.b.⟩ gewone pampano ⟨Trachinotus carolinus⟩ ② Californische pampano ⟨Palometa simillima⟩
pom·pel·mous /pɒmpəlmuːs, ᴬpʌm-/ [telb zn; mv: ook pompelmous] ⟨plantk⟩ pompelmoes(boom) ⟨Citrus grandis⟩
Pom·pey /pɒmpi, ᴬpʌm-/ [eigenn] ① Pompejus ② ⟨BE; sl; scherts⟩ Portsmouth
pom-pom /pɒmpɒm, ᴬpʌmpʌm/, ⟨in betekenis 3,4 en 5 ook⟩ **pom·pon** [telb zn] ① pompom, machinegeweer ② pompom, luchtafweerkanon ③ pompon ④ pompondahlia ⑤ pomponchrysant
¹**pom·pos·i·ty** /pɒmpɒsəti, ᴬpɑmpɑsəti/ [telb zn] pretentieuze daad/gewoonte, pretentieus gebaar
²**pom·pos·i·ty** /pɒmpɒsəti, ᴬpɑmpɑsəti/ [niet-telb zn] ① pretentie, gewichtigdoenerij, gewichtigheid, opgeblazenheid ② bombast, hoogdravendheid, gezwollenheid
pom·pous /pɒmpəs, ᴬpʌm-/ [bn; bw: ~ly; zn: ~ness] ① gewichtig, pretentieus, opgeblazen ② pompeus, hoogdravend, gezwollen ③ ⟨vero⟩ luisterrijk, prachtig
'pon [vz] (verk: upon) → **on**
¹**ponce** /pɒns, ᴬpɑns/ [telb zn] ⟨BE⟩ ① pooier, souteneur ② ⟨sl; pej⟩ verwijfd/nichterig type ③ ⟨sl⟩ man van werkende vrouw
²**ponce** /pɒns, ᴬpɑns/ [onov ww] ⟨BE⟩ ① pooien, pooieren · ⟨sl; pej⟩ *ponce about/around* zich verwijfd/aanstellerig gedragen; *the way he ponced about/around made their blood boil* zijn aanstellerig gebeuzel maakte hen razend
pon·ceau /pɒnsoʊ, ᴬpɑn-/ [niet-telb zn] ① ⟨vaak attributief⟩ klaproosrood, ponceau ② ponceau ⟨rode verfstof⟩
pon·cho /pɒntʃoʊ, ᴬpɑn-/ [telb zn] poncho
pon·cy /pɒnsi, ᴬpɑn-/ [bn; vergr trap: poncier] ⟨BE; sl⟩ protserig, patserig, opgedoft, aanstellerig
¹**pond** /pɒnd, ᴬpɑnd/ [telb zn] vijver, meertje, wed
²**pond** /pɒnd, ᴬpɑnd/ [niet-telb zn; the] ⟨BE; scherts⟩ de zee, ± de grote plas
³**pond** /pɒnd, ᴬpɑnd/ [onov ww] een vijver/meertje vormen
⁴**pond** /pɒnd, ᴬpɑnd/ [ov ww] afdammen ♦ *pond up a brook* een beek afdammen
pond·age /pɒndɪdʒ, ᴬpɑn-/ [niet-telb zn] ① inhoud, capaciteit ⟨van vijver/reservoir⟩ ② het verzamelen van water ⟨in vijver/reservoir⟩
¹**pon·der** /pɒndə, ᴬpɑndər/ [onov ww] nadenken, piekeren, peinzen ♦ *don't ponder on/over those things* denk niet over die dingen
²**pon·der** /pɒndə, ᴬpɑndər/ [ov ww] overdenken, overwegen, afwegen, nadenken over
¹**pon·der·a·ble** /pɒndrəbl, ᴬpɑn-/ [telb zn; vaak mv] ① factor waarmee men rekening kan houden ② iets van gewicht/groot belang
²**pon·der·a·ble** /pɒndrəbl, ᴬpɑn-/ [bn, attr; bw: ponderably] ① weegbaar, met een vast te stellen gewicht ② gewichtig, van belang, zwaarwegend ♦ *ponderable reasons* ernstige/zwaarwichtige redenen
pon·der·a·tion /pɒndəreɪʃn, ᴬpɑn-/ [telb + niet-telb zn] ① weging, het wegen ② afweging, het overwegen, het overdenken
pon·der·o·sa /pɒndəroʊsə, ᴬpɑn-/, **ponderosa pine** [telb zn] ⟨plantk⟩ ponderosaden ⟨Amerikaanse den; Pinus ponderosa⟩
pon·der·os·i·ty /pɒndərɒsəti, ᴬpɑndərɑsəti/ [niet-telb zn] ① zwaarte, gewicht, massiefheid, logheid, plompheid ② saaiheid, ongeïnspireerdheid
pon·der·ous /pɒndrəs, ᴬpɑn-/ [bn; bw: ~ly; zn: ~ness] ① zwaar, massief, log, plomp ② zwaarwichtig, zwaar op de hand, moeizaam, slepend, langdradig, saai
pond hockey [niet-telb zn] ⟨ijshockey⟩ buitenhockey
pond life [niet-telb zn] ⟨dierk⟩ zoetwaterfauna
pond scum [telb + niet-telb zn] algenlaag ⟨op wateroppervlak⟩
pond skater [telb zn] ⟨dierk⟩ schaatsenrijder ⟨familie Gerridae⟩
pond·weed [telb + niet-telb zn] ⟨plantk⟩ fonteinkruid ⟨genus Potamogeton⟩
¹**pone** /poʊn/ [telb zn] tegenspeler ⟨bij kaartspel van twee personen⟩
²**pone** /poʊn/ [telb + niet-telb zn] ① maisbrood ⟨van Noord-Amerikaanse indianen⟩ ② ⟨soort⟩ cake
¹**pong** /pɒŋ, ᴬpɑŋ/ [telb zn] ⟨BE; sl⟩ stank
²**pong** /pɒŋ, ᴬpɑŋ/ [onov ww] ⟨BE; sl⟩ stinken
pon·gee /pɒndʒiː, ᴬpɑn-/ [niet-telb zn] pongézijde
¹**pon·gid** /pɒŋɡɪd, ᴬpɑn-/ [telb zn] ⟨dierk⟩ mensaap ⟨familie Pongidae⟩
²**pon·gid** /pɒŋɡɪd, ᴬpɑn-/ [bn, attr] ⟨dierk⟩ tot de mensapen behorend

pon·go /ˈpɒŋgoʊ, ˈpɑn-/ [telb zn] ⟨dierk⟩ [1] mensaap, ⟨i.h.b.⟩ orang-oetang ⟨Pongo pygmaeus⟩ [2] ⟨sl⟩ soldaat
pong·y /ˈpɒŋi, ˈpɑŋi/ [bn; vergr trap: pongier] ⟨BE; sl⟩ smerig, vies, stinkend
pon·iard /ˈpɒnjəd, ˈpɑnjərd/ [telb zn] ponjaard
pons /pɒnz, ˈpɑnz/ [telb zn; mv: pontes /ˈpɒnti:z, ˈpɑn-/] ⟨biol⟩ [1] brug [2] ⟨verk: pons Varolii⟩
pons as·i·no·rum /pɒnz æsɪˈnɔ:rəm, ˈpɑnz-/ [telb zn] ⟨meetk⟩ [1] pons asinorum ⟨Latijn: ezelsbrug; vijfde stelling uit het eerste boek van Euclides⟩ [2] hindernis, test, toets ♦ *pass the pons asinorum* de toets doorstaan, ingewijd worden
pons Va·ro·li·i /ˌpɒnzvəˈroʊliai, ˌpɑnzvəˈroʊliai/ [telb zn; mv: pontes Varolii /ˈpɒnti:z-, ˈpɑn-/] ⟨med⟩ brug van Varol, pons Varoli/cerebelli ⟨verbinding tussen de kleine hersenhelften⟩
pont /pɒnt, ˈpɑnt/ [telb zn] ⟨ZAE⟩ pont, veerboot
Pon·te·fract cake /ˈpɒntɪfrækt keɪk, ˈpɑntɪ-/ [telb zn] ⟨BE⟩ (zoet) dropje
Pon·tic /ˈpɒntɪk, ˈpɑntɪk/ [bn, attr] ⟨aardr⟩ van/m.b.t. de Zwarte Zee ♦ *Pontic Sea* Zwarte Zee
pon·ti·fex /ˈpɒntɪfeks, ˈpɑntɪ-/ [telb zn; mv: pontifices /pɒnˈtɪfɪsi:z, ˈpɑn-/] [1] → **pontiff** [2] ⟨gesch⟩ pontifex, opperpriester
pon·ti·fex max·i·mus /ˌpɒntɪfeksˈmæksɪməs, ˈpɑntɪ-/ [telb zn; mv: pontifices maximi /pɒnˈtɪfɪsi:zˈmæksɪmaɪ, ˈpɑn-/] ⟨gesch⟩ pontifex maximus, voorzitter van het college der opperpriesters
pon·tiff /ˈpɒntɪf, ˈpɑntɪf/ [telb zn] ⟨r-k⟩ paus
¹pon·tif·i·cal /pɒnˈtɪfɪkl, ˈpɑn-/ [telb zn] pontificaal ⟨boek met de bisschoppelijke liturgie⟩
²pon·tif·i·cal /pɒnˈtɪfɪkl, ˈpɑn-/ [bn; bw: ~ly] [1] ⟨r-k⟩ pauselijk, pontificaal [2] bisschoppelijk, episcopaal, pontificaal ♦ *Pontifical Mass* pontificale mis, mis door de bisschop opgedragen [3] opperpriesterlijk ⟨ook figuurlijk⟩, ⟨pej⟩ autoritair, dogmatisch, geen tegenspraak duldend, pompeus
pon·tif·i·cals /pɒnˈtɪfɪklz, ˈpɑn-/, **pontificalia** /pɒnˌtɪfɪˈkeɪliə, ˈpɑn-/ [alleen mv] pontificaal, bisschoppelijk/pauselijk staatsiegewaad ♦ *in pontificals* in pontificaal
¹pon·tif·i·cate /pɒnˈtɪfɪkət, ˈpɑn-/ [telb zn] ⟨gesch, r-k⟩ pontificaat, pauselijke/opperpriesterlijke regering
²pon·tif·i·cate /pɒnˈtɪfɪkeɪt, ˈpɑn-/, ⟨in betekenis 2 ook⟩ **pon·ti·fy** /ˈpɒntɪfaɪ, ˈpɑntɪ-/ [onov ww] [1] pontificeren, een pontificale mis opdragen [2] ⟨pej⟩ pontificeren, orakelen, de expert uithangen, met misplaatste autoriteit optreden
pon·tine /ˈpɒntaɪn, ˈpɑntaɪn/ [bn] van/m.b.t. bruggen, brug- [2] ⟨med⟩ van/m.b.t. de brug van Varol
pon·to·neer, pon·to·nier /ˌpɒntəˈnɪə, ˈpɑntnɪr/ [telb zn] ⟨mil⟩ pontonnier, bruggenbouwer
¹pon·toon /pɒnˈtu:n, ˈpɑn-/ [telb zn] [1] ponton, brugschip [2] drijvend dok [3] kiellichter, praam ⟨schuit met platte bodem⟩ [4] drijver ⟨van watervliegtuig⟩
²pon·toon /pɒnˈtu:n, ˈpɑn-/ [niet-telb zn] ⟨BE; kaartsp⟩ eenentwintigen
pontoon bridge [telb zn] pontonbrug, schipbrug
¹po·ny /ˈpoʊni/ [telb zn] [1] pony, ponypaardje [2] ⟨AE; inf⟩ klein model, kleine maat, kleine uitvoering [3] ⟨AE; mv⟩ ⟨inf⟩ renpaard [4] ⟨AE; inf; onderw⟩ spiektekst, spiekvertaling, spiekbriefje [5] ⟨BE; sl⟩ £25, ± meier [6] ⟨sl⟩ hulpmiddel
²po·ny /ˈpoʊni/ [onov ww] ⟨AE; inf; onderw⟩ spieken, een spiekvertaling gebruiken ♦ ⟨sl⟩ *pony up* betalen, dokken
³po·ny /ˈpoʊni/ [ov ww] ⟨AE⟩ voorbereiden met behulp van een spiekvertaling ⟨een tekst⟩ ♦ *pony up sth.* iets betalen, dokken voor iets
pony engine [telb zn] rangeerlocomotief
pony express [telb + niet-telb zn] ⟨gesch⟩ ponyexpres, postdienst met pony's

po·ny·tail [telb zn] paardenstaart, opgebonden haar
pony trap [telb zn] ponywagen
po·ny·trek·king [niet-telb zn] ⟨BE⟩ trektochten maken op pony's
¹poo /pu:/, **poo-poo** [telb zn] ⟨BE; kind⟩ druk, poep, grote boodschap ♦ *do a poo* poepen
²poo /pu:/, **poo-poo** [niet-telb zn] ⟨BE; kind⟩ poep
³poo /pu:/ [onov + ov ww] ⟨BE; kind⟩ poepen
pooch /pu:tʃ/, **pooch·y** /ˈpu:tʃi/ [telb zn] ⟨vnl AE; sl; scherts⟩ Fikkie, keffer(tje), hond
poo·dle /ˈpu:dl/ [telb zn] poedel(hond)
poof /pu:f, pʊf/, **poof·ter** /ˈpu:ftə, pʊf-, ˈ-ər/, **poo·ve** /pu:v/, **pouf** /pu:f, pʊf/ [telb zn] ⟨BE; sl; beled⟩ [1] nicht, flikker, poot, mietje [2] slappeling, zijig ventje
poofter bashing [niet-telb zn] ⟨inf⟩ (het) potenrammen
pooh /pu:/ [tw] [1] poeh, pf, onzin, het zou wat, en wat dan nog [2] pf, jasses, bah
Pooh-Bah /ˈpu:bɑ:/ [telb zn] pompeuze blaaskaak en baantjesjager, snorker ⟨naar figuur in The Mikado van W.S. Gilbert⟩
pooh-pooh [ov ww] ⟨inf⟩ minachtend afwijzen, belachelijk maken, zich niets aantrekken van, de schouders ophalen over, bagatelliseren
pooja [telb zn] → puja
poo·ka /ˈpu:kə/ [telb zn] ⟨IE⟩ kwelduiveltje, kobold, boze geest
¹pool /pu:l/ [telb zn] [1] poel, plas [2] (zwem)bassin, zwembad [3] diep gedeelte van een rivier ♦ *the Pool (of London)* de Pool ⟨gedeelte van de Theems vlak beneden London Bridge⟩ [4] pot ⟨bij gokspelen⟩, (gezamenlijke) inzet, pool [5] gemeenschappelijke voorziening, gemeenschappelijk fonds, gemeenschappelijk depot, gemeenschappelijk personeel, pool ⟨van auto's, schepen enz.⟩ ♦ *typing pool* (gemeenschappelijke) typekamer [6] pool, trust [7] ⟨schermsp⟩ poule ⟨wedstrijd waarin elk lid van een ploeg uitkomt tegen elk lid van een andere ploeg⟩
²pool /pu:l/ [niet-telb zn] [1] pool ⟨soort biljart: in Groot-Brittannië met gekleurde ballen; in Verenigde Staten met genummerde ballen⟩ ♦ *play/shoot pool* pool spelen, ± biljarten [2] poule(spel), potspel
³pool /pu:l/ [onov ww] [1] samenwerken, samendoen, een pool vormen [2] een pool/plas vormen
⁴pool /pu:l/ [ov ww] samenvoegen, bij elkaar leggen, verenigen, bundelen
pool hall [telb zn] biljartlokaal
pool·room [telb zn] [1] biljartgelegenheid, biljartlokaal [2] gokgelegenheid, goklokaal
pools /pu:lz/ [alleen mv; the] voetbalpool, (voetbal)toto ♦ *win money on the pools* in de toto geld winnen
pool·side [telb + niet-telb zn] rand van het zwembad ♦ *the matter was discussed at poolside* het geval werd bij het zwembad besproken
pool table [telb zn] biljarttafel
poon tang /ˈpu:ntæŋ/ [telb zn] ⟨sl⟩ [1] kut ⟨van gekleurde vrouw⟩ [2] stuk, stoot ⟨gekleurde vrouw⟩ [3] nummertje ⟨met gekleurde vrouw⟩
¹poop /pu:p/ [telb zn] [1] achterschip, achtersteven [2] kampanje, achterdek [3] ⟨pej⟩ ⟨verk: nincompoop⟩ dwaas, sul [4] ⟨AE; inf⟩ poep, druk, grote boodschap
²poop /pu:p/ [niet-telb zn] ⟨AE; inf⟩ [1] poep, ⟨i.h.b.⟩ hondenpoep [2] fijne van de zaak, inside informatie ♦ *what's the poop?* hoe zit het nu?, wat is het laatste nieuws?
³poop /pu:p/ [onov ww] [1] ⟨AE; inf⟩ uitgeput raken ♦ *poop out* ophouden, opgeven ⟨wegens uitputting⟩ [2] knallen [3] ⟨vulg⟩ een scheet laten ⟨AE; inf⟩ *poop out on s.o.* iemand in de steek laten, iemand in de kou laten staan
⁴poop /pu:p/ [onov + ov ww] ⟨AE; inf⟩ poepen
⁵poop /pu:p/ [ov ww] [1] ⟨AE; inf⟩ uitputten, vermoeien ♦ *be pooped* uitgeteld/bekaf zijn; *pooped out* uitgeteld, uitge-

poop deck

put [2] **over het achterdek slaan** ⟨van golven⟩ [3] **over het achterschip krijgen** ⟨van schip⟩ [4] **vuren, (af)schieten** ♦ *poop off* afvuren
poop deck [telb zn] **kampanje,** achterdek
poo-poo [niet-telb zn] ⟨inf, kind⟩ **poep**
poop scoop, pooper scooper [telb zn] **hondenpoepschepje, hondenpoepschopje**
poop sheet [telb zn] ⟨sl⟩ **officiële lijst** ⟨met instructies enz.⟩
¹**poor** /pɔː, puə, ᴬpʊr, ᴬpɔːr/ [bn; vergr trap: poorer] [1] **arm,** behoeftig, armoedig, gebrekkig ♦ *poor in* arm aan; *poor in spirit* wankelmoedig, onzeker; *the poor* de armen; ⟨vaak beled⟩ *poor white* blanke (boer/landarbeider) behorend tot de laagste sociale klasse ⟨voornamelijk in het zuiden van de USA⟩ [2] **slecht,** schraal, pover, mager, zwak, schamel ♦ *give a poor account of o.s.* slecht presteren, zich slecht houden; *poor consolation* schrale troost; *Peter is still in poor health after his illness* Peter tobt nog steeds met zijn gezondheid na zijn ziekte; *poor soil* schrale grond; *in poor spirits* neerslachtig; *take a poor view of* zich weinig voorstellen van; afkeuren; *poor weather* slecht weer [3] **armzalig,** bedroevend, ellendig, miserabel ♦ *poor excuse* armzalig excuus; *cut a poor figure* een armzalig figuur slaan; *it is a poor look-out for trade* de vooruitzichten voor de handel zijn bedroevend; *I am the poorer for his death* zijn dood betekent een zwaar verlies voor mij [·] *poor as a churchmouse* arm als een kerkrat; ⟨AE⟩ *poor fish* stumper, arme drommel; *make a poor fist at/of* een miserabele poging doen om; *poor John/John* pechvogel; *put on a poor mouth* erbarmelijk jammeren, de arme sloeber uithangen; *poor relation* stiefkind ⟨ook figuurlijk⟩; ⟨fig⟩ gebrekkige/armoedige versie/editie/vorm; *stage design is the poor relation among the fine arts* theatervormgeving is bij de beeldende kunsten het ondergeschoven kindje/het stiefkind; ⟨sprw⟩ *it's a poor/sad heart that never rejoices* hij heeft het leven nooit begrepen, die treurig blijft en steeds benepen; ⟨sprw⟩ *God help the poor for the rich can help themselves* God helpe de armen want de rijken kunnen zichzelf helpen; ⟨sprw⟩ *one law for the rich and another for the poor* ± de armen en de rijken worden door de rechters niet gelijk behandeld
²**poor** /pɔː, ᴬpʊr/ [bn, attr; vergr trap: poorer] [1] **verachtelijk,** min ♦ *he is a poor creature* het is een waardeloze vent [2] **ongelukkig,** zielig, treurig, deerniswekkend ♦ *poor fellow!* arme ziel!; *his poor mother* zijn moeder zaliger; *the poor thing* de arme stakker/stumper, het arme mens [3] **bescheiden** ⟨vaak schertsend⟩, onbeduidend ♦ *in my poor opinion* naar mijn bescheiden mening
poor box [telb zn] **armenbus**
poor boy [telb zn] ⟨AE⟩ **grote sandwich,** belegd stokbroodje
poor·house [telb zn] ⟨gesch⟩ **arm(en)huis**
poor law [telb + niet-telb zn] ⟨gesch⟩ **armenwet**
¹**poor·ly** /ˈpuəli, ᴬˈpʊrli/ [bn, pred] ⟨vnl BE⟩ **niet lekker,** ziek, minnetjes [·] *poorly off* in slechte doen; slecht voorzien
²**poor·ly** /ˈpuəli, ᴬˈpʊrli/ [bw] [1] **arm,** gebrekkig, armoedig [2] **slecht,** pover, onvoldoende ♦ *think poorly of* geen hoge dunk hebben van
poor man's weatherglass [telb zn] ⟨plantk⟩ ⟨gewoon⟩ **guichelheil,** guichelkruid, rode baastaardmuur ⟨Anagallis arvensis⟩
poor·mas·ter [telb zn] ⟨gesch⟩ **armmeester,** arm(en)voogd
poor-mouth [ov ww] ⟨sl⟩ [1] **overdrijven** ⟨eigen situatie/armoede⟩ [2] **kleineren** [3] **voortdurend/hevig bekritiseren**
poor·ness /ˈpuənəs, ᴬˈpʊr-/ [niet-telb zn] **gebrekkigheid,** schraalheid ♦ *the poorness of the quality* de povere kwaliteit
poor rate [telb + niet-telb zn] ⟨BE; gesch⟩ **armenbelasting**

poor relief [niet-telb zn] **armenzorg**
poor-spir·it·ed [bn; bw: poor-spiritedly] **laf,** lafhartig, bang(elijk)
poort /pɔːt, ᴬpɔrt/ [telb zn] ⟨ZAE⟩ **(berg)pas**
poo·tle a·bout /ˈpuːtləbaʊt/**, poo·tle around** /ˈpuːtləraʊnd/ [onov ww] ⟨BE; inf⟩ **keutelen**
poove [telb zn] → **poof**
¹**pop** /pɒp, ᴬpɑp/ [telb zn] [1] **knal,** klap, plof ♦ *the pop of a cork* het knallen van een kurk [2] **schot** [3] **stip,** plekje [4] ⟨inf⟩ **popnummer,** single(tje) ♦ *top of the pops* (tophit) nummer één [5] ⟨inf⟩ **pap,** pa, papa [6] ⟨inf⟩ **popconcert** [7] ⟨AE; inf⟩ **stuk** ♦ *$800 a pop* 800 dollars per stuk/keer [8] ⟨AE; sl⟩ **dosis,** hoeveelheid drugs [9] ⟨AE; inf⟩ **ijslolly,** ijsstick, ijsje [10] ⟨American football⟩ **kort passje** ⟨om terreinwinst te boeken⟩ [·] ⟨BE⟩ *take a pop at s.o.* openlijk kritiek leveren op iemand, iemand publiekelijk afkraken
²**pop** /pɒp, ᴬpɑp/ [niet-telb zn] [1] ⟨inf⟩ **prik**(limonade), sodawater, gazeuse, frisdrank, mineraalwater, gemberbier [2] ⟨vaak attributief⟩ ⟨inf⟩ **pop(muziek)** [3] ⟨BE; sl⟩ **verpanding,** belening ♦ *in pop* in de lommerd [4] ⟨AE; sl⟩ **(het) neuken,** (het) wippen
³**pop** /pɒp, ᴬpɑp/ [bn, attr] ⟨inf⟩ **pop,** populair
⁴**pop** /pɒp, ᴬpɑp/ [onov ww] [1] **knallen,** klappen, barsten, ploffen ♦ *champagne corks were popping everywhere* overal knalden champagnekurken [2] ⟨inf⟩ **snel/plotseling/onverwacht bewegen,** snel/onverwacht komen/gaan, wippen, glippen, springen ♦ *pop across/along/around/down/in/over/round* langswippen, aanwippen, binnenwippen, overwippen; *pop off* opstappen, hem piepen ⟨ook informeel, in betekenis van sterven⟩; *pop out* wegwippen; tevoorschijn/er uit schieten; uitpuilen; *pop up* opduiken, (weer) boven water komen; omhoog komen ⟨in het bijzonder van illustraties e.d., bij wenskaarten⟩ [3] **uitpuilen** ⟨van ogen⟩ [4] ⟨AE; inf, fig⟩ **dokken,** betalen
⁵**pop** /pɒp, ᴬpɑp/ [onov + ov ww] ⟨inf⟩ **(neer)schieten,** (af)vuren, paffen ♦ *pop at* schieten op; *pop off* afschieten; afgeschoten worden
⁶**pop** /pɒp, ᴬpɑp/ [ov ww] [1] **laten knallen,** laten klappen, laten barsten, laten ploffen ♦ ⟨AE⟩ *pop corn* mais poffen [2] ⟨inf⟩ **snel/plotseling/onverwacht zetten/leggen/brengen,** steken, duwen, gooien, slaan ♦ *he popped his coat on* hij schoot zijn jas aan; *pop one's head out of the window* z'n hoofd uit het raam steken; *I'll just pop this letter into the post* ik gooi deze brief even op de bus [3] ⟨inf⟩ **plotseling/zonder omhaal stellen,** afvuren ⟨vragen⟩ [4] ⟨inf⟩ **slikken, spuiten** ⟨drugs, pillen⟩ [5] ⟨BE; sl⟩ **naar de lommerd brengen,** belenen, verpanden [6] ⟨AE; sl⟩ **neuken (met)**
⁷**pop** /pɒp, ᴬpɑp/ [bw] [1] **met een knal/klap/plof,** paf, pof, floep ♦ *go pop* knallen, barsten, klappen [2] **opeens,** plotsklaps
⁸**pop** [afk] [1] (popular(ly)) [2] (population)
PoP [afk] ⟨comp⟩ (Point of Presence) **inbelpunt**
POP [afk] ⟨comp⟩ (Post Office Protocol)
pop·a·dom, pop·pa·dum /ˈpɒpədəm, ᴬˈpɑ-/**, pap·a·dum** /ˈpæpədəm, ᴬˈpɑ-/ [telb zn] ⟨cul⟩ **papadum** ⟨grote, dunne, ronde Indiase kroepoek van linzen, meel, water en pittige kruiden⟩
pop art [niet-telb zn] **popart**
pop concert [telb zn] **popconcert**
pop-corn [niet-telb zn] [1] **popcorn,** gepofte mais [2] **pofmais**
popcorn movie [telb zn] **popcornfilm** ⟨onderhoudende, lichtvoetige film⟩
pope /poʊp/ [telb zn] [1] **paus,** ⟨fig⟩ autoriteit [2] **pope** ⟨priester in Russisch-orthodoxe kerk⟩ [3] ⟨dierk⟩ **pos** ⟨vis; Acerina ceruna⟩
pope·dom /ˈpoʊpdəm/ [niet-telb zn] **pausdom,** pausschap
Pope Joan /poʊp dʒoʊn/ [eigenn] **soort kaartspel** ⟨naar

pop·er·y /ˈpoʊpəri/ [niet-telb zn] ⟨beled⟩ paperij, papendom
pope's eye [telb zn] ⟨cul⟩ gevuld schapenpootje
pop-eye [telb zn] [1] uitpuilend oog, puiloog [2] ⟨AE; scherts⟩ spinazie ⟨naar Popeye, figuur uit tekenfilms⟩
pop-eyed [bn] met uitpuilende ogen, met grote ogen, verbaasd
pop festival [telb zn] popfestival
pop group [telb zn] popgroep
pop-gun [telb zn] [1] proppenschieter, kinderpistooltje [2] ⟨pej⟩ (slecht) vuurwapen, proppenschieter
pop·in·jay /ˈpɒpɪndʒeɪ, ˆpɑ-/ [telb zn] [1] ⟨beled⟩ verwaand heerschap, fat(je), kwast, windbuil [2] ⟨vero⟩ papegaai [3] ⟨gesch⟩ gaai ⟨houten vogel op paal, als schietschijf⟩ [4] ⟨BE, gew⟩ groene specht ⟨Picus viridis⟩
pop·ish /ˈpoʊpɪʃ/ [bn; bw: ~ly; zn: ~ness] ⟨beled⟩ paaps
¹**pop·lar** /ˈpɒplə, ˆpɑplər/ [telb zn] ⟨plantk⟩ [1] populier, peppel ⟨genus Populus⟩ ♦ *trembling poplar* ratelpopulier ⟨Populus trenula⟩ [2] ⟨AE⟩ tulpenboom ⟨Liriodendron tulipifera⟩
²**pop·lar** /ˈpɒplə, ˆpɑplər/ [niet-telb zn; vaak attributief] populierenhout, klompenhout
pop·lin /ˈpɒplɪn, ˆpɑ-/ [niet-telb zn; vaak attributief] popeline ⟨stof⟩
pop·lit·e·al /pɒpˈlɪtɪəl, ˆpɑpˈlɪtɪəl/ [bn] popliteus ⟨van/m.b.t. de knieholte⟩
pop music [niet-telb zn] pop(muziek)
pop·o·ver [telb zn] ⟨AE⟩ zeer luchtige cake
pop·pa /ˈpɒpə, ˆpɑpə/, **pop** [telb zn] ⟨AE; inf⟩ pa, ouwe
poppadum [telb zn] → popadom
pop·per /ˈpɒpə, ˆpɑpər/ [telb zn] [1] knaller [2] ⟨AE⟩ popcornpan [3] ⟨BE; inf⟩ drukknoop(je), drukknoopsluiting [4] ⟨scherts⟩ schietijzer, proppenschieter [5] ⟨sl⟩ popper ⟨drugscapsule, voornamelijk amylnitriet dat opgesnoven wordt⟩
pop·pet /ˈpɒpɪt, ˆpɑ-/ [telb zn] [1] ⟨BE; inf⟩ popje, schatje, lieverdje [2] (losse) kop ⟨van draaibank⟩ [3] schotelklep ⟨in verbrandingsmotor⟩ [4] ⟨scheepv⟩ stut
pop·pet·head [telb zn] ⟨BE; mijnb⟩ hijstoren boven schachtmond
poppet valve [telb zn] schotelklep
pop·pied /ˈpɒpid, ˆpɑ-/ [bn] [1] vol papavers [2] slaapverwekkend, bedwelmend [3] slaperig, dromerig
pop·ping crease [telb zn] ⟨cricket⟩ batting crease, slag(perk)lijn
¹**pop·ple** /ˈpɒpl, ˆpɑpl/ [telb zn] ⟨AE; inf⟩ populier, peppel ⟨genus Populus⟩
²**pop·ple** /ˈpɒpl, ˆpɑpl/ [niet-telb zn] gekabbel, geborrel, woeling, rimpeling
³**pop·ple** /ˈpɒpl, ˆpɑpl/ [onov ww] kabbelen, borrelen, woelen
¹**pop·py** /ˈpɒpi, ˆpɑpi/ [telb zn] ⟨plantk⟩ papaver ⟨genus Papaver⟩, ⟨i.h.b.⟩ klaproos, gewone papaver ⟨P. rhoeas⟩
²**pop·py** /ˈpɒpi, ˆpɑpi/ [niet-telb zn] [1] opium [2] ⟨vaak attributief⟩ ponceau, klaproosrood
pop·py·cock [niet-telb zn] ⟨inf⟩ klets(praat), larie, onzin
Poppy Day [eigenn] klaproosdag, wapenstilstandsdag ⟨herdenkingsdag van het einde van de Eerste Wereldoorlog⟩
pop·py·head [telb zn] [1] papaverbol, maankop [2] houtsnijwerk op kop van kerkbank
pop·py·seed [niet-telb zn] maanzaad
pop quiz [telb zn] ⟨AE⟩ onverwachte overhoring/toets
pop rivet [telb zn] popnagel, blinde niet
pops /pɒps, ˆpɑps/ [bn, attr] ⟨AE⟩ populair-klassiek, licht klassiek ♦ *pops concert* populair-klassiek/licht klassiek concert
pop·shop [telb zn] ⟨BE; sl⟩ lommerd, pandjeshuis, Ome Jan

pop·si·cle /ˈpɒpsɪkl, ˆpɑp-/ [telb zn] ⟨AE; handelsmerk⟩ ijslolly
pop singer [telb zn] popzanger(es)
pop sock [telb zn] ⟨BE⟩ pantykous
pop song [telb zn] popsong, poplied
pop star [telb zn] popster
pop·sy, pop·sie /ˈpɒpsi, ˆpɑpsi/ [telb zn] ⟨inf⟩ liefje, schatje, pop
pop·u·lace /ˈpɒpjʊləs, ˆpɑpjə-/ [verzameln; the] ⟨form⟩ [1] (gewone) volk, massa, bevolking [2] ⟨beled⟩ gepeupel, grauw
¹**pop·u·lar** /ˈpɒpjʊlə, ˆpɑpjələr/ [bn] [1] geliefd, populair, gezien, bemind, in trek ♦ *popular with* geliefd bij [2] algemeen, veel verbreid ♦ *popular misunderstanding* algemeen verbreide misvatting [3] laag [·] *popular Latin* vulgair Latijn
²**pop·u·lar** /ˈpɒpjʊlə, ˆpɑpjələr/ [bn, attr] [1] volks-, van/voor/door het volk ♦ *popular etymology* volksetymologie; ⟨pol⟩ *popular front* volksfront [2] gewoon, alledaags, eenvoudig, verstaanbaar (voor het volk) ♦ *a popular lecture on nuclear energy* een populairwetenschappelijke lezing over kernenergie; *popular music* populaire muziek; *popular science* gepopulariseerde wetenschap [·] *popular prices* populaire/lage prijzen
pop·u·lar·i·ty /pɒpjʊˈlærəti, ˆpɑpjəˈlærəti/ [niet-telb zn] populariteit, geliefdheid, volksgunst
pop·u·lar·i·za·tion, pop·u·lar·i·sa·tion /pɒpjʊləraɪˈzeɪʃn, ˆpɑpjələrəˈzeɪʃn/ [telb + niet-telb zn] [1] popularisatie, het begrijpelijk maken/worden [2] het populair maken/worden [3] algemene verbreiding/invoering, het wijdverbreid ingang doen vinden
pop·u·lar·ize, pop·u·lar·ise /ˈpɒpjʊləraɪz, ˆpɑpjə-/ [ov ww] [1] populariseren, begrijpelijk/verstaanbaar maken [2] populair maken, geliefd maken, (algemeen) bekendmaken
pop·u·lar·ly /ˈpɒpjʊləli, ˆpɑpjələrli/ [bw] [1] → **popular** ♦ *popularly elected* door het volk gekozen; *popularly priced* populair/laag geprijsd [2] algemeen, gewoon(lijk), populair ♦ *popularly known as* in de wandeling bekend als
pop·u·late /ˈpɒpjʊleɪt, ˆpɑpjə-/ [ov ww] [1] bevolken, bewonen, koloniseren ♦ *densely populated* dichtbevolkt [2] ⟨comp⟩ invullen ♦ *to populate a field with data* gegevens invoeren in een veld
¹**pop·u·la·tion** /pɒpjʊˈleɪʃn, ˆpɑpjə-/ [telb zn] ⟨stat⟩ populatie, universum
²**pop·u·la·tion** /pɒpjʊˈleɪʃn, ˆpɑpjə-/ [niet-telb zn] het bevolken, (mate van) bevolking, kolonisatie
³**pop·u·la·tion** /pɒpjʊˈleɪʃn, ˆpɑpjə-/ [verzameln] bevolking, inwoners, bewoners
population bulge [telb zn] geboortegolf
population explosion [telb zn] bevolkingsexplosie
pop·u·lism /ˈpɒpjʊlɪzm, ˆpɑpjə-/ [niet-telb zn] populisme ⟨opportunistische volksbeweging, oorspronkelijk in USA⟩
pop·u·list /ˈpɒpjʊlɪst, ˆpɑpjə-/ [telb zn] populist, aanhanger van populisme, opportunist
pop·u·lis·tic /pɒpjʊˈlɪstɪk, ˆpɑpjə-/ [bn] populistisch, van/m.b.t. het populisme
pop·u·lous /ˈpɒpjʊləs, ˆpɑpjə-/ [bn; bw: ~ly; zn: ~ness] dichtbevolkt, volkrijk
pop-up [telb zn] ⟨comp⟩ pop-up
pop-up book [telb zn] flapuitboek ⟨boek met uitklapbare illustraties⟩
pop-up card [telb zn] pop-upkaart, flapuitkaart
pop-up menu [telb zn] ⟨comp⟩ → pop-upmenu
pop-up toaster [telb zn] automatisch broodrooster
por·bea·gle /ˈpɔːbiːgl, ˆpɔr-/ [telb zn] ⟨dierk⟩ haringhaai ⟨Lamna nasus⟩
por·ce·lain /ˈpɔːslɪn, ˆpɔr-/ [niet-telb zn; vaak attributief] porselein

porcelain clay [niet-telb zn] kaolien, porseleinaarde
por·ce·lain·ous, por·ce·lan·ous, por·cel·lan·ous /pɔːsɛlənəs, ˄pɔrslə-/, **por·ce·la·ne·ous, por·cel·la·ne·ous** /pɔːsəleɪnɪəs, ˄pɔr-/, **por·ce·lan·ic, por·cel·lan·ic** /-sələnɪk/ [bn] porseleinachtig, porseleinen, porselein-, porseleinig
porcelain shell [telb zn] ⟨dierk⟩ porseleinschelp ⟨genus Cypraeidae⟩
porch /pɔːtʃ, ˄pɔrtʃ/ [telb zn] [1] portaal, portiek [2] ⟨AE⟩ veranda ◘ *the Porch* de stoa, de school der stoïcijnen
por·cine /pɔːsaɪn, ˄pɔr-/ [bn] varkensachtig, varkens-
por·cu·pine /pɔːkjʊpaɪn, ˄pɔrkjə-/ [telb zn] [1] ⟨vnl BE; dierk⟩ stekelvarken ⟨genus Hystricidae⟩ [2] ⟨vnl AE; dierk⟩ boomstekelvarken, oerzon ⟨genus Erethizontidae⟩ [3] ⟨AE; sl; mil⟩ prikkeldraad
porcupine ant-eater [telb zn] ⟨dierk⟩ mierenegel ⟨Tachyglossus aculeatus⟩
porcupine crab [telb zn] ⟨dierk⟩ stekelkrab ⟨Lithodes hystrix⟩
porcupine fish [telb zn] ⟨dierk⟩ egelvis ⟨Diodon hystrix⟩
¹**pore** /pɔː, ˄pɔr/ [telb zn] porie
²**pore** /pɔː, ˄pɔr/ [onov ww] ⟨vero⟩ turen, staren, aandachtig kijken ♦ *pore at/(up)on* turen naar/op ◘ zie: **pore over**; *pore (up)on* peinzen/(diep) nadenken over, broeden op
³**pore** /pɔː, ˄pɔr/ [ov ww; voornamelijk in bijbehorende uitdrukking] turen ♦ *pore one's eyes out* zich blind turen/ kijken
pore over [onov ww] [1] zich verdiepen in, aandachtig bestuderen ♦ *he pored over the documents for several hours* hij was urenlang verdiept in de documenten [2] peinzen over, (diep) nadenken over, broeden op [3] turen naar/op
porge /pɔːdʒ, ˄pɔrdʒ/ [ov ww] koosjer maken ⟨vlees⟩
por·gy, por·gee /pɔːdʒi, ˄pɔr-/ [telb zn; mv: ook porgy, ook porgee] ⟨AE; dierk⟩ zeebrasem ⟨zeevis, familie der Sparidae⟩
po·ri·fer /pɒrɪfə, ˄pɔrɪfər/, **po·rif·er·an** /pɔːrɪfrən/ [telb zn; mv: 1e variant porifera /-frə/] ⟨dierk⟩ spons ⟨phylum Porifera⟩
po·rif·er·ous /pɔːrɪfrəs/ [bn] [1] poreus, poriën hebbend [2] ⟨dierk⟩ van/betrekking hebbend op sponzen
pork /pɔːk, ˄pɔrk/ [niet-telb zn] [1] varkensvlees [2] ⟨AE; inf⟩ stemmen lokkende staatssubsidies ⟨door parlementslid voor zijn kiesdistrict verworven teneinde de kiezers aan zich te binden⟩
pork-bar·rel [telb zn] ⟨AE; inf⟩ stemmen lokkend staatsproject ⟨zie pork bet 2⟩
pork-butch·er [telb zn] varkensslager
pork-chap·per /pɔːtʃɒpə, -tʃæpə, ˄pɔrktʃɑpər, ˄-tʃæpər/ [telb zn] ⟨AE; inf⟩ iemand die op loonlijst staat zonder ervoor te werken, (politiek) profiteur ⟨voornamelijk bij vakbond⟩
pork·er /pɔːkə, ˄pɔrkər/ [telb zn] [1] mestvarken, gemest (jong) varken [2] ⟨AE; pej⟩ (orthodoxe) jood, smous
pork·et /pɔːkɪt, ˄pɔr-/ [telb zn] (mest)varkentje
pork-fish [telb zn] ⟨AE; dierk⟩ soort poon ⟨Anisotremus virginicus⟩
pork·ling /pɔːklɪŋ, ˄pɔrklɪŋ/ [telb zn] big(getje), varkentje
Pork·op·o·lis /pɔːkɒpəlɪs, ˄pɔrkɑ-/ [eigenn] ⟨AE; scherts⟩ Porkopolis ⟨spotnaam voor Chicago, soms ook voor Cincinnati⟩, ± Slachthuizerveen
¹**pork pie** [telb zn] → **porkpie hat**
²**pork pie** [telb + niet-telb zn] varkensvleespastei
porkpie hat [telb zn] platte hoed met smalle rand
pork rinds [alleen mv] ⟨AE⟩ uitgebakken zwoerdjes
¹**por·ky** /pɔːki, ˄pɔrki/ [telb zn] [1] ⟨AE; inf⟩ stekelvarken [2] ⟨BE; sl⟩ leugen
²**por·ky** /pɔːki, ˄pɔrki/ [bn; vergr trap: porkier] [1] varkens(vlees)achtig, van varkensvlees [2] ⟨inf⟩ vet, vlezig

porky pie, porky [telb zn] ⟨BE; sl⟩ leugen
porn /pɔːn, ˄pɔrn/, **por·no** /pɔːnoʊ, ˄pɔrnoʊ/ [niet-telb zn; vaak attributief] ⟨inf⟩ ⟨verk: pornography⟩ porno
por·noc·ra·cy /pɔːnɒkrəsi, ˄pɔrnɑ-/ [telb + niet-telb zn] pornocratie, hoerenheerschappij ⟨voornamelijk m.b.t. Rome in de tiende eeuw⟩
por·nog·ra·pher /pɔːnɒɡrəfə, ˄pɔrnɑɡrəfər/ [telb zn] pornograaf, schrijver van porno(grafie)
por·no·graph·ic /pɔːnəɡræfɪk, ˄pɔr-/ [bn; bw: ~ally] pornografisch
por·nog·ra·phy /pɔːnɒɡrəfi, ˄pɔrnɑ-/ [niet-telb zn] porno(grafie)
porn shop [telb zn] seksshop, seksboetiek
porn·y /pɔːni, ˄pɔrni/ [bn] pornografisch, porno-
po·ros·i·ty /pɔːrɒsəti, ˄pɔrɑsəti/ [niet-telb zn] ⟨techn⟩ poreusheid
po·rous /pɔːrəs/ [bn; bw: ~ly; zn: ~ness] poreus, poriën hebbend, waterdoorlatend
porous-tar macadam [niet-telb zn] zoab, fluisterasfalt
por·phyr·ia /pɔːfɪrɪə, ˄pɔr-/ [niet-telb zn] ⟨med⟩ porfyrie
por·phy·rit·ic /pɔːfɪrɪtɪk, ˄pɔrfɪrɪtɪk/ [bn] ⟨geol⟩ porfierisch
por·phy·ry /pɔːfɪri, ˄pɔr-/ [niet-telb zn] ⟨geol⟩ porfier, purpersteen
por·poise /pɔːpəs, ˄pɔr-/ [telb zn; mv: ook porpoise] ⟨dierk⟩ [1] bruinvis ⟨genus Phocaena⟩ [2] dolfijn ⟨familie Delphinidae⟩
por·rect /pərɛkt/ [ov ww] ⟨jur⟩ overleggen ⟨stukken⟩
por·ridge /pɒrɪdʒ, ˄pɑr-, ˄pɔr-/ [niet-telb zn] [1] (havermout)pap [2] ⟨BE; sl⟩ bajes, bak, nor ♦ *do porridge* in de bak zitten, brommen ◘ ⟨sprw⟩ *save your breath to cool your porridge* beter hard geblazen dan de mond gebrand
por·rin·ger /pɒrɪndʒə, ˄pɑrɪndʒər, ˄pɔr-/ [telb zn] kommetje, papkommetje, soepkommetje, bordje, papbordje, soepbordje ⟨voornamelijk voor kinderen⟩
¹**port** /pɔːt, ˄pɔrt/ [telb zn] [1] haven, havenstad, ⟨fig⟩ veilige haven, toevluchtsoord ♦ *port of call* aanloophaven; plaats die men aandoet op reis, aanlegplaats; *port of discharge* loshaven; *port of entry* invoerhaven, plaats/luchthaven met douanefaciliteiten; *the Port of London Authority* het Londense havenbestuur; *reach port* de haven bereiken; *port of refuge* vluchthaven, toevluchtsoord [2] poort, inlaatopening, uitlaatopening ⟨voor stoom, vloeistof⟩, ⟨comp⟩ poort [3] ⟨scheepv⟩ laadpoort [4] stang(ge)bit, stang [5] ⟨vnl SchE⟩ (stads)poort [6] ⟨verk: porthole⟩ [7] ⟨AuE; Queensland⟩ ⟨verk: portmanteau⟩ ◘ ⟨sprw⟩ *any port in a storm* ± het naaste water dient als er brand is, ± vuil water blust ook brand, ± nood breekt wet(ten)
²**port** /pɔːt, ˄pɔrt/ [niet-telb zn] [1] ⟨vaak attributief⟩ bakboord ♦ *port beam* bakboordzijde; *put the helm to port!* roer bakboord! [2] port(wijn) [3] houding [4] ⟨mil⟩ draaghouding ⟨van geweer⟩ ♦ *at the port* geweer in de draaghouding!
³**port** /pɔːt, ˄pɔrt/ [onov + ov ww] naar bakboord draaien, aan bakboord leggen ⟨roer⟩ ♦ *port the helm* ⟨oud commando⟩ bakboord roer geven; ⟨nieuw commando⟩ stuurboord roer geven
⁴**port** /pɔːt, ˄pɔrt/ [ov ww] [1] ⟨mil⟩ in de draaghouding houden ⟨wapen, diagonaal voor de borst⟩ ♦ *port arms!* presenteer het geweer! [2] ⟨comp⟩ poorten ⟨software⟩, overzetten
port·a·bil·i·ty /pɔːtəbɪləti, ˄pɔrtəbɪləti/ [niet-telb zn] [1] draagbaarheid, verplaatsbaarheid, vervoerbaarheid [2] transfereerbaarheid, overdraagbaarheid ⟨van pensioenbijdragen e.d.⟩
¹**port·a·ble** /pɔːtəbl, ˄pɔrtəbl/ [telb zn] portable, draagbare radio/televisie/schrijfmachine, draagbaar toestel
²**port·a·ble** /pɔːtəbl, ˄pɔrtəbl/ [bn; bw: portably; zn: ~ness] [1] draagbaar, verplaatsbaar, vervoerbaar, roerend

♦ *portable gramophone* koffergrammofoon; *portable kitchen* veldkeuken [2] transfereerbaar, overdraagbaar ♦ *portable pension* meeneempensioen
por·ta·crib /pɔːtəkrɪb, ᴬpɔrtə-/ [telb zn] ⟨AE; merknaam⟩ reiswieg
port admiral [telb zn] havencommandant
¹**port·age** /pɔːtɪdʒ, ᴬpɔrtɪdʒ/ [telb zn] draagpad, draagplaats ⟨plaats waar boten en goederen tussen twee waterwegen over land vervoerd moeten worden⟩
²**port·age** /pɔːtɪdʒ, ᴬpɔrtɪdʒ/ [telb + niet-telb zn] draagloon, vervoerkosten
³**port·age** /pɔːtɪdʒ, ᴬpɔrtɪdʒ/ [niet-telb zn] vervoer, het dragen ⟨voornamelijk van boten, goederen⟩
⁴**port·age** /pɔːtɪdʒ, ᴬpɔrtɪdʒ/ [ov ww] (over een draagpad) vervoeren
Por·ta·kab·in /pɔːrtəkæbɪn, ᴬpɔːtə-/ [telb zn] ⟨merknaam⟩ portakabin, containertoilet, containerklaslokaal, containerwoning
¹**por·tal** /pɔːtl, ᴬpɔrtl/ [telb zn] [1] (ingangs)poort, portaal, ingang, deur ⟨vaak van grote afmetingen; ook figuurlijk⟩ ♦ *the portal(s) of success* de poort tot het succes [2] ⟨comp⟩ (web)portaal ⟨verleent toegang tot internet⟩, portal
²**por·tal** /pɔːtl, ᴬpɔrtl/ [bn, attr] ⟨med⟩ portaal ♦ *portal vein* poortader
por·ta·loo /pɔːtəluː, ᴬpɔr-/ [telb zn] mobiele toiletcabine
por·tal-to-por·tal [bn, attr] ⟨AE⟩ van poort tot poort, bruto ⟨van arbeidstijd⟩
por·ta·men·to /pɔːtəmentoʊ, ᴬpɔrtəmentoʊ/ [telb zn; mv: portamenti /-ti/] ⟨muz⟩ porta(men)to
por·ta·tive /pɔːtətɪv, ᴬpɔrtətɪv/ [bn] [1] dragend, draag- [2] draagbaar ♦ ⟨muz⟩ *portative organ* portatief ⟨draagbaar orgeltje⟩
port·bar [telb zn] [1] haven(zand)bank [2] havenboom
port-charge [telb + niet-telb zn] havengeld
port·cul·lis /pɔːtkʌlɪs, ᴬpɔrt-/ [telb zn] valhek
Porte /pɔːt, ᴬpɔrt/ [eigennm; the] ⟨gesch⟩ (verk: Sublime/ Ottoman Porte) de (Verheven) Porte ⟨(de regering van) het Turkse rijk⟩
porte-co·chère /pɔːt kɒʃeə, ᴬpɔrt koʊʃer/ [telb zn; mv: porte-cochères /-z/] [1] inrijpoort, koetspoort [2] overkapping, luifel
por·tend /pɔːtend, ᴬpɔr-/ [ov ww] ⟨form⟩ voorspellen, beduiden, een (voor)teken zijn van ⟨voornamelijk van onheil⟩
¹**por·tent** /pɔːtent, ᴬpɔr-/ [telb zn] [1] voorteken, voorbode, omen, waarschuwing [2] wonder, wonderbaarlijk iets
²**por·tent** /pɔːtent, ᴬpɔr-/ [niet-telb zn] (profetische) betekenis ♦ *a vision of dire portent* een onheilspellend visioen; *a matter of great portent* een zaak van groot gewicht
por·ten·tous /pɔːtentəs, ᴬpɔrtentəs/ [bn; bw: ~ly; zn: ~ness] [1] onheilspellend, dreigend, veelbetekenend [2] ontzagwekkend, verbazingwekkend, reusachtig [3] ⟨beled⟩ gewichtig (doend), verwaand, opgeblazen
¹**por·ter** /pɔːtə, ᴬpɔrtər/ [telb zn] [1] kruier, witkiel, sjouwer, drager, bode [2] ⟨vnl BE⟩ portier [3] ⟨vnl AE⟩ (slaapwagon)bediende
²**por·ter** /pɔːtə, ᴬpɔrtər/ [niet-telb zn] porter ⟨zwaar, donkerbruin bier⟩
³**por·ter** /pɔːtə, ᴬpɔrtər/ [onov ww] kruier zijn, kruierswerk doen
⁴**por·ter** /pɔːtə, ᴬpɔrtər/ [ov ww] kruien, versjouwen
por·ter·age /pɔːt(ə)rɪdʒ, ᴬpɔrtə-/ [niet-telb zn] [1] kruierswerk, het kruien, het versjouwen [2] kruiersloon, draagloon
¹**por·ter·house** [telb zn] ⟨AE; vero⟩ bierhuis, eethuis
²**por·ter·house** [telb + niet-telb zn] (verk: porterhouse steak)
porterhouse steak [telb + niet-telb zn] ⟨cul⟩ porterhousesteak ⟨dik rib- of lendenstuk⟩
porter's lodge [telb zn] portiershokje, portiersloge

port·fire [telb zn] lont
port·fo·li·o /pɔːtfoʊlioʊ, ᴬpɔrt-/ [telb zn] portefeuille ⟨van tekeningen, papieren, effecten, e.d.⟩, portfolio ⟨van tekeningen, foto's⟩ ♦ *minister without portfolio* minister zonder portefeuille
port·hole [telb zn] [1] ⟨scheepv⟩ patrijspoort [2] ⟨gesch⟩ geschutpoort, schietgat
porthole shutter [telb zn] (patrijs)poortdeksel
por·ti·co /pɔːtɪkoʊ, ᴬpɔr-/ [telb zn; mv: ook porticoes] portiek, zuilengang, porticus
por·tière /pɔːtieə, ᴬpɔrtier/ [telb zn] portière ⟨zwaar gordijn voor deuropening⟩
¹**por·tion** /pɔːʃn, ᴬpɔrʃn/ [telb zn] [1] gedeelte, (aan)deel, erfdeel, portie ♦ *the driver had a portion of the blame of the accident* de bestuurder had ook enige schuld aan het ongeluk; *the front portion of a train* het voorstuk/voorste gedeelte van een trein [2] bruidsschat, huwelijksgoed [3] ⟨geen mv⟩ ⟨form⟩ deel, lot ♦ *the preacher said: 'Hell will be your portion'* de prediker zei: 'De hel zal uw deel zijn'
²**por·tion** /pɔːʃn, ᴬpɔrʃn/ [ov ww] [1] verdelen, toe(be)delen, toewijzen ♦ *portion out* uitdelen, verdelen; *the ration pack had to be portioned out among twelve people* het rantsoenpakket moest onder twaalf mensen verdeeld worden; *portion to* toewijzen aan [2] begiftigen, een bruidsschat/erfdeel geven
por·tion·less /pɔːʃnləs, ᴬpɔr-/ [bn] zonder bruidsschat/ erfdeel
Port·land ce·ment /pɔːtlənd sɪment/ [niet-telb zn] portland(cement)
Port·land stone [niet-telb zn] portlandsteen
port·ly /pɔːtli/ [bn; vergr trap: ook portlier; zn: portliness] [1] (vaak scherts) gezet, stevig, welgedaan ⟨voornamelijk van oudere mensen⟩ [2] ⟨vero⟩ deftig, statig
port·man·teau /pɔːtmæntoʊ, ᴬpɔrtmæntoʊ/ [telb zn; mv: ook portmanteaux] valies, (kostuum)koffer
portmanteau word [telb zn] vlechtwoord, mengwoord ⟨bijvoorbeeld Oxbridge uit Oxford en Cambridge⟩
por·to·lan·o /pɔːtəlɑːnoʊ, ᴬpɔrtə-/, **por·to·lan** /-lən/, **por·tu·lan** /pɔːtjulən, ᴬpɔrtʃələn/ [telb zn; mv: 1e variant ook portolani /-pɔːtəlɑːni, ᴬpɔrtə-/⟩ ⟨gesch⟩ portolaan, portulaan ⟨middeleeuws zeemanshandboek met kustbeschrijving⟩
por·trait /pɔːtrɪt, ᴬpɔr-/ [telb zn] portret, foto, schildering, (even)beeld, beeltenis, beschrijving
por·trait·ist /pɔːtrɪtɪst, ᴬpɔrtrɪtɪst/ [telb zn] portrettist, portretschilder, portretfotograaf
¹**por·trai·ture** /pɔːtrɪtʃə, ᴬpɔrtrɪtʃər/ [telb zn] portret, portrettering, schildering
²**por·trai·ture** /pɔːtrɪtʃə, ᴬpɔrtrɪtʃər/ [niet-telb zn] [1] portretkunst [2] portretwerk
por·tray /pɔːtreɪ, ᴬpɔr-/ [ov ww] portretteren, (af)schilderen, beschrijven, afbeelden, uitbeelden
por·tray·al /pɔːtreɪəl, ᴬpɔr-/ [telb + niet-telb zn] portrettering, afbeelding, beschrijving
port-reeve [telb zn] ⟨gesch⟩ schout ⟨van haven- of marktplaats⟩
por·tress /pɔːtrɪs, ᴬpɔr-/, **por·ter·ess** /pɔːtərɪs, ᴬpɔrtərɪs/ [telb zn] portierster

Portugal	
naam	Portugal *Portugal*
officiële naam	Portuguese Republic *Portugese Republiek*
inwoner	Portuguese *Portugees*
inwoonster	Portuguese *Portugese*
bijv. naamw.	Portuguese *Portugees*
hoofdstad	Lisbon *Lissabon*
munt	euro *euro*
werelddeel	Europe *Europa*
int. toegangsnummer **351**	www **.pt** auto **P**

Portugal

Por·tu·gal /pɔːtʃʊgl, ᴬpɔrtʃə-/ [eigenn] Portugal
¹Por·tu·guese /pɔːtʃʊgiːz, ᴬpɔrtʃə-/ [eigenn] Portugees, de Portugese taal
²Por·tu·guese /pɔːtʃʊgiːz, ᴬpɔrtʃə-/ [telb zn; mv: Portuguese] Portugees, Portugese
³Por·tu·guese /pɔːtʃʊgiːz, ᴬpɔrtʃə-/ [bn] Portugees, van/uit Portugal [·] ⟨dierk⟩ *Portuguese man-of-war* Portugees oorlogsschip ⟨soort kwal, Physalia physalis⟩
por·tu·lac·a /pɔːtjʊlækə, ᴬpɔrtʃə-/ [telb zn] ⟨plantk⟩ [1] sierpostelein, portulak ⟨Portulaca grandiflora⟩ [2] postelein, portulak ⟨Portulaca oleracea⟩
port warden [telb zn] havenmeester
port watch [telb + niet-telb zn] ⟨scheepv⟩ bakboordwacht
port-wine stain, port-wine mark [telb zn] wijnvlek ⟨op huid⟩
pos [afk] [1] (position) [2] (positive) [3] (possessive)
POS [afk] (point-of-sale)
POSB [afk] (Post Office Savings Bank)
¹pose /poʊz/ [telb zn] houding, pose, vertoon, affectatie
²pose /poʊz/ [onov ww] poseren, doen alsof, allures/een pose/een houding aannemen ♦ *pose as* zich voordoen als, zich uitgeven voor
³pose /poʊz/ [ov ww] [1] stellen, voorleggen, naar voren brengen, opperen ♦ *pose a question* een vraag stellen [2] vormen ♦ *the increase in the number of students poses many problems for the universities* de toename van het aantal studenten stelt de universiteiten voor veel problemen; *pose a threat* een bedreiging vormen [3] opstellen, doen plaats nemen, leggen [4] in het nauw drijven, in verlegenheid brengen
pos·er /poʊzə, ᴬ-ər/ [telb zn] ⟨inf⟩ [1] moeilijke vraag, lastig vraagstuk, gewetensvraag [2] model ⟨van schilder, fotograaf⟩ [3] poseur, aansteller
po·seur /poʊzɜː, ᴬ-zɜr/ [telb zn] ⟨pej⟩ poseur, aansteller
po·seuse /poʊzɜːz, ᴬ-zɜ(r)z/ [telb zn] ⟨pej⟩ aanstelster, poseuse
po·sey /poʊzi/ [bn] ⟨inf⟩ pretentieus, gemaakt
¹posh /pɒʃ, ᴬpɑʃ/ [bn; vergr trap: ook posher] ⟨inf⟩ [1] chic, (piek)fijn, modieus, duur ♦ *posh part of town* dure deel van de stad [2] ⟨vnl BE⟩ bekakt ⟨van accent⟩, kakkineus ♦ ⟨pej⟩ *too posh to push* te lui om te persen ⟨uit gemakzucht willen bevallen d.m.v. een keizersnee⟩
²posh /pɒʃ, ᴬpɑʃ/ [bw] ⟨vnl BE; inf⟩ bekakt, kakkineus ♦ *talk posh* bekakt/met een (hete) aardappel in de mond spreken
posh up [ov ww] ⟨inf⟩ optutten, mooi maken
pos·it /pɒzɪt, ᴬpɑ-/ [ov ww] ⟨form⟩ [1] poneren, (als waarheid) aannemen, veronderstellen [2] plaatsen [3] suggereren, opperen, aanvoeren
¹po·si·tion /pəzɪʃn/ [telb zn] [1] positie, plaats(ing), ligging, (op)stelling, situering, (toe)stand, houding ♦ *put s.o. in an awkward/a difficult position* iemand in een lastig parket brengen; *be in a position to do sth.* in staat/bij machte zijn iets te doen; *the enemy's positions were stormed* de vijandelijke stellingen werden bestormd [2] houding, standpunt, mening ♦ *define one's position* zijn standpunt bepalen; *he takes the position that his brother's problems are no concern of his* hij staat op het standpunt dat de problemen van zijn broer hem niet aangaan; *What's your position in this matter?* Waar sta jij in deze zaak? [3] bewering, stelling, propositie ♦ *make good a position* een bewering staven [4] rang, (maatschappelijke) positie [5] betrekking, post
²po·si·tion /pəzɪʃn/ [niet-telb zn] [1] positie, juiste/goede plaats ♦ *in(to) position* op z'n plaats, in positie; *jockey/manoeuvre for position* een gunstige (uitgangs)positie proberen te verkrijgen; ⟨metriek⟩ *long by position* lang door positie ⟨van lettergreep⟩; *lose position* voorsprong kwijtraken; *out of position* van z'n plaats, uit positie [2] stand ♦ *people of position* mensen van stand

³po·si·tion /pəzɪʃn/ [ov ww] [1] plaatsen, op een goede/de juiste plaats zetten, stationeren [2] ⟨zelden⟩ de plaats bepalen van
po·si·tion·al /pəzɪʃnəl/ [bn] [1] positioneel ♦ *good positional play* sterk positiespel ⟨bijvoorbeeld van schaker⟩ [2] m.b.t. status ♦ *positional good* statusartikel
position paper [telb zn] ⟨pol⟩ ⟨rapport/geschrift met politieke⟩ strategie/stellingname, witboek
position war [telb zn] stellingoorlog
¹pos·i·tive /pɒzətɪv, ᴬpɑzətɪv/ [telb zn] [1] ⟨foto⟩ positief, afdruk, dia(positief) [2] ⟨taalk⟩ stellende trap, positief [3] ⟨wisk⟩ positieve hoeveelheid, positief getal [4] ⟨form⟩ realiteit, werkelijk iets
²pos·i·tive /pɒzətɪv, ᴬpɑzətɪv/ [bn; bw: ~ly] [1] positief ♦ *positively charged* positief geladen [2] stellig, duidelijk, nadrukkelijk, uitdrukkelijk, beslist, zeker, vaststaand, positief ♦ *positive assertion* besliste uitspraak; *positive proof* onomstotelijk/onweerlegbaar bewijs [3] zelfbewust, (te) zelfverzekerd, dogmatisch [4] opbouwend, positief, constructief ♦ *positive criticism* opbouwende kritiek [·] ⟨taalk⟩ *positive degree* stellende trap; *positive discrimination* positieve discriminatie, voorkeursbehandeling; ⟨radio⟩ *positive feedback* terugkoppeling, meekoppeling; ⟨biol⟩ *positive geotropism* positieve geotropie; ⟨natuurk⟩ *positive pole* positieve pool; anode; ⟨natuurk⟩ *positive rays* kanaalstralen; ⟨wisk⟩ *positive sign* plusteken; *I'm afraid the test is positive* helaas is de test positief; ⟨vnl BE⟩ *positive vetting* (uitvoerig/diepgaand) antecedentenonderzoek ⟨vóór benoeming op hoge post⟩
³pos·i·tive /pɒzətɪv, ᴬpɑzətɪv/ [bn, attr; bw: ~ly] [1] ⟨inf⟩ echt, volslagen, volstrekt, compleet ♦ *it's a positive crime* het is bepaald misdadig; *positive fool* volslagen idioot; *positive nuisance* ware plaag; *positively true* absoluut/volkomen waar [2] wezenlijk, (duidelijk) waarneembaar ♦ *positive change for the better* wezenlijke verbetering [3] ⟨filos⟩ positief ♦ *positive philosophy* positieve wijsbegeerte, positivisme
⁴pos·i·tive /pɒzətɪv, ᴬpɑzətɪv/ [bn, pred; bw: ~ly] overtuigd, absoluut zeker ♦ *be positive of* het absoluut zeker weten, honderd procent zeker zijn van; *I'm positive that she was there* ik ben er absoluut zeker van dat ze er was; *'Are you sure?' 'Positive'* 'Weet je het zeker?' 'Absoluut'
pos·i·tive·ness /pɒzətɪvnəs, ᴬpɑzətɪv-/ [niet-telb zn] [1] (zelf)vertrouwen, (zelf)verzekerdheid [2] zekerheid, stelligheid [3] het positief-zijn
pos·i·tiv·ism /pɒzətɪvɪzm, ᴬpɑzətɪvɪzm/ [niet-telb zn] ⟨filos⟩ positivisme
pos·i·tiv·ist /pɒzətɪvɪst, ᴬpɑzətɪvɪst/ [telb zn] ⟨filos⟩ positivist
pos·i·tiv·is·tic /pɒzətɪvɪstɪk, ᴬpɑzətɪvɪstɪk/ [bn] ⟨filos⟩ positivistisch
pos·i·tiv·i·ty /pɒzətɪvəti, ᴬpɑzətɪvəti/ [niet-telb zn] [1] (zelf)vertrouwen, (zelf)verzekerdheid [2] zekerheid, stelligheid [3] het positief-zijn
pos·i·tron /pɒzətrɒn, ᴬpɑzətrɑn/ [telb zn] ⟨natuurk⟩ positron, positief elektron
pos·i·tron·i·um /pɒzɪtroʊniəm, ᴬpɑ-/ [telb zn] ⟨natuurk⟩ positronium
po·sol·o·gy /pəsɒlədʒi, ᴬpəsɑlədʒi/ [telb + niet-telb zn] ⟨med⟩ posologie ⟨leer van de dosering van geneesmiddelen⟩
¹poss /pɒs, ᴬpɑs/ [bn, pred] ⟨inf⟩ ⟨verk: possible⟩ mogelijk ♦ *as soon as poss* zo snel mogelijk
²poss [afk] [1] (possession) [2] (possessive)
¹pos·se /pɒsi, ᴬpɑsi/ [telb zn] [1] ⟨verk: posse comitatus⟩ [2] ⟨inf⟩ troep, (politie)macht, groep ⟨voornamelijk met gemeenschappelijk doel⟩ [3] ⟨hiphop⟩ posse [4] ⟨inf⟩ stapgroepje, vriendengroepje, stapmaatjes
²pos·se /pɒsi, ᴬpɑsi/ [niet-telb zn] ⟨vnl jur⟩ mogelijkheid ♦ *in posse* potentieel

pos·se com·i·ta·tus /ˌpɒsi kɒmɪˈteɪtəs, ˆpɑsi kɑmɪˈteɪtəs/ [telb zn; mv: posses comitatus] ⟨vnl AE; gesch⟩ posse, (oneig) noodwacht ⟨die een sheriff kon oproepen⟩

pos·sess /pəˈzes/ [ov ww] ① bezitten, (in bezit) hebben ♦ *possess a good health* een goede gezondheid genieten; *possess o.s. of* in bezit nemen, zich in het bezit stellen van ② beheersen, onder controle hebben/houden/krijgen, meester zijn/zich meester maken van ♦ *fear possessed her* ze was door schrik bevangen; *What could have possessed him to act so strangely?* Wat kan hem toch bezield hebben om zo raar te doen?; *possess a language* een taal beheersen; *possess one's soul in patience* zijn ziel in lijdzaamheid bezitten, lijdzaam en geduldig zijn; *possess one's temper* zijn kalmte bewaren ③ bezitten, (geslachts)gemeenschap hebben met ⟨vrouw⟩; → possessed

¹**pos·sessed** /pəˈzest/ [bn; oorspronkelijk volt deelw van possess] ① bezeten, geobsedeerd, waanzinnig ♦ *possessed by the devil* van de duivel bezeten; *possessed by/with an idea* geobsedeerd door/geheel vervuld van een idee; *like one possessed* als een bezetene; *possessed with rage* buiten zichzelf van woede ② kalm, rustig, beheerst

²**pos·sessed** /pəˈzest/ [bn, attr; oorspronkelijk volt deelw van possess] ⟨form⟩ bezittend ♦ *be possessed of* bezitten

¹**pos·ses·sion** /pəˈzeʃn/ [telb zn] ⟨vaak mv⟩ bezitting ♦ *colonial possessions* koloniale bezittingen, koloniën; *great possessions* grote rijkdom

²**pos·ses·sion** /pəˈzeʃn/ [niet-telb zn] ① bezit, eigendom ♦ *come into possession of* in het bezit komen van; ⟨form⟩ *enter into possession of* in bezit nemen; *get possession of* in bezit krijgen; *(be) in possession of* in bezit (zijn) van; *in s.o.'s possession/in the possession of s.o.* in iemands bezit; *his most prized possession* zijn meest gewilde/favoriete bezit; *put s.o. in possession of* iemand in het bezit stellen van; *take possession of* in bezit nemen, betrekken ② ⟨sport⟩ (bal)bezit ♦ *in possession of the ball* in het bezit van de bal, aan de bal; *keep possession* de bal houden ③ bezetenheid ▸ ⟨sprw⟩ *possession is nine points of the law* ± hebben is hebben en krijgen is de kunst

¹**pos·ses·sive** /pəˈzesɪv/ [telb zn] ⟨taalk⟩ possessief, bezittelijk voornaamwoord, (woord/vorm in de) tweede naamval

possessive pronoun	
my house	it's mine
your house	it's yours
his house	it's his
her house	it's hers
its interest	
our house	it's ours
your house	it's yours
their house	it's theirs

²**pos·ses·sive** /pəˈzesɪv/ [bn; bw: ~ly] ① bezit(s)-, van bezit ② bezitterig, hebberig ♦ *possessive instinct* bezitsinstinct ③ dominerend, alle aandacht opeisend, possessief ♦ *possessive mother* dominerende moeder ④ ⟨taalk⟩ bezittelijk, possessief ♦ *possessive case* tweede naamval; *possessive pronoun* bezittelijk voornaamwoord

pos·ses·sive·ness /pəˈzesɪvnəs/ [niet-telb zn] bezitsdrang, bezitterigheid, bezitsinstinct

pos·ses·sor /pəˈzesə, ˆ-ər/ [telb zn] eigenaar, bezitter

pos·ses·sor·y /pəˈzesəri/ [bn] ① bezittend, eigendoms- ② bezitterig ③ ⟨jur⟩ possessoir

pos·set /ˈpɒsɪt, ˆpɑ-/ [telb zn] ⟨gesch⟩ (soort) kandeel ⟨drank van warme melk met bier/wijn en kruiden, tegen verkoudheid, e.d.⟩

pos·si·bil·i·ty /ˌpɒsəˈbɪləti, ˆpɑ-/ [telb + niet-telb zn] mogelijkheid, kans, vooruitzicht ♦ *is John a possibility as the next chairman?* zou Jan de nieuwe voorzitter kunnen worden?; *not by any possibility* met geen mogelijkheid; *is there any possibility that he'll come tomorrow?* is de kans aanwezig/bestaat de mogelijkheid dat hij morgen komt?; *within the bounds of possibility* binnen de grenzen van het mogelijke; *at the first possibility* bij de eerste gelegenheid, zo spoedig mogelijk; *this project has great possibilities* dit project heeft grote mogelijkheden; *there is no possibility of his coming* het is uitgesloten dat hij komt

¹**pos·si·ble** /ˈpɒsəbl, ˆpɑ-/ [telb zn] ① mogelijke kandidaat/keus ② ⟨schietsp⟩ totaal, maximale score ♦ *score a possible* de maximale score behalen

²**pos·si·ble** /ˈpɒsəbl, ˆpɑ-/ [niet-telb zn; the] het mogelijke

³**pos·si·ble** /ˈpɒsəbl, ˆpɑ-/ [bn] ① mogelijk, denkbaar, eventueel ♦ *we'll give you all the assistance possible* we zullen je alle mogelijke steun geven; *the best/biggest/... possible ...* de best/grootst/... mogelijke ...; *possible emergencies* eventuele noodgevallen; *do everything possible* al het mogelijke doen; *if possible* zo mogelijk; *think sth. possible* iets voor mogelijk houden; *whenever possible* zo veel/vaak (als) mogelijk (is); *wherever possible* waar mogelijk ② acceptabel, aanvaardbaar, redelijk ♦ *a possible answer* een antwoord dat er mee door kan

pos·si·bly /ˈpɒsəbli, ˆpɑ-/ [bw] ① → possible³ ♦ *I will do all I possibly can* ik zal doen wat ik kan; *I cannot possibly come* ik kan onmogelijk komen ② misschien, mogelijk(erwijs), wellicht ♦ *'Are you coming too?' 'Possibly'* 'Ga jij ook mee?' 'Misschien'

pos·sie, poz·zie /ˈpɒzi, ˆpɑzi/ [telb zn] ⟨AuE; inf⟩ plaats, plek ⟨bijvoorbeeld in theater⟩

PossLQ /ˈpɒselkjuː, ˆpɑ-/ [telb zn] (Partners of the Opposite Sex Sharing Living Quarters) samenwonend stel

pos·sum /ˈpɒsəm, ˆpɑ-/ ⟨AE; inf⟩ ⟨verk: opossum⟩ opossum, buidelrat ▸ *play possum* zich dood/bewusteloos/van de domme enz. houden, doen alsof je slaapt/niet oplet/ziek bent enz.

¹**post** /pəʊst/ [telb zn] ① paal, stijl, post, stut, staak ② ⟨paardsp⟩ startpaal, finishpaal, vertrekpunt, eindpunt ♦ *beat s.o. at the post* iemand op de (eind)streep verslaan; *left at the post* kansloos vanaf het begin, vanaf het begin op afstand (gezet); ⟨BE; sl⟩ *pip at/to the post* nipt/met een taftje/met een neuslengte verslaan ③ ⟨mijnb⟩ stijl ④ ⟨verk: goalpost⟩ (doel)paal ⑤ post, (stand)plaats, (leger)kamp, factorij, nederzetting ♦ *be at one's post* op zijn post zijn ⑥ betrekking, post, ambt ⑦ ⟨BE; mil⟩ taptoe ⟨ochtendsignaal/avondsignaal⟩ ♦ *last post* taptoe ⟨avondsignaal; (ook) geblazen bij militaire begrafenis⟩ ⑧ ⟨comp⟩ post, e-mailbericht aan een nieuwsgroep ⑨ ⟨gesch⟩ post(station) ⑩ ⟨gesch⟩ post(rijder), postiljon, koerier ⑪ ⟨gesch⟩ post(wagen)

²**post** /pəʊst/ [niet-telb zn] ⟨vnl BE⟩ post, postkantoor, brievenbus, (post)bestelling, lichting ♦ *by post* per post; *catch/miss the last post* de laatste lichting halen/missen; *lost in the post* bij de post zoekgeraakt; *by return of post* per kerende post, per omgaande; *take a letter to the post* een brief op de bus/post doen, een brief posten/naar de brievenbus/het postkantoor brengen; *through the post* over de post ▸ *the Evening/Morning Post* de Evening/Morning Post ⟨in namen van kranten⟩

³**post** /pəʊst/ [onov ww] ⟨gesch⟩ met postpaarden reizen, snellen ♦ *post off* wegsnellen; → posting

⁴**post** /pəʊst/ [onov + ov ww] ⟨comp⟩ posten ⟨(bericht) sturen naar nieuwsgroep/mailing list⟩, op internet zetten; → posting

⁵**post** /pəʊst/ [ov ww] ① aanplakken, beplakken, (op)plakken, ophangen ♦ *post no bills* verboden aan te plakken; *post a wall over* een muur vol plakken; *post up* opplakken, aanplakken ② bekendmaken, aankondigen, openbaar maken, opgeven ♦ *posted (as) missing* als vermist opgegeven ③ aanklagen, (in het openbaar) uitmaken voor, openlijk veroordelen, aan de kaak stellen ♦ *post as a thief* als

post

dief aanklagen ④ ⟨AE; sport⟩ **neerzetten,** behalen ⟨prestatie⟩ ♦ *post a new record* een nieuw record neerzetten ⑤ **posteren,** plaatsen, uitzetten ⑥ ⟨vnl BE⟩ **(over)plaatsen,** indelen, stationeren, aanstellen tot ♦ *post away* overplaatsen; *he was posted captain* hij werd aangesteld/benoemd tot kapitein; *post to* indelen bij; overplaatsen naar ⑦ ⟨BE⟩ **posten,** op de post doen, (ver)sturen ♦ *post off* wegsturen, versturen ⑧ ⟨boekh⟩ **posten,** rapporteren, boeken, bijwerken, bijhouden ♦ *post up the books* de boeken bijwerken ⑨ **op de hoogte brengen,** inlichten ♦ *be thoroughly posted (up) in sth.* zeer goed op de hoogte zijn van iets/thuis zijn in iets; *keep s.o. posted* iemand op de hoogte houden;
→ posting

⁶**post** /poʊst/ [bw] ⟨vero⟩ **met postpaarden,** vliegensvlug ♦ *ride post* als koerier/vliegensvlug rijden; *travel post* met postpaarden reizen

post- /poʊst/ **post-,** na-, achter- ♦ *postdate* postdateren

POST [afk] (point-of-sale terminal)

post·age /ˈpoʊstɪdʒ/ [niet-telb zn] **(brief)port,** posttarief ♦ *postage due* door geadresseerde te betalen port, strafport; *postage paid* portvrij, franco

postage due stamp [telb zn] **(straf)portzegel**

postage meter [telb zn] ⟨AE⟩ **frankeermachine**

postage stamp [telb zn] ① **postzegel** ② ⟨inf⟩ ⟨benaming voor⟩ **iets kleins,** miniatuur, klein plekje, vierkante millimeter

¹**post·al** /ˈpoʊstl/ [telb zn] ⟨AE⟩ ① **briefkaart** ② **prentbriefkaart,** ansichtkaart

²**post·al** /ˈpoʊstl/ [bn] ⟨·⟩ ⟨AE; sl⟩ *go postal* **woest/wild worden,** ontploffen

³**post·al** /ˈpoʊstl/ [bn, attr; bw: ~ly] **post,** postaal, m.b.t. de post, per post ♦ ⟨AE⟩ *postal card* (prent)briefkaart; *postal charges* posttarieven; *postal code* postcode, postnummer; *postal collection order* postkwitantie; *postal delivery* postorder, bestelling per post; ⟨AE⟩ *postal meter* frankeermachine; ⟨BE⟩ *postal order* postbewijs, postwissel, postkwitantie ⟨van vaste, lage waarde⟩; ⟨mil⟩ *postal orderly* brievenbesteller; *postal rates* posttarieven; ⟨vnl AE⟩ *the postal service* de post; *postal strike* poststaking; ⟨AE⟩ *postal train* posttrein, mailtrein; ⟨BE⟩ *postal union* postunie; ⟨BE⟩ *postal van* postauto, postrijtuig; ⟨BE⟩ *postal vote* per brief/schriftelijk uitgebrachte stem

post·bag [telb zn] ⟨vnl BE⟩ ① **postzak** ② **posttas (van postbode)** ③ ⟨inf⟩ **postzak, post, correspondentie** ⟨totaal aan correspondentie/post dat krant, bekend figuur e.d. ontvangt⟩

post·bel·lum /ˌpoʊs(t)ˈbeləm/ [bn, attr] **naoorlogs**

post·boat [telb zn] **postboot**

post·box [telb zn] ⟨vnl BE⟩ ① **(pilaarvormige) brievenbus,** postbus

post·card [telb zn] ① **briefkaart** ② **prentbriefkaart,** ansichtkaart

post chaise [telb zn] ⟨gesch⟩ **postkoets,** postwagen, diligence

¹**post·code** [telb zn] ⟨BE⟩ **postcode,** postnummer

²**post·code** [ov ww] ⟨BE⟩ **van postcode voorzien**

postcode lottery [telb zn] ± **afhankelijkheid van de woonplaats** ⟨bv. bij het toekennen van medische hulp⟩

post·co·i·tal /ˌpoʊs(t)ˈkɔɪtl, ˌˆ-ˈkoʊɪtl/ [bn] **postcoïtaal,** na de geslachtsgemeenschap

post·co·lo·ni·al /ˌpoʊs(t)kəˈloʊniəl/ [bn] **postkoloniaal**

post·com·mun·ion /ˌpoʊs(t)kəˈmjuːniən/ [telb zn] ⟨kerk⟩ **postcommunie,** gebed na de communie

post·date /ˌpoʊs(t)ˈdeɪt/ [ov ww] ① **postdateren,** een latere datum geven ② **later gebeuren dan,** volgen op

post·di·lu·vi·an /ˌpoʊs(t)dɪˈluːviən/, **post·di·lu·vi·al** /-iəl/ [bn] **postdiluviaans,** (van) na de zondvloed

post·doctoral, ⟨vnl AE; inf⟩ **post doc** [bn] **postdoctoraats,** na de promotie/het doctoraat

post·ed·it·ing [niet-telb zn] **nabewerking**

pos·teen /poʊsˈtiːn/ [telb zn] **Afghaanse overjas van schapenvacht**

post-en·try /ˌpoʊs(t)ˈentri/ [telb zn] ① **latere boeking** (in boekhoudkundig register), latere aangifte ⟨bijvoorbeeld bij douane⟩ ② ⟨paardenrennen⟩ **na-inschrijving,** (te) late aanmelding ⟨voor wedstrijd⟩

post·er /ˈpoʊstə, ˆ-ər/ [telb zn] ① **affiche,** aanplakbiljet, poster ② **aanplakker,** iemand die affiches ophangt ③ **postpaard** ④ **afzender**

poster board [telb zn] **aanplakbord**

poster colour, poster paint [telb + niet-telb zn] **plakkaatverf,** gouache

¹**poste res·tante** /ˌpoʊs(t) resˈtænt, ˆ-resˈtɑnt/ [niet-telb zn] ⟨vnl BE⟩ **poste-restanteafdeling, poste-restantekantoor**

²**poste res·tante** /ˌpoʊs(t) resˈtænt, ˆ-resˈtɑnt/ [bw] **poste restante**

¹**pos·te·ri·or** /pɒsˈtɪəriə, ˆpɑːˈstɪriər/ [telb zn; vaak mv met enkelvoudige betekenissen] ⟨scherts⟩ **achterwerk,** achterste

²**pos·te·ri·or** /pɒsˈtɪəriə, ˆpɑːˈstɪriər/ [bn, attr] ⟨form⟩ ① **later,** volgend, posterieur ② ⟨biol⟩ **achter-,** aan de rugzijde/achterkant

³**pos·te·ri·or** /pɒsˈtɪəriə, ˆpɑːˈstɪriər/ [bn, pred] ⟨form⟩ **later,** volgend ♦ *posterior to* komend na, volgend op, later dan

pos·te·ri·or·i·ty /pɒsˌtɪəriˈɒrəti, ˆpɑːˌstɪriˈɔːrəti/ [niet-telb zn] ⟨form⟩ **posterioriteit,** het volgen, het later vallen

pos·ter·i·ty /pɒsˈterəti, ˆpɑːˈsterəti/ [niet-telb zn] **nageslacht,** nakomelingschap, afstammelingen

pos·tern /ˈpoʊstən, ˆ-stərn/ [telb zn; ook attributief] ① **achterdeur(tje),** zijingang, zijdeur, privé-ingang ② ⟨vnl gesch⟩ **uitvalsdeurtje,** poterne

post exchange [telb zn] ⟨AE⟩ **belastingvrije winkel** ⟨voor militairen⟩, militaire hoofdkantine

post·ex·il·i·an /ˌpoʊstegˈzɪliən/, **post·ex·il·ic** /-lɪk/ [bn] ⟨rel⟩ **(van) na de Babylonische ballingschap**

post·face /ˈpoʊsˌfeɪs, ˆ-fɪs/ [telb zn] **nawoord**

post-free [bn] ⟨BE⟩ **portvrij,** franco

post·gla·cial /ˌpoʊs(t)ˈgleɪʃl/ [bn] **postglaciaal,** (van) na de ijstijd

¹**post·grad·u·ate** /ˌpoʊs(t)ˈgrædjuət, ˆ-dʒuət/, ⟨inf⟩ **post-grad** /ˌpoʊs(t)ˈgræd/ [telb zn] ① ⟨vnl BE⟩ **postdoctoraal student** ⟨aan 'graduate school'⟩, promovendus, doctorandus ② ⟨AE⟩ **postdoctoraats student**

²**post·grad·u·ate** /ˌpoʊs(t)ˈgrædjuət, ˆ-dʒuət/, ⟨inf⟩ **post-grad** /ˌpoʊs(t)ˈgræd/ [bn] ① ⟨vnl BE⟩ **postdoctoraal,** postgraduaats, (voor reeds) afgestudeerd(en), postuniversitair ♦ *postgraduate course* cursus voor hen die reeds een academische graad bezitten, postgraduaatscursus ② ⟨AE⟩ **postdoctoraats,** na de promotie/het doctoraat

¹**post·haste** /ˌpoʊstˈheɪst/ [niet-telb zn] ⟨vero⟩ **grote haast**

²**post·haste** /ˌpoʊstˈheɪst/ [bw] **erg haastig,** met grote spoed, in allerijl, zo snel mogelijk, in vliegende vaart

post horn [telb zn] **posthoorn**

post·hu·mous /ˈpɒstjʊməs, ˆˈpɑːstʃə-/ [bn; bw: ~ly; zn: ~ness] **postuum,** (komend/verschijnend) na de dood, nagelaten ♦ *posthumous award* postuum verleende onderscheiding; *a posthumous child* een kind geboren na de dood van de vader

¹**pos·tiche** /pɒsˈtiːʃ, ˆpɔː-, ˆpɑː-/ [telb zn] ① **postiche,** halve pruik, haarstukje, valse haarvlecht/wrong ② **latere (overtollige/niet-passende) toevoeging**

²**pos·tiche** /pɒsˈtiːʃ, ˆpɔː-, ˆpɑː-/ [telb + niet-telb zn] **imitatie,** namaak(sel), iets vals/artificieels

³**pos·tiche** /pɒsˈtiːʃ, ˆpɔː-, ˆpɑː-/ [bn] ① **artificieel,** vals, imitatie-, nagemaakt ② **bijgevoegd** ⟨hoewel overbodig/niet passend⟩

post·ie /ˈpoʊsti/ [telb zn] ⟨inf⟩ **postbode**

pos·til /ˈpɒstɪl, ˆpɔː-, ˆpɑː-/ [telb zn] ① **postille,** kantaantekening ⟨bij Bijbeltekst⟩, (Bijbel)commentaar ② **opmerking**

pos·til·ion, pos·til·lion /pəstɪliən/ [telb zn] voorrijder ⟨die het linkse paard van een rijtuig zonder koetsier berijdt⟩

post-in·dus·tri·al /poʊstɪndʌstriəl/ [bn] postindustrieel

post·ing /poʊstɪŋ/ [telb zn; oorspronkelijk tegenwoordig deelw van post] ① ⟨vnl mil⟩ stationering, (over)plaatsing, benoeming, standplaats, post ② ⟨comp⟩ post(ing) ⟨e-mailbericht aan een nieuwsgroep⟩

post·ing-bill [telb zn] aanplakbiljet

post·ing-box [telb zn] brievenbus

post·ing-firm [telb zn] postorderbedrijf

post·ings /poʊstɪŋz/ [alleen mv; oorspronkelijk tegenwoordig deelw van post] geposte stukken

post-it note, Post-it [telb zn] (geel) plakkertje, zelfklevend notitieblaadje, zelfplakkertje

post·lim·i·ny /poʊs(t)lɪməni/ [niet-telb zn] ⟨jur⟩ eerherstel

post·lude /poʊs(t)luːd/ ① ⟨muz⟩ postludium, naspel ② epiloog, nawoord

post·man /poʊs(t)mən/ [telb zn; mv: postmen /-mən/] brievenbesteller, postbode

¹**post·mark** [telb zn] poststempel, postmerk

²**post·mark** [ov ww] (af)stempelen

post·mas·ter [telb zn] ① postdirecteur, ⟨België⟩ postmeester ◆ *Postmaster General* minister van Posterijen ② bursaal in Merton College, Oxford ③ ⟨comp⟩ postmaster, postmeester ⟨zorgt ervoor dat e-mail bij de juiste mensen terechtkomt⟩

post·me·rid·i·an /poʊs(t)mərɪdiən/ [bn] (na)middag-, van/in de (na)middag

post me·rid·i·em /poʊs(t)mərɪdiəm/ [bw; meestal afgekort als p.m.] ⟨form⟩ 's (na)middags

post-mill [telb zn] standerdmolen

post·mis·tress [telb zn] directrice van een postkantoor

post-mod·ern /poʊs(t)mɒdn, ᴬ-mɑdərn/ [bn] postmodern

post-mod·ern·ism /poʊs(t)mɒdn-ɪzm, ᴬ-mɑdərnɪzm/ [niet-telb zn] postmodernisme

¹**post-mod·ern·ist** /poʊs(t)mɒdn-ɪst, ᴬ-mɑdərnɪst/ [telb zn] postmodernist

²**post-mod·ern·ist** /poʊs(t)mɒdn-ɪst, ᴬ-mɑdərnɪst/, **post-mod·ern** /poʊs(t)mɒdn, ᴬ-mɑdərn/ [bn] postmodern

¹**post-mor·tem** /poʊs(t)mɔːtəm, ᴬ-mɔrtəm/ [telb zn] ① autopsie, lijkschouwing ② ⟨inf⟩ nabespreking ⟨voornamelijk om na te gaan wat fout ging⟩, evaluatie, terugblik, nabeschouwing

²**post-mor·tem** /poʊs(t)mɔːtəm, ᴬ-mɔrtəm/ [bn; bw] postmortaal, na de dood, (van) na het intreden van de dood ◆ *post-mortem examination* postmortaal onderzoek, autopsie, lijkschouwing

post·na·tal /poʊs(t)neɪtl/ [bn; bw: ~ly] ⟨vnl med⟩ postnataal, (van) na de geboorte ◆ *postnatal depression* postnatale depressie

post·nup·tial /poʊs(t)nʌpʃl/ [bn; bw: ~ly] ⟨form⟩ (van) na het huwelijk

¹**post-o·bit** /poʊstɒbɪt, -oʊbɪt, ᴬ-ɑbɪt/, **post-obit bond** [telb zn] ⟨jur⟩ verbintenis tot terugbetaling na overlijden van een vermoedelijke erflater

²**post-o·bit** /poʊstɒbɪt, -oʊbɪt, ᴬ-ɑbɪt/ [bn] van kracht wordend na de dood

¹**post office** [telb zn] postkantoor

²**post office** [niet-telb zn; the] post, (regie der) posterijen, PTT

post office box [telb zn] ⟨form⟩ postbus

post-op·er·a·tive /poʊstɒprətɪv, ᴬ-ɑprətɪv/ [bn; bw: ~ly] ⟨med⟩ postoperatief

post-paid [bn; bw] franco, gefrankeerd, port betaald

¹**post·pone** /poʊspoʊn, pə-, ᴬpoʊstpoʊn/ [onov ww] ⟨med⟩ later opkomen, met steeds grotere tussenpozen weerkeren ◆ *when the attacks postpone, the patient is recovering* wanneer de aanvallen steeds langer uitblijven, herstelt de patiënt zich

²**post·pone** /poʊspoʊn, pə-, ᴬpoʊstpoʊn/ [ov ww] ① uitstellen, opschorten ◆ *the meeting is postponed until/to next week* de vergadering wordt naar de volgende week verschoven ② achterstellen, minimaliseren, ondergeschikt maken ◆ *postpone to* achterstellen bij

post·pone·ment /poʊspoʊnmənt, pə-, ᴬpoʊstpoʊn-/ [telb + niet-telb zn] ① uitstel, opschorting ② achterstelling

¹**post·po·si·tion** /poʊs(t)pəzɪʃn/ [telb zn] ⟨taalk⟩ achtergeplaatst woord, enclitisch partikel, achterzetsel

²**post·po·si·tion** /poʊs(t)pəzɪʃn/ [telb + niet-telb zn] ⟨taalk⟩ achteropplaatsing, postpositie

post·po·si·tion·al /poʊs(t)pəzɪʃnəl/, **post·po·si·tive** /-pɒzətɪv, ᴬ-pɑzətɪv/ [bn; bw: ~ly, postpositively] ⟨taalk⟩ achter(op)geplaatst, enclitisch, gesuffigeerd

post·pran·di·al /poʊs(t)prændiəl/ [bn] ⟨form; vnl scherts⟩ (van) na het middagmaal, na de maaltijd ◆ *postprandial nap* dutje na het eten

post·rev·o·lu·tion /poʊs(t)revəluːʃn/ [bn, attr] postrevolutionair, van na de revolutie

post·script /poʊs(t)skrɪpt/ [telb zn] ① postscriptum ② addendum, naschrift, nabericht, praatje na het nieuws

post town [telb zn] stad met (hoofd)postkantoor

post-trau·mat·ic /poʊs(t)trɔːmætɪk/ [bn] ⟨med⟩ posttraumatisch, volgend op een verwonding/ongeval ◆ *post-traumatic stress disorder* posttraumatisch stresssyndroom; posttraumatische stressstoornis

pos·tu·lan·cy /pɒstjʊlənsi, ᴬpɑstʃə-/ [niet-telb zn] ⟨rel⟩ postulaat, postulaatstijd

pos·tu·lant /pɒstjʊlənt, ᴬpɑstʃə-/ [telb zn] ① postulant, kandidaat, sollicitant, aanzoeker ② ⟨rel⟩ postulant(e), proponent

¹**pos·tu·late** /pɒstjʊlət, ᴬpɑstʃə-/ [telb zn] ① postulaat, preconditie, vooronderstelling, hypothese ② vereiste ③ basisbeginsel ④ ⟨wisk⟩ postulaat, hypothese, axioma, stelling

²**pos·tu·late** /pɒstjʊleɪt, ᴬpɑstʃə-/ [onov + ov ww] eisen, verlangen ◆ *postulate for certain conditions* bepaalde voorwaarden bedingen

³**pos·tu·late** /pɒstjʊleɪt, ᴬpɑstʃə-/ [ov ww] ① (zonder bewijs) als waar vooropstellen, postuleren, als noodzakelijke voorwaarde vooropstellen, vooronderstellen, stipuleren, poneren ② ⟨voornamelijk kerkelijk recht⟩ voordragen onder voorbehoud van goedkeuring van hogerhand

pos·tu·la·tion /pɒstjʊleɪʃn, ᴬpɑstʃə-/ [telb zn] ① eis, verzoek ② postulering, vooronderstelling

pos·tu·la·tor /pɒstjʊleɪtə, ᴬpɑstʃəleɪtər/ [telb zn] ① iemand die (iets) postuleert ② ⟨r-k⟩ postulator

pos·tu·ral /pɒstʃərəl, ᴬpɑst-/ [bn] van/m.b.t. de houding, houding-

¹**pos·ture** /pɒstʃə, ᴬpɑstʃər/ [telb zn] ① houding, standpunt, denkraam ◆ *the posture of the minister* de houding/het standpunt van de minister ② stand (van zaken), toestand ◆ *in the present posture of affairs* in de huidige stand van zaken

²**pos·ture** /pɒstʃə, ᴬpɑstʃər/ [telb + niet-telb zn] postuur, (lichaams)houding, pose ◆ *in a posture of defence* in verdedigende houding; ⟨fig⟩ in staat van verdediging; *upright posture is natural only to man* alleen de mens loopt rechtop

³**pos·ture** /pɒstʃə, ᴬpɑstʃər/ [onov ww] ⟨vaak pej⟩ poseren, een gemaakte houding/ijdele pose aannemen, zich onnatuurlijk gedragen ◆ *she was posturing as an art lover* zij gaf zich uit voor een kunstliefhebster, zij deed alsof ze iets van kunst afwist; → posturing

⁴**pos·ture** /pɒstʃə, ᴬpɑstʃər/ [ov ww] een bepaalde hou-

posturer

ding geven aan, (in een bepaalde houding/pose) plaatsen; → posturing
pos·tur·er /pɒstʃərə, ᴬpɑstʃərər/ [telb zn] ⟨pej⟩ poseur, aansteller
pos·tur·ing /pɒstʃərɪŋ, ᴬpɑs-/ [niet-telb zn; oorspronkelijk tegenwoordig deelw van posture] aanmatiging, ijdelheid ♦ *all this posturing must stop!* afgelopen met die aanstellerij!
post·vi·ral /poʊs(t)vaɪərəl/ [bn] postviraal ♦ *post-viral syndrome* postviraal syndroom
post·vo·cal·ic /poʊs(t)vəkælɪk/ [bn] ⟨taalk⟩ postvocalisch, volgend op een klinker
post·war /poʊstwɔː, ᴬ-wɔr/ [bn] naoorlogs, (van) na de oorlog
po·sy /poʊzi/ [telb zn] ❶ boeket(je), ruiker(tje), bloementuil(tje) ❷ bloemlezing, dichtbundel ❸ ⟨vero⟩ zinspreuk, motto ⟨voornamelijk in ring e.d. gegraveerd⟩
¹**pot** /pɒt, ᴬpɑt/ [telb zn] ❶ ⟨benaming voor⟩ pot ⟨voorwerp of inhoud⟩, kookpot, ketel, jampot, theepot, koffiepot ⟨enz.⟩, bloempot, kachelpot, drinkbeker, kroes, metalen bierkroes, kamerpot, nachtpot, stuk (handgevormd) (sier)aardewerk, potvormig voorwerp ♦ *pots and pans* potten en pannen, vaatwerk; *a pot of soup* een ketel soep ❷ fuik ❸ ⟨vnl AE⟩ (gemeenschappelijke) pot, gezamenlijk (gespaard) bedrag ❹ ⟨BE; bilj⟩ stoot in de zak ❺ ⟨vnl AE; poker⟩ gezamenlijke inzet, winst uit één beurt ❻ ⟨vnl AE; inf⟩ hoge piet, belangrijk persoon, hoge ome ❼ ⟨vaak mv⟩ ⟨inf⟩ hoop ⟨geld⟩, bom ⟨duiten⟩ ♦ *he made a pot of money* hij verdiende een smak geld; *they've got pots of money* zij hebben hopen geld ❽ ⟨inf⟩ prijsbeker, prijsschaal, prijs bij atletiekwedstrijd ❾ (diepe) put vol water, erosiepijp ❿ ⟨gesch⟩ pot ⟨soort helm⟩ ⓫ ⟨sl⟩ aan lagerwal geraakte zuiplap ⓬ ⟨sl⟩ pot, lesbienne ⓭ (verk: pot shot) ⓮ (verk: potbelly) ▪ *make the pot boil* de kost verdienen, de schoorsteen doen roken; *keep the pot boiling* de kost verdienen, het zaakje draaiende houden, de vlam in de pijp houden; ⟨sprw⟩ *a watched pot never boils* aan wachten komt geen eind; ⟨sprw⟩ *beauty won't make the pot boil* ± wel zingen en schoon haar, profiteloze waar; ⟨sprw⟩ *the pot calls the kettle black* de pot verwijt de ketel dat hij zwart ziet; ⟨sprw⟩ *if 'ifs' and 'ans' were pots and pans, there'd be no work for tinkers* as is verbrande turf, als de hemel valt, hebben we allemaal blauwe hoedjes, als de hemel valt, zijn alle mussen dood; ⟨sprw⟩ *praise without profit puts little in the pot* ± het is beter iemand te helpen dan hem te prijzen
²**pot** /pɒt, ᴬpɑt/ [niet-telb zn] ❶ ⟨sl⟩ cannabis, hasj(iesj) ❷ ⟨sl⟩ marihuana ❸ aardewerk ❹ ⟨sl⟩ goedkope (zelfgemaakte) whisky ▪ ⟨inf⟩ *go (all) to pot* verslechteren, verkommeren, aftakelen, in de vernieling zijn, op de fles gaan, mislukken
³**pot** /pɒt, ᴬpɑt/ [onov ww] schieten ♦ *pot at* (zonder mikken) schieten op; *pot at hare* (op) een haas schieten; *pot away* in 't wilde weg schieten; → potted
⁴**pot** /pɒt, ᴬpɑt/ [ov ww] ❶ inmaken, opleggen, in een pot bewaren ♦ *potted eels* ingemaakte paling ❷ (in een pot) koken/bereiden ❸ potten, in een bloempot/potten planten ♦ *they're potting up the cuttings* ze zijn de stekken aan het potten ❹ inkorten, verkorten, samenvatten, vereenvoudigen ♦ *a potted version of his novel* een ingekorte/voorgekauwde versie van zijn roman ❺ ⟨inf⟩ innemen, bemachtigen, in de wacht slepen ❻ de vorm van een pot geven aan, draaien ⟨van aardewerk⟩ ♦ *a well potted bowl* een goedgevormde schaal ❼ ⟨BE; bilj⟩ in de zak stoten ⟨biljartbal⟩ ❽ ⟨inf⟩ van nabij neerschieten, voor de pot schieten ♦ *pot a rabbit* een konijn voor de pot schieten ❾ ⟨inf⟩ op het potje zetten/doen zitten ⟨kind⟩ ❿ ⟨sl⟩ een opstopper geven ⓫ raken (golf- of honkbal); → potted
¹**po·ta·ble** /poʊtəbl/ [telb zn; voornamelijk mv] ⟨scherts⟩ drank, drinkbare vloeistof
²**po·ta·ble** /poʊtəbl/ [bn; zn: ~ness] ⟨form of scherts⟩

drinkbaar, geschikt om te drinken, drink- ▪ *potable gold* goudtinctuur
po·tage /pɒtɑːʒ, ᴬpoʊtɑʒ/, **pot·tage** /pɒtɪdʒ, ᴬpɑtɪdʒ/ [niet-telb zn] ⟨vero⟩ (dikke) soep
po·ta·ger /pɒtədʒə, ᴬpɑtədʒər/ [telb zn] ± moestuin ⟨eigenlijk combinatie van moes- en siertuin⟩
pot·a·hol·ic /pɒtəhɒlɪl, ᴬpɑtəhɑlɪk/ [telb zn] aan pot verslaafde
po·tam·ic /pətæmɪk/ [bn] ⟨form⟩ m.b.t./van rivieren, rivier-
po·ta·mo·lo·gy /pɒtəmɒlədʒi, ᴬpɑtəmɑ-/ [niet-telb zn] potamologie, studie van rivieren
pot·ash /pɒtæʃ, ᴬpɑtæʃ/ [niet-telb zn] ⟨scheik⟩ potas, kaliumcarbonaat
po·tas·si·um /pətæsɪəm/ [niet-telb zn] ⟨scheik⟩ kalium ⟨element 19⟩
¹**po·ta·tion** /poʊteɪʃn/ [telb zn] ⟨form of scherts⟩ ❶ (geestrijke) drank ♦ *his favourite potation* zijn lievelingsdrank(je) ❷ teug ❸ drinkgelag, braspartij
²**po·ta·tion** /poʊteɪʃn/ [niet-telb zn] ⟨form of scherts⟩ het drinken, (i.h.b.) het consumeren van aanzienlijke hoeveelheden geestrijke drank
¹**po·ta·to** /pəteɪtoʊ/ [telb zn; mv: potatoes] ❶ aardappel(plant) ❷ ⟨inf⟩ gat ⟨in kous⟩ ❸ ⟨sl⟩ ± kanis, ± porem ❹ ⟨AE; sl⟩ ± piek ⟨dollar⟩ ❺ ⟨AE; sl⟩ ± knikker, ± leer ⟨honkbal⟩
²**po·ta·to** /pəteɪtoʊ/ [telb + niet-telb zn; mv: potatoes] aardappel ♦ *mashed potato(es)* aardappelpuree, gestampte aardappelen
potato beetle, potato bug [telb zn] ⟨dierk⟩ coloradokever ⟨Leptinotarsa decemlineata⟩
potato crisp, ⟨AE, AuE vnl⟩ **potato chip** [telb zn; voornamelijk mv] chip(s), crisp(s)
po·ta·to-dig·ger, po·ta·to-lift·er [telb zn] aardappelrooier
potato flour [niet-telb zn] aardappel(zet)meel
potato masher [telb zn] aardappelstamper
po·ta·to-mill [telb zn] aardappelmeelfabriek
po·ta·to-peel, po·ta·to-skin [telb zn] aardappelschil
po·ta·to-peel·er [telb zn] aardappelmesje, aardappelschillertje
potato rot [niet-telb zn] aardappelziekte, aardappelkanker
po·ta·to·ry /poʊtətri, ᴬpoʊtətɔri/ [bn, attr] van/m.b.t. het drinken/de geestrijke drank, drink-, drank-
potato sickness [niet-telb zn] aardappelmoeheid
pot barley [niet-telb zn] gepelde gerst
pot·bel·lied [bn] ⟨vaak pej, scherts⟩ met een dikke buik, dikbuikig, pot- ⟨ook figuurlijk⟩ ♦ *a potbellied stove* een potkachel
pot·bel·ly [telb zn] ⟨vaak pej, scherts⟩ dikke buik, dikbuik, dikzak
pot·boil·er [telb zn] ⟨pej⟩ ❶ (inferieur) kunstwerk enkel voor het geld gemaakt, zuiver commercieel werk, broodschrijverij ❷ kunstenaar om den brode, broodschrijver, broodpoëet
pot-bound [bn] waarvan de wortels de pot overwoekeren ⟨van plant⟩, ⟨fig⟩ beperkt, beklemd, belemmerd, verkrampt
pot cheese [niet-telb zn] ⟨AE⟩ cottagecheese, ± potkaas, ± zachte witte kaas, ± kwark
po·teen, po·theen /pɒtiːn, -tʃiːn, ᴬpɑ-, ᴬpoʊ-/ [niet-telb zn] ⟨IE⟩ (clandestien gestookte) whisky
po·tence /poʊtns/, **po·ten·cy** /-si/ [telb + niet-telb zn] ❶ kracht, sterkte, invloed, macht ♦ *sexual potence* potentie, (seksueel) vermogen ❷ inherente groeicapaciteit, potentieel, latente kracht/mogelijkheid tot verwezenlijking
¹**po·tent** /poʊtnt/ [telb zn] ⟨heral⟩ wapenschild bestaande uit T-vormige tekens
²**po·tent** /poʊtnt/ [bn; bw: ~ly; zn: ~ness] ❶ krachtig,

sterk, effectief, met een sterke/snelle uitwerking ♦ *a potent drink* een stevige borrel; *potent vaccins* krachtige/snel werkende vaccins ② ⟨seksueel⟩ potent ③ ⟨form⟩ overtuigend ♦ *potent arguments* krachtige/doorslaggevende argumenten ④ ⟨form⟩ machtig, invloedrijk, gezag uitstralend ⑤ ⟨heral⟩ T-vormig ⟨van heraldisch kruis⟩
po·ten·tate /pouṇteɪt/ [telb zn] potentaat, absoluut heerser/vorst, ⟨fig⟩ iemand die zich zeer laat gelden, machtswellusteling ♦ *the potentates of the record industry* de platenbonzen
¹**po·ten·tial** /pətenʃl/ [telb zn] ① ⟨taalk⟩ potentialis ② ⟨elek, natuurk⟩ potentiaal, voltage, (elektrisch) vermogen, (elektrische) kracht ♦ *current of high potential* hoogspanningsstroom
²**po·ten·tial** /pətenʃl/ [telb + niet-telb zn] mogelijkheid, potentieel, (beschikbaar) vermogen, capaciteit ♦ *he hasn't realized his full potential yet* hij heeft de grens van zijn kunnen/mogelijkheden nog niet bereikt; *that girl has great acting potential* dat meisje heeft veel acteertalent, van dat meisje is een grote actrice te maken
³**po·ten·tial** /pətenʃl/ [bn; bw: ~ly] potentieel, mogelijk, in potentie/aanleg aanwezig, latent, (slechts) als mogelijkheid bestaand/aanwezig ♦ *potential buyers* eventuele kopers; ⟨natuurk⟩ *potential energy* potentiële energie, arbeidsvermogen van plaats; *he is seen as a potential leader of our political party* hij wordt beschouwd als de mogelijke kandidaat voor het leiderschap van onze partij
potential barrier [telb zn] ⟨natuurk⟩ potentiaalbarrière
potential difference [telb zn] ⟨elek, natuurk⟩ potentiaalverschil, spanning(sverschil) ⟨tussen twee punten⟩
po·ten·ti·al·i·ty /pətenʃiæləti/ [telb + niet-telb zn] potentialiteit, latente kracht, potentieel vermogen, inherente groei, ontstaanscapaciteit, ontwikkelingscapaciteit ♦ *a country with great potentialities* een land met grote ontwikkelingsmogelijkheden
po·ten·ti·al·ize /pətenʃəlaɪz/ [ov ww] ⟨natuurk⟩ in potentiële energie omzetten
po·ten·ti·ate /pətenʃieɪt/ [ov ww] ① versterken, krachtig(er)/effectiever maken, de werking versterken van, ⟨farm⟩ potentiëren ② mogelijk maken
po·ten·til·la /poʊtn̩tɪlə/ [telb + niet-telb zn] ⟨plantk⟩ vijfvingerkruid, ganzerik ⟨genus Potentilla⟩
po·ten·ti·om·e·ter /pətenʃiɒmɪtə, ^-ˌɑmɪtər/ [telb zn] ⟨techn⟩ potentiometer, precisievoltmeter, compensator, ⟨oneig⟩ volumeknop, volume-instelknop
pot·ful /pɒtfʊl, ^pɑt-/ [telb zn] pot(vol)
pot·head [telb zn] ① ⟨sl⟩ potroker ② ⟨inf⟩ domkop
¹**poth·er** /pɒðə, ^pɑðər/ [telb zn] ① verstikkende rook(wolk), stofwolk ♦ *the car roared off in a pother of dust and smoke* de wagen raasde weg in een wolk van stof en rook; *kick up a pother* veel stof maken ② lawaai, geraas ③ ⟨nerveuze⟩ drukte, herrie, tumult, opwinding, bezorgdheid, (nerveuze) angst ♦ *make a pother about/over sth.* herrie/drukte/omhaal over iets maken
²**poth·er** /pɒðə, ^pɑðər/ [onov ww] zich (nodeloos) druk maken, veel poeha/kouwe drukte maken, rumoer maken, opschudding verwekken
³**poth·er** /pɒðə, ^pɑðər/ [ov ww] ① zich zenuwachtig maken over, zich zorgen maken over ② in de war brengen, in beroering brengen, verlegen maken, verontrusten, verdriet doen
pot·herb [telb zn] tuinkruid
pot·hol·der [telb zn] pannenlapje, kwezeltje
pot·hole [telb zn] ① gat, put, kuil ⟨in wegdek⟩ ② erosiepijp
pot·hol·er [telb zn] speleoloog
pot·hol·ing [niet-telb zn] speleologie, holenonderzoek
pot·hook [telb zn] ① ketelhaak, heugelhaak ② hanenpoot, op- en neerhaal ⟨van kinderen die leren schrijven⟩

pot·hun·ter [telb zn] ① broodjager, niet-weidelijke jager, onsportief jager, buitjager ② ⟨sport⟩ prijzenjager, trofeeënjager ③ schervenjager, amateurarcheoloog ④ ⟨sl⟩ plunderaar ⟨van leegstaande huizen⟩
po·tiche /pɒtiːʃ, ^poʊ-/ [telb zn] potiche ⟨ronde, dikbuikige vaas⟩
po·tion /poʊʃn/ [telb zn] drankje, (slokje/dosis van) medicijn/toverdrankje/gif
pot ladle [telb zn] pollepel
pot·latch [telb zn] ① potlatchfeest ⟨ceremonieel feest bij indianen⟩ ② ⟨AE⟩ party, fuif, feest
pot·luck [niet-telb zn] ⟨inf⟩ ① wat de pot schaft, wat er toevallig is ⟨ook figuurlijk⟩ ♦ *take potluck* eten wat de pot schaft; ⟨fig⟩ een gokje wagen ② ⟨verk: potluck dinner⟩
potluck dinner [telb zn] ⟨inf⟩ etentje waar de gasten zelf een gerecht meebrengen
pot·man /pɒtmən, ^pɑt-/ [telb zn; mv: potmen /-mən/] tapper, barman, kelner
pot metal [niet-telb zn] ① legering van lood en koper ② soort gekleurd glas, gebrandschilderd glas, gekleurde glasspecie
pot·pie [telb + niet-telb zn] ⟨cul⟩ in een pot gebraden pastei, soort hutspot met korstdeksel
pot plant [telb zn] potplant
pot·pour·ri /poʊpʊˌri, ^-ˌpʊri/ [telb zn] ① welriekend mengsel ⟨van gedroogde bloemblaadjes en kruiden⟩ ② ⟨vnl muz⟩ potpourri ⟨ook figuurlijk⟩, medley, mengelmoes
pot roast [telb + niet-telb zn] gebraden/gestoofd rundvlees
pot-roast [ov ww] smoren, stoven, braden
pot·sherd /pɒt·ʃɜːd, ^pɑt·ʃɜrd/, **pot·shard** /pɒt·ʃɑːd, ^pɑt·ʃɑrd/ [telb zn] potscherf
pot shop [telb zn] kroeg
pot shot [telb zn] ⟨inf⟩ ① makkie, gemakkelijk schot ② schot om alleen het wild voor één maaltijd te raken ③ schot op goed geluk af, schot in het wilde weg, ⟨fig⟩ schot in het donker, lukrake poging
pot-smok·er [telb zn] potroker
pot·stone [niet-telb zn] potsteen, korrelige zeepsteen
pottage [niet-telb zn] → potage
pot·ted /pɒtɪd, ^pɑtɪd/ [bn; volt deelw van pot] ① pot-, gepot, in een pot geplaatst/gekweekt/geplant ♦ *potted plant* kamerplant, potplant ② ingemaakt, in een pot/kruik bewaard ♦ *potted meat* paté; ⟨fig⟩ *potted music* ingeblikte muziek ③ gekunsteld, stereotiep ④ ⟨vnl BE; soms pej⟩ ⟨erg⟩ kort/onnauwkeurig samengevat ♦ *a potted Macbeth* een gesimplificeerde uitgave van Macbeth ⑤ ⟨vnl AE; sl⟩ bezopen ⑥ ⟨sl⟩ high
¹**pot·ter** /pɒtə, ^pɑtər/, ⟨in betekenis 2 ook⟩ **pot·ter-a·bout** [telb zn] ① pottenbakker ② ⟨BE; inf⟩ kuier(ing)
²**pot·ter** /pɒtə, ^pɑtər/, ⟨AE⟩ **put·ter** /pʌtə, ^pʌtər/ [onov ww] ⟨inf⟩ ① liefhebberen, aanrommelen, zich onledig houden, prutsen ♦ *she just potters in/at genealogy* ze liefhebbert wat in genealogie ② rondscharrelen, kuieren, lanterfanten ♦ *potter about*, ⟨AE⟩ *potter around* rondscharrelen, prutsen; *the old lady just pottered about the park* de oude dame maakte een wandelingetje in het park; *grandfather is just pottering about in the garden* grootvader scharrelt wat rond in de tuin/doet wat klusjes in de tuin; ⟨AE⟩ *the old lady just pottered around the park* de oude dame maakte een wandelingetje in het park; *potter away* verbeuzelen
pot·ter·er /pɒtərə, ^pɑtərər/ [telb zn] beuzelaar, treuzelaar
Pot·ter·ies /pɒtəriz, ^pɑtəriz/ [alleen mv; the] de Potteries ⟨pottenbakkersstreek in Staffordshire⟩
pot·ter's clay /pɒtəz kleɪ, ^pɑtərz-/, **pot·ter's earth** [niet-telb zn] pottenbakkersklei, pottenbakkersaarde
pot·ter's field [telb zn] armenkerkhof ⟨Matth. 27:7⟩

pot·ter's ore [niet-telb zn] pottenbakkersglazuur
pot·ter's wheel [telb zn] pottenbakkersschijf, pottenbakkerswiel
¹**pot·ter·y** /pɒtəri, ᴬpɑtəri/ [telb zn] pottenbakkerij
²**pot·ter·y** /pɒtəri, ᴬpɑtəri/ [niet-telb zn] **1** aardewerk, ceramiek **2** het pottenbakken, ceramiek
pot·ting com·post /pɒtɪŋkɒmpɒst, ᴬpɑtɪŋkɑmpoʊst/ [niet-telb zn] potaarde
pot·ting shed [telb zn] tuinschuurtje
pot·tle /pɒtl, ᴬpɑtl/ [telb zn] **1** ⟨vero; BE⟩ ⟨inhoudsmaat/pot van⟩ 2,25 liter, pot, kroes ⟨ook de drank daarin⟩ **2** ⟨tenen/spanen⟩ fruitmandje
pot·to /pɒtoʊ, ᴬpɑtoʊ/ [telb zn] ⟨dierk⟩ **1** potto ⟨Afrikaanse halfaap; Perodicticus potto⟩ **2** kinkajoe ⟨rolstaartbeer; Potos flavus⟩
pot-trained [bn] zindelijk ⟨van kind⟩
¹**pot·ty** /pɒti, ᴬpɑti/ [telb zn] ⟨inf⟩ po, potje, kinderpo
²**pot·ty** /pɒti, ᴬpɑti/ [bn; vergr trap: pottier; zn: pottiness] **1** ⟨BE; inf⟩ knetter, niet goed snik, dwaas, gek, warhoofdig ♦ *potty about* helemaal wég van; *it drives me potty* ik word er hoorndol/stapelgek van **2** ⟨BE; inf⟩ licht dronken, in de wind, verdwaasd **3** dwaas, ingebeeld, snobistisch
³**pot·ty** /pɒti, ᴬpɑti/ [bn, attr; vergr trap: pottier; zn: pottiness] ⟨BE; inf; pej⟩ onbenullig, pietluttig, triviaal, waardeloos ♦ *potty little details* futiliteiten, pietluttigheden
pot·ty-chair [telb zn] kinderstoeltje, kakstoel(tje)
potty mouth [telb zn] ⟨inf⟩ lelijke/smerige praat ♦ *the child has a potty mouth* het kind slaat smerige taal uit
potty-mouthed [bn] ⟨inf⟩ ruw in de mond
pot·ty-train [ov ww] ⟨vnl als gerund⟩ zindelijk maken ⟨kind⟩
pot·ty-trained [bn] zindelijk ⟨van kind⟩
pot-val·iant [bn] moedig/dapper door de drank
pot-val·our [niet-telb zn] dronkenmansmoed, jenevermoed
pot·wal·lop·er /pɒtwɒləpə, ᴬpɑtwɑləpər/, **pot·wal·ler** /-wɒlə, ᴬ-wɑlər/ [telb zn] **1** ⟨gesch⟩ gezinshoofd met stemrecht ⟨vóór 1832⟩ **2** ⟨scheepv⟩ kok(smaat) **3** ⟨sl⟩ afwasser
¹**pouch** /paʊtʃ/ [telb zn] **1** ⟨benaming voor⟩ zak(je), (afneembaar) buitenzakje, gordeltas, patroontas, tabakszakje, aktetas, diplomatenkoffertje, jaszak, geldbeurs(je) **2** ⟨benaming voor⟩ (zakvormige) huidplooi, huidzak, buidel, wangzak, krop ♦ *she had pouches under her eyes* zij had wallen onder haar ogen **3** ⟨plantk⟩ zaaddoosje
²**pouch** /paʊtʃ/ [onov ww] **1** een zak vormen, de vorm van een zak aannemen **2** documenten in een aktemap doen; → pouched
³**pouch** /paʊtʃ/ [ov ww] **1** (als) in een zak(je)/tas(je) steken **2** in zijn zak steken, inpalmen, in bezit nemen **3** rond doen staan ⟨kledingstuk⟩, als een zak doen hangen/maken **4** per aktetas overbrengen **5** ⟨vero⟩ opslokken, inslikken, verslinden, verzwelgen; → pouched
pouched /paʊtʃt/ [bn; volt deelw van pouch] met zakken
pou·chong /puːtʃɒŋ, ᴬ-tʃɑŋ/ [niet-telb zn] pouchong ⟨thee⟩
pouch·y /paʊtʃi/ [bn] zakachtig, met zakken
pou·drette /puːdret/ [niet-telb zn] ⟨landb⟩ poudrette ⟨mestpoeder⟩
pouf, ⟨in betekenissen 1,2,3 en 4 ook⟩ **pouff, pouffe** /puːf/ [telb zn] **1** poef, zitkussen, ronde ottomane **2** pof ⟨bol uitstaande plooi in kledingstuk⟩ **3** ⟨mode⟩ queue ⟨de Paris⟩, tournure **4** ⟨vero⟩ 18e-eeuwse vrouwelijke haardracht ⟨met hoog opgestoken krullen⟩ **5** ⟨BE; sl; pej⟩ flikker, homo
pou·lard, pou·larde /puːlɑːd, ᴬ-lɑrd/ [telb + niet-telb zn] poularde, mestkip, mesthoen
poulp, poulpe /puːlp/ [telb zn] ⟨dierk⟩ inktvis ⟨genus Octopus⟩
¹**poult** /poʊlt/ [telb zn] kuiken, jonge (kalkoense) haan
²**poult** /puːlt/, **poult-de-soie** /puːdəswɑː/ [niet-telb zn] fijngeribde zijde
poul·ter /poʊltə, ᴬ-ər/ [telb zn] ⟨gesch⟩ poelier ⟨als gildenaam⟩
poul·ter·er /poʊltrə, ᴬ-ər/ [telb zn] ⟨vnl BE⟩ poelier
poul·ter's meas·ure /poʊltəz meʒə, ᴬpoʊltərz meʒər/ [telb zn] ⟨letterk⟩ gedicht met afwisselend twaalf- en veertienlettergrepige verzen
¹**poul·tice** /poʊltɪs/ [telb zn] kompres, brijomslag
²**poul·tice** /poʊltɪs/ [ov ww] pappen, een kompres leggen op
¹**poul·try** /poʊltri/ [niet-telb zn] (vlees van) gevogelte, kippenvlees
²**poul·try** /poʊltri/ [verzamelw] gevogelte, pluimvee, hoenders, kippen
poul·try farm [telb zn] hoenderpark, pluimveebedrijf, kippenfarm, kippenboerderij
poultry house [telb zn] kippenhok
poul·try-rear·ing [niet-telb zn] pluimveeteelt
poul·try yard [telb zn] hoenderhof
¹**pounce** /paʊns/ [telb zn] **1** klauw ⟨van roofvogel⟩ **2** het stoten ⟨van roofvogel⟩, het zich plotseling (neer)storten, ⟨fig⟩ plotselinge aanval/uitval ♦ *at a pounce* met één slag; *make a pounce at/on* zich laten vallen/storten op; *on the pounce* klaar om aan te vallen, op de loer
²**pounce** /paʊns/ [niet-telb zn] **1** ⟨gesch⟩ radeerpoeder, strooizand ⟨gebruikt in plaats van vloeipapier⟩ **2** fijn poeder ⟨bijvoorbeeld houtskool⟩
³**pounce** /paʊns/ [onov ww] **1** zich naar beneden storten, (op)springen ⟨om iets te grijpen⟩ **2** plotseling/onverwacht aanvallen, ⟨fig⟩ kritiek uitbrengen, plotseling tussenkomen, inpikken ♦ *he pounced at the first opportunity* hij greep de eerste gelegenheid aan; zie: **pounce on**
⁴**pounce** /paʊns/ [ov ww] **1** (als) met de klauwen vastgrijpen **2** versieren ⟨door van achter met een werktuig te doorboren, bosseleren, drijven ⟨metaal⟩, (de randen) kartelen ⟨van stof⟩⟩ **3** zacht/beschrijfbaar maken ⟨door er met strooizand/fijn poeder/puimsteen over te gaan⟩ **4** (een tekening) overbrengen ⟨met behulp van fijn zwart poeder⟩ **5** met fijn poeder bestrooien ⟨sjabloon⟩
pounce on, pounce upon [onov ww] **1** snappen, (weg)graaien, begerig grijpen/aannemen **2** plotseling aanvallen, zich werpen op ♦ *he pounced on the man* hij pakte de man bij zijn lurven, hij greep de man in zijn kraag **3** inpikken, springen op ♦ *she pounced on every discrepancy in his election address* zij greep elke tegenstrijdigheid uit zijn verkiezingstoespraak aan
poun·cet box /paʊnsɪt bɒks, ᴬ-bɑks/ [telb zn] ⟨vero⟩ strooibusje
¹**pound** ⟨WEIGHT⟩ /paʊnd/ [telb zn; mv: in bet 1, bet 2, bet 3 en bet 4 ook pound] **1** (Engels) pond ⟨'avoirdupois', 454 g⟩ ♦ *flour is sold by the pound* bloem wordt per pond verkocht; *she lost quite a few pounds* ze raakte aardig wat pondjes/kilo's kwijt **2** pound, pond ('troy', 373 g) **3** medicinaal pond ⟨373 g⟩ **4** pond (munteenheid) ♦ *the Bank of England had to support the pound* de Engelse nationale bank moest het pond ondersteunen **5** pand, kanaaldeel tussen twee sluizen **6** depot ⟨voor dieren, in beslag genomen goederen, weggesleepte auto's⟩, asiel, kraal, schutstal, omheinde ruimte **7** huis van bewaring **8** dreun, bons, harde slag, getrappel **9** zaknet, fuik **10** ⟨AE⟩ 5 dollar **11** vishandel ⟨van levende kreeften⟩ ♦ *have one's pound of flesh* het volle pond krijgen; *he pays fair wages, but he wants his pound of flesh* hij betaalt goed, maar hij eist ook het volle pond; *the bankers wanted/demanded their pound of flesh from him* de bankiers wilden tot de laatste cent door hem terugbetaald worden; ⟨inf⟩ *a pound to a penny* tien tegen één; ⟨sprw⟩ *take care of the pence and the pounds will take care of*

themselves die het kleine niet eert, is het grote niet weerd; ⟨sprw⟩ *in for a penny, in for a pound* we staan er voor en moeten er door, wie in het schuitje zit, moet varen, wie A zegt, moet ook B zeggen; ⟨sprw⟩ *penny wise, pound foolish* ± sommige mensen zijn zuinig als het om kleine bedragen gaat, terwijl ze grote bedragen over de balk gooien; ⟨sprw⟩ *an ounce of discretion is worth a pound of wit* ± wees niet grappig ten kosten van anderen, gezond verstand is meer waard dan grote intelligentie

²**pound** /paʊnd/ [onov ww] 1 hard (toe)slaan, flinke klappen uitdelen 2 stampen, stampend (weg)lopen, zich zwaar (stappend) voortbewegen ♦ *he pounded along the road* hij ploeterde voort over de weg, hij sjokte voort; *the herd pounded down the hill* de kudde stormde de heuvel af 3 (herhaaldelijk) zwaar bombarderen, een spervuur aanleggen 4 bonzen ⟨van hart⟩ 5 zwoegen, sjouwen, ploeteren 6 kloppen ⟨van motor⟩ 7 een hindernis nemen 8 ⟨sl⟩ de ronde doen ⟨van politieagent⟩ 9 ⟨sl⟩ neuken; → **pounding**

³**pound** /paʊnd/ [ov ww] 1 schutten, in een asiel/kraal/kennel opsluiten, insluiten, in verzekerde bewaring nemen 2 (fijn)stampen, vergruizelen, verpulveren, fijnmaken, verpletteren, vermorzelen 3 beuken op, bonzen op, stompen op ⟨met de vuisten⟩, (aan)stampen, ⟨fig⟩ inhameren ♦ *the advantages of the new system were pounded home to them* de voordelen van het nieuwe systeem werden er bij hen ingehamerd; zie: **pound away**; *pound the ingredients into a paste* kneed/verwerk de ingrediënten tot een deeg; *I'll pound that skunk into a jelly* ik maak moes van die smeerlap 4 het gewicht verifiëren van ▪ *he pounded out his article* hij hamerde zijn artikel uit zijn schrijfmachine; → **pounding**

¹**pound·age** /paʊndɪdʒ/ [telb + niet-telb zn] 1 pondgeld, commissieloon, bedrag, premie, tantième, provisie ⟨per pond (sterling)⟩ 2 tarief, bedrag, belasting ⟨per pond gewicht⟩ 3 pondsgewicht 4 schutgeld, depotkosten

²**pound·age** /paʊndɪdʒ/ [niet-telb zn] het opsluiten/schutten van verdwaalde dieren

pound·al /paʊndl/ [telb zn] ⟨natuurk⟩ eenheid van kracht ⟨binnen het voet-pond-seconde stelsel, de kracht die uitgeoefend moet worden om een massa van één pond één voet per seconde te doen versnellen⟩

pound away [onov ww] 1 erop los beuken, er tegenaan gaan ♦ *she pounded away at her task* zij zette er de beuk in, zij stortte zich op haar taak 2 erop los schieten

pound cake [niet-telb zn] 1 viervierdegebak, quatre-quarts ⟨met ingrediënten in gelijke hoeveelheden⟩ 2 ⟨sl⟩ mooie meid

pound·er /paʊndə, ᴬ-ər/ [telb zn] 1 stamper 2 vijzel, mortier 3 ⟨sl⟩ politieman

-pound·er /paʊndə, ᴬ-ər/ [telb zn] 1 -ponder, met een gewicht/waarde van ... pond ♦ *a 10-pounder* een tienponder/van 10 pond 2 -ponder, geschut voor kogels van ... pond ♦ *that gun is a 32-pounder* dat stuk geschut is voor projectielen van 32 pond

pound·ing /paʊndɪŋ/ [telb + niet-telb zn; (oorspronkelijk) gerund van pound] 1 (ge)dreun, (ge)bons, gestamp 2 ⟨inf⟩ afstraffing, pak slaag

pound-keep·er [telb zn] schutmeester

pound-lock [telb zn] kanaalsluis

pound note [telb zn] bankbiljet van één pond

pound sterling [telb zn] ⟨form; ec⟩ pond sterling

¹**pour** /pɔːr, ᴬpɔr/ [telb + niet-telb zn] 1 stortbui, stortregen 2 stroom 3 gietsel, het gieten ⟨van gesmolten ijzer in een vorm⟩

²**pour** /pɔːr, ᴬpɔr/ [onov ww] 1 stromen, (rijkelijk) vloeien ⟨ook figuurlijk⟩ ♦ *blood poured from the wound* het bloed gutste uit de wond; *pour in* binnenstromen; *the money kept pouring in* het geld bleef binnenstromen; *pour in/into* binnenstromen; *letters poured into our office* ons bureau werd met brieven overstelpt; *pour off* afstromen; *sweat was pouring off the athletes' backs* het zweet liep/stroomde de atleten van de rug 2 stortregenen, gieten ♦ *pour down* stortregenen; *in the pouring rain* in de stromende regen; *it's pouring with rain* het regent dat het giet 3 ⟨inf⟩ (thee/koffie) inschenken ♦ *will you pour out?* schenk jij even uit/in? ▪ zie: **pour out**; ⟨sprw⟩ *it never rains but it pours* een ongeluk komt zelden alleen

³**pour** /pɔːr, ᴬpɔr/ [ov ww] 1 (uit)gieten, doen (neer)stromen, uitschenken, (rijkelijk) doen vloeien, (rijkelijk) uitstorten ♦ *pour away that cold coffee* giet die koude koffie maar weg; *will you pour the coffee?* schenk jij de koffie in?; *poured concrete* stortbeton; *they've been pouring money into that business for years* ze pompen al jaren geld in die zaak; *the tube stations pour thousands of workers into the streets* de metrostations spuwen duizenden arbeiders uit op straat; *pour scorn/contempt on* honen, minachtend spreken over, afkeer betonen voor; *pour ridicule on s.o.* iemand belachelijk maken ▪ zie: **pour forth**; *pour it on* het er dik op leggen, vleien, overdreven complimenten maken; zijn inspanningen verdubbelen, hardrijden; zie: **pour out**; ⟨sprw⟩ *pouring oil on fire is not the way to quench it* men moet geen olie op het vuur gooien

pour·boire /pʊəbwɑː, ᴬpʊrbwɑr/ [telb zn] drinkgeld, fooi

pour forth [onov + ov ww] (als) in een stroom (doen) verschijnen, tevoorschijn (doen) stromen, uitstorten ♦ *she poured forth abuse upon him* ze overstelpte hem met scheldwoorden; *the loudspeakers poured forth music continuously* de luidsprekers spuiden ononderbroken muziek ▪ *pour forth one's heart to s.o.* zijn hart bij iemand uitstorten

¹**pour out** [onov ww] (koffie/thee) inschenken ♦ *shall I pour out?* zal ik inschenken?

²**pour out** [ov ww] 1 inschenken, uitgieten 2 de vrije loop laten, uitstorten ♦ *pour out one's feelings* zijn gevoelens de vrije loop laten; *pour out one's heart to s.o.* zijn hart bij iemand uitstorten

pour·par·ler /pʊəpɑːleɪ, ᴬpʊrpɑrleɪ/ [telb zn] pourparlers, onderhandeling, bespreking

pour·point /pʊəpɔɪnt, ᴬpʊr-/ [telb zn] ⟨gesch⟩ gevoerde wambuis

pour point [telb zn] ⟨natuurk⟩ vloeipunt, stolpunt

pousse-ca·fé /puːs kæfeɪ, ᴬ-feɪ/ [telb + niet-telb zn] 1 pousse-café, poesje 2 ⟨AE⟩ pousse-café, laagjescocktail ⟨met verschillend gekleurde likeuren die in het glas in lagen op elkaar blijven liggen⟩

¹**pous·sette** /puːsɛt/ [telb zn] bepaalde volksdansfiguur ⟨waarbij het danspaar ronddraait met de handen in elkaar geslagen⟩

²**pous·sette** /puːsɛt/ [onov ww] ronddraaien

pous·sin /puːsɛ̃, ᴬpuːsɛ̃/ [telb zn] piepkuiken, mestkuiken

¹**pout** /paʊt/ [telb zn] 1 het tuiten ⟨van de lippen⟩, pruilmondje 2 ⟨dierk⟩ steenbolk ⟨Trisopterus luscus⟩ 3 ⟨dierk⟩ puitaal ⟨Zoarces viviparus⟩ 4 ⟨dierk⟩ slijmvis ⟨Blennius pholis⟩ ▪ *have the pouts* pruilen, mokken; *be in the pouts* pruilen, mokken

²**pout** /paʊt/ [onov ww] 1 (de lippen) tuiten, vooruitsteken, uitstulpen 2 een pruillip opzetten, pruilen, zijn ontevredenheid uiten

³**pout** /paʊt/ [ov ww] 1 vooruitsteken ⟨als de lippen⟩, doen (voor)uitstulpen 2 pruilen over

pout·er /paʊtə, ᴬpaʊtər/ [telb zn] 1 ⟨dierk⟩ kropduif ⟨Columba gutturosa⟩ 2 pruiler, pruilster

pout·ing /paʊtɪŋ/ [telb zn; mv: ook pouting] ⟨BE; dierk⟩ steenbolk ⟨Trisopterus luscus⟩

pout·ing·ly /paʊtɪŋli/ [bw] pruilerig, pruilend, nors, chagrijnig

pov·e·ra /pɒv(ə)rə, ᴬpɑ-/ [bn] povera ⟨van kunstvorm waarbij het vervaardigingsproces belangrijker is dan het

poverty

resultaat⟩
pov·er·ty /pɒvəti, ^pɑvərti/ [niet-telb zn] ① **armoe(de)**, behoeftigheid, noodlijdendheid ② **armoede**, onvruchtbaarheid, onproductiviteit ③ **ondervoeding** ④ ⟨vnl form; pej⟩ **gebrek**, schamelheid, schraalheid, berooidheid, karigheid, tekort, minderwaardigheid ♦ *hampered by the poverty of data* gehinderd door het gebrek aan/de schamelheid van de gegevens; *the poverty of the country in raw materials* het gebrek aan grondstoffen in het land; *his poverty of vocabulary* zijn beperkte/armzalige woordenschat ⑤ ⟨rel⟩ **(gelofte van) armoede**, het verzaken van persoonlijk eigendom ⓘ ⟨sprw⟩ *poverty is no sin* armoede is geen schande

poverty line [telb zn] **armoedegrens**, bestaansminimum

pov·er·ty-strick·en [bn] **straatarm**, armetierig

poverty trap [telb zn] **armoedefuik** ⟨situatie waarbij meer loon teniet wordt gedaan door verlies aan uitkering⟩

pow /paʊ/ [tw] **pang**, poef, knal, boem

POW [afk] (prisoner of war)

pow·an /poʊən/ [telb zn] ⟨dierk⟩ **grote marene** ⟨Coregonus lovaretus⟩

¹**pow·der** /paʊdə, ^-ər/ [telb + niet-telb zn] ① **poeder**, (kool)stof ② **poeder** ⟨medicijn in poedervorm⟩ ③ ⟨sl⟩ **borrel** ④ ⟨sl⟩ **ontsnapping** ♦ ⟨sl⟩ *take a powder* zijn biezen pakken, ervandoor gaan

²**pow·der** /paʊdə, ^-ər/ [niet-telb zn] ① **(cosmetische) poeder**, talkpoeder, gezichtspoeder ② **(bus)kruit**, poeder, ⟨fig⟩ kracht ♦ *waste powder and shot* zijn kruit vergeefs verschieten ③ **poedersneeuw**

³**pow·der** /paʊdə, ^-ər/ [onov ww] ① **zich poederen**, poederen ⟨van gezicht⟩ ② **poeder(vormig) worden**, verpulveren ③ **vertrekken**, ontsnappen; → **powdered**

⁴**pow·der** /paʊdə, ^-ər/ [ov ww] ① **(be)poederen**, poeder uitstrooien over, besprenkelen ② **verpulveren**, tot poeder maken, fijnmaken, verkruimelen ③ **met puntjes/figuurtjes versieren**; → **powdered**

¹**powder blue** [niet-telb zn] **blauwsel**, smalt

²**powder blue** [bn] **smaltblauw**, kobaltblauw

powder box [telb zn] ① **poederdoos** ② **kruitkist**

powder down [niet-telb zn] **dons**

pow·dered /paʊdəd, ^-dərd/ [bn; volt deelw van powder] ① **gepoederd**, met poeder bedekt ② **in poedervorm (gemaakt/gedroogd)**, verpulverd, gedehydrateerd ♦ *powdered milk* melkpoeder; *powdered sugar* poedersuiker

powder keg [telb zn] **kruitvat** ⟨ook figuurlijk⟩, explosief, explosieve situatie

powder magazine [telb zn] **kruitkamer**, explosievenmagazijn

powder metallurgy [niet-telb zn] **poedermetallurgie**

powder monkey [telb zn] ⟨gesch⟩ **kruitdrager** ⟨jongen die op schip de kruitbevoorrading verzorgde⟩

¹**powder puff** [telb zn] ① **poederdonsje**, poederkwastje ② ⟨sl⟩ **slappeling**

²**powder puff** [bn] **voor vrouwen (gemaakt/bedoeld)** ♦ *the powder puff press* damesbladen

powder room [telb zn] ⟨euf⟩ **damestoilet**

powder smoke [niet-telb zn] **kruitdamp**

powder snow [niet-telb zn] **poedersneeuw**

pow·der·y /paʊdəri/ [bn] ① **poedervormig**, poederachtig ♦ ⟨plantk⟩ *powdery mildew* meeldauw, witziekte; *powdery snow* poedersneeuw ② **(als) met poeder bedekt**, gepoederd ③ **brokkelig**, rul

¹**pow·er** /paʊə, ^-ər/ [telb zn] ① **macht**, volmacht, recht, bevoegdheid ♦ ⟨jur⟩ *power of appointment* successiemachtiging; ⟨jur⟩ *power of attorney* volmacht; *power of the keys* sleutelmacht; *the mayor has exceeded his powers* de burgemeester is buiten zijn bevoegdheden getreden ② **invloedrijk iemand/iets**, gezagsdrager, machtsblok, pressiegroep ③ **macht**, mogendheid, staat ♦ *the Great Powers* de grootmachten, de supermogendheden ④ **hefboom** ⑤ ⟨vnl mv⟩ **(boze) macht(en)**, godheden, (hemelse) krachten ♦ *the powers of darkness* de duistere machten ⟨van het kwaad⟩; *merciful powers!* grote grutten!, lieve hemel! ⑥ ⟨vnl mv⟩ **vermogen(s)**, kracht(en) ♦ *the powers of concentration are failing her* haar concentratievermogen neemt af; *he was at the height of his powers* hij bereikte de top van zijn kunnen; *you're taxing your powers too much* je vraagt te veel van jezelf ⑦ ⟨wisk⟩ **macht** ♦ *four to the power of three* vier tot de derde macht ⑧ ⟨inf⟩ **hoop**, groot aantal, grote hoeveelheid, macht ♦ *a power of apples* een macht appelen; *her visit did me a power of good* haar bezoek deed mij ontzettend veel goed ⓘ ⟨vnl scherts⟩ *the powers that be* de gevestigde macht, de gezagsdragers, de overheid, de hoge pieten; *a power behind the throne* een persoonlijke raadgever, een man achter de schermen

²**pow·er** /paʊə, ^-ər/ [niet-telb zn] ① **gave**, talent, aanleg ♦ *a cameleon has the power of changing its colour* een kameleon kan zijn kleur veranderen ② **macht**, vermogen, mogelijkheid ♦ *it's not within my power to help you* het ligt niet in mijn vermogen/macht je/u te helpen ③ **kracht**, sterkte ④ **invloed**, macht, controle, gezag, bewind ♦ *the party in power* de regerende partij, de partij aan de macht; *have s.o. in one's power* iemand in zijn macht hebben; *come in/into power* aan het bewind/de macht komen; *fall into s.o.'s power* in iemands macht terechtkomen; *that's out of your power* dat gaat jouw macht/mogelijkheden/bevoegdheden te buiten ⑤ **(drijf)kracht**, (elektrische) energie, stroom ♦ *electric power* elektrische stroom; *the damaged yacht could reach port under her own power* het beschadigde jacht kon op eigen kracht de haven bereiken ⑥ ⟨natuurk⟩ **vermogen** ⑦ ⟨natuurk⟩ **sterkte**, vergrotingscapaciteit ⟨van lens⟩ ♦ *a telescope of high power* een sterk vergrotende telescoop ⑧ ⟨stat⟩ **onderscheidingsvermogen** ⟨van toets⟩ ⑨ ⟨attributief⟩ **motor-**, (met) -bekrachtiging, machinaal aangedreven ♦ *a power mower* een grasmaaimachine met motor ⓘ *all power to you* succes, sterkte; ⟨inf⟩ *more power to your elbow!* zet 'm op!, doe je best!, volhouden!; ⟨sprw⟩ *knowledge is power* kennis is macht

³**pow·er** /paʊə, ^-ər/ [onov ww; vaak power through/up/down] **razen**, zoeven, scheuren, snel voortbewegen ♦ *he powered through the water* hij ging als een speer door het water, hij schoot door het water

⁴**pow·er** /paʊə, ^-ər/ [ov ww] **aandrijven**, van energie voorzien, voeden ⓘ zie: **power down**; zie: **power up**

power base [telb zn] ⟨vnl AE⟩ **basis**, machtsbasis ⟨bijvoorbeeld voor verkiezingscampagne⟩

po·wer·boat [telb zn] **speedboot**, motorboot

powerboat race [telb zn] **speedbootrace**, motorbootrace

powerboat racing [niet-telb zn] ⟨sport⟩ **(het) speedbootracen**, (het) motorbootracen

power brakes [alleen mv] **servoremmen**, rembekrachtiging

power breakfast [telb zn] **zakenontbijt** ⟨van invloedrijke personen⟩

power breeder [telb zn] **kweekreactor**

power broker [telb zn] **manipulator met macht** ⟨uit hoofde van behaalde stemmen of door invloed⟩, makelaar in (politieke) macht

pow·er-brok·ing [niet-telb zn] **machtsmanipulatie**, machtsuitoefening

power costs [alleen mv] **energiekosten**

pow·er·crat /paʊəkræt, ^paʊər-/ [telb zn] **machthebber**

power current [telb + niet-telb zn] **sterkstroom**

power cut [telb zn] **stroomonderbreking**

power dive [telb zn] **duikvlucht** ⟨van vliegtuig⟩

pow·er-dive [onov + ov ww] **een motorduikvlucht (doen) uitvoeren** ⟨van vliegtuig⟩

¹**power down** [onov + ov ww] het energieverbruik doen afnemen ⟨bijvoorbeeld van een ruimtevaartuig⟩
²**power down** [ov ww] uitschakelen, uitzetten
pow·er-down [niet-telb zn] het uitschakelen, het uitzetten
power dressing [niet-telb zn] power dressing ⟨van carrièrevrouwen⟩
power drill [telb zn] ① pneumatische drilboor ② (grote) drilmachine, driltafel
pow·er-driv·en [bn] machinaal aangedreven
-pow·ered /pauəd, ᴬpauərd/ met ... vermogen/capaciteit ⟨van motor; ook figuurlijk⟩, vergrotend ⟨van lens⟩ ♦ *a high-powered car* een auto met een krachtige motor; *a high-powered politician* een dynamische politicus; *oil-powered central heating* met olie gestookte centrale verwarming
pow·er·ful /pauəfl, ᴬpauərfl/ [bn; bw: ~ly; zn: ~ness] ① krachtig, machtig, vermogend, invloedrijk, sterk, indrukwekkend ② effectief, met een sterke (uit)werking
power game [telb zn] machtsspel(letje)
power gas [niet-telb zn] steenkolengas
pow·er·house [telb zn] ① elektrische centrale, krachtcentrale ② stuwende kracht, drijfveer ③ reus ⟨van een kerel⟩, succesvol(le) man/atleet/ploeg ♦ *a commercial powerhouse* een handels(groot)macht
pow·er·less /pauələs, ᴬpauər-/ [bn; bw: ~ly; zn: ~ness] machteloos, krachteloos, inert, zwak, hulpeloos, onbevoegd ♦ *she was powerless to resist* zij was niet bij machte weerstand te bieden
power lifting [niet-telb zn] ⟨gewichtheffen⟩ (het) powerliften
power line [telb zn] elektrische leiding
power lunch [telb zn] zakenlunch ⟨van invloedrijke personen⟩
pow·er-nap [telb zn] krachtslaapje ⟨korte, krachtige dut overdag⟩, powernap
power pack [telb zn] ① batterij, accu ② (net)voeding(seenheid)
power plant [telb zn] ① krachtbron, motor, aandrijving ② ⟨vnl BE⟩ krachtcentrale, elektrische centrale
power plate [telb zn] powerplate ⟨fitnessapparaat⟩
power play [telb + niet-telb zn] ① offensieve manoeuvre, pressie, machtspolitiek, machtsvertoon ② ⟨sport, voornamelijk ijshockey⟩ powerplay ⟨pressie om te scoren⟩
power player [telb zn] ⟨sport, in het bijzonder tennis⟩ krachtspeler, krachttennisser
power point [telb zn] ⟨vnl BE⟩ stopcontact
power politics [alleen mv] ⟨vnl pej⟩ machtspolitiek, afschrikkingsdiplomatie
pow·ers /pauəz, ᴬ-ərz/ [alleen mv; ook Powers] ⟨Bijb⟩ Machten ⟨zesde der negen engelenkoren⟩
power series [telb zn; mv: power series] ⟨wisk⟩ machtreeks
power set [telb zn] ⟨krachtsp⟩ krachtoefeningen
pow·er-shar·ing [niet-telb zn] het delen van de macht, machtsdeling
power shovel [telb zn] graafkraan, motorlaadschop
power station [telb zn] elektrische centrale, krachtcentrale
power steering [niet-telb zn] stuurbekrachtiging, servostuur
power stroke [telb zn] arbeidsslag ⟨expansieslag van motor⟩
power structure [telb zn] ① gevestigde macht, establishment, machtsconstellatie ② machtsverdeling, machtsstructuur, kader
power struggle [telb zn] machtsstrijd
power switch [telb zn] (hoofd)stroomschakelaar
power tool [telb zn] elektrisch (stuk) gereedschap, gereedschapsmachine, werktuigmachine
power tower [telb zn] zonnetoren, zonne-energiecentrale

¹**power up** [onov + ov ww] het energieverbruik opvoeren
²**power up** [ov ww] inschakelen, aanzetten, opstarten ♦ *be powered up* aanstaan
pow·er-up [niet-telb zn] het inschakelen, het aanzetten ♦ *on power-up* (direct) na het inschakelen/aanzetten
power walking [niet-telb zn] het powerwalken
¹**pow·wow** /pauwau/ [telb zn] ① indianenbijeenkomst, rituele ceremonie van indianen ⟨om bijstand van de goden af te smeken⟩ ② medicijnman, (indiaanse) tovenaar ③ ⟨inf; scherts⟩ palaver, marathonconferentie, rumoerige bespreking, overleg
²**pow·wow** /pauwau/ [onov ww] ① als medicijnman fungeren, toveren ② ⟨vaak scherts⟩ een conferentie houden, vergaderen, beraadslagen, de hoofden bij elkaar steken ♦ *they powwowed about their new policy* ze hadden eindeloze palavers over hun nieuwe politiek
³**pow·wow** /pauwau/ [ov ww] (met tovermiddelen) behandelen/genezen
pox /pɒks, ᴬpaks/ [telb zn; mv: voornamelijk pox] ① ⟨inf; the⟩ syfilis ② ⟨vero⟩ pok(ken) ③ ⟨plantk⟩ vlekkenziekte, stip ♦ *a pox on you!* krijg jij wat!, barst maar!, val dood!
pox·y /pɒksi, ᴬpaksi/ [bn; vergr trap: poxier] ⟨inf⟩ klere-, pokken-, rot- ♦ *poxy horse* klereknol
pozzie [telb zn] → possie
poz·zo·la·na /pɒtsəlu:nə, ᴬpatsəlɑnə/, **poz·zuo·la·na** /-swə-/, **puz·zo·la·na** /pu:-/ [niet-telb zn] puzzolaanaarde
pp [afk] ① (pages) pp., blz. ② (parcel post) ③ (parish Priest) ④ (past participle) V(olt). D(eelw). ⑤ (per procurationem) p.p. ⑥ (pianissimo) pp ⑦ (postpaid) ⑧ (public prosecutor) OM
PPB [afk] (Planning-Programming-Budgeting)
PPBS [afk] (Planning-Programming-Budgeting System)
ppd [afk] ① (postpaid) ② (prepaid)
PPE [afk] ⟨BE⟩ (philosophy, politics, and economics)
pph [afk] (pamphlet)
ppm [afk] (part(s) per million) ppm
PPP [afk] ⟨comp⟩ (Point to Point Protocol ⟨om een computer via een telefoonlijn op internet aan te sluiten⟩)
PPS [afk] ① ⟨BE⟩ (Parliamentary Private Secretary) ② (post postscriptum) PPS
pq [afk] (previous question)
PQ [afk] ① (Province of Quebec) ② (Quebec Party)
pr [afk] ① (pair) ② (present) pres. ③ (price) pr. ④ (printing) ⑤ (pronoun) vnw.
Pr [afk] ① (priest) pr. ② (prince) ③ (Provençal)
PR [afk] ① (public relations) ② (proportional representation) ③ ⟨AE⟩ (Puerto Rico)
PRA [afk] (President of the Royal Academy)
praam [telb zn] → pram
¹**prac·ti·ca·bil·i·ty** /præktɪkəbɪləti/ [telb zn] iets wat uitvoerbaar/hanteerbaar/bruikbaar is ♦ *this scheme is not among the practicabilities in that country* dit plan is in dat land niet bruikbaar/uitvoerbaar
²**prac·ti·ca·bil·i·ty** /præktɪkəbɪləti/ [niet-telb zn] ① haalbaarheid ② bruikbaarheid
prac·ti·ca·ble /præktɪkəbl/ [bn; bw: practicably; zn: ~ness] ① uitvoerbaar, doenlijk, haalbaar ♦ *a practicable aim* een bereikbaar doel ② handig, hanteerbaar ③ bruikbaar, begaanbaar ⟨van weg⟩, doorwaadbaar
¹**prac·ti·cal** /præktɪkl/ [telb zn] ⟨inf⟩ practicum, praktijkles, praktijkexamen
²**prac·ti·cal** /præktɪkl/ [bn; zn: ~ness] ① praktisch, (daad)werkelijk, in de praktijk, toegepast ♦ *practical chemistry* experimentele scheikunde; *a practical engineer* een werktuigkundige; *practical geometry* toegepaste meetkunde; *practical phonetics* toegepaste fonetiek ② praktisch, bruikbaar, handig, nuttig hanteerbaar, efficiënt, functioneel, doelmatig, geschikt ♦ *practical shoes* gemakkelijke

practical

schoenen ③ haalbaar, uitvoerbaar, praktisch ♦ ⟨vnl BE⟩ *practical politics* pragmatische aanpak, realpolitik; ⟨BE⟩ *it is not practical politics* het is (praktisch gezien) niet haalbaar ④ praktiserend ⑤ ⟨soms pej⟩ daadgericht, praktisch aangelegd, fantasieloos, pragmatisch ♦ *a practical man* een man van de praktijk, een praktisch aangelegd man; *poetry does not appeal to practical minds* poëzie spreekt nuchtere zielen niet aan ⑥ zinnig, verstandig, praktisch ♦ *be practical* gebruik je verstand ⑦ praktisch, virtueel · *a practical joke* practical joke, poets ⟨om iemand belachelijk te maken⟩; actiehumor, stunt; *for all practical purposes* feitelijk, alles welbeschouwd, in de praktijk

³**prac·ti·cal** /præktɪkl/ [bn, attr; zn: ~ness] ervaren, in de praktijk opgeleid ♦ *he's never attended cooking classes, but he is a good practical cook* hij heeft nooit kooklessen gevolgd, maar weet zich toch handig te redden in de keuken; *a practical nurse* een ongediplomeerde verpleegster

¹**prac·ti·cal·i·ty** /præktɪkæləti/ [telb zn] praktische zaak, praktisch aspect ♦ *let's go down to the practicalities* laat ons overgaan tot de praktische kant van de zaak, laten we concreter zijn

²**prac·ti·cal·i·ty** /præktɪkæləti/ [niet-telb zn] uitvoerbaarheid, bruikbaarheid

prac·ti·cal·ly /præktɪkli/ [bw] → **practical** ② bijna, praktisch, zogoed als, in ieder belangrijk opzicht, feitelijk ③ in de praktijk, praktisch gesproken, in praktisch opzicht

prac·ti·cal-mind·ed [bn] ⟨met een⟩ praktisch(e geest)

¹**prac·tice**, ⟨AE ook⟩ **prac·tise** /præktɪs/ [telb zn] ① ⟨vnl enkelvoud⟩ gewoonte, gebruik, praktijk ♦ *make a practice of sth.* ergens een gewoonte van maken; *the practice of borrowing money* de gewoonte om geld te lenen ② ⟨vnl mv⟩ ⟨vero; pej⟩ praktijk, ⟨slechte/verderfelijke⟩ gewoonte, kunstgreep, streek ♦ *criminal practices* misdadige praktijken; *magical practices* magische praktijken/rituelen ③ praktijk ⟨van advocaat, arts e.d.⟩ ♦ *he has a large practice in the country* hij heeft een drukke plattelandspraktijk

²**prac·tice**, ⟨AE ook⟩ **prac·tise** /præktɪs/ [niet-telb zn] ① praktijk, toepassing, aanwending ♦ *in practice, it doesn't work* in de praktijk werkt het niet; *put sth. in(to) practice* iets ten uitvoer/in praktijk brengen ② normale gang van zaken, gewoonte, gebruik, ⟨handel⟩ usance(s) ♦ *it's common practice* het behoort tot de normale gang van zaken ③ oefening, praktijk, training, ervaring ♦ *walking is good practice for you* wandelen is een goede oefening voor je; *she has had no practice in nursing* zij heeft geen ervaring als verpleegster; *you need more practice* je hebt meer oefening/ervaring nodig; *be out of practice* het verleerd hebben, uit vorm zijn, lange tijd niet meer geoefend hebben ④ uitoefening, beoefening, het praktiseren, praktijk ♦ *the old doctor is no longer in practice* de oude dokter praktiseert niet meer/heeft zijn praktijk opgegeven ⑤ ⟨jur⟩ procedure, rechtspraktijk ♦ *good practice* goede/correcte procedure; *practice and procedure in the English legal system* gewoonten en procedures in het Engelse rechtssysteem · ⟨sprw⟩ *practice makes perfect* oefening baart kunst

practice green [telb zn] ⟨golf⟩ oefengreen
practice tee [telb zn] ⟨golf⟩ oefentee
practice throw [telb zn] ⟨sport, in het bijzonder atletiek⟩ oefenworp

¹**prac·tise**, ⟨AE ook⟩ **prac·tice** /præktɪs/ [onov ww] ① ⟨vero⟩ intrigeren, complotteren, plannen beramen ♦ *practise (up)on s.o.* iemand misleiden; *they practised (up)on his credulity* ze maakten misbruik van zijn goedgelovigheid ② (zich) oefenen; → **practised**

²**prac·tise**, ⟨AE ook⟩ **prac·tice** /præktɪs/ [onov + ov ww] ① praktiseren, uitoefenen, beoefenen ♦ *he practises as a lawyer* hij werkt als advocaat; *a practising Catholic/doctor* een praktiserend katholiek/arts; *practise witchcraft* aan hekserij doen, hekserij beoefenen ② praktiseren, zijn kerkelijke plichten vervullen ♦ *does he still practise his religion?* praktiseert hij nog altijd?; → **practised**

³**prac·tise**, ⟨AE ook⟩ **prac·tice** /præktɪs/ [ov ww] ① in de praktijk toepassen, uitvoeren ♦ *practise one's beliefs* leven volgens zijn overtuigingen, zijn overtuigingen in de praktijk toepassen ② oefenen, instuderen, oefenen op, repeteren, bespelen ♦ *practise the piano* op de piano oefenen ③ oefenen, trainen ♦ *practise the children in writing* de kinderen in het schrijven oefenen ④ uitoefenen, beoefenen ♦ *practise fraud* bedrog plegen; *practise black magic* zwarte magie bedrijven; *practise medicine* de geneeskunde beoefenen ⑤ ⟨form⟩ betrachten, aan de dag leggen, (be)oefenen, betonen, een gewoonte maken van ♦ *practise economy* zuinigheid aan de dag leggen, zuinig zijn; *practise patience* geduld betrachten/oefenen · ⟨sprw⟩ *practise what you preach* doe zelf ook wat je anderen opdraagt; → **practised**

¹**prac·tised**, ⟨AE ook⟩ **prac·ticed** /præktɪst/ [bn; volt deelw van practise] ① ervaren, onderlegd, bedreven, geoefend ② ⟨pej⟩ ingestudeerd, onnatuurlijk, bestudeerd ♦ *a practised smile* een geforceerde glimlach

²**prac·tised**, ⟨AE ook⟩ **prac·ticed** /præktɪst/ [bn, attr; volt deelw van practise] door oefening verworven, sierlijk, geperfectioneerd

prac·ti·tion·er /præktɪʃənə, ᴬ-ər/ [telb zn] ① beoefenaar, practicus, beroeps(kracht) ♦ *medical practitioners* beoefenaars van de geneeskunde, de artsen ② ⟨soms pej⟩ vakman, technicus, ambachtsman

prae- /priː/ pre-, voor-

prae·co·ci·al, ⟨AE⟩ **pre·co·ci·al** /prɪkoʊʃl/ [bn] ⟨dierk⟩ nestvliedend ♦ *praecocial birds* nestvlieders

prae·di·al, ⟨AE⟩ **pre·di·al** /priːdɪəl/ [bn] grond-, van/m.b.t. het land, van/m.b.t. de producten van het land ♦ ⟨jur⟩ *praedial encumbrance* zakelijke erfdienstbaarheid

prae·mu·ni·re /priːmjuˈnaɪəri, ᴬ-mjə-/ [telb + niet-telb zn] ⟨gesch, jur⟩ praemunire ⟨(dagvaarding/straf wegens) het erkennen van pauselijke (of andere vreemde) macht/jurisdictie in Engeland⟩

prae·no·men /priːˈnoʊmən/ [telb zn; mv: ook praenomina /-ˈnɒmɪnə, ᴬ-ˈnɑmənə/] ⟨gesch⟩ voornaam

prae·pos·tor, ⟨AE⟩ **pre·pos·tor** /priːˈpɒstə, ᴬ-ˈpɑstər/ [telb zn] prefect, monitor ⟨aan sommige public schools⟩

prae·sid·i·um, ⟨AE⟩ **pre·sid·i·um** /prɪˈsɪdɪəm, -zɪ-/ [telb zn; mv: ook pr(a)esidia /-dɪə/] presidium

prae·tor, ⟨AE⟩ **pre·tor** /priːtə, ᴬpriːtər/ [telb zn] ⟨gesch⟩ pretor (urbanus) ⟨Romeins magistraat⟩

¹**prae·to·ri·an**, ⟨AE⟩ **pre·to·ri·an** /prɪˈtɔːrɪən/ [telb zn] ① (ex-)pretor ② ⟨vaak Praetorian⟩ pretoriaan ⟨soldaat van Pretoriaanse Garde⟩

²**prae·to·ri·an**, ⟨AE⟩ **pre·to·ri·an** /prɪˈtɔːrɪən/, **prae·to·ri·al**, ⟨AE⟩ **pre·to·ri·al** /prɪˈtɔːrɪəl/ [bn, attr] ① pretoriaans ⟨m.b.t. de pretuur⟩ ② ⟨vaak Praetorian⟩ pretoriaans ⟨m.b.t. de lijfwacht van Romeinse opperbevelhebber⟩ ♦ *the Pr(a)etorian Guard(s)* de pretorianen, de Pretoriaanse Garde

¹**prag·mat·ic** /prægˈmætɪk/ [telb zn] ① bemoeial ② ⟨gesch⟩ pragmatieke sanctie, algemene landsverordening

²**prag·mat·ic** /prægˈmætɪk/, ⟨in betekenissen 1 en 4 ook⟩ **prag·mat·i·cal** /prægˈmætɪkl/ [bn; bw: ~ally] ① pragmatisch, zakelijk, praktisch, opportunistisch ② pragmatiek, pragmatisch ♦ ⟨gesch⟩ *pragmatic sanction* pragmatieke sanctie, algemene landsverordening ③ ⟨filos⟩ pragmatisch, m.b.t. het pragmatisme ④ ⟨taalk⟩ pragmatisch ⑤ ⟨vero⟩ bemoeiziek, dogmatisch, eigenwijs

prag·ma·ti·cian [telb zn] ⟨taalk⟩ beoefenaar van de pragmatiek

prag·mat·ics /prægˈmætɪks/ [alleen mv; werkwoord enk] ⟨taalk⟩ pragmatiek

prag·ma·tism /ˈprægmətɪzm/ [niet-telb zn] ① pragma-

praxiology

tisme, zakelijke aanpak, zakelijkheid, praktische zin ② dogmatisme, opdringerigheid, geleerddoenerij ③ ⟨filos⟩ pragmatisme, empirisme

prag·ma·tist /prægmətɪst/ [telb zn] ① pragmaticus ② ⟨filos⟩ pragmatist, aanhanger van pragmatisme

prag·ma·tize, prag·ma·tise /prægmətaɪz/ [ov ww] ① als waar voorstellen, voor werkelijk laten doorgaan ② verstandelijk verklaren ⟨mythe⟩

Prague /prɑːg/ [eigenn] Praag

pra·hu, prau /prɑu/ [telb zn] prauw

prai·rie /preəri, ᴬpreri/ [telb + niet-telb zn; vaak mv] prai·rie

prairie breaker [telb zn] ⟨landb⟩ prairieploeg ⟨die de zode in brede voren onderwerkt⟩

prairie chicken, prairie hen [telb zn] ⟨dierk⟩ prairiehoen ⟨genus Tympanuchus⟩

prairie dog [telb zn] ⟨dierk⟩ prairiehond ⟨genus Cynomys⟩

prairie oyster [telb zn] ⟨vnl AE; inf⟩ ① prairieoester ⟨antikaterbrouwsel met een rauw ei⟩ ② ⟨cul; Amerikaans-Engels gewestelijk, Canadees-Engels⟩ choessels ⟨kalfstestis⟩

prairie schooner [telb zn] ⟨AE; gesch⟩ prairiewagen, huifkar

prairie smoke [telb + niet-telb zn] ⟨plantk⟩ ① ⟨soort Noord-Amerikaans⟩ nagelkruid ⟨Geum triflorum⟩ ② soort wildemanskruid ⟨Anemone patens⟩

prairie state [telb zn] prairiestaat ⟨staat in prairiestreken⟩

prairie turnip [telb + niet-telb zn] ⟨plantk⟩ prairieknol ⟨Psoralea esculenta⟩

prairie wolf [telb zn] ⟨dierk⟩ prairiewolf, coyote ⟨Canis latrans⟩

¹**praise** /preɪz/ [niet-telb zn] ① lof(spraak), het prijzen, aanbeveling, compliment ♦ *it's beyond all praise* het gaat alle lof te boven/is boven alle lof verheven/kan niet genoeg geprezen worden; *that film won high praise* die film kreeg veel lof toegezwaaid ② ⟨form⟩ glorie, eer, lof, verering ♦ *give praise to God* God loven/eren; *in praise of the Lord* den Here/Gode ter ere; *a book in praise of rural life* een boek geschreven ter ere/verheerlijking van het landelijke leven, een boek dat het landelijke leven ophemelt ③ ⟨vero⟩ verdienste ▪ *praise be (to God)!* God zij geloofd/dankt!; ⟨sprw⟩ *praise without profit puts little in the pot* het is beter iemand te helpen dan hem te prijzen; ⟨sprw⟩ *praise makes good men better and bad men worse* ± lof maakt goede mensen beter en slechte mensen slechter

²**praise** /preɪz/ [ov ww] prijzen, loven, complimenteren, aanbevelen, instemming betuigen met, verheffen, verheerlijken ▪ ⟨sprw⟩ *praise no man until he is dead* ± prijs de dag niet voor het avond is

praise·ful /preɪzfl/ [bn] prijzend, lovend

praises /preɪzɪz/ [alleen mv] loftuitingen ♦ ⟨vaak pej⟩ *sing one's own praises* zijn eigen lof zingen, zichzelf ophemelen; *sing s.o.'s praises* iemands lof zingen, iemand (overdreven veel) lof toezwaaien/ophemelen

praise·wor·thy /preɪzwɜːði, ᴬ-wɜrði/ [bn; bw: praiseworthily; zn: praiseworthiness] lovenswaardig, loffelijk, verdienstelijk, verheven

Pra·krit /prɑːkrɪt/ [eigenn] Prakrit ⟨(Oud-)Indisch dialect⟩

pra·line /prɑːliːn/ [telb zn] praline

prall·tril·ler /prɑːltrɪlə, ᴬ-ər/ [telb zn] ⟨muz⟩ pralltriller, praltriller ⟨snelle wisseling van hoofdnoot met bovensecondé⟩

¹**pram** /præm/ [telb zn] ⟨BE⟩ ⟨verk: perambulator⟩ kinderwagen

²**pram** /præm/, **praam** /prɑːm/ [telb zn] praam, platboomd vaartuig

¹**prance** /prɑːns, ᴬpræns/ [telb zn; geen mv] ① het steige·

ren, steigering, sprong ② het rijden (op een steigerend paard) ③ trotse gang ④ het (vrolijk) springen, dansje, (vrolijk) sprongetje, capriool

²**prance** /prɑːns, ᴬpræns/ [onov ww] ① steigeren ② de neus in de wind steken, lopen te paraderen ③ (op een steigerend paard) rijden ④ (vrolijk) springen, huppelen, dansen ♦ *prance about/around* rondspringen, rondlopen; *Sheila pranced in* Sheila huppelde de kamer in

³**prance** /prɑːns, ᴬpræns/ [ov ww] doen steigeren

pran·di·al /prændɪəl/ [bn, attr; bw: ~ly] ⟨scherts⟩ bij de (avond)maaltijd behorend

¹**prang** /præŋ/ [telb + niet-telb zn] ⟨BE; inf⟩ ① (zwaar) bombardement, verwoesting ② crash, ongeluk, het te pletter vallen/verongelukken

²**prang** /præŋ/ [onov ww] ⟨BE; sl⟩ neerstorten, crashen, te pletter vallen, verongelukken ⟨van voertuig/vliegtuig⟩

³**prang** /præŋ/ [ov ww] ⟨BE; sl⟩ ① bombarderen, vernietigen, platgooien, platschieten ② neerhalen, doen crashen ③ te pletter rijden/vliegen ④ raken, slaan, beschadigen, vernielen

¹**prank** /præŋk/ [telb zn] (schelmen)streek, grap, poets, practical joke ♦ *play pranks on s.o.* een (gemene) streek met iemand uithalen, iemand een poets bakken

²**prank** /præŋk/ [onov ww] pronken, pralen, vertoon maken

³**prank** /præŋk/ [ov ww] ⟨form⟩ versieren, decoreren, opschikken, opsmukken ♦ *fields pranked with flowers* met bloemen bedekte velden; *prank o.s. out/up* zich opsmukken, zich mooi maken

prank·ster /præŋkstə, ᴬ-ər/ [telb zn] ⟨inf⟩ schelm, grappenmaker, deugniet

pra·se·o·dym·i·um /preɪzioʊdɪmɪəm/ [niet-telb zn] ⟨scheik⟩ praseodymium ⟨element 59⟩

prat /præt/ [telb zn] ⟨sl⟩ ① ⟨BE; beled⟩ idioot, dwaas, zak, nietsnut ② ⟨AE⟩ kont, achterwerk

¹**prate** /preɪt/ [niet-telb zn] gewauwel, (vervelend) gekletst, gebabbel, gezeur, gezwam

²**prate** /preɪt/ [onov + ov ww] wauwelen, (vervelend) kletsen, zwammen, babbelen, zeuren ♦ *he keeps on prating about subjects of which he knows nothing* hij blijft over onderwerpen zwetsen waar hij niets van af weet; → prating

prat·fall /prætfɔːl/ [telb zn] ⟨inf⟩ ① (lachwekkende) blunder, flater ② val op zijn/haar kont

pra·tie /preɪti/ [telb zn] ⟨IE⟩ pieper, aardappel

prat·in·cole /prætɪŋkoʊl/ [telb zn] ⟨dierk⟩ vorkstaartplevier ⟨Glareola pratincola⟩

prat·ing /preɪtɪŋ/ [niet-telb zn; gerund van prate] kletspraat, gezwam, gezwets

pra·tique /prætiːk, ᴬ-tiːk/ [niet-telb zn] ⟨scheepv⟩ practica ⟨verlof tot ontscheping na ontslag uit de quarantaine⟩ ♦ *admit to pratique* practica verlenen

¹**prat·tle** /prætl/ [telb + niet-telb zn] ⟨inf⟩ kinderpraat, gesnap, gebabbel

²**prat·tle** /prætl/ [onov ww] ⟨inf⟩ murmelen, klateren, kabbelen

³**prat·tle** /prætl/ [onov + ov ww] ⟨inf⟩ babbelen, kakelen, wauwelen, keuvelen ♦ *the girls prattled on about their clothes* de meisjes bleven maar kleppen over hun kleren

prat·tler /prætlə, ᴬ-ər/ [telb zn] ⟨inf⟩ babbelkous, kletser, kletsster, babbelaar, keuvelaar(ster)

prau [telb zn] → proa

¹**prawn** /prɔːn/ [telb + niet-telb zn] ⟨vnl BE⟩ (steur)garnaal ♦ *curried prawns* garnalenkerriegerecht; *fish for prawns* op garnalen vissen

²**prawn** /prɔːn/ [onov ww] garnalen vangen

prawn·cock·tail [telb + niet-telb zn] ⟨vnl BE; cul⟩ garnalencocktail

prawn·er /prɔːnə, ᴬ-ər/ [telb zn] garnalenvisser

prax·i·ol·o·gy, prax·e·ol·o·gy /præksiɒlədʒi, ᴬ-ɑlədʒi/ [niet-telb zn] studie van het menselijk gedrag

prax·is /ˈpræksɪs/ [telb + niet-telb zn; mv: praxes /-siːz/] ⟨form⟩ [1] praktijk, gebruik, uitoefening, praxis [2] gewoonte

¹**pray** /preɪ/ [onov ww] ⟨inf⟩ (vurig) hopen, wensen ♦ *we're praying for a peaceful day* we hopen op een rustige dag

²**pray** /preɪ/ [onov + ov ww] [1] bidden, (God) aanroepen ♦ *we prayed (to God) for help* we baden (tot God) om hulp [2] ⟨vnl form⟩ smeken, verzoeken, bidden om ♦ *pray (in) aid* hulp inroepen; *I pray you to be quiet* ik verzoek je stil te zijn; *we prayed God's forgiveness* we baden God om vergeving; *he prayed to be given patience to finish writing his book* hij bad om geduld om zijn boek af te kunnen maken; *we pray your help* we verzoeken (dringend) uw hulp ▪ *he's past praying for* hij is niet meer te redden

³**pray** /preɪ/ [tw] ⟨form⟩ alstublieft, mag ik (u) vragen ♦ *pray be quiet* wees alsjeblieft rustig; *what's the use of that, pray?* mag ik vragen wat daar het nut van is?

¹**prayer** /preə, ᴬprer/ [telb zn] [1] gebed ♦ *be at/say one's prayers* bidden, zijn gebeden opzeggen; *ring to prayers* luiden voor de dienst, oproepen tot het gebed [2] (smeek)bede, verzoek ♦ *his prayer for a safe return from the war was answered* zijn smeekbede om een veilige terugkeer uit de oorlog werd verhoord [3] ⟨inf⟩ kleine kans, minieme kans, geringe hoop, schijntje, haartje ♦ *miss sth. by a prayer* iets op een haar na missen; *he hadn't a prayer to recover from his illness* hij had niet de minste hoop om van zijn ziekte te genezen

²**pray·er** /ˈpreɪə, ᴬ-ər/ [telb zn] bidder, iemand die bidt

³**prayer** /preə, ᴬprer/ [niet-telb zn] [1] het bidden, gebed ♦ *the priests tried to overcome their doubts through prayer* de priesters trachtten door bidden hun twijfels de baas te worden [2] ⟨vaak Prayer⟩ gebedsdienst, gebed

prayer book [telb zn] [1] gebedenboek, kerkboek [2] ⟨the; vaak Prayer Book⟩ kerkboek van de anglicaanse kerk

prayer carpet [telb zn] bidkleedje, bidmatje

prayer desk [telb zn] bidstoel

pray·er·ful /ˈpreəfl, ᴬprerfl/ [bn; bw: ~ly; zn: ~ness] vroom, devoot

prayer leader [telb zn] voorbidder

prayer mat [telb zn] bidkleedje ⟨van moslims⟩, bidmatje, gebedskleed

prayer meeting [telb zn] godsdienstige bijeenkomst, ⟨prot⟩ bidstond

prayer rug [telb zn] bidkleedje, bidmatje ⟨van mohammedanen⟩, gebedskleed

prayer wheel [telb zn] gebedsmolen, gebedsrol ⟨van boeddhisten⟩

pre- /priː/ [1] voor-, pre-, vooraf, van tevoren, vroeger ♦ *prescientific* voorwetenschappelijk [2] ⟨voornamelijk dierkunde, medisch⟩ voor ⟨van plaats⟩, pre- ♦ *premolar* premolaar, valse kies [3] ± hoger ⟨in graad, rangorde, belangrijkheid⟩ ♦ *preeminent* uitblinkend

¹**preach** /priːtʃ/ [telb zn] ⟨inf⟩ (zeden)preek

²**preach** /priːtʃ/ [onov + ov ww] preken, prediken, een preek houden, ⟨fig⟩ een zedenpreek houden, zedenmeester spelen ♦ *preach against covetousness for an hour* een uur lang preken tegen hebzucht; *my father has been preaching at me again about my negative attitude* mijn vader heeft weer eens tegen me zitten preken over mijn negatieve houding; *preach the Gospel* het evangelie prediken; *preach a sermon* een preek houden; *the headmaster preached to his boys* het schoolhoofd sprak zijn jongens moraliserend/vermanend toe ▪ ⟨sprw⟩ *practise what you preach* ± doe zelf ook wat je anderen opdraagt

³**preach** /priːtʃ/ [ov ww] aandringen op, aanzetten tot, bepleiten, prediken ♦ *the generals preached war* de generaals hielden een pleidooi voor oorlog

preach·er /ˈpriːtʃə, ᴬ-ər/ [telb zn] prediker, predikant

Preach·er /ˈpriːtʃə, ᴬ-ər/ [eigenn; the] ⟨Bijb⟩ Salomon ⟨aan wie het boek Prediker wordt toegeschreven⟩

preach·er·ship /ˈpriːtʃəʃɪp, ᴬ-ər-/ [niet-telb zn] predikambt

preach·i·fy /ˈpriːtʃɪfaɪ/ [onov ww] langdradig preken

¹**preach·ment** /ˈpriːtʃmənt/ [telb zn] ⟨scherts⟩ (ge)preek, zedenpreek

²**preach·ment** /ˈpriːtʃmənt/ [niet-telb zn] het preken, prediking

preach·y /ˈpriːtʃi/ [bn; vergr trap: preachier; zn: preachiness] prekerig, preek-, moraliserend ♦ *preachy in tone* prekerig van toon

¹**pre·ad·am·ite** /priːˈædəmaɪt/ [telb zn] [1] preadamiet ⟨aardbewoner vóór Adam⟩ [2] iemand die gelooft in het bestaan van mensen op aarde vóór Adam

²**pre·ad·am·ite** /priːˈædəmaɪt/, **pre·ad·am·ic** /priːəˈdæmɪk/ [bn] (van) voor Adams tijd, voor Adam bestaand

pre·am·ble /ˈpriːæmbl, ᴬpriːˈæmbl/ [telb zn] inleiding, voorwoord, uitweiding vooraf, preambule, consideransen

pre·am·bu·lary /priːˈæmbjʊləri, ᴬ-bjəleri/, **pre·am·bu·la·to·ry** /-lətri, ᴬ-lətɔːri/ [bn] inleidend, voorafgaand

pre·ar·range /priːəˈreɪndʒ/ [ov ww] vooraf regelen, van tevoren in orde brengen, vooraf overeenkomen ♦ *at a prearranged place* op een (tevoren) afgesproken plaats

pre·ar·range·ment /priːəˈreɪndʒmənt/ [telb + niet-telb zn] regeling vooraf, afgesproken regeling, vooraf gemaakt akkoord

pre·au·di·ence /priːˈɔːdɪəns/ [niet-telb zn] ⟨jur⟩ voorrang van advocaten bij het pleiten

Preb [afk] (Prebendary)

prebate /ˈpriːbeɪt/ [telb zn] ⟨AE⟩ maandelijkse toelage voor lagere inkomens als compensatie voor hogere omzetbelasting

preb·end /ˈprebənd/ [telb zn] ⟨r-k⟩ [1] prebende [2] prebendaris ⟨kanunnik die prebende ontvangt⟩, domheer

pre·ben·dal /prɪˈbendl/ [bn] ⟨r-k⟩ [1] van een prebende [2] van een domheer

preb·en·dar·y /ˈprebəndri, ᴬ-deri/ [telb zn] ⟨r-k⟩ [1] prebendaris ⟨kanunnik die prebende ontvangt⟩, domheer [2] ⟨anglic⟩ (eretitel van onbezoldigd) prebendaris

pre·bi·ot·ic /priːbaɪˈɒtɪk, ᴬ-ˈɑtɪk/ [telb zn] prebioticum

pre·but·tal /priːˈbʌtl/ [telb zn] vooraf gemaakte tegenwerping, bij voorbaat gegeven weerlegging

¹**Pre·cam·bri·an** /priːˈkæmbrɪən/ [niet-telb zn; the] ⟨geol⟩ precambrium ⟨het oudste hoofdtijdperk⟩

²**Pre·cam·bri·an** /priːˈkæmbrɪən/ [bn] ⟨geol⟩ van/m.b.t. het precambrium, precambrisch

pre·car·i·ous /prɪˈkeərɪəs, ᴬ-ˈkerɪəs/ [bn; bw: ~ly; zn: ~ness] [1] onzeker, wisselvallig, onbestendig ♦ *he made a precarious living as an artist* als kunstenaar had hij een ongewis inkomen [2] onveilig, gevaarlijk, precair, hachelijk, onzeker ♦ *precarious arguments* twijfelachtige/onbetrouwbare argumenten; *precarious health* zwakke gezondheid; *the precarious life of a stuntman* het hachelijke bestaan van een stuntman

pre·cast /priːˈkɑːst, -ˈkæst/ [bn] voorgestort, vooraf gestort ♦ *precast concrete* voorgestort beton

prec·a·tive /ˈprekətɪv/, **prec·a·to·ry** /ˈprekətri, ᴬ-tɔːri/ [bn] verzoekend, biddend, smekend ♦ *precative trust* bindend verzoek ⟨in testament⟩; *precative words* verzoek ⟨in testament⟩

¹**pre·cau·tion** /prɪˈkɔːʃn/ [telb zn] voorzorgsmaatregel ♦ *take a gun as a precaution* een geweer meenemen als voorzorgsmaatregel/voor het geval dat; *take precautions against shop-lifting* voorzorgsmaatregelen treffen tegen winkeldiefstal

²**pre·cau·tion** /prɪˈkɔːʃn/ [niet-telb zn] voorzorg ♦ *insure one's jewellery as a measure of precaution* uit voorzorg zijn juwelen verzekeren

pre·cau·tion·ar·y /prɪˈkɔːʃnri, ᴬ-neri/ [bn] uit voorzorg

precipitate

gedaan, voorzorgs- ♦ *precautionary measures* voorzorgsmaatregelen

pre·cede /prɪsiːd/ [onov + ov ww] voorgaan, vooraf (laten) gaan, de voorrang hebben ♦ *they entered the labyrinth preceded by a guide* zij betraden het doolhof met een gids aan het hoofd; *we must precede this difficult book by some general information* wij moeten dit moeilijke boek laten voorafgaan door wat algemene informatie; *he had to work hard in the years preceding his marriage* hij moest de jaren voor zijn huwelijk hard werken; *these questions precede all other questions* deze vragen zijn belangrijker dan alle andere vragen; *he preceded his speech with a poem by Eliot* hij leidde zijn toespraak in met een gedicht van Eliot; → **preceding**

pre·ced·ence /presɪdəns, ^prɪsiːdns/, **pre·ced·en·cy** /-si/ [niet-telb zn] 1 voorrang, prioriteit, het voorgaan ♦ *some critics say that Tolstoj has/takes precedence over all Russian writers* sommige critici beweren dat Tolstoj de belangrijkste van alle Russische schrijvers is; ⟨form⟩ *the king has/takes precedence of all others in his kingdom* in zijn koninkrijk komt vóór alle anderen de koning; *in order of precedence* in volgorde van belangrijkheid/prioriteit; *the king has/takes precedence over all others in his kingdom* in zijn koninkrijk komt vóór alle anderen de koning; *give precedence to* laten voorgaan, voorrang verlenen aan

¹**prec·e·dent** /presɪdənt/ [telb + niet-telb zn] 1 precedent ♦ *create/establish/set a precedent for sth.* een precedent scheppen voor iets; *without precedent* zonder precedent, ongekend, ongehoord 2 traditie, gewoonte, gebruik ♦ *the princess broke with precedent by kissing the prince before the wedding* de prinses verbrak de traditie door de prins te kussen vóór het huwelijk

²**prec·e·dent** /prɪsiːdnt/ [bn, attr + postnom; bw: ~ly] voorafgaand, belangrijker, eerder ♦ *precedent condition* van tevoren te vervullen voorwaarde; *a precedent question* een voorafgaande/belangrijkere vraag; *a statement precedent to mine* een bewering voorafgaand aan de mijne

prec·e·dent·ed /presɪdəntɪd/ [bn] een precedent hebbend

pre·ced·ing /prɪsiːdɪŋ/ [bn, attr + postnom; tegenwoordig deelw van precede] voorafgaand ♦ *the preceding pages, the pages preceding* de voorafgaande bladzijden

pre·cen·sor·ship /priːsensəʃɪp, ^-sər-/ [niet-telb zn] preventieve censuur

pre·cen·tor /prɪsentə, ^-sentər/ [telb zn] 1 voorzanger, cantor, ⟨i.h.b.⟩ chazan ⟨in synagoge⟩ 2 koorleider ⟨in anglicaanse kerk⟩

¹**pre·cept** /priːsept/ [telb zn] 1 voorschrift, gebod, bevel, grondregel 2 bevel(schrift), mandaat, ⟨i.h.b.; BE⟩ bevel tot betaling van gemeentebelasting

²**pre·cept** /priːsept/ [niet-telb zn] lering, het voorschrijven ♦ ⟨sprw⟩ *example is better than precept* een goed voorbeeld is beter dan een mooie preek, leringen wekken, (maar) voorbeelden trekken, goed voorbeeld doet goed volgen

pre·cep·tive /prɪseptɪv/ [bn; bw: ~ly] voorschriften gevend, gebiedend, didactisch, lerend

pre·cep·tor /prɪseptə, ^-ər/ [telb zn] ⟨form⟩ leermeester, docent

pre·cep·to·ri·al /priːseptɔːriəl/ [bn; bw: ~ly] (als) van een leermeester

pre·cep·to·ry /prɪseptri/ [telb zn] ⟨gesch⟩ afdeling van de tempeliers 2 gebouw(en) van een afdeling van de tempeliers

pre·cep·tress /prɪseptrɪs/ [telb zn] ⟨form⟩ leermeesteres, onderwijzeres, docente, lerares

pre·ces·sion /prɪseʃn/ [telb + niet-telb zn] 1 voorrang, het voorgaan 2 ⟨astron, natuurk⟩ precessie ♦ ⟨astron⟩ *precession of the equinoxes* precessie van de nachteveningspunten ⟨verplaatsing op de ecliptica⟩

pre·ces·sion·al /prɪseʃnəl/ [bn] van/m.b.t. de precessie

pre·cinct /priːsɪŋkt/ [telb zn] 1 ⟨vaak mv⟩ omsloten ruimte ⟨om kerk, universiteit⟩, (grond)gebied, terrein ♦ *there are many tourists within the precincts of the cathedral* er zijn veel toeristen op het terrein van de kathedraal 2 ⟨vaak mv⟩ grens, muur ♦ *stay within the precincts of the city* in de stad blijven 3 stadsgebied ⟨met bepaalde bestemming⟩ ♦ *pedestrian precinct* voetgangersgebied; *they are planning a new shopping precinct in Brighton* zij plannen een nieuw winkelcentrum in Brighton 4 ⟨AE⟩ district, politiedistrict, kiesdistrict 5 ⟨AE⟩ districtspolitiebureau

pre·cincts /priːsɪŋkts/ [alleen mv; the] omgeving, buurt ♦ *in the precincts of the cathedral* in de omgeving van/rond de kathedraal

pre·ci·os·i·ty /preʃiɒsəti, ^-ɑːsəti/ [telb + niet-telb zn] gemaaktheid ⟨van stijl⟩, gekunstelde verfijning, geaffecteerdheid

¹**pre·cious** /preʃəs/ [telb zn] ⟨inf⟩ dierbaar iemand/iets, schat, lieve, schattebout

²**pre·cious** /preʃəs/ [bn; bw: ~ly; zn: ~ness] 1 kostbaar, waardevol, edel ♦ *precious metals* edele metalen, edelmetalen; *a precious privilege* een waardevol voorrecht; *precious stones* edelstenen 2 dierbaar, lief, geliefd, bemind ♦ *my precious child* mijn lieve kind, mijn schattebout; *her family is very precious to her* haar familie is haar zeer dierbaar 3 gekunsteld, (te) precieus, geaffecteerd, gemaakt, gezocht 4 ⟨inf⟩ helemaal, compleet, aanzienlijk, geweldig ♦ *he's a precious fool* hij is een grote idioot, hij is compleet gek; *you made a precious mess of it* je hebt het grandioos verpest; *such a car costs a precious sight more than we could afford* zo'n auto kost een lieve duit meer dan wij ons kunnen veroorloven 5 ⟨inf; iron⟩ kostbaar, duur, waardevol ♦ *you can keep your precious photographs* hou die kostbare foto's van je dan maar bij je

³**pre·cious** /preʃəs/ [bw] ⟨inf⟩ verdomd, bar, verduiveld, erg, zeer ♦ *there were precious few drinks at the party* er was verdomd weinig te drinken op het feestje; *you must take precious good care of your little sister* je moet dubbel goed op je kleine zusje letten; *precious little money left* nauwelijks een rooie cent over

prec·i·pice /presɪpɪs/ [telb zn] steile rotswand, afgrond ♦ *stand on the edge of a precipice* aan de rand van de afgrond staan ⟨ook figuurlijk⟩; in groot gevaar verkeren

pre·cip·i·tance /prɪsɪpɪtəns/, **pre·cip·i·tan·cy** /-si/ [telb + niet-telb zn] overijling, grote haast, overhaasting

pre·cip·i·tant /prɪsɪpɪtənt/ [bn] ⟨scheik⟩ neerslagmiddel, neerslag/precipitaat veroorzakend reagens

¹**pre·cip·i·tate** /prɪsɪpɪtət/ [telb + niet-telb zn] 1 ⟨scheik⟩ precipitaat, bezinksel, neerslag 2 ⟨meteo⟩ neerslag

²**pre·cip·i·tate** /prɪsɪpɪtət/, **pre·cip·i·tant** /prɪsɪpɪtənt/ [bn; bw: ~ly; zn: ~ness] 1 overhaast, halsoverkop, overijld, haastig 2 onbezonnen, onbesuisd, impulsief, ondoordacht ♦ *the precipitate actions of the general* de onbezonnen daden van de veldheer 3 onverwacht, plotseling ♦ *her precipitate arrival embarrassed the host* haar plotselinge komst bracht de gastheer in verlegenheid

³**pre·cip·i·tate** /prɪsɪpɪteɪt/ [onov ww] 1 voorover vallen, voorover storten 2 voorthollen, zich overhaasten ♦ *the dictatorship precipitated towards its end* de dictatuur holde haar einde tegemoet 3 ⟨scheik⟩ neerslaan, bezinken 4 ⟨meteo⟩ condenseren en neervallen ⟨als sneeuw en regen⟩

⁴**pre·cip·i·tate** /prɪsɪpɪteɪt/ [ov ww] 1 (neer)storten ⟨ook figuurlijk⟩, (neer)werpen ♦ *his father's death precipitated him into a state of total indifference* zijn vaders dood stortte hem in een toestand van totale onverschilligheid; *in despair he precipitated himself upon his impossible task* in wanhoop stortte hij zich op zijn onmogelijke taak 2 versnellen, verhaasten, bespoedigen ♦ *the war in Russia precipitated Napoleon's ruin* de oorlog in Rusland versnelde Napoleons ondergang 3 ⟨scheik⟩ precipiteren, doen bezinken,

precipitation

neerslaan ④ ⟨meteo⟩ als neerslag doen neerkomen/vallen

¹**pre·cip·i·ta·tion** /prɪsɪpɪteɪʃn/ [telb + niet-telb zn] ① val (voorover) ② ⟨scheik⟩ precipitaat, bezinksel ③ ⟨meteo⟩ neerslag ♦ *the annual precipitation in the Black Mountains* de jaarlijkse hoeveelheid neerslag in de Black Mountains; *a heavy precipitation in the northern area* zware neerslag in het noorden

²**pre·cip·i·ta·tion** /prɪsɪpɪteɪʃn/ [niet-telb zn] ① overijling, het overhaasten, het onbesuisd-zijn, impulsief gedrag ♦ *the man acted with precipitation* de man handelde ondoordacht ② ⟨scheik⟩ precipitatie ⟨het doen ontstaan van neerslag⟩

pre·cip·i·tous /prɪsɪpɪtəs/ [bn; bw: ~ly; zn: ~ness] ① (zeer) steil ♦ *a precipitous fall in prices* een enorme prijsdaling ② als een afgrond ♦ *they looked down on the city from the precipitous height of the Eiffel Tower* van de duizelingwekkende hoogte van de Eiffeltoren keken ze neer op de stad ③ ⟨oneigenlijk⟩ overijld, onbezonnen, overhaast, ondoordacht, plotseling ♦ *precipitous haste* haastige spoed

¹**pré·cis** /preɪsiː, ^preɪsiː/ [telb zn; mv: précis /-iːz/] samenvatting, resumé, uittreksel, excerpt

²**pré·cis** /preɪsiː, ^preɪsiː/ [niet-telb zn] het maken van een samenvatting

³**pré·cis** /preɪsiː, ^preɪsiː/ [ov ww] een samenvatting geven, een uittreksel maken, resumeren, excerperen

pre·cise /prɪsaɪs/ [bn; zn: ~ness] nauwkeurig, juist, (te) precies, stipt, nauwgezet, nauwlettend ♦ *a very precise gentleman* een onberispelijke heer; *a precise list with all items* een nauwkeurige lijst met alle punten; *precise manners* correcte manieren; *precise measurements* exacte maten; *at the precise moment that* juist op het moment/op hetzelfde moment dat

pre·cise·ly /prɪsaɪsli/ [bw] ① → precise ♦ *we'll arrive at 10.30 precisely* we komen precies om halfelf aan; *state your intentions precisely* zet nauwkeurig uw bedoelingen uiteen ② inderdaad, juist, precies

pre·ci·sian /prɪsɪʒn/ [telb zn] ① rigoureus persoon, pietepeuterig iemand ② iemand die zeer streng is in de leer, ⟨i.h.b.⟩ ⟨Engelse⟩ puritein ⟨in 16e en 17e eeuw⟩, ± precieze, ± fijne

¹**pre·ci·sion** /prɪsɪʒn/ [telb + niet-telb zn] nauwkeurigheid, juistheid, precisie ♦ *she couldn't express her ideas with precision* zij kon haar ideeën niet nauwkeurig onder woorden brengen

²**pre·ci·sion** /prɪsɪʒn/ [bn, attr] precisie-, nauwkeurig verricht/gemaakt, zorgvuldig gemaakt ♦ *precision bombing* nauwkeurig gericht bombardement; *precision instruments* precisieapparatuur, precisiemeters; *precision tools* precisie-instrumenten

pre·ci·sion-made [bn] met grote precisie vervaardigd, precisie-

pre·clear /priːklɪə, ^-klɪr/ [ov ww] van tevoren goedkeuren

pre·clude /prɪkluːd/ [ov ww] uitsluiten, voorkomen, beletten ♦ *I want to preclude all doubts concerning our enterprise* ik wil alle twijfels omtrent onze onderneming uitsluiten; *the situation in Germany precluded him from emigrating to the USA* de situatie in Duitsland verhinderde hem naar Amerika te emigreren

pre·clu·sion /prɪkluːʒn/ [niet-telb zn] voorkoming, verhindering, het beletten, uitsluiting

pre·clu·sive /prɪkluːsɪv/ [bn; bw: ~ly] beletend, verhinderend, preventief

precocial [bn] → praecocial

pre·co·cious /prɪkoʊʃəs/ [bn; bw: ~ly; zn: ~ness] vroeg(rijp), voorlijk, vroeg wijs, vroeg ontwikkeld

pre·coc·i·ty /prɪkɒsəti, ^-kɑsəti/ [niet-telb zn] vroegrijpheid, precociteit

pre·cog·ni·tion /priːkɒgnɪʃn, ^-kɑg-/ [telb + niet-telb zn] ① voorkennis, voorwetenschap, het van tevoren weten ② ⟨SchE; jur⟩ vooronderzoek

pre-Co·lum·bi·an /priːkəlʌmbɪən/ [bn] precolumbiaans

pre·con·ceive /priːkənsiːv/ [ov ww] vooraf opvatten, zich vooraf voorstellen ♦ *a preconceived opinion* een vooroordeel, een vooropgezette mening

pre·con·cep·tion /priːkənsepʃn/ [telb zn] vooroordeel, vooropgezette mening, vooraf opgevat idee

pre·con·cert /priːkənsɜːt, ^-sɜrt/ [ov ww] vooraf overeenkomen, van tevoren regelen, vooraf overleggen ♦ *he followed preconcerted plans* hij hield zich aan vooraf overeengekomen plannen

pre·con·cil·i·ar /priːkənsɪlɪə, ^-ər/ [bn] (van) voor het tweede Vaticaanse concilie ⟨1962-1965⟩

pre·con·demn /priːkəndem/ [ov ww] vooraf veroordelen zonder onderzoek/rechtspraak

pre·con·di·tion /priːkəndɪʃn/ [telb zn] eerste vereiste, allereerste voorwaarde

pre·co·ni·za·tion, pre·co·ni·sa·tion /priːkənaɪzeɪʃn, ^-kənə-/ [telb + niet-telb zn] ① verkondiging, aankondiging ② oproep ③ aanprijzing ④ ⟨r-k⟩ preconisatie ⟨door paus⟩, bevoegdverklaring, bekrachtiging ⟨van benoeming van een bisschop⟩

pre·co·nize, pre·co·nise /priːkənaɪz/ [ov ww] ① verkondigen, aankondigen ② (aan)prijzen, loven ③ oproepen ④ ⟨r-k⟩ preconiseren ⟨door paus⟩, bekrachtigen ⟨benoeming van een bisschop⟩, bevoegd verklaren

pre·con·scious /priːkɒnʃəs, ^-kɑn-/ [bn; bw: ~ly] ① ⟨psychoanalyse⟩ voorbewust ② ⟨psych⟩ voorafgaand aan het bewustzijn

pre·cook /priːkʊk/ [ov ww] van tevoren bereiden, vooraf (enige tijd) koken ♦ *we only have to reheat the meal that mother had precooked* we hoeven het door moeder al gekookte maal alleen nog maar op te warmen; *precooked potatoes* voorgekookte aardappelen

pre·cur·sor /prɪkɜːsə, ^-kɜrsər/ [telb zn] ① voorloper, voorbode, voorganger ② ⟨scheik⟩ voorloper, precursor

pre·cur·so·ry /prɪkɜːsəri, ^-kɜr-/, **pre·cur·sive** /-sɪv/ [bn] inleidend, voorafgaand (aan), aankondigend

pre·da·cious, pre·da·ceous /prɪdeɪʃəs/ [bn; zn: ~ness] ① roofzuchtig, van roof levend, roof- ② roofdierachtig

pre·dac·i·ty /prɪdæsəti/ [niet-telb zn] ⟨vnl BE⟩ ① roofzucht, het van roof leven ② van een roofdier

pre·date /priːdeɪt/ [ov ww] ① antidateren, antedateren ② voorafgaan aan, van eerdere datum zijn dan

pre·da·tion /prɪdeɪʃn/ [telb + niet-telb zn] ① plundering, roof, het plunderen ② ⟨dierk⟩ het van roof leven, predatie

pred·a·tor /predətə, ^-dətər/ [telb zn] ① ⟨dierk⟩ roofdier, roofvijand, predator, roofvogel ② rover, plunderaar

pred·a·to·ry /predətri, ^-tɔri/ [bn; bw: predatorily; zn: predatoriness] ① plunderend, rovend ♦ *a predatory attack* een roofoverval; *a predatory baron* een roofridder; *a predatory hotelkeeper* een uitbuiter van een hoteleigenaar; *predatory incursions/raids* strooptochten, plundertochten; *predatory tribes* roversbendes; *predatory pricing* het tegen roofprijzen verkopen om de concurrenten van de markt te verdrijven ② van roof levend, roofzuchtig, roof- ♦ *predatory bird* roofvogel ③ ⟨pej, scherts⟩ roofdierachtig ⟨van personen⟩ ♦ *that woman is a real predatory female* die vrouw is een echte mannenverslindster

pre·dawn /priːdɔːn/ [bn, attr] vóór de dageraad, vóór het aanbreken van de dag

¹**pre·de·cease** /priːdɪsiːs/ [niet-telb zn] ⟨jur⟩ vooroverlijden, vroegere dood, het eerder sterven

²**pre·de·cease** /priːdɪsiːs/ [onov ww] ⟨jur⟩ het eerst sterven

³**pre·de·cease** /priːdɪsiːs/ [ov ww] ⟨jur⟩ sterven vóór, eer-

der overlijden dan

pred·e·ces·sor /priːdɪsesə, ˆpredəsesər/ [telb zn] [1] voorloper, voorganger [2] voorvader

pre·del·la /prɪdelə/ [telb zn; mv: predelle /-liː/] [1] altaartrede, predella ⟨in het bijzonder altaarstuk⟩ [2] deel van een retabel

¹pre·des·ti·nar·i·an /priːdestɪneərɪən, ˆ-ner-/ [telb zn] gelover aan predestinatieleer

²pre·des·ti·nar·i·an /priːdestɪneərɪən, ˆ-ner-/ [bn] [1] van de predestinatie [2] gelovend in de predestinatieleer/voorbeschikkingsleer

¹pre·des·ti·nate /priːdestɪnət/ [bn] voorbeschikt, voorbestemd

²pre·des·ti·nate /priːdestɪneɪt/ [ov ww; vaak passief] [1] ⟨theol⟩ voorbeschikken, predestineren [2] voorbestemmen, vooraf bepalen

pre·des·ti·na·tion /prɪdestɪneɪʃn/ [niet-telb zn] [1] ⟨theol⟩ voorbeschikking, voorbestemming, uitverkiezing, predestinatie [2] bestemming, (nood)lot

pre·des·tine /priːdestɪn/ [ov ww; vaak passief] [1] van tevoren bestemmen, vooraf bepalen ♦ *he was predestined to become a great actor* hij was voorbestemd een groot acteur te worden; *these changes were predestined to take place* deze veranderingen moesten wel plaats vinden [2] ⟨theol⟩ voorbeschikken, predestineren, uitverkiezen

pre·de·ter·mi·nate /priːdɪtɜːmɪnət, ˆ-tɜr-/ [bn] vooraf bepaald

pre·de·ter·mi·na·tion /priːdɪtɜːmɪneɪʃn, ˆ-tɜr-/ [telb + niet-telb zn] [1] voorbestemming [2] bepaling vooraf, vooraf genomen besluit

pre·de·ter·mine /priːdɪtɜːmɪn, ˆ-tɜr-/ [ov ww] [1] vooraf bepalen, vooraf vastleggen, voorbeschikken, vooraf vaststellen ♦ *predetermine the cost of building a house* de bouwkosten van een huis vooraf vaststellen; *the colour of s.o.'s eyes is predetermined by that of his parents* de kleur van iemands ogen wordt bepaald door die van zijn ouders [2] aanzetten tot, ertoe brengen, beïnvloeden, doen besluiten

pre·de·ter·min·er /priːdɪtɜːmɪnə, ˆ-tɜrmɪnər/ [telb zn] ⟨taalk⟩ predeterminator ⟨determinator voorafgaand aan andere determinator⟩

pre·dia·be·tes /priːdaɪəbiːtiːz, -bɪtɪs/ [niet-telb zn] ⟨med⟩ prediabetes ⟨eerste fase van suikerziekte⟩

pre·di·a·bet·ic /priːdaɪəbetɪk/ [bn] aanleg vertonend voor suikerziekte

¹pre·di·al /priːdɪəl/ [telb zn] (hof)horige, grondhorige

²pre·di·al, prae·dial /priːdɪəl/ [bn] land-, grond-, landelijk, agrarisch ♦ *predial slave* grondhorige; *the predial tithe* het tiend van landbouwproducten

pred·i·ca·bil·i·ty /predɪkəbɪlətɪ/ [telb + niet-telb zn] toekenning, hetgeen beweerd kan worden

¹pred·i·ca·ble /predɪkəbl/ [telb zn] [1] kenmerk, attribuut [2] ⟨vaak mv⟩ categorie ⟨in logica van Aristoteles⟩

²pred·i·ca·ble /predɪkəbl/ [bn] toekenbaar, beweerbaar, te bevestigen

pre·dic·a·ment /prɪdɪkəmənt/ [telb zn] [1] ⟨vaak mv⟩ klasse, orde, ⟨i.h.b.⟩ categorie ⟨in logica van Aristoteles⟩ [2] hachelijke situatie, kritieke/gevaarlijke toestand, dilemma ♦ *be in an awkward predicament* zich in een lastig parket bevinden, lelijk in de knel zitten

¹pred·i·cant /predɪkənt/ [telb zn] [1] predikheer, dominicaan [2] predikant ⟨van protestante kerk in Zuid-Afrika⟩

²pred·i·cant /predɪkənt/ [bn] prekend, preek- ♦ *predicant order* orde der predikheren/dominicanen

¹pred·i·cate /predɪkət/ [telb zn] [1] ⟨filos⟩ predicaat ⟨uitspraak over het subject⟩, eigenschap [2] ⟨taalk⟩ gezegde

²pred·i·cate /predɪkeɪt/ [ov ww] [1] beweren, zeggen, toekennen ♦ *predicate reason of man* de mens rede toekennen [2] inhouden, insluiten, als gevolg hebben, mede betekenen ♦ *this policy was predicated by the party's promises* dit beleid vloeide voort uit/was het gevolg van de beloften van de partij [3] ⟨vaak passief⟩ ⟨vnl AE⟩ baseren, gronden, steunen ♦ *our success is predicated on operational efficiency* ons succes berust op een efficiënte bedrijfsvoering

pred·i·ca·tion /predɪkeɪʃn/ [telb + niet-telb zn] [1] bewering, toekenning [2] logische bewering, bevestiging

pred·i·ca·tive /prɪdɪkətɪv, ˆpredɪkeɪtɪv/ [bn; bw: ~ly] [1] bewerend, toekennend, zeggend, bevestigend ♦ *a predicative* een predicatief gebruikt (bijvoeglijk) naamwoord/zinsdeel [2] ⟨taalk⟩ predicatief, als (deel van het) gezegde fungerend ♦ *a predicative adjective* een predicatief gebruikt bijvoeglijk naamwoord; *a predicative adjunct* een bepaling van gesteldheid

pred·i·ca·to·ry /prɪdɪkətrɪ, ˆpredɪkətɔːrɪ/ [bn] van/m.b.t. tot het preken, prekerig, prekend, preek-

pre·dict /prɪdɪkt/ [onov + ov ww] voorspellen, voorzeggen, profeteren, als verwachting opgeven

pre·dict·a·bil·i·ty /prɪdɪktəbɪlətɪ/ [niet-telb zn] voorspelbaarheid

pre·dict·a·ble /prɪdɪktəbl/ [bn] voorspelbaar, zonder verrassing, saai ♦ *a predictable performance* een fantasieloze opvoering

pre·dict·a·bly /prɪdɪktəblɪ/ [bw] zoals/wat te verwachten valt, uiteraard, natuurlijk, wat voor de hand ligt ♦ *predictably, he arrived first* zoals te verwachten was/natuurlijk kwam hij als eerste aan

pre·dic·tion /prɪdɪkʃn/ [telb + niet-telb zn] voorspelling, voorzegging, profetie, het voorspellen

pre·dic·tive /prɪdɪktɪv/ [bn; bw: ~ly; zn: ~ness] voorspellend ♦ ⟨meteo⟩ *the predictive sequence* de vooruitzichten, het weer in de komende uren

predictive texting [niet-telb zn] T-9, voorspellende tekstinvoerstand ⟨techniek voor mobiele telefoons⟩

pre·dic·tor /prɪdɪktə, ˆ-ər/ [telb zn] [1] voorspeller, voorzegger [2] predictor ⟨instrument op afweergeschut⟩

pre·di·gest /priːdaɪdʒest, -dɪdʒest/ [ov ww] gemakkelijk verteerbaar maken, ⟨fig⟩ toegankelijk maken ⟨boek e.d.⟩, vereenvoudigen ♦ *predigested information* informatie in hapklare brokken

pre·di·kant /predɪkænt, ˆpreɪ-/ [telb zn] predikant

pre·di·lec·tion /priːdɪlekʃn, ˆpredlekʃn/ [telb zn] voorliefde, voorkeur, vooringenomenheid, predilectie

pre·dis·pose /priːdɪspoʊz/ [ov ww] ⟨form⟩ doen neigen, geschikt maken, vooraf bereiden, voorbestemmen, vatbaar maken, predisponeren ♦ *he was predisposed in her favour* hij was haar gunstig gezind; *she has nothing that predisposes me to like her* zij heeft niets dat mij ertoe brengt haar aardig te vinden; *his miserable health predisposed him to colds* zijn beroerde gezondheid maakte hem vatbaar voor verkoudheid; *be genetically predisposed to/towards diabetes* een genetische aanleg voor suikerziekte hebben

pre·dis·po·si·tion /priːdɪspəzɪʃn/ [telb zn] neiging, vatbaarheid, aanleg, predispositie ♦ *a predisposition to complain* een neiging tot klagen

pre·dom·i·nance /prɪdɒmɪnəns, ˆ-dɑ-/, **pre·dom·i·nan·cy** /-sɪ/ [telb + niet-telb zn] overheersing, overhand, overwicht, gezag, heerschappij ♦ *there is a predominance of fig trees in this orchard* deze boomgaard bestaat voor het grootste deel uit vijgenbomen

pre·dom·i·nant /prɪdɒmɪnənt, ˆ-dɑ-/ [bn] overheersend, belangrijkst, invloedrijkst ♦ *white is the predominant colour in hospitals* wit is de meest toegepaste kleur in ziekenhuizen; *he was predominant over the other members* hij was belangrijker dan de andere leden

pre·dom·i·nant·ly /prɪdɒmɪnəntlɪ, ˆ-dɑ-/ [bw] [1] → **predominant** [2] hoofdzakelijk, overwegend, meestal, grotendeels, voornamelijk

pre·dom·i·nate /prɪdɒmɪneɪt, ˆ-dɑ-/ [onov ww] [1] heersen, regeren, besturen ♦ *the king predominates over his subjects* de koning heerst over zijn onderdanen [2] overheer-

pre-editing

sen, de overhand hebben, predomineren ♦ *in her dreams the wish to become an actress predominates* de wens om actrice te worden beheerst haar dromen
pre·ed·it·ing [niet-telb zn] voorbewerking
pre·e·lect /priːɪlekt/ [ov ww] ① voorbeschikken ② vooraf kiezen
¹**pre·e·lec·tion** /priːɪlekʃn/ [telb + niet-telb zn] ① voorbeschikking ② voorverkiezing
²**pre·e·lec·tion** /priːɪlekʃn/ [bn, attr] ① voorverkiezings- ♦ *a preelection campaign* een voorverkiezingscampagne ② van vóór de verkiezing ♦ *preelection promises* beloftes gedaan vóór de verkiezing
pree·mie, pree·my [telb zn] ⟨inf⟩ premature/te vroeg geboren baby
pre·em·i·nence /priːemɪnəns/ [niet-telb zn] voortreffelijkheid, voorrang, uitstekendheid, superioriteit
pre·em·i·nent /priːemɪnənt/ [bn] uitstekend, uitblinkend, uitmuntend, voortreffelijk, uitzonderlijk ♦ *in generosity he was pre-eminent above all others* in vrijgevigheid stak hij uit boven alle anderen
pre·em·i·nent·ly /priːemɪnəntli/ [bw] ① → **pre-eminent** ② bij uitstek, voor alles, vooral, in het bijzonder, voornamelijk
¹**pre·empt** /priːem(p)t/ [telb zn] ⟨bridge⟩ ⟨verk: pre-emptive bid⟩ preëmptief bod, pre-emptive
²**pre·empt** /priːem(p)t/ [onov ww] ⟨bridge⟩ preëmptief bieden
³**pre·empt** /priːem(p)t/ [ov ww] ① verkrijgen door voorkoop ② ⟨AE⟩ zich vestigen op land om aldus recht van voorkoop te verwerven ③ beslag leggen op, zich toe-eigenen, (voor zich) reserveren, de plaats innemen van ♦ *our favourite television show had been pre-empted by a speech* onze favoriete tv-show had plaats moeten maken voor een toespraak ④ overbodig maken, ontkrachten
pre·emp·tion /priːem(p)ʃn/ [niet-telb zn] ① voorkoop ② recht van voorkoop, voorkooprecht ⟨voornamelijk van land⟩ ③ toe-eigening vooraf, inbezitneming vooraf, verwerving vooraf
pre·emp·tive /priːem(p)tɪv/ [bn; bw: ~ly] ① van/m.b.t. (het recht van) voorkoop ♦ *the pre-emptive right to buy a piece of land* optie op een stuk land ② preventief, voorkomend ♦ *pre-emptive air strikes on an air force base* preventieve luchtaanvallen op een luchtmachtbasis ③ ⟨bridge⟩ preëmptief ♦ *a pre-emptive bid* een preëmptief bod
pre·emp·tor /priːem(p)tə, ᴬ-ər/ [telb zn] ① iemand die zich iets toe-eigent ② ⟨AE⟩ iemand die zich vestigt op land om recht van voorkoop te verwerven
preen /priːn/ [ov ww] ① gladstrijken ⟨veren⟩ ♦ *the bird preened its feathers with its beak* de vogel streek zijn veren glad met zijn snavel ② opknappen, mooi maken, optooien, uitdossen ♦ *the man preened himself/his clothes before going to the cinema* de man knapte zichzelf/zijn kleding op voor hij naar de bioscoop ging ③ ⟨vnl SchE⟩ spelden, (op)prikken · the team preened *itself* on/upon having won de ploeg ging er prat op te hebben gewonnen; *preen o.s.* zelfvoldaan zijn, zich beroemen op, prat gaan op
preen gland [telb zn] stuitklier ⟨van vogels⟩
pre·es·tab·lish /priːɪstæblɪʃ/ [ov ww] vooraf vaststellen, van tevoren bepalen
pre·ex·il·ic /priːɪgzɪlɪk/ [bn] (van) vóór de verbanning ⟨van de Joden naar Babylon⟩
¹**pre·ex·ist** /priːɪgzɪst/ [onov ww] vroeger bestaan, eerder bestaan, een pre-existent leven leiden ⟨in het bijzonder van de ziel⟩
²**pre·ex·ist** /priːɪgzɪst/ [ov ww] bestaan vóór
pre·ex·ist·ence /priːɪgzɪstəns/ [niet-telb zn] het vooraf bestaan, voorbestaan, pre-existentie ⟨van de ziel⟩
pre·ex·ist·ent /priːɪgzɪstənt/ [bn] vroeger bestaand, bestaan in een vorig leven, pre-existent
pref [afk] ① (preface) praef. ② (prefatory) ③ (preference)

④ (preferred) ⑤ (prefix)
pre·fab /priːfæb, ᴬ-fæb/ [telb zn] ⟨verk: prefabricated building/house⟩ geprefabriceerd gebouw/huis
pre·fab·ri·cate /priːfæbrɪkeɪt/ [ov ww] prefabriceren, in onderdelen gereedmaken, volgens systeembouw maken ♦ *a prefabricated house* een montagewoning, een geprefabriceerde woning, een prefab woning; *a complete factory was shipped to Arabia in prefabricated parts* een complete fabriek werd in pasklare onderdelen naar Arabië verscheept
pre·fab·ri·ca·tion /priːfæbrɪkeɪʃn/ [niet-telb zn] montagebouw, systeembouw
¹**pref·ace** /prefəs/ [telb zn] ① voorwoord, woord vooraf, inleiding, voorbericht ② ⟨r-k⟩ prefatie
²**pref·ace** /prefəs/ [ov ww] ① van een voorwoord voorzien, inleiden ♦ *the teacher prefaced his talk on popular music with a record by the Beatles* de leraar leidde zijn praatje over populaire muziek in met een plaatje van de Beatles ② leiden tot, voorafgaan aan ♦ *the events in Brixton prefaced riots in other cities* de gebeurtenissen in Brixton waren het begin van rellen in andere steden
pref·a·to·ry /prefətri, ᴬ-tɔːri/, **pref·a·to·ri·al** /-tɔːriəl/ [bn] inleidend, voorafgaand
pre·fect /priːfekt/ [telb zn] ① hoofd van een departement, prefect, hoofd van politie ♦ *prefect of police* politieprefect ⟨hoofd van politie te Parijs⟩ ② ⟨r-k⟩ prefect ⟨toezichthouder buiten lesuren op kostschool⟩ ③ ⟨Engels onderwijs⟩ oudere leerling als monitor/mentor van jongerejaars ④ ⟨gesch⟩ prefect ⟨in het oude Rome⟩
pre·fec·to·ral /prɪfekt(ə)rəl/, **pre·fec·to·ri·al** /priːfektɔːriəl/ [bn] van een prefect ♦ *the prefectoral system in schools* het systeem op scholen dat oudere leerlingen de orde handhaven
pre·fec·tur·al /prɪfektʃ(ə)rəl/ [bn] van de prefectuur
pre·fec·ture /priːfektʃə, ᴬ-ər/ [telb zn] ① ambt van prefect, prefectuur ② bureau/ambtsgebouw van prefect ③ prefectuur ⟨in Frankrijk en Japan⟩
pre·fer /prɪfɜː, ᴬprɪfɜːr/ [ov ww] ① verkiezen, de voorkeur geven, prefereren ♦ *they prefer to leave rather than to wait another hour* zij willen liever weggaan dan nog een uur wachten; ⟨AE ook⟩ *I prefer wine over beer* ik heb liever wijn dan bier, ik houd meer van wijn dan van bier; *prefer reading to going to church* liever lezen dan naar de kerk gaan; *I prefer wine to beer* ik heb liever wijn dan bier, ik houd meer van wijn dan van bier ② promoveren, bevorderen ♦ *they preferred him to the rectory of the parish* zij bevorderden hem tot predikant van de parochie ③ indienen, inleveren, inbrengen, voordragen, voorleggen ♦ *prefer a charge/charges (to the police) against s.o.* een aanklacht/aanklachten indienen (bij de politie) tegen iemand
pref·er·a·ble /prefrəbl/ [bn; bw: preferably] verkieslijk, te prefereren ♦ *a dark suit is preferable to a light one* een donker pak verdient de voorkeur boven een licht pak; *everything is preferable to visiting that aunt* alles is beter dan een bezoek brengen aan die tante
pref·er·ence /prefrəns/ [telb + niet-telb zn] ① voorkeur, verkiezing, voorliefde ♦ *William has a preference for African novels* William heeft een voorkeur voor Afrikaanse romans; *I should choose an old painting in preference to a modern one* ik zou eerder een oud schilderij kiezen dan een modern; *whisky or gin? which is your preference?* wat heb je het liefst? whisky of gin? ② ⟨handel⟩ prioriteitsrecht, preferentie, recht van voorrang ③ bevoorrechting, begunstiging, voorkeursbehandeling ♦ *the teacher tried not to give one child preference over the others* de docent probeerde het ene kind niet voor te trekken boven de anderen
preference bond [telb zn] ⟨BE⟩ prioriteitsobligatie
preference share [telb zn] ⟨BE⟩ preferent aandeel, prioriteitsaandeel
preference stock [niet-telb zn] ⟨BE⟩ preferente aandelen

pref·er·en·tial /prefərenʃl/ [bn; bw: ~ly] [1] de voorkeur gevend/hebbend, voorkeurs- ♦ *regular guests receive preferential treatment* vaste gasten krijgen een voorkeursbehandeling [2] ⟨handel⟩ bevoorrecht, preferentieel ♦ *preferential duties* preferentiële rechten; *preferential tariff* voorkeurtarief

pre·fer·ment /prɪfɜːmənt, ᴀ-fɜr-/ [niet-telb zn] [1] bevordering, promotie ⟨in het bijzonder in de kerk⟩ [2] ⟨handel⟩ prioriteitsrecht

pre·fig·u·ra·tion /priːfɪgəreɪʃn, ᴀ-gjə-/ [telb + niet-telb zn] [1] voorafschaduwing, prefiguratie, aankondiging, voorafbeelding [2] voorloper, prototype, voorbeeld

pre·fig·ur·a·tive /priːfɪgrətɪv, ᴀ-gjərətɪv/ [bn; bw: ~ly; zn: ~ness] aankondigend, voorspellend, voorafschaduwend

pre·fig·ure /priːfɪgə, ᴀ-gjər/ [ov ww] [1] voorafschaduwen, de voorloper zijn van, aankondigen, prefigureren [2] ⟨zich⟩ vooraf voorstellen, vooraf overwegen, voorspellen

pre·fig·ure·ment /priːfɪgəmənt, ᴀ-fɪgjər-/ [telb zn] [1] vooraf gevormd beeld [2] voorbeeld, belichaming vooraf, voorloper, prototype

¹**pre·fix** /priːfɪks/ [telb zn] [1] ⟨taalk⟩ prefix, voorvoegsel [2] titel ⟨voor een naam⟩ [3] kengetal

²**pre·fix** /priːfɪks/ [ov ww] [1] plaatsen voor, voegen voor, toevoegen ♦ *prefix introductory chapters to a book* aan het begin van een boek inleidende hoofdstukken toevoegen [2] ⟨taalk⟩ prefigeren, van een prefix voorzien

pre·flight /priːflaɪt/ [telb zn] ⟨gymn⟩ aansprong ⟨naar springplank⟩

pre·form /priːfɔːm, ᴀ-fɔrm/ [ov ww] vooraf vormen, voorvormen

pre·for·ma·tion /priːfɔːmeɪʃn, ᴀ-fɔr-/ [niet-telb zn] [1] vorming vooraf [2] preformatietheorie ⟨leer dat het volwassen individu reeds in de kiem aanwezig is in de geslachtscellen⟩

pre·fron·tal /priːfrʌntl/ [bn] vóór het voorhoofdsbeen

preg·gers /pregəz, ᴀ-gərz/ [bn, pred] ⟨vnl BE; sl⟩ zwanger

preg·na·ble /pregnəbl/ [bn] (in)neembaar

¹**preg·nan·cy** /pregnənsi/ [telb + niet-telb zn] zwangerschap

²**preg·nan·cy** /pregnənsi/ [niet-telb zn] belang, diepte, betekenis

pregnancy leave [telb + niet-telb zn] zwangerschapsverlof

pregnancy test [telb zn] zwangerschapstest

preg·nant /pregnənt/ [bn; bw: ~ly] [1] zwanger, drachtig ⟨van dieren⟩ ♦ *she was pregnant by another man* ze was zwanger van een ander(e man); ⟨BE⟩ *fall pregnant* zwanger worden; *she is 6 months pregnant* zij is zes maanden zwanger; *a pregnant mother* een aanstaande moeder [2] vindingrijk, vol ideeën, fantasierijk, creatief [3] vruchtbaar, vol ♦ *events pregnant with political consequences* gebeurtenissen vol mogelijke politieke gevolgen [4] veelbetekenend, veelzeggend, geladen, gewichtig, pregnant, betekenisvol ♦ *every word in this poem is pregnant with meaning* elk woord in dit gedicht zit vol betekenis

pre·hate /priːheɪt/ [ov ww] bij voorbaat al haten, bij voorbaat een hekel hebben aan

pre·heat /priːhiːt/ [ov ww] voorverwarmen

pre·hen·si·ble /prɪhensəbl/ [bn] grijpbaar

pre·hen·sile /prɪhensaɪl, ᴀ-hensl/ [bn] ⟨biol⟩ geschikt om mee te grijpen, grijp- ♦ *prehensile tails* grijpstaarten

pre·hen·sil·i·ty /priːhensɪləti/ [niet-telb zn] ⟨biol⟩ geschiktheid om mee te grijpen

pre·hen·sion /prɪhenʃn/ [niet-telb zn] [1] het grijpen, het tot zich nemen [2] begrip, bevatting, het begrijpen

pre·his·to·ri·an /priːhɪstɔːriən/ [telb zn] prehistoricus

pre·his·tor·ic /priːhɪstɒrɪk, ᴀ-stɔr-/, **pre·his·tor·i·cal** /-ɪkl/ [bn; bw: ~ally] [1] prehistorisch, voorhistorisch [2] ⟨scherts⟩ hopeloos ouderwets, prehistorisch, antiek

¹**pre·his·to·ry** /priːhɪstri/ [telb zn; voornamelijk enk] voorgeschiedenis ♦ *the prehistory of the present situation* de voorgeschiedenis van de huidige situatie

²**pre·his·to·ry** /priːhɪstri/ [niet-telb zn] prehistorie

pre·ig·ni·tion /priːɪgnɪʃn/ [niet-telb zn] ⟨techn⟩ voorontsteking

pre·judge /priːdʒʌdʒ/ [ov ww] [1] veroordelen ⟨zonder proces of verhoor⟩, vooraf beoordelen [2] voorbarig oordelen, een voortijdig oordeel vellen over, vooruit lopen op

pre·judge·ment, pre·judg·ment /priːdʒʌdʒmənt/ [telb + niet-telb zn] [1] veroordeling ⟨zonder proces⟩ [2] voorbarig oordeel, voortijdige beslissing, vooroordeel

¹**prej·u·dice** /predʒədɪs/ [telb + niet-telb zn] [1] vooroordeel, vooringenomenheid ♦ *prejudice against* vooroordeel tegen; *prejudice in favour of us* vooroordeel ten gunste van ons; *he read the new book without prejudice* hij las het nieuwe boek onbevooroordeeld [2] nadeel, schade ♦ *in/to the prejudice of his own interests* ten nadele van zijn eigen belangen [3] ⟨jur⟩ afstand van recht, prejudicie ♦ *without prejudice* onder alle voorbehoud, zonder prejudicie; *without prejudice to* onverminderd, behoudens

²**prej·u·dice** /predʒədɪs/ [ov ww] [1] schaden, benadelen, afbreuk/kwaad doen ♦ *prejudice a good cause* afbreuk doen aan een goede zaak [2] innemen, voorinnemen ♦ *be prejudiced against sth.* vooringenomen zijn tegen iets; *be prejudiced against female drivers* een vooroordeel hebben over vrouwen achter het stuur; *he prejudiced them in favour of his plans* hij wist hen voor zijn plannen te winnen

¹**prej·u·di·cial** /predʒədɪʃl/ [bn; bw: ~ly] leidend tot vooroordeel

²**prej·u·di·cial** /predʒədɪʃl/ [bn, pred; bw: ~ly] nadelig, schadelijk ♦ *too much drinking is prejudicial to the liver* te veel drinken is schadelijk voor de lever

¹**prel·a·cy** /preləsi/ [telb zn] ⟨r-k⟩ prelaatschap, prelaatszetel, prelaatsbestuur

²**prel·a·cy** /preləsi/ [verzameln; the] ⟨r-k⟩ de prelaten

pre·lap·sar·i·an /priːlæpseəriən, ᴀ-ser-/ [bn] ⟨van⟩ vóór de zondeval

prel·ate /prelət/ [telb zn] ⟨r-k⟩ [1] kerkvorst, geestelijke van hoge rang, prelaat [2] ⟨gesch⟩ abt, prior, kloosteroverste

prel·ate·ship /prelətʃɪp/ [niet-telb zn] ⟨r-k⟩ prelaatschap

pre·la·tic /prɪlætɪk/, ⟨in betekenis 2 vnl⟩ **pre·lat·i·cal** /-ɪkl/ [bn] ⟨r-k⟩ [1] ⟨als⟩ van een prelaat [2] ⟨iron⟩ bisschoppelijk

prel·a·tize, prel·a·tise /prelətaɪz/ [ov ww] ⟨r-k⟩ onder bisschoppelijk(e) bestuur/invloed brengen

prel·a·ture /prelətʃʊə, ᴀ-tʃʊr/ [telb + niet-telb zn] ⟨r-k⟩ [1] ambt van prelaat, prelatuur [2] de prelaten [3] bisschoppelijk gebied, bisdom

pre·lect, prae·lect /prɪlekt/ [onov ww] een lezing houden, spreken ♦ *prelect to students* een lezing houden voor studenten

pre·lec·tion, prae·lec·tion /prɪlekʃn/ [telb zn] lezing, college

pre·lec·tor, prae·lec·tor /prɪlektə, ᴀ-ər/ [telb zn] [1] voorlezer, spreker [2] lector

pre·li·ba·tion /priːlaɪbeɪʃn/ [niet-telb zn] voorsmaak ⟨voornamelijk figuurlijk⟩, voorproef

pre·lim /priːlɪm, prɪlɪm/ [telb zn] ⟨inf⟩ (verk: preliminary examination) vooraf examen, tentamen

pre·lim·i·nar·ies /prɪlɪmənriz, ᴀ-neriz/ [alleen mv] ⟨boek⟩ voorwerk

¹**pre·lim·i·nar·y** /prɪlɪmənri, ᴀ-neri/ [telb zn] [1] ⟨vnl mv⟩ voorbereiding, inleiding [2] ⟨vnl mv⟩ preliminairen, voorlopige beschikkingen ♦ *the preliminaries to a peace con-*

preliminary

ference de preliminairen tot een vredesoverleg ③ ⟨sport⟩ **voorronde, kwalificatiewedstrijd**
²**pre·lim·i·nar·y** /prɪlɪmənri, ᴬ-neri/ [bn; bw: preliminarily] **inleidend,** voorafgaand, voorbereidend, voor-, preliminair ♦ *preliminary examination* **vooexamen, tentamen;** *preliminary examinations* **propedeutisch, propedeuse;** *preliminary game/match* **voorronde, kwalificatiewedstrijd;** *after a few preliminary remarks she expounded her theory* na enkele inleidende opmerkingen zette ze haar theorie uiteen; *a preliminary round* een voorronde
³**pre·lim·i·nar·y** /prɪlɪmənri, ᴬ-neri/ [bw] **als voorbereiding,** voorafgaand ♦ *preliminary to* alvorens
pre·lims /priːlɪmz, prɪlɪmz/ [alleen mv] ① ⟨boek⟩ (verk: preliminaries) **voorwerk** ② (verk: preliminary examinations) **propedeutisch (examen), propjes**
pre·lit·er·ate /priːlɪtrət, ᴬ-lɪtərət/ [bn] **zonder het schrift,** zonder schriftelijke overlevering ♦ *some preliterate cultures have a rich oral tradition* sommige culturen zonder kennis van het schrift hebben een rijke mondelinge overlevering
pre-loved /priːlʌvd/ [bn] **(door vorige eigenaar) liefdevol verzorgd/onderhouden** ♦ *in a pre-loved condition* in goede staat, als nieuw
¹**prel·ude** /prelju:d/ [telb zn] ① **voorspel,** inleiding, begin, inleidend gedeelte ② ⟨muz⟩ **prelude,** preludium, ouverture ⟨van opera⟩
²**prel·ude** /prelju:d/ [onov ww] ① **als inleiding/voorspel dienen** ② ⟨muz⟩ **preluderen,** een voorspel spelen
³**prel·ude** /prelju:d/ [ov ww] ① **inleiden,** aankondigen, inluiden, een voorspel zijn van ② ⟨muz⟩ **als een prelude spelen**
pre·lu·di·al /prɪl(j)u:diəl, ᴬ-lu:-/ [bn] **inleidend,** als voorspel, als prelude ⟨ook muziek⟩
pre·lu·sion /prɪl(j)u:ʒn, ᴬ-lu:-/ [telb zn] ① **inleiding,** voorspel ② ⟨muz⟩ **prelude,** preludium
pre·mar·i·tal /priːmærɪtl/ [bn; bw: ~ly] **voorhuwelijks-,** voorechtelijk, premaritaal
pre·ma·ture /premətʃə, -tʃuə, ᴬpremətʊr/ [bn; bw: ~ly; zn: ~ness] ① **te vroeg,** vroegtijdig, voortijdig, ontijdig, prematuur ♦ *a premature baby* een te vroeg geboren baby; *his premature death* zijn vroegtijdige dood ② **voorbarig,** overhaast ♦ *a premature decision* een overhaast besluit, een te vroeg genomen beslissing
pre·ma·tu·ri·ty /premətʃʊəriti, ᴬ-tʊrəti/ [niet-telb zn] ① **vroegtijdigheid,** ontijdigheid ② **voorbarigheid,** overhaasting
pre·max·il·lar·y /priːmæksɪləri, ᴬpriːmæksəleri/ [bn] **vóór de (boven)kaak**
pre·med·i·ca·tion /priːmedɪkeɪʃn/, ⟨inf⟩ **pre·med** /priːmed/ [telb + niet-telb zn] ⟨med⟩ **preanesthesie**
pre·med·i·tate /priːmedɪteɪt/ [ov ww] **beramen,** voorbereiden, → **premeditated**
pre·med·i·tat·ed /priːmedɪteɪtɪd/ [volt deelw van premeditate; bw: ~ly] **opzettelijk, beraamd, voorbereid** ♦ *by his premeditated carelessness he offends a lot of people* met zijn opzettelijke/ingestudeerde onverschilligheid beledigt hij veel mensen; *premeditated murder* moord met voorbedachten rade
pre·med·i·ta·tion /priːmedɪteɪʃn/ [niet-telb zn] ① **beraming,** opzet ② ⟨jur⟩ **voorbedachte raad**
pre·men·stru·al /priːmenstrʊəl/ [bn] **vóór de menstruatie** ♦ ⟨BE⟩ *premenstrual tension,* ⟨AE⟩ *premenstrual syndrome* premenstrueel syndroom
¹**pre·mier** /premɪə, ᴬprɪmɪr, ᴬpriːmjər/ [telb zn] **eerste minister,** hoofd van het kabinet, minister-president, premier
²**pre·mier** /premɪə, ᴬprɪmɪr, ᴬpriːmjər/ [bn] ① **eerste,** voornaamste ② ⟨gesch⟩ **oudste** ⟨m.b.t. recht op adellijke titel⟩ ♦ *premier earl* graaf met het oudste recht op die titel
¹**pre·mière** /premɪeə, ᴬprɪmjer, ᴬprɪmɪr/ [telb zn] ① **pre-**

mière, eerste vertoning/voorstelling ② **hoofdrolspeelster,** eerste actrice
²**pre·mière** /premɪeə, ᴬprɪmjer, ᴬprɪmɪr/ [onov ww] **in première gaan,** de eerste voorstelling hebben/beleven
³**pre·mière** /premɪeə, ᴬprɪmjer, ᴬprɪmɪr/ [ov ww] **een eerste voorstelling geven van,** de première laten plaatsvinden van
pre·mier·ship /premɪəʃɪp, ᴬpriːmjərʃɪp, ᴬprɪmɪr-/ [niet-telb zn] **ambt van eerste minister,** premierschap
pre·mil·len·ni·al /priːmɪleniəl/ [bn] **(van) voor het millennium**
¹**prem·ise,** ⟨vnl⟩ **prem·iss** /premɪs/ [telb zn] ① **vooronderstelling** ② ⟨filos⟩ **premisse**
²**prem·ise** /primaɪz, premɪs/ [ov ww] ① **vooropstellen,** vooraf laten gaan ② **vooronderstellen**
prem·ises /premɪsɪz/ [alleen mv] ① **huis (en erf),** pand, zaak, lokalen, ruimte ♦ *company premises* bedrijfsgebouwen en -terreinen; *keep off my premises* blijf van mijn erf af; *licensed premises* drankgelegenheid; *only food bought here may be consumed on the premises* alleen hier gekochte etenswaren mogen in deze ruimte genuttigd worden; *the shopkeeper lives on the premises at the back of the shop* de winkelier woont in het pand achter de winkel ② ⟨the⟩ ⟨jur⟩ **het bovengenoemde,** het voornoemde, ⟨i.h.b.⟩ de voorgenoemde panden en erven
pre·mi·um /priːmiəm/ [telb zn] ① **beloning,** prijs ♦ *this measure puts a premium on tax-dodging* deze maatregel bevordert het ontduiken van belasting, deze maatregel maakt het aantrekkelijk om de belasting te ontduiken ② **(verzekerings)premie** ③ **toeslag,** extra, bonus, premie, meerprijs ♦ *at a premium of 30 pounds* tegen een meerprijs van 30 pond; *pay a premium of 50 p because of the length of the film* een toeslag van 50 p betalen vanwege de lengte van de film ④ **leergeld** ⑤ ⟨ec⟩ **agio,** opgeld ⑥ ⟨ec⟩ **waarde boven pari,** ⟨fig⟩ hoge waarde ♦ *at a premium* boven pari; *put s.o.'s work at a premium* iemands werk hoog aanslaan; *he sold his products at a premium* hij verkocht zijn producten met winst; *during the holidays hotel rooms are at a premium* in de vakantie zijn hotelkamers zeer in trek
pre·mi·um-rate [bn, attr] **(premie)tarief-** ⟨telefoontarief met toeslag⟩ ♦ *premium-rate numbers* tariefnummers
Premium Savings Bond, Premium Bond [telb zn; ook premium (savings) bond] ⟨BE⟩ **(renteloze) premieobligatie**
¹**pre·mo·lar** /priːməʊlə, ᴬ-ər/ [telb zn] **premolaar,** voorkies, valse kies
²**pre·mo·lar** /priːməʊlə, ᴬ-ər/ [bn] **m.b.t. de voorkiezen,** premolaar-
pre·mo·ni·tion /priːmənɪʃn, pre-/ [telb zn] ① **waarschuwing vooraf,** aankondiging ② **voorgevoel**
pre·mon·i·to·ry /prɪmɒnɪtri, ᴬ-mɑnɪtɔri/ [bn; bw: premonitorily] ⟨form⟩ ① **waarschuwend,** aankondigend ② **onheilspellend,** dreigend
pre·morse /priːmɔːs, ᴬ-mɔrs/ [bn] ⟨biol⟩ **afgeknot,** gesnoeid
pre·na·tal /priːneɪtl/ [bn; bw: ~ly] **prenataal,** aan de geboorte voorafgaand, (van) vóór de geboorte
pren·tice /prentɪs/ [telb zn; ook attributief] ⟨vero⟩ (verk: apprentice) **leerling,** leerjongen, beginner, leergezel
pre·nu·cle·ar /priːnju:kliə, ᴬ-nu:klɪr/ [bn] ① **vóór het kernwapentijdperk** ② **zonder zichtbare kern**
pre-nup /ˌpriːnʌp/ [telb zn] ⟨AE; inf⟩ **huwelijkscontract,** huwelijkse voorwaarden
pre·nup·tial /priːnʌpʃəl/ [bn] **voorafgaand aan het huwelijk,** prenuptiaal ♦ *prenuptial agreement* huwelijkscontract, huwelijkse voorwaarden
pre·oc·cu·pa·tion /priːɒkjʊpeɪʃn, ᴬ-ɑkjə-/ [telb + niet-telb zn] ① **vooringenomenheid,** vooroordeel ② **hoofdbezigheid,** (voornaamste) zorg, preoccupatie ♦ *our main preoccupation was how to raise the money for the school* onze

voornaamste zorg was hoe aan het geld te komen voor de school ③ gepreoccupeerdheid, het volledig in-beslag-genomen-zijn, het gepreoccupeerd-zijn, het in-gedachten-verzonken-zijn, betrokkenheid, het verdiept-zijn, verstrooidheid

pre·oc·cu·pied /priɒkjʊpaɪd, ᴬ-ɑkjə-/ [bn] ① in gedachten verzonken, verdiept, volledig in beslag genomen, afwezig, verstrooid ♦ *he was too preoccupied* hij was te diep in gedachten verzonken; *preoccupied with* in beslag genomen door, sterk gericht op ② eerder gebruikt ⟨van taxonomische namen⟩

pre·oc·cu·py /priɒkjʊpaɪ, ᴬ-ɑkjə-/ [ov ww] ① geheel in beslag nemen, bezighouden ⟨gedachten, geest⟩ ♦ *he was preoccupied by/with his exams* hij was voortdurend met zijn examens bezig ② vooraf bezetten, vooraf toe-eigenen; → **preoccupied**

pre·or·dain /priːɔːdeɪn, ᴬ-ɔr-/ [ov ww] vooraf bepalen, vooraf beschikken, voorbeschikken, voorbestemmen, predestineren

pre·or·dain·ment /priːɔːdeɪnmənt, ᴬ-ɔr-/ [telb + niet-telb zn] voorbestemming, voorbeschikking, het van-tevoren-bepaald-zijn

pre·or·der /priːɔːdə, ᴬ-ɔrdər/ [telb zn] vooruitbestelling

pre·or·di·na·tion /priːɔːdɪneɪʃn, ᴬ-ɔr-/ [telb + niet-telb zn] voorbeschikking, ⟨i.h.b. theol⟩ predestinatie

pre-owned /priːoʊnd/ [bn] ⟨euf⟩ tweedehands

¹**prep** /prep/ [telb + niet-telb zn] ⟨BE⟩ huiswerk, studie(tijd), voorbereiding(stijd), schoolwerk

²**prep** /prep/ [bn, attr] ⟨inf⟩ voorbereidend ♦ *a prep course* een voorbereidingscursus

³**prep** /prep/ [onov ww] ⟨AE; inf⟩ ① naar een voorbereidingsschool gaan ② zich voorbereiden, zich oefenen, studeren

⁴**prep** /prep/ [ov ww] ① ⟨med⟩ prepareren, klaarmaken ⟨patiënt voor onderzoek/operatie⟩ ② klaarmaken ⟨voedsel⟩

⁵**prep** [afk] (preposition)

pre·pack /priːpæk/, **pre·pack·age** /-ɪdʒ/ [ov ww] verpakken, inpakken ⟨voor de verkoop⟩ ♦ *prepacked goods* (voor)verpakte goederen

pre·paid /priːpeɪd/ [verleden tijd en volt deelw] → **prepay**

¹**prep·a·ra·tion** /prepəreɪʃn/ [telb zn] ① (vnl mv) voorbereiding, schikkingen ♦ *make preparations for* voorbereidingen treffen voor ② preparaat, bereiding, bereidsel ③ ⟨muz⟩ voorbereiding van dissonant

²**prep·a·ra·tion** /prepəreɪʃn/ [telb + niet-telb zn] ⟨BE⟩ ① (toe)bereiding, het klaarmaken ② voorbereiding(stijd), huiswerk, schoolwerk, studie, bestudering

³**prep·a·ra·tion** /prepəreɪʃn/ [niet-telb zn] het voorbereiden, het voorbereid worden

¹**pre·par·a·tive** /prɪpærətɪv/ [telb zn] ① voorbereiding, voorbereidsel ② ⟨mil⟩ hoornsignaal, trommelsignaal

²**pre·par·a·tive** /prɪpærətɪv/ [bn; bw: ~ly] voorbereidend

pre·par·a·to·ry /prɪpærətri, ᴬ-tɔri/ [bn; bw: preparatorily] voorbereidend, inleidend, voorafgaand ♦ *preparatory school* voorbereidingsschool ⟨voor public school in Engeland; voor college/universiteit in USA⟩; *preparatory to* in voorbereiding op

¹**pre·pare** /prɪpeə, ᴬ-per/ [onov ww] voorbereidingen treffen, zich voorbereiden ♦ *prepare for the worst* wees op het ergste voorbereid ▪ ⟨sprw⟩ *hope for the best and prepare for the worst* men moet het beste hopen, het ergste komt gauw genoeg; ⟨sprw⟩ *if you want peace, prepare for war* die vrede wil, bereide zich ten oorlog; → **prepared**

²**pre·pare** /prɪpeə, ᴬ-per/ [ov ww] ① voorbereiden, (toe)bereiden, klaarmaken, gereedmaken ② voorbereiden, prepareren, bestuderen, instuderen, klaarmaken, trainen, oefenen ③ prepareren, vervaardigen, samenstellen, toebereiden ④ uitrusten, equiperen, klaarmaken

⑤ ⟨muz⟩ voorbereiden ⟨dissonant⟩; → **prepared**

¹**pre·pared** /prɪpeəd, ᴬ-perd/ [bn; oorspronkelijk volt deelw van prepare; zn: ~ness] voorbereid, vooraf klaargemaakt, gereed

²**pre·pared** /prɪpeəd, ᴬ-perd/ [bn, pred; oorspronkelijk volt deelw van prepare; zn: ~ness] bereid, willig ♦ *be prepared to do sth.* bereid zijn iets te doen

pre·pay /priːpeɪ/ [ov ww; prepaid, prepaid] ① vooruitbetalen, vooraf betalen ② frankeren ♦ *a prepaid envelope* een gefrankeerde enveloppe

pre·pay, pre·pay /ᴬpriːpeɪ/ [bn, attr] prepaid ♦ *pre-pay mobile phone* prepaid mobiel

pre·pay·ment /priːpeɪmənt/ [telb zn] ① vooruitbetaling ② frankering

pre·pense /prɪpens/ [bn, postnom; bw: ~ly] voorbedacht, opzettelijk, intentioneel, weloverwogen ♦ *malice prepense* boos opzet, voorbedachtheid; *with/of/in malice prepense* met voorbedachten rade

pre·pon·der·ance /prɪpɒndrəns, ᴬ-pɑn-/, **pre·pon·der·an·cy** /-si/ [telb zn] overwicht, overmacht, overhand, hegemonie

pre·pon·der·ant /prɪpɒndrənt, ᴬ-pɑn-/ [bn; bw: ~ly] ① overwegend, overmachtig ② overheersend, dominerend, belangrijkst

pre·pon·der·ate /prɪpɒndəreɪt, ᴬ-pɑn-/ [onov ww] ⟨form⟩ ① zwaarder wegen ♦ *this argument preponderates over all the previous ones* dit argument is belangrijker dan alle vorige ② het overwicht hebben, domineren, de overhand hebben, de doorslag geven ③ ⟨vero⟩ doorslaan ⟨van balans⟩

prep·o·si·tion /prepəzɪʃn/ [telb zn] ⟨taalk⟩ voorzetsel, prepositie

prep·o·si·tion·al /prepəzɪʃnəl/ [bn; bw: ~ly] ⟨taalk⟩ prepositioneel, voorzetsel- ♦ *prepositional clause* voorzetselzin; *prepositional complement* voorzetselcomplement; *prepositional object* voorzetselvoorwerp; *prepositional phrase* voorzetselconstituent; *prepositional verb* werkwoord met vast voorzetsel

¹**pre·pos·i·tive** /priːpɒzətɪv, ᴬ-pɑzətɪv/ [telb zn] ⟨taalk⟩ voor(op)geplaatst woord

²**pre·pos·i·tive** /priːpɒzətɪv, ᴬ-pɑzətɪv/ [bn; bw: ~ly] ⟨taalk⟩ voor(op)geplaatst, die/dat voorop geplaatst kan worden

pre·pos·sess /priːpəzes/ [ov ww] ⟨form⟩ ① ingeven, inspireren, doordringen, vervullen ♦ *prepossess s.o. with respect* iemand met respect vervullen ② in beslag nemen, bezighouden ③ bevooroordeeld maken, (voor)innemen, gunstig stemmen, ongunstig stemmen ♦ *the judge was prepossessed by the dignified behaviour of the accused* de beklaagde nam de rechter voor zich in door zijn waardig gedrag; *he prepossessed the jury in his favour* hij nam de jury voor zich in; *a prepossessing smile* een innemende glimlach

¹**pre·pos·ses·sion** /priːpəzeʃn/ [telb zn] (positief) vooroordeel, vooringenomenheid

²**pre·pos·ses·sion** /priːpəzeʃn/ [niet-telb zn] het in-beslag-genomen-zijn

pre·pos·ter·ous /prɪpɒstrəs, ᴬ-pɑs-/ [bn; bw: ~ly; zn: ~ness] ① ongerijmd, onredelijk, averechts, absurd, dwaas ② pervers, tegennatuurlijk ③ idioot, belachelijk

prepostor [telb zn] → **praepostor**

pre·po·ten·cy /priːpoʊtnsi/ [telb zn] ① overmacht, overwicht, dominantie ② ⟨biol⟩ dominantie ⟨bij overerving⟩

pre·po·tent /priːpoʊtnt/, **pre·po·ten·tial** /priːpətenʃl/ [bn] ① oppermachtig ② overheersend, dominerend ③ ⟨biol⟩ dominant ⟨bij overerving⟩

¹**prep·py, prep·pie** /prepi/ [telb zn] ⟨AE; sl⟩ (ex-)leerling van voorbereidingsschool, ⟨bij uitbreiding⟩ bal, kakker, kakmeisje

²**prep·py** /prepi/ [bn; vergr trap: preppier] bekakt, ballerig

pre·pran·di·al /priːprændɪəl/ [bn] vóór de maaltijd ♦ *a*

preprint

preprandial drink een borrel voor het eten, een glaasje vooraf, een aperitief
pre·print /pri:prɪnt/ [telb zn] voordruk
pre·pro·gram /pri:proʊgræm/ [ov ww] voorprogrammeren
prep school [telb zn] ⟨inf⟩ (preparatory school)
pre·pu·bes·cent /pri:pjubesnt/ [bn] van/m.b.t. de prepuberteit
pre·pub·li·ca·tion /pri:pʌblɪkeɪʃn/ [telb zn] voorpublicatie
prepublication price [telb zn] intekenprijs vóór publicatie
pre·puce /pri:pju:s/ [telb zn] ⟨anat⟩ voorhuid (praeputium)
pre·pu·tial /pri:pju:ʃl/ [bn] voorhuids-, van/m.b.t. de voorhuid
pre·quel /pri:kwəl/ [telb zn] boek/film over het voorafgaande, voorgeschiedenis, voorloper
[1]**Pre-Raph·a·el·ite** /pri:ræfəlaɪt, ^-fɪə-, ^-reɪ-/ [telb zn] prerafaëliet
[2]**Pre-Raph·a·el·ite** /pri:ræfəlaɪt, ^-fɪə-, ^-reɪ-/ [bn] prerafaëlitisch ♦ *Pre-Raphaelite* **Brotherhood** groep negentiende-eeuwse Engelse schilders die de schilderstijl van vóór Rafaël imiteerden
Pre-Raph·a·el·it·ism /pri:ræfəlaɪtɪzm, ^-ræfɪə-, ^-reɪfɪə-/ [niet-telb zn] prerafaëlitisme
pre·re·cord /pri:rɪkɔ:d, ^-kɔrd/ [ov ww] van tevoren opnemen, vooraf vastleggen ⟨op band, plaat enz.⟩ ♦ *a prerecorded broadcast* een ingeblikte uitzending, een vooraf op de band opgenomen uitzending
[1]**pre·req·ui·site** /pri:rekwɪzɪt/ [telb zn] eerste vereiste, voorwaarde, conditio sine qua non ♦ *a prerequisite for/of/to* een noodzakelijke voorwaarde voor
[2]**pre·req·ui·site** /pri:rekwɪzɪt/ [bn] in de eerste plaats vereist, nodig, noodzakelijk ♦ *self-confidence is prerequisite for/to success* zelfvertrouwen is een absolute vereiste voor succes
[1]**pre·rog·a·tive** /prɪrɒgətɪv, ^prɪrɑgətɪv/ [telb zn] [1] voorrecht, prerogatief, privilege ♦ *the prerogative of mercy* het genaderecht; *the Royal Prerogative* het Koninklijk Prerogatief ⟨in Engeland het (theoretische) recht van de vorst om onafhankelijk van het parlement op te treden⟩ [2] talent, gave, voorrecht
[2]**pre·rog·a·tive** /prɪrɒgətɪv, ^prɪrɑgətɪv/ [bn] [1] bevoorrecht ♦ ⟨gesch⟩ *prerogative court* aartsbisschoppelijk gerechtshof ⟨voor verificatie van testamenten enz.⟩; koninklijke rechtbank ⟨benoemd door gouverneur in Amerikaanse koloniën⟩ [2] ⟨gesch⟩ met privilege om eerst te stemmen in de comitia ⟨bij Romeinen⟩
pres [afk] [1] (present (time)) o.t.t., pres. [2] ⟨ook Pres⟩ (president) pres. [3] ⟨ook Pres⟩ (Presidency)
[1]**pres·age** /presɪdʒ/ [telb zn] ⟨form⟩ [1] voorteken, omen, voorbode ⟨voornamelijk ongunstig⟩ [2] ⟨bang⟩ voorgevoel [3] profetische betekenis [4] voorspelling, profetie, waarzegging
[2]**pres·age** /presɪdʒ, prɪseɪdʒ/ [onov ww] ⟨form⟩ een voorspelling doen, profeteren
[3]**pres·age** /presɪdʒ, prɪseɪdʒ/ [ov ww] [1] voorspellen, aankondigen, een aanduiding zijn van, de voorbode zijn van [2] voorvoelen, een voorgevoel hebben van
pre·sage·ful /presɪdʒfl/ [bn] omineus, voorspellend, veelbetekenend, veelzeggend
pres·by·o·pi·a /prezbioʊpiə/ [niet-telb zn] ⟨med⟩ presbyopie, verziendheid
pres·by·op·ic /prezbɪnpɪk, ^-ɑpɪk/ [bn] ⟨med⟩ presbyoop
pres·by·ter /prezbɪtə, ^-bɪtər/ [telb zn] [1] presbyter ⟨kerkbeambte in de eerste christengemeenten⟩ [2] priester ⟨voornamelijk in de episcopale kerk⟩
pres·byt·er·ate /prezbɪtərət, -reɪt/ [telb zn] [1] presbyterambt [2] presbyterorde

pres·by·te·ri·al /prezbɪtɪəriəl, ^-tɪr-/, **pres·byt·er·al** /prezbɪtərəl/ [bn] presbyteriaans
[1]**Pres·by·te·ri·an** /prezbɪtɪəriən, ^-tɪr-/ [telb zn] presbyteriaan
[2]**Pres·by·te·ri·an** /prezbɪtɪəriən, ^-tɪr-/ [bn; ook presbyterian] presbyteriaans ♦ *Presbyterian* **Church** presbyteriaanse kerk
Pres·by·te·ri·an·ism /prezbɪtɪəriənɪzm, ^-tɪr-/ [niet-telb zn; ook presbyterianism] presbyterianisme
pres·by·ter·y /prezbɪtri, ^-teri/ [telb zn] [1] presbyterium, hoogkoor, priesterkoor [2] (gebied bestuurd door) raad van ouderlingen ⟨presbyteriaanse kerk⟩ [3] presbyteriaans kerkbestuur [4] ⟨r-k⟩ pastorie
[1]**pre·school** /pri:sku:l/ [telb zn] ⟨AE⟩ peuterklas ⟨voor kinderen beneden de vijf jaar⟩
[2]**pre·school** /pri:sku:l/ [bn, attr] van/voor een kleuter/peuter, in de zuigeling/peutertijd, onder de schoolleeftijd
pre·school·er /pri:sku:lə, ^-ər/ [telb zn] kind voor de kleuterleeftijd, peuter
pre·sci·ence /presɪəns, ^pri:ʃns/ [niet-telb zn] [1] voorkennis, het van tevoren weten [2] vooruitziendheid
pre·sci·ent /presɪənt, ^pri:ʃnt/ [bn; bw: ~ly] [1] vooruitwetend [2] vooruitziend
[1]**pre·scind** /prɪsɪnd/ [ov ww] → **prescind from**
[2]**pre·scind** /prɪsɪnd/ [ov ww] [1] afsnijden, afhakken, scheiden, afsplitsen [2] afzonderlijk beschouwen, abstraheren, isoleren ♦ *prescind theory from praxis* de theorie van het gebruik (onder)scheiden
prescind from [onov ww] geen aandacht schenken aan, buiten beschouwing laten
[1]**pre·scribe** /prɪskraɪb/ [onov ww] [1] voorschriften geven, richtlijnen/bevelen geven [2] ⟨med⟩ een advies geven, een remedie aanbevelen/voorschrijven [3] ⟨jur⟩ ⟨op basis van verkrijgende verjaring⟩ aanspraak maken op een recht [4] ⟨jur⟩ niet meer van kracht zijn
[2]**pre·scribe** /prɪskraɪb/ [ov ww] [1] voorschrijven, dicteren, opleggen, bevelen, verordenen ♦ *a prescribed book* een opgegeven/verplicht boek ⟨voor studie⟩ [2] ⟨med⟩ aanbevelen, recepteren, voorschrijven ⟨behandeling, medicijn⟩ ♦ *prescribe a recipe for/to s.o.* iemand een recept voorschrijven
pre·script /pri:skrɪpt/ [telb zn] voorschrift, bevel, verordening, wet, regel
[1]**pre·scrip·tion** /prɪskrɪpʃn/ [telb zn] [1] ⟨med⟩ voorschrift ⟨ook figuurlijk⟩, recept, prescriptie [2] recept, geneesmiddel, preparaat [3] ⟨jur⟩ verkrijgende/acquisitieve verjaring, usucapio [4] ⟨jur⟩ bevrijdende/extinctieve verjaring, prescriptie ♦ ⟨jur⟩ *negative prescription* extinctieve verjaring; *positive prescription* acquisitieve verjaring
[2]**pre·scrip·tion** /prɪskrɪpʃn/ [niet-telb zn] het voorschrijven
prescription charge [telb zn; vaak mv] ± medicijnknaak, ± eigen bijdrage (per geneesmiddel)
prescription drug, prescription medicine [telb zn] geneesmiddel op recept
pre·scrip·tive /prɪskrɪptɪv/ [bn; bw: ~ly] [1] voorschrijvend, dicterend [2] ⟨taalk⟩ prescriptief, normatief ♦ *prescriptive grammar* voorschrijvende/prescriptieve grammatica [3] ⟨jur⟩ door verjaring verkregen ⟨recht⟩ [4] ⟨jur⟩ voorgeschreven, gewettigd ⟨door gewoonte⟩ ♦ *prescriptive right* gewoonterecht
pre·scrip·tiv·ism /prɪskrɪptɪvɪzm/ [niet-telb zn] ⟨taalk; ethiek⟩ prescriptivisme
pre·scrip·tiv·ist /prɪskrɪptɪvɪst/ [telb zn] ⟨taalk; ethiek⟩ aanhanger van het prescriptivisme
pre·se·lec·tor /pri:sɪlektə, ^-ər/ [telb zn] ⟨techn⟩ voorkiezer
preselector switch [telb zn] voorkeuzeschakelaar/knop
[1]**pres·ence** /prezns/ [telb zn] [1] aanwezig iemand/iets

² **pres·ence** /preznts/ [niet-telb zn] ① **aanwezigheid**, tegenwoordigheid, presentie ♦ *make one's presence felt* duidelijk laten merken dat men er is; *presence of mind* tegenwoordigheid van geest ② **nabijheid**, omgeving ⟨voornamelijk van koninklijk persoon⟩ ♦ *in the presence of* in tegenwoordigheid van, tegenover; *in s.o.'s presence* in iemands tegenwoordigheid; *in this august presence* in aanwezigheid van zijne/hare excellentie; *be admitted to the royal presence* door de koning(in) in audiëntie ontvangen worden ③ **presentie**, (indrukwekkende) verschijning, voorkomen, houding ♦ *have presence* zich weten te presenteren; ⟨België⟩ présence hebben ④ ⟨r-k⟩ **aanwezigheid van Christus in de eucharistie**
presence chamber [telb zn] **audiëntievertrek**
¹ **pres·ent** TENSE /preznt/ [telb zn] ① **geschenk**, cadeau, gift ♦ *he made me a present of his old bicycle* hij deed mij zijn oude fiets cadeau ② ⟨taalk⟩ (**werkwoordsvorm in de) tegenwoordige tijd**, presens
² **pre·sent** /prɪzent/ [niet-telb zn] ⟨mil⟩ ① **het aanleggen**, aanslag ♦ *at the present* in de aanslag; *bring to the present* in de aanslag brengen ② **het presenteren** ♦ *at the present!* in de houding!, presenteer geweer!
³ **pres·ent** /preznt/ [niet-telb zn; (the)] **het heden**, het nu ♦ *at present* nu, op dit ogenblik; tegenwoordig, voor het ogenblik; *for the present* voorlopig, voor het ogenblik; *live in the present* ⟨fig⟩ de dag plukken ▸ ⟨sprw⟩ *there is no time like the present* pluk de dag, ± stel nooit uit tot morgen wat ge heden doen kunt
⁴ **pres·ent** /preznt/ [bn, attr] ① **onderhavig**, in kwestie ♦ *the present author* schrijver dezes; *in the present case* in dit/onderhavig geval ② **huidig**, tegenwoordig, van nu ♦ *the present day* het heden, tegenwoordig; *our present king* onze huidige koning; *the present value/worth* de huidige waarde/dagwaarde; *during the present year* dit jaar ③ ⟨taalk⟩ **tegenwoordig**, presens ♦ *present participle* onvoltooid/tegenwoordig deelwoord; *present perfect* voltooid tegenwoordige tijd; *present tense* tegenwoordige tijd ▸ ⟨sprw⟩ *the golden age was never the present age* vroeger was alles beter
⁵ **pres·ent** /preznt/ [bn, pred] **tegenwoordig**, aanwezig, present ♦ *present at* aanwezig bij/op; *present company excepted* met uitzondering van de aanwezigen; *the explosion is still present in/to my mind* de explosie staat me nog levendig voor de geest/is me bij gebleven
⁶ **pre·sent** /prɪzent/ [ov ww] ① **voorstellen**, introduceren, presenteren, voordragen ♦ *be presented at Court* aan het Hof geïntroduceerd worden; *present to a benefice* voor een predikantsplaats voordragen; *he was presented to the President* hij werd aan de president voorgesteld ② **opvoeren**, vertonen, presenteren ♦ *present a play* een toneelstuk opvoeren; *present a show* een show presenteren; *presenting for the first time on TV, John D.!* voor het eerst op het scherm, John D.! ③ **(ver)tonen**, tentoonspreiden, blijk geven van, bieden, opleveren ♦ *present no difficulties* geen problemen bieden/opleveren; *present many qualities* van vele kwaliteiten blijk geven/getuigen ④ **aanbieden**, schenken, uitreiken, overhandigen, voorleggen, voorstellen ♦ *present one's apologies* zijn excuses aanbieden; *present an idea* een idee voorleggen; *your remarks present me with a problem* je opmerkingen stellen me voor een probleem; *the Swedish king presented him with the Nobel prize* de Zweedse koning reikte hem de Nobelprijs uit ⑤ ⟨jur⟩ **indienen**, neerleggen, voorleggen ♦ *present a complaint to* een klacht indienen/neerleggen bij ⑥ ⟨mil⟩ **presenteren** ♦ *present arms!* het geweer presenteren; *present arms!* presenteer geweer! ⑦ ⟨mil⟩ **aanleggen**, aanslaan, richten, mikken ♦ *present a gun at s.o.* een geweer op iemand richten ▸ *a new chance presents itself* er doet zich een nieuwe kans voor; *a different conception presents itself* er ontstaat een andere opvatting;

present o.s. for an examination voor een examen opgaan/verschijnen
pre·sent·a·bil·i·ty /prɪzentəbɪləti/ [niet-telb zn] **presenteerbaarheid**
pre·sent·a·ble /prɪzentəbl/ [bn; bw: presentably; zn: ~ness] ① **presentabel**, toonbaar, fatsoenlijk ♦ *make o.s. presentable* zich opknappen, zich toonbaar maken ② **geschikt als geschenk**
¹ **pres·en·ta·tion** /prezntɛɪʃn, ᴬprizn-/ [telb zn] ① **voorstelling** ② ⟨dram⟩ **opvoering**, vertoning, voorstelling ③ **introductie**, presentatie, het voorstellen, stijl, voordracht ④ **schenking**, gift, geschenk ♦ *make a presentation of* aanbieden ⑤ **(recht van) presentatie**, (recht van) voordracht ⟨voor predikambt⟩ ⑥ ⟨vaak Presentation⟩ ⟨r-k⟩ **presentatie**, opdracht
² **pres·en·ta·tion** /prezntɛɪʃn, ᴬprizn-/ [niet-telb zn] ① **het voorstellen**, het voorgesteld worden ② **het aanbieden**, het aangeboden worden ♦ *on presentation of the bill of exchange* bij aanbieding van de wissel ③ ⟨med⟩ **ligging** ⟨positie van baby vlak voor geboorte⟩
presentation copy [telb zn] **presentexemplaar**
pre·sent·a·tive /prɪzentətɪv/ [bn] ① **met recht van voordracht** ⟨voor predikantsplaats⟩ ② **geschikt voor/bijdragend tot mentale voorstelling**
present-day [bn, attr] **huidig**, hedendaags, modern, van vandaag, gangbaar, heersend
pres·en·tee /prezntiː/ [telb zn] ① **voorgedragene** ② **begiftigde** ③ **(aan het hof) voorgestelde**
pres·en·tee·ism /prezntiːɪzm/ [niet-telb zn] **overdreven aanwezigheid op het werk** ⟨om goede indruk te maken op de leidinggevende⟩
pre·sent·er /prɪzentə, ᴬ-zentər/ [telb zn] **presentator**
pre·sen·tient /prɪsenʃiənt/ [bn] **een (angstig) voorvoel hebbend**
pre·sen·ti·ment /prɪzentɪmənt/ [telb zn] **(angstig) voorgevoel**, (angstig) vermoeden
pres·ent·ly /prezntli/ [bw] ① **dadelijk**, aanstonds, binnenkort, spoedig, weldra ② ⟨AE, SchE⟩ **nu**, op dit ogenblik, thans
¹ **pre·sent·ment** /prɪzentmənt/ [telb zn] ① **voorstelling**, opvoering, vertoning ② **schets**, portret, (grafische) voorstelling ③ **uiteenzetting**, beschrijving ④ **wijze van voorstellen** ⑤ **aanbieding** ⟨van rekening⟩
² **pre·sent·ment** /prɪzentmənt/ [niet-telb zn] **het voorstellen**, voorstelling
pres·ents /preznts/ [alleen mv] ⟨jur⟩ **processtuk(ken)**, bewijsstuk(ken), document(en) ♦ ⟨jur⟩ *be it known by these presents* ter algemene kennis wordt gebracht
pre·serv·a·ble /prɪzɜːvəbl, ᴬ-zɜr-/ [bn] **bewaarbaar**, conserveerbaar, te verduurzamen
pres·er·va·tion /prezəvɛɪʃn, ᴬ-zər-/ [niet-telb zn] ① **behoud**, bewaring ② **staat**, toestand ⟨bewaring⟩ ♦ *in (a) good (state) of preservation* in goede staat, goed bewaard gebleven
pres·er·va·tion·ist /prezəvɛɪʃnɪst, ᴬ-zər-/ [telb zn] **milieubeschermer**, natuurbeschermer
preservation order [telb zn] ⟨BE⟩ **klasseringsbevel**
¹ **pre·serv·a·tive** /prɪzɜːvətɪv, ᴬ-zɜrvətɪv/ [telb + niet-telb zn] ① **conserveringsmiddel**, bewaarmiddel ② **preservatief**, voorbehoedmiddel, condoom
² **pre·serv·a·tive** /prɪzɜːvətɪv, ᴬ-zɜrvətɪv/ [bn] ① **bewarend**, conserverend, verduurzamend ② **preservatief**, voorbehoedend
¹ **pre·serve** /prɪzɜːv, ᴬ-zɜrv/ [telb zn] ① ⟨ook mv⟩ **gekonfijt fruit**, confituur, jam ② **reservaat**, wildpark, natuurservaat, gereserveerd(e) visvijver/natuurdomein, ⟨fig⟩ domein, territorium, gebied ▸ *poach on another's preserve* in iemands vaarwater zitten, onder iemands duiven schieten
² **pre·serve** /prɪzɜːv, ᴬ-zɜrv/ [onov ww] ① **verduurzamen**,

preserve

(zich laten) conserveren [2] reserveren, voorbehouden (wildpark, visvijver); → **preserved**

³**pre·serve** /prɪzɜ:v, ˄-zɜrv/ [ov ww] [1] beschermen, behoeden, beschutten, beveiligen, bewaren ♦ *the suspension of this car preserve you from all physical inconveniences* de vering van deze wagen vrijwaart u van alle fysieke ongemakken; *God preserve us!* God beware ons! [2] bewaren, levend houden ⟨voor nageslacht⟩ [3] behouden, handhaven, in stand houden, bewaren, intact houden, goed houden ♦ *a well preserved old man* een goed geconserveerde oude man [4] verduurzamen, conserveren, inmaken, inleggen, invriezen ♦ *preserved fruits* gekonfijt fruit [5] houden, reserveren ⟨wildpark, visvijver⟩ [6] in leven houden, redden; → **preserved**

pre·served /prɪzɜ:vd, ˄prɪzɜrvd/ [bn; oorspronkelijk volt deelw van preserve] ⟨sl⟩ **zat**, in de olie

pre·serv·er /prɪzɜ:və, ˄prɪzɜrvər/ [telb zn] [1] beschermer, behoeder [2] bewaarmiddel, conserveringsmiddel

pre·ses /pri:sɪz/ [telb zn; mv: preses] ⟨SchE⟩ voorzitter, president, preses

pre·set /pri:set/ [ov ww] vooraf instellen, afstellen ♦ *preset the oven to go on at three o'clock* de oven zo instellen, dat hij om drie uur aan zal gaan, de schakelklok van de oven instellen op drie uur

pre·shrunk /pri:ʃrʌŋk/ [bn; volt deelw van preshrink] voorgekrompen ⟨van stoffen, kleding⟩

pre·side /prɪzaɪd/ [onov ww] [1] als voorzitter optreden, presideren, voorzitten ♦ *preside at/over a meeting* een vergadering voorzitten [2] de leiding hebben, controleren, gezag uitoefenen, aan het hoofd staan ♦ *The Shadow Cabinet is presided over by the leader of the opposition* de leiding van het schaduwkabinet is in handen van de oppositieleider

¹**pres·i·den·cy** /prezɪd(ə)nsɪ/ [telb zn; ook Presidency] [1] lokale drieledige bestuursraad ⟨van de mormoonse kerk⟩ [2] belangrijkste administratief orgaan ⟨van de mormoonse kerk⟩

²**pres·i·den·cy** /prezɪd(ə)nsɪ/ [telb + niet-telb zn] presidentschap, presidentsambt, presidentstermijn

pres·i·dent /prezɪd(ə)nt/ [telb zn] [1] ⟨soms President⟩ voorzitter, voorzitster, president, preses ♦ *president pro tempore* waarnemend senaatsvoorzitter ⟨in de USA⟩ [2] ⟨soms President⟩ president [3] ⟨ook President⟩ minister ♦ *the President of the Board of Trade* de minister van Handel [4] hoofd van Brits college/Amerikaanse universiteit [5] ⟨AE⟩ manager, directeur, leider, hoofd, president-commissaris [6] ⟨gesch⟩ gouverneur ⟨van provincie, kolonie⟩

pres·i·dent-e·lect [telb zn] verkozen president ⟨die nog niet beëdigd is⟩

pres·i·den·tial /prezɪdenʃl/ [bn, attr; ook Presidential; bw: ~ly] presidentieel ♦ *presidential address* openingsrede van de voorzitter; *presidential year* jaar met presidentsverkiezingen ⟨in USA⟩

pres·i·dent·ship /prezɪd(ə)ntʃɪp/ [telb + niet-telb zn] presidentschap

pre·sid·i·ary /prɪsɪdɪərɪ, ˄-sɪdɪerɪ/, ⟨AE ook⟩ **pre·sid·i·al** /prɪsɪdɪəl/ [bn, attr] garnizoens-, bezettings-

pre·si·di·o /prɪsɪdɪoʊ/ [telb zn] presidio, garnizoen, vesting, fort ⟨in Spanje en Spaans-Amerika⟩

pre·sid·i·um [telb zn] → **praesidium**

¹**press** /pres/ [telb zn] [1] ⟨dichte⟩ menigte, gedrang, massa [2] druk, stoot, duw ♦ *carry a press of sail/canvas* alle zeilen bijzetten, met volle zeilen varen [3] pers, perstoestel [4] drukpers, pers ♦ *at/in (the) press* ter perse; *correct the press* de drukproeven corrigeren; ⟨BE⟩ *corrector of the press* corrector, revisor; *go to the press* ter perse gaan; *off the press* van de pers, gedrukt; *send to the press* ter perse leggen [5] drukkerij ♦ *get a good press* een goede pers krijgen [6] ⟨voornamelijk Press⟩ uitgeverij [7] pers, perscommentaar, persbericht(en), kritiek(en), verslag, recensie [8] muurkast, muurrek [9] strijk, het strijken/persen ♦ *give these trousers a good press* strijk/pers deze broek maar eens goed

²**press** /pres/ [niet-telb zn] [1] druk(te), dwang, gejaag, stress [2] ⟨the⟩ de (geschreven) pers ♦ *freedom/liberty of the press* persvrijheid, vrijheid van drukpers [3] ⟨the⟩ het drukken [4] ⟨gesch, mil⟩ ronseling, pressing ⟨dwang tot krijgsdienst voornamelijk bij de marine⟩

³**press** /pres/ [verzamelnw; the] de pers, de perslui, de journalisten

⁴**press** /pres/ [onov ww] [1] druk uitoefenen, knellen, drukken ⟨ook figuurlijk⟩, pressie uitoefenen ♦ *press ahead with one's endeavours towards peace* onverbiddelijk/onverwijld doorgaan met vredesinspanningen; *press ahead/forward/on with your plan* druk je plan door; *press down (up)on s.o.* op iemand drukken; *shoes that press deform your feet* knellende schoenen vervormen je voeten; *the urge to keep up with the Joneses presses hard (up)on them* de drang om hun stand op te houden drukt hen zwaar [2] persen, strijken [3] dringen, haast hebben, urgent zijn ♦ *time presses* de tijd dringt [4] dringen, zich verdringen ♦ *a young man pressed forward through the crowd* een jonge man baande zich een weg door de menigte; → **pressing**

⁵**press** /pres/ [ov ww] [1] drukken, duwen, klemmen, knijpen, stevig vasthouden, knellen ♦ *press the button* op de knop drukken; ⟨inf, fig⟩ de teerling werpen, de kogel door de kerk jagen; *he pressed her to his side* hij drukte haar tegen zich aan [2] samendrukken, platdrukken, (uit)persen, uitknijpen, samenknijpen ♦ *the children were pressed away in the crowd* de kinderen werden weggedrukt in de massa; *pressed flower* gedroogde bloem, herbariumbloem; *pressed food* ingeblikt voedsel; *press a metaphor* een metafoor letterlijk opvatten; *press a record* een plaat persen [3] bestoken ⟨ook figuurlijk⟩, op de hielen zitten, in het nauw drijven ♦ *press s.o. hard* iemand het vuur na aan de schenen leggen [4] (neer)drukken, bezwaren, deprimeren, beknellen, wegen op [5] benadrukken, beklemtonen, hameren op ♦ *you didn't press that point sufficiently* je hebt op dat aspect onvoldoende de nadruk gelegd [6] pressen, druk uitoefenen op, aanzetten, aansporen, aanporren ♦ *press for an answer* aandringen op een antwoord; *be pressed for money/time* in geldnood/tijdnood zitten; *peace demonstrators were pressing for negotiations* vredesbetogers drongen aan op onderhandelingen; *press a question (on s.o.)* aandringen op een antwoord (bij iemand), antwoord op een vraag verlangen (van iemand); *press sth. upon s.o.* iemand iets opdringen [7] persen, strijken [8] ⟨mil⟩ pressen, tot krijgsdienst dwingen ⟨•⟩ *press home an attack* een aanval doordrukken; *press home an advantage* een voordeel (ten volle) uitbuiten; *press home one's point of view* zijn zienswijze doordrijven/zetten; ⟨sprw⟩ *one volunteer is worth two pressed men* ± met onwillige honden is het kwaad hazen vangen, ± met onwillige paarden is het kwaad rijden; → **pressing**

press agency [telb zn] [1] publiciteitsbureau [2] persagentschap, nieuwsagentschap

press agent [telb zn] publiciteitsagent

press baron [telb zn] ⟨inf⟩ persmagnaat, krantenmagnaat

press box [telb zn] perstribune, persbanken

press button [telb zn] drukknop, drukschakelaar

press campaign [telb zn] perscampagne

press conference [telb zn] persconferentie

press corps [verzamelnw] persafdeling ♦ *The Reagan press corps* de persdienst van (president) Reagan

press coverage [niet-telb zn] verslaggeving ⟨in de pers⟩

press cutting, press clipping [telb zn] krantenknipsel

press·er /presə, ˄-ər/ [telb zn] [1] perser [2] pers

press gallery [telb zn] perstribune ⟨in Britse parlement⟩
pressgang [ov ww] ⟨inf⟩ [1] pressen, dwingen, nopen ♦ *pressgang s.o. into sth.* iemand tot iets dwingen [2] (met geweld) ronselen, ± shanghaaien
press gang [telb zn] ⟨gesch⟩ ronselaarsbende
pres·sie, prez·zie /prɛzi/ [telb zn] ⟨BE, AuE; inf⟩ cadeau(tje), geschenk
¹**press·ing** /prɛsɪŋ/ [telb zn; oorspronkelijk tegenwoordig deelw van press] ⟨techn⟩ persing ⟨van grammofoonplaten⟩
²**press·ing** /prɛsɪŋ/ [bn; oorspronkelijk tegenwoordig deelw van press; bw: ~ly] [1] dringend, urgent [2] (aan)dringend, opdringerig, nadrukkelijk, aanhoudend
press kit [telb zn] informatiemap ⟨verstrekt aan de pers⟩
press lord [telb zn] krantenmagnaat, persmagnaat
press·man /prɛsmən/ [telb zn; mv: pressmen /-mən/] [1] ⟨BE; inf⟩ persjongen, persman, journalist [2] drukker
press·mark [telb zn] signatuur ⟨in bibliotheek⟩, plaatsingsnummer
press office [telb zn] persvoorlichting ⟨dienst⟩
press officer [telb zn] persvoorlichter
press photographer [telb zn] persfotograaf
press proof [telb zn] laatste (druk)proef, revisie
press reader [telb zn] corrector, revisor
press release [telb zn] perscommuniqué, persbericht
press report [telb zn] persbericht
press room [telb zn] perszaal
press run [telb zn] oplage
press secretary [telb zn] persattaché, perschef
press-show [ov ww] voorvertonen, een voorpremière geven van
press-stud [telb zn] ⟨BE⟩ drukknoop(je), drukknoopsluiting
press-up [telb zn] ⟨vnl BE; gymn⟩ opdrukoefening ♦ *do ten press-ups* zich tien keer opdrukken
¹**pres·sure** /prɛʃə, ᴬ-ər/ [telb zn] [1] druk, gewicht, (druk)kracht, spanning ♦ *atmospheric pressure* luchtdruk; *high pressure* hoge (lucht)druk; *low pressure* lage (lucht)druk; *the pressure of taxation* de belastingdruk [2] moeilijkheid, druk, kommer, kwelling, nood
²**pres·sure** /prɛʃə, ᴬ-ər/ [niet-telb zn] [1] het drukken, het wegen [2] stress, spanning, druk(te) ♦ *she can only work intensely under pressure of exams/time* zij kan pas intensief werken onder examendruk/als zij in tijdnood zit; *work at high pressure* onder grote druk werken; *the pressure of modern life* de stress van het moderne leven; *work at low pressure* op zijn gemak werken [3] dwang, pressie, druk ♦ *bring pressure (to bear) on s.o.* pressie op iemand uitoefenen; *place pressure (up)on s.o.* iemand onder druk zetten; *put pressure on s.o.* pressie op iemand uitoefenen; *put s.o. under pressure* iemand onder druk zetten; *a promise made under pressure* een belofte onder dwang, een afgedwongen belofte
³**pres·sure** /prɛʃə, ᴬ-ər/ [ov ww] ⟨vnl AE⟩ onder druk zetten, pressie uitoefenen op; → pressured
pressure cabin [telb zn] ⟨ruimtev, luchtv⟩ drukcabine, drukhajuit
pressure cooker [telb zn] [1] snelkoker, snelkookpan, hogedrukpan [2] ⟨sl⟩ gekkenhuis
pres·sured /prɛʃəd, ᴬ-ərd/ [bn; tegenwoordig deelw van pressure] druk, veeleisend, gestrest, stressy
pressure gauge [telb zn] manometer, drukmeter
pressure group [telb zn] pressiegroep, belangengroep, lobby
pressure point [telb zn] [1] drukpunt ⟨om bloedverlies te voorkomen⟩ [2] drukpunt ⟨bij massage⟩ [3] kritiek(e) gebied/plek, hot spot
pressure relief valve [telb zn] ⟨techn⟩ decompressieklep

pressure suit [telb zn] ⟨luchtv⟩ drukpak
pres·sur·i·za·tion, pres·sur·i·sa·tion /prɛʃəraɪzeɪʃn, ᴬ-rəzeɪʃn/ [niet-telb zn] [1] het onder druk zetten ⟨ook figuurlijk⟩, het uitoefenen van pressie [2] (lucht)drukregeling
pres·sur·ize, pres·sur·ise /prɛʃəraɪz/ [ov ww] [1] onder druk zetten ⟨ook figuurlijk⟩, pressie uitoefenen op ♦ *pressurize s.o. into doing sth., pressurize someone to do something* iemand dwingen iets te doen, druk uitoefenen op iem om iets te doen [2] de (lucht)druk regelen in/van; → pressurized
pres·sur·ized, pres·sur·ised /prɛʃəraɪzd/ [bn; tegenwoordig deelw van pressurize; voornamelijk attributief] [1] druk- ♦ *pressurized cabin* luchtdrukcabine [2] ⟨BE⟩ onder druk gezet/staand, stressy, stressvol ♦ *pressurized environment* omgeving waarin je constant onder druk staat; *pressurized salesmen* gestreste vertegenwoordigers
press·work [niet-telb zn] [1] drukwerk, het drukken [2] gedrukt materiaal
Pres·tel /prɛstɛl/ [eigenn] Prestel ⟨viewdatadienst van British Telecom⟩
pres·ti·dig·i·ta·tion /prɛstɪdɪdʒɪteɪʃn/ [niet-telb zn] ⟨form; scherts⟩ goochelarij, gegoochel, goochelkunst, hocus pocus
pres·ti·dig·i·ta·tor /prɛstɪdɪdʒɪteɪtə, ᴬ-teɪtər/ [telb zn] ⟨form; scherts⟩ goochelaar, prestidigitateur
pres·tige /prɛstiːʒ/ [niet-telb zn] prestige, aanzien, invloed
prestige development [telb zn] prestigeobject, prestigeproject
pres·tig·ious /prɛstɪdʒəs, ᴬ-stiː-/ [bn; bw: ~ly; zn: ~ness] rijk aan prestige, gerenommeerd, prestigieus
¹**pres·tis·si·mo** /prɛstɪsɪmoʊ/ [telb zn] ⟨muz⟩ prestissimo
²**pres·tis·si·mo** /prɛstɪsɪmoʊ/ [bn; bw] ⟨muz⟩ prestissimo
¹**pres·to** /prɛstoʊ/ [telb zn] ⟨muz⟩ presto
²**pres·to** /prɛstoʊ/ [bw] [1] ⟨muz⟩ presto, snel, vlug [2] presto, onmiddellijk, dadelijk ♦ *hey presto!* hocus pocus pas!
pre-stressed /priːstrɛst/ [bn] ⟨bouwk⟩ voorgespannen ♦ *prestressed concrete* voorgespannen beton, spanbeton
pre·sum·a·ble /prɪzjuːməbl, ᴬ-zuː-/ [bn; bw: presumably] aannemelijk, vermoedelijk, waarschijnlijk
¹**pre·sume** /prɪzjuːm, ᴬ-zuːm/ [onov ww] zich vrijpostig gedragen, zich vrijheden veroorloven, zich aanmatigen ▪ zie: **presume on**; → presuming
²**pre·sume** /prɪzjuːm, ᴬ-zuːm/ [ov ww] [1] zich veroorloven, de vrijheid nemen, wagen, durven ♦ *may I presume to make a few corrections* mag ik zo vrij zijn een paar verbeteringen aan te brengen? [2] veronderstellen, vermoeden, aannemen, presumeren, vooronderstellen ♦ *Dr Livingstone, I presume* dr. Livingstone neem ik aan?; *presume s.o. innocent until he is proved guilty* een beschuldigde als onschuldig beschouwen zolang zijn schuld niet bewezen is; → presuming
presume on, presume upon [onov ww] ⟨form⟩ [1] misbruik maken van ♦ *presume on s.o.'s kindness* misbruik maken van iemands vriendelijkheid [2] rekenen op, verwachten van, vertrouwen op
pre·sum·ing /prɪzjuːmɪŋ, ᴬ-zuː-/ [bn, attr; oorspronkelijk tegenwoordig deelw van presume; bw: ~ly] aanmatigend, vrijpostig, verwaand, opdringerig
¹**pre·sump·tion** /prɪzʌm(p)ʃn/ [telb zn] [1] (redelijke) veronderstelling, (redelijk) vermoeden ♦ ⟨jur⟩ *presumption of fact* vermoeden; *presumption of law* wettelijk vermoeden ⟨bijvoorbeeld dat iemand onschuldig is, tenzij het tegendeel bewezen wordt⟩ [2] grond/reden om te veronderstellen
²**pre·sump·tion** /prɪzʌm(p)ʃn/ [niet-telb zn] arrogantie, stoutmoedigheid, vrijmoedigheid, aanmatiging, verwaandheid, pretentie
pre·sump·tive /prɪzʌm(p)tɪv/ [bn, attr; bw: ~ly] aanne-

presumptuous

melijk, vermoedelijk, waarschijnlijk ♦ ⟨jur⟩ *presumptive evidence* bewijs gebaseerd op redelijke veronderstelling, indiciën; ⟨jur⟩ *heir presumptive*, ⟨jur⟩ *presumptive heir* vermoedelijke erfgenaam/troonopvolger ⟨wiens rechten vervallen bij de geboorte van een nauwer verwante erfgenaam⟩

pre·sump·tu·ous /prɪzʌm(p)tʃʊəs/ [bn, attr; bw: ~ly; zn: ~ness] aanmatigend, arrogant, verwaand, laatdunkend

pre·sup·pose /priːsəpoʊz/ [ov ww] ⓵ vooronderstellen, veronderstellen ⓶ impliceren, als voorwaarde vooraf nodig hebben

¹**pre·sup·po·si·tion** /priːsʌpəzɪʃn/ [telb zn] vooronderstelling, voorwaarde, vereiste, ⟨taalk⟩ presuppositie

²**pre·sup·po·si·tion** /priːsʌpəzɪʃn/ [niet-telb zn] het vooronderstellen

pre·tax /priːtæks/ [bn, attr] vóór belasting(aanvraag) ♦ *pretax income* inkomen vóór belasting

pre·teen /priːtiːn/ [telb zn; vaak attributief] jonge tiener ⟨iemand tussen 10 en 13⟩

¹**pre·tence**, ⟨AE⟩ **pre·tense** /prɪtens, ˄priːtens/ [telb zn] ⓵ aanspraak, pretentie ♦ *pretence to* aanspraak op ⓶ voorwendsel, excuus ♦ ⟨jur⟩ *by/under false pretence* onder valse voorwendsels; *on the slightest pretence* bij de geringste aanleiding ⓷ valse indruk, schijn ♦ *a pretence at democracy* een zogenaamde democratie, een schijndemocratie; *she made a pretence of laughing* ze deed alsof ze lachte; *she isn't really crying, it 's only pretence* ze huilt niet echt, ze doet maar alsof

²**pre·tence**, ⟨AE⟩ **pre·tense** /prɪtens, ˄priːtens/ [niet-telb zn] ⓵ uiterlijk vertoon, aanstellerij, gemaaktheid ♦ *devoid of all pretence* zonder pretentie ⓶ huichelarij, veinzerij, het doen alsof, het pretenderen

¹**pre·tend** /prɪtend/ [bn, attr] ⟨vnl kind⟩ ingebeeld, denkbeeldig ♦ *I am the pretend king!* ik was de koning!

²**pre·tend** /prɪtend/ [onov + ov ww] doen alsof, komedie spelen, huichelen ♦ *pretend at indifference* zich onverschillig voordoen ▸ zie: **pretend to**; → **pretended**

³**pre·tend** /prɪtend/ [ov ww] ⓵ pretenderen, voorgeven, (ten onrechte) beweren ⓶ voorwenden, veinzen ⓷ wagen, durven, proberen, zich aanmatigen; → **pretended**

pre·tend·ed /prɪtendɪd/ [bn; volt deelw van pretend; bw: ~ly] geveinsd, voorgewend, schijn-, zogenaamd

pre·tend·er /prɪtendə, ˄-ər/ [telb zn] ⓵ (troon)pretendent ⓶ huichelaar, komediant, schijnheilige

pre·tend to [onov ww] (ten onrechte) aanspraak maken op, dingen naar

¹**pre·ten·sion** /prɪtenʃn/ [telb zn; vaak mv] ⓵ aanspraak, pretentie ♦ *I make no pretension(s) to completeness* ik maak geen aanspraak op volledigheid ⓶ voorwendsel, excuus

²**pre·ten·sion** /prɪtenʃn/ [niet-telb zn] ⓵ pretentie, aanmatiging ⓶ opzichtigheid, uiterlijk vertoon

pre·ten·tious /prɪtenʃəs/ [bn; bw: ~ly; zn: ~ness] ⓵ pretentieus, aanmatigend ⓶ opzichtig, in het oog lopend, ostentatief

pre·ter- /priːtə-, ˄priːtər-/ boven-, buiten- ♦ *preterhuman* bovenmenselijk; *preternatural* buitengewoon, exceptioneel

¹**pret·er·ite, pret·er·it** /pretrɪt, ˄pretərɪt/ [telb zn] ⟨taalk⟩ (werkwoordsvorm in de) verleden tijd, preteritum

²**pret·er·ite, pret·er·it** /pretrɪt, ˄pretərɪt/ [bn] ⟨taalk⟩ verleden, van/m.b.t./in het preteritum ♦ *preterite tense* verleden tijd, preteritum

pret·er·i·tion /pretərɪʃn/ [niet-telb zn] ⓵ veronachtzaming, verwaarlozing, het voorbijgaan ⓶ ⟨jur⟩ het nalaten wettelijke erfgenamen aan te wijzen ⓷ ⟨letterk⟩ praeteritio ⟨benadrukking door verzwijging⟩

pre·ter·mis·sion /priːtəmɪʃn, ˄priːtər-/ [telb + niet-telb zn] ⓵ weglating, het overslaan ⓶ verzuim, verwaarlo-

zing ⓷ onderbreking, het nalaten

pre·ter·mit /priːtəmɪt, ˄priːtər-/ [ov ww] ⓵ weglaten, overslaan, niet zeggen/vermelden, voorbijgaan (aan) ⓶ verzuimen, nalaten, verwaarlozen, veronachtzamen ⓷ onderbreken, (tijdelijk) ophouden met, nalaten

pre·ter·nat·u·ral /priːtənætʃrəl, ˄-priːtər-/ [bn; bw: ~ly] ⟨form⟩ ⓵ bovennatuurlijk, buitengewoon, exceptioneel ⓶ onnatuurlijk, vreemd, ongewoon

pre·test /priːtest/ [ov ww] vooraf testen

pre·text /priːtekst/ [telb zn] voorwendsel, excuus, pretext ♦ *(up)on/under the pretext of* onder voorwendsel van

pretor [telb zn] → **praetor**

pret·ti·fy /prɪtɪfaɪ/ [ov ww] ⓵ mooi maken ⓶ opsieren, opsmukken, opdirken, opkalfateren, optuigen, optutten

¹**pret·ty** /prɪti/ [telb zn] ⟨vero, inf⟩ snoes, schat

²**pret·ty** /prɪti/ [bn; vergr trap: prettier; bw: prettily; zn: prettiness] ⓵ aardig ⟨ook ironisch⟩, mooi, bevallig, aantrekkelijk, bekoorlijk, lief, sierlijk, snoeperig ♦ ⟨kind⟩ *ask prettily* mooi vragen; ⟨sl⟩ *pretty ear* bloemkooloor; *a pretty mess* een mooie boel; *reach/come to a pretty pass* in een moeilijke situatie terechtkomen; *it wasn't a pretty sight* het was geen prettig gezicht, het was gruwelijk/vreselijk om (aan) te zien; ⟨iron⟩ het was een fraai gezicht, het zag er fraai uit ⓶ goed, fijn, excellent ♦ *she has a pretty wit* ze is een geestige meid ⓷ fatterig, verwijfd ♦ ⟨sl⟩ *pretty-boy* mietje ⓸ ⟨vero⟩ knap, mooi, stevig, flink ♦ *a pretty fellow* een knappe kerel; ⟨sl⟩ *she is a pretty piece of goods* zij is een lekker stuk ▸ *lead s.o. a pretty dance* iemand het leven zuur maken, het iemand lastig maken, iemand voor de gek houden; *only pretty Fanny's way* zo is zij nu eenmaal; *a pretty kettle of fish* een mooie boel, een knoeiboel

³**pret·ty** /prɪti/ [bn, attr; vergr trap: prettier; bw: prettily; zn: prettiness] ⟨inf⟩ groot, aanzienlijk, veel ♦ *the divorce cost him a pretty penny* de echtscheiding heeft hem een lieve duit gekost

⁴**pret·ty** /prɪti/ [ov ww] ⟨inf⟩ opsieren ♦ *pretty up* optuigen

⁵**pret·ty** /prɪti, ˄pʊrti, ˄prɪti/ [bw] ⓵ nogal, vrij, tamelijk, redelijk ♦ *that is pretty much the same thing* dat is praktisch hetzelfde; *these goods are free, or pretty nearly so* deze producten zijn gratis, of zogoed als; *I have pretty well finished my essay* ik heb mijn opstel vrijwel/nagenoeg af ⓶ erg, zeer ⓷ ⟨AE⟩ aardig, behoorlijk ♦ ⟨inf⟩ *sitting pretty* er aardig bijzitten; er goed voorzitten

pret·ty·ish /prɪtiɪʃ/ [telb zn] nogal/vrij mooi

pret·ty·ism /prɪtiɪzm/ [niet-telb zn] mooidoenerij, mooischrijverij

pret·ty-pret·ty [bn] gemaakt mooi, popperig

pret·zel /pretsl/ [telb zn] ⓵ pretzel ⟨zoute krakeling⟩ ⓶ ⟨sl⟩ (wald)hoorn ⓷ ⟨beled⟩ Duitser, iemand van Duitse afkomst

pret·zel-bend·er [telb zn] ⟨sl⟩ ⓵ malloot ⓶ worstelaar ⓷ kroegtijger

pre·vail /prɪveɪl/ [onov ww] ⓵ de overhand krijgen/hebben, prevaleren, overwinnen, het winnen, zegevieren ♦ *knowledge will prevail against/over superstition* kennis zal bijgeloof overwinnen; ⟨form⟩ *the author was prevailed (up)on/with to write an occasional poem* men kon de auteur overhalen/ertoe brengen een gelegenheidsgedicht te schrijven ⓶ wijd verspreid zijn, heersen, gelden, courant zijn; → **prevailing**

pre·vail·ing /prɪveɪlɪŋ/ [bn, attr; (oorspronkelijk) tegenwoordig deelw van prevail; bw: ~ly; zn: ~ness] gangbaar, courant, heersend ♦ *the prevailing wind* de heersende/meest voorkomende wind

prev·a·lence /prevələns/ [niet-telb zn] het wijdverspreid-zijn, gangbaarheid, overwicht, invloed

prev·a·lent /prevələnt/ [bn; bw: ~ly] ⓵ heersend, courant, gangbaar, wijd verspreid, geldend ♦ *become more and more prevalent* steeds meer ingang vinden, hand over hand toenemen; *the Polish people are prevalently Catholics* de Polen zijn overwegend katholiek ② (over)heersend, dominerend

pre·var·i·cate /prɪværɪkeɪt/ [onov ww] ① 〈form〉 (er omheen) draaien, versluierend/dubbelzinnig spreken, uitvluchten zoeken, 〈euf〉 liegen ② 〈jur〉 samenspannen

¹**pre·var·i·ca·tion** /prɪværɪkeɪʃn/ [telb zn] uitvlucht, dubbelzinnigheid, spitsvondigheid

²**pre·var·i·ca·tion** /prɪværɪkeɪʃn/ [niet-telb zn] ① draaierij, het zoeken van uitvluchten, gemanoeuvreer ② 〈jur〉 samenspanning

pre·var·i·ca·tor /prɪværɪkeɪtə, ᴬ-keɪtər/ [telb zn] ① draaier, zoeker van uitvluchten, veinzer ② 〈jur〉 samenspanner

pre·ve·ni·ent /prɪviːnɪənt/ [bn; bw: ~ly] ① voorafgaand, vorig, antecederend ♦ 〈rel〉 prevenient grace voorkomende genade ② vooruitlopend, anticiperend ③ preventief, voorbehoedend, voorkomend ♦ prevenient of voorbehoedend tegen

¹**pre·vent** /prɪvent/ [onov ww] in de weg staan/komen ♦ if nothing prevents als er niets tussenkomt

²**pre·vent** /prɪvent/ [ov ww] ① voorkómen, afwenden, verhoeden, verijdelen, verhinderen ♦ you can't prevent him from having his own ideas je kunt hem niet beletten er zijn eigen ideeën op na te houden; you should prevent his having such contacts je moet voorkomen dat hij zulke contacten heeft ② 〈vero〉 anticiperen, vooruitlopen op

pre·vent·a·ble, pre·vent·i·ble /prɪventəbl/ [bn] afwendbaar, te voorkomen

pre·vent·er /prɪventə, ᴬ-ventər/ [telb zn] ① afwender ② voorbehoedmiddel ③ 〈scheepv〉 borgtouw, borgketting

pre·ven·tion /prɪvenʃn/ [niet-telb zn] preventie, het voorkómen, het verhinderen, het afwenden ▪ 〈sprw〉 prevention is better than cure voorkomen is beter dan genezen

¹**pre·ven·tive** /prɪventɪv/, **pre·ven·ta·tive** /prɪventətɪv/ [telb zn] ① obstakel, hindernis, belemmering ② 〈med〉 voorbehoedmiddel, profylacticum

²**pre·ven·tive** /prɪventɪv/, **pre·ven·ta·tive** /prɪventətɪv/ [bn; bw: ~ly] ① preventief, voorbehoedend, voorkomend ♦ preventive custody/detention voorlopige/preventieve hechtenis, voorarrest, (verzekerde) bewaring; preventive officer opsporingsambtenaar bij de douane ② 〈med〉 preventief, profylactisch ♦ preventive medicine preventieve geneeskunde

pre·verb·al [bn, attr] preverbaal 〈voordat iemand heeft leren spreken〉

pre·vi·a·ble /priːvaɪəbl/ [bn] niet-levensvatbaar, 〈België〉 niet-leefbaar

¹**pre·view,** 〈AE ook〉 **pre·vue** /priːvjuː/ [telb zn] ① voorvertoning ② 〈AE〉 trailer, trekfilm ③ vooruitblik ④ voorsmaak

²**pre·view** /priːvjuː/ [ov ww] ① in voorvertoning zien ② voorvertonen

¹**pre·vi·ous** /priːvɪəs/ [bn, attr; bw: ~ly; zn: ~ness] voorafgaand, vorig, voorgaand, vroeger ♦ previous conviction eerdere veroordeling; previous examination eerste examen voor de graad van BA in Cambridge; previous the wedding voor het huwelijksfeest; 〈pol〉 previous question prealabele vraag/motie 〈om directe stemming〉; 〈ook als voorzetsel〉 previous to vóór, voorafgaand aan; he had first met her 12 years previously hij had haar voor het eerst 12 jaar geleden ontmoet

²**pre·vi·ous** /priːvɪəs/ [bn, pred; bw: ~ly; zn: ~ness] voorbarig, haastig ♦ you are too previous in saying he is incompetent het is voorbarig te zeggen dat hij niet bekwaam is

¹**pre·vise** /priːvaɪz/ [onov ww] 〈form〉 een voorspelling doen

²**pre·vise** /priːvaɪz/ [ov ww] 〈form〉 ① voorzien ② voorspellen

pre·vi·sion /priːvɪʒn/ [telb + niet-telb zn] ① voorkennis, vooruitziendheid, het vooraf weten ② voorspelling, profetie

pre·war /priːwɔː, ᴬ-wɔr/ [bn] vooroorlogs, van voor de oorlog 〈voornamelijk WO II〉

pre·wash /priːwɒʃ, ᴬ-wɑʃ/ [telb zn] voorwas

prex /preks/, **prex·y** /preksi/ 〈AE; sl〉 ① hoofd van college/universiteit ② president

¹**prey** /preɪ/ [telb + niet-telb zn] ① prooi 〈ook figuurlijk〉, slachtoffer ♦ be (a) prey to een prooi/slachtoffer zijn van; beast/bird of prey roofdier, roofvogel; become/fall (a) prey to ten prooi vallen aan, slachtoffer worden van ② 〈vero; Bijb〉 buit ♦ his life shall be unto him for a prey zijn leven zal hem ten buit zijn 〈Jer. 21:9〉

²**prey** /preɪ/ [onov ww] op rooftocht gaan ♦ prey (up)on uitzuigen; aantasten; hawks prey (up)on small animals haviken azen op kleine dieren; his wife's love affairs preyed (up)on his mind hij werd gekweld door de amoureuze escapades van zijn vrouw; a charming fellow who preyed (up)on rich old widows een innemende kerel die leefde op kosten van/aasde op het geld van rijke oude weduwen; the coast of Western Europe was preyed (up)on by the Normans de West-Europese kust werd geplunderd door de Noormannen

prezzie [telb zn] → pressie

pri·ap·ic /praɪæpɪk/ [bn] priapisch, fallisch, ontuchtig

pri·a·pism /praɪəpɪzm/ [niet-telb zn] ① 〈med〉 priapisme ② losbandigheid

¹**price** ⟦PRIZE⟧ /praɪs/ [telb zn] ① prijs 〈ook figuurlijk〉, som, koers ♦ above/beyond/without price onbetaalbaar, onschatbaar; at any price tot elke prijs; at a low price voor weinig geld; not at any price onder geen enkele voorwaarde, tot geen prijs; here you can buy anything - at a price hier kun je alles kopen - als je maar wilt betalen; the price to be paid for the victory was very high de prijs van de overwinning eiste een zeer hoge tol; price of issue koers van uitgifte, uitgiftekoers 〈van effecten〉; these houses are of a price deze huizen zijn ongeveer even duur; I wouldn't like to put a price to it ik moet er niet aan denken wat het kost; a price was put/set on the killer's head/life men zette een beloning op het hoofd van de moordenaar; quote a price een prijs noemen; set a price on een prijs bepalen/vaststellen voor ② notering 〈verhouding tussen de inzetten bij weddenschap〉 ③ waarde ♦ of (great) price waardevol; put a price on de waarde bepalen van; 〈vnl BE; inf〉 what price Reaganomics? wat geef je nu voor Reagans economisch beleid?; 〈vnl BE; inf〉 what price a ride on an prewar automobile? wat denk je van een ritje in een vooroorlogse automobiel?; 〈vnl BE; inf〉 what price winning £10,000 on the horse-races? hoeveel kans is er dat we £10.000 winnen in de paardenraces?; 〈vnl BE; inf〉 you ended up the very last; what price your boasting now? je bent als laatste geëindigd; waar blijf je nu met al je grootspraak? ▪ 〈vnl AE en SchE〉 upset price inzet, limietprijs, ophoudprijs 〈bij veilingen〉; 〈sprw〉 a thing you don't want is dear at any price ± iets nutteloos is nooit zijn geld waard; 〈sprw〉 every man has his price iedereen is te koop, ± alles heeft zijn prijs

²**price** /praɪs/ [ov ww] ① prijzen, de prijs vaststellen van ♦ priced catalogue prijzencatalogus; price o.s. out of the market zich uit de markt prijzen ② de prijs nagaan van, de prijs vragen van ♦ the consumers' magazine has been pricing colour television sets het consumententijdschrift heeft de prijzen van kleurentelevisies vergeleken ③ schatten, taxeren; → pricing

price bracket, price range [telb zn] prijsklasse, prijsniveau

price control [telb + niet-telb zn] prijscontrole, prijsbeheersing

price-con·trolled [bn] met prijscontrole

price current, prices current [telb zn] prijscourant

price cut [telb zn] prijsvermindering

price-cut·ting [niet-telb zn] prijsverlaging, prijsbederf,

price-fixing

dumping
price-fix·ing [telb + niet-telb zn] ⟨ec⟩ [1] prijszetting [2] prijsafspraak
price floor [telb zn] bodemprijs, minimumprijs
price fluctuation [telb zn] prijsschommeling
price freeze [telb zn] prijzenstop
price hike, price increase [telb zn] prijsstijging
price index [telb zn] prijsindex
price·less /praɪsləs/ [bn; zn: ~ness] [1] onbetaalbaar ⟨ook figuurlijk⟩, onschatbaar [2] ⟨inf⟩ kostelijk, onbetaalbaar, te gek
price-list [telb zn] prijslijst, prijscourant
price-ring [telb zn] ⟨ec⟩ prijskartel
price rise [telb zn] prijsverhoging
prices and incomes policy [telb zn] loon- en prijspolitiek
prices commission, ⟨AE vnl⟩ **price commission** [verzamelnw] prijzencommissie
price tag [telb zn] prijskaartje ⟨ook figuurlijk⟩
price war [telb zn] prijzenoorlog
pric·ey, pri·cy /praɪsi/ [bn; vergr trap: pricier; bw: pricily; zn: priciness] ⟨vnl AuE, BE; inf⟩ gepeperd, prijzig, duur
pric·ing /praɪsɪŋ/ [niet-telb zn; oorspronkelijk tegenwoordig deelw van price] prijsstelling, prijsniveau, prijzenniveau
pricing gun [telb zn] prijsapparaat, prijstang
¹**prick** /prɪk/ [telb zn] [1] prik, steek, pik ♦ ⟨fig⟩ *pricks of conscience* wroeging, berouw [2] prik, gaatje, punctuur [3] prik, gaatje, stip [4] ⟨sl⟩ lul, pik [5] ⟨beled⟩ lul, zak, schoft [6] ⟨jacht⟩ hazenspoor, hazenprent [7] ⟨vero⟩ ossenprikkel [·] ⟨form⟩ *kick against the pricks* met het hoofd tegen de muur lopen; ⟨Bijb⟩ de verzenen tegen de prikkels slaan ⟨Hand. 9:5⟩
²**prick** /prɪk/ [onov ww] [1] prikken, steken, prikkelen ♦ *prick at* steken naar, een steek geven [2] ⟨vero⟩ *in galop rijden*
³**prick** /prɪk/ [ov ww] [1] prikken, doorprikken, doorboren, (door)steken, prikkelen ⟨ook figuurlijk⟩ ♦ ⟨fig⟩ *prick a/the bladder/bubble* een/het ballonnetje doorprikken, de waardeloosheid van iets aantonen; ⟨fig⟩ *my conscience pricks me* mijn geweten knaagt, ik heb wroeging; *prick in/off/out beans* bonen (uit)poten/verspenen [2] aanstippen, merken, aanduiden ⟨naam op lijst⟩, ⟨BE⟩ verkiezen ⟨sheriff⟩ [3] (uit)stippelen, uitprikken, pointilleren ♦ ⟨scheepv⟩ *prick the chart* de kaart prikken, het bestek afzetten; *prick a pattern out/off* een patroon uitprikken [4] speuren ⟨haas⟩ [5] ⟨gew⟩ optutten, opsieren, opsmukken, opdirken [6] ⟨vero⟩ aanvuren, aandrijven, aansporen, aanzetten ♦ *prick on* aanvuren, aandrijven, aansporen, aanzetten
prick-eared [bn] met opstaande oren
prick-ears [alleen mv] opstaande oren, puntoren
prick·er /prɪkə, ˄-ər/ [telb zn] [1] ⟨benaming voor⟩ puntig werktuig, els, prikstok [2] stekel, stekel
prick·et /prɪkɪt/ [telb zn] [1] spiesbok ⟨mannetjeshert in zijn tweede jaar⟩ [2] kaarsprikker, kandelaar met prikkers
¹**prick·le** /prɪkl/ [telb zn] [1] stekel(tje), doorn(tje), prikkel [2] prikkeling, tinteling [3] tenen mandje
²**prick·le** /prɪkl/ [onov + ov ww] prikkelen, steken, prikken, tintelen, kriebelen, jeuken
prick·le-back [telb zn] ⟨dierk⟩ stekelbaars ⟨familie der Gasteroidae⟩
prick·ly /prɪkli/ [bn; zn: prickliness] [1] stekelig, netelig, doornig, doornachtig [2] prikkend, stekelig, prikkelend, kriebelend ♦ ⟨plantk⟩ *prickly poppy* stekelpapaver ⟨Argemone mexicana⟩ [3] kittelorig, prikkelbaar, kregel, krikkel [·] ⟨med⟩ *prickly heat* gierstuitslag, miliaria ⟨jeukende huidontsteking⟩; ⟨plantk⟩ *prickly pear* schijfcactus ⟨genus Opuntia⟩ ⟨i.h.b.⟩ vijg(en)cactus ⟨O. ficus indica⟩; cactusvijg; ⟨plantk⟩ *prickly rhubarb* gunnera ⟨Gunnera⟩

prick·teas·er [telb zn] ⟨sl⟩ droogverleidster, iemand die drooggeilt
prick·wood [telb + niet-telb zn] ⟨plantk⟩ [1] kardinaalsmuts, papenmuts ⟨Euonymus europaeus⟩ [2] wilde/rode kornoelje ⟨Cornus sanguinea⟩
pricy [bn] → pricey
¹**pride** /praɪd/ [telb zn] [1] trots ♦ *the pride of his family* de trots van zijn familie; *you are my pride and my joy* je bent mijn oogappel [2] troep ⟨leeuwen⟩
²**pride** /praɪd/ [telb + niet-telb zn] trots, fierheid, voldaanheid, tevredenheid ♦ *take (a) pride in* fier/trots zijn op
³**pride** /praɪd/ [niet-telb zn] [1] verwaandheid, hoogmoed, arrogantie, eigendunk, eigenwaan ♦ ⟨heral⟩ *peacock in his pride* pronkende pauw; *the sin of pride* de zonde van de hoogmoed [2] fierheid, trots, eergevoel, zelfrespect ♦ *false pride* misplaatste trots; ijdelheid; *proper pride* fierheid, trots, eergevoel, zelfrespect [3] (the) bloei(tijd), hoogtepunt, topvorm ♦ *in pride of grease* slachtrijp, dik/groot genoeg om gejaagd te worden, jachtrijp; *in the pride of one's youth* in de bloei van zijn jeugd [·] *pride of the morning* mist/bui in de vroege ochtend die een zonnige dag aankondigt; *pride of place* eerste plaats, voorname positie; verwaandheid; *have/take pride of place* aan de spits staan, nummer één zijn; *put one's pride into one's pocket* zijn trots overwinnen; *swallow one's pride* zijn trots inslikken ⟨om iets te bereiken⟩; ⟨sprw⟩ *pride goes before a fall* hoogmoed komt voor de val
pride·ful /praɪdfəl/ [bn; bw: ~ly] om trots op te zijn, trots
pride on, pride upon [ov ww; altijd met wederkerend voornaamwoord als lijdend voorwerp] prat gaan op, trots/fier zijn op, zich beroepen op, bogen op
prie-dieu /priːdjɜː/ [telb zn; mv: ook prie-dieux /-djɜːz/] knielbank, bidbank, bidstoel
pri·er, pry·er /praɪə, ˄-ər/ [telb zn] [1] gluurder [2] bemoeial, pottenkijker
¹**priest** /priːst/ [telb zn] [1] priester, geestelijke, ⟨rooms-katholieke en anglic⟩ pastoor ♦ *high priest* hogepriester, geestelijk leider [2] ⟨BE⟩ korte knuppel, houten hamer ⟨om gevangen vis weidelijk te doden⟩
²**priest** /priːst/ [ov ww; voornamelijk passief] tot priester wijden
priest·craft [niet-telb zn] ⟨pej⟩ priesterpolitiek, priesterintriges
priest·ess /priːstɪs/ [telb zn] priesteres
¹**priest·hood** /priːsthʊd/ [niet-telb zn] priesterschap, priesterambt, priesterstaat
²**priest·hood** /priːsthʊd/ [verzameln; the] geestelijkheid, clerus, priesterschap
priest·less /priːstləs/ [bn] priesterloos
priest·like /priːstlaɪk/, **priest·ly** /priːstli/ [bn] priesterlijk, sacerdotaal, zoals/van/voor een priester
priest·ling /priːstlɪŋ/ [telb zn] priestertje
priest·ly /priːstli/ [bn; zn: priestliness] als/van een priester, priesterlijk ♦ ⟨Bijb⟩ *Priestly code* wetsvoorschriften m.b.t. het priesterschap
priest's garb [niet-telb zn] priestergewaad
priest-vic·ar [telb zn] ⟨anglic⟩ ondergeschikte kanunnik
¹**prig** /prɪg/ [telb zn] ⟨pej⟩ [1] pedant persoon, verwaande kwast, zedenprediker [2] ⟨BE; sl⟩ kruimeldief, jatmoos
²**prig** /prɪg/ [ov ww] ⟨BE; sl⟩ gappen, jatten
prig·ger·y /prɪgəri/, **prig·gism** /prɪgɪzm/ [niet-telb zn] belerend optreden, pedanterie, schoolmeesterachtigheid, verwaandheid
prig·gish /prɪgɪʃ/ [bn; bw: ~ly; zn: ~ness] pedant, zelfvoldaan, schoolmeesterachtig, prekerig
¹**prim** /prɪm/ [telb zn] ⟨plantk⟩ [1] wilde liguster ⟨Ligustrum vulgare⟩ [2] haagliguster ⟨Ligustrum ovalifolium⟩
²**prim** /prɪm/ [bn; vergr trap: primmer; bw: ~ly; zn: ~ness]

[1] keurig, net(jes), verzorgd ♦ *prim and proper* keurig netjes [2] ⟨pej⟩ stijf, gemaakt [3] ⟨pej⟩ preuts
³**prim** /prɪm/ ⟨onov ww⟩ het nufje uithangen, zich aanstellen, preuts/uit de hoogte doen
⁴**prim** /prɪm/ ⟨ov ww⟩ stijf samentrekken, tuiten ⟨de lippen⟩, een preutse uitdrukking geven aan ⟨gezicht⟩ ♦ *prim up/out* doen krullen, tuiten ⟨de mond⟩; opdirken, optutten
⁵**prim** [afk] [1] (primary) [2] (primitive)
pri·ma /priːmə/ [bn, attr] eerst, hoofd-, prima ♦ *prima ballerina* prima ballerina; *prima donna* ⟨meervoud ook prime donne⟩ prima donna ⟨vertolkster van de vrouwelijke hoofdrol in een opera⟩; ⟨fig⟩ bazig iemand, albedil; *play/sing prima vista* van het blad/à vue spelen/zingen
¹**pri·ma·cy** /praɪməsi/ [telb + niet-telb zn] ⟨kerk⟩ primaatschap, primaat, ambt/ambtsgebied van een primaat, kerkprovincie
²**pri·ma·cy** /praɪməsi/ [niet-telb zn] voorrang, vooraanstaande plaats, hoog belang
primaeval [bn] → primeval
pri·ma fa·cie [bw] op het eerste gezicht, prima facie, a prima vista ♦ *have prima facie a good case* op het eerste gezicht sterke bewijzen/argumenten hebben
pri·ma-fa·cie /praɪmə feɪʃi/ [bn, attr] [1] ⟨jur⟩ voorlopig, voldoende aanwijzingen biedend voor een rechtsingang ♦ *a good prima-facie case* een zaak met een sterke bewijslast; *prima-facie evidence* voorlopig bewijsmateriaal [2] globaal, gebaseerd op een eerste indruk, oppervlakkig ♦ *see a prima-facie reason for sth.* ergens wel een globale reden voor zien
prim·age /praɪmɪdʒ/ [telb + niet-telb zn] ⟨scheepv⟩ kaplaken ⟨premie voor kapitein en bemanning⟩, toeslag ⟨op vracht⟩, primage
pri·mal /praɪml/ [bn; bw: ~ly] ⟨form⟩ [1] oer-, oorspronkelijk, eerst [2] voornaamst, hoofd-, primair
pri·ma·ri·ly /praɪmrəli, praɪmrəli, ᴬpraɪmerəli/ [bw] [1] → primary [2] hoofdzakelijk, voornamelijk, in de eerste plaats, in eerste instantie
¹**pri·ma·ry** /praɪmri, ᴬ-meri/ [telb zn] [1] hoofdzaak, beginsel, basis [2] ⟨vnl AE; pol⟩ voorverkiezing ♦ *closed primary* voorverkiezing waarin alleen kiezers van een bepaalde partij stemrecht hebben; *open primary* voorverkiezing waarin alle ingeschreven kiezers stemrecht hebben [3] primaire kleur, grondkleur, hoofdkleur [4] ⟨dierk⟩ grote slagpen [5] ⟨elek⟩ primaire stroom, primaire stroomkring/spanning/winding [6] ⟨astron⟩ hoofdplaneet [7] ⟨astron⟩ kosmische straling, hoogtestraling [8] ⟨gesch⟩ primair tijdperk
²**pri·ma·ry** /praɪmri, ᴬ-meri/ [bn] voornaamste, hoofd- ♦ *ignorance is the primary cause of racial hatred* onwetendheid is de hoofdoorzaak van rassenhaat; *of primary importance* van het allergrootste belang
³**pri·ma·ry** /praɪmri, ᴬ-meri/ [bn, attr] [1] primair, eerst, vroegst, oorspronkelijk, oer- ♦ ⟨vnl AE; pol⟩ *primary election* voorverkiezing; ⟨gesch⟩ *primary period* het primair tijdperk, oertijd [2] elementair, grond-, basis-, hoofd- ♦ ⟨taalk⟩ *primary accent* hoofdklemtoon, hoofdaccent; ⟨med⟩ *primary care* eerstelijnsgezondheidszorg; *primary colour* primaire kleur, grondkleur, hoofdkleur; *primary education* basisonderwijs; *the primary meaning of a word* de grondbetekenis van een woord; ⟨astron⟩ *primary planet* hoofdplaneet; *primary school* basisschool; ⟨taalk⟩ *primary stress* hoofdklemtoon, hoofdaccent; ⟨taalk⟩ *primary tense* hoofdtijd · ⟨elek⟩ *primary battery/cell* primair element; ⟨elek⟩ *primary coil* primaire winding; ⟨dierk⟩ *primary feather* grote slagpen; ⟨astron⟩ *primary radiation* primaire/kosmische straling, hoogtestraling; ⟨bk⟩ *primary structure* primary structure, minimal sculpture; ⟨bk⟩ *primary structurist* kunstenaar die primary structures/minimal sculptures maakt

prime

primary assembly, primary meeting [telb zn] verkiezingsbijeenkomst ⟨voor het kiezen van kandidaten⟩
primary health care, primary medical care [niet-telb zn] eerstelijnsgezondheidszorg
primary health worker [telb zn] ⟨form⟩ eerstelijnshulpverlener ⟨in derde wereld⟩
pri·mate /praɪmeɪt/ [telb zn; vaak mv] ⟨dierk⟩ primaat
Primate /praɪmət/ [telb zn; ook primate] ⟨kerk⟩ aartsbisschop, primaat, kerkvorst, kerkvoogd ♦ *Primate of England* aartsbisschop van York; *Primate of all England* aartsbisschop van Canterbury
pri·mate·ship /praɪmətʃɪp/ [niet-telb zn] primaatschap
pri·ma·tial /praɪmeɪʃl/ [bn] [1] ⟨kerk⟩ aartsbisschoppelijk [2] ⟨dierk⟩ als/van/m.b.t. de primaten
pri·ma·to·lo·gi·cal /praɪmətəlɒdʒɪkl, ᴬ-mətəlɑ-/ [bn] ⟨dierk⟩ primatologisch
pri·mat·ol·o·gy /praɪmətɒlədʒi, ᴬ-tɑ-/ [niet-telb zn] ⟨dierk⟩ primatologie
¹**prime** /praɪm/ [telb zn] [1] ⟨wisk⟩ priemgetal [2] ⟨drukw⟩ accent ⟨teken ' ter onderscheiding van identieke symbolen⟩ [3] ⟨schermsp⟩ wering één [4] ⟨muz⟩ prime, grondtoon, eenklank [5] ⟨vaak Prime⟩ ⟨r-k⟩ priem, prime, eerste getijde ⟨eerste der kleine gebedsuren⟩
²**prime** /praɪm/ [niet-telb zn; the] [1] ⟨benaming voor⟩ hoogste volmaaktheid, bloei, bloeitijd, bloeiperiode, levensbloei, toppunt, hoogtepunt, beste deel, puikje ♦ *cut off in its prime* in de kiem gesmoord ⟨van plan⟩; *in the prime of grease* jachttrijp ⟨vet, klaar om gejaagd te worden, van wild⟩; *many a soldier was cut off in the prime of life* menig soldaat werd ons ontrukt in de kracht van zijn leven; *she's a stately appearance, though well past her prime* ze is een statige verschijning, hoewel ze niet jong meer is [2] ⟨benaming voor⟩ oorspronkelijke toestand, begin(tijd), aanvang(sstadium), groei(periode), vroegste/eerste deel, jeugd, ochtend, lente ♦ *the prime of the day* het ochtendgloren, de morgen; *though still in his prime* hoewel hij nog onvolgroeid was; *the prime of the year* het voorjaar, de lente
³**prime** /praɪm/ [bn, attr; zn: ~ness] [1] eerst, voornaamst, hoofd- ♦ *a matter of prime importance* een zaak van het hoogste belang; ⟨aardr⟩ *the prime meridian* de nulmeridiaan; ⟨ook Prime Minister⟩ *prime minister* eerste minister, minister-president, premier; *prime ministership/ministry* premierschap; *prime motive* hoofdmotief; ⟨astron⟩ *prime vertical* eerste verticaal [2] uitstekend, prima, best, eersteklas, puik ♦ *prime cuts of beef* eerste kwaliteit rundvlees; *prime quality* topkwaliteit, prima kwaliteit; ⟨fin⟩ *prime rate* laagste rentevoet waartegen bij een bank geld geleend kan worden; *prime rib* eerste kwaliteit (rib)kotelet/riblap; *prime time* primetime, zendtijd met de grootste luisterdichtheid op radio, zendtijd met de grootste kijkdichtheid op tv [3] oorspronkelijk, fundamenteel, primair, grond- ♦ *prime cost* kostprijs, inkoopprijs; *prime form* grondvorm, basisvorm; *prime mover* oorspronkelijke krachtbron, energiebron, drijfkracht; drijfveer, grondoorzaak; aansticheter; ⟨theol⟩ eerste beweger · *prime factor* priemfactor; *prime number* priemgetal, ondeelbaar getal
⁴**prime** /praɪm/ ⟨ov ww⟩ [1] klaarmaken, prepareren, bewerken, van het nodige voorzien [2] laden ⟨vuurwapen⟩, vullen, gereed maken, van een ontstekingslading/patroon voorzien ⟨mijn⟩, ⟨gesch⟩ kruit doen in ⟨de pan⟩ [3] ⟨techn⟩ op gang brengen ⟨door ingieten van water of olie⟩, voeden ⟨pomp⟩, injecteren ⟨motor⟩, opkoken ⟨stoomketel⟩, inspuiten [4] ⟨vaak scherts⟩ volstoppen ⟨persoon⟩, volgieten, dronken voeren ♦ *the infantry went to battle well primed with beer and spirits* het voetvolk trok ten strijde met een flinke hoeveelheid bier en drank achter de kiezen [5] inpompen ⟨kennis⟩, inlichten, instrueren, in de mond geven, africhten, volstouwen ♦ *prime a computer with data* gegevens in een computer invoeren; *the Presi-*

primer

dent had been primed **with** information de president was terdege geïnformeerd; *the witness has been primed to say that!* dat hebben ze de getuige voorgekauwd! [6] grondverven, gronden, in de grondverf/olie/… zetten, van een grondlaag voorzien; → priming

¹prim·er /ˈpraɪmə, ᴬ-ər/ [telb zn] [1] slaghoedje, percussiedop, ontstekingslading, ontstekingspatroon [2] ruimnaald

²prim·er /ˈprɪmə, prɪmə, ᴬˈprɪmər/ [telb zn] [1] eerste leesboek, abc [2] beknopte handleiding, inleiding, boek voor beginners [3] (vaak Primer) (gesch) gebedenboek voor leken

³prim·er /ˈprɪmə, prɪmə, ᴬˈprɪmər/ [telb + niet-telb zn] (drukw) (soort) letterformaat ♦ *great primer* ± paragon, 18-punts; *long primer* ± dessendiaan, 10-punts

⁴prim·er /ˈpraɪmə, ᴬ-ər/ [telb + niet-telb zn] grondverf

pri·me·val, pri·mae·val /praɪˈmiːvl/ [bn; bw: ~ly] [1] oorspronkelijk, oer- ♦ *primeval forest* ongerept woud; *primeval ocean* oerzee [2] oeroud

prim·ing /ˈpraɪmɪŋ/ [telb + niet-telb zn]; (oorspronkelijk) gerund van prime] [1] instructie, opdracht [2] grondverf [3] suikerpreparaat (om bij bier te voegen) [4] ontstekingslading (van mijn, enz.) [5] loopvuur (naar een mijn, vuurwerk, enz.) [6] kruit (in de pan van een vuurwapen) [7] versnelling van de getijden

priming coat [telb zn] grondlaag

pri·pa·ra /praɪˈmɪpərə/ [telb zn; mv: ook primiparae /-riː/] (med) primipara, priem (vrouw die voor het eerst zwanger is)

pri·pa·rous /praɪˈmɪpərəs/ [bn] (med) voor de eerste maal barend

¹prim·i·tive /ˈprɪmətɪv/ [telb zn] [1] primitief, primitieve schilder/beeldhouwer (van voor de renaissance), naïeve schilder ♦ *the Flemish primitives* de Vlaamse primitieven (de gebroeders van Eyck, Memling, e.a.) [2] primitief werk, primitief schilderij/beeldhouwwerk (van voor de renaissance), naïef schilderij [3] (taalk) stamwoord [4] primitief, oorspronkelijke bewoner (lid van primitieve stam/beschaving)

²prim·i·tive /ˈprɪmətɪv/ [bn; bw: ~ly; zn: ~ness] [1] primitief, eenvoudig, niet ontwikkeld, simpel [2] (pej) niet comfortabel, ouderwets, omslachtig, gebrekkig, primitief ♦ *our accommodation there will be simple, if not to say primitive* onze huisvesting daar zal eenvoudig zijn, om niet te zeggen gebrekkig [3] vroegst, allereerst ♦ *the Primitive Church* vroegchristelijke kerk [4] primitief, oorspronkelijk, natuur-, grond-, (archeol) uit de vroegste periode, oer-, (geol) primair, (taalk) niet afgeleid, stam- ♦ *primitive colour* grondkleur, primaire kleur; *primitive Germanic* Oergermaans; *primitive man and his tools* de oermens en zijn werktuigen; *primitive societies are fast disappearing* de natuurvolken zijn snel aan het verdwijnen

Prim·i·tive /ˈprɪmətɪv/ [telb zn] primitive methodist (lid van in 1810 afgescheiden methodistische sekte)

prim·i·tiv·ism /ˈprɪmətɪvɪzm/ [telb zn] [1] primitiviteit, primitief gedrag [2] kunst van voor de renaissance

¹pri·mo /ˈpriːmoʊ/ [telb zn; mv: ook primi /-mi/] (muz) voornaamste partij in een duet of stuk voor ensemble

²pri·mo /ˈpriːmoʊ, praɪ-/ [bw] primo, ten eerste, op de eerste plaats

pri·mo·gen·i·tal /ˌpraɪmoʊˈdʒɛnɪtl/, **pri·mo·gen·i·tar·y** /-dʒɛnɪtri, ᴬ-teri/ [bn] eerstgeboorte-, van/m.b.t. de primogenituur

pri·mo·gen·i·tor /ˌpraɪmoʊˈdʒɛnɪtə, ᴬ-nɪtər/ [telb zn] [1] voorvader [2] stamvader

pri·mo·gen·i·ture /ˌpraɪmoʊˈdʒɛnɪtʃə, ᴬ-ər/ [niet-telb zn] [1] status van eerstgeborene ♦ *right of primogeniture* eerstgeboorterecht, recht van eerstgeboorte [2] eerstgeboorterecht, primogenituur

pri·mor·di·al /praɪˈmɔːdɪəl, ᴬ-mɔr-/ [bn; bw: ~ly] [1] oorspronkelijk, eerste, oer-, primordiaal ♦ *primordial soup* oersoep (m.b.t. evolutietheorie) [2] fundamenteel, hoofd-

pri·mor·di·al·i·ty /praɪˌmɔːdiˈæləti, ᴬ-mɔrdiˈæləti/ [niet-telb zn] [1] oorspronkelijkheid, primordialiteit [2] fundamentele positie

pri·mor·di·um /praɪˈmɔːdɪəm, ᴬ-mɔr-/ [telb zn; mv: primordia /-dɪə/] (biol) primordium, rudimentaire vorm (van orgaan, ledemaat, enz.)

¹primp /prɪmp/ [onov ww] zich opdirken, zich opsmukken ♦ *primp and preen* zich poesmooi maken

²primp /prɪmp/ [ov ww] (overdreven) verzorgen, (te) mooi maken

¹prim·rose /ˈprɪmroʊz/ [telb zn] (plantk) [1] sleutelbloem (Primula vulgaris) [2] gewone teunisbloem (Oenothera biennis)

²prim·rose /ˈprɪmroʊz/ [niet-telb zn; vaak attributief] lichtgeel

primrose path, primrose way [niet-telb zn; the] het pad van plezier, de weg van het vermaak (als discutabel levensdoel; naar Shakespeare)

primrose yellow [niet-telb zn; vaak attributief] lichtgeel

pri·mu·la /ˈprɪmjʊlə, ᴬˈprɪmjələ/ [telb zn] (plantk) primula, sleutelbloem (genus Primula)

pri·mum mo·bi·le /ˌpraɪmʊm ˈmoʊbɪli, ᴬ-ˈmɑbɪli/ [niet-telb zn] [1] oorspronkelijke krachtbron, drijfkracht, (fig) drijfveer, oorzaak, aanstichter [2] (middeleeuwse astronomie) primum mobile

¹pri·mus /ˈpraɪməs/ [telb zn] [1] primus (merknaam), primusbrander, primusstel [2] leidende bisschop van de episcopale kerk van Schotland

²pri·mus /ˈpraɪməs/ [bn] primus, eerste ♦ (form) *the primus inter pares* primus inter pares, de eerste onder zijns gelijken, de woordvoerder

³pri·mus /ˈpraɪməs/ [bn, postnom] (onderw) senior, de oudste (ter onderscheiding van leerlingen met dezelfde achternaam) ♦ *Hopkins primus* Hopkins senior

primus stove [telb zn] (merknaam) primus, primusbrander, primusstel

prin [afk] [1] (principal) [2] (principle)

prince /prɪns/ [telb zn; vaak Prince] [1] prins (in het bijzonder (klein)zoon van een koning(in)) ♦ *prince of the blood* prins van den bloede; *it's like Hamlet without the Prince of Denmark* zoiets als de hazenpeper zonder haas; *live like a prince/princes* leven als een prins/vorst, een prinsenleven leiden; *prince royal* kroonprins; *Prince of Wales* Britse kroonprins, Prins van Wales [2] vorst (ook figuurlijk), heerser, landsheer (van een kleine staat) ♦ *the prince of the air* de duivel, Satan; *the prince of darkness* de vorst der duisternis, Satan; *the Prince of Peace* de Vredevorst (Christus); *ruled by petty kings and princes* geregeerd door kleine koningen en vorsten; *Shakespeare, the prince of poets* Shakespeare, de prins der dichters; *the prince of the/this world* de duivel, Satan [>] *he is my Prince Charming* hij is de prins van mijn dromen, hij is mijn droomprins/toverprins; *Prince of Wales(') feathers* driedubbele struisveer; (sprw) *punctuality is the politeness of princes/kings* ± het is beleefd om stipt op tijd te zijn

Prince Albert /prɪns ˈælbət, ᴬ-bərt/ [telb zn] (AE) geklede herenjas

prince consort [telb zn; the; mv: princes consort] prins-gemaal

¹prince·dom /ˈprɪnsdəm/ [telb zn] prinsdom, vorstendom

²prince·dom /ˈprɪnsdəm/ [niet-telb zn] prinselijke waardigheid

prince·like /ˈprɪnslaɪk/ [bn] als/van een prins/vorst, prinselijk, vorstelijk

prince·ling /ˈprɪnslɪŋ/, **prince·let** /-lɪt/ [telb zn] prinsje, prins/vorst van weinig gezag/aanzien

prince·ly /ˈprɪnsli/ [bn; vergr trap: princelier; zn: princeli-

printing works

ness] **1** prinselijk, als/van een prins/vorst **2** prinsheerlijk, weelderig, vorstelijk **3** koninklijk
Prince Regent [telb zn] prins-regent
prince's feather [telb zn] ⟨plantk⟩ **1** basterdamarant ⟨Amaranthus hybridus⟩ **2** oosterse duizendknoop ⟨Polygonum orientale⟩
prince·ship /prɪnsʃɪp/ [niet-telb zn] prinselijke waardigheid
prince's metal, Prince Rupert's metal [niet-telb zn] ⟨techn⟩ prinsmetaal, prinsrobertsmetaal, prinsruprechtsmetaal, pin(s)bek
prin·cess /prɪnsˌes, ˄prɪnsɪs/ [telb zn; ook Princess] ⟨vaak attributief⟩ prinses ♦ *princess of the blood* prinses van den bloede
Princess Regent [telb zn] prinses-regentes
princess royal [telb zn; mv: princesses royal] **1** kroonprinses **2** ⟨the⟩ titel van de oudste dochter van de Britse koning(in)
¹prin·ci·pal /prɪnsɪpl/ [telb zn] **1** directeur, directrice, patroon, chef(fin), baas, bazin **2** hoofd(persoon), ⟨vaak mv⟩ hoofdrolspelers, ⟨muz⟩ hoofduitvoerenden ⟨fin⟩ kapitaal, hoofdsom, geleende som **4** ⟨jur⟩ schuldige, dader ♦ *principal in the first degree* hoofdschuldige, hoofddader; *principal in the second degree* mededader, medeschuldige, handlanger **5** ⟨jur⟩ lastgever, volmachtgever, principaal, ⟨vaak mv⟩ opdrachtgevers, persoon voor wie iemand anders borg staat **6** ⟨bouwk⟩ hoofdbalk, kapspant **7** ⟨gesch⟩ duellist, principaal **8** ⟨orgel⟩ principaalbas
²prin·ci·pal /prɪnsɪpl/ [bn, attr] voornaamste, hoofd-, belangrijkste, principaal ♦ ⟨taalk⟩ *principal clause* hoofdzin; ⟨fin⟩ *principal money/sum* hoofdsom ⟨van een lening⟩; ⟨taalk⟩ *the principal parts* de stamtijden, de hoofdtijden ⟨van een werkwoord⟩; ⟨taalk⟩ *principal sentence* hoofdzin ⟨pantomime⟩ *the principal boy* mannelijke hoofdrol, held ⟨gewoonlijk gespeeld door een actrice⟩; *the principal girl* vrouwelijke hoofdrol, heldin
Prin·ci·pal /prɪnsɪpl/ [telb zn] ⟨onderw⟩ schoolhoofd, rector, rectrix, directeur, directrice
prin·ci·pal·i·ties /prɪnsɪpælətiz/ [alleen mv; ook Principalities] ⟨Bijb⟩ Overheden
prin·ci·pal·i·ty /prɪnsɪpæləti/ [telb zn] **1** prinselijke/vorstelijke waardigheid/titel **2** prinsdom, vorstendom
Prin·ci·pal·i·ty /prɪnsɪpæləti/ [eigenn; the] Wales
prin·ci·pal·ly /prɪnsɪpli/ [bw] voornamelijk, hoofdzakelijk, in de eerste plaats
prin·ci·pal·ship /prɪnsɪplʃɪp/ [telb + niet-telb zn] rectoraat, directeurschap, ambt/waardigheid van schoolhoofd
prin·cip·ate /prɪnsɪpət, ˄-peɪt/ [telb zn] **1** ⟨gesch⟩ principaat **2** prinsdom, vorstendom
¹prin·ci·ple /prɪnsɪpl/ [telb zn] **1** (grond)beginsel, principe, uitgangspunt, theorie, (natuur)wet ♦ *Archimedes' principle* de wet van Archimedes; *built on the same principle* geconstrueerd volgens hetzelfde principe; *one of the principles of this dictionary is thorough grammatical information* degelijke grammaticale informatie is een van de uitgangspunten van dit woordenboek; *the first principles of mechanics* de grondbeginselen der mechanica; *the principle of freedom of speech* het grondbeginsel van de vrijheid van meningsuiting; *in principle* in principe/beginsel, in het algemeen genomen; *I agree in principle* op zich ben ik het ermee eens; *the principle of relativity* de relativiteitstheorie **2** bestanddeel, element ♦ *curiosity is an active principle of human behaviour* de nieuwsgierigheid vormt een basiskracht van het menselijk gedrag; *water is the first principle of all things* water is het basisbestanddeel van alle dingen
²prin·ci·ple /prɪnsɪpl/ [telb + niet-telb zn] principe, (morele) stelregel, gedragscode, beginsel ♦ *s.o. of high principle* iemand met hoogstaande principes; *a man of principle* een principieel man; *on principle* principieel, uit beginsel; *a decision based on principle, not judgment* een besluit gebaseerd op principes, niet op oordeelsvorming; *he refused on the principle that it was beyond his responsibility* hij weigerde onder het motto dat het buiten zijn verantwoordelijkheid lag ♦ *live up/stick to one's principles* aan zijn principes vasthouden
prin·ci·pled /prɪnsɪpld/ [bn] principieel, met principes ♦ *a high principled man* een man met hoogstaande principes
¹prink /prɪŋk/ [onov ww] zich mooi maken, zich opdirken/tooien ♦ *prink up* zich chic kleden, zich opsmukken
²prink /prɪŋk/ [ov ww] mooi maken, opdoffen, optutten ♦ *the duck is prinking its feathers* de eend zit zijn veren glad te strijken; *prink o.s. up* zich optooien
¹print /prɪnt/ [telb zn] **1** afdruk, indruk, opdruk ♦ *poverty had left its sad print on their faces* de armoede had op hun gezicht zijn droeve sporen nagelaten; *a print of a tyre* een bandenspoor **2** ⟨bk⟩ prent, plaat **3** (foto)afdruk, reproductie **4** stempel, vorm **5** gedrukt exemplaar, krant, blad **6** ⟨vnl mv⟩ ⟨sl⟩ vingerafdruk
²print /prɪnt/ [telb + niet-telb zn; als niet-telbaar zn vaak attributief] (bedrukt) katoentje, patroon, (jurk van) met een patroon bedrukt katoen
³print /prɪnt/ [niet-telb zn] ⟨drukw⟩ **1** druk, gedrukte tekst/letters, (druk)letters **2** druk, het drukken, gedrukte vorm ♦ *in print* gedrukt, in druk; verkrijgbaar, niet uitverkocht; *appear in print* publicaties/een publicatie op zijn naam hebben, publiceren ⟨van auteur⟩; *out of print* uitverkocht, niet meer in de handel **3** uitgave, oplage ♦ *rush into print* een (voorbarig) ingezonden stuk schrijven; (te) snel publiceren, naar de pers hollen
⁴print /prɪnt/ [onov + ov ww] **1** drukken, afdrukken, ⟨comp⟩ printen ♦ *print out* een print-out/uitdraai maken (van), uitdraaien, printen; *printed papers* drukwerk; *print with a seal in wax* een zegelafdruk maken in was **2** publiceren, schrijven, laten drukken, in druk uitgeven **3** in/met blokletters/drukletters (op)schrijven ♦ *please print* a.u.b. blokletters gebruiken **4** (be)stempelen **5** ⟨sl⟩ vingerafdrukken nemen; → printing
⁵print /prɪnt/ [ov ww] **1** een afdruk maken van, afdrukken ⟨ook fotografie⟩ ♦ *print sth. in/on* een afdruk van iets maken/nalaten in/op; *print off* afdrukken ⟨foto's⟩; drukken (boekenoplage) **2** bedrukken ⟨stof, aardewerk, enz.⟩ ♦ ⟨elek⟩ *printed circuit* gedrukte bedrading, print **3** inprenten, (in het geheugen) griffen ♦ *printed in his memory* in zijn geheugen gegrift; → printing
print·a·ble /prɪntəbl/ [bn] **1** geschikt om gedrukt te worden, publicabel **2** geschikt om van te drukken
print dress [telb zn] katoentje, katoenen jurk (met opdruk)
print·ed mat·ter [niet-telb zn] drukwerk
print·er /prɪntə, ˄prɪntər/ [telb zn] **1** (boek)drukker **2** ⟨comp⟩ printer, afdrukeenheid
printer's devil [telb zn] drukkersjongen, jongste bediende (in een drukkerij)
printer's error [telb zn] drukfout, zetfout
printer's mark [telb zn] drukkersmerk
printer's pie [telb zn] pastei (door elkaar geraakt zetsel)
printer's proof [telb zn] drukproef, proefzetsel
print·er·y /prɪntəri/ [telb zn] ⟨AE⟩ **1** drukkerij **2** katoendrukkerij
¹print·ing /prɪntɪŋ/ [telb zn; (oorspronkelijk) gerund van print] oplage, druk ♦ *the first printing of a book* de eerste druk van een boek
²print·ing /prɪntɪŋ/ [niet-telb zn; (oorspronkelijk) gerund van print] **1** het drukken, (boek)drukkunst **2** blokletters
printing ink, printer's ink [niet-telb zn] drukinkt
printing office [telb zn] drukkerij
printing press, printing machine [telb zn] drukpers
printing works [verzameln] drukkerij

print journalism [niet-telb zn] (de) schrijvende pers
print-out [telb zn] ⟨comp⟩ uitdraai, print-out
print press [niet-telb zn; the] (de) schrijvende pers
print-sell·er [telb zn] handelaar in prenten/etsen ⟨e.d.⟩
print-shop [telb zn] [1] handel in prenten/etsen ⟨e.d.⟩ [2] (kleine) drukkerij
print wheel [telb zn] margrietwiel(tje) ⟨op schrijfmachine, printer⟩
print-works [alleen mv; werkwoord voornamelijk enk] katoendrukkerij
pri·on /prˌiːɒn, ˄-ɑn/ [telb zn] ⟨med⟩ prion
prion disease [telb + niet-telb zn] ⟨med⟩ prionziekte
¹pri·or /praɪə, ˄-ər/ [telb zn; vaak Prior] ⟨kerk⟩ prior
²pri·or /praɪə, ˄-ər/ [bn; bw] [1] vroeger, eerder, voorafgaand, ouder, oudst, eerst ♦ ⟨form⟩ *prior to* voor, voorafgaand aan, eerder dan [2] prioritair, preferent
pri·or·ate /praɪərət/ [telb zn] ⟨kerk⟩ [1] prioraat, priorschap [2] priorij
pri·or·ess /praɪərɪs/ [telb zn; vaak Prioress] ⟨kerk⟩ priores
¹pri·or·i·tize, pri·or·i·tise /praɪɒrətaɪz, ˄-ɔ-/ [onov ww] prioriteiten stellen
²pri·or·i·tize, pri·or·i·tise /praɪɒrətaɪz, ˄-ɔ-/ [ov ww] prioriteit geven aan, prioriteren, prioriteiten vaststellen voor
¹pri·or·i·ty /praɪɒrəti, ˄-ɔrəti/ [telb zn] prioriteit ♦ *the maintenance of peace is our first priority* de handhaving van de vrede gaat bij ons voor alles; *get your priorities right* de juiste prioriteiten stellen
²pri·or·i·ty /praɪɒrəti, ˄-ɔrəti/ [niet-telb zn] voorrang, prioriteit ♦ *give priority to* voorrang geven aan; *give priority at a crossroads* voorrang verlenen op een kruising
pri·or·ship /praɪəʃɪp, ˄-ər-/ [telb zn] ⟨kerk⟩ prioraat, priorschap
pri·or·y /praɪəri/ [telb zn; vaak Priory] ⟨kerk⟩ priorij
¹prise /praɪz/ [niet-telb zn] ⟨vnl BE⟩ hefkracht, greep, vat
²prise /praɪz/ [ov ww] ⟨vnl BE⟩ lichten, openbreken, wrikken, forceren ▪ *prise out* lospeuteren, uitpeuteren, uithalen, weghalen; ⟨fig⟩ afhandig maken, ontfutselen, bemachtigen
prism /prɪzm/ [telb zn] ⟨meetk, opt⟩ prisma
pris·mal /prɪzməl/ [bn] prismatisch, van/m.b.t. het prisma
pris·ma·tic /prɪzmætɪk/, **pris·mat·i·cal** /-ɪkl/ [bn; bw: ~ally] prismatisch, m.b.t. een prisma ♦ *prismatic binoculars* prismakijker; *prismatic colours* prismatische kleuren
pris·moid /prɪzmɔɪd/ [telb zn] prismoïde
pris·moi·dal /prɪzmɔɪdl/ [bn] van/als/m.b.t. een prismoïde
¹pris·on /prɪzn/ [telb zn] gevangenis ♦ *prison without bars* open gevangenis/inrichting
²pris·on /prɪzn/ [niet-telb zn] gevangenisstraf
³pris·on /prɪzn/ [ov ww] ⟨form⟩ gevangen zetten
pris·on-break·ing [niet-telb zn] het uitbreken, ontsnapping
prison camp [telb zn] interneringskamp, gevang(en)kamp
pris·on·er /prɪznə, ˄-ər/ [telb zn] gevangene, gedetineerde ♦ *prisoner at the bar* iemand die in voorlopige hechtenis zit, verdachte; *prisoner of conscience* gewetensgevangene; *keep s.o. prisoner* iemand gevangen houden/vasthouden; *make/take prisoner* gevangen nemen; *prisoner of State* staatsgevangene; *prisoner of war* krijgsgevangene
prisoners' bars, prisoners' base [niet-telb zn] ± diefje-met-verlos ⟨kinderspel⟩
prison fever [telb + niet-telb zn] tyfus
prison van [telb zn] gevangenwagen, celwagen
prison visitor [telb zn] gevangenbezoeker
pris·sy /prɪsi/ [bn; vergr trap: prissier; bw: prissily; zn: prissiness] nuffig, preuts, gemaakt, stijf

pris·tine /prɪstiːn/ [bn, attr] ⟨form⟩ [1] oorspronkelijk, authentiek, eerst, voormalig, oer- [2] ongerept, zuiver, smetteloos
prith·ee /prɪði/ [tw] ⟨vero⟩ zo 't u behaagt, wees zo goed om, gelieve ♦ *save us, prithee, from distress* red ons toch uit deze nood
priv [afk] (private)
pri·va·cy /prɪvəsi, ˄praɪ-/ [niet-telb zn] [1] afzondering, eenzaamheid [2] geheimhouding, terughoudendheid, stilte, beslotenheid [3] privacy, privésfeer, persoonlijke levenssfeer
¹pri·vate /praɪvət/ [telb zn; voornamelijk Private] soldaat, militair ⟨zonder rang⟩
²pri·vate /praɪvət/ [bn; bw: ~ly; zn: ~ness] [1] besloten, afgezonderd, teruggetrokken ♦ *private celebration* viering in familiekring; ⟨AE; jur⟩ *private company* besloten vennootschap; *private education* niet-openbaar/particulier onderwijs; *the funeral was strictly private* de teraardebestelling heeft in stilte plaatsgehad; *private hotel* pension, logement; *private medicine* particuliere gezondheidszorg; *private meeting/assembly* vergadering achter gesloten deuren; *she's a very private kind of person* ze is erg op zichzelf; *private sector* particuliere sector; *private spot* rustig plekje [2] vertrouwelijk, geheim, heimelijk, onbespied ♦ *private conversation* gesprek onder vier ogen; *in private* in het geheim, in stilte, alleen, in afzondering, in het particuliere leven, privé; *keep this private* hou dit voor je(zelf)/onder ons; *the incident was kept private* het voorval werd binnenskamers gehouden ▪ ⟨euf⟩ *private parts* geslachtsdelen
³pri·vate /praɪvət/ [bn, attr; bw: ~ly; zn: ~ness] [1] particulier, niet openbaar/publiek, privé, privaat, ⟨op bus enz.⟩ geen dienst ♦ ⟨comm⟩ *private branch exchange* huis(telefoon)centrale; *private enterprise* particuliere onderneming; ⟨fig⟩ ondernemingslust, particulier initiatief; *private house* woonhuis; privéadres; ⟨jur⟩ *private law* privaatrecht; *private life* privéleven, buitenambtelijk leven; *Dr. Archibald Barry, Arch in his private life* dr. Archibald Barry, in het dagelijkse leven Arch/Arch voor zijn vrienden; *private property* privé-eigendom, particulier eigendom, eigen terrein; *private sale* onderhandse verkoop; *private school* particuliere/bijzondere school; *private sector* particuliere sector, marktsector [2] persoonlijk, eigen, apart, bijzonder ♦ ⟨fin⟩ *private account* privérekening; *private act/bill/statute* wet(sontwerp) ten behoeve van één persoon/onderneming; *private detective/investigator* privédetective; *private income* persoonlijk inkomen, ± overige inkomsten; *private means* eigen middelen; *private press* kleine/particuliere uitgeverij, eenmansuitgeverij; *private secretary* privésecretaris, privésecretaresse, particulier secretaris/secretaresse [3] ambteloos, niet officieel ♦ *private individual/person* particulier, ambteloos burger ▪ *private eye* privédetective; *private means* inkomsten anders dan uit loon; *private member* gewoon lid van het Lagerhuis ⟨zonder regeringsfunctie⟩; *private member's bill* initiatiefwetsontwerp; ⟨med⟩ *private patient* particulier patiënt; ⟨med⟩ *private practice* particuliere praktijk; *private soldier* gewoon soldaat ⟨zonder rang⟩; *private view* persoonlijke mening; vernissage; *private war* familievete; ⟨jur⟩ *private wrong* overtreding in de privaatrechtelijke sfeer
¹pri·va·teer /praɪvətɪə, ˄-tɪr/ [telb zn] [1] kaper(schip) [2] kaperkapitein [3] ⟨vaak mv⟩ kaper, bemanningslid van een kaperschip
²pri·va·teer /praɪvətɪə, ˄-tɪr/ [onov ww] ter kaap varen, de kaapvaart beoefenen
pri·va·teers·man /praɪvətɪəzmən, ˄-tɪrz-/ [telb zn; mv: privateersmen /-mən/] [1] kaperkapitein [2] kaper, bemanningslid van een kaperschip
private first class [telb zn; mv: privates first class] ⟨AE⟩ soldaat eerste klas
pri·vates /praɪvəts/ [alleen mv] [1] ⟨euf⟩ geslachtsdelen

pro-am

② ⟨sl⟩ particuliere woningen
pri·va·tion /praɪveɪʃn/ [telb + niet-telb zn] ontbering, gebrek, gemis, verlies
pri·vat·ism /praɪvətɪzm/ [niet-telb zn] het nastreven van privacy
pri·vat·is·tic /praɪvətɪstɪk/ [bn] publiciteitsschuw, in zichzelf gekeerd, teruggetrokken
¹priv·a·tive /prɪvətɪv/ [telb zn] ⟨taalk⟩ privatief
²priv·a·tive /prɪvətɪv/ [bn] ① ⟨form⟩ berovend ② ⟨taalk⟩ privatief, ontkennend, negatief
pri·vat·i·za·tion, pri·vat·i·sa·tion /praɪvətaɪzeɪʃn, ᴬ-vətə-/ [niet-telb zn] privatisering, overheveling naar de privésector
pri·vat·ize, pri·vat·ise /praɪvətaɪz/ [ov ww] privatiseren
priv·et /prɪvɪt/ [niet-telb zn] ⟨plantk⟩ liguster ⟨Ligustrum vulgare/ovalifolium⟩
priv·et-hawk [telb zn] ⟨dierk⟩ ligusterpijlstaart ⟨Sphinx ligustri⟩
¹priv·i·lege /prɪv(ɪ)lɪdʒ/ [telb zn] ① voorrecht, privilege, (bijzonder) recht ♦ *grant the privilege of levying toll* het privilege van tolheffing verlenen; *I have the privilege of welcoming you here* het is mij een voorrecht u hier te verwelkomen; *it's a privilege* zeer vereerd ② ⟨AE; fin⟩ optie
²priv·i·lege /prɪv(ɪ)lɪdʒ/ [telb + niet-telb zn] ⟨BE; pol⟩ onschendbaarheid, immuniteit ♦ *breach of privilege* inbreuk op de parlementaire gedragsregels
³priv·i·lege /prɪv(ɪ)lɪdʒ/ [niet-telb zn] bevoorrechting, begunstiging
⁴priv·i·lege /prɪv(ɪ)lɪdʒ/ [ov ww] ① bevoorrechten, privilegiëren, een privilege verlenen ♦ *feel privileged to ...* het een voorrecht/eer vinden om ...; *the privileged few* de happy few, de paar bevoorrechten, de geprivilegieerde minderheid; *we are privileged to give the floor to our guest* wij hebben de eer onze gast het woord te geven ② machtigen, toestaan ③ vrijstellen, vrijwaren ♦ ⟨jur⟩ *privileged communication* vertrouwelijke mededeling ⟨gevrijwaard van gerechtelijke toetsing⟩; *privileged from arrest* van aanhouding gevrijwaard
priv·i·ty /prɪvəti/ [telb + niet-telb zn] ⟨jur⟩ ① medeweten ② betrokkenheid ⟨van partijen, als door verwantschap, enz.⟩
¹priv·y /prɪvi/ [telb zn] ① ⟨jur⟩ betrokkene, belanghebbende (partij) ② ⟨vero⟩ latrine, privaat, secreet
²priv·y /prɪvi/ [bn, attr; bw: privily] ⟨vero, behalve in officiële benamingen⟩ verborgen, geheim ♦ ⟨gesch⟩ *privy chamber* geheim kabinet ⟨in een paleis⟩ ▪ *Privy Council* Geheime Raad ⟨adviesraad van de Britse koning(in)⟩; *Privy Councillor/Counsellor* Lid van de Geheime Raad ⟨nu voornamelijk eretitel⟩; ⟨BE⟩ *Privy Purse* civiele lijst; ⟨BE⟩ *Privy Seal* geheimzegel; ⟨BE⟩ *Lord Privy Seal* lord zegelbewaarder
³priv·y /prɪvi/ [bn, pred; bw: privily] ⟨form⟩ ingewijd, ingelicht ♦ *privy to* ingewijd in, bekend met; *be privy to* afweten van, op de hoogte zijn van

---

price of prize?

price (zelfstandig naamwoord) geldwaarde, waarde
· could you tell me the price of this jacket please?
· that's a high price to pay for being famous
prize (zelfstandig naamwoord) beloning, wat er te winnen is
· what prize do I get if I win?
price (werkwoord) ergens een prijs voor vaststellen, opplakken
· this supermarket uses everyday low pricing
prize/prise (werkwoord) moeizaam openbreken
· she tried to prize open the box

---

¹prize /praɪz/ [telb zn] ① ⟨vaak attributief⟩ prijs, beloning, ⟨attributief ook⟩ prima, eersteklas ♦ *no prizes for guessing!* éénmaal raden!; *the prizes of life* dat wat het leven de moeite waard maakt ② ⟨gesch⟩ prijs(schip), (oorlogs)buit ③ meevaller, buitenkansje, koopje
²prize /praɪz/ [niet-telb zn] hefkracht, greep, vat
³prize /praɪz/ [ov ww] ① waarderen, hoogschatten, op prijs stellen, koesteren ② op waarde schatten ③ ⟨gesch⟩ prijs maken ⟨schip⟩, opbrengen, ⟨fig⟩ buitmaken ④ lichten, openbreken ⟨met een werktuig⟩, wrikken ♦ *prize off the lid with your fingers* wip het deksel eraf met je vingers; *prize the top off the case with a crowbar* het deksel van de kist forceren met een breekijzer; zie: **prize out**; *prize up the cover* het deksel lichten
prize blunder [telb zn] ⟨scherts⟩ flater van je welste
prize cow [telb zn] bekroonde koe
prize cup [telb zn] wedstrijdbeker, prijsbokaal
prize day [telb zn] prijsuitreikingsdag ⟨op scholen⟩
prize fight [telb zn] ⟨gesch⟩ vuistgevecht, bokswedstrijd ⟨voor geld⟩
prize fighter [telb zn] ⟨gesch⟩ vuistvechter, (beroeps)bokser
prize fighting [niet-telb zn] ⟨gesch⟩ het vuistvechten, het boksen ⟨voor geld⟩
prize idiot, prize fool [telb zn] ⟨inf⟩ ontzettende mafkees, halvegare
prize joke [telb zn] ⟨scherts⟩ prima mop, eersteklas grap
prize-man /praɪzmən/ [telb zn; mv: prizemen /-mən/] prijswinnaar
prize money [niet-telb zn] ① ⟨gesch⟩ prijsgeld ⟨opbrengst van een prijsschip⟩, (aandeel in de) opbrengst ② prijzengeld
prize out [ov ww] lospeuteren, uitpeuteren, uithalen, weghalen, ⟨fig⟩ afhandig maken ♦ *prize out this information* deze inlichtingen bemachtigen; *prize a nail out of a tyre* een spijker uit een band peuteren; *prize the secret out of him* hem het geheim ontfutselen
¹prize ring [telb zn] ring ⟨voor het vuistvechten⟩
²prize ring [niet-telb zn; the] (het) vuistvechten, (het) boksen ⟨voor geld⟩
prize-win·ner [telb zn] prijswinnaar
prize-win·ning [bn] bekroond, winnend
PR man [telb zn] pr-man, public relations officer, perschef, voorlichtingsambtenaar
¹pro /proʊ/ [telb zn] ⟨inf⟩ ① ⟨sport⟩ (verk: professional) prof, beroeps(speler) ② ⟨BE⟩ (verk: prostitute) hoer, prostituee ③ ⟨vnl mv⟩ argument/stem vóór iets ♦ *the pros and con(tra)s* de voor- en nadelen, het voor en tegen, het pro en contra ④ ⟨sl⟩ persoon op proef ⑤ ⟨sl⟩ bekwame vent/meid ⑥ ⟨sl⟩ voorbehoedmiddel
²pro /proʊ/ [bn] ① pro, voor ♦ *we must consider all arguments pro and contra* we moeten alle argumenten pro en contra bekijken ② ⟨sl⟩ beroeps-
³pro /proʊ/ [bw] (er)vóór, pro ♦ *he argued pro* hij pleitte ervóór; *pro and con* het voor en tegen
⁴pro /proʊ/ [vz] vóór, pro, ter verdediging van ♦ *argued pro the proposal* pleitte vóór het voorstel
pro- /proʊ/ ① pro-, voor-, voorstander van ♦ *pro-American* pro-Amerikaans ② plaatsvervangend ♦ *pro-cathedral* tijdelijk als kathedraal gebruikte kerk
PRO [telb zn] ① (Public Record(s) Office) ② ⟨inf⟩ (public relations officer) pr-man
pro·a /proʊə/, **pra(h)u** /praʊ/ [telb zn] prauw ⟨Indisch vaartuig⟩, Maleise prauw ⟨met zeil⟩
pro-a·bor·tion [bn] proabortus(-)
pro-a·bor·tion·ism [niet-telb zn] abortusbeweging
pro-a·bor·tion·ist [telb zn] voorstander van vrije(re) abortus(wetgeving)
pro·ac·tive /proʊæktɪv/ [bn] ⟨psych⟩ proactief ♦ *proactive inhibition* proactieve inhibitie
¹pro-am /proʊæm/ [telb zn] ⟨sport, in het bijzonder golf⟩ open wedstrijd/partij ⟨waaraan zowel beroepsspelers als

pro-am

amateurs deelnemen〉
²**pro·am** /proʊæm/ [bn, attr] 〈sport, in het bijzonder golf〉 open 〈voor beroepsspelers en amateurs〉
prob [afk] 1 (probable) 2 (probably) 3 (problem) ♦ 〈BE; inf〉 *no probs!* geen probleem!
prob·a·bi·li·or·ism /prɒbəbɪlɪərɪzm, ᴬprɑ-/ [niet-telb zn] 〈theol〉 probabiliorisme
prob·a·bi·li·or·ist /prɒbəbɪlɪərɪst, ᴬprɑ-/ [telb zn] 〈theol〉 aanhanger van het probabiliorisme
prob·a·bi·lism /prɒbəbɪlɪzm, ᴬprɑ-/ [niet-telb zn] 〈filos, theol〉 probabilisme, waarschijnlijkheidsleer
prob·a·bi·list /prɒbəbɪlɪst, ᴬprɑ-/ [telb zn] 〈filos, theol〉 probabilist, aanhanger van het probabilisme
prob·a·bi·lis·tic /prɒbəbɪlɪstɪk, ᴬprɑ-/ [bn] 〈filos, theol〉 probabilistisch
prob·a·bil·i·ty /prɒbəbɪləti, ᴬprɒbəbɪləti/ [telb + niet-telb zn] 1 waarschijnlijkheid, probabiliteit, kans ♦ *in all probability* naar alle waarschijnlijkheid, hoogstwaarschijnlijk; *there's little probability that ...* het is niet erg waarschijnlijk dat ...; *what are the probabilities?* hoe liggen de kansen?, waar ziet het naar uit?; 〈wisk〉 *theory/calculation of probability* waarschijnlijkheidsrekening, kansberekening 2 〈wisk〉 waarschijnlijkheidsrekening, kansberekening
¹**prob·a·ble** /prɒbəbl, ᴬprɑ-/ [telb zn] vermoedelijke keuze, 〈vnl sport〉 kandidaat 〈voor selectie〉, gedoodverfde winnaar, kanshebber
²**prob·a·ble** /prɒbəbl, ᴬprɑ-/ [bn] waarschijnlijk, vermoedelijk, aannemelijk ♦ *the probable result* het te verwachten resultaat; 〈vnl sport〉 *the probable winner* de gedoodverfde winnaar
prob·a·bly /prɒbəbli, ᴬprɑ-/ [bw] 1 → probable 2 〈in aanprijzingen〉 ongetwijfeld, vast wel ♦ *probably the greatest army ever brought together* misschien wel het grootste leger ooit op de been gebracht; *very probably* welhaast zeker
pro·band /proʊbænd/ [telb zn] 〈genealogie〉 probandus
¹**pro·bate** /proʊbeɪt/ [telb zn] 〈jur〉 geverifieerd afschrift van een testament
²**pro·bate** /proʊbeɪt/ [niet-telb zn] 〈jur〉 gerechtelijke verificatie van een testament ♦ *grant probate of a will* goedkeuring van een testament verlenen, een testament bekrachtigen
³**pro·bate** /proʊbeɪt/ [ov ww] 〈AE; jur〉 verifiëren, goedkeuren, erkennen 〈een testament〉
probate court [telb zn] 〈jur〉 hof voor erfrecht 〈verificatie van testamenten, beheer van nalatenschappen〉
pro·ba·tion /prəbeɪʃn, ᴬproʊ-/ [niet-telb zn] 1 proef(tijd), onderzoek(speriode), 〈rel〉 noviciaat ♦ *on probation* op proef 2 〈jur〉 proef(tijd), geldigheidstermijn van een voorwaardelijke veroordeling 〈in het bijzonder van jeugdigen〉 ♦ *she is on probation* zij is voorwaardelijk in vrijheid gesteld; *one year's probation under suspended sentence of two months' imprisonment* twee maanden voorwaardelijke gevangenisstraf met een proeftijd van een jaar
pro·ba·tion·al /prəbeɪʃnəl, ᴬproʊ-/ [bn; bw: ~ly] proef-, m.b.t. een proef(tijd)
pro·ba·tion·ary /prəbeɪʃnəri, ᴬproʊbeɪʃəneri/ [bn] 1 proef-, m.b.t. een proef(tijd) 2 in een proeftijd verkerend, op proef
pro·ba·tion·er /prəbeɪʃnə, ᴬproʊbeɪʃənər/ [telb zn] 1 voorlopig aangestelde, aspirant, op proef aangenomen employé 2 leerling-verpleegster 3 〈rel〉 novice 4 〈jur〉 voorwaardelijk veroordeelde
pro·ba·tion·er·ship /prəbeɪʃnəʃɪp, ᴬproʊbeɪʃənərʃɪp/ [telb zn] 1 proefperiode 2 voorwaardelijke veroordeling
probation officer [telb zn] 〈jur〉 reclasseringsambtenaar
pro·ba·tive /proʊbətɪv/, **pro·ba·to·ry** /-tri, ᴬ-tɔri/ [bn] 1 〈form〉 bewijs-, bewijzend 2 〈vero〉 proef-

¹**probe** /proʊb/ [telb zn] 1 sonde, peilstift 2 sondeerballon, ruimtesonde 3 (diepgaand) onderzoek 4 sondering
²**probe** /proʊb/ [onov + ov ww] 1 sonderen, (met een sonde) onderzoeken/peilen/meten 2 (goed) onderzoeken, doordringen (in), diep graven (in) ♦ *a probing interrogation* een indringende/diepgaande ondervraging; *probe into the origins of the crisis* graven naar de oorzaken van de crisis
pro·bi·ot·ic /proʊbaɪɒtɪk, ᴬ-ɑtɪk/ [telb zn] probioticum
pro·bi·ty /proʊbəti/ [niet-telb zn] 〈form〉 rechtschapenheid, eerlijkheid, oprechtheid
prob·lem /prɒbləm, ᴬprɑ-/ [telb zn] 1 probleem, vraagstuk, kwestie, lastig geval 2 opgave, vraag, raadsel, som
prob·lem·at·ic /prɒbləmætɪk, ᴬprɒbləmætɪk/, **prob·lem·at·i·cal** /-ɪkl/ [bn; bw: ~ally] 1 problematisch 2 twijfelachtig, onzeker
problem child [telb zn] probleemkind, kind met opvoedingsmoeilijkheden
prob·lem·ist /prɒbləmɪst, ᴬprɑ-/ [telb zn] (probleem)componist 〈van schaakproblemen〉, probleemoplosser
problem novel [telb zn] probleemroman, roman met (sociale/psychologische) probleemstelling
problem page [telb zn] problemenrubriek 〈in damesbladen e.d.〉
problem play [telb zn] probleemstuk, toneelstuk met (sociale/psychologische) probleemstelling
prob·lem-solv·ing [bn] van/m.b.t. het oplossen van problemen
pro bo·no pub·li·co /proʊboʊnoʊpʌblɪkoʊ, ᴬproʊboʊnoʊpuːblɪkoʊ/, **pro bono** [bn] 〈jur〉 pro Deo ♦ *pro bono case* pro-Deozaak
¹**pro·bos·ci·de·an, pro·bos·cid·i·an** /proʊbəsɪdiən/ [telb zn] 〈dierk〉 slurfdier
²**pro·bos·ci·de·an, pro·bos·cid·i·an** /proʊbəsɪdiən/ [bn] 〈dierk〉 1 voorzien van een slurf 2 behorend tot/m.b.t. de orde der Proboscidea
pro·bos·cis /prəbɒsɪs, ᴬproʊbɒsɪs/ [telb zn; mv: ook proboscides /-sɪdiːz/] 1 〈dierk〉 slurf, (lange) snuit, 〈bij insecten〉 zuigorgaan 2 〈scherts〉 (lange) neus
proboscis monkey [telb zn] 〈dierk〉 neusaap 〈Nasalis larvatus〉
proc [afk] 1 (proceedings) 2 (process)
pro·ca·the·dral [telb zn] tijdelijk als kathedraal gebruikte kerk
pro·ce·dur·al /prəsiːdʒrəl/ [bn] procedureel
pro·ce·dure /prəsiːdʒə, ᴬ-ər/ [telb + niet-telb zn] 1 procedure, methode, handelwijze, werkwijze, handeling 2 〈jur〉 rechtspleging, procesvoering ♦ *legal procedure* gerechtelijke procedure, geding
pro·ceed /prəsiːd/ [onov ww] 1 beginnen, van start gaan, van wal steken ♦ *please, proceed* ga uw gang, begint u maar 2 verder gaan, doorgaan ♦ *he proceeded to inform me* verder deelde hij mij mee; *proceed with/in* voortzetten/vervolgen/voortgaan met; *work is steadily proceeding* het werk vordert gestaag 3 te werk gaan, opereren, handelen, optreden 4 plaatsvinden, aan de gang zijn 5 zich bewegen, gaan, rijden ♦ *proceed along the roadway* zich op de rijbaan bevinden, zich over de rijbaan verplaatsen; *as we proceeded from London to Bath* terwijl wij onderweg waren van Londen naar Bath; *a coach proceeded towards the crossroads* een autobus naderde het kruising 6 ontstaan, zijn oorsprong vinden ♦ 〈form〉 *proceed from* voortkomen/voortvloeien uit, de consequentie zijn van; *proceed from the communist press* verschijnen bij/uitgegeven/gedrukt worden door de communistische pers 7 zie: **proceed against;** → **proceeding**
proceed against [onov ww] 〈jur〉 gerechtelijk vervolgen, procederen tegen
¹**pro·ceed·ing** /prəsiːdɪŋ/ [telb zn; (oorspronkelijk) gerund van proceed] handeling, stap, maatregel

²**pro·ceed·ing** /prəsi:dɪŋ/ [niet-telb zn; (oorspronkelijk) gerund van proceed] optreden, gedrag(slijn), werkwijze, handelwijze

pro·ceed·ings /prəsi:dɪŋz/ [alleen mv; (oorspronkelijk) gerund van proceed] ① gebeurtenissen, voorvallen ② ⟨jur⟩ gerechtelijke actie ♦ *institute/take/start legal proceedings* gerechtelijke stappen ondernemen, een proces aanspannen

Pro·ceed·ings /prəsi:dɪŋz/ [alleen mv; (oorspronkelijk) gerund van proceed] notulen, handelingen, werkzaamheden ⟨van genootschap enz.⟩, verslag ♦ *the Proceedings at the Party congress were very confused* het partijcongres had een zeer verward verloop

pro·ceeds /proʊsi:dz/ [alleen mv] opbrengst

proceed to [onov ww] ① overgaan tot/op, verder gaan met ♦ *proceed to business* tot zaken komen, aan het werk gaan ② ⟨BE; onderw⟩ behalen ⟨een hogere graad⟩ ♦ *proceed to the degree of Ph. D.* promoveren tot doctor in de wijsbegeerte, de doctorstitel behalen

¹**pro·cess** /proʊses, ˄-prɑ-/ [telb zn] ① proces, gebeuren, ontwikkeling ② procédé, methode ③ ⟨serie⟩ verrichting(en), handelingen, werkwijze, handeling ④ ⟨biol⟩ uitgroeisel, uitsteeksel, aanhangsel, processus ⑤ ⟨jur⟩ ⟨opening van een⟩ proces ⑥ ⟨jur⟩ dagvaarding ⑦ ⟨sl⟩ ontkroesd haar

²**pro·cess** /proʊses, ˄-prɑ-/ [niet-telb zn] (voort)gang, (ver)loop ♦ *in process* gaande, aan de gang, in/op gang; *in the process* en passant, erbij, hierbij; *in process of time* in de loop der tijd; *in (the) process of* doende/bezig met; *in process of construction* in aanbouw; *enjoy yourself and win a prize in the process* vermaak u en win een prijs op de koop toe; *(due) process of law* (behoorlijke) rechtsgang

³**pro·cess** /prəses/ [onov ww] ⟨als⟩ in processie gaan, een optocht houden

⁴**pro·cess** /proʊses, ˄-prɑ-/ [ov ww] ① bewerken, verwerken ② ⟨jur⟩ dagvaarden, vervolgen ③ ⟨foto⟩ ontwikkelen, verwerken ④ behandelen, conserveren

process art [niet-telb zn] ⟨bk⟩ concept(ual) art

process control [niet-telb zn] procesbewaking, procesbeheersing

¹**pro·ces·sion** /prəseʃn/ [telb zn] ① stoet, optocht, processie, defilé ② opeenvolging, reeks ③ nutteloze strijd, gevecht zonder overwinnaar ④ ⟨rel⟩ emanatie van de Heilige Geest

²**pro·ces·sion** /prəseʃn/ [niet-telb zn] ① voortgang, verloop ② optocht ♦ *walk in procession* in optocht lopen ③ voortbrenging, het voortkomen uit

¹**pro·ces·sion·al** /prəseʃnəl/, **pro·ces·sion·ar·y** /-seʃnəri, ˄-seʃəneri/ [telb zn] ① ⟨rel⟩ processiehymne ② processieboek, processionale

²**pro·ces·sion·al** /prəseʃnəl/, **pro·ces·sion·ar·y** /-seʃnəri, ˄-seʃəneri/ [bn; bw: ~ly] ① ⟨rel⟩ processie- ♦ *processional march* processiegang ② ⟨dierk⟩ van/m.b.t. de processievlinders/processierupsen ♦ *processional caterpillar* processierups

procession moth [telb zn] ⟨dierk⟩ processievlinder ⟨genus Thaumetopoea⟩

proc·es·sor /proʊsesə, ˄-prɑsesər/ [telb zn] ① bewerker ② ⟨comp⟩ processor, verwerkingseenheid ③ beoefenaar van concept art

process server [telb zn] ⟨jur⟩ deurwaarder

pro·cès-ver·bal /proʊseɪ vɜ:bɑ:l, ˄proʊseɪ vɜrbɑl/ [telb zn; mv: procès-verbaux /-boʊ/] ① rapport, officieel verslag van onderhandelingen ② ⟨jur⟩ proces-verbaal

pro-choice [bn] voor abortus ♦ *pro-choice activists* voorstanders van abortus

pro·chro·nism /proʊkrənɪzm/ [telb zn] prochronisme ⟨het plaatsen van een gebeurtenis eerder dan de feitelijke datum⟩, anachronisme

pro·claim /prəkleɪm/ [ov ww] ① proclameren, verklaren, verkondigen ♦ *proclaim peace* de vrede afkondigen; *proclaimed queen* tot koningin uitgeroepen ② prijzen, loven ③ kenmerken, duidelijk tonen, aanduiden ♦ *his behaviour proclaimed him a liar* uit zijn gedrag bleek duidelijk dat hij loog

proc·la·ma·tion /prɒkləmeɪʃn, ˄-prɑ-/ [telb + niet-telb zn] proclamatie, verkondiging, afkondiging ♦ *make a proclamation* proclameren

proc·la·ma·to·ry /prəklæmətri, ˄proʊklæmətɔri/ [bn] ① proclamatie-, van een proclamatie ② verkondigend, proclamerend ♦ *his usual proclamatory way of speaking* zijn gewone verkondigende manier van spreken

¹**pro·clit·ic** /proʊklɪtɪk/ [telb zn] ⟨taalk⟩ proclitisch woord

²**pro·clit·ic** /proʊklɪtɪk/ [bn; bw: ~ally] ⟨taalk⟩ proclitisch

pro·cliv·i·ty /prəklɪvəti, ˄proʊklɪvəti/ [telb zn] ⟨form⟩ neiging, geneigdheid, behept, drang ♦ *a proclivity to(wards) cruelty* een neiging tot wreedheid

pro-com·mu·nist /proʊkɒmjʊnɪst, ˄-kəmjə-/ [bn] communistisch gezind, procommunistisch

pro·con·sul /proʊkɒnsl, ˄-kɑn-/ [telb zn] ① viceconsul ② ⟨form⟩ gouverneur van een kolonie ③ ⟨gesch⟩ proconsul ⟨in het oude Rome⟩

pro·con·su·lar /proʊkɒnsjʊlə, ˄-kɑnslər/ [bn] ① viceconsulair, van/door een viceconsul ② ⟨form⟩ van/door een gouverneur ③ ⟨gesch⟩ proconsulair, van/door een proconsul

pro·con·su·late /proʊkɒnsjʊlət, ˄-kɑnslət/, **pro·con·sul·ship** /proʊkɒnslʃɪp, ˄-kɑn-/ [telb zn] ① viceconsulaat, ambt(speriode) van viceconsul ② ⟨form⟩ gouverneurschap ③ ⟨gesch⟩ proconsulaat, ambt(speriode) van proconsul

¹**pro·cras·ti·nate** /prəkræstɪneɪt/ [onov ww] ⟨form⟩ talmen, aarzelen, dralen, treuzelen

²**pro·cras·ti·nate** /prəkræstɪneɪt/ [ov ww] ⟨form⟩ uitstellen, nalaten, voor zich uit schuiven

pro·cras·ti·na·tion /prəkræstɪneɪʃn/ [telb + niet-telb zn] ⟨form⟩ uitstel, aarzeling, het talmen ♦ ⟨sprw⟩ *procrastination is the thief of time* uitstel is de dief van de tijd

pro·cras·ti·na·tive /prəkræstɪneɪtɪv, proʊ-/, **pro·cras·ti·na·to·ry** /prəkræstɪneɪtəri, ˄-nətɔri/ [bn; bw: ~ly] ⟨form⟩ aarzelend, dralend, talmend

pro·cras·ti·na·tor /prəkræstɪneɪtə, ˄-neɪtər/ [telb zn] ⟨form⟩ talmer, draler, treuzelaar

pro·cre·ant /proʊkrɪənt/, **pro·cre·a·tive** /proʊkrieɪtɪv/ [bn] ① voortbrengend ② voortplantings-

¹**pro·cre·ate** /proʊkrieɪt/ [onov ww] nageslacht voortbrengen, zich voorttelen, zich voortplanten

²**pro·cre·ate** /proʊkrieɪt/ [ov ww] ① procreëren, verwekken, voortbrengen ② scheppen, veroorzaken, voortbrengen

pro·cre·a·tion /proʊkrieɪʃn/ [niet-telb zn] voortplanting, voortteling

pro·cre·a·tor /proʊkrieɪtə, ˄-eɪtər/ [telb zn] voortbreng(st)er, verwekker, schepper

Pro·crus·te·an /proʊkrʌstɪən/ [bn; ook procrustean] ⟨als⟩ van Procrustes ♦ *Procrustean bed* procrustesbed

proc·to- /prɒktoʊ, ˄prɑk-/ ⟨med⟩ procto-, recto-, rectaal

proc·tol·o·gy /prɒktɒlədʒi, ˄prɑktɑ-/ [niet-telb zn] ⟨med⟩ proctologie ⟨kennis van de ziekten van de endeldarm⟩

¹**proc·tor** /prɒktə, ˄prɑktər/ [telb zn] ① ⟨vaak Proctor⟩ ⟨BE; jur, kerk⟩ procureur ② ⟨BE; kerk⟩ procurator ⟨vertegenwoordiger van de geestelijkheid bij anglicaanse synode⟩ ③ ⟨AE; onderw⟩ supervisor, surveillant, opzichter

²**proc·tor** /prɒktə, ˄prɑktər/ [ov ww] ⟨AE⟩ toezicht houden op, surveilleren

Proc·tor /prɒktə, ˄prɑktər/ [telb zn] ⟨BE⟩ proctor ⟨ordefunctionaris aan de universiteiten van Oxford en Cambridge⟩

proc·to·ri·al /prɒktɔ:rɪəl, ˄prɑktɔriəl/ [bn; bw: ~ly]

proctoscope

1 ⟨BE⟩ van de proctor, orde- 2 ⟨BE; jur, kerk⟩ procureurs- 3 ⟨BE; kerk⟩ procurators- 4 ⟨AE⟩ supervisie-

proc·to·scope /prɒktəskoʊp, ᴬprɑk-/ [telb zn] ⟨med⟩ rectoscoop, proctoscoop

pro·cum·bent /proʊkʌmbənt/ [bn] 1 vooroverliggend, uitgestrekt/languit op de buik liggend 2 ⟨plantk⟩ kruipend, kruip-

pro·cur·a·ble /prəkjʊərəbl, ᴬproʊkjʊr-/ [bn] verkrijgbaar, beschikbaar

¹**proc·u·ra·tion** /prɒkjʊreɪʃn, ᴬprɑkjə-/ [telb zn] ⟨handel⟩ provisie, makelaarsloon

²**proc·u·ra·tion** /prɒkjʊreɪʃn, ᴬprɑkjə-/ [niet-telb zn] 1 verwerving, het verkrijgen, het winnen, het bereiken 2 bewerkstelliging, het teweegbrengen 3 het optreden als gemachtigde 4 ⟨handel⟩ procuratie

proc·u·ra·tor /prɒkjʊreɪtə, ᴬprɑkjəreɪtər/ [telb zn] 1 ⟨jur⟩ gevolmachtigde, zaakgelastigde 2 ⟨handel⟩ procuratiehouder 3 ⟨gesch⟩ procurator, keizerlijk administrateur ⟨in het oude Rome⟩

proc·u·ra·to·ry /prɒkjʊrətri, ᴬprɑkjərətɔri/ [telb + niet-telb zn] volmacht

¹**pro·cure** /prəkjʊə, ᴬproʊkjʊr/ [onov ww] pooieren, bordeel houden, prostituees houden

²**pro·cure** /prəkjʊə, ᴬproʊkjʊr/ [ov ww] 1 verkrijgen, verwerven, winnen, bereiken 2 ⟨form⟩ teweegbrengen, bewerkstelligen 3 tot prostituee maken ♦ *procure a girl for s.o.* iemand een meisje bezorgen, voor iemand de diensten van een meisje kopen

pro·cure·ment /prəkjʊəmənt, ᴬproʊkjʊr-/ [telb + niet-telb zn] 1 verwerving, het verkrijgen, ⟨handel⟩ aankoop, inkoop 2 bemiddeling, bewerkstelliging

pro·cur·er /prəkjʊərə, ᴬproʊkjʊrər/ [telb zn] souteneur, pooier

pro·cur·ess /prəkjʊərɪs, ᴬproʊkjʊrɪs/ [telb zn] koppelaarster, bordeelhoudster

¹**prod** /prɒd, ᴬprɑd/ [telb zn] 1 prik, steek, por 2 zet ⟨ook figuurlijk⟩, aansporing ♦ *he needs a prod from time to time* hij moet af en toe een duwtje hebben 3 pin, prikstok, puntige stok

²**prod** /prɒd, ᴬprɑd/ [onov ww] steken, prikken ♦ *prod at/in* steken/prikken naar/in

³**prod** /prɒd, ᴬprɑd/ [ov ww] 1 porren, prikken, steken, duwen 2 aansporen, aanzetten, opporren, opjutten ♦ *prod s.o. into work/to action* iemand tot werken/actie aansporen

⁴**prod** [afk] 1 (produce) 2 (produced) 3 (product)

¹**prod·i·gal** /prɒdɪgl, ᴬprɑ-/ [telb zn] 1 verkwister ♦ *the prodigal has returned* de verloren zoon is teruggekeerd 2 iemand met een hang naar luxe

²**prod·i·gal** /prɒdɪgl, ᴬprɑ-/ [bn; bw: ~ly] 1 kwistig, spilziek, verkwistend ♦ *the prodigal son* de verloren zoon ⟨naar Lucas 15:11-32⟩ 2 vrijgevig, royaal, gul 3 overvloedig

prod·i·gal·i·ty /prɒdɪgæləti, ᴬprɑdɪgæləti/ [telb + niet-telb zn] 1 kwistigheid, spilzucht 2 vrijgevigheid 3 overvloedigheid

prod·i·gal·ize, prod·i·gal·ise /prɒdɪgəlaɪz, ᴬprɑ-/ [ov ww] kwistig zijn met

pro·di·gious /prədɪdʒəs/ [bn; bw: ~ly; zn: ~ness] wonderbaarlijk, verbazingwekkend, buitengewoon, buitensporig

prod·i·gy /prɒdɪdʒi, ᴬprɑ-/ [telb zn] 1 wonder, bovennatuurlijk verschijnsel 2 wonderkind 3 ⟨vero⟩ voorteken

pro·drome /proʊdroʊm/ [telb zn; mv: ook prodromata /proʊdroʊmətə/] ⟨med⟩ prodromaal verschijnsel, vroegste symptoom/voorbode van een ziekte

¹**pro·duce** /prɒdjuːs, ᴬprɑduːs, ᴬproʊ-/ [telb zn] 1 opbrengst, productie, product, voortbrengsel(en), ⟨i.h.b.⟩ (fruit en) groenten ♦ *agricultural produce* de opbrengst van de landbouw, landbouwproducten 2 ⟨mijnb⟩ gehalte 3 resultaat ♦ *continued produce* gedurig product

²**pro·duce** /prədjuːs, ᴬ-duːs/ [onov + ov ww] 1 produceren, opbrengst hebben, opbrengen, voortbrengen 2 produceren, vervaardigen, maken

³**pro·duce** /prədjuːs, ᴬ-duːs/ [ov ww] 1 tonen, tevoorschijn brengen, naar voren brengen, overleggen, produceren ♦ *produce evidence/reasons* bewijzen/redenen aanvoeren; *produce one's ticket* zijn kaartje tevoorschijn halen/laten zien 2 uitbrengen, het licht doen zien ♦ *produce an actor* een acteur voor het voetlicht brengen, bekendheid geven; *produce a book* een boek uitgeven; *produce a play* een toneelstuk op de planken brengen 3 veroorzaken, teweegbrengen, doen ontstaan, tot gevolg hebben, opleveren ♦ *produce laughter* gelach veroorzaken 4 ⟨plantk⟩ dragen, vrucht dragen 5 ⟨dierk⟩ werpen, krijgen ⟨jong⟩, leggen ⟨ei⟩ 6 ⟨wisk⟩ verlengen

pro·duc·er /prədjuːsə, ᴬ-duːsər/ [telb zn] 1 ⟨ec⟩ producent, fabrikant 2 ⟨dram, film; tv⟩ producer, productieleider 3 ⟨BE; dram, radio/tv⟩ regisseur 4 ⟨radio/tv⟩ samensteller 5 ⟨techn⟩ gasgenerator

producer gas [niet-telb zn] generatorgas

producer goods, producer's goods, production goods [alleen mv] ⟨ec⟩ productiegoederen ⟨machines en grondstoffen⟩

pro·duc·i·ble /prədjuːsəbl, ᴬ-duː-/ [bn] 1 produceerbaar, te vervaardigen 2 overlegbaar, beschikbaar, tevoorschijn te halen

prod·uct /prɒdʌkt, ᴬprɑdəkt/ [telb zn] 1 product, voortbrengsel ♦ *agricultural products* landbouwproducten 2 resultaat, gevolg 3 ⟨wisk⟩ product 4 ⟨scheik⟩ product

¹**pro·duc·tion** /prədʌkʃn/ [telb zn] 1 product, voortbrengsel ♦ *literary productions* literaire scheppingen 2 ⟨dram, film⟩ productie

²**pro·duc·tion** /prədʌkʃn/ [telb + niet-telb zn] 1 productie, opbrengst 2 productie, vervaardiging 3 het tonen, het overleggen ♦ *on production of your tickets* op vertoon van uw kaartje 4 totstandbrenging 5 ⟨dram⟩ productie, het produceren

production line [telb zn] ⟨ind⟩ straat, ⟨oneig⟩ lopende band

production platform [telb zn] (productie)platform, booreiland

pro·duc·tive /prədʌktɪv/ [bn; bw: ~ly; zn: ~ness] 1 voortbrengend, opleverend, producerend ♦ *a country productive of olives* een land dat olijven voortbrengt; *an incident productive of laughter* een voorval dat hilariteit veroorzaakt 2 productief, vruchtbaar, rijk ♦ *productive fishing grounds* rijke viswateren; *a productive writer* een productief/vruchtbaar schrijver 3 ⟨ec⟩ productief

pro·duc·tiv·i·ty /prɒdʌktɪvəti, ᴬprɑdəktɪvəti/ [telb + niet-telb zn] 1 productiviteit, productievermogen, vruchtbaarheid 2 rendement

product liability [niet-telb zn] productaansprakelijkheid

product line [telb zn] assortiment, collectie, soort artikel

product miles [alleen mv] ⟨ec⟩ productkilometers ⟨afgelegde afstand tussen plek van productie en plek van consumptie⟩

product placement [niet-telb zn] merkreclame in een film of tv-programma, product placement

pro·em /proʊəm/ [telb zn] ⟨form⟩ 1 voorwoord, inleiding, proloog, proëmium 2 begin, aanvang, opening, voorspel, prelude

pro·e·mi·al /proʊiːmɪəl/ [bn] ⟨form⟩ inleidend, voorafgaand

prof /prɒf, ᴬprɑf/ [telb zn] ⟨inf⟩ (verk: professor) prof, professor

Prof [afk] (Professor) prof.

prof·a·na·tion /prɒfəneɪʃn, ᴬprɑ-/ [telb + niet-telb zn] profanatie, heiligschennis, blasfemie, ontwijding

profitless

¹**pro·fane** /prəfeɪn/ [bn; bw: ~ly; zn: ~ness] [1] **profaan,** werelds, wereldlijk ♦ *profane art* wereldlijke kunst [2] **ongewijd,** niet (in)gewijd [3] **heidens** ♦ *profane rites* heidense riten [4] **ontheiligend,** schennend, blasfemisch ♦ *profane language* godslasterlijke taal, grofheden, gevloek

²**pro·fane** /prəfeɪn/ [ov ww] **ontheiligen, profaneren,** schenden

¹**pro·fan·i·ty** /prəfænəti/ [telb + niet-telb zn] **godslastering,** (ge)vloek

²**pro·fan·i·ty** /prəfænəti/ [niet-telb zn] **godslasterlijkheid,** blasfemie, goddeloosheid

¹**pro·fess** /prəfes/ [onov ww] [1] **een verklaring afleggen** [2] **hoogleraar zijn,** doceren [3] ⟨rel⟩ **tot de geestelijkheid toetreden,** de kloostergeloften afleggen, professen; → **professed**

²**pro·fess** /prəfes/ [ov ww] [1] **beweren,** pretenderen, voorwenden ♦ *she professed to be very sorry about it* ze beweerde dat/deed alsof het haar vreselijk speet [2] **verklaren,** bevestigen, betuigen ♦ *he professed his ignorance on* hij verklaarde dat hij niets afwist van [3] **belijden,** aanhangen [4] ⟨rel⟩ **in een kloosterorde opnemen,** de kloostergeloften doen afleggen, professen [5] **zijn beroep maken van,** (als beroep) beoefenen/uitoefenen [6] **onderwijzen,** doceren, hoogleraar zijn in; → **professed**

¹**pro·fessed** /prəfest/ [bn; volt deelw van profess] **voorgewend,** gepretendeerd, zogenaamd, ogenschijnlijk ♦ *professed friendship* valse vriendschap

²**pro·fessed** /prəfest/ [bn, attr; volt deelw van profess] [1] **openlijk,** verklaard, naar eigen zeggen ♦ *a professed misanthrope* een verklaarde/openlijke mensenhater [2] ⟨rel⟩ **belijdend,** praktiserend [3] ⟨rel⟩ **in een orde opgenomen,** geprofest ♦ *professed monk* profes, geprofeste [4] **beroeps-,** van beroep

pro·fess·ed·ly /prəfesɪdli/ [bw] [1] **naar eigen zeggen** [2] **zogenaamd** [3] **openlijk**

¹**pro·fes·sion** /prəfeʃn/ [telb zn] [1] **verklaring,** betuiging, uiting, getuigenis, bekentenis [2] **beroep,** vak, professie, betrekking ♦ *a doctor by profession* dokter van zijn vak; *the learned professions* theologie, rechten en medicijnen; *the profession of letters* het schrijverschap [3] ⟨rel⟩ **belijdenis**

²**pro·fes·sion** /prəfeʃn/ [telb + niet-telb zn] ⟨rel⟩ **professie,** het afleggen van de kloostergelofte

³**pro·fes·sion** /prəfeʃn/ [verzameln] **vak,** alle beoefenaren van het vak, wereldje

¹**pro·fes·sion·al** /prəfeʃnəl/ [telb zn] [1] **vakman,** beroeps, professioneel beoefenaar, deskundige ♦ *she's quite a professional* ze is er erg goed in/heel bekwaam [2] ⟨sport⟩ **professional** ♦ *turn professional* beroeps worden, prof worden

²**pro·fes·sion·al** /prəfeʃnəl/ [bn; bw: ~ly] [1] **professioneel,** beroeps-, vak-, ambts-, beroepsmatig, ⟨sport⟩ prof- ♦ *professional jealousy* jalousie de métier, broodnijd [2] **vakkundig,** bekwaam

³**pro·fes·sion·al** /prəfeʃnəl/ [bn, attr; bw: ~ly] [1] **met een hogere opleiding** ♦ *she is a professional woman* ze heeft gestudeerd [2] **onverbeterlijk,** verstokt, hardnekkig ♦ *he's a professional firebrand* hij doet nooit iets anders dan stoken tussen mensen [3] ⟨sport; euf⟩ **professioneel,** getruukt, opzettelijk van overtreding ♦ *a professional foul* een professionele overtreding

pro·fes·sion·al·ism /prəfeʃnəlɪzm/ [niet-telb zn] [1] **beroepsmatigheid,** vakkundigheid [2] **bekwaamheid** [3] ⟨sport⟩ **het professioneel-zijn/getruukt-zijn,** betaalde sport, beroepssport [4] ⟨sport; euf⟩ **het professioneel-zijn,** het opzettelijk overtreden van de regels

pro·fes·sor /prəfesə, ᴬ-ər/ [telb zn] [1] **professor,** hoogleraar ♦ *professor of chemistry* hoogleraar in de scheikunde; *visiting professor* gasthoogleraar [2] ⟨AE⟩ **wetenschappelijk medewerker met leeropdracht** [3] ⟨vnl rel⟩ **belijder,** vurig aanhanger [4] ⟨sl⟩ **boekenwurm,** studiehoofd, blokker, intellectueel [5] ⟨sl⟩ **brilljood,** brildrager [6] ⟨vnl scherts⟩

orkestleider [7] ⟨sl⟩ **pianist** [8] ⟨sl⟩ **(beroeps)gokker**

¹**pro·fes·sor·ate** /prəfesərət/, **pro·fes·so·ri·at(e)** /prɒfɪsɔːriət, ᴬprə-/ [telb zn] **professoraat,** hoogleraarschap

²**pro·fes·sor·ate** /prəfesərət/, **pro·fes·so·ri·at(e)** /prɒfɪsɔːriət, ᴬprə-/ [verzameln] [1] **hoogleraren en medewerkers,** staf [2] **geleerden**

pro·fes·so·ri·al /prɒfəsɔːriəl, ᴬprəfə-/ [bn; bw: ~ly] **(als) van een professor,** professoraal

pro·fes·sor·ship /prəfesəʃɪp, ᴬ-sər-/ [telb zn] **hoogleraarschap,** professoraat

¹**prof·fer** /prɒfə, ᴬprɒfər/ [telb zn] ⟨form⟩ **aanbod**

²**prof·fer** /prɒfə, ᴬprɒfər/ [ov ww] ⟨form⟩ **aanbieden,** aanreiken, presenteren

pro·fi·cien·cy /prəfɪʃnsi/ [niet-telb zn] **vakkundigheid,** vaardigheid, bekwaamheid ♦ *proficiency at/in sth.* bekwaam in iets

¹**pro·fi·cient** /prəfɪʃnt/ [telb zn] **expert,** meester ♦ *a proficient in music* een voortreffelijk muzikant

²**pro·fi·cient** /prəfɪʃnt/ [bn; bw: ~ly] **vakkundig,** bekwaam, vaardig, kundig ♦ *proficient in lying* bedreven in het liegen; *an art in/at which he was proficient* een kunst die hij meesterlijk beheerste

¹**pro·file** /prəʊfaɪl/ [telb zn] [1] **profiel,** zijaanzicht, omtrek ♦ *in profile* en profil [2] **silhouet** [3] **profiel,** karakterschets, korte (persoons)beschrijving, typering [4] **doorsnede,** profiel, dwarsprofiel, lengteprofiel [5] **variatiecurve** [6] ⟨dram⟩ **decorstuk**

²**pro·file** /prəʊfaɪl/ [ov ww] [1] **en profil weergeven** [2] ⟨vaak passief⟩ **aftekenen,** in silhouet weergeven ♦ *the mountains were profiled against the sky* de bergen tekenden zich af tegen de hemel [3] **een karakterschets geven van** [4] **een dwarsdoorsnede geven van;** → **profiling**

pro·fil·ing /prəʊfaɪlɪŋ/ [niet-telb zn; gerund van profile] [1] **opstellen van een (klanten)profiel,** profilering [2] ⟨AE⟩ **discriminerend aanhoudingsbeleid** (door politie, douane e.d.)

¹**prof·it** /prɒfɪt, ᴬprə-/ [telb + niet-telb zn; vaak mv] [1] **winst,** opbrengst ♦ *sell at a profit* met winst verkopen; *make a profit on sth.* ergens winst op maken; *share of profits* winstaandeel [2] **rente,** opbrengst [•] ⟨sprw⟩ *small profits, quick returns* ± grote omzet, kleine winst

²**prof·it** /prɒfɪt, ᴬprə-/ [niet-telb zn] **nut,** voordeel, profijt, baat ♦ *I read the book much to my profit* ik heb veel aan het boek gehad [•] ⟨sprw⟩ *praise without profit puts little in the pot* ± het is beter iemand te helpen dan hem te prijzen

³**prof·it** /prɒfɪt, ᴬprə-/ [onov ww] [1] **bevorderlijk zijn,** nuttig/gunstig zijn [2] **profiteren,** profijt trekken ♦ *profit by the situation* van de gelegenheid gebruikmaken; *profit by/from one's experiences* lering trekken uit zijn ervaringen; *I profited greatly from my stay in Rome* ik heb erg veel gehad aan mijn verblijf in Rome

⁴**prof·it** /prɒfɪt, ᴬprə-/ [ov ww] ⟨form⟩ **van nut zijn,** tot voordeel strekken, helpen ♦ *it won't profit you to do such a thing* het zal je niets opleveren als je dat doet

prof·it·a·bil·i·ty /prɒfɪtəbɪləti, ᴬprɒfɪtəbɪləti/ [niet-telb zn] **rentabiliteit,** winstgevendheid

prof·it·a·ble /prɒfɪtəbl, ᴬprɒfɪtəbl/ [bn; bw: profitably; zn: ~ness] [1] **nuttig,** voordelig [2] **winstgevend,** rendabel

profit-and-loss account, ⟨AE⟩ **profit-and-loss statement** [telb zn] **winst-en-verliesrekening,** resultatenrekening

¹**prof·i·teer** /prɒfɪtɪə, ᴬprɒfɪtɪr/ [telb zn] **woekeraar,** woekerhandelaar, zwarthandelaar, oweeër

²**prof·i·teer** /prɒfɪtɪə, ᴬprɒfɪtɪr/ [onov ww] **woekerwinst maken,** woekerhandel drijven, zwarte handel drijven

pro·fit·er·ole /prəfɪtərəʊl/ [telb zn] ⟨cul⟩ **profiterole,** soesje

prof·it·less /prɒfɪtləs, ᴬprə-/ [bn; bw: ~ly] **nutteloos,** zonder resultaat

pro·fit margin

pro·fit margin [telb zn] winstmarge
pro·fit sharing [niet-telb zn] winstdeling
pro·fit-sharing note [telb zn] ⟨ec⟩ action de jouissance, winstbewijs
pro·fit taking [niet-telb zn] winstneming ⟨op beurs⟩
prof·li·ga·cy /prɒflɪgəsi, ᴬprɑ-/ [telb + niet-telb zn] ① losbandigheid, schaamteloosheid ② roekeloosheid, spilzucht, verkwisting
¹prof·li·gate /prɒflɪgət, ᴬprɑ-/ [telb zn] ① losbol, lichtzinnig/losbandig mens ② verkwister
²prof·li·gate /prɒflɪgət, ᴬprɑ-/ [bn] ① losbandig, lichtzinnig, slecht, zedeloos ② verkwistend, spilziek ♦ *profligate of* verkwistend met
¹pro for·ma /proʊfɔːmə, ᴬ-fɔrmə/ [telb zn] ⟨handel⟩ conto finto, pro forma factuur, gefingeerde rekening
²pro for·ma /proʊfɔːmə, ᴬ-fɔrmə/ [bn; bw] pro forma, voor de vorm, schijn-, gefingeerd ♦ ⟨handel⟩ *pro forma invoice* conto finto, pro forma factuur
¹pro·found /prəfaʊnd/ [bn; vergr trap: vaak profounder; bw: ~ly; zn: ~ness] ① wijs, wijsgerig, diepzinnig, geleerd ♦ *a profound thinker* een groot denker ② diepgaand, moeilijk te doorgronden ③ diep, grondig, heftig ♦ *profound ignorance* grove/totale onwetendheid; *profound relief* hele opluchting; *a profound silence* een diepe/doodse stilte ④ ⟨med⟩ verborgen, sluipend
²pro·found /prəfaʊnd/ [bn, attr; vergr trap: vaak profounder; bw: ~ly; zn: ~ness] ⟨form⟩ diep ♦ *profound crevass* diepe kloof; *the profound* de onpeilbare diepte ⟨van zee, hart⟩
¹pro·fun·di·ty /prəfʌndəti/ [telb + niet-telb zn] ① diepzinnigheid, wijsgerigheid ♦ *please keep those profundities to yourself* hou die wijsheden alsjeblieft voor je ② ⟨form⟩ diepte, onpeilbaarheid
²pro·fun·di·ty /prəfʌndəti/ [niet-telb zn] ① hevigheid, intensiteit ② ondoorgrondelijkheid
pro·fuse /prəfjuːs/ [bn; bw: ~ly; zn: ~ness] ① gul, vrijgevig, kwistig, royaal, goedgeefs ♦ *be profuse in one's apologies* zich uitputten in verontschuldigingen; *she was profuse in her congratulations* ze feliciteerde ons met grote uitbundigheid; *profuse of presents* gul met cadeaus ② overvloedig, overdadig, in grote hoeveelheden ♦ *bleed profusely* hevig bloeden; *a profuse mass* een overvloedige massa
pro·fu·sion /prəfjuːʒn/ [telb + niet-telb zn; voornamelijk enk] ① overvloed, massa, overdaad, profusie ♦ *in profusion* in overvloed; *a profusion of tables* een overvloed aan tafels ② kwistigheid, vrijgevigheid, gulheid
¹prog /prɒg, ᴬprɑg/ [telb zn] ⟨BE; sl⟩ ① ⟨stud⟩ proctor ⟨in Oxford en Cambridge⟩ ② progressieveling
²prog /prɒg, ᴬprɑg/ [niet-telb zn] ⟨sl⟩ voer, eten
³prog /prɒg, ᴬprɑg/ [ov ww] ⟨BE; sl, stud⟩ berispen, straffen
⁴prog [afk] ① ⟨meteo⟩ (prognosis) ② (program(me)) ③ (progress) ④ (progressive)
pro·gen·i·tive /proʊdʒenɪtɪv/ [bn] zich voortplantend, reproducerend
pro·gen·i·tor /proʊdʒenɪtə, ᴬ-nɪtər/ [telb zn] ① voorvader, voorzaat, vrouwelijke voorouder ② stamvader, stammoeder ③ voorloper, voorloopster, voorgang(st)er, vader, moeder, oorsprong ④ origineel ⟨van kopie⟩
pro·gen·i·ture /proʊdʒenɪtʃə, ᴬ-ər/ [telb + niet-telb zn] nakomelingschap, progenituur
¹prog·e·ny /prɒdʒəni, ᴬprɑ-/ [telb zn] resultaat, product, schepping
²prog·e·ny /prɒdʒəni, ᴬprɑ-/ [verzamelnw] ① nageslacht, kroost ② volgelingen
pro·ges·ter·one /proʊdʒestəroʊn/ [niet-telb zn] ⟨biochem⟩ progesteron ⟨hormoon⟩
pro·glot·tid /proʊglɒtɪd, ᴬ-glɑtɪd/ [telb zn] ⟨dierk⟩ proglottis ⟨voortplantingssegment van de lintworm⟩
pro·glot·tis /proʊglɒtɪs, ᴬ-glɑtɪs/ [telb zn; mv: proglottides /-tɪdiːz/] ⟨dierk⟩ proglottis

prog·na·thism /prɒgnəθɪzm, ᴬprɑ-/ [telb + niet-telb zn] ⟨med⟩ prognathie, prognathisme, het vooruitspringen van de kaak
prog·na·thous /prɒgnəθəs, ᴬprɑg-/, **prog·na·thic** /-næθɪk/ [bn] prognathisch, met vooruitstekende kaak
prog·no·sis /prɒgnoʊsɪs, ᴬprɑg-/ [telb zn; mv: prognoses /-siːz/] ⟨ec, med, meteo⟩ prognose, voorspelling
¹prog·nos·tic /prɒgnɒstɪk, ᴬprɑgnɑ-/ [telb zn] ⟨form⟩ ① voorteken, waarschuwing, voorbode, omen, prognosticon ♦ *a prognostic of trouble* een voorteken van moeilijkheden ② voorspelling, profetie, prognosticatie
²prog·nos·tic /prɒgnɒstɪk, ᴬprɑgnɑ-/ [bn] ⟨form⟩ voorspellend, waarschuwend, prognostisch
prog·nos·ti·cate /prɒgnɒstɪkeɪt, ᴬprɑgnɑ-/ [ov ww] ⟨form⟩ ① voorspellen, voorzien, prognosticeren ② duiden op, een voorteken zijn van, voorafgaan aan
¹prog·nos·ti·ca·tion /prɒgnɒstɪkeɪʃn, ᴬprɑgnɑ-/ [telb zn] ⟨form⟩ ① voorspelling, profetie, prognosticatie ② voorteken, voorbode, omen, prognosticon
²prog·nos·ti·ca·tion /prɒgnɒstɪkeɪʃn, ᴬprɑgnɑ-/ [niet-telb zn] ⟨form⟩ het voorspellen
prog·nos·ti·ca·tor /prɒgnɒstɪkeɪtə, ᴬprɑgnɒstɪkeɪtər/ [telb zn] ⟨form⟩ voorspeller
pro·gov·ern·ment /proʊgʌv(n)mənt/ [bn] regeringsgezind
pro·gram·ma·ble /proʊgræməbəl/ [bn] programmeerbaar
pro·gram·mat·ic /proʊgrəmætɪk/ [bn; bw: ~ally] programmatisch, met/volgens een programma
¹pro·gramme, ⟨BE in betekenis 3; AE alleen⟩ **pro·gram** /proʊgræm/ [telb zn] ① programma ♦ *they're doing a programme of 18th century music* er is een programma van 18e-eeuwse muziek; *a programme on the radio* een programma op de radio; ⟨inf⟩ *what's the programme for today?* wat staat er vandaag op het programma/de agenda?, wat gebeurt er vandaag? ② programma, programmablad, programmaboekje, overzicht ③ ⟨comp⟩ programma ▪ ⟨fig⟩ *get with the programme* word eens wakker, sluit je aan bij de trend, pas je aan
²pro·gramme, ⟨BE in betekenis 2; AE alleen⟩ **pro·gram** /proʊgræm/ [ov ww] ① programmeren, een programma/schema opstellen voor ♦ ⟨onderw⟩ *programmed course* geprogrammeerde cursus; *programmed learning* geprogrammeerd onderwijs ② ⟨comp⟩ programmeren; → **programming**
programme music [niet-telb zn] programmamuziek
programme note [telb zn; vaak mv] schets, beschrijving ⟨in programmaboekje⟩
pro·gram·mer /proʊgræmə, ᴬ-ər/ [telb zn] ⟨comp⟩ programmeur, programmeuse
pro·gram·ming /proʊgræmɪŋ/ [niet-telb zn; oorspronkelijk tegenwoordig deelw van programme] ① ⟨comp⟩ programmeren, het programmeren ② ⟨radio/tv⟩ programmering, programma's
programming language [telb zn] ⟨comp⟩ programmeertaal
¹prog·ress /proʊgres, ᴬprɑgrəs/ [telb zn] ⟨vero⟩ reis, ⟨i.h.b. vnl BE⟩ hofreis, staatsbezoek, officiële reis
²prog·ress /proʊgres, ᴬprɑgrəs/ [telb + niet-telb zn] voortgang, vooruitgang, ⟨fig⟩ vordering, ontwikkeling, voortschrijding, groei ♦ *there seems to be no progress in your studies at all* je schijnt helemaal niet op te schieten met je studie; *in progress* gaande, bezig, in wording, aan de gang; in uitvoering; *the patient is making progress* de patiënt gaat vooruit; *make (a) slow progress* langzaam vooruitkomen; *in progress of time* in de loop der tijd, mettertijd ▪ ⟨sprw⟩ *discontent is the first step to progress* ± vooruitgang begint met ontevredenheid
³prog·ress /prəgres/ [onov ww] vorderen, voorwaarts

gaan, vooruitgaan, vooruitkomen, ⟨fig ook⟩ zich ontwikkelen, zich verbeteren

⁴**prog·ress** /prəgres/ [ov ww] **bevorderen,** in de gang zetten, aan de gang houden

¹**pro·gres·sion** /prəgreʃn/ [telb zn] ① **opeenvolging,** successie, aaneenschakeling ② ⟨wisk⟩ **rij** ③ ⟨muz⟩ **progressie,** sequens

²**pro·gres·sion** /prəgreʃn/ [telb + niet-telb zn] ① **voortbeweging** ♦ *modes of progression* wijzen van voortbeweging ② **voortgang,** vooruitgang, ontwikkeling, verbetering, groei, progressie

pro·gres·sion·al /prəgreʃnəl/ [bn] ① **voortgaand,** in beweging ② **in opeenvolging** ③ **progressief**

pro·gres·sion·ist /prəgreʃənɪst/ [telb zn] **progressist** ⟨iemand die in de continue vooruitgang van de samenleving gelooft⟩

prog·ress·ist /prəgresɪst, ᴬprəgrəsɪst/ [telb zn] ① **progressist** ② ⟨pol⟩ **lid van progressieve partij**

¹**pro·gres·sive** /prəgresɪv/ [telb zn] ① **vooruitstrevend mens,** iemand met progressieve ideeën ② ⟨taalk⟩ **progressieve vorm**

²**pro·gres·sive** /prəgresɪv/ [bn; bw: ~ly; zn: ~ness] ① **toenemend,** gestaag vorderend, voortschrijdend, zich stap voor stap ontwikkelend, progressief ⟨belasting⟩ ♦ *progressive advance* gestage vordering; *improve progressively* geleidelijk/langzamerhand beter worden ② **progressief,** in beweging, zich verbeterend, groeiend, in ontwikkeling, opklimmend ③ ⟨voornamelijk politiek en onderwijs⟩ **progressief,** vooruitstrevend, modern ④ **voorwaarts,** ⟨taalk⟩ progressief ♦ *progressive assimilation* progressieve assimilatie ⑤ ⟨med⟩ **voortschrijdend,** voortwoekerend, progressief ⑥ ⟨taalk⟩ **progressief,** duratief ♦ '*I am running' is a progressive form* 'I am running' is een progressieve/duratieve vorm ⑦ ⟨dans; kaartspel⟩ **met partnerwisselingen**

pro·gres·siv·ism /prəgresɪvɪzm/ [niet-telb zn] ① **progressivisme,** progressiviteit ⟨geloof in de continue vooruitgang van de samenleving⟩ ② ⟨pol⟩ **progressiviteit,** vooruitstrevende ideeën

progress report [telb zn] **voortgangsrapport,** verslag over de stand van zaken/vorderingen

pro hac vice /prəʊ hɑːk vaɪsi/ [bw] **pro hac vice,** (alleen) voor deze keer

pro·hib·it /prəhɪbɪt, ᴬprəʊ-/ [ov ww] ① **verbieden** ♦ *smoking prohibited* verboden te roken ② **verhinderen,** belemmeren, beletten, onmogelijk maken ♦ *they must be prohibited from climbing trees* we moeten voorkomen dat ze in bomen gaan klimmen; *a small income prohibits my spending much on clothes* mijn inkomen is te klein om veel aan kleren te kunnen besteden

¹**pro·hi·bi·tion** /prəʊɪbɪʃn/ [telb + niet-telb zn] **verbod,** verbodsbepaling

²**pro·hi·bi·tion** /prəʊɪbɪʃn/ [niet-telb zn] **prohibitie,** drankverbod, verbod op handel in alcoholhoudende dranken

Pro·hi·bi·tion /prəʊɪbɪʃn/ [eigenn] **(periode van de) prohibitie** ⟨tijd waarin het drankverbod gold in de USA, 1920-1933⟩, **drooglegging**

pro·hi·bi·tion·ist /prəʊɪbɪʃənɪst/ [telb zn] **prohibitionist,** voorstander van het drankverbod

Pro·hi·bi·tion·ist /prəʊɪbɪʃənɪst/ [telb zn] **prohibitionist,** lid van de Prohibition Party ⟨in de USA⟩

pro·hi·bi·tive /prəhɪbɪtɪv, ᴬprəʊhɪbətɪv/ [bn; bw: ~ly; zn: ~ness] ① **verbiedend,** verbods- ② ⟨handel⟩ **prohibitief,** belemmerend, remmend ♦ *prohibitive duty* prohibitief invoerrecht; *prohibitive prices* onbetaalbaar hoge prijzen; *prohibitive tax* prohibitief tarief

pro·hib·i·to·ry /prəhɪbɪtri, ᴬprəʊhɪbɪtɔri/ [bn] ① **verbiedend,** verbods- ♦ *prohibitory rules* verbodsbepalingen ② **prohibitief,** belemmerend, remmend

¹**proj·ect** /prɒdʒekt, ᴬprɑ-/ [telb zn] ① **plan,** ontwerp, schets, concept, opzet ② **project,** onderneming ③ **project,** onderzoek, studieproject, research ④ ⟨AE⟩ **woningbouwproject**

²**proj·ect** /prədʒekt/ [onov ww] ① **vooruitspringen,** uitsteken ♦ *projecting shoulder blades* uitstekende schouderbladen ② **hoorbaar zijn,** zijn stem verheffen, bereiken ♦ *to project to the people in the back* zich verstaanbaar maken voor de mensen achteraan

³**proj·ect** /prədʒekt/ [ov ww] ① **ontwerpen,** beramen, een plan maken voor, uitstippelen ② **werpen,** (af)schieten ③ **werpen,** richten, projecteren ♦ *project one's mind into the past* zich in het verleden verplaatsen; *project a shadow on the wall* een schaduw op de muur werpen; *project slides* dia's projecteren; *project one's voice* zijn stem richten, zich verstaanbaar maken, duidelijk hoorbaar zijn ④ **afbeelden,** uitbeelden, duidelijk maken, tonen, goed/levendig (over)brengen ⑤ **zich voorstellen,** een beeld vormen van ⑥ **ramen,** schatten, een toekomstplan maken voor, extrapoleren ⑦ ⟨psych⟩ **projecteren** ♦ *project one's desires onto s.o.* zijn verlangens op iemand anders projecteren ⑧ ⟨aardr, wisk⟩ **projecteren**

¹**pro·jec·tile** /prədʒektaɪl, ᴬ-tl/ [telb zn] ① **projectiel,** kogel ② **geleid/automatisch projectiel,** raket

²**pro·jec·tile** /prədʒektaɪl, ᴬ-tl/ [bn, attr] ① **voortdrijvend,** drijvend, voortstotend ♦ *projectile vomiting* projectielbraken ② **afschietbaar,** werpbaar, werp-lanceerbaar ③ ⟨dierk⟩ **protractiel,** uitsteekbaar, verlengbaar, strekbaar

¹**pro·jec·tion** /prədʒekʃn/ [telb zn] ① **uitstekend deel,** uitsprong ② **projectie,** beeld ③ **raming,** plan, toekomstverwachting, extrapolatie ④ ⟨psych⟩ **projectie,** voorstelling, sensoriële projectie

²**pro·jec·tion** /prədʒekʃn/ [telb + niet-telb zn] ① ⟨aardr, wisk⟩ **projectie** ♦ *projection of a point* geprojecteerd punt ② ⟨psych⟩ **projectie**

³**pro·jec·tion** /prədʒekʃn/ [niet-telb zn] ① **het afvuren,** schot, het wegwerpen ② **het projecteren,** projectie, filmprojectie ③ **het uitsteken** ④ **het plannen maken**

pro·jec·tion·ist /prədʒekʃənɪst/ [telb zn] **operateur,** filmoperateur

projection room, projection booth [telb zn] **cabine** ⟨in bioscoop⟩

pro·jec·tive /prədʒektɪv/ [bn; bw: ~ly] ① **uitstekend,** uitpuilend, uitspringend ② ⟨wisk⟩ **projectief** ♦ *projective geometry* projectieve meetkunde; *projective transformation* projectieve transformatie ③ ⟨psych⟩ **projectief,** van de projectie ♦ *projective test* projectietest

pro·jec·tor /prədʒektə, ᴬ-ər/ [telb zn] ① **projector,** filmprojector, diaprojector, projectietoestel ② **schijnwerper** ③ **ontwerper,** plannenmaker ④ **intrigant,** bedrieger, oplichter

¹**pro·lapse** /prəʊlæps, ᴬprəʊlæps/, **pro·lap·sus** /prəʊlæpsəs/ [telb zn] ⟨med⟩ **prolaps** ♦ *prolapse of the uterus* baarmoederverzakking

²**pro·lapse** /prəʊlæps/ [onov ww] ⟨med⟩ **verzakken,** een prolaps vertonen

pro·late /prəʊleɪt/ [bn; bw: ~ly; zn: ~ness] ① **zich verwijdend,** breder wordend ② **wijd verbreid** ③ ⟨wisk⟩ **verlengd,** gerekt

prole /prəʊl/ [telb zn] ⟨vnl BE; inf⟩ **proletariër**

pro·leg /prəʊleg/ [telb zn] ⟨dierk⟩ **buikpoot,** ongeleed schijnpootje ⟨van larve⟩

pro·le·gom·e·non /prəʊlɪgɒmɪnən, ᴬ-gɑmɪnɑn/ [telb zn; vaak mv: prolegomena /-mɪnə/] **inleiding,** voorwoord, prolegomena

pro·lep·sis /prəʊlepsɪs/ [telb zn; mv: prolepses /-siːz/] ① **prolepsis,** het vooruitlopen (op een tegenwerping), anticipatie ② **prochronisme,** anachronisme ③ ⟨taalk⟩ **resultatieve werkwoordsbepaling,** anticiperend gebruik van het adjectief ⟨in predicatieve bepaling⟩ ♦ *'she is going to dye*

proleptic

her hair blue' is an example of prolepsis 'ze gaat haar haar blauw verven' is een voorbeeld van het anticiperend gebruik van het adjectief
pro·lep·tic /prouˈleptɪk/, **pro·lep·ti·cal** /-ɪkl/ [bn] proleptisch, anticiperend, vooruitlopend
¹**pro·le·tar·i·an** /prouliˈtɛərɪən, ^-tɛr-/ [telb zn] ① proletariër ② ⟨gesch⟩ proletarius ⟨lid van de laagste bevolkingsklasse⟩
²**pro·le·tar·i·an** /prouliˈtɛərɪən, ^-tɛr-/ [bn; bw: ~ly; zn: ~ness] proletarisch
pro·le·tar·i·an·ism /prouliˈtɛərɪənɪsm, ^-tɛr-/ [niet-telb zn] proletarisme, proletariërschap
pro·le·tar·i·at /prouliˈtɛərɪət, ^-tɛr-/ [verzameln] ① proletariaat, arbeidersklasse ♦ *dictatorship of the proletariat* dictatuur van het proletariaat ② ⟨gesch⟩ proletarii, bezitlozen
pro-life [bn] antiabortus(-), het recht op leven voorstaand, gekant tegen vrije abortus(wetgeving)
pro-lif·er /proulaɪfə, ^-ər/ [telb zn] voorstander van het recht op leven ⟨van het ongeboren kind⟩, tegenstander van vrije abortus(wetgeving)
¹**pro·lif·er·ate** /prəˈlɪfəreɪt/ [onov ww] ① snel in aantal toenemen, zich verspreiden ② ⟨biol⟩ zich (snel) vermenigvuldigen, groeien, zich (snel) uitbreiden, woekeren
²**pro·lif·er·ate** /prəˈlɪfəreɪt/ [ov ww] ⟨biol⟩ voortbrengen, (snel) doen groeien ⟨nieuwe delen⟩, doen uitbreiden, produceren ⟨nieuwe cellen⟩
¹**pro·lif·er·a·tion** /prəlɪfəˈreɪʃn/ [telb zn] ⟨biol⟩ door proliferatie gevormd deel
²**pro·lif·er·a·tion** /prəlɪfəˈreɪʃn/ [telb + niet-telb zn] ① ⟨biol⟩ proliferatie ⟨snelle groei door celdeling/productie van nieuwe delen⟩, woekering, uitbreiding ② proliferatie, toename in aantal, verbreiding, verspreiding ♦ *proliferation of nuclear weapons* proliferatie van kernwapens
pro·lif·er·a·tive /prəˈlɪfrətɪv, ^-fəreɪtɪv/ [bn] ① zich uitbreidend, in aantal toenemend ② ⟨biol⟩ zich vermenigvuldigend, groeiend door proliferatie
pro·lif·er·ous /prəˈlɪfərəs/ [bn] ① ⟨plantk⟩ met proliferatie, te veel uitbottend, uitbottend op ongewone plaatsen, doorgroeiend ② ⟨dierk⟩ zich ongeslachtelijk voortplantend ③ ⟨med⟩ uitzaaiend
pro·lif·ic /prəˈlɪfɪk/ [bn; bw: ~ally; zn: ~ness] vruchtbaar, overvloedig vruchtdragend, ⟨fig⟩ met overvloedige resultaten, rijk ♦ *our universities are not prolific in producing researchers* onze universiteiten leveren nauwelijks onderzoekers af; *prolific of fantasies* rijk aan fantasieën; *a prolific writer* een productief schrijver
pro·lix /prouˈlɪks, ^proulɪks/ [bn; bw: ~ly] langdradig, lang van stof, uitgesponnen, breedsprakig, uitvoerig
pro·lix·i·ty /prəˈlɪksəti, ^prouˈlɪksəti/ [niet-telb zn] langdradigheid, wijdlopigheid, breedsprakigheid
pro·loc·u·tor /prouˈlɒkjʊtə, ^-lɑkjətər/ [telb zn] ① woordvoerder, vertegenwoordiger ② voorzitter, ⟨i.h.b.⟩ voorzitter van het Lagerhuis of de synode der anglicaanse kerk
PRO·LOG, Pro·log /ˈprouˌlɒg, ^-lɑg/ [niet-telb zn] ⟨comp; merknaam⟩ Prolog ⟨programmeertaal⟩
pro·log·ize, pro·log·ise, pro·logu·ize, pro·logu·ise /ˈproulɒgaɪz/ [onov ww] een proloog uitspreken/schrijven
¹**pro·logue,** ⟨AE ook⟩ **pro·log** /ˈproulɒg, ^-lɔg, ^-lɑg/ [telb zn] ① proloog, voorwoord, inleiding ② voorspel, inleidende gebeurtenis(sen) ③ ⟨dram⟩ proloog, voorafspraak
²**pro·logue** /ˈproulɒg, ^-lɔg, ^-lɑg/ [ov ww] van een proloog voorzien, inleiden
pro·long /prəˈlɒŋ, ^-lɔŋ/ [ov ww] verlengen, langer maken, aanhouden ♦ *a prolonged illness* een langdurige ziekte
pro·lon·ga·tion /prouˌlɒŋˈgeɪʃn, ^-lɔŋ-/ [telb + niet-telb zn] verlenging

pro·lu·sion /prəˈluːʒn, ^prou-/ [telb zn] ① voorstudie, proeve ② inleiding, inleidend artikel/essay
pro·lu·so·ry /prəˈluːzri, ^prou-/ [bn] ① voorlopig, voorbereidend ② inleidend
¹**prom** /prɒm, ^prɑm/ [telb zn] ① ⟨BE; inf⟩ ⟨verk: promenade concert⟩ prom, promenadeconcert ② ⟨BE; inf⟩ ⟨verk: promenade⟩ promenade, wandelweg, boulevard ③ ⟨AE⟩ ⟨verk: promenade⟩ schoolbal, universiteitsbal, dansfeest
²**prom** [afk] (promontory)
PROM /prɒm, ^prɑm/ [niet-telb zn] ⟨comp⟩ (Programmable Read-Only Memory) PROM
¹**prom·e·nade** /prɒməˈnɑːd, ^prɑməˈneɪd/ [telb zn] ① wandeling, promenade, het flaneren ② ritje, uitstapje ③ promenade, wandelweg, boulevard ④ ⟨AE⟩ schoolbal, universiteitsbal, dansfeest
²**prom·e·nade** /prɒməˈnɑːd, ^prɑməˈneɪd/ [onov ww] wandelen, flaneren
³**prom·e·nade** /prɒməˈnɑːd, ^prɑməˈneɪd/ [ov ww] ① wandelen/flaneren langs ② wandelen/flaneren met, ⟨i.h.b.⟩ lopen te pronken met
promenade concert [telb zn] ⟨BE⟩ promenadeconcert
promenade deck [telb zn] ⟨scheepv⟩ promenadedek
prom·e·nad·er /prɒməˈnɑːdə, ^prɑməˈneɪdər/ [telb zn] wandelaar, flaneur
¹**Pro·me·the·an** /prəˈmiːθɪən/ [telb zn] prometheïsch mens, ⟨i.h.b.⟩ scheppende/bezielende geest
²**Pro·me·the·an** /prəˈmiːθɪən/ [bn] prometheïsch, zoals Prometheus, ⟨i.h.b.⟩ oorspronkelijk, scheppend, bezielend
pro·me·thi·um /prəˈmiːθɪəm/ [niet-telb zn] ⟨scheik⟩ promethium ⟨element 61⟩
¹**prom·i·nence** /ˈprɒmɪnəns, ^ˈprɑ-/, **prom·i·nen·cy** /-si/ [telb zn] ① verhoging, verhevenheid, uitstekend gedeelte, uitsteeksel ② ⟨astron⟩ protuberans, zonnevlam ⟨gasmassa bij zon, ster⟩
²**prom·i·nence** /ˈprɒmɪnəns, ^ˈprɑ-/, **prom·i·nen·cy** /-si/ [niet-telb zn] ① het uitsteken ② opvallendheid, duidelijkheid, opmerkelijkheid ③ bekendheid, beroemdheid, belang ♦ *bring sth. into prominence* iets bekendheid geven; *come into prominence* bekendheid krijgen
prom·i·nent /ˈprɒmɪnənt, ^ˈprɑ-/ [bn; bw: ~ly] ① uitstekend, uitspringend, uitpuilend ♦ *prominent teeth* vooruitstekende tanden ② opvallend, in het oog vallend, opmerkelijk, duidelijk ③ vooraanstaand, prominent, belangrijk ♦ *a prominent scholar* een eminent geleerde ④ bekend, beroemd ♦ *a prominent musician* een bekende musicus
prom·is·cu·i·ty /ˌprɒmɪsˈkjuːəti, ^ˌprɑmɪsˈkjuːəti/ [telb + niet-telb zn] ① willekeurige vermenging, ordeloos samenraapsel ② willekeurigheid, onzorgvuldigheid ③ promiscuïteit, vrij seksueel verkeer ④ ⟨inf⟩ zorgeloosheid, nonchalance
prom·is·cu·ous /prəˈmɪskjʊəs/ [bn; bw: ~ly; zn: ~ness] ① ongeordend, in willekeurige vermenging, verward ② willekeurig, onzorgvuldig, kritiekloos, zonder onderscheid ③ promiscue, met willekeurige seksuele relaties
¹**prom·ise** /ˈprɒmɪs, ^ˈprɑmɪs/ [telb + niet-telb zn] belofte, toezegging ♦ *an actor of great promise* een veelbelovend acteur; *break one's promise* zijn belofte verbreken; *carry out a promise* een belofte nakomen; *claim s.o.'s promise* iemand ergens aan houden, eisen dat iemand zich aan zijn belofte houdt; *deliver (on) a promise* een belofte nakomen, doen wat je beloofd hebt; *hold a promise* een belofte inhouden; *keep one's promise* zich aan zijn belofte houden, zijn belofte nakomen; *the land of promise* het Beloofde Land, het land van belofte; *make a promise* een belofte doen; *a promise of assistance* een belofte te helpen; *bring little promise of change* weinig hoop op verandering geven; *he doesn't show much promise* hij is niet erg veel belovend · ⟨sprw⟩ *promises are like pie crust, made to be broken* ± op grote beloften volgen dikwijls kleine giften, ± in 't land van belofte sterft

men van armoede, ± beloven en doen is twee
²**prom·ise** /prɒmɪs, ᴬprɑmɪs/ [onov ww] [1] een belofte doen, (iets) beloven [2] verwachtingen wekken, veelbelovend zijn, hoopvol stemmen ♦ *promise well* veelbelovend zijn, beloven te slagen
³**prom·ise** /prɒmɪs, ᴬprɑmɪs/ [ov ww] [1] beloven, toezeggen, een belofte doen ♦ *he promised himself a nice day off* hij verheugde zich op een plezierige vrije dag; *I promise you!* dat verzeker ik je!; *the promised land* het Beloofde Land, land van belofte [2] beloven, doen verwachten, de verwachtingen wekken van ♦ *a promising start* een veelbelovend begin [3] ⟨inf⟩ beloven, verzekeren

prom·is·ee /prɒmɪsiː, ᴬprɑ-/ [telb zn] ⟨jur⟩ iemand die een toezegging wordt gedaan
prom·is·ing /prɒmɪsɪŋ, ᴬprɑ-/ [bn; oorspronkelijk tegenwoordig deelw van promise; bw: ~ly] veelbelovend
prom·i·sor /prɒmɪsə, ᴬprɑmɪsər/ [telb zn] ⟨jur⟩ iemand die een toezegging doet, promittent
prom·is·so·ry /prɒmɪsri, ᴬprɑmɪsɔri/ [bn] [1] belovend, een belofte inhoudend [2] veelbelovend [3] ⟨jur⟩ promissoir ♦ *promissory oath* promissoire eed, eed van belofte [4] ⟨verz⟩ reglementair, volgens het reglement/de voorwaarden

promissory note [telb zn] ⟨fin⟩ promesse
pro·mo /proʊmoʊ/ [telb zn; mv: promos] ⟨inf⟩ (verk: promotion) promotiefilm, promotievideo
prom·on·to·ry /prɒməntri, ᴬprɑməntɔri/ [telb zn] [1] kaap, klip, voorgebergte [2] ⟨med⟩ uitsteeksel, vooruitspringend gedeelte, promontorium
pro·mote /prəmoʊt/ [ov ww] [1] ⟨vnl BE⟩ bevorderen, een hogere positie geven, in rang verhogen ♦ *he has been promoted captain* hij is tot kapitein bevorderd; *promote to the rank of sergeant* bevorderen tot de rang van sergeant [2] bevorderen, stimuleren, helpen, begunstigen [3] steunen, propageren ♦ *promote a bill* een wetsontwerp indienen/steunen [4] ondernemen, in gang zetten ♦ *promote a new business* een nieuwe zaak (helpen) opzetten [5] promoten, reclame maken voor, de verkoop stimuleren van, pluggen [6] ⟨schaaksp⟩ laten promoveren ⟨pion⟩
pro·mot·er /prəmoʊtə, ᴬ-moʊtər/ [telb zn] [1] begunstiger, bevorderaar, helper, beschermer [2] organisator, ⟨i.h.b.⟩ financier van een manifestatie [3] (aan universiteit) [4] ⟨ec⟩ promotor [5] ⟨sport, voornamelijk boksen⟩(boks)promotor [6] ⟨scheik⟩ promotor
¹**pro·mo·tion** /prəmoʊʃn/ [telb zn] onderwerp van reclamecampagne, promotieartikel, aanbieding
²**pro·mo·tion** /prəmoʊʃn/ [telb + niet-telb zn] [1] bevordering, promotie, begunstiging, hulp, steun [2] promoting, promotie, reclame, (verkoop)bevordering [4] ⟨schaaksp⟩ promotie
pro·mo·tion·al /prəmoʊʃnəl/ [bn; bw: ~ly] [1] bevorderings- ♦ *promotional opportunities* promotiekansen [2] reclame-, advertentie-
pro·mo·tive /prəmoʊtɪv/ [bn; bw; zn: ~ness] bevorderlijk, gunstig
pro·mo·tor /prəmoʊtə, ᴬ-moʊtər/ [telb zn] promotor (aan universiteit)
¹**prompt** /prɒm(p)t, ᴬprɑm(p)t/ [telb zn] [1] geheugensteuntje, het voorzeggen, ⟨i.h.b.⟩ hulp van de souffleur [2] (verk: prompt side) [3] ⟨handel⟩ prompt, betalingstermijn [4] ⟨handel⟩ betalingsherinnering [5] ⟨comp⟩ prompt, oproepteken
²**prompt** /prɒm(p)t, ᴬprɑm(p)t/ [bn; bw: ~ly] prompt, onmiddellijk, direct ♦ *prompt payment* prompte betaling
³**prompt** /prɒm(p)t, ᴬprɑm(p)t/ [bn, pred; bw: ~ly] prompt, vlug, snel reagerend, stipt, alert ♦ *he was prompt to go with us* hij was onmiddellijk bereid met ons mee te gaan
⁴**prompt** /prɒm(p)t, ᴬprɑm(p)t/ [ov ww] [1] bewegen, drijven, brengen, verleiden ♦ *what prompted you to do such a thing?* hoe kom je erbij om zoiets te doen? [2] opwekken, oproepen ♦ *the smell prompted memories* de geur riep herinneringen op [3] herinneren, een geheugensteuntje geven, verder helpen, voorzeggen, ⟨i.h.b.⟩ souffleren
⁵**prompt** /prɒm(p)t, ᴬprɑm(p)t/ [bw] precies, stipt ♦ *at twelve o' clock prompt* om twaalf uur precies

prompt·book, prompt copy [telb zn] ⟨dram⟩ souffleurstekst, souffleursexemplaar
prompt box [telb zn] souffleurshokje
prompt·er /prɒm(p)tə, ᴬprɑm(p)tər/ [telb zn] voorzegger, ⟨i.h.b.⟩ souffleur
prompt·ness /prɒm(p)tnəs, ᴬprɑm(p)t-/, **promp·ti·tude** /-tɪtjuːd, ᴬ-tɪtuːd/ [niet-telb zn] promptheid, snelle reactie, vlugheid
prompt note [telb zn] betalingsherinnering
prompt side [telb zn] souffleurskant ⟨van toneel⟩
prom·ul·gate /prɒmlɡeɪt, ᴬprɑ-/ [ov ww] [1] afkondigen, bekendmaken ♦ *promulgate a law* een wet afkondigen [2] verspreiden, bekendmaken, doen doordringen, tot gemeengoed maken
prom·ul·ga·tion /prɒmlɡeɪʃn, ᴬprɑ-/ [telb + niet-telb zn] afkondiging, bekendmaking
prom·ul·ga·tor /prɒmlɡeɪtə, ᴬprɑmlɡeɪtər/ [telb zn] afkondiger, bekendmaker ⟨van wetten⟩
pron [afk] [1] (pronominal) [2] (pronoun) [3] (pronounced) [4] (pronunciation)
pro·nate /proʊneɪt, ᴬproʊneɪt/ [ov ww] ⟨biol, med⟩ pronatie veroorzaken, de handpalm naar binnen draaien
pro·na·tion /proʊneɪʃn/ [telb + niet-telb zn] ⟨biol, med⟩ pronatie
pro·na·tor /proʊneɪtə, ᴬproʊneɪtər/ [telb zn; mv: pronatores /proʊneɪtɔːriːz/] ⟨biol, med⟩ pronator
¹**prone** /proʊn/ [bn] [1] voorover, voorovergebogen, met de voorkant naar beneden gericht [2] vooroverliggend, uitgestrekt, languit liggend [3] met de handpalm omlaag
²**prone** /proʊn/ [bn, pred; vergr trap: ook proner; bw: ~ly; zn: ~ness] geneigd, vatbaar, gevoelig, behept ♦ *she is prone to say the wrong thing* ze zal al gauw verkeerde dingen zeggen; *prone to colds* vatbaar voor verkoudheid; *prone to tactlessness* geneigd tot tactloosheid, niet altijd even tactvol
-prone /proʊn/ ± gemakkelijk krijgend, ± gauw lijdend aan/last hebbend van ♦ *he's very accident-prone* hem overkomt altijd van alles
¹**prong** /prɒŋ, ᴬprɔŋ, ᴬprɑŋ/ [telb zn] [1] punt, piek, uitsteeksel, tand, vorktand [2] tak, vertakking
²**prong** /prɒŋ, ᴬprɔŋ, ᴬprɑŋ/ [ov ww] met een riek omwoelen, met een riek opscheppen
-prong·ed /prɒŋd, ᴬprɔŋd, ᴬprɑŋd/ [gecombineerd met nummer] -tandig, gevorkt ♦ *two-pronged* tweetandig; *three-pronged attack* aanval op drie punten
prong·horn, prong·buck, prong·horn an·te·lope, prong·horn·ed an·te·lope [telb zn; mv: ook pronghorn] ⟨dierk⟩ gaffelantilope ⟨Antilocapra americana⟩
pro·nom·i·nal /proʊnɒmɪnl, ᴬ-nɑ-/ [bn; bw: ~ly] ⟨taalk⟩ pronominaal, voornaamwoordelijk
pro·noun PERSONAL POSSESSIVE REFLEXIVE RELATIVE /proʊnaʊn/ [telb zn] ⟨taalk⟩ voornaamwoord, pronomen
¹**pro·nounce** /prənaʊns/ [onov ww] [1] spreken, uitspreken, articuleren [2] oordelen, zijn mening verkondigen ♦ *pronounce against* verwerpen, zich uitspreken tegen; *pronounce for* aanvaarden, zich uitspreken voor; *pronounce (up)on* uitspraken doen over, commentaar leveren op;
→ **pronounced**
²**pro·nounce** /prənaʊns/ [ov ww] [1] uitspreken, uiten [2] verklaren, verkondigen, uitspreken, mededelen ♦ ⟨jur⟩ *pronounce judgement/verdict* uitspraak doen; *the coroner pronounced her poisoned* de lijkschouwer verklaarde dat ze vergiftigd was [3] fonetisch opschrijven, fonetische transcriptie geven van; → **pronounced**

pro·nounce·a·ble /prənaʊnsəbl/ [bn] uitspreekbaar, uit te spreken

pro·nounced /prənaʊnst/ [bn; (oorspronkelijk) volt deelw van pronounce; bw: ~ly; zn: ~ness] [1] uitgesproken, geuit [2] uitgesproken, duidelijk, onmiskenbaar, sterk, geprononceerd

interrogative pronoun	
who, whom, whose	voor personen
onderwerp: who	who invented the steam engine?
lijdend voorwerp: who, whom	who did you see there?
na voorzetsel: who, whom	for whom did you buy it?
bezittelijk: whose	whose shoes are these?
which	bij keuze uit een beperkt aantal
voor personen	which of your sisters is the eldest?
voor zaken	which are leap years?
what	in algemene context
zelfstandig gebruikt alleen voor zaken	what is the message?
bijvoeglijk gebruikt voor personen, zaken en dieren	what books do you sell? what people have applied for the job?

pro·nounce·ment /prənaʊnsmənt/ [telb zn] verklaring, verkondiging, uitspraak ♦ *pronouncement (up)on sth.* verklaring/officiële mededeling over/omtrent iets

pro·nounc·ing dic·tion·ar·y [telb zn] uitspraakwoordenboek

pron·to /prɒntoʊ, ᴬprɑntoʊ/ [bw] ⟨inf⟩ meteen, onmiddellijk, snel

pro·nun·cia·men·to /prənʌnsiəmentoʊ/, **pro·nun·cia·mien·to** /prənunθiəmjentoʊ/ [telb zn; mv: ook pronunciam(i)entoes] ⟨pol⟩ [1] pronunciamiento, manifest tegen de regering, proclamatie van een staatsgreep [2] afkondiging, officiële verklaring

pro·nun·ci·a·tion /prənʌnsieɪʃn/ [telb + niet-telb zn] uitspraak, wijze van uitspreken

¹**proof** /pruːf/ [telb zn] [1] toets, test, proefneming ♦ *bring/put to the proof* op de proef stellen [2] ⟨wisk⟩ bewijs [3] ⟨SchE; jur⟩ rechtszaak zonder jury [•] ⟨sprw⟩ *the proof of the pudding is in the eating* in de praktijk zal blijken of het goed is

²**proof** /pruːf/ [telb + niet-telb zn] [1] bewijs, blijk ♦ *in proof of his claim* om zijn stelling te bewijzen; *as (a) proof of their esteem* als (een) bewijs van hun achting; *they'll want proof of your claims* je zult je beweringen moeten bewijzen [2] ⟨vaak mv⟩ ⟨boek⟩ drukproef ♦ *first proof* drukproef; *in proof* in drukproef; *read proof* proeflezen, proefdruk corrigeren [3] ⟨grafi⟩ proefplaat ♦ *proof before letter(s)* proefplaat avant la lettre/zonder inscriptie [4] ⟨foto⟩ proefafdruk

³**proof** /pruːf/ [niet-telb zn] [1] ⟨jur⟩ bewijsmateriaal [2] ⟨handel⟩ vereist alcoholgehalte, proef ♦ *above proof* te sterk, met het te hoog alcoholpercentage

⁴**proof** /pruːf/ [bn] met het standaardalcoholgehalte ♦ *proof whiskey* whisky met het vereiste alcoholgehalte

⁵**proof** /pruːf/ [bn, pred] bestand ⟨ook figuurlijk⟩, opgewassen ♦ *proof against water* waterdicht, waterbestendig; *her character is proof against every possible difficulty* haar aard is tegen alle mogelijke problemen opgewassen

⁶**proof** /pruːf/ [onov ww] proeflezen, drukproeven corrigeren

⁷**proof** /pruːf/ [ov ww] [1] bestand maken, ondoordringbaar maken, ⟨i.h.b.⟩ waterdicht maken [2] ⟨boek⟩ een proef maken van [3] nalezen, corrigeren ⟨drukproef⟩

-proof /pruːf/ -bestendig, -vast, -dicht, -bestand tegen ♦ *childproof* onverwoestbaar ⟨van speelgoed⟩; *bulletproof* kogelvrij

proof·less /pruːfləs/ [bn] onbewezen, zonder bewijs

¹**proof·read** [onov ww] ⟨boek⟩ proeflezen, drukproeven corrigeren

²**proof·read** [ov ww] ⟨boek⟩ nalezen, corrigeren ⟨drukproeven⟩

proof·read·er [telb zn] ⟨boek⟩ corrector

proof sheet [telb zn] ⟨boek⟩ proefvel

proof spirit [niet-telb zn] drank/water met standaardpercentage alcohol

proof text [telb zn] ⟨Bijb⟩ bewijsplaats

¹**prop** /prɒp, ᴬprɑp/ [telb zn] [1] stut, steun, steunbeer, pijler ♦ ⟨sl⟩ *props* baanders, tengels, benen [2] steun ⟨figuurlijk⟩, steunpilaar ♦ *prop and stay* steun en toeverlaat [3] ⟨rugby⟩ prop [4] ⟨inf; dram⟩ rekwisiet [5] ⟨sl⟩ toneelknecht, rekwisiteur, inspiciënt [6] ⟨inf⟩ propeller [7] ⟨sl⟩ vuist [8] ⟨AuE⟩ weigering, het plotseling stilstaan ⟨van paard⟩, ⟨bij uitbreiding⟩ plotselinge verandering van richting [•] ⟨sl⟩ *props* opgevulde beha; ⟨inf⟩ *props to Al for his work* hulde aan Al voor zijn werk, Al, bedankt voor je werk; ⟨AE; inf⟩ *give props to s.o. for sth.* iemand complimenten maken over iets, iemand prijzen voor iets

²**prop** /prɒp, ᴬprɑp/ [bn] ⟨sl⟩ vals, geënsceneerd

³**prop** /prɒp, ᴬprɑp/ [onov ww] ⟨AuE⟩ weigeren, plotseling stilstaan ⟨van paard⟩, ⟨bij uitbreiding⟩ plotseling van richting veranderen

⁴**prop** /prɒp, ᴬprɑp/ [ov ww] ondersteunen ⟨ook figuurlijk⟩, stutten, steunen, overeind houden ♦ *don't prop your bike against my window* zet je fiets niet tegen mijn raam; *a book to prop the door open* een boek om de deur open te houden; zie: *prop up*

⁵**prop** [afk] [1] (proper) [2] (properly) [3] (property) [4] (proposition) [5] (proprietary) [6] (proprietor)

¹**pro·pae·deu·tic** /proʊpɪdjuːtɪk, ᴬ-duːtɪk/ [telb zn; vaak mv] propedeuse, voorbereidende studie

²**pro·pae·deu·tic** /proʊpɪdjuːtɪk, ᴬ-duːtɪk/ [bn] propedeutisch, voorbereidend, inleidend

prop·a·gan·da /prɒpəɡændə, ᴬprɑ-/ [niet-telb zn] ook attributief] propaganda, propagandamateriaal, propagandacampagne

Prop·a·gan·da /prɒpəɡændə, ᴬprɑ-/ [eignm; the] ⟨r-k⟩ Propagandacollege, opleiding van missiepriesters te Rome ⟨Congregatio de propaganda fide⟩ ♦ *Congregation/College of the Propaganda* Congregatie voor de Evangelisatie van de Volken, Propagandacollege

propaganda machine [telb zn] propaganda-apparaat

prop·a·gan·dist /prɒpəɡændɪst, ᴬprɑ-/ [telb zn] propagandist, iemand die propaganda maakt

¹**prop·a·gan·dize** /prɒpəɡændaɪz, ᴬprɑ-/ [onov ww] propaganda maken

²**prop·a·gan·dize** /prɒpəɡændaɪz, ᴬprɑ-/ [ov ww] [1] propageren, verspreiden, propaganda maken voor [2] door propaganda beïnvloeden, indoctrineren

¹**prop·a·gate** /prɒpəɡeɪt, ᴬprɑ-/ [onov ww] ⟨natuurk⟩ zich voortplanten ⟨van golven⟩

²**prop·a·gate** /prɒpəɡeɪt, ᴬprɑ-/ [onov + ov ww; wederkerend werkwoord] ⟨biol⟩ zich voortplanten

³**prop·a·gate** /prɒpəɡeɪt, ᴬprɑ-/ [ov ww] [1] verspreiden, bekendmaken [2] voortzetten, doorgeven, overdragen ⟨aan volgende generatie⟩ [3] ⟨natuurk⟩ geleiden, overbrengen, doen voortplanten ⟨golven, trillingen⟩ [4] ⟨dierk⟩ fokken, telen [5] ⟨plantk⟩ kweken

prop·a·ga·tion /prɒpəɡeɪʃn, ᴬprɑ-/ [niet-telb zn] [1] propagatie, verbreiding, het bekendmaken [2] ⟨biol⟩ propagatie, voortplanting [3] ⟨natuurk⟩ voortplanting

prop·a·ga·tive /prɒpəɡeɪtɪv, ᴬprɑpəɡeɪtɪv/ [bn] zich verbreidend, zich uitbreidend/voortplantend

prop·a·ga·tor /prɒpəɡeɪtə, ᴬprɑpəɡeɪtər/ [telb zn]

1 verbreider, verspreider 2 kweker
pro·pane /proʊpeɪn/ [niet-telb zn] ⟨scheik⟩ propaan
pro·pel /prəpel/ [ov ww] 1 voortbewegen, aandrijven 2 aanzetten, drijven, stimuleren ◆ *propelling pencil* vulpotlood
¹pro·pel·lant, pro·pel·lent /prəpelənt/ [telb zn] 1 drijfgas 2 ⟨ruimtev⟩ stuwstof 3 ⟨geweer⟩ voortstuwingsmiddel
²pro·pel·lant, pro·pel·lent /prəpelənt/ [bn] voortdrijvend ⟨ook figuurlijk⟩, stuwend, stimulerend
pro·pel·ler, pro·pel·lor /prəpelə, ᴬ-ər/ [telb zn] propeller
propeller shaft [telb zn] 1 ⟨scheepv⟩ schroefas 2 ⟨techn⟩ drijfas, aandrijfas, cardanas ⟨van auto⟩
propeller turbine [telb zn] schroefturbine
pro·pend /proʊpend/ [onov ww] neigen, geneigd zijn
pro·pen·si·ty /prəpensəti/ [telb zn] neiging, geneigdheid, beheptheid ◆ *a propensity for getting into trouble* een neiging om zich in de nesten te werken
¹prop·er /prɒpə, ᴬprɑpər/ [niet-telb zn; ook Proper] ⟨kerk⟩ deel van mis eigen aan een bepaalde dag/bepaald feest, tijdeigen, feesteigen der heiligen
²prop·er /prɒpə, ᴬprɑpər/ [bn; zn: ~ness] gepast, fatsoenlijk, netjes, behoorlijk
³prop·er /prɒpə, ᴬprɑpər/ [bn, attr; zn: ~ness] 1 juist, goed, passend, geschikt ◆ *the proper moment* het juiste ogenblik; *the proper treatment* de juiste behandeling 2 juist, correct, precies ◆ *the proper time* de juiste tijd 3 echt, werkelijk ◆ ⟨wisk⟩ *a proper fraction* een echte breuk; ⟨astron⟩ *proper motion* eigen beweging 4 ⟨inf⟩ geweldig, enorm, eersteklas ◆ *a proper spanking* een geweldig pak slaag 5 ⟨vero⟩ eigen ◆ *his own proper ears* zijn eigen oren · ⟨inf⟩ *look a proper Charlie* voor schut staan, afgaan als een gieter; ⟨taalk⟩ *proper noun/name* eigennaam; *proper psalms/lessons* psalmen/lessen voor een bepaalde dag
⁴prop·er /prɒpə, ᴬprɑpər/ [bn, pred; zn: ~ness] behorend ◆ *proper to* behorend tot, eigen aan
⁵prop·er /prɒpə, ᴬprɑpər/ [bn, postnom; zn: ~ness] 1 eigenlijk, strikt, precies ◆ *London proper* het eigenlijke/het centrum van Londen 2 ⟨heral⟩ in de natuurlijke kleur
⁶prop·er /prɒpə, ᴬprɑpər/ [bw] ⟨inf⟩ geweldig, vreselijk, heel erg
prop·er·ly /prɒpəli, ᴬprɑpərli/ [bw] 1 → proper 2 goed, op de juiste manier, zoals het moet 3 eigenlijk, in eigenlijke zin, strikt genomen 4 correct, fatsoenlijk 5 ⟨inf⟩ volkomen, volslagen
prop·er·tied /prɒpətid, ᴬprɑpər-/ [bn] bezittend, ⟨i.h.b.⟩ met grondbezit ◆ *propertied classes* landeigenaren, grondbezitters
¹prop·er·ty /prɒpəti, ᴬprɑpərti/ [telb zn] 1 eigenschap, karakteristiek, kenmerk 2 perceel, onroerend goed, gebouw (met grond) 3 ⟨dram⟩ rekwisiet
²prop·er·ty /prɒpəti, ᴬprɑpərti/ [niet-telb zn] 1 bezit, bezitting, eigendom ◆ *lost property* gevonden voorwerpen 2 bezit, vermogen, ⟨i.h.b.⟩ onroerend goed, grondbezit, huizenbezit ◆ *a man of property* een vermogend man
property developer [telb zn] projectontwikkelaar
property industry [niet-telb zn] onroerendgoedbusiness, onroerendgoedsector
property man, property master [telb zn] ⟨dram⟩ rekwisiteur, inspiciënt, toneelknecht
property qualification [telb zn] toekenning op grond van vermogen
property tax [telb zn] ⟨fin⟩ grondbelasting, vermogensbelasting
¹proph·e·cy /prɒfəsi, ᴬprɑ-/ [telb zn] 1 voorspelling 2 ⟨rel⟩ profetie, goddelijk geïnspireerde verkondiging
²proph·e·cy /prɒfəsi, ᴬprɑ-/ [niet-telb zn] profetie, voorspellende gave
¹proph·e·sy /prɒfəsaɪ, ᴬprɑ-/ [onov ww] 1 voorspellingen doen 2 profeteren, als een profeet spreken 3 ⟨rel⟩ profeteren, in opdracht van God spreken 4 ⟨vero; rel⟩ de Heilige Schrift uitleggen
²proph·e·sy /prɒfəsaɪ, ᴬprɑ-/ [ov ww] 1 voorspellen, voorzeggen 2 aankondigen, voorafgaan, voorafschaduwen 3 ⟨rel⟩ profeteren, verkondigen
proph·et /prɒfɪt, ᴬprɑ-/ [telb zn] 2 profeet ⟨ook figuurlijk⟩ ◆ *prophet of doom* onheilsprofeet; *the Prophet* de Profeet ⟨Mohammed/de Profeet der mormonen, Joseph Smith of opvolger⟩; *the Prophets* de Profeten, de zestien profetische boeken van het Oude Testament 2 voorspeller 3 ijveraar, bevorderaar 4 ⟨sl⟩ tipgever · ⟨sprw⟩ *a prophet is not without honour, save in his own country* een profeet wordt niet geëerd in eigen land
proph·et·ess /prɒfɪtɪs, ᴬprɑ-/ [telb zn] profetes
pro·phet·ic /prəfetɪk/, **pro·phet·i·cal** /-ɪkl/ [bn; bw: ~ally; zn: ~ness] profetisch, van een profeet, voorspellend
¹pro·phy·lac·tic /prɒfɪlæktɪk, ᴬprɑ-/ [telb zn] ⟨med⟩ profylacticum, preventief middel, ⟨i.h.b.⟩ condoom
²pro·phy·lac·tic /prɒfɪlæktɪk, ᴬprɑ-/ [bn; bw: ~ally] ⟨med⟩ profylactisch, preventief, beschermend
pro·phy·lax·is /prɒfɪlæksɪs, ᴬprɑ-/ [telb zn; mv: prophylaxes] ⟨med⟩ profylaxe, preventieve behandeling
pro·pin·qui·ty /prəpɪŋkwəti/ [niet-telb zn] ⟨form⟩ 1 bloedverwantschap 2 nabijheid 3 verwantschap, gelijksoortigheid, overeenkomst
pro·pi·o·nate /proʊpɪəneɪt/ [telb zn] ⟨scheik⟩ propionaat, zout van propionzuur
pro·pi·on·ic /proʊpɪɒnɪk, ᴬ-ɑnɪk/ [bn, attr] ⟨scheik⟩ **pro·pion-** ◆ *propionic acid* propionzuur, ethaancarbonzuur, propaanzuur
pro·pi·ti·ate /prəpɪʃieɪt/ [ov ww] gunstig stemmen, verzoenen
¹pro·pi·ti·a·tion /prəpɪʃieɪʃn/ [telb zn] verzoening, ⟨i.h.b.⟩ offer van Christus
²pro·pi·ti·a·tion /prəpɪʃieɪʃn/ [niet-telb zn] het gunstig stemmen, verzoening
pro·pi·ti·a·to·ry /prəpɪʃiətri, ᴬ-tɔri/ [bn; bw: propitiatorily] verzoenend, gunstig stemmend ◆ *propitiatory presents* cadeaus om het goed te maken
pro·pi·ti·ous /prəpɪʃəs/ [bn; bw: ~ly; zn: ~ness] 1 gunstig, geschikt ◆ *a propitious occasion for the renewal of our acquaintance* een goede gelegenheid om onze kennismaking te hernieuwen 2 goedgunstig, genadig, gunstig gestemd ◆ *propitious to us* ons gunstig gezind
prop·jet /prɒpdʒet, ᴬprɑp-/ [telb zn] ⟨inf; techn⟩ 1 schroefturbine 2 schroefturbinevliegtuig
prop·o·lis /prɒpəlɪs, ᴬprɑ-/ [niet-telb zn] ⟨biol⟩ propolis, maagdenwas
¹pro·po·nent /prəpoʊnənt/ [telb zn] voorstander, verdediger
²pro·po·nent /prəpoʊnənt/ [bn] steunend, verdedigend, propagerend
¹pro·por·tion /prəpɔːʃn, ᴬ-pɔr-/ [telb zn] deel, gedeelte, aandeel ◆ *a large proportion of my salary* een groot deel van mijn salaris
²pro·por·tion /prəpɔːʃn, ᴬ-pɔr-/ [telb + niet-telb zn] 1 verhouding, betrekking, relatie ◆ *bear no proportion to* in geen verhouding staan tot; *in proportion to* evenredig met, al naargelang, in verhouding tot; *the proportion of boys to girls in a class* het aantal jongens in verhouding tot het aantal meisjes in een klas 2 proportie, evenredigheid, juiste verhouding ◆ *a room of beautiful proportions* een kamer met mooie proporties; *in proportion* in de juiste verhoudingen; *out of all proportion* buiten alle verhoudingen
³pro·por·tion /prəpɔːʃn, ᴬ-pɔr-/ [niet-telb zn] ⟨wisk⟩ evenredigheid

proportion

⁴**pro·por·tion** /prəpɔːʃn, ᴬ-pɔr-/ [ov ww] ① aanpassen, in de juiste verhouding brengen ♦ *proportion your taste to your salary* je smaak in overeenstemming brengen met je salaris ② proportioneren ♦ *well proportioned* goed geproportioneerd

pro·por·tion·a·ble /prəpɔːʃnəbl, ᴬ-pɔr-/ [bn; bw: proportionably] evenredig, in proportie

¹**pro·por·tion·al** /prəpɔːʃnəl, ᴬ-pɔr-/ [telb zn] ⟨wisk⟩ term van een evenredigheid

²**pro·por·tion·al** /prəpɔːʃnəl, ᴬ-pɔr-/ [bn; bw: ~ly] verhoudingsgewijs, proportioneel, evenredig ♦ ⟨pol⟩ *proportional representation* proportionele/evenredige vertegenwoordiging

pro·por·tion·al·ist /prəpɔːʃnəlɪst, ᴬ-pɔr-/ [telb zn] ⟨pol⟩ voorstander van proportionele vertegenwoordiging

pro·por·tion·al·i·ty /prəpɔːʃnælətɪ, ᴬ-pɔr-/ [niet-telb zn] ⟨wisk⟩ evenredigheid

¹**pro·por·tion·ate** /prəpɔːʃnət, ᴬ-pɔr-/ [bn; bw: ~ly; zn: ~ness] verhoudingsgewijs, proportioneel, evenredig

²**pro·por·tion·ate** /prəpɔːʃəneɪt, ᴬ-pɔr-/ [ov ww] proportioneren, in de juiste verhouding brengen, gelijk(matig) verdelen

pro·pos·al /prəpoʊzl/ [telb zn] ① voorstel, plan, idee ② huwelijksaanzoek ③ heildronk, toast

proposal form [telb zn] ⟨verz⟩ aanvraagformulier

¹**pro·pose** /prəpoʊz/ [onov ww] ① een voorstel doen, een plan voorleggen ② een huwelijksaanzoek doen ⚫ ⟨sprw⟩ *man proposes, God disposes* de mens wikt, God beschikt

²**pro·pose** /prəpoʊz/ [ov ww] ① voorstellen, voorleggen ♦ *propose a motion* een motie indienen ② van plan zijn, zich voornemen, zich ten doel stellen ③ ter benoeming voordragen ④ ⟨form⟩ een dronk uitbrengen op ♦ *propose s.o.'s health* op iemands gezondheid drinken; *propose a toast* een dronk uitbrengen

pro·po·ser /prəpoʊzə, ᴬ-ər/ [telb zn] ① voorsteller, iemand die een voorstel doet ② aanvrager van een levensverzekering

¹**prop·o·si·tion** /prɒpəzɪʃn, ᴬprɑ-/ [telb zn] ① bewering ② voorstel, plan ③ probleem, kwestie ④ ⟨sl⟩ moeilijk geval, een hele kluif, een zware dobber ♦ *he's a tough proposition* hij is een lastig portret ⑤ ⟨inf⟩ oneerbaar voorstel ⑥ ⟨log⟩ propositie ⑦ ⟨wisk⟩ stelling

²**prop·o·si·tion** /prɒpəzɪʃn, ᴬprɑ-/ [ov ww] ⟨inf⟩ oneerbare voorstellen doen aan

pro·po·si·tion·al /prɒpəzɪʃnəl, ᴬprɑ-/ [bn; bw: ~ly] ① mededelend, een mededeling/voorstel bevattend ② ⟨log, wisk⟩ propositioneel

pro·pound /prəpaʊnd/ [ov ww] ① voorleggen, voorstellen, opperen ♦ *propound a riddle* een raadsel opgeven ② ⟨BE⟩ laten wettigen ⟨document⟩

propr (afk) (proprietor)

pro·prae·tor, ⟨AE ook⟩ **pro·pre·tor** /proʊpriːtə, ᴬ-priːtər/ [telb zn] ⟨Romeinse gesch⟩ propretor, gouverneur

¹**pro·pri·e·tar·y** /prəpraɪətrɪ, ᴬ-terɪ/ [telb zn] ① eigenaar ② groep van eigenaren ③ eigendomsrecht ④ ⟨AE; gesch⟩ gouverneur van een particuliere kolonie ⑤ ⟨handel⟩ merkgeneesmiddel, geneesmiddel van gedeponeerd handelsmerk

²**pro·pri·e·tar·y** /prəpraɪətrɪ, ᴬ-terɪ/ [bn; bw: proprietarily] ① eigendoms-, van de eigenaar ② bezittend, met bezittingen ③ in eigendom, particulier ♦ *proprietary medicines* geneesmiddelen van gedeponeerd handelsmerk; *proprietary name/term* gedeponeerd handelsmerk ④ als een eigenaar, bezittend ♦ *a proprietary air* een bezittersair, een heerszuchtige/bezitterige manier van doen

pro·pri·e·ties /prəpraɪətɪz/ [alleen mv] fatsoensnormen, fatsoen, decorum

pro·pri·e·tor /prəpraɪətə, ᴬ-ətər/ [telb zn] eigenaar

pro·pri·e·to·ri·al /prəpraɪətɔːrɪəl/ [bn; bw: ~ly] ① eigendoms-, eigenaars-, van de eigenaar ② als een eigenaar

pro·pri·e·tress /prəpraɪətrɪs/ [telb zn] eigenares

pro·pri·e·ty /prəpraɪətɪ/ [niet-telb zn] ① juistheid, geschiktheid ② correctheid, fatsoen, gepastheid ♦ *behave with propriety* zich correct gedragen

pro·pri·o·cep·tive /proʊprɪəseptɪv/ [bn] ⟨biol⟩ proprioceptief

prop root [telb zn] ⟨plantk⟩ steunwortel, steltwortel

prop stand [telb zn] standaard, bok ⟨van motorfiets⟩

prop·to·sis /prɒptoʊsɪs, ᴬprɑp-/ [telb zn; mv: proptoses /-siːz/] ⟨med⟩ protuberantie, uitpuiling ⟨van het oog⟩

¹**pro·pul·sion** /prəpʌlʃn/ [telb zn] drijfkracht ⟨ook figuurlijk⟩, stimulans

²**pro·pul·sion** /prəpʌlʃn/ [niet-telb zn] ⟨techn⟩ voortdrijving, voortstuwing

pro·pul·sive /prəpʌlsɪv/, **pro·pul·so·ry** /prəpʌlsərɪ/ [bn; zn: ~ness] voortdrijvend ⟨ook figuurlijk⟩, stuwend, stimulerend

prop up [ov ww] ① neerzetten, doen steunen tegen, ondersteunen ♦ *he propped up the child on the pillows* hij zette het kind rechtop in de kussens ② ⟨fig⟩ overeind houden, ondersteunen, van de ondergang redden

prop word [telb zn] ⟨taalk⟩ steunwoord

pro·pyl /proʊpɪl/ [niet-telb zn] ⟨scheik⟩ propyl

prop·y·lae·um /prɒpɪliːəm, ᴬprɑp-/ [telb zn; mv: propylaea /-liːə/] ⟨bouwk⟩ propyleum, tempelingang ♦ *the Propylaea* de propyleeën ⟨van de Akropolis⟩

pro·pyl·ene /proʊpɪliːn/ [niet-telb zn] ⟨scheik⟩ propeen

pro·py·lon /prɒpɪlɒn, ᴬprɑpɪlɑn/ [telb zn; mv: ook propyla] ⟨bouwk⟩ propyleum

pro ra·ta /proʊ rɑːtə, ᴬ-reɪtə/ [bw] pro rata, naar verhouding

¹**pro·rate** /proʊreɪt/ [onov ww] een evenredige verdeling aanbrengen

²**pro·rate** /proʊreɪt/ [ov ww] evenredig verdelen

pro·ro·ga·tion /proʊrəgeɪʃn/ [telb + niet-telb zn] verdaging

¹**pro·rogue** /proʊroʊg/ [onov ww] verdaagd worden

²**pro·rogue** /proʊroʊg/ [ov ww] verdagen

pros- /prɒs, ᴬprɑs/ ① pro-, nabij, naartoe ② pro-, voor

pro·sa·ic /proʊzeɪɪk/ [bn; bw: ~ally; zn: ~ness] prozaïsch

pro·sa·ism /proʊzeɪɪzm/ [telb zn] ① alledaagsheid, nuchter feit ② prozaïsche uitdrukking

pro·sa·ist /proʊzeɪɪst/ [telb zn] ① prozaschrijver ② nuchter mens

Pros Atty (afk) (prosecuting attorney)

pro·sce·ni·um /prəsiːnɪəm, ᴬ-nɪə-/ ① proscenium, voortoneel, gedeelte van het toneel voor het gordijn ② ⟨gesch⟩ toneel

proscenium arch [telb zn] prosceniumboog

proscenium box [telb zn] avant-scène, loge naast het voortoneel

pro·sciut·to /proʊʃuːtoʊ/ [niet-telb zn] ⟨cul⟩ prosciutto ⟨rauwe, gedroogde Italiaanse ham⟩

pro·scribe /proʊskraɪb/ [ov ww] ① vogelvrij verklaren, buiten de wet plaatsen ② verbannen ⟨ook figuurlijk⟩, verstoten, verwerpen ③ verbieden, als gevaarlijk verwerpen

pro·scrip·tion /proʊskrɪpʃn/ [telb + niet-telb zn] ① vogelvrijverklaring ② verbanning ③ verwerping, verbod

pro·scrip·tive /proʊskrɪptɪv/ [bn; bw: ~ly] ① m.b.t. vogelvrijverklaring/verbanning ② verbods-, verbiedend

¹**prose** /proʊz/ [telb zn] ① vervelende, dorre stijl ② ⟨r-k⟩ sequens ③ ⟨BE; onderw⟩ thema, vertaling naar vreemde taal

²**prose** /proʊz/ [niet-telb zn] ① proza ② alledaagsheid, nuchterheid

³**prose** /proʊz/ [onov ww] ① proza schrijven ② spreken/schrijven in een vervelende, dorre stijl

⁴**prose** /proʊz/ [ov ww] tot proza maken

pro·sec·tor /proʊsektə, ᴬ-ər/ [telb zn] ⟨med⟩ prosector

⟨assistent⟩

¹pros·e·cute /prɒsɪkju:t, ᴬprɑ-/ [onov ww] ⟨jur⟩ [1] procederen, een vervolging instellen ♦ ⟨AE⟩ *prosecuting attorney* openbare aanklager [2] als aanklager optreden

²pros·e·cute /prɒsɪkju:t, ᴬprɑ-/ [ov ww] [1] voortzetten, volhouden, vervolgen [2] uitoefenen, bedrijven [3] ⟨jur⟩ (gerechtelijk) vervolgen, procederen tegen ♦ *trespassers will be prosecuted* ± verboden voor onbevoegden

¹pros·e·cu·tion /prɒsɪkju:ʃn, ᴬprɑ-/ [telb zn] gerechtelijke vervolging, proces ♦ ⟨BE⟩ *director of public prosecutions* openbare aanklager

²pros·e·cu·tion /prɒsɪkju:ʃn, ᴬprɑ-/ [niet-telb zn] [1] het voortzetten [2] uitoefening

³pros·e·cu·tion /prɒsɪkju:ʃn, ᴬprɑ-/ [verzameln] ⟨jur⟩ eiser, eisende partij

pros·e·cu·tor /prɒsɪkju:tə, ᴬprɑsɪkju:tər/ [telb zn] ⟨jur⟩ [1] eiser, eisende partij [2] ⟨AE⟩ openbare aanklager ♦ *public prosecutor* openbare aanklager

pros·e·cu·trix /prɒsɪkju:trɪks, ᴬprɑ-/ [telb zn; mv: ook prosecutrices /-trɪsi:z/] ⟨jur⟩ [1] eiseres, eisende partij [2] ⟨AE⟩ openbare aanklaagster

Prose Edda /prouz edə/ [eigenn; the] ⟨letterk⟩ Snorra Edda

prose idyll [telb zn] ⟨letterk⟩ proza-idylle

pros·e·lyte /prɒsɪlaɪt, ᴬprɑ-/ [telb zn] [1] bekeerling [2] ⟨Bijb⟩ proseliet

pros·e·lyt·ism /prɒsɪlɪtɪzm, ᴬprɑ-/ [niet-telb zn] [1] het bekeerd-zijn, bekering [2] het bekeren, bekeringsijver

¹pros·e·lyt·ize, pros·e·lyt·ise /prɒsɪlɪtaɪz, ᴬprɑ-/, ⟨AE ook⟩ **pros·e·lyte** /prɒsɪlaɪt, ᴬprɑ-/ [onov ww] bekeeringen maken, bekeren

²pros·e·lyt·ize, pros·e·lyt·ise /prɒsɪlɪtaɪz, ᴬprɑ-/, ⟨AE ook⟩ **pros·e·lyte** /prɒsɪlaɪt, ᴬprɑ-/ [ov ww] bekeren

pros·e·lyt·iz·er, pros·e·lyt·is·er /prɒsɪlɪtaɪzə, ᴬprɑsɪlɪtaɪzər/ [telb zn] bekeerder

pros·en·chy·ma /prɒsɛŋkɪmə, ᴬprɑ-/ [niet-telb zn] ⟨biol⟩ prosenchym, vezelweefsel

prose poem [telb zn] ⟨letterk⟩ prozagedicht

pros·er /prouzə, ᴬ-ər/ [telb zn] [1] prozaschrijver [2] ⟨pej⟩ droogstoppel, vervelend schrijver/spreker

¹pros·i·fy /prouzɪfaɪ/ [onov ww] proza schrijven

²pros·i·fy /prouzɪfaɪ/ [ov ww] [1] tot proza herschrijven [2] prozaïsch maken

pro·sim·i·an /prousɪmɪən/ [telb zn] ⟨dierk⟩ halfaap ⟨onderorde Prosimii⟩

pro·sit /prouzɪt/ [tw] prosit, proost

pro·so·dic /prəsɒdɪk, ᴬ-sɑ-/ [bn; bw: ~ally] ⟨letterk⟩ prosodisch

pros·o·dist /prɒsədɪst, ᴬprɑ-/ [telb zn] ⟨letterk⟩ specialist in de prosodie

pros·o·dy /prɒsədi, ᴬprɑ-/ [niet-telb zn] ⟨letterk⟩ prosodie

pro·so·po·graph·y /prɒsəpɒgrəfi, ᴬprɑsəpɑ-/ [telb + niet-telb zn] prosopografie, biografische beschrijving

pro·so·po·poe·ia, pro·so·po·pe·ia /prɒsəpəpi:ə, ᴬprɑ-/ [telb zn] [1] ⟨letterk⟩ prosopopoeia, personificatie [2] ⟨dram⟩ prosopopoeia, het ten tonele voeren van een niet-aanwezige persoon

¹pros·pect /prɒspekt, ᴬprɑ-/ [telb zn] [1] vergezicht, panorama, uitzicht [2] idee, denkbeeld, begrip [3] onderzoek, bestudering ♦ *on a nearer prospect* bij nader onderzoek [4] mogelijke gegadigde, mogelijke kandidaat/klant, ⟨bij uitbreiding; inf⟩ iemand bij wie iets te halen valt [5] ⟨bouwk⟩ ligging, uitzicht [6] ⟨mijnb⟩ gehalte, opbrengst ⟨van ertsmonster⟩ [7] ⟨mijnb⟩ (mogelijke) vindplaats

²pros·pect /prɒspekt, ᴬprɑ-/ [niet-telb zn] hoop, verwachting, mogelijkheid, vooruitzicht ♦ *have in prospect* kans hebben op, te verwachten hebben; *there is no prospect of his returning* er is geen kans dat hij nog terugkomt

³pros·pect /prəspekt, ᴬprɑspekt/ [onov ww] [1] prospecteren, de bodem exploreren, naar bodemschatten zoeken ♦ *prospect for gold* goud zoeken [2] op zoek zijn [3] ⟨mijnb⟩ een vermoedelijke opbrengst hebben ♦ *this ore prospects ill* dit erts zal waarschijnlijk niet veel opbrengen

⁴pros·pect /prəspekt, ᴬprɑspekt/ [ov ww] [1] exploreren ⟨ook figuurlijk⟩, onderzoeken [2] ⟨mijnb⟩ een vermoedelijke opbrengst hebben van

pro·spec·tive /prəspektɪv/ [bn; bw: ~ly; zn: ~ness] [1] voor de toekomst, nog niet in werking, niet met terugwerkende kracht [2] toekomstig, verwacht ♦ *a prospective buyer* een gegadigde; *her prospective husband* haar aanstaande man

pro·spect·less /prɒspektləs, ᴬprɑ-/ [bn] zonder verwachtingen, kansloos

pros·pec·tor /prəspektə, ᴬprɑspektər/ [telb zn] prospector, goudzoeker

pros·pects /prɒspekts, ᴬprɑ-/ [alleen mv] verwachtingen, vooruitzichten, kansen ♦ *the prospects for the corn trade* de vooruitzichten voor de graanhandel; *a young man of good prospects* een jongeman met goede (financiële) vooruitzichten

pro·spec·tus /prəspektəs/ [telb zn] prospectus

¹pros·per /prɒspə, ᴬprɑspər/ [onov ww] bloeien, slagen, succes hebben, gedijen, vrucht afwerpen ♦ *a prospering business* een bloeiende zaak [•] ⟨sprw⟩ *ill-gotten gains never prosper* gestolen goed gedijt niet

²pros·per /prɒspə, ᴬprɑspər/ [ov ww] ⟨vero⟩ doen gedijen, begunstigen, helpen ♦ *may Heaven prosper you!* de hemel sta je bij!

pros·per·i·ty /prɒspɛrəti, ᴬprɑspɛrəti/ [niet-telb zn] voorspoed, welslagen, succes, bloei [•] ⟨sprw⟩ *prosperity makes friends, adversity tries them* in het geluk wel broodvrienden, in de armoede geen noodvrienden, als de pot kookt dan bloeit de vriendschap, als de hond in de pot is vlieden de vrienden

pros·per·ous /prɒspərəs, ᴬprɑ-/ [bn; bw: ~ly; zn: ~ness] [1] bloeiend, goed gedijend, voorspoedig [2] geslaagd, rijk, welvarend [3] gunstig, gelukkig

pros·sie, pros·sy /prɒsi, ᴬprɑsi/, **pros·tie** /prɒsti, ᴬprɑsti/ [telb zn] ⟨sl⟩ prostitué, prostituee, hoer(tje)

¹pros·tate /prɒsteɪt, ᴬprɑ-/ [telb zn] ⟨biol⟩ prostaat, voorstanderklier

²pros·tate /prɒsteɪt, ᴬprɑ-/ [bn, attr] ⟨biol⟩ prostaat- ♦ *prostate gland* prostaat, voorstanderklier

pros·tat·ec·to·my /prɒstətektəmi, ᴬprɑ-/ [telb + niet-telb zn] ⟨med⟩ prostatectomie

pro·stat·ic /prɒstætɪk, ᴬprɑstætɪk/ [bn] ⟨biol⟩ prostaat-

¹pros·the·sis /prɒsθi:sɪs, ᴬprɑs-/ [telb zn; mv: prostheses /-si:z/] [1] ⟨taalk⟩ → **prothesis** [2] ⟨med⟩ prothese

²pros·the·sis /prɒsθi:sɪs, ᴬprɑs-/ [niet-telb zn] ⟨med⟩ prothese, het aanbrengen van een prothese

pros·thet·ic /prɒsθɛtɪk, ᴬprɑsθɛtɪk/ [bn; bw: ~ally] ⟨med, taalk⟩ prothetisch

pros·thet·ics /prɒsθɛtɪks, ᴬprɑsθɛtɪks/ [niet-telb zn] prothetische geneeskunde

pros·tho·don·tics /prɒsθədɒntɪks, ᴬprɑsθədɑntɪks/ [niet-telb zn] prothetische tandheelkunde

¹pros·ti·tute /prɒstɪtju:t, ᴬprɑstɪtu:t/ [telb zn] [1] prostitué, prostituee ♦ *male prostitute* schandknaap [2] iemand die zijn eer verkoopt, iemand die zijn naam te schande maakt/hoereert

²pros·ti·tute /prɒstɪtju:t, ᴬprɑstɪtu:t/ [ov ww] [1] prostitueren, tot prostitué/prostituee maken ♦ *prostitute o.s.* zich prostitueren, hoereren [2] vergooien, verlagen, misbruiken ♦ *prostitute one's honour* zijn eer verkopen, zich verlagen; *prostitute one's talents* zijn talenten vergooien, misbruik maken van zijn talenten

pros·ti·tu·tion /prɒstɪtju:ʃn, ᴬprɑstɪtu:ʃn/ [niet-telb zn] [1] prostitutie [2] misbruik

prostrate

¹pros·trate /prɒstreɪt, ˄prɑ-/ [bn] [1] ter aarde geworpen, geknield ♦ *he will probably fall prostrate at your feet* hij zal zich waarschijnlijk nederig aan je voeten werpen [2] liggend, uitgestrekt [3] verslagen, gebroken, machteloos ♦ *the civil war left the country prostrate* de burgeroorlog heeft het land uitgeput; *prostrate with grief* gebroken van verdriet [4] ⟨plantk⟩ kruipend

²pros·trate /prɒstreɪt, ˄prɑstreɪt/ [ov ww] [1] neerwerpen, neerslaan, vellen [2] machteloos maken, verslaan, verzwakken, breken ♦ *a prostrating disease* een slopende kwaal

³pros·trate /prɒstreɪt, ˄prɑstreɪt/ [ov ww; wederkerend werkwoord] zich ter aarde werpen, zich prosterneren, in het stof knielen, een knieval doen ♦ *prostrate o.s. at* zich op zijn knieën werpen voor

¹pros·tra·tion /prɒstreɪʃn, ˄prɑ-/ [telb + niet-telb zn] prosternatie, teraardewerping

²pros·tra·tion /prɒstreɪʃn, ˄prɑ-/ [niet-telb zn] uitputting, machteloosheid

pro·style /proʊstaɪl/ [telb zn] ⟨bouwk⟩ prostylos, Griekse tempel met zuilengalerij aan de voorkant

pro·sy /proʊzi/ [bn; vergr trap: prosier; bw: prosily; zn: prosiness] saai, oninteressant, dor ♦ *a prosy talker* een slaapverwekkende prater

prot- → **proto-**

Prot [afk] [1] (Protectorate) [2] (Protestant) prot.

pro·tac·tin·i·um /proʊtæktɪniəm/ [niet-telb zn] ⟨scheik⟩ protactinium ⟨element 91⟩

pro·tag·o·nist /proʊtægənɪst/ [telb zn] [1] voorvechter, strijder [2] voorstander, verdediger [3] ⟨letterk, dram⟩ protagonist, hoofdfiguur, held

pro·ta·mine /proʊtəmiːn, -mɪn/ [niet-telb zn] ⟨biochem⟩ protamine

pro tan·to /proʊ tæntoʊ/ [bw] in zoverre

prot·a·sis /prɒtəsɪs, ˄prɑtə-/ [telb zn; mv: protases /-siːz/] [1] ⟨log, taalk⟩ (predicaat in) voorwaardelijke bijzin, protasis, voorzin [2] ⟨dram⟩ protasis, inleiding van Grieks drama

pro·tea /proʊtɪə/ [plantk] protea ⟨genus Protea⟩

pro·te·an /proʊtɪən, proʊtiːən/ [bn] veranderlijk, proteïsch, veelvormig, vele gedaanten aannemend

pro·tect /prətekt/ [ov ww] [1] beschermen, beschutten, behoeden ♦ *protect against intruders/the weather* beschermen tegen indringers/het weer; *protect from the cold/economic recession* beschermen tegen de kou/economische achteruitgang [2] ⟨ec⟩ beschermen, beschermende invoerrechten heffen [3] ⟨techn⟩ beveiligen, beveiligingen aanbrengen [4] ⟨BE; fin⟩ honoreren, betalen

¹pro·tec·tion /prətekʃn/ [telb zn] [1] beschermer, bescherming ♦ *a protection against this deluge* bescherming biedend in deze stortvloed [2] vrijgeleide

²pro·tec·tion /prətekʃn/ [niet-telb zn] [1] bescherming, beschutting ♦ *under my protection* onder mijn bescherming [2] protectie ⟨het afdwingen van geld door gangsters in ruil voor vrijwaring tegen hun gewelddaden⟩ [3] (verk: protection money) [4] ⟨ec⟩ protectie, protectionisme [5] ⟨verz⟩ dekking

protection factor [telb zn] beschermingsfactor ⟨tegen de zon⟩

pro·tec·tion·ism /prətekʃənɪzm/ [niet-telb zn] ⟨ec⟩ protectionisme, stelsel van beschermende rechten

pro·tec·tion·ist /prətekʃənɪst/ [telb zn] ⟨ec⟩ protectionist, voorstander van protectionisme

protection money [niet-telb zn] [1] protectiegeld ⟨geld afgeperst door gangsters in ruil voor vrijwaring tegen hun gewelddaden⟩ [2] smeergeld ⟨betaald aan politie/politicus⟩

protection racket [telb zn] protectieorganisatie, afpersersbende

¹pro·tec·tive /prətektɪv/ [telb zn] beschermer, bescher-

mend middel, preservatief, ⟨i.h.b.⟩ condoom

²pro·tec·tive /prətektɪv/ [bn; bw: ~ly; zn: ~ness] beschermend, beschermings- ♦ *protective clothing* veiligheidskleding, beschermende kleding; *protective colouring* schutkleur; *take s.o. into protective custody* iemand in hechtenis nemen/gevangen zetten (zogezegd) om hem te beschermen/voor zijn eigen veiligheid; *protective foods* gezonde voedingsmiddelen, verantwoorde voeding; *protective sheath* preservatief, condoom; ⟨ec⟩ *protective tariff* beschermend invoerrecht; *protective towards* beschermend tegen

¹pro·tec·tor, Pro·tec·ter /prətektə, ˄-ər/ [eigenn; the] ⟨BE; gesch⟩ protector, rijksvoogd ⟨titel van Oliver en Richard Cromwell, 1653-1659⟩ ♦ *Lord protector of the Commonwealth* rijksvoogd van het Gemenebest

²pro·tec·tor, pro·tec·ter /prətektə, ˄-ər/ [telb zn] [1] beschermer [2] ⟨BE; gesch⟩ regent

pro·tec·tor·al /prətektərəl/ [bn] m.b.t. regentschap/protectoraat

¹pro·tec·tor·ate /prətektrət/ [telb zn] regentschap, protectoraat

²pro·tec·tor·ate /prətektrət/ [telb + niet-telb zn] protectoraat

Pro·tec·tor·ate /prətektrət/ [eigenn; the] protectoraat ⟨periode onder Oliver en Richard Cromwell, 1653-59⟩

pro·tec·to·ry /prətektri/ [telb zn] kindertehuis ⟨voor verwaarloosde kinderen⟩

pro·tec·tress /prətektrɪs/ [telb zn] [1] beschermster, beschermvrouwe [2] ⟨pol⟩ regentes

pro·té·gé, pro·té·gée /prɒtɪʒeɪ, ˄proʊtɪ-/ [telb zn] protegé, protegee, beschermeling(e)

pro·te·i·form /proʊtiəfɔːm, ˄proʊtiːəfɔrm/ [bn] veranderlijk, proteïsch, veelvormig

pro·tein /proʊtiːn/ [telb + niet-telb zn] ⟨biochem⟩ proteïne, eiwit

pro·tein·a·ceous /proʊtiːneɪʃəs/, **pro·tein·ic** /-tiːnɪk/, **pro·tei·nous** /-tiːnəs/ [bn] ⟨biochem⟩ proteïne-, proteïneachtig

pro tem·po·re /proʊ tempəri/, ⟨verkorting⟩ **pro tem** /proʊ tem/ [bn; bw] voorlopig, vooralsnog, tijdelijk ♦ *a pro tempore appointment* een tijdelijke aanstelling

pro·te·ol·y·sis /proʊtiɒləsɪs, ˄proʊtiɑlə-/ [niet-telb zn] ⟨biochem⟩ proteolyse, eiwitsplitsing

pro·te·o·lyt·ic /proʊtiəlɪtɪk/ [bn] ⟨biochem⟩ proteolytisch

¹Pro·te·ro·zo·ic /proʊtərəzoʊɪk, ˄prɒtə-/ [niet-telb zn; the] ⟨geol⟩ proterozoïcum ⟨hoofdtijdperk met eerste levensvormen⟩

²Pro·te·ro·zo·ic /proʊtərəzoʊɪk, ˄prɒtə-/ [bn] ⟨geol⟩ van/m.b.t. het proterozoïcum

¹pro·test /proʊtest/ [telb zn] [1] plechtige verklaring, betuiging [2] belastingen, bezwaarschrift [3] ⟨handel⟩ protest [4] ⟨scheepv⟩ scheepsverklaring

²pro·test /proʊtest/ [telb + niet-telb zn] protest, oppositie, onvrede, bezwaar ♦ *enter/lodge/make a protest against sth.* ergens protest tegen aantekenen, een protest indienen tegen iets; *the child screamed in protest* het kind protesteerde luidkeels; *under protest* tegenstribbelend, onder protest

³pro·test /prətest/ [onov ww] [1] protesteren, bezwaar maken, een protest indienen [2] een verklaring afleggen, betuigen

⁴pro·test /prətest/ [ov ww] [1] bezweren, betuigen, plechtig verklaren ♦ *protest one's innocence* zijn onschuld betuigen [2] ⟨AE⟩ protesteren tegen ♦ *they are protesting nuclear weapons* ze protesteren tegen kernwapens [3] ⟨handel⟩ (laten) protesteren

¹Prot·es·tant /prɒtɪstənt, ˄prɑtɪ-/ [telb zn] ⟨kerk⟩ protestant

²Prot·es·tant /prɒtɪstənt, ˄prɑtɪ-/ [bn] ⟨kerk⟩ protestant(s) • *Protestant (work) ethic* strenge arbeidsethiek

Prot·es·tant·ism /prɒtɪstəntɪzm, ᴬprɑtɪ-/ [niet-telb zn] ⟨kerk⟩ protestantisme
¹**Prot·es·tant·ize, Prot·es·tant·ise** /prɒtɪstəntaɪz, ᴬprɑtɪ-/ [onov ww] protestants worden
²**Prot·es·tant·ize, Prot·es·tant·ise** /prɒtɪstəntaɪz, ᴬprɑtɪ-/ [ov ww] protestantiseren
prot·es·ta·tion /prɒtɪsteɪʃn, ᴬprɑtɪ-/ [telb + niet-telb zn] [1] plechtige verklaring, bezwering, betuiging ♦ *protestation of friendship* vriendschapsverklaring; *protestation that...* verklaring dat... [2] protest ♦ *protestation against* protest tegen
pro·test·er, pro·test·or /prətestə, ᴬ-ər/ [telb zn] [1] protesteerder [2] ⟨handel⟩ wie een protestakte opmaakt
protest march [telb zn] protestmars, protestoptocht, protestbetoging
protest meeting [telb zn] protestmeeting, protestvergadering
protest strike [telb zn] proteststaking
pro·te·us /proʊtɪəs/ [telb zn] ⟨biol⟩ [1] proteusbacterie ⟨Proteus vulgaris⟩ [2] olm ⟨bacterie, Proteus anguinius⟩
Pro·te·us /proʊtɪəs/ [telb zn] [1] proteus, veranderlijk/onbestendig mens [2] iets proteïsch, wat vele gedaanten aanneemt
pro·tha·la·mi·um /proʊθəleɪmɪəm/, **pro·tha·la·mi·on** /-mɪən/ [telb zn; mv: prothalamia /-mɪə/] bruiloftslied
pro·thal·li·um /proʊθælɪəm/ [telb zn; mv: prothallia /-lɪə/] ⟨plantk⟩ prothallium, voorkiem
pro·thal·lus /proʊθæləs/ [telb zn; mv: prothalli /-laɪ/] ⟨plantk⟩ prothallium
proth·e·sis /prɒθɪsɪs, ᴬprɑ-/ [telb zn; mv: protheses /-siːz/] [1] ⟨taalk⟩ prothesis, voorvoeging van letter(greep) voor een woord [2] ⟨Byzantijnse kerk⟩ prothesis, uitstalling der offergaven [3] ⟨Byzantijnse kerk⟩ prothesis, offertafel/gedeelte van de kerk waar de offertafel staat
pro·thet·ic /prəθetɪk/ [bn; bw: ~ally] ⟨taalk⟩ prothetisch
pro·thon·o·tar·y /proʊθɒnətri, ᴬprəθɑnəteri/, **pro·ton·o·tar·y** /proʊtɒnətri, ᴬprɑtənəteri/ [telb zn] ⟨jur⟩ griffier
Pro·thon·o·tar·y /proʊθɒnətri, ᴬprəθɑnəteri/, **Pro·ton·o·tar·y** /proʊtɒnətri, ᴬprɑtənəteri/ [telb zn] ⟨r-k⟩ protonotarius ♦ *Prot(h)onotary Apostolic* protonotarius
prothonotary warbler [telb zn] ⟨dierk⟩ protonotaarzanger ⟨Protonotaria citrea⟩
Pro·tis·ta /prətɪstə/ [alleen mv] ⟨biol⟩ protisten, eencelligen
pro·tis·tol·o·gy /proʊtɪstɒlədʒi, ᴬ-stɑ-/ [niet-telb zn] ⟨biol⟩ leer der protisten, leer der eencelligen
pro·ti·um /proʊtɪəm/ [niet-telb zn] ⟨scheik⟩ protium
pro·to- /proʊtoʊ/, **prot-** [1] ⟨ook Proto-⟩ proto-, oer-, vroeg-, eerste ♦ *prototype* prototype [2] ⟨scheik⟩ proto-, met het laagste gehalte
¹**pro·to·col** /proʊtəkɒl, ᴬproʊtəkɔl, ᴬ-kɑl/ [telb zn] [1] protocol, officieel verslag, akte [2] protocol ⟨formule aan begin/eind van oorkonde/bul/computergegevens⟩ [3] ⟨pol⟩ protocol, verslag van internationale onderhandelingen [4] ⟨AE⟩ verslag, dossier, verzamelde feiten
²**pro·to·col** /proʊtəkɒl, ᴬproʊtəkɔl, ᴬ-kɑl/ [niet-telb zn] protocol, etiquette, ceremonieel
³**pro·to·col** /proʊtəkɒl, ᴬproʊtəkɔl, ᴬ-kɑl/ [onov ww] een protocol opmaken
⁴**pro·to·col** /proʊtəkɒl, ᴬproʊtəkɔl, ᴬ-kɑl/ [ov ww] protocolleren, een protocol opmaken van
Pro·to-Ger·man·ic [eigenn] ⟨taalk⟩ Protogermaans, Oergermaans
pro·to·his·to·ry /proʊtoʊhɪstri/ [niet-telb zn] protohistorie
pro·to·hu·man /proʊtoʊhjuːmən, ᴬ-(h)juː-/ [telb zn] oermens
pro·to·lan·guage /proʊtoʊlæŋgwɪdʒ/ [telb zn] ⟨taalk⟩ prototaal, oertaal
pro·to·mar·tyr /proʊtoʊmɑːtə, ᴬproʊtoʊmɑrtər/ [telb zn] ⟨rel⟩ eerste martelaar, ⟨i.h.b.⟩ Heilige Stephanus
pro·to·mor·phic /proʊtoʊmɔːfɪk, ᴬproʊtoʊmɔrfɪk/ [bn] primitief
pro·ton /proʊtɒn, ᴬ-tɑn/ [telb zn] ⟨natuurk⟩ proton
protonotary [telb zn] → prothonotary
pro·to·pec·tin /proʊtoʊpektɪn/ [telb zn] ⟨plantk⟩ pectose, protopectine
pro·to·phyte /proʊtəfaɪt/ [telb zn] ⟨biol⟩ protofyt ⟨eencellig plantje⟩
pro·to·plasm /proʊtoʊplæzm/ [niet-telb zn] ⟨biol⟩ protoplasma
pro·to·plas·mal /proʊtoʊplæzml/, **pro·to·plas·mat·ic** /-plæzmætɪk/, **pro·to·plas·mic** /-plæzmɪk/ [bn] ⟨biol⟩ van/m.b.t. protoplasma
pro·to·plast /proʊtoʊplæst/ [telb zn] ⟨biol⟩ protoplast
pro·to·plas·tic /proʊtoʊplæstɪk/ [bn] ⟨biol⟩ van het protoplast
pro·to·ther·i·a /proʊtoʊθɪərɪə, ᴬproʊtoʊθɪrɪə/ [alleen mv] ⟨dierk⟩ prototheria ⟨laagste orde der zoogdieren⟩
pro·to·typ·al /proʊtoʊtaɪpl/, **pro·to·typ·ic** /-tɪpɪk/, **pro·to·typ·i·cal** /-tɪpɪkl/ [bn; bw: prototypically] [1] prototypisch [2] ⟨biol⟩ oer-, van de oervorm
pro·to·type /proʊtoʊtaɪp/ [telb zn] [1] prototype, oervorm, oorspronkelijk model, voorbeeld bij uitstek [2] ⟨biol⟩ oervorm
¹**pro·to·zo·an** /proʊtoʊzoʊən/, **pro·to·zo·on** /-zoʊɒn, ᴬ-zoʊɑn/ [telb zn; mv: ook protozoa /-zoʊə/] ⟨biol⟩ protozoön, protozo
²**pro·to·zo·an** /proʊtoʊzoʊən/, **pro·to·zo·ic** /-zoʊɪk/, **pro·to·zo·al** /-zoʊəl/ [bn] ⟨biol⟩ protozoïsch
pro·to·zo·ol·o·gy /proʊtoʊzoʊɒlədʒi, ᴬ-zoʊɑlədʒi/ [niet-telb zn] protozoölogie, leer der protozoa
pro·tract /prətrækt, ᴬproʊ-/ [ov ww] [1] voortzetten, verlengen, aanhouden, rekken [2] op schaal tekenen [3] ⟨biol⟩ strekken, uitsteken; → **protracted**
pro·tract·ed /prətræktɪd, ᴬproʊ-/ [bn; oorspronkelijk volt deelw van protract; bw: ~ly; zn: ~ness] langdurig, aanhoudend
pro·trac·tile /prətræktaɪl, ᴬproʊtræktl/, **pro·tract·i·ble** /-təbl/ [bn] ⟨biol⟩ protractiel, (uit)strekbaar, uitstulpbaar
¹**pro·trac·tion** /prətrækʃn, ᴬproʊ-/ [telb zn] [1] tekening op schaal [2] lettergreepverlenging [3] ⟨biol⟩ strekbeweging
²**pro·trac·tion** /prətrækʃn, ᴬproʊ-/ [telb + niet-telb zn] voortzetting, verlenging
pro·trac·tor /prətræktə, ᴬproʊtræktər/ [telb zn] [1] transporteur, gradenboog, hoekmeter [2] kleermakerspatroon, verstelbaar patroon [3] ⟨biol⟩ strekspier
¹**pro·trude** /prətruːd, ᴬproʊ-/ [onov ww] uitpuilen, uitsteken, tevoorschijn komen, oprijzen ♦ *protruding eyes* uitpuilende ogen
²**pro·trude** /prətruːd, ᴬproʊ-/ [ov ww] [1] tevoorschijn brengen, uitsteken [2] ⟨fig⟩ opdringen
pro·tru·dent /prətruːdnt, ᴬproʊ-/ [bn] uitstekend, uitpuilend
pro·tru·sile /proʊtruːsaɪl/, **pro·tru·si·ble** /-səbl/ [bn] ⟨vnl biol⟩ protractiel, uitsteekbaar, verlengbaar, strekbaar
¹**pro·tru·sion** /prətruːʒn, ᴬproʊ-/ [telb zn] uitsteeksel
²**pro·tru·sion** /prətruːʒn, ᴬproʊ-/ [niet-telb zn] het uitsteken, het uitpuilen
pro·tru·sive /prətruːsɪv, ᴬproʊ-/ [bn; bw: ~ly; zn: ~ness] [1] uitstekend, uitpuilend ♦ *protrusive teeth* vooruitstekende tanden [2] opvallend, in het oog lopend, opdringerig
¹**pro·tu·ber·ance** /prətjuːbrəns, ᴬproʊtuː-/ [telb zn] uitsteeksel, gezwel, uitwas, protuberantie, uitgroeisel
²**pro·tu·ber·ance** /prətjuːbrəns, ᴬproʊtuː-/ [niet-telb zn] het uitsteken, het uitpuilen

protuberant

pro·tu·ber·ant /prətju:brənt, ˆprooʊtu:-/ [bn; bw: ~ly] [1] gezwollen, uitpuilend [2] opvallend, opmerkelijk
pro·tu·ber·ate /prətju:bəreɪt, ˆprooʊtu:-/ [onov ww] zwellen, puilen, uitpuilen
¹**proud** /praʊd/ [bn; bw: ~ly; zn: ~ness] [1] trots, vol zelfrespect, fier, zelfverzekerd [2] trots, hooghartig, hovaardig ♦ *as proud as a peacock/as Punch* zo trots als een pauw/aap [3] trots, voldaan, vereerd, tevreden ♦ ⟨inf⟩ *do s.o. proud* iemand tot eer strekken; *I'm proud to know her* ik ben er trots op dat ik haar ken; *father will be proud of you* vader zal trots op je zijn [4] eervol, waardig [5] vurig, driftig ♦ *a proud horse* een vurig paard [6] gezwollen, overstromend, buiten de oevers tredend [7] ⟨BE⟩ uitspringend, uitstekend, uitpuilend ♦ ⟨med⟩ *proud flesh* wild vlees; *proud joints* uitstekende voegen ⟨in metselwerk⟩
²**proud** /praʊd/ [bn, attr; bw: ~ly; zn: ~ness] trots ⟨van ding⟩, imposant, indrukwekkend, glorierijk
³**proud** /praʊd/ [bw] ⟨vnl BE; inf⟩ imposant, groots
proud-heart·ed [bn] hooghartig, arrogant
prov [afk] [1] (province) [2] (provincial) [3] (provisional) [4] (provost)
Prov [afk] ⟨Bijb⟩ (Proverbs) Spr.
prov·a·ble /pru:vəbl/ [bn; bw: provably; zn: ~ness] bewijsbaar, aantoonbaar
¹**prove** /pru:v/ [onov ww; proved, proved; volt deelw Amerikaans-Engels, Schots-Engels, literatuur ook proven] [1] blijken ♦ *our son will prove to be the first* onze zoon zal als eerste uit de bus komen [2] ⟨cul⟩ rijzen
²**prove** /pru:v/ [ov ww; proved, proved; volt deelw Amerikaans-Engels, Schots-Engels, literatuur ook proven] [1] bewijzen, aantonen, tonen ♦ *of proven authenticity* waarvan de echtheid is bewezen; *prove one's innocence* zijn onschuld bewijzen; ⟨SchE; jur⟩ *not proven* (schuld) niet bewezen; *prove o.s.* zich bewijzen, laten zien wat je waard bent; ⟨mijnb⟩ *prove up* de aanwezigheid aantonen ⟨van delfstoffen⟩ [2] toetsen, op de proef stellen ♦ *prove s.o.'s reliability* iemands betrouwbaarheid toetsen [3] verifiëren, de echtheid vaststellen van [4] ⟨wisk⟩ bewijzen [5] ⟨techn⟩ testen ♦ *prove a gun* een geweer inschieten [6] ⟨boek⟩ een proef maken van [7] ⟨cul⟩ laten rijzen [8] ⟨vero⟩ ervaren, ondergaan [·] ⟨sprw⟩ *the exception proves the rule* de uitzondering bevestigt de regel
prov·e·nance /prɒvənəns, ˆprɑ-/, ⟨AE ook⟩ **pro·ve·ni·ence** /prəvi:nɪəns, ˆproʊ-/ [telb zn] origine, herkomst, oorsprong
¹**Pro·ven·çal** /prɒvɒnsɑ:l, ˆproʊvənsɑl/ [eigenn] Provençaals, de Provençaalse taal
²**Pro·ven·çal** /prɒvɒnsɑ:l, ˆproʊvənsɑl/ [bn] Provençaals
prov·en·der /prɒvɪndə, ˆprɑvɪndər/ [niet-telb zn] [1] veevoeder, veevoer, droogvoer [2] ⟨inf⟩ voer, voedsel, eten
prov·erb /prɒvɜ:b, ˆprɑvɜrb/ [telb zn] gezegde, spreekwoord, spreuk ♦ *she was a proverb for fastidiousness, her fastidiousness was a proverb* haar kieskeurigheid was spreekwoordelijk
pro·ver·bi·al /prəvɜ:bɪəl, ˆ-vɜr-/ [bn; bw: ~ly] spreekwoordelijk ♦ *they gave me the proverbial stone for bread* ze gaven me de spreekwoordelijke stenen voor brood
Prov·erbs /prɒvɜ:bz, ˆprɑvɜrbz/ [eigenn; werkwoord enk] ⟨Bijb⟩ Spreuken, de Spreuken van Salomo
¹**pro·vide** /prəvaɪd/ [onov ww] [1] voorzieningen treffen, (voorzorgs)maatregelen nemen ♦ *provide against flooding* maatregelen nemen tegen overstromingen; *we had not provided for our family getting any bigger* we hadden er geen rekening mee gehouden dat ons gezin nog groter zou worden [2] in het onderhoud voorzien, verzorgen ♦ *provide for children* kinderen onderhouden; *be well provided for* ⟨ook⟩ goed verzorgd achterblijven [3] een voorwaarde stellen, bepalen, eisen ♦ *the new law provides for slum clearance* de nieuwe wet bepaalt dat de krottenwijken worden afgebroken; → **provided, providing**

1460

²**pro·vide** /prəvaɪd/ [ov ww] [1] bepalen, eisen, vaststellen ♦ *provide that ...* bepalen dat ... [2] voorzien, uitrusten ♦ *we had to provide ourselves* we moesten voor onszelf zorgen; *they provided us with blankets and food* we werden van dekens en voedsel voorzien [3] leveren, verschaffen [4] klaarmaken, voorbereiden [5] ⟨gesch, kerk⟩ benoemen, als opvolger aanwijzen voor beneficie; → **provided, providing**
pro·vid·ed /prəvaɪdɪd/, **pro·vid·ing** /prəvaɪdɪŋ/ [ondersch vw; oorspronkelijk volt, respectievelijk onvoltooid deelw van provide] (form) op voorwaarde dat, (alleen) indien, mits ♦ *provided that one accepts this axiom the theory stands* als men dit axioma aanneemt klopt de theorie; *I'll come provided she apologizes* ik kom op voorwaarde dat zij zich verontschuldigt
prov·i·dence /prɒvɪdəns, ˆprɑ-/ [niet-telb zn] [1] het vooruitzien, voorzorg, zorg voor de toekomst [2] zuinigheid, spaarzaamheid [3] voorzienigheid
Prov·i·dence /prɒvɪdəns, ˆprɑ-/ [eigenn] ⟨rel⟩ de Voorzienigheid, God [·] *tempt Providence* God verzoeken, het lot tarten; ⟨sprw⟩ *providence is always on the side of the big/strongest battalions* het geluk is altijd met de sterksten, ± de winnaar heeft altijd gelijk
prov·i·dent /prɒvɪdənt, ˆprɑ-/ [bn; bw: ~ly] [1] vooruitziend, met oog voor de toekomst ♦ *provident fund* voorzorgsfonds; ⟨BE⟩ *Provident Society* vereniging voor onderlinge bijstand ⟨bij ziekte e.d.⟩ [2] zuinig, spaarzaam
prov·i·den·tial /prɒvɪdenʃl, ˆprɑ-/ [bn; bw: ~ly] [1] door de Voorzienigheid, door Gods ingrijpen [2] wonderbaarlijk, fortuinlijk, door puur geluk
pro·vid·er /prəvaɪdə, ˆ-ər/ [telb zn] [1] leverancier, verschaffer [2] kostwinner, verzorger
¹**prov·ince** /prɒvɪns, ˆprɑ-/ [telb zn] [1] provincie, gewest ♦ *the Province* Noord-Ierland [2] ⟨kerk⟩ aartsbisdom [3] ⟨gesch⟩ provincie ⟨buiten Italië gelegen gebied van het Romeinse Rijk⟩
²**prov·ince** /prɒvɪns, ˆprɑ-/ [niet-telb zn] [1] vakgebied, terrein ♦ *outside one's province* buiten/niet op zijn vakgebied [2] taak, functie, terrein [3] ⟨biol⟩ verspreidingsgebied
prov·inc·es /prɒvɪnsɪz, ˆprɑ-/ [alleen mv; the] platteland, provincie
¹**pro·vin·cial** /prəvɪnʃl/ [telb zn] [1] provinciaal [2] ⟨pej⟩ provinciaal(tje), boer, plattelander [3] ⟨kerk⟩ provinciaal, hoofd van een kloosterprovincie
²**pro·vin·cial** /prəvɪnʃl/ [bn; bw: ~ly] [1] provinciaal, van/uit de provincie, ⟨pej⟩ kleinsteeds [2] provinciaal, boers
pro·vin·cial·ism /prəvɪnʃəlɪzm/ [telb + niet-telb zn] provincialisme, provinciale uitdrukking/manier van doen
prov·ing ground /pru:vɪŋ graʊnd/ [telb zn] proefterrein, testterrein ⟨voor auto's, wapens e.d.⟩, gelegenheid om iets uit te proberen
¹**pro·vi·sion** /prəvɪʒn/ [telb zn] [1] bepaling, voorwaarde [2] voorraad, hoeveelheid, rantsoen [3] ⟨gesch, kerk⟩ benoeming op nog niet vacante post
²**pro·vi·sion** /prəvɪʒn/ [niet-telb zn] [1] levering, verschaffing, toevoer, aanbreng [2] voorzorg, voorbereiding, voorzieningen ♦ *make provision against* (voorzorgs)maatregelen nemen tegen; ⟨BE; ec, fin⟩ *provision for bad debts* reserve voor oninbare vorderingen; *make provision for the future* voor zijn toekomst zorgen, aan de toekomst denken
³**pro·vi·sion** /prəvɪʒn/ [ov ww] bevoorraden, provianderen, van voedsel voorzien
pro·vi·sion·al /prəvɪʒnəl/ [bn; bw: ~ly] tijdelijk, voorlopig, provisorisch ♦ ⟨golf⟩ *provisional ball* vervangende bal; *the Provisional IRA* de 'provisionele'/extremistische (vleugel van de) IRA; ⟨BE⟩ *provisional licence* voorlopig rijbewijs
Pro·vi·sion·al /prəvɪʒnəl/ [telb zn] Provisional, lid van de extremistische vleugel van de IRA
pro·vi·sion·less /prəvɪʒnləs/ [bn] zonder voedsel(voorraad)

pro·vi·sion·ment /prəvɪʒnmənt/ [niet-telb zn] **proviandering**

pro·vi·sions /prəvɪʒnz/ [alleen mv] **levensmiddelen,** provisie, proviand, voedselvoorraad

pro·vi·so /prəvaɪzoʊ/ [telb zn; mv: ook provisoes] ⟨vnl jur⟩ **voorwaarde,** stipulatie, beperkende bepaling, voorbehoud ♦ *with one proviso* onder een voorbehoud

pro·vi·sor /prəvaɪzə, ᴬ-ər/ [telb zn] ⟨kerk⟩ ⟨gesch⟩ iemand die benoemd is op nog niet vacante post [2] **provisor** ⟨van een klooster⟩ [3] **vicaris-generaal**

pro·vi·so·ry /prəvaɪzəri/ [bn; bw: provisorily] [1] **voorwaardelijk,** met een beperkende bepaling [2] **tijdelijk,** voorlopig, hulp-, provisorisch

Pro·vo /proʊvoʊ/ [telb zn] [1] **provo** ⟨lid/sympathisant van Nederlandse anarchistische beweging in de jaren zestig⟩ [2] ⟨inf⟩ (verk: Provisional)

prov·o·ca·tion /prɒvəkeɪʃn, ᴬprɑ-/ [telb + niet-telb zn] **provocatie,** uitdaging, tarting, uitlokking ♦ *hit at/on the slightest provocation* om het minste of geringste slaan; *he did it under provocation* hij is ertoe gedreven

¹**pro·voc·a·tive** /prəvɒkətɪv, ᴬ-vɑkətɪv/ [telb zn] **uitdaging,** prikkel, stimulans

²**pro·voc·a·tive** /prəvɒkətɪv, ᴬ-vɑkətɪv/ [bn; bw: ~ly; zn: ~ness] **tartend,** uitdagend, provocerend, tergend, prikkelend ♦ *his last article was very provocative* zijn laatste artikel heeft veel stof doen opwaaien; *provocative clothes* uitdagende kleding; *be provocative of anger/curiosity* nieuwsgierigheid/woede opwekken

pro·voke /prəvoʊk/ [ov ww] [1] **tergen,** prikkelen, irriteren, treiteren, pesten ♦ *his behaviour provoked me into beating him* hij maakte me zo razend, dat ik hem een pak slaag gaf; *he was provoked to abuse him* ze tergden hem zo, dat hij begon te schelden [2] **uitdagen,** provoceren, tarten, opruien, ophitsen, dwingen [3] **veroorzaken,** teweegbrengen, uitlokken, aanstichten; → **provoking**

pro·vok·ing /prəvoʊkɪŋ/ [bn; oorspronkelijk tegenwoordig deelw van provoke; bw: ~ly] **irritant,** tergend, vervelend, ergerlijk

pro·vost /prɒvəst, ᴬproʊ-, ᴬprɑ-, (in betekenissen 7 en 8) prəvoʊ, ᴬproʊvoʊ/ [telb zn] [1] ⟨vaak Provost⟩ ⟨BE⟩ **hoofd van een college** ⟨universiteit van Oxford en Cambridge⟩ [2] ⟨AE⟩ **hoge bestuursfunctionaris aan een universiteit** [3] ⟨vaak Provost⟩ ⟨SchE⟩ **burgemeester** [4] ⟨kerk⟩ **proost,** hoofd van kapittel van kanunniken [5] ⟨protestantse kerk⟩ **proost,** hoofd van de grootste kerk in een gebied [6] ⟨kerk⟩ **overste** ⟨van klooster⟩ [7] ⟨mil⟩ **commandant,** hoofd der militaire politie [8] (verk: provost marshal)

pro·vost court /prəvoʊ kɔːt, ᴬproʊvoʊ kɔrt/ [telb zn] ⟨mil⟩ **militair tribunaal** ⟨in het bijzonder voor kleinere vergrijpen in bezet gebied⟩

pro·vost guard [telb zn] ⟨AE; mil⟩ **detachement militaire politie**

pro·vost mar·shal [telb zn] ⟨mil⟩ [1] ⟨landmacht⟩ **commandant,** hoofd der militaire politie [2] ⟨marine⟩ **provoost-geweldiger** ⟨commanderend officier⟩

prow /praʊ/ [telb zn] [1] **voorkant,** punt, neus [2] ⟨scheepv⟩ **voorsteven**

prow·ess /praʊɪs/ [niet-telb zn] ⟨form⟩ [1] **dapperheid,** ridderlijkheid, moed [2] **bekwaamheid,** kundigheid

pro·west·ern /proʊwestən, ᴬ-ərn/ [bn] **westersgezind,** prowesters

¹**prowl** /praʊl/ [telb zn] **jacht,** roof, rooftocht, het rondsluipen, het loeren ♦ *I went for a prowl round the galleries* ik ben eens gaan rondneuzen in de kunstgaleries; *he's on the prowl again* hij is weer op zoek

²**prowl** /praʊl/ [onov ww] [1] **jagen,** op jacht zijn, op roof/ buit uit zijn [2] **lopen loeren,** rondsnuffelen ♦ *I never buy anything at Harrods, I just prowl about* ik koop nooit iets bij Harrods, ik snuffel alleen maar; *s.o. is prowling about/ around on the staircase* er sluipt iemand rond in het trap-

penhuis

³**prowl** /praʊl/ [ov ww] [1] **rondhangen/rondneuzen in,** onveilig maken [2] ⟨sl⟩ **fouilleren**

prowl car [telb zn] ⟨AE⟩ **surveillancewagen** ⟨van de politie⟩

prowl·er /praʊlə, ᴬ-ər/ [telb zn] [1] **loerder,** snuffelaar, sluiper [2] **dief** [3] **roofdier op jacht**

prox [afk] (proximo)

prox acc [afk] ⟨vnl BE⟩ (proxime accessit)

prox·i·mal /prɒksɪml, ᴬprɑ-/ [bn; bw: ~ly] [1] **proximaal,** dichtstbijzijnd [2] ⟨med⟩ **proximaal**

prox·i·mate /prɒksɪmət, ᴬprɑk-/ [bn; bw: ~ly] [1] **dichtbij,** naast, aangrenzend, nabij [2] **dichtstbijzijnd,** direct voorafgaand, eerstvolgend ♦ *the proximate cause* de directe oorzaak [3] **nabij,** op handen (zijnd), komend, in aantocht [4] **bij benadering juist,** vrijwel juist

prox·ime ac·ces·sit /prɒksɪmi æksesɪt, ᴬprɑ-/ [telb zn] ⟨vnl BE⟩ **accessit,** (eervolle vermelding bij) tweede prijs, tweede plaats

prox·im·i·ty /prɒksɪməti, ᴬprɑksɪməti/ [niet-telb zn] **nabijheid** ♦ *proximity of blood* bloedverwantschap; *in the proximity* in de nabijheid, in de nabije toekomst

proximity fuse [telb zn] ⟨mil⟩ **nabijheidsbuis,** radarontstekingskop

prox·i·mo /prɒksɪmoʊ, ᴬprɑk-/ [bn, postnom] ⟨handel of vero⟩ **van de volgende maand** ♦ *the twelfth proximo* de twaalfde van de volgende maand

prox·y /prɒksi, ᴬprɑksi/ [telb zn] [1] **gevolmachtigde,** gemachtigde, afgevaardigde ♦ *stand proxy for s.o.* als iemands gemachtigde optreden [2] **volmacht** ♦ *marry by proxy* bij volmacht/met de handschoen trouwen [3] **bewijs van volmacht,** volmacht, volmachtbrief

proxy server [telb zn] ⟨comp⟩ **proxyserver** ⟨een computer tussen de gebruiker en het internet⟩

proxy vote [telb zn] **bij volmacht uitgebrachte stem**

Pro·zac /proʊzæk/ [telb + niet-telb zn] ⟨handelsmerk⟩ **prozac** ⟨antidepressivum⟩ ♦ *be on Prozac* prozac gebruiken/slikken, aan de prozac zitten

PRS [afk] (President of the Royal Society)

prude /pruːd/ [telb zn] **preuts mens,** tut

pru·dence /pruːdns/ [niet-telb zn] [1] **voorzichtigheid,** omzichtigheid, zorgvuldigheid ♦ *fling/throw prudence to the winds* alle voorzichtigheid overboord gooien [2] **prudentie,** wijsheid, beleid, inzicht, tact

pru·dent /pruːdnt/ [bn; bw: ~ly] [1] **voorzichtig,** omzichtig, zorgvuldig [2] **prudent,** verstandig, wijs, met inzicht, bezonnen, tactvol [3] **spaarzaam,** zuinig

pru·den·tial /pruːdenʃl/ [bn; bw: ~ly] **prudent,** verstandig, uit voorzichtigheid, beleids-, zorgvuldigheids-

pru·den·tials /pruːdenʃlz/ [alleen mv] [1] **zaken die inzicht vereisen** [2] **beleidsoverwegingen** [3] ⟨AE⟩ **administratie,** administratieve/financiële zaken

¹**prud·er·y** /pruːdəri/ [telb zn] **preutse gedraging/opmerking,** preuts gedoe

²**prud·er·y** /pruːdəri/ [niet-telb zn] **preutsheid,** pruderie, aanstellerij

prud·ish /pruːdɪʃ/ [bn; bw: ~ly; zn: ~ness] **preuts,** stijf, overdreven ingetogen, tuttig

pru·i·nose /pruːɪnoʊs/ [bn] ⟨plantk⟩ **berijpt,** met een waas bedekt

¹**prune** /pruːn/ [telb zn] [1] **pruimedant,** gedroogde pruim [2] ⟨inf⟩ **zeur,** sul, zuurpruim, klier [3] ⟨sl⟩ **halvegare** [4] ⟨sl⟩ **kerel**

²**prune** /pruːn/ [niet-telb zn; vaak attributief] **prune,** pruimkleur, roodpaars

³**prune** /pruːn/ [ov ww] [1] **snoeien** ⟨ook figuurlijk⟩, besnoeien, korten, reduceren, verminderen ♦ *prune away redundancies* overbodigheden weghalen; *prune away/off dead branches* dode takken wegsnoeien; *prune back* bijsnoeien; *prune down* inkorten, inkrimpen; *the reader's letters are se-*

pruneface

verely pruned de ingezonden brieven worden sterk ingekort; *prune a tree* een boom snoeien ② → **preen**

prune·face [telb zn] ⟨AE; sl⟩ lelijkerd

pru·nel·la /pruːˈnelə/, **pru·nel·lo** /-loʊ/ [niet-telb zn] prunel, zware wollen/zijden stof ⟨o.a. voor schoenen en toga's⟩

pru·nelle /pruːˈnel/ [niet-telb zn] pruimenlikeur

prun·ers /ˈpruːnəz, ᴬ-ərz/ [alleen mv] snoeischaar ♦ *two pairs of pruners* twee snoeischaren

prun·ing [bn, attr] snoei- ♦ *pruning hook* stoksnoeimes

pru·ri·ence /ˈpruəriəns, ᴬˈprʊr-/, **pru·ri·en·cy** /-si/ [niet-telb zn] wellustigheid, geilheid, ⟨ook⟩ morbide interesse, dirty mind

pru·ri·ent /ˈpruəriənt, ᴬˈprʊr-/ [bn; bw: ~ly] ① wellustig (denkend), geil, oversekst ② wellustig, geil, schuin, scabreus ③ (aarts)nieuwsgierig, voyeuristisch

pru·ri·gi·nous /prʊˈrɪdʒənəs/ [bn] ⟨med⟩ ① met prurigo ② prurigoachtig

pru·ri·go /prʊˈraɪɡoʊ/ [telb + niet-telb zn] ⟨med⟩ prurigo ⟨huidaandoening met jeuk⟩

pru·ri·tus /prʊˈraɪtəs/ [telb + niet-telb zn] ⟨med⟩ jeuk, pruritus

¹**Prus·sian** /ˈprʌʃn/ [eigenn] de Pruisische taal

²**Prus·sian** /ˈprʌʃn/ [telb zn] Pruis, inwoner van Pruisen

³**Prus·sian** /ˈprʌʃn/ [bn] Pruisisch, van Pruisen/de Pruisen ♦ *Prussian blue* Pruisisch blauw, Berlijns blauw; ⟨scheik⟩ Pruisisch (blauw)zuur; ⟨dierk⟩ *Prussian carp* kroeskarper, steenkarper ⟨Carassius carassius⟩

prus·si·ate /ˈprʌʃiət/ [telb zn] ⟨scheik⟩ ① ferrocyanide, ferricyanide ② cyanide, zout van cyaanwaterstof

prus·sic /ˈprʌsɪk/ [bn, attr] ⟨scheik⟩ Pruisisch blauw-, cyaanwaterstof- ♦ *prussic acid* blauwzuur

prut /prʌt/ [niet-telb zn] ⟨AE; sl⟩ vuil, stof

¹**pry** /praɪ/ [telb zn] ① nieuwsgierige blik/vraag, bemoeizuchtig gedrag ② bemoeial, nieuwsgierig aagje ③ ⟨AE⟩ breekijzer, ⟨i.h.b.⟩ koevoet

²**pry** /praɪ/ [niet-telb zn] ⟨AE⟩ hefboomwerking

³**pry** /praɪ/ [onov ww] ① gluren, neuzen, nieuwsgierig rondsnuffelen ♦ *pry about* rondneuzen; *prying eyes* nieuwsgierige ogen ② bemoeizuchtig zijn, nieuwsgierige vragen stellen, zijn neus ergens insteken ♦ *pry into my affairs* met mijn zaken bemoeien

⁴**pry** /praɪ/ [ov ww] ⟨AE⟩ ① wrikken, omhoogwrikken, openwrikken ♦ *pry open a chest* een kist openbreken; *pry information out of s.o.* inlichtingen uit iemand lospeuteren; *pry up a floor-board* een vloerplank omhoog wrikken ② los krijgen ⟨figuurlijk⟩, tevoorschijn wurmen, uit (iemand) trekken

pry·er, pri·er /ˈpraɪə, ᴬ-ər/ [telb zn] bemoeial, nieuwsgierig mens

Ps, Psa [afk] ① (psalm) ps. ② (Psalms) Ps. ⟨Oude Testament⟩

PS, ps [afk] ① (permanent secretary) ② (Police Sergeant) ③ (post script) PS ④ ⟨AE⟩ (public school) ⑤ ⟨dram⟩ (prompt side) ⑥ ⟨BE; pol⟩ (privy seal) ⑦ (passenger steamer)

PSA [afk] ⟨BE⟩ (Property Services Agency ⟨ongeveer Rijksgebouwendienst⟩)

¹**psalm** /sɑːm, ᴬsɑ(l)m/ [telb zn] ⟨rel⟩ ① psalm, hymne, kerkgezang ② (vaak Psalm) psalm ⟨lied uit het Boek der Psalmen van het Oude Testament⟩ ♦ ⟨Oude Testament⟩ *Book of Psalms* Boek der Psalmen; ⟨Oude Testament⟩ *the Psalms* de Psalmen

²**psalm** /sɑːm, ᴬsɑ(l)m/ [ov ww] ⟨rel⟩ psalmeren, in psalmen bezingen

psalm-book [telb zn] ⟨rel⟩ psalmboek

psalm·ist /ˈsɑːmɪst, ᴬˈsɑ(l)mɪst/ [telb zn] ⟨rel⟩ psalmist, psalmdichter ♦ *the Psalmist* de psalmist; David

psalm·o·dic /sælmˈɒdɪk, ᴬsɑ(l)mˈɑdɪk/ [bn] psalmodisch

¹**psalm·o·dy** /ˈsælmədi, ᴬˈsɑ(l)mədi/ [telb zn] ⟨rel⟩ psalmbundel

²**psalm·o·dy** /ˈsælmədi, ᴬˈsɑ(l)mədi/ [telb + niet-telb zn] ⟨rel⟩ psalmodie

psal·ter /ˈsɔːltə, ᴬ-tər/ [telb zn; ook Psalter] ⟨rel⟩ psalter, psalmboek, psalmvertaling, psalmberijming

psal·te·ri·um /sɔːlˈtɪəriəm, ᴬsɔltɪr-/ [telb zn; mv: psalteria /-riə/] ⟨dierk⟩ boekmaag

psal·ter·y, psal·try /ˈsɔːltri/ [gesch, muz] psalter, psalterion

pse·phol·o·gist /sefˈplədʒɪst, ᴬsiːˈfɑ-/ [telb zn] ⟨pol⟩ psefoloog, iemand die het kiezersgedrag bestudeert

pse·phol·o·gy /sefˈplədʒi, ᴬsiːˈfɑ-/ [niet-telb zn] ⟨pol⟩ psefologie, bestudering van het kiezersgedrag

¹**pseud** /sjuːd, ᴬsuːd/, **pseu·do** /ˈsjuːdoʊ, ᴬˈsuːdoʊ/ [telb zn] ⟨BE; inf⟩ snoever, pretentieuze kwast, huichelaar

²**pseud** /sjuːd, ᴬsuːd/, **pseu·do** /ˈsjuːdoʊ, ᴬˈsuːdoʊ/ [bn] ⟨BE; inf⟩ vals, onecht, onoprecht, opgeblazen, vol pretentie

³**pseud** [afk] (pseudonym) pseud.

pseud·e·pig·ra·pha /sjuːdɪˈpɪɡrəfə, ᴬsuː-/ [alleen mv] ⟨theol⟩ pseudepigrafen ⟨Joodse geschriften ten onrechte aan oudtestamentische profeten toegeschreven⟩

pseud·ep·i·graph·ic /sjuːdepɪˈɡræfɪk, ᴬsuː-/, **pseud·ep·i·graph·i·cal** /-ɪkl/ [bn] ⟨theol⟩ pseudepigrafisch

pseu·do- /ˈsjuːdoʊ, ᴬˈsuːdoʊ/, **pseud-** /sjuːd, ᴬsuːd/ pseudo(o)-, schijn-

pseu·do·ar·cha·ic /sjuːdoʊɑːˈkeɪɪk, ᴬsuːdoʊɑːr-/ [bn] ⟨vnl bk⟩ pseudoarchaïsch, namaakprimitief

pseu·do·carp /ˈsjuːdoʊkɑːp, ᴬˈsuːdoʊkɑːrp/ [telb zn] ⟨plantk⟩ met schijnvruchten

pseu·do·graph /ˈsjuːdoʊɡrɑːf, ᴬˈsuːdoʊɡræf/ [telb zn] ⟨letterk⟩ vervalsing

pseu·do·morph /ˈsjuːdoʊmɔːf, ᴬˈsuːdoʊmɔːrf/ [telb zn] ① pseudomorf verschijnsel, oneigenlijke vorm ② ⟨geol⟩ pseudomorf mineraal ⟨met de kristallijne vorm van een ander mineraal⟩

pseu·do·mor·phic /sjuːdoʊˈmɔːfɪk, ᴬsuːdoʊˈmɔːr-/, **pseu·do·mor·phous** /-fəs/ [bn] pseudomorf, in valse/oneigenlijke vorm

pseu·do·mor·phism /sjuːdoʊˈmɔːfɪzm, ᴬsuːdoʊˈmɔːr-/ [niet-telb zn] ⟨geol⟩ pseudomorfisme

pseu·do·nym /ˈsjuːdnɪm, ᴬsuː-/ [telb zn] ⟨letterk⟩ pseudoniem, schuilnaam, schrijversnaam

pseu·do·nym·i·ty /sjuːdəˈnɪməti, ᴬsuːdəˈnɪməti/ [niet-telb zn] ⟨letterk⟩ pseudonimiteit

pseu·don·y·mous /sjuːˈdɒnɪməs, ᴬsuːˈdɑ-/ [bn] ⟨letterk⟩ pseudoniem, onder pseudoniem schrijvend/geschreven/verschenen

pseu·do·pod /ˈsjuːdoʊpɒd, ᴬˈsuːdoʊpɑd/, **pseu·do·po·di·um** /-ˈpoʊdiəm/ [telb zn; mv: pseudopodia /-diə/] ⟨dierk⟩ pseudopodium, schijnvoetje

pseu·do·sci·ence /ˈsjuːdoʊsaɪəns, ᴬˈsuːdoʊ-/ [telb zn] pseudowetenschap, schijnwetenschap

psf [afk] (pounds per square foot)

¹**pshaw** /(p)ʃɔː/ [ov ww] afwijzen, minachten, de schouder ophalen over, foei roepen over

²**pshaw** /pfff, pʃɔː/ [tw] pf!, bah!, foei!

¹**psi** /(p)saɪ, ᴬ(p)saɪ, ᴬ(p)siː/ [telb zn] psi ⟨23e letter van het Griekse alfabet⟩

²**psi** /(p)saɪ, ᴬ(p)saɪ, ᴬ(p)siː/ [niet-telb zn] parapsychologische eigenschappen

³**psi** [afk] (pounds per square inch)

psig [afk] (pounds per square inch gauge)

psil·an·thro·pism /saɪˈlænθrəpɪzm/ [niet-telb zn] ⟨theol⟩ psilantropisme ⟨leer dat Christus slechts als een gewoon mens heeft bestaan⟩

psi·lo·cy·bine /saɪləˈsaɪbɪn/ [niet-telb zn] ⟨med, scheik⟩ psilocybine ⟨hallucinogene stof in bepaalde paddenstoelen⟩

psi·lo·sis /saɪˈloʊsɪs/ [niet-telb zn] ⟨med⟩ ① haaruitval

psychology

2 Indische spruw
psit·ta·cine /sɪtəsaɪn/ [bn] papegaaiachtig
psit·ta·co·sis /sɪtəkoʊsɪs/ [telb + niet-telb zn] ⟨dierk, med⟩ psittacosis, papegaaienziekte
P60 /piːsɪksti/ [telb zn] ⟨Groot-Brittannië⟩ jaaropgave
pso·ra /sɔːrə/ [telb + niet-telb zn] ⟨med⟩ ⟨verk: psoriasis⟩ psoriasis
pso·ri·a·sis /səraɪəsɪs/ [telb + niet-telb zn; mv: psoriases /-siːz/] ⟨med⟩ psoriasis, schubziekte
pso·ri·at·ic /sɔːriætɪk/ [bn] van/m.b.t. psoriasis
Pss [afk] ⟨Psalms⟩ Ps. ⟨Oude Testament⟩
psst, pst /psst/ [tw] pst!, hé!
PST [afk] ⟨AE⟩ ⟨Pacific Standard Time⟩
PSV [afk] ⟨BE⟩ ⟨public service vehicle⟩
¹**psych** /saɪk/ [niet-telb zn] ⟨inf⟩ psychologie
²**psych, psyche** /saɪk/ [onov ww] ⟨vnl AE⟩ → **psych out**
³**psych, psyche** /saɪk/ [ov ww] ⟨vnl AE; inf⟩ 1 analyseren, psychoanalyse geven 2 psychologiseren, psychologisch uitrafelen ♦ zie: **psych out** 3 psychologisch beïnvloeden ♦ zie: **psych out**; *psyched up* gespannen, opgepept, opgewonden; *psych o.s. up for* zich psychologisch voorbereiden op, zich in de juiste stemming brengen voor, zichzelf oppeppen voor 4 psycheren, tot object van de psychologie maken
⁴**psych** [afk] 1 ⟨psychological⟩ 2 ⟨psychologist⟩ 3 ⟨psychology⟩
psych- /saɪk/ psych-, psycho-, psychologisch, psychisch
psy·che /saɪki/ [telb zn] 1 psyche, ziel, levensprincipe 2 ⟨psych⟩ psyche 3 ⟨dierk⟩ zakrupsvlinder ⟨Psychidae⟩
¹**psych·e·del·ic** /saɪkɪdelɪk/ [telb zn] 1 psychedelicum, bewustzijnsverruimend middel 2 gebruiker van psychedelische drugs
²**psych·e·del·ic** /saɪkɪdelɪk/ [bn; bw: ~ally] psychedelisch, bewustzijnsverruimend
psyche out [onov + ov ww] → **psych out**
psy·chi·at·ric /saɪkiætrɪk/, **psy·chi·at·ri·cal** /-ɪkl/ [bn; bw: ~ally] psychiatrisch
psychiatric hospital [telb zn] psychiatrische inrichting, psychiatrisch ziekenhuis
psy·chi·a·trist /saɪkaɪətrɪst, sɪ-/, **psy·chi·a·ter** /-kaɪətə, ᴬ-kaɪətər/ [telb zn] psychiater
psy·chi·a·try /saɪkaɪətri, sɪ-/ [niet-telb zn] psychiatrie, wetenschap der geestesziekten
¹**psy·chic** ᴾˢʸᶜʰᴼᴸᴼᴳᴵᶜᴬᴸ /saɪkɪk/ [telb zn] 1 paranormaal begaafd mens 2 spiritistisch medium 3 ⟨bridge⟩ psyche, blufbod ⟨misleidend/psychologisch bod⟩
²**psy·chic** /saɪkɪk/, **psy·chi·cal** /saɪkɪkl/ [bn; bw: ~ally] 1 psychisch, geestelijk ♦ *psychic income* (geestelijke) voldoening, psychische bevrediging, psychisch inkomen 2 psychisch, paranormaal, bovennatuurlijk, occult ♦ ⟨spiritisme⟩ *psychic force* occulte kracht; *psychic research* parapsychologie 3 paranormaal begaafd, ⟨i.h.b.⟩ mediamiek 4 ⟨bridge⟩ misleidend, bluf-, psychologisch ♦ *psychic healer* magnetiseur; *psychic healing* dierlijk magnetisme, mesmerisme
psy·chics /saɪkɪks/ [niet-telb zn] parapsychologie
psy·cho /saɪkoʊ/ [telb zn] ⟨inf⟩ psychoot, neuroot, psychopaat, gek
psy·cho- /saɪkoʊ/ psycho-, psychisch ♦ *psychobiography* psychobiografie
psy·cho·an·a·lyse, psy·cho·an·a·lyze /saɪkoʊænəlaɪz/ [ov ww] psychoanalytisch behandelen, psychoanalyse geven
psy·cho·a·nal·y·sis /saɪkoʊənælɪsɪs/ [niet-telb zn] 1 psychoanalyse, psychoanalytische behandeling 2 psychoanalyse, leer der psychoanalyse
psy·cho·an·a·lyst /saɪkoʊænəlɪst/ [telb zn] psychoanalyticus
psy·cho·an·a·lyt·ic /saɪkoʊænəlɪtɪk/, **psy·cho·an·a·lyt·i·cal** /-ɪkl/ [bn; bw: ~ally] psychoanalytisch

psy·cho·bab·ble /saɪkoʊbæbl/ [niet-telb zn] psychologisch/psychotherapeutisch jargon
psy·cho·bi·ol·o·gy /saɪkoʊbaɪɒlədʒi, ᴬ-ɑlədʒi/ [niet-telb zn] psychobiologie
psy·cho·dra·ma /saɪkoʊdrɑːmə, ᴬsaɪkoʊdræmə/ [telb + niet-telb zn] psychodrama, therapeutisch rollenspel
psy·cho·dy·nam·ics /saɪkoʊdaɪnæmɪks/ [niet-telb zn] 1 psychodynamiek, werking der psychische krachten 2 psychodynamisch onderzoek ⟨verklaring van het gedrag door onbewuste motieven⟩
psy·cho·gen·e·sis /saɪkoʊdʒenɪsɪs/ [niet-telb zn] psychogenese
psy·cho·gen·ic /saɪkoʊdʒenɪk/ [bn; bw: ~ally] psychogeen, van psychische oorsprong
¹**psy·cho·ge·ri·at·ric** /saɪkoʊdʒeriætrɪk/ [telb zn] 1 psychogeriatrische patiënt 2 geestelijk in de war zijnde bejaarde, ⟨beled⟩ seniele idioot
²**psy·cho·ge·ri·at·ric** /saɪkoʊdʒeriætrɪk/ [bn] psychogeriatrisch, seniel, geestelijk in de war
psy·cho·ge·ri·at·rics /saɪkoʊdʒeriætrɪks/ [niet-telb zn] psychogeriatrie
psy·cho·graph /saɪkoʊɡrɑːf, ᴬ-ɡræf/ [telb zn] ⟨spiritisme⟩ psychograaf ⟨schrijfapparaat waar geesten gebruik van maken⟩
psy·cho·ki·ne·sis /saɪkoʊkɪniːsɪs, -kaɪ-/ [niet-telb zn] psychokinese
psychol [afk] 1 ⟨psychological⟩ 2 ⟨psychologist⟩ 3 ⟨psychology⟩
psy·cho·lin·guis·tics /saɪkoʊlɪŋɡwɪstɪks/ [niet-telb zn] ⟨taalk⟩ psycholinguïstiek, taalpsychologie
psy·cho·log·i·cal /saɪkəlɒdʒɪkl, ᴬ-lɑ-/, **psy·cho·log·ic** /-lɒdʒɪk, ᴬ-lɑ-/ [bn; bw: ~ly] 1 psychologisch, m.b.t. de psychologie 2 psychologisch, psychisch ♦ *the psychological moment* het psychologische moment, het juiste ogenblik; *psychological warfare* psychologische oorlogvoering

psychological, psychic, physical	1/2
psychisch	psychological
	mental
	emotional
psychiater	psychiatrist
psychologisch	psychological
psycholoog	psychologist
fysiek	physical
helderziend	psychic

psy·chol·o·gism /saɪkɒlədʒɪzm, ᴬ-kɑ-/ [niet-telb zn] psychologisme
psy·chol·o·gist /saɪkɒlədʒɪst, ᴬ-kɑ-/ [telb zn] psycholoog
¹**psy·chol·o·gize** /saɪkɒlədʒaɪz, ᴬ-kɑ-/ [onov ww] 1 een psychologisch onderzoek doen 2 psychologiseren, speculeren over psychologische factoren
²**psy·chol·o·gize** /saɪkɒlədʒaɪz, ᴬ-kɑ-/ [ov ww] psychologiseren, psychologisch verklaren

psychological, psychic, physical	2/2

- psychische klachten: *psychological complaints*
- fysieke / lichamelijke klachten: *physical complaints*
- psychisch gestoord: *mentally disturbed*
- uw hoofdpijn is psychisch, niet lichamelijk: *your headaches are emotional rather than physical*
- pas op met het Engelse woord mental; dat kan namelijk ook niet goed bij het hoofd of doorgedraaid betekenen: *he went completely mental when I told him*
- het Engelse woord psychic betekent helderziend; *we went to see a psychic after our daughter disappeared*

¹**psy·chol·o·gy** /saɪkɒlədʒi, ᴬ-kɑ-/ [telb zn] 1 tak/school der psychologie 2 psychologisch artikel, psychologische

psychology

verhandeling ③ karakter, aard, psyche
²**psy·chol·o·gy** /saɪkplədʒi, ᴬ-kɑ-/ [telb zn] ① psychologie, wetenschap der psychologie ② psychologische benadering, tactiek ③ ⟨inf⟩ mensenkennis
psy·cho·met·ric /saɪkoʊmetrɪk/, **psy·cho·met·ri·cal** /-ɪkl/ [bn; bw: ~ally] ⟨psych⟩ psychometrisch
psy·cho·met·rics /saɪkoʊmetrɪks/ [niet-telb zn] ⟨psych⟩ psychometrie
psy·chom·e·try /saɪkɒmɪtri, ᴬ-kɑ-/ [niet-telb zn] ⟨psych⟩ psychometrie, ⟨ook⟩ parapsychologie, psychoscopie, helderziendheid
psy·cho·mo·tor /saɪkoʊmoʊtə, ᴬ-moʊtər/ [bn] ⟨psych⟩ psychomotorisch
psy·cho·neu·ro·sis /saɪkoʊnjʊroʊsɪs, ᴬ-nʊ-/ [telb zn; mv: psychoneuroses /-siːz/] psychoneurose
psy·cho·path /saɪkəpæθ/ [telb zn] psychopaat, geestelijk gestoorde
psy·cho·phar·ma·col·o·gy /saɪkoʊfɑːməkplədʒi, ᴬ-farməkɑlədʒi/ [niet-telb zn] psychofarmacologie
psy·cho·sis /saɪkoʊsɪs/ [telb zn; mv: psychoses /-siːz/] ⟨psych⟩ psychose
psy·cho·so·mat·ic /saɪkoʊsəmætɪk/ [bn; bw: ~ally] ⟨med⟩ psychosomatisch
psy·cho·sur·ger·y /saɪkoʊsɜːdʒəri, ᴬ-sɜr-/ [niet-telb zn] ⟨psychiatrie⟩ hersenchirurgie, ⟨i.h.b.⟩ lobotomie
psy·cho·tech·nics /saɪkoʊtekniks/ [niet-telb zn] psychotechniek, toegepaste psychologie
psy·cho·ther·a·pist /saɪkoʊθerəpɪst/ [telb zn] psychotherapeut(e)
psy·cho·ther·a·py /saɪkoʊθerəpi/ [telb + niet-telb zn] psychotherapie
psy·chot·ic /saɪkɒtɪk, ᴬsaɪkɑtɪk/ [bn; bw: ~ally] psychotisch
psy·cho·trop·ic /saɪkoʊtrɒpɪk, ᴬ-troʊ-/ [bn] psychotroop, met een psychische uitwerking
¹**psych out, psyche out** [onov ww] ⟨vnl AE; inf⟩ in de war raken, zijn zelfbeheersing verliezen, flippen
²**psych out, psyche out** [ov ww] ⟨vnl AE; inf⟩ ① uitdenken, uitpluizen, analyseren, hoogte krijgen van ② doorkrijgen, inzien, begrijpen ♦ *I couldn't psych him out* ik kon er niet achter komen wat hij voor iemand was ③ intimideren, de baas zijn, overwinnen
psy·chrom·e·ter /saɪkrɒmɪtə, ᴬ-krɑmɪtər/ [telb zn] psychrometer, vochtigheidsmeter
psy·chro·phil·ic /saɪkroʊfɪlɪk/ [bn] ⟨biol⟩ psychrofiel, koudeminnend ♦ *psychrophilic bacteria* psychrofiele bacteriën
psy·war /saɪwɔː, ᴬ-wɔr/ [telb zn] ⟨inf⟩ psychologische oorlog
pt [afk] ① (part) ② (payment) ③ (pint) ④ (point) ⑤ (port) ⑥ (preterit)
p-t [afk] (part-time)
PT, pt [afk] ① (Pacific Time) ② (physical therapy) ③ (physical training) ④ (Postal Telegraph) **PTT** ⑤ (pro tempore) p.t.
pta [afk] (peseta) pta
PTA [afk] (Parent-Teachers Association)
ptar·mi·gan /tɑːmɪɡən, ᴬtɑr-/ [telb zn] ⟨dierk⟩ alpensneeuwhoen ⟨genus Lagopus⟩
P.T. boat [telb zn] ⟨mil⟩ motortorpedoboot
Pte [afk] (Private (soldier))
pter·i·dol·o·gist /terɪdplədʒɪst, ᴬ-dɑ-/ [telb zn] ⟨plantk⟩ varenkenner, specialist in varens
pter·i·dol·o·gy /terɪdplədʒi, ᴬ-dɑ-/ [niet-telb zn] ⟨plantk⟩ leer der varens ⟨Pteridofyten⟩
pte·rid·o·phyte /terɪdəfaɪt, ᴬtərɪdə-/ [telb zn] ⟨plantk⟩ varenachtige ⟨Pteridofyt⟩
pter·o- /teroʊ/, **pter-** /ter/ ptero-, vleugel-, gevleugeld ♦ *pterosaur* pterosaurus
pter·o·dac·tyl /terədæktɪl/ [telb zn] ⟨dierk⟩ pterodactylus ⟨prehistorisch vliegend reptiel⟩
pter·o·pod /terəpɒd, ᴬ-pɑd/ [telb zn] ⟨dierk⟩ vleugelslak ⟨Pteropoda⟩
pter·o·saur /terəsɔː, ᴬ-sɔr-/ [telb zn] ⟨dierk⟩ pterosaurus ⟨prehistorisch reptiel⟩
pter·y·goid /terɪɡɔɪd/, **pter·y·goi·dal** /-ɡɔɪdl/ [bn] ⟨med⟩ pterigoïde, vleugelvormig ♦ *pterygoid process* zeefbeen
ptg [afk] (printing)
ptis·an /tɪzæn, tɪzn/ [telb zn] geneeskrachtig aftreksel, ⟨i.h.b.⟩ gerstewater
PTO, pto [afk] (please turn over) z.o.z.
Ptol·e·ma·ic /tɒlɪmeɪɪk, ᴬtɑ-/ [bn] ① ⟨astron⟩ ptolemeïsch, van Ptolemeus ♦ *the Ptolemaic system* het ptolemeïsch gesternte ② ⟨gesch⟩ ptolemeïsch, van de Ptolemeeën
pto·maine, pto·main /toʊmeɪn/ [niet-telb zn] ptomaïne, ⟨onder meer⟩ lijkengif
ptomaine poisoning [telb + niet-telb zn] ⟨vero; med⟩ voedselvergiftiging
pto·sis /toʊsɪs/ [telb zn; mv: ptoses /-siːz/] ⟨med⟩ ptose, verzakking, ⟨i.h.b.⟩ uitzakking van het bovenste ooglid
PTSD [afk] (post-traumatic stress disorder)
Pty [afk] (proprietary)
pty·a·lin /taɪəlɪn/ [niet-telb zn] ⟨biochem⟩ ptyalase, ptyaline, speekselenzym
¹**pub** /pʌb/ [telb zn] ⟨BE⟩ (verk: public house) café, bar, pub, kroeg
²**pub** [afk] ① (publicity) ② (publisher)
¹**pub-crawl** [telb zn] ⟨BE; inf⟩ kroegentocht
²**pub-crawl** [onov ww] ⟨BE; inf⟩ een kroegentocht maken/houden
pu·ber·tal /pjuːbətl, ᴬ-bərtl/ [bn] puberteits-, m.b.t. de puberteit
pu·ber·ty /pjuːbəti, ᴬ-bərti/ [niet-telb zn] puberteit
pu·bes /pjuːbiːz/ [telb zn; mv: pubes /-biːz/] ⟨anat⟩ ① schaamstreek ② schaamhaar
pu·bes·cence /pjuːbesns/ [niet-telb zn] ① ⟨biol⟩ pubescentie, beharing ② begin van de puberteit
pu·bes·cent /pjuːbesnt/ [bn] ① ⟨biol⟩ pubescent, behaard, donzig ② in de puberteit
pu·bic /pjuːbɪk/ [bn] ⟨med⟩ m.b.t. de onderbuik, m.b.t. de schaamstreek, schaam-
pu·bis /pjuːbɪs/ [telb zn; mv: pubes /-biːz/] ⟨anat⟩ schaambeen
publ [afk] ① (publication) ② (published) ③ (publisher)
¹**pub·lic** /pʌblɪk/ [telb zn] ⟨BE; inf⟩ café, bar, pub
²**pub·lic** /pʌblɪk/ [verzameln] ① publiek, mensen ♦ *in public* in het openbaar; *the public* de mensen, de gemeenschap, het publiek, de toeschouwers, de toehoorders ② publiek, geïnteresseerden, bewonderaars
³**pub·lic** /pʌblɪk/ [bn; zn: ~ness] ① openbaar, publiek, voor iedereen toegankelijk ♦ *public access (to)* openbare toegang (tot); *public auction* openbare verkoping; *public bar* public bar ⟨zaaltje in Brits café met goedkoop bier; voornamelijk door mannen bezocht⟩; ⟨BE⟩ *public company* open nv; ⟨BE; ec⟩ *public limited company* publieke/openbare naamloze vennootschap, nv; ⟨BE⟩ *public convenience* openbaar toilet; *in the public domain* in openbaar bezit, voor iedereen beschikbaar; ⟨i.h.b.⟩ zonder copyright/octrooi; *public footpath* voetpad, wandelpad; openbare wandelroute; *go public* ⟨ec⟩ een open nv worden; ⟨alg⟩ openbaar maken, bekendmaken; *public house* ⟨BE⟩ café, bar, pub; ⟨AE⟩ hotel, herberg; *public library* openbare bibliotheek; *public property* gemeengoed; ⟨boek⟩ *public lending right* leenrecht; *public speaking* spreken in het openbaar, redenaarskunst; *public television* publieke omroep ⟨in USA⟩; *public transport* openbaar vervoer; *public utility* nutsbedrijf, energiebedrijf, waterleidingbedrijf ② openbaar, publiek, algemeen bekend, voor iedereen zichtbaar

♦ *public address system* omroepinstallatie, geluidsinstallatie, microfoons en luidsprekers; *in the public eye* in de openbaarheid/belangstelling; *public figure* bekende figuur, persoonlijkheid; *make public* openbaar maken, bekendmaken; *public relations* (bevordering van de) goede verstandhouding met het publiek, public relations ③ ⟨BE⟩ universitair, van de gehele universiteit ⟨niet van een enkel college⟩; ▸ *public worship* eredienst, kerkdienst

⁴**pub·lic** /pʌblɪk/ [bn, attr; zn: ~ness] ① **algemeen,** gemeenschaps-, nationaal, maatschappelijk ♦ ⟨jur⟩ *public act/bill* publiekrechtelijke wet, verordening; *public enemy* gevaar voor de gemeenschap, gevaarlijke misdadiger; *public health* volksgezondheid; *public holiday* nationale feestdag, vrije dag; *public interest* de publieke zaak, het algemeen belang; ⟨jur⟩ *public law* publiekrecht, volkenrecht, publiekrechtelijke wet; ⟨jur⟩ *public libel* publicatie van smadelijke (valse) aantijging; *public nuisance* ⟨jur⟩ verstoring van de openbare orde; ⟨inf⟩ ellendeling, plaag, oproerkraaier; *public opinion* openbare mening, publieke opinie; ⟨BE⟩ *public school* particuliere kostschool; ⟨SchE, AE⟩ gesubsidieerde lagere school; *public service (corporation)* nutsbedrijf; *public spirit* burgerzin, sociale instelling ⟨van iemand⟩; *public works* publieke werken, openbare werken; *public wrong* misdaad/onrecht jegens de gemeenschap ② **overheids-**, regerings-, publiek-, staats- ♦ *public assistance* sociale steun, uitkering; *public corporation* overheidsbedrijf, openbaar bedrijf; ⟨AE⟩ *public debt* overheidsschuld; ⟨AE⟩ *public defender* pro-Deoadvocaat; ⟨AE⟩ *public domain* staatsdomein; *public enterprise* staatsonderneming, overheidsonderneming; *public expenditure* overheidsuitgaven; *public funding/funds* overheidssubsidie; ⟨AE⟩ *public housing* staatswoningen, ± woningwetwoningen, ± sociale woningbouw; *public inquiry* algemeen/openbaar onderzoek; *public ownership* staatseigendom; ⟨jur⟩ *director of public prosecutions,* ⟨jur⟩ *public prosecutor* openbare aanklager; *public purse* (de/'s lands) schatkist; *Public Record (Office)* rijksarchief; *public sector* openbare sector; *public servant* rijksambtenaar, overheidsambtenaar; *public service* rijksdienst, staatsdienst, overheidsdienst; *public spending* overheidsuitgaven; ⟨BE⟩ *Public Trustee* ± staatsexecuteur-testamentair, rijksexecuteur-testamentair

⁵**pub·lic** /pʌblɪk/ [bn, postnom; zn: ~ness] ▸ *notary public* notaris

public access channel [telb zn] **openbaar kabeltelevisiekanaal** ⟨in USA⟩

pub·li·can /pʌblɪkən/ [telb zn] ① **ontvanger der belastingen** ② ⟨BE⟩ **caféhouder** ③ ⟨Romeinse gesch; Nieuwe Testament⟩ **tollenaar**

¹**pub·li·ca·tion** /pʌblɪkeɪʃn/ [telb + niet-telb zn] ⟨boek⟩ **uitgave,** publicatie, boek, artikel

²**pub·li·ca·tion** /pʌblɪkeɪʃn/ [niet-telb zn] **het publiceren,** publicatie, bekendmaking

pub·li·cise, pub·li·cize /pʌblɪsaɪz/ [onov ww] **bekendmaken,** ruchtbaarheid geven aan, adverteren, reclame maken voor ♦ *a widely publicised bankruptcy* een geruchtmakend bankroet

pub·li·cist /pʌblɪsɪst/ [telb zn] ① **specialist in internationaal recht** ② **dagbladjournalist,** politiek commentator ③ **publiciteitsagent**

pub·lic·i·ty /pʌblɪsəti/ [niet-telb zn] ① **publiciteit,** bekendheid, openbaarheid ♦ *avoid publicity* (de) publiciteit vermijden ② **publiciteit,** ruchtbaarheid, het bekendmaken, het adverteren, reclame ♦ *the case has never been given much publicity* er is nooit veel ruchtbaarheid aan het geval gegeven ③ **openbaarheid,** toegankelijkheid, openheid

publicity agent [telb zn] ⟨dram, film, muz⟩ **publiciteitsagent**

pub·lic·ly /pʌblɪkli/ [bw] ① → **public³** ② **openlijk,** in het openbaar, publiekelijk ③ **nationaal,** voor/door de gemeenschap, ⟨i.h.b.⟩ van rijks/overheidswege

pub·lic-pri·vate [bn, attr] **publiek-privaat** ♦ *public-private partnership* publiek-private samenwerking

public relations exercise [telb zn] **publiciteitsstunt,** reclame om eigen populariteit te vergroten/voor eigen promotie

public relations officer [telb zn] **public relations officer,** perschef, voorlichtingsambtenaar, ⟨mil⟩ officier van de voorlichtingsdienst

public service announcement [telb zn] ⟨vnl AE⟩ **mededeling van de overheid,** bericht van overheidswege

public service job [telb zn] **overheidsbaan**

pub·lic-spir·it·ed [bn; zn: public-spiritedness] **maatschappelijk/sociaal gezind,** gericht op de gemeenschap

¹**pub·lish** /pʌblɪʃ/ [onov ww] ⟨boek⟩ **publiceren,** schrijven, schrijver zijn; → **publishing**

²**pub·lish** /pʌblɪʃ/ [onov + ov ww] ⟨boek⟩ **uitgeven,** publiceren, een werk/aflevering uitgeven ♦ *I would never publish for him* ik zou zijn werk nooit willen uitgeven; *The Times hasn't (been) published for over a year* de Times is langer dan een jaar niet uitgekomen; → **publishing**

³**pub·lish** /pʌblɪʃ/ [ov ww] ① **bekendmaken,** openbaar maken, aankondigen, afkondigen ② ⟨jur⟩ **openbaar maken aan derde,** ruchtbaar maken ⟨bij laster/smaad⟩; → **publishing**

pub·lish·a·ble /pʌblɪʃəbl/ [bn] **geschikt voor publicatie,** publicabel

pub·lish·er /pʌblɪʃə, ^-ər/ [telb zn] ⟨boek⟩ ① **uitgever,** uitgeverij ② ⟨AE⟩ **eigenaar van krant/tijdschrift**

pub·lish·ing /pʌblɪʃɪŋ/ [niet-telb zn; oorspronkelijk tegenwoordig deelw van publish] ⟨boek⟩ **het uitgeversbedrijf**

publishing house [telb zn] ⟨boek⟩ **uitgeversbedrijf,** uitgeverij

pub·lish·ment /pʌblɪʃmənt/ [telb zn] ⟨AE⟩ **huwelijksafkondiging**

PUC [afk] (Public Utilities Commission)

puc·coon /pəkuːn/ [telb zn] ⟨plantk⟩ **bloedwortel** ⟨Sanguinaria canadensis⟩

puce /pjuːs/ [niet-telb zn; voornamelijk attributief] **puce,** vlokleurig, paarsbruin

puck /pʌk/ [telb zn; in bet 1 en bet 2 ook Puck] ① **boosaardige elf** ② **ondeugend kind,** plaaggeest ③ ⟨ijshockey⟩ **puck**

pucka [bn] → **pukka**

¹**puck·er** /pʌkə, ^-ər/ [telb zn] **vouw,** plooi, rimpel

²**puck·er** /pʌkə, ^-ər/ [onov ww] **rimpelig worden,** samentrekken, zich plooien ♦ *the seam puckers at the back* de naad trekt aan de achterkant

³**puck·er** /pʌkə, ^-ər/ [ov ww] **samentrekken,** plooien, rimpelen, fronsen, vouwen ♦ *she used to pucker up her eyes in a very funny way* ze kneep altijd haar ogen zo gek dicht

puck·er·ass·ed, puck·er [bn] ⟨sl⟩ **schijterig,** strontbang

puck·ish /pʌkɪʃ/ [bn; bw: ~ly] **plagerig,** ondeugend, boosaardig

¹**pud** /pʌd/ [telb zn] ① **handje,** kinderhandje ② **voorpoot**

²**pud** /pʊd/ [telb + niet-telb zn] ⟨inf⟩ ⟨verk: pudding⟩ **pudding,** toetje

pud·den head /pʊdnhed/ [telb zn] ⟨inf⟩ **oelewapper**

pud·ding /pʊdɪŋ/, ⟨in betekenis 6 ook⟩ **pud·den·ing** /pʊdn·ɪŋ/ [telb + niet-telb zn] ① **pudding** ⟨ook figuurlijk, bijvoorbeeld van mens⟩, pastei ⟨met graan en/of vlees⟩ ② **pudding** ⟨zoet, met melk/fruit⟩, dessert, toetje, nagerecht ③ **worst** ④ ⟨inf⟩ **brij,** blubber, weke massa ⑤ ⟨BE; inf⟩ **(stomme) dikzak,** vetkees, papzak ⑥ ⟨scheepv⟩ **roering,** bewoeling, omwoeling ▸ ⟨BE; inf⟩ *overegg the pudding* te hard van stapel lopen, te ver gaan, het te gek maken; ⟨sprw⟩ *the proof of the pudding is in the eating* ± in de praktijk zal blijken of het goed is

pudding basin

> **pudding**
> · het Engelse woord pudding betekent meestal *toetje* (mum, what's for pudding?)
> · het kan ook gewoon *pudding* betekenen (chipolata pudding)
> · soms wordt een hartig mengsel met vlees bedoeld (lamb pudding)
> · black pudding is *bloedworst*

pudding basin [telb zn] puddingvorm, puddingkom ⟨in het bijzonder voor Christmas pudding⟩
pud·ding-cloth [telb zn] ⟨cul⟩ puddingzak
pudding club [niet-telb zn] ▯ ⟨sl⟩ *be in the pudding club* met een dikke buik lopen, zwanger zijn
pud·ding-face [telb zn] dikke kop, blotebillengezicht
pud·ding-head [telb zn] oelewapper, domkop
pud·ding-pie [telb zn] vleespastei
pud·ding-stone [niet-telb zn] ⟨geol⟩ puddingsteen, conglomeraat
¹**pud·dle** /pʌdl/ [telb zn] plas, poel, modderpoel
²**pud·dle** /pʌdl/ [niet-telb zn] ⟨wwb⟩ vulklei, kleimengsel ⟨voor versteviging van oever⟩
³**pud·dle** /pʌdl/ [onov ww] ▯ knoeien ⟨ook figuurlijk⟩, plassen, ploeteren, modderen ▮ ⟨wwb⟩ vulklei maken
⁴**pud·dle** /pʌdl/ [ov ww] ▯ troebel/modderig maken ▮ ⟨wwb⟩ tot vulklei maken ▯ ⟨wwb⟩ met vulklei verstevigen ▯ ⟨ind⟩ puddelen, frissen, ruw ijzer bewerken in puddeloven
pud·dler /pʌdlə, ᴬ-ər/ [telb zn] ⟨ind⟩ puddelaar, bewerker van ruw ijzer
pud·dly /pʌdli/ [bn] vol plassen
pu·den·cy /pjuːdnsi/ [niet-telb zn] kuisheid, schroomvalligheid, bedeesdheid
pu·den·dal /pjuːdendl/ [bn] ⟨anat⟩ van de pudenda, van/m.b.t. de uitwendige geslachtsorganen
pu·den·dum /pjuːdendəm/ [telb zn; voornamelijk mv; mv: pudenda /-də/] ⟨anat⟩ pudenda, uitwendige geslachtsorganen ⟨in het bijzonder van de vrouw⟩
pudge /pʌdʒ/, **podge** /pɒdʒ, ᴬpɑdʒ/ [telb zn] ⟨inf⟩ ▯ dikkerd, kamerolifantje ▮ iets diks/gedrongens
pudg·y /pʌdʒi/, **podg·y** /pɒdʒi, ᴬpɑ-/, **pud·sy** /pʌdzi/ [bn; bw: pudgily; zn: pudginess; bw: podgily; zn: podginess; bw: pudsily; zn: pudsiness] kort en dik, mollig, gedrongen
pu·dic /pjuːdɪk/ [bn] m.b.t. de uitwendige geslachtsorganen
pu·dic·i·ty /pjuːdɪsəti/ [niet-telb zn] pudeur, kuisheid, schroomvalligheid, bedeesdheid
pueb·lo /pweblou/ [telb zn] ▯ pueblo, indiaans dorp ⟨in het zuidwesten van de USA⟩ ▮ pueblo, indiaanse nederzetting ⟨in de vorm van opeengestapelde woningen⟩
Pueb·lo /pweblou/ [telb zn] bewoner van indiaanse nederzetting ⟨in het zuidwesten van de USA⟩
pu·er·ile /pjʊəraɪl, ᴬpjʊrəl/ [bn; bw: ~ly; zn: ~ness] ▯ kinder-, kinderlijk ♦ ⟨med⟩ *puerile breathing* pueriele ademhaling ▮ kinderachtig, onvolwassen, infantiel
¹**pu·er·il·i·ty** /pjʊəˈrɪləti, ᴬpjʊˈrɪləti/ [telb zn] kinderlijke gedraging, kinderachtigheid
²**pu·er·il·i·ty** /pjʊəˈrɪləti, ᴬpjʊˈrɪləti/ [niet-telb zn] ▯ kindertijd, kinderleeftijd ⟨in het bijzonder leeftijdsgrenzen in de kinderrechtspraak⟩ ▮ kinderachtigheid, onvolwassenheid
pu·er·per·al /pjuːɜːprəl, ᴬ-ɜːr-/ [bn] ⟨med⟩ puerperaal, kraamvrouwen- ♦ *puerperal fever* kraamvrouwenkoorts
¹**Puer·to Ri·can** /pwɛətuːrɪːkən, ᴬpwɛrtuːrɪːkən, ᴬpɔːrtuːrɪːkən/ [bn] Porto Ricaan(se)
²**Puer·to Ri·can** /pwɛətuːrɪːkən, ᴬpwɛrtuːrɪːkən, ᴬpɔːrtuːrɪːkən/ [bn] Porto Ricaans, uit/van Porto Rico
Puer·to Ri·co /pwɛətuːrɪːkou, ᴬpwɛrtuːrɪːkou, ᴬpɔːrtuːrɪːkou/ [eigenn] Porto Rico

> **Puerto Rico**
> | | |
> |---|---|
> | naam | Puerto Rico *Porto Rico* |
> | officiële naam | Commonwealth of Puerto Rico *Gemenebest Porto Rico* |
> | inwoner | Puerto Rican *Porto Ricaan* |
> | inwoonster | Puerto Rican *Porto Ricaanse* |
> | bijv. naamw. | Puerto Rican *Porto Ricaans* |
> | hoofdstad | San Juan *San Juan* |
> | munt | US dollar *Amerikaanse dollar* |
> | werelddeel | America *Amerika* |
>
> int. toegangsnummer 1 www .pr auto PR

¹**puff** /pʌf/ [telb zn] ▯ ademstoot, puf ♦ ⟨inf⟩ *have no puff left* buiten adem zijn ▮ windstoot ▯ rookwolk, dampwolk ▯ trek, haal, puf ⟨aan sigaret e.d.⟩ ▯ puf, puffend geluid ▯ bolling, ronding, wolkige massa ♦ *wear one's hair in a puff* het haar los opgestoken/in een dikke losse wrong dragen; *sleeves with puffs* pofmouwen, mouwen met poffen ▯ dons, poederdons ▯ gebak van bladerdeeg ▯ loftuiting, overdreven aanbeveling ▯ stuifzwam ▯ ⟨AE⟩ donzen dekbed ▯ ⟨sl⟩ gratis reclame
²**puff** /pʌf/ [onov ww] ▯ puffen, hijgen, blazen ♦ *they puffed along noisily* hijgend en blazend zwoegden ze verder; *puff and blow, puff and pant* puffen en hijgen; *he puffed up the stairs* hij klom hijgend de trap op ▮ roken, trekken, zuigen, dampen ♦ *puff at/on a cigarette* een sigaret roken, een trek nemen van een sigaret; *she puffed greedily away at her cigarette* ze zat gulzig aan haar sigaret te zuigen ▯ puffen, in wolkjes uitgestoten worden, wolken ♦ *smoke puffed up from the chimneys* de schoorstenen stootten rookwolken uit ▯ puffen, blazen, rook/damp uitstoten ♦ *the engine puffed into the station* de locomotief pufte het station binnen ▯ opzwellen, zich opblazen ♦ *puff out* zich opblazen ▯ de prijs opjagen ⟨bij veiling⟩
³**puff** /pʌf/ [ov ww] ▯ uitblazen, uitstoten, uitbrengen ♦ *puff smoke into s.o.'s eyes* iemand rook in de ogen blazen ▮ blazen, wegblazen ♦ *puff out a candle* een kaars uitblazen ▯ roken, trekken ⟨aan sigaret, e.d.⟩ ▯ opblazen, doen opzwellen, doen uitzetten ♦ *puff one's chest out* een hoge borst zetten; *puffed up with pride* verwaand, opgeblazen; *puffed-out hair* dik/volumineus opgemaakt haar ▯ buiten adem brengen ♦ *be puffed* buiten adem zijn; *climbing the hill quite puffed us out* we waren helemaal buiten adem toen we de heuvel hadden beklommen ▯ met een poederdons aanbrengen, poederen ▯ uitbundig aanprijzen, overdreven reclame maken voor
puff-ad·der [telb zn] ⟨dierk⟩ ▯ pofadder ⟨Bitis arietans⟩ ▮ haakneusslang ⟨Heterodon⟩
puff·ball [telb zn] ⟨plantk⟩ ▯ stuifzwam ⟨Lycoperdaceae⟩ ▮ pluis van de paardenbloem
puff-box [telb zn] poederdoos
puff·er /pʌfə, ᴬ-ər/ [telb zn] ▯ iemand die puft/blaast/rook uitblaast, paffer ▮ vleier, propagandist ▯ ⟨kind⟩ pufpuf, treintje, stoombootje ▯ ⟨dierk⟩ kogelvis ⟨Tetraodontidae⟩, ⟨i.h.b.⟩ egelvis ⟨Diodontidae⟩ ▯ ⟨sl⟩ tikker, hart
puff·er·y /pʌfri/ [niet-telb zn] snoevende reclame, overdreven aanprijzing
puf·fin /pʌfɪn/ [telb zn] ⟨dierk⟩ papegaaiduiker ⟨Fratercula/Lunda⟩
puff pastry [niet-telb zn] ⟨cul⟩ feuilleteedeeg, bladerdeeg
puff-puff [telb zn] ⟨kind⟩ pufpuf, trein(tje)
puff·y /pʌfi/ [bn; vergr trap: puffier; bw: puffily; zn: puffiness] ▯ opgezet, gezwollen ▮ opgeblazen, corpulent ▯ verwaand, opgeblazen
¹**pug** /pʌg/ [telb zn] ▯ mopshond ▮ ⟨IndE; jacht⟩ voetspoor, prent ▯ vos, reintje ▯ ⟨sl⟩ (verk: pugilist) pugilist,

vuistvechter, bokser ⟨5⟩ ⟨sl⟩ ⟨verk: pugilist⟩ **vechtjas,** beer

²**pug** /pʌg/ [niet-telb zn] ⟨1⟩ **klei,** kleimengsel voor baksteen/keramiek ⟨2⟩ **geluiddempend mengsel**

³**pug** /pʌg/ [ov ww] ⟨1⟩ **mengen** ⟨klei⟩ ⟨2⟩ **opvullen met geluiddempend materiaal;** → **pugging**

pug·a·ree, pug·ga·ree /pʌgəri/, **pug·ree, pug·gree** /pʌgri/ [telb zn] ⟨IndE⟩ ⟨1⟩ **lichte Indiase tulband** ⟨2⟩ **dunne sjaal** ⟨tegen de zon, om hoed of tropenhelm gewonden⟩

pug·ging /pʌgɪŋ/ [niet-telb zn; oorspronkelijk tegenwoordig deelw van pug] **geluiddempend materiaal**

pug·gy /pʌgi/ [bn] ⟨1⟩ **ondeugend** ⟨2⟩ **stomp** ⟨van neus⟩

pug·i·lism /pjuːdʒɪlɪzm/ [niet-telb zn] ⟨form; sport⟩ **pugilistiek,** het vuistvechten, bokssport

pu·gi·list /pjuːdʒɪlɪst/ [telb zn] ⟨form; sport⟩ **pugilist,** vuistvechter, bokser

pu·gi·lis·tic /pjuːdʒɪlɪstɪk/ [bn; bw: ~ally] ⟨form; sport⟩ **pugilistisch**

pug mill [telb zn] ⟨ind⟩ **kleimolen,** cementmolen, betonmolen, kneedmachine

pug·na·cious /pʌgneɪʃəs/ [bn; bw: ~ly; zn: ~ness] **strijdlustig,** vechtlustig

pug·nac·i·ty /pʌgnæsəti/ [niet-telb zn] **strijdlustigheid**

pug nose [telb zn] **mopsneus,** stompe neus

puis·ne /pjuːni/ [bn] ⟨jur⟩ **ondergeschikt,** subaltern ♦ *puisne judge* subalterne rechter

¹**puis·sance** /pjuːɪsns, pwiːsɑːns/ [telb zn] ⟨paardsp⟩ **puissance** ⟨wedstrijd met steeds minder maar steeds hogere hindernissen⟩

²**puis·sance** /pjuːɪsns, pwiːsɑːns/ [niet-telb zn] ⟨vero⟩ **(grote) macht,** invloed, kracht

puis·sant /pjuːɪsnt, pwiːsnt/ [bn; bw: ~ly] ⟨vero⟩ **machtig,** invloedrijk, sterk

pu·ja, poo·ja /puːdʒə/ [telb zn] **pooja** ⟨religie hindoeriete⟩

¹**puke** /pjuːk/ [niet-telb zn] ⟨inf⟩ ⟨1⟩ **braaksel,** kots, overgeefsel ⟨2⟩ **kwal,** etter

²**puke** /pjuːk/ [onov + ov ww] ⟨inf⟩ **overgeven,** (uit)braken, kotsen ♦ *it makes me puke* ik word er kotsmisselijk van

puk·ey, puk·y /pjuːki/ [bn] ⟨sl⟩ **walgelijk,** akelig

puk·ka, puk·kah, puck·a /pʌkə/ [bn] ⟨IndE⟩ ⟨1⟩ **echt,** authentiek ⟨2⟩ **prima,** uitstekend, van superieure kwaliteit ⟨3⟩ **massief,** solide

pul·chri·tude /pʌlkrɪtjuːd, ᴬ-tuːd/ [niet-telb zn] ⟨form⟩ **schoonheid** ⟨voornamelijk van vrouw⟩, knapheid

pul·chri·tu·di·nous /pʌlkrɪtjuːdɪnəs, ᴬ-tuːdnəs/ [bn] ⟨form⟩ **prachtig** ⟨voornamelijk van vrouw⟩, beeldschoon

pule /pjuːl/ [onov ww] **pruilen** ⟨van baby⟩, zachtjes/klaaglijk huilen, jengelen, blèren

¹**pull** /pʊl/ [telb zn] ⟨1⟩ **ruk,** trek, stoot, ⟨fig⟩ inspanning, moeite ♦ *it's a hard pull* het is een heel karwei; *a long pull across the hills* een hele klim over de heuvels; *a pull on the bridle* een ruk aan de teugel ⟨2⟩ **trekkracht** ⟨3⟩ **teug,** slok ⟨drank⟩, trek ⟨van sigaar⟩ ♦ *a pull at the cigarette* een trekje aan de sigaret; *a pull at the whisky bottle* een slok uit de whiskyfles ⟨4⟩ **(trek)knop,** trekker, handvat, kruk, hendel, koord ⟨5⟩ **roeitocht** ⟨6⟩ ⟨drukw⟩ **(nog niet gecorrigeerde) drukproef,** eerste proef ⟨7⟩ ⟨cricket⟩ **uithaal,** slag ⟨naar leg side van het veld⟩ ⟨8⟩ ⟨golf⟩ **pull** ⟨naar links afwijkende slag⟩ ⟨9⟩ **inteugeling,** intoming ⟨van renpaard⟩ ⟨10⟩ ⟨zwemsp⟩ **trekfase** ⟨van armen⟩

²**pull** /pʊl/ [telb + niet-telb zn] ⟨inf⟩ ⟨1⟩ **(oneerlijk) voordeel,** kruiwagen, protectie ♦ *have a pull over s.o.* iets op iemand voor hebben; *have a great deal of pull with s.o.* een wit voetje bij iemand hebben, in de gratie zijn bij iemand ⟨2⟩ **invloed,** macht ♦ *they have got the pull* zij maken de dienst uit, zij hebben het voor het zeggen; *have a pull on s.o.* invloed/macht over iemand hebben

³**pull** /pʊl/ [niet-telb zn] ⟨1⟩ **het trekken,** het rukken ⟨2⟩ **aantrekking(skracht)** ⟨vaak figuurlijk⟩ ♦ *the pull of an actress* de aantrekkingskracht van een actrice

⁴**pull** /pʊl/ [onov ww] ⟨1⟩ **trekken,** getrokken worden, plukken, rukken, (open)scheuren, een flinke teug nemen, diep inhaleren ♦ *this table pulls apart easily* deze tafel gaat gemakkelijk uit elkaar; *pull at/on a pipe* aan een pijp trekken; *pull at/on a bottle* een teug uit een fles nemen; *pull for beer* bier tappen; *the buttons pull on your coat* de knopen aan je jas trekken; *this horse pulls well* dit paard trekt goed; *push or pull?* duwen of trekken? ⟨2⟩ **zich moeizaam voortbewegen,** zich voortslepen ♦ *pull away from (s.o.)* terugdeinzen voor (iemand); zich losrukken van (iemand) ⟨3⟩ ⟨benaming voor⟩ **gaan** ⟨van voertuig, roeiboot⟩, gedreven/getrokken worden, roeien, rijden ♦ *the car pulled ahead of* de auto ging voor ons rijden, de auto passeerde ons; *the car pulled alongside ours* de auto kwam naast de onze rijden, de auto stopte naast de onze; *the bus pulled away* de bus reed weg/trok op; *pull, boys!* roeien, jongens!, doorgaan/doorvaren, jongens!; *pull for the shore* naar de kust varen; ⟨sport⟩ *pull away from* weglopen/wegrijden van, demarreren uit; *the train pulled into Bristol* de trein liep Bristol binnen; *the driver pulled out of his lane* de bestuurder verliet zijn rijbaan ⟨4⟩ **bewegen** ♦ *the handle doesn't pull easily* de hendel beweegt niet gemakkelijk ⟨5⟩ ⟨cricket⟩ **uithalen,** slaan ⟨naar leg side van het veld⟩ ⟨6⟩ ⟨golf⟩ **een pull slaan** ⟨7⟩ **(uit gewoonte) aan het bit trekken** ⟨van paard⟩ ⟨·⟩ zie: **pull back;** *pull for s.o.* iemand (aanmoedigend) toejuichen, voor iemand duimen, voor iemand ten beste spreken; *pull for sth.* ergens hard voor werken; ergens op hopen; zie: **pull in;** zie: **pull off;** zie: **pull out;** zie: **pull over;** zie: **pull round;** zie: **pull through;** zie: **pull together;** zie: **pull up;** *pull with s.o.* met iemand samenwerken

⁵**pull** /pʊl/ [ov ww] ⟨1⟩ **trekken (aan),** (uit)rukken, naar zich toetrekken, aantrekken, uit de grond trekken, tappen, zich verzekeren van, (eruit) halen ♦ *stop pulling me about/around* hou op met me heen en weer te trekken; ⟨fig⟩ *behandel me niet zo ruw;* *he pulled a flower apart* hij rukte een bloem uiteen; ⟨fig⟩ *he pulled my essay apart* hij liet geen spaan heel van mijn opstel; *the curtain was pulled aside* het gordijn werd opzijgeschoven; *he pulled her away from the fire* hij sleurde haar bij het vuur vandaan; *pull beer* bier tappen (uit een vat); *pull a cap over your ears* een muts over je oren trekken; *the horse pulls the cart* het paard trekt de wagen voort; *pull a chair up to the table* een stoel bijschuiven (aan tafel); *pull a cork* een kurk (uit de fles) trekken; *pull customers* klandizie trekken; *pull a sanctimonious face* een schijnheilig gezicht trekken; *he pulled a gun on her* hij richtte een geweer op haar; *pull a molar* een kies trekken; *pull on his shirt/shoes* zijn overhemd/schoenen aantrekken; *pull sth. to pieces* iets aan stukken scheuren/rijten, iets verscheuren ⟨van wild dier⟩; ⟨fig⟩ er niets van heel laten, iets zwaar bekritiseren; *pull s.o.'s sleeve* iemand aan zijn mouw trekken; *pull the trigger* de trekker overhalen; *the current pulled him under* de stroming sleurde hem mee; *pull votes* stemmen trekken/winnen/verkrijgen; ⟨fig⟩ *pull s.o. by the sleeve* iemand aan zijn mouw trekken ⟨2⟩ ⟨inf⟩ **bewerkstelligen,** bereiken, tot stand brengen, slagen in ♦ *what's this man trying to pull?* wat probeert deze man me te leveren?, wat voor een smerig spelletje speelt hij? ⟨3⟩ **drukken,** opdrukken, drukken op, trekken ⟨proeven⟩ ♦ *pull one thousand copies* duizend exemplaren drukken; *to pull a proof* een drukproef maken ⟨4⟩ **inhouden,** langzamer doen gaan, doen stoppen, beteugelen, intomen ⟨paard, ook opzettelijk om niet te winnen⟩; ook figuurlijk⟩, intrekken ⟨5⟩ **doen voortgaan,** voortbewegen, doen varen, roeien ♦ *this boat pulls six oars* deze boot wordt geroeid met zes riemen; *he pulls a good oar* hij is een goede roeier ⟨6⟩ ⟨cricket, honkb⟩ **(de bal) slaan** ⟨naar leg side van het veld⟩ ⟨7⟩ ⟨golf⟩ **met een pull slaan** ⟨8⟩ ⟨boksp⟩ **opzettelijk inhouden** ⟨9⟩ **verrekken** ⟨spier⟩, uitrekken ⟨toffee⟩

pullback

[10] ⟨vnl AE; sl⟩ (be)roven, overvallen, (be)stelen ♦ *pull £500* £500 roven; *pull a bank* een bank overvallen [11] ⟨sl⟩ arresteren [12] ⟨sl⟩ roken ⟨sigaret⟩ [13] ⟨BE; sl⟩ versieren ⟨meisje⟩ ▫ zie: **pull back**; zie: **pull down**; zie: **pull in**; zie: **pull off**; *pull the other one* maak dat een ander wijs; zie: **pull out**; zie: **pull over**; zie: **pull round**; zie: **pull through**; zie: **pull together**; zie: **pull up**; ⟨sprw⟩ *love your neighbour, yet pull not down your fence* ± het is goed een hek rond je erf te hebben, ± wel goede vrienden, maar op een afstand

¹**pull·back** [telb zn] [1] nadeel, rem, vertragende invloed [2] vermindering ⟨in waarde, prijs, niveau enz.⟩ ♦ *a pullback in the dollar* een prijsdaling van de dollar

²**pull·back** [telb + niet-telb zn] ⟨AE⟩ terugtrekking ⟨van troepen⟩, terugtrekkende beweging

¹**pull back** [onov ww] [1] (zich) terugtrekken, ⟨fig⟩ terugkrabbelen, geen woord houden ♦ *the batalion pulled back* het bataljon trok zich terug [2] bezuinigen, minder geld gaan uitgeven

²**pull back** [ov ww] (doen) terugtrekken ♦ *the commander pulled some tanks back* de commandant liet enkele tanks terugtrekken

pull date [telb zn] uiterste verkoopdatum

pull down [ov ww] [1] naar beneden trekken [2] doen achteruitgaan, omlaaghalen, doen zakken ♦ *prices were pulled down* de prijzen werden omlaag gebracht; *this test pulled me down* deze test heeft mijn cijfer omlaag gehaald [3] verzwakken, (doen) aftakelen ♦ *he looked pulled down* hij zag er bedrukt/neerslachtig uit; *this news pulled him/his spirits down* dit nieuws ontmoedigde hem [4] afbreken, slopen, vernietigen ⟨gebouwen⟩ [5] ⟨AE⟩ ⟨inf⟩ binnenhalen ♦ *pull down a lot of money* veel geld opstrijken ▫ ⟨sprw⟩ *love your neighbour, yet pull not down your fence* ± het is goed een hek rond je erf te hebben, ± wel goede vrienden, maar op een afstand

pull-down menu [telb zn] ⟨comp⟩ rolmenu

pull·er /pʊlə, ^-ər/ [telb zn] [1] trekker, optrekker, iemand die trekt [2] trekpleister [3] ⟨inf⟩ smokkelaar [4] ⟨sl⟩ hasjroker

pul·let /pʊlɪt/ [telb zn] jonge kip, ⟨vnl⟩ hennetje, beginnende legkip

¹**pul·ley** /pʊli/ [telb zn] [1] katrol [2] riemschijf, poelie

²**pul·ley** /pʊli/ [ov ww] [1] ophijsen, verplaatsen ⟨d.m.v. een katrol⟩ [2] voorzien van een katrol

pulley block [telb zn] katrolblok

pull-in [telb zn] rustplaats (voor automobilisten), pleisterplaats, ⟨BE⟩ vrachtrijderscafé

¹**pull in** [onov ww] [1] aankomen, binnenlopen, binnenvaren, gaan/komen naar [2] naar de kant gaan (en stoppen) ⟨van voertuig⟩

²**pull in** [ov ww] [1] ⟨inf⟩ binnenhalen ⟨geld⟩, opstrijken, bemachtigen, verdienen [2] aantrekken, aanlokken ♦ *this singer always pulls in many people* deze zanger trekt altijd veel mensen [3] inhouden, intomen ♦ *he pulled in his dog* hij hield zijn hond tegen/in; *pull in your stomach* houd je buik in [4] ⟨inf⟩ in zijn kraag grijpen ⟨bijvoorbeeld dief⟩, meenemen (ter ondervraging), inrekenen, arresteren ▫ *pull o.s. in* zijn buik in houden

Pull·man /pʊlmən/, ⟨in betekenissen 1 en 2 ook⟩ **Pullman car,** ⟨in betekenis 3 ook⟩ **Pullman coach** [telb zn] [1] pullman, comfortabele reiscoupé, salonwagen ⟨in trein⟩, luxueus spoorrijtuig [2] couchette, slaapwagen [3] comfortabele reisbus [4] grote reiskoffer

pull-off [telb zn] ⟨AE⟩ parkeerstrook ⟨langs weg⟩, rustplaats

¹**pull off** [onov ww] [1] naar de kant gaan (en stoppen) [2] wegrijden, optrekken [3] aftrekken, wegtrekken

²**pull off** [ov ww] [1] uittrekken, uitdoen, verwijderen [2] ⟨inf⟩ bereiken, slagen in, gaan strijken met, moedig/listig uitvoeren ♦ *pull off a deal* in een transactie slagen;

we've pulled it off! we hebben het klaargespeeld!, het is ons gelukt!; *pull off good things at the races* succesvol wedden bij de rennen

pull-on [bn, attr] nauwsluitend ⟨van kledingstukken⟩, precies passend

pull-out [telb zn] [1] uitneembare pagina/kaart, uitneembaar supplement [2] ⟨mil⟩ terugtrekking

¹**pull out** [onov ww] [1] (zich) terugtrekken, ⟨fig⟩ terugkrabbelen ♦ *pull out of politics* uit de politiek gaan [2] eruit gaan, verwijderd worden ♦ *this map pulls out easily* deze kaart is gemakkelijk uitneembaar [3] vertrekken, wegrijden, weggaan, optrekken, uitvaren ♦ *pull out of London* uit Londen vertrekken; ⟨inf⟩ *now please pull out* ga nu alsjeblieft weg [4] zich herstellen, erbovenop komen, terugkomen ♦ *he managed to pull out after all his trouble* hij slaagde erin er weer bovenop te komen na alle moeilijkheden [5] gaan inhalen, uithalen ♦ *the driver pulled out* de bestuurder verliet zijn baan

²**pull out** [ov ww] [1] terugtrekken, weghalen, bijtrekken ♦ *the diplomat was pulled out* de diplomaat werd teruggeroepen [2] verwijderen, (weg)nemen uit, uitdoen, uittrekken ♦ *pull out a molar* een kies trekken

pull·o·ver [telb zn] pullover, trui

¹**pull over** [onov ww] [1] opzijgaan, uit de weg gaan ♦ *please, pull over* ga alsjeblieft opzij [2] ⟨AE⟩ (naar de kant rijden en) stoppen ♦ *pull over at the side of the road* stoppen aan de kant van de weg

²**pull over** [ov ww] [1] naar de kant rijden/varen ♦ *can you pull me over?* kun je me overzetten/overvaren? [2] stoppen ⟨voertuig⟩

¹**pull round** [onov ww] [1] bijkomen, bij bewustzijn komen [2] zich herstellen, genezen

²**pull round** [ov ww] [1] rond doen draaien, omtrekken ♦ *the bow of the ship was pulled round* de boeg van het schip werd gedraaid [2] doen bijkomen, bij bewustzijn/kennis brengen [3] genezen, doen herstellen ♦ *the doctor pulled round the patient* de dokter sleepte de patiënt erdoor

pull tab [telb zn] lipje ⟨van blikje bier/cola e.d.⟩

pull-through [telb zn] ⟨vnl BE; mil⟩ schoonmaakkoord ⟨voor geweerloop⟩

¹**pull through** [onov ww] erdoor getrokken worden, erdoor komen, het halen ♦ *the patient pulls through* de patiënt komt erdoorheen; *the student will pull through* de student zal zich er wel doorheen slaan

²**pull through** [ov ww] [1] erdoor trekken, erdoor halen, doen genezen, laten slagen [2] ⟨mil⟩ schoonmaken ⟨geweerloop⟩

¹**pull together** [onov ww] [1] samentrekken [2] samenwerken, één lijn trekken

²**pull together** [ov ww] [1] (doen) samentrekken [2] verenigen, eenheid brengen (in), doen samenwerken ♦ *pull together a political party* een politieke partij weer tot een eenheid maken [3] reorganiseren, verbeteren, opknappen ♦ *pull together a department* een afdeling reorganiseren ▫ *pull yourself together* beheers je, kom tot jezelf, verman je

pul·lu·late /pʌljʊleɪt, ^-jə-/ [onov ww] [1] ontstaan, ontspruiten ⟨van loot/knop⟩, ontkiemen ⟨van zaad⟩, ⟨fig⟩ zich ontwikkelen ⟨van ideologie⟩, zich vormen, zich snel uitbreiden/verbreiden ♦ *pullulate with* overvloedig zijn in, vol zitten met, wemelen van [2] vol/talrijk zijn, krioelen, zwermen

pul·lu·la·tion /pʌljʊleɪʃn, ^-jə-/ [niet-telb zn] [1] het ontspruiten/ontstaan, ontspruiting, ontkieming, uitbreiding, verbreiding, ontwikkeling [2] het krioelen/zwermen

¹**pull up** [onov ww] [1] naar voren gaan, vorderingen maken, vooruit gaan, ophalen, gelijk komen ♦ *his horse pulled up with/to mine* zijn paard haalde het mijne bij/in [2] stoppen, stilhouden, (zich) inhouden ♦ *the car pulled up* de auto stopte; *please, pull up over there* wilt u daar stoppen?

²**pull up** [ov ww] ① uittrekken, uitrukken, bijtrekken ♦ *pull up a plant* een plant uittrekken (met wortel en al) ② omhoog halen, doen verbeteren, doen vooruitgaan ♦ *this test pulled me up a little* deze test trok mijn cijfer enigszins op/omhoog ③ (doen) stoppen, inhouden, neerzetten ♦ *pull up your car at the side* zet je auto aan de kant ④ tot de orde roepen, op zijn plaats zetten, een uitbrander geven ♦ *the chairman pulled the speaker up* de voorzitter riep de spreker tot de orde; *his voice pulled her up* zijn stem weerhield haar

pull-up [telb zn] ① ⟨BE⟩ rustplaats, pleisterplaats, wegrestaurant ② optrekoefening ⟨aan gymnastiekbalk⟩

pul·mo·nar·y /pʌlmənri, ᴬpʊlmənəri/, **pul·mon·ic** /pʌlmɒnɪk, ᴬpʊlmɑ-/ [bn] ① long-, van/m.b.t./in de long(en) ♦ *pulmonary artery* longslagader; *pulmonary disease* longziekte; *pulmonary vein* longader ② met longen, met longachtige organen ③ longziek, met longziekte/kwaal

pul·mo·nate /pʌlmənət, ᴬ-neɪt/ [bn] met longen, met longachtige organen

¹**pulp** /pʌlp/ [telb + niet-telb zn] ① moes, pap, brij, weke massa ♦ *crush to a pulp* helemaal verbrijzelen ② vruchtvlees, pulp ③ pulp, houtpap, houtslijp ④ merg, ⟨i.h.b.⟩ tandzenuw ⟨merg van tandholte⟩ ⑤ verpulverd erts (vermengd met water) ⑥ rommel, waardeloze troep ⑦ sensatieblad, sensatieboek, sensatieverhaal • *beat s.o. to a pulp* iemand tot moes slaan; *make (a) pulp of s.o./sth.* iemand/iets vernietigen; *reduce s.o. to (a) pulp* iemand helemaal murw maken

²**pulp** /pʌlp/ [onov ww] tot moes worden, pulpachtig/brijachtig/pappig/murw worden

³**pulp** /pʌlp/ [ov ww] ① tot moes maken, tot brij/pulp/pap maken, (doen) verpulveren, murw maken ♦ *the documents have been pulped* de documenten zijn versnipperd/vernietigd ② het vruchtvlees/pulp verwijderen van ♦ *pulp coffee-beans* koffiebonen van omhullend vruchtvlees ontdoen, koffiebonen schoonmaken

¹**pul·pit** /pʊlpɪt/ [telb zn] preekstoel, kansel, katheder
²**pul·pit** /pʊlpɪt/ [niet-telb zn; the] geestelijk ambt
³**pul·pit** /pʊlpɪt/ [verzamel; the] geestelijkheid, de predikanten, de godsdienstonderrichters

pulp literature [niet-telb zn] waardeloze lectuur, leesvoer
pulp magazine [telb zn] sensatieblad
pulp novel [telb zn] sensatieromannetje
pulp wood [niet-telb zn] hout voor pulp

pulp·y /pʌlpi/, **pulp·ous** /pʌlpəs/ [bn; vergr trap: pulpier] moesachtig, brijachtig, pulpachtig, pappig, zacht, week

pul·que /pʊlki:, ᴬpuːlkeɪ/ [niet-telb zn] pulque ⟨Mexicaanse agavedrank⟩

pul·sar /pʌlsɑː, ᴬ-sɑr/ [telb zn] pulsar ⟨neutronenster⟩

pul·sate /pʌlseɪt, ᴬpʌlseɪt/ [onov ww] ① kloppen, pulseren, ritmisch bewegen, slaan, trillen ♦ *pulsating current* pulserende stroom; *the air pulsates with light* de lucht trilt van het licht ② opwindend zijn ♦ *a pulsating moment* een enerverend moment

pul·sa·tile /pʌlsətaɪl, ᴬpʌlsətl/ [bn] ① pulsatief, trillend, kloppend ② slag- ⟨instrument⟩

¹**pul·sa·tion** /pʌlseɪʃn/ [telb zn] klopping, pulsatie, stoot, bons, trilling, ⟨i.h.b.⟩ hartslag
²**pul·sa·tion** /pʌlseɪʃn/ [niet-telb zn] het pulseren

pul·sa·tor /pʌlseɪtə, ᴬ-seɪtər/ [telb zn] ① triller, trillingstoestel ② ⟨techn⟩ pulsometer

pul·sa·to·ry /pʌlsətri, ᴬ-tɔri/ [bn] trillend, pulserend, ritmisch bewegend, kloppend, vibrerend

¹**pulse** /pʌls/ [telb zn] ① ⟨vnl enkelvoud⟩ hartslag, pols(slag) ♦ *feel/take s.o.'s pulse* iemands hartslag opnemen; ⟨fig⟩ iemand polsen; *an irregular pulse* een onregelmatige polsslag; *a rapid/weak pulse* een snelle/zwakke pols ② (benaming voor) (afzonderlijke) slag, stoot, trilling, hartslag, (stroom)stoot, (radio-)impuls(ie) ③ ritme ⟨bijvoorbeeld in muziek⟩ ④ gevoel, emotie(s) ♦ *stir s.o.'s pulses* iemand opwinden, iemand in vervoering brengen ⑤ ⟨vaak mv⟩ peul ⟨plant⟩, peulvrucht(en)

²**pulse** /pʌls/ [niet-telb zn; werkwoord soms mv] peulen, peulvruchten

³**pulse** /pʌls/ [onov ww] pulseren ⟨ook elektriciteit⟩, kloppen, trillen, slaan, tikken

⁴**pulse** /pʌls/ [onov + ov ww] de pulsknop gebruiken (van) ♦ *pulse the onions* de uien pulserend fijnhakken/fijnsnijden

⁵**pulse** /pʌls/ [ov ww] zenden (d.m.v. stroomstoten/ritme) ♦ *pulse out* uitzenden

pulse·less /pʌlsləs/ [bn; bw: ~ly; zn: ~ness] ① zonder trilling/stoten ② zonder vitaliteit, levenloos ③ zonder polsslag

pul·sim·e·ter /pʌlsɪmɪtə, ᴬ-mɪtər/ [telb zn] pulsimeter, pols(slag)meter

pul·som·e·ter /pʌlsɒmɪtə, ᴬ-sɑmɪtər/ [telb zn] ① ⟨techn⟩ pulsometer ⟨pomp⟩ ② pulsimeter, polsmeter

pul·ta·ceous /pʌlteɪʃəs/ [bn] pappig, zacht, brijachtig

pul·ver·iz·a·ble /pʌlvəraɪzəbl/ [bn] ① verpulverbaar ② te vernietigen

pul·ver·i·za·tion /pʌlvəraɪzeɪʃn, ᴬ-vərə-/ [niet-telb zn] ① pulverisatie, fijnstamping, vergruizing ② vernietiging

¹**pul·ver·ize** /pʌlvəraɪz/ [onov ww] verpulveren, verpulverd worden, tot poeder/stof (gestampt) worden

²**pul·ver·ize** /pʌlvəraɪz/ [ov ww] ① pulveriseren, verpulveren, tot poeder/stof stampen, fijn wrijven, doen verstuiven ② ⟨inf⟩ vernietigen, niets heel laten van, vermorzelen ♦ *pulverize one's opponent's arguments* de vloer aanvegen met de redenering van zijn tegenstander

pul·ver·u·lent /pʌlverʊlənt, ᴬ-jələnt/ [bn] ① pulverachtig, poederig, stoffig ② bedekt met poeder ③ afbrokkelend ⟨bijvoorbeeld van rots⟩, verwerend

pul·vi·nate /pʌlvɪneɪt/, **pul·vi·nat·ed** /-neɪtɪd/ [bn] ① kussenvormig ② met bladkussen ⟨van bladstengel⟩ ③ ⟨bouwk⟩ gewelfd

pu·ma /pjuːmə, ᴬpuːmə/ [telb zn] poema

¹**pum·ice** /pʌmɪs/, **pumice stone** [niet-telb zn] puimsteen

²**pum·ice** /pʌmɪs/ [ov ww] puimen, puimstenen, schuren

pu·mi·ceous /pjuːmɪʃəs/ [bn] puimsteenachtig

pum·mel, ⟨vnl AE ook⟩ **pom·mel** /pʌml/ [ov ww] stompen, afranselen, met de vuisten bewerken

¹**pump** /pʌmp/ [telb zn] ① pomp ② hart ③ pompslag, pompbeweging ♦ *give s.o.'s hand a pump* iemand flink de hand schudden ④ uithoorder ⑤ pump(schoen) ⑥ dansschoen, ⟨vnl AE⟩ galaschoen ⑦ ⟨American football⟩ (bovenhandse) armschijnbeweging • *prime the pump* geld in een zwakke industrie pompen, de zaak aan de gang brengen, (de economie, een discussie) aanzwengelen

²**pump** /pʌmp/ [onov ww] ① pompen, pompend bewegen ♦ *pump away* flink pompen, doorpompen ② bonzen ⟨van hart⟩ ♦ *his heart was pumping away* zijn hart bonsde hard

³**pump** /pʌmp/ [ov ww] ① pompen ♦ *pump money into an industry* geld investeren/pompen in een industrie; *pump the water out of a tank* het water uit een reservoir pompen; *pump up oil* olie oppompen; *pump up a balloon/tyres* een ballon/banden oppompen; *pump a well dry* een put leeg/droogpompen ② (krachtig) schudden ⟨hand⟩, zwengelen ③ ⟨inf⟩ met moeite gedaan krijgen, (erin) pompen, (eruit) stampen ♦ *pump some data in* enige gegevens erin stampen; *pump these facts into his brain/pupils* deze feiten in zijn hoofd stampen/bij zijn leerlingen erin rammen; *he pumped the story out of me* hij ontfutselde me het verhaal, hij hoorde me erover uit; *pump a witness* een getuige uithoren, een getuige met vragen bestoken ④ ⟨American

pump-action

football) armschijnbeweging(en) maken met ⟨de bal⟩ •
pump iron gewichtheffen; *pump s.o. full of lead* iemand vol lood schieten/met kogels doorzeven

pump·ac·tion [bn, pred] ① pomp- ⟨geweer⟩ ♦ *pump-action gun* pompgeweer, riotgun ⟨een halfautomatisch soort geweer⟩ ② met pompje ⟨hairspray⟩

pump·er /pʌmpə, ᴬ-ər/ [telb zn] ① iemand die pompt ② ⟨AE⟩ brandweerspuitwagen ③ ⟨petroleumtechniek⟩ pompput ④ ⟨sl⟩ tikkertje, pomp ⟨hart⟩

pum·per·nick·el /pʌmpənɪkl, ᴬpʌmpər-/ [telb + niet-telb zn] pompernikkel, zwart roggebrood

¹**pump·han·dle** [telb zn] pompzwengel, pompslinger

²**pump·han·dle** [ov ww] flink schudden ⟨hand⟩

¹**pump·kin** /pʌm(p)kɪn/, ⟨in betekenis 2 AE ook⟩ **pun·kin** /pʊŋkɪn/ [telb zn] ① ⟨plantk⟩ pompoen ⟨Cucurbita pepo⟩ ② ⟨AE⟩ schatje, liefje ③ ⟨sl⟩ kanis, kop, hoofd ④ ⟨sl⟩ voetbal

²**pump·kin** /pʌm(p)kɪn/ [telb + niet-telb zn] pompoen ⟨vrucht⟩

³**pump·kin** /pʌm(p)kɪn/ [niet-telb zn; vaak attributief] oranje

pump·kin-head [telb zn] ⟨sl⟩ stommeling

pump priming [niet-telb zn] het investeren ⟨voor bedrijfsstimulering⟩, geldinjectie ⟨in industrie⟩, investeringen

pump-prim·ing [niet-telb zn] ⟨handel⟩ financiële steun ⟨voor de ontwikkeling van bedrijf, economie⟩, (het geven van een) kapitaalinjectie ⟨met overheidsgeld⟩

pump room [telb zn] kursaal, drinkzaal ⟨bij geneeskrachtige bron⟩

¹**pun** /pʌn/ [telb zn] woordspeling

²**pun** /pʌn/ [onov ww] woordspelingen maken/gebruiken ♦ *he likes to pun (up)on obscene words* hij maakt graag woordspelingen met schuine woorden

³**pun** /pʌn/ [ov ww] ⟨BE⟩ aanstampen ⟨bijvoorbeeld aarde⟩, vaststampen

¹**punch** /pʌntʃ/ [telb zn] ① (benaming voor) werktuig om gaten te slaan/vergroten, pons, ponsmachine, ponstang, priem, gaatstempel, drevel, doorslag, perforator, kniptang ② stempel, verfstempel, muntstempel, stansstempel ③ (vuist)slag, stoot, klap, por ♦ *take a punch at* met de vuist uithalen naar; *throw s.o. a punch* iemand slaan (met de vuist), iemand een opstopper verkopen ④ ⟨BE⟩ klein trekpaard, werkpaardje ⑤ ⟨sl⟩ bedoeling • *beat s.o. to the punch* iemand de eerste klap geven; ⟨fig⟩ iemand vóór zijn; ⟨bokssp⟩ *pack quite a punch* rake klappen uitdelen ⟨ook figuurlijk⟩; ⟨bokssp⟩ *pull one's punches* zich inhouden, iemand ontzien ⟨ook figuurlijk⟩; *roll with the punch* klappen zo goed mogelijk opvangen

²**punch** /pʌntʃ/ [niet-telb zn] ① ⟨inf⟩ slagvaardigheid, kracht, energie, fut, ⟨bokssp⟩ punch ♦ *his speech lacks punch* er zit geen pit in zijn toespraak ② punch, bowl(drank) ③ ⟨sl⟩ scherpheid, pikantheid

³**punch** /pʌntʃ/ [onov ww] ① ponsen ② slaan, stoten ♦ ⟨inf⟩ *punch up* op de vuist gaan ③ ⟨AE⟩ klokken, een prikklok gebruiken ♦ *punch in/out* klokken bij binnenkomst/vertrek

⁴**punch** /pʌntʃ/ [ov ww] ① slaan, een klap/vuistslag geven ♦ ⟨sport, i.h.b. voetb⟩ *punch away* wegstompen ⟨bal, voorzet⟩; *he punched down/in the nails* hij dreef/sloeg de spijkers erin; *he punched me in/on the nose* hij sloeg me op mijn neus; *this machine punches out coins* deze machine slaat munten; *she punched up £1 on the cash register* ze sloeg 1 pond aan op de kassa ② gaten maken in, drevelen, perforeren, knippen ⟨kaartje⟩, ponsen, doorboren ♦ *punched card* ponskaart ③ ⟨AE⟩ (vee)drijven ④ (met een stok) porren/prikken, aanporren ⑤ ⟨sl⟩ verknoeien

Punch /pʌntʃ/ [eigenn] Punch, Jan Klaassen ♦ *Punch and Judy* Jan Klaassen en Katrijn • *as pleased as Punch* zo blij als een kind, de koning te rijk, dolblij, glunderend

Punch-and-Ju·dy /pʌntʃəndʒuːdi/ [bn, attr] poppenkast-

punch·bag, ⟨AE⟩ **punching bag** [telb zn] ⟨bokssp⟩ stootzak, zandzak, stootkussen

punch·ball [telb zn] ① ⟨bokssp⟩ punchbal, boksbal ② ⟨AE⟩ punchball ⟨soort honkbal met rubberbal zonder bat⟩

punch bowl [telb zn] punchkom

punch card [telb zn] ponskaart

punch-drunk [bn] ① versuft, bedwelmd, duizelig, ⟨fig⟩ verward, afgeknapt ② ⟨med⟩ punchdrunk ⟨voornamelijk bij boksers⟩

pun·cheon /pʌntʃən/ [telb zn] ① stijl ⟨bijvoorbeeld in kolenmijn⟩, stut ② halve boomstam, plank ③ (benaming voor) werktuig om gaten te maken, pons, priem, gaatstempel, drevel, doorslag, perforator, kniptang ④ ⟨gesch⟩ groot vat, puncheon ⟨ook als inhoudsmaat, 70-120 gallons⟩

punch·er /pʌntʃə, ᴬ-ər/ [telb zn] ① vechter, iemand die slaat, knokker ② ⟨AE⟩ veedrijver, cowboy ③ ⟨sl⟩ telefonist(e)

Pun·chi·nel·lo /pʌn(t)ʃɪnɛloʊ/ [eigenn, telb zn] Pulcinella, polichinel, hansworst, clown, Jan Klaassen, komisch dikkerdje

punching bag [telb zn] ⟨AE; bokssp⟩ ① stootzak, zandzak, stootkussen ② boksbal, speedbal, dubbeleindbal, maispeer

punch line [telb zn; voornamelijk enk] climax ⟨van een verhaal/mop⟩, clou, rake slotzin

punch serve [telb zn] ⟨volleybal⟩ kaarsopslag

punch tape [niet-telb zn] ponsband

punch-up [telb zn] ⟨vnl BE; inf⟩ knokpartij, vuistgevecht, handgemeen

punch·y /pʌntʃi/ [bn; vergr trap: punchier; zn: punchiness] ① slagvaardig, energiek, krachtig, pittig ② ⟨inf⟩ versuft, bedwelmd, suffig, ⟨med⟩ punchdrunk ③ kort en dik, dikbuikig

punc·tate /pʌŋ(k)teɪt/, **punc·tat·ed** /pʌŋ(k)teɪtɪd/ [bn] ⟨biol, med⟩ gestippeld, gespikkeld

punc·ta·tion /pʌŋ(k)teɪʃn/ [telb + niet-telb zn] oneffenheid, stippel, gespikkeldheid, gevlektheid

¹**punc·til·i·o** /pʌŋ(k)tɪliou/ [telb zn] nietige etiquettekwestie, nietigheid, precies punt, (zeer klein) detail, finesse ♦ *stand upon punctilios* op alle slakken zout leggen

²**punc·til·i·o** /pʌŋ(k)tɪliou/ [niet-telb zn] ① (overdreven) precisie, (te grote) nauwkeurigheid/stiptheid ② formaliteit, vormelijkheid

punc·til·i·ous /pʌŋ(k)tɪliəs/ [bn; bw: ~ly; zn: ~ness] zeer precies ⟨m.b.t. ceremonieel/etiquette⟩, plichtsgetrouw, nauwgezet, stipt

punc·tu·al /pʌŋ(k)tʃuəl/ [bn; bw: ~ly; zn: ~ness] ① punctueel, precies op tijd, stipt, nauwgezet ② ⟨meetk⟩ van een punt, punts-

punc·tu·al·i·ty /pʌŋ(k)tʃuælətɪ/ [niet-telb zn] punctualiteit, precisie ⟨m.b.t. tijd⟩, nauwgezetheid, stiptheid ♦ ⟨sprw⟩ *punctuality is the politeness of princes/kings* ± het is beleefd om stipt op tijd te zijn

¹**punc·tu·ate** /pʌŋ(k)tʃueɪt/ [onov + ov ww] interpuncteren, leestekens aanbrengen (in), interpungeren, puncteren ⟨Hebreeuws geschrift⟩

²**punc·tu·ate** /pʌŋ(k)tʃueɪt/ [ov ww] (telkens) interrumperen, onderbreken ♦ *punctuated by/with jokes* doorspekt met grappen

punc·tu·a·tion /pʌŋ(k)tʃueɪʃn/ [niet-telb zn] interpunctie(tekens), het interpungeren, punctuatie(kunst)

punctuation mark [telb zn] leesteken

punc·tum /pʌŋ(k)təm/ [telb zn; mv: puncta /-tə/] ⟨biol, med⟩ stippel, punt, spikkel, vlek, oneffenheid, gaatje

¹**punc·ture** /pʌŋ(k)tʃə, ᴬ-ər/ [telb zn] ① gaatje ⟨bijvoorbeeld in band⟩, punctuur, lek, ⟨i.h.b.⟩ lekke band ② ⟨med⟩

punctie
²**punc·ture** /pʌŋ(k)tʃə, ᴬ-ər/ [onov ww] lek raken, knallen, leeglopen, lek geprikt worden
³**punc·ture** /pʌŋ(k)tʃə, ᴬ-ər/ [ov ww] lek maken, doen knallen/barsten/leeglopen, lek prikken, doorboren, (fig) vernietigen ♦ *she punctured his ego* zij schaadde zijn ego; *puncture a fallacy* een misvatting uit de weg ruimen; *a punctured lung* een (in)geklapte long
pun·dit /pʌndɪt/ [telb zn] ① pandit ⟨geleerde hindoe⟩ ② expert, autoriteit, geleerde ③ pedant, betweter, wijsneus
pung /pʌŋ/ [telb zn] ⟨AE⟩ (paarden)slee, (transport)slee
pun·gen·cy /pʌndʒənsi/ [niet-telb zn] scherpheid ⟨ook figuurlijk⟩, pikantheid, doordringendheid, venijn
pun·gent /pʌndʒənt/ [bn; bw: ~ly] ① scherp, venijnig, stekend ♦ *pungent remarks* stekelige opmerkingen; *pungent satire* bijtende satire ② (scherp) gepunt, puntig ③ prikkelend, scherp ♦ *a pungent sauce* een pikante saus; *a pungent smell* een doordringende/penetrante geur
Pu·nic /pjuːnɪk/ [bn] Punisch, Carthaags ♦ *Punic faith* Punische trouw ⟨trouweloosheid⟩; *the Punic Wars* de Punische oorlogen ⟨tussen Rome en Carthago⟩
¹**pun·ish** /pʌnɪʃ/ [onov ww] straf opleggen; → punishing
²**pun·ish** /pʌnɪʃ/ [ov ww] ① (be)straffen, straf opleggen aan ♦ *he was punished for his greed* hij werd gestraft voor zijn hebzucht ② ⟨inf⟩ een afstraffing geven, ruw behandelen, goed te pakken nemen, schade toebrengen aan ♦ *the boxer really punished his opponent* de bokser takelde zijn tegenstander toe ③ ⟨inf⟩ flink aanvallen op ⟨bijvoorbeeld voedsel/drank⟩, zich te goed doen aan, geducht aanspreken ♦ *punish the bottle* een flinke aanslag doen op de fles ④ zijn voordeel doen met ⟨zwakte van ander⟩, aangrijpen, gebruiken, afstraffen; → punishing
pun·ish·a·ble /pʌnɪʃəbl/ [bn] strafbaar ♦ *treason is punishable by death* op verraad staat de doodstraf
pun·ish·er /pʌnɪʃə, ᴬ-ər/ [telb zn] bestraffer, afstraffer, strafoplegger
¹**pun·ish·ing** /pʌnɪʃɪŋ/ [telb zn; oorspronkelijk tegenwoordig deelw van punish] ① afstraffing ⟨bijvoorbeeld in sport⟩, (flinke) nederlaag ② (flinke) schade ♦ *his car has taken a punishing* zijn auto heeft heel wat schade opgelopen
²**pun·ish·ing** /pʌnɪʃɪŋ/ [bn; oorspronkelijk tegenwoordig deelw van punish; bw: ~ly; zn: ~ness] ① slopend, erg zwaar ♦ *a punishing climb up an alp* een dodelijk vermoeiende bergbeklimming ② ⟨sport⟩ keihard rakend/slaand/gooiend ♦ *a punishing hitter/batsman* een keihard slaande batsman
pun·ish·ment /pʌnɪʃmənt/ [telb + niet-telb zn] ① straf, bestraffing ♦ *bodily/corporal punishment* lijfstraf ② ⟨inf⟩ ruwe behandeling, mishandeling, afstraffing, schade(toebrenging) ♦ *our furniture took quite a punishment* ons meubilair moest heel wat doorstaan ③ ⟨inf⟩ *hand (the) punishment out* duchtig afranselen, een straf toedienen
pu·ni·tive /pjuːnətɪv/, **pu·ni·to·ry** /pjuːnɪtri, ᴬ-təri/ [bn; bw: ~ly; zn: ~ness] ① straf-, (be)straffend, als straf bedoeld ② zeer streng/hoog ⟨bijvoorbeeld van belasting⟩ ♦ *punitive damages* hoge schadevergoeding ⟨als straf⟩
punitive expedition [telb zn] strafexpeditie
¹**Pun·ja·bi**, ⟨ook⟩ **Pan·ja·bi** /pʌndʒɑːbi/ [eigennaam] Punjabi, Panjabi ⟨taal⟩
²**Pun·ja·bi** /pʌndʒɑːbi/ [telb zn] inwoner van Punjab
³**Pun·ja·bi** /pʌndʒɑːbi/ [bn] van/uit Punjab
¹**punk** /pʌŋk/ [telb zn] ① punk(er) ⟨inf⟩ (jonge) boef, stuk tuig, onruststoker, relschopper ② ⟨AE; inf⟩ (jonge) homo, liefje, homoseksuele jongen (als partner van man) ③ ⟨AE; inf⟩ beginneling, nieuweling, groentje ④ ⟨sl⟩ kelner, portier ⑤ ⟨sl; sport; pej⟩ klungel, kluns
²**punk** /pʌŋk/ [niet-telb zn] ① punk(muziek), punkrock ② (tondel)zwam, zwam, tondel, ontsteking van vuurwerk ③ ⟨AE⟩ brandhout, half verrot hout ④ ⟨inf⟩ onzin, gezwets, kletskoek, gezwam ⑤ ⟨inf⟩ rommel, (waardeloze) troep
³**punk** /pʌŋk/ [bn, attr] ① ⟨AE; sl⟩ waardeloos, zeer slecht ② punk-, van/m.b.t. (een) punk(s)
pun·kah, pun·ka /pʌŋkə/ [telb zn] ⟨IndE⟩ (kamer)waaier
pun·kah wal·lah, pun·ka wal·lah [telb zn] ⟨IndE⟩ waaierbediende, waaierknecht
pun·ker /pʌŋkə, ᴬ-ər/ [telb zn] ⟨sl⟩ beginneling, nieuweling, groentje
punkin [telb zn] → pumpkin
punk rock [niet-telb zn] punk(muziek), punkrock
punk rocker [telb zn] punk(er)
pun·ner /pʌnə, ᴬ-ər/ [telb zn] (grond)stamper
pun·net /pʌnɪt/ [telb zn] ⟨BE⟩ (spanen) mand ⟨voor fruit/groente⟩, (plastic) doosje, (dun houten) bakje ♦ *strawberries are 40 p a punnet* de aardbeien kosten 40 p per doosje
pun·ning·ly /pʌnɪŋli/ [bw] spelend met woorden, bij wijze van/d.m.v. een woordspeling
pun·ster /pʌnstə, ᴬ-ər/ [telb zn] (onverbeterlijke) maker van woordspelingen, (geboren) woordspeler, gebruiker van woordspelingen
¹**punt** /pʌnt/ [telb zn] ① punter, platte rivierschuit, vlet ② ⟨rugby, American football⟩ trap tegen bal ⟨tussen loslaten en grond raken in⟩ ③ punt ⟨bij bepaalde kansspelen⟩, inzet ♦ *take a punt* een gokje wagen ④ iemand die tegen de bank speelt ⟨als in faro⟩, pointeur ⑤ ⟨Ierse⟩ pond ⟨munteenheid⟩
²**punt** /pʌnt/ [onov ww] ① bomen, varen in een punter, punteren, een vaarboom gebruiken ② pointeren, tegen de bank wedden ⟨roulette, kaartspel⟩ ③ gokken ⟨bijvoorbeeld bij paardenrennen⟩, speculeren, geld inzetten ④ ⟨rugby, American football⟩ een punt maken ⟨met de wreef⟩
³**punt** /pʌnt/ [ov ww] ① ⟨rugby, American football⟩ punten, wegschoppen ⟨zonder scoremogelijkheid⟩ ② voortbomen ⟨punter⟩, doen varen/voortbewegen ③ (in punter) vervoeren
¹**punt·a·bout** [telb zn] ⟨BE⟩ oefenbal
²**punt·a·bout** [niet-telb zn] ⟨BE⟩ oefenspel, baltraining
punt·er /pʌntə, ᴬpʌntər/ [telb zn] ① punterman, schipper (met vaarboom) ② iemand die punt, jager in punter ③ gokker, speculant, pointeur, speler tegen de bank ⟨roulette, kaartspel⟩ ④ ⟨vaak mv, the⟩ ⟨inf⟩ (het) publiek, klant, afnemer ⑤ ⟨inf⟩ klant ⟨van prostituee⟩
punt gun [telb zn] eendenroer, (ouderwets) jachtgeweer
pu·ny /pjuːni/ [bn; vergr trap: punier; bw: punily; zn: puniness] nietig, zwak, miezerig, klein ♦ *puny man* de nietige mens; *a puny result* een mager/pover/schraal resultaat
¹**pup** /pʌp/ [telb zn] ① pup, puppy, jong hondje ② jong ⟨bijvoorbeeld van otter, rat, wolf, zeehond⟩ ③ zelfingenomen jongen, snotjongen, kwast ④ ⟨mv⟩ ⟨sl⟩ voeten ⑤ ⟨inf⟩ *buy a pup* een kat in de zak kopen, bedrogen uitkomen; ⟨sl⟩ *have pups* heftig reageren, razend worden; *in pup* drachtig; ⟨inf⟩ *sell s.o. a pup* iemand knollen voor citroenen verkopen, iemand erin laten lopen
²**pup** /pʌp/ [onov ww] jongen ⟨van hond⟩, kleintjes krijgen/werpen
pu·pa /pjuːpə/ [telb zn; mv: ook pupae /pjuːpiː/] pop ⟨van insect⟩
pu·pal /pjuːpl/ [bn] pop- ⟨van insect⟩ ♦ *the pupal stage* het popstadium
pu·pate /pjuːpeɪt, ᴬpjuːpeɪt/ [onov ww] zich verpoppen
pu·pa·tion /pjuːpeɪʃn/ [niet-telb zn] verpopping
pu·pil /pjuːpl/ [bn] ① leerling, (school)kind, pupil ② ⟨jur⟩ pupil, voogdijkind ③ (oog)pupil, oogappel
pu·pil·lage, pu·pil·age /pjuːpɪlɪdʒ/ [niet-telb zn] ① het leerling-zijn, leertijd ② minderjarigheid, prepuberteit, ⟨fig⟩ onvolwassenheid, onontwikkeldheid ⟨bijvoorbeeld

pu·pil·lar, pu·pi·lar /pjuːpɪlə, ^-ər/, **pu·pi(l)·lar·y** /pjuːpɪləri, ^-leri/ [bn] ⟨1⟩ **m.b.t. een leerling**, schoolkind- ⟨2⟩ ⟨jur⟩ **m.b.t. een pupil** ⟨3⟩ **pupillair**, m.b.t. de oogpupil

pu·pil·lar·i·ty, pu·pi·lar·i·ty /pjuːpɪlærəti/ [niet-telb zn] **minderjarigheid**, prepuberteit

pu·pip·a·rous /pjuːpɪpərəs/ [bn] **popbarend**, ver ontwikkelde larven producerend

pup·pet /pʌpɪt/ [telb zn] **marionet** ⟨ook figuurlijk⟩, ⟨houten⟩ pop, speelpop ♦ *he is only a puppet of a foreign regime* hij is slechts een stroman van een buitenlands regime

pup·pet·eer /pʌpɪtɪə, ^-tɪr/ [telb zn] **poppen(kast)speler**

puppet government [telb zn] **marionettenregering**, schijnregering

puppet play, puppet show [telb zn] **poppenspel**, marionettenspel, poppenkastvertoning

puppet regime [telb zn] **marionettenregime**

¹**pup·pet·ry** /pʌpɪtri/ [telb + niet-telb zn] **poppenkast(erij)**, poppenspel, ⟨fig⟩ dwaasheid

²**pup·pet·ry** /pʌpɪtri/ [niet-telb zn] **poppenspelerskunst**

puppet state [telb zn] **vazalstaat**, afhankelijke staat

pup·py /pʌpi/ [telb zn] ⟨1⟩ **puppy**, jong hondje ⟨2⟩ ⟨inf⟩ **snotneus**, kwast, verwaand ventje

puppy dog [telb zn] ⟨kind⟩ **babyhondje**, puppy, jong hondje

puppy fat [niet-telb zn] ⟨inf⟩ **babyvet**

pup·py·hood /pʌpihʊd/ [niet-telb zn] ⟨1⟩ **jeugd** ⟨van hondje/mens⟩, jonge jaren, onervarenheid ⟨2⟩ **zelfingenomenheid**

pup·py·ish /pʌpiɪʃ/ [bn] **puppyachtig**, hondsachtig, als ⟨van⟩ een jonge hond

puppy love [niet-telb zn] **kalverliefde**, jeugdliefde, jongensverliefdheid

pur·blind /pɜːblaɪnd, ^pɜr-/ [bn; bw: ~ly; zn: ~ness] ⟨1⟩ **bijziend**, slechtziend, half blind ⟨2⟩ **kortzichtig**, blind, dom, suf

pur·chas·a·ble /pɜːtʃɪsəbl, ^pɜr-/ [bn] **koopbaar**, te koop, op de markt, ⟨i.h.b.⟩ omkoopbaar

¹**pur·chase** /pɜːtʃɪs, ^pɜr-/ [telb zn] ⟨1⟩ **(aan)koop**, ⟨vnl mv⟩ inkoop, inkopen, aanwinst, ⟨jur⟩ persoonlijke verwerving ♦ *make purchases* inkopen doen; *what do you think of my last purchase?* wat vind je van mijn laatste aankoop? ⟨2⟩ ⟨benaming voor⟩ **(deel van) hefinrichting**, hefboom, takel, katrol, lichter, windas, spil

²**pur·chase** /pɜːtʃɪs, ^pɜr-/ [telb + niet-telb zn] **aangrijpingspunt**, ⟨fig⟩ vat, steun(tje), greep ♦ *get a/some purchase on a rock* houvast vinden aan een rots

³**pur·chase** /pɜːtʃɪs, ^pɜr-/ [niet-telb zn] ⟨1⟩ **het kopen**, aanschaf, koop, ⟨jur⟩ persoonlijke verwerving ⟨2⟩ ⟨jur⟩ **(jaarlijkse) opbrengst** ⟨bijvoorbeeld van land⟩, inkomenswaarde ⟨uit huur/pacht⟩, inbreng ♦ ⟨fig⟩ *his life is not worth a day's/an hour's purchase* ik geef geen cent voor zijn leven ⟨3⟩ **(hef)kracht**, ⟨fig⟩ macht(spositie), machtsmiddel

⁴**pur·chase** /pɜːtʃɪs, ^pɜr-/ [ov ww] ⟨1⟩ ⟨vnl form⟩ **verwerven**, zich aanschaffen, kopen ♦ *he has purchased a house* hij heeft een huis gekocht; *purchase victory with blood* de overwinning met bloed betalen ⟨2⟩ **(met moeite) bereiken/verkrijgen**, in handen krijgen, verdienen ♦ *freedom that was dearly purchased* duur betaalde vrijheid ⟨3⟩ ⟨scheepv⟩ **lichten** ⟨anker⟩, ophalen, opheffen, verplaatsen

purchase money [niet-telb zn] **(aan)koopsom**, ⟨koop⟩prijs ⟨van goederen⟩

purchase price [telb zn] **(in)koopprijs**, (aan)koopsom

pur·chas·er /pɜːtʃɪsə, ^pɜrtʃɪsər/ [telb zn] **(in)koper**, aankoper, verwerver

purchase tax [niet-telb zn] ⟨BE; gesch⟩ ± **omzetbelasting**

pur·chas·ing pow·er [niet-telb zn] **koopkracht**

pur·dah /pɜːdɑː, ^pɜrdə/ [niet-telb zn] ⟨vnl IndE⟩ ⟨1⟩ **(afscheidings)gordijn** ⟨ter isolatie van hindoevrouwen/moslimvrouwen⟩ ♦ *go into purdah for a couple of weeks* zich voor een paar weken afzonderen ⟨2⟩ **afzonderingssysteem** ⟨in het bijzonder van Indiase vrouwen⟩, purdah ⟨3⟩ **afzondering**

¹**pure** /pjʊə, ^pjʊr/ [bn; vergr trap: purer; zn: ~ness] **puur**, zuiver, onvervalst, onvervuild, oprecht ♦ *a pure Arab horse* een rasechte arabier; *of pure blood* van zuiver bloed, van goede afkomst; *pure in body and mind* zuiver/rein van lichaam en geest; *pure colours* zuivere kleuren; *a pure girl* een net meisje; *pure gold* zuiver goud; ⟨muz⟩ *a pure note* een zuivere noot; ⟨inf; vnl na zelfstandig naamwoord⟩ *pure and simple* niets dan, alleen maar, eenvoudigweg; *knowledge/laziness pure and simple* uitsluitend kennis/niets dan luiheid; *a pure vowel, not a diphthong* een zuivere klinker, geen tweeklank; *pure water* schoon/helder water • *she is pure gold* ze is goud waard; ⟨AuE; inf⟩ *pure merino* rijk, vooraanstaand persoon; *(as) pure as (the) driven snow* zuiver als goud, zo rein als een duif, onschuldig als een pasgeboren lammetje

²**pure** /pjʊə, ^pjʊr/ [bn, attr; vergr trap: purer; zn: ~ness] **volkomen**, puur, zuiver, uitsluitend ♦ *pure chance* zuiver/puur toeval; *pure mathematics* zuivere wiskunde; *pure nonsense* complete onzin, lariekoek; *this is pure science, not applied science* dit is echte/zuivere wetenschap, geen toegepaste wetenschap

pure·blood·ed, pure·blood [bn] **rasecht** ⟨van mens/dier⟩, volbloed-, van zuiver/onvermengd ras/bloed

pure·bred [bn] **rasecht** ⟨van dieren⟩, volbloed-, van zuiver ras

¹**pu·rée, pu·ree** /pjʊəreɪ, ^pjʊreɪ/ [telb + niet-telb zn] ⟨1⟩ **moes**, puree ⟨2⟩ **dikke groentesoep**

²**pu·rée, pu·ree** /pjʊəreɪ, ^pjʊreɪ/ [ov ww] **tot puree maken/koken**, zeven ⟨groente/fruit⟩, fijnmaken

pure·ly /pjʊəli, ^pjʊrli/ [bw] ⟨1⟩ → **pure** ⟨2⟩ **uitsluitend**, volledig, alleen maar, zonder meer ♦ *a purely personal matter* een zuiver persoonlijke aangelegenheid; *purely (and simply) out of love* geheel en al uit liefde

¹**pur·fle** /pɜːfl, ^pɜrfl/, **pur·fling** /-flɪŋ/ [telb + niet-telb zn] ⟨1⟩ **sierrand** ⟨bijvoorbeeld van viool⟩ ⟨2⟩ ⟨vero⟩ **(geborduurde) sierstrook** ⟨van kledingstuk⟩, borduursel, boordsel

²**pur·fle** /pɜːfl, ^pɜrfl/ [ov ww] ⟨1⟩ **versieren (met sierrand)** ⟨bijvoorbeeld viool/gebouw⟩ ⟨2⟩ **verfraaien** ⟨bijvoorbeeld met borduursel⟩, boorden ⟨kledingstuk⟩

pur·ga·tion /pɜːgeɪʃn, ^pɜr-/ [niet-telb zn] ⟨1⟩ ⟨r-k⟩ **reiniging**, zuivering, loutering, bevrijding ⟨van het kwade⟩, verlossing ⟨van de zonde⟩ ⟨2⟩ **zuivering** ⟨3⟩ **purgatie**, zuivering ⟨van darmen⟩ ⟨4⟩ ⟨gesch⟩ **zuivering** ⟨door zuiveringseed⟩

¹**pur·ga·tive** /pɜːgətɪv, ^pɜrgətɪv/ [telb zn] **laxeermiddel**, purgeermiddel, purgatief

²**pur·ga·tive** /pɜːgətɪv, ^pɜrgətɪv/ [bn] **zuiverend**, ⟨i.h.b.⟩ laxerend, purgatief, purgerend

pur·ga·to·ri·al /pɜːgətɔːriəl, ^pɜrgətɔːriəl/ [bn] ⟨1⟩ **reinigend**, (zich) zuiverend, louterend, boetend ⟨2⟩ ⟨r-k⟩ **m.b.t. het vagevuur**, vagevuurachtig, kwellend

¹**pur·ga·to·ry** /pɜːgətri, ^pɜrgətɔːri/ [telb + niet-telb zn] **(tijdelijke) kwelling**, vagevuur, pijniging ♦ *the play was (a) purgatory to me* het toneelstuk was een beproeving voor mij

²**pur·ga·to·ry** /pɜːgətri, ^pɜrgətɔːri/ [niet-telb zn] ⟨r-k⟩ **vagevuur**, purgatorium

³**pur·ga·to·ry** /pɜːgətri, ^pɜrgətɔːri/ [bn] **zuiverend**, reinigend

¹**purge** /pɜːdʒ, ^pɜrdʒ/ [telb zn] ⟨1⟩ **zuivering**, purgering ♦ *purges within the communist party* zuiveringsacties binnen de communistische partij ⟨2⟩ **laxeermiddel**, purgatief, purgeermiddel

²**purge** /pɜːdʒ, ^pɜrdʒ/ [onov ww] ⟨1⟩ **zuiver/rein worden**, gepurgeerd worden ⟨2⟩ **laxeren**, purgerend werken

³**purge** /pɜːdʒ, ᴬpɜrdʒ/ [ov ww] ① **zuiveren** ⟨ook politiek⟩, reinigen, louteren, vrijspreken, verlossen ♦ *purge (away) the hatred from one's spirit* zijn geest van haat ontdoen/bevrijden; *purge s.o. from/of guilt* iemand van schuld vrijspreken; *purge metal* metaal louteren/zuiveren; *be purged of sin* verlost worden van de zonde; *purge one's spirit of hatred* zijn geest van haat ontdoen/bevrijden; *purge o.s. of blame/suspicion* zich van blaam/verdenking zuiveren; *purge the church/party of dangerous elements* de kerk/partij van gevaarlijke elementen zuiveren ② **verwijderen**, uitwissen, wegvagen ♦ *purge away/off/out one's sins* zijn zonden uitwissen/(uit)delgen ③ ⟨jur⟩ **uitboeten**, boete doen voor, gestraft worden voor ♦ *purge one's contempt* zijn belediging van de rechter/rechtbank uitboeten; *purge your crimes in prison* voor je misdaden boeten in de gevangenis ④ **purgeren**

purg·ing ag·a·ric [telb zn] ⟨plantk⟩ **lorkenzwam** ⟨Fomes officinalis⟩

purg·ing flax [telb zn] ⟨plantk⟩ **geelhartje**, purgeervlas ⟨Linum catharticum⟩

pu·ri·fi·ca·tion /pjʊərɪfɪkeɪʃn, ᴬpjʊr-/ [niet-telb zn] **zuivering**, loutering, reiniging, purificatie, verlossing ⟨van de zonde⟩, bevrijding ⟨van het kwade⟩ ♦ ⟨r-k⟩ *the Purification (of the Virgin Mary)* (feest van) Maria-Lichtmis (2 februari)

pu·ri·fi·ca·tor /pjʊərɪfɪkeɪtə, ᴬpjʊrɪfɪkeɪtər/ [telb zn] ⟨r-k⟩ **purificatorium** ⟨reinigingsdoekje voor kelk⟩

pu·rif·i·ca·to·ry /pjʊərɪfɪkeɪtri, ᴬpjʊrɪfəkətɔri/ [bn] **zuiverend**, reinigend, louterend, purificerend

pu·ri·fi·er /pjʊərɪfaɪə, ᴬpjʊrɪfaɪər/ [telb zn] **reinigingstoestel**, zuiveringsinstallatie

¹**pu·ri·fy** /pjʊərɪfaɪ, ᴬpjʊr-/ [onov ww] **zuiver worden**, schoon/helder worden

²**pu·ri·fy** /pjʊərɪfaɪ, ᴬpjʊr-/ [ov ww] **zuiveren**, reinigen, louteren, purificeren

Pu·rim /pjʊərɪm, ᴬpʊrɪm/ [niet-telb zn] **Poerim** ⟨joodse feestdag⟩, Lotenfeest

pu·rine /pjʊəriːn, -rɪn, ᴬpjʊr-/ [niet-telb zn] ⟨scheik⟩ **purine**

pur·ism /pjʊərɪzm, ᴬpjʊr-/ [niet-telb zn] ⟨taalk⟩ **purisme**, (taal)zuivering

pur·ist /pjʊərɪst, ᴬpjʊr-/ [telb zn] **purist**, (taal)zuiveraar, woordenvitter, taalzifter

pu·ris·tic /pjʊərɪstɪk, ᴬpjʊrɪs-/, **pu·ris·ti·cal** /-ɪkl/ [bn; bw: ~ally] **puristisch**

¹**pu·ri·tan** /pjʊərɪtn, ᴬpjʊr-/ [telb zn] ① **puritein** ② ⟨vaak Puritan⟩ **puritein**, aanhanger van Engels protestants puritanisme

²**pu·ri·tan** /pjʊərɪtn, ᴬpjʊr-/, **pu·ri·tan·ic** /pjʊərɪtænɪk, ᴬpjʊr-/, **pu·ri·tan·i·cal** /-ɪkl/ [bn; bw: ~ically; zn: ~icalness] ① **puriteins**, moraliserend, streng van zeden ② ⟨vaak Puritan⟩ **puriteins**, m.b.t. puriteinen/puritanisme

pu·ri·tan·ism /pjʊərɪtənɪzm, ᴬpjʊrɪtn-ɪzm/ [niet-telb zn] ① **puritanisme**, morele strengheid, puriteinse/moralistische levenshouding ② ⟨vaak Puritanism⟩ **puritanisme**, opvattingen van de puriteinse sekte

pu·ri·ty /pjʊərəti, ᴬpjʊrəti/ [niet-telb zn] ① **zuiverheid**, puurheid, reinheid, onschuld ② **homogeniteit** ⟨van metaal, stof⟩, zuiverheid

purity ball [telb zn] ⟨AE⟩ **kuisheidsfeestje** ⟨waar men belooft tot het huwelijk maagd te blijven⟩

purity ring [telb zn] ⟨AE⟩ **kuisheidsring** ⟨om kenbaar te maken dat men niet aan seks voor het huwelijk doet⟩

¹**purl**, ⟨in betekenissen 1 en 2 ook⟩ **pearl** /pɜːl, ᴬpɜrl/ [telb zn] ① ⟨breien⟩ **averecht(se steek)** ♦ *first three purl, then three plain* eerst drie averecht, dan drie recht ② **(kanten/geborduurde) garnering**, picot, sierband (met lusjes) ③ ⟨inf⟩ **smak**, tuimeling, val

²**purl**, ⟨in betekenis 2 ook⟩ **pearl** /pɜːl, ᴬpɜrl/ [niet-telb zn] ① ⟨the⟩ ⟨form⟩ **gekabbel** ⟨van beekje⟩, murmelend geluid, geruis ② **gouddraad, zilverdraad** ⟨voor borduren⟩, cantille ③ ⟨gesch⟩ **warm bier met jenever (en suiker)**, alsembier ④ ⟨vnl BE; gesch⟩ **warm bier met jenever**, warme kopstoot

³**purl** /pɜːl, ᴬpɜrl/ [onov ww] ① **kabbelen** ⟨van beekje⟩, murmelen, een murmelend geluid maken, ruisen ② **omvallen**, omslaan

⁴**purl**, ⟨ook⟩ **pearl** /pɜːl, ᴬpɜrl/ [onov + ov ww] ① **averechts breien** ② **garneren/afzetten (met kant/borduursel/gouddraad/zilverdraad)**, met kantjes afwerken

⁵**purl** /pɜːl, ᴬpɜrl/ [ov ww] ⟨inf⟩ **doen omvallen**, doen omslaan/kapseizen/neersmakken (bijvoorbeeld van boot, paard) ♦ *she got purled* ze werd van haar paard gegooid

purl·er /pɜːlə, ᴬpɜrlər/ [telb zn; inf] ① **smak**, harde val voorover ♦ *come/take a purler* een flinke smak maken, languit vallen ② **optater**, harde klap/duw

pur·lieu /pɜːljuː, ᴬpɜrluː/ [telb zn] ① **naburig/aangrenzend gebied**, buurt ② ⟨vaak mv⟩ **veelbezochte plaats** ③ ⟨BE; gesch⟩ **bosrand**, woudzoom ⟨aan speciale (jacht)wetten onderworpen⟩ ④ ⟨zelden⟩ **achterbuurt**, zelfkant

pur·lieus /pɜːljuːz, ᴬpɜrljuːz/ [alleen mv] ① ⟨form⟩ **omgeving**, buitenwijken, omtrek, omstreken ② **grensgebied**, randgebied

pur·lin, pur·line /pɜːlɪn, ᴬpɜr-/ [telb zn] ⟨bouwk⟩ **gording**

pur·loin /pɜːlɔɪn, ᴬpər-/ [onov + ov ww] ⟨form⟩ **stelen**, ontvreemden, wegnemen

pur·loin·er /pɜːlɔɪnə, ᴬpərlɔɪnər/ [telb zn] ⟨form⟩ **(kruimel)dief**

purl stitch [telb zn] **averechtse steek**

¹**pur·ple** /pɜːpl, ᴬpɜrpl/ [niet-telb zn] ① **purper**, karmozijnrood, donkerrood, paars(rood), ⟨i.h.b.⟩ klassiek purper ⟨van purperslak⟩ ② ⟨the⟩ **purperen gewaad/kleed** (bijvoorbeeld van koning/keizer) ♦ *he was wearing the purple* hij droeg een purperen waardigheidskleed ③ ⟨r-k⟩ **kardinaalsambt** ♦ *he was raised to the purple* hij werd kardinaal ④ **(zeer) hoge rang**, koninklijke/keizerlijke stand, vooraanstaande klasse ♦ *he was born in/to the purple* hij was van koninklijke bloede; ⟨fig⟩ hij was van een zeer voornaam geslacht

²**pur·ple** /pɜːpl, ᴬpɜrpl/ [bn; vergr trap: purpler] ① **purper**, karmozijnrood, donkerrood, paars(rood) ♦ ⟨dierk⟩ *purple gallinule* purperkoet ⟨Porphyrio porphyrio⟩; ⟨dierk⟩ *purple heron* purperreiger ⟨Ardea purpurea⟩; *he became purple with rage* hij liep rood/paars aan van woede ② **vorstelijk**, koninklijk, keizerlijk ③ ⟨sl⟩ **erotisch**, geil ④ ⟨sl⟩ **luguber** ▫ ⟨dierk⟩ *purple emperor* grote weerschijnvlinder ⟨Apatura iris⟩; ⟨BE; inf⟩ *purple heart* (hartvormige) amfetaminetablet; ⟨AE⟩ *Purple Heart* Purple Heart ⟨eremedaille voor gewonde soldaten⟩, gewondenstreepje; ⟨dierk⟩ *purple sandpiper* paarse strandloper ⟨Calidris maritima⟩

³**pur·ple** /pɜːpl, ᴬpɜrpl/ [bn, attr; vergr trap: purpler] **sierlijk**, (te) bloemrijk, retorisch, bombastisch ♦ *a purple passage/patch* een briljant gedeelte ⟨in saaie verhandeling⟩; bombastisch stuk; *purple prose* bloemrijk/hoogdravend proza; *a purple style* een (te) zeer verzorgde stijl

⁴**pur·ple** /pɜːpl, ᴬpɜrpl/ [onov ww] **purper (gemaakt) worden**

⁵**pur·ple** /pɜːpl, ᴬpɜrpl/ [ov ww] **purper maken**

pur·ple·heart [niet-telb zn] **purperhart**, amarante ⟨hout van boom van genus Peltogyne⟩

pur·plish /pɜːplɪʃ, ᴬpɜr-/, **pur·ply** /-pli/ [bn] **purperachtig**

¹**pur·port** /pɜːpɔːt, ᴬpɜrpɔrt/ [niet-telb zn] ⟨form⟩ **strekking**, bedoeling, betekenis, teneur, inhoud

²**pur·port** /pəpɔːt, ᴬpərpɔrt/ [ov ww] ① **beweren**, (bewust) voorgeven ♦ *he purports to be the inventor of the electric blanket* hij beweert de uitvinder van de elektrische deken te zijn ② **(ogenschijnlijk) bedoelen**, stellen, tot strekking

purpose

hebben ♦ *the compliment that purported to flatter me* het compliment dat kennelijk bedoeld was om me te vleien; *what did the letter purport?* wat was de strekking van de brief? ③ **van plan zijn** ♦ *he purports to be rich soon* hij is van plan snel rijk te worden

¹**pur·pose** /pɜːpəs, ᴬpɜr-/ [telb zn] ① **doel**, bedoeling, reden, plan, voornemen ♦ *accidentally on purpose* per ongeluk expres; *for several purposes* voor verscheidene doeleinden; *he's here for business purposes* hij is hier voor zaken; *he came for/with the purpose of seeing us/he came on purpose to see us* hij kwam met het doel om ons te bezoeken; *it is not in my purpose* het ligt niet in mijn bedoeling; *a novel with a purpose* een tendensroman, een roman met een boodschap; *he did it on purpose* hij deed het met opzet/expres/bewust; *put your energy to a good purpose* benut je energie voor een goede zaak; *does this serve your purpose?* beantwoordt dit aan je bedoeling/verwachtingen?; ⟨BE⟩ *this man is here of set purpose* deze man is hier met een bepaalde bedoeling/niet zomaar ② **zin**, (beoogd) effect, resultaat, nut ♦ *these talks have certainly answered/fulfilled/served their purpose(s)* deze besprekingen hebben zeker vruchten afgeworpen/zijn zeker zinvol geweest; *come to little purpose* weinig effect hebben; *all your help will be to no purpose* al je hulp zal tevergeefs zijn/niet baten; *the visit to Bristol was to good purpose* het bezoek aan Bristol heeft nut/zin gehad ⟨·⟩ ⟨sprw⟩ *the devil can cite/quote Scripture for his own purposes* elke ketter heeft zijn letter

²**pur·pose** /pɜːpəs, ᴬpɜr-/ [niet-telb zn] ① ⟨the⟩ **de zaak waarom het gaat**, de betreffende kwestie, het punt ♦ *his remark is (not) to the purpose* zijn opmerking is (ir)relevant/(niet) ter zake ② **vastberadenheid**, wilskracht, resoluutheid ♦ *she's a girl full of purpose* ze is een vastberaden tante, ze is een meisje dat weet wat ze wil; *wanting in purpose* slap, besluiteloos; *he is weak of purpose* hij is slap/besluiteloos

³**pur·pose** /pɜːpəs, ᴬpɜr-/ [ov ww] ⟨form⟩ **van plan zijn**, zich voornemen, tot doel hebben, de intentie hebben, besluiten (tot) ♦ *he purposes to spend his holidays with us* het ligt in zijn bedoeling zijn vakantie bij ons door te brengen

pur·pose-built, pur·pose-made [bn] ⟨vnl BE⟩ **speciaal gebouwd/vervaardigd** ♦ *a purpose-built library* een voor dat doel gebouwde bibliotheek/als bibliotheek opgezet gebouw

pur·pose·ful /pɜːpəsfʊl, ᴬpɜr-/ [bn; bw: ~ly; zn: ~ness] ① **vastberaden**, doelbewust, wilskrachtig, resoluut ② **met een doel/bedoeling**, opzettelijk, met een plan/voornemen/reden ♦ *a purposeful attempt to entice her away* een bewuste poging om haar weg te lokken; *a purposeful remark* een betekenisvolle opmerking

pur·pose·less /pɜːpəsləs, ᴬpɜr-/ [bn; bw: ~ly; zn: ~ness] ① **doelloos**, zonder bedoeling/plannen/opzet/reden ♦ *a purposeless remark* een nietszeggende opmerking ② **zinloos**, nutteloos, zonder effect

pur·pose·ly /pɜːpəsli, ᴬpɜr-/ [bw] **opzettelijk**, met een bepaald doel, doelbewust, expres, met opzet

pur·pos·ive /pɜːpəsɪv, ᴬpɜr-/ [bn; bw: ~ly; zn: ~ness] ① **met een doel/bedoeling**, doelgericht, doelmatig, praktisch ♦ *a purposive question* een doelgerichte vraag ② **doelbewust**, resoluut, vastberaden ♦ *purposive behaviour* resoluut gedrag

pur·pu·ra /pɜːpjʊrə, ᴬpɜrpjərə/ [telb + niet-telb zn] ⟨med⟩ **purpura**

pur·pu·ric /pɜːpjʊrɪk, ᴬpɜrpjərɪk/ [bn, attr] **m.b.t. purpura** ♦ *purpuric fever* scharlakenkoorts

pur·pu·rin /pɜːpjʊrɪn, ᴬpɜrpjərɪn/ [niet-telb zn] **purpurine**, meekrappurper

¹**purr** /pɜː, ᴬpɜr/ [telb + niet-telb zn] ① **spinnend geluid**, gespin ⟨van kat⟩ ② **zoemend geluid**, gesnor, gezoem ⟨van machine⟩ ③ **tevreden/poeslief geluid** ⟨van persoon⟩, tevreden gebrom/geknor

²**purr** /pɜː, ᴬpɜr/ [onov ww] ① **spinnen** ⟨van kat⟩ ② **snorren**, tevreden brommen ⟨van persoon⟩ ③ **gonzen**, zoemen ⟨van machine⟩

³**purr** /pɜː, ᴬpɜr/ [ov ww] **poeslief zeggen/vragen** ♦ *she didn't ask her question, she purred it!* ze stelde haar vraag niet gewoon, ze vroeg het poeslief!

¹**purse** /pɜːs, ᴬpɜrs/ [telb zn] ① **portemonnee**, beurs, buidel, geldzak ♦ *keep a tight hand on the purse* de hand op de knip houden ② ⟨AE⟩ **damestas**, handtasje ③ **financiële middelen**, portemonnee, geld ♦ *a holiday to Colombia is beyond/within my purse* ik kan me (g)een vakantie naar Colombia veroorloven ④ **opbrengst (van inzameling)**, geld(bedrag), prijzengeld, (geheel van) bijdrage(n) ♦ *give/put up a purse* een geldprijs beschikbaar stellen; *make up a purse for* geld inzamelen voor ⑤ ⟨sl⟩ **pruim**, kut, vagina ⟨·⟩ ⟨sprw⟩ *little and often fills the purse* voeg bij het kleine dikwijls wat, dan wordt het eens een grote schat; ⟨sprw⟩ *he that hath a full purse never wanted a friend* de rijken hebben veel vrienden, geld maakt vrienden; ⟨sprw⟩ *(a) heavy purse makes a light heart* het goud verlicht het hart; ⟨sprw⟩ *a light purse makes a heavy heart* ± platte beurzen maken kranke zinnen, ± berooide beurs, berooide zinnen; ⟨sprw⟩ *you cannot make a silk purse out of a sow's ear* men kan van een varkensoor geen fluwelen beurs maken; ⟨sprw⟩ *he that hath not silver in his purse should have silk in his tongue* ± arme mensen die om hulp vragen moeten zich hoffelijk gedragen, ± met de hoed in de hand komt men door het ganse land

²**purse** /pɜːs, ᴬpɜrs/ [onov ww] **zich rimpelen**, gerimpeld/gefronst/samengetrokken worden

³**purse** /pɜːs, ᴬpɜrs/ [ov ww] **samentrekken**, rimpelen, tuiten ♦ *indignantly, she pursed her lips* ze tuitte verontwaardigd de lippen; *don't purse up your brow like that!* frons je voorhoofd niet zo!

purse bearer [telb zn] ① **thesaurier**, penningmeester ② ⟨BE⟩ **rijkszegeldrager**, grootzegeldrager (voor de Lord Chancellor)

purse pride [niet-telb zn] **geldtrots**, aan geldbezit ontleende trots

purs·er /pɜːsə, ᴬpɜrsər/ [telb zn] **purser**, administrateur-opperhofmeester (op passagiersschip)

purse snatcher [telb zn] ⟨AE⟩ **tasjesdief**

purse strings [alleen mv] **beurskoordjes, buidelkoordjes**, ⟨fig⟩ financiële macht, geldbeheer, financiën ♦ *hold the purse strings* de financiën beheren, de financiële touwtjes in handen hebben; *loosen the purse strings* royaler worden, de uitgaven vergroten, het geld laten rollen; *tighten the purse strings* zuinig zijn, bezuinigen, de buikriem aanhalen

purs·lane /pɜːslɪn, ᴬpɜrslein/ [niet-telb zn] ⟨plantk⟩ **postelein** (Portulaca oleracea)

pur·su·a·ble /pəsjuːəbl, ᴬpərsuː-/ [bn] ① **te (ver)volgen**, vervolgbaar ♦ *pursuable studies* een te volgen studie ② **na te streven** ♦ *a pursuable ideal* een voor ogen staand ideaal

pur·su·ance /pəsjuːəns, ᴬpərsuː-/ [niet-telb zn] ⟨form⟩ ① **uitvoering**, het verwezenlijken, voortzetting ♦ *in (the) pursuance of his duty* tijdens het vervullen van zijn plicht; *in (the) pursuance of the regulations* bij het naleven/uitvoeren van de reglementen ② **najaging**, het streven, het zoeken ♦ *in pursuance of luck/money* op zoek naar geluk/geld

pur·su·ant /pəsjuːənt, ᴬpərsuː-/ [bn] **achtervolgend**, (ver)volgend, uitvoerend ⟨·⟩ *pursuant to your instructions* conform/overeenkomstig/ingevolge uw instructies

pur·su·ant·ly /pəsjuːəntli, ᴬpərsuː-/ [bw] ⟨form⟩ ① **dienovereenkomstig** ② **dientengevolge**

¹**pur·sue** /pəsjuː, ᴬpərsuː/ [onov ww] ① **de achtervolging inzetten** ♦ *pursue after wealth* rijkdom nastreven; *pursue after a murderer* een moordenaar achtervolgen ② **doorgaan**, vervolgen, verder gaan ③ ⟨SchE; jur⟩ **een aanklacht**

indienen, aanklagen

²**pur·sue** /pəsjuː, ᴬpərsuː/ [ov ww] ① jacht maken op, achtervolgen, achterna zitten ♦ *the police pursued the robber* de politie maakte jacht op de rover ② volgen, achternalopen, niet loslaten ⟨ook figuurlijk⟩, lastigvallen ♦ *disease pursued her for years* ze werd jarenlang door ziekte geplaagd; *her former lover pursues her wherever she goes* haar vroegere geliefde volgt haar overal op de hielen; *bad luck always pursues him* het ongeluk achtervolgt hem altijd, hij is een echte pechvogel; *this memory pursued him* deze herinnering liet hem niet los ③ nastreven, trachten te bereiken, najagen ♦ *John pursues success, Sheila pursues pleasure* John jaagt het succes na, Sheila het plezier ④ doorgaan met, vervolgen, vorderen met, voortborduren op, voortzetten ♦ *pursue a new course* een nieuwe weg inslaan; *he pursued his inquiries* hij zette zijn onderzoek voort; *it is wiser not to pursue the matter* het is verstandiger de zaak te laten rusten; *he will pursue this plan* hij zal dit plan doorzetten; *I pursue my studies* ik vorder met mijn studie; *don't pursue this subject, will you?* ga alsjeblieft niet op dit onderwerp door ⑤ beoefenen, uitoefenen, zich bezighouden met ♦ *the hobbies we pursue* de liefhebberijen waarmee wij ons bezighouden; *what profession does he pursue?* wat voor beroep oefent hij uit?

pur·su·er /pəsjuːə, ᴬpərsuːər/ [telb zn] ① (achter)volger, najager, doorzetter, voortzetter, beoefenaar ② ⟨SchE; jur⟩ aanklager, eiser

¹**pur·suit** /pəs(j)uːt, ᴬpərsuːt/ [telb zn] bezigheid, activiteit, hobby, beoefening, werk(zaamheid) ♦ *be engaged in profitable pursuits* bezig zijn met winstgevende werkzaamheden

²**pur·suit** /pəs(j)uːt, ᴬpərsuːt/ [niet-telb zn] vervolging ⟨Schots-Engels; ook juridisch⟩, achtervolging, het najagen, jacht ♦ *in pursuit of happiness* op zoek naar het geluk; *the police were in pursuit of the criminals* de politie was op jacht naar de misdadigers, de politie had de achtervolging van de misdadigers ingezet; *pursuit of money* geldbejag

pursuit plane [telb zn] jachtvliegtuig, jager

pursuit race [telb zn] achtervolging(swedstrijd) ⟨bij wielrennen⟩

pur·sui·vant /pɜːsɪvənt, ᴬpɜr-/ [telb zn] ① onderwapenheraut ⟨in Engeland⟩ ② ⟨vero⟩ volgeling, begeleider

pur·sy /pɜːsi, ᴬpɜrsi/ [bn; vergr trap: pursier; zn: pursiness] ⟨vero⟩ ① kortademig ② pafferig, dik, vet

pur·te·nance /pɜːtɪnəns, ᴬpɜrtn·əns/ [niet-telb zn] ⟨vero⟩ (dieren)ingewanden, ⟨i.h.b.⟩ hart, lever en longen, geweide)

pu·ru·lence /pjʊərələns, ᴬpjʊrjə-/ [niet-telb zn] ① purulentie, het etterig-zijn ② pus, etter

pu·ru·lent /pjʊərələnt, ᴬpjʊrjə-/ [bn; bw: ~ly] etterig, ettervormend, purulent, vol etter/pus ♦ *a purulent wound* een etterende wond

¹**pur·vey** /pɜːveɪ, ᴬpɜr-/ [onov ww] (bevoorrading) leveren ♦ *purvey for the Navy* aan de marine leveren, leverancier zijn van de marine

²**pur·vey** /pɜːveɪ, ᴬpɜr-/ [ov ww] bevoorraden met, leveren ⟨voedsel⟩ ♦ *the baker purveys bread to his customers* de bakker voorziet zijn klanten van brood

pur·vey·ance /pɜːveɪəns, ᴬpɜr-/ [niet-telb zn] ① ⟨form⟩ leverantie, het (aan)leveren ♦ *the purveyance of food to the army* de voedselbevoorrading van het leger ② ⟨gesch⟩ koninklijk inkooprecht (onder de marktprijs)

pur·vey·or /pɜːveɪə, ᴬpɜrveɪər/ [telb zn] ⟨vnl form⟩ ① leverancier, verschaffer ♦ *the purveyor of wine to the queen* de hofleverancier van wijn ② verspreider, verbreider ♦ *a purveyor of lies* een leugenverspreider

pur·view /pɜːvjuː, ᴬpɜr-/ [telb + niet-telb zn] ⟨form⟩ ① kader, bereik, raamwerk, grenzen, omvang, bedoeling ♦ *in/within the purview of this meeting* in het kader/de sfeer van deze vergadering; *outside the purview of their possibilities* buiten de reikwijdte van hun mogelijkheden ② gezichtsveld, horizon ⟨ook figuurlijk⟩ ③ ⟨vnl enkelvoud⟩ ⟨jur⟩ bepalingen ⟨van wet⟩ ♦ *the purview of this regulation* de bepalingen van dit reglement

pus /pʌs/ [niet-telb zn] pus, etter

Pu·sey·ism /pjuːziɪzm/ [niet-telb zn] ⟨gesch, rel; vaak pej⟩ puseyisme ⟨naar E. B. Pusey (1800-1882)⟩

¹**push** /pʊʃ/ [telb zn] ① duw, stoot, zet, ruk ♦ *give that door a push* geef die deur even een zetje ② grootscheepse aanval ⟨van leger⟩, offensief, opmars, ⟨fig⟩ energieke poging ♦ *make a push for* aanrukken op, beslist afgaan op, zich inspannen voor; *it was a hard push to get there* het kostte veel moeite/het viel niet mee er te komen; *we made a push to finish the job in time* we deden ons uiterste best het werk op tijd klaar te krijgen; *make a push* een aanval doen; ⟨inf⟩ een serieuze poging ondernemen ③ ⟨bilj⟩ stoot(bal) ④ ⟨sl⟩ bende, troep, menigte ⑤ ⟨hockey⟩ push, duwslag ⑥ → **push button** ⟨vnl BE; inf⟩ *at a push* als het echt nodig is, onder druk, in geval van nood; ⟨inf⟩ *get the push* eruit vliegen, zijn congé krijgen; ⟨inf⟩ *give s.o. the push* iemand de bons geven, iemand ontslaan/eruit gooien

²**push** /pʊʃ/ [niet-telb zn] ① ⟨inf⟩ energie, doorzettingsvermogen, wilskracht, fut, overtuiging(skracht) ♦ *he is full of push and go* hij zit boordevol energie; *he hasn't enough push* er gaat niet genoeg van hem uit; *to get a job like that you need a lot of push* om zo'n baan te krijgen moet je heel wat aankunnen ② druk, het drukken, drang, nood, crisis ♦ *if/when it comes/came to the push* in het ergste geval, in geval van nood, als het erop aankomt/aankwam, als/toen de nood aan de man komt/kwam; *the push of the sea against the wall* de druk/het beuken van de zee tegen de muur ③ hulp, duwtje in de rug, zetje, steun(tje), stimulans ♦ *with some of his push I'll succeed* met wat ruggensteun van zijn kant zal ik het wel klaarspelen

³**push** /pʊʃ/ [bn] ⟨sl⟩ gemakkelijk

⁴**push** /pʊʃ/ [onov ww] ① duwen, druk uitoefenen, stoten, schuiven, dringen ♦ *push against this window* duw eens tegen dit raam; *push down* persen ⟨van vrouw tijdens bevalling⟩; *push hard for more money* meer geld eisen; *push and shove* duwen en dringen ② vorderingen maken, vooruitgaan, doorgaan, doorlopen, verder gaan ♦ *push ahead/along/forward/on* ⟨rustig⟩ doorgaan; ⟨inf⟩ *we must push along now* we moeten er nu vandoor; *push by/past* voorbij/langs komen zetten, ruw passeren, voorbijdringen; *push by/past s.o.* iemand voorbijdringen; *this road pushes towards the next village* deze weg loopt/leidt naar het volgende dorp; *push ahead/along/forward/on with* vooruitgang boeken/doorzetten/opschieten met ③ zich (uitermate) inspannen, wilskracht tonen, doorzettingsvermogen/ondernemingslust hebben, doorduwen ♦ *he had to push hard to reach success* hij moest er erg hard aan trekken/werken om succes te bereiken ④ aan de weg timmeren ⑤ ⟨inf⟩ pushen, dealen ⑥ ⟨sl⟩ misbruik maken ⑦ ⟨sl⟩ lekker spelen ⟨jazz⟩ ▼ zie: **push in**; zie: **push off**; zie: **push out**; zie: **push through**

⁵**push** /pʊʃ/ [ov ww] ① (weg)duwen, een zet/stoot geven, doen voortbewegen, voortduwen, voortdrijven, voortdringen, ⟨fig⟩ beïnvloeden, dwingen ♦ ⟨inf, fig⟩ *push s.o. about/around* iemand ruw/slecht behandelen; iemand commanderen, iemand met minachting behandelen; *this tribe has always been pushed around* er is altijd gesold met deze stam; *they pushed our work aside* ze schoven ons werk terzijde; ⟨fig⟩ ze gaven ons werk geen kans; *he pushed the letter away/back* hij duwde/schoof de brief weg/van zich af; *push back the enemy* de vijand terugdringen; *push back one's hair* zijn haar naar achteren strijken; *push the button* op de knop/bel drukken, de knop/bel indrukken; ⟨fig⟩ het beslissende initiatief nemen, de machine/zaak aan de gang brengen; ⟨sl, fig⟩ *push the panic button* in paniek ra-

pushball

ken, verstijfd zijn van angst; ertegenaan gaan; snel en goed werk eisen; *push the car* de auto aanduwen; *push a claim against s.o.* een eis tegen iemand instellen, iemand vervolgen; *don't push your sister to take that decision* zet je zus niet aan tot dat besluit; *push a door open* een deur openduwen; *he was pushed down* hij werd ondergeduwd; *push one's fortune* met alle geweld fortuin willen maken; *he pushed his claim forward* hij bracht zijn eis naar voren, hij diende zijn vordering in; *he always pushes himself forward* hij dringt zich altijd op de voorgrond; *push s.o. forward as a candidate* iemand als kandidaat naar voren schuiven; *he pushed himself to the exit* hij bewoog zich (met moeite) naar de uitgang, hij ging langzaam richting uitgang; *push s.o. into action* iemand tot actie dwingen/doen overgaan; *he pushes the matter too far* hij drijft de zaak te ver door, hij overdrijft (het); *I pushed myself to do it* ik dwong mezelf het te doen; *the disaster pushed all other news off the front pages* de ramp verdrong al het andere nieuws van de voorpagina's; *push one's work onto s.o. else* zijn werk op iemand anders afschuiven/aan iemand anders opdringen; *push over a lady* een dame omverlopen/omduwen; *push over a table* een tafel omgooien/op de grond gooien; *they pushed the proposals through parliament* ze drukten de voorstellen erdoor in het parlement; *she always pushes things to extremes* ze drijft alles tot het uiterste door; *she pushed him to the verge of suicide* ze dreef hem bijna tot zelfmoord; *that pushed prices up* dat joeg de prijzen op/omhoog; *push one's way through a crowd* zich een weg banen door een menigte 2 **uitbreiden**, verbreiden, verspreiden 3 **stimuleren**, bevorderen, promoten, voorthelpen, pluggen, pushen ♦ *a business friend pushes him* hij krijgt een ruggensteuntje van iemand/wordt geholpen door een zakenvriend; *push a friend in influential circles* een vriendin introduceren in invloedrijke kringen; *push the goods in every possible way* de verkoop van de waren op allerlei manieren stimuleren; *push the Marxist ideology* zich inspannen voor de marxistische ideologie; *push o.s.* zichzelf promoten, zichzelf weten te verkopen, zijn uiterste best doen, zijn energie tonen; *he pushed his son (on) to go into politics* hij stimuleerde zijn zoon om in de politiek te gaan 4 **druk uitoefenen op,** lastigvallen, op de nek zitten, aandringen bij ♦ *you'll be (hard) pushed to find s.o. to do that* het zal je veel moeite kosten iemand te vinden om dat te doen; *I am pushed for time* ik heb maar weinig tijd, ik zit in tijdnood; *he pushed me for money* hij eiste geld van mij, hij probeerde geld van mij los te krijgen; *he is pushed (for time/money)* hij heeft bijna geen tijd/geld, hij zit verlegen (om tijd/geld), hij zit krap (in zijn tijd/geld); *don't push your luck (too far)!* stel je geluk niet te veel op de proef!, neem niet te veel risico's!; *they push this man too hard* ze zetten deze man te veel onder druk 5 **naderen** (bepaalde leeftijd) ♦ *be pushing forty* de veertig naderen, bijna veertig zijn 6 ⟨inf⟩ **pushen** ⟨drugs⟩, smokkelen 7 ⟨sl⟩ **besturen** ⟨voertuig⟩ 8 ⟨sl⟩ **koud maken,** neerleggen, een kopje kleiner maken [•] ⟨sl⟩ *push across* koud maken, afmaken; ⟨sport⟩ scoren; *push home* uitvoeren, toedienen, krachtig ondernemen/uiteenzetten; *push home new arguments* nieuwe argumenten in de strijd werpen; *the attack was pushed home with considerable force* de aanval werd met veel kracht uitgevoerd; zie: **push off;** zie: **push out;** zie: **push through**

push-ball [telb + niet-telb zn] ⟨sport⟩ **pushball** ⟨voornamelijk in USA en Canada; (spel met) zware bal⟩

push-bike [telb zn] ⟨BE⟩ **fiets** ♦ *go by push-bike* met de fiets gaan

push button [telb zn] **drukknop,** druktoets

push-but·ton [bn, attr] **drukknop-,** automatisch, automatiserings- ♦ *a machine with a push-button starter* een machine die aangezet wordt d.m.v. een drukknop; *push-button telephone* druktoestelefoon; *push-button warfare* automatische oorlogvoering, oorlogvoering op afstand

push·cart [telb zn] 1 **handkar** 2 **boodschappenwagentje** ⟨in supermarkt⟩

push·chair [telb zn] ⟨BE⟩ **(opvouwbare) wandelwagen,** vouwwagentje

push-down automaton [telb zn] ⟨comp⟩ **push-down-automaat**

push·er /pʊʃə, ˆ-ər/ [telb zn] 1 **opdringer,** brutaal iemand, (te) ambitieus iemand, streber, agressieve verkoper 2 ⟨sl⟩ **(illegale) drugsverkoper,** (drugs)dealer

push·ful /pʊʃfl/ [bn] 1 **energiek,** ondernemend 2 **opdringerig,** doordrammerig, brutaal, agressief

push in [onov ww] ⟨inf⟩ 1 **een gesprek ruw onderbreken,** ertussen komen, iemand in de rede vallen, erin springen, (zich) indringen 2 **voordringen**

push-in [telb zn] ⟨hockey⟩ **inpush**

push·ing /pʊʃɪŋ/ [bn; tegenwoordig deelw van push] 1 **energiek,** ondernemend, wilskrachtig 2 **opdringerig,** doordrijverig, drammerig, brutaal, agressief ♦ *he is too pushing with strangers* hij is te opdringerig tegenover vreemden

¹**push off** [onov ww] 1 ⟨inf⟩ **ervandoor gaan,** weggaan, ophoepelen, vertrekken, opstappen ♦ *now push off, will you* hoepel nu alsjeblieft eens op 2 **uitvaren,** van wal steken ♦ *we pushed off in our new boat* we voeren weg in onze nieuwe boot

²**push off** [ov ww] 1 **afduwen** ⟨boot⟩ 2 **beginnen (met),** oprichten, de eerste aanzet geven tot, het initiatief nemen tot, aan de gang brengen ♦ *push off a new symphony orchestra* een nieuw symfonieorkest oprichten 3 **afschuiven,** wegsturen, zich onttrekken aan, zich ontdoen van, proberen af te komen van 4 ⟨sl⟩ **koud maken,** neerleggen

push-off [telb zn] ⟨gymn⟩ **afzet** (met handen)

¹**push out** [onov ww] 1 **uitsteken** ♦ *these cliffs push out into the sea* deze rotsen steken uit in de zee 2 **uitvaren,** vertrekken

²**push out** [ov ww] 1 **ontslaan,** eruit gooien/werken, zich ontdoen van, de laan uitsturen ♦ *I was simply pushed out* ik kon (gewoon) wel inpakken 2 **uitduwen,** uitschuiven, wegduwen 3 **doen groeien,** schieten ⟨wortel⟩ 4 **produceren** ⟨brieven, teksten e.d.⟩

push-over [telb zn; voornamelijk enk] ⟨inf⟩ 1 **fluitje van een cent,** makkie, koud kunstje, gemakkelijk iets ♦ *the exam was a push-over* het examen stelde niets voor 2 **gemakkelijk(e) vangst/slachtoffer,** eenvoudige/ongevaarlijke tegenstander ♦ *he is a push-over for any girl* hij laat zich door ieder meisje inpalmen

push·pin [telb zn] ⟨AE⟩ **punaise**

push-pull [bn, attr] ⟨elek⟩ **in balans,** balans- ♦ *push-pull amplifier* balansversterker

push rod [telb zn] ⟨techn⟩ **klepstoterstang**

push shot [telb zn] 1 ⟨bilj⟩ **duwstoot** ⟨onreglementaire stoot⟩ 2 ⟨waterpolo⟩ **drukschot, drukworp**

push start [telb zn] ⟨auto⟩ **duwstart**

push-start [ov ww] **aanduwen** ⟨auto⟩

push technology [niet-telb zn] ⟨comp⟩ **pushtechnologie** ⟨het continu versturen van informatie naar een gebruiker die heeft opgegeven waarin hij geïnteresseerd is⟩

¹**push through** [onov ww] 1 **opkomen** ⟨van plant⟩, flink groeien, doorzetten 2 **(door)drukken,** doorzetten

²**push through** [ov ww] 1 **doordrukken,** erdoorheen slepen/halen, doen slagen, doorzetten ♦ *we'll push this matter through* we zullen deze zaak erdoor krijgen; *John's teacher pushed him through* Johns leraar sleepte hem erdoor 2 **voltooien,** ten einde brengen ♦ *at last he had pushed the job through* ten slotte had hij het karwei voltooid

Push·tu /pʌʃtuː/ [eigenn] **Pasjtoe,** Afghaans ⟨taal⟩

push-up [telb zn] ⟨AE; sport⟩ **opdrukoefening** ♦ *do twenty pushups* zich twintig keer opdrukken; ⟨België⟩ twintig keer pompen

push·y /pʊʃi/ [bn; vergr trap: pushier; bw: pushily; zn: pushiness] opdringerig, brutaal, vrijpostig

pu·sil·la·nim·i·ty /pjuːsɪlənɪmətɪ/ [niet-telb zn] ⟨form⟩ [1] zwakheid, schuwheid, schroom [2] laf(hartig)heid, kleinhartigheid

pu·sil·lan·i·mous /pjuːsɪlænɪməs/ [bn; bw: ~ly] ⟨form⟩ [1] zwak, slap, verlegen, schuw, timide [2] laf, bang, bedeesd

puss /pʊs/ [telb zn] ⟨inf⟩ [1] poes ⟨voornamelijk als roepnaam⟩ ♦ *Puss in boots* de Gelaarsde Kat [2] haasje [3] poesje, (koket) meisje, vrouwtje, liefje, schatje [4] ⟨vnl enkelvoud⟩ gezicht, mond ♦ *he hit me in the puss* hij sloeg me op mijn gezicht

puss·ley, puss·ly, pus·ley /pʌsli/ [telb + niet-telb zn] postelein

puss moth [telb zn] ⟨dierk⟩ grote hermelijnvlinder ⟨Cerura vinula⟩

¹**puss·y** /pʊsi/ [telb zn] [1] ⟨inf, kind⟩ poes(je), kat(je) [2] ⟨inf⟩ (wilgen)katje [3] ⟨vnl AE; beled⟩ watje, mietje, slapjanus ♦ *don't be such a pussy* wees niet zo'n lafbek/bangerik, wees een man [4] ⟨sl⟩ poesje, kutje, spleetje [5] ⟨sl⟩ sekspoes, lekker stuk • *pussy wants a corner* stuivertje/boompje verwisselen

²**puss·y** /pʊsi/ [niet-telb zn] • ⟨vnl AE; vulg⟩ *eat pussy* beffen, likken; ⟨vnl AE; vulg⟩ *have pussy* neuken

puss·y·cat /pʊsikæt/ [telb zn] ⟨inf⟩ [1] poesje, katje [2] schatje, liefje, lieverd [3] ei, doetje, slapjanus

puss·y·foot /pʊsifʊt/ [onov ww] ⟨inf⟩ [1] sluipen, op kousenvoeten lopen [2] zeer voorzichtig te werk gaan, een slag om de arm houden, zich op de vlakte houden

pus·sy-whip·ped [bn, pred] ⟨AE; sl⟩ onder de plak (zittend)

pussy willow [telb zn] ⟨plantk⟩ ± (kat)wilg ⟨Amerikaanse boom, Salix discolor⟩

pus·tu·lar /pʌstjʊlə, ˆpʌstʃələr/, **pus·tu·lous** /pʌstjʊləs, ˆpʌstʃələs/ [bn] m.b.t. puisten, puistig, met puisten

¹**pus·tu·late** /pʌstjʊleɪt, ˆ-tʃəleɪt/ [bn] puistig, bedekt met puistjes

²**pus·tu·late** /pʌstjʊleɪt, ˆ-tʃəleɪt/ [onov ww] puistjes vormen

³**pus·tu·late** /pʌstjʊleɪt, ˆ-tʃəleɪt/ [ov ww] puistig maken, puisten doen vormen op

¹**pus·tu·la·tion** /pʌstjʊleɪʃn, ˆpʌstʃə-/ [telb zn] ⟨med⟩ puist(je)

²**pus·tu·la·tion** /pʌstjʊleɪʃn, ˆpʌstʃə-/ [niet-telb zn] ⟨med⟩ puistvorming

pus·tule /pʌstjuːl, ˆpʌstʃuːl/ [telb zn] [1] ⟨med⟩ puist(je), karbonkel, pustel, etterblaasje [2] ⟨biol⟩ wrat

¹**put** /pʊt/, ⟨in betekenis 2 ook⟩ **put option** [telb zn] [1] ⟨sport⟩ stoot, worp ⟨van kogel⟩ [2] ⟨fin⟩ put, premieaffaire met optie van levering ⟨van aandelen⟩

²**put** /pʊt/ [telb zn] → putt¹

³**put** /pʊt/ [bn, pred] ⟨inf⟩ op de plaats, ter plekke, onbeweeglijk ♦ *stay put* blijven waar je bent

⁴**put** /pʊt/ [onov ww; put, put] [1] ⟨scheepv⟩ varen, stevenen, koers zetten ♦ zie: **put about;** zie: **put back;** zie: **put forth;** zie: **put in;** *the ship put into the port* het schip voer/stevende de haven binnen; zie: **put off;** zie: **put out;** zie: **put over;** zie: **put to** [2] ⟨AE⟩ stromen ⟨van rivier⟩ ♦ *the river puts into the sea* de rivier mondt uit in zee; *the river puts out of the mountains* de rivier ontspringt in de bergen [3] → putt • zie: **put down;** zie: **put forth;** zie: **put in;** zie: **put on;** zie: **put out;** *his sickness put paid to his plans* zijn ziekte maakte een eind aan zijn plannen/deed zijn plannen in duigen vallen; zie: **put up;** ⟨vnl BE⟩ *put (up)on s.o.* iemand last/ongemak bezorgen

⁵**put** /pʊt/ [onov + ov ww] → **putt², putt³**

⁶**put** /pʊt/ [ov ww; put, put] [1] zetten, plaatsen, leggen, stellen, steken ⟨ook figuurlijk⟩, brengen ⟨in een toestand⟩

♦ *put safety above cost* veiligheid boven kosten stellen; zie: **put across;** *put s.o. across the river* iemand overzetten/naar de overkant brengen; zie: **put aside;** zie: **put away;** zie: **put back;** *put sth. before sth. else* iets prefereren boven iets anders; *put behind bars* achter de tralies zetten; *put sth. behind o.s.* zich over iets heen zetten, met iets breken; zie: **put by;** *put a different/one's own construction on sth.* een verschillende/zijn eigen interpretatie aan iets geven; zie: **put down;** *put much effort in(to) sth.* veel moeite aan iets besteden; *put an end to (one's life)* een eind maken (aan zijn leven); *put a/one's finger to one's lips* de vinger op de mond leggen ⟨als aanmaning tot zwijgen⟩; *put first* op de eerste plaats laten komen; ⟨inf⟩ *he couldn't put one foot before/in front of the other* hij kon geen voet verzetten; *put one thing for another* iets door iets anders vervangen; zie: **put forward;** *put one's hand on sth.* de hand leggen op iets; *put a horse to the cart* een paard voor de wagen spannen; *put a horse to/at a fence* een paard op een hindernis aanzetten; ⟨fig⟩ *put one's (own) house in order* orde op zaken stellen; *put confused ideas into s.o.'s head* iemand verwarde ideeën aanpraten/inpraten; *put an idea/thought into s.o.'s head* iemand op een idee brengen; zie: **put in;** *put in order* in orde brengen; *put in inverted commas* tussen aanhalingstekens plaatsen ⟨ook figuurlijk⟩; *put in an awkward position* in een moeilijk parket brengen; *put into power* aan de macht brengen; *put into effect, put into execution* ten uitvoer brengen; *put into circulation* in omloop brengen; *put a proposal into shape* een voorstel vaste(re) vorm geven; *put in(to) touch with* in contact brengen met; *put sth. in(to) s.o.'s hands* iemand iets in handen geven ⟨voornamelijk figuurlijk⟩; *put a knife between s.o.'s ribs* iemand een mes tussen de ribben steken; *put a match to sth.* iets aansteken/in brand steken; *put money in(to) sth.* geld steken in iets; zie: **put off;** *put s.o. off smoking* iemand van het roken afbrengen; *put s.o. off his food* iemand de eetlust benemen; *put s.o. off his game* iemand van zijn spel afleiden, iemands spel verstoren; *put s.o. off learning* iemand de zin om te leren ontnemen; *put off the scent/track/trail* van het (goede) spoor brengen; *put on his/its feet* op de been/erbovenop brengen; ⟨fig⟩ *put sth. on ice* iets in de ijskast zetten/bergen; *put on the right track* op het goede spoor brengen; *put s.o. on his guard* iemand waarschuwen; *put s.o. on antibiotics* iemand antibiotica voorschrijven; *put o.s. into sth.* zich geheel/zijn beste krachten aan iets geven; zie: **put out;** ⟨mil⟩ *put out of action* buiten gevecht/werking stellen; *put out of business* failliet doen gaan, ruïneren; *put s.o. out of temper* iemand uit zijn humeur brengen; zie: **put over;** *put pen to paper* pen op papier zetten; *put one's pen through a word* een woord doorhalen; *put a period to sth.* een eind maken aan iets; *put pressure (up)on* pressie uitoefenen op; *put a price on sth.* een prijskaartje hangen aan; ⟨fig⟩ *put s.o. right* iemand op het juiste pad brengen/zetten, iemand verbeteren; ⟨fig⟩ *put sth. right* iets rechtzetten; ⟨fig⟩ *put o.s. right with s.o.* zich tegenover iemand rechtvaardigen; *put one's signature to sth.* iets (onder)tekenen; *put a stallion to a mare* een hengst bij een merrie brengen; *put a stop to sth.* een eind maken aan iets; *put a Bill through Parliament* een wetsvoorstel door het parlement krijgen; *put one's children through university* zijn kinderen universitaire studies laten voltooien; *put to death* ter dood brengen, ombrengen; *put to the blush* doen blozen; *put a poem to music* een gedicht op muziek zetten; *put o.s. to death* zelfmoord plegen; *put the children to bed* de kinderen naar bed brengen; *put one's son to a trade* voor zijn zoon een beroep vinden; *put to effective/good use* een nuttig/goed gebruikmaken van; *put o.s./s.o. to work* zich/iemand aan het werk zetten; zie: **put together;** *put £100 towards the cost* £100 in de kosten bijdragen; *put s.o. on the train* iemand op de trein zetten; *put one's trust in* zijn vertrouwen stellen in; zie: **put up;** *put a high value on sth.* een hoge waarde hechten aan iets; *put a*

put about

value/valuation on sth. de waarde bepalen van iets; *the death of his son put years on him* de dood van zijn zoon heeft hem ouder gemaakt ② onderwerpen 〈aan〉, dwingen, drijven ♦ *put s.o. on his oath* iemand onder ede doen verklaren/de waarheid doen zeggen; *put s.o. on (his) trial* iemand voor de rechter brengen; 〈inf〉 *put s.o. through it* iemand een zware test afnemen/zwaar op de proef stellen; *put s.o. through a severe test* iemand aan een zware test onderwerpen; *put to flight/rout* op de vlucht drijven; *put s.o. to trouble* iemand last/ongemak bezorgen; *put s.o. to (great) inconvenience* iemand (veel) ongerief bezorgen; *put s.o. to the indignity of doing sth.* iemand ertoe vernederen iets te doen ③ schatten ④ (op)leggen, heffen 〈belastingen〉 ♦ *put £1,000,000 on the taxes* de belastingen met £1.000.000 verhogen; *put taxes on* belastingen leggen op ⑤ (in)zetten, verwedden ♦ *put money on* geld zetten/wedden op; 〈fig〉 zeker zijn van ⑥ werpen, stoten, jagen ♦ *put a bullet through s.o.'s head* iemand een kogel door het hoofd jagen; 〈atl〉 *put the shot* kogelstoten; 〈sport〉 *put the weight* gewichtwerpen 〈in Schotse Highland Games〉 ⑦ voorleggen, ter sprake brengen, opwerpen, voorstellen ♦ *put a proposal before a meeting* een vergadering een voorstel voorleggen/in overweging geven; *put s.o. onto s.o.* iemand aan iemand voorstellen; *put the situation to s.o.* iemand de situatie uitleggen; *put a proposal to the assembly* een voorstel aan de vergadering voorleggen ⑧ uitdrukken, zeggen, stellen ♦ *to put it bluntly* om het (maar) ronduit/cru te zeggen, kort en goed; zie: **put in**; *how shall I put it?* hoe zal ik het zeggen?; 〈jur〉 *I put it to you that you were there then!* geeft u maar toe dat u toen daar was!; *put sth. on to boil* iets op het vuur zetten, iets aan de kook brengen; *put a question to s.o.* iemand een vraag stellen; *to put it simply/briefly* eenvoudig/kort gezegd ⑨ vertalen, overbrengen, omzetten ♦ *put a text into another language* een tekst vertalen ⑩ 〈scheepv〉 sturen 〈schip〉 ♦ zie: **put about;** zie: **put back;** *put a ship into a port* met een schip in een haven binnenkomen; zie: **put to** ⑪ 〈fin〉 leveren, aanzeggen 〈aandelen〉 ♦ *you may put and call* u hebt een dubbele optie (om aandelen te leveren of te vragen); ⑫ → **putt** • zie: **put about;** zie: **put across;** *put it/one/sth. across s.o.* het iemand flikken, iemand beetnemen; zie: **put ahead;** zie: **put away;** zie: **put back;** *put s.o. to bed* naar bed brengen; zie: **put down;** zie: **put forth;** zie: **put forward;** *be hard put (to it) to do sth.* iets nauwelijks aankunnen, het erg moeilijk hebben om iets te doen; zie: **put in;** 〈inf〉 *put it there!* geef me de vijf! 〈ten teken van akkoord〉; zie: **put off;** zie: **put on;** zie: **put out;** zie: **put over;** 〈inf〉 *not put it past s.o. to do sth.* iemand ertoe in staat achten iets te doen, iemand iets wel zien doen; zie: **put through;** *he was put to it to answer* het kostte hem moeite om antwoord te geven; *put o.s. to it to do sth.* zich ertoe zetten iets te doen; *I put it to him that he was wrong* ik hield het hem voor dat hij het verkeerd had; zie: **put to;** *put under* verdoven, onder narcose brengen; zie: **put up;** 〈sprw〉 *you cannot put old heads on young shoulders* ± grijze haren groeien op geen zotte bollen, ± het verstand komt met de jaren; 〈sprw〉 *praise without profit puts little in the pot* ± het is beter iemand te helpen dan hem te prijzen; 〈sprw〉 *put the saddle on the right horse* ± wees er zeker van dat de persoon die je beschuldigt ook de schuldige is

¹**put about** [onov ww] 〈scheepv〉 laveren, van richting veranderen

²**put about** [ov ww] ① van richting doen veranderen, wenden, keren, doen omkeren 〈schip〉 ♦ *the captain put his ship about* de kapitein wendde de steven ② hinderen, storen, last bezorgen, lastigvallen, derangeren ③ verspreiden, rondstrooien 〈gerucht, leugens〉 ④ 〈vaak passief〉 〈vnl SchE〉 verontrusten, van streek maken ♦ *be put about* van streek/uit het veld geslagen zijn • 〈BE; sl〉 *put it/o.s. about* charmes uitbuiten, koketteren 〈voornamelijk van vrouwen〉

put across [ov ww] ① overbrengen 〈ook figuurlijk〉, aanvaardbaar maken, overzetten, aan de man brengen ♦ *know how to put one's ideas across to an audience* zijn ideeën naar een gehoor weten over te brengen ② 〈vnl AE; inf〉 doordrukken, doorzetten ♦ *the junta has been able to put its disastrous plans across* de junta heeft haar rampspoedige plannen kunnen doordrukken

put ahead [ov ww] → **put forward**

put-and-call, put-and-call option [telb zn; mv: puts-and-calls] 〈fin〉 stellage, dubbele optie 〈voor koop of verkoop van aandelen〉

put-and-take [niet-telb zn] gokspelletje waarbij tolletje bepaalt wie inzet of uitbetaald wordt

put aside, 〈in betekenis 1 ook〉 **put away** [ov ww; vaak passief] ① opzijzetten, wegzetten, opzijleggen, 〈ook m.b.t. geld〉 sparen, reserveren ♦ *I'll put this carpet aside for you, sir!* ik reserveer dit tapijt voor u, meneer! ② terzijde schuiven 〈figuurlijk〉, opzijzetten, vergeten, negeren ♦ *put aside one's pride* zijn trots opzijzetten

pu·ta·tive /pjuːtətɪv/ [bn, attr; bw: ~ly] ① vermeend, verondersteld, vermoedelijk ♦ 〈jur〉 *putative marriage* putatief huwelijk ② hypothetisch

put·a·way [telb zn] 〈sport〉 smash

put away [ov ww] ① wegleggen, opbergen, wegbergen ② → **put aside** ③ 〈inf〉 wegwerken 〈voedsel, drank〉, achteroverslaan, verstouwen, laden, verorberen ④ 〈inf; euf〉 opbergen 〈in gevangenis, gesticht〉, opsluiten ♦ *he had to be put away* hij moest opgesloten worden ⑤ laten inslapen, een spuitje geven ⑥ → **put down** ⑦ 〈form〉 opgeven, vergeten 〈hoop, ambitie〉 ♦ *put away that foolish plan!* laat dat dwaze plan varen!

¹**put back** [onov ww] 〈scheepv〉 terugvaren, naar de haven terugvaren ♦ *put back to port* naar de haven terugvaren

²**put back,** 〈in betekenis 2 ook〉 **put behind** [ov ww] ① terugzetten, terugdraaien, achteruitzetten ♦ *put the clock back* de klok terugzetten 〈ook figuurlijk〉 ② vertragen, tegenhouden ♦ *production has been put back by a strike* de productie is door een staking vertraagd ③ uitstellen, verzetten ♦ *put back till/to/until* uitstellen tot ④ 〈scheepv〉 doen terugvaren

put by [ov ww] → **put aside**

¹**put down** [onov ww] landen 〈van vliegtuig〉

²**put down,** 〈in betekenis 5 ook〉 **put away** [ov ww] ① neerzetten, neerleggen ♦ *put down a baby* een baby te slapen leggen; *put down your books!* leg je boeken neer!, hou op met lezen!; *put down a plane* een vliegtuig aan de grond/neerzetten ② onderdrukken, beheersen, onderwerpen ③ opschrijven, neerschrijven, noteren, op de agenda zetten ♦ *put down a holiday as a business trip* een vakantie opvoeren als zakenreis; 〈fig〉 *put s.o. down as/for* iemand houden voor/beschouwen als; *put a boy down for Eton* een jongen laten inschrijven voor Eton; *put s.o. down for £2* iemand noteren voor £2 〈bij collecte〉; *put it down to my account* zet het maar op mijn rekening; 〈fig〉 *put sth. down to ignorance* iets toeschrijven aan onwetendheid ④ opslaan 〈in het bijzonder voedsel〉, bewaren, inmaken ♦ *put down wine* wijn opslaan 〈in kelder〉 ⑤ een spuitje geven 〈ziek dier〉, uit zijn lijden helpen, (laten) afmaken ⑥ afzetten, uit laten stappen 〈passagiers〉 ⑦ afschaffen, een einde maken aan ♦ *put down s.o.'s pride* iemands trots fnuiken ⑧ aanbetalen ⑨ 〈inf〉 afkeuren, kritiseren ⑩ 〈inf〉 kleineren, vernederen, 〈fig〉 op zijn plaats zetten ⑪ graven 〈een put〉, boren

put-down [telb zn] kleinering, schampere opmerking

¹**put forth** [onov ww] 〈form〉 uitlopen 〈van plant〉, uitbotten

²**put forth** [ov ww] 〈form〉 ① aanwenden, gebruiken, uitoefenen, tentoonspreiden ♦ *put forth strength* kracht tentoonspreiden ② in omloop brengen, uitgeven ③ voort-

brengen ⟨van plant, blad⟩ ♦ *the plants are putting forth their leaves* de planten beginnen uit te lopen ④ **verkondigen** ⟨theorie⟩

put forward, ⟨in betekenis 4 ook⟩ **put ahead** [ov ww] ① **naar voren brengen** ⟨ook figuurlijk⟩, voorstellen, opperen ♦ ⟨fig⟩ *put o.s. forward* zich voorstellen, naar voren komen; *put s.o. forward* iemand voorstellen/naar voren schuiven ② **voordragen** ⟨voor functie⟩, kandidaat stellen, naar voren schuiven ③ **vooruitzetten** ⟨klok⟩ ④ **vervroegen,** eerder doen plaatsvinden

¹**put in** [onov ww] ① **een verzoek indienen,** solliciteren ♦ ⟨inf⟩ *put in for* solliciteren naar, zich kandidaat stellen voor, mededelingen naar; *put in for leave* verlof (aan)vragen ② ⟨inf⟩ **binnenwippen,** eventjes binnenkomen ♦ *he put in to make a call* hij kwam eventjes binnen om te telefoneren ③ ⟨scheepv⟩ **binnenlopen,** binnenvaren ♦ *put in at a port* een haven binnenlopen/aandoen

²**put in** [ov ww] ① ⟨erin⟩ **plaatsen/zetten/brengen,** inbrengen, inlassen, invoegen, installeren, monteren, inspannen ⟨paard⟩, zaaien, (uit)planten, poten ♦ *put in an/one's appearance* zich ⟨even⟩ laten zien/vertonen; *he put his head in at the window* hij stak zijn hoofd uit het raam; *put in a comma here!* las hier een komma in!; *put in more details, please!* vermeld meer details, a.u.b.!; *the novelist has put in a romantic episode here* de romanschrijver heeft hier een romantische episode ingelast; *put in potatoes* aardappels poten/inleggen ② **opwerpen,** tussenbeide komen met, uitroepen ♦ ⟨AE; sl⟩ *put in (one's) two cents* ⟨ongevraagd⟩ zijn advies/mening geven; *put in a remark* een opmerking plaatsen; *'Stop it!' he put in* 'Schei uit!' riep hij uit; ⟨inf⟩ *put in a (good) word for s.o.* een goed woordje voor iemand doen ③ **installeren,** aanstellen, inzetten ♦ *put in an athlete for an event* een atleet voor een (wedstrijd)nummer aanwijzen; *put in guards for the President's protection* bewakers aanstellen voor de bescherming van de president ④ **besteden** ⟨tijd, werk, geld⟩, wijden ⟨tijd⟩, doen ⟨werk⟩ ♦ *put in a blow* een slag/klap geven; *he put in a lot of hard work on the project* hij heeft een boel werk in het project gestopt ⑤ ⟨inf⟩ **doorbrengen** ⟨tijd⟩, passeren ♦ *we had another hour to put in* we moesten nog een uur passeren ⑥ ⟨pol⟩ **verkiezen,** aan de macht brengen ♦ *the Conservative Party was put in* de Conservatieve Partij kwam aan de macht ⑦ ⟨jur⟩ **indienen,** neerleggen, deponeren ⟨klacht, eis⟩ ♦ *put in a claim for damages* een eis tot schadevergoeding instellen/indienen; *put in a plea of not guilty* onschuldig pleiten ▪ *put s.o. in for an award* iemand voor een onderscheiding voordragen/aanbevelen

put·log /pʌtlɒg, ᴬpʊtlɔg, ᴬ-lɑg/, **put·lock** /-lɒk, ᴬ-lɑk/ [telb zn] **korteling,** bulsterhout, dwarshout ⟨van steiger⟩

put-off [telb zn] ⟨inf⟩ **smoes(je),** excuus

¹**put off** [onov ww] ⟨scheepv⟩ **uitvaren,** uitzeilen, vertrekken, van wal steken ♦ *put off from the shore* van wal steken, wegvaren van de kust; *put off to sea* zee kiezen

²**put off** [ov ww] ① **uitstellen,** afzeggen, afschrijven ♦ *we had to put off our friends because I was ill* we moesten de afspraak met onze vrienden afzeggen omdat ik ziek was; *put off till/until* uitstellen tot ② **afzetten,** uit laten stappen ⟨passagiers⟩ ③ **afschrikken,** ⟨van zich⟩ afstoten, tegenmaken, afkerig maken, doen walgen ♦ *his behaviour put off many possible friends* zijn gedrag maakte veel mogelijke vrienden afkerig; *put s.o. off from a plan* iemand een plan afraden; *the smell of that food put me off* de reuk van dat eten deed me walgen ④ **afschepen,** van zich afschudden, ontmoedigen ♦ *I tried in vain to put off my tax-collector* ik trachtte tevergeefs de ontvanger van mij af te schudden; *put s.o. off with an excuse* iemand met een smoesje afschepen ⑤ **van de wijs brengen,** van streek maken ♦ *the speaker was put off by the noise* de spreker werd door het lawaai van streek gemaakt ⑥ **verdoven,** in slaap doen, bewusteloos maken ♦ *an injection put me off before the opera-* tion een inspuiting deed me voor de operatie in slaap vallen ⑦ **van de hand doen,** aansmeren ♦ *the counterfeiters had been able to put off hundreds of ten-dollar bills* de valsemunters waren erin geslaagd honderden biljetten van tien dollar van de hand te doen; *put an old car off on s.o.* iemand een oude auto aansmeren ⑧ **uitzenden** ⟨boot⟩ ⑨ **uitdoen,** uitdraaien, afzetten ⟨licht, gas, radio e.d.⟩ ⑩ ⟨vero⟩ **uittrekken,** uitdoen ⟨kleding⟩, afleggen ⟨ook figuurlijk⟩, laten varen ♦ *put off your doubts!* laat uw twijfels varen! ▪ ⟨sprw⟩ *never put off till tomorrow what can be done today* stel niet uit tot morgen wat gij heden doen kunt

¹**put on** [onov ww] ⟨AE; sl⟩ ① **bikken,** eten ② **kak hebben,** bekakt zijn

²**put on** [ov ww] ① **voorwenden,** aannemen ⟨houding⟩ ♦ *put on an accent* een accent aannemen; *put on airs* zich een air/airs geven; *put on a brave/bold face/front* zich stoer aanstellen, flink zijn ② **toevoegen,** verhogen, opvoeren, opdrijven ♦ ⟨inf⟩ *put it on* aankomen ⟨in gewicht⟩; overdrijven, te veel aanrekenen; *put on pressure* de druk verhogen ⟨ook figuurlijk⟩; *put on speed* sneller/harder gaan, de snelheid opdrijven; *put on steam* stoom geven; *put on weight/flesh* aankomen, zwaarder worden; *put on years* ouder gaan lijken ③ **opvoeren,** op de planken brengen, opzetten ♦ ⟨inf, fig⟩ *put on an act* een nummertje opvoeren, doen alsof; ⟨inf⟩ *put it on* doen alsof, simuleren; *put on a play* een toneelstuk op de planken brengen; *put on a big show* een grootse show opzetten ④ **inzetten,** opstellen ⟨voor optreden, wedstrijd⟩ ♦ *the player was put on for the next game* de speler was opgesteld voor de volgende wedstrijd ⑤ **aantrekken** ⟨kleding⟩, aandoen, opzetten ⟨bril, hoed⟩ ♦ ⟨inf, fig⟩ *put one's thinking cap on* eens diep nadenken, de hersens inspannen; *put on glasses* een bril opzetten; *she had put on too much lipstick* ze had te veel lipstick gebruikt ⑥ **inzetten,** inleggen ⟨extratrein e.d.⟩ ⑦ **vooruitzetten** ⟨klok⟩ ⑧ **in werking/beweging stellen,** aanwenden, inzetten, aandoen ⟨licht⟩, aanzetten ⟨radio e.d.⟩ ♦ ⟨inf⟩ *put on a/the brake(s)* afremmen ⟨voornamelijk figuurlijk⟩; ⟨inf, fig⟩ *put the screw(s)/squeeze/heat on* de duimschroeven wat aandraaien ⑨ **opleggen** ⟨belasting⟩ ⑩ **inzetten** ⟨geld; bij weddenschap⟩ ⑪ **in contact brengen,** doorverbinden ♦ *he put me on to this vacancy* hij bracht me van deze vacature op de hoogte; *put me on to the director himself, please!* verbind me (a.u.b.) door met de directeur zelf; *an informer put the police on to the escapee* een informant zette de politie op het spoor van de ontsnapte ⑫ ⟨vnl AE; sl⟩ **beduvelen,** belazeren, voor de gek houden ⑬ ⟨cricket⟩ **de score opvoeren met** ⟨bepaald aantal runs⟩ ⑭ ⟨cricket⟩ **inzetten** ⟨om te bowlen⟩

¹**put-on** [telb zn] ⟨AE⟩ ① **grap,** (vuil/flauw) geintje ② ⟨sl⟩ **poseur,** huichelaar

²**put-on** [telb + niet-telb zn] ① **komedie,** huichelarij ② ⟨AE⟩ **pose,** gemaaktheid

³**put-on** [bn, attr] **voorgewend,** geveinsd ♦ ⟨AE; sl⟩ *put-on artist* huichelaar, poseur

put option [telb zn] → **put¹**

¹**put out** [onov ww] ① ⟨scheepv⟩ **uitvaren,** ⟨fig⟩ vertrekken ♦ *put out from* uitvaren uit; *put out to sea* zee kiezen ② ⟨AE; sl⟩ **zich uitsloven** ③ ⟨AE; sl⟩ **allemansvriend(in) zijn,** promiscue zijn

²**put out** [ov ww] ① **uitsteken,** laten zien, tonen ♦ ⟨inf, fig⟩ *put out feelers* zijn voelhoorns uitsteken; *put the flag(s) out* de vlag(gen) uitsteken; ⟨fig⟩ de overwinning vieren; *put one's hand out* zijn hand uitsteken ⟨om te begroeten/straffen⟩; *put one's tongue out* zijn tong uitsteken ② **aanwenden,** uitoefenen, inzetten, gebruiken ♦ *put out all one's strength* al zijn kracht aanwenden ③ **uitmaken,** uitdoen, (uit)doven, blussen ♦ *put out the fire/light* het vuur/licht uitdoen/doven ④ **verdoven,** in slaap doen, bewusteloos maken/slaan ♦ *the injection put me out in a few seconds* de injectie verdoofde me in enkele seconden; *the boxer put his*

put over

opponent out de bokser sloeg zijn tegenstander ko ⑤ **van zijn stuk brengen,** verontrusten, uit zijn humeur brengen, irriteren ⑥ **storen,** hinderen, last aandoen ♦ *put o.s. out* zich moeite getroosten, zich uitsloven ⑦ **eruit gooien** ⑧ **ontwrichten,** ⟨fig⟩ een afwijking doen ontstaan in ⟨berekening⟩ ♦ *the calculations may have been put out by one percent* er kan een afwijking van een percent in de berekeningen geslopen zijn; *put one's shoulder out* zijn arm uit de kom trekken ⑨ **voortbrengen,** produceren ♦ *the engine puts out 75 h.p.* de motor produceert 75 pk; *the new factory puts out 200 engines a day* de nieuwe fabriek produceert 200 motoren per dag; *the tree puts out leaves* de boom krijgt blaren/spruit uit ⑩ **uitvaardigen,** uitgeven, doen uitgaan, verspreiden, uitzenden ⟨bericht⟩ ♦ *the police have put out a description of the robbers* de politie heeft een beschrijving van de rovers verspreid; *the BBC puts out news bulletins* de BBC zendt nieuwsbulletins uit; *the government has put out an official statement* de regering heeft een communiqué uitgegeven ⑪ **uitbesteden** ⟨werk⟩ ♦ *put out a job to a subcontractor* een werk aan een onderaannemer uitbesteden ⑫ **uitzetten,** lenen, beleggen ♦ *put out one's money at a high interest* zijn geld tegen een hoge rente uitzetten ⑬ **blind maken,** verblinden ⟨oog⟩ ♦ *put out s.o.'s eye* iemands oog verblinden ⑭ ⟨sport⟩ **'uit' slaan/vangen** ⟨batsman⟩

¹**put over** [onov ww] **overvaren,** naar de overzijde varen
²**put over** [ov ww] ① **overbrengen** ⟨ook figuurlijk⟩, aanvaardbaar maken, overzetten, aan de man brengen ♦ ⟨inf⟩ *put (a fast) one/sth. over on s.o.* iemand iets wijsmaken; *know how to put one's ideas over to an audience* weten hoe zijn ideeën naar een publiek over te brengen ② ⟨AE⟩ **uitstellen,** vertragen, verdagen ♦ *the session was put over to next month* de zitting werd tot volgende maand verdaagd ③ ⟨AE; inf⟩ **tot stand brengen,** tot een goed einde brengen

put-put → **putt-putt**

pu·tre·fac·tion /pjuːtrɪfækʃn/ [niet-telb zn] ① **(ver)rotting,** bederf, putrefactie ② **verrot materiaal** ③ **rot,** verval
pu·tre·fac·tive /pjuːtrɪfæktɪv/, **pu·tre·fa·ci·ent** /-feɪʃnt/ [bn; bw: ~ly] **m.b.t. rotting,** ⟨i.h.b.⟩ rotting veroorzakend, rottend, rottings-
¹**pu·tre·fy** /pjuːtrɪfaɪ/ [onov ww] ① **(ver)rotten,** bederven, vergaan ② **etteren** ③ **corrupt worden**
²**pu·tre·fy** /pjuːtrɪfaɪ/ [ov ww] ① **doen (ver)rotten,** doen vergaan/stinken ② **corrumperen**
pu·tres·cence /pjuːtresns/ [niet-telb zn] **rotting**
pu·tres·cent /pjuːtresnt/ [bn] ① **rottend,** bederf verwekkend ② **m.b.t. rotting,** rot(tings)
pu·trid /pjuːtrɪd/ [bn; bw: ~ly; zn: ~ness] ① **(ver)rot,** vergaan, verpest ② **corrupt** ③ ⟨sl⟩ **waardeloos,** klere-, rot- · ⟨med⟩ *putrid fever* pyemie, etter in het bloed
pu·trid·i·ty /pjuːtrɪdəti/ [niet-telb zn] ① **vergaan materiaal,** rot(te massa) ② **staat van ontbinding,** rotheid
PUTS [afk] ⟨med⟩ (patient unable to sign) **patiënt niet in staat toestemming te geven** ⟨voor geneeskundige behandeling⟩
putsch /pʊtʃ/ [telb zn] **staatsgreep,** coup (d'état), putsch
¹**putt, put** /pʌt/ [telb zn] ⟨golf⟩ **put** ⟨een uit zijwaartse stand zachtjes geslagen bal op de green naar de hole⟩
²**putt, put** /pʌt/ [onov ww] ⟨golf⟩ **putten**
³**putt, put** /pʌt/ [ov ww] ⟨golf⟩ **putten,** met een putter slaan ⟨bal, in hole⟩
put·tee /pʌti, pʌtiː/ [telb zn; vaak mv] ① **beenwindsel,** puttee ② ⟨AE⟩ **leren beenkap**
¹**put·ter** /pʌtə, ᴬpʌtər/ [telb zn] ① ⟨golf⟩ **putter** ⟨soort golfstok⟩ ② ⟨golf⟩ **iemand die put** ③ → **putt-putt**¹
²**put·ter** /pʊtə, ᴬpʊtər/ [telb zn] ① **steller** ⟨van vraag⟩ ② ⟨mijnb⟩ **lader,** sleper ③ ⟨atl⟩ **(kogel)stoter**
³**put·ter** /pʌtə, ᴬpʌtər/ [onov ww] → **putt-putt²**, **potter**
put·ter-off·er /pʊtərɒfə, ᴬpʊtərɒfər/ [telb zn] ⟨AE; sl⟩ treuzelaar

put through [ov ww] ① **(door)verbinden** ⟨telefoongesprek⟩ ♦ *put a call through* een gesprek doorschakelen; *put s.o. through (to)* iemand doorverbinden (met) ② **voeren** ⟨telefoongesprek⟩ ③ **uitvoeren** ⟨taak⟩ ④ **tot stand brengen,** tot een goed einde brengen, voltooien
putt·ing green /pʌtɪŋ griːn/ [telb zn] ⟨golf⟩ **green** ⟨gazon om de met een vlag gemarkeerde hole⟩
putt·ing hand [telb zn] ⟨atl⟩ **stoothand** ⟨van kogelstoter⟩
put·to /pʊtoʊ/ [telb zn; mv: putti /pʊti/] ⟨bk⟩ **putto**
¹**put to** [onov ww] ⟨scheepv⟩ **landwaarts stevenen**
²**put to** [ov ww] ① ⟨scheepv⟩ **landwaarts richten** ⟨schip⟩ ② ⟨inf; gew⟩ **dichttrekken,** sluiten ⟨deur, raam⟩ ③ ⟨zelden⟩ **inspannen** ⟨paarden⟩ ④ ⟨zelden⟩ **(eronder) zetten** ⟨handtekening⟩
put·tock /pʌtək/ [telb zn] ⟨gew; dierk⟩ **rode wouw** ⟨Milvus milvus⟩
put together [ov ww] ① **samenvoegen,** samenstellen, combineren, formeren ♦ *more than all the others put together* meer dan alle anderen bij elkaar ② **verzamelen,** verenigen ♦ ⟨inf, fig⟩ *put one's heads together* de koppen bij elkaar steken · ⟨inf, fig⟩ *put two and two together* zijn conclusies trekken
put-together [bn] **smaakvol gekleed**
¹**putt-putt** /pʌtpʌt/, **put·ter** /pʌtə, ᴬpʌtər/ [telb zn] ⟨inf⟩ ① **motortje,** buitenboordmotortje, tweetaktmotortje, ⟨AE⟩ **viercilindermotor** ② **karretje** ③ **scooter**
²**putt-putt** /pʌtpʌt/, **put·ter** /pʌtə, ᴬpʌtər/ [niet-telb zn] ⟨inf⟩ **gepruttel** ⟨van motor⟩
³**putt-putt** /pʌtpʌt/, **put·ter** /pʌtə, ᴬpʌtər/ [onov ww] **pruttelen** ⟨van motor⟩
¹**put·ty** /pʌti/ [telb zn] **meegaand persoon**
²**put·ty** /pʌti/ [niet-telb zn] ① **stopverf** ② **tinas** ③ **plamuur** · *be putty in s.o.'s hands* als was in iemands handen zijn
³**put·ty** /pʌti/ [ov ww] ① **stoppen** ⟨met stopverf⟩ ♦ *putty in* vastzetten ⟨met stopverf⟩ ② **plamuren** ♦ *putty up* dichtplamuren
put·ty-head [telb zn] ⟨AE; sl⟩ **stommeling,** idioot
put·ty-knife [telb zn] **plamuurmes**
putty medal [telb zn] ⟨AE; scherts⟩ **medaille,** lintje ⟨voor geringe verdienste⟩ ♦ *you deserve a putty medal* daar krijg je vast een lintje voor
¹**put up** [onov ww] ① ⟨vnl BE⟩ **zich kandidaat stellen** ♦ *put up for* zich kandidaat stellen voor ② ⟨vnl BE⟩ **logeren,** te gast zijn ♦ *put up at an inn* in een herberg logeren ③ ⟨AE; sl⟩ **wedden om geld** · ⟨AE; sl⟩ *put up or shut up!* maak dat maar eens hard of hou je mond!; ⟨inf⟩ *she wouldn't put up with that any longer* zij nam/pikte/slikte het niet langer
²**put up** [ov ww] ① **opzetten,** optrekken, oprichten, bouwen ♦ ⟨fig⟩ *put up a front/façade* zich achter een façade verbergen; *put up a show* iets voor de show doen; ⟨vnl fig⟩ *put up a smokescreen* een rookgordijn leggen; *put up a statue* een standbeeld oprichten; *put up a tent* een tent optrekken ② **opsteken,** hijsen ♦ *she had put her hair up* ze had haar haar opgestoken; *put one's hands up* de handen opsteken ⟨voornamelijk om zich over te geven⟩ ③ **bekendmaken,** afkondigen, uithangen, aanplakken ♦ *put up the banns* een huwelijk afkondigen; *put up a notice* een bericht ophangen ④ **voorleggen,** naar voren brengen, verdedigen ♦ *put up a case* een zaak naar voren brengen/verdedigen; *put up a petition* een petitie aanbieden; *put up a prayer* een gebed uitspreken; *put up a proposal* een voorstel voorleggen ⑤ **verhogen,** opslaan ♦ *put up the rent* de huurprijs verhogen/opslaan ⑥ **huisvesten,** logeren, te gast hebben ♦ *put up a horse* een paard stallen ⑦ **beschikbaar stellen** ⟨gelden⟩, voorschieten, fourneren ♦ *will will put up money for new research?* wie stelt geld beschikbaar voor nieuw onderzoek?; *put up a prize for the winner* een prijs uitloven voor de winnaar ⑧ **bieden,** tonen, laten zien ♦ *put up a good fight* goed vechten; *put up strong resis-*

tance hevig weerstand bieden ⑨ (te koop) aanbieden ♦ *they put up their house for sale* zij boden hun huis te koop aan; *the paintings were put up for auction* de schilderijen werden in veiling gebracht ⑩ kandidaat stellen, voordragen ♦ *they put him up for chairman* zij droegen hem als voorzitter voor ⑪ bekokstoven ⑫ opslaan, bewaren, inleggen, inmaken ♦ *put up apples* appels bewaren; *put up herring* haring inleggen ⑬ klaarmaken, zorgen voor ⟨eten⟩ ♦ *put up a couple of sandwiches for us, please* maak een paar sandwiches voor ons klaar, a.u.b. ⑭ voorleiden, voor de rechtbank brengen ♦ *the gang was put up* de bende werd voorgeleid ⑮ ⟨jacht⟩ opjagen ⟨wild⟩ ♦ *put up game* wild opjagen ⑯ ⟨vero⟩ opbergen, wegbergen, inpakken ♦ *put up your swords!* steek uw zwaarden in de schede! ▪ *put s.o. up to sth.* iemand opstoken/aanzetten tot iets; iemand op de hoogte brengen van iets, iemand instrueren

put-up [bn, attr] afgesproken ♦ *put-up job* afgesproken werk, complot, doorgestoken kaart

put-up-on [bn, pred] misbruikt ♦ *feel put-upon* zich misbruikt voelen

putz /pʊts/ [telb zn] ⟨AE; sl⟩ ① pik, lul ② ellendeling, zeikerd, schoft

puy /pwiː/ [telb zn] (vulkanische) heuvel, puy ⟨in Frankrijk, Auvergne⟩

¹**puz·zle** /pʌzl/ [telb zn] ① raadsel, probleem ② moeilijkheid, probleem ③ puzzel, legkaart ♦ *crossword puzzle* kruiswoordraadsel ④ verwarring ♦ *be in a puzzle about sth.* ergens niets van begrijpen

²**puz·zle** /pʌzl/ [onov ww] peinzen, piekeren ♦ *puzzle about/over sth.* diep nadenken over iets; → puzzled, puzzling

³**puz·zle** /pʌzl/ [ov ww] ① ⟨vaak passief⟩ voor een raadsel zetten, verbazen, verbijsteren, bevreemden ② in verwarring brengen ③ overpeinzen ♦ *puzzle one's brains (about/over)* zich het hoofd breken (over); *puzzle sth. out* iets uitpluizen/uitknobbelen; → puzzled, puzzling

puz·zled /pʌzld/ [bn; oorspronkelijk volt deelw van puzzle] ① onzeker ♦ *puzzled about* onzeker over; *puzzled smile* onzekere glimlach ② in de war, verbluft, perplex

puz·zle-head, puz·zle-pate [telb zn] ① warhoofd ② piekeraar

puz·zle·ment /pʌzlmənt/ [niet-telb zn] ① verwarring ② onzekerheid, verlegenheid

puz·zler /pʌzlə, ᴬ-ər/ [telb zn] ① puzzelaar(ster) ② probleem, moeilijke vraag

puz·zling /pʌzlɪŋ/ [bn; oorspronkelijk tegenwoordig deelw van puzzle; bw: ~ly] onbegrijpelijk, raadselachtig

puzzolana [niet-telb zn] → pozzolana

PVC [afk] (polyvinyl chloride) pvc

Pvt [afk] (private (soldier))

pw [afk] (per week) p.w.

PW [afk] ⟨BE⟩ (policewoman)

PWA [telb zn] (person with aids)

PWR [telb zn] (pressurized water reactor)

pwt [afk] (pennyweight)

PX [afk] ⟨AE⟩ (post exchange)

pxt [afk] (pinxit)

py·ae·mi·a, ⟨AE ook⟩ **py·e·mi·a** /paɪiːmɪə/ [telb + niet-telb zn] ⟨med⟩ pyemie ⟨bloedvergiftiging door wondetter⟩

pycnic → pyknic

py·ea·mic, ⟨AE ook⟩ **py·e·mic** /paɪiːmɪk/ [bn] ⟨med⟩ m.b.t. pyemie

pye-dog, pie-dog, pi-dog /paɪdɒg, ᴬ-dɔːg/ [telb zn] straathond

py·e·lo- /paɪəloʊ/ ⟨med⟩ nierbekken-, pyelo- ♦ *pyelitis* nierbekkenontsteking, pyelitis; *pyelogram* nierbekkenfoto

¹**pyg·my, pig·my** /pɪgmi/ [telb zn] pygmee, dwerg, ⟨fig⟩ nietig persoon

²**pyg·my, pig·my** /pɪgmi/, **pig·mae·an, pig·me·an** /pɪgmiːən/ [bn, attr] ① m.b.t. pygmee(ën), dwergachtig ② heel klein, dwerg- ♦ ⟨dierk⟩ *pygmy owl* dwerguil ⟨Glaucidium passerinum⟩

py·ja·ma, ⟨AE⟩ **pa·ja·ma** /pədʒɑːmə, ᴬ-dʒæ-/ [bn, attr] pyjama- ♦ *pyjama bottoms* pyjamabroek; *pyjama jacket/top* pyjamajasje; *pyjama trousers* pyjamabroek

py·ja·mas, ⟨AE⟩ **pa·ja·mas** /pədʒɑːməz, ᴬ-dʒæ-/ [alleen mv] ① pyjama ♦ *pair of pyjamas* pyjama ② harembroek

¹**pyk·nic, pyc·nic** /pɪknɪk/ [telb zn] ⟨antr⟩ pycnicus ⟨kort, gezet type⟩

²**pyk·nic, pyc·nic** /pɪknɪk/ [bn] ⟨antr⟩ pyknisch, van het pyknische type, kort en gezet ♦ *pyknic type* pyknische type

py·lon /paɪlən, ᴬ-lɑn/ [telb zn] ⟨bouwk⟩ ① pyloon, (ere)poort, (tempel)ingang ② luchtbaken ③ hoogspanningsmast

py·lor·ic /paɪlɔːrɪk/ [bn] ⟨med⟩ m.b.t. de portier

py·lo·rus /paɪlɔːrəs/ [telb zn; mv: pylori /-raɪ/] ⟨med⟩ portier, pylorus ⟨uitgang van de maag⟩

PYO [afk] (Pick Your Own)

py·or·rhoe·a, ⟨AE ook⟩ **py·or·rhe·a** /paɪərɪə/ [telb + niet-telb zn] ⟨med⟩ ettering ⟨in het bijzonder van de tandkassen⟩

py·ra·can·tha /paɪrəkænθə/ [telb zn] ⟨plantk⟩ vuurdoorn ⟨Pyracantha coccinea⟩

¹**pyr·a·mid** /pɪrəmɪd/ [telb zn] ① piramide ♦ ⟨ook Pyramid⟩ *Egyptian pyramids* de Egyptische piramides; *pentagonal pyramid* vijfhoekige/pentagonale piramide ② piramide(boom), piramideopbouw

²**pyr·a·mid** /pɪrəmɪd/ [onov ww] ① piramidevormig opgebouwd zijn ② zich piramidevormig ontwikkelen ③ ⟨fin⟩ papieren winst gebruiken voor speculatie ⟨op beurs⟩

³**pyr·a·mid** /pɪrəmɪd/ [ov ww] ① piramidevormig opbouwen ② ⟨fin⟩ voor speculatie gebruiken ⟨winst op beurs⟩ ③ ⟨fin⟩ in vroeg stadium belasten ⟨producten, zodat in volgende stadia sneeuwbaleffect ontstaan⟩

py·ram·i·dal /pɪræmɪdl/ [bn; bw: ~ly] piramidaal, piramidevormig, ⟨fig⟩ enorm, buitengewoon groot ♦ *a pyramidal crystal* een piramidaal kristal; *pyramidal profits* enorme winsten

pyr·a·mid·i·cal /pɪrəmɪdɪkl/, **pyr·a·mid·ic** /-dɪk/ [bn] piramidaal, piramidevormig

pyr·a·mids /pɪrəmɪdz/ [alleen mv] ⟨BE⟩ piramidebiljart ⟨biljartspel⟩

pyramid selling [niet-telb zn] ⟨ec⟩ het (telkens) doorverkopen van het verkooprecht

pyre /paɪə, ᴬ-ər/ [telb zn] brandstapel ⟨in het bijzonder voor rituele lijkverbranding⟩

¹**py·re·thrum** /paɪriːθrəm/ [telb zn] ⟨plantk⟩ pyrethrum ⟨Chrysanthemum coccineum⟩

²**py·re·thrum** /paɪriːθrəm/ [niet-telb zn] pyrethruminsecticide

py·ret·ic /paɪretɪk/ [bn] koorts-, koortsachtig, koortsopwekkend ♦ *pyretic substance* koortsopwekkend middel, pyreticum

Py·rex /paɪreks/ [eigenn, niet-telb zn; ook attributief] pyrex ⟨merknaam⟩, ⟨bij uitbreiding⟩ vuurvast glas ♦ *a Pyrex dish* een vuurvaste schotel

py·rex·i·a /paɪreksɪə/ [niet-telb zn] ⟨med⟩ koorts

py·rex·i·al /paɪreksɪəl/, **py·rex·ic** /-sɪk/ [bn] ⟨med⟩ koortsachtig, met koorts

pyr·he·li·om·e·ter /pəhiːlɪɒmɪtə, ᴬpaɪərhiːlɪɑmɪtər/ [telb zn] ⟨techn⟩ pyrheliometer, zonnewarmtemeter

pyr·i·dine /pɪrɪdiːn/ [niet-telb zn] ⟨scheik⟩ pyridine

py·rite /paɪraɪt/ [niet-telb zn] ⟨geol, scheik⟩ pyriet, zwavelkies, ijzerkies

py·ri·tes /paɪraɪtiːz, ᴬpəraɪtiːz/ [telb + niet-telb zn; mv: pyrites] ⟨scheik⟩ pyriet

py·rit·ic /paɪrɪtɪk/, **py·rit·i·cal** /-ɪkl/ [bn] ⟨geol, scheik⟩

pyro-

py·ro- /paɪərou/ pyro-, vuur-, warmte- ♦ *pyroclastic* pyroclastisch; *pyrocondensation* pyrocondensatie
py·ro·e·lec·tric /paɪərouɪlektrɪk/ [bn] pyro-elektrisch
py·ro·e·lec·tric·i·ty /paɪərouɪlektrɪsəti/ [niet-telb zn] pyro-elektriciteit
py·ro·gal·lic /paɪərəgælɪk/ [bn] ⟨scheik⟩ m.b.t. pyrogallol ♦ *pyrogallic acid* pyrogalluszuur
py·ro·gal·lol /paɪərəgælɒl, ^-gælɔl/ [niet-telb zn] ⟨scheik⟩ pyrogallol
py·ro·gen·ic /paɪərədʒenɪk/, **py·rog·e·nous** /paɪrɒdʒənəs, ^-rɑ-/ [bn] ⟨geol, med⟩ pyrogeen, ⟨med⟩ pyretogeen ♦ *pyrogenic rock* stollingsgesteente, pyrogeen gesteente; *pyrogenic substances* pyretica, koortsmiddelen
¹**py·rog·ra·phy** /paɪrɒgrəfi, ^-rɑ-/ [telb zn] brandwerkversiering
²**py·rog·ra·phy** /paɪrɒgrəfi, ^-rɑ-/ [niet-telb zn] brandwerk
py·rol·a·try /paɪrɒlətri, ^-rɑ-/ [niet-telb zn] vuuraanbidding
py·ro·lig·ne·ous /paɪərouɪɪgnɪəs/ [bn] ⟨scheik⟩ m.b.t. houtazijn ♦ *pyroligneous acid* ruwazijnzuur, houtazijn, houtzuur
py·ro·lyse, ⟨AE ook⟩ **py·ro·lyze** /paɪərəlaɪz/ [ov ww] ⟨scheik⟩ ontleden/afbreken d.m.v. verhitting
py·rol·y·sis /paɪrɒlɪsɪs, ^-rɑ-/ [telb + niet-telb zn; mv: pyrolyses /-si:z/] ⟨scheik⟩ pyrolyse, ontleding/afbraak door verhitting
py·ro·lyt·ic /paɪərəlɪtɪk/ [bn] ⟨scheik⟩ pyrolytisch
py·ro·man·cy /paɪəroumænsi/ [niet-telb zn] waarzeggerij uit vuur/vlammen
py·ro·ma·ni·a /paɪəroumeɪnɪə/ [telb + niet-telb zn] pyromanie
py·ro·ma·ni·ac /paɪəroumeɪnɪæk/ [telb zn] pyromaan
py·rom·e·ter /paɪrɒmɪtə, ^-rɑmɪtər/ [telb zn] pyrometer, pyroscoop, vuurmeter
py·ro·met·ric /paɪərəmetrɪk/, **py·ro·met·ri·cal** /-ɪkl/ [bn] pyrometrisch
py·rom·e·try /paɪrɒmɪtri, ^-rɑ-/ [niet-telb zn] pyrometrie
py·rope /paɪəroup/ [telb + niet-telb zn] ⟨geol⟩ pyroop, boheemse granaat
py·ro·phor·ic /paɪəroufɒrɪk, ^-fɔrɪk/ [bn] ⟨scheik⟩ pyrofoor, zelfontbrandend
py·ro·sis /paɪrousɪs/ [telb + niet-telb zn; mv: pyroses /-si:z/] ⟨med⟩ (brandend) maagzuur, pyrosis
py·ro·tech·nic /paɪəroutekmɪk/, **py·ro·tech·ni·cal** /-ɪkl/ [bn; bw: ~ally] ① pyrotechnisch, vuurwerk- ♦ *a pyrotechnic display* een vuurwerk(show) ② briljant, sensationeel (goed) ♦ *his pyrotechnic wit* zijn briljante geest
py·ro·tech·nics /paɪəroutekmɪks/ [alleen mv; werkwoord ook enk] ① pyrotechniek, vuurwerkerij ② (vertoning van) vuurwerk ③ briljante opvoering, vuurwerk, briljantgeestige toespraak
py·ro·tech·nist /paɪəroutekmɪst/ [telb zn] pyrotechnicus, vuurwerkmaker
py·ro·tech·ny /paɪərətekni/ [niet-telb zn] pyrotechniek, vuurwerk(erskunst), vuurwerkerij, vuurwerkvertoning
py·rox·ene /paɪrɒksi:n, ^paɪrɑksi:n/ [telb + niet-telb zn] ⟨scheik⟩ pyroxeen
py·rox·y·lin /paɪrɒksɪlɪn, ^-rɑk-/, **py·rox·y·line** /-li:n/ [niet-telb zn] ⟨scheik⟩ cellulosenitraat, ⟨in bepaalde samenstelling⟩ schietkatoen, collodiumwol
¹**pyr·rhic** /pɪrɪk/ [telb zn] ⟨letterk⟩ pyrricus (tweelettergrepige versvoet)
²**pyr·rhic** /pɪrɪk/ [bn, attr] ⟨letterk⟩ met een pyrricus · *Pyrrhic victory* pyrrusoverwinning, schijnsucces
Pyr·rho·nism /pɪrənɪzm/ [niet-telb zn] ⟨filos⟩ pyrronisme, twijfelleer (van Pyrrho), scepticisme
Pyr·rho·nist /pɪrənɪst/ [telb zn] ⟨filos⟩ pyrronist, scepticus
py·ru·vic /paɪru:vɪk/ [bn, attr] ⟨scheik⟩ pyro- ♦ *pyruvic acid* pyrodruivenzuur
¹**Py·thag·o·re·an** /paɪθægəri:ən, ^pɪ-/ [telb zn] volgeling van Pythagoras
²**Py·thag·o·re·an** /paɪθægəri:ən, ^pɪ-/ [bn] pythagorisch, van/volgens de leer van Pythagoras ♦ ⟨wisk⟩ *Pythagorean theorem/proposition* de stelling van Pythagoras
Pyth·i·an /pɪθɪən/ [bn, attr] ⟨gesch⟩ ① pythisch, m.b.t. (het orakel van) Delphi, m.b.t. de Pythische Spelen ② dol, waanzinnig
py·thon /paɪθn, ^paɪθɑn/ [telb zn] python ⟨ook geschiedenis⟩
py·tho·ness /paɪθənɪs/ [telb zn] ① profetes, waarzegster, toekomstvoorspelster ② ⟨the⟩ pythische priesteres, Pythia
py·thon·ic /paɪθɒnɪk, ^-θɑnɪk/ [bn] ① als/m.b.t. een python ② profetisch, voorspellend, orakelachtig
py·u·ri·a /paɪjuərɪə, ^-jur-/ [niet-telb zn] ⟨med⟩ pyurie
¹**pyx, pix** /pɪks/ [telb zn] ① ⟨rel⟩ pyxis, hostiedoosje ② ⟨vnl BE⟩ staalmuntendoosje, doos met proefmunten ⟨bij de Britse Munt⟩ ♦ *the annual trial of the pyx* de jaarlijkse muntenkeuring
²**pyx, pix** /pɪks/ [ov ww] ① in de pyxis/proefmuntendoos doen ② keuren (proefmunten)
pyx·id·i·um /pɪksɪdɪəm/ [telb zn; mv: ook pyxidia /-dɪə/] ⟨plantk⟩ zaaddoos, doosvrucht
pyx·is /pɪksɪs/ [telb zn; mv: pyxides /-sɪdi:z/] ① ⟨plantk⟩ zaaddoos, doosvrucht ② doosje, kistje
pzazz [niet-telb zn] → **pizzazz**

q

¹q, Q /kjuː/ [telb zn; mv: q's, zelden qs, Q's, zelden Qs] ⟨de letter⟩ q, Q
²q, Q [afk] ① (quantity) ② (quarter) ③ (queen('s)) ④ (query) ⑤ (question) ⑥ (queue) ⑦ (quintal)
QALY [telb zn] ⟨med⟩ (quality adjusted life year) QALY ⟨maateenheid om (verbeterde) kwaliteit van het leven te meten na een ingreep; 1 QALY is één toegevoegd gezond jaar⟩
Q & A session [telb zn] vraaggesprek
Qa·tar /kætɑː, ˄kɑtɑr, ˄kətɑr/ [eigenn] Katar

Qatar	
naam	Qatar *Katar*
officiële naam	State of Qatar *Staat Katar*
inwoner	Qatari *Katarees*
inwoonster	Qatari *Katarese*
bijv. naamw.	Qatari *Katarees*
hoofdstad	Doha *Doha*
munt	Qatari riyal *Katarese rial*
werelddeel	Asia *Azië*
int. toegangsnummer 974 www .qa auto QA	

¹Qa·ta·ri /kætɑːri/ [telb zn; mv: ook Qatari] Katarees, Katarese, inwoner/inwoonster van Katar
²Qa·ta·ri /kætɑːri/ [bn, attr] Katarees, uit/van/m.b.t. Katar
qb, QB [afk] ① (quarterback) ② (Queen's Bench)
Q-boat, Q-ship [telb zn] gecamoufleerd oorlogsschip
QC [afk] (Queen's Counsel)
QED [afk] (quod erat demonstrandum) q.e.d.
QEF [afk] (quod erat faciendum) q.e.f.
QF [afk] (quick-firing)
QL, ql [afk] (quantum libet) q.l.
qlty [afk] (quality)
QM [afk] (quartermaster)
QMG [afk] (Quartermaster General)
QMS [afk] (Quartermaster Sergeant)
qn [afk] (question)
qq [afk] (questions)
qqv [afk] (quae vide) q.v.
qr [afk] ① (quarter(s)) ② (quarterly) ③ (quire)
qs, QS [afk] ① (quantum sufficit) q.s. ② (Quarter Sessions)
QSO [afk] (quasi-stellar object) QSO
qt [afk] ① (quantity) ② (quart(s))
q.t. /kjuː tiː/ [niet-telb zn; voornamelijk in uitdrukking] ⟨sl⟩ geheim, stilte ♦ *on the q.t.* stiekem(pjes); *tell s.o. the news on the q.t.* iemand het nieuws in vertrouwen vertellen

Q-tip /kjuːtɪp/ [telb zn] ⟨AE; merknaam⟩ wattenstaafje
qto [afk] (quarto) qto.
qty [afk] (quantity) Q
qu [afk] ① (quasi) ② (queen) ③ (query) ④ (question)
qua /kweɪ, kwɑː/ [vz] ⟨form⟩ qua ♦ *accepted art qua art* aanvaardde kunst als zijnde kunst
¹quack /kwæk/ [telb zn] ① kwakzalver, charlatan ② kwaakgeluid ⟨van eend⟩, gekwaak, kwak
²quack /kwæk/ [bn, attr] kwakzalvers- ♦ *quack doctor* kwakzalver; ⟨plantk⟩ *quack grass* kweek ⟨Agropyron repens⟩; *quack remedy* kwakzalversmiddel
³quack /kwæk/ [onov ww] ① kwaken ⟨van eend⟩ ② zwetsen, bazelen, kletsen
quack·er·y /ˈkwækəri/ [telb + niet-telb zn] kwakzalverij
quack-quack [telb zn] ⟨kind⟩ kwak kwak, eend
quack·sal·ver /ˈkwæksælvə, ˄-ər/ [telb zn] ⟨vero⟩ kwakzalver
quack·sal·ver·ish /ˈkwæksælvrɪʃ/ [bn] kwakzalverachtig
quad /kwɒd, ˄kwɑd/ [telb zn] ⟨sl⟩ ① nor, bajes ② auto met vier koplampen ③ ⟨mv⟩ (vier) koplampen ④ één van een vierling ⑤ (verk: quadrangle) ⑥ (verk: quadraphonic(s), quadrophonic(s)) ⑦ (verk: quadraphony, quadrophony) ⑧ (verk: quadrat) ⑨ (verk: quadruplet) ⑩ (verk: quad bike)
quad bike [telb zn] ⟨BE⟩ quad ⟨vierwielige motor⟩
¹quad·ra·ge·nar·i·an /kwɒdrədʒɪˈnɛərɪən, ˄kwɑdrədʒɪˈnɛrɪən/ [telb zn] veertiger, iemand in de veertig
²quad·ra·ge·nar·i·an /kwɒdrədʒɪˈnɛərɪən, ˄kwɑdrədʒɪˈnɛrɪən/ [bn] veertigjarig, in de veertig
Quad·ra·ges·i·ma /kwɒdrəˈdʒesɪmə, ˄kwɑ-/,
Quadragesima Sunday [eigenn] quadragesima, eerste vastenzondag
Quad·ra·ges·i·mal /kwɒdrəˈdʒesɪml, ˄kwɑ-/ [bn] quadragesimaal, vasten-, van/m.b.t. de vasten, veertigdaags
quad·ran·gle /ˈkwɒdræŋgl, ˄kwɑ-/ [telb zn] ① vierhoek, ⟨i.h.b.⟩ vierkant, rechthoek ② (vierhoekige) binnenplaats, vierkant plein (met de gebouwen eromheen) ⟨bijvoorbeeld van universiteitsgebouwen in Oxford⟩
qua·dran·gu·lar /kwɒˈdræŋgjʊlə, ˄kwɑˈdræŋgjələr/ [bn] vierhoekig
quad·rant /ˈkwɒdrənt, ˄kwɑ-/ [telb zn] ① kwadrant ⟨van cirkel⟩ ② hoekmeter, graadboog, kwadrant, hoogtemeter ③ ⟨wisk⟩ assenstelsel
quad·rant·al /kwɒˈdræntl, ˄kwɑˈdræntl/ [bn] kwadrant-

quadraphonic

vormig, kwadrant-
quad·ra·phon·ic, quad·ro·phon·ic /kwɒdrəfɒnɪk, ᴬkwɑdrəfɑnɪk/ [bn; bw: ~ally] ⟨muz⟩ quadrafonisch
quad·ra·phon·ics, quad·ro·phon·ics /kwɒdrəfɒnɪks, ᴬkwɑdrəfɑnɪks/, **quad·raph·o·ny, quad·roph·o·ny** /kwɒdrɒfəni, ᴬkwɑdrɑ-/ [niet-telb zn] ⟨muz⟩ quadrafonie
quad·rat /kwɒdrət, ᴬkwɑ-/ [telb zn] ⟨milieu; plantk⟩ proefvak
¹quad·rate /kwɒdrət, -dreɪt, ᴬkwɑ-/ [telb zn] [1] ⟨wisk⟩ kwadraat, vierkant(kubus) [2] ⟨biol⟩ kwadraatbeen, vierkantsbeen
²quad·rate /kwɒdrət, -dreɪt, ᴬkwɑ-/ [bn] [1] ⟨wisk⟩ vierkant/rechthoekig [2] ⟨biol⟩ van/m.b.t. kwadraatbeen ♦ *quadrate bone* kwadraatsbeen, vierkantsbeen
³quad·rate /kwɒdreɪt, ᴬkwɑdreɪt/ [onov ww] overeenstemmen, corresponderen, overeenkomen
⁴quad·rate /kwɒdreɪt, ᴬkwɑdreɪt/ [ov ww] [1] vierkanten, een vierkant maken [2] conformeren, gelijk maken, doen overeenstemmen ♦ *I do not want to quadrate my opinion to/with his* ik wil mijn mening niet conformeren aan de zijne
¹quad·rat·ic /kwɒdrætɪk, ᴬkwɑdrætɪk/ [telb zn] ⟨wisk⟩ kwadratische vorm/functie
²quad·rat·ic /kwɒdrætɪk, ᴬkwɑdrætɪk/ [bn] ⟨wisk⟩ vierkantig ♦ *quadratic equation* kwadratische vergelijking, vierkantsvergelijking
quad·ra·ture /kwɒdrətʃə, ᴬkwɑdrətʃər/ [niet-telb zn] [1] ⟨astron, wisk⟩ kwadratuur ♦ *the quadrature of the circle* de kwadratuur van de cirkel [2] ⟨elek⟩ 90° faseverschuiving
quad·ren·ni·al /kwɒdrenɪəl, ᴬkwɑ-/ [bn; bw: ~ly] [1] vierjaarlijks, ééns in de vier jaar (voorkomend) [2] vierjarig, vier jaar durend
quad·ren·ni·um /kwɒdrenɪəm, ᴬkwɑ-/ [telb zn; mv: ook quadrennia /-nɪə/] vierjaarsperiode, (tijdvak van) vier jaar
quad·ri- /kwɒdri, ᴬkwɑdri/, **quad·ru-** /kwɒdrʊ, ᴬkwɑdrə/ quadri-, quadro-, quadru-, vier- ♦ *quadrifid* vierspletig; *quadrinomial* viertermig
quad·ric /kwɒdrɪk, ᴬkwɑ-/ [bn] kwadratisch ⟨van oppervlakte⟩
quad·ri·ceps /kwɒdrɪseps, ᴬkwɑ-/ [telb zn] ⟨biol⟩ vierhoofdige dijspier, quadriceps
quad·ri·cy·cle /kwɒdrɪsaɪkl, ᴬkwɑdri-/ [telb zn] quadricycle ⟨vierwielige elektrische motor⟩
qua·dri·ga /kwɒdriːgə, ᴬkwɑ-/ [telb zn; mv: quadrigae /-driːdʒiː/] ⟨gesch⟩ quadriga ⟨Romeinse strijdwagen met 4 paarden⟩
¹quad·ri·lat·er·al /kwɒdrɪlætrəl, ᴬkwɑdrɪlætərəl/ [telb zn] vierhoek
²quad·ri·lat·er·al /kwɒdrɪlætrəl, ᴬkwɑdrɪlætərəl/ [bn] vierzijdig
quad·ri·lin·gual /kwɒdrɪlɪŋgwəl, ᴬkwɑ-/ [bn] viertalig
¹qua·drille /kwədrɪl, ᴬkwɑ-/ [telb + niet-telb zn] ⟨dans, muz⟩ quadrille
²qua·drille /kwədrɪl, ᴬkwɑ-/ [niet-telb zn] ⟨kaartsp⟩ quadrille, omber
quad·ril·lion /kwɒdrɪlɪən, ᴬkwɑ-/ [uitr vnw] [1] ⟨BE⟩ quadriljoen ⟨10²⁴⟩ [2] ⟨vnl AE⟩ biljard, miljoen miljard ⟨10¹⁵⟩
quad·ri·par·tite /kwɒdrɪpɑːtaɪt, ᴬkwɑdrɪpɑrtaɪt/ [bn] [1] vierdelig [2] vierhoofdig, met vier deelnemers
quad·ri·pole /kwɑdrɪpoʊl, ᴬkwɑ-/, **quad·ru·pole** /-drʊ-/ [telb zn] vierpool, quadrupool
quad·ri·reme /kwɒdrɪriːm, ᴬkwɑ-/ [telb zn] ⟨gesch⟩ quadrireem
quad·ri·syl·lab·ic /kwɒdrɪsɪləbɪk, ᴬkwɑ-/ [bn] viellettergrepig
quad·ri·syl·la·ble /kwɒdrɪsɪləbl, ᴬkwɑ-/ [telb zn] vierlettergrepig woord

quad·ri·va·lent /kwɒdrɪveɪlənt, ᴬkwɑ-/ [bn] ⟨scheik⟩ [1] met vier valenties [2] vierwaardig, tetravalent
quad·riv·i·um /kwɒdrɪvɪəm, ᴬkwɑ-/ [telb zn; mv: quadrivia /-vɪə/] ⟨gesch⟩ quadrivium ⟨vier hogere vrije kunsten⟩
quad·roon /kwɒdruːn, ᴬkwɑ-/ [telb zn] ⟨vero⟩ quarterone, quadrone, iemand met één vierde negerbloed
quad·ru·ma·na /kwɒdruːmənə, ᴬkwɑ-/ [alleen mv] ⟨dierk⟩ vierhandigen
¹quad·ru·mane /kwɒdruːmeɪn, ᴬkwɑdrə-/ [telb zn] ⟨dierk⟩ vierhandige
²quad·ru·mane /kwɒdruːmeɪn, ᴬkwɑdrə-/, **quad·ru·ma·nous** /kwɒdruːmənəs, ᴬkwɑdruː-/, **quad·ru·ma·nal** /-mənl/ [bn] ⟨dierk⟩ vierhandig
¹quad·ru·ped /kwɒdrʊpəd, ᴬkwɑdrə-/ [telb zn] viervoeter, viervoetig dier, ⟨mv⟩ quadrupeden
²quad·ru·ped /kwɒdrʊpəd, ᴬkwɑdrə-/, **quad·ru·pe·dal** /kwɒdruːpɪdl, ᴬkwɑ-/ [bn] viervoetig, (als) van een viervoeter
¹quad·ru·ple /kwɒdruːpl, ᴬkwɑdruːpl/ [telb + niet-telb zn] viervoud
²quad·ru·ple /kwɒdruːpl, ᴬkwɑdruːpl/ [bn; bw: quadruply] [1] vierdelig, uit vieren bestaand ♦ *a quadruple alliance* een viermansbondgenootschap, een verbond tussen vier machten [2] viervoudig, quadrupel ♦ *a quadruple amount of last year's expenses* een viervoudig bedrag van de uitgaven van vorig jaar ● ⟨muz⟩ *quadruple time* vierkwartsmaat
³quad·ru·ple /kwɒdruːpl, ᴬkwɑdruːpl/ [onov + ov ww] verviervoudigen, quadrupleren, viermaal zo groot maken/worden ♦ *his income has quadrupled* zijn inkomen is viermaal zo groot geworden; *they quadrupled their prices* ze hebben de prijzen verviervoudigd
quad·ru·plet /kwɒdrʊplɪt, ᴬkwɑdrʌplɪt/ [telb zn; voornamelijk mv] [1] één van een vierling, ⟨mv⟩ vierling [2] groep/combinatie van vier, viermansformatie
¹quad·ru·pli·cate /kwɒdruːplɪkət, ᴬkwɑ-/ [telb zn] [1] ⟨vnl mv⟩ één van vier (gelijke) exemplaren ♦ *he gave me quadruplicates of the report* hij gaf me een viervoudig afschrift van het rapport [2] (het) vierde exemplaar
²quad·ru·pli·cate /kwɒdruːplɪkət, ᴬkwɑ-/ [niet-telb zn] viervoud ♦ *in quadruplicate* in viervoud
³quad·ru·pli·cate /kwɒdruːplɪkət, ᴬkwɑ-/ [bn] [1] viervoudig, in viervoud [2] vierde in een groep, vierde van een stel
⁴quad·ru·pli·cate /kwɒdruːplɪkeɪt, ᴬkwɑ-/ [onov + ov ww] verviervoudigen, viermaal kopiëren, viermaal zo groot (gemaakt) worden
quad·ru·pli·ca·tion /kwɒdruːplɪkeɪʃn, ᴬkwɑ-/ [telb + niet-telb zn] verviervoudiging, vermenigvuldiging met vier
quad·ru·plic·i·ty /kwɒdruːplɪsəti, ᴬkwɑdruːplɪsəti/ [niet-telb zn] viervoudigheid
quaes·tor /kwiːstə, ᴬ-ər/ [telb zn] ⟨gesch⟩ quaestor, thesaurier ⟨in het oude Rome⟩
quaes·to·ri·al /kwestɔːrɪəl/ [bn] ⟨gesch⟩ van/m.b.t. een quaestor, quaestors-
quaes·tor·ship /kwiːstəʃɪp, ᴬ-ər-/ [niet-telb zn] ⟨gesch⟩ quaestuur
¹quaff /kwɒf, kwɑːf, ᴬkwɑf, ᴬkwæf/ [telb zn] ⟨form⟩(lange) teug, grote slok
²quaff /kwɒf, kwɑːf, ᴬkwɑf, ᴬkwæf/ [onov + ov ww] ⟨form⟩ zwelgen, veel/snel drinken, grote slokken nemen (van) ♦ *quaff off a glass of wine* een glas wijn verzwelgen
quag /kwæg/ [telb zn] moeras, drassig gebied
quag·ga /kwægə/ [telb zn] ⟨dierk⟩ quagga ⟨uitgestorven Zuid-Afrikaanse steppezebra⟩
quag·gy /kwægi/ [bn; vergr trap: quaggier] moerassig, drassig, zacht, doorweekt
quag·mire /kwægmaɪə, ᴬ-ər/ [telb zn] moeras ⟨ook figuurlijk⟩, moerasgebied, moerasgrond ♦ *the quagmire of*

politics het politieke moeras

qua·hog, qua·haug /kwɑ:hɒɡ, ᴬkweɪhɒɡ, ᴬ-hɑɡ/ [telb zn] ⟨dierk⟩ quahog ⟨soort mossel; Venus mercenaria⟩

quaich, quaigh /kweɪx/ [telb zn] ⟨SchE⟩ drinkbeker, mok/kop (met twee oren)

¹quail /kweɪl/ [telb zn; mv: in bet 1, ¹ bet 2 en bet 3 ook quail] ① ⟨dierk⟩ kwartel ⟨Coturnix coturnix⟩ ② ⟨dierk⟩ (Californische) kuifkwartel ⟨Lophortyx californicus⟩ ③ ⟨dierk⟩ boomkwartel ⟨Colinus virginianus⟩ ④ ⟨AE; inf⟩ stuk, lekkere meid

²quail /kweɪl/ [niet-telb zn] kwartelvlees

³quail /kweɪl/ [onov ww] (terug)schrikken, bang/ontmoedigd worden, sidderen, bibberen ♦ *he quailed at the thought* hij schrok terug bij de gedachte; *we will not quail before this tyrant* we zullen ons niet laten ontmoedigen/bang maken door deze tiran; *his heart quailed* hij deinsde terug, hij verloor de moed; *he quails with fear* hij bibbert van angst

quail-call, quail-pipe [telb zn] kwartel(lok)fluitje

quaint /kweɪnt/ [bn; vergr trap: quainter; bw: ~ly; zn: ~ness] ① apart, curieus, ongewoon, (wonderlijk) ouderwets, schilderachtig ♦ *a quaint old building* een bijzonder, oud gebouw ② vreemd, grillig, onlogisch, ongepast, typisch, eigenaardig, zonderling ♦ *a very quaint remark* een zeer merkwaardige opmerking

quair /kweə, ᴬkwer/ [telb zn] ⟨SchE; form⟩ boek

¹quake /kweɪk/ [telb zn] ① schok ② ⟨inf⟩ aardbeving

²quake /kweɪk/ [onov ww] schokken, trillen, beven, bibberen, schudden ♦ *he quakes for/with fear/cold* hij bibbert van angst/de kou

Quak·er /kweɪkə, ᴬ-ər/ [telb zn] ① quaker ⟨lid van Genootschap der Vrienden/Society of Friends⟩ ② → Quaker gun

qua·ker·bird [telb zn] ⟨dierk⟩ roetkopalbatros ⟨Phoebetria palpebrata⟩

Quaker gun, ⟨inf⟩ **Quaker** [telb zn] ⟨AE⟩ loos kanon, houten namaakkanon

Quak·er·ism /kweɪkərɪzm/ [telb + niet-telb zn] quakerij, leer van de quakers

Quaker meeting, Quakers' meeting [telb zn] ① eredienst van quakers ② stille vergadering, zwijgende groep mensen

quake·tail [telb zn] ⟨dierk⟩ gele kwikstaart ⟨Motacilla flava⟩

quak·ing grass [niet-telb zn] ⟨plantk⟩ trilgras ⟨genus Briza⟩

quak·y /kweɪki/ [bn; vergr trap: quakier] beverig, bevend, trillend

qua·le /kweɪli, kwɑ:li/ [telb zn; mv: qualia /-lɪə/] essentie

¹qual·i·fi·ca·tion /kwɒlɪfɪkeɪʃn, ᴬkwɑ-/ [telb zn] ① beperking, voorbehoud, restrictie, conditie, wijziging ♦ *an agreement with qualifications* een overeenstemming onder voorbehoud; *a statement with many qualifications* een verklaring met veel kanttekeningen ② kwaliteit, verdienste, kwalificatie, geschiktheid, capaciteit ③ (bewijs van) geschiktheid/bevoegdheid, ⟨mv⟩ diploma's, papieren, getuigschriften ♦ *what's the qualification for entering this tournament?* wat zijn de vereisten om mee te doen aan dit toernooi?; *a medical qualification* een medische bevoegdheid ④ beschrijving, kenmerking, afschildering ♦ *the qualification of his enemy as a criminal is not fair* zijn karakterisering van zijn vijand als een misdadiger is niet eerlijk

²qual·i·fi·ca·tion /kwɒlɪfɪkeɪʃn, ᴬkwɑ-/ [niet-telb zn] ① het kwalificeren, het beperken, het stellen van voorwaarden ♦ *what was the qualification of entries based on?* waarop was de beperking van de inschrijvingen gebaseerd? ② het geschikt-zijn/bevoegd-zijn, het voldoen (aan bepaalde voorwaarden) ♦ *qualification for university* het voldoen aan de toelatingseisen tot de universiteit

quality control

qual·i·fi·ca·tor·y /kwɒlɪfɪkeɪtri, ᴬkwɑlɪfɪkətɔri/ [bn] ① (zich) kwalificerend, zich bekwamend, bevoegdheid hebbend/gevend ② beperkend, bepalend, preciserend, matigend ③ kenmerkend, karakteriserend, beschrijvend

qual·i·fied /kwɒlɪfaɪd, ᴬkwɑ-/ [bn; volt deelw van qualify] ① beperkt, voorwaardelijk, voorlopig, onder voorbehoud ♦ *a qualified agreement* een voorwaardelijk akkoord; *qualified freedom* beperkte vrijheid; *qualified optimism* gematigd optimisme ② bevoegd, geschikt, in staat, afgestudeerd, gediplomeerd ♦ *a qualified doctor* een afgestudeerde/bevoegde dokter; *a qualified nurse* een gediplomeerde verpleegster; *a qualified teacher* een bevoegde leraar

qual·i·fi·er /kwɒlɪfaɪə, ᴬkwɑlɪfaɪər/ [telb zn] ① ⟨sport⟩ iemand die zich voor de volgende ronde heeft geplaatst ② ⟨sport⟩ kwalificatiewedstrijd ③ ⟨taalk⟩ bepalend woord

¹qual·i·fy /kwɒlɪfaɪ, ᴬkwɑ-/ [onov ww] zich kwalificeren/gekwalificeerd zijn, zich bekwamen, bevoegd/geschikt zijn/worden, voldoen, het recht hebben/krijgen ⟨ook d.m.v. eedaflegging⟩ ♦ *qualify for membership* in aanmerking komen voor lidmaatschap; *do you qualify for the vote?* heb je stemrecht?; *will they qualify for the next round?* zullen zij zich plaatsen voor de volgende ronde?; *qualify as a pilot* zijn vliegbrevet halen; *qualify as a teacher* bevoegd leraar worden; *do you qualify to vote?* heb je stemrecht?; → **qualified**

²qual·i·fy /kwɒlɪfaɪ, ᴬkwɑ-/ [ov ww] ① beperken, kwalificeren, (verder) bepalen, inperken, duidelijker stellen ♦ *a qualifying exam* een akte-examen; *a qualifying match* een kwalificatiewedstrijd/plaatsingswedstrijd; *bear in mind the qualifying remarks expressed earlier* vergeet de voorafgenoemde restricties niet; *qualify one's statement* zijn verklaring nader preciseren ② kenmerken, kenschetsen, karakteriseren, beschrijven, aanduiden ♦ *qualify s.o. as an honest person* iemand als een eerlijk persoon beschrijven ③ geschikt/bevoegd maken, van bepaalde kwaliteiten voorzien, het recht geven ⟨ook d.m.v. eedaflegging⟩ ♦ *his degree qualifies him to apply for this job* zijn graad geeft hem het recht naar deze baan te solliciteren ④ verzachten, matigen, temperen ♦ *qualify one's judgement* zijn oordeel verzachten ⑤ ⟨taalk⟩ bepalen; → **qualified**

qual·i·ta·tive /kwɒlɪtətɪv, ᴬkwɑlɪtətɪv/ [bn; bw: ~ly] kwalitatief, van/m.b.t. kwaliteit ♦ *qualitative analysis* kwalitatieve analyse

¹qual·i·ty /kwɒləti, ᴬkwɑləti/ [telb zn] ① kwaliteit, (goede) eigenschap, deugd, capaciteit, talent ♦ *s.o.'s faults and qualities* iemands slechte en goede eigenschappen; *have the quality of gaining people's confidence* het vermogen bezitten het vertrouwen van de mensen te winnen ② eigenschap, kenmerk, karakteristiek, hoedanigheid ♦ *moral qualities* morele kenmerken; *a quality of water* een eigenschap van water

²qual·i·ty /kwɒləti, ᴬkwɑləti/ [niet-telb zn; ook attributief] ① kwaliteit, waarde, gehalte, karakter, goedheidsgraad, degelijkheidsgraad, ⟨vero⟩ standing ♦ *quality goods* kwaliteitsgoederen, kwaliteitsproducten; *this idea has quality* dit is een uitstekend idee; *high/low quality wood* hout van goede/slechte kwaliteit; *quality of life* leefbaarheid, kwaliteit van het bestaan; *quality matters more than quantity* kwaliteit is belangrijker dan kwantiteit; *quality newspaper* kwaliteitskrant; *people of quality* mensen van standing, mensen behorend tot de hogere sociale klassen; *of poor/good quality* van slechte/goede kwaliteit; *two candidates of the same quality* twee gelijkwaardige kandidaten; *the quality* de hogere sociale klassen, de chic ② ⟨log⟩ kwaliteit ▪ ⟨sprw⟩ *quality, not quantity* kwaliteit is belangrijker dan kwantiteit

quality assurance [niet-telb zn] kwaliteitsbewaking, kwaliteitszorg

quality control [niet-telb zn] kwaliteitsbeheersing,

quality time
kwaliteitscontrole

qua·li·ty time [niet-telb zn] kwaliteitstijd ⟨tijd waarin men exclusieve aandacht aan zijn kinderen geeft⟩, kwaliteitsuurtje

qualm /kwɑːm, kwɔːm/ [telb zn; vaak mv] [1] (gevoel van) onzekerheid, ongemakkelijk/onbehaaglijk gevoel, twijfel, angstgevoel, bang vermoeden ♦ *she had no qualms about going on her own* ze zag er niet tegenop om alleen te gaan; *he felt no qualms about inviting himself* hij had er geen moeite mee zichzelf uit te nodigen [2] (gevoel van) misselijkheid, (plotselinge) onpasselijkheid, braakneiging [3] (gewetens)wroeging, hartknaging, gewetensknaging, scrupule, gewetensbezwaar ♦ *qualms of conscience* gewetenswroeging

qualm·ish /ˈkwɑːmɪʃ, ˈkwɔː-/ [bn; bw: ~ly] [1] onzeker, zenuwachtig, twijfelend, onbehaaglijk, angstig [2] misselijk, onpasselijk [3] nerveus/misselijk makend, een onbehaaglijk gevoel gevend ♦ *a qualmish nightmare* een angstwekkende nachtmerrie

quan·da·ry /ˈkwɒnd(ə)ri, ˈkwɑn-/ [telb zn] moeilijke situatie, dilemma, onzekerheid, verlegenheid, lastig parket ♦ *we were in a quandary about how to react* we wisten niet goed hoe we moesten reageren

quan·go /ˈkwæŋgoʊ/ [telb zn] ⟨BE⟩ ⟨quasi-autonomous non-government(al) organisation⟩ ± semioverheidsinstelling, ± parastatale (organisatie/instelling) ⟨in België⟩

[1]**quant** /kwɒnt, ˈkwɑnt/ [telb zn] ⟨BE⟩ kloet(stok), schippersboom

[2]**quant** /kwɒnt, ˈkwɑnt/ [onov + ov ww] ⟨BE⟩ voortbomen, (doen) voortbewegen

quanta [alleen mv] → quantum

quan·ti·fi·a·ble /ˈkwɒntɪfaɪəbl, ˈkwɑntɪ-/ [bn] kwantificeerbaar, meetbaar, telbaar, uit te drukken in getallen, getalsmatig weer te geven

quan·ti·fi·ca·tion /ˌkwɒntɪfɪˈkeɪʃn, ˌkwɑntɪ-/ [telb + niet-telb zn] getalsmatige weergave, meting, telling, weging, bepaling

quan·ti·fi·er /ˈkwɒntɪfaɪə, ˈkwɑntɪfaɪər/ [telb zn] [1] hoeveelheidsbepaler, kwantiteitsmeter, teller [2] ⟨taalk⟩ kwantor ⟨hoeveelheidswoord⟩

quan·ti·fy /ˈkwɒntɪfaɪ, ˈkwɑntɪfaɪ/ [ov ww] [1] kwantificeren, in getallen uitdrukken, meten, bepalen ♦ *you cannot quantify love* je kunt liefde niet meten [2] ⟨log⟩ kwantificeren ⟨stelling⟩, beperken, precies omschrijven, nader definiëren, nuanceren

quan·ti·ta·tive /ˈkwɒntɪtətɪv, ˈkwɑntɪteɪtɪv/ [bn; bw: ~ly] kwantitatief, van/m.b.t. de hoeveelheid, getalsmatig, volgens de hoeveelheid, naar de grootte ♦ *quantitative analysis* kwantitatieve analyse; *quantitative linguistics* kwantitatieve/statistische taalkunde; ⟨letterk⟩ *quantitative verse* op aantal lettergrepen gebaseerd vers

[1]**quan·ti·ty** /ˈkwɒntəti, ˈkwɑntəti/ [telb zn] [1] hoeveelheid, aantal, som, portie, grootte, maat ♦ *a certain quantity of bicycles* een bepaald aantal fietsen; *a large quantity of blood* een grote hoeveelheid bloed; *in large quantities* in grote aantallen/hoeveelheden; *rain in quantity/quantities* regen in overvloed; *the quantity of the losses* de grootte van het verlies [2] ⟨wisk⟩ grootheid, ⟨fig⟩ persoon, iemand, ding ♦ *a negligible quantity* een te verwaarlozen hoeveelheid; een persoon/zaak waarmee geen rekening gehouden hoeft te worden, een quantité négligeable; *an unknown quantity* een onbekende (grootheid), een nog niet berekende wiskundige eenheid; een nog niet doorgronde/berekenbare persoon [3] ⟨taalk⟩ lengte ⟨bijvoorbeeld van klinkers⟩, waarde ♦ *the short and long quantities of vowels* de korte en lange waarden van klinkers

[2]**quan·ti·ty** /ˈkwɒntəti, ˈkwɑntəti/ [niet-telb zn] [1] kwantiteit, hoeveelheid, omvang ♦ *prefer quantity to quality* de voorkeur geven aan kwantiteit boven kwaliteit [2] ⟨log⟩ kwantiteit · ⟨sprw⟩ *quality, not quantity* kwaliteit is belangrijker dan kwantiteit

quan·ti·ty pro·duc·tion [niet-telb zn] massaproductie

quan·ti·ty sur·vey·or [telb zn] kostendeskundige ⟨in de bouw⟩, begrotingscalculator

quan·ti·za·tion, quan·ti·sa·tion /ˌkwɒntaɪˈzeɪʃn, ˌkwɑntə-/ [telb + niet-telb zn] kwantisatie, kwantisering

quan·tize, quan·tise /ˈkwɒntaɪz, ˈkwɑntaɪz/ [ov ww] [1] in kwanta omzetten [2] ⟨natuurk⟩ kwantiseren

[1]**quan·tum** /ˈkwɒntəm, ˈkwɑntəm/ [telb zn; mv: quanta /ˈkwɒntə, ˈkwɑntə/] [1] kwantum, (benodigde/wenselijke) hoeveelheid, bedrag [2] ⟨natuurk⟩ kwantum, quant

[2]**quan·tum** /ˈkwɒntəm, ˈkwɑntəm/ [bn, attr] spectaculair ♦ *a quantum leap* een spectaculaire vooruitgang, een doorbraak, een omwenteling

quan·tum me·chan·ics [alleen mv] kwantummechanica

quan·tum phys·ics [niet-telb zn] ⟨natuurk⟩ kwantumfysica

quan·tum the·o·ry [niet-telb zn] ⟨natuurk⟩ kwantumtheorie

[1]**quar·an·tine** /ˈkwɒrəntiːn, ˈkwɔː-, ˈkwɑː-/ [telb + niet-telb zn] quarantaine, isolatie ♦ *be put in quarantine* in quarantaine gehouden worden

[2]**quar·an·tine** /ˈkwɒrəntiːn, ˈkwɔː-, ˈkwɑː-/ [ov ww] in quarantaine geven/plaatsen/houden, ⟨fig ook⟩ isoleren

quark /kwɑːk, kwɔːk, ˈkwɑrk, ˈkwɔrk/ [telb zn] ⟨natuurk⟩ quark

[1]**quar·rel** /ˈkwɒrəl, ˈkwɔː-, ˈkwɑː-/ [telb zn] [1] ruzie, onenigheid, twist ♦ *make up a quarrel between friends* een ruzie tussen vrienden bijleggen; *fight s.o.'s quarrels (for him)* het voor iemand opnemen; *start/pick a quarrel (with s.o.)* ruzie zoeken (met iemand); *have a quarrel with s.o.* ruzie hebben met iemand [2] kritiek, reden tot ruzie, aanmerking, opmerking ♦ *what is your quarrel with/against him?* wat heb je tegen hem?; *I have no quarrel with/against your behaviour* ik heb geen aanmerkingen op je gedrag [3] (korte, stompe) pijl ⟨van kruisboog⟩ [4] vierkant/ruitvormig ruitje ⟨in glas in lood⟩ [5] vierkante/ruitvormige tegel [6] snijdiamant · ⟨sprw⟩ *it takes two to make a quarrel* waar twee kijven hebben beiden schuld

[2]**quar·rel** /ˈkwɒrəl, ˈkwɔː-, ˈkwɑː-/ [onov ww] [1] ruzie maken, onenigheid hebben, twisten, krakelen ♦ *what are they quarrelling for?* waar maken ze ruzie om?; *these people are always quarrelling* deze mensen hebben altijd ruzie; *it seems that he needs to quarrel with her about/over silly little things* het schijnt dat hij er behoefte aan heeft om met haar over dwaze dingetjes te ruziën/bekvechten [2] kritiek hebben, aanmerkingen/opmerkingen hebben, klachten uiten, niet akkoord gaan, een aanval doen ♦ *who would like to quarrel with that?* wie zou dat willen bestrijden?; *I do not like to quarrel with your work* ik heb niet graag aanmerkingen/kritiek op je werk; *he quarrels with my position in this company* hij betwist me mijn positie in dit bedrijf

quar·rel·ler, ⟨AE ook⟩ **quar·rel·er** /ˈkwɒrələ, ˈkwɔːrələr, ˈkwɑː-/ [telb zn] ruziezoek(st)er, ruziemaker, ruziemaakster, twistziek persoon

quar·rel·some /ˈkwɒrəlsəm, ˈkwɔː-, ˈkwɑː-/ [bn] ruziezoekend, twistziek, ruzieachtig, altijd/vaak ruziënd, (onaangenaam) kritisch

quarrier [telb zn] → quarry-man

[1]**quar·ry** /ˈkwɒri, ˈkwɔːri, ˈkwɑri/ [telb zn] [1] (nagejaagde) prooi, (achtervolgd) wild, (jacht)doel, (beoogd) slachtoffer [2] (steen)groeve, steenhouwerij, mijn, ⟨fig⟩ vindplaats/bron van informatie [3] ⟨benaming voor⟩ vierkant/ruitvorm, vierkante tegel, vierkant/ruitvormig (glas in lood) ruitje

[2]**quar·ry** /ˈkwɒri, ˈkwɔːri, ˈkwɑri/ [onov ww] [1] (steen)houwen, (steen) uithakken, (uit)graven, delven ♦ *quarry for* naar iets graven ⟨ook figuurlijk⟩; *quarry (out) a block of marble* een stuk marmer uithakken [2] ijverig zoeken ⟨bij-

quartering

voorbeeld naar feiten/gegevens, (door)vorsen, doorwroeten, wurmen, zeer nauwkeurig lezen ♦ *he can quarry for hours just to find one word* hij kan uren zitten pluizen om één woord te vinden

quar·ry·man /kwɒrimən, ᴬkwɔ-, ᴬkwɑ-/, **quar·ri·er** /kwɒrɪər, ᴬkwɔrɪər, ᴬkwɑ-/ [telb zn] steenhouwer, arbeider in steengroeve

¹**quart** /kɑːt, ᴬkɑrt/ [telb zn] ⟨schermsp⟩ de wering vier, vierde parade

²**quart** [LIQUID] [SOLID] /kwɔːt, ᴬkwɔrt/ [telb zn] 1 quart, kwart gallon, twee pints ⟨voor vloeistof, UK 1,136 l, USA 0,946 l; voor droge waren 1,101 l⟩ 2 fles/kan/vat van een kwart gallon • *put a quart into a pint pot* een bepaalde hoeveelheid in een te klein(e) houder/vat willen stoppen; ⟨inf, fig⟩ het onmogelijke proberen

quart	
Brits-Engels: iets meer dan een liter	1,136 liter
Amerikaans-Engels: iets minder dan een liter	0,946 liter
een quart is geen kwart liter, maar ongeveer een hele liter	

¹**quar·tan** /kwɔːtn, ᴬkwɔrtn/ [telb + niet-telb zn] derdendaagse koorts

²**quar·tan** /kwɔːtn, ᴬkwɔrtn/ [bn] derdendaags ♦ *quartan ague/fever* derdendaagse koorts

quarte /kɑːt, ᴬkɑrt/ [telb zn] ⟨schermsp⟩ de wering vier, vierde parade

¹**quar·ter** /kwɔːtə, ᴬkwɔrtər/ [telb zn] 1 kwart, vierde deel, ⟨sport⟩ kwart, speelperiode van 15 minuten ♦ *a quarter of an apple* een kwart/vierde part van een appel; *have a bad quarter of an hour* een moeilijk kwartiertje doormaken, het even lastig hebben; *a quarter of a century* een kwarteeuw; *in the first quarter of this century* in de eerste vijfentwintig jaar van deze eeuw; *a quarter of an hour* een kwartier; *a quarter of a mile* een kwart mijl; *a mile and a quarter* één en een kwart mijl; *three quarters of the people voted* driekwart van de mensen stemde; *for a quarter (of) the price* voor een kwart van de prijs; ⟨inf⟩ *the quarter* kwartmijlsrace, race van 440 yards 2 kwart dollar, 25 Amerikaanse/Canadese dollarcenten, kwartje 3 kwartaal, periode van drie maanden, ⟨AE⟩ collegeperiode, academisch kwartaal ♦ *he pays his rent by the quarter* hij betaalt zijn huur per kwartaal; *the student only started working seriously during the last quarter* de student begon pas serieus te werken in het laatste semester; *the second quarter's electricity bill* de elektriciteitsrekening van het tweede kwartaal 4 vierendeel, vierde deel (van mens/dier na vierendeling), kwartier ⟨van slachtdier⟩ ♦ *he chose the best quarter of the ox* hij koos het beste kwartier/vierde van de os 5 kwartier ⟨van tijd, maan, wapenschild⟩ ♦ *first quarter and last quarter are positions of the moon* het eerste en laatste kwartier zijn maanstanden; *for an hour and a quarter* een uur en een kwartier (lang); *in which quarter is the lion?* in welk kwartier/vlak/deel (van het wapen) staat de leeuw?; *it's a quarter past/to eight* het is kwart over/voor acht; *this clock also strikes the quarters* deze klok slaat ook de kwartieren 6 ⟨benaming voor⟩ achterste deel, achterwerk ⟨van schip⟩, achterste scheepsdeel, windveer, windvering 7 quarter, kwart ⟨UK 12,7 kg, USA 11,34 kg⟩ ♦ *speaking of nuts in a shop, a quarter means a quarter of a pound or four ounces, but speaking of grain it is a larger measure* i.v.m. nootjes in een winkel betekent een quarter een kwart (Engels) pond, of vier (Engelse) ons, maar als het gaat om graan is het een grotere maat 8 quarter, kwart ⟨290,94 l⟩ 9 (wind)richting, windstreek ⟨van kompas⟩, hoek, kant, bron ♦ *I expect no help from that quarter* ik verwacht geen hulp uit die hoek/van die kant; *from what quarter does the wind blow?* uit welke hoek/richting waait de wind?; *people came from all quarters of the world* de mensen kwamen uit alle windstreken/werelddelen; *which quarter does that information come from?* uit welke bron komt die informatie?; *is the wind in that quarter?* waait de wind uit die hoek? 10 ⟨benaming voor⟩ (stads)deel, wijk, sectie, gewest, streek, kwartier ♦ *we visited the Chinese and Italian quarters* we bezochten de Chinese en de Italiaanse wijk; *the Parisian Latin quarter used to be a quarter of students and artists* het Parijse Quartier Latin was altijd een studenten- en kunstenaarsbuurt; *I live in a residential quarter, not in the inner city* ik woon in een woonwijk, niet in de binnenstad; *in some quarters of the town there were riots* in sommige stadsdelen waren er rellen • *licensed quarters* officieel erkende/toegelaten rosse buurt

²**quar·ter** /kwɔːtə, ᴬkwɔrtər/ [niet-telb zn] genade, clementie, kwartier, lijfsbehoud ♦ *ask for/cry quarter* om genade smeken; *no quarter was given* er werd geen kwartier gegeven, er werd genadeloos opgetreden; *give/receive quarter* genade schenken/verkrijgen

³**quar·ter** /kwɔːtə, ᴬkwɔrtər/, **quar·ter·saw** [onov ww] ingekwartierd worden, huisvesting krijgen, gelegerd worden, onderdak toegewezen krijgen; → quartering

⁴**quar·ter** /kwɔːtə, ᴬkwɔrtər/, ⟨in betekenis 2 ook⟩ **quar·ter·saw** [onov + ov ww] 1 kwarteren, in vier (gelijke) delen verdelen, vierendelen ♦ *quarter an apple* een appel in vier parten verdelen; *his punishment was to be quartered* het was zijn straf gevierendeeld te worden 2 (in de lengte) in vieren zagen ⟨houtblok⟩ 3 inkwartieren, logies/huisvesting verschaffen (aan), legeren 4 doorkruisen ⟨bijvoorbeeld terrein, van jachthond⟩, afzoeken, geheel doorlopen, grondig doorzoeken ♦ *the pointer quartered the field, but the hare had disappeared* de pointer kamde het veld helemaal uit, maar de haas was verdwenen 5 ⟨heral⟩ een wapen (opnieuw) indelen/ontwerpen, een blazoen uitbreiden/herindelen, in een familiewapen/bepaald vlak onderbrengen ⟨bijvoorbeeld devies/wapenbeeld⟩, een (nieuw) wapen aan het zijne toevoegen ⟨bijvoorbeeld van iemand anders⟩ ♦ *quarter a charge* een devies/wapenbeeld in een (familie)wapen indelen; *quarter a shield* een schild in (vier) vlakken indelen; → quartering

quar·ter·age /kwɔːtərɪdʒ, ᴬkwɔrtə-/ [telb zn] kwartaalbetaling, driemaandelijkse betaling

¹**quar·ter·back** [telb zn] ⟨AE; American football⟩ quarterback, kwartback ⟨spelbepaler die gecodeerde aanwijzingen geeft⟩

²**quar·ter·back** [ov ww] ⟨AE; sl⟩ de leiding hebben over, leiding geven aan

quar·ter·bind·ing [telb zn] ⟨boek⟩ rugbinding ⟨d.w.z. van ander materiaal dan voor- en achterkant van het boek, bijvoorbeeld van leer⟩

quar·ter·bound [bn] met rugbinding, ruggebonden ⟨van boek, waarbij rug met ander materiaal is gebonden dan de rest⟩

quarter circle [telb zn] ⟨voetb⟩ kwartcirkel, hoekvlagcirkel

quarter day [telb zn] betaaldag ⟨aan begin/eind van kwartaal⟩, afrekeningsdag ⟨op bepaalde vastgestelde data⟩

¹**quar·ter·deck** [telb zn; voornamelijk enk; the] ⟨scheepv⟩ (officiers)halfdek

²**quar·ter·deck** [verzamelnr] ⟨scheepv⟩ (marine)officieren

quar·ter·fi·nal [telb zn] kwartfinale ⟨sport⟩

quar·ter·guard [telb zn] ⟨mil⟩ kampwacht

quarter horse [telb zn] ⟨AE⟩ (sterk) renpaard ⟨op kwart mijl⟩

quar·ter·hour [telb zn] kwartier, kwartiersaanduiding ⟨voor of na het uur, op klok⟩

¹**quar·ter·ing** /kwɔːtərɪŋ, ᴬkwɔrtərɪŋ/ [telb zn; (oorspronkelijk) gerund van quarter; voornamelijk mv] ⟨heral⟩

quartering

kwartier, (vierde) deel van wapenschild, wapendeel
²**quar·ter·ing** /kwɔ:tərɪŋ, ᴬkwɔ́rtərɪŋ/ [niet-telb zn; (oorspronkelijk) gerund van quarter] [1] **vierendeling**, verdeling in vier, het kwartieren, kwartering, kwartilering [2] **inkwartiering**, het inkwartieren ⟨bijvoorbeeld soldaten⟩

quar·ter-light [telb zn] ⟨BE⟩ [1] **ventilatieraampje** ⟨in voor- of achterruit van auto⟩ [2] **rijtuigraam(pje)** ⟨anders dan in portier⟩ [3] **zijruit** ⟨van auto, anders dan in portier⟩

¹**quar·ter·ly** /kwɔ:təli, ᴬkwɔ́rtərli/ [telb zn] **driemaandelijks tijdschrift/blad**, kwartaalblad

²**quar·ter·ly** /kwɔ:təli, ᴬkwɔ́rtərli/ [bn] **driemaandelijks**, viermaal per jaar, kwartaalsgewijs ♦ *a quarterly magazine* een driemaandelijks tijdschrift; *quarterly payment* betaling per kwartaal

³**quar·ter·ly** /kwɔ:təli, ᴬkwɔ́rtərli/ [bw] **driemaandelijks**, (éénmaal) per kwartaal, kwartaalsgewijs

quar·ter·mas·ter [telb zn] [1] ⟨mil⟩ **intendant**, kwartiermeester, kwartiermaker [2] ⟨scheepv⟩ **kwartiermeester**, schieman

Quartermaster General [telb zn] ⟨mil⟩ **kwartiermeester-generaal**, hoofdintendant

Quartermaster Sergeant [telb zn] ⟨mil⟩ **foerier**

quar·tern /kwɔ:tən, ᴬkwɔ́rtərn/, ⟨in betekenis 3 ook⟩

quar·tern-loaf [telb zn] ⟨vero⟩ [1] **één vierde (deel)**, kwart [2] ⟨BE⟩ **één vierde pint** [3] ⟨BE⟩ **vierpondsbrood**

quarter note [telb zn] ⟨AE; muz⟩ **kwartnoot**

quar·ter-plate [telb zn] ⟨foto⟩ **negatief(plaat)/foto van 8,3 × 10,8 cm**

quar·ters /kwɔ:təz, ᴬkwɔ́rtərz/ [alleen mv] [1] ⟨vaak mil⟩ **kwartier**, verblijf, woonplaats, legerplaats, barak, kamer(s), ⟨fig⟩ kring ♦ ⟨scheepv⟩ *beat/call to quarters* de manschappen oproepen om zich gevechtsklaar te maken; *do you know where his quarters are?* weet je zijn verblijfplaats?; *married quarters* familieverblijven; *in the officers' quarters* in de officiersvertrekken; *this inn provides excellent quarters in deze herberg is het uitstekend toeven; *report this news to the right quarters* meld dit nieuws op de juiste plaats; *find suitable quarters* geschikte huisvesting vinden; *this information comes from the highest quarters* deze inlichtingen komen uit de hoogste kringen; *they took up their quarters* ze sloegen hun tenten op, ze namen hun intrek; *I took up my quarters with him in London* ik trok bij hem in in Londen; *well-informed quarters* goed ingelichte kringen; *the soldiers went into winter quarters* de soldaten betrokken hun winterkwartier [2] **(onder)delen** ⟨bijvoorbeeld van (geslacht) dier⟩

quarter sessions [alleen mv] **rechtszitting** ⟨(oorspronkelijk) elk kwartaal gehouden⟩, (driemaandelijkse) rechtspraak ⟨per district⟩

quar·ter-staff [telb zn] ⟨vnl gesch⟩ **(lange houten) (gevechts)stok**, schermstok ⟨bij stokschermen⟩

quar·ter-tone [telb zn] ⟨muz⟩ **kwarttoon**

¹**quar·tet, quar·tette** /kwɔ:tet, ᴬkwɔr-/ [telb zn] ⟨muz⟩ **kwartet** ⟨stuk⟩

²**quar·tet, quar·tette** /kwɔ:tet, ᴬkwɔr-/ [verzameln] **viertal**, groep van vier, ⟨vnl muz⟩ kwartet

¹**quar·tic** /kwɔ:tɪk, ᴬkwɔ́rtɪk/ [telb zn] ⟨wisk⟩ **(vergelijking tot) de vierde macht**

²**quar·tic** /kwɔ:tɪk, ᴬkwɔ́rtɪk/ [bn] ⟨wisk⟩ **vierdemachts-**, m.b.t. de vierde macht, van de vierde graad

¹**quar·tile** /kwɔ:taɪl, ᴬkwɔ́rtl/ [telb zn] ⟨stat⟩ **kwartiel**

²**quar·tile** /kwɔ:taɪl, ᴬkwɔ́rtl/ [bn] ⟨stat⟩ **m.b.t. een kwartiel**, kwartiels-

quar·to, 4to /kwɔ:tou, ᴬkwɔ́rtou/ [telb zn] [1] **kwarto** ♦ *the first quartos of some Shakespeare plays* de eerste uitgaven in kwartoformaat van enkele stukken van Shakespeare [2] **kwartijn**

quartz /kwɔ:ts, ᴬkwɔrts/ [niet-telb zn] **kwarts**

quartz clock [telb zn] **kwartsklok**

quartz·if·er·ous /kwɔ:tsɪfrəs, ᴬkwɔrt-/ [bn] **kwartshoudend**

quartz·ite /kwɔ:tsaɪt, ᴬkwɔrt-/ [niet-telb zn] **kwartsiet** ⟨delfstof⟩

quartz lamp [telb zn] **kwartslamp**

quartz·ose /kwɔ:tsoʊs, ᴬkwɔrt-/, **quartz·ous** /-səs/, **quartz·y** /-si/ [bn] [1] **kwartshoudend**, uit kwarts bestaand [2] **kwartsachtig**, lijkend op kwarts

qua·sar /kweɪsɑ:, ᴬ-zɑr/ [telb zn] ⟨astron⟩ **quasar**, quasistellaire radiobron

quash /kwɒʃ, ᴬkwɑʃ/ [ov ww] [1] ⟨jur⟩ **verwerpen**, vernietigen, casseren, ongegrond oordelen, ongedaan maken ♦ *quash a decision* een besluit verwerpen; *quash a verdict* een vonnis casseren, een uitspraak vernietigen [2] ⟨krachtig⟩ **onderdrukken**, verijdelen, korte metten maken met ♦ *quash his plans* zijn plannen verijdelen; *quash a rebellion* een opstand de kop indrukken

qua·si /kweɪzaɪ, kwɑ:zi/ [bw] **quasi**, zogenaamd, schijnbaar

qua·si- **quasi-**, schijn-, half-, bijna-, pseudo- ♦ ⟨fin⟩ *quasi-money* bijna-geld, secundaire liquiditeiten ⟨bijvoorbeeld wissels⟩; *quasi-victory* schijnoverwinning; *quasi-scientific* pseudowetenschappelijk; *a quasi-official procedure* een schijnbaar/bijna-officiële procedure

Qua·si·mo·do /kwɑ:zɪmoʊdoʊ/, **Quasimodo Sunday** [eigenn] **Quasimodo**, eerste zondag na Pasen, Witte Zondag

qua·si-stel·lar ob·ject, quasi-stellar radio source [telb zn] ⟨astron⟩ **quasar**, quasistellair(e) object/radiobron

quas·sia /kwɒʃə, ᴬkwɑʃə/ [telb + niet-telb zn] ⟨plantk⟩ **kwassie**, kwassieboom ⟨Quassia amara⟩, kwassiehout, bitterhout

qua·ter·cen·ten·a·ry /kwætəsenti:nri, ᴬkwɑtərsentn·eri/ [telb zn] **vierhonderdste verjaardag**, vierhonderdjarig bestaan, vierde eeuwfeest

¹**qua·ter·nar·y** /kwətɜ:nəri, ᴬkwɑ́tərneri/ [telb zn] [1] **viertal**, groep van vier (dingen) [2] ⟨getal⟩ **vier**

²**qua·ter·nar·y** /kwətɜ:nəri, ᴬkwɑ́tərneri/ [bn] [1] **viertallig**, bestaande uit vier delen [2] **vierde** [3] ⟨scheik⟩ **quaternair** ⟨van atoom⟩

¹**Qua·ter·nar·y** /kwətɜ:nəri, ᴬkwɑ́tərneri/ [eigenn] ⟨geol⟩ **kwartair** ⟨jongste periode van het kaenozoïcum⟩

²**Qua·ter·nar·y** /kwətɜ:nəri, ᴬkwɑ́tərneri/ [bn] ⟨geol⟩ **quartair**

qua·ter·ni·on /kwətɜ:nɪən, ᴬ-tɜr-/ [telb zn] [1] **viertal** [2] ⟨wisk⟩ **quaternion**

qua·ter·ni·ty /kwətɜ:nəti, ᴬ-tɜrnəti/ [telb zn] **viertal**, groep van vier (mensen), ⟨i.h.b.⟩ viereenheid ⟨van goden⟩

qua·tor·zain /kətɔ:zeɪn, ᴬ-tɔr-/ [telb zn] **veertienregelig gedicht**, ⟨i.h.b.⟩ onregelmatig sonnet

quat·rain /kwɒtreɪn, ᴬkwɑ-/ [telb zn] **kwatrijn**, vierregelig vers/couplet

quatre [telb zn] → **cater**

quat·re·foil /kætrəfɔɪl/ [telb zn] [1] ⟨bouwk⟩ **vierpas**, vierblad [2] ⟨heral⟩ **vierblad**

quat·tro·cen·to /kwætroʊtʃentoʊ, ᴬkwɑ-/ [niet-telb zn] **quattrocento**, de vijftiende eeuw ⟨in Italiaanse literatuur en kunst⟩

¹**qua·ver** /kweɪvə, ᴬ-ər/ [telb zn] [1] **trilling**, trillend geluid [2] ⟨muz⟩ **triller**, vibrato, tremolo [3] ⟨BE; muz⟩ **achtste (noot)**

²**qua·ver** /kweɪvə, ᴬ-ər/ [onov ww] [1] **trillen**, beven, sidderen ♦ *in a quavering voice* met bevende stem [2] ⟨muz⟩ **trillers zingen/spelen**, vibreren, tremuleren

³**qua·ver** /kweɪvə, ᴬ-ər/ [ov ww] [1] **trillend uiten**, zeggen met bevende stem ♦ *the child quavered forth/out her first song* met bibberende stem zong het kind haar eerste liedje; *he quavered out his accusations* met bevende stem uitte hij zijn beschuldigingen [2] **vibrato zingen**

qua·ver·y /kwe̱ɪvəri/ [bn] beverig, trillerig, trillend, bevend

quay /ki:/ [telb zn] kade, kaai

¹**quay·age** /ki:ɪdʒ/ [telb + niet-telb zn] kaaigeld, kadegeld 〈te betalen voor het liggen, laden enz.〉

²**quay·age** /ki:ɪdʒ/ [niet-telb zn] (totale) kaderuimte, (totale) kadelengte, kaden

quay dues [alleen mv] kaaigeld, kadegeld

quay·side [telb zn] kade, walkant

Que [afk] 〈Quebec〉

quean /kwi:n/ [telb zn] 〈vero〉 slet, lichtekooi, sloerie

quea·sy, quea·zy /kwi:zi/ [bn; vergr trap: queasier; bw: queasily; zn: queasiness] ① walgelijk, misselijk makend, 〈fig〉 onaangenaam ② misselijk, onpasselijk, zwak, ziekelijk ♦ *I was queasy about/at the idea of a performance of that play* het idee van een opvoering van dat toneelstuk stond mij tegen; *a queasy stomach* een zwakke maag ③ teergevoelig, kieskeurig, overgevoelig ♦ *he has a queasy conscience* hij neemt het erg nauw

¹**que·bra·cho** /keɪbrɑ:tʃoʊ, ^-bræ-/ [telb zn] 〈plantk〉 quebracho(boom) 〈Schinopsis lorentzii of Aspidosperma quebracho-blanco〉

²**que·bra·cho** /keɪbrɑ:tʃoʊ, ^-bræ-/ [niet-telb zn] ① quebracho(hout) ② bast van de quebracho 〈als geneesmiddel/looimiddel〉

¹**Quech·ua, Kech·ua** /ketʃwə/ [eigenn] Quechua, de Quechuataal 〈officiële taal in het Incarijk; nog gesproken in o.a. Peru〉

²**Quech·ua, Kech·ua** /ketʃwə/ [telb zn] ① Quechua-indiaan ② Quechua(-indianen)stam

Quech·uan, Kech·uan /ketʃwən/ [bn] m.b.t./van de Quechua

¹**queen** /kwi:n/ [telb zn] ① koningin, vorstin 〈van een koninkrijk〉, gemalin van de koning ② 〈benaming voor〉 beste/eerste in haar soort, koningin, winnares, heerseres, schoonheid(skoningin), godin ♦ *the queen of the Adriatic* de koningin van de Adriatische Zee 〈Venetië〉; *Queen of grace* Moeder van de goddelijke genade 〈Heilige Maagd Maria〉; *Queen of heaven* koningin der goden 〈Juno〉; *Queen of love* godin van de liefde 〈Venus〉; *Queen of the May* meikoningin; *Queen of night* maangodin 〈Diana〉 ③ 〈dierk〉 koningin 〈eierleggend vrouwelijk insect van bijen, termieten, mieren〉, moederbij, wijfjesbij ④ 〈schaaksp〉 koningin, dame ⑤ 〈kaartsp〉 vrouw, dame ♦ *queen of hearts* hartenvrouw; 〈fig〉 schoonheid, gevierde schone ⑥ 〈sl; beled〉 nicht, verwijfde flikker, mietje ⑦ kat 〈volwassen wijfje, in het bijzonder één gehouden voor het fokken〉 • 〈plantk〉 *queen of the meadows* moerasspirea 〈Filipendula ulmaria〉; theeboompje 〈Spiraea salicifolia〉; purper leverkruid 〈Eupatorium purpureum〉; *queen of puddings* schuimtaart; *think one is the Queen of Sheba* zich airs geven; *the Queen* het 〈Britse〉 volkslied 〈als een koningin regeert〉, het 'God save the Queen'

²**queen** /kwi:n/ [onov ww] 〈schaaksp〉 een dame halen, promoveren 〈van pion〉

³**queen** /kwi:n/ [ov ww] ① tot koningin maken ② 〈schaaksp〉 laten promoveren (tot dame), in dame omzetten • 〈inf〉 *queen it over s.o.* de mevrouw spelen t.o.v. iemand, als een koningin heersen over iemand

Queen Anne [niet-telb zn; vaak attributief] (stijl/periode van) Queen Anne 〈1702-1714; architectuur, meubilair〉

Queen Anne's Bounty /kwi:n ænz bɑʊnti/ [niet-telb zn] 〈anglic〉 toelagefonds voor slecht bezoldigde geestelijken 〈opgericht door Queen Anne in 1704〉

Queen Anne's lace [telb zn] 〈plantk〉 peen, gele/rode wortel 〈Daucus carota〉

queen ant [telb zn] mierenkoningin

queen bee [telb zn] bijenkoningin, wijfjesbij, moederbij, 〈fig〉 heersende schone, stuk, schoonheid ♦ *she is the queen bee of this party* zij is hét stuk van dit feestje

queen·cake [telb zn] (hartvormig) krentencakeje

queen consort [telb zn; vaak Queen Consort; mv: queens consort] gemalin van de koning, koningin

¹**queen·dom** /kwi:ndəm/ [telb zn] koninkrijk 〈van een koningin〉

²**queen·dom** /kwi:ndəm/ [telb + niet-telb zn] koninginnenschap

queen dowager [telb zn] koningin-weduwe

queen·hood /kwi:nhʊd/ [telb + niet-telb zn] koninginnenschap

queen·ie /kwi:ni/ [zn] 〈sl〉 nicht, flikker, mietje, homo

queen·ly /kwi:nli/, **queen·like** /-laɪk/ [bn; vergr trap: queenlier; zn: queenliness] ① als een koningin, majesteitelijk ② een koningin waardig, een koningin passend, majestueus

queen mother [telb zn] koningin-moeder

queen post [telb zn] hulphangstijl, hulpmakelaar 〈van een dak〉

queen regent [telb zn; mv: queens regent] koninginregentes

queen regnant [telb zn; mv: queens regnant] regerende koningin

Queen's Bench, Queen's Bench Division [telb zn] → King's Bench

Queens·ber·ry Rules /kwi:nzbri ru:lz, ^-beri -/ [alleen mv] ① officieel boksreglement ② reglement, 〈fig〉 eerlijk spel ♦ *play according to the Queensberry Rules* zich aan de regels houden

queen's bishop [telb zn] 〈schaaksp〉 dameloper

queen's bounty [telb zn] → king's bounty

Queen's colour [telb zn] → King's colour

Queen's Counsel [telb zn] → King's Counsel

Queen's English [eigenn] → King's English

queen's evidence [niet-telb zn] → king's evidence

Queen's Guide [telb zn] → King's Guide

queen's highway [telb zn] → king's highway

queen-size [bn] queensize 〈tussen normale grootte/lengte en kingsize in〉

queen's knight [telb zn] 〈schaaksp〉 damepaard

Queen's Messenger [telb zn] → King's Messenger

queen's metal [niet-telb zn] witmetaal, lagermetaal

queen's pawn [telb zn] 〈schaaksp〉 damepion, d-pion

Queen's peace [telb zn] → King's peace

Queen's Proctor [telb zn] → King's Proctor

Queen's Remembrancer [telb zn] → King's Remembrancer

queen's rook [telb zn] 〈schaaksp〉 dametoren

Queen's Scout [telb zn] → King's Scout

Queen's shilling [telb + niet-telb zn] → King's shilling

Queen's speech [telb zn] → King's speech

Queens·ware, Queen's ware /kwi:nzweə, ^-wer/ [niet-telb zn] Queen's ware 〈crèmekleurig wedgwoodaardewerk〉

queen wasp [telb zn] wespenkoningin, moer

¹**queer** /kwɪə, ^kwɪr/ [telb zn] 〈sl; beled〉 homo, flikker, poot

²**queer** /kwɪə, ^kwɪr/ [niet-telb zn; the] 〈sl〉 vals geld

³**queer** /kwɪə, ^kwɪr/ [bn; vergr trap: queerer; bw: ~ly; zn: ~ness] ① vreemd, raar, zonderling, excentriek ♦ 〈inf〉 *a queer customer* een rare snuiter/type/vreemde vogel; *somewhat queer in the head* niet goed bij zijn hoofd ② verdacht, onbetrouwbaar ③ onwel, niet lekker, niet goed, zwakjes, duizelig ♦ *she felt queer that night* ze voelde zich niet lekker die avond ④ 〈BE; sl〉 zat, dronken, toeter ⑤ 〈sl〉 homoseksueel, van de verkeerde kant ⑥ 〈sl〉 namaak, waardeloos • 〈vnl BE; inf〉 *queer street* verdacht zaakje; 〈vnl BE; inf; ook queer street〉 *be in Queer Street* in moeilijkheden zitten; 〈i.h.b.〉 schulden hebben; 〈inf〉 *how is that for queer?* wat zeg je me daarvan?

queer

⁴**queer** /kwɪə, ᴬkwɪr/ [ov ww] ⟨sl⟩ verknoeien, verpesten, verspelen, verprutsen

queer-bash-er [telb zn] ⟨BE; inf⟩ potenrammer

queer-bash-ing [niet-telb zn] ⟨BE; inf⟩ (het) potenrammen, (het) afzuigen van homo's

queer·ish /kwɪərɪʃ, ᴬkwɪrɪʃ/ [bn; bw: ~ly; zn: ~ness] enigszins vreemd, een beetje raar, een tikkeltje zonderling

quell /kwel/ [ov ww] ⟨form⟩ onderdrukken, een eind maken aan, onderwerpen, beteugelen, de kop indrukken

quench /kwentʃ/ [ov ww] ① doven, blussen ② afkoelen ⟨in water enz.⟩, afharden, afschrikken ⟨metaal⟩ ③ een eind maken aan, vernietigen, te niet doen, onderdrukken ④ lessen ♦ *he quenched his thirst with a cup of cold tea* hij leste zijn dorst met een kop koude thee ⑤ ⟨sl⟩ de mond snoeren ♦ ⟨sprw⟩ *pouring oil on fire is not the way to quench it* men moet geen olie op het vuur gooien

quench·able /kwentʃəbl/ [bn] blusbaar, te doven

quench·er /kwentʃə, ᴬ-ər/ [telb zn] ① blusser ② afkoelmiddel ③ dorstlesser, glaasje

quench·less /kwentʃləs/ [bn] ① onblusbaar, eeuwig ♦ *a quenchless flame* een eeuwige vlam ② onlesbaar

que·nelle /kənel/ [telb zn] balletje (kalfs)vlees/vis

quer·i·mo·ni·ous /kwerɪmoʊniəs/ [bn] klagend, klagerig, zeurderig

que·rist /kwɪərɪst, ᴬkwɪr-/ [telb zn] ⟨form⟩ (onder)vrager

quern /kwɜːn, ᴬkwɜrn/ [telb zn] ① stenen handmolen ⟨voor graan⟩, kweern ② pepermolentje

quern stone [telb zn] molensteen

quer·u·lous /kwerʊləs, ᴬ-rjə-/ [bn; bw: ~ly; zn: ~ness] ① klagend ♦ *querulous person* querulant ② klagerig, gemelijk, knorrig, verongelijkt

¹**que·ry** /kwɪəri, ᴬkwɪri/ [telb zn] ① vraag ♦ *raise a query* in twijfel trekken ② vraagteken ⟨?, qu., qy.⟩, als teken van twijfel in de kantlijn van drukproef⟩

²**que·ry** /kwɪəri, ᴬkwɪri/ [onov ww] een vraag stellen

³**que·ry** /kwɪəri, ᴬkwɪri/ [ov ww] ① vragen (naar), informeren (naar) ♦ *she queried if/whether he could be relied on* zij vroeg of hij te vertrouwen was; *he will have to query the request with his superiors* hij zal het verzoek aan zijn superieuren moeten voorleggen ② in twijfel trekken, een vraagteken plaatsen bij ⟨ook letterlijk⟩, betwijfelen, zich afvragen ③ ⟨AE⟩ ondervragen, interviewen ♦ *they queried the president about his disarmament proposal* zij ondervroegen de president over zijn ontwapeningsvoorstel

query language [telb zn] ⟨comp⟩ vraagtaal, zoektaal

¹**quest** /kwest/ [telb zn] ⟨form⟩ zoektocht, het zoeken, het najagen, speurtocht ♦ *the quest for the Holy Grail* het zoeken naar de heilige graal; *he went off in quest of water* hij ging op zoek naar water ② het gezochte, doel van de zoektocht

²**quest** /kwest/ [onov + ov ww] ⟨form⟩ zoeken, speuren ♦ *the hunters were questing for signs of bears* de jagers keken uit naar sporen van beren; *hounds quested out the shot duck* jachthonden spoorden de neergeschoten eend op

¹**ques·tion** /kwestʃn/ [telb zn] ① vraag ♦ *question and answer* vraag en antwoord; *a leading question* een suggestieve vraag; *you should obey your father without question* je moet je vader zonder meer gehoorzamen ② vraagstuk, probleem, opgave, kwestie, zaak, punt van discussie ♦ *that's another question* daar gaat het niet om; ⟨België⟩ dat is een ander paar mouwen; *your remark is beside the question* je opmerking heeft niets met dit punt te maken; *new points came into question* nieuwe punten kwamen ter sprake; *the man in question* de man in kwestie/over wie we het hebben; *it is only a question of money* het is alleen nog een kwestie van geld; *there's no question of his having been in London* het is onmogelijk/er is geen sprake van dat hij in Londen geweest is; *that is out of the question* er is geen sprake van, daar komt niets van in; *the question is ...* waar het om gaat is ..., de kwestie is ...; *that is not the question* dat doet niet ter zake; *your success is merely a question of time* je succes zal vroeg of laat komen, je succes is slechts een kwestie van tijd; *Question!* Ter zake! ③ stemming ♦ *call for the question* stemming vragen; *put the question* tot stemming overgaan ④ beg the question het punt in kwestie als bewezen aanvaarden; *that is begging the question* dat is een petitio principii; ⟨inf⟩ dat is moeilijkheden vermijden/ontlopen; ⟨i.h.b.⟩ dat is een vraag met een wedervraag antwoorden; ⟨jur⟩ *question of fact* kwestie (in een rechtszaak) die beslist wordt door de jury; ⟨jur⟩ *question of law* kwestie (in een rechtszaak) die beslist wordt door de rechter; ⟨inf⟩ *pop the question* om haar hand vragen, haar ten huwelijk vragen; ⟨sprw⟩ *to be or not to be; that is the question* zijn of niet zijn, daar gaat het om; ⟨sprw⟩ *ask no questions and be told no lies* vraag mij niet, dan lieg ik niet; ⟨sprw⟩ *there are two sides to every question/an argument* men moet de zaak steeds van twee kanten bekijken

²**ques·tion** /kwestʃn/ [niet-telb zn] twijfel, onzekerheid, bezwaar ♦ *there's no question about his credentials* zijn geloofsbrieven zijn betrouwbaar; *beyond (all)/past/without question* ongetwijfeld, stellig, buiten kijf; *no one has ever called my integrity in/into question* niemand heeft ooit mijn integriteit in twijfel getrokken; *I make no question of his bankruptcy, but that it is so* ik ben er zeker van dat hij failliet is; *there's no question but that he will become the new mayor* hij zal ongetwijfeld de nieuwe burgemeester worden

³**ques·tion** /kwestʃn/ [ov ww] ① vragen, vragen stellen, ondervragen, uitvragen, uithoren ♦ *question s.o. about/on his plans* iemand over zijn plannen ondervragen ② onderzoeken ③ betwijfelen, in twijfel trekken, zich afvragen, betwisten ♦ *it cannot be questioned but (that) ...* het is zeker dat ..., er is geen twijfel aan of ...; *I question whether/if ...* ik betwijfel het of ...; → **questioning**

ques·tion·a·ble /kwestʃnəbl/ [bn; bw: questionably; zn: ~ness] ① twijfelachtig, aanvechtbaar ② verdacht

¹**ques·tion·ary** /kwestʃənri, ᴬ-tʃəneri/ [telb zn] vragenlijst, questionnaire

²**ques·tion·ary** /kwestʃənri, ᴬ-tʃəneri/ [bn] ① vragend ② d.m.v. vragen

ques·tion·er /kwestʃənə, ᴬ-ər/ [telb zn] vragensteller, vragenstelster, ondervrager, ondervraagster

ques·tion·ing /kwestʃnɪŋ/ [bn; bw: ~ly] ① vragend ♦ *she gave her friend a questioning look* zij keek haar vriend vragend aan ② leergierig ♦ *a questioning mind* een leergierige geest

quest·ion·less /kwestʃənləs/ [bn] ① zonder vragen (te stellen), blind ② onbetwistbaar, ongetwijfeld, onbetwijfelbaar

question mark [telb zn] vraagteken ⟨ook figuurlijk⟩, mysterie, onzekerheid

question master [telb zn] quizleider, quizmaster, spelleider

ques·tion·naire /kwestʃəneə, ᴬ-ner/ [telb zn] vragenlijst, questionnaire

question tag [telb zn] ⟨taalk⟩ vraagconstructie ⟨aan het eind van zin⟩

question time [niet-telb zn] ⟨BE⟩ vragenuurtje ⟨voor de leden van het parlement⟩

quet·zal /ketsl, ᴬketsɑl/ [telb zn; mv: ook quetzales /ketsɑːleɪz/] ① ⟨dierk⟩ quetzal ⟨vogel uit Midden-Amerika; Pharomacrus mocino⟩ ② quetzal ⟨munteenheid van Guatemala⟩

¹**queue** /kjuː/ [telb zn] ① staartvlecht, staart ② rij, rits, queue, file, ⟨comp⟩ wachtrij ♦ *a queue of cars* een lange rij auto's ♦ *jump the queue* voordringen, voor je beurt gaan

²**queue** /kjuː/ [onov ww] een rij vormen, in de rij (gaan) staan, een queue maken ♦ *they queued (up) for the taxis* zij stonden in de rij voor de taxi's

queue·er /kjuːə, ᴬ-ər/ [telb zn] persoon in de rij ♦ *the* *queueers got impatient* de rij wachtenden werd ongeduldig

¹quib·ble /kwɪbl/ [telb zn] ① spitsvondigheid, sofisme, haarkloverij, punt van kritiek, uitvlucht ② ⟨vero⟩ woordspeling

²quib·ble /kwɪbl/ [onov ww] ① uitvluchten zoeken, haarkloven, bekvechten, eromheen draaien ♦ *we don't have to quibble about the details of the scheme* we hoeven niet over de details van het schema te harrewarren; *let's stop quibbling over this old matter* laten we ophouden te kibbelen over deze oude zaak ② ⟨vero⟩ woordspelingen maken

quib·bler /kwɪblə, ᴬ-ər/ [telb zn] muggenzifter, haarklover, chicaneur

quiche /kiːʃ/ [telb + niet-telb zn] ⟨cul⟩ quiche ⟨taart; voornamelijk hartig, met kaas enz.⟩

¹quick /kwɪk/ [niet-telb zn] ① levend vlees ⟨onder de huid/nagel⟩ ♦ *she bites her nails to the quick* zij bijt haar nagels af tot op het leven ② hart, kern, het wezenlijke, essentie ♦ *cut/sting/touch/wound s.o. to the quick* iemand in zijn hart raken, iemands gevoelens diep kwetsen; *the quick of the matter* de kern van de zaak; *a Tory to the quick* op-en-top een tory, een volbloed tory, een tory in hart en nieren ③ ⟨BE⟩ levende haag

²quick /kwɪk/ [bn; vergr trap: quicker; bw: ~ly; zn: ~ness] ① snel, gauw, kort achter elkaar, haastig (reagerend), rap, vlug ♦ *quick assets* direct realiseerbare activa; *he is quick to take offence* hij is gauw beledigd; *be as quick as lightning/a flash* bliksemsnel zijn; *quick march* mars in gewone pas; *Quick march!* voorwaarts/ingerukt marsl; ⟨inf⟩ *be quick off the mark* er snel bij zijn, er als de kippen bij zijn; *'Have a drink?' 'Yes, I'll have a quick one'* 'Wat drinken?' 'Ja, een snelle dan'; *in quick succession* in snelle opeenvolging, snel achter elkaar; *our little girl has a quick temper* onze kleine meid is gauw aangebrand; *find quick ways of fixing sth.* snelle methoden vinden om iets te repareren ② gevoelig, vlug (van begrip), scherp, fijn, spits ♦ *she gave a quick answer* zij antwoordde prompt/gevat; *their daughter was quick at figures* hun dochter was goed/vlug in rekenen; *be quick/snugger/intelligent* slim zijn; ⟨inf⟩ *that child is not very quick* dat kind is niet zo snugger; *a quick ear* een scherp gehoor; *a quick eye/sight* een scherpe blik; *quick of scent* met fijne neus; *that lady has quick wits* die dame is zeer gevat, die dame zit niet verlegen om een antwoord ③ levendig, opgewekt ④ ⟨vero⟩ levend, met leven ♦ *quick with child* hoogzwanger; *a quick hedge* een levende haag; *the quick and the dead* de levenden en de doden ⟨naar 2 Tim. 4:1⟩ ⑤ ⟨sl⟩ *earn a quick buck* snel geld verdienen; ⟨sl⟩ *quick on the draw/uptake* sneldenkend, sneldoorziend, flitsend; *quick on the trigger* snelschietend; ⟨inf, fig⟩ slagvaardig; ⟨bridge⟩ *quick trick* vaste slag; ⟨sprw⟩ *the mouse that has but one hole is quickly taken* de muis die maar één gat en kent, is van de kat haast overrend; ⟨sprw⟩ *he gives twice who gives quickly* wie spoedig geeft, geeft dubbel; ⟨sprw⟩ *small profits, quick returns* ± grote omzet, kleine winst

³quick /kwɪk/ [bw] ⟨inf⟩ vlug, gauw, snel, spoedig ♦ *please, come quick* kom alsjeblieft snel; *we all want to get rich quick* we willen allemaal snel rijk worden

quick-and-dirt·y [telb zn] ⟨AE; inf⟩ snackbar, cafetaria

quick asset ratio [telb zn] ⟨AE; fin⟩ solvabiliteitsratio

quick-change [bn, attr] ① vaak/snel van kostuum wisselend ⟨van toneelspeler⟩ ② snel wisselend van passagiers- tot vrachtvliegtuig ⟨of andersom⟩ ♦ *quick-change aircraft*, ⟨vaak⟩ *QC aircraft* passagiers- en/of vrachtvliegtuig(en)

quick-ear·ed [bn] met goede oren/een scherp gehoor

¹quick·en /kwɪkən/ [onov ww] ① levend worden, (weer) tot leven komen, sterker worden ♦ *his pulse quickened* zijn polsslag werd weer sterker ② leven beginnen te vertonen, tekenen van leven geven ♦ *the child quickened in her womb* de moeder voelde het kind in haar buik bewegen ③ leven voelen ⟨van zwangere vrouw⟩

²quick·en /kwɪkən/ [onov + ov ww] versnellen, sneller worden, verhaasten ♦ *their pace of walking quickened* hun wandeltempo versnelde; *the director decided to quicken up the procedure* de directeur besloot de procedure te versnellen

³quick·en /kwɪkən/ [ov ww] ① doen herleven, levend maken ② stimuleren, prikkelen, bezielen, verlevendigen ♦ *a good book quickens the imagination* een goed boek prikkelt de verbeelding

quick-ey·ed [bn] met goede ogen/een scherpe blik

quick fire [niet-telb zn] snelvuur

quick-fir·er [telb zn] snelvuurgeschut, snelvuurkanon, repeteergeweer

quick-fir·ing [bn] snelvurend, met repeteermechanisme, snelvuur- ♦ *a quick-firing gun* een snelvuurkanon

quick fix [telb zn] ⟨inf⟩ lapmiddel, noodoplossing, schijnoplossing, snelle/kant-en-klare oplossing

quick-freeze [ov ww] diepvriezen, snelvriezen ♦ *we'll buy a quick-frozen turkey for Christmas* wij zullen voor Kerstmis een diepvrieskalkoen kopen

quick grass [telb + niet-telb zn] → **couch grass**

quick·ie /kwɪki/ [telb zn] ⟨inf⟩ ① vluggertje, haastwerk, prutswerk ② wilde staking

quick·lime [niet-telb zn] ongebluste kalk

quick-lunch bar, quick-lunch counter [telb zn] snelbuffet, zelfbedieningsrestaurant

quick-o·ver [telb zn] ⟨sl⟩ haastige inspectie

quick·sand [telb + niet-telb zn; vaak mv] drijfzand

¹quick·set [telb zn] ⟨vnl BE⟩ heg, haag ⟨van meidoorn⟩

²quick·set [telb + niet-telb zn] ⟨vnl BE⟩ tak(ken)/stek(ken) van meidoorn ⟨voor heg⟩

quickset hedge [telb zn] ⟨vnl BE⟩ levende haag

quick-sight·ed [bn] scherp van gezicht, met scherpe ogen

¹quick·sil·ver [niet-telb zn] ⟨scheik⟩ kwik(zilver) ⟨element 80⟩, ⟨fig⟩ levendig temperament

²quick·sil·ver [ov ww] met folie bekleden, foeliën

quick·step [telb zn] ⟨muz⟩ ① ⟨dans⟩ quickstep, snelle foxtrot ② militaire mars

quick-tem·per·ed [bn] lichtgeraakt, opvliegend, gauw aangebrand

quick·thorn [telb + niet-telb zn] ⟨plantk⟩ meidoorn, haagdoorn ⟨Crataegus oxyacantha⟩

quick time [niet-telb zn] ⟨mil⟩ gewone pas ⟨120 passen per minuut⟩ ♦ *in quick time* in gewone pas

quick-wit·ted [bn] vlug van begrip, gevat, scherp, spits

¹quid /kwɪd/ [telb zn] (tabaks)pruim

²quid /kwɪd/ [telb zn; mv: ook quid] ⟨BE; inf⟩ pond ⟨sterling⟩ ♦ *thirty quid a week* dertig pond per week ⟨inf⟩ *get one's quid worth* waar voor zijn geld krijgen; ⟨BE; sl⟩ *be quids in* goed zitten, boffen, mazzel hebben

quid·di·ty /kwɪdəti/ [telb + niet-telb zn] ① het wezen, het essentiële ② spitsvondigheid, bedrieglijk/sofistisch onderscheid

quid·nunc /kwɪdnʌŋk/ [telb zn] bemoeial, kletstante, roddelaar

quid pro quo /kwɪd proʊ kwoʊ/ [telb zn; mv: ook quids pro quos] vergoeding, compensatie, tegenprestatie ♦ *I must get a quid pro quo* ik moet een vergoeding ontvangen

qui·es·cence /kwaɪɛsns/, **qui·es·cen·cy** /-nsi/ [niet-telb zn] ① rust, stilte, levenloosheid ② ⟨taalk⟩ het stomzijn van een letter, het niet uitgesproken worden

qui·es·cent /kwaɪɛsnt/ [bn; bw: ~ly] ① rustig, stil, levenloos ② slapend, latent ⟨van ziekte⟩ ③ ⟨taalk⟩ stom, onuitgesproken ⟨van een letter, in het bijzonder in het Hebreeuws⟩

¹qui·et /kwaɪət/ [niet-telb zn] ① stilte, stilheid ② rust, vrede, kalmte ♦ *they lived in peace and quiet* zij leefden in rust en vrede; *a period of quiet followed* er volgde een periode van vrede

quiet

²**qui·et** /kwaɪət/ [bn; vergr trap: quieter; bw: ~ly; zn: ~ness] ① stil, rustig, geluidloos, halfluid ♦ ⟨inf⟩ *be/keep quiet* stilte, stil; koest ⟨tegen hond⟩; *quiet as the grave* doodstil; *quiet as a mouse* muisstil; ***speak** quietly* zachtjes praten; *keep a quiet **tongue** (in one's head)* zijn mond houden ② vredig, kalm, bedaard ♦ *she had to live a quiet **life** in the country* zij moest een rustig leven gaan leiden op het platteland ③ stemmig, niet opzichtig, ernstig, onopvallend, sober ♦ *she always wears quiet **colours*** zij draagt altijd stemmige kleuren ④ heimelijk, geheim, verborgen, vertrouwelijk ♦ *be quietly **confident/optimistic*** in stilte erop vertrouwen, in zijn hart weten dat hij zal slagen; *keep quiet about last night* hou je mond over vannacht; *they kept their engagement quiet* zij hielden hun verloving geheim; *let's take a drink **on** the quiet* ⟨informeel en veroudered on the q.t.⟩ laten we stiekem een borreltje nemen; *I'll tell you this news **on** the quiet* ik vertel je dit nieuws vertrouwelijk; *she had a quiet **resentment** against her younger brother* zij had een heimelijke wrok tegen haar jongere broer ⑤ zonder drukte, informeel, ongedwongen ♦ *a quiet dinner **party*** een informeel etentje

³**qui·et** /kwaɪət/, ⟨vnl BE⟩ **qui·et·en** /kwaɪətn/ [onov ww] rustig worden, bedaren, kalmeren ♦ *when the queen arrived the crowd quieted **down*** toen de koningin arriveerde, werd de menigte rustig

⁴**qui·et** /kwaɪət/, ⟨vnl BE⟩ **qui·et·en** /kwaɪətn/ [ov ww] tot bedaren brengen, kalmeren, tot rust brengen ♦ *the teacher could not quiet the children **down*** de leraar kon de kinderen niet stil krijgen; *my reassurance didn't quiet her **fear*** mijn geruststelling verminderde haar angst niet

qui·et·ism /kwaɪətɪzm/ [niet-telb zn] ① ⟨rel⟩ quiëtisme ⟨17e-eeuwse mystieke richting in het christendom⟩ ② ⟨vaak pej⟩ berusting, gelatenheid, apathie, lijdzaamheid, passiviteit

¹**qui·et·ist** /kwaɪətɪst/ [telb zn] aanhanger van quiëtisme, quiëtist

²**qui·et·ist** /kwaɪətɪst/, **qui·et·is·tic** /kwaɪətɪstɪk/ [bn] quiëtistisch

quiet room [telb zn] ⟨euf⟩ isoleercel

qui·e·tude /kwaɪətju:d, ^-tu:d/ [niet-telb zn] kalmte, (gemoeds)rust, vrede, stilte, gelatenheid

qui·e·tus /kwaɪi:təs/ [telb zn] ① dood, eind, genadeslag ⟨ook figuurlijk⟩ ♦ *give s.o. his quietus* iemand leven, iemand de genadeslag geven; *give a quietus to a rumour* een gerucht definitief uit de wereld helpen ② kalmte, rust, inactiviteit ③ kwitantie, (finale) kwijting

quiff /kwɪf/ [telb zn] ⟨BE⟩ vetkuif, spuuglok ⟨op voorhoofd⟩

¹**quill** /kwɪl/ [telb zn] ① schacht ② slagpen, staartpen, vleugelpen, veer ③ ganzenpen, ganzenveer ♦ *drive a quill* de pen voeren, schrijven ④ stekel ⟨van een stekelvarken⟩ ⑤ panfluit, fluitje ⑥ pijpkaneel ⑦ ⟨techn⟩ holle as

²**quill** /kwɪl/ [ov ww] ① op een spoel winden ② plooien, gaufreren ③ ⟨vnl BE; sl⟩ proberen in de gunst te komen bij, slijmen ④ ⟨sl⟩ fluiten; → **quilling**

quill coverts [alleen mv] dekveren

quil·let /kwɪlɪt/ [telb zn] ⟨vero⟩ ① woordspeling ② spitsvondigheid, sofisme

quill feather [telb zn] slagpen, staartpen, vleugelpen, veer

quill float [telb zn] ⟨sportvis⟩ pennenschachtdobber

¹**quill·ing** /kwɪlɪŋ/ [telb zn; gerund van quill] pijpplooi, fijn plooisel

²**quill·ing** /kwɪlɪŋ/ [niet-telb zn; gerund van quill] het gaufreren

quill pen [telb zn] ganzenpen, ganzenveer, ganzenschacht

¹**quilt** /kwɪlt/ [telb zn] ① gewatteerde deken, doorgestikte deken, dekbed ♦ *a continental quilt* een donsdeken; *a crazy quilt* een patchwork dekbed, een lappendeken ② sprei

²**quilt** /kwɪlt/ [ov ww] ① watteren, voeren ♦ *she bought a quilted **dressing-gown*** zij kocht een gewatteerde peignoir ② doorstikken, doornaaien ③ innaaien ♦ *he had quilted money in his belt* hij had geld in zijn gordel genaaid ④ samenrapen, in elkaar flansen, compileren; → **quilting**

quilt·ing /kwɪltɪŋ/ [niet-telb zn; gerund van quilt] ① vulling voor dekbed/sprei ② het stikken, het doorstikken, het watteren ③ stikwerk, gewatteerde deken

quim /kwɪm/ [telb zn] ⟨sl⟩ pruim, kut, vagina

quin /kwɪn/ [telb zn] ⟨inf⟩ ① ⟨verk: quintuplet⟩ groep/combinatie van vijf ② ⟨verk: quintuplet⟩ één van een vijfling

quin·a·crine /kwɪnəkri:n/ [niet-telb zn] kinacrine ⟨middel tegen malaria⟩

¹**qui·na·ry** /kwaɪnəri/ [telb zn] vijftal

²**qui·na·ry** /kwaɪnəri/ [bn] ① vijftallig, vijfdelig ② door vijf deelbaar ③ vijfde

qui·nate /kwaɪneɪt/ [bn] ⟨plantk⟩ vijfdelig, vijfvingerig

quince /kwɪns/ [telb zn] ① ⟨plantk⟩ kwee(boom) ⟨Cydonia oblonga⟩ ② ⟨plantk⟩ Japanse kwee ⟨Cydonia speciosa⟩ ③ kweepeer, kweeappel

¹**quin·cen·te·na·ry** /kwɪnsenti:nəri, ^-sentn·eri/, **quin·gen·ten·a·ry** /kwɪndʒenti:nəri, ^-te-/ [telb zn] vijfhonderdste gedenkdag, 5e eeuwfeest

²**quin·cen·te·na·ry** /kwɪnsenti:nəri, ^-sentn·eri/, **quin·gen·ten·a·ry** /kwɪndʒenti:nəri, ^-te-/ [bn] vijfhonderdjarig

quin·cunx /kwɪŋkʌŋks/ [telb zn] vijfpuntige vorm/rangschikking ⟨als de vijf ogen op een dobbelsteen⟩, kruiselingse rangschikking

quin·dec·a·gon /kwɪndekəgən, ^-gɑn/ [telb zn] vijftienhoek

qui·nine /kwɪni:n, ^kwaɪnaɪn/ [niet-telb zn] kinine

quinine water [niet-telb zn] ⟨AE⟩ tonic

quinoa /ki:noʊə/ [niet-telb zn] ⟨biol⟩ quinoa

quin·o·line /kwɪnəli:n/ [niet-telb zn] ⟨scheik⟩ chinoline

qui·nol·o·gist /kwɪnɒlədʒɪst, ^-nɑ-/ [telb zn] ⟨scheik⟩ kinoloog

¹**quin·qua·ge·nar·i·an** /kwɪŋkwədʒəneəriən, ^-neriən/ [telb zn] vijftigjarige, vijftiger, iemand van in de vijftig

²**quin·qua·ge·nar·i·an** /kwɪŋkwədʒəneəriən, ^-neriən/ [bn] vijftigjarig, van in de vijftig

quin·qua·ge·nar·y /kwɪŋkwədʒi:nəri, ^kwɪŋkwədʒəneri/ [telb zn] ① vijftiger, iemand van in de vijftig, vijftigjarige ② vijftigste gedenkdag

Quin·qua·ges·i·ma /kwɪŋkwədʒesɪmə/, **Quinquagesima Sunday** [eigenn] quinquagesima ⟨1e zondag voor de vasten, 7e zondag voor Pasen⟩, vastenavondzondag

quin·que- /kwɪŋkwə/ ⟨vz⟩

¹**quin·que·cen·ten·ni·al** /kwɪŋkwɪsentenɪəl/ [telb zn] vijfhonderdste gedenkdag, 5e eeuwfeest, feest ter ere van vijfhonderdjarig bestaan

²**quin·que·cen·ten·ni·al** /kwɪŋkwɪsentenɪəl/ [bn] vijfhonderdjarig

quin·que·lat·er·al /kwɪŋkwɪlætrəl, ^-lætərəl/ [bn] vijfkantig, vijfzijdig

quin·quen·ni·ad /kwɪnkweniəd/ [telb zn] vijfjarige periode

quin·quen·ni·al /kwɪnkeniəl/ [bn; bw: ~ly] ① vijfjarig ② vijfjaarlijks

quin·quen·ni·um /kwɪnkweniəm/ [telb zn; mv: ook quinquennia /-nɪə/] vijfjarige periode

quin·que·par·tite /kwɪŋkwɪpɑ:taɪt, ^-pɑr-/ [bn] vijfdelig, vijfvoudig

quin·que·reme /kwɪŋkwɪri:m/ ⟨gesch⟩ galei met vijf rijen roeiers

quin·que·va·lent /kwɪŋkwɪveɪlənt/ [bn] ⟨scheik⟩ vijfwaardig, de valentie vijf hebbend

quin·sy /kwɪnzi/ [telb + niet-telb zn] keelontsteking, angina

¹quint /kɪnt/ [telb zn] vijfkaart ⟨in piket enz.⟩

²quint /kwɪnt/ [telb zn] [1] ⟨muz⟩ kwint [2] ⟨AE⟩ ⟨verk: quintuplet⟩ [3] ⟨sl⟩ basketbalteam

¹quin·tain /kwɪntɪn, ᴬkwɪntn/ [telb zn] ⟨gesch⟩ staak in steekspel

²quin·tain /kwɪntɪn, ᴬkwɪntn/ [telb + niet-telb zn] ⟨gesch⟩ steekspel

quin·tal /kwɪntl/ [telb zn] [1] centenaar, kwintaal ⟨variërende gewichtseenheid van ongeveer 100 'pond'; UK voornamelijk 50,8 kg, USA voornamelijk 45,36 kg⟩ [2] kwintaal ⟨gewichtseenheid van 100 kilo⟩

quin·tan /kwɪntən, ᴬ-tn/ [bn] vierdendaags, vijfdendaags

quinte /kænt/ [telb zn] wering vijf ⟨bij het schermen⟩, vijfde parade

quin·tes·sence /kwɪntesns/ [telb zn] [1] kern, hoofdzaak, het wezenlijke/voornaamste/essentiële, kwintessens [2] het beste, het zuiverste voorbeeld, het fijnste ♦ *the quintessence of good behaviour* hét voorbeeld van goed gedrag [3] ⟨gesch, filos⟩ vijfde substantie/element, ether

quin·tes·sen·tial /kwɪntɪsenʃl/ [bn; bw: ~ly] wezenlijk, zuiver, typisch

¹quin·tet, quin·tette /kwɪntet/ [telb zn] ⟨muz⟩ kwintet, vijfstemmig stuk

²quin·tet, quin·tette /kwɪntet/ [verzamelnaam] vijftal, groep van vijf, ⟨vnl muz⟩ kwintet

quin·til·lion /kwɪntɪljən/ [telb zn] [1] ⟨BE⟩ quintiljoen ⟨10³⁰⟩ [2] ⟨AE⟩ triljoen, miljard miljard ⟨10¹⁸⟩

quint major [telb zn] vijfkaart met aas

¹quin·tu·ple /kwɪntjʊpl, ᴬ-tuːpl/ [telb zn] vijfvoud

²quin·tu·ple /kwɪntjʊpl, ᴬ-tuːpl/ [bn; bw: quintuply] [1] vijfdelig [2] vijfvoudig

³quin·tu·ple /kwɪntjʊpl, ᴬ-tuːpl/ [onov + ov ww] vervijfvoudigen

quin·tu·plet /kwɪntjʊplɪt, ᴬ-tʌplɪt/ [telb zn] [1] groep/combinatie van vijf [2] één van een vijfling

¹quin·tu·pli·cate /kwɪntjuːplɪkət, ᴬ-tuː-/ [telb zn] [1] ⟨vnl mv⟩ één van vijf (gelijke) exemplaren [2] (het) vijfde exemplaar

²quin·tu·pli·cate /kwɪntjuːplɪkət, ᴬ-tuː-/ [niet-telb zn] vijfvoud ♦ *in quintuplicate* in vijfvoud

³quin·tu·pli·cate /kwɪntjuːplɪkət, ᴬ-tuː-/ [bn] vijfvoudig

⁴quin·tu·pli·cate /kwɪntjuːplɪkeɪt, ᴬ-tuː-/ [ov ww] [1] vervijfvoudigen [2] in vijfvoud maken

¹quip /kwɪp/ [telb zn] [1] schimpscheut, steek, hatelijke opmerking [2] geestigheid [3] spitsvondigheid, woordspeling [4] curiositeit

²quip /kwɪp/ [onov ww] [1] schimpen, hatelijke opmerkingen maken [2] geestigheden rondstrooien [3] spitsvondig/dubbelzinnig praten

quip·pish /kwɪpɪʃ/ [bn; zn: ~ness] [1] hatelijk, honend, schimpend [2] geestig, grappig [3] spitsvondig

qui·pu, quip·pu /kiːpuː/ [niet-telb zn] knopenschrift ⟨Incaschrift⟩

¹quire /kwaɪə, ᴬ-ər/ [telb zn] [1] katern [2] (set) papiervellen ⟨van boek, manuscript⟩ ♦ *in quires* ongebonden, in ongesneden vellen [3] (set van) 24 of 25 vel schrijfpapier ⟨¹⁄₂₀ riem⟩

²quire /kwaɪə, ᴬ-ər/ [ov ww] in katernen vouwen

Quir·i·nal /kwɪrɪnl/ [eigenn] [1] Quirinaal ⟨een der zeven heuvels van Rome⟩ [2] Quirinaal, Italiaanse regering ⟨vooral tegenover Vaticaanse macht⟩

quirk /kwɜːk, ᴬkwɜrk/ [telb zn] [1] gril, nuk, tik, kuur ♦ *a quirk of fate* een gril van het lot [2] (rare) kronkel, eigenaardigheid [3] krul, versiering bij schrijven, tekenen [4] ⟨bouwk⟩ groef (langs een kraal) ⟨in lijstwerk⟩

quirk·y /kwɜːki, ᴬkwɜrki/ [bn; vergr trap: quirkier; bw: quirkily; zn: quirkiness] [1] spitsvondig [2] grillig, eigenzinnig, nukkig

¹quirt /kwɜːt, ᴬkwɜrt/ [telb zn] rijzweep ⟨van gevlochten ongelooid leer⟩

²quirt /kwɜːt, ᴬkwɜrt/ [ov ww] met een rijzweep slaan

quis·ling /kwɪzlɪŋ/ [telb zn] quisling, landverrader, collaborateur

¹quit /kwɪt/ [bn, pred] vrij, verlost, ontslagen, bevrijd ♦ *we are glad to be quit of these girls* wij zijn blij toe van deze meisjes af te zijn; *we are well quit of those difficulties* goed, dat we van die moeilijkheden af zijn

²quit /kwɪt/ [onov ww; ook voornamelijk Amerikaans-Engels quit, quit] [1] ophouden, stoppen ♦ *I've had enough, I quit* ik heb er genoeg van, ik kap ermee/nok af [2] opgeven [3] vertrekken, ervandoor gaan, zijn baan opgeven ♦ *he gives his servant notice to quit* hij zegt zijn bediende op; *the neighbours have already had notice to quit* de buren is de huur al opgezegd

³quit /kwɪt/ [ov ww; ook voornamelijk Amerikaans-Engels quit, quit] [1] ophouden met, stoppen met ♦ *quit complaining about the cold* hou op met klagen over de kou; *I quit this job* ik stop met dit werk; *quit that!* schei (daarmee) uit! [2] opgeven, overlaten, laten varen, loslaten ♦ *the child quit hold of my hand when he saw his mother* het kind liet mijn hand los toen hij zijn moeder zag [3] verlaten, vertrekken van/uit, heengaan van [4] ⟨met wederkerend voornaamwoord als lijdend voorwerp⟩ gedragen ♦ *quit yourselves like soldiers* gedraagt u als soldaten

quitch grass /kwɪtʃ ɡrɑːs, ᴬ-ɡræs/ [niet-telb zn] ⟨plantk⟩ kweek(gras) ⟨onkruid; Agropyron/Elytrigia repens⟩

¹quit·claim [niet-telb zn] ⟨jur⟩ afstand ⟨van land, eis, titel enz.⟩

²quit·claim [ov ww] ⟨jur⟩ afstand doen van ⟨bezitting, recht⟩ ♦ *quitclaim sth. to s.o.* iets overdoen aan iemand, iets afstaan aan iemand

quite /kwaɪt/ [bw; vaak ook predeterminator] [1] helemaal, (ge)heel, volledig, zeer, absoluut, op-en-top ♦ *that's quite another matter* dat is een heel andere zaak; *I've heard quite different stories about you* ik heb heel andere verhalen over je gehoord; ⟨inf⟩ *he isn't quite* hij is niet helemaal dát; *tonight I am quite by myself* vanavond ben ik helemaal alleen; *quite possible* best mogelijk; *it's not quite proper* het is niet helemaal zoals het hoort; *you're quite right* je hebt volkomen gelijk; *it was quite seven months ago* het was op z'n minst/zeker zeven maanden geleden; ⟨inf⟩ *it's quite sth. to be famous after only one novel* het is heel wat om beroemd te zijn na slechts één roman; *'It's not easy to say goodbye to one's best friend.' 'Quite (so)'* 'Het is niet makkelijk om afscheid te nemen van je beste vriend.' 'Zeker/Zo is het/Precies/Juist' [2] nogal, enigszins, tamelijk, best (wel) ♦ *it's quite cold today* het is nogal koud vandaag [3] werkelijk, echt, in feite, met recht ♦ *they seem quite happy together* zij lijken echt gelukkig samen [4] ⟨alleen als versterkende predeterminator⟩ erg, veel ♦ *that was quite a party* dat was me het feestje wel, dat was nog eens een feest; *she is already quite a lady* ze is al een echte/hele dame; *there was quite a gap which we noticed just in time* er was een flinke afgrond die we nog juist op tijd opmerkten; *there were quite a few people at the wedding* er waren heel wat/flink wat mensen op de bruiloft; ⟨AE, inf ook⟩ *that was quite some party* dat was me het feestje wel, dat was nog eens een feest

quit·rent [niet-telb zn] ⟨gesch⟩ vaste (lage) huur/pacht ⟨in plaats van hand-en-spandiensten⟩

quits /kwɪts/ [bn, pred] quitte, kiet ♦ *now we are quits* nu staan we quitte; *I will be quits with him* ik zal het hem betaald zetten; *call it quits, cry quits* verklaren quitte te zijn, de vrede tekenen, ophouden; *hit your brother back and call it quits* geef je broer een mep terug en zand erover

quit·tance /kwɪtns/ [telb zn] ⟨vero⟩ [1] vrijstelling, (bewijs van) ontheffing, kwijtschelding [2] kwitantie, kwijting [3] *give s.o. his quittance* iemand de deur wijzen

quit·ter /kwɪtə, ᴬkwɪtər/ [telb zn] ⟨inf⟩ ⟨benaming voor⟩ iemand die het opgeeft, lafaard, slappeling, slapjanus, geen doorzetter, lijntrekker

¹quiv·er /kwɪvə, ᴬ-ər/ [telb zn] ① pijlkoker ♦ ⟨fig⟩ *a quiver full of children* een groot aantal kinderen ⟨psalm 127:5⟩ ② trilling ⟨van beweging, geluid⟩, siddering, beving ♦ ⟨inf⟩ *be all of a quiver* over zijn hele lichaam beven

²quiv·er /kwɪvə, ᴬ-ər/ [onov ww] trillen, beven, bibberen, sidderen, huiveren ♦ *she was quivering with emotion at the sound of his voice* zij stond te trillen van emotie bij het horen van zijn stem

³quiv·er /kwɪvə, ᴬ-ər/ [ov ww] doen trillen, laten beven

quiv·er·ed /kwɪvəd, ᴬ-vərd/ [bn] ① met een pijlkoker uitgerust ② ⟨als⟩ in een pijlkoker geplaatst

quiv·er·ful /kwɪvəfʊl, ᴬ-vər-/ [telb zn; mv: ook quiversful] ① pijlkoker vol ② boel, nestvol, vracht ⟨van kinderen⟩

qui vive /ki: vi:v/ [niet-telb zn] ▪ ⟨inf⟩ *be on the qui vive* op je qui-vive/je hoede zijn

Quix·ote /kwɪksət/ [telb zn] donquichot, wereldvreemde idealist

quix·ot·ic /kwɪksɒtɪk, ᴬ-sɑtɪk/, **quix·ot·i·cal** /-ɪkl/ [bn; bw: ~ally] als een donquichot, donquichotachtig, wereldvreemd

quix·o·tism /kwɪksətɪzm/, **quix·o·try** /-tri/ [telb + niet-telb zn] donquichotterie

¹quiz /kwɪz/ [telb zn; mv: quizzes] ① ondervraging, verhoor ② mondelinge/schriftelijke test, klein tentamen, kort examen ③ quiz, vraag-en-antwoordspel, hersengymnastiek ④ spotternij, poets, beetnemerij, mop ⑤ ⟨vero⟩ vreemde vogel, rare snuiter/kwibus, zonderling

²quiz /kwɪz/ [ov ww] ① ondervragen, uithoren ② mondeling examineren, een mondelinge test afnemen ③ ⟨vero⟩ begluren, onbeschaamd/nieuwsgierig aankijken

quiz·mas·ter [telb zn] quizmaster, quizleider, spelleider

quiz·zi·cal /kwɪzɪkl/ [bn; bw: ~ly] ① komisch, grappig, lachwekkend, olijk, geamuseerd ② spottend, plagerig, smalend ③ vorsend, vragend

quiz·zing glass /kwɪzɪŋ glɑ:s, ᴬ-glæs/ [telb zn] monocle, oogglas

quod /kwɒd, ᴬkwɑd/ [telb zn] ⟨BE; sl⟩ bak, nor, lik, gevang

quod·li·bet /kwɒdlɪbet, ᴬkwɑd-/ [telb zn] ① ⟨muz⟩ quodlibet ② ⟨gesch⟩ quodlibet ⟨onderwerp voor filosofisch of theologisch debat⟩

quod vi·de /kwɒd vaɪdi/, zie daar, quod vide ⟨verwijzing⟩

¹quoin /kɔɪn/ [telb zn] ① hoek, uitspringende hoek ② hoeksteen ③ wig, keg, spie ④ ⟨drukw⟩ kooi ⟨pennetje om zetsel vast te zetten in vormraam⟩

²quoin /kɔɪn/ [ov ww] keggen, met wig(gen) vastzetten, met wig(gen) opheffen

¹quoit /kɔɪt, kwɔɪt/ [telb zn] werpring

²quoit /kɔɪt, kwɔɪt/ [ov ww] werpen ⟨als een ring⟩

quoits /kɔɪtz, kwɔɪtz/ [niet-telb zn] ⟨spel⟩ het ringwerpen ♦ *play quoits* ringwerpen

quok·ka /kwɒkə, ᴬkwɑkə/ [telb zn] ⟨dierk⟩ quokka ⟨kleine kangoeroe; Setonix brachyurus⟩

quon·dam /kwɒndæm, ᴬkwɑn-/ [bn, attr] vroeger, voormalig ♦ *a quondam friend of hers* een voormalige vriend van haar

Quon·set hut /kwɒnset hʌt, ᴬkwɑn-/ [telb zn] ⟨AE; merknaam⟩ nissenhut ⟨tunnelvormige barak van golfijzer⟩, quonsethut

quo·rate /kwɔʊreɪt/ [bn] ⟨form⟩ een quorum hebbend

Quorn /kwɔ:n, ᴬkwɔrn/ [niet-telb zn] ⟨BE; merknaam⟩ quorn ⟨vleesvervanger, gemaakt van graan⟩

quo·rum /kwɔ:rəm/ [telb zn] ① quorum, vereist aantal (aanwezige) leden ② uitgelezen groep

quot [afk] ① (quotation) ② (quoted)

¹quo·ta /kwɔʊtə/ [telb zn] ① evenredig deel, aandeel, quota ② quota, contingent ⟨bijvoorbeeld van te produceren goederen⟩ ③ (maximum)aantal ♦ *the quota of immigrants allowed has been reduced* het aantal immigranten dat toegelaten wordt is verminderd ④ kiesdeler

²quo·ta /kwɔʊtə/ [ov ww] contingenteren, beperken

quot·a·bil·i·ty /kwɔʊtəbɪləti/ [niet-telb zn] citeerbaarheid

quot·a·ble /kwɔʊtəbl/ [bn] ① geschikt om te citeren, gemakkelijk aan te halen ♦ *a quotable author* een schrijver die gemakkelijk te citeren valt ② het citeren waard, genoteerd kunnende worden ♦ *my comment is not quotable* mijn commentaar is het aanhalen niet waard

quota goods [alleen mv] gecontingenteerde goederen/producten

quota system [telb zn] contingentering

¹quo·ta·tion /kwɔʊteɪʃn/ [telb zn] ① citaat, aanhaling, quotatie ♦ *(in)direct quotation* (in)directe rede ② notering ⟨van beurs, koers, prijs⟩ ③ prijsopgave

²quo·ta·tion /kwɔʊteɪʃn/ [niet-telb zn] het citeren, het aanhalen

quotation mark [telb zn] aanhalingsteken ♦ *in quotation marks* tussen aanhalingstekens

quo·ta·tive /kwɔʊtətɪv/ [bn] aanhalend, aanhalings-

¹quote /kwɔʊt/ [telb zn] ⟨inf⟩ ① citaat, aanhaling ② notering ⟨van beurs enz.⟩ ③ ⟨vnl mv⟩ aanhalingsteken ♦ *in quotes* tussen aanhalingstekens

²quote /kwɔʊt/ [onov ww] citeren, aanhalen, een citaat geven ♦ *he quoted from Joyce* hij citeerde uit Joyce

³quote /kwɔʊt/ [ov ww] ① citeren, aanhalen, (als bewijs) aanvoeren, iets ontlenen aan ♦ *he quotes you as having argued that ...* volgens zijn woorden heb jij betoogd dat ...; *he quoted some lines from The Waste Land* hij citeerde enige regels uit The Waste Land; *could you quote some lines that support your interpretation of the poem?* kun je wat regels aanhalen die jouw interpretatie van het gedicht ondersteunen? ② opgeven ⟨prijs⟩, ⟨i.h.b.⟩ noteren ⟨koersen⟩ ♦ *this is really the lowest price I can quote you* dit is echt de laagste prijs die ik je kan geven; *the stocks were quoted at ...* de aandelen werden genoteerd op ... ③ ⟨vnl gebiedende wijs⟩ tussen aanhalingstekens plaatsen ♦ *according to this newspaper the president said (quote) we shall win (unquote)* volgens deze krant zei de president (aanhalingstekens) begin citaat) we zullen overwinnen (aanhalingstekens sluiten/einde citaat) ♦ ⟨sprw⟩ *the devil can cite/quote Scripture for his own purposes* elke ketter heeft zijn letter

quoth /kwɔʊθ/ [ov ww; verleden tijd; voornamelijk in 1e en 3e pers enk] ⟨vero⟩ zei(den), zeide(n)

quo·tha /kwɔʊθə/ [tw] ⟨vero⟩ warempel, inderdaad, welja, toe maar, zeg

¹quo·tid·i·an /kwɔʊtɪdiən/ [telb + niet-telb zn] alledaagse koorts

²quo·tid·i·an /kwɔʊtɪdiən/ [bn, attr] ① dagelijks ♦ *quotidian fever* alledaagse koorts ② alledaags, banaal, gewoon

quo·tient /kwɔʊʃnt/ [telb zn] ① ⟨wisk⟩ quotiënt, uitkomst van een deling ② mate, hoeveelheid, dosis ♦ *what's your happiness quotient?* hoe gelukkig ben jij?; *increase one's perseverance quotient* zijn doorzettingsvermogen vergroten

quo·tum /kwɔʊtəm/ [telb zn] quotum, (evenredig) deel

Qur'·an, Qur·an /kɔ:rɑ:n, ᴬkɔ:ræn/ [eigenn; het] Koran

q.v. [afk] (quod vide) q.v.

qwert·y /kwɜ:ti, ᴬkwɜrti/ [bn, attr] qwerty ⟨toetsenbord⟩

qy [afk] (query)

r

¹r, R /ɑː, ᴬɑr/ [telb zn; mv: r's, zelden rs, R's, zelden Rs] ⟨de letter⟩ r, R ♦ *the three R's/Rs* lezen, schrijven en rekenen ⟨reading, writing, arithmetic⟩
²r, R [afk] ① (radius) r ② (recto) r ③ (right) r. ④ (röntgen(s)) r ⑤ (rand) R ⑥ (Réaumur) R ⑦ (Rex, Regina) R ⑧ (railway) ⑨ (rain) ⑩ (regiment) ⑪ (registered as trademark)) ⑫ ⟨AE⟩ (Republican) ⑬ (residence) ⑭ ⟨AE; film⟩ (Restricted ⟨alleen toegankelijk voor minderjarigen onder begeleiding van hun ouders/voogd⟩) ⑮ (river) ⑯ ⟨schaaksp⟩ (rook) ⑰ (royal) ⑱ ⟨sport⟩ (run(s)) ⑲ (rupee)
RA [afk] ① (rear admiral) ② (right ascencion) ③ (Regular Army) ④ (Royal Academician) ⑤ (Royal Academy) ⑥ (Royal Artillery)
RAAF [afk] (Royal Australian Air Force)
¹rab·bet /ræbɪt/ [telb zn] groef, sponning, voeg
²rab·bet /ræbɪt/ [ov ww] ① een groef/sponning maken in ② (in/aan elkaar) voegen ⟨planken⟩
rabbet plane [telb zn] ploegschaaf, sponningschaaf
rab·bi /ræbaɪ/ [telb zn] rabbi, rabbijn ♦ ⟨BE⟩ *Chief Rabbi* opperrabbijn ⟨van Britse joden⟩
rab·bin /ræbɪn/ [telb zn] rabbijn, rabbi
rab·bin·ate /ræbɪnət/ [telb + niet-telb zn] rabbinaat
rab·bin·i·cal /rəbɪnɪkl/, **rab·bin·ic** /rəbɪnɪk/ [bn; bw: ~ly] rabbijns
rab·bin·ism /ræbɪnɪzm/ [niet-telb zn] rabbinisme, rabbijnse leer
rab·bin·ist /ræbɪnɪst/ [telb zn] aanhanger van het rabbinisme
¹rab·bit /ræbɪt/ [telb zn] ① konijn ② ⟨AE⟩ haas ⟨ook sport⟩ ③ ⟨inf; sport⟩ kruk, stuntelaar, broddelaar, beginneling

rabbit		
dier	rabbit	konijn
mannetje	buck	ram, rammelaar
vrouwtje	doe	voedster
jong	bunny	lamprei
groep	colony	kolonie

²rab·bit /ræbɪt/ [niet-telb zn] ① konijn(enbont) ② konijn(envlees) ③ ⟨sl⟩ sla ④ ⟨sl⟩ gepraat
³rab·bit /ræbɪt/ [onov ww] ① op konijnen jagen ② ⟨vaak met on/away⟩ ⟨BE; inf⟩ kletsen, kakelen, ratelen ③ ⟨vaak met on/away⟩ ⟨BE; inf⟩ zeuren, mopperen
⁴rab·bit /ræbɪt/ [ov ww] ⟨sl⟩ vervloeken, verdoemen ♦ *rabbit it/me* de duvel hale me, ik mag doodvallen
rabbit ears [alleen mv] ⟨inf⟩ spriet(antenne)

rabbit food [niet-telb zn] ⟨sl⟩ konijnenvoer, groente, sla
¹rab·bit·foot [telb zn] ⟨sl⟩ ontsnapte gevangene
²rab·bit·foot [onov ww] ⟨sl⟩ ① rennen, hollen, gas geven, lopen als 'n haas ② 'm smeren, het hazenpad kiezen, vluchten, ontsnappen
rabbit hole, rabbit burrow [telb zn] konijnenhol
rabbit hutch [telb zn] konijnenhok
rabbit punch [telb zn] nekslag
rabbit warren [telb zn] ① konijnenveld, konijnengebied, konijnenberg, konijnenperk, konijnenkolonie ② doolhof, wirwar van straatjes ③ krottenbuurt, krottenwijk
rab·bit·y /ræbəti/ [bn] ① konijnachtig ② verlegen, schuw ③ met veel konijnen
rab·ble /ræbl/ [telb zn] ① kluwen, warboel, troep, bende, (ongeordende) menigte ♦ ⟨beled⟩ *the rabble* het gepeupel, het plebs, het grauw ② roerijzer, roerstaaf ⟨voor gesmolten metaal⟩
rab·ble-rous·er [telb zn] volksmenner, opruier
rab·ble-rous·ing [bn, attr] demagogisch, opruiend
¹Rab·e·lai·si·an /ræbəleɪziən, ᴬ-leɪʒn/ [telb zn] bewonderaar van Rabelais
²Rab·e·lai·si·an /ræbəleɪziən, ᴬ-leɪʒn/ [bn] rabelaisiaans
rab·id /ræbɪd/ [bn; bw: ~ly; zn: ~ness] ① razend, woest, furieus, ziedend ♦ *rabid hunger* razende honger ② fanatiek, rabiaat ③ dol, hondsdol
ra·bies /reɪbiːz/ [niet-telb zn] hondsdolheid, rabiës
RAC [afk] ① (Royal Armoured Corps) ② ⟨BE⟩ (Royal Automobile Club) ± KNAC
¹rac·coon, ra·coon /rəkuːn, ᴬrækuːn/ [telb zn] ⟨dierk⟩ wasbeer ⟨genus Procyon⟩
²rac·coon, ra·coon /rəkuːn, ᴬrækuːn/ [niet-telb zn] wasbeerbont
¹race /reɪs/ [telb zn] ① wedren, wedloop, koers, ren, race ♦ *out of/in the race* kansloos/met een goede kans (om te winnen); *the races* de hondenrennen, de paardenrennen; *a race against time* een race tegen de klok ② sterke stroom/stroming ③ (toevoer)kanaal, ⟨i.h.b.⟩ molenbeek, molenstroom, molentocht ④ volk, natie, stam, geslacht, familie ⑤ volk, slag, klasse ⑥ (gember)wortel ⑦ ⟨techn⟩ loopvlak, loopbaan, loopring ⑧ ⟨weverij⟩ schietspoellade ⑨ ⟨vero⟩ levensloop, levensweg, loopbaan
²race /reɪs/ [telb + niet-telb zn] ① ras ② karakteristieke smaak/geur ⟨van wijn, enz.⟩
³race /reɪs/ [niet-telb zn] afkomst, afstamming
⁴race /reɪs/ [onov ww] ① wedlopen, aan een wedloop/wedren/wedstrijd deelnemen, een wedloop/wedren/wed-

race

strijd houden, om het hardst lopen, racen ♦ *let's race* laten we doen wie er het eerste is ② **rennen**, hollen, snellen, stuiven, spurten, vliegen, schieten ♦ *as always, the holidays raced by* zoals altijd vloog de vakantie om; *race up* omhoogvliegen ⟨temperatuur⟩; de pan uitrijzen ⟨kosten⟩ ③ **doorslaan** ⟨van schroef, wiel⟩, doordraaien, loeien ⟨van motor⟩ ♦ *don't let the engine race* laat de motor niet loeien; → racing

⁵**race** /reɪs/ [ov ww] ① **een wedren/wedloop/wedstrijd houden met**, om het hardst lopen met ♦ *I'll race you to that tree* laten we doen wie het eerst bij die boom is ② **laten rennen**, aan een wedren laten deelnemen ③ **laten snellen/vliegen**, (op)jagen ♦ *race one's car against a tree* met zijn auto tegen een boom vliegen; *the government raced the bill through* de regering joeg het wetsontwerp erdoor ④ **(zeer) snel vervoeren/brengen** ♦ *they raced the child to hospital* ze vlogen met het kind naar het ziekenhuis ⑤ **laten doordraaien/loeien** ⟨motor⟩; → racing

race caller [telb zn] **(wedstrijd)omroeper**, ⟨voor radio/tv⟩ verslaggever
race-car, racing car [telb zn] **raceauto**, racewagen
race card [telb zn; voornamelijk mv] ⟨paardenrennen; hondenrennen⟩ **wedstrijd(programma)boekje**
race-car driver [telb zn] **autocoureur**
race-course [telb zn] **renbaan**, raceterrein
race-driver [telb zn] **wedstrijdrijd(st)er**, (auto)coureur, (auto)racer
race-goer [telb zn] **vaste bezoeker van de paardenrennen**
race-horse [telb zn] **renpaard**
race-mate /ræsmeɪt/ [telb zn] ⟨scheik⟩ **racemaat**, racemisch mengsel
ra·ceme /rəsiːm, ^reɪsiːm/ [telb zn] ⟨plantk⟩ **tros** ⟨bloeiwijze⟩
race meeting [telb zn] ⟨vnl BE⟩ **paardenrennen**, harddraverij
ra·ce·mic /rəsiːmɪk, ^reɪ-/ [bn] ⟨scheik⟩ **racemisch**
rac·e·mize /ræsɪmaɪz/ [ov ww] ⟨scheik⟩ **racemiseren**
rac·e·mose /ræsɪmoʊs/ [bn] ⟨anat, plantk⟩ **trosvormig** ♦ *racemose gland* trosklier
rac·er /reɪsə, ^-ər/ [telb zn] ① **renner**, hardloper ② **renpaard** ③ **racefiets** ④ **raceauto** ⑤ **raceboot** ⑥ **wedstrijdjacht** ⑦ **renschaats**, ⟨mv⟩ noren ⑧ ⟨mil⟩ **draaischijf** ⟨van geschut⟩
race relations [alleen mv] **interraciale betrekkingen**
race riot [telb zn] **rassenonlusten, rassenrellen**
race team [telb zn] ⟨sport⟩ **renstal**
race-track [telb zn] ⟨ovale⟩ **renbaan**, circuit
race walker [telb zn] ⟨atl⟩ **snelwandelaar**
race walking [niet-telb zn] ⟨atl⟩ **(het) snelwandelen**
race-way [telb zn] ⟨AE⟩ ① **(toevoer)kanaal**, ⟨i.h.b.⟩ molenbeek, molenstroom, molentocht ② **renbaan**
ra·chel /rəʃel/ [niet-telb zn] **lichtbruine poeder** ⟨cosmetisch⟩
ra·chis /reɪkɪs/ [telb zn; mv: ook rachides /rækɪdiːz/] ⟨biol⟩ ① **rachis**, ruggengraat ② **rachis**, as ⟨van vogelpluim, grasaartje⟩
ra·chit·ic /rəkɪtɪk/ [bn] ⟨med⟩ **rachitisch**
ra·chi·tis /rəkaɪtɪs/ [niet-telb zn] ⟨med⟩ **rachitis**, Engelse ziekte
Rach·man·ism /rækmənɪzm/ [niet-telb zn] ⟨BE⟩ **huisjesmelkerij**
ra·cial /reɪʃl/ [bn; bw: ~ly] **raciaal**, ras-, rassen- ♦ *racial discrimination* ras(sen)discriminatie; *racial hatred* rassenhaat
ra·cial·ism /reɪʃəlɪzm/ [niet-telb zn] ① **rassenwaan** ② **rassenhaat** ③ ⟨vnl BE⟩ **racisme**
¹**ra·cial·ist** /reɪʃəlɪst/ [telb zn] **racist**
²**ra·cial·ist** /reɪʃəlɪst/, **ra·cial·ist·ic** /reɪʃəlɪstɪk/ [bn] **racistisch**

rac·ing /reɪsɪŋ/ [niet-telb zn; gerund van race] ① **het wedrennen**, het deelnemen aan wedstrijden ② **rensport**
racing car [telb zn] **raceauto**
racing colours [alleen mv] ⟨paardsp⟩ **stalkleuren**
racing jacket [telb zn] ⟨hondenrennen⟩ **racedek(je)** ⟨met startnummer⟩
racing man [telb zn] **liefhebber van paardenrennen**
racing pennant [telb zn] ⟨zeilsp⟩ **wedstrijdwimpel**
racing pigeon [telb zn] **wedstrijdduif**
racing shell [telb zn] ⟨roeisp⟩ **wedstrijdscull**, wedstrijdboot
racing silks [alleen mv] ⟨paardsp⟩ **stalkleuren**
racing skate [telb zn] **renschaats**, ⟨mv⟩ noren
racing stable [telb zn] **renstal** ⟨van paarden⟩
racing suit [telb zn] ⟨skisp⟩ **renpak**, rennhosen
racing tyre [telb zn] ⟨wielersp⟩ **racebandje**
racing world [niet-telb zn; the] **renwereld** ⟨van paardenrennen⟩
ra·cism /reɪsɪzm/ [niet-telb zn] ① **racisme** ② **rassenwaan** ③ **rassenhaat**
¹**ra·cist** /reɪsɪst/ [telb zn] **racist**
²**ra·cist** /reɪsɪst/ [bn] **racistisch**
¹**rack** /ræk/ [telb zn] ① **rek** ② **ruif** ③ **(bagage)rek**, (bagage)net ④ **pijnbank, folterbank** ♦ ⟨fig⟩ *be on the rack* op de pijnbank liggen, hevige pijn lijden; in grote spanning/onzekerheid verkeren ⑤ **kwelling**, pijniging, marteling, folterende pijn, beproeving ⑥ ⟨van lam⟩ ⑦ **storm**, noodweer ⑧ ⟨techn⟩ **heugel**, tandreep, tandstang, tandrail, zaag ⟨in het slagwerk van een klok⟩ ♦ *rack and pinion* heugel en rondsel ⑨ ⟨AE; snooker⟩ **rack** ⟨driehoekig raampje met biljartballen vóór beginstoot; die biljartballen zelf⟩ ⑩ ⟨AE⟩ **gewei**
²**rack** /ræk/ [telb + niet-telb zn] **woekerhuur, woekerpacht**
³**rack** /ræk/ [niet-telb zn] ① **arak**, rijstbrandewijn ② **telgang** ⟨van paard⟩ ③ ⟨AE⟩ **snelle stap** ⟨van paard⟩ ④ ⟨form⟩ **zwerk**, voortijlende wolken ⑤ **verwoesting**, afbraak, ondergang ♦ *go to rack and ruin* geheel vervallen, instorten, volledig te gronde gaan
⁴**rack** /ræk/ [onov ww] ① **voortjagen, voortijlen** ⟨van wolken⟩ ② **in de telgang/snelle stap gaan** ⟨van paard⟩ ③ ⟨sl⟩ *rack out* gaan pitten
⁵**rack** /ræk/ [ov ww] ① **in/op een rek leggen** ② **(op de pijnbank) martelen**, folteren ③ **kwellen**, pijnigen, teisteren, treffen ♦ *rack one's brains* zijn hersens pijnigen; *a racking headache* een barstende hoofdpijn; *racked with jealousy* verteerd door/van jaloezie; *the storm racked the village* de storm teisterde het dorp ④ **verdraaien** ⟨woorden⟩ ⑤ **uitbuiten** ⟨huurder⟩ ⑥ **uitputten**, uitmergelen, roofbouw plegen op ⟨grond⟩ ⑦ ⟨vnl BE⟩ **vastmaken aan de ruif** ⟨paard⟩ ⑧ **klaren**, overtappen ⟨bier, wijn⟩ ♦ *rack off* klaren, overtappen ⑨ **met bier vullen** ⟨vat⟩ ③ zie: **rack up**
rack car [telb zn] **autowagon**
¹**rack·et,** ⟨in betekenissen 1 en 2 ook⟩ **rac·quet** /rækɪt/ [telb zn] ① ⟨sport⟩ **racket** ② **sneeuwschoen** ③ ⟨geen mv⟩ **lawaai**, herrie, kabaal, rumoer, leven ♦ *kick up a racket* een rel/herrie schoppen, kabaal maken ④ ⟨geen mv⟩ **drukte**, onrust, gejacht, opwinding, gedoe ♦ *he could no longer stand the racket* hij kon de drukte niet meer verdragen ⑤ ⟨geen mv⟩ **gefeest**, gefuif ♦ *be on the racket* aan de boemel zijn, de bloemetjes buiten zetten ⑥ **knalfuif**, daverend feest ⑦ **bedriegerij**, bedrog, truc, zwendel, oplichterij ⑧ ⟨inf⟩ ⟨benaming voor⟩ **gangsterpraktijken, gangsterorganisatie**, duistere/misdadige praktijken/organisatie, ⟨i.h.b.⟩ afpersing, chantage, omkoperij, intimidatie ♦ *be in on a racket* in het milieu zitten ⑨ ⟨inf; bej⟩ **beroep**, branche, -wezen, handel, werk ♦ *what racket is Peter in?* wat voert Peter uit? ⑩ ⟨sl⟩ **makkie**, lekker leventje
²**rack·et** /rækɪt/ [onov ww] ① **boemelen**, de bloemetjes buiten zetten, er op los leven ② **kabaal/herrie maken**
³**rack·et** /rækɪt/ [ov ww] **met een racket slaan**

rack·et·eer /rækɪtɪə, ˄-tɪr/ [telb zn] gangster, misdadiger, ⟨i.h.b.⟩ afperser, chanteur

rack·et·eer·ing /rækɪtɪərɪŋ, ˄-tɪrɪŋ/ [niet-telb zn] ⟨benaming voor⟩ gangsterpraktijken, afperserij, chantage, omkoperij, intimidatie

racket press [telb zn] racketklem, racketpers

rack·ets, ⟨ook⟩ **rac·quets** /rækɪts/ [alleen mv; werkwoord voornamelijk enk] ⟨sport⟩ rackets ⟨soort squash, met hard balletje⟩

rack·et-tail [telb zn] ⟨dierk⟩ raketstaartkolibrie ⟨genus Discosura⟩

rack·et·y /rækəti/ [bn] [1] lawaaierig, rumoerig, luidruchtig, druk [2] uitbundig, onstuimig, opwindend, losbandig ♦ *live a rackety life* de bloemetjes buiten zetten

rack punch [niet-telb zn] arakpunch

rack railway [telb + niet-telb zn] tandradbaan, tandradspoor

¹**rack-rent** [telb + niet-telb zn] woekerhuur, woekerpacht

²**rack-rent** [ov ww] [1] een woekerhuur/woekerpacht opleggen, uitbuiten, uitmelken [2] een woekerhuur/woekerpacht vragen voor

rack·rent·er [telb zn] [1] huisjesmelker, uitbuiter, uitzuiger [2] uitgebuite huurder/pachter

rack up [ov ww] [1] ⟨vnl BE⟩ vullen (met hooi/stro) ⟨ruif⟩ [2] ⟨vnl BE⟩ de ruif vullen voor ⟨paard⟩ [3] ⟨film⟩ kadreren [4] ⟨vnl AE; inf⟩ behalen ⟨punten, overwinning⟩ [5] ⟨AE; inf⟩ mollen, vernielen, kapotmaken, ruïneren [6] ⟨inf⟩ omhoogjagen, (snel) doen stijgen ⟨prijs, koers⟩

rack wheel [telb zn] tandrad

ra·con /reɪkɒn, ˄-kɑn/ [telb zn] ⟨luchtv, scheepv⟩ radarbaken

rac·on·teur /rækɒntɜː, ˄rækɑntɜr/ [telb zn] verteller, causeur

racoon [telb + niet-telb zn] → raccoon

racquet [telb zn] → racket

rac·quet·ball /reɪsi/ [bn; vergr trap: racier; bw: racily; zn: raciness] [1] markant, krachtig, energiek, pittig, geestig ⟨stijl, persoon(lijkheid)⟩ [2] pittig, kruidig, geurig, pikant ⟨smaak, geur⟩ [3] pikant, gewaagd ⟨verhaal⟩ [4] natuurlijk, ongerept, oorspronkelijk, puur, echt

¹**rad** /ræd/ [telb zn] ⟨natuurk⟩ rad ⟨eenheid van stralingsdosis⟩

²**rad** /ræd/ [bn] ⟨vnl AE; inf⟩ gaaf, tof, cool

³**rad** [afk] [1] (radian(s)) [2] (radical)

RADA /rɑːdə/ [eigennaam] ⟨BE⟩ (Royal Academy of Dramatic Art)

ra·dar /reɪdɑː, ˄-dɑr/ [niet-telb zn] radar ♦ ⟨inf⟩ *beneath/above/off somebody's radar* ± buiten iemands gezichtsveld, niet opgevallen; ⟨inf⟩ *that TV show flew beneath my radar* dat tv-programma heb ik even gemist; ⟨inf⟩ *writing really was off my radar at that time* ik hield me in die tijd totaal niet bezig met schrijven

radar beacon [telb zn] radarbaken

radar trap [telb zn] radarcontrole, autoval

RADC [afk] ⟨BE⟩ (Royal Army Dental Corps)

¹**rad·dle** /rædl/ [niet-telb zn] rode oker

²**rad·dle** /rædl/ [ov ww] [1] met rood kleuren/verven [2] met (veel) rouge opmaken/schminken [3] ineenstrengelen, dooreenweven; → raddled

rad·dled /rædld/ [bn; volt deelw van raddle] [1] verward, in de war, van de wijs, van de kook [2] vervallen, ingevallen, versleten

¹**ra·di·al** /reɪdɪəl/ [telb zn] [1] radiaalband [2] ⟨anat⟩ spaakbeenzenuw, spaakbeenader

²**ra·di·al** /reɪdɪəl/ [bn; bw: ~ly] [1] radiaal, stervormig, straalsgewijs, straal-, stralen- ♦ *radial engine* radiale motor ⟨met cilinders in stervorm⟩; ⟨plantk⟩ *radially symmetrical* radiaal symmetrisch; *radial tyre* radiaalband; ⟨natuurk⟩ *radial velocity/motion* radiale snelheid/beweging [2] ⟨anat⟩ spaakbeen-

ra·di·al·ply [bn, attr] radiaal- ⟨van band⟩

ra·di·an /reɪdɪən/ [telb zn] ⟨wisk⟩ radiaal ⟨hoekmaat⟩

ra·di·ance /reɪdɪəns/, **ra·di·an·cy** /-si/ [niet-telb zn] straling, schittering, pracht, glans

¹**ra·di·ant** /reɪdɪənt/ [telb zn] [1] uitstralingspunt, stralingsbron [2] ⟨astron⟩ radiant, radiatiepunt

²**ra·di·ant** /reɪdɪənt/ [bn; bw: ~ly] [1] stralend, schitterend ♦ *he was radiant with joy* hij straalde van vreugde [2] ⟨vnl plantk⟩ stervormig, straalsgewijs, radiaal

³**ra·di·ant** /reɪdɪənt/ [bn, attr; bw: ~ly] stralings- ♦ *radiant energy* stralingsenergie; *radiant heat* stralingswarmte; *radiant point* uitstralingspunt, stralingsbron; ⟨astron⟩ radiatiepunt

¹**ra·di·ate** /reɪdɪət/ [bn; bw: ~ly] [1] stervormig, radiaal, straalsgewijs [2] ⟨plantk⟩ straal-, straalbloemig ♦ *radiate flowers* straalbloemen [3] ⟨bk⟩ met een stralenkrans/aureool [4] ⟨biol⟩ radiale symmetrie vertonend

²**ra·di·ate** /reɪdɪeɪt/ [onov ww] [1] stralen, stralen uitzenden, schijnen ♦ *radiate from* afstralen van [2] een ster vormen, als stralen/straalsgewijs/stervormig uitlopen ♦ *streets radiating from a square* straten die straalsgewijs vanaf een plein lopen

³**ra·di·ate** /reɪdɪeɪt/ [ov ww] [1] uitstralen ♦ *radiate confidence* vertrouwen uitstralen [2] ⟨med⟩ bestralen [3] beschijnen, verlichten [4] (naar alle kanten) verspreiden [5] uitzenden ⟨programma⟩

¹**ra·di·a·tion** /reɪdɪeɪʃn/ [telb + niet-telb zn] [1] straling [2] uitstraling ⟨ook van pijn⟩ [3] uitzending ⟨van programma⟩ [4] ⟨med⟩ bestraling

²**ra·di·a·tion** /reɪdɪeɪʃn/ [niet-telb zn] ⟨biol⟩ radiatie

radiation chemistry [niet-telb zn] stralenchemie

radiation fog [niet-telb zn] ⟨meteo⟩ stralingsmist

radiation sickness, radiation syndrome [niet-telb zn] stralingsziekte

ra·di·a·tive /reɪdɪətɪv, ˄-dieɪtɪv/ [bn] ⟨natuurk⟩ [1] stralings- [2] straling veroorzakend

ra·di·a·tor /reɪdɪeɪtə, ˄-eɪtər/ [telb zn] [1] radiator(kachel) [2] radiateur ⟨van motor⟩ [3] zender [4] radioactieve stof

¹**rad·i·cal** /rædɪkl/ [telb zn] [1] basis(principe) [2] ⟨wisk⟩ wortel [3] ⟨wisk⟩ wortelteken [4] ⟨taalk⟩ stam, stamvorm, stamwoord, stam(mede)klinker [5] ⟨scheik⟩ radicaal [6] ⟨pol⟩ radicaal

²**rad·i·cal** /rædɪkl/ [bn; bw: ~ly; zn: ~ness] [1] radicaal ⟨ook medisch, politiek⟩, drastisch, verregaand, extreem ♦ ⟨sl⟩ *radical chic* gewoonte van socialisten om met radicalen om te gaan; *radical error* radicale fout; ⟨pol⟩ *the radical left* radicaal links, nieuw links; *radical measures* drastische maatregelen; ⟨med⟩ *radical operation* radicale operatie; ⟨pol⟩ *the radical right* extreemrechts [2] fundamenteel, wezenlijk, essentieel, grond-, inherent ♦ *radical difficulty* grondprobleem [3] ⟨wisk⟩ wortel- ♦ *radical expression* wortelvorm; *radical sign* wortelteken [4] ⟨taalk⟩ stam-, radicaal ⟨van taal⟩ ♦ *radical form* stamvorm [5] ⟨plantk⟩ wortel- ♦ *radical leaf* wortelblad [6] ⟨muz⟩ grond-, stam-

rad·i·cal·ism /rædɪkəlɪzm/ [niet-telb zn] ⟨pol⟩ radicalisme

rad·i·cal·i·ty /rædɪkæləti/ [niet-telb zn] [1] radicaliteit [2] ⟨pol⟩ radicalisme

rad·i·cal·i·za·tion /rædɪkəlaɪzeɪʃn, ˄-kələ-/ [telb + niet-telb zn] radicalisering

¹**rad·i·cal·ize** /rædɪkəlaɪz/ [onov ww] radicaliseren, radicaal/radicaler worden

²**rad·i·cal·ize** /rædɪkəlaɪz/ [ov ww] radicaal/radicaler maken

ra·dic·chi·o /rædiːkioʊ/ [niet-telb zn] rode sla, radicchio, roodlof

rad·i·ces [alleen mv] → radix

rad·i·cle /rædɪkl/ [telb zn] [1] ⟨plantk⟩ kiemwortel, wor-

radic-lib

teltje ② ⟨anat⟩ (zenuw)vezel ③ ⟨scheik⟩ radicaal
rad·ic-lib /rædɪklɪb/, **rad·lib** /rædlɪb/ [telb zn; ook attributief] ⟨AE; pol⟩ (verk: radical liberal) links-liberaal
rad·ic·u·lar /rədɪkjʊlə, ᴬ-kjələr/ [bn] radiculair, wortel-
radii [alleen mv] → **radius**
¹**ra·di·o** /reɪdioʊ/ [telb zn] ① radio, radiotoestel, radio-ontvanger ② radio(tele)gram
²**ra·di·o** /reɪdioʊ/ [telb + niet-telb zn] radio(-omroep) ♦ *have a job in radio* bij de radio werken
³**ra·di·o** /reɪdioʊ/ [niet-telb zn] ① radio, radiotelefonie, radiotelegrafie ② radio(station), zendstation ③ radio(-uitzending) ♦ *on the radio* op/voor de radio
⁴**ra·di·o** /reɪdioʊ/ [onov ww] een radiobericht uitzenden, via de radio/radiotelegrafisch/draadloos seinen
⁵**ra·di·o** /reɪdioʊ/ [ov ww] ① via de radio/radiotelegrafisch/draadloos uitzenden ② een radiobericht zenden aan
ra·di·o- /reɪdioʊ/ ① radio-, stralings- ♦ *radiometer* radiometer, stralingsmeter ② radio-, radioactief ♦ *radioelement* radio-element, radioactief element ③ radio-, radiotelegrafisch, draadloos ♦ *radiotelegram* radiotelegram ④ ⟨anat⟩ radio-, spaakbeen- ♦ *radiocarpal* radiocarpaal
ra·di·o·ac·tive /reɪdioʊæktɪv/ [bn; bw: ~ly] radioactief ♦ *radioactive chain/series* radioactieve reeks; ⟨AE⟩ *radioactive dating* koolstofdatering; *radioactive decay* radioactief verval; *radioactive waste* radioactief afval
ra·di·o·ac·tiv·i·ty /reɪdioʊæktɪvəti/ [niet-telb zn] radioactiviteit
radio astronomy [niet-telb zn] radioastronomie, radiosterrenkunde
radio beacon [telb zn] radiobaken
radio beam [telb zn] (gerichte) bundel radiosignalen
ra·di·o·bi·ol·o·gy /reɪdioʊbaɪɒlədʒi, ᴬ-ɑlə-/ [niet-telb zn] radiobiologie
radio button [telb zn] ⟨comp⟩ checkbox, hokje dat aangevinkt kan worden
radio car [telb zn] met radio uitgeruste (politie)auto, mobilofoonwagen
ra·di·o·car·bon /reɪdioʊkɑːbən, ᴬ-kɑr-/ [niet-telb zn] radioactief koolstof, ⟨i.h.b.⟩ koolstof 14 ⟨C14⟩
radiocarbon dating [telb + niet-telb zn] ⟨vnl archeol⟩ radiokoolstofdatering, radiocarbonmethode, C14-methode, C14-datering
ra·di·o·car·pal /reɪdioʊkɑːpl, ᴬ-kɑrpl/ [bn] ⟨anat⟩ radiocarpaal (m.b.t. spaakbeen/handwortel)
ra·di·o·cas·sette play·er [telb zn] ⟨vnl BE⟩ radio-cassetterecorder
ra·di·o·chem·is·try /reɪdioʊkemɪstri/ [niet-telb zn] ① radiochemie ② stralenchemie
ra·di·o·co·balt /reɪdioʊkoʊbɒlt/ [niet-telb zn] radioactief kobalt, ⟨i.h.b.⟩ kobalt 60
ra·di·o·con·trol /reɪdioʊkəntroʊl/ [niet-telb zn] radiobesturing, afstandsbediening
ra·di·o·con·trolled /reɪdioʊkəntroʊld/ [bn] radiografisch bestuurd
ra·di·o·el·e·ment /reɪdioʊelɪmənt/ [telb zn] radio-element, radioactief element
radio fix [telb zn] radiopeiling
radio frequency [telb zn] radiofrequentie
radio galaxy [telb zn] radiomelkwegstelsel
ra·di·o·gen·ic /reɪdioʊdʒenɪk/ [bn; bw: ~ally] ① radiogeen, door radioactiviteit ontstaan/veroorzaakt ② geschikt voor radio-uitzending
ra·di·o·go·ni·om·e·ter /reɪdioʊɡoʊnɪɒmɪtə, ᴬ-ɑmɪtər/ [telb zn] radiogoniometer ⟨oriënteringstoestel⟩
ra·di·o·gram /reɪdioʊɡræm/ [telb zn] ① radiogram, röntgenfoto, radiografie ② radio(tele)gram ③ ⟨BE⟩ radiogrammofoon(combinatie)
¹**ra·di·o·graph** /reɪdioʊɡrɑːf, ᴬ-ɡræf/ [telb zn] radiogram, röntgenfoto, radiografie

²**ra·di·o·graph** /reɪdioʊɡrɑːf, ᴬ-ɡræf/ [ov ww] ① radiograferen, doorlichten ② een radio(tele)gram sturen
ra·di·og·ra·pher /reɪdiɒɡrəfə, ᴬ-ɑɡrəfər/ [telb zn] ⟨BE⟩ ① röntgenlaborant ② röntgenoloog
ra·di·o·graph·ic /reɪdioʊɡræfɪk/ [bn; bw: ~ally] radiografisch, röntgenologisch
ra·di·og·ra·phy /reɪdiɒɡrəfi, ᴬ-ɑɡrəfi/ [niet-telb zn] radiografie, röntgenfotografie, doorlichting
radio ham [telb zn] ⟨inf⟩ radio(zend)amateur
ra·di·o·i·so·tope /reɪdioʊaɪsətoʊp/ [telb zn] radio-isotoop, radioactief isotoop
ra·di·o·lar·i·an /reɪdioʊleəriən, ᴬ-ler-/ [telb zn] ⟨dierk⟩ straaldiertje ⟨orde Radiolaria⟩
radio link [telb zn] radioverbinding
ra·di·o·lo·ca·tion /reɪdioʊloʊkeɪʃn/ [niet-telb zn] radioplaatsbepaling, radar
ra·di·o·lo·ca·tor /reɪdioʊloʊkeɪtə, ᴬ-keɪtər/ [telb zn] radar
ra·di·o·log·i·cal /reɪdiəlɒdʒɪkl, ᴬ-lɑdʒɪkl/ [bn] radiologisch
ra·di·ol·o·gist /reɪdiɒlədʒɪst, ᴬ-ɑlə-/ [telb zn] radioloog, röntgenoloog
ra·di·ol·o·gy /reɪdiɒlədʒi, ᴬ-ɑlə-/ [niet-telb zn] radiologie
ra·di·o·man [telb zn] ⟨AE⟩ ① radiotechnicus, radiomonteur ② radiotelegrafist, marconist
ra·di·om·e·ter /reɪdiɒmɪtə, ᴬ-ɑmɪtər/ [telb zn] radiometer, stralingsmeter
ra·di·o·nu·clide /reɪdioʊnjuːklaɪd, ᴬ-nuː-/ [telb zn] radionuclide ⟨kern van atoom⟩
ra·di·o·paque /reɪdioʊpeɪk/ [bn] ondoordringbaar voor röntgenstralen
ra·di·o·phar·ma·ceu·ti·cal /reɪdioʊfɑːməsjuːtɪkl, ᴬ-fɑrməsuːtɪkl/ [telb zn] radioactief geneesmiddel
ra·di·o·phone /reɪdɪəfoʊn/ [telb zn] radio(tele)foon
ra·di·o·pho·ny /reɪdɪɒfəni, ᴬ-ɑf-/ [niet-telb zn] radiofonie
ra·di·o·pho·to·graph /reɪdioʊfoʊtəɡrɑːf, ᴬ-foʊtəɡræf/ [telb zn] radiofoto
ra·di·o·pho·tog·ra·phy /reɪdioʊfətɒɡrəfi, ᴬ-tɑ-/ [niet-telb zn] radiofotografie
radio play [telb zn] hoorspel
ra·di·o·pro·tec·tion /reɪdioʊprətekʃn/ [niet-telb zn] bescherming tegen stralingseffecten
ra·di·o·scope /reɪdɪəskoʊp/ [telb zn] röntgenapparaat
ra·di·os·co·py /reɪdiɒskəpi, ᴬ-ɑskəpi/ [niet-telb zn] radioscopie, doorlichting
ra·di·o·sen·si·tive /reɪdioʊsensətɪv/ [bn] gevoelig voor straling
radio set [telb zn] ① radiotoestel, radio-ontvanger ② radiozender
ra·di·o·sonde /reɪdioʊsɒnd, ᴬ-sɑnd/ [telb zn] ⟨meteo⟩ radiosonde
radio source [telb zn] ⟨astron⟩ radiobron
radio star [telb zn] ⟨astron⟩ radioster, radiobron
radio station [telb zn] radiostation
ra·di·o·ster·il·i·za·tion /reɪdioʊsterɪlaɪzeɪʃn, ᴬ-ləzeɪʃn/ [telb + niet-telb zn] sterilisatie d.m.v. radioactieve straling
ra·di·o·tel·e·gram /reɪdioʊtelɪɡræm/ [telb zn] radio(tele)gram
ra·di·o·te·leg·ra·phy /reɪdioʊtɪleɡrəfi/ [niet-telb zn] radiotelegrafie
ra·di·o·tel·e·phone /reɪdioʊtelɪfoʊn/ [telb zn] radio(tele)foon, mobilofoon
ra·di·o·te·leph·o·ny /reɪdioʊtɪlefəni/ [niet-telb zn] radiotelefonie
radio telescope [telb zn] radiotelescoop
ra·di·o·ther·a·pist /reɪdioʊθerəpɪst/ [telb zn] radiotherapeut
ra·di·o·ther·a·py /reɪdioʊθerəpi/ [niet-telb zn] radio-

therapie
radio transmitter [telb zn] radiozender
radio wave [telb zn] radiogolf
rad·ish /ˈrædɪʃ/ [telb zn] radijs
ra·di·um /ˈreɪdiəm/ [niet-telb zn] ⟨scheik⟩ radium ⟨element 88⟩
radium emanation [niet-telb zn] ⟨scheik⟩ radiumemanatie, radon
radium therapy [niet-telb zn] radiumtherapie, radiumbehandeling
ra·di·us /ˈreɪdiəs/ [telb zn; mv: ook radii /-iaɪ/] [1] straal, radius, halve middellijn ⟨van cirkel⟩ ♦ *the new aeroplane has a large radius of action* het nieuwe vliegtuig heeft een groot vliegbereik/grote actieradius; *radius of delivery* bestelkring; *within a radius of four miles* binnen een straal van vier mijl [2] spaak [3] ⟨biol⟩ spaakbeen, radius [4] ⟨plantk⟩ krans ⟨bij samengesteldbloemigen⟩
radius vector [telb zn] ⟨wisk⟩ radiusvector, voerstraal
ra·dix /ˈreɪdɪks/ [telb zn; mv: ook radices /-dɪsiːz/] [1] wortel, oorsprong, bron, grondslag [2] ⟨wisk⟩ grondtal, worteltal, radix
ra·dome /ˈreɪdoʊm/ [telb zn] ⟨luchtv⟩ radarkoepel
ra·don /ˈreɪdɒn, ˆ-dən/ [niet-telb zn] ⟨scheik⟩ radon ⟨element 86⟩
rad·u·la /ˈrædjʊlə, ˆ-dʒə-/ [telb zn; mv: radulae /-liː/] ⟨dierk⟩ radula
rad·waste /ˈrædweɪst/ [niet-telb zn] ⟨verk: radioactive waste⟩ radioactief afval
RAF /ræf/ [eigenn] ⟨BE⟩ ⟨Royal Air Force⟩ RAF
¹**raf·fia, raph·i·a** /ˈræfiə/ [telb + niet-telb zn] ⟨plantk⟩ raffiapalm ⟨Raphia ruffia⟩
²**raf·fia, raph·i·a** /ˈræfiə/ [niet-telb zn] raffia
raf·fi·nate /ˈræfɪneɪt/ [telb zn] raffinaat, geraffineerd product
raf·fi·né, raf·fi·née /ˌræfɪˈneɪ/ [bn] [1] verfijnd, geraffineerd, gedistingeerd, zeer beschaafd [2] ontwikkeld, intellectueel, geleerd
raf·fish /ˈræfɪʃ/ [bn; bw: ~ly; zn: ~ness] liederlijk, losbandig, wild
¹**raf·fle** /ˈræfl/ [telb zn] loterij, verloting
²**raf·fle** /ˈræfl/ [niet-telb zn] [1] rommel, prullen [2] afval, puin, vuilnis
³**raf·fle** /ˈræfl/ [onov ww] loten, een loterij houden, aan een verloting meedoen ♦ *they raffled for a pig* zij lootten om een varken
⁴**raf·fle** /ˈræfl/ [ov ww] verloten, d.m.v. een verloting verkopen ♦ *they raffled off a bike* zij verlootten een fiets
¹**raft** /rɑːft, ˆræft/ [telb zn] [1] vlot, houtvlot, drijvende steiger [2] reddingsvlot ⟨van hout, rubber⟩ [3] ⟨benaming voor⟩ drijvende massa, drijfhout, drijfijs ⟨enz.⟩ [4] fundering [5] ⟨AE⟩ boel, grote verzameling, massa, troep ♦ *a whole raft of children* een bende kinderen
²**raft** /rɑːft, ˆræft/ [ov ww] per vlot reizen, met een vlot oversteken/overvaren ♦ *they rafted across the river* zij staken de rivier op een vlot over
³**raft** /rɑːft, ˆræft/ [ov ww] [1] per vlot vervoeren ♦ *they raft their belongings to the mainland* zij brengen hun bezittingen per vlot naar het vasteland [2] per vlot oversteken/bevaren ♦ *they tried to raft the Channel* zij probeerden het Kanaal met een vlot over te steken [3] vlotten ⟨boomstammen⟩
¹**raft·er** /ˈrɑːftə, ˆˈræftər/ [telb zn] [1] dakspar, dakspant [2] vlotter ⟨boomstammen⟩
²**raft·er** /ˈrɑːftə, ˆˈræftər/ [ov ww] van daksparren voorzien ♦ *raftered roof* dak met zichtbare daksparren
rafts·man /ˈrɑːftsmən, ˆˈræfts-/ [telb zn; mv: raftsmen /-mən/] vlotter
RAFVR [afk] ⟨BE⟩ ⟨Royal Air Force Volunteer Reserve⟩
¹**rag** /ræg/ [telb zn] [1] ⟨vnl mv⟩ versleten kledingstuk, lomp, vod ♦ *dressed in rags* in lompen gehuld; *from rags to riches* van armoede naar rijkdom [2] lap(je), vodje, doek, kledingstuk ♦ *I haven't a rag to put on* ik heb niets om aan te trekken [3] stuk(je), flard, spoor ♦ *not a rag of evidence* niet het geringste bewijs; *rags of smoke* flarden rook [4] ⟨pej⟩ ⟨benaming voor⟩ iets dat lijkt op een vod, vlag, snotlap, maandverband, gordijn, krant, blaadje ♦ *the local rag* het sufferdje; *I don't read that worthless rag* ik lees dat snertblad niet [5] scherp uitsteeksel [6] ⟨BE; inf⟩ herrie, keet, (studenten)lol, (i.h.b.) jaarlijkse studentenoptocht voor een goed doel [7] ⟨BE; inf⟩ poets, mop, grol, grap ♦ *for a rag* voor de gein/lol [8] ⟨AE; sl⟩ (slechte) speelkaart [9] ragtimemuziekje [·] ⟨sl⟩ *chew the rag* (blijven) praten/kletsen/mopperen; ruzie maken; ⟨sl⟩ *get one's rag out* z'n stekels overeind zetten; ⟨inf⟩ *lose one's rag* over de rooie gaan; ⟨sl⟩ *have the rag on* feest hebben, ongesteld zijn
²**rag** /ræg/ [telb + niet-telb zn] [1] vod, lomp, lor [2] leisteen, daklei [3] ⟨BE⟩ ruwe steen [4] ⟨verk: ragtime⟩
³**rag** /ræg/ [onov ww] ⟨BE; inf⟩ [1] dollen, gekheid maken, lol trappen [2] musiceren in ragtimestijl; → **ragged**
⁴**rag** /ræg/ [ov ww] ⟨inf⟩ [1] een standje geven, berispen [2] pesten, plagen, kwellen ♦ *she rags him about his big nose/for having such a big nose* zij pest hem met zijn grote neus; *they ragged the teacher* zij schopten keet bij de leraar [3] te grazen nemen, een poets bakken [4] door elkaar gooien ⟨als grap⟩ ♦ *rag s.o.'s room* iemands kamer overhoop halen; → **ragged**
ra·ga /ˈrɑːɡə/, **rag** /rɑːɡ/ [telb zn] ⟨muz⟩ [1] raga ⟨Hindoestaanse muziekvorm⟩ [2] thema van een raga ⟨basis van de improvisatie⟩
rag·a·muf·fin /ˈræɡəmʌfɪn/ [telb zn] schooiertje
rag-and-bone man [telb zn] ⟨vnl BE⟩ voddenman, voddenkoper, voddenboer
rag·bag [telb zn] [1] voddenzak, lappenmand [2] allegaartje, bonte verzameling [3] ⟨sl⟩ slordig gekleed iemand, slons
rag·bolt [telb zn] takbout, hakkelbout
rag book [telb zn] linnen prentenboek
rag day [telb zn] ⟨BE⟩ rag day ⟨waarop studenten een optocht houden en geld ophalen voor een goed doel⟩
rag doll [telb zn] lappenpop
¹**rage** /reɪdʒ/ [telb zn] [1] manie, passie, bevlieging ♦ *he has a rage for collecting coins* hij is gek van munten verzamelen [2] rage, mode, trend ♦ *short hair is (all) the rage now* kort haar is nu een rage/in de mode [3] ⟨form⟩ vuur, geestdrift [4] ⟨AuE; inf⟩ iets geweldigs
²**rage** /reɪdʒ/ [telb + niet-telb zn] woede(-uitbarsting), toorn, razernij ♦ *fall/fly into a rage* woedend worden, in woede ontsteken; *be in a rage* woedend zijn; *the rage of the waves* de woede der golven
³**rage** /reɪdʒ/ [onov ww] [1] woeden, tieren, stormen, razen, ⟨fig⟩ tekeergaan ♦ *her parents raged against/at her for being too late* haar ouders gingen tegen haar tekeer omdat zij te laat was; *a raging fire* een felle brand; *a raging headache* een razende hoofdpijn; *the plague raged in London* de pest heerste in Londen; *raging stream/torrent* woeste stroom; *the army raged through the town* het leger stormde door het stadje [2] ⟨AuE; inf⟩ (veel) plezier maken, zich (kostelijk) amuseren
⁴**rage** /reɪdʒ/ [ov ww; wederkerend werkwoord] uitrazen, uitwoeden ♦ *the storm raged itself out* de storm woedde uit
rag engine [telb zn] hollander ⟨maal- of roerbak waarin papierlompen worden fijngemaakt⟩
rag·ga /ˈræɡə/ [niet-telb zn] ragga(muziek)
rag game [niet-telb zn; the] ⟨inf⟩ kledingindustrie
rag·ged /ˈræɡɪd/ [bn; oorspronkelijk volt deelw van rag; bw: ~ly; zn: ~ness] [1] haveloos, gescheurd, gerafeld ♦ *ragged trousers* een kapotte broek [2] in lompen, in vodden ♦ *a ragged old man* een in lompen gehulde oude man [3] ruig, onverzorgd, pluizig, vol plukjes ♦ *a ragged beard* een ruige/onverzorgde baard ♦ *a ragged garden* een woeste tuin

raggee

4 ongelijk, getand, met uitsteeksels, knoestig, ruw ♦ *ragged rocks* puntige/scherpe rotsen 5 gebrekkig, onregelmatig, krakkemikkig, slordig ♦ *a ragged concert* een slordig concert; *ragged rhymes* gebrekkige/onregelmatige verzen 6 doodop, uitgeput ♦ *the messenger boy was run ragged* de boodschappenjongen was doodop 7 rauw, schor ♦ *he has a ragged voice* hij heeft een rauwe/schorre stem · ⟨plantk⟩ *ragged robin* koekoeksbloem ⟨Lychnis flos-cuculi⟩
rag·gee [niet-telb zn] → ragi
rag·gle-tag·gle /ˈrægltægl/ [bn] 1 bont, gemengd, gemêleerd 2 onverzorgd, verwaarloosd, slordig
ra·gi, rag·ee, rag·gee, rag·gy /ˈrɑːɡiː, ˈræ-/ [niet-telb zn] ⟨plantk⟩ ragi ⟨Indische graansoort; Eleusine coracana⟩, vingergierst
¹**rag·lan** /ˈræɡlən/ [telb zn] raglan ⟨overjas enz. zonder schoudernaden⟩
²**rag·lan** /ˈræɡlən/ [bn, attr] raglan ♦ *raglan sleeve* raglanmouw ⟨zonder schoudernaad⟩
¹**ra·gout** /ræˈɡuː/ [telb + niet-telb zn] ragout
²**ra·gout** /ræˈɡuː/ [ov ww] ragout maken van
rag paper [niet-telb zn] lompenpapier
rag·pick·er [telb zn] voddenraper, voddenraapster
rag rug [telb zn] lappenkleedje
rags /ræɡz/ [alleen mv] vodden, lompen ♦ *in rags* tot op de draad versleten, op; ⟨fig⟩ *his nerves were in rags* hij was helemaal kapot
rag stone [telb + niet-telb zn] leisteen, daklei
rag·tag /ˈræɡtæɡ/ [niet-telb zn] janhagel, gepeupel, grauw, plebs, het volk · *ragtag and bobtail* uitschot, schorem, zootje ongeregeld
¹**rag·time** [telb + niet-telb zn] ragtime ⟨gesyncopeerde (dans)muziek⟩
²**rag·time** [bn] belachelijk, mal, bespottelijk
rag trade [niet-telb zn; the] ⟨inf⟩ kledingindustrie
rag·weed [telb + niet-telb zn] ⟨plantk⟩ 1 ⟨benaming voor⟩ ambrosia ⟨plantengeslacht behorend tot de Compositae⟩, (i.h.b.) alsem ambrosia ⟨Ambrosia artemisiifolia⟩, driedelige ambrosia ⟨Ambrosia trifida⟩, veroorzakers van hooikoorts⟩ 2 ⟨vnl BE⟩ jakobskruiskruid ⟨Senecio jacobaea⟩
rag week [telb zn] rag week ⟨week met studentenfeesten⟩
rag·wort /ˈræɡwɜːt, ˈ-wɜrt/ [telb + niet-telb zn] ⟨plantk⟩ kruiskruid, (i.h.b.) jakobskruiskruid ⟨Senecio jacobaea⟩
rah /rɑː/ [tw] ⟨vnl AE; stud⟩ ⟨verk: hurrah⟩ hoera
¹**raid** /reɪd/ [telb zn] 1 inval, overval, bliksemaanval, verrassingsaanval ♦ *a raid into the enemy camp* een inval in het vijandelijke kamp 2 roofoverval, plundertocht, rooftocht, strooptocht, plundering ♦ *make a raid on the fund's reserves* de reserves van het staatsfonds plunderen; ⟨fig⟩ *make a raid on a rival football team* proberen spelers weg te kopen bij een rivaliserend footballteam; *a raid on a bank* een bankoverval 3 politieoverval, razzia 4 ⟨beurs⟩ overval ⟨door het kopen van aandelen⟩ 5 ⟨beurs⟩ neerwaartse druk ⟨op de beurs door dumpen van aandelen⟩ ♦ *make a raid on* onder druk zetten
²**raid** /reɪd/ [ov ww] 1 overvallen, binnenvallen ♦ *raid a bank* een bank overvallen 2 (be)roven, plunderen, leegroven ♦ *raided cattle* geroofd vee; *raid the larder/fridge* de provisiekast/koelkast plunderen/leegrauzen
raid·er /ˈreɪdə, ˈ-ər/ [telb zn] 1 overvaller, invaller, binnenvaller, ⟨ec⟩ raider, ongewenst koper van (meerderheids)belang ⟨in aandelen⟩ 2 vliegtuig dat vijandelijk luchtruim binnenvliegt 3 kaper(schip) 4 stroper 5 rover 6 deelnemer aan een razzia/inval
¹**rail** /reɪl/ [telb zn] 1 lat, balk, plank, stang, staaf 2 leuning 3 omheining, hek(werk), slagboom 4 rail, spoorstaaf, ⟨fig; vaak attributief⟩ trein, spoorwegen ♦ *travel by rail* sporen, per trein reizen; *send sth. by rail* iets per trein versturen; *go/get/run off the rails* ontsporen; ⟨fig⟩ van streek raken, het helemaal mis hebben; *jump the rails* uit de rails vliegen ⟨van trein⟩; ⟨fig⟩ *off the rails* van streek, de kluts kwijt, het spoor bijster, in de war; ⟨inf⟩ zonderling, gek, neurotisch; *third rail* derde rail ⟨in Engeland vaak onder stroom⟩ 5 rail ⟨om iets aan op te hangen⟩, gordijnroede, posterrail, strip 6 wagenladder ⟨boerenwagen⟩ 7 dwarshout, dwarsbalk ⟨van paneel, deur⟩, sport ⟨van stoel⟩ 8 ⟨scheepv⟩ reling ♦ *over the rail* over de reling 9 ⟨dierk⟩ ral, (i.h.b.) waterral ⟨Rallus aquaticus⟩, kwartelkoning, spriet, griet ⟨Crex crex⟩ 10 ⟨verk: railman⟩ · *keep s.o. on the rails* iemand op het rechte pad houden; *run off the rails* uit de band springen, ontsporen
²**rail** /reɪl/ [onov ww] 1 schelden, schimpen, uitvaren, tekeergaan, fulmineren ♦ *rail against/at* uitvaren tegen, schelden op, fel protesteren tegen 2 per trein reizen; → railing
³**rail** /reɪl/ [ov ww] 1 voorzien van een leuning 2 van rails voorzien 3 omheinen, afrasteren ♦ *they railed the orchard off from the road* zij rasterden de boomgaard van de weg af; *rail in* omheinen 4 per spoor verzenden; → railing
rail·age /ˈreɪlɪdʒ/ [niet-telb zn] 1 treinvervoer 2 spoorvracht, spoorkosten
rail·car [telb zn] motorrijtuig, motorwagen ⟨trein bestaande uit één wagon⟩
rail card [telb zn] treinabonnement
rail chair [telb zn] ⟨techn⟩ railstoel
rail fence [telb zn] ⟨AE⟩ houten hek
rail·head [telb zn] 1 eindpunt van spoorlijn in aanbouw 2 ⟨mil⟩ spoorweghoofd
¹**rail·ing** /ˈreɪlɪŋ/ [telb zn; (oorspronkelijk) gerund van rail; vaak mv] 1 traliewerk, spijlen ⟨van hek⟩ 2 leuning, reling, hek, balustrade 3 rail, spoorstaaf
²**rail·ing** /ˈreɪlɪŋ/ [telb + niet-telb; (oorspronkelijk) gerund van rail; als telbaar zn voornamelijk mv] gescheld, geschimp, gehoon ♦ *useless railing(s) against/at the Government* nutteloos gescheld/nutteloze scheldpartijen op de regering
rail·ler·y /ˈreɪləri/ [telb + niet-telb zn; voornamelijk mv] scherts, grap(pen), het plagen, gekheid ♦ *turn it into raillery* er een grapje van maken
rail·man /ˈreɪlmən/ [telb zn; mv: railmen /-mən/] spoorwegbeambte
rail network [telb zn] spoorwegnet
rail pass [telb zn] treinabonnement
¹**railroad** [telb zn] → railway
²**rail·road** [ov ww] 1 ⟨AE⟩ per trein vervoeren 2 ⟨AE⟩ van een spoorwegnet voorzien ♦ *railroad a country* een spoorwegnet aanleggen in een land 3 ⟨inf⟩ jagen, haasten, jachten, drijven ♦ *the union was railroaded into signing the agreement* de bond werd sterk onder druk gezet om de overeenkomst te ondertekenen; *railroad a bill through Congress* een wetsvoorstel erdoor jagen in het Congres 4 ⟨AE⟩ in de gevangenis doen belanden, afkomen van, zich ontdoen van, uit de weg ruimen ⟨door valse aanklacht⟩
rails /reɪlz/ [alleen mv] spoorwegaandelen
rail trail [telb zn] ⟨AE⟩ (wandel)pad ⟨op oude spoorbaan⟩
rail·way, ⟨AE in betekenissen 1 en 2⟩ **rail·road** [telb zn] 1 ⟨vaak attributief⟩ spoorweg, spoorbaan 2 spoorwegmaatschappij, de spoorwegen 3 spoorlijn, lokaalspoorweg, tramnet 4 rails, werkspoor, fabrieksspoor
railway line [telb zn] spoorlijn
rail·way·man /ˈreɪlweɪmən/ [telb zn; mv: railwaymen /-mən/] spoorwegbeambte
railway station, ⟨AE⟩ **railroad station** [telb zn] spoorwegstation
railway yard [telb zn] spoorwegemplacement
rai·ment /ˈreɪmənt/ [niet-telb zn] ⟨form⟩ kleding, kledij, gewaad
¹**rain** /reɪn/ [telb zn] ⟨benaming voor⟩ iets dat in grote hoe-

veelheden (neer)komt, vloed, stroom, stortvloed, regen ♦ *a rain of arrows* een regen van pijlen; *a rain of ashes* een asregen; *a rain of blows* een reeks klappen; *a rain of congratulations* een stroom gelukwensen; *a rain of fire* een vuurregen; *a rain of kisses* een stortvloed van kussen ▪ ⟨sprw⟩ *rain before seven, fine before eleven* regen vóór acht uren zal de hele dag niet duren

²**rain** /reɪn/ [telb + niet-telb zn] regen, regenbui, regenval, neerslag ♦ *there was a heavy rain in the afternoon* er viel een fikse regenbui in de middag; *it looks like rain* het ziet er naar uit dat het gaat regenen ▪ ⟨inf⟩ *he hasn't enough imagination/not know enough to come in out of the rain* hij is te stom om voor de duivel te dansen, hij is zo stom als het achtereind van een koe/varken; *in rain or fine* bij regen of zonneschijn; *(come) rain or shine* weer of geen weer, te allen tijde, onder alle omstandigheden

³**rain** /reɪn/ [onov ww] ①⟨onpersoonlijk werkwoord⟩ regenen ♦ zie: **rain down**; *it rains in* het regent in ② laten regenen, regen doen neervallen ♦ *the clouds rain* de wolken regenen; *God rains* God laat het regenen ③ neerstromen, (als regen) neervallen ♦ *tears rain down his cheeks* tranen stromen langs zijn wangen; *roses rained from their hands* het regende rozen uit hun handen; *hospitality rained upon the visitors* de bezoekers werden overladen met gastvrijheid ▪ ⟨sprw⟩ *it never rains but it pours* een ongeluk komt zelden alleen

⁴**rain** /reɪn/ [ov ww] ① regenen ⟨ook figuurlijk⟩, in groten getale doen neerkomen, doen stromen ♦ zie: **rain down**; *it rains invitations* het regent uitnodigingen, er is een stortvloed van uitnodigingen; ⟨inf⟩ *the match was rained off*, ⟨AE; inf⟩ *the match was rained out* de wedstrijd werd afgelast/onderbroken vanwege de regen; *it has rained itself out* het is uitgeregend; *her eyes rained tears* de tranen stroomden uit haar ogen ② doen neerdalen, laten neerkomen ♦ *the police rained blows upon the demonstrators* de politie deelde rake klappen uit aan de betogers; *the father rained presents upon his only daughter* de vader overstelpte zijn enige dochter met cadeaus

rain·bird [telb zn] ① regenvogel ② groene specht

¹**rain·bow** /ˈreɪnboʊ/ [telb zn] ① regenboog ② ⟨vaak mv⟩ het onmogelijke, valse hoop, illusie ♦ *he chases the rainbow of a university career* hij droomt van een carrière aan een universiteit

²**rain·bow** /ˈreɪnboʊ/ [bn, attr] bont, in alle kleuren van de regenboog

rainbow chaser [telb zn] ① ziener ② fantast, plannenmaker, dromer

rainbow jersey [telb zn] ⟨wielersp⟩ regenboogtrui ⟨gedragen door wereldkampioen op de weg⟩

rainbow trout [telb zn] regenboogforel

rain check [telb zn] ⟨vnl AE, CanE⟩ nieuw toegangsbewijs ⟨voor bezoekers van een verregende wedstrijd/voorstelling⟩, ⟨inf, fig⟩ het voorlopig afslaan, het te goed houden ⟨van aanbod⟩ ♦ *I don't want a drink now, but I'll take a rain check on it* ik wil nu niets drinken, maar ik hou het van je te goed

rain·coat [telb zn] regenjas

rain·date [telb zn] ⟨honkb⟩ inhaaldatum ⟨voor verregende wedstrijd⟩

¹**rain down** [onov ww] neerkomen, neerdalen (in groten getale) ♦ *stones and spears were raining down* het regende speren en stenen; *blows rained down (up)on his head* een regen van klappen kwam neer op zijn hoofd

²**rain down** [ov ww] doen neerdalen, doen neerkomen, neerstorten ♦ *they rained down arrows* zij zonden een regen van pijlen naar beneden

rain·drop [telb zn] regendruppel

rain·fall [telb + niet-telb zn] regen(val), neerslag

rain forest [telb zn] regenwoud

rain gauge, rain gage [telb zn] regenmeter

rain glass [telb zn] weerglas, barometer

rain·less /ˈreɪnləs/ [bn] zonder regen

rain·mak·er [telb zn] ① regenmaker ② ⟨AE; sl⟩ succesvolle lobbyist

rain·mak·ing [niet-telb zn] ① ritueel van de regenmaker ② ⟨inf⟩ het kunstmatig regen opwekken

rain pie [telb zn] ⟨BE⟩ groene specht

rain·proof, rain·tight [bn] regendicht, tegen regen bestand

rains /reɪnz/ [alleen mv; the] regentijd, regenseizoen, natte moesson

Rains /reɪnz/ [alleen mv; the] regenzone, regengordel, regenstreek

rain shadow [telb zn] regenschaduw ⟨achter een gebergte⟩

rain·storm [telb zn] ① stortbui, regenbui ② storm met regen

rain tree [telb zn] regenboom

rain·wat·er [niet-telb zn] regenwater

rain·wear [niet-telb zn] regenkleding

rain·worm [telb zn] regenworm, aardworm

rain·y /ˈreɪni/ [bn; vergr trap: rainier; bw: rainily; zn: raininess] regenachtig, regen- ♦ *rainy clouds* regenwolken; ⟨fig⟩ *save (up)/provide/put away/keep sth. for a rainy day* een appeltje voor de dorst bewaren; *rainy weather* regenachtig weer, regenweer

¹**raise** /reɪz/ [telb zn] ① ⟨vnl AE⟩ opslag, loonsverhoging ② ⟨kaartspel⟩ dobbelen; hoger bod, opbod, ⟨bridge⟩ verhoging

²**raise** /reɪz/ [onov ww] ⟨kaartsp; dobbelen⟩ hoger bieden, verhogen, → **raising**

³**raise** /reɪz/ [ov ww] ① rechtop zetten, overeind zetten, oprichten, neerplanten ♦ *raise s.o.'s hair* iemands haren te berge doen rijzen; *raise the standard of revolt* de oproervaan planten ② wekken, opwekken ⟨uit de dood⟩, doen opstaan, wakker maken ♦ *raise expectations* verwachtingen wekken; *Lazarus was raised to life by Christ* Lazarus werd door Christus tot leven gewekt ③ opzetten, tot opstand bewegen, opruien ♦ *the rebels raised the country against the tyrant* de rebellen zetten het land op tegen de tiran ④ opwekken, opbeuren, verkwikken, aanvuren ♦ *the news of her arrival raised his hopes* het nieuws van haar aankomst gaf hem weer hoop ⑤ bouwen, opzetten, stichten, oprichten, optrekken ⑥ kweken, produceren, verbouwen, telen, fokken ⑦ grootbrengen, opvoeden ♦ *raise a family* kinderen grootbrengen ⑧ uiten, aanheffen, laten horen, verheffen, opwerpen, te berde/ter sprake brengen, opperen ♦ *raise a cry* een schreeuw geven; *they raised their doubts about it* zij uitten er hun twijfels over; *raise objections to sth.* bezwaren tegen iets naar voren brengen; *raise questions* vragen opwerpen; *we'll raise these issues with the staff* we zullen deze kwesties met de staf bespreken ⑨ doen ontstaan, beginnen, uitlokken, in het leven roepen, veroorzaken ♦ *raise blisters* blaren trekken; *his behaviour raises doubts* zijn gedrag roept twijfels op; *raise a quarrel* een ruzie uitlokken; *the play raised a storm of applause* het stuk ontketende een storm van toejuichingen ⑩ doen opstaan, doen verrijzen ♦ *a new saviour was raised up* een nieuwe heiland was opgestaan ⑪ (op)heffen, optillen, opnemen, omhoogbrengen, opslaan ⟨ogen⟩, omhoog doen ⑫ boven brengen, aan de oppervlakte brengen, tevoorschijn brengen ♦ *raise blood* bloed ophoesten; *raise coal* steenkool boven brengen; *raise phlegm* slijm ophoesten; *raise potatoes* aardappelen rooien; *the old wreck was raised to the surface* het oude wrak werd boven water gebracht; *raise tears* tranen tevoorschijn brengen ⑬ bevorderen, promoveren, (in rang) verheffen ⑭ doen opstijgen, opjagen ⟨wild, gevogelte⟩ ⑮ versterken, vergroten, verheffen ⟨stem⟩, vermeerderen, verhogen ♦ *he was sent to prison for raising a cheque* hij moest de gevangenis in

raiser

omdat hij een cheque had vervalst ⟨de waarde verhoogd⟩; *raise prices* prijzen verhogen; *raise the temperature* de verwarming hoger zetten; ⟨fig⟩ de spanning laten oplopen [16] doen/laten rijzen ⟨brood, deeg, beslag⟩ [17] rouwen, ruwen ⟨laken, stof⟩ [18] heffen, innen ⟨geld⟩, bijeenbrengen, inzamelen, loskrijgen, opnemen ♦ *raise a loan* een lening uitschrijven; *raise money* aan geld komen, geld bij elkaar krijgen, geld opnemen; *raise taxes* belastingen innen/heffen [19] op de been brengen, werven ⟨bijvoorbeeld leger⟩ [20] opheffen, opbreken, beëindigen, verbreken, intrekken ♦ *raise a blockade* een blokkade opheffen; *raise a siege* een beleg beëindigen [21] oproepen ⟨geesten⟩, laten verschijnen [22] in reliëf brengen, drijven ⟨goud, zilver⟩, opwerken ♦ *raised figures* opgewerkte figuren; *raised gold* gedreven goud; *raised letters* letters in reliëf [23] ⟨inf⟩ vinden ⟨gezocht persoon/voorwerp⟩ ♦ *I'll raise s.o. who can play that part* ik zal wel iemand vinden die die rol kan spelen [24] ⟨scheepv⟩ in het zicht komen van, naderen ♦ *they raised land after ten weeks* na tien weken kregen ze land in zicht [25] ⟨spel⟩ verhogen, ⟨kaartsp⟩ dobbelen⟩ hoger bieden dan, meer inzetten dan [26] ⟨wisk⟩ verheffen tot ⟨macht⟩ [•] ⟨sprw⟩ *raise no more devils than you can lay* men moet te niet veel hooi op zijn vork nemen; → **raising**

rais·er /reɪzə, ᴬ-ər/ [telb zn; voornamelijk in samenst] [1] fokker, boer [2] veroorzaker, stichter

rai·sin /reɪzn/ [telb zn] [1] rozijn [2] ⟨sl⟩ roetmop, neger [3] ⟨sl⟩ besje, oude vrouw

rais·ing /reɪzɪŋ/ [niet-telb zn; gerund van raise] ⟨taalk⟩ verheffing ⟨van element uit ingebedde zin naar hoofdzin⟩

rai·son d'ê·tre /reɪzɔ̃ detrə, ᴬ-zoʊn-/ [telb zn] bestaansreden, raison d'être

raj /rɑːdʒ/ [niet-telb zn] ⟨IndE; gesch⟩ bestuur, heerschappij, soevereiniteit

ra·ja, ra·jah /rɑːdʒə/ [telb zn] ⟨gesch⟩ radja, Indische vorst

Raj·poot, Raj·put /rɑːdʒpʊt/ [telb zn] lid van krijgerskaste in India

¹**rake** /reɪk/ [telb zn] [1] hark, hooihark, rijf, riek, harkmachine ♦ *she is as lean as a rake* zij is zo mager als een lat [2] hark ⟨van croupier⟩ [3] liederlijk persoon, losbol [4] schuinte, val, valling ⟨van mast, steven, schoorsteen⟩, helling ♦ *the rake of a ship's chimney* de val van een scheepsschoorsteen [5] hellingshoek

²**rake** /reɪk/ [onov ww] [1] harken [2] zoeken, snuffelen ♦ *they were raking about/(a)round among old magazines for articles about Bellow* zij snuffelden in/doorzochten oude tijdschriften naar artikelen over Bellow; *the customs officers raked through their luggage* de douanebeambten doorzochten hun bagage van onder tot boven [3] oplopen, hellen ♦ *most theatres have raking stages* de meeste theaters hebben een oplopend podium [4] erop los leven, een liederlijk leven leiden [5] ⟨scheepv⟩ overhangen ⟨van boeg, steven, schip⟩ [6] ⟨scheepv⟩ achteroverhellen, vallen ⟨van mast, schoorsteenpijp⟩

³**rake** /reɪk/ [ov ww] [1] (bijeen)harken ⟨ook figuurlijk⟩, vergaren, bijeenhalen, opharken ♦ *you must be raking it in* je moet wel scheppen geld verdienen; ⟨inf⟩ *he has raked in more than 1,000 pound this week* deze week heeft hij over de duizend pond opgestreken; *rake together the fallen leaves* de gevallen bladeren bijeenharken; zie: **rake up** [2] rakelen, poken, ⟨fig⟩ oprakelen ♦ *rake over old ashes* uit de as rakelen, oprakelen, oude koeien uit de sloot halen; zie: **rake up** [3] doorzoeken, uitkammen ♦ *rake one's memory* zijn geheugen pijnigen [4] krabben, schuren, schrapen [5] het oog laten gaan over, afzoeken, nauwkeurig bekijken, goed opnemen ♦ *the mountaineers raked the surrounding mountains for a shelter* de bergbeklimmers speurden de omringende bergen af naar een schuilplaats [6] uitzien over ⟨van raam, berg, enz.⟩, bestrijken, overzien, uitkijken op [7] doen hellen, laten oplopen [8] ⟨mil⟩ enfileren, in de lengte met geschut bestrijken, bestoken ♦ *raking fire* enfileervuur [•] zie: **rake out**; zie: **rake up**

rake·hell [telb zn] ⟨vero⟩ losbol, lichtmis

rake·hel·ly [bn] ⟨vero⟩ liederlijk, losbandig

rake-off [telb zn] ⟨inf; vnl pej⟩ provisie, aandeel in de winst, commissie, fooi

rake out [ov ww] [1] uithalen ⟨bijvoorbeeld vuur⟩ [2] ⟨inf⟩ opsnorren, uitpluizen, opsporen, bijeenscharrelen

rak·er /reɪkə, ᴬ-ər/ [telb zn] harker

rake's progress [niet-telb zn; the] ⟨bk⟩ verloedering, het verliederlijken

rake up [ov ww] [1] bijeenharken, aanharken [2] ⟨inf⟩ optrommelen, opscharrelen [3] oprakelen ⟨ook figuurlijk⟩ ♦ *rake up old stories* oude koeien uit de sloot halen

rak·ish /reɪkɪs/ [bn; bw: ~ly; zn: ~ness] [1] liederlijk, losbandig, slordig [2] zwierig, vlot, vrolijk ♦ *the girl wore her hat at a rakish angle* het meisje droeg haar hoedje vlotjes schuin op het hoofd [3] ⟨scheepv⟩ smalgebouwd, snel, snelvarend

rale, râle /rɑːl/ [niet-telb zn] reutel(s), rhonchi ⟨in zieke longen⟩

¹**ral·len·tan·do** /rælən'tændoʊ, ᴬrɑːlən'tɑːn-/ [telb zn; mv: ook rallentandi /-di/] ⟨muz⟩ rallentando ⟨muziekstuk/ muziekpassage afnemend in snelheid⟩

²**ral·len·tan·do** /rælən'tændoʊ, ᴬrɑːlən'tɑːn-/ [bn; bw] rallentando, langzamer

¹**ral·ly** /ræli/ [telb zn] [1] verzameling, hergroepering, het verzamelen ⟨van troepen enz.⟩ [2] ⟨vaak attributief⟩ bijeenkomst, vergadering [3] opleving, opflikkering, herstel [4] ⟨mil⟩ signaal tot verzamelen [5] ⟨tennis⟩ rally, (lange) slagenwisseling ⟨tot punt gescoord is⟩ [6] ⟨boksrp⟩ slagenwisseling, serie slagen [7] ⟨auto⟩ rally, sterrit [8] ⟨sport, in het bijzonder netbal⟩ eendagstoernooi [9] ⟨ec⟩ herstel ⟨van beursprijzen⟩

²**ral·ly** /ræli/ [onov ww] [1] bijeenkomen, zich verzamelen, zich hergroeperen [2] zich aansluiten, zich scharen, zich verenigen ♦ *the whole party rallied behind the leader* de hele partij schaarde zich achter de leider; *rally round the flag* zich om de vlag scharen; *the students rallied to the defence of the teacher* de studenten stelden zich op achter de docent [3] zich vermannen [4] (zich) herstellen, opleven, weer op krachten komen, weer bijkomen [5] ⟨ec⟩ weer omhooggaan, zich herstellen ⟨van beursnoteringen⟩ [•] zie: **rally around**

³**ral·ly** /ræli/ [ov ww] [1] verzamelen, ordenen, herenigen, hergroeperen [2] bijeenbrengen, verenigen, op de been brengen, te hulp roepen [3] doen opleven, kracht geven, nieuw leven inblazen ♦ *rally one's strength* weer op krachten komen [4] plagen, voor de gek houden

ral·ly·cross [telb zn] ⟨auto⟩ rallycross ⟨voor tv bedachte vorm van autorensport waarbij auto's over een gesloten circuit met wisselend terrein rijden⟩

ral·ly·ing point [telb zn] verzamelpunt, verzamelplaats

rally round, rally around [onov ww] te hulp komen, helpen, bijspringen, te hulp snellen

¹**ram** /ræm/ [telb zn] [1] ram ⟨mannelijk schaap⟩ [2] stormram, rammei [3] ramschip, ramsteven [4] heiblok, ram, ramblok [5] (straat)stamper [6] ⟨techn⟩ hydraulische ram ⟨pomp op waterkracht⟩ [7] ⟨techn⟩ plunjer ⟨van perspomp/ hydraulische pers⟩, zuiger

²**ram** /ræm/ [ov ww] [1] aanstampen, vaststampen ♦ *ram a charge home* een lading vaststampen ⟨van een geweer⟩; ⟨fig⟩ *he rammed his cap down on his head and left* hij drukte zijn pet op zijn hoofd en vertrok [2] heien [3] doordringen, overduidelijk maken, voldoende benadrukken [4] rammen, bonken, beuken, botsen, stoten

Ram /ræm/ [eigenn; the] ⟨astrol, astron⟩ (de) Ram, Aries

¹**RAM** /ræm/ [niet-telb zn] ⟨comp⟩ (random-access memory) RAM

²**RAM** [afk] ⟨BE⟩ (Royal Academy of Music)
Ram·a·dan, Ram·a·dhan /ˈræmədæn, ˈ-dɑn/, **Ram·a·zan** /-zɑːn/ [eigenn] ramadan, vastenmaand
ram-air canopy, ram-air [telb zn] ⟨parachutespringen⟩ ⟨vliegende⟩ matras, stratostar, square
ra·mal /ˈreɪml/ [bn] ⟨plantk⟩ uit een tak komend, takkig
Ra·man ef·fect /ˈrɑːmən ɪˌfekt/ [niet-telb zn] ⟨natuurk⟩ ramaneffect
¹**ram·ble** /ræmbl/ [telb zn] zwerftocht, wandeltocht, wandeling, uitstapje
²**ram·ble** /ræmbl/ [onov ww] ① dwalen, zwerven, (rond)dolen, trekken, wandelen ♦ *the English love rambling* de Engelsen trekken er graag op uit ② afdwalen, bazelen, ijlen, onsamenhangend praten/schrijven ♦ *ramble from a subject* van een onderwerp afdwalen; *once he gets started he rambles on* wanneer hij eenmaal begonnen is, blijft hij maar doorzeuren ③ wild groeien, woekeren, kruipen, klimmen ⟨van planten⟩ ♦ *ivy rambled all over the house* klimop groeide over het hele huis ④ kronkelen ⟨van pad, rivier⟩; → **rambling**
ram·bler /ˈræmblə, ˈ-ər/ ⟨in betekenis 2 ook⟩ **rambler rose** [telb zn] ① wandelaar, trekker, zwerver ② klimroos
ram·bling /ˈræmblɪŋ/ [bn; oorspronkelijk tegenwoordig deelw van ramble; bw: ~ly] ① rondtrekkend, ronddolend, wandelend, dwalend ② onsamenhangend, verward, breedvoerig, wijdlopig ♦ *he made a few rambling remarks* hij plaatste hier en daar wat opmerkingen ③ wild groeiend, kruipend, klimmend ⟨van planten⟩ ④ onregelmatig, grillig, stelselloos ♦ *rambling passages* gangetjes die alle kanten op gaan
ram·bunc·tious /ræmˈbʌŋkʃəs/ [bn; bw: ~ly; zn: ~ness] ⟨vnl AE; inf⟩ ① onstuimig, onbesuisd, luidruchtig, rumoerig, uitgelaten ② recalcitrant, (lekker) eigenzinnig
rambustious [bn] → **rumbustious**
ram·bu·tan /ræmˈbuːtn/ [telb zn] ⟨plantk⟩ ① ramboetan ⟨Oost-Indische boom; Nephelium lappaceum⟩ ② ramboetanvrucht
RAMC [afk] ⟨BE⟩ (Royal Army Medical Corps)
ram·e·kin, ram·e·quin /ˈræmɪkɪn/, ⟨in betekenis 2 ook⟩ **ramekin case, ramekin dish** [telb zn] ① ramequin, kaasgerecht, kaasgebakje ② bakje, schotel ⟨waarin ramequin gebakken/geserveerd wordt⟩
¹**ram·ie, ram·ee** /ˈræmi/ [telb zn] ⟨plantk⟩ ramee ⟨tropische plant; Boehmeria nivea⟩
²**ram·ie, ram·ee** /ˈræmi/ [niet-telb zn] vezelstof van de ramee
ram·i·fi·ca·tion /ˌræmɪfɪˈkeɪʃn/ [telb + niet-telb zn; voornamelijk mv] ① vertakking, het zich vertakken ② afsplitsing, onderafdeling, vertakking, onderverdeling, geleding ♦ *all ramifications of the plot were not yet known* alle vertakkingen van de samenzwering waren nog niet bekend
¹**ram·i·fy** /ˈræmɪfaɪ/ [onov ww] ① zich vertakken, takken krijgen ② zich afsplitsen, onderafdelingen vormen, zich vertakken
²**ram·i·fy** /ˈræmɪfaɪ/ [ov ww; voornamelijk passief] netwerk vormen, doen vertakken, verdelen in takken/onderafdelingen, onderverdelen ♦ *railways were ramified over this part of the country in the twenties* in de jaren twintig breidden de spoorwegen zich uit over dit deel van het land
ram·jet, ramjet engine [telb zn] stuwstraalmotor ⟨in vliegtuig⟩
ram·mer /ˈræmə, ˈ-ər/ [telb zn] ① (straat)stamper ② heiblok
ra·mose /ˈreɪmoʊs, ˈrəmoʊs/ [bn] ⟨plantk⟩ vertakt
¹**ramp** /ræmp/ [telb zn] ① helling, glooiing, steilte, talud, ⟨verkeersbord⟩ gevaarlijke helling ② oprit, afrit ⟨ook van vrachtwagens e.d.⟩, hellingbaan ③ ⟨verplaatsbare⟩ vliegtuigtrap ④ hoogteverschil ⟨in wegdek, tussen steunen van een boog⟩, drempel, richel, uitholling, verspringing, klimming ⑤ verkeersdrempel ⑥ bocht ⟨van trapleuning⟩ ⑦ ⟨waterskiën⟩ (spring)schans ⑧ ⟨BE; sl⟩ oplichterij, zwendel, geldklopperij, afzetterij ♦ *the whole thing was a mere ramp* de hele zaak was je reinste geldklopperij
²**ramp** /ræmp/ [onov ww] ① op de achterpoten (gaan) staan, steigeren ② een dreigende houding aannemen, dreigen ③ razen, tieren, tekeergaan ④ ⟨bouwk⟩ aflopen, oplopen ⟨van muur, wal⟩ ⑤ ⟨BE; sl⟩ zwendelen
³**ramp** /ræmp/ [ov ww] ① voorzien van een helling, met oprit bouwen ② ⟨BE; sl⟩ afzetten, geld uit de zak kloppen, oplichten, flessen ♦ *ramp up* omhoog drijven ⟨prijs⟩; omhoog krikken, opvoeren, verhogen ⟨productie⟩
¹**ram·page** /ræmˈpeɪdʒ, ˈræmpeɪdʒ/ [telb zn] ① dolheid, uitzinnigheid, uitgelatenheid ♦ *be on the rampage* uitzinnig tekeergaan; *go on the rampage* aan de rol gaan; *a crowd on the rampage* een losgeslagen menigte ② dolle/destructieve daad, ⟨i.h.b.⟩ stormloop, rooftocht
²**ram·page** /ræmˈpeɪdʒ/ [onov ww] (uitzinnig/als een dolle) tekeergaan, razen, tieren, woeden ♦ *rioters rampaged through Brixton* relschoppers hielden huis in Brixton
ram·pa·geous /ræmˈpeɪdʒəs/ [bn; bw: ~ly; zn: ~ness] woest, dol
ram·pan·cy /ˈræmpənsi/ [telb + niet-telb zn] ① wildheid, uitspatting, buitensporigheid ② weelderigheid, voortwoekering
¹**ram·pant** /ˈræmpənt/ [bn; bw: ~ly] ① wild, woest, verwoed, buitensporig, ongeremd, door en door, aarts- ♦ *a rampant unionist* een verwoed vakbondslid ② (te) weelderig, woekerend, welig tierend ♦ *there was a rampant growth of weeds in their garden* onkruid tierde welig in hun tuin ③ algemeen heersend, onstuitbaar, snel om zich heen grijpend ♦ *crime was rampant in that neighbourhood* de misdaad vierde hoogtij in die buurt; *the plague was rampant in Venice during that summer* in die zomer was Venetië in de greep van de pest
²**ram·pant** /ˈræmpənt/ [bn, postnom; bw: ~ly] ⟨heral⟩ klimmend ⟨van leeuw⟩
¹**ram·part** /ˈræmpɑːt, ˈ-pɑrt/ [telb zn] ① borstwering, wal ② verdediging, bolwerk, bescherming
²**ram·part** /ˈræmpɑːt, ˈ-pɑrt/ [ov ww] omwallen
ram·pi·on /ˈræmpɪən/ [telb zn] ⟨plantk⟩ rapunzel ⟨Campanula rapunculus⟩
¹**ram-raid** [telb zn] ⟨BE; inf⟩ ramkraak ⟨inbraak na het rammen van de pui⟩
²**ram-raid** [onov + ov ww] ⟨BE; inf⟩ ramkraken, een ramkraak plegen
ram-raider [telb zn] ramkraker
ram-raid·ing [niet-telb zn] ⟨BE; inf⟩ het plegen van een ramkraak, ramkraken ⟨inbraak na het rammen van de pui⟩
ram·rod /ˈræmrɒd, ˈ-rɑd/ [telb zn] ① laadstok ⟨voor het aanstampen van kruit⟩ ♦ *she walks as stiff as a ramrod* zij loopt kaarsrecht ② poetsstok ⟨voor geweerloop⟩ ③ streng/strikt persoon ♦ *the foreman is as stiff as a ramrod with his men* de voorman is zeer streng tegen zijn mannen
ram·shack·le /ˈræmʃækl/ [bn] bouwvallig, vervallen, krakkemikkig, gammel, wrak
ram·son /ˈræmsn/ [telb + niet-telb zn] ⟨plantk⟩ daslook ⟨wortel als kruiderij; Allium ursinum⟩
ran [verleden tijd] → **run**
¹**ranch** /rɑːntʃ, ˈræntʃ/ [telb zn] ① boerderij, hoeve, ranch, veefokkerij, paardenfokkerij ⟨in Noord-Amerika⟩ ② ⟨vnl in samenstellingen⟩ ⟨vnl AE⟩ fokkerij, fokbedrijf, farm ③ ⟨vnl in samenstellingen⟩ plantage, bedrijf ⟨in USA en Canada⟩
²**ranch** /rɑːntʃ, ˈræntʃ/ [onov ww] ① een boerderij/fokkerij houden, boeren, fokken ② op een boerderij/fokkerij werken
ranch·er /ˈrɑːntʃə, ˈræntʃər/ [telb zn; vaak in samenst]

ranch house

[1] boer, fokker, veefokker, paardenfokker [2] eigenaar, beheerder ⟨van boerderij/fokkerij⟩ [3] boerenknecht, veefokkersknecht, knecht op een ranch [4] ⟨AE⟩ bungalow
ranch house [telb zn] ⟨AE⟩ bungalow
ran·chi·to /rɑːntʃiːtoʊ/ [telb zn] [1] kleine ranch [2] kleine hut
ranch·man /rɑːntʃmən, ˄ræntʃ-/ [telb zn; mv: ranchmen /-mən/] boerenknecht, veefokkersknecht, knecht op een ranch
ranch wagon [telb zn] ⟨AE⟩ stationcar
ran·cid /rænsɪd/ [bn; zn: ~ness] ranzig
ran·cor·ous /ræŋk(ə)rəs/ [bn; bw: ~ly; zn: ~ness] haatdragend, rancuneus
ran·cour, ⟨AE⟩ **ran·cor** /ræŋkə, ˄-ər/ [niet-telb zn] wrok, ingewortelde haat, rancune
rand /rænd/ [telb zn] [1] rand ⟨munteenheid van Zuid-Afrika⟩ [2] ⟨ZAE⟩ lage heuvelrug ⟨langs rivier⟩ [3] ⟨ind⟩ rand ⟨strook rundleer in schoen⟩ [4] ⟨vnl BE, gew⟩ rand ⟨van omgeploegd land⟩
Rand /rænd/ [eigenn; the] Witwatersrand ⟨goudvelden bij Johannesburg⟩
R and A [afk] ⟨Royal and Ancient (Golf Club)⟩ ⟨in St. Andrew's⟩
¹**ran·dan** /rændæn/ [telb zn] [1] boot voor drie roeiers waarvan de middelste met twee riemen roeit [2] boemelarij, brasserij ♦ *he had been on the randan the previous night* de vorige avond was hij wezen stappen
²**ran·dan** /rændæn/ [niet-telb zn] roeistijl voor driepersoonsboot waarbij de middelste met twee riemen roeit
R and B, R & B, r & b [afk] ⟨rhythm and blues⟩
R and D, R & D [afk] ⟨research and development⟩
¹**ran·dem** /rændəm/ [telb zn] [1] rijtuig [2] driespan ⟨paarden achter elkaar ingespannen⟩
²**ran·dem** /rændəm/ [bw] met driespan
¹**ran·dom** /rændəm/ [niet-telb zn] ▸ *at random* op goed geluk, lukraak; *talk at random* er maar op los kletsen; *choose at random* willekeurig kiezen; *drop bombs at random* in het wilde weg bommen laten vallen; *ask questions at random* zomaar wat vragen
²**ran·dom** /rændəm/ [bn, attr; bw: ~ly] [1] willekeurig, toevallig, op goed geluk, lukraak ♦ *a random check* een steekproef; *random noise* achtergrondruis ⟨op radio⟩; *a random number* een aselect getal; ⟨stat⟩ *random sample* aselecte steekproef; *a random selection* een willekeurige selectie; ⟨stat⟩ *random variable* kansvariabele, toevalsvariabele, stochastische variabele [2] met ongelijke (natuur)stenen ⟨van metselwerk⟩
ran·dom-ac·cess [niet-telb zn; vaak attributief] ⟨comp⟩ directe/vrije toegang ⟨van het lees- en schrijfgeheugen⟩ ♦ *random-access file* direct toegankelijk bestand; *random-access memory* RAM(-geheugen)
ran·dom·ize /rændəmaɪz/ [ov ww] toevallig verdelen, willekeurig maken ⟨voor wetenschappelijk/statistisch onderzoek⟩
R and R [afk] ⟨AE; mil⟩ [1] ⟨Rest and Recreation/Recuperation⟩ ± verlof [2] ⟨Rest and Recreation/Recuperation⟩ meerdaagse zuippartij/braspartij [3] ⟨rock 'n' roll⟩
¹**ran·dy** /rændi/ [telb zn] ⟨vnl SchE⟩ [1] schooier, zwerver, schurk [2] viswijf, feeks, slet
²**ran·dy** /rændi/ [bn; zn: randiness] [1] geil, heet, wellustig, wulps [2] ⟨SchE⟩ luidruchtig, rumoerig
ra·nee, ra·ni /rɑːni, rɑːniː/ [telb zn] [1] vrouwelijke radja, Hindoevorstin [2] vrouw/weduwe van een radja
rang /ræŋ/ [verleden tijd] → ring
¹**range** /reɪndʒ/ [telb zn] [1] rij, reeks, keten, serie ♦ *a range of mountains* een bergketen [2] woeste weidegrond, woeste grond, jachtterrein [3] schietterrein, schietbaan, testgebied ⟨van raketten/projectielen⟩ [4] verspreidingsgebied, areaal ♦ *the range of reindeer* het verspreidingsgebied van rendieren [5] gebied, kring, terrein, sfeer ♦ *psycholinguistics is outside our range* van psycholinguïstiek hebben wij geen verstand; *range of thought* gedachtekring, gedachtesfeer [6] sortering, collectie, grote verscheidenheid, scala ♦ *our country has an enormous range of temperature* er zijn enorme temperatuurverschillen in ons land [7] groot keukenfornuis, ⟨AE⟩ gasfornuis, elektrisch fornuis [8] ⟨geol⟩ richting, ligging ⟨van aardlagen⟩

²**range** /reɪndʒ/ [telb + niet-telb zn] [1] bereik, draagkracht, draagwijdte, reikwijdte, dracht ♦ *at a range of 200 miles* op 200 mijl; *the man had been shot at close range* de man was van dichtbij neergeschoten; *he still hit the target at long range* op lange afstand raakte hij het doel nog; *beyond range* buiten bereik, te ver weg; *find/get the range* zich inschieten; ⟨mil⟩ *we had at last found the range of the enemy's camp* eindelijk hadden we het vijandelijke kamp onder schot; *he gave free range to his thoughts* hij liet zijn gedachten de vrije loop; *the ship came into range* het schip kwam binnen schootsafstand; *the ducks are out of range* de eenden zijn buiten schot; *I could not hear him, he was out of range* ik kon hem niet horen, hij was te ver weg ⟨buiten stembereik⟩; *range of vision* gezichtsveld; *the range of his voice is unbelievable* het bereik van zijn stem is ongelofelijk; *his knowledge is of very wide range* hij heeft een brede algemene ontwikkeling; *(with)in range* onder schot, binnen schootsafstand, binnen bereik [2] termijn, strekking, periode

³**range** /reɪndʒ/ [onov ww] [1] zich uitstrekken ♦ *the mountains range along the whole length of the country* de bergen strekken zich uit over de hele lengte van het land [2] voorkomen, aangetroffen worden, zich bevinden ♦ *these bugs range from Denmark to Italy* deze kevers komen voor van Denemarken tot Italië [3] verschillen, variëren ♦ *ticket prices range from three to eight pound* de prijzen van de kaartjes liggen tussen de drie en acht pond [4] zich op één lijn bevinden, gelijk zijn, zich scharen ♦ *Dante ranges among/ with the greatest writers* Dante behoort tot de grootste schrijvers [5] zwerven, dolen, trekken, gaan, dolen ♦ *the horses ranged over the hills* de paarden zwierven over de heuvels; *his new book ranges over too many subjects* zijn nieuwe boek omvat te veel onderwerpen [6] dragen, een bereik hebben, reiken ♦ *my eyes don't range so far anymore* mijn ogen reiken niet meer zo ver; *these guns range over three miles* deze kanonnen hebben een bereik van vijf kilometer [7] ⟨drukw⟩ een rechte lijn/zetspiegel vormen, lijnen, in kolommen gezet zijn [8] ⟨mil⟩ zich inschieten ♦ *range in on a target* de schootsafstand tot een doel bepalen

⁴**range** /reɪndʒ/ [ov ww] [1] ⟨vaak wederkerend werkwoord⟩ rangschikken, ordenen, (op)stellen, plaatsen ♦ *a big army was ranged against the rebels* een groot leger werd tegen de rebellen ingezet; *the girls ranged themselves in front of Redford's car* de meisjes gingen voor de auto van Redford staan; *they ranged themselves with/on the side of the Communist Party* zij schaarden zich aan de zijde van de Communistische Partij; *range a subject under two heads* een onderwerp in twee rubrieken onderbrengen; *the whale is ranged with the mammals* de walvis wordt ingedeeld bij de zoogdieren [2] doorkruisen, zwerven over, aflopen, ⟨fig⟩ afzoeken, gaan over ♦ *his eyes ranged the mountains* zijn ogen zochten de bergen af [3] weiden, hoeden, houden ⟨vee; op woeste gronden⟩ [4] zeilen/varen/gaan langs ⟨kust⟩ [5] ⟨drukw⟩ laten lijnen, in kolommen zetten [6] ⟨mil⟩ instellen, richten, inschieten ⟨geweer, kanon⟩ ♦ *the soldiers were ranging in the guns* de soldaten waren de kanonnen aan het inschieten

range finder [telb zn] afstandmeter
range hood [telb zn] afzuigkap, wasemkap, ⟨België⟩ dampkap
rang·er /reɪndʒə, ˄-ər/ [telb zn] [1] zwerver [2] speurhond [3] stuk vee ⟨afkomstig van de woeste gronden⟩ [4] boswachter ⟨in USA en Canada⟩ [5] bereden politie [6] ⟨BE⟩

rap

gids, padvindster ⟨14-17 jaar⟩ [7] ⟨BE⟩ **koninklijk parkopzichter,** koninklijk boswachter [8] ⟨AE⟩ **commando**
rang·ing pole, r̲a̲nging rod [telb zn] **landmeetstok,** jalon
rang·y /rẹɪndʒi/ [bn; vergr trap: rangier] [1] **slank,** mager, lang [2] **zwerflustig,** gebouwd op het zwerven ⟨van dier⟩, met zwerversbloed, zwerf- [3] **ruim,** weids
rani [telb zn] → **ranee**
¹**rank** /ræŋk/ [telb zn] [1] **rij,** lijn, reeks [2] **gelid,** rij ♦ *the young soldiers broke rank(s)* de jonge soldaten verbraken de gelederen; *close (the) ranks* de gelederen/rijen sluiten; *the rank and file* de manschappen, de gewone soldaten ⟨met inbegrip van de onderofficieren⟩; ⟨fig⟩ de gewone man, het gewone volk; *join the ranks of the unemployed* zich voegen bij het leger van werklozen; *keep rank(s)* in het gelid blijven; *the other ranks* de gewone soldaten, de manschappen ⟨tegenover de officieren⟩; *the lieutenant was reduced to the ranks* de luitenant werd tot gewoon soldaat gedegradeerd; *rise from the ranks* tot officier bevorderd worden; *he had risen from the ranks through study* door studie had hij zich opgewerkt; *the ranks* de gewone soldaten, de manschappen ⟨tegenover de officieren⟩ [3] **taxistandplaats** [4] ⟨schaaksp⟩ **rij**
²**rank** /ræŋk/ [telb + niet-telb zn] **rang,** positie, graad, stand, klasse, ⟨i.h.b.⟩ de hogere stand ♦ *these people give first rank to other matters* deze mensen hebben andere prioriteiten; *Shakespeare is a playwright of the first rank* Shakespeare is een van de allerbeste toneelschrijvers; *the captain was raised to the rank of major* de kapitein werd tot (de rang van) majoor bevorderd; *our new neighbours are persons of rank* onze nieuwe buren zijn mensen van stand ▪ *the rank and fashion* de elite, het wereldje; *pull (one's) rank (on s.o.)* misbruik maken van zijn macht (ten opzichte van iemand), op zijn strepen gaan staan (tegenover iemand)
³**rank** /ræŋk/ [bn; vergr trap: ranker; bw: ~ly; zn: ~ness] [1] **(te) weelderig,** (te) welig ♦ *these flowers grow rank in this place* deze bloemen groeien hier te weelderig; *rank weeds* welig tierend onkruid; *the meadows are rank with weeds* de weiden zijn verstikt door het onkruid [2] **te vet** ⟨van bodem⟩, te vruchtbaar ♦ *rank soil* te vette grond [3] **stinkend,** sterk (riekend), scherp (smakend), ranzig ♦ *she couldn't endure the rank tobacco any longer* zij kon de scherpe tabak niet langer verdragen ♦ *rank language* vunzige praat [5] ⟨sl⟩ **bedorven,** mislukt
⁴**rank** /ræŋk/ [bn, attr; vergr trap: ranker; bw: ~ly; zn: ~ness] **absoluut,** onmiskenbaar, duidelijk, echt, niet mis te verstaan ♦ *he was a rank amateur* hij was nog geen echte amateur; *that shows rank impertinence* dat getuigt van ongehoorde onbeschaamdheid; *rank injustice* schreeuwende onrechtvaardigheid; *rank nonsense* klinkklare onzin; *she was drinking rank poison* ze was je reinste vergif aan het drinken; *rank treason* regelrecht verraad
⁵**rank** /ræŋk/ [onov ww] [1] **zich bevinden** ⟨in bepaalde positie⟩, staan, behoren ♦ *Coleridge and Wordsworth rank after/below Keats on my list of favourite Romantic poets* Coleridge en Wordsworth zijn na Keats mijn favoriete dichters uit de romantiek; *this book ranks among/with the best written by this author* dit boek behoort tot de beste van deze schrijver; *this painting rank as one of the greatest works of art* dit schilderij geldt als een van de grootste kunstwerken [2] ⟨AE⟩ **de hoogste positie bekleden,** de hoogste rang bezitten ♦ *Kissinger ranked next to the president* Kissinger kwam meteen na de president [3] ⟨jur, ec⟩ **bevoorrecht zijn** ⟨van schuldeiser⟩, in aanmerking komen voor, aanspraak maken op ♦ *I hope that my shares will rank for the next dividend* ik hoop dat mijn aandelen voor de volgende dividenduitkering in aanmerking komen [4] ⟨mil⟩ **in het gelid marcheren** ♦ *the soldiers ranked off* de soldaten marcheerden af in het gelid; *rank past* voorbijmarcheren

[5] ⟨sl⟩ **toespelingen maken;** → **ranking**
⁶**rank** /ræŋk/ [ov ww] [1] **opstellen,** in het gelid plaatsen [2] **plaatsen,** neerzetten, rangschikken, ordenen ♦ *do you rank Bunuel among/with your favourite directors?* reken je Buñuel tot je favoriete regisseurs?; *where do you rank Buster Keaton as an actor?* waar plaats je Buster Keaton als acteur?; *rank s.o. with Chaplin* iemand op één lijn stellen met Chaplin [3] **voorgaan,** hoger in rang zijn dan ♦ *a major ranks a lieutenant* een majoor is hoger in rang dan een luitenant; ⟨AE⟩ *the ranking officer* de hoogste aanwezige officier [4] ⟨sl⟩ **verlinken,** verklikken; → **ranking**
rank·er /ræŋkə, ^-ər/ [telb zn] [1] **officier** ⟨uit de gelederen voortgekomen⟩ [2] **gewoon soldaat**
¹**rank·ing** /ræŋkɪŋ/ [telb zn; oorspronkelijk tegenwoordig deelw of rank] **classificatie,** (positie in een) rangorde/ranglijst ♦ *that tennis player has an excellent ranking* die tennisspeler heeft een prima classificatie
²**rank·ing** /ræŋkɪŋ/ [bn; oorspronkelijk tegenwoordig deelw of rank] ⟨AE⟩ [1] **hoog (in rang)** ♦ *who is the ranking officer here?* wie is hier de hoogste officier (in rang)?; *that was confirmed by a ranking official* dat werd door een hoge ambtenaar bevestigd [2] **vooraanstaand**
ran·kle /ræŋkl/ [onov ww] [1] **steken,** knagen, woekeren ♦ *our failure still rankles* wij hebben onze mislukking nog niet geheel verwerkt; *the remark rankled in his mind* de opmerking bleef hem dwarszitten [2] ⟨vero⟩ **zweren,** etteren ⟨van wond⟩
ran·sack /rænsæk/ [ov ww] [1] **doorzoeken,** doorwoelen, doorsnuffelen ♦ *the men ransacked the house for the pamphlets* de mannen doorzochten het huis naar de pamfletten [2] **plunderen,** leegroven, beroven
¹**ran·som** /rænsəm/ [telb zn; ook attributief] **losgeld** ⟨ook figuurlijk⟩, losprijs, afkoopsom ♦ *ransom demand* eis om losgeld ▪ *hold s.o. to ransom* een losgeld voor iemand eisen, iemand iets afdwingen ⟨onder bedreiging van geweld⟩; ⟨sprw⟩ *a peck of dust in March is worth a king's ransom* stof in maart is goud waard, een droge maart is goud waard, als 't in april maar regenen wil
²**ran·som** /rænsəm/ [niet-telb zn] [1] **vrijlating** ⟨tegen losgeld⟩ [2] ⟨theol⟩ **verlossing,** bevrijding ⟨van het kwaad⟩
³**ran·som** /rænsəm/ [ov ww] [1] **vrijkopen** [2] **vrijlaten** ⟨tegen losgeld⟩ [3] **losgeld voor iemand eisen** [4] ⟨theol⟩ **verlossen,** bevrijden
¹**rant** /rænt/ [telb + niet-telb zn] **bombast,** holle frasen, hoogdravende taal, tirade
²**rant** /rænt/ [onov ww] [1] **bombast uitslaan,** gezwollen taal gebruiken [2] **tieren,** tekeergaan, uitvaren, een tirade afsteken ♦ *rant about the evils of modern society* een tirade afsteken over de slechte kanten van de moderne maatschappij; *the schoolmaster started to rant and rave* de meester begon te razen en te tieren
³**rant** /rænt/ [ov ww] **declameren,** (te) theatraal voordragen
rant·er /ræntə, ^ræntər/ [telb zn] [1] **schreeuwer** [2] **bombastisch redenaar**
ra·nun·cu·lus /rənʌŋkjʊləs, ^-kjə-/ [telb zn; mv: ook ranunculi /-laɪ/] **ranonkel**
RAOC [afk] ⟨BE⟩ (Royal Army Ordnance Corps)
¹**rap** /ræp/ [telb zn] [1] **tik,** slag ♦ *get a rap on/over the knuckles* ⟨ook fig⟩ op de vingers getikt worden; ⟨AE; inf⟩ *the boy took a bad rap on his nose in the riots* bij de rellen liep de jongen een gemene klap op zijn neus op [2] **klop,** geklop ♦ *there was a rap on my door* er werd op mijn deur geklopt [3] **duit,** cent, ⟨fig⟩ zier, het geringste, beetje, zweempje ♦ ⟨inf⟩ *she doesn't care a rap if you walk out on her* het kan haar geen bal schelen als je haar in de steek laat; *he doesn't give a rap for her* zij laat hem helemaal koud; *it doesn't matter a rap* het maakt geen zier uit [4] ⟨ook attributief⟩ ⟨inf; muz⟩ **rap** ⟨ritmische vertelling op muziek⟩ ♦ *rap music* rap(muziek); *rap song* rapnummer [5] ⟨sl⟩ **schuld,** straf, gevolgen ♦ *beat the rap* zijn straf ontlopen, vrijuit gaan; *I don't want to*

rap

take the rap *for this* ik wil hier niet voor opdraaien ⑥ ⟨sl⟩ vonnis ⑦ ⟨sl⟩ beschuldiging ⑧ ⟨sl⟩ kritiek, hartig woordje, uitbrander ♦ *he got a hard rap from his father* hij kreeg een flinke uitbrander van zijn vader ⑨ ⟨sl⟩ gesprek, discussie

²**rap** /ræp/ [onov ww] ① kloppen, tikken ♦ *rap at a door* op een deur kloppen; *rap on the table* op tafel tikken ② ⟨inf; muz⟩ rappen ⟨ritmisch voordragen van tekst op muziek⟩ ③ ⟨sl⟩ praten, vrijuit praten, erop los kletsen ④ ⟨AE; sl⟩ overweg kunnen, opschieten ♦ *this preacher claims to rap with the slum dwellers* deze predikant beweert overweg te kunnen met de sloppenbewoners

³**rap** /ræp/ [ov ww] ① slaan, een tik geven ♦ *she rapped her little daughter on/over the head* zij gaf haar dochtertje een tik op haar hoofd ② kloppen op, tikken op ♦ *he rapped the door* hij klopte op de deur ③ bekritiseren, op de vingers tikken ♦ *the President rapped the Department of State* de President gaf het ministerie van Buitenlandse Zaken een schrobbering ④ ⟨sl⟩ pakken ⟨wetsovertreder⟩ ⑤ zie: **rap out**; ⟨AE; negerslang⟩ *rap up* versieren ⟨meisje, jongen⟩

ra·pa·cious /rəpeɪʃəs/ [bn; bw: ~ly; zn: ~ness] ① hebzuchtig, roofzuchtig, inhalig ② plunderend, rovend ③ roof-, van prooi levend

ra·pac·i·ty /rəpæsəti/ [niet-telb zn] hebzucht, roofzucht

¹**rape** /reɪp/ [telb zn] ① filtervat ⟨voor azijnbereiding⟩ ② ⟨BE; gesch⟩ district, gouw ⟨in Sussex⟩

²**rape** /reɪp/ [telb + niet-telb zn] ① verkrachting, ontering ② verkrachting, het verpesten, schending ③ ⟨form⟩ ontvoering, schaking ④ ⟨form⟩ beroving, roof

³**rape** /reɪp/ [niet-telb zn] ① moer, azijnmoer ② ⟨plantk⟩ koolzaad, raapzaad ⟨plant, zaad; Brassica napus⟩

⁴**rape** /reɪp/ [ov ww] ① verkrachten, onteren ② ⟨form⟩ ontvoeren, schaken ③ ⟨form⟩ roven, beroven

rape cake [telb zn] raapkoek, koolzaadkoek ⟨veekoek⟩

rape oil [niet-telb zn] raap(zaad)olie, koolzaadolie

rape·seed [telb + niet-telb zn] raapzaad(je)

rap group [telb zn] praatgroep

raphia [telb + niet-telb zn] → **raffia**

ra·phide /reɪfaɪd, ᴬ-fɪd/, **ra·phis** /reɪfɪs/ [telb zn; mv: raphides /reɪfɪdi:z/] ⟨plantk⟩ kristalnaald ⟨in plantencellen⟩

¹**rap·id** /ræpɪd/ [telb zn; voornamelijk mv] stroomversnelling ⑤ *shoot* the rapids zich in het gevaar begeven, iets hachelijks ondernemen

²**rap·id** /ræpɪd/ [bn; bw: ~ly; zn: ~ness] ① snel, vlug ♦ *rapid fire* snelvuur; *he is sinking rapidly* hij gaat zienderogen achteruit; *the teacher gave the words in rapid succession* de leraar gaf de woorden snel achter elkaar; ⟨vnl AE⟩ *rapid transit* snelverkeer ⟨in het bijzonder trein, tram, metro⟩; *partij snelschaken* ② steil, sterk hellend ③ ⟨foto⟩ snel, lichtsterk ⟨van objectief⟩, snelwerkend ⟨van ontwikkelaar⟩ ♦ *rapid fixer* snelfixeer

rap·id-eye-move·ment [niet-telb zn] rapid eye movement ⟨snelle oogbewegingen tijdens de droom⟩

rap·id-fire [bn] ① snelvuur-, snel vurend ② snel opeenvolgend, snel achter elkaar

ra·pid·i·ty /ræpɪditi/ [niet-telb zn] ① vlugheid, gezwindheid, spoed ② steilte, het steil-zijn ⟨van een helling⟩

rap·id-rail [bn, attr] snelspoor-

ra·pi·er /reɪpɪə, ᴬ-ər/ [telb zn] rapier ⟨lange degen⟩

ra·pi·er-thrust [telb zn] ① rapierstoot, rapiersteek ② steek, gevat antwoord, scherpe opmerking

rap·ine /ræpaɪn, ᴬ-pɪn/ [niet-telb zn] ⟨form⟩ roof, plundering

rap·ist /reɪpɪst/ [telb zn] verkrachter

rap out [ov ww] ① eruit gooien, eruit flappen, uitstoten ♦ *the oath was rapped out unthinkingly* de vloek was er zonder erg uit; *the sergeant rapped out his commands* de sergeant blafte zijn bevelen ② door kloppen meedelen/te kennen geven ♦ *the miners rapped out a SOS* de mijnwerkers gaven met klopsignalen een SOS door; *there was not a trace of a message rapped out at the seance* er was geen spoor van een boodschap van klopgeesten

rap·pa·ree /ræpəri:/ [telb zn] ① ⟨gesch⟩ vrijbuiter, ongeregeld soldaat ⟨17e eeuw; Ierland⟩ ② bandiet, rover

rap·pee /ræpi:/ [niet-telb zn] rapé, snuif(tabak)

¹**rap·pel** /ræpel/ [telb + niet-telb zn] ⟨bergsp⟩ (het) abseilen, afdaling (aan het touw)

²**rap·pel** /ræpel/ [onov ww] ⟨bergsp⟩ abseilen, afdalen (aan het touw)

rap·per /ræpə, ᴬ-ər/ [telb zn] ① (deur)klopper ② prater ③ ⟨inf; muz⟩ rapper ⟨vertelt op de maat van de muziek⟩

rap·port /ræpɔ:, ᴬ-pɔr/ [niet-telb zn] ① verstandhouding, betrekking, contact ♦ *be in/en rapport with s.o.* met iemand een goede verstandhouding hebben, nauwe betrekkingen met iemand onderhouden ② ⟨spiritisme⟩ rapport, verbinding, contact

rap·por·teur /ræpɔ:tɜ:, ᴬ-pɔrtɜr/ [telb zn] rapporteur, verslaggever

rap·proche·ment /ræprɒʃmɑ̃, ᴬræproʊʃmɑ̃/ [telb zn] verzoening, toenadering, herstel van de betrekkingen

rap·scal·lion /ræpskælɪən/ [telb zn] ⟨vero⟩ schurk, schavuit

rap session [telb zn] ① discussie, praatgroepbijeenkomst, praatavond, praatmiddag ② ⟨sl⟩ geouwehoer

rap sheet [telb zn] ⟨inf⟩ strafblad

rapt /ræpt/ [bn; bw: ~ly; zn: ~ness] ① verrukt, in vervoering, opgetogen, lyrisch, bezeten ♦ *they listened to the new record with rapt attention* helemaal gegrepen luisterden zij naar de nieuwe plaat ② verdiept, verzonken ♦ *Alice was so rapt in her book that she didn't hear anything* Alice was zo verdiept in haar boek, dat zij niets hoorde

rap·tor /ræptə, ᴬ-ər/ [telb zn] ⟨dierk⟩ roofvogel ⟨orde Raptores⟩

¹**rap·to·ri·al** /ræptɔ:rɪəl/ [telb zn] ① roofvogel ② roofdier

²**rap·to·ri·al** /ræptɔ:rɪəl/ [bn] ① roof-, roofzuchtig ② grijp-, ⟨van roofvogelklauw⟩ ③ roofvogelachtig, behorende tot de roofvogels, m.b.t. roofvogels

rap·ture /ræptʃə, ᴬ-ər/ [niet-telb zn] ① vervoering, verrukking, extase ② ⟨vero⟩ wegvoering ⟨in het bijzonder naar de hemel⟩

rap·tured /ræptʃəd, ᴬ-ərd/ [bn] verrukt, in extase

rap·tures /ræptʃəz, ᴬ-ərz/ [alleen mv] extase, vervoering ♦ *she was in raptures about/over her meeting with the poet* zij was lyrisch over haar ontmoeting met de dichter; *go into raptures at sth.* door het dolle heen/in alle staten zijn

rap·tu·rous /ræptʃ(ə)rəs/ [bn; bw: ~ly; zn: ~ness] hartstochtelijk, meeslepend, in verrukking brengend

ra·ra a·vis /rɑ:rɑ: eɪvɪs, ᴬræra -/ [telb zn; mv: ook rarae aves /rɑ:ri:eɪvi:z/] zeldzaamheid, witte raaf, rara avis

rare /reə, ᴬrer/ [bn; vergr trap: rarer; zn: ~ness] ① ongewoon, ongebruikelijk, vreemd, buitengewoon ♦ *it's rather rare for her to come that late* het is nogal ongebruikelijk/niets voor haar om zo laat te bellen ② zeldzaam ♦ *rare bird* zeldzaamheid, witte raaf, rara avis; *rare records* zeldzame platen ③ ⟨benaming voor⟩ zeer goed, uitzonderlijk, zeldzaam, verschrikkelijk, kostelijk, voortreffelijk ♦ *the baby sitter had rare fun with the kids* de oppas had dolle pret met de kinderen; *we have had a rare time in Jamaica* we hebben het kostelijk gehad op Jamaica; *rare weather* zeldzaam mooi weer ④ ijl, dun ⟨van lucht, gas⟩ ⑤ halfrauw, niet gaar, kort gebakken, saignant ⟨van vlees⟩ ⑥ ⟨scheik⟩ *rare earth* zeldzame aarde, lanthanide, zeldzaam aardmetaal; oxide van lanthanide; *rare gas* edelgas; ⟨inf⟩ *the sisters had a rare old time at the party* de zusjes hadden ontzettend genoten/gebaald op het feestje

rarebit [telb zn] → **Welsh**

rare-earth element [telb zn] ⟨scheik⟩ lanthanide, zeldzaam aardmetaal ⟨uit lanthaanreeks: element 57-71⟩

rar·ee show /reəri ʃoʊ, ᴬrer-/ [telb zn] ① kijkkast, rare-

kiek [2] spektakel, straatshow, straattoneel, circus
rar·e·fac·tion /ˌeərɪˈfækʃn, ᴬˌrerɪ-/, **rar·e·fi·ca·tion** /-fɪˈkeɪʃn/ [telb + niet-telb zn] verdunning
rar·e·fac·tive /ˌeərɪˈfæktɪv, ᴬrer-/ [bn] verdunnend
rar·e·fied /ˈeərɪfaɪd, ᴬrer-/ [bn; oorspronkelijk volt deelw van rarefy] [1] verheven, hemels, geëxalteerd ◆ *rarefied language* verheven taal [2] exclusief, select, esoterisch ◆ *a rarefied group of musicians* een selecte groep muzikanten
¹**rar·e·fy** /ˈeərɪfaɪ, ᴬrer-/ [onov ww] dunner/ijler/zuiverder worden; → rarefied
²**rar·e·fy** /ˈeərɪfaɪ, ᴬrer-/ [ov ww] [1] verdunnen, dunner maken [2] verfijnen, zuiveren, verheffen; → rarefied
rare·ly /ˈeəli, ᴬrerli/ [bw] [1] zelden ◆ *rarely have I read such a fascinating book* zelden heb ik zo'n fascinerend boek gelezen; *it's rarely that he comes home for a weekend* hij komt zelden het weekeinde thuis [2] zeldzaam, ongewoon, uitzonderlijk ◆ *a rarely beautiful woman* een zeldzaam mooie vrouw
¹**rare·ripe** [telb zn] ⟨AE⟩ vroegrijpe vrucht
²**rare·ripe** [bn] ⟨AE⟩ vroegrijp ⟨van vrucht⟩
rar·ing /ˈeərɪŋ, ᴬrer-/ [bn, pred] ⟨inf⟩ dolgraag, enthousiast ◆ *be raring to go* dolgraag willen gaan, staan te trappelen van ongeduld
¹**rar·i·ty** /ˈeərəti, ᴬrerəti/ [telb zn; voornamelijk enk] rariteit, zeldzaamheid, bijzonderheid
²**rar·i·ty** /ˈeərəti, ᴬrerəti/ [niet-telb zn] zeldzaamheid, schaarsheid
RASC [afk] ⟨BE; gesch⟩ (Royal Army Service Corps)
ras·cal /rɑːskl, ᴬræskl/ [telb zn] [1] schoft, schurk [2] ⟨scherts⟩ schavuit, boef, deugniet, rakker
¹**ras·cal·i·ty** /rɑːˈskæləti, ᴬræˈskæləti/ [telb zn] [1] schurkenstreek, schoftenstreek [2] ⟨scherts⟩ kwajongensstreek
²**ras·cal·i·ty** /rɑːˈskæləti, ᴬræˈskæləti/ [niet-telb zn] [1] schurkerij, schelmerij, bedriegerij [2] grauw, gepeupel
ras·cal·ly /ˈrɑːsk(ə)li, ᴬræs-/ [bn] gemeen, laag, smerig, vuil
rase [ov ww] → raze
¹**rash** /ræʃ/ [telb zn; voornamelijk enk] [1] (huid)uitslag ◆ *come out in a rash* (huid)uitslag krijgen [2] uitbarsting, golf, explosie ◆ *a rash of criticism* een plotselinge golf van kritiek
²**rash** /ræʃ/ [bn; vergr trap: rasher; bw: ~ly; zn: ~ness] [1] overhaast, te snel, overijld [2] onbesuisd, onstuimig, doldriest [3] onbezonnen, onoordeelkundig, lichtvaardig ◆ *in a rash moment* op een onbewaakt ogenblik
rash·er /ˈræʃə, ᴬ-ər/ [telb zn] plakje (bacon/ham/doorregen spek)
¹**rasp** /rɑːsp, ᴬræsp/ [telb zn] [1] rasp [2] raspgeluid, gerasp
²**rasp** /rɑːsp, ᴬræsp/ [niet-telb zn] het raspen, gerasp
³**rasp** /rɑːsp, ᴬræsp/ [onov ww] schrapen, raspen, krassen ◆ *with rasping voice* met krakende stem
⁴**rasp** /rɑːsp, ᴬræsp/ [ov ww] [1] raspen, vijlen, schuren, schrapen ◆ *rasp sth. away/off* iets afraspen/wegvijlen [2] irriteren, ergeren ◆ *his presence rasps the patient's nerves* haar aanwezigheid werkt de patiënt op de zenuwen [3] raspend zeggen, krassend uiten ◆ *'Get out!' father rasped* 'Eruit!' kraste vader; *rasp out instructions* op scherpe toon instructies geven
rasp·ber·ry, ⟨in betekenis 4 ook⟩ **razz·ber·ry** /ˈrɑːzbri, ᴬˈræzberi/ [telb zn] [1] ⟨plantk⟩ frambozenstruik, frambozenboom ⟨Rubus idaeus⟩ [2] framboos [3] ⟨vaak attributief⟩ frambozenrood [4] ⟨inf⟩ lipscheet, afkeurend pf!-geroep/blè-geroep/bluh-geroep ◆ *blow/get/give s.o. a/the raspberry, blow a raspberry at someone* iemand uitfluiten, iemand uitjouwen
raspberry cane [telb + niet-telb zn] frambozenstruik
rasp·er /ˈrɑːspə, ᴬˈræspər/ [telb zn] [1] rasp, rasper [2] rasper ⟨persoon⟩
rasp·ing·ly /ˈrɑːspɪŋli, ᴬræs-/ [bw] met schorre/raspende stem
rasp·y /ˈrɑːspi, ᴬræspi/ [bn; vergr trap: raspier] krassend, schor, scherp, schrapend
Ras·ta·far·i·an /ˌræstəˈfɛəriən/, ⟨verkorting⟩ **Ras·ta** /ˈræstə/ [telb zn; ook attributief] rastafari
Ras·ta·man /ˈræstəmæn/ [telb zn] ⟨inf⟩ rastaman, rastafari
ras·ter /ˈræstə, ᴬ-ər/ [telb zn] ⟨tv, comp⟩ raster
¹**rat** /ræt/ [telb zn] [1] ⟨dierk⟩ rat ⟨genus Rattus⟩ ◆ *look like a drowned rat* er uitzien als een verzopen kat [2] stakingsbreker, onderkruiper, werkwillige [3] ⟨pol⟩ deserteur, verrader, overloper [4] ⟨vnl AE; sl⟩ verrader, klikspaan, bedrijfsspion, politiespion [5] ⟨inf⟩ klootzak, schoft, lul [6] ⟨sl⟩ slet [7] ⟨AE; inf⟩ haarbal ⟨om haar op te bollen⟩ • *smell a rat* lont ruiken, iets in de smiezen hebben; ⟨inf⟩ *rats!* gelul!; verdorie!
²**rat** /ræt/ [onov ww] [1] ratten vangen, op ratten jagen ⟨in het bijzonder met honden⟩ [2] ⟨pol⟩ overlopen, deserteren • ⟨sl⟩ *rat around* rondlummelen, klooien; zie: **rat on**; ⟨sl⟩ *rat out* de aftocht blazen, afgaan
³**rat** /ræt/ [ov ww] → **drat** • ⟨BE; sl⟩ *get ratted* stomdronken worden; ⟨AE; inf⟩ *rat s.o. out* iemand verlinken, iemand erbij lappen, de vuile was over iemand buiten hangen
ratability [niet-telb zn] → rateability
ratable [bn] → rateable
¹**rat·a·fi·a** /ˌrætəˈfiːə/, **rat·a·fee** /ˌrætəˈfiː/ [telb zn] amandelkoekje
²**rat·a·fi·a** /ˌrætəˈfiːə/, **rat·a·fee** /ˌrætəˈfiː/ [telb + niet-telb zn] ratafia ⟨amandellikeur/vruchtenlikeur⟩
¹**ra·tal** /ˈreɪtl/ [telb zn] ⟨BE⟩ taxatiewaarde, belastbare waarde ⟨voor gemeentebelasting⟩
²**ra·tal** /ˈreɪtl/ [bn, attr] m.b.t./van de gemeentebelasting
ratan [telb + niet-telb zn] → rattan
¹**rat·a·plan** /ˈrætəplæn/ [telb + niet-telb zn] (trom)geroffel, geratel, gekletter ◆ *the rataplan of machine guns* het geratel van machinegeweren
²**rat·a·plan** /ˈrætəplæn/ [onov + ov ww] roffelen
rat-arsed /ˈrɑːtɑːst/ ⟨BE; sl⟩ stomdronken, straalbezopen
rat-a-tat [telb zn] → rat-tat
rat-a-tat-tat [telb zn] → rat-tat
rat·bag [telb zn] ⟨AuE; sl⟩ vervelend/zonderling persoon, rare kwibus, vreemde vogel, vreemde gast, ⟨mv⟩ tuig, schorriemorrie
rat·catch·er [telb zn] [1] rattenvanger [2] ⟨BE; sl⟩ onconventionele jachtkleding
rat cheese [telb zn] ⟨sl⟩ (goedkope) kaas
¹**ratch·et** /ˈrætʃɪt/, **ratch** /rætʃ/ [telb zn] [1] ratel ⟨mechanisme⟩ [2] (blokkeer)pal [3] palrad, palwiel
²**ratch·et** /ˈrætʃɪt/ [ov ww] van een pal voorzien, met ratel uitrusten
ratchet brace, ratchet drill [telb zn] ratelboor
ratchet wheel [telb zn] palrad, palwiel
¹**rate** /reɪt/ [telb zn] [1] snelheid, vaart, tempo, mate ◆ *at a great rate* met grote snelheid, in hoog tempo; *at a rate of sixty miles per hour* met een snelheid van negentig kilometer per uur; *produce paintings at the rate of four a year* vier schilderijen per jaar produceren; ⟨inf⟩ *at the rate of knots* razendsnel; *the rate of progress during the last 30 years* de vooruitgang (gemeten) over de afgelopen 30 jaar [2] prijs, tarief, koers ◆ *buy oranges at the rate of 70p a pound* sinaasappels kopen voor 70 p per pond; *cut rates* gereduceerde prijzen; *rate of exchange* wisselkoers; *rate of interest* rentevoet, rentetarief; *improve the rate of pay* het loon/salaris verhogen; *printed rate* drukwerk ⟨op postzending⟩; *rate of return* rendementspercentage [3] cijfer, sterftecijfer, geboortecijfer [4] (kwaliteits)klasse ⟨in combinatie met numerieke determinatoren⟩, rang, graad [5] ⟨vnl mv⟩ ⟨BE⟩ gemeentebelasting, ⟨i.h.b.⟩ onroerendezaakbelasting, onroerendgoedbelasting • *at any rate* in ieder geval, ten minste; *at this/that rate* in dit/dat geval; op deze/die ma-

rate

nier
²**rate** /reɪt/ [onov ww] ① gerekend worden, behoren, gelden, de rang hebben ♦ *she rates among/with the best actresses* zij behoort tot de beste actrices; *he rates as one of the best writers* hij geldt als een van de beste schrijvers ② (inf) in tel zijn, meetellen, belangrijk zijn ♦ *he never did rate with her* hij was nooit bij haar in tel; → rating
³**rate** /reɪt/ [onov + ov ww] ① een standje maken/geven, een uitbrander geven, iemand de les lezen ② → ret; → rating
⁴**rate** /reɪt/ [ov ww] ① schatten, bepalen, waarde toekennen, waarderen ⟨ook figuurlijk⟩ ♦ *rate s.o.'s income at* iemands inkomen schatten op; *do you rate him?* sla je hem hoog aan?; ⟨fig⟩ *many tourists rate the service of this hotel high(ly)* vele toeristen slaan de bediening in dit hotel hoog aan ② (inf) hoog opgeven van, op prijs stellen, waarderen ♦ *my colleagues don't rate the new filing system* mijn collega's stellen het nieuwe opbergsysteem niet op prijs ③ beschouwen, tellen, rekenen, plaatsen, rangschikken ♦ *rate among/with* rekenen onder/tot; *be rated as capable of a job* geschikt bevonden worden voor een bepaalde baan ④ vaststellen, specificeren, opgeven ⟨maximumvermogen van motor, e.d.⟩ ♦ *what would you rate the motor at?* hoeveel vermogen heeft de motor volgens jou?; *this machine has a rated output of 500 bales an hour* deze machine heeft een nominale capaciteit van 500 balen per uur ⑤ ⟨vnl BE⟩ aanslaan, taxeren, schatten ⟨m.b.t. onroerendgoedbelasting/onroerendezaakbelasting⟩ ♦ *our house is rated at £200 a year* ons huis wordt aangeslagen voor tweehonderd pond per jaar ⑥ ⟨inf⟩ verdienen, waard zijn, recht hebben op ♦ *this hotel doesn't rate any recommendation at all* dit hotel verdient geen enkele aanbeveling ⑦ ⟨AE⟩ tarief vaststellen voor ⟨scheepsvracht⟩ ⑧ ⟨scheepv⟩ de rang/klasse/stand toekennen ♦ *be rated as* de rang hebben van; → rating

rate·a·bil·i·ty, rat·a·bil·i·ty /reɪtəbɪləti/ [niet-telb zn] ① taxeerbaarheid ② ⟨vnl BE⟩ belastbaarheid

rate·a·ble, rat·a·ble /reɪtəbl/ [bn; bw: rateably; zn: ~ness] ① te schatten, taxeerbaar ② ⟨BE⟩ belastbaar, schatbaar ♦ *the rateable value of this cottage is £200* het huurwaardeforfait van dit huisje is tweehonderd pond ⟨België⟩ het kadastraal inkomen van dit huisje is tweehonderd pond

rate-cap·ping /reɪtkæpɪŋ/ [niet-telb zn] ⟨BE⟩ (het) maximeren van gemeentebelasting

ra·tel /reɪtl/ [telb zn] ⟨dierk⟩ ratel ⟨honingdas; Mellivora capensis⟩

rate·pay·er [telb zn] ⟨BE⟩ ① belastingbetaler ⟨van onroerendgoedbelasting/gemeentebelasting⟩ ② huiseigenaar

rat-face [telb zn] ⟨sl⟩ gluiperd

rat-fink [telb zn] ⟨inf⟩ lul, klootzak, schoft, ⟨i.h.b.⟩ matennaaier

rath /rɑθ/ [telb zn] ⟨gesch; vnl Ierland⟩ fort op heuvel

rathe /reɪð/, **rath** /rɑ:θ, ræθ/ [bn] ⟨vero⟩ ① vroegrijp ② gretig, begerig, vlug

rath·er /rɑ:ðə, ᴬrædər/ [bw] ① liever, eerder ♦ *rather than* liever dan; *rather you than me* jij liever dan ik; *he would fast rather than eat pork* hij vastte liever dan dat hij varkensvlees at; *Sarah would rather you visit her next week* Sarah heeft liever dat je volgende week langs komt; *I would/had rather not invite your mother* ik nodig je moeder liever niet uit ② juister (uitgedrukt), liever/beter gezegd, eigenlijk ♦ *she's my wife, or rather she was my wife* zij is mijn vrouw, of liever ze was mijn vrouw ③ enigszins, tamelijk, nogal, iets, een beetje, wel (wat), vrijwel ♦ *my father feels rather better today* mijn vader voelt zich vandaag iets beter; *it's rather cold today* het is nogal koud vandaag; *it's rather a pity you couldn't come* het is wel jammer dat je niet kon komen; *a rather shocking experience, rather a shocking experience* een nogal schokkende ervaring; *be rather surprised* een beetje verbaasd zijn; *I rather thought she would like to see an American film* ik dacht wel dat ze naar een Amerikaanse film zou willen ④ meer, sterker, in hogere mate ♦ *she depends rather on her husband's than on her own income* ze is meer van haar mans inkomen afhankelijk dan van het hare ⑤ integendeel ♦ *It's not raining. Rather, it's a sunny day* Het regent niet. Integendeel, het is een zonnige dag ⑥ ⟨vnl BE; inf⟩ jazeker, nou en of ♦ *'Would you like a drink?' 'Rather!'* 'Een borrel?' 'Nou en of!', 'Dat sla ik niet af!' ⑦ *rather than* in plaats van; *rather than cry, you ought to rejoice* in plaats van te huilen zou je blij moeten zijn

rathe-ripe, rath-ripe [bn] vroegrijp

rat-hole [ov ww] ⟨sl⟩ hamsteren

rat·i·fi·ca·tion /rætɪfɪkeɪʃn/ [telb + niet-telb zn] bekrachtiging, ratificatie, goedkeuring

rat·i·fy /rætɪfaɪ/ [ov ww] bekrachtigen, ratificeren, goedkeuren ⟨verdrag⟩

¹**rat·ing** /reɪtɪŋ/ [telb zn; (oorspronkelijk gerund van rate] ① notering, plaats, positie, kwalificatie, classificatie, ⟨i.h.b.⟩ graad, klasse, stand ⟨op schip⟩ ♦ *he has the rating of boatswain's mate* hij is bootsmaat; *rating of gunner* kanonnier ② (constructie)klasse ⟨van zeilboten⟩ ③ (toelaatbare) belasting, (maximum)vermogen ⟨van machines e.d.⟩ ♦ *a ship with a rating of 300,000 tons* een schip met een tonnage van 300.000 ton ④ waarderingscijfer ⟨van tv-programma⟩, kijkcijfer ⑤ naam, positie, status, standing ⑥ uitbrander, standje, reprimande ⑦ ⟨BE⟩ matroos, gewoon schepeling, manschap ⑧ ⟨BE⟩ taxatiewaarde, te betalen onroerendgoedbelasting, aanslag

²**rat·ing** /reɪtɪŋ/ [niet-telb zn; (oorspronkelijk gerund van rate] ⟨BE⟩ taxering, het aanslaan

ra·tio /reɪʃiou, ᴬreɪʃou/ [telb zn] ① (evenredige) verhouding, ratio ② ⟨wisk⟩ verhouding, reden

ra·ti·oc·i·nate /rætɪɒsɪneɪt, ᴬræʃiɑsɪneɪt/ [onov ww] (logisch) redeneren

ra·ti·oc·i·na·tion /rætɪɒsɪneɪʃn, ᴬræʃiɑ-/ [telb + niet-telb zn] redenering, het (logisch) redeneren

ra·ti·oc·i·na·tive /rætɪɒsɪnətɪv, ᴬræʃiɑsəneɪtɪv/ [bn] (logisch) redenerend

¹**ra·tion** /ræʃn, ᴬreɪʃn/ [telb zn] rantsoen, portie ⟨ook figuurlijk⟩

²**ra·tion** /ræʃn, ᴬreɪʃn/ [ov ww] ① op rantsoen stellen, rantsoeneren ♦ *petrol is rationed* de benzine is op de bon; *his G.P. rationed him to two cigarettes a day* zijn huisarts stelde hem op een rantsoen van twee sigaretten per dag ② rantsoeneren, distribueren, uitdelen, verdelen ♦ *ration out* uitdelen, distribueren, (in rantsoenen) verdelen ③ provianderen, bevoorraden; → rationing

ra·tion·al /ræʃnəl/ [bn; bw: ~ly; zn: ~ness] ① rationeel, redelijk, op de rede gebaseerd ② (wel)doordacht, redelijk, logisch, verstandig ♦ *a rational solution to the problem* een logische oplossing van het probleem ③ verstandig, nadenkend, verstandelijk, met rede begaafd ♦ *man is a rational being* de mens is een denkend/redelijk wezen ④ gezond, bij zijn/haar verstand ⑤ rationalistisch ⟨wisk⟩ rationeel, meetbaar ♦ *rational numbers* rationele getallen ⑥ ⟨gesch⟩ *rational dress* knickerbocker (voor vrouwen, in plaats van rok); *rational horizon* astronomische/ware horizon

¹**ra·tion·ale** /ræʃənɑ:l, ᴬ-næl/ [telb zn] grond(reden), basis, grondgedachte, principe, beweegreden ♦ *the rationale of the law* ratio legis, de bedoeling/grondgedachte van de wet

²**ra·tion·ale** /ræʃənɑ:l, ᴬ-næl/ [niet-telb zn] uiteenzetting van principes/(beweeg)redenen, principes, grondgedachten

ra·tion·al·ism /ræʃnəlɪzm/ [niet-telb zn] rationalisme

¹**ra·tion·al·ist** /ræʃnəlɪst/ [telb zn] rationalist

²**ra·tion·al·ist** /ræʃnəlɪst/, **ra·tion·al·is·tic** /ræʃnəlɪstɪk/ [bn; bw: ~ically] rationalistisch, m.b.t. het rationalisme

ra·tion·al·i·ty /ræʃ(ə)nælət̲i/ [telb + niet-telb zn] ① rationaliteit [2] rede, denkvermogen [3] redelijkheid, billijkheid

ra·tion·al·i·za·tion, ra·tion·al·i·sa·tion /ˌræʃnəlaɪˈzeɪʃn, ˄-lə-/ [telb + niet-telb zn] rationalisatie, rationalisering

¹**ra·tion·al·ize, ra·tion·al·ise** /ˈræʃnəlaɪz/ [onov ww] rationeel/rationalistisch zijn/handelen

²**ra·tion·al·ize, ra·tion·al·ise** /ˈræʃnəlaɪz/ [onov + ov ww] rationaliseren, aannemelijk maken, verklaren, ⟨i.h.b. psych⟩ achteraf beredeneren, verdedigen (voor zichzelf)

³**ra·tion·al·ize, ra·tion·al·ise** /ˈræʃnəlaɪz/ [ov ww] [1] rationeel maken, doelmatig maken [2] ⟨vnl BE⟩ rationaliseren, efficiënter inrichten/opzetten ⟨bedrijven enz.⟩ [3] ⟨wisk⟩ rationeel maken

ration book [telb zn] bonboekje ⟨met distributiebonnen⟩

ration card [telb zn] distributiekaart

ra·tion·ing /ˈræʃnɪŋ, ˄-eɪ-/ [telb + niet-telb zn; (oorspronkelijk) gerund van ration; vaak attributief] rantsoenering, distributie

ra·tions /ˈræʃnz, ˄-eɪʃnz/ [alleen mv] ⟨mil⟩ proviand, voedsel, rantsoenen ♦ ⟨sl⟩ *decorations given out with the rations* onderscheidingen en masse/aan jan en alleman toegekend

Rat·is·bon /ˈrætɪzbɒn, ˄-ɑːn/ [eigenn] Regensburg

¹**rat·ite** /ˈrætaɪt/ [telb zn] ⟨dierk⟩ ratiet, loopvogel ⟨bijvoorbeeld emu; Ratitae⟩

²**rat·ite** /ˈrætaɪt/ [bn] ⟨dierk⟩ zonder kam op borstbeen ⟨van vogels⟩

rat kangaroo [telb zn] ⟨dierk⟩ kangoeroerat ⟨genus Potorinae⟩

rat·line, rat·lin /ˈrætlɪn/ [telb zn; meestal mv] ⟨scheepv⟩ weeflijn ⟨dwarslijn in het want⟩

rat on [onov ww] ⟨inf⟩ [1] laten vallen, verraden, in de steek laten ♦ *rat on s.o.* iemand laten vallen [2] zich terugtrekken uit, terugkomen op/van, niet nakomen ♦ *rat on an agreement* een afspraak niet nakomen, terugkomen op een afspraak

¹**ra·toon, rat·toon** /ræˈtuːn/ [telb zn] scheut, uitloop, spruit ⟨van banaan, rietsuiker enz.⟩

²**ra·toon, rat·toon** /ræˈtuːn/ [onov ww] scheuten krijgen/nemen, opschieten, uitlopen

³**ra·toon, rat·toon** /ræˈtuːn/ [ov ww] telen/verbouwen met scheuten, aanplanten met snitten

rat·pack [verzameln] ⟨sl⟩ bende bloedhonden

rat race [niet-telb zn; the] [1] moordende competitie, rat race, carrièrejacht, genadeloze concurrentie [2] bende, gekkenhuis

rat run [telb zn] ⟨BE⟩ sluipweg

rats·bane /ˈrætsbeɪn/ [niet-telb zn] rattengif, rattenkruit, ⟨i.h.b.⟩ arsenicum

rat's-tail /ˈrætsteɪl/ [telb zn] [1] rattenstaart(vorm) [2] ⟨schaatssp⟩ kras ⟨in/op het ijs⟩

rat-tail [telb zn] [1] grote weegbree ⟨Plantago major⟩ [2] rattenstaart ⟨van paard⟩ [3] paard met rattenstaart [4] ⟨techn⟩ rattenstaart ⟨vijl⟩

rattail spoon, rat-tailed spoon [telb zn] rattenstaartlepel ⟨met naaldvormig ornament onder de lepelbak⟩

¹**rat·tan, ra·tan** /rəˈtæn/ [telb zn] [1] ⟨plantk⟩ rotan, Spaans riet ⟨klimmende palm; genus Calamus/Daemonorops⟩ [2] rotting, wandelstok, rotan

²**rat·tan, ra·tan** /rəˈtæn/ [telb zn; ook attributief] rotan(stengels)

rat-tat /ˌrætˈtæt/, **rat-tat-tat, rat-a-tat-tat, rat-a-tat** [telb zn] geklop, klopklop, klopgeluid

rat·ten /ˈrætn/ [onov + ov ww] saboteren, sabotage plegen, storen, hinderen ⟨in het werk⟩; → **rattening**

rat·ten·ing /ˈrætnɪŋ/ [telb + niet-telb zn; (oorspronkelijk)

gerund van ratten] sabotage, het saboteren

rat·ter /ˈrætə, ˄ˈrætər/ [telb zn] [1] rattenvanger ⟨hond, man, kat⟩ [2] ⟨inf⟩ overloper, verrader, verklikker

¹**rat·tle** /ˈrætl/ [telb zn] [1] ⟨geen mv⟩ geratel, gerammel, gerinkel [2] ⟨benaming voor⟩ voorwerp dat gerammel produceert, rammelaar, ratel [3] (ge)reutel, (ge)rochel ⟨in het bijzonder van stervende⟩ [4] geklets, geratel, geleuter, ⟨bij uitbreiding⟩ lawaai, kabaal [5] ⟨inf⟩ kletskous, kletsmajoor, ratel [6] ratel ⟨van ratelslang⟩ [7] ⟨plantk⟩ helmkruidachtige ⟨Scrophulariaceae⟩, ⟨i.h.b.⟩ ratel, ratelaar ⟨genus Rhinantus⟩, moeraskartelblad ⟨Pedicularis palustris⟩ [8] ⟨sl⟩ deal

²**rat·tle** /ˈrætl/ [onov ww] [1] rammelen, ratelen, rinkelen, kletteren ♦ *the car rattled along/down the old track* de auto rammelde over het oude pad; *there's s.o. rattling at the door* er staat iemand aan de deur te rammelen; *rattle away* doorrammelen, doorratelen; *hail rattled on our heads* de hagel kletterde op onze hoofden; *rattle through sth.* iets afraffelen, iets gauw afmaken [2] ratelen, kletsen, leuteren, roddelen ♦ *her daughter rattled away at/on me* haar dochter bleef maar tegen me kletsen [3] rochelen, reutelen; → **rattling**

³**rat·tle** /ˈrætl/ [ov ww] [1] heen en weer rammelen, schudden, doen ratelen/rinkelen/kletteren, rammelen met [2] wakker schudden ♦ *rattle up s.o.* iemand wakker schudden [3] afratelen, afraffelen, aframmelen ♦ *he rattled off the poem* hij raffelde het gedicht af, hij dreunde het gedicht op [4] ⟨inf⟩ op stang jagen, opjagen, bang maken, van streek maken, van slag brengen; → **rattling**

rat·tle·brain, rat·tle·head, rat·tle·pate [telb zn] [1] leeghoofd, losbol, windbuil [2] kletsmajoor, kletskop, kletskous

rat·tler /ˈrætlə, ˄-ər/ [telb zn] [1] ⟨benaming voor⟩ iemand die ratelt/rammelt, iets dat ratelt/rammelt, rammelaar, rammelkast, ratel ⟨ook van slang⟩ [2] juweeltje, pracht(exemplaar), droom ♦ *that was a rattler of a blow* dat was me een dreun; *a rattler of a book* een dijk van een boek [3] ⟨AE⟩ ratelslang [4] ⟨AE⟩ (goederen)trein, tram

rat·tles /ˈrætlz/ [alleen mv; the] ⟨inf⟩ kroep

rat·tle·snake [telb zn] ratelslang

¹**rat·tle·trap** [telb zn] [1] ouwe rammelkast, wrak, oud beestje ⟨auto e.d.⟩

²**rat·tle·trap** [bn] gammel, wankel, wrak

¹**rat·tling** /ˈrætlɪŋ/ [bn; oorspronkelijk tegenwoordig deelw van rattle] ⟨inf⟩ [1] levendig, stevig, krachtig ♦ *rattling conversation* een geanimeerd/levendig gesprek; *at a rattling speed* met vliegende vaart; *a rattling trade* een levendige handel [2] uitstekend, prima, prachtig

²**rat·tling** /ˈrætlɪŋ/ [bw] ⟨inf⟩ uitzonderlijk, uitstekend, prima, geweldig ♦ *a rattling good match* een zeldzaam mooie wedstrijd

rat·trap [telb zn] [1] rattenklem, muizenval [2] krot, kot [3] ⟨inf; wielersp⟩ racefietspedaal ⟨met toeclips⟩

rat-trap binding [telb zn] ⟨skisp⟩ langlaufbinding

rat·ty /ˈræti/ [bn; vergr trap: rattier] [1] ratachtig, rat-, ratten- [2] vol ratten [3] ⟨vnl BE; inf⟩ kribbig, geïrriteerd, geprikkeld [4] ⟨inf⟩ morsig, haveloos, sjofel

rau·cous /ˈrɔːkəs/ [bn; bw: ~ly; zn: ~ness] rauw, schor, hees

raunch /rɔːntʃ/ [niet-telb zn] [1] ⟨sl⟩ vulgariteit, platheid, grofheid, obsceniteit [2] ⟨vnl AE⟩ vuilheid, smerigheid, goorheid, slonzigheid

raun·chy /ˈrɔːntʃi/ [bn; vergr trap: raunchier; bw: raunchily; zn: raunchiness] [1] ⟨sl⟩ rauw, ruig, ordinair, vulgair [2] ⟨sl⟩ geil, wellustig, obsceen, zwoel [3] ⟨vnl AE⟩ vies, smerig, goor, slonzig

¹**rav·age** /ˈrævɪdʒ/ [niet-telb zn] [1] verwoesting, vernietiging [2] schade, verwoestingen, ravage

²**rav·age** /ˈrævɪdʒ/ [onov ww] verwoestingen/vernielingen aanrichten, plunderen

³**rav·age** /ˈrævɪdʒ/ [ov ww; vaak passief] [1] verwoesten,

ravages

vernietigen, vernielen, teisteren ♦ *a face ravaged by smallpox* een gezicht geschonden door pokken [2] leegplunderen, leegroven

rav·ages /rævɪdʒɪz/ [alleen mv] vernietigende werking ♦ *the ravages of time* de tand des tijds

¹**rave** /reɪv/ [telb zn] [1] ⟨inf⟩ jubelrecensie, jubelkritiek, lyrische bespreking ♦ *his new plays only get raves* zijn nieuwe toneelstukken krijgen alleen maar juichende recensies [2] ⟨ook attributief; inf⟩ wild feest, knalfuif, rave, grote houseparty ♦ *rave party* rave, grote houseparty [3] ⟨BE; inf⟩ mode, trend ♦ *the latest rave* de laatste mode/trend [4] wagenladder ⟨van boerenwagen⟩ [5] ⟨inf⟩ liefje, vrijer [•] ⟨inf⟩ *be in a rave about* helemaal weg zijn van, stapelgek zijn op/van

²**rave** /reɪv/ [niet-telb zn] gebulder, geloei, gehuil, geraas

³**rave** /reɪv/ [bn, attr] zeer positief ♦ *rave reviews/notices* jubelrecensies

⁴**rave** /reɪv/ [onov ww] [1] razen, ijlen, raaskallen, tieren, tekeergaan ♦ *rave against/at* tekeergaan tegen, razen tegen/op [2] loeien, bulderen, huilen, razen [3] opgetogen/in verrukking zijn, lyrisch praten/zijn, dwepen ♦ *rave about/of/over* dwepen met, lyrisch/verrukt/opgetogen zijn/praten over, gek zijn van [4] lyrisch worden, opgetogen/in verrukking raken [5] ⟨BE; inf⟩ erop los leven, het ervan nemen; → raving

⁵**rave** /reɪv/ [ov ww] [1] wild uiting geven aan, ijlen over ♦ *rave one's misery* tekeergaan over zijn ellende [2] ⟨wederkerend werkwoord⟩ zich al tierend in een bepaalde toestand brengen ♦ *rave o.s. hoarse* zich schor schreeuwen [3] afkraken; → raving

¹**rav·el** /rævl/ [telb zn] [1] rafel(draad) [2] wirwar, verwarde massa, ⟨fig⟩ verwikkeling, complicatie

²**rav·el** /rævl/ [onov ww] in de war/knoop raken; → ravelling

³**rav·el** /rævl/ [onov + ov ww] rafelen, uitrafelen; → ravelling

⁴**rav·el** /rævl/ [ov ww] [1] in de war/knoop brengen, verwarren, ⟨fig⟩ compliceren, ingewikkeld maken [2] uit de war/knoop halen ⟨ook figuurlijk⟩, ontwarren, ontrafelen, ontknopen, ophelderen ♦ *ravel out sth.* iets ontwarren/ontknopen; iets uit de knoop halen; → ravelling

rave·lin /rævlɪn/ [telb zn] ⟨gesch⟩ ravelijn ⟨soort bolwerk⟩

¹**rav·el·ling**, ⟨AE ook⟩ **rav·el·ing** /rævlɪŋ/ [telb zn; (oorspronkelijk) gerund van ravel] rafel(draad)

²**rav·el·ling**, ⟨AE ook⟩ **rav·el·ing** /rævlɪŋ/ [niet-telb zn; (oorspronkelijk) gerund van ravel] het rafelen

¹**ra·ven** /reɪvn/ [telb zn] ⟨dierk⟩ raaf ⟨Corvus corax⟩

²**ra·ven** /reɪvn/ [telb + niet-telb zn] onrijp ⟨van vrucht⟩ [2] ⟨benaming voor⟩ onbewerkt, onbereid, niet afgewerkt, rauw ⟨van bakstenen⟩, ruw, ongelooid ⟨van leer⟩, globaal, onuitgewerkt, ongecorrigeerd ⟨cijfers e.d.⟩, grof, ongepolijst ⟨stijl⟩, onaf- → raving

³**ra·ven** /reɪvn/ [niet-telb zn; voornamelijk attributief] ravenzwart ♦ *raven locks* ravenzwarte haren

⁴**ra·ven** /rævn/, **rav·in** /rævɪn/ [onov ww] [1] op roof gaan, plunderen, roven, op prooi jagen ♦ *raven about* plunderend rondtrekken [2] prooi vangen [3] schrokken, schokken [•] *raven for* dorsten naar, hunkeren naar, smachten naar; → ravening

⁵**ra·ven** /rævn/, **rav·in** /rævɪn/ [ov ww] [1] verslinden, gulzig opvreten, naar binnen schrokken [2] grijpen, buitmaken, zich werpen op, pakken ⟨prooi e.d.⟩ [3] zoeken (naar), jagen op ⟨buit, prooi⟩; → ravening

ra·ven-haired [bn] met ravenzwarte haren

¹**rav·en·ing** /rævnɪŋ/, **rav·in** /rævɪn/ [bn; 1e variant oorspronkelijk tegenwoordig deelw van raven] prooi, buit

²**rav·en·ing** /rævnɪŋ/, **rav·in** /rævɪn/ [niet-telb zn; 1e variant oorspronkelijk tegenwoordig deelw van raven] [1] plundering, roof, beroving [2] vraatzucht [3] roofzucht

³**rav·en·ing** /rævnɪŋ/ [bn; oorspronkelijk tegenwoordig deelw van raven; bw: ~ly] [1] roofzuchtig [2] vraatzuchtig [3] wild, woest

rav·en·ous /rævnəs/ [bn; bw: ~ly; zn: ~ness] [1] uitgehongerd, vraatzuchtig, gulzig ♦ *a ravenous hunger* een geweldige honger [2] hunkerend, begerig, gretig ♦ *ravenous for* belust op, begerig naar, hunkerend/dorstend naar [3] roofzuchtig, roof-

rav·er /reɪvə, ᴧ-ər/ [telb zn] ⟨inf⟩ [1] dweper, fan [2] ⟨BE⟩ snel figuur, swinger, hippe vogel [3] raver ⟨bezoeker van grote houseparty's⟩

raves /reɪvz/ [alleen mv] hekken, schotten, opzetstukken ⟨van laadbak van boerenwagen⟩

rave-up [telb zn] ⟨inf⟩ wild feest, knalfuif, dansfeest

ra·vine /rəviːn/ [telb zn] ravijn

¹**rav·ing** /reɪvɪŋ/ [bn; oorspronkelijk tegenwoordig deelw van rave] [1] malend, ijlend, raaskallend, wild ♦ *a raving idiot* een volslagen idioot [2] ⟨inf⟩ buitengewoon, uitzonderlijk, opvallend ♦ *a raving beauty* een oogverblindende schoonheid

²**rav·ing** /reɪvɪŋ/ [bw] ⟨inf⟩ stapel-, malende, ijlend ♦ *raving mad* stapelgek

rav·ings /reɪvɪŋz/ [alleen mv; enk oorspronkelijk tegenwoordig deelw van rave] het raaskallen, wartaal, geraaskal

ra·vi·o·li /ræviouli/ [telb + niet-telb zn] ravioli ⟨Italiaans gerecht⟩

rav·ish /rævɪʃ/ [ov ww] [1] ⟨vnl passief⟩ verrukken, in extase/vervoering brengen, betoveren ♦ *ravished by/with her blue eyes* in vervoering van/betoverd door haar blauwe ogen [2] ⟨form⟩ verkrachten, onteren [3] ⟨form⟩ teisteren, ruïneren [4] ⟨vero⟩ ontvoeren, wegvoeren, (ont)roven, ontrukken ♦ *ravished from life* aan het leven ontrukt; → ravishing

rav·ish·er /rævɪʃə, ᴧ-ər/ [telb zn] ⟨form⟩ [1] rover, ontvoerder [2] verkrachter

rav·ish·ing /rævɪʃɪŋ/ [bn; oorspronkelijk tegenwoordig deelw van ravish; bw: ~ly] verrukkelijk, betoverend, prachtig, heerlijk

¹**rav·ish·ment** /rævɪʃmənt/ [telb + niet-telb zn] [1] ontvoering, roof [2] verkrachting, ontering

²**rav·ish·ment** /rævɪʃmənt/ [niet-telb zn] verrukking, extase, betovering, vervoering

¹**raw** /rɔː/ [telb zn] [1] ⟨vnl the⟩ zere plek, zeer, rauwe plek ⟨in het bijzonder op paardenhuid⟩ ♦ ⟨fig⟩ *catch/touch s.o. on the raw* iemand tegen het zere been schoppen, iemand voor het hoofd stoten [2] groentje, nieuweling, onervarene, boerenkinkel [3] ⟨vnl mv⟩ ruwe artikel, grondstof [•] *in the raw* ongeciviliseerd, primitief, zoals het is; naakt, zonder kleren

²**raw** /rɔː/ [bn; bw: ~ly; zn: ~ness] [1] rauw, ongekookt ⟨van groente, vlees⟩, onrijp ⟨van vrucht⟩ [2] ⟨benaming voor⟩ onbewerkt, onbereid, niet afgewerkt, rauw ⟨van bakstenen⟩, ruw, ongelooid ⟨van leer⟩, globaal, onuitgewerkt, ongecorrigeerd ⟨cijfers e.d.⟩, grof, ongepolijst ⟨stijl⟩, onaf-(gewerkt), onrijp ♦ *raw cloth* ruwe/ongevolde laken; *raw cotton* ruwe katoen; *raw material* grondstof; *raw power* brute kracht; *a fight for raw power* een pure/ordinaire machtsstrijd; *raw sewage* ongezuiverd rioolwater; *raw sienna* (ongebrande) terra siena ⟨bruin-gele aardverf⟩; *raw silk* ruwe zijde; *raw spirit* onvermengde/pure alcohol; *raw umber* (ongebrande) omber ⟨donkerbruine aardverf⟩ [3] groen, onervaren, ongeschoold, ongetraind, ongeoefend [4] ontveld, rauw, open, bloederig, ⟨bij uitbreiding⟩ pijnlijk, gevoelig ♦ *the soles of his feet were raw from/with walking* zijn voeten waren rauw van het wandelen [5] guur, ruw, rauw ⟨van weer⟩ [6] zonder zoom ⟨van stoffen⟩, zoomloos [7] openhartig, realistisch, zonder franje/opsmuk ♦ *a raw picture of the American middle class* een openhartig portret van de Amerikaanse middenklasse [8] ⟨inf⟩ oneerlijk, gemeen, onrechtvaardig, wreed ♦ *raw deal* oneerlijke/gemene behandeling [9] ⟨vnl AE⟩ vers, nat, net aangebracht/aangesmeerd ♦ *raw plaster* vers pleisterwerk [10] ⟨sl⟩ naakt

raw·boned [bn] broodmager, vel over been
raw·head [telb zn] boeman, spook, geest • *rawhead and bloodybones* boeman
¹**raw·hide** /rɔːıʃ/ [1] zweep ⟨van ongelooide huid⟩ [2] touw, koord ⟨van ongelooide huid⟩
²**raw·hide** [niet-telb zn; vaak attributief] ongelooide huid
raw·ish /rɔːıʃ/ [bn; zn: ~ness] rauwachtig, tamelijk rauw
¹**ray** /reı/ [telb zn] [1] ⟨ook natuurk⟩ straal ⟨van licht e.d.⟩ [2] sprankje, straaltje, glimp, lichtpuntje • *a ray of hope* een sprankje hoop [3] straal ⟨van cirkel, bol⟩ [4] arm, straal ⟨van zeester⟩ [5] ⟨dierk⟩ vinstraal [6] ⟨dierk⟩ rog ⟨Batoidea/Rajiformes⟩, ⟨i.h.b.⟩ vleet ⟨Raja batis⟩ [7] ⟨plantk⟩ lintbloem, straalbloem ⟨rondom buisbloemen bij Compositae⟩ [8] ⟨sl⟩ ⟨verk: hurray⟩ hoera • ⟨dierk⟩ *spotted ray* adelaarsrog, molenrog ⟨Aeobatus/Stoasodon narinari⟩
²**ray,** ⟨ook⟩ **re** /reı/ [telb + niet-telb zn] ⟨muz⟩ re, D
³**ray** /reı/ [onov ww] straalsgewijs uitlopen
⁴**ray** /reı/ [onov + ov ww] (uit)stralen
⁵**ray** /reı/ [ov ww] [1] van stralen voorzien, straalsgewijs versieren ⟨met lijnen⟩ [2] ⟨med⟩ bestralen
ray flower [telb zn] ⟨plantk⟩ lintbloem, straalbloem ⟨rondom buisbloemen bij Compositae⟩
ray grass [niet-telb zn] ⟨plantk⟩ Engels raaigras ⟨Lolium perenne⟩
ray gun [telb zn] straalgeweer, straalpistool, stralingswapen
ray·less /reıləs/ [bn] [1] donker, duister [2] ⟨plantk⟩ zonder straal/lintbloemen
ray·let /reılıt/ [telb zn] straaltje
ray·on /reıɒn, ᴬ-ɑn/ [niet-telb zn] rayon, kunstzijde
rays /reız/ [alleen mv] straling, stralen
raze, rase /reız/ [ov ww] [1] met de grond gelijk maken, slechten, neerhalen ⟨tot op de grond⟩, volledig verwoesten [2] uitkrabben, wegkrabben ⟨ook figuurlijk⟩, uitwissen, uitkrassen, wegkrassen, schrappen
¹**ra·zor** /reızə, ᴬ-ər/ [telb zn] scheerapparaat, scheermes, elektrisch scheerapparaat
²**ra·zor** /reızə, ᴬ-ər/ [ov ww; voornamelijk als volt deelw] scheren
¹**ra·zor·back** [telb zn] [1] (half)wild varken ⟨met scherpe rug, in het zuiden van de USA⟩ [2] ⟨dierk⟩ vinvis ⟨Balaenopteridae⟩ [3] ⟨AE⟩ scherpe heuvel(rug)
²**ra·zor·back, ra·zor·backed** [bn] met scherpe rug
ra·zor·bill, ra·zor·billed auk [telb zn] ⟨dierk⟩ alk ⟨Alca torda⟩
ra·zor-blade [telb zn] (veiligheids)scheermesje
ra·zor-edge, razor's edge /reızər edʒ, ᴬreızərz edʒ/ [telb zn] [1] scherpe scheidslijn, precieze scheidingslijn [2] kritieke situatie, netelige toestand • *on the/a razor-edge* op het scherp van de snede, in kritieke toestand, erop of eronder; *her life was on a razor-edge for hours* urenlang hing haar leven aan een zijden draad(je) [3] scherpe kant [4] scherpe bergrug
razor fish, razor shell, ⟨AE ook⟩ **razor clam** [telb zn] ⟨dierk⟩ Solenida, ⟨i.h.b.⟩ messchede ⟨geslacht Solen⟩, mesheft, zwaardschede ⟨geslacht Ensis⟩
razor job [telb zn] ⟨BE; inf⟩ meedogenloze aanval • *a razor job on* een vernietigende aanval op
ra·zor-sharp [bn] vlijmscherp ⟨ook figuurlijk⟩, messcherp
razor strop [telb zn] scheerriem
razor wire [telb + niet-telb zn] prikkeldraad ⟨met scheermesjes⟩
¹**razz** /ræz/ [telb zn] ⟨AE⟩ ⟨verk: razzberry⟩
²**razz** /ræz/ [ov ww] ⟨AE; sl⟩ stangen, belachelijk maken, bespotten, hekelen
razzberry [telb zn] → raspberry
raz·zia /ræzıɑ/ [telb zn] rooftocht, strooptocht, inval, ⟨oorspronkelijk⟩ slavenjacht

¹**raz·zle** /ræzl/, **raz·zle-daz·zle** [telb zn] ⟨sl⟩ golfbaan ⟨soort draaimolen⟩
²**raz·zle** /ræzl/, **raz·zle-daz·zle** [niet-telb zn] ⟨sl⟩ [1] braspartij, boemelarij, lol, stappen • *be on the razzle* aan de rol zijn, de bloemetjes buiten zetten, het er flink van nemen; *go on the razzle* aan de rol/zwier/boemel gaan, gaan stappen [2] herrie, kabaal, leven, geschreeuw [3] schreeuwerige reclame [4] verwarring [5] zwendel, bedrog [6] opwinding, hilariteit
¹**razz·ma·tazz, raz·ma·tazz** /ræzmətæz/ [telb zn] ⟨inf⟩ golfbaan ⟨soort draaimolen⟩
²**razz·ma·tazz, raz·ma·tazz** /ræzmətæz/ [niet-telb zn] ⟨inf⟩ [1] braspartij [2] kabaal, herrie, rumoer [3] schreeuwerige reclame [4] ouderwets/sentimenteel/hypocriet gedoe [5] bedrog, zwendel
razzy /ræzi/ [bn] ⟨vnl BE; inf⟩ hip, trendy, flitsend
RB [afk] ⟨rifle brigade⟩
RBE [afk] ⟨relative biological effectiveness⟩ RBE
RC [afk] [1] ⟨Red Cross⟩ [2] ⟨reinforced concrete⟩ [3] ⟨Roman Catholic⟩ r.-k.
RCA [afk] [1] ⟨AE⟩ ⟨Radio Corporation of America⟩ [2] ⟨BE⟩ ⟨Royal College of Art⟩
RCAF [afk] ⟨Royal Canadian Air Force⟩
RCM [afk] ⟨BE⟩ ⟨Royal College of Music⟩
RCMP [afk] ⟨Royal Canadian Mounted Police⟩
RCN [afk] [1] ⟨Royal Canadian Navy ⟨in 1968 opgeheven⟩⟩ [2] ⟨BE⟩ ⟨Royal College of Nursing⟩
RCO [afk] ⟨BE⟩ ⟨Royal College of Organists⟩
RCP [afk] ⟨BE⟩ ⟨Royal College of Physicians⟩
RCS [afk] [1] ⟨Royal College of Science⟩ [2] ⟨Royal College of Surgeons⟩ [3] ⟨BE⟩ ⟨Royal Corps of Signals⟩
RCT [afk] ⟨BE⟩ ⟨Royal Corps of Transport⟩
RCVS [afk] ⟨BE⟩ ⟨Royal College of Veterinary Surgeons⟩
-rd ⟨geschreven suffix; vormt numerieke determinatoren met cijfer 3⟩ -de • *3rd* 3e, derde; *33rd* 33e, drieëndertigste
Rd, rd [afk] ⟨road⟩ str.
RD [afk] [1] ⟨refer to drawer⟩ [2] ⟨BE⟩ ⟨Royal Naval Reserve Decoration⟩ [3] ⟨rural dean⟩ [4] ⟨rural delivery⟩
RDA [afk] ⟨recommended dietary allowance⟩
RDC [afk] ⟨BE; gesch⟩ ⟨Rural District Council⟩
RDO [telb zn] ⟨Rostered Day Off⟩
¹**re** /reı/ [telb + niet-telb zn] ⟨muz⟩ re, D
²**re** /riː, reı/ [vz] ⟨form⟩ aangaande, betreffende, met betrekking tot • *some observations re the organisation of our department* een aantal opmerkingen aangaande de organisatie van ons departement; *re your remark...* wat jouw opmerking betreft...
re- /riː/ [1] weer, opnieuw, her-, re- ⟨herhaling; ook met betekenis van verbetering⟩ • *reread* herlezen; *remarry* opnieuw trouwen; *reorganize* reorganiseren [2] terug-, her-, weer • *replace* terugzetten; *reconquer* heroveren; *reafforest* weer bebossen
're ⟨samentrekking van are⟩
RE [afk] [1] ⟨AE⟩ ⟨real estate⟩ [2] ⟨Religious Education⟩ godsdienst ⟨Groot-Brittannië⟩ [3] ⟨BE⟩ ⟨Royal Engineers⟩
re·ab·sorb /riːəbsɔːb, -zɔːb, ᴬ-sɔrb, ᴬ-zɔrb/ [onov + ov ww] weer opnemen/opslorpen/absorberen
¹**reach** /riːtʃ/ [telb zn] [1] rak ⟨van rivier, kanaal⟩ [2] lap, flink stuk [3] ⟨scheepv⟩ koers, ⟨bij uitbreiding⟩ afstand
²**reach** /riːtʃ/ [telb + niet-telb zn; geen mv] bereik ⟨van arm, macht enz.⟩, omvang, greep, ⟨fig⟩ begrip, ⟨bokssp⟩ reach • *above/beyond/out of reach* buiten bereik, onbereikbaar; onhaalbaar, niet te realiseren; ⟨fig⟩ *that's above/beyond/out of my reach* dat gaat mijn begrip te boven, dat is te hoog gegrepen voor mij; *he had a longer reach than his opponent* hij had een groter bereik dan zijn tegenstander, hij had langere armen dan zijn tegenstander; *make a reach for* een greep doen naar, pakken, grijpen; *out of the reach of children* buiten het bereik van kinderen; *he has a mind of wide reach* hij heeft verstand van veel zaken; *within* ⟨one's⟩

reach

reach binnen (iemands) bereik, voorhanden; binnen de mogelijkheden, haalbaar, ⟨fig⟩ te bevatten, begrijpelijk ⟨voor iemand⟩; *within easy reach of* gemakkelijk bereikbaar van(af)

³**reach** /riːtʃ/ [niet-telb zn] het reiken, het grijpen, het pakken

⁴**reach** /riːtʃ/ [onov ww] **1** invloed hebben, doorwerken, van invloed zijn ♦ *World War II reached throughout the world* de Tweede Wereldoorlog had zijn uitwerking op de gehele wereld **2** ⟨AE⟩ muggenziften, spijkers op laag water zoeken ♦ *you're reaching* je bent aan het muggenziften **3** ⟨scheepv⟩ met de wind dwars zeilen, ruim zeilen ⟨achterlijker dan dwars⟩, bij de wind zeilen ⟨voorlijker dan dwars⟩

⁵**reach** /riːtʃ/ [onov + ov ww] reiken, (zich) (uit)strekken, (een hand) uitsteken, bereiken, dragen ⟨van geluid⟩, halen ♦ *you can't reach the ceiling on this chair* op deze stoel kom je niet bij het plafond; *reach for sth.* (naar) iets grijpen, iets pakken; *could you reach (an arm) out for my book* zou je mijn boek kunnen pakken; *she reached out (her hand)* ze stak haar hand uit; ⟨fig⟩ *our party has to reach out* onze partij moet zich open opstellen; *reach to* reiken tot, bereiken, halen; voldoende zijn voor; ⟨fig⟩ *reach out to the masses* met de massa in contact proberen te komen, aansluiting zoeken bij de massa; *her skirt reached to her knees* haar rok kwam tot aan haar knieën; *the forests reach down to the sea* de bossen strekken zich uit tot aan de zee; *her voice didn't reach the back rows* haar stem droeg niet tot de achterste rijen

⁶**reach** /riːtʃ/ [ov ww] **1** pakken, nemen, grijpen ♦ *reach down sth. from a shelf* iets van een plank af pakken/nemen; *can you reach that painting?* kun je dat schilderij pakken? **2** aanreiken, geven, overhandigen ♦ *reach me that letter* geef me die brief (even) **3** komen tot ⟨ook figuurlijk⟩, komen op, bereiken, arriveren, aankomen in ♦ *reach middle age* de middelbare leeftijd bereiken; *reach a decision* tot een beslissing komen; *the number of subscriptions reached 500* het aantal abonnementen kwam op 500; *reach Paris* in Parijs aankomen **4** bereiken ⟨per telefoon, post⟩ **5** ⟨boks-sp, schermsp⟩ raken, treffen

¹**reach-me-down** [telb zn; voornamelijk mv] ⟨BE; inf; pej⟩ **1** confectiekledingstuk **2** tweedehands kledingstuk, afdrager(tje), aflegger(tje)

²**reach-me-down** [bn] ⟨BE; inf; pej⟩ **1** confectie-, goedkoop, onpersoonlijk, onoprecht **2** tweedehands ⟨ook figuurlijk⟩, afgedragen ♦ *a reach-me-down theory* een tweedehands theorie

¹**re·act** /riˈækt/ [onov ww] **1** reageren ⟨ook figuurlijk⟩ ♦ *react against* reageren tegen, ingaan tegen, actie voeren tegen, in opstand komen tegen; *she reacted against her mother's ideas* zij zette zich af tegen haar moeders ideeën; *he didn't react to your answer* hij reageerde niet op je antwoord, hij ging niet in op je antwoord **2** uitwerking hebben, een verandering teweegbrengen, veranderen ♦ *Bobby's mood reacted (up)on his family life* Bobby's humeur had zijn uitwerking op zijn gezinsleven, Bobby's humeur veranderde zijn gezinsleven **3** zich herstellen ⟨van publieke opinie, prijzen⟩, terugkeren, teruggaan **4** ⟨scheik⟩ reageren, een reactie aangaan ♦ *react (up)on* reageren op/met, een reactie aangaan met, reactie veroorzaken in; *react with each other* met elkaar reageren **5** ⟨mil⟩ tegenaanval(len) ondernemen

²**re·act** /riˈækt/ [ov ww] ⟨scheik⟩ laten reageren, een reactie doen aangaan

re-act /riːˈækt/ [ov ww] opnieuw opvoeren, opnieuw spelen

re·ac·tance /riˈæktəns/ [telb + niet-telb zn] ⟨elek⟩ reactantie, blinde weerstand, schijnweerstand

re·ac·tant /riˈæktənt/ [zn] ⟨scheik⟩ reactant, reactiecomponent, reactiebestanddeel

¹**re·ac·tion** /riˈækʃn/ [telb zn] **1** reactie, antwoord, reflex ♦ *their reaction to the proposal* hun reactie/antwoord op het voorstel **2** ⟨geen mv⟩ terugslag, weerslag, terugkeer, reactie ⟨ook op beurs⟩ ♦ *after so many years of happiness there had to be a reaction* na zoveel jaren van geluk moest er wel een terugslag komen

²**re·ac·tion** /riˈækʃn/ [telb + niet-telb zn] **1** ⟨natuurk⟩ reactie, tegendruk ⟨als principe van straalmotor/raketmotor⟩, terugstoot, tegenwerking, tegenbeweging **2** ⟨scheik⟩ reactie, omzetting

³**re·ac·tion** /riˈækʃn/ [niet-telb zn] ⟨pol⟩ reactie, conservatieve machten, reactionaire krachten ♦ *the forces of reaction* de reactionaire krachten

¹**re·ac·tion·ar·y** /riˈækʃənri, ᴬˈ-ʃəneri/ [telb zn] ⟨pol⟩ reactionair

²**re·ac·tion·ar·y** /riˈækʃənri, ᴬˈ-ʃəneri/ [bn] ⟨pol⟩ reactionair, behoudend, tegenwerkend

¹**re·ac·ti·vate** /riˈæktɪveɪt/ [onov ww] **1** weer actief worden, weer reageren (bijvoorbeeld van chemicaliën) **2** opnieuw tot leven/werking komen

²**re·ac·ti·vate** /riˈæktɪveɪt/ [ov ww] **1** reactiveren, weer actief maken **2** nieuw leven inblazen ⟨alleen figuurlijk⟩, opnieuw in werking stellen

re·ac·ti·va·tion /riˌæktɪˈveɪʃn/ [telb + niet-telb zn] reactivering

re·ac·tive /riˈæktɪv/ [bn; bw: ~ly; zn: ~ness] **1** reagerend, reactie vertonend ⟨elek⟩ **2** m.b.t. reactantie, reactantie hebbend **3** ⟨psych⟩ reactief ♦ *a reactive depression* een reactieve depressie **4** ⟨scheik⟩ reactief

re·ac·tor /riˈæktə, ᴬˈ-ər/ [telb zn] **1** atoomreactor, kernreactor **2** reactievat, reactor **3** ⟨elek⟩ smoorspoel **4** ⟨med⟩ (positief) reagerend iemand/iets ⟨op stoffen, medicijnen e.d.⟩

¹**read** /riːd/ [telb zn; geen mv] **1** leestijd, leesuurtje ♦ *she had a quiet read* zij zat rustig te lezen; *I'll have a short read before going out* ik ga even lezen voordat ik wegga **2** leesstof, lectuur ♦ *that book is a terrific read* dat is een vreselijk goed boek

²**read** /riːd/ [onov ww; read, read] **1** ⟨vnl BE; form⟩ studeren, leren ⟨voornamelijk universitair⟩ ♦ *read for a degree in Law* rechten studeren; *a reading man* een hard werkend student **2** luiden, klinken ♦ *your essay reads like a translation* je opstel klinkt als een vertaling; *his version of the poem reads thus* zijn versie van het gedicht luidt (als volgt) **3** zich laten lezen, lezen ♦ *Ibsen's plays read easily* de stukken van Ibsen laten zich makkelijk lezen **4** moeten worden gelezen, gaan, lopen ♦ *the law reads that* de wet zegt dat, volgens de wet; *this sentence reads from left to right* deze zin moet van links naar rechts gelezen worden;
→ reading

³**read** /riːd/ [onov + ov ww; read, read] **1** lezen, kunnen lezen ♦ *read an article about reggae* een artikel over reggae lezen; *read (a)round the subject/topic* achtergrondliteratuur over een onderwerp lezen; *our son could read at the age of six* onze zoon kon lezen toen hij zes was; *Carol seldom reads French* Carol leest zelden iets in het Frans; *read a novel* een roman lezen; *read over/through* doorlezen, overlezen; *read o.s. to sleep* zichzelf in slaap lezen; lezen tot je erbij in slaap valt; *read up on sth.* zijn kennis over iets bijspijkeren/opvijzelen; zich op de hoogte stellen van iets, iets bestuderen; *a widely read pamphlet* een wijd en zijd gelezen pamflet; *not read or write* niet (kunnen) lezen of schrijven **2** oplezen, voorlezen ♦ *the operator read back the telegram to me* de telefoniste las me het (opgegeven) telegram nog eens voor; *read from* (voor)lezen uit, voordragen uit; *read off the message* de boodschap oplezen (hardop, in zichzelf); *read off the temperature* de temperatuur aflezen; *read out the instructions* de instructies voorlezen; *read (a play) round the class* (een toneelstuk) met de klas lezen; *our group read Stoppard's Travesties round the room* met ons groepje

hebben we Stoppard's Travesties thuis gelezen; *read well* goed voorlezen, goed kunnen lezen ③ ⟨sl⟩ op luizen controleren ⟨kleding⟩, inspecteren ④ ⟨sl⟩ afluisteren • ⟨anglic⟩ *read o.s. in* zijn intreerede houden; → **reading**

⁴**read** /riːd/ [ov ww; read, read] ① lezen, begrijpen, weten te gebruiken, ontcijferen ♦ ⟨sport⟩ *read the ball* de bal anticiperen; *read the clock/time* klok kijken; ⟨sport⟩ *read the game* spelinzicht/overzicht hebben; ⟨sport⟩ *read the green* de green 'lezen', de ideale lijn op de green naar de hole proberen vast te stellen; *read my lips* let op mijn woorden, let maar eens op; *read the map* kaart lezen; *read the meter* een meter aflezen; *read music* muziek lezen; *he can read Swedish, but he can't speak it* hij kan Zweeds lezen, maar hij kan het niet spreken ② uitleggen, interpreteren, voorspellen ⟨toekomst⟩, duiden ⟨droom⟩, oplossen ⟨raadsel⟩, lezen ⟨hand⟩, ⟨fig⟩ doorgronden, doorzien ♦ ⟨fig⟩ *read your husband* je man doorgronden/doorhebben; *this poem may be read in various ways* dit gedicht kan op verschillende manieren gelezen/geïnterpreteerd worden ③ studeren, bestuderen ♦ *deeply/widely read in American literature* zeer belezen op het gebied van de Amerikaanse literatuur; *read psychology* psychologie studeren; *read up* bestuderen; bij elkaar/bijeen lezen ④ aangeven, tonen, laten zien, geven ⟨tekst⟩, aanwijzen ♦ *the thermometer reads twenty degrees* de thermometer geeft twintig graden aan/staat op twintig graden ⑤ vervangen door, zien als, lezen voor, opvatten als ⑥ ⟨comp⟩ (in)lezen ⟨gegevens⟩ ♦ *read in* inlezen; *read out* opnemen uit, lezen • *he read more into her words than she'd ever meant* hij had meer in haar woorden gelegd dan zij ooit had bedoeld; *the critic has read more into the book than the author intended* de criticus ziet meer in het boek dan de schrijver bedoelde; ⟨AE⟩ *read out s.o.* iemand royeren/uitstoten; → **reading**

read·a·bil·i·ty /riːdəbɪləti/ [niet-telb zn] leesbaarheid
read·a·ble /riːdəbl/ [bn; bw: readably; zn: ~ness] ① lezenswaard(ig), leesbaar ② leesbaar, te lezen
re·ad·dress /riːədres/ [ov ww] doorsturen, van een nieuw/ander adres voorzien ⟨brief⟩ ♦ *I have readdressed all your mail to your new address* ik heb al je post naar je nieuwe adres doorgestuurd
read·er /riːdə, ᴬ-ər/ [telb zn] ① lezer ⟨ook figuurlijk, m.b.t. gedachten e.d.⟩ ♦ *a fast/great reader* een snel/verwoed lezer ② lector ⟨die manuscripten voor uitgever doorleest⟩ ♦ *lay reader* leek die in de kerk voorleest ③ corrector ④ voorlezer ⟨voornamelijk in kerkdienst⟩ ⑤ leesboek, bloemlezing, anthologie ⑥ leesapparaat, leestoestel ⑦ ⟨BE⟩ lector ⟨aan universiteit⟩, ⟨België⟩ ± docent ♦ *reader in Roman Law* docent Romeins recht ⑧ ⟨AE⟩ onderwijsassistent die examens corrigeert ⑨ ⟨r-k⟩ lector ⑩ ⟨sl⟩ beschrijving van door de politie gezochte persoon ⑪ ⟨mv⟩ ⟨sl⟩ gemerkte speelkaart
read·er·ship /riːdəʃɪp, ᴬ-dər-/ [telb zn] ① lezerskring, lezerspubliek ♦ *our paper has a readership of 10,000* ons blad telt 10.000 lezers ② ⟨BE⟩ lectorschap ⟨aan universiteit⟩
read·i·ly /redɪli/ [bw] ① graag, goedschiks ♦ *he readily accepted my suggestion* hij aanvaardde mijn voorstel zonder mopperen/aarzeling ② gemakkelijk, vlug, dadelijk, vlot ♦ *readily available* gemakkelijk te krijgen, voorhanden
read·i·ness /redɪnəs/ [niet-telb zn] ① bereidheid, bereidwilligheid, gewilligheid ♦ *readiness to learn* leergierigheid ② vlugheid, vaardigheid, gemak ♦ *readiness of mind/wit* gevatheid, tegenwoordigheid van geest; *readiness of tongue* radheid/rapheid van tong, welbespraaktheid ③ gereedheid ♦ *all is in readiness* alles staat/is (kant-en-)klaar/gereed
¹**read·ing** /riːdɪŋ/ [telb zn; (oorspronkelijk) gerund van read] ① lezing, voorlezing, voordracht ♦ ⟨pol⟩ *first/second/third reading of a bill* eerste/tweede/derde lezing van een wetsontwerp; *a public reading of poetry* een publieke voordracht van poëzie; *the reading of a will* de voorlezing van een testament ② lezing, versie, variant ⟨van tekst e.d.⟩ ③ lezing, interpretatie ④ stand, waarde ⟨op meetinstrument⟩ ♦ *the readings on the thermometer* de afgelezen/genoteerde temperaturen

²**read·ing** /riːdɪŋ/ [niet-telb zn; (oorspronkelijk) gerund van read] ① het (voor)lezen ② het studeren, studie ⟨in boeken⟩ ♦ *do some hard reading* hard studeren ③ belezenheid, boekenkennis ♦ *a man of (wide) reading* een belezen man ④ lectuur, leesstof ♦ *get some reading done* wat lectuur doornemen

reading age [telb zn; geen mv] lees(vaardigheids)niveau ♦ *have a reading age of a child of eight* de leesvaardigheid hebben van een kind van acht

reading clerk [telb zn] griffier belast met het voorlezen ⟨van wetsontwerpen e.d.⟩

reading comprehension [telb + niet-telb zn] leesvaardigheid ♦ *have a reading comprehension of a foreign language* een vreemde taal kunnen lezen ⟨maar niet spreken⟩

read·ing-desk, read·ing-stand [telb zn] lessenaar
read·ing-glass·es [alleen mv] leesbril ♦ *a pair of reading-glasses* een leesbril

reading knowledge [telb + niet-telb zn] leesvaardigheid ♦ *have a reading knowledge of a foreign language* een vreemde taal kunnen lezen ⟨maar niet spreken⟩

read·ing-lamp, read·ing-light [telb zn] leeslamp
reading matter [niet-telb zn] lectuur, leesstof
reading notice [telb zn] als redactioneel materiaal opgestelde advertentie

read·ing-room [telb zn] leeskamer, leeszaal
re·ad·journ /riːədʒɜːn, ᴬ-dʒɜrn/ [ov ww] opnieuw verdagen

¹**re·ad·just** /riːədʒʌst/ [onov ww] zich weer aanpassen, weer wennen ♦ *readjust to school after the holidays* weer wennen aan het schoolleven na de vakantie
²**re·ad·just** /riːədʒʌst/ [ov ww] weer aanpassen, weer regelen, weer in de juiste stand brengen, weer goed zetten
re·ad·just·ment /riːədʒʌs(t)mənt/ [telb + niet-telb zn] heraanpassing, herordening
read-only [bn, attr] ⟨comp⟩ onuitwisbaar, permanent ♦ *read-only memory* ROM

read-out [niet-telb zn] ⟨comp⟩ ① het (uit)lezen, opname ⟨uit geheugen⟩ ② uitlezing, ⟨i.h.b.⟩ beeldschermtekst ③ uitleesapparatuur ⟨in het bijzonder scherm⟩

read-through [telb zn] tekstlezing ⟨van toneelstuk⟩
¹**read·y** /redi/ [niet-telb zn] ⟨sl⟩ baar/gereed geld, contante betaling • *at the ready* in de aanslag, paraat, bij de hand
²**read·y** /redi/ [bn, attr; vergr trap: readier] ① vlug, rad, rap, vlot, gevat ♦ *ready pen* vaardige pen; *ready tongue* gladde/rappe tong; *ready wit* gevatheid ② gemakkelijk, handig ♦ *ready reckoner* boekje met dikwijls gebezigde berekeningen, rekentabel; *a ready source of revenue* een gemakkelijke bron van inkomsten; *the readiest way* de gemakkelijkste/meest voor de hand liggende manier ③ gereed, bereidwillig, graag ♦ *ready consent* bereidwillig akkoord; *find a ready sale* gerede aftrek vinden ④ klaar, paraat ⟨van kennis⟩ ♦ *ready knowledge* parate kennis ⑤ contant, baar ⟨van geld⟩ ♦ *ready cash* baar/gereed geld, klinkende munt; *ready money* baar/gereed geld; contante betaling

³**read·y** /redi/ [bn, pred; vergr trap: readier] ① klaar, gereed, af ♦ *the country is ready for war* het land is paraat voor oorlog; *make ready* klaarmaken, voorbereiden; *ready, steady, go!* klaar? af!; *the plane is ready to take off* het vliegtuig staat klaar om op te stijgen; *we're ready when you are* zeg maar wanneer je klaar bent, wij zijn er klaar voor ② bereid, bereidwillig ♦ *I am ready to pay for it* ik wil er best voor betalen; *are you ready to die for your opinions?* ben je bereid voor je overtuigingen te sterven?; *people are always ready with criticism* de mensen staan altijd met kritiek klaar ③ op het punt staan ♦ *ready to drop* doodop,

ready

doodmoe; *he was ready to cry/swear* hij stond op het punt in tranen/vloeken uit te barsten

⁴**read·y** /rɛdi/ [ov ww] **klaarmaken, voorbereiden** ♦ *they are readying themselves for the party* zij maken zich klaar voor het feestje

⁵**read·y** /rɛdi/ [bw; voornamelijk vóór volt deelw] **klaar-, kant-en-klaar, van tevoren** ♦ *ready cut meat* van tevoren gesneden vlees; *please pack the books ready!* pak a.u.b. de boeken van tevoren in!

¹**read·y-made** [telb zn] **confectiekledingstuk**

²**read·y-made** [bn, attr] ⓵ **kant-en-klaar**, confectie- ♦ *ready-made clothing* confectiekleding ⓶ **stereotiep** ⟨ook figuurlijk⟩, **voorgekauwd** ♦ *ready-made opinions* stereotiepe/voorgekauwde opinies

ready meal [telb zn] **kant-en-klaarmaaltijd**

read·y-to-eat [bn, attr] **kant-en-klaar** ♦ *ready-to-eat meals* kant-en-klare maaltijden

read·y-to-wear [bn, attr] **confectie-** ♦ *ready-to-wear clothing* confectiekleding

read·y-wit·ted [bn] **gevat, vlug van begrip**

re·af·firm /ˌriːəˈfɜːm, ˄-ˈfɜrm/ [ov ww] **opnieuw bevestigen, opnieuw verzekeren/verklaren**

re·af·fir·ma·tion /ˌriːæfəˈmeɪʃn, ˄-fər-/ [telb + niet-telb zn] **herbevestiging, herhaalde verklaring**

re·af·for·est /ˌriːəˈfɒrɪst, ˄-ˈfɔː-, ˄-ˈfɑː-/, ⟨AE⟩ **re·for·est** /riːˈfɒrɪst, ˄-ˈfɔː-, ˄-ˈfɑː-/ [ov ww] **herbebossen**

re·af·for·est·ation /ˌriːəfɒrɪˈsteɪʃn, ˄-ˈfɔː-, ˄-ˈfɑː-/, ⟨AE⟩ **re·for·est·ation** /riːˌfɒrɪ-, ˄-ˈfɔː-, ˄-ˈfɑː-/ [niet-telb zn] **herbebossing**

Rea·gan·ism /ˈreɪɡənɪzm/ [niet-telb zn] **reaganisme,** rechts/conservatief beleid

Rea·gan·om·ics /ˌreɪɡənˈɒmɪks, ˄-ˈnɑmɪks/ [niet-telb zn] **reaganomics** ⟨economische politiek van president Reagan (1981-1989) van de USA⟩

re·a·gen·cy /riˈeɪdʒnsi/ [niet-telb zn] **reactievermogen**

re·a·gent /riˈeɪdʒnt/ [telb zn] ⟨scheik⟩ **reagens**

¹**re·al** /reɪɑːl/ [telb zn; mv: ook reales /-leɪz, ˄-leɪs, ˄reɪs/; mv: reis /reɪz/] **reaal** ⟨oude zilvermunt⟩

²**re·al** /rɪəl, riːl/ [bw] **werkelijk iets,** ⟨mv⟩ **werkelijke dingen**

³**re·al** /rɪəl, riːl/ [niet-telb zn] **werkelijkheid** ♦ ⟨AE; inf⟩ *for real* in werkelijkheid, echt, gemeend; ⟨AE; inf⟩ *are you for real?* serieus?, meen je dat?, echt (waar)?; ⟨AE; inf⟩ *is this guy for real?* wat is dat voor een weirdo/rare vogel?; *the real* de werkelijkheid, de wereld van het zichtbare

⁴**re·al** /rɪəl, riːl/ [bn; zn: ~ness] ⓵ **echt, waarlijk, werkelijk, onvervalst** ♦ *he is the real boss here* hij is hier de eigenlijke baas; *real, not artificial fur* echt bont, geen namaak; *real life, not fiction* de echte, niet uit de verbeelding; *real money* werkelijk geld; baar geld, klinkende munt; *real size* natuurlijke grootte; ⟨sport, gesch⟩ *real tennis* real tennis ⟨tennisspel op (ommuurde) baan⟩; *this does not taste like beer when you're used to the real thing* als je echt bier gewend bent, smaakt dit nergens naar; ⟨inf⟩ *the real thing/McCoy* de/het echte, de/je ware; ⟨comp⟩ *real time* real time, ware tijd, (verwerking van data) snel genoeg om de input bij te houden; *real wages* reële lonen; *in the real world* in (de) werkelijkheid, in het echte/werkelijke leven ⓶ **reëel, wezenlijk** ♦ *in real terms* in concrete termen, in de praktijk; *in any real way* werkelijk, echt, concreet ⓷ **netto** ♦ *real income* reëel/werkelijk inkomen; *real weight* netto belading ⟨van vliegtuig⟩ ⓸ ⟨jur⟩ **onroerend** ♦ *real assets* onroerende activa, onroerend vermogen; *real property, things real* onroerend(e) goed(eren) ⓹ ⟨wisk, opt⟩ **reëel** ♦ *real image/number* reëel beeld/getal ⓺ ⟨boekh⟩ *real accounts* kapitaalrekening ⟨in het bijzonder van kapitaalmiddelen⟩; ⟨inf⟩ *get real!* wees eens een beetje realistisch!; ⟨inf⟩ *keep it real* zichzelf zijn, gewoon doen

⁵**re·al** /rɪəl, riːl/ [bw] ⟨AE, SchE; inf⟩ **echt, heus, erg, oprecht, intens** ♦ *that's real good, man!* dat is echt tof, kerel!

real estate [niet-telb zn] ⓵ **onroerend goed** ⓶ ⟨vnl AE⟩ **huizen in verkoop** ♦ *sell real estate* huizen verkopen

re·al-es·tate a·gent [telb zn] ⟨AE⟩ **makelaar in onroerend goed**

re·al·gar /riˈælɡə, ˄-ər/ [niet-telb zn] ⟨scheik⟩ **realgar,** robijnzwavel

re·a·lign /ˌriːəˈlaɪn/ [ov ww] ⓵ **weer richten,** weer in één lijn opstellen ⓶ ⟨fig⟩ **anders groeperen/opstellen** ⟨in politiek e.d.⟩

re·a·lign·ment /ˌriːəˈlaɪnmənt/ [niet-telb zn] **wederopstelling,** ⟨fig⟩ hergroepering

re·al·ism /ˈrɪəlɪzm/ [niet-telb zn] **realisme,** werkelijkheidszin, getrouwheid ⟨ook m.b.t. filosofie, kunst⟩

re·al·ist /ˈrɪəlɪst/ [telb zn] **realist**

re·al·is·tic /ˌrɪəˈlɪstɪk/ [bn; bw: ~ally] ⓵ **realistisch,** m.b.t. realisme ⓶ **realistisch,** praktisch ⓷ *realistically, things will hardly get better* reëel bezien/in werkelijkheid zal er nauwelijks verbetering optreden

¹**re·al·i·ty** /riˈæləti/ [telb zn] **werkelijkheid,** realiteit ♦ *his wish became a reality* zijn wens werd werkelijkheid/ging in vervulling; *the realities of life* de realiteiten/feiten van het leven

²**re·al·i·ty** /riˈæləti/ [niet-telb zn] **werkelijkheid,** realiteit, wezenlijkheid, werkelijk bestaan ♦ *believe in the reality of goblins* in het bestaan van kabouters geloven; *bring s.o. back to reality* iemand tot de werkelijkheid terugbrengen; *in reality* in werkelijkheid, in feite, eigenlijk

reality check [telb zn; voornamelijk enk] ⟨inf⟩ **het onder ogen zien van de werkelijkheid,** relativering ♦ *it's time for a reality check* even terug naar de werkelijkheid, even beide benen weer op de grond

reality TV [niet-telb zn] **reality-tv** ⟨met het leven van alledag als onderwerp⟩

re·al·iz·able, re·al·is·able /ˈrɪəlaɪzəbl/ [bn] **realiseerbaar,** te verwezenlijken, uitvoerbaar

re·al·i·za·tion, re·al·i·sa·tion /ˌrɪəlaɪˈzeɪʃn, ˄-lə-/ [niet-telb zn] ⓵ **bewustwording,** besef, begrip, inzicht ⓶ **realisatie,** verwezenlijking, verwerkelijking ⓷ **realisatie,** realisering, het te gelde maken

¹**re·al·ize, re·al·ise** /ˈrɪəlaɪz/ [onov + ov ww] **verdienen door verkoop** ♦ *they realized on the property* zij verdienden aan het eigendom; *they realized a handsome profit on the sale* zij verdienden een mooi sommetje op de verkoop

²**re·al·ize, re·al·ise** /ˈrɪəlaɪz/ [ov ww] ⓵ **beseffen,** zich bewust zijn/worden, zich realiseren, weten ♦ *don't you realize you're making a fool of yourself?* zie je niet in dat je jezelf belachelijk maakt? ⓶ **realiseren,** verwezenlijken, uitvoeren, bewerkstelligen ♦ *our worst fears were realized* onze ergste verwachtingen/onze bangste vermoedens werden bewaarheid; *realize one's plans* zijn plannen waar maken ⓷ **realiseren,** verkopen, te gelde maken ♦ *realize the family's jewellery* de familiejuwelen verkopen/te gelde maken ⓸ ⟨form⟩ **opbrengen** ♦ *the house realized a profit* het huis bracht winst op

re·al·li·ance /ˌriːəˈlaɪəns/ [telb zn] **hernieuwd verbond**

¹**real·ly** /ˈrɪəli/ [bw] ⓵ → **real** ⓶ **werkelijk,** echt, heus, eigenlijk, in werkelijkheid ♦ *he is not really bad* hij is niet zo kwaad (als hij eruitziet), hij is nog zo kwaad niet; *I don't really feel like it* ik heb er eigenlijk geen zin in; *you really should/ought to go* je zou er echt naartoe moeten; (O) *really?* O ja?, Is dat zo?, Echt waar? ⓷ **werkelijk,** echt, zeer, erg, helemaal ♦ *it is really cold today* vandaag is het echt/heel erg koud; *I really love you* ik hou echt (veel) van je; *Do you like it? Not really* Vind je het leuk/mooi? Niet zo erg/Nee, eigenlijk niet

²**real·ly** /ˈrɪəli, riː-, rɪ-/ [tw] **waarachtig!,** nou, zeg!, ... toch! ♦ *not really!* nee zeg!, 't is toch niet waar!; *well really!* nee maar!; *really, Willy! Mind your manners!* Willy toch! Wat zijn dat voor manieren!

realm /relm/ [telb zn] ⓵ ⟨vaak Realm⟩ ⟨form; retoriek; jur⟩

reason

koninkrijk, rijk ♦ *the defence of the Realm* de verdediging van het Koninkrijk [2] rijk, sfeer, gebied, wereld, domein ⟨voornamelijk figuurlijk⟩ ♦ *the animal realm* het dierenrijk; *the realm(s) of the imagination* de verbeeldingswereld; *in the realm of* op het gebied van; *the realm of poetry* de wereld van de poëzie; *the realm of science* het domein van de wetenschap

re·al·po·li·tik /reɪɑːlpɒliːtiːk, ᴬ-pɑ-/ [niet-telb zn] realpolitik ⟨beleid gericht op praktische, materiële belangen in plaats van ideële doelstellingen⟩

real-time [bn] ⟨comp⟩ real time

real-time processing [niet-telb zn] ⟨comp⟩ directe/onvertraagde verwerking

re·al·tor /rɪəltə, -tɔː, ᴬ-tər, ᴬ-tɔr/ [telb zn] ⟨AE⟩ makelaar in onroerend goed

re·al·ty /rɪəlti/ [telb + niet-telb zn] ⟨jur⟩ onroerend goed, vast goed, grondbezit

real-world [bn] echt, werkelijk ⟨ook tegenover de virtuele werkelijkheid⟩

¹**ream** /riːm/ [telb zn] [1] riem ⟨hoeveelheid papier⟩ [2] ⟨mv⟩ vel vol, massa ⟨schrijfwerk e.d.⟩ ♦ *he wrote reams and reams of bad poetry* hij schreef bergen/stapels/massa's slechte gedichten

²**ream** /riːm/ [ov ww] [1] verwijden, ruimen, uitboren ⟨gat, e.d.⟩ [2] ⟨AE⟩ persen ⟨citrusvruchten⟩ [3] ⟨AE; sl⟩ verneuken, belazeren, iets in de maag splitsen [4] ⟨scheepv⟩ openmaken ⟨naden, om te breeuwen⟩ ♦ ⟨sl⟩ *ream s.o. out/s.o.'s ass out* iemand op zijn lazer geven

ream·er /riːmə, ᴬ-ər/ [telb zn] [1] ruimer, ruimijzer, ruimnaald [2] ⟨AE⟩ (citrus)vruchtenpers

re·an·i·mate /riːænɪmeɪt/ [ov ww] reanimeren, doen herleven, opnieuw bezielen, nieuw leven inblazen, opwekken ⟨ook figuurlijk⟩

re·an·i·ma·tion /riːænɪmeɪʃn/ [niet-telb zn] reanimatie, het inblazen van nieuw leven, opwekking ⟨ook figuurlijk⟩

reap /riːp/ [onov + ov ww] maaien, oogsten ⟨ook figuurlijk⟩, verwerven, opstrijken ⟨winst⟩ ♦ *reap a profit/reward* de winst/een beloning opstrijken; *reap as one has sown* gelijk men zaait, zo zal men oogsten; *I reap where I have not sown* ik maai, waar ik niet gezaaid heb ⟨Matth. 25:26⟩ ♦ ⟨sprw⟩ *one man sows and another reaps* ± die de meeste hazen schiet, eet er het minst, ± de een slaat de nagel en de ander hangt de hoed er aan; ⟨sprw⟩ *as you sow, so shall you reap* wat men zaait, zal men ook maaien, ± wie zaait zal oogsten; ⟨sprw⟩ *sow the wind and reap the whirlwind* die wind zaait, zal storm oogsten

reap·er /riːpə, ᴬ-ər/ [telb zn] [1] maaimachine ♦ *reaper and binder* maaibinder [2] maaier ⟨ook figuurlijk⟩, de man met de zeis, zeisenman ⟨de dood⟩

reap·ing hook, ⟨AE vnl⟩ **reap hook** [telb zn] sikkel

reaping machine [telb zn] maaimachine

re·ap·pear /riːəpɪə, ᴬ-pɪr/ [onov ww] weer verschijnen, opnieuw tevoorschijn komen, weer komen opdagen

re·ap·pear·ance /riːəpɪərəns, ᴬ-pɪr-/ [telb + niet-telb zn] herverschijning, het zich opnieuw vertonen, terugkeer

re·ap·prais·al /riːəpreɪzl/ [telb + niet-telb zn] herbeschouwing, heroverweging, herafweging, herbeoordeling

re·ap·praise /riːəpreɪz/ [ov ww] opnieuw beoordelen, opnieuw beschouwen/evalueren, heroverwegen

¹**rear** /rɪə, ᴬrɪr/ [telb zn] [1] achtergedeelte, achterstuk, ⟨fig⟩ achtergrond ♦ *drop to the rear* op de achtergrond raken; *in the rear* achterin, in het achtergedeelte; *move to the rear* zich op de achtergrond plaatsen, op de achtergrond blijven [2] achterkant, rug, rugkant, rugzijde, achterzijde ♦ *at the rear* achteraan, aan de achterkant; *bring up the rear* als laatste komen, de rij sluiten; ⟨AE⟩ *in the rear* achteraan, aan de achterkant; *take in the rear* in de rug aanvallen [3] ⟨inf⟩ achterste, achterwerk, derrière ♦ ⟨scherts⟩ *get your rear in gear* kom es van je luie gat [4] ⟨mil⟩ achterhoede

²**rear** /rɪə, ᴬrɪr/ [bn, attr] achter-, achterste ♦ *rear door/light/wheel* achterdeur/achterlicht/achterwiel; *rear end* achterkant; achterste; *rear sight* achterste deel van een vizier, keep ⟨van korrelvizier⟩

³**rear** /rɪə, ᴬrɪr/ [onov ww] [1] steigeren ♦ *the horse reared up* het paard steigerde [2] ⟨form⟩ oprijzen, zich verheffen

⁴**rear** /rɪə, ᴬrɪr/ [ov ww] [1] grootbrengen, (op)fokken, kweken, opvoeden ♦ *rear cattle* vee (op)fokken; *rear children* kinderen opvoeden [2] ⟨form⟩ oprichten, stichten, bouwen ♦ *the tower reared itself into the sky* de toren verhief zich in de lucht; *rear a monument* een gedenkteken oprichten

rear-ad·mi·ral [telb zn] schout-bij-nacht

rear-end [ov ww] op de achterkant botsen van ♦ *be rear-ended by another driver* van achteren aangereden worden door een andere automobilist

rear end collision [telb zn] kop-staartbotsing

rear-end·er [telb zn] kop-staartbotsing

rear-guard [verzamelnaam; the; ook attributief] achterhoede

rearguard action [telb zn] achterhoedegevecht ⟨ook figuurlijk⟩

re·arm /riːɑːm, ᴬ-ɑrm/ [onov + ov ww] herbewapenen ♦ *we must rearm ourselves* we moeten (ons) herbewapenen; *rearm the troops with modern guns* de soldaten met moderne kanonnen herbewapenen

re·ar·ma·ment /riːɑːmənt, ᴬ-ɑr-/ [niet-telb zn] herbewapening ⟨ook figuurlijk⟩

rear·most /rɪəməʊst, ᴬrɪr-/ [bn, attr] achterste, allerlaatste ⟨in rij e.d.⟩

re·ar·range /riːəreɪndʒ/ [ov ww] [1] herschikken, herordenen, anders rangschikken/inrichten/opstellen ♦ *rearrange the room/furniture* de kamer anders inrichten, de meubels anders opstellen [2] herschikken, herordenen, opnieuw schikken/ordenen, weer in orde brengen ♦ *she rearranged her hair* ze bracht haar kapsel weer in orde

re·ar·range·ment /riːəreɪndʒmənt/ [telb + niet-telb zn] herschikking, herordening, andere schikking/inrichting/ordening/opstelling

rear shelf [telb zn] hoedenplank

rear suspension [telb + niet-telb zn] achterwielophanging

rear·view mir·ror [telb zn] achteruitkijkspiegel

¹**rear·ward** /rɪəwəd, ᴬrɪrwərd/ [niet-telb zn] achterste, achterkant ♦ *in the rearward* aan de achterkant; *to rearward of* achter

²**rear·ward** /rɪəwəd, ᴬrɪrwərd/ [bn, attr] [1] achter-, achterste ♦ *a rearward section of the shop* een afdeling achter in de winkel [2] achterwaarts ♦ *a rearward movement* een achterwaartse beweging

³**rear·ward** /rɪəwəd, ᴬrɪrwərd/, **rear·wards** /rɪəwədz, ᴬrɪrwərdz/ [bw] achterwaarts, achteruit

¹**rea·son** /riːzn/ [telb zn] ⟨log⟩ reden

²**rea·son** /riːzn/ [telb + niet-telb zn] reden, grond, beweegreden, oorzaak ♦ *by reason of* wegens, uit kracht/hoofde van; *for reasons of safety* uit veiligheidsoverwegingen, veiligheidshalve; *have reason(s) to believe that* reden(en)/grond(en) hebben om te geloven dat; ⟨inf⟩ *you'll know the reason why* anders zwaait er wat; ⟨inf⟩ *she'll want to know the reason why* zij zal boos worden; *all the more reason to finish school* een reden te meer om je school af te maken; *reason(s) of State* staatsredenen; *the reason why* de reden waarom/dat; *with (good) reason* terecht; *without reason* zonder reden, ongegrond

³**rea·son** /riːzn/ [niet-telb zn] [1] rede, verstand ♦ *have reason* met rede begaafd zijn; *lose one's reason* zijn verstand verliezen, krankzinnig worden [2] redelijkheid, gezond verstand ♦ *bring s.o. to reason, make someone hear/listen to/see reason* iemand tot rede brengen; *there is much reason in*

reason

his sayings er is veel waars/schuilt veel gezond verstand in wat hij zegt; *demands past/beyond all reason* onredelijke eisen; *see reason* naar rede luisteren; *it stands to reason that* het spreekt vanzelf dat; *anything (with)in reason* alles wat redelijk/mogelijk is

⁴**rea·son** /riːzn/ [onov ww] ① redeneren, logisch denken ♦ *reason from premises* zich op premissen baseren ② redeneren, argumenteren ♦ *reason with s.o.* met iemand redeneren/redetwisten; → **reasoning**

⁵**rea·son** /riːzn/ [ov ww] ① door redenering besluiten, aannemen, veronderstellen ♦ (inf) *ours is not to reason why* wij moeten maar gehoorzamen; *reason sth. out* iets berekenen/uitkienen; *I reasoned that he could not have been there* ik kwam tot de slotsom dat hij er niet had kunnen zijn ② door redenering overtuigen, ompraten ♦ *reason one's fears away* zijn angst wegredeneren; *reason s.o. into participation* iemand overreden mee te doen; *reason s.o. out of a plan* iemand een plan uit het hoofd praten ③ beredeneren, logisch nadenken over ♦ *a well-reasoned statement* een weldoordachte/beredeneerde/logische uiteenzetting; → **reasoning**

rea·son·a·ble /riːznəbl/ [bn; zn: ~ness] ① redelijk, verstandig ♦ *beyond reasonable doubt* zonder gerede twijfel; *prove sth. beyond reasonable doubt* iets overtuigend en wettig bewijzen ② redelijk, schappelijk, billijk, aanvaardbaar

rea·son·a·bly /riːznəbli/ [bw] ① → **reasonable** ② redelijkerwijze ♦ *I cannot reasonably believe that* redelijkerwijs kan ik dat niet geloven ③ vrij, tamelijk, nogal ♦ *the house is yet in a reasonably good state* het huis is nog in vrij behoorlijke staat

rea·son·er /riːznə, ᴬ-ər/ [telb zn] redeneerder, redeneerster

¹**rea·son·ing** /riːznɪŋ/ [telb zn; (oorspronkelijk) gerund van reason] redenering, redenatie, manier van redeneren

²**rea·son·ing** /riːznɪŋ/ [niet-telb zn; (oorspronkelijk) gerund van reason] redenering, gebruik van rede

¹**re·as·sem·ble** /riːəsembl/ [onov ww] opnieuw vergaderen, opnieuw bijeen/samenkomen

²**re·as·sem·ble** /riːəsembl/ [ov ww] ① opnieuw samenbrengen ② opnieuw ineenzetten, opnieuw samenvoegen/bijeenvoegen

re·as·sert /riːəsɜːt, ᴬ-sɜrt/ [ov ww] ① opnieuw beweren, bevestigen ② opnieuw laten/doen gelden, (opnieuw) handhaven

re·as·ser·tion /riːəsɜːʃn, ᴬ-sɜrʃn/ [telb + niet-telb zn] ① herhaalde bewering, (her)bevestiging ② (herhaalde) handhaving, het opnieuw laten/doen gelden

re·as·sess /riːəses/ [ov ww] ① opnieuw belasten/aanslaan ② herschatten, herwaarderen, opnieuw schatten/taxeren

re·as·sess·ment /riːəsesmənt/ [telb + niet-telb zn] ① nieuwe belasting/aanslag ② herschatting, herwaardering, hertaxatie

re·as·sign /riːəsaɪn/ [ov ww] opnieuw toewijzen/aanwijzen

re·as·sume /riːəsjuːm, ᴬ-suːm/ [ov ww] ① weer aannemen ② weer opnemen ③ weer aantrekken ④ weer voorwenden

re·as·sump·tion /riːəsʌmpʃn/ [telb + niet-telb zn] ① het weer aannemen ② heropneming ③ het weer aantrekken ④ het weer voorwenden

re·as·sur·ance /riːəʃʊərəns, ᴬ-ʃʊr-/ [telb + niet-telb zn] ① geruststelling ② herverzekering

re·as·sure /riːəʃʊə, ᴬ-ʃʊr/ [ov ww] ① geruststellen, weer (zelf)vertrouwen geven ② herverzekeren; → **reassuring**

re·as·sur·ing /riːəʃʊərɪŋ, ᴬ-ʃʊr-/ [bn; tegenwoordig deelw van reassure; bw: ~ly] geruststellend

Ré·au·mur /reɪəmjʊə, ᴬreɪoʊmjʊr/ [bn, postnoom] ⟨natuurk⟩ Réaumur, op de réaumurschaal ♦ *water boils at 80°*

Réaumur water kookt bij 80° Réaumur

Réaumur scale [niet-telb zn; the] ⟨natuurk⟩ réaumurschaal

¹**reave, reive** /riːv/ [onov ww; ook reft, reft] ⟨vero; BE⟩ plunderen, brandschatten

²**reave** /riːv/ [ov ww; ook reft, reft; voornamelijk volt deelw] ⟨vero; BE⟩ ① ontrieven, ontnemen, beroven ♦ *reft of her spouse* van haar echtgenoot beroofd ⟨in het bijzonder door de dood⟩ ② scheiden, losrukken

re·bap·tism /riːbæptɪzm/ [telb + niet-telb zn] wederdoop, herdoop

re·bap·tize, re·bap·tise /riːbæptaɪz, ᴬriːbæptaɪz/ [onov + ov ww] wederdopen, herdopen

re·bar·ba·tive /rɪbɑːbətɪv, ᴬrɪbɑrbətɪv/ [bn] ⟨form⟩ afstotend, weerzinwekkend

¹**re·bate** /riːbeɪt/ [telb zn] ① korting, rabat, aftrek, afslag ② → **rabbet**

²**re·bate** /rɪbeɪt/ [ov ww] ⟨vero⟩ ① verminderen, afslaan ⟨prijs⟩, aftrekken ② → **rabbet**

re·bec, re·beck /riːbek/ [telb zn] rebab ⟨twee- of driesnarige vedel, o.m. in gamelan⟩

¹**reb·el** /rebl/ [telb zn] rebel, oproerling, opstandeling, muiter ♦ *a rebel in the home* weerspannig kind

²**reb·el** /rebl/ [bn, attr] rebellen-, oproerlingen-, opstandelingen-, opstandig, oproerig ♦ *rebel forces* rebellenleger, opstandige strijdkrachten, gewapend verzet

³**re·bel** /rɪbel/ [onov ww] ① rebelleren, muiten, oproer maken, in opstand komen ♦ *the population rebels against the regime* de bevolking komt in opstand tegen het regime ② zich verzetten ♦ *the taxpayers rebel against the new measures* de belastingplichtigen verzetten zich tegen de nieuwe maatregelen

Reb·el /rebl/ [telb zn] ⟨AE; gesch⟩ soldaat van de zuidelijke staten in de Amerikaanse burgeroorlog

¹**re·bel·lion** /rɪbeljən/ [telb zn] opstand, oproer, rebellie ♦ *the Great Rebellion* de Engelse burgeroorlog ⟨1642-51⟩; *the Rebellion* de Engelse/Amerikaanse burgeroorlog

²**re·bel·lion** /rɪbeljən/ [niet-telb zn] opstandigheid, rebellie

re·bel·lious /rɪbeljəs/ [bn; bw: ~ly; zn: ~ness] ① opstandig ⟨ook figuurlijk⟩, oproerig, weerspannig ♦ *rebellious behaviour* opstandig gedrag ② rebellerend

re·bind /riːbaɪnd/ [ov ww] opnieuw (in)binden ⟨boek⟩

re·birth /riːbɜːθ, ᴬriːbɜrθ/ [telb zn; geen mv] ① wedergeboorte ② herleving, wederopleving

¹**re·boot** /riːbuːt/ [telb + niet-telb zn] ⟨comp⟩ reboot, herstart

²**re·boot** /riːbuːt/ [onov + ov ww] ⟨comp⟩ rebooten, herstarten

re·born /riːbɔːn, ᴬriːbɔrn/ [bn, pred] herboren, opnieuw geboren, wedergeboren

¹**re·bound** /riːbaʊnd/ [telb zn] ① terugstoot, terugsprong, terugkaatsing, terugstuit ⟨van bal⟩, rebound, echo ⟨van geluid⟩ ♦ *catch a ball on the rebound* een terugkaatsende bal vangen ② terugwerking, reactie, weeromstuit ♦ *on the rebound* van de weeromstuit, als/uit reactie; *take/catch s.o. on/at the rebound* van iemands emotionele reactie profiteren om hem te overreden/overtuigen

²**re·bound** /rɪbaʊnd/ [onov ww] ① terugkaatsen, terugspringen, terugstuiten ♦ *the pebble rebounded from the street* het steentje sprong van de straat terug ② terugwerken, neerkomen ♦ *your evil deeds will rebound (up)on you* je slechte daden zullen op je eigen hoofd neerkomen

¹**re·broad·cast** /riːbrɔːdkɑːst, ᴬ-kæst/ [telb zn] ① heruitzending, herhaling ② heruitzending, relais, overname

²**re·broad·cast** /riːbrɔːdkɑːst, ᴬ-kæst/ [onov + ov ww] ① heruitzenden, opnieuw uitzenden, herhalen ② heruitzenden, relayeren, overnemen

¹**re·buff** /rɪbʌf/ [telb zn] ① afwijzing, weigering ⟨van hulp, voorstel, e.d.⟩ ♦ *he met with a rebuff* hij kwam van

een koude kermis thuis; *all her suitors met with a rebuff from her father* al haar vrijers werden afgescheept/afgewezen door haar vader ② onverschillige behandeling, onvriendelijke bejegening ③ tegenslag

²**re·buff** /rɪbʌf/ [ov ww] ① afwijzen, weigeren, afstoten, afschepen ② uit de hoogte behandelen ③ terugdrijven

re·build /riːbɪld/ [ov ww] ① herbouwen, verbouwen, opknappen ⟨huis⟩, reviseren ⟨toestel⟩ ② volledig hervormen, vernieuwen ♦ *the news rebuilt her hopes* het nieuws gaf haar nieuwe hoop

re·buk·able /rɪbjuːkəbl/ [bn] ⟨form⟩ laakbaar

¹**re·buke** /rɪbjuːk/ [telb zn] ⟨form⟩ berisping, standje, reprimande ♦ ⟨vnl mil⟩ *administer a rebuke* een berisping toevoegen/geven; *a mild/sharp rebuke* een milde/strenge berisping

²**re·buke** /rɪbjuːk/ [niet-telb zn] ⟨form⟩ afkeuring ♦ *his behaviour provoked general rebuke* zijn gedrag wekte algemene afkeuring

³**re·buke** /rɪbjuːk/ [ov ww] berispen, een standje geven ♦ *rebuke s.o. for his laziness* iemand een standje geven/berispen om zijn luiheid

re·bus /riːbəs/ [telb zn] ① rebus, beeldraadsel ② ⟨heral⟩ rebus(blazoen)

¹**re·but** /rɪbʌt/ [onov ww] ⟨jur⟩ een tegenbewijs voordragen

²**re·but** /rɪbʌt/ [ov ww] weerleggen, refuteren, als onwaar afwijzen

re·but·ment /rɪbʌtmənt/ [telb + niet-telb zn] weerlegging, afwijzing

re·but·tal /rɪbʌtl/ [telb zn] ① tegenbewijs ② weerlegging, refutatie

re·but·ter /rɪbʌtə, ᴬrɪbʌtər/ [telb zn] ① weerlegging ② ⟨jur⟩ antwoord van beschuldigde op tripliek van de aanklager

re·cal·ci·trance /rɪkælsɪtrəns/, **re·cal·ci·tran·cy** /-si/ [niet-telb zn] ① weerspannigheid, onwilligheid, ongehoorzaamheid, verzet ② recalcitrant gedrag

¹**re·cal·ci·trant** /rɪkælsɪtrənt/ [telb zn] weerspannige, tegenstribbelaar, ongehoorzame

²**re·cal·ci·trant** /rɪkælsɪtrənt/ [bn] ① recalcitrant, weerspannig, ongehoorzaam, onwillig ② ⟨scheik⟩ moeilijk afbreekbaar

re·cal·ci·trate /rɪkælsɪtreɪt/ [onov ww] zich verzetten, protesteren, tegenstribbelen

re·cal·ci·tra·tion /rɪkælsɪtreɪʃn/ [niet-telb zn] verzet, weerspannigheid, onwilligheid, protest

re·ca·les·ce /riːkəles/ [onov ww] weer warm worden ⟨voornamelijk van afkoelend ijzer⟩

re·ca·les·cence /riːkəlesns/ [niet-telb zn] plotselinge verhitting ⟨van afkoelend ijzer⟩

¹**re·call** /rɪkɔːl, ᴬrɪkɔl/ [telb zn; the] ⟨mil⟩ rappel, signaal voor terugroeping ♦ *sound the recall* het rappel blazen

²**re·call** /rɪkɔːl, ᴬrɪkɔl/ [telb + niet-telb zn] ① rappel, terugroeping ⟨van officieren, gezant e.d.⟩ ♦ *letter of recall* brief van rappel; *officers under recall* teruggeroepen officieren ② terugroeping ⟨van product, door fabrikant⟩, terugname

³**re·call** /rɪkɔːl, ᴬrɪkɔl/ [niet-telb zn] ① herinnering, geheugen ♦ *beyond/past recall* onmogelijk te herinneren; *total recall* absoluut geheugen, volledige herinnering ② herroeping, intrekking ♦ *lost beyond recall* onherroepelijk verloren

⁴**re·call** /rɪkɔːl/ [onov + ov ww] zich herinneren ♦ *I cannot recall (to mind) that he said sth.* ik kan me niet herinneren dat/of hij iets zei

⁵**re·call** /rɪkɔːl/ [ov ww] ① terugroepen, rappelleren ⟨in het bijzonder gezant⟩ ♦ *recall to active service* in actieve dienst terugroepen ② herroepen, intrekken ⟨bevel e.d.⟩ ③ terugbrengen, herinneren ④ terugnemen ⟨geschenk, koopwaar e.d.⟩, terugroepen ⟨product, door fabrikant⟩ ⑤ terugbrengen, doen herleven • ⟨sprw⟩ *a word spoken is past recalling* eens gezegd, blijft gezegd

¹**re·cant** /rɪkænt/ [onov ww] zijn bewering herroepen, zijn geloof verzaken, zijn mening/overtuiging opgeven, zijn dwaling openlijk erkennen/toegeven

²**re·cant** /rɪkænt/ [ov ww] terugtrekken, terugkomen op, terugnemen, herroepen

re·can·ta·tion /riːkænteɪʃn/ [telb + niet-telb zn] herroeping, terugtrekking ⟨van mening, overtuiging e.d.⟩

¹**re·cap** /riːkæp/ [telb zn] ① ⟨inf⟩ ⟨verk: recapitulation⟩ recapitulatie, korte opsomming ② ⟨AE⟩ nieuw loopvlak ⟨van autoband⟩

²**re·cap** /riːkæp/ [onov + ov ww] ⟨inf⟩ ⟨verk: recapitulate⟩ recapituleren, kort samenvatten

³**re·cap** /riːkæp/ [ov ww] ① weer dichtdoen, weer een dop/capsule zetten op ⟨fles e.d.⟩ ② ⟨AE⟩ van een nieuw loopvlak voorzien ⟨autoband⟩

re·ca·pit·u·late /riːkəpɪtʃʊleɪt, ᴬ-tʃə-/ [onov + ov ww] recapituleren, samenvattend herhalen, kort samenvatten, resumeren

re·ca·pit·u·la·tion /riːkəpɪtʃʊleɪʃn, ᴬ-tʃə-/ [telb + niet-telb zn] ① recapitulatie, samenvatting van de hoofdpunten ② ⟨biol⟩ recapitulatie ⟨m.b.t. ontwikkeling⟩

re·ca·pit·u·la·tive /riːkəpɪtʃʊlətɪv, ᴬ-tʃəleɪtɪv/, **re·ca·pit·u·la·to·ry** /-lətri, ᴬ-lətɔri/ [bn] samenvattend, samenvattings- ♦ *a recapitulative statement* een samenvattende uiteenzetting

re·cap·tion /riːkæpʃn/ [telb + niet-telb zn] terugname ⟨van wederrechtelijk vervreemde goederen e.d.⟩

re·cap·tor /riːkæptə, ᴬ-ər/ [telb zn] terugnemer, begunstigde van terugname

¹**re·cap·ture** /riːkæptʃə, ᴬ-ər/ [telb + niet-telb zn] ① terugneming, herovering ② het teruggenomene

²**re·cap·ture** /riːkæptʃə, ᴬ-ər/ [onov + ov ww] ① heroveren, terugnemen, weer innemen ② oproepen, (zich) in herinnering brengen ③ doen herleven

¹**re·cast** /riːkɑːst, ᴬriːkæst/ [telb zn] in een nieuwe vorm gegoten voorwerp, ⟨fig⟩ omwerking, herziening, vernieuwing ⟨werk, idee e.d.⟩

²**re·cast** /riːkɑːst, ᴬriːkæst/ [telb + niet-telb zn] hergieting, ⟨fig⟩ hervorming, herziening, herbewerking

³**re·cast** /riːkɑːst, ᴬ-kæst/ [ov ww] ① hergieten ♦ *recast a church bell* een kerkklok hergieten ② omwerken, herbewerken, herzien, hervormen, vernieuwen ♦ *recast a sentence* een zin herschrijven ③ opnieuw verdelen ⟨rollen in toneelstuk⟩

rec·ce /reki/ [telb zn] ⟨BE; mil; sl⟩ ⟨verk: reconnaissance⟩ verkenning, verkenningsexpeditie, verkenningsvlucht, verkenningsopdracht

recd [afk] ⟨received⟩

re·cede /rɪsiːd/ [onov ww] ① achteruitgaan, zich terugtrekken, terugwijken, teruggaan, ⟨ook fig⟩ teruglopen ⟨in waarde e.d.⟩ ♦ *a receding chin* een wijkende/terugspringende kin; *a receding forehead* een terugwijkend voorhoofd; *a receding hairline* een kalend hoofd; *receding prices* dalende prijzen; *the tide receded* het werd eb ② terugwijken, langzaam verdwijnen ♦ *the idea receded from his mind* de idee verdween uit zijn gedachten; *as we travelled on, the city receded from our view* we reisden verder en de stad verdween uit het gezicht; *recede into the background* op de achtergrond treden ③ terugkomen ⟨op beslissing e.d.⟩, terugkrabbelen ♦ *recede from an opinion* van een mening terugkomen

re·cede /riːsiːd/ [ov ww] weer afstaan

¹**re·ceipt** /rɪsiːt/ [telb zn] ① reçu, ontvangstbewijs, kwitantie ♦ *sign/make out a receipt* een kwitantie opstellen ② recette ⟨ook meervoud⟩, ontvangen geld(en) ③ ⟨vero⟩ recept ♦ *receipts and expenditures* inkomsten en uitgaven

²**re·ceipt** /rɪsiːt/ [niet-telb zn] ontvangst, het ontvangen ♦ ⟨form⟩ *I am in receipt of your letter* ik heb uw brief ontvan-

receipt

gen; *on receipt of your payment* na ontvangst van uw betaling

³**re·ceipt** /rɪsiːt/ [ov ww] ① **kwiteren,** voor voldaan tekenen ⟨rekening, e.d.⟩ ② ⟨AE⟩ **een ontvangstbewijs tekenen/geven voor,** voor ontvangst tekenen van

re·ceipt-note [telb zn] **ontvangstbewijs**

re·ceiv·a·ble /rɪsiːvəbl/ [bn] ① **acceptabel,** aanvaardbaar, geldig ⟨voornamelijk m.b.t. betaalmiddel⟩ ♦ ⟨jur⟩ *receivable evidence* geldig/ontvankelijk bewijs(materiaal) ② **te ontvangen,** te innen ♦ ⟨vnl AE; boekh⟩ *accounts receivable* te innen rekeningen, vorderingen, uitstaande schulden; *bills receivable* te innen wissels

re·ceiv·a·bles /rɪsiːvəblz/ [alleen mv] ⟨AE⟩ **uitstaande vorderingen,** te innen rekeningen

¹**re·ceive** /rɪsiːv/ [onov + ov ww] ① **ontvangen,** verwelkomen, bezoek/gasten ontvangen ♦ *the doctor does not receive on Wednesdays* de dokter heeft 's woensdags geen spreekuur ② **helen,** gestolen goederen aanvaarden ③ ⟨r-k⟩ **communiceren,** de sacramenten ontvangen ♦ *receive the sacraments* ter communie gaan ⁕ ⟨sprw⟩ *it is more blessed to give than to receive* het is zaliger te geven dan te ontvangen; → **received, receiving**

²**re·ceive** /rɪsiːv/ [ov ww] ① **ontvangen,** krijgen, in ontvangst nemen ♦ *receive a good education* een goede opvoeding krijgen; *the news was received with joy* het nieuws werd met vreugde ontvangen ② **toelaten, opnemen** ♦ *receive into the Church* als kerklid aanvaarden/bevestigen; *receive back into the fold* weer als lid aanvaarden ③ **aanvaarden,** aannemen, geloven, aanhoren ⟨eed, klacht⟩ ♦ *the received view/opinion* de algemeen aanvaarde visie/mening ④ **opvangen,** dragen ♦ *be at/on the receiving end (of the stick/complaints)* al de klappen krijgen/klachten incasseren ⑤ **ontvangen** ⟨bijvoorbeeld via radio⟩ ♦ *are you receiving me?* ontvangt/hoort u me?; → **received, receiving**

re·ceived /rɪsiːvd/ [bn, attr; volt deelw van receive] **algemeen aanvaard,** standaard- ♦ *Received Standard English* Algemeen Beschaafd Engels; ⟨vero⟩ *received pronunciation* standaarduitspraak

re·ceiv·er /rɪsiːvə, -ər/ [telb zn] ① **ontvanger** ⟨persoon, toestel⟩ ② **hoorn** ⟨van telefoon⟩ ③ **curator,** bewindvoerder ♦ *Official Receiver* curator in een faillissement ④ **heler** ⑤ **vat,** reservoir, vergaarbak ⑥ ⟨American football⟩ **receiver** ⟨speler die een gooi van de quarterback moet vangen⟩ ⁕ ⟨sprw⟩ *the receiver is as bad as the thief* helers zijn stelers

re·ceiv·er·ship /rɪsiːvəʃɪp, -vər-/ [niet-telb zn] ① **curatorschap** ② **curatele,** beheer van een curator ♦ *the firm is in receivership* de firma staat onder het beheer van een curator

re·ceiv·ing /rɪsiːvɪŋ/ [niet-telb zn; gerund van receive] **heling**

re·ceiv·ing-or·der [telb zn] ⟨jur⟩ **besluit tot benoeming van een curator**

re·ceiv·ing-set [telb zn] **ontvangtoestel**

re·cen·cy /riːsnsi/ [niet-telb zn] **recentheid,** actualiteit, nieuwheid

re·cen·sion /rɪsenʃn/ [telb zn] ① **revisie,** kritische heruitgave ⟨van tekst⟩ ② **kritisch heruitgegeven/herziene tekst**

re·cent /riːsnt/ [bn; zn: ~ness] ① **recent,** van kort geleden, van de laatste tijd ♦ *a recent book* een onlangs verschenen boek; *recent events* recente gebeurtenissen; *of recent years* in de laatste jaren ② **nieuw,** jong, modern ♦ *recent fashion* nieuwe/eigentijdse mode

¹**Re·cent** /riːsnt/ [eigen] ⟨geol⟩ **holoceen**

²**Re·cent** /riːsnt/ [bn] **jong,** recent ⟨uit het holoceen⟩

re·cent·ly /riːsntli/ [bw] ① **onlangs,** kort geleden, recentelijk, laatstelijk ♦ *have you seen him recently?* heb je hem onlangs nog gezien? ② **de laatste tijd** ♦ *he has been moody, recently* hij is de laatste tijd humeurig (geweest)

1518

re·cep·ta·cle /rɪseptəkl/ [telb zn] ① ⟨vnl form⟩ ⟨benaming voor⟩ **vergaarplaats,** vergaarbak, container, recipiënt, ontvanger, vat, kruik, kom, schaal, bak ⟨enz.⟩ ② ⟨plantk⟩ **bloembodem, vruchtbodem** ③ ⟨techn⟩ **stopcontact,** contactdoos

¹**re·cep·tion** /rɪsepʃn/ [telb zn] ① **receptie** ♦ *the ceremony was followed by a reception* de plechtigheid werd gevolgd door een receptie ② **onthaal,** welkom(st) ♦ *they gave a warm/cordial reception to the visitor* zij gaven de bezoeker een warm/hartelijk onthaal ③ ⟨American football⟩ **ontvangen pass**

²**re·cep·tion** /rɪsepʃn/ [telb + niet-telb zn] **ontvangst,** ingang, onthaal, aanvaarding ♦ *my reception into the group* mijn intrede in/aanvaarding door de groep; *the reception of his book was mixed* zijn boek werd met gemengde gevoelens onthaald

³**re·cep·tion** /rɪsepʃn/ [niet-telb zn] ① **ontvangst,** het ontvangen ♦ *payment upon reception of your invoice* betaling na ontvangst van uw factuur; *everything was ready for the reception of the refugees* alles stond klaar om de vluchtelingen te ontvangen/op te vangen ② **begrip,** bevatting, verstand ♦ *powers of reception* bevattingsvermogen, begripsvermogen ③ **opname,** opneming ♦ *reception into hospital* opname in het ziekenhuis ④ **receptie** ⟨in hotel e.d.⟩ ♦ *please return your keys to reception* breng a.u.b. uw sleutels terug naar de receptie/balie ⑤ ⟨radio⟩ **(kwaliteit van) ontvangst**

reception centre [telb zn] **opvangcentrum**

reception clerk [telb zn] ⟨vnl AE⟩ **receptionist(e)**

reception desk [telb zn] **balie** ⟨van hotel, bibliotheek e.d.⟩

re·cep·tion·ist /rɪsepʃənɪst/ [telb zn] ① **receptionist(e)** ⟨bijvoorbeeld in hotel⟩ ② **assistent(e)** ⟨bij dokter, advocaat e.d.⟩

reception order [telb zn] ⟨AE⟩ **doktersbevel tot opname** ⟨in ziekenhuis e.d.⟩

reception room [telb zn] ① **receptiekamer, receptiezaal,** ontvangkamer, ontvangzaal ② ⟨makelaars⟩ **woonvertrek,** (i.h.b.) woonkamer

re·cep·tive /rɪseptɪv/ [bn; bw: ~ly; zn: ~ness] **receptief,** ontvankelijk, vatbaar, gevoelig, open ♦ *receptive faculties* receptieve vermogens, opnemingsvermogens; *a receptive mind* een openstaande/ontvankelijke geest; *be receptive to a suggestion/advice* open staan voor een idee/ontvankelijk zijn voor goede raad

re·cep·tiv·i·ty /riːseptɪvəti/ [niet-telb zn] **ontvankelijkheid**

re·cep·tor /rɪseptə, -ər/ [telb zn] ① ⟨biol⟩ **receptor** ⟨elementair voelorgaantje⟩ ② ⟨psych⟩ **receptor** ⟨biologisch substraat van het zintuig⟩

¹**re·cess** /rɪses, ˈriːses/ [telb zn] ① **inspringing,** insnijding, nis, uitsparing, plooi, holte ⟨ook biologie⟩ ② **alkoof** ③ ⟨vaak mv⟩ **uithoek,** verborgen/moeilijk te bereiken plaats, ⟨ook fig⟩ schuilhoek ♦ *in the darkest recesses of his mind* in het verborgen van zijn gedachten/geest; *in the inmost recesses of the Alps* diep verborgen in de Alpen

²**re·cess** /rɪses, ˈriːses/ [telb + niet-telb zn] ① **reces,** vakantie, onderbreking ⟨parlement⟩ ♦ *in recess* op reces ② ⟨AE⟩ **(school)vakantie** ③ ⟨AE⟩ **pauze** ⟨tussen lesuren⟩

³**re·cess** /rɪses/ [onov ww] ⟨vnl AE⟩ **op reces gaan,** pauzeren, uiteengaan

⁴**re·cess** /rɪses/ [ov ww] ① **in een nis zetten,** laten inspringen, verzinken ♦ *a recessed shelf* een in een nis geplaatste boekenplank; *a safe recessed in the wall* een (in de muur) ingebouwde kluis ② ⟨vnl AE⟩ **verdagen**

¹**re·ces·sion** /rɪseʃn/ [telb zn] ① **recessie,** economische teruggang ② **inspringing,** insnijding, holte, nis, uitsparing

²**re·ces·sion** /rɪseʃn/ [niet-telb zn] **terugtrekking,** terugwijking, terugtreding ⟨ook van geestelijken na eredienst⟩

³**re·ces·sion** /riːseʃn/ [niet-telb zn] restitutie, wederafstand
¹**re·ces·sion·al** /rɪseʃnəl/ [telb zn] ⟨rel⟩ slotzang, eindzang ⟨van koor en geestelijken na eredienst⟩
²**re·ces·sion·al** /rɪseʃnəl/ [bn, attr] [1] ⟨rel⟩ slot-, eind- ♦ *recessional hymn/music* slotzang, slotmuziek [2] reces-, gedurende het reces
re·ces·sion·ar·y /rɪseʃənri, ᴬ-ʃəneri/ [bn, attr] recessie-

afwijkende temperaturen in recepten		1/2
gasmark ¼	225° F	110° C
gasmark ½	250° F	120° C
gasmark 1	275° F	135° C
gasmark 2	300° F	150° C
gasmark 3	325° F	160° C
gasmark 4	350° F	180° C
gasmark 5	375° F	190° C
gasmark 6	400° F	200° C
gasmark 7	425° F	220° C
gasmark 8	450° F	230° C
gasmark 9	475° F	245° C

re·ces·sive /rɪsesɪv/ [bn; bw: ~ly] [1] terugwijkend ♦ *recessive accent* zich naar het begin van het woord verplaatsend accent [2] ⟨biol⟩ recessief ⟨erfelijkheidsleer⟩ ♦ *dominant and recessive traits* dominante en recessieve eigenschappen
¹**re·charge** /riːtʃɑːdʒ, ᴬ-tʃɑrdʒ/ [telb zn] nieuwe lading
²**re·charge** /riːtʃɑːdʒ, ᴬ-tʃɑrdʒ/ [telb + niet-telb zn] herlading, bijlading, bijvulling
³**re·charge** /riːtʃɑːdʒ, ᴬ-tʃɑrdʒ/ [ov ww] herladen, weer opladen ⟨batterij e.d.⟩ ♦ ⟨fig⟩ *recharge one's batteries* weer op adem/er weer bovenop komen
ré·chauf·fé /reɪʃoʊfeɪ, ᴬreɪʃoʊfeɪ/ [telb + niet-telb zn] opgewarmde kost, ⟨fig⟩ oud materiaal, niets nieuws
re·cher·ché /rəʃeəʃeɪ, ᴬrəʃerʃeɪ/ [bn] [1] uitgelezen, uitgezocht, select ♦ *a recherché choice of pictures* een met zorg uitgekozen reeks schilderijen [2] gezocht, ver gezocht, uitzonderlijk, vreemd
re·chip /riːtʃɪp/ [ov ww] van nieuwe chip voorzien
re·christ·en /riːkrɪsn/ [onov + ov ww] [1] herdopen, wederdopen [2] omdopen, een nieuwe naam geven
re·cid·i·vism /rɪsɪdɪvɪzm/ [niet-telb zn] recidive, het opnieuw tot misdaad vervallen
re·cid·i·vist /rɪsɪdɪvɪst/ [telb zn] recidivist, gewoontemisdadiger, oud-veroordeelde
rec·i·pe /resɪpi/ [telb zn] [1] recept, keukenrecept [2] recept ⟨figuurlijk⟩, middel ⟨om iets te krijgen⟩ ♦ *there is no (single) recipe for happiness* het recept voor geluk is niet te geven [3] ⟨vero⟩ recept, doktersrecept, doktersvoorschrift

afwijkende temperaturen in recepten	2/2
cool	130-150° C
warm	170° C
moderate	180° C
moderately hot	190° C
hot	200-220° C
very hot	230° C

re·cip·i·ence /rɪsɪpɪəns/, **re·cip·i·en·cy** /-si/ [niet-telb zn] ontvankelijkheid, receptiviteit
¹**re·cip·i·ent** /rɪsɪpɪənt/ [telb zn] ontvanger
²**re·cip·i·ent** /rɪsɪpɪənt/ [bn] [1] ontvangend, als ontvanger fungerend [2] ontvankelijk, receptief
¹**re·cip·ro·cal** /rɪsɪprəkl/ [telb zn] [1] equivalent in omgekeerde richting, wedervergelding, compensatie, tegenprestatie [2] ⟨wisk⟩ reciproque getal, omgekeerd evenredig getal, reciproque waarde
²**re·cip·ro·cal** /rɪsɪprəkl/ [bn; bw: ~ly; zn: ~ness] [1] wederkerig, wederzijds ♦ *reciprocal action* wisselwerking; *reciprocal agreement* wederzijds akkoord; *reciprocal love* wederzijdse liefde; ⟨taalk⟩ *reciprocal pronoun* wederkerig voornaamwoord [2] reciproque, omgekeerd (evenredig) ♦ *reciprocal number* reciproque/omgekeerd getal
¹**re·cip·ro·cate** /rɪsɪprəkeɪt/ [onov ww] [1] reciproceren, antwoorden ♦ *he reciprocated me by wishing me Merry X-mas* hij wenste mij op zijn beurt een zalig Kerstmis [2] complementair zijn [3] heen en weer bewegen ♦ *reciprocating engine* zuigermachine; *reciprocating motion* heen-en-weerbeweging
²**re·cip·ro·cate** /rɪsɪprəkeɪt/ [ov ww] [1] reciproceren, vergelden, op gelijke manier behandelen, beantwoorden ⟨gevoelens⟩ [2] uitwisselen, wederzijds geven
re·cip·ro·ca·tion /rɪsɪprəkeɪʃn/ [niet-telb zn] [1] uitwisseling [2] heen-en-weerbeweging [3] wisselwerking
rec·i·proc·i·ty /resɪprɒsəti, ᴬ-prɑsəti/ [niet-telb zn] [1] wederzijdsheid, wederkerigheid [2] reciprociteit ⟨voornamelijk in handelsvoorwaarden⟩
re·ci·sion /rɪsɪʒn/ [telb + niet-telb zn] [1] opzegging [2] annulering, annulatie
re·cit·al /rɪsaɪtl/ [telb zn] [1] relaas, verhaal [2] ⟨vnl jur⟩ opsomming, considerans, verklaring ⟨in document⟩, gronden ⟨van een vonnis⟩ [3] recital ⟨muziek, dans⟩ ♦ *vocal recital* zangrecital [4] voordracht ⟨gedicht, tekst⟩

afwijkende maten in recepten		
ounce (oz)	ongeveer 30 gram	om precies te zijn: 28,35 gram
pound (lb)	iets minder dan een pond	om precies te zijn: 0,453 kilogram
quart (qt)	ongeveer een liter	om precies te zijn: Brits-Engels 1,136 liter (1136 milliliter); Amerikaans-Engels 0,946 liter (946 milliliter)
pint (pt)	ongeveer een halve liter	om precies te zijn: Brits-Engels 570 milliliter; Amerikaans-Engels 470 milliliter
cup	ongeveer een kwart liter	om precies te zijn: 2,37 deciliter (237 milliliter)
shot	een borrelglaasje	zo'n 40 milliliter
fluid ounce (fl oz)	ongeveer 30 milliliter	om precies te zijn: Brits-Engels 28,5 milliliter; Amerikaans-Engels 29,5 milliliter
tablespoon (tbs of tbsp)	een flinke eetlepel	zo'n 15 milliliter
desert spoon	een dessertlepel	zo'n 8 milliliter
teaspoon (tsp)	een flinke theelepel of twee kleine theelepeltjes	Nederlandstalige recepten gaan vaak uit van theelepels van zo'n 3 milliliter; in Engelstalige recepten wordt met een teaspoon zo'n 5 milliliter bedoeld
knob of butter	een klont(je) boter	
stick of butter of cube of butter	115 gram boter	

recitalist

re·cit·al·ist /rɪsaɪtlɪst/ [telb zn] uitvoerder van recital
¹rec·i·ta·tion /resɪteɪʃn/ [telb zn] ① recitatie, voordracht ⟨van gedicht e.d.⟩ ② te reciteren tekst
²rec·i·ta·tion /resɪteɪʃn/ [telb + niet-telb zn] ① ⟨AE⟩ het opzeggen van een les ② lesuur voor mondelinge overhoring
³rec·i·ta·tion /resɪteɪʃn/ [niet-telb zn] recitatie, het opzeggen/voordragen ⟨van tekst⟩
rec·i·ta·tive /resɪtətiːv/ [telb + niet-telb zn] ⟨muz⟩ recitatief
¹re·cite /rɪsaɪt/ [onov ww] ⟨AE⟩ zijn les opzeggen
²re·cite /rɪsaɪt/ [onov + ov ww] reciteren, declameren, opzeggen
³re·cite /rɪsaɪt/ [ov ww] opsommen
re·cit·er /rɪsaɪtə, ᴬrɪsaɪtər/ [telb zn] recitant, recitator, voordrachtskunstenaar, declamator
¹reck /rek/ [onov ww] ⟨form⟩ ① zich bekommeren ♦ *he does not reck of danger* hij maakt zich geen zorgen over het gevaar ② schelen, deren ♦ *it recks little* het kan niet deren/veel kwaad
²reck /rek/ [ov ww] ⟨form⟩ geven om, letten op, zich zorgen maken om ♦ *she recked nothing* zij was voor niets vervaard
reck·less /rekləs/ [bn; bw: ~ly; zn: ~ness] ① roekeloos, onvoorzichtig, wild, woest ♦ *reckless driving* woest/onvoorzichtig autorijden ② vermetel, onberaden, onbekommerd, zorgeloos ♦ *reckless of danger/consequences* zonder zich zorgen te maken over gevaar/de gevolgen
¹reck·on /rekən/ [onov ww] ① rekenen, tellen ♦ *reckon on a large profit* rekenen op een fikse winst; *reckon on s.o.'s promises* afgaan op iemands beloften; *reckon on/upon a friend's help* op hulp van een vriend rekenen ② rekening houden ♦ *she is a woman to be reckoned with* dat is een vrouw met wie je rekening moet houden; *we had not reckoned with the weather* we hadden geen rekening gehouden met het weer ③ afrekenen ♦ *if you touch my friend you'll have to reckon with me* als je mijn vriend(in) aanraakt, krijg je het met mij aan de stok; *the junta reckoned with all those who had opposed them* de junta rekende af met allen die hun weerstand hadden geboden; *the explorers had to reckon with fever and food shortage* de ontdekkingsreizigers hadden te kampen met koorts en gebrek aan voedsel; → reckoning
²reck·on /rekən/ [ov ww] rekenen, (op)tellen ♦ *reckon by pounds* in/met (Engelse) ponden rekenen; *my pay is reckoned from January first* mijn salaris wordt vanaf 1 januari berekend; *have you reckoned it all out/up?* heb je het allemaal uitgerekend/opgeteld? ② meerekenen, meetellen, rekening houden met ♦ *reckon in the mailing charges* portokosten meerekenen; *ten guests, not reckoning the children* tien gasten, de kinderen niet meegerekend ③ beschouwen, aanzien (voor), houden (voor) ♦ *I reckon him among my friends* ik beschouw hem als één van mijn vrienden; *he is reckoned among the best painters* hij wordt als één van de beste schilders beschouwd; *I don't reckon this job as vital* ik beschouw dit werk niet als onontbeerlijk; *she is reckoned (to be) a great singer* ze wordt beschouwd als een groot zangeres ④ ⟨inf⟩ aannemen, vermoeden, gissen ♦ *I reckon he's too old* ik vermoed dat hij te oud is; *I reckon that he'll be home soon* ik neem aan dat hij binnenkort zal thuiskomen; → reckoning
reck·on·a·ble /rekənəbl/ [bn] berekenbaar ♦ *reckonable profits* berekenbare winst, geldelijk voordeel
reck·on·er /rekənə, ᴬ-ər/ [telb zn] rekenaar ♦ *a quick reckoner* iemand die vlug rekent, vlugge rekenaar ② rekenboekje ♦ *ready reckoner* rekentabel ⟨boekje/tabel met dikwijls gebruikte berekeningen⟩
¹reck·on·ing /rekənɪŋ/ [telb zn; (oorspronkelijk) gerund van reckon] ⟨vero; thans vnl fig⟩ rekening ♦ *you'll have a heavy reckoning to pay* daar zul je zwaar voor moeten boeten

²reck·on·ing /rekənɪŋ/ [niet-telb zn; (oorspronkelijk) gerund van reckon] ① berekening, schatting ♦ *by no reckoning* volgens geen enkele berekening; *leave out of the reckoning* niet meerekenen; ⟨fig⟩ buiten beschouwing laten ② afrekening ♦ *day of reckoning* dag van de afrekening; ⟨fig⟩ dag des oordeels ③ ⟨scheepv⟩ bestek ⟨berekening van plaats van schip⟩
¹re·claim /rɪkleɪm/ [telb zn] ① terugwinning, redding, verbetering ♦ *he is beyond reclaim* hij is onverbeterlijk; *past/beyond reclaim* onherroepelijk verloren ② geregenereerde rubber
²re·claim /rɪkleɪm/ [ov ww] ① terugwinnen, hervormen, verbeteren, redden, bekeren ♦ *reclaim former criminals* vroegere misdadigers weer op het rechte pad brengen; *reclaimed from a sinful life* uit een zondig leven gered ② terugwinnen, recupereren, regenereren ♦ *reclaimed paper* teruggewonnen papier, kringlooppapier; *reclaim rubber from old tyres* rubber van oude autobanden regenereren ③ drooggleggen ⟨land⟩ ♦ *land reclaimed from the sea* op de zee teruggewonnen land ④ ontginnen, bebouwbaar maken ⟨land⟩ ♦ *reclaim the desert by irrigation* de woestijn door irrigatie vruchtbaar maken ⑤ temmen, africhten
re-claim [ov ww] terugvorderen ♦ *unpaid merchandise can be re-claimed by the vendor* onbetaalde koopwaar kan door de verkoper teruggevorderd worden
re·claim·a·ble /rɪkleɪməbl/ [bn] ① voor terugwinning vatbaar ② terugvorderbaar
rec·la·ma·tion /rekləmeɪʃn/ [telb zn] ① terugwinning ② ontginning ③ terugvordering
ré·clame /rɪkloːm/ [niet-telb zn] ① roem, algemene bekendheid, publieke belangstelling ② aanprijzingskunst, publiciteitsflair
rec·li·nate /reklɪneɪt/ [bn] ⟨plantk⟩ naar beneden gebogen
¹re·cline /rɪklaɪn/ [onov ww] ① achteroverleunen ② op de rug liggen ③ leunen, rusten
²re·cline /rɪklaɪn/ [ov ww] doen leunen/rusten ♦ *recline one's arms on the table* zijn armen op de tafel laten rusten
reclining chair [telb zn] ligstoel
reclining seat [telb zn] stoel met verstelbare rugleuning ⟨in auto, vliegtuig⟩
¹re·cluse /rɪkluːs, ᴬrekluːs/ [telb zn] kluizenaar
²re·cluse /rɪkluːs, ᴬrekluːs/ [bn; bw: ~ly; zn: ~ness] eenzaam, afgezonderd
re·clu·sion /rɪkluːʒn/ [niet-telb zn] ① afzondering, eenzaamheid ② kluizenaarschap, kluizenaarsleven
re·clu·sive /rɪkluːsɪv/ [bn] ① teruggetrokken, afgezonderd ⟨persoon⟩ ② afgezonderd, afgelegen ⟨plaats⟩
¹rec·og·ni·tion /rekəgnɪʃn/ [niet-telb zn] ① teken van waardering, blijk van erkentelijkheid ♦ *accept this gift as a recognition of your services* aanvaard dit geschenk als een blijk van waardering voor uw diensten
²rec·og·ni·tion /rekəgnɪʃn/ [niet-telb zn] ① erkenning ♦ *apply for official recognition* officiële erkenning aanvragen ② waardering, erkentelijkheid ♦ *in recognition of services rendered* uit/als waardering/erkentelijkheid voor bewezen diensten ③ herkenning ♦ *sign of recognition* herkenningsteken ④ herkenbaarheid ♦ *alter/change beyond/out of all recognition* onherkenbaar maken/worden
re·cog·ni·to·ry /rekəgnɪtri, ᴬ-kɑgnɪtɔri, bn, attr] ① herkennings- ② erkennings-
rec·og·niz·a·bil·i·ty, rec·og·nis·a·bil·i·ty /rekəgnaɪzəbɪləti/ [niet-telb zn] herkenbaarheid
rec·og·niz·a·ble, rec·og·nis·a·ble /rekəgnaɪzəbl/ [bn; bw: recognizably] herkenbaar
re·cog·ni·zance, re·cog·ni·sance /rɪkɒnɪzəns, ᴬrɪkɑg-/ [telb zn; vaak mv met enkelvoudige betekenissen] ⟨jur⟩ ① verbintenis ② borgtocht ♦ *enter into recognizances* zich borg stellen; *on one's own recognizance* onder persoonlijke borgtocht ③ borgsom

re·cog·ni·zant, re·cog·ni·sant /rɪkɒgnɪzənt, ᴬrɪkɑg-/ [bn, pred] ⟨vero⟩ erkentelijk ♦ *be recognizant of support* erkentelijk zijn voor steun

rec·og·nize, rec·og·nise /rekəgnaɪz/ [ov ww] [1] herkennen [2] erkennen ♦ *this book is generally recognized as the standard work* dit boek wordt algemeen erkend als het standaardwerk; *recognized fact* vaststaand/algemeen erkend feit; *recognize a government* een bewind erkennen [3] inzien, toegeven, erkennen, onderkennen ♦ *he recognized his errors* hij erkende zijn fouten; *he recognized his foolishness* hij zag zijn dwaasheid in; *he recognized his guilt* hij gaf zijn schuld toe; *I recognize that he is cleverer than I am* ik erken/geef toe dat hij slimmer is dan ik [4] erkentelijkheid betuigen voor ♦ *the government recognized his services* de regering betuigde hem haar erkentelijkheid voor zijn diensten

¹**re·coil** /riːkɔɪl, rɪkɔɪl/ [telb + niet-telb zn] [1] terugslag, terugloop, terugsprong, terugstoot ⟨voornamelijk van vuurwapens⟩ [2] reactie, het terugdeinzen [3] terugtocht

²**re·coil** /rɪkɔɪl/ [ov ww] [1] terugdeinzen, terugschrikken, zich terugtrekken ♦ *recoil from* terugdeinzen/terugschrikken voor [2] terugslaan, teruglopen, terugspringen, terugstoten ⟨van vuurwapens⟩ ♦ ⟨fig⟩ *lies often recoil (up)on the liar* leugens wreken zich vaak op de leugenaar

re·coin /riːkɔɪn/ [ov ww] hermunten, opnieuw munten, overmunten

rec·ol·lect /rekəlekt/ [onov + ov ww] zich (moeizaam) herinneren, zich voor de geest halen

re-col·lect /riːkəlekt/ [ov ww] opnieuw verzamelen • *re-collect o.s.* zich herstellen/vermannen

rec·ol·lec·tion /rekəlekʃn/ [telb + niet-telb zn] [1] herinnering ♦ *to the best of my recollection* voor zover ik mij herinner; *it is beyond my recollection* ik kan het mij niet herinneren; *it is within my recollection* ik kan het mij (wel) herinneren [2] ⟨rel⟩ overpeinzing, meditatie, recollectie ⟨voornamelijk rooms-katholiek⟩

¹**rec·ol·lec·tive** /rekəlektɪv/ [bn; bw: ~ly] [1] in staat zich te herinneren, zich herinnerend [2] rustig, beheerst, kalm

²**rec·ol·lec·tive** /rekəlektɪv/ [bn, attr; bw: ~ly] herinnerings-

re·com·bi·nant /riːkɒmbɪnənt, ᴬ-kɑm-/ [telb zn] ⟨biol⟩ recombinant ♦ *recombinant DNA research* recombinant DNA-onderzoek

re·com·mence /riːkəmens, rekə-/ [onov + ov ww] opnieuw beginnen, hervatten

re·com·mence·ment /riːkəmensmənt, rekə-/ [telb + niet-telb zn] hervatting

rec·om·mend /rekəmend/ [ov ww] [1] aanbevelen, aanprijzen, aanraden, adviseren ♦ *recommended price* adviesprijs; *recommend s.o. to s.o. for a post* iemand bij iemand voor een betrekking aanbevelen [2] tot aanbeveling strekken ♦ *his qualities recommend him* zijn kwaliteiten strekken hem tot aanbeveling [3] toevertrouwen, overgeven, (aan)bevelen ♦ ⟨rel⟩ *recommend o.s. to God* zich God(e) (aan)bevelen; *recommend to s.o.'s care* aan iemands zorgen toevertrouwen

rec·om·mend·a·ble /rekəmendəbl/ [bn] aanbevelenswaardig, aan te bevelen/raden

¹**rec·om·men·da·tion** /rekəmendeɪʃn/, **rec·om·mend** /rekəmend/ [telb zn] aanbevelingsbrief

²**rec·om·men·da·tion** /rekəmendeɪʃn/, **rec·om·mend** /rekəmend/ [telb + niet-telb zn] aanbeveling, aanprijzing, advies • ⟨sprw⟩ *self-praise is no recommendation* eigen roem stinkt

rec·om·men·da·to·ry /rekəmendətri, ᴬ-tɔri/ [bn] aanbevelend, aanbevelings-, tot aanbeveling strekkend

re·com·mit /riːkəmɪt/ [ov ww] [1] weer toevertrouwen [2] terugzenden, opnieuw verwijzen ⟨naar commissie e.d.⟩ ♦ *recommit a bill* een wetsontwerp (voor hernieuwde bespreking) terugzenden [3] opnieuw begaan ⟨misdaad⟩

re·com·mit·ment /riːkəmɪtmənt/, **re·com·mit·tal** /-mɪtl/ [telb + niet-telb zn] terugzending

¹**re·com·pense** /rekəmpens/ [telb + niet-telb zn] [1] vergoeding, schadeloosstelling, vergelding ♦ *in recompense for* als vergoeding voor [2] beloning ♦ *in recompense for* als beloning voor

²**re·com·pense** /rekəmpens/ [ov ww] [1] vergoeden, schadeloosstellen, vergelden ♦ *recompense s.o. for sth., recompense something to someone* iemand iets vergoeden [2] belonen ♦ *recompense s.o. for sth., recompense something to someone* iemand voor iets belonen

re·com·pose /riːkəmpoʊz/ [ov ww] [1] opnieuw samenstellen, herschikken, ⟨drukw⟩ opnieuw zetten [2] kalmeren

re·com·po·si·tion /riːkɒmpəzɪʃn, ᴬ-kɑm-/ [telb + niet-telb zn] herschikking, ⟨drukw⟩ nieuw zetsel

re·con /rɪkɒn, ᴬ-kɑn/ [telb + niet-telb zn] ⟨AE; sl; mil⟩ (verk: reconnaissance)

rec·on·cil·a·bil·i·ty /rekənsaɪləbɪləti/ [telb + niet-telb zn] verzoenbaarheid, verenigbaarheid

rec·on·cil·a·ble /rekənsaɪləbl/ [bn; bw: reconcilably; zn: ~ness] verzoenbaar, verenigbaar

rec·on·cile /rekənsaɪl/ [ov ww] [1] verzoenen, in overeenstemming brengen, overeenbrengen ♦ *become reconciled to sth.* met iets vrede hebben, zich bij iets neerleggen; *reconcile o.s. to sth.* zich bij iets neerleggen, zich schikken in iets; *reconcile s.o. to/with s.o.* iemand met iemand verzoenen; *reconcile words with actions* woorden met daden in overeenstemming brengen; *reconcile words and actions* woorden en daden met elkaar in overeenstemming brengen [2] bijleggen ♦ *reconcile quarrels* geschillen bijleggen [3] ⟨rel⟩ opnieuw heiligen, opnieuw wijden, reinigen ⟨na profanering⟩

rec·on·cile·ment /rekənsaɪlmənt/, **rec·on·cil·i·a·tion** /-sɪlieɪʃn/ [telb + niet-telb zn] [1] verzoening, vereniging [2] ⟨rel⟩ herwijding

rec·on·cil·i·a·to·ry /rekənsɪliətri, ᴬ-tɔri/ [bn] verzoenend

rec·on·dite /rɪkɒndaɪt, rekən-, ᴬrekən-, ᴬrɪkɑn-/ [bn; bw: ~ly; zn: ~ness] obscuur, duister, verborgen, moeilijk te doorgronden, onbekend

re·con·di·tion /riːkəndɪʃn/ [ov ww] opnieuw in goede staat brengen, hernieuwen, vernieuwen, herstellen, renoveren, restaureren

re·con·fig·ure /riːkənfɪɡə, ᴬ-fɪɡjər/ [ov ww] aanpassen ⟨installaties⟩

re·con·firm /riːkənfɜːm, ᴬ-fɜrm/ [ov ww] herbevestigen ⟨voornamelijk vliegtuigreservering⟩

re·con·nais·sance, ⟨AE ook⟩ **re·con·nois·sance** /rɪkɒnɪsns, ᴬrɪkɑ-/ [telb + niet-telb zn] ⟨mil, landmeetk⟩ verkenning ⟨ook figuurlijk⟩ ♦ ⟨mil⟩ *reconnaissance in force* verkenningsexpeditie

¹**re·con·noi·tre**, ⟨AE⟩ **re·con·noi·ter** /rekənɔɪtə, ᴬrɪkənɔɪtər/ [telb + niet-telb zn] verkenningstroep, verkenningspatrouille

²**re·con·noi·tre**, ⟨AE⟩ **re·con·noi·ter** /rekənɔɪtə, ᴬrɪkənɔɪtər/ [telb + niet-telb zn] ⟨mil, landmeetk⟩ verkenning ⟨ook figuurlijk⟩

³**re·con·noi·tre**, ⟨AE⟩ **re·con·noi·ter** /rekənɔɪtə, ᴬrɪkənɔɪtər/ [onov ww] ⟨vnl mil⟩ op verkenning uitgaan

⁴**re·con·noi·tre**, ⟨AE⟩ **re·con·noi·ter** /rekənɔɪtə, ᴬrɪkənɔɪtər/ [ov ww] ⟨vnl mil⟩ verkennen

re·con·quer /riːkɒŋkə, ᴬ-kɑŋkər/ [ov ww] [1] heroveren, herwinnen [2] opnieuw overwinnen

re·con·quest /riːkɒŋkwest, ᴬ-kɑŋ-/ [telb zn] herovering, herwinning

¹**re·con·sid·er** /riːkənsɪdə, ᴬ-ər/ [onov + ov ww] opnieuw overleggen, opnieuw bekijken/overwegen/in overweging nemen, heroverwegen

²**re·con·sid·er** /riːkənsɪdə, ᴬ-ər/ [ov ww] herroepen, her-

reconsideration

zien, terugkomen op/van ⟨beslissing⟩
re·con·sid·er·a·tion /ˌriːkənsɪdəˈreɪʃn/ [telb + niet-telb zn] ① nieuw overleg/beraad ② heroverweging, herziening ⟨van beslissing⟩
re·con·sti·tute /ˌriːˈkɒnstɪtjuːt, ᴬriːˈkɑnstɪtuːt/ [ov ww] ① opnieuw samenstellen, opnieuw samenvoegen, weer in zijn normale/oude staat brengen, oplossen ⟨melkpoeder, enz.⟩ ② reorganiseren ⟨bedrijf⟩
re·con·struct /ˌriːkənˈstrʌkt/ [ov ww] ① opnieuw opbouwen, herbouwen, reconstrueren ② reconstrueren ⟨gebeurtenissen⟩ ③ reorganiseren
¹**re·con·struc·tion** /ˌriːkənˈstrʌkʃn/ [telb + niet-telb zn] ① reconstructie ⟨van gebeurtenissen⟩ ② reorganisatie
²**re·con·struc·tion** /ˌriːkənˈstrʌkʃn/ [niet-telb zn] wederopbouw
re·con·struc·tive /ˌriːkənˈstrʌktɪv/ [bn] reconstruerend
¹**re·con·vene** /ˌriːkənˈviːn/ [onov ww] opnieuw vergaderen, opnieuw bijeen/samenkomen
²**re·con·vene** /ˌriːkənˈviːn/ [ov ww] ① opnieuw samenroepen/bijeenroepen, opnieuw convoceren ② ⟨jur⟩ opnieuw dagvaarden
re·con·ver·sion /ˌriːkənˈvɜːʃn, ᴬ-ˈvɜrʒn/ [telb + niet-telb zn] ① verandering, omzetting ② omschakeling, ⟨België⟩ reconversie ⟨m.b.t. industrie⟩ ③ herbekering
re·con·vert /ˌriːkənˈvɜːt, ᴬ-ˈvɜrt/ [ov ww] ① opnieuw veranderen, opnieuw omzetten ♦ *reconvert into* opnieuw veranderen/omzetten in ② omschakelen, reorganiseren ③ opnieuw bekeren ♦ *reconvert to* opnieuw bekeren tot
re·con·vey /ˌriːkənˈveɪ/ [ov ww] ① terugvoeren ② aan vroegere eigenaar overdragen
re·con·vey·ance /ˌriːkənˈveɪəns/ [telb + niet-telb zn] ① terugvoering ② overdracht aan vroegere eigenaar
¹**rec·ord** /ˈrekɔːd, ᴬˈrekərd/ [telb zn] ① verslag, rapport, aantekening, optekening, notulen ♦ *for the record* publiekelijk, openbaar, officieel; voor de goede orde; ⟨jur⟩ *record of interview* ondervragingsrapport ⟨bij politie⟩; *off the record* privé, vertrouwelijk, onofficieel ② document, archiefstuk, akte, oorkonde, bescheid, officieel afschrift ③ aandenken, gedachtenis, herinnering ④ staat van dienst, reputatie, antecedenten, verleden, strafregister ♦ *have a record* een strafblad hebben ⑤ plaat, opname ⑥ record ♦ *beat/break the record* het record breken/verbeteren; *establish/make a record* een record vestigen ⑦ ⟨jur⟩ proces-verbaal, processtuk(ken)
²**rec·ord** /ˈrekɔːd, ᴬˈrekərd/ [niet-telb zn] het opgetekend-zijn/gerapporteerd-zijn, vastgelegd(e) feit(en) ♦ *bear record to* getuigen van; *matter of record* te boek gesteld feit; *be on record* (officieel) geregistreerd zijn, in de geschiedenis vermeld worden; *place/put on record* notuleren, te boek stellen; *go on record as saying* publiek(elijk)/in het openbaar verklaren
³**rec·ord** /ˈrekɔːd, ᴬˈrekərd/ [bn, attr] record- ♦ *a record amount* een recordbedrag; *a record height* een recordhoogte; *a record performance* een recordprestatie/topprestatie; *record sales* recordverkoop, recordomzet; *in record time* in recordtijd
⁴**re·cord** /rɪˈkɔːd, ᴬrɪˈkɔrd/ [onov ww] zich laten opnemen ♦ *her voice records badly* haar stem neemt slecht op; → **recording**
⁵**re·cord** /rɪˈkɔːd, ᴬrɪˈkɔrd/ [onov + ov ww] ① optekenen, aantekenen, noteren, notuleren, te boek stellen, registreren ♦ ⟨BE⟩ *recorded delivery* zending met bericht van bestelling, ± aangetekend ⟨poststuk⟩; *a thermometer records the temperature* een thermometer registreert de temperatuur ② vastleggen, opnemen ⟨op band/plaat⟩ ♦ *record a concert from a broadcast on(to) tape* een concert van de radio op de band opnemen; → **recording**
rec·ord-break·ing [bn] die/dat een record breekt, record-
rec·ord-chang·er [telb zn] platenwisselaar

record company [telb zn] platenmaatschappij
re·cord·er /rɪˈkɔːdə, ᴬrɪˈkɔrdər/ [telb zn] ① schrijver, rapporteur, griffier ② archivaris ③ ⟨benaming voor⟩ rechter, stadsrechter, voorzitter van Crown Court ⟨ongeveer arrondissementsrechtbank⟩ ④ opnametoestel, registreertoestel ⑤ (band)recorder ⑥ blokfluit
rec·ord-hold·er [telb zn] recordhouder
¹**re·cord·ing** /rɪˈkɔːdɪŋ, ᴬ-ˈkɔr-/ [telb zn; ⟨oorspronkelijk⟩ gerund van record] opname
²**re·cord·ing** /rɪˈkɔːdɪŋ, ᴬ-ˈkɔr-/ [niet-telb zn; ⟨oorspronkelijk⟩ gerund van record] ① het optekenen ② het opnemen
recording session [telb zn] opname(sessie) ⟨van plaat e.d.⟩
record library [telb zn] (uitleen)fonotheek, discotheek
record number [telb zn] recordgetal
Record Office [eignm; the] (rijks)archief ⟨in Londen⟩ ♦ *the Public Record Office* het rijksarchief
rec·ord-play·er [telb zn] platenspeler, grammofoon
rec·ord-sleeve [telb zn] platenhoes
re·count /rɪˈkaʊnt/ [ov ww] ① (uitvoerig) verhalen ② opsommen
¹**re-count** /ˈriːkaʊnt/ [telb zn] nieuwe telling
²**re-count** /ˌriːˈkaʊnt/ [ov ww] opnieuw tellen, overtellen
¹**re·coup** /rɪˈkuːp/ [onov ww] er weer bovenop komen, zich herstellen
²**re·coup** /rɪˈkuːp/ [ov ww] ① vergoeden, goedmaken, compenseren, schadeloosstellen ♦ *recoup s.o. (for) a loss* iemand een verlies vergoeden; *recoup o.s. for one's losses* zijn verlies recupereren ② recupereren, terugwinnen, terugverdienen, inhalen ♦ *recoup one's losses* zijn verlies recupereren ③ ⟨jur⟩ verhalen, inhouden, aftrekken ♦ *recoup expenses from a company* onkosten verhalen op een maatschappij
re·coup·ment /rɪˈkuːpmənt/ [telb + niet-telb zn] ① vergoeding ② recuperatie ③ ⟨jur⟩ verhaal
re·course /rɪˈkɔːs, ᴬrɪˈkɔrs/ [telb + niet-telb zn] ① toevlucht, hulp ♦ *have recourse to* zijn toevlucht nemen tot ② ⟨handel⟩ verhaal, regres ♦ *without recourse* zonder verhaal/regres
¹**re·cov·er** /rɪˈkʌvə, ᴬ-ər/ [telb zn] ⟨sport⟩ terugkeer tot uitgangspositie ⟨voornamelijk schermen⟩
²**re·cov·er** /rɪˈkʌvə, ᴬ-ər/ [onov ww] ① herstellen, genezen, er weer bovenop komen, weer bijkomen ♦ *recover from an illness* van een ziekte herstellen ② ⟨jur⟩ schadevergoeding toegewezen krijgen
³**re·cov·er** /rɪˈkʌvə, ᴬ-ər/ [ov ww] ① terugkrijgen, terugvinden, terughalen, terugwinnen, herwinnen, heroveren, bergen ♦ *recover one's breath* op adem komen; *recover consciousness* weer bijkomen; ⟨fig⟩ *recover o.s.* weer bijkomen, op verhaal komen; *recover one's strength* op krachten komen ② goedmaken, inhalen, terugverdienen, inverdienen ⟨kosten⟩ ♦ *recover lost time* verloren tijd inhalen ③ ⟨jur⟩ verkrijgen, verhalen ♦ *recover damages* schadevergoeding krijgen; *recover losses from* verliezen verhalen op ④ ⟨vero⟩ genezen, weer bijbrengen
re-cov·er /ˌriːˈkʌvə, ᴬ-ər/ [ov ww] opnieuw bedekken/overtrekken
re·cov·er·a·ble /rɪˈkʌvrəbl/ [bn] terug te krijgen, recupereerbaar, ⟨jur⟩ verhaalbaar
¹**re·cov·er·y** /rɪˈkʌv(ə)ri/ [telb + niet-telb zn] ① herstel, recuperatie, genezing ♦ *beyond/past recovery* ongeneeslijk, reddeloos (verloren), hopeloos; *an alcoholic in recovery* een drankverslaafde die een ontwenningskuur ondergaat; *make a quick recovery from an illness* vlug van een ziekte herstellen ② ⟨jur⟩ verhaal, schadevergoeding ③ ⟨golf⟩ succesvolle poging om bal uit bunker/de rough te slaan ④ ⟨schermsp⟩ terugkeer tot de 'en garde' positie ⟨na aanval⟩ ⑤ ⟨zwemsp, roeisp⟩ overhaal
²**re·cov·er·y** /rɪˈkʌv(ə)ri/ [niet-telb zn] ① het terugkrijgen, recuperatie, het terugwinnen, herwinning ♦ *the re-*

covery of materials from waste het terugwinnen van (grond)stoffen uit afval [2] **het goedmaken**
recovery program [telb zn] ⟨AE⟩ ontwenningskuur, afkicktherapie, drugshulpprogramma
recovery room [telb zn] recoverkamer, recovery, verkoeverkamer
rec·re·ance /rɛkriəns/, **rec·re·an·cy** /-si/ [niet-telb zn] ⟨form⟩ [1] lafhartigheid, lafheid [2] afvalligheid
¹**rec·re·ant** /rɛkriənt/ [telb zn] ⟨form⟩ [1] lafhartige, lafaard [2] **afvallige**
²**rec·re·ant** /rɛkriənt/ [bn; bw: ~ly] ⟨form⟩ [1] **laf(hartig)** [2] afvallig
¹**rec·re·ate** /rɛkrieɪt/ [onov ww] verpozen, zich ontspannen, recreëren
²**rec·re·ate** /rɛkrieɪt/ [ov ww] ontspannen, opmonteren, vermaken, opfrissen, verstrooien ♦ *recreate o.s.* zich ontspannen
re·cre·ate /riːkrieɪt/ [ov ww] herscheppen, reproduceren, opnieuw beleven
rec·re·a·tion /rɛkrieɪʃn/ [telb + niet-telb zn] [1] recreatie, ontspanning, verstrooiing [2] tijdverdrijf, spel
rec·re·a·tion·al /rɛkrieɪʃnl/ [bn] recreatief, recreatie-, ontspannings- ♦ ⟨AE⟩ *recreational vehicle* kampeerauto, camper
recreation ground [telb zn] ⟨vnl BE⟩ speelterrein, recreatieterrein
recreation room [telb zn] ⟨vnl AE⟩ speelkamer, recreatiekamer
rec·re·a·tive /rɛkrieɪtɪv/ [bn] ontspannend, onderhoudend, recreatief
rec·re·ment /rɛkrəmənt/ [telb + niet-telb zn] [1] afval(stof), vuil(nis) [2] schuim, metaalschuim
¹**re·crim·i·nate** /rɪkrɪmɪneɪt/ [onov ww] (een) tegenbeschuldiging(en) inbrengen, elkaar beschuldigen ♦ *recriminate against* (een) tegenbeschuldiging(en) inbrengen tegen
²**re·crim·i·nate** /rɪkrɪmɪneɪt/ [ov ww] (een) tegenbeschuldiging(en) inbrengen tegen
¹**re·crim·i·na·tion** /rɪkrɪmɪneɪʃn/ [telb zn] tegenbeschuldiging, recriminatie ♦ *mutual recriminations* wederzijdse beschuldigingen, beschuldigingen over en weer
²**re·crim·i·na·tion** /rɪkrɪmɪneɪʃn/ [niet-telb zn] het inbrengen van (een) tegenbeschuldiging(en)
re·crim·i·na·tive /rɪkrɪmɪnətɪv, ᴬ-neɪtɪv/, **re·crim·i·na·to·ry** /-tri, ᴬ-tɔri/ [bn] (een) tegenbeschuldiging(en) inhoudend, (elkaar/wederzijds) beschuldigend
rec room [telb zn] (verk: recreation room)
re·cru·desce /riːkruːdɛs/ [onov ww] weer openbreken ⟨van zweer⟩, recidiveren ⟨van ziek(t)e⟩, ⟨fig⟩ weer uitbreken ⟨van epidemie⟩, weer verergeren ⟨van toestand⟩
re·cru·des·cence /riːkruːdɛsns/ [telb + niet-telb zn] het weer openbreken ⟨van zweer⟩, ⟨fig⟩ het weer uitbreken/ verergeren
re·cru·des·cent /riːkruːdɛsnt/ [bn] weer openbrekend ⟨van zweer⟩, recidiverend ⟨van ziek(t)e⟩, ⟨fig⟩ weer uitbrekend ⟨van epidemie⟩, weer verergerend ⟨van toestand⟩
¹**re·cruit** /rɪkruːt/ [telb zn] [1] rekruut, ⟨vnl AE⟩ gewoon soldaat [2] nieuw lid, nieuweling, nieuwkomer ♦ *raw recruit* beginneling, beginner; *new recruits to the club* nieuwe leden van de club
²**re·cruit** /rɪkruːt/ [onov ww] rekruten (aan)werven
³**re·cruit** /rɪkruːt/ [ov ww] rekruteren, (aan)werven, aantrekken ♦ *recruit an army* een leger op de been brengen; *recruit people from the industry into the army* mensen uit de industrie voor het leger rekruteren
re·cruit·ment /rɪkruːtmənt/ [telb + niet-telb zn] [1] rekrutering, werving [2] aanvulling, versterking [3] ⟨vero⟩ herstel
recruitment fair [telb zn] banenmarkt, jobbeurs ⟨voornamelijk voor hoger opgeleiden⟩

rec·tal /rɛktl/ [bn] ⟨med⟩ rectaal, van/m.b.t. de endeldarm
rec·tan·gle /rɛktæŋgl/ [telb zn] rechthoek
rec·tan·gu·lar /rɛktæŋgjələ, ᴬ-ər/, **rec·tan·gled** /rɛktæŋgld/ [bn; bw: ~ly] rechthoekig ♦ *rectangular co-ordinates* rechthoekige coördinaten; *rectangular hyperbola* gelijkzijdige hyperbool
rec·tan·gu·lar·i·ty /rɛktæŋgjəlærəti/ [niet-telb zn] rechthoekigheid
rec·ti·fi·able /rɛktɪfaɪəbl/ [bn] [1] rectificeerbaar ⟨ook wiskunde⟩ [2] ⟨elek⟩ gelijk te richten
rec·ti·fi·ca·tion /rɛktɪfɪkeɪʃn/ [telb + niet-telb zn] [1] rectificatie ⟨ook scheikunde, wiskunde⟩ [2] ⟨elek⟩ gelijkrichting
rec·ti·fier /rɛktɪfaɪə, ᴬ-ər/ [telb zn] [1] rectificeerder [2] ⟨scheik⟩ rectificatietoestel, rectificatieapparaat [3] ⟨elek⟩ gelijkrichter
rec·ti·fy /rɛktɪfaɪ/ [ov ww] [1] rectificeren, rechtzetten, verbeteren, corrigeren, herstellen, bijwerken [2] ⟨scheik⟩ rectificeren, zuiveren, overdistilleren, raffineren ⟨voornamelijk alcohol⟩ [3] ⟨wisk⟩ rectificeren, tot een rechte herleiden ⟨boog⟩ [4] ⟨elek⟩ gelijkrichten
rec·ti·lin·e·ar /rɛktɪlɪniə, ᴬ-ər/, **rec·ti·lin·e·al** /-lɪniəl/ [bn; bw: ~ly] rechtlijnig
rec·ti·tude /rɛktɪtjuːd, ᴬ-tuːd/ [telb + niet-telb zn] [1] rechtschapenheid [2] oprechtheid, eerlijkheid [3] correctheid, juistheid
rec·to /rɛktoʊ/ [telb zn] ⟨drukw⟩ [1] recto, voorzijde ⟨van blad⟩ [2] rechterbladzij(de)
rec·tor /rɛktə, ᴬ-ər/ [telb zn] [1] ⟨anglic⟩ predikant ⟨een rang boven vicar⟩, dominee [2] rector ⟨leider van sommige rooms-katholieke instellingen; hoofd van een universiteit, school⟩
Rec·tor /rɛktə, ᴬ-ər/ [telb zn] voorzitter van het universiteitsbestuur ⟨door studenten gekozen; Schotland⟩
rec·tor·ate /rɛktərət/, **rec·tor·ship** /rɛktəʃɪp, ᴬ-tər-/ [telb zn] [1] ambt(stijd) van predikant [2] predikantsplaats [3] rectoraat
¹**rec·to·ri·al** /rɛktɔːriəl/ [telb zn] rectorverkiezing ⟨in het bijzonder Schotse universiteit⟩
²**rec·to·ri·al** /rɛktɔːriəl/ [bn] [1] predikants- [2] rectoraal
rec·to·ry /rɛkt(ə)ri/ [telb zn] ⟨anglic⟩ [1] predikantswoning, pastorie [2] predikantsplaats
rec·trix /rɛktrɪks/ [telb zn; mv: rectrices /-trɪsiːz/] ⟨dierk⟩ stuurpen, staartveer, rectrix
rec·tum /rɛktəm/ [telb zn; mv: ook recta /-tə/] ⟨anat⟩ rectum, endeldarm
rec·tus /rɛktəs/ [telb zn; mv: recti /-taɪ/] ⟨anat⟩ rechte spier
re·cum·ben·cy /rɪkʌmbənsi/, **re·cum·bence** /-bəns/ [telb + niet-telb zn] [1] het liggen, liggende/achteroverleunende houding/toestand, ⟨fig⟩ rust [2] ledigheid, het nietsdoen
re·cum·bent /rɪkʌmbənt/ [bn; bw: ~ly] [1] liggend, achteroverleunend, ⟨fig⟩ rustend [2] nietsdoend, ledig
¹**re·cu·per·ate** /rɪk(j)uːpəreɪt, ᴬ-kuː-/ [onov ww] herstellen, opknappen, er weer bovenop komen
²**re·cu·per·ate** /rɪk(j)uːpəreɪt, ᴬ-kuː-/ [ov ww] terugwinnen ⟨gezondheid, verliezen⟩, terugkrijgen ♦ *recuperate one's health* zijn gezondheid terugwinnen
re·cu·per·a·tion /rɪk(j)uːpəreɪʃn, ᴬ-kuː-/ [niet-telb zn] [1] herstel [2] ⟨techn⟩ recuperatie
re·cu·per·a·tive /rɪk(j)uːprətɪv, ᴬrɪkuːpəreɪtɪv/ [bn] herstellend, versterkend, herstel(lings)-
re·cur /rɪkɜː, ᴬrɪkɜr/ [onov ww] [1] terugkomen, terugkeren, zich herhalen, weer opkomen ♦ *recurring bronchitis* recidiverende bronchitis; ⟨wisk⟩ *recurring decimals* repeterende breuken; *recur to an old idea* op een vroeger idee terugkomen; *our first meeting recurred to my mind* onze eerste ontmoeting kwam me weer voor de geest [2] zijn toe-

recurrence

vluchten nemen ♦ *recur to violence* zijn toevlucht nemen tot geweld
re·cur·rence /rɪkʌrəns, ˄-kɜr-/ [telb + niet-telb zn] [1] herhaling, het terugkeren/terugkomen [2] toevlucht ♦ *recurrence to violence* toevlucht tot geweld
re·cur·rent /rɪkʌrənt, ˄-kɜr-/ [bn; bw: ~ly] [1] terugkomend, terugkerend, zich herhalend, periodiek, recurrent, recidiverend [2] ⟨anat⟩ teruglopend ⟨van bloedvat, zenuw⟩
re·cur·sion /rɪkɜːʃn, ˄-kɜrʒn/ [telb + niet-telb zn] terugkeer
recursion formula [telb zn] ⟨wisk⟩ recursieformule ⟨voor afleiding van volgende formules⟩
re·cur·sive /rɪkɜːsɪv, ˄-kɜr-/ [bn; bw: ~ly; zn: ~ness] ⟨taalk⟩ recursief
re·cur·vate /rɪkɜːvət, ˄-kɜr-/ [bn] omgebogen, neergebogen
re·cur·va·ture /rɪkɜːvətʃə, ˄-kɜrvətʃər/ [telb + niet-telb zn] ombuiging, neerbuiging
re·curve /riːkɜːv, ˄-kɜrv/ [onov + ov ww] ombuigen, neerbuigen, terugbuigen
rec·u·sance /rekjuːzns, ˄-kjə-/, **rec·u·san·cy** /-si/ [telb + niet-telb zn] ⟨vero; gesch⟩ weigering, ongehoorzaamheid, opstandigheid, recusatie
¹**rec·u·sant** /rekjuːznt, ˄-kjə-/ [zn] ⟨vero; gesch⟩ weigeraar, ongehoorzame, opstandeling, ⟨i.h.b.⟩ iemand die weigerde naar anglicaanse kerkdiensten te gaan
²**rec·u·sant** /rekjuːznt, ˄-kjə-/ [bn] ⟨vero; gesch⟩ weigerachtig, ongehoorzaam, opstandig
re·cy·cla·ble /riːsaɪkləbl/ [bn] recycleerbaar, recupereerbaar, regenereerbaar
¹**re·cy·cle** /riːsaɪkl/ [telb + niet-telb zn] herneming, hervatting, herhaling
²**re·cy·cle** /riːsaɪkl/ [niet-telb zn] → recycling
³**re·cy·cle** /riːsaɪkl/ [onov ww] opnieuw beginnen af te tellen, hernemen, hervatten; → recycling
⁴**re·cy·cle** /riːsaɪkl/ [ov ww] [1] recyclen, regenereren, herwinnen, weer bruikbaar maken, ⟨fig⟩ herhalen, opnieuw gebruiken ♦ *recycled paper* kringlooppapier [2] opnieuw behandelen; → recycling
re·cy·cling /riːsaɪklɪŋ/ [niet-telb zn; gerund van recycle] recycling, regeneratie, recyclage, hercirculatie, herwinning
¹**red** /red/ [telb zn] [1] ⟨vaak Red⟩ rode, rooie, revolutionair, anarchist, communist ⟨vaak pejoratief⟩ [2] roodhuid [3] roodachtig dier ⟨o.a. rund⟩ [4] ⟨AE⟩ cent, duit [5] *Reds under the bed(s)* het (vermeende) alomtegenwoordige 'rode gevaar'
²**red** /red/ [telb + niet-telb zn] [1] rood, rode kleur [2] ⟨benaming voor⟩ iets roods, rode verf, rood licht, rode kleren, rode wijn, rode bal ♦ *dressed in red* in het rood gekleed [3] *be in the red* in de rode cijfers staan; *get into the red* in de rode cijfers komen, verlies lijden; *get out of the red* uit de rode cijfers komen, winst maken
³**red** /red/ [bn; vergr trap: redder; bw: ~ly; zn: ~ness] [1] rood, ros ♦ *red ant* rode mier; *red bark* kinabast; *as red as a beetroot* zo rood als een (bieten)kroot; *red cabbage* rodekool; *red (blood) cell* rode bloedcel, erytrocyt; *red as a turkey cock* rood van woede/opwinding, witheet van woede, rood als een kreeft; *red corpuscule* rood bloedlichaampje, erytrocyt; *Red Crescent* Rode Halvemaan (= Rode Kruis in moslimlanden); *Red Cross* Rode Kruis; ⟨plantk⟩ *red currant* rode aalbes ⟨Ribes rubrum⟩; *red flag* rode vlag/vaan, bloedvlag, oorlogsvlag; ⟨astron⟩ *red giant* rode reus; *red hair* rood/ros haar; ⟨plantk⟩ *red jasmine* rode jasmijn ⟨Plumeria rubra⟩; ⟨dierk⟩ *red kite* rode wouw ⟨Milvus milvus⟩; *red light* rood (verkeers)licht, rode lamp; *red meat* rood vlees; *blush as red as a peony* een kleur krijgen/blozen als een pioen; *it is like a red rag to a bull* het werkt als een rode lap op een stier; *Red River* Rode Rivier ⟨USA, China, Vietnam⟩; *red roan* (roodgrijze kleur van) roodschimmel; *red rose* rode roos ⟨ook embleem van Lancaster en Lancashire in Rozenoorlog⟩; *red sanders/sandalwood* rood sandelhout; *the Red Sea* de Rode Zee; *red setter* rode setter; ⟨dierk⟩ *red snapper* rode snapper ⟨vis; genus Lutianus⟩; ⟨dierk⟩ *red spider (mite)* (kas)spintmijt ⟨familie Tetranychidae⟩; *red tide* rood getij; *turn as red as a turkey cock* een kleur als een boei krijgen; *red wine* rode wijn; *red with shame* rood van schaamte; *her eyes were red with weeping* haar ogen waren rood van het huilen [2] rood, revolutionair, radicaal, anarchistisch, communistisch ⟨voornamelijk pejoratief⟩, ⟨Red⟩ Russisch, Sovjet-Russisch ♦ *the Red Army* het Rode Leger ⟨van de USSR⟩; *Red Brigades* Rode Brigades; ⟨inf⟩ *Red China* Rood China; *the Red Flag* de rode vlag ⟨strijdlied van politiek links⟩; *Red Guard* rode gardist ⟨jong militant, voornamelijk tijdens Chinese Culturele Revolutie, 1965-71⟩; *Red Square* Het Rode Plein ⟨te Moskou⟩; *Red Star* Rode Ster ⟨communistisch embleem⟩ [3] bloedig, gewelddadig ♦ *a red battle* een bloedige strijd; *red hands* met bloed besmeurde handen; *red ruins* met bloed besmeurde ruïnes; ⟨gesch⟩ *the Red Terror* de (Rode) Terreur ⟨in Frankrijk, 1793-94⟩ [4] ⟨dierk⟩ *red admiral* admiraalvlinder, atalanta, nummervlinder ⟨Vanessa atalanta⟩; *red alert* groot alarm; *be on red alert* in staat van paraatheid/waakzaamheid zijn; *red arsenic* realgar, robijnzwavel, (rood) arseendisulfide; ⟨sl⟩ *red biddy* goedkope, versneden rode wijn; *Red Book* Britse staatsalmanak; ⟨gesch⟩ Brits adelboek; ⟨voetb⟩ *red card* rode kaart; *roll out the red carpet for s.o.* de (rode) loper voor iemand uitleggen ⟨voornamelijk figuurlijk⟩; ⟨vnl AE; inf⟩ *not worth a red cent* geen (rode) duit waard; *red cross* sint-joriskruis ⟨Engels embleem⟩; kruisvaarderskruis; ⟨dierk⟩ *red deer* edelhert ⟨Cervus elaphus⟩; ⟨BE; sl⟩ *red duster* Britse koopvaardijvlag; *red ensign* Britse koopvaardijvlag; ⟨dierk⟩ *red fox* vos ⟨Vulpes vulpes⟩; Noord-Amerikaanse vos ⟨Vulpes vulpes fulva⟩; ⟨dierk⟩ *red grouse* moerassneeuwhoen ⟨Lagopus scoticus⟩; ⟨med⟩ *red gum* spruw; ⟨plantk⟩ (roodachtig hars/hout van) Australische eucalyptussoort ⟨genus Eucalyptus⟩; *red hat* rode hoed, kardinaalshoed; *red heat* roodgloeihitte ⟨o.a. van metaal⟩; ⟨fig⟩ gloeiende hitte; *red herring* bokking; vals spoor, afleidingsmanoeuvre; *draw a red herring across the track/trail* een vals spoor nalaten, een afleidingsmanoeuvre uitvoeren; ⟨vnl BE⟩ *Red Indian* indiaan, roodhuid; *red ink* rode cijfers, negatieve balans, verlies; ⟨AE; sl⟩ rode wijn; *red lead* (rode) menie; *see the red light* nattigheid voelen, onraad bespeuren; ⟨dierk⟩ *red maggot* rode made van tarwemug ⟨Sitodiplosis mosellana⟩; *red man* roodhuid, indiaan; ⟨dierk⟩ *red mullet* mul ⟨Mullus surmuletus⟩; ⟨AE; sl⟩ *red noise* (bord) tomatensoep; ⟨plantk⟩ *red oak* Amerikaanse eik ⟨Quercus rubra/borealis⟩; *red orpiment* realgar, robijnzwavel, (rood) arseendisulfide; ⟨AE; sl⟩ *red paint* ketchup; ⟨plantk⟩ *red pepper* rode paprika, Spaanse peper ⟨(vrucht van) Capsicum frutescens⟩; cayennepeper; ⟨plantk⟩ *red rattle* moeraskartelblad ⟨Pedicularis palustris⟩; ⟨dierk⟩ *red salmon* blauwrugzalm ⟨Oncorhynchus nerka⟩; *see red* buiten zichzelf raken (van woede), in drift ontsteken, witheet zijn/worden, uit zijn vel springen; ⟨plantk⟩ *red squill* (poeder van) zeeajuin/zeelook ⟨Urginea maritima⟩; ⟨dierk⟩ *red squirrel* eekhoorn ⟨Sciurus vulgaris⟩; Hudson/rode eekhoorn ⟨Tamiasciurus hudsonicus⟩; ⟨inf; pej⟩ *red tape* (administratieve) rompslomp, (bureaucratische) formaliteiten; ⟨inf⟩ *paint the town red* de bloemetjes buitenzetten, aan de boemel gaan/zijn; ⟨sprw⟩ *red sky at night, shepherd's/sailor's delight; red sky in the morning, shepherd's/sailor's warning* des avonds rood, des morgens goed weer aan boord; morgenrood, water in de sloot
re·dact /rɪdækt/ [ov ww] redigeren, bewerken, bezorgen, herzien
¹**re·dac·tion** /rɪdækʃn/ [telb zn] nieuwe uitgave
²**re·dac·tion** /rɪdækʃn/ [telb + niet-telb zn] redactie, het

redigeren, bewerking
re·dac·tor /rɪdæktɑ, ˄-ər/ [telb zn] redacteur, bewerker
red-assed [bn] ⟨sl⟩ pisnijdig
red-backed [bn] met rode rug ▪ ⟨dierk⟩ *redbacked shrike* grauwe klauwier ⟨Lanius collurio⟩
red-bait [ov ww] ⟨AE⟩ als communist aanklagen
red-bait·er [telb zn] ⟨AE⟩ communistenjager
red-blood·ed [bn] levenskrachtig, stevig, viriel
red-breast [telb zn] ⟨dierk⟩ ① ⟨vnl form⟩ roodborst ⟨Erithacus rubecola⟩ ② roodborstzonnebaars ⟨Lepomis auritus⟩
red-breast·ed [bn] ▪ ⟨dierk⟩ *red-breasted flycatcher* kleine vliegenvanger ⟨Ficedula parva⟩; ⟨dierk⟩ *red-breasted goose* roodhalsgans ⟨Branta ruficollis⟩; ⟨dierk⟩ *red-breasted merganser* middelste zaagbek ⟨Mergus serrator⟩
red·brick, red·brick u·ni·ver·si·ty [telb zn; ook Redbrick] ⟨BE⟩ (laat-19e-eeuwse) universiteit buiten Londen ⟨in het bijzonder tegenover die van Oxford en Cambridge⟩
red·bud [telb zn] ⟨plantk⟩ (Noord-Amerikaanse variant van de) judasboom ⟨genus Cercis, in het bijzonder C. canadensis⟩
red·cap [telb zn] ① ⟨BE⟩ militair politieagent ② ⟨AE⟩ (stations)kruier, witkiel ③ ⟨BE, gew; dierk⟩ putter ⟨Carduelis carduelis⟩
red-car·pet [bn, attr] ceremonieel, formeel ♦ *give s.o. the red-carpet treatment* de (rode) loper voor iemand uitleggen
red·coat [telb zn] ⟨gesch⟩ roodrok ⟨Brits soldaat tijdens Amerikaanse Revolutie⟩
red-crest·ed [bn] ▪ ⟨dierk⟩ *red-crested pochard* krooneend ⟨Netta rufina⟩
red·cur·rant [telb zn] ⟨plantk⟩ rode aalbes ⟨Ribes rudrum⟩
¹**redd** /red/ [telb zn] paaigebied, paaiplaats ⟨van zalm, forel enz.⟩
²**redd** /red/ [ov ww; ook redd, redd] ⟨vnl SchE⟩ opruimen, opknappen, in orde brengen ♦ *redd up* opruimen
¹**red·den** /redn/ [onov ww] rood worden, blozen ♦ *she reddened with shame* ze werd rood/bloosde van schaamte
²**red·den** /redn/ [ov ww] rood maken, doen blozen
²**red·dish** /redɪʃ/ [bn; zn: ~ness] roodachtig, rossig
red·dle [niet-telb zn] → **ruddle**
red·dog [onov + ov ww] ⟨American football⟩ aanvallen ⟨tactiek waarbij verdedigers worden overrompeld⟩
¹**rede** /riːd/ [telb + niet-telb zn] ⟨vero⟩ ① raad, advies ② uitleg, interpretatie, verklaring
²**rede** /riːd/ /vero/ ① raad geven ② uitleggen, duiden, verklaren ♦ *rede s.o.'s dreams* iemands dromen duiden
re·dec·o·rate /riːdekəreɪt/ [onov + ov ww] opknappen, opnieuw schilderen/behangen
re·dec·o·ra·tion /riːdekəreɪʃn/ [telb + niet-telb zn] opknapbeurt, het opknappen
re·deem /rɪdiːm/ [ov ww] ① terugkopen, afkopen, aflossen, inlossen, ⟨fig⟩ terugwinnen, herwinnen, aanwinnen ♦ *redeem bonds* obligaties aflossen/uitloten; *she redeemed her ring from pawn* zij loste haar verpande ring in; *redeem a mortgage* een hypotheek aflossen; *redeem a pawned ring* een verpande ring inlossen ② inwisselen, te gelde maken, inruilen ♦ *redeem coupons* coupons inruilen ③ vervullen, nakomen, inlossen ♦ *redeem a promise* een belofte nakomen ④ vrijkopen, loskopen ♦ *redeem a slave* een slaaf vrijkopen ⑤ goedmaken, vergoeden ♦ *redeem one's faults* zijn fouten goedmaken; *a redeeming feature* een verzachtende trek/eigenschap, een verzachtende omstandigheid ⑥ verlossen ⟨voornamelijk religie⟩, bevrijden, redden ♦ *Jesus redeems us from sin* Jezus verlost ons van onze zonden; *his performance redeemed the show from disaster* zijn optreden behoedde de show voor een ramp
re·deem·able /rɪdiːməbl/ [bn] ① afkoopbaar, aflosbaar ② inwisselbaar ③ vervulbaar ④ vrij te kopen ⑤ herstel-

redistribute

baar, goed te maken ⑥ te verlossen, te redden ⑦ ⟨fin⟩ uitlootbaar, aflosbaar door loting ⟨bijvoorbeeld obligaties⟩
re·deem·er /rɪdiːmɑ, ˄-ər/ [telb zn] ① redder, bevrijder ♦ *the Redeemer* de Verlosser, de Heiland ② afkoper, inlosser
re·de·fine /riːdɪfaɪn/ [ov ww] opnieuw definiëren
re·demp·tion /rɪdem(p)ʃn/ [telb + niet-telb zn] ① redding, verlossing, bevrijding ♦ *beyond/past redemption* reddeloos ⟨verloren⟩, niet meer goed te maken ② afkoop, aflossing, inlossing, loskoping, uitloting
re·demp·tive /rɪdem(p)tɪv/, **re·demp·to·ry** /-təri/ [bn] ① reddend, verlossend, bevrijdend ② m.b.t. redding, reddings-
re·de·ploy /riːdɪplɔɪ/ [ov ww] hergroeperen, herschikken ⟨voornamelijk leger⟩ ♦ *redeploy troops* troepen hergroeperen
re·de·ploy·ment /riːdɪplɔɪmənt/ [telb + niet-telb zn] hergroepering, herschikking ⟨voornamelijk leger⟩
re·de·vel·op /riːdɪveləp/ [ov ww] ① opnieuw ontwikkelen, ⟨foto⟩ herontwikkelen ② renoveren
re·de·vel·op·ment /riːdɪveləpmənt/ [telb + niet-telb zn] ① nieuwe ontwikkeling, ⟨foto⟩ herontwikkeling ② renovatie
¹**red-eye** [telb zn] ① ⟨inf⟩ gevaarsignaal op spoorweg ② ⟨AE; sl⟩ nachtvlucht
²**red-eye** [telb zn] ① ⟨dierk⟩ rietvoorn ⟨Scardinius erythrophthalmus⟩ ② ⟨foto⟩ rode ogen, rodeogeneffect ③ ⟨AE; sl⟩ goedkope whisky, bocht
red-faced [bn] ① verlegen, beschaamd, rood ziend ② boos, met een rode kop
red·fish [telb zn] ① ⟨BE⟩ mannetjeszalm in de paaitijd ② ⟨benaming voor⟩ roodachtige vissoort, blauwrugzalm ⟨Oncorhynchus nerka⟩
red-flag [ov ww] ⟨auto⟩ afvlaggen
red-flanked [bn] ▪ ⟨dierk⟩ *red-flanked bluetail* blauwstaart ⟨Tarsiger cyanurus⟩
red-foot·ed [bn] ▪ ⟨dierk⟩ *red-footed falcon* roodpootvalk ⟨Falco vespertinus⟩
red-haired [bn] roodharig, met rode haren/rood haar, ros
red-hand·ed [bn, pred; bw: red-handedly] op heterdaad ♦ *catch/nab s.o. red-handed* iemand op heterdaad betrappen
red·head [telb zn] ① roodharige, rooie ② ⟨dierk⟩ roodkopeend ⟨Aythya americana⟩
red·head·ed [bn] ① met rode kop ② roodharig, rossig
¹**red-hot** [telb zn] ⟨sl⟩ ① frankfurter(worst) ② man alleen
²**red-hot** [bn] ① roodgloeiend, ⟨fig⟩ sensationeel, vurig, opgewonden, sexy ♦ *red-hot favourite* huizenhoge favoriet ② heet van de naald, kersvers, allerlaatst ♦ *the red-hot new album* het gloednieuwe album; *red-hot news* allerlaatste nieuws ▪ ⟨plantk⟩ *red-hot poker* vuurpijl ⟨genus Kniphofia⟩
re·di·al /riːdaɪəl/ [onov + ov ww] opnieuw draaien, opnieuw bellen/kiezen/telefoneren
re·dif·fu·sion /riːdɪfjuːʒn/ [telb + niet-telb zn] ⟨BE; radio/tv⟩ (her)uitzending, (radio)distributie
red·in·gote /redɪŋɡoʊt/ [telb zn] redingote ⟨mantel⟩
red·in·te·grate /redɪntɪɡreɪt/ [ov ww] ⟨vero⟩ ① herintegreren ② vernieuwen
re·di·rect /riːdɪrekt, -daɪ-/ [ov ww] ① opnieuw richten ② doorsturen, doorzenden, nasturen, nazenden ⟨post⟩
¹**re·dis·count** /riːdɪskaʊnt/ [telb zn; vaak mv] geherdisconteerde wissel
²**re·dis·count** /riːdɪskaʊnt/ [telb + niet-telb zn] herdisconto, herdiscontering
re·dis·cov·er /riːdɪskʌvə/ [ov ww] herontdekken, opnieuw ontdekken
re·dis·cov·er·y /riːdɪskʌvri/ [telb + niet-telb zn] herontdekking, het opnieuw ontdekken
re·dis·trib·ute /riːdɪstrɪbjuːt/ [ov ww] opnieuw distribueren/verdelen

redistribution

re·dis·tri·bu·tion /ˌriːdɪstrɪbjuːʃn/ [telb + niet-telb zn] herdistributie, herverdeling

re·dis·trict /ˌriːdɪstrɪkt/ [ov ww] ⟨AE⟩ herindelen in districten

red·i·vi·vus /ˌredɪvaɪvəs/ [bn, postnom] ⟨form⟩ redivivus, herrezen, herleefd

red·lead /redled/ [onov + ov ww] meniën

red-legged [bn] ▪ ⟨dierk⟩ red-legged *partridge* rode patrijs ⟨Alectoris rufa⟩

red-let·ter [bn, attr] met rode letters (aangeduid), ⟨fig⟩ feestelijk, uitgelezen ◆ *red-letter day* gedenkwaardige dag; heiligendag, feestdag, geluksdag

red-light [ov ww] ⟨AE; sl⟩ uit de auto zetten, dumpen

red-light district [telb zn] rosse buurt

red·line [ov ww] ⟨pol, ec⟩ 1 als krottengebied afschrijven ⟨door weigeren van hypothecaire lening⟩ 2 niet verstrekken vanwege een slechte wijk/postcode ⟨hypotheek, lening⟩ 3 het maximumtoerental laten rijden/draaien ⟨auto, motor⟩

red-line [bn] ▪ *red-line issue* onbespreekbare kwestie, standpunt waarvan niet afgeweken wordt, kwestie waar niet aan getornd wordt

red·neck [telb zn] ⟨AE; sl; beled⟩ (blanke) landarbeider (in de zuidelijke staten), ⟨bij uitbreiding⟩ ultra conservatieveling

red-necked [bn] ▪ ⟨dierk⟩ red-necked *grebe* roodhalsfuut ⟨Podiceps griseigena⟩; ⟨dierk⟩ red-necked *nightjar* Moorse nachtzwaluw ⟨Caprimulgus ruficollis⟩; ⟨dierk⟩ red-necked *phalarope* grauwe franjepoot ⟨Phalaropus lobatus⟩

re·do /ˌriːduː/ [ov ww] 1 overdoen, opnieuw doen 2 opknappen

red·o·lence /redələns/ [niet-telb zn] geur, welriekendheid

red·o·lent /redələnt/ [bn; bw: ~ly] geurig, welriekend ◆ *be redolent of/with* ruiken naar; ⟨fig⟩ doen denken aan, ademen/rieken naar

re·dou·ble /riːdʌbl/ [onov + ov ww] 1 verdubbelen 2 ⟨bridge⟩ redoubleren, herdubbelen

re·doubt /rɪdaʊt/ [telb zn] ⟨mil⟩ redoute, veldschans

re·doubt·a·ble /rɪdaʊtəbl/ [bn] ⟨form⟩ geducht, gevreesd

re·dound /rɪdaʊnd/ [onov ww] 1 bijdragen, ten goede komen ◆ *this will redound to your honour* dit zal u tot eer strekken 2 ten deel/te beurt vallen ◆ *no benefits will redound to us from this* dit zal ons geen voordelen opleveren 3 neerkomen, terugvallen ◆ *your indifference will redound upon you* je onverschilligheid zal op jezelf terugslaan

re·dox /riːdɒks, ᴬ-dɑːks/ [niet-telb zn; vaak attributief] ⟨scheik⟩ redox ⟨reductie én oxidatie⟩

red-pen·cil [ov ww] met rood corrigeren, ⟨fig⟩ censureren

red-poll [telb zn] ⟨dierk⟩ barmsijs ⟨Acanthis flammea⟩

Red Poll [telb + niet-telb zn] Red Poll ⟨(rund van) Brits hoornloos runderras⟩

¹**re·draft** /ˌriːdrɑːft, ᴬ-dræft/ [telb zn] 1 gewijzigd ontwerp 2 ⟨fin⟩ retourwissel, herwissel, retraite, ricambio

²**re·draft** /ˌriːdrɑːft, ᴬ-dræft/ [ov ww] opnieuw ontwerpen

re·draw /ˌriːdrɔː/ [ov ww] 1 opnieuw trekken 2 opnieuw tekenen, overtekenen

¹**re·dress** /rɪdres, ᴬrɪːdres/, **re·dress·ment** /-mənt/ [telb + niet-telb zn] herstel, redres, vergoeding

²**re·dress** /rɪdres/ [ov ww] herstellen, vergoeden, goedmaken, schadeloos stellen, redresseren ◆ *redress the balance* de zaken weer rechtzetten, het evenwicht herstellen ▪ ⟨sprw⟩ *a fault confessed is half redressed* die schuld bekent heeft half geboet, beter ten halve gekeerd dan ten hele gedwaald

red-rimmed [bn] roodomrand ⟨van ogen⟩

red-rumped [bn] ▪ ⟨dierk⟩ red-rumped *swallow* roodstuitzwaluw ⟨Hirundo daurica⟩

red·shank, red-leg, red-legs [telb zn] ⟨dierk⟩ tureluur ⟨Tringa totanus⟩ ▪ *spotted redshank* zwarte ruiter ⟨Tringa erythropus⟩

red-shift [telb zn] ⟨astron⟩ roodverschuiving

¹**red-shirt** [telb zn] 1 ⟨AE⟩ (sport)student die een jaar van competitie vrijgesteld wordt voor training 2 ⟨gesch⟩ roodhemd ⟨vrijwilliger van Garibaldi⟩

²**red-shirt** [ov ww] ⟨AE⟩ voor een jaar van competitie vrijstellen voor training ⟨student⟩

red-short [bn] roodbreukig, roodbros ⟨van metaal⟩

red·skin [telb zn] ⟨vero, inf⟩ roodhuid

red·start [telb zn] ⟨dierk⟩ gekraagde roodstaart ⟨Phoenicurus phoenicurus⟩

red·tab [telb zn] ⟨inf⟩ stafofficier in het Britse leger

red·tail, red-tailed hawk [telb zn] ⟨dierk⟩ roodstaartbuizerd ⟨Buteo jamaicensis⟩

red-tape·ism, red-tap·ism /redteɪpɪzm/ [telb + niet-telb zn] ⟨inf; pej⟩ bureaucratie, ambtenarij

red-throat·ed [bn] met rode keel ▪ ⟨dierk; BE⟩ redthroated *diver*, ⟨dierk; AE⟩ redthroated *loon* roodkeelduiker ⟨Gavia stellata⟩; redthroated *pipit* roodkeelpieper ⟨Anthus cervinus⟩

red-top [telb + niet-telb zn] ⟨plantk⟩ fioringras ⟨Agrostis alba⟩

red-top [telb zn] ⟨BE; inf⟩ boulevardkrant ⟨met rode krantenkop⟩, sensatieblad, tabloid

re·dub /ˌriːdʌb/ [ov ww] herdopen, omdopen

¹**re·duce** /rɪdjuːs, ᴬrɪduːs/ [onov ww] 1 afslanken, een vermageringskuur ondergaan 2 verminderen, afnemen

²**re·duce** /rɪdjuːs, ᴬrɪduːs/ [ov ww] 1 verminderen, beperken, verkleinen, verlagen, reduceren, afprijzen ◆ *a reduced copy* een verkleinde kopie; *reduce your speed from 50 to 30 mph* verminder uw snelheid van 50 tot 30 mijl per uur; *reduce prices* prijzen verlagen; *a reduced pullover* een afgeprijsde pullover; *reduce this chapter to a few pages* vat dit hoofdstuk in enkele bladzijden samen, verkort dit hoofdstuk tot enkele bladzijden 2 herleiden, omzetten, reduceren, omrekenen ◆ ⟨wisk⟩ *reduce a fraction* een breuk herleiden; *reduce pounds to pence* ponden tot pence herleiden; *reduce one's affairs to order* zijn zaken in orde brengen; *reduce the facts to their essentials* de feiten tot de hoofdzaken reduceren 3 verlagen, verzwakken, verarmen, degraderen, terugzetten ◆ ⟨vero⟩ *in reduced circumstances* verarmd, in behoeftige omstandigheden (geraakt), tot armoede vervallen; *in a reduced state* in een verzwakte toestand; *be reduced to tears* alleen nog maar kunnen huilen; *reduce s.o. to tears* iemand tot tranen bewegen; *reduce rebels to obedience* rebellen tot gehoorzaamheid dwingen; *reduce an audience to absolute silence* een publiek tot absolute stilte brengen; *the farmers had been reduced to poverty* de boeren waren tot armoede vervallen; *reduce a sergeant to the rank of corporal* een sergeant tot de rang van korporaal degraderen; *the survivors had been reduced to skin and bones* de overlevenden waren nog maar vel over been 4 veroveren, onderwerpen ◆ *reduce a fortress* een versterking veroveren 5 verpulveren, fijnmalen, klein maken ⟨ook figuurlijk⟩ ◆ *his arguments were reduced to nothing* van zijn argumenten bleef niets overeind 6 aanlengen ⟨verf⟩ 7 ⟨scheik, techn⟩ reduceren, ⟨om⟩smelten ⟨metaal⟩ ◆ *reduce water to hydrogen and oxygen* water tot waterstof en zuurstof reduceren 8 ⟨med⟩ (in)zetten, in het lid plaatsen ◆ *reduce a fractured arm* een gebroken arm zetten; *reduce a dislocated elbow* een ontwrichte elleboog inzetten/in het lid plaatsen 9 ⟨foto⟩ verzwakken ◆ *reduce a negative* een negatief verzwakken 10 ⟨taalk⟩ reduceren ⟨klinker⟩

re·duc·er /rɪdjuːsə, ᴬrɪduːsər/, ⟨in betekenis 3 ook⟩ **re·duc·tant** /rɪdʌktənt/ [telb zn] 1 iemand die/iets dat reduceert 2 vermageringsmiddel 3 verdunner, verdunningsmiddel 4 ⟨scheik⟩ reductiemiddel, reduceermiddel 5 ⟨techn⟩ reductiemachine 6 ⟨techn⟩ verloopstuk

re·duc·i·bil·i·ty /rɪdjuːsəbɪləti, ᴬrɪduːsəbɪləti/ [niet-telb zn] reduceerbaarheid, herleidbaarheid
re·duc·i·ble /rɪdjuːsəbl, ᴬrɪduː-/ [bn; bw: reducibly] reduceerbaar, herleidbaar
re·duc·ing a·gent /rɪdjuːsɪneɪdʒnt, ᴬrɪduːsɪneɪdʒnt/,
re·duc·tant /rɪdʌktənt/ [telb zn] (scheik) reductiemiddel, reduceermiddel
reducing glass [telb zn] verkleinglas
re·duc·ti·o ad ab·sur·dum /rɪdʌksiou æd əbsɜːdem, ᴬ-sɜr-/ [niet-telb zn] reductio ad absurdum ⟨het voeren van een argument tot in het absurde⟩
re·duc·tion /rɪdʌkʃn/ [telb + niet-telb zn] reductie, reducering, verkleining, vermindering, afslag ♦ *reduction to absurdity* reductio ad absurdum; *a reduction of a photograph* een verkleining van een foto; *reduction in price* reductie, (prijs)afslag
reduction ratio [telb zn] verkleiningsfactor ⟨bij reprografie⟩
re·duc·tive /rɪdʌktɪv/ [bn] 1 reducerend, verminderend 2 ⟨bk⟩ m.b.t./van minimal art ♦ *reductive paintings* minimal art schilderijen
re·duc·tiv·ism /rɪdʌktɪvɪzm/ [niet-telb zn] ⟨bk⟩ minimal art
re·dun·dan·cy /rɪdʌndənsi/, **re·dun·dance** /-dəns/ [telb + niet-telb zn] 1 overtolligheid, overbodigheid 2 ontslag ⟨wegens boventalligheid⟩, gedwongen ontslag, ⟨bij uitbreiding⟩ werkloosheid ♦ *the company announced 200 redundancies* het bedrijf kondigde aan dat er 200 mensen moesten afvloeien 3 pleonasme, tautologie 4 overvloed(igheid)
redundancy money, redundancy pay [niet-telb zn] ⟨vnl BE⟩ afvloeiingspremie, ontslaguitkering
redundancy payment [telb + niet-telb zn] ⟨vnl BE⟩ afvloeiingspremie
re·dun·dant /rɪdʌndənt/ [bn; bw: ~ly] 1 overtollig, overbodig, redundant 2 werkloos ♦ ⟨vnl BE⟩ *become/be made redundant* werkloos worden 3 pleonastisch, tautologisch 4 overvloedig, overdadig
¹**re·du·pli·cate** /rɪdjuːplɪkeɪt, ᴬrɪduː-/ [onov + ov ww] 1 verdubbelen 2 ⟨taalk⟩ redupliceren
²**re·du·pli·cate** /rɪdjuːplɪkeɪt, ᴬrɪduː-/ [ov ww] (steeds) herhalen
re·du·pli·ca·tion /rɪdjuːplɪkeɪʃn, ᴬrɪduː-/ [telb + niet-telb zn] 1 herhaling 2 verdubbeling, duplicaat, equivalent 3 ⟨taalk⟩ reduplicatie
re·du·pli·ca·tive /rɪdjuːplɪkətɪv, ᴬrɪduːplɪkeɪtɪv/ [bn] 1 herhalend 2 verdubbelend 3 ⟨taalk⟩ redupliceernd
red-wa·ter [telb + niet-telb zn] ⟨med⟩ bloedwatering ⟨bij vee⟩
red·weed [telb zn] ⟨plantk⟩ 1 ⟨BE, gew⟩ klaproos ⟨Papaver rhoeas⟩ 2 → pokeweed
red·wing [telb zn] ⟨dierk⟩ koperwiek ⟨Turdus iliacus⟩
¹**red·wood** [telb zn] ⟨plantk⟩ Californische sequoia ⟨Sequoia sempervirens⟩
²**red·wood** [niet-telb zn] roodhout
ree [telb zn] → reeve¹
ree·bok /riːbɒk, ᴬ-bɑːk/ [telb zn; mv: ook reebok] ⟨dierk⟩ reebok ⟨antilope⟩ ⟨Pelea capreolus⟩
¹**re-ech·o** /riːekou/ [onov + ov ww] weerkaatsen, weergalmen, weerklinken
²**re-ech·o** /riːekou/ [ov ww] herhalen
¹**reed** /riːd/ [telb zn] 1 rietsoort 2 riethalm, rietstengel 3 ⟨form⟩ rietfluit, rietpijp, herdersfluit, schalmei 4 ⟨muz⟩ riet, tong ⟨in blaasinstrument/orgelpijp⟩ 5 ⟨vaak mv⟩ ⟨muz⟩ houten blaasinstrument 6 ⟨weven⟩ riet, weefkam, weverskam 7 ⟨vero⟩ pijl ▪ ⟨inf⟩ *broken reed*, ⟨vero⟩ *bruised reed* onbetrouwbaar persoon/ding; *lean on a reed* op een zwak persoon/ding vertrouwen
²**reed** /riːd/ [niet-telb zn] 1 riet 2 dekriet 3 ⟨vnl BE⟩ dekstro
³**reed** /riːd/ [ov ww] 1 met riet dekken 2 tot dekriet/stro bewerken 3 van een riet/tong voorzien ⟨blaasinstrument, orgelpijp⟩ 4 met een sierlijst met rietwerk bekleden; → reeding
reed babbler [telb zn] → reed warbler
reed·bird [telb zn] ⟨dierk⟩ 1 bobolink ⟨Noord-Amerikaanse rijstvogel; Dolichonyx oryzivorus⟩ 2 → reed warbler
reed·buck [telb zn; mv: ook reedbuck] ⟨dierk⟩ rietbok ⟨Zuid-Afrikaanse antilope; genus Redunca⟩
reed bunting [telb zn] ⟨dierk⟩ rietgors, rietmus ⟨Emberiza schoeniclus⟩
reed·er /riːdə, ᴬ-ər/ [telb zn] rietdekker
reed·ing /riːdɪŋ/ [telb zn; oorspronkelijk tegenwoordig deelw van reed] sierlijst met rietwerkreliëf
reed instrument [telb zn] houten blaasinstrument
reed·ling /riːdlɪŋ/ [telb zn] ⟨dierk⟩ baardmannetje ⟨Panurus biarmicus⟩
reed mace [telb + niet-telb zn] ⟨vnl BE; plantk⟩ lisdodde ⟨genus Typha⟩, ⟨vnl⟩ grote lisdodde ⟨T. latifolia⟩, ⟨ook⟩ kleine lisdodde ⟨T. angustifolia⟩
reed organ [telb zn] harmonium
reed pipe [telb zn] ⟨muz⟩ 1 rietpijp, rietfluit 2 tongpijp ⟨in orgel⟩
reeds /riːdz/ [alleen mv] 1 dekriet 2 ⟨vnl BE⟩ dekstro 3 sierlijst met rietwerkreliëf
reed stop [telb zn] ⟨muz⟩ orgelregister met tongpijpen
re-ed·u·cate /riːedʒʊkeɪt/ [ov ww] 1 omscholen, herscholen 2 opnieuw opvoeden
re-ed·u·ca·tion /riːedʒʊkeɪʃn/ [telb + niet-telb zn] 1 omscholing, herscholing 2 re-educatie, heropvoeding
reed warbler [telb zn] ⟨dierk⟩ ⟨benaming voor⟩ soort rietzangers ⟨genus Acrocephalus⟩, kleine karekiet ⟨A. scirpaceus⟩, bosrietzanger ⟨A. palustris⟩ ♦ *great reed warbler* grote karekiet ⟨Acrocephalus arundinaceus⟩
reed·y /riːdi/ [bn; vergr trap: reedier; zn: reediness] 1 rietachtig, vol riet 2 rietachtig, (mager) als riet 3 schril, piepend 4 ⟨form⟩ rieten
¹**reef** /riːf/ [telb zn] 1 rif 2 klip 3 ⟨zeilsp⟩ reef, rif 4 ⟨mijnb⟩ ⟨benaming voor⟩ harde steenlaag, ertsader, goudhoudende kwartsader, rotsbedding
²**reef** /riːf/ [ov ww] ⟨zeilsp⟩ 1 reven, inhalen, inbinden ♦ *reef in the sails* de zeilen reven 2 inkorten, schieten, strijken ⟨steng⟩, inkorten ⟨boegspriet⟩
reef band [telb zn] ⟨zeilsp⟩ reefband
reef·er /riːfə, ᴬ-ər/ [telb zn] 1 rever 2 adelborst, zeecadet 3 jekker 4 ⟨AE; inf⟩ koelruimte, koelschip, koelwagen 5 ⟨sl⟩ marihuanasigaret 6 ⟨sl⟩ roker van marihuanasigaret
reef·ing jack·et [telb zn] jekker
reef knot [telb zn] ⟨vnl BE⟩ dubbele platte knoop
reef point [telb zn] reeflijntje
reef·y /riːfi/ [bn; vergr trap: reefier] vol riffen
¹**reek** /riːk/ [telb zn] 1 stank, kwalijke reuk, vunzige lucht 2 ⟨SchE; form⟩ rook, wasem, damp
²**reek** /riːk/ [onov ww] 1 slecht ruiken, ⟨fig⟩ stinken ♦ *the room reeks of garlic* de kamer ruikt naar knoflook; *his statement reeks of corruption* zijn verklaring riekt naar corruptie; *he reeks with conceit* hij druipt van verwaandheid 2 roken, dampen, wasemen ♦ *the horse was reeking with sweat* het paard dampte van het zweet
³**reek** /riːk/ [ov ww] 1 uitwasemen, van zich geven 2 roken ⟨bijvoorbeeld vlees, vis⟩
reek·y /riːki/ [bn; vergr trap: reekier] 1 kwalijk riekend, stinkend 2 rokend, rokerig, berookt
¹**reel** /riːl/ [telb zn] 1 haspel 2 spoel, klos 3 (film)rol ⟨ook: standaardlengte van 1000 voet film⟩ 4 ⟨vnl BE⟩ (garen)klosje 5 ⟨sportvis⟩ reel, haspel, spoel, molen ♦ *fixed-*

reel

spool reel vastzethaspel ⑥ wankeling, ⟨fig⟩ draaiing, duizeling ⑦ werveling, warreling ⑧ reel ⟨volksdans(muziek)⟩ uit Ierland, Schotland, Virginia⟩ ⦁ *(straight) off the reel* in één ruk, zonder haperen

²**reel** /riːl/ [onov ww] ① duizelen, draaien ② wervelen, warrelen ③ wankelen, waggelen ♦ *reel back* terugdeinzen, wijken ④ *de 'reel' dansen* ⟨volksdans⟩

³**reel** /riːl/ [ov ww] ① haspelen, spoelen, klossen, winden ♦ *reel in a pike* een snoek inhalen/ophalen; *reel in/up a thread* een draad opwinden; *reel off yarn* garen afwinden; ⟨fig⟩ *reel off a poem* een gedicht opdreunen; *reel thread off a machine* draad van een machine afwinden ② doen duizelen/wankelen/draaien

re·e·lect /riːɪlekt/ [ov ww] herkiezen

re·e·lec·tion /riːɪlekʃn/ [telb + niet-telb zn] her(ver)kiezing

re·el·i·gi·bil·i·ty /riːelɪdʒəbɪləti/ [niet-telb zn] herkiesbaarheid

re·el·i·gi·ble /riːelɪdʒəbl/ [bn] herkiesbaar

¹**re·em·bark** /riːɪmbɑːk, ᴬ-bɑrk/ [onov ww] weer aan boord gaan, zich weer inschepen

²**re·em·bark** /riːɪmbɑːk, ᴬ-bɑrk/ [ov ww] weer inschepen, weer aan boord nemen

re·em·bar·ka·tion /riːembɑːkeɪʃn, ᴬ-bɑr-/ [telb + niet-telb zn] het opnieuw inschepen

re·em·bod·y /riːɪmbɒdi, ᴬ-bɑdi/ [ov ww] ① opnieuw belichamen ② opnieuw inlijven ③ opnieuw organiseren

re·en·act /riːɪnækt/ [ov ww] ① weer instellen/invoeren, weer van kracht doen worden ② weer opvoeren/spelen ③ re-ensceneren ⟨misdaad e.d.⟩, naspelen

¹**re·en·act·ment** /riːɪnæktmənt/ [telb zn] ① tweede aanbieding van wetsvoorstel ② vernieuwing van wet

²**re·en·act·ment** /riːɪnæktmənt/ [telb + niet-telb zn] ① het weer instellen/invoeren ② het weer opvoeren/spelen ③ re-ensceneren ⟨van misdaad e.d.⟩ ♦ *the re-enactment of a historical battle* het naspelen van een historische slag

re·enforce [ov ww] → **reinforce**

¹**re·en·ter** /riːentə, ᴬ-entər/ [onov ww] weer binnenkomen

²**re·en·ter** /riːentə, ᴬ-entər/ [ov ww] weer inschrijven, weer opnemen ⟨in lijst e.d.⟩

re·en·trance /riːentrəns/ [telb + niet-telb zn] ① inspringing ⟨van hoek⟩ ② → **re-entry²**

¹**re·en·trant** /riːentrənt/ [telb zn] inspringende hoek

²**re·en·trant** /riːentrənt/ [bn] inspringend ⟨van hoek⟩

¹**re·en·try** /riːentri/ [telb zn] ⟨kaartsp⟩ kaart waarmee men aan slag komt, ⟨bridge⟩ rentree

²**re·en·try** /riːentri/ [telb + niet-telb zn] terugkeer, terugkomst ♦ *the re-entry of a spacecraft into the atmosphere* de terugkeer van een ruimtevaartuig in de atmosfeer

³**re·en·try** /riːentri/ [niet-telb zn] ① ⟨jur⟩ het weer in het bezit komen ♦ *re-entry of property* terugkeer in het bezit van (vroeger afgestaan) eigendom ② ⟨kaartsp⟩ het weer aan slag komen ♦ *card of re-entry* kaart waarmee men weer aan slag komt; ⟨bridge⟩ rentree

re·es·tab·lish /riːɪstæblɪʃ/ [ov ww] ① opnieuw vestigen ② herstellen

re·es·tab·lish·ment /riːɪstæblɪʃmənt/ [telb + niet-telb zn] ① nieuwe vestiging ② herstelling

¹**reeve** /riːv/, ⟨in betekenis 3 ook⟩ **ree** /riː/ [telb zn] ① baljuw, stadhouder ② voorzitter van gemeenteraad ⟨Canada⟩ ③ ⟨dierk⟩ kemphen ⟨*Philomachus pugnax*⟩

²**reeve** /riːv/ [ov ww; ook rove, rove] ⟨scheepv⟩ ① inscheren ⟨touw⟩ ♦ *reeve a rope* een touw inscheren ② scheren, spannen ⟨touw⟩ ③ zich een doorgang/weg banen ♦ *the ship reeved the ice-pack* het schip baande zich een weg door het pakijs

re·ex·am·i·na·tion /riːɪgzæmɪneɪʃn/ [telb + niet-telb zn] ① nieuw onderzoek ② herexamen, herkansing ③ ⟨jur⟩ nieuw verhoor

re·ex·am·ine /riːɪgzæmɪn/ [ov ww] ① opnieuw onderzoeken ♦ *re-examine a witness after cross-examination* een getuige na kruisverhoor opnieuw verhoren ② ⟨jur⟩ opnieuw verhoren

¹**re·ex·change** /riːɪkstʃeɪndʒ/ [telb zn] ⟨fin⟩ herwissel, hertrokken wissel

²**re·ex·change** /riːɪkstʃeɪndʒ/ [telb + niet-telb zn] ① nieuwe verwisseling ② ⟨fin⟩ hertrekking, herwissel

¹**re·ex·port** /riːekspɔːt, ᴬ-spɔrt/, **re·ex·por·ta·tion** /-teɪʃn/ [telb + niet-telb zn] herexport, wederuitvoer

²**re·ex·port** /riːɪkspɔːt, ᴬ-spɔrt/ [onov + ov ww] herexporteren, opnieuw uitvoeren

re·ex·press /riːɪkspres/ [ov ww] opnieuw uitdrukken, opnieuw uiten

¹**ref** /ref/ [telb zn] ⟨inf; sport⟩ ⟨verk: referee⟩ scheids, scheidsrechter, ref(eree)

²**ref** [afk] ① (referee) ② (reference) ref. ③ (referred) ④ (refining) ⑤ (reformation) ⑥ ⟨vaak Ref⟩ (Reformed) Herv. ⑦ (refunding)

re·face /riːfeɪs/ [ov ww] van een nieuwe buitenlaag voorzien ♦ *reface a wall with plaster* een nieuwe laag pleisterkalk aanbrengen op een muur/een muur opnieuw stukadoren

re·fash·ion /riːfæʃn/ [ov ww] een nieuwe vorm geven, opnieuw modelleren, omwerken, veranderen ♦ *refashion a suit* een kostuum vermaken

¹**re·fec·tion** /rɪfekʃn/ [telb zn] lichte maaltijd, collatie

²**re·fec·tion** /rɪfekʃn/ [telb + niet-telb zn] verkwikking, verfrissing, verversing

Refection Sunday [eigenn] → **Refreshment Sunday**

re·fec·to·ry /rɪfektri/ [telb zn] eetzaal, refectorium, refter

refectory table [telb zn] (lange) eettafel, reftertafel

¹**re·fer** /rɪfɜː, ᴬrɪfɜr/ [onov ww] → **refer to**

²**re·fer** /rɪfɜː, ᴬrɪfɜr/ [ov ww] ① verwijzen, doorsturen, voorleggen, in handen geven, ⟨jur⟩ renvooieren ♦ *refer back* terugverwijzen, terugsturen; *refer o.s. to s.o.'s generosity* iemands vrijgevigheid over zich heen laten komen; *referred pain* referred pain ⟨pijngewaarwording die verwijst naar de werkelijke (interne) pijn elders⟩; *I was referred to the Inquiry Office* ze verwezen me naar het inlichtingenbureau ② toeschrijven, terugvoeren ♦ *one usually refers the lake-dwellings to the sixth century* gewoonlijk situeert men de paalwoningen in de 6e eeuw

ref·er·a·ble /refrəbl/, **re·fer·ri·ble** /rɪfɜːrəbl/ [bn] toe te schrijven, terug te voeren ♦ *be referable to* toe te schrijven zijn aan, terug te voeren zijn tot, verband houden met

¹**ref·e·ree** /refəriː/ [telb zn] ① scheidsrechter, referee, arbiter, ⟨American football⟩ hoofdscheidsrechter, ⟨fig⟩ iemand die een geschil moet bijleggen, bemiddelaar ♦ ⟨BE; jur⟩ *Official Referee* rechter verbonden aan het opperste gerechtshof, rechter-commissaris, onderzoeksrechter ② (vak)referent, expert ③ ⟨BE⟩ referentie ⟨persoon die referentie geeft⟩

²**ref·e·ree** /refəriː/ [onov ww] als scheidsrechter optreden, arbitreren

³**ref·e·ree** /refəriː/ [ov ww] als scheidsrechter optreden bij ♦ *who is going to referee the match?* wie gaat de wedstrijd fluiten?

¹**ref·er·ence** /refrəns/ [telb zn] ① referentie, getuigschrift, aanbeveling, persoon die referentie geeft ② verwijzingsteken ③ ⟨benaming voor⟩ iets waarnaar wordt verwezen, verwijzing, boek, passage ④ naslagwerk

²**ref·er·ence** /refrəns/ [telb + niet-telb zn] ① verwijzing, referentie, ⟨jur⟩ renvooi ♦ *frame of reference* referentiekader; *letter of reference* aanbevelingsbrief; *this problem is outside our terms of reference* dit probleem valt buiten onze competentie; *the terms of reference of a commission* de onderzoeksopdracht/taak/bevoegdheid van een commissie

reflect on

² zinspeling, allusie, toespeling, vermelding ♦ *she made no reference to it* ze maakte er geen toespeling op ³ raadpleging, het naslaan ♦ *keep sth. for future reference* iets bewaren voor later, iets bewaren/onthouden dat nog van pas kan komen 〈bijvoorbeeld bepaalde informatie〉; *make reference to a dictionary* een woordenboek naslaan

³**ref·er·ence** /ˈrefrəns/ [niet-telb zn] betrekking, verband ♦ *bear/have reference to* betrekking hebben op, slaan op, in verband staan met; *in/with reference to* met betrekking tot, in verband met; *without reference to* zonder rekening te houden met, met voorbijgaan van

⁴**ref·er·ence** /ˈrefrəns/ [ov ww] ① van verwijzingen voorzien ② verwijzen naar, refereren aan

reference bible [telb zn] Bijbel met verwijzingen
reference book [telb zn] ① naslagboek, naslagwerk ② 〈ZAE〉 pasje 〈voor niet-blanken〉
reference library [telb zn] ① naslagbibliotheek 〈i.t.t. uitleenbibliotheek〉, handbibliotheek ② naslagreeks
reference mark [telb zn] verwijzingsteken
reference material [telb + niet-telb zn] documentatiemateriaal, literatuur
reference sample [telb zn] 〈handel〉 referentiemonster, koopmonster, contramonster
reference work [telb zn] naslagwerk
ref·er·en·da·ry /ˌrefəˈrendəri/ [telb zn] referendaris, referent, adviseur 〈voornamelijk aan een koninklijk hof〉
¹**ref·er·en·dum** /ˌrefəˈrendəm/ [telb zn; mv: ook referenda /-də/] 〈diplomatie〉 verzoek (van een diplomaat) om regeringsinstructies
²**ref·er·en·dum** /ˌrefəˈrendəm/ [telb + niet-telb zn; mv: ook referenda /-də/] referendum, volksstemming, plebisciet ♦ *decide a question by referendum* iets beslissen bij referendum; *hold a referendum on* een referendum houden over
ref·er·ent /ˈrefrənt/ [telb zn] 〈filos, taalk〉 referent, referentie, extensie
ref·er·en·tial /ˌrefəˈrenʃl/ [bn; bw: ~ly] referentieel, verwijzend
ref·fer·ral /rɪˈfɜːrəl/ [telb + niet-telb zn] verwijzing
referrible [bn] → referable
refer to [onov ww] ① verwijzen naar, refereren aan, betrekking hebben op, van toepassing zijn op, betreffen ♦ *what I have to say refers to all of you* wat ik te zeggen heb geldt voor jullie allemaal; *the figures refer to notes* de cijfers verwijzen naar noten ② zinspelen op, refereren aan, alluderen op, vermelden, spreken over ③ raadplegen, naslaan ♦ *refer to a dictionary* iets opzoeken in een woordenboek
ref·fo /ˈrefoʊ/ [telb zn] 〈AuE; sl〉 reffo 〈Europese vluchteling〉
¹**re·fill** /ˈriːfɪl/ [telb zn] (nieuwe) vulling, (nieuw) (op)vulsel ♦ *two refills for this pen* twee inktpatronen voor deze pen
²**re·fill** /ˌriːˈfɪl/ [ov ww] opnieuw vullen, (opnieuw) aanvullen, bijvullen, opvullen
re·fill·a·ble /ˌriːˈfɪləbl/ [bn] navulbaar
refill pack [telb zn] navulpak
¹**re·fine** /rɪˈfaɪn/ [onov ww] zuiver worden 〈ook figuurlijk〉, verfijnen, verzorg(d)er/beschaaf(d)er worden ♦ *refine (up)on* verbeteren, verfijnen, uitwerken, voortborduren op; → refined
²**re·fine** /rɪˈfaɪn/ [ov ww] zuiveren, raffineren, 〈fig〉 verfijnen, verbeteren, bijschaven ♦ *refine away* wegzuiveren; *you'd better refine your language* je moest wat meer op je taal letten; *refine out* uitzuiveren; → refined
re·fined /rɪˈfaɪnd/ [bn; (oorspronkelijk) volt deelw van refine] verfijnd, geraffineerd, 〈fig〉 verzorgd, beschaafd ♦ *refined calculation* nauwkeurige berekening; *refined cruelty* geraffineerde wreedheid; *refined features* edele/gedistingeerde trekken; *refined manners* goede/verzorgde manieren; *refined sugar* geraffineerde suiker, raffinade; *refined taste* verfijnde smaak

¹**re·fine·ment** /rɪˈfaɪnmənt/ [telb zn] verbetering, uitwerking, verfijning, spitsvondigheid ♦ *the refinements of the century* de grote ontwikkelingen van de eeuw; *refinements of meaning* betekenisschakeringen
²**re·fine·ment** /rɪˈfaɪnmənt/ [niet-telb zn] ① raffinage, het raffineren, raffinering, zuivering ♦ *the refinement of sugar* het raffineren van suiker ② verfijning, verfijndheid, raffinement, finesse, (over)beschaafdheid ♦ *lack of refinement* gebrek aan ontwikkeling/beschaving; *a lady of refinement* een elegante vrouw
re·fin·er /rɪˈfaɪnə, ᴬ-ər/ [telb zn] ① raffinadeur ② raffineermachine
re·fin·er·y /rɪˈfaɪn(ə)ri/ [telb zn] raffinaderij
re·fin·ish /ˌriːˈfɪnɪʃ/ [ov ww] opnieuw politoeren/boenen
¹**re·fit** /ˈriːfɪt/, **re·fit·ment** /ˌriːˈfɪtmənt/ [telb + niet-telb zn] herstel, nieuwe uitrusting/optuiging, kalfatering
²**re·fit** /ˌriːˈfɪt/ [onov ww] hersteld worden, opnieuw uitgerust/opgetuigd worden, gekalfaat worden
³**re·fit** /ˌriːˈfɪt/ [ov ww] herstellen, opnieuw uitrusten/optuigen, kalfaten
refl [afk] ① (reflection) ② (reflective) ③ (reflex) ④ (reflexive)
re·flate /ˌriːˈfleɪt/ [ov ww] 〈ec〉 reflatie veroorzaken van, uitbreiden 〈in het bijzonder geldcirculatie〉, gezond maken, stimuleren ♦ *a plan to reflate the economy* economisch herstelplan
re·fla·tion /ˌriːˈfleɪʃn/ [telb + niet-telb zn] 〈ec〉 reflatie
¹**re·flect** /rɪˈflekt/ [onov + ov ww] nadenken, overdenken, overwegen ♦ *he reflected that ...* hij bedacht dat ... ⟨•⟩ zie: **reflect on**
²**re·flect** /rɪˈflekt/ [ov ww] weerspiegelen, weerkaatsen, reflecteren, 〈fig〉 weergeven, uitdrukken ♦ *the sunlight was reflected from the water* het zonlicht weerkaatste op het water; *reflected light* gereflecteerd licht; *this measure reflects intelligence* deze maatregel getuigt van intelligentie; *the success of the negotiations reflects credit on all of us* het succes van de onderhandelingen strekt ons allen tot eer; *reflect credit (up)on* tot eer strekken van; *reflect discredit (up)on* tot oneer strekken van, in diskrediet brengen
re·flec·tance /rɪˈflektəns/ [telb zn] 〈natuurk〉 reflectiecoëfficiënt 〈verhouding tussen gereflecteerde en invallende straling〉
reflecting telescope [telb zn] spiegeltelescoop, reflector
¹**re·flec·tion**, 〈vnl BE ook〉 **re·flex·ion** /rɪˈflekʃn/ [telb zn] aanmerking, aantijging, blamage, insinuatie ♦ *be/cast a reflection (up)on* afbreuk doen aan, in diskrediet brengen, in een kwaad daglicht stellen; *be/cast a reflection (up)on s.o.'s honour* een blaam op iemand werpen; *cast reflections (up)on* bedenkingen hebben bij, kritiek uiten op, kwaadspreken van
²**re·flec·tion**, 〈vnl BE ook〉 **re·flex·ion** /rɪˈflekʃn/ [telb + niet-telb zn] ① weerspiegeling, weerkaatsing, reflectie, spiegelbeeld ♦ *angle of reflection* reflectiehoek, hoek van terugkaatsing; *the reflection of a deer in a pond* de weerspiegeling van een hert in een vijver ② overdenking, het nadenken, overweging, beschouwing, bespiegeling ♦ *lost in reflection* in gedachten verzonken; *on reflection* bij nader inzien; *without reflection* zonder nadenken, onbezonnen, ondoordacht
re·flec·tive /rɪˈflektɪv/ [bn; bw: ~ly; zn: ~ness] ① weerspiegelend, reflecterend ♦ *reflective light* weerkaatst/ontleend licht ② bedachtzaam, reflectief, bespiegelend, mijmerend
re·flec·tiv·i·ty /ˌriːflekˈtɪvəti/ [telb zn] ① reflectievermogen ② 〈natuurk〉 reflectiviteit, reflectiecoëfficiënt, stralingsintensiteit
reflect on, reflect upon [onov ww] ① nadenken over, bedenken, overdenken, overwegen ♦ *I have been reflecting*

reflector

on my response ik heb mijn antwoord goed overwogen ② *zich ongunstig uitlaten over*, nadelig zijn voor, in diskrediet brengen, een ongunstig licht werpen op ♦ *your rude behaviour reflects only on yourself* je onbetamelijk gedrag is alleen maar in je eigen nadeel; *I am not reflecting upon the sincerity of your intentions* ik trek de oprechtheid van je bedoelingen niet in twijfel

re·flec·tor /rɪflektə, ᴬ-ər/ [telb zn] ① ⟨benaming voor⟩ terugkaatsend voorwerp of vlak, reflector, reflectiescherm, kattenoog, galmbord, klankspiegel, hitteschild ② spiegeltelescoop, reflector

reflector stud [telb zn] ⟨BE⟩ lichtreflector, kattenoog

¹**re·flex** /riːfleks/ [telb zn] ① weerspiegeling, reflexbeeld, ⟨fig⟩ afspiegeling, afstraling ♦ *the fame of Greece was a reflex from the glory of Athens* Griekenland dankte zijn faam aan de roem van Athene; *legislation should be the reflex of public opinion* de wetgeving moet de neerslag zijn van de publieke opinie ② reflex(beweging), reactie ♦ ⟨psych⟩ *a conditioned reflex* een geconditioneerde/voorwaardelijke reflex; *the speed of his reflexes* zijn reactiesnelheid; *reflexes* reflexen, reactievermogen ③ ⟨taalk⟩ ontwikkeling, ⟨historisch⟩ afgeleide vorm

²**re·flex** /riːfleks/ [bn; bw: ~ly; zn: ~ness] ① weerkaatst, gereflecteerd, omgebogen ♦ ⟨wisk⟩ *reflex angle* uitspringende hoek ② introspectief ③ reflectorisch, reflex- ♦ *reflex action* reflexbeweging; ⟨med⟩ *reflex arc* reflexboog, regelkring ④ reflectografisch ♦ *reflex copying* reflectografie

reflex camera [telb zn] (spiegel)reflexcamera

re·flexed /rɪflekst/ [bn] ⟨plantk⟩ omgebogen

re·flex·i·bil·i·ty /rɪfleksɪbɪləti/ [niet-telb zn] reflexibiliteit

re·flex·i·ble /rɪfleksəbl/ [bn] reflexibel, reflecteerbaar, weerkaatsbaar

reflexion [telb + niet-telb zn] → **reflection**

¹**re·flex·ive** /rɪfleksɪv/ [taalk] ① wederkerend/reflexief werkwoord ② wederkerend/reflexief voornaamwoord

reflexive pronoun	
wederkerend voornaamwoord	voorbeeld
myself	I am pleased with myself
yourself	don't cut yourself
himself	he talked about himself
herself	she reproached herself
itself	it repeats itself
oneself	one mustn't hurt oneself
ourselves	we enjoyed ourselves
yourselves	do it yourselves
themselves	they defended themselves
Nederlands: 'zich'	Engels: geen 'self'
zich afvragen	to wonder
zich bewegen	to move
zich onthouden van	to abstain/refrain from
zich voeden	to feed
zich bemoeien met	to interfere with
zich voegen bij	to join
zich herinneren	to remember
zich overgeven	to surrender
zich haasten	to hurry
zich verslapen	to oversleep
zich oefenen	to practise
zich wassen	to wash
zich scheren	to shave
zich gedragen	to behave
maar: zich goed gedragen	to behave oneself

²**re·flex·ive** /rɪfleksɪv/ [bn; bw: ~ly; zn: ~ness] ① reflectorisch, reflex- ♦ *reflexive action* reflex(beweging) ② ⟨taalk⟩

reflexief, wederkerend ♦ *reflexive pronoun* wederkerend voornaamwoord

re·flex·ol·o·gy /riːfleksɒlədʒi, ᴬ-sɑ-/ [niet-telb zn] ① reflexologie, reflexpsychologie ② → **foot reflexology**

¹**re·float** /riːflout/ [onov ww] weer vlot raken/komen

²**re·float** /riːflout/ [ov ww] vlot krijgen, vlot brengen

ref·lu·ence /refluəns/ [telb zn] terugvloeiing, terugstroming, het (af)ebben

ref·lu·ent /refluənt/ [bn] terugvloeiend, terugstromend, (af)ebbend ♦ *refluent tide* afnemend tij, eb

re·flux /riːflʌks/ [telb zn] terugvloeiing, eb, ⟨fig⟩ kentering, ⟨med, scheik⟩ reflux ♦ *fluxes and refluxes of the mind* gemoedsbewegingen

re·foot /riːfut/ [ov ww] van een nieuwe voet voorzien ♦ *refoot an old sock* aan een oude sok een nieuwe voet breien

re·for·est /riːfɒrɪst, ᴬ-fɔ-, ᴬ-fɑ-/ [ov ww] ⟨AE⟩ herbebossen

re·for·es·ta·tion /riːfɒrɪsteɪʃn, ᴬ-fɔ-, ᴬ-fɑ-/ [telb zn] ⟨AE⟩ herbebossing

¹**re·form** /rɪfɔːm, ᴬ-fɔrm/ [telb + niet-telb zn] hervorming, verbetering, aanpassing, correctie ♦ *penal reform* strafrechthervorming; *social reforms* sociale hervormingen

²**re·form** /rɪfɔːm, ᴬ-fɔrm/ [onov ww] zich beteren, zich bekeren, tot inkeer komen, veranderen

³**re·form** /rɪfɔːm, ᴬ-fɔrm/ [ov ww] verbeteren, hervormen, veranderen, reformeren ♦ *reform abuses* misbruiken afschaffen; *Reformed Church* Hervormde/Gereformeerde kerk; *reform a sinner* een zondaar bekeren

¹**re-form** /riːfɔːm, ᴬ-fɔrm/ [onov ww] ① zich opnieuw vormen ② ⟨mil⟩ zich hergroeperen, zich opnieuw opstellen

²**re-form** /riːfɔːm, ᴬ-fɔrm/ [ov ww] ① opnieuw vormen ② ⟨mil⟩ reformeren, hergroeperen

Re·form /rɪfɔːm, ᴬ-fɔrm/ [eigenn] ⟨jod⟩ reform(jodendom), liberaal jodendom

Reform Act [telb zn] ⟨gesch, pol⟩ wet tot hervorming van het Engelse kiesstelsel ⟨in het bijzonder van 1831-32⟩

re·for·mat /riːfɔːmæt, ᴬ-fɔrm-/ [ov ww] ⟨comp⟩ herformatteren ⟨schijf, document⟩

ref·or·ma·tion /refəmeɪʃn, ᴬ-fər-/ [telb + niet-telb zn] ① hervorming, verbetering, verandering, reformatie ② nieuwe vorming, nieuwe formatie, het opnieuw vormen ③ ⟨mil⟩ hergroepering, nieuwe opstelling/formatie, het reformeren

Ref·or·ma·tion /refəmeɪʃn, ᴬ-fər-/ [eigenn; the] ⟨rel⟩ Reformatie, Hervorming

ref·or·ma·tion·al /refəmeɪʃnəl, ᴬ-fər-/ [bn] reformatorisch, hervormings-

¹**re·for·ma·to·ry** /rɪfɔːmətri, ᴬrɪfɔrmətɔri/ [telb zn] ⟨vero, behalve in USA⟩ verbeteringsgesticht, heropvoedingsgesticht, tuchtschool

²**re·for·ma·to·ry** /rɪfɔːmətri, ᴬrɪfɔrmətɔri/, **re·for·ma·tive** /rɪfɔːmətɪv, ᴬ-fɔrmətɪv/ [bn; bw: reformatively; zn: reformativeness] hervormend, hervormings-, reformistisch ♦ *reformatory measure* hervormingsmaatregel

Reform Bill [telb zn] ⟨gesch, pol⟩ wetsvoorstel tot hervorming van het Engelse kiesstelsel ⟨in het bijzonder van 1831-32⟩

re·form·er /rɪfɔːmə, ᴬ-fɔrmər/ [telb zn] hervormer, reformist

re·form fa·tigue [niet-telb zn] ⟨pol⟩ hervormingsmoeheid

re·form·ism /rɪfɔːmɪzm, ᴬ-fɔr-/ [niet-telb zn] hervormingsbeweging, reformisme

re·form·ist /rɪfɔːmɪst, ᴬ-fɔrm-/ [telb zn] reformist, hervormingsgezinde, hervormer

re·form-mind·ed [bn] hervormingsgezind

reform school [telb zn] ⟨vero, behalve in USA⟩ verbeteringsgesticht, tuchtschool

re·for·mu·late /riːfɔːmjuleɪt, ᴬ-fɔrmjə-/ [ov ww] herformuleren

refr [afk] ① (refraction) ② (refrigeration)

re·fract /rɪfrækt/ [ov ww] ① breken, van richting doen veranderen ⟨stralen⟩ ② het brekingsvermogen bepalen van

re·fract·ing tel·e·scope [telb zn] refractor, dioptrische kijker

re·frac·tion /rɪfrækʃn/ [niet-telb zn] ⟨natuurk⟩ (straal)breking ♦ *angle of refraction* brekingshoek; *double refraction* dubbele breking, dubbelbreking; *index of refraction* brekingsindex, brekingscoëfficiënt

re·frac·tion·al /rɪfrækʃnəl/ [bn] brekend, brekings-

re·frac·tive /rɪfræktɪv/ [bn; bw: ~ly; zn: ~ness] brekend, brekings- ♦ *refractive index* brekingsindex; *refractive power* brekingsvermogen

re·frac·tiv·i·ty /riːfræktɪvəti/ [telb zn] brekingsvermogen

re·frac·tom·e·ter /riːfræktɒmɪtə, ᴬ-tɑmɪtər/ [telb zn] refractometer

re·frac·tor /rɪfræktə, ᴬ-ər/ [telb zn] ① brekend medium ② refractor, dioptrische kijker

¹**re·frac·to·ry** /rɪfræktri/ [telb zn] vuurvast materiaal, vuurvaste stof(fen)

²**re·frac·to·ry** /rɪfræktri/ [telb + niet-telb zn] vuurvaste steen, brandsteen, ovensteen

³**re·frac·to·ry** /rɪfræktri/ [bn; bw: refractorily; zn: refractoriness] ① (stijf)koppig, halsstarrig, weerspannig ♦ *be refractory to* niet openstaan voor, hardnekkig weigeren; *as refractory as a mule* zo koppig als een ezel ② moeilijk te genezen ♦ *a refractory fever* een hardnekkige koorts ③ immuun, onvatbaar, ongevoelig ♦ ⟨med⟩ *the refractory period of a muscle fibre* de refractaire periode van een spiervezel; *refractory to* immuun voor ④ moeilijk smeltbaar, vuurvast, hittebestendig ♦ *refractory brick* brandsteen, ovensteen; *refractory clay* vuurklei

¹**re·frain** /rɪfreɪn/ [telb zn] refrein

²**re·frain** /rɪfreɪn/ [onov ww] zich onthouden, ervan afzien, het nalaten ♦ *refrain from sth.* zich van iets onthouden, zich iets ontzeggen, van iets afzien, iets nalaten; *kindly refrain from smoking* gelieve niet te roken

re·fran·gi·bil·i·ty /rɪfrændʒɪbɪləti/ [telb zn] breekbaarheid, brekingsvermogen

re·fran·gi·ble /rɪfrændʒəbl/ [bn; zn: ~ness] breekbaar

¹**re·fresh** /rɪfreʃ/ [onov ww] ① zich verfrissen, zich opfrissen/opknappen/verkwikken ② nieuw proviand inslaan ♦ *harbours where ships can refresh* havens waar een schip nieuwe voorraden kan innemen, verversingshavens; → refreshing

²**re·fresh** /rɪfreʃ/ [ov ww] ① verfrissen, opfrissen, opknappen, opkikkeren ♦ *refresh s.o.'s memory* iemands geheugen opfrissen; *she refreshed herself with a bath* ze nam een verfrissend bad ② aanvullen, herbevoorraden, provianderen ♦ *the steward refreshed our glasses* de steward vulde ons glas bij; → refreshing, refreshing

re·fresh·er /rɪfreʃə, ᴬ-ər/ [telb zn] ① verfrissing, opfrissing, verkwikking ② ⟨vnl BE⟩ extra honorarium ⟨voor een advocaat tijdens een langdurige rechtszaak⟩ ③ opkikkertje, afzakkertje, borrel

refresher course [telb zn] herhalingscursus, bijscholingscursus

re·fresh·ing /rɪfreʃɪŋ/ [bn; (oorspronkelijk) tegenwoordig deelw van refresh; bw: ~ly] ① verfrissend, verkwikkend ♦ *a refreshing breeze* een lekker koel briesje ② aangenaam, verrassend, hartverwarmend ♦ *written in a refreshingly clear way* op een verrassend heldere manier geschreven

re·fresh·ment /rɪfreʃmənt/ [telb + niet-telb zn] ① verfrissing ⟨ook figuurlijk⟩, verkwikking, verademing ② ⟨vnl mv⟩ iets te drinken met een hapje erbij ♦ *serve refreshments at a party* voor drank en een lekker hapje zorgen op een avondje; *work all day without refreshment* de hele dag doorwerken zonder iets te gebruiken

refreshment bar [telb zn] buffet, bar

refreshment room [telb zn] restauratie(zaal), stationsbuffet, koffiekamer, foyer

refreshment station [telb zn] ⟨atl⟩ verzorgingspost ⟨bij marathon of snelwandelen⟩

Refreshment Sunday, Refection Sunday [eigennn] laetare(zondag), halfvasten

refreshment trolley [telb zn] buffetwagen(tje)

¹**re·frig·er·ant** /rɪfrɪdʒərənt/ [telb zn] ① koelmiddel, verkoelingsmiddel ② ⟨med⟩ koortsmiddel, koortsverdrijvend/koortswerend middel

²**re·frig·er·ant** /rɪfrɪdʒərənt/ [bn] ① verkoelend, afkoelend, koel- ♦ *refrigerant latitudes* koude luchtstreken ② ⟨med⟩ koortsverdrijvend, koortswerend

¹**re·frig·er·ate** /rɪfrɪdʒəreɪt/ [onov + ov ww] koelen, afkoelen, verkoelen ♦ *refrigerated beer* gekoeld bier

²**re·frig·er·ate** /rɪfrɪdʒəreɪt/ [ov ww] invriezen ♦ *refrigerated meat* ingevroren vlees

re·frig·er·a·tion /rɪfrɪdʒəreɪʃn/ [niet-telb zn] ① invriezing, het diepvriezen ♦ *keep sth. under refrigeration* iets koel bewaren/invriezen ② afkoeling

refrigeration industry [telb zn] diepvriesindustrie

re·frig·er·a·tive /rɪfrɪdʒərətɪv, ᴬ-reɪtɪv/ [bn] verkoelend, afkoelend, koel-

re·frig·er·a·tor /rɪfrɪdʒəreɪtə, ᴬ-reɪtər/ [telb zn] ① koelruimte, koelbak, koelkast, ijskast, koelkamer ② koeler, koelapparaat, condensor ③ ⟨sl⟩ gevangenis

refrigerator car, ⟨BE⟩ refrigerator van [telb zn] koelwagen ⟨van trein⟩

¹**re·frig·er·a·to·ry** /rɪfrɪdʒərətri, ᴬ-tɔri/ [telb zn] ① condensor ② ijskamer ⟨van ijsmachine⟩

²**re·frig·er·a·to·ry** /rɪfrɪdʒərətri, ᴬ-tɔri/, **re·frig·er·a·tive** /rɪfrɪdʒərətɪv, ᴬ-reɪtɪv/ [bn] verkoelend, afkoelend, koel-

re·frin·gence /rɪfrɪndʒəns/, **re·frin·gen·cy** /-si/ [telb zn] refractiewaarde, brekingsvermogen

re·frin·gent /rɪfrɪndʒənt/ [bn] brekend, brekings-

reft /reft/ [verleden tijd en volt deelw] → reave

¹**re·fu·el** /riːfjuːəl/ [onov ww] (bij)tanken, nieuwe brandstof innemen

²**re·fu·el** /riːfjuːəl/ [ov ww] opnieuw voltanken, de voorraad brandstof aanvullen/bijvullen van

refuelling stop, refuelling point [telb zn] tankstop ⟨voor vliegtuigen bijvoorbeeld⟩

¹**re·fuge** /refjuːdʒ/ [telb zn] ⟨BE⟩ vluchtheuvel

²**re·fuge** /refjuːdʒ/ [telb + niet-telb zn] toevlucht(soord) ⟨ook figuurlijk⟩, bescherming, schuilplaats, toeverlaat, steun ♦ *take refuge behind* zich verschuilen achter; *city of refuge* vrijstad, vrijplaats ⟨in het oude Israël⟩; *refuge from* bescherming/beschutting tegen; *house of refuge* toevluchtshuis, toevluchtsoord, asiel ⟨voor daklozen enz.⟩; *take refuge in* zich (gaan) verschuilen in, zijn toevlucht nemen tot; *seek refuge in flight* zijn heil in de vlucht zoeken; *port of refuge* vluchthaven, noodhaven; *take refuge with* zijn toevlucht zoeken bij

ref·u·gee /refjʊdʒiː/ [telb zn] vluchteling, refugié

refugee camp [telb zn] vluchtelingenkamp

re·ful·gence /rɪfʌldʒəns/, **re·ful·gen·cy** /-si/ [telb + niet-telb zn] schittering, het stralen

re·ful·gent /rɪfʌldʒənt/ [bn; bw: ~ly] schitterend, stralend

¹**re·fund** /riːfʌnd/, **re·fund·ment** /rɪfʌndmənt/ [telb + niet-telb zn] terugbetaling, vergoeding, restitutie, teruggave ♦ *refund of a deposit* terugbetaling van een waarborgsom

²**re·fund** /rɪfʌnd/ [onov + ov ww] terugbetalen, vergoeden, restitueren ♦ *refund the admission* de toegangsprijs terugbetalen; *refund the cost of postage* de verzendkosten

re-fund

vergoeden; *refund sth. to s.o.* iemand iets vergoeden
re-fund /ˌriːˈfʌnd/ [ov ww] ⟨fin⟩ opnieuw consolideren/funderen
re-fur-bish /riːˈfɜːbɪʃ, ᴬ-fɜr-/ [ov ww] opknappen, renoveren, opboenen, oppoetsen, ⟨fig⟩ opfrissen ♦ *refurbish one's English* zijn Engels opfrissen; *refurbish an old house* een oud huis opknappen
re-fur-nish /riːˈfɜːnɪʃ, ᴬ-fɜr-/ [ov ww] opnieuw meubileren
¹**re-fus-al** /rɪˈfjuːzl/ [telb + niet-telb zn] weigering, het afslaan, afwijzing ♦ *I did not understand her refusal to answer* ik begreep niet waarom ze niet wilde antwoorden; *refusal was impossible* weigeren was onmogelijk; *my offer met with a cold refusal* mijn aanbod werd kil van de hand gewezen; *his refusal of all marriage proposals* zijn afwijzing van alle huwelijksaanzoeken
²**re-fus-al** /rɪˈfjuːzl/ [niet-telb zn] optie, (recht van) voorkeur ⟨om als eerste te mogen huren of kopen⟩ ♦ *if you sell your books, will you give me the first refusal?* als je je boeken weg doet, geef je mij dan eerst een seintje?; *get/have (the) first refusal of a house* een optie op een huis hebben
¹**ref-use** /ˈrefjuːs/ [niet-telb zn] afval, vuil(nis), overblijfsel, residu
²**ref-use** /ˈrefjuːs/ [bn] afgedankt, waardeloos, onbruikbaar ♦ *refuse land* onbebouwd land, braakland
³**re-fuse** /rɪˈfjuːz/ [onov + ov ww] weigeren, afslaan, afwijzen, ⟨bridge⟩ weigeren, duiken ♦ *refuse a candidate* een kandidaat afkeuren; *I refused him my consent* ik gaf hem geen toestemming; *refuse a gift* een geschenk niet (willen) aannemen; *refuse obedience* weigeren te gehoorzamen; *the horse refused the obstacle* het paard weigerde de hindernis te nemen; *refuse o.s. nothing* zich niets ontzeggen; *refuse a proposal* een voorstel verwerpen; *refuse a request* op een verzoek niet ingaan; *the motor refuses to start* de motor wil niet starten
re-fuse /ˌriːˈfjuːz/ [ov ww] ⟨techn⟩ ① opnieuw samensmelten, opnieuw amalgameren ② van een nieuwe (smelt)zekering voorzien, een (smelt)zekering vervangen in/van
refuse collector [telb zn] vuilnisophaler, vuilnisman
refuse dump [telb zn] vuilnisbelt, stort(plaats)
re-fuse-nik, re-fus-nik /rɪˈfjuːznɪk/ [telb zn] ① refusenik ⟨(in het bijzonder Joods) Sovjetburger die uitreisvisum geweigerd wordt⟩ ② (principiële) weigeraar ⟨uit protest⟩
re-fus-er /rɪˈfjuːzə, ᴬ-ər/ [telb zn] weigeraar(ster) ⟨ook van paarden⟩, non-conformist
re-fut-a-bil-i-ty /ˌrefjʊtəˈbɪləti, rɪˌfjuːtəˈbɪləti/ [niet-telb zn] weerlegbaarheid
re-fut-a-ble /ˈrefjʊtəbl, rɪˈfjuːtəbl/ [bn; bw: refutably] weerlegbaar, voor tegenbewijs vatbaar
ref-u-ta-tion /ˌrefjʊˈteɪʃn/, **re-fu-tal** /rɪˈfjuːtl/ [telb + niet-telb zn] weerlegging, refutatie, tegenbewijs, tegenargument
re-fute /rɪˈfjuːt/ [ov ww] weerleggen, refuteren, tegenspreken, ontzenuwen
re-fut-er /rɪˈfjuːtə, ᴬrɪˈfjuːtər/ [telb zn] tegenspreker
reg [afk] ① (regiment) *reg.* ② (regius) *reg.* ③ (regent) ④ (region) ⑤ (register(ed)) ⑥ (registrar) ⑦ (registration) ⑧ (registry) ⑨ (regular(ly)) ⑩ (regulation) ⑪ (regulator)
re-gain /rɪˈɡeɪn/ [ov ww] ① herwinnen, terugwinnen, terugkrijgen ♦ *regain consciousness* weer bijkomen, weer tot bewustzijn komen; *the island was regained from the French* het eiland werd op de Fransen heroverd; *regain one's health* (weer) beter worden ② opnieuw bereiken ♦ *regain one's balance/footing* zijn evenwicht herstellen; *I helped him regain his footing* ik hielp hem weer op de been; *regain the shore* weer aan land gaan
¹**re-gal** /ˈriːɡl/ [telb zn] ⟨muz⟩ regaal ⟨klein, draagbaar orgel⟩

²**re-gal** /ˈriːɡl/ [bn; bw: ~ly] regaal, koninklijk, vorstelijk, ⟨fig⟩ luisterrijk, rijkelijk ♦ *regal splendour* vorstelijke praal; *regal title* koningstitel ⟨·⟩ ⟨plantk⟩ *regal fern* koningsvaren ⟨Osmunda regalis⟩
re-gale /rɪˈɡeɪl/ [ov ww] ① vergasten, onthalen, trakteren, regaleren ♦ *regale o.s. on/with* zich vergasten/te goed doen aan, zich trakteren op; *regale s.o. on/with* iemand vergasten/onthalen/trakteren op ② onderhouden, (aangenaam) bezighouden, vermaken, amuseren ♦ *a voice that regales the ear* een prettige stem om naar te luisteren; *he regaled the meeting with stories about his youth* hij onderhield de vergadering met verhalen uit zijn jeugd; ⟨iron⟩ *I'm getting tired of being regaled with the same pretexts over and over again* ik word het moe altijd dezelfde uitvluchten te moeten horen
re-gale-ment /rɪˈɡeɪlmənt/ [telb zn] (feestelijk) onthaal, ontvangst, traktatie
¹**re-ga-lia** /rɪˈɡeɪliə/ [telb zn] regalia ⟨dikke sigaar van uitstekende kwaliteit⟩
²**re-ga-lia** /rɪˈɡeɪliə/ [alleen mv; werkwoord ook enk] ① rijksinsigniën, kroningsinsigniën, regalia ⟨uiterlijke tekenen van de vorstelijke macht⟩ ② onderscheidingstekenen ⟨van rang/orde⟩, insignes, ordetekenen, decoraties ♦ *the mayor in full regalia* de burgemeester in vol ornaat ③ staatsiegewaad, ambtsgewaad, galakostuum, ⟨fig⟩ beste pak, paasbest ♦ *in one's full regalia* op zijn paasbest (gekleed), in pontificaal; *unrecognizable in his Sunday regalia* onherkenbaar in zijn zondagse pak ④ regalia, koninklijke (voor)rechten, soevereiniteitsrechten
re-gal-ism /ˈriːɡəlɪzm/ [niet-telb zn] (leer van de) koninklijke suprematie ⟨voornamelijk in kerkelijke zaken⟩
¹**re-gal-i-ty** /rɪˈɡæləti/ [telb zn] ① rijksinsignie, kroningsinsigne, ⟨mv⟩ regalia ② koninkrijk, kroondomein, kroongoed ③ koninklijk (voor)recht, soeverein/regaal recht, prerogatief van de kroon
²**re-gal-i-ty** /rɪˈɡæləti/ [niet-telb zn] koningschap, koningsmacht, koninklijk gezag, koninklijke waardigheid
¹**re-gard** /rɪˈɡɑːd, ᴬrɪˈɡɑrd/ [telb zn] ⟨form⟩ (starende) blik, strakke blik, ⟨fig⟩ betekenisvolle blik ♦ *I fixed my regard on her* ik keek haar strak aan; *he turned his regard on the accused* hij keek de beklaagde betekenisvol aan; *her regard was fixed on the horizon* ze tuurde in de verte
²**re-gard** /rɪˈɡɑːd, ᴬrɪˈɡɑrd/ [telb + niet-telb zn] achting, respect, waardering, affectie ♦ *have a great/high regard for s.o.'s judgement* aan iemands oordeel veel belang hechten, iemands oordeel hoog aanslaan/zeer waarderen; *hold s.o. in high regard* iemand hoogachten/hoogschatten/respecteren; *a person of small regard* een onbeduidend persoon; *have no regard for s.o.* voor iemand geen respect hebben; *win the regard of* de genegenheid winnen van
³**re-gard** /rɪˈɡɑːd, ᴬrɪˈɡɑrd/ [niet-telb zn] ① betrekking, verband, opzicht ♦ *in regard of/to* betreffende, met betrekking tot, in verband met; *I agree in this regard* op dit punt/in dit opzicht ben ik het met je eens; ⟨form⟩ *in your brother's regard* wat je broer betreft; *a plan with regard to which there was no clarity* een plan waarover geen duidelijkheid bestond ② aandacht, zorg, consideratie, belang(stelling) ♦ *she has very little regard for the feelings of others* ze houdt met andermans gevoelens erg weinig rekening; *give/pay no regard to* zich niet bekommeren om; *have/pay regard to one's health* zijn gezondheid in acht nemen; *leave out of regard* buiten beschouwing laten; *the next object of my regard* het volgende punt waarover ik het hebben wil; *without regard for/to* zonder te letten op/zich te storen aan; ⟨form⟩ *more regard must be had to safety on the roads* er moet meer aandacht worden besteed aan de verkeersveiligheid
⁴**re-gard** /rɪˈɡɑːd, ᴬrɪˈɡɑrd/ [ov ww] ① ⟨form⟩ aankijken, aanstaren, (aandachtig) bekijken, gadeslaan ♦ *she regarded him with curiosity* ze keek hem nieuwsgierig aan ② aandacht besteden aan, rekening houden met, in beschou-

wing/aanmerking/acht nemen, letten op ◆ *regard s.o.'s political **convictions*** iemands politieke overtuiging respecteren ③ beschouwen, aanzien ◆ *regard s.o. as* iemand aanzien/houden voor, iemand beschouwen als; *I regard her as among my friends* ik reken haar onder mijn vrienden; *he regards it as an inevitability* volgens hem is het onvermijdelijk; *regard s.o. with contempt* iemand met de nek aanzien; *regard s.o. with the greatest admiration* voor iemand grote bewondering hebben ④ betreffen, betrekking hebben op, aangaan, in verband staan met ◆ *as regards* betreffende, met betrekking tot, in verband met; *this does not regard me at all* daar heb ik helemaal niets mee te maken; → **regarding**

re·gar·dant, re·guar·dant /rɪgɑːdnt, ᴬ-gɑr-/ [bn, postnom] ⟨heral⟩ omziend

re·gard·ful /rɪgɑːdfl, ᴬ-gɑrd-/ [bn; bw: ~ly; zn: ~ness] ⟨form⟩ ① oplettend, opmerkzaam, acht gevend, behoedzaam ◆ *be regardful of* letten op, aandacht schenken aan, in acht nemen, zich bekommeren om; *be regardful of one's interests* zijn belangen behartigen ② eerbiedig, attent

re·gard·ing /rɪgɑːdɪŋ, ᴬ-gɑr-/ [vz; oorspronkelijk tegenwoordig deelw van regard] ⟨form⟩ betreffende, aangaande, met betrekking tot ◆ *he said nothing regarding the incident* hij zei niets betreffende het incident

¹re·gard·less /rɪgɑːdləs, ᴬ-gɑrd-/ [bn; bw: ~ly; zn: ~ness] ⟨form⟩ achteloos, onachtzaam, onoplettend, onbezonnen ◆ *be regardless of danger* niet op gevaar letten/achten

²re·gard·less /rɪgɑːdləs, ᴬ-gɑrd-/ [bw] hoe dan ook, wat (er) ook moge gebeuren, in alle geval, desondanks, toch ◆ *they did it, regardless* ze hebben het toch gedaan ・ *regardless of* ongeacht, zonder rekening te houden met, zonder te letten op; *regardless of expense* zonder op een cent te letten; *regardless of my mistake* niettegenstaande mijn vergissing

re·gards /rɪgɑːdz, ᴬrɪgɑrdz/ [alleen mv] groeten, wensen, complimenten ◆ *give her my (best) regards* doe haar de groeten; *father sends his regards to you* vader laat je groeten; *with kind regards* met vriendelijke groet(en) ⟨beleefdheidsformule aan het slot van een brief⟩; *kind regards to you all* ik wens jullie allemaal het beste

re·gat·ta /rɪgætə/ [telb zn] regatta, roeiwedstrijd, zeilwedstrijd, speedbootrace

regd [afk] (registered)

re·ge·late /riːdʒɪleɪt/ [onov ww] opnieuw aaneenvriezen, weer aaneen/vastvriezen, herbevriezen

re·ge·la·tion /riːdʒɪleɪʃn/ [telb + niet-telb zn] regelatie, herbevriezing, aaneenvriezing

¹re·gen·cy /riːdʒənsi/ [telb zn] regent(es), regentencollege, regentschapsraad

²re·gen·cy /riːdʒənsi/ [telb + niet-telb zn] regentschap, regentenambt, regeringsperiode van een regent(es) ◆ *the Regency* de Regency ⟨regentschap in Engeland van 1811 tot 1820⟩; de Régence ⟨regentschap in Frankrijk van 1715 tot 1723⟩; *under the regency of* onder het regentschap van

Regency furniture [niet-telb zn] regencymeubels, meubels in regencystijl

re·gen·er·a·cy /rɪdʒenərəsi/ [niet-telb zn] regeneratie, (geestelijke) wedergeboorte/hergeboorte

¹re·gen·er·ate /rɪdʒenərət/ [bn; bw: ~ly; zn: ~ness] ① herboren, wedergeboren, bekeerd ⟨in het bijzonder tot christendom⟩ ② geregenereerd, hernieuwd, hersteld, vernieuwd

²re·gen·er·ate /rɪdʒenəreɪt/ [onov ww] ① zich beteren, zich bekeren, herboren worden ② herleven, tot nieuw leven komen, opbloeien, zich herstellen, regenereren ③ ⟨biol⟩ regenereren, weer (aan)groeien ◆ *a lobster's claw will regenerate if it gets lost* als een kreeft zijn schaar verliest, groeit die weer aan

³re·gen·er·ate /rɪdʒenəreɪt/ [ov ww] ① verbeteren, bekeren, hervormen, vernieuwen ② nieuw leven inblazen, doen herleven/opbloeien, herstellen, weer bruikbaar maken, regenereren, recyclen ◆ *regenerate hatred* haatgevoelens weer aanwakkeren; *regenerated rubber* geregenereerde rubber; *you should regenerate your self-respect* je moet opnieuw respect voor jezelf leren opbrengen ③ ⟨biol⟩ weer doen aangroeien, regenereren ④ ⟨elek⟩ d.m.v. terugkoppeling versterken ⟨stroom⟩

re·gen·er·a·tion /rɪdʒenəreɪʃn/ [telb + niet-telb zn] ① regeneratie, (geestelijke) wedergeboorte/hergeboorte, herleving, herstel ② ⟨biol⟩ regeneratie, aangroei(ing), het weer (doen) aangroeien, aanwas ◆ *continual regeneration of cells* het voortdurend aangroeien van cellen ③ ⟨elek⟩ versterking d.m.v. terugkoppeling, regeneratie(proces)

re·gen·er·a·tive /rɪdʒenərətɪv, ᴬ-reɪtɪv/, **re·gen·er·a·tor·y** /-tri, ᴬ-tɔri/ [bn; bw: ~ly] regeneratief, regenererend, regeneratie- ◆ *regenerative furnace* regeneratoroven

re·gen·er·a·tor /rɪdʒenəreɪtə, ᴬ-reɪtər/ [telb zn] ⟨techn⟩ regenerator

re·gen·e·sis /riːdʒenɪsɪs/ [telb zn; mv: regeneses /-siːz/] wedergeboorte, hergeboorte, vernieuwing

¹re·gent /riːdʒənt/ [telb zn; vaak Regent] ① regent(es) ② ⟨AE⟩ curator, bestuurslid ⟨van universiteit⟩

²re·gent /riːdʒənt/ [bn, postnom; vaak Regent] -regent ⟨het regentschap voerend⟩ ◆ *the Prince Regent* de prins-regent

regent bird [telb zn] geelkoppriëelvogel ⟨Australische paradijsvogel; Sericulus chrysocephalus⟩

re·gent·ship /riːdʒəntʃɪp/ [telb + niet-telb zn] regentschap, regentenambt

re·ger·mi·nate /riːdʒɜːmɪneɪt, ᴬ-dʒɜr-/ [onov ww] regermineren, opnieuw (ont)kiemen/ontspruiten, regenereren

re·ger·mi·na·tion /riːdʒɜːmɪneɪʃn, ᴬ-dʒɜr-/ [telb + niet-telb zn] regerminatie, het opnieuw (ont)kiemen/ontspruiten, regeneratie

reg·gae /regeɪ/ [niet-telb zn; ook Reggae] reggae ⟨Caraïbische muziekstijl⟩

reggae music [niet-telb zn] reggaemuziek

reg·gae·ton /regeɪtɒn, ᴬregeɪtɑn/ [niet-telb zn] reggaeton ⟨mix van reggae, dance en hiphop⟩

reg·i·ci·dal /redʒɪsaɪdl/ [bn] m.b.t. een koningsmoord ◆ *regicidal plot* complot om de koning uit de weg te ruimen

¹reg·i·cide /redʒɪsaɪd/ [telb zn] koningsmoordenaar

²reg·i·cide /redʒɪsaɪd/ [telb + niet-telb zn] koningsmoord, het vermoorden van de koning(in)

re·gild /riːgɪld/ [ov ww] opnieuw vergulden, oppoetsen, opfrissen, versieren

re·gime, ré·gime /reɪʒiːm/ [telb zn] ① regime, bewind, regeringsstelsel, staatsbestel, staatsstructuur ◆ *a totalitarian regime* een totalitair regime ② ⟨med⟩ regime, (stel) leefregels, kuur, therapie, dieet ③ ⟨meteo⟩ neerslagregime, regentype ④ (stroom)regime, (stroom)debiet, debietschommelingen

regime change [telb zn] machtswisseling ⟨met name door een staatsgreep⟩

reg·i·men /redʒɪmɪn/ [telb zn] ① regime, gedrag, verloop ⟨van rivier, gletsjer, enz.⟩ ② ⟨med⟩ regime, (stel) leefregels, kuur, therapie, dieet ◆ *follow a strict regimen* een streng dieet volgen; *put s.o. on a regimen* iemand op dieet stellen ③ ⟨vero⟩ regime, regeringsstelsel

¹reg·i·ment /redʒɪmənt/ [niet-telb zn] ⟨vero⟩ heerschappij, bestuur, regiment

²reg·i·ment /redʒɪmənt/ [verzameln] ① ⟨mil⟩ regiment ② groot aantal, grote hoeveelheid ◆ *a whole regiment of mice* een heel regiment/hele troep muizen

³reg·i·ment /redʒɪmənt/ [ov ww] ① in regimenten indelen, bij een regiment indelen ② ordenen, (in groepen) indelen, organiseren ◆ *regiment data* gegevens rangschikken/ordenen ③ onderwerpen ⟨aan het centrale gezag⟩, reglementeren, onderdrukken, aan banden leggen, kort

regimental

houden, disciplineren ◆ *I don't like being regimented* ik hou er niet van dat ze me voortdurend op de vingers kijken

reg·i·men·tal /rɛdʒɪmentl/ [bn, attr; bw: ~ly] regiments-, van het regiment, ⟨fig⟩ streng, strikt ◆ *regimental band* regimentsmuziek, muziekkorps van een regiment, stafmuziek; *regimental colour/flag/standard* regimentsvaandel, regimentskleuren

reg·i·men·tals /rɛdʒɪmentlz/ [alleen mv] regimentsuniform, tenue (van het regiment), militair uniform ◆ *in full regimentals* in groot tenue

reg·i·men·ta·tion /rɛdʒɪmenteɪʃn/ [telb + niet-telb zn] onderwerping, controle, discipline, tucht

Re·gi·na /rɪdʒaɪnə/ [niet-telb zn] [1] ⟨na een eigennaam⟩ Regina, koningin ◆ *Elizabeth Regina* Koningin Elizabeth [2] ⟨jur⟩ de Kroon, het Rijk ◆ *Regina v(ersus) Wills* de Kroon tegen Wills

re·gi·nal /rɪdʒaɪnl/ [bn] van de koningin, (als) van een koningin, koninginnen-

re·gion /riːdʒən/ [telb zn] [1] (land)streek, (vegetatie)gebied, domein, ⟨fig⟩ sfeer, terrein ◆ *the Arctic regions* het noordpoolgebied, de Arctica; *the region of the heart* de hartstreek; *in the region of* in de buurt van, omstreeks, om en (na)bij, ongeveer; *lumbar region* lendenstreek; *the region of philosophy* de sfeer van de filosofie; *area of the shaded region* oppervlakte van het gearceerde gedeelte [2] gewest, provincie, regio ◆ *the regions* de provincie, de regio

re·gion·al /riːdʒnl/ [bn; bw: ~ly] van de streek, streek-, regionaal, gewestelijk, provinciaal ◆ *regional custom* streekgebruik, plaatselijk gebruik; ⟨geol⟩ *regional metamorphism* regionale metamorfose; *regional novel* streekroman

re·gion·al·ism /riːdʒnəlɪzm/ [telb + niet-telb zn] regionalisme

re·gion·al·ize, re·gion·al·ise /riːdʒnəlaɪz/ [ov ww] regionaliseren, in regionen/gewesten indelen, regionaal organiseren

re·gis·seur /reɪʒɪsɜː, ˄-sɜr/ [telb zn] [1] balletregisseur, balletleider [2] ⟨vnl BE⟩ (toneel)regisseur [3] ⟨vnl AE⟩ producer ⟨van theaterstuk⟩

¹**reg·is·ter** /rɛdʒɪstə, ˄-ər/ [telb zn] ⟨benaming voor⟩ register, (naam)lijst, rol, registratieboek, aantekenboekje, vreemdelingenboek, gastenboek, kohier, kiezerslijst, kiezersregister, stamboek, loonlijst, scheepsjournaal ◆ *keep a register of births and deaths* een geboorte- en sterfregister houden; *enter in a register* in een register inschrijven; *Lloyd's Register* Lloyd's-register ⟨jaarlijkse scheepsclassificatie; vereniging die deze opmaakt⟩; *open a register* een register aanleggen; *the Parliamentary Register* de kiezerslijst, het kiezersregister; *register of shipping* scheepsregister; *the Register of voters* de kiezerslijst, het kiezersregister [2] ⟨muz⟩ (orgel)register, stemregister, stemomvang, (deel van de) toonomvang ◆ *the lower/upper register of the clarinet* het lage/hoge register van de klarinet; *the middle register of the clarinet* het middenregister van de klarinet [3] (schoorsteen)register, (ventilatie)rooster, (trek)schuif, sleutel ⟨van een kachelbuis⟩ [4] (kas)register, registrator, registreerapparaat, registreerinrichting [5] archief, bewaarplaats van registers, registratiekantoor [6] → registrar [7] ⟨scheepv⟩ registratiebewijs, zeebrief, meetbrief

²**reg·is·ter** /rɛdʒɪstə, ˄-ər/ [telb + niet-telb zn] [1] registratie, inschrijving, aantekening ◆ *port of register* thuishaven [2] ⟨taalk⟩ register, stijlniveau ◆ *write in (a) formal register* formeel schrijven

³**reg·is·ter** /rɛdʒɪstə, ˄-ər/ [niet-telb zn] ⟨drukw⟩ [1] register ⟨overeenstemming in de bladspiegel van schoon- en weerdruk⟩ ◆ *in perfect register* volledig in overeenstemming, in de juiste onderlinge stand [2] *register* ⟨het goed op elkaar passen van de afzonderlijke kleurgangen⟩ ◆ *be out of register* geen register houden

⁴**reg·is·ter** /rɛdʒɪstə, ˄-ər/ [onov ww] [1] zich (laten) inschrijven, intekenen ◆ *register as an elector* zich op de kiezerslijst laten inschrijven; *register for an examination* zich inschrijven/opgeven voor een examen; *register at a hotel* inchecken; *register with the police* zich aanmelden bij de politie [2] doordringen, inslaan, overkomen, opgemerkt worden ◆ *it hasn't registered with her* het is niet (echt) tot haar doorgedrongen, ze heeft het niet (echt) in zich opgenomen [3] samenvallen, overeenstemmen, boven elkaar/in één lijn/in elkaars verlengde liggen; → **registered**

⁵**reg·is·ter** /rɛdʒɪstə, ˄-ər/ [onov + ov ww] ⟨drukw, foto⟩ registeren, register houden, (laten) overeenstemmen, (laten) samenvallen; → **registered**

⁶**reg·is·ter** /rɛdʒɪstə, ˄-ər/ [ov ww] [1] (laten) registreren, (laten) inschrijven/(in)boeken/optekenen/notifiëren, ⟨fig⟩ nota nemen van, in zich opnemen ◆ *register the bull's-eye* in de roos schieten; ⟨fig⟩ *register a hit* een rake opmerking maken; *bonds registered in the name of Jacobs* obligaties gesteld op naam van Jacobs; *register o.s.* zich opgeven/(laten) inschrijven, inchecken; *register a protest against* protest aantekenen tegen; *register a resolution* een besluit nemen, zich (in stilte) voornemen; *register a vow* een eed/gelofte afleggen, bij zichzelf een gelofte doen, zich (in stilte) voornemen; *register one's name with* zich aanmelden bij, zijn naam opgeven bij [2] registreren, aanwijzen, aanduiden, aangeven ◆ *the Fahrenheit thermometer registered thirty-two degrees* de thermometer wees tweeëndertig graden Fahrenheit aan [3] uitdrukken, tonen, laten zien, te kennen geven ◆ *he/his face registered anxiety* de angst stond op zijn gezicht te lezen, hij zette/trok een benauwd gezicht; *her face registered surprise* uit haar gezicht sprak verwondering, ze zette verbaasde ogen op [4] (laten) aantekenen, aangetekend opsturen/versturen ◆ *register a parcel* een pakje laten aantekenen [5] laten samenvallen, laten overeenstemmen, boven elkaar leggen [6] noteren ⟨bijvoorbeeld winst⟩; → **registered**

reg·is·tered /rɛdʒɪstəd, ˄-ərd/ [bn; (oorspronkelijk) volt deelw van register] [1] geregistreerd, ingeschreven ◆ *a registered customer* een ingeschreven vaste klant ⟨bij klantenbinding⟩; *a registered horse* een stamboekpaard, raspaard; *the company has its registered office in Antwerp* de maatschappij heeft haar (statutaire) zetel in/is gevestigd in Antwerpen; *a registered share* een aandeel op naam; ⟨scheepv⟩ *registered tonnage* registertonnage, registertonnenmaat; *a registered trademark* een (wettig) gedeponeerd handelsmerk [2] gediplomeerd, erkend, bevoegd, gerechtigd, gepatenteerd ◆ ⟨BE⟩ *a State Registered nurse*, ⟨AE⟩ *a registered nurse* een gediplomeerd verpleger/verpleegster; *a registered representative* een zaakgelastigde/agent/gemachtigd tussenpersoon ⟨van makelaarskantoor⟩ [3] aangetekend ◆ *a registered letter* een aangetekende brief; ⟨BE⟩ *registered post*, ⟨AE⟩ *registered mail* aangetekende post

register office [telb zn] [1] registratiebureau, registratiekantoor, archief van registers [2] (bureau van de) burgerlijke stand

register thermometer [telb zn] zelfregistrerende thermometer

register ton [telb zn] ⟨scheepv⟩ registerton ⟨100 kubieke voet, 2,83 m³⟩

register tonnage [telb zn; geen mv] ⟨scheepv⟩ registertonnage

reg·is·tra·ble /rɛdʒɪstrəbl/ [bn] registreerbaar, te registreren

reg·is·trant /rɛdʒɪstrənt/ [telb zn] [1] registrator, beambte van een registratiebureau, registratieontvanger [2] geregistreerd persoon, ingeschreven/gediplomeerd/bevoegd persoon

reg·is·trar /rɛdʒɪstrɑː, ˄rɛdʒɪstrɑr/ [telb zn] [1] registrator, registratieambtenaar, ambtenaar van de burgerlijke stand/van het bevolkingsbureau, administrateur ◆ ⟨BE⟩ *Registrar of Companies* (hoofdambtenaar van het) handelsregister; *Registrar General* hoofd van de burgerlijke stand ⟨Engeland⟩ ② **archivaris,** archiefambtenaar, bewaarder van de registers ③ **administratief hoofd,** hoofd van het administratief secretariaat/van de inschrijvingsdienst ⟨van universiteit⟩ ④ ⟨BE; jur⟩ **gerechtssecretaris,** griffier, commies ter griffie ⑤ ⟨BE⟩ **stagelopend specialist,** aankomend (medisch) specialist

reg·is·trar·ship /ˈrɛdʒɪstrəˌʃɪp, ᴬ-strɑr-/ [telb + niet-telb zn] **ambt van registrator,** archivarisambt, griffierschap, secretariaat

reg·is·trar·y /ˈrɛdʒɪstrəri/ [telb zn] ⟨BE⟩ **administratief hoofd** ⟨van de universiteit van Cambridge⟩

¹**reg·is·tra·tion** /ˌrɛdʒɪˈstreɪʃn/ [telb zn] ① ⟨AE⟩ **aantal inschrijvingen,** opkomst, belangstelling, deelneming ♦ *a course with a large registration* een cursus waarvoor veel studenten zich hebben ingeschreven/met veel inschrijvingen ② ⟨muz⟩ **combinatie orgelregisters**

²**reg·is·tra·tion** /ˌrɛdʒɪˈstreɪʃn/ [telb + niet-telb zn] **registratie,** inschrijving, aangifte, aantekening, (in)boeking, notitie ♦ *registration of the birth of his daughter* geboorteaangifte van zijn dochter; *registration of a letter* het laten aantekenen/aangetekend versturen van een brief

³**reg·is·tra·tion** /ˌrɛdʒɪˈstreɪʃn/ [niet-telb zn] ⟨muz⟩ **registratie(techniek),** het bedienen van de orgelregisters, orgelspel

registration document [telb zn] ⟨BE⟩ **kentekenbewijs**

registration fee [telb zn] **registratiekosten,** registratierecht, inschrijvingsgeld, aantekengeld

registration mark, registration number [telb zn] **registratienummer,** inschrijvingsnummer, autokenteken

registration plate [telb zn] ⟨AuE⟩ **kentekenplaat**

¹**reg·is·try** /ˈrɛdʒɪstri/ [telb zn] ① **archief,** bewaarplaats van registers, registratiekantoor ② **(bureau van de) burgerlijke stand** ③ **register,** registratieboek

²**reg·is·try** /ˈrɛdʒɪstri/ [niet-telb zn] ① **registratie,** inschrijving, aantekening ♦ *a certificate of registry* een registratiebewijs; *a ship's port of registry* thuishaven van een schip ② ⟨scheepv⟩ **nationaliteit,** vlag ⟨waaronder een schip vaart⟩ ♦ *traders of Norwegian registry* koopvaardijschepen van Noorse nationaliteit

registry office [telb zn] **(bureau van de) burgerlijke stand** ♦ *married at a registry office* getrouwd voor de wet

re·gius /ˈriːdʒəs/ [bn, attr; ook Regius] **regius,** regaal, koninklijk ♦ ⟨BE⟩ *Regius professor* regius professor ⟨bekleder van een door de koning(in) ingestelde leerstoel of door de Kroon aangestelde hoogleraar⟩

reg·let /ˈrɛɡlɪt/ [telb zn] ① ⟨bouwk⟩ **band,** (smalle platte) lijst, lijstwerk ② ⟨drukw⟩ **zetlijn,** interlinie, reglet

reg·nal /ˈrɛɡnəl/ [bn; bw: ~ly] **van een regering,** regerings-, m.b.t. het koningschap ♦ *regnal day* verjaardag van de troonsbestijging; *regnal year* regeringsjaar; *during his third regnal year* tijdens het derde jaar van zijn koningschap

¹**reg·nant** /ˈrɛɡnənt/ [bn, attr + postnom] **overheersend,** overwegend, wijdverspreid, invloedrijk, prevalent ♦ *the vices regnant* de meest voorkomende ondeugden

²**reg·nant** /ˈrɛɡnənt/ [bn, postnom] **heersend,** regerend ♦ *the queen regnant* de (regerende) koningin

reg·o /ˈrɛɡoʊ/ [telb + niet-telb zn] ⟨AuE; inf⟩ **registratie** ⟨van auto⟩

¹**re·gorge** /rɪˈɡɔːdʒ, ᴬrɪˈɡɔrdʒ/ [onov ww] ① **terugstromen,** terugvloeien ② **opnieuw stromen/vloeien**

²**re·gorge** /rɪˈɡɔːdʒ, ᴬrɪˈɡɔrdʒ/ [ov ww] ① (weer) **uitbraken,** teruggeven, opwerpen, terugwerpen ② **weer inslikken,** weer opslokken/verzwelgen, doen terugstromen

Reg Prof [afk] ⟨BE⟩ (Regius professor)

regr [afk] (registrar)

¹**re·grant** /riːˈɡrɑːnt, ᴬ-ˈɡrænt/ [telb zn] **vernieuwing,** het opnieuw verlenen/toekennen/inwilligen, verlenging

²**re·grant** /riːˈɡrɑːnt, ᴬ-ˈɡrænt/ [ov ww] **opnieuw verlenen,** opnieuw toekennen/toestaan/inwilligen, hernieuwen ♦ *regrant a patent* een octrooi verlengen; *regrant s.o. permission* iemand opnieuw toestemming geven

re·grate /riːˈɡreɪt/ [ov ww] ① **(op)kopen** ⟨levensmiddelen, om opnieuw met winst te verkopen⟩, tegen woekerprijzen verhandelen ② **(opnieuw) verkopen,** van de hand doen

¹**re·gress** /ˈriːɡrɛs/ [telb + niet-telb zn] ① **achteruitgang,** teruggang, terugval, vermindering, regressie ♦ *free ingress and regress* vrije in- en uitgang ② **redenering van gevolg naar oorzaak**

²**re·gress** /rɪˈɡrɛs/ [onov ww] **achteruitgaan,** teruggaan, teruglopen, verminderen, verzwakken

re·gres·sion /rɪˈɡrɛʃn/ [telb + niet-telb zn] **regressie,** achteruitgang, teruggang, terugval, retrogressie ♦ *a marked regression of the fever* een merkbare vermindering van de koorts

regression line [telb zn] ⟨stat⟩ **regressielijn**

re·gres·sive /rɪˈɡrɛsɪv/ [bn; bw: ~ly; zn: ~ness] **regressief,** teruggaand, achteruitgaand, teruglopend, retrograde □ *regressive tax* degressieve belasting

¹**re·gret** /rɪˈɡrɛt/ [niet-telb zn] **spijt,** leed(wezen), berouw, verdriet, smart ♦ *we felt regret at her absence* we vonden het jammer dat ze er niet bij was; *feel regret at/for* spijt hebben van/over, betreuren, berouw hebben over; *they said goodbye with great regret* ze namen met tegenzin afscheid; *greatly/much to my regret* tot mijn grote spijt, al betreur ik het (ten zeerste), al vind ik het erg jammer; *hear with regret* met spijt/tot zijn spijt (moeten) vernemen

²**re·gret** /rɪˈɡrɛt/ [ov ww] **betreuren,** treuren over, spijt hebben van, berouw/verdriet hebben over, missen ♦ *we regret to inform you* tot onze spijt moeten wij u meedelen, het spijt ons u te moeten meedelen; *you will regret it* het zal je zuur opbreken/berouwen, je zult er spijt van hebben; *regret a mistake* een vergissing (diep) betreuren; *I regret that I have to leave* ik vind het jammer dat ik weg moet; *it is to be regretted that ...* het is te betreuren/jammer dat ...

re·gret·ful /rɪˈɡrɛtfl/ [bn; zn: ~ness] **bedroefd,** treurig, berouwvol, vol spijt, meewarig

re·gret·ful·ly /rɪˈɡrɛtfli/ [bw] ① → **regretful** ② **met spijt,** met leedwezen, met een hart vol spijt/berouw

re·grets /rɪˈɡrɛts/ [alleen mv] **(betuigingen van) spijt,** verontschuldigingen, excuses ♦ *give s.o. one's regrets* iemand zijn verontschuldigingen aanbieden; *have no regrets* geen spijt/berouw hebben; *refuse with many regrets* zich verontschuldigen/excuseren, beleefd (moeten) weigeren; *send one's regrets* zich laten verontschuldigen

re·gret·ta·ble /rɪˈɡrɛtəbl/ [bn; zn: ~ness] **bedroevend,** betreurenswaardig, teleurstellend, jammerlijk ♦ *be regrettable* te betreuren/af te keuren zijn; *a most regrettable choice* een hoogst ongelukkige keuze

re·gret·ta·bly /rɪˈɡrɛtəbli/ [bw] ① → **regrettable** ♦ *regrettably little response* bedroevend weinig reactie ② **helaas,** jammer genoeg ♦ *regrettably, I had to stay at home* tot mijn spijt moest ik thuisblijven

¹**re·group** /riːˈɡruːp/ [onov ww] **zich hergroeperen,** zich in nieuwe groepen opstellen

²**re·group** /riːˈɡruːp/ [ov ww] **hergroeperen,** opnieuw groeperen, in nieuwe groepen indelen

regs [afk] (regulations)

regt [afk] ① (regiment) **reg.** ② (regent)

regtl [afk] (regimental)

reguardant [bn, postnom] → **regardant**

reg·u·la·ble /ˈrɛɡjʊləbl, ᴬ-ɡjə-/ [bn] **regelbaar,** reguleerbaar

¹**reg·u·lar** /ˈrɛɡjʊlə, ᴬˈrɛɡjələr/ [telb zn] ① **regulier** (geestelijke), ordesgeestelijke, ordebroeder, kloosterling ② be-

regular

roeps, beroepsmilitair, beroepssoldaat ♦ *the regulars* de geregelde troepen, het beroepsleger ③ ⟨inf⟩ vaste klant, stamgast, habitué, trouwe bezoeker ♦ *William is a regular here* William komt hier regelmatig ④ ⟨inf⟩ vaste kracht ⟨in team, elftal⟩ ⑤ ⟨AE⟩ kerel uit één stuk, betrouwbaar persoon, ⟨i.h.b.⟩ loyaal partijlid/partijmilitant

²**reg·u·lar** /ˈregjʊlə, ᴬˈregjələr/ [bn; bw: ~ly] ① regelmatig, geregeld, vast, ordelijk, periodiek ♦ *regular bowels* regelmatige stoelgang; ⟨natuurk⟩ *regular crystal system* regelmatige/isometrische kristal(structuur); *a regular customer* een vaste klant; ⟨biol⟩ *regular flower* regelmatige/actinomorfe bloem; *a regular job* vast werk; *keep regular hours* zich aan vaste uren houden, een geregeld/rustig/gezond leven leiden; *regular lay* kruisslag ⟨soort kabelslag⟩; *a regular life* een geregeld leven; *a regular nomenclature* een systematische nomenclatuur; *a regular nose* een goed gevormde neus; ⟨wisk⟩ *regular octahedron* regelmatig achtvlak; ⟨wisk⟩ *regular polygon* regelmatige veelhoek; *drive at a regular speed* met dezelfde snelheid doorrijden; ⟨taalk⟩ *regular verb* regelmatig werkwoord; ⟨in Germaanse talen ook⟩ zwak werkwoord; *as regular(ly) as clockwork* met de regelmaat van de klok, zo precies als een uurwerk ② correct, gebruikelijk, geoorloofd, officieel ♦ *follow the regular procedure* de gewone/vereiste procedure volgen ③ regulier ♦ *regular canons/canons regular* reguliere kanunniken; *the regular clergy* de reguliere geestelijkheid; *regular clerk/clerk regular* ordesgeestelijke ④ ⟨vnl AE⟩ gewoon, normaal, standaard- ♦ *the regular size* het gewone formaat

³**reg·u·lar** /ˈregjʊlə, ᴬˈregjələr/ [bn, attr; bw: ~ly] ① professioneel, beroeps-, gediplomeerd, gekwalificeerd ♦ *the regular army* het beroepsleger; *regular soldiers* beroepssoldaten ② ⟨inf⟩ echt, waar, onvervalst, volkomen, formeel ♦ *give s.o. a regular drubbing* iemand een flink pak ransel geven; *a regular fight* een formeel gevecht; *a regular fool* een volslagen idioot; *a regular lady* op-en-top een dame; *a regular liar* een gepatenteerde leugenaar; *a regular nuisance* een echte lastpost; *a regular scoundrel* een doortrapte schurk; *it is a regular treat to …* het is een waar genot (om) … ③ ⟨AE; inf⟩ geschikt, aardig, tof, leuk ♦ *a regular guy* een patente kerel, een prima vent, een toffe vent

reg·u·lar·i·ty /ˌregjʊˈlærəti, ᴬˌregjəˈlærəti/ [telb + niet-telb zn] regelmatigheid, regelmaat, geregeldheid, orde, regulariteit, routine ♦ *with clock-like regularity* met de regelmaat van de klok

reg·u·lar·i·za·tion, reg·u·lar·i·sa·tion /ˌregjʊləraɪˈzeɪʃn, ᴬˌgjələrə-/ [telb + niet-telb zn] regularisatie, regulering, het legaliseren/normaliseren

reg·u·lar·ize, reg·u·lar·ise /ˈregjʊləraɪz, ᴬ-gjə-/ [ov ww] regulariseren, reguleren, regelen, legaliseren, in overeenstemming brengen met de voorschriften/regels

reg·u·late /ˈregjʊleɪt, ᴬ-gjə-/ [ov ww] ① regelen, reglementeren, regulariseren, ordenen, schikken ♦ *regulate one's expenditure* zijn uitgaven onder controle/beperkt houden; *regulated by law* bij de wet geregeld, wettelijk bepaald/voorgeschreven; *a regulating effect* een regulerende/regulatieve werking; *regulate the traffic* het verkeer regelen ② (bij)regelen, bijstellen, (opnieuw) afstellen/instellen ♦ *regulate the pressure of the tyres* de bandenspanning regelen; *regulating box* stroomregelaar, reostaat; *regulating screw* regelschroef; *regulating device* regelatieapparaat · ⟨sprw⟩ *accidents will happen (in the best regulated families)* ± het beste paard struikelt weleens, ± de beste breister laat weleens een steek vallen

reg·u·la·tion /ˌregjʊˈleɪʃn, ᴬ-gjə-/ [telb + niet-telb zn] regeling, reglement(ering), (wettelijk) voorschrift, bepaling, verordening, overheidsbesluit ♦ *the King's/Queen's Regulations* de krijgswet

regulation dress [niet-telb zn] modelkleding

regulation size [niet-telb zn] voorgeschreven formaat, officieel/gebruikelijk formaat

regulation speed [niet-telb zn] voorgeschreven snelheid, maximumsnelheid

reg·u·la·tive /ˈregjʊlətɪv, ᴬˈregjələtɪv/ [bn; bw: ~ly] regulatief, regelend, regulerend, ordenend

reg·u·la·tor /ˈregjʊleɪtə, ᴬˈregjəleɪtər/ [telb zn] ① regelaar, regulateur, regelautomaat, regulatiemechanisme, regulateur, kompassleutel ⟨van uurwerk⟩, gouverneur ⟨van stoommachine⟩ ♦ *a regulator for a flat hairspring* een regelsleutel voor een vlakke spiraal ⟨van uurwerk⟩ ② regulateur ⟨zeer nauwkeurig lopend uurwerk⟩, tijdmeter, chronometer ③ toezichthouder

reg·u·la·to·ry /ˈregjʊlətri, ᴬˈregjələtɔri/ [bn] ① regulatorisch, regulerend, regulatief ② gereguleerd, gereglementeerd, aan (veiligheids)voorschriften onderworpen

reg·u·line /ˈregjʊlaɪn, ᴬ-gjə-/ [bn] ⟨scheik⟩ van/m.b.t. zuiver metaal

reg·u·lo /ˈregjʊloʊ, ᴬ-gjə-/ [telb + niet-telb zn] ⟨BE⟩ (bepaalde) stand ⟨van knop op gasfornuis⟩ ♦ *turn the knob on your left on regulo six* draai de knop links van u op (stand) zes

¹**reg·u·lus** /ˈregjʊləs, ᴬ-gjə-/ [telb + niet-telb zn; mv: ook reguli /-laɪ/] ⟨dierk⟩ goudhaantje ⟨Regulus cristatus⟩

²**reg·u·lus** /ˈregjʊləs, ᴬ-gjə-/ [telb + niet-telb zn; mv: ook reguli /-laɪ/] ⟨scheik⟩ ① zuiver metaal, metaalkoning ② (metaal)slak

Reg·u·lus /ˈregjʊləs, ᴬ-gjə-/ [eigenn] ⟨astron⟩ Regulus

¹**re·gur·gi·tate** /rɪˈɡɜːdʒɪteɪt, ᴬ-ɡɜr-/ [onov ww] terugstromen, terugvloeien, teruglopen

²**re·gur·gi·tate** /rɪˈɡɜːdʒɪteɪt, ᴬ-ɡɜr-/ [ov ww] ① uitbraken, opgeven, opwerpen, overgeven, teruggeven ② (onnadenkend) napraten, (slaafs/als een papegaai) herhalen ③ ⟨oneigenlijk⟩ slikken ⟨alleen figuurlijk⟩

re·gur·gi·ta·tion /rɪˌɡɜːdʒɪˈteɪʃn, ᴬ-ɡɜr-/ [niet-telb zn] het (doen) terugstromen, het uitbraken/opgeven/opwerpen/overgeven/teruggeven, regurgitatie, oprisping

¹**re·hab** /ˈriːhæb/ [niet-telb zn] ① ⟨verk: rehabilitation⟩ → rehabilitation ② ⟨AE⟩ ⟨verk: rehabilitation⟩ (het) afkicken, ontwenning ♦ *in rehab* aan het afkicken, in een ontwenningskliniek/afkickcentrum

²**re·hab** /ˈriːhæb/ [ov ww] ⟨verk: rehabilitate⟩

re·ha·bil·i·tate /ˌriː(h)əˈbɪlɪteɪt/ [ov ww] ① rehabiliteren, herstellen ⟨in ambt, eer enz.⟩ ♦ *rehabilitate s.o. as judge* iemand (officieel) in zijn ambt van rechter herstellen, iemand als rechter rehabiliteren; *rehabilitate s.o. in public esteem* iemand zijn goede naam teruggeven, iemand in zijn waardigheid herstellen; *rehabilitate s.o.'s memory* iemands nagedachtenis in ere herstellen; *rehabilitate o.s. in the eyes of s.o.* zich rehabiliteren in de ogen van iemand ② herstellen, restaureren, renoveren, (weer) opknappen ♦ *rehabilitate a slum area* een sloppenwijk weer bewoonbaar maken/saneren ③ rehabiliteren, revalideren, opvangen, weer aanpassen

re·ha·bil·i·ta·tion /ˌriː(h)əbɪlɪˈteɪʃn/ [niet-telb zn] ① rehabilitatie, (eer)herstel ② herstelling, renovatie, sanering, vernieuwing, verbetering ♦ *economic rehabilitation* economisch herstel; *financial rehabilitation* sanering van de financiën ③ rehabilitatie, revalidatie, herintegratie, reclassering, heraanpassing(sproces)

rehabilitation centre, rehabilitation clinic [telb zn] ① revalidatiecentrum ② ontwenningskliniek, afkickcentrum

¹**re·hash** /ˈriːhæʃ/ [telb + niet-telb zn] ① herwerking, het dunnetjes overdoen, ⟨fig⟩ opgewarmde kost, slap aftreksel ♦ *a rehash of old matter* oude wijn in nieuwe zakken ② ⟨sl⟩ samenvatting

²**re·hash** /ˌriːˈhæʃ/ [ov ww] herwerken, opnieuw bewerken/gebruiken, weer opdissen, onder andere woorden brengen, opwarmen ⟨alleen figuurlijk⟩ ♦ *rehash old arguments* oude argumenten ophalen; *rehash the previous night's party* het feest van de vorige avond nog eens dunnetjes over-

doen; *it's all rehashed stuff to us* het is allemaal ouwe kost voor ons

re·hear /riːhɪə, ᴬriːhɪr/ [ov ww] ⟨jur⟩ opnieuw aanhoren/(ver)horen, opnieuw in overweging nemen/behandelen/onderzoeken; → **rehearing**

re·hear·ing /riːhɪərɪŋ, ᴬriːhɪrɪŋ/ [telb zn; oorspronkelijk tegenwoordig deelw van rehear] ⟨jur⟩ nieuwe behandeling, het voor een tweede maal laten voorkomen ⟨voor dezelfde rechtbank⟩

¹**re·hears·al** /rɪhɜːsl, ᴬrɪhɜrsl/ [telb zn] ① repetitie, herhaling, oefening, proefoptreden, oefenvoorstelling ♦ *final rehearsal* generale repetitie ⟨van muziekstuk⟩ ② ⟨form⟩ verhaal, relaas, verslag

²**re·hears·al** /rɪhɜːsl, ᴬrɪhɜrsl/ [niet-telb zn] ① repetitie, het repeteren/herhalen/inoefenen/instuderen ♦ *after rehearsal* na de toneelrepetitie; *be in rehearsal* ingestudeerd worden; *our play is already in rehearsal* we zijn al met de repetities van het stuk begonnen; *put a play into rehearsal* een toneelstuk in studie nemen ② ⟨form⟩ het verhalen, het (uitvoerig) vertellen/beschrijven

¹**re·hearse** /rɪhɜːs, ᴬrɪhɜrs/ [onov ww] repeteren, oefenen, bezig zijn met repeteren, (een) repetitie houden

²**re·hearse** /rɪhɜːs, ᴬrɪhɜrs/ [ov ww] ① herhalen, opnieuw vertellen, reciteren, opzeggen, opsommen ② repeteren, herhalen, oefenen, instuderen ③ repeteren met, repetitie houden met, de repetitie leiden van, als repetitor fungeren voor ♦ *rehearse s.o. for* iemand voorbereiden op/laten repeteren voor; *she rehearses the musicians* ze leidt de muziekrepetities ④ ⟨form⟩ verhalen, een (uitvoerig) relaas geven van, verslag doen van, (omstandig) beschrijven

¹**re·heat** /riːhiːt/ [telb zn] na(ver)brander ⟨in straalmotor⟩

²**re·heat** /riːhiːt/ [niet-telb zn] naverbranding

³**re·heat** /riːhiːt/ [ov ww] opnieuw verhitten/verwarmen, opwarmen, naverhitten

re·ho·bo·am /riːəbouəm/ [telb zn; ook Rehoboam] rehabeam ⟨wijnfles met inhoud van 6 'gewone' flessen⟩

re·home /riːhoum/ [ov ww] herplaatsen ⟨huisdier⟩, een nieuw baasje vinden voor, in een nieuw tehuis plaatsen

re·house /riːhaʊz/ [ov ww] een nieuw onderdak geven, herhuisvesten, een nieuw onderkomen/verblijf bezorgen, verhuizen ⟨naar betere woonplaats⟩

Reich /raɪk/ [niet-telb zn; the] ⟨gesch⟩ het Duitse Rijk, Duitsland ♦ *the First Reich* het Heilige Roomse Rijk ⟨926-1806⟩; *the Second Reich* het Duitse Rijk ⟨1871-1918⟩; *the Third Reich* het Derde Rijk ⟨Duitsland, 1933-1945⟩

Reichs·tag /raɪkstɑːɡ/ [niet-telb zn] ⟨gesch⟩ Duitse Parlement

re·i·fi·ca·tion /riːɪfɪkeɪʃn/ [niet-telb zn] ⟨vaak pej⟩ verstoffelijking, materialisering, concretisering

re·i·fy /riːɪfaɪ/ [ov ww] ⟨vaak pej⟩ verstoffelijken, materialiseren, concretiseren

¹**reign** /reɪn/ [telb zn] regering, bewind, heerschappij, regeringstijd ♦ *in/under the reign of Henry* toen Hendrik koning was; *reign of terror* schrikbewind; ⟨gesch⟩ *the Reign of Terror* het Schrikbewind, de (Rode) Terreur ⟨Frankrijk, 1793-'94⟩

²**reign** /reɪn/ [onov ww] regeren, heersen ⟨ook figuurlijk⟩ ♦ *the reigning beauty* de heersende schoonheidskoningin; *the reigning champion* de huidige kampioen; *reign over a country* een land regeren; *silence reigns* er heerst stilte

rei·ki /reɪki/ [niet-telb zn] reiki ⟨therapie die werkt met energie uit de handen⟩

re·im·burs·a·ble /riːɪmbɜːsəbl, ᴬ-bɜrs-/ [bn] terugvorderbaar

re·im·burse /riːɪmbɜːs, ᴬ-bɜrs/ [ov ww] terugbetalen, vergoeden, dekken, schadeloosstellen ♦ *reimburse s.o. (for) expenses, reimburse expenses to someone* iemands onkosten vergoeden

re·im·burse·ment /riːɪmbɜːsmənt, ᴬ-bɜrs-/ [telb zn] terugbetaling, vergoeding, schadeloosstelling

¹**re·im·port** /riːɪmpɔːt, ᴬ-pɔrt/ [niet-telb zn] herinvoer, heringevoerde goederen

²**re·im·port** /riːɪmpɔːt, ᴬ-pɔrt/ [ov ww] weer invoeren

re·im·por·ta·tion /riːɪmpɔːteɪʃn, ᴬ-pɔr-/ [niet-telb zn] herinvoer

re·im·pose /riːɪmpoʊz/ [ov ww] opnieuw invoeren/opleggen

re·im·pres·sion /riːɪmpreʃn/ [telb + niet-telb zn] herdruk

¹**rein** /reɪn/ [telb zn; vaak mv] teugel ♦ ⟨form, fig⟩ *assume the reins of government* de teugels van de regering/van het bewind aanvaarden; *draw rein* stilhouden ⟨met paard⟩; stoppen, ⟨fig⟩ vertragen, het opgeven, op uitgaven besnoeien; *draw in the rein(s)* de teugels aanhalen, vertragen, stoppen; *give a horse the rein(s)* een paard de vrije teugel laten; ⟨fig⟩ *give (free/full) rein(s) to s.o./sth.*, ⟨fig⟩ *give the reins to someone/something* iemand/iets de vrije teugel laten; ⟨fig⟩ *give loose rein/the rein(s) to one's imagination* zijn verbeelding de vrije teugel laten; *hold/take the reins* de teugels in handen hebben/nemen ⟨ook figuurlijk⟩

²**rein** /reɪn/ [ov ww] ① inhouden ⟨ook figuurlijk⟩, beteugelen, besturen, (ge)leiden, in bedwang houden ♦ *rein back/in/up* halt doen houden, stilhouden, (doen) stoppen ② van teugels voorzien

¹**re·in·car·nate** /riːɪnkɑːnət, ᴬ-kɑr-/ [bn] ⟨vero⟩ gereïncarneerd

²**re·in·car·nate** /riːɪnkɑːneɪt, ᴬ-kɑr-/ [ov ww] doen reïncarneren, opnieuw belichamen ♦ *be reincarnated* gereïncarneerd zijn

re·in·car·na·tion /riːɪnkɑːneɪʃn, ᴬ-kɑr-/ [telb + niet-telb zn] reïncarnatie, wedergeboorte

rein·deer /reɪndɪə, ᴬ-dɪr/ [telb zn; mv: ook reindeer] ⟨dierk⟩ rendier ⟨Rangifer tarandus⟩

reindeer moss [niet-telb zn] ⟨plantk⟩ rendiermos ⟨Cladonia rangiferina⟩

¹**re·in·force** /riːɪnfɔːs, ᴬ-fɔrs/ [telb zn] ⟨techn⟩ versterking, versterkingsband, versterkingsstuk

²**re·in·force,** ⟨AE ook⟩ **re-en·force** /riːɪnfɔːs, ᴬ-fɔrs/ [ov ww] ① versterken, aanvullen, vermeerderen ♦ *reinforced concrete* gewapend beton ② ⟨psych⟩ bekrachtigen, belonen, aanmoedigen

re·in·force·ment /riːɪnfɔːsmənt, ᴬ-fɔrs-/ [telb + niet-telb zn] ① versterking, aanvulling, vermeerdering, ⟨mv; mil⟩ versterkingen ② ⟨psych⟩ re-inforcement ⟨bekrachtiger/bekrachtiging bij conditionering⟩

reinforcement therapy [telb + niet-telb zn] ⟨psych⟩ operante conditionering

re·in·forc·er /riːɪnfɔːsə, ᴬ-fɔrsər/ [telb zn] ⟨psych⟩ re-inforcer ⟨bekrachtiger/bekrachtiging bij conditionering⟩

reins /reɪnz/ [alleen mv] ⟨vero⟩ ① nieren ⟨voornamelijk Bijbel, ook als zetel van gevoelens⟩ ② lendenen

re·in·state /riːɪnsteɪt/ [ov ww] herstellen ⟨in vroegere toestand/ambt/waardigheid/privileges⟩, genezen

re·in·state·ment /riːɪnsteɪtmənt/ [telb + niet-telb zn] herstel, herstelling

re·in·sur·ance /riːɪnʃʊərəns, ᴬ-ʃʊr-/ [niet-telb zn] herverzekering

re·in·sure /riːɪnʃʊə, ᴬ-ʃʊr/ [ov ww] herverzekeren

re·in·sur·er /riːɪnʃʊərə, ᴬ-ʃʊrər/ [telb zn] herverzekeraar

¹**re·in·te·grate** /riːɪntɪɡreɪt/ [onov ww] zich re-integreren, zich herintegreren, geherintegreerd worden, opnieuw aanvaard/opgenomen worden

²**re·in·te·grate** /riːɪntɪɡreɪt/ [ov ww] ① re-integreren, herintegreren, opnieuw integreren/aanvaarden/opnemen ♦ *re-integrate s.o. into society* iemand in de maatschappij re-integreren ② opnieuw (tot een geheel) verenigen, herenigen, herstellen ♦ *re-integrate separated families* gescheiden families herenigen

re·in·ter·pret /riːɪntɜːprɪt, ᴬ-ər-/ [ov ww] ① herinterpreteren, opnieuw (anders) interpreteren/vertolken

reinvent

2 opnieuw verklaren, opnieuw (anders) uitleggen 3 hervertalen, opnieuw vertolken ⟨m.b.t. tolk⟩
re·in·vent /riːɪnvent/ [ov ww] opnieuw uitvinden/verzinnen ♦ ⟨inf⟩ *reinvent the wheel* het wiel weer uitvinden
re·in·vest /riːɪnvest/ [ov ww] 1 herinvesteren 2 opnieuw installeren ♦ *reinvest s.o. in office* iemand in zijn ambt herstellen · *reinvest s.o. with a privilege* aan iemand opnieuw een privilege toekennen
re·in·vest·ment /riːɪnves(t)mənt/ [telb + niet-telb zn] herinvestering
reis /reɪs/ [alleen mv] reis ⟨oude munt in Portugal en Brazilië⟩
¹**re·is·sue** /riːɪʃuː/ [telb zn] heruitgave, nieuwe uitgave/uitgifte ⟨van boeken/postzegels⟩
²**re·is·sue** /riːɪʃuː/ [ov ww] heruitgeven, opnieuw uitgeven/in omloop brengen · *reissue s.o. with sth.* iemand opnieuw voorzien van iets, iemand iets terugbezorgen
re·it·er·ate /riːɪtəreɪt/ [ov ww] herhalen
re·it·er·a·tion /riːɪtəreɪʃn/ [telb + niet-telb zn] herhaling
re·it·er·a·tive /riːɪtrətɪv, ˄-ɪtəreɪtɪv/ [bn; bw: ~ly] herhalend, herhaald
reive [onov ww] → reave
re·jas·ing /riːdʒeɪsɪŋ/ [niet-telb zn] ⟨AE; sl⟩ het nuttig gebruiken van afval en afgedankt materiaal
¹**re·ject** /riːdʒekt/ [telb zn] ⟨benaming voor⟩ afgekeurd persoon/voorwerp, afgekeurde ⟨voor militaire dienst⟩, mislukt/slecht stuk, uitschot
²**re·ject** /rɪdʒekt/ [ov ww] 1 verwerpen, afkeuren, afwijzen, van de hand wijzen, weigeren, wegwerpen 2 uitwerpen, uitspuwen, uitbraken 3 ⟨med⟩ afstoten ⟨orgaan bij transplantatie⟩
re·ject·able /rɪdʒektəbl/ [bn] verwerpelijk
re·jec·ta·men·ta /rɪdʒektəmentə/ [alleen mv] 1 afval, uitschot 2 uitwerpselen 3 strandgoed
re·ject·ant /rɪdʒektənt/ [telb zn] insectenwerend middel
re·jec·tion /rɪdʒekʃn/ [telb + niet-telb zn] 1 verwerping, afkeuring, afwijzing 2 uitwerping 3 ⟨med⟩ afstoting ⟨van orgaan bij transplantatie⟩
re·jec·tion·ist /rɪdʒekʃənɪst/ [telb zn; ook attributief] ⟨pol⟩ verwerper (van onderhandelingen)
re·jec·tive /rɪdʒektɪv/ [bn] verwerpend, afkeurend · *rejective art* minimal art
re·jec·tiv·ist /rɪdʒektɪvɪst/ [telb zn] beoefenaar van de minimal art
re·ject·or /rɪdʒektə, ˄-ər/ [telb zn] iemand die verwerpt/afkeurt
reject shop [telb zn] winkel met tweedekeusartikelen
re·jig /riːdʒɪg/ [ov ww] 1 opnieuw uitrusten ⟨fabriek⟩ 2 aanpassen, reorganiseren, herschikken
¹**re·joice** /rɪdʒɔɪs/ [onov ww] zich verheugen ♦ *rejoice at/over sth.* zich over iets verheugen; *I rejoice to hear* het verheugt me te vernemen · ⟨sprw⟩ *it's a poor/sad heart that never rejoices* hij heeft het leven nooit begrepen, die treurig blijft en steeds benepen; → rejoicing
²**re·joice** /rɪdʒɔɪs/ [ov ww] verheugen, verblijden ♦ *be rejoiced at/by sth.*, ⟨form⟩ *rejoice at/over something* zich over iets verheugen; *rejoice s.o.'s heart/the heart of s.o.* iemands hart verblijden; → rejoicing
re·joic·ing /rɪdʒɔɪsɪŋ/ [niet-telb zn; oorspronkelijk tegenwoordig deelw van rejoice] ⟨form⟩ vreugde, feestviering
re·joic·ings /rɪdʒɔɪsɪŋz/ [alleen mv; oorspronkelijk tegenwoordig deelw van rejoice] ⟨form⟩ feestelijkheden, vreugde, vreugdebetoon
¹**re·join** /rɪdʒɔɪn/ [onov ww] ⟨jur⟩ dupliceren, dupliek geven
²**re·join** /rɪdʒɔɪn/ [ov ww] 1 antwoorden 2 ⟨vnl BE⟩ zich weer vervoegen bij, weer dienst nemen in ⟨leger⟩
³**re·join** /riːdʒɔɪn/ [onov ww] 1 zich weer verenigen

2 weer lid worden
⁴**re·join** /riːdʒɔɪn/ [ov ww] 1 weer verenigen 2 weer lid worden van
re·join·der /rɪdʒɔɪndə, ˄-ər/ [telb zn] 1 repliek, (vinnig) antwoord 2 ⟨jur⟩ dupliek
re·ju·ve·nate /rɪdʒuːvəneɪt/ [ov ww] 1 verjongen, jonger maken, (zich) verjongen ⟨ook geologie, m.b.t. reliëf⟩ 2 opknappen ⟨oude meubelen⟩
re·ju·ve·na·tion /rɪdʒuːvəneɪʃn/ [telb + niet-telb zn] verjonging
re·ju·ve·na·tor /rɪdʒuːvəneɪtə, ˄-neɪtər/ [telb zn] verjongingsmiddel
re·ju·ve·nesce /rɪdʒuːvənes/ [onov + ov ww] verjongen, jonger maken/worden, (zich) verjongen ⟨ook biologie, m.b.t. cellen⟩
re·ju·ve·nes·cence /rɪdʒuːvənesns/ [niet-telb zn] verjonging ⟨ook biologie, m.b.t. cellen⟩
re·ju·ve·nes·cent /rɪdʒuːvənesnt/ [bn] (zich) verjongend ⟨ook biologie, m.b.t. cellen⟩
re·ju·nize, re·ju·nise /rɪdʒuːvənaɪz/ [ov ww] verjongen
re·kin·dle /riːkɪndl/ [onov + ov ww] opnieuw ontsteken, opnieuw (doen) ontbranden/aanwakkeren/vlam vatten/opvlammen
-rel /rəl/ [vormt verkleinwoorden; ook pejoratief] ± -tje ♦ *cockerel* haantje; *scoundrel* schurk
¹**re·lapse** /rɪlæps, riːlæps/ [telb zn] instorting, nieuwe instorting, recidive, terugval ⟨tot kwaad⟩ ♦ *have a relapse* weer instorten
²**re·lapse** /rɪlæps/ [onov ww] terugvallen, weer vervallen ⟨tot kwaad⟩, (weer) instorten ♦ ⟨med⟩ *relapsing fever* febris recurrens, borreliose ⟨infectieziekte met recidieve koorts⟩; *relapse into poverty* weer tot armoede vervallen
¹**re·late** /rɪleɪt/ [onov ww] 1 in verband staan, betrekking hebben, verband houden ♦ *relating to* betreffende, aangaande; *documents relating to this problem* documenten (die) over dit probleem (gaan); *he's only interested in what relates to himself* hij heeft alleen interesse voor wat hem zelf aangaat 2 (kunnen) opschieten ♦ *he doesn't relate well to his father* hij kan niet goed opschieten met zijn vader; → related
²**re·late** /rɪleɪt/ [ov ww] ⟨form⟩ 1 verhalen, berichten, vertellen ♦ *strange to relate …* hoe onwaarschijnlijk het ook moge klinken, maar … 2 (met elkaar) in verband brengen, relateren, een verband zien/leggen tussen ♦ *relate poverty and crime* een verband zien tussen armoede en misdaad; *relate sth. to/with sth. else* iets met iets anders in verband brengen; → related
re·lat·ed /rɪleɪtɪd/ [bn; oorspronkelijk volt deelw van relate; zn: ~ness] verwant, samenhangend, verbonden ♦ *I'm related to her by marriage* zij is aangetrouwde familie van me
re·lat·er, re·lat·or /rɪleɪtə, ˄-leɪtər/ [telb zn] verteller
¹**re·la·tion** /rɪleɪʃn/ [telb zn] bloedverwant, familielid
²**re·la·tion** /rɪleɪʃn/ [telb + niet-telb zn] 1 betrekking, relatie, verhouding, verband, verstandhouding ♦ *bear no relation to* geen verband houden met; geen betrekking hebben op; *bear little relation to* (slechts) weinig betrekking hebben op; *in/with relation to* met betrekking tot, in verhouding tot; *have relation to* betrekking hebben op; *have business relations with s.o.* handelsbetrekkingen onderhouden met iemand; *have friendly relations with s.o.* met iemand vriendschappelijke betrekkingen onderhouden; *have (sexual) relations with s.o.* geslachtelijke omgang met iemand hebben 2 bloedverwantschap, verwantschap ⟨ook figuurlijk⟩ 3 ⟨form⟩ verhaal, relaas, vertelling 4 ⟨jur⟩ het aanbrengen, verklaring
re·la·tion·al /rɪleɪʃnəl/ [bn] 1 een betrekking uitdrukkend ⟨ook taalkunde⟩ ♦ ⟨comp⟩ *relational database* relationele database 2 verwantschaps-, verwant

re·la·tion·ship /rɪleɪʃnʃɪp/ [telb + niet-telb zn] [1] betrekking, verhouding [2] bloedverwantschap, verwantschap ⟨ook figuurlijk⟩

¹**rel·a·tive** /relətɪv/ [telb zn] [1] familielid, (bloed)verwant(e) [2] ⟨taalk⟩ betrekkelijk voornaamwoord

relative pronoun	1/2
who, whom, whose	
· slaat terug op personen	
a person who steals is called a thief	
· in bijzinnen	
this is the girl to whom I have given your handbag	
those people whose houses have been destroyed will be aided	
which	
· als antecedent geen persoon is	
there is still a great deal of work which has to be done this week	
· in bijzinnen	
the shop, which has been profitable, will be sold	
· antecedent kan een (deel van een) hele zin zijn	
my friend hasn't called, which I don't understand	
· kan gebruikt worden na een voorzetsel	
the pen with which I was writing ...	
that	
· alleen in beperkende bijzinnen	
here's the address that you must write to	
· antecedent kan ook persoon zijn	
this is the woman that we met in Amsterdam	
· na overtreffende trap, na **all, only, much, little, something, anything, nothing, everything**	
the most beautiful sight that we ever saw	

²**rel·a·tive** /relətɪv/ [bn; bw: ~ly] [1] betrekkelijk, relatief, betrekkings- ⟨ook taalkunde⟩ ♦ *relative adverb* onderschikkend voegwoord ⟨where, when enz.⟩; *relative clause* betrekkelijke/relatieve bijzin; *relative humidity* relatieve vochtigheid; ⟨muz⟩ *relative pitch* relatieve toonhoogte; *relative pronoun* betrekkelijk/relatief voornaamwoord; *relatively speaking* relatief gezien/beschouwd [2] toepasselijk, relevant, pertinent [3] respectief · *relative to* over, met betrekking tot, in verband met; overeenkomstig, evenredig aan; in vergelijking met; *value is relative to demand* de waarde is afhankelijk van de vraag; *determine the facts relative to an accident* de toedracht van een ongeluk vaststellen **relative work** [niet-telb zn] ⟨parachutespringen⟩ (het) relatiefspringen ⟨groepssprong van vrijevallers⟩
rel·a·tiv·ism /relətɪvɪzm/ [niet-telb zn] ⟨filos⟩ relativisme
rel·a·tiv·ist /relətɪvɪst/ [telb zn] ⟨filos⟩ relativist
rel·a·tiv·is·tic /relətɪvɪstɪk/ [bn] ⟨natuurk⟩ relativistisch
rel·a·tiv·i·ty /relətɪvəti/ [niet-telb zn] [1] betrekkelijkheid, relativiteit [2] ⟨natuurk⟩ relativiteit, relativiteitstheorie ♦ *general (theory of) relativity* algemene relativiteit(stheorie); *special (theory of) relativity* speciale/beperkte relativiteit(stheorie)
rel·a·tiv·i·za·tion, rel·a·tiv·i·sa·tion /relətɪvaɪzeɪʃn, ᴬrelətɪvə-/ [telb + niet-telb zn] relativering
rel·a·tiv·ize, rel·a·tiv·ise /relətɪvaɪz/ [ov ww] relativeren
re·la·tor /rɪleɪtə, ᴬ-leɪtər/ [telb zn] [1] verteller [2] ⟨jur⟩ aanbrenger
¹**re·launch** /riːlɔːntʃ/ [telb zn] herintroductie ⟨product⟩, tweede lancering
²**re·launch** /riːlɔːntʃ/ [ov ww] opnieuw lanceren ⟨product⟩, heruitbrengen, weer op de markt brengen
¹**re·lax** /rɪlæks/ [onov ww] [1] verslappen, verflauwen, verminderen, afnemen, verzachten, ⟨fig⟩ ontdooien ♦ *you must not relax in your efforts* je moet het blijven proberen [2] zich ontspannen, rusten, zich verpozen, relaxen; → relaxed, relaxing
²**re·lax** /rɪlæks/ [ov ww] [1] ontspannen, verslappen, verzwakken, verzachten, verminderen ♦ *you must not relax your attention* je moet je aandacht niet laten verslappen; *relax the bowels* laxeren, purgeren; *relax discipline* minder streng optreden; *relax one's efforts* zich minder inspannen; *relax one's grasp/grip/hold on sth.* zijn greep op iets losser maken; *relax the rules* het reglement versoepelen [2] ⟨van haar⟩ relaxen, chemisch ontkroezen, straighten; → relaxed, relaxing
¹**re·lax·ant** /rɪlæksnt/ [telb zn] [1] relaxans, ontspannend middel [2] laxeermiddel, purgeermiddel
²**re·lax·ant** /rɪlæksnt/ [bn] ontspannend, ontspanning gevend
¹**re·lax·a·tion** /riːlækseɪʃn/ [telb zn] ontspanningsvorm, ontspanning, vermaak, verpozing, verstrooiing
²**re·lax·a·tion** /riːlækseɪʃn/ [niet-telb zn] [1] gedeeltelijke kwijtschelding/verlichting ⟨van straf, plicht enz.⟩ [2] ontspanning, verslapping, verzachting, verzwakking, vermindering [3] ⟨natuurk⟩ relaxatie

relative pronoun	2/2
what	
· gebruikt zonder antecedent	
tell me what you would do	
· het antecedent is een bijzin die verderop de zin staat	
what surprises me is that my friend hasn't called	
geen betrekkelijk voornaamwoord	
· na personen, dieren of zaken	
this is the city (which, that) we visited	
· alleen in beperkende bijzinnen	
the candidate (whom, that) I trust most ...	
· na overtreffende trap, na **all, only, much, little, something, anything, nothing, everything**	
this is all (that) I can do for you	

re·laxed /rɪlækst/ [bn; oorspronkelijk volt deelw van relax] ontspannen, onverstoord, ongedwongen
re·lax·ing /rɪlæksɪŋ/ [bn; tegenwoordig deelw van relax] rustgevend, ontspannend, relaxerend ♦ *a relaxing climate* een ontspannend klimaat
¹**re·lay** /riːleɪ/ [telb zn] [1] aflossing, verse paarden/jachthonden, nieuwe ploeg, aflossingsploeg, verse voorraad/aanvoer ♦ *work in/by relay(s)* in ploegen werken [2] relais, pleisterplaats, poststation [3] estafettewedstrijd, ronde/onderdeel van estafette ♦ *1600 relay* 4 x 400 estafette [4] ⟨elek⟩ relais [5] ⟨telecomm⟩ relais, heruitzending, relayering
²**re·lay** /riːleɪ/ [ov ww] [1] aflossen, voorzien van verse paarden/verse jachthonden/vers materiaal [2] ⟨telecomm⟩ relayeren, heruitzenden, doorgeven ⟨informatie⟩
re·lay /riːleɪ/ [ov ww] opnieuw leggen
relay event [telb zn] ⟨vnl atl⟩ estafettenummer
relay race [telb zn] estafettewedstrijd
relay station [telb zn] ⟨telecomm⟩ relaisstation, relaiszender, steunzender
¹**re·lease** /rɪliːs/ [telb zn] [1] nieuwe film/grammofoonplaat, release [2] communiqué, publicatie, artikel/document voor publicatie [3] ⟨foto, techn⟩ ontspanner [4] ⟨techn⟩ het afvallen ⟨relais⟩, ontsnapping ⟨anker⟩, uitstroming ⟨stoom⟩
²**re·lease** /rɪliːs/ [telb + niet-telb zn] [1] vrijlating, vrijlatingsbrief, vrijlatingsbericht [2] ⟨jur⟩ afstand ⟨van recht⟩, overdracht ⟨van eigendom⟩
³**re·lease** /rɪliːs/ [niet-telb zn] [1] bevrijding, loslating,

release

vrijlating, vrijgeving, verlossing ② **ontslag**, vrijstelling, ontheffing ⟨van verplichting⟩, kwijting, decharge ③ **het uitbrengen** ⟨van nieuwe film/grammofoonplaat⟩ ♦ *on general release* in alle bioscopen (te zien) ⟨film⟩ ④ ⟨psych⟩ **opwekking**, deblokkering

⁴**re·lease** /rɪliːs/ [ov ww] ① **bevrijden**, vrijlaten, loslaten, op vrije voeten stellen, vrijgeven, verlossen, afgeven ⟨hormoon bijvoorbeeld⟩ ♦ *release s.o. from jail* iemand uit de gevangenis ontslaan; *release the handbrake* 'm van de handrem doen/zetten; ⟨AE⟩ *released time* deel van de schooltijd vrijgemaakt voor godsdienstles, ± kredietuur, ± vergaderverlof, studieverlof ⟨enz.⟩ ② **ontslaan**, vrijstellen, ontheffen ⟨van verplichting⟩ ♦ *release s.o. from an obligation* iemand van een verplichting ontslaan ③ **uitbrengen**, voor het eerst vertonen ⟨film⟩, in de handel brengen ⟨grammofoonplaat⟩ ④ **vrijgeven**, bekendmaken ⑤ ⟨jur⟩ **kwijtschelden** ⟨schuld⟩, afstaan ⟨recht⟩, overdragen ⟨eigendom⟩ ⑥ ⟨psych⟩ **opwekken**, deblokkeren ▪ *he was about released* hij zou net klaarkomen

release button [telb zn] ⟨foto⟩ **ontspanknop**
re·leas·ee /rɪliːsiː/ [telb zn] ⟨jur⟩ **cessionaris**, iemand aan wie iets wordt overgedragen/afgestaan
re·leas·er /rɪliːsə, ᴬ-sər/ [telb zn] ⟨psych⟩ **releaser**, deblokkerende prikkel
re·leas·or /rɪliːsə, ᴬ-ər/ [telb zn] ⟨jur⟩ **boedelverzaker**, iemand die afstand doet
rel·e·gate /rɛlɪgeɪt/ [ov ww] ① **deporteren**, verbannen, bannen ② **verwijzen**, refereren ♦ *relegate details to the footnotes* details naar de voetnoten verwijzen ③ **overplaatsen**, terugzetten ④ **overdragen**, overlaten, delegeren ♦ *relegate the decision to s.o. else* de beslissing aan iemand anders overlaten ⑤ ⟨vnl passief⟩ ⟨sport; ook fig⟩ **degraderen** ♦ *the team was relegated to the second division* de club degradeerde naar de tweede divisie; *he relegated his young colleague to the position of an assistant* hij degradeerde zijn jonge collega tot assistent
rel·e·ga·tion /relɪgeɪʃn/ [niet-telb zn] ① **relegatie**, deportatie, verbanning ② **verwijzing**, renvooi ③ **overplaatsing**, terugzetting ④ **overdracht**, het overlaten, delegatie ⑤ ⟨sport⟩ **degradatie**
relegation candidate [telb zn] ⟨sport⟩ **degradatiekandidaat**
re·lent /rɪlɛnt/ [onov ww] **minder streng worden**, toegeven, zich laten vermurwen, ⟨fig⟩ afnemen, bedaren
re·lent·less /rɪlɛntləs/ [bn; bw: ~ly; zn: ~ness] ① **meedogenloos**, zonder medelijden ② **gestaag**, aanhoudend, niet-aflatend
re·let /riːlɛt/ [ov ww] **opnieuw verhuren**
rel·e·vance /rɛlɪvəns/, **rel·e·van·cy** /-si/ [niet-telb zn] ① **relevantie**, zin, betekenis, belang ② **relevantie**, betrekking, toepasselijkheid
rel·e·vant /rɛlɪvənt/ [bn; bw: ~ly] ① **relevant**, zinvol, betekenisvol, gewichtig, essentieel ② **relevant**, toepasselijk, ter zake doend/dienend, desbetreffend ♦ *the relevant literature* de desbetreffende literatuur; *be relevant to* van belang zijn voor, betrekking hebben op ③ ⟨taalk⟩ **relevant**, distinctief
re·li·a·bil·i·ty /rɪlaɪəbɪləti/ [niet-telb zn] **betrouwbaarheid**
reliability test [telb zn] **betrouwbaarheidsproef**
re·li·a·ble /rɪlaɪəbl/ [bn; bw: reliably; zn: ~ness] **betrouwbaar** ♦ *reliable authority* betrouwbare bron; *a reliable witness* een geloofwaardige getuige
re·li·ance /rɪlaɪəns/ [niet-telb zn] ① **vertrouwen** ♦ *have/feel/place reliance in/(up)on s.o./sth.* vertrouwen hebben/stellen in iemand/iets ② **op wie/waarop men zich verlaat/bouwt/rekent**, steunpilaar, stut ⟨figuurlijk⟩
re·li·ant /rɪlaɪənt/ [bn, pred; bw: ~ly] **vertrouwend** ♦ *be reliant on s.o./sth.* vertrouwen stellen in iemand/iets
rel·ic /rɛlɪk/, ⟨vero⟩ **rel·ique** /rɛlɪk, rɪliːk/ [telb zn] ① **reli-**

kwie ② **overblijfsel**, souvenir, aandenken
rel·ics /rɛlɪks/, ⟨vero⟩ **rel·iques** /rɛlɪks, rɪliːks/ [alleen mv] ⟨form⟩ **stoffelijk overschot**, gebeente
rel·ict /rɛlɪkt/ [telb zn] ① ⟨biol, geol, plantk⟩ **relict** ② ⟨vero⟩ **weduwe**

¹**re·lief** /rɪliːf/ [telb zn] ① **aflosser**, aflossingsploeg ② **extra bus/vliegtuig/trein**, voortrein, volgtrein
²**re·lief** /rɪliːf/ [telb + niet-telb zn] ① **reliëf**, verhevenheid, ⟨fig⟩ levendigheid, contrast, het naar voren brengen/treden ♦ *be/stand out in (bold/sharp) relief against* zich (scherp) aftekenen tegen ⟨ook figuurlijk⟩; *bring into relief* doen contrasteren/uitkomen; *high relief* haut-reliëf; *low relief* bas-reliëf; *throw into relief* scherp doen aftekenen, helder doen uitkomen ⟨ook figuurlijk⟩ ② **verlichting**, opluchting, ontlasting, verademing ♦ *it was a great relief* het was een pak van mijn hart; *a sigh of relief* een zucht van verlichting; *(much) to my relief, to my (great) relief* tot mijn (grote) opluchting
³**re·lief** /rɪliːf/ [niet-telb zn] ① **afwisseling**, onderbreking, opvrolijking ♦ *provide a little light relief* voor wat afwisseling zorgen ② **ondersteuning**, steun, uitkering, hulp, troost, ⟨BE; gesch⟩ onderstand ♦ ⟨BE⟩ *indoor relief* onderstand in het arm(en)huis; ⟨AE⟩ *be on relief* onderstand genieten; *outdoor relief* ondersteuning buiten het arm(en)huis; *send relief* hulp zenden ③ **aflossing** ④ **ontzet**, bevrijding ⟨van belegerde stad⟩ ♦ *the relief of the city* het ontzet van de stad ⑤ ⟨jur⟩ **redres**, herstel ⟨van grieven⟩
⁴**re·lief** /rɪliːf/ [verzamelnw] ⟨mil⟩ **versterking**
relief agency [telb zn] **hulporganisatie**, hulpverlenende instantie
relief bus [telb zn] **extra bus**
relief force [telb zn] **ontzettingsleger**
relief fund [telb zn] **ondersteuningsfonds**, hulpfonds
relief map [telb zn] **reliëfkaart**
relief pilot [telb zn] **tweede piloot**
relief pitcher [telb zn] ⟨honkb⟩ **vervangende werper**
relief printing [niet-telb zn] **reliëfdruk**, hoogdruk
relief road [telb zn] **rondweg**, omlegging
relief train [telb zn] **extra trein**, voortrein, volgtrein
relief valve [telb zn] **ontlastklep**, afblaasklep
relief worker [telb zn] **hulpverlener**, hulpverleenster
relief works [alleen mv] **publieke werken** ⟨als werkverschaffing⟩
re·liev·a·ble /rɪliːvəbl/ [bn] ① **te verlichten**, te lenigen ② **te verhelpen**
re·lieve /rɪliːv/ [ov ww] ① **verlichten**, opluchten, ontlasten, verkwikken, lenigen, verzachten ♦ *relieve one's feelings* zijn hart luchten; *that relieves my mind* dat is me een pak van het hart; *it will relieve your mind* het zal je opluchten; ⟨form⟩ *euf relieve nature* zijn behoefte doen; ⟨form; euf⟩ *relieve o.s.* zijn behoefte doen ② **afwisselen**, afwisseling brengen, opvrolijken, onderbreken, afwisseling/reliëf geven aan, doen uitkomen ♦ *a white dress relieved with black lace* een witte jurk met zwarte kant afgezet ③ **ondersteunen**, steunen, helpen, troosten, vertroosten, opbeuren, bemoedigen ④ **aflossen**, vervangen, waarnemen ♦ *relieve the guard* de wacht aflossen ⑤ ⟨mil⟩ **ontzetten**, bevrijden, te hulp komen ▪ zie: *relieve of; → relieved*
re·lieved /rɪliːvd/ [bn; volt deelw van relieve; bw: ~ly] **opgelucht**
relieve of [ov ww] ① **ontlasten van**, afhelpen van ② ⟨form; scherts⟩ **afhandig maken**, ontstelen ♦ *s.o. relieved me of my purse* er is iemand met mijn portemonnee vandoor ③ ⟨vaak passief⟩ ⟨euf⟩ **ontslaan uit**, ontheffen van
re·liev·er /rɪliːvə, ᴬ-ər/ [telb zn] ① **verlichter**, leniger ② **helper**, trooster ③ **aflosser**, vervanger ④ **bevrijder**, ontzetter
relieving tackle [telb zn] ⟨scheepv⟩ **noodtalie**, grondtalie
re·lie·vo /rɪliːvoʊ/ [telb + niet-telb zn] **reliëf**

re·li·gio- /rɪlɪdʒioʊ/ [1] religie- [2] religieus- ♦ *religiopolitical* religieus-politiek

¹re·lig·ion /rɪlɪdʒən/ [telb zn] gewetenszaak, erezaak, heilige plicht ♦ *make a religion of sth.* van iets een erezaak maken, iets als een heilige plicht beschouwen

²re·lig·ion /rɪlɪdʒən/ [telb + niet-telb zn] [1] godsdienst, religie ♦ *established religion* staatsgodsdienst; *freedom of religion* godsdienstvrijheid [2] godsvrucht, vroomheid

³re·lig·ion /rɪlɪdʒən/ [niet-telb zn] [1] kloosterleven ♦ *her name in religion is Sister Elisabeth* haar kloosternaam is Zuster Elisabeth; *be in/enter into religion* in een klooster zijn/treden [2] ⟨vero⟩ religieuze riten/praktijken

re·lig·ion·er /rɪlɪdʒənə, ᴬ-ər/ [telb zn] [1] kloosterling(e), monnik, non [2] godsdienstijveraar, religieuze dweper/fanaticus

re·lig·ion·ism /rɪlɪdʒənɪzm/ [niet-telb zn] overdreven godsdienstijver, religieuze dweperij, religieus fanatisme

re·lig·ion·ist /rɪlɪdʒənɪst/ [telb zn] godsdienstijveraar, religieuze dweper/fanaticus

re·lig·ion·ize, re·lig·ion·ise /rɪlɪdʒənaɪz/ [ov ww] vroom/godsdienstig maken, doordrenken van religieuze principes

re·li·gi·ose /rɪlɪdʒioʊs/ [bn] dweperig religieus, bigot

re·lig·i·os·i·ty /rɪlɪdʒɪɒsəti, ᴬ-ɑsəti/ [niet-telb zn] [1] godsdienstigheid, religiositeit, godsvrucht [2] dweperige godsvrucht, bigotterie

¹re·lig·ious /rɪlɪdʒəs/ [telb zn; mv: religious] kloosterling(e), religieus, monnik, religieuze, non

²re·lig·ious /rɪlɪdʒəs/ [bn; zn: ~ness] [1] godsdienstig, religieus ♦ *religious liberty* godsdienstvrijheid [2] godvruchtig, vroom, devoot [3] klooster-, tot een kloosterorde behorend ♦ *religious house* klooster [4] scrupuleus, gewetensvol, nauwgezet ♦ *with religious care* nauwgezet, zorgvuldig; *with religious exactitude* met pijnlijke nauwgezetheid

re·li·gious·ly /rɪlɪdʒəsli/ [bw] [1] godsdienstig, op godsdienstige/vrome wijze [2] scrupuleus, gewetensvol, nauwgezet [3] werkelijk, echt, ernstig

re·line /riːlaɪn/ [ov ww] [1] van een nieuwe voering voorzien [2] van nieuwe lijnen voorzien

re·lin·quish /rɪlɪŋkwɪʃ/ [ov ww] ⟨form⟩ [1] opgeven, laten varen, prijsgeven ⟨bijvoorbeeld geloof⟩ [2] afstand doen van, afstaan ⟨recht, bezit⟩ ♦ *relinquish one's hold of/over s.o./sth.* de controle over iemand/iets afstaan; *relinquish sth. to s.o.* iets aan iemand afstaan [3] loslaten, ⟨België⟩ lossen

re·lin·quish·ment /rɪlɪŋkwɪʃmənt/ [niet-telb zn] [1] het opgeven, het prijsgeven [2] afstand [3] het loslaten

rel·i·quar·y /relɪkwəri, ᴬ-kweri/ [telb zn] relikwieënschrijn, relikwieënkast(je), reliquiarium

relique [telb zn] → relic

re·liq·ui·ae /rɪlɪkwiː/ [alleen mv] [1] overblijfselen [2] ⟨geol⟩ fossielen

¹rel·ish /relɪʃ/ [telb zn] pikant smaakje, tikje, zweem, scheutje

²rel·ish /relɪʃ/ [telb + niet-telb zn] [1] saus, kruiderij [2] smaak, trek ♦ *add/give (a) relish to* prikkelen, verhogen; *eat with (a) relish* met smaak eten

³rel·ish /relɪʃ/ [niet-telb zn] [1] bekoring, bekoorlijkheid, aantrekkingskracht ♦ *it loses its relish* de aardigheid gaat er af [2] ⟨vaak met ontkenning⟩ genoegen, lust, genot, plezier, smaak ♦ *have no relish for poetry* geen gevoel hebben voor poëzie; *read with great relish* met veel plezier lezen

⁴rel·ish /relɪʃ/ [ov ww] [1] smakelijk/pikant maken, kruiden [2] genieten van, smaken, houden van, prettig vinden, genoegen scheppen in ♦ *I would relish a lobster* kreeft zou me wel smaken [3] tegemoet zien, verlangen naar ♦ *I don't relish the prospect/idea* ik vind het geen prettig vooruitzicht/idee

rel·ish·a·ble /relɪʃəbl/ [bn] smakelijk

re·live /riːlɪv/ [ov ww] weer beleven/doorleven

rel·lo /reloʊ/, **rel·lie** /reli/ [telb zn] ⟨AuE; inf⟩ familielid

re·load /riːloʊd/ [ov ww] herladen ⟨vuurwapen⟩

¹re·lo·cate /riːloʊkeɪt, ᴬriːloʊkeɪt/ [onov ww] zich opnieuw vestigen

²re·lo·cate /riːloʊkeɪt, ᴬriːloʊkeɪt/ [ov ww] opnieuw vestigen, verplaatsen

re·lo·ca·tion /riːloʊkeɪʃn/ [niet-telb zn] vestiging elders, verhuizing/verplaatsing naar elders

re·lu·cent /rɪluːsnt/ [bn] schitterend, stralend, helder

re·luct /rɪlʌkt/ [onov ww] ⟨vero⟩ [1] weerzin tonen, een afkeer hebben ♦ *reluct at sth.* een afkeer hebben van iets [2] weerstand bieden, zich verzetten ♦ *reluct against sth.* zich tegen iets verzetten

re·luc·tance /rɪlʌktəns/, **re·luc·tan·cy** /-si/ [telb + niet-telb zn] [1] tegenzin, onwil, weerzin, afkeer ♦ *with great/a certain reluctance* met grote/zekere tegenzin [2] ⟨natuurk⟩ reluctantie, magnetische weerstand

re·luc·tant /rɪlʌktənt/ [bn] [1] onwillig, aarzelend, weifelend, afkerig ♦ *a reluctant answer* een schoorvoetend/met tegenzin gegeven antwoord [2] ⟨vero⟩ weerspannig, weerbarstig

re·luc·tant·ly /rɪlʌktəntli/ [bw] met tegenzin, ongaarne, schoorvoetend, aarzelend, weifelend

re·lume /rɪluːm/ [ov ww] ⟨form⟩ [1] opnieuw aansteken/ontsteken ⟨licht⟩, opnieuw doen ontvlammen/opflakkeren ⟨vlam; ook figuurlijk⟩ [2] opnieuw verhelderen/opklaren ⟨ogen, hemel⟩, opnieuw verlichten

re·ly on /rɪlaɪ ɒn, ᴬ-ɑn/, **re·ly upon** /rɪlaɪ əpɒn, ᴬ-əpɑn/ [onov ww] vertrouwen (op), zich verlaten op, steunen op, rekenen op ♦ *can he be relied upon?* is hij te vertrouwen?, kun je op hem rekenen?; *you can rely on it* daar kan je van op aan, daar kan je op rekenen; *I rely on you to do it tomorrow* ik reken erop dat je het morgen doet; *don't rely on me for help* op mijn hulp hoef je niet te rekenen

¹rem /rem/ [telb zn; mv: ook rem] ⟨natuurk⟩ (Roentgen Equivalent Man) rem, röntgenequivalent mens

²rem [afk] (remittance)

REM [afk] (Rapid Eye Movement)

¹re·main /rɪmeɪn/ [telb zn] overblijfsel, ruïne, rest, overschot

²re·main /rɪmeɪn/ [onov ww] [1] blijven, overblijven, resten, overschieten ♦ *remain behind* achterblijven, nablijven, schoolblijven; *it remains to be seen* het staat te bezien; *it remains to be settled* het moet nog geregeld worden; *nothing remains but to tell the truth* er blijft niets anders over dan de waarheid te vertellen; *victory remained with the enemy* de zege bleef aan de vijand [2] verblijven, zich ophouden [3] voortduren, blijven bestaan, verblijven, voortdurend zijn, bij voortduring blijven ♦ *I remain yours sincerely* verblijf ik, hoogachtend; *it will always remain in my memory* het zal me altijd in het geheugen geprent blijven; *let it remain as it is* laat het zoals het is; *one thing remains certain* één ding is zeker; → remaining

¹re·main·der /rɪmeɪndə, ᴬ-ər/ [telb zn] ⟨jur⟩ gesubstitueerde nalatenschap

²re·main·der /rɪmeɪndə, ᴬ-ər/ [niet-telb zn] ⟨jur⟩ opvolgingsrecht, erfrecht

³re·main·der /rɪmeɪndə, ᴬ-ər/ [verzamelnv; (the)] [1] rest, overblijfsel, restant [2] ramsj ⟨restant van oplage van boeken⟩ [3] ⟨wisk⟩ rest ⟨bij deling⟩, restterm

⁴re·main·der /rɪmeɪndə, ᴬ-ər/ [ov ww] opruimen, uitverkopen ⟨voornamelijk boeken⟩, ramsjen

re·main·ing /rɪmeɪnɪŋ/ [bn, attr; tegenwoordig deelw van remain] overgebleven, resterend, overig ♦ *the only remaining question* de enige kwestie die overblijft

re·mains /rɪmeɪnz/ [alleen mv] [1] overblijfselen, ruïnes, resten, restanten ♦ ⟨fig⟩ *the remains of his conscience* wat er overblijft van zijn geweten; ⟨fig⟩ *with the remains of his strength* met zijn laatste krachten [2] nagelaten werken [3] ⟨form⟩ stoffelijk overschot, lijk

¹re·make /riːmeɪk/ [telb zn] remake, nieuwe versie ⟨van

remake

film/grammofoonplaat⟩

²**re·make** /riːmeɪk/ [ov ww] opnieuw maken, overmaken, omwerken, reconstrueren, een nieuwe versie maken

re·man /riːmæn/ [ov ww] ① opnieuw bemannen ② opnieuw bemoedigen

¹**re·mand** /rɪmɑːnd, ᴬrɪmænd/ [telb zn] ⟨jur⟩ preventief gedetineerde

²**re·mand** /rɪmɑːnd, ᴬrɪmænd/ [telb + niet-telb zn] ⟨jur⟩ ① terugzending ⟨in voorlopige hechtenis⟩, verwijzing, renvooi ② voorarrest ♦ *on remand* in voorarrest

³**re·mand** /rɪmɑːnd, ᴬrɪmænd/ [ov ww] ① terugzenden ② ⟨jur⟩ terugzenden in voorlopige hechtenis, naar een lager hof/andere instantie verwijzen ♦ *remand into* **custody** terugzenden in voorlopige hechtenis; *remanded in custody* in voorarrest/voorlopige hechtenis

remand centre, remand home [telb zn] ⟨BE⟩ observatiehuis, ± huis van bewaring/detentie ⟨voor voorlopige hechtenis⟩

¹**rem·a·nence** /remənəns/ [niet-telb zn] ① remanentie, het blijvend bestaan ② ⟨natuurk⟩ remanentie

²**rem·a·nence** /remənəns/ [verzamelw] rest

rem·a·nent /remənənt/ [bn] ① overblijvend, overgebleven, achterblijvend, achtergebleven ② ⟨natuurk⟩ remanent ♦ *remanent* **magnetism** remanent magnetisme

rem·a·net /remənet/ [telb zn] ① restant ② ⟨jur⟩ uitgestelde zaak ③ ⟨pol⟩ uitgesteld wetsontwerp

re·map /riːmæp/ [ov ww] opnieuw in kaart brengen

¹**re·mark** /rɪmɑːk, ᴬrɪmɑrk/ [telb zn] ① opmerking, bemerking, aanmerking ♦ *make/pass a remark* een opmerking maken ② → **remarque**

²**re·mark** /rɪmɑːk, ᴬrɪmɑrk/ [niet-telb zn] ⟨form⟩ ① aandacht, waarneming, observatie ♦ *worthy of remark* merkwaardig, opmerkelijk ② commentaar, vermelding

³**re·mark** /rɪmɑːk, ᴬrɪmɑrk/ [onov ww] opmerkingen/aanmerkingen maken ♦ *remark (up)on sth.* opmerkingen/aanmerkingen maken over iets

⁴**re·mark** /rɪmɑːk, ᴬrɪmɑrk/ [ov ww] opmerken, bemerken, bespeuren

re·mark·a·ble /rɪmɑːkəbl, ᴬ-mɑr-/ [bn; bw: remarkably; zn: ~ness] ① merkwaardig, opmerkelijk ② opvallend, frappant, treffend, buitengewoon, ongewoon

re·mark·er /rɪmɑːkə, ᴬrɪmɑrkər/ [telb zn] opmerker

re·marque /rɪmɑːk, ᴬrɪmɑrk/ [telb zn] ① graveursmerk ② afdruk met graveursmerk

re·mar·riage /riːmærɪdʒ/ [telb + niet-telb zn] nieuw huwelijk

¹**re·mar·ry** /riːmæri/ [onov ww] hertrouwen

²**re·mar·ry** /riːmæri/ [ov ww] opnieuw trouwen met

re·mas·ter /riːmɑːstə, ᴬ-mæstər/ [ov ww] remasteren ♦ *digital remastering* digitale remastering

re·match /riːmætʃ/ [telb zn] return(match), returnwedstrijd, revanchewedstrijd

rem·blai /rɑ̃bleɪ, ᴬrɑ̃bleɪ/ [niet-telb zn] ⟨wwb⟩ remblai ⟨op te werpen grond⟩

Rem·brandt·esque /rembræntesk/ [bn] rembrandtiek

REME /riːmi/ [afk] ⟨BE⟩ (Royal Electrical and Mechanical Engineers)

re·me·di·a·ble /rɪmiːdɪəbl/ [bn; bw: remediably; zn: ~ness] herstelbaar, geneesbaar, te verhelpen

re·me·di·al /rɪmiːdɪəl/ [bn; bw: ~ly] beter makend, genezend, helend, herstellend, verbeterend

rem·e·di·less /remɪdɪləs/ [bn; bw: ~ly; zn: ~ness] ⟨form⟩ onherstelbaar, ongeneeslijk, niet te verhelpen

¹**rem·e·dy** /remɪdi/ [telb + niet-telb zn] remedie, (genees)middel, hulpmiddel ♦ *a remedy* **against/for** *sth.* een remedie tegen/voor iets; *beyond/past remedy* ongeneeslijk, onherstelbaar, niet te verhelpen ⬩ ⟨sprw⟩ *desperate diseases must have desperate remedies* ± een harde knoest heeft een scherpe bijl/beitel nodig, ± tegen boze honden boze knuppels, ± voor een felle hond behoeft men een scherpe

band; ⟨sprw⟩ *the remedy may be worse than the disease* het middel is erger dan de kwaal

²**rem·e·dy** /remɪdi/ [niet-telb zn] ① ⟨jur⟩ verhaal, redres, rechtsmiddel ② ⟨fin⟩ remedie

³**rem·e·dy** /remɪdi/ [ov ww] verhelpen ⟨ook figuurlijk⟩, voorzien in, genezen, beter maken, herstellen

¹**re·mem·ber** /rɪmembə, ᴬ-ər/ [onov + ov ww] (zich) herinneren, niet vergeten, onthouden, van buiten kennen ⟨gedicht⟩, denken aan/om ♦ *I remember him* **as** *a naughty boy* ik weet nog dat hij een ondeugende jongen was; *I can't remember posting that letter* ik kan me niet herinneren dat ik die brief heb gepost; *I don't remember* ik weet het niet meer; *remember to* **post** *that letter* vergeet die brief niet te posten

²**re·mem·ber** /rɪmembə, ᴬ-ər/ [ov ww] ① bedenken ⟨in testament; met fooi⟩ ♦ *remember the* **guide!** vergeet de gids niet!; *remember s.o. in one's* **will** iemand in zijn testament bedenken ② gedenken ⟨de doden; in gebeden⟩ ♦ *remember s.o. in one's* **prayers** iemand in zijn gebeden gedenken ③ de groeten doen ♦ *remember me to your parents* doe de groeten aan je ouders ⬩ ⟨inf⟩ *I'll give him sth. to remember me by* ik zal hem eens iets geven dat hem zal heugen ⟨bijvoorbeeld pak slaag⟩; *remember o.s.* tot bezinning komen

¹**re·mem·brance** /rɪmembrəns/ [telb zn] ① herinnering, aandenken, souvenir ② ⟨mv⟩ groet ♦ *give/send one's remembrances to s.o.* iemand de groeten doen

²**re·mem·brance** /rɪmembrəns/ [niet-telb zn] herinnering, gedachtenis, geheugen, heugenis ♦ *it escaped my remembrance* het is me ontgaan; *in remembrance of* ter herinnering aan; *put in remembrance of* in herinnering brengen van; *have sth. in remembrance* zich iets (kunnen) herinneren; *call to remembrance* zich herinneren; *more than once within my remembrance* meer dan eens zolang mij heugt

Remembrance Day [eigenn] ⟨BE⟩ wapenstilstandsdag ⟨11 november⟩

re·mem·branc·er /rɪmembrənsə, ᴬ-ər/ [telb zn] ⟨vero⟩ herinnering, aandenken

Re·mem·branc·er /rɪmembrənsə, ᴬ-ər/ [telb zn] ⟨BE⟩ ambtenaar bij Britse schatkist

Remembrance Sunday [eigenn] ⟨BE⟩ zondag waarop de wapenstilstand herdacht wordt

re·mex /riːmeks/ [telb zn; mv: remiges /remɪdʒiːz/] slagpen

re·mil·i·ta·ri·za·tion, re·mil·i·ta·ri·sa·tion /riːmɪlɪtəraɪzeɪʃn, ᴬ-mɪlɪtərə-/ [telb + niet-telb zn] remilitarisatie, herbewapening

re·mil·i·ta·rize, re·mil·i·ta·rise /riːmɪlɪtəraɪz/ [ov ww] remilitariseren, herbewapenen

re·mind /rɪmaɪnd/ [ov ww] herinneren, doen denken ♦ *that reminds me!* à propos!, daar schiet me wat te binnen!, nu je het zegt!, dat is waar ook!; *she reminds me of her sister* ze doet me aan haar zuster denken; *will you remind me?* help me eraan denken, wil je?

re·mind·er /rɪmaɪndə, ᴬ-ər/ [telb zn] ① herinnering, herinneringsbrief, maanbrief ② geheugensteuntje

re·mind·ful /rɪmaɪndfl/ [bn, pred] ① herinnerend ♦ *remindful of* herinnerend aan ② gedachtig, indachtig ♦ *remindful of* gedachtig aan

rem·i·nisce /remɪnɪs/ [onov ww] herinneringen ophalen, zich in herinneringen verdiepen ♦ *reminisce about the good old days* herinneringen uit de goede oude tijd ophalen

¹**rem·i·nis·cence** /remɪnɪsns/ [telb zn] anekdote

²**rem·i·nis·cence** /remɪnɪsns/ [telb + niet-telb zn] herinnering, heugenis ♦ *there's a reminiscence of her mother in the way she talks* ze heeft iets van haar moeder in haar praten

rem·i·nis·cences /remɪnɪsnsɪz/ [alleen mv] herinneringen, (i.h.b.) memoires

¹**rem·i·nis·cent** /remɪnɪsnt/ [bn, attr; bw: ~ly] de herinnering(en) betreffend ♦ *with a reminiscent smile* met een

glimlach bij de herinnering
²rem·i·nis·cent /rɛmɪnɪsnt/ [bn, pred; bw: ~ly] herinnerend, zich herinnerend, herinneringen oproepend, herinnerings-, gaarne aan het verleden terugdenkend, het verleden koesterend ♦ *be reminiscent of sth.* aan iets herinneren/doen (terug)denken

rem·i·nis·cen·tial /rɛmɪnɪsɛnʃl/ [bn; bw: ~ly] herinnerings-

re·mint /riːmɪnt/ [ov ww] hermunten

¹re·mise /rɪmiːz, ᴬrɪmaɪz/ [telb zn] ⟨schermsp⟩ remise

²re·mise /rɪmiːz, ᴬrɪmaɪz/ [onov ww] ⟨schermsp⟩ terugstoten, nastoten

³re·mise /rɪmaɪz/ [ov ww] ⟨jur⟩ afstand doen van, overdragen ⟨recht, eigendom⟩

re·miss /rɪmɪs/ [bn; bw: ~ly; zn: ~ness] nalatig, achteloos, onachtzaam, laks, lui ♦ *be remiss in one's duties* in zijn plichten tekortschieten

re·mis·si·bil·i·ty /rɪmɪsəbɪləti/ [niet-telb zn] vergeeflijkheid

re·mis·si·ble /rɪmɪsəbl/ [bn; bw: remissibly; zn: ~ness] vergeeflijk

re·mis·sion /rɪmɪʃn/ [telb + niet-telb zn] ① vergeving, vergiffenis ② kwijtschelding ③ vermindering, remissie ♦ *remission for good conduct* strafvermindering voor goed gedrag ④ verzwakking, verslapping, afneming, ⟨med⟩ remissie ⟨van ziekte⟩

re·mis·sive /rɪmɪsɪv/ [bn; bw: ~ly; zn: ~ness] ① vergevend, kwijtscheldend ② afnemend

¹re·mit /riːmɪt, rɪmɪt, ᴬrɪmɪt/ [telb zn] ① wat ter overweging wordt teruggezonden ② opdracht ⟨van commissie⟩

²re·mit /riːmɪt, rɪmɪt, ᴬrɪmɪt/ [niet-telb zn] ① terugzending ② ⟨jur⟩ verwijzing naar lagere rechtbank

³re·mit /rɪmɪt/ [onov ww] ① afnemen, (ver)minderen, verzwakken, verslappen, aflaten ② geld overmaken

⁴re·mit /rɪmɪt/ [ov ww] ① vergeven, vergiffenis schenken voor ⟨zonden⟩ ♦ *remit sins* zonden vergeven ② kwijtschelden, schenken ⟨schuld, straf, vonnis⟩, ontheffen van, vrijstellen van ♦ *remit taxes* van belastingen ontheffen ③ ⟨benaming voor⟩ doen afnemen, verminderen, laten verslappen ⟨aandacht⟩, ophouden met, staken, opheffen ⟨beleg⟩, verzachten, lenigen, verlichten ♦ *remit one's attention* zijn aandacht laten verslappen; *remit pain* de pijn verlichten ④ terugzenden, zenden, sturen ⑤ uitstellen ⑥ overmaken, doen overschrijven ⟨geld⟩ ♦ *please remit by check* gelieve met een cheque te betalen; *remit an allowance to s.o.* iemand een toelage uitkeren ⑦ ⟨form⟩ onderbreken ⑧ ⟨jur⟩ verwijzen ⟨naar lagere rechtbank⟩ ♦ *remit a case to a lower court* een zaak naar een lagere rechtbank verwijzen

re·mit·tal /rɪmɪtl/ [telb + niet-telb zn] ① remission ② ⟨jur⟩ verwijzing naar een andere rechtbank

re·mit·tance /rɪmɪtns/ [telb + niet-telb zn] overschrijving ⟨van geld⟩, overmaking, betalingsopdracht, overgemaakt bedrag

remittance man [telb zn] ⟨pej; gesch⟩ emigrant die van het geld leeft dat hij uit zijn vaderland ontvangt ⟨in Britse koloniën⟩

re·mit·tee /rɪmɪtiː/ [telb zn] ontvanger van een overschrijving, begunstigde

re·mit·tence /rɪmɪtns/, re·mit·ten·cy /-si/ [telb + niet-telb zn] ⟨med⟩ remissie

¹re·mit·tent /rɪmɪtnt/ [telb zn] ⟨med⟩ remitterende koorts

²re·mit·tent /rɪmɪtnt/ [bn; bw: ~ly] ⟨med⟩ remitterend, schommelend, op- en afgaand ⟨van koorts⟩

¹re·mit·ter, re·mit·tor /rɪmɪtə, ᴬrɪmɪtər/ [telb zn] remittent, afzender

²re·mit·ter, re·mit·tor /rɪmɪtə, ᴬrɪmɪtər/ [niet-telb zn] ⟨jur⟩ ① verwijzing naar een andere rechtbank ② herstel van rechten

¹rem·nant /rɛmnənt/ [telb zn] ① restant, rest, overschot, overblijfsel ② coupon, lap ⟨stof⟩ ③ ⟨vaak mv⟩ overlevende

²rem·nant /rɛmnənt/ [bn, attr] ① overblijvend ♦ ⟨techn⟩ *remnant magnetism* remanent magnetisme ② overgebleven

remnant sale [telb zn] (restanten)opruiming, couponuitverkoop, restantenuitverkoop

re·mod·el /riːmɒdl, ᴬ-mɑ-/ [ov ww] remodelleren, vermaken, omwerken, omvormen, vernieuwen, in een nieuw model brengen

remolade [telb + niet-telb zn] → rémoulade

remold → remould

re·mon·e·ti·za·tion, re·mon·e·ti·sa·tion /riːmʌnɪtaɪzeɪʃn, ᴬ-mɒnətə-/ [niet-telb zn] het opnieuw in omloop brengen als wettelijk betaalmiddel

re·mon·e·tize, re·mon·e·tise /riːmʌnɪtaɪz, ᴬ-mɒnətaɪz/ [ov ww] opnieuw in omloop brengen als wettelijk betaalmiddel

re·mon·strance /rɪmɒnstrəns, ᴬrɪmɑn-/ [telb + niet-telb zn] ① remonstrantie, betoog, vertoog, vermaning, protest ② ⟨gesch⟩ officieel bezwaarschrift ♦ ⟨gesch⟩ *the Grand Remonstrance* memorandum ⟨van het Lagerhuis aan de Kroon, 1641⟩

¹re·mon·strant /rɪmɒnstrənt, ᴬrɪmɑn-/ [telb zn] protesteerder

²re·mon·strant /rɪmɒnstrənt, ᴬrɪmɑn-/ [bn, attr; bw: ~ly] protesterend, vertogend

¹Re·mon·strant /rɪmɒnstrənt, ᴬrɪmɑn-/ [telb zn] ⟨rel⟩ remonstrant

²Re·mon·strant /rɪmɒnstrənt, ᴬrɪmɑn-/ [bn, attr] ⟨rel⟩ remonstrants

¹re·mon·strate /rɛmənstreɪt, ᴬrɪmɑn-/ [onov ww] protesteren, tegenwerpingen maken, zijn beklag doen ♦ *remonstrate against sth.* tegen iets protesteren; *remonstrate with s.o. (up)on/about sth.* bij iemand over iets zijn beklag doen, iemand iets verwijten, iemand de les lezen over iets; → remonstrating

²re·mon·strate /rɛmənstreɪt, ᴬrɪmɑn-/ [ov ww] aanvoeren, tegenwerpen, betogen ♦ *remonstrate that ...* betogen dat ...; → remonstrating

re·mon·strat·ing /rɛmənstreɪtɪŋ, ᴬrɪmɑnstreɪtɪŋ/, re·mon·stra·tive /-strətɪv/ [bn, attr; 1e variant tegenwoordig deelw van remonstrate; bw: ~ly] protesterend, vertogend

re·mon·stra·tion /rɛmənstreɪʃn/ [telb + niet-telb zn] remonstratie, betoog, vertoog, vermaning, protest

re·mon·stra·tor /rɛmənstreɪtə, ᴬrɪmɑnstreɪtər/ [telb zn] protesteerder

¹re·mon·tant /rɪmɒntənt, ᴬ-mɑn-/ [telb zn] doorbloeiende roos, remontant(roos)

²re·mon·tant /rɪmɒntənt, ᴬ-mɑn-/ [bn, attr] nabloeiend, doorbloeiend, remonterend

rem·o·ra /rɛmərə/ [telb zn] ⟨dierk⟩ zuigvis ⟨familie Echeneidae⟩

re·morse /rɪmɔːs, ᴬrɪmɔrs/ [niet-telb zn] ① wroeging ♦ *remorse for* wroeging over ② medelijden ♦ *without remorse* meedogenloos, onbarmhartig, zonder medelijden

re·morse·ful /rɪmɔːsfl, ᴬ-mɔrs-/ [bn; bw: ~ly; zn: ~ness] berouwvol

re·morse·less /rɪmɔːsləs, ᴬ-mɔrs-/ [bn; bw: ~ly; zn: ~ness] meedogenloos, onbarmhartig

¹re·mote /rɪmoʊt/ [telb zn] afstandsbediening

²re·mote /rɪmoʊt/ [bn; vergr trap: ook remoter; bw: ~ly; zn: ~ness] ① ver, ver weg, ver uiteen, (ver van elkaar) verwijderd ♦ *remote antiquity* de grijze oudheid; *remote control* afstandsbediening; *a remote cousin* een verre neef; *considerations remote from the subject* overwegingen die weinig met het onderwerp te maken hebben; ⟨fig⟩ *he isn't remotely interested* hij is in de verste verte niet geïnteresseerd; *the remote past/future* het verre verleden/de verre toekomst; ⟨comp⟩ *remote access* toegang op afstand ⟨tot computer,

remotion

bijvoorbeeld via een modem); *remote **interrogation*** beluisteren/afluisteren op afstand ⟨van boodschappen op je antwoordapparaat⟩; *remote **working*** telewerken, werken op afstand ② afgelegen, afgezonderd, rustig, eenzaam ♦ *remote sensing* afstandswaarneming; *a remote **village*** een afgelegen dorp ③ gereserveerd, terughoudend, op een afstand, onvriendelijk ④ ⟨vaak overtreffende trap⟩ gering, flauw ♦ *I haven't the remotest **idea*** ik heb er geen flauw benul van; *a remote **possibility*** een heel klein kansje ⑤ afwezig, verstrooid, dromerig
re·mo·tion /rɪmoʊʃn/ [niet-telb zn] verwijdering
ré·mou·lade, re·mo·lade /rɛməleɪd, ᴬreɪməlɑd/ [telb + niet-telb zn] ⟨cul⟩ remouladesaus
¹**re·mould**, ⟨AE⟩ **re·mold** /riːmoʊld/ [telb zn] vernieuwde/gecoverde (auto)band, coverband, remouldband
²**re·mould**, ⟨AE⟩ **re·mold** /riːmoʊld/ [ov ww] ① opnieuw vormen/gieten, omvormen, omgieten ② vernieuwen, coveren ⟨band⟩
¹**re·mount** /riːmaʊnt/ [telb zn] vers paard
²**re·mount** /riːmaʊnt/ [niet-telb zn] remonte ⟨het voorzien van verse paarden⟩
³**re·mount** /riːmaʊnt/ [onov ww] ① opnieuw opstijgen, opnieuw te paard stijgen ② teruggaan ⟨tot het verleden⟩ ♦ *remount to the **sources*** naar de bronnen teruggaan
⁴**re·mount** /riːmaʊnt/ [ov ww] ① opnieuw bestijgen/beklimmen ② van nieuwe paarden voorzien ③ van een nieuwe lijst voorzien, opnieuw inlijsten ⟨portret⟩
re·mov·a·bil·i·ty /rɪmuːvəbɪləti/ [niet-telb zn] ① verwijderbaarheid, afneembaarheid ② verplaatsbaarheid ③ afzetbaarheid
¹**re·mov·a·ble** /rɪmuːvəbl/ [telb zn] ⟨gesch⟩ afzetbare magistraat ⟨Ierland⟩
²**re·mov·a·ble** /rɪmuːvəbl/ [bn; bw: removably; zn: ~ness] ① verwijderbaar, afneembaar, wegneembaar, demonteerbaar ② verplaatsbaar, transporteerbaar, vervoerbaar, transportabel ③ afzetbaar, overplaatsbaar
re·mov·al /rɪmuːvl/ [telb + niet-telb zn] ① verwijdering, wegruiming ② verplaatsing ③ afzetting, wegzending, overplaatsing ④ verhuizing ⑤ opheffing
removal van [telb zn] verhuiswagen
¹**re·move** /rɪmuːv/ [telb zn] ① afstand ♦ *at a certain **remove*** van/op zekere afstand ② graad, trap, stap ♦ *be but one remove/a few **removes*** *from* anarchy maar één stap/een paar stappen verwijderd zijn van de anarchie ③ ⟨the⟩ ⟨BE⟩ tussenklas ④ ⟨BE; vero⟩ volgende gang ⟨bij maaltijd⟩
²**re·move** /rɪmuːv/ [telb + niet-telb zn] ① ⟨BE⟩ overgang ⟨naar hogere klas⟩ ♦ *she got her **remove*** ze mag overgaan ② ⟨vero⟩ verhuizing, vertrek
³**re·move** /rɪmuːv/ [onov ww] ⟨form⟩ ① verhuizen ♦ *remove **from*** *London* **to** *Oxford* van Londen naar Oxford verhuizen ② weggaan, vertrekken; → **removed**
⁴**re·move** /rɪmuːv/ [ov ww] ① ⟨benaming voor⟩ verwijderen, wegnemen, opheffen ⟨twijfel, vrees⟩, afnemen ⟨hoed⟩, afruimen ⟨tafel⟩, uitwissen ⟨sporen⟩, schrappen, afvoeren ⟨van een lijst⟩, op straat zetten ⟨huurder⟩, uitnemen, uittrekken ♦ *remove the last **doubts*** de laatste twijfels wegnemen; *remove **stains** from* clothes vlekken uit kleren verwijderen ② afzetten, ontslaan, wegzenden ♦ *remove a magistrate **from** his office* een magistraat uit zijn ambt ontslaan ③ verhuizen, verplaatsen, verzetten, overplaatsen, overbrengen ♦ *remove **furniture*** meubelen verhuizen; ⟨fig⟩ *remove **mountains*** bergen verzetten ④ ⟨euf⟩ uit de weg ruimen, elimineren, vermoorden; → **removed**
re·moved /rɪmuːvd/ [bn; volt deelw van remove; bw: ~ly; zn: ~ness] verwijderd, afgelegen, ver ♦ *far removed **from** the truth* ver bezijden de waarheid ♦ *a first cousin **once**/**twice** removed* een achterneef/achterachterneef
re·mov·er /rɪmuːvə, ᴬ-ər/ [telb zn] ① verhuizer ② middel om iets te verwijderen/weg te nemen, ⟨vnl⟩ afbijtmiddel, vlekkenwater, vlekkenmiddel

1544

REM sleep /rɛmsliːp/ [niet-telb zn] remslaap
re·mu·ner·a·bil·i·ty /rɪmjuːnrəbɪləti/ [telb zn] verdienstelijkheid
re·mu·ner·a·ble /rɪmjuːnrəbl/ [bn; bw: remunerably] ① te belonen ② verdienstelijk
re·mu·ner·ate /rɪmjuːnəreɪt/ [ov ww] ⟨form⟩ ① belonen, lonen ♦ *remunerate s.o. **for** sth.* iemand voor iets belonen ② vergoeden, schadeloosstellen, goedmaken, compenseren
re·mu·ner·a·tion /rɪmjuːnəreɪʃn/ [telb + niet-telb zn] ① beloning ② vergoeding, schadeloosstelling
re·mu·ner·a·tive /rɪmjuːnərətɪv, ᴬ-reɪtɪv/ [bn; bw: ~ly; zn: ~ness] belonend, lonend, winstgevend, rendabel, goedbetaald ♦ *remunerative **justice*** belonende rechtvaardigheid
re·mu·ner·a·tor /rɪmjuːnəreɪtə, ᴬ-reɪtər/ [telb zn] ① beloner ② vergoeder
ren·ais·sance /rɪneɪsns, ᴬrɛnəsɑns/, **re·nas·cence** /rɪnæsns/ [telb zn] renaissance, (weder)opleving, wedergeboorte, herleving
Ren·ais·sance /rɪneɪsns, ᴬrɛnəsɑns/ [eigenn; the; ook attributief] ⟨gesch⟩ renaissance
Renaissance man [telb zn] universeel genie
re·nais·sant /rɪneɪsnt, ᴬrɛnəsɑnt/ [bn, attr] oplevend, herlevend ♦ *renaissant **business** life* heroplevend zakenleven
re·nal /riːnl/ [bn] ⟨med⟩ van/m.b.t. de nieren, nier- ♦ *renal **calculus*** niersteen; *renal **colic*** nierkoliek; *renal **stone*** niersteen
re·name /riːneɪm/ [ov ww] herdopen, een andere naam geven
re·nas·cent /rɪnæsnt/ [bn] ⟨form⟩ herlevend, herboren, weer oplevend/opkomend
¹**ren·coun·ter** /rɛnkaʊntə, ᴬ-kaʊntər/, **ren·con·tre** /rɛnkɒntə, ᴬ-kɒntər/ [telb zn] ⟨vero⟩ ① rencontre, vijandelijke ontmoeting, treffen, gevecht, schermutseling ② toevallig treffen
²**ren·coun·ter** /rɛnkaʊntə, ᴬ-kaʊntər/, **ren·con·tre** /rɛnkɒntə, ᴬ-kɒntər/ [onov ww] elkaar toevallig treffen
³**ren·coun·ter** /rɛnkaʊntə, ᴬ-kaʊntər/, **ren·con·tre** /rɛnkɒntə, ᴬ-kɒntər/ [ov ww] toevallig treffen, stoten op
¹**rend** /rɛnd/ [onov ww; rent, rent] scheuren, barsten
²**rend** /rɛnd/ [ov ww; rent, rent] ① scheuren, verscheuren ♦ *rend **apart**/**asunder*** doormidden/in tweeën scheuren; *rend one's **garments*** zich de kleren scheuren ② ontrukken, uitrukken ♦ *rend sth. **away**/**off** from s.o.* iemand iets ontrukken; *rend one's **hair*** zich de haren uitrukken ③ doorklieven, kloven, splijten ♦ ⟨fig⟩ *a cry rent the **skies**/**air*** een gil doorkliefde de lucht ④ kwellen, verdriet doen ⟨hart⟩
¹**ren·der** /rɛndə, ᴬ-ər/ [telb zn] ① beraping, eerste laag pleisterkalk ② ⟨gesch⟩ betaling, vergoeding ⟨in natura/geld/diensten⟩
²**ren·der** /rɛndə, ᴬ-ər/ [ov ww] ① ⟨benaming voor⟩ (terug)geven, weergeven, overhandigen, betalen ⟨tol⟩, betonen ⟨gehoorzaamheid⟩, verlenen, verschaffen ⟨hulp⟩, bewijzen ⟨dienst⟩, betuigen ⟨dank⟩, opgeven ⟨reden⟩, voorleggen ⟨rekening⟩, afleggen ⟨rekenschap⟩, uitbrengen ⟨verslag⟩, uitspreken ⟨vonnis⟩ ♦ *account **rendered*** blijkens rekening; *render **good for evil*** kwaad met goed vergelden; *a reward **for services** rendered* een beloning voor bewezen diensten ② overgeven, overleveren, opgeven ③ vertolken, weergeven, spelen, voorstellen, ten gehore brengen ⟨lied⟩, afschilderen, portretteren ♦ *Hamlet was **rendered** rather poorly* Hamlet werd nogal zwak vertolkt ④ vertalen, omzetten, overzetten ♦ *render **into** German* in het Duits vertalen ⑤ maken, doen worden, veranderen in ⑥ uitsmelten, zuiveren, klaren ♦ *render **down** fat* vet uitsmelten ⑦ berapen ⑧ ⟨scheepv⟩ inscheren, vieren ⟨touw⟩ ⑨ ⟨gesch⟩ betalen · ⟨form⟩ *render **up** prayers* gebeden opzenden; ⟨sprw⟩ *render **unto** Caesar the things that are Caesar's*

reopen

geef de keizer wat de keizer toekomt en God wat God toekomt; → **rendering**

ren·der·ing /ˈrendrɪŋ/ [telb zn; oorspronkelijk tegenwoordig deelw van render] [1] vertolking, weergave [2] vertaling [3] beraping

¹**ren·der-set** [telb zn] dubbele pleisterberaping

²**ren·der-set** [ov ww] dubbel berapen

¹**ren·dez·vous** /ˈrɒndɪvuː, -deɪ-, ᴬˈrɑːn-/ [telb zn; mv: rendezvous /-vuːz/] rendez-vous, afspraak(je), plaats van bijeenkomst, ⟨mil⟩ verzamelplaats ⟨van troepen, schepen⟩

²**ren·dez·vous** /ˈrɒndɪvuː, -deɪ-, ᴬˈrɑːn-/ [onov ww; rendezvoused; rendezvousing] samenkomen, zich verzamelen, afspreken

³**ren·dez·vous** /ˈrɒndɪvuː, -deɪ-, ᴬˈrɑːn-/ [ov ww; rendezvoused; rendezvousing] verzamelen, samenbrengen

ren·di·tion /renˈdɪʃn/ [telb zn] [1] vertolking, voorstelling [2] vertaling [3] teruggave [4] ⟨vero⟩ overgave, uitlevering

¹**ren·e·gade** /ˈrenɪɡeɪd/, ⟨vero⟩ **ren·e·ga·do** /ˌrenɪˈɡɑːdoʊ/ [telb zn; mv: 2e variant renegadoes] [1] renegaat, afvallige [2] vogelvrijverklaarde, rebel

²**ren·e·gade** /ˈrenɪɡeɪd/ [bn, attr] afvallig, verraderlijk

³**ren·e·gade** /ˈrenɪɡeɪd/ [onov ww] afvallig worden/zijn

¹**re·nege, re·negue** /rɪˈniːɡ, rɪˈneɪɡ, ᴬrɪˈnɪɡ/ [niet-telb zn] ⟨AE; inf; kaartsp⟩ verzaking

²**re·nege, re·negue** /rɪˈniːɡ, rɪˈneɪɡ, ᴬrɪˈnɪɡ/ [onov ww] [1] een belofte verbreken, zijn belofte niet houden ♦ ⟨inf⟩ *renege on one's word* zijn woord breken [2] ⟨AE; inf; kaartsp⟩ verzaken

³**re·nege, re·negue** /rɪˈniːɡ, rɪˈneɪɡ, ᴬrɪˈnɪɡ/ [ov ww] verloochenen, verzaken

¹**re·ne·go·ti·ate** /ˌriːnɪˈɡoʊʃieɪt/ [onov ww] opnieuw onderhandelen

²**re·ne·go·ti·ate** /ˌriːnɪˈɡoʊʃieɪt/ [ov ww] opnieuw onderhandelen over/bespreken, ⟨AE i.h.b.⟩ modificeren, wijzigen, herzien ⟨contract van aannemer⟩

¹**re·new** /rɪˈnjuː, ᴬrɪˈnuː/ [onov ww] [1] zich vernieuwen [2] opnieuw beginnen

²**re·new** /rɪˈnjuː, ᴬrɪˈnuː/ [ov ww] [1] ⟨benaming voor⟩ vernieuwen, hernieuwen, oplappen ⟨jas⟩, verversen, bijvullen ⟨water⟩, versterken ⟨garnizoen⟩, vervangen ⟨banden⟩ ♦ *with renewed interest/vigour* met hernieuwde belangstelling/kracht [2] doen herleven, verjongen [3] hervatten, hernemen, weer opnemen ⟨conversatie⟩, herhalen [4] verlengen ⟨contract⟩ [5] prolongeren ⟨wissel⟩

¹**re·new·a·ble** /rɪˈnjuːəbl, ᴬ-ˈnuː-/ [telb zn] duurzame energiebron

²**re·new·a·ble** /rɪˈnjuːəbl, ᴬ-ˈnuː-/ [bn; bw: renewably] [1] vernieuwbaar, hernieuwbaar, herwinbaar, recycleerbaar ♦ *renewable energy* duurzame energie [2] verlengbaar

re·new·al /rɪˈnjuːəl, ᴬ-ˈnuː-/ [telb + niet-telb zn] [1] vernieuwing, vervanging, verversing [2] verlenging

re·new·ed·ly /rɪˈnjuːɪdli, ᴬ-ˈnuː-/ [bw] opnieuw, steeds weer

re·new·er /rɪˈnjuːə, ᴬ-ˈnuːər/ [telb zn] vernieuwer

ren·i- /ˈreni, riːni/, **ren·o-** /ˈrenoʊ/ nier-

ren·i·form /ˈrenɪfɔːm, riː-, -fɔrm/ [bn] niervormig

ren·i·tence /ˈrenɪtəns, rɪˈnaɪtns/, **ren·i·ten·cy** /-si/ [niet-telb zn] [1] weerstand [2] weerspannigheid, tegenzin

ren·i·tent /ˈrenɪtənt, rɪˈnaɪtnt/ [bn] [1] taai, stevig, niet buigzaam [2] weerspannig, weerbarstig, recalcitrant

¹**ren·net** /ˈrenɪt/ [telb zn] renet(appel)

²**ren·net** /ˈrenɪt/ [niet-telb zn] stremsel, kaasstremsel, (kaas)leb

ren·nin /ˈrenɪn/ [niet-telb zn] ⟨biochem⟩ rennine, lebenzym

¹**re·nounce** /rɪˈnaʊns/ [onov ww] [1] ⟨kaartsp⟩ verzaken [2] ⟨jur⟩ afstand doen

²**re·nounce** /rɪˈnaʊns/ [ov ww] [1] afzweren, afstand doen van, opgeven, laten varen, afzien van ♦ *renounce the world* de wereld vaarwel zeggen [2] niet langer erkennen, verloochenen, verwerpen, opzeggen, verstoten ⟨kind⟩, renonceren

re·nounce·ment /rɪˈnaʊnsmənt/ [niet-telb zn] afstand, verzaking, verloochening, verwerping, verstoting

ren·o·vate /ˈrenəveɪt/ [ov ww] [1] vernieuwen, herstellen, opknappen, verbeteren, renoveren, verbouwen [2] doen herleven

ren·o·va·tion /ˌrenəˈveɪʃn/ [telb + niet-telb zn] vernieuwing, herstel, renovatie, verbouwing

ren·o·va·tor /ˈrenəveɪtə, ᴬ-veɪtər/ [telb zn] vernieuwer, hersteller

re·nown /rɪˈnaʊn/ [niet-telb zn] faam, roem, vermaardheid, beroemdheid ♦ *a town of (great/high) renown* een (zeer) vermaarde stad

re·nowned /rɪˈnaʊnd/ [bn; bw: ~ly; zn: ~ness] vermaard, beroemd, befaamd

¹**rent** /rent/ [telb zn] [1] scheur, kloof, barst, spleet, reet [2] scheuring, tweespalt, schisma

²**rent** /rent/ [telb + niet-telb zn; meestal enk] [1] huur, huurgeld, pacht, pachtgeld ♦ ⟨AE⟩ *for rent* te huur; *free of rent* pachtvrij [2] ⟨ec⟩ (meer)opbrengst van landbouwgrond ♦ *economic rent* (meer)opbrengst van landbouwgrond

³**rent** /rent/ [onov ww] verhuurd worden, huur opbrengen ♦ *this flat rents at/for $150 a month* de huurprijs van deze flat is $150 per maand

⁴**rent** /rent/ [ov ww] [1] huren, pachten, in huur hebben [2] verhuren ♦ ⟨AE⟩ *rent out* verhuren

⁵**rent** /rent/ [verleden tijd en volt deelw] → **rend**

rent·a·ble /ˈrentəbl/ [bn] (ver)huurbaar

¹**rent·al** /ˈrentl/ [telb zn] [1] huuropbrengst [2] huur, huurgeld, pacht, pachtgeld [3] pachtregister, pachtboek [4] ⟨AE⟩ het gehuurde, het verhuurde ⟨bijvoorbeeld huurhuis, huurwagen⟩

²**rent·al** /ˈrentl/ [niet-telb zn] verhuring, verhuur, pachting

³**rent·al** /ˈrentl/ [bn, attr] (ver)huur- ♦ ⟨AE⟩ *rental library* uitleenbibliotheek; *rental value* huurwaarde

rent arrears [alleen mv] achterstallige huur

rent boy [telb zn] ⟨BE; sl⟩ schandknaap, homohoer

rent charge [telb zn; mv: rents charge] erfpacht, erfcanon

rent-col·lec·tor [telb zn] huurophaler

rent·er /ˈrentə, ᴬˈrentər/ [telb zn] [1] (ver)huurder [2] ⟨BE⟩ filmdistributeur, filmverhuurder

rent-free [bn; bw] pachtvrij

ren·tier /ˈrɒntieɪ, ᴬrɑnˈtjeɪ/ [telb zn] ⟨vaak pej⟩ rentenier

rent-re·bate [telb zn] ⟨BE⟩ huurrabat

rent-roll [telb zn] [1] pachtregister, pachtboek [2] huuropbrengst

rent strike [telb zn] ⟨AE⟩ huurstaking

re·num·ber /ˌriːˈnʌmbə, ᴬ-ər/ [ov ww] vernummeren, opnieuw/anders nummeren

¹**re·nun·ci·ant** /rɪˈnʌnsiənt/ [telb zn] iemand die afstand doet, iemand die (de wereld) vaarwel zegt

²**re·nun·ci·ant** /rɪˈnʌnsiənt/, **re·nun·ci·a·tive** /rɪˈnʌnsiətɪv, ᴬ-sieɪtɪv/, **re·nun·ci·a·to·ry** /rɪˈnʌnsiətri, ᴬ-tɔri/ [bn] [1] afstand doend, verzakend, verwerpend, verstotend [2] zichzelf verloochenend, onzelfzuchtig, opofferend

¹**re·nun·ci·a·tion** /rɪˌnʌnsiˈeɪʃn/ [telb zn] akte van afstand

²**re·nun·ci·a·tion** /rɪˌnʌnsiˈeɪʃn/ [telb + niet-telb zn] [1] afstand, verzaking, renunciatie, verwerping, verstoting [2] zelfverloochening

re·oc·cu·pa·tion /ˌriːɒkjuˈpeɪʃn, ᴬ-ɑkjə-/ [niet-telb zn] herbezetting

re·oc·cu·py /ˌriːˈɒkjupaɪ, ᴬ-ˈɑkjə-/ [ov ww] opnieuw bezetten, weer innemen

¹**re·o·pen** /ˌriːˈoʊpən/ [onov ww] weer/opnieuw opengaan, weer beginnen ⟨van school e.d.⟩

reopen

²**re·o·pen** /ri:ˈoʊpən/ [ov ww] ① heropenen ⟨winkel⟩ ② hervatten ⟨discussie⟩
¹**re·or·der** /ri:ˈɔ:də, ᴬri:ˈɔ:rdər/ [telb zn] nabestelling
²**re·or·der** /ri:ˈɔ:də, ᴬri:ˈɔ:rdər/ [onov ww] een nabestelling doen
³**re·or·der** /ri:ˈɔ:də, ᴬri:ˈɔ:rdər/ [ov ww] ① nabestellen, bijbestellen ② weer in orde brengen, weer opredderen ③ herschikken, reorganiseren, anders/opnieuw inrichten
re·or·gan·i·za·tion, re·or·gan·i·sa·tion /ri:ˌɔ:gənaɪˈzeɪʃn, ᴬ-ˌɔrgənə-/ [telb + niet-telb zn] ① reorganisatie ② ⟨ec⟩ sanering
re·or·gan·ize, re·or·gan·ise /ri:ˈɔ:gənaɪz, ᴬ-ɔr-/ [onov + ov ww] reorganiseren
re·or·gan·iz·er, re·or·gan·is·er /ri:ˈɔ:gənaɪzə, ᴬ-ˌɔrgənaɪzər/ [telb zn] reorganisator
re·o·ri·ent /ri:ˈɔ:riənt/, **re·o·ri·en·tate** /ri:ˈɔ:riənteɪt/ [ov ww] ① heroriënteren ② opnieuw regelen/schikken, de levensvisie wijzigen ⟨van iemand⟩
¹**rep** /rep/ [telb zn] ① ⟨inf⟩ ⟨verk: representative⟩ handelsreiziger, vertegenwoordiger ② ⟨sl⟩ ⟨verk: reprobate⟩ losbol, onverlaat ③ ⟨inf⟩ ⟨verk: repertory⟩ repertoiregezelschap ④ ⟨sl⟩ ⟨verk: reputation⟩ reputatie, naam ⑤ ⟨inf⟩ ⟨verk: repetition⟩ herhaling ♦ *do 10 reps of this exercise* doe deze oefening 10 keer
²**rep** /rep/ [telb + niet-telb zn] ⟨inf⟩ ⟨verk: repertory⟩ repertoiretheater
³**rep**, ⟨ook⟩ **repp** /rep/ [niet-telb zn] rips
⁴**rep, Rep** [afk] ① ⟨repair⟩ ② ⟨report(er)⟩ ③ ⟨representative⟩ ④ ⟨reprint⟩ ⑤ ⟨republic⟩ ⑥ ⟨Republican (Party)⟩
re·pack·age /ri:ˈpækɪdʒ/ [ov ww] opnieuw verpakken
¹**re·paint** /ri:ˈpeɪnt/ [telb zn] het opnieuw geschilderde, ⟨i.h.b.⟩ opnieuw gewitte golfbal
²**re·paint** /ri:ˈpeɪnt/ [niet-telb zn] nieuwe schildering
³**re·paint** /ri:ˈpeɪnt/ [ov ww] opnieuw schilderen, overschilderen, retoucheren
¹**re·pair** /rɪˈpeə, ᴬrɪˈper/ [telb + niet-telb zn] herstelling, reparatie, herstel ♦ *beyond repair* niet te herstellen; *closed during repairs* gesloten wegens herstelwerkzaamheden; *be in need of repair* dringend hersteld moeten worden; *under repair* in reparatie
²**re·pair** /rɪˈpeə, ᴬrɪˈper/ [telb + niet-telb zn] ① goede toestand ♦ *in (a) good (state of) repair* in goede toestand, goed onderhouden; *in repair* goed onderhouden, in goede toestand; *keep in repair* onderhouden; *out of repair* slecht onderhouden, in verval ② ⟨vero⟩ het gaan, het vertoeven
³**re·pair** /rɪˈpeə, ᴬrɪˈper/ [onov ww] ① hersteld/gemaakt kunnen worden ♦ *this shirt won't repair* dit hemd kan niet meer gemaakt worden ② ⟨form⟩ zich begeven naar, zijn toevlucht nemen, dikwijls/in groten getale bezoeken ♦ *they all repaired to Brighton* zij begaven zich allen naar Brighton
⁴**re·pair** /rɪˈpeə, ᴬrɪˈper/ [ov ww] ① herstellen, repareren, maken ② vernieuwen, verversen ③ ⟨form⟩ vergoeden, (weer) goedmaken, schadeloosstellen, compenseren
re·pair·a·ble /rɪˈpeərəbl, ᴬ-per-/ [bn] herstelbaar, te herstellen/onderhouden
re·pair·er /rɪˈpeərə, ᴬrɪˈperər/ [telb zn] hersteller, reparateur
re·pair·man /rɪˈpeəmən, ᴬ-per-/ [telb zn; mv: repairmen /-mən/] ⟨AE⟩ hersteller, reparateur ⟨voornamelijk mechanisch⟩
repair shop [telb zn] reparatiewerkplaats
re·pand /rɪˈpænd/ [bn] ⟨biol⟩ gegolfd ⟨van bladrand⟩
re·pa·per /ri:ˈpeɪpə, ᴬ-ər/ [ov ww] opnieuw behangen
rep·a·ra·ble /ˈrepərəbl/ [bn] herstelbaar, reparabel, te herstellen, (goed) te maken
rep·a·ra·tion /ˌrepəˈreɪʃn/ [telb + niet-telb zn] ① herstel(ling), reparatie ② vergoeding, schadeloosstelling, ⟨mv⟩ herstelbetaling

1546

re·par·a·tive /rɪˈpærətɪv, ᴬrɪˈpærətɪv/, **re·par·a·to·ry** /rɪˈpærətri, ᴬrɪˈpærətɔri/ [bn, attr] herstel-, herstellend, herstellings-
¹**rep·ar·tee** /ˌrepɑ:ˈti:, ᴬˌrepɑrˈteɪ/ [telb zn] ① gevatte/snedige repliek, repartie ② gevatte/snedige conversatie
²**rep·ar·tee** /ˌrepɑ:ˈti:, ᴬˌrepɑrˈteɪ/ [niet-telb zn] gevatheid, snedigheid ♦ *be good/quick at repartee* snedig/slagvaardig zijn
¹**re·par·ti·tion** /ˌri:pɑ:ˈtɪʃn, ᴬ-pɑr-/ [niet-telb zn] ① verdeling, repartitie, omslag, distributie ② herverdeling
²**re·par·ti·tion** /ˌri:pɑ:ˈtɪʃn, ᴬ-pɑr-/ [ov ww] herverdelen
re·pass /ri:ˈpɑ:s, ˈri:ˈpæs/ [onov + ov ww] opnieuw voorbijgaan/passeren ⟨voornamelijk op de terugweg⟩
re·pas·sage /ri:ˈpæsɪdʒ/ [niet-telb zn] ① terugtocht ② recht van terugtocht
re·past /rɪˈpɑ:st, ᴬ-pæst/ [telb zn] ⟨form⟩ ① maaltijd, maal ② voedsel, voeding
¹**re·pa·tri·ate** /rɪˈpætrɪət, ᴬ-peɪ-/ [telb zn] gerepatrieerde
²**re·pa·tri·ate** /ri:ˈpætrieɪt, ᴬ-peɪ-/ [onov + ov ww] repatriëren
re·pa·tri·a·tion /ˌri:pætriˈeɪʃn, ᴬ-peɪ-/ [niet-telb zn] repatriëring
¹**re·pay** /ri:ˈpeɪ/, **re·pay·ment** /ri:ˈpeɪmənt/ [telb + niet-telb zn] ① terugbetaling, aflossing, vergoeding ② beantwoording ③ vergoeding, vergelding, beloning
²**re·pay** /ri:ˈpeɪ/ [onov ww] een terugbetaling doen
³**re·pay** /ri:ˈpeɪ/ [ov ww] ① terugbetalen, aflossen ② beantwoorden ♦ *repay kindness by/with ingratitude* goedheid met ondankbaarheid beantwoorden ③ vergoeden, vergelden, goedmaken, belonen ♦ *repay s.o. for his generosity* iemand voor zijn edelmoedigheid belonen ④ betaald zetten
re·pay [ov ww] opnieuw/weer betalen
re·pay·a·ble /ri:ˈpeɪəbl/ [bn] terug te betalen, te vergoeden
¹**re·peal** /rɪˈpi:l/ [niet-telb zn] herroeping, afschaffing, intrekking
²**re·peal** /rɪˈpi:l/ [ov ww] herroepen, afschaffen, intrekken
re·peal·a·ble /rɪˈpi:ləbl/ [bn] herroepbaar, herroepelijk
¹**re·peat** /rɪˈpi:t/ [telb zn] ① herhaling ② ⟨dram⟩ reprise ③ bis, bisnummer, reproductie ④ heruitzending ⑤ telkens terugkerend patroon ⟨bijvoorbeeld in behangsel⟩ ⑥ ⟨muz⟩ reprise ⑦ ⟨ec⟩ nabestelling
²**re·peat** /rɪˈpi:t/ [niet-telb zn] herhaling, het herhalen
³**re·peat** /rɪˈpi:t/ [onov ww] ① zich herhalen, terugkeren ♦ *he repeats himself* hij vervalt in herhaling; *history repeats itself* de geschiedenis herhaalt zich ② repeteren ⟨bijvoorbeeld uurwerk, vuurwapen, breuk⟩ ♦ *repeating decimal* repeterende breuk; *repeating rifle* repeteergeweer; *repeating watch* repetitiehorloge ③ oprispen ♦ *onions often repeat on me* van uien krijg ik vaak oprispingen ④ ⟨AE⟩ illegaal meer dan eenmaal stemmen; → **repeated**
⁴**re·peat** /rɪˈpi:t/ [ov ww] ① herhalen ♦ *repeat a course/year* blijven zitten ⟨op school⟩; *repeat an order* nabestellen ② overzeggen, nazeggen, navertellen ♦ *such language will not bear repeating* zulke taal is niet voor herhaling vatbaar; *repeat a message* een boodschap doorgeven/overbrengen ③ opzeggen, voordragen, reciteren ⟨gedicht⟩ ⟨·⟩ *not, repeat not* zeer zeker niet; → **repeated**
re·peat·a·ble /rɪˈpi:təbl/ [bn] herhaalbaar
repeat broadcast [telb zn] heruitzending
re·peat·ed /rɪˈpi:tɪd/ [bn, attr; volt deelw van repeat] herhaald
re·peat·ed·ly /rɪˈpi:tɪdli/ [bw] herhaaldelijk, steeds weer, telkens, bij herhaling
re·peat·er /rɪˈpi:tə, ᴬrɪˈpi:tər/ [telb zn] ① herhaler, naverteller ② repeteergeweer ③ repetitiehorloge ④ zittenblijver ⑤ verklikker ⟨lamp⟩ ⑥ ⟨comm⟩ versterker ⟨van signaal⟩ ⑦ ⟨comm⟩ repetitor ⑧ ⟨AE⟩ kiezer die illegaal meer dan eens stemt ⑨ ⟨AE⟩ recidivist ⑩ ⟨meestal mv⟩ ⟨sl⟩ verzwaarde dobbelsteen

repeat order [telb zn] nabestelling
repeat performance [telb zn] ⟨dram⟩ reprise, heropvoering
re·pê·chage /rep.əʃɑːʒ, ᴬ-ʃɑʒ/ [telb zn] ⟨sport⟩ herkansing
¹**re·pel** /rɪpel/ [onov ww] ① weerstand bieden ② afkeer opwekken/inboezemen
²**re·pel** /rɪpel/ [ov ww] ① ⟨benaming voor⟩ afweren, terugdrijven, terugslaan, terugwerpen, afslaan ⟨aanbod, aanval(ler)⟩, afstoten ⟨vocht⟩, afwijzen ⟨verzoek⟩, verwerpen, van de hand wijzen ⟨suggestie⟩, weerstaan ⟨bekoring⟩ ② afkeer opwekken/inboezemen bij ♦ *that man repels me* ik walg van die man ③ weerstand bieden aan
re·pel·lence, re·pel·lance /rɪpeləns/, **re·pel·len·cy, re·pel·lan·cy** /-si/ [niet-telb zn] afstoting, afwijzing, repulsie
¹**re·pel·lent, re·pel·lant** /rɪpelənt/ [telb + niet-telb zn] ① afweermiddel, ⟨vnl⟩ insectenwerend middel ② waterafstotend middel
²**re·pel·lent, re·pel·lant** /rɪpelənt/ [bn; bw: ~ly] ① afwerend, afstotend, afwijzend ② afstotelijk, weerzinwekkend, walgelijk ③ onaantrekkelijk
¹**re·pent** /riːpənt/ [bn, attr] ⟨plantk⟩ kruipend, kruip-
²**re·pent** /rɪpent/ [onov + ov ww] ⟨form⟩ berouw hebben (over), berouwen ♦ *you shall repent* het zal je berouwen; *you shall repent (of) that* dat zal je berouwen · ⟨sprw⟩ *marry in haste, repent at leisure* haastig getrouwd, lang berouwd
re·pen·tance /rɪpentəns/ [niet-telb zn] berouw
re·pen·tant /rɪpentənt/ [bn; bw: ~ly] berouwvol, boetvaardig
re·peo·ple /riːpiːpl/ [ov ww] opnieuw/weer bevolken
re·per·cus·sion /riːpəkʌʃn, ᴬ-pər-/ [telb + niet-telb zn] ① weerkaatsing, echo ② terugstoot ③ ⟨vaak mv⟩ terugslag, (onaangename) reactie, onaangenaam gevolg ④ ⟨muz⟩ repercussie
re·per·cus·sive /riːpəkʌsɪv, ᴬ-pər-/ [bn] ① weerkaatsend, weerklinkend ② teruggekaatst
rep·er·toire /repətwɑː, ᴬrepərtwɑr/ [telb zn] ① repertoire ⟨ook figuurlijk⟩ ② lijst/aanbod van mogelijkheden ⟨van computer⟩
¹**rep·er·to·ry** /repətri, ᴬrepərtɔri/ [telb zn] ① repertoire ♦ *three plays performed in repertory* drie in roulatie uitgevoerde stukken ⟨door één gezelschap⟩ ② repertoiregezelschap ③ opslagruimte, bewaarplaats, schatkamer ⟨voornamelijk figuurlijk; van gegevens, informatie⟩ ④ verzameling, collectie, repertorium
²**rep·er·to·ry** /repətri, ᴬrepərtɔri/ [telb + niet-telb zn] repertoiretheater ♦ *be in repertory* in het repertoiretheater/bij een repertoiregezelschap werken
repertory company [telb zn] repertoiregezelschap
repertory theatre [telb + niet-telb zn] repertoiretheater
rep·e·tend /repɪtend/ [telb zn] ① ⟨wisk⟩ repetent, periode ② terugkerend(e) woord/klank/zin, refrein
ré·pé·ti·teur /rɪpetɪtɜː, ᴬreɪpeɪtɪtɜr/ [telb zn] repetitor
¹**rep·e·ti·tion** /repɪtɪʃn/ [telb zn] ① geheugenles ② het opzeggen, voordracht ③ kopie
²**rep·e·ti·tion** /repɪtɪʃn/ [telb + niet-telb zn] herhaling, repetitie ⟨ook muziek⟩
³**rep·e·ti·tion** /repɪtɪʃn/ [niet-telb zn] ⟨muz⟩ geschiktheid om een noot vlug te herhalen ⟨van instrument⟩
rep·e·ti·tion·al /repɪtɪʃnəl/, **rep·e·ti·tion·ary** /-tɪʃnri, ᴬ-tɪʃənəri/ [bn] (zich) herhalend, herhaald
repetition training [niet-telb zn] ⟨sport⟩ intensieve intervaltraining
rep·e·ti·tious /repɪtɪʃəs/ [bn; bw: ~ly; zn: ~ness] ⟨vnl pej⟩ (zich) herhalend, herhaald, monotoon
re·pet·i·tive /rɪpetɪtɪv/ [bn; bw: ~ly; zn: ~ness] (zich) herhalend, herhaald, herhalings- ♦ ⟨med⟩ *repetitive strain injury* repetitive strain injury, herhalingsoverbelasting, RSI; ⟨door werken met comp⟩ muisarm

re·phrase /riːfreɪz/ [ov ww] herformuleren, anders uitdrukken
re·pine /rɪpaɪn/ [onov ww] morren, klagen, misnoegd zijn, mopperen ♦ *repine against/at sth.* over iets mopperen; → repining
re·pin·er /rɪpaɪnə, ᴬ-ər/ [telb zn] mopperaar, klager
re·pin·ing /rɪpaɪnɪŋ/ [bn, attr; tegenwoordig deelw van repine; bw: ~ly] morrend, ontevreden, klagend
repl [afk] ⟨replacement⟩
re·place /rɪpleɪs/ [ov ww] ① terugplaatsen, terugleggen, terugzetten, weer op zijn plaats zetten/leggen ♦ *replace the receiver* de hoorn neerleggen ⟨van telefoon⟩ ② vervangen, in de plaats stellen, opvolgen ③ de plaats innemen van, verdringen, opzijzetten ♦ *coal has been replaced by/with oil* olie heeft de plaats ingenomen van steenkool ④ terugbetalen, terugstorten
re·place·a·ble /rɪpleɪsəbl/ [bn] vervangbaar, te vervangen
¹**re·place·ment** /rɪpleɪsmənt/ [telb zn] ① vervanger, plaatsvervanger ⟨voornamelijk leger⟩, opvolger, remplaçant ② vervangstuk, aanvulling, nieuwe aanvoer, versterking ⟨voornamelijk leger⟩
²**re·place·ment** /rɪpleɪsmənt/ [niet-telb zn] vervanging
replacement cost [telb + niet-telb zn] ⟨ec⟩ vervangingswaarde, nieuwwaarde
¹**re·plant** /riːplɑːnt, ᴬ-plænt/ [telb zn] wat opnieuw beplant is
²**re·plant** /riːplɑːnt, ᴬ-plænt/ [ov ww] ① herplanten, opnieuw/weer (be)planten ② weer aanzetten ⟨afgesneden ledematen⟩
re·plat·form /riːplætfɔːm, ᴬ-fɔrm/ [ov ww] ⟨BE⟩ op een ander perron laten binnenkomen ♦ *the train is replatformed* de trein komt op een ander (dan het gebruikelijke) perron binnen
¹**re·play** /riːpleɪ/ [telb zn] ① terugspeelknop ⟨van recorder⟩ ② ⟨sport⟩ revanchewedstrijd ③ overgespeelde wedstrijd
²**re·play** /riːpleɪ/ [niet-telb zn] het terugspelen, herhaling ⟨van opname⟩
³**re·play** /riːpleɪ/ [onov + ov ww] ① opnieuw spelen, overspelen ② terugspelen, herhalen
re·plen·ish /rɪplenɪʃ/ [ov ww] weer vullen, aanvullen, bijvullen; → replenished
re·plen·ish·ed /rɪplenɪʃt/ [bn; oorspronkelijk volt deelw van replenish] gevuld, vol, van het nodige voorzien
re·plen·ish·ment /rɪplenɪʃmənt/ [niet-telb zn] aanvulling, het aanvullen, voorziening, (her)bevoorrading
re·plete /rɪpliːt/ [bn, pred; bw: ~ly; zn: ~ness] ⟨form⟩ vol, gevuld, doordrenkt, goed voorzien, (over)verzadigd ♦ *replete with* vol van, gevuld/volgepropt met
re·ple·tion /rɪpliːʃn/ [niet-telb zn] ⟨form⟩ ① volheid, verzadiging, verzadigdheid ♦ *eat to repletion* zich overeten; *filled to repletion* barstensvol ② overlading ③ volbloedigheid, repletie
re·plev·i·a·ble /rɪpleviəbl/, **re·plev·is·a·ble** /rɪplevɪsəbl/ [bn] ⟨jur⟩ inlosbaar, terug te krijgen ⟨tegen borgtocht⟩
¹**re·plev·in** /rɪplevɪn/, **re·plev·y** /rɪplevi/ [niet-telb zn] ⟨jur⟩ opheffing van beslag, teruggave tegen borgtocht, bevelschrift tot opheffing van beslag
²**re·plev·in** /rɪplevɪn/, **re·plev·y** /rɪplevi/ [ov ww] ⟨jur⟩ herkrijgen, terugkrijgen, weer in bezit krijgen ⟨tegen borgtocht⟩
rep·li·ca /replɪkə/ [telb zn] ① replica, repliek ⟨kopie van kunstwerk door kunstenaar zelf⟩ ② replica, facsimile, exacte kopie, reproductie, ⟨fig⟩ evenbeeld ③ model, maquette
¹**rep·li·cate** /replɪkət/ [niet-telb zn] ⟨muz⟩ herhaling in

replicate

hoger of lager octaaf

²**rep·li·cate** /ˈreplɪkət/, **rep·li·cat·ed** /ˈreplɪkeɪtɪd/ [bn, attr] ⟨plantk⟩ (achter)omgebogen ⟨van blad⟩

³**rep·li·cate** /ˈreplɪkeɪt/ [onov ww] ⟨biol⟩ zich voortplanten door celdeling

⁴**rep·li·cate** /ˈreplɪkeɪt/ [ov ww] [1] herhalen [2] een kopie maken van [3] (achter)omvouwen

¹**rep·li·ca·tion** /ˌreplɪˈkeɪʃn/ [telb zn] [1] antwoord, repliek ⟨ook juridisch⟩ [2] kopie, reproductie [3] echo, weerkaatsing [4] vouw [5] ⟨zelden⟩ → replica

²**rep·li·ca·tion** /ˌreplɪˈkeɪʃn/ [niet-telb zn] [1] het repliceren [2] het kopiëren [3] herhaling ⟨van wetenschappelijk experiment⟩ [4] omvouwing, het omvouwen [5] ⟨biol⟩ voortplanting door celdeling

¹**re·ply** /rɪˈplaɪ/ [telb zn] antwoord, repliek ⟨ook juridisch⟩ ♦ *in reply* als antwoord; *in reply to your letter* in antwoord op uw brief; *make a reply* een antwoord geven

²**re·ply** /rɪˈplaɪ/ [onov + ov ww] antwoorden, ten antwoord geven ♦ *reply for s.o.* in iemands plaats antwoorden; *reply to* antwoorden op, beantwoorden; *he replied not a word* hij antwoordde met geen woord

reply card, reply postal card [telb zn] antwoord(brief)kaart

reply coupon [telb zn] antwoordcoupon

reply envelope [telb zn] antwoordenvelop

re·ply-paid [bn] met betaald antwoord ♦ *reply-paid envelope* antwoordenvelop(pe); *reply-paid letter* antwoordbrief; *reply-paid postcard* antwoordkaart; *reply-paid telegram* antwoordtelegram

re·point /ˌriːˈpɔɪnt/ [ov ww] opnieuw voegen ⟨muur⟩

re·pol·ish /ˌriːˈpɒlɪʃ, ᴬ-ˈpɑ-/ [ov ww] opnieuw polijsten

re·po man /ˈriːpoʊmæn/ [telb zn] ⟨inf⟩ repoman ⟨iemand die auto's terughaalt bij mensen die ze niet (af)betaald hebben⟩, iemand van een incassobureau voor autobedrijven

re·pop·u·late /ˌriːˈpɒpjʊleɪt, ᴬ-ˈpɑpjə-/ [ov ww] opnieuw bevolken

¹**re·port** /rɪˈpɔːt, ᴬrɪˈpɔrt/ [telb zn] [1] rapport, verslag, bericht [2] knal, slag, schot ♦ *with a loud report* met een luide knal [3] schoolrapport [4] ⟨vnl mv⟩ ⟨jur⟩ (juridisch) verslag [5] ⟨BE⟩ ondergeschikte, assistent ♦ *his direct reports* zijn directe medewerkers [6] ⟨sl⟩ liefdesbrief

²**re·port** /rɪˈpɔːt, ᴬrɪˈpɔrt/ [telb + niet-telb zn] gerucht, praatje(s) ♦ *according to report* volgens geruchten; *by mere report* alleen van horen zeggen; *from report* van horen zeggen; *the report goes that ..., report has it that ...* het gerucht doet de ronde dat ...

³**re·port** /rɪˈpɔːt, ᴬrɪˈpɔrt/ [niet-telb zn] ⟨form⟩ faam, reputatie ♦ *be of common report* algemeen bekend zijn; *be of evil report* een slechte naam hebben; *be of good report* te goeder naam en faam bekend zijn; *through good and evil report* in voor- en tegenspoed

⁴**re·port** /rɪˈpɔːt, ᴬrɪˈpɔrt/ [onov ww] [1] verslag/rapport uitbrengen, verslag doen, rapport maken/opstellen, rapport/verslag inzenden ♦ *report back* verslag komen uitbrengen; *report (up)on sth.* over iets verslag uitbrengen; *report well/badly (favourably/unfavourably) of sth./s.o.* gunstig/ongunstig rapporteren over iets/iemand [2] zich aanmelden, verantwoording afleggen ♦ *report to s.o.* tegenover iemand verantwoording afleggen; *report (o.s.) to s.o. for duty/work* zich bij iemand voor de dienst/het werk aanmelden [3] schrijven ⟨voor dagblad⟩, verslaggever zijn ♦ *report for The Times* voor The Times schrijven

⁵**re·port** /rɪˈpɔːt, ᴬrɪˈpɔrt/ [ov ww] [1] rapporteren, berichten, melden, vertellen, beschrijven, opgeven, weergeven, overbrengen, bekendmaken ♦ *report back sth.* verslag uitbrengen over iets; *report a bill* over een wetsontwerp rapporteren; *she is reported ill* ze is ziek gemeld; *it is reported that ...* naar verluidt ...; ⟨BE⟩ *report progress* over de stand van zaken berichten; ⟨BE⟩ *move to report progress* voorstel-

len de debatten af te breken ⟨in het Lagerhuis⟩ [2] opschrijven, noteren, optekenen, samenvatten ⟨verslagen, handelingen⟩ [3] rapporteren, doorvertellen, overbrieven, verklikken, aangeven ♦ *report s.o. to the police for sth.* iemand bij de politie aangeven voor iets

¹**re·port·age** /rɪˈpɔːtɪdʒ, ˌrepɔːˈtɑːʒ, ᴬ-pɔr-, ᴬˈreportɑʒ/ [telb zn] reportage, verslag

²**re·port·age** /rɪˈpɔːtɪdʒ, ˌrepɔːˈtɑːʒ, ᴬ-pɔr-, ᴬˈreportɑʒ/ [niet-telb zn] [1] reportage, het verslaan [2] dagbladstijl, reportagestijl [3] spannende weergave van feiten [4] verteltechniek alleen door middel van beelden

report card [telb zn] ⟨AE⟩ (school)rapport

re·port·ed·ly /rɪˈpɔːtɪdli, ᴬrɪˈpɔrtɪdli/ [bw] naar verluidt, naar men zegt

re·port·er /rɪˈpɔːtə, ᴬrɪˈpɔrtər/ [telb zn] [1] reporter, verslaggever [2] ⟨jur, pol⟩ rapporteur [3] stenograaf ⟨in parlement/gerechtshof⟩

reporters' gallery [telb zn] perstribune

rep·or·to·ri·al /ˌrepɔːˈtɔːriəl, ᴬ-pɔr-/ [bn; bw: ~ly] ⟨AE⟩ m.b.t./van verslaggevers/reporters

report stage [niet-telb zn] ⟨BE; pol⟩ stadium in de behandeling van wet vóór de derde lezing ⟨in het Lagerhuis⟩

¹**re·pose** /rɪˈpoʊz/ [niet-telb zn] ⟨form⟩ [1] rust, slaap, ontspanning ♦ *in repose* uitgestreken, onbewogen ⟨van gezicht⟩ [2] kalmte, gemoedsrust

²**re·pose** /rɪˈpoʊz/ [onov ww] ⟨form⟩ [1] rusten, uitrusten [2] berusten, steunen ♦ *repose on fear* op vrees berusten [3] vertoeven ⟨figuurlijk⟩, verwijlen ⟨van gedachten⟩ [4] ⟨euf⟩ rusten, (begraven) liggen

³**re·pose** /rɪˈpoʊz/ [ov ww] ⟨form⟩ [1] laten (uit)rusten, rust geven ♦ *repose o.s.* (uit)rusten, zich ter ruste leggen [2] stellen, vestigen ⟨vertrouwen, hoop⟩ ♦ *repose confidence/trust in sth.* vertrouwen stellen in iets

re·pose·ful /rɪˈpoʊzfl/ [bn; bw: ~ly; zn: ~ness] rustig, kalm

re·pos·it /rɪˈpɒzɪt, ᴬ-ˈpɑ-/ [ov ww] [1] wegleggen, deponeren, plaatsen, opslaan [2] terugplaatsen, weer op zijn plaats leggen/zetten

¹**re·po·si·tion** /ˌriːpəˈzɪʃn/ [niet-telb zn] [1] het deponeren, het wegleggen/opslaan [2] repositie ⟨ook medisch⟩, het op zijn plaats terugbrengen

²**re·po·si·tion** /ˌriːpəˈzɪʃn/ [ov ww] de plaats/positie wijzigen van

re·pos·i·to·ry /rɪˈpɒzɪtri, ᴬrɪˈpɑzɪtɔri/ [telb zn] [1] vergaarbak, vergaarplaats, bewaarplaats [2] magazijn, pakhuis, opslagplaats [3] museum [4] begraafplaats, grafgewelf, graftombe, grafkelder [5] vertrouweling, drager ⟨van geheim⟩ [6] schatkamer ⟨figuurlijk⟩, bron, centrum ⟨van informatie⟩

re·pos·sess /ˌriːpəˈzes/ [ov ww] [1] weer in bezit nemen, weer bezitten, ⟨i.h.b.⟩ terugnemen, ⟨oneig⟩ gedwongen verkopen ⟨door bank/winkel van op lening/afbetaling gekochte goederen⟩ [2] weer in bezit stellen ♦ *repossess o.s. of sth.* zich weer in bezit stellen van iets, iets herkrijgen; *repossess s.o. of sth.* iemand weer in bezit stellen van iets

re·pos·ses·sion /ˌriːpəˈzeʃn/ [niet-telb zn] hernieuwde inbezitneming, ⟨i.h.b.⟩ terugneming, ⟨oneig⟩ gedwongen verkoop ⟨door bank/winkel⟩

re·pot /ˌriːˈpɒt, ᴬˌriːˈpɑt/ [ov ww] verpotten ⟨plant⟩

¹**re·pous·sé** /rəˈpuːseɪ, ᴬrəˈpuːseɪ/ [telb zn] ⟨metaalbewerking⟩ gedreven werk

²**re·pous·sé** /rəˈpuːseɪ, ᴬrəˈpuːseɪ/ [niet-telb zn] ⟨metaalbewerking⟩ repoussé, drijfwerk

³**re·pous·sé** /rəˈpuːseɪ, ᴬrəˈpuːseɪ/ [bn, attr] ⟨metaalbewerking⟩ gedreven

repp, rep /rep/ [niet-telb zn] rips

repped /rept/ [bn] [1] ripsachtig [2] geribd

repr [afk] [1] (represent(ing)) [2] (reprint(ed))

rep·re·hend /ˌreprɪˈhend/ [ov ww] ⟨form⟩ berispen, aan-

rep·re·hen·si·bil·i·ty /ˌreprɪhensəˈbɪləti/ [niet-telb zn] berispelijkheid, laakbaarheid

rep·re·hen·si·ble /ˌreprɪˈhensəbl/ [bn; bw: reprehensibly; zn: ~ness] berispelijk, laakbaar

rep·re·hen·sion /ˌreprɪˈhenʃn/ [telb + niet-telb zn] berisping, afkeuring, standje, terechtwijzing

rep·re·hen·sive /ˌreprɪˈhensɪv/, ⟨vero⟩ **rep·re·hen·so·ry** /-səri/ [bn; bw: ~ly] berispend

rep·re·sent /ˌreprɪˈzent/ [ov ww] [1] voorstellen, weergeven, afbeelden, afschilderen, beschrijven [2] voorhouden, attent maken op [3] aanvoeren, beweren, voorgeven, meedelen ♦ *represent o.s. as* zich uitgeven voor [4] verklaren, uitleggen, duidelijk maken, (proberen) aan het verstand (te) brengen ♦ *represent sth. to s.o.* iemand iets duidelijk maken; ⟨form⟩ *represent one's grievances to the police* zijn klachten bij de politie kenbaar maken [5] symboliseren, staan voor, betekenen, voorstellen [6] ⟨jur; vnl AE⟩ vertegenwoordigen, bijstaan, juridische bijstand verlenen aan ♦ *be well/strongly represented* goed/sterk vertegenwoordigd zijn [7] ⟨form⟩ opvoeren, spelen, vertonen

re-pre·sent /ˌriːˈzent/ [ov ww] opnieuw aanbieden/voorleggen/inzenden

rep·re·sent·a·bil·i·ty /ˌreprɪzentəˈbɪləti/ [niet-telb zn] voorstelbaarheid

rep·re·sent·a·ble /ˌreprɪˈzentəbl/ [bn] voorstelbaar, voor te stellen

¹**rep·re·sen·ta·tion** /ˌreprɪzenˈteɪʃn/ [telb zn] [1] voorstelling, afbeelding [2] opvoering, voorstelling, uitbeelding [3] ⟨vaak mv⟩ protest ♦ *make representations to s.o. about sth.* over iets protest aantekenen bij iemand, over iets een vertoog tot iemand richten [4] verklaring, bedenking, bewering

²**rep·re·sen·ta·tion** /ˌreprɪzenˈteɪʃn/ [niet-telb zn] [1] voorstelling, het voorstellen [2] vertegenwoordiging ♦ ⟨pol⟩ *no taxation without representation* zonder vertegenwoordiging (in het parlement) geen belastingen [3] ⟨jur⟩ aanbod, offerte [4] ⟨taalk⟩ representatie

rep·re·sen·ta·tion·al /ˌreprɪzenˈteɪʃnəl/ [bn] veraanschouwelijkend, representatief ♦ *representational art* representatieve/figuratieve kunst

¹**rep·re·sen·ta·tive** /ˌreprɪˈzentətɪv/ [telb zn] [1] monster, specimen, voorbeeld, proef [2] vertegenwoordiger, agent [3] afgevaardigde, gedelegeerde, gemachtigde [4] plaatsvervanger, remplaçant [5] opvolger, erfgenaam [6] volksvertegenwoordiger, afgevaardigde ♦ ⟨AE⟩ *House of Representatives* Huis van Afgevaardigden

²**rep·re·sen·ta·tive** /ˌreprɪˈzentətɪv/ [bn; bw: ~ly; zn: ~ness] [1] representatief, typisch, typerend [2] voorstellend, afbeeldend, symboliserend [3] veraanschouwelijkend, kunst- [4] ⟨pol⟩ representatief, uit (volks)vertegenwoordigers samengesteld [·] *representative fraction* schaal ⟨van (land)kaart⟩; *be representative of* typisch/representatief zijn voor, voorstellen, vertegenwoordigen; *representative peer* lid van het Engels Hogerhuis

re·press /rɪˈpres/ [ov ww] [1] onderdrukken ⟨ook figuurlijk⟩, verdrukken, in bedwang/toom houden, inhouden, smoren [2] ⟨psych⟩ verdringen; → **repressed**

re-press /ˌriːˈpres/ [ov ww] opnieuw persen ⟨in het bijzonder grammofoonplaat⟩

re·pressed /rɪˈprest/ [bn; volt deelw van repress] [1] onderdrukt [2] ⟨psych⟩ verdrongen

re·press·i·ble /rɪˈpresəbl/ [bn] [1] onderdrukbaar, bedwingbaar [2] ⟨psych⟩ verdringbaar

¹**re·pres·sion** /rɪˈpreʃn/ [telb zn] ⟨psych⟩ verdrongen gevoelens/gedachte

²**re·pres·sion** /rɪˈpreʃn/ [niet-telb zn] [1] onderdrukking, verdrukking, beteugeling, bedwang [2] ⟨psych⟩ verdringing, repressie

re·pres·sive /rɪˈpresɪv/ [bn; bw: ~ly; zn: ~ness] ⟨pej⟩ repressief, onderdrukkend, verdrukkend, onderdrukkings-, wreed ⟨van regime⟩

re·pres·sor, re·press·er /rɪˈpresə, -ər/ [telb zn] onderdrukker, verdrukker

¹**re·prieve** /rɪˈpriːv/ [telb zn] [1] (bevel tot) uitstel, opschorting, respijt ⟨van doodstraf⟩ ♦ *grant s.o. a reprieve* iemand uitstel verlenen [2] kwijtschelding, gratie, omzetting, verzachting ⟨van doodstraf⟩ [3] respijt, verlichting, verademing, opluchting ♦ *temporary reprieve* (voorlopig) uitstel van executie

²**re·prieve** /rɪˈpriːv/ [ov ww] [1] uitstel/gratie/opschorting verlenen ⟨van doodstraf⟩ [2] respijt geven/verlenen ⟨figuurlijk⟩, een adempauze geven

¹**rep·ri·mand** /ˈreprɪmɑːnd, ˄-mænd/ [telb + niet-telb zn] (officiële) berisping, reprimande, uitbrander, standje

²**rep·ri·mand** /ˈreprɪmɑːnd, ˄-mænd/ [ov ww] (officieel) berispen, laken

¹**re·print** /ˈriːprɪnt/ [telb zn] [1] overdruk(je) [2] nadruk ⟨facsimile van niet meer in omloop zijnde postzegel⟩

²**re·print** /ˌriːˈprɪnt/ [telb + niet-telb zn] herdruk

³**re·print** /ˌriːˈprɪnt/ [onov ww] *in herdruk zijn* ♦ *this book is reprinting* dit boek is in herdruk

⁴**re·print** /ˌriːˈprɪnt/ [ov ww] herdrukken, een herdruk/nadruk/overdruk(je) maken van

re·pri·sal /rɪˈpraɪzl/ [telb + niet-telb zn; vaak mv met enkelvoudige betekenissen] [1] represaille, vergelding(smaatregel) ♦ *as a reprisal, by way of reprisal; in reprisal* als represaille; *make reprisals (up)on s.o.* represaillemaatregelen nemen tegen iemand [2] ⟨gesch⟩ gewelddadige inbezitneming ⟨van vijandelijke goederen/personen als represaille; meestal met machtiging van de overheid⟩ ♦ *letters of reprisal* kaperbrieven

reprisal attack, reprisal raid [telb zn] vergeldingsactie

¹**re·prise** /rɪˈpriːz/ [telb + niet-telb zn] ⟨muz⟩ reprise, herhaling

²**re·prise** /rɪˈpriːz/ [ov ww] ⟨muz⟩ herhalen

re·pro /ˈriːproʊ/ [telb zn] ⟨drukw⟩ [1] (verk: reproduction (proof)) repro [2] (verk: reproduction (proof)) afdruk voor fotografische reproductie

¹**re·proach** /rɪˈproʊtʃ/ [telb + niet-telb zn] [1] schande, smaad, blaam ♦ *above/beyond reproach* onberispelijk; *bring reproach upon s.o.* schande brengen over iemand; *live in reproach and ignominy* in schande en oneer leven; *that's a reproach to our town* dat is een schande voor onze stad [2] verwijt, uitbrander, berisping, afkeuring ♦ *heap reproaches on s.o.* iemand met verwijten overstelpen; *a look of reproach* een verwijtende blik; *there was a mute reproach in her eyes* er lag een stil verwijt in haar ogen; *a term of reproach* een schimpwoord/scheldwoord [·] ⟨sprw⟩ *the sting of a reproach is the truth of it* ± hoe meer een verwijt op waarheid berust, hoe harder het aankomt

²**re·proach** /rɪˈproʊtʃ/ [ov ww] [1] verwijten, berispen, afkeuren, een uitbrander/standje geven ♦ *her eyes reproached me* ze keek me verwijtend aan; *she reproached him for being false* zij verweet hem zijn valsheid; *I have nothing to reproach myself with* ik heb mezelf niets te verwijten; *reproach o.s. with sth.* zichzelf verwijten maken over iets [2] ⟨vero⟩ tot schande strekken, te schande maken, schande brengen over

re·proach·a·ble /rɪˈproʊtʃəbl/ [bn; bw: reproachably; zn: ~ness] ⟨vero⟩ berispelijk, laakbaar, afkeurenswaard

re·proach·es /rɪˈproʊtʃɪz/ [alleen mv] ⟨vnl r-k⟩ improperia ⟨kerkelijke beurtzangen⟩

re·proach·ful /rɪˈproʊtʃfl/ [bn; bw: ~ly; zn: ~ness] [1] verwijtend [2] ⟨vero⟩ schandelijk

¹**rep·ro·bate** /ˈreprəbeɪt/ [telb zn] [1] ⟨vaak scherts⟩ onverlaat [2] ⟨rel⟩ verdoemde, verdoemeling, verworpene ⟨door God⟩, verworpeling

reprobate

²**rep·ro·bate** /rɛprəbeɪt/ [bn, attr] ① ⟨vaak scherts⟩ verdorven, ontaard, losbandig ② ⟨rel⟩ verdoemd, verworpen ⟨door God⟩, goddeloos

³**rep·ro·bate** /rɛprəbeɪt/ [ov ww] ① ⟨rel⟩ verwerpen ⟨door God⟩, verdoemen ② ⟨vero⟩ afkeuren, berispen, laken

rep·ro·ba·tion /rɛprəbeɪʃn/ [niet-telb zn] ① afkeuring, berisping ② ⟨rel⟩ verdoeming, verdoemenis, verwerping ⟨door God⟩, reprobatie

re·pro·cess /riːprəʊses, ᴬ-prɒ-/ [ov ww] recycleren, terugwinnen, opwerken ⟨splijtstof⟩

¹**re·pro·duce** /riːprədjuːs, ᴬ-duːs/ [onov ww] ① zich voortplanten, zich vermenigvuldigen ② zich lenen voor reproductie

²**re·pro·duce** /riːprədjuːs, ᴬ-duːs/ [ov ww] ① weergeven, reproduceren, vermenigvuldigen ② voortbrengen ③ opnieuw/weer voortbrengen, herscheppen, ⟨biol⟩ regenereren ④ voor de geest roepen, voorstellen ⑤ opnieuw opvoeren ⟨toneelstuk⟩

re·pro·duc·er /riːprədjuːsə, ᴬ-duːsər/ [telb zn] ① wie reproduceert/weergeeft/voortbrengt ② reproductieapparaat ⟨platenspeler e.d.⟩

re·pro·duc·i·bil·i·ty /riːprədjuːsəbɪləti, ᴬ-duːsəbɪləti/ [niet-telb zn] reproduceerbaarheid

re·pro·duc·i·ble /riːprədjuːsəbl, ᴬ-duː-/ [bn; bw: reproducibly] reproduceerbaar, herhaalbaar

¹**re·pro·duc·tion** /riːprədʌkʃn/ [telb + niet-telb zn] ① reproductie, weergave, afbeelding ② ⟨dram⟩ reprise, heropvoering

²**re·pro·duc·tion** /riːprədʌkʃn/ [niet-telb zn] voortplanting ♦ *assisted reproduction* medisch begeleide voortplanting

³**re·pro·duc·tion** /riːprədʌkʃn/ [bn, attr] imitatie- ⟨van meubelen, e.d.⟩

reproduction proof [telb zn] ⟨drukw⟩ afdruk voor fotografische reproductie

re·pro·duc·tive /riːprədʌktɪv/ [bn, attr; bw: ~ly; zn: ~ness] ① reproductief, weergevend, weer voortbrengend ② voortplantings-, zich vermenigvuldigend ♦ *reproductive organs* voortplantingsorganen ③ ⟨biol⟩ reproducerend, regenererend

¹**re·pro·gram** /riːprəʊɡræm/ [onov ww] een computer opnieuw programmeren

²**re·pro·gram** /riːprəʊɡræm/ [ov ww] ⟨comp⟩ opnieuw programmeren

re·pro·graph·ic /riːprəɡræfɪk/ [bn, attr; bw: ~ally] reprografisch

re·pro·graph·y /rɪprɒɡrəfi, ᴬ-prɑ-/ [niet-telb zn] reprografie ⟨fotografische/elektronische reproductie van documenten⟩

re·proof /rɪpruːf/, **re·prov·al** /rɪpruːvl/ [telb + niet-telb zn] ⟨form⟩ berisping, verwijt ♦ *a glance of reproof* een verwijtende blik

re-proof /riːpruːf/ [ov ww] ① weer waterdicht maken ② ⟨drukw⟩ een nieuwe afdruk maken van

repro proof [telb zn] ⟨drukw⟩ ⟨verk: reproduction proof⟩ afdruk voor fotografische reproductie

re·prov·a·ble /rɪpruːvəbl/ [bn] berispelijk, laakbaar, afkeurenswaard

re·prove /rɪpruːv/ [ov ww] ⟨form⟩ berispen, terechtwijzen, een uitbrander geven, afkeuren ♦ *reprove s.o. for sth.* iemand om iets berispen; → reproving

re-prove /riːpruːv/ [ov ww] opnieuw bewijzen

re·prov·ing /rɪpruːvɪŋ/ [bn; tegenwoordig deelw van reprove; bw: ~ly] ⟨form⟩ berispend, verwijtend, afkeurend

re·pro·vi·sion /riːprəvɪʒn/ [ov ww] opnieuw provianderen/van proviand voorzien

reps /reps/ [niet-telb zn] rips

rept [afk] ① (receipt) ② (report)

rep·tant /rɛptənt/ [bn] ⟨biol⟩ kruipend, kruip-

¹**rep·tile** /rɛptaɪl, ᴬrɛptl/ [telb zn] ① reptiel, kruipend dier ② ⟨lage⟩ kruiper ⟨figuurlijk⟩, reptiel

²**rep·tile** /rɛptaɪl, ᴬrɛptl/ [bn] ① reptiel-, reptielen- ② kruipend ③ kruiperig, laag, gemeen, verachtelijk

¹**rep·til·i·an** /rɛptɪliən/ [telb zn] ① reptiel, kruipend dier ② ⟨lage⟩ kruiper ⟨figuurlijk⟩, reptiel

²**rep·til·i·an** /rɛptɪliən/, **rep·ti·loid** /rɛptɪlɔɪd/ [bn] ① reptiel-, reptielen-, ⟨vaak ook scherts⟩ als een reptiel ② kruipend ③ kruiperig, laag, gemeen, verachtelijk

Repub [afk] ① (Republic) ② (Republican (Party))

re·pub·lic /rɪpʌblɪk/ [telb zn] republiek ⟨ook figuurlijk⟩ ♦ *republic of letters* republiek der letteren; *the Republic* de Franse Republiek

¹**re·pub·li·can** /rɪpʌblɪkən/ [telb zn] republikein

²**re·pub·li·can** /rɪpʌblɪkən/ [bn] ① republikeins ② ⟨dierk⟩ gezellig, sociaal ⟨van vogels⟩

¹**Re·pub·li·can** /rɪpʌblɪkən/ [telb zn] ⟨AE⟩ republikein ⟨lid van de republikeinse partij⟩

²**Re·pub·li·can** /rɪpʌblɪkən/ [bn] ⟨AE⟩ republikeins, van de republikeinse partij

re·pub·li·can·ism /rɪpʌblɪkənɪzm/ [niet-telb zn] republicanisme

Re·pub·li·can·ism /rɪpʌblɪkənɪzm/ [niet-telb zn] ⟨AE⟩ republikeinse gezindheid/politiek

re·pub·li·can·ize, re·pub·li·can·ise /rɪpʌblɪkənaɪz/ [ov ww] tot een republiek maken, republikeins maken

re·pub·li·ca·tion /riːpʌblɪkeɪʃn/ [telb + niet-telb zn] heruitgave, nieuwe uitgave

Republic Day [eigenn] Dag van de Republiek ⟨India, 26 januari⟩

re·pub·lish /riːpʌblɪʃ/ [ov ww] ① heruitgeven, opnieuw uitgeven ② ⟨jur⟩ opnieuw passeren ⟨akte, testament⟩

re·pu·di·ate /rɪpjuːdieɪt/ [ov ww] ① verstoten ⟨vrouw, kind⟩ ② ⟨benaming voor⟩ verwerpen, niet erkennen ⟨schuld, contract, testament, gezag⟩, (ver)loochenen, desavoueren, ontkennen, afwijzen ⟨beschuldiging⟩, weigeren te betalen ⟨schuld⟩, weigeren iets te maken te hebben met

re·pu·di·a·tion /rɪpjuːdieɪʃn/ [niet-telb zn] ① verstoting ② verwerping, (ver)loochening, afwijzing

re·pu·di·a·tive /rɪpjuːdiətɪv, ᴬ-eɪtɪv/, **re·pu·di·a·to·ry** /rɪpjuːdiətri, ᴬ-tɔri/ [bn] ① verstotend ② verwerpend, afwijzend

re·pu·di·a·tor /rɪpjuːdieɪtə, ᴬ-eɪtər/ [telb zn] ① wie afwijst/niet erkent ⟨voornamelijk openbare schuld⟩, wie verstoot

¹**re·pugn** /rɪpjuːn/ [onov ww] ⟨vero⟩ zich verzetten, strijden, in conflict komen

²**re·pugn** /rɪpjuːn/ [ov ww] ⟨vero⟩ zich verzetten tegen

¹**re·pug·nance** /rɪpʌɡnəns/, **re·pug·nan·cy** /-si/ [telb + niet-telb zn] ① (tegen)strijdigheid, contradictie, onverenigbaarheid, incompatibiliteit

²**re·pug·nance** /rɪpʌɡnəns/, **re·pug·nan·cy** /-si/ [niet-telb zn] afkeer, weerzin, tegenzin ♦ *feel repugnance against/towards sth.* weerzin voelen tegen iets

re·pug·nant /rɪpʌɡnənt/ [bn; bw: ~ly] ① weerzinwekkend ♦ *it's repugnant to me* ik walg ervan ② (tegen)strijdig, inconsequent, onverenigbaar, incompatibel ③ ⟨form⟩ weerbarstig

¹**re·pulse** /rɪpʌls/ [telb + niet-telb zn] ① terugdrijving ② afwijzing, terugwijzing, verwerping, afstoting ♦ *meet with a repulse* teruggeslagen/afgeslagen worden; ⟨fig⟩ een blauwtje lopen, afgewezen worden

²**re·pulse** /rɪpʌls/ [ov ww] ① terugdrijven, terugslaan ⟨vijand⟩, afslaan ⟨aanval⟩, ⟨fig⟩ verijdelen ② afslaan, afwijzen ⟨hulp, aanbod⟩, weigeren, terugwijzen ③ ontmoedigen ④ doen walgen

¹**re·pul·sion** /rɪpʌlʃn/ [telb + niet-telb zn; geen mv] tegenzin, afkeer, walging ♦ *feel (a) repulsion for s.o.* een afkeer van iemand hebben

²**re·pul·sion** /rɪpʌlʃn/ [niet-telb zn] ① terugdrijving, terugstoot, terugslag ② afwijzing, terugwijzing ③ ⟨na-

tuurk⟩ afstoting, repulsie
re·pul·sive /rɪpʌlsɪv/ [bn; bw: ~ly; zn: ~ness] [1] afstotend, terugdrijvend, weerzinwekkend, walgelijk [2] ⟨natuurk⟩ repulsief, afstotend [3] ⟨vero⟩ afstotend, koel, koud, ijzig, onverschillig ⟨van houding, optreden⟩
¹**re·pur·chase** /ˌriːpɜːtʃəs, ᴬ-pɜr-/ [niet-telb zn] terugkoop, herkoop
²**re·pur·chase** /ˌriːpɜːtʃəs, ᴬ-pɜr-/ [ov ww] terugkopen
re·pu·ri·fy /ˌriːpjʊərɪfaɪ, ᴬ-pjʊr-/ [ov ww] opnieuw zuiveren, weer reinigen
re·pur·pose /riːpɜːpəs, ᴬ-pɜr-/ [ov ww] een nieuwe functie geven aan, inrichten voor een nieuw doel, anders gebruiken ♦ *repurpose junk into useful things for the house* oude troep veranderen in nuttige dingen voor in huis
rep·u·ta·bil·i·ty /ˌrepjʊtəbɪləti, ᴬˌrepjətəbɪləti/ [niet-telb zn] achtenswaardigheid
rep·u·ta·ble /repjʊtəbl, ᴬrepjə-/ [bn; bw: reputably] achtenswaardig, fatsoenlijk, eervol, met een goede naam
rep·u·ta·tion /ˌrepjʊteɪʃn, ᴬˌrepjə-/ [telb + niet-telb zn] [1] reputatie, naam, faam ♦ *have the reputation for being corrupt* de naam hebben corrupt te zijn; *of high repute* met grote faam; *have the reputation of being an old screw* de reputatie hebben een oude vrek te zijn [2] goede naam, vermaardheid ♦ *justify one's reputation, live up to one's reputation* zijn naam eer aandoen • *have a reputation* een slechte reputatie hebben
¹**re·pute** /rɪpjuːt/ [niet-telb zn] [1] reputatie, naam, faam ♦ *of bad/evil repute* met een slechte naam; *know s.o. by repute* iemand kennen van horen zeggen; *of good repute* met een goede naam; *be held in high repute* hoog aangeschreven staan [2] goede naam, vermaardheid
²**re·pute** /rɪpjuːt/ [ov ww] ⟨vero, behalve in passief⟩ beschouwen (als), houden voor ♦ *be reputed as a miser* als vrek bekendstaan; *be ill reputed of* een slechte naam hebben; *be reputed (to be) rich* voor rijk doorgaan; *be well/highly reputed of* een goede/zeer goede naam hebben; → **reputed**
¹**re·put·ed** /rɪpjuːtɪd/ [bn; oorspronkelijk volt deelw van repute] befaamd
²**re·put·ed** /rɪpjuːtɪd/ [bn, attr; oorspronkelijk volt deelw van repute] vermeend ♦ *her reputed father* haar vermeende vader
re·put·ed·ly /rɪpjuːtɪdli/ [bw] naar men zegt/beweert, naar het heet ♦ *be reputedly rich* voor rijk doorgaan
req [afk] [1] (require(d)) [2] (requisition)
¹**re·quest** /rɪkwest/ [telb + niet-telb zn] verzoek, (aan)vraag ♦ *at his request* op zijn verzoek; *at the request of your father* op verzoek van uw vader; *by request (of)* op verzoek (van); *grant a request* een verzoek inwilligen; *be in great request, be much in request* veel gevraagd/populair zijn; *those shirts are in request* deze hemden zijn in trek, er is vraag naar deze hemden; *make a request for help* om hulp verzoeken; *on request* op verzoek
²**re·quest** /rɪkwest/ [ov ww] verzoeken, vragen (om) ♦ *request s.o. to do sth.* iemand vragen iets te doen; *request sth. from/of s.o.* iemand om iets verzoeken; *it is requested not to smoke* men wordt verzocht niet te roken; *may I request your attention?* mag ik uw attentie?
request programme [telb zn] verzoekprogramma ⟨radio⟩
request stop [telb zn] ⟨BE⟩ halte op verzoek
re·quick·en /riːkwɪkən/ [ov ww] doen herleven, opnieuw tot leven wekken, weer bezielen
re·qui·em /rekwɪəm/, **requiem mass** [telb zn] ⟨rel⟩ requiem, dodenmis
req·ui·es·cat /ˌrekwiˈeskæt, ᴬ-kɑt/ [telb zn] requiescat ⟨gebed/wens voor de zielenrust van een overledene⟩
re·quir·a·ble /rɪkwaɪərəbl/ [bn] ⟨vero⟩ vereist
¹**re·quire** /rɪkwaɪə, ᴬ-ər/ [onov ww] nodig zijn, behoeven
²**re·quire** /rɪkwaɪə, ᴬ-ər/ [ov ww] [1] nodig hebben, behoeven ♦ *it required all his authority to ...* hij had al zijn gezag

nodig om ...; *this problem requires careful consideration* over dit probleem moet ernstig worden nagedacht [2] ⟨form⟩ vereisen, eisen, vorderen, verlangen, vragen ♦ *your hair requires combing* je haar moet gekamd worden; *require sth. from/of s.o.* iets van iemand eisen; *these essays are required reading* deze essays zijn verplichte lectuur [3] ⟨vero⟩ verzoeken
re·quire·ment /rɪkwaɪəmənt, ᴬ-ər-/ [telb zn] [1] eis, (eerste) vereiste ♦ *I can't meet your requirements* ik kan niet doen wat u van mij verlangt; *meet/fulfil the requirements* aan de voorwaarden voldoen [2] behoefte, benodigdheid
¹**req·ui·site** /rekwɪzɪt/ [telb zn] [1] vereiste [2] ⟨vaak mv⟩ rekwisiet, benodigdheid
²**req·ui·site** /rekwɪzɪt/ [bn; bw: ~ly; zn: ~ness] vereist, essentieel, noodzakelijk
¹**req·ui·si·tion** /ˌrekwɪzɪʃn/ [telb zn] [1] behoefte, noodzakelijkheid [2] aanvraagformulier, bon [3] uitleveringsverzoek ⟨voor misdadiger in buitenland⟩
²**req·ui·si·tion** /ˌrekwɪzɪʃn/ [telb + niet-telb zn] (op)vordering, eis, oproep(ing), verlangen, ⟨mil⟩ rekwisitie ♦ *put/call in(to) requisition* rekwireren, inzetten, in dienst stellen; ⟨fig⟩ *be in/under constant/continual requisition* voortdurend ingezet/nodig zijn, voortdurend gevraagd worden
³**req·ui·si·tion** /ˌrekwɪzɪʃn/ [ov ww] ⟨vnl mil⟩ rekwireren, (op)vorderen, verlangen, opeisen
re·quit·al /rɪkwaɪtl/ [niet-telb zn] [1] vergelding, (weer)wraak ♦ *in requital for/of* ter vergelding/uit (weer)wraak voor [2] beloning, vergoeding, schadeloosstelling, compensatie ♦ *in requital for/of* als beloning voor, in ruil voor
re·quite /rɪkwaɪt/ [ov ww] [1] vergelden, betaald zetten, wreken ♦ *requite like for like* met gelijke munt betalen; *requite good for evil/evil with good* kwaad met goed vergelden [2] belonen [3] beantwoorden ♦ *requite s.o.'s love* iemands liefde beantwoorden
re·rail /ˌriːreɪl/ [ov ww] op een ander spoor zetten ⟨locomotief⟩
re·read /ˌriːriːd/ [ov ww] herlezen, overlezen
rere·arch /rɪərɑːtʃ, ᴬrɪrɑrtʃ/ [telb zn] ⟨bouwk⟩ binnenboog
rere·dort·er /rɪədɔːtə, ᴬrɪrdɔrtər/ [telb zn] latrine achter het dormitorium ⟨in klooster⟩
rere·dos /rɪədɒs, ᴬrerədɑs/ [telb zn] [1] retabel, altaarstuk [2] achterwand van open haard
re·re·fine /ˌriːrɪfaɪn/ [ov ww] weer/opnieuw zuiveren/raffineren ⟨gebruikte motorolie⟩
re·re·lease /ˌriːrɪliːs/ [ov ww] opnieuw uitbrengen/releasen ⟨film, plaat⟩
rere·mouse /rɪəmaʊs, ᴬrɪr-/ [telb zn] ⟨vero; gew⟩ vleermuis
re·route /ˌriːruːt/ [ov ww] langs een andere route sturen, opnieuw uitstippelen
¹**re·run** /ˌriːrʌn/ [telb zn] [1] herhaling, reprise ⟨van film, toneelstuk e.d.⟩ [2] opnieuw getoond(e) film/toneelstuk (e.d.) [3] opnieuw gelopen wedstrijd
²**re·run** /ˌriːrʌn/ [ov ww] [1] opnieuw (laten) spelen, hernemen, herhalen ⟨film, tv-programma⟩ [2] opnieuw (laten) lopen ⟨wedstrijd⟩
res [afk] [1] (research) [2] (reserve) [3] (residence) [4] (resident) [5] (resides) [6] (resolution)
re·sale /ˌriːseɪl, ˈriːseɪl/ [niet-telb zn] wederverkoop, doorverkoop
resale price maintenance [niet-telb zn] ⟨handel⟩ verticale prijsbinding
re·sched·ule /ˌriːʃedjuːl, ᴬ-skedʒʊl/ [ov ww] herschikken ♦ *rescheduling of debts* herschikking van de schulden(last)
re·scind /rɪsɪnd/ [ov ww] herroepen, afschaffen, intrekken, opheffen
re·scind·a·ble /rɪsɪndəbl/ [bn] herroepbaar
re·scis·sion /rɪsɪʒn/ [niet-telb zn] herroeping, afschaffing, intrekking

rescissory

re·scis·so·ry /rɪsɪsəri/ [bn, attr] herroepend
re·scope /riːskoʊp/ [ov ww] veranderen, herzien
¹**re·script** /riːskrɪpt/ [telb zn] [1] rescript ⟨schriftelijk stuk van vorst, minister of paus⟩ [2] edict, decreet [3] kopie
²**re·script** /riːskrɪpt/ [niet-telb zn] herschrijving
¹**res·cue** /reskjuː/ [telb + niet-telb zn] redding, verlossing, bevrijding, ontzetting
²**res·cue** /reskjuː/ [niet-telb zn] [1] hulp, bijstand, steun ♦ *come/go to s.o.'s rescue, come/go to the rescue of someone* iemand te hulp komen/snellen [2] ⟨jur⟩ ⟨gewelddadige⟩ herinbezitneming [3] ⟨jur⟩ ontzetting uit voogdij
³**res·cue** /reskjuː/ [ov ww] [1] redden, verlossen, bevrijden, ontzetten ♦ *rescue s.o. from drowning* iemand van de verdrinkingsdood redden; *rescue sth. from oblivion* iets uit de vergetelheid halen/voor vergetelheid behoeden [2] onrechtmatig bevrijden ⟨persoon⟩, uit voogdij ontzetten [3] met geweld terugnemen ⟨bezit⟩
res·cue-bid [telb zn] ⟨bridge⟩ vluchtbod, uitneembod
rescue grass, rescue brome [niet-telb zn] ⟨plantk⟩ subtropische dravik ⟨grassoort; Bromus catharticus⟩
rescue operation [telb zn] reddingsoperatie
res·cue-par·ty [telb zn] reddingsbrigade
rescue plan [telb zn] reddingsplan
rescue programme [telb zn] reddingsprogramma, hulpprogramma
res·cu·er /reskjuːə, ˄-ər/ [telb zn] redder, verlosser, bevrijder, ontzetter
res·cue-team [telb zn] reddingsteam, reddingsploeg
res·cue-train [telb zn] hulptrein
rescue worker [telb zn] redder
¹**re·search** /rɪsɜːtʃ, ˄riːsɜrtʃ/ [telb + niet-telb zn] wetenschappelijk onderzoek, onderzoekingswerk, research ♦ *research and development* onderzoek en (product)ontwikkeling, afdeling R & D/O & O; *be engaged in research on sth., carry out a research/researches into something* wetenschappelijk onderzoek verrichten naar iets
²**re·search** /rɪsɜːtʃ, ˄riːsɜrtʃ/ [onov ww] onderzoekingen doen, wetenschappelijk werk verrichten
³**re·search** /rɪsɜːtʃ, ˄riːsɜrtʃ/ [ov ww] wetenschappelijk onderzoeken ♦ *this book has been well researched* dit boek berust op gedegen onderzoek
research centre [telb zn] onderzoekscentrum
re·search·er /rɪsɜːtʃə, ˄riːsɜrtʃər/ [telb zn] onderzoeker
research programme [telb zn] onderzoeksprogramma
research student, ⟨AE⟩ **research assistant** [telb zn] postdoctoraal student, promovendus
re·seat /riːsiːt/ [ov ww] [1] van nieuwe zitplaatsen voorzien ⟨zaal⟩ [2] van een nieuwe zitting voorzien ⟨stoel⟩ [3] een nieuw kruis zetten in ⟨broek⟩ [4] weer doen neerzitten ♦ *reseat o.s.* weer gaan zitten
ré·seau, re·seau /rezoʊ, ˄reɪzoʊ, ˄rə-/ [telb zn; mv: ook *réseaux* /-oʊz/] net⟨werk⟩
re·sect /rɪsekt/ [ov ww] ⟨med⟩ uitsnijden, wegsnijden, operatief wegnemen, reseceren
re·sec·tion /rɪsekʃn/ [niet-telb zn] ⟨med⟩ resectie, wegsnijding, uitsnijding ⟨van organen⟩
¹**re·se·da** /resɪdə, ˄rɪsiːdə/ [telb zn] ⟨plantk⟩ reseda, wouw ⟨Reseda⟩
²**re·se·da** /resɪdə, ˄rɪsiːdə/ [niet-telb zn; ook attributief] reseda ⟨grijsachtig groene kleur⟩
re·seg·re·ga·tion /riːsegrɪgeɪʃn/ [niet-telb zn] ⟨AE⟩ hernieuwde rassenscheiding
re·seize /riːsiːz/ [ov ww] weer in bezit nemen, weer bemachtigen
re·sei·zure /riːsiːʒə, ˄-ər/ [niet-telb zn] nieuwe inbezitneming
re·se·lect /riːsɪlekt/ [ov ww] weer/opnieuw selecteren
re·sell /riːsel/ [ov ww] opnieuw/weer verkopen, doorverkopen

re·sem·blance /rɪzembləns/ [telb + niet-telb zn] gelijkenis, overeenkomst ♦ *near resemblance* grote gelijkenis; *show great resemblance to s.o.* een grote gelijkenis met iemand vertonen
re·sem·blant /rɪzemblənt/ [bn] gelijkend, gelijksoortig
re·sem·ble /rɪzembl/ [ov ww] (ge)lijken op
re·sent /rɪzent/ [ov ww] kwalijk nemen, verontwaardigd/ontstemd/boos/gebelgd/geraakt/gepikeerd zijn over, zich beledigd voelen door, zich storen aan, aanstoot nemen aan, wrok koesteren over, verfoeien
re·sent·ful /rɪzentfl/ [bn; bw: ~ly; zn: ~ness] [1] boos, verontwaardigd, ontstemd, geraakt, beledigd [2] wrokkig, haatdragend, wrokkend, rancuneus
re·sent·ment /rɪzentmənt/ [niet-telb zn] [1] verontwaardiging, verbolgenheid, wrevel [2] wrok, haat, rancune
re·ser·pine /resəpɪn, -piː, ˄rɪsɜr-/ [niet-telb zn] ⟨med⟩ reserpine
re·serv·a·ble /rɪzɜːvəbl, ˄-zɜr-/ [bn] reserveerbaar
¹**res·er·va·tion** /rezəveɪʃn, ˄-zər-/ [telb zn] [1] ⟨BE⟩ middenberm, middenstrook ⟨van autoweg⟩ ♦ *central reservation* middenberm, middenstrook [2] ⟨AE⟩ reservaat ⟨voor indianen⟩ [3] ⟨vnl AE⟩ gereserveerde plaats ♦ *make reservations* plaatsen bespreken
²**res·er·va·tion** /rezəveɪʃn, ˄-zər-/ [telb + niet-telb zn] [1] reserve, voorbehoud, bedenking, bezwaar ♦ *mental reservation* geestelijk voorbehoud; *accept with (some) reservations* onder voorbehoud/reserve accepteren; *without reservation(s)* zonder voorbehoud [2] ⟨vaak Reservation⟩ ⟨r-k⟩ reservatie ⟨het bewaren van het geconsacreerde brood⟩, kerkelijk voorbehoud [3] ⟨vnl AE⟩ reservering, plaatsbespreking
³**res·er·va·tion** /rezəveɪʃn, ˄-zər-/ [niet-telb zn] [1] reservering, het voorbehouden, het zich reserveren [2] gereserveerdheid, terughoudendheid [3] ⟨jur⟩ reservatierecht, reservatieclausule
¹**re·serve** /rɪzɜːv, ˄rɪzɜrv/ [telb zn] [1] ⟨vaak mv met enkelvoudige betekenissen⟩ reserve, (nood)voorraad, ⟨ec⟩ surplus aan kapitaal ♦ *have/hold/keep sth. in reserve* iets in reserve/petto hebben/houden; *the reserves* de reserve [2] ⟨handel⟩ limiet ⟨minimumverkoopprijs⟩, ophoudprijs ⟨veiling⟩ ♦ *sale without reserve* verkoop tot elke prijs [3] reservaat ♦ *natural reserve* natuurreservaat [4] reservespeler, invaller [5] ⟨mil⟩ reservist [6] ⟨AuE⟩ openbaar park, plantsoen
²**re·serve** /rɪzɜːv, ˄rɪzɜrv/ [telb + niet-telb zn] [1] reserve, voorbehoud, bedenking, bezwaar ♦ *under usual reserve* onder gewoon voorbehoud; *publish sth. with all reserve/with all proper reserves* iets met het nodige/onder alle voorbehoud publiceren; ⟨form⟩ *without reserve* zonder enig voorbehoud; *accept sth. without reserve* iets zonder meer accepteren [2] gereserveerdheid, reserve, terughoudendheid
³**re·serve** /rɪzɜːv, ˄rɪzɜrv/ [ov ww] [1] reserveren, inhouden, achterhouden, bewaren, in reserve houden, bestemmen ♦ *a bright future is reserved for him* een schitterende toekomst is voor hem weggelegd; *reserve o.s. for better days* zijn krachten sparen voor betere dagen [2] (zich) voorbehouden ⟨recht⟩ ♦ *reserve for/to o.s. the right to ...* zich het recht voorbehouden om ...; ⟨jur⟩ *reserve the judgment* een uitspraak voorbehouden; ⟨jur⟩ *judgment was reserved* uitspraak volgt; *all rights reserved* alle rechten voorbehouden [3] opschorten ⟨oordeel, uitspraak⟩ [4] ⟨vnl AE⟩ bespreken ⟨plaats⟩, reserveren; → **reserved**
re·serve /riːsɜːv, ˄-sɜrv/ [ov ww] opnieuw/weer dienen
reserve bench [telb zn] reservebank
reserve currency [telb zn] monetaire reserve
re·served /rɪzɜːvd, ˄rɪzɜrvd/ [bn; oorspronkelijk volt deelw van *reserve*; bw: ~ly /rɪzɜːvɪdli, ˄-zɜr-/; zn: ~ness] [1] gereserveerd, terughoudend, gesloten, zwijgzaam [2] gereserveerd, besproken ⟨van plaats⟩ ♦ *reserved seat* gereserveerde plaats [3] voorbestemd ♦ *reserved for great*

things voor grote dingen voorbestemd ▪ ⟨BE; gesch, scheepv⟩ *reserved list* lijst van reserveofficieren; *reserved occupation* beroep dat van militaire dienst vrijstelt
reserve fund [telb zn] reservefonds
reserve price [telb zn] ⟨BE⟩ limietprijs, inzet, ophoudprijs ⟨bij veilingen⟩
re·serv·ist /rɪzɜːvɪst, ᴬ-zɜr-/ [telb zn] ⟨mil⟩ reservist
¹**res·er·voir** /rezəvwɑː, ᴬrezərvwɑr/ [telb zn] 1 (water)reservoir, vergaarbak, (water)bak, tank, bassin, spaarbekken, stuwmeer 2 reserve ⟨figuurlijk⟩, voorraad ⟨feiten, kennis e.d.⟩
²**res·er·voir** /rezəvwɑː, ᴬrezərvwɑr/ [ov ww] vergaren
¹**re·set** /riːset/ [telb zn] 1 ⟨benaming voor⟩ wat opnieuw gezet is ⟨juweel, been, plant enz.⟩, nieuw zetsel 2 terugstelinrichting
²**re·set** /riːset/ [niet-telb zn] het opnieuw zetten, het herplanten
³**re·set** /riːset/ [ov ww] 1 opnieuw zetten ⟨juweel, been, plant, boek⟩ 2 opnieuw scherpen ⟨zaag⟩ 3 terugstellen ⟨ook computer⟩, terugzetten op nul ⟨meter⟩
reset button [telb zn] resetknop
¹**re·set·tle** /riːsetl/ [onov ww] zich opnieuw vestigen
²**re·set·tle** /riːsetl/ [ov ww] opnieuw (helpen) vestigen
re·set·tle·ment /riːsetlmənt/ [telb + niet-telb zn] nieuwe vestiging, nieuwe nederzetting, het zich opnieuw vestigen
re·shape /riːʃeɪp/ [ov ww] een nieuwe vorm geven
¹**re·ship** /riːʃɪp/ [onov ww] zich opnieuw inschepen, opnieuw scheep gaan
²**re·ship** /riːʃɪp/ [ov ww] opnieuw inschepen, verschepen, overladen
¹**re·ship·ment** /riːʃɪpmənt/ [telb zn] overgeladen vracht
²**re·ship·ment** /riːʃɪpmənt/ [niet-telb zn] hernieuwde inscheping, verscheping, overlading
¹**re·shuf·fle** /riːʃʌfl/ [niet-telb zn] ⟨inf⟩ herschikking ⟨van regering⟩, hergroepering, wijziging ⟨van posten⟩ ♦ *reshuffle of the Cabinet* portefeuillewisseling
²**re·shuf·fle** /riːʃʌfl/ [ov ww] 1 opnieuw schudden ⟨kaarten⟩ 2 ⟨inf⟩ herschikken ⟨regering⟩, hergroeperen, wijzigen, opnieuw verdelen ⟨posten⟩
re·sid /rɪzɪd/, **residual oil** [niet-telb zn] ⟨petrochemie⟩ residu
re·side /rɪzaɪd/ [onov ww] ⟨form⟩ 1 resideren, wonen, zetelen, verblijf houden 2 berusten ⟨van macht, recht⟩ ♦ *the power resides in the President* de macht berust bij de president
¹**res·i·dence** /rezɪdəns/ [telb zn] ⟨form⟩ 1 residentie, verblijf(plaats), woonplaats 2 (voorname) woning, villa, herenhuis, ⟨fig⟩ zetel 3 ambtswoning ⟨voornamelijk van gouverneur⟩ 4 ⟨AE; med⟩ klinische opleidingsperiode
²**res·i·dence** /rezɪdəns/ [niet-telb zn] residentie, het resideren, vestiging ♦ *have one's residence at* verblijf houden te; *be in residence* resideren, (officieel) aanwezig zijn ⟨in ambtswoning, aan universiteit⟩; *take up residence in* zich metterwoon vestigen in
residence permit [telb zn] verblijfsvergunning
residence time [telb + niet-telb zn] verblijftijd
res·i·den·cy /rezɪdənsi/ [telb zn] 1 ⟨vaak Residency⟩ ⟨BE; gesch⟩ residentswoning, ambtsgebied van de resident ⟨in Indië⟩ 2 ⟨AE⟩ vervolmakingscursus 3 ⟨AE; med⟩ klinische opleidingsperiode
¹**res·i·dent** /rezɪdənt/ [telb zn] 1 ingezetene, (vaste) inwoner, bewoner 2 ⟨vaak Resident⟩ ⟨BE; gesch⟩ resident ⟨in Indië⟩, minister-resident 3 ⟨dierk⟩ standvogel 4 ⟨AE; med⟩ dokter in klinische opleidingsperiode, inwonend arts
²**res·i·dent** /rezɪdənt/ [bn] 1 woonachtig, residerend, inwonend, intern ♦ ⟨AE⟩ *resident alien* vreemdeling met een verblijfsvergunning; *resident ambassador* residerend ambassadeur; *resident physician* ⟨AE⟩ specialist in opleiding, dokter in klinische opleidingsperiode; ⟨BE⟩ inwonend arts 2 vast ⟨van inwoner⟩ ♦ *the resident population* de vaste inwoners 3 inherent, eigen (aan), gevestigd, gelegen, zetelend ♦ *resident bird* standvogel
res·i·dent·er /rezɪdəntə, ᴬ-dentər/ [telb zn] ⟨gew⟩ inwoner, bewoner
res·i·den·tial /rezɪdenʃl/ [bn; bw: ~ly] 1 woon-, van een woonwijk, ⟨België⟩ residentieel ♦ *residential area/district/quarter/estate* woonwijk; *residential care* intramurale zorg/verpleging, kliniekverpleging; *residential hotel* familiehotel; *residential street* (deftige) woonstraat 2 verblijf(s)-, m.b.t. verblijf/residentie ♦ *residential franchise/qualifications (of voters)* stemrecht als ingezetenen; *residential permit* verblijfsvergunning ▪ ⟨AE⟩ *residential treatment facility* psychiatrisch centrum
¹**res·i·den·ti·ar·y** /rezɪdenʃəri, ᴬ-ʃieri/ [telb zn] 1 geestelijke met residentieplicht 2 resident
²**res·i·den·ti·ar·y** /rezɪdenʃəri, ᴬ-ʃieri/ [bn] 1 als residentie/verblijfplaats, met residentieplicht ♦ *Canon residentiary* kanunnik met residentieplicht; *residentiary house* ambtswoning, residentie 2 ter plaatse verblijvend, inwonend, woonachtig
residents' association [telb zn] buurtcomité, buurtvereniging, bewonersvereniging
res·i·dent·ship /rezɪdəntʃɪp/ [niet-telb zn] 1 residentschap, residentenambt 2 ambtsgebied van een resident
re·sid·er /rɪzaɪdə, ᴬ-ər/ [telb zn] resident, bewoner, verblijfhouder
¹**re·sid·u·al** /rɪzɪdʒuəl/ [telb zn] 1 residu, overblijfsel, overschot, rest(ant) ⟨ook wiskunde, scheikunde⟩ 2 ⟨scheik⟩ bijproduct, residuproduct 3 ⟨vaak mv⟩ honorarium ⟨voor acteur/auteur; voor herhalingen⟩
²**re·sid·u·al** /rɪzɪdʒuəl/ [bn] achterblijvend, overblijvend, een residu vormend, overgebleven, residuaal, rest-
re·sid·u·ar·y /rɪzɪdʒuəri, ᴬ-dʒueri/ [bn, attr] residuair, overgebleven, overblijvend ⟨ook juridisch⟩ ♦ *residuary legatee* universeel erfgenaam
res·i·due /rezɪdjuː, ᴬ-duː/ [telb zn] residu ⟨ook juridisch, scheikunde⟩, overschot, overblijfsel, rest(ant), resterende aanslag/neerslag
re·sid·u·um /rɪzɪdʒuəm/ [telb zn; mv: voornamelijk residua /-djuə/] residu ⟨ook juridisch, scheikunde⟩, overblijfsel, rest(ant), bezinksel, bijproduct
¹**re·sign** /rɪzaɪn/ [onov ww] 1 berusten, zich schikken 2 resigneren, afstand doen van een ambt, aftreden, ontslag nemen, bedanken ⟨voor betrekking⟩, abandonneren, opgeven ⟨schaakspel⟩ ♦ *resign as chairman/from the chairmanship* aftreden als voorzitter; → **resigned**
²**re·sign** /rɪzaɪn/ [ov ww] 1 berusten in, zich schikken in, zich onderwerpen aan, zich neerleggen bij ♦ *resign one's fate* zich in zijn lot schikken; *resign o.s.* berusten; *resign o.s. to sth., be resigned to something* zich in iets schikken, zich bij iets neerleggen; *you must resign yourself to being patient* u zult wat geduld moeten oefenen 2 afstaan, afstand doen van ⟨recht, eis, eigendom⟩, overgeven ♦ *resign o.s. to s.o.'s guidance* zich aan iemands leiding toevertrouwen; *resign one's children to s.o.'s care* de zorg over zijn kinderen aan iemand toevertrouwen 3 opgeven ⟨hoop⟩ 4 neerleggen ⟨ambt, taak⟩ ♦ *resign one's post* zijn ambt neerleggen;
→ **resigned**
re-sign /riːsaɪn/ [onov + ov ww] opnieuw tekenen
¹**res·ig·na·tion** /rezɪgneɪʃn/ [telb + niet-telb zn] ontslag, ontslagbrief, aftreding, ontslagneming ♦ *give/hand in/offer/send in/tender one's resignation* zijn ontslag indienen/aanbieden
²**res·ig·na·tion** /rezɪgneɪʃn/ [niet-telb zn] 1 afstand 2 berusting, gelatenheid, overgave
re·sign·ed /rɪzaɪnd/ [bn; oorspronkelijk volt deelw van resign; bw: ~ly; zn: ~ness] gelaten, berustend
re·sile /rɪzaɪl/ [onov ww] 1 terugveren, terugspringen,

resilience

zijn vorm herkrijgen [2] **veerkrachtig zijn,** veerkracht hebben, zich herstellen [3] **zich terugtrekken,** terugschrikken ♦ *resile from an agreement* van een overeenkomst afzien
re·sil·ience /rɪzɪlɪəns/, **re·sil·ien·cy** /-si/ [niet-telb zn] **veerkracht** ⟨ook figuurlijk⟩, herstellingsvermogen
re·sil·ient /rɪzɪlɪənt/ [bn; bw: ~ly] **veerkrachtig** ⟨ook figuurlijk⟩, (terug)verend, terugspringend
¹**res·in** /rezɪn/ [telb + niet-telb zn] [1] **hars,** resine, ⟨muz⟩ snarenhars ♦ *synthetic resin* kunsthars [2] **kunsthars** · ⟨inf⟩ *kiss the resin* knock-out gaan, neergeslagen worden
²**res·in** /rezɪn/ [ov ww] [1] **harsen,** met hars insmeren/bestrijken ⟨in het bijzonder muziek, strijkstok⟩ [2] **met hars behandelen/doortrekken/vermengen,** resineren
res·in·ate /rezɪneɪt/ [ov ww] **met hars doortrekken/vermengen,** met hars kruiden, resineren; → **resinated**
res·in·at·ed /rezɪneɪtɪd/ [bn; volt deelw van resinate] **met hars doortrokken/gekruid/vermengd**
res·in·o- /rezɪnoʊ/ **harsig,** harsachtig ♦ *resino-electricity* harselektriciteit, negatieve elektriciteit
res·in·ous /rezɪnəs/ [bn; bw: ~ly; zn: ~ness] **harsachtig,** harshoudend, hars(t)ig, hars-
res·i·pis·cence /resɪpɪsns/ [niet-telb zn] ⟨vero⟩ **inkeer,** berouw
¹**re·sist** /rɪzɪst/ [telb zn] **beschermlaag,** beschermpasta, beschermlak
²**re·sist** /rɪzɪst/ [onov ww] [1] **weerstand/tegenstand bieden** [2] **zich verzetten**
³**re·sist** /rɪzɪst/ [ov ww] [1] ⟨benaming voor⟩ **weerstaan,** weerstand bieden aan, tegenhouden, opvangen ⟨projectiel, slag⟩, afweren ⟨wapen, aanval⟩, bestand zijn tegen ⟨kou, hitte, vocht⟩, resistent zijn tegen ⟨ziekte, infectie⟩ ♦ *resist heat* bestand zijn tegen de hitte; *resist temptation* de bekoring weerstaan [2] **zich verzetten tegen,** bestrijden, proberen te belemmeren, weigeren in te willigen [3] ⟨voornamelijk met ontkenning⟩ **nalaten,** zich onthouden van ♦ *I cannot resist a joke* ik kan het niet nalaten een grapje te maken; *he could hardly resist smiling* hij kon het amper nalaten te glimlachen
¹**re·sis·tance** /rɪzɪstəns/ [telb zn] ⟨elek⟩ **weerstand**
²**re·sis·tance** /rɪzɪstəns/ [telb + niet-telb zn] **onwil,** antagonisme, tegenstreving ♦ *sales resistance* onwil om te kopen
³**re·sis·tance** /rɪzɪstəns/, ⟨in betekenis 3 ook⟩
resistance movement [niet-telb zn] [1] **weerstand** ⟨ook elektriciteit, psychologie, scheikunde⟩, tegenstand, verzet ♦ ⟨fig⟩ *take the line of least resistance* de weg van de minste weerstand kiezen; *line of resistance* weerstandslijn; *make/offer no/not much resistance* geen/weinig weerstand bieden; *overcome the resistance of the air* de luchtweerstand overwinnen; *passive resistance* passief verzet [2] **weerstandsvermogen** [3] ⟨the; vaak Resistance⟩ **verzetsbeweging,** verzet, ondergrondse
resistance fighter [telb zn] **verzetsstrijder**
re·sis·tant, re·sis·tent /rɪzɪstənt/ [bn; bw: ~ly] **weerstand biedend,** resistent, bestand ♦ *be/become resistant to DDT* immuun zijn/worden voor DDT, bestand zijn/worden tegen DDT; *heat-resistant* hittebestendig; *corrosion-resistant* bestand tegen roest
re·sist·er /rɪzɪstə, ᴬ-ər/ [telb zn] **wie weerstand biedt,** verzetsman, verzetsvrouw, verzetsstrijder, verzetsstrijdster
re·sist·i·bil·i·ty /rɪzɪstəbɪləti/ [niet-telb zn] [1] **weerstaanbaarheid** [2] **weerstandsvermogen**
re·sist·i·ble /rɪzɪstəbl/ [bn; bw: resistibly] **weerstaanbaar**
re·sis·tive /rɪzɪstɪv/ [bn; bw: ~ly; zn: ~ness] **weerstand biedend** ⟨ook elektriciteit⟩, resistent, bestand ♦ *fire-resistive* vuurvast
re·sis·tiv·i·ty /riːzɪstɪvəti/ [niet-telb zn] **weerstands-**

vermogen [2] ⟨elek⟩ **soortelijke weerstand**
re·sist·less /rɪzɪs(t)ləs/ [bn; bw: ~ly; zn: ~ness] [1] **geen weerstand biedend** [2] ⟨vero⟩ **onweerstaanbaar**
re·sis·tor /rɪzɪstə, ᴬ-ər/ [telb zn] ⟨elek⟩ **weerstand** ♦ *variable resistor* regelweerstand
¹**re·sit** /riːsɪt/ [telb zn] ⟨BE⟩ **herexamen**
²**re·sit** /riːsɪt/ [ov ww] ⟨BE⟩ **opnieuw afleggen,** herkansen ⟨examen⟩
reskill /riːskɪl/ [onov + ov ww] **omscholen**
re·skil·ling /riːskɪlɪŋ/ [niet-telb zn] ⟨BE⟩ **omscholing**
re·sole /riːsoʊl/ [ov ww] **verzolen** ⟨schoenen⟩
re·sol·u·bil·i·ty /rɪzɒljʊbɪləti, ᴬrɪzɑljəbɪləti/ [niet-telb zn] **oplosbaarheid**
re·sol·u·ble /rɪzɒljʊbl, ᴬrɪzɑljəbl/ [bn; zn: ~ness] [1] **oplosbaar** [2] **analyseerbaar,** ontleedbaar, ontbindbaar, herleidbaar ♦ *resoluble into* herleidbaar tot
re·sol·u·ble /riːsɒljʊbl, ᴬriːsɑljəbl/ [bn; bw: re-solubly; zn: ~ness] **opnieuw oplosbaar**
¹**res·o·lute** /rezəluːt/ [bn; bw: ~ly; zn: ~ness] **resoluut,** vastberaden, vastbesloten, beslist, onwrikbaar
²**res·o·lute** /rezəluːt/ [onov ww] **een besluit nemen**
¹**res·o·lu·tion** /rezəluːʃn/ [telb zn] [1] **resolutie,** aangenomen conclusie, motie, voorstel, plan, ⟨jur⟩ uitspraak ♦ *pass/carry/adopt a resolution* een motie aannemen/goedkeuren; *reject a resolution* een motie verwerpen [2] **besluit,** beslissing, voornemen ♦ *good resolutions* goede voornemens
²**res·o·lu·tion** /rezəluːʃn/ [niet-telb zn] [1] **oplossing,** ontbinding, ontleding, omzetting [2] **vastberadenheid,** beslistheid, vastbeslotenheid, standvastigheid, kordaatheid [3] **ontknoping** ⟨van intrige⟩ [4] ⟨med⟩ **verdwijning,** slinking, opdroging ⟨zonder ettering; van gezwel⟩ [5] ⟨letterk⟩ **ontbinding** ⟨van lange lettergreep tot twee korte⟩ [6] ⟨muz⟩ **oplossing** ⟨van dissonant⟩ [7] **resolutie** ⟨fijnheid van tv-beeld⟩ [8] ⟨foto⟩ **detailscherpte,** resolutie [9] ⟨natuurk⟩ **scheidend vermogen,** oplossend vermogen [10] ⟨techn⟩ **ontbinding** ⟨van krachten⟩
¹**re·sol·u·tive** /rɪzɒljʊtɪv, ᴬrɪzɑljətɪv/ [telb zn] ⟨med⟩ **oplossend middel,** oplosmiddel
²**re·sol·u·tive** /rɪzɒljʊtɪv, ᴬrɪzɑljətɪv/ [bn] **oplossend,** ontbindend ♦ ⟨jur⟩ *resolutive condition* ontbindende voorwaarde
re·solv·a·bil·i·ty /rɪzɒlvəbɪləti, ᴬrɪzɑlvəbɪləti/ [niet-telb zn] **oplosbaarheid**
re·solv·a·ble /rɪzɒlvəbl, ᴬ-zɑl-/ [bn; zn: ~ness] [1] **oplosbaar** [2] **analyseerbaar,** ontleedbaar, ontbindbaar, herleidbaar ♦ *resolvable into* herleidbaar tot
¹**re·solve** /rɪzɒlv, ᴬrɪzɑlv/ [telb zn] [1] **besluit,** beslissing, voornemen ♦ *a firm resolve to stay* een vast voornemen om te blijven; *keep one's resolve* bij zijn beslissing blijven [2] ⟨AE⟩ **resolutie,** aangenomen conclusie, motie, voorstel, plan, ⟨jur⟩ uitspraak
²**re·solve** /rɪzɒlv, ᴬrɪzɑlv/ [niet-telb zn] ⟨form⟩ **vastberadenheid,** beslistheid, vastbeslotenheid, standvastigheid ♦ *deeds of high resolve* daden die getuigen van een grote vastberadenheid
³**re·solve** /rɪzɒlv, ᴬrɪzɑlv/ [onov ww] [1] **een beslissing nemen,** een besluit nemen, beslissen, besluiten, zich voornemen ♦ *he resolved against drinking* hij nam zich voor niet te drinken; *they resolved (up)on a plan* zij keurden een plan goed; *they resolved (up)on doing sth.* zij besloten iets te doen [2] **zich uitspreken,** een uitspraak doen, zich verklaren ♦ *the committee resolved against nuclear energy* het comité sprak zich uit tegen kernenergie; *Parliament would resolve up(on) the sending of troops* het Parlement zou zich uitspreken over het zenden van troepen [3] **zich oplossen,** zich ontbinden, uiteenvallen, ⟨med⟩ vanzelf verdwijnen, slinken, opdrogen ⟨van gezwel⟩ [4] ⟨muz⟩ **zich oplossen** ⟨dissonant in consonant⟩; → **resolved**
⁴**re·solve** /rɪzɒlv, ᴬrɪzɑlv/ [ov ww] [1] **beslissen,** besluiten ♦

he resolved to *leave* hij besloot weg te gaan; *she resolved to succeed* zij was vastbesloten te slagen; *the assembly resolved that ...* de vergadering sprak er zich voor uit/besliste dat ... ② oplossen, een oplossing vinden voor, opheldern, opklaren ③ verklaren, uitleggen ④ opheffen, wegnemen ⟨twijfel⟩ ⑤ ontbinden, (doen) oplossen, herleiden, analyseren, ontleden ⑥ omzetten, veranderen ♦ *resolve o.s. into* zich veranderen in; *resolve sth. into* iets omzetten in; *the problem resolved itself into this:* het probleem kwam hierop neer:; *the meeting resolved itself into a committee* de vergadering ging in comité generaal ⑦ ertoe brengen, doen beslissen, tot de beslissing/het besluit brengen ♦ *that news resolved us (up)on going back* dat nieuws deed ons besluiten terug te keren; *that resolved us to ...* dat deed ons besluiten om ... ⑧ besluiten, beëindigen, bijleggen ⟨geschil⟩ ⑨ uitwerken ⟨ontknoping van een toneelstuk⟩ ⑩ ⟨med⟩ doen verminderen/verdwijnen/opdrogen/slinken ⟨gezwel⟩ ⑪ ⟨taalk⟩ ontbinden ⟨lange lettergreep in twee korte⟩ ⑫ ⟨muz⟩ oplossen ⟨dissonant⟩ ⑬ ⟨wisk⟩ ontbinden ⟨vector⟩ ⑭ ⟨natuurk⟩ scheiden, oplossen ⟨beeld⟩ ⑮ ⟨techn⟩ ontbinden ⟨krachten⟩; → **resolved**

re·solv·ed /rɪzɒlvd/, ᴬ/rɪzɑlvd/ [bn; oorspronkelijk volt deelw van resolve; bw: ~ly; zn: ~ness] **vastbesloten,** vastberaden, resoluut, beslist

¹re·sol·vent /rɪzɒlvənt/, ᴬ-zɑl-/ [telb zn] ⟨vnl med⟩ **oplossend/ontzwellend middel,** oplosmiddel

²re·sol·vent /rɪzɒlvənt/, ᴬ-zɑl-/ [bn, attr] ⟨vnl med⟩ **oplossend,** ontbindend

re·solv·ing pow·er [niet-telb zn] ⟨techn⟩ **oplossend vermogen,** scheidend vermogen ⟨van lens⟩

res·o·nance /rezənəns/ [telb + niet-telb zn] **resonantie,** weerklank, weergalm

resonance body, resonance box, resonance chamber [telb zn] **klankkast**

¹res·o·nant /rezənənt/ [telb zn] ⟨taalk⟩ **resonant,** sonorant

²res·o·nant /rezənənt/ [bn; bw: ~ly] ① **resonerend,** weerklinkend, weergalmend ② **vol,** diep ⟨van stem⟩

³res·o·nant /rezənənt/ [bn, pred; bw: ~ly] **gevuld,** vol ⟨met geluid⟩ ♦ *resonant with music* vol muziek

res·o·nate /rezəneɪt/ [onov ww] **resoneren,** weerklinken, weergalmen

res·o·na·tor /rezəneɪtə, ᴬ-neɪtər/ [telb zn] ① **resonator,** resonerend systeem, klankbodem ② ⟨elektronica⟩ **resonator,** trillingskring

¹re·sorb /rɪsɔːb/, ᴬ/rɪsɔrb/ [onov ww] **resorptie ondergaan,** geresorbeerd worden

²re·sorb /rɪsɔːb/, ᴬ/rɪsɔrb/ [ov ww] **resorberen,** opslorpen, weer opnemen ⟨vocht⟩

re·sorb·ence /rɪsɔːbəns/, ᴬ-sɔr-/ [niet-telb zn] **resorptie,** het resorberen

re·sorb·ent /rɪsɔːbənt/, ᴬ-sɔr-/ [bn, attr] **resorberend,** opslorpend

res·or·cin·ol /rɪzɔːsɪnɒl/, ᴬ/rɪzɔrsɪnɒl/, **res·or·cin** /-sɪn/ [niet-telb zn] ⟨scheik⟩ **resorcinol,** resorcine

re·sorp·tion /rɪsɔːpʃn/, ᴬ-sɔr-/ [niet-telb zn] **resorptie,** het resorberen

¹re·sort /rɪzɔːt/, ᴬ/rɪzɔrt/ [telb zn] ① **hulpmiddel,** redmiddel, toevlucht ♦ *in the last resort, as a last resort* in laatste instantie, als laatste uitweg, als de nood aan de man komt, in geval van nood; *you are my last resort* jij bent mijn laatste toevlucht ② **druk bezochte plaats,** (vakantie)oord, ontspanningsoord

²re·sort /rɪzɔːt/, ᴬ/rɪzɔrt/ [niet-telb zn] ① **toevlucht,** bescherming, troost, hulp, steun ♦ ⟨form⟩ *have resort to sth.* zijn toevlucht nemen tot iets; *without resort to* zonder zijn toevlucht te nemen tot ② **toevloed,** samenstroming, samenloop ⟨van personen⟩, druk/geregeld bezoek ♦ *a place of great resort* een druk bezochte plaats; *a place of public resort* een openbare gelegenheid

re-sort /riːsɔːt/, ᴬ/riːsɔrt/ [ov ww] **opnieuw/weer/nogmaals sorteren/uitzoeken/rangschikken/indelen**

re·sort to [onov ww] ① **zijn toevlucht nemen tot** ♦ *she resorted to drink* zij gaf zich over aan de drank; *resort to force* zijn toevlucht nemen tot geweld ② **zich (dikwijls) begeven naar,** druk/vaak/in groten getale bezoeken ♦ *they resorted to the place of pilgrimage by hundreds* ze stroomden met honderden in de bedevaartplaats samen

¹re·sound /rɪzaʊnd/ [onov ww] **weerklinken** ⟨ook figuurlijk⟩, weergalmen ♦ *his fame resounded in/through the world* heel de wereld sprak van hem; *the streets resounded with cheering* de straten weergalmden van het gejuich; → **resounding**

²re·sound /rɪzaʊnd/ [ov ww] ① **weerkaatsen,** doen weerklinken/weergalmen ② **verkondigen,** prijzen, loven, verheerlijken; → **resounding**

¹re-sound /riːsaʊnd/ [onov ww] **opnieuw/weer klinken**

²re-sound /riːsaʊnd/ [ov ww] **opnieuw/weer laten klinken**

re·sound·ing /rɪzaʊndɪŋ/ [bn, attr; (oorspronkelijk) tegenwoordig deelw van resound; bw: ~ly] ① **(weer)klinkend** ♦ *a resounding speech* een klinkende toespraak ② **zeer groot,** onmiskenbaar, krachtig, sterk ♦ *a resounding success* een daverend succes

¹re·source /rɪzɔːs, -sɔːs, ᴬ/rɪzɔrs, ᴬ-sɔrs/ [telb zn] ① **hulpbron,** redmiddel, hulpmiddel, middel ♦ *be at the end of one's resources* aan het einde van zijn Latijn zijn; *a man of no resources* iemand zonder middelen; *left to one's own resources* aan zijn lot overgelaten ② **toevlucht** ③ **ontspanningsmiddel,** ontspanning, tijdverdrijf, liefhebberij, vrijetijdsbesteding ♦ *leave s.o. to his own resources* iemand zijn vrije tijd zelf laten vullen; *he is a man of no resources* hij heeft geen liefhebberijen; *reading is his only resource* lezen is zijn enige ontspanning ④ ⟨vero⟩ **uitweg,** uitkomst, oplossing ♦ *as a last resource* als laatste uitweg; *lost without resource* reddeloos verloren

²re·source /rɪzɔːs, -sɔːs, ᴬ/rɪzɔrs, ᴬ-sɔrs/ [niet-telb zn] **vindingrijkheid** ♦ *he is full of resource/a man of resource* hij is (zeer) vindingrijk, hij weet zich altijd te redden

³re·source /rɪzɔːs, -sɔːs, ᴬ/rɪzɔrs, ᴬ-sɔrs/ [ov ww] **van (geldelijke) middelen voorzien,** inrichten, bevoorraden, financieren

re·source·ful /rɪzɔːsfl, -sɔːs-, ᴬ/rɪzɔrsfl, ᴬ-sɔrs-/ [bn; bw: ~ly; zn: ~ness] ① **vindingrijk** ② **rijk aan hulpbronnen/(hulp)middelen**

re·source·less /rɪzɔːsləs, -sɔːs-, ᴬ/rɪzɔrs-, ᴬ-sɔrs-/ [bn; zn: ~ness] ① **zonder middelen** ② **hulpeloos**

re·sourc·es /rɪzɔːsɪz, -sɔːsɪz, ᴬ/rɪzɔrsɪz, ᴬ-sɔrsɪz/ [alleen mv] ① **rijkdommen,** (geld)middelen, voorraden, bestaansmiddelen, bezittingen ② **verdedigingsmiddelen** ③ ⟨AE⟩ **activa,** bedrijfsmiddelen

resp [afk] ① (respective) ② (respectively) **resp.** ③ (respiration)

¹re·spect /rɪspekt/ [telb zn] **opzicht,** detail, (oog)punt, aspect ♦ *in no respect* in geen enkel opzicht; *in one respect* in één opzicht; *in some respect* in zeker opzicht, enigermate; *in every respect* in elk opzicht; *in all/many/some/several respects* in alle/vele/sommige/verschillende opzichten

²re·spect /rɪspekt/ [niet-telb zn] ① **betrekking,** relatie, verhouding, verwijzing ♦ *have respect to sth.* betrekking hebben op iets; ⟨form⟩ *in respect of* met betrekking tot, wat betreft; (als betaling) voor; ⟨form⟩ *with respect to* met betrekking tot, wat betreft ② **aandacht,** zorg, inachtneming, consideratie ♦ *have no respect for* geen oog hebben voor; *have/pay respect for/to sth.* aandacht schenken aan/ letten op/rekening houden met iets; *without respect to* zonder te letten op, ongeacht; *without respect of persons* zonder aanzien des persoons ③ **eerbied,** achting, ontzag, respect ♦ *have/show respect for s.o.* eerbied hebben voor iemand; *be held in the greatest respect* zeer in aanzien zijn,

respect

groot aanzien genieten; ⟨inf⟩ *respect to you!* respect! ⟨uiting van bewondering⟩; *win the respect of everybody* bij iedereen respect afdwingen; *with respect to* als u mij toestaat · ⟨sprw⟩ *respect is greater from a distance* ± men heeft meer respect voor iemand die zich op een afstand houdt

³**re·spect** /rɪspekt/ [ov ww] ① respecteren, eerbiedigen, (hoog)achten, ontzag hebben voor ♦ *respect o.s.* zelfrespect hebben ② ontzien, ongemoeid laten; → respecting

⁴**respect** /rɪspekt/ [tw] respect! ⟨ten teken van bewondering⟩

re·spect·a·bil·i·ties /rɪspektəbɪlətiz/ [alleen mv] fatsoen, welvoeglijkheid, sociale conventies

¹**re·spect·a·bil·i·ty** /rɪspektəbɪləti/ [telb zn] persoon van aanzien/fatsoen, notabele

²**re·spect·a·bil·i·ty** /rɪspektəbɪləti/ [niet-telb zn] ① fatsoen, achtenswaardigheid, achtbaarheid, fatsoenlijkheid, respectabiliteit ② personen van aanzien, notabelen

¹**re·spect·a·ble** /rɪspektəbl/ [telb zn] fatsoenlijk/achtbaar/voornaam persoon

²**re·spect·a·ble** /rɪspektəbl/ [bn; bw: respectably; zn: ~ness] ① achtenswaardig, achtbaar, eerbiedwaardig ② respectabel, (tamelijk) groot, behoorlijk, flink, (vrij) aanzienlijk ♦ *a respectable income* een behoorlijk inkomen ③ fatsoenlijk ⟨ook ironisch⟩, presentabel ♦ *respectable clothes* fatsoenlijke kledij ④ solide, degelijk, ordelijk, bekend ⟨van adres⟩

re·spect·er /rɪspektə, ᴬ-ər/ [telb zn] · *be no respecter of* niet respecteren, geen rekening houden met

re·spect·ful /rɪspek(t)fl/ [bn; bw: ~ly; zn: ~ness] eerbiedig ♦ *yours respectfully* met eerbiedige hoogachting, uw dienstwillige/dw.

re·spect·ing /rɪspektɪŋ/ [vz; oorspronkelijk tegenwoordig deelw van respect] ① in acht/overweging nemend ♦ *respecting his reputation I'd keep out of his way* zijn reputatie in acht nemend zou ik uit zijn buurt blijven ② betreffende, aangaande, over, met betrekking tot, (voor) wat betreft ♦ *suggestions respecting the timetable* voorstellen in verband met het rooster

re·spec·tive /rɪspektɪv/ [bn, attr; zn: ~ness] respectief

re·spec·tive·ly /rɪspektɪvli/ [bw] respectievelijk

re·spect·less /rɪspek(t)ləs/ [bn; bw: ~ly] respectloos, eerbiedloos, zonder respect/eerbied

re·spects /rɪspekts/ [alleen mv] eerbetuigingen, (beleefde) groeten, complimenten ♦ *give her my respects* doe haar de groeten; ⟨form⟩ *pay one's respects to s.o.* bij iemand zijn opwachting maken; *pay one's last respects to s.o.* iemand de laatste eer bewijzen ⟨bij overlijden⟩; *send one's respects to s.o.* iemand de groeten doen, iemand laten groeten

re·spell /riːspel/ [ov ww] herspellen, opnieuw/anders spellen

res·pi·ra·ble /respɪrəbl/ [bn; zn: ~ness] ① inadembaar, in te ademen ⟨van lucht, gas, e.d.⟩ ② in staat te ademen

¹**res·pi·ra·tion** /respɪreɪʃn/ [telb + niet-telb zn] ⟨form⟩ ademhaling

²**res·pi·ra·tion** /respɪreɪʃn/ [niet-telb zn] ⟨plantk⟩ respiratie, gasstofwisseling

res·pi·ra·tor /respɪreɪtə, ᴬ-reɪtər/ [telb zn] ① ademhalingstoestel, ademhalingsapparaat, respirator ② gasmasker, rookmasker, stofmasker

res·pi·ra·to·ry /respratri, rɪspɪ-, ᴬrespratɔri/ [bn, attr] ademhalings-, respiratoir

¹**re·spire** /rɪspaɪə, ᴬ-ər/ [onov ww] ① respireren, ademhalen, ademen ② herademen, op adem komen, vrijer ademen

²**re·spire** /rɪspaɪə, ᴬ-ər/ [ov ww] (in)ademen

¹**res·pite** /respɪt, -paɪt, ᴬ-pɪt/ [telb + niet-telb zn] respijt, uitstel, opschorting, schorsing, onderbreking ♦ *work without respite* zonder onderbreking werken

²**res·pite** /respɪt, -paɪt, ᴬ-pɪt/ [ov ww] ① respijt/uitstel geven/verlenen aan, uitstellen ② opschorten ⟨straf, oordeel⟩ ③ tijdelijke verlichting geven aan

re·splen·dence /rɪsplendəns/, **re·splen·den·cy** /-si/ [niet-telb zn] luister, glans, schittering, pracht

re·splend·ent /rɪsplendənt/ [bn; bw: ~ly] luisterrijk, glansrijk, schitterend, prachtig

¹**re·spond** /rɪspɒnd, ᴬrɪspɑnd/ [telb zn] ① ⟨rel⟩ responsorium, tegenzang ② ⟨bouwk⟩ pilaster, wandpijler

²**re·spond** /rɪspɒnd, ᴬrɪspɑnd/ [onov ww] ① antwoorden ⟨ook bridge⟩ ② reageren, gehoor geven, gevoelig zijn, antwoorden ♦ *respond to an offer* op een aanbod ingaan; *respond to kindness* vriendelijkheid beantwoorden; *respond to certain needs* inspelen op bepaalde behoeftes; *not respond to painkillers* niet reageren op pijnstillende middelen ③ ⟨rel⟩ responderen, op voorzanger/priester bij beurtzang ④ ⟨AE⟩ verantwoordelijk/aansprakelijk zijn, instaan, responderen

³**re·spond** /rɪspɒnd, ᴬrɪspɑnd/ [ov ww] beantwoorden, antwoorden op

re·spon·dence /rɪspɒndəns, ᴬrɪspɑn-/, **re·spon·den·cy** /-si/ [telb + niet-telb zn] ① antwoord ② reactie, gehoor ③ overeenstemming

¹**re·spon·dent** /rɪspɒndənt, ᴬrɪspɑn-/ [telb zn] ① respondent, verdediger ⟨van dissertatie⟩ ② ⟨jur⟩ gedaagde ⟨in beroep of echtscheidingsproces⟩ ③ ondervraagde, geënquêteerde, reflectant ⟨bij enquête⟩ ④ ⟨biol⟩ respons, reflex ⟨op uitwendige prikkel⟩

²**re·spon·dent** /rɪspɒndənt, ᴬrɪspɑn-/ [bn] ① antwoordend, antwoord gevend ② reagerend, gehoor gevend ♦ *respondent to* gehoor gevend aan, overeenkomstig ③ ⟨jur⟩ gedaagd

re·spon·den·tia /respɒndenʃɪə, ᴬ-spɑn-/ [niet-telb zn] ⟨scheepv⟩ bodemerij

¹**re·sponse** /rɪspɒns, ᴬrɪspɑns/ [telb zn] ① antwoord ⟨ook bridge⟩, repliek, tegenzet ♦ *he made/gave no response* hij bleef het antwoord schuldig ② ⟨rel⟩ responsorium, tegenzang

²**re·sponse** /rɪspɒns, ᴬrɪspɑns/ [telb + niet-telb zn] reactie, gehoor, weerklank, weerwerk, ⟨psych⟩ respons ♦ *it called forth no response in his breast* het vond bij hem geen weerklank, het maakte op hem geen indruk; *conditioned response* voorwaardelijke/geconditioneerde reactie; *in response to* ingevolge, als antwoord op; *meet with no response* geen weerklank vinden, geen indruk maken

re·spon·si·bil·i·ty /rɪspɒnsəbɪləti, ᴬrɪspɑnsəbɪləti/ [telb + niet-telb zn] verantwoordelijkheid, aansprakelijkheid ♦ *assume full responsibility for sth.* de volle verantwoordelijkheid voor iets op zich nemen; *on one's own responsibility* op eigen verantwoordelijkheid; *refuse all responsibility* alle verantwoordelijkheid afwijzen; *take the responsibility* de verantwoordelijkheid nemen

¹**re·spon·si·ble** /rɪspɒnsəbl, ᴬrɪspɑn-/ [bn; bw: responsibly] ① betrouwbaar, degelijk, solide ② verantwoordelijk, belangrijk ⟨van baan⟩

²**re·spon·si·ble** /rɪspɒnsəbl, ᴬrɪspɑn-/ [bn, pred; bw: responsibly] verantwoordelijk, aansprakelijk, responsabel, verantwoording verschuldigd ♦ *be responsible for* verantwoordelijk zijn voor, de oorzaak zijn van, de schuld dragen van, debet zijn aan; *be responsible to* verantwoording verschuldigd zijn aan

re·spon·sions /rɪspɒnʃnz, ᴬrɪspɑnʃnz/ [alleen mv; the] ⟨BE⟩ eerste van de drie examens voor de graad van Bachelor of Arts ⟨Oxford⟩

re·spon·sive /rɪspɒnsɪv, ᴬrɪspɑn-/ [bn; bw: ~ly; zn: ~ness] ① responsief, een antwoord inhoudend, als antwoord ② responsoriaal, responsorisch ⟨van gezang, gebed⟩ ③ ontvankelijk, gevoelig, impressionabel, meelevend ♦ *responsive to* ontvankelijk voor, reagerend op

re·spon·so·ry /rɪspɒnsəri, ᴬrɪspɑn-/ [telb zn] responsorie, responsorium, antwoord van het koor ⟨in kerkelijke beurtzang⟩

re·spot /riːspɒt, ᴬ-spɑt/ [ov ww] ⟨snookerbiljart⟩ terugleggen ⟨op vaste plaats van gepotte, gekleurde bal⟩

re·spray /riːspreɪ/ [ov ww] overspuiten ⟨auto⟩

¹rest /rest/ [telb zn] ① rustplaats, pleisterplaats, verblijf, tehuis ⟨voor zeelieden, enz.⟩ ② ⟨benaming voor⟩ steun, standaard, houder, statief, bok, steunpunt ⟨voor gevelde lans aan het harnas⟩ ③ ⟨muz⟩ rust(teken) ④ ⟨letterk⟩ cesuur ⑤ ⟨BE⟩ reservefonds van bank

²rest /rest/ [telb + niet-telb zn] rust ⟨ook muziek⟩, slaap, pauze, rusttijd, ruststand, stilstand ♦ *at rest* in ruste; stil, onbeweeglijk; kalm, rustig, bedaard; *he is finally at rest* hij heeft eindelijk rust gevonden; *bring to rest on* eindigen met; *come to rest* tot stilstand komen; *give it a rest* laat het even rusten, hou er even mee/over op; *go/retire to rest* zich ter ruste begeven; *let's have/take a rest* laten we even pauzeren/uitrusten; *lay to rest* te ruste leggen, begraven; sussen, doen bedaren, opheffen; *set at rest* geruststellen, doen bedaren; uit de weg ruimen ⟨kwestie⟩ · ⟨AE; mil⟩ *rest!* op de plaats rust!; ⟨sprw⟩ *a change is as good as a rest* ± verandering van spijs doet eten, ± verandering van werk is rust in de lenden

³rest /rest/ [verzameln; the] de rest, het overschot, het overige, de overigen ♦ *for the rest* voor de rest, overigens; *and/all the rest of it* en de rest · ⟨sprw⟩ *if one sheep leaps over the ditch, all the rest will follow* als één schaap over de dam is, volgen er meer

⁴rest /rest/ [onov ww] ① rusten, stil staan, slapen, pauzeren, begraven liggen, rust hebben ♦ *rest against* rusten tegen, leunen tegen; *I feel completely rested* ik voel me helemaal uitgerust; *rest from* uitrusten van; ⟨BE⟩ *that actor is resting* die acteur zit zonder werk; *rest on one's laurels* op zijn lauweren rusten; *there the matter rests* daar blijft het bij; ⟨AE⟩ *rest up* helemaal uitrusten ② blijven ⟨in een bepaalde toestand⟩ ♦ *rest assured* wees gerust, wees ervan verzekerd ③ braak liggen ④ ⟨AE; jur⟩ vrijwillig de bewijsvoering staken · *rest in (God)* zich verlaten/vertrouwen op ⟨God⟩; zie: **rest on**; zie: **rest with**

⁵rest /rest/ [ov ww] ① laten (uit)rusten, rust geven ♦ ⟨jur⟩ *rest one's case* zijn pleidooi/requisitoir beëindigen; *God rest his soul* God hebbe zijn ziel; ⟨form⟩ *when we were rested* toen we gerust hadden/uitgerust waren; *sit down and rest yourself* ga zitten en rust even uit ② doen rusten, leunen, steunen ③ braak laten liggen

re·stage /riːsteɪdʒ/ [ov ww] opnieuw opvoeren ⟨toneelstuk⟩

rest area [telb zn] ⟨vnl AE⟩ parkeerplaats ⟨langs snelweg⟩, aire

¹re·start /riːstɑːt, ᴬ-stɑrt/ [telb zn] ① nieuw begin ② nieuwe start/aanloop ③ ⟨sport⟩ spelhervatting

²re·start /riːstɑːt, ᴬ-stɑrt/ [onov ww] ① opnieuw beginnen ② opnieuw starten ③ ⟨sport⟩ het spel hervatten

³re·start /riːstɑːt, ᴬ-stɑrt/ [ov ww] opnieuw starten, weer op gang brengen, ⟨sport⟩ hervatten ⟨spel⟩ ♦ *restart the engine* de motor weer op gang brengen

re·state /riːsteɪt/ [ov ww] herformuleren, opnieuw zeggen

re·state·ment /riːsteɪtmənt/ [telb + niet-telb zn] herformulering, het opnieuw zeggen

res·tau·rant /restrɔ̃ː, -rɒnt, ᴬrestərənt, ᴬ-rɑnt/ [telb zn] restaurant, restauratie

restaurant car [telb zn] ⟨BE⟩ restauratierijtuig, restauratiewagen

res·tau·ra·teur /restərɜː, ᴬrestərətɜr/, **res·tau·ran·teur** /-strɒn-, ᴬ-stɑːn-/ [telb zn] restaurranthouder, restaurateur

rest balk [telb zn] richel aarde tussen twee ploegvoren

rest cure [telb zn] rustkuur

rest day [telb zn] rustdag

rest·ful /restfl/ [bn; bw: ~ly; zn: ~ness] ① rustig, kalm, vredig ② rustgevend, kalmerend

rest·har·row [telb + niet-telb zn] ⟨plantk⟩ stalkruid ⟨Ononis⟩

rest home [telb zn] rusthuis

rest house [telb zn] ① rustig pension ② ⟨IndE⟩ pleisterplaats, logement

rest·ing-place [telb zn] rustplaats ⟨ook figuurlijk⟩, pleisterplaats, graf

res·ti·tute /restɪtjuːt, ᴬ-tuːt/ [ov ww] ① herstellen, rehabiliteren ② restitueren, teruggeven, vergoeden

res·ti·tu·tion /restɪtjuːʃn, ᴬ-tuːʃn/ [niet-telb zn] ① restitutie, teruggave, vergoeding, schadeloosstelling ♦ *make restitution of sth. to s.o.* iemand iets teruggeven/vergoeden ② herstel van vroegere toestand, het weer aannemen van de oorspronkelijke vorm ③ rehabilitatie ④ ⟨BE; jur⟩ herstel van huwelijksrechten

res·tive /restɪv/ [bn; bw: ~ly; zn: ~ness] ① weerspannig, onhandelbaar, dwars, onwillig, koppig ⟨van paard⟩ ② ongedurig, onrustig, rusteloos ⟨van persoon⟩

rest·less /restləs/ [bn; bw: ~ly; zn: ~ness] ① rusteloos, onrustig, ongedurig, woelig ② onophoudelijk, voortdurend ♦ *restless ambition* niet aflatende eerzucht

rest mass [niet-telb zn] ⟨natuurk⟩ rustmassa

¹re·stock /riːstɒk, ᴬriːstɑk/ [onov ww] de voorraad aanvullen

²re·stock /riːstɒk, ᴬriːstɑk/ [ov ww] opnieuw bevoorraden, weer voorzien van, opnieuw inslaan

rest on, rest upon [onov ww] (be)rusten op, steunen/gevestigd zijn op

re·stor·a·ble /rɪstɔːrəbl/ [bn] herstelbaar, te rehabiliteren

¹res·to·ra·tion /restəreɪʃn/ [telb zn] reconstructie

²res·to·ra·tion /restəreɪʃn/ [telb + niet-telb zn] restauratie, het restaureren, restauratiewerk

³res·to·ra·tion /restəreɪʃn/ [niet-telb zn] ① herstel, het herstellen, herinvoering, rehabilitatie, het beter maken ② teruggave, het teruggeven, het terugbetalen

Res·to·ra·tion /restəreɪʃn/ [eigenn; the; ook attributief] restauratie ⟨in Engeland (de periode na) het herstel van het koningschap der Stuarts in 1660⟩

¹re·stor·a·tive /rɪstɔːrətɪv/ [telb + niet-telb zn] versterkend middel, versterkend voedsel

²re·stor·a·tive /rɪstɔːrətɪv/ [bn] versterkend, herstellend

restorative justice [niet-telb zn] ⟨jur⟩ herstelrecht, slachtoffer-daderbemiddeling

re·store /rɪstɔː, ᴬrɪstɔr/ [ov ww] ① teruggeven, terugbetalen, terugbrengen ♦ *the sculpture has been restored to its owner* het beeld is aan de eigenaar teruggegeven ② restaureren ♦ *restore a church to its original state* een kerk in zijn oorspronkelijke staat herstellen ③ reconstrueren ④ in ere herstellen, rehabiliteren ♦ *they will have to restore him to his former position* zij zullen hem wel zijn vroegere functie moeten geven ⑤ genezen, beter maken, opknappen ♦ *she is quite restored* zij is weer helemaal de oude; *restore to health* weer gezond maken ⑥ herstellen, weer invoeren, vernieuwen, terugbrengen ♦ *restore to use* weer in gebruik nemen ⑦ in de vorige toestand herstellen, terugzetten, terugplaatsen ♦ *an elastic body restores itself* een elastisch lichaam neemt zijn oorspronkelijke vorm weer aan

re·stor·er /rɪstɔːrə, ᴬrɪstɔrər/ [telb zn] restaurateur ⟨van beschadigde kunstwerken⟩

re·strain /rɪstreɪn/ [ov ww] ① tegenhouden, weerhouden, beletten ♦ *restrain from* weerhouden van ② aan banden leggen, beteugelen, beperken, in bedwang houden ③ bedwingen, onderdrukken, in toom houden ④ opsluiten, insluiten; → **restrained**

re·strain /riːstreɪn/ [ov ww] opnieuw zeven, weer filteren

re·strain·a·ble /rɪstreɪnəbl/ [bn] ① te weerhouden ② te beteugelen, te beperken ③ te bedwingen, te onderdruk-

restrained

ken ④ op/in te sluiten
re·strain·ed /rɪstreɪnd/ [bn; oorspronkelijk volt deelw van restrain] ① beheerst, kalm ② ingetogen, sober, gematigd, gedekt ⟨van kleur⟩
restraining arc [telb zn] ⟨voetb⟩ strafschopcirkel
¹**re·straint** /rɪstreɪnt/ [telb zn] beperking, belemmering ♦ *restraint against* beperking op; *a restraint of trade* een handelsbelemmering
²**re·straint** /rɪstreɪnt/ [telb + niet-telb zn] ① terughoudendheid, gereserveerdheid, zelfbeheersing ② beteugeling, bedwang, onderdrukking ♦ *in restraint of excessive drinking* om het drankmisbruik aan banden te leggen; *be put under restraint* opgesloten worden in een inrichting; *without restraint* vrijelijk, in onbeperkte mate ③ ingetogenheid, soberheid
re·strict /rɪstrɪkt/ [ov ww] ① beperken, begrenzen, aan banden leggen ♦ *restrict to* beperken tot; *restrict within narrow limits* binnen nauwe grenzen beperken ② voor beperkte kennisname bestempelen; → **restricted**
re·strict·ed /rɪstrɪktɪd/ [bn; (oorspronkelijk) volt deelw van restrict; bw: ~ly] ① beperkt, begrensd ② vertrouwelijk ⟨van informatie⟩ ③ ⟨AE⟩ niet toegankelijk voor leden van minderheidsgroeperingen ◻ *this is a restricted area* ⟨BE⟩ hier geldt een snelheidsbeperking; ⟨AE⟩ dit gebied is verboden voor militairen
¹**re·stric·tion** /rɪstrɪkʃn/ [telb zn] beperking, (beperkende) bepaling, restrictie, voorbehoud
²**re·stric·tion** /rɪstrɪkʃn/ [niet-telb zn] ① het beperken, het begrenzen, het aan banden leggen ② het beperkt worden, het begrensd worden, het aan banden gelegd worden
re·stric·tive /rɪstrɪktɪv/ [bn; bw: ~ly; zn: ~ness] beperkend ⟨ook taalkunde⟩, restrictief ♦ ⟨ec⟩ *restrictive practices* beperkende praktijken ⟨van vakbonden of producenten⟩; ⟨ec⟩ *restrictive trade practices* beperkende handelspraktijken
rest room [telb zn] ⟨AE⟩ toilet ⟨in restaurant, kantoor enz.⟩
re·struc·ture /riːstrʌktʃə, ᴬ-ər/ [ov ww] herstructureren, opnieuw bouwen
rest with [onov ww] berusten bij
¹**re·sult** /rɪzʌlt/ [telb zn] ① uitkomst ⟨van rekensom⟩, resultante, antwoord ② ⟨BE; inf; sport⟩ overwinning, gewonnen partij
²**re·sult** /rɪzʌlt/ [telb + niet-telb zn] ① resultaat, uitkomst, uitslag, afloop ♦ *without result* zonder resultaat, vruchteloos, tevergeefs ② gevolg, effect, uitvloeisel, uitwerking, voortvloeisel ♦ *as a result* dientengevolge; *as a result of* ten gevolge van; *with the result that* met als gevolg dat, zodat
³**re·sult** /rɪzʌlt/ [onov ww] ① volgen, het gevolg zijn ♦ *result from* voortvloeien/volgen/voortkomen uit ② aflopen, uitpakken ♦ *result in* uitlopen op, tot gevolg hebben ③ ⟨jur⟩ vervallen ♦ *result to* vervallen aan
¹**re·sul·tant** /rɪzʌltənt/ [telb zn] resultaat, uitkomst, uitwerking, ⟨natuurk, wisk⟩ resultante
²**re·sul·tant** /rɪzʌltənt/ [bn] resulterend, eruit voortvloeiend
re·sul·ta·tive /rɪzʌltətɪv/ [bn] gevolgaanduidend, conclusief
re·sults /rɪzʌlts/ [alleen mv] uitslagen ⟨van sportwedstrijden⟩
¹**re·sume** /rɪzjuːm, ᴬrɪzuːm/ [onov + ov ww] opnieuw beginnen, hervatten, hernemen, weer aanknopen, weer opnemen
²**re·sume** /rɪzjuːm, ᴬrɪzuːm/ [ov ww] ① terugnemen, terugkrijgen, weer aannemen/innemen ② voortzetten, hervatten, vervolgen ③ resumeren, samenvatten
rés·u·mé /rez(j)ʊmeɪ, reɪ-, ᴬreɪzʊmeɪ/ [telb zn] ① resumé, (korte) samenvatting, beknopt overzicht, korte inhoud ② ⟨vnl AE⟩ curriculum vitae

re·sump·tion /rɪzʌmpʃn/ [niet-telb zn] ① het hervatten, het hernemen, voortzetting, hervatting ② het terugnemen, het terugkrijgen
re·sump·tive /rɪzʌmptɪv/ [bn] ① hervattend, hernemend, voortzettend ② resumerend, samenvattend
re·su·pi·nate /rɪsjuːpɪneɪt, -nət, ᴬriːsuː-/ [bn] ⟨plantk⟩ ondersteboven, omgekeerd
¹**re·sur·face** /riːsɜːfɪs, ᴬ-sɜr-/ [onov ww] weer opduiken, weer boven water komen, weer aan de oppervlakte komen
²**re·sur·face** /riːsɜːfɪs, ᴬ-sɜr-/ [ov ww] het oppervlak vernieuwen van, van een nieuw wegdek voorzien
re·surge /rɪsɜːdʒ, ᴬrɪsɜrdʒ/ [onov ww] herleven, herrijzen, verrijzen, opstaan (als) uit de dood
re·sur·gence /rɪsɜːdʒns, ᴬ-sɜr-/ [telb zn; alleen enk] heropleving, herrijzenis, verrijzenis, opstanding
re·sur·gent /rɪsɜːdʒnt, ᴬ-sɜr-/ [bn] weer oplevend, herlevend, herrijzend, verrijzend
¹**res·ur·rect** /rezərekt/ [onov ww] herleven, herrijzen, verrijzen, (weer) opstaan
²**res·ur·rect** /rezərekt/ [ov ww] ① weer tot leven brengen, doen herleven ② opgraven, weer voor de dag halen, oprakelen, opdiepen
¹**res·ur·rec·tion** /rezərekʃn/ [telb zn] herleving, opleving, opstanding
²**res·ur·rec·tion** /rezərekʃn/ [niet-telb zn] het opgraven, het opdiepen, het weer voor de dag halen
Res·ur·rec·tion /rezərekʃn/ [eigenn; the] ⟨rel⟩ de verrijzenis, de opstanding
res·ur·rec·tion·al /rezərekʃnəl/ [bn] van de verrijzenis, van de opstanding
resurrection plant [telb zn] ⟨plantk⟩ roos van Jericho ⟨Anastatica hierochuntica⟩
¹**re·sur·vey** /riːsɜːveɪ, ᴬ-sɜr-/ [telb zn] ① nieuw overzicht ② nieuw onderzoek ③ nieuwe (op)meting, nieuwe taxatie/inspectie
²**re·sur·vey** /riːsəveɪ, ᴬ-sər-/ [ov ww] ① opnieuw in ogenschouw nemen ② opnieuw onderzoeken ③ opnieuw (op)meten, opnieuw taxeren/inspecteren
¹**re·sus·ci·tate** /rɪsʌsɪteɪt/ [onov ww] weer opleven, weer bijkomen, uit de dood opstaan
²**re·sus·ci·tate** /rɪsʌsɪteɪt/ [ov ww] ① weer bijbrengen, reanimeren, in het leven terugroepen ② doen herleven
re·sus·ci·ta·tion /rɪsʌsɪteɪʃn/ [telb + niet-telb zn] resuscitatie, (weder)opwekking, reanimatie
re·sus·ci·ta·tive /rɪsʌsɪtətɪv, ᴬ-teɪtɪv/ [bn] reanimatie-
re·sus·ci·ta·tor /rɪsʌsɪteɪtə, ᴬ-teɪtər/ [telb zn] ① reanimist ② zuurstofapparaat
¹**ret** /ret/, **rate** /reɪt/ [onov ww] rotten ⟨van hooi⟩
²**ret** /ret/, **rate** /reɪt/ [ov ww] roten, weken ⟨vlas, enz.⟩
³**ret, retd** [afk] ① (retained) ② (retired) gep., b.d. ③ (returned)
re·ta·ble /riːteɪbl/ [telb zn] retabel ⟨achterstuk/tafel van een altaar⟩
¹**re·tail** /riːteɪl/ [niet-telb zn] kleinhandel, detailhandel ♦ *at retail* en détail
²**re·tail** /riːteɪl/ [bn, attr] van de detailhandel, kleinhandels- ♦ *retail prices* kleinhandelsprijzen; *retail sale* detailverkoop; *retail trade* de kleinhandel
³**re·tail** /riːteɪl/ [onov ww] in het klein verkocht worden ♦ *retail at/for fifty cents* in de winkel voor vijftig cent te koop zijn; → **retailing**
⁴**re·tail** /riːteɪl/ [ov ww] in het klein verkopen, en détail verkopen; → **retailing**
⁵**re·tail** /riːteɪl/ [ov ww] omstandig vertellen ♦ *retail gossip* roddelpraatjes rondstrooien
⁶**re·tail** /riːteɪl/ [bw] via de detailhandel, en detail
re·tail·er /riːteɪlə, ᴬ-ər/, **retail dealer** [telb zn] ① detailhandelaar, winkelier, kleinhandelaar ② slijter ③ winkel

re·tail·ing /riːteɪlɪŋ/ [niet-telb zn; oorspronkelijk tegenwoordig deelw van retail] winkelverkoop, verkoop en détail, detailhandel

¹**re·tail·ment** /riːteɪlmənt/ [niet-telb zn] het en détail verkopen

²**re·tail·ment** /rɪteɪlmənt/ [niet-telb zn] het in details vertellen

¹**retail park** [telb zn] retailpark, winkelboulevard

²**retail park** [telb zn] ⟨BE⟩ winkelcentrum aan de periferie van een stad

retail price index [niet-telb zn; the] index van de kleinhandelsprijzen

re·tail-shop, re·tail-store [telb zn] winkel, detailhandel

¹**retail therapy** [niet-telb zn] ⟨scherts⟩ troostkopen, winkeltherapie, troostshoppen

²**retail therapy** [niet-telb zn] ⟨scherts⟩ het lekker gaan winkelen (ter afleiding, om zich beter te voelen)

re·tain /rɪteɪn/ [ov ww] ① vasthouden, tegenhouden, binnenhouden, inhouden ♦ ⟨ec⟩ retained *earnings/profit* ingehouden winst(en); *a retaining* **wall** steunmuur, keermuur, walmuur; *this will retain the* **warmth** dit zal de warmte vasthouden ② (in dienst) nemen (in het bijzonder een advocaat), in de arm nemen, inhuren ♦ *a retaining* **fee** een voorschot (op het honorarium) ③ houden, handhaven, niet afschaffen, niet intrekken, bewaren ♦ *we retain happy* **memories** *of those days* wij bewaren goede herinneringen aan die dagen; *retain* **possession** *of* in bezit houden

re·tain·a·ble /rɪteɪnəbl/ [bn] ① vast te houden, tegen te houden, binnen te houden, in te houden ② te houden, te handhaven, te bewaren, te behouden

¹**re·tain·er** /rɪteɪnə, ᴬ-ər/ [telb zn] ① voorschot ⟨op het honorarium⟩ ② iets dat vasthoudt, borgveer ③ volgeling, vazal, bediende ♦ ⟨scherts⟩ *an old retainer* een oude getrouwe ④ dienstcontract ⑤ foto van een foto

²**re·tain·er** /rɪteɪnə, ᴬ-ər/ [niet-telb zn] ① ⟨jur⟩ retentie ② het in dienst nemen

¹**re·take** /riːteɪk/ [telb zn] ① terugname, herovering ② herhaalde opname ③ herexamen

²**re·take** /riːteɪk/ [ov ww] ① opnieuw nemen, terugnemen, heroveren ② opnieuw gevangen nemen ③ opnieuw fotograferen/filmen ④ opnieuw afleggen ⟨examen⟩

¹**re·tal·i·ate** /rɪtælieɪt/ [onov ww] wraak nemen, represailles nemen, terugslaan ♦ *retaliate* **against/upon** *s.o.* wraak nemen op iemand

²**re·tal·i·ate** /rɪtælieɪt/ [ov ww] vergelden, terugbetalen, betaald zetten ♦ *retaliate an accusation* **on** *s.o.* een beschuldiging terugkaatsen op iemand

re·tal·i·a·tion /rɪtæliˈeɪʃn/ [niet-telb zn] vergelding, wraak, revanche, represaille

re·tal·i·a·tive /rɪtælieɪtɪv, ᴬrɪtælieɪtɪv/, **re·tal·i·a·to·ry** /rɪtæliətri, ᴬ-tɔri/ [bn] vergeldings-, represaille-, wraak-, wraakzuchtig ♦ *retaliative* **duties/tariff** retorsierechten

¹**re·tard** /rɪtɑːd, ᴬ-tɑrd/ [telb zn] ⟨sl⟩ achterlijke, mongool

²**re·tard** /rɪtɑːd, ᴬ-tɑrd/ [telb + niet-telb zn] ① vertraging, oponthoud, uitstel ② achterlijkheid

³**re·tard** /rɪtɑːd, ᴬ-tɑrd/ [ov ww] ophouden, tegenhouden, vertragen, retarderen; → retarded

re·tar·date /rɪtɑːdeɪt, ᴬ-tɑr-/ [telb zn] ⟨AE⟩ geestelijk gehandicapte

¹**re·tar·da·tion** /riːtɑːˈdeɪʃn, ᴬ-tɑr-/, **re·tard·ment** /rɪtɑːdmənt, ᴬ-tɑrd-/ [telb zn] ⟨muz⟩ vertraging ⟨van het tempo⟩

²**re·tar·da·tion** /riːtɑːˈdeɪʃn, ᴬ-tɑr-/, **re·tard·ment** /rɪtɑːdmənt, ᴬ-tɑrd-/ [telb + niet-telb zn] vertraging, oponthoud, uitstel

³**re·tar·da·tion** /riːtɑːˈdeɪʃn, ᴬ-tɑr-/, **re·tard·ment** /rɪtɑːdmənt, ᴬ-tɑrd-/ [niet-telb zn] achterlijkheid, retardatie

re·tar·da·tive /rɪtɑːdətɪv, ᴬrɪtɑrdətɪv/, **re·tar·da·to·ry** /rɪtɑːdətri, ᴬrɪtɑrdətɔri/ [bn] vertragend

re·tard·ed /rɪtɑːdɪd, ᴬ-tɑr-/ [bn; oorspronkelijk volt deelw van retard] achtergebleven, achterlijk, geestelijk gehandicapt

¹**retch** /retʃ/ [telb + niet-telb zn] het kokhalzen

²**retch** /retʃ/ [onov ww] kokhalzen

retd → ret³

re·tell /riːtel/ [ov ww] ① navertellen, opnieuw vertellen ② natellen, opnieuw tellen

¹**re·ten·tion** /rɪtenʃn/ [telb + niet-telb zn] ⟨med⟩ retentie

²**re·ten·tion** /rɪtenʃn/ [niet-telb zn] ① het vasthouden, het tegenhouden, het binnenhouden ② het tegengehouden worden, het tegengehouden worden, het binnengehouden worden ③ het houden, het handhaven, behoud ④ geheugen, het onthouden ⑤ ⟨SchE; jur⟩ retentie(recht)

re·ten·tive /rɪtentɪv/ [bn; bw: ~ly; zn: ~ness] ① vasthoudend, tegenhoudend, binnenhoudend ♦ *be retentive of moisture* goed vocht vasthouden ② sterk ⟨van geheugen⟩, goed ③ ⟨med⟩ op zijn plaats houdend

¹**re·think** /riːθɪŋk/ [telb zn; alleen enk] heroverweging, het opnieuw doordenken

²**re·think** /riːθɪŋk/ [onov + ov ww] heroverwegen, opnieuw bezien/overdenken

R et I [afk] ① (Regina et Imperatrix) ② (Rex et Imperator)

¹**re·ti·ar·y** /riːʃiəri, ᴬriːʃieri/ [telb zn] ⟨dierk⟩ webmakende spin

²**re·ti·ar·y** /riːʃiəri, ᴬriːʃieri/ [bn] ⟨dierk⟩ webmakend

¹**ret·i·cence** /retɪsns/ [telb + niet-telb zn; voornamelijk enk] terughoudendheid, gereserveerdheid, reserve

²**ret·i·cence** /retɪsns/ [niet-telb zn] ① het verzwijgen, het achterhouden ② zwijgzaamheid, geslotenheid, onmededeelzaamheid

ret·i·cent /retɪsnt/ [bn; bw: ~ly] ① terughoudend, gereserveerd ② zwijgzaam, gesloten, onmededeelzaam ♦ *she was reticent* **about/(up)on** *the reason of her departure* zij liet weinig los omtrent de reden van haar vertrek

ret·i·cle /retɪkl/ [telb zn] dradenkruis ⟨in optische instrumenten⟩

re·tic·u·lar /rɪtɪkjʊlə, ᴬ-kjələr/ [bn; bw: ~ly] ① reticulair, netvormig, als een netwerk ② ingewikkeld

¹**re·tic·u·late** /rɪtɪkjʊlət, ᴬ-kjə-/ [bn] reticulair, netvormig, als een netwerk

²**re·tic·u·late** /rɪtɪkjʊlət, -leɪt, ᴬ-kjə-/ [onov ww] een netwerk vormen, in vierkantjes verdeeld worden; → reticulated

³**re·tic·u·late** /rɪtɪkjʊlət, -leɪt, ᴬ-kjə-/ [ov ww] een netwerk maken van, in vierkantjes verdelen; → reticulated

re·tic·u·lat·ed /rɪtɪkjʊleɪtɪd, ᴬ-kjəleɪtɪd/ [bn; volt deelw van reticulate] ① een netwerk vormend ② met een netvormig patroon

re·tic·u·la·tion /rɪtɪkjʊˈleɪʃn, ᴬ-tɪkjə-/ [telb + niet-telb zn; vaak mv] netwerk

ret·i·cule /retɪkjuːl/ [telb zn] ① dradenkruis ⟨in optische instrumenten⟩ ② reticule, damestasje

re·tic·u·lum /rɪtɪkjʊləm, ᴬ-kjə-/ [telb zn; mv: reticula /-lə/] ① netwerk, netvormig membraan, netwerk van protoplasma ② ⟨dierk⟩ netmaag, muts

re·ti·form /riːtɪfɔːm, ᴬretɪfɔrm/ [bn] netvormig

ret·i·na /retɪnə, ᴬretn-ə/ [telb zn; mv: ook retinae /-niː/] ⟨anat⟩ retina, netvlies

re·ti·nal /retɪnl, ᴬretn-l/ [bn] ⟨anat⟩ van/m.b.t. het netvlies

re·ti·ni·tis /retɪnaɪtɪs, ᴬretnaɪtɪs/ [telb + niet-telb zn; mv: retinitides /retɪnɪtɪdiːz, ᴬretnɪtədiːz/] ⟨med⟩ retinitis, netvliesontsteking, netvliesaandoening

ret·i·nue /retɪnjuː, ᴬretn-uː/ [verzamel] gevolg, hofstoet

re·tir·a·cy /rɪtaɪrəsi/ [niet-telb zn] ⟨AE⟩ ① teruggetrokkenheid, afzondering ② kapitaal om te gaan rentenie-

retiral

ren

re·tir·al /rɪtaɪərəl/ [telb zn] ⟨AE, SchE⟩ pensionering

¹re·tire /rɪtaɪə, ᴬ-ər/ [niet-telb zn] aftocht ♦ *sound the retire* de aftocht slaan/blazen, het sein tot de aftocht geven

²re·tire /rɪtaɪə, ᴬ-ər/ [onov ww] [1] zich terugtrekken ⟨ook leger⟩, weggaan, heengaan, terugwijken, zich verwijderen, ⟨form⟩ zich ter ruste begeven ♦ *retire for the night/to bed* zich ter ruste/te bed begeven; *retire from the world* een teruggetrokken leven gaan leiden; in een klooster gaan [2] met pensioen gaan, zich retireren, stil gaan leven ♦ *retire from the navy* de marine verlaten; *retire from practice* zijn praktijk neerleggen; *retire on a pension* met pensioen gaan [3] ⟨cricket⟩ de innings afbreken ⟨vrijwillig, door batsman⟩ ♦ *retire into o.s.* in gedachten verzinken; → **retired, retiring**

³re·tire /rɪtaɪə, ᴬ-ər/ [ov ww] [1] terugtrekken ⟨ook leger⟩, intrekken [2] pensioneren, op pensioen stellen [3] ⟨fin⟩ aflossen, inlossen ♦ *retire bonds/debts* obligaties/schulden aflossen [4] ⟨fin⟩ intrekken, terugnemen, aan de circulatie onttrekken ♦ *retire notes* bankbiljetten intrekken; → **retired, retiring**

re·tir·ed /rɪtaɪəd, ᴬ-ərd/ [bn; volt deelw van retire; bw: ~ly; zn: ~ness] [1] teruggetrokken, afgezonderd, afgelegen [2] gepensioneerd, in ruste, stil levend, rentenierend, buiten dienst ♦ *retired list* lijst van gepensioneerde officieren; *retired pay* ambtenarenpensioen, pensioen van officier

re·ti·ree /rɪtaɪəriː, ᴬrɪtaɪriː/ [telb zn] ⟨vnl AE⟩ gepensioneerde

¹re·tire·ment /rɪtaɪəmənt, ᴬ-taɪər-/ [telb zn] toevluchtsoord, wijkplaats

²re·tire·ment /rɪtaɪəmənt, ᴬ-taɪər-/, ⟨SchE⟩ **re·tir·al** /rɪtaɪərəl/ [telb + niet-telb zn] pensionering, het gepensioneerd worden/zijn, het met pensioen gaan ♦ *go into retirement* stil gaan leven

³re·tire·ment /rɪtaɪəmənt, ᴬ-taɪər-/ [niet-telb zn] [1] afzondering, eenzaamheid, retraite [2] pensioen

retirement pension [telb zn] ⟨ouderdoms⟩pensioen, AOW

retirement plan [telb zn] ⟨AE⟩ particuliere pensioenregeling, pensioenspaarplan

¹re·tir·ing /rɪtaɪərɪŋ, ᴬ-taɪər-/ [bn; oorspronkelijk tegenwoordig deelw van retire; bw: ~ly; zn: ~ness] teruggetrokken, niet opdringerig, bedeesd

²re·tir·ing /rɪtaɪərɪŋ, ᴬ-taɪər-/ [bn, attr; tegenwoordig deelw van retire; bw: ~ly; zn: ~ness] pensioen- ♦ *retiring age* de pensioengerechtigde leeftijd; *retiring allowance* pensioen

re·tool /riːtuːl/ [ov ww] van nieuwe werktuigen/machines voorzien

¹re·tort /rɪtɔːt, ᴬrɪtɔrt/ [telb zn] ⟨scheik⟩ retort, distilleerkolf, kromhals

²re·tort /rɪtɔːt, ᴬrɪtɔrt/ [telb + niet-telb zn] weerwoord, repliek, antwoord, tegenzet ♦ *say (sth.) in retort* (iets) als weerwoord gebruiken

³re·tort /rɪtɔːt, ᴬrɪtɔrt/ [onov ww] een weerwoord geven, antwoorden, een tegenzet doen

⁴re·tort /rɪtɔːt, ᴬrɪtɔrt/ [ov ww] [1] betaald zetten, terugbetalen, vergelden [2] terugkaatsen, terugwerpen ⟨beschuldiging enz.⟩, als tegenzet gebruiken ♦ *I retorted the argument against him* ik gebruikte hetzelfde argument tegen hem; *retort the charge on the accuser* de beschuldiging terugwerpen [3] repliceren, ⟨vinnig⟩ antwoorden, ⟨fig⟩ de bal terugkaatsen [4] ⟨als voltooid deelwoord⟩ omkeren, achteroverbuigen, omdraaien [5] ⟨scheik⟩ zuiveren ⟨kwik d.m.v. verhitting in retort⟩

re·tor·tion /rɪtɔːʃn, ᴬrɪtɔrʃn/ [1] ombuiging ⟨ook figuurlijk⟩, verdraaiing [2] retorsie, represaille(s), vergelding

¹re·touch /riːtʌtʃ/ [telb + niet-telb zn] [1] retouche, het re-

toucheren, het bijwerken [2] bijgewerkt detail

²re·touch /riːtʌtʃ/ [ov ww] retoucheren, bijwerken, opfrissen

re·trace /rɪtreɪs, riː-/ [ov ww] [1] herleiden, terugvoeren tot [2] weer inspecteren [3] weer nagaan ⟨in het geheugen⟩ [4] terugkeren ♦ *retrace one's steps/way* op zijn schreden terugkeren [5] overtrekken ⟨contouren, tekening⟩

¹re·tract /rɪtrækt/ [onov ww] ingetrokken (kunnen) worden ⟨van klauwen, hoorns enz.⟩

²re·tract /rɪtrækt/ [onov + ov ww] intrekken ⟨ook figuurlijk⟩, terugtrekken, herroepen, zich distantiëren van

re·tract·a·ble /rɪtræktəbl/ [bn] intrekbaar, optrekbaar, die/dat ingetrokken kan worden

re·trac·tile /rɪtræktaɪl, ᴬ-tl/ [bn] intrekbaar

¹re·trac·tion /rɪtrækʃn/ [telb + niet-telb zn] retractatie, terugtrekking, intrekking, het terugnemen, herroeping

²re·trac·tion /rɪtrækʃn/ [niet-telb zn] [1] het intrekken, het optrekken [2] het ingetrokken (kunnen) worden

re·trac·tive /rɪtræktɪv/ [bn] terugtrekkend, intrekkend

re·trac·tor /rɪtræktə, ᴬ-ər/ [telb zn] [1] ⟨biol⟩ retractor ⟨spier die intrekt/optrekt⟩ [2] ⟨med⟩ haak ⟨om operatiewond open te houden⟩

re·train /riːtreɪn/ [ov ww] herscholen, omscholen, opnieuw opleiden

re·tral /riːtrəl/ [bn; bw: ~ly] ⟨biol⟩ achteraangelegen, achter-

re·tread /riːtred/ [telb zn] band met nieuw loopvlak, coverband

re·tread /riːtred/ [ov ww] [1] coveren, van een nieuw loopvlak voorzien [2] opnieuw betreden

¹re·treat /rɪtriːt/ [telb zn] [1] toevluchtsoord, wijkplaats, schuilplaats [2] tehuis, asiel

²re·treat /rɪtriːt/ [telb + niet-telb zn] [1] ⟨mil⟩ terugtocht, aftocht ♦ *beat a (hasty) retreat* zich (snel) terugtrekken; ⟨fig⟩ (snel) de aftocht blazen; *in full retreat* in volle aftocht [2] ⟨rel⟩ retraite ♦ *in retreat* op retraite

³re·treat /rɪtriːt/ [niet-telb zn] [1] het zich terugtrekken, afzondering [2] ⟨the⟩ ⟨mil⟩ sein voor de aftocht ♦ *sound the retreat* de aftocht blazen [3] ⟨the⟩ taptoe ⟨avondsignaal⟩

⁴re·treat /rɪtriːt/ [onov ww] teruggaan, zich terugtrekken ⟨ook leger⟩, ook figuurlijk⟩, terugwijken ⟨van kin, voorhoofd e.d.⟩ ♦ *retreat from* zich terugtrekken van, ontvluchten

⁵re·treat /rɪtriːt/ [ov ww] ⟨schaaksp⟩ naar achteren zetten, wegzetten

re·treat·ant /rɪtriːtnt/ [telb zn] ⟨rel⟩ retraitant(e)

¹re·trench /rɪtrentʃ/ [onov ww] bezuinigen

²re·trench /rɪtrentʃ/ [ov ww] [1] besnoeien, inkrimpen, bekorten, beperken, laten afvloeien, weglaten ⟨alinea⟩ [2] ⟨mil⟩ verschansen, van een verschansing voorzien

¹re·trench·ment /rɪtrentʃmənt/ [telb zn] ⟨mil⟩ retranchement, verschansing

²re·trench·ment /rɪtrentʃmənt/ [telb + niet-telb zn] bezuiniging, besnoeiing, (in)krimp(ing), bekorting, beperking, afvloeiing, het weglaten

re·tri·al /riːtraɪəl/ [telb zn] [1] tweede proef, nieuw onderzoek [2] ⟨jur⟩ nieuw onderzoek, revisie

ret·ri·bu·tion /retrɪbjuːʃn/ [telb + niet-telb zn] [1] vergelding, retributie, straf [2] vergoeding

re·trib·u·tive /rɪtrɪbjʊtɪv, ᴬ-bjətɪv/, **re·trib·u·to·ry** /rɪtrɪbjʊtri, ᴬ-bjətɔri/ [bn; bw: ~ly] vergeldend, vergeldings-

re·triev·a·ble /rɪtriːvəbl/ [bn; bw: retrievably] [1] te apporteren [2] terug te winnen, herwinbaar, opvraagbaar, terug te vinden/krijgen/halen [3] te herinneren [4] te redden [5] herstelbaar, te verhelpen

re·triev·al /rɪtriːvl/ [niet-telb zn] [1] het apporteren ♦ *beyond/past retrieval* voorgoed verloren; onherstelbaar [2] herwinning, het terugwinnen, het terugkrijgen, het terugvinden, het terughalen, ⟨comp⟩ retrieval ⟨het opzoe-

ken en zichtbaar maken van data⟩ ③ het herinneren ④ het redden ⑤ het herstellen, het verhelpen
retrieval system [telb zn] ⟨comp⟩ retrievalsysteem
¹**re·trieve** /rɪtriːv/ [niet-telb zn] herstel ♦ *beyond/past retrieve* onherstelbaar
²**re·trieve** /rɪtriːv/ [ov ww] ① apporteren ② terugwinnen, terugvinden, terugkrijgen, herkrijgen, terughalen, ⟨comp⟩ oproepen ⟨informatie⟩ ♦ *retrieve one's fortune* zijn fortuin terugwinnen ③ weer herinneren ④ redden, in veiligheid brengen ♦ *retrieve from* redden uit ⑤ herstellen, weer goedmaken, verhelpen ⑥ ⟨sport, in het bijzonder tennis⟩ halen ⟨moeilijke bal⟩
re·triev·er /rɪtriːvə, ᴬ-ər/ [telb zn] ⟨dierk⟩ retriever ⟨jachthond⟩
¹**ret·ro** /retroʊ/ [telb zn] ⟨AE; inf⟩ ⟨verk: retrospective⟩ retrospectief, overzichtstentoonstelling
²**ret·ro** /retroʊ/ [bn, attr] retro-, door vroeger/een vorige mode geïnspireerd ♦ *retro looks* retrolook
ret·ro- /retroʊ/ retro-, terug, achterwaarts, achter(uit), naar achteren ♦ ⟨biol⟩ *retrosternal* achter het borstbeen gelegen
ret·ro·act /retroʊækt/ [onov ww] ① reageren ② terugwerken, terugwerkende kracht hebben
ret·ro·ac·tion /retroʊækʃn/ [niet-telb zn] ① reactie ♦ *in retroaction* als reactie ② retroactiviteit, terugwerkende kracht ♦ *in retroaction* met terugwerkende kracht
ret·ro·ac·tive /retroʊæktɪv/ [bn; bw: ~ly] retroactief, (met) terugwerkend(e kracht) ♦ ⟨psych⟩ *retroactive inhibition* retroactieve inhibitie
¹**ret·ro·cede** /retrəsiːd/ [onov ww] (terug)wijken, teruggaan
²**ret·ro·cede** /retrəsiːd/ [ov ww] teruggeven ⟨in het bijzonder land⟩, weer afstaan
¹**ret·ro·ced·ence** /retrəsiːdns/, **ret·ro·ces·sion** /-seʃn/ [telb zn] retrogressie, teruggang, terugval
²**ret·ro·ced·ence** /retrəsiːdns/, **ret·ro·ces·sion** /-seʃn/ [telb + niet-telb zn] ① retrocessie, teruggave van gecedeerde vordering ② herverzekering
ret·ro·ced·ent /retrəsiːdnt/ [bn] retrocessief, teruggaand
ret·ro·choir /retroʊkwaɪə, ᴬ-ər/ [telb zn] retrochorus ⟨deel van kerk achter hoogaltaar⟩
re·tro·fit /retroʊfɪt/ [ov ww] ⟨ind⟩ aanbrengen/inbouwen van nieuwe/verbeterde onderdelen in ⟨oudere modellen⟩, vernieuwen, opnieuw aanpassen
ret·ro·flex /retrəfleks/, **ret·ro·flexed** /-flekst/ [bn] ① ⟨biol⟩ achterovergebogen, naar achteren gekanteld ② ⟨taalk⟩ cacuminaal, cerebraal
ret·ro·flex·ion /retrəflekʃn/ [telb + niet-telb zn] ⟨med⟩ retroflexie, achteroverbuiging, het achterover kantelen van de baarmoeder
ret·ro·gra·da·tion /retroʊgrədeɪʃn, ᴬ-greɪ-/ [niet-telb zn] ① achterwaartse beweging, terugtrekking ② omgekeerde beweging ③ retrogressie, teruggang, terugval ④ retrogradatie ⑤ ⟨astron⟩ retrograde beweging ⟨tegengesteld aan die van de aarde/planeten⟩
¹**ret·ro·grade** /retrəgreɪd/ [telb zn] ① gedegenereerde ② teruggang, achteruitgang
²**ret·ro·grade** /retrəgreɪd/ [bn; bw: ~ly] ① achteruitgaand, teruggaand, achterwaarts, retrograde ② omgekeerd ③ retrogradief, terugvallend, degenererend ④ ⟨astron⟩ retrograde ⟨tegengesteld aan die van de aarde/planeten⟩
³**ret·ro·grade** /retrəgreɪd/ [onov ww] ① retrograderen, achterwaarts gaan ② achteruitgaan, terugvallen, afnemen, minder/slechter worden
ret·ro·gress /retrəgres/ [onov ww] retrograderen, achteruitgaan, terugvallen
ret·ro·gres·sion /retrəgreʃn/ [telb zn] retrogressie, teruggang, terugval

return

ret·ro·gres·sive /retrəgresɪv/ [bn; bw: ~ly] teruggaand, achteruitgaand
ret·ro·rock·et /retroʊrɒkɪt, ᴬ-rɑkɪt/ [telb zn] remraket
ret·rorse /rɪtrɔːs, ᴬrɪtrɔrs/ [bn; bw: ~ly] ⟨biol⟩ naar achteren/beneden gedraaid
ret·ro·sex·u·al /retrəsekʃʊəl/ [telb zn] retroseksueel
¹**ret·ro·spect** /retrəspekt/ [telb + niet-telb zn] terugblik ♦ *in retrospect* achteraf gezien
²**ret·ro·spect** /retrəspekt/ [niet-telb zn] rekening, acht, beschouwing ♦ *without retrospect to* zonder te letten op, zonder rekening te houden met, ongeacht
ret·ro·spec·tion /retrəspekʃn/ [telb + niet-telb zn] terugblik, retrospectieve
¹**ret·ro·spec·tive** /retrəspektɪv/ [telb zn] retrospectief, overzichtstentoonstelling
²**ret·ro·spec·tive** /retrəspektɪv/ [bn; bw: ~ly] ① retrospectief, terugblikkend ② retroactief, met terugwerkende kracht ③ achterwaarts gelegen
re·trous·sé /rətruːseɪ, ᴬ-seɪ/ [bn] ± naar boven gekeerd ♦ *a retroussé nose* een wipneus
¹**ret·ro·ver·sion** /retroʊvɜːʃn, ᴬ-vɜrʒn/ [telb zn] teruggang, terugval
²**ret·ro·ver·sion** /retroʊvɜːʃn, ᴬ-vɜrʒn/ [niet-telb zn] retroflexie, achteroverbuiging
ret·ro·vi·rus /retroʊvaɪərəs, ᴬ-vaɪrəs/ [telb zn] ⟨med⟩ retrovirus
re·try /riːtraɪ/ [ov ww] ① opnieuw proberen ② ⟨jur⟩ een nieuw onderzoek/revisie aanvragen
ret·si·na /retsiːnə/ [niet-telb zn] retsina ⟨Griekse harswijn⟩
¹**re·turn** /rɪtɜːn, ᴬrɪtɜrn/ [telb zn] ① terugkeer, terugkomst, thuiskomst, nieuwe aanval ⟨van ziekte⟩, terugreis ♦ *the point of no return* punt waarna er geen weg terug is; *he has passed the point of no return* hij heeft al zijn schepen achter zich verbrand ② ⟨inf⟩ retourtje ③ teruggave, terugzending, terugbetaling, tegenprestatie ♦ *on sale and return* op commissie ④ antwoord, respons, beantwoording ⑤ ⟨vaak mv⟩ opbrengst, winst, rendement, resultaat ♦ ⟨ec⟩ *return on capital/investment* kapitaalopbrengst, resultaat van de investering; ⟨ec⟩ *diminishing returns* verminderende meeropbrengst; *a good return on one's investments* een aardige winst op zijn investeringen; ⟨ec⟩ *the law of diminishing returns* de wet van de verminderende meeropbrengsten; ⟨ec⟩ *return on sales* rendement op omzet ⑥ aangifte, officieel rapport, verslag, opgave ⑦ ⟨vnl BE⟩ verkiezing, afvaardiging ⑧ ⟨bouwk⟩ zijvleugel, aanbouw ⑨ ⟨kaartsp⟩ nakomst, naspel, tegenspel ⑩ ⟨balspel⟩ terugslag, return, terugspeelbal ⑪ ⟨sport⟩ return(wedstrijd), revanche · ⟨sprw⟩ *small profits, quick returns* ± grote omzet, kleine winst
²**re·turn** /rɪtɜːn, ᴬrɪtɜrn/ [niet-telb zn] het retourneren, het terugbetalen, het terugbrengen, het teruggeven, het terugplaatsen, het terugzenden ♦ *by return (of post)* per omgaande, per kerende post · *in return for* in ruil voor
³**re·turn** /rɪtɜːn, ᴬrɪtɜrn/ [bn] ⟨BE⟩ retour ♦ *return cargo* retourlading; *return crease* bepaalde lijn in cricket; *return fare* geld voor de terugreis; *return half* tweede helft van een retour; *return ticket* retourbiljet, retour(tje), retourkaartje
⁴**re·turn** /rɪtɜːn, ᴬrɪtɜrn/ [bn, attr] tegen-, terug- ♦ *a return game/match* een return(wedstrijd), een revanche(partij); *a return visit* een tegenbezoek
⁵**re·turn** /rɪtɜːn, ᴬrɪtɜrn/ [onov ww] terugkeren, terugkomen, teruggaan ♦ *return to* terugkeren op/naar; vervallen in; ⟨rel⟩ *unto dust shalt thou return* tot stof zult gij wederkeren
⁶**re·turn** /rɪtɜːn, ᴬrɪtɜrn/ [onov + ov ww] antwoorden
⁷**re·turn** /rɪtɜːn, ᴬrɪtɜrn/ [ov ww] ① retourneren, terugbrengen, teruggeven, terugplaatsen, terugzenden ♦ *the chances of the election returning the Socialists* de kans dat de

returnable

verkiezingen de socialisten weer aan de regering/macht brengen; *return thanks* danken; dankzeggen na de maaltijd ② opleveren, opbrengen ③ beantwoorden, terugbetalen ♦ *return evil for evil* kwaad met kwaad vergelden; *return like for like* met gelijke munt terugbetalen ④ ⟨sport⟩ terugslaan, retourneren, terugspelen ⑤ ⟨kaartsp⟩ nakomen, naspelen, terugspelen ⑥ opgeven, verklaren, rapporteren ♦ ⟨jur⟩ *return a verdict* een uitspraak doen ⑦ kiezen, verkiezen, herkiezen, afvaardigen ⑧ ⟨bouwk⟩ met een rechte hoek aanbouwen

re·turn·a·ble /rɪtɜːnəbl, ᴬ-tɜr-/ [bn] ① te retourneren, terug te betalen, terug te geven, terug te brengen, terug te plaatsen, terug te sturen ② op te geven, aan te geven

re·turn·ee /rɪtɜːniː, ᴬ-tɜr-/ [telb zn] ⟨AE⟩ repatriant ⟨in het bijzonder na militaire dienst in het buitenland⟩

re·turn·er /rɪtɜːnə, ᴬ-tɜrnər/ [telb zn] ⟨BE⟩ herintreedster, herintreder

re·turn·ing of·fi·cer [telb zn] ⟨BE, CanE, AuE⟩ ± verkiezingsambtenaar, ± voorzitter van het stembureau

return key [telb zn] ⟨comp⟩ returntoets, entertoets

re·turns /rɪtɜːnz, ᴬrɪtɜrnz/ [alleen mv] ① teruggezonden goederen ② statistieken ③ ⟨BE⟩ lichte pijptabak

re·tuse /rɪtjuːs, ᴬrɪtuːs/ [bn] ⟨plantk⟩ met breed uiteinde en een inkeping ⟨van bladeren⟩

Reu·ben sand·wich /ruːbɪnsænwɪdʒ, ᴬruːbɪnsæn(d)wɪtʃ/ [telb zn] ⟨AE⟩ broodje zuurkool ⟨met vlees en Zwitserse kaas⟩

re·u·ni·fy /riːjuːnɪfaɪ/ [ov ww] herenigen, weer samenvoegen

¹**re·un·ion** /riːjuːnɪən/ [telb zn] reünie, hereniging, samenkomst

²**re·un·ion** /riːjuːnɪən/ [niet-telb zn] ① het herenigen ② het herenigd-zijn/herenigd-worden

re·un·ion·ist /riːjuːnɪənɪst/ [telb zn] voorstander van hereniging ⟨in het bijzonder van de anglicaanse en rooms-katholieke kerk⟩

¹**re·u·nite** /riːjuːnaɪt/ [onov ww] zich herenigen, weer bij elkaar komen

²**re·u·nite** /riːjuːnaɪt/ [ov ww] herenigen, weer bij elkaar brengen

re·us·a·ble /riːjuːzəbl/ [bn] geschikt voor hergebruik

re·use /riːjuːz/ [ov ww] opnieuw/weer gebruiken

¹**rev** /rev/ [telb zn] ⟨inf⟩ omwenteling, toer ⟨van motor⟩

²**rev** /rev/, ⟨in betekenis 2 ook⟩ **rev up** [onov ww] ⟨inf⟩ ① draaien, omwentelingen maken ② sneller gaan lopen

³**rev** /rev/, ⟨ook⟩ **rev up** [ov ww] ⟨inf⟩ ① sneller doen lopen ⟨motor⟩, het toerental opvoeren ② activeren, stimuleren, opwekken

⁴**rev, Rev** [afk] ① (revenue) ② (reverse) ③ (review) ④ (revise) ⑤ (revised) ⑥ (revision) ⑦ (Revelation) ⑧ (Reverend) Eerw. ♦ *the Most Rev* Z.E.H. ⑨ (revolution)

re·val·en·ta /revələntə/ [telb zn] linzenschotel ⟨voor zieken⟩

re·val·or·i·za·tion, re·val·or·i·sa·tion /riːvælərɑɪzeɪʃn, ᴬ-rə-/ [telb zn] ⟨fin⟩ revalorisatie, herwaardering

re·val·u·a·tion /riːvæljueɪʃn/ [telb + niet-telb zn] revaluatie ⟨ook financiën⟩, herwaardering, opwaardering

re·val·ue /riːvæljuː/ [ov ww] revalueren, herwaarderen, opwaarderen

re·vamp /riːvæmp/ [ov ww] ⟨inf⟩ opknappen, vernieuwen

re·vanch·ism /rɪvɑːntʃɪzm/ [niet-telb zn] ⟨pol⟩ revanchisme, streven naar wraak/vergelding

Revd [afk] (Reverend) Eerw.

¹**re·veal** /rɪviːl/ [telb zn] vlucht, diepte ⟨binnenzijwand van deuropening/vensteropening⟩

²**re·veal** /rɪviːl/ [ov ww] ① openbaren, reveleren ② onthullen, bekendmaken, uitwijzen ♦ *reveal one's feelings* zijn gevoelens tonen/laten zien/uiten; *reveal itself* bekend worden; *reveal sth. to s.o.* ⟨ook⟩ iemand iets toevertrouwen ▪ ⟨sprw⟩ *what soberness conceals, drunkenness reveals* ± dronkenmans mond spreekt 's harten grond; → **revealing**

re·veal·ing /rɪviːlɪŋ/ [bn; oorspronkelijk tegenwoordig deelw van reveal] onthullend, veelzeggend ♦ *a revealing dress* een blote jurk

rev·eil·le /rɪvæli, ᴬrevəli/ [telb + niet-telb zn] ⟨mil⟩ reveille ♦ *sound (the) reveille* de reveille blazen/slaan

¹**rev·el** /revl/ [telb + niet-telb zn; voornamelijk mv] pret(makerij), jool, feestelijkheid, festiviteit, braspartij, zuippartij ♦ *our revels are ended* het is uit met de pret

²**rev·el** /revl/ [onov ww] pret maken, feestvieren, brassen, aan de zwier zijn, pierewaaien ♦ *revel in* erg genieten van, genoegen scheppen in, zwelgen in, zich vermaken met, zich te buiten gaan aan; *revel in solitude* graag alleen zijn; *he revels in his work* hij gaat volledig op in zijn werk

³**rev·el** /revl/ [ov ww] verbrassen, verkwisten, verspillen ♦ *revel away* verbrassen, verkwisten

rev·e·la·tion /revəleɪʃn/ [telb + niet-telb zn] revelatie, openbaarmaking, bekendmaking, openbaring, onthulling ♦ *truths known only by revelation* de door God geopenbaarde waarheden; *it was a revelation to me* het verraste me zeer

Rev·e·la·tion /revəleɪʃn/ [telb + niet-telb zn] ⟨verk: the Revelation of St John the Divine⟩ Openbaring (van Johannes), Apocalyps ♦ ⟨inf⟩ *(the) Revelations* de Openbaring

rev·e·la·tion·al /revəleɪʃnəl/ [bn] apocalyptisch, van de Openbaring

rev·e·la·tion·ist /revəleɪʃənɪst/ [telb zn] gelover in goddelijke openbaring

rev·e·la·to·ry /revələtri, ᴬrɪvelətɔːri/ [bn] onthullend, openbarend

rev·el·ler, ⟨AE⟩ **rev·el·er** /revlə, ᴬ-ər/ [telb zn] pretmaker, vrolijke klant, pierewaaier

rev·el·rous /revlrəs/ [bn] jolig, vrolijk, plezierig, feestelijk

rev·el·ry /revlri/ [niet-telb zn; ook mv met enkelvoudige betekenissen] pretmakerij, pret, jool, joligheid, uitgelatenheid

¹**rev·e·nant** /revɪnənt/ [telb zn] teruggekeerde ⟨uit dood, ballingschap enz.⟩, geest, verschijning

²**rev·e·nant** /revɪnənt/ [bn] ① terugkomend, zich herhalend ② spookachtig, kenmerkend voor/van een geest, huiveringwekkend

re·ven·di·ca·tion /rɪvendɪkeɪʃn/ [telb + niet-telb zn] ① terugeising ⟨gebied, bezittingen, enz.⟩, revindicatie ② het terugkrijgen ⟨na terugeising⟩

¹**re·venge** /rɪvendʒ/ [telb + niet-telb zn] ① wraak, wraakneming, het wreken, wraakactie, vergelding ♦ *get/have one's revenge on s.o. for sth.* wraak nemen/zich wreken op iemand vanwege iets; *in/out of revenge for* uit wraak voor; *take revenge on s.o. for sth.* wraak nemen/zich wreken op iemand vanwege iets; *thoughts of revenge* wraakgedachten ② ⟨sport, spel⟩ revanche, revanchepartij ♦ *get/give s.o. his revenge* iemand revanche geven; *have/take one's revenge* revanche nemen ▪ ⟨sprw⟩ *revenge is sweet* wraak is zoet

²**re·venge** /rɪvendʒ/ [niet-telb zn] wraakzucht, wraaklust, wraakgierigheid, wraakgevoel

³**re·venge** /rɪvendʒ/ [ov ww] wreken, vergelden, wraak nemen ♦ *be revenged for sth. of/(up)on s.o., revenge oneself for something (up)on someone* zich wreken wegens iets op iemand; *revenge (the murder of) one's friend/an insult* (de moord op) een vriend/een belediging wreken

re·venge·ful /rɪvendʒfl/ [bn; bw: ~ly; zn: ~ness] wraakzuchtig, wraakgierig

re·veng·er /rɪvendʒə, ᴬ-ər/ [telb zn] wreker

¹**rev·e·nue** /revɪnjuː, ᴬ-nuː/ [telb + niet-telb zn] inkomen, baten, opbrengst, inkomsten ⟨uit bezit, investering e.d.⟩ ♦ *derive one's revenues from* zijn inkomsten verkrijgen uit

²**rev·e·nue** /revɪnjuː, ᴬ-nuː/ [niet-telb zn] ① (revenues);

soms meervoud met enkelvoudige betekenissen⟩ **inkomsten**, ⟨i.h.b.⟩ rijksmiddelen ② **fiscus**, rijksbelastingdienst
revenue account [telb zn] **inkomstentabel**
revenue duty [telb zn] ① **fiscaal recht** ② ⟨vaak mv⟩ **douanerecht**, in- en uitvoerrecht
revenue officer [telb zn] **douanebeambte**, douanier
revenue sharing [niet-telb zn] ⟨AE⟩ **verdeling van rijksmiddelen** ⟨over plaatselijke overheden, m.n. de staten⟩
revenue stamp [telb zn] **belastingzegel**, plakzegel
revenue tariff [telb zn] **belastingtarief**, douanetarief, fiscaal tarief
revenue tax [telb zn] ① **fiscaal recht** ② ⟨vaak mv⟩ **douanerecht**, in- en uitvoerrecht
re·verb /rɪvɜːb, ᴬ-vɜrb/ [telb + niet-telb zn] (verk: reverberation)
re·ver·ber·ant /rɪvɜːbrənt, ᴬ-vɜr-/ [bn] **weerkaatsend**, weerklinkend, weergalmend, terugkaatsend
re·ver·ber·ate /rɪvɜːbəreɪt, ᴬ-vɜr-/ [onov + ov ww] **weerkaatsen** ⟨geluid, licht, hitte⟩, weergalmen, terugkaatsen, echoën, weerklinken, reflecteren ♦ *reverberate over/upon* terugwerken op ⟨ook figuurlijk⟩
re·ver·ber·at·ing-fur·nace /rɪvɜːbəreɪtɪŋ fɜːnɪs, ᴬrɪvɜrbəreɪtɪŋ fɜrnəs/, **re·ver·ber·at·ing-kiln** [telb zn] **reverbeeroven**, vlamoven, puddeloven, smeltoven
re·ver·ber·a·tion /rɪvɜːbəreɪʃn, ᴬ-vɜr-/ [telb + niet-telb zn; vaak mv] **reverberatie**, weerklank, weerkaatsing, echo, terugkaatsing, weergalm, het weerklinken
re·ver·ber·a·tive /rɪvɜːbrətɪv, ᴬrɪvɜrbəreɪtɪv/ [bn] **weerkaatsend**, terugkaatsend, weerklinkend
re·ver·ber·a·tor /rɪvɜːbəreɪtə, ᴬrɪvɜrbəreɪtər/ [telb zn] ⟨soort⟩ **reflector**
¹**re·ver·ber·a·to·ry** /rɪvɜːbrətri, ᴬrɪvɜrbərətɔri/ [telb zn] **reverbeeroven**, vlamoven, puddeloven, smeltoven
²**re·ver·ber·a·to·ry** /rɪvɜːbrətri, ᴬrɪvɜrbərətɔri/ [bn] **terugkaatsend**, reverbeer-, weerkaatsend ♦ *a reverberatory fire* reverbeervuur ⟨in vlamoven⟩
¹**revere** [telb zn] → **revers**
²**re·vere** /rɪvɪə, ᴬrɪvɪr/ [ov ww] **(ver)eren**, respecteren, eerbied/ontzag hebben voor, bewonderen, opzien tegen
¹**rev·er·ence** /revrəns/ [telb zn] ⟨vero⟩ **reverence**, (diepe) buiging
²**rev·er·ence** /revrəns/ [telb + niet-telb zn] ① **verering**, respect, (diepe) eerbied, ontzag, bewondering ♦ *hold s.o./sth. in reverence* eerbied koesteren voor iemand/iets; *pay reverence to* eerbied betonen aan; *show reverence for* eerbied betonen aan ② ⟨Amerikaans-Engelse spelling Reverence⟩ ⟨vero, IE, BE scherts⟩ **eerwaarde** ⟨titel van priester⟩ ♦ *Your reverence(s)* (Uwe) eerwaarde(n) ⟨vero⟩ *saving your reverence* met uw welnemen
³**rev·er·ence** /revrəns/ [ov ww] **vereren**, eerbiedigen, eerbied/ontzag hebben voor
¹**rev·er·end** /revrənd/ [telb zn; meestal mv] ⟨inf⟩ **geestelijke**, predikant ♦ *reverends and right reverends* lagere geestelijken en bisschoppen
²**rev·er·end** /revrənd/ [bn, attr] **eerwaard(ig)** ⟨voornamelijk van geestelijken⟩, achtenswaard(ig), achtbaar, respectabel, venerabel, eerbiedwaard(ig) ♦ *a reverend gentleman* een eerwaarde heer ⟨geestelijke⟩; *a reverend old gentleman* een eerbiedwaardige grijsaard
Reverend [bn, attr; the; vaak als titel] **Eerwaarde** ♦ *the Reverend Father Brown* (de) Eerwaarde Vader Brown; *the Most Reverend* (Zijne) Hoogwaardige Excellentie ⟨aartsbisschop⟩; *the Reverend Mother* (de) Eerwaarde Moeder; *the Reverend Mr/Dr Johnson* de Weleerwaarde Heer/Dr. Johnson; *the Right Reverend* (Zijne) Hoogwaardige Excellentie ⟨bisschop⟩; *the Very Reverend* (Dr) H. James (de) Hooggeerwaarde Heer (Dr.) H. James ⟨deken⟩
rev·er·ent /revrənt/ [bn; bw: ~ly; zn: ~ness] **eerbiedig**, respectvol

rev·er·en·tial /revərenʃl/ [bn; bw: ~ly] **eerbiedig**, respectvol
rev·er·er /rɪvɪərə, ᴬrɪvɪrər/ [telb zn] **vereerder**
¹**rev·er·ie** /revəri/ [telb zn] ① ⟨muz⟩ **rêverie**, dromerig muziekstuk ② ⟨vero⟩ **droombeeld**, hersenschim, waan(voorstelling), (zelf)bedrog, illusie
²**rev·er·ie** /revəri/ [telb + niet-telb zn] **mijmerij**, mijmering, (dag)dromerij ♦ *reveries about the future* mijmeringen over de toekomst; *lost in (a) reverie* in mijmerij verzonken
re·vers, revere /rɪvɪə, ᴬrɪvɛr/ [telb zn; vaak mv; mv: revers /rɪvɪəz, ᴬrɪvɛrz/] **revers**, opslag, omslag
re·ver·sal /rɪvɜːsl, ᴬrɪvɜrsl/ [telb + niet-telb zn] ① **omkering**, om(me)keer ♦ *the reversal of fortune* het keren van de kansen/het lot ② ⟨jur⟩ **revisie**, herziening, (eventueel) vernietiging ⟨van een vonnis in hoger beroep⟩
¹**re·verse** /rɪvɜːs, ᴬrɪvɜrs/ [telb zn] **tegenslag**, nederlaag, tegenspoed, terugslag
²**re·verse** /rɪvɜːs, ᴬrɪvɜrs/ [telb + niet-telb zn] ① ⟨the⟩ **keerzijde** ⟨in het bijzonder van munten; ook figuurlijk⟩, rugzijde, achterkant, averechtse kant ⟨van geweven stoffen⟩ ♦ *the reverse of the medal* de keerzijde van de medaille; ⟨mil⟩ *take the enemy in reverse* de vijand in de rug vallen ② **omkeerinrichting**, ⟨i.h.b.⟩ achteruit ⟨van auto⟩ ♦ *put a car into reverse* een auto in zijn achteruit zetten
³**re·verse** /rɪvɜːs, ᴬrɪvɜrs/ [niet-telb zn; vaak the] **tegendeel**, omgekeerde, tegengestelde ♦ *the reverse of* verre van ▫ *go into reverse* in zijn/haar/hun tegendeel verkeren; *in reverse* omgekeerd, in omgekeerde volgorde/richting, in spiegelbeeld, achterstevoren
⁴**re·verse** /rɪvɜːs, ᴬrɪvɜrs/ [bn] **tegen(over)gesteld**, omgekeerd, achteraan, achterwaarts ♦ ⟨mil⟩ *reverse battery* rugbatterij; ⟨elek⟩ *reverse current* tegenstroom; ⟨taalk⟩ *reverse dictionary* retrograad woordenboek; *reverse discrimination* positieve discriminatie; ⟨mil⟩ *reverse fire* rugvuur; *reverse gear* achteruit ⟨van auto⟩; ⟨voetb⟩ *reverse kick* omhaal; *in reverse order* in omgekeerde volgorde, in tegen(over)gestelde richting; *reverse racism* positieve discriminatie; *reverse side* keerzijde; *reverse to* tegenovergesteld aan; ⟨comp⟩ *reverse video* tegengestelde weergave ⟨donker teken op lichte achtergrond⟩; *reverse engineering* reverse engineering ⟨het achterhalen van de precieze werking van een programma, een pc, een apparaat, vaak met de bedoeling om het te kopiëren⟩; terugvolgen van het ontwikkelings- en productieproces ⟨van een product⟩ ▫ ⟨geol⟩ *reverse fault* opschuiving
⁵**re·verse** /rɪvɜːs, ᴬrɪvɜrs/ [onov ww] ① **achteruitrijden** ⟨van auto⟩, achteruitgaan ② ⟨dans⟩ **linksom draaien**
⁶**re·verse** /rɪvɜːs, ᴬrɪvɜrs/ [ov ww] ① **(om)keren**, omdraaien, omschakelen, omzetten, omleggen, achteruit doen gaan, ⟨i.h.b.⟩ achteruitrijden ⟨auto⟩ ♦ *reverse an entry* een post terugboeken; *reverse one's policy* radicaal van politiek veranderen ② **herroepen** ⟨beslissing⟩, intrekken, ⟨i.h.b. jur⟩ herzien ♦ ⟨jur⟩ *reverse a sentence* een vonnis vernietigen
re·verse-charge [bn, attr] ⟨BE⟩ **te betalen door/voor rekening van opgeroepene** ⟨van telefoongesprek⟩
reverse dive [telb zn] ⟨schoonspringen⟩ **contrasprong**
re·verse·ly /rɪvɜːsli, ᴬ-/ [bw] ① → **reverse**⁴ ② **integendeel**, daarentegen, aan de andere kant, anderzijds
re·vers·er /rɪvɜːsə, ᴬrɪvɜrsər/ [telb zn] ⟨elek⟩ **stroomwisselaar**
re·vers·i·bil·i·ty /rɪvɜːsəbɪləti, ᴬrɪvɜrsəbɪləti/ [niet-telb zn] **omkeerbaarheid**
re·vers·i·ble /rɪvɜːsəbl, ᴬ-vɜr-/ [bn; bw: reversibly; zn: ~ness] **omkeerbaar**, aan twee kanten draagbaar ⟨van kleding⟩ ♦ *a reversible process* een reversibel proces; ⟨natuurk, scheik⟩ *reversible reaction* omkeerbare reactie
re·vers·ing clutch /rɪvɜːsɪŋ klʌtʃ, ᴬ-vɜr-/ [telb zn] **keerkoppeling**
reversing light [telb zn] **achteruitrijlicht**

reversion

¹**re·ver·sion** /rɪvɜːʃn, ᴬrɪvɜrʒn/ [telb zn] ① ⟨jur⟩ terugkerend goed/bezit ⟨aan schenker/diens erfgenamen⟩ ② ⟨jur⟩ erfrecht, opvolgingsrecht ③ som door levensverzekering uit te betalen

²**re·ver·sion** /rɪvɜːʃn, ᴬrɪvɜrʒn/ [niet-telb zn] ① terugkeer ⟨tot eerdere toestand⟩, het terugvallen ⟨in gewoonte⟩, ⟨biol⟩ atavisme ♦ *reversion to old habits* het terugvallen in oude gewoonten ② ⟨jur⟩ het terugkeren ⟨van bezit aan schenker/diens erfgenamen⟩

re·ver·sion·a·ry /rɪvɜːʃənri, ᴬrɪvɜrʒəneri/, **re·ver·sion·al** /rɪvɜːʃnəl, ᴬrɪvɜrʒnəl/ [bn, attr] ⟨jur⟩ terugkerend

re·ver·sion·er /rɪvɜːʃənə, ᴬrɪvɜrʒənər/ [telb zn] ⟨jur⟩ erfgerechtigde ⟨van terugkerend goed⟩

¹**re·vert** /rɪvɜːt, ᴬrɪvɜrt/ [telb zn] bekeerde, bekeerling, ⟨i.h.b.⟩ opnieuw bekeerde

²**re·vert** /rɪvɜːt, ᴬrɪvɜrt/ [onov ww] ① terugkeren ⟨tot eerdere toestand⟩, terugvallen ⟨in gewoonte⟩ ♦ *revert to* terugkeren tot, terugvallen in, terugkomen op, terugvallen aan ② terugkomen ⟨op eerder onderwerp⟩ ③ ⟨jur⟩ terugkeren ⟨van bezit aan eigenaar⟩ ④ verwilderen

³**re·vert** /rɪvɜːt, ᴬrɪvɜrt/ [ov ww] (om)keren, draaien ⟨ogen⟩, wenden

re·vert·i·ble /rɪvɜːtəbl, ᴬrɪvɜrtəbl/, **re·ver·tive** /rɪvɜːtɪv, ᴬrɪvɜrtɪv/ [bn] ⟨jur⟩ terugkerend, terugvallend ⟨van bezit⟩

¹**re·vest** /rɪvest/ [onov ww] ① hersteld worden ⟨in ambt⟩ ② terugkeren ⟨van bezit⟩

²**re·vest** /rɪvest/ [ov ww] ① herstellen ⟨in ambt⟩, opnieuw aanstellen, opnieuw bekleden ⟨met macht⟩ ♦ *revest power in s.o.* iemand opnieuw met macht bekleden ② teruggeven ⟨bezit⟩ ♦ *revest property in s.o.* bezit aan iemand teruggeven

¹**re·vet** /rɪvet/ [onov ww] een versterking maken, een steunmuur bouwen

²**re·vet** /rɪvet/ [ov ww] bekleden ⟨wallen, borstweringen⟩, versterken

re·vet·ment /rɪvetmənt/ [telb zn] revêtement, steunmuur, bekledingsmuur

re·vict·ual /riːvɪtl/ [ov ww] bevoorraden ⟨o.m. leger⟩, provianderen

¹**re·view** /rɪvjuː/ [telb zn] ① recensie, (boek)bespreking, beoordeling, kritiek ② tijdschrift, review, periodiek, geschrift, revue

²**re·view** /rɪvjuː/ [telb + niet-telb zn] ① ⟨in het bijzonder juridisch⟩ revisie, herziening, het herzien ⟨van vonnis⟩ ♦ *come up for review* aan herziening/heroverweging toe zijn ② ⟨mil⟩ parade, monstering, revue, inspectie, het monsteren/inspecteren ♦ *pass in review* de revue (laten) passeren ⟨ook figuurlijk⟩ ③ terugblik, overzicht, bezinning, heroverweging, tweede bezichtiging ♦ *be under review* opnieuw bekeken worden; *come under review* opnieuw bekeken gaan worden; *year under review* verslagjaar; *be kept under review* in het oog gehouden worden ④ ⟨AE⟩ repetitie, herhaling ⟨les⟩, het repeteren/herhalen/opnieuw bestuderen ⑤ revue

³**re·view** /rɪvjuː/ [niet-telb zn] bespreking ⟨boek⟩, recensie, het bespreken/recenseren/beoordelen

⁴**re·view** /rɪvjuː/ [onov ww] ① recensies schrijven, recenseren, boeken bespreken, kritiek leveren ② ⟨AE⟩ studeren op eerder bestudeerde stof

⁵**re·view** /rɪvjuː/ [ov ww] ① opnieuw bekijken ② ⟨in het bijzonder juridisch⟩ herzien ③ terugblikken op, overzien, terugzien op, een overzicht geven van ④ ⟨mil⟩ parade houden, inspecteren, monsteren, de revue laten passeren ⑤ recenseren, bespreken, kritiseren, kritiek leveren op, beoordelen ⑥ ⟨AE⟩ repeteren ⟨les⟩, herhalen, opnieuw bestuderen

re·view·a·ble /rɪvjuːəbl/ [bn] recenseerbaar

re·view·al /rɪvjuːəl/ [telb + niet-telb zn] bespreking, kritisering, het bespreken, het recenseren, het kritiseren

review copy [telb zn] recensie-exemplaar

re·view·er /rɪvjuːə, ᴬ-ər/ [telb zn] recensent

¹**re·vile** /rɪvaɪl/ [onov ww] ⟨form⟩ schelden, schimpen, smalen ♦ *revile against/at sth./s.o.* afgeven op/uitvaren tegen/smalen op iets/iemand; → reviling

²**re·vile** /rɪvaɪl/ [ov ww] ⟨form⟩ uitschelden, beschimpen, smaden, honen, bespotten; → reviling

re·vile·ment /rɪvaɪlmənt/ [telb + niet-telb zn] ⟨form⟩ smaad, beschimping, het beschimpen, belediging, het beledigen

re·vil·er /rɪvaɪlə, ᴬ-ər/ [telb zn] ⟨form⟩ schelder, smader, smaadster, honer, hoonster, beledig(st)er

¹**re·vil·ing** /rɪvaɪlɪŋ/ [telb + niet-telb zn; (oorspronkelijk) gerund van revile] ⟨form⟩ scheldpartij, het schelden/beschimpen

²**re·vil·ing** /rɪvaɪlɪŋ/ [bn; tegenwoordig deelw van revile; bw: ~ly] ⟨form⟩ beschimpend, beledigend, grof

re·vis·able /rɪvaɪzəbl/ [bn] te herzien, te wijzigen

re·vis·al /rɪvaɪzl/ [telb + niet-telb zn] herziening, wijziging, revisie

¹**re·vise** /rɪvaɪz/ [telb zn] ⟨boek⟩ revisie, gecorrigeerde/tweede drukproef

²**re·vise** /rɪvaɪz/ [ov ww] ① herzien, heroverwegen, reviseren, wijzigen, verbeteren, corrigeren, ⟨jur⟩ revideren ♦ *revised edition* herziene uitgave ⟨van boek⟩; *revise one's opinions* zijn mening herzien ② ⟨BE⟩ repeteren ⟨les⟩, herhalen, opnieuw bestuderen, studeren ⟨voor tentamen⟩

re·vis·er, re·vis·or /rɪvaɪzə, ᴬ-ər/ [telb zn] herziener, corrector, revisor

¹**re·vi·sion** /rɪvɪʒn/ [telb zn] herziene uitgave ⟨van boek⟩, gecorrigeerde proef/versie

²**re·vi·sion** /rɪvɪʒn/ [telb + niet-telb zn] revisie, herziening, het herzien (worden), wijziging

³**re·vi·sion** /rɪvɪʒn/ [niet-telb zn] ⟨BE⟩ herhaling ⟨van les⟩, het herhalen/repeteren, het repeteren ⟨voor tentamen⟩

re·vi·sion·al /rɪvɪʒnəl/, **re·vi·sion·a·ry** /rɪvɪʒnri, ᴬ-ʒəneri/, **re·vi·so·ry** /rɪvaɪzəri/ [bn, attr] herzienings-, revisie-

re·vi·sion·ism /rɪvɪʒnɪzm/ [niet-telb zn] ⟨pol⟩ revisionisme, streven naar herziening ⟨in het bijzonder van marxistische theorie⟩

¹**re·vi·sion·ist** /rɪvɪʒnɪst/ [telb zn] ⟨pol⟩ revisionist, aanhanger van het revisionisme

²**re·vi·sion·ist** /rɪvɪʒnɪst/ [bn] ⟨pol⟩ revisionistisch

re·vis·it /riːvɪzɪt/ [ov ww] opnieuw bezoeken, terugkeren naar

re·vi·tal·i·za·tion, re·vi·tal·i·sa·tion /rɪvaɪtlaɪzeɪʃn, ᴬ-vaɪtlə-/ [telb + niet-telb zn] het nieuwe kracht geven

re·vi·tal·ize, re·vi·tal·ise /rɪvaɪtlaɪz/ [ov ww] nieuwe kracht geven, nieuw leven geven

re·viv·a·ble /rɪvaɪvəbl/ [bn; bw: revivably] herleefbaar

¹**re·viv·al** /rɪvaɪvl/ [telb zn] ① reprise ⟨van toneelstuk⟩, heropvoering, hervertoning, heruitgave ⟨van boek⟩ ♦ *the revival of a play* de heropvoering van een toneelstuk ② ⟨rel⟩ revival, reveil, opwekking

²**re·viv·al** /rɪvaɪvl/ [telb + niet-telb zn; meestal + of] ① (her)opleving, wedergeboorte, renaissance, vernieuwing, (weder)opbloei, herleving, het weer in gebruik/de mode (doen) komen ♦ *the Revival of Learning* de renaissance ② herstel ⟨van krachten⟩

re·viv·al·ism /rɪvaɪvəlɪzm/ [niet-telb zn] (beweging tot) godsdienstige opleving

re·viv·al·ist /rɪvaɪvəlɪst/ [telb zn] promotor van revivals, organisator van revivals

revival meeting [telb zn] ⟨rel⟩ revivalbijeenkomst

¹**re·vive** /rɪvaɪv/ [onov ww] ① herleven, bijkomen, weer tot leven/op krachten komen, opbloeien, opleven ② weer in gebruik/de mode komen, opnieuw ingevoerd worden ⟨bijvoorbeeld oud gebruik⟩

rewind

²**re·vive** /rɪvaɪv/ [ov ww] ① doen herleven, reactiveren, vernieuwen, bijbrengen, weer tot leven brengen, doen opbloeien ♦ *revive s.o.'s memory* iemands geheugen opfrissen ② opnieuw invoeren ⟨oud gebruik⟩, weer opvoeren ⟨toneelstuk⟩, weer uitbrengen ⟨film⟩ ③ weer voor de geest halen, in herinnering brengen, ophalen ⟨verhalen⟩ ④ ⟨scheik⟩ zuiver bereiden

re·viv·er /rɪvaɪvə, ᴬ-ər/ [telb zn] ① opwekkend persoon, activerend persoon, vernieuwer ② ⟨inf⟩ opkikkertje, hart(ver)sterking ③ middel om op te kleuren, vernieuwingsmiddel

re·viv·i·fi·ca·tion /rɪvɪvɪfɪkeɪʃn/ [niet-telb zn] ① reactivering, het (doen) herleven, het opnieuw bezielen ② ⟨scheik⟩ het zuiver bereiden, revivificatie

re·viv·i·fy /ri:vɪvɪfaɪ/ [ov ww] ① bijbrengen, weer tot leven brengen, weer op krachten doen komen, reactiveren, doen herleven ② ⟨scheik⟩ zuiver bereiden

rev·i·vis·cence /revɪvɪsns/ [telb + niet-telb zn] opleving, herleving, revivescentie, reanimatie

rev·i·vis·cent /revɪvɪsnt/ [bn; bw: ~ly; zn: ~ness] oplevend, verkwikkend

re·viv·or /rɪvaɪvə, ᴬ-ər/ [telb zn] ⟨jur; vnl BE⟩ (stappen tot) hervatting van een rechtsgeding

rev·o·ca·ble /revəkəbl/, **re·vok·a·ble** /rɪvoʊkəbl/ [bn; bw: revocably; zn: ~ness] herroepbaar, herroepelijk, revocabel ♦ ⟨handel⟩ *revocable credit* herroepelijk krediet

rev·o·ca·tion /revəkeɪʃn/ [telb + niet-telb zn] herroeping, het herroepen, revocatie

rev·o·ca·to·ry /revəkətri, ᴬ-tɔri/ [bn] herroepend

¹**re·voke** /rɪvoʊk/ [telb zn] ⟨kaartsp⟩ verzaking

²**re·voke** /rɪvoʊk/ [onov ww] ⟨kaartsp⟩ verzaken

³**re·voke** /rɪvoʊk/ [ov ww] herroepen, intrekken ⟨bevel, belofte, vergunning⟩, revoceren

¹**re·volt** /rɪvoʊlt/ [telb + niet-telb zn] opstand, oproer, rebellie, revolte, muiterij, protest, beroering ♦ *revolt against oppression* opstand tegen onderdrukking; *break out in revolt* in opstand komen; *in revolt* opstandig, oproerig; *stir people to revolt* mensen aanzetten tot opstand/opruien

²**re·volt** /rɪvoʊlt/ [niet-telb zn] walging, (gevoel van) afkeer, weerzin, afschuw, tegenzin ♦ *turn away in revolt (from sth./s.o.)* zich vol walging (van iets/iemand) afwenden

³**re·volt** /rɪvoʊlt/ [onov ww] ① in opstand komen, rebelleren, in oproer komen, muiten, zich verzetten ♦ *revolt against sth./s.o.* opstaan/in opstand komen/zich verzetten tegen iets/iemand; *revolt to another party* tot/naar een andere partij overgaan/overlopen ② walgen ⟨ook figuurlijk⟩ ♦ *revolt at/against/from* walgen van; → **revolted, revolting**

⁴**re·volt** /rɪvoʊlt/ [ov ww; vaak passief] doen walgen, afstoten, afkerig maken van ⟨ook figuurlijk⟩ ♦ *be revolted by sth.* van iets walgen; → **revolted, revolting**

re·volt·ed /rɪvoʊltɪd/ [bn; oorspronkelijk volt deelw van revolt] opstandig, oproerig, rebellerend

re·volt·ing /rɪvoʊltɪŋ/ [bn; oorspronkelijk tegenwoordig deelw van revolt; bw: ~ly] ① opstandig ② walg(e)lijk, onsmakelijk, misselijk makend, weerzinwekkend, afkeerwekkend, afschuwelijk, stuitend, ergerlijk, afstotelijk ♦ ⟨inf⟩ *that coat is revolting* die jas is niet om aan te zien; *it is revolting to me* ik vind het walgelijk

¹**rev·o·lute** /revəlu:t/ [bn] ⟨plantk⟩ omgekruld, omgerold, achterwaarts/naar buiten gekruld

²**rev·o·lute** /revəlu:t, ᴬrevəlu:t/ [onov ww] ⟨inf⟩ revolutie maken, aan het muiten slaan, opstandig worden, revolteren

¹**rev·o·lu·tion** /revəlu:ʃn/ [telb zn] ① (om)wenteling, revolutie, draaiing ⟨rond middelpunt⟩ ⟨wisk⟩ omwenteling ♦ *the revolution of the planets round/about the sun* het draaien van de planeten om de zon ② rotatie, wenteling, draai(ing) ⟨rond as⟩, toer, slag

²**rev·o·lu·tion** /revəlu:ʃn/ [telb + niet-telb zn] ① revolutie, (staats)omwenteling ♦ ⟨AE⟩ *the Revolution* de Amerikaanse Revolutie ⟨1775-83⟩; ⟨BE⟩ *the (Glorious) Revolution* de verdrijving van Jacobus II ⟨1688⟩ ② ommekeer, omkering ♦ *a revolution in thought* algehele verandering in denkbeelden; *the Industrial Revolution* de Industriële Revolutie

¹**rev·o·lu·tion·ary** /revəlu:ʃnri, ᴬ-ʃənəri/, **rev·o·lu·tion·ist** /-ʃənɪst/ [telb zn] revolutionair, omwentelingsgezinde

²**rev·o·lu·tion·ary** /revəlu:ʃnri, ᴬ-ʃənəri/ [bn; bw: revolutionarily] ① revolutionair, oproerig, opstandig ② revolutionair, totaal nieuw, een revolutie/ommekeer teweegbrengend, opzienbarend ♦ *Revolutionary Calendar* republikeinse kalender ⟨tijdens Franse Revolutie⟩; *the Revolutionary War* de Amerikaanse Revolutie ⟨1775-83⟩

revolution counter [telb zn] toerenteller, toerenmeter, slagenteller

rev·o·lu·tion·ism /revəlu:ʃnɪzm/ [niet-telb zn] revolutieleer

rev·o·lu·tion·ize, rev·o·lu·tion·ise /revəlu:ʃnaɪz/ [ov ww] ① radicaal veranderen, een radicale verandering teweegbrengen in ② tot/in opstand brengen, tot revolutie opwekken

¹**re·volve** /rɪvɒlv, ᴬrɪvɑlv/ [onov + ov ww] (rond)draaien, (doen) (rond)wentelen, omwentelen, roteren, rondgaan ⟨ook figuurlijk⟩ ♦ *the planets revolve about/round the sun* de planeten draaien om de zon; *the discussion always revolves around/about the same problem* de discussie draait altijd om hetzelfde probleem; ⟨fig⟩ *a number of ideas revolved in his mind* hij liet zijn gedachten gaan over een aantal ideeën; *revolve on an axis* om een as draaien; → **revolving**

²**re·volve** /rɪvɒlv, ᴬrɪvɑlv/ [ov ww] (goed) overwegen, overpeinzen, overdenken, (tegen elkaar) afwegen, (goed) nadenken over ♦ *revolve sth. in one's mind* over iets nadenken; → **revolving**

re·volv·er /rɪvɒlvə, ᴬrɪvɑlvər/ [telb zn] revolver

re·volv·ing /rɪvɒlvɪŋ, ᴬ-vɑl-/ [bn; (oorspronkelijk) tegenwoordig deelw van revolve] draaiend, roterend, draai- ♦ *revolving door* draaideur; ⟨inf, fig⟩ draaideurbaan ⟨een baan die steeds kort bezet wordt⟩; *revolving stage* draaitoneel ♦ *revolving credit* automatisch hernieuwd/doorlopend krediet

re·vue /rɪvju:/ [telb + niet-telb zn] revue ♦ *appear/perform in revue* in een revue optreden

re·vul·sion /rɪvʌlʃn/ [telb + niet-telb zn] ① walging, afkeer, weerzin, het zich afwenden ♦ *a revulsion against/from* een afkeer van/weerzin tegen; *turn away in revulsion* zich vol walging afwenden ② ommekeer, reactie, plotselinge verandering ③ ⟨med⟩ revulsie, afleiding

¹**re·vul·sive** /rɪvʌlsɪv/ [bn] ⟨med⟩ revulsief middel

²**re·vul·sive** /rɪvʌlsɪv/ [bn] ⟨med⟩ revulsief, een revulsie veroorzakend

Rev Ver [afk] ⟨Bijb⟩ (Revised Version)

¹**re·ward** /rɪwɔ:d, ᴬ-wɔrd/ [telb + niet-telb zn] beloning, het belonen, compensatie, vergelding, loon ♦ *as a reward for* als beloning/vergoeding voor; *in reward (for)* ter beloning (van); *offer a reward of £100* een beloning uitloven van £100; *the rewards of popularity* de voordelen van het populair-zijn ♦ ⟨spw⟩ *desert and reward seldom keep company* ± de paarden die de haver verdienen krijgen ze niet; *virtue is its own reward* deugd beloont zichzelf

²**re·ward** /rɪwɔ:d, ᴬ-wɔrd/ [ov ww] belonen ♦ *reward s.o. with £100 (for sth.)* iemand (ergens voor) belonen met £100; → **rewarding**

re·ward·ing /rɪwɔ:dɪŋ, ᴬ-wɔr-/ [bn; (oorspronkelijk) tegenwoordig deelw van reward/-] lonend, de moeite waard, dankbaar ⟨van werk, taak⟩

re·ward·less /rɪwɔ:dləs, ᴬ-wɔrd-/ [bn] onbeloond

re·wind /ri:waɪnd/ [ov ww] opnieuw opwinden, terugwinden, terugspoelen ⟨film, geluidsband⟩

re·wire /riːwaɪə, ᴬ-ər/ [ov ww] ⟨vnl elek⟩ opnieuw bedraden
re·word /riːwɜːd, ᴬriːwɜrd/ [ov ww] anders stellen, in andere bewoordingen uitdrukken
re·work /riːwɜːk, ᴬ-wɜrk/ [ov ww] bewerken
¹**re·write** /riːraɪt/ [telb zn] [1] omwerking, bewerking [2] bewerkt boek/stuk/artikel
²**re·write** /riːraɪt/ [ov ww] omwerken, bewerken, herschrijven, persklaar maken, door de machine halen
rewrite rule [telb zn] ⟨taalk⟩ herschrijfregel
Rex /reks/ [niet-telb zn] ⟨BE; form⟩ [1] koning ⟨titel van regerend vorst⟩ ♦ *Edward Rex* Koning Edward [2] ⟨jur⟩ Kroon ♦ *Rex v. Smith* de Kroon tegen Smith
re·xine /reksiːn, ᴬ-saɪn/ [niet-telb zn] ⟨merknaam⟩ kunstleer
¹**Rey·nard** /renəd, -nɑːd, ᴬreɪnərd, ᴬ-nɑrd/ [eigenn] Reinaert, Reintje
²**Rey·nard** /renəd, -nɑːd, ᴬreɪnərd, ᴬ-nɑrd/ [telb zn] vos
rf [afk] [1] (radio frequency) [2] (representative fraction)
RFC [afk] ⟨BE⟩ [1] (Royal Flying Corps) [2] (Rugby Football Club)
RFD [afk] ⟨AE⟩ (rural free delivery)
RGS [afk] (Royal Geographical Society)
rh [afk] (right hand)
Rh [afk] (Rhesus (factor))
RHA [afk] ⟨BE⟩ (Royal Horse Artillery)
rhab·do·man·cer /ræbdəmænsə, ᴬ-ər/ [telb zn] wichelroedeloper, rabdomant
rhab·do·man·cy /ræbdəmænsi/ [telb + niet-telb zn] gebruik van wichelroede, rabdomantie
Rhad·a·man·thine /rædəmænθaɪn, -θɪn/ [bn] streng en onomkoopbaar ⟨als Rhadamanthus⟩, volkomen rechtvaardig
¹**Rhad·a·man·thus** /rædəmænθəs/ [eigenn] ⟨myth⟩ Rhadamanthus ⟨rechter van de onderwereld⟩
²**Rhad·a·man·thus** /rædəmænθəs/ [telb zn] strenge, onomkoopbare rechter
¹**Rhae·tian** /riːʃn/, **Rhae·to-Ro·man·ic** /riːtoʊroʊmænɪk/, **Rhae·to-Ro·mance** /-mæns/ [eigenn] Reto-Romaans, de Reto-Romaanse taal
²**Rhae·tian** /riːʃn/, **Rhae·to-Ro·man·ic** /riːtoʊroʊmænɪk/, **Rhae·to-Ro·mance** /-mæns/ [bn] Reto-Romaans ▪ *Rhaetian Alps* Retische Alpen
¹**Rhae·tic** /riːtɪk/ [niet-telb zn] ⟨geol⟩ rhätien ⟨etage/jongste tijdsnede van de triasperiode⟩, rhät, Rhät
²**Rhae·tic** /riːtɪk/ [bn] ⟨geol⟩ van/m.b.t. het Rhaet(ien)
rhap·sode /ræpsoʊd/ [telb zn] ⟨gesch⟩ rapsode, rondtrekkend volkszanger
rhap·so·dic /ræpsɒdɪk, ᴬ-sɑ-/, **rhap·sod·i·cal** /-ɪkl/ [bn; bw: ~ally] [1] rapsodisch [2] (over)enthousiast, geestdriftig, extatisch, lyrisch
rhap·so·dist /ræpsədɪst/ [telb zn] [1] ⟨gesch⟩ rapsode, rondtrekkend volkszanger [2] buitengewoon enthousiaste/hartstochtelijke spreker/schrijver
¹**rhap·so·dize, rhap·so·dise** /ræpsədaɪz/ [onov ww] [1] rapsodieën voordragen, rapsodieën schrijven [2] buitengewoon enthousiast spreken/schrijven ♦ *rhapsodize about/on/over sth.* zich (overdreven) enthousiast over iets uitlaten
²**rhap·so·dize, rhap·so·dise** /ræpsədaɪz/ [ov ww] rapsodisch voordragen
rhap·so·dy /ræpsədi/ [telb zn] [1] rapsodie ⟨ook muziek⟩, episch gedicht ♦ *rhapsody about/over* rapsodie over [2] ⟨vaak mv met enkelvoudige betekenissen⟩ enthousiast verhaal ♦ *go into a rhapsody/rhapsodies about/over sth.* lyrisch over iets worden, iets enthousiast prijzen
¹**rhat·a·ny** /rætni/ [telb zn] ⟨plantk⟩ ratanhia ⟨Krameria triandra/argentea⟩
²**rhat·a·ny** /rætni/ [niet-telb zn] ratanhiawortel
rhd [afk] (right hand drive)

rhe·a /rɪə/ [telb zn] ⟨dierk⟩ nandoe ⟨genus Rhea⟩, Zuid-Amerikaanse pampastruis, ⟨i.h.b.⟩ Darwins nandoe ⟨Pterocnemia pennata⟩
rhebok [telb zn] → reebok
rheme /riːm/ [telb zn] ⟨taalk⟩ rema ⟨wat over het thema wordt gezegd⟩
Rhe·mish /riːmɪʃ/ [bn] Reims, uit Reims ♦ ⟨r-k⟩ *Rhemish Bible/Testament* Reimse vertaling van de Bijbel/het Nieuwe Testament ⟨1582⟩
¹**Rhen·ish** /renɪʃ/ [telb + niet-telb zn] ⟨vero⟩ rijnwijn
²**Rhen·ish** /renɪʃ/ [bn] ⟨vero⟩ Rijns, Rijn-
rhe·ni·um /riːniəm/ [niet-telb zn] ⟨scheik⟩ renium ⟨element 75⟩
rheo [afk] (rheostat)
rhe·o·log·i·cal /riːəlɒdʒɪkl, ᴬ-lɑ-/ [bn] ⟨natuurk⟩ reologisch, m.b.t. reologie
rhe·ol·o·gist /rɪɒlədʒɪst, ᴬ-ɑlə-/ [telb zn] ⟨natuurk⟩ reoloog
rhe·ol·o·gy /rɪɒlədʒi, ᴬ-ɑlə-/ [niet-telb zn] ⟨natuurk⟩ reologie, stromingsleer
rhe·o·stat /riːəstæt/ [telb zn] ⟨elek⟩ reostaat
rhe·sus /riːsəs/, **rhesus monkey** [telb zn] ⟨dierk⟩ resusaap ⟨Macaca mulatta⟩
Rhesus baby [telb zn] resusbaby
Rhesus factor, Rh factor [niet-telb zn; the] resusfactor
Rhesus negative [bn] resusnegatief
Rhesus positive [bn] resuspositief
rhe·tor /riːtə, ᴬriːtər/ [telb zn] [1] ⟨gesch⟩ retor [2] ⟨vero⟩ orator, redenaar, retor
¹**rhet·o·ric** /retərɪk/ [telb zn] verhandeling over redekunst/retorica
²**rhet·o·ric** /retərɪk/ [niet-telb zn] [1] redekunst, retoriek, stijlleer, redenaarskunst [2] welsprekendheid, ⟨i.h.b. pej⟩ bombast, retoriek, holle frasen ♦ *the rhetoric of politics* de retoriek van de politiek [3] overredingskracht
rhe·tor·i·cal /rɪtɒrɪkl, ᴬ-tɔː-, ᴬ-tɑ-/ [bn; bw: ~ly] retorisch, oratorisch, redekunstig, gekunsteld ▪ *rhetorical question* retorische vraag
rhet·o·ri·cian /retərɪʃn/ [telb zn] [1] redekunstenaar, orator, redenaar, retorisch schrijver [2] mooiprater, fraseur, praatjesmaker [3] retor
rheum /ruːm/ [niet-telb zn] slijm, oog- en neusvocht
¹**rheu·mat·ic** /ruːmætɪk/ [telb zn] reumalijder, reumapatiënt
²**rheu·mat·ic** /ruːmætɪk/ [bn; bw: ~ally] reumatisch ♦ *rheumatic fever* acuut reuma
rheu·mat·ick·y /ruːmætɪki/ [bn] ⟨inf⟩ reumatiekerig
rheu·mat·ics /ruːmætɪks/ [alleen mv] ⟨inf⟩ reumatiek
rheu·ma·tism /ruːmətɪzm/ [telb + niet-telb zn] reuma(tiek), reumatisme, ⟨i.h.b.⟩ gewrichtsreumatiek
rheu·ma·toid /ruːmətɔɪd/, **rheu·ma·toi·dal** /-tɔɪdl/ [bn; bw: ~ally] reumatoïde ♦ *rheumatoid arthritis* gewrichtsreuma(tiek), reumatoïde artritis
rheu·mat·o·log·i·cal /ruːmətəlɒdʒɪkl, ᴬ-mətəlɑ-/ [bn] reumatologisch
rheu·mat·ol·o·gist /ruːmətəlɒdʒɪst, ᴬ-tɑ-/ [telb zn] reumatoloog
rheu·mat·ol·o·gy /ruːmətəlɒdʒi, ᴬ-tɑ-/ [niet-telb zn] reumatologie
rheum·y /ruːmi/ [bn] ⟨vero⟩ [1] vochtig, klam, kil ♦ *rheumy eye* leepoog, druipend oog [2] catarraal, slijmachtig
Rh factor [niet-telb zn] → Rhesus factor
RHG [afk] ⟨BE⟩ (Royal Horse Guards)
rhi·nal /raɪnl/ [bn] neus-
rhine /raɪn/ [telb zn] ⟨BE, gew⟩ greppel, sloot
Rhine /raɪn/ [eigenn; the; ook attributief] Rijn
rhine·stone [telb + niet-telb zn] bergkristal, kunstdiamant
Rhine wine [telb + niet-telb zn] rijnwijn

rhi·ni·tis /raɪnaɪtɪs/ [telb + niet-telb zn] rinitis, neusslijmvliesontsteking, neusverkoudheid, neuscatarre

¹**rhi·no** /raɪnoʊ/ [telb zn; mv: ook rhino] (verk: rhinoceros) neushoorn

²**rhi·no** /raɪnoʊ/ [niet-telb zn] ⟨BE; sl⟩ poen, duiten, pegels, pegulanten

³**rhi·no** /raɪnoʊ/ [bn] ⟨sl⟩ ① heimwee hebbend ② melancholiek, gedeprimeerd, verdrietig ③ blut

rhi·no- /raɪnoʊ/, **rhin-** /raɪn/ neus- ♦ *rhinology* rinologie, neusheelkunde; *rhinolalia* rinolalie, neusspraak

rhi·noc·er·os /raɪnɒsrəs, ᴬ-nɑsrəs/ [telb zn; mv: ook rhinoceros] rinoceros, neushoorn

rhinoceros bird [telb zn] ⟨dierk⟩ ① neushoornvogel ⟨familie Bucerotidae⟩, ⟨i.h.b.⟩ Maleise neushoornvogel ⟨Buceros rhinoceros⟩ ② roodsnavelossenpikker ⟨Buphagus erythrorhynchus⟩ ③ geelsnavelossenpikker ⟨Buphagus africanus⟩

rhinoceros hide [telb zn] ⟨fig⟩ olifantshuid

rhi·noc·er·ot·ic /raɪnɒsərɒtɪk, ᴬ-nɑsərɑtɪk/ [bn] van een neushoorn, neushoornachtig

rhi·no·pha·ryn·ge·al /raɪnoʊfərɪndʒəl/ [bn] van de neus-keelholte

rhi·no·phar·ynx /raɪnoʊfærɪŋks/ [telb zn; mv: ook rhinopharynges /-fərɪndʒiːz/] neus-keelholte, nasofarynx

rhi·no·plas·tic /raɪnoʊplæstɪk/ [bn] ⟨med⟩ van de rinoplastiek

rhi·no·plas·ty /raɪnoʊplæsti/ [telb + niet-telb zn] ⟨med⟩ rinoplastiek, neusoperatie

rhi·nos·cope /raɪnəskoʊp/ [telb zn] ⟨med⟩ neusspiegel, rinoscoop

rhi·nos·co·py /raɪnɒskəpi, ᴬ-nɑ-/ [telb + niet-telb zn] ⟨med⟩ rinoscopie ⟨neusonderzoek met microscoop⟩

rhi·zo- /raɪzoʊ/ ⟨plantk⟩ wortel-, rizo- ♦ *rhizophora* rizofoor, luchtwortelboom; *rhizogenesis* rizogenese

rhi·zo·carp /raɪzoʊkɑːp, ᴬ-kɑrp/ [bn] ⟨plantk⟩ rizocarp ⟨elk jaar nieuwe vruchtdragende stengels vormend⟩

¹**rhi·zoid** /raɪzɔɪd/ [telb zn] ⟨plantk⟩ rizoïde ⟨wortel van lagere plantensoorten⟩

²**rhi·zoid** /raɪzɔɪd/ [bn] ⟨plantk⟩ wortelachtig

rhi·zome /raɪzoʊm/ [telb zn] ⟨plantk⟩ wortelstok, rizoom

rhi·zo·pod /raɪzoʊpɒd, ᴬ-pɑd/ [telb zn] ⟨biol⟩ wortelpotige ⟨klasse Rhizopoda⟩

rho /roʊ/ [telb zn] rho ⟨17e letter van het Griekse alfabet⟩

rho·da·mine /roʊdəmiːn, -mɪn/ [telb + niet-telb zn] rodamine ⟨rode, fluorescerende kleurstof⟩

Rhode Island Red [telb + niet-telb zn] Rhode Island Red, RIR, Red ⟨kippensoort, oorspronkelijk uit Rhode Island⟩

Rhodes /roʊdz/ [eigenn] Rhodos ⟨Grieks eiland; hoofdstad ervan⟩

Rho·de·sia /roʊdiːʃə, ᴬ-ʒə/ [eigenn] Rhodesië

Rhodes Scholar /roʊdz skɒlə, ᴬ-skɑlər/ [telb zn] Rhodesstudent ⟨met Rhodesbeurs⟩

Rhodes Scholarship [telb zn] Rhodesbeurs ⟨door Cecil Rhodes ingesteld, voor buitenlandse studenten aan de Universiteit van Oxford⟩

¹**Rho·di·an** /roʊdɪən/ [telb zn] Rhodiër, bewoner van Rhodos

²**Rho·di·an** /roʊdɪən/ [bn] Rhodisch, van Rhodos

rho·di·um /roʊdɪəm/, ⟨in betekenis 2 ook⟩ **rhodium wood** [niet-telb zn] ① ⟨scheik⟩ rodium ⟨element 45⟩ ② rodiumhout, onecht rozenhout

rhodium oil [niet-telb zn] olie uit rodiumhout

rho·do- /roʊdoʊ/ ⟨i.h.b. scheik⟩ rozekleurig, rozerood

rho·do·chro·site /roʊdəkroʊsaɪt/ [telb zn] ⟨scheik⟩ rodochrosiet, mangaanspaat, dialogiet

rho·do·den·dron /roʊdədendrən/ [telb zn] rododendron

rhodomontade → rodomontade

rho·dop·sin /roʊdɒpsɪn, ᴬ-dɑp-/ [niet-telb zn] staafjesrood, rodopsine

rho·do·ra /rədɔːrə/ [telb + niet-telb zn] ⟨plantk⟩ Canadese azalea ⟨Rhodora canadensis⟩

¹**rhomb** /rɒm, ᴬrɑm/ [telb zn] ruit, rombus

²**rhomb** [afk] (rhombic)

rhom·bic /rɒmbɪk, ᴬrɑm-/ [bn] ① ruitvormig, rombisch ② ⟨kristallografie⟩ rombisch

rhom·bo- /rɒmboʊ, ᴬrɑmboʊ/ rombo-, ruit-

rhom·bo·he·dral /rɒmboʊhiːdrəl, -he-, ᴬrɑm-/ [bn; bw: ~ly] met de vorm van een romboëder

rhom·bo·he·dron /rɒmboʊhiːdrən, -he-, ᴬrɑm-/ [telb zn; mv: ook rhombohedra /-drə/] romboëder, kristal met vorm van romboëder

¹**rhom·boid** /rɒmbɔɪd, ᴬrɑm-/ [telb zn] romboïde, ⟨scheefhoekig⟩ parallellogram

²**rhom·boid** /rɒmbɔɪd, ᴬrɑm-/, **rhom·boi·dal** /rɒmbɔɪdl, ᴬrɑm-/ [bn] ① romboïdaal, ruitvormig ② parallellogramvormig

rhom·boi·de·us /rɒmbɔɪdɪəs, ᴬrɑm-/ [telb zn; mv: rhomboidei /-diaɪ/] ⟨med⟩ romboïdeus(spier) ⟨ruitvormige spier⟩

rhom·bus /rɒmbəs, ᴬrɑm-/ [telb zn; mv: ook rhombi /-baɪ/] ⟨geometrie⟩ ruit, rombus

RHS [afk] (Royal Historical/Horticultural/Humane Society)

¹**rhu·barb** /ruːbɑːb, ᴬ-bɑrb/ [telb zn] ① ⟨plantk⟩ rabarber ⟨genus Rheum⟩, ⟨i.h.b.⟩ stompe rabarber ⟨R. rhaponthicum⟩ ② ⟨AE; inf⟩ heibel, herrie, ruzie, opschudding

²**rhu·barb** /ruːbɑːb, ᴬ-bɑrb/ [niet-telb zn] ① ⟨cul⟩ rabarber(moes) ② rabarber(wortel) ⟨ook laxeermiddel⟩ ③ rabarberrabarberrabarber, gemompel ⟨geluid van mensenmassa⟩

rhumb /rʌm/, ⟨in betekenis 2 ook⟩ **rhumb line** [telb zn] ⟨scheepv⟩ ① kompas(streek) ② loxodroom, loxodromische lijn

rhumba [telb zn] → rumba

rhumb card [telb zn] ⟨scheepv⟩ kompasroos, windroos

¹**rhyme, rime** /raɪm/ [telb zn] ① rijm(woord), rijmklank, rijmregel ♦ *a rhyme for/to book* een woord dat rijmt op *book* ② (berijmd) gedicht, vers ● *without rhyme or reason, neither rhyme nor reason* zonder slot of zin, zonder enige betekenis, onzinnig

²**rhyme, rime** /raɪm/ [niet-telb zn] (gebruik van) rijm ♦ *in rhyme* op rijm, in rijmende verzen

³**rhyme, rime** /raɪm/ [onov ww] ① rijmen, rijm hebben ② dichten, rijmende verzen schrijven, rijmen; → rhyming

⁴**rhyme, rime** /raɪm/ [ov ww] ① laten rijmen ♦ *you cannot rhyme 'tin' and 'ton'* je kunt 'tin' en 'ton' niet laten rijmen; *you can rhyme 'mouse', to/with 'louse'* je kunt 'muis' laten rijmen op/met 'luis' ② berijmen, in/op rijm brengen/zetten ♦ *rhymed verses* berijmde verzen; → rhyming

rhyme·less, rime·less /raɪmləs/ [bn] rijmloos, onberijmd

rhym·er, rim·er /raɪmə, ᴬ-ər/, ⟨vero in eerste betekenis ook⟩ **rhym·ster, rhyme·ster, rime·ster** /raɪmstə, ᴬ-ər/ [telb zn] ① rijmelaar, koffiehuispoëet, pruldichter, versjesschrijver ② dichter ⟨van berijmde verzen⟩

rhyme royal [telb + niet-telb zn; mv: rhyme royals] ⟨letterk⟩ zevenregelig stanza ⟨met tien lettergrepen per regel en rijmschema ababbcc⟩

rhyme scheme [telb zn] rijmschema

rhym·ing, rim·ing /raɪmɪŋ/ [bn; (oorspronkelijk) tegenwoordig deelw van rhyme, rime] rijmend, op rijm, berijmd ♦ *rhyming couplet* rijmpaar, gepaard rijm; *rhyming dictionary* rijmwoordenboek; *rhyming slang* rijmend slang ⟨in plaats van 'feet' zeg je bijvoorbeeld 'plates of meat'⟩

rhym·ist /raɪmɪst/ [telb zn] dichter ⟨van berijmde verzen⟩

rhy·o·lite /raɪəlaɪt/ [niet-telb zn] ryoliet ⟨vulkanisch ge-

rhythm

steente⟩
rhythm /rɪðm/ [telb + niet-telb zn] ritme ⟨ook figuurlijk⟩, maat, metrum, ritmus, cadans ♦ ⟨muz⟩ *rhythm and blues* rhythm-and-blues; ⟨letterk⟩ *sprung rhythm* bepaalde versmaat ⟨waarbij elke voet een lange en een of meer korte lettergrepen bevat⟩
rhyth·mic /rɪðmɪk/, **rhyth·mi·cal** /-ɪkl/ [bn; bw: ~ally] ritmisch, regelmatig
rhyth·mics /rɪðmɪks/ [niet-telb zn] ritmiek
rhyth·mist /rɪðmɪst/ [telb zn] [1] ritmespecialist, iemand met gevoel voor ritme [2] slagwerker, lid van een ritmesectie
rhythm·less /rɪðmləs/ [bn] zonder ritme, onregelmatig
rhythm method [telb zn] periodieke onthouding
rhythm section [telb zn] ⟨muz⟩ ritmesectie, slagwerk
RI [afk] [1] (Rex et Imperator) **RI** [2] (Regina et Imperatrix) [3] (Rhode Island ⟨met zipcode⟩) [4] (Royal Institute/Institution)
ri·a /rɪə/ [telb zn] ⟨aardr⟩ ria ⟨rivierdal⟩
ri·al /rɪəl, raɪəl, ᴬrɪəl, ᴬrɪɑl/ [telb zn] rial ⟨munteenheid van Iran/Oman⟩
ri·ant /raɪənt/ [bn] [1] opgewekt ⟨van gezicht, ogen⟩, (glim)lachend, vrolijk [2] riant ⟨ook van landschap⟩
¹**rib** /rɪb/ [telb zn] [1] rib, ribbe ♦ *dig/poke s.o. in the ribs* iemand een por in de ribben geven; *floating ribs* zwevende/losse ribben; ⟨inf⟩ *stick to the/one's ribs* aan de ribben kleven/plakken, aanzetten ⟨van voedsel⟩; voedzame/stevige kost zijn; ⟨fig⟩ *tickle s.o. in the/s.o.'s ribs* iemand aan het lachen maken [2] ⟨benaming voor⟩ ribvormig voorwerp, balein ⟨van paraplu⟩, gewelfrib, pen ⟨van veer⟩, spant, rib ⟨van schip, vliegtuig⟩, (brug)pijler, bladnerf, rib, ader ⟨van insectenvleugel⟩, (ploeg)voor [3] ⟨vaak mv⟩ ribstuk, (rib)kotelet, riblap, krap, krabbetje [4] ⟨scherts⟩ vrouw ⟨naar Gen. 2:21⟩ [5] ⟨inf⟩ grap, parodie [6] ribbel, richel, uitloper ⟨van gebergte⟩ [7] (erts)ader [8] golfribbel, ribbeling
²**rib** /rɪb/ [telb + niet-telb zn] ribbelpatroon ♦ *knit/make in rib* ribbels breien
³**rib** /rɪb/ [ov ww] [1] ribb(el)en, van ribben voorzien, met ribben steunen, met ribbels breien [2] voren ploegen in [3] ⟨inf⟩ plagen, voor de gek houden; → **ribbed, ribbing**
RIBA [afk] (Royal Institute of British Architects)
¹**rib·ald** /rɪbld/ [telb zn] (oneerbiedig) spotter, schunnige vent
²**rib·ald** /rɪbld/ [bn] (oneerbiedig) spottend, grof, schunnig, vuil ⟨van taal⟩
rib·ald·ry /rɪbldri/ [niet-telb zn] grove taal, vuile praat, schuine moppentapperij
rib·band /rɪbənd/ [telb zn] ⟨scheepv⟩ sent, lijst, gording, naadlijst, naadspant
rib·bed /rɪbd/ [bn; volt deelw van rib] gerib(bel)d, rib-, gegolfd, ribbelig ♦ *ribbed material* ribbetjesgoed, ripsweefsel, geribbelde stof; *ribbed vault* ribgewelf, kruis(rib)gewelf
rib·bing /rɪbɪŋ/ [telb + niet-telb zn; (oorspronkelijk) gerund van rib] [1] ribb(el)ing, rib(bel)patroon [2] verwulf(sel) [3] ⟨inf⟩ plagerij
¹**rib·bon** /rɪbən/ ⟨vero in betekenis 1 ook⟩ **rib·and** /rɪbənd/ [telb zn] [1] lint(je), onderscheiding [2] ⟨vaak mv⟩ flard, sliert, reep ♦ ⟨fig⟩ *cut to ribbons* in de pan hakken; *hang in ribbons* in flarden erbij hangen; *tear to ribbons* aan flarden/in repen scheuren
²**rib·bon** /rɪbən/ [telb zn] [1] lint, band, strook, schrijfmachinelint
ribbon building, ribbon development [niet-telb zn] ⟨vaak pej⟩ lintbebouwing
rib·bon·ed /rɪbənd/ [bn] [1] met linten, van linten voorzien [2] aan flarden (gescheurd)
rib·bon·fish [telb zn] ⟨dierk⟩ [1] spaanvis ⟨familie Trachypteridae⟩ [2] lintvis ⟨familie Regalecidae⟩
ribbon grass [telb + niet-telb zn] ⟨plantk⟩ rietgras, lint-

gras, lintriet ⟨Phalaris arundinacea⟩
Rib·bon·ism /rɪbənɪzm/ [niet-telb zn] ⟨gesch⟩ aan leden van de Ribbon Society toegeschreven misdadigheid
ribbon reverse [telb zn] lintomschakelaar ⟨op schrijfmachine⟩
ribbon saw [telb zn] lintzaag, bandzaag
ribbon worm [telb zn] ⟨dierk⟩ snoerworm ⟨stam Nemertini⟩
rib cage [telb zn] ribbenkast
ri·bes /raɪbiːz/ [niet-telb zn] ⟨plantk⟩ ribes ⟨genus Ribes⟩
rib eye steak [telb zn] ⟨cul⟩ lendenbiefstuk, entrecote
rib grass, rib·wort [niet-telb zn] ⟨plantk⟩ smalle weegbree ⟨Plantago lanceolata⟩
rib·less /rɪbləs/ [bn] ongeribd, zonder ribben
ri·bo·fla·vin /raɪbou fleɪvɪn/ [niet-telb zn] riboflavine, vitamine B2, lactoflavine
ri·bo·nu·cle·ase /raɪbounjuːklieɪs, ᴬ-nuː-/ [telb zn] ⟨biochem⟩ ribonuclease (enzym), RNA-ase, RNA-se
ri·bo·nu·cle·ic /raɪbounjuːkliːk æsɪd, ᴬ-nuː-/ [bn, attr] ⟨biochem⟩ ribonucleïne- ♦ *ribonucleic acid* ribonucleïnezuur; ⟨vaak⟩ RNA
ri·bose /raɪbous/ [niet-telb zn] ⟨biochem⟩ ribose
ri·bo·so·mal /raɪbəsouml/ [bn] ⟨biochem⟩ ribosoom-
ri·bo·some /raɪbəsoum/ [telb zn] ⟨biochem⟩ ribosoom
rib-stick·ers [alleen mv] ⟨sl; cul⟩ bonen, stevige pot
rib-tick·ler [telb zn] ⟨sl⟩ grap, mop, bak, dijenkletser
¹**rice** /raɪs/ [niet-telb zn] rijst ♦ *ground rice* gemalen rijst; *polished rice* gepelde rijst; *unpolished rice* ongepelde rijst, zilvervliesrijst
²**rice** /raɪs/ [ov ww] ⟨vnl AE⟩ (grof) zeven, pureren, tot puree maken
rice-bel·ly [telb zn] ⟨sl; beled⟩ rijstbuik, spleetoog ⟨Chinees⟩
rice-bird [telb zn] ⟨dierk⟩ [1] rijstvogel ⟨Padda oryzivora⟩ [2] rijsttroepiaal ⟨Dolichonyx oryzivorus⟩
rice bowl [telb zn] [1] rijstkom [2] rijstland, rijstgebied
rice Christian [telb zn] bekeerling ⟨omwille van voedsel, medicijnen e.d.⟩
rice paddy [telb zn] rijstveld
rice paper [niet-telb zn] rijstpapier
rice pudding [telb + niet-telb zn] rijstebrij, rijstpudding
ric·er /raɪsə, ᴬ-ər/ [telb zn] ⟨vnl AE⟩ (soort) grove zeef, pureeknijper
ri·cer·car /riːtʃəkɑː, ᴬriːtʃərkɑr/ [telb zn] ⟨muz⟩ ricercare
rice wee·vil [telb zn] ⟨dierk⟩ rijstklander ⟨Sitophilus oryzae⟩
rich /rɪtʃ/ [bn; vergr trap: richer; zn: ~ness] [1] rijk, vermogend, welvoorzien ♦ *rich in* rijk aan; *a rich life* een rijk leven; *a rich mixture* een rijk mengsel ⟨met hoog brandstofgehalte⟩; *rich and poor* rijk en arm; *the rich* de rijken [2] kostbaar, waardevol, luxueus ♦ *a dress rich with lace* een japon met veel kant [3] rijkelijk, overvloedig, copieus [4] vruchtbaar, vet, rijk ♦ *rich coal* vette kolen; *rich soil* vette/vruchtbare aarde [5] machtig ⟨van voedsel⟩, krachtig, vetrijk, zwaar [6] aangenaam, klankrijk, vol ⟨van klank⟩, warm ⟨van kleur⟩ ♦ *a rich perfume* een doordringend parfum; *rich red* diep rood; *rich voice* volle/klankrijke stem [7] ⟨inf; vaak iron⟩ kostelijk ⟨van grap⟩, amusant ♦ *that's rich!* kostelijk!, dat is een goeie!; wat een flater! • *strike it rich* een goudmijn ontdekken, fortuin maken; ⟨sprw⟩ *he is rich that has few wants* hij is niet arm die weinig heeft, maar die met veel begeerten leeft, ± tevredenheid gaat boven rijkdom; ⟨sprw⟩ *a rich man's joke is always funny* rijkaards worden altijd omringd door vleiers; ⟨sprw⟩ *one law for the rich and another for the poor* de armen en de rijken worden door de rechters niet gelijk behandeld; ⟨sprw⟩ *God help the poor for the rich can help themselves* ± God helpe de armen want de rijken kunnen zichzelf helpen
Rich·ard Roe /rɪtʃəd rou, ᴬrɪtʃərd -/ [telb zn] ⟨jur⟩ me-

neer X ⟨gefingeerd persoon in proces⟩
Richard's pipit [telb zn] ⟨dierk⟩ grote pieper ⟨Anthus novaeseelandiae⟩
¹**rich·en** /rɪtʃn/ [onov ww] rijk worden, zich verrijken
²**rich·en** /rɪtʃn/ [ov ww] rijk maken, verrijken
rich·es /rɪtʃɪz/ [alleen mv] [1] rijkdom, het rijk-zijn, vermogen [2] kostbaarheden, rijkdom(men), weelde
rich·ly /rɪtʃli/ [bw] [1] → rich [2] volledig, dubbel en dwars ◆ *richly deserve* volkomen verdienen
Richt·er scale /rɪktə skeɪl, ᴬ-tər-/ [niet-telb zn; the] ⟨seismologie⟩ schaal van Richter
ricin /rɪsɪn/ [niet-telb zn] ⟨biol⟩ ricine
¹**rick,** ⟨in betekenis 2 ook⟩ **wrick** /rɪk/ [telb zn] [1] (hooi)hoop, opper, mijt, schelf, hooiopper, hooimijt, hooischelf, hooiberg [2] ⟨vnl BE⟩ verdraaiing, verrekking, verstuiking
²**rick,** ⟨in betekenis 2 ook⟩ **wrick** /rɪk/ [ov ww] [1] ophopen, te hoop/op hopen zetten, optassen [2] ⟨vnl BE⟩ verdraaien, verrekken, verstuiken
rick·ets /rɪkɪts/ [alleen mv] ⟨med⟩ rachitis, Engelse ziekte
rick·ett·si·a /rɪkɛtsɪə/ [telb zn; mv: ook rickettsiae /-siː/] ⟨biol⟩ rickettsia
rick·et·y /rɪkəti/ [bn; vergr trap: ricketier; zn: ricketiness] [1] rachitisch, lijdend aan/lijkend op Engelse ziekte [2] gammel, zwak, beverig, wankel, fragiel
rick·ey /rɪki/ [telb + niet-telb zn] rickey ⟨cocktail van limoensap, gin en sodawater⟩
rick·rack, ric·rac /rɪkræk/ [telb zn] zigzag sierzoom/boordje
rick·shaw, rick·sha /rɪkʃɔː/ [telb zn] riksja
¹**rick·y-tick** /rɪkɪtɪk/ [niet-telb zn] ⟨muz⟩ [1] (ge)rikketik, rikketikkende klank/ritme [2] zachte jazz ⟨waarvan de stijl herinnert aan de jaren twintig⟩
²**rick·y-tick** /rɪkɪtɪk/, ⟨in betekenis 1 ook⟩ **rick·y-tick·y** /rɪkɪtɪki/ [bn] ⟨AE; sl⟩ [1] van/m.b.t. ragtime [2] ouderwets, afgezaagd, niet meer van deze tijd [3] protserig (en) goedkoop, sjofel, armzalig
¹**ric·o·chet** /rɪkəʃeɪ, ᴬ-ʃeɪ/ [telb + niet-telb zn; ook attributief] [1] ricochet, het keilen, opstuit, het afketsen, afkaatsing ⟨van een projectiel tegen een plat vlak⟩ [2] ricochetschot ◆ *he was wounded by a ricochet* hij werd gewond door een verdwaalde kogel [3] het treffen door een ricochetschot ◆ *by ricochet* door de weeromstuit
²**ric·o·chet** /rɪkəʃeɪ, ᴬ-ʃeɪ/ [onov ww] ricocheren, aanslaan, afschampen/afketsen ◆ *the bullet ricochetted off the wall* de kogel ketste af op de muur
³**ric·o·chet** /rɪkəʃeɪ, ᴬ-ʃeɪ/ [ov ww] doen ricocheren, doen aanslaan/afschampen/afketsen
ri·cot·ta /rɪkɒtə, ᴬ-kɑtə/ [telb + niet-telb zn] ⟨cul⟩ ricotta
RICS [afk] ⟨BE⟩ (Royal Institution of Chartered Surveyors)
ric·tus /rɪktəs/ [telb zn; mv: ook rictus] [1] ⟨biol⟩ sperwijdte ⟨van wijd open mond/bek⟩, gaping, mondopening [2] (ongewilde) grijns, grimas [3] scheur, split, kloof, opening
¹**rid** /rɪd/ [ov ww; rid, rid; verouderd ook ridded, ridded] bevrijden, ontlasten, vrijmaken, verwijderen, ontdoen van ◆ *be/get rid of* kwijt zijn/raken, van de hand doen, zich af maken van, afschudden, af zijn/raken van; *the company is well rid of her* de firma kan blij zijn dat ze van haar af is; *rid s.o. of s.o./sth.* iemand van iemand/iets afhelpen/bevrijden/vrijmaken; ⟨gew, AE⟩ *rid up this mess* ruim deze rotzooi op; *be well rid of s.o.* goed van iemand af zijn
²**rid** /rɪd/ [verleden tijd en volt deelw] → ride
rid·a·ble /raɪdəbl/ [bn; bw: ridably] berijdbaar
rid·dance /rɪdns/ [telb + niet-telb zn] ⟨inf⟩ bevrijding, verlossing, het afschepen/afschudden, verwijdering
rid·den /rɪdn/ [volt deelw] → ride
-rid·den /rɪdn/ [oorspronkelijk volt deelw van ride; vormt bn uit naamwoord] [1] gedomineerd door, bezeten van, beheerst door, verdrukt door, in de handen van ◆ *priest-ridden* onder de plak van priesters, door priesters beheerst/geterroriseerd; *conscience-ridden* door zijn geweten geplaagd [2] vergeven van, (te) vol van ◆ *lice-ridden* vergeven van de luizen; *this place is vermin-ridden* het stikt/wemelt hier van het ongedierte
¹**rid·dle** /rɪdl/ [telb zn] [1] raadsel, mysterie, enigma ◆ *John is a complete riddle to me* John is voor mij een raadsel/een volslagen mysterie; *read a riddle* een oplossing/antwoord vinden; *riddle me a riddle/riddle my riddle* los dit raadsel/probleem eens voor me op; ra ra ra; *he's good at solving riddles* hij is goed in het oplossen van raadseltjes; *speak in riddles* in raadselen spreken [2] (grove) zeef
²**rid·dle** /rɪdl/ [onov ww] [1] in raadsels spreken, orakelen [2] raadsels opgeven; → **riddled, riddling**
³**rid·dle** /rɪdl/ [ov ww] [1] ontraadselen, raden, oplossen, uitleggen, verklaren [2] een raadsel zijn voor, mystificeren, in de war brengen [3] zeven ⟨ook figuurlijk⟩, ziften, schiften, onderzoeken, natrekken ◆ *riddle the evidence* de bewijzen schiften/onderzoeken [4] schudden ⟨om as in kachel op te vangen⟩ ◆ *riddle the grate* het rooster/de kachel schudden [5] doorzeven, gaten maken in, perforeren ◆ *the body was riddled with bullets* het lichaam was met kogels doorzeefd [6] de zwakke punten blootleggen van, weerleggen, doen kelderen, ontzenuwen ◆ *riddle an argument* een redenering weerleggen; → **riddled, riddling**
rid·dled /rɪdld/ [bn, pred; oorspronkelijk volt deelw van riddle] [1] gevuld, vol, bezaaid, doorspekt ◆ *the paper was riddled with errors* de verhandeling stond vol fouten [2] ernstig beschadigd
rid·dling /rɪdlɪŋ/ [bn; oorspronkelijk tegenwoordig deelw van riddle; bw: ~ly] [1] in raadselvorm uitgedrukt [2] raadselachtig, onbegrijpelijk, verwarrend
¹**ride** /raɪd/ [telb zn] [1] ⟨benaming voor⟩ rit(je) ⟨ook in kermisattractie⟩, tocht(je), vlucht ⟨in helikopter⟩, verplaatsing ⟨per lift, kabelbaan⟩ ◆ *let's go for a ride* laten we een eindje gaan rijden; *can you give me a ride to the station?* kan je mij een lift geven tot aan het station?; *it's only a short ride in the car* het is maar een kort ritje met de auto [2] rijpad, ruiterpad, (bos)weg [3] rijdier, rijpaard ◆ *this pony is an easy ride* deze pony laat zich makkelijk berijden [4] roetsjbaan, paardjesmolen [5] troep bereden soldaten [6] ⟨sl⟩ makkie, fluitje van een cent [7] ⟨sl⟩ ritje, neukpartij, wip [8] ⟨jazz⟩ improvisatie ⟨bij jazz⟩ [9] ⟨sl⟩ autorace [·] ⟨inf⟩ (along) *for the ride* voor de lol, zomaar, zonder een klap uit te voeren; *the DJ gave the new single a big ride* de dj plugde de nieuwe single; ⟨inf⟩ *take s.o. for a ride* iemand voor de gek houden, iemand oplichten/voor schut zetten/foppen; ⟨vnl BE; euf⟩ *een ritje* met iemand gaan maken ⟨onder dwang, met de bedoeling hem te vermoorden⟩
²**ride** /raɪd/ [onov ww; rode, ridden] [1] rijden, paardrijden, schrijlings zitten ◆ *ride (a-)cock-horse* paardje rijden, schrijlings zitten; *ride astride/side-saddle* schrijlings/in amazonezit (paard)rijden; *little John was riding on father's knee* kleine John reed paardje op vaders knie [2] ⟨scheepv⟩ rijden, voor anker liggen/rijden ◆ *ride at anchor* voor anker liggen, voor zijn anker rijden; *ride easy/hard* licht/zwaar voor zijn anker rijden; *ride high* hoog op het water liggen [3] drijven ⟨ook figuurlijk⟩, zich (drijvend) voortbewegen, zeilen, vlotten, gedragen worden, afhangen ◆ *the moon rode clear and high* de maan stond hoog en helder aan de hemel; *the eagle rode on the wind* de arend liet zich op de wind meedrijven; *she rode on a wave of popularity* ze werd gedragen/voortgestuwd door een golf van populariteit; *the ship rode lightly on the waves* het schip gleed licht over de baren; *further measures ride on the flexibility of the board* verdere maatregelen hangen af van de flexibiliteit van het bestuur; *he rode to victory on his own merits* hij behaalde de overwinning op basis van zijn eigen verdiensten [4] (gedeeltelijk over elkaar) schuiven, (gedeeltelijk over elkaar) liggen, overlappen ◆ *in case of a fracture, make sure*

ride

the bones don't ride one over the other bij een beenbreuk moet je er voor zorgen dat de botten niet over elkaar schuiven 5 rijden, berijdbaar zijn ♦ *this horse rides well* dit paard rijdt goed/is goed berijdbaar; *the frost had made the path ride-hard* door de vorst was het pad hard genoeg geworden om op te rijden 6 (actief) aanwezig zijn ♦ *ride again* er weer zijn, weer in actie zijn; *Batman rides again* Batman slaat weer toe/is weer in actie; *despair was riding among the people* er heerste wanhoop onder de mensen 7 blijven staan (van inzet bij weddenschap) ♦ *he let his winnings ride on the same number* hij liet zijn winst op hetzelfde nummer staan ▫ *ride on a bike* fietsen; zie: **ride off**; zie: **ride out**; *ride roughshod over s.o./sth.* zich niet storen aan iemand/iets, (gemakkelijk) over iemand heen lopen, (gemakkelijk) over iets heen stappen; *ride up* omhoogkruipen, opkruipen; *this skirt is always riding up* die rok kruipt altijd omhoog; (sprw) *set a beggar on horseback and he'll ride to the devil* als men een bedelaar te paard helpt, wordt hij een trotse jonker; (sprw) *if two men ride on a horse, one must ride behind* ± twee meesters onder hetzelfde dak geeft altijd moeite en ongemak, ± geen twee kapiteins op één schip; (sprw) *if wishes were horses, then beggars would ride* als wensen paarden waren, hoefden bedelaars niet te lopen; → **ridden, riding**

³**ride** /raɪd/ [ov ww; rode, ridden] 1 berijden, afrijden, doorrijden, te paard doorwaden ♦ *the outlaw rode the borders* de vogelvrijverklaarde reed door het grensgebied/verbleef/was actief in het grensgebied 2 (be)rijden, rijden/reizen/zich verplaatsen met ♦ *ride a bicycle/bike* met de fiets rijden, fietsen; *ride a horse* paard rijden 3 (laten/doen) rijden, vervoeren, brengen ♦ *ride the baby on one's knee* de baby op z'n knie laten rijden 4 (vnl passief) beheersen, verdrukken, controleren, tiranniseren ♦ *the robber was ridden by fears* de dief werd door schrik bevangen/overmand; *the nightmare rode the sleeper* de nachtmerrie liet de slaper niet los 5 (vnl form) drijven op, gedragen worden door, zeilen op ♦ *the hawk was riding the wind* de havik liet zich meedrijven op de wind 6 (vnl AE) jennen, kwellen, plagen, belachelijk maken ♦ *stop riding that poor girl over her failure* hou op met dat arme meisje te plagen met haar mislukking 7 (sl) (be)rijden, dekken, kruipen op, naaien 8 meegeven aan, ontwijken, terugdeinzen voor 9 wegen (jockey) ♦ *Hank rides 140 pounds* Hank weegt 140 pond in het zadel (mét handicapgewicht) 10 rusten op, overlappen (met), (overlappend) bedekken 11 (scheepv) voor anker houden ▫ zie: **ride down**; zie: **ride off**; zie: **ride out**; (sprw) *he who rides a tiger is afraid to dismount* ± die de duivel scheep heeft, moet hem overvaren, ± wie in het schuitje zit, moet varen; → **ridden, riding**

ride down [ov ww] 1 inhalen (te paard), bijbenen, afrijden 2 omverrijden, vertrappelen, (fig) uit de weg ruimen (bezwaar, e.d.)

¹**ride off** [onov ww] eromheen draaien, een zijpaadje inslaan, van het onderwerp afwijken, de kwestie omzeilen, (België) rond de pot draaien ♦ *the president rode off on a side-issue* de president ontweek de kwestie en begon over een bijzaak

²**ride off** [ov ww] (sport) de weg naar de bal afsnijden, van de bal afzetten, opzij duwen, obstructie plegen tegen

ride-off [telb zn] (paardsp) barrage

¹**ride out** [onov ww] (jazz) het laatste refrein swingend spelen

²**ride out** [ov ww] 1 overleven (ook figuurlijk), heelhuids doorkomen, ongehavend komen uit, succesrijk doorstaan ♦ *the ship rode out the storm* het schip kwam zonder averij door de storm/doorstond de storm 2 afjakkeren, afrijden 3 (jazz) het laatste refrein swingend spelen van

rid·er /raɪdə, ᴬ-ər/ [telb zn] 1 (be)rijder, ruiter, jockey, cowboy, passagier 2 aanvullingsakte, amendement, allonge, toegevoegde stipulatie, (BE) (geamendeerd) wetsvoorstel bij zijn derde lezing, (vnl BE; jur) toegevoegd beding, aanbeveling (bij uitspraak van de jury) 3 oplegstuk, (verstevigend) bovenstuk, dwarsstuk, (boven) uitstekend machineonderdeel, overslag (van touw) 4 ruiter, schuifgewicht (van balans) 5 gevolgtrekking 6 (vnl mv) (scheepv) kattenspoor, scheepsbint

rid·er·less /raɪdələs, ᴬ-dər-/ [bn] ruiterloos, zonder berijder

rider's box [telb zn] (wielersp) rennerscabine

rid·er·ship /raɪdəʃɪp, ᴬ-dər-/ [niet-telb zn] bezetting (aantal gebruikers van een bepaald openbaar vervoerssysteem)

¹**ridge** /rɪdʒ/ [telb zn] 1 (berg)kam, richel, rug 2 nok, vorst (van dak) 3 bergketen 4 (lange, smalle) opstaande rand/verhevenheid, ribbel, stootrand, rug (tussen twee ploegvoren), bed (in tuin) 5 golftop 6 (meteo) rug (uitloper van hogedrukgebied)

²**ridge** /rɪdʒ/ [onov ww] kammen/plooien vormen, zich in opstaande lijnen samentrekken, rimpelen

³**ridge** /rɪdʒ/ [ov ww] 1 kammen/plooien/(aard)ruggen vormen in 2 op bedden zetten/planten 3 verhevenheden maken in, van een rand voorzien

ridge-back [telb zn] pronkrug (jachthond met tegendraads ingeplant rughaar, in het bijzonder de Rhodesische pronkrug)

ridge-beam, ridge-piece [telb zn] nok(balk), vorstbalk, hemelboom

ridge·ling, ridg·ling /rɪdʒlɪŋ/, **rid·gel** /rɪdʒl/ [telb zn] (dierk) 1 klophengst, klopstier, binnenbeer, cryptorchist 2 halfcastraat, onvolledig gecastreerd dier

ridge-pole [telb zn] 1 nok(balk), vorst 2 (horizontale) tentbalk, nok (van tent)

ridge-roof [telb zn] zadeldak

ridge-run·ner [telb zn] (sl) plattelander, boer

ridge-tile [telb zn] nokpan, vorstpan

ridge-tree [telb zn] (vero) nok(balk)

ridge-way [telb zn] (vnl BE) richelpad, weg langs richel/rand

ridg·y /rɪdʒi/ [bn; vergr trap: ridgier] 1 kamvormig, scherp, verheven 2 ribbelig, met rand(en)/richels 3 ruggen vormend, zich in ruggen vertovend

¹**rid·i·cule** /rɪdɪkjuːl/ [niet-telb zn] spot, hoon, het belachelijk maken/gemaakt worden ♦ *they poured ridicule on his proposals* zijn voorstellen werden op hoongelach onthaald/werden weggehoond ▫ *hold s.o. up to ridicule* de spot drijven met iemand, iemand voor schut zetten, de draak steken met iemand, iemand belachelijk maken

²**rid·i·cule** /rɪdɪkjuːl/ [ov ww] ridiculiseren, in het belachelijke trekken, voor joker zetten, bespotten

ri·dic·u·lous /rɪdɪkjʊləs, ᴬ-kjə-/ [bn; bw: ~ly; zn: ~ness] (vnl pej) ridicuul, belachelijk, bespottelijk, absurd, dwaas ▫ (sprw) *from the sublime to the ridiculous is but a step* tussen het verhevene en het belachelijke ligt maar één stap

¹**rid·ing** /raɪdɪŋ/ [telb zn; (oorspronkelijk) gerund van ride] 1 ruiterpad, rijpad (in/langs bos) 2 (the; voornamelijk Riding) arrondissement, gouw (in het bijzonder administratief district van Yorkshire (tot 1974)), kiesdistrict (in Canada)

²**rid·ing** /raɪdɪŋ/ [niet-telb zn; (oorspronkelijk) gerund van ride] het (paard)rijden

riding boot [telb zn] rijlaars

riding breeches [alleen mv] rijbroek

riding crop [telb zn] → **riding whip**

riding habit [telb zn] amazone(mantel)pak, rijkleed, ruiterkledij

riding hood [telb zn] rijmantel, rijkap

riding lamp, riding light [telb zn] (scheepv) ankerlicht

riding master [telb zn] rijmeester, pikeur, rijinstructeur

ri·ding rhyme [telb zn] ⟨letterk⟩ distichon ⟨(twee) rijmende versregels in vijfvoetige jamben/jambische pentameters⟩

rid·ing-school [telb zn] ruiterschool, rijschool, manege

rid·ing-sta·bles [alleen mv] manege

riding whip, riding crop [telb zn] karwats, rijzweepje

rid·ley /ˈrɪdli/ [telb zn] ⟨dierk⟩ dwergzeeschildpad ⟨Lepidochelys/Caretta kempii⟩

ridonkulous /rɪˈdɒŋkjələs/ [bn] ⟨AE; inf⟩ belachelijk, bespottelijk

ri·el /riːəl/ [telb + niet-telb zn] riel ⟨munteenheid van Cambodja⟩

rif /rɪf/ [ov ww] ⟨sl⟩ ① ontslaan, ontslag geven ② degraderen

ri·fa·ci·men·to /rɪfɑːtʃɪmentoʊ/ [telb zn; mv: ook rifacimenti /-menti/] ⟨letterk, muz⟩ bewerking

ri·fam·pin /rɪˈfæmpɪn/, **ri·fam·pi·cin** /rɪˈfæmpɪsɪn/ [niet-telb zn] ⟨farm⟩ rifampicine ⟨antibioticum⟩

ri·fa·my·cin /rɪfəˈmaɪsɪn/ [niet-telb zn] ⟨farm⟩ rifamycine ⟨antibioticum⟩

rife /raɪf/ [bn, pred; vergr trap: rifer; zn: ~ness] ① wijdverbreid, vaak voorkomend, gemeen(goed), algemeen, overheersend, overwegend ♦ *violence is rife in westerns* er is veel geweld in cowboyfilms ② goed voorzien, vol, legio, rijk ♦ *that issue is rife with controversy* de meningen zijn sterk verdeeld over die kwestie; *our department is rife with lazy-bones* onze afdeling puilt uit van de luiwammesen

riff /rɪf/ [telb zn] ① ⟨muz⟩ rif ⟨ritmisch basispatroon⟩, riedel ② ⟨sl⟩ geïmproviseerd kletsverhaal

¹**rif·fle** /ˈrɪfl/ [telb zn] ① ⟨AE⟩ zandbank, (rotsige) ondiepte, stroombreker ② ⟨AE⟩ stroomrafeling, stroomversnelling, rimpeling, golf ⟨ook figuurlijk⟩ ♦ *a riffle of smoke* een sliertje rook; *a riffle across the water* een rimpeling over het water ③ het wassen/schudden ⟨van kaarten⟩ ④ ⟨mijnb⟩ ⟨groef/richel in⟩ lattenbodem ⟨van goudwastrog⟩ ⑤ ⟨sl; honkb⟩ harde slag · *make the riffle* een ondiep water oversteken; slagen ⟨figuurlijk⟩

²**rif·fle** /ˈrɪfl/ [onov ww] ① de kaarten schudden ♦ zie: **riffle through** ② woelig worden ⟨van water⟩, rimpelen, kabbelen

³**rif·fle** /ˈrɪfl/ [ov ww] ① schudden ⟨kaarten, door de twee helften van het spel in elkaar te laten schuiven⟩ ② (haastig) doorbladeren, vlug omslaan ⟨bladen⟩, doen ritselen, vluchtig doorlopen

rif·fler /ˈrɪflə, ˌ-ər/ [telb zn] (gebogen) groefvijl

riffle through [onov ww] ① schudden ⟨spel kaarten⟩ ② vluchtig doorbladeren, snel omdraaien, snel doorlopen ⟨bladen⟩ ♦ *riffle through (the pages of) a book* een boek vluchtig doorbladeren

riff on [ov ww] variëren op, voortborduren op ♦ *riffing on* gestoeld op, gebaseerd op

riff-raff /ˈrɪfræf/ [verzameln] ① uitschot, tuig, schorem, janhagel, canaille ② naatje, rotzooi, rommel, bijeenraapsel

¹**ri·fle** /ˈraɪfl/ [telb zn] ① geweer, karabijn, buks, geschut ⟨met getrokken loop⟩ ② wetsteen ⟨stok met schuurpapier om als te wetten⟩, zeisboog ③ ⟨vero⟩ trek ⟨spiraalvormige groef in loop van geweer⟩

²**ri·fle** /ˈraɪfl/ [onov ww] → **rifling, rifle through**

³**ri·fle** /ˈraɪfl/ [ov ww] ① inwendig voorzien van spiraalvormige groeven, trekken ⟨geweerloop⟩ ② doorzoeken ⟨om te plunderen⟩, leeghalen, leegroven ♦ *the burglar had rifled every cupboard* de dief had iedere kast overhoop gehaald/leeggeplunderd ③ krachtig werpen, afknallen, hard slaan tegen ♦ *rifle the ball* met volle geweld de bal wegslaan; → **rifling**

ri·fle-bar·rel·led [bn] met getrokken loop

rifle-bird [telb zn] ⟨dierk⟩ geweervogel ⟨genus Craspedophora of Ptiloris⟩

ri·fle-bri·gade [telb zn] ⟨mil⟩ karabinierspeloton, jagers

ri·fle-gal·ler·y [telb zn] schietbaan, schietstand, schiettent

ri·fle·man /ˈraɪflmən/ [telb zn] ① karabinier, met geweer gewapend soldaat, schutter ② paradijsvogel ③ ⟨dierk⟩ geweervogel ⟨Acanthisitta chloris⟩

ri·fle-prac·tice [niet-telb zn] schijfschieten

ri·fler /ˈraɪflə, ˌ-ər/ [telb zn] ① rover, plunderaar ② trekker, iemand die geweerlopen trekt

¹**ri·fle-range** [telb zn] schietstand, schietbaan, exercitieveld

²**ri·fle-range** [niet-telb zn] draagwijdte, reikwijdte, (geweer)schotsafstand ♦ *out of rifle-range* buiten schot(bereik); *within rifle-range* binnen schot(bereik)

ri·fle·ry /ˈraɪfləri/ [niet-telb zn] ⟨vnl AE⟩ ① scherpschutterschap ② het vuren, geweervuur, geschut, het schieten

Ri·fles /ˈraɪflz/ [alleen mv] ⟨mil⟩ karabiniers, jagers

ri·fle-scope [telb zn] ⟨vnl AE⟩ (geweer)kijker

rifle shooting [niet-telb zn] ⟨sport⟩ (het) geweerschieten, (het) karabijnschieten

¹**ri·fle-shot** [telb zn] ① geweerschot ② (goede) scherpschutter

²**ri·fle-shot** [niet-telb zn] schotbereik, draagwijdte

ri·fle-sling [telb zn] schouderriem, geweerriem

rifle through [onov ww] doorzoeken ⟨in het bijzonder om te plunderen⟩, leeghalen, overhoophalen

ri·fling /ˈraɪflɪŋ/ [niet-telb zn; gerund van rifle] ① trek(ken), spiraalvormige groeven ⟨in loop van vuurwapens⟩ ② het trekken ⟨van loop⟩

¹**rift** /rɪft/ [telb zn] ⟨vnl form⟩ ① spleet, kloof, scheur, sleuf, reet, smalle opening ② onenigheid, tweedracht, meningsverschil, breuk ③ ⟨vnl AE⟩ ondiepte ⟨van waterloop⟩, terugloop ⟨van golf⟩ ④ ⟨geol⟩ rift, slenk, breuk, aardbevingsspleet · ⟨form⟩ *a rift in the lute* een dissonant, wat geleidelijk de gelukzaligheid verstoort, een haar in de boter

²**rift** /rɪft/ [onov + ov ww] splijten, (doen) klieven, (doen) openbarsten

rift valley, rift trough [telb zn] ⟨geol⟩ rift(dal), groot slenkgebied, breukdal

¹**rig** /rɪɡ/ [telb zn] ① ⟨scheepv⟩ tuig(age), takelage, mastwerk, want, zeilconfiguratie ② uitrusting, opstelling, installatie, (olie)booruitrusting ③ ⟨inf⟩ plunje, kledij, pak, spullen, uitrusting, voorkomen ♦ *in full rig* in vol ornaat, onder zijn beste tuig ④ ⟨AE⟩ trekker/truck met oplegger, combinatie ⑤ ⟨AE⟩ (ge)span, rijtuig, zadel ⑥ ⟨BE⟩ foefje, streek, oplichterij, gesjoemel, corner ⟨van effecten⟩, fraude

²**rig** /rɪɡ/ [onov ww] opgetuigd worden ⟨van schip⟩; → **rigging**

³**rig** /rɪɡ/ [ov ww] ① ⟨scheepv⟩ (op)tuigen, optakelen, toerusten, zeewaardig/vaarklaar maken ② monteren, in elkaar zetten, assembleren, afstellen, afregelen ③ uitrusten, (aan)kleden, uitdossen ④ in elkaar flansen, provisorisch ineentimmeren, improviseren ⑤ knoeien met, frauduleus manipuleren, sjoemelen met ♦ *the exams were rigged* de examens waren doorgestoken kaart; ⟨fin⟩ *rig the market* de markt manipuleren · zie: **rig out**; zie: **rig up**; → **rigging**

rig·a·doon /rɪɡəˈduːn/ [telb + niet-telb zn] ① ⟨dans⟩ rigaudon ② muziek voor rigaudon

rig·a·to·ni /rɪɡəˈtoʊni/ [alleen mv] ⟨cul⟩ rigatoni, geribbelde macaroni

ri·ges·cent /rɪˈdʒesnt/ [bn] stijf/hard wordend

rig·ger /ˈrɪɡə, ˌ-ər/ [telb zn] ① (scheeps)tuiger, takelaar ② vliegtuigmonteur, parachuteplooier ③ takelman, hijskraanbediende ④ steiger ⑤ riemschijf ⑥ ⟨scheepv⟩ uitlegger ⟨van raceroeiboot⟩ ⑦ ⟨scheepv⟩ papegaaienstok, loefboom, dove jut ⑧ oplichter ⟨met spelletje⟩ ⑨ ⟨parachutespringen⟩ valschermtechnicus

rigging

rig·ging /rɪgɪŋ/ [niet-telb zn; gerund van rig; the] ① ⟨scheepv⟩ tuig(age), takelage, verstaging, touwwerk, want, het optuigen ② uitrusting, gereedschap
rigging line [telb zn] ⟨parachutespringen⟩ hanglijn, draaglijn
rigging loft [telb zn] ① ⟨scheepv⟩ takelvloer, takelzolder ② lattenzolder ⟨boven toneel⟩
¹**right** /raɪt/ [telb zn] ① rechterhand, (stoot/slag met de) rechtervuist, rechtse ⟨voornamelijk bij boksen⟩ ② rechterschoen ③ rechterhandschoen ④ ⟨vaak mv⟩ ⟨ec⟩ recht, claimrecht(certificaat), voorintekenrecht
²**right** /raɪt/ [telb + niet-telb zn] recht, voorrecht, (gerechtvaardigde) eis, privilege, bevoegdheid, aanspraak ♦ *right of appeal* recht op hoger beroep; *right of asylum* asielrecht; *by rights* eigenlijk, naar behoren, ten rechte, rechtelijk; *by right of* krachtens, uit hoofde/rechte van, gezien, op grond van; *right of common/commonage* recht op de gemeenteweiden; *rights and duties* rechten en plichten; *right of emption* recht van koop; *right of entry* recht van toegang; *give/read s.o. his rights* iemand op zijn rechten wijzen ⟨bij arrestatie⟩; *in right of* vanwege, krachtens, uit hoofde/rechte van; *(as) of right* rechtmatig, op grond van een gerechtigde eis; *right of primogeniture* eerstgeboorterecht; *right of first refusal* (recht van) eerste keus; *all rights reserved* alle rechten voorbehouden; *right of search* recht van onderzoek ⟨van schepen⟩; *he sold the rights of his book* hij verkocht de rechten van zijn boek; *the right of free speech* het recht op vrije meningsuiting; *stand on/assert one's rights* op zijn recht(en) staan, voor zijn recht(en) opkomen; *have no right to sth.* geen recht op iets hebben; *he has a right to the money* hij heeft recht op zijn geld, hij kan aanspraak op het geld maken; *right of visit and search* visitatierecht; *right of visit/visitation* recht om aan boord te gaan ⟨zonder recht van onderzoek⟩; *right of way* ⟨jur⟩ recht van overweg/overpad/drijfweg, erfdienstbaarheid/servituut van doorgang; ⟨verk⟩ voorrangsrecht; *within one's rights* in zijn recht
³**right** /raɪt/ [niet-telb zn] ① recht, gerechtigheid, gelijk, billijkheid, wat juist/waar/rechtvaardig is ♦ *do right by s.o.* iemand recht laten wedervaren, billijk zijn jegens iemand, iemand rechtvaardig behandelen; *do s.o. right* iemand recht laten wedervaren, iemand rechtvaardig behandelen; *in the right* in zijn recht; *he is in the right* hij heeft gelijk/heeft het recht aan zijn kant; *put s.o. in the right* iemand in het gelijk stellen; *the difference between right and wrong* het verschil tussen goed en kwaad ② rechterkant, rechtervleugel ⟨van leger⟩, rechterdeel ⟨van scène⟩ ♦ *from right and left* van links naar rechts, van overal; *keep to the right* rechts houden; *on/to the/your right* aan de/je rechterkant; *take the right at the fork* sla rechts af bij de splitsing /3/ ⟨the; voornamelijk Right⟩ ⟨pol⟩ rechts, rechtervleugel, rechterzijde, de conservatieven · ⟨sprw⟩ *might is right* macht gaat boven recht; ⟨sprw⟩ *two wrongs do not make a right* ± dat iemand anders een fout maakt, is geen excuus om ook die fout te maken, ± vergeld kwaad niet met kwaad
⁴**right** /raɪt/ [bn; vergr trap: righter; zn: ~ness] ①juist, waar, correct, rechtmatig, recht ♦ *come out right* (goed) uitkomen ⟨van som⟩; *he got the answers right* hij heeft correct geantwoord, hij heeft de vragen juist (beantwoord); *put the picture right* hang het schilderij recht; *put/set sth. right* iets verbeteren, iets corrigeren; *put/set the clock right* de klok juist/gelijk zetten; *what's the right time?* hoe laat is het precies?; *you were right to tell her* je had gelijk/deed er goed aan het haar te vertellen ② juist, gepast, geëigend, best, recht ♦ *touch the right chord* een gevoelige snaar treffen; *on the right foot* in een gunstige positie; *start (off) on the right foot with s.o.* iemand bij het begin al voor zich innemen; *he is the right man for the job* hij is precies de man die we zoeken; *the right man in the right place* de juiste man op de juiste plaats; *make (all) the right noises* zeggen wat (van iemand) verwacht wordt, de juiste dingen (die men wil horen) zeggen; *strike the right note* de juiste toon aanslaan/treffen/vinden; ⟨fig⟩ *have one's heart in the right place* het hart op de juiste plaats hebben; *on the right side of fifty* nog geen vijftig (jaar oud); ⟨inf⟩ *come out on the right side* eruit springen (financieel); *the right side of this cloth* de rechte zijde/toonzijde van deze stof ⟨tegenover averechts⟩; *keep on the right side of the law* binnen de perken van de wet blijven, zich (keurig) aan de wet houden; ⟨fig⟩ *be/get on the right side of s.o.* aan iemands kant (gaan) staan, goede maatjes zijn/worden met iemand; *come down on the right side of the fence* de kant van de winnaar kiezen; *the time is right (for ...)* de tijd is rijp (voor ...), het is nu de tijd (voor ...); ⟨fig⟩ *be on the right track/tack* op het rechte spoor zitten, het juist aanpakken, het bij het juiste eind hebben, goed zitten; *the right way round* op de juiste manier; *that's not the right way to do it* dat is niet juiste manier om het te doen, zo moet je dat niet doen; ⟨fig⟩ *have one's head screwed on the right way* verstandig zijn ③ in orde, gezond, normaal ♦ *are you right?* voel je je wel goed?, gaat het?, tevreden?; *everything will come (out)/get right again* alles zal wel weer in orde komen; *get sth. right* iets in orde brengen/rechtzetten; *let's get this right* laten we de dingen even op een rijtje zetten/duidelijk maken/juist stellen; *the patient doesn't look right* de patiënt ziet er niet goed/gezond uit; *put/set sth. right* iets in orde brengen; *a good rest will soon put/set him right again* een goede rust zal hem wel vlug genezen/weer op de been helpen ④ ⟨soms Right⟩ rechts, rechter-, conservatief ♦ *the right wing of the party* de rechtervleugel van de partij ⑤ ⟨wisk⟩ recht, met een hoek van negentig graden, (met basis) loodrecht ⟨tegenover de as⟩, orthogonaal ♦ *right angle* rechte hoek; *the plane was at right angles to the floor* het vlak stond loodrecht op de vloer; ⟨astron⟩ *right ascension* rechte klimming ⟨van hemellichaam m.b.t. nulmeridiaan⟩; *right cone* rechte kegel; ⟨AE⟩ *right triangle* rechthoekige driehoek; *right turn* haakse hoek (naar rechts) ⑥ ⟨vnl vero⟩ recht, ongebogen ♦ *a right line* een rechte (lijn) ⑦ ⟨sl⟩ vriendelijk ⑧ ⟨sl⟩ eerlijk, betrouwbaar ♦ *right guy* betrouwbare kerel; *right sort* goede soort (mensen) · *all right* (erg) goed, prima, veilig, oké; ⟨AuE⟩ *she'll be right* dat komt wel in orde; *get hold of the right end of the stick* er iets van snappen, het bij het juiste eind hebben; *right enough* aanvaardbaar, redelijk, bevredigend; ja hoor, zoals verwacht kon worden; ⟨inf⟩ *(quite) right in the/one's head* nog zo dwaas niet, niet zo gek als hij eruitziet, lucide; ⟨inf⟩ *not (quite) right in the/one's head* niet goed snik, niet goed bij zijn hoofd; *in one's right mind* nog zo gek niet, gezond van geest; *not in one's right mind* niet wel/helemaal bij (zijn) zinnen; *Mister Right* de ware Jakob; ⟨sl⟩ *right money* ingezet/geïnvesteerd geld dat zeker winst oplevert; ⟨inf⟩ *a right one* sufferd, idioot; *she thought I was not married, but I soon put her right* ze dacht dat ik niet getrouwd was, maar dat heb ik vlug recht gezet; *put/set s.o. right* iemand terechtwijzen; ⟨inf⟩ *(as) right as rain/a trivet/nails/ninepence* perfect/helemaal in orde, kerngezond, helemaal de oude; *right sailing* in een rechte vaart; *see s.o. right* zorgen dat iemand aan zijn trekken komt/recht wordt gedaan/in veilige handen is; ⟨sl⟩ *right sort* iemand die leuk is in de omgang; *that's right* dat klopt, dat is juist, jazeker; ⟨dierk⟩ *right whale* echte walvis ⟨familie Balaenidae⟩; *put o.s. right with* zich rehabiliteren bij; ⟨BE⟩ *right oh!* komt in orde, doen we, goed zo, oké ⟨om instemming/akkoord te kennen te geven⟩; ⟨inf⟩ *too right!* inderdaad!; *right (you are)!* komt in orde, doen we, goed zo, oké ⟨om instemming/akkoord te kennen te geven⟩; ⟨sprw⟩ *put the saddle on the right horse* wees er zeker van dat de persoon die je beschuldigt ook de schuldige is
⁵**right** /raɪt/ [bn, attr; vergr trap: righter; zn: ~ness] ① rechter-, rechts ② ⟨inf⟩ waar, echt, heus, volkomen ♦

he's a right berk hij is een echte sul; *it's a right mess in there* het is daar echt een puinzooi ▪ *right arm/hand* rechterhand, assistent, secretaris, vertrouwensman, steun; *right bower* troefboer; ⟨sport⟩ *right field* rechtsveld ⟨rechtsgelegen deel van het veld, gezien vanaf het honk⟩; *put one's right hand to work* zijn beste beentje voorzetten, de handen uit de mouwen steken; *on the right side of* rechts van; *keep on the right side* rechts houden; ⟨sprw⟩ *let not thy left hand know what thy right hand doeth* laat uw linkerhand niet weten wat uw rechterhand doet

⁶**right** /raɪt/ [bn, pred; vergr trap: righter; zn: ~ness] [1] gelijk ♦ *you are right* je hebt gelijk; *how right you are!* gelijk hebt u! [2] rechtvaardig, gerechtvaardigd, billijk, conform de wet/moraal, (t)recht, rechtmatig ♦ *it seemed only right to tell you this* ik vond dat je dit moest weten, ik vond het niet meer dan juist/gepast dat ik je dit vertel; *the right* de rechtvaardigen, de rechtschapenen ▪ *and quite right so* en maar goed ook; ⟨sprw⟩ *right or wrong my country* of het juist is of niet, voor het nationale belang sluit men de rijen

⁷**right** /raɪt/ [ov ww] [1] ⟨vaak wederkerend werkwoord⟩ rechtmaken, recht(op) zetten, rechttrekken, rechten ♦ *your troubles will right themselves* je problemen komen vanzelf wel weer goed; *the yacht righted itself* het jacht richtte zich weer op/kwam weer recht liggen [2] genoegdoening geven, rehabiliteren, van blaam zuiveren, rechtvaardigen ♦ *right a wrong* een onrecht herstellen [3] ⟨vaak wederkerend werkwoord⟩ verbeteren, rechtzetten ⟨fouten⟩ ▪ *right o.s.* zijn evenwicht terugvinden, zich herstellen

⁸**right** /raɪt/ [bw] [1] naar rechts, aan de rechterzijde ♦ ⟨AE; inf⟩ *hang a right* rechtsaf (slaan); *right and left, left and right* aan alle kanten, overal, links en rechts; *right, left and centre, left, right and centre* aan alle kanten, overal, links en rechts [2] juist, vlak, regelrecht, net, precies ♦ *right across* dwars doorheen/over; *right ahead* recht/pal vooruit; *right behind you* vlak achter je; *go right on* loop recht door [3] onmiddellijk, direct, prompt, dadelijk, rechtstreeks ♦ *I'll be right back* ik ben zó terug [4] juist, correct, zoals het hoort, terecht ♦ *nothing seems to go right with her* niets wil haar lukken; *if I remember right, she did it* als ik het me goed herinner, heeft zij het gedaan [5] ronduit, volledig, compleet, helemaal ♦ *she turned right round* zij maakte volledig rechtsomkeert; *the pear was rotten right through* de peer was door en door rot [6] ⟨vero; gew; inf⟩ zeer, heel, recht ♦ *she knew right well that it wasn't her cake she had eaten* zij wist maar al te goed dat zij niet háár koekje had opgegeten ▪ *right along* aldoor; *right away* onmiddellijk, zonder afstel/uitstel, onverwijld; *right now* net nu, juist (nu); ⟨vero⟩ zo-even; ⟨vnl AE⟩ direct; ⟨AE; inf⟩ *right off* onmiddellijk, onverwijld, zonder uitstel; ⟨vnl AE; sl⟩ *right on* groot gelijk, joh!, niet te verbeteren!, zo mogen wij het horen!, héél juist!, goed zo!; *right through* in één trek door; ⟨sl⟩ *right up there* bijna winnend, bijna beroemd; *right, let's go* oké, laten we gaan

Right [bw] ⟨in aanspreektitels⟩ Zeer ♦ *Right Honourable, Right Hon* Zeer Geachte; *Right Reverend* Zeer Eerwaarde

¹**right-a·bout** [telb zn] tegengestelde richting ▪ *send s.o. to the right-about* iemand de laan uitsturen, iemand (oneervol) ontslaan

²**right-a·bout** [bn, attr] in tegenovergestelde richting ▪ ⟨mil⟩ *right-about face/turn!* rechts, rechts!, rechtsomkeert!; *(do a) right-about turn/face* rechtsomkeert (maken), (een) volledige ommezwaai (maken) ⟨ook figuurlijk⟩, volte-face (maken), haastige aftocht (blazen)

right-and-left [bn] [1] voor rechts en links [2] met een links- en rechtsdraaiend uiteinde

right-an·gled [bn] rechthoekig, met rechte hoek(en) ♦ *a right-angled triangle* een rechthoekige driehoek

right-back [telb zn] ⟨sport⟩ rechtsback, rechtsachter

right-down [bw] ⟨gew⟩ door en door, helemaal, je reinste, ronduit ♦ *she's right-down clever* zij is heel erg uitgeslapen

right·eous /raɪtʃəs/ [bn; bw: ~ly; zn: ~ness] ⟨form⟩ [1] rechtschapen, rechtvaardig, deugdzaam ♦ *the righteous* de rechtvaardigen, de rechtschapenen; *hunger and thirst after righteousness* hongeren en dorsten naar gerechtigheid [2] gerechtvaardigd, gewettigd ♦ *righteous indignation* gerechtvaardigde verontwaardiging [3] ⟨sl⟩ eigengerechtig, arrogant [4] snobistisch

right fielder [telb zn] ⟨honkb⟩ rechtsvelder

right-foot [telb zn; vaak attributief] ⟨sl; beled⟩ paap, katholiek

right-foot·ed [bn; zn: right-footedness] ⟨sport⟩ rechts(benig) ⟨van voetballer⟩

right·ful /raɪtfl/ [bn; bw: ~ly; zn: ~ness] [1] wettelijk, rechtmatig ♦ *the rightful owner* de rechtmatige eigenaar [2] gerechtvaardigd, rechtvaardig

right-hand [bn, attr] [1] rechts, m.b.t. de rechterhand, rechtshandig ♦ *right-hand man* rechterhand, onmisbare helper; ⟨mil⟩ rechter nevenman; *right-hand screw* rechtse schroef, schroef met rechtse draad; *right-hand turn* bocht naar rechts [2] aan stuurboord [3] betrouwbaar

right-hand-drive [bn, attr] met rechts stuur, met het stuur aan de rechterkant ♦ *right-hand-drive cars* auto's met het stuur rechts

right·hand·ed [bn; bw: righthandedly; zn: righthandedness] [1] rechtshandig [2] met de rechterhand toegebracht/uitgevoerd [3] (naar) rechts (draaiend), met de klok meedraaiend [4] voor rechtshandigen [5] ⟨sl; beled⟩ paaps, katholiek

right-hand·er [telb zn] [1] rechtshandige [2] rechtse (slag), slag met de rechterhand

¹**right·ist** /raɪtɪst/ [telb zn] ⟨pol⟩ rechtse, conservatief, reactionair

²**right·ist** /raɪtɪst/ [bn; soms Rightist] ⟨politiek⟩ rechts (georiënteerd), reactionair ♦ *she is rather rightist in her opinions* zij houdt er nogal rechtse ideeën op na

right-lined [bn] rechtlijnig

right·ly /raɪtli/ [bw] [1] terecht, juist, correct ♦ *she has been sacked, and rightly so* zij is de laan uitgestuurd, en terecht/ niet zonder reden [2] rechtvaardig, oprecht, eerlijk [3] ⟨inf⟩ met zekerheid, precies ♦ *I can't rightly say whether ...* ik kan niet met zekerheid zeggen of hij getrouwd is ...

right-mind·ed [bn; bw: right-mindedly; zn: right-mindedness] weldenkend, rechtgeaard, rechtzinnig, rechtschapen

right·o /raɪtoʊ/ [tw] ⟨BE; inf⟩ goed zo, in orde, doen we

right-of-cen·tre [bn] ⟨pol⟩ rechts (van het politieke midden)

right-on [bn] ⟨AE; sl⟩ absoluut juist, perfect, op-en-top juist

rights /raɪts/ [alleen mv] ware toedracht ♦ *the rights (and wrongs) of the case* de rechte/ware toedracht van de zaak ▪ ⟨BE; sl⟩ *bang to rights*, ⟨AE; sl⟩ *dead to rights* op heterdaad; *put/set to rights* in orde brengen, rechtzetten, terechtwijzen

rights issue [telb zn] ⟨fin⟩ uitgifte voor bestaande aandeelhouders

right·size [onov + ov ww] ⟨euf⟩ afslanken, inkrimpen, downsizen

right-think·ing [bn] weldenkend, redelijk denkend

right-to-life /raɪtəlaɪf/ [bn, attr] antiabortus-, het recht op het leven voorstaand, gekant tegen vrije abortus(wetgeving)

right-to-lif·er /raɪtəlaɪfə, ᴬraɪtəlaɪfər/ [telb zn] voorstander van het recht op leven ⟨van het ongeboren kind⟩, tegenstander van vrije abortus(wetgeving)

right-to-work [bn, attr] ⟨AE⟩ m.b.t. het recht van een arbeider om een arbeidsplaats te krijgen/behouden ⟨onafhankelijk van vakbondslidmaatschap⟩ ♦ *right-to-work*

rightward

law wet die bedrijven verbiedt alleen maar mensen met een vakbondskaart aan te nemen
right·ward /ˈraɪtwəd, ᴬ-wərd/ [bn] (naar) rechts ♦ *a rightward turn* een bocht naar rechts
right·wards /ˈraɪtwədz, ᴬ-wərdz/, ⟨AE ook⟩ **rightward** [bw] naar rechts
right-wing [bn] van de rechterzijde, conservatief
right-wing·er [telb zn] ① lid van de rechterzijde, rechtse, conservatief ② rechtsbuiten, rechtervleugelspeler
right·y /ˈraɪti/ [telb zn] ⟨BE⟩ ① rechtse rakker, reactionair ② ⟨sl; honkb⟩ rechtshandige, rechtshandige werper
rig·id /ˈrɪdʒɪd/ [bn; bw: ~ly; zn: ~ness] ① onbuigzaam, stijf, star, stug, (ge)streng ♦ *rigid airship* luchtschip van het stijve type; *rigid plastics* harde kunststof, hard plastic; *he was rigid with fear* hij was verstijfd van angst ② star, verstard, rigoureus, puncteel, hardleers ♦ *she's very rigid in her ideas* zij is onwrikbaar/erg standvastig in haar ideeën ③ ⟨sl⟩ bezopen ▪ ⟨inf⟩ *shake s.o. rigid* iemand een ongeluk laten schrikken
¹**ri·gid·i·fy** /rɪˈdʒɪdɪfaɪ/ [onov ww] verstijven, stijf/hard/ onbuigzaam worden
²**ri·gid·i·fy** /rɪˈdʒɪdɪfaɪ/ [ov ww] stijf/hard/onbuigzaam maken
ri·gid·i·ty /rɪˈdʒɪdəti/ [telb + niet-telb zn] starheid, onbuigzaamheid, stijfheid, rigorisme, (ge)strengheid, stramheid
¹**rig·ma·role** /ˈrɪɡməroʊl/, **rig·a·role** /ˈrɪɡə-/ [telb zn] ⟨inf; pej⟩ ① kolder, gewauwel, als droog zand aan elkaar hangend verhaal, geraaskal, gedaas ② rompslomp, absurde procedure, omslachtig gedoe, hocus pocus
²**rig·ma·role** /ˈrɪɡməroʊl/, **rig·ma·rol·ish** /ˈrɪɡməroʊlɪʃ/ [bn] onsamenhangend, omslachtig
rig·or /ˈrɪɡə, ˈraɪɡɔː, ᴬˈrɪɡər/ [telb + niet-telb zn] ① ⟨med⟩ (koorts)rilling ② ⟨med⟩ (spier)stijfheid ③ → **rigour**
rig·or·ism /ˈrɪɡərɪzm/ [niet-telb zn] ① rigorisme, uiterste (ge)strengheid ② (extreme) zelfverloochening
rig·or·ist /ˈrɪɡərɪst/ [telb zn] rigorist, iemand met zeer strenge opvattingen
rig·or mor·tis /rɪɡə ˈmɔːtɪs, raɪɡɔː-, ᴬrɪɡər ˈmɔrtɪs/ [niet-telb zn] rigor mortis, (lijk)verstijving
rig·or·ous /ˈrɪɡərəs/ [bn; bw: ~ly] ① onbuigzaam, streng, ongenadig, hardleers, keihard ♦ *a rigorous climate* een bar klimaat ② rigoureus, nauwgezet, ernstig, zorgvuldig ③ ⟨wisk⟩ (logisch) geldig
¹**rig·our**, ⟨AE⟩ **rig·or** /ˈrɪɡə, ᴬ-ər/ [telb zn; the; vaak mv] ontbering, ongemak, barheid ♦ *the rigours of the arctic winter* de ontberingen/barheid van de poolwinter
²**rig·our**, ⟨AE⟩ **rig·or** /ˈrɪɡə, ᴬ-ər/ [niet-telb zn] ① gestrengheid, strikte/stipte toepassing ♦ *with the utmost rigour of the law* met volledige/strikte/strenge toepassing van de wet ② hardheid, gestrengheid, meedogenloosheid ③ accuratesse, uiterste nauwkeurigheid, logische geldigheid
rig out [ov ww] ① uitrusten, van een uitrusting voorzien ② ⟨ook wederkerend werkwoord⟩ opkleden, verkleden, uitdossen ♦ *he had rigged himself out as a general* hij had zich als generaal uitgedost
rig-out [telb zn] ⟨BE; inf⟩ plunje, (apen)pak, kleren, uitrusting, spullen
rig up [ov ww] ⟨vnl inf⟩ ① monteren, opstellen, afstellen, instellen ② in elkaar flansen, neerzetten, optrekken
rile /raɪl/ [ov ww] ① ⟨vnl inf⟩ op stang jagen, woedend maken, nijdig maken, irriteren ② ⟨AE⟩ vertroebelen, troebel maken ⟨water⟩; → **riling**
ril·ey, ril·y /ˈraɪli/ [bn] ⟨AE⟩ ① nijdig, knorrig ② troebel, turbulent
ri·lie·vo /rɪˈlieɪvoʊ/ [telb zn; mv: ook rilievi /-vi/] reliëf
ril·ing /ˈraɪlɪŋ/ [bn]; oorspronkelijk tegenwoordig deelw van **rile**] ergerlijk
¹**rill** /rɪl/, ⟨in betekenis 2 ook⟩ **rille** /rɪlə, rɪl/ [telb zn] ① ⟨form⟩ ril, beekje, geul(tje) ② ⟨astron⟩ ril(le), scheur in de maankorst
²**rill** /rɪl/ [onov ww] vloeien, vlieten, kabbelen
¹**rim** /rɪm/ [telb zn] ① rand, boord, velg, montuur ⟨van bril⟩, krans(wiel) ② ⟨form⟩ ⟨benaming voor⟩ cirkelvormig voorwerp ♦ *a golden rim* een gouden kroon ③ ⟨scheepv⟩ (water)oppervlak ④ ⟨sport⟩ ring ⟨van basketbalkorf⟩ ♦ *rim of the belly* buikvlies
²**rim** /rɪm/ [ov ww] ① omranden, omringen, afbakenen, van een boord voorzien ② ⟨vnl AE⟩ de rand nalopen van ⟨zonder erin te vallen⟩ ▪ ⟨sl⟩ *rimming* kontlikken ⟨anaalorale seks⟩
rim-brake [telb zn] velgrem
¹**rime** /raɪm/ [telb + niet-telb zn] → **rhyme**
²**rime** /raɪm/ [niet-telb zn] rijm, (ruige) rijp, aangevroren mist
³**rime** /raɪm/ [onov + ov ww] → **rhyme**
⁴**rime** /raɪm/ [ov ww] met rijm/rijp overdekken, berijmen
rime-frost·ed [bn] berijpt
rimer /ˈraɪmə/ → **rhymer**
rime riche /riːm ˈriːʃ/ [telb zn; mv: rimes riches /riːm ˈriːʃ/] ⟨letterk⟩ rime riche, rijk rijm
rimester [telb zn] → **rhymer**
rim·fire, rim-ig·ni·tion [niet-telb zn; vaak attributief] randontsteking ♦ *rimfire cartridge* patroon met randontsteking
rimfire cartridge [telb zn] patroon met randontsteking
rim·less /ˈrɪmləs/ [bn] randloos, zonder rand(en) ♦ *rimless specs* een bril zonder montuur
-rimmed /rɪmd/ [vormt bn van naamwoord] -gerand ♦ *horn-rimmed glasses* bril met hoornen montuur
ri·mose /ˈraɪmoʊs/, **ri·mous** /ˈraɪməs/ [bn; bw: ~ly] ⟨plantk⟩ vol barsten en kloven
¹**rim·ple** /ˈrɪmpl/ [telb zn] ⟨vnl gew⟩ rimpel, kreuk
²**rim·ple** /ˈrɪmpl/ [onov + ov ww] (doen) rimpelen, kreuken, verfrommelen
rim·rock [telb zn] ⟨AE; aardr⟩ randwal, randmorene
rim tape [telb zn] ⟨wielersp⟩ velglint
ri·mu /ˈriːmuː/ [telb + niet-telb zn] ⟨plantk⟩ rood grenen ⟨hout van de Dacrydium cupressinum⟩
rim·y /ˈraɪmi/ [bn; vergr trap: rimier] ⟨form⟩ berijmd, berijpt, met rijm overdekt
rinc·tum /ˈrɪŋktəm/ [ov ww] ⟨sl⟩ ① kwetsen, beschadigen ② te gronde richten
¹**rind** /raɪnd/ [telb + niet-telb zn] ① schil, schors, schaal, korst, zwoerd, pel, vel ♦ *Joan has a thick rind* Joan heeft een dikke huid/kan tegen een stootje ② ⟨sl⟩ poen, geld
²**rind** /raɪnd/ [ov ww] ontschorsen, pellen, schillen
rin·der·pest /ˈrɪndəpest, ᴬ-dər-/ [telb + niet-telb zn] runderpest, veepest
rin·for·zan·do /rɪnfɔːˈtsændoʊ, ᴬrɪnfɔrˈtsɑn-/ [bn] ⟨muz⟩ rinforzando ⟨plots in sterkte toenemend⟩
¹**ring** /rɪŋ/ [telb zn] ① ⟨benaming voor⟩ ring, vingerring, neusring, oorring, cirkel, kring(etje), boord, rand, band(je), spiraal(draaiing), piste, arena, strijdperk, renbaan, boksring, keurring ⟨bij veeprijskampen⟩, volte, sleutelring, jaarkring ⟨van boom⟩, hoepel ♦ *tilt at the ring* ringsteken ② groepering, combine, syndicaat, club, bende, kliek, kartel ③ bookmakersstalletje ⟨omheinde ruimte voor weddenschappen op renbaan⟩ ④ gerinkel, geklingel, klank, gelui, resonantie, het bellen, ⟨inf⟩ telefoontje ♦ *give s.o. a ring* iemand opbellen; *I could hear the ring of horseshoes* ik hoorde hoefgeklletter; *there was a ring* er werd gebeld ⑤ bijklank, ondertoon ♦ *her offer has a suspicious ring* er zit een luchtje aan haar aanbod; *have the ring of truth* oprecht/gemeend klinken ⑥ ⟨scheik⟩ ring, gesloten keten ⟨van groep atomen in molecule⟩, cyclus ⑦ ⟨wisk⟩ vlakdeel tussen twee concentrische cirkels ⑧ ⟨wisk⟩ ring ⟨bepaald type verzameling met twee bewerkingen⟩ ⑨ ⟨sportvis⟩ oog ⟨aan hengel⟩ ▪ *ring of fire* vulkaangordel rondom de

Grote Oceaan; *hold the ring* scheidsrechter spelen, toezicht houden; *make/run rings round s.o.* iemand de loef afsteken, veel beter zijn dan iemand, veel vlugger opschieten dan iemand anders

²**ring** /rɪŋ/ [niet-telb zn; the] ⚀ het boksen, bokswereld, ring ⚁ circus, circuswereld, piste ♦ *he left the stage for the ring* hij ruilde het toneel voor het circus/de piste ⚂ ⟨vaak Ring⟩ de bookmakers

³**ring** /rɪŋ/ [onov ww; rang, rung] ⚀ rinkelen, klinken, galmen, (over)gaan ⟨van bel⟩, bellen ♦ *ring false* vals klinken ⟨van muntstuk⟩; onoprecht/onwaar klinken; *ring hollow* hol/onoprecht klinken; *ring out* luid weerklinken; *the bell rang out through the house* de bel galmde luid door het huis; *ring true* echt klinken ⟨van munten⟩; oprecht/gemeend klinken ⚁ bellen, de klok luiden, de bel doen gaan, aanbellen, ⟨België⟩ (aan)schellen ♦ *the old lady rang for a drink* de oude dame belde voor een drankje; *ring to prayers* de klok luiden voor het gebed ⚂ tuiten ⟨van oren⟩, weerklinken ⟨BE⟩ telefoneren, bellen ♦ *ring back* terugbellen, opnieuw telefoneren; ⟨BE⟩ *ring in* (op)bellen ⟨bijvoorbeeld naar je werk⟩; ⟨BE⟩ *she rang in to say she'll be back at 16.30* ze belde (hiernaartoe) om te zeggen dat ze om halfvijf terug is; ⟨vnl BE⟩ *ring off* opleggen, een telefoongesprek beëindigen/afbellen, ophangen ⚄ weergalmen, gonzen, weerklinken, echoën ♦ *the room rang to/with their laughter* de kamer weergalmde van hun gelach, hun gelach klonk door de kamer; *the village rang with talk of her suicide* het dorp gonsde van het gepraat/de geruchten over haar zelfmoord ⚅ naklinken, blijven hangen ♦ *her last words are still ringing in my ears* haar laatste woorden zijn me bijgebleven ▸ zie: **ring around**¹; ⟨AE, AuE⟩ *ring in* klokken bij binnenkomst; ⟨AE, AuE⟩ *ring out* klokken bij vertrek; zie: **ring up**

⁴**ring** /rɪŋ/ [ov ww; rang, rung] ⚀ doen/laten rinkelen, luiden, laten/doen klinken, bellen ♦ *ring an alarm* alarm slaan ⟨door te bellen/luiden⟩; *ring a coin* een muntstuk laten klinken ⟨om de echtheid ervan na te gaan⟩ ⚁ opbellen, telefoneren naar ♦ *I'll ring you back in a minute* ik bel je dadelijk terug ⚂ aankondigen, inluiden, slaan ⟨het uur; van uurwerk⟩ ♦ *ring out* the Old and *ring in* the New het oude jaar uitluiden en het nieuwe inluiden ⟨•⟩ ⟨AE; inf⟩ *ring in* slinks introduceren, binnensmokkelen; zie: **ring up**

⁵**ring** /rɪŋ/ [onov ww] ⚀ een cirkel beschrijven, ringen vormen, zich in een kring plaatsen, kringen ⟨van vos⟩ ⚁ spiraalvormig oprijzen; → ringed

⁶**ring** /rɪŋ/ [ov ww] ⚀ omringen, omcirkelen, omsingelen, samendrijven ⟨vee, door er in cirkels rond te rijden⟩, van een ring/ringen voorzien ♦ *ring about* omringen, omsingelen; zie: **ring around**¹ ⚁ ringelen, ringen ⟨dieren⟩ ⚂ ⟨spel⟩ een ring gooien over ⚃ in ringen snijden ⚄ ringen ⟨bomen⟩ ⚅ ⟨sl⟩ overschilderen ⟨gestolen wagen⟩; → ringed

ring-ar·mour [niet-telb zn] maliënkolder
ring-a-ros·y /rɪŋərouzi/, **ring-a·round-a-ros·y** /rɪŋəraundərouzi/ [niet-telb zn] patertje langs de kant ⟨liedjesspel⟩
ring·bark [ov ww] ringen ⟨bomen, om de groei af te remmen⟩
ring-billed [bn] ⟨•⟩ ⟨dierk⟩ *ring-billed gull* ringsnavelmeeuw ⟨Larus delawarensis⟩
ring binder [telb zn] ringmap, ringband
ring bolt [telb zn] ringbout, oogbout
ring circuit [telb zn] gesloten circuit
ring compound [telb zn] ⟨scheik⟩ cyclische verbinding
ring·craft [niet-telb zn] bokskunst
ring·dove [telb zn] ⟨dierk⟩ ⚀ houtduif ⟨Columba palumbus⟩ ⚁ tortelduif ⟨Streptopelia risoria⟩
ringed /rɪŋd/ [bn; volt deelw van ring] geringd, met een ring/ringen

rin·gent /rɪndʒənt/ [bn] ⚀ gapend ⟨plantk⟩ gapend, wijd openstaand ⟨van lipbloemigen⟩
ring·er /rɪŋə, -ər/ [telb zn] ⚀ klokkenluider ⚁ ⟨inf⟩ aanbeller ⚂ schelkoord ⚃ vogelringer ⚄ ⟨inf⟩ evenbeeld, dubbelganger, doorslag ⚅ ⟨vnl AE; inf⟩ wie/wat onder een valse naam/op onregelmatige wijze aan een wedstrijd deelneemt ⟨in het bijzonder renpaard⟩ ⚆ ⟨AuE⟩ erg bedreven/snelle schaapscheerder, vluggerd ⟨ook figuurlijk⟩ ⚇ ⟨AE⟩ luid hoera
ring-fence [ov ww] oormerken, reserveren, bestemmen ⟨voor een bepaald doel⟩
ring fence [telb zn] (cirkelvormige) omheining, ringhek
ring finger [telb zn] ringvinger
ring·hals /rɪŋhæls/ [telb zn] ⟨dierk⟩ ringhalscobra ⟨Haemachatus haemachatus⟩
ring-in [telb zn] ⟨vnl AuE; inf⟩ ⚀ reserve, substituut ⚁ outsider, buitenbeentje ⟨niet tot groep behorend⟩
ring·ing [niet-telb zn] ⟨AE⟩ (het) omkatten ⟨van auto's⟩
ring·lead·er [telb zn] leider ⟨van groep oproerkraaiers⟩
ring·let /rɪŋlɪt/ [telb zn] ⚀ bles, lok, lange krul ⚁ ⟨dierk⟩ zandoogje ⟨Coenonympha⟩
ring·let·ed /rɪŋlɪtɪd/ [bn] gekruld
ring-mail [niet-telb zn] maliënkolder
ring main [telb zn] ringleiding
ring·man /rɪŋmən/ [telb zn; mv: ringmen /-mən/] ⚀ profbokser ⚁ beroepswedder
ring·mas·ter [telb zn] circusdirecteur, pikeur ⟨van circus⟩, presentator ⟨van circusspektakel⟩
ring-neck [telb zn] vogel/dier met (kleur)ring rond de nek
ring-necked [bn] met een (kleur)band rond de hals ♦ ⟨dierk⟩ *ring-necked pheasant* fazant ⟨Phasianus colchicus⟩
ring-ou·zel [telb zn] ⟨dierk⟩ beflijster ⟨Turdus torquatus⟩
ring-pull [bn, attr] met een ringopener ♦ *a ring-pull tin* een blikje met een ringopener
ring-road [telb zn] ⟨BE⟩ ring(weg), randweg, verkeersring ⟨rond stad⟩
¹**ring round, ring around** [onov + ov ww] rondbellen (naar), iedereen afbellen ♦ *ring round the dealers* alle dealers afbellen
²**ring round, ring around** [ov ww] omringen, omsingelen
ring·side [telb zn; vaak attributief] plaatsen dicht bij de ring/het spektakel ♦ *ringside seat* plaats op de eerste rij ⟨ook figuurlijk⟩
ring-snake [telb zn] ⟨dierk; vnl BE⟩ ringslang ⟨Natrix natrix⟩
ring spanner [telb zn] ⟨BE⟩ ringsleutel
ring·ster /rɪŋstə, -ər/ [telb zn] lid van een (politieke/economische) groepering, kartellid
ring·tail [telb zn] ⚀ ⟨dierk⟩ ⟨benaming voor⟩ dier met ringstaart, ringstaartmaki, katta ⟨Lemur catta⟩, kleine koeskoes ⟨Phalanger⟩, Noord-Amerikaanse katfret ⟨Bassariscus⟩ ⚁ wijfje/jong van de blauwe kiekendief ⚂ steenarend voor zijn derde jaar
ring-tailed [bn] ⚀ met een met ringen getekende staart ⚁ met een staart die aan het einde tot een ring gekruld is ⟨•⟩ ⟨sl⟩ *ring-tailed snorter* moedig man; kraan
ring·tone [telb zn] beltoon, ringtoon
¹**ring up** [onov + ov ww] ⟨vnl BE⟩ opbellen, telefoneren
²**ring up** [ov ww] ⚀ (al luidend) optrekken ⟨klok⟩ ⚁ registreren, intikken, aanslaan, aantekenen, optellen
ring vaccination [telb + niet-telb zn] ringvaccinatie ⟨in kringen van geconstateerde ziektegevallen⟩
ring·way [telb zn] ⟨BE⟩ ring(weg), randweg, verkeersring ⟨rond stad⟩
ring·worm [telb + niet-telb zn] ⟨med⟩ ringworm, dauwworm, ⟨bij vee⟩ ringvuur ⟨huidziekte⟩
¹**rink** /rɪŋk/ [telb zn] ⚀ schaatsbaan, (kunst)ijsbaan, ijspis-

rink

te ② rolschaatsbaan, rolschaatsvloer, rolschaatspiste ③ baan voor bowls ④ ploeg, team ⟨van vier spelers bij bowls of curling⟩ ⑤ ⟨BE; bowls⟩ speelstrook
²**rink** /rɪŋk/ [onov ww] (rol)schaatsen
rink·er /ˈrɪŋkə, ᴬ-ər/ [telb zn] schaatser, schaatsster, ijsschaatser, ijsschaatsster, rolschaatser, rolschaatsster
rin·ky·dink /ˈrɪŋkidɪŋk/ [telb zn] ⟨sl⟩ ① rotzooi, troep ② ballentent ③ bedrog, afscheping
¹**rinse** /rɪns/ [telb zn] ① spoeling, spoelbeurt, spoelwater, mondspoeling, douche ♦ *a blue rinse for grey hair* een spoeling met blauwsel voor grijs haar ② kleurspoeling, crèmespoeling, kleurversteviger ⟨voor haar⟩
²**rinse** /rɪns/ [ov ww] ① spoelen, afspoelen, omspoelen, uitspoelen ♦ *rinse down one's food* zijn eten wegspoelen; metselen; *rinse out* uitspoelen ② een kleurspoeling/kleurtje geven aan ⟨haar⟩
rinse-up [telb zn] ⟨vnl BE; inf⟩ zuippartij, drinkgelag
¹**ri·ot** /ˈraɪət/ [telb zn] ① rel, relletje, ordeverstoring, ongeregeldheid, opstand(je) ♦ *the police put down all riots* alle relletjes werden door de politie de kop ingedrukt ② braspartij, uitbundig feest ③ overvloed, weelde, uitbundigheid ♦ *a riot of colour* een bonte kleurenpracht; *a riot of emotion* een uitbarsting van emotie ④ ⟨geen mv⟩ ⟨inf⟩ giller, succes, hyperamusant/inslaand iets/iemand, knalnummer ♦ *her latest show is a riot* haar nieuwste show is een denderend succes
²**ri·ot** /ˈraɪət/ [niet-telb zn] ① oproer, tumult, herrieschopperij, lawaai ② dolle pret, pretmakerij ③ ⟨vero⟩ losbandigheid, liederlijkheid, exces, gebras ④ ⟨jacht⟩ ± het volgen van een vals/verkeerd spoor ♦ *hunt/run riot* een vals/verkeerd spoor volgen/naziften ‐ *run riot* herrie schoppen, alle perken te buiten gaan, op hol slaan; uit de band springen; welig tieren, woekeren ⟨van planten⟩; *he let his imagination run riot* hij liet zijn verbeelding de vrije teugel
³**ri·ot** /ˈraɪət/ [onov ww] ① relletjes trappen, samenscholen, muiten, herrie schoppen, oproer stoken ② er ongebreideld op los leven, uitspatten, zich te buiten gaan, zwelgen, zich verlustigen ♦ *riot in cruelty* zich te buiten gaan aan wreedheid
⁴**ri·ot** /ˈraɪət/ [ov ww] verbrassen, verspillen, over de balk gooien, erdoor jagen ♦ *he rioted away his whole property* hij verbraste zijn hele bezit
Riot Act [telb zn; the] ⟨BE; jur⟩ wet tegen oproer, oproerwet ⟨Engelse wet uit 1715⟩ ‐ *read the Riot Act* ⟨een deel van de⟩ Riot Act aan samenscholers voorlezen ⟨voor arrestatie⟩; ⟨scherts⟩ een fikse uitbrander geven ⟨aan lawaaimakers⟩; krachtdadig tot kalmte manen, ernstig waarschuwen, de levieten lezen
ri·ot·er /ˈraɪətə, ᴬraɪətər/ [telb zn] ① relschopper, ordeverstoorder, oproerkraaier ② ⟨vero⟩ brasser
¹**riot girl, riot grrl** [telb zn] riotgirl ⟨jonge feministe, grrl, die houdt van riotgirlmuziek⟩
²**riot girl, riot grrl** [niet-telb zn] riotgirlmuziek ⟨punkmuziek met feministische teksten⟩
riot gun [telb zn] geweer ⟨met korte loop, voor bij oproer⟩, riotgun
ri·ot·ous /ˈraɪətəs/ [bn; bw: ~ly; zn: ~ness] ① oproerig, ongeregeld, wanordelijk, ongebreideld ② losbandig, liederlijk, verkwistend ③ luidruchtig, rumoerig, onstuimig, uitgelaten, tumultueus ④ opruiend ⑤ denderend ⑥ welig, overvloedig, weelderig, buitensporig, kwistig
riot police [verzameln] oproerpolitie, ME
riot shield [telb zn] oproerschild
riot squad [telb zn] overvalcommando
¹**rip** /rɪp/ [telb zn] ① (lange) scheur, snee, jaap ② ⟨inf⟩ losbol, lichtmis, snoeper ♦ *you old rip!* jij ouwe snoeper! ③ oude knol ④ prul ⑤ onstuimig water(gedeelte), stroomversnelling, kolk ⑥ getijdenstroom ⑦ schulpzaag, trekzaag ⑧ ⟨gew⟩ ⟨vis⟩mand ⑨ ⟨sl⟩ fout ⑩ ⟨sl⟩ straf,

boete, bekeuring
²**rip** /rɪp/ [onov ww] ① scheuren, afgereten/opengereten worden, splijten ② vooruitsnellen, ijlen, scheuren ⟨figuurlijk⟩, vliegen ♦ *rip along* op topsnelheid gaan, voorbijrazen; ⟨inf⟩ *let it/her rip* ⟨de wagen⟩ op volle snelheid/voluit laten gaan, op z'n staart trappen, plankgas geven; *a sports car came ripping up the drive* een sportauto kwam de oprijlaan opgestoven ③ uitbarsten, uithalen ♦ *rip into* opvliegen tegen, zwaar uithalen tegen; *she ripped out with a curse* ze haalde uit met een vloek ‐ *let it rip* laat maar gaan/waaien; *let sth./things rip* iets/de dingen zijn/hun beloop laten; → *ripping*
³**rip** /rɪp/ [ov ww] ① openrijten, losscheuren, afscheuren, wegscheuren, (los)tornen, afrukken, een jaap geven, splijten ♦ *he ripped off her clothes* hij rukte haar kleren af; *the bag had been ripped open* de zak was opengereten; *rip up* aan stukken rijten/scheuren ② ⟨AE⟩ scherp bekritiseren, hekelen ③ schulpen, in de vezelrichting zagen ④ ⟨vnl BE, gew⟩ afbreken, ontmantelen, de pannen/panlatten afnemen van ⟨een dak⟩ ⑤ ⟨sl⟩ jatten, pikken ♦ *rip off* bestelen, te veel doen betalen, afzetten; ⟨vnl AE⟩ stelen; ⟨vnl AE⟩ *they ripped off my car* ze hebben mijn wagen gejat; *they ripped us off at that hotel* ze hebben ons afgezet in dat hotel ⑥ illegaal kopiëren ‐ *rip up* annuleren, eenzijdig opzeggen; openbreken, opbreken ⟨van straat e.d.⟩; de bovenlaag verwijderen van; → *ripping*
RIP [afk] (requiesca(n)t in pace) R.I.P.
ri·par·i·an /raɪˈpɛərɪən, ᴬrɪˈpɛr-/ [bn] aan, oever- ♦ *riparian proprietor* aangelande, aanwonende; ⟨jur⟩ *riparian right(s)* waterrecht(en)
rip·cord [telb zn] ① trekkoord ⟨van parachute⟩ ② scheurkoord, scheurlijn ⟨van luchtballon⟩
rip-cur·rent, rip-tide [telb zn] ① getijdenstroom, branding ⟨oppervlaktestroming van de kust af⟩ ② tegenstrijdige psychologische krachten
¹**ripe** /raɪp/ [bn; pred; vergr trap: riper; bw: ~ly; zn: ~ness] ① rijp ⟨ook figuurlijk⟩, volgroeid, ontwikkeld, belegen ⟨van kaas, wijn⟩ ♦ *he lived to the ripe age of ninety-five* hij bereikte de gezegende leeftijd van vijfennegentig jaar; *ripe lips* volle rode lippen; ⟨euf⟩ *a gentleman of ripe(r) years* een niet meer zo jonge heer ② wijs, rijp, verstandig, ervaren, volwassen ♦ *of ripe age* volwassen, ervaren; *a doctor ripe in experience* een ervaren dokter; *a ripe judgement* een doordacht oordeel ③ ⟨inf; euf⟩ aangebrand, op het kantje af, plat, schuin ④ ⟨euf⟩ stinkend, vies, smerig ⑤ ⟨sl⟩ klaar ⑥ ⟨sl⟩ gretig ⑦ ⟨sl⟩ bezopen
²**ripe** /raɪp/ [bn, pred; vergr trap: riper; bw: ~ly; zn: ~ness] klaar, rijp, bereid, geschikt ♦ *an opportunity ripe to be seized* een kans die voor het grijpen ligt; *the time is ripe for action* de tijd is rijp voor actie
rip·en /ˈraɪpən/ [onov + ov ww] rijpen, rijp/wijs worden, ontwikkelen, doen rijpen
rip-off [telb zn] ⟨sl⟩ ① te duur artikel, afzetterij, oplichterij ② ⟨vnl AE⟩ diefstal, roof ③ ⟨vnl AE⟩ gestolen voorwerp, buit ④ ⟨vnl AE⟩ dief, afzetter ⑤ ⟨vnl AE⟩ plagiaat, doorslag, imitatie
rip-off artist [telb zn] ⟨AE; sl⟩ dief, oplichter
¹**ri·poste** /rɪˈpɒst, ᴬrɪˈpoʊst/ [telb zn] ① ⟨schermsp⟩ riposte, tegenstoot, nastoot ② repartie, gevat/vinnig antwoord
²**ri·poste** /rɪˈpɒst, ᴬrɪˈpoʊst/ [onov ww] ⟨schermsp⟩ riposteren
³**ri·poste** /rɪˈpɒst, ᴬrɪˈpoʊst/ [onov + ov ww] vinnig antwoorden
rip·per /ˈrɪpə, ᴬ-ər/ [telb zn] ① ⟨benaming voor⟩ scheurinstrument, splijtinstrument, rijtinstrument, schulpzaag, tornmesje ② ⟨benaming voor⟩ iemand die snijdt/scheurt, torner, schulpzager, kaker, snijder ③ ⟨vero, sl⟩ prachtexemplaar, bovenste beste, puik iemand/iets
rip·ping /ˈrɪpɪŋ/ [bn; bw; oorspronkelijk tegenwoordig deelw van *rip*; bw: ~ly] ⟨BE; vero, sl⟩ mieters, tof, heerlijk,

prachtig

¹**rip·ple** /rɪpl/ [telb zn] ① vlaskam, repel ② rimpeling, rimpel, golving, golfje(s), deining ③ gekabbel, geruis, deinend geluid ♦ *a ripple of laughter* een kabbelend gelach ④ ⟨AE⟩ lichte stroomversnelling ⑤ ⟨elek⟩ rimpelspanning

²**rip·ple** /rɪpl/ [onov ww] kabbelen, ruisen, deinen, lispelen ♦ *the corn ripples in the breeze* het koren wiegt zachtjes in de wind

³**rip·ple** /rɪpl/ [onov + ov ww] rimpelen, (doen) golven, (doen) deinen

⁴**rip·ple** /rɪpl/ [ov ww] repelen, bollen

rip·ple·mark [telb zn] ribbel ⟨bijvoorbeeld op strand⟩

rip·plet /rɪplɪt/ [telb zn] rimpeltje, golfje

rip·pling-comb [telb zn] vlaskam, repel

rip·ply /rɪpli/ [bn; vergr trap: ripplier] ① rimpelend, rimpelig, deinend ② kabbelend, ruisend

¹**rip·rap** /rɪpræp/ [niet-telb zn] ⟨AE⟩ steenhoop, steenstorting ⟨fundament⟩

²**rip·rap** /rɪpræp/ [onov ww] ⟨AE⟩ een steenhoop maken

³**rip·rap** /rɪpræp/ [ov ww] ⟨AE⟩ met een steenhoop ondersteunen/versterken

rip-roar·ing [bn] ⟨inf⟩ lawaaierig, oorverdovend, luidruchtig, totaal uitgelaten, onstuimig

rip·saw [telb zn] schulpzaag, trekzaag

rip-snort·er /rɪpsnɔːtə, ᴬ-snɔrtər/ [telb zn] ⟨sl⟩ ① energiekeling, doorzetter ② iets buitengewoons, kei

rip-snort·ing /rɪpsnɔːtɪŋ, ᴬ-snɔrtɪŋ/ [bn] ⟨sl⟩ prima

rip·tide /rɪptaɪd/ [telb zn] getijdenstroom

¹**Rip·u·ar·i·an** /rɪpjʊɛəriən, ᴬ-ɛriən/ [telb zn] ⟨gesch⟩ Ripuarische Frank

²**Rip·u·ar·i·an** /rɪpjʊɛəriən, ᴬ-ɛriən/ [bn, attr] ⟨gesch⟩ Ripuarisch

¹**rise** /raɪz/ [telb zn] ① helling, heuveltje, oplopende weg, verhoging, hoogte ② stijging ⟨ook figuurlijk⟩, verhoging, verheffing, vergroting, (aan)was, toename, ⟨beurs⟩ hausse ♦ *wages on the rise* stijgende lonen; *a rise in social position* een sport omhoog op de maatschappelijke ladder ③ ⟨BE⟩ loonsverhoging, opslag ④ opduiking, vangst, beet ⟨van vis⟩ ♦ *after two hours he had not had a rise yet* na twee uur had hij nog niet beet gehad ⑤ hoogte ⟨van boog/helling⟩ ⑥ stootbord ⟨van trap⟩ · *get/take a/the rise out of s.o.* iemand in het harnas/op de kast jagen

²**rise** /raɪz/ [niet-telb zn] ① het rijzen, stijging, het omhooggaan ② het opgaan, opgang, opkomst ⟨van hemellichaam⟩ ♦ *at rise of day/sun* bij het krieken van de dag, met de dageraad, bij zonsopgang ③ oorsprong, begin, aanvang ♦ *give rise to* leiden tot, aanleiding geven tot, de oorzaak zijn van; *the rise of a river* de oorsprong van een rivier; *take its rise in* zijn oorsprong vinden in ④ opkomst, groei ♦ *the rise and fall of the water* het opkomen en het vallen van het getijde

³**rise** /raɪz/ [onov ww; rose, risen] ① opstaan ⟨ook uit bed⟩, gaan staan, oprijzen, verrijzen ♦ *rise again* verrijzen, uit de dood opstaan; *rise from table* van tafel opstaan; *rise from the ashes* uit zijn as verrijzen; *rise from the dead/the grave* uit de dood/het graf opstaan; *with one's hair rising* met z'n haren recht overeind; *my hair rose in terror* de haren rezen mij te berge van schrik; ⟨scherts⟩ *rise and shine* sta op en wees het zonnetje in huis; *rise to one's feet* opstaan; ⟨fig⟩ *the audience rose to his speech* de toehoorders vielen zijn toespraak bij; *his voice rose with anger* zijn stem werd schril van woede; *rise with the lark/the sun* met de kippen/voor dag en dauw opstaan ② (op)stijgen ⟨ook figuurlijk⟩, rijzen, oplopen, (op)klimmen, zich verheffen, omhoogvliegen, omhooglopen ♦ *rise above personal jealousies* boven persoonlijke na-ijver staan; *the curtain rises on a Victorian room* het gordijn gaat op en toont een victoriaanse kamer; *Big Ben rises over Londen* de Big Ben verheft zich boven Londen; *he rose to the suggestion* hij begreep de wenk ③ opkomen, opgaan, rijzen ⟨van hemellichaam⟩ ④ promotie maken, opklimmen, bevorderd worden ♦ *rise from the ranks* carrière maken; ⟨i.h.b.⟩ bevorderd worden tot officier; *he rose to greatness* hij werd een groot man; *rise to the rank of lieutenant* bevorderd worden tot luitenant; *rise in the world* vooruitkomen in de wereld, carrière maken ⑤ opdoemen, verschijnen, opdagen, oprijzen ⑥ toenemen ⟨ook figuurlijk⟩, groter worden, verhevigen, aangroeien, opslaan, stijgen ⟨van prijzen⟩ ♦ *his colour rose with excitement* hij liep rood aan van opwinding; *a mammoth tree may rise to a height of 350 feet* een mammoetboom kan 105 meter hoog worden; *the good news made her spirits rise* het goede nieuws vrolijkte haar op; *towards the evening the wind rose* tegen de avond nam de wind in hevigheid toe/stak de wind op ⑦ rijzen, opzwellen, zich uitzetten ♦ *a blister was rising on my foot* ik kreeg een blaar op mijn voet; *the melting ice makes the river rise* het smeltende ijs doet de rivier aanwassen ⑧ in opstand komen, rebelleren, revolteren ♦ *my whole soul rises against it* mijn hele wezen komt ertegen in opstand; ⟨fig⟩ *my gorge/stomach rises at it* ik word er misselijk van; *rise in arms* de wapens opnemen; *rise in rebellion* rebelleren ⑨ ontstaan ⟨ook figuurlijk⟩, zijn oorsprong vinden, ontspringen, opkomen, verrijzen, oprijzen ⑩ uiteengaan, opbreken, op reces gaan ⟨van vergadering⟩ ♦ *Parliament rises in summer* het parlement gaat in de zomer op reces ⑪ bovenkomen ⟨ook figuurlijk⟩, aan de oppervlakte komen, bijten ⟨van vis⟩, opborrelen, aan het licht komen ⑫ zich dik maken, boos worden · ⟨sprw⟩ *early to bed and early to rise, makes a man healthy, wealthy and wise* ± vroeg op en vroeg naar bed te zijn, dat is de beste medicijn, ± vroeg uit en vroeg onder dak, is gezond en groot gemak; → rising

⁴**rise** /raɪz/ [ov ww; rose, risen] ① bovenhalen, ophalen, vangen ⟨vis⟩ ② in zicht krijgen ⟨schip⟩; → rising

ris·er /raɪzə, ᴬ-ər/ [telb zn] ① stootbord ② iemand die opstaat ♦ *an early riser* iemand die vroeg opstaat, een matineus persoon; *a late riser* een langslaper ③ ⟨boogschieten⟩ handgreep ⟨deel tussen boogarmen⟩

¹**ris·i·bil·i·ty** /rɪzəbɪləti/ [telb zn; vaak mv] lachvermogen, zin voor humor

²**ris·i·bil·i·ty** /rɪzəbɪləti/ [niet-telb zn] ① lachlust, lacherigheid ② gelach, hilariteit

¹**ris·i·ble** /rɪzəbl/ [bn; bw: risibly] ① lacherig, lachlustig, lachziek ② lachwekkend, belachelijk, bespottelijk, ridicuul

²**ris·i·ble** /rɪzəbl/ [bn, attr; bw: risibly] lach-, om te lachen ♦ *risible muscles* lachspieren

¹**ris·ing** /raɪzɪŋ/ [telb zn; oorspronkelijk tegenwoordig deelw van rise] ① verrijzenis, opstanding ② stijging ⟨ook figuurlijk⟩, rijzing, verheffing, verhoging, helling, hoogte, opgang, opkomst, toename, groei ③ opstand, revolte, rebellie, oproer ④ gezwel, puist, pukkel ⑤ verhevenheid, vooruitstekend deel

²**ris·ing** /raɪzɪŋ/ [bn; oorspronkelijk tegenwoordig deelw van rise] ① opkomend, aankomend ♦ *the rising generation* de aankomende generatie; *a rising politician* een opkomend politicus ② stijgend, oplopend, klimmend, hellend ♦ *rising damp* opstijgend grondwater; *a rising hinge* een scharnier met omhoogdraaiend blad ③ opstaand, rijzend ♦ *rising vote* stemming door zitten en opstaan

³**ris·ing** /raɪzɪŋ/ [bw; oorspronkelijk tegenwoordig deelw van rise] ① bijna, haast ⟨bij leeftijden⟩ ② ⟨AE, gew⟩ meer dan

rising five [telb zn] kind dat nog voor zijn vijfde naar school gaat

¹**risk** /rɪsk/ [telb zn] ① verzekerd bedrag ② ⟨verz⟩ risico(factor) ♦ *he is a poor risk for any insurance company* hij vormt een groot risico voor elke verzekeringsmaatschappij

²**risk** /rɪsk/ [telb + niet-telb zn] risico, kans, gevaar ♦ *at risk*

risk

in gevaar; met het risico zwanger te worden; *at owner's risk* voor risico van de eigenaar ⟨bij goederentransport⟩; *at one's own risk* op/voor eigen risico; *at risk to/at the risk of* met gevaar voor; *I don't want to run the risk of losing my job* ik wil mijn baan niet op het spel zetten; *run risks* risico's/gevaar/de kans lopen; *take risks* risico's nemen; *take the risk* het erop wagen

³**risk** /rɪsk/ [ov ww] ① wagen, op het spel zetten ② riskeren, gevaar/kans lopen
risk capital [niet-telb zn] risicodragend kapitaal
risk-free [bn] risicoloos, zonder gevaar/risico
risk management [niet-telb zn] veiligheidszorg, risicobeheer
risk-shy [bn] voor risico's beducht
risk-tak·ing [niet-telb zn] het nemen van risico('s)
risk·y /ˈrɪski/, **risk·ful** /ˈrɪskfl/ [bn; vergr trap: riskier; bw: riskily; zn: riskiness] ① gewaagd, gevaarlijk, hachelijk, riskant ② gedurfd, gewaagd, op het kantje af
ri·sot·to /rɪˈzɒtoʊ, ᴬrɪˈsɔtoʊ/ [telb + niet-telb zn] risotto ⟨Italiaans gerecht⟩
ris·qué /ˈrɪskeɪ, ᴬrɪˈskeɪ/ [bn] gewaagd, gedurfd, op het kantje af ♦ *a risqué joke* een schuine grap
ris·sole /ˈrɪsoʊl/ [telb + niet-telb zn] ⟨cul⟩ rissole
Rit·a·lin /ˈrɪtəlɪn, ᴬˈrɪtlɪn/ [niet-telb zn] ⟨handelsmerk⟩ ritaline ⟨voor ADHD-patiënten⟩
¹**ri·tar·dan·do** /rɪtɑːˈdændoʊ, ᴬ-tɑr-/ [telb zn; mv: ook ritardandi /-di/] ⟨muz⟩ ritardando, vertraging
²**ri·tar·dan·do** /rɪtɑːˈdændoʊ, ᴬ-tɑr-/ [bw] ⟨muz⟩ ritardando, trager
rite /raɪt/ [telb zn] rite ⟨ook figuurlijk⟩, ritus, (kerkelijke) ceremonie ♦ ⟨r-k⟩ *say the last rites over* bedienen, de laatste sacramenten/het heilig oliesel toedienen; *the Latin rite* de Romeinse ritus; ⟨etnologie⟩ *rite of passage* overgangsrite
ri·tor·nel·lo /rɪtəˈnɛloʊ, ᴬrɪtər-/ [telb zn; mv: ook ritornelli /-li/] ⟨muz⟩ ritornel
¹**rit·u·al** /ˈrɪtʃʊəl/ [telb + niet-telb zn] ① rituaal, rituale ⟨boek met voorschriften voor kerkdienst⟩ ② ⟨ook mv⟩ ritueel ⟨ook figuurlijk⟩, ritus, riten, kerkelijke plechtigheid
²**rit·u·al** /ˈrɪtʃʊəl/ [bn, attr; bw: ~ly] ritueel ⟨ook figuurlijk⟩ ♦ *ritual murder* rituele moord, offer; *ritually prepared meat* ritueel (bereid) vlees; koosjer vlees
rit·u·al·ism /ˈrɪtʃʊəlɪzm/ [niet-telb zn] ① ritueel formalisme ② studie van riten
rit·u·al·ist /ˈrɪtʃʊəlɪst/ [telb zn] ⟨rel⟩ ritualist
rit·u·al·is·tic /rɪtʃʊəˈlɪstɪk/ [bn; bw: ~ally] ritualistisch
ritz /rɪts/ [niet-telb zn] [•] ⟨inf⟩ *put on the ritz* indruk proberen te maken; ⟨inf⟩ ⟨België⟩ van zijn neus/tak maken
ritz·y /ˈrɪtsi/ [bn; vergr trap: ritzier] ⟨sl⟩ chic, weelderig, luxueus
riv·age /ˈraɪvɪdʒ/ [telb zn] ⟨vero⟩ oever, kust, kant, wal
¹**ri·val** /ˈraɪvl/ [telb zn] ① rivaal, mededinger, concurrent, tegenpartij ② evenknie, rivaal
²**ri·val** /ˈraɪvl/ [bn, attr] rivaliserend, mededingend, concurrerend
³**ri·val** /ˈraɪvl/ [ov ww] ① naar de kroon steken, wedijveren met, concurreren met ② evenaren, wedijveren met
ri·val·ry /ˈraɪvlri/ [telb + niet-telb zn] rivaliteit, wedijver, concurrentie, mededinging, competitie
¹**rive** /raɪv/ [onov ww; rived, riven] ⟨vero⟩ klieven, barsten, splijten
²**rive** /raɪv/ [ov ww; rived, riven] ⟨vero⟩ (af)splijten ⟨ook figuurlijk⟩, (vaneen)scheuren, uiteenrijten, klieven, kloven, verscheuren ♦ *his heart is riven by sorrow* zijn hart wordt verscheurd door verdriet
¹**riv·er** /ˈraɪvə, ᴬ-ər/ [telb zn] splijter, kliever
²**riv·er** /ˈrɪvə, ᴬ-ər/ [telb zn] rivier ⟨ook figuurlijk⟩, stroom ♦ *rivers of blood* stromen bloed; ⟨aardr⟩ *braided river* vlechtende rivier; ⟨BE⟩ *the river Thames*, ⟨AE⟩ *the Thames river* de (rivier de) Theems [•] ⟨inf⟩ *sell s.o. down the river* iemand in de luren leggen, iemand bedriegen/verraden; ⟨AE; inf⟩ *up*

1578

the river in de nor/kast/bajes; ⟨sprw⟩ *follow the river and you'll get to the sea* ± de aanhouder wint
¹**ri·ver·ain** /ˈrɪvəreɪn/ [telb zn] oeverbewoner
²**ri·ver·ain** /ˈrɪvəreɪn/ [bn, attr] rivier(oever)-, op de rivier(oever), aan de waterkant
riv·er·bank [telb zn] rivieroever
river basin [telb zn] stroomgebied
riv·er·bed [telb zn] rivierbedding
river blindness [niet-telb zn] rivierblindheid
riv·er·boat [telb zn] rivierboot
river bottom [telb zn] ⟨AE⟩ rivierpolder
riv·er·craft [telb zn] rivierboot
river driver [telb zn] (hout)vlotter
riv·er·front [telb zn] rivieroever, waterkant
riv·er·head [telb zn] bron
river hog [telb zn] ⟨dierk⟩ waterzwijn ⟨genus Hydrochoerus⟩, ⟨i.h.b.⟩ capibara ⟨H. capybara⟩
river horse [telb zn] ⟨dierk⟩ nijlpaard ⟨Hippopotamus⟩
¹**riv·er·ine** /ˈrɪvəraɪn/ [niet-telb zn] rivieroevers
²**riv·er·ine** /ˈrɪvəraɪn/ [bn, attr] ① rivier-, van/zoals/op een rivier ② op de rivieroever, aan de waterkant
river lamprey [telb zn] ⟨dierk⟩ rivierprik ⟨Lampetra fluviatilis⟩
¹**riv·er·side** [telb zn; ook attributief] rivieroever, waterkant
²**riv·er·side** [bn, attr] aan de oever(s) (van de rivier) ♦ *an old riverside house* een oud huis aan de oever van de rivier
river warbler [telb zn] ⟨dierk⟩ krekelzanger ⟨Locustella fluviatilis⟩
riv·er·wash [niet-telb zn] rivierbezinksel
¹**riv·et** /ˈrɪvɪt/ [telb zn] klinknagel
²**riv·et** /ˈrɪvɪt/ [ov ww] ① vastnagelen ⟨ook figuurlijk⟩, (vast)klinken, krammen ♦ *rivet china* porselein krammen; *he stood riveted to the ground* hij stond als aan de grond genageld ② vastleggen, fixeren, bestendigen ③ boeien ⟨ook figuurlijk⟩, trekken, richten, in beslag nemen, concentreren ⟨aandacht, ogen⟩ ♦ *rivet one's eyes (up)on* zijn ogen onafgewend vestigen op/fixeren op; → riveting
riv·et·er /ˈrɪvɪtə, ᴬˈrɪvɪtər/ [telb zn] ① klinker ② klinkhamer, klinkmachine
riv·et·ing /ˈrɪvɪtɪŋ/ [bn; oorspronkelijk tegenwoordig deelw van rivet] ⟨inf⟩ geweldig, meeslepend, interessant, opwindend ♦ *a riveting story* een geweldig verhaal
riv·ets /ˈrɪvɪts/ [alleen mv] ⟨sl⟩ pegels, poen
riv·i·er·a /rɪviˈeərə, ᴬ-ˈerə/ [eignn, telb zn; ook Riviera; the] Rivièra, warme kuststreek
ri·vière /rɪviˈeə, ᴬ-ˈer/ [telb zn] collier, (juwelen) halssnoer
riv·u·let /ˈrɪvjʊlɪt, ᴬ-vjə-/ [telb zn] riviertje, beek(je)
rix·dol·lar /ˈrɪksdɒlə, ᴬ-dɑlər/ [telb zn] ⟨gesch⟩ rijksdaalder
ri·yal /rɪˈɑːl, ᴬ-ˈɔːl/ [telb zn] riyal ⟨munteenheid van o.a. Saudi-Arabië⟩
RL [afk] ⟨BE⟩ ⟨Rugby League⟩
rm [afk] ① ⟨ream⟩ ② ⟨room⟩
RM [afk] ① ⟨Resident Magistrate⟩ ② ⟨BE⟩ ⟨Royal Mail⟩ ③ ⟨BE⟩ ⟨Royal Marines⟩
RMA [afk] ⟨BE⟩ ⟨Royal Military Academy⟩
r months [alleen mv; the] maanden met een r erin, oestermaanden, mosselmaanden ⟨september-april⟩
rms, RMS [afk] ① ⟨root-mean-square⟩ ② ⟨BE⟩ ⟨Royal Mail Steamer⟩
RN [afk] ① ⟨AE⟩ ⟨registered nurse⟩ ② ⟨BE⟩ ⟨Royal Navy⟩
RNA [niet-telb zn] ⟨biochem⟩ ⟨ribonucleic acid⟩ RNA
RNAS [afk] ⟨BE⟩ ⟨Royal Naval Air Service/Station⟩
RNase, RNAase [afk] ⟨biochem⟩ ⟨ribonuclease⟩ RNase, RNA-se
RNLI [afk] ⟨BE⟩ ⟨Royal National Lifeboat Institution⟩
RNR [afk] ⟨BE⟩ ⟨Royal Naval Reserve⟩
RNVR [afk] ⟨BE⟩ ⟨Royal Naval Volunteer Reserve⟩
ro [afk] ⟨rood⟨landmaat⟩⟩

¹**roach** /roʊtʃ/ [telb zn; mv: in bet 1 ook roach] ① ⟨dierk⟩ voorn ⟨familie Cyprinidae; karperachtige⟩, ⟨vnl⟩ blankvoorn ⟨Rutilus rutilus⟩ ② opgekamde haarkrul ③ ⟨inf⟩ kakkerlak ④ ⟨sl⟩ hasjpeuk, stickie ⑤ ⟨scheepv⟩ gilling ⟨in zeil⟩

²**roach** /roʊtʃ/ [ov ww] ① (in een krul) opkammen ⟨haar⟩ ② in een kuif knippen, kort knippen, korten ♦ *roach a horse's mane* de manen van een paard korten

¹**road** /roʊd/ [telb zn] ① weg ⟨ook figuurlijk⟩, straat, baan ♦ *travel by road* met de auto/bus reizen; ⟨inf⟩ *hit the road* gaan reizen; weer vertrekken; handelsreiziger zijn; ⟨sl⟩ *hit the road!* smeer 'm!; *hug the road* goed op de weg liggen; *in the/my road* in de/mijn weg; *made road* gebaande weg; *the main road* de hoofdweg; *on the road* onderweg, op pad/weg, reizend ⟨voornamelijk van handelsreiziger⟩; rondtrekkend, rondreizend ⟨van toneelgezelschap⟩; zwervend; *on the road to the top* op weg naar de top; ⟨inf⟩ *one for the road* een afzakkertje, eentje voor onderweg; *get out of the/my road!* uit de/mijn weg!; ⟨fig⟩ *on the road to recovery* aan de beterende hand, herstellende; *rule(s) of the road* verkeersregels; scheepvaartreglement; *subsidiary roads* secundaire wegen; *take the road* zich op weg begeven, op weg gaan, vertrekken; *take to the road* gaan zwerven ② ⟨vnl mv⟩ ⟨scheepv⟩ rede, ree ③ mijngang ④ ⟨AE⟩ spoorweg ⑤ ⟨sl⟩ het reizen, reistijd • *down the road* in de toekomst; ⟨sprw⟩ *all roads lead to Rome* alle wegen leiden naar Rome; ⟨sprw⟩ *the beaten road is safest* ± ga niet over één nacht ijs, ± de oude liedjes zijn de beste; ⟨sprw⟩ *the road to hell is paved with good intentions* de weg naar de hel is met goede voornemens geplaveid; ⟨sprw⟩ *good company on the road is the shortest cut* gezelschap maakt korte mijlen; ⟨sprw⟩ *it's a long lane/road that has no turning* 't is een lange laan die geen bochten heeft; ⟨sprw⟩ *there is no royal road to learning* kennis waait niet vanzelf aan

²**road** /roʊd/ [onov + ov ww] speuren, sporen volgen ⟨van hond⟩

road·a·bil·i·ty /ˌroʊdəˈbɪləti/ [niet-telb zn] wegligging

road accident [telb zn] verkeersongeval

road agent [telb zn] ⟨AE⟩ struikrover ⟨die postkoetsen overvalt⟩

road apple [telb zn] ⟨sl⟩ paardenvijg

road·bed [telb zn] ① ballastbed ⟨van (spoor)weg⟩ ② ⟨AE⟩ wegverharding ⟨incl. wegdek⟩

road·block [telb zn] wegversperring

road·craft [niet-telb zn] ⟨BE⟩ rijkunst, rijvaardigheid

road fund [telb zn] ⟨BE; gesch⟩ verkeersfonds, wegenfonds

road fund licence [telb zn] ⟨BE; inf⟩ wegenbelastingkaart

road gang [telb zn] ⟨AE⟩ groep wegwerkers

road hog [telb zn] ① wegpiraat, snelheidsmaniak, ⟨België⟩ doodrijder ② zondagsrijder

road-hold·ing [niet-telb zn] wegligging, ⟨België ook⟩ baanvastheid

road house [telb zn] pleisterplaats, wegrestaurant

road·ie /ˈroʊdi/ [telb zn] ⟨inf⟩ ⟨verk: road manager⟩ sjouwer ⟨van popgroepen⟩, roadie

road·less /ˈroʊdləs/ [bn] zonder wegen

road·man /ˈroʊdmən/ [telb zn; mv: roadmen /-mən/] ① stratenmaker, wegwerker ② ⟨sport⟩ wegrenner, wegcoureur

road manager, ⟨inf⟩ **road·ie** [telb zn] road manager, roadie, sjouwer ⟨van popgroep op tournee⟩

road-map [telb zn] ① wegenkaart ② routekaart ⟨politiek plan⟩

road-mend·er [telb zn] → roadman bet 1

road metal [niet-telb zn] ⟨wwb⟩ steenslag

road people [verzameln] ⟨sl⟩ zwervers

road-pric·ing [niet-telb zn] rekeningrijden

road rage [niet-telb zn] agressie in het verkeer/op de weg, ⟨België⟩ verkeersagressie

road rage murder [telb zn] moord ten gevolge van verkeersruzie/verkeersagressie

road roller [telb zn] wegwals

road·run·ner [telb zn] ⟨dierk⟩ renkoekoek ⟨Geococcyx californianus⟩

road safety [niet-telb zn] verkeersveiligheid

road sense [niet-telb zn] gevoel voor veilig verkeer

road show [telb zn] ① drive-inshow ⟨van radio-omroep⟩ ② (hit)team ⟨dat drive-inshow verzorgt⟩ ③ (band/theatergroep op) tournee ④ promotietour

road·side [telb zn; ook attributief] kant van de weg ♦ *roadside restaurant* wegrestaurant

road·sign [telb zn] verkeersbord, verkeersteken

road·stead [telb zn] ⟨scheepv⟩ rede, ree ♦ *in the roadstead* op de rede

road·ster [telb zn] ① open tweepersoonsauto, sportwagen ② paard om op de weg te rijden ③ zwerver, landloper ④ ⟨BE⟩ toerfiets

road tax [telb + niet-telb zn] wegenbelasting

road test [telb zn] ① testrit, wegtest ② ⟨AE⟩ rij(vaardigheids)examen

road-test [ov ww] ① een testrit/proefrit maken in/met ② uitproberen

road toll [niet-telb zn] aantal verkeersslachtoffers

road train [telb zn] ⟨AuE⟩ truck met oplegger en twee/meerdere aanhangwagens

road user [telb zn] weggebruik(st)er

road warrior [telb zn] ⟨inf⟩ mobiele telewerker, telewerker die altijd onderweg is

road·way [telb zn] ① rijweg ② brugdek

road·work [niet-telb zn] ⟨sport, in het bijzonder atletiek⟩ wegtraining, ⟨bokssp⟩ looptraining

road works [alleen mv] wegwerkzaamheden, werk in uitvoering

road·wor·thy [bn; zn: roadworthiness] geschikt voor het verkeer ⟨van voertuig⟩

¹**roam** /roʊm/ [niet-telb zn] het (rond)zwerven, het ronddwalen, omzwerving

²**roam** /roʊm/ [onov ww] ronddolen, zwerven, dwalen ♦ *roam about/around* ronddwalen

³**roam** /roʊm/ [ov ww] afzwerven, doorzwerven, (rond)-dwalen in

roam·er /ˈroʊmə, -ər/ [telb zn] zwerver, landloper

roam·ing /ˈroʊmɪŋ/ [niet-telb zn] roaming ⟨de mogelijkheid om mobiel te bellen in gebieden buiten die van de eigen centrale⟩

¹**roan** /roʊn/ [telb zn] dier met grauw en bruin gespikkelde vacht, ⟨i.h.b.⟩ vos ⟨paard⟩

²**roan** /roʊn/ [niet-telb zn] bezaan(leer), bazaan(leer)

³**roan** /roʊn/ [bn] grijs en bruin gespikkeld, voskleurig ⟨van vacht⟩ ♦ *blue roan* wit en zwart gespikkeld; *strawberry roan* wit/grijs en rood gespikkeld

¹**roar** /rɔː, ˈrɔr/ [telb zn] ① gebrul, gebulder, geraas, geloei, gehuil, geronk ⟨van machine⟩, het rollen ⟨van donder⟩ ② schaterlach, gegier, gebrul ♦ *set the table/room in a roar* iedereen doen schaterlachen

²**roar** /rɔː, ˈrɔr/ [onov ww] ① brullen, bulderen, razen, loeien, huilen, rollen ⟨van donder⟩, ronken ⟨van machine⟩, weergalmen ② schateren, gieren, brullen ♦ *roar with laughter* brullen van het lachen ③ snuiven ⟨van paard, als bij cornage⟩ ④ ⟨inf⟩ bulken, brullen, luid huilen; → **roaring**

³**roar** /rɔː, ˈrɔr/ [onov + ov ww] brullen, schreeuwen, tieren, bulderen ♦ *roar at s.o.* tegen iemand brullen; *the manager was roared down* de directeur werd overschreeuwd; *he roared for pity* hij schreeuwde om medelijden; *roar o.s. hoarse* zich hees schreeuwen; *roar out a protest song* een protestlied brullen; → **roaring**

roar·er /ˈrɔːrə, ˈrɔrər/ [telb zn] ① bruller ② ⟨AE⟩ kraan,

roaring

kei

¹**roar·ing** /rɔːrɪŋ/ [telb zn; oorspronkelijk tegenwoordig deelw van roar] ① **gedruis, gebrul, geraas, gedender** ② **gesnuif** ⟨van paard⟩

²**roar·ing** /rɔːrɪŋ/ [bn; oorspronkelijk tegenwoordig deelw van roar] ① **luidruchtig, rumoerig, lawaaierig,** stormachtig ② **voorspoedig,** gezond, flink, levendig ♦ *a roaring farce* een dolle klucht; *be in roaring* **health** blaken van gezondheid; *a roaring success* een denderend succes; *do a roaring trade* gouden zaken doen ⋅ *the roaring forties* gordel der westenwinden ⟨op ongeveer 40° N.B. of Z.B. in de oceaan⟩

³**roar·ing** /rɔːrɪŋ/ [bw; oorspronkelijk tegenwoordig deelw van roar] **zeer, heel, erg** ♦ *roaring drunk* straalbezopen, lazarus

¹**roast** /roʊst/ [telb zn] ① **braadstuk** ② **brandsel** ⟨koffie⟩ ③ ⟨AE⟩ **barbecue** ④ **kritiek,** uitbrander ⑤ **scherts**

²**roast** /roʊst/ [telb + niet-telb zn] ① **roosteren,** het roosteren/grill(er)en ♦ *give sth. a roast* iets roosteren/grill(er)en/braden/poffen ② **geroosterd voedsel,** geroosterd/gegril(leer)d vlees, gebraad, gepofte aardappelen/kastanjes

³**roast** /roʊst/ [bn, attr] **geroosterd,** gegril(leer)d, gebraden, gepoft ♦ *roast beef* rosbief, roastbeef; *roast chestnuts/potatoes* gepofte kastanjes/aardappelen

⁴**roast** /roʊst/ [onov + ov ww] ① **roosteren,** grill(er)en, braden, poffen ⟨aardappelen, kastanjes⟩ ♦ *a fire fit to roast an ox* een vuur om een os op te braden; *roast in the sun* in de zon (liggen) braden ② **roosten** ⟨metaal⟩ ③ **branden** ⟨koffie⟩; → **roasting**

⁵**roast** /roʊst/ [ov ww] ⟨AE; inf⟩ ① **de mantel uitvegen,** een uitbrander geven, afkammen ② **voor de gek houden;** → **roasting**

¹**roast·ing** /roʊstɪŋ/ [telb zn; oorspronkelijk tegenwoordig deelw van roast] **uitbrander**

²**roast·ing** /roʊstɪŋ/ [bn; bw; oorspronkelijk tegenwoordig deelw van roast] **schroei-, gloeiend** ♦ *roasting hot* schroeiheet

roasting ear [telb zn] ⟨AE⟩ **maiskolf** ⟨geschikt om geroosterd/gekookt te eten⟩

roasting jack [telb zn] **spitdraaier**

rob /rɒb, ᴬrɑb/ [onov + ov ww] **(be)roven** ⟨ook figuurlijk⟩, (be)stelen, afnemen, ontnemen, plunderen ♦ ⟨inf⟩ *rob s.o. blind* iemand afzetten/bestelen, iemand een poot uitdraaien; *that dog robbed me of a good night's sleep* die hond heeft me de hele nacht wakker gehouden

rob·ber /rɒbə, ᴬrɑbər/ [telb zn] **rover, dief, plunderaar** ♦ *a band/gang of robbers* een bende dieven

robber baron [telb zn] ① ⟨inf; pej⟩ **(industrie)baron,** magnaat ② ⟨gesch⟩ **roofridder**

robber economy [niet-telb zn] ⟨ec⟩ **roofbouw(economie)**

rob·ber·y /rɒbəri, ᴬrɑ-/ [telb + niet-telb zn] **diefstal,** roof, beroving ⋅ ⟨sprw⟩ *exchange is no robbery* ± ruil is geen diefstal

¹**robe** /roʊb/ [telb zn] ① **robe,** gewaad, lange japon ② ⟨vaak mv met enkelvoudige betekenissen⟩ **ambtsgewaad,** toga, robe, staatsiekleed ③ **kamerjas,** ochtendjapon, badjas ④ ⟨AE⟩ **plaid,** reisdeken ⑤ **lange babyjurk**

²**robe** /roʊb/ [niet-telb zn; the] **rechtsgeleerdheid** ♦ *follow the robe* jurist zijn

³**robe** /roʊb/ [onov ww; wederkerend werkwoord] **zich aankleden,** zich uitdossen, een japon/toga aantrekken ♦ *professors robe in black on ceremonial occasions* bij feestelijkheden hullen professoren zich in een zwarte toga

⁴**robe** /roʊb/ [ov ww] **aankleden,** hullen in, aandoen ♦ *robe o.s. in* zich hullen in

rob·in /rɒbɪn, ᴬrɑ-/, ⟨in betekenis 1 ook⟩ **robin redbreast** [telb zn] ⟨dierk⟩ ① **roodborstje** ⟨Erithacus rubecola⟩ ② **roodborstlijster** ⟨Turdus migratorius⟩

Robin Goodfellow /rɒbɪn ɡʊdfeloʊ, ᴬrɑ-/ [telb zn] **ondeugende, goedaardige kabouter**

¹**rob·o·rant** /rɒbərənt, ᴬrɑ-/ [telb zn] ⟨med⟩ **tonicum,** versterkend middel, ⟨mv⟩ roborantia

²**rob·o·rant** /rɒbərənt, ᴬrɑ-/ [bn] ⟨med⟩ **tonisch,** versterkend

ro·bot /roʊbɒt, ᴬ-bɑt, ᴬ-bət/ [telb zn] ① **robot** ⟨ook figuurlijk⟩, kunstmens ② **robot,** automaat ③ ⟨ZAE⟩ **automatisch verkeerslicht**

robot bomb [telb zn] **vliegende bom,** geleid projectiel

ro·bot·ic /roʊbɒtɪk, ᴬ-bɑtɪk/ [bn] **robotachtig**

ro·bot·ics /roʊbɒtɪks, ᴬ-bɑtɪks/ [niet-telb zn] **robotica,** robottechnologie

ro·bot·i·za·tion /roʊbɒtaɪzeɪʃn, ᴬ-bɑtə-/ [niet-telb zn] **robotisering**

ro·bot·ize /roʊbɒtaɪz, ᴬ-bɑtaɪz/ [onov + ov ww] **robotiseren**

ro·bot·o·mor·phic /roʊbɒtəmɔːfɪk, ᴬ-bɑtəmɔr-/ [bn] **robotachtig**

ro·bust /rəbʌst, roʊbʌst/ [bn; vergr trap: robuster; bw: ~ly; zn: ~ness] ① **krachtig,** sterk, stoer, robuust, flink, gezond ② **zwaar,** inspannend, lastig ③ **gecorseerd** ⟨van wijn⟩ ④ **onstuimig,** rumoerig, onbesuisd, ruw ♦ ⟨euf⟩ *a robust conversation* een vrijmoedige conversatie; *a robust girl* een rondborstige meid

ro·bus·tious /rəbʌstʃəs/ [bn] **onstuimig,** rumoerig, zelfverzekerd

roc /rɒk, ᴬrɑk/ [telb zn] **Rok** ⟨reusachtige vogel in oosterse sprookjes⟩

ROC [afk] ⟨BE⟩ **(Royal Observer Corps)**

roc·am·bole /rɒkəmboʊl, ᴬrɑ-/ [niet-telb zn] ⟨plantk⟩ **slangenlook** ⟨Allium scorodoprasum⟩

roch·et /rɒtʃɪt, ᴬrɑ-/ [telb zn] **rochet** ⟨koorhemd⟩

¹**rock** /rɒk, ᴬrɑk/ [telb zn] ① **rots,** klip ♦ *as firm/steady as a rock* muurvast, onwrikbaar; betrouwbaar; *as solid as a rock* oersolide, muurvast; betrouwbaar; *Tarpeian rock* Tarpeïsche rots ② **rotsblok,** rotsbrok ③ **(steen)rots,** steun, toevlaat, veilige toevlucht ④ **klip,** bron van gevaar, oorzaak van ondergang ⑤ **schommeling,** zwaai ⑥ **rocker,** nozem, rock-'n-rollfan ⑦ ⟨vnl BE⟩ **zuurstok, pepermuntstaaf,** kaneelstok ⑧ ⟨inf⟩ **dosis rock** ⟨zie rock² bet 6⟩ ⑨ ⟨gesch⟩ **spinrokken** ⑩ ⟨AE⟩ **steen(tje), kei** ♦ *throw rocks at s.o.* stenen gooien naar iemand ⑪ ⟨AE; sl⟩ **steen(tje),** juweel, diamant ⑫ ⟨AE; sl⟩ **dollar** ⑬ ⟨AE; sl⟩ **cellenblok** ⟨in gevangenis⟩ ⋅ *the Rock of Ages* Jezus Christus; *see rock ahead* het gevaar (voor schipbreuk) zien aankomen; *(be) on the rocks* op de klippen gelopen/gestrand (zijn) ⟨ook figuurlijk⟩; stuk/in de vernieling (gegaan)/naar de knoppen (zijn); ⟨inf⟩ (financieel) aan de grond/op zwart zaad (zitten); ⟨vnl AE⟩ *on the rocks/op ijs(blokjes) geserveerd (worden) ⟨van dranken⟩

²**rock** /rɒk, ᴬrɑk/ [niet-telb zn] ① **rots,** vast gesteente ② **rots,** mineraal gesteente ③ **rock(muziek),** rock-'n-roll ⟨ook dans⟩ ♦ *hard rock* hardrock ⟨harde, monotone rockmuziek⟩ ④ **schommeling,** het schommelen/wieg(el)en ⑤ **kokinje** ⑥ ⟨AE; inf⟩ **crack,** rock ⟨zuivere vorm van cocaïne die gerookt kan worden⟩

³**rock** /rɒk, ᴬrɑk/ [onov ww] ① **schommelen,** wieg(el)en, wiebelen, deinen ② **(hevig) slingeren,** schudden, wankelen ③ **rocken,** op rock-'n-rollmuziek dansen ④ ⟨sl⟩ **fantastisch zijn,** te gek zijn, het helemaal zijn, swingen

⁴**rock** /rɒk, ᴬrɑk/ [ov ww] ① **(doen) heen en weer schommelen,** wiegen ♦ *rock s.o. to sleep* iemand in slaap wiegen ② **heen en weer slingeren,** hevig heen en weer schudden ③ **schokken,** uit zijn lood slaan, doen opschrikken, wakker schudden ④ ⟨mijnb⟩ **(in een wieg) wassen** ⟨bijvoorbeeld gouderts⟩ ⑤ ⟨grafi⟩ **wiegen** ⟨in zwarte kunst⟩ ⋅ ⟨inf; mode⟩ *rock the look* een stijlvolle look hebben; ⟨sprw⟩ *the hand that rocks the cradle rules the world* wie de wieg schommelt, schommelt de wereld, wie de jeugd heeft, heeft de toekomst

Rock /rɒk, ᴬrɑk/ [eigennm; the] [1] ⟨inf⟩ Rots (van Gibraltar) [2] ⟨AE; sl⟩ Alcatraz
rock·a·bil·ly /rɒkəbɪli, ᴬrɑ-/ [niet-telb zn] ⟨muz⟩ rockabilly ⟨rock-'n-roll met hillbillyinvloeden/countryinvloeden⟩
rock·a·bye, rock·a·by /rɒkəbaɪ, ᴬrɑ-/ [tw] slaap, kindje, slaap
rock and roll [niet-telb zn] → rock 'n' roll
rock and rye [telb + niet-telb zn] ⟨AE⟩ roggewhisky ⟨met kandij en fruit⟩
rock·a·way /rɒkəweɪ, ᴬrɑ-/ [telb zn] ⟨AE⟩ vierwielig rijtuig ⟨met twee zitplaatsen, voor het eerst gemaakt in Rockaway, New Jersey⟩
rock-badg·er [telb zn] ⟨dierk⟩ Kaapse klipdas ⟨Procavia capensis⟩
rock ballet [telb + niet-telb zn] rockballet
rock bass [telb zn; mv: ook rock bass] ⟨dierk⟩ rotsbaars ⟨Ambloplites rupestris⟩
rock-bed [telb zn] rotsbodem
rock-bird [telb zn] rotsvogel, ⟨i.h.b.⟩ papegaaiduiker ⟨Fratercula arctica⟩
¹**rock-bot·tom** [niet-telb zn] ⟨inf⟩ (absoluut) dieptepunt, bodemkoers, allerlaagste (prijs)peil ♦ *fall to/hit/reach rock-bottom* een dieptepunt bereiken
²**rock-bot·tom** [bn] laagste, minimum, bodem-
rock-bound [bn] met rotsen omrand, met klippen afgebakend
rock bunting [telb zn] ⟨dierk⟩ grijze gors ⟨Emberiza cia⟩
rock-cake, rock bun [telb zn] ⟨vnl BE⟩ rotsje ⟨koekje met krenten/gekonfijt fruit en ruwe bovenkant⟩
rock candy [telb + niet-telb zn] ⟨vnl AE⟩ [1] kandij [2] ⟨AE; sl⟩ diamant(en)
rock-climb·ing [niet-telb zn] het bergbeklimmen, alpinisme
rock crusher [telb zn] ⟨AE; sl⟩ bajesklant, (ex-)gevangene
rock-crys·tal [niet-telb zn] rotskristal, bergkristal ⟨SiO₂⟩
rock-dove, rock-pi·geon [telb zn] ⟨dierk⟩ rotsduif ⟨Columba livia⟩
rock-drill [telb zn] rotsboor, rotsbreker, gesteenteboor
rock·er /rɒkə, ᴬrɑkər/ [telb zn] [1] schommelhout ⟨onder wieg, schommelstoel enz.⟩ [2] ⟨vnl AE⟩ schommelstoel [3] schommelpaard, hobbelpaard [4] schaats, fries [5] tuimelschakelaar [6] wieg(st)er [7] ⟨mijnb⟩ waswieg [8] ⟨grafi⟩ wieg ⟨bij zwarte kunst⟩ [9] rocker ⟨teenager uit het Engeland van de jaren '60, gekleed in leren jekker en op een zware motor⟩, nozem [10] ⟨AE; sl⟩ rocker, rockzanger [11] ⟨AE; sl⟩ rocker, rock-'n-rollsong [12] ⟨schaatss⟩) kering [•] ⟨sl⟩ *off one's rocker* knetter(gek), stapelgek
rocker arm [telb zn] ⟨techn⟩ tuimelaar ⟨in motor⟩
rocker cam [telb zn] ⟨techn⟩ tuimelasnok
rock·er·y /rɒkəri, ᴬrɑ-/ [telb zn] rotstuin(tje), rotspartij
¹**rock·et** /rɒkɪt, ᴬrɑ-/ [telb zn] [1] raket, vuurpijl [2] raket ⟨zichzelf voortstuwend projectiel⟩ [3] raket, raketbom, raketwapen [4] raketmotor [5] ⟨BE; inf⟩ uitbrander ♦ *get a rocket* een uitbrander krijgen; *give s.o. a rocket* iemand een uitbrander geven [6] ⟨plantk⟩ damastbloem ⟨Hesperis matronalis⟩ [7] ⟨plantk⟩ rucola ⟨voor salade, Eruca sativa⟩, raketsla [8] ⟨plantk⟩ raket ⟨genus Sisymbrium⟩ [9] ⟨plantk⟩ barbarakruid ⟨genus Barbarea, in het bijzonder B. vulgaris⟩ [10] ⟨plantk⟩ zeeraket ⟨Cakile maritima⟩
²**rock·et** /rɒkɪt, ᴬrɑ-/ [onov ww] omhoog schieten, wegschieten, flitsen ♦ ⟨fig⟩ *prices rocket up* de prijzen vliegen omhoog
³**rock·et** /rɒkɪt, ᴬrɑ-/ [ov ww] [1] met raketten beschieten/bestoken [2] met een raket dragen, omhoogschieten, wegslingeren
rocket base [telb zn] raketbasis
rock·et·eer /rɒkətɪə, ᴬrɑkətɪr/ [telb zn] [1] raketontwerper, raketdeskundige [2] raketlanceerder [3] raketpiloot
rocket engine [telb zn] raketmotor
rock·et·er /rɒkətə, ᴬrɑkətər/ [telb zn] ⟨jacht⟩ opvliegende vogel
rocket launch [telb zn] raketlancering
rock·et-launch·er [telb zn] raketwerper, raketlanceerder
rocket motor [telb zn] raketmotor
rocket range [telb zn] proefterrein voor raketten
rock·et·ry /rɒkɪtri, ᴬrɑ-/ [niet-telb zn] rakettechniek, raketwetenschap
rock·et·sonde [telb zn] raketsonde
rock face [telb zn] rotswand, rotsmuur
rock-fall [telb zn] [1] aardverschuiving [2] puinopeenhoping, berg gevallen gesteente
rock-fest /rɒkfest, ᴬrɑk-/ [telb zn] rockfestival
rock-fish [telb zn; mv: ook rockfish] ⟨benaming voor⟩ op rotsachtige bodem levende vis, schorpioenvis ⟨familie Scorpaenidae⟩, gestreepte zeebaars ⟨Roccus saxatilis⟩
rock garden [telb zn] rotstuin, rotspartij
rock goat [telb zn] ⟨dierk⟩ steenbok ⟨Capra ibex⟩
rock-hard [bn] [1] keihard [2] ⟨BE; scherts⟩ beresterk
Rock·ies /rɒkiz, ᴬrɑ-/ [eigennm; the; werkwoord mv] ⟨inf⟩ de Rocky Mountains, het Rotsgebergte
rock·ing [bn] ⟨inf⟩ opwindend
rocking chair [telb zn] schommelstoel
rocking horse [telb zn] hobbelpaard
rocking stone [telb zn] steen die zo is gebalanceerd dat hij kan schommelen
rock kangaroo [telb zn] ⟨dierk⟩ rotskangoeroe ⟨Petrogale⟩
rock leather [niet-telb zn] berglee, bergkurk ⟨licht asbest⟩
rock·ling /rɒklɪŋ, ᴬrɑk-/ [telb zn; mv: ook rockling] ⟨dierk⟩ ⟨benaming voor⟩ schelvisachtige ⟨familie Gadidae⟩, ⟨vnl⟩ meun ⟨Motella mustela⟩
rock lobster [telb zn] ⟨dierk⟩ rivierkreeft ⟨Astacus⟩
rock music [niet-telb zn] rockmuziek, rock
rock 'n' roll, rock and roll, rock-and-roll [niet-telb zn] rock-'n-roll [•] ⟨BE⟩ *opera is the new rock 'n' roll* opera is de nieuwste trend/rage, opera is hartstikke hot
rock nuthatch [telb zn] ⟨dierk⟩ rotsklever ⟨Sitta neumayer⟩
rock opera [telb zn] rockopera
rock partridge [telb zn] ⟨dierk⟩ Europese steenpatrijs ⟨Alectoris graeca⟩
rock phosphate [niet-telb zn] fosforiet
rock-pigeon [telb zn] → rock-dove
rock pipit [telb zn] ⟨dierk⟩ rotspieper ⟨Anthus spinoletta petrosus⟩
rock plant [telb zn] rotsplant, rotstuinplant
rock pool [telb zn] ⟨BE⟩ getijdenpoeltje
rock-rose [telb zn] ⟨plantk⟩ zonneroosje ⟨Helianthemum⟩
rocks /rɒks, ᴬrɑks/ [alleen mv] ⟨vulg, sl⟩ juwelen, kloten, ballen ♦ *get one's rocks off* spuiten, ejaculeren
rock salmon [telb zn; mv: ook rock salmon] ⟨dierk⟩ [1] ⟨BE⟩ (doorde weekse) consumptievis, ⟨i.h.b.⟩ hondsvis ⟨Umbra krameri⟩, zeewolf ⟨Anarhichas⟩ [2] ⟨AE⟩ geelstaartmakreel ⟨Seriola dumerili⟩
rock salt [niet-telb zn] rotszout, bergzout, steenzout
rock·ser·cise /rɒksəsaɪz, ᴬrɑksər-/ [niet-telb zn] ⟨sport⟩ conditietraining onder begeleiding van rockmuziek
rock-shaft [telb zn] ⟨techn⟩ [1] draaiende as [2] tuimelas
rock-sol·id [bn] [1] oersolide, betrouwbaar [2] keihard
rock sparrow [telb zn] ⟨dierk⟩ rotsmus ⟨Petronia petronia⟩
rock steady [niet-telb zn] ⟨muz⟩ rocksteady ⟨voorloper van reggae met rustig ritme⟩
rock sucker [telb zn] ⟨dierk⟩ zeeprik ⟨Petromyzon mari-

rock thrush

nus⟩
rock thrush [telb zn] ⟨dierk⟩ rode rotslijster ⟨Monticola saxatilis⟩
rock up ⟨onov ww⟩ ⟨inf⟩ komen aanzetten, arriveren ♦ *they rocked up two hours late* ze kwamen twee uur te laat aanzetten; *do I need to make an appointment? no, just rock up* moet ik een afspraak maken? nee, kom maar gewoon binnenvallen
rock wool [niet-telb zn] ⟨techn⟩ steenwol
rock·work [niet-telb zn] [1] rotspartij, rotstuin [2] rotsimitatie
rock·y /rɒki, ᴬrɑki/ [bn; vergr trap: rockier; zn: rockiness] [1] rotsachtig ♦ *the Rocky Mountains* de Rocky Mountains, het Rotsgebergte; ⟨fig⟩ *the rocky road to recognition* de harde/moeizame weg naar erkenning [2] steenhard ⟨ook figuurlijk⟩, keihard [3] ⟨inf⟩ wankel, onvast [4] ⟨inf⟩ duizelig, onlekker [5] met betrekking tot rockmuziek, rocky
¹**ro·co·co** /rəkoʊkoʊ/ [niet-telb zn; vaak Rococo] [1] rococo(stijl) [2] overladenheid, bloemrijke stijl ⟨m.b.t. literatuur⟩
²**ro·co·co** /rəkoʊkoʊ/ [bn, attr] [1] rococo, in rococostijl [2] overladen, bloemrijk ⟨m.b.t. literaire stijl⟩
rod /rɒd, ᴬrɑd/ [telb zn] [1] stok, staf, scepter ⟨ook figuurlijk⟩, heerschappij ♦ *under the rod of tyranny* onder de scepter/het juk van de tirannie [2] roe(de), rijs, twijg [3] roe(de), gesel [4] ⟨the⟩ geseling, tuchtiging, straf ♦ *make a rod for one's own back* zijn eigen graf delven [5] staaf, roe(de), roetje, stang, koppelstang ⟨onder goederenwagens⟩ ♦ ⟨AE; sl⟩ *ride the rods* als blinde passagier onder een goederenwagen meerijden [6] ⟨benaming voor⟩ stok, hengelroe(de), hengel, roe(de), maatstok, landmeetstok, bliksemafleider, wichelroede [7] roede ⟨5,029 m⟩ [8] roede ⟨25,29 m²⟩ [9] ⟨biol⟩ staafje ⟨in netvlies⟩ [10] ⟨Bijb⟩ geslacht, tak [11] ⟨sl⟩ roede, pik, lul [12] ⟨verk: hot rod⟩ [13] ⟨AE⟩ blaffer [·] ⟨inf⟩ *rule with a rod of iron* met ijzeren vuist regeren, strenge tucht handhaven; ⟨sprw⟩ *spare the rod and spoil the child* wie zijn kind liefheeft, spaart de roede niet
rode [verleden tijd] → ride
¹**ro·dent** /roʊdnt/ [telb zn] knaagdier
²**ro·dent** /roʊdnt/ [bn] knagend, knaag-
ro·den·tial /roʊdenʃl/ [bn, attr] knaagdier(en)-
ro·dent·i·cide /roʊdentɪsaɪd/ [telb zn] verdelgingsmiddel voor knaagdieren, rattengif
rodent officer [telb zn] ⟨BE; scherts⟩ (officiële) rattenvanger
ro·de·o /roʊdioʊ, roʊdeɪoʊ/ [telb zn] rodeo
rod-man /rɒdmən, ᴬrɑd-/ [telb zn] ⟨AE; sl⟩ gewapende bandiet, gangster
¹**rod·o·mon·tade, rhod·o·mon·tade** /rɒdəmɒnteɪd, -tɑːd, ᴬrɑdəmən-/ [niet-telb zn] ⟨form; pej⟩ grootspraak, snoeverij, pocherij
²**rod·o·mon·tade, rhod·o·mon·tade** /rɒdəmɒnteɪd, -tɑːd, ᴬrɑdəmən-/ [bn, attr] ⟨form; pej⟩ grootsprakig, pocherig
³**rod·o·mon·tade, rhod·o·mon·tade** /rɒdəmɒnteɪd, -tɑːd, ᴬrɑdəmən-/ [onov ww] ⟨form; pej⟩ hoog opgeven, grootspreken, snoeven, pochen
rod rest [telb zn] ⟨sportvis⟩ hengelsteun
rod·ster /rɒdstə, ᴬrɑdstər/ [telb zn] hengelaar
rod up [ov ww] ⟨AE; sl⟩ van wapens voorzien, bewapenen
¹**roe** /roʊ/, **roe deer** [telb zn; mv: ook roe, ook roe deer] ⟨dierk⟩ ree ⟨Capreolus capreolus⟩
²**roe** /roʊ/ [telb + niet-telb zn] [1] kuit ♦ *hard roe* kuit [2] hom ♦ *soft roe* hom
roe·buck [telb zn; mv: ook roebuck] reebok, mannetjesree
¹**roent·gen, rönt·gen** /rɒntjən, ᴬrentɡən/ [telb zn] ⟨natuurk⟩ röntgen ⟨stralingseenheid⟩
²**roent·gen, rönt·gen** /rɒntjən, ᴬrentɡən/ [bn, attr; vaak Roentgen] ⟨natuurk⟩ röntgen- ♦ *roentgen rays* röntgen-

stralen
roent·gen·ize, roent·gen·ise, rönt·gen·ize, rönt·gen·ise /rɒntjənaɪz, ᴬrentɡə-/ [ov ww] met röntgenstralen behandelen
roent·geno-, rönt·gen·o- /rɒntjənə-, ᴬrentɡənə-/, **roent·gen-, rönt·gen-** /rɒntjən-, ᴬrentɡən-/ röntgen(o)- ♦ *roentgenogram* röntgenogram; *roentgenotherapy* röntgentherapie
ro·ga·tion /roʊɡeɪʃn/ [telb zn] [1] ⟨vaak mv⟩ ⟨kerk⟩ heiligenlitanie [2] wetsvoorstel van consul of tribuun ⟨in het oude Rome⟩
Rogation days [alleen mv; ook Rogation Days] ⟨kerk⟩ kruisdagen ⟨de 3 dagen voor Hemelvaartsdag⟩
rogation flower [telb zn] ⟨plantk⟩ (gewone) vleugeltjesbloem ⟨Polygala (vulgaris)⟩
Rogation week [telb zn; ook Rogation Week] ⟨kerk⟩ kruis(dagen)week
ro·ga·to·ry /rɒɡətri, ᴬrɑɡətɔri/ [bn, attr] ⟨jur⟩ rogatoir, ondervragend
¹**rog·er** /rɒdʒə, ᴬrɑdʒər/ [telb zn] ⟨sl⟩ neukpartij
²**rog·er** /rɒdʒə, ᴬrɑdʒər/ [onov + ov ww] ⟨sl⟩ neuken
³**rog·er** /rɒdʒə, ᴬrɑdʒər/ [tw; ook Roger] [1] ⟨comm⟩ roger, ontvangen en begrepen [2] ⟨sl⟩ akkoord, oké
Rog·er /rɒdʒə, ᴬrɑdʒər/ [eigenn] Rogier, Rutger
¹**rogue** /roʊɡ/ [telb zn] [1] schurk, bandiet, bedrieger [2] ⟨scherts⟩ snuiter, snaak, deugniet, kwajongen [3] minderwaardig exemplaar ⟨voornamelijk m.b.t. planten⟩ [4] ⟨ook attributief⟩ solitair ⟨eenzaam levend, vaak vals wild dier⟩ ♦ *a rogue elephant* een solitaire olifant [5] ⟨vero⟩ landloper, vagebond
²**rogue** /roʊɡ/ [onov + ov ww] wieden
¹**ro·gue·ry** /roʊɡəri/ [telb zn] [1] schurkenstreek, gemene streek [2] guitenstreek, kwajongensstreek
²**ro·gue·ry** /roʊɡəri/ [niet-telb zn] [1] banditisme, bedriegerij [2] deugnieterij, kwajongensstreken
rogues' gallery [telb zn] fotoboek van misdadigers ⟨van politie⟩
rogue state [telb zn] schurkenstaat
rogue trader [telb zn] gevaarlijke optiespeculant ⟨beurshandelaar die voor zijn bedrijf in zijn eentje speculatief handelt⟩
ro·guish /roʊɡɪʃ/ [bn; bw: ~ly; zn: ~ness] [1] schurkachtig, gemeen [2] guitig, kwajongensachtig, snaaks
¹**roil** /rɔɪl/ [onov ww] ⟨benaming voor⟩ onrustig bewegen, kolken ⟨van water⟩, wervelen ⟨van wind⟩, jagen ⟨van wolken⟩
²**roil** /rɔɪl/ [ov ww] [1] oproeren, omroeren [2] verstoren, (doen) opschrikken, lastigvallen
roil·y /rɔɪli/ [bn; vergr trap: roilier] [1] modderig, troebel [2] onstuimig, turbulent
rois·ter /rɔɪstə, ᴬ-ər/ [onov ww] [1] lawaai/drukte maken, razen [2] snoeven, opscheppen
roist·er·er /rɔɪst(ə)rə, ᴬ-ər/ [telb zn] lawaaimaker, druktemaker
ROK [afk] (Republic of Korea)
Ro·land /roʊlənd/ [eigenn] Ro(e)land [·] *give a Roland for an Oliver* een gepast antwoord geven; *a Roland for an Oliver* een gelijkwaardige repliek/tegenzet
role, rôle /roʊl/ [telb zn] [1] rol, toneelrol [2] rol, functie, taak
role model [telb zn] rolmodel, rol van voorbeeldgever
role play [telb + niet-telb zn] rollenspel
role-play·ing [niet-telb zn] rollenspel, psychodrama
role reversal [niet-telb zn] rolwisseling
¹**roll** /roʊl/ [telb zn] [1] rol, rolletje ♦ *a roll of butter* een rolletje boter; *rolls of fat* lagen vet; *a roll of paper* een rol papier; *a roll of straw* een bos stro; *a roll of tobacco* een rol(letje) tabak [2] rol, perkament(rol), schriftrol [3] rol, register, (naam)lijst, ⟨BE⟩ officiële lijst van advocaten ♦ *the roll of honour* de lijst der gesneuvelden; ⟨BE⟩ *Master of the Rolls*

rollick

rechter bij het hof van appel en bewaarder van het Britse staatsarchief; *strike off the rolls* van de (advocaten)lijst schrappen ④ ⟨benaming voor⟩ rolvormig baksel, broodje, opgerold gebak ⟨met jam⟩ ♦ *roll and butter* broodje met boter ⑤ omslag, opslag, overslag ⟨voornamelijk aan kleding⟩ ⑥ buiteling, duikeling ♦ *the horse had a roll in the grass* het paard rolde zich in het gras ⑦ schommelgang, waggelgang ⑧ ⟨bouwk⟩ volute ⟨spiraalvormig ornament⟩ ⑨ ⟨bouwk⟩ geronde lijst ⑩ ⟨techn⟩ wals, rol ⑪ ⟨luchtv⟩ rolbeweging, tonneau, snelle rol ⑫ ⟨AE; sl⟩ bundel bankbiljetten ♦ *he did it for a lot of rolls* hij deed het voor een hoop poen ⑬ ⟨AE; sl⟩ neukpartij

²**roll** /roʊl/ [telb + niet-telb zn] ① ⟨benaming voor⟩ rollende beweging, het rollen, deining, golving ⟨van water⟩, golving ⟨van landschap⟩ ♦ *a roll of the dice* een worp met de dobbelstenen ② ⟨benaming voor⟩ rollend geluid, (ge)roffel, roffeling ⟨op trom⟩, gerol, gerommel, gedreun ⟨van donder, geschut⟩, dreun, vloed ⟨van woorden⟩ ♦ *the roll of Scottish r's* het rollen van de Schotse r

³**roll** /roʊl/ [onov ww] ① rollen, rijden, lopen, draaien ⟨van pers, camera e.d.⟩ ♦ *the clouds rolled away* de wolken dreven weg; *lorries rolled by* vrachtwagens reden voorbij; ⟨fig⟩ *the years rolled by* de jaren gingen voorbij; *tears were rolling down her face* tranen rolden over haar wangen; *gifts kept rolling in* er bleven giften binnenstromen; ⟨inf⟩ *they were drunk when rolled in* zij waren dronken toen ze weer thuiskwamen; *the waves rolled in to the beach* de golven rolden op het strand aan; ⟨fig⟩ *time rolls on* de tijd gaat voorbij; *the river rolls on* de rivier stroomt voorbij; ⟨inf, fig⟩ *roll on the day this work is finished!* leve de dag waarop dit werk af is! ② ⟨benaming voor⟩ zich rollend/schommelend bewegen, rollen, buitelen, wentelen, schommelen, waggelen, wiegen, zwaaien ⟨m.b.t. gang⟩, rollen, deinen, golven ⟨van water, landschap⟩, rollen, slingeren ⟨van schip⟩, rondtrekken, zwerven ♦ ⟨inf, fig⟩ *be rolling in luxury* in weelde baden; ⟨inf⟩ *be rolling in it/money* bulken van het geld ③ ⟨benaming voor⟩ rollend geluid maken, rollen, rommelen, dreunen ⟨van donder, geschut⟩, roffelen ⟨van trom⟩, rollen, trillen ⟨van r-klank, vogels⟩ ④ zich laten rollen, te rollen zijn ♦ *this dough rolls easily* dit deeg is gemakkelijk uit te rollen; *those panties roll on easily* die panty is gemakkelijk aan te trekken ⑤ zich laten (op)winden, (op) te winden zijn ♦ *this thread rolls well* deze draad laat zich goed (op)winden ⑥ ⟨AE; inf⟩ beginnen, aan de slag gaan, onderweg gaan ♦ *let's roll!* aan de slag! ▪ *the clown had the audience rolling about* de clown deed het publiek krom/plat liggen van het lachen; *spring has rolled around again* het is weer lente; zie: **roll back;** zie: **roll in;** *his jokes kept us rolling* we lachten ons krom om zijn grappen; zie: **roll over;** zie: **roll up;** ⟨sprw⟩ *a rolling stone gathers no moss* een rollende steen vergaart geen mos/begroeit niet; → **rolling**

⁴**roll** /roʊl/ [ov ww] ① rollen, laten/doen rollen/rijden ♦ *roll a cake in sugar* een cake door de suiker rollen; *roll on one's stockings* zijn kousen aantrekken; *the river rolls water to the sea* de rivier voert water naar de zee ② ⟨benaming voor⟩ een rollende/schommelende beweging doen maken, rollen ⟨met ogen⟩, doen rollen/slingeren ⟨schip⟩, laten rollen, gooien ⟨dobbelstenen⟩, laten lopen ⟨camera⟩ ♦ ⟨AE⟩ *roll the bones* de dobbelstenen gooien ⟨voornamelijk in 'craps', Amerikaans dobbelspel⟩; *roll the camera!* laat de camera lopen!; *roll the dice* de dobbelstenen laten rollen/gooien, dobbelen; *roll one's eyes at/on s.o.* met de ogen naar iemand rollen; *the strong gale rolled the ship* de storm(wind) deed het schip slingeren ③ ⟨benaming voor⟩ een rollend geluid doen maken, roffelen ⟨trom⟩, rollen ⟨r-klank⟩, afdreunen ⟨tekst⟩ ♦ *roll one's r's* de r (laten) rollen/rollend uitspreken ④ ⟨benaming voor⟩ een rolvorm geven, oprollen, (op)winden, wikkelen, rollen ⟨sigaret⟩ ♦ *roll a baby in a blanket* een baby in een deken wikkelen; *roll yarn into a ball* garen tot een kluwen winden; ⟨fig⟩ *a singer and a dancer rolled into one* een zanger en een danser in één persoon verenigd; *rolled meat* rollade; ⟨inf⟩ *roll one's own* shag roken ⑤ rollen, walsen, pletten ♦ *rolled gold* bladgoud, geplet goud ⑥ ⟨drukw⟩ inkten ⟨met inktrol⟩ ⑦ ⟨AE; sl⟩ rollen, beroven ▪ zie: **roll back;** *roll off some extra copies* een paar extra kopieën afdrukken/maken; zie: **roll out;** zie: **roll over;** zie: **roll up;** → **rolling**

roll·a·way, rollaway bed [telb zn] wegrolbaar/opvouwbaar bed

roll·back [telb zn] ⟨AE⟩ het terugschroeven van lonen/prijzen, ⟨bij uitbreiding⟩ vermindering, reductie

¹**roll back** [onov ww] terugrollen, teruglopen, zich terugtrekken ♦ ⟨fig⟩ *as he visited his native village his past rolled back* toen hij zijn geboortedorp bezocht, kwam zijn verleden hem weer voor de geest; *the tide/waves rolled back* het getijde trok/de golven trokken zich terug

²**roll back** [ov ww] ① terugrollen, terugdrijven, terugdringen ♦ *roll back the enemy/poverty* de vijand/armoede terugdrijven; *roll back the hood of a car* de kap van een wagen achteruitschuiven ② weer oproepen, weer voor de geest brengen ♦ *history can roll back the past* de geschiedenis kan het verleden weer oproepen ③ ⟨AE⟩ terugschroeven ♦ *roll back prices and wages* lonen en prijzen terugschroeven

roll bar [telb zn] rolstang ⟨om inzittenden te beschermen wanneer auto over kop gaat⟩

roll cage [telb zn] ⟨auto⟩ veiligheidskooi ⟨met rolstang in auto's⟩, kooiconstructie

roll call [telb zn] appel, naamafroeping

roll·er /ˈroʊlə, ᴬ-ər/ [telb zn] ① roller, walser ⟨arbeider⟩ ② ⟨benaming voor⟩ rolvormig voorwerp, rol(letje), rolwiel, wals, cilinder, rolstok, bandage, rolverband, krulpen, krulspeld ③ roller, breker ⟨zware golf⟩ ④ tuimelaar ⟨duif⟩ ⑤ kanarie met rollende zang ⑥ Rolls-Royce ⑦ ⟨dierk⟩ scharrelaar ⟨vogel van de familie Coraciidae, voornamelijk Coracias garrulus⟩ ⑧ ⟨AE; sl⟩ smeris ⑨ ⟨AE; sl⟩ gevangenisbewaarder

roll·er·ball [telb zn] rollerball ⟨pen⟩
roller bandage [telb zn] bandage, rolverband
roller bearing [telb zn] rolleger, rollager
roll·ler·blade [onov ww] skaten ⟨op rollerblades⟩
roller blades [alleen mv] rollerblades, inlineskates
roller blind [telb zn] ⟨BE⟩ rolgordijn
roller coaster [telb zn] ⟨AE⟩ roetsjbaan, achtbaan
roller dancing [niet-telb zn] ⟨sport⟩ (het) dansen op rolschaatsen
roller derby [telb zn] ⟨sport, voornamelijk in USA⟩ hardrijderij op een wielerbaan ⟨tussen twee teams van vijf rolschaatsers/rolschaatssters, met spectaculair gooien smijtwerk⟩
¹**roller disco** [telb zn] rolschaatsdisco
²**roller disco** [niet-telb zn] (het) discodansen op rolschaatsen
roller figure-skating [niet-telb zn] ⟨sport⟩ (het) kunstrijden op rolschaatsen
roller hockey [niet-telb zn] ⟨sport⟩ rolhockey
roller race [telb zn] ⟨wielersp⟩ wedstrijd op hometrainers/rollenbank
roller skate [telb zn] rolschaats
roll·er-skate [onov ww] rolschaatsen
roller skater [telb zn] rolschaats(st)er
roller speed-skating [niet-telb zn] ⟨sport⟩ (het) hardrijden op rolschaatsen
roller towel [telb zn] rolhanddoek
roll-film [telb + niet-telb zn] rolfilm
¹**rol·lick** /ˈrɒlɪk, ᴬˈrɑ-/ [telb zn] dolle streek, grap
²**rol·lick** /ˈrɒlɪk, ᴬˈrɑ-/ [niet-telb zn] uitgelatenheid
³**rol·lick** /ˈrɒlɪk, ᴬˈrɑ-/ [onov ww] uitgelaten zijn, dartelen,

rollicking

stoeien, dollen; → rollicking
¹**rol·lick·ing** /rɒlɪkɪŋ, ᴬrɑ-/ [telb zn; oorspronkelijk tegenwoordig deelw van rollick] ⟨sl⟩ schrobbering, uitbrander, ⟨België⟩ bolwassing
²**rol·lick·ing** /rɒlɪkɪŋ, ᴬrɑ-/ [bn; (oorspronkelijk) tegenwoordig deelw van rollick] uitgelaten, vrolijk, dartel, onstuimig
roll in [onov ww] ⟨sl⟩ het bed induiken
roll·ing /roʊlɪŋ/ [bn; (oorspronkelijk) tegenwoordig deelw van roll] [1] rollend, golvend ♦ *a rolling plain* een golvende vlakte [2] elkaar opvolgend ♦ *rolling strikes* estafettestakingen [3] ⟨inf⟩ heel rijk, gefortuneerd, vermogend
rolling barrage [telb zn] ⟨mil⟩ vuurwals
rolling mill [telb zn] [1] walserij [2] pletmolen
rolling pin [telb zn] deegrol
rolling stock [niet-telb zn] rijdend materieel ⟨voornamelijk van de spoorwegen⟩
roll·mop, roll·mops /roʊlmɒps, ᴬ-mɑps/ [telb zn; mv: rollmops] rolmops
roll·neck [telb zn] [1] rolkraag [2] rolkraagtrui
roll-on [telb zn] [1] gaine ⟨licht korset⟩ [2] (deodorant)roller
roll-on/roll-off, ro-ro /roʊroʊ/ [bn, attr] rij-op-rij-af-, roll-on-roll-off-, roro- ♦ *a roll-on/roll-off ship* een rij-op-rij-afschip/roll-on-roll-offschip/roroschip ⟨dat geladen vrachtwagens vervoert⟩
roll·out [telb zn] [1] uitlooptraject van vliegtuig na landing [2] lancering ⟨van nieuw product⟩, het op de markt brengen, het uitbrengen [3] ⟨American football⟩ zijwaartse sprint
roll out [ov ww] [1] uitrollen, openrollen, losrollen, openspreiden ♦ *roll out dough* deeg (uit)rollen; *roll out a map* een landkaart openspreiden [2] ⟨vaak pej⟩ opdreunen ♦ *roll out a poem* een gedicht afraffelen [3] ⟨inf⟩ op de markt brengen, lanceren, op de markt introduceren ⟨nieuw product⟩ ♦ *our company gets to roll out its cars in China* ons bedrijf kan zijn auto's in China gaan verkopen
¹**roll over** [onov ww] [1] zich omdraaien ♦ *he often rolls over in his sleep* hij woelt veel in zijn slaap [2] op zijn rug gaan liggen ⟨bijvoorbeeld van hond⟩
²**roll over** [ov ww] [1] over de grond doen rollen, omverstoten, neerschieten [2] ⟨fin⟩ verlengen, prolongeren ⟨lening, schuld⟩ [3] ⟨comp⟩ aanwijzen
¹**roll-o·ver** [telb zn] ⟨fin⟩ verlenging, prolongatie ⟨van schuld, lening⟩
²**roll-o·ver** [bn, attr] ⟨fin⟩ verlengd, geprolongeerd ♦ *a roll-over loan* een geprolongeerde lening
Rolls-Royce /roʊlzrɔɪs/ [telb zn] ⟨merknaam⟩ Rolls-Royce ⟨BE; inf⟩ *the Rolls-Royce of...* het neusje van de zalm op het gebied van...
roll-top desk [telb zn] cilinderbureau
¹**roll up** [onov ww] [1] zich oprollen [2] ⟨inf⟩ (komen) aanrijden, ⟨fig⟩ opdagen, op de planken komen ♦ *the whole family rolled up* de hele familie kwam aanzetten • *roll up! roll up! The best show in London!* Kom binnen, komt dat zien! De beste show in Londen!
²**roll up** [ov ww] [1] oprollen, opwinden, opstropen ♦ ⟨mil⟩ *roll up the enemy lines* de vijandelijke linies oprollen; *roll one's sleeves up* zijn mouwen opstropen; ⟨fig⟩ de handen uit de mouwen steken [2] vergaren ♦ *roll up a fortune* een fortuin vergaren • *the chimneys roll up smoke* de schoorstenen doen rook opkringelen
roll-up [telb zn] [1] rolletje ⟨bijvoorbeeld met ham⟩ [2] ⟨AuE⟩ samenkomst [3] ⟨AuE⟩ opkomst ⟨bijvoorbeeld bij vergadering⟩ [4] ⟨BE; inf⟩ sjekkie
¹**ro·ly-po·ly** /roʊlipoʊli/ [telb zn] [1] propje, kort en dik persoon/kind [2] ⟨AE⟩ duikelaar(tje) ⟨speelgoed⟩
²**ro·ly-po·ly** /roʊlipoʊli/ [telb + niet-telb zn] Engelse pudding ⟨met jam belegd, opgerold, daarna gestoomd of gebakken banketdeeg⟩

³**ro·ly-po·ly** /roʊlipoʊli/ [bn] kort en dik
rom [afk] ⟨roman (type)⟩
¹**Rom** /rɒm, ᴬrɑm/ [telb zn; ook Roma] Rom, zigeuner
²**Rom** [afk] [1] ⟨Roman⟩ [2] ⟨taalk⟩ ⟨Romance⟩ Rom. [3] ⟨Bijb⟩ ⟨Romans⟩ Rom.
ROM /rɒm, ᴬrɑm/ [niet-telb zn] ⟨comp⟩ ⟨read-only memory⟩ ROM
¹**Ro·ma·ic** /roʊmeɪɪk/ [eigenn] Nieuwgrieks
²**Ro·ma·ic** /roʊmeɪɪk/ [bn] Nieuwgrieks
ro·maine /roʊmeɪn/ [niet-telb zn] ⟨AE; plantk⟩ bindsla ⟨langbladige soort; Lactuca sativa longifolia⟩
ro·ma·ji /roʊmɑdʒi:/ [niet-telb zn] transcriptiesysteem van Japans in Romeins alfabet
¹**ro·man** /roʊmən/ [niet-telb zn] ⟨drukw⟩ romein ⟨recht lettertype⟩
²**ro·man** /roʊmən/ [bn, attr] ⟨drukw⟩ romeins ♦ *roman type* romein(letter), romeins lettertype
¹**Ro·man** /roʊmən/ [eigenn] Romeins ⟨dialect van Rome⟩
²**Ro·man** /roʊmən/ [telb zn] [1] Romein [2] ⟨soms beledigend⟩ rooms-katholiek ♦ ⟨gesch⟩ *the Romans* ⟨ook⟩ de christenen in het oude Rome [•] ⟨spw⟩ *when in Rome do as the Romans do* men moet huilen met de wolven in het bos
³**Ro·man** /roʊmən/ [bn] [1] Romeins, m.b.t. het oude Rome/de stad Rome ♦ *Roman arch* Romeinse boog; *the Roman calendar* de Romeinse kalender; *the Roman Empire* het Romeinse Rijk; *Roman law* het Romeinse recht; *Roman numerals* Romeinse cijfers; *Roman road* Romeinse weg, heerbaan [2] ⟨kerk⟩ Romeins, rooms(-katholiek) ♦ *the Roman alphabet* het Romeinse alfabet; *Roman Catholic* rooms-katholiek; *Roman Catholicism* rooms-katholicisme; ⟨gesch⟩ *the Holy Roman Empire* het Heilige Roomse Rijk; *Roman nose* Romeinse neus, adelaarsneus, arendsneus; *the Roman rite* de Romeinse ritus [•] *Roman candle* Romeinse kaars ⟨vuurwerk⟩; *Roman collar* priesterboord; *Roman holiday* wreed vermaak ⟨ten koste van anderen⟩; ⟨dierk⟩ *Roman snail* wijngaardslak ⟨Helix pomatica⟩
ro·man à clef /roʊmɑ:n ɑ: kleɪ/ [telb zn; mv: romans à clef] sleutelroman, roman à clef
Roman Catholic [bn] rooms-katholiek
¹**ro·mance** /rəmæns, roʊmæns/ [telb zn] [1] roman, middeleeuws ridderverhaal [2] romantisch verhaal, avonturenroman [3] geromantiseerd verhaal, ⟨fig⟩ romantisch(e) overdrijving/trekje [4] (romantisch) liefdesverhaal [5] romance, liefdesavontuur, idylle [6] ⟨muz⟩ romance ⟨kleine compositie⟩
²**ro·mance** /rəmæns, roʊmæns/ [niet-telb zn] [1] romantische literatuur [2] liefdesromantiek ⟨ook als genre, stijl⟩ [3] romantisme, romantiek, zucht naar avontuur
³**ro·mance** /rəmæns, roʊmæns/ [onov ww] [1] avonturen verhalen, ⟨fig⟩ fabuleren, fantaseren ♦ *romance about one's love-affairs* sterke verhalen vertellen over zijn liefdesavonturen [2] romantisch doen ♦ *romance with* een avontuurtje hebben met
⁴**ro·mance** /rəmæns, roʊmæns/ [ov ww] ⟨inf⟩ het hof maken, opvrijen
¹**Ro·mance** /rəmæns, roʊmæns/ [eigenn] ⟨taalk⟩ Romaans, de Romaanse talen
²**Ro·mance** /rəmæns, roʊmæns/ [bn] ⟨taalk⟩ Romaans ♦ *Romance languages* Romaanse talen
ro·man·cer /rəmænsə, ᴬ-ər/ [telb zn] [1] middeleeuws romanschrijver/epicus [2] schrijver van romantische verhalen [3] fantast
Rom·a·nes /rɒmənɪs/, **Rom·a·ny, Ro·ma·ni** /rɒməni, roʊ-, ᴬrɑʊ-/ [eigenn] Romani ⟨zigeunertaal⟩
¹**Ro·man·esque** /roʊmənesk/ [niet-telb zn] ⟨bouwk⟩ romaanse stijl
²**Ro·man·esque** /roʊmənesk/ [bn] ⟨bouwk⟩ romaans
ro·man-fleuve /roʊmɑ̃ flɜ:v, ᴬroʊmən flʌv/ [telb zn; mv: romans-fleuves] familieroman, romancyclus

Ro·ma·nia /roʊmeɪnɪə/, **Ru·ma·nia** /rʊmeɪnɪə/ [eigenn] Roemenië

Romania	
naam	Romania Roemenië
officiële naam	Romania Republiek Roemenië
inwoner	Romanian Roemeen
inwoonster	Romanian Roemeense
bijv. naamw.	Romanian Roemeens
hoofdstad	Bucharest Boekarest
munt	Romanian leu Roemeense lei
werelddeel	Europe Europa
int. toegangsnummer 40	www .ro auto RO

¹**Ro·man·i·an** /roʊmeɪnɪən/, **Ru·man·i·an** /rʊmeɪnɪən/ [eigenn] Roemeens, de Roemeense taal

²**Ro·man·i·an** /roʊmeɪnɪən/, **Ru·man·i·an** /rʊmeɪnɪən/ [telb zn] Roemeen(se)

³**Ro·man·i·an** /roʊmeɪnɪən/, **Ru·man·i·an** /rʊmeɪnɪən/ [bn] Roemeens

¹**Ro·man·ic** /roʊmænɪk/ [eigenn] ⟨vero; taalk⟩ Romaans, de Romaanse talen

²**Ro·man·ic** /roʊmænɪk/ [bn] ① Latijns ⟨van cultuur, taal⟩ ② ⟨vero; taalk⟩ Romaans

Ro·man·ism /roʊmənɪzm/ [niet-telb zn] ⟨vaak beled⟩ ① rooms-katholieke godsdienst ② roomsgezindheid

¹**Ro·man·ist** /roʊmənɪst/ [telb zn] ① romanist ② student in geschiedenis en recht van het oude Rome ③ ⟨vaak beled⟩ rooms-katholiek, roomse ④ ⟨vaak beled⟩ roomsgezinde

²**Ro·man·ist** /roʊmənɪst/, **Ro·man·is·tic** /roʊmənɪstɪk/ [bn] ⟨vaak beled⟩ ① rooms-katholiek, rooms ② roomsgezind

ro·man·i·za·tion, ro·man·i·sa·tion /roʊmənaɪzeɪʃn, ᴬ-nəzeɪʃn/ [telb + niet-telb zn] ① ⟨vaak Romanization⟩ bekering tot het rooms-katholicisme ② ⟨vaak Romanization⟩ romanisering, latinisering ③ ⟨soms Romanization⟩ transcriptie in het Latijnse alfabet ④ ⟨drukw⟩ het in romein zetten

ro·man·ize, ro·man·ise /roʊmənaɪz/ [ov ww] ① ⟨vaak Romanize⟩ tot het rooms-katholicisme bekeren ② ⟨vaak Romanize⟩ romaniseren, latiniseren ③ ⟨soms Romanize⟩ in het Latijnse alfabet transcriberen ④ ⟨drukw⟩ in romein zetten

Ro·ma·no- /roʊmɑːnoʊ/ Romeins- ♦ *Romano-British* Romeins-Brits

Ro·mansh, Ro·mansch /roʊmænʃ/, **Rou·mansh, Ru·mansh** /ruːmænʃ/ [eigenn] Reto-Romaans, ⟨vnl⟩ Romanche ⟨het West-Reto-Romaans in Graubünden⟩

¹**ro·man·tic** /rəmæntɪk/ [telb zn] romanticus

²**ro·man·tic** /rəmæntɪk/ [bn; bw: ~ally] ① romantisch ♦ ⟨gesch⟩ *the Romantic Movement* de romantische school, de romantiek ② fantastisch, onrealistisch, onpraktisch

Ro·man·tic /rəmæntɪk/ [telb zn] ⟨gesch⟩ romanticus, romantisch kunstenaar

ro·man·ti·cism /rəmæntɪsɪzm/ [niet-telb zn] romantiek

Ro·man·ti·cism /rəmæntɪsɪzm/ [eigenn] romantiek ⟨als kunstrichting⟩

ro·man·ti·cist /rəmæntɪsɪst/ [telb zn] romanticus

Ro·man·ti·cist /rəmæntɪsɪst/ [telb zn] ⟨gesch⟩ romanticus, romantisch kunstenaar

¹**ro·man·ti·cize, ro·man·ti·cise** /rəmæntɪsaɪz/ [onov ww] romantisch denken

²**ro·man·ti·cize, ro·man·ti·cise** /rəmæntɪsaɪz/ [ov ww] romantiseren, romantisch voorstellen

ro·man·tics /rəmæntɪks/ [alleen mv] romantische ideeën

¹**Rom·a·ny, Rom·a·ni** /rɒməni, roʊ-, ᴬrɑ-, ᴬroʊ-/ [eigenn] Romani ⟨zigeunertaal⟩

²**Rom·a·ny, Rom·a·ni** /rɒməni, roʊ-, ᴬrɑ-, ᴬroʊ-/ [telb zn] zigeuner

³**Rom·a·ny, Rom·a·ni** /rɒməni, roʊ-, ᴬrɑ-, ᴬroʊ-/ [bn, attr] zigeuner-, van de zigeuners

ro·maunt /roʊmɔːnt, ᴬroʊmɑnt/ [telb zn] ⟨vero⟩ romance, riddergedicht

romcom /rɒmkɒm, ᴬrɒmkɑm/ [telb + niet-telb zn] (verk: romantic comedy) romcom ⟨romantische comedy⟩

Rome /roʊm/ [eigenn] ① Rome ⟨in Italië/USA⟩ ② Rome, het Romeinse Rijk ③ Rome, de rooms-katholieke kerk ♦ ⟨sprw⟩ *when in Rome do as the Romans do* men moet huilen met de wolven in het bos; ⟨sprw⟩ *Rome was not built in a day* Keulen en Aken zijn niet op één dag gebouwd; ⟨sprw⟩ *all roads lead to Rome* alle wegen leiden naar Rome

ro·me·o /roʊmioʊ/ [telb zn; ook Romeo] ⟨vaak scherts⟩ donjuan

Rome penny [eigenn; the] ⟨gesch, r-k⟩ Sint-Pieterspenning

Rome·ward /roʊmwəd, ᴬ-wərd/ [bn, attr] ⟨vnl kerk⟩ naar Rome, ⟨fig⟩ roomsgezind, op Rome gericht

Rome·wards, Rome·ward /roʊmwədz, ᴬ-wərdz/ [bw] ⟨vnl kerk⟩ naar Rome toe, ⟨fig⟩ rooms

Rom·ish /roʊmɪʃ/ [bn; bw: ~ly; zn: ~ness] ⟨vaak beled⟩ rooms(gezind)

¹**romp** /rɒmp, ᴬrɑmp/ [telb zn] ① stoeipartij ② ⟨sl⟩ ruzie ③ ⟨vero⟩ levendig kind, wildzang

²**romp** /rɒmp, ᴬrɑmp/ [onov ww] ① stoeien, dartelen ♦ *romp through an exam* met gemak voor een examen slagen ② ⟨sl⟩ mot hebben ③ stuksmijten ④ ⟨inf⟩ flitsen, (voorbij)schieten ♦ *romp home/in* op zijn gemak winnen

romp·ers /rɒmpəz, ᴬrɑmpərz/ [alleen mv] romper, kruippakje, speelpakje ♦ *a pair of rompers* een kruippakje

romper suit [telb zn] kruippakje, speelpakje

ron·da·vel /rɒndɑːvl, ᴬrɑn-/ [telb zn] ⟨ZAE⟩ rondavel ⟨hut voornamelijk voor gasten⟩

ron·deau /rɒndoʊ, ᴬrɑn-/ [telb zn; mv: rondeaux /-doʊz/] ⟨letterk⟩ rondeau, rondeel

ron·del /rɒndl, ᴬrɑndl/ [telb zn] ⟨letterk⟩ rondeel, rondeau

ron·do /rɒndoʊ, ᴬrɑn-/ [telb zn] ⟨muz⟩ rondo

ron·dure /rɒndʒə, ᴬrɑndʒər/ [telb zn] ⟨form⟩ ronding, ronde vorm

¹**ro·ne·o** /roʊnioʊ/ [telb zn] ⟨ook merknaam; BE⟩ ① stencilmachine ② stencil

²**ro·ne·o** /roʊnioʊ/ [ov ww] ⟨BE⟩ stencilen

röntgen-, röntgeno- →roentgen-

Röntgen, röntgen [bn, attr] →roentgen

röntgenize, röntgenise [ov ww] →roentgenize

roo /ruː/ [telb zn] ⟨AuE; inf⟩ kangoeroe

roo bar [telb zn] ⟨AuE⟩ bullbar, bushbar, koeienvanger, kangoeroevanger ⟨frame op voorkant van auto⟩

rood /ruːd/ [telb zn] ① kruisbeeld, crucifix ② ⟨vero⟩ heilig kruis, kruishout, kruis van Christus ♦ *by the Rood!* bij het Heilig Kruis! ⟨eedformule⟩; ⟨r-k⟩ *Holy Rood Day* Kruisverheffing ⟨14 sept⟩; Kruisvinding ⟨3 mei⟩ ③ ⟨BE⟩ roede ⟨1011,71 m²⟩

rood cloth [telb zn] ⟨r-k⟩ kruisdoek, kruiskleed

rood loft [telb zn] ⟨bouwk⟩ (d)oksaal

rood screen [telb zn] ⟨bouwk⟩ koorhek

¹**roof** /ruːf/ [telb zn; mv: roofs /ruːfs, ruːvz/; mv: soms rooves /ruːvz/] ⟨benaming voor⟩ dak, autodak, bladerdak, hemeldak, tentdak, dak, daklaag, dak, hoogste punt, dak, onderdak, huis ♦ *have a roof over one's head* een dak boven het hoofd hebben; *roof of the mouth* gehemelte, verhemelte; *under one roof* onder één dak; *under s.o.'s roof* onder iemands dak, in iemands huis; *the roof of the world* het dak van de wereld ⟨bergland van Pamir, Mount Everest⟩ ♦ ⟨inf⟩ *bring the roof down* de tent afbreken, hels kabaal maken; ⟨sl⟩ *fall off the roof* feest hebben, ongesteld zijn; ⟨inf⟩ *go through/hit the roof* ontploffen, over de rooie gaan; de pan uit rijzen, omhoogschieten ⟨van prijzen⟩; ⟨inf⟩ *lift/*

roof

raise the roof een hels lawaai maken, de pannen van het dak schreeuwen/joelen; ⟨AE; inf⟩ *raise the roof* ⟨ook⟩ tekeergaan, uit zijn vel springen

²**roof** /ru:f/ [ov ww] **overdekken,** onder dak brengen ♦ *roof in/over a balcony* een balkon overdekken; → **roofing**

roof·age /ˈru:fɪdʒ/ [telb + niet-telb zn] **dakbedekking**

roof box [telb zn] **skibox** ⟨boven op auto⟩, **dakkoffer**

roof·er /ˈru:fə, ˈ-ər/ [telb zn] **dakwerker**

roof garden [telb zn] **daktuin**

roof·ies /ˈru:fiz/ [alleen mv] ⟨inf⟩ **rooie knol(len)** ⟨rohypnol, als verkrachtingsdrug gebruikt⟩

roof·ing /ˈru:fɪŋ/ [telb + niet-telb zn; (oorspronkelijk) gerund van roof] ① **dakwerk** ② **dakbedekking**

¹**roof·less** /ˈru:fləs/ [bn, attr] **zonder dak**

²**roof·less** /ˈru:fləs/ [bn, pred] **dakloos,** zonder onderdak

roof·let /ˈru:flɪt/ [telb zn] **(af)dakje**

roof rack [telb zn] ⟨vnl BE⟩ **imperiaal**

roof·top [telb zn] ① **top van het dak** ② **dak** ⟨voornamelijk plat⟩ ♦ *the people were waiting in the streets and on the rooftops* de mensen stonden op straat en op de daken te wachten [•] *shout sth. from the rooftops* iets van de daken schreeuwen

roof·tree [telb zn] ① **nokbalk** ♦ *under s.o.'s rooftree* in iemands huis ② **dak**

rooi·bos /ˈrɔɪbɒs, ˈ-bəs/ [niet-telb zn] **rooibosthee**

rooi·nek /ˈrɔɪnɛk, -rɔɪ-/ [telb zn] ① ⟨ZAE; beled⟩ **Brits immigrant in Zuid-Afrika** ② ⟨gesch⟩ **rooinek** ⟨scheldnaam voor Brits soldaat tijdens Boerenoorlog⟩

¹**rook** /rʊk/ [telb zn] ① **valsspeler,** bedrieger ② ⟨dierk⟩ **roek** ⟨Corvus frugilegus⟩ ③ ⟨schaaksp⟩ **toren**

²**rook** /rʊk/ [ov ww] ① **bedriegen,** bezwendelen, afzetten ② **bedriegen door vals spel**

rook·er·y /ˈrʊkəri/ [telb zn] ① ⟨dierk⟩ **roekenkolonie** ② ⟨dierk⟩ **kolonie** ⟨van pinguïns, zeehonden, e.d.⟩ ③ **vervallen woonkazerne,** krot ④ **verzameling,** groep, concentratie

rook·ie, rook·ey, rook·y /ˈrʊki/ [telb zn] ⟨inf⟩ ① ⟨mil⟩ **rekruut** ② ⟨vnl AE⟩ **rekruut,** nieuweling, groentje, ⟨i.h.b.⟩ nieuwe speler ⟨bij honkbal e.d.⟩

¹**room** /ru:m, rʊm/ [telb zn] ① **kamer,** vertrek ♦ *room and board* kost en inwoning; ⟨inf⟩ *leave the room* zich even verwijderen, naar het toilet gaan ② ⟨sl⟩ **podium,** bühne ③ ⟨sl⟩ **tent,** nachtclub ④ ⟨sl⟩ **rookhol** ⟨ruimte waar drugs gebruikt worden⟩ ⑤ ⟨sl⟩ **slaapkamer** [•] *the whole room* alle aanwezigen

²**room** /ru:m, rʊm/ [niet-telb zn] ① **ruimte,** plaats ♦ *clear/make room* plaatsmaken; *we have no room for you here* er is hier geen plaats voor je; *jou kunnen we hier niet gebruiken; take up room* plaats innemen ② **ruimte,** gelegenheid, kans ♦ *there is room for improvement* het laat te wensen over, er moet/kan nog het een en ander aan gebeuren; *there's no room for mistakes* vergissingen zijn uitgesloten [•] ⟨inf⟩ *there's not room (enough) to swing a cat (in)* je kunt er je kont niet keren

³**room** /ru:m, rʊm/ [onov ww] ⟨AE⟩ **een kamer bewonen,** inwonen, op kamers wonen ♦ *room in* inwonend bediende zijn; *she roomed with us for six months* ze heeft een halfjaar bij ons (in)gewoond

room clerk [niet-telb zn] **receptionist**

room·di·vid·er [telb zn] **afscheiding,** separatie, scheidingswand

-roomed /ru:md, rʊmd/ [met ... kamers] ♦ *a ten-roomed house* een huis met tien kamers

room·er /ˈru:mə, ˈrʊmə, ˈ-ər/ [telb zn] ⟨AE⟩ **kamerbewoner,** huurder, huisgenoot

room·ette /ru:ˈmɛt, rʊˈmɛt/ [telb zn] **eenpersoonsslaapcabine** ⟨in trein⟩

room·ful /ˈru:mfʊl, ˈrʊm-/ [telb zn] **(een) kamer vol,** inhoud van een kamer, groep, verzameling ♦ *the whole roomful* alle aanwezigen, alle spullen/meubels

room·ing-house [telb zn] ⟨AE⟩ **pension**

room-mate [telb zn] ① ⟨BE⟩ **kamergenoot** ② ⟨AE⟩ **huisgenoot, flatgenoot, kamergenoot**

rooms /ru:mz, rʊmz/ [alleen mv] **appartement,** flat, kamers

room service [niet-telb zn] **bediening op de kamer** ⟨in hotel⟩, room service

room temperature [niet-telb zn] **kamertemperatuur**

room·y /ˈru:mi, ˈrʊmi/ [bn; vergr trap: roomier; bw: roomily; zn: roominess] **ruim,** groot, wijd

roor·back /ˈrʊəbæk, ˈrʊr-/ [telb zn] ⟨AE; pol⟩ **lasterverhaal,** lasterlijke publicatie ⟨om tegenkandidaat te schaden bij verkiezingen⟩

¹**roost** /ru:st/ [telb zn] ① **roest,** stok, kippenhok ② **roest,** slaapplaats van vogels ③ **nest,** bed, slaapplaats ④ ⟨sl⟩ **woonhuis,** woonplaats ⑤ ⟨BE; scheepv⟩ **sterke zeestroming** ⟨bij Orcaden en Shetlandeilanden⟩ [•] *it will come home to roost* je zult er zelf de wrange vruchten van plukken, het zal zich wreken; *rule the roost* de lakens uitdelen, de scepter zwaaien, de baas zijn; ⟨sprw⟩ *the highest branch is not the safest roost* ± donderstenen vallen op de hoogste bomen

²**roost** /ru:st/ [onov ww] ① **roesten,** op de roest/op stok zitten, slapen ② **zijn tenten opslaan,** neerstrijken, zijn bed spreiden [•] ⟨sprw⟩ *curses like chickens come home to roost* ± die een steen naar de hemel werpt, krijgt hem zelf op het hoofd, ± die naar de hemel spuwt, spuwt in zijn eigen aangezicht, ± je woorden worden je weer thuisgebracht, ± wat je zegt, ben je zelf

³**roost** /ru:st/ [ov ww] **onderdak geven,** een slaapplaats geven

roos·ter /ˈru:stə, ˈ-ər/ [telb zn] **haan,** ⟨fig⟩ hanig type

¹**root** /ru:t/ [telb zn] ① **oorsprong,** oorzaak, wortel, basis, grond ♦ *greed is at the root of it* hebzucht ligt eraan ten grondslag; *the root of all evil* de wortel van alle kwaad ② **kern,** het wezenlijke ♦ *get to the root of the problem* tot de kern/grond van het probleem doordringen ③ **voorvader,** stamvader ④ ⟨plantk⟩ **wortel,** hechtwortel ♦ *pull up by the roots* uit de grond trekken, ontwortelen; ⟨fig⟩ vernietigen; *put down roots, strike/take root* wortel schieten, ⟨fig⟩ zich vestigen, zich thuis gaan voelen; *the idea took root in his mind* de idee begon te rijpen ⑤ ⟨med, taalk, wisk⟩ **wortel** ⑥ ⟨plantk⟩ **zaailing** ⑦ ⟨plantk⟩ **onderstam** ⑧ ⟨muz⟩ **grondtoon** ⑨ ⟨vero; Bijb⟩ **stam,** nageslacht ⑩ ⟨sl⟩ **(marihuana)sigaret,** stickie [•] *root and branch* met wortel en tak, grondig; *pull up one's roots* zich losmaken, weggaan, een ander leven beginnen; *strike at the roots of* een vernietigende aanval doen op, proberen uit te roeien; ⟨sprw⟩ *the love of money is the root of all evil* geld/bezit is de wortel van alle kwaad; ⟨sprw⟩ *money is the root of all evil* geld is de wortel van alle kwaad

²**root** /ru:t/ ⟨BE in betekenissen 3,4 ook⟩ **root·le** /ˈru:tl/ [onov ww] ① **wortelschieten,** wortelen, ⟨fig⟩ zich vestigen ② **wortelen,** zijn oorsprong hebben, afstammen ③ **wroeten,** graven, woelen ♦ *the pigs were noisily rooting about in the earth* de varkens wroetten luidruchtig rond in de aarde ④ **rommelen,** (door)zoeken, overhoop halen ♦ *s.o. has been rooting among my stuff* iemand heeft mijn spullen overhoop gehaald ⑤ ⟨AE⟩ **juichen,** schreeuwen, aanmoedigen, ⟨fig⟩ steunen ♦ *root for the team* het team toejuichen/steunen

³**root** /ru:t/ ⟨BE in betekenissen 3,4 ook⟩ **root·le** /ˈru:tl/ [ov ww] ① **planten,** doen wortelschieten ② **vestigen,** doen wortelen ♦ *a deeply rooted love* een diepgewortelde liefde; *his problems are probably rooted in some physical disturbance* zijn problemen worden waarschijnlijk door een lichamelijke stoornis veroorzaakt; *well-rooted* diepgeworteld, bestendig ③ **loswroeten,** omwoelen ♦ zie: **root out** ④ **uitgraven,** ontwortelen ♦ zie: **root out**; *the storm rooted up the old birchtree* de storm heeft de oude berk ontwor-

teld ⑤ ⟨form, fig⟩ **ontwortelen,** ontheemd maken, de zekerheden ontnemen ⑥ ⟨sl⟩ **beroven** • *she stood rooted to the ground/spot* ze stond als aan de grond genageld

root·age /ruːtɪdʒ/ [telb zn] ① ⟨plantk⟩ **wortelstelsel,** wortels ② **origine,** herkomst, wortels

root beer [niet-telb zn] **limonade,** gazeuse ⟨van wortelextracten⟩

root-bound [bn] ⟨plantk⟩ ① **met verwarde, verstrengelde wortels** ② **met verstikte wortels**

root canal [telb zn] ⟨med⟩ **wortelkanaal**

root cap [telb zn] ⟨plantk⟩ **wortelmutsje**

root crop [telb zn] ⟨landb⟩ **wortelgewas**

root·er /ruːtə, ᴬruːtər/ [telb zn] ⟨AE; sport⟩ **supporter**

root hair [telb zn] ⟨plantk⟩ **wortelhaar,** haarwortel

rootle [onov + ov ww] → **root**

root·less /ruːtləs/ [bn; zn: ~ness] **ontworteld,** ontheemd

root·let /ruːtlɪt/ [telb zn] ⟨plantk⟩ **worteltje,** zijtakje van wortel

root-mean-square [telb zn] ⟨wisk⟩ **kwadratisch gemiddelde**

root out [ov ww] ① **uitwroeten,** opwoelen, uitgraven, ⟨fig⟩ tevoorschijn brengen, opdiepen • *I hope to have the book rooted out for you by tomorrow* ik hoop dat ik morgen het boek voor je heb kunnen opdiepen ② **vernietigen,** wegvagen, uitroeien • *the regime tries to root out hostile elements* het nieuwe regime tracht vijandige elementen te vernietigen

roots /ruːts/ [alleen mv] ① ⟨vnl BE; landb⟩ **wortelgewassen** ② ⟨aardr⟩ **voet, bodem** ⟨van berg/zee⟩

root sign [telb zn] ⟨wisk⟩ **wortelteken**

root·stock [telb zn] ① ⟨plantk⟩ **wortelstok,** rizoom ② ⟨plantk⟩ **stam** ③ **oorsprong**

roots·y /ruːtsi/ [bn] ⟨inf⟩ **vanuit de 'roots',** met traditionele banden, echt, authentiek, roots-, rootsy

root vegetable [telb zn] **wortelgroente,** wortelgewas

root·y /ruːti/ [bn; vergr trap: rootier; zn: rootiness] ① **vol wortels** ② **wortelachtig** ③ **uit wortels bestaand** ④ ⟨sl⟩ **geil,** heet

rooves [alleen mv] → **roof¹**

rop·able, rope·able /roʊpəbl/ [bn] ⟨AuE; sl⟩ **kwaad**

¹rope /roʊp/ [telb zn] ① **(stuk) touw,** koord, kabel • ⟨bergsp⟩ *on the rope* aan het touw, met meerdere klimmers aan het touw gebonden; *the rope* de strop; ⟨sport⟩ *the ropes* de touwen ⟨van een boksring⟩; ⟨bokssp⟩ *on the ropes* in de touwen; ⟨sl, fig⟩ uitgeteld, zogoed als verslagen ② **snoer,** rij, streng • *a rope of garlic* een streng knoflook ③ **draad,** kleverige sliert ⟨in voedsel⟩ ④ ⟨AE⟩ **lasso** ⑤ ⟨bergsp⟩ **touwgroep** • ⟨sl⟩ *drag in your ropes!* hou je kop! still!; *know/learn the ropes* van wanten weten, de kneepjes van het vak kennen/leren; *a rope of sand* valse zekerheid, bedrieglijk houvast; *show s.o. the ropes* iemand wegwijs maken/inwijden

²rope /roʊp/ [niet-telb zn] **touw,** koord • *give s.o. the rope* iemand de ruimte laten • *give s.o. rope enough to hang himself* iemand in zijn eigen vet laten smoren, iemand door schade en schande wijs laten worden; ⟨sprw⟩ *give a thief enough rope and he'll hang himself* het kwaad straft zichzelf

³rope /roʊp/ [onov ww] ① **draderig worden,** kleverig worden ② ⟨bergsp⟩ **klimmen aan het touw** • *rope down/up* afdalen/omhoog klimmen aan een touw ③ **een paard opzettelijk laten winnen**

⁴rope /roʊp/ [ov ww] ① **vastbinden** • *rope up* dichtbinden ② **met touwen afzetten/omringen** • *rope in* omheinen met touwen/koorden; *rope off* afzetten ③ ⟨bergsp⟩ **aan het touw binden** ④ ⟨AE⟩ **vangen** ⟨met een lasso⟩ ⑤ ⟨vaak rope in⟩ ⟨inf⟩ **paaien,** inpalmen, strikken • *rope s.o. in to help/join* iemand zo ver krijgen dat hij komt helpen/meedoet; *rope s.o. into doing sth.* iemand strikken om iets te doen ⑥ ⟨vaak rope in⟩ ⟨inf⟩ **bedriegen,** erin luizen, afzetten

rope-danc·er, rope-walk·er [telb zn] **koorddanser(es)**

rope-drill, rope-bor·ing [niet-telb zn] ⟨techn⟩ **kabelboring**

rope-lad·der [telb zn] **touwladder**

rope·man·ship /roʊpmənʃɪp/ [niet-telb zn] **koorddanskunst, touwklimkunst**

rope-mould·ing, rope-mold·ing [niet-telb zn] ⟨bk⟩ **gedraaid houtsnijwerk/beeldhouwwerk,** touwornament

rope-pul·ley [telb zn] ⟨techn⟩ **snaarschijf,** kabelschijf

rope's end [telb zn] ① ⟨vnl scheepv⟩ **touw,** zweep, karwats ② **strop**

rope-tow [telb zn] **skilift,** sleeplift

rope-walk, rope-yard, rop·ery /roʊpəri/ [telb zn] **touwslagerij,** lijnbaan

rope·way [telb zn] ⟨ind, mijnb⟩ **kabelbaan,** transportbaan

rope-yarn [niet-telb zn] ① **kabeldraad,** touwdraad ② **onzin,** kleinigheid, futiliteit

rop·y, rop·ey /roʊpi/ [bn; vergr trap: ropier; bw: ropily; zn: ropiness] ① **slijmerig,** draderig ② **touwachtig,** touwig ③ ⟨inf⟩ **armzalig,** miezerig, beroerd

roque /roʊk/ [niet-telb zn] ⟨AE; sport⟩ **roque** ⟨soort croquet op verharde baan met verhoogde rand⟩

roque·laure /rɒkəloː, ᴬrɑkəlɔr/ [telb zn] ⟨gesch⟩ **rokkelore,** wijde korte mantel ⟨18e-19e eeuw⟩

¹ro·quet /roʊki, ᴬroʊkeɪ/ [niet-telb zn] ⟨croquet⟩ **roquet** ⟨als bal van slagman andere bal raakt; geeft recht op 2 extra slagen⟩

²ro·quet /roʊki, ᴬroʊkeɪ/ [onov + ov ww] ⟨croquet⟩ **roqueteren**

ro-ro [bn, attr] → **roll-on/roll-off**

ror·qual /rɔːkwəl, ᴬrɔr-/ [telb zn] ⟨dierk⟩ **vinvis** ⟨genus Balaenoptera⟩

Ror·schach test /rɔːʃɑːktest, ᴬrɔr-/ [telb zn] **rorschachtest**

ror·ty /rɔːti, ᴬrɔrti/ [bn] ⟨sl⟩ ① **fijn,** lekker, machtig, leuk, amusant ② **verzot op uitgaan en pleziertjes**

ro·sa·ce /roʊzeɪs, ᴬroʊzeɪs/ [telb zn] ⟨bouwk⟩ ① **roosvenster** ② **rozet**

ro·sa·ceous /roʊzeɪʃəs/ [bn] ① ⟨plantk⟩ **roosachtig,** behorend tot de Rosaceae ② ⟨plantk⟩ **roosachtig,** op een roos lijkend ③ **rooskleurig,** rozenrood

ros·an·i·lin, ros·an·i·line /roʊzænɪlɪn, -liːn/ [niet-telb zn] ⟨scheik⟩ ① **rosaniline,** rode kleurstof uit aniline ② **fuchsine,** rode verfstof

ro·sar·i·an /roʊzeəriən, ᴬ-zæriən/ [telb zn] ① **rozenliefhebber,** rozenexpert, rozenkweker ② ⟨r-k⟩ **lid van de congregatie van de rozenkrans**

ro·sar·i·um /roʊzeəriəm, ᴬ-zæriəm/ [telb zn] **rosarium,** rozentuin

ro·sa·ry /roʊzri/ [telb zn] ① **rozentuin,** rozenperk ② ⟨rel⟩ **bidsnoer,** ⟨i.h.b. r-k⟩ rozenkrans, paternoster • *say the rosary* de rozenkrans bidden

Ros·cian /rɒʃiən, ᴬrɑʃiən/ [bn] ⟨gesch⟩ **rosciaans,** als Roscius, als een groot acteur ⟨naar Roscius Gallus, Romeins acteur⟩

ros·coe /rɒskoʊ, ᴬrɑs-/ [telb zn] ⟨AE; sl⟩ **blaffer,** revolver

¹rose /roʊz/ [telb zn] ① **roos,** rozenstruik • ⟨plantk⟩ *rose of Jericho* roos van Jericho ⟨*Anastatica hierochuntica*⟩ ② ⟨benaming voor⟩ **roos,** rozet, roos, roosvenster, rozet, roosje, rozet, klankgat, roos, kompasroos, windroos • *under the rose* onder geheimhouding, sub rosa ③ **sproeidop,** sproeier ④ **rozenolie** ⑤ ⟨med⟩ **wondroos,** erysipelas ⑥ ⟨vaak attributief⟩ **rozenrood,** helderrood, dieproze • ⟨BE; inf⟩ *come up roses* meevallen, goed uitvallen, goed komen; *it is not all roses* het is niet allemaal even prettig, het is niet allemaal rozengeur en maneschijn; ⟨plantk⟩ *rose of May* witte narcis ⟨*Narcissus poeticus*⟩; *rose of Sharon* ⟨plantk⟩ grootbloemig hertshooi ⟨*Hypericum calycinum*⟩; ⟨Bijb⟩ roos van Sharon; *roses all the way* rozengeur en maneschijn; ⟨sprw⟩ *no rose without a thorn* geen rozen zonder

rose

doornen; ⟨sprw⟩ *a rose by any other name would smell as sweet* ± hoe men een roos ook zou noemen, ze blijft altijd even heerlijk ruiken
²**rose** /rouz/ [onov ww] rood/roze maken; → **rosed**
³**rose** /rouz/ [verleden tijd] → **rise**
rosé /rouzeɪ, ᴬrouzeɪ/ [telb + niet-telb zn] rosé(wijn)
rose acacia [telb zn] ⟨plantk⟩ ruige acacia, rode regen ⟨Robinia hispida⟩
ro·se·ate /rouziət, -ziet/ [bn] rozenrood, rooskleurig, ⟨fig⟩ optimistisch, hoopvol ♦ ⟨dierk⟩ *roseate spoonbill* roze lepelaar ⟨Ajaia ajaja⟩; *roseate tern* Dougalls stern ⟨Sterna dougallii⟩
rose·bay /rouzbeɪ/ [telb zn] ⟨plantk⟩ ① rododendron, azalea, ⟨i.h.b.⟩ Noord-Amerikaanse rododendron ⟨Rhododendron maxima⟩ ② oleander ⟨Nerium oleander⟩ ③ ⟨BE⟩ wilgenroosje ⟨Epilobium angustifolium⟩
rose-bed [telb zn] rozenperk
rose-bowl [telb zn] rozenkom, rozensteker
rose-bud [telb zn] rozenknop ⟨ook figuurlijk⟩, jong meisje ♦ ⟨sprw⟩ *gather ye rosebuds while ye may* men moet het ijzer smeden als het heet is
rose-bush [telb zn] rozenstruik
rose-chaf·er, rose-bee·tle, ⟨in betekenis 2 ook⟩ **rose-bug** [telb zn] ⟨dierk⟩ ① gouden tor ⟨Cetonia aurata⟩ ② rozenkevertje ⟨in USA; Macrodactylus subspinosus⟩
rose-col·oured, ⟨AE⟩ **rose-col·ored, rose-pink, rose-tint·ed** [bn] rooskleurig ⟨ook figuurlijk⟩, optimistisch ♦ *rose-coloured spectacles/glasses* een roze bril, een optimistische kijk · ⟨dierk⟩ *rose-coloured starling* roze spreeuw ⟨Sturnus roseus⟩
rose-cut [bn] geslepen als een rozet ⟨van edelsteen⟩
rosed /rouzd/ [bn; volt deelw van rose] blozend, rood, roze
rose-drop [niet-telb zn] ⟨med⟩ acne, rode uitslag
rose fertilizer [niet-telb zn] roze korrels
rose-fe·ver, rose-cold [telb zn] ⟨med⟩ hooikoorts
rose geranium [telb zn] ⟨plantk⟩ roze tuingeranium ⟨Pelargonium graveolens⟩
rose-hip [telb zn] rozenbottel
rose-lau·rel [telb zn] ① rododendron ② oleander
rose-leaf [telb zn] rozenblaadje
ro·sel·la /rouzelə/ [telb zn] ⟨dierk⟩ Australische parkiet ⟨Platycercus eximius⟩
ro·selle /rouzel/ [telb zn] ⟨plantk⟩ roselle ⟨Hibiscus sabdariffa⟩
rose-mal·low [telb zn] ⟨plantk⟩ ① stokroos ⟨Althaea rosea⟩ ② hibiscus
rose·mar·y /rouzməri, ᴬ-meri/ [telb zn] ⟨plantk⟩ rozemarijn ⟨Rosmarinus⟩
rose noble [telb zn] ⟨gesch⟩ rozennobel, Engelse gouden munt
ro·se·o·la /rouziːələ/ [niet-telb zn] ⟨med⟩ ① mazelen ② rodehond
rose-pink [bn] → **rose-coloured**
rose quartz [niet-telb zn] rozenkwarts ⟨mineraal⟩
rose-root [telb zn] ⟨plantk⟩ hemelsleutel ⟨Sedum telephium/roseum⟩
ro·se·ry /rouzəri/ [telb zn] rozenperk
rose-tinted [bn] → **rose-coloured**
ro·sette /rouzet/ [telb zn] ① rozet ② ⟨bouwk⟩ rozet, roosvenster ③ ⟨dierk⟩ rozet, rozetvormige vlek ④ ⟨plantk⟩ rozet, bladerkransrozet, wortelrozet ⑤ ⟨diamantslijpen⟩ rozet, roosje
rose-wa·ter [niet-telb zn] ① rozenwater ② zoetsappigheid, gevlei
rose-win·dow [telb zn] ⟨bouwk⟩ roosvenster
rose-wood [niet-telb zn] rozenhout, palissanderhout
Rosh Ha·sha·na, Rosh Ha·sha·nah /rɒʃ həˈɡɑːnə, ᴬrouʃ həˈʃounə/ [eigenn] ⟨rel⟩ Rosj Hasjana, Joods nieuwjaar

¹**Ro·si·cru·cian** /rouziˈkruːʃn/ [telb zn] ⟨rel⟩ rozenkruiser
²**Ro·si·cru·cian** /rouziˈkruːʃn/ [bn] ⟨rel⟩ Rozenkruisers-, van/m.b.t. de Rozenkruisers
¹**ros·in** /rɒzɪn/ [niet-telb zn] hars, resine, ⟨i.h.b. muz⟩ snarenhars
²**ros·in** /rɒzɪn/ [ov ww] harsen, met hars besmeren/insmeren ⟨in het bijzonder muziek, strijkstok⟩
Ro·sin·an·te /rɒzɪnænti, ᴬrɑːzɪnænti/ [eigenn, telb zn] rossinant, afgejakkerde knol ⟨uit Don Quichot⟩
ros·in·y /rɒzɪni/ [bn] harsachtig
ros·o·li·o /rouzouliou/ [niet-telb zn] rosolio, soort likeur
Ross' gull /rɒsʌl, ᴬrɑːsʌl/ [telb zn] ⟨dierk⟩ Ross' meeuw ⟨Rhodostethia rosea⟩
¹**ros·ter** /rɒstə, ᴬrɑːstər/ [telb zn] rooster, werkschema, dienstschema, programma, rol, ⟨i.h.b. mil⟩ dienstrooster
²**ros·ter** /rɒstə, ᴬrɑːstər/ [ov ww] in het rooster/werkschema opnemen, inroosteren ♦ *rostered day off* roostervrije dag
ros·tral /rɒstrəl, ᴬrɑː-/ [bn] ① ⟨bouwk, scheepv⟩ rostraal, met rostra versierd ② ⟨dierk⟩ rostraal, wat de snavel/snuit betreft
ros·trate /rɒstreɪt, ᴬrɑː-/ [bn] met een rostrum/snavel
ros·trat·ed /rɒstreɪtɪd, ᴬrɑːstreɪtɪd/ [bn] ① ⟨bouwk, scheepv⟩ met rostra versierd ② ⟨dierk⟩ met een snavel/snavelachtige snuit
ros·trum /rɒstrəm, ᴬrɑː-/ [telb zn; mv: rostra /-trə/] ① rostra, podium, spreekgestoelte ② ⟨gesch, scheepv⟩ rostrum, sneb ③ ⟨dierk⟩ snavel, snavelachtige snuit
ros·y /rouzi/ [bn; vergr trap: rosier; bw: rosily; zn: rosiness] ① rooskleurig, rozenrood, roze ⟨ook bril⟩, rozig, ⟨i.h.b.⟩ blozend, gezond ♦ *be rosy about the gills* een gezonde kleur hebben ② rooskleurig, hoopvol, optimistisch, veelbelovend ③ ⟨vero⟩ rozen-, vol rozen, van rozen gemaakt, geurend naar rozen ④ teut, aangeschoten
¹**rot** /rɒt, ᴬrɑːt/ [telb zn] terugval, verval, de klad ♦ *then a/the rot set in* toen ging alles ineens mis
²**rot** /rɒt, ᴬrɑːt/ [niet-telb zn] ① verrotting, bederf, ontbinding ② vuur ⟨in hout⟩ ③ ⟨med, dierk⟩ leverbotziekte ④ ⟨plantk⟩ ⟨benaming voor⟩ plantenziekte, ⟨bijvoorbeeld⟩ voetrot ⑤ ⟨dierk⟩ hoefziekte ⑥ ⟨sl⟩ onzin, flauwekul, belachelijk idee ♦ *talk rot* kletsen, onzin uitkramen
³**rot** /rɒt, ᴬrɑːt/ [onov ww] ① rotten, wegrotten, ontbinden, bederven, vergaan ♦ *the beams are rotting away* de balken rotten weg; *rotted off branches* afgerotte takken ② vervallen, in verval raken, ten onder gaan, degenereren ③ wegkwijnen, wegteren ④ ⟨BE; sl⟩ onzin kletsen, er maar wat uitkramen
⁴**rot** /rɒt, ᴬrɑːt/ [ov ww] ① laten rotten, doen wegrotten ② aantasten, bederven ③ roten ⟨vlas⟩ ④ ⟨BE; sl⟩ plagen, voor de gek houden, voor schut zetten
ro·ta /routə/ [telb zn] ⟨vnl BE⟩ ① presentielijst, naamlijst ② rooster, werkschema, aflossingsschema, rol
Ro·ta /routə/ [telb zn] ⟨r-k⟩ Rota ⟨rechtscollege van de Heilige Stoel⟩
Ro·tar·i·an /routeəriən, ᴬ-ter-/ [telb zn] Rotarian, lid van de Rotary
¹**ro·ta·ry** /routəri/ [telb zn] ① ⟨techn⟩ rotator, roterend/rondwentelend onderdeel ② ⟨techn⟩ rotatiemachine, ⟨i.h.b.⟩ rotatiepers ③ ⟨AE⟩ rotonde, verkeersplein
²**ro·ta·ry** /routəri/ [bn] ① roterend, ronddraaiend, rondwentelend ② ⟨techn⟩ roterend, met een rotator, rotatie- ♦ *rotary engine* rotatiemotor, roterende motor; *rotary harrow* schijfeg; *rotary plow* roterende ploeg; *rotary press* rotatiepers ③ aflossings-, volgens een aflossingsschema/vervangingsschema
Ro·ta·ry /routəri/ [eigenn] de Rotary(club) ♦ *The Rotary International* de Rotary(club)
ro·tat·a·ble /routeɪtəbl, ᴬrouteɪtəbl/ [bn; bw: rotatably] ① draaibaar ② afwisselbaar
¹**ro·tate** /routeɪt/ [bn] ⟨plantk⟩ radvormig

1588

²**ro·tate** /rooteɪt, ᴬrooteɪt/ [onov ww] ① roteren, om een as draaien ② elkaar afwisselen, elkaar aflossen ③ rouleren ♦ *this function rotates* deze functie rouleert/wordt telkens door een ander waargenomen

³**ro·tate** /rooteɪt, ᴬrooteɪt/ [ov ww] ① ronddraaien, laten rondwentelen ② afwisselen ♦ ⟨landb⟩ *rotate crops* wisselbouw toepassen

¹**ro·ta·tion** /rooteɪʃn/ [telb zn] ① omwenteling, rotatie ② ⟨wisk⟩ draaiing, rotatie

²**ro·ta·tion** /rooteɪʃn/ [niet-telb zn] ① het omwentelen, rotatie ② het afwisselen, het aflossen, wisseling ♦ *by/in rotation* bij toerbeurt, afwisselend, beurtelings; ⟨landb⟩ *the rotation of crops* de wisselbouw

ro·ta·tion·al /rooteɪʃnəl/ [bn; bw: ~ly] ① rotatie-, omwentelings- ② wisselend, afwisselend

ro·ta·tor /rooteɪtə, ᴬrooteɪtər/ [telb zn] ① ⟨med⟩ draaispier ② ⟨techn⟩ rotor

ro·ta·to·ry /rooteɪtəri, ᴬrootətɔːri/ [bn] ① rotatie-, omwentelings-, ronddraaiend ♦ ⟨scheik⟩ *rotatory power* draaiingsvermogen ② afwisselend, beurtelings

ROTC /rɒtsi, ᴬrɑtsi/ [afk] ⟨Reserve Officers Training Corps⟩

rote /root/ [niet-telb zn] *het mechanisch leren/herhalen,* het uit het hoofd leren/opzeggen, het opdreunen, stampwerk ♦ *learn sth. by rote* iets domweg uit het hoofd leren, iets erin stampen

ROTFL, rotfl [afk] ⟨chat⟩ ⟨rolling on the floor laughing⟩ rotfl ⟨over de grond rollen van het lachen⟩

rot·gut, gut·rot [niet-telb zn] ⟨inf⟩ slechte sterkedrank, bocht

ro·ti·fer /rootɪfə, ᴬrootɪfər/ [telb zn; mv: rotifera /rootɪfərə/] ⟨biol⟩ raderdiertje

ro·tis·se·rie /rootɪsəri/ [telb zn] ① roosterspit, grill ② rotisserie

ro·to·gra·vure /rootougrəvjuə, ᴬrootəgrəvjʊr/ [telb zn] ⟨grafi⟩ rotogravure

ro·tor /rootə, ᴬrootər/ [telb zn] ⟨techn⟩ rotor, ⟨i.h.b.⟩ horizontale schroef van een helikopter

rot·ten /rɒtn, ᴬrɑtn/ [bn; vergr trap: rottener; bw: ~ly; zn: ~ness] ① rot, verrot, vergaan, bedorven ② vergaan, verteerd, verpulverd, vervallen, verzwakt ♦ *he's rotten to the core* hij is door en door slecht ④ waardeloos, slecht, ondoelmatig ⑤ ⟨sl⟩ ellendig, vreselijk, beroerd, stom ♦ *she felt rotten* ze voelde zich ellendig ⑥ ⟨med, dierk⟩ aangetast door leverbotziekte ⸱ ⟨BE; gesch, pol⟩ *rotten borough* stad met nog maar weinig/geen stemgerechtigden, maar toch met de macht een parlementslid te kiezen; *sth. is rotten in the state of Denmark* er is iets mis, er klopt iets niet ⟨naar Shakespeare⟩; ⟨sprw⟩ *one rotten apple will infect the whole barrel/the rotten apple injures its neighbours* één rotte appel bederft de hele mand, één rotte appel in de mand maakt al het gave fruit te schand

rot·ten·stone [niet-telb zn] kiezelkalksteen, polijstaarde

rot·ter /rɒtə, ᴬrɑtər/ [telb zn] ⟨vero; BE; inf⟩ ellendeling, rotzak, schoft

rott·wei·ler /rɒtwaɪlə, ᴬrɑtwaɪlər/ [telb zn] rottweiler ⟨hond⟩

ro·tund /rootʌnd/ [bn; bw: ~ly; zn: ~ness] ① rond, gerond, cirkelvormig ② diep, vol, sonoor ③ breedsprakig, pompeus, bombastisch ④ dik, rond, mollig

ro·tun·da /rootʌndə/ [telb zn] ⟨bouwk⟩ ① rotonde, rond bouwwerk ⟨in het bijzonder met koepel⟩ ② ronde zaal ③ hal

¹**ro·tun·di·ty** /rootʌndəti/ [telb zn] rond ding/gedeelte

²**ro·tun·di·ty** /rootʌndəti/ [niet-telb zn] rondheid, molligheid, gezetheid

ro·tu·rier /rootjuəriei, ᴬ-tʊriei/ [telb zn] gewone man, iemand van niet-adellijke afkomst, plebejer, ⟨i.h.b.⟩ nouveau riche

rou·ble, ru·ble /ruːbl/ [telb zn] ⟨fin⟩ roebel

rouche [telb zn] → ruche

¹**rou·cou** /ruːkuː/ [telb zn] ⟨plantk⟩ orleaanboom, anatto ⟨Bixa orellana⟩

²**rou·cou** /ruːkuː/ [niet-telb zn] orleaan, orleaankleurstof

rou·é /ruːeɪ, ᴬruːeɪ/ [telb zn] roué, losbol, losbandige man

¹**rouge** /ruːʒ/ [telb zn] ① rouge ② polijstrood, dodekop, polijstpoeder

²**rouge** /ruːʒ/ [bn, attr] rouge, rood ♦ *bonnet rouge* rode muts ⟨als revolutionair symbool⟩; *rouge-royal marble* rood marmer ⸱ ⟨genealogie; heral⟩ *Rouge Croix, Rouge Dragon* Rouge Croix, Rouge Dragon ⟨twee van de vier lagere leden van het Herald's College⟩

³**rouge** /ruːʒ/ [onov ww] rouge gebruiken

⁴**rouge** /ruːʒ/ [ov ww] rood maken met rouge, rouge aanbrengen op

rouge-et-noir /ruːʒeɪnwɑː, ᴬ-nwɑr/ [niet-telb zn] rouge-et-noir ⟨hazardspel⟩

¹**rough** /rʌf/ [telb zn] ① schets, probeersel ② gewelddadige kerel, agressieveling, vandaal ③ ijsnagel, uitstekende hoefnagel

²**rough** /rʌf/ [niet-telb zn] ① ruw terrein, ⟨i.h.b.⟩ rough ⟨ruig gedeelte van golfterrein⟩ ② tegenslag, moeilijkheden, onaangename kanten ♦ *through rough and smooth* in voor- en tegenspoed; ⟨fig⟩ *take the rough with the smooth* tegenslagen voor lief nemen ③ ruwe staat, natuurlijke/onbewerkte/onvoltooide staat ♦ *write sth. in rough* iets in het klad schrijven; *the statue is still in the rough* het beeld is nog niet voltooid; *in the rough there is a likeness between them* in grote trekken lijken ze wel wat op elkaar ④ ruw werk, vuil werk, schoonmaakwerk

³**rough** /rʌf/ [bn; vergr trap: rougher; zn: ~ness] ① ruw, ruig, oneffen, ongelijkmatig ♦ ⟨boek⟩ *rough edges* niet bijgesneden/schoongesneden randen ② rauw, onbehouwen, ongemanierd, onopgevoed, lomp ③ wild, woest, hevig, luidruchtig ♦ *rough behaviour* wild/baldadig gedrag; *a rough passage* een zware overtocht; ⟨fig⟩ een harde dobber; ⟨fig⟩ *give s.o. a rough passage* het iemand moeilijk maken; ⟨fig⟩ *have a rough ride with* het ervaring hebben met, slecht behandeld worden door; ⟨fig⟩ *give s.o. a rough ride* het iemand moeilijk maken, iets aan te merken hebben op iemand; *a rough sea* een ruwe/zware zee ④ ruw, scherp, grof, hard, akelig, wrang van smaak ⟨ook letterlijk⟩ ♦ *a rough deal* een gemene behandeling; *it is rough on him* het is heel naar voor hem; *a rough time* een zware tijd; *a rough voice* een rauwe stem; *rough wine* wrange wijn; *rough words* harde woorden; *rough work* zwaar werk, lichamelijke arbeid ⑤ ruw, schetsmatig, onaf, in grote trekken, niet uitgewerkt ♦ *rough coat* eerste pleisterlaag; *rough copy* eerste schets, ruwe opzet; exemplaar met correcties; *a rough diamond,* ⟨AE; inf⟩ *diamond in the rough* een ruwe diamant; ⟨fig⟩ een ruwe bolster, een ruw maar geschikt mens; ⟨BE⟩ *rough grazing* onbewerkt weiland; *rough justice* geen eerlijk(e) proces/behandeling ⟨ook figuurlijk⟩; *it would have been rough justice ...* het zou niet fair geweest zijn ...; ⟨BE⟩ *rough paper* kladpapier; schetspapier; *rough remedies* paardenmiddelen; *rough shooting* worden van de voet jagen; *rough work* grof/onaf werk, ruwe schets, probeersel ⑥ ⟨cul⟩ eenvoudig, niet verfijnd, stevig, zwaar ⑦ ⟨taalk⟩ geaspireerd ♦ *rough breathing* spiritus asper ⑧ ⟨sl⟩ obsceen, wellustig, geil ⸱ *show s.o. the rough edge/side of one's tongue* iemand harde woorden toevoegen; *rough music* herrie; *rough quarter of the town* gevaarlijke buurt; ⟨BE; sl⟩ *rough stuff* geweld, gewelddadigheid; herrie, opschudding; obscene taal; *have a rough tongue* grof in de mond zijn; *hit rough water* heel wat deining veroorzaken

⁴**rough** /rʌf/ [onov ww] zich ruw gedragen, geweld plegen

⁵**rough** /rʌf/ [ov ww] ① ruwen, ruig/ruw/oneffen maken ♦ *rough a horse/horseshoe* een paard met ijsnagels beslaan;

rough

rough up s.o.'s hair iemands haar in de war maken; *rough s.o. up the wrong way* iemand tegen de haren in strijken ② ruw/gewelddadig behandelen ♦ ⟨sl⟩ *rough s.o. up* iemand aftuigen; iemand daas maken ③ schetsen, een ruw ontwerp maken van ♦ ⟨bk⟩ *rough in* schetsen, schetsmatig invullen/aangeven; *rough out* een ruwe schets maken van, in grote lijnen schetsen ⋅ *rough a horse* een paard temmen; *rough it* zich behelpen, op een primitieve manier leven

⁶**rough** /rʌf/ [bw] ① ruw, grof ♦ *treat s.o. rough* iemand ruw behandelen ② wild, ruw, rauw, woest ♦ *live rough* zwerven, in de openlucht leven; *play rough* wilde spelletjes doen; *sleep rough* slapen onder de blote hemel slapen; ⟨i.h.b.⟩ dakloos zijn, zwerven

rough·age /ˈrʌfɪdʒ/ [niet-telb zn] ① ruwvoer, ruw veevoeder ② ruwe vezels, onverteerbare vezels, vezelrijk voedsel

rough-and-read·y [bn] ① eenvoudig, ruw maar doeltreffend, bruikbaar, primitief, grof ② hard, onbeleefd

¹**rough-and-tum·ble** [telb zn] knokpartij, schermutseling, handgemeen

²**rough-and-tum·ble** [niet-telb zn] ruwe ordeloosheid

³**rough-and-tum·ble** [bn] ordeloos, wild

¹**rough·cast** [telb zn] ruwe schets, eerste ontwerp

²**rough·cast** [niet-telb zn] ruwe pleisterkalk

³**rough·cast** [ov ww] ① ruw pleisteren, met ruwe pleisterkalk bestrijken ② ruw schetsen, een ruw ontwerp maken voor

rough-dry [ov ww] alleen (laten) drogen, ongestreken laten ⟨de was⟩

¹**rough·en** /ˈrʌfn/ [onov ww] ruw/oneffen/ongelijkmatig worden

²**rough·en** /ˈrʌfn/ [ov ww] ruwen, ruw maken

rough-foot·ed [bn] ⟨dierk⟩ met bevederde poten

rough-grind [ov ww] aanscherpen, bijslijpen, van tevoren slijpen

rough-hew [ov ww] ① ruw hakken, in ruwe stukken hakken/ruw uithakken ② ruw modelleren, ruw vormen, een ruwe schets maken voor; → **rough-hewn**

rough-hewn [bn; (oorspronkelijk) volt deelw van rough-hew] ① ruw (uit)gehakt, ruw (uit)gesneden ② ruw gemodelleerd ③ onbehouwen, lomp, ongemanierd

rough-hound [telb zn] hondshaai

¹**rough-house** [telb + niet-telb zn] ⟨inf⟩ ① vechtpartij, knokpartij, gerobbedoes ② geweld

²**rough-house** [onov ww] ⟨inf⟩ een rel schoppen, vechten, tekeergaan, robbedoezen, dollen, ravotten

³**rough-house** [ov ww] ⟨inf⟩ ruw aanpakken, afrossen, toetakelen, afranselen

rough·ish /ˈrʌfɪʃ/ [bn] nogal/tamelijk ruw

rough-leg·ged [bn] ⟨dierk⟩ ① ruigpotig ♦ *rough-legged buzzard/hawk* ruigpootbuizerd ⟨Buteo lagopus⟩ ② met ruige benen ⟨van paard⟩

rough·ly /ˈrʌfli/ [bw] ① → **rough**³ ② ruwweg, grofweg, ongeveer ♦ *roughly speaking* ongeveer

rough·neck [telb zn] ⟨sl⟩ ① gewelddadig iemand, agressieveling, ruwe klant ② lid van een olieboringsploeg

rough-rid·er [telb zn] ① paardentemmer, pikeur ② berijder van ongetemde paarden ③ ⟨mil⟩ ongeregeld cavalerist, cavalerist bij ongeregelde troepen

rough-scuff [verzamelnm] ⟨AE⟩ canaille, lieden van het laagste allooi

rough-shod [bw] ① scherp gezet, met ijsnagels/schroefkalkoenen beslagen ⟨van paard⟩ ② onmenselijk, wreed

rough trade [telb zn] ⟨sl⟩ potig type ⟨homoseksueel⟩, ruwe bonk

rou·lade /ruːˈlɑːd/ [telb zn] ① roffel, geroffel ② ⟨muz⟩ roulade, loopje ③ ⟨cul⟩ rollade

rou·leau /ˈruːloʊ, ˌruːˈloʊ/ [telb zn; mv: ook rouleaux /-z/] ① rolletje, ⟨i.h.b.⟩ rolletje munten ② koord, boordsel, passement

¹**rou·lette** /ruːˈlet/ [telb zn] ① ⟨grafi⟩ roulette, stippelwieltje, perforatiewieltje ② ⟨wisk⟩ roulette, rolkromme

²**rou·lette** /ruːˈlet/ [niet-telb zn] ⟨spel⟩ roulette

³**rou·lette** /ruːˈlet/ [ov ww] ⟨o.m. grafi⟩ met de roulette bewerken

Roumania [eigenn] → Rumania

Roumanian → Rumanian

¹**round** /raʊnd/ [telb zn] ① ⟨benaming voor⟩ iets ronds, bol, bolling, ronding, cirkel, cirkelvorm, kromming ② ⟨benaming voor⟩ ronde, rondgang, cyclus, toer, reisje, trip, wedstrijdronde, patrouille, ronde van visites, dagelijkse route, rondje, met uitdelen, rondedans, toer, ronde ⟨van 18 holes⟩ ♦ *do/go/make (the/one's) rounds* zijn ronde maken, visites afleggen ⟨van dokter⟩; *go/do the rounds* de ronde doen, doorverteld worden; *he stood us a round of drinks* hij gaf een rondje; *it made/went the round of the school* het ging als een lopend vuurtje door de school; *a round of parties* een hele serie feestjes, het ene feest na het andere; ⟨mil⟩ *the rounds* de ronde ③ snee, plak, stuk ♦ *round of beef* lendenstuk; *round of bread/toast* (hele) snee brood/toast ④ schot, geweerschot ♦ *have only one round left* nog maar één kogel hebben ⑤ sport, trede ⑥ kring, groep mensen ⑦ ⟨muz⟩ driestemmige/vierstemmige canon ⋅ *a round of applause* een applaus

²**round** /raʊnd/ [niet-telb zn] ① rondheid, het rond-zijn ② volledigheid, totaliteit, uitgestrektheid ③ rondte ♦ *in the round* losstaand, vrijstaand ⟨van beeld⟩; ⟨fig⟩ alles welbeschouwd; *theatre in the round* théâtre en rond, arenatoneel ⋅ *in the round* als (in) de werkelijkheid

³**round** /raʊnd/ [bn; vergr trap: rounder; zn: ~ness] ① rond, bol, bolvormig, gerond ♦ *round cheeks* bolle wangen; *round shoulders* een ronde rug ② rond, gekromd, gebogen, cirkelvormig, in een kring/cirkel, in de rondte ♦ ⟨bouwk⟩ *round arch* rondboog; *round brackets* ronde haakjes; *round dance* rondedans/dans waarbij men de zaal rond gaat, kringdans; *round jacket* recht jasje, jas zonder panden; ⟨gesch⟩ *the Round Table* de Tafelronde; *round trip* rondreis; ⟨AE⟩ retour, reis heen en terug ③ ⟨benaming voor⟩ rond, gaaf, compleet, afgerond ⟨van getal⟩, rond, aanzienlijk ⟨van som geld⟩, rond welluidend ⟨van klank⟩, afgerond, verzorgd ⟨van stijl⟩, rond, oprecht, openhartig ♦ *a round dozen* een heel dozijn, op de kop af een dozijn; *in round figures* in afgeronde getallen/bij benadering; *round number* rond getal; *a round oath* een niet mis te verstane vloek; *in round terms* ronduit, rechtuit ④ ⟨taalk⟩ (ge)rond ⟨van klinker⟩ ⋅ *a round game* een gezelschapsspel; *at a round pace* met ferme pas; *round robin* petitie; ⟨i.h.b.⟩ petitie/protestbrief met handtekeningen in een cirkel ⟨om volgorde van ondertekening te verhullen⟩; doorgeefbrief ⟨waaraan door verschillende personen in successie wordt geschreven⟩; ⟨ook attributief; AE⟩ toernooi waarbij elke deelnemer tegen elke andere uitkomt; rondetafelconferentie; ronde ⟨bijvoorbeeld loonronde, onderhandelingsronde⟩; *a round peg in a square hole* iemand die niet op zijn plaats is, de verkeerde persoon ⟨voor iets⟩

⁴**round** /raʊnd/ [onov ww] ① rond worden, zich ronden ♦ *round out* rond/dik worden, opzwellen; *her eyes rounded with surprise* ze zette grote ogen op van verbazing, haar ogen werden groot van verbazing ② afbuigen, een rondgaande beweging maken ③ zich ontwikkelen, zich vervolmaken ④ zich omdraaien

⁵**round** /raʊnd/ [ov ww] ① ronden, rond maken, ⟨ook fig⟩ afronden, completeren ♦ *round down* naar beneden afronden; *round off (to)* afronden (op) ⟨getallen⟩; *round off sharp edges* scherpe randen rond afwerken; *the dinner-party was rounded off with a speech* het diner werd besloten met een toespraak; zie: **round up** ② ronden, omvaren, omrijden, om(heen) gaan ⟨scheepv⟩ *round a cape* een kaap ronden; *round a corner* een hoek omgaan, afslaan ③ omringen,

omgorden ④ rondgaan, omgaan, rondrijden (op/in), lopen (op/in) ♦ *round the square* het plein rondrijden/lopen ⑤ **ronddraaien**, omdraaien ⑥ **couperen**, bijsnijden ⑦ ⟨taalk⟩ **labialiseren**, met geronde lippen uitspreken ⟨klinkers⟩ ♦ *rounded vowel* (ge)ronde klinker ⚫ *round out* afronden ⟨verhaal, studie⟩; aanvullen, vervolledigen, uitbreiden, opvullen; zie: **round up**; *round (up)on s.o.* tegen iemand van leer trekken, zich woedend tot iemand keren

⁶**round** /raʊnd/ [bw] ① ⟨ook fig; richting⟩ **rond**, om, andersom, in de rondte, in een kring, rondwentelend, cyclisch ♦ *go round to the back door* loop om naar de achterdeur; *my head goes round* mijn hoofd loopt om/tolt; *hand round the biscuits* laat de koekjes rondgaan; *round and round* om en om, als maar rond; *he talked her round* hij praatte haar om; *next time round* de volgende keer; *the axis turns round* de as draait rond; *they walked round to the other side* zij wandelden eromheen naar de andere kant; *we took a way round* we maakten een omweg; *do it the other way round* doe het andersom; *he did it the right/wrong way round* hij deed het goed/verkeerd; *we went the wrong way round* we gingen in de verkeerde richting; *he went round from door to door* hij ging rond van deur tot deur; *can you win him round?* kan je hem overhalen? ② ⟨ook fig; plaats⟩ **rondom**, in het rond, in de omgeving/buurt/omtrek ♦ *he came round about* hij kwam langs/via een omweg; *round about the wood* in de buurt van het bos; *it's round about two-fifty* het is zo ongeveer/om en bij de twee pond vijftig; *all round* rondom; voor alles en iedereen; in alle opzichten; *have sth. all round* door iets omgeven zijn; *I lost my ring round here* ik ben mijn ring hier in de buurt verloren; *the scenery round was beautiful* het landschap rondom was prachtig; *they were shown round* ze werden rondgeleid; *they wandered round* ze dwaalden rond; *the news/rumours went round* het nieuws deed/geruchten deden de ronde ③ **bij**, bij/voor zich ♦ *they asked us round for tea* ze nodigden ons bij hen uit voor de thee; *he brought the car round* hij reed de auto voor; *send round for the girl* stuur iemand om het meisje te halen ④ ⟨tijd⟩ **doorheen** ♦ *all year round* het hele jaar door ⚫ ⟨sprw⟩ *the longest way round is the nearest/shortest way home* een goed pad krom loopt niet om; ⟨sprw⟩ *the shortest way round is the longest way home* ± de kortste omweg is de langste weg naar huis

⁷**round** /raʊnd/ [vz] ① ⟨ook fig; plaats en richting⟩ **om,** rondom, om, rond, om ... heen ♦ *round the corner* om de hoek; *walk round the forest* om het bos heenlopen; *travel round the globe* de wereld rondreizen; *she was happy all round these months* ze was al die maanden gelukkig; *her coat round her shoulders* haar mantel om de schouders geslagen; *they sat round the storyteller* ze zaten rond de verteller ② ⟨plaats en tijd⟩ **nabij**, omstreeks, in de buurt/omgeving van, in het gebied van, door, rond ♦ *to argue round and round* ergens om heen praten, eromheen draaien; ⟨België⟩ rond de pot draaien; *the woods round the area* de bossen door het gebied verspreid; *it must be somewhere round the house* het moet ergens in (het) huis zijn; *round 8 o'clock* omstreeks acht uur; *he strolled round the park* hij kuierde door het park; *in the street round the pub* op straat in de buurt van het café; *the news went all round town* het nieuws ging heel de stad door

¹**round·a·bout** /raʊndəbaʊt/ [telb zn] ① **omweg** ② **kort nauw jasje** ③ **omslachtige uitdrukking** ④ ⟨BE⟩ **draaimolen** ⑤ ⟨BE⟩ **rotonde**, verkeersplein ⚫ ⟨sprw⟩ *what one loses on the swings one makes up on the roundabouts* ± de winsten moeten de verliezen compenseren

²**round·a·bout** /raʊndəbaʊt/ [bn] ① **indirect**, omslachtig, ingewikkeld ♦ *a roundabout route* een omweg; *we heard of it in a roundabout way* we hebben het via via gehoord ② **mollig**, dik

round-arm, **round-hand** [bn; bw] ⟨cricket⟩ **round-arm**, met de arm op schouderhoogte ⟨van worp/werpen⟩

round-backed [bn] met een ronde/kromme rug
roun·del /raʊndl/ [telb zn] ① **identificatieplaat**, kentekenschildje ⟨in het bijzonder op militair vliegtuig⟩ ② **rondedans** ③ ⟨bk, bouwk⟩ **medaillon** ④ ⟨letterk⟩ **rondeel**, rondeau
roun·de·lay /raʊndɪleɪ/ [telb zn] ① **rondedans** ② **rondeel**, (liedje met) refrein
round·er /raʊndə, ᴧ-ər/ [telb zn] ① **schooier**, zuiplap, verloederd mens ② **uitbarsting**, salvo ♦ *a rounder of thanks* een stortvloed van bedankjes ③ ⟨ind⟩ **ronder**, wie iets rondsnijdt ④ ⟨ind⟩ **rondsnijmes, rondsnijapparaat** ⑤ ⟨sport⟩ **punt** ⟨bij rounders⟩
Round·er /raʊndə, ᴧ-ər/ [telb zn] ⟨BE⟩ **rondreizend methodistenpredikant**
round·ers /raʊndərs/ [niet-telb zn] ⟨BE; sport⟩ **rounders** ⟨soort kastie/slagbal⟩
round-eyed [bn] **met grote ogen**, met verwonderde ogen
round hand [niet-telb zn] ① **rondschrift**, rond handschrift ② ⟨cricket⟩ **worp met arm op schouderhoogte**
Round·head [telb zn] ⟨gesch⟩ **rondkop**, puritein/lid van de regeringspartij ⟨ten tijde van Cromwell⟩
round·head·ed [bn] ① **met een rond/bol hoofd** ② **met ronde/bolle kop** ⚫ *roundheaded screw* bolkopschroef
round·house, ⟨AE⟩ **round·house curve** [telb zn] ① ⟨scheepv⟩ **achterkajuit**, kajuit onder de kampanje ⟨van zeilschip⟩ ② ⟨gesch⟩ **gevangenis**, cachot ③ ⟨AE⟩ **reparatieloods voor locomotieven** ④ ⟨sport⟩ ⟨benaming voor⟩ **slag met wijde uithaal**, ⟨volleybal⟩ molenwiek⟨serve⟩, ⟨AE; bokssp⟩ zwaaistoot
round·ish /raʊndɪʃ/ [bn; zn: ~ness] **nogal rond**, enigszins rond, rondachtig, wat bol
round·ly /raʊndli/ [bw] ① → **round** ② **ronduit**, zonder meer, onomwonden ③ **volkomen**, onmiskenbaar, volslagen
round-shoul·dered [bn] met kromme/gebogen rug
rounds·man /raʊn(d)zmən/, **route man** [telb zn; mv: roundsmen /-mən/] ① ⟨BE; handel⟩ **bezorger** ② ⟨AE⟩ **commandant van een politiepatrouille**
round-ta·ble con·fer·ence [telb zn] **rondetafelconferentie**
round-the-clock, ⟨AE ook⟩ **around-the-clock** [bw] **de klok rond**, zonder onderbreking, dag en nacht, vierentwintig uur per dag ♦ *a round-the-clock party* een feest dat de hele nacht doorgaat
round-the-head [telb zn] ⟨badm⟩ **round-the-head(slag)**
round-trip [bn, attr] ⟨AE⟩ **retour-** ♦ *round-trip ticket* retourtje, retourbiljet
round up [ov ww] ① **bijeenjagen**, bijeendrijven, verzamelen ② **grijpen**, pakken, aanhouden ⟨misdadigers⟩, oprollen ⟨bende⟩ ③ **naar boven toe afronden** ♦ *round up 24½ to 25* 24½ afronden op 25
round-up [telb zn] ① **resumé**, overzicht ② **verzameling**, bijeenkomst ③ **bijeengedreven vee** ④ **arrestatie** ⟨van misdadigers⟩, het oprollen ⟨van bende⟩
roundworm [telb zn] ⟨dierk⟩ **rondworm** ⟨klasse der nematoda⟩
¹**roup** /raʊp/ [telb zn] ⟨BE, SchE⟩ **veiling**
²**roup** /ruːp/ [telb + niet-telb zn] ⟨dierk⟩ ① **pip** ② **hoenderpest**
³**roup** /raʊp/ [ov ww] ⟨BE, SchE⟩ **veilen**, op een veiling verkopen
roup·y /ruːpi/ [bn] ① ⟨dierk⟩ **pips**, met de pip ② ⟨dierk⟩ **met hoenderpest** ③ ⟨SchE⟩ **schor**
¹**rouse** /raʊz/ [telb zn] ① **tumult** ② ⟨mil⟩ **reveille**
²**rouse** /raʊz/ [niet-telb zn] **het wakker maken**
³**rouse** /raʊz/ [onov ww] ① **ontwaken**, bijkomen, wakker worden ♦ *rouse up* opstaan, zich in beweging zetten ② **in actie komen**; → **rousing**
⁴**rouse** /raʊz/ [onov + ov ww] ⟨jacht⟩ **opschrikken**, opja-

gen, (doen) opvliegen; → **rousing**

⁵**rouse** /rauz/ [ov ww] ① **wakker maken, wekken,** ⟨fig⟩ opwekken, wakker schudden, aanporren ♦ *rouse o.s. to action* zich vermannen, zichzelf tot actie aanzetten ② **prikkelen,** tergen, ophitsen ③ **oproepen,** wakker roepen, tevoorschijn roepen ♦ *his conduct roused suspicion* zijn gedrag wekte argwaan ④ **roeren** ⟨in het bijzonder bij bierbrouwen⟩ ⑤ ⟨scheepv⟩ **met kracht aanhalen** ♦ *rouse in* aanhalen, inhalen; *rouse out* uithalen; *rouse up* ophalen ⑥ ⟨cul⟩ **pekelen,** inzouten; → **rousing**

rous·er /rauzə, ^-ər/ [telb zn] ① **iemand die wakker schudt** ⟨ook figuurlijk⟩, iemand die tot actie opwekt ② **kanjer,** iets gigantisch/buitengewoons

rous·ing /rauzɪŋ/ [bn; oorspronkelijk tegenwoordig deelw van rouse; bw: ~ly] ① **opwindend,** bezielend, indrukwekkend ② **levendig,** krachtig, bloeiend ♦ *a rousing cheer* een enthousiast hoera/luid gejuich ③ **laaiend,** blakerend, hoog opvlammend, fel brandend ④ ⟨inf⟩ **buitengewoon,** fantastisch, enorm

roust /raust/ [ov ww] ① **tevoorschijn halen,** ⟨i.h.b.⟩ uit bed halen ♦ *roust out of bed* uit bed halen/jagen ② ⟨AE; sl⟩ **arresteren** ③ ⟨AE; sl⟩ **een (politie)overval doen op**

roust·a·bout, rouse·a·bout [telb zn] ① ⟨benaming voor⟩ **werkman,** dokwerker, bootwerker, dekknecht, (ongeschoold) arbeider/werker ⟨in het bijzonder op booreiland⟩, circusknecht ② ⟨AuE⟩ **klusjesman,** losse boerenarbeider ⟨op schapenfokkerij⟩

roust·er /raustə, ^-ər/ [telb zn] ⟨AE⟩ ① **dekknecht** ② **bootwerker**

¹**rout** /raut/ [telb zn] ① **luidruchtig gezelschap** ② **opstootje,** tumult, rel ③ ⟨jur⟩ **samenscholing,** ordeverstoring ④ ⟨mil⟩ **totale nederlaag,** aftocht, vlucht ♦ *put to rout* een verpletterende nederlaag toebrengen ⑤ ⟨vero; BE⟩ **soiree,** receptie, partij ⑥ ⟨vero⟩ **menigte,** troep ⟨in het bijzonder van wolven/ridders⟩

²**rout** /raut/ [onov ww] ① **wroeten,** graven, woelen ② **rommelen,** zoeken

³**rout** /raut/ [ov ww] ① **verslaan,** verpletteren, een zware nederlaag toebrengen en op de vlucht jagen ② **opjagen,** opschrikken, wegjagen ♦ *rout out* uit huis zetten ⟨met geweld⟩; *rout out of bed* uit bed jagen • *rout out* opduik(el)en, opsnorren

¹**route** /ru:t, ^raut/ [telb zn] ① **route,** weg ♦ *en route* onderweg, en route ② **weg,** openbare weg, straatweg ③ ⟨AE⟩ **ronde,** dagelijkse route, wijk

²**route** /ru:t, ^raut/ [ov ww] ① **sturen,** leiden, een route bepalen voor ② **zenden,** verzenden

route finder [telb zn] **routeplanner**

route man [telb zn] → **roundsman**

route-march [telb zn] ⟨mil⟩ **mars,** afstandsmars

¹**rout·er** /ru:tə, ^ru:tər, ^rautər/ [telb zn] ① ⟨comp⟩ **router** ⟨apparaat tussen netwerken⟩ ② **iemand die routes uitstippelt,** ⟨i.h.b. handel⟩ sorteerder ⟨van goederen voor aflevering⟩

²**rout·er** /rautə, ^rautər/ [telb zn] **groefschaaf**

¹**rou·tine** /ru:ti:n/ [telb zn] ① ⟨dram; circus⟩ **nummer** ② ⟨dans⟩ **figuur** ③ ⟨comp⟩ **routine** ④ **deel van programma met op zichzelf staande functie** ⑤ ⟨sl⟩ **kutsmoes(je),** lulverhaal, ontwijkend verhaal/antwoord

²**rou·tine** /ru:ti:n/ [telb + niet-telb zn] **routine,** gebruikelijke/dagelijkse procedure, dagelijkse gang van zaken ♦ *go into one's routine of saying ...* zoals altijd/gewoonlijk beginnen te zeggen ...

³**rou·tine** /ru:ti:n/ [bn; bw: ~ly] ① **routine-,** routineus, volgens vaste regels, volgens de gewoonte ♦ *on a routine basis* volgens vaste regels; *do sth. routinely* iets (haast) als vanzelf/stelselmatig/in de regel doen; *a routine job* routinewerk; ⟨mil⟩ *routine orders* dagorder ② **gewoon,** niet oorspronkelijk, niet interessant

roux /ru:/ [telb zn] ⟨cul⟩ **roux**

¹**rove** /rouv/ [telb zn] ① **zwerftocht** ② ⟨text⟩ **lont,** grof ineengedraaide vezels

²**rove** /rouv/ [onov ww] ① **zwerven,** dolen, dwalen ♦ *roving commission* opdracht die reizen met zich meebrengt; *he has a roving eye* hij kijkt steeds naar een ander, hij is niet trouw ② **zich vergissen**

³**rove** /rouv/ [ov ww] ① **doorzwerven,** trekken door, dolen, dwalen ② ⟨text⟩ **kaarden** ③ ⟨text⟩ **door een oog halen** ④ ⟨text⟩ **voorspinnen**

⁴**rove** /rouv/ [verleden tijd en volt deelw] → **reeve**

rove-bee·tle [telb zn] ⟨dierk⟩ **kortschildkever** ⟨familie Staphylinidae⟩

rov·er /rouvə, ^-ər/ [telb zn] ① **zwerver** ② **piraat,** zeerover(sschip) ③ ⟨croquet⟩ **rover,** (speler van) bal die alle bogen passeert maar de pen niet raakt ④ ⟨Australisch voetb⟩ **rover** ⟨speler die samen met 2 volgers het spel maakt⟩

Rov·er /rouvə, ^-ər/ [telb zn] ⟨scouting/padv⟩ **voortrekker**

¹**row** /rau/ [telb zn] ⟨inf⟩ ① **rel,** herrie, ruzie, vechtpartij, tumult ② **herrie,** kabaal ♦ *kick up/make a row, raise a row* luidkeels protesteren, lawaai schoppen; opspelen, een rel schoppen • ⟨BE⟩ *get into a row* een uitbrander krijgen

²**row** /rou/ [telb zn] ① **rij,** reeks ♦ *in a row* op een rij, naast elkaar (gerangschikt); achtereenkaar; ⟨inf⟩ *for days in a row* dagen achtereen ② **huizenrij,** straat ⟨aan weerszijden⟩ huizen ③ **horizontale rij** ⟨gegevens, cijfers⟩ ④ ⟨landb⟩ **regel** ⟨planten e.d.⟩ ⑤ ⟨handw⟩ **rij (steken),** pen, naald, toer ⑥ **roeitochtje** ⑦ **slag** ⟨met de roeiriemen⟩ • *it's not worth a row of beans* het stelt niets voor, het is geen cent waard

³**row** /rau/ [onov ww] ⟨inf⟩ ① **ruzie maken** ② **vechten,** een rel schoppen ③ **lawaai schoppen**

⁴**row** /rou/ [onov + ov ww] ① **roeien,** in een roeiboot varen, per roeiboot vervoeren ♦ *row s.o. across the river* iemand over de rivier zetten; *row down* inhalen ⟨in roeiwedstrijd⟩; *row over* uitputten met roeien; *row over* zonder moeite winnen ⟨in roeiwedstrijd⟩ ② **rijen,** op een rij zetten, in een rij gaan staan • ⟨AE⟩ *row s.o. up Salt River* iemand verslaan, iemand de grond in boren; → **rowing**

⁵**row** /rau/ [ov ww] ⟨inf⟩ **een uitbrander geven,** uitschelden

row·an /rouən, rauən/ [telb zn] ⟨BE, ScHE; plantk⟩ **lijsterbes;** boom; Sorbus aucuparia⟩

row·an·ber·ry [telb zn] **lijsterbes,** bes van lijsterbessenboom

row-de-dow /raudɪdau/, **row-dy-dow-dy** /-daudi/ [niet-telb zn] ① **tumult** ② **gevecht,** knokpartij

¹**row·dy** /raudi/ [telb zn] **lawaaischopper,** rouwdouw(er)

²**row·dy** /raudi/ [bn; vergr trap: rowdier; bw: rowdily; zn: rowdiness] **ruw,** wild, ordeloos

row·dy·ism /raudiɪzm/ [niet-telb zn] **ordeloosheid,** wilde taferelen, tumult, ruw gedrag

¹**row·el** /rauəl/ [telb zn] ① **spoorradje** ② ⟨med⟩ **seton** ⟨voor paard⟩

²**row·el** /rauəl/ [ov ww] ① **aansporen,** de sporen geven ② ⟨med⟩ **een seton inbrengen bij/in**

row·en /rauən/ [niet-telb zn] ⟨AE; landb⟩ **nagewas,** tweede oogst, ⟨i.h.b.⟩ nagras, nahooi

row·er /rouə, ^-ər/ [telb zn] **roeier**

row house [telb zn] ⟨AE⟩ **rijtjeswoning**

row·ing /rouɪŋ/ [niet-telb zn; oorspronkelijk tegenwoordig deelw van row] **roeisport,** roeien

row·ing-boat, ⟨AE ook⟩ **row-boat** [telb zn] **roeiboot**

row·ing-ma·chine [telb zn] ⟨sport⟩ **roeitrainer,** roeiapparaat

row·lock /rɒlək, rouluk, ^rə-, ^roulak/ [telb zn] ⟨vnl BE; scheepv⟩ **dol,** riemklamp, roeiklamp

row-o·ver /rououvə, ^-ər/ [telb zn] ⟨sport⟩ **moeiteloos gewonnen (roei)wedstrijd**

Row·ton house /rautn haus, rɔ:tn-/ [telb zn] ⟨BE⟩ **opvangtehuis,** pension

¹**roy·al** /rɔɪəl/ [telb zn] ① ⟨inf⟩ **lid van de koninklijke fami-**

lie ⟨2⟩ ⟨scheepv⟩ bovenbramsteng, bovenbramzeil ⟨3⟩ ⟨drukw⟩ royaalpapier ⟨50 × 65 cm⟩ ⟨4⟩ ⟨drukw⟩ *royaalpapier post* ⟨46 × 59 cm⟩ ⟨5⟩ twaalfender, veertienender ⟨hert⟩ · ⟨mil⟩ *the Royals* eerste regiment infanterie; de Koninklijke Marine

²**roy·al** /rɔɪəl/ [bn; bw: ~ly] ⟨1⟩ koninklijk, van de koning(in)/vorst/kroon, van het koninkrijk ♦ *the Royal Academy (of Arts)* de Koninklijke Academie/Maatschappij voor Schone Kunsten; *Royal Air Force* Koninklijke Luchtmacht; ⟨pol⟩ *royal assent* koninklijke goedkeuring ⟨van wetsvoorstel⟩; *Royal Automobile Club* ± Koninklijke Automobilisten Bond; *blood royal* de koninklijke familie; *royal blue* koningsblauw; *Royal British Legion* oud-strijdersbond; *royal burgh* stad met door de Kroon verleende rechten; *Royal Victorian Chain* Victoriaketen ⟨ridderorde ingesteld door Edward VII⟩; ⟨BE⟩ *Royal Commission* regeringscommissie; ⟨BE⟩ *royal duke* hertog ⟨lid van de koninklijke familie met de rang van hertog⟩; ⟨BE; mil⟩ *Royal Engineers* de genie; *Royal Highness* Koninklijke Hoogheid; *Royal Institution* ± Maatschappij der Exacte Wetenschappen; ⟨mil⟩ *Royal Marine* marinier; *Royal Navy* Koninklijke Marine; *royal oak* eikentakje ⟨symbool van restauratie van Charles II⟩; *Royal Victorian Order* Victoriaorde ⟨ridderorde ingesteld door koningin Victoria⟩; *(the) Royal Prerogative* (het) Koninklijk Prerogatief/Privilege, bijzonder(e) recht(en) van de vorst; *prince royal* kroonprins, oudste koningszoon; *princess royal* kroonprinses, oudste koningsdochter; *Royal Society (of London)* ± Academie van Wetenschappen; *royal standard* vlag met het koninklijk wapen; *royal warrant* certificaat van hofleverancier ⟨2⟩ koninklijk, vorstelijk, majesteitelijk, indrukwekkend, superieur ⟨3⟩ ⟨sl⟩ vorstelijk, geweldig, gigantisch ♦ *right royal* geweldig, uitstekend; *treat s.o. royally* iemand uitstekend behandelen · *battle royal* gevecht tussen meer dan twee partijen; ⟨fig⟩ verhitte discussie; ⟨med⟩ *royal evil* koningszeer, scrofulose; ⟨plantk⟩ *royal fern* koningsvaren ⟨Osmunda regalis⟩; ⟨kaartsp⟩ *royal flush* de hoogste kaart, grote straat, suite met aas; ⟨cul⟩ *royal icing* eiwitglazuur; ⟨dierk⟩ *royal jelly* koninginnengelei; ⟨scheepv⟩ *royal mast* bovenbramsteng; *royal purple* helderpaars, dieppaars; ⟨letterk⟩ *rhyme royal* rime royale, stanza van zeven regels met tien syllaben ⟨met het rijmschema ababbcc⟩; ⟨scheepv⟩ *royal sail* bovenbramzeil; *royal stag* twaalfender, veertienender ⟨hert⟩; ⟨sport, gesch⟩ *royal tennis* real tennis ⟨tennisspel op (ommuurde) baan⟩; ⟨sprw⟩ *there is no royal road to learning* kennis waait niet vanzelf aan

roy·al·ism /rɔɪəlɪzm/ [niet-telb zn] ⟨pol⟩ royalisme

roy·al·ist /rɔɪəlɪst/ [telb zn] ⟨1⟩ royalist, monarchist ⟨2⟩ ⟨AE⟩ reactionair, aartsconservatief, (i.h.b.) reactionaire handelsmagnaat ⟨3⟩ ⟨ook Royalist⟩ ⟨gesch⟩ royalist, aanhanger van Karel I ⟨Engeland, 17e eeuw⟩, aanhanger van de Bourbons ⟨Frankrijk, begin 19e eeuw⟩, aanhanger van de Engelse troon, tory ⟨USA, onafhankelijkheidsoorlog⟩

¹**roy·al·ty** /rɔɪəlti/ [telb zn] ⟨1⟩ iemand van koninklijken bloede, koning(in), prins(es) ⟨2⟩ vorstendom ⟨3⟩ privilege van de Kroon ⟨4⟩ door de Kroon toegekend recht, (i.h.b.) recht tot exploitatie van de bodem ⟨5⟩ ⟨boek, ind⟩ royalty, aandeel in de opbrengst

²**roy·al·ty** /rɔɪəlti/ [niet-telb zn] ⟨1⟩ koningschap, koninklijke waardigheid ⟨2⟩ koninklijkheid

³**roy·al·ty** /rɔɪəlti/ [verzamelw; werkwoord ook mv] leden van het koninklijk huis ♦ *in the presence of royalty* in de aanwezigheid van leden van het koninklijk huis

Roy·ston crow /rɔɪstən krəʊ/ ⟨BE⟩ bonte kraai

roz·zer /rɒzə, ᴬrɑzər/ [telb zn] ⟨BE; sl⟩ klabak, smeris

¹**RP** [afk] ⟨taalk⟩ (received pronunciation)

²**RP** [afk] (Regius Professor)

RPC [afk] ⟨BE⟩ (Royal Pioneer Corps)

RPD [afk] (Regius Professor of Divinity)

RPI [afk] (retail price index)

RPM, rpm [afk] ⟨1⟩ (revolution(s) per minute) rpm, -toeren ⟨2⟩ (resale price maintenance) ⟨3⟩ (revenue passenger kilometres)

RPO [afk] (Railway Post Office)

RPS, rps [afk] ⟨1⟩ (revolutions per second) rps ⟨2⟩ ⟨BE⟩ (Royal Photographic Society)

rpt [afk] (report)

r & r, r-'n'-r, R and R [afk] (rock 'n' roll)

RR [afk] ⟨1⟩ (railroad) ⟨2⟩ (Right Reverend) ⟨3⟩ (rural route)

R rat·ing /ɑː reɪtɪŋ, ᴬɑr reɪtɪŋ/ [telb zn] ⟨AE⟩ ± niet geschikt voor jeugdige kijkers ⟨van filmkeuring; R staat voor restricted⟩

RRC [afk] ⟨BE⟩ ((lady of the) Royal Red Cross)

RRP [afk] (recommended retail price)

RS [afk] ⟨1⟩ (recording secretary) ⟨2⟩ (right side) ⟨3⟩ (rupees) ⟨4⟩ (Royal Scots) ⟨5⟩ (Royal Society)

RSA [afk] ⟨1⟩ (Royal Scottish Academian/Academy) ⟨2⟩ (Royal Society of Arts)

RSC [afk] ⟨1⟩ (Royal Shakespeare Company) ⟨2⟩ (Royal Society of Chemistry)

RSFSR [afk] (Russian Soviet Federal Socialist Republic) SFSR

RSI [niet-telb zn] ⟨med⟩ (Repetitive Strain Injury) RSI, herhalingsoverbelasting, ⟨door computergebruik⟩ muisarm

RSM [afk] (Regimental Sergeant Major)

RSO [afk] (Railway Sub Office)

RSPCA [afk] ⟨BE⟩ (Royal Society for the Prevention of Cruelty to Animals) dierenbescherming

RSS [afk] ⟨comp⟩ (really simple syndication) RSS

RSV [afk] ⟨AE; Bijb⟩ (Revised Standard Version)

RSVP, rsvp [afk] (répondez s'il vous plaît) r.s.v.p.

rt [afk] (right)

rte [afk] (route)

RTE [afk] (Radio Telefís Éireann ⟨Ierse radio en tv⟩)

RTF [niet-telb zn] ⟨comp⟩ (rich text format) RTF ⟨formaat voor tekstopmaak⟩

Rt Hon [afk] ⟨BE⟩ (Right Honorable)

RTO [afk] (Railway Transportation Officer)

Rt Rev, Rt Revd [afk] (Right Reverend)

RU [afk] ⟨BE⟩ (Rugby Union)

Ruanda [eigenn] → Rwanda

Ruandan [telb zn, bn] → Rwandan

¹**rub** /rʌb/ [telb zn] ⟨1⟩ poetsbeurt, wrijfbeurt ⟨2⟩ hindernis, moeilijkheid ♦ *there's the rub* daar zit de moeilijkheid, dat is het hem juist ⟨3⟩ hatelijkheid, kwetsende opmerking, steek ⟨4⟩ oneffenheid, hobbel ♦ *rub of the green* ⟨bowls⟩ oneffenheid; ⟨golf⟩ het stoppen/afwijken van de bal door onvoorziene omstandigheid ⟨bijvoorbeeld toeschouwer⟩ ⟨5⟩ ⟨sport⟩ rub, oneffenheid op bowlsbaan, afwijking van de bowl door oneffenheid ⟨6⟩ ⟨sport, spel⟩ robber, reeks van drie partijen

²**rub** /rʌb/ [onov ww] ⟨1⟩ schuren langs, wrijven, aanlopen, schrapen ♦ *the front-wheel seems to rub* ik geloof dat het voorwiel aanloopt ⟨2⟩ beschadigd worden, slijten, dun/ruw/kaal worden ⟨3⟩ weggewreven worden ⟨4⟩ ⟨golf; bowls⟩ afwijken ⟨door oneffenheid; van bal⟩ · *rub up against s.o.* iemand aantreffen, tegen iemand aanlopen, iemand tegenkomen; zie: **rub along**; zie: **rub off**; *rub on/through* het redden, het rooien; → **rubbing**

³**rub** /rʌb/ [ov ww] ⟨1⟩ wrijven ♦ *rub down* masseren; *rub one's hands* zich in de handen wrijven; *rub noses* de neuzen tegen elkaar wrijven; *rub cream over one's face* crème op zijn gezicht uitwrijven ⟨2⟩ schuren, schrapen, schaven ⟨3⟩ wrijven, afwrijven, inwrijven, doorheen wrijven ♦ *rub cream on one's skin* crème op zijn huid smeren ⟨4⟩ wrijven, poetsen, boenen, opwrijven ♦ *rub o.s. down* zich stevig afdrogen, zich droogwrijven; *rub the wood down before painting* het hout voor het schilderen afschuren ⟨5⟩ beschadigen, afslijten ♦ *rub away* wegslijten, afslijten ⟨6⟩ ⟨bk⟩ een

rub-a-dub

rubbing maken ⟨van reliëf⟩ [7] ⟨sl⟩ vermoorden, opruimen, uit de weg ruimen • zie: **rub in**; zie: **rub off**; zie: **rub out**; zie: **rub up**; → **rubbing**

¹**rub-a-dub** /rʌbədʌb/ [niet-telb zn] rataplan, rommeldebom, tromgeroffel

²**rub-a-dub** /rʌbədʌb/ [onov ww] roffelen, een roffel slaan

rub along [onov ww] [1] zich staande houden, het net kunnen rooien, het klaarspelen [2] het goed samen kunnen vinden ♦ *they've rubbed along together for quite a while now* ze trekken al een hele tijd samen op

ru-ba-to /ruːbɑːtoʊ/ [telb zn] ⟨muz⟩ rubato

¹**rub-ber** /rʌbə, ᴬ-ər/ [telb zn] [1] masseur, masseuse [2] knecht in Turks badhuis [3] ⟨benaming voor⟩ wrijver, wisser, borstel, doek, gum, stuf, schuursteen, slijpsteen, wrijver, wrijfrol, wrijfplaat, polijstmachine, schuurmachine [4] ⟨BE⟩ sportschoen, linnen schoen met rubberzool [5] ⟨AE⟩ overschoen [6] ⟨vnl AE; inf⟩ kapotje, condoom [7] ⟨sport⟩ serie (internationale) wedstrijden [8] ⟨sport, spel⟩ robber, reeks van drie partijen ♦ *the rubber* beslissende partij [9] ⟨sl⟩ killer, beroepsmoordenaar

²**rub-ber** /rʌbə, ᴬ-ər/ [niet-telb zn] [1] rubber [2] synthetisch rubber, rubberachtig materiaal [3] ⟨honkb⟩ werpplaat [4] ⟨sl⟩ autobanden • ⟨AE; inf⟩ *lay rubber* racen, scheuren

³**rub-ber** /rʌbə, ᴬ-ər/ [onov ww] staren, kijken, omkijken, rondkijken

⁴**rub-ber** /rʌbə, ᴬ-ər/ [ov ww] met rubber behandelen

rubber band [telb zn] elastiekje

rubber boot [telb zn] rubberlaars, regenlaars

rubber bullet [telb zn] rubberkogel

rubber cheque [telb zn] ⟨fin; scherts⟩ ongedekte/geweigerde cheque

rubber dinghy [telb zn] rubberbootje

rubber goods [alleen mv] gummiwaren, voorbehoedmiddelen

rub-ber-heel [telb zn] ⟨sl⟩ detective

rub-ber-ize, rub-ber-ise /rʌbəraɪz/ [ov ww] met rubber bekleden

rubber johnny [telb zn] ⟨sl⟩ kapotje, condoom

¹**rubber-neck** [telb zn] ⟨AE; inf⟩ [1] nieuwsgierige, ⟨i.h.b.⟩ zich vergapende toerist [2] provinciaaltje, sul, dwaas

²**rubber-neck** [ov ww] [1] staren, gapen, zich vergapen [2] een toeristisch (bus)tochtje maken

rubber plant [telb zn] ⟨plantk⟩ rubberplant, ⟨i.h.b.⟩ ficus ⟨Ficus elastica⟩

rubber sheath [telb zn] condoom

rubber stamp [telb zn] [1] (rubber)stempel [2] automaat ⟨figuurlijk⟩, marionet

rubber-stamp [ov ww] automatisch goedkeuren, gedachteloos instemmen met

rubber tree [telb zn] ⟨plantk⟩ rubberboom ⟨Hevea brasiliensis⟩

rub-ber-y /rʌbəri/ [bn] rubberachtig, taai, elastiekerig

¹**rub-bing** /rʌbɪŋ/ [telb zn; (oorspronkelijk) gerund van rub] ⟨bk⟩ wrijfsel, rubbing ⟨van reliëf⟩

²**rub-bing** /rʌbɪŋ/ [niet-telb zn; (oorspronkelijk) gerund van rub] het wrijven/poetsen/polijsten

rubbing alcohol [niet-telb zn] ⟨AE⟩ ontsmettingsalcohol

rubbing paunch [telb zn] ⟨scheepv⟩ wrijfhout ⟨aan mast⟩

¹**rub-bish** /rʌbɪʃ/ [niet-telb zn] [1] vuilnis, afval ♦ *shoot rubbish* vuil storten [2] waardeloze rommel [3] nonsens, flauwekul, onzin

²**rub-bish** /rʌbɪʃ/ [bn] ⟨BE; inf⟩ waardeloos

³**rub-bish** /rʌbɪʃ/ [ov ww] afbrekende kritiek hebben op, waardeloos vinden, afkraken

rubbish bin [telb zn] ⟨BE⟩ vuilnisbak

rub-bish-y /rʌbɪʃi/ [bn] [1] vol met afval [2] waardeloos, onzinnig

rub-ble /rʌbl/ [niet-telb zn] [1] puin, steengruis, steenbrokken [2] ruwe steenbrokken, breukstenen ⟨in het bijzonder in metselwerk⟩ [3] ⟨geol⟩ rolstenen [4] ⟨geol⟩ steenslag

rub-bly /rʌbli/ [bn] [1] verbrokkeld, gebroken [2] vol stenen

rub-down [telb zn] [1] wrijfbeurt, massage [2] schuurbehandeling

rube /ruːb/ [telb zn] ⟨AE; inf⟩ boerenkinkel

ru-be-fa-cient /ruːbɪfeɪʃnt/ [telb zn] ⟨med⟩ rood makend middel

ru-be-fy, ru-bi-fy /ruːbɪfaɪ/ [ov ww] rood maken

Rube Gold-berg /ruːbɡoʊldbɜːɡ, ᴬruːbɡoʊldbɜːrɡ/ [bn] ⟨AE⟩ vernuftig maar onpraktisch ⟨naar Reuben Goldberg, Amerikaans cartoonist⟩

ru-bel-la /ruːbelə/ [telb + niet-telb zn] ⟨med⟩ rodehond

ru-bel-lite /ruːbɪlaɪt/ [telb zn] rode toermalijnsteen

ru-be-o-la /rubiːələ/ [telb + niet-telb zn] ⟨med⟩ [1] mazelen [2] rodehond

ru-bi-cel-le /ruːbɪsel/ [telb zn] lichtrode/lichtgele robijn

ru-bi-con /ruːbɪkən, -kɒn, ᴬ-kɑn/ [telb zn] ⟨piket; bezique⟩ rubicon, het winnen voordat de tegenspeler 100 heeft gescoord

Ru-bi-con /ruːbɪkən, -kɒn, ᴬ-kɑn/ [eigenn] ⟨gesch, aardr⟩ Rubicon • ⟨vero⟩ *cross/pass the Rubicon* de Rubicon overtrekken, de onherroepelijke stap doen

ru-bi-cund /ruːbɪkənd/ [bn] blozend, met rode wangen

ru-bi-di-um /ruːbɪdɪəm/ [niet-telb zn] ⟨scheik⟩ rubidium ⟨element 37⟩

ru-big-i-nous /ruːbɪdʒənəs/, **ru-big-i-nose** /-noʊs/ [bn] roestkleurig, roodbruin, roestbruin

rub in [ov ww] inwrijven, (in)masseren • *there's no need to rub it in* je hoeft er niet steeds op terug te komen

ru-bi-ous /ruːbɪəs/ [bn] ⟨form⟩ robijnrood

rub joint [telb zn] ⟨sl⟩ slijptent, danstent ⟨met beroepsdanseressen⟩

ruble [telb zn] → **rouble**

¹**rub off** [onov ww] [1] weggewreven worden, verdwijnen ♦ *this stain doesn't rub off easily* die vlek kun je niet zo makkelijk wegkrijgen [2] overgaan op, overgenomen worden ♦ *some of his stinginess has rubbed off on you* je hebt iets van zijn krenterigheid overgenomen [3] afslijten, minder worden ♦ *the novelty has rubbed off a bit* de nieuwigheid is er een beetje af

²**rub off** [ov ww] [1] wegvegen, afwrijven [2] afslijten, afschaven, afschuren ♦ *I rubbed off the skin of my elbow* ik heb mijn elleboog ontveld

rub out [ov ww] [1] wegvegen, wegwrijven, uitgummen [2] ⟨sl⟩ vermoorden, uit de weg ruimen

rub-out [telb zn] ⟨sl⟩ moord

¹**ru-bric** /ruːbrɪk/ [telb zn] [1] rubriek, opschrift, titel ⟨in het bijzonder titel van (hoofdstuk in) wetboek⟩ [2] rubriek, categorie, klasse [3] aantekening, commentaar, uitleg [4] voorschrift, aanwijzing, ⟨i.h.b. rooms-katholieke, anglic⟩ liturgisch voorschrift [5] vaste gewoonte, vorm

²**ru-bric** /ruːbrɪk/ [bn] [1] rood, roodachtig [2] in rood geschreven

ru-bri-cal /ruːbrɪkl/ [bn] [1] in rode letters [2] liturgisch

ru-bri-cate /ruːbrɪkeɪt/ [ov ww] [1] rubriceren, in rood schrijven, met rood aanduiden [2] rubriceren, in rubrieken verdelen/onderbrengen

ru-bri-ca-tor /ruːbrɪkeɪtə, ᴬ-keɪtər/ [telb zn] ⟨gesch⟩ rubricator, tekenaar van initialen

rub up [ov ww] [1] oppoetsen, opwrijven [2] ophalen, bijvijlen, opfrissen, bijspijkeren ♦ *rub up one's Italian* zijn Italiaans ophalen • ⟨inf⟩ *rub s.o. up the right way* iemand voor zich winnen; ⟨inf⟩ *rub s.o. up the wrong way* iemand tegen de haren in strijken, iemand irriteren

rub-up [telb zn] poetsbeurt • *give one's Latin a rub-up* zijn

Latijn eens wat ophalen
¹**ru·by** /ruːbi/ [telb zn] robijn
²**ru·by** /ruːbi/ [telb + niet-telb zn; vaak attributief] robijnrood
³**ru·by** /ruːbi/ [ov ww] robijnrood maken
ruby glass [niet-telb zn] robijnglas
ruby-tail [telb zn] goudwesp
ruby wedding [telb zn] veertigjarig huwelijk, robijnen huwelijksfeest
RUC [afk] (Royal Ulster Constabulary)
ruche, rouche /ruːʃ/ [telb zn] ruche, strookje
¹**ruck** /rʌk/ [telb zn] ⟨1⟩ hoop, menigte, groot aantal ⟨2⟩ ⟨sport⟩ spelerskluwen (o.m. bij voetbal) ⟨3⟩ ⟨rugby⟩ ruck, strijdende groep spelers in beide partijen ⟨4⟩ ⟨Australisch voetb⟩ ruck ⟨groepje van drie met een vrije rol in het spel⟩ ⟨5⟩ vouw, kreukel, plooi
²**ruck** /rʌk/ [niet-telb zn] ⟨1⟩ het gewone slag mensen, de massa ⟨2⟩ de gewone dingen, dagelijkse/oninteressante dingen ⟨3⟩ ⟨sport⟩ meute, peloton, middenmoot
³**ruck** /rʌk/ [onov ww] ⟨1⟩ gekreukt worden, kreuken, verkreukelen ⟨2⟩ ergeren, zich ergeren, geïrriteerd raken ⟨3⟩ ⟨rugby⟩ een ruck vormen
⁴**ruck** /rʌk/ [ov ww] ⟨1⟩ kreukels maken in, kreuken, verkreukeld ⟨2⟩ ergeren, irriteren ♦ *my dress is all rucked up* mijn jurk is helemaal verkreukeld
¹**ruck·le** /rʌkl/ [onov ww] ⟨BE, gew⟩ rochelen, reutelen
²**ruck·le** /rʌkl/ [onov + ov ww] ⟨BE⟩ kreuken, verkreukelen
ruck·sack [telb zn] rugzak
ruck·us /rʌkəs/ [telb zn] ⟨inf⟩ tumult, protest, ordeverstoring
ruc·tion /rʌkʃn/ [telb zn; vaak mv] ⟨inf⟩ kabaal, ruzie, luid protest, tumult
rudd /rʌd/ [telb zn; mv: ook rudd] ⟨dierk⟩ rietvoorn (Scardinius erytrophthalmus)
rud·der /rʌdə, ᴬ-ər/ [telb zn] ⟨1⟩ ⟨scheepv, luchtv⟩ roer ⟨2⟩ leidraad, principe
rud·der-fish [telb zn] ⟨dierk⟩ loodsmannetje (Naucrates ductor)
rud·der·less /rʌdələs, ᴬ-dər-/ [bn] roerloos, stuurloos ⟨ook figuurlijk⟩
rud·der-pin·tle [telb zn] ⟨scheepv⟩ vingerling
rud·der-stock [telb zn] ⟨scheepv⟩ roerkoning, roerschacht
rud·der-trunk [telb zn] ⟨scheepv⟩ roerkoker
¹**rud·dle** /rʌdl/, **red·dle** /redl/ [niet-telb zn] roodaarde, roodkrijt
²**rud·dle** /rʌdl/ [ov ww] met roodaarde kleuren/merken ⟨in het bijzonder schapen⟩
rud·dle·man /rʌdlmən/ [telb zn] verkoper van roodaarde
rud·dock /rʌdək/ [telb zn] ⟨BE⟩ roodborstje
¹**rud·dy** /rʌdi/ [bn; vergr trap: ruddier; bw: ruddily; zn: ruddiness] ⟨1⟩ blozend, rood, gezond ⟨2⟩ rossig, rood, roodachtig ♦ ⟨dierk⟩ *ruddy duck* rosse stekelstaarteend (Oxyura jamaicensis rubida) ⟨•⟩ ⟨dierk⟩ *ruddy shelduck* casarca (Tadorna ferruginea)
²**rud·dy** /rʌdi/ [bn, attr; vergr trap: ruddier; bw: ruddily; zn: ruddiness] ⟨sl; euf⟩ overgehaalde, verdomde ♦ *who took that ruddy fountain pen away?* wie heeft die vervloekte vulpen nu weer meegenomen?
³**rud·dy** /rʌdi/ [onov ww] rood worden
⁴**rud·dy** /rʌdi/ [ov ww] rood maken
rude /ruːd/ [bn; vergr trap: ruder; bw: ~ly; zn: ~ness] ⟨1⟩ primitief, onbeschaafd, wild ♦ *a rude people* een primitief volk ⟨2⟩ ruw, primitief, eenvoudig, onafgewerkt, grof ♦ *a rude estimate* een ruwe schatting; *rude material* onbewerkt materiaal ⟨3⟩ ongemanierd, onopgevoed, lomp, onbeleefd, grof, beledigend ♦ *be rude to s.o.* iemand beledigen, onbeleefd tegen iemand zijn ⟨4⟩ ruw, wild, abrupt, schokkend ♦ ⟨fig⟩ *a rude awakening* een ruwe ontgoocheling ⟨5⟩ krachtig, robuust ♦ *rude health* onverwoestbare gezondheid ⟨6⟩ woest, ruw, onherbergzaam ⟨7⟩ rauw, onwelluidend ⟨•⟩ ⟨vnl kind⟩ *a rude story* een vies verhaaltje
ru·der·al /ruːdrəl/ [bn] ⟨plantk⟩ ruderaal
rude·ry /ruːdri/ [telb zn] grofheid, belediging
ru·di·ment /ruːdɪmənt/ [telb zn] ⟨biol⟩ rudiment
ru·di·men·ta·ry /ruːdɪmentri, ᴬ-mentəri/, **ru·di·men·tal** /-mentl/ [bn; bw: rudimentarily; zn: rudimentariness] ⟨1⟩ rudimentair ⟨ook biologie; ook figuurlijk⟩, elementair, wat de grondslagen betreft ⟨2⟩ in een beginstadium
ru·di·ments /ruːdɪmənts/ [alleen mv] ⟨1⟩ beginselen, grondslagen, rudimenten ⟨2⟩ eerste verschijnselen, basis voor latere ontwikkeling
¹**rue** /ruː/ [telb zn] ⟨plantk⟩ wijnruit (Ruta graveolens)
²**rue** /ruː/ [niet-telb zn] ⟨vero⟩ ⟨1⟩ berouw, spijt ⟨2⟩ verdriet ⟨3⟩ medelijden
³**rue** /ruː/ [ov ww; tegenwoordig deelw ru(e)ing] spijt hebben van, berouw hebben van ♦ *you'll rue the day you said this* je zal de dag berouwen dat je dit gezegd hebt; *you'll live to rue it* dat zal je berouwen, dat zal je duur te staan komen
rue·ful /ruːfl/ [bn; bw: ~ly; zn: ~ness] ⟨1⟩ berouwvol, treurig, bedroefd ⟨2⟩ beklagenswaardig, meelijwekkend ⟨3⟩ meelijdend ⟨4⟩ quasizielig ⟨5⟩ met spottend medelijden ♦ *say ruefully* meesmuilen
ru·fes·cence /ruːfesns/ [niet-telb zn] roodachtigheid
ru·fes·cent /ruːfesnt/ [bn] ⟨o.m. dierk⟩ rood, roodachtig, roodbruin
¹**ruff** /rʌf/ [telb zn] ⟨1⟩ ⟨gesch⟩ fraise, plooikraag, Spaanse kraag ⟨2⟩ ⟨dierk⟩ kraag, verenkraag/kraag van haar ⟨3⟩ ⟨dierk⟩ kemphaan (Philomachus pugnax) ⟨4⟩ → ruffe ⟨5⟩ ⟨kaartsp⟩ introever
²**ruff** /rʌf/ [onov + ov ww] ⟨kaartsp⟩ (in)troeven
ruffe, ruff /rʌf/ [telb zn] ⟨dierk⟩ pos (Acerina cerma)
ruf·fi·an /rʌfiən/ [telb zn] bruut, misdadiger, schurk
¹**ruf·fi·an·ism** /rʌfiənɪzm/ [niet-telb zn] gewelddadigheid, bruutheid, agressiviteit
²**ruf·fi·an·ism** /rʌfiənɪzm/ [verzamelnaam] misdadigers, schurken, geboefte, boeventuig
ruf·fi·an·ly /rʌfiənli/ [bn] bruut, rauw, gewelddadig, agressief
¹**ruf·fle** /rʌfl/ [telb zn] ⟨1⟩ ruche, geplooide rand, lub, geplooide kraag/manchet ⟨2⟩ rimpeling, golfje ⟨3⟩ onregelmatigheid ⟨4⟩ stoornis, spanning, opwinding ⟨5⟩ schermutseling, gevecht ⟨6⟩ roffel, tromgeroffel ⟨7⟩ ⟨dierk⟩ kraag
²**ruf·fle** /rʌfl/ [onov ww] ⟨1⟩ onstuimig worden, woelen, rimpelen, golven ⟨2⟩ zich ergeren, zich opwinden ♦ *he ruffles so easily* hij ergert zich zo gauw ⟨3⟩ opscheppen, de bink uithangen, snoeven
³**ruf·fle** /rʌfl/ [ov ww] ⟨1⟩ verstoren, doen rimpelen, doen bewegen, verwarren, dooreen woelen ♦ *ruffle s.o.'s hair* iemands haar in de war maken; *the wind ruffled the surface of the lake* de wind rimpelde het oppervlak van het meer ⟨2⟩ plooien, rimpelen, tot een ruche maken ⟨3⟩ opzetten ⟨veren⟩ ♦ *ducks can ruffle up their feathers* eenden kunnen hun veren opzetten ⟨4⟩ ergeren, kwaad maken, opwinden ♦ *he seems to be ruffled up a bit* hij is geloof ik een beetje geïrriteerd ⟨5⟩ doorbladeren ⟨6⟩ roffelen, een roffel slaan ⟨7⟩ ⟨kaartsp⟩ (snel) schudden
ruf·fler /rʌflə, ᴬ-ər/ [telb zn] ⟨vero⟩ arrogante kwast, snoever
ru·fous /ruːfəs/ [bn] ⟨vnl dierk⟩ rossig, oranjeachtig, geelrood ♦ ⟨dierk⟩ *rufous bush chat* rosse waaierstaart (Cercotrichas galactotes)
rug /rʌg/ [telb zn] ⟨1⟩ tapijt, vloerkleed ⟨2⟩ dierenvel, haardkleed ⟨3⟩ ⟨vnl BE⟩ deken, plaid, omslagdoek ⟨4⟩ ⟨sl⟩ toupet ⟨•⟩ *pull the rug out from under s.o.* iemand laten vallen, iemand verraden/laten stikken/onderuit halen;

sweep sth. under the rug iets in de doofpot stoppen, iets wegmoffelen/verzwijgen

Rug·bei·an /rʌgbiːən, ᴬrʌgbɪən/ [telb zn] ⟨BE⟩ (oud-)leerling van Rugby ⟨kostschool⟩

rug·by /rʌgbi/, **rug·by foot·ball** [niet-telb zn; ook Rugby] ⟨sport⟩ rugby

Rugby fives [niet-telb zn] ⟨BE; sport⟩ rugby fives ⟨kaatsbalspel in indoorhal met vier muren⟩

rugby league, rugby league football [niet-telb zn; ook Rugby League] ⟨BE; sport⟩ rugby ⟨voor beroeps, met teams van 13 spelers⟩

rugby union, rugby union football [niet-telb zn; ook Rugby Union] ⟨BE; sport⟩ rugby ⟨voor amateurs, met teams van 15 spelers⟩

rug·ged /rʌgɪd/ [bn; vergr trap: ook ruggeder; bw: ~ly; zn: ~ness] [1] ruw, ruig, grof, ruw van oppervlak, harig [2] ruig, onregelmatig, woest, rotsachtig [3] onregelmatig van trekken, met sterk getekende trekken, doorploegd, ruw [4] ongepolijst, ruw, niet verfijnd, niet subtiel ♦ *rugged honesty/kindness* een ruw maar eerlijk/goedhartig karakter/gebaar [5] onwellbluidend, scherp, hard [6] zwaar, moeilijk, hard, veeleisend [7] streng, onbuigzaam ♦ ⟨soc, ec⟩ *rugged individualisme* puur individualisme, liberalisme [8] ruw, ruig, hard, woest ⟨van klimaat⟩ [9] sterk, krachtig, robuust, gezond, machtig ⟨van machine⟩ [10] ⟨sl⟩ link, gevaarlijk

rug·ger /rʌgə, ᴬ-ər/ [niet-telb zn] ⟨BE; sl; sport⟩ rugby

rug·joint [telb zn] ⟨sl⟩ chique tent ⟨met tapijt op de vloer⟩

rug merchant [telb zn] ⟨sl⟩ spion

ru·gose /ruːgoʊs/, **ru·gous** /-gəs/ [bn; bw: ~ly] [1] gerimpeld, rimpelig [2] ⟨plantk⟩ geribd

ru·gos·i·ty /ruː-/ [niet-telb zn] [1] gerimpeldheid, rimpeligheid [2] ⟨plantk⟩ geribdheid

¹**ru·in** /ruːɪn/ [telb zn] [1] ruïne, vervallen bouwwerk ♦ *the ruins of a castle* de resten/ruïne van een kasteel [2] ruïne, jammerlijke resten, nietig overblijfsel ♦ *she's merely a ruin now of the famous beauty she was* ze is nu nog maar een schim van de gevierde schoonheid van vroeger

²**ru·in** /ruːɪn/ [niet-telb zn] het vernietigd worden, verval, ondergang, ruïne, ineenstorting ♦ *bring to ruin* ruïneren, tot de ondergang brengen, in het verderf storten; *fall to ruin* tot een ruïne vervallen, instorten; *run to ruin* instorten, vervallen; *this will be the ruin of him* dit zal hem nog kapotmaken

³**ru·in** /ruːɪn/ [onov ww] ⟨form⟩ vallen, neerstorten, instorten, ⟨fig⟩ zich in het verderf storten

⁴**ru·in** /ruːɪn/ [ov ww] [1] ⟨vaak passief⟩ verwoesten, vernietigen [2] ruïneren, bederven, ontoonbaar/onbruikbaar maken, beschadigen [3] ruïneren, tot de ondergang brengen, kapotmaken [4] onteren

ru·in·ate /ruːɪneɪt/ [bn] verwoest

ru·in·a·tion /ruːɪneɪʃn/ [niet-telb zn] [1] vernietiging, verwoesting [2] ⟨inf⟩ ondergang, ruïnering ♦ *that boy will be the ruination of her* die jongen zal haar nog eens te gronde richten

ru·i·nous /ruːɪnəs/ [bn; bw: ~ly; zn: ~ness] [1] vervallen, ingestort, kapot, bouwvallig [2] rampzalig, ruïneus

ru·ins /ruːɪnz/ [alleen mv] ruïne, bouwval, overblijfsel ♦ *in ruins* vervallen, tot een ruïne geworden; ⟨fig⟩ in duigen, ingestort, verijdeld

¹**rule** /ruːl/ [telb zn] [1] regel, voorschrift ♦ *according to/by rule* volgens de regels, stipt, mechanisch; *rule of faith* geloofsregel; *the rules of football* de regels van het voetbal; *rules of the road* verkeersregels, verkeerscode; *work to rule* een stiptheidsactie houden [2] gewoonte, gebruik, regel ♦ *as a rule* gewoonlijk, in het algemeen, doorgaans; *make it a rule (to do sth.)* er een (goede) gewoonte van maken (om iets te doen); *out of rule* tegen de gewoonte in [3] duimstok, meetlat [4] ⟨rel⟩ regel, voorschriften van kloosterorden [5] ⟨jur⟩ beslissing, bepaling, bevel van de rechter [6] ⟨drukw⟩ wit ⟨zetmateriaal⟩ [7] ⟨BE; boek⟩ liggend streepje [8] ⟨wisk⟩ regel ♦ *rule of three* regel van drieën [9] bend/stretch the rules soepel zijn, iets door de vingers zien; ⟨pej⟩ *rules and regulations* bepalingen en beperkingen, de kleine lettertjes, de regels; *run the rule over sth.* iets vluchtig controleren, de blik over iets laten gaan; *rule of thumb* vuistregel; ⟨sprw⟩ *the exception proves the rule* de uitzondering bevestigt de regel

²**rule** /ruːl/ [niet-telb zn] regering, bewind, bestuur, heerschappij ♦ *bear the rule* heersen, de scepter zwaaien; *during Edward's rule* tijdens de regering van koning Edward; *the rule of law* het recht, de gerechtigheid; *under British rule* onder Britse heerschappij

³**rule** /ruːl/ [onov ww] [1] heersen, regeren, besturen, het bewind voeren ♦ *Manchester rules OK!* Manchester kampioen!; *she rules over her children with a firm hand* ze houdt haar kinderen stevig in het gareel [2] een bevel uitvaardigen, beslissen, bepalen, verordenen [3] ⟨fin; ook handel⟩ een bepaalde hoogte hebben ♦ *oil rules low today* de olieprijzen/aandelen staan laag genoteerd vandaag; → **ruling**

⁴**rule** /ruːl/ [ov ww] [1] beheersen ⟨ook figuurlijk⟩, heersen over, regeren [2] beslissen, bepalen, bevelen ♦ *rule sth. out* iets afwijzen, iets voor onmogelijk verklaren; *rule out of order* buiten de orde verklaren; *that is a possibility we can't rule out* dat is een mogelijkheid die we niet mogen uitsluiten [3] liniëren, belijnen ♦ *rule sth. off* iets aflijnen, een lijn langs/onder iets trekken; *ruled paper* gelinieerd papier [4] trekken ⟨lijn⟩ ♦ ⟨sprw⟩ *the hand that rocks the cradle rules the world* wie de wieg schommelt, schommelt de wereld, wie de jeugd heeft, heeft de toekomst; → **ruling**

rule-book [telb zn] reglement, handleiding, arbeidsvoorschriften

rul·er /ruːlə, ᴬ-ər/ [telb zn] [1] heerser, regeerder, vorst [2] liniaal

¹**rul·ing** /ruːlɪŋ/ [telb zn; (oorspronkelijk) gerund van rule] regel, beslissing, bepaling, uitspraak ♦ *give a ruling* uitspraak doen

²**rul·ing** /ruːlɪŋ/ [niet-telb zn; (oorspronkelijk) gerund van rule] [1] het heersen, bewind, regering [2] liniëring

³**rul·ing** /ruːlɪŋ/ [bn; (oorspronkelijk) tegenwoordig deelw van rule] [1] (over)heersend, dominant ♦ *the ruling classes* de heersende klassen; *those children are his ruling passion* die kinderen zijn zijn lust en zijn leven; *ruling prices* de lopende prijzen [2] lijn-, regel- ♦ *ruling pen* trekpen

¹**rum** /rʌm/ [niet-telb zn] [1] rum [2] ⟨AE⟩ drank, alcohol [3] ⟨AE⟩ ⟨kaartsp⟩ rummy

²**rum** /rʌm/ [bn; vergr trap: rummer; bw: ~ly; zn: ~ness] ⟨BE; sl⟩ vreemd, eigenaardig, raar, typisch ♦ *he's a rum old bird* 't is een vreemde vogel [2] moeilijk, gevaarlijk ♦ *a rum go* een toestand, een beschamende situatie; *a rum start* een verrassing, een verbazende gebeurtenis

Ru·ma·ni·a /ruːmeɪniə/, **Ro·ma·ni·a** /roʊ-/, **Rou·ma·ni·a** /ruː-/ [eigenn] Roemenië

¹**Ru·ma·ni·an** /ruːmeɪniən/, **Ro·ma·ni·an** /roʊ-/, **Rou·ma·ni·an** /ruː-/ [eigenn] Roemeens, de Roemeense taal

²**Ru·ma·ni·an** /ruːmeɪniən/, **Ro·ma·ni·an** /roʊ-/, **Rou·ma·ni·an** /ruː-/ [telb zn] Roemeen(se)

³**Ru·ma·ni·an** /ruːmeɪniən/, **Ro·ma·ni·an** /roʊ-/, **Rou·ma·ni·an** /ruː-/ [bn] Roemeens

rum·ba /rʌmbə/ [telb zn] ⟨muz; dans⟩ rumba

¹**rum·ble** /rʌmbl/ [telb zn] [1] gerommel, rommelend geluid, ⟨i.h.b.⟩ dreun, rumble ⟨m.b.t. platenspeler⟩ [2] ⟨ind⟩ polijsttrommel [3] ⟨AE⟩ kattenbak, achterbankje [4] ⟨AE; sl⟩ tip, informatie [5] ⟨AE; sl⟩ politie-inval [6] ⟨AE; sl⟩ knokpartij, straatgevecht

²**rum·ble** /rʌmbl/ [onov ww] [1] rommelen, donderen ♦ *my stomach is rumbling* mijn maag knort [2] voortdonderen, voortrollen, ratelen ♦ *the carriage rumbled over the cobbled streets* het rijtuig ratelde over de keien; → **rumbling**

³**rum·ble** /rʌmbl/ [ov ww] [1] mompelen, mopperen,

grommen, bassen ⟨2⟩ ⟨ind⟩ polijsten, trommelen, in een polijsttrommel bewerken ⟨3⟩ ⟨BE; sl⟩ door hebben, doorzien, in de gaten hebben; → rumbling
rumble seat [telb zn] ⟨AE⟩ kattenbak, achterbankje, uitklapbank
rumble strip [telb zn; voornamelijk mv] ⟨verk⟩ geribbelde streep ⟨om auto's snelheid te laten verminderen⟩, ⟨in mv⟩ ± attentiebelijning
rum·bling /rʌmblɪŋ/ [telb zn; (oorspronkelijk) gerund van rumble] ⟨1⟩ gerommel, rommelend geluid ⟨2⟩ ⟨meestal mv⟩ praatje, gerucht, geklets
rum·blings /rʌmblɪŋs/ [niet-telb zn; (oorspronkelijk) gerund van rumble] geklaag, gemopper, klachten
rum·bus·ti·ous /rʌmbʌstʃəs/, ⟨soms⟩ **ram·bus·ti·ous** /ræmbʌstʃəs/ [bn] ⟨vnl BE; inf⟩ ⟨1⟩ onstuimig, onbesuisd, luidruchtig, rumoerig, uitgelaten ⟨2⟩ recalcitrant, (lekker) eigenzinnig
¹**rum-dum** /rʌmdʌm/ [telb zn] ⟨sl⟩ bezopene, lamme, stomme, onbeholpene
²**rum-dum** /rʌmdʌm/ [bn] ⟨sl⟩ bezopen, lam, stom, onbeholpen
ru·men /ruːmen, ^ruːmɪn/ [telb zn; mv: ook rumina /ruːmɪnə/] ⟨dierk⟩ pens, pensmaag
¹**ru·mi·nant** /ruːmɪnənt/ [telb zn] ⟨dierk⟩ herkauwer
²**ru·mi·nant** /ruːmɪnənt/ [bn] ⟨1⟩ ⟨dierk⟩ tot de herkauwers behorend ⟨2⟩ ⟨dierk⟩ herkauwend ⟨3⟩ nadenkend, peinzend
¹**ru·mi·nate** /ruːmɪneɪt/ [onov ww] ⟨1⟩ herkauwen ⟨2⟩ peinzen, nadenken, piekeren ♦ *ruminate about/of/on/over* peinzen over
²**ru·mi·nate** /ruːmɪneɪt/ [ov ww] overdenken, overpeinzen, overwegen
¹**ru·mi·na·tion** /ruːmɪneɪʃn/ [telb zn] overpeinzing, overdenking
²**ru·mi·na·tion** /ruːmɪneɪʃn/ [niet-telb zn] ⟨1⟩ het herkauwen ⟨2⟩ het peinzen, het nadenken
ru·mi·na·tive /ruːmɪnətɪv, ^-neɪtɪv/ [bn; bw: ~ly] ⟨1⟩ peinzend, in gedachten verzonken ⟨2⟩ tot nadenken stemmend
ru·mi·na·tor /ruːmɪneɪtə, ^-neɪt̬ər/ [telb zn] peinzer, denker
¹**rum·mage** /rʌmɪdʒ/ [telb zn] ⟨inf⟩ onderzoek, controle, zoekactie, het doorzoeken, ⟨i.h.b.⟩ visitatie ⟨van schip⟩ ♦ *I'll have a rummage in the attic this afternoon* vanmiddag zal ik eens op zolder gaan zoeken
²**rum·mage** /rʌmɪdʒ/ [niet-telb zn] ⟨AE; inf⟩ rommel(tje), hoop/berg oude spullen
³**rum·mage** /rʌmɪdʒ/ [onov ww] rondrommelen, snuffelen, zoeken ♦ *rummage among old note-books* zoeken tussen oude schriften; *rummage through a pile of clothes* in een stapel kleren snuffelen
⁴**rum·mage** /rʌmɪdʒ/ [ov ww] ⟨1⟩ doorzoeken, ⟨i.h.b.⟩ visiteren ⟨schepen⟩ ⟨2⟩ tevoorschijn halen ♦ *I rummaged out/up a beautiful old dress from this trunk* ik heb een prachtige oude jurk in de koffer gevonden ⟨3⟩ overhoop halen ♦ *rummage a cupboard about* een kast overhoop halen
rummage sale [telb zn] ⟨1⟩ rommelmarkt, (liefdadigheids)bazaar ⟨2⟩ verkoop van overgeschoten/in beslag genomen goederen
rum·mer /rʌmə, ^-ər/ [telb zn] roemer, groot wijnglas
¹**rum·my** /rʌmi/ [telb zn] ⟨sl⟩ dronkenlap
²**rum·my** /rʌmi/ [niet-telb zn] ⟨kaartsp⟩ rummy
³**rum·my** /rʌmi/ [bn] ⟨BE; sl⟩ ⟨1⟩ raar, vreemd, typisch, eigenaardig ⟨2⟩ moeilijk, gevaarlijk
¹**ru·mour**, ⟨AE⟩ **ru·mor** /ruːmə, ^-ər/ [telb zn] gerucht, praatje
²**ru·mour**, ⟨AE⟩ **ru·mor** /ruːmə, ^-ər/ [niet-telb zn] geruchten ♦ *rumour has it that you'll be fired* er gaan geruchten dat je ontslagen zult worden
³**ru·mour**, ⟨AE⟩ **ru·mor** /ruːmə, ^-ər/ [ov ww] verspreiden, kletsen, praatjes rondstrooien over ♦ *it is rumoured about that you'll be fired* er doen praatjes de ronde dat je ontslagen zult worden; *this sort of thing must not be rumoured abroad* over dit soort dingen mogen geen praatjes ontstaan

ru·mour-mong·er, ⟨AE⟩ **ru·mor-mong·er** [telb zn] roddelaar, kletskous, stoker
ru·mour-mong·er·ing [niet-telb zn] het verspreiden van geruchten
rump /rʌmp/ [telb zn] ⟨1⟩ achterdeel, bout ⟨van dier⟩, stuit ⟨van vogel⟩ ⟨2⟩ biefstuk ⟨3⟩ ⟨scherts⟩ billen, achterste, derrière ⟨4⟩ rest(ant), armzalig overblijfsel ⟨in het bijzonder van parlement/bestuur⟩ ♦ ⟨Engelse gesch⟩ *the Rump* het rompparlement ⟨1648-1653, 1659-1660⟩
rump bone [telb zn] heiligbeen, sacrum
¹**rum·ple** /rʌmpl/ [telb zn] kreukel, vouw, plooi
²**rum·ple** /rʌmpl/ [onov + ov ww] kreuken, verkreukelen, verfrommelen
³**rum·ple** /rʌmpl/ [ov ww] door de war maken
rump·less /rʌmpləs/ [bn] ⟨dierk⟩ staartloos
rum·pot [telb zn] ⟨sl⟩ zuiplap, dronkenlap
Rump Parliament [niet-telb zn] ⟨gesch⟩ rompparlement ⟨1648-1653 en 1659-1660⟩
rump steak [telb zn] lendenbiefstuk
rum·pus /rʌmpəs/ [telb zn] ⟨sl⟩ tumult, lawaai, geschreeuw, ruzie ♦ *cause/kick up/make a rumpus* lawaai maken, herrie schoppen; *have a rumpus with s.o.* laaiende ruzie met iemand hebben
rumpus room [telb zn] ⟨AE⟩ speelkelder, hobbykelder
rum·py /rʌmpi/ [telb zn] ⟨dierk⟩ manx, staartloze kat
rump·y pump·y /rʌmpipʌmpi/ [niet-telb zn] ⟨BE; scherts⟩ partij rollebollen/rampetampen
rum-run·ner [telb zn] ⟨1⟩ dranksmokkelaar ⟨2⟩ dranksmokkelschip
rum-suck·er /rʌmsʌkə, ^-ər/ [niet-telb zn] ⟨plantk⟩ haarmos ⟨Polytrichum commune⟩
rum-tum /rʌmtʌm/ [telb zn] ⟨scheepv⟩ rumtum, soort skiff
¹**run** /rʌn/ [telb zn] ⟨1⟩ looppas, het rennen ♦ *at a/the run* in looppas; *make a run for it* het op een lopen zetten; *on the run* op de vlucht; druk in de weer ⟨2⟩ galop ⟨3⟩ ⟨benaming voor⟩ tocht, afstand, wandeling, eindje hollen, reis, tocht, vaart, rit, route, lijn, tochtje, uitstapje ⟨van trein, boot⟩, piste, parcours, baan, run ⟨score van 1 punt⟩, achtervolging, het opjagen ⟨4⟩ opeenvolging, reeks, serie, ⟨dram⟩ looptijd ♦ *first run* eerste looptijd ⟨van film e.d.⟩; *the play had a five months' run in London* het stuk heeft vijf maanden in Londen gespeeld; ⟨muz⟩ *you must practise those runs* je moet de loopjes oefenen; *today's run from the printing section is not sufficient* vandaag is op de drukkerij niet genoeg geproduceerd; *a run of success* het ene succes na het andere, een succesvolle periode ⟨5⟩ vaart, snelle beweging ♦ *prices come down in/with a run* de prijzen zakken met grote snelheid ⟨6⟩ ⟨benaming voor⟩ stroom, vloed, waterstroom, zandstroom, modderstroom, grondverschuiving, stroompje, beekje ⟨7⟩ terrein, veld, weitje, ren ⟨voor dieren⟩ ⟨8⟩ eind, stuk, lengte ⟨van materiaal⟩ ⟨9⟩ soort, klasse, type, categorie ⟨10⟩ ladder ⟨in kous⟩ ⟨11⟩ loop ⟨ook figuurlijk⟩, lijn, richting, ontwikkeling, tendens ⟨12⟩ goot ⟨13⟩ smokkeltransport ⟨14⟩ spoor, pad ⟨van dieren⟩ ⟨15⟩ school vissen, ⟨i.h.b.⟩ trek ⟨16⟩ troep, kudde vee ⟨van hetzelfde jaar⟩ ⟨17⟩ ⟨mil⟩ bomb run, stationaire vlucht tijdens het bommen uitwerpen ⟨18⟩ ⟨scheepv⟩ achterkiel ⟨19⟩ ⟨mijnb⟩ luchtgang ⟨20⟩ ⟨mijnb⟩ ader ⟨21⟩ ⟨sl⟩ (auto)race ▫ *the common/general/ordinary run* de doorsnee, de middelmaat; *get the run on s.o.* iemand voor zijn, iemand beet nemen; *get/give s.o. the run of* iemand de beschikking geven over; *get/give s.o. a (good) run for his money* iemand waar voor zijn geld geven; iemand goed behandelen; iemand goed tegenspel bieden; *get/have a (good) run*

run

for one's money waar voor zijn geld krijgen; goed behandeld worden; *we'll* **give** *them a (good) run for their money* we zullen ze het niet gemakkelijk maken; *go and have a run!* verdwijn!, maak dat je wegkomt!; *have a (great) run* succes hebben; ⟨handel⟩ *a run on copper* een plotselinge grote vraag naar koper; ⟨fin⟩ *a run on the bank* een run op de bank; ⟨sl⟩ *the runs* buikloop, diarree

²**run** /rʌn/ [bn, attr; volt deelw van run] ① gesmokkeld, smokkel- ② gesmolten, gegoten ③ strekkend ⟨van lengtemaat⟩ ♦ *metre run* strekkende meter

³**run** /rʌn/ [onov ww; ran, run] ① rennen, (in looppas) lopen, hollen, hardlopen, galopperen ♦ *run after s.o.* achter iemand aanrennen ⟨ook figuurlijk⟩; iemand nalopen, zich aan iemand opdringen; *run at s.o.* iemand aanvallen; *run at sth.* toestormen op iets, een aanloop nemen (en springen); zie: **run away;** ⟨voetb⟩ *run off the ball* zich vrijlopen; ⟨sport⟩ *run up* een aanloop nemen ② ⟨benaming voor⟩ gaan, bewegen, voortbewegen, rollen, glijden, schuiven, lopen, (hard) rijden, pendelen, heen en weer rijden/varen ⟨van bus, pont, e.d.⟩, voortgaan, voorbijgaan, aflopen ⟨van tijd⟩, lopen, werken, draaien ⟨van machines⟩, lopen, uitlopen, (weg)stromen, druipen, sijpelen ⟨van vloeistoffen, e.d.⟩, zwemmen, trekken ⟨van vissen⟩, kruipen, klimmen ⟨van planten⟩, weiden, rondzwerven ⟨van vee⟩, voortgaan, duren, voortduren, lopen, gaan, zich uitstrekken, van kracht zijn, gelden ♦ ⟨scheepv⟩ *run afoul/ foul of* in aanvaring komen met; ⟨fig⟩ stuiten op, in botsing komen met; ⟨scheepv⟩ *run aground* aan de grond lopen; ⟨scheepv⟩ *run before the wind* voor de wind zeilen; *run behind* achterlopen; *run behind schedule* op het schema achter zijn; ⟨scheepv⟩ *run free* voor de wind zeilen; *the sea runs high* de zee staat/komt hoog; *feeling over the incident ran high* men was diep verontwaardigd over het gebeurde; *run on electricity* elektrisch zijn, op stroom lopen; *run over sth.* iets doornemen/vlug doorkijken/nakijken/repeteren; *let one's eyes run over sth.* zijn blik ergens (vluchtig) overheen laten gaan; *the play will run for ten performances* er zullen tien voorstellingen van het stuk gegeven worden; *the tide runs strong* er staat een sterke vloedstroom; *run together* door elkaar lopen, zich vermengen; *what's this tune running in my head?* wat is dat deuntje dat steeds in mijn hoofd zit?; ⟨scheepv⟩ *run (up)on a reef* op een rif lopen; *his thoughts ran (up)on the past* hij liet zijn gedachten gaan over het verleden; *his speech ran (up)on his employees' merits* zijn toespraak ging over de verdiensten van zijn employees; ⟨jur⟩ *this writ did not run in our province* deze bepaling gold in onze provincie niet ③ rennen, vliegen, ijlen, snellen, zich haasten ♦ *run to meet one's problems* de moeilijkheden voor zijn; *run across/down/over/round/up to* even overwippen naar, even langsgaan/langsrijden bij, een bezoekje afleggen bij/in ④ lopen, zich uitstrekken, gaan, een (bepaalde) richting hebben, ⟨ook fig⟩ neigen, een tendens hebben, zich in de richting van ♦ *prices are running high* de prijzen zijn over het algemeen hoog; *the path runs round the kitchen garden* het pad loopt om de moestuin heen; *run scared* pessimistisch gestemd zijn, in angst zitten; *run to extremes* in uitersten vervallen; *run to crabbiness* geneigd zijn tot vitten ⑤ wegrennen, weglopen, op de vlucht slaan, vluchten ⑥ luiden, klinken, gaan, geschreven staan ♦ *the third line runs as follows* de derde regel luidt als volgt ⑦ ⟨pol⟩ kandidaat zijn, meedoen, deelnemen ♦ ⟨pol⟩ *run for* zich kandidaat stellen voor, kandidaat zijn voor ⑧ ⟨sport⟩ meedoen, aankomen, eindigen ♦ *also ran Black Beauty* niet bij de eerste drie was Black Beauty ⟨in paarden- of hondenrace⟩; *he ran fifth* hij kwam als vijfde binnen ⑨ ⟨cricket⟩ een run (proberen te) maken ⑩ ⟨ec⟩ accumuleren ⟨van kapitaal⟩ ⑪ gelden, van kracht zijn ♦ ⟨handel, fin⟩ *the note runs to the 1st of May* de wissel wordt op 1 mei betaalbaar gesteld ⑫ ⟨AE⟩ ladderen ⑬ ⟨gew⟩ klonteren • *run about* rondvliegen, van de een naar de ander hollen, heel actief zijn, naar hartenlust spelen; *run across/against s.o.* iemand tegen het lijf lopen; *run across/against sth.* ergens tegen aan lopen, iets bij toeval vinden; *run along* weggaan, ervandoor gaan; ⟨inf⟩ *run along!* vooruit!, laat me eens met rust!; zie: **run around;** *run at* aanvliegen; zie: **run back;** *run counter to* in strijd zijn met, ingaan tegen; zie: **run down;** *run for it* op de vlucht slaan, wegrennen, het op een lopen zetten; zie: **run in;** *it runs in our family* het zit bij ons in de familie; zie: **run into;** zie: **run off;** zie: **run on;** zie: **run out;** zie: **run over;** ⟨sl⟩ *run over s.o.* iemand smerig behandelen, over iemand lopen, iemand zijn baan afhandig maken; ⟨dram⟩ *run through a part* een rol repeteren, een rol doornemen; *run through the minutes* de notulen doornemen; *the song kept running through my head* het liedje bleef steeds maar door mijn hoofd spelen; *his inheritance was run through within a year* hij had binnen een jaar zijn erfenis erdoor gejaagd; *run to a heap of money* een smak geld kosten; *some of his books have already run to twelve impressions* sommige van zijn boeken zijn al aan de twaalfde druk; *my allowance doesn't run to/I can't run to luxurious meals* mijn toelage is niet toereikend/ik heb geen geld genoeg voor luxueuze maaltijden; zie: **run up;** *well run!* goed gedaan!, goed gelopen!, prima!; ⟨jur⟩ *run with* gepaard gaan met, verbonden zijn aan; ⟨sprw⟩ *he who/that fights and runs away lives to fight another day* ± beter blo Jan dan do Jan, ± een verloren veldslag is nog geen verloren oorlog; ⟨sprw⟩ *the last drop makes the cup run over* de laatste druppel doet de emmer overlopen; ⟨sprw⟩ *we never miss the water till the well runs dry* wanneer de put droog is weet men wat het water kost, als er geen water meer is kent men de waarde van de put; ⟨sprw⟩ *if you run after two hares, you will catch neither* die twee hazen najaagt, vangt er gemeenlijk geen; ⟨sprw⟩ *learn to walk before you run* loop niet vóórdat gij gaan kunt, vlieg niet eer gij vleugels hebt; ⟨sprw⟩ *still waters run deep* stille waters hebben diepe gronden; → **run²**, **running**

⁴**run** /rʌn/ [ov ww; ran, run] ① rijden/lopen over, zich verplaatsen over, volgen ⟨weg⟩, afleggen ⟨afstand⟩ ♦ *run the fields* door de velden rennen/draven; *run a mile* een mijl afleggen; *run a race* een wedstrijd lopen; *run the streets* op straat rondzwerven ② ⟨benaming voor⟩ doen bewegen, laten gaan, varen, rijden, doen stromen, gieten, doen terechtkomen, steken, stoppen, halen, strijken, vegen, in werking stellen, laten lopen ⟨machines, e.d.⟩, doen voortgaan, ten uitvoer brengen, drijven ♦ ⟨scheepv⟩ *run aground* aan de grond laten lopen, vast laten lopen; *run one's hand along/over sth.* met de hand ergens langs/overheen strijken; zie: **run around;** zie: **run back;** *run the bath* het bad laten vollopen; *run blood* druipen van het bloed; *run a car* autorijden, een auto hebben; zie: **run down;** *run one's car into a tree* met zijn auto tegen een boom botsen; *run one's family into debt* zijn familie in de schulden steken; *run a needle into one's finger* zijn vinger aan een naald prikken; zie: **run off;** *run s.o. to town* iemand naar de stad rijden; zie: **run through;** *run a comb through one's hair* (even) een kam door zijn haar halen; *she ran her hand through his hair* ze streek haar hand door zijn haar; *run together* vermengen, door elkaar gooien, bijeen voegen ③ runnen, leiden, exploiteren, beheren ♦ *run a business* een zaak drijven/uitbaten; *run a hotel* een hotel runnen/exploiteren ④ achtervolgen, jagen, opjagen ♦ *run s.o. close/hard* iemand (dicht) op de hielen zitten; ⟨fig⟩ weinig voor iemand onderdoen; zie: **run down;** *run s.o.* een wedren houden met iemand ⑤ smokkelen ⑥ weiden ⑦ rijgen, met rijgsteken naaien ⑧ ontvluchten, weglopen van, deserteren, drossen ⑨ ⟨pol⟩ kandidaat stellen ♦ *run s.o. for the election* iemand kandidaat stellen voor de verkiezingen ⑩ ⟨sport⟩ laten meedoen/deelnemen ⑪ ⟨ec⟩ laten oplopen, laten accumuleren ⑫ ⟨AE⟩ publi-

ceren, in de krant zetten [13] ⟨cricket, bilj⟩ scoren [14] openhalen, een ladder maken in [15] zie: run in; zie: run off; zie: run on; zie: run out; zie: run over; *the director ran them through the adagio again* de dirigent liet hen het adagio herhalen; ⟨AE⟩ *run a traffic-light* door rood rijden; zie: run up; → run², running

run·a·bout [telb zn] ⟨inf⟩ [1] wagentje, (open) autootje/rijtuigje [2] motorbootje, speedboot [3] vliegtuigje [4] vagebond, zwerver

run·a·gate /rʌnəgeɪt/ [telb zn] ⟨vero⟩ [1] renegaat, afvallige [2] vagebond, zwerver

runaround [telb zn] boodschappenauto, stadsautootje

¹run around [onov ww] ⟨AE⟩ rondfladderen, rondzwerven, ⟨i.h.b.⟩ van de ene geliefde naar de andere hollen, ontrouw zijn ♦ *run around with* omgaan met, optrekken met

²run around [ov ww] ⟨BE⟩ meenemen, rondrijden

¹run-a·round, run-round [telb zn] ⟨boek⟩ tussen de tekst ingebouwd cliché

²run-a·round, run-round [niet-telb zn] ⟨inf⟩ het iemand afschepen, het iemand een rad voor ogen draaien, bedrieglijke/laffe/besluiteloze houding, inconsequente behandeling ♦ *get the run-around from s.o.* nooit weten waar je aan toe bent met iemand; *give s.o. the run-around* iemand van het kastje naar de muur sturen

run·a·way /rʌnəweɪ/ [telb zn; ook attributief] [1] vluchteling, wegloper, ontsnapte ♦ *runaway slaves* weggelopen/gevluchte slaven [2] vlucht ♦ ⟨ec⟩ *a runaway inflation* een galopperende/op hol geslagen inflatie, een hyperinflatie

run away [onov ww] [1] weglopen, vluchten ♦ *run away from home* van huis weglopen; *run away with s.o.* weglopen (en trouwen) met iemand, er (samen) met iemand vandoor gaan [2] op hol slaan [3] *run away from s.o.* iemand ontlopen; *run away from difficulties* voor de moeilijkheden op de loop gaan; ⟨sport⟩ *run away with the race* de wedstrijd op zijn/haar sloffen winnen; *run away with the money* er met het geld vandoor gaan; *don't run away with the idea* geloof dat nu maar niet te snel; *he let his feelings/fantasy run away with him* hij liet zich meeslepen door zijn emoties/verbeelding; *the enterprise has run away with a lot of money* de onderneming heeft een heleboel geld gekost; ⟨sprw⟩ *he who/that fights and runs away lives to fight another day* ± beter blo Jan dan do Jan, ± een verloren veldslag is nog geen verloren oorlog; ⟨sprw⟩ *two dogs fight for a bone, and a third runs away with it* als twee honden vechten om een been, loopt een derde er mee heen

runaway car [telb zn] onbestuurbare auto, (rijdende) auto zonder bestuurder

runaway child [telb zn] weggelopen kind, wegloper

runaway development [telb zn] ontwikkeling die uit de hand loopt

runaway horse [telb zn] op hol geslagen paard ♦ ⟨sprw⟩ *zeal without knowledge is a runaway horse/a fire without light* ijver zonder verstand is schade voor de hand

runaway marriage [telb zn] schaking, huwelijk zonder toestemming

runaway win [telb zn] ⟨sport⟩ gemakkelijke overwinning

run·back [telb + niet-telb zn] ⟨tennis⟩ uitloop(ruimte)

¹run back [onov ww] [1] terugkeren ♦ *run back over one's youth* zich zijn jeugd weer in herinnering roepen; *run back over the recent events* de jongste gebeurtenissen nog eens in ogenschouw nemen [2] ⟨fin⟩ zakken ⟨van aandelen⟩

²run back [ov ww] terugdraaien, terugspoelen ♦ *run back and replay a tape* een band terugspoelen en opnieuw afspelen

run·ci·ble spoon /rʌnsɪbl spu:n/ [telb zn] runciblelepel, vorklepel, gekromde vork met snijkant

run·ci·nate /rʌnsɪnət, -neɪt/ [bn] ⟨plantk⟩ getand

run·dale /rʌndeɪl/, run-rig [telb zn] ⟨BE⟩ rundale, bezit/pacht van grond in niet aaneensluitende stukken ⟨in het bijzonder in Schotland en Ierland⟩

¹run down [onov ww] [1] afnemen, minder worden ♦ *the school staff is running down rapidly* het lerarenkorps wordt snel kleiner [2] uitgeput raken, verzwakken, instorten, opraken, slijten ♦ *the battery has run down* de accu is leeg; *the old man had run down terribly* de oude man was verschrikkelijk verzwakt [3] reiken, zich uitstrekken (tot) ♦ *the lawn runs down to the wall* het grasveld loopt door tot aan de muur

²run down [ov ww] [1] omverrijden, aanrijden, ⟨bij uitbreiding; scheepv⟩ aanvaren [2] reduceren, verminderen in capaciteit, terugnemen ♦ *run down a factory* de capaciteit van een fabriek verminderen [3] uitputten, verzwakken ♦ *you look run down* je ziet er oververmoeid uit [4] opsporen, op het spoor komen, vinden, aantreffen, ontdekken, te pakken krijgen ♦ *run a criminal down* een misdadiger opsporen [5] kritiseren, afbreken, kleineren, vernederen ♦ *how dare you run her down?* hoe durf je haar te kleineren? [6] ⟨honkb⟩ uittikken ⟨honkloper⟩

¹run-down [telb zn] [1] vermindering, afname, het terugdraaien/terugvallen van de capaciteit [2] ⟨inf⟩ opsomming, overzicht, beschrijving, zeer gedetailleerd verslag [3] ⟨honkb⟩ rundown, het uittikken van een honkloper tussen 2 honken

²run-down [bn] [1] vervallen, verwaarloosd ⟨van iets⟩ [2] uitgeput, verzwakt, doodmoe ♦ *a run-down clock* een stilstaande klok

rune /ru:n/ [telb zn] [1] rune, letterteken van het Oudgermaanse alfabet [2] rune, magisch teken [3] runeninscriptie [4] Oudfins/Oudnoors gedicht

¹rung /rʌŋ/ [telb zn] sport, spaak, dwarshout, trede ♦ ⟨fig⟩ *at/on the highest/lowest rung of the ladder* boven/onder aan de ladder; *on the first rung* op de eerste trede/sport

²rung /rʌŋ/ [verleden tijd en volt deelw] → ring

run·ic /ru:nɪk/ [bn] [1] met runeninscriptie [2] in runen geschreven [3] ⟨bk⟩ runisch, op runen lijkend

¹run in [onov ww] [1] binnen komen lopen, een bezoekje afleggen, even langsrijden bij iemand [2] binnenlopen ⟨trein⟩

²run in [ov ww] [1] ⟨inf⟩ oppakken, mee naar het bureau nemen, aanhouden, inrekenen [2] inrijden ⟨auto⟩ [3] toevoegen [4] ⟨AuE⟩ opdrijven, bijeendrijven ⟨vee⟩ [5] ⟨boek⟩ plat zetten

run-in [telb zn] [1] aanloop, voorbereiding [2] ⟨inf⟩ ruzie, twist, meningsverschil, woordenwisseling [3] ⟨sl⟩ arrestatie [4] ⟨boek⟩ toevoeging

run into [onov ww] [1] stoten op, in botsing komen met ♦ ⟨scheepv⟩ *run into a bank* op een zandbank lopen; *run into a tree* tegen een boom botsen [2] terechtkomen in ♦ *the book ran into six editions* het boek beleefde/zag zes drukken; *run into difficulties/debts* in de problemen/schulden raken; *run into a storm* in een storm terechtkomen [3] tegen het lijf lopen, onverwacht ontmoeten [4] belopen, bedragen, oplopen

run·let /rʌnlɪt/ [telb zn] [1] stroompje, riviertje [2] ⟨vero⟩ ton, (wijn)vat

run·na·ble /rʌnəbl/ [bn] ⟨jacht⟩ jaagbaar, waarop gejaagd mag worden

run·nel /rʌnl/ [telb zn] [1] beekje, stroompje [2] goot, straatgoot

run·ner /rʌnə, ʌ-ər/ [telb zn] [1] ⟨benaming voor⟩ agent, vertegenwoordiger, loopjongen, bezorger, boodschappenjongen, agent, ontvanger, bankloper, boodschapper, koerier [2] vluchteling [3] smokkelaar, ⟨ook⟩ smokkelschip [4] ⟨benaming voor⟩ glijder, glijgoot, groef, schaatsijzer, rib ⟨van slee⟩, glijplank [5] loper, tafelloper, traploper, vloerloper [6] rolhanddoek [7] molensteen [8] ⟨gesch⟩ politieagent [9] ⟨plantk⟩ slingerplant [10] ⟨plantk⟩ uitloper [11] ⟨dierk⟩ ral, ⟨i.h.b.⟩ waterral ⟨Rallus aquaticus⟩ [12] ⟨dierk⟩ horsmakreel ⟨familie Carangidae⟩ [13] ⟨sport⟩

runner bean

(hard)loper, renpaard ⟨14⟩ ⟨vnl ind⟩ operateur ⟨15⟩ ⟨ijzergieterij⟩ gietloop ⟨16⟩ ⟨scheepv⟩ runner, lid van tijdelijke bemanning ⟨17⟩ ⟨scheepv⟩ blokkadebreker • ⟨BE; inf⟩ *do a runner* het op een lopen zetten, zich uit de voeten maken, er (als een speer) vandoor gaan

runner bean [telb zn] ⟨BE; plantk⟩ pronkboon ⟨Phaseolus coccineus⟩

run·ner-up [telb zn; mv: ook runners-up] ⟨1⟩ ⟨vnl sport⟩ tweede, wie op de tweede plaats eindigt, ⟨mv ook⟩ de overige medaillewinnaars/prijswinnaars ⟨2⟩ opjager, ⟨veiling⟩ prijsopdrijver

¹**run·ning** /rʌnɪŋ/ [niet-telb zn; (oorspronkelijk) gerund van run] ⟨1⟩ het rennen, ⟨i.h.b. sport⟩ hardlopen • *out of/in the running* kansloos/met een goede kans (om te winnen) ⟨2⟩ bediening, het in werking stellen · *running on the spot* pas op de plaats; *take up/make the running* het tempo bepalen; ⟨fig⟩ de toon aangeven, de leiding hebben

²**run·ning** /rʌnɪŋ/ [bn; tegenwoordig deelw van run] ⟨1⟩ hardlopend, rennend, hollend • *running jump* sprong met aanloop ⟨2⟩ lopend, stromend • *running sore* etterende wond; *running water* stromend water ⟨3⟩ lopend, doorlopend, continu, opeenvolgend • *running account* rekeningcourant; *running commentary* direct verslag, radioverslag, tv-verslag; ⟨mil⟩ *running fire* snelvuur; ⟨fig⟩ *a running fire of objections* een stortvloed van tegenwerpingen; *five times running* vijf keer achter elkaar; ⟨kaartsp⟩ *running flush* hand met opeenvolgende kaarten van dezelfde kleur; *running hand* lopend schrift; ⟨boek⟩ *running head(line)* hoofdregel, kopregel; *running repairs* lopende reparaties; *running stitch* rijgsteek ⟨4⟩ strekkend ⟨van lengtemaat⟩ · *running battle* strijd zonder eind; *give s.o. a running in business* iemand een voorsprong geven in het zakenleven; ⟨pol; pej⟩ *running dog* slaafse volgeling; *running gear* loopwerk ⟨van machines⟩; ⟨scheepv⟩ *running gear/rigging* lopend want; *running mate* ⟨AE; pol⟩ kandidaat voor de tweede plaats; ⟨sport⟩ gangmaker; ⟨atl⟩ looppartner, trainingspartner; ⟨AE; pol⟩ *be running mates* samen aan de verkiezingen meedoen; *in running order* goed werkend; ⟨AuE; plantk⟩ *running postman* Australische kruiper ⟨Kennedya⟩; *running start* goed begin, voorsprong; ⟨sport⟩ vliegende start; ⟨sl⟩ *take a running jump at yourself* maak dat je weg komt!

running board [telb zn] treeplank

running costs [alleen mv] lopende kosten/uitgaven

running dive [telb zn] ⟨schoonspringen⟩ sprong met aanloop

running event [telb zn] ⟨atl⟩ loopnummer

running light [telb zn] ⟨1⟩ ⟨scheepv⟩ boordlicht ⟨2⟩ navigatielicht ⟨vliegtuig⟩

running posture [telb zn] ⟨atl⟩ loophouding

running rotation [telb + niet-telb zn] ⟨atl⟩ walstechniek ⟨draaiende stapbewegingen van discuswerper⟩

running shoe [telb zn; vaak mv] ⟨sport, in het bijzonder atletiek⟩ (hard)loopschoen

run·ny /rʌni/ [bn; vergr trap: runnier] ⟨1⟩ vloeibaar, dun, gesmolten ⟨2⟩ lopend, druipend • *runny nose* loopneus, druipneus

¹**run off** [onov ww] ⟨1⟩ stromen, wegvloeien, uitvloeien ⟨2⟩ weglopen, wegvluchten • *run off with the money* er met het geld vandoor gaan; *run off with a married man* er met een getrouwde man vandoor gaan ⟨3⟩ plotseling afwijken, afzwenken, een andere kant op gaan · ⟨sl⟩ *run off at the mouth* te veel praten, zijn mond voorbijpraten

²**run off** [ov ww] ⟨1⟩ laten weglopen, laten wegstromen, aftappen ⟨2⟩ neerpennen, snel opschrijven ⟨3⟩ vlot opzeggen, opdreunen ⟨4⟩ reproduceren, afdraaien, afdrukken, fotokopiëren ⟨5⟩ ⟨sport⟩ een beslissingswedstrijd/beslissingsrace laten lopen

run-off [telb zn] ⟨1⟩ reproductie, afdruk, kopie ⟨2⟩ afvloeiing, overtollig/wegstromend (regen)water ⟨3⟩ ⟨pol⟩ herstemming ⟨4⟩ ⟨sport⟩ beslissende ronde/race ⟨na gelijke stand⟩ ⟨5⟩ ⟨paardsp⟩ afwijking ⟨van het parcours⟩

run-of-the-mill [bn] doodgewoon, niet bijzonder, alledaags

¹**run on** [onov ww] doorgaan, doorlopen, voortgaan • *time ran on* de tijd ging voorbij · *he will run on for ever* hij houdt geen seconde zijn mond, hij kletst de oren van je hoofd

²**run on** [ov ww] door laten lopen, door laten gaan, ⟨i.h.b. boek⟩ plat zetten, zetten zonder interlinies • *run the letters on* de letters aaneen schrijven; ⟨letterk⟩ *a run-on line* versregel met enjambement; *run the sentences on* de zinnen aan elkaar plakken (zonder nieuwe alinea)

run-on [telb zn] ⟨boek⟩ plat zetsel

run-on sentence [telb zn] ⟨vnl AE; taalk⟩ ± lintwormzin ⟨met komma's in plaats van puntkomma's⟩

¹**run out** [onov ww] ⟨1⟩ opraken • *our supplies have run out* onze voorraden zijn uitgeput ⟨2⟩ niets meer hebben, te weinig hebben • *I can't oblige you with candles, I've run out* ik kan u niet aan kaarsen helpen, ik ben erdoorheen; *we are running out of time* we komen tijd te kort ⟨3⟩ aflopen, niet langer gelden, eindigen ⟨4⟩ weglopen, wegstromen ⟨5⟩ vooruitsteken, uitspringen ⟨6⟩ weglopen, verdwijnen, vluchten • *run out on s.o./sth.* iemand/iets in de steek laten/laten zitten/laten vallen ⟨7⟩ ⟨inf⟩ bedragen, neerkomen op, belopen • *run out at less than expected* minder bedragen dan verwacht ⟨8⟩ ⟨sport⟩ finishen, binnenkomen, eindigen • *run out with fifty points* met vijftig punten eindigen ⟨9⟩ ⟨paardsp⟩ uitbreken, langs de hindernis lopen ⟨als overtreding⟩ ⟨10⟩ ⟨plantk⟩ uitspruiten, uitlopen

²**run out** [ov ww] ⟨1⟩ uitputten, iemand zich buiten adem laten rennen ⟨2⟩ laten uitsteken, naar voren steken ⟨3⟩ uitrollen, laten aflopen ⟨touw⟩ ⟨4⟩ verdrijven, wegjagen, deporteren • *run s.o. out of the country* iemand het land uitzetten ⟨5⟩ ⟨cricket⟩ uitmaken ⟨lopende batsman⟩ ⟨6⟩ ⟨sport⟩ uitlopen, voltooien · ⟨sl⟩ *run it out* de aandacht trekken ⟨door gepraat⟩; doorzeuren

run-out [telb zn] ⟨sl⟩ vlucht, ontsnapping

¹**run over** [onov ww] overlopen, overstromen · *run over with energy/joy* overlopen van energie/blijdschap; ⟨sprw⟩ *the last drop makes the cup run over* de laatste druppel doet de emmer overlopen

²**run over** [ov ww] overrijden

runrig [telb zn] → rundale

runt /rʌnt/ [telb zn] ⟨1⟩ dwerggrund, rund van klein ras ⟨in het bijzonder in Schotland en Wales⟩ ⟨2⟩ ondermaats dier, ⟨i.h.b. AE⟩ kleinste van een worp ⟨3⟩ dwergplant ⟨4⟩ nietig ding ⟨inf; vaak pej⟩ onderdeurtje, dwerg, onderkruipsel ⟨6⟩ ⟨pej⟩ hufter, ezel, rund ⟨7⟩ ⟨dierk⟩ Romein, groot soort tamme duif

run through [ov ww] ⟨1⟩ afdraaien • *run a tape/film through* een band/film afspelen/afdraaien ⟨2⟩ doorboren, doorsteken • *run through with a sabre* met een sabel doorsteken

run-through [telb zn] herhaling, opsomming, ⟨i.h.b. dram⟩ doorloop, ononderbroken repetitie, ⟨muz⟩ (eerste) lezing

runt·y /rʌnti/ [bn; zn: runtiness] ondermaats, dwergachtig

¹**run up** [onov ww] ⟨1⟩ opschieten, uitgroeien ⟨2⟩ krimpen, samentrekken ⟨3⟩ ⟨sport⟩ als tweede eindigen · *run up against difficulties* op moeilijkheden stuiten

²**run up** [onov + ov ww] ⟨fin⟩ (doen) oplopen, snel (doen) toenemen, opjagen • *run up bids* de prijs opjagen ⟨op veiling⟩; *her debts ran up/she ran up debts* ze maakte steeds meer schulden; *run up a score* schuld maken, een rekening laten oplopen

³**run up** [ov ww] ⟨1⟩ hijsen • *run up the white flag* de witte vlag hijsen ⟨2⟩ ⟨inf⟩ in elkaar flansen, haastig opzetten/in elkaar zetten/opbouwen, snel vastnaaien ⟨3⟩ snel optellen

Russia

[4] in de aanslag brengen ⟨geweer⟩ [5] laten draaien, opwarmen, op toeren laten komen ⟨motor⟩

run-up [telb zn] [1] voorbereidingstijd ♦ *run-up to an election* verkiezingsperiode [2] ⟨sport⟩ aanloop

run·way [telb zn] ⟨benaming voor⟩ baan, pad, weg, goot, rivierbedding, kanaalbedding, vaargeul, startbaan, landingsbaan, groef, rail, richel, sponning, transportband, glijbaan, valbaan, rollenbaan, ballenloop, dierspoor ⟨van drenkplaats⟩, brug, plankier, (smalle) loopplank ⟨tussen toneel en publiek⟩, aanloopbaan ♦ *aerial runway* tokkelbaan

ru·pee /ruːpiː/ [telb + niet-telb zn] ⟨fin⟩ roepie ⟨Aziatische munt(eenheid), in het bijzonder van India en Pakistan⟩

ru·pi·ah /ruːpiːɑ/ [telb zn; mv: ook rupiah] ⟨fin⟩ roepia, Indonesische munt(eenheid)

Rüp·pell's war·bler /rʊplz wɔːblə, ʌ- wɜːblər/ [telb zn] ⟨dierk⟩ Rüppells grasmus ⟨Sylvia rueppelli⟩

¹**rup·ture** /rʌptʃə, ʌ-ər/ [telb + niet-telb zn] [1] breuk, scheiding, twist, onenigheid [2] ⟨med⟩ scheur ⟨in weefsel⟩ [3] ⟨med⟩ breuk, hernia, ingewandsbreuk

²**rup·ture** /rʌptʃə, ʌ-ər/ [onov ww] [1] verbroken worden [2] ⟨med⟩ een scheur krijgen, scheuren [3] ⟨med⟩ een breuk krijgen

³**rup·ture** /rʌptʃə, ʌ-ər/ [ov ww] [1] verbreken, een breuk/scheiding veroorzaken in [2] ⟨med⟩ een scheur veroorzaken in, scheuren [3] ⟨med⟩ doen uitzakken, een hernia veroorzaken bij ♦ *rupture o.s. lifting sth.* zich een breuk tillen, een breuk oplopen door iets op te tillen

rup·ture·wort /rʌptʃəwɜːt, ʌ-ərwɜrt/ [niet-telb zn] ⟨plantk⟩ breukkruid ⟨Herniaria glabra⟩

ru·ral /rʊərəl, ʌrʊrəl/ [bn; bw: ~ly] landelijk, plattelands-, buiten-, dorps ♦ ⟨BE; anglic⟩ *rural dean* deken, hoofd der parochiale geestelijkheid; ⟨AE⟩ *rural free delivery* kosteloze postbezorging op het platteland; ⟨pol⟩ *rural district* bestuursdistrict van plattelandsgemeenten; ⟨AE⟩ *rural route* postbestellingsroute op het platteland; *rural seclusion* teruggetrokken leven op het platteland

ru·ral·i·ty /rʊəræləti, ʌrʊræləti/ [telb zn] [1] landelijkheid [2] landelijk trekje/kenmerk, ⟨i.h.b.⟩ boerse uitdrukking, plattelandsidioom

¹**ru·ral·ize** /rʊərəlaɪz, ʌrʊr-/ [onov ww] [1] op het platteland wonen [2] naar buiten gaan, vakantie houden op het platteland, een tijdje buiten wonen

²**ru·ral·ize** /rʊərəlaɪz, ʌrʊr-/ [ov ww] landelijk maken, er landelijk uit laten zien

ru·ri·de·ca·nal /rʊərɪdɪkeɪnl, ʌrʊr-/ [bn] ⟨anglic⟩ decanaal, van de deken, van het hoofd der parochiale geestelijkheid

Ru·ri·ta·ni·a /rʊərɪteɪniə, ʌrʊr-/ [eigennl] ⟨letterk⟩ Ruritanië ⟨imaginair rijk, naar boek van A. Hope⟩

¹**Ru·ri·ta·ni·an** /rʊərɪteɪniən, ʌrʊr-/ [eigennl] Ruritanisch, taal van Ruritanië

²**Ru·ri·ta·ni·an** /rʊərɪteɪniən, ʌrʊr-/ [telb zn] Ruritaniër, bewoner van Ruritanië

³**Ru·ri·ta·ni·an** /rʊərɪteɪniən, ʌrʊr-/ [bn] Ruritaans, als in Ruritanië, avontuurlijk, dramatisch, woest, romantisch

ru·sa /ruːsə/ [telb zn] ⟨dierk⟩ paardhert ⟨Cervus unicolor⟩

ruse /ruːz, ʌruːs/ [telb zn] list, truc, bedrog, krijgslist

¹**rush** /rʌʃ/ [telb zn] [1] ⟨benaming voor⟩ heftige beweging, snelle beweging, uitval, gedrang, stormloop, grote vraag, toeloop, toevloed, stormloop, snelle verovering, aanval ⟨ook leger⟩, vloed, sterke stroming, geraas, geruis, rush, het wegrennen met de bal in de handen ⟨om terreinwinst te maken⟩ ♦ *a rush of blood* bloedaandrang; *carry with a rush* stormenderhand innemen; *there is a rush for his latest novel* er is een grote vraag naar zijn laatste roman; *there was a rush to see this sensational film* er kwam een stormloop op deze geruchtmakende film [2] trekpleister, ⟨i.h.b.⟩ nieuw goudveld [3] ⟨AE⟩ rush, krachtmeting tussen eerste- en tweedejaarsstudenten [4] ⟨vaak mv⟩ ⟨film⟩ rush ⟨1e ongecorrigeerde kopie⟩ [5] ⟨dierk⟩ rush, plotselinge trek ⟨van trekvogels⟩ [6] ⟨plantk⟩ rus, bies [7] ⟨sl⟩ gejuich, bijval [8] ⟨sl⟩ het versieren ⟨van meisje⟩ [9] ⟨sl⟩ heerlijk gevoel [•] ⟨plantk⟩ *scouring rush* paardenstaart ⟨genus Equisetum⟩; ⟨i.h.b.⟩ schaafstro ⟨E. hyemale⟩

²**rush** /rʌʃ/ [telb zn, verzameln] bies, biezen, bus

³**rush** /rʌʃ/ [niet-telb zn; the] [1] haast, haastige activiteiten ♦ *what's the rush?* vanwaar de haast? [2] drukte, spits(uur)

⁴**rush** /rʌʃ/ [onov ww] [1] stormen, vliegen, rennen, zich haasten ♦ *rush at sth.* een wilde aanval doen op iets; *rush into the room* de kamer binnenstormen; *rush on* voortsnellen, voortjagen; *rush on s.o.* op iemand afkomen, iemand overvallen [2] razen, snel stromen, kolken, storten ♦ *the blood rushed to her face* het bloed vloog haar naar het gezicht [•] ondoordacht handelen, iets overijld doen ♦ *rush into print* onbezonnen tot publicatie overgaan; *rush into marriage* zich overhaast in een huwelijk storten; *rush to extremes* tot uitersten vervallen; *rush to conclusions* overijlde gevolgtrekkingen maken [4] ⟨sl⟩ agressief zijn, doordrammen [•] *rush on* haastig doorpraten, dooratelen; *a terrible thought rushed over me* er schoot mij plotseling iets vreselijks te binnen; ⟨sprw⟩ *fools rush in where angels fear to tread* ± de meester in zijn wijsheid gist, de leerling in zijn waan beslist, ± bezint eer gij begint

⁵**rush** /rʌʃ/ [ov ww] [1] meeslepen, meenemen, haastig vervoeren, meesleuren ♦ *rush s.o. to hospital* iemand ijlings naar het ziekenhuis brengen [2] opjagen, tot haast dwingen ♦ *rush s.o. into taking a decision* iemand dwingen een overhaast besluit te nemen; *rush on* opdrijven, opjagen, forceren [3] haastig behandelen, afraffelen ♦ *rush out* massaal produceren; *rush a bill through* een wetsontwerp er doorheen jagen; *the bill was rushed through Parliament* het wetsontwerp werd ijlings door het parlement gejaagd [4] ⟨AE⟩ veel aandacht besteden aan, werk maken van, proberen gedaan te krijgen, ⟨i.h.b.⟩ tot lidmaatschap overhalen ⟨van studentenvereniging⟩ [5] bestormen ⟨ook leger⟩, stormenderhand innemen, overmeesteren, overwinnen ♦ *rush an obstacle* in vliegende vaart een obstakel nemen [6] ⟨sl⟩ afzetten, extreme prijzen vragen van ♦ *they rushed me 500 pounds for it* ze hebben er maar liefst 500 pond voor durven vragen; *he rushed me out of 150 pounds* hij heeft me 150 pond afgezet [7] met biezen bestrooien [8] ⟨AE⟩ van/met biezen maken, matten [•] *rush s.o. into trouble* iemand roekeloos in moeilijkheden brengen

rush act [telb zn] ⟨inf⟩ haastkarwei, haastklus [•] *give a girl the rush act* een meisje snel proberen te versieren; *give s.o. the rush act* iemand opjagen

rush-bot·tomed [bn] met matten zitting, biezen-

rush candle, rush·light [telb zn] [1] bieskaars, kaars met biezen pit [2] iets onbetekenends, flauwe glimp, schijntje

rush delivery [telb + niet-telb zn] spoedbestelling

rush-hour [niet-telb zn] spitsuur

rush job [telb zn] haastklus, spoedkarwei

rush order [telb zn] ⟨handel⟩ spoedbestelling

rush seat [telb zn] ⟨AE⟩ onbesproken plaats ⟨in theater⟩

rush·y /rʌʃi/ [bn; vergr trap: rushier] [1] biesachtig [2] vol biezen, begroeid met biezen

rusk /rʌsk/ [telb zn] ⟨cul⟩ beschuit, harde biscuit, scheepsbeschuit

Russ [afk] [1] (Russia) [2] (Russian)

Rus·sell cord /rʌsl kɔːd, ʌ-kɔrd/ [niet-telb zn] geribde stof

¹**rus·set** /rʌsɪt/ [telb zn] winterappel

²**rus·set** /rʌsɪt/ [telb + niet-telb zn] roodbruin

³**rus·set** /rʌsɪt/ [niet-telb zn] ⟨gesch⟩ eigen geweven stof, grove roodbruine stof

⁴**rus·set** /rʌsɪt/ [bn] [1] roodbruin [2] van grove roodbruine stof

¹**Rus·sia** /rʌʃə/ [eigennl] Rusland

Russia

²**Rus·sia** /rʌʃə/, ⟨ook⟩ **Russia leather** [niet-telb zn] juchtleer, boekbindersleer

Russia	
naam	Russia Rusland
officiële naam	Russian Federation Russische Federatie
inwoner	Russian Rus
inwoonster	Russian Russische; Russin
bijv. naamw.	Russian Russisch
hoofdstad	Moscow Moskou
munt	Russian rouble Russische roebel
werelddeel	Europe, Asia Europa, Azië
int. toegangsnummer 7 www .ru auto RU	

¹**Rus·sian** /rʌʃn/ [eigenn] Russisch, de Russische taal
²**Rus·sian** /rʌʃn/ [telb zn] ① Rus(sin) ② ⟨AE; sl; beled⟩ zuidelijke neger in het Noorden
³**Rus·sian** /rʌʃn/ [bn] Russisch ♦ *Russian boots* Russische laarzen, wijde laarzen; ⟨AE⟩ *Russian dressing* scherpe slasaus ⟨mayonaise met chili en piment⟩; *Russian olive* oleaster; *Russian Soviet Federated Socialist Republic* Russische Socialistische Federatieve Sovjetrepubliek; *Russian Revolution* Oktoberrevolutie ⟨1917⟩; *Russian roulette* Russisch roulette; ⟨BE⟩ *Russian salad* gemengde sla met mayonaise; *Russian tea* Russische thee, thee met citroen; ⟨plantk⟩ *Russian thistle* loogkruid ⟨Salsola kali tenuifolia⟩; *Russian wolfhound* barzoi, Russische windhond

Rus·sian·ize /rʌʃənaɪz/, **Rus·si·fy** /rʌsɪfaɪ/ [ov ww] russificeren, Russisch maken
Rus·si·fi·ca·tion /rʌsɪfɪkeɪʃn/ [niet-telb zn] russificatie
Russ·ki /rʌski/ [telb zn] ⟨pej, scherts⟩ Rus
Rus·so- /rʌsoʊ/ russo-, Russisch ♦ *Russophile* russofiel
¹**Rus·so·phile** /rʌsoʊfaɪl/ [telb zn] russofiel
²**Rus·so·phile** /rʌsoʊfaɪl/ [bn] russofiel
Rus·so·phil·i·a /rʌsoʊfɪliə/ [niet-telb zn] russofilie
¹**Rus·so·phobe** /rʌsoʊfoʊb/ [telb zn] lijder aan russofobie
²**Rus·so·phobe** /rʌsoʊfoʊb/ [bn] met russofobie (behept)
Rus·so·pho·bi·a /rʌsoʊfoʊbɪə/ [niet-telb zn] russofobie
¹**rust** /rʌst/ [niet-telb zn] ① roest, oxidatie ② verval, verwaarlozing ③ ⟨vaak attributief⟩ roestkleur, roestbruin ④ ⟨plantk⟩ roest, (ziekte door) Uredinales
²**rust** /rʌst/ [onov ww] ① roesten, oxideren, ⟨fig⟩ in verval raken, verwaarloosd worden ♦ *rust away* wegroesten, vergaan door roest ② roestkleurig worden, bruin verkleuren ③ ⟨plantk⟩ roest hebben, met roest zijn aangetast ● ⟨sprw⟩ *it's better to wear out than to rust out* het is beter te slijten dan te roesten
³**rust** /rʌst/ [ov ww] ① met roest bedekken/aantasten, laten roesten, ⟨fig⟩ verwaarlozen, laten versloffen ② roestkleurig maken

rust bucket [telb zn] ⟨inf⟩ roestbak ⟨auto, schip⟩
rust-eat·en [bn] verroest
¹**rus·tic** /rʌstɪk/ [telb zn] ① plattelander, buitenman, boer ② ⟨pej⟩ lomperik, boer, ongelikte beer
²**rus·tic** /rʌstɪk/ [bn; bw: ~ally] ① boers, simpel, niet verfijnd, niet beschaafd, onbeholpen, niet stads ② rustiek, ruw gemaakt, uit grof materiaal gemaakt ♦ *rustic bridge* rustieke brug; *rustic seat* rustieke stoel, stoel uit onbewerkte stammetjes; *rustic work* meubelen (e.d.) uit onbewerkt hout ③ landelijk, dorps, provinciaal ④ ⟨bouwk⟩ rustiek, in ruw behouwen natuursteen, in rustieke stijl uitgevoerd ● ⟨dierk⟩ *rustic bunting* bosgors ⟨Emberiza rustica⟩
¹**rus·ti·cate** /rʌstɪkeɪt/ [onov ww] ⟨form; scherts⟩ op het platteland (gaan) leven, buiten wonen
²**rus·ti·cate** /rʌstɪkeɪt/ [ov ww] ① verwijderen, (tijdelijk) wegsturen van de universiteit ② ⟨bouwk⟩ in rustiek werk uitvoeren
¹**rus·ti·ca·tion** /rʌstɪkeɪʃn/ [telb zn] ⟨bouwk⟩ rustiek

²**rus·ti·ca·tion** /rʌstɪkeɪʃn/ [telb + niet-telb zn] (tijdelijke) verwijdering van de universiteit
³**rus·ti·ca·tion** /rʌstɪkeɪʃn/ [niet-telb zn] het landleven, het buiten wonen
¹**rus·ti·ci·ty** /rʌstɪsəti/ [niet-telb zn] ① boersheid, eenvoud, gebrek aan verfijning ② rusticiteit, ruwheid, het uit grof materiaal gemaakt zijn ③ landelijkheid
²**rus·ti·ci·ty** /rʌstɪsəti/ [verzamelh] plattelanders, boeren, plattelandsbevolking
rus·tic-work [niet-telb zn] ⟨bouwk⟩ rustiek werk, rustica
¹**rus·tle** /rʌsl/ [telb zn] ① geruis, geritsel ② ⟨sl⟩ (overdag) uitbesteed kind ③ ⟨sl⟩ diefstal
²**rus·tle** /rʌsl/ [onov ww] ① ruisen, ritselen, een ruisend/ritselend geluid maken ♦ *the ladies all rustled in silk* de dames waren allemaal in ritselende zijden japonnen gekleed; *rustle through the bracken* ritselend door de varens lopen ② ⟨AE; inf⟩ rondrennen, erg bezig zijn ③ ⟨AE⟩ vee roven ④ ⟨AE; inf⟩ voedsel vergaren; → rustling
³**rus·tle** /rʌsl/ [ov ww] ① laten ruisen/ritselen, ritselen met ② ⟨AE⟩ roven ⟨vee, paarden⟩ ③ ⟨AE; inf⟩ snel klaarspelen, vol energie doen ④ ⟨AE; inf⟩ weten te bemachtigen, bij elkaar weten te krijgen ♦ *rustle up a few friends* een paar vrienden bij elkaar trommelen; *rustle s.o. up a meal* een maaltijd in elkaar draaien voor iemand; → rustling
rus·tler /rʌslə, ^-ər/ [telb zn] ⟨AE; inf⟩ ① energieke kerel, doordouwer ② veedief
rust·less /rʌstləs/ [bn] niet geroest, vrij van roest, vlekvrij
¹**rus·tling** /rʌslɪŋ/ [telb + niet-telb zn]; (oorspronkelijk) gerund van rustle] geritsel, ritselend geluid, het ritselen
²**rus·tling** /rʌslɪŋ/ [niet-telb zn]; (oorspronkelijk) gerund van rustle] het roven van vee, veedieverij
¹**rust·proof** [bn] roestvrij, roestbestendig
²**rust·proof** [ov ww] ⟨ind⟩ roestvrij maken, roestbestendig maken
rust·y /rʌsti/ [bn; vergr trap: rustier; bw: rustily; zn: rustiness] ① roestig, verroest, geroest, door roest aangetast ② oud, stijf, stram, door ouderdom aangetast ③ schor, hees, rauw, schrapend ④ verwaarloosd, niet goed meer te gebruiken, ⟨fig⟩ verstoft, niet meer paraat ♦ *my French has become a little rusty* mijn Frans is niet meer zo vlot; *a bit rusty on French* niet meer zo goed in Frans ⑤ verouderd, uit de tijd ⑥ verschoten, bruin geworden ⟨van zwarte stof⟩ ⑦ roestbruin, roestkleurig ⑧ ruw, onbehouwen, humeurig, onbeschoft ♦ ⟨inf⟩ *cut up/turn up rusty* nijdig worden
rust·y-dust·y [telb zn] ⟨AE; sl⟩ ① luie reet ② (toneel)revolver

¹**rut** /rʌt/ [telb zn] ① voor, groef, geul, spoor ② vaste gang van zaken, gebruikelijke handelwijze, routine, vastgeroeste gewoonte, sleur ♦ *be in a rut* vastzitten in een sleur; *get into a rut* vastroesten in gewoontes
²**rut** /rʌt/ [niet-telb zn] ⟨dierk⟩ ① bronst, paardrift, paartijd ② oestrus, paartijd
³**rut** /rʌt/ [onov ww] ⟨dierk⟩ bronstig zijn; → rutting
⁴**rut** /rʌt/ [ov ww] voren maken in ♦ *deeply rutted* met diepe voren; → rutting
¹**ru·ta·ba·ga** /ruːtəbeɪɡə/ [telb zn] ⟨AE; sl⟩ dollar
²**ru·ta·ba·ga** /ruːtəbeɪɡə/ [telb + niet-telb zn] ⟨plantk⟩ koolraap ⟨Brassica napobrassica⟩
ruth /ruːθ/ [niet-telb zn] ⟨vero⟩ ① medelijden ② leed, ellende, smart
¹**Ru·the·ni·an** /ruːθiːniən/ [eigenn] ⟨aardr⟩ Roetheens, de Roetheense taal
²**Ru·the·ni·an** /ruːθiːniən/ [telb zn] ⟨aardr⟩ Roetheen
³**Ru·the·ni·an** /ruːθiːniən/ [bn] Roetheens, Karpato-Oekraïens

ru·the·ni·um /ruːθiːniəm/ [niet-telb zn] ⟨scheik⟩ rutheni-

um 〈element 44〉
ruth·er·ford·i·um /rʌðəfɔːdɪəm, ᴬrʌðərfɔr-/ [niet-telb zn] 〈scheik〉 rutherfordium 〈element 104〉
ruth·ful /ruːθʊl/ [bn; bw: ~ly; zn: ~ness] 〈vero〉 1 vol smart(en), droevig, droef 2 smartelijk, meelijwekkend
ruth·less /ruːθləs/ [bn; bw: ~ly; zn: ~ness] meedogenloos, wreed, hard, zonder genade
ru·tile /ruːtaɪl, ᴬ-tiːl/ [niet-telb zn] 〈scheik〉 rutiel, titaniumoxide
rut·ting /rʌtɪŋ/ [bn; tegenwoordig deelw van rut] bronstig, in de bronst/paartijd
rut·tish /rʌtɪʃ/ [bn] bronstig, geil
rut·ty /rʌti/ [bn; vergr trap: ruttier; zn: ruttiness] vol voren, vol wielsporen, doorploegd
RV [afk] 1 〈AE〉 (recreational vehicle) kampeerauto, camper 2 〈Bijb〉 (Revised Version)
RW [afk] 1 (Right Worshipful) 2 (Right Worthy)
Rwan·da, Ru·an·da /rʊændə, ᴬrʊɑndə/ [eigenn] Rwanda

Rwanda	
naam	Rwanda *Rwanda*
officiële naam	Rwandese Republic *Republiek Rwanda*
inwoner	Rwandan *Rwandees*
inwoonster	Rwandan *Rwandese*
bijv. naamw.	Rwandan *Rwandees*
hoofdstad	Kigali *Kigali*
munt	Rwandese franc *Rwandese frank*
werelddeel	Africa *Afrika*
int. toegangsnummer 250 www .rw auto RWA	

¹**Rwan·dan, Ru·an·dan** /rʊændən, ᴬrʊɑndən/ [telb zn] Rwandees, Rwandese
²**Rwan·dan, Ru·an·dan** /rʊændən, ᴬrʊɑndən/ [bn] Rwandees, uit/van/m.b.t. Rwanda
Rx [afk] 1 〈AE〉 (prescription) 2 (recipe) 3 (tens of rupees)
-ry → **-ery**
Ry, Rwy [afk] (railway)
¹**rye** /raɪ/ [telb zn] 〈zigeunertaal〉 rye, heer
²**rye** /raɪ/ [telb + niet-telb zn] whisky, roggewhisky
³**rye** /raɪ/ [niet-telb zn] 1 〈plantk〉 rogge 〈Secale cereale〉 2 〈vnl AE〉 roggebrood
rye-grass [niet-telb zn] 〈plantk〉 raaigras 〈Lolium〉
rye·peck [telb zn] 〈scheepv〉 staak, meerstok
ry·o·kan /rioʊkən, ᴬ-kɑn/ [telb zn] ryokan, traditioneel Japans hotel
ry·ot /raɪət/ [telb zn] pachter, boer 〈in India〉
RYS [afk] (Royal Yacht Squadron)

S

¹**s, S** /es/ [telb zn; mv: s's, zelden ss, S's, zelden Ss] [1] ⟨de letter⟩ s, S [2] S-vorm(ig iets/voorwerp), s, kronkel
²**s, S** [afk] [1] (Sabbath) [2] (saint) ᴴ· [3] (Saturday) ᶻᵃ [4] (Saxon) [5] (school) [6] (sea) [7] (seaman) [8] (second) ˢᵉᶜ· [9] (section) [10] (see) ᶻ· [11] (semi) [12] (September) ˢᵉᵖᵗ [13] (shilling) ˢ [14] ⟨AE; med⟩ (signature) ˢ· [15] (singular) ᵉⁿᵏ· [16] (sire) [17] (sister) [18] (small) [19] (Society) ᴹⁱʲ· [20] (solidus) [21] (solo) [22] (son) ᶻⁿ· [23] (soprano) ˢ· [24] (South(ern)) ᶻ· [25] (steamer) ˢˢ [26] (substantive) [27] (succeeded) [28] (Sunday) ᶻᵒ [29] (surplus)
-s /z, s, ɪz/ [1] ⟨vormt meervoud van naamwoord⟩ ♦ *days* dagen [2] ⟨suffix van bijwoord/bijwoordelijke bepaling⟩ ♦ *unawares* onverhoeds, per ongeluk; *Thursdays* donderdags, op donderdagen [3] ⟨suffix van de 3e persoon enkelvoud aantonende wijs⟩ ♦ *he walks* hij loopt [4] ⟨suffix van het bezittelijk voornaamwoord⟩ ♦ *it's hers* het is van haar [5] ⟨bijnaamvormend suffix⟩ ♦ *Fats* de Dikke, dikzak
-'s /z, s, ɪz/ [1] ⟨bezittelijk suffix⟩ ♦ *father's* vaders, van vader; *the grocer's* de kruidenier(swinkel) [2] ⟨meervoud suffix van letter of symbool⟩ ♦ *b's b*'s
¹**'s** [1] ⟨samentrekking van is⟩ ♦ *he's dead* hij is dood [2] ⟨samentrekking van has⟩ ♦ *she's left* ze is weg [3] ⟨zelden⟩ ⟨samentrekking van does⟩ ♦ *what's he want?* wat wil ie?
²**'s** ⟨samentrekking van us⟩
S [afk] (small) ˢ
sa [afk] ⟨boek⟩ (sine anno) ᶻ·ʲ·
SA [afk] [1] (Salvation Army) ᴸᵈᴴ [2] (South Africa) [3] (South America) [4] (South Australia)
SAA [afk] (Small Arms Ammunition)
sab /sæb/ [telb zn] ⟨sl⟩ ˢᵃᵇᵒᵗᵉᵘʳ ⟨van een jacht⟩, anti-jacht-activist
Sab [afk] (Sabbath)
SAB [afk] (South African Broadcasting Corporation)
sa·ba·dil·la /sæbədɪlə/ [niet-telb zn] ⟨plantk⟩ ˢᵃᵇᵃᵈⁱˡ⁻ᵏʳᵘⁱᵈ ⟨Schoenocaulon officinale⟩
¹**Sa·ba·e·an, Sa·be·an** /səbiːən/ [telb zn] ⟨gesch, Bijb⟩ ˢᵃᵇᵃᵃⁿ, inwoner van Saba/Seba
²**Sa·ba·e·an, Sa·be·an** /səbiːən/ [niet-telb zn] ᵈᵉ ᵗᵃᵃˡ ᵛᵃⁿ ˢᵃᵇᵃ
³**Sa·ba·e·an, Sa·be·an** /səbiːən/ [bn] ⟨gesch, Bijb⟩ ˢᵃ⁻ᵇᵃᵃⁿˢ
Sa·ba·ism /seɪbəɪzm/ [niet-telb zn] ⟨gesch, theol⟩ ˢᵃ⁻ᵇᵃᵉïˢᵐᵉ, sterrendienst
Sa·ba·oth /sæbeɪɒθ, ᴬ⁻ɑθ/ [alleen mv] ⟨Bijb⟩ ᶻᵉᵇᵃᵒᵗʰ ♦ *Lord/God of Sabaoth* de Here Zebaoth, de Heer der heerscharen
sabbat [eigenn, telb zn] → **Sabbath**

¹**Sab·ba·tar·i·an** /sæbəteərɪən, ᴬ⁻ter-/ [telb zn] ⟨rel⟩ [1] ˢᵃᵇᵇᵃᵗʰᵉⁱˡⁱᵍᵉʳ, wie het sabbatsgebod streng handhaaft [2] ˢᵃᵇᵇᵃᵗⁱˢᵗ, lid van sekte die zaterdag als rustdag heeft
²**Sab·ba·tar·i·an** /sæbəteərɪən, ᴬ⁻ter-/ [bn] ⟨rel⟩ [1] ˢᵃᵇ⁻ᵇᵃᵗˢ⁻, van de sabbat [2] ᵛᵃⁿ ᵈᵉ ˢᵃᵇᵇᵃᵗʰᵉⁱˡⁱᵍᵉʳˢ/ˢᵃᵇᵇᵃᵗᵗⁱˢ⁻ᵗᵉⁿ
Sab·ba·tar·i·an·ism /sæbəteərɪənɪzm, ᴬ⁻ter-/ [niet-telb zn] ⟨rel⟩ ˢᵗʳᵉⁿᵍᵉ ʰᵃⁿᵈʰᵃᵛⁱⁿᵍ ᵛᵃⁿ ᵈᵉ ˢᵃᵇᵇᵃᵗˢʳᵘˢᵗ
Sab·bath /sæbəθ/ [eigenn, telb zn] ⟨rel⟩ [1] ˢᵃᵇᵇᵃᵗ, rustdag, zaterdag ♦ *break the Sabbath* de sabbat schenden; *keep the Sabbath* sabbat houden/vieren [2] ˢᵃᵇᵇᵃᵗ, zondag ⟨ook schertsend⟩ [3] ʳᵘˢᵗᵗⁱʲᵈ, rustpauze
sabbath day [eigenn] ⟨rel⟩ ˢᵃᵇᵇᵃᵗ⁽ᵈᵃᵍ⁾
¹**sab·bat·i·cal** /səbætɪkl/ [telb zn] ˢᵃᵇᵇᵃᵗ⁽ˢ⁾ᵛᵉʳˡᵒᶠ, verlofjaar, ⟨België⟩ sabbat(s)jaar ⟨aan universiteit⟩ ♦ *on sabbatical* met sabbat(s)verlof
²**sab·bat·i·cal** /səbætɪkl/, **sab·bat·ic** /səbætɪk/ [bn] ˢᵃᵇᵇᵃᵗ⁽ˢ⁾⁻ ♦ ⟨jod⟩ *Sabbatical year* sabbat(s)jaar · *sabbatical leave/year* sabbat(s)verlof, verlofjaar; ⟨België⟩ sabbat(s)jaar ⟨aan universiteit⟩
¹**sab·bat·ize, sab·bat·ise** /sæbətaɪz/ [onov ww] ˢᵃᵇᵇᵃᵗ ᵛⁱᵉʳᵉⁿ
²**sab·bat·ize, sab·bat·ise** /sæbətaɪz/ [ov ww] ᵗᵒᵗ ˢᵃᵇ⁻ᵇᵃᵗ/ʳᵘˢᵗᵈᵃᵍ ᵐᵃᵏᵉⁿ, als sabbat vieren
sabe → **savvy**
¹**Sa·bel·li·an** /səbelɪən/ [telb zn] [1] ⟨gesch, aardr⟩ ˢᵃᵇᵉˡˡⁱëʳ ⟨lid van bepaalde Italische stam⟩ [2] ⟨rel⟩ ˢᵃᵇᵉˡˡⁱᵃᵃⁿ, aanhanger van Sabellius
²**Sa·bel·li·an** /səbelɪən/ [bn] [1] ˢᵃᵇᵉˡˡⁱˢᶜʰ [2] ˢᵃᵇᵉˡˡⁱᵃᵃⁿˢ
saber → **sabre**
¹**Sa·bine** /sæbaɪn, ᴬ⁻seɪbaɪn/ [telb zn] ⟨gesch, aardr⟩ ˢᵃᵇⁱʲⁿ
²**Sa·bine** /sæbaɪn, ᴬ⁻seɪbaɪn/ [niet-telb zn] ⟨gesch, aardr⟩ ˢᵃᵇⁱʲⁿˢ, de Sabijnse taal
³**Sa·bine** /sæbaɪn, ᴬ⁻seɪbaɪn/ [bn] ⟨gesch, aardr⟩ ˢᵃᵇⁱʲⁿˢ · ⟨dierk⟩ *Sabine gull* vorkstaartmeeuw ⟨Larus sabini⟩
¹**sa·ble** /seɪbl/ [telb zn] [1] ⟨dierk⟩ ˢᵃᵇᵉˡᵐᵃʳᵗᵉʳ, sabeldier ⟨Martes zibellina⟩ [2] ⟨dierk⟩ ᶻʷᵃʳᵗᵉ ᵖᵃᵃʳᵈᵃⁿᵗⁱˡᵒᵖᵉ ⟨Hippotragus niger⟩ [3] ⟨dierk⟩ ᵏᵒᵒˡᵛⁱˢ ⟨familie Anopoploma fimbria⟩ [4] ˢᶜʰⁱˡᵈᵉʳˢᵏʷᵃˢᵗ ᵛᵃⁿ ˢᵃᵇᵉˡʰᵃᵃʳ
²**sa·ble** /seɪbl/ [niet-telb zn] [1] ˢᵃᵇᵉˡᵇᵒⁿᵗ [2] ᵐᵃʳᵗᵉʳᵇᵒⁿᵗ [3] ⟨vaak attributief⟩ ⟨heral⟩ ˢᵃᵇᵉˡ, zwart [4] ⟨vaak attributief⟩ ⟨form⟩ ᶻʷᵃʳᵗ, donker, duister
sable antelope [telb zn] ⟨dierk⟩ ᶻʷᵃʳᵗᵉ ᵖᵃᵃʳᵈᵃⁿᵗⁱˡᵒᵖᵉ ⟨Hippotragus niger⟩
sa·bled /seɪbld/ [bn] ⁱⁿ ᵈᵉ ʳᵒᵘʷ
sa·ble·fish [telb zn] ⟨dierk⟩ ᵏᵒᵒˡᵛⁱˢ ⟨familie Anoplopoma fimbria⟩

Sable Majesty [eigenn] → His Sable Majesty
sa·bles /seɪblz/ [alleen mv] [1] rouwkleding, de rouw [2] sabelbont, bontgarnering, bontje
sa·bly /seɪbli/ [bw] [1] duister, donker, somber [2] satanisch
sa·bot /sæbou, ˄səbou/ [telb zn] [1] klomp [2] schoen met houten zool [3] bandschoen
¹**sab·o·tage** /sæbətɑːʒ/ [niet-telb zn] sabotage
²**sab·o·tage** /sæbətɑːʒ/ [onov + ov ww] saboteren (ook figuurlijk), belemmeren, in de war sturen, verijdelen
sa·bot·ed /sæboud, ˄səboud/ [bn] met klompen aan
sab·o·teur /sæbətɜː, ˄-tɜr/ [telb zn] saboteur
sa·bra /sɑːbrə/ [telb zn] sabra, in Israël geboren Israëli
¹**sa·bre**, ⟨AE⟩ **sa·ber** /seɪbə, ˄-ər/ [telb zn] [1] ⟨mil⟩ sabel [2] ⟨mil⟩ cavalerist ♦ *a thousand sabres* (een leger van) duizend cavaleristen [3] ⟨sport⟩ sabel, schermsabel • *rattle the/one's sabre* met wapengekletter/oorlog dreigen
²**sa·bre**, ⟨AE⟩ **sa·ber** /seɪbə, ˄-ər/ [niet-telb zn] [1] militaire macht, oorlogsdreiging [2] het schermen op de sabel
³**sa·bre**, ⟨AE⟩ **sa·ber** /seɪbə, ˄-ər/ [ov ww] een sabelhouw geven, neersabelen, verwonden met de sabel
sa·bre-bill [telb zn] ⟨dierk⟩ [1] wulp [2] kolibriesnavelige boomklimmer ⟨Campylorhampus trochilirostris⟩
sa·bre-cut [telb zn] sabelhouw, slag met de sabel, wond/litteken van een sabelhouw
sa·bre-rat·tling [niet-telb zn] sabelgekletter, het dreigen met militair geweld
sa·bre-saw [telb zn] decoupeerzaag
sa·bre·tache /sæbətæʃ, ˄seɪbər-/ [telb zn] ⟨mil⟩ sabeltas
sa·bre-toothed [bn] ⟨dierk⟩ sabel- ♦ *sabre-toothed lion* sabelleeuw; *sabre-toothed tiger* sabeltijger (uitgestorven diersoort; Smilodon)
sa·breur /səbrɜː, ˄-brɜr/ [telb zn] soldaat met sabel, ⟨i.h.b.⟩ cavalerist
sa·bre-wing [telb zn] ⟨dierk⟩ sabelvleugel ⟨Campylopterus⟩
sab·u·lous /sæbjuləs, ˄-bjə-/ [bn] zandig, korrelig
sac /sæk/ [telb zn] [1] ⟨biol⟩ zak(achtige holte), blaas, beurs, etterzak [2] handtas
sac·cade /səkɑːd, -keɪd/ [telb zn] [1] korte oogbeweging ⟨bijvoorbeeld bij het lezen⟩ [2] ruk ⟨aan teugel⟩
sac·cate /sækeɪt/ [bn] [1] zakvormig [2] ingesloten in een zak, ingekapseld
sac·cha·rate /sækəreɪt/ [telb zn] ⟨scheik⟩ sacharaat, zout van suikerzuur
sac·char·ic /səkærɪk/ [bn, attr] ⟨scheik⟩ suiker- ♦ *saccharic acid* suikerzuur
sac·cha·ride /sækəraɪd/ [telb + niet-telb zn] ⟨scheik⟩ sacharide, sacharose, suiker
sac·cha·rif·er·ous /sækərɪfrəs/ [bn] ⟨scheik⟩ suikerhoudend, suikervormend
sac·char·i·fy /səkærɪfaɪ/ [ov ww] ⟨scheik⟩ in suiker omzetten ⟨bijvoorbeeld zetmeel⟩, doen versuikeren, tot suiker doen uitkristalliseren
sac·cha·rim·e·ter /sækərɪmɪtə, ˄-mɪtər/ [telb zn] ⟨scheik⟩ sacharimeter, suikermeter
sac·cha·rin /sækərɪn/ [niet-telb zn] ⟨scheik⟩ sacharine, suikersurrogaat
sac·cha·rine /sækəriːn/ [bn; bw: ~ly] [1] suikerachtig, sacharine-, suikerhoudend [2] mierzoet [3] ⟨fig⟩ suikerzoet, zoetsappig, overbeleefd
sac·cha·ro- /sækərou/ [scheik] sacharo-, suiker- ♦ *saccharogenic* suikervormend
sac·cha·rom·e·ter /sækərɒmɪtə, ˄-rɑmɪtər/ [telb zn] ⟨scheik⟩ sacharometer, sacharimeter, suikermeter
sac·cha·rom·e·try /sækərɒmɪtri, ˄-rɑmɪtri/ [niet-telb zn] ⟨scheik⟩ sacharimetrie, bepaling van het suikergehalte
sac·cha·rose /sækərous/ [niet-telb zn] ⟨scheik⟩ sacharose, sucrose, sacharide, rietsuiker, bietsuiker

sac·ci·form /sæksɪfɔːm, ˄-fɔrm/ [bn] zakvormig
sac·cu·lar /sækjulə, ˄sækjələr/, **sac·cu·late** /-lət/ [bn] zakvormig, met holtes, in zakken onderverdeeld, blaasvormig
sac·cule /sækjuːl/ [telb zn] zakje, kleine holte, blaasje
sac·er·do·cy /sækədousi, ˄sæsər-/ [niet-telb zn] [1] priesterschap, priesterstaat, priesterdom [2] priesterambt, priesterfunctie
sac·er·do·tal /sækədoutl, ˄sæsərdoutl/ [bn; bw: ~ly] [1] priesterlijk, sacerdotaal [2] grote macht aan priesters toeschrijvend
sac·er·do·tal·ism /sækədoutəlɪzm, ˄sæsərdoutlɪzm/ [niet-telb zn] [1] toekenning van bovennatuurlijke macht aan priesters [2] priesterheerschappij
sac·er·do·tal·ist /sækədoutəlɪst, ˄sæsərdoutlɪst/ [telb zn] [1] iemand die bovennatuurlijke macht aan priesters toekent [2] aanhanger van priesterheerschappij
SACEUR [telb zn] (Supreme Allied Commander, Europe) Saceur (opperbevelhebber van NATO in Europa)
sa·chem /seɪtʃəm/ [telb zn] [1] sachem ⟨indiaans opperhoofd⟩ [2] ⟨AE⟩ politiek leider, kopstuk, partijbonze
¹**sa·chet** /sæʃeɪ, ˄sæʃeɪ/ [telb zn] [1] sachet, reukzakje [2] (plastic) ampul ⟨in het bijzonder voor shampoo⟩
²**sa·chet** /sæʃeɪ, ˄sæʃeɪ/ [niet-telb zn] reukstoffen, reukwerk
¹**sack** /sæk/ [telb zn] [1] zak, baal, jutezak [2] zakjurk, ⟨gesch⟩ sak [3] wijde jas ⟨niet getailleerd⟩ [4] ⟨vnl AE⟩ (papieren) boodschappentas [5] → sackful • ⟨AE; inf⟩ *be left holding the sack* de schuld krijgen, het alleen moeten opknappen; ⟨sprw⟩ *an empty sack cannot stand upright* ± zonder water draait de molen niet, ± een lege beurs staat moeilijk recht
²**sack** /sæk/ [niet-telb zn] [1] ⟨the⟩ ⟨inf⟩ zak, de bons, ontslag, congé ♦ *get the sack* eruit vliegen, op de keien gezet worden; *give s.o. the sack* iemand de zak geven, iemand de laan uitsturen [2] ⟨the⟩ plundering ♦ *put a town to the sack* een stad plunderen [3] ⟨the⟩ ⟨AE; inf⟩ bed, nest ♦ *hit the sack* gaan pitten/maffen, onder zeil gaan [4] ⟨gesch⟩ sec ⟨Spaanse wijn⟩ [5] ⟨sl⟩ slaap [6] ⟨American football⟩ het (tackelen en) neerhalen
³**sack** /sæk/ [ov ww] [1] in zakken doen [2] plunderen, leeghalen, beroven [3] ⟨inf⟩ de laan uitsturen, ontslaan, aan de dijk zetten, de zak/de bons geven ♦ *be sacked* eruit vliegen [4] ⟨American football⟩ (tackelen en) neerhalen • zie: **sack out**; → **sacking**
sack·but /sækbʌt/ [telb zn] schuiftrombone ⟨uit de middeleeuwen⟩
sack·cloth [niet-telb zn] [1] jute, zaklinnen, zakkengoed, pakdoek [2] ⟨fig⟩ boetekleed ♦ *in sackcloth and ashes* in zak en as, in rouw
sack coat [telb zn] ongetailleerd colbert
sack·ful /sækful/ [telb zn; mv: ook sacksful] zak, zak vol ♦ *sacksful of flour* zakken vol bloem
sack·ing /sækɪŋ/ [niet-telb zn; oorspronkelijk tegenwoordig deelw van sack] jute, zaklinnen, zakkengoed, pakdoek
sack·less /sækləs/ [bn] ⟨SchE⟩ zwak, neerslachtig, moedeloos
sack out [onov ww] ⟨AE; inf⟩ gaan pitten, gaan maffen, onder zeil/de wol gaan
sack race [telb zn] zakloopwedstrijd
sacque /sæk/ [telb zn] [1] sak ⟨soort jurk⟩, zakjurk [2] wijde jas ⟨niet getailleerd⟩
sa·cral /seɪkrəl/ [bn] [1] heilig, gewijd, geheiligd, sacraal [2] ⟨biol⟩ sacraal, tot het heiligbeen behorend
sac·ra·ment /sækrəmənt/ [telb zn] [1] ⟨r-k⟩ sacrament, wijding ♦ *the priest administered the last sacrament to him* de priester bediende hem, de priester diende hem de laatste sacramenten toe [2] heilig symbool, heilig verbond, gewijd voorwerp ♦ *receive/take the sacrament* do sth./upon

Sacrament

sth. iets plechtig bevestigen ⟨belofte/eed⟩
Sac·ra·ment /sækrəmənt/ [niet-telb zn; the] ⟨r-k⟩ sacrament des altaars, eucharistie ♦ *the Sacrament of the altar* het sacrament des altaars; *the Blessed/Holy Sacrament* de eucharistie

¹**sac·ra·men·tal** /sækrəment̩l/ [telb zn] sacramentale, gewijde handeling, gewijd voorwerp

²**sac·ra·men·tal** /sækrəment̩l/ [bn; bw: ~ly] ① sacramenteel, tot het sacrament behorend, gewijd ② sacraments-, offer-, eucharistie- ♦ *sacramental bread* offerbrood; *sacramental wine* miswijn

sac·ra·men·tal·ism /sækrəment̩əlɪzm/ [niet-telb zn] geloof in de noodzaak en/of werkzaamheid van de sacramenten

sac·ra·men·tal·ist /sækrəment̩əlɪst/ [telb zn] iemand die gelooft in de noodzaak en/of werkzaamheid van de sacramenten

sac·ra·men·tal·i·ty /sækrəmentæləti/ [niet-telb zn] heiligheid

¹**sac·ra·men·tar·i·an** /sækrəmentɛərɪən, ᴬ-terɪən/ [telb zn] ⟨r-k⟩ iemand die de aanwezigheid van Christus in de eucharistie ontkent

²**sac·ra·men·tar·i·an** /sækrəmentɛərɪən, ᴬ-terɪən/ [bn] ⟨r-k⟩ volgens de opvatting dat Christus niet aanwezig is in de eucharistie

sac·ra·men·tar·i·an·ism /sækrəmentɛərɪənɪzm, ᴬ-ter-/ [niet-telb zn] ontkenning van de aanwezigheid van Christus in de eucharistie

sa·crar·i·um /səkrɛərɪəm, ᴬsəkrerɪəm/ [telb zn; mv: sacraria /-rɪə/] ① sacrarium, sacristie, sanctuarium ② ⟨r-k⟩ sacrarium, piscine ③ ⟨gesch⟩ sacrarium ⟨nis voor godenbeelden in het oude Rome⟩

sa·cred /seɪkrɪd/ [bn; bw: ~ly; zn: ~ness] ① gewijd, heilig, geheiligd, sacraal ♦ *sacred books/writings* heilige geschriften; *sacred cow* heilige koe ⟨letterlijk en figuurlijk⟩; *attack sacred cows* ⟨ook⟩ tegen heilige huisjes schoppen; ⟨r-k⟩ *Sacred Heart* het Heilig(e) Hart; *hold sth. sacred* iets als heilig beschouwen; *sacred ibis* heilige ibis ⟨vereerd door de oude Egyptenaren⟩; *regard sth. as sacred* iets als heilig beschouwen; *sacred site* heilige plaats ⟨voor autochtone inwoners i.t.t. kolonisten⟩; *sacred to the memory of P.J.* gewijd aan de nagedachtenis van P.J.; *Sacred Writ* de Heilige Schrift ② religieus, kerkelijk, geestelijk ♦ *sacred history* kerkgeschiedenis; *sacred music* geestelijke/gewijde muziek, kerkmuziek; *sacred poetry* religieuze poëzie ③ plechtig, heilig, oprecht ♦ *sacred promise* plechtige belofte ④ veilig, gevrijwaard, heilig, onschendbaar ♦ *no village was sacred from this gang* geen dorp was veilig voor deze bende; *nothing is sacred to him* niets is hem heilig, hij heeft nergens eerbied voor ⑤ *Sacred College* kardinalencollege

¹**sac·ri·fice** /sækrɪfaɪs/ [telb zn] ① offer, offerande, offergave ♦ *fall a sacrifice to slachtoffer worden van; they killed a bull as a sacrifice to the gods* ze slachtten een stier als offer aan de goden ② offerande, offerplechtigheid, dankgebed

²**sac·ri·fice** /sækrɪfaɪs/ [telb + niet-telb zn] opoffering, offer, het prijsgeven ♦ *they had to sell the house at a sacrifice* ze moesten het huis met verlies verkopen; *he made many sacrifices to finish his studies* hij ontzegde zich veel om zijn studie af te kunnen maken; *make a sacrifice to one's country* voor zijn vaderland sterven

³**sac·ri·fice** /sækrɪfaɪs/ [niet-telb zn] offering, het offeren

⁴**sac·ri·fice** /sækrɪfaɪs/ [onov ww] offeren, een offer/offers brengen

⁵**sac·ri·fice** /sækrɪfaɪs/ [onov + ov ww] met verlies verkopen, toeleggen (op) ♦ *sacrifice on the price* geld toeleggen op de prijs

⁶**sac·ri·fice** /sækrɪfaɪs/ [ov ww] ① offeren, aanbieden, opdragen ♦ *they sacrificed part of the harvest to the goddess of fertility* ze boden een deel van de oogst als offer aan de godin

van de vruchtbaarheid aan ② opofferen, opgeven, afstaan ♦ *she sacrificed all pleasures* ze ontzegde zich alle pleziertjes

sac·ri·fic·er /sækrɪfaɪsə, ᴬ-ər/ [telb zn] offeraar, offerpriester

sac·ri·fi·cial /sækrɪfɪʃl/ [bn; bw: ~ly] offer-, offerande- ♦ *a sacrificial animal* een offerdier

sac·ri·lege /sækrɪlɪdʒ/ [telb + niet-telb zn] heiligschennis, ontheiliging, kerkroof, ontwijding

sac·ri·le·gious /sækrɪlɪdʒəs, ᴬ-liːdʒəs/ [bn; bw: ~ly; zn: ~ness] heiligschennend, ontheiligend, onterend

sa·cring /seɪkrɪŋ/ [telb zn] ⟨vero⟩ consecratie, wijding, (in)zegening

sacring bell [telb zn] misbelletje

sac·rist /sækrɪst, seɪ-/ [telb zn] sacristein ⟨bewaarder van de sacristie⟩

sac·ris·tan /sækrɪstən/ [telb zn] ① sacristein ② ⟨vero⟩ sacristiemeester, koster, kerkbewaarder

sac·ris·ty /sækrɪsti/ [telb zn] sacristie

sac·ro- /sækroʊ/ ⟨med⟩ heiligbeen- ♦ *sacroiliac* heilig- en darmbeen betreffend; plaats waar heiligbeen en darmbeen met elkaar verbonden zijn

sac·ro·sanct /sækroʊsæŋ(k)t/ [telb zn] ① sacrosanct, heilig en gewijd, onschendbaar, asiel biedend ② ⟨scherts⟩ heilig, onaantastbaar ♦ *his spare time is sacrosanct to him* zijn vrije tijd is hem heilig

sac·ro·sanc·ti·ty /sækroʊsæŋ(k)təti/ [niet-telb zn] heiligheid, onschendbaarheid, asiel

sa·crum /seɪkrəm/ [telb zn; mv: sacra /seɪkrə/] ⟨med⟩ heiligbeen ⟨os sacrum⟩

¹**sad** /sæd/ [bn; vergr trap: sadder; bw: ~ly; zn: ~ness] ① droevig, verdrietig, bedroefd, treurig, ongelukkig ♦ ⟨sl⟩ *a sad apple* een asociale, een slomerd; *a sadder and/but (a) wiser man* een grijzer maar wijzer man; *be sadly mistaken* er jammerlijk/totaal naast zitten; *sad to say, we didn't enjoy ourselves at all* helaas/het is droevig, maar we hebben ons helemaal niet vermaakt ② somber, donker, dof, mat ⟨van kleuren⟩ ③ klef ⟨van brood, gebak⟩, kleverig, plakkend, deegachtig ⦁ ⟨sprw⟩ *it's a poor/sad heart that never rejoices* hij heeft het leven nooit begrepen, die treurig blijft en steeds benepen

²**sad** /sæd/ [bn, attr; vergr trap: sadder; bw: ~ly; zn: ~ness] schandelijk, betreurenswaardig, bedroevend (slecht), beklagenswaardig ♦ *sad drunks* onverbeterlijke dronkaards; *come to/reach a sad pass* een dieptepunt bereiken; *it's a sad state of affairs to leave these children by themselves* het is een droeve zaak/ongehoorde toestand om deze kinderen aan hun lot over te laten; *his last two novels are sad stuff* zijn laatste twee romans zijn niet veel zaaks ⦁ ⟨AE⟩ *sad sack* kluns, klungel

SAD [niet-telb zn] (seasonal affective disorder) SAD, winterdepressie

¹**sad·den** /sædn/ [onov ww] ① bedroefd worden, neerslachtig worden ② donker worden, betrekken, somber worden ♦ *the sky saddened with clouds* de lucht betrok

²**sad·den** /sædn/ [ov ww] bedroeven, verdrietig maken, somber stemmen

sad·dish /sædɪʃ/ [bn] een beetje bedroefd, verdrietig

¹**sad·dle** /sædl/ [telb zn] ① zadel, rijzadel, pakzadel, draagzadel, (motor)fietszadel ♦ *be in the saddle* te paard zitten; ⟨fig⟩ de baas zijn, het voor het zeggen hebben, in functie zijn ② zadelrug ⟨van paard e.d.⟩, zadel ⟨van mannetjesvogel⟩ ③ zadel ⟨lager gedeelte van bergrug⟩, pas, col ⦁ ⟨sprw⟩ *put the saddle on the right horse* ± wees er zeker van dat de persoon die je beschuldigt ook de schuldige is

²**sad·dle** /sædl/ [telb + niet-telb zn] ⟨vnl BE⟩ lendenstuk, rugstuk ♦ *saddle of lamb* lamszadel

³**sad·dle** /sædl/ [onov ww] opzadelen, een paard zadelen, een paard bestijgen ♦ *saddle up* opstijgen, in het zadel stijgen

⁴**sad·dle** /sædl/ [ov ww] ① zadelen, opzadelen ♦ *saddle up one's horse* zijn paard zadelen ② opzadelen, opschepen, afschuiven op ♦ *he saddled all responsibility on her* hij schoof alle verantwoordelijkheid op haar af; *be saddled with nine children* opgescheept worden met negen kinderen ③ inschrijven ⟨paard voor een race⟩ • *you can't saddle him with this heavy task* je kunt hem die zware taak niet op de schouders leggen

sad·dle·back [telb zn] ① zadeldak ② zadel ⟨van heuvel⟩ ③ ⟨dierk⟩ bonte kraai ⟨Corvus corone cornix⟩ ④ mantelmeeuw ⑤ ⟨dierk⟩ zadelrugspreeuw ⟨Nieuw-Zeeland, Philesturnus carunculatus⟩ ⑥ ⟨vaak Saddleback⟩ berkshirevarken

sad·dle·backed [bn] ① met zadelrug ⟨van paard⟩ ② met zadeldak

¹**sad·dle·bag** [telb zn] zadeltas(je)
²**sad·dle·bag** [niet-telb zn] bekledingsstof
sad·dle·bow [telb zn] zadelboog, zadelboom
sad·dle·cloth [telb zn] zadeldek, sjabrak, paardendekkleed
saddle horse [telb zn] rijpaard
sad·dler /sædlə, ᴬ-ər/ [telb zn] ① zadelmaker, tuigmaker ② ⟨AE⟩ zadelpaard, rijpaard
saddle roof [telb zn] zadeldak
¹**sad·dler·y** /sædləri/ [telb zn] ① zadelmakerswinkel ② zadelkamer, tuigkamer
²**sad·dler·y** /sædləri/ [niet-telb zn] ① zadelmakersambacht, zadelmakerij, tuigmakerij ② zadeltuig, zadelmakersartikelen, paardentuig
saddle shoe [telb zn] ⟨AE⟩ schoen met contrasterende kleur over de wreef
saddle soap [niet-telb zn] zadelzeep
sad·dle·sore [bn; zn: saddlesoreness] doorgereden, doorgezeten, met zadelpijn
¹**saddle stitch** [telb zn] zadelsteek
²**saddle stitch** [niet-telb zn] het nieten ⟨van tijdschriften⟩
sad·dle·tree [telb zn] ① zadelboom, zadelboog ② ⟨plantk⟩ tulpenboom ⟨Liriodendron tulipifera⟩
sad·do /sædoʊ/ [telb zn] ⟨inf⟩ stumper, sukkel
Sad·du·ce·an /sædjuːsiːən, ᴬsædjə-/ [bn] sadduceës
Sad·du·cee /sædjuːsiː, ᴬsædjə-/ [telb zn] sadduceeër
sad·hu /sɑːduː/ [telb zn] sadhoe ⟨rondtrekkend hindoes asceet⟩
sad·i·ron /sædaɪən, ᴬ-aɪərn/ [telb zn] strijkbout ⟨met spitse voor- en achterzijde⟩
sa·dism /seɪdɪzm/ [niet-telb zn] sadisme
sa·dist /seɪdɪst/ [telb zn] sadist(e)
sa·dis·tic /sədɪstɪk/ [bn; bw: ~ally] sadistisch
sad·ly /sædli/ [bw] ① → sad ② ⟨aan het begin van de zin⟩ helaas
sa·do·mas·och·ism /seɪdoʊmæsəkɪzm/ [niet-telb zn] sadomasochisme
sa·do·mas·och·ist /seɪdoʊmæsəkɪst/ [telb zn] sadomasochist
sa·do·mas·och·is·tic /seɪdoʊmæsəkɪstɪk/ [bn] sadomasochistisch
sad-sack [bn] stumper, sukkel
sae [afk] ① (stamped addressed envelope) antwoordenveloppe ② (self-addressed envelope)
sa·fa·ri /səfɑːri/ [telb zn] safari, jachtexpeditie, filmexpeditie ♦ *they went on safari in Africa* ze gingen op safari in Afrika
safari jacket [telb zn] safari-jasje
safari park [telb zn] safaripark
safari suit [telb zn] safaripak, safarikostuum
¹**safe** /seɪf/ [telb zn] ① brandkast, (bewaar)kluis, safe(loket) ② provisiekast, vliegenkast ③ ⟨AE; inf⟩ kapotje, condoom
²**safe** /seɪf/ [bn; vergr trap: safer; bw: ~ly; zn: ~ness] ① veilig, zeker, gevrijwaard ♦ *it's a safe bet that ...* je kunt er donder op zeggen dat ...; *safe convoy* vrijgeleide; *they are in safe custody* ze zijn in verzekerde bewaring gesteld; *they got him safe in the end* uiteindelijk kregen ze hem te pakken zodat hij niet meer weg kon; *safe haven* veilige haven/schuilplaats; *this investment is as safe as houses* deze investering is zo veilig als een huis; *in safe keeping* in veilige bewaring; *could you put these things in a safe place?* kun je deze dingen op een veilig plekje leggen/veilig opbergen?; *safe sex* veilig vrijen; *to be/err on the safe side* voor de zekerheid, om het zekere voor het onzekere te nemen ② betrouwbaar, vertrouwd, gegarandeerd, veilig ♦ *John is a safe catch* John vangt iedere bal; *that dog is not safe* die hond is niet te vertrouwen; *safe period* veilige periode, onvruchtbare dagen ⟨van vrouw⟩; *it's safe to say* je kunt gerust zeggen; *the party has twenty safe seats in Parliament* de partij kan zeker rekenen op twintig zetels in het parlement ③ voorzichtig, oppassend ♦ *if you play it safe nothing can happen* als je voorzichtig aan doet kan er niets gebeuren; *better (to be) safe than sorry* beter blo Jan dan dô Jan ④ ⟨honkb⟩ in, op het honk aangekomen ♦ *a safe hit got him on second* door een honkslag kwam hij het op het tweede honk ⑤ ⟨BE; inf⟩ tof, cool, gaaf ⑥ ⟨BE; inf⟩ in orde, prima ♦ *how is your new teacher? He's safe* hoe is je nieuwe leraar? oké • ⟨sprw⟩ *the beaten road is safest* ± ga niet over één nacht ijs, ± de oude liedjes zijn de beste; ⟨sprw⟩ *the highest branch is not the safest roost* ± donderstenen vallen op de hoogste bomen; ⟨sprw⟩ *secure is not safe* ± veiligheid is relatief

³**safe** /seɪf/ [bn, pred; vergr trap: safer; bw: ~ly; zn: ~ness] ① behouden, ongedeerd, gezond ♦ *she arrived safe and sound* ze kwam gezond en wel/heelhuids/zonder kleerscheuren aan ② veilig, beschermd, beschut, beveiligd ♦ *the tower was safe from attack* de toren was beveiligd tegen aanvallen; *here we'll be safe from the weather* hier zitten we beschut tegen het weer

safe·blow·er, safe·break·er, ⟨vnl AE⟩ **safe·crack·er** [telb zn] brandkastkraker
safe-con·duct [telb + niet-telb zn] vrijgeleide, vrije doorgang
safe-de·pos·it [telb zn] (brand)kluis
safe-deposit bank [telb zn] bank met bankkluizen
safe-deposit box [telb zn] safe(loket)
¹**safe·guard** /seɪfgɑːd, ᴬ-gɑrd/ [telb zn] ① beveiliging, bescherming, voorzorg(smaatregel) ② waarborg, vrijwaring, zekerheid ③ ⟨vero⟩ vrijbrief
²**safe·guard** /seɪfgɑːd, ᴬ-gɑrd/ [ov ww] ① beveiligen, beschermen, behoeden ② waarborgen, vrijwaren, verzekeren
safe·house [telb zn] betrouwbaar pand ⟨voor geheime dienst⟩, onderduikadres ⟨in oorlog⟩
safe·keep·ing [niet-telb zn] (veilige) bewaring, hoede ♦ *one can leave valuables in the bank for safekeeping* men kan kostbaarheden bij de bank in (veilige) bewaring geven
¹**safe·ty** /seɪfti/ [telb zn] ① veiligheid(sinrichting), ⟨i.h.b.⟩ veiligheidspal, veiligheidsgrendel, haanpal ② ⟨American football⟩ safety ⟨achter de eigen doellijn gedrukte bal⟩ ③ ⟨American football⟩ safety(man) ⟨achterste verdediger⟩ ④ ⟨AE; inf⟩ kapotje, condoom
²**safe·ty** /seɪfti/ [niet-telb zn] veiligheid, zekerheid ♦ *safety first* voorzichtigheid vóór alles; *let's not split up, there's safety in numbers* laten we ons niet opsplitsen, in een groep is het veiliger; *play for safety* geen risico nemen • ⟨sprw⟩ *there is safety in numbers* opgaan in de massa biedt voordelen, ± in het donker zijn alle katjes grauw
safety bar [telb zn] ⟨skisp⟩ veiligheidsbeugel ⟨van stoeltjeslift⟩
safety belt [telb zn] veiligheidsgordel, veiligheidsriem
safety bolt [telb zn] veiligheidspen ⟨ter vergrendeling van deuren⟩
safety brake [telb zn] noodrem

safety buoy

safety buoy [telb zn] reddingsboei
safety catch [telb zn] veiligheidspal, haanpal, veiligheidsgrendel
safety chain [telb zn] veiligheidsketting, deurketting, paalketting
safety curtain [telb zn] brandscherm ⟨in theater⟩
safety-deposit box [telb zn] kluis
safety factor [telb zn] [1] veiligheidsfactor, risicofactor [2] ⟨techn⟩ veiligheidsfactor, veiligheidscoëfficiënt, ⟨fig⟩ veiligheidsmarge
safety film [telb zn] veiligheidsfilm
safety fuse [telb zn] [1] veiligheidslont [2] zekering, smeltveiligheid, (smelt)stop
safety glass [niet-telb zn] veiligheidsglas, gelaagd glas
safety hazard [telb zn] gevaar, gevaarlijk iets ♦ *he is a safety hazard on the road* hij is een gevaar op de weg
safety island, safety isle [telb zn] ⟨AE⟩ vluchtheuvel
safety jet [telb zn] ⟨skisp⟩ parablok(je) ⟨blokje voorop ski voor de veiligheid⟩
safety lamp [telb zn] veiligheidslamp ⟨voor mijnwerkers⟩, lamp van Davy, mijnlamp
safety lock [telb zn] veiligheidsslot
safe·ty·man /ˈseɪftɪmæn/ [telb zn; mv: safetymen /-men/] ⟨American football⟩ (vrije) verdediger
safety match [telb zn] veiligheidslucifer
safety measure [telb zn] veiligheidsmaatregel ♦ *as a safety measure* uit veiligheid(soverwegingen)
safety net [telb zn] [1] vangnet ⟨voor acrobaten⟩ [2] ⟨ec⟩ buffer
safety nut [telb zn] borgmoer, contramoer
safety pin [telb zn] veiligheidsspeld
safety razor [telb zn] veiligheidsscheermes
safety regulation [telb zn] veiligheidsvoorschrift
safety shot [telb zn] ⟨bilj⟩ defensieve stoot
safety strap [telb zn] ⟨skisp⟩ valriem, veiligheidsriem
safety valve [telb zn] [1] ⟨techn⟩ veiligheidsklep, uitlaat(klep) ⟨ook figuurlijk⟩ [2] ⟨American football⟩ tweede vanger
safety zone [telb zn] [1] ⟨AE⟩ veiligheidszone ⟨voor voetgangers⟩ [2] ⟨polo⟩ veiligheidszone, uitloop
saf·fi·an /ˈsæfiən/ [telb zn] saffiaan, marokijnleer
¹**saf·flow·er** /ˈsæflaʊə, ˄-ər/ [telb zn] ⟨plantk⟩ saffloer ⟨Carthamus tinctorius⟩
²**saf·flow·er** /ˈsæflaʊə, ˄-ər/ [niet-telb zn] [1] saffloer ⟨verfstof⟩ [2] ⟨vaak attributief⟩ saffloerrood
¹**saf·fron** /ˈsæfrən/ [telb zn] ⟨plantk⟩ saffraankrokus ⟨Crocus sativus⟩
²**saf·fron** /ˈsæfrən/ [niet-telb zn] [1] saffraan ⟨gele kleurstof⟩ [2] ⟨vaak attributief⟩ saffraan, oranjegeel
³**saf·fron** /ˈsæfrən/ [ov ww] met saffraan kleuren/kruiden
saf·fron·y /ˈsæfrəni/ [bn] saffranig, saffraangeel, oranjegeel
saf·ra·nine /ˈsæfrəniːn/, **saf·ra·nin** /ˈsæfrənɪn/ [telb + niet-telb zn] ⟨scheik⟩ saffranine
¹**sag** /sæg/ [telb + niet-telb zn] [1] verzakking, doorzakking, doorbuiging [2] doorhanging ⟨van draden⟩ [3] prijsdaling [4] ⟨scheepv⟩ verlijering
²**sag** /sæg/ [onov ww] [1] verzakken, doorzakken, doorbuigen ♦ *the twig sagged down under the weight of the bird* het twijgje boog door onder het gewicht van de vogel; *these trousers sag at the knees* er zitten knieën in deze broek [2] doorhangen ⟨van deuren, enz.⟩, slap hangen ⟨van kabels⟩ [3] dalen, afnemen, teruglopen ⟨in het bijzonder van prijzen⟩ ♦ *the sale of souvenirs sags* de verkoop van souvenirs loopt terug; *her spirits sagged* de moed zonk haar in de schoenen [4] oninteressant/saai worden, minder worden, afzakken [5] ⟨scheepv⟩ verlijeren
³**sag** /sæg/ [ov ww] [1] doen verzakken, doen doorzakken/doorbuigen [2] doen doorhangen
sa·ga /ˈsɑːgə/ [telb zn] [1] saga [2] familiekroniek [3] lang verhaal, relaas

sa·ga·cious /səˈgeɪʃəs/ [bn; bw: ~ly; zn: ~ness] [1] scherpzinnig, slim, pienter, schrander ⟨ook van dieren⟩ [2] doordacht, vernuftig, spitsvondig, intelligent ♦ *a sagacious plan* een weldoordacht plan
sa·gac·i·ty /səˈgæsəti/ [niet-telb zn] [1] scherpzinnigheid, slimheid, pienterheid, schranderheid [2] vernuftigheid, spitsvondigheid
sag·a·more /ˈsægəmɔː, ˄-mɔr/ [telb zn] sachem ⟨indiaans opperhoofd⟩
¹**sage** /seɪdʒ/ [telb zn] [1] ⟨vaak mv⟩ wijze (man), wijsgeer, ⟨scherts⟩ groot denker, brein [2] ⟨plantk⟩ salie ⟨genus Salvia⟩, ⟨i.h.b.⟩ echte/gewone salie ⟨S. officinalis⟩
²**sage** /seɪdʒ/ [niet-telb zn] [1] salie ♦ ⟨cul⟩ *sage and onionstuffing* salie-en-uivulling ⟨voor gevogelte⟩
³**sage** /seɪdʒ/ [bn; vergr trap: sager; bw: ~ly; zn: ~ness] [1] wijs, wijsgerig, verstandig [2] ⟨scherts⟩ ernstig (kijkend), zwaarwichtig
sage-brush /ˈseɪdʒbrʌʃ/ [telb zn] ⟨plantk⟩ alsem ⟨genus Artemisia⟩
sage cheese, sage Derby [niet-telb zn] saliekaas
sage green [niet-telb zn; vaak attributief] grijsgroen
sage grouse [telb zn] ⟨dierk⟩ waaierhoen ⟨Centrocercus urophasianus⟩
sage tea [niet-telb zn] saliewater
sag·gar, sag·ger /ˈsægə, ˄-ər/ [telb zn] kapsel ⟨beschermend omhulsel bij het bakken van aardewerk in oven⟩
sag·gy /ˈsægi/ [bn; vergr trap: saggier] [1] door verzakking/doorhanging veroorzaakt [2] verzakkend, doorzakkend, doorbuigend, doorhangend
sa·git·ta /səˈgɪtə, ˄səˈdʒɪtə/ [telb zn] ⟨wisk⟩ pijl
sag·it·tal /ˈsædʒɪtl/ [bn, attr; bw: ~ly] van/m.b.t. de pijlnaad ⟨van schedel⟩
¹**Sag·it·ta·ri·us** [SIGN] /ˌsædʒɪˈteərɪəs, ˄-ter-/ [eigenn; mv: Sagittarii /-rɪaɪ/] ⟨astrol, astron⟩ (de) Boogschutter, (de) Schutter, Sagittarius
²**Sag·it·ta·ri·us** /ˌsædʒɪˈteərɪəs, ˄-ter-/ [telb zn; mv: Sagittarii /-rɪaɪ/] ⟨astrol⟩ Boogschutter ⟨iemand geboren onder dit sterrenbeeld⟩
sag·it·ta·ry /ˈsædʒɪtri, ˄-teri/ [telb zn] centaur
sag·it·tate /ˈsædʒɪteɪt/ [bn] pijlvormig
¹**sa·go** /ˈseɪgoʊ/ [telb zn] ⟨plantk⟩ sagopalm ⟨genus Metroxylon⟩
²**sa·go** /ˈseɪgoʊ/ [niet-telb zn] ⟨cul⟩ sago
sa·gua·ro /səˈgwɑːroʊ/, **sa·hua·ro** /səˈwɑːroʊ/ [telb zn] ⟨plantk⟩ kandelaarcactus, reuzencactus ⟨Carnegiea gigantea⟩
sag wagon [telb zn] ⟨wielersp⟩ bezemwagen
sa·gy, sa·gey /ˈseɪdʒi/ [bn; vergr trap: sagier] met salie gekruid
Sa·ha·ra /səˈhɑːrə/ [eigenn, telb zn] Sahara ⟨ook figuurlijk⟩, woestijn
Sa·ha·ran /səˈhɑːrən/, **Sa·ha·ri·an** /-rɪən/ [bn] van/m.b.t. de Sahara
Sa·hel·ian /səˈhiːlɪən/ [bn] Sahel-, m.b.t. de Sahel(landen)
sa·hib /sɑːb, ˄sɑːh(ɪ)b/ [telb zn; ook Sahib; ook aanspreektitel] ⟨IndE⟩ heer, mijnheer ⟨gebruikt voor Europeanen⟩ ♦ *Johnston Sahib* mijnheer Johnston
¹**said** /sed/ [bn, attr; oorspronkelijk volt deelw van say] ⟨form⟩ (boven)genoemd, voornoemd, voormeld ♦ *the said Jenkins* de bovengenoemde Jenkins
²**said** /sed/ [verleden tijd en volt deelw] → say
sai·ga /ˈsaɪgə/ [telb zn] ⟨dierk⟩ saiga ⟨antilope; Saiga tartarica⟩
¹**sail** /seɪl/ [telb zn; mv: in bet 2 sail] [1] zeil ♦ *hoist the sails* de zeilen hijsen; *lower the sails* de zeilen strijken/reven [2] (zeil)schip, zeil ♦ *we saw three sail in the distance* we zagen drie schepen in de verte [3] ⟨geen mv⟩ zeiltocht(je), boottocht(je) ♦ *fancy coming for a sail?* heb je zin om te gaan zeilen?; *it will be another week's sail* het is nog een

weekje varen ④ molenwiek, zeil ⑤ ⟨benaming voor⟩ zeilvormig uitsteeksel, rugvin, tentakel • *trim one's sails (before/to the wind)* de huik naar de wind hangen, zich inbinden/beperken; ⟨sprw⟩ *hoist your sail when the wind is fair* men moet zeilen als de wind waait, ± men moet het ijzer smeden als het heet is

²**sail** /seɪl/ [verzamelen] **zeil**, de zeilen • *carry sail* zeil voeren; *crowd (on) sail* veel zeil bijzetten; *in full sail* met volle zeilen; *make sail* zeil bijzetten; *onder zeil gaan; press sail* alle zeilen bijzetten; *set sail* de zeilen hijsen; onder zeil gaan; *shorten sail* zeil minderen; *strike sail* de zeilen strijken; *take in sail* de zeilen reven; *under sail* met de zeilen gehesen • *take in sail* bakzeil halen, inbinden

³**sail** /seɪl/ [onov ww] ① **varen**, zeilen, stevenen, per schip reizen • *did you go sailing in that weather?* heb je met dat weer gezeild?; *sail large* voor de wind/ruim zeilen; *sail close to/near the wind* scherp bij de wind zeilen; ⟨fig⟩ bijna zijn boekje te buiten gaan ② **afvaren**, vertrekken, van wal steken, uitvaren • *we're sailing for England tomorrow* we vertrekken morgen naar Engeland ③ **glijden**, zweven, zeilen, schrijden • *birds sailing through the air* vogels die door de lucht zweven; *she sailed through her finals* ze haalde haar eindexamen op haar sloffen; *the countess sailed through the ballroom* de gravin schreed door de balzaal • ⟨inf⟩ *did you have to sail in at that moment?* moest je je er nu net op dat moment mee gaan bemoeien?; *instead of shaking hands, she sailed into him* in plaats van hem een hand te geven, ging ze hem flink te lijf; ⟨inf⟩ *after the chairman had finished his introductory speech, one of the members sailed into him* na de openingsrede van de voorzitter lanceerde een van de leden een felle aanval op hem/haalde een van de leden fel naar hem uit; → **sailing**

⁴**sail** /seɪl/ [ov ww] ① **bevaren** ② **besturen** ⟨schip⟩, laten drijven ⟨speelgoedboot⟩ • *can you sail this yacht?* kun je met dit jacht overweg? ③ **doorzweven**, doorglijden, doorklieven; → **sailing**

sail area [telb zn] ⟨zeilsp⟩ **zeiloppervlak**
sail arm [telb zn] **molenroede**
sail axle [telb zn] **molenas**
sail·board [telb zn] **surfplank** ⟨met zeil⟩, zeilplank
sail·boat [telb zn] ⟨AE⟩ **zeilboot(je)**
sail·cloth [niet-telb zn] **canvas** ⟨ook voor kleding⟩, zeildoek, tentdoek
sail·er /seɪlə, ᴬ-ər/ [telb zn] **zeilschip** • *a good sailer* een goede/snelle zeiler
sail·fish [telb zn; mv: ook sailfish] ⟨dierk⟩ ① **zeilvis** ⟨genus Istiophorus⟩ ② **reuzenhaai** ⟨Cetorhinus maximus⟩
¹**sail·ing** /seɪlɪŋ/ [telb zn; ⟨oorspronkelijk⟩ gerund van sail] **bootreis**, scheepsreis
²**sail·ing** /seɪlɪŋ/ [telb + niet-telb zn; ⟨oorspronkelijk⟩ gerund van sail] **afvaart**, vertrek(tijd) • *daily sailings in summer* in de zomer dagelijks afvaarten
³**sail·ing** /seɪlɪŋ/ [niet-telb zn; ⟨oorspronkelijk⟩ gerund van sail] ① **navigatie**, het besturen van een schip ② **het zeilen**, zeilsport
sailing boat [telb zn] **zeilboot(je)**
sailing date [niet-telb zn] **afvaart**, vertrektijd, vertrekuur ⟨van boot⟩
sailing master [telb zn] **schipper** ⟨in het bijzonder van jacht⟩
sailing school [telb zn] **zeilschool**
sailing ship [telb zn] **zeilschip**
sailing trim [niet-telb zn] ⟨zeilsp⟩ **zeiltrim**, zeilgedrag ⟨van boot⟩
sail·less /seɪlləs/ [bn] **zonder zeil(en)**
sail·or /seɪlə, ᴬ-ər/ [telb zn] ① **zeeman**, matroos, zeevaarder • *Malcolm is a good/bad sailor* Malcolm heeft nooit/snel last van zeeziekte ② ⟨verk: sailor hat⟩ **matelot** • ⟨plantk⟩ *wandering sailor* penningkruid ⟨Lysimachia nummularia⟩; ⟨sprw⟩ *red sky at night, shepherd's/sailor's delight; red sky in the morning, shepherd's/sailor's warning* des avonds rood, des morgens goed weer aan boord; morgenrood, water in de sloot

sailor blouse [telb zn] **(matrozen)kiel**, matrozenbloes
sailor collar [telb zn] **matrozenkraag**
sailor hat [telb zn] **matelot**
sail·or·ing /seɪlərɪŋ/ [niet-telb zn] **zeemansleven**, matrozenleven, matrozenwerk
sail·or·ly /seɪləli, ᴬ-lərli/ [bn] **zeemansachtig**, matrozen-
sailor's garb [niet-telb zn] **matrozenkleding**, matrozenpak
sailor suit [telb zn] **matrozenpak(je)**
sail·plane [telb zn] **zweefvliegtuig**
sails /seɪlz/ [alleen mv] ⟨scheepv⟩ ① ⟨inf⟩ **zeilmaker** ② ⟨BE; gesch⟩ **opperschipper** ⟨belast met tuigage en want⟩
sail yard [telb zn] **ra**
sain /seɪn/ [ov ww] ⟨BE; vero⟩ **zegenen**, bekruisen
sain·foin /sænfɔɪn, ᴬseɪn-/ [niet-telb zn] ⟨plantk⟩ **esparcette** ⟨voedergewas; Onobrychis viciaefolia⟩
¹**saint** /seɪnt/ [telb zn] ① **heilige**, sint • *All Saints' Day* Allerheiligen; *he'd provoke a saint, he'd try the patience of a saint; it was enough to make a saint swear* hij/het zou een heilige in verzoeking brengen ② **vrome**, godvruchtige ③ **engel**, in de hemel opgenomen afgestorvene, ⟨fig⟩ iemand met engelengeduld • ⟨sprw⟩ *all are not saints that go to church* zij zijn niet allen heilig, die gaarne/veel ter kerke gaan
²**saint** /seɪnt/ [ov ww] ① **canoniseren**, heilig verklaren ② **als heilige vereren** ③ ⟨vaak voltooid deelwoord⟩ **heiligen**, wijden ④ **in de hemel opnemen** • *my sainted brother* mijn broer zaliger
¹**Saint** /seɪnt/ [telb zn; vaak mv] **gelovige**, heilige, ⟨i.h.b.⟩ puritein, mormoon • *Latter Day Saints* Heiligen der Laatste Dagen ⟨mormonen⟩
²**Saint** /sənt, ᴬseɪnt/ [bn, attr] **sint**, heilig
Saint An·drew /sənt ændru:, ᴬseɪntændru:/ [eigenn] **Sint-Andreas** ⟨beschermheilige van Schotland⟩
Saint Andrew's cross [telb zn] **andreaskruis**, sint-andrieskruis
Saint Andrew's Day [eigenn] **Sint-Andries** ⟨30 november⟩
Saint An·tho·ny's cross, Saint Anthony cross [telb zn] **(sint-)antoniuskruis**
Saint Anthony's fire [telb + niet-telb zn] ⟨gesch⟩ **(sint-)antoniusvuur** ⟨koudvuurachtige huidziekte⟩, ergotisme, kriebelziekte, erysipelas, belroos, wondroos
Saint Bar·thol·o·mew's Day /sənt bɑːθɒləmjuːzdeɪ, ᴬseɪntbɑrθɒləmjuːzdeɪ/ [eigenn] **Sint-Bartholomeus** ⟨24 augustus⟩
Saint Ber·nard /sənt bɜːnəd, ᴬseɪnt bərnɑrd/, **Saint Bernard dog** /-dɒg, ᴬ-dɔg, ᴬ-dɑg/ [telb zn] **sint-bernardshond**
Saint Da·vid /sənt deɪvɪd, ᴬseɪnt-/ [eigenn] **de heilige David** ⟨beschermheilige van Wales⟩
Saint David's Day [eigenn] **feestdag van de heilige David** ⟨1 maart⟩
Saint De·nis /sənt dɛnɪs, ᴬseɪnt-/ [eigenn] **de heilige Dionysius van Parijs**
saint·dom /seɪntdəm/ [niet-telb zn] **heiligheid**
Saint El·mo /sənt ɛlmoʊ, ᴬseɪnt-/ [eigenn] **Sint-Elmus** ⟨beschermheilige van zeevarenden⟩
Saint Elmo's fire [niet-telb zn] **(sint-)elm(u)svuur**
Saint George /sənt dʒɔːdʒ, ᴬseɪnt dʒɔrdʒ/ [eigenn] **Sint-Joris** ⟨beschermheilige van Engeland⟩
Saint George's cross [telb zn] **sint-joriskruis** ⟨rood kruis op witte achtergrond⟩
Saint George's Day [eigenn] **Sint-Jorisdag** ⟨23 april⟩
saint·hood /seɪnthʊd/ [niet-telb zn] ① **heiligheid** ② **de heiligen**

Saint James

Saint James /səntdʒeɪmz, ˆseɪnt-/ [eigenn] Sint-Jakob(us) ▫ ⟨Court of⟩ Saint James's Engelse hof
Saint John's wort /sənt dʒɒnz wɜːt, ˆseɪnt dʒɑnz wɜrt/ [telb zn] ⟨plantk⟩ hertshooi ⟨genus Hypericum⟩, ⟨i.h.b.⟩ sint-janskruid ⟨H. perforatum⟩
Saint Leg·er /sənt ledʒə, ˆseɪnt ledʒər/ [niet-telb zn] ⟨BE⟩ Saint Leger ⟨paardenrace in Doncaster⟩
saint·ling /seɪntlɪŋ/ [telb zn] sintje, onbelangrijke/jonge heilige
Saint Luke's summer /sənt luːks sʌmə, ˆseɪnt luːks sʌmər/ [telb zn] ⟨BE⟩ sint-lucaszomer ⟨warme periode rond 18 oktober⟩
saint·ly /seɪntli/ [bn; vergr trap: saintlier; zn: saintliness] heilig, vroom ♦ lead a saintly life als een heilige leven
Saint Mar·tin's Day /sənt mɑːtɪnz deɪ, ˆseɪnt mɑrtnz-/ [eigenn] Sint-Maarten ⟨11 november⟩
Saint Mar·tin's sum·mer [telb zn] ⟨BE⟩ sint-maartenszomer ⟨warme periode rond 11 november⟩
Saint Michael and Saint George [niet-telb zn] ⟨BE⟩ orde van Sint-Michael en Sint-George
Saint Monday /seɪnt mʌndi/ [eigenn] luie maandag
Saint Pat·rick /sənt pætrɪk, ˆseɪnt-/ [eigenn] de heilige Patricius ⟨beschermheilige van Ierland⟩
Saint Patrick's Day [eigenn] feestdag van de heilige Patricius ⟨17 maart⟩
saint·pau·li·a /səntpɔːliə, ˆseɪnt-/ [plantk] Kaaps viooltje ⟨Saintpaulia ionantha⟩
Saint Pe·ter's keys /sənt piːtəz kiːz, ˆseɪnt piːtərz-/ [alleen mv] de sleutels van Sint-Petrus ⟨op het wapen van Vaticaanstad⟩
saint's day /seɪntsdeɪ/ [telb zn] heiligendag
saint·ship /seɪntʃɪp/ [niet-telb zn] heiligheid
¹**Saint-Si·mo·ni·an** /səntsɪmoʊniən, ˆseɪntsaɪ-/ [telb zn] aanhanger van saint-simonisme
²**Saint-Si·mo·ni·an** /səntsɪmoʊniən, ˆseɪntsaɪ-/ [bn] van/m.b.t. saint-simonisme
Saint-Si·mo·ni·an·ism /səntsɪmoʊniənɪzm, ˆseɪntsaɪ-/, **Saint-Si·mon·ism** /-mənɪzm/ [niet-telb zn] saint-simonisme ⟨communistisch stelsel van graaf de Saint-Simon⟩
Saint Ste·phen's /sənt stiːvnz, ˆseɪnt-/ [eigenn] ⟨BE⟩ Lagerhuis
Saint Swith·in's Day /sənt swɪðɪnz deɪ, ˆseɪnt-/ [eigenn] Saint Swithin's day ⟨15 juli; het weer op deze dag zou het weer voor de volgende veertig dagen bepalen⟩
Saint Val·en·tine's Day /sənt væləntaɪnz deɪ, ˆseɪnt-/ [eigenn] Valentijnsdag ⟨14 februari⟩
Saint Vi·tus' dance /sənt vaɪtəs dɑːns, ˆseɪnt vaɪtəs dæns/, **Saint Vi·tus's dance** /-vaɪtəsɪz-/ [telb + niet-telb zn] sint-vitusdans, sint-veitsdans, ⟨inf⟩ fieteldans ⟨chorea minor; zenuwziekte⟩
saith /seθ/ [3e pers enk tegenwoordige tijd] ⟨vero⟩ → say
saithe /seɪθ/ [telb zn; mv: saithe] ⟨dierk⟩ koolvis ⟨Pollachius virens⟩
¹**sake** /seɪk/ [telb zn] ① belang, wil ♦ what are you doing, for Christ's sake? wat ben je in jezusnaam aan het doen?; for both our sakes in ons beider belang; for the sake of safety in het belang van de veiligheid; for God's/mercy's/pity's sake get out of there in godsnaam/alsjeblieft, kom daaruit vandaan; for goodness'/Heaven's sake, I didn't know that hemeltje(lief), dat wist ik helemaal niet; for his name's sake vanwege zijn naam; in het belang van zijn goede naam/reputatie; for old times' sake als herinnering aan vroeger; ⟨inf⟩ will you hurry up, for Pete's sake schiet nou eens op, verdorie; we're only doing this for your sake we doen dit alleen maar ter wille van jou ② doel, oogmerk ♦ study a subject for its own sake een vak studeren om het vak; I'm not driving around here for the sake of driving ik rijd hier niet rond voor de lol; for old sake's sake als herinnering aan vroeger ▫ ⟨sprw⟩ many kiss the child for the nurse's sake uit liefde

voor de ridder kust de vrouw de schildknaap
²**sa·ke, sa·ké, sa·ki** /sɑːki/ [niet-telb zn] sake, saki ⟨Japanse rijstwijn⟩
sa·ker /seɪkə, ˆ-ər/, ⟨in betekenis 1 ook⟩ **saker falcon** [telb zn] ① ⟨dierk⟩ sakervalk ⟨Falco cherrug; voornamelijk het vrouwtje⟩ ② ⟨gesch⟩ ⟨ouderwets⟩ kanon
sa·ker·et /seɪkərɪt/ [telb zn] ⟨dierk⟩ sakervalk ⟨Falco cherrug; voornamelijk het mannetje⟩
¹**sal** /sæl/ [telb zn] ⟨plantk⟩ damarboom ⟨Shorea robusta⟩
²**sal** /sæl/ [niet-telb zn] zout ⟨voornamelijk in samenstellingen⟩
Sal /sæl/ [niet-telb zn] ⟨sl⟩ tehuis voor daklozen
¹**sa·laam** /səlɑːm/ [telb zn] ① oosterse groet ⟨letterlijk vrede⟩ ② diepe buiging met rechterhand op voorhoofd
²**sa·laam** /səlɑːm/ [onov + ov ww] groeten ⟨d.m.v. diepe buiging met rechterhand op voorhoofd⟩
salable [bn] → saleable
sa·la·cious /səleɪʃəs/ [bn; bw: ~ly; zn: ~ness] ① geil, (zeer) wellustig ② obsceen, schunnig, schuin, prikkelend ♦ salacious literature prikkelectuur
sa·lac·i·ty /səlæsəti/ [niet-telb zn] ① geilheid, wellustigheid ② obsceniteit, schunnigheid
¹**sal·ad** /sæləd/ [telb + niet-telb zn] salade, slaatje ♦ composed salad opgemaakte salade
²**sal·ad** /sæləd/ [niet-telb zn] sla
salad bar [telb zn] ⟨cul⟩ saladbar, koud buffet ⟨met verschillende salades en hapjes⟩
salad bowl [telb zn] slabak, slakom
salad cream, salad dressing [niet-telb zn] slasaus
salad days [alleen mv] jonge jaren, groene jeugd/tijd ♦ it happened in his salad days het gebeurde toen hij nog jong en onervaren was
salad dodger [telb zn] ⟨vnl BE; scherts⟩ vetklep, dikzak
salade [telb zn] → sallet
salad oil [niet-telb zn] slaolie
salad spinner [telb zn] slacentrifuge
sal·a·man·der /sæləmændə, ˆ-ər/ [telb zn] ① ⟨dierk⟩ salamander ⟨Caudata⟩ ② ⟨dierk⟩ ⟨wang⟩zakrat ⟨geslacht Geomidae⟩ ③ vuurgeest, salamander ④ vuurvast ijzer, pook, roosterplaat, ijzer om kruit te doen ontbranden ⑤ vuurvreter, vuureter
sal·a·man·dri·an /sæləmændriən/, **sal·a·man·drine** /-drɪn/, **sal·a·man·droid** /-drɔɪd/ [bn] ⟨als⟩ van (een) salamander(s)
sal·a·man·droid /sæləmændrɔɪd/ [telb zn] salamanderachtige
sa·la·mi /səlɑːmi/ [niet-telb zn] salami
sal ammoniac /sæləmoʊniæk/ [niet-telb zn] ⟨scheik⟩ salmiak, sal(am)moniak ⟨ammoniumchloride⟩
sal·an·gane /sæləŋgeɪn/ [telb zn] salangaan, klipzwaluw
sa·lar·i·at /səlæriæt, ˆ-lɛr-/ [verzameln] salariaat, salaristrekkers
sal·a·ried /sælərid/ [bn; oorspronkelijk volt deelw van salary] bezoldigd, gesalarieerd ♦ in salaried employment in loondienst
¹**sal·a·ry** /sæləri/ [telb + niet-telb zn] salaris, bezoldiging, ⟨België⟩ wedde
²**sal·a·ry** /sæləri/ [ov ww] bezoldigen, salariëren; → salaried
sal·a·ry·man [telb zn; mv: salarymen] kantoorman, loonslaaf
salary scale [telb zn] salarisschaal
sal·chow /sælkoʊ/ [telb zn] salchov ⟨sprong bij het kunstrijden⟩
sale /seɪl/ [telb + niet-telb zn] ① verkoop, afzet(markt) ♦ for sale te koop; be put up for sale geveild worden; there's no sale for this product dit product loopt helemaal niet, er is geen vraag naar dit product; on sale in all supermarkets in alle supermarkten verkrijgbaar; there's always a ready sale

for fresh vegetables verse groenten vinden altijd gretig aftrek; *on sale* or **return** in commissie; *last week's sales were satisfactory* we hebben vorige week aardig verkocht [2] **verkoping**, veiling, bazaar ♦ *sale of work* liefdadigheidsbazaar [3] **uitverkoop**, opruiming, koopjes ♦ *the sales are on next week* volgende week is het uitverkoop; ⟨AE⟩ *did you get that on sale?* heb je dat in de uitverkoop gekocht?

sale·a·bil·i·ty, sal·a·bil·i·ty /seɪləbɪləti/ [niet-telb zn] verkoopbaarheid

sale·a·ble, sal·a·ble /seɪləbl/ [bn; bw: saleably; zn: ~ness] verkoopbaar, goed in de markt liggend, gewild ♦ *saleable value* verkoopwaarde

sal·ep /sæləp/ [niet-telb zn] salep ⟨drank van wortel van standelkruiden⟩

sale price [telb zn] opruimingsprijs, ⟨op winkelraam⟩ koopjes

sal·e·ra·tus /sæləreɪtəs/ [niet-telb zn] ⟨AE⟩ natriumbicarbonaat

sale-ring [telb zn] kring van kopers ⟨op een veiling⟩

sale·room, ⟨AE⟩ **sales·room** [telb zn] veilinglokaal, verkooplokaal

sales check [telb zn] ⟨AE⟩ kassabon

sales·clerk [telb zn] ⟨AE⟩ winkelbediende

sales department [telb zn] verkoopafdeling

sales engineer [telb zn] technisch vertegenwoordiger

sales expedient [telb zn] verkooptechniek

sales·girl [telb zn] winkelmeisje, verkoopster

Sa·le·sian /səliːʒn/ [telb zn] salesiaan ⟨lid van rooms-katholieke congregatie⟩

sales·la·dy [telb zn] verkoopster

sales·man /seɪlzmən/ [telb zn; mv: salesmen /-mən/] [1] **verkoper**, winkelbediende [2] **vertegenwoordiger**, agent, tussenpersoon [3] **handelsreiziger**, colporteur ♦ ⟨BE⟩ *travelling salesman*, ⟨AE⟩ *traveling salesman* handelsreiziger

sales manager, sales office manager [telb zn] salesmanager, verkoopdirecteur, verkoopleider

sales·man·ship /seɪlzmənʃɪp/ [niet-telb zn] [1] **verkoopkunde**, verkooptechniek [2] **het verkopen** [3] **overredingskracht**, overtuigingskracht

sales office [telb zn] verkoopkantoor

sales·per·son [telb zn] winkelbediende, verkoper, verkoopster

sales pitch [telb + niet-telb zn] verkooppraat(je)

sales promotion [telb + niet-telb zn] verkoopbevordering, promotie

sales representative [telb zn] vertegenwoordiger

sales·re·sis·tance [niet-telb zn] gebrek aan kooplust

sales slip [telb zn] ⟨AE⟩ kassabon

¹**sales talk**, ⟨inf⟩ **sales chat** [telb zn] verkooppraatje

²**sales talk**, ⟨inf⟩ **sales chat** [niet-telb zn] verkooppraatjes

sales tax [telb + niet-telb zn] omzetbelasting

sales·wo·man [telb zn] [1] **verkoopster**, winkelbediende [2] **vertegenwoordigster**, agente, tussenpersoon [3] **handelsreizigster**, vrouwelijke colporteur

¹**Sa·li·an** /seɪliən/ [telb zn] Saliër ⟨lid van Frankische stam⟩

²**Sa·li·an** /seɪliən/ [bn] [1] **Salisch**, van/m.b.t. de Saliërs [2] **van/m.b.t. de Salii** ⟨oud priestercollege in Rome⟩

Sal·ic /sælɪk, ˆseɪlɪk/ [bn] Salisch ⟨van de Salische Franken⟩ ♦ *Salic law* Salische wet

sal·i·cin /sælɪsɪn/ [niet-telb zn] salicien, salicoside ⟨glucoside uit wilgenbast⟩

sa·li·cion·al /səlɪʃnəl/ [telb zn] salicionaal, wilgenpijp, wilgenfluit ⟨orgelregister⟩

sal·i·cyl /sælɪsɪl/ [niet-telb zn] ⟨scheik⟩ salicyl

sal·i·cyl·ate /səlɪsɪleɪt/ [telb zn] ⟨scheik⟩ salicylaat

sal·i·cyl·ic /sælɪsɪlɪk/ [bn, attr] ⟨scheik⟩ salicyl- ♦ *salicylic acid* salicylzuur

¹**sa·li·ence** /seɪliəns/, **sal·i·en·cy** /-si/ [telb zn] [1] karakteristieke trek, saillant detail [2] **vooruitstekend deel**, saillant

²**sa·li·ence** /seɪliəns/, **sal·i·en·cy** /-si/ [niet-telb zn] [1] **het vooruitsteken** [2] **opvallendheid**, het in het oog springen

¹**sa·li·ent** /seɪliənt/ [telb zn] saillant, vooruitstekend deel ⟨van vestingwerk/front⟩

²**sa·li·ent** /seɪliənt/ [bn; bw: ~ly; zn: ~ness] [1] **springend**, opspringend, opspuitend [2] **uitspringend**, (voor)uitstekend, saillant ♦ *salient angle* uitstekende/uitspringende hoek [3] **saillant**, opvallend, in het oog springend, treffend [4] ⟨heral⟩ springend

¹**sa·li·en·ti·an** /seɪlienʃn/ [telb zn] kikvorsachtige

²**sa·li·en·ti·an** /seɪlienʃn/ [bn] kikvorsachtig

sa·lif·er·ous /səlɪfrəs/ [bn] zouthoudend, zout leverend

sal·i·fy /sælɪfaɪ/ [ov ww] [1] **in zout omzetten** [2] **zouten**

sa·li·na /səlaɪnə/ [telb zn] zoutmeer, zoutmoeras

¹**sa·line** /seɪlaɪn/ [telb zn] [1] **zoutmeer**, zoutmoeras, zoutbron [2] **zoutpan**, zouttuin, zoutziederij, zoutmijn, saline [3] **zoutoplossing**

²**sa·line** /seɪlaɪn/ [telb + niet-telb zn] metaalzout, zuiveringszout

³**sa·line** /seɪlaɪn/ [bn] zout(houdend), zoutachtig, zilt ♦ *a saline solution* een zoutoplossing

sa·lin·i·ty /səlɪnəti/ [niet-telb zn] zoutheid, zoutgehalte, saliniteit

sal·i·nom·e·ter /sælɪnɒmɪtə, ˆ-nɑmɪtər/ [telb zn] zoutmeter, salinometer

Salis·bu·ry steak /sɔːlzbrɪsteɪk, ˆsɔːlzberɪsteɪk/ [telb + niet-telb zn; ook salisbury steak] ⟨AE⟩ gebakken/gegrilde schijf rundergehakt

sa·li·va /səlaɪvə/ [niet-telb zn] speeksel

sal·i·var·y /səlaɪvri, ˆsælɪveri/ [bn, attr] speeksel-, speeksel producerend ♦ *salivary glands* speekselklieren

¹**sal·i·vate** /sælɪveɪt/ [onov ww] kwijlen, zeveren

²**sal·i·vate** /sælɪveɪt/ [ov ww] doen kwijlen, speekselvloed produceren in/bij

saliva test [telb zn] speekseltest ⟨bijvoorbeeld bij renpaarden⟩

sal·i·va·tion /sælɪveɪʃn/ [niet-telb zn] het kwijlen, speekselvloed, speekselafscheiding, salivatie

Salk vaccine /sɔːlk væksiːn/ [niet-telb zn] salkvaccin ⟨tegen kinderverlamming⟩

sal·len·ders, sel·lan·ders /sæləndəz, ˆ-dərz/ [niet-telb zn] rasp, krab ⟨huiduitslag bij paard⟩

sal·let /sælɪt/ [telb zn] ⟨gesch⟩ salade ⟨soort helm⟩

¹**sal·low** /sæloʊ/ [telb zn] [1] **wilg**, (i.h.b.) waterwilg ⟨Salix caprea⟩ [2] **wilgenscheut**, wilgentwijg

²**sal·low** /sæloʊ/ [bn; vergr trap: sallower; bw: ~ly; zn: ~ness] vaalgeel, vaal, (ziekelijk geel)bleek, grauw(bruin)

³**sal·low** /sæloʊ/ [onov + ov ww] vergelen, vuilgeel/grauw(bruin) (doen) worden, vaal/bleek (doen) worden ♦ *a severe illness had sallowed his face* een ernstige ziekte had zijn gezicht een grauwe tint gegeven

sal·low·ish /sæloʊɪʃ/ [bn] lichtelijk vaalgeel, grauw, bleek

sal·low·y /sæloʊi/ [bn] vol wilgen

¹**sal·ly** /sæli/ [telb zn] [1] **uitval** ⟨voornamelijk leger⟩ [2] **uitbarsting**, opwelling, plotselinge uiting [3] **uitstapje**, tochtje [4] **kwinkslag**, (geestige) inval [5] **positie van klok, gereed om geluid te worden** [6] **handgreep van klokkentouw** [7] ⟨bouwk⟩ uitstek [8] ⟨BE; sl⟩ (antiek)veiling

²**sal·ly** /sæli/ [onov ww] [1] **een uitval doen** [2] **erop uit gaan**, op stap gaan ♦ *we sallied forth on a three-week journey* we trokken erop uit voor een reis van drie weken [3] ⟨vero⟩ **tevoorschijn springen**, plotseling naar buiten komen ♦ *he had blood sallying from his wrist* er stroomde bloed uit zijn pols

Sally /sæli/ [eigenn] Saartje

Sally Army [eigenn; the] ⟨BE; inf⟩ (verk: Salvation Army)

Sally Lunn

Leger des Heils, heilsleger
Sally Lunn /ˌsæli ˈlʌn/ [telb zn] ⟨BE⟩ ⟨soort⟩ warm theegebak
sally port [telb zn] uitvalspoort, sluippoort
sal·ma·gun·di /ˌsælməˈɡʌndi/ [telb zn] salmagundi ⟨salade⟩, ⟨fig⟩ ratjetoe, mengelmoes, zootje
sal·mi /ˈsælmi/ [telb zn] salmi ⟨ragout van gebraden gevogelte⟩
¹**salm·on** /ˈsæmən/ [telb + niet-telb zn; mv: voornamelijk salmon] zalm
²**salm·on** /ˈsæmən/ [niet-telb zn] zalmkleur, saumon
³**salm·on** /ˈsæmən/, **salm·on-col·oured** [bn] zalmkleurig, saumon
sal·mo·nel·la /ˌsælməˈnelə/ [telb + niet-telb zn; mv: ook salmonella, ook salmonellae /-liː/] salmonella(bacterie)
sal·mo·nel·lo·sis /ˌsælmənəˈloʊsɪs/ [telb zn; mv: ook salmonelloses /-siːz/] salmonella-infectie
salmon ladder, salmon leap, salmon pass, salmon stair [telb zn] zalmtrap
¹**sal·mo·noid** /ˈsæmənɔɪd/ [telb zn] zalmachtige
²**sal·mo·noid** /ˈsæmənɔɪd/ [bn] ① zalmachtig ② zalmkleurig, saumon, bleekrood
salmon pink [niet-telb zn; ook attributief] zalmrood, zalmkleur(ig), roze
salmon steak [telb zn] (gebakken) zalmmoot
salmon trout [telb + niet-telb zn] zalmforel, zeeforel, schot(zalm)
Sa·lo·mon·ic /ˌsæləˈmɒnɪk, ᴬ-ˈmɑ-/, **Sa·lo·mo·ni·an** /-ˈmoʊnɪən/ [bn] salomonisch, (als) van Salomo
sa·lon /ˈsælɒn, ᴬsəˈlɑn/ [telb zn] ① salon, ontvangkamer, mooie kamer ② salon, (vertrek voor) samenkomst van personen uit de uitgaande wereld
Sa·lon /ˈsælɒn, ᴬsəˈlɑn/ [telb zn; the] Salon ⟨jaarlijkse tentoonstelling van nog levende schilders in Frankrijk⟩
salon music [niet-telb zn] salonmuziek
sa·loon /səˈluːn/ [telb zn] ① zaal ⟨voor bijeenkomsten, tentoonstellingen enz.; ook op schip⟩ ② ⟨AE⟩ bar, café, gelagkamer ③ ⟨BE⟩ salonrijtuig ④ ⟨BE⟩ sedan ⑤ ⟨vero; BE⟩ salon
saloon bar [telb zn] ⟨BE⟩ nette gelagkamer
saloon car [telb zn] ⟨BE⟩ ① salonrijtuig ② sedan
saloon carriage [telb zn] salonrijtuig
saloon deck [telb zn] dek waar de eetzaal zich bevindt ⟨op schip⟩
sa·loon·ist /səˈluːnɪst/ [telb zn] ⟨AE⟩ caféhouder
sa·loon·keep·er /səˈluːnkiːpə/ [telb zn] ⟨AE⟩ caféhouder
saloon pistol [telb zn] ⟨BE⟩ flobertpistool
saloon rifle [telb zn] ⟨BE⟩ flobertbuks, kamerbuks
sa·loop /səˈluːp/ [niet-telb zn] salep
Sal·op /ˈsæləp/ [eigenn] Salop ⟨sinds 1974 benaming voor Shropshire, Engels graafschap⟩
¹**Sa·lo·pi·an** /səˈloʊpɪən/ [telb zn] inwoner van Shropshire ⟨Engels graafschap⟩
²**Sa·lo·pi·an** /səˈloʊpɪən/ [bn] van Shropshire
sal·pi·glos·sis /ˌsælpɪˈɡlɒsɪs, ᴬ-ˈɡlɑsɪs/ [niet-telb zn] ⟨plantk⟩ salpiglossis, trompetbloem ⟨Solanaceae⟩
sal·ping- /ˈsælpɪndʒ/ van/m.b.t. de eileider ♦ salpingitis salpingitis, eileiderontsteking
sal·pin·gec·to·my /ˌsælpɪnˈdʒektəmi/ [telb zn] verwijdering van de eileider
sal·pin·gi·tis /ˌsælpɪnˈdʒaɪtɪs/ [telb + niet-telb zn] ⟨med⟩ ① salpingitis, eileiderontsteking ② ontsteking van de buis van Eustachius
sal·sa /ˈsælsə, ᴬˈsɑl-/ [niet-telb zn] ① ⟨dans, muz⟩ salsa ② salsa(saus)
salse /sæls/ [telb zn] moddervulkaan, slijkvulkaan
sal·si·fy /ˈsælsɪfaɪ/ [niet-telb zn] ⟨plantk⟩ schorseneer, haverwortel, blauwe morgenster ⟨Tragopogon porrifolius⟩
¹**salt** /sɒlt, sɔːlt, ᴬsɔːlt/ [telb zn] ① ⟨scheik⟩ zout ♦ salt(s) of lemon oxaalzuur ② zoutvaatje ③ zoutmoeras ④ ⟨inf⟩ zeerot, zeerob ⦁ like a dose of salts als de wiedeweerga
²**salt** /sɒlt, sɔːlt, ᴬsɔːlt/ [niet-telb zn] ① zout ♦ common salt keukenzout; put fish in salt vis in het zout leggen ② geestigheid, attisch zout, pittigheid, pikantheid ♦ it is the salt of life to her het is haar lust en haar leven ⦁ the salt of the earth het zout der aarde; ⟨vero⟩ eat salt with te gast zijn bij; not be made of salt wel tegen een spatje kunnen; put salt on the tail of zout op de staart gooien van, vangen; rub salt into a wound iemands pijn/verdriet verergeren; he's not worth his salt hij is het zout in de pap niet waard
³**salt** /sɒlt, sɔːlt, ᴬsɔːlt/ [bn; vergr trap: salter; bw: ~ly; zn: ~ness] ① zout, zout(acht)ig, zilt, onvruchtbaar ⟨van grond⟩ ♦ salt marsh/meadow kwelder, schor, gors, zoutmoeras; salt tears bittere tranen; salt water zout water, zeewater; ⟨inf⟩ waterlanders ② gepekeld, gezouten ♦ salt cod/fish zoutevis, gezouten kabeljauw, labberdaan; ⟨scheepv; inf⟩ salt horse gezouten rundvlees, pekelvlees; ⟨scheepv; inf⟩ salt junk pekelvlees ③ zoutwater- ♦ salt plants zoutwaterplanten ④ geestig, prikkelend ⑤ gezouten, gepeperd
⁴**salt** /sɒlt, sɔːlt, ᴬsɔːlt/ [ov ww] ① zouten, pekelen, inmaken, in zout leggen ② pekelen ⟨wegen⟩, met zout bestrooien ③ met zout(oplossing) behandelen ④ van zout voorzien ⟨bijvoorbeeld vee⟩ ⑤ ⟨fig⟩ kruiden, pittig/aangenaam maken ⑥ ⟨handel; inf⟩ vervalsen, fictieve waarde toekennen ♦ salt an account een rekening vervalsen; salt the books in de boeken knoeien; salt a mine een mijn van zelfgeplaatste mineralen voorzien ⦁ he's got quite some money salted away/down hij heeft aardig wat geld opgepot/opzijgelegd; → **salted, salting**
SALT /sɒlt, sɔːlt, ᴬsɔːlt/ [afk] (Strategic Arms Limitation Talks)
sal·tant /ˈsæltənt/ [bn] springend, dansend
sal·ta·rel·lo /ˌsæltəˈreloʊ/ [telb zn] saltarello ⟨dans⟩
¹**sal·ta·tion** /sælˈteɪʃn/ [telb zn] ① sprong ② plotselinge overgang/beweging
²**sal·ta·tion** /sælˈteɪʃn/ [niet-telb zn] het springen, het dansen
sal·ta·to·ri·al /ˌsæltəˈtɔːrɪəl/, **sal·ta·to·ry** /ˈsæltətri, ᴬ-tɔːri/ [bn] ① spring-, dans-, springend, dansend ② sprongsgewijs, hortend
salt-bush [niet-telb zn] ⟨plantk⟩ melde ⟨geslacht Atriplex⟩
salt-cat [telb zn] zoutklomp ⟨om duiven te lokken⟩
salt-cel·lar [telb zn] ① zoutvaatje, zoutstrooier ② ⟨inf⟩ zoutvaatje ⟨holte bij sleutelbeen⟩
salt dome [telb zn] zoutpijler, zoutkoepel
salt·ed /ˈsɔːltɪd/ [bn; oorspronkelijk volt deelw van salt] immuun, gehard
salt·er /ˈsɒltə, ˈsɔːltə, ᴬ-ər/ [telb zn] ① zoutzieder, zoutbereider ② zouthandelaar ③ zout(st)er ⟨iemand die inzout⟩ ④ ⟨BE⟩ → **drysalter**
sal·tern /ˈsɒltən, ᴬ-tərn/ [telb zn] zoutziederij, zoutmijn, zoutpan
salt flat [telb zn] zoutvlakte
salt-glaze [niet-telb zn] zoutglazuur
salt grass [niet-telb zn] ⟨AE; plantk⟩ gras dat aan de zeekust groeit, (i.h.b.) slijkgras ⟨Spartina⟩
¹**sal·ti·grade** /ˈsæltɪɡreɪd/ [telb zn] ⟨dierk⟩ springspin ⟨familie Attidae⟩
²**sal·ti·grade** /ˈsæltɪɡreɪd/ [bn, attr] spring-
sal·tine /sɔːlˈtiːn/ [telb zn] ⟨AE⟩ (borrel)zoutje
salt·ing /ˈsɔːltɪŋ/ [telb zn; oorspronkelijk tegenwoordig deelw van salt] ① zoutmoeras ② ⟨BE⟩ kwelder, schor, gors
sal·tire /ˈsɔːltaɪə, ᴬ-ər/ [telb zn] maalkruis, schuinkruis, andreaskruis ♦ in saltire in schuinkruis
sal·tire·wise /ˈsɔːltaɪəwaɪz, ᴬ-taɪər-/ [bw] in maalkruis, in schuinkruis, in andreaskruis
salt·ish /ˈsɔːltɪʃ/ [bn] zoutig, ziltig, brak

salt lake [telb zn] zoutmeer
salt·less /sɔ:ltləs/ [bn] ① ongezouten ② zouteloos, laf, flauw
salt lick [telb zn] liksteen
salt mine [telb zn] zoutmijn, zoutgroeve, ⟨fig⟩ werkkamp, tredmolen ♦ *back to the salt mine* het harde leven begint weer
salt·pan, salt·pit [telb zn] zoutpan, zoutziederij
salt·pe·tre, ⟨AE⟩ **salt·pe·ter** /sɔ:ltpi:tə, ᴬsɔltpi:tər/ [niet-telb zn] salpeter
saltpetre rot [telb + niet-telb zn] muursalpeter
salt pork [niet-telb zn] ⟨vnl AE⟩ gepekeld (vet) varkensvlees, spek
salts /sɔlts, sɔ:lts/ [alleen mv] zoutwig ⟨stroom zeewater in riviermond⟩
salt·shak·er [telb zn] ⟨AE⟩ zoutvaatje, zoutstrooier
salt·spoon [telb zn] zoutlepeltje
salt truck [telb zn] ⟨AE⟩ strooiauto
sal·tus /sæltəs/ [telb zn] sprong, plotselinge overgang, hiaat
salt·wa·ter [bn, attr] zoutwater-, zeewater-
salt·well [telb zn] zoutbron
salt·works [alleen mv] zoutwerk, zoutmijn, zoutkeet
salt·wort /sɔ:ltwɜ:t, ᴬsɔltwɜrt/ [telb zn] ⟨plantk⟩ ① loogkruid ⟨genus Salsola; in het bijzonder Salsola kali⟩ ② zeekraal ⟨genus Salicornia⟩
salt·y /sɔ:lti/ [bn; vergr trap: saltier; bw: saltily; zn: saltiness] ① zout(achtig), naar zout smakend, zout bevattend, zilt(ig) ② gezouten, gekruid, pikant, prikkelend, pittig ⟨van taal⟩ ♦ *his salty humour went down surprisingly well with them* zijn pikante humor sloeg verrassend goed aan bij hen ③ ⟨inf⟩ zee(mans)- ♦ *it's the tattoos which give him that salty look* het zijn die tatoeages die hem dat zeemansuiterlijk geven ④ ⟨sl⟩ vermetel ⑤ ⟨sl⟩ moeilijk te geloven, sterk ⑥ ⟨sl⟩ schuin, vies, gezouten, gedurfd ⑦ ⟨sl⟩ opwindend, prikkelend, gewelddadig ⑧ ⟨sl⟩ boos, in de war ⑨ ⟨sl⟩ vreselijk, afgrijselijk, ⟨fig⟩ onaangenaam
sa·lu·bri·ous /səlu:briəs/ [bn; bw: ~ly; zn: ~ness] ⟨form⟩ heilzaam, gezond ♦ *the salubrious air will do you good* de gezonde lucht zal je goed doen
sa·lu·bri·ty /səlu:brəti/ [niet-telb zn] ⟨form⟩ heilzaamheid, gezonde gesteldheid, het bevorderlijk zijn voor de gezondheid
sa·lu·ki /səlu:ki/ [telb zn] saloeki ⟨Perzische windhond⟩
sal·u·tar·y /sæljotri, ᴬ-ljəteri/ [bn; bw: salutarily; zn: salutariness] ① weldadig, heilzaam, nuttig ② heilzaam, gezond
¹**sal·u·ta·tion** /sæljʊteɪʃn, ᴬ-ljə-/ [telb zn] aanhef ⟨in brief⟩
²**sal·u·ta·tion** /sæljʊteɪʃn, ᴬ-ljə-/ [telb + niet-telb zn] begroeting, groet, begroetingskus ♦ *he tipped his cap in salutation* hij nam zijn pet af bij wijze van groet
sal·u·ta·tion·al /sæljʊteɪʃnəl, ᴬ-ljə-/ [bn] begroetings-, groetend
sa·lu·ta·to·ry /səlu:tətri, ᴬsəlu:tətɔri/ [bn] begroetend, begroetings-, welkomst-, openings- ♦ *the chairman will speak the salutatory oration* de voorzitter zal het welkomstwoord spreken
¹**sa·lute** /səlu:t/ [telb zn] ① saluut, militaire groet, saluutschot ♦ *stand at the salute* de militaire groet brengen; *take the salute* de parade afnemen, het defilé afnemen ② ⟨AE⟩ stuk knalvuurwerk, rotje, knaller
²**sa·lute** /səlu:t/ [telb + niet-telb zn] begroeting, groet ♦ *they waved their caps in salute* ze zwaaiden met hun pet als begroeting
³**sa·lute** /səlu:t/ [onov + ov ww] ① groeten, verwelkomen ② salueren, de militaire groet brengen (aan), groeten, een saluutschot/saluutschoten lossen (voor)
⁴**sa·lute** /səlu:t/ [ov ww] eer bewijzen aan, huldigen
sal·va·ble /sælvəbl/ [bn] (nog) te redden, (nog) te bergen

¹**Sal·va·dor·e·an, Sal·va·dor·i·an** /sælvədɔ:riən/ [telb zn] Salvadoraan(se), Salvadoriaan(se), inwoner/inwoonster van El Salvador
²**Sal·va·dor·e·an, Sal·va·dor·i·an** /sælvədɔ:riən/ [bn] Salvadoraans, Salvadoriaans
¹**sal·vage** /sælvɪdʒ/ [niet-telb zn] ① berging, redding, het in veiligheid brengen ② geborgen goed, het geborgene ③ berglloon, reddingsloon ④ (het verzamelen van) bruikbaar afval, hergebruik, recycling ♦ *collecting waste for salvage* het verzamelen van afval voor hergebruik
²**sal·vage** /sælvɪdʒ/ [ov ww] ① bergen, redden, in veiligheid brengen ② terugwinnen, verzamelen voor hergebruik
sal·vage·a·ble /sælvɪdʒəbl/ [bn] te bergen, te redden
salvage boat, salvage vessel [telb zn] bergingsvaartuig
salvage company [telb zn] bergingsmaatschappij
salvage money [niet-telb zn] berglloon
salvage operation [telb zn] bergingsoperatie, bergingswerken, ⟨fig⟩ reddingsoperatie
salvage tug [telb zn] bergingssleepboot
Sal·var·san /sælvəsæn, ᴬ-vər-/ [niet-telb zn] ⟨farm⟩ salvarsan
¹**sal·va·tion** /sælveɪʃn/ [telb + niet-telb zn] redding ♦ *work out one's own salvation* zichzelf weten te redden
²**sal·va·tion** /sælveɪʃn/ [niet-telb zn] verlossing, zaligmaking, zaligheid ♦ *find salvation* bekeerd worden
Salvation Army [eigenn; the] Leger des Heils, heilsleger
sal·va·tion·ism /sælveɪʃnɪzm/ [niet-telb zn] prediking van verlossing van de ziel
¹**sal·va·tion·ist** /sælveɪʃnɪst/ [telb zn; vaak Salvationist] heilsoldaat, heilsoldate
²**sal·va·tion·ist** /sælveɪʃnɪst/ [bn] van/m.b.t. het Leger des Heils/heilsleger
¹**salve** /sælv, sɑ:v, ᴬsæv/ [telb + niet-telb zn] ① zalf(olie), smeersel, ⟨form⟩ balsem ② ⟨fig⟩ zalf, troostmiddel, verzachting, pleister, het sussen
²**salve** /sælv, sɑ:v, ᴬsæv/ [ov ww] ① sussen, tot rust brengen, kalmeren, tevreden stellen, troosten ♦ *salve one's conscience* zijn geweten sussen ② bergen, redden, in veiligheid brengen ♦ *salve one's property from the fire* zijn bezittingen uit het vuur redden ③ ⟨vero⟩ zalven, balsemen, inwrijven met olie
sal·ver /sælvə, ᴬ-ər/ [telb zn] presenteerblad, dienblad
Salve Re·gi·na /sælve rɪdʒaɪnə/ [telb zn] ⟨r-k⟩ salve regina, wees gegroet koningin
sal·vi·a /sælviə/ [telb + niet-telb zn] ⟨plantk⟩ salie ⟨genus Salvia⟩, (i.h.b.) vuursalie ⟨S. splendens⟩
¹**sal·vo** /sælvoʊ/ [telb zn] ① voorbehoud, reserve, beding ② redmiddel, leniging, sussing, troost, zalfje
²**sal·vo** /sælvoʊ/ [telb zn; mv: ook salvoes] salvo, plotselinge uitbarsting ♦ *a salvo of applause* een daverend applaus; *a salvo of cheers* een salvo van toejuichingen
sal·vor, sal·ver /sælvə, ᴬ-ər/ [telb zn] ① berger, redder ② bergingsvaartuig, reddingsvaartuig
¹**Sam** /sæm/ [eigenn] Sam ⟨•⟩ ⟨BE; inf⟩ *stand Sam* voor de kosten opdraaien, het gelag betalen; ⟨i.h.b.⟩ het rondje betalen; ⟨BE; inf⟩ *upon my Sam* aan mijn zolen, ammehoela
²**Sam** [afk] (Samuel) Sam. ⟨Oude Testament⟩
SAM [afk] (surface-to-air missile)
sam·a·ra /sæmərə/ [telb zn] ⟨plantk⟩ gevleugelde dopvrucht/noot ⟨bijvoorbeeld van es(doorn)⟩
¹**Sa·mar·i·tan** /səmærɪtn/ [eigenn] Samaritaans, de Samaritaanse taal
²**Sa·mar·i·tan** /səmærɪtn/ [telb zn] ① Samaritaan(se), inwoner/inwoonster van Samaria ♦ *good Samaritan* barmhartige Samaritaan ② lid van de gemeenschap van sama-

Samaritan

ritanen ③ lid van organisatie voor geestelijke hulp

³**Sa·mar·i·tan** /səmǽrɪtn/ [bn, attr] Samaritaans ♦ *Samaritan Pentateuch* Samaritaanse Pentateuch

Sa·mar·i·tan·ism /səmǽrɪtn-ɪzm/ [niet-telb zn] ① Samaritaanse godsdienst ② barmhartigheid

Sa·mar·i·tans /səmǽrɪtnz/ [alleen mv; the] telefonische hulpdienst

sa·mar·i·um /səmɛ́əriəm, ᴬ-mæ-/ [niet-telb zn] ⟨scheik⟩ samarium ⟨element 62⟩

¹**sam·ba** /sǽmbə/ [telb + niet-telb zn] ① samba ⟨dans⟩ ♦ *dance the samba* de samba dansen ② samba, sambamelodie, sambamuziek

²**sam·ba** /sǽmbə/ [onov ww] de samba dansen

sam·bar, sam·bhar, sam·bur, sam·bhur /sɑ́ːmbə, sǽm-, ᴬ-ər/ [telb zn] ⟨dierk⟩ sambar ⟨paardhert; Rusa unicolor⟩

¹**sam·bo** /sǽmboʊ/ [telb zn; mv: ook samboes] zambo, halfbloed ⟨in het bijzonder neger en indiaan of Europeaan⟩

²**sam·bo** /sǽmboʊ/ [telb zn; mv: ook Samboes] ⟨beled⟩ sambo, nikker

³**sam·bo** /sǽmboʊ/ [niet-telb zn] sambo ⟨Russisch worstelen⟩

Sam Browne /sæm braʊn/, **Sam Browne belt** [telb zn] Sam Browne ⟨sabelkoppel met schouderriem⟩

¹**same** /seɪm/ [aanw vnw; bijna altijd met the, behalve handel of schertsend] ① dezelfde, hetzelfde ♦ ⟨inf⟩ *barman, same again please!* ober, schenk nog maar eens in, hetzelfde a.u.b.!; *it's all/just the same* 't maakt (allemaal) niets uit; *the same applies to you* hetzelfde geldt voor jou; *my hat is the same as yours* mijn hoed is dezelfde als die van jou; ⟨inf⟩ *same here* voor mij hetzelfde; ik zit in 't zelfde schuitje, hier niet beter; idem dito; *they are much the same* ze lijken (vrij) sterk op elkaar; *some more of the same* nog meer van dat; *one and the same* één en dezelfde; *the same to you* insgelijks, van 't zelfde, voor jou hetzelfde, jij ook; *it's all the same to me* het is mij (allemaal) om het even, het maakt me niet uit; *the very same I would have done* net wat ik zou gedaan hebben ② ⟨vero; scherts; juridisch of handel⟩ de/het voornoemde, dezelve/hetzelve die/dat ♦ ⟨scherts⟩ *sighted one fly; killed same* heb één vlieg gezien; heb die vermoord; *he did not like Mr Johnson but nevertheless got on well with the same* hij mocht dhr. Johnson niet maar kon toch goed met hem opschieten ▪ *all/just the same* (desal)niettemin, desondanks, toch; ⟨sprw⟩ *it will be all the same in a hundred years* over honderd jaar zijn we allemaal dood, wie dan leeft, die dan zorgt

²**same** /seɪm/ [bw; met the, behalve soms informeel] net zo, precies hetzelfde ♦ *he checked me and found nothing, (the) same as my own dentist* hij onderzocht mij en vond niets, net als mijn eigen tandarts; *I still feel same to/think the same of that problem* ik denk nog steeds zo over dat probleem; *they both told it the same* ze vertelden het op dezelfde wijze

³**same** /seɪm/ [aanw det; the] zelfde, gelijke, overeenkomstige ♦ *she wore the same clothes as her sister* ze droeg dezelfde kleren als haar zuster; *much the same problem* vrijwel hetzelfde probleem; *same old same old* nog steeds hetzelfde (liedje), niets nieuws onder de zon; *what's life? same old same old* hoe gaat 't met je? ach, z'n gangetje; *Jekyll and Hyde are one and the same man* Jekyll en Hyde zijn één en dezelfde man; *the same old story* het is altijd hetzelfde liedje; *that same man now wants me to mow his lawn* laat nu net diezelfde man willen dat ik zijn grasveld maai; *it's the same thing* het komt op hetzelfde neer; *it's stated in this same article* het staat in dit artikel hier; *at the same time* tegelijkertijd; *the same time last year* deze tijd vorig jaar; *the very same book* precies hetzelfde boek

sam·el, sam·mel /sæml/ [bn] wrak ⟨van aardewerk⟩

same·ness /séɪmnəs/ [niet-telb zn] ① gelijkheid, overeenkomst ② onveranderlijkheid, eentonigheid, monotonie

same-sex [bn] homo-, (tussen mensen) van hetzelfde geslacht ♦ *same-sex couple* homopaar, homostel; *same-sex marriage* homohuwelijk

sa·mey /séɪmi/ [bn] ⟨inf⟩ saai, monotoon

¹**Sa·mi·an** /séɪmiən/ [telb zn] Samisch(e), bewoner/bewoonster van Samos

²**Sa·mi·an** /séɪmiən/ [bn] Samisch, van Samos ▪ *Samian ware* terra sigillata, terra arretina ⟨Romeins bruinrood aardewerk⟩

sam·iel /sǽmjel, ᴬsámjel/ [telb zn] samoem ⟨hete droge wind in Arabië/Noord-Afrika⟩

sam·i·sen /sǽmɪsen/ [telb zn] s(h)amisen ⟨Japans tokkelinstrument⟩

sa·mite /sǽmaɪt, seɪ-/ [niet-telb zn] ⟨vero⟩ brokaat

sa·miz·dat /sǽmɪzdæt/ [niet-telb zn] ① samizdat ⟨uitgave van verboden literatuur in Rusland⟩ ② ondergrondse literatuur, samizdat

sam·let /sǽmlɪt/ [telb zn] jonge zalm

¹**Sam·nite** /sǽmnaɪt/ [eigenn] Samnitisch, de Samnitische taal

²**Sam·nite** /sǽmnaɪt/ [telb zn] Samniet, inwoner/inwoonster van Samnium

³**Sam·nite** /sǽmnaɪt/ [bn] Samnitisch, van de Samnieten

¹**Sa·mo·an** /səmóʊən/ [eigenn] Samoaans ⟨taal van de Samoanen⟩

²**Sa·mo·an** /səmóʊən/ [telb zn] Samoaan(se), bewoner/bewoonster van Samoa

³**Sa·mo·an** /səmóʊən/ [bn] Samoaans

sa·mo·sa /səmóʊsə/ [telb zn] samosa ⟨Indiaas pasteitje⟩

sam·o·var /sǽməvɑː, ᴬ-vɑr/ [telb zn] samowaar ⟨Russisch toestel om thee te zetten⟩

¹**Sam·o·yed, Sam·o·yede** /sǽməjed/ [eigenn] Samojeeds, de Samojeedse taal

²**Sam·o·yed, Sam·o·yede** /sǽməjed/ [telb zn] ① Samojeed ⟨lid van volksstam in Noord-Siberië⟩ ② samojeed ⟨hondenras⟩

³**Sam·o·yed, Sam·o·yede** /sǽməjed/ [bn] Samojeeds

¹**Sam·o·yed·ic** /sæməjédɪk/ [eigenn] Samojeeds, de Samojeedse taal

²**Sam·o·yed·ic** /sæməjédɪk/ [bn] Samojeeds, van (de taal van de) Samojeden

samp /sæmp/ [niet-telb zn] ⟨AE⟩ (pap van) grof gemalen mais

sam·pan /sǽmpæn/ [telb zn] sampan ⟨Chinees of Japans rivierbootje/kustbootje⟩

sam·phire /sǽmfaɪə, ᴬ-ər/ [telb zn] ⟨plantk⟩ ① zeevenkel ⟨Crithmum maritimum⟩ ② zeekraal ⟨genus Salicornia⟩

¹**sam·ple** /sɑ́ːmpl, ᴬsǽmpl/ [telb zn] ① monster, staal, proef(stuk), voorbeeld, specimen ♦ *take a sample of blood* een bloedmonster nemen; *be up to sample* aan het monster beantwoorden; *sample of no value* monster zonder waarde ② ⟨stat⟩ steekproef ③ ⟨muz⟩ sample

²**sam·ple** /sɑ́ːmpl, ᴬsǽmpl/ [ov ww] ① bemonsteren, monsters trekken/nemen uit ② een steekproef nemen uit ③ (be)proeven, proberen, testen, keuren ④ ⟨muz⟩ samplen, → sampling

sample copy [telb zn] proefexemplaar, proefnummer

sample page [telb zn] proefpagina

sample post [niet-telb zn] verzending van monsters ♦ *send by sample post* als monster verzenden

sam·pler /sɑ́ːmplə, ᴬsǽmplər/ [telb zn] ① merklap ② keurmeester, keurder ③ monstertrekker ④ ⟨AE⟩ monsterboek, monsterdoos, staalkaart, monsterkoffer ⑤ ⟨muz⟩ sampler ⑥ verzamel-cd

sample section [telb zn] representatief (ge)deel(te) ♦ *a sample section of the population* een dwarsdoorsnede van de populatie

sample sentence [telb zn] voorbeeldzin

sam·ple size [niet-telb zn] ⟨stat⟩ steekproefomvang, steekproefgrootte
sam·ple space [niet-telb zn] ⟨stat⟩ steekproefruimte
¹**sam·pling** /ˈsɑːmplɪŋ, ᴬˈsæm-/ [telb zn] ① monster, staal, specimen ♦ *a sampling of* een greep uit ② steekproef
²**sam·pling** /ˈsɑːmplɪŋ, ᴬˈsæm-/ [niet-telb zn] ① ⟨ook attributief⟩ ⟨stat⟩ steekproeftrekking ♦ *sampling error* steekproeffout; *sampling techniques* technieken voor het nemen/trekken van steekproeven; *sampling with/without replacement* (steekproef)trekking met/zonder teruglegging ② ⟨muz⟩ sampling, klankjatten ⟨het pikken/gebruiken van stukken muziek uit andermans werk voor eigen plaat⟩
¹**Sam·son** /ˈsæmsən/ [eigenn] Simson, Samson
²**Sam·son** /ˈsæmsən/ [telb zn] geweldenaar, krachtpatser
¹**sam·u·rai** /ˈsæmʊraɪ/ [telb zn; mv: ook samurai] ① officier ⟨van Japans leger⟩ ② ⟨gesch⟩ samoeraikrijger, samoerairidder
²**sam·u·rai** /ˈsæmʊraɪ/ [niet-telb zn; the] ⟨gesch⟩ samoerai ⟨Japanse ridderstand (voor 1873), of krijgsadel⟩
san (verk: sanatorium) → **sanatorium bet 2**
san·a·tive /ˈsænətɪv/, **san·a·to·ry** /-tri, ᴬ-tɔri/ [bn] geneeskrachtig, heilzaam, versterkend
san·a·to·ri·um /sænəˈtɔːriəm/, ⟨AE ook⟩ **san·a·ta·ri·um** /-ˈteəriəm, ᴬ-ˈteriəm/ [telb zn; mv: ook sanatoria /-ˈtɔːriə, ᴬ-ˈteriə/; mv: sanataria /-ˈteəriə, ᴬ-ˈteriə/] ① sanatorium, herstellingsoord, gezondheidskolonie ② ziekenkamer, ziekenzaal ⟨bijvoorbeeld op een school⟩
san·be·ni·to /sænbəˈniːtoʊ/ [telb zn] sanbenito, ketterhemd
sanc·ti·fi·ca·tion /sæŋktɪfɪˈkeɪʃn/ [telb + niet-telb zn] ① heiliging, wijding, consecratie, sanctificatie ② rechtvaardiging, heiliging ③ heiligmaking, rechtvaardigmaking, loutering, zuivering, verlossing van zonde(schuld)
sanc·ti·fi·er /ˈsæŋktɪfaɪə, ᴬ-ər/ [telb zn] heiligmaker, ⟨i.h.b.⟩ Heilige Geest, Verlosser van zonde(schuld)
sanc·ti·fy /ˈsæŋktɪfaɪ/ [ov ww] ① heiligen, wijden, consacreren, sanctifiëren ② ⟨vaak passief⟩ rechtvaardigen, heiligen ♦ *the end sanctifies the means* het doel heiligt de middelen ③ heilig maken, rechtvaardig maken, louteren, zuiveren, verlossen van zonde(schuld)
sanc·ti·mo·ni·ous /sæŋktɪˈmoʊniəs/ [bn; bw: ~ly; zn: ~ness] schijnheilig, schijnvroom, huichelachtig, hypocriet
sanc·ti·mo·ny /ˈsæŋktɪməni, ᴬ-moʊni/ [niet-telb zn] schijnheiligheid, schijnvroomheid, huichelarij, hypocrisie
¹**sanc·tion** /ˈsæŋkʃn/ [telb zn] ① sanctie, dwang(middel), strafmaatregel, vergeldingsmaatregel ♦ *apply sanctions against racist regimes* sancties instellen tegen racistische regimes; *punitive sanction* strafsanctie ② wet, maatregel, verordening, decreet, besluit
²**sanc·tion** /ˈsæŋkʃn/ [telb zn] ① bekrachtiging, erkenning, goedkeuring, sanctie, wettiging
³**sanc·tion** /ˈsæŋkʃn/ [ov ww] ① sanctioneren, bekrachtigen, wettigen, bindend maken, bevestigen ② goedkeuren, toestaan, instemmen met, steunen ③ straf opleggen voor ⟨een overtreding⟩, de strafmaat bepalen van
sanc·ti·ties /ˈsæŋktətiz/ [alleen mv] heilige verplichtingen, heilige voorwerpen/rechten
sanc·ti·tude /ˈsæŋktɪtjuːd, ᴬ-tuːd/ [niet-telb zn] ⟨vero⟩ heiligheid, zedelijke reinheid
sanc·ti·ty /ˈsæŋktəti/ [niet-telb zn] ① heiligheid, godvruchtigheid, vroomheid ② heiligheid, gewijdheid, eerbiedwaardigheid, onschendbaarheid
¹**sanc·tu·ar·y** /ˈsæŋktʃʊəri, ᴬ-eri/ [telb zn] ① ⟨benaming voor⟩ heiligdom, sanctuarium, heilige plaats, tempel, tabernakel, heilige der heiligen ⟨van tempel te Jeruzalem⟩ ② sanctuarium, omtrek van (hoog)altaar, priesterkoor ③ vogelreservaat, wildreservaat, natuurreservaat

²**sanc·tu·ar·y** /ˈsæŋktʃʊəri, ᴬ-eri/ [telb + niet-telb zn] asiel, vrijplaats, wijkplaats, toevlucht(soord), asielrecht, bescherming ♦ *take/seek sanctuary* z'n toevlucht zoeken, asiel vragen
sanc·tum /ˈsæŋktəm/ [telb zn; mv: ook sancta /-tə/] heilige plaats, gewijde plaats, heiligdom ⟨informeel; ook figuurlijk⟩ ♦ *sanctum sanctorum* heilige der heiligen, sanctum sanctorum; ⟨inf, fig⟩ *he's probably in his sanctum sanctorum* hij zit waarschijnlijk in zijn heiligdom/in zijn studeerkamer
Sanc·tus /ˈsæŋktəs/ [niet-telb zn; the] sanctus ⟨kerkelijk gezang⟩
Sanctus bell [telb zn] ⟨r-k⟩ misbelletje
¹**sand** /sænd/ [telb zn; vaak mv] ① ⟨benaming voor⟩ zandvlakte, strand, woestijn, zandbank, zandgrond ② zandkorrel
²**sand** /sænd/ [niet-telb zn] ① zand ② ⟨vaak attributief⟩ zandkleur, lichtbruin, geelgrijs, sahara ③ ⟨AE; inf⟩ pit, moed ⚬ *build on sand* op zand bouwen, ijdele verwachtingen koesteren
³**sand** /sænd/ [ov ww] ① met zand bestrooien, zanden, met zand bedekken, in zand begraven ♦ *slippery roads are sanded* gladde wegen worden met zand bestrooid ② ⟨fig⟩ bezaaien ③ met zand (ver)mengen, zanden ④ schuren, polijsten ♦ *sand down* gladschuren ⑤ doen verzanden
¹**san·dal** /ˈsændl/ [telb zn] ① sandaal ② schoenriem, wreefband ⟨van schoen⟩
²**san·dal** /ˈsændl/ [niet-telb zn] sandelhout
³**san·dal** /ˈsændl/ [ov ww] ① ⟨vaak voltooid deelwoord⟩ van sandalen voorzien, sandalen aantrekken ♦ *sandalled* met sandalen (aan) ② met een schoenriem vastmaken
sandal tree [telb zn] ⟨plantk⟩ sandelboom ⟨genus Santalum⟩
san·dal·wood /ˈsændlwʊd/ [telb zn] ① sandelhout ♦ *red sandalwood* rood sandelhout (verfhout) ② ⟨vaak attributief⟩ lichtbruin, grijsbruin, sandelhoutkleur
sandalwood oil [niet-telb zn] sandel(hout)olie
san·da·rac, san·da·rach /ˈsændəræk/ [niet-telb zn] ① sand(a)rak ⟨hars van Tetraclinis articulata/Callitris quadrivalvis⟩ ② realgar, sandarak
¹**sand·bag** [telb zn] zandzak
²**sand·bag** [ov ww] ① met zandzakken versterken, met zandzakken barricaderen/ophogen/afsluiten ② iemand overvallen en in elkaar slaan ③ ⟨AE; inf⟩ dwingen ♦ *he was sandbagged into leaving* hem werd op ruwe wijze te verstaan gegeven dat hij moest vertrekken
sand·bank [telb zn] zandbank, ondiepte
sand·bar [telb zn] drempel ⟨ondiepte voor of in de mond van een rivier/haven⟩
sand·bath [telb zn] ⟨scheik⟩ zandbad ⟨inrichting voor verwarming in heet zand⟩
sand·bed [telb zn] zandbed(ding)
¹**sand·blast** [telb zn] zandstraal(toestel), zandblaasmachine
²**sand·blast** [ov ww] zandstralen, schuren/polijsten/reinigen met een zandstraal
sand·blast·er [telb zn] zandstraler ⟨persoon⟩
sand·blind [bn] slechtziend, gedeeltelijk blind
sand·box [telb zn] ① zandkist ⟨ook als fundering⟩ ② zandstrooier ⟨van locomotief⟩ ③ ⟨AE⟩ zandbak ④ ⟨gesch⟩ zandkoker
sandboy [telb zn] → **happy**
sand·cas·tle [telb zn] zandkasteel
sand crack [telb zn] ① hoornkloof ⟨in paardenhoef⟩ ② kloof ⟨in voet⟩
sand dollar [telb zn] ⟨AE; dierk⟩ zanddollar ⟨soort zeeegel; orde Clypeasteroidea, in het bijzonder Echinarachnius parma⟩
sand drift [telb zn] zandverstuiving
sand dune [telb zn] zandduin

sand eel

sand eel [telb zn] ⟨dierk⟩ zandspiering ⟨genus Ammodytes⟩
sand·er /sændə, ᴬ-ər/ [telb zn] [1] zandstrooier [2] schuurder, polijster [3] schuurmachine, polijsttoestel
san·der·ling /sændəlɪŋ, ᴬ-dər-/ [telb zn] ⟨dierk⟩ drieteenstrandloper ⟨Calidris alba⟩
san·ders /sændəz, ᴬ-dɑrz/, **saun·ders** /sɔːndəz, ᴬsɔndərz/ [niet-telb zn] (rood) sandelhout
sand flea [telb zn] ⟨dierk⟩ [1] zandvlo ⟨Tunga penetrans⟩ [2] strandvlo ⟨soort kreeft; familie Talitridae⟩
sand fly [telb zn] ⟨dierk⟩ [1] zandmug ⟨bloedzuigende mug; genus Phlebotomus⟩ [2] knijt, kriebelmugje ⟨genus Simulium⟩
sand·glass [telb zn] zandloper, uurglas, nachtglas
san·dhi /sændi/ [niet-telb zn] ⟨taalk⟩ sandhi
sand hill [telb zn] duin, zandheuvel
sand·hog [telb zn] ⟨AE⟩ caissonarbeider
sand hopper [telb zn] ⟨dierk⟩ strandvlo ⟨soort kreeft; familie Talitridae⟩
Sand·hurst /sændhɜːst, ᴬ-hɜrst/ [eigenn] Sandhurst ⟨militaire academie⟩, ± KMA ⟨in Nederland⟩, ± KMS ⟨in België⟩
sand·ing ma·chine /sændɪŋ məʃiːn/ [telb zn] schuurmachine, polijstinstallatie
sand iron [telb zn] ⟨golf⟩ sand iron ⟨ijzer met breed slagvlak om bal uit bunker te slaan⟩
san·di·ver /sændɪvə, ᴬ-ər/ [niet-telb zn] glasgal
sand landing area [telb zn] ⟨atl⟩ zandbak
sand·leaf [telb zn] zandblad ⟨onderste blad van tabaksplant⟩
sand·lot [telb zn] ⟨AE⟩ landje, speelveldje ⟨met zand⟩, trapveldje
sand-lot [bn] ⟨AE⟩ m.b.t. een vrijetijdsbesteding ♦ *sand-lot football* vrijetijdsvoetbal, balletje trappen
S and M [afk] (Sadism and Masochism) sm
sand·man [niet-telb zn; the] zandmannetje, Klaas Vaak
sand martin [telb zn] ⟨BE; dierk⟩ oeverzwaluw ⟨Riparia riparia⟩
sand mole [telb zn] ⟨dierk⟩ molrat ⟨familie Bathyergidae⟩, ⟨i.h.b.⟩ Kaapse duinmolrat ⟨Bathyergus suillus⟩
¹**sand·pa·per** [niet-telb zn] schuurpapier, ⟨België⟩ zandpapier
²**sand·pa·per** [ov ww] schuren, polijsten
sand·pi·per /sændpaɪpə, ᴬsændpaɪpər/ [telb zn] ⟨dierk⟩ strandloper, ruiter ⟨familie Scolopacidae⟩ • *common sandpiper* oeverloper ⟨Tringa hypoleucos⟩; *spotted sandpiper* Amerikaanse oeverloper ⟨Tringa macularia⟩
sand·pit [telb zn] [1] zandgraverij, zandgroeve, zanderij [2] ⟨BE⟩ zandbak, zandkuil
sand plover [telb zn] • ⟨dierk⟩ *greater sand plover* woestijnplevier ⟨Charadrius leschenaultus⟩
sands /sændz/ [alleen mv] tijd, periode ⟨als gemeten in een zandloper⟩ ♦ *the sands (of life/time) are running out* de tijd is bijna om/verstreken, zijn dagen zijn geteld, er rest niet veel tijd meer
sand·scape /sæn(d)skeɪp/ [telb zn] zandlandschap
sand·shoe [telb zn] ⟨BE⟩ strandschoen, zeilschoen ⟨van canvas⟩
sand skipper [telb zn] ⟨dierk⟩ strandvlo ⟨soort kreeft; familie Talitridae⟩
sand·spout [telb zn] zandkolom, zandhoos
sand·stone [niet-telb zn] ⟨geol⟩ zandsteen, areniet
sand·storm [telb zn] zandstorm
sand sucker [telb zn] zandzuiger, zandpomp
S and T [afk] (Science and Technology)
sand trap [telb zn] ⟨vnl AE; golf⟩ bunker, zandkuil
¹**sand·wich** /sænwɪdʒ, -wɪtʃ, ᴬsænd(w)ɪtʃ/ [telb zn] [1] sandwich, dubbele boterham [2] ⟨BE⟩ ± Zwitsers gebak ⟨met laag/lagen jam of room ertussen⟩
²**sand·wich** /sænwɪdʒ, -wɪtʃ, ᴬsæn(d)wɪtʃ/ [ov ww] klem-

men, vastzetten, plaatsen, schuiven ♦ *he was sandwiched between two backs* hij werd gemangeld tussen twee achterspelers; *a layer of chipboard sandwiched between two layers of mahogany* twee lagen mahoniehout met een laag spaanplaat ertussen; *I'll sandwich her in between two other appointments* ik ontvang haar wel tussen twee andere afspraken door
sandwich board [telb zn] advertentiebord, reclamebord ⟨gedragen door iemand op borst en rug⟩
sandwich course [telb zn] ⟨BE⟩ cursus waarin theorie en praktisch werk afwisselend aan bod komen
sandwich generation [eigenn] sandwichgeneratie
sandwich man [telb zn; mv: sandwich men /-mən/] sandwichman ⟨iemand met reclamebord op borst en rug⟩
sandwich student [telb zn] student aan opleiding met praktisch gedeelte (in 'sandwich course')
sandwich tern [telb zn] ⟨dierk⟩ grote stern ⟨Sterna sandvicensis⟩
sand·wort /sændwɜːt, ᴬ-wɜrt/ [niet-telb zn] ⟨plantk⟩ muur ⟨in het bijzonder genera Arenaria, Maehringia, Minnartia en Honkenya⟩
sand·y /sændi/ [bn; vergr trap: sandier; zn: sandiness] [1] zand(er)ig, zandachtig [2] rul, mul, onvast, los aan elkaar hangend [3] ros(sig) ⟨van haar⟩, roodachtig, ⟨scherts⟩ hoogblond [4] ⟨AuE⟩ *sandy blight* oogontsteking
¹**San·dy** /sændi/ [eigenn] ⟨SchE⟩ Sander
²**San·dy** /sændi/ [telb zn; ook sandy; mv: ook Sandys] ⟨bijnaam van⟩ Schot [•] ⟨sl⟩ *run a Sandy on s.o.* iemand belazeren
sand yacht [telb zn] zeilwagen
san·dy·ish /sændiɪʃ/ [bn] [1] enigszins zand(er)ig [2] rullig, mullig
sane /seɪn/ [bn; vergr trap: saner; bw: ~ly; zn: ~ness] [1] (geestelijk) gezond, gezond van geest, bij zijn volle verstand ♦ *a sane man* een normaal mens [2] verstandig ⟨van ideeën enz.⟩, redelijk, evenwichtig
sang /sæŋ/ [verleden tijd] → sing
san·ga·ree /sæŋgəriː/ [niet-telb zn] wijndrank
sang·de·boeuf /sūdəbəːf, ᴬsɑndəbʌf/ [niet-telb zn; vaak ook attributief] sang-de-boeuf, ossenbloed ⟨dieprode kleur⟩
sang-froid /sū frwɑː, ᴬsɑnfrwɑ/ [niet-telb zn] sangfroid, koelbloedigheid, zelfbeheersing
san·grail /sæŋgreɪl/ [niet-telb zn] heilige graal
san·gri·a /sæŋgriːə, sæŋgrɪə/ [niet-telb zn] sangria
san·gui·fi·ca·tion /sæŋgwɪfɪkeɪʃn/ [telb + niet-telb zn] [1] bloedvorming [2] omzetting in bloed
san·gui·nar·y /sæŋgwɪnri, ᴬ-neri/ [bn; bw: sanguinarily; zn: sanguininess] ⟨form⟩ [1] bloed(er)ig, met veel bloedvergieten ♦ *a sanguinary battle* een slachtpartij, een bloedbad [2] bloeddorstig, wreed [3] ⟨BE⟩ vol vloeken, vol krachttermen, ruw
¹**san·guine** /sæŋgwɪn/ [telb zn] sanguine ⟨tekening met rood krijt⟩
²**san·guine** /sæŋgwɪn/ [telb zn] [1] ⟨vaak attributief⟩ bloedrood [2] sanguine, rood krijt
³**san·guine** /sæŋgwɪn/ [bn; bw: ~ly; zn: ~ness] [1] optimistisch, hoopvol, opgewekt, vol vertrouwen [2] blozend, fris, met een gezonde/rode kleur [3] ⟨formeel of heraldiek⟩ (bloed)rood, keel [4] ⟨vero⟩ bloed(er)ig
¹**san·guin·e·ous** /sæŋgwɪnɪəs/ [niet-telb zn; vaak attributief] bloedrood
²**san·guin·e·ous** /sæŋgwɪnɪəs/ [bn] [1] bloed(er)ig, met veel bloedvergieten [2] van bloed, bloedig [3] blozend [4] hoopvol, opgewekt [5] volbloedig, sanguinisch, plethorisch
san·guin·i·ty /sæŋgwɪnəti/ [niet-telb zn] optimisme, goede hoop, opgewektheid
San·he·drin /sænɪdrɪn, ᴬsænhedrɪn/, **San·he·drim** /sænɪdrɪm, ᴬsænhedrɪm/ [telb zn] sanhedrin ⟨Hoge Raad

van de Israëlieten⟩
san·i·cle /sænɪkl/ [telb zn] ⟨plantk⟩ sanikel ⟨genus Sanicula⟩, heelkruid, breukkruid
sa·ni·es /seɪniːz/ [telb + niet-telb zn; mv: sanies] ⟨med⟩ wondvocht, etter, pus
san·i·fy /sænɪfaɪ/ [ov ww] van sanitair voorzien, de hygiëne bevorderen van/in
sa·ni·ous /seɪnɪəs/ [bn] wondvocht-, etter-, pus-
¹**san·i·tar·i·an** /sænɪteərɪən, ᴬ-ter-/ [telb zn] gezondheidsspecialist, hygiënist
²**san·i·tar·i·an** /sænɪteərɪən, ᴬ-ter-/ [bn] ① m.b.t. gezondheidsleer ② m.b.t. de volksgezondheid
san·i·tar·i·um /sænɪteərɪəm, ᴬ-ter-/ [telb zn; mv: ook sanitaria /-rɪə/] ⟨AE⟩ ① sanatorium, herstellingsoord, gezondheidskolonie ② gezondheidscentrum
san·i·tar·y /sænɪtri, ᴬ-teri/ [bn; bw: sanitarily; zn: sanitariness] ① sanitair, van/m.b.t. de gezondheid ♦ *sanitary cordon* gezondheidskordon ⟨om besmette plaats⟩; *sanitary engineer* gezondheidsingenieur ② hygiënisch, gezond, sanitair, de gezondheid bevorderend, schoon ♦ *sanitary fittings* het sanitair ⟨inrichting van wc's en badkamers⟩; *sanitary ware* sanitaire artikelen ⟨closetpot, wastafel enz.⟩ ▪ *sanitary stop* sanitaire stop ⟨om naar de wc te kunnen gaan, bijvoorbeeld tijdens busrit⟩
sanitary bag [telb zn] zakje voor maandverband
sanitary inspector [telb zn] inspecteur van de volksgezondheid, gezondheidsinspecteur
sanitary towel, sanitary pad, ⟨AE⟩ **sanitary napkin** [telb zn] maandverband, damesverband
san·i·tate /sænɪteɪt/ [ov ww] van sanitair voorzien, de hygiëne bevorderen van/in
san·i·ta·tion /sænɪteɪʃn/ [niet-telb zn] ① bevordering van de volksgezondheid ② afvalverwerking, het ophalen van afval ③ rioolwaterverwerking, rioolwaterzuivering
san·i·ta·tion·ist /sænɪteɪʃənɪst/ [telb zn] gezondheidsspecialist, hygiënist
sanitation worker [telb zn] ⟨AE; form⟩ medewerker van de gemeentelijke reinigingsdienst, vuilnisman
san·i·tize, san·i·ise /sænɪtaɪz/ [ov ww] ① zuiveren, schoonmaken, steriliseren ② opschonen, ontdoen van bijzaken/onbelangrijke zaken ⟨document, rapport⟩
san·i·ty /sænəti/ [niet-telb zn] ① (geestelijke) gezondheid ② het oordeelkundig-zijn, verstandigheid, gezond verstand
sank /sæŋk/ [verleden tijd] → sink
san·ka /sæŋkə/ [niet-telb zn] ⟨AE⟩ cafeïnevrije oploskoffie
¹**San Mar·i·nese** /sænmærɪniːz/ [telb zn; mv: San Marinese] San Marinees, San Marinese, inwoner/inwoonster van San Marino
²**San Mar·i·nese** /sænmærɪniːz/ [bn, attr] San Marinees, van/uit/m.b.t. San Marino
San Ma·ri·no /sænmərɪnoʊ/ [eigenn] San Marino

San Marino	
naam	San Marino *San Marino*
officiële naam	Republic of San Marino *Republiek San Marino*
inwoner	San Marinese *San Marinees*
inwoonster	San Marinese *San Marinese*
bijv. naamw.	of San Marino *San Marinees*
hoofdstad	San Marino *San Marino*
munt	euro *euro*
werelddeel	Europe *Europa*
int. toegangsnummer 378 www .sm auto RSM	

¹**sans** /sænz/ [telb + niet-telb zn] schreefloze letter
²**sans** /sænz/ [vz] ⟨vero of scherts⟩ zonder, los van, in afwezigheid van, sans ♦ *sans gêne* sans gêne, vrij en ongewongen; *sans peur et sans reproche* zonder vrees of blaam
sans·cu·lotte /sænzkjʊlɒt, ᴬ-kjəlɑt/ [telb zn] sansculotte ⟨aanhanger van de Franse revolutie⟩, ⟨fig⟩ radicale revolutionair, revolutionair extremist
sans·cu·lot·tism /sænzkjʊlɒtɪzm, ᴬ-kjəlɑtɪzm/ [niet-telb zn] revolutionair extremisme
¹**san·ser·if, sans-ser·if** /sænserɪf/ [telb zn] ⟨drukw⟩ schreefloze letter
²**san·ser·if, sans-ser·if** /sænserɪf/ [bn] ⟨drukw⟩ schreefloos, zonder dwarsstreepje(s)
¹**San·skrit** /sænskrɪt/ [eigenn] Sanskriet
²**San·skrit** /sænskrɪt/, **San·skrit·ic** /sænskrɪtɪk/ [bn] Sanskritisch
San·skrit·ist /sænskrɪtɪst/ [telb zn] sanskritist, kenner/beoefenaar van het Sanskriet
San·ta Claus /sæntə klɔːz/, ⟨inf⟩ **Santa** [eigenn] kerstman(netje)
san·to·li·na /sæntəliːnə, ᴬ-laɪnə/ [telb zn] ⟨plantk⟩ santolina, heiligenbloem ⟨genus Santolina⟩, ⟨i.h.b.⟩ cipressenkruid ⟨S. chamaecyparessus⟩
¹**san·ton·i·ca** /sæntɒnɪkə, ᴬ-tɑ-/ [telb zn] ⟨plantk⟩ zeealsem ⟨Artemisia maritima⟩
²**san·ton·i·ca** /sæntɒnɪkə, ᴬ-tɑ-/ [niet-telb zn] ⟨med⟩ wormkruid
san·to·nin /sæntənɪn, ᴬsæntn-/ [niet-telb zn] ⟨med⟩ santonine ⟨middel tegen ingewandswormen⟩
São Tomé and Prin·ci·pe /saʊntəmeɪəndprɪnsɪpeɪ/ [eigenn] Sao Tome en Principe
¹**sap** /sæp/ [telb zn] ① ⟨AE⟩ slagwapen, knuppel ② ⟨BE⟩ blokker, ploeteraar ③ ⟨inf⟩ sul, sukkel, dommerik, oen
²**sap** /sæp/ [telb + niet-telb zn] ① ⟨mil⟩ sappering, (het graven van) sappe ② ondermijning
³**sap** /sæp/ [niet-telb zn] ① (planten)sap ② levenssap, vocht ⟨in het lichaam⟩, vloeistof ③ levenskracht, vitaliteit, sap, energie ♦ *the sap of youth* jeugdige levenskracht ④ ⟨plantk⟩ ⟨verk: sapwood⟩ spinthout ⟨zacht hout tussen kernhout en boombast⟩
⁴**sap** /sæp/ [onov + ov ww] ⟨mil⟩ ① sapperen, sappen maken, al sappen makend naderen ② ondermijnen, ondergraven, verzwakken ♦ *his faith was sapped* zijn geloof werd ondermijnd
⁵**sap** /sæp/ [ov ww] ① aftappen ⟨ook figuurlijk⟩, van sappen/vocht ontdoen, sap onttrekken aan, ⟨fig⟩ levenskracht onttrekken aan, uitputten ② ⟨plantk⟩ van spinthout ontdoen ③ neerslaan, neerknuppelen
sap·a·jou /sæpədʒuː/ [telb zn] ⟨dierk⟩ ① sapajou ⟨aap; genus Cebus⟩ ② slingeraap ⟨genus Ateles⟩
sapan [telb + niet-telb zn] → sappan
¹**sa·pe·le** /səpiːli/ [telb zn] ⟨plantk⟩ sapele ⟨Entandrophragma cylindricum⟩
²**sa·pe·le** /səpiːli/ [niet-telb zn] sapeli ⟨soort mahoniehout⟩
sap·ful /sæpfl/ [bn] sappig, vol sap
sap green [niet-telb zn; vaak attributief] sapgroen
sap·head [telb zn] ① ⟨mil⟩ sappenhoofd ② ⟨AE; inf⟩ sukkel, onnozele hals
sap·id /sæpɪd/ [bn] ① smakelijk, lekker, aangenaam van smaak ② interessant, boeiend, verfrissend
sa·pid·i·ty /səpɪdəti/ [niet-telb zn] ① smakelijkheid, prettige smaak ② het interessant-zijn, aantrekkelijkheid
sa·pi·ence /seɪpɪəns/ [niet-telb zn] ⟨form⟩ ① wijsheid, geleerdheid, inzicht ② ⟨scherts⟩ schijnwijsheid, schijngeleerdheid
sa·pi·ent /seɪpɪənt/ [bn; bw: ~ly] ⟨form⟩ ① wijs, geleerd, inzicht hebbend ② ⟨scherts⟩ zich wijs voordoend, geleerd doend
sa·pi·en·tial /seɪpɪenʃl/ [bn] van wijsheid
sap·less /sæpləs/ [bn; zn: ~ness] ① uitgedroogd, droog, zonder sap ② slap, futloos, zonder energie/pit, krachteloos, saai

sapling

sap·ling /sæplɪŋ/ [telb zn] [1] jong boompje [2] jong persoon, jongeman, jong meisje [3] eenjarige windhorn
sap·o·dil·la /sæpədɪlə/ [telb zn] [1] ⟨plantk⟩ sapotilleboom ⟨Achras zapota⟩ ♦ *sapodilla plum* sapotilla [2] sapotilla ⟨vrucht van sapotilleboom⟩
sap·o·na·ceous /sæpəneɪʃəs/ [bn; zn: ~ness] [1] zeepachtig, zeep-, zepig [2] glibberig, glad, ongrijpbaar
sa·pon·i·fi·a·ble /səpɒnɪfaɪəbl, ᴬ-pɑ-/ [bn] verzeepbaar ⟨van vetten/esters⟩
sa·pon·i·fi·ca·tion /səpɒnɪfɪkeɪʃn, ᴬ-pɑ-/ [niet-telb zn] verzeping, overgang tot zeep
sa·pon·i·fy /səpɒnɪfaɪ, ᴬ-pɑ-/ [onov + ov ww] verzepen, in zeep veranderen ⟨van vetten/esters⟩
sap·o·nin /sæpənɪn/ [niet-telb zn] saponien ⟨glucoside in planten⟩
sap·o·nite /sæpənaɪt/ [niet-telb zn] saponiet, zeepsteen
sa·por, ⟨BE ook⟩ **sa·pour** /seɪpə, ᴬ-ər/ [telb zn] smaak
sap·o·rif·ic /sæpərɪfɪk/ [bn] smaakgevend
sap·o·rous /sæpərəs/ [bn] smaakvol
¹**sap·pan, sa·pan** /sæpən, ᴬsæpæn/, **sap·pan·wood, sa·pan·wood** [telb zn] ⟨plantk⟩ sappanboom ⟨Caesalpina sappan⟩
²**sap·pan, sa·pan** /sæpən, ᴬsæpæn/, **sap·pan·wood, sa·pan·wood** [niet-telb zn] sappanhout
sap·per /sæpə, ᴬ-ər/ [telb zn] ⟨mil⟩ [1] sappeur [2] ⟨BE; inf⟩ soldaat ⟨van de genie⟩
¹**Sap·phic** /sæfɪk/ [telb zn] [1] saffisch maatschema/vers, saffische ode/strofe/versmaat [2] ⟨form⟩ lesbienne, saffische
²**Sap·phic** /sæfɪk/ [bn] [1] saffisch, m.b.t. Sappho ♦ *Sapphic ode* saffische ode; *Sapphic stanza* saffische strofe; *Sapphic verse* saffisch vers, saffische versmaat [2] ⟨form⟩ lesbisch, van/m.b.t. saffisme
¹**sap·phire** /sæfaɪə, ᴬ-ər/ [telb zn] ⟨dierk⟩ zwamkolibrie ⟨genus Hylocharis⟩
²**sap·phire** /sæfaɪə, ᴬ-ər/ [telb + niet-telb zn] saffier
³**sap·phire** /sæfaɪə, ᴬ-ər/ [niet-telb zn; vaak attributief] saffier(blauw), hemelsblauw, azuur
sapphire wedding [telb zn] saffieren bruiloft ⟨45-jarig huwelijk⟩
sap·phi·rine /sæfərɪn/ [bn] [1] saffierachtig, saffierblauw [2] van saffier
Sap·phism /sæfɪzm/ [niet-telb zn] saffisme, lesbische liefde
sap·py /sæpi/ [bn; vergr trap: sappier; bw: sappily; zn: sappiness] [1] sappig, vol sap [2] ⟨AE; inf⟩ onnozel, sullig, dwaas, dommig [3] ⟨AE; inf⟩ sentimenteel, slap, flauw [4] ⟨BE; inf⟩ krachtig, energiek, vitaal
sap·ro- /sæproʊ/ sapro-, rotting- ♦ *saprogenic* saprogeen, rotting verwekkend; door rotting geproduceerd
sa·proph·a·gous /sæprɒfəgəs, ᴬsəprɑ-/ [bn] saprofaag, van organisch afval levend
sap·ro·phyte /sæprəfaɪt/ [telb zn] saprofyt ⟨plant die van organisch afval leeft⟩
sap·ro·phyt·ic /sæprəfɪtɪk/ [bn] saprofytisch, m.b.t./van een saprofyt
sap·wood [niet-telb zn] spint(hout) ⟨buitenste jaarringen van boom⟩
sar·a·band, sar·a·bande /særəbænd/ [telb zn] ⟨dans, muz⟩ sarabande ⟨oude Spaanse dans⟩
¹**Sar·a·cen** /særəsn/ [telb zn] [1] Saraceen, mohammedaan ⟨ten tijde van de kruistochten⟩ [2] Arabier
²**Sar·a·cen** /særəsn/, **Sar·a·cen·ic** /særəsɛnɪk/ [bn] Saraceens, m.b.t./van de Saracenen
sa·ran·gi /særæŋgi, sɑːrɑːŋgi/ [telb zn] ⟨muz⟩ sarangi ⟨Noord-Indiaas snaarinstrument⟩
Sa·ran Wrap /sərænræp/ [niet-telb zn] ⟨AE; merknaam⟩ krimpfolie
sarape [telb zn] → serape
Sar·a·to·ga trunk /særətoʊgə trʌŋk/ [telb zn] grote reiskoffer ⟨voornamelijk voor dames⟩

¹**sar·casm** /sɑːkæzm, ᴬsɑr-/ [telb zn] sarcastische opmerking, beschimping, bespotting, hatelijkheid
²**sar·casm** /sɑːkæzm, ᴬsɑr-/ [niet-telb zn] sarcasme, bijtende spot, (bittere) hoon
sar·cas·tic /sɑːkæstɪk, ᴬsɑr-/, **sar·cas·ti·cal** /-ɪkl/ [bn; bw: ~ally] sarcastisch, bijtend, vol bittere spot, beschimpend, honend
sar·celle /sɑːsel, ᴬsɑrsel/ [telb zn] ⟨dierk⟩ taling ⟨eend; genus Anas⟩
sarcenet [niet-telb zn] → sarsenet
sar·co·ma /sɑːkoʊmə, ᴬsɑr-/ [telb zn; mv: ook sarcomata /-mətə/] ⟨med⟩ sarcoom ⟨kwaadaardig gezwel van bindweefsel⟩
sar·co·ma·to·sis /sɑːkoʊmətoʊsɪs, ᴬsɑr-/ [niet-telb zn] ⟨med⟩ sarcomatose
sar·co·ma·tous /sɑːkɒmətəs, ᴬsɑrkɒmətəs/ [bn] ⟨med⟩ sarcomateus, sarcoom-
sar·coph·a·gus /sɑːkɒfəgəs, ᴬsɑrkɑ-/ [telb zn; mv: ook sarcophagi /-gaɪ/] sarcofaag, (rijk versierde) stenen doodskist
sar·co·plasm /sɑːkoʊplæzm, ᴬsɑrkə-/ [niet-telb zn] ⟨anat⟩ sarcoplasma, myoplasma ⟨protoplasma dat de celkern omgeeft in spiercel⟩
sar·cous /sɑːkəs, ᴬsɑr-/ [bn, attr] spierweefsel-, uit spierweefsel bestaand, spier-, vlezig
sard /sɑːd, ᴬsɑrd/ [telb + niet-telb zn] sarder, carneool ⟨gele/oranjerode edelsteen⟩
Sard /sɑːd, ᴬsɑrd/ [telb zn] ⟨gesch⟩ Sard, Sardiniër
Sar·da·na·pa·lian /sɑːdnəpeɪliən, ᴬsɑr-/ [bn] ⟨als van/m.b.t. Sardanapalus ⟨Assyrische koning⟩
sar·delle /sɑːdel, ᴬsɑrdelə/ [telb zn] sardine(achtige vis)
¹**sar·dine** /sɑːdiːn, ᴬsɑr-/ [telb zn; mv: ook sardine] sardine, sardien, sprot ♦ ⟨inf⟩ *(packed) like sardines* als haringen in een ton, als haringen opeengepakt, als sardientjes in een blik
²**sar·dine** /sɑːdiːn, ᴬsɑr-/ [telb + niet-telb zn; mv: ook sardine] sardius ⟨in Bijbel genoemde gele/oranjerode edelsteen⟩, sarder, carneool
³**sar·dine** /sɑːdiːn, ᴬsɑr-/ [ov ww] op elkaar proppen/persen, (als haringen in een ton/sardientjes in een blik) opeenpakken
¹**Sar·din·i·an** /sɑːdɪniən, ᴬsɑr-/ [eigenn] Sardisch, Sardinisch, de Sardische taal
²**Sar·din·i·an** /sɑːdɪniən, ᴬsɑr-/ [telb zn] Sardiniër
³**Sar·din·i·an** /sɑːdɪniən, ᴬsɑr-/ [bn] Sardisch, Sardinisch ▫ ⟨dierk⟩ *Sardinian warbler* kleine zwartkop ⟨Sylvia melanocephala⟩
sar·di·us /sɑːdiəs, ᴬsɑr-/ [telb + niet-telb zn] sardius ⟨in Bijbel genoemde gele/oranjerode edelsteen⟩, sarder, carneool
sar·don·ic /sɑːdɒnɪk, ᴬsɑrdɑnɪk/ [bn; bw: ~ally] sardonisch, boosaardig spottend ♦ *a sardonic laugh* een sardonische lach, een grijnslach
sar·do·nyx /sɑːdənɪks, ᴬsɑrdɒnɪks/ [telb + niet-telb zn] sardonyx ⟨witte tot oranjerode edelsteen⟩
sar·gas·so /sɑːgæsoʊ, ᴬsɑr-/ [telb + niet-telb zn; mv: ook sargassoes] ⟨plantk⟩ sargassowier ⟨drijvend zeewier; genus Sargassum⟩
sarge /sɑːdʒ, ᴬsɑrdʒ/ [telb zn] ⟨inf⟩ sergeant
sa·ri, sa·ree /sɑːri/ [telb zn] sari ⟨Indiaas kledingstuk voor vrouwen⟩
sark /sɑːk, ᴬsɑrk/ [telb zn] ⟨SchE⟩ hemd(jurk)
sark·ing /sɑːkɪŋ, ᴬsɑr-/ [telb zn] ⟨SchE⟩ dakbeschot
sar·ky /sɑːki, ᴬsɑr-/ [bn] ⟨BE; inf⟩ sarcastisch
¹**Sar·ma·tian** /sɑːmeɪʃn, ᴬsɑr-/ [telb zn] [1] Sarmaat ⟨inwoner van het vroegere Sarmatië⟩ [2] ⟨form⟩ Pool
²**Sar·ma·tian** /sɑːmeɪʃn, ᴬsɑr-/ [bn] [1] Sarmatisch, m.b.t. van de Sarmaten [2] ⟨form⟩ Pools
sar·men·tose /sɑːmɛntoʊs, ᴬsɑr-/, **sar·men·tous**

/-ment əs/ [bn] ⟨plantk⟩ met (wortelende) uitlopers ⟨aardbei enz.⟩, kruipend
sar·nie /sɑːni, ˆsɑr-/ [telb zn] ⟨BE; inf⟩ sandwich
sa·rong /sərɒŋ, ˆ-rɑːŋ/ [telb zn] sarong ⟨Indisch kledingstuk⟩
sar·os /seɪrɒs, ˆseɪrɑs/ [telb zn] ⟨astron⟩ sarosperiode, saroscyclus ⟨circa 18 jaar⟩
sar·ru·so·phone /səruːzəfoʊn/ [telb zn] ⟨muz⟩ sarrussofoon ⟨koperen blaasinstrument⟩
SARS /sɑːz, ˆsɑrz/ [afk] ⟨severe acute respiratory syndrome⟩ SARS
¹**sar·sa·pa·ril·la** /sɑːspərɪlə, ˆsæs-/ [telb zn] ⟨plantk⟩ struikwinde ⟨genus Smilax⟩
²**sar·sa·pa·ril·la** /sɑːspərɪlə, ˆsæs-/ [telb + niet-telb zn] frisdrank met sarsaparillasmaak
³**sar·sa·pa·ril·la** /sɑːspərɪlə, ˆsæs-/ [niet-telb zn] ① sarsaparilla(wortel) ② sarsaparilla-extract, sarsaparillastroop
sar·sen /sɑːsn, ˆsɑrsn/ [telb zn] rolsteen, kei, ⟨i.h.b.⟩ blok zandsteen ⟨voornamelijk in Wiltshire⟩
sarse·net, sarce·net, sars·net /sɑːsnɪt, ˆsɑr-/ [niet-telb zn] (voering)zijde
sar·to·ri·al /sɑːtɔːriəl, ˆsɑr-/ [bn; bw: ~ly] ① kleermakers- ♦ *he sat in sartorial fashion* hij zat in kleermakerszit ② m.b.t./van (heren)kleding ♦ *sartorial elegance* elegante kleding
sar·to·ri·us /sɑːtɔːriəs, ˆsɑr-/ [telb zn; mv: sartorii /-riaɪ/] ⟨anat⟩ kleermakersspier
Sar·um /seərəm, ˆsæ-/ [eigenn] ⟨kerk⟩ Sarum, het bisdom Salisbury ⟨in middeleeuwen⟩
Sarum use [niet-telb zn] ⟨kerk⟩ liturgie van het bisdom Salisbury
SAS [afk] ⟨Special Air Service⟩
SASE [afk] ⟨self-addressed stamped envelope⟩
¹**sash** /sæʃ/ [telb zn] ① sjerp ② raam, ⟨i.h.b.⟩ schuifraam
²**sash** /sæʃ/ [ov ww] ① een sjerp omdoen, omgorden met een sjerp ② van (schuif)ramen voorzien
¹**sa·shay** /sæʃeɪ/ [telb zn] ⟨AE; inf⟩ ① uitstapje ② ⟨dans⟩ chassé
²**sa·shay** /sæʃeɪ/ [onov ww] ⟨AE; inf⟩ ① (opzichtig/parmantig/nonchalant/schuin) lopen, paraderen ② ⟨dans⟩ een chassé uitvoeren
sash cord [telb zn] raamkoord
sa·shi·mi /sæʃɪmi, ˆsɑ-/ [niet-telb zn] ⟨cul⟩ sashimi ⟨Japans visgerecht⟩
sash pocket [telb zn] kokergat ⟨holte in vensterkozijn voor raamgewicht⟩
sash weight [telb zn] raamgewicht, raamlood
sash window [telb zn] schuifraam
sa·sin /sæsɪn, ˆseɪsɪn/ [telb zn] ⟨dierk⟩ Indische antilope ⟨Antilope cervicapra⟩
sa·sine /seɪsɪn/ [telb zn] ⟨SchE; jur⟩ (akte van een) feodale bezitting
Sask [afk] ⟨Saskatchewan⟩
¹**sass** /sæs/ [niet-telb zn] ⟨AE⟩ ① ⟨gew⟩ verse groente(n) ② ⟨gew⟩ (vruchten)moes, compote ③ ⟨inf⟩ babbels, brutaliteit, tegenspraak
²**sass** /sæs/ [ov ww] ⟨AE; inf⟩ brutaal zijn tegen, brutaliseren ♦ *don't sass your mother!* sla niet zo'n toon aan tegen je moeder!
sas·sa·by /sæsəbi/ [telb zn] ⟨dierk⟩ lierantilope ⟨Damaliscus lunatus⟩
¹**sas·sa·fras** /sæsəfræs/ [telb zn] ⟨plantk⟩ sassafras(boom) ⟨Sassafras albidum⟩
²**sas·sa·fras** /sæsəfræs/ [niet-telb zn] sassafras ⟨hout en bast van de wortel van de gelijknamige boom⟩
¹**Sas·sa·ni·an** /səseɪniən/, **Sas·sa·nid** /sæsənɪd/ [telb zn; mv: ook Sassanidae /səsænɪdiː/] lid van de Sassanieden ⟨Perzisch koningshuis, A.D. 224-651⟩
²**Sas·sa·ni·an** /səseɪniən/, **Sas·sa·nid** /sæsənɪd/ [bn] Sassanidisch

¹**Sas·se·nach** /sæsənæk, -næx/ [telb zn] ⟨vnl SchE, soms IE; scherts, beled⟩ Engelsman
²**Sas·se·nach** /sæsənæk, -næx/ [bn] ⟨vnl SchE, soms IE; scherts, beled⟩ Engels
sassy [bn] → saucy
sas·tru·ga /sæstruːgə/ [telb zn; voornamelijk mv; mv: sastrugi /-gi/] sneeuwribbel
sat /sæt/ [verleden tijd en volt deelw] → sit
Sat [afk] ⟨Saturday⟩
SAT [afk] ① ⟨Scholastic Aptitude Test⟩ ② ⟨South Australian Time⟩
Sa·tan /seɪtn/ [eigenn, telb zn] Satan, (de) duivel
sa·tan·ic /sətænɪk/, **sa·tan·i·cal** /-ɪkl/ [bn; bw: ~ally] ① ⟨ook Satanic⟩ van Satan/de duivel ♦ ⟨scherts⟩ *His Satanic Majesty* Zijne Duivelse Hoogheid, Satan ② satanisch, boosaardig, duivels, hels, diabolisch, demonisch, goddeloos ♦ *Satanic School* Satanic School ⟨zo door Southey genoemde literaire school waartoe o.a. Byron en Shelley behoorden⟩
Sa·tan·ism /seɪtnɪzm/ [niet-telb zn] ① satanisme, dienst/aanbidding van Satan, duivelverering ② satanisme, demonische kwaadaardigheid, duivels karakter
Sa·tan·ist /seɪtnɪst/ [telb zn] satanist, dienaar/aanbidder van Satan
sa·tay, sa·tai, sa·té /sæteɪ, ˆsɑteɪ/ [niet-telb zn] saté
SATB [afk] ⟨sopraan, alto, tenor, bass⟩
satch /sætʃ/ [telb zn] ⟨sl⟩ ① (man met een) scheur ⟨grote mond⟩ ② ouwehoer, kletskont
satch·el /sætʃl/ [telb zn] ① (school)tas ⟨vaak met schouderband⟩, pukkel ② ⟨sl⟩ (jazz)musicus ③ ⟨verk: satchel mouth⟩
satchel mouth [telb zn] ⟨sl⟩ (man met een) scheur ⟨grote mond⟩
¹**sate** /seɪt/ [ov ww] (over)verzadigen, bevredigen, overvoeden, overladen ♦ *be sated with* verzadigd zijn van; de buik vol hebben van; *I have been to the cinema five times this week; I am completely sated with films* ik ben deze week vijf keer naar de bioscoop geweest; ik kan geen film meer zien
²**sate** /seɪt/ [verleden tijd] → sit
sa·teen /sətiːn/ [niet-telb zn] satinet ⟨katoenen, geglansd satijnweefsel⟩
sate·less /seɪtləs/ [bn; form] onverzadigbaar
¹**sat·el·lite** /sætlaɪt/ [telb zn] ① satelliet, (kunst)maan, wachter, bijplaneet ② volgeling, satelliet, aanhanger, dienaar ③ voorstad, randgemeente ④ satellietstaat, vazalstaat, afhankelijke staat
²**sat·el·lite** /sætlaɪt/ [ov ww] per satelliet uitzenden
satellite broadcasting [niet-telb zn] (het) uitzenden via een/per satelliet ⟨van tv- of radioprogramma's⟩, satellietuitzending
satellite dish [telb zn] schotelantenne, satellietontvanger
satellite state [telb zn] satellietstaat, vazalstaat, afhankelijke staat
satellite television, satellite TV [niet-telb zn] satelliettelevisie
satellite town [telb zn] satellietstad, overloopgemeente
sat·el·lit·ic /sætlɪtɪk/ [bn] ① satelliet-, vazal-, afhankelijk, ondergeschikt, hulp- ② aangrenzend
sati [telb + niet-telb zn] → suttee
sa·ti·a·ble /seɪʃəbl/ [bn; bw: satiably; zn: ~ness] ⟨form⟩ verzadigbaar, bevredigbaar
sa·ti·ate /seɪʃieɪt/ [ov ww] (over)verzadigen, bevredigen, overvoeden, overladen ♦ *be satiated with* verzadigd zijn van; zijn buik vol hebben van; *be satiated with food* volgegeten zijn, zijn buik rond gegeten hebben, (prop)vol zitten
sa·ti·a·tion /seɪʃieɪʃn/ [niet-telb zn] (over)verzadiging,

satiety
bevrediging
sa·ti·e·ty /sətaɪəti/ [niet-telb zn] (over)verzadiging, bevrediging ♦ *to (the point of) satiety* tot (over)verzadiging/ het verzadigingspunt bereikt is, tot men het beu/zat is, tot men meer dan genoeg heeft gehad, tot walgens/vervelens toe

¹**sat·in** /sætɪn, ᴬsætn/ [niet-telb zn] satijn, glanszijde
²**sat·in** /sætɪn, ᴬsætn/ [bn] satijnachtig, satijnen, satijnzacht ♦ *satin finish* satijnglans 〈van zilverwerk〉
³**sat·in** /sætɪn, ᴬsætn/ [ov ww] satineren 〈glanzig maken van papier〉

satin bird, satin bowerbird [telb zn] 〈dierk〉 satijnvogel 〈Ptilonorhynchus violaceus〉

sat·i·net, sat·i·nette /sætɪnet, ᴬsætn-et/ [niet-telb zn] satinet, satijnweefsel

sat·in·flow·er [telb + niet-telb zn] 〈plantk〉 [1] judaspenning 〈Lunaria annua〉 [2] (sterren)muur 〈Stellaria〉, (vogel)muur, kippenmuur 〈S. media〉 [3] hoornbloem 〈Cerastium〉 [4] grootbloemige godetia 〈Godetia grandiflora〉

satin paper [niet-telb zn] gesatineerd papier
sat·in·pod [telb zn] 〈plantk〉 judaspenning 〈Lunaria annua〉

satin spar, satin stone [niet-telb zn] 〈geol〉 [1] satijnspaat, gipsspaat, draadgips, mariaglas 〈mineraal〉 [2] atlasspaat

satin stitch [telb zn] satijnsteek, stopsteek 〈soort platsteek〉

satin white [niet-telb zn] satijnwit
sat·in·wood [niet-telb zn] satijnhout
sat·in·y /sætɪni, ᴬsætn-i/ [bn] satijnachtig, satijnzacht, satijnen

¹**sat·ire** /sætaɪə, ᴬ-ər/ [telb zn] [1] satire, hekeldicht, hekelroman, hekelschrift, hekelend stuk, schotschrift, schimpschrift, libel, pamflet [2] satire, karikatuur, bespotting, ridiculisering, 〈fig〉 verkrachting, aanfluiting ♦ *our lives are a satire (up)on our principles* onze levenswandel steekt schril af bij onze principes

²**sat·ire** /sætaɪə, ᴬ-ər/ [niet-telb zn] [1] hekelliteratuur, satire(literatuur) [2] spottende humor, ironie, spot

sa·tir·i·cal /sətɪrɪkl/, **sa·tir·ic** /-rɪk/ [bn; bw: ~ly; zn: ~ness] satirisch, hekelend, spottend

sat·i·rist /sætɪrɪst/ [telb zn] [1] satiricus, hekeldichter [2] satiricus, satirisch iemand

sat·i·rize, sat·i·rise /sætɪraɪz/ [ov ww] [1] hekelen, bespotten, ridiculiseren, beschimpen [2] een satire schrijven op

¹**sat·is·fac·tion** /sætɪsfækʃn/ [telb zn] [1] 〈vnl enkelvoud〉 genoegen, plezier, vreugde ♦ *it is a satisfaction to me* het doet me (een) plezier/(een) genoegen [2] vergoeding, schadeloosstelling

²**sat·is·fac·tion** /sætɪsfækʃn/ [niet-telb zn] [1] tevredenheid, genoegen, plezier ♦ *feel satisfaction at* tevredenheid voelen bij/over/wegens, tevreden zijn over; *find satisfaction in/take satisfaction from* genoegen vinden in, plezier hebben aan [2] voldoening, satisfactie, vervulling, bevrediging, 〈bij uitbreiding〉 zekerheid ♦ *give satisfaction* voldoening schenken, voldoen, (iemand) tevreden stellen; *present satisfaction* directe voldoening; *prove sth. to s.o.'s satisfaction* iets tot iemands volle tevredenheid bewijzen, overtuigend bewijs van iets leveren [3] vergoeding, (re)compensatie, tegemoetkoming [4] genoegdoening, eerherstel, satisfactie, voldoening 〈theol ook〉 verzoening ♦ *Christ's satisfaction* de voldoening door Christus; *demand satisfaction* genoegdoening eisen; *obtain/refuse satisfaction* genoegdoening (ver)krijgen/weigeren [5] (schuld)vereffening, (schuld)delging, betaling, afbetaling, terugbetaling, voldoening ♦ *the company got satisfaction from him* hij betaalde de firma zijn schulden terug [6] 〈rel〉 boetedoening, voldoening ♦ *in satisfaction for/of one's sins* ter voldoening van zijn zonden

sat·is·fac·to·ri·ly /sætɪsfæktrəli/ [bw] [1] → **satisfactory** [2] naar genoegen, tot aller tevredenheid

sat·is·fac·to·ry /sætɪsfæktri/ [bn; zn: satisfactoriness] [1] toereikend, genoegzaam, voldoende, (goed) genoeg [2] voldoening schenkend, bevredigend, tevredenstellend ♦ *of all the cars he tried, only one was satisfactory* van al de auto's die hij probeerde, was er maar één die voldeed [3] geschikt, passend, bruikbaar [4] genoeglijk, plezierig, aangenaam, prettig

sat·is·fi·able /sætɪsfaɪəbl/ [bn] te voldoen ♦ *this demand is satisfiable* deze eis kan ingewilligd worden

¹**sat·is·fy** /sætɪsfaɪ/ [onov ww] [1] voldoen, toereikend zijn, (goed) genoeg zijn [2] voldoen, genoegen schenken, tevreden stemmen

²**sat·is·fy** /sætɪsfaɪ/ [ov ww] [1] tevredenstellen, genoegen/voldoening schenken, bevredigen, vergenoegen ♦ *he could not satisfy himself to stay any longer* hij wenste niet langer te blijven; *rest satisfied* tevreden blijven; *she satisfied her teacher in her examination* haar leerkracht was tevreden over haar examen; *be satisfied with* tevreden/voldaan zijn over [2] vervullen, voldoen aan, beantwoorden aan, overeenstemmen met ♦ *satisfy all the conditions* aan alle voorwaarden voldoen; *satisfy the definition of* beantwoorden aan de definitie van [3] nakomen, vervullen, volbrengen, naleven ♦ *satisfy an obligation* een verplichting nakomen [4] stillen, bevredigen, verzadigen, doen stoppen ♦ *satisfy one's curiosity* zijn nieuwsgierigheid bevredigen [5] weerleggen ♦ *this satisfied my doubts* dit stelde mij gerust [6] 〈vaak passief〉 overtuigen, verzekeren ♦ *be satisfied of* overtuigd/zeker zijn van; *satisfy o.s. that* de zekerheid verkrijgen dat, zich ervan vergewissen dat; *be satisfied that* ervan overtuigd zijn dat, de zekerheid (verkregen) hebben dat [7] betalen, terugbetalen, afbetalen, voldoen, vereffenen, delgen 〈schuld〉 [8] vergoeden, schadeloosstellen [9] 〈wisk〉 voldoen 〈bijvoorbeeld aan een vergelijking〉, doen uitkomen/kloppen, oplossen

satnav /sætnæv/ [niet-telb zn] 〈verk: satellite navigation〉 satellietnavigatie

sa·to·ri /sətɔːri/ [telb zn] satori, verlichting, inzicht 〈in zenboeddhisme〉

sa·trap /sætrəp, ᴬseɪtræp/ [telb zn] [1] 〈gesch〉 satraap, provinciegouverneur, onderkoning 〈in Oud-Perzië〉 [2] satraap, despotisch ondergeschikt bewindsman

sa·trap·y /sætrəpi, ᴬseɪtrəpi/ [telb zn] satrapie, satraapschap

sa·tsu·ma /sætsuːmə/, 〈in betekenis 1 ook〉 **satsuma orange** [telb zn] [1] satsumamandarijn, satsumasinaasappel [2] satsumamandarijnboom, satsumasinaasappelboom

¹**Sa·tsu·ma** /sætsuːmə/ [eigenn] Satsuma 〈vroegere provincie in Japan〉

²**Sa·tsu·ma** /sætsuːmə/ [niet-telb zn] → **Satsuma ware**
Satsuma ware [niet-telb zn] satsumaporselein
sat·u·ra·ble /sætʃrəbl/ [bn] verzadigbaar, te verzadigen

¹**sat·u·rant** /sætʃərənt/ [telb zn] verzadigingsstof
²**sat·u·rant** /sætʃərənt/ [bn] verzadigend, om te verzadigen

¹**sat·u·rate** /sætʃərət/ [telb zn] 〈scheik〉 [1] verzadigde verbinding [2] verzadigd vet

²**sat·u·rate** /sætʃərət/, **sat·u·rat·ed** /sætʃəreɪtɪd/ [bn; 2e variant volt deelw van saturate] [1] → **saturate³** ♦ *saturated fats* verzadigde vetten [2] intensief, vol, zuiver, diep, rijk 〈van kleur〉

³**sat·u·rate** /sætʃəreɪt/ [ov ww] [1] doordrenken 〈ook figuurlijk〉, doorweken, doortrekken, doordringen, onderdompelen ♦ *be saturated* kletsnat zijn; *saturated in* vervuld met/van, doordrongen van, ondergedompeld in; *saturate with* doordrenken met; *saturated with prejudices* één en al vooroordelen; *saturate a sponge with water* een spons kletsnat maken [2] 〈vaak passief〉 (over)verzadigen, volledig

vullen ♦ *the computer* **market** *will soon be saturated* de afzetmarkt voor computers zal weldra verzadigd zijn ③ 〈natuurk〉 verzadigen ♦ *saturated steam* verzadigde stoom/waterdamp; *saturate with* (over)verzadigen met/door ④ 〈scheik〉 satureren, neutraliseren, verzadigen ♦ *saturated fatty acid* verzadigd vetzuur; *saturated compound* verzadigde verbinding; *a saturated solution of sugar* een verzadigde suikeroplossing; *saturate an acid with an alkali* een zuur met/via een alkali neutraliseren ⑤ 〈mil〉 zwaar bombarderen, platbombarderen; → saturated

sat·u·ra·tion /sætʃəreɪʃn/ [niet-telb zn] ① (over)verzadiging, verzadigdheid, voldaanheid ♦ *saturation of the car market* verzadiging van de automarkt ② 〈natuurk〉 verzadiging, saturatie 〈bij magnetisme〉 ③ 〈mil〉 overweldiging, het platbombarderen ♦ *saturation with heavy bombing* volledig platbombarderen ④ 〈opt〉 intensiteit, zuiverheid, hevigheid, verzadigdheid ⑤ 〈meteo〉 maximale vochtigheidstoestand, honderd procent relatieve vochtigheid

saturation bombing [telb + niet-telb zn] 〈mil〉 het platbombarderen, saturatiebombardement

saturation diving, saturated diving [niet-telb zn] duikmethode met korte decompressietijd

saturation point [telb zn] verzadigingspunt ♦ *reach the/one's saturation point* het/zijn verzadigingspunt bereiken, het/zijn limiet bereiken

Sat·ur·day /sætədi, -deɪ, ᴬsætər-/ [eigenn, telb zn] zaterdag ♦ *he arrives (on) Saturday* hij komt (op/a.s.) zaterdag aan; *on Saturday(s)* zaterdags, op zaterdag, de zaterdag(en), elke zaterdag; 〈BE〉 *he arrived on the Saturday* hij kwam (de) zaterdag/op zaterdag aan; *he arrived on the Saturday and left on the Wednesday* hij kwam (de) zaterdag/op zaterdag aan en vertrok (de) woensdag/op woensdag; 〈vnl AE〉 *Saturdays* zaterdags, op zaterdag(en), elke zaterdag; *he works Saturdays* hij werkt zaterdags/op zaterdag

Sat·ur·day-night-i·tis /sætədinaɪtaɪtɪs, ᴬsætərdinaɪtaɪtɪs/ [niet-telb zn] 〈inf〉 stijve arm 〈doordat die de hele (zaterdag)avond om de schouder van een meisje gehouden werd〉

Saturday night special [telb zn] Saturday night special 〈gemakkelijk te verbergen revolvertje〉

¹**Sat·urn** /sætn, ᴬsætərn/ [eigenn] ① Saturnus 〈Romeinse god〉 ♦ *the reign of Saturn* de heerschappij van Saturnus 〈het gouden tijdperk van de oudheid〉 ② 〈astron〉 Saturnus 〈planeet〉

²**Sat·urn** /sætn, ᴬsætərn/ [alch] Saturnus, lood

¹**sat·ur·na·li·a** /sætəneɪlɪə, ᴬsætər-/ [telb zn; soms Saturnalia; mv: ook saturnalia] uitspatting, orgie, losbandigheid, dronkenmansfeest ♦ *a saturnalia of corruption* een uitspatting van verdorvenheid

²**sat·ur·na·li·a** /sætəneɪlɪə, ᴬsætər-/ [alleen mv; vaak Saturnalia] werkwoord ook enk] saturnaliën, saturnalia, Saturnusfeest 〈Romeins feest van 17-23 december〉

sat·ur·na·li·an /sætəneɪlɪən, ᴬsætər-/ [bn] ① 〈vaak Saturnalian〉 van de saturnaliën, van het Saturnusfeest ② 〈ook Saturnalian〉 losbandig, orgiastisch

¹**Sa·tur·ni·an** /sətɜːnɪən, ᴬ-tɜr-/ [telb zn] Saturniër, bewoner van Saturnus

²**Sa·tur·ni·an** /sətɜːnɪən, ᴬ-tɜr-/ [bn; vaak saturnian] ① saturnisch, van (de tijd van) Saturnus, onschuldig, eenvoudig ♦ *the Saturnian age* de saturnische tijd, het gouden tijdperk, de gouden eeuw; 〈letterk〉 *Saturnian metrum* saturnisch metrum 〈Oudlatijns metrum〉; 〈letterk〉 *Saturnian verse* saturniër, saturnisch vers ② van (de planeet) Saturnus, saturnisch

Sa·tur·ni·ans /sətɜːnɪənz, ᴬ-tɜr-/ [alleen mv] 〈letterk〉 saturniërs, saturnische verzen

sa·tur·nic /sætɜːnɪk, ᴬ-tɜr-/ [bn] 〈med〉 aan loodvergiftiging lijdend

sat·ur·nine /sætənaɪn, ᴬsætərnaɪn/ [bn; bw: ~ly] ① zwaarmoedig, somber, bedrukt ② lood-, loodvergiftigings-

sat·urn·ism /sætənɪzm, ᴬsætərnɪzm/ [telb + niet-telb zn] 〈med〉 saturnisme, loodvergiftiging

sat·ya·gra·ha /sʌtjəɡrʌhə/ [niet-telb zn; ook Satyagraha] (politiek van) geweldloos verzet, vreedzame revolutie 〈onder Mahatma Gandhi in Indië〉

sat·yr /sætə, ᴬseɪtər/, 〈in betekenis 3 ook〉 **satyr butterfly** [telb zn] ① sater, wellusteling ② lijder aan satyriasis ③ 〈dierk〉 bruin zandoogje 〈vlinder; familie Satyridae〉

sat·y·ri·a·sis /sætəraɪəsɪs, ᴬseɪtə-/ [telb zn; mv: satyriases /-siːz/] 〈med〉 satyriasis 〈ziekelijk verhoogde seksuele drift〉

sa·tyr·ic /sətɪrɪk/, **sa·tyr·i·cal** /-ɪkl/ [bn] van/met saters, sater- ♦ *satyric drama* saterspel 〈klucht met saters〉

¹**sauce** /sɔːs/ [telb + niet-telb zn] ① saus 〈ook figuurlijk〉, sausje ♦ 〈cul〉 *sauce béarnaise*, 〈cul〉 *Béarnaise sauce* bearnaisesaus, Bearnese saus; 〈cul〉 *sauce bordelaise*, 〈cul〉 *Bordelaise sauce* bordelaise(saus); *chocolate sauce* chocoladesaus; *a sauce of danger* een saus(je) van gevaar; *the sauce of life* de saus van het leven; *white sauce* witte saus ② 〈tabaks〉saus ♦ *serve with the same sauce* met gelijke munt betalen; 〈sprw〉 *what's sauce for the goose is sauce for the gander* ± gelijke monniken, gelijke kappen; 〈sprw〉 *hunger is the best sauce* honger maakt rauwe bonen zoet

²**sauce** /sɔːs/, 〈in betekenis 1 ook〉 **sass** /sæs/ [niet-telb zn] ① 〈inf〉 brutaliteit, vrijpostigheid, onbeschaamdheid, tegenspraak ♦ *none of your sauce!* hou je brutale mond!, hou je fatsoen!; *what sauce!* wat een brutaliteit! ② 〈AE〉 gestoofd fruit, vruchtenmoes, compote ③ 〈sl〉 sterkedrank, zuip ♦ *hit the sauce* zwaar drinken; *be off the sauce* van de (sterke)drank af zijn/(af)blijven; niet meer aan de zuip zijn

³**sauce** /sɔːs/, 〈AE in betekenis 1 ook〉 **sass** /sæs/ [ov ww] ① 〈inf〉 brutaliseren, een brutale mond opzetten tegen, brutaal zijn tegen ② sauzen 〈ook figuurlijk〉, kruiden, iets pikants geven aan ♦ *sauce by* kruiden met; *sauce a lecture by jokes* een lezing met grappen kruiden ③ 〈vero〉 sauzen, veraangenamen, verzachten ♦ *sauce with* sauzen/veraangenamen met/door

sauce boat [telb zn] sauskom

sauce·box /sɔːsbɒks/ [telb zn] 〈inf〉 brutale, brutaaltje, brutale kerel

sauce·less /sɔːsləs/ [bn] zonder saus

sauce·pan /sɔːspən, ᴬ-pæn/ [telb zn] steelpan

sau·cer /sɔːsə, ᴬ-ər/ [telb zn] ① (thee)schoteltje ② schotel(tje), schaal(tje), bord(je), bakje ③ 〈gew〉 kom, uitholling ④ 〈comm〉 schotelantenne

sau·cer·ful /sɔːsəfʊl, ᴬ-sərfʊl/ [telb zn; mv: ook saucersful] schotel 〈hoeveelheid〉

sau·cer·man /sɔːsəmən, ᴬ-sərmən/ [telb zn; mv: saucermen] ruimtebewoner, bewoner van een andere planeet, marsmannetje

sau·cy /sɔːsi/, **sas·sy** /sæsi/ [bn; vergr trap: saucier; bw: saucily; zn: sauciness, sassiness] 〈inf〉 ① brutaal, vrijpostig, (lichtjes) uitdagend 〈ook seksueel〉 ♦ *she is a saucy bit of goods* zij is een pikant stuk ② energiek, met pit ③ vlot, knap, tof ♦ *a saucy hat* een vlot/modieus hoedje

¹**Sau·di** /saʊdi/ [telb zn] ① Saudiër, Saudische ② lid/voorstander van de Saudidynastie

²**Sa·u·di** /saʊdi/ [bn] ① Saudi-Arabisch ② Saudisch, behorend tot de Saudidynastie

Saudi Arabia [eigenn] Saudi-Arabië

¹**Saudi Arabian** [telb zn] Saudiër, Saudische

²**Saudi Arabian** [bn] Saudisch, Saudi-Arabisch

sau·er·bra·ten /saʊəbrɑːtn, ᴬ-ər-/ [niet-telb zn] 〈cul〉 gemarineerd rundvlees, sauerbraten

sau·er·kraut, sour-crout /saʊəkraʊt, ᴬ-ər-/ [niet-telb zn] zuurkool

sauger

sau·ger /sɔːgə, ᴬ-ər/ [telb zn] ⟨dierk⟩ Canadese baars ⟨Stizostedium canadense⟩

Saudi Arabia

naam	Saudi Arabia Saudi-Arabië
officiële naam	Kingdom of Saudi Arabia Koninkrijk Saudi-Arabië
inwoner	Saudi Arabian Saudiër
inwoonster	Saudi Arabian Saudische
bijv. naamw.	Saudi Arabian Saudisch
hoofdstad	Riyadh Riad
munt	Saudi riyal Saudische riyal
werelddeel	Asia Azië
int. toegangsnummer 966 www.sa auto SA	

sau·na /sɔːnə, ᴬsaʊnə/, **sauna bath** [telb zn] sauna(bad)

¹**saun·ter** /sɔːntə, ᴬsɔntər/ [telb zn] [1] kuier(ing), wandeling(etje), drenteling [2] slentergang

²**saun·ter** /sɔːntə, ᴬsɔntər/ [onov ww] drentelen, slenteren, kuieren, (rond)wandelen

saun·ter·er /sɔːntrə, ᴬ-trər/ [telb zn] drentelaar(ster), slenteraar(ster)

-saur /sɔː, ᴬsɔr/, **-sau·rus** /sɔːrəs/ -saurus, -hagedis ♦ *brontosaur* brontosaurus; *plesiosaurus* plesiosaurus

¹**sau·ri·an** /sɔːriən/ [telb zn] saurus, sauriër, hagedisachtige

²**sau·ri·an** /sɔːriən/ [bn] [1] van de hagedis, hagedis- [2] hagedisachtig

sau·ry /sɔːri/ [telb zn] ⟨dierk⟩ makreelgeep ⟨Scombresox saurus⟩

¹**sau·sage** /sɒsɪdʒ, ᴬsɔ-/, ⟨in betekenis 2 ook⟩ **sausage balloon** [telb zn] [1] worst, worstvormig voorwerp [2] observatieballon (worstvormig) [3] ⟨mil⟩ (kruit)worst [4] ⟨sl⟩ slome stommeling, ⟨i.h.b.⟩ waardeloze atleet, waardeloze bokser

²**sau·sage** /sɒsɪdʒ, ᴬsɔ-/ [telb + niet-telb zn] worst, saucijs, worstvlees ♦ *sausage and mash* puree met worst • ⟨BE; inf⟩ *not a sausage* niets, geen sikkepit

sau·sage-dog [telb zn] ⟨BE; inf⟩ dashond, worst op poten

sau·sage-fill·er [telb zn] worstvulmachine, worsthoorntje

sau·sage-grind·er [telb zn] worstmolen

sau·sage-ma·chine [telb zn] worstmachine

sau·sage-meat [niet-telb zn] worstvlees

sausage roll [telb zn] saucijzenbroodje, worstenbroodje

¹**sau·té, sau·te** /soʊteɪ, ᴬsɔteɪ/ [telb zn] ⟨cul⟩ gesauteerde schotel, gesauteerd gerecht ♦ *a sauté of meat and onions* gesauteerd vlees en uien

²**sau·té** /soʊteɪ, ᴬsɔteɪ/ [bn] ⟨cul⟩ gesauteerd, snel gebakken/gebraden ♦ *sauté potatoes* gebakken aardappelen

³**sau·té** /soʊteɪ, ᴬsɔteɪ/ [ov ww; sauteed, sautéed] ⟨cul⟩ sauteren, laten bruinen, snel bakken/braden

sautéd /soʊteɪd, ᴬsɔteɪd/ [verleden tijd en volt deelw]
→ sauté

sautéed /soʊteɪd, ᴬsɔteɪd/ [verleden tijd en volt deelw]
→ sauté

sau·ternes, sau·terne /soʊtɜːn, ᴬ-tɜrn/ [telb + niet-telb zn; vaak Sauternes; mv: sauternes] sauternes(wijn)

sav·a·ble, save·a·ble /seɪvəbl/ [bn; zn: ~ness] [1] te redden, te verlossen/bevrijden [2] te (be)sparen, op/uit te sparen

¹**sav·age** /sævɪdʒ/ [telb zn] [1] wilde, primitieve (mens) [2] woesteling, wildeman [3] barbaar, boerenkinkel, lomperik [4] vals dier, woest/wild beest [5] ⟨sl⟩ laagstbetaalde werknemer [6] ⟨sl⟩ beginnende/overijverige agent

²**sav·age** /sævɪdʒ/ [bn; vergr trap: ook savager; bw: ~ly; zn: ~ness] [1] primitief, onbeschaafd ♦ *savage customs* primitieve gewoonten; *savage tribes* primitieve stammen [2] wreed(aardig), woest, ruw, barbaars ♦ *a savage dog* een valse hond; *savage revenge* wreedaardige wraak [3] heftig, fel, meedogenloos ♦ *savage criticism* onmeedogende kritiek [4] wild, woest, ongetemd ♦ *savage beasts* wilde dieren; *a savage dog* een ongetemde hond; *a savage epidemic* een wild om zich heen grijpende epidemie; *a savage scene* een woest landschap [5] lomp, ongemanierd [6] ⟨vnl BE; inf⟩ woest, razend (kwaad), woedend ♦ *make s.o. savage* iemand woest maken [7] ⟨heral⟩ naakt [8] ⟨vero⟩ wild, ongecultiveerd ♦ *savage berries* wilde/in het wild groeiende bessen

³**sav·age** /sævɪdʒ/ [ov ww] [1] woest/razend/wild maken [2] aanvallen en bijten, bijten en trappen ⟨van dieren, in het bijzonder paard⟩ [3] afbreken, (af)kraken, fel aanvallen [4] ruw behandelen

¹**sav·age·ry** /sævɪdʒri/, **sav·age·dom** /-dəm/, **sav·ag·ism** /-ɪzm/ [telb zn; voornamelijk mv] wreedheid, ruwheid, gewelddadigheid, gewelddadigheden

²**sav·age·ry** /sævɪdʒri/, **sav·age·dom** /-dəm/, **sav·ag·ism** /-ɪzm/ [niet-telb zn] [1] primitiviteit, onbeschaafdheid [2] wildheid, woestheid [3] wreedheid, wreedheden, ruwheid, gewelddadigheid, gewelddadigheden

sa·van·nah, sa·van·na /səvænə/ [telb + niet-telb zn] savanne ⟨tropisch(e) graslandschap/grasvlakte⟩

sa·vant /sævənt, ᴬsævɑnt/ [telb zn] [1] (groot) geleerde [2] wijze

¹**save** /seɪv/ [telb zn] [1] redding, verlossing, bevrijding [2] ⟨sport⟩ save, redding ⟨vermeden doelpunt⟩ ♦ *make a beautiful save* een doelpunt schitterend weten te voorkomen [3] ⟨bridge⟩ redding

²**save** /seɪv/ [onov ww] [1] sparen, geld opzijleggen ♦ *save for one's old age* voor zijn oude dag sparen; *save up* sparen; *save (up) for* sparen voor [2] sparen, zuinig/spaarzaam zijn ♦ *save on* sparen op, zuinig zijn met, een beetje uitsparen/besparen op, bezuinigen op [3] ⟨sport⟩ een doelpunt (weten te) voorkomen ♦ *the goalkeeper went down to the ground and saved* de doelman wierp zich op de grond en vermeed (zo) een doelpunt [4] ⟨vnl AE⟩ bewaarbaar zijn, goed blijven/bewaren ⟨in het bijzonder van voedsel⟩ [5] ⟨theol⟩ verlossing/heil brengen, redden, verlossen ♦ *save from* de mens verlossen van; *the Lord does not damn, but saves* de Heer brengt niet de verdoemenis, maar verlossing/het heil; → **saving**

³**save** /seɪv/ [ov ww] [1] redden, bevrijden, verlossen ♦ *save from* redden van/uit, verlossen/bevrijden uit; *save s.o. from death* iemand van de dood redden; *save s.o. from danger* iemand uit het gevaar verlossen; *save s.o.'s life* iemands leven redden; *save the situation* de situatie redden, een fiasco voorkomen, de situatie uit het slop halen; *save our souls* redt ons, redt onze zielen, save our souls [2] bewaren, beschermen, behoeden, behouden, ⟨comp⟩ veiligstellen, saven ♦ *save from* bewaren voor, beschermen tegen; *save a person from himself* iemand tegen zichzelf beschermen; *(God) save me from my friends!* God beware me voor mijn vrienden!; *God save the Queen* God beware/behoede de koningin; ⟨uitroep van verbazing⟩ *(God) save us!* God bewaar me!, lieve hemel! [3] sparen, besparen, opsparen, uitsparen, ontzien, overhouden, bijhouden, uitwinnen ♦ *save sth. for (later)* iets sparen voor (later); *save money* geld (uit)sparen; *save s.o. a lot on* iemand veel uitsparen aan; *the insulation saves us a lot on heating* de isolatie spaart ons heel wat uit aan verwarming; *save one's strength* zijn krachten sparen; *save his black suit for funerals* hij bewaarde zijn zwarte pak voor begrafenissen; *save time* tijd (uit)sparen [4] besparen, voorkomen, vermijden, nodeloos maken ♦ *save from* besparen, voorkomen dat; ⟨vnl BE⟩ *this will save me going into town* dat bespaart me een rit naar het dorp; *I've been saved a lot of trouble* er werd me heel wat moeite bespaard; *save your pains/trouble* doe geen moeite, die

moeite kunt u zich besparen [5] houden ♦ *save us alive* laat ons het leven, houd ons in leven; *save a seat for me* hou een plaats voor mij vrij [6] ⟨theol⟩ redden, zalig maken, voor het eeuwige heil behouden [7] ⟨sport⟩ redden ♦ *save a game* een spel redden [8] ⟨sport⟩ voorkomen ⟨doelpunt⟩, stoppen ⟨(straf)schop⟩ ♦ ⟨cricket⟩ *save the follow-on* genoeg runs maken om niet meer aan slag te hoeven; *save a goal* een doelpunt vermijden [·] ⟨sl⟩ *save it* 'het' bewaren ⟨de maagdelijkheid⟩; ⟨als uitroep⟩ hou je mond; laat maar zitten; ⟨sprw⟩ *keep your breath to cool your broth* beter hard geblazen dan de mond gebrand; ⟨sprw⟩ *save your breath to cool your porridge* beter hard geblazen dan de mond gebrand; ⟨sprw⟩ *a penny saved is a penny gained/earned/got* een stuivertje gespaard is een stuivertje gewonnen; ⟨sprw⟩ *a stitch in time saves nine* werk op tijd maakt wel bereid;
→ saving

⁴save /seɪv/ [vz] ⟨form⟩ behalve, uitgezonderd, met uitzondering van, op ... na, behoudens ♦ *she would be happy save for one constant worry* ze zou gelukkig zijn, ware die ene aanhoudende zorg er niet; *all save Gill* allen behalve Gill

⁵save /seɪv/ [ondersch vw] [1] behalve, ware het niet ♦ *our plans are the same save that we intend to go faster* onze plannen zijn dezelfde behalve dat wij sneller willen gaan [2] tenzij, ⟨België⟩ tenware, behalve als ♦ *she said nothing save to order a drink* ze zei niets tenzij om iets te bestellen; *all would be lost save I could warn her on time* alles zou verloren zijn tenzij ik haar op tijd kon waarschuwen

save-all [telb zn] ⟨benaming voor⟩ middel om te besparen/spaarzaam te zijn, profijtertje ⟨standaardje om eindjes kaars te laten opbranden⟩, lekbak, spaarpot(je)

save-as-you-earn [niet-telb zn] ⟨vnl BE; fin⟩ automatisch sparen

sav·e·loy /sævəlɔɪ/ [telb + niet-telb zn] cervelaatworst

sav·er /seɪvə, ᴬ-ər/ [zn] [1] spaarder, spaarster [2] redder, verlosser, bevrijder ♦ *a saver of souls* een zielenhoeder/zielenherder [2] bezuiniger, bespaarder [4] bezuiniging, besparing [5] ⟨sl⟩ gedekte weddenschap ⟨waarbij men op beide partijen wedt⟩

-sav·er /seɪvə, ᴬ-ər/ [vormt naamwoord uit naamwoord] (be)sparing, middel/machine om ... uit te sparen ♦ *time-saver* tijdbespaarder; *money-saver* iets wat geld uitspaart; *this gadget is a great labour-saver* met dit apparaat wordt veel werk uitgespaard

savey → savvy

¹sav·in, sav·ine /sævɪn/ [telb zn] ⟨plantk⟩ [1] zevenboom, zavelboom ⟨Juniperus sabina⟩ [2] ⟨vnl AE⟩ cederhoutboom, Virginische ceder ⟨Juniperus virginiana⟩

²sav·in, sav·ine /sævɪn/, ⟨ook⟩ **savin oil** [niet-telb zn] zevenboomolie

¹sav·ing /seɪvɪŋ/ [telb zn; ⟨oorspronkelijk⟩ gerund van save] [1] redding, verlossing, bevrijding [2] besparing ♦ *a saving of ten dollars* een besparing van tien dollar; *an enormous saving of time* een enorme tijdsbesparing; *a saving on* een besparing op [3] ⟨jur⟩ voorbehoud, uitzondering

²sav·ing /seɪvɪŋ/ [niet-telb zn; ⟨oorspronkelijk⟩ gerund van save] zuinigheid, spaarzaamheid

³sav·ing /seɪvɪŋ/ [bn; tegenwoordig deelw van save; vaak in samenst] [1] besparend, bezuinigend, uitsparend [2] spaarzaam, zuinig, economisch

⁴sav·ing /seɪvɪŋ/ [bn, attr; tegenwoordig deelw van save] [1] reddend, verlossend [2] (alles) goedmakend, (alles) reddend ♦ *saving grace* alles goedmakende eigenschap; *a saving sense of humour* alles goedmakend gevoel voor humor [3] ⟨jur⟩ een voorbehoud/uitzondering aangevend, voorbehoudend, uitzonderings- ♦ *saving clause* voorbehoudsclausule, uitzonderingsbepaling

⁵sav·ing /seɪvɪŋ/ [vz; oorspronkelijk tegenwoordig deelw van save] [1] uitgezonderd, behoudens, met uitzondering van ♦ *sold all saving her mother's ring* verkocht alles op de ring van haar moeder na [2] ⟨vero⟩ ⟨vnl bij verontschuldiging voor onvoeglijke term⟩ met alle respect voor, met uw goeddunken/welnemen ♦ *saving my lady, he said my lady was a witch* met alle respect, mevrouw, hij zei dat mevrouw een heks was

⁶sav·ing /seɪvɪŋ/ [ondersch vw] behalve, uitgezonderd als, tenzij ♦ *a good team saving (that) they had lost the match against Spain* een goede ploeg; alleen hadden zij de wedstrijd tegen Spanje verloren

¹sav·ings /seɪvɪŋz/ [telb zn] ⟨inf⟩ besparing ♦ *a savings of ten dollars* een besparing van tien dollar

²sav·ings /seɪvɪŋz/ [alleen mv] [1] spaargeld [2] ⟨inf⟩ besparing

savings account [telb zn] ⟨fin⟩ [1] ⟨BE⟩ spaarrekening ⟨met hogere interest dan depositorekening⟩ [2] ⟨AE⟩ depositorekening, spaarrekening

savings and loan association [telb zn] ⟨AE⟩ hypotheekbank, bouwfonds, bouwkas

savings bank [telb zn] [1] ⟨fin⟩ spaarbank, spaarkas [2] spaarpot

savings bond [telb zn] ⟨AE; fin⟩ spaarobligatie

savings certificate [telb zn] ⟨BE; fin⟩ staatspapier

savings plan [telb zn] ⟨fin⟩ spaarplan

savings stamp [telb zn] ⟨fin⟩ spaarzegel

sav·iour, ⟨AE⟩ **sav·ior** /seɪvjə, ᴬ-ər/ [telb zn] redder, verlosser, bevrijder

Sav·iour /seɪvjə, ᴬ-ər/ [telb zn] ⟨rel⟩ Verlosser, Heiland ⟨Jezus Christus⟩ [·] *the/our Saviour* de/onze Verlosser/Heiland

sav·iour·hood, ⟨AE⟩ **sav·ior·hood** /seɪvjəhʊd, ᴬ-ər-/, **sav·iour·ship,** ⟨AE⟩ **sav·ior·ship** /-ʃɪp/ [niet-telb zn] redderschap, reddende macht

saviour sibling [telb zn] ⟨med⟩ designerbaby, redderbaby

Sa·vi's war·bler /sæviz wɔːblə, ᴬ- wɔːblər/ [telb zn] ⟨dierk⟩ snor ⟨Locustella luscinioides⟩

sa·voir faire /sævwɑː feə, ᴬ-wɑr fer/ [niet-telb zn] savoir-faire, sociale vaardigheid

sa·voir vi·vre /sævwɑː viːvr(ə), ᴬ-wɑr-/ [niet-telb zn] savoir-vivre, levenskunst

sa·vor·ous /seɪvrəs/ [bn] smaakvol, smakelijk

¹sa·vor·y /seɪvri/ [telb zn] ⟨AE⟩ → savoury

²sa·vor·y /seɪvri/ [telb + niet-telb zn] ⟨plantk⟩ steentijm ⟨Satureja⟩, bonenkruid, kun, kunne, keule ⟨S. hortensis⟩

¹sa·vour, ⟨AE⟩ **sa·vor** /seɪvə, ᴬ-ər/ [zn] [1] smaakje ⟨ook figuurlijk⟩, zweem, bijsmaak ♦ *a savour of fanaticism* een fanatiek tintje/(bij)smaakje; *a savour of garlic* een looksmaakje; *a view with a savour of intolerance* een standpunt dat naar onverdraagzaamheid zweemt/ruikt [2] ⟨vero⟩ roep, faam, reputatie, naam

²sa·vour, ⟨AE⟩ **sa·vor** /seɪvə, ᴬ-ər/ [telb + niet-telb zn] smaak ⟨ook figuurlijk⟩, aantrekkelijke/pikante smaak, eigen stijl, aroma, geur ♦ *danger adds (a) savour to life* gevaar geeft iets pikants aan het leven; *he has lost his savour for food* hij is zijn smaak voor eten kwijt, zijn eten smaakt hem niet meer; *the meat has lost its savour* het vlees smaakt naar niets meer; *a savour of its own* een heel eigen smaak/stijl; *the savour of local life* de smaak/kleur/eigenheid van het plaatselijke leven

³sa·vour, ⟨AE⟩ **sa·vor** /seɪvə, ᴬ-ər/ [onov ww] → savour of

⁴sa·vour, ⟨AE⟩ **sa·vor** /seɪvə, ᴬ-ər/ [ov ww] [1] met smaak proeven, de smaak genieten van, savoureren, smaken, genieten [2] genieten van [3] kruiden ⟨ook figuurlijk⟩, smaak geven aan

sa·vour·less, ⟨AE⟩ **sa·vor·less** /seɪvələs, ᴬ-vər-/ [bn; zn: ~ness] smaakloos, smakeloos, flauw

savour of [onov ww] [1] smaken naar ⟨ook figuurlijk⟩, ruiken naar, zwemen naar, iets weg hebben van [2] ruiken naar, de geur hebben van ♦ *the kitchen savours of fresh coffee*

savoury

de keuken geurt naar verse koffie

¹sa·vour·y, ⟨AE⟩ **sa·vor·y** /seɪvri/ [telb zn] ⟨vnl BE⟩ voorgerecht, nagerecht, zout/pikant/hartig hapje/schoteltje

²sa·vour·y, ⟨AE⟩ **sa·vor·y** /seɪvri/ [bn; vergr trap: ook savourier; bw: savourily; zn: savouriness] [1] hartig, kruidig, pikant, zout [2] smakelijk, lekker, smaakvol [3] geurig [4] aangenaam, prettig, plezierig [5] eerbaar, respectabel, aanvaardbaar, geen aanstoot gevend

sa·voy /səvɔɪ/, ⟨ook⟩ **savoy cabbage** [telb + niet-telb zn] savooi, savooi(e)kool

Sa·voy /səvɔɪ/ [eigenn] Savoye ⟨streek in Frankrijk⟩

¹Sa·voy·ard /səvɔɪɑːd, ᴬ-ɑrd/ [telb zn] Savoyard, inwoner van Savoie

²Sa·voy·ard /səvɔɪɑːd, ᴬ-ɑrd/ [bn] Savoois, van/uit Savoie

¹sav·vy, sav·vey, sab·e /sævi/ [niet-telb zn] ⟨sl⟩ [1] ⟨gezond⟩ verstand, savvie [2] snuggerheid, gewiekstheid ♦ *political savvy* politieke gewiekstheid/knowhow

²sav·vy /sævi/ [bn; vergr trap: savvier] ⟨vnl AE; sl⟩ snugger, schrander, gewiekst

³sav·vy, sav·vey, sab·e /sævi/ [onov ww] ⟨sl⟩ het snappen, 'm vatten · *savvy?* gesnapt?, gesnopen?

⁴sav·vy, sav·ey, sab·e /sævi/ [ov ww] ⟨sl⟩ [1] snappen, vatten, verstaan [2] weten

¹saw /sɔː/ [telb zn] [1] zaag(machine) ♦ *circular saw* cirkelzaag [2] slijpschijf [3] ⟨dierk⟩ kam, (zaagvormige) tanden [4] (afgezaagd) gezegde, cliché, gemeenplaats, (oude) spreuk, spreekwoord ♦ *the old saw that* het oude/eeuwige gezegde dat; *a wise saw* een wijze spreuk/uitspraak

²saw /sɔː/ [onov ww; volt deelw ook sawn] [1] zagen, gezaagd worden, zich laten zagen ♦ *this wood saws easily* dit hout laat zich gemakkelijk zagen [2] zigzaggen ♦ *the river saws through the landscape* de rivier zigzagt door het landschap

³saw /sɔː/ [onov + ov ww; volt deelw ook sawn] heen en weer/op en neer bewegen, zagen, zaagbewegingen maken (met) ♦ *saw at the reins* de teugels heen en weer bewegen; *saw at the fiddle* op de viool krassen, de strijkstok als een zaag hanteren; *saw at a piece of bread with a dull knife* met een bot mes in een stuk brood zagen; *saw a towel over one's back* een handdoek over zijn rug heen en weer bewegen

⁴saw /sɔː/ [ov ww; volt deelw ook sawn] [1] (door)zagen, in stukken zagen ♦ *saw away* wegzagen; *saw down a tree* een boom omzagen/afzagen; *saw a piece of wood into logs* een stuk hout in blokken zagen; *saw off* afzagen; *saw off a branch from a tree* een tak van een boom zagen; *saw sth. through* iets doorzagen; *sawn timber* tot planken gezaagd timmerhout; *saw up* in stukken zagen, opzagen [2] doorsnijden, snijden door ♦ *the tree sawed the air with its branches* de boom sneed/zwiepte met zijn takken door de lucht

⁵saw /sɔː/ [verleden tijd] → **see**

saw·bill [telb zn] ⟨dierk⟩ zaagbek ⟨Mergus⟩

saw·bones [telb zn; mv: ook sawbones] ⟨sl⟩ snijder ⟨chirurg⟩

saw·buck [telb zn] ⟨AE⟩ [1] zaagbok, zaagstoel, zaagpaard, zaagbank, zaaghond [2] ⟨sl⟩ tientje, biljet van tien dollar [3] ⟨sl⟩ twintigje, biljet van twintig dollar

¹saw·der /sɔːdə, ᴬ-ər/ [niet-telb zn] → **soft**

²saw·der /sɔːdə, ᴬ-ər/ [ov ww] vleien

saw·dust [niet-telb zn] zaagsel, zaagmeel, zaagmul

sawdust parlor [telb zn] ⟨AE; sl⟩ ballentent

saw-edged [bn] met getande/gezaagde rand, getand, zaagvormig

saw·er /sɔːə, ᴬ-ər/ [telb zn] zager

saw file [telb zn] zaagvijl

saw·fish [telb + niet-telb zn] ⟨dierk⟩ zaagvis ⟨Pristidae⟩

saw·fly [telb zn] ⟨dierk⟩ [1] bladwesp ⟨Tenthredinidae⟩ [2] zaagwesp ⟨Tenthredinidae⟩

saw·frame, saw·gate [telb zn] zaagraam

saw·horse [telb zn] zaagbok, schraag, zaagpaard

saw·mill [telb zn] [1] zaagmolen [2] houtzagerij

sawn /sɔːn/ [volt deelw] → **saw**

¹saw·ney /sɔːni/ [telb zn; ook Sawney] ⟨BE; beled⟩ [1] rokkendrager, Schot [2] ⟨inf⟩ idioot, simpele ziel, uilskuiken

²saw·ney, saw·ny /sɔːni/ [bn] ⟨BE⟩ onnozel, idioot, naief, simpel

Saw·ney /sɔːni/ [eigenn] ⟨BE⟩ ⟨verk: Alexander⟩ Sander, Lex

sawn-off, sawed-off [bn] [1] met verkorte/afgezaagde loop ⟨bijvoorbeeld van geweer⟩ [2] ⟨inf⟩ (eerder/nogal) klein uitgevallen, ondermaats, kort [3] ⟨sl⟩ verbannen, doodverklaard

saw·pit [telb zn] zaagkuil

saw set [telb zn] zaagzetter

saw·tooth [telb zn; ook attributief] [1] zaagtand [2] ⟨bouwk⟩ zaagdak, sheddak

saw-tooth, saw-toothed [bn] zaagvormig, getand ♦ ⟨bouwk⟩ *saw-tooth roof* zaagdak, sheddak

saw·wort /sɔːwɜːt, ᴬ-wɜrt/ [telb zn] ⟨plantk⟩ (gewone) zaagblad, ververszaagblad ⟨Serratula; in het bijzonder S. tinctoria⟩

saw·yer /sɔːjə, ᴬ-ər/, ⟨in betekenis 2 ook⟩ **sawyer beetle** [telb zn] [1] zager [2] ⟨dierk⟩ (dennen)boktor ⟨Cerambycidae⟩ [3] ⟨AE⟩ sawyer ⟨met het water op-en-neerbewegende boom in rivierbedding⟩

sax /sæks/, ⟨in betekenis 2 ook⟩ **zax** /zæks/ [telb zn] [1] ⟨inf⟩ ⟨verk: saxophone⟩ sax [2] leidekkershamer

Sax [afk] [1] ⟨Saxon⟩ [2] ⟨Saxony⟩

sax·board [telb zn] ⟨roeisp⟩ zetbord ⟨zijplank van skiff waarop de uitlegger rust⟩

saxe /sæks/, ⟨ook⟩ **saxe blue** [niet-telb zn] Saksisch blauw

Saxe /sæks/ [eigenn; voornamelijk in samenst] Saksen

sax·horn [telb zn] saxhoorn

sax·ic·o·lous /sæksɪkələs/, **sax·ic·o·line** /-laɪn/, **sax·a·tile** /sæksətaɪl/ [bn] ⟨biol⟩ rots- ⟨op/tussen rotsen groeiend/levend⟩

sax·i·frage /sæksɪfrɪdʒ/ [telb zn] ⟨plantk⟩ steenbreek ⟨Saxifraga⟩

¹Sax·on /sæksn/ [eigenn] [1] Saksisch, de Saksische taal ♦ *Old Saxon* Oudsaksisch [2] Germaans, de Germaanse taal

²Sax·on /sæksn/ [telb zn] [1] Saks, Angelsaks, Sas [2] Engelsman, Angelsaks [3] Sakser ⟨inwoner van Saksen⟩

³Sax·on /sæksn/ [bn] [1] Angelsaksisch, oud-Engels, van Angelsaksische oorsprong ♦ *Saxon architecture* (voor-Normandische) Angelsaksische architectuur [2] Saksisch ♦ *Saxon blue* Saksisch blauw; *Saxon china* Saksisch porselein

Sax·on·ism /sæksənɪzm/ [telb zn] woord/uitdrukking van Angelsaksische oorsprong

¹sax·on·ize, sax·on·ise /sæksənaɪz/ [onov ww; ook Saxonize] Angelsaksisch worden

²sax·on·ize, sax·on·ise /sæksənaɪz/ [ov ww; ook Saxonize] Angelsaksisch maken

sax·o·ny /sæksəni/ [niet-telb zn] saxony ⟨soort fijne wol; bepaald soort weefsel⟩

Sax·o·ny /sæksəni/ [eigenn] Saksen

sax·o·phone /sæksəfoʊn/ [telb zn] saxofoon

sax·o·phon·ist /sæksəfənɪst, ᴬsæksəfoʊnɪst/ [telb zn] saxofonist, saxofoonspeler, saxofoonblazer

sax·tu·ba [telb zn] saxtuba ⟨soort saxhoorn⟩

¹say /seɪ/ [telb zn; geen mv] invloed, beslissingsrecht, zeggen(schap), zeggingsmacht ♦ *have a say in the matter* er iets in te zeggen hebben, iets in de melk te brokkelen hebben

²say /seɪ/ [niet-telb zn] [1] zegje, mening, ⟨België⟩ zeg ♦ *have/say one's say* zijn zegje zeggen/doen [2] het zeggen ♦ *on your say* op jouw zeggen [3] zeggenschap ♦ *he has the say about that matter* hij heeft het voor het zeggen in die zaak; *have the say over* volledige zeggenschap hebben over

³say /seɪ/, ⟨3e persoon enkelvoud tegenwoordige tijd⟩ sez/ [onov ww; said, said; verouderd 2e pers enk tegenwoordige tijd sayest; verouderd 3e pers enk tegenwoordige tijd saith) [1] zeggen, praten, spreken, vertellen ♦ *say away/on!* zeg/spreek/vertel op!, spreek/vertel verder!; *who can say?* wie zal het zeggen?; *I cannot/could not say* ik zou het niet kunnen zeggen; *it's not for me to say* het is niet aan mij om het te zeggen; ⟨BE; inf⟩ *I say!* hé (zeg)!, zeg!; zeg eens!; is het heus?, je meent het!; *say so!* zég dat dan; *I said so* dat heb ik toch gezegd, dat is wat ik zei; *so to say* bij wijze van spreken; *so you say* dat zeg jij; *you may well say so* zeg dat wel, daar zeg je zoiets, en of!; *I'm not saying* ik weiger te antwoorden, ik zeg geen woord; *I'd rather not say* ik zou me er liever niet over uitspreken; ⟨inf⟩ *you don't say (so)* wát zeg je?, 't is niet waar!, ongelofelijk!; *a man, they say, of bad reputation* een man, (zo) zegt men, met een slechte reputatie [2] denken, vinden, zeggen ♦ ⟨jur⟩ *how say you?* wat zegt de jury?; *and so say all of us* en zo denken wij er allemaal over [•] ⟨form; gebiedende wijs⟩ *say* vertel het me; ⟨AE; inf⟩ hé (zeg), zeg; ⟨sprw⟩ *do as I say, not as I do* let op mijn woorden, niet op mijn daden; ⟨sprw⟩ *saying is one thing and doing another* zeggen en doen is twee; → **saying**

⁴**say** /seɪ/, ⟨3e persoon enkelvoud tegenwoordige tijd⟩ sez/ [ov ww; said, said; verouderd 2e pers enk tegenwoordige tijd sayest; verouderd 3e pers enk tegenwoordige tijd saith] [1] (op)zeggen, uiten, (uit)spreken, vertellen ♦ *say about* zeggen/vermelden over; *have nothing to say against* niets aan te merken hebben op; *I dare say that* ik zou zelfs durven zeggen dat, het zou zelfs heel goed kunnen dat; *that's saying a good deal* dat is veel gezegd; *say sth./much for* spreken voor, in het voordeel spreken van, getuigen van, pleiten voor; *a course of action with little to be said for* een handelwijze waarvoor weinig te zeggen valt; *he said where to go* hij zei waar ik hij/... naartoe moest gaan; *say grace* dank zeggen, bidden; *says/said he* daarop zei hij, (en) toen zei hij; *hear say that* horen zeggen dat; *says I* daarop zei ik, ⟨inf⟩ *said I* (en) toen zei ik; *who shall I say, sir?* wie kan ik zeggen dat er is, meneer?; *though I say it/so myself* al zeg ik het zelf; *say one's lesson* zijn les opzeggen; *say s.o. nay* tegen iemand neen zeggen, iemand tegenspreken, iemand iets weigeren; *say nay/no* neen zeggen, weigeren, afslaan; *say no more!* geen woord meer!; praat er mij niet van!; dat zegt al genoeg!; *not to say* om niet te zeggen; *it's ugly, not to say hideous* het is lelijk, om niet te zeggen afzichtelijk; *to say nothing of* om nog maar te zwijgen over; *nuff said* genoeg gepraat, zand erover, basta; *say to o.s.* tegen zichzelf zeggen, bij zichzelf denken; *say out* ronduit/openlijk zeggen; *say one's prayers* zijn gebeden (op)zeggen; *I should say not* ik zou zeggen van niet; *to say sth.* is voor zichzelf bedoelen/zeggen; *I've sth. to say to you* ik moet je iets zeggen/vertellen; *that is not saying/to say that* dat wil nog niet zeggen dat, dat betekent nog niet dat; ⟨vaak scherts⟩ *as they say* zoals men zegt/dat noemt, zoals dat heet; ⟨BE; inf⟩ *I don't say no to a cup of coffee* een kopje koffie sla ik niet af; ⟨inf⟩ *say what you like* je mag zeggen wat je wil; *he didn't say whom to invite* hij zei niet wie er uitgenodigd moest worden; *say a few words* een paar woorden zeggen, een korte toespraak houden; ⟨BE; inf⟩ *I wouldn't say no* ik zeg geen nee, dat sla ik niet af; *say yes* ja zeggen, toestaan, toestemmen, aannemen, bevestigen; *says you!* hij/zij wel!, hoor hem/haar!, kom nou!, bespottelijk!; ⟨beled⟩ *says you/who?* U zegt/zei?; *that is to say* dat wil zeggen, tenminste; *(that is to) say* met andere woorden; *£60 say sixty pounds* £60, zegge zestig pond [2] zeggen, vermelden, verkondigen ♦ *she is said to be very rich* men zegt dat ze heel rijk is; *the Bible says* in de Bijbel staat; *it is said that* men zegt/ze zeggen dat; *it says on the bottle* op de fles staat; *to say the least* op zijn zachtst uitgedrukt; *the text says* de tekst luidt; *it says here that* hier staat dat; ⟨jur⟩ *the said* voorgenoemd; ⟨inf⟩ *they say that* ze/de mensen zeggen dat [3] zeggen, aanvoeren, opmerken ♦ *what have you to say for yourself?* wat heb je ter verdediging/verontschul-

diging aan te voeren? [4] zeggen, te kennen geven, stellen, vinden ♦ *what do you say to this?* wat zou je hiervan vinden/zeggen?; *what do you say to going to France?* wat zou je ervan vinden/zeggen als we naar Frankrijk gingen?; *let's do it together, what do you say?*, ⟨AE⟩ *let's do it together, what say?* laten we het samen doen, wat zou je daarvan zeggen/vinden? [5] zeggen, aannemen, veronderstellen ♦ *let's/shall we say* laten we zeggen/aannemen; *say it were true* gezegd/aangenomen/stel/neem nou dat het waar is; *early, say seven a.m.* vroeg, laten we zeggen/pakweg zeven uur [6] aangeven, tonen, zeggen ♦ *her eyes said she was angry* haar ogen toonden dat ze boos was; *what time does your watch say?* hoe laat is het op jouw horloge? [7] zeggen, bevelen ♦ *do what I say!* doe wat ik zeg! [8] uitdrukken, zeggen [•] *never say die* geef nooit de moed op, hou vol; *no sooner said than done* zo gezegd, zo gedaan; *when all is said and done* alles bij elkaar genomen, al bij/met al, als puntje bij paaltje komt, per slot van rekening; *it says nothing to me* het zegt/doet me niets, het spreekt me totaal niet aan; *have nothing to say to it* er niets op te zeggen hebben; *have nothing to say to s.o.* niets met iemand te maken hebben; *say when* zeg stop, zeg het als 't genoeg is; ⟨inf⟩ *I'll say*, ⟨inf⟩ *you can say that again*; ⟨AE; inf⟩ *you said it* zeg dat wel!, en of!; ⟨sprw⟩ *least said, soonest mended* wie veel zegt, heeft veel te verantwoorden, zwijgen en denken kan niemand krenken, spreken is zilver, zwijgen is goud; ⟨sprw⟩ *hear all, see all, say nowt/nothing* horen, zien en zwijgen; → **saying**

SAYE [afk] ⟨vnl BE; fin⟩ (save-as-you-earn)

¹**say·ing** /ˈseɪɪŋ/ [telb zn; oorspronkelijk tegenwoordig deelw van say] gezegde, uitspraak, spreekwoord, spreuk ♦ *as the saying is/goes* zoals het spreekwoord zegt, zoals men gewoonlijk zegt

²**say·ing** /ˈseɪɪŋ/ [niet-telb zn; oorspronkelijk tegenwoordig deelw van say] het zeggen [•] *go without saying* vanzelf spreken, evident zijn, voor de hand liggen; *it goes without saying that* het hoeft geen betoog dat, het spreekt vanzelf dat; *there is no saying* het is/valt niet te zeggen; ⟨sprw⟩ *saying is one thing and doing another* zeggen en doen is twee

say-so [telb zn; voornamelijk enk] ⟨inf⟩ [1] zeggen, vermoeden, bewering, gerucht ♦ *why should he believe you on your say-so?* waarom zou hij je op je woord geloven? [2] woord [3] toelating, toestemming, permissie, vergunning ♦ *on the say-so of* met de toelating van [4] zeggenschap ♦ *have the say-so in a matter* het voor het zeggen hebben in een aangelegenheid

say·yid, say·id /ˈsaɪɪd/ [telb zn] heer, leider ⟨in de islamitische gemeenschap; voornamelijk als aanspreektitel⟩

sb [afk] (substantive) nw.

SB [afk] (Bachelor of Science)

SBA [afk] (Small Business Administration)

S-band [niet-telb zn] ⟨radio⟩ S-band, korte golf

S-bend [telb zn] ⟨BE⟩ S-bocht

S by E, SbE [afk] (South by East) Z.O.

S by W, SbW [afk] (South by West) Z.W.

sc [afk] [1] (scene) [2] (science) [3] (scilicet) sc., nl., t.w., d.w.z., ⟨België⟩ t.t.z. [4] (scruple) [5] (sculpsit) sc(ulps). [6] (sharp cash) [7] (small capitals)

Sc [afk] [1] (Scotch) [2] (Scottish)

SC [afk] [1] (Security Council) [2] (South Carolina) [3] (Special Constable) [4] (Staff College) [5] (Supreme Court)

¹**scab** /skæb/ [telb zn] [1] ⟨inf; beled⟩ onderkruiper, werkwillige, stakingsbreker [2] ⟨inf⟩ zwartwerker [niet-vakbondslid⟩ [3] ⟨inf⟩ ploert, schoft, schurk [4] schurftkorst

²**scab** /skæb/ [telb + niet-telb zn] korst(je), roof(je)

³**scab** /skæb/ [niet-telb zn] schurft(ziekte), scabiës, schurftkwaal ⟨bij dieren, planten⟩

⁴**scab** /skæb/ [onov ww] [1] een korst/roof krijgen ⟨van wond⟩ ♦ *scab over* een korst/roof krijgen [2] een korst/roof vormen [3] ⟨inf⟩ onderkruipen, werkwillig zijn ♦ *scab on*

scabbard

one's fellow workers z'n collega's tegenwerken/verraden ⟨door lagere lonen te aanvaarden/staking te breken⟩

¹**scab·bard** /skæbəd, ^-bərd/ [telb zn] ① **schede** ② ⟨vnl AE⟩ **holster**

²**scab·bard** /skæbəd, ^-bərd/ [ov ww] **opsteken**, in de schede steken

scabbard fish [telb zn] ⟨dierk⟩ **kousenbandvis** ⟨Lepidopus caudatus⟩

scab·by /skæbi/ [bn; vergr trap: scabbier; bw: scabbily; zn: scabbiness] ① **schurftig** ② **met korsten bedekt** ③ ⟨inf⟩ **smerig**, gemeen, laag ◆ *a scabby trick* een rotstreek

sca·bies /skeɪbiz/ [niet-telb zn] **schurft**, scabiës

¹**sca·bi·ous** /skeɪbɪəs/ [telb zn] ⟨plantk⟩ ① **scabiosa**, ⟨i.h.b.⟩ zwartpurperen scabiosa ⟨S. atropurpurea⟩ ② **blauwe knoop** ⟨Succisa pratensis⟩

²**sca·bi·ous** /skeɪbɪəs/ [bn] ① **schurftachtig**, scabieus, schurftig, schurft- ② **met korsten bedekt**

sca·brous /skeɪbrəs, ^skæ-/ [bn; bw: ~ly; zn: ~ness] ① **ruw**, oneffen, ongelijk ② **delicaat**, teer, kies, netelig ③ **schunnig**, schuin, gewaagd, scabreus

¹**scad** /skæd/ [telb zn; voornamelijk mv] ⟨AE; inf⟩ **massa**, ⟨mv ook⟩ hopen ◆ *scads of time* een massa tijd; *scads of money* geld bij hopen; *scads of people* massa's mensen; *have scads of time* tijd zat hebben, al de tijd van de wereld hebben, zeeën van tijd hebben

²**scad** /skæd/ [telb zn; mv: ook scad] ⟨dierk⟩ **horsmakreel** ⟨genus Carangidae⟩

¹**scaf·fold** /skæfəld, -foʊld/ [telb zn] ① **schavot** ② ⟨bouw⟩-**steiger**, stellage, stelling, steiger ③ **platform**, verhoging, podium

²**scaf·fold** /skæfəld, -foʊld/ [niet-telb zn; the] ⟨form⟩ **schavot**⟨straf⟩, doodstraf ◆ *be condemned to the scaffold* tot het schavot/de doodstraf veroordeeld worden; *go to the scaffold* het schavot beklimmen, geëxecuteerd worden

³**scaf·fold** /skæfəld, -foʊld/ [ov ww] ① **van een steiger/schavot voorzien** ② **met een steiger/schavot schragen/ondersteunen/(onder)stutten**; → **scaffolding**

¹**scaf·fold·ing** /skæfəldɪŋ/ [telb zn; (oorspronkelijk) gerund van scaffold] ① **steiger(constructie)**, stelling, stellage ② **ondersteuning** ③ **kader**, basis, fundament ◆ *the author used historical facts as a scaffolding for his novel* de auteur gebruikte historische feiten als kader/basis voor zijn roman

²**scaf·fold·ing** /skæfəldɪŋ/ [niet-telb zn; (oorspronkelijk) gerund van scaffold] **steigermateriaal**, steigers, stellingen, stellage ◆ *tubular scaffolding* buizenstellingen

scag, skag /skæg/ [niet-telb zn] ⟨sl⟩ **horse**, H, scag, heroïne

scagl·io·la /skælˈjoʊlə/ [niet-telb zn] ⟨bouwk⟩ **scagliola** ⟨soort hard pleister⟩

scal·a·bil·i·ty /ˌskeɪləˈbɪləti/ [niet-telb zn] ⟨comp⟩ **schaalbaarheid** ⟨aanpasbaarheid⟩

scal·a·ble /skeɪləbl/ [bn; bw: scalably; zn: ~ness] **beklimbaar**

¹**sca·lar** /skeɪlə, ^-ər/ [telb zn] ⟨wisk⟩ **scalair**, scalaire grootheid

²**sca·lar** /skeɪlə, ^-ər/ [bn] ⟨wisk⟩ **scalair** ◆ *scalar product* scalair product, inwendig product

sca·lar·i·form /skəˈlærɪfɔːm, ^-fɔrm/ [bn] ⟨biol⟩ **laddervormig** ⟨van vaten, weefsels⟩

scalawag [telb zn] → **scallywag**

¹**scald,** ⟨in betekenis 3 ook⟩ **skald** /skɔːld/ [telb zn] ① **brandwond**, brandblaar, brandvlek ② **schurft**, hoofdzeer ③ **skald** ⟨Oud-Noorse hofdichter⟩

²**scald** /skɔːld/ [telb + niet-telb zn] **brand(ziekte)** ⟨in het bijzonder in het koren⟩, brandzwam, honingdauw, brandkoren

³**scald** /skɔːld/ [onov ww] **zich branden** ⟨door heet water/stoom⟩, zich schroeien; → **scalding**

⁴**scald** /skɔːld/ [ov ww] ① **branden**, (doen) branden/verbranden ◆ *scalded cream* gepasteuriseerde room; *scald on/with* (ver)branden aan; *scalded to death* levend gekookt ② **(uit)wassen**, (uit)koken, steriliseren, broeien ⟨varkens⟩ ◆ *scald out* uitwassen, uitkoken ③ **bijna tot kookpunt verhitten** ⟨in het bijzonder melk⟩, pasteuriseren; → **scalding**

scald head [telb + niet-telb zn] **hoofdzeer**

scald·ic /skɔːldɪk/ [bn] **skaldisch**, skaldens-

scald·ing /skɔːldɪŋ/ [bn; tegenwoordig deelw van scald] ① **kokend(heet)**, brandend, schroeiend, verzengend ◆ *scalding hot* kokend heet; *scalding tears* hete tranen ② **bijtend**, vernietigend ⟨van oordeel⟩

¹**scale** /skeɪl/ [telb zn] ① **schub**, schaal, (huid)schilfer, dop, schil ◆ ⟨fig⟩ *the scales fell from her eyes* de schellen vielen haar van de ogen; ⟨fig⟩ *remove the scales from s.o.'s eyes* iemand de ogen openen ② ⟨vaak mv met enkelvoudige betekenis⟩ **(weeg)schaal** ◆ ⟨inf⟩ *he tilted/tipped/turned the scale(s) at sixty kilograms* hij woog zestig kilo; *hold the scales even* onpartijdig oordelen; ⟨fig⟩ *in the scales* (nog) onzeker; *two pairs of scales* twee weegschalen; *throw into the scale* opwerpen ⟨argument⟩; *tilt/tip/turn the scale(s)* de balans doen doorslaan, de doorslag geven ③ ⟨muz⟩ **toonschaal, toonladder** ◆ *the scale of C* de toonschaal van C; *play/sing scales* toonladders spelen/zingen ④ ⟨wisk⟩ **schaal** ◆ *a scale of notation* een talstelsel; *ordinary scale* tientallig stelsel ⑤ ⟨dierk⟩ **schildluis** ⟨Coccidae⟩

²**scale** /skeɪl/ [telb + niet-telb zn] ⟨benaming voor⟩ **schaal(verdeling)**, graadverdeling, schaalaanduiding, schaalaanwijzing, maatstaf, schaalstok, maatstok, meetlat ◆ *in scale* in juiste verhouding tot de omgeving; *of small scale* kleinschalig; ⟨fig⟩ *on a small scale* op kleine schaal; ⟨fig⟩ *on a large/grand scale* op grote schaal; *a map on a scale of a centimetre to the kilometre/of a kilometre to the centimetre* een kaart met een schaal van 1 op 100.000; *out of scale* niet op schaal; *the scale of the problem* de omvang van het probleem; ⟨fig⟩ *high in the social scale* hoog op de sociale ladder; *draw to scale* op schaal tekenen; *scale of wages* loonschaal

³**scale** /skeɪl/ [niet-telb zn] ① **aanzetsel**, aanslag, ketelsteen, tandsteen ② **schildluis** ⟨plantenziekte⟩

⁴**scale** /skeɪl/ [onov ww] ① **(af)schilferen**, (af)bladderen ② **bepaald gewicht hebben**, wegen ⟨in het bijzonder van bokser⟩ ◆ *the lightweight scaled 130 pounds* de lichtgewicht bokser woog 59 kilo ③ **klimmen** ④ **van gelijke schaal zijn**, in verhouding zijn, onderling meetbaar zijn, evenredig zijn ⑤ **aanslaan** ⟨van ketel⟩ ◆ *the kettle scales* de ketel slaat aan, er zet zich ketelsteen vast in de ketel

⁵**scale** /skeɪl/ [ov ww] ① ⟨benaming voor⟩ **ontdoen van** ⟨bijvoorbeeld tandsteen⟩, schrap(p)en, pellen, doppen, (af)bikken ◆ *scale off* pellen, schrappen ② **afwegen** ③ **(be)klimmen**, (op)klauteren, opgaan ⟨ladder⟩ ④ **aanpassen**, afstemmen ◆ *scale back/down* verlagen, verkleinen, lager inschatten, terugschroeven, proportioneel verminderen; *production was scaled to the expected need* de productie werd afgestemd op de verwachte behoefte; *scale up* verhogen, vergroten, hoger inschatten ⑤ **op schaal maken/tekenen** ⑥ **schatten**, meten ⟨ruw timmerhout⟩ ⑦ ⟨vaak passief⟩ **aanzetten aan/op** ⟨van kalk, ketelsteen⟩, zich vasthechten aan/in

scale armour [telb zn] **geschubd pantser**

scale·board [niet-telb zn] **spaanplaat**

scale bug, scale insect [telb zn] ⟨dierk⟩ **schildluis** ⟨Coccidae⟩

scaled /skeɪld/ [bn] **geschubd**

scale drawing [telb zn] **schaaltekening**, tekening op schaal

scale fern [telb zn] ⟨plantk⟩ **schubvaren** ⟨Ceterach officinarum⟩

scale leaf [telb zn] ⟨plantk⟩ **schildblad**

scale·less /skeɪlləs/ [bn] **ongeschubd**

scale model [telb zn] schaalmodel
scale moss [niet-telb zn] ⟨plantk⟩ (soort) bladerrijk levermos ⟨Jungermannialis⟩
¹**sca·lene** /skeɪliːn/ [telb zn] ① ongelijkzijdige driehoek ② ⟨med⟩ schuine halsspier
²**sca·lene** /skeɪliːn/ [bn] ongelijkzijdig ⟨van driehoek⟩ ♦ *scalene cone* scheve kegel; *scalene cylinder* scheve cilinder; *scalene muscle* schuine halsspier; *scalene triangle* ongelijkzijdige driehoek
sca·le·nus /skeɪliːnəs/ [telb zn; mv: scaleni /-naɪ/] ⟨med⟩ schuine halsspier ⟨Musculus scalenus⟩
scale·pan [telb zn] schaal ⟨van weegschaal⟩
scal·er /skeɪlə, ᴬ-ər/ [telb zn] ① peller ② weger ③ (be)klimmer ④ ⟨elek⟩ pulsteller
Scales /skeɪlz/ [eigennm; mv: the] ⟨astrol, astron⟩ Weegschaal, Libra
scale-wing·ed [bn] ⟨dierk⟩ schubvleugelig
scal·ing lad·der [telb zn] brandladder, stormladder
scall /skɔːl/ [niet-telb zn] ⟨vero⟩ schubhuid, ⟨i.h.b.⟩ hoofdzeer ♦ *dry scall* schurft; *moist scall* (huid)uitslag, eczeem
scallawag [telb zn] → scallywag
scal·lion /skæliən/ [telb zn] ① sjalot(je) ② bosuitje, lente-uitje, nieuwe ui
¹**scal·lop, scol·lop** /skɒləp, ᴬskɑ-/, ⟨in betekenissen 2 en 3 ook⟩ **scallop shell, scollop shell** [telb zn] ① kammossel, kamschelp ② (schelpvormige) schaal, schelp ③ ⟨cul⟩ sint-jakobsschelp ④ escalope, lapje vlees/vis, ⟨i.h.b.⟩ kalfsoester, kalfsschnitzel
²**scal·lop, scol·lop** /skɒləp, ᴬskɑ-/, ⟨in betekenis 1 ook⟩ **es·cal·lop** /eskɒləp, ᴬɪskɑləp/ [ov ww] ① in de schelp bakken/koken, gratineren ② (uit)schulpen; → **scalloped, scalloping**
scal·loped /skɒləpt, ᴬskɑ-/ [bn; tegenwoordig deelw van scallop] geschulpt ⟨bijvoorbeeld van kraag, zoom⟩
scal·lop·ing, scol·lop·ing /skɒləpɪŋ, ᴬskɑ-/ [telb + niet-telb zn; gerund van scallop] uitschulping, schulprand
scal·lops, scol·lops /skɒləps, ᴬskɑ-/ [alleen mv] schulp(rand), uitschulping
scal·ly·wag /skæliwæg/, **scal·la·wag** /skæləwæg/ [telb zn], ⟨AE vnl⟩ **scal·a·wag** /skæləwæg/ [telb zn] ① scharminkel, mager/ondervoed dier ② ⟨vnl scherts⟩ deugniet, rakker, schelm, schavuit
¹**scalp** /skælp/ [telb zn] ① schedelhuid, hoofdhuid ② scalp ⟨als zegeteken⟩, ⟨fig, inf⟩ zegeteken ♦ *take scalps* scalperen ③ ⟨SchE⟩ kale rots ⟨boven water uitstekend⟩, kale heuveltop
²**scalp** /skælp/ [onov ww] speculeren
³**scalp** /skælp/ [ov ww] ① scalperen ② fel kritiseren, afmaken ③ ⟨vnl AE; inf⟩ op de zwarte markt verkopen ⟨kaartjes, speculeren in/met⟩ ④ ⟨vnl AE⟩ (op spectaculaire wijze) verslaan, in de pan hakken, inmaken ⑤ ⟨AE⟩ van de toplaag ontdoen, aftoppen, afgraven, egaal maken
scal·pel /skælpl/ [telb zn] ⟨med⟩ scalpel, ontleedmes
scalp·er /skælpə, ᴬ-ər/, ⟨in betekenis 1 ook⟩ **scau·per, scor·per** /skɔːpə, ᴬskɔːpər/ [telb zn] ① beitel ② ⟨vnl AE; inf⟩ speculant, ⟨i.h.b.⟩ kaartjesspeculant, zwarthandelaar in toegangsbewijzen
scalp·less /skælpləs/ [bn] gescalpeerd, zonder scalp
scalp lock [telb zn] scalp(lok), indianenkuif
scal·pri·form /skælprɪfɔːm, ᴬ-fɔːrm/ [bn] beitelvormig ⟨van snijtand⟩
scal·y /skeɪli/ [bn; vergr trap: scalier; zn: scaliness] ① schilferig, bladderig, geschilferd ② geschubd ♦ ⟨dierk⟩ *scaly anteater* schubdier ⟨genus Manis⟩ ③ ⟨inf⟩ krenterig, gierig ④ ⟨sl⟩ gemeen, verachtelijk
¹**scam** /skæm/ [telb zn] ⟨AE; inf⟩ ① afzetterstent ② zwendel ⟨vaak als 2e lid in samenstelling⟩ ♦ *Iranscam* Iranaffaire
²**scam** /skæm/ [niet-telb zn] ⟨AE; sl⟩ nieuws, fijne van de zaak
³**scam** /skæm/ [ov ww] ⟨AE; sl⟩ bezwendelen, beroven, bedriegen
¹**scam·mo·ny** /skæməni/ [telb zn] ⟨plantk⟩ soort winde ⟨Convolvulus scammonia⟩
²**scam·mo·ny** /skæməni/ [niet-telb zn] scammonine ⟨purgeermiddel⟩
¹**scamp** /skæmp/ [telb zn] ⟨pej, scherts⟩ boef(je), rakker, deugniet, ondeugd, kwajongen ♦ *you scamp!* (jij) boef!
²**scamp** /skæmp/ [ov ww] afraffelen ⟨werk⟩, de hand lichten met
¹**scamp·er** /skæmpə, ᴬ-ər/ [telb zn] ① draf(je), gehol, holletje ② ren, galop ③ vluchtige blik ⟨in boek, krant e.d.⟩
²**scamp·er** /skæmpə, ᴬ-ər/ [onov ww] ① hollen, rennen, draven ♦ *scamper about* rondhollen; *scamper away/off* wegrennen ② galopperen ③ snel lezen, vluchtig bladeren
¹**scam·pi** /skæmpi/ [niet-telb zn] scampigerecht
²**scam·pi** /skæmpi/ [alleen mv] scampi, grote garnalen
scamp·ish /skæmpɪʃ/ [bn] ondeugend
¹**scan** /skæn/ [telb zn] ① onderzoekende blik ② ⟨techn⟩ scanning, het aftasten/onderzoeken ③ ⟨med⟩ scan
²**scan** /skæn/ [onov ww] ① zich laten scanderen ⟨van gedicht⟩ ② metrisch juist zijn ③ ⟨techn⟩ gescand/afgetast worden
³**scan** /skæn/ [ov ww] ① scanderen ⟨gedicht⟩ ② nauwkeurig onderzoeken, vorsend aankijken, afspeuren ③ snel, vluchtig doorlezen, doorlopen, doorbladeren ④ ⟨techn⟩ aftasten, scannen ⟨met radar⟩ ⑤ ⟨med⟩ scannen, een scan maken van
scan button [telb zn] ⟨tv⟩ aftastknop ⟨op video⟩
¹**scan·dal** /skændl/ [telb + niet-telb zn] ① schandaal, schande ② ⟨jur⟩ belediging, smaad
²**scan·dal** /skændl/ [niet-telb zn] ① achterklap, roddel, laster(praat), opspraak, smaad ♦ *talk scandal* roddelen ② aanstoot, ergernis
scan·dal·ize, scan·dal·ise /skændl·aɪz/ [ov ww] ① ⟨vaak passief⟩ choqueren, ergernis/aanstoot geven ② ⟨scheepv⟩ reven, innemen ⟨zeil⟩
scan·dal·mong·er /skændlmʌŋgə, ᴬ-mʌŋgər/ [telb zn] kwaadspreker, kwaadspreekster, lasteraar, lasteraarster, kletser, kletsster, babbelaar, babbelaarster
scan·dal·mong·er·ing /skændlmʌŋgrɪŋ, ᴬ-mʌŋ-/ [niet-telb zn] geklets, geroddel, laster, kwaadsprekerij
scan·dal·ous /skændələs/ [bn; bw: ~ly; zn: ~ness] ① schandelijk, schandalig, aanstootgevend ② lasterlijk ③ kwaadsprekend, roddelend
scandal sheet [telb zn] ① roddelblad, boulevardblad ② ⟨sl⟩ onkostennota
scan·dal·um mag·na·tum /skændələm mægneɪtəm/ [niet-telb zn] ⟨gesch⟩ belastering van hoge personen/magnaten ⟨in Engeland⟩
scan·dent /skændənt/ [bn] ⟨plantk⟩ klimmend
¹**Scan·di·na·vi·an** /skændɪneɪviən/ [eigennm] Scandinavisch, de Scandinavische/Noord-Germaanse talen
²**Scan·di·na·vi·an** /skændɪneɪviən/ [telb zn] Scandinaviër
³**Scan·di·na·vi·an** /skændɪneɪviən/ [bn] Scandinavisch
scan·di·um /skændiəm/ [niet-telb zn] ⟨scheik⟩ scandium ⟨element 21⟩
scan·ner /skænə, ᴬ-ər/ [telb zn] ① ⟨med⟩ (C(A)T-)scanner ② ⟨techn⟩ aftaster, scanner, (draaiende) radarantenne
scan·sion /skænʃn/ [niet-telb zn] ⟨taalk⟩ scansie, het scanderen
scan·so·ri·al /skænsɔːriəl/ [bn] ⟨dierk⟩ klimmend, klim-
¹**scant** /skænt/ [bn; vergr trap: ook scanter; bw: ~ly; zn: ~ness] ⟨form⟩ ① karig, schraal, gering ♦ *do scant justice to sth.* iets weinig/nauwelijks recht doen; *scant of* slecht voorzien van; *scant of breath* kortademig ② schraal ⟨van wind⟩
²**scant** /skænt/ [ov ww] ⟨vero⟩ bekrimpen, krap houden,

scanties

karig zijn met
scan·ties /skænti z/ [alleen mv] ⟨inf⟩ (dames)slipje
scant·ling /skæntlɪŋ/ [telb zn] **1** (klein) beetje, kleine hoeveelheid/dosis **2** smalle balk, latje ♦ *scantling of sth.* kleine hoeveelheid van iets **3** steen ⟨met bepaalde afmeting⟩ **4** ⟨meestal mv⟩ standaardmaat ⟨in het bijzonder scheepvaart⟩, afmeting, profiel
scant·y /skænti/ [bn; vergr trap: scantier; bw: scantily; zn: scantiness] schaars, karig, schraal, krap
¹scape /skeɪp/ [telb zn] **1** uit de wortel voortkomende bloemstengel **2** schacht ⟨van veer⟩ **3** dierk basis ⟨van voelspriet⟩ **4** ⟨verk: landscape⟩ landschap **5** ⟨vero⟩ ⟨verk: escape⟩ ontsnapping
²scape /skeɪp/ [onov ww] ⟨vero⟩ ⟨verk: escape⟩ ontsnappen
-scape /skeɪp/ [vormt naamwoord] ± -gezicht, ± -panorama ♦ *seascape* zeegezicht; uitzicht over zee
¹scape·goat [telb zn] zondebok, ⟨fig⟩ wrijfpaal
²scape·goat [ov ww] tot zondebok maken
scape·grace [telb zn] ⟨vaak scherts⟩ stommeling, nietsnut, losbol, waardeloos sujet
¹scaph·oid /skæfɔɪd/ [telb zn] ⟨med⟩ scheepvormig been ⟨in hand- en voetwortel; Os naviculare⟩
²scaph·oid /skæfɔɪd/ [bn] ⟨med⟩ scheepvormig
scap·u·la /skæpjʊlə, ^-jələ/ [telb zn; mv: ook scapulae /-li:/] ⟨med⟩ schouderblad
¹scap·u·lar /skæpjʊlə, ^-jələr/, ⟨in betekenissen 1 en 3 ook⟩ **scap·u·lar·y** /skæpjʊləri, ^-jələri/ [telb zn] **1** ⟨r-k⟩ sc(h)apulier, schouderkleed **2** schouderband ⟨van verband⟩ **3** rugveer
²scap·u·lar /skæpjʊlə, ^-jələr/ [bn] van de schouder(bladen) ♦ ⟨med⟩ *scapular arch* schoudergordel; *scapular feathers* rugveren
¹scar, ⟨in betekenis 2 ook⟩ **scaur** /skɑː, ^skɑr/ [telb zn] **1** litteken, schram, kras, ⟨fig⟩ schandvlek, smet **2** steile, kale rots(wand), klip **3** ⟨plantk⟩ litteken **4** papegaaivis
²scar /skɑː, ^skɑr/ [onov ww] **1** een litteken vormen ⟨van wond⟩ **2** met littekens bedekt worden ♦ *scar over* een litteken vormen; dichtgaan, helen
³scar /skɑː, ^skɑr/ [ov ww] **1** ⟨voornamelijk voltooid deelwoord⟩ met littekens bedekken, schrammen **2** een litteken vormen op ⟨wond⟩
scar·ab /skærəb/, ⟨in betekenis 1 ook⟩ **scarab beetle**, **scar·a·bae·id** /skærəbiːɪd/ [telb zn] **1** (mest)kever, tor, scarabee ⟨in het bijzonder heilig dier der oude Egyptenaren⟩ **2** (voorstelling van) scarabee ⟨amulet⟩
scar·a·mouch /skærəmuːtʃ, ^-muː/ [telb zn] **1** schelm, deugniet **2** ⟨vero⟩ snoever
¹scarce /skeəs, ^skers/ [bn; vergr trap: scarcer; zn: ~ness] **1** ⟨vnl predicatief⟩ schaars **2** zeldzaam, moeilijk te vinden ♦ ⟨inf⟩ *make o.s. scarce* zich uit de voeten maken, zich niet vertonen
²scarce /skeəs, ^skers/ [bw] ⟨form⟩ nauwelijks, bijna niet
scarce·ly /skeəsli, ^skersli/ [bw] **1** nauwelijks, ternauwernood, bijna niet, nog maar net, met moeite ♦ *scarcely at all* bijna niet; *scarcely any* bijna niemand/niets; *scarcely anybody* bijna niemand; *scarcely ... before/when* nauwelijks ... of; *they can scarcely have been there* ze kunnen er moeilijk geweest zijn; *scarcely ever* haast nooit **2** ⟨voornamelijk pompeus⟩ zeker niet, niet
scar·ci·ty /skeəsəti, ^skersəti/ [telb + niet-telb zn] schaarste, gebrek ♦ *scarcity of* gebrek aan
¹scare /skeə, ^sker/ [telb zn] **1** (redeloze) schrik, vrees, paniek ♦ *give s.o. a scare* iemand de stuipen op het lijf jagen **2** alarm
²scare /skeə, ^sker/ [bn, attr] ⟨inf⟩ schrikaanjagend, angstwekkend, paniekzaaiend
³scare /skeə, ^sker/ [onov ww] ⟨inf⟩ schrikken, bang worden ♦ *scare easily* snel bang worden
⁴scare /skeə, ^sker/ [ov ww] ⟨inf⟩ **1** ⟨vaak voltooid deelwoord⟩ doen schrikken, bang maken ♦ *scared to death*

doodsbang; *scared to do sth.* bang iets te doen; *scared of* bang voor; *scared out of one's wits* buiten zichzelf van schrik, dood geschrokken; *run scared* pessimistisch gestemd zijn, in angst zitten; ⟨vulg⟩ *be scared shitless* zich de pleuris schrikken; ⟨inf⟩ *scare s.o. silly/stiff* iemand de stuipen op het lijf jagen **2** wegjagen ♦ *scare away/off* afschrikken; ⟨AE⟩ *scare out/up game* wild opjagen ▶ zie: **scare up**
scare-crow /skeəkrəʊ, ^sker-/ [telb zn] **1** vogelverschrikker ⟨ook figuurlijk⟩ **2** boeman
scare·dy-cat /skeədikæt, ^sker-/ [telb zn] ⟨inf⟩ bangerik, haas
scare headline, scare head, scare heading [telb zn] sensatiekop ⟨in krant⟩
scare·mong·er /skeəmʌŋɡə, ^skermʌŋɡər/ [telb zn] bangmaker, alarmist, paniekzaaier
scare mong·er [niet-telb zn] bangmakerij, paniekzaaierij
scare story [telb zn] paniekverhaal, sensatieverhaal
scare tactics [alleen mv] dreigementen, bangmakerijen
scare up [ov ww] ⟨vnl AE; inf⟩ **1** ontdekken, opscharrelen, aan het licht brengen **2** klaarmaken, vervaardigen ♦ *scare up a meal from leftovers* uit restjes een maaltijd in elkaar flansen **3** ⟨AE⟩ bijeenschrapen ⟨geld, eten⟩
scarey [bn] → **scary**
¹scarf /skɑːf, ^skɑrf/ [telb zn; mv: ook scarves /skɑːvz, ^skɑrvz/] **1** sjaal(tje), sjerp, das **2** ⟨techn⟩ las, verschering
²scarf /skɑːf, ^skɑrf/ [ov ww] **1** een sjaal omdoen/omslaan ♦ *scarf about/around* omslaan **2** ⟨techn⟩ lassen ⟨hout⟩, verscherven **3** ⟨sl⟩ drinken; → **scarfed**
scarfed /skɑːft, ^skɑrft/ [bn; volt deelw van scarf] met een sjaal
scarf·pin [telb zn] ⟨vnl BE⟩ dasspeld
scarf·ring [telb zn] ⟨vnl BE⟩ sjaalring
scarf-skin [niet-telb zn] opperhuid, ⟨i.h.b.⟩ cuticula
scarf-wise [bn] schuin, (over)dwars
scar·i·fi·ca·tion /skeərɪfɪkeɪʃn, ^sker-/ [telb zn] **1** ⟨med⟩ insnijding, kerving **2** gisping, scherpe kritiek
scar·i·fi·er /skeərɪfaɪə, ^skerɪfaɪər/, ⟨in betekenis 1 ook⟩ **scar·i·fi·ca·tor** /-fɪkeɪtə, ^-fɪkeɪtər/ [telb zn] **1** ⟨med⟩ scarificator, ⟨i.h.b.⟩ (kop)snepper, kopmes **2** ⟨landb⟩ cultivator, meseg **3** ⟨wwb⟩ (weg)opbreker
scar·i·fy /skeərɪfaɪ, ^sker-/ [ov ww] **1** ⟨med⟩ insnijden, kerven **2** ⟨fig⟩ gispen, hekelen, wonden **3** loswerken ⟨grond⟩
scar·i·ous /skeərɪəs, ^sker-/ [bn] ⟨plantk⟩ vliezig
scar·la·ti·na /skɑːlətiːnə, ^skɑrlə-/ [telb + niet-telb zn] roodvonk, scarlatina
scar·less /skɑːləs, ^skɑr-/ [bn] zonder littekens
¹scar·let /skɑːlɪt, ^skɑr-/ [niet-telb zn] scharlaken(rood)
²scar·let /skɑːlɪt, ^skɑr-/ [bn] scharlaken(rood) ● *scarlet fever* roodvonk; ⟨dierk⟩ *scarlet grosbeak* roodmus ⟨Carpodacus erythrinus⟩; *scarlet hat* kardinaalshoed; ⟨symbool van⟩ kardinaalsrang; ⟨plantk⟩ *scarlet pimpernel* (gewone) guichelheil ⟨Anagallis arvensis⟩; ⟨med⟩ *scarlet rash* roseola ⟨huiduitslag⟩; ⟨dierk⟩ *scarlet rosefinch* roodmus ⟨Carpodacus erythrinus⟩; ⟨plantk⟩ *scarlet runner* pronkboon ⟨Phaseolus coccineus⟩; *scarlet woman* ⟨euf, scherts⟩ lichte vrouw; ⟨beled⟩ rooms-katholieke kerk; ⟨Bijb⟩ hoer van Babylon
¹scarp /skɑːp, ^skɑrp/ [telb zn] **1** steile (rots)wand, glooiing **2** escarpe, binnentalud van een gracht
²scarp /skɑːp, ^skɑrp/ [ov ww] afschuinen, ⟨i.h.b.⟩ binnentalud maken ♦ *scarped hillside* steile helling
scarp·er /skɑːpə, ^skɑrpər/ [onov ww] ⟨BE; sl⟩ 'm smeren
SCART /skɑːt, ^skɑrt/ [telb zn; ook attributief] scart ⟨standaard voor het verbinden van videoapparaten⟩, euroconnector ♦ *SCART cable* scartkabel
scar tissue [niet-telb zn] littekenweefsel
scar·us /skeərəs, ^sker-/ [telb + niet-telb zn] papegaaivis

⟨Sparisoma cretense⟩
scarves /skɑːvz, ᴬskɑrvz/ [alleen mv] → **scarf**
scar·y, scare·y /skeəri, ᴬskeri/ [bn; vergr trap: 1e variant scarier] ⟨inf⟩ ① eng, schrikaanjagend, alarmerend ② (snel) bang, schrikachtig, bevreesd
¹**scat** /skæt/ [niet-telb zn] ⟨jazz⟩ scat ⟨het zingen van betekenisloze lettergrepen; met stem als instrument⟩
²**scat** /skæt/ [onov ww] ① ⟨vaak onpersoonlijk⟩ ⟨inf⟩ snel vertrekken ♦ *scat!* weg! hoepel op! ② ⟨jazz⟩ scatten ⟨betekenisloze lettergrepen zingen; met stem als instrument⟩
scat·back /skætbæk/ [telb zn] ⟨AE; sl; American football⟩ razendsnelle/kwikzilverachtige back
¹**scathe** /skeɪð/ [telb zn; vaak met ontkenning] ⟨vero⟩ letsel, schade
²**scathe** /skeɪð/ [ov ww] ① schaden, letsel toebrengen, ⟨i.h.b.⟩ verschroeien, verzengen ② afmaken ⟨met kritiek⟩, afkraken, vernietigen, kapotmaken ③ ⟨met ontkenning⟩ enig(e) letsel/schade toebrengen; → **scathing**
scathe·less /skeɪðləs/ [bn] ⟨meestal predicatief⟩ ongedeerd
scath·ing /skeɪðɪŋ/ [bn; tegenwoordig deelw van scathe; bw: ~ly] vernietigend, scherp ♦ *scathing remark* vernietigende opmerking; *scathing sarcasm* bijtend sarcasme
scat·o·log·i·cal /skætəlɒdʒɪkl, ᴬskætlɑ-/ [bn] ① scatologisch, m.b.t. uitwerpselen, drek- ② obsceen
sca·tol·o·gy /skætɒlədʒi, ᴬ-tɑ-/ [niet-telb zn] ① scatologie, studie van coprolieten/fossiele uitwerpselen ② aandacht/voorliefde voor uitwerpselen ③ voorliefde voor obsceniteiten/obscene literatuur
sca·toph·a·gous /skətɒfəgəs, ᴬ-tɑ-/ [bn] van mest levend ⟨van kever, vlieg e.d.⟩, mest-
¹**scat·ter** /skætə, ᴬskætər/, **scat·ter·ing** /skætərɪŋ/ [telb + niet-telb zn; 2e variant gerund van scatter] ① (ver)spreiding, verstrooiing ⟨ook natuurkunde⟩, ⟨i.h.b.⟩ kleine verspreide hoeveelheid, gering aantal ♦ *a scatter of houses* een paar huizen hier en daar ② ⟨sl⟩ (clandestiene) kroeg, ontmoetingsplaats, verblijfplaats
²**scat·ter** /skætə, ᴬskætər/ [onov ww] verstrooid raken, zich verspreiden; → **scattered, scattering**
³**scat·ter** /skætə, ᴬskætər/ [ov ww] ⟨vaak passief⟩ ① (ver)strooien, verspreiden, uitstrooien, bestrooien, rondstrooien ⟨ook figuurlijk⟩, ⟨natuurk⟩ verstrooien ⟨straling⟩ ♦ *scatter about/around/round* rondstrooien; *scatter on* strooien op; *scatter over* uitstrooien over; *scatter with* bestrooien met ② uiteendrijven, verdrijven ③ de bodem inslaan ⟨hoop⟩; → **scattered, scattering**
scat·ter·brain [telb zn] ⟨inf⟩ warhoofd
scat·ter·brained [bn] ⟨inf⟩ warhoofdig, warrig
scatter cushion [telb zn; vaak mv] ⟨AE⟩ sierkussentje, los kussentje
scatter diagram, scat·ter·gram [telb zn] ⟨stat⟩ strooidiagram
scat·tered /skætəd, ᴬskætərd/ [bn; volt deelw van scatter] verspreid (liggend), ver uiteen, sporadisch ♦ *scattered instances* incidentele gevallen; *scattered showers* hier en daar een bui
scat·ter-gun [telb zn] (jacht)geweer
scat·ter·ing /skætərɪŋ/ [bn; tegenwoordig deelw van scatter; bw: ~ly] ① verspreid (liggend), sporadisch ② versnipperd ⟨stemmen⟩
scat·ter-joint [telb zn] ⟨sl⟩ nachtclub
scatter rug [telb zn; vaak mv] ⟨AE⟩ los (vloer)kleedje
scat·ter-shot [bn] ⟨vnl AE⟩ lukraak/willekeurig schietend
scat·ty /skæti/ [bn; vergr trap: scattier; bw: scattily; zn: scattiness] ⟨vnl BE; inf⟩ gek, daas, warrig, verstrooid
scaup /skɔːp/, **scaup duck** [telb zn] ⟨dierk⟩ toppereend ⟨Aythya marila⟩
scauper [telb zn] → **scalper**
scaur [telb zn] → **scar**

¹**scav·enge** /skævɪndʒ/ [onov ww] ① vuil ophalen ⟨op straat⟩ ② afval doorzoeken ③ aas eten
²**scav·enge** /skævɪndʒ/ [ov ww] ① reinigen ⟨straat⟩ ② doorzoeken ⟨afval, op eetbare en bruikbare zaken⟩, afstropen ♦ *scavenge for* zoeken naar ③ ⟨techn⟩ spoelen
scav·en·ger /skævɪndʒə, ᴬ-ər/, ⟨in betekenis 2 ook⟩ **scavenger beetle** [telb zn] ① aaseter ② aaskever, aaseter ③ ⟨vnl BE⟩ vuilnisman, ⟨i.h.b.⟩ voddenraper
scav·en·ger·y /skævɪndʒri/ [niet-telb zn] vuilnisophaling ⟨ook beledigend⟩
Sc D [afk] (Doctor of Science ⟨scientiae doctor⟩)
SCE [afk] (Scottish Certificate of Education)
sce·na /ʃeɪnə/ [telb zn] ① scène ⟨in opera⟩, ⟨deel van een⟩ bedrijf ② dramatische solo ⟨in opera⟩
sce·nar·i·o /sɪnɑːriou, ᴬ-ner-/ [telb zn] scenario, draaiboek ⟨ook figuurlijk⟩, (film)script
sce·nar·ist /sɪnɑːrɪst, ᴬ-ner-/ [telb zn] scenarioschrijver, scriptschrijver
send → **send**
scene /siːn/ [telb zn] ① plaats van handeling, locatie, toneel ♦ *scene of battle* strijdtoneel; *change of scene* verandering van omgeving; *scene of the crime* plaats van het misdrijf; *the scene is laid* het speelt zich af ② ⟨inf⟩ levenswijze, interesse ♦ *that isn't my scene* dat is niets voor mij, daar moet ik niets van hebben ③ scène ⟨in toneelstuk, film, deel van een bedrijf⟩, toneel, episode ♦ ⟨vnl fig⟩ *come on the scene* verschijnen; *quit the scene* van het toneel verdwijnen; ⟨i.h.b.⟩ sterven ④ ⟨inf⟩ scène ♦ *make a scene* een scène maken ⑤ tafereel, voorval, scène, toneel(tje) ⑥ decor(s), coulisse(n), toneel ♦ *behind the scenes* achter de schermen ⟨ook figuurlijk⟩; *set scene* toneelopbouw; ⟨fig⟩ *set the scene (for sth.)* (iets) voorbereiden ⑦ wereldje, scene ♦ ⟨inf⟩ *be on the scene* aanwezig zijn; tot het wereldje behoren; ⟨inf⟩ *make the scene* aanwezig zijn; deel uitmaken van het wereldje; ⟨inf⟩ *make the scene (with s.o.)* gezien worden (met iemand) ⑧ landschap ⑨ ⟨vero⟩ podium, toneel ⑩ ⟨sl⟩ ervaring ♦ ⟨inf⟩ *steal the scene* de show stelen
scene artist, scene painter [telb zn] decorschilder
scene change [telb zn] wisseling van decor, decorwisseling ⟨ook figuurlijk⟩
scene-dock [telb zn] decorruimte
scene painting [niet-telb zn] decorschildering, het decorschilderen
scen·er·y /siːn(ə)ri/ [niet-telb zn] ① decors, coulissen, toneel ② landschap, natuurschoon ♦ *change of scenery* verandering van omgeving ⚫ ⟨AE; sl⟩ *chew the scenery* overdrijven, het er dik bovenop leggen
scene-shift·er [telb zn] machinist, toneelknecht
scene-shift·ing [niet-telb zn] decorwisseling
scene·ster /siːnstə, ᴬ-ər/ [telb zn] lid van een scene
sce·nic /siːnɪk/ [bn; bw: ~ally] ① dramatisch, toneel- ② pittoresk, schilderachtig ③ van de natuur, landschaps- ④ met een tafereel/voorval ⚫ *scenic railway* miniatuurspoorbaan
sce·nog·ra·phy /siːnɒgrəfi, ᴬ-nɑ-/ [niet-telb zn] scenografie, perspectiefschildering
¹**scent** /sent/ [telb zn] ① geur, lucht ⟨ook jacht⟩, odeur ② ⟨vnl enkelvoud⟩ spoor ⟨ook figuurlijk⟩, spoor bij snipperjacht ♦ *on a false/wrong scent* op een verkeerd spoor; *off the scent* van het juiste spoor (af); *on the (right) scent* op het goede spoor; ⟨fig⟩ *put/throw s.o. off the scent* iemand van het spoor/op een dwaalspoor brengen
²**scent** /sent/ [telb + niet-telb zn] ① ⟨vnl BE⟩ parfum, luchtje, geurtje ② reuk(zin), neus, ⟨fig⟩ fijne neus ♦ *hunt by scent* op de reuk afgaan; *a (good) scent for talent* een (goede) neus voor talent; *a scent of danger* lucht van gevaar
³**scent** /sent/ [onov ww] rondsnuffelen, op zijn reuk afgaan
⁴**scent** /sent/ [onov + ov ww] ruiken ⟨ook figuurlijk⟩, geuren, rieken, doen denken, lucht krijgen van, vermoeden ♦

scent

scent of ruiken naar; doen denken aan; *scent out* opsporen ⟨door op de lucht af te gaan⟩
⁵scent /sent/ [ov ww] ⟨vaak passief⟩ parfumeren, geurig maken ♦ *scented with* vervuld met de lucht van
scent bag [telb zn] [1] ⟨dierk⟩ reukzak [2] ⟨jacht⟩ zakje anijszaad ⟨e.d.; in plaats van vos⟩ [3] sachet
scent bottle [telb zn] parfumflesje
scent gland [telb zn] reukklier
scent·less /sentləs/ [bn] reukloos, geurloos, zonder lucht ⟨ook jacht⟩
scent organ [telb zn] reukzak, reukklier
scent spray [telb zn] parfumspuitje
scep·sis, ⟨AE ook⟩ **skep·sis** /skepsɪs/ [niet-telb zn] twijfel(zucht), scepticisme, scepsis
scep·tic, ⟨AE ook⟩ **skep·tic** /skeptɪk/ [telb zn] [1] scepticus ⟨in het bijzonder m.b.t. religie⟩, ⟨filos⟩ aanhanger van Pyrrho [2] twijfelaar
scep·ti·cal, ⟨AE ook⟩ **skep·ti·cal** /skeptɪkl/ [bn; bw: ~ly] [1] sceptisch ⟨ook filosofie⟩, kritisch, twijfelend ♦ *sceptical about/of* sceptisch over/aangaande/t.a.v. [2] twijfelzuchtig, vol twijfel, sceptisch
scep·ti·cism, ⟨AE ook⟩ **skep·ti·cism** /skeptɪsɪzm/ [telb + niet-telb zn] [1] scepticisme ⟨in het bijzonder m.b.t. religie⟩, twijfelzucht, scepsis, ⟨filos⟩ leer van Pyrrho [2] kritische houding
scep·tre, ⟨AE ook⟩ **scep·ter** /septə, ᴬ-ər/ [telb zn] [1] scepter, (konings)staf, rijksstaf [2] ⟨fig⟩ soeverein gezag, heerschappij, scepter
scep·tred, ⟨AE ook⟩ **scep·tered** /septəd, ᴬ-tərd/ [bn] soeverein, de scepter voerend
sch [afk] [1] (scholar) [2] (school) [3] (schooner)
scha·den·freu·de /ʃɑːdnfrɔɪdə/ [niet-telb zn] leedvermaak
schap·pe /ʃɑpə, ᴬʃɑpə/ [niet-telb zn] zijde(draad) ⟨uit zijdeafval⟩
¹sched·ule /ʃedjuːl, ᴬskedʒʊl/ [telb + niet-telb zn] [1] programma, schema ♦ *(according) to schedule* volgens plan; *ahead of schedule* vóór op de geplande tijd; vóór op het schema; *be behind schedule* te laat zijn, vertraging hebben, achterliggen op het schema; *on schedule* op tijd [2] (inventaris)lijst, prijslijst, index, bijlage, tabel [3] ⟨vnl AE⟩ dienstregeling, rooster [4] tijd volgens dienstregeling/rooster
²sched·ule /ʃedjuːl, ᴬskedʒʊl/ [ov ww] ⟨vaak passief⟩ plannen, in het rooster/de dienstregeling opnemen [2] op een lijst zetten, ⟨i.h.b. BE⟩ op een monumentenlijst zetten [3] regelmatige dienst verzorgen ♦ *scheduled flight* lijnvlucht; *scheduled service* lijndienst
schee·lite /ʃiːlaɪt, ᴬʃeɪ-/ [niet-telb zn] ⟨scheik⟩ calciumwolframaat, scheeliet
sche·ma /skiːmə/ [telb zn; mv: schemata /skiːmətə/] ⟨form⟩ [1] diagram, schema, schets, kort overzicht [2] ⟨log⟩ syllogistisch figuur [3] ⟨filos⟩ schema ⟨Kant⟩, manier van bewijs voeren
¹sche·mat·ic /skiːmætɪk/ [telb zn] schematisch diagram
²sche·mat·ic /skiːmætɪk/ [bn; bw: ~ally] [1] schematisch, schetsmatig, in schets [2] planmatig, stelselmatig
sche·ma·tism /skiːmətɪzm/ [niet-telb zn] schematische voorstelling, schematische ordening
sche·ma·ti·za·tion, sche·ma·ti·sa·tion /skiːmətaɪzeɪʃn, ᴬ-mətə-/ [niet-telb zn] schematisering
sche·ma·tize, sche·ma·tise /skiːmətaɪz/ [ov ww] [1] schematisch voorstellen, schematiseren [2] in een schema zetten
¹scheme /skiːm/ [telb zn] [1] stelsel, ordening, systeem, regeling ♦ *scheme of things* wereldplan [2] programma, plan [3] oogmerk, plan, project [4] snood plan, complot, intrige, list [5] ontwerp
²scheme /skiːm/ [onov ww] plannen maken, ⟨i.h.b.⟩ intrigeren, plannen uitbroeden/smeden, konkelen ♦ *scheme against s.o.* tegen iemand samenzweren; *scheme to do sth.* plannen maken iets te doen; *scheme for sth.* iets plannen; → scheming
³scheme /skiːm/ [ov ww] [1] beramen ⟨plannen⟩, smeden [2] intrigeren tegen; → scheming
schem·er /skiːmə, ᴬ-ər/ [telb zn] [1] plannenmaker [2] intrigant, samenzweerder
schem·ing /skiːmɪŋ/ [bn; tegenwoordig deelw van scheme] sluw, intrigerend
schemozzle [telb zn] → shemozzle
¹scher·zan·do /skeətsændou, ᴬskertsɑndou/ [telb zn; mv: ook scherzandi /-ndiː/] ⟨muz⟩ scherzando
²scher·zan·do /skeətsændou, ᴬskertsɑndou/ [bn] ⟨muz⟩ scherzando
scher·zo /skeətsou, ᴬsker-/ [telb zn; mv: ook scherzi /-tsiː/] ⟨muz⟩ scherzo
Schie·dam /skiːdæm, ᴬskiːdæm/ [niet-telb zn] schiedammer, Schiedammer jenever
schil·ling /ʃɪlɪŋ/ [telb zn] schilling ⟨Oostenrijkse munteenheid⟩
schip·per·ke /skɪpəki, ᴬ-pər-/ [telb zn] schipperke ⟨hondje⟩, schippertje
¹schism /skɪzm, sɪzm/ [telb zn] [1] scheuring ⟨in het bijzonder in kerk⟩, afscheiding ⟨in kerk⟩, schisma [2] afgescheiden groep/sekte, splintergroep
²schism /skɪzm, sɪzm/ [niet-telb zn] het veroorzaken van een scheuring
¹schis·mat·ic /skɪzmætɪk, sɪz-/ [telb zn] schismaticus
²schis·mat·ic /skɪzmætɪk, sɪz-/, **schis·mat·i·cal** /skɪzmætɪkl, sɪz-/ [bn; bw: ~ally] schismatiek, scheuring makend
schist, shist /ʃɪst/ [niet-telb zn] ⟨geol⟩ schist ⟨bladerig, metamorf gesteente⟩
schis·tose /ʃɪstous/, **schis·tous** /ʃɪstəs/ [bn] ⟨techn⟩ schisteus, bladerig
schis·to·some /ʃɪstəsoum/ [telb zn] ⟨dierk⟩ parasitaire zuigworm ⟨genus Schistosoma⟩
schis·to·so·mi·a·sis /ʃɪstəsoumaɪəsɪs/ [telb zn; mv: schistosomiases /-siːz/] ⟨med⟩ schistosomiasis ⟨infectie met parasitaire zuigwormen⟩, bilharziosis
schizo /skɪtsou/ (verk: schizophrenic)
schiz·o·carp /skɪtsəkɑːp, ᴬ-kɑrp/ [telb zn] ⟨plantk⟩ splitvrucht
¹schiz·oid /skɪtsɔɪd/ [telb zn] ⟨med⟩ schizoïde persoon
²schiz·oid /skɪtsɔɪd/ [bn] ⟨med⟩ schizoïde, op schizofrenie gelijkend
schiz·o·my·cete /skɪtsoumaɪsiːt/ [telb zn] ⟨plantk⟩ splijtzwam ⟨klasse Schizomycetes⟩, schizomyceet
schiz·o·phre·ni·a /skɪtsəfriːnɪə/ [telb + niet-telb zn] ⟨med⟩ schizofrenie
¹schiz·o·phren·ic /skɪtsəfrenɪk/, ⟨inf⟩ **schi·zo** /skɪtsou/ [telb zn] ⟨med⟩ schizofreen
²schiz·o·phren·ic /skɪtsəfrenɪk/, ⟨inf⟩ **schi·zo** /skɪtsou/ [bn; bw: ~ally] ⟨med⟩ schizofreen
schiz·o·thy·mi·a /skɪtsəθaɪmɪə/ [telb + niet-telb zn] ⟨psych⟩ gespletenheid van gemoed, schizothymie
schiz·o·thy·mic /skɪtsəθaɪmɪk/ [bn] schizothym
schiz·y, schiz·zy /skɪtsi/ [bn] ⟨sl⟩ gek, psychotisch
schlang /ʃlæŋ, ᴬʃlɑŋ/ [telb zn] ⟨sl⟩ [1] pik, fluit [2] schoft
¹schle·ma·sel, schle·ma·zel /ʃləmæzl, ᴬ-mɑzl/ [telb zn] ⟨sl⟩ schlemiel, klungel
²schle·ma·sel, schle·ma·zel /ʃləmæzl, ᴬ-mɑzl/ [bn] ⟨sl⟩ [1] rampspoedig, ongelukkig [2] klungelig
schle·miel, schle·mihl /ʃləmiːl/ [telb zn] ⟨AE; sl⟩ schlemiel, uilskuiken
¹schlep, schlepp /ʃlep/, ⟨in betekenissen 2 en 3 ook⟩ **shlep·per, schlep·per** /ʃlepə, ᴬ-ər/ [telb zn] ⟨AE; inf⟩ [1] lange/vermoeiende reis [2] klungel, stommeling [3] koopjesjager [4] neringzieke [5] klaploper
²schlep, schlepp /ʃlep/ [onov ww] ⟨AE; inf⟩ zich voort-

slepen
³**schlep, schlepp** /ʃlep/ [ov ww] ⟨AE; inf⟩ (onhandig) meeslepen, meesjouwen
schlep·py /ʃlepi/ [bn] ⟨sl⟩ stom, onhandig
schlie·ren /ʃliərən, ᴬʃlɪrən/ [alleen mv] ⟨geol⟩ schlieren ⟨samenklonteringen van mineralen als slierten in stollingsgesteenten⟩
¹**schlock** /ʃlɒk, ᴬʃlɑk/ [niet-telb zn] ⟨vnl AE; inf⟩ (oude) rommel, vodden, lompen, lorren
²**schlock** /ʃlɒk, ᴬʃlɑk/ [bn] ⟨vnl AE; inf⟩ voddig, ⟨bij uitbreiding⟩ slecht, derderangs
schlock·meis·ter /ʃlɒkmaɪstə, ᴬʃlɑkmaɪstər/ [telb zn] ⟨inf⟩ [1] rotzooiproducent, junkproducent [2] rotzooiverkoper, junkverkoper
¹**schloomp** /ʃlu:mp/ [telb zn] ⟨sl⟩ geitenbreier
²**schloomp** /ʃlu:mp/ [onov ww] ⟨sl⟩ nietsdoen, tijd verspillen, zich ontspannen
¹**schlub** /ʃlʌb/ [telb zn] ⟨sl⟩ geitenbreier
²**schlub** /ʃlʌb/ [bn] ⟨sl⟩ tweederangs
¹**schmalz, schmaltz** /ʃmɔ:ltz, ᴬʃmɑlts/ [niet-telb zn] ⟨inf⟩ [1] sentimentaliteit, sentimentele muziek [2] haarvet, pommade
²**schmalz, schmaltz** /ʃmɔ:ltz, ᴬʃmɑlts/ [ov ww] ⟨sl⟩ sentimenteel brengen/spelen ⟨muziek⟩
schmalz·y, schmaltz·y /ʃmɔ:ltsi, ᴬʃmɑl-/ [bn; vergr trap: schmalzier] ⟨inf⟩ sentimenteel
schmat·te, shmat·te /ʃmætə/ [telb zn] ⟨sl⟩ vod, versleten kledingstuk
¹**schmear, schmeer, shmeer** /ʃmɪə, ᴬʃmɪr/ [telb zn] ⟨inf⟩ [1] gedoe, bende [2] steekpenning, omkoopgeld, smeergeld [3] laster [4] klacht
²**schmear** /ʃmɪə, ᴬʃmɪr/ [ov ww] ⟨sl⟩ [1] omkopen [2] ruw behandelen, tackelen
schmeg·eg·gy /ʃməgegi/ [telb zn] ⟨sl⟩ idioot
schmen·drick /ʃmendrɪk/ [telb zn] ⟨sl⟩ idioot, onbenul
schmo, schmoe [telb zn] → shmo
schmoose, schmoos, schmooze /ʃmu:z/, **schmooz·le** /ʃmu:zl/ [onov ww] ⟨sl⟩ kletsen, smoezen, roddelen
schmuck /ʃmʌk/ [telb zn] ⟨sl⟩ lul, zak, zakkenwasser
schnapps /ʃnæps/ [niet-telb zn] schnaps, borrel
schnau·zer /ʃnaʊtsə, ᴬ-ər/ [telb zn] schnauzer ⟨Duits hondenras⟩
schnit·zel /ʃnɪtsl/ [telb zn] schnitzel, kalfskotelet
schnook /ʃnʊk/ [telb zn] ⟨sl⟩ zacht ei, doetje
schnor·kel /ʃnɔ:kl, ᴬʃnɔrkl/, **snor·kel** /snɔ:kl, ᴬsnɔrkl/ [telb zn] [1] snuiver ⟨op onderzeeër⟩, s(ch)norkel [2] snorkel ⟨voor onderwaterzwemmen⟩, snuiver
schnor·rer /ʃnɔ:rə, ᴬ-ər/ [telb zn] ⟨sl⟩ bietser, parasiet
schnozz /ʃnɒz, ᴬʃnɑz/, **snoz·zle** /snɒzl, ᴬsnɑzl/, **schnoz·zle** /ʃnɒzl, ᴬʃnɑzl/, **schnozz·ola** /ʃnɒzələ, ᴬʃnɑ-/ [telb zn] ⟨sl⟩ grote neus, gok
schol·ar /ʃkɒlə, ᴬskɑlər/ [telb zn] [1] geleerde ⟨in geesteswetenschappen⟩, wetenschapper ♦ *a scholar and a gentleman* een geleerde heer [2] beursstudent, beursleerling [3] ⟨retoriek⟩ leerling, volgeling [4] ⟨inf⟩ geletterde, ontwikkeld mens ♦ *not much of a scholar* geen studiehoofd [5] ⟨vero⟩ scholier, schoolkind
schol·ar·ly /ʃkɒləli, ᴬskɑlərli/ [bn; zn: scholarliness] [1] wetenschappelijk [2] geleerd, (als) van een geleerde, erudiet [3] leergierig
¹**schol·ar·ship** /ʃkɒləʃɪp, ᴬskɑlərʃɪp/ [telb zn] (studie)beurs ♦ *win a scholarship to a college* een beurs voor een 'college' verkrijgen
²**schol·ar·ship** /ʃkɒləʃɪp, ᴬskɑlərʃɪp/ [niet-telb zn] [1] wetenschappelijkheid [2] wetenschap [3] geleerdheid, eruditie
scholar's mate [telb + niet-telb zn] ⟨schaaksp⟩ herdersmat
¹**scho·las·tic** /skəlæstɪk/ [telb zn] [1] ⟨vaak Scholastic⟩

scholasticus, beoefenaar/aanhanger der scholastiek [2] scholastiek ⟨jezuïet in priesteropleiding⟩ [3] dogmatist, pedant persoon
²**scho·las·tic** /skəlæstɪk/ [bn; bw: ~ally] [1] school- [2] ⟨vaak Scholastic⟩ scholastisch [3] schools, schoolmeesterachtig
scho·las·ti·cism /skəlæstɪsɪzm/ [niet-telb zn] [1] ⟨ook Scholasticism⟩ scholastiek [2] schoolse wijsheid
scho·li·ast /skəʊliæst/ [telb zn] scholiast, scholiograaf, ⟨i.h.b.⟩ schrijver van scholia
scho·li·as·tic /skəʊliæstɪk/ [bn] scholiastisch
scho·li·um /skəʊliəm/ [telb zn; mv: ook scholia /skəʊliə/] (geleerde) verklaring, verklarende aantekening, scholion
¹**school** /sku:l/ [telb zn] [1] school ⟨van gedachten⟩, richting, denkwijze, volgelingen, stijl ♦ *he left no school behind him* hij vond geen navolging; *of the old school* van de oude stempel; *school of thought* denkwijze, richting, (filosofische) school [2] school ⟨van vissen e.d.⟩ ♦ *school of fish* school vissen
²**school** /sku:l/ [telb + niet-telb zn] [1] school, schoolgebouw, ⟨fig⟩ leerschool ♦ *approved school* erkende school; ⟨BE; vero⟩ verbeteringsinrichting, opvoedingsgesticht; *at school* op school; *consolidated school* boerenschool, plattelandsschool, streekschool; *go to school* (naar) school gaan; ⟨AE⟩ *in school* op school; *leave school* van school gaan; *lower school* onderbouw; ⟨BE⟩ *maintained school* (door de staat) gesubsidieerde school; *mixed school* gemengde school; ⟨BE⟩ *modern school* ± mavo; *quit school* van school gaan; *upper school* bovenbouw [2] collegeruimte, examengebouw, gehoorzaal, aula, leslokaal [3] ⟨BE⟩ studierichting, faculteit [4] ⟨BE⟩ centrum voor archeologisch onderzoek ♦ *the British School at Athens/Rome* Het Britse Centrum voor Archeologisch Onderzoek in Athene/Rome [5] ⟨AE⟩ (universitair) instituut, faculteit, universiteit, academie, 'college' ♦ *medical school* faculteit (der) geneeskunde; *he's going to medical school* hij studeert medicijnen [6] ⟨AuE, BE⟩ bende, groep ⟨van gokkers, dieven e.d.⟩ [7] ⟨muz⟩ leer [8] ⟨sl⟩ staatsgevangenis
³**school** /sku:l/ [niet-telb zn] [1] scholing, (school)opleiding [2] school(tijd), lessen ♦ *after school* na school(tijd); *keep in after school* na laten blijven
⁴**school** /sku:l/ [verzameln] school(gemeenschap)
⁵**school** /sku:l/ [onov ww] scholen vormen ⟨van vissen⟩, scholen; → **schooling**
⁶**school** /sku:l/ [ov ww] [1] naar school sturen, op school doen [2] scholen, onderrichten, oefenen, trainen, ⟨i.h.b.⟩ africhten ⟨paard⟩ [3] *schooled in* opgeleid tot/in, getraind in; *school one's temper* zich beheersen; *school o.s. to patience* geduld oefenen; → **schooling**
school·able /sku:ləbl/ [bn] leerplichtig, schoolplichtig
school age [niet-telb zn] leerplichtige leeftijd
school-bag [telb zn] schooltas
school-board [verzameln] ⟨AE, BE; gesch⟩ schoolcommissie
school-book [telb zn] schoolboek
school-boy [telb zn] schooljongen, scholier
school bus [telb zn] schoolbus
school certificate [telb zn] einddiploma
school chaplain [telb zn] moderator, schoolpastor
school·child [telb zn] schoolkind, scholier
school crossing patrol [telb zn] klaar-overbrigade
school-days [alleen mv] schooltijd, schooljaren
school district [telb zn] ⟨AE⟩ schooldistrict
school·fee [telb zn] schoolgeld
school·fees [alleen mv] schoolgeld
school·fel·low [telb zn] schoolkameraad, schoolmakker
school friend [telb zn] ⟨vnl BE⟩ schoolvriend(in)
school·girl [telb zn] schoolmeisje, scholiere
school governor [telb zn] ⟨BE⟩ schoolbestuurslid

schoolhall

school·hall [telb zn] aula
school horse [telb zn] ⟨paardsp⟩ dressuurpaard
school·house [telb zn] schoolgebouw, ⟨i.h.b.⟩ dorpsschool
school house [telb zn] directeurshuis, schoolwoning, meesterswoning
school·ing /skuːlɪŋ/ [niet-telb zn; gerund van school] [1] scholing, (school)opleiding, onderwijs [2] dressuur
school-in·spec·tor [telb zn] schoolinspecteur, inspecteur bij het onderwijs
school·kid [telb zn] ⟨inf⟩ schoolkind
school-leav·er [telb zn] ⟨BE⟩ schoolverlater
school lunch [telb zn] schoolmaaltijd
school-ma'm, school-ma'am, school-marm /skuːlmɑːm, ᴬ-mɑrm/ [telb zn] ⟨AE; inf; scherts⟩ [1] schooljuffrouw [2] schoolfrik
school·man /skuːlmən/ [telb zn; mv: schoolmen /-mən/] [1] ⟨vaak Schoolman⟩ scholasticus [2] ⟨AE⟩ onderwijzer, leraar, lerares
school-marm·ish [bn] → schoolmistressy
school·mas·ter [telb zn] [1] schoolmeester, onderwijzer, leraar [2] hoofdonderwijzer [3] ⟨dierk⟩ leider van een school walvissen
school·mas·ter·ing /skuːlmɑːstərɪŋ, ᴬ-mæs-/ [niet-telb zn] het lesgeven ⟨als beroep⟩
school·mate [telb zn] schoolkameraad, schoolmakker
school·mis·tress [telb zn] [1] schooljuffrouw, onderwijzeres [2] hoofdonderwijzeres
school·mis·tress·y /skuːlmɪstrəsi/, ⟨AE ook⟩ **school-marm·ish** /skuːlmɑːmɪʃ, ᴬ-mɑrmɪʃ/ [bn] ⟨inf⟩ frikk(er)ig
school·room [telb zn] (les)lokaal, schoollokaal
school run [telb zn; voornamelijk enk] ⟨BE⟩ schoolspits
♦ *do the school run* (school)kinderen met de auto halen en brengen
schools /skuːlz/ [alleen mv; vaak the] [1] ⟨vaak Schools⟩ (middeleeuwse) universiteiten, scholastici en scholastiek [2] ⟨BE⟩ examengebouw ⟨in Oxford⟩ ♦ *be in the schools* examen doen [3] ⟨BE; inf⟩ academisch examen ⟨voor behalen van BA in Oxford⟩ ♦ *be in for one's schools* voor zijn examen zitten
school-ship [telb zn] opleidingsschip
school superintendent [telb zn] [1] schooldirecteur [2] onderwijsinspecteur
school·teach·er [telb zn] [1] onderwijzer(es) [2] leraar, lerares
school tie [telb zn] schooldas
school-time [niet-telb zn] schooltijd
school·work [niet-telb zn] schoolwerk ⟨tijdens of na schooltijd⟩, huiswerk
school yard [telb zn] schoolplein
school year [telb zn] schooljaar, studiejaar
schoo·ner /skuːnə, ᴬ-ər/ [telb zn] [1] ⟨scheepv⟩ schoener [2] ⟨AE⟩ groot bierglas [3] ⟨BE⟩ groot sherry/portglas
schorl, scorl /ʃɔːl, ᴬʃɔrl/ [niet-telb zn] schor, zwarte toermalijn
schot·tische /ʃɒtiːʃ, ᴬʃɑtɪʃ/ [niet-telb zn] (muziek voor) Schotse polka
schtoonk /ʃtʊŋk/ [telb zn] ⟨sl⟩ ellendeling
¹**schuss** /ʃʊs/ [telb zn] ⟨skisp⟩ schuss(fahrt) ⟨bij afdaling⟩ recht naar beneden langs de vallijn⟩
²**schuss** /ʃʊs/ [onov ww] recht naar beneden skiën
schuss·boom [onov ww] ⟨inf; skisp⟩ met grote snelheid afdalen
schuss·boom·er [telb zn] ⟨inf; skisp⟩ zeer snelle afdaler
schvart·ze, schvart·zer, schwart·ze, schwart·zer, shvart·zeh /ʃwɑːtsə, ᴬʃwɔrtsər/ [telb zn] ⟨sl; beled⟩ zwartjanus, roetmop, nikker
schwa, shwa /ʃwɑː/ [telb + niet-telb zn] ⟨taalk⟩ sjwa, reductievocaal
sci·a·gram /saɪəgræm/, **ski·a·gram** /skaɪə-/ [telb zn]

röntgenfoto
¹**sci·a·graph** /saɪəgrɑːf, ᴬ-græf/, **ski·a·graph** /skaɪə-/ [telb zn] [1] röntgenfoto [2] röntgenapparaat [3] verticale doorsnede ⟨van een gebouw⟩
²**sci·a·graph** /saɪəgrɑːf, ᴬ-græf/, **ski·a·graph** /skaɪə-/ [ov ww] [1] een röntgenfoto maken van [2] een dwarsdoorsnede maken van
sci·a·gra·phic /saɪəgræfɪk/, **ski·ag·ra·phic** /skaɪə-/ [bn; bw: ~ally], skiagraphically] [1] d.m.v. een röntgenapparaat, röntgen- [2] schaduw-
sci·ag·ra·phy /saɪægrəfi/, **ski·ag·ra·phy** /skaɪ-/ [niet-telb zn] [1] röntgenfotografie [2] tekenleer, schaduwleer
sci·am·a·chy /saɪæməki/, **ski·am·a·chy** /skaɪ-/ [telb zn] [1] spiegelgevecht [2] gevecht tegen windmolens
sci·at·ic /saɪætɪk/ [bn; bw: ~ally] ⟨med⟩ heup- ♦ *the sciatic nerve* de grote beenzenuw ⟨Nervus ischiadicus⟩ [2] van/m.b.t. de grote beenzenuw [3] lijdend aan ischias
sci·at·i·ca /saɪætɪkə/ [telb + niet-telb zn] ischias, heupjicht
¹**sci·ence** /saɪəns/ [telb + niet-telb zn] [1] natuurwetenschap ⟨natuurkunde, scheikunde enz.⟩, bètawetenschap, natuurwetenschappelijk onderzoek, natuurfilosofie [2] wetenschap, wetenschappelijk onderzoek ♦ *applied science* toegepaste wetenschap; *the science of ethics* ethiek; *the science of theology* theologie [3] techniek, vaardigheid ⟨in het bijzonder bij boksen, schermen⟩, ⟨bij uitbreiding⟩ boksen, schermen ♦ *have sth. down to a science* iets onder de knie hebben/doorhebben, de vaardigheid te pakken hebben van iets
²**sci·ence** /saɪəns/ [niet-telb zn] [1] de natuurwetenschap(pen), de bètawetenschappen, ⟨op school⟩ de exacte vakken [2] ⟨vero⟩ kennis
science fiction [niet-telb zn; ook attributief] sciencefiction
science park [telb zn] researchpark
sci·en·tial /saɪenʃl/ [bn] [1] wetenschappelijk [2] kundig, bekwaam
¹**sci·en·tif·ic** /saɪəntɪfɪk/ [bn; bw: ~ally] vakkundig, vakbekwaam ♦ *a scientific boxer* een bokser met een goede techniek
²**sci·en·tif·ic** /saɪəntɪfɪk/ [bn, attr; bw: ~ally] wetenschappelijk
sci·en·tism /saɪəntɪzm/ [niet-telb zn] ⟨filos⟩ sciëntisme
sci·en·tist /saɪəntɪst/ [telb zn] wetenschapsman, wetenschapper, wetenschapsbeoefenaar ⟨in het bijzonder natuurwetenschappen⟩
sci·en·tis·tic /saɪəntɪstɪk/ [bn] ⟨filos⟩ sciëntistisch
sci·en·tol·o·gist /saɪəntɒlədʒɪst, ᴬ-tɑ-/ [telb zn] ⟨rel⟩ aanhanger van sciëntologie
sci·en·tol·o·gy /saɪəntɒlədʒi, ᴬ-tɑ-/ [niet-telb zn] ⟨rel⟩ sciëntologie
sci-fi /saɪfaɪ/ [niet-telb zn] (verk: science fiction)
scil [afk] (scilicet) scil
scil·i·cet /sɪlɪset/ [bw] te weten, namelijk, scilicet
scil·la /sɪlə/ [telb zn] ⟨plantk⟩ Scilla ⟨genus; behorend tot de Liliaceae⟩
scil·lion, skil·lion /skɪliən/ [telb zn] ⟨sl; vaak scherts⟩ ongelofelijk groot aantal, massa's, ⟨als onbepaald telwoord ook⟩ tig
¹**Scil·lo·ni·an** /sɪloʊniən/ [telb zn] bewoner van de Scillyeilanden
²**Scil·lo·ni·an** /sɪloʊniən/ [bn] van de Scillyeilanden
Scil·ly Isles /sɪli aɪlz/, **Scilly Islands, Scil·lies** /sɪliːz/ [eign; the; werkwoord mv] Scillyeilanden
scim·i·tar, scim·i·ter /sɪmɪtə, ᴬsɪmɪtər/ [telb zn] kromzwaard
scin·til·la /sɪntɪlə/ [telb zn; geen mv] sprankje, greintje, vonk(je), spoor(tje), schijntje ♦ *there's not a scintilla of truth in his account* er is helemaal niets waar van zijn verhaal
scin·til·lant /sɪntɪlənt/ [bn] fonkelend, glinsterend,

schitterend

¹scin·til·late /ˈsɪntɪleɪt/ [onov ww] ① schitteren, fonkelen, glinsteren ② vonken, vonken schieten ③ sprankelen, tintelen, geestig/scherpzinnig zijn, sprankelend converseren ♦ *a scintillating book* een sprankelend boek; *scintillating humour* tintelende humor; *scintillate with wit* sprankelen van geest

²scin·til·late /ˈsɪntɪleɪt/ [ov ww] ① schieten ⟨vonken, lichtflitsen⟩, verspreiden, uitstralen ② sprankelen van ♦ *he usually scintillates good ideas in his articles* gewoonlijk sprankelen zijn artikelen van de goede ideeën

¹scin·til·la·tion /ˌsɪntɪˈleɪʃn/ [telb zn] ① vonk ② flits, lichtstraal

²scin·til·la·tion /ˌsɪntɪˈleɪʃn/ [niet-telb zn] ① fonkeling, glinstering, schittering, flikkering ⟨van sterren e.d.⟩ ② ⟨natuurk⟩ scintillatie

scintillation counter [telb zn] ⟨natuurk⟩ scintillatieteller

sci·o·lism /ˈsaɪəlɪzm/ [niet-telb zn] pseudowetenschap, schijnkennis

sci·o·list /ˈsaɪəlɪst/ [telb zn] pseudowetenschapper, schijngeleerde

sci·o·lis·tic /ˌsaɪəˈlɪstɪk/ [bn] schijngeleerd, pseudowetenschappelijk

sci·on, ⟨AE ook⟩ ci·on /ˈsaɪən/ [telb zn] ① ent, entloot, entrijs, spruit, stek ② telg, loot, afstammeling

sci·re fa·ci·as /ˌsaɪəri ˈfeɪʃiæs/ [telb zn; geen mv] ⟨jur⟩ dagvaarding voor (zitting met uitspraak van vonnis)

scirocco [telb zn] → sirocco

scir·rhous /ˈsɪrəs/, scir·rhoid /ˈsɪrɔɪd/ [bn] ⟨med⟩ ① als (van) een hard carcinoom/kankergezwel ② hard

scir·rhus /ˈsɪrəs/ [telb zn; mv: ook scirrhi /ˈsɪraɪ/] ⟨med⟩ hard carcinoom, hard kankergezwel

¹scis·sel /ˈsɪsl/ [telb zn] metaalafknipsel

²scis·sel /ˈsɪsl/ [niet-telb zn] ⟨munt⟩ schroot

scis·sile /ˈsɪsaɪl/ [bn] ① snijbaar ② splijtbaar, deelbaar

scis·sion /ˈsɪʒn/ [telb + niet-telb zn] ① splitsing, splijting, deling ② afscheiding ③ schisma, scheur(ing)

scis·sor /ˈsɪzə/, ᴬ-ər/ [ov ww] knippen, uitknippen ♦ *scissor off* afknippen; *scissor out* uitknippen; *scissor an article out of a magazine* een artikel uit een tijdschrift knippen

scis·sor·bill [telb zn] ⟨dierk⟩ schaarbek ⟨Rynchopidae⟩

scis·sor·bird, scis·sor·tail [telb zn] ⟨dierk⟩ splitstaarttiran ⟨Muscivora forficata⟩

¹scis·sors /ˈsɪzəz/, ᴬ-ərz/ [telb zn; geen mv] ① ⟨gymn⟩ schaar ② ⟨worstelen⟩ schaar(greep) ⟨met benen⟩ ③ ⟨atl⟩ schaarsprong

²scis·sors /ˈsɪzəz/, ᴬ-ərz/ [alleen mv] schaar ♦ *two pairs of scissors* twee scharen; ⟨vaak attributief; inf; pej⟩ *scissors and paste* schaar en lijmpot, knip- en plakwerk ⟨van boeken, artikelen⟩

scis·sors-grind·er [telb zn] ⟨dierk⟩ nachtzwaluw ⟨Caprimulgus europaeus⟩

scissors kick [telb zn] ⟨sport⟩ ① ⟨zwemsp⟩ (scharende) beenslag ② ⟨voetb⟩ sprongschot ⟨met schaarbeweging⟩ ③ ⟨voetb⟩ omhaal achterover, achterwaartse omhaal

scissors volley [telb zn] ⟨voetb⟩ ① sprongschot met schaarbeweging ② omhaal achterover, achterwaartse omhaal

scis·sure /ˈsɪʒə/ [telb zn] ⟨vero⟩ spleet, scheur(ing)

¹sci·u·rine /ˈsaɪərɪn/ [telb zn] ⟨dierk⟩ eekhoornachtige ⟨Sciuridae⟩

²sci·u·rine /ˈsaɪərɪn/, sci·u·roid /ˈsaɪərɔɪd/ [bn] ① eekhoornachtig, als een eekhoorn ② behorend tot de eekhoornachtigen/Sciuridae

scle·ra /ˈsklɪərə/, ᴬˈsklɪrə/, scle·rot·ic /sklɪˈrɒtɪk, ᴬ-ˈrɒtɪk/, scle·rot·i·ca /-ɪkə/ [telb zn; mv: ook sclerae /ˈsklɪəri:/] harde oogrok, sclera

scle·ren·chy·ma /sklɪˈrɛŋkɪmə/ [telb zn; mv: ook sclerenchymata /sklɪˈrɛŋkɪmətə/] ⟨plantk⟩ sclerenchym ⟨celweefsel met verhoute wand⟩

scle·ri·tis /sklɪˈraɪtɪs/ [telb + niet-telb zn; mv: sclerites /-ti:z/] scleraontsteking, scleritis

scle·ro·der·ma /ˌsklɪərəˈdɜːmə, ᴬˌsklɪroʊˈdɜrmə/, scle·ro·der·mi·a /-dɜːmɪə, ᴬ-dɜrmɪə/, scle·ri·a·sis /sklɪˈraɪəsɪs/ [telb + niet-telb zn; mv: ook sclerodermata /ˌsklɪərəˈdɜːmətə, ᴬˌsklɪroʊˈdɜrmətə/] ⟨med⟩ sclerodermie, scleroderma, scleroma ⟨chronische huidziekte⟩

scle·roid /ˈsklɪərɔɪd, ᴬˈsklɪr-/ [bn] ⟨biol⟩ hard, verhard, verhout

scle·ro·ma /sklɪˈroʊmə/ [telb zn; mv: ook scleromata /-mətə/] ⟨med⟩ weefselverharding, scleroma, harde knobbel ⟨in weefsel⟩

scle·rom·e·ter /sklɪˈrɒmɪtə, ᴬ-ˈrɒmɪtər/ [telb zn] sclerometer, hardheidsmeter van Seebeck

scle·rosed /ˈsklɪərəʊst, ᴬˈsklɪr-/ [bn] ① ⟨med⟩ aangetast door sclerose, verhard ② ⟨plantk⟩ verhard, verhout

scle·ro·sis /sklɪˈrəʊsɪs/ [telb + niet-telb zn; mv: scleroses /-si:z/] ① ⟨med⟩ sclerose, weefselverharding, orgaanverharding ♦ *disseminated sclerosis* gegeneraliseerde sclerose ② ⟨plantk⟩ verharding, verhouting ⟨van de celwanden⟩

¹sclerotic [telb zn] → sclera

²scle·rot·ic /sklɪˈrɒtɪk, ᴬ-ˈrɒtɪk/ [bn] ① verhard, aangetast door sclerose ② m.b.t. de harde oogrok

sclerotica → sclera

scle·rot·o·my /sklɪˈrɒtəmi, ᴬ-ˈrɒtəmi/ [telb + niet-telb zn] ⟨med⟩ chirurgische ingreep in de sclera, sclerotomie

scle·rous /ˈsklɪərəs, ᴬˈsklɪrəs/ [bn] hard, verhard, stug, benig

scob /skɒb, ᴬskɑb/ [telb zn] ⟨BE, gew⟩ (hout)splinter, spaan(der), krul, houtje

¹scoff /skɒf, ᴬskɑf/ [telb zn] ① ⟨vaak mv⟩ spottende opmerking, bespotting ② mikpunt van spotternij, (voorwerp van) spot ③ ⟨vnl BE; sl⟩ vreten, voer, kost

²scoff /skɒf, ᴬskɑf/ [onov ww] spotten, schimpen, de spot drijven ♦ *scoff at* spotten met, uitlachen, lachen om

³scoff /skɒf, ᴬskɑf/ [onov + ov ww] ⟨sl⟩ schrokken, vreten, schranzen, bunkeren

⁴scoff /skɒf, ᴬskɑf/ [ov ww] bespotten, spotten met, uitlachen, schimpen op, de spot drijven met

scoff·er /ˈskɒfə, ᴬˈskɑfər/ [telb zn] spotter, spotster

scoff·ing·ly /ˈskɒfɪŋli, ᴬˈskɑ-/ [bw] spottend, schimpend

scoff·law [telb zn] ⟨AE; inf⟩ spotter met de wet, vrijbuiter, wetsovertreder

¹scold /skoʊld/ [telb zn] viswijf, schreeuwlelijk, feeks

²scold /skoʊld/ [onov ww] schelden, vitten, tekeergaan, kijven ♦ *scold at s.o.* iemand bekijven, schelden/vitten/kijven op iemand; → scolding

³scold /skoʊld/ [ov ww] uitvaren tegen, een standje geven/ maken, een schrobbering geven ♦ *scold s.o. for sth.* iemand om iets berispen, iemand een uitbrander/standje geven voor iets; → scolding

scold·ing /ˈskoʊldɪŋ/ [telb zn; oorspronkelijk tegenwoordig deelw van scold] standje, schrobbering, uitbrander

sco·lex /ˈskoʊleks/ [telb zn; mv: scoleces /-lɪsi:z/; mv: scolices /-lɪsi:z/] scolex, kop ⟨van lintworm⟩

sco·li·o·sis /ˌskoʊliˈoʊsɪs/, sco·li·o·ma /-oʊmə/ [telb + niet-telb zn; mv: scolioses /-oʊsi:z/] ⟨med⟩ scoliose ⟨blijvende zijwaartse ruggengraatsverkromming⟩

scollop → scallop

scol·o·pen·dra /ˌskɒləˈpendrə, ᴬˌskɑ-/ [telb zn] ⟨dierk⟩ ① Scolopendra ⟨genus van de onderklasse der Chilopoda/ Duizendpoten⟩ ② duizendpoot ⟨Chilopoda⟩

¹scom·broid /ˈskɒmbrɔɪd, ᴬˈskɑm-/ [telb zn] ⟨dierk⟩ makreel ⟨familie Scombroidae⟩

²scom·broid /ˈskɒmbrɔɪd, ᴬˈskɑm-/ [bn] ⟨dierk⟩ behorend tot de makrelen

¹sconce /skɒns, ᴬskɑns/ [telb zn] ① muurarm, muurhaak, muurhouder ⟨voor lamp, kaars⟩, muurlamp, muur-

sconce

kandelaar, armblaker [2] **blaker** [3] **wal**, schans, bolwerk [4] ⟨BE; stud; Oxford⟩ **boete**, straf ⟨voor gebrekkige tafelmanieren; kroes bier in één teug opdrinken⟩ [5] ⟨vero⟩ **beschutting**, schutting, scherm

²**sconce** /skɒns, ᴬskɑns/ [niet-telb zn] ⟨vero; scherts⟩ **kop**, kanis, kruin, ⟨bij uitbreiding⟩ verstand, hersenen

³**sconce** /skɒns, ᴬskɑns/ [ov ww] ⟨BE; stud; Oxford⟩ **beboeten**, veroordelen tot een boete, ⟨i.h.b.⟩ (af)straffen ⟨door kroes bier in één teug te laten opdrinken⟩

scone /skɒn, skoʊn, ᴬskoʊn, ᴬskɑn/ [telb zn] **scone** ⟨kleine, stevige cake⟩

scooch /skuːtʃ/ [onov ww] ⟨sl⟩ **zich glijdend/schuivend voortbewegen**

¹**scoop** /skuːp/ [telb zn] [1] ⟨benaming voor⟩ **iets om vloeistoffen en materialen te bevatten/verplaatsen**, schep, schop, lepel, hoosvat, schepper, emmer, bak ⟨van baggermolen⟩, schaal, bak ⟨van weegschaal⟩, schoep, lepel ⟨van waterrad⟩, spatel ⟨van chirurg⟩ ♦ *three scoops of ice cream* drie scheppen ijs [2] **schepbeweging**, grijpbeweging, graai, greep, schep ♦ *at/with one scoop* in één beweging, met één greep; ⟨fig⟩ in één keer [3] **primeur**, exclusief verhaal/nieuws, ⟨bij uitbreiding⟩ sensationeel nieuwtje, sensatieverhaal [4] **holte**, holle ruimte [5] ⟨geen mv; inf⟩ **fortuin**, kapitaal(tje), zoet sommetje, speculatiewinst [6] ⟨techn⟩ **luchtinlaat** ⟨van auto; in motorkap of spatbord⟩ [7] ⟨sl⟩ **glas bier** [8] ⟨hockey⟩ **wipslag**

²**scoop** /skuːp/ [niet-telb zn] ⟨sl⟩ **details**, het hoe en wat, precieze toedracht

³**scoop** /skuːp/ [onov ww] ⟨inf⟩ **portamento di voce zingen**, glijden ⟨van zanger(es)⟩

⁴**scoop** /skuːp/ [ov ww] [1] **scheppen**, lepelen ♦ *scoop out* opscheppen, uitscheppen; *scoop up* opscheppen ⟨met handen, lepel⟩ [2] **uithollen**, (uit)graven ♦ *scoop out a tunnel* een tunnel graven [3] **hozen**, ledigen ♦ *scoop out* leeghozen, legen, hozen [4] **binnenhalen**, grijpen, opstrijken ⟨geld⟩, pakken, in de wacht slepen ♦ *scoop in/up* binnenhalen [5] ⟨inf⟩ **vóór zijn**, te vlug/slim af zijn, de loef afsteken ♦ *the Observer scooped the other newspapers with the election results* The Observer was de andere kranten vóór met de verkiezingsuitslagen [6] ⟨badm⟩ **scheppen**, gooien

scoop·er /skuːpə, ᴬ-ər/ [telb zn] [1] **schepper** [2] **graveerstift**, graveerstaal [3] ⟨AE⟩ **ijszeiljacht** ⟨voor ijszeilen in varen⟩

scoop·ful /skuːpfʊl/ [telb zn] **schep**, schop, lepel, emmer, bak ♦ *one scoopful of mashed potatoes* een schep aardappelpuree

scoop neck [telb zn] **laag uitgesneden ronde hals** ⟨bijvoorbeeld in jurk⟩

scoop net [telb zn] [1] **sleepnet**, baggernet [2] **schepnet**

¹**scoot** /skuːt/ [onov ww] ⟨inf⟩ [1] **rennen**, vliegen, snellen, 'm smeren [2] **glijden**, (ver)schuiven, wegschieten

²**scoot** /skuːt/ [ov ww] ⟨inf⟩ [1] **snel bewegen** [2] **schuiven**

scoot·er /skuːtə, ᴬskuːtər/ [telb zn] [1] **autoped**, step [2] **scooter** [3] ⟨AE⟩ **ijszeiljacht** ⟨voor ijszeilen in varen⟩

scoot·er·ist /skuːtərɪst/ [telb zn] **scooterrijder**

scooter start [telb zn] ⟨waterskiën⟩ **sprongstart**

¹**scope** /skoʊp/ [telb zn] ⟨verk: microscope, oscilloscope, periscope, telescope ⟨enz.⟩⟩

²**scope** /skoʊp/ [niet-telb zn] [1] **bereik**, gebied, omvang, terrein, sfeer, gezichtsveld, reikwijdte, draagwijdte ♦ *beyond/outside the scope of this essay* buiten het bestek van dit opstel; *that is within the scope of a trade union's activities* dat valt onder het takenpakket van een vakbond [2] **ruimte**, armslag, gelegenheid, kans ♦ *this job gives you scope for your abilities* deze baan geeft je de kans je talenten te ontplooien [3] ⟨scheepv⟩ **loos** ⟨van de ankerketting⟩ [4] ⟨vero⟩ **doel**, bedoeling

-sco·pe /skoʊp/ [vormt naamwoord] **-scoop** ♦ *kaleidoscope* caleidoscoop

scope out [ov ww] ⟨AE; inf⟩ **onderzoeken**, uitproberen, bekijken

-scop·ic /skɒpɪk, ᴬskɑpɪk/ [vormt bn] **-scopisch** ♦ *telescopic* telescopisch

sco·pol·a·mine /skəˈpɒləmiːn, ᴬ-pɑ-/ [niet-telb zn] **scopolamine** ⟨pijnstillend middel⟩

scops owl /skɒpsaʊl, ᴬskɑpsaʊl/ [telb zn] ⟨dierk⟩ **dwergooruil** ⟨*Otus scops*⟩

scop·u·la /skɒpjʊlə, ᴬskɑpjələ/ [telb zn; mv: scopulae /-liː/] **bos haartjes** ⟨in het bijzonder op spinnenpoot/achterpoot van bij⟩

-sco·py /skəpi/ **-scopie** ♦ *microscopy* microscopie

¹**scor·bu·tic** /skɔːˈbjuːtɪk, ᴬskɔrˈbjuːtɪk/ [telb zn] **scheurbuiklijder**

²**scor·bu·tic** /skɔːˈbjuːtɪk, ᴬskɔrˈbjuːtɪk/, **scor·bu·ti·cal** /skɔːˈbjuːtɪkl, ᴬskɔrˈbjuːtɪkl/ [bn; bw: -ally] [1] **aan scheurbuik lijdend**, scorbutiek [2] **m.b.t. scheurbuik/scorbuut**

¹**scorch** /skɔːtʃ, ᴬskɔrtʃ/ [telb zn] [1] **schroeiplek** [2] ⟨inf⟩ **dolle rit**, woeste vaart

²**scorch** /skɔːtʃ, ᴬskɔrtʃ/ [niet-telb zn] **brand** ⟨plantenziekte⟩

³**scorch** /skɔːtʃ, ᴬskɔrtʃ/ [onov ww] ⟨BE; inf⟩ **razendsnel rijden**, vliegen, blazen ⟨van motorrijders⟩, scheuren, jakkeren ♦ *the cyclists scorched down the road* de fietsers vlogen over de weg; → **scorching**

⁴**scorch** /skɔːtʃ, ᴬskɔrtʃ/ [onov + ov ww] [1] **(ver)schroeien**, (ver)branden, verzengen, aanbranden ♦ *I smelt that the meat scorched* ik rook dat het vlees aanbrandde [2] **verdorren**, verschrompelen, verschroeien, uitdrogen, (doen) verwelken ♦ *a hot sun had scorched our plants* de hete zon had onze planten laten verdorren/verschroeien; → **scorching**

⁵**scorch** /skɔːtʃ, ᴬskɔrtʃ/ [ov ww] ⟨inf⟩ **fel bekritiseren**, scherpe kritiek leveren op, aanvallen, te lijf gaan; → **scorching**

scorched-earth policy [telb zn; geen mv] ⟨mil⟩ **tactiek van de verschroeide aarde**

scorch·er /skɔːtʃə, ᴬskɔrtʃər/ [telb zn] [1] → **scorch** [2] ⟨inf⟩ **snikhete dag** [3] ⟨inf⟩ ⟨benaming voor⟩ **iets vernietigends**, scherpe kritiek, bijtend antwoord, scherpe uithaal, venijnige aanval [4] ⟨inf⟩ **snelheidsduivel** ⟨op fiets, motor enz.⟩, laagvlieger, hardrijder [5] ⟨BE; inf⟩ **iets geweldigs**, juweel, iets opzienbarends, pracht

¹**scorch·ing** /skɔːtʃɪŋ, ᴬskɔr-/ [bn; tegenwoordig deelw van scorch] [1] **verschroeiend**, verzengend, snikheet [2] **vernietigend**, bijtend, stekend

²**scorch·ing** /skɔːtʃɪŋ, ᴬskɔr-/ [bw] **verschroeiend**, verzengend ♦ *scorching hot* snikheet, bloedheet

¹**score** /skɔː, ᴬskɔr/ [telb zn] [1] **stand**, uitslag, puntentotaal ⟨ook van een test⟩, score, ⟨schaaksp, damsp⟩ notatie ♦ *what is the score?* hoeveel staat het/er?; *keep (the) score* de stand bijhouden [2] ⟨vnl enkelvoud⟩ **(doel)punt** ⟨ook figuurlijk⟩, rake opmerking, succes, overwinning ♦ ⟨fig⟩ *the president couldn't make a score against/off his opponent* de president kon geen punt scoren tegen/het niet winnen van zijn tegenstander [3] ⟨benaming voor⟩ **getrokken/ingesneden lijn**, kerf, kras, groef, gleuf, keep, striem, schram, lijn, streep, neut, inkeping in juffer/scheepsblok [4] ⟨vnl enkelvoud⟩ **reden**, grond ♦ *on this score* hierom; *on that score* daarom; *on the score of* vanwege, op grond van, wegens, omwille van; *on more scores than one* om meer dan één reden [5] **rekening**, schuld, gelag ♦ *pay one's score* de rekening vereffenen, afrekenen; *run up a score* in de schulden raken [6] **grief**, wrok ♦ *pay off/settle/wipe off/out an old score/a score/old scores* iemand iets betaald zetten, afrekenen met iemand, een oude rekening vereffenen [7] **onderwerp**, thema, punt ♦ *on this/that score* wat dit/dat betreft; *on the score of food* wat voedsel betreft; *no words on that score, please* alsjeblieft geen woord over dat onderwerp [8] ⟨muz⟩ **partituur**, ⟨bij uitbreiding⟩ muziek ⟨bijvoorbeeld voor musical⟩, filmmuziek, toneelmuziek ♦ *in score* in een partituur, op muziek [9] ⟨form⟩ **twintigtal**, ⟨mv; fig⟩ (vele) tientallen ♦ *they were fishing them out by the score* ze

sloegen ze met/bij tientallen het water uit; *a score of times* zo ongeveer twintig keer; *scores of people* tientallen/hopen mensen; *two score* veertig(tal) [10] ⟨sl⟩ **slachtoffer,** doelwit [11] ⟨sl⟩ (benaming voor) **geslaagd bedrog,** beroving, gok, zwendel [12] ⟨sl⟩ **(hoeveelheid) buit,** geld, winst [13] ⟨sl⟩ **nummertje,** neukpartij [14] ⟨sl⟩ **gekochte drugs** [•] ⟨inf⟩ *know the score* de stand van zaken weten, weten hoe de zaken ervoor staan

²**score** /skɔː, ᴬskɔr/ [onov ww] [1] **scoren,** (doel)punt maken ♦ ⟨cricket⟩ *score off a bowler* een run/runs scoren uit/op een bal van een bowler [2] **de score noteren,** wedstrijdverslag bijhouden, de stand bijhouden [3] **puntentotaal halen,** scoren ⟨in test⟩ ♦ *Liz scored high on the test* Liz scoorde hoog in de test [4] **succes hebben/boeken,** aanslaan, het maken [5] ⟨inf⟩ **geluk hebben,** boffen, het treffen [6] ⟨sl⟩ **scoren,** drugs op de kop tikken, aan stuff komen [7] ⟨sl⟩ **een punt zetten,** een nummertje maken ⟨van mannen⟩ [•] ⟨inf⟩ *score off/against/over s.o.* iemand aftroeven, iemand raak antwoorden; iemand de grond in trappen/vernederen/afmaken ⟨in debat⟩; iemand voor gek zetten; van iemand winnen; → **scoring**

³**score** /skɔː, ᴬskɔr/ [ov ww] [1] (benaming voor) **lijn(en) trekken/krassen,** (in)kerven, (in)krassen, strepen, schrammen, striemen, groeven, insnijden ⟨bijvoorbeeld vlees⟩ ♦ *score out/through* uitkrassen, doorstrepen; *score under* onderstrepen [2] **noteren** ⟨schuld, score⟩, turven, bijhouden, opschrijven ♦ *her behaviour will be scored up against her* haar gedrag zal haar duur komen te staan; *score sth. (up) against/to s.o.* iets op iemands rekening schrijven ⟨ook figuurlijk⟩; iemand iets aanrekenen; *score up* opschrijven, noteren, aantekenen [3] **scoren,** maken ⟨punt⟩, ⟨fig⟩ behalen, boeken ⟨succes⟩, winnen, treffen ♦ *score a hit* doel treffen; *score a success* succes hebben, een succes behalen [4] **tellen voor,** waard zijn ⟨van punt, run⟩ [5] **toekennen** ⟨punten⟩, geven ♦ *the judge scored ten to Tarkovsky* het jurylid kende Tarkovsky tien punten toe [6] **een score/puntentotaal halen van** ♦ *the best pupil scored ninety out of a hundred* de beste leerlinge behaalde een puntentotaal van negentig uit honderd [7] ⟨vnl AE; inf⟩ **fel bekritiseren,** hekelen, de les lezen, op de korrel nemen [8] ⟨sl⟩ **plat/in bed krijgen,** een nummertje maken met [9] ⟨muz⟩ **orkestreren,** voor orkest bewerken, ⟨i.h.b.⟩ bewerken, arrangeren ♦ *scored for piano and drums* gearrangeerd voor piano en slagwerk [10] ⟨muz⟩ **op muziek zetten;** → **scoring**

score·board [telb zn] ⟨sport⟩ **scorebord**
score·book [telb zn] ⟨sport⟩ **puntenboekje,** scoreblok, ⟨i.h.b. cricket⟩ scoreboek
score·card [telb zn] [1] ⟨sport, voornamelijk cricket, honkbal⟩ **spelerslijst** ⟨met plaats, nummer enz.⟩ [2] ⟨sport, voornamelijk cricket, honkbal⟩ → **scoresheet**
score·less /skɔːləs, ᴬskɔr-/ [bn] ⟨AE; sport⟩ **doelpuntloos**
score·line [telb zn] **stand,** uitslag, puntentotaal, score, resultaat
scor·er /skɔːrə, ᴬskɔrər/, ⟨in betekenis 1 ook⟩ **score·keep·er** [telb zn] [1] **scoreteller,** optekenaar ⟨van gescoorde runs, punten enz.⟩ [2] **(doel)puntenmaker,** scorer
score·sheet [telb zn] ⟨sport⟩ ⟨voornamelijk cricket, honkbal⟩ **scorelijst,** scorekaart, puntenlijst, ⟨schaaksp, damsp⟩ notatieblad

¹**sco·ri·a** /skɔːriə/ [telb zn; mv: scoriae /-rɪiː/] ⟨geol⟩ **scoriabrok,** vulkanische slak
²**sco·ri·a** /skɔːriə/ [niet-telb zn] [1] **(metaal)schuim,** slakken, sintels [2] ⟨geol⟩ **scoria(brokken)**
sco·ri·a·ceous /skɔːrieɪʃəs/ [bn] ⟨geol⟩ **slakachtig** ♦ *scoriaceous lava* scoria-achtig lava
sco·ri·fi·ca·tion /skɔːrɪfɪkeɪʃn/ [telb + niet-telb zn] [1] **slak(ken)vorming** [2] **zuivering** ⟨door slakvorming⟩, ⟨i.h.b.⟩ afdrijving ⟨van goud, zilver⟩
sco·ri·fy /skɔːrɪfaɪ/ [ov ww] [1] **tot slakken/schuim maken** [2] **zuiveren** ⟨metalen; door slakvorming⟩, ⟨i.h.b.⟩ afdrijven ⟨goud, zilver⟩

¹**scor·ing** /skɔːrɪŋ/ [telb zn; (oorspronkelijk) gerund van score] ⟨muz⟩ **partituur**
²**scor·ing** /skɔːrɪŋ/ [niet-telb zn; (oorspronkelijk) gerund van score] ⟨muz⟩ [1] **het op muziek zetten** [2] **bewerking,** het arrangeren

¹**scorn** /skɔːn, ᴬskɔrn/ [telb + niet-telb zn; geen mv] **voorwerp van minachting/verachting** ♦ *hold up to scorn* tot voorwerp van minachting maken; *a scorn to all passers-by* een voorwerp van minachting voor alle voorbijgangers
²**scorn** /skɔːn, ᴬskɔrn/ [niet-telb zn] **minachting,** misprijzen, geringschatting, verachting ♦ *pour scorn on,* think scorn of minachten, verachten ♦ *laugh s.o./sth. to scorn* iemand smalend uitlachen, smalend om iets lachen
³**scorn** /skɔːn, ᴬskɔrn/ [onov ww] **smalen,** schimpen
⁴**scorn** /skɔːn, ᴬskɔrn/ [ov ww] [1] **minachten,** misprijzen, verachten, geringschatten [2] **versmaden,** beneden zich achten, minachtend afwijzen ♦ *he scorned my help* hij versmaadde mijn hulp; *she scorns lying* zij acht zich boven leugens verheven
scorn·er /skɔːnə, ᴬskɔrnər/ [telb zn] **verachter,** smaler, versmader
scorn·ful /skɔːnfl, ᴬskɔrn-/ [bn; bw: ~ly; zn: ~ness] **minachtend,** geringschattend, smalend ♦ *scornful of sth.* met minachting voor iets
scorper [telb zn] → **scalper**

¹**Scor·pi·o** [SIGN] /skɔːpiəʊ, ᴬskɔr-/, **Scor·pi·us** /skɔːpiəs, ᴬskɔr-/ [eigenn] ⟨astrol, astron⟩ **(de) Schorpioen,** Scorpius
²**Scor·pi·o** /skɔːpiəʊ, ᴬskɔr-/, **Scor·pi·us** /skɔːpiəs, ᴬskɔr-/ [telb zn] ⟨astrol⟩ **Schorpioen** ⟨iemand geboren onder dit sterrenbeeld⟩
scor·pi·oid /skɔːpiɔɪd, ᴬskɔr-/ [bn] [1] **schorpioenachtig,** behorend tot de schorpioenen [2] ⟨plantk⟩ **gekromd** ⟨als schorpioenstaart⟩, opgerold ⟨van cymeuze bloeiwijze⟩
scor·pi·on /skɔːpiən, ᴬskɔr-/ [telb zn] [1] ⟨dierk⟩ **schorpioen** ⟨Scorpionida⟩ [2] ⟨dierk⟩ **bastaardschorpioen** ⟨Pseudoscorpionida⟩ [3] ⟨Bijb⟩ **schorpioen** ⟨soort gesel; Kon. 12:11⟩ [4] → **scorpion fish**
Scor·pi·on /skɔːpiən, ᴬskɔr-/ [eigenn; the] → **Scorpio**¹
scorpion fish [telb zn] ⟨dierk⟩ **schorpioenvis** ⟨familie Scorpaenidae⟩
scorpion fly [telb zn] ⟨dierk⟩ **schorpioenvlieg** ⟨orde Mecoptera⟩
scorpion grass [telb zn] ⟨plantk⟩ **vergeet-mij-nietje** ⟨genus Myosotis⟩, ⟨i.h.b.⟩ moerasvergeet-mij-niet, schorpioenkruid ⟨Myosotis palustris/scorpiodes⟩
scor·zo·ne·ra /skɔːzənɪərə, ᴬ-nɪrə/ [telb zn] ⟨plantk⟩ **schorseneer** ⟨genus Scorzonera⟩
scot /skɒt, ᴬskɑt/ [niet-telb zn] ⟨gesch⟩ **hoofdgeld,** schot, belasting, grondrente ♦ *pay scot and lot* schot en lot betalen; ⟨fig⟩ aan zijn verplichtingen voldoen
Scot /skɒt, ᴬskɑt/ [telb zn] [1] **Schot** ⟨gesch⟩ **Schot** ⟨Kelt die uit Ierland naar Schotland kwam in de zesde eeuw⟩
¹**scotch** /skɒtʃ, ᴬskɑtʃ/ [telb zn] [1] **houw,** jaap, snee [2] **schram,** kras, krab, schaafwond [3] **lijn,** streep ⟨bij hinkelen⟩ [4] **(stop)blok,** wig ⟨om wiel te blokkeren⟩
²**scotch** /skɒtʃ, ᴬskɑtʃ/ [ov ww] [1] **een eind maken aan,** ontzenuwen, de grond in boren ⟨theorie⟩, de kop indrukken ⟨gerucht⟩, vernietigen [2] **verijdelen,** doen mislukken ⟨plan⟩ ♦ *rainfall scotched our plans* regen deed onze plannen in duigen vallen [3] **vastzetten,** blokkeren [4] ⟨vero⟩ **verwonden,** verminken, onschadelijk maken, buiten gevecht stellen [5] ⟨vero⟩ **kerven,** insnijden, schrammen
¹**Scotch** /skɒtʃ, ᴬskɑtʃ/ [eigenn] **Schots,** de Schotse taal, ⟨i.h.b.⟩ Laagland-Schots
²**Scotch** /skɒtʃ, ᴬskɑtʃ/ [telb + niet-telb zn] **Schotse whisky**
³**Scotch** /skɒtʃ, ᴬskɑtʃ/ [eigenn; the] **de Schotten**
⁴**Scotch** /skɒtʃ, ᴬskɑtʃ/ [bn] [1] **Schots** ♦ *Scotch cap* Schotse

Scotchman

muts; *Scotch egg* Schots ei ⟨hardgekookt ei in worstvlees⟩; ⟨plantk⟩ *Scotch fir/pine* grove den, pijn(boom) ⟨Pinus sylvestris⟩; *Scotch kale* (Schotse) kool ⟨soort boerenkool⟩; *Scotch terrier* Schotse terriër; *Scotch whisky* Schotse whisky [2] zuinig, gierig, vrekkig, spaarzaam [•] *Scotch broth* extra gevulde Schotse soep; Schotse maaltijdsoep ⟨van vlees, parelgort, groenten⟩; *Scotch mist* motregen; *Scotch pancake* plaatbroodje, plaatkoekje; *Scotch tape, scotch tape* plakband; ⟨BE⟩ *Scotch woodcock* toastje ansjovis(pasta) met ei

Scotchman [telb zn] → **Scotsman**
Scotchwoman [telb zn] → **Scotswoman**

sco·ter /skoutə, ˄skoutər/ [telb zn] ⟨dierk⟩ zee-eend ⟨genus Melanitta⟩ [•] *common scoter* zwarte zee-eend ⟨Melanitta nigra⟩

scot-free [bn, pred; bw] [1] ongedeerd, zonder kleerscheuren ♦ *go/get off/escape scot-free* er ongedeerd/zonder kleerscheuren afkomen [2] ongestraft ♦ *go/get off/escape scot-free* er ongestraft (van) af komen [3] ⟨gesch⟩ vrij van belasting/schot, zonder verplichtingen

Sco·tia /skoʊʃə/ [eigenn] ⟨form⟩ Schotland
scotice [bw] → **scottice**
Scot·land GREAT BRITAIN /skɒtlənd, ˄skɑt-/ [eigenn] Schotland
Scotland Yard [verzameln] Scotland Yard ⟨hoofdkwartier van de Londense politie⟩, ⟨i.h.b.⟩ opsporingsdienst, recherche(afdeling)

sco·to·ma /skətoʊmə/ [telb zn; mv: ook scotomata /-mətə/] ⟨med⟩ blinde plek ⟨in het gezichtsveld⟩, scotoom

¹**Scots** /skɒts, ˄skɑts/ [eigenn] ⟨vnl SchE⟩ Schots, de Schotse taal

²**Scots** /skɒts, ˄skɑts/ [bn] Schots ♦ ⟨gesch⟩ *pound Scots* Schots pond ⟨een shilling en acht pence⟩

Scots·man /skɒtsmən, ˄skɑts-/, **Scotch·man** /skɒtʃ-, ˄skɑtʃ-/ [telb zn; mv: Scotsmen, Scotchmen /-mən/] Schot

Scots·wom·an, Scotch·wom·an [telb zn] Schotse

scot·tice, sco·ti·ce /skɒtɪsi, ˄skɑtɪsi/ [bw] in het Schots

¹**Scot·ti·cism, Scot·i·cism** /skɒtɪsɪzm, ˄skɑtɪ-/ [telb zn] Schots woord, Schots idioom/gezegde, Schotse uitdrukking

²**Scot·ti·cism, Scot·i·cism** /skɒtɪsɪzm, ˄skɑtɪ-/ [niet-telb zn] Schotsgezindheid

¹**scot·ti·cize, scot·i·cize, scot·ti·cise, scot·i·cise** /skɒtɪsaɪz, ˄skɑtɪ-/ [onov ww] verschotsen, Schots worden

²**scot·ti·cize, scot·i·cize, scot·ti·cise, scot·i·cise** /skɒtɪsaɪz, ˄skɑtɪ-/ [ov ww] Schots maken, verschotsen

Scot·tie /skɒti, ˄skɑti/ [telb zn] ⟨inf⟩ [1] Schot [2] Schotse terriër

¹**Scot·tish** /skɒtɪʃ, ˄skɑtɪʃ/ [eigenn] Schots, de Schotse taal

²**Scot·tish** /skɒtɪʃ, ˄skɑtɪʃ/ [verzameln; the] de Schotten

³**Scot·tish** /skɒtɪʃ, ˄skɑtɪʃ/ [bn] [1] Schots ♦ *Scottish Certificate of Education* ± einddiploma middelbare school ⟨in Schotland⟩; *Scottish terrier* Schotse terriër [2] ⟨scherts⟩ zuinig, gierig, vrekkig

¹**scoun·drel** /skaʊndrəl/ [telb zn] schoft, schurk, ploert
²**scoun·drel** /skaʊndrəl/, **scoun·drel·ly** /skaʊndrəli/ [bn] schurkachtig, schofterig, gemeen, laag

scoun·drel·ism /skaʊndrəlɪzm/ [telb + niet-telb zn] laagheid, gemeenheid, schoftenstreek

¹**scour** /skaʊə, ˄-ər/ [telb zn] [1] ⟨geen mv⟩ schuurbeurt, poetsbeurt ♦ *that pan needs a good scour* die pan moet eens goed uitgeschuurd worden [2] holte, uitgesleten plek ⟨in rivier e.d.⟩ [3] reinigingsmiddel, ⟨i.h.b.⟩ ontvettingsmiddel ⟨voor wol⟩

²**scour** /skaʊə, ˄-ər/ [niet-telb zn] uitspoelende werking ⟨van water⟩, uitspoeling, uitslijting, erosie, wegspoeling

³**scour** /skaʊə, ˄-ər/ [onov ww] [1] rondzwerven, rondtrekken [2] rennen, snellen, vliegen ♦ *scour about (for/after s.o./*

sth.) rondrennen (op zoek naar iemand/iets); *scour off* ervandoor gaan, wegvliegen [3] diarree hebben ⟨van vee⟩;
→ **scourings**

⁴**scour** /skaʊə, ˄-ər/ [onov + ov ww] schuren, schrobben, poetsen, polijsten ♦ *scour sth. away/off* iets afschuren, iets wegschuren; *scour the floor* de vloer schrobben; *scour the knives* de messen poetsen; *scour the rust off the pipes* het roest van de pijpen afschuren; *scour out the pots and pans* de potten en pannen schoonschuren/uitschuren;
→ **scourings**

⁵**scour** /skaʊə, ˄-ər/ [ov ww] [1] reinigen, schoonmaken, wassen, ⟨i.h.b.⟩ ontvetten ⟨wol⟩ ♦ *scour away/off stains* vlekken verwijderen; ⟨fig⟩ *scour away/off the enemy from a territory* de vijand uit een gebied verdrijven; *scour clothes* kleren wassen/reinigen [2] spoelen, doorspoelen, uitspoelen, schoonspoelen, purgeren [3] uitschuren, uithollen, uitslijpen, wegspoelen ♦ *the rain had scoured out channels in the hills* de regen had geulen uitgesleten in de heuvels [4] doorkruisen, doortrekken [5] afzoeken, doorzoeken, uitkammen, afstropen, aflopen ♦ *scour the shops for a record* de winkels aflopen voor een plaat; → **scourings**

scour·er /skaʊərə, ˄-ər/ [telb zn] [1] schuursponsje, pannensponsje [2] schuurder [3] zwerver, trekker, ⟨i.h.b.⟩ verkenner [4] ⟨gesch⟩ (nachtelijke) vagebond, straatrover ⟨Engeland⟩ [5] ⟨med⟩ purgeermiddel, laxeermiddel

¹**scourge** /skɜːdʒ, ˄skɜrdʒ/ [telb zn] [1] gesel, zweep, roede [2] plaag, bezoeking, gesel, kwelling ♦ *Attila, the Scourge of God* Attila, de gesel Gods; *the scourge of war* de gesel van de oorlog

²**scourge** /skɜːdʒ, ˄skɜrdʒ/ [ov ww] [1] geselen, kastijden, tuchtigen [2] teisteren, treffen ♦ *a city scourged by the plague* een stad getroffen/geteisterd door de pest [3] ⟨form⟩ straffen

scourg·er /skɜːdʒə, ˄skɜrdʒər/ [telb zn] geselaar, kastijder

scouring pad [telb zn] schuursponsje, pannensponsje
scouring powder [telb zn] schuurpoeder
scour·ings /skaʊərɪŋz/ [alleen mv; enk oorspronkelijk tegenwoordig deelw van scour] [1] afschuursel, vuil [2] schuim, uitschot

scours /skaʊəz, ˄-ərz/ [alleen mv; werkwoord ook enk] diarree ⟨van vee⟩

¹**scouse** /skaʊs/, ⟨in betekenis 1 ook⟩ **scous·er** /skaʊsə, ˄-ər/ [telb zn; ook Scouse] ⟨BE⟩ [1] scouse(r) ⟨inwoner van Liverpool⟩ [2] ⟨sl⟩ prut, smaakloos eten

²**scouse** /skaʊs/ [niet-telb zn] ⟨verk: lobscouse⟩

³**scouse** /skaʊs/, **scous·i·an** /skaʊsɪən/ [bn] uit Liverpool, Liverpools

Scouse /skaʊs/ [eigenn] ⟨BE⟩ Liverpools, het dialect van Liverpool

¹**scout** /skaʊt/ [telb zn] [1] verkenner, ⟨bij uitbreiding⟩ verkenningsvliegtuig, verkenningsvaartuig, lichter, verkenningswagen [2] ⟨geen mv⟩ ⟨vnl mil⟩ verkenning ♦ *on the scout* op verkenning [3] talentenjager, ontdekker ⟨van jong talent⟩, scout ⟨in voetbalwereld/filmwereld⟩ [4] ⟨inf⟩ iemand die je wel ziet zitten, prima vent/kerel, toffe gozer/knul, goeie meid [5] ⟨stud; Oxford⟩ bediende, huisknecht [6] ⟨dierk⟩ alk ⟨Alca torda⟩ [7] ⟨dierk⟩ zeekoet ⟨Uria aalge⟩

²**scout** /skaʊt/ [onov ww] [1] zoeken, op zoek gaan ♦ *scout about/around for sth.* iets zoeken, naar iets op zoek zijn, iets proberen op te sporen [2] terrein verkennen [3] spotten, schimpen, de spot drijven ♦ *scout at* de spot drijven met, schimpen op; → **scouting**

³**scout** /skaʊt/ [ov ww] [1] verkennen, op verkenning uitgaan in [2] observeren, bekijken, in de gaten houden ⟨jong talent⟩ [3] minachtend afwijzen, spottend verwerpen, hooghartig van de hand wijzen [•] *our soldiers scouted out the Germans* onze soldaten spoorden de Duitsers op;
→ **scouting**

Scout /skaʊt/ [telb zn] verkenner, verkenster, padvind(st)er, gids

Scout Association [eigenn, niet-telb zn; the] padvinderij, padvindersorganisatie

scout car [telb zn] ⟨mil⟩ verkenningswagen

Scout·er /skaʊtə, ᴬskaʊtər/ [telb zn] hopman

scout·ing /skaʊtɪŋ/ [niet-telb zn; oorspronkelijk tegenwoordig deelw van scout] scouting, padvindersbeweging, padvinderij

scout·mas·ter [telb zn] 1 hopman 2 ⟨mil⟩ verkenningsofficier 3 ⟨sl⟩ fanatiekeling, idealist, optimist, patriot, moralist

¹**scow** /skaʊ/ [telb zn] 1 schouw, praam 2 ⟨sl⟩ grote, lelijke vrouw 3 ⟨sl⟩ karonje, feeks 4 ⟨sl⟩ grote vrachtwagen

²**scow** /skaʊ/ [ov ww] in een schouw/praam vervoeren

¹**scowl** /skaʊl/ [telb zn] 1 frons(ende blik), chagrijnige/norse/stuurse/afkeurende/dreigende blik

²**scowl** /skaʊl/ [onov ww] het voorhoofd fronsen, chagrijnig/nors/stuurs kijken ♦ *scowl at s.o.* iemand kwaad aankijken; ⟨fig⟩ *scowl on a proposal* afkeurend staan tegenover een voorstel

³**scowl** /skaʊl/ [ov ww] duidelijk maken, uitstralen, laten blijken ⟨door norse blik⟩ ♦ *he scowled his **dissatisfaction*** zijn ontevredenheid stond op zijn gezicht te lezen

scr [afk] ⟨scruple(s)⟩

SCR [afk] ⟨BE⟩ ⟨senior common room⟩

¹**scrab·ble** /skræbl/ [telb zn] 1 ⟨geen mv⟩ gegraai, gegrabbel 2 krabbel(tje) 3 ⟨geen mv⟩ gekrab, gekras, geschraap 4 → scramble¹

²**scrab·ble** /skræbl/ [niet-telb zn] ⟨spel⟩ scrabble

³**scrab·ble** /skræbl/ [onov ww] 1 graaien, grabbelen, scharrelen ♦ *scrabble about for sth.* naar iets graaien/grabbelen 2 krabbelen, slordig schrijven 3 vechten 4 krabben, krassen, schrapen ♦ *the cat scrabbled her **nails** on the door* de kat krabde op de deur 5 (moeizaam) klauteren

⁴**scrab·ble** /skræbl/ [ov ww] bijeenscharrelen, bijeenschrapen ♦ *scrabble up* bijeenscharrelen

¹**scrag** /skræg/ [telb zn] 1 ⟨benaming voor⟩ mager iemand/iets, scharminkel, spriet, bonenstaak 2 ⟨sl⟩ hals, nek 3 ⟨BE⟩ grillige boom/tak, kronkelige boom/tak

²**scrag** /skræg/, ⟨ook⟩ **scrag end** [telb + niet-telb zn] 1 halsstuk, nekstuk ⟨voornamelijk van schaap, voor de soep⟩ 2 soepvlees

³**scrag** /skræg/ [ov ww] ⟨inf⟩ 1 de nek omdraaien, nekken 2 wurgen 3 (op)hangen 4 bij de keel grijpen; → scragging

scrag·ging /skrægɪŋ/ [telb zn; oorspronkelijk tegenwoordig deelw van scrag] ⟨sl⟩ moord

scrag·gly /skrægli/ [bn; vergr trap: scragglier] ⟨AE⟩ ⟨inf⟩ 1 onverzorgd, verwaarloosd, niet onderhouden 2 ongelijk, onregelmatig

scrag·gy /skrægi/, ⟨in betekenis 1 ook⟩ **scrag·ged** /skrægɪd/ [bn; vergr trap: scraggier; bw: scraggily; zn: scragginess] 1 (brood)mager, benig, vel over been, dun, schriel 2 ⟨benaming voor⟩ ruw, ongelijk, oneffen, hoekig, grillig

¹**scram** /skræm/ [telb zn] 1 ⟨sl⟩ overhaast vertrek 2 noodstop, noodsluiting ⟨van kerncentrale⟩

²**scram** /skræm/ [onov ww] 1 ⟨voornamelijk in gebiedende wijs⟩ ⟨sl⟩ 'm smeren, opkrassen ♦ *scram!* maak dat je wegkomt! 2 gesloten worden ⟨van kerncentrale⟩

¹**scram·ble** /skræmbl/ [telb zn] 1 klauterpartij, klimpartij ♦ *it was a bit of a scramble to reach the **top*** het was een hele toer om de top te bereiken 2 gevecht, vechtpartij, worsteling ♦ *a mad scramble for advantage* een krankzinnig gevecht om de bovenhand te krijgen 3 gedrang, geduw 4 ⟨mil⟩ start, het opstijgen ⟨wegens alarm⟩ 5 ⟨BE⟩ motorcross

²**scram·ble** /skræmbl/ [onov ww] 1 klauteren, klimmen ♦ *we scrambled up the hill* we klauterden de heuvel op 2 vechten, zich verdringen, voordringen ♦ *scramble for a **first edition*** vechten om een eerste editie 3 zich haasten, zich reppen ♦ *scramble **through** one's work* zijn werk afraffelen; *scramble to one's feet* overeind krabbelen 4 scharrelen ⟨voor levensonderhoud⟩ 5 ⟨mil⟩ opstijgen wegens alarm ⟨van piloot, vliegtuig⟩

³**scram·ble** /skræmbl/ [ov ww] 1 door elkaar gooien, in de war brengen, schudden 2 roeren, klutsen, roerei maken van 3 bijeenscharrelen, bijeenrapen, bijeenschrapen ♦ *scramble up a **meal*** een maaltijd bijeenscharrelen, een maaltijd in elkaar flansen 4 afraffelen, snel afwerken 5 te grabbel gooien, rondstrooien ⟨geld⟩ 6 vervormen ⟨om radioboodschap/telefoonboodschap te coderen⟩, verdraaien 7 ⟨mil⟩ laten opstijgen ⟨wegens alarm⟩

scram·bler /skræmblə, ᴬ-ər/ [telb zn] vervormer ⟨om radioberichten/telefoonberichten te coderen⟩, cryptofoon

scram·bling /skræmblɪŋ/ [telb + niet-telb zn] gescharrel

scram·jet [telb zn] 1 stuwstraalmotor 2 straalvliegtuig

scran /skræn/ [niet-telb zn] ⟨sl⟩ 1 eten, voedsel, proviand 2 restjes, kliekjes

scran·nel /skrænl/ [bn] ⟨vero⟩ 1 mager, iel, ijl, dun ⟨van geluid⟩ 2 schril, snerpend, knarsend, scherp

¹**scrap** /skræp/ [telb zn] 1 ⟨benaming voor⟩ stukje, beetje, greintje, zweempje, hoekje, scherf, flenter, fragment ♦ *scraps of his **letter*** fragmenten uit zijn brief; *scrap of **paper*** stukje/vodje papier, papiertje; *there's not a scrap of **truth** in it* er is niets van waar 2 knipsel, krantenknipsel, uitgeknipt plaatje 3 ⟨vnl mv⟩ kaantjes, gebakken spek(je), uitgebakken vis 4 ⟨inf⟩ ruzie, vechtpartijtje, handgemeen

²**scrap** /skræp/ [niet-telb zn; vaak attributief] afval, ⟨i.h.b.⟩ schroot, oud ijzer

³**scrap** /skræp/ [onov ww] ruziën, bakkeleien, vechten, op de vuist gaan ♦ *scrap with s.o.* op de vuist gaan met iemand

⁴**scrap** /skræp/ [ov ww] 1 afdanken, dumpen, wegdoen, aan kant zetten, naar de schroothoop verwijzen ⟨ideeën⟩ 2 slopen, tot schroot verwerken

scrap·book [telb zn] plakboek

scrap·book·ing [niet-telb zn] scrapbooking ⟨het maken/bewerken van een fotoalbum⟩

¹**scrape** /skreɪp/ [telb zn] 1 schaafwond, schaafplek 2 uitgekrabde/uitgeschaafde holte 3 het strijken van de voet ⟨in strijkage⟩ 4 dun laagje ⟨boter⟩ ♦ *scrape and **bread*** dun besmeerde boterham 5 ⟨inf⟩ netelige situatie, lastig parket, verlegenheid ♦ *get into scrapes* in moeilijkheden verzeild raken 6 ⟨inf⟩ ruzie, twist, gevecht ♦ *get into a scrape with s.o.* het aan de stok krijgen met iemand

²**scrape** /skreɪp/ [telb + niet-telb zn] 1 geschraap, het schrapen, het schuren, schraap, geschuur 2 (ge)kras, geschraap, het krassen 3 ⟨sl⟩ het scheren 4 ⟨SchE⟩ *scrape of the **pen*** krabbel(tje), briefje, berichtje

³**scrape** /skreɪp/ [onov ww] 1 schuren, strijken, schuiven 2 schrapen, zagen, krassen, schuren 3 met de voet strijken ⟨langs de grond; in een strijkage⟩ 4 met weinig rondkomen, sober leven, zuinig zijn 5 het op het kantje af halen, het net redden ♦ ⟨inf⟩ *scrape **into** university* kantje boord op de universiteit komen; *scrape **through** in essay writing* maar net een voldoende halen voor zijn opstellen 6 *he was scraping **along** on some money from friends* hij wist het uit te zingen met wat geld van vrienden; *we managed to scrape **by** on a little money from my mother* we wisten rond te komen met een beetje geld van mijn moeder; → scraping

⁴**scrape** /skreɪp/ [onov + ov ww] krassen, schuren, schrapen ♦ *he scraped his **rotan** on the floor* hij schraapte zijn wandelstok over de vloer; → scraping

⁵**scrape** /skreɪp/ [ov ww] 1 (af)schrapen, (af)krabben, schaven, schuren ♦ *scrape **away*** wegschrapen, wegkrabben; ⟨fig⟩ *scrape **back** one's hair* zijn haar strak achterover kammen; *you'll have to scrape the **cupboard** (down) before*

scraper

painting it je moet het kastje eerst schuren/afkrabben voor je het schildert; *scrape off sth.* iets afkrabben; *scrape the paint off the table* de verf van de tafel afkrabben; *the little girl scraped the skin off her hands* het meisje haalde haar handen open; *he scraped his plate clean* hij schraapte zijn bord schoon [2] **uitschrapen,** uitkrabben, uitschuren ♦ *scrape (out) a hole* een gat uitschaven/uitschuren; *scrape out the jam-jar* de jampot uitschrapen [3] **schaven,** openhalen ⟨bijvoorbeeld knie⟩ ♦ *he scraped the paintwork of his new bike* hij beschadigde de verf van zijn nieuwe fiets •⟩ ⟨inf⟩ *scrape together/up* bij elkaar schrapen ⟨geld⟩; → **scraping**

scrap·er /skreɪpə, ᴬ-ər/ [telb zn] [1] ⟨benaming voor⟩ schraper, ⟨verf⟩krabber, schraapijzer, schraapmes, schraapstaal, baardkrabbertje [2] **flessenlikker,** pannenlikker [3] **voetenkrabber,** voet(en)schrapper [4] **schraper** ⟨persoon⟩, vrek, gierigaard, baardschraper, zager ⟨op viool⟩ [5] ⟨inf⟩ ⟨verk: skyscraper⟩ **wolkenkrabber**

scrap·er·board [telb + niet-telb zn] ⟨BE⟩ **schaafkarton,** schaafpapier

scrap·heap [telb zn] ⟨ook fig⟩ [1] **vuilnisbelt,** schroothoop ♦ ⟨fig⟩ *throw s.o./sth. on the scrapheap* iemand/iets afdanken/dumpen/op de schroothoop gooien [2] ⟨sl⟩ **oude auto,** wrak

scra·pie /skreɪpi/ [niet-telb zn] ⟨med⟩ scrapie ⟨ziekte van schapen⟩

scrap·ing /skreɪpɪŋ/ [niet-telb zn; (oorspronkelijk) gerund van scrape] [1] **geschrap,** geschuur, geschaaf [2] **gekras,** geschuur

scrap·ings /skreɪpɪŋz/ [alleen mv; (oorspronkelijk) gerund van scrape] [1] **afschra(a)psel** [2] **kliekjes,** restjes

scrap iron, ⟨in betekenis 1 ook⟩ **scrap metal** [niet-telb zn] [1] **schroot,** oud ijzer, oudroest, oud metaal [2] ⟨sl⟩ **goedkope whisky,** bocht

scrap paper [niet-telb zn] [1] **kladpapier** [2] **oud papier,** lompen

scrap·ple /skræpl/ [niet-telb zn] ⟨AE⟩ **gehaktbrood**

scrap·py /skræpi/ [bn; vergr trap: scrappier; bw: scrappily; zn: scrappiness] [1] **fragmentarisch,** onsamenhangend [2] ⟨inf⟩ **vechtlustig,** strijdlustig [3] ⟨inf⟩ **twistziek,** ruzie zoekend, ruzieachtig

scraps /skræps/ [alleen mv] [1] **restjes,** kliekjes [2] **afval,** rommel, losse stukjes

¹**scratch** /skrætʃ/ [telb zn] [1] **kras(je)** ⟨ook op grammofoonplaat⟩, schram(metje), krab ♦ *without a scratch* zonder een schrammetje, ongedeerd [2] **krabbeltje** ♦ *scratch of the pen* berichtje, briefje, paar regeltjes; **krabbeltje** [3] ⟨geen mv⟩ **het krabben,** gekrab ♦ *have a good scratch* zich eens goed krabben [4] ⟨benaming voor⟩ **teruggetrokken kandidaat/paard,** uitvaller, opgever, niet gestarte deelnemer [5] **toupet,** pruikje [6] **deelnemer/mededinger zonder handicap/voorgift** [7] ⟨bilj⟩ **misstoot,** foute bal [8] ⟨bilj⟩ **geluksstoot,** bofstoot, zwijntje [9] ⟨sl⟩ **wedstrijdformulier van teruggetrokken paard** [10] ⟨sl⟩ **agenda,** schrijfblok, kladblok [11] ⟨sl⟩ **lening** [12] ⟨sl⟩ **kut,** kruis [13] ⟨sl⟩ **wond** [14] ⟨sl⟩ **minkukel** [15] ⟨sl⟩ ⟨gunstige⟩ **vermelding** ⟨bijvoorbeeld in krant⟩ [16] ⟨sl⟩ ⟨gunstige⟩ **indruk**

²**scratch** /skrætʃ/ [niet-telb zn] [1] **startstreep,** startlijn, meet ♦ *start from scratch* zonder handicap/voorgift beginnen; ⟨fig⟩ bij het begin beginnen, met niets beginnen, niets cadeau krijgen [2] **kippenvoer** [3] ⟨sl⟩ **geld** •⟩ *from scratch* van het begin af; *arrive on scratch* stipt op tijd komen; *up to scratch* in vorm, tiptop, in goede conditie; op het vereiste niveau; *it comes up to scratch* het voldoet; *some will not come up to scratch* sommigen zullen het niet halen/redden; *bring s.o. up to scratch for a test* iemand klaarmaken voor een test

³**scratch** /skrætʃ/ [bn] [1] **samengeraapt,** ongeregeld, bijeengescharreld, bont ♦ *a scratch meal* een restjesmaaltijd, opgewarmde kliekjes; *a scratch team* een bijeengeraapt team [2] **lukraak,** toevallig ♦ ⟨sl⟩ *scratch hit* toevalstreffer

⟨honkbal⟩ [3] ⟨sport⟩ **zonder voorgift,** zonder handicap ♦ *scratch race* wedstrijd zonder voorgift/handicap

⁴**scratch** /skrætʃ/ [onov ww] [1] **scharrelen,** wroeten, woelen, krabben ♦ *the chickens scratched about in the dirt for worms* de kippen scharrelden rond in de modder op zoek naar wormen [2] **zich terugtrekken** ⟨uit de (wed)strijd⟩, afzeggen ♦ ⟨AE⟩ *one of the Republican candidates scratched* een van de republikeinse kandidaten trok zich terug/zag er van af [3] ⟨bilj⟩ **foute bal stoten,** ⟨i.h.b. Engels bilj⟩ speelbal in zak stoten [4] ⟨bilj⟩ **toevalstreffer maken,** bofstoot/beest maken, zwijnen [5] ⟨inf; muz⟩ **scratchen** ⟨grammofoonplaat ritmisch heen en weer bewegen op draaitafel⟩ •⟩ *scratch along* het hoofd boven water weten te houden

⁵**scratch** /skrætʃ/ [onov + ov ww] **krassen,** (zich) krabben, krassen maken/krijgen (in) ♦ *the cat scratched me* de kat krabde me; *a dog was scratching at the door* een hond krabde aan de deur; *he was scratching his nose* hij zat zijn neus te krabben; *stop scratching* hou op met (je te) krabben; *your son scratched my new table* je zoon heeft een kras in mijn nieuwe tafel gemaakt •⟩ ⟨sprw⟩ *you scratch my back and I'll scratch yours* als de ene hand de andere wast, dan zijn ze beide schoon, de ene ezel schuurt de andere, voor wat, hoort wat

⁶**scratch** /skrætʃ/ [ov ww] [1] **(zich) schrammen** ♦ *he scratched his hand* hij schramde zijn hand [2] **krabbelen** ⟨briefje⟩, krassen [3] **(af)schrappen** ⟨ook figuurlijk⟩, doorhalen, doorkrassen, afgelasten ♦ *scratch those items off/from your list* schrap die punten van je lijst; *scratch out sth.* iets uitkrassen, iets schrappen [4] **terugtrekken,** intrekken ⟨inschrijving⟩ ♦ *scratch a horse from a race* een paard uit een race terugtrekken [5] **uitschrapen,** uitkrabben, uitgraven ♦ *scratch (out) a hole* een gat graven/uitschrapen; *the dog scratched up his bones* de hond groef zijn botten op, de hond krabbelde zijn botten tevoorschijn [6] **schrapen,** bijeenschrapen ♦ *scratch together/up* bijeenschrapen

scratch·board [telb + niet-telb zn] ⟨AE⟩ **schaafkarton,** schaafpapier

scratch·brush [telb zn] **krasborstel,** staalborstel, ijzerdraadborstel

scratch card [telb zn] **kraslot**

scratch cat [telb zn] **krabbekat**

scratch·er /skrætʃə, ᴬ-ər/ [telb zn] [1] **krabber(tje)** [2] → **scratch**

scratch·es /skrætʃɪz/ [alleen mv; werkwoord ook enk] **kloof** ⟨paardenziekte⟩

scratch·ings /skrætʃɪŋz/ [alleen mv] ⟨BE⟩ **uitgebakken zwoerdjes**

scratch line [telb zn] ⟨atl⟩ [1] **afzetlijn** ⟨bij verspringen en driesprong⟩ [2] **werplijn** ⟨bij speerwerpen⟩

scratch pad [telb zn] ⟨vnl AE⟩ **kladblok**

scratch paper [niet-telb zn] ⟨AE⟩ **kladpapier**

scratch sheet [telb zn] ⟨sl⟩ **bulletin** ⟨met gegevens over paardensport⟩

scratch test [telb zn] **krasjestest**

scratch·y /skrætʃi/ [bn; vergr trap: scratchier; bw: scratchily; zn: scratchiness] [1] **slordig,** krabbelig [2] **krassend,** vol krassen ⟨bijvoorbeeld plaat⟩, bekrast [3] **ongelijk,** onregelmatig, ongeregeld ♦ *scratchy hair* dun haar [4] **kriebelig,** ruw, irriterend, prikke(le)nd, jeukerig

¹**scrawl** /skrɔːl/ [telb zn] [1] **krabbeltje,** kattebelletje [2] ⟨geen mv⟩ **poot,** krabbelpootje, kattenpoot, hanenpoot, (ge)krabbel

²**scrawl** /skrɔːl/ [onov + ov ww] **krabbelen,** slordig schrijven ♦ *scrawl out* uitkrabbelen, slordig doorschrappen

scrawl·y /skrɔːli/ [bn; vergr trap: scrawlier] **krabbelig,** slordig

scraw·ny /skrɔːni/ [bn; vergr trap: scrawnier; zn: scrawniness] **broodmager,** vel over been, schriel

scray /skreɪ/ [telb zn] ⟨BE; dierk⟩ **visdief** ⟨Sterna hirundo⟩

¹screak /skriːk/ [telb + niet-telb zn] ⟨vnl AE⟩ ① (ge)gil, (ge)krijs, (ge)gier ② knars, gekraak, gepiep, kras

²screak /skriːk/ [onov ww] ⟨vnl AE⟩ ① gillen, krijsen, gieren ② kraken, knarsen, krassen, piepen

¹scream /skriːm/ [telb zn] ① gil, krijs, schreeuw ② ⟨geen mv⟩ giller, dolkomisch iets/iemand, een goeie

²scream /skriːm/ [onov ww] ① tieren, razen, tekeergaan ② ⟨inf⟩ langsgieren, scheuren

³scream /skriːm/ [onov + ov ww] gillen, gieren, krijsen, schreeuwen ♦ *a screaming farce* een dolle klucht; *scream for help* om hulp gillen; *scream for water* om water schreeuwen, om water zitten te springen; *screaming fun* dolle pret; *a screaming machine* een gierende machine; *scream with laughter* gillen/gieren van het lachen ⟨·⟩ ⟨sl⟩ *the screaming meemies* delirium, de zenuwen, paniek, angst; ⟨sl⟩ *give s.o. the screaming meemies* iemand de stuipen op het lijf jagen/hoorndol maken

scream·er /skriːmə, ˆ-ər/ [telb zn] ① krijser, schreeuwer, gillend iemand/iets ② ⟨AE⟩ schreeuwende kop ⟨in krant⟩, pakkende kop, schreeuwende advertentie ③ ⟨dierk⟩ hoenderkoet ⟨Zuid-Amerika; familie Anhimidae⟩ ④ ⟨sl⟩ giller, dolkomisch iemand/iets ⑤ ⟨AuE; sl; Australisch voetb⟩ spectaculaire mark ⟨door hoog opspringende speler⟩

scream·ing·ly /skriːmɪŋli/ [bw] om te gieren/gillen ♦ *screamingly funny* dolkomisch; om te gillen, zo leuk

¹scree /skriː/ [telb zn] puinhelling, helling met losse stenen

²scree /skriː/ [niet-telb zn] puin, losse stenen/steentjes ⟨op berghelling⟩, gruis

¹screech /skriːtʃ/ [telb zn] ① gil, krijs, schreeuw, gier ♦ *a screech of brakes* gierende remmen ② (ge)knars, (ge)piep ⟨van deur⟩ ③ ⟨sl⟩ klaagster, vitster, feeks ④ ⟨sl⟩ goedkope/ zelfgemaakte/gesmokkelde whisky

²screech /skriːtʃ/ [onov ww] knarsen, kraken, piepen ♦ ⟨inf⟩ *come to a screeching halt*, ⟨inf⟩ *screech to a halt/standstill/stop* met gierende remmen tot stilstand komen; ⟨fig⟩ plotseling ophouden, abrupt tot een einde komen

³screech /skriːtʃ/ [onov + ov ww] gillen, krijsen, gieren ♦ *screeching monkeys* krijsende apen

screech owl [telb zn] ⟨dierk⟩ ① kerkuil ⟨Tyto alba⟩ ② ⟨AE⟩ dwergooruil ⟨genus Otus⟩, i.h.b.⟩ kleine schreeuwuil ⟨Otus asio⟩

screed /skriːd/ [telb zn] ① ⟨lang⟩ verhaal, epistel, waslijst ⟨van grieven⟩, preek ② diktemal, pleisterstrook, metselstrook ③ plakspaan ⟨van betonwerker⟩ ④ ⟨SchE⟩ scheur(geluid)

¹screen /skriːn/ [telb zn] ① (benaming voor) scherm, schut, kamerscherm, windscherm, cricketschutting, koorhek ⟨in kerk⟩ ② (benaming voor) iets dat beschermt/ afschermt, (be)schutting, dekking, bescherming, schuiling, afscherming ⟨in elektrische apparatuur e.d.⟩, masker, voorpostendetachement ⟨van cavalerie⟩, filter ♦ *under a screen of indifference* achter een masker van onverschilligheid; *under screen of night* onder dekking van de nacht ③ doek, projectiescherm, beeldscherm, televisiescherm ④ hor ⑤ zeef, rooster, ⟨fig⟩ selectie(procedure) ⑥ voorruit ⟨auto⟩ ⑦ prikbord, mededelingenbord, aanplakbord ⑧ ⟨drukw, foto⟩ raster ⑨ ⟨foto⟩ matglas

²screen /skriːn/ [niet-telb zn; the] het witte doek, de film, de bioscoop, de filmwereld

³screen /skriːn/ [onov ww] ① zich laten verfilmen, zich voor verfilming lenen ② fotogeniek zijn ⟨in film⟩ ♦ *the actress screens badly* de actrice straalt niets uit op het doek; → screening

⁴screen /skriːn/ [ov ww] ① afschermen ⟨ook tegen straling⟩, afschutten, beschermen, ⟨i.h.b.⟩ dekken ⟨soldaat⟩ ♦ *screen s.o. from sth.* iemand voor iets behoeden, iemand tegen iets beschermen; *screen off one corner of the room* een hoek van de kamer afschermen; *they whitewashed the windows to screen out the light* zij witten de ramen om het licht buiten te houden ② beschermen, de hand boven het hoofd houden, vrijwaren ③ verbergen, maskeren, camoufleren ④ zeven, ziften ⟨kolen⟩ ⑤ doorlichten ⟨op ziekte, achtergrond e.d. enz.⟩, aan een streng onderzoek/ strenge selectie onderwerpen, op geschiktheid testen, screenen ♦ *screen out lazy people* luie mensen eruit werken/ wegselecteren; *screen your calls* (telefoon)gesprekken screenen ⟨door middel van nummermelder of antwoordapparaat⟩ ⑥ van horren voorzien ⑦ vertonen, projecteren, op het scherm brengen ⑧ verfilmen; → screening

screen·actor [telb zn] filmacteur

screen door [telb zn] ⟨AE⟩ hordeur

screen dump [telb zn] ⟨comp⟩ schermafdruk, screendump

screen editor [telb zn] ⟨comp⟩ schermeditor ⟨editor die het scherm opmaakt⟩

screen grid [telb zn] ⟨elek⟩ schermrooster

¹screen·ing /skriːnɪŋ/ [telb + niet-telb zn; (oorspronkelijk) gerund van screen] ① filmvertoning ② doorlichting, gedegen onderzoek, verhoor, screening ③ afscherming, ommanteling

²screen·ing /skriːnɪŋ/ [niet-telb zn; (oorspronkelijk) gerund van screen] metaalgaas, metaaldraad ⟨voor horren⟩

screen·ings /skriːnɪŋz/ [alleen mv; werkwoord ook enk; (oorspronkelijk) gerund van screen] zeefsel, gruis

screen·play [telb zn] scenario, script

screen print [telb zn] zeefdruk

screen printing [niet-telb zn] zeefdruk

screen saver [telb zn] ⟨comp⟩ schermbeveiliger, screensaver

screen shot [telb zn] ⟨comp⟩ screenshot, screendump

screen test [telb zn] proefopname ⟨van acteur/actrice⟩

screen·wash [niet-telb zn] ⟨BE⟩ besproeiing van de voorruit

screen·wash·er [telb zn] ⟨BE⟩ ruitensproeier

screen·writ·er [telb zn] ⟨BE⟩ scenarioschrijver, scriptschrijver

¹screw /skruː/, ⟨in betekenis 5 ook⟩ **screw·back** [telb zn] ① schroef ♦ *put the screw(s) on/to s.o.* iemand de duimschroeven aandraaien ② (benaming voor) schroefvormig iets, kurkentrekker, schroefboot, pressie, druk ③ propeller, scheepsschroef ♦ *give it another screw* draai het nog een keer aan ④ draai van een schroef ⑤ ⟨bilj⟩ trekbal(effect), trekstoot ⑥ ⟨BE⟩ peperhuisje, papieren (punt)zakje, punt(je) ⑦ vrek, uitzuiger ⑧ ⟨BE; sl⟩ loon, salaris ⑨ ⟨sl⟩ cipier, gevangenbewaarder ⑩ ⟨sl⟩ neukpartij, wip ⑪ ⟨BE⟩ oude knol ⑫ sleutel, loper ⑬ ⟨sl⟩ gek ⟨·⟩ *there's a screw loose* daar klopt iets niet

²screw /skruː/ [onov ww] ① zich spiraalsgewijs bewegen ② ⟨sl⟩ neuken, naaien, wippen ⟨·⟩ zie: **screw around**; zie: **screw up**; → screwed, screwing

³screw /skruː/ [ov ww] ① schroeven, vastschroeven, aandraaien ♦ *screw down* vastschroeven, dichtschroeven; *I could screw his neck* ik zou hem zijn nek wel kunnen omdraaien; *screw on* vastschroeven; zie: **screw out of** ② verfrommelen ③ ⟨inf⟩ afzetten ④ ⟨sl⟩ neuken, naaien ⑤ ⟨sl⟩ er als een scheet vandoor gaan ⑥ ⟨sl⟩ verneuken, belazeren ⟨·⟩ zie: **screw up**; ⟨sl⟩ *screw you!* val dood!; → screwed, screwing

screw around [onov ww] ⟨vulg⟩ ① lummelen, rondhangen ② vreemdgaan, rondhoereren, met jan en alleman naar bed gaan

screw·aug·er [telb zn] schroefboor

screw·ball [telb zn] ① ⟨AE; sl; ook attributief⟩ idioot, iemand aan wie een steekje los zit, mafkees ② ⟨honkb⟩ screwball, omgekeerde curve

screw bean [telb zn] ⟨plantk⟩ (soort) boon ⟨Prosopis pubescens⟩

screw bolt [telb zn] ① schroefbout ② schroef

screw cap [telb zn] schroefdop, schroefdeksel, schroefsluiting

screw coupling [telb zn] schroefkoppeling

screw-driv-er [telb zn] [1] schroevendraaier [2] screwdriver ⟨wodka-jus met ijs⟩

screwed /skruːd/ [bn, pred; oorspronkelijk volt deelw van screw] ⟨sl⟩ dronken • *screwed, blued and tattooed* volkomen verneukt/belazerd

screwed-up [bn; volt deelw van screw up] ⟨sl⟩ [1] verpest, verknald [2] verknipt, opgefokt, neurotisch

screw eye [telb zn] schroefoog

screw gear [telb zn] schroefwiel

screw-head [telb zn] schroefkop

screw hook [telb zn] schroefhaak

screw-ing /skruːɪŋ/ [bn; tegenwoordig deelw van screw] ⟨sl⟩ [1] verdomd [2] lastig [3] klote, klere [4] verward

screw-in stud [telb zn] ⟨sport, in het bijzonder voetbal⟩ schroefnop

screw jack [telb zn] dommekracht, vijzel, krik

screw-loose [telb zn] ⟨sl⟩ malloot, mafkees

screw nut [telb zn] schroefmoer

screw out of [ov ww] afpersen, uitzuigen • *screw money out of s.o.* iemand geld afhandig maken; *screw s.o. out of sth.* zorgen dat iemand iets niet krijgt

screw pine [telb zn] ⟨plantk⟩ pandan ⟨genus Pandanus⟩

screw plate [telb zn] draadsnijplaat

screw pod [telb zn] ⟨plantk⟩ ⟨soort⟩ boon ⟨Prosopis pubescens⟩

screw propeller [telb zn] schroef ⟨van boot of vliegtuig⟩, scheepsschroef, propeller

screw tap [telb zn] draadsnijtap

screw thread [niet-telb zn] schroefdraad

screw top [telb zn] schroefdop, schroefdeksel, schroefsluiting

screw-topped [bn] met een schroefdop

¹**screw up** [onov ww] blunderen, het verknallen/verknoeien; → **screwed-up**

²**screw up** [ov ww] [1] verwringen, verdraaien, samenknijpen, verfrommelen • *she screwed up her eyes* zij kneep haar ogen tot spleetjes, zij tuurde door haar wimpers; *screwed-up pieces of paper* verfrommelde stukjes papier [2] verzieken, verknallen, verknoeien [3] bij elkaar rapen, verzamelen ⟨moed⟩ [4] nerveus maken [5] opdrijven ⟨prijs⟩; → **screwed-up**

screw-up [telb zn] ⟨sl⟩ [1] blunder [2] puinhoop [3] kluns, klungel

screw valve [telb zn] schroefventiel

screw-y /skruːi/ [bn] ⟨inf⟩ [1] excentriek, zonderling, raar, niet goed snik [2] duizelig, verbijsterd [3] dronken, teut, aangeschoten [4] afgejakkerd ⟨van paard⟩

scrib-al /skraɪbl/ [bn] [1] schrijf- [2] van een schrijver [3] van een schriftgeleerde

¹**scrib-ble** /skrɪbl/ [telb zn] briefje, kladje, kattebelletje

²**scrib-ble** /skrɪbl/ [telb + niet-telb zn; geen mv] gekrabbel, slordig handschrift

³**scrib-ble** /skrɪbl/ [onov ww] een derderangs schrijver/journalist zijn, schrijven

⁴**scrib-ble** /skrɪbl/ [onov + ov ww] krabbelen, slordig schrijven/tekenen

⁵**scrib-ble** /skrɪbl/ [ov ww] kaarden ⟨wol⟩

scrib-bler /skrɪblə, ᴬ-ər/ [telb zn] iemand die krabbelt, schrijver, journalist, derderangsschrijver, derderangsjournalist

scrib-bling block [telb zn] kladblok

scribbling diary [telb zn] aantekenboekje

scribbling paper [niet-telb zn] kladpapier

¹**scribe** /skraɪb/, ⟨in betekenis 4 ook⟩ **scribe awl** [telb zn] [1] ⟨benaming voor⟩ iemand die kan schrijven, klerk, secretaris, scriba ⟨ook judaïsme, jodendom⟩, schrijver • *I am no great scribe* ik ben geen groot schrijver [2] kopiist [3] schriftgeleerde [4] kraspen, afschrijfnaald, ritsijzer van timmerman

²**scribe** /skraɪb/ [onov ww] ⟨sl⟩ schrijven, pennen

³**scribe** /skraɪb/ [ov ww] ritsen, met het ritsijzer bewerken/merken

scrib-er /skraɪbə, ᴬ-ər/ [telb zn] kraspen, afschrijfnaald, ritsijzer ⟨van timmerman⟩

scrim /skrɪm/ [niet-telb zn] [1] los geweven katoen/linnen [2] ⟨AE⟩ toneelgordijn

¹**scrim-mage** /skrɪmɪdʒ/ [telb zn] [1] schermutseling, vechtpartij [2] ⟨sport⟩ (doel)worsteling, scrimmage, spelerskluwen [3] ⟨American football⟩ spelperiode ⟨totdat de bal uit/dood is⟩ [4] ⟨American football⟩ scrimmage ⟨tegenover elkaar staande spelers in de officiële downopstelling om in balbezit te komen⟩

²**scrim-mage** /skrɪmɪdʒ/ [onov ww] schermutselen, vechten, worstelen ⟨om de bal⟩

³**scrim-mage** /skrɪmɪdʒ/ [ov ww] de bal in een scrimmage plaatsen ⟨American football⟩

scrimmage line [telb zn] ⟨American football⟩ scrimmagelijn

¹**scrimp** /skrɪmp/ [onov ww] zich bekrimpen, erg zuinig doen • *Peter must scrimp and save/scrape* Peter moet heel zuinig aan doen

²**scrimp** /skrɪmp/ [ov ww] beknibbelen op

scrim-shank /skrɪmʃæŋk/ [onov ww] ⟨BE; sl; mil⟩ lijntrekken, proberen ergens onderuit te komen

¹**scrim-shaw** /skrɪmʃɔː/ [niet-telb zn] handwerk, versierd schelpenwerk, ivoorwerk ⟨van matrozen op zee⟩

²**scrim-shaw** /skrɪmʃɔː/ [onov + ov ww] knutselen, (schelpen) versieren, ivoor bewerken

¹**scrip** /skrɪp/ [telb zn] [1] briefje, bon, tijdelijk uitgegeven papiergeld [2] ⟨fin⟩ recepis, bewijs van storting, tijdelijk certificaat, scrip [3] ⟨fin⟩ aandeel in de plaats van dividend, scrip [4] ⟨vero⟩ tas, ransel

²**scrip** /skrɪp/ [niet-telb zn] [1] recepissen, scrips [2] aandelen in de plaats van dividend, scrips

scrip issue [telb zn] ⟨BE; fin⟩ bonusuitgifte

¹**script** /skrɪpt/ [telb zn] [1] ⟨jur⟩ oorspronkelijk document [2] geschrift [3] script, manuscript, typoscript, filmscript, scenario, draaiboek [4] ⟨comp⟩ script [5] ⟨BE⟩ schriftelijk examenwerk [6] schrift, alfabet [7] ⟨sl⟩ doktersvoorschrift, recept

²**script** /skrɪpt/ [niet-telb zn] schrijfletters, handschrift, gedrukte schrijfletters

³**script** /skrɪpt/ [ov ww] een script schrijven voor; → **scripted**

scrip-ted /skrɪptɪd/ [bn; volt deelw van script] opgelezen ⟨van script⟩, naar een script

script girl [telb zn] scriptgirl, regieassistente

scrip-to-ri-um /skrɪptɔːriəm/ [telb zn; mv: ook scriptoria /-riə/] scriptorium, schrijfvertrek in klooster

scrip-tur-al /skrɪptʃərəl/ [bn] Bijbels, Schriftuurlijk

¹**scrip-ture** /skrɪptʃə, ᴬ-ər/ [telb zn] Bijbelcitaat

²**scrip-ture** /skrɪptʃə, ᴬ-ər/, ⟨ook⟩ **scrip-tures** /skrɪptʃəz, ᴬ-tʃərz/ [niet-telb zn; voor bet 1 voornamelijk Scripture; the] [1] de Heilige Schrift, de Bijbel [2] heilig geschrift • ⟨sprw⟩ *the devil can cite/quote Scripture for his own purposes* elke ketter heeft zijn letter

script-writ-er [telb zn] schrijver van scripts, tekstschrijver, scenarioschrijver

scriv-en-er /skrɪvnə, ᴬ-ər/ [telb zn] [1] schrijver, iemand die brieven enz. schrijft op verzoek, klerk, secretaris, kopiist [2] iemand die contracten opmaakt, notaris [3] geldmakelaar

scro-bic-u-late /skroʊbɪkjʊlət, ᴬ-jələt/ [bn] ⟨biol⟩ met veel putjes en groeven, pokdalig

scrod /skrɒd, ᴬskrɑd/ [telb zn] ⟨AE⟩ [1] jonge kabeljauw [2] jonge schelvis

scrof-u-la /skrɒfjʊlə, ᴬskrɑfjələ/ [niet-telb zn] ⟨med⟩

scrofulose, klierziekte

scrof·u·lous /skrɒfjʊləs, ˄skrʌfjələs/ [bn] ⟨med⟩ scrofuleus, klierachtig

¹scroll /skroʊl/ [telb zn] ① rol, perkamentrol, geschrift ② ⟨benaming voor⟩ krul, krulversiering, sierlijke pennenstreek, krultrek, volute ③ ⟨heral⟩ lint met motto

²scroll /skroʊl/ [onov + ov ww] ① omkrullen ② ⟨comp⟩ scrollen ⟨door⟩ ♦ *scroll through* scrollen door; *scroll up/down* naar boven/beneden scrollen; → **scrolling**

³scroll /skroʊl/ [ov ww] ① op een perkamentrol zetten ② ⟨voornamelijk voltooid deelwoord⟩ met krullen versieren; → **scrolling**

scroll bar [telb zn] ⟨comp⟩ schuifbalk, scrollbar

scroll·ing /skroʊlɪŋ/ [niet-telb zn; gerund van scroll] ⟨comp⟩ (het) (ver)rollen ⟨schuiven van tekst op beeldscherm⟩

scroll saw [telb zn] figuurzaag

scroll·work [niet-telb zn] krulwerk

scrooch /skru:tʃ/, **scrooge** /skru:dʒ/ [ov ww] ⟨sl⟩ glijden, schuiven

Scrooge /skru:dʒ/ [eigenn, telb zn] vrek ⟨naar een figuur in Dickens' Christmas Carol⟩

¹scroop /skru:p/ [telb zn] gekraak, geritsel

²scroop /skru:p/ [onov ww] kraken, ritselen

scro·tum /skroʊtəm/ [telb zn; mv: ook scrota /skroʊtə/] scrotum, balzak

¹scrounge /skraʊndʒ/ [niet-telb zn; the] · ⟨inf⟩ *on the scrounge* op de biets, aan het bietsen, op de schobberdebonk

²scrounge /skraʊndʒ/ [onov ww] ⟨inf⟩ schooien, bietsen, klaplopen, profiteren · zie: **scrounge around**

³scrounge /skraʊndʒ/ [ov ww] ⟨inf⟩ ① in de wacht slepen, achteroverdrukken ② bietsen, 'lenen', aftroggelen · zie: **scrounge around**

¹scrounge around [onov ww] ⟨sl⟩ ① gaan schooien ② gaan stappen, vermaak zoeken ③ op de versiertoer gaan

²scrounge around [ov ww] ⟨sl⟩ ① gaan versieren ② gaan opscharrelen

scroung·er /skraʊndʒə, ˄-ər/ [telb zn] ⟨inf⟩ klaploper, bietser, profiteur, parasiet

scroun·gy /skraʊndʒi/ [bn] ⟨sl⟩ waardeloos

scrow /skraʊ/, **scrowl** /skroʊl/ [onov ww] ⟨sl⟩ wegwezen

¹scrub /skrʌb/ [telb zn] ① ⟨benaming voor⟩ nietig(e)/onbeduidend(e)/armzalig(e) mens/dier/plant, stumper, armzalig beestje, dwergplant, miezerig plantje ② schrobbing, het boenen/schrobben ③ boender, schrobber, borstel ④ snor ⑤ scrub(cream), gezichtsreinigingscrème ⟨met fijne schuurkorreltjes⟩ ⑥ ⟨AE; inf⟩ invaller ⑦ ⟨AE; inf⟩ tweede team ⑧ ⟨AE; inf⟩ spelletje honkbal met minder dan 9 spelers

²scrub /skrʌb/ [niet-telb zn] ① met struikgewas bedekt gebied ② struikgewas, kreupelhout

³scrub /skrʌb/ [onov ww] ① een boender gebruiken, boenen, schrobben ② zich wassen, zich schoonschrobben ⟨van chirurg⟩ ♦ *the surgeon was scrubbing up* de chirurg was zijn handen aan het wassen voor de operatie · ⟨inf⟩ *scrub round a rule* een regel omzeilen

⁴scrub /skrʌb/ [ov ww] ① schrobben, boenen ♦ *scrub off* afboenen; *scrub out* uitboenen, wegboenen, verwijderen ② zuiveren ⟨gas⟩ ③ ⟨sl⟩ schrappen, afgelasten, vergeten, negeren, ontslaan ♦ *scrub out* afgelasten, schrappen

scrub·ber /skrʌbə, ˄-ər/ [telb zn] ① boender, schrobber ② gaszuiveraar, gaswasser ③ ⟨BE; sl⟩ hoer, slet

scrub·bing brush /skrʌbɪŋ brʌʃ/, ⟨AE⟩ **scrub brush** [telb zn] boender, schrobber

scrub·by /skrʌbi/ [bn] ① miezerig, klein, onbeduidend ② sjofel, slordig ③ met struikgewas bedekt ④ borstelig

scrub·club [telb zn] ⟨sl⟩ stel klunzen

scrub fowl, **scrub hen**, **scrub turkey** [telb zn]

⟨dierk⟩ freycinetloophoen ⟨Megapodiidae⟩

scrub·land /skrʌblənd/ [niet-telb zn] met struikgewas/kreupelhout begroeid gebied

scrub nurse [telb zn] ⟨AE⟩ operatiezuster, o.k.-verpleegkundige

scrub oak [telb zn] dwergeik

scrub pine [telb zn] dwergden

scrub·wom·an [telb zn] ⟨AE⟩ schoonmaakster, werkster

scruff /skrʌf/ [niet-telb zn] ① nekvel ♦ *take by the scruff of the neck* bij het nekvel grijpen ② ⟨inf⟩ schooier, sjofel iemand ③ ⟨inf⟩ schurk, schoft

scruf·fy /skrʌfi/ [bn; vergr trap: scruffier] smerig, slordig, sjofel

scrum /skrʌm/ [telb zn] ① ⟨BE; inf⟩ groepje, troep, menigte, drom ② ⟨verk: scrummage⟩

scrum·cap /skrʌmkæp/ [telb zn] ① ⟨rugby⟩helm ② oorbeschermer

scrum down [onov ww] ⟨rugby⟩ een scrum vormen

scrum·half /skrʌm/ ⟨rugby⟩ scrumhalf ⟨halfback⟩

¹scrum·mage /skrʌmɪdʒ/, **scrum** /skrʌm/ [telb zn] ⟨rugby⟩ scrum ⟨worsteling om de bal⟩

²scrum·mage /skrʌmɪdʒ/ [onov ww] ⟨rugby⟩ meedoen aan een scrum

scrump /skrʌmp/ [ov ww] ⟨vero; BE; inf⟩ jatten, pikken ⟨appels, fruit uit de bomen⟩

scrump·tious /skrʌmpʃəs/ [bn] ⟨inf⟩ ① zalig, lekker, heerlijk ② uitstekend, chic, mooi ③ ⟨AE⟩ kieskeurig

scrum·py /skrʌmpi/ [niet-telb zn] ⟨BE⟩ cider

¹scrunch /skrʌntʃ/ [telb zn] knerpend/knarsend geluid, knerp, knars

²scrunch /skrʌntʃ/ [onov ww] ① knerpen, knarsen ② (ver)kreukelen ♦ *her feet scrunched on the gravel* het grind knerpte onder haar voeten

³scrunch /skrʌntʃ/ [ov ww] ① doen knerpen/knarsen ② ⟨vaak scrunch up⟩ (ver)kreukelen, verfrommelen ♦ *he scrunched up the notes* hij verfrommelde de aantekeningen tot een prop

scrunch·y, **scrunch·ie** /skrʌntʃi/ [telb zn] wokkel ⟨haarbandje⟩, scrunchy

¹scru·ple /skru:pl/ [telb zn] scrupel ⟨1,296 g⟩, ⟨vero, fig⟩ greintje

²scru·ple /skru:pl/ [telb + niet-telb zn] scrupule, gewetensbezwaar ♦ *make no scruple about doing sth.* er geen been in zien om iets te doen; *without scruple(s)* zonder scrupules

³scru·ple /skru:pl/ [onov ww] aarzelen, door gewetensbezwaren tegengehouden worden

¹scru·pu·los·i·ty /skru:pjʊlɒsəti, ˄-pjələsəti/ [telb zn] scrupule, gewetensbezwaar

²scru·pu·los·i·ty /skru:pjʊlɒsəti, ˄-pjələsəti/ [niet-telb zn] scrupuleusheid, angstvalligheid, nauwgezetheid, striktheid

scru·pu·lous /skru:pjʊləs, ˄-pjə-/ [bn; bw: ~ly; zn: ~ness] scrupuleus, angstvallig, nauwgezet, gewetensvol, strikt ♦ *they were not scrupulous about money* zij namen het niet zo nauw met het geld; *scrupulously clean* kraakhelder

scru·ta·tor /sku:teɪtə, ˄-teɪtər/ [telb zn] ① onderzoeker, navorser ② ⟨BE⟩ stemopnemer

scru·ti·neer /skru:tɪnɪə, ˄-tnɪr/ [telb zn] ① onderzoeker, navorser ② ⟨BE⟩ stemopnemer ③ ⟨auto⟩ (jury)lid van de technische commissie

scru·ti·nize, **scru·ti·nise** /skru:tɪnaɪz, ˄-tnaɪz/ [ov ww] in detail onderzoeken, nauwkeurig bekijken, kritisch opnemen

scru·ti·nous /skru:tɪnəs, ˄-tn-əs/ [bn; bw: ~ly] onderzoekend

¹scru·ti·ny /skru:tɪni, ˄-tn-i/ [telb zn] ① kritische blik ② nauwkeurig onderzoek ③ ⟨BE⟩ officiële stemopneming

²scru·ti·ny /skru:tɪni, ˄-tn-i/ [niet-telb zn] nauwkeurig

scry

toezicht/onderzoek

scry /skraɪ/ [onov ww] met een kristallen bol waarzeggen

SCSI [niet-telb zn] ⟨comp⟩ (small computer system interface) SCSI ⟨standaard voor de aansluiting van randapparatuur⟩

scu·ba /skjuːbə, ˆskuːbə/ [telb zn] scuba-uitrusting ⟨self-contained underwater breathing apparatus⟩

scuba diver [telb zn] scubaduiker, duiker met persluchtfles(sen)/scuba-uitrusting

scuba diving [niet-telb zn] (het) duiken met scuba-uitrusting/persluchtfles(sen), (het) scubaduiken

¹**scud** /skʌd/ [telb zn] [1] het scheren, het ijlen, het snellen [2] ⟨scheepv⟩ het lenzen, het varen met weinig zeil [3] regenvlaag, windvlaag, bui [4] ⟨sl⟩ rotklus

²**scud** /skʌd/ [niet-telb zn] [1] nevel, schuim [2] wolkenslierten

³**scud** /skʌd/ [onov ww] [1] voortscheren, ijlen, snellen, jagen [2] ⟨scheepv⟩ lenzen, met weinig zeil voor de wind varen

¹**scuff** /skʌf/ [telb zn], **scuff·mark** [telb zn] slijtplek

²**scuff** /skʌf/ [onov ww] [1] sloffen, sleepvoeten, schuifelen [2] versleten zijn ⟨van schoen, vloer⟩ [•] ⟨AE⟩ *scuff at* met de voet aanraken, trappen tegen

³**scuff** /skʌf/ [ov ww] [1] schuren, strijken langs, schaven, schampen [2] schaven, slijten

¹**scuf·fle** /skʌfl/ [telb zn] handgemeen, knokpartij, schermutseling

²**scuf·fle** /skʌfl/ [niet-telb zn] geslof, geschuifel

³**scuf·fle** /skʌfl/ [onov ww] [1] bakkeleien, knokken, vechten [2] sloffen, sleepvoeten, schuifelen

⁴**scuf·fle** /skʌfl/ [ov ww] schoffelen

¹**scug** /skʌg/ [telb zn] [1] ⟨BE⟩ druiloor, ⟨i.h.b.⟩ domme/onsportieve schooljongen [2] ⟨SchE⟩ schaduw [3] ⟨SchE⟩ schuilplaats, beschutte plek

²**scug** /skʌg/ [ov ww] ⟨SchE⟩ [1] beschutten, beschermen [2] verhullen, verbergen

¹**scull** /skʌl/ [telb zn] [1] korte (roei)riem [2] wrikriem [3] sculler [4] ⟨geen mv⟩ roeitochtje in sculler

²**scull** /skʌl/ [onov + ov ww] [1] roeien, ⟨sport⟩ scullen ⟨roeien met twee riemen⟩ [2] wrikken

scull·er /skʌlə, ˆ-ər/ [telb zn] [1] roeier [2] wrikker [3] ⟨roeisp⟩ sculler, skiff [4] ⟨roeisp⟩ sculler, skiffeur, skiffeuse

scul·ler·y /skʌləri/ [telb zn] bijkeuken

scullery maid [telb zn] keukenhulpje

scul·lion /skʌliən/ ⟨vero⟩ koksjongen

sculp /skʌlp/ [onov + ov ww] ⟨verk: sculpture⟩

scul·pin /skʌlpɪn/ [telb zn; mv: ook sculpin] ⟨dierk⟩ [1] donderpad ⟨familie Cottidae⟩ [2] liervis ⟨Callionymus lyra⟩

sculpt /skʌlpt/ [onov + ov ww] ⟨verk: sculpture⟩

sculp·tor /skʌlptə, ˆ-ər/ [telb zn] beeldhouwer

sculp·tress /skʌlptrɪs/ [telb zn] beeldhouwster

sculp·tur·al /skʌlptʃərəl/, **sculp·tur·esque** /-resk/ [bn; bw: ~ly, sculpturesquely] plastisch, beeldhouw-

¹**sculp·ture** /skʌlptʃə, ˆ-ər/ [telb zn] [1] beeldhouwwerk, sculptuur, beeld [2] ribbel, insnijding ⟨op schelp⟩

²**sculp·ture** /skʌlptʃə, ˆ-ər/ [telb + niet-telb zn] [1] beeldhouwkunst [2] plastiek, plastische kunst, houtsnijkunst, boetseerkunst

³**sculp·ture** /skʌlptʃə, ˆ-ər/, **sculpt** /skʌlpt/ [onov ww] een plastiek maken, beeldhouwen, modelleren, snijden

⁴**sculp·ture** /skʌlptʃə, ˆ-ər/, **sculpt** /skʌlpt/ [ov ww] [1] in plastiek voorstellen, beeldhouwen, (uit)snijden, (uit)houwen ♦ *sculptured features* gebeeldhouwde trekken [2] met plastiek/sculptuur versieren, bewerken ♦ *sculptured pedestal* voetstuk (versierd) met beeldhouwwerk

¹**scum** /skʌm/ [niet-telb zn] [1] schuim, metaalschuim, brijn, vuil, vlies ⟨op water⟩ [2] uitschot ⟨ook figuurlijk⟩, afval, uitvaagsel, schuim, tuig ♦ *the scum of humanity* het janhagel, het schorem; *you scum!* ploert! [3] ⟨sl⟩ geil, sperma

²**scum** /skʌm/ [onov ww] schuimen, schuim vormen

³**scum** /skʌm/ [ov ww] (af)schuimen, afscheppen

scum·bag [telb zn] ⟨sl⟩ [1] kapotje, condoom [2] ⟨beled⟩ (stuk) tuig, schoelje, ⟨mv⟩ tuig, uitschot

¹**scum·ble** /skʌmbl/ [telb zn] ⟨bk⟩ [1] dekkleur [2] lazuurkleur

²**scum·ble** /skʌmbl/ [ov ww] ⟨schilderk⟩ dempen, ⟨fig⟩ verdoezelen

scum·my /skʌmi/ [bn; vergr trap: ook scummier] [1] schuimachtig, schuimend [2] gemeen, verachtelijk, laag

¹**scun·ner** /skʌnə, ˆ-ər/ [telb zn] hekel, walging, afkeer, weerzin ♦ *take a scunner against/at/to* een gloeiende hekel/de pest krijgen aan

²**scun·ner** /skʌnə, ˆ-ər/ [onov ww] ⟨SchE⟩ walgen, zich misselijk voelen

³**scun·ner** /skʌnə, ˆ-ər/ [ov ww] ⟨SchE⟩ doen walgen, misselijk maken

scup /skʌp/ [telb zn; mv: ook scup] ⟨dierk⟩ soort Amerikaanse zeebrasem ⟨genus Stenotomus⟩

¹**scup·per** /skʌpə, ˆ-ər/ [telb zn] spijgat, spiegat, spuigat

²**scup·per** /skʌpə, ˆ-ər/ [ov ww] ⟨BE⟩ [1] tot zinken brengen, doen vergaan [2] ⟨inf⟩ (overvallen en) in de pan hakken [3] ⟨inf⟩ om zeep helpen/brengen, afmaken, in de grond boren, torpederen ♦ *be scuppered* naar de haaien/eraan gaan

¹**scup·per·nong** /skʌpənɒŋ, ˆskʌpərnɔːŋ/ [telb zn] ⟨AE⟩ muskaatdruif

²**scup·per·nong** /skʌpənɒŋ, ˆskʌpərnɔːŋ/ [niet-telb zn] ⟨AE⟩ muskaatwijn

scupper shoot [telb zn] goot naar spuigat

scurf /skɜːf, ˆskɜːrf/ [niet-telb zn] [1] roos, (huid)schilfers [2] korst, roofje

scurf·y /skɜːfi, ˆskɜːrfi/ [bn] schilferachtig, bedekt met schilfers/een korst

scur·ril·i·ty /skərɪləti/ [telb + niet-telb zn] [1] grofheid, gemeenheid, vulgariteit [2] grove taal

scur·ri·lous /skʌrɪləs, ˆskɜːrɪ-/ [bn; bw: ~ly; zn: ~ness] grof, gemeen, plat, vulgair, schunnig ♦ *scurrilous language* grove taal

¹**scur·ry** /skʌri, ˆskɜːri/ [telb zn] [1] vlaag, bui, sneeuwjacht [2] stofwolk ♦ ⟨fig⟩ *a scurry of birds* een vlucht/zwerm vogels [3] korte (wed)ren

²**scur·ry** /skʌri, ˆskɜːri/ [niet-telb zn] gejaag, beweging, drukte, jacht

³**scur·ry** /skʌri, ˆskɜːri/ [onov ww] dribbelen, zich haasten, zich spoeden, zich reppen, ijlen, jagen, hollen ♦ *the first thunderbolt sent them scurrying for shelter* de eerste donderslag deed hen haastig een onderdak zoeken

⁴**scur·ry** /skʌri, ˆskɜːri/ [ov ww] doen ijlen, doen reppen

S-curve [telb zn] ⟨AE⟩ S-bocht

scur·vied /skɜːvid, ˆskɜːr-/ [bn] aan scheurbuik lijdend, door scheurbuik aangetast

¹**scur·vy** /skɜːvi, ˆskɜːrvi/ [niet-telb zn] ⟨med⟩ scheurbuik

²**scur·vy** /skɜːvi, ˆskɜːrvi/ [bn, attr; vergr trap: ook scurvier; bw: scurvily] gemeen, laag, verachtelijk, eerloos

scurvy grass [telb + niet-telb zn] ⟨plantk⟩ echt lepelblad ⟨Gochlearia officinalis⟩

scut /skʌt/ [telb zn] [1] ⟨vnl jacht⟩ rechtopstaand staartje, pluim ⟨van haas/konijn⟩, bloem ⟨van hert⟩ [2] ⟨AE; sl⟩ schoft [3] ⟨AE; sl⟩ nieuweling, broekje [4] ⟨AE; sl⟩ stinkklus

scu·tage /skjuːtɪdʒ/ [telb zn] ⟨gesch⟩ afkoopgeld ⟨voor militaire dienst⟩

scutch /skʌtʃ/ [onov + ov ww] zwingelen, braken ⟨voornamelijk vlas⟩

scutch·eon /skʌtʃn/ [telb zn] [1] wapenschild [2] sleutelschild [3] naamplaat

scutch·er /skʌtʃə, ˆ-ər/ [telb zn] [1] zwingelaar, vlasbra-

ker ② zwingel(stok), zwingelmachine, vlasbraak
scute /skju:t/ [telb zn] ⟨biol⟩ schub, schild
scu·tel·late /skjuːtələt, ˄skjuːtelət/, **scu·tel·lat·ed** /skjuːtleɪtɪd/ [bn] ⟨biol⟩ ① bedekt met schubben/een schild ② schildvormig, schotelvormig, schubvormig
scu·tel·lum /skjuːteləm/ [telb zn; mv: scutella /-lə/] ⟨biol⟩ schildje, schubje, schubbetje
scut·ter /skʌtə, ˄skʌtər/ [onov ww] ⟨BE; inf⟩ stuiven, hollen, rennen, fladderen
¹**scut·tle** /skʌtl/, ⟨in betekenis 4 ook⟩ **scut·tle-fish** [telb zn] ① luik(gat), ventilatieopening ② kolenbak ③ mand, korf ④ inktvis
²**scut·tle** /skʌtl/ [niet-telb zn] overhaaste vlucht, (ge)loop, haast, jacht, ren
³**scut·tle** /skʌtl/ [onov ww] zich wegscheren, wegvluchten, weghollen, wegstuiven ♦ *scuttle off/away* zich uit de voeten maken, de plaat poetsen, ervandoor gaan
⁴**scut·tle** /skʌtl/ [ov ww] doen zinken ⟨door gaten te maken⟩, tot zinken brengen, kelderen, ⟨fig⟩ de ondergang veroorzaken van, ten val brengen
¹**scut·tle-butt,** ⟨ook⟩ **scut·tle-cask** [telb zn] ⟨scheepv⟩ watervat, waterton
²**scut·tle-butt** [niet-telb zn] ⟨sl⟩ gelul, geklets, praatjes, roddelpraat, geruchten
scu·tum /skjuːtəm/ [telb zn; mv: scuta /skjuːtə/] ① ⟨biol⟩ schub, schild ② ⟨anat⟩ knieschijf
scuzz /skʌz/ [niet-telb zn] ⟨inf⟩ smerigheid, goorheid ⟨ook figuurlijk⟩
¹**scuz·zy** /skʌzi/ [niet-telb zn] ⟨inf; comp⟩ SCSI
²**scuz·zy** /skʌzi/ [bn] ⟨sl⟩ smerig, vies
Scyl·la /sɪlə/ [eigenn] Scylla ⟨klip in Straat van Messina⟩ ♦ *between Scylla and Charybdis* tussen Scylla en Charybdis, tussen twee gevaren
scy·pho·zo·an /saɪfəzoʊən/ [telb zn] ⟨dierk⟩ schijfkwal ⟨genus Scyphozoa⟩
scy·phus /saɪfəs/ [telb zn; mv: scyphi /saɪfaɪ/] ① ⟨gesch⟩ drinkbeker zonder voet met twee oren ② ⟨plantk⟩ beker
¹**scythe** /saɪð/ [telb zn] zeis
²**scythe** /saɪð/ [onov + ov ww] (af)maaien ⟨ook figuurlijk⟩ ♦ *scythe down/off* neermaaien, afmaaien
¹**Scyth·i·an** /sɪðiən/ [eigenn] Scythisch ⟨oude taal⟩
²**Scyth·i·an** /sɪðiən/ [telb zn] Scyth ⟨lid van oude volksstam aan de Zwarte Zee⟩
³**Scyth·i·an** /sɪðiən/ [bn] Scythisch
SDI [afk] (Strategic Defence/Defense Initiative)
SDP [afk] (Social Democratic Party)
SDR [afk] (Special Drawing Right)
SDRs [afk] (Special Drawing Rights)
SE [afk] ① (southeast) Z.O. ② (southeastern) ③ (stock exchange)
¹**sea** /siː/ [telb zn] ① zee ♦ *the seven seas* de zeven zeeën/oceanen; *within the four seas* in Groot-Brittannië ② zeegolf, baar, golfbeweging, sterke golfslag, zeeberoering ♦ *heavy sea* onstuimige/zware zee; *seas mountains high* huizenhoge zeeën; *long sea* kalme zee; *ship a sea* een zeetje overkrijgen; *short sea* woelige zee, korte golfslag ③ zee, ⟨fig⟩ massa, overvloed, drom, boel ♦ *a sea of flame* een vlammenzee ④ kust, kustlijn, strand, zeeoever ♦ *on the sea* aan zee, aan de kust ⑤ maanzee, maanvlakte · ⟨sprw⟩ *in a calm sea every man is a pilot* op een stille zee kan iedereen stuurman zijn
²**sea** /siː/ [niet-telb zn] zee, oceaan, zeewater ♦ *at sea* op zee, in volle/open zee; *travel by sea* over zee/met de boot reizen; *by sea and by land* te land en ter zee; *follow the sea* ter zee varen, zeeman zijn; *go to sea* naar zee gaan, zeeman worden; *on the sea* op zee, op de boot; *proceed to sea* uitvaren; *put out to sea* uitvaren, zee kiezen · *be (all) (completely) at sea* perplex/in de war/verbijsterd zijn, de kluts kwijt zijn, uit zijn lood geslagen zijn; ⟨sprw⟩ *there are as good fish in the sea as ever came out of it* er komen nog genoeg kansen om je doel te bereiken/om een vrouw te vinden; ⟨sprw⟩ *follow the river and you'll get to the sea* ± de aanhouder wint; ⟨sprw⟩ *worse things happen at sea* ± het kon erger

sea acorn [telb zn] ⟨dierk⟩ zeepok ⟨familie Balanidae⟩
sea air [niet-telb zn] zeelucht
sea anchor [telb zn] zeeanker
sea anemone, sea-flow·er [telb zn] ⟨dierk⟩ zeeanemoon ⟨familie Anthozoa⟩
sea-an·gel [telb zn] ⟨dierk⟩ zee-engel ⟨Squatina squatina⟩
sea-an·i·mal [telb zn] zeedier
sea arrow [telb zn] ⟨dierk⟩ gewone pijlinktvis ⟨Ommastrephes sagittatus⟩
sea bank [telb zn] ① zeedijk, strandmuur ② zandbank
sea bass [telb zn] ⟨dierk⟩ zeebaars ⟨voornamelijk Centropristis striatus⟩
sea-bath·ing [niet-telb zn] het baden in zee
sea battle [telb zn] zeeslag
sea·bed [niet-telb zn] zeebedding, zeebodem
Sea·bees [alleen mv] genietroepen van de Amerikaanse marine
sea bells [alleen mv] ⟨plantk⟩ zeewinde ⟨Convolvulus soldanella⟩
sea bird [telb zn] zeevogel
sea·board [telb zn] kustlijn, zeekust
sea·boot [telb zn] zeelaars
sea-born [bn] ⟨form⟩ uit de zee geboren ⟨voornamelijk m.b.t. Aphrodite⟩
sea·borne [bn, attr] over zee ⟨vervoerd/aangevoerd⟩, overzees, zee-
sea breach [telb zn] doorbraak ⟨van zeedijk⟩
sea bream [telb zn] ⟨dierk⟩ zeebrasem ⟨familie Sparidae⟩, ⟨onder andere⟩ rode zeebrasem ⟨Pagellus centrodontus⟩
sea breeze, sea wind [telb zn] ① zeebries, zeewind ② wind op zee
sea buckthorn [telb + niet-telb zn] ⟨plantk⟩ duindoorn, kattendoorn ⟨Hippophae rhamnoides⟩
sea butterfly [telb zn] ⟨dierk⟩ vleugelslak ⟨orde Pteropoda⟩
SEAC /siːæk/ [afk] (School Examination and Assessment Council ⟨in Groot-Brittannië⟩)
sea cabbage [telb zn] → sea kale
sea calf [telb zn] ⟨dierk⟩ gewone zeehond ⟨Phoca vitulina⟩
sea canary [telb zn] ⟨dierk⟩ beloega ⟨witte dolfijn; Delphinapterus leucas⟩
sea captain [telb zn] zeekapitein, ⟨fig⟩ (groot) zeevaarder
sea change [telb zn] ⟨form⟩ ommekeer, transformatie
sea chest [telb zn] zeemanskist
sea coal [niet-telb zn] ⟨gesch⟩ steenkool ⟨over zee naar Londen vervoerd⟩
sea-coast [telb zn] zeekust, kustlijn
sea cock [telb zn] buitenboordskraan
sea cow [telb zn] ⟨dierk⟩ doejoeng ⟨(Indische) zeekoe; orde Sirenia⟩
sea crow [telb zn] ⟨dierk⟩ ① alpenkraai, steenkraai ⟨Pyrrhocorax Pyrrhocorax⟩ ② ⟨benaming voor⟩ zeevogel, ⟨onder andere⟩ aalscholver ⟨familie Phalacrocoracidae⟩, kokmeeuw ⟨Larus ridibundus⟩, grote jager ⟨Stercorarius skua⟩
sea cucumber, sea slug [telb zn] ⟨dierk⟩ zeekommkommer ⟨klasse Holothurioidea⟩
sea-dad·dy [telb zn] zeevader
sea devil [telb zn] ⟨dierk⟩ ① zeeduivel ⟨Lophius piscatorius⟩ ② zeeduivel, duivelsrog ⟨Mobula (mobular)⟩ ③ zee-engel ⟨genus Squatina⟩
sea·dog [telb zn] licht in mistbank
sea dog [telb zn] ① zeebonk, zeerob ⟨voornamelijk on-

sea eagle

der Elizabeth I⟩ ② ⟨dierk⟩ (gewone) zeehond ⟨Phoca vitulina⟩ ③ ⟨dierk⟩ ⟨benaming voor⟩ kleinere haai, ⟨i.h.b.⟩ hondshaai ⟨familie Scyliorhinidae⟩, doornhaai ⟨familie Squalidae⟩, roofhaai ⟨familie Carcharhinidae⟩

sea eagle [telb zn] ⟨dierk⟩ zeearend ⟨genus Haliaetus⟩

sea-ear [telb zn] ⟨dierk⟩ zeeoor ⟨schelp; genus Haliotis⟩

sea elephant [telb zn] ⟨dierk⟩ zeeolifant ⟨genus Mirounga⟩

sea fan, sea whip [telb zn] ⟨dierk⟩ zeewaaier ⟨genus Gorgonia; in het bijzonder G. flabellum⟩

sea·far·er [telb zn] zeevaarder, zeeman

sea·far·ing [niet-telb zn; vaak attributief] zeevaart ♦ *seafaring nation* zeevarende natie

sea farming [niet-telb zn] maricultuur, zeelandbouw

sea feather, sea pen [telb zn] ⟨dierk⟩ zeeveer ⟨koraaldier; familie Pennatulidae⟩

sea fennel [niet-telb zn] ⟨plantk⟩ zeevenkel ⟨Crithmum maritimum⟩

sea-fish [telb zn] zeevis, zoutwatervis

sea-flower [telb zn] → sea anemone

sea fog [telb + niet-telb zn] zeevlam, zeemist

sea-food [niet-telb zn] eetbare zeevis en schaal- en schelpdieren, fruits de mer, ⟨België⟩ zeevruchten

seafood sticks [alleen mv] krabsticks

¹**sea-fowl** [telb zn] zeevogel

²**sea-fowl** [verzameln] zeegevogelte, zeevogels

sea fox [telb zn] ⟨dierk⟩ voshaai ⟨Alopias vulpinus⟩

sea fret [telb + niet-telb zn] zeemist

sea front [telb zn] strandboulevard, zeekant ⟨van de stad⟩

sea gherkin [telb zn] ⟨dierk⟩ zeeaugurk ⟨genus Cucumaria⟩

sea gillyflower [niet-telb zn] → sea pink

sea·girt [bn] ⟨form⟩ door de zee omgeven

sea·go·ing [bn, attr] zeevarend, zee-

sea gooseberry [telb zn] ⟨dierk⟩ zeedruif ⟨genus Pleurobrachia⟩

¹**sea grape** [telb + niet-telb zn] ⟨plantk⟩ ① zeekraal ⟨genus Salicornia⟩ ② loogkruid ⟨genus Salsola⟩

²**sea grape** [niet-telb zn] ⟨plantk⟩ Sargassum ⟨soort zeewier⟩

sea grapes [alleen mv] zeedruif ⟨eierkapsels van inktvis⟩

sea-green [niet-telb zn; vaak attributief] zeegroen, grijsgroen

sea gull, sea mew [telb zn] zeemeeuw

sea hare [telb zn] ⟨dierk⟩ zeehaas ⟨zeenaaktslak; genus Aplysia⟩

sea hedgehog [telb zn] ⟨dierk⟩ ① zee-egel ⟨orde Echinoidea⟩ ② kogelvis ⟨familie Tetraodontidae⟩

sea hog [telb zn] ⟨dierk⟩ bruinvis ⟨genus Phocaena⟩

sea holly [telb + niet-telb zn] ⟨plantk⟩ zeedistel ⟨Eryngium maritimum⟩

sea horse [telb zn] ① ⟨dierk⟩ zeepaardje ⟨genus Hippocampus⟩ ② ⟨dierk⟩ walrus ⟨Odobenus rosmarus⟩ ③ ⟨myth⟩ zeepaard ④ golf met schuimkop

Sea island cotton [niet-telb zn] ⟨plantk⟩ fijn katoen uit de USA en van de Caraïbische eilanden ⟨Gossypium barbadense⟩

sea kale, sea cabbage [telb zn] ⟨plantk⟩ zeekool ⟨Crambe maritima⟩

¹**seal** /siːl/ [telb zn] ① ⟨benaming voor⟩ zegel, stempel, lak, lakzegel, lakstempel, (plak)zegel, merk, kenmerk, bezegeling ♦ *seal of approval* officiële goedkeuring, stempel van goedkeuring; *he has the seal of death on his face* zijn gezicht is door de dood getekend; *leaden seal* loodje ⟨zoals gebruikt bij verzegeling⟩; *seal of love* bezegeling van de liefde ⟨kus, kind⟩; ⟨vnl BE⟩ *seals of office* ambtszegels; *put/set the seal on* bezegelen ⟨ook figuurlijk⟩; ⟨form⟩ afsluiten, een eind maken aan; *set one's seal to* bezegelen ⟨ook figuur-

lijk⟩; bekrachtigen, bevestigen; *under seal of confession* onder biechtgeheim ② ⟨benaming voor⟩ dichting, dichtingsmateriaal, (luchtdichte/waterdichte) (af)sluiting, stankafsluiter, stankafsluiting ③ feeststicker ④ ⟨dierk⟩ ⟨benaming voor⟩ (zee)rob, rob, zeehond ⟨familie Phocidae⟩, oorrob, zeeleeuw ⟨familie Otariidae⟩ ♦ *common seal* gewone zeehond ⟨Phoca vitulina⟩; *eared seals* oorrobachtigen, zeeleeuwen ⟨Otariidae⟩; *earless seals* robachtigen, zeehondachtigen ⟨Phocidae⟩ ⑤ robbenvel, robbenpels, zeehondenhuid ⑥ kledingstuk van sealskin/zeehondenleer ⑦ ⟨sl; beled⟩ negerin

²**seal** /siːl/ [niet-telb zn] ① sealskin, robbenvel, robbenpels(werk) ② zeehondenleer

³**seal** /siːl/ [onov ww] op robbenvangst/zeehondenvangst gaan/zijn; → sealing

⁴**seal** /siːl/ [ov ww] ① zegelen, verzegelen, bezegelen, ⟨fig⟩ opsluiten, veilig opbergen ♦ *seal in* insluiten; *this new packing seals the flavour in* deze nieuwe verpakking houdt het aroma vast; *the ship has been sealed in by the ice* het schip is in het pakijs vastgelopen; *sealed orders* verzegelde orders; *sealed verdict* verzegeld verdict/vonnis ② ⟨benaming voor⟩ dichten, verzegelen, afsluiten, dicht/luchtdicht/waterdicht maken, van een stankafsluiting voorzien, opvullen ♦ ⟨fig⟩ *it is a sealed book to me* het is voor mij een gesloten boek/een boek met zeven zegels; ⟨fig⟩ *my lips are sealed* ik zal er niets over zeggen; *seal the meat* het vlees dichtschroeien; *seal off an area* een gebied afgrendelen; *seal up* verzegelen, dichten, opsluiten, veilig opbergen ③ bezegelen, bekrachtigen, bevestigen, vastleggen, autoriseren ♦ *seal an agreement* een overeenkomst bekrachtigen; *Sealed Book* geautoriseerde kopie van het originele anglicaanse gebedenboek van 1662; *seal one's devotion with one's death* zijn toewijding met de dood bezegelen; ⟨inf⟩ *seal s.o.'s doom/fate* iemands (nood)lot bezegelen; *he is sealed for/to damnation* hij is tot de verdoemenis (voor)bestemd; ⟨mormonen⟩ *seal a marriage* een huwelijk bezegelen; ⟨BE; mil⟩ *sealed pattern* ⟨officieel goedgekeurd(e)⟩ standaarduitrusting; → sealing

sea lace [niet-telb zn] ⟨plantk⟩ ⟨soort⟩ zeewier ⟨Chorda filum⟩

sea lamprey [telb zn] ⟨dierk⟩ zeeprik ⟨Petromyzon marinus⟩

sea-lane [telb zn] vaarroute

seal·ant /siːlənt/ [telb zn] ⟨benaming voor⟩ dichtingsproduct, zegelwas, poriënvulser

sea lavender [telb + niet-telb zn] ⟨plantk⟩ lamsoor ⟨genus Limonium⟩

sea·law·yer [telb zn] ① haai ② chicaneur, querulant

sea league [telb zn] league ⟨UK 5559,55 m; internationaal 5556 m⟩

sea legs [alleen mv] zeebenen ♦ *find/get one's sea legs* zeebenen krijgen

sea leopard [telb zn] ⟨dierk⟩ zeeluipaard ⟨Hydrurga leptonyx⟩

seal·er /siːlə, ˆ-ər/ [telb zn] ① (ver)zegelaar ② ijker ③ robbenjager ④ robbenvaartuig ⑤ poriënvulser

¹**seal·er·y** /siːləri/, **seal fishery** [telb zn] robbenjachtgebied

²**seal·er·y** /siːləri/, **seal fishery** [telb + niet-telb zn] robbenjacht

sea letter, sea pass [telb zn] zeebrief, zeepas

sea level [niet-telb zn] zeeniveau, zeespiegel

sea lily [telb zn] ⟨dierk⟩ zeelelie ⟨stekelhuidig dier; orde Crinoidea⟩

seal·ing /siːlɪŋ/ [niet-telb zn; gerund van seal] robbenvangst

sealing wax [niet-telb zn] zegelwas

sea lion [telb zn] ⟨dierk⟩ zeeleeuw ⟨genera Zalophus, Otaria⟩

sea lizard [telb zn] ⟨dierk⟩ ① zeeleguaan, zeehagedis

⟨genus Glaucus⟩ [2] **zeeslak** ⟨van het genus Glaucus⟩
sea-loch [telb zn] **zeearm**
Sea Lord [telb zn] ⟨BE⟩ **tot de marine behorend lid van ministerie van Defensie**
seal ring [telb zn] **zegelring**
seal rookery [telb zn] **robbenkolonie**
¹**seal·skin** [telb zn] [1] **robbenvel,** robbenpels, zeehondenhuid [2] **kledingstuk van sealskin/zeehondenhuid**
²**seal·skin** [niet-telb zn] **sealskin,** robbenvel, robbenpels(werk)
seal·wort /siːlwɜːt, ᴬ-wɜrt/ [telb + niet-telb zn] ⟨plantk⟩ [1] **salomonszegel** ⟨planten van het genus Polygonatum⟩ [2] **vetmuur** ⟨planten van het genus Sagina⟩
Sea·ly·ham /siːliəm, ᴬsiːlihæm/, **Sealyham terrier** [telb zn] **sealyhamterriër** ⟨kortpotige, draadharige hond⟩
¹**seam** /siːm/ [telb zn] [1] **naad,** voeg ♦ *the seams of a ship* de naden van een schip [2] **naad,** litteken [3] **scheurtje** ⟨in metaal⟩ [4] **rimpel,** groef, plooi [5] **(steenkool)laag,** (steenkolen)bedding [·] ⟨inf⟩ *burst at the seams* tot barstens toe vol zitten, propvol zijn; ⟨inf⟩ *come apart at the seams* helemaal over zijn toeren zijn; in duigen vallen; tot niets komen
²**seam** /siːm/ [onov ww] [1] **openscheuren,** splijten [2] **rimpelen** [3] ⟨AE⟩ **averechts breien**
³**seam** /siːm/ [ov ww] [1] **samennaaien** ♦ *seamed stockings* kousen met naad [2] **doorgroeven,** doorsnijden, doorkerven ♦ *seamed face* doorgroefd/gegroefd gezicht; *seamed with scars* met littekens doorgroefd/overdekt [3] **rimpelen** [4] ⟨AE⟩ **met averechtse steken ribbels breien in**
sea mail [niet-telb zn] **zeepost**
sea·man /siːmən/ [telb zn; mv: seamen /-mən/] [1] **zeeman,** matroos [2] ⟨mil⟩ **matroos 1e klasse** ⟨in de Amerikaanse marine⟩
seaman apprentice [telb zn] ⟨mil⟩ ± **matroos 2e klasse** ⟨in de Amerikaanse marine⟩
sea·man·like /siːmənlaɪk/ [bn] **een zeeman/matroos waardig**
seaman recruit [telb zn] ⟨mil⟩ ± **matroos 3e klasse** ⟨in de Amerikaanse marine⟩
sea·man·ship /siːmənʃɪp/ [niet-telb zn] **zeemanschap,** zeevaartkunde
sea·mark [telb zn] **zeebaken,** zeebaak, boei, vuurtoren
seam bowler [telb zn] ⟨cricket⟩ **seamer** ⟨speler die de bal via de naad met effect laat opstuiten⟩
seamer [telb zn] → **seam bowler**
sea mew [telb zn] → **sea gull**
sea mile [telb zn] [1] **(internationale) zeemijl** ⟨1852 m⟩ [2] ⟨Engelse⟩ **zeemijl** ⟨1853,18 m⟩
sea mist [niet-telb zn] **zeemist**
seam·less /siːmləs/ [bn] **naadloos,** ⟨fig⟩ consistent, consequent
sea·mount [telb zn] **onderzeese berg,** zeeberg
sea mouse [telb zn] ⟨dierk⟩ **zeemuis** ⟨worm; genus Aphrodite; in het bijzonder A. aculeata⟩
seam·stress /siːmstrɪs/, ⟨BE ook⟩ **semp·stress** /sem(p)strɪs/ [telb zn] **naaister**
seam welding [niet-telb zn] ⟨techn⟩ **(het) naadlassen**
seam·y /siːmi/ [bn; vergr trap: seamier; zn: seaminess] **met een naad/naden,** ⟨fig⟩ minder mooi, ruw, hard ♦ *the seamy side of life* de zelfkant van het leven; *the seamy side of a garment* de averechtse/verkeerde kant van een kledingstuk
Sean·ad /ʃænɑːd/, **Seanad Eir·eann** /-eərən, ᴬ-erən/ ⟨eigenn; het⟩ **Eerste Kamer/Senaat van Ierland**
sé·ance, se·ance /seɪɑːs, seɪɒns, ᴬseɪɑns/ [telb zn] **seance,** spiritistische seance
sea oak [niet-telb zn] ⟨plantk⟩ **zee-eik** ⟨wier; genus Fucus⟩
sea onion [telb zn] ⟨plantk⟩ **zee-ui,** zeelook ⟨Urginea maritima⟩
sea orange [telb zn] ⟨dierk⟩ **oranje zeekomkommer**

⟨klasse Holothurioidea⟩
sea otter [telb zn] ⟨dierk⟩ **zeeotter** ⟨Enhydra lutris⟩
sea parrot [telb zn] ⟨dierk⟩ **papegaaiduiker** ⟨genera Fratercula, Lunda⟩
sea peach [telb zn] ⟨dierk⟩ **zakpijp** ⟨met perzikachtige huid; klasse Ascidiacea⟩
sea pear [telb zn] ⟨dierk⟩ **zakpijp** ⟨met peervormig lichaam; klasse Ascidiacea⟩
sea pen [telb zn] → **sea feather**
sea pie [telb zn] [1] **gerecht van groente en pekelvlees** [2] ⟨BE; dierk⟩ **scholekster** ⟨genus Haematopus⟩
sea·piece [telb zn] **zeegezicht,** zeestuk
sea pig [telb zn] ⟨dierk⟩ [1] **bruinvis** ⟨genus Phocaena⟩ [2] **doejoeng** ⟨Dugong dugon⟩
sea pike [telb zn] ⟨benaming voor⟩ **snoekachtige zeevis,** geep
sea pilot [telb zn] ⟨dierk⟩ **scholekster** ⟨genus Haematopus⟩
sea pincushion, sea purse [telb zn] **kapsel van haai- en/vleeteieren**
sea pink, sea thrift, sea gillyflower [niet-telb zn] ⟨plantk⟩ **Engels gras** ⟨Armeria maritima⟩
sea·plane [telb zn] **watervliegtuig**
sea poacher [telb zn] ⟨dierk⟩ **harnasmannetje** ⟨Agonus cataphractus⟩
sea·port [telb zn] **zeehaven**
sea power [telb zn] [1] **zeemacht,** scheepsmacht, oorlogsvloot [2] **zeemogendheid,** zeemacht
sea pumpkin [telb zn] ⟨dierk⟩ **zeekomkommer** ⟨klasse Holothurioidea⟩
SEAQ [afk] ⟨Stock Exchange Automated Quotations ⟨Groot-Brittannië⟩⟩
sea·quake [telb zn] **zeebaring,** zeebeving
¹**sear** /sɪə, ᴬsɪr/ [telb zn] **(haan)pal** ⟨van geweerslot⟩
²**sear, sere** /sɪə, ᴬsɪr/ [bn] ⟨form⟩ **verwelkt,** dor, droog
³**sear** /sɪə, ᴬsɪr/ [onov ww] **verdorren,** opdrogen, uitdrogen, verschroeien; → **searing**
⁴**sear** /sɪə, ᴬsɪr/ [ov ww] [1] **schroeien,** verschroeien, (dicht)branden, brandmerken [2] **(doen) verdorren,** opdrogen, uitdrogen, ⟨fig⟩ verharden, ongevoelig maken ♦ *a seared conscience* een verhard/vereelt geweten; → **searing**
sea raven [telb zn] ⟨dierk⟩ **zeeraaf** ⟨vis; Hemitripterus americanus⟩
¹**search** /sɜːtʃ, ᴬsɜrtʃ/ [telb + niet-telb zn] [1] ⟨benaming voor⟩ **grondig onderzoek,** opsporing, zoektocht, speurtocht, speurwerk, jacht, visitatie, fouillering, aftasting, huiszoeking, zoekbewerking, zoekfunctie ♦ *his search after glory* zijn jacht op/naar roem; *search of conscience* gewetensonderzoek; *the search for terrorists* de jacht op terroristen; *in search of* op zoek naar [2] ⟨form⟩ **doordringendheid**
²**search** /sɜːtʃ, ᴬsɜrtʃ/ [onov ww] **grondig zoeken,** speuren, opsporingswerk doen ♦ *search after glory* roem najagen; *search for money* geld najagen; *search for the causes of cancer* zoeken naar de oorzaken van kanker; *he searched through the drawer for his pen* hij zocht in de la naar zijn pen; → **searching**
³**search** /sɜːtʃ, ᴬsɜrtʃ/ [ov ww] [1] ⟨benaming voor⟩ **grondig onderzoeken,** grondig bekijken, doorzoeken, visiteren, fouilleren, aftasten, natrekken, nagaan, naspeuren ♦ *search one's conscience* zijn geweten onderzoeken; *search a house for weapons* een huis op wapens doorzoeken; *search out* op het spoor komen, ontdekken [2] ⟨form⟩ **doordringen** ♦ *the cold searched the deserted camp* de kou doordrong het verlaten kamp [3] ⟨med⟩ **sonderen,** peilen ⟨wond⟩ [·] ⟨inf⟩ *search me!* weet ik veel!, dat mag Joost weten!;
→ **searching**
search·a·ble /sɜːtʃəbl, ᴬsɜrtʃəbl/ [bn] **doorzoekbaar**
search engine [telb zn] **zoekmachine** ⟨op webpagina⟩, zoekprogramma
search·er /sɜːtʃə, ᴬsɜrtʃər/ [telb zn] [1] **onderzoeker**

searching

2 visiteur 3 ⟨med⟩ sonde

¹**search·ing** /sɜːtʃɪŋ, ˆsɜr-/ [telb + niet-telb zn; (oorspronkelijk) gerund van search] 1 **grondig onderzoek** 2 **visitatie,** fouillering, aftasting, ⟨bij uitbreiding⟩ huiszoeking 3 ⟨form⟩ **het doordringen** 4 ⟨mil⟩ **het bestrijken** ⟨d.m.v. geschut⟩ 5 ⟨med⟩ **het sonderen,** sondering ⟨van wond⟩ • ⟨form⟩ *searching(s) of the heart(s)* gewetensangst, gewetenswroeging

²**search·ing** /sɜːtʃɪŋ, ˆsɜr-/ [bn; oorspronkelijk tegenwoordig deelw van search; bw: ~ly] 1 **onderzoekend,** vorsend, scherp • *a searching look* een onderzoekende blik 2 **grondig,** nauwgezet • *a searching examination* een grondig onderzoek

search·light [telb zn] 1 **zoeklicht,** schijnwerper 2 **lichtbundel/kegel van zoeklicht,** ⟨fig⟩ licht, daglicht, bekendheid 3 **zaklantaarn**

search operation [telb zn] **zoekactie**

search party [verzamelnw] **opsporingsexpeditie, opsporingspatrouille,** reddingsteam

search plane [telb zn] **opsporingsvliegtuig**

search warrant [telb zn] **bevel(schrift) tot huiszoeking**

sear·ing /sɪərɪŋ, ˆsɪrɪŋ/ [bn; oorspronkelijk tegenwoordig deelw van sear] 1 **brandend,** schroeiend 2 ⟨inf⟩ **ophitsend,** heet, hitsig ⟨voornamelijk seksueel⟩

sea robin [telb zn] ⟨AE; dierk⟩ **rode poon,** rode knorhaan, rode zeehaan ⟨familie Triglidae⟩

sea room [niet-telb zn] **manoeuvreerruimte** ⟨van schip op zee⟩, ⟨fig⟩ bewegingsruimte, armslag

seas /siːz/ [alleen mv] **zee,** zeeën, oceanen • *beyond (the) seas* over zee, overzee(s), in den vreemde(s), ⟨handel⟩ *the freedom of the seas* de vrijheid van de zee

sea·scape [telb zn] **zeegezicht** ⟨schilderij⟩

Sea Scout [telb zn] **zeeverkenner**

sea serpent, sea snake [telb zn] 1 ⟨dierk⟩ **zeeslang** ⟨familie Hydrophidae⟩ 2 **zeemonster**

sea·shan·ty [telb zn] **shanty** ⟨zeemanslied⟩

sea·shell [telb zn] **zeeschelp**

sea·shore [niet-telb zn] 1 **zeekust** 2 ⟨jur⟩ **strand tussen hoogtij en laagtij,** nat strand

sea·sick [bn; zn: seasickness] **zeeziek**

sea·side [niet-telb zn; ook attributief; the] **kust,** zee(kust) • *go to the seaside* naar de zee/kust/het strand/een badplaats gaan

sea·sid·er [telb zn] **badgast**

sea slug [telb zn] ⟨dierk⟩ 1 **zeekomkommer** ⟨klasse Holothurioidea⟩ 2 **zeenaaktslak** ⟨orde Nudibranchia⟩

sea snail, snail·fish [telb zn] ⟨dierk⟩ **slakdolf** ⟨Liparis liparis⟩

sea snake [telb zn] → **sea serpent**

sea snipe [telb zn] ⟨dierk⟩ 1 **franjepoot** ⟨familie Phalaropodidae⟩, ⟨alg⟩ strandvogel 2 **snipvis** ⟨familie Macrorhamphosidae⟩

¹**sea·son** /siːzn/ [telb zn] 1 **seizoen,** jaartijde • *dry season* droog seizoen/jaargetijde; *the four seasons* de vier seizoenen/jaargetijden; *rainy season* regenseizoen, regentijd 2 **seizoen,** periode, tijd, ⟨fig⟩ jaar • *this may last a whole season* dit kan een heel seizoen/jaar duren/meegaan; *a man for all seasons* een man voor alle tijden/voor goede en kwade dagen 3 ⟨benaming voor⟩ **geschikte/drukke tijd,** seizoen, jachtseizoen, vakantieperiode, bronsttijd • ⟨AE; jacht⟩ *closed season* gesloten seizoen; *come into season* de tijd zijn van, te koop zijn ⟨van seizoenproducten⟩; *mushrooms come into season in autumn* de herfst is de tijd van/voor paddenstoelen; *dead/off season* voorseizoen, periode buiten hoogseizoen ⟨voornamelijk in toerisme⟩; *high season* vol seizoen, hoogseizoen; *a word in season* een woord ter rechter tijd/op het passende moment; een gepast woord; *ducks are in season* de eendenjacht is open; *the mare is in season* de merrie is bronstig; *cherries are in season* het is kersentijd; *in and out of season* te allen tijde, te pas en te

onpas; *London in the season* Londen in het seizoen ⟨voornamelijk de vroege zomer⟩; *low/dull season* slap seizoen, slappe tijd; *out of season* buiten het (volle) seizoen, buiten het jachtseizoen; niet op het gepaste moment; te onpas; *strawberries are out of season* het is nu geen aardbeientijd 4 ⟨benaming voor⟩ **feesttijd,** kerst- en nieuwjaarstijd, feestdagen • *the season of good cheer* de gezellige kerst- en nieuwjaarstijd; *compliments of the season* feestgroeten; ⟨vnl⟩ kerst- en nieuwjaarswensen 5 **seizoenkaart,** abonnementskaart, doorlopende kaart ⟨voor vervoer, speelseizoen e.d.⟩

²**sea·son** /siːzn/ [onov ww] ⟨benaming voor⟩ **geschikt/bruikbaar worden,** (ge)wennen, zich aanpassen, zich harden, gehard worden, acclimatiseren, rijpen, drogen, liggen ⟨hout⟩; → **seasoning**

³**sea·son** /siːzn/ [ov ww] 1 **kruiden** ⟨ook figuurlijk⟩, op smaak brengen, toebereiden • *highly seasoned dishes* sterk gekruide gerechten; *season one's conversation with humour* zijn conversatie met humor kruiden 2 ⟨benaming voor⟩ **geschikt/bruikbaar maken,** (ge)wennen, aanpassen, harden, acclimatiseren, rijpen, rijp maken, laten liggen/drogen ⟨hout⟩ • *a seasoned pipe* een doorgerookte pijp; *seasoned timber* belegen/droog hout; *seasoned troops* doorgewinterde/geharde/geroutineerde/volleerde troepen 3 ⟨form⟩ **verzachten,** milder maken, matigen; → **seasoning**

sea·son·able /siːznəbl/ [bn; bw: seasonably; zn: ~ness] 1 **passend bij het seizoen/de tijd** 2 **tijdig,** op de gepaste tijd 3 **passend,** geschikt

sea·son·al /siːznəl/ [bn; bw: ~ly] **volgens het seizoen,** seizoen(s)-, seizoengevoelig, tijdelijk • ⟨BE⟩ *seasonally adjusted figures* cijfers met seizoenscorrectie; *seasonal employment* seizoenarbeid; *seasonal goods* seizoenartikelen; *a seasonal trade* een seizoengevoelige handel; *seasonal affective disorder* winterdepressie, seizoensdepressie

season creep [niet-telb zn] **het vervagen van de grenzen tussen de seizoenen als gevolg van de klimaatverandering**

¹**sea·son·ing** /siːznɪŋ/ [telb + niet-telb zn; (oorspronkelijk) gerund van season] **specerij,** kruiden, kruiderij, smaakmaker

²**sea·son·ing** /siːznɪŋ/ [niet-telb zn; (oorspronkelijk) gerund van season] **het kruiden,** het op smaak brengen

season's greetings [alleen mv] **kerst- en nieuwjaarsgroeten/nieuwjaarswensen**

season ticket [telb zn] **seizoenkaart,** abonnement, abonnementskaart, doorlopende kaart ⟨voor vervoer, speelseizoen e.d.⟩

sea squirt [telb zn] ⟨dierk⟩ **zeeschede** ⟨genus Ascidia⟩

sea swallow [telb zn] ⟨dierk⟩ **visdief** ⟨Sterna hirundo⟩

¹**seat** /siːt/ ⟨in betekenis 5 ook⟩ **coun·try·seat** [telb zn] 1 ⟨zit⟩**plaats,** stoel, zetel, bank, ⟨fiets⟩zadel • *the back seat of a car* de achterbank van een auto; *the front seat of a car* de voorbank van een auto; *tickets for good seats at the theatre* kaarten voor goede plaatsen in het theater; *have/take a seat* neem plaats, ga zitten; *keep your seats!* blijf (rustig) zitten!; *lose one's seat* zijn plaats kwijtraken; *take one's seat* (op zijn plaats) gaan zitten; *she took her seat on a rock* ze ging op een rots zitten 2 **zitting** • *the seat of a chair* de zitting van een stoel; *the seat of a valve* de zitting van een klep 3 **zitvlak,** achterste, kruis 4 **zetel,** centrum, plaats, ligging, gebied • *the seat of a disease* de zetel van een ziekte, de ziektehaard; *the seat of a fire* de haard van een brand, de brandhaard; *the seat of government* de zetel der regering; *the disease has its seat in the heart* de ziekte heeft haar zetel in het hart/is in het hart gelokaliseerd; *a seat of learning* een zetel/centrum van geleerdheid/wetenschap; *the seat of war* het toneel van oorlog 5 **landgoed,** buitenverblijf 6 **zetel,** lidmaatschap • *lose one's seat* niet herkozen worden (voor het parlement), zijn zetel verliezen;

have a seat *on a board* zetelen in een commissie; *take one's seat* zijn plaats (in het parlement) innemen; *win a seat* verkozen worden (voor het parlement), een zetel behalen [7] ⟨paardsp⟩ *zit* ♦ *she has a good seat* ze heeft een goede zit, ze zit goed (te paard) [8] **wc-bril**, closetbril [9] ⟨vnl BE⟩ **kiesdistrict** [•] ⟨inf⟩ *by the seat of one's pants* op 't gevoel af, bij intuïtie, gevoelsmatig, in 't wilde weg, op goed geluk af; op het nippertje gelukt

²**seat** /siːt/, ⟨in betekenissen 4,5 vnl⟩ **re·seat** /riːˈsiːt/ [ov ww] [1] ⟨vaak passief⟩ **zetten**, plaatsen, doen zitten, doen zetelen ♦ *be seated* ga zitten; *please/pray be seated* gaat u zitten; *be deeply seated* diep zitten, diep ingeworteld zijn ⟨van gevoel, ziekte enz.⟩; *the government is seated in the capital* de regering zetelt in de hoofdstad; *seat o.s.* gaan zitten; *the town is seated at the border of the desert* de stad ligt aan de rand van de woestijn/is aan de rand van de woestijn gelegen [2] **van zitplaatsen voorzien** [3] **(zit)plaats bieden aan/voor**, een zitplaatscapaciteit hebben van ♦ *this room is seated for/will seat twenty* deze kamer biedt plaats aan twintig mensen [4] **de zitting repareren/vervangen van** [5] **het achterste/het kruis repareren/vervangen van** ⟨broek⟩ [6] **plaatsen**, bevestigen, vastzetten, vastmaken ⟨onderdeel e.d.⟩ [7] **zijn functie doen innemen** ♦ *the queen was seated last year* de koningin werd vorig jaar ingehuldigd/kwam vorig jaar op de troon; → **seating**

sea·tang, sea tangle [niet-telb zn] ⟨plantk⟩ **bruinwier** ⟨genus Laminaria⟩

seat belt [telb zn] **veiligheidsgordel**, veiligheidsriem

-**seat·er** /siːtə, ᴬsiːtər/ [vormt (bijvoeglijk) naamwoord met getal] [1] **met ... zitplaatsen** ♦ *a three-seater* ≈ een auto met drie zitplaatsen [2] **auto/fiets/... met ... zitplaatsen**, -zit(ter) ♦ *this car is a three-seater* deze auto heeft/biedt 3 zitplaatsen

sea thrift [niet-telb zn] → **sea pink**

¹**seat·ing** /siːtɪŋ/ [telb zn; 1e variant (oorspronkelijk) gerund van seat] **steunvlak**, draagvlak, basis, zitting ♦ *the seating of a valve* de zitting van een klep

²**seat·ing** /siːtɪŋ/, ⟨in betekenis 3 ook⟩ **seating room, seating accommodation** [niet-telb zn; 1e variant (oorspronkelijk) gerund van seat] [1] **plaatsing, het geven van een plaats** ♦ *the seating of the visitors took a long time* het duurde lang voor alle bezoekers op hun plaats zaten/een plaats hadden [2] **het geven van een zitting** [3] ⟨vaak attributief⟩ **plaatsruimte,** (zit)plaatsen [4] **bekledingsstof,** stoffering

seat mile [telb zn] **reizigersmijl**, mijl per reiziger

SEATO /siːtoʊ/ [eigenn] (Southeast Asia Treaty Organization) **Zoavo**

sea toad [telb zn] ⟨dierk⟩ **zeeduivel**, hozemond, hozebek ⟨Lophius piscatorius⟩

sea trout [telb zn] ⟨dierk⟩ **zeeforel**, schot(zalm) ⟨Salmo trutta⟩

seat·worm [telb zn] **aarsmade**

sea unicorn [telb zn] ⟨dierk⟩ **narwal** ⟨Monodon monoceros⟩

sea urchin [telb zn] ⟨dierk⟩ **zee-egel** ⟨klasse Echinoidea⟩

seawall [telb zn] ⟨dierk⟩ **zeedijk**, strandmuur, zeewering

¹**sea·ward** /siːwəd, ᴬ-wərd/ [bn] **zeewaarts**

²**sea·ward** /siːwəd, ᴬ-wərd/, **sea·wards** /siːwədz, ᴬ-wərdz/ [bw] **zeewaarts**, naar zee, aan de kant van de zee

sea·ware [niet-telb zn] **aangespoeld zeewier** ⟨als meststof gebruikt⟩

sea·wa·ter [niet-telb zn] **zeewater**, zout water

¹**sea·way** [telb zn] [1] **zeeweg,** vaarroute (op zee) [2] **vaarroute naar zee**, zeeweg [3] **ligging** ⟨van schip⟩ [4] **woelige zee**, zeegang

²**sea·way** [niet-telb zn] **vaart, voortgang** ⟨van schip⟩

sea·weed [niet-telb zn] [1] **zeewier** [2] **zeegras**

sea whip [telb zn] → **sea fan**

sea·wife [telb zn] ⟨dierk⟩ **lipvis** ⟨familie Labridae; in het bijzonder Labrus vetula, Acantholabrus yarrelli⟩

sea wind [telb zn] → **sea breeze**

sea wolf [telb zn] ⟨dierk⟩ [1] **zeeolifant** ⟨Mirounga leonina⟩ [2] **zeewolf** ⟨Anarhichas lupus⟩ [3] **zeebaars** ⟨Centropristis striatus⟩

sea·wor·thy [bn; zn: seaworthiness] **zeewaardig**

sea wrack [niet-telb zn] [1] **aangespoeld zeewier** [2] ⟨uit zee⟩ **aangespoeld materiaal**

se·ba·ceous /sɪˈbeɪʃəs/ [bn] ⟨med⟩ [1] **vetachtig**, vet-, talg- ♦ *sebaceous gland* vetklier [2] **vet afscheidend**

se·bi- /sɛbi/, **seb·o-** /sɛboʊ/ **vet-**, vetachtig

seb·or·rhoe·a, ⟨AE ook⟩ **seb·or·rhe·a** /sɛbəˈriːə/ [niet-telb zn] ⟨med⟩ **seborroe**

se·bum /siːbəm/ [niet-telb zn] **sebum**, huidsmeer, talg

SE by E, SEbE [afk] (Southeast by East) **Z.O.O.**

SE by S, SEbS [afk] (Southeast by South) **Z.O.Z.**

¹**sec** /sek/ [telb zn] ⟨inf⟩ (verk: second) **seconde** ♦ *just a sec* een ogenblikje

²**sec** /sek/ [bn] **sec**, droog ⟨van wijn⟩

³**sec** [afk] [1] (secondary) [2] ⟨ook Sec⟩ (Secretary) [3] (section) **sect.** [4] (sector)

SEC [afk] (Securities and Exchange Commission)

¹**se·cant** /siːkənt, ᴬ-kænt/ [telb zn] ⟨wisk⟩ [1] **snijlijn** [2] **secans**

²**se·cant** /siːkənt, ᴬ-kænt/ [bn] **snijdend**, snij- ♦ *secant line* snijlijn

sec·a·teurs /sɛkəˈtɜːz, ᴬ-ˈtɜrz/ [alleen mv; werkwoord steeds mv] ⟨BE⟩ **(kleine) snoeischaar**, (kleine) tuinschaar ♦ *three pairs of secateurs* drie snoeischaren

sec·co [niet-telb zn] **secco schilderij** ⟨op een droge grond geschilderd⟩

se·cede /sɪˈsiːd/ [onov ww] **zich afscheiden,** zich afsplitsen, zich terugtrekken ♦ *secede from* zich afscheiden van, uittreden uit

se·ced·er /sɪˈsiːdə, ᴬ-ər/ [telb zn] **afgescheiden persoon,** afgescheidene, afvallige

se·cern /sɪˈsɜːn, ᴬ-ˈsɜrn/ [ov ww] [1] **afscheiden,** secreteren ⟨van klier⟩ [2] **onderscheiden**

se·cern·ent /sɪˈsɜːnənt, ᴬ-ˈsɜr-/ [telb zn] [1] **afscheidingsorgaan** [2] **afscheiding bevorderend middel**

se·ces·sion /sɪˈsɛʃn/ [niet-telb zn] [1] **afscheiding,** het afscheiden, separatie [2] ⟨voornamelijk Secession⟩ ⟨gesch⟩ **secessie,** afscheidingsbeweging ⟨aanleiding tot de Amerikaanse burgeroorlog⟩ ♦ *War of Secession* Secessieoorlog ⟨Amerikaanse burgeroorlog 1861-1865⟩

se·ces·sion·al /sɪˈsɛʃnəl/ [bn] **afscheidend,** afscheidings-

se·ces·sion·ism /sɪˈsɛʃənɪzm/ [niet-telb zn] **afscheidingspolitiek,** separatisme

se·ces·sion·ist /sɪˈsɛʃənɪst/ [telb zn] **separatist**

Seckel pear /sɛkl pɛə, ᴬ-pɛr/ [telb zn] ⟨AE⟩ **seckelpeer** ⟨kleine, zoete peer⟩

se·clude /sɪˈkluːd/ [ov ww] [1] **afzonderen,** afsluiten, opsluiten, isoleren, terugtrekken ♦ *seclude s.o./o.s. from* iemand/zich afzonderen van; *seclude o.s. in one's room* zich in zijn kamer opsluiten; *seclude o.s.* zich afzonderen [2] **afschermen,** beschermen; → **secluded**

se·clud·ed /sɪˈkluːdɪd/ [bn; oorspronkelijk volt deelw van seclude; bw: ~ly; zn: ~ness] [1] **afgezonderd,** teruggetrokken, geïsoleerd ♦ *a secluded life* een teruggetrokken leven [2] **afgezonderd,** rustig, stil, eenzaam, afgelegen, afgeschermd, verborgen, privé ♦ *a secluded house* een afgelegen huis; *a secluded spot* een stil/eenzaam plekje

¹**se·clu·sion** /sɪˈkluːʒn/ [niet-telb zn] **afgezonderde plaats,** eenzame/rustige/afgelegen plaats

²**se·clu·sion** /sɪˈkluːʒn/ [niet-telb zn] [1] **afzondering,** het afzonderen [2] **afzondering,** eenzaamheid, rust, afgelegenheid, privacy ♦ *in the seclusion of one's own room* in de beslotenheid/privacy van zijn eigen kamer; *live in seclusion* in afzondering leven

se·clu·sive /sɪˈkluːsɪv/ [bn; bw: ~ly; zn: ~ness] [1] **geneigd**

second

zich af te zonderen, zich afzonderend ♦ *he's a very seclusive person* hij heeft sterk de neiging zich af te zonderen, hij zondert zich sterk af ⟨2⟩ *om (zich) af te zonderen* ♦ *a seclusive spot* een plaats waar men zich kan terugtrekken

¹**sec·ond** /sekənd/ [telb zn; in bet 3, bet 4, bet 5, bet 6, bet 7, bet 8 en bet 9 niet te scheiden van het voornaamwoord] ⟨1⟩ seconde ⟨eenheid van tijd⟩, ⟨fig⟩ moment(je), ogenblik(je) ♦ *half a second!* een ogenblik!; *I'll be back in a second* ik ben zo terug; *wait a second* wacht even ⟨2⟩ seconde ⟨eenheid van hoekmaat⟩ ⟨3⟩ tweede ⟨van de maand⟩ ⟨4⟩ ⟨sport⟩ tweede (plaats) ♦ *a close/good second* een goede tweede plaats, een tweede vlak op de hielen van de eerste; *a distant/poor second* een tweede plaats ver achter de eerste, een zwakke tweede ⟨5⟩ ⟨onderw⟩ tweede (klas) ⟨6⟩ ⟨techn⟩ tweede (versnelling) ♦ *put her in second* schakel naar tweede ⟨7⟩ ⟨universiteit⟩ ± met veel genoegen ♦ *he got a second* hij is met veel genoegen afgestudeerd; *lower second* ± met (veel) genoegen; *upper second* ± met (zeer) veel genoegen ⟨8⟩ ⟨ec⟩ secundawissel ♦ *second of exchange* secundawissel ⟨9⟩ ⟨muz⟩ tweede stem ⟨10⟩ secondant, getuige ⟨bij boksen, duel⟩ ⟨11⟩ ⟨muz⟩ seconde, secunde ♦ *major second* grote seconde, één toon; *minor second* kleine seconde, halve toon; *a second up* een seconde hoger ▫ *not for a/one second* helemaal niet

²**sec·ond** /sekənd/ [ov ww] ⟨1⟩ (onder)steunen, bijstaan, helpen, meewerken ⟨2⟩ ondersteunen, goedkeuren, bijvallen ⟨3⟩ seconderen, secondant zijn van ⟨4⟩ de tweede stem zingen voor/bij

³**se·cond** /sɪkɒnd, ^sɪkɑnd/ [ov ww] ⟨BE⟩ tijdelijk overplaatsen, detacheren, à la suite plaatsen ⟨in het bijzonder in het leger⟩ ♦ *second for special duties* tijdelijk overplaatsen om speciale taken te vervullen; *second s.o. from* iemand (tijdelijk) overplaatsen van; *second to* tijdelijk overplaatsen naar, detacheren bij

⁴**sec·ond** /sekənd/ [uitr vnw; als voornaamwoord] tweede, ander(e) ♦ ⟨mil⟩ *the captain's second* de adjudant van de kapitein; ⟨mil⟩ *second in command* onderbevelhebber; *give me a second* geef me er nog een; *second in line* tweede op de ranglijst; *he was second to none* hij was van niemand de mindere, hij moest voor niemand onderdoen

⁵**sec·ond** /sekənd/, (in betekenis 2 ook) **sec·ond·ly** /sekəndli/ [bw] ⟨1⟩ op één na ♦ *second best* op één na de beste; *come off second best* als tweede eindigen; ⟨fig⟩ aan het kortste eind trekken, het onderspit delven ⟨2⟩ ten tweede, in/op de tweede plaats, secundo ⟨3⟩ ⟨verk⟩ (in) tweede klas ♦ *travel second* (in) tweede klas reizen

⁶**sec·ond** /sekənd/ [telw; als determinator] tweede, ander(e), ⟨fig⟩ tweederangs, minderwaardig ♦ *second class* tweede klas ⟨ook van post⟩; ⟨onderw⟩ tweede rang ⟨bij examen⟩; ± onderscheiding; *every second day* om de andere dag; ⟨fig⟩ *second nature* tweede natuur; *in the second place* ten tweede, bovendien; *second violin* tweede viool

¹**sec·ond·ar·y** /sekəndri, ^-deri/ [telb zn] ⟨1⟩ ondergeschikte, helper, assistent ⟨2⟩ afgevaardigde, vertegenwoordiger, gedelegeerde, gezant ⟨3⟩ iets ondergeschikts, iets bijkomends/secundairs ⟨4⟩ secundaire kleur, samengestelde kleur, mengkleur ⟨5⟩ ⟨dierk⟩ kleine slagpen ⟨6⟩ ⟨elek⟩ secundaire wikkeling/stroomkring, secundaire winding, inductiespoel, secundair circuit ⟨7⟩ ⟨astron⟩ bijplaneet, satelliet ⟨8⟩ ⟨sport⟩ achterste verdedigingslinie ⟨9⟩ ⟨med⟩ uitzaaiing

²**sec·ond·ar·y** /sekəndri, ^-deri/ [bn; bw: secondarily; zn: secondariness] ⟨1⟩ secundair, bijkomstig, bijkomstig, ondergeschikt, bij-, tweede ♦ *secondary accent/stress* bijaccent; *secondary sex(ual) characteristics/sex characters* secundaire geslachtskenmerk(en); *secondary colour* secundaire/samengestelde kleur, mengkleur; *secondary planet* bijplaneet, satelliet; *secondary plot* nevenintrige; *secondary rainbow* bijregenboog; *secondary source* secundaire bron; *secondary to* ondergeschikt aan ⟨2⟩ secundair, lager, inferieur, tweederangs, minder(waardig) ♦ *secondary to* inferieur aan ⟨3⟩ ⟨elek⟩ secundair, inductie- ♦ *secondary circuit* secundair circuit, secundaire stroomkring; *secondary coil* secundaire spoel/winding, inductiespoel; *secondary electrons* secundaire elektronen; *secondary emission* secundaire emissie ⟨4⟩ ⟨scheik⟩ secundair ▫ *secondary battery/cell* accumulator, omkeerbaar elektrisch element; ⟨taalk⟩ *secondary derivative* secundaire afleiding, afleiding van een afleiding; ⟨dierk⟩ *secondary feather* kleine slagpen; *secondary recovery* secundaire oliewinning

³**sec·ond·ar·y** /sekəndri, ^-deri/ [bn, attr; bw: secondarily; zn: secondariness] secundair, middelbaar ♦ *secondary education* secundair/middelbaar onderwijs; *secondary modern (school)*, ⟨inf⟩ *secondary mod* middelbare school met eindonderwijs/zonder doorstromingsmogelijkheden ⟨in Engeland sinds 1944⟩, ± mavo; *secondary school* middelbare school; *secondary technical school* middelbare technische school; *secondary teacher* leerkracht in het middelbaar onderwijs

sec·ond-chop [bn] ⟨inf⟩ tweederangs, tweede klas

¹**sec·ond-class** [bn] ⟨1⟩ tweede klas, tweedeklas(se) ♦ *second-class compartment* tweedeklascoupé; *get a second-class degree* met veel genoegen afstuderen; *second-class fare* tweedeklastarief; *second-class mail* tweedeklaspost ⟨in Engeland: langzamere verzending tegen lagere tarieven; in Amerika en Canada: kranten en tijdschriften⟩; *a second-class ticket* een kaartje (voor de) tweede klas ⟨2⟩ tweederangs, inferieur, minderwaardig ♦ *second-class citizens* tweederangsburgers

²**sec·ond-class** [bw] tweede klas ♦ *go/travel second-class* tweede klas reizen

sec·ond-de·gree [bn] van de tweede graad, tweedegraads- ♦ *second-degree burn* brandwond van de tweede graad, tweedegraadsverbranding

sec·ond·er /sekəndə, ^-ər/ [telb zn] voorstander, ondersteuner ♦ *his proposal had no seconder* er was niemand die achter zijn voorstel stond

sec·ond-floor [bn, attr] ⟨1⟩ ⟨BE⟩ op de tweede verdieping ♦ *a second-floor flat* een appartement op de tweede verdieping ⟨2⟩ ⟨AE⟩ op de eerste verdieping

sec·ond-gen·er·a·tion [bn, attr] van de tweede generatie ⟨in het bijzonder Amerika; met ouders die zelf in Amerika geboren zijn⟩

¹**sec·ond-guess** [onov ww] ⟨vnl AE⟩ het achteraf wel kunnen zeggen, achteraf kritiek leveren, het achteraf beter weten

²**sec·ond-guess** [ov ww] ⟨vnl AE⟩ ⟨1⟩ achteraf bekritiseren, achteraf kritiek leveren op ⟨2⟩ voorspellen ⟨3⟩ doorhebben, doorzien

sec·ond-half [bn, attr] ⟨sport⟩ van/in de tweede (speel)helft ♦ *two second-half goals were scored* in de tweede helft werden twee doelpunten gescoord

¹**sec·ond·hand** [bn] ⟨1⟩ tweedehands ♦ *a secondhand car* een tweedehands auto ⟨2⟩ uit de tweede hand ♦ *a secondhand report* een verslag uit de tweede hand

²**sec·ond·hand** [bn, attr] tweedehands-, in/van tweedehands goederen ♦ *secondhand dealer* handelaar in tweedehands goederen, uitdrager; *a secondhand shop* een tweedehandswinkel

³**sec·ond·hand** [bw] uit de tweede hand, tweedehands, indirect, onrechtstreeks

second hand, seconds hand [telb zn] secondewijzer

sec·ond-in-com·mand [telb zn; mv: seconds in command] onderbevelhebber

sec·ond·ment /sɪkɒndmənt, ^-kɑnd-/ [telb + niet-telb zn] ⟨BE⟩ detachering, overplaatsing

se·con·do /sekɒndoʊ, ^sɪkoʊn-/ [telb zn; mv: secondi /-di:/] ⟨muz⟩ ⟨speler van de⟩ tweede partij, tweede stem

sec·ond-rate [bn] tweederangs, inferieur, middelmatig

sec·ond-rat·er [telb zn] ⟨1⟩ tweederangsfiguur ♦ *a gov-*

ernment of second-raters een regering bestaande uit tweederangsfiguren [2] *ding van tweede rang*

sec·onds /sekəndz/ [alleen mv] [1] tweedekwaliteitsgoederen, tweede keus/klas(se) ♦ *these are seconds and therefore cheaper* deze zijn van mindere kwaliteit en daarom goedkoper [2] *tweede portie* ⟨bij maaltijd⟩ ♦ *who would like seconds?* wie wil er nog? [3] *tweede gang* ⟨bij maaltijd⟩

sec·ond-sight·ed [bn] helderziend, clairvoyant

sec·ond-sto·ry man [telb zn] ⟨AE⟩ geveltoerist ⟨inbreker⟩

sec·ond-strike [bn, attr] ⟨mil⟩ voor een tegenaanval bestemd ⟨atoomwapen⟩ ♦ *second-strike capability* capaciteit voor de tegenaanval

sec·ond-string [bn] ⟨vnl AE⟩ [1] ⟨sport⟩ reserve-, vervangend [2] ⟨sport⟩ op één na beste ⟨in team⟩ [3] tweederangs, inferieur, van het tweede garnituur

¹**se·cre·cy** /siːkrɪsi/ [telb zn] geheim(enis), mysterie, verborgenheid

²**se·cre·cy** /siːkrɪsi/ [niet-telb zn] geheimhouding, stilzwijgen, geslotenheid, geheimzinnigheid, verborgenheid ♦ *bind/swear s.o. to secrecy* iemand (strikte) geheimhouding doen beloven; *in secrecy* in het geheim; *with secrecy* onder geheimhouding

¹**se·cret** /siːkrɪt/ [telb zn] [1] geheim(enis), mysterie, verborgenheid ♦ *let s.o. into a/the secret* iemand in een/het geheim inwijden; *keep a/the secret* een/het geheim bewaren; *make a secret of sth.* ergens een geheim van maken; *the secrets of nature* de geheimen/mysteriën der natuur; *be in on the secret* in het geheim ingewijd zijn; *John's in on the secret* John is een ingewijde, John weet ervan [2] geheim, kunst, sleutel ♦ *the secret of your health* het geheim van uw gezondheid; *the secret of success* het geheim/de kunst om succesvol te zijn [3] ⟨vaak Secret⟩ ⟨r-k⟩ secreta, oratio super oblata ⟨stil gebed voor de prefatie⟩

²**se·cret** /siːkrɪt/ [niet-telb zn] geheim(houding) ♦ *in secret* in het geheim, onder geheimhouding

³**se·cret** /siːkrɪt/ [bn] [1] geheim, verborgen, heimelijk, vertrouwelijk ♦ *a secret admirer* een verborgen/stille aanbidder; *secret agent* geheim agent; *secret ballot* geheime stemming; *keep sth. secret from s.o.* iets voor iemand geheim houden; *secret police* geheime politie; *secret service* geheime dienst; ⟨AE⟩ *the Secret Service* de Geheime Dienst ⟨beschermingsdienst voor de president en zijn naasten⟩; *secret society* geheim genootschap [2] geheimhoudend, gesloten, discreet, terughoudend ♦ *be secret about* gesloten zijn over [3] verborgen, afgezonderd, afgesloten [4] innerlijk, inwendig [5] geheim, esoterisch ○ *s.o.'s secret soul* het diepste van iemands ziel

sec·re·tar·i·al /sekrəteəriəl, ᴬ-ter-/ [bn] van een secretaresse, secretariaats- ♦ *secretarial training* opleiding voor secretaresse

¹**sec·re·tar·i·at, sec·re·tar·i·ate** /sekrəteəriət, ᴬ-ter-/ [telb zn] secretariaat, secretarie, secretariaatspersoneel, secretariaatsgebouw, kantoor/bureau van een secretaris/secretaresse ♦ *the secretariat of the United Nations* het secretariaat/de secretarie van de Verenigde Naties

²**sec·re·tar·i·at, sec·re·tar·i·ate** /sekrəteəriət, ᴬ-ter-/ [niet-telb zn] secretarisambt, secretarisschap

¹**sec·re·tar·y** /sek(r)ətri, ᴬ-teri/, ⟨in betekenis 6 ook⟩ **sec·re·taire** /sekrəteə, ᴬ-ter-/ [telb zn] [1] secretaresse ♦ *honorary secretary* eresecretaris; *private/Private secretary* privésecretaris, privésecretaresse, particulier secretaris/secretaresse; *secretary to the chairman* secretaris/secretaresse van de voorzitter [2] secretaris, secretaris-generaal ⟨van ministerie⟩ [3] ⟨BE; inf; voornamelijk Secretary⟩ ⟨verk: Secretary of State⟩ minister, staatssecretaris, hulpminister, onderminister [4] ⟨voornamelijk Secretary⟩ ⟨AE⟩ minister, administrateur [5] secretaire, bureautje, schrijftafel [6] ⟨geheim⟩schrijver [7] ⟨dierk⟩ secretarisvogel ⟨Sagittarius serpentarius⟩ ○ ⟨BE⟩ *Secretary of State* minister; ⟨AE⟩ *Secretary of State* minister van Buitenlandse Zaken; ⟨in sommige Amerikaanse Staten⟩ referendaris, administrateur; ⟨BE⟩ *the Secretary of State for Home Affairs* de minister van Binnenlandse Zaken; ⟨BE⟩ *the Secretary of State for Foreign Affairs* de minister van Buitenlandse Zaken; ⟨AE⟩ *the Secretary of the Treasury* de minister van Financiën

²**sec·re·tar·y** /sek(r)ətri, ᴬ-teri/ [niet-telb zn] → secretary type

secretary bird [telb zn] ⟨dierk⟩ secretarisvogel ⟨Sagittarius serpentarius⟩

sec·re·tar·y-gen·er·al [telb zn; vaak Secretary General; mv: secretaries-general] secretaris-generaal ⟨bijvoorbeeld van de VN⟩

sec·re·tar·y·ship /sek(r)ətriʃɪp, ᴬ-teri-/ [niet-telb zn] [1] secretarisambt, secretarisschap [2] ⟨BE⟩ ministerschap, ministersambt

secretary type [niet-telb zn] ⟨boek⟩ gotisch schrift, gotische/Duitse letter

se·crete /sɪkriːt/ [ov ww] [1] verbergen, verstoppen, wegstoppen, (ver)helen ♦ *secrete sth. about one's person* iets op zijn lichaam verstoppen; *secrete o.s.* zich verstoppen [2] in 't geheim wegnemen, verduisteren, ontfutselen [3] afscheiden ⟨van organen, klieren⟩ ♦ *the nose secretes mucus* door de neus wordt slijm afgescheiden

¹**se·cre·tion** /sɪkriːʃn/ [telb zn] ⟨med⟩ afscheiding(sproduct)

²**se·cre·tion** /sɪkriːʃn/ [niet-telb zn] [1] verberging, het verbergen/verstoppen, verduistering, verheling ♦ *he made an attempt at secretion of three valuable watches* hij probeerde drie kostbare horloges te verbergen [2] ⟨med⟩ secretie, afscheiding

se·cre·tive /siːkrɪtɪv/ [bn; bw: ~ly; zn: ~ness] [1] geheimzinnig, achterhoudend ♦ *John's very secretive* John doet graag geheimzinnig [2] gesloten, terughoudend, gereserveerd, zwijgzaam [3] ⟨fysiologie⟩ secretorisch, de afscheiding bevorderend

se·cret·ly /siːkrɪtli/ [bw] [1] → secret [2] in het geheim

se·cre·to·ry /sɪkriːtəri/ [bn] ⟨med⟩ [1] secretorisch, de afscheiding bevorderend [2] afscheidings-, geproduceerd door afscheiding

¹**sect** /sekt/ [telb zn] [1] sekte, afscheuring, afscheiding, schisma [2] ⟨beled⟩ (extreme/ketterse) sekte, groep nonconformisten [3] geloofsgemeenschap, kerkgenootschap, gezindte [4] partij, fractie [5] fractie [6] school, richting, opvatting, gezindheid

²**sect** [afk] (section) sect.

¹**sec·tar·i·an** /sekteəriən, ᴬ-ter-/, **sec·ta·ry** /sektəri/ [telb zn] [1] sektariër, sektaris [2] fanatiekeling, dweper, fanaticus, geestdrijver [3] enggeestig iemand, bekrompen iemand, dogmaticus

²**sec·tar·i·an** /sekteəriən, ᴬ-ter-/ [bn] [1] sektarisch, sekte- [2] dweperig, dweepziek, dweepzuchtig, fanatiek [3] enggeestig, bekrompen, dogmatisch

sec·tar·i·an·ism /sekteəriənizm, ᴬ-ter-/ [niet-telb zn] [1] sektarisme, sektegeest [2] sekte-ijver, dweepzucht, fanatisme, geestdrijverij

¹**sec·tar·i·an·ize, sec·tar·i·an·ise** /sekteəriənaɪz, ᴬ-ter-/ [onov ww] sektarisch worden, in sektes uiteenvallen

²**sec·tar·i·an·ize, sec·tar·i·an·ise** /sekteəriənaɪz, ᴬ-ter-/ [ov ww] [1] sektarisch maken, met sekte-ijver vervullen [2] in sektes opdelen, onder de controle van een sekte/van de belangengroepen brengen

sec·ta·ry /sektəri/ [telb zn] [1] → sectarian [2] ⟨vnl gesch⟩ non-conformist ⟨in het bijzonder afgescheidene van de Engelse staatskerk⟩

sec·tile /sektaɪl, ᴬsektl/ [bn] snijdbaar, deelbaar

¹**sec·tion** /sekʃn/ [telb zn] [1] ⟨benaming voor⟩ sectie, (onder)deel, afdeling, lid, stuk, segment, component, aflevering, (aan)bouwelement, (gemeente)sectie, afdeling, wijk,

section

district, stadsdeel, regio, baanvak, (onderhouds)traject ⟨van spoorlijn⟩, smaldeel, peloton ♦ *the brass section* koper(sectie) ⟨van fanfare⟩; *all sections of the population* alle lagen van de bevolking; *residential section* woonwijk [2] groep ⟨binnen samenleving⟩, entiteit [3] (onder)afdeling, paragraaf, lid, sectie, katern ⟨van krant/boek⟩ [4] (wets)artikel [5] paragraaf(teken) ⟨¶, ook als verwijzingsteken naar voetnoot⟩ [6] partje ⟨van citrusvrucht⟩, plakje, schijfje [7] (dwars)doorsnede ⟨ook in wiskunde⟩, profiel ♦ *conic section* kegeldoorsnede; *horizontal section* vlakke/horizontale doorsnede, dwarsdoorsnede; *longitudinal section* overlangse doorsnede, doorsnede in de lengte; *microscopic section* preparaat ⟨voor microscopisch onderzoek⟩; microtomisch plakje; *oblique section* schuine doorsnede; *vertical section* verticale doorsnede [8] preparaat ⟨in ontleedkunde⟩, microtomisch plakje weefsel [9] ⟨AuE⟩ tariefzone ⟨op openbaar vervoer⟩ [10] ⟨AE⟩ slaaprijtuigcompartiment ⟨met twee boven elkaar geplaatste couchettes⟩ [11] ⟨AE⟩ (splitsings)klasje [12] ⟨AE⟩ een vierkante mijl ⟨640 acres⟩ [13] ⟨biol⟩ groep, subgenus [·] *in section* in (zijaanzicht na) (dwars)doorsnede, in profiel

²**sec·tion** /sekʃn/ [telb + niet-telb zn] ⟨med⟩ (chirurgische) snee, incisie, (in)snijding, sectie ♦ *c(a)esarean section* keizersnede

³**sec·tion** /sekʃn/ [niet-telb zn] het snijden, het scheiden/verdelen

⁴**sec·tion** /sekʃn/ [ov ww] [1] in secties verdelen/schikken, segmenteren [2] een doorsnede tonen van [3] met microtoom snijden, prepareren ⟨anatomisch weefsel⟩ [4] ⟨med⟩ insnijden [5] arceren ⟨delen van tekening⟩ [6] ⟨BE; med⟩ laten opnemen in een psychiatrische instelling

-sec·tion /sekʃn/ -sectie ♦ *vivisection* vivisectie

¹**sec·tion·al** /sekʃnəl/ [telb zn] aanbouwmeubel, aanbouwelement

²**sec·tion·al** /sekʃnəl/ [bn; bw: ~ly] [1] uit afzonderlijke elementen/delen bestaand, gelaagd, uitneembaar, demonteerbaar ♦ *sectional furniture* aanbouwmeubilair [2] sectioneel, m.b.t. een bepaald landsdeel/bepaalde bevolkingsgroep ♦ *sectional interests* (tegenstrijdige) groepsbelangen, particuliere belangen [3] lokaal, particularistisch, streekgebonden [4] m.b.t. een doorsnede ♦ *a sectional view* of een zijaanzicht van

sec·tion·al·ism /sekʃnəlɪzm/ [niet-telb zn] particularisme

sec·tion·al·ize, sec·tion·al·ise /sekʃnəlaɪz/ [ov ww] in secties verdelen/weergeven/samenstellen

section gang [telb zn] ⟨AE⟩ ploeg spoorlijnarbeiders ⟨die een sectie onderhouden⟩

section hand [telb zn] ⟨AE⟩ lid van ploeg spoorlijnarbeiders

section mark [telb zn] paragraaf(teken) ⟨¶, ook als verwijzingsteken naar voetnoot⟩

¹**sec·tor** /sektə, ^-ər/ [telb zn] [1] sector ⟨van maatschappelijk leven⟩, (bedrijfs)tak, afdeling, actieterrein, branche, gebied van bedrijvigheid, deelgebied ♦ *private sector* particuliere sector; *public sector* openbare sector, overheidssector [2] ⟨wisk⟩ sector ⟨van cirkelvlak⟩ [3] ⟨vnl mil⟩ sector, zone, (deel van) operatiegebied, (gebieds)afdeling, deel van verdedigingsstelling [4] (tweebenige) hoekmeter ⟨met sinus-, tangensaanduidingen⟩

²**sec·tor** /sektə, ^-ər/ [ov ww] in sectoren opdelen

sector fund [telb zn] ⟨fin⟩ sectorfonds ⟨beleggingsfonds dat in een bepaalde sector belegt⟩

¹**sec·tor·i·al** /sektɔːriəl/ [telb zn] snijpremolaar

²**sec·tor·i·al** /sektɔːriəl/, ⟨in betekenis 1 ook⟩ **sec·tor·al** /sekt(ə)rəl/ [bn] [1] m.b.t. een sector [2] ⟨dierk⟩ aan het snijden aangepast, met snijfunctie ⟨van premolaren van vleeseters⟩

¹**sec·u·lar** /sekjʊlə, ^sekjələr/ [telb zn] [1] seculier, wereldlijk geestelijke [2] leek

²**sec·u·lar** /sekjʊlə, ^sekjələr/ [bn] [1] seculair, seculier, wereldlijk, niet-kerkelijk, ongodsdienstig, leken-, ongewijd ♦ *secular music* profane muziek; *the secular power* de Staat ⟨tegenover de kerk⟩ [2] secularistisch, vrijzinnig [3] ⟨r-k⟩ seculier ⟨van geestelijke⟩, wereldlijk, niet tot een orde/congregatie behorend ♦ *the secular clergy* de seculiere clerus [4] seculair, seculier, eeuwen durend, zich erg langzaam over een oneindig lange periode voltrekkend [5] ééns in een eeuw/tijdperk plaatshebbend ♦ *secular games* eeuwfeesten ⟨in Rome⟩

sec·u·lar·ism /sekjʊlərɪzm, ^-kjə-/ [niet-telb zn] ⟨filos⟩ secularisme, vrijdenkerij

¹**sec·u·lar·ist** /sekjʊlərɪst, ^-kjə-/ [telb zn] secularist, vrijdenker

²**sec·u·lar·ist** /sekjʊlərɪst, ^-kjə-/ [bn] secularistisch

¹**sec·u·lar·i·ty** /sekjʊlærəti, ^sekjələræti/ [telb zn] iets seculairs/seculiers

²**sec·u·lar·i·ty** /sekjʊlærəti, ^sekjələræti/ [niet-telb zn] het seculier-zijn, wereldgezindheid

sec·u·lar·i·za·tion, sec·u·lar·i·sa·tion /sekjʊləraɪzeɪʃn, ^-kjələrə-/ [telb + niet-telb zn] secularisatie, secularisering, verwereldlijking

sec·u·lar·ize, sec·u·lar·ise /sekjʊləraɪz, ^-kjə-/ [ov ww] [1] seculariseren, verwereldlijken, aan de controle van de kerk onttrekken [2] seculariseren, aan de staat trekken, naasten ⟨van kerkelijke goederen⟩ [3] ⟨r-k⟩ seculariseren ⟨van clericus⟩, van monastieke geloften ontheffen

sec·u·lar·i·zer, sec·u·lar·i·ser /sekjʊləraɪzə, ^sekjələraɪzər/ [telb zn] secularist

se·cund /sɪkʌnd, ^sɪːkʌnd/ [bn; bw: ~ly] ⟨biol⟩ eenzijdig ⟨als bloemen van lelietje-van-dalen⟩

sec·un·dines /sekəndaɪnz, sɪkʌn-/ [alleen mv] ⟨med⟩ nageboorte

se·cur·a·ble /sɪkjʊərəbl, ^sɪkjʊr-/ [bn] verkrijgbaar, vast te krijgen

¹**se·cure** /sɪkjʊə, ^sɪkjʊr/ [bn; vergr trap: ook securer; bw: ~ly; zn: ~ness] [1] veilig, beschut, beveiligd, onneembaar, buiten gevaar ♦ *secure against/from* beveiligd tegen, veilig voor; *secure existence* veilig bestaan [2] veilig, stevig, secuur, (goed) vast(gemaakt), betrouwbaar, stabiel ♦ *this ladder is secure* deze ladder is veilig; *are the shutters secure?* zijn de luiken goed gesloten? [3] onbevreesd, veilig, geborgen, zeker, onverstoorbaar ♦ *she feels secure about/as to her future* zij ziet de toekomst met een gerust hart/vol vertrouwen tegemoet; *secure belief* een onwankelbaar/onaantastbaar geloof [4] (ver)zeker(d), gewaarborgd ♦ *secure investment* veilige belegging; *she was secure of victory* de overwinning kon haar niet ontgaan [·] ⟨sprw⟩ *secure is not safe* veiligheid is relatief

²**se·cure** /sɪkjʊə, ^sɪkjʊr/ [bn, pred; vergr trap: ook securer; bw: ~ly; zn: ~ness] in verzekerde bewaring ♦ *they've got him secure* hij zit achter slot en grendel

³**se·cure** /sɪkjʊə, ^sɪkjʊr/ [ov ww] [1] beveiligen, (tegen gevaar) beschutten, in veiligheid brengen ♦ *the village was secured against/from floods* het dorp werd tegen overstroming beveiligd [2] bemachtigen, zorgen voor, vast/te pakken krijgen, op de kop weten te tikken, verwerven, zich verzekeren van ♦ *I will secure you some good seats* ik versier wel een paar goede plaatsen voor je [3] opsluiten, pakken [4] stevig vastmaken, vastleggen, afsluiten, bevestigen ♦ *secure valuables* waardevolle voorwerpen in verzekerde bewaring geven/veilig opbergen [5] versterken ♦ *the town was secured with a wall* de stad was ommuld [6] samendrukken, afbinden ⟨bloedvat⟩ [7] waarborgen, verzekeren, garanderen, zekerheid bieden van ♦ *can you secure yourself against any consequences* kan je je tegen eventuele gevolgen dekken? [8] borg staan voor, (door onderpand) dekken, belenen, de (terug)betaling verzekeren van, van terugbetaling verzekeren ⟨crediteur⟩ ♦ *secured creditor* pandhoudend schuldeiser; *secured loan* gedekte lening, lening

met onderpand; *a loan secured on landed property* een door grondbezit geborgde/gedekte lening ⑨ bewerkstelligen

se·cure·ment /sɪkjʊəmənt, ᴬsɪkjʊrmənt/ [niet-telb zn] ① verzekering, zekerheid ② bemachtiging, aanschaf

Se·cu·ri·cor /sɪkjʊərɪkɔː, ᴬsɪkjʊrɪkɔr/ [eigenn] ⟨BE⟩ privébewakingsdienst ⟨belast met geldtransporten, industriële bewaking e.d.⟩

se·cu·ri·form /sɪkjʊərɪfɔːm, ᴬsɪkjʊrɪfɔrm/ [bn] ⟨plantk⟩ bijlvormig ⟨van blad⟩

¹**se·cu·ri·ty** /sɪkjʊərəti, ᴬsɪkjʊrəti/ [telb zn] ① ⟨vaak mv⟩ obligatie(certificaat), schuldbrief, fonds, effect, aandeel, eigendomsbewijs, hypotheekakte, waardepapier ♦ *foreign securities* buitenlandse fondsen; *registered securities* effecten op naam ② borg ⟨persoon⟩ ♦ *my father-in-law agreed to being my security* mijn schoonvader wilde zich voor mij borg stellen; *go security for s.o.* zich borg stellen voor iemand ⦁ ⟨AE⟩ *Securities and Exchange Commission* beurscommissie ⟨Amerikaanse overheidsinstelling die toezicht houdt op het publieke emissiebedrijf/beursverrichtingen⟩

²**se·cu·ri·ty** /sɪkjʊərəti, ᴬsɪkjʊrəti/ [telb + niet-telb zn] (waar)borg, onderpand, securiteit, cautie ♦ *give as (a) security* zekerheid/cautie stellen; in onderpand geven; *he could borrow (money) on security of his life insurance policy* hij kon zijn levensverzekering belenen, hij kon lenen met zijn levensverzekeringspolis als borg

³**se·cu·ri·ty** /sɪkjʊərəti, ᴬsɪkjʊrəti/ [niet-telb zn] ① veiligheid(sgevoel), securiteit ♦ *is there any security against/from nuclears?* is er enige bescherming mogelijk tegen kernwapens?; *the security that his faith gave him* de geruststellende zekerheid die zijn geloof hem bood; *cross the street in security at a zebra crossing* steek de straat veilig over op het zebrapad ② geborgenheid, beschutting, veiligheidsvoorziening, (ver)zeker(d)heid, betrouwbaarheid, verzekering ♦ *that money is my security against hardship* op dat geld kan ik terugvallen als het wat moeilijker gaat ③ beveiliging, openbare veiligheid, veiligheidsmaatregelen, veiligheidsmiddel, staatsveiligheid, bewaking ♦ *for reasons of security* uit veiligheidsoverwegingen; *tight security is in force* er zijn strenge veiligheidsmaatregelen getroffen

security blanket [telb zn] ⟨AE⟩ ① knuffeldekentje, knuffeldoekje, knuffelpop, knuffeltje, kroeltje ⟨van kind⟩ ② grote broer ⟨iemand die gevoel van veiligheid/geborgenheid biedt⟩, beschermengel ③ bescherming, veiligheid, geborgenheid

security check [telb zn] veiligheidscontrole

security clearance [telb + niet-telb zn] ⟨pol⟩ ± betrouwbaarheidsverklaring

Security Council [verzameln; the] Veiligheidsraad ⟨van UN⟩

security forces [alleen mv] ordestrijdkrachten, politietroepen

security guard [telb zn] veiligheidsagent, bewaker, veiligheidsbeambte

security measure [telb zn] veiligheidsmaatregel

security officer [telb zn] veiligheidsagent

security patrol [telb zn] veiligheidspatrouille

security police [verzameln] veiligheidspolitie, geheime politie, staatsveiligheid, veiligheidsdienst

security prison [telb zn; alleen in bijbehorende uitdrukking] bewaakte gevangenis ♦ *maximum/minimum security prison* zwaar/licht bewaakte gevangenis

security reason [telb zn; voornamelijk mv] veiligheidsoverweging ♦ *for security reasons* uit veiligheidsoverwegingen

security risk [telb zn] (persoon met verhoogd) veiligheidsrisico, potentieel staatsgevaarlijk individu, mogelijke spion

security system [telb zn] veiligheidssysteem, beveiligingssysteem

secy, sec'y [afk] (secretary)

se·dan /sɪdæn/ [telb zn] ① ⟨vnl AE⟩ sedan ⟨dichte (vierdeurs) personenwagen⟩ ② ⟨verk: sedan chair⟩

sedan chair, sedan [telb zn] ⟨gesch⟩ gesloten draagstoel, sedia gestatoria

¹**se·date** /sɪdeɪt/ [bn; vergr trap: ook sedater; bw: ~ly; zn: ~ness] bezadigd, onverstoorbaar, kalm, bedaard, sereen, ernstig, rustig

²**se·date** /sɪdeɪt/ [ov ww] kalmeren, tot rust brengen, sederen, ⟨i.h.b.⟩ een kalmerend middel toedienen aan

se·da·tion /sɪdeɪʃn/ [niet-telb zn] ⟨vnl med⟩ het kalmeren, het toedienen van een sedativum, verdoving ♦ *the patient is under sedation* de patiënt is onder verdoving/zit onder de kalmerende middelen

¹**sed·a·tive** /sedətɪv/ [telb + niet-telb zn] ⟨vnl med⟩ sedatief, kalmerend middel, slaapmiddel, pijnstiller, sedativum

²**sed·a·tive** /sedətɪv/ [bn] sedatief, kalmerend, pijnstillend, verzachtend

sed·en·tar·y /sednːtri, ᴬ-teri/ [bn; bw: sedentarily; zn: sedentariness] ① sedentair, (stil)zittend, aan een zittend leven gebonden, weinig lichaamsbeweging vereisend, een zittend leven leidend ♦ *sedentary job/occupation/work* zittend (uitgevoerd) werk ② sedentair, aan één plaats gebonden, honkvast, een vaste woonplaats hebbend, metterwoon gevestigd, niet-nomadisch ③ ⟨biol⟩ sedentair, een vaste standplaats hebbend, roerloos op de loer liggend ⟨van spin, tot prooi in web vastzit⟩, immer vastgehecht ⟨van weekdieren⟩ ♦ *sedentary birds* standvogels

Se·der /seɪdə, ᴬseɪdər/ [eigenn, telb zn; mv: ook Sedarim /sɪdɑːrɪm/] ⟨rel⟩ seider ⟨huiselijke ceremoniën op eerste (en tweede) avond van Pesach⟩

se·de·runt /sɪdɪərənt, -rʌnt, ᴬsɪdɪrənt/ [telb zn] ⟨vnl SchE⟩ ① zitting ⟨bijvoorbeeld van kerkvergadering⟩, (presentielijst van) bijeenkomst ② gezellig samenzijn

¹**sedge** /sedʒ/ [telb zn] zeggenbed, zeggenmoeras

²**sedge** /sedʒ/ [niet-telb zn] ⟨plantk⟩ cypergras ⟨familie Cyperaceae⟩, ⟨i.h.b.⟩ zegge ⟨genus Carex⟩

sedge warbler [telb zn] ⟨dierk⟩ rietzanger ⟨Acrocephalus schoenobaenus⟩

sedg·y /sedʒi/ [bn; vergr trap: sedgier] ① zeggenachtig ② met zegge begroeid/afgeboord

se·di·le /sɪdaɪli/ [telb zn; voornamelijk mv; mv: sedilia /sɪdɪliə/] sedilia ⟨zitbank aan de epistelkant van een altaar⟩

¹**sed·i·ment** /sedɪmənt/ [telb + niet-telb zn] sediment, neerslag, bezinksel, afzetting, grondsop, droesem

²**sed·i·ment** /sedɪmənt/ [niet-telb zn] ⟨geol⟩ sediment, afzettingsmateriaal, afzetting ⟨door water, wind enz.⟩

sed·i·men·ta·ry /sedɪmentri, ᴬ-mentəri/, **sed·i·men·tal** /-mentl/ [bn] ⟨geol⟩ sedimentair, door afzetting gevormd ♦ *sedimentary rock(s)* sedimentgesteente, afzettingsgesteente, bezinkingsgesteente

sed·i·men·ta·tion /sedɪmənteɪʃn/ [niet-telb zn] sedimentatie, het neerslaan, afzetting, bezinking

sed·i·men·tol·o·gy /sedɪmentɒlədʒi, ᴬ-tɑ-/ [niet-telb zn] sedimentologie

se·di·tion /sɪdɪʃn/ [niet-telb zn] ① opruiing, (aanstichting tot) staatsondermijning/gezagsondermijning, insubordinatie, burgerlijke ongehoorzaamheid, ordeverstoring ♦ *incitement to sedition* het aanzetten tot staatsondermijnende activiteiten ② ⟨zelden⟩ revolte, opstand, rebellie

se·di·tious /sɪdɪʃəs/ [bn; bw: ~ly; zn: ~ness] opruiend, revolterend, oproerig, opstandig ♦ *seditious meeting* opruiende bijeenkomst; *seditious writings* gezagsondermijnende geschriften

se·duce /sɪdjuːs, ᴬsɪduːs/ [ov ww] ① verleiden, verlokken, versieren, strikken ② ⟨vnl form⟩ verleiden, tot kwaad/zonde/plichtsverzuim aanzetten, van het rechte

seducer

pad afbrengen ♦ *the sunny weather seduced me **away from** my studies* het zonnige weertje lokte me achter mijn boeken vandaan; *seduce s.o. **from*** iemand weglokken/weghalen van; *seduce s.o. **from** his duty* iemand tot plichtsverzuim aanzetten ③ verleiden, bekoren, in verzoeking brengen, verlokken, overhalen ♦ *seduce s.o. **into** sth.* iemand tot iets overhalen/brengen; *Tina was seduced by the **offer of** higher pay* Tina werd met de belofte van een salarisverhoging overgehaald

se·duc·er /sɪdjuːsə, ᴬsɪduːsər/ [telb zn] verleider, versierder, donjuan, charmeur ♦ *a seducer of a woman* een verleider van een vrouw

se·duc·i·ble, se·duce·a·ble /sɪdjuːsəbl, ᴬsɪduːsəbl/ [bn] verleidbaar, overhaalbaar

¹se·duc·tion /sɪdʌkʃn/, **se·duce·ment** /sɪdjuːsmənt, ᴬsɪduːs-/ [telb zn] ① verleiding(spoging), verlokking, bekoring, verzoeking ② ⟨vaak mv⟩ iets aanlokkelijks/verlokkelijks, aantrekkelijke kwaliteit, verleidingsmiddel, aantrekkingskracht ♦ *the seductions of simple country **life*** de aanlokkelijkheden van het eenvoudige buitenleven

²se·duc·tion /sɪdʌkʃn/, **se·duce·ment** /sɪdjuːsmənt, ᴬsɪduːs-/ [niet-telb zn] het verleiden, het bekoord worden, seductie

se·duc·tive /sɪdʌktɪv/ [bn; bw: ~ly; zn: ~ness] verleidelijk, verleidend, aanlokkelijk, verlokkelijk, onweerstaanbaar, bekoorlijk, seduisant ♦ *a seductive **offer** of higher pay* een verleidelijk aanbod van loonsverhoging

se·duc·tress /sɪdʌktrɪs/ [telb zn] verleidster, femme fatale

se·du·li·ty /sɪdjuːləti, ᴬsɪduːləti/ [niet-telb zn] volharding, ijver, naarstigheid

sed·u·lous /sedjʊləs, ᴬsedʒə-/ [bn; bw: ~ly; zn: ~ness] ⟨form⟩ ① volhardend, onverdroten, nauwgezet, naarstig, ijverig, nijver ♦ *with sedulous **care*** nauwgezet, angstvallig ② niet-aflatend, volgehouden, met koppige volharding ♦ *John paid her sedulous **attention*** John liet geen gelegenheid voorbijgaan om haar te behagen

se·dum /siːdəm/ [telb + niet-telb zn] ⟨plantk⟩ sedum, vetkruid ⟨genus Sedum⟩, ⟨i.h.b.⟩ muurpeper ⟨S. acre⟩

sedum roof [telb zn] sedumdak, vegetatiedak ⟨dakbedekking met sedum⟩

¹see /siː/ [telb zn] ① ⟨aarts⟩bisdom, diocees ② ⟨aarts⟩bisschopszetel ♦ *Apostolic/Holy See* Apostolische/Heilige Stoel; *See of Rome* Heilige Stoel ③ ⟨sl⟩ inspectiebezoek

²see /siː/ [onov ww; saw, seen] nadenken, bekijken, zien ♦ ⟨inf⟩ *we will see **about** it* dat zullen we nog wel (eens) zien; *let me see* wacht eens, even denken; → **seeing**

³see /siː/ [onov + ov ww; saw, seen] ① zien, kijken (naar), aankijken tegen ♦ ⟨fig⟩ *not be able to see **beyond** a day* niet vooruit kunnen zien; *I cannot see him doing it* ik zie het hem nog niet doen; *see chapter 4* zie hoofdstuk 4; *see s.o. do/doing sth.* iemand iets zien doen; *they were seen to do/doing sth.* men had ze iets zien doen; *see **double*** dubbel zien ⟨ook van dronkenschap⟩; *go and see!* ga dan/maar kijken!; *see **here**!* hoor eens!, luister eens (even)!; *see **into** a matter* een zaak onderzoeken; *see **over*** aandachtig bekijken; *see sth. as possible* iets voor mogelijk houden; *we shall see* we zullen wel zien, wie weet; *things seen* waargenomen dingen/zaken ⟨tegenover wat in de verbeelding bestaat⟩; ⟨fig⟩ *see **through** s.o./sth.* iemand/iets doorzien/doorhebben; *worth seeing* de moeite waard, opmerkelijk ② zien, (het) begrijpen, (het) snappen, (het) inzien ♦ *as far as I can see* volgens mij; *I don't see the **fun** of doing that* ik zie daar de lol/grap niet van in; *I see* (o), ik begrijp het; *as I see it* ik volg ens mij; *you see* weet je ⟨als tussenzin⟩, ⟨inf⟩ *see?* snap je?, gesnopen? ③ toezien (op), opletten, ervoor zorgen, zorgen voor ♦ *see **about/after*** zorgen voor, iets doen aan; onderzoeken; *see sth. done* ervoor zorgen dat iets gedaan wordt; *see to it that* ervoor zorgen dat ⟨·⟩ ⟨sprw⟩ *seeing is believing* zien is geloven; ⟨sprw⟩ *there's none so blind as those who won't see* wat baten kaars en bril, als de uil niet zien en wil; ⟨sprw⟩ *children should be seen and not heard* ± kinderen moeten stil zijn en in de buurt blijven; ⟨sprw⟩ *what the eye doesn't see the heart doesn't grieve over* wat niet weet, wat niet deert, wat ik niet weet, maakt mij niet heet; ⟨sprw⟩ *a dwarf on a giant's shoulders sees the farther of the two* ± het is profijtelijk om gebruik te maken van de ervaring en de wijsheid van anderen; ⟨sprw⟩ *hear all, see all, say nowt/nothing* horen, zien en zwijgen; ⟨sprw⟩ *he who peeps through a hole may see what will vex him* ± wie luistert aan de wand, hoort vaak zijn eigen schand; ⟨sprw⟩ *lookers-on see most of the game* ± de toeschouwers zien beter wat er gebeurt dan de deelnemers; → **seeing**

⁴see /siː/ [ov ww; saw, seen] ① voor zich zien, zich voorstellen ♦ *I see the **house** now* ik zie het huis nog voor me ② lezen ⟨in krant, enz.⟩, zien ③ tegenkomen, ontmoeten, zien ♦ *I'd like to see **more** of you* ik zou je wel vaker willen zien; *see a lot of s.o.* iemand veel/vaak zien/ontmoeten; *see sth. of s.o.* iemand af en toe/eentjes zien; *see **you** (later)!, (I'll) be seeing you!* tot ziens!, tot kijk!, doei! ④ ontvangen, zien, spreken met ♦ *I can see you **for** five minutes* ik heb vijf minuten voor je ⑤ bezoeken, opzoeken, langs gaan bij, spreken, bezichtigen, ⟨sl⟩ een babbeltje maken met, tot andere gedachten brengen ♦ *see a tennis **match*** naar een tenniswedstrijd kijken; *see **over/round** a house* een huis bezichtigen; *see the **town*** de stad bezichtigen/doen, een (toeristische) rondrit door de stad maken ⑥ raadplegen, consulteren, bezoeken ♦ *see s.o. **about** sth.* iemand over iets raadplegen/advies vragen; *see a **doctor*** een arts raadplegen ⑦ meemaken, ervaren, zien, getuige zijn van ♦ *he will never see **30** again* hij is geen 30 meer; *I have seen the **day/time** when* ik heb het nog meegemaakt dat, in mijn tijd; *see an **end** of/to sth.* unpleasant een einde zien komen aan/het einde meemaken van iets onaangenaams; *see the new **year** in* het nieuwe jaar inluiden; *see the old year **out*** het oude jaar uitluiden ⑧ begeleiden, meelopen met, (weg)brengen ♦ *see s.o. **across** the street* iemand helpen oversteken; *see a **girl** home* een meisje naar huis brengen; *see s.o. **off** at the station* iemand uitwuiven/uitgeleide doen op het station; *see s.o. **out*** iemand uitlaten/uitgeleide doen; aan iemands sterfbed zitten; *see s.o. **over/round** a house* iemand in een huis rondleiden, iemand een huis laten zien; *I'll see you **through*** ik help je er wel doorheen; *see s.o. **through** a difficult time* iemand door een moeilijke tijd heen helpen; *have enough money to see one **through** the month* genoeg geld hebben om de maand door te komen; *see children to **bed*** kinderen naar bed brengen; *see s.o. to the **door*** iemand uitlaten ⑨ ⟨gokspel⟩ aannemen, aangaan, evenveel inzetten als ⟨·⟩ *I'll see you **blowed/damned/dead/further/in hell** (first)* over mijn lijk, geen haar op mijn hoofd dat eraan denkt, ik peins er niet over; ⟨inf⟩ *see **off*** verdringen, verjagen; ⟨BE; sl⟩ *see s.o. **off*** iemand van zeep helpen; *see **off** (an attack)* (een aanval) afslaan; *see **off** the competition* de concurrentie voor zijn/de loef afsteken; *see sth. **out/through*** iets tot het einde volhouden/doorzetten, iets tot een goed einde brengen, iets uitzingen; → **seeing**

¹seed /siːd/ [telb zn] ① ⟨plantk⟩ zaadje, pit ② korreltje, bolletje, capsule, ⟨i.h.b. med⟩ radiumstaafje ③ kiem ⟨figuurlijk⟩, zaad, begin ♦ *sow the seed(s) of **strife/suspicion*** het zaad der tweedracht zaaien, wantrouwen doen ontstaan, een kiem van wantrouwen (in iemands hart) planten ④ ⟨sport, in het bijzonder tennis⟩ geplaatste speler ♦ *he's the **third** seed* hij is als derde geplaatst ⑤ ⟨viss⟩ zaaioester ⑥ ⟨sl⟩ stickie

²seed /siːd/ [niet-telb zn] ① ⟨plantk⟩ zaad ♦ *go/run to seed* uitbloeien, zaad vormen, doorschieten; ⟨fig⟩ verlopen, afzakken, aftakelen, er slonzig bij lopen; ⟨plantk⟩ *in seed* in het zaad, zaadvormend ② ⟨vero⟩ zaad, sperma, hom ③ ⟨Bijb⟩ zaad, nakomelingen ♦ *the seed of **Abraham*** Abrahams zaad; *raise seed* nageslacht verwekken

³**seed** /si:d/ [onov ww] **zaad vormen,** uitbloeien, doorschieten

⁴**seed** /si:d/ [onov + ov ww] **zaaien,** zaad uitstrooien, een gewas zaaien

⁵**seed** /si:d/ [ov ww] ① **bezaaien** (ook figuurlijk), bestrooien, vol strooien ♦ ⟨landb⟩ *seed down a crop of wheat* gras/klaver tussen de tarwe zaaien; *seed to grass* met gras bezaaien/inzaaien ② **van zaad ontdoen** ③ **bestrooien met zilverjodidekristallen** ⟨wolk; om regen te veroorzaken⟩ ④ ⟨sport⟩ **selectie toepassen op** ⟨plaatsing⟩, de favorieten het laatst tegen elkaar laten uitkomen in ⟨een toernooi⟩ ⑤ ⟨sport, in het bijzonder tennis⟩ **plaatsen** ♦ *W. was seeded number one* W. was als eerste geplaatst; *seeded players* geplaatste speler

seed bank [telb zn] ⟨plantk⟩ **zaadbank**
seed-bed [telb zn] ① ⟨landb⟩ **zaaibed** ② ⟨fig⟩ **voedingsbodem**
seed-bud [telb zn] ⟨plantk⟩ **zaadknop**
seed-cake [telb + niet-telb zn] ① **kruidcake,** kummelcake ② **oliekoek,** raapkoek, lijnkoek, uitgeperst zaad
seed capital [niet-telb zn] **beginkapitaal,** startkapitaal
seed-coat [telb zn] ⟨plantk⟩ **zaadvlies**
seed-cor·al [niet-telb zn] **koraalkorreltjes**
seed-corn [niet-telb zn] ⟨landb⟩ **zaaikoren**
seed-cot·ton [niet-telb zn] **onbewerkt katoenpluis**
seed-crush·ing mill [telb zn] ⟨ind⟩ **oliepers**
seed-crys·tal [telb zn] ⟨scheik⟩ **entkristal**
seed-eat·er [telb zn] ⟨dierk⟩ **zaadeter**
seed·er /si:də, ˆər/ [telb zn] ① ⟨landb⟩ **zaaimachine** ② ⟨landb⟩ **machine om vruchten van zaden te ontdoen** ③ ⟨dierk⟩ **kuit schietende vis**
seed fern [telb zn] ⟨plantk⟩ **zaadvaren** (Pteridospermae)
seed-fish [telb zn] ⟨dierk⟩ **kuiter,** vis die kuit gaat schieten
seed-leaf, seed-lobe [telb zn] ⟨plantk⟩ **zaadlob,** cotyledon
seed·less /si:dləs/ [bn] **zonder zaad/pitjes**
seed·ling /si:dlɪŋ/ [telb zn] ⟨plantk⟩ **zaailing**
seed-lip [telb zn] ⟨landb⟩ **zaaimand**
seed money [niet-telb zn] **startkapitaal** ⟨vooral bedoeld voor productontwikkeling⟩, initiële investering ⟨voor ideeontwikkeling⟩
seed oyster [telb zn] ⟨viss⟩ **zaaioester**
seed-pearl [telb zn] **zaadparel**
seed-plot [telb zn] → **seed-bed**
seed-po·ta·to [telb zn] ⟨landb⟩ **pootaardappel**
seeds·man /si:dzmən/ [telb zn; mv: seedsmen /-mən/] ① **zaadhandelaar** ② **zaaier**
seed-time [niet-telb zn] **zaaitijd,** zaaiseizoen
seed-ves·sel [telb zn] ⟨plantk⟩ **zaadhuisje,** zaadhulsel
seed·y /si:di/ [bn; vergr trap: seedier; bw: seedily; zn: seediness] ① **vol zaad/pitten** ② **zaadachtig** ③ ⟨inf⟩ **slonzig,** verwaarloosd, vervallen, vuil ④ ⟨inf⟩ **niet lekker,** een beetje ziek, slap, akelig

¹**see·ing** /si:ɪŋ/ [niet-telb zn; gerund van see] ⟨astron⟩ **see·ing** ⟨kwaliteit van de waarneming⟩, **zicht**

²**see·ing** /si:ɪŋ/ [onderschw vw; oorspronkelijk tegenwoordig deelw van see] **aangezien (dat),** in aanmerking genomen dat, gezien (dat) ♦ ⟨inf⟩ *seeing as (how)* aangezien (als) dat; *seeing that there is nothing I can do* aangezien ik niets kan doen; *seeing he has hurt you so often* aangezien hij je al zo vaak heeft pijn gedaan

seeing eye dog [telb zn] ⟨AE⟩ **blindengeleidehond**

¹**seek** /si:k/ [onov ww; sought; sought] **een onderzoek instellen** ⟨naar⟩, zoeken ♦ *seek after* zoeken; *seek for a solution* een oplossing zoeken

²**seek** /si:k/ [ov ww; sought; sought] ① **nastreven,** proberen te bereiken, zoeken ♦ *seek a situation* een baan zoeken ② **vragen,** wensen, verlangen, eisen ③ **opzoeken,** gaan naar, zich bewegen in de richting van ♦ *seek the coolness of the water* de koelte van het water opzoeken; *seek s.o. out* naar iemand toekomen, op iemand afkomen, iemand opzoeken, iemand opsporen ④ **proberen (te),** trachten (te), ernaar streven (te) ♦ *seek to escape* pogen te ontsnappen ▪ ⟨jacht⟩ *seek dead!* zoek!; *that is not far to seek* dat behoef je niet ver te zoeken, dat is gemakkelijk te begrijpen; *be much to seek* node gemist worden, dringend nodig zijn; *money is yet to seek* het geld ontbreekt nog/moet nog worden gevonden; ⟨sprw⟩ *nothing seek, nothing find* die zoekt, die vindt

seek·er /si:kə, ˆər/ [telb zn] ① **zoeker,** onderzoeker ② ⟨med⟩ **sonde** ▪ ⟨sprw⟩ *losers seekers, finders keepers* wie zoekt, die vindt

seel /si:l/ [ov ww] ① ⟨vero⟩ **sluiten** ⟨iemands ogen⟩ ② ⟨gesch⟩ **de ogen dichtnaaien** ⟨van valk⟩

seem /si:m/ [onov ww + koppelww] **schijnen,** lijken, eruitzien, toeschijnen ♦ ⟨inf⟩ *I can't seem to complete the book* het lijkt alsof ik het boek maar niet af krijg; *he seems certain to lose* het zit er dik in dat hij verliest; *he seems (to be) deaf today* vandaag is hij klaarblijkelijk doof; *he seems to have done it* het ziet ernaar uit dat hij het gedaan heeft; *it seems good to me* het lijkt mij goed; *I seem to hear her still* het lijkt wel alsof ik haar nog hoor; ⟨vaak iron of verwijtend⟩ *it seems that/as if* het lijkt wel alsof, klaarblijkelijk; *he's not satisfied, it would seem* hij is niet tevreden, naar het schijnt; *I seem to know it* het komt me bekend voor; *he seems (to be) the leader* hij schijnt de leider te zijn, het lijkt alsof/erop dat hij de leider is; ⟨inf⟩ *she doesn't seem to like New York* op de een of andere manier houdt ze niet van New York; *it seems to me that/as if* het lijkt mij dat/alsof; *'It seems (as if) it's going to rain/(as if) it's not going to rain after all' 'So it seems/It seems not'* 'Het ziet er naar uit dat het uiteindelijk toch/toch niet zal gaan regenen' 'Daar ziet het inderdaad naar uit/niet naar uit'; *it seems (to be) old* het ziet er oud uit; *it seems to me* mij dunkt; *it seems like years since I last saw him* het lijkt wel alsof ik hem in geen jaren gezien heb ▪ ⟨sprw⟩ *things are never as black/bad as they seem/look* de duivel is nooit zo zwart als hij geschilderd wordt, de soep wordt nooit zo heet gegeten als ze wordt opgediend; ⟨sprw⟩ *nothing is as good as it seems* het is niet al goud wat er blinkt, schijn bedriegt; ⟨sprw⟩ *things are seldom what they seem* schijn bedriegt; → **seeming**

¹**seem·ing** /si:mɪŋ/ [niet-telb zn; gerund van seem] ① **schijn,** bedrieglijk beeld, schijnbare toestand ② **schijn,** uiterlijk ♦ *to all seeming* het heeft er alle schijn van, het ziet er naar uit, klaarblijkelijk; *to outward seeming* naar het schijnt, naar het eruitziet, kennelijk

²**seem·ing** /si:mɪŋ/ [bn; (oorspronkelijk) tegenwoordig deelw van seem; bw: ~ly] ① **schijnbaar,** ogenschijnlijk, geveinsd, onoprecht ♦ *in seeming friendship* onder schijn van vriendschap ② **klaarblijkelijk** ♦ *with seeming sincerity* met klaarblijkelijke oprechtheid; *seemingly there's nothing I can do* klaarblijkelijk kan ik er niets aan doen

seem·ly /si:mli/ [bn; vergr trap: ook seemlier; zn: seemliness] ① **juist,** correct, fatsoenlijk, passend, behoorlijk, bescheiden, netjes, betamelijk ② **knap,** er goed uitziend, goed geproportioneerd

seen /si:n/ [volt deelw] → **see**

¹**seep** /si:p/ [telb zn] **plas,** doorlekkend vocht

²**seep** /si:p/ [onov ww] **sijpelen,** uitsijpelen, wegsijpelen, lekken, doorweken, doorsijpelen, ⟨fig⟩ doordringen, zich verspreiden ♦ *seep into* doorsijpelen in; ⟨fig⟩ doordringen in, zich verspreiden door

seep·age /si:pɪdʒ/ [niet-telb zn] ① **lekkage,** het sijpelen ② **lekkage,** weggelekt/weggestroomd vocht

seer /sɪə, ˆsɪr/ [telb zn] ① **ziener,** profeet ② **helderziende** ③ ⟨IndE⟩ **seer** ⟨gewichtsmaat/inhoudsmaat; ongeveer kilo/liter⟩

seeress

seer·ess /sɪərɪs, ᴬsɪrɪs/ [telb zn] ① zieneres, profetes ② helderziende (vrouw)

seer·suck·er /sɪəsʌkə, ᴬsɪrsʌkər/ [niet-telb zn] ⟨text⟩ seersucker, gestreept cloqué, bobbeltjesstof

¹**see·saw** /siːsɔː/ [telb zn] ① wip ② ⟨sport, mil⟩ getouwtrek, het steeds beurtelings aan de winnende hand zijn, heen-en-weergaande beweging

²**see·saw** /siːsɔː/ [niet-telb zn] ① het wippen, het op de wip spelen ♦ *play (at) seesaw* wippen ② ⟨ook attributief⟩ het schommelen, heen-en-weergaande beweging ♦ *go seesaw* schommelen, aarzelen, steeds veranderen

³**see·saw** /siːsɔː/ [onov ww] ① wippen, op en neer wippen, op de wip spelen ② schommelen, zigzaggen, veranderlijk zijn, weifelen, aarzelen ♦ *seesaw between two possibilities* steeds aarzelen tussen twee mogelijkheden; *seesawing prices* schommelende prijzen

¹**seethe** /siːð/ [onov ww] koken ⟨ook figuurlijk⟩, zieden, kolken, bruisen ♦ *he was seething* hij was witheet ⟨van woede⟩; *the seething waters* de ziedende zee; *the whole of Europe seethed with unrest* heel Europa was in de greep van de onrust

²**seethe** /siːð/ [onov + ov ww] ⟨vero⟩ koken

¹**see-through** [telb zn] ⟨inf⟩ doorzichtig kledingstuk, doorkijkbloesje, doorkijkjurk

²**see-through** [bn] ⟨inf⟩ ① doorzichtig ② doorkijk-, doorschijnend ♦ *see-through blouse* doorkijkbloesje

¹**seg·ment** /segmənt/ [telb zn] ① deel, segment, part(je), onderdeel, sectie ② ⟨wisk, biol⟩ segment ♦ ⟨wisk⟩ *segment of circle* cirkelsegment; ⟨wisk⟩ *segment of line* lijnsegment; ⟨wisk⟩ *segment of sphere* bolsegment ③ ⟨taalk⟩ klanksegment

²**seg·ment** /segment/ [onov ww] ⟨biol⟩ delen ⟨van cellen⟩, gespleten worden, zich splijten

³**seg·ment** /segment/ [ov ww] in segmenten verdelen, segmenteren, verdelen

seg·men·tal /segmentl/, **seg·men·ta·ry** /segməntri, ᴬ-teri/ [bn] segmentaal

seg·men·ta·tion /segmənteɪʃn/ [telb + niet-telb zn; geen mv] ① segmentatie, verdeling, opsplitsing ② ⟨biol⟩ celdeling

seg·no /senjoʊ, ᴬseɪn-/ [telb zn; mv: segni /-jiː/] ⟨muz⟩ segno, teken, ⟨i.h.b.⟩ herhalingsteken

se·go lil·y /siːgoʊ lɪli/ [plantk] segolelie ⟨Calochortus nuttalii⟩

¹**seg·re·gate** /segrɪgeɪt/ [bn] ① ⟨biol⟩ afzonderlijk, niet samengesteld ② ⟨vero⟩ afzonderlijk, apart

²**seg·re·gate** /segrɪgeɪt/ [onov ww] ① zich afzonderen, in afzonderlijke groepen leven ② rassenscheiding toepassen ③ ⟨biol⟩ segregeren ⟨van genen⟩

³**seg·re·gate** /segrɪgeɪt/ [ov ww] afzonderen, scheiden, ⟨i.h.b.⟩ rassenscheiding toepassen op

se·gre·ga·tion /segrɪgeɪʃn/ [telb + niet-telb zn; geen mv] ① afzondering, scheiding, ⟨i.h.b.⟩ rassenscheiding ② ⟨biol⟩ segregatie

se·gre·ga·tion·ist /segrɪgeɪʃənɪst/ [telb zn] voorstander van apartheid

seg·re·ga·tive /segrɪgeɪtɪv/ [bn] ① zich afzonderend, (zich) isolerend ② apartheids-

se·gui·dil·la /segɪdiːljə, ᴬseɪgɪdiːə/ [telb zn] ① ⟨letterk⟩ seguidilla ⟨Spaanse versvorm⟩ ② ⟨muz, dans⟩ seguidilla ⟨Spaanse dans⟩

sei·cen·to /seɪtʃentoʊ/ [eigenn, niet-telb zn; vaak attributief] ⟨bk, letterk⟩ (het) seicento, de Italiaanse kunst van de 17e eeuw

seiche /seɪʃ/ [telb zn] ⟨meteo⟩ seiches, niveauverandering, staande golving ⟨van meren e.d.⟩

Seid·litz pow·der /sedlɪts paʊdə, ᴬ-ər/, **Seidlitz powders** [niet-telb zn] ⟨med⟩ seidlitzpoeders, bruispoeder, laxeerpoeder

seign·eur /senjɜː, ᴬseɪnjɜr/, ⟨AE⟩ **seign·ior** /seɪnjə,

ᴬsiːnjər/ [telb zn] ⟨gesch⟩ landheer, seigneur

sei·gneu·ri·al /senjɜːriəl, ᴬseɪnjʊriəl/, ⟨AE⟩ **sei·gnio·ri·al** /siːnjɔːriəl, ᴬsiːnjɔriəl/ [bn] ⟨gesch⟩ seigneuriaal, van de landheer, van de adel

¹**seign·eur·y, seign·ior·y** /seɪnjəri, ᴬsiːn-/ [telb zn] landgoed, landbezit, domein, heerlijkheid

²**seign·eur·y, seign·ior·y** /seɪnjəri, ᴬsiːn-/ [niet-telb zn] heerschappij, macht, heerlijke rechten

seign·or·age, seign·ior·age /seɪnjərɪdʒ, ᴬsiːn-/ [telb zn] ① ⟨gesch⟩ privilege, wat wordt opgeëist door vorst/landheer, ⟨i.h.b.⟩ muntrecht ② muntloon ③ royalty

¹**seine** /seɪn/, **seine-net** [telb zn] ⟨viss⟩ zegen, seine, sleepnet

²**seine** /seɪn/ [onov + ov ww] ⟨viss⟩ vissen met de zegen

seise [ov ww] → seize

¹**sei·sin, sei·zin** /siːzɪn/ [telb + niet-telb zn] ⟨jur⟩ grondbezit, het bezitten van land in vrij eigendom

²**sei·sin, sei·zin** /siːzɪn/ [niet-telb zn] ⟨jur⟩ inbezitstelling/inbezitneming van grond

seism /saɪzm/ [telb zn] ⟨geol⟩ aardbeving

seis·m- /saɪzm/, **seis·mo-** /saɪzmoʊ/ seismo-, aardbevings-

seis·mic /saɪzmɪk/, **seis·mi·cal** /-ɪkl/ [bn; bw: ~ally] ① ⟨geol⟩ seismisch, aardbevings- ② kolossaal, gigantisch, ontzaglijk, majeur

seis·mi·ci·ty /saɪzmɪsəti/ [niet-telb zn] seismische activiteit

seis·mo·gram /saɪzməgræm/ [telb zn] seismogram

seis·mo·graph /saɪzməgrɑːf, ᴬ-græf/ [telb zn] seismograaf

seis·mog·ra·pher /saɪzmɒgrəfə, ᴬsaɪzmɑgrəfər/ [telb zn] seismoloog

seis·mo·graph·ic /saɪzməgræfɪk/ [bn] seismografisch

seis·mo·log·ic /saɪzməlɒdʒɪk, ᴬ-lɑ-/, **seis·mo·log·i·cal** /-ɪkl/ [bn; bw: ~ally] seismologisch

seis·mol·o·gist /saɪzmɒlədʒɪst, ᴬ-mɑ-/ [telb zn] seismoloog

seis·mol·o·gy /saɪzmɒlədʒi, ᴬ-mɑ-/ [niet-telb zn] seismologie, leer der aardbevingen

seis·mom·e·ter /saɪzmɒmɪtə, ᴬ-mɑmɪtər/ [telb zn] seismometer

seis·mo·met·ric /saɪzməmetrɪk/, **seis·mo·met·rical** /-ɪkl/ [bn; bw: ~ally] seismometrisch, met de seismometer

seis·mo·scope /saɪzməskoʊp/ [telb zn] seismoscoop

seis·mo·scop·ic /saɪzməskɒpɪk, ᴬ-skɑ-/ [bn] seismoscopisch, met de seismoscoop

¹**seize** /siːz/ [onov ww] vastlopen ⟨van machine⟩, blijven hangen, ⟨fig ook⟩ blijven steken, niet verder kunnen ♦ *seize up* vastlopen, blijven steken ⚫ *seize on/upon* aangrijpen, beetpakken, zich meester maken van, gretig afkomen op; *seize (up)on a chance/an offer* een kans/een aanbod aangrijpen; *she will immediately seize (up)on the slightest mistake* ze zal de geringste fout onmiddellijk aangrijpen; → **seizing**

²**seize,** ⟨in betekenis 5 ook⟩ **seise** /siːz/ [ov ww] ① grijpen, pakken, nemen, de hand leggen op ♦ *seize s.o.'s hand* iemands hand grijpen; *seize the occasion with both hands* de kans met beide handen aangrijpen; *seized with fear* door angst bevangen; *he was seized with the idea to go and live in the US* hij was bezeten door het idee in Amerika te gaan wonen ② in beslag nemen, confisqueren, afnemen, beslag leggen op ③ in hechtenis nemen, opbrengen, arresteren ④ bevatten, begrijpen, snappen ♦ *she never seemed to seize the point* ze scheen helemaal niet te bevatten waar het om ging ⑤ ⟨jur⟩ in bezit stellen, overdragen aan ♦ *be/stand seized of* in bezit hebben, bezitten, eigenaar zijn van ⑥ ⟨scheepv⟩ seizen, beleggen, vastbinden, dunne touwen om zware touwen slaan ⚫ *be seized of the recent developments* van de jongste ontwikkelingen op de hoogte zijn;

→ seizing
seiz·in [telb + niet-telb zn] → **seisin**
seiz·ing /siːzɪŋ/ [telb zn; oorspronkelijk tegenwoordig deelw van seize] ⟨scheepv⟩ bindsel, seizing
sei·zure /ˈsiːʒə, ˄-ər/ [telb zn] [1] confiscatie, inbeslagneming, beslaglegging [2] greep, het grijpen, het (in)nemen [3] attaque, aanval, ⟨fig ook⟩ vlaag
se·jant /siːdʒənt/ [bn] ⟨heral⟩ zittend
sel [afk] [1] (select) [2] (selected)
se·la·chi·an /sɪˈleɪkɪən/ [telb zn] ⟨dierk⟩ haai (Selachii)
se·lah /ˈsiːlə/ [telb zn] ⟨Bijb⟩ sela, rustpunt ⟨muziekteken in de psalmen⟩
sel·dom /ˈsɛldəm/ [bw] zelden, haast nooit, nauwelijks ooit ♦ *seldom if ever*, *seldom or never* zelden of nooit
¹se·lect /sɪˈlɛkt/ [bn; zn: ~ness] [1] uitgezocht, zorgvuldig gekozen, geselecteerd, bijeengebracht, selectief ♦ *select school* particuliere school, bijzondere school [2] select, exclusief, uitgelezen, superieur, elite- [3] kritisch, zorgvuldig, oordeelkundig [•] ⟨BE; pol⟩ *select committee* bijzondere parlementaire commissie
²se·lect /sɪˈlɛkt/ [onov ww] een keuze maken
³se·lect /sɪˈlɛkt/ [ov ww] uitkiezen, uitzoeken, verkiezen, selecteren
se·lec·tee /sɪlɛkˈtiː/ [telb zn] ⟨AE; mil⟩ dienstplichtige, opgeroepene, loteling
¹se·lec·tion /sɪˈlɛkʃn/ [telb + niet-telb zn] keuze, selectie, het uitkiezen, verzameling ♦ *a few selections from Donne's Elegies* een keuze uit Donnes Elegieën; *they have a good selection of classical records* ze hebben een ruime keus/sortering in klassieke platen
²se·lec·tion /sɪˈlɛkʃn/ [niet-telb zn] ⟨biol⟩ selectie
selection committee [telb zn] benoemingscommissie, sollicitatiecommissie
se·lec·tive /sɪˈlɛktɪv/ [bn; bw: ~ly; zn: ~ness] [1] selectief, uitkiezend, schiftend ♦ *selective strike action* prikactie; ⟨AE; mil⟩ *selective service* selectieve dienstplicht, loting; ⟨fin⟩ *selective employment tax* selectieve loonbelasting [2] kritisch, precies, kieskeurig, zorgvuldig [3] ⟨elektronica⟩ selectief
se·lec·tiv·i·ty /sɪlɛkˈtɪvəti/ [niet-telb zn] [1] het selectief-zijn/kritisch-zijn [2] ⟨elektronica⟩ selectiviteit
se·lect·man /sɪˈlɛktmən/ [telb zn; mv: selectmen /-mən/] ⟨AE; pol⟩ ± gekozen gemeenteraadslid ⟨in New England⟩
se·lec·tor /sɪˈlɛktə, ˄-ər/ [telb zn] [1] selecteur, deskundige, lid van selectie/benoemingscommissie [2] ⟨techn⟩ kiezerschakelaar, keuzeschakelaar
se·lec·tor·i·al /sɪlɛkˈtɔːrɪəl/ [bn] ⟨sport⟩ selectie-
sel·e·nate /ˈsɛlɪneɪt/ [telb zn] ⟨scheik⟩ selenaat, zout van seleenzuur
se·len·ic /sɪˈlɛnɪk, -ˈliː-/, **se·le·ni·ous** /sɪˈliːnɪəs/ [bn] ⟨scheik⟩ seleen-, selenig-
sel·e·nite /ˈsɛlɪnaɪt/ [telb zn] ⟨scheik⟩ [1] seleniet, zout van selenigzuur [2] maansteen
se·le·ni·um /sɪˈliːnɪəm/ [niet-telb zn] ⟨scheik⟩ seleen, selenium ⟨element 34⟩
selenium cell [telb zn] ⟨foto⟩ seleniumcel
se·le·no- /sɪˈliːnoʊ/ seleno-, maan- ♦ *selenologist* selenoloog
sel·e·nog·ra·pher /sɛlɪˈnɒɡrəfə, ˄-nɑːɡrəfər/ [telb zn] selenograaf
sel·e·nog·ra·phy /sɛlɪˈnɒɡrəfi, ˄-nɑː-/ [niet-telb zn] selenografie, maanbeschrijving
¹self /sɛlf/ [telb + niet-telb zn; mv: selves; in bet 5 en bet 6 selfs] [1] (het) zelf, (het) eigen wezen, (het) ik ♦ *study of self* zelfbeschouwing [2] persoonlijkheid, karakter ♦ *he's still not quite his old self* hij is nog steeds niet helemaal de oude [3] de eigen persoon, zichzelf, het eigenbelang ♦ *think only of self* alleen maar aan zichzelf denken [4] ⟨handel⟩ volks; scherts⟩ (zich)zelf, mijzelf, uzelf ⟨enz.⟩ ♦ *a room for self and wife* een kamer voor hemzelf en echtgenote; ⟨fin⟩ *cheque drawn to self* cheque aan eigen order [5] ⟨plantk⟩ eenkleurige bloem [6] ⟨plantk⟩ bloem in de natuurlijke kleur [•] *love's/Napoleon's/... self* de liefde/Napoleon/... zelf; *one's second self* zijn tweede ik, zijn rechterhand, zijn beste vriend
²self /sɛlf/ [bn] [1] uniform ⟨van kleur⟩ [2] van dezelfde kleur ⟨van plant⟩
self- /sɛlf/ [1] zelf-, zichzelf, door/uit/in zichzelf, auto- [2] ⟨vormt bijvoeglijk naamwoord⟩ ± eigen-, ± natuurlijk, ± zelfde, ± gelijk
-self [mv: -selves] [1] ⟨vormt wederkerend voornaamwoord⟩ -zelf ♦ *oneself* zichzelf [2] ⟨als nadrukwoord⟩ zelf ♦ *I did it myself* ik heb het zelf gedaan
self-a·ban·don·ment [niet-telb zn] [1] zelfverzaking, zelfontzegging [2] ongebondenheid, onbeheerstheid
self-a·base·ment [niet-telb zn] zelfvernedering
self-ab·hor·rence [niet-telb zn] zelfverachting
self-ab·ne·gat·ing, **self-ab·ne·ga·to·ry** [bn] zelfopofferend, zelfontkennend, zelfverloochenend
self-ab·ne·ga·tion [niet-telb zn] zelfopoffering, zelfontzegging, zelfverloochening
self-ab·sorbed [bn] in zichzelf verdiept, door zichzelf in beslag genomen, egocentrisch
self-ab·sorp·tion [niet-telb zn] [1] het verdiept-zijn in zichzelf [2] ⟨natuurk⟩ zelfabsorptie
self-a·buse /sɛlfəˈbjuːs/ [niet-telb zn] [1] zelfverwijt, zelfbeschuldiging, het zichzelf beschimpen/betichten [2] zelfbevlekking, masturbatie
self-ac·cu·sa·tion [niet-telb zn] zelfbeschuldiging
self-act·ing [bn] zelfwerkend, automatisch
self-ac·ti·vating [bn] zelfwerkend, automatisch, met zelfstarter/zelfontsteking
self-ad·dressed [bn] aan zichzelf geadresseerd ♦ *self-addressed envelope* antwoordenveloppe, aan afzender geadresseerde, gefrankeerde enveloppe
self-ad·he·sive [bn] zelfklevend
self-ad·just·ing [bn] ⟨techn⟩ met automatische instelling, automatisch, zelfinstellend
self-ad·mi·ra·tion [niet-telb zn] zelfbewondering, verwatenheid
self-ad·ver·tise·ment [niet-telb zn] het zichzelf aanbevelen, het zichzelf op de voorgrond dringen/bekendheid geven
self-af·fir·ma·tion [niet-telb zn] ⟨psych⟩ zelfbevestiging, zelfaffirmatie, zelferkenning
self-ag·gran·dize·ment [niet-telb zn] zelfexpansie, vergroting van zijn macht/roem/rijkdom
self-a·nal·y·sis [telb zn] zelfanalyse, zelfontleding
self-ap·point·ed [bn] ⟨inf⟩ opgedrongen, zichzelf ongevraagd opwerpend (als) ♦ *a self-appointed critic* iemand die zich een oordeel aanmatigt
self-ap·pre·ci·a·tion [niet-telb zn] zelfachting, zelfrespect
self-ap·pro·ba·tion [niet-telb zn] zelfwaardering, tevredenheid, zelfgenoegzaamheid
self-ap·prov·al [niet-telb zn] zelfwaardering
self-as·sem·bly [niet-telb zn; vaak attributief] het zelf in elkaar zetten/monteren
self-as·sert·ing, **self-as·ser·tive** [bn; bw: self-assertingly, self-assertively] [1] voor zichzelf opkomend, niet dociel/gedwee, niet op zijn mondje gevallen [2] aanmatigend, hoogmoedig
self-as·ser·tion [niet-telb zn] [1] het voor zichzelf opkomen, zelfbewustheid, het met zich laten sollen [2] aanmatiging, hoogmoed
self-as·sur·ance [niet-telb zn] zelfverzekerdheid, zelfbewustheid, zelfvertrouwen
self-as·sured [bn; zn: self-assuredness] zelfverzekerd, vol zelfvertrouwen
self-a·ware·ness [niet-telb zn] zelfbewustzijn

self-begotten

self-be·got·ten [bn] ⓵ zelfverwekt, echt ⟨van kind⟩ ⓶ zelf verkregen
self-be·tray·al [niet-telb zn] zelfmisleiding
self-bind·er [telb zn] ⟨landb⟩ zelfbinder
self-born [bn] uit zichzelf voortkomend
self-bow [telb zn] ⟨boogschieten⟩ selfbow ⟨boog gemaakt uit een en hetzelfde materiaal⟩
self-build [niet-telb zn] ⟨BE⟩ doe-het-zelfbouw ⟨van eigen huis⟩
self-build·er [telb zn] ⟨BE⟩ doe-het-zelfbouwer ⟨van eigen huis⟩
self-catering [bn] zelf voor eten zorgend, maaltijden niet inbegrepen ♦ *self-catering flat* flat, appartement ⟨waar men zelf voor het eten moet zorgen⟩; *self-catering holiday* vakantie zonder verzorgde maaltijden
self-cen·tred, ⟨AE⟩ **self-cen·tered** [bn; bw: self-centredly; zn: self-centredness] op zichzelf geconcentreerd, zelfzuchtig, egocentrisch
self-clean·ing [bn] zelfreinigend
self-clos·ing [bn] zelfsluitend, automatisch sluitend
self-cock·ing [bn] met automatische slagpin ⟨geweer⟩
self-col·lect·ed [bn] beheerst, kalm, met tegenwoordigheid van geest, onverstoorbaar
self-col·our [telb zn] ⓵ effen kleur ⓶ oorspronkelijke/natuurlijke kleur ⟨van bloem⟩
self-col·our·ed, ⟨AE⟩ **self-col·or·ed** [bn] ⓵ effen, eenkleurig ⓶ ⟨plantk⟩ van de oorspronkelijke ⟨niet gekweekte⟩ kleur
self-com·mand [niet-telb zn] zelfbeheersing, het zichzelf meester zijn
self-com·mun·ion [niet-telb zn] zelfbeschouwing, zelfbetrachting, bespiegeling, inkeer
self-com·pla·cen·cy [niet-telb zn] zelfbehagen, zelfingenomenheid
self-com·pla·cent [bn] zelfingenomen, zelfvoldaan
self-con·ceit [niet-telb zn] eigenwaan, eigendunk, hoogmoed, verwaandheid
self-con·ceit·ed [bn] verwaand, vol eigendunk
self-con·dem·na·tion [niet-telb zn] het zichzelf veroordelen/betichten
self-con·demned [bn] door zichzelf veroordeeld/beticht
self-con·fessed [bn] openlijk, onverholen ♦ *he is a self-confessed swindler* hij komt er rond voor uit dat hij een zwendelaar is
self-con·fi·dence [niet-telb zn] zelfvertrouwen, zelfverzekerdheid
self-con·fi·dent [bn; bw: self-confidently] vol zelfvertrouwen, zelfverzekerd
self-con·grat·u·la·tion [niet-telb zn] zelftevredenheid, zelfbehagen, zelfgenoegzaamheid
self-con·quest [niet-telb zn] zelfoverwinning, zelfonderwerping
self-con·scious [bn; bw: self-consciously; zn: self-consciousness] ⓵ bewust, zich van zichzelf bewust ⓶ verlegen, niet op zijn gemak, onbehaaglijk, stijf
self-con·sis·ten·cy [niet-telb zn] consequentheid, trouw aan zichzelf/zijn principes
self-con·sis·tent [bn] trouw aan zichzelf, zichzelf gelijk blijvend, consequent, principieel
self-con·stit·ut·ed [bn] eigenmachtig ⟨handelend⟩, zich ⟨een taak⟩ toe-eigenend
self-con·sum·ing [bn] zichzelf verterend, zelfvernietigend
self-con·tain·ed [bn] ⓵ onafhankelijk, niet mededeelzaam, niet aanhankelijk, op zichzelf, eenzelvig, gereserveerd ⓶ vrij, op zichzelf staand, apart, met alle accommodatie ⟨van flat e.d.⟩
self-con·tempt [niet-telb zn] zelfverachting
self-con·temp·tu·ous [bn; bw: self-contemptuously]

vol zelfverachting
self-con·tent [niet-telb zn] zelfbehagen, tevredenheid, zelfgenoegzaamheid
self-con·tent·ed [bn] tevreden met zichzelf, zelfgenoegzaam, vol zelfbehagen, zelfvoldaan
self-con·tra·dic·tion [telb + niet-telb zn] tegenstrijdigheid, contradictie, innerlijke tegenspraak, inconsistente uitspraak
self-con·tra·dic·to·ry [bn] tegenstrijdig, in innerlijke tegenspraak, contradictoir
self-con·trol [niet-telb zn] zelfbeheersing, kalmte
self-con·trolled [bn] beheerst, kalm, zichzelf meester

self-conscious, self-confident		
assured/self-assured	ontspannen vanwege vertrouwen in eigen kunnen	zelfverzekerd, zelfbewust
self-aware	bewust van eigen werkelijke gedachten en gevoelens	zichzelf kennend
self-conscious	bewust van het eigen zijn	bewust
self-conscious	bewust van het eigen uiterlijk en van wat anderen vinden	bewust van zichzelf, verlegen
confident/self-confident	met vertrouwen in eigen kunnen	zeker van zichzelf

self-con·vict·ed [bn] door zichzelf veroordeeld
self-cop·y·ing pa·per [telb + niet-telb zn] doorschrijfpapier
self-cre·at·ed [bn] zelfgemaakt, door zichzelf tot stand gebracht
self-cre·a·tion [niet-telb zn] het zelf tot stand brengen/in het leven roepen/maken
self-crit·i·cal [bn; bw: self-critically] vol zelfkritiek
self-crit·i·cism [niet-telb zn] zelfkritiek
self-cul·ture [niet-telb zn] zelfontwikkeling
self-de·ceit, **self-de·cep·tion** [niet-telb zn] zelfbedrog, zelfmisleiding
self-de·ceived [bn] door zichzelf misleid
self-de·ceiv·er [telb zn] iemand die zichzelf om de tuin leidt
self-de·ceiv·ing [bn] ⓵ geneigd tot zelfbedrog, zichzelf gemakkelijk misleidend ⓶ om zichzelf te misleiden
self-de·feat·ing [bn] zichzelf hinderend, zichzelf in de weg staand, zijn doel voorbijstrevend
self-de·fence, ⟨AE⟩ **self-de·fense** [niet-telb zn] zelfverdediging, ⟨i.h.b. jur⟩ noodweer ♦ *the (noble) art of self-defence* boksen, judo; *in self-defence* uit zelfverdediging
self-de·lu·sion [niet-telb zn] zelfmisleiding
self-de·ni·al [niet-telb zn] zelfverzaking, zelfverloochening, zelfopoffering
self-de·ny·ing [bn; bw: self-denyingly] zelfverloochenend, opofferend · ⟨gesch, pol⟩ *self-denying ordinance* zelfverloochenend decreet ⟨besluit van het Long Parliament (1645) dat parlementsleden uitsloot van ambten en militaire posities⟩; ⟨fig⟩ daad van zelfverloochening, offer
self-de·pend·ence [niet-telb zn] onafhankelijkheid, zelfstandigheid
self-de·pend·ent [bn] zelfstandig, op eigen kracht
self-de·pre·ci·a·tion [niet-telb zn] zelfverachting, het zichzelf omlaag halen
self-de·pre·ci·a·tive, **self-de·pre·cating** [bn] zichzelf omlaag halend, vol zelfkritiek, zonder zelfwaardering
self-de·spair [niet-telb zn] wanhoop, vertwijfeling, zelfvertwijfeling, het aan zichzelf wanhopen

self-de·struct /sɛlf-dɪstrʌkt/ [onov ww] ⟨vnl AE⟩ zichzelf vernietigen
self-de·struc·tion [niet-telb zn] zelfvernietiging, ⟨i.h.b.⟩ zelfmoord
self-de·struc·tive, ⟨soms ook⟩ **self-de·stroy·ing** [bn; zn: self-destructiveness] zelfvernietigend, zichzelf vernietigend, ⟨i.h.b.⟩ suïcidaal, tot zelfmoord neigend
self-de·ter·mi·na·tion [niet-telb zn] ① de vrije wil ② ⟨pol⟩ zelfbeschikking(srecht)
self-de·ter·mined [bn] onafhankelijk, voor zichzelf beslissend, uit vrije wil
self-de·vel·op·ment [niet-telb zn] zelfontplooiing, zelfontwikkeling
self-de·vo·tion [niet-telb zn] toewijding, zelfovergave
self-di·rec·ted [bn, attr] ⟨AE⟩ zelfstandig (werkend)
self-dis·ci·pline [niet-telb zn] zelfdiscipline
self-dis·par·age·ment [niet-telb zn] zelfkleinering, vernederende zelfkritiek, het zichzelf afkraken
self-dis·play [niet-telb zn] ijdel vertoon, opschepperigheid, vertoning, het met zichzelf te koop lopen
self-dis·praise [niet-telb zn] negatieve zelfkritiek, afkeuring van eigen prestaties, het zichzelf kleineren
self-dis·trust [niet-telb zn] onzekerheid, gebrek aan zelfvertrouwen
self-dis·trust·ful [niet-telb zn] onzeker, zonder zelfvertrouwen
self-doubt [niet-telb zn] onzekerheid, twijfel aan zichzelf, gebrek aan zelfvertrouwen
self-drive [bn] ⟨BE⟩ zonder chauffeur ⟨van huurauto⟩
self-driv·en [bn] gemotoriseerd
self-ed·u·cat·ed [bn] autodidactisch ♦ *a self-educated man* een autodidact
self-ed·u·ca·tion [niet-telb zn] zelfontwikkeling, autodidactische ontwikkeling
self-ef·face·ment [niet-telb zn] bescheidenheid, afzijdigheid, het zichzelf wegcijferen
self-ef·fac·ing [bn] bescheiden, op de achtergrond blijvend, teruggetrokken, afzijdig, zichzelf wegcijferend
self-e·lec·tive [bn] zelfgekozen, ⟨i.h.b.⟩ door coöptatie benoemd
self-em·ployed [bn] zelfstandig, met een eigen onderneming, eigen baas
self-en·gross·ed [bn] in zichzelf verdiept, in zichzelf opgaand
self-es·teem [niet-telb zn] eigenwaarde, eigendunk, trots, zelfachting ♦ *she has a low self-esteem* ze heeft een lage dunk van zichzelf
self-ev·i·dent [bn; bw: self-evidently] duidelijk, vanzelfsprekend, vaststaand
self-ex·am·i·na·tion [telb zn] zelfonderzoek
self-ex·e·cut·ing [bn] ⟨jur⟩ zichzelf bekrachtigend, uit zichzelf geldig, zonder verdere bekrachtiging geldig
self-ex·is·tent [bn] onafhankelijk, zelfstandig, op zichzelf bestaand
self-ex·plan·a·to·ry, self-ex·plain·ing [bn] duidelijk, onmiskenbaar, wat voor zichzelf spreekt
self-ex·pres·sion [niet-telb zn] zelfexpressie
self-faced [bn] onbehouwen, ruw, onbewerkt ⟨steen⟩
self-feed·er [telb zn] ⟨techn⟩ machine met automatische materiaaltoevoer
self-fer·tile [bn] ⟨biol⟩ zelfbevruchtend, zelfbestuivend, autogaam
self-fer·til·i·za·tion [niet-telb zn] ⟨biol⟩ zelfbevruchting, zelfbestuiving
self-fi·nanc·ing /sɛlffaɪnænsɪŋ/ [niet-telb zn] ⟨ec⟩ zelffinanciering, autofinanciering
self-flat·ter·ing [bn] zelfgenoegzaam, geneigd zichzelf te vleien, zelfstrelend
self-for·get·ful [bn; bw: self-forgetfully; zn: self-forgetfulness] ① zichzelf vergetend, zich verliezend ② onbaat-

zuchtig, onzelfzuchtig
self-ful·fill·ing [bn] zichzelf vervullend, zichzelf realiserend, zichzelf ontwikkelend ♦ *self-fulfilling prophecy* selffulfilling prophecy, zichzelf waarmakende/vervullende voorspelling
self-ful·fil·ment, self-ful·fill·ment [niet-telb zn] zelfvervulling, zelfontplooiing, het zich waarmaken
self-gen·er·at·ing [bn] autogenetisch, zichzelf voortbrengend
self-glazed [bn] effen, eenkleurig, in een kleur geglazuurd ⟨porselein⟩
self-glo·ri·fi·ca·tion [niet-telb zn] zelfverheerlijking
self-gov·ern·ing [bn] autonoom, onafhankelijk, onder eigen bestuur
self-gov·ern·ment [niet-telb zn] ① zelfbestuur, autonomie ② democratie ③ ⟨vero⟩ zelfbeheersing
self-grat·u·la·tion [niet-telb zn] zelfbehagen, zelfgenoegzaamheid
self-harm [onov ww] zichzelf verwonden, automutileren
self-heal [telb zn] ⟨plantk⟩ geneeskrachtige plant, ⟨i.h.b.⟩ brunel ⟨Prunella vulgaris⟩, heelkruid ⟨Sanicula europea⟩
self-help [niet-telb zn] zelfhulp, het zichzelf helpen, het zichzelf kunnen redden
self-help group [telb zn] zelfhulpgroep
self·hood /sɛlfhʊd/ [niet-telb zn] ① individualiteit, zelfheid, eigenheid ② persoonlijkheid ③ egoïsme, gerichtheid op zichzelf
self-hu·mil·i·a·tion [niet-telb zn] zelfvernedering
self-im·age [telb zn] zelfbeeld
self-im·mo·la·tion [niet-telb zn] zelfopoffering
self-im·por·tance [niet-telb zn] gewichtigheid, opgeblazenheid, ingebeeldheid, eigendunk
self-im·por·tant [bn; bw: self-importantly] gewichtig, verwaten, opgeblazen
self-im·posed [bn] aan zichzelf opgelegd ♦ *a self-imposed task* een taak die men vrijwillig op zich genomen heeft
self-im·po·tent [bn] ⟨biol⟩ niet zelfbevruchtend
self-im·prove·ment [niet-telb zn] zelfverbetering
self-in·duced [bn] ① zelf teweeggebracht, zelf toegebracht ② ⟨elek⟩ door zelfinductie voortgebracht
self-in·duc·tion [niet-telb zn] ⟨elek⟩ zelfinductie
self-in·dul·gence [niet-telb zn] genotzucht, toegeeflijkheid t.o.v. zichzelf, het aan al zijn neigingen tegemoetkomen
self-in·dul·gent [niet-telb zn] genotzuchtig, plezier zoekend, aan al zijn verlangens toegevend
self-in·flict·ed [bn] zelf teweeggebracht, zichzelf toegebracht/aangedaan
self-in·struc·tion·al [bn] zelfstudie- ♦ *for self-instructional use* te gebruiken bij zelfstudie
self-in·struc·tor [telb zn] iemand die aan zelfstudie doet
self-in·ter·est [niet-telb zn] eigenbelang
self-in·ter·est·ed [bn] egoïstisch, vervuld van eigenbelang, uit eigenbelang
self-in·vit·ed [bn] onuitgenodigd, ongenood, onwelkom, uit zichzelf gekomen
self-in·volved [bn] in zichzelf verdiept
self·ish /sɛlfɪʃ/ [bn; bw: ~ly; zn: ~ness] ① zelfzuchtig, egoïstisch ② uit eigenbelang
self-kin·dled [bn] zelf aangewakkerd, zelf aangericht, zelf veroorzaakt
self-knowl·edge [niet-telb zn] zelfkennis
self·less /sɛlfləs/ [bn; bw: ~ly; zn: ~ness] onbaatzuchtig, onzelfzuchtig, altruïstisch
self-liq·ui·dat·ing [bn] ⟨handel⟩ zelfliquiderend, zelfterugbetalend

self-loading

self·load·ing [bn] halfautomatisch ⟨van vuurwapen⟩
self·lock·ing [bn] zelfsluitend, met automatisch slot
self·love [niet-telb zn] ① zelfzucht ② eigenliefde
self·lu·mi·nous [bn] zelflichtend, zelf licht voortbrengend
self-made [bn] ① zelfgemaakt ② opgewerkt, opgeklommen ♦ *a self-made man* een man die zich omhoog gewerkt heeft, een selfmade man
self·mas·ter·y [niet-telb zn] zelfbeheersing
self-mate [niet-telb zn] ⟨schaaksp⟩ zelfmat
self·mor·ti·fi·ca·tion [niet-telb zn] zelfkwelling, zelfpijniging
self·mo·tion [niet-telb zn] spontane beweging, het uit zichzelf in beweging komen
self·mov·ing [bn] zelfbewegend
self·mur·der [niet-telb zn] zelfmoord
self·mur·der·er [telb zn] zelfmoordenaar
self·ness /selfnəs/ [niet-telb zn] ① egoïsme ② persoonlijkheid, zelfheid
self-o·pin·ion [niet-telb zn] ① verwatenheid, verwaandheid ② koppigheid, starheid
self-o·pin·ion·at·ed [bn] ① verwaten, verwaand ② koppig, met onwrikbare overtuigingen, eigenwijs
self-or·dained [bn] eigenmachtig, onafhankelijk, zelf bepaald/bepalend
self-par·tial [bn] zelfingenomen, vol eigenwaan
self-par·ti·al·i·ty [niet-telb zn] eigendunk, zelfingenomenheid
self-per·pet·u·at·ing [bn] zichzelf voortzettend, zichzelf in stand houdend
self-pit·y [niet-telb zn] zelfmedelijden, zelfbeklag
self·pleas·ing [niet-telb zn] ① zelfbehagen ② het zichzelf naar de zin maken, het doen waar je zin in hebt
self-poised [bn] met innerlijk evenwicht, beheerst
self-pol·li·na·tion [niet-telb zn] ⟨plantk⟩ zelfbestuiving
self-pol·lu·tion [niet-telb zn] zelfbevlekking, masturbatie
self-por·trait [telb zn] zelfportret
self-pos·sessed [bn] kalm, beheerst, kordaat, flink
self-pos·ses·sion [niet-telb zn] kalmte, zelfbeheersing
self-praise [niet-telb zn] eigen lof ▪ ⟨sprw⟩ *self-praise is no recommendation* eigen roem stinkt
self-pres·er·va·tion [niet-telb zn] zelfbehoud ▪ ⟨sprw⟩ *self-preservation is nature's first law* zelfbehoud gaat voor alles
self-pro·claimed [bn] zogenaamd, zichzelf noemend/uitgevend voor
self-prof·it [niet-telb zn] eigen voordeel/baat
self-prop·a·gat·ing [bn] zichzelf verspreidend/uitbreidend/voortzettend
self-pro·pel·led, self-pro·pel·ling [bn] zich op eigen kracht voortbewegend, zichzelf voortstuwend ♦ ⟨mil⟩ *self-propelled gun* gemotoriseerd kanon
self-rais·ing, ⟨AE⟩ **self-ris·ing** [bn] zelfrijzend ♦ *self-raising flour* zelfrijzend bakmeel
self-re·al·i·za·tion [niet-telb zn] zelfontplooiing, zelfverwerkelijking
self-re·cord·ing, self-reg·is·ter·ing [bn] ⟨techn⟩ zelfregistrerend ⟨van instrumenten⟩
self-re·gard [niet-telb zn] ① het rekening houden met zichzelf ② zelfachting, zelfrespect
self-reg·u·lating, self-reg·u·la·to·ry [bn] zelfregelend ⟨mechanisme⟩, zelfregulerend ⟨organisatie⟩
self-re·li·ance [niet-telb zn] onafhankelijkheid
self-re·li·ant [bn; bw: self-reliantly] onafhankelijk, zonder iemand nodig te hebben
self-re·nun·ci·a·tion [niet-telb zn] zelfverloochening, het onderdrukken van wensen/gevoelens, zelfverzaking
self-re·pair [niet-telb zn] herstel op eigen kracht
self-re·proach [telb + niet-telb zn] zelfverwijt

1658

self-re·proach·ful [bn] vol zelfverwijt
self-re·pug·nant [bn] inconsistent, tegenstrijdig, in innerlijke tegenspraak
self-re·spect [niet-telb zn] zelfrespect
self-re·spect·ing [bn] zichzelf respecterend
self-re·strained [bn] zichzelf meester, beheerst, kalm
self-re·straint [niet-telb zn] zelfbedwang
self-re·veal·ing [bn] zelfonthullend, zijn gedachten/gevoelens blootgevend
self-rev·e·la·tion [niet-telb zn] zelfonthulling
self-right·eous [bn; bw: self-righteously; zn: self-righteousness] overtuigd van eigen goedheid, vol eigendunk, zelfingenomen, intolerant, star
self-right·ing [bn] ⟨scheepv⟩ zichzelf oprichtend ⟨na kapseizen⟩
self-rising [bn] → self-raising
self-rule [niet-telb zn] autonomie, zelfbestuur
self-sac·ri·fice [niet-telb zn] zelfopoffering, zelfverzaking
self-sac·ri·fic·ing [bn] zelfopofferend
self-same [bn] ⟨form⟩ precies dezelfde/hetzelfde, identiek, juist diezelfde/datzelfde ♦ *on the selfsame day* nog wel/en dat op dezelfde dag
self-sat·is·fac·tion [niet-telb zn] zelfbehagen, zelftevredenheid, eigendunk
self-sat·is·fied [bn] tevreden met zichzelf, (te) zelfvoldaan
self-seal·ing [bn] zelfdichtend ⟨van tank, band⟩
self-search·ing [niet-telb zn] zelfonderzoek, het zich rekenschap geven van zijn daden
self-seek·er [telb zn] zelfzuchtige streber, egoïst, iemand die alleen op eigen voordeel uit is
¹**self-seek·ing** [niet-telb zn] egoïsme, het naar eigen gewin streven
²**self-seek·ing** [bn] zelfzuchtig, egoïstisch, op eigen voordeel uit
self-serv·ice, ⟨vnl AE⟩ **self-serve** [telb + niet-telb zn; vaak attributief] zelfbediening ♦ *self-service restaurant/shop* zelfbedieningsrestaurant, zelfbedieningswinkel
self-serv·ing [bn] uit eigenbelang
self-slaugh·ter [niet-telb zn] zelfmoord
self-sown [bn] ⟨plantk⟩ in het wild groeiend, niet aangeplant
self-start·er [telb zn] ⟨techn⟩ automatische starter, zelfstarter
self-ster·ile [bn] ⟨biol⟩ niet zelfbevruchtend, autosteriel
self-styled [bn, attr] zogenaamd, zichzelf noemend, vals ♦ *self-styled professor* iemand die zich voor professor uitgeeft
self-suf·fi·cien·cy [niet-telb zn] onafhankelijkheid, het op zichzelf kunnen bestaan, ⟨i.h.b. ec⟩ autarkie
self-suf·fi·cient, self-suf·fic·ing [bn] ① onafhankelijk, ⟨i.h.b. ec⟩ autarkisch ② arrogant, verwaand
self-sug·ges·tion [telb + niet-telb zn] ⟨psych⟩ autosuggestie
self-sup·port [niet-telb zn] ⟨vnl ec⟩ zelfstandigheid, het in eigen behoefte kunnen voorzien
self-sup·port·ing [bn] ⟨vnl ec⟩ zelfstandig, selfsupporting, in eigen behoefte voorziend, onafhankelijk, zelfbedruipend
self-sur·ren·der [niet-telb zn] overgave, het zichzelf verliezen
self-sus·tained, self-sus·tain·ing [bn] zichzelf onderhoudend, in eigen behoefte voorziend
self-taught [bn] ① zelf geleerd, zichzelf aangeleerd ② autodidactisch, zichzelf opgeleid
self-tor·ment·ing [bn] zichzelf kwellend
self-tor·ture [telb + niet-telb zn] zelfkwelling
self-trust [niet-telb zn] zelfvertrouwen
self-tu·i·tion [niet-telb zn] zelfstudie

self-vi·o·lence [niet-telb zn] gewelddadigheid t.o.v. zichzelf, het de hand aan zichzelf slaan, (poging tot) zelfmoord

self-will [niet-telb zn] koppigheid, eigenwijsheid, gedecideerdheid

self-willed [bn] koppig, eigenwijs, niet tot rede te brengen

self-wind·ing [bn] zichzelf opwindend ⟨horloge⟩

self-wor·ship [niet-telb zn] zelfaanbidding, zelfheiliging

self-worth [niet-telb zn] eigenwaarde ♦ *a sense of self-worth* een gevoel van eigenwaarde

Sel·juk /sɛldʒʊk/ [telb zn] ⟨gesch⟩ Seltsjoek

¹**sell** /sel/ [telb zn] ⟨inf⟩ bedrog, verlakkerij, zwendel

²**sell** /sel/ [niet-telb zn] verkoop, het verkopen

³**sell** /sel/ [onov ww; sold, sold] **1** verkocht worden, verkopen, gaan, kosten, in de handel zijn **2** handel drijven, verkopen ♦ zie: **sell out** **3** aanvaard worden, goedgekeurd worden, populair zijn, het maken ♦ zie: **sell out to**; ⟨fin⟩ *sell short* à la baisse speculeren, in blanco verkopen; *sell up* zijn zaak sluiten; → **selling**

⁴**sell** /sel/ [ov ww; sold, sold] **1** verkopen ♦ *sell at five pounds/at a loss* voor vijf pond/met verlies verkopen; *you never told me what you sold it for* je hebt me nooit verteld voor hoeveel je het verkocht hebt; *sell off* uitverkopen, uitverkoop houden van, wegdoen; zie: **sell out**; *sell over* verkopen, overdoen; *sell up* sluiten, opheffen; ⟨zijn zaak⟩ uitverkopen en sluiten; *sell s.o. up* iemands goederen verbeurdverklaren, iemands bezittingen laten veilen ⟨bij schuld⟩ **2** verkopen, verraden, in voorraad hebben, doen in, handelen in ♦ ⟨handel⟩ *sell to arrive* zeilend verkopen **3** verkopen, verraden, opgeven, verkwanselen ♦ *sell o.s.* zichzelf verkopen, zijn eer verkopen; *sell one's soul* zijn ziel verkopen, zich verlagen **4** aanprijzen, verkopen, overhalen tot aankoop, de verkoop/goedkeuring bevorderen van ♦ *sell o.s.* zichzelf goed verkopen **5** overhalen, warm maken voor, tot aankoop/goedkeuring weten te brengen, aanpraten ♦ *be sold on sth.* ergens warm voor lopen, enthousiast over iets zijn **6** ⟨inf⟩ misleiden, bedriegen, bezwendelen ♦ *sold again!* beetgenomen! bedrogen! • zie: **sell out**; ⟨inf⟩ *sell s.o. short* iemand bedriegen/misleiden; *sell s.o./sth. short* iemand/iets onderwaarderen, iemand/iets miskennen/tekortdoen; ⟨sprw⟩ *you cannot sell the cow and drink the milk* men kan niet het laken hebben en het geld houden; → **selling**

sellanders [niet-telb zn] → **sallenders**

sell-by date [telb zn] uiterste verkoopdatum

sell·er /selə, ᴧ-ər/ [telb zn] **1** verkoper **2** succes, artikel dat goed verkoopt

seller's market [telb zn] ⟨handel⟩ verkopersmarkt, schaarste en duurte van goederen

sell·ing /selɪŋ/ [niet-telb zn; gerund van sell] verkoop

selling point [telb + niet-telb zn] ⟨handel⟩ belangrijkste pluspunt, voordeel, aanbeveling ⟨bijvoorbeeld van artikel⟩

selling price [telb + niet-telb zn] verkoopprijs, winkelwaarde

selling race, selling plate [telb zn] ⟨sport⟩ ± verkoopren, wedloop waarbij het winnende paard wordt geveild

sell-off [telb zn] uitverkoop

¹**sel·lo·tape** /seləteɪp/ [telb zn] ⟨BE⟩ plastic plakband, sellotape

²**sel·lo·tape** /seləteɪp/ [ov ww] plakken, met plakband vastmaken

¹**sell out** [onov ww] **1** de hele voorraad verkopen, door de voorraad heen raken ♦ *I am/I have sold out of this book* ik heb dit boek niet meer in voorraad **2** verkocht worden, opraken, uitverkocht raken **3** zijn zaak/aandeel in een zaak verkopen ♦ *sell out and retire* zijn zaak verkopen en ophouden met werken **4** verraad plegen ♦ *sell out to the enemy* zijn partij aan de vijand verraden, gemene zaak maken met de vijand **5** ⟨inf⟩ vertrekken, ervandoor gaan ⟨uit lafheid⟩ **6** ⟨inf⟩ compromissen sluiten ⟨uit lafheid⟩ **7** ⟨inf⟩ zich laten omkopen, zijn principes opzijzetten ⟨om geldelijk gewin⟩

²**sell out** [ov ww] **1** verkopen, uitverkopen, doorheen raken, opmaken **2** van de hand doen, ermee ophouden, verkopen ♦ *sell out one's shop* zijn winkel wegdoen **3** verraden ♦ *sell out a friend* een vriend verraden

sell-out [telb zn] **1** tekort, het uitverkocht-zijn, het uitputten van de voorraad **2** volle zaal, uitverkochte voorstelling **3** verraad

selt·zer /sɛltsə, ᴧ-ər/, **seltzer water** [niet-telb zn] selterswater, mineraalwater

sel·vage, sel·vedge /sɛlvɪdʒ/ [telb zn] **1** zelfkant ⟨van textiel⟩ **2** rand, uiterste **3** slotplaat

sel·va·gee /sɛlvɪdʒiː/ [niet-telb zn] ⟨scheepv⟩ wantslag

selves /selvz/ [alleen mv] → **self**

-selves /selvz/ [alleen mv] → **-self**

se·man·teme /sɪmæntiːm/ [telb zn] ⟨taalk⟩ semanteem, minimale betekenisdragende eenheid

se·man·tic /sɪmæntɪk/ [bn; bw: ~ally] ⟨taalk⟩ semantisch ♦ *semantic distinguisher* semantische onderscheiding; *semantic features/markers* semantische kenmerken; *semantic field* semantisch veld, woordveld

se·man·ti·cist /sɪmæntɪst/ [telb zn] ⟨taalk⟩ semanticus

se·man·tics /sɪmæntɪks/ [niet-telb zn] ⟨taalk, filos⟩ **1** semantiek, betekenisleer, studie van de betekenis **2** betekenis, ⟨pej⟩ misbruik van/manipulatie met woorden ♦ *that supposed distinction is pure semantics* dat vermeende onderscheid is een kwestie van woorden

¹**se·ma·phore** /seməfɔː, ᴧ-fɔr/ [telb zn] ⟨spoorw⟩ seinpaal, semafoor

²**se·ma·phore** /seməfɔː, ᴧ-fɔr/ [niet-telb zn] ⟨vnl mil⟩ vlaggenspraak, het seinen met vlaggen

³**se·ma·phore** /seməfɔː, ᴧ-fɔr/ [onov + ov ww] **1** per semafoor seinen **2** ⟨vnl mil⟩ met vlaggen seinen

se·ma·si·ol·o·gy /sɪmeɪsɪɒlədʒɪ, ᴧ-ɑlədʒɪ/ [niet-telb zn] ⟨taalk⟩ semasiologie, semantiek, betekenisleer

se·mat·ic /sɪmætɪk/ [bn] ⟨dierk⟩ sematisch, significant, seingevend ⟨van uiterlijke kenmerken⟩

¹**sem·bla·ble** /sembləbl/ [telb zn] ⟨vero⟩ gelijke, iets soortgelijks, soortgenoot

²**sem·bla·ble** /sembləbl/ [bn] **1** schijnbaar, onwerkelijk, vals **2** ⟨vero⟩ soortgelijk, dergelijk

sem·blance /sembləns/ [telb zn] **1** schijn, voorkomen, uiterlijk, vorm ♦ *bear the semblance of* lijken op, het voorkomen hebben van; *put on a semblance of enthousiasm* geestdriftig doen, doen of men enthousiast is **2** gelijkenis **3** afbeelding, beeld, kopie, gelijke **4** schijn, zweem, vleug, greintje, zier ♦ *without a semblance of a guilty conscience* zonder ook maar een zweem van schuldgevoel

se·mé, se·mée /semeɪ/ [bn] ⟨heral⟩ bezaaid

semeiology [niet-telb zn] → **semiology**

semeiotics [niet-telb zn] → **semiotics**

se·meme /siːmiːm/ [telb zn] ⟨taalk⟩ semeem ⟨verzameling semen waaruit betekenis van een woord bestaat⟩

se·men /siːmən/ [niet-telb zn] ⟨biol⟩ sperma, zaad

se·mes·ter /sɪmestə, ᴧ-ər/ [telb zn] ⟨vnl AE⟩ semester ⟨universiteit⟩

se·mes·tral /sɪmestrəl/, **se·mes·trial** /sɪmestrɪəl/ [bn] halfjaarlijks

sem·i /semi/ [telb zn] ⟨BE; inf⟩ halfvrijstaand huis, (een van) twee onder een kap

semi- **1** semi-, deels, gedeeltelijk **2** semi-, half **3** bijna-, vrijwel **4** semi-, niet helemaal, minder, onvolledig

sem·i·an·nu·al /semɪænjʊəl/ [bn; bw: ~ly] halfjaarlijks

sem·i·an·nu·lar /semɪænjʊlə, ᴧ-ænjələr/ [bn] ⟨biol⟩ half ringvormig

sem·i-au·to·mat·ic /ˌsemiɔːˈtəmætɪk/ [bn] halfautomatisch ⟨ook van vuurwapens⟩
sem·i-bar·bar·i·an /ˌsemibɑːˈbeərɪən, ᴬ-bɑrˈberɪən/ [bn] halfbarbaars, nauwelijks beschaafd, zogoed als barbaars
sem·i-bar·ba·rism /ˌsemibɑːˈbrɪzm, ᴬ-bɑr-/ [niet-telb zn] geringe beschaving, het halfbarbaars-zijn
sem·i-base·ment /ˈsemibeɪsmənt/ [telb zn] ⟨bouw⟩ souterrain
sem·i-bold /ˌsemiˈbould/ [bn] ⟨drukw⟩ halfvet
sem·i-breve /ˈsemibriːv/ [telb zn] ⟨vnl BE; muz⟩ hele noot, semibrevis
sem·icen·ten·ni·al /ˌsemisenˈtenɪəl/ [bn] eens in de vijftig jaar, vijftigjarig
sem·i-cir·cle /ˈsemisɜːkl, ᴬ-sɜrkl/ [telb zn] [1] halve cirkel [2] halve kring
sem·i-cir·cu·lar /ˌsemiˈsɜːkjʊlə, ᴬ-ˈsɜrkjələr/ [bn] halfrond, halfcirkelvormig ♦ ⟨med⟩ *semicircular canals* halfcirkelvormige kanalen ⟨in oor⟩
sem·i·civ·i·lized /ˌsemiˈsɪvɪlaɪzd/ [bn] halfbeschaafd, half wild
sem·i-co·lon /ˈsemikoʊlən, ᴬˈsemikoʊlən/ [telb zn] ⟨drukw⟩ kommapunt, puntkomma
sem·i-con·duc·tor /ˌsemikənˈdʌktə, ᴬ-ər/ [telb zn] ⟨elek⟩ halfgeleider
sem·i-con·scious /ˌsemiˈkɒnʃəs, ᴬ-ˈkɑn-/ [bn] halfbewust
sem·i-con·so·nant /ˌsemiˈkɒnsənənt, ᴬ-ˈkɑn-/ [telb zn] ⟨taalk⟩ semiconsonant, semivocaal
sem·i·dem·i·sem·i·qua·ver /ˌsemidemiˈsemikweɪvə, ᴬ-ər/ [telb zn] ⟨vnl BE; muz⟩ 64e noot
¹sem·i-de·tached /ˌsemidɪˈtætʃt/ [telb zn] halfvrijstaand huis, huis van twee onder een kap
²sem·i-de·tached /ˌsemidɪˈtætʃt/ [bn] halfvrijstaand ⟨van huis⟩
sem·i-doc·u·men·ta·ry /ˌsemidɒkjʊˈmentəri, ᴬ-ˌdɑkjəˈmentəri/ [telb zn] ⟨film⟩ gespeelde documentaire, semidocumentaire
sem·i-dome /ˈsemidoum/ [telb zn] ⟨bouw⟩ halfkoepel
sem·i-fi·nal /ˌsemiˈfaɪnl/ [telb zn] ⟨sport⟩ halve finale
sem·i-fi·nal·ist /ˌsemiˈfaɪnlɪst/ [telb zn] ⟨sport⟩ semifinalist, deelnemer aan de halve finale
sem·i-fin·ish·ed /ˌsemiˈfɪnɪʃt/ [bn] half af, half ontwikkeld, halverwege
¹sem·i-flu·id /ˌsemiˈfluːɪd/ [telb zn] halfvloeibare stof
²sem·i-flu·id /ˌsemiˈfluːɪd/ [bn] halfvloeibaar
sem·i-for·mal /ˌsemiˈfɔːml, ᴬ-ˈfɔrml/ [bn] semiformeel
sem·i-in·fi·nite /ˌsemiˈɪnf(ɪ)nɪt/ [bn] ⟨wisk⟩ semi-infiniet
sem·i-liq·uid /ˌsemiˈlɪkwɪd/ [bn] halfvloeibaar
sem·i-lu·nar /ˌsemiˈluːnə, ᴬ-ər/, **sem·i·lu·nate** /-ˈluːneɪt/ [bn] halvemaanvormig ♦ ⟨med⟩ *semilunar bone* halvemaansbeentje ⟨Os lunatum⟩; *semilunar valve* semilunaire klep
sem·i·man·u·fac·tured /ˌsemimænjʊˈfæktʃəd, ᴬ-mænjəˈfæktʃərd/ [bn] ⟨ind⟩ als halffabricaat
sem·i-met·al /ˌsemiˈmetl/ [telb zn] halfmetaal
¹sem·i-month·ly /ˌsemiˈmʌnθli/ [telb zn; vaak mv] tweewekelijks tijdschrift
²sem·i-month·ly /ˌsemiˈmʌnθli/ [bn] twee keer per maand, tweewekelijks
sem·i·nal /ˈsemɪnl/ [bn; bw: ~ly] [1] sperma-, zaad- [2] voortplantings- [3] embryonaal, ⟨fig ook⟩ rudimentair, in wording [4] vruchtbaar ⟨figuurlijk⟩, vrucht afwerpend, een ontwikkeling in zich dragend, oorspronkelijk, kiemkrachtig ♦ *a seminal mind* een oorspronkelijke geest
sem·i·nar /ˈsemɪnɑː, ᴬ-nɑr/ [telb zn] ⟨universiteit⟩ [1] werkgroep, cursus [2] seminar, seminarie, intensieve cursus [3] ⟨AE⟩ congres
sem·i·nar·ist /ˈsemɪnərɪst/, ⟨AE ook⟩ **sem·i·nar·i·an** /ˌsemɪˈneərɪən, ᴬ-ˈner-/ [telb zn] ⟨benaming voor⟩ seminarist, priesterstudent, theologiestudent, student aan rabbijnenschool

sem·i·nar·y /ˈsemɪnri, ᴬ-neri/ [telb zn] [1] ⟨benaming voor⟩ seminarie, priesteropleiding, theologische hogeschool, rabbijnenschool [2] instituut voor hoger onderwijs, ⟨i.h.b. form⟩ meisjeskostschool, meisjesacademie [3] voedingsbodem ⟨figuurlijk⟩, oorsprong, broedplaats
sem·i·na·tion /ˌsemɪˈneɪʃn/ [niet-telb zn] ⟨vnl vero⟩ [1] zaadvorming [2] zaaiing
sem·i·nif·er·ous /ˌsemɪˈnɪfrəs/ [bn] ⟨biol⟩ [1] zaaddragend [2] sperma voortbrengend
sem·i·oc·ca·sion·al /ˌsemiəˈkeɪʒnəl/ [bn; bw: ~ly] ⟨vnl form⟩ af en toe voorkomend
sem·i·of·fi·cial /ˌsemiəˈfɪʃl/ [bn; bw: ~ly] semiofficieel
se·mi·ol·o·gy, se·mei·ol·o·gy /ˌsemiˈɒlədʒi, ᴬˌsiːmiˈɑlədʒi/ [niet-telb zn] [1] semiologie, semiotiek, tekenleer [2] het seinen [3] ⟨med⟩ semiologie, symptomatologie
sem·i·o·paque /ˌsemioʊˈpeɪk/ [bn] half opaak, niet helemaal opaak, enigszins transparant
se·mi·ot·ic, se·mei·ot·ic /ˌsemiˈɒtɪk, ᴬˌsiːmiˈɑtɪk/, **se·mi·ot·i·cal, se·mei·ot·i·cal** /-ɪkl/ [bn] [1] ⟨log⟩ semiotisch, van/m.b.t. semiotiek [2] ⟨med⟩ symptomatologisch
se·mi·ot·ics, se·mei·ot·ics /ˌsemiˈɒtɪks, ᴬˌsiːmiˈɑtɪks/ [niet-telb zn] [1] ⟨log⟩ semiotiek, tekenleer, semiologie [2] ⟨med⟩ symptomatologie, leer der ziekteverschijnselen
sem·i·ped /ˈsemiped/ [telb zn] ⟨letterk⟩ halve versvoet
sem·i·per·me·a·ble /ˌsemiˈpɜːmɪəbl, ᴬ-pɜr-/ [bn] semipermeabel
sem·i·pre·cious /ˌsemiˈpreʃəs/ [bn, attr] halfedel- ♦ *semiprecious stone* halfedelsteen
sem·i·pro·fes·sion·al /ˌsemiprəˈfeʃnl/, ⟨inf ook⟩ **sem·i·pro** /-ˈproʊ/ [bn] semiprofessioneel ⟨in het bijzonder m.b.t. sport⟩
sem·i-quar·ter fi·nals [alleen mv] achtste finales
sem·i·qua·ver /ˈsemikweɪvə, ᴬ-ər/ [telb zn] ⟨BE; muz⟩ 16e noot
sem·i·rig·id /ˌsemiˈrɪdʒɪd/ [bn] [1] enigszins stijf, min of meer onbeweeglijk [2] met vaste/onbeweeglijke onderdelen [3] halfstijf ⟨van luchtschip⟩
sem·i·round /ˌsemiˈraʊnd/ [bn] halfrond, met een ronde en een platte kant
sem·i·sav·age /ˌsemiˈsævɪdʒ/ [bn] half wild, half barbaars
sem·i·sick /ˌsemiˈsɪk/ [bn] halfziek
sem·i·skilled /ˌsemiˈskɪld/ [bn] halfgeschoold
sem·i·skimmed [niet-telb zn] ⟨BE⟩ halfvolle melk
sem·i·smile /ˌsemiˈsmaɪl/ [telb zn] flauw glimlachje, half lachje
sem·i·sol·id /ˌsemiˈsɒlɪd, ᴬ-ˈsɑlɪd/ [telb zn] half vaste stof
sem·i·spher·i·cal /ˌsemiˈsferɪkl/ [bn] halfbolvormig
Sem·ite /ˈsiːmaɪt, ᴬˈse-/, **Shem·ite** /ˈʃemaɪt/ [telb zn] [1] Semiet, lid van een der semitische volken [2] Semiet, afstammeling van Sem
¹Se·mit·ic /sɪˈmɪtɪk/ [eigenn] Semitisch ⟨taal⟩
²Se·mit·ic /sɪˈmɪtɪk/ [bn] [1] Semitisch, tot een der semitische volken/talen behorend [2] Semitisch, Joods
Se·mit·ics /sɪˈmɪtɪks/ [alleen mv; werkwoord voornamelijk enk] Semitische studies, hebraïca
¹Sem·i·tism /ˈsemɪtɪzm/ [telb zn] Joodse uitdrukking
²Sem·i·tism /ˈsemɪtɪzm/ [niet-telb zn] [1] Joodse kenmerken/gewoonten [2] pro-Joodse houding, het begunstigen van Joden
sem·i·tone /ˈsemitoʊn/ [telb zn] ⟨muz⟩ halve toon
sem·i·trail·er /ˈsemitreɪlə, ᴬ-ər/ [telb zn] oplegger
sem·i·trans·par·ent /ˌsemitrænsˈpærənt/ [bn] half transparant
sem·i·trop·i·cal /ˌsemiˈtrɒpɪkl, ᴬ-ˈtrɑ-/ [bn] subtropisch
sem·i·vow·el /ˈsemivaʊəl/ [bn] ⟨taalk⟩ halfvocaal, semivocaal
¹sem·i·week·ly /ˌsemiˈwiːkli/ [telb zn] tweemaal per week verschijnend tijdschrift

²sem·i·week·ly /sem̱iwi:kli/ [bn] tweemaal per week verschijnend/plaats hebbend
sem·mit /sem̱ɪt/ [telb zn] ⟨SchE⟩ hemd, onderhemd
sem·o·li·na /sem̱əli:nə/ [niet-telb zn] griesmeel
sem·pi·ter·nal /sem̱pɪtɜ:nl, ᴬ-tɜr-/ [bn] ⟨form⟩ eeuwig(durend)
sem·plice /sem̱plɪtʃi, ᴬ-plɪtʃeɪ/ [bw] ⟨muz⟩ semplice, eenvoudig
sem·pre /sem̱pri, ᴬ-preɪ/ [bw] ⟨muz⟩ sempre, aldoor
semp·stress /sem̱(p)strɪs/ [telb zn] ⟨vnl vero⟩ naaister
Sem·tex /sem̱teks/ [niet-telb zn; merknaam] semtex ⟨springstof⟩
sen /sen/ [telb zn] ⟨fin⟩ sen ⟨in Japan ¹⁄₁₀₀ yen, in Indonesië ¹⁄₁₀₀ roepia, in Cambodja ¹⁄₁₀₀ riel⟩
Sen, sen [afk] 1 (senate) sen. 2 (senator) sen. 3 (senior) sen.
SEN [afk] (State Enrolled Nurse)
se·nar·i·us /sɪneərɪəs, ᴬ-ner-/ [telb zn; mv: senarii /-ɪaɪ/] ⟨letterk⟩ senarius, zesvoetig vers, ⟨i.h.b.⟩ jambische trimeter
sen·a·ry /si:nəri/ [bn] zesvoudig, in zessen ♦ ⟨wisk⟩ senary scale zestallig stelsel
¹sen·ate /seṉət/ [telb zn; voornamelijk the] senaat(sgebouw), ± Hogerhuis, ± Eerste Kamer, ± Eerste Kamergebouw
²sen·ate /seṉət/ [verzamelen] 1 ⟨vnl the⟩ senaat, universitaire bestuursraad 2 ⟨the⟩ ⟨gesch⟩ senaat ⟨hoogste Romeinse bestuurslichaam⟩
Sen·ate /seṉət/ [verzamelen; voornamelijk the] senaat, ± Hogerhuis, ± Eerste Kamer, ⟨i.h.b.⟩ Amerikaanse Senaat, ⟨bij uitbreiding⟩ wetgever, wetgevende macht
sen·a·tor /seṉətə, ᴬseṉətər/ [telb zn; ook Senator] 1 senator, senaatslid, ± Hogerhuislid, Eerste Kamerlid, ⟨i.h.b.⟩ lid van de Amerikaanse Senaat 2 ⟨gesch⟩ senator, lid van de Romeinse senaat
sen·a·to·ri·al /seṉətɔ:rɪəl/ [bn; bw: ~ly] 1 senaats-, m.b.t. een senaat ♦ senatorial powers bevoegdheden van een senaat 2 senatoriaal, m.b.t. een senator ♦ senatorial district district dat een senator mag kiezen ⟨in USA⟩ • senatorial courtesy senaatsweigering tot bekrachtiging van een benoeming uit de senatoren uit het district van de kandidaat tegen zijn ⟨in USA⟩
sen·a·tor·ship /seṉətəʃɪp, ᴬ-nətər-/ [niet-telb zn] senatorschap, senatorsambt
se·na·tus /səneɪtəs/, se·na·tus ac·a·dem·i·cus /səneɪtəsækədeṉɪkəs/ [telb zn] (universiteits)senaat ⟨in Schotland⟩
se·na·tus con·sul·tum /səneɪtəskənsu̱ltəm/ [telb zn; mv: senatus consulta /-tə/] ⟨gesch⟩ senatusconsult, senaatsbesluit, senaatsdecreet
¹send, scend /send/ [telb zn] ⟨scheepv⟩ 1 stuwkracht van golf, golfslag, deining 2 stampbeweging, het stampen ⟨van schip⟩
²send, ⟨in betekenis 2 ook⟩ scend /send/ [onov ww; 1e variant sent, sent] 1 bericht sturen, laten weten ♦ I sent to warn her ik heb haar laten waarschuwen 2 ⟨scheepv⟩ stampen
³send /send/ [onov + ov ww; sent, sent] (uit)zenden ♦ send s.o. after her laat iemand haar terughalen; send after her and bring her back laat haar achterna gaan en terugbrengen; ⟨sport⟩ send off the field uit/van het veld sturen • zie: send away; zie: send down; zie: send for; zie: send off; zie: send out
⁴send /send/ [ov ww; sent, sent] 1 (ver)sturen, (ver)zenden ♦ send across the river naar de overkant van de rivier sturen; send across to England naar Engeland verzenden; send a letter/telegram een brief/telegram versturen 2 sturen, zenden, (doen) overbrengen, ⟨bij uitbreiding⟩ dwingen tot ♦ send ahead vooruit sturen; send scouts ahead of the troops verkenners voor de soldaten uit sturen; send back te-

rugsturen; send to bed naar bed sturen; send goods by ship goederen per schip versturen; the fire sent me looking for a new house door de brand moest ik omzien naar een ander huis; send in inzenden, insturen ⟨in het bijzonder ter beoordeling⟩; indienen; send in one's name/card zijn naam/kaartje geven ⟨aan een bediende⟩; send s.o. a letter/telegram iemand een brief/telegram sturen; she sends her love je moet de groeten van haar hebben; send on a holiday met verlof/vakantie sturen 3 teweegbrengen, veroorzaken, ⟨vnl form⟩ schenken, geven ♦ Heaven send that they'll arrive in time de hemel/God geve dat ze op tijd (aan)komen; the news sent us into deep distress het nieuws bracht diepe droefenis bij ons teweeg; send pestilence verderf zaaien; send her victorious dat zij overwinnen moge, God schenke haar de overwinning 4 jagen, drijven, met kracht (doen) verplaatsen ♦ the batter sent the ball in the field de slagman joeg de bal het veld in; send a bullet through s.o.'s head iemand een kogel door het hoofd jagen 5 maken, doen worden ♦ this rattle sends me crazy ik word gek van dat geratel; the movie sent our spirits rising door de film steeg onze stemming 6 afgeven, uitstralen, uitzenden, verspreiden ♦ send forth/out light licht uitstralen; send forth/out odour geur verspreiden; send forth/out steam stoom afgeven; send forth/out leaves bladeren krijgen 7 ⟨inf⟩ opwinden, meeslepen, in vervoering brengen ♦ this music really sends me ik zie die muziek helemaal zitten, ik vind die muziek helemaal te gek • send flying in het rond doen vliegen; op de vlucht jagen; ondersteboven lopen; zie: send on; send packing de laan uit sturen; afpoeieren, afschepen; send up; ⟨sprw⟩ come day, go day, God send Sunday ± als de zon is in de west, is de luiaard op zijn best, ± hij is liever lui dan moe

¹sen·dal /seṉdl/ [telb zn] kledingstuk van dunne zijde ⟨in de middeleeuwen⟩
²sen·dal /seṉdl/ [niet-telb zn] dunne zijde ⟨in de middeleeuwen⟩
¹send away [onov ww] schrijven, een bestelbon opsturen ♦ send away for schrijven om, schriftelijk bestellen, per post(order) laten komen
²send away [ov ww] wegsturen, ⟨bij uitbreiding⟩ ontslaan
¹send down [onov ww] bericht sturen, opdracht geven ♦ send down to the barman for more beer de barman nog wat bier laten (boven)brengen
²send down [ov ww] 1 naar beneden sturen, ⟨bij uitbreiding⟩ omlaag drijven, doen dalen ⟨prijzen, temperatuur⟩ 2 ⟨vnl passief⟩ ⟨BE⟩ verwijderen (wegens wangedrag) ⟨van de universiteit⟩ 3 ⟨BE; inf⟩ opbergen, opsluiten, achter slot en grendel/in de gevangenis zetten
send·er /seṉdə, ᴬ-ər/ [telb zn] afzender, verzender ♦ return to sender retour afzender
send for [onov ww] 1 bestellen, schriftelijk bestellen, per post(order) laten komen ♦ send for a free catalogue een gratis catalogus laten komen 2 (laten) waarschuwen, laten halen/komen, laten gaan om ♦ send for help hulp laten halen
¹send off [onov ww] schrijven, een bestelbon opsturen ♦ send off for schriftelijk bestellen, per post(order) laten komen
²send off [ov ww] 1 versturen, ⟨i.h.b.⟩ posten, op de post doen 2 uitgeleide doen, uitwaaien 3 op pad sturen, de deur uit laten gaan 4 wegsturen, ⟨i.h.b. sport⟩ uit het veld sturen ♦ two players were sent off er werden twee spelers uit/van het veld gestuurd
send-off [telb zn] 1 uitgeleide, afscheid, het uitzwaaien, ⟨bij uitbreiding⟩ de beste wensen (voor een nieuwe onderneming) ♦ give s.o. a send-off iemand uitzwaaien 2 lovende recensie 3 ⟨sl⟩ begrafenis
send on [ov ww] 1 vooruitsturen, (alvast) doorsturen 2 achternasturen, doorsturen ⟨post⟩

send out

¹**send out** [onov + ov ww] sturen ♦ *send (s.o.) out for/to collect sth.* (iemand) om iets sturen/iets laten (op)halen

²**send out** [ov ww] ① weg/naar buiten sturen, 〈i.h.b.〉 eruit/de klas uit sturen ② uitstralen, uitzenden, afgeven ♦ *the trees send out leaves* de bomen krijgen bladeren

send up [ov ww] ① opdrijven, omhoogstuwen, doen stijgen ♦ *send up prices* de prijzen opdrijven ② vernielen, doen opgaan ♦ *send up in flames/smoke* in vlammen/rook doen opgaan ③ 〈BE〉 parodiëren, de gek steken met, persifleren ④ 〈AE; inf〉 opbergen, opsluiten, achter slot en grendel/in de gevangenis zetten

send-up [telb zn; ook attributief] 〈BE; inf〉 ① parodie, persiflage ② 〈sl〉 bedriegerij, het belazeren

Sen·e·gal /sɛnɪgɔːl, ᴬ-gəl/ [eigen] Senegal

Senegal	
naam	Senegal *Senegal*
officiële naam	Republic of Senegal *Republiek Senegal*
inwoner	Senegalese *Senegalees*
inwoonster	Senegalese *Senegalese*
bijv. naamw.	Senegalese *Senegalees*
hoofdstad	Dakar *Dakar*
munt	CFA franc *CFA-frank*
werelddeel	Africa *Afrika*
int. toegangsnummer 221 www .sn auto SN	

¹**Sen·e·gal·ese** /sɛnɪgəliːz/ [telb zn; mv: Senegalese] Senegalees, Senegalese, bewoner/bewoonster van Senegal

²**Sen·e·gal·ese** /sɛnɪgəliːz/ [bn] Senegalees, m.b.t. Senegal/de Senegalezen

se·nes·cence /sɪnɛsns/ [niet-telb zn] senescentie, (beginnende) ouderdom

se·nes·cent /sɪnɛsnt/ [bn] (een dagje) ouder wordend, tekenen van ouderdom vertonend, vergrijzend

sen·e·schal /sɛnɪʃl/ [telb zn] ① sénéchal (parlementsvoorzitter van Sark) ② 〈gesch〉 seneschalk, (middeleeuws) hofmeester

sen·gi, sen·ghi /sɛŋgi/ [telb zn; mv: seng(h)i] 〈fin〉 sengi 〈Zaïrese munt; een honderdste likuta〉

se·nile /siːnaɪl/ [bn; bw: ~ly] ① ouderdoms- ♦ *senile decay* seniele aftakeling, 〈med〉 *senile dementia* dementia senilis, ouderdomsdementie ② seniel, afgetakeld ③ 〈aardr, geol〉 oud 〈in het bijzonder in het laatste stadium van de erosiecyclus〉

se·nil·i·ty /sɪnɪləti/ [niet-telb zn] seniliteit, ouderdomszwakte

¹**sen·ior** /siːniə, ᴬ-ər/ [telb zn] ① oudere, 〈i.h.b.〉 iemand met een hogere anciënniteit/meer dienstjaren ♦ *she's my senior by four years* ze is vier jaar ouder dan ik; ze telt vier dienstjaren meer dan ik; *she's four years my senior* ze is vier jaar ouder dan ik; ze telt vier dienstjaren meer dan ik ② oudgediende, senior ③ 〈AE〉 laatstejaars, vierdejaars 〈in het bijzonder leerling/student in laatste (vaak vierde) jaar van school, universiteit, e.d.〉 ④ 〈BE〉 oudere leerling/student ♦ *the seniors beat the juniors* de senioren hebben gewonnen van de junioren

²**sen·ior** /siːniə, ᴬ-ər/ [bn] ① oud, op leeftijd, bejaard, 〈bij uitbreiding〉 oudst(e) ♦ 〈euf〉 *senior citizen* 65-plusser; 〈vrouwen〉 60-plusser; *the senior organization in this field* de oudste organisatie op dit terrein; *too senior for the job* te oud voor de baan ② hooggeplaatst, hoofd- ♦ 〈mil〉 *the most senior officers* de hoogste officieren, de legertop; *a senior position* een leidinggevende positie ③ hoger geplaatst, 〈i.h.b.〉 met hogere anciënniteit ♦ 〈mil〉 *senior officer* meerdere; *he's five years senior to me* hij heeft vijf dienstjaren meer dan ik ④ eerstaanwezend, eerst verantwoordelijk, hoogst in rang ♦ *senior clerk* eerste bediende; *senior partner* eerstaanwezende, ± oudste vennoot ⑤ 〈AE〉 laatstejaars, vierdejaars 〈m.b.t. leerling/student in laatste (meestal vierde) jaar van school, universiteit, e.d.〉 ⑥ 〈BE〉 oudere-

jaars 〈van school: met leerlingen in de hogere leeftijdsklassen〉 ⑦ 〈BE〉 *senior lecturer* ± wetenschappelijk hoofdmedewerker; *senior master* onderdirecteur 〈van school〉; 〈BE; mil〉 *senior service* marine; 〈BE〉 *senior tutor* programmadocent 〈verantwoordelijk voor de indeling van het lesprogramma〉

³**sen·ior** /siːniə, ᴬ-ər/ [bn, pred] ouder, van gevorderde leeftijd ♦ *senior to s.o. by some years, some years senior to someone* een paar jaar ouder dan iemand

Senior [bn, postnom] senior ♦ *Jack Jones Senior* Jack Jones senior

senior class [telb zn] 〈AE〉 hoogste/vierde leerjaar/klas

senior college [telb zn] 〈AE〉 ① college met opleiding voor bachelor's degree ② ± bovenbouw van college 〈laatste drie jaar〉

senior combination room, senior common room [telb zn] 〈BE〉 ± leraarskamer, ± docentenkamer

senior high school, senior high [telb zn] 〈AE〉 laatste vier jaar van de middelbare school

sen·ior·i·ty /siːnɪɒrəti, ᴬ-ɔːrəti, ᴬ-ɑ-/ [niet-telb zn] ① hogere leeftijd ② anciënniteit, 〈i.h.b.〉 voorrang op grond van dienstjaren/leeftijd ♦ *promotion through merit or through seniority* promotie naar verdienste of naar anciënniteit

senior moment [telb zn; voornamelijk enk] 〈AE; inf; scherts〉 ogenblik van vergeetachtigheid, blijk van geheugenverlies ♦ *I'm having a senior moment!* ouderdomsverschijnsel!

senior runner [telb zn] 〈BE〉 〈sport, in het bijzonder atletiek〉 veteraan 〈mannen vanaf 40 jaar, vrouwen vanaf 35 jaar〉

senior school [telb zn] 〈BE〉 middelbare school 〈van 14-17 jaar〉

¹**sen·na** /sɛnə/ [telb zn] 〈plantk〉 kassie, seneplant, senestruik 〈genus Cassia〉

²**sen·na** /sɛnə/ [niet-telb zn] senebladen, sennabladeren 〈purgeermiddel〉

sen·net /sɛnɪt/ [telb zn] ① fanfare, hoornsignaal, trompetsignaal 〈als regieaanwijzing bij het elizabethaans toneel〉 ② 〈dierk〉 barracuda 〈Sphyraena borealis〉

sen·night, se'n·night /sɛnaɪt/ [telb zn] 〈vero〉 week

sen·nit /sɛnɪt/, **sin·net** /sɪnɪt/ [niet-telb zn] 〈scheepv〉 ① platting, platte streng ② bies, plat stro 〈voor hoeden, e.d.〉

se·ñor /sɛnjɔː, ᴬseɪnjɔr/ [telb zn; voor eigennamen Señor; mv: ook señores /-njɔːreɪz, ᴬ-njɔreɪs/] señor, (mijn)heer, 〈bij uitbreiding〉 Spanjaard, Spaanssprekende

se·ño·ra /sɛnjɔːrə, ᴬseɪnjɔrə/ [telb zn; voor eigennaam Señora] señora, mevrouw, 〈bij uitbreiding〉 Spaanse, Spaanssprekende vrouw

se·ño·ri·ta /sɛnjəriːtə, ᴬseɪnjəriːtə/ [telb zn; voor eigennaam Señorita] señorita, juffrouw, 〈bij uitbreiding〉 Spaanse, Spaanssprekende ongetrouwde vrouw

Senr [afk] (Senior)

¹**sen·sate** /sɛnseɪt/, **sen·sat·ed** /-seɪtɪd/ [bn; bw: ~ly] gewaargeworden, met de zintuigen waargenomen

²**sen·sate** /sɛnseɪt/ [ov ww] met de zintuigen waarnemen

sen·sa·tion /sɛnseɪʃn/ [telb + niet-telb zn] ① gevoel, (zintuiglijke) gewaarwording, sensatie, aandoening ② sensatie, opzien, opschudding, (hevige) beroering ♦ *cause/create a sensation* voor grote opschudding zorgen

sen·sa·tion·al /sɛnseɪʃnəl/ [bn; bw: ~ly] ① sensationeel, opzienbarend, spectaculair, (wereld)schokkend ② sensatie-, sensatiebelust ♦ *sensational paper* sensatiekrant ③ 〈inf〉 sensationeel, te gek, waanzinnig ♦ *a sensational golf player* een fantastische golfspeler ④ 〈med, psych〉 zintuiglijk, sensorisch

sen·sa·tion·al·ism /sɛnseɪʃnəlɪzm/ [niet-telb zn] ① sensatiezucht, belustheid op/streven naar sensatie, effectbe-

sensual 1663

jag ② sensatielectuur ③ ⟨filos⟩ sensualisme ⟨tegenover rationalisme⟩
sen·sa·tion·al·ist /senseɪʃnəlɪst/ [telb zn] ① sensatiezoeker ② ⟨filos⟩ sensualist, aanhanger van het sensualisme
sen·sa·tion·al·is·tic /senseɪʃnəlɪstɪk/ [bn] ① sensatie-, sensatiezoekend ② ⟨filos⟩ sensualistisch
sen·sa·tion·al·ize, sen·sa·tion·al·ise /senseɪʃnəlaɪz/ [ov ww] een sensatieverhaal maken van, opblazen
¹**sense** /sens/ [telb zn] ① bedoeling, strekking ♦ *the sense of a sentence* de strekking van een zin ② betekenis, zin ♦ *in a sense* in zekere zin; *in one sense* in één opzicht; *in the strict sense* in strikte zin; *a word with several senses* een woord met diverse betekenissen; *the sense of the word is not clear* de betekenis van het woord is niet duidelijk ③ ⟨wisk⟩ (omloop)zin
²**sense** /sens/ [telb + niet-telb zn] ① (vaag) gevoel, begrip, (instinctief) besef, zin ♦ *sense of direction* richtingsgevoel; *sense of duty* plichtsbesef, plichtsgevoel; *sense of humour* gevoel voor humor; *moral sense* moreel besef; *a sense of proportion* gevoel voor verhoudingen/proportie(s); *sense of responsibility* verantwoordelijkheidsbesef, verantwoordelijkheidsgevoel; *sense of shame* schaamtegevoel; *sense of warmth* warm gevoel, besef van warmte; *under a sense of wrong* (met een) verongelijkt (gevoel) ② (zintuiglijk) vermogen, zin, zintuig ♦ *sense of hearing* gehoor; *sense of locality* oriënteringsvermogen; *sixth sense* zesde zintuig; *sense of smell* reukzin, reukvermogen; *the (five) senses* de (vijf) zinnen/zintuigen; *sense of touch* tastzin
³**sense** /sens/ [niet-telb zn] ① (gezond) verstand, benul ♦ *knock some sense into s.o./s.o.'s head* iemand tot rede brengen; *there was a lot of sense in her words* er stak heel wat zinnigs in haar woorden ② zin, nut ♦ *(there's) no sense (in)* (het heeft) geen zin/(het is) zinloos (om); *what's the sense?* wat heeft het voor zin? ③ (groeps)mening, communis opinio, algemene stemming ♦ *take the sense of a meeting* de algemene stemming van een vergadering peilen ⟨·⟩ *make sense* zinnig zijn, ⟨inf⟩ verstandig zijn; ergens op slaan; hout snijden, steekhoudend zijn; *make sense of sth.* ergens iets zinnigs aan/in ontdekken, ergens uit wijs kunnen (worden); iets doorzien/doorgronden; *I can't make sense of it* ik kan er niet uit wijs worden/geen touw aan vastknopen; ⟨inf⟩ *not have enough sense to come in from/out of the rain* te dom zijn om voor de duivel te dansen; *talk sense* iets zinnigs zeggen, verstandig praten
⁴**sense** /sens/ [ov ww] ① (zintuiglijk) waarnemen, gewaar worden ② zich (vaag) bewust zijn, voelen, gewaar worden, bespeuren ♦ *sense that sth. is wrong* voelen dat er iets mis is ③ ⟨AE; inf⟩ begrijpen, doorhebben ④ ⟨techn⟩ opsporen, registreren, ontdekken, meten, aftasten
sense datum [telb zn] zintuiglijk gegeven
sen·sei /senseɪ/ [telb zn] ⟨vechtsport⟩ sensei ⟨vechtsportinstructeur⟩
sense·less /senslǝs/ [bn; bw: ~ly; zn: ~ness] ① bewusteloos ② gevoelloos ③ onzinnig, idioot, belachelijk ④ zinloos, nutteloos, doelloos
sense organ [telb zn] zintuig
sense perception [telb + niet-telb zn] zintuiglijke waarneming
sens·es /sensɪz/ [alleen mv] positieven, gezond verstand, denkvermogen ♦ *bring s.o. to his senses* iemand tot bezinning brengen; iemand weer bij positieven brengen; *come to one's senses* weer bij bewustzijn/zijn positieven komen; tot bezinning komen, zijn verstand terugkrijgen; *frighten s.o. out of his senses* iemand de stuipen op het lijf jagen; *frightened out of his senses* gek/door het dolle van angst; *in one's (right) senses* bij zijn (volle) verstand; *(is) out of her senses* (is) niet goed bij haar hoofd
¹**sen·si·bil·i·ty** /sensǝbɪləti/ [telb + niet-telb zn; voornamelijk mv] ① (over)gevoeligheid ⟨voor indrukken, kunst⟩, (over)ontvankelijkheid, fijngevoeligheid ♦ *offend s.o.'s sensibilities* iemands gevoelens kwetsen; *sing with sensibility* met gevoel zingen ② lichtgeraaktheid, prikkelbaarheid
²**sen·si·bil·i·ty** /sensǝbɪləti/ [niet-telb zn] ① gevoel(igheid), waarnemingsvermogen, ⟨bij uitbreiding⟩ bewustzijn, erkenning ⟨van probleem⟩ ② gevoeligheid, ontvankelijkheid
¹**sen·si·ble** /sensǝbl/ [bn; bw: sensibly; zn: ~ness] ① zinnig, verstandig, redelijk, beraden, bezonnen ② praktisch, doelmatig, functioneel ⟨van kleren e.d.⟩ ③ merkbaar, constateerbaar, aanwijsbaar, waarneembaar ④ (zintuiglijk) waarneembaar ⑤ gevoelig, ontvankelijk ♦ *sensible to* gevoelig voor ⟨·⟩ *sensible horizon* lokale/schijnbare/zichtbare horizon
²**sen·si·ble** /sensǝbl/ [bn, pred; bw: sensibly; zn: ~ness] (zich) bewust ♦ *sensible of* (zich) bewust van; *be sensible that* weten dat
¹**sen·si·tive** /sensǝtɪv/ [telb zn] ① gevoelig iemand ② medium ⟨bij spiritisme⟩
²**sen·si·tive** /sensǝtɪv/ [bn; bw: ~ly; zn: ~ness] ① gevoelig, ontvankelijk, sensitief ♦ *sensitive to ...* gevoelig voor ② precies, gevoelig ⟨van instrument⟩ ♦ *be sensitive* nauw luisteren ③ (fijn)gevoelig, smaakvol ④ ⟨ook pej⟩ overgevoelig, teergevoelig, lichtgeraakt, prikkelbaar, sensitief ⑤ ⟨foto⟩ (licht)gevoelig ♦ *sensitive paper* lichtgevoelig papier ⑥ gevoelig, vertrouwelijk, geheim ♦ *sensitive post* vertrouwenspost ⑦ gevoelig, delicaat, netelig, beladen ♦ *sensitive issue/topic* gevoelig onderwerp ♦ *sensitive market* snel reagerende/elastische markt; ⟨plantk⟩ *sensitive plant* gevoelige plant, kruidje-roer-mij-niet ⟨Mimosa pudica⟩
¹**sen·si·tiv·i·ty** /sensǝtɪvǝti/ [telb + niet-telb zn] gevoeligheid ♦ *sensitivity about* gevoeligheid over/t.a.v.
²**sen·si·tiv·i·ty** /sensǝtɪvǝti/ [niet-telb zn] ① gevoeligheid, precisie ⟨van instrument⟩ ② (fijn)gevoeligheid, smaak, sensitiviteit ③ ⟨foto⟩ (licht)gevoeligheid
sensitivity group [telb zn] ⟨psych⟩ sensitivitygroep, encountergroep, ontmoetingsgroep, zelfrealisatiegroep, zelfconfrontatiegroep
sensitivity training [telb + niet-telb zn] ⟨psych⟩ sensitivitytraining, communicatietraining, relatietraining
sen·si·ti·za·tion, ⟨BE ook⟩ **sen·si·ti·sa·tion** /sensɪtaɪzeɪʃn, ᴬ-sǝtǝ-/ [niet-telb zn] ① het gevoelig/ontvankelijk maken/worden ② ⟨foto⟩ sensibilisatie
¹**sen·si·tize, sen·si·tise** /sensɪtaɪz/ [onov ww] gevoelig/ontvankelijk worden
²**sen·si·tize, sen·si·tise** /sensɪtaɪz/ [ov ww] ① (over)gevoelig/ontvankelijk maken, ⟨i.h.b.⟩ sensibiliseren ② ⟨foto⟩ sensibiliseren
sen·si·tiz·er, sen·si·tis·er /sensɪtaɪzǝ, ᴬ-ǝr/ [telb zn] ① factor die gevoelig/ontvankelijk maakt ② ⟨foto⟩ sensibilisator
sen·si·tom·e·ter /sensɪtɒmɪtǝ, ᴬ-tɑmɪtǝr/ [telb zn] ⟨foto⟩ sensitometer
sen·sor /sensǝ, ᴬ-ǝr/ [telb zn] ⟨techn⟩ aftaster, sensor
sen·so·ri·um /sensɔːriǝm/ [telb zn; mv: ook sensoria /-riǝ/] ① sensorium, sensorieel/zintuiglijk centrum, centrum van gewaarwording/zintuiglijke waarneming, ⟨bij uitbreiding⟩ zenuwcentrum, centraal zenuwstelsel ② ⟨biol⟩ sensorisch systeem
sen·so·ry /sensri/ [bn] ① sensorisch, sensorieel, zintuiglijk ♦ *sensory hair* tasthaar ⟨bij geleedpotige dieren⟩; *sensory organ* zintuig, gevoelsorgaan; *sensory perception* zintuiglijke waarneming ② sensibel, afferent, centripetaal ♦ *sensory nerve* sensibele zenuw, gevoelszenuw
sen·su·al /senʃʊǝl/ [bn; bw: ~ly; zn: ~ness] ① zintuiglijk (waarneembaar), sensorisch, sensibel ② sensueel, zinnelijk, genotziek, wellustig, wulps ♦ *sensual enjoyment* zinnelijk/seksueel genot; *sensual lips* sensuele lippen ③ ⟨fi-

sensualism

los〉 zintuiglijk, van/m.b.t. het sensualisme
sen·su·al·ism /sɛnʃʊəlɪzm/ [niet-telb zn] [1] sensualisme, sensualiteit, genotzucht, wellust [2] hedonisme [3] 〈filos〉 sensualisme
sen·su·al·ist /sɛnʃʊəlɪst/ [telb zn] [1] sensualist, zinnelijk/genotzuchtig mens, wellusteling, genieter, hedonist, epicurist [2] 〈filos〉 sensualist, aanhanger van het sensualisme
sen·su·al·is·tic /sɛnʃʊəlɪstɪk/ [bn] sensualistisch 〈ook filosofie〉
sen·su·al·i·ty /sɛnʃʊælətɪ/ [niet-telb zn] sensualiteit, sensualisme, genotzucht, wellust, zinnelijke begeerte
sen·su·al·i·za·tion, sen·su·al·i·sa·tion /sɛnʃʊəlaɪzeɪʃn, ᴬ-lɑzeɪʃn/ [niet-telb zn] verzinnelijking, het verzinnelijken/verzinnelijkt-zijn, zinnelijkheid
sen·su·al·ize, sen·su·al·ise /sɛnʃʊəlaɪz/ [ov ww] [1] verzinnelijken, waarneembaar maken, aanschouwelijk voorstellen [2] sensueel maken, (ook/voornamelijk) genot beleven aan, zich verlustigen in [3] 〈filos〉 zintuiglijk waarneembaar maken
sen·sum /sɛnsəm/ [telb zn; mv: sensa /sɛnsə/] 〈filos〉 zintuiglijk (ervarings)gegeven
sen·su·ous /sɛnʃʊəs/ [bn; bw: ~ly; zn: ~ness] [1] zinnelijk, zintuiglijk, tot de zinnen sprekend, suggestief, aanschouwelijk/levendig (voorgesteld) [2] (zinnen)strelend, aangenaam, behaaglijk, prettig ♦ *with sensuous pleasure* vol behagen, behaaglijk [3] sensitief, sensibel, gevoelig
sent /sɛnt/ [verleden tijd en volt deelw] → **send**
¹**sen·tence** /sɛntəns, ᴬsɛntns/ [telb zn] 〈taalk〉 (vol)zin ♦ *cleft sentence* gekloofde zin; *complex/compound sentence* samengestelde zin; *simple sentence* enkelvoudige zin
²**sen·tence** /sɛntəns, ᴬsɛntns/ [telb + niet-telb zn] vonnis(sing), oordeel, (rechterlijke) uitspraak, sententie, 〈i.h.b.〉 veroordeling, straf ♦ *give/pass/pronounce sentence* een vonnis vellen/wijzen/uitspreken; *pass sentence on s.o.* een vonnis uitspreken over iemand, iemand vonnissen; *under sentence of death* ter dood veroordeeld
³**sen·tence** /sɛntəns, ᴬsɛntns/ [ov ww] veroordelen, vonnissen ♦ *be sentenced to pay a fine* veroordeeld worden tot een geldboete; *sentence to death* ter dood veroordelen; *sentence to four years' imprisonment* veroordelen tot vier jaar gevangenisstraf
sentence adverb [telb zn] 〈taalk〉 zinsbepaling, zinsadverbium
sentence stress, sentence accent [telb zn] 〈taalk〉 zinsaccent
sen·ten·tial /sɛntɛnʃl/ [bn; bw: ~ly] [1] van/m.b.t. een zinspreuk ♦ *sentential book* spreukenboek, maximeboek; *sentential saying* sententie, spreuk, kernspreuk, zinspreuk, aforisme [2] 〈taalk〉 zins-, sententieel, van/m.b.t. een zin
sen·ten·tious /sɛntɛnʃəs/ [bn; bw: ~ly; zn: ~ness] [1] moraliserend, prekerig, saai, geaffecteerd, gezwollen, hoogdravend [2] 〈vero〉 sententieus, aforistisch, vol aforismen, spreukmatig, kernachtig, bondig
sen·ti·ence /sɛnʃns/, **sen·ti·en·cy** /-si/ [niet-telb zn] waarnemingsvermogen, perceptievermogen, receptief vermogen, bewustzijn, gevoel
sen·ti·ent /sɛnʃnt/ [bn; bw: ~ly] [1] bewust, receptief, percipiërend, gevoelig, sensibel [2] 〈form〉 bewust ♦ *be sentient of* zich bewust zijn/weet hebben van, voelen
¹**sen·ti·ment** /sɛntɪmənt/ [telb zn] [1] (vaak mv) gevoelen, idee, mening, opvatting, standpunt ♦ *(those are) my sentiments exactly* zo denk ik er ook over, precies wat ik wou zeggen, volledig akkoord, wat je zegt; *share s.o.'s sentiments on* iemands gevoelen delen m.b.t./omtrent, het met iemand eens zijn over; *these are my sentiments*, 〈scherts〉 *them's my sentiments* zo denk ik erover [2] 〈vero〉 (geluk)wens, toewensing, toast 〈bijvoorbeeld aan het einde van een speech〉, (aforistische) gedachte ♦ *have you got a card with a suitable sentiment?* heb je een kaart met een toepasselijke wens?
²**sen·ti·ment** /sɛntɪmənt/ [telb + niet-telb zn] gevoel, gevoelen(s), stemming 〈ook op beurs/markt〉, emotie, voorkeur, intentie ♦ *create sentiment against* stemming maken tegen; *animated by noble sentiments* bezield door edele gevoelens; *a matter of sentiment* een gevoelskwestie/gevoelszaak; *the public sentiment* de algemene stemming, de publieke opinie; *be swayed by sentiment* zich laten leiden door zijn gevoel
³**sen·ti·ment** /sɛntɪmənt/ [niet-telb zn] sentiment(aliteit), gevoeligheid, emotioneel gedoe ♦ *for sentiment* uit gevoelsoverwegingen, om sentimentele redenen
sen·ti·men·tal /sɛntɪmɛntl/ [bn; bw: ~ly] sentimenteel, (over)gevoelig, gevoelvol, gevoels-, gevoelerig, emotioneel, weekhartig ♦ *be sentimental about/over* sentimenteel doen over; *sentimental value* sentimentele waarde, gevoelswaarde, affectiewaarde
sen·ti·men·tal·ism /sɛntɪmɛntlɪzm/ [niet-telb zn] sentimentaliteit, gevoel(er)igheid, overgevoeligheid, gevoelscultus, sentimentalisme
sen·ti·men·tal·ist /sɛntɪmɛntlɪst/ [telb zn] sentimenteel iemand, sentimentele, gevoelsmens, romanticus
sen·ti·men·tal·i·ty /sɛntɪməntælətɪ, ᴬsɛntɪmɛntælətɪ/ [telb + niet-telb zn] sentimentaliteit, gevoelerigheid
sen·ti·men·tal·i·za·tion, sen·ti·men·tal·i·sa·tion /sɛntɪmɛntlaɪzeɪʃn, ᴬsɛntɪmɛntlə-/ [niet-telb zn] het sentimenteel doen/maken, sentimentele beschrijving/voorstelling, sentimenteel/emotioneel gedoe
sen·ti·men·tal·ize, sen·ti·men·tal·ise /sɛntɪmɛntlaɪz/ [onov + ov ww] sentimentaliseren, sentimenteel behandelen/voorstellen/bekijken/doen over, een sentimentele voorstelling geven van, romantiseren, sentimenteel maken/worden/zijn ♦ *sentimentalize about/over* sentimenteel doen/zijn over
¹**sen·ti·nel** /sɛntɪnəl, ᴬsɛntnl/ [telb zn] [1] 〈form〉 schildwacht, wachtpost, wachter, bewaker ♦ *stand sentinel over* (de) wacht houden bij/over, op (schild)wacht staan bij, bewaken [2] → **sentinel crab** [3] 〈comp〉 wachter
²**sen·ti·nel** /sɛntɪnəl, ᴬsɛntnl/ [ov ww] 〈form〉 [1] bewaken, (de) wacht houden bij/in, op (schild)wacht staan bij/in/voor [2] laten bewaken, een schildwacht plaatsen/posteren bij/in, schildwachten uitzetten bij [3] (de) wacht laten houden, als schildwacht plaatsen, op wacht zetten
sentinel crab [telb zn] 〈dierk〉 steeloog 〈soort boogkrab, Podophthalmus vigil〉
sen·try /sɛntrɪ/ [telb zn] schildwacht, wachtpost ♦ *stand/keep sentry* op (schild)wacht staan, (de) wacht houden; 〈fig〉 (staan) schilderen
sentry box [telb zn] (schild)wachthuisje, schilderhuisje
sen·try-go [niet-telb zn] wacht(dienst), schildwacht, het wachtlopen/schilderen ♦ *do sentry-go* op (schild)wacht staan, zijn wacht kloppen
Seoul /soʊl/ [eignm] Seoel
se·pal /sɛpl/ [telb zn] 〈plantk〉 kelkblad, kelkblaadje
se·pal·oid /si:pəlɔɪd, ᴬsɛpə-/, **se·pal·ine** /-laɪn/ [bn] 〈plantk〉 kelkbladachtig, kelkblad
sep·a·ra·bil·i·ty /sɛprəbɪlətɪ/ [niet-telb zn] scheidbaarheid, het (af)scheidbaar-zijn, verdeelbaarheid, ontbindbaarheid
sep·a·ra·ble /sɛprəbl/ [bn; bw: separably] (af)scheidbaar, verdeelbaar, ontbindbaar
¹**sep·a·rate** /sɛprət/ [telb zn] overdruk(je), offprint, afdruk
²**sep·a·rate** /sɛprət/ [bn; bw: ~ly; zn: ~ness] afzonderlijk, (af)gescheiden, apart, verschillend, onderscheiden, op zichzelf staand, alleenstaand, autonoom, onafhankelijk, eigen, persoonlijk ♦ *separate copy* overdruk(je); *under separate cover* separaat, onder afzonderlijke omslag; *enjoy separate estate* gescheiden van goederen zijn, een afzonderlijk

vermogen bezitten ⟨van getrouwde vrouw⟩; *separately excited field magnet* onafhankelijk bekrachtigde veldmagneet; *be separate from* verschillen/los staan van; *one's own separate interests* zijn eigen, persoonlijke belangen; *keep separate from* afgezonderd/(af)gescheiden houden van; *live separate* gescheiden leven, uit elkaar zijn; *separate maintenance* alimentatie ⟨bij scheiding met wederzijds goedvinden⟩; *separate ownership* particulier eigendom(srecht); *by separate post* separaat, onder afzonderlijke omslag; *the bibliography lists ninety separate publications* de bibliografie telt negentig verschillende publicaties; *the two questions are separate* de twee vragen moeten los van elkaar gezien worden; *the children sleep in separate rooms* de kinderen slapen in aparte kamers; *send separately* separaat/onder afzonderlijke omslag (op)sturen/(toe)zenden; *we went our separate ways home* we gingen (elk) apart naar huis ▪ *separate establishment* maîtresse, maintenee

³**sep·a·rate** /sepəreɪt/ [onov ww] ① zich (van elkaar) afscheiden, zich afzonderen/verdelen, uiteenvallen, loskomen ♦ *separate from* zich afscheiden/afscheuren van; *separate (up) into* (onder)verdeeld/ontbonden kunnen worden/uiteenvallen in; *separate out* zich (van elkaar) afscheiden/afzonderen, ontmengen ② scheiden, uiteengaan, uit elkaar gaan

⁴**sep·a·rate** /sepəreɪt/ [ov ww] ① (van elkaar) scheiden/afscheiden/onderscheiden, afzonderen, separeren, losmaken, ontbinden, verdelen ♦ *separate from* (af)scheiden/onderscheiden/afzonderen van; ⟨scheik⟩ (af)scheiden/extraheren uit; *legally separated* gescheiden van tafel en bed; *separate mail* post sorteren; *separated milk* afgeroomde melk, ondermelk, taptemelk; *separate off* afzonderen, afzonderlijk/apart houden, bijeenhouden; *separate out* scheiden, afscheiden, onderscheiden, uit elkaar houden; *separate sth. (up) into* iets verdelen/ontbinden/scheiden in; *widely separated* wijdverspreid, ver uit elkaar gelegen ② ⟨AE⟩ ontslaan, afdanken, wegsturen, ⟨mil⟩ pasporteren

sep·a·rates /sepərəts/ [alleen mv] afzonderlijk combineerbare kledingstukken ⟨bijvoorbeeld bloes en rok⟩

sep·a·ra·tion /sepəreɪʃn/ [telb + niet-telb zn] ① (af)scheiding, afzondering, afscheuring, separatie, verwijdering, ontmenging, extractie, verschil, onderscheid, het uiteengaan, vertrek, sortering ⟨van post⟩, (tussen)ruimte, afstand ♦ *the separation between the lines* de interlinie; *separation of church and state* scheiding van kerk en staat; *live in separation* in afzondering leven; *judicial/legal separation* scheiding van tafel en bed; *a clear line of separation* een duidelijke/scherpe scheidingslijn; *separation of powers* machtenscheiding ② ⟨AE⟩ ontslag, afdanking, verwijdering, het wegsturen ♦ *separation from the service* ontslag uit (militaire) dienst

separation allowance [telb zn] kostwinnersvergoeding, alimentatie(geld)

separation center [telb zn] ⟨AE; mil⟩ afzwaaicentrum, pasporteercentrum

separation order [telb zn] vonnis tot scheiding van tafel en bed

sep·a·ra·tism /sepərətɪzm/ [niet-telb zn] separatisme, sociale scheiding, segregatie ♦ *racial separatism* rassenscheiding

sep·a·ra·tist /sepərətɪst/ [telb zn] separatist, aanhanger van separatisme, voorstander van afscheiding/afscheuring/onafhankelijkheid, ⟨rel⟩ afgescheidene, sektariër, ⟨pol⟩ autonomist, nationalist

sep·a·ra·tis·tic /sepərətɪstɪk/, **sep·a·ra·tist** [bn] separatistisch ♦ *separatistic movement* afscheidingsbeweging

sep·a·ra·tive /sepərətɪv/ [bn] scheidend, verdelend

sep·a·ra·tor /sepəreɪtə, ᴬ-reɪtər/ [telb zn] ① ⟨benaming voor⟩ iemand die scheidt, scheid(st)er, afscheider, bediener van een separator/centrifugaalmachine, centrifugist, louteraar, affineur, sorteerder, sorteerster ② ⟨benaming voor⟩ iets dat scheidt, separator, afscheider, afscheidingstoestel, scheidingsapparaat, centrifuge, centrifugaalmachine, melkseparator, melkontromer, louteroven, dorsmachine, sorteermachine, middenberm, scheidingsstrook

sep·a·ra·to·ry /sepərətri, ᴬ-tɔri/ [bn, attr] (af)scheidings- ♦ *separatory funnel* scheitrechter

sep·a·ra·tum /sepəreɪtəm/ [telb zn; mv: separata /-reɪtə/] overdruk(je), offprint

Se·phar·di /sɪfɑːdiː, ᴬ-fɑr-/ [telb zn; mv: Sephardim /-dɪm/] Sefardi, lid van de Sefarden/Sefardim ⟨verzamelnaam van de Spaanse/Portugese Joden en hun nakomelingen⟩

Se·phar·dic /sɪfɑːdɪk, ᴬ-fɑr-/ [bn] Sefardisch, van de Sefarden

¹**se·pi·a** /siːpɪə/ [telb zn] ① sepiatekening, (waterverf)tekening/schilderij in sepia ② foto in sepia ③ inktvis, zeekat ⟨genus Sepia⟩

²**se·pi·a** /siːpɪə/ [niet-telb zn] ① sepia ⟨bruinzwart vocht van de inktvis⟩ ② ⟨vaak attributief⟩ sepia, donkerbruine/bruinzwarte (water)verf/kleurstof/inkt, ⟨bij uitbreiding⟩ roodbruin, donkerbruin, olijfbruin

se·pi·a·bone [niet-telb zn] sepiabeen, meerschuim

se·pi·o·lite /siːpɪəlaɪt/ [niet-telb zn] sepia(been), zeeschuim, meerschuim

se·poy /siːpɔɪ/ [telb zn] sepoy ⟨Indisch soldaat, in het bijzonder in het Brits-Indische leger vóór 1947⟩

Sepoy Mutiny [niet-telb zn; the] ⟨gesch⟩ (de) Sepoyopstand ⟨muiterij van de Bengaalse troepen in 1857-58⟩

sep·pu·ku /sepuːkuː/ [niet-telb zn] seppuku, harakiri

seps /seps/ [telb zn; mv: seps] ⟨dierk⟩ skink ⟨hagedis van het genus Chalcides⟩

sep·sis /sepsɪs/ [telb + niet-telb zn; mv: sepses /-siːz/] sepsis, (ver)rotting, bederf, bacteriële infectie, ⟨i.h.b.⟩ bloedvergiftiging

sept /sept/ [telb zn] stam, (tak van een) familie, clan, sibbe ⟨in het bijzonder in Ierland⟩

sept- /sept/, **sep·ti-** /septi/ sept(i)-, zeven-, hepta- ♦ ⟨wisk⟩ *septimal* zeventallig; *septangular* zevenhoekig; ⟨scheik⟩ *septivalent* zevenwaardig, met valentie(getal) zeven, heptavalent

Sept [afk] ① (September) sept ② (Septuagint)

sep·tal /septl/ [bn, attr] ⟨biol⟩ septum-, van/m.b.t. het (neus)tussenschot ♦ *septal cartilage* kraakbeen van het neustussenschot, neuskraakbeen

sep·tate /septeɪt/ [bn] ⟨biol⟩ voorzien van een septum/septa, door een septum/septa (van elkaar) gescheiden

Sep·tem·ber /septembə, ᴬ-ər/ [eigenn] september

September elm [telb zn] ⟨plantk⟩ rode iep ⟨Ulmus serotina⟩

sep·tem·vir /septemvə, ᴬ-vər/ [telb zn; mv: ook septemviri /-vəraɪ/] ⟨vnl gesch⟩ septemvir, zevenman, lid van een septemviraat

sep·te·nar·i·us /septɪneərɪəs, ᴬ-ner-/ [telb zn; mv: septenarii /-rɪaɪ/] ⟨letterk⟩ heptameter, zevenvoetig vers

¹**sep·te·nar·y** /septiːnri, ᴬseptənəri/ [telb zn] ① zevental, groep/ploeg/verzameling van zeven, zevenen ② zevenjarige periode, periode van zeven jaar ③ ⟨letterk⟩ heptameter, zevenvoetig vers

²**sep·te·nar·y** /septiːnri, ᴬseptənəri/ [bn] ① zevental, zevendelig, zevenvoudig, van/in/met zeven ② zevenjarig, zevenjaarlijks

sep·ten·nate /septənət, -neɪt/ [telb zn] zevenjarige periode, periode van zeven jaar, ⟨i.h.b.⟩ ambtsperiode/ambtstermijn van zeven jaar

sep·ten·ni·al /septenɪəl/ [bn; bw: ~ly] ① septennaal, zevenjaarlijks ② zevenjarig, zeven jaar oud/durend

sep·ten·ni·um /septenɪəm/ [telb zn; mv: ook septennia /-nɪə/] septennium, zevenjarige periode, periode van zeven jaar

septentrion

sep·ten·tri·on /septentrɪən, ᴬ-triɑn/ [niet-telb zn; vaak Septentrion; the] het noorden

sep·ten·tri·o·nal /septentrɪənəl/ [bn] ⟨vero⟩ noordelijk, noord(en), noorder-

sep·ten·tri·ons /septentrɪənz, ᴬ-triɑnz/, **sep·ten·tri·ones** /-triouni:z/ [alleen mv] het noorden, de noordelijke streken

¹sep·tet, sep·tette /septet/ [telb zn] ① ⟨muz⟩ septet, stuk voor zeven instrumenten/stemmen ② ⟨letterk⟩ zevenregelige strofe/gedicht

²sep·tet, sep·tette /septet/ [verzameln] zevental, groep van zeven (personen/objecten), ⟨muz⟩ groep van zeven musici, septet, zevengesternte

septi- → **sept-**

sep·tic /septɪk/ [bn; bw: ~ally] ① septisch, (ver)rottings-, ontbindings-, bederf/infectie/(ver)rotting/sepsis veroorzakend ♦ *septic matter* etter; *septic poisoning* bloedvergiftiging; ⟨med⟩ *septic shock* endotoxische/septische shock; *septic tank* septic tank, septische put, rottingsput; *septic sore throat* (soort) keelontsteking ② ⟨vnl BE⟩ ontstoken, geïnfecteerd, besmet, rottend, ⟨fig⟩ rot, corrupt, verderfelijk ♦ *become septic* ontsteken, geïnfecteerd geraken, gaan etteren/zweren; *septic gums* zwerend tandvlees

sep·ti·cae·mi·a, ⟨AE⟩ **sep·ti·ce·mi·a** /septɪsi:mɪə/ [telb + niet-telb zn] ⟨med⟩ septikemie, bloedvergiftiging

sep·ti·cae·mic, ⟨AE⟩ **sep·ti·ce·mic** /septɪsi:mɪk/ [bn] septikemisch, van/m.b.t. bloedvergiftiging, bloedvergiftigings-, lijdend aan septikemie

sep·ti·cen·ten·ni·al /septɪsentenɪəl/ [telb zn] viering van zevenhonderdste verjaardag, zevende eeuwfeest

sep·tic·i·ty /septɪsəti/ [niet-telb zn] ① het septisch-zijn ② geneigdheid tot sepsis ③ het veroorzaken van ontsteking

sep·ti·lat·er·al /septɪlætrəl, ᴬ-lætərəl/ [bn] zevenzijdig

sep·til·lion /septɪlɪən/ [telb zn] ① ⟨BE⟩ septiljoen ⟨10⁴²⟩ ② ⟨AE⟩ quadriljoen ⟨10²⁴⟩

¹sep·tu·a·ge·nar·i·an /septʃuədʒɪneərɪən, ᴬ-nerɪən/, **sep·tu·a·ge·nar·y** /septʃuədʒi:nri, ᴬ-dʒenəri/ [telb zn] zeventigjarige, zeventiger, iemand van in de zeventig

²sep·tu·a·ge·nar·i·an /septʃuədʒɪneərɪən, ᴬ-nerɪən/, **sep·tu·a·ge·nar·y** /septʃuədʒi:nri, ᴬ-dʒenəri/ [bn] zeventigjarig, in de zeventig

Sep·tu·a·ges·i·ma /septʃuədʒesɪmə/, **Septuagesima Sunday** [eigenn] septuagesima ⟨3e zondag voor de vasten, 9e voor Pasen⟩

Sep·tu·a·gint /septʃuədʒɪnt/ [eigenn; the] ⟨Bijb⟩ Septuagint(a) ⟨Griekse vertaling van het Oude Testament en de apocriefen⟩

sep·tum /septəm/ [telb zn; mv: septa /-tə/] ⟨biol⟩ septum, (scheidings)vlies, membraan, tussenschot, ⟨i.h.b.⟩ neustussenschot ♦ *nasal septum* septum nasi, neustussenschot

¹sep·tu·ple /septjupl, ᴬ-təpl/ [telb zn] zevenvoud

²sep·tu·ple /septjupl, ᴬ-təpl/ [bn] ① zevenvoudig, zevenmaal zo groot/zoveel (zijnde) ② zeven(delig), met/van zeven

³sep·tu·ple /septjupl, ᴬ-təpl/ [onov + ov ww] verzevenvoudigen, (zich) vermenigvuldigen met zeven, zevenmaal groter worden/vergroten

sep·tup·let /septju:plɪt, ᴬ-tʌ-/ [telb zn] ① groep van zeven, zevental, zevengesternte ② (kind van een) zevenling ③ ⟨muz⟩ septool

se·pul·chral /sɪpʌlkrəl/ [bn; bw: ~ly] sepulcraal, van/m.b.t. graf/begrafenis, graf-, begrafenis- ⟨ook figuurlijk⟩, ⟨fig⟩ somber, akelig, naargeestig, doods ♦ *sepulchral customs* begrafenisgewoonten; *sepulchral inscription* grafschrift; *sepulchral looks* een gezicht als een lijkbidder; *sepulchral mound* grafheuvel, grafterp; *sepulchral pillar* grafzuil; *in a sepulchral voice* met een grafstem

¹sep·ul·chre, ⟨AE⟩ **sep·ul·cher** /seplkə, ᴬ-ər/ [telb zn] ① sepulcrum, graf, grafgewelf, grafkelder, grafspelonk, graftombe, ⟨fig⟩ einde, laatste rustplaats ♦ *the Holy Sepulchre* het Heilig Graf ⟨van Jezus⟩ ② ⟨rel⟩ sepulcrum, reliekengraf, (reliek)schrijn, relikwieënkast(je) ▫ *painted/ whited sepulchres* (wit)gepleisterde/gekalkte graven, schijnheiligen

²sep·ul·chre, ⟨AE⟩ **sep·ul·cher** /seplkə, ᴬ-ər/ [ov ww] ① begraven, ter aarde bestellen, (in een grafkelder/graftombe) bijzetten ② als graf(tombe) dienen voor, de laatste rustplaats zijn van

¹sep·ul·ture /seplt ʃə, ᴬ-ər/ [telb zn] ⟨vero⟩ sepulcrum, graf

²sep·ul·ture /seplt ʃə, ᴬ-ər/ [niet-telb zn] begrafenis, ter aardebestelling, bijzetting, ⟨vnl rel⟩ graflegging

seq, ⟨in betekenis 1 ook⟩ **seqq** [afk] ① (sequens, sequentes, sequentia) seq., sq., de/het volgende ② (sequel) ③ (sequence)

se·qua·cious /sɪkweɪʃəs/ [bn; bw: ~ly] ⟨vero⟩ ① volgzaam, onderdanig, meegaand, kruiperig, slaafs (navolgend), manipuleerbaar ② logisch (opeenvolgend/samenhangend), consistent, coherent

se·quac·i·ty /sɪkwæsəti/ [niet-telb zn] ⟨vero⟩ ① volgzaamheid, onderdanigheid, kneedbaarheid ② logische samenhang, consistentie, coherentie

se·quel /si:kwəl/ [telb zn] ① gevolg, resultaat, consequentie, afloop, nasleep ♦ *in the sequel* later, na verloop van tijd, achteraf; *be the sequel of* het gevolg zijn van, voortvloeien uit; *as a sequel to* als gevolg van; *have an unfortunate sequel* slecht/ongelukkig aflopen ② vervolg ⟨in het bijzonder op een boek⟩, voortzetting, hervatting, volgende aflevering ♦ *a sequel to* een vervolg op

se·que·la /sɪkwi:lə, ᴬ-kwe-/ [telb zn; voornamelijk mv; mv: sequelae /-li:/] gevolg, ⟨i.h.b. med⟩ nawerking, bijverschijnsel, complicatie

¹se·quence /si:kwəns/ [telb zn] ① ⟨benaming voor⟩ wat volgt op iets anders, reeks, bundel ⟨gedichten⟩, episode, fragment, scène, (onder)deel, sequentie, (film)opname, scène, (aaneengesloten) serie, biedserie, biedverloop, rij ② ⟨muz⟩ sequens ⟨herhaling van een motief⟩ ③ ⟨r-k⟩ sequens, sequentie ⟨kerkzang⟩

²se·quence /si:kwəns/ [telb + niet-telb zn] ① opeenvolging, aaneenschakeling, (volg)reeks, rij, volgorde, vooruitgang, regeling ♦ *the sequence of events* de loop der gebeurtenissen; *in sequence* in/op volgorde, de een na de ander; ⟨taalk⟩ *sequence of tenses* overeenstemming/congruentie van de tijden, consecutio temporum ② gevolg, resultaat, logische gevolgtrekking ♦ *in sequence to* als gevolg van, voortvloeiend uit, samenhangend met; *by all laws of sequence* volgens alle wetten van de logica

se·quenc·ing /si:kwənsɪŋ/ [niet-telb zn] ① opeenvolging, het in een volgorde plaatsen ② ⟨biochem⟩ het bepalen van de sequentie

¹se·quent /si:kwənt/ [telb zn] gevolg, resultaat

²se·quent /si:kwənt/ [bn] ① volgend, daaropvolgend, opeenvolgend, later, verder ② daaruit volgend, resulterend ♦ *sequent (up)on/to* volgend/voortvloeiend uit

se·quen·tial /sɪkwenʃl/ [bn; bw: ~ly] ① (opeen)volgend, na elkaar komend, een reeks/sequens vormend, geordend, ononderbroken, samenhangend ② daaruit volgend, resulterend, ⟨i.h.b.⟩ consecutief, bijkomend/als complicatie optredend ⟨van ziekte⟩

¹se·ques·ter /sɪkwestə, ᴬ-ər/, **se·ques·trate** /-streɪt/ [onov ww] ⟨scheik⟩ sekwestreren; → **sequestered**

²se·ques·ter /sɪkwestə, ᴬ-ər/, ⟨in betekenissen 3 en 4 ook⟩ **se·ques·trate** /-streɪt/ [ov ww] ① afzonderen, afscheiden, verborgen/apart/afgezonderd houden, isoleren, verwijderen ♦ *sequester o.s. from the world* zich van de wereld afzonderen, de wereld vaarwel zeggen ② ⟨scheik⟩ sekwestreren ③ ⟨jur⟩ sekwestreren, in bewaring stellen, beslag leggen op ④ confisqueren, verbeurdverklaren, in beslag nemen, aanslaan; → **sequestered**

se·ques·ter·ed /sɪkwestəd, ᴬ-tərd/ [bn; volt deelw van sequester] ① **afgezonderd,** afgelegen, afgesloten, geïsoleerd, eenzaam, verscholen ♦ *a sequestered life* een teruggetrokken leven ② **geconfisqueerd,** verbeurdverklaard, in beslag genomen, aangeslagen

se·ques·trant /sɪkwestrənt/ [telb zn] ⟨scheik⟩ **stof/agens die het sekwestreren bevordert**

se·ques·tra·tion /siːkwɪstreɪʃn/ [telb + niet-telb zn] ① **afzondering,** (af)scheiding, isolement, verwijdering ② ⟨scheik⟩ **het sekwestreren** ③ ⟨jur⟩ **(bevelschrift tot) sekwestratie,** sekwester, beslaglegging ④ **confiscatie,** verbeurdverklaring, inbeslagneming

se·ques·tra·tor /siːkwɪstreɪtə, ᴬ-streɪtər/ [telb zn] ⟨jur⟩ **sekwester,** gerechtelijk bewaarder ⟨van gesekwestreerde goederen⟩, beslaglegger

se·ques·trum /sɪkwestrəm/ [telb zn; mv: sequestra /-trə/] ⟨med⟩ **sekwester** ⟨afgestorven en afgescheiden beenstuk/weefsel⟩

se·quin /siːkwɪn/ [telb zn] ① **lover(tje),** sierblaadje, sterretje ② ⟨gesch⟩ **zecchino** ⟨Venetiaans goudstuk⟩

se·quin·ed, se·quin·ned /siːkwɪnd/ [bn] **bezaaid (met lovertjes)**

se·quoi·a /sɪkwɔɪə/ [telb zn] ⟨plantk⟩ **sequoia** ⟨genus Sequoia⟩, reuzen(pijn)boom, mammoetboom ⟨S. gigantea⟩, redwood ⟨S. sempervirens⟩

ser [afk] ① (serial) ② (series) ③ (sermon)

sera [alleen mv] → **serum**

se·rac /seræk, ᴬsəræk/ [telb zn] ⟨aardr⟩ **serac,** ijstoren ⟨bij gletsjers⟩

se·ra·glio /sɪrɑːljoʊ, ᴬ-ræl-/ [telb zn; mv: ook seragli /-jiː/] ① **serail,** harem, vrouwenverblijf, ⟨pej⟩ bordeel, huis van ontucht ② ⟨gesch⟩ **serail** ⟨Turks paleis, in het bijzonder paleis/verblijf van de sultan⟩

se·rai /sɪraɪ/ [telb zn] ① **karavansera(i)** ② ⟨gesch⟩ **serail** ⟨Turks paleis, in het bijzonder paleis/verblijf van de sultan⟩

se·ra·pe, sa·ra·pe /serɑːpi/, **za·ra·pe** /zərɑːpi/ [telb zn] **poncho,** (wollen) deken, (kleurige) omslagdoek ⟨in Latijns-Amerika⟩

ser·aph /serəf/ [telb zn; ook Seraph; mv: ook seraphim /-fɪm/] ⟨Bijb⟩ **seraf(ijn)** ⟨eerste der negen engelenkoren⟩

se·raph·ic /sɪræfɪk/, **se·raph·i·cal** /-ɪkl/ [bn; bw: ~ally] **serafijns,** serafs-, engelachtig, engelrein, subliem, innig

se·ra·phine /serəfiːn/, **se·ra·phi·na** /-fiːnə/ [telb zn] ⟨muz⟩ **serafine(orgel),** serafientje ⟨negentiende-eeuws Engels harmonium⟩

¹**Serb** /sɜːb, ᴬsɜrb/, **Ser·bi·an** /sɜːbɪən, ᴬsɜr-/ [eigenn] **Servisch,** de Servische taal

²**Serb** /sɜːb, ᴬsɜrb/, **Ser·bi·an** /sɜːbɪən, ᴬsɜr-/ [telb zn] **Serviër, Servische,** inwoner/inwoonster van Servië

³**Serb** /sɜːb, ᴬsɜrb/, **Ser·bi·an** /sɜːbɪən, ᴬsɜr-/ [bn] **Servisch,** van/m.b.t./uit Servië/het Servisch

⁴**Serb** [afk] (Serbian)

Ser·bi·a /sɜːbɪə, ᴬsɜr-/ [eigenn] **Servië**

Serbia	
naam	Serbia Servië
officiële naam	Republic of Serbia Republiek Servië
inwoner	Serbian Serviër
inwoonster	Serbian Servische
bijv. naamw.	Serbian Servisch
hoofdstad	Belgrade Belgrado
munt	dinar dinar
werelddeel	Europe Europa
int. toegangsnummer 381 www .rs auto SRB	

¹**Ser·bo-Cro·a·tian** /sɜːboʊ kroʊeɪʃn, ᴬsɜr-/, **Ser·bo-Cro·at** /-kroʊæt/ [eigenn] **Servo-Kroatisch,** de Servo-Kroatische taal

²**Ser·bo-Cro·a·tian** /sɜːboʊ kroʊeɪʃn, ᴬsɜr-/, **Ser·bo-Cro·at** /-kroʊæt/ [telb zn] **Servo-Kroaat**

³**Ser·bo-Cro·a·tian** /sɜːboʊ kroʊeɪʃn, ᴬsɜr-/, **Ser·bo-Cro·at** /-kroʊæt/ [telb zn] **Servo-Kroatisch**

Ser·bo·nian /sɜːboʊnɪən, ᴬsɜr-/ [bn, attr] → **bog**

¹**sere** /sɪə, ᴬsɪr/ [telb zn] ① **(haan)pal** ⟨van geweerslot⟩ ② ⟨ecologie⟩ **serie** ⟨reeks opeenvolgende (planten/dieren)-gemeenschappen/(planten/dieren)associaties op een bepaalde plaats⟩

²**sere** /sɪə, ᴬsɪr/ [bn] → **sear**²

se·rein /sərein/ [niet-telb zn] **fijne avondregen uit wolkeloze hemel** ⟨in de tropen⟩

¹**ser·e·nade** /serɪneɪd/ [telb zn] ① **serenade(muziek),** avondconcert ② **pastorale cantate** ③ **soort suite**

²**ser·e·nade** /serɪneɪd/ [onov ww] **een serenade brengen/spelen/zingen**

³**ser·e·nade** /serɪneɪd/ [ov ww] **een serenade brengen aan** ♦ *serenade s.o.* iemand een serenade brengen

ser·e·nad·er /serəneɪdə, ᴬ-ər/ [telb zn] **muzikant/zanger die een serenade geeft**

ser·e·na·ta /serənɑːtə/ [telb zn] ① **pastorale cantate** ② **soort suite**

ser·en·dip·i·tous /serəndɪpətəs/ [bn] **begiftigd met de gave om waardevolle ontdekkingen te doen**

ser·en·dip·i·ty /serəndɪpəti/ [niet-telb zn] **serendipiteit** ⟨gave om toevallig waardevolle dingen te ontdekken⟩

¹**se·rene** /səriːn/ [niet-telb zn] **klaarte,** helderheid, kalmte, rust

²**se·rene** /səriːn/ [bn; vergr trap: serener; bw: ~ly; zn: ~ness] **sereen,** helder, klaar, kalm, rustig ♦ ⟨BE; sl⟩ *all serene* (alles) oké, (komt) in orde; *a serene summer night* een kalme zomeravond; *a serene sky* een heldere/onbewolkte hemel, een serene/klare lucht

³**se·rene** /səriːn/ [bn, attr; vaak Serene] **doorluchtig,** verheven ♦ *Your Serene Highness* Uwe Doorluchtige Hoogheid; *Their Serene Highnesses* Hunne Doorluchtigheden

se·ren·i·ty /sərenəti/ [niet-telb zn] **sereniteit,** helderheid, kalmte, waardigheid

Se·ren·i·ty /sərenəti/ [telb zn] **doorluchtigheid,** doorluchtige hoogheid

serf /sɜːf, ᴬsɜrf/ [telb zn] **lijfeigene,** horige, onvrije, (lijf)laat, ⟨fig⟩ slaaf, knecht, werkezel

serf·age /sɜːfɪdʒ, ᴬsɜrf-/, **serf·dom** /-dəm/, **serf·hood** /-hʊd/ [niet-telb zn] **lijfeigenschap,** horigheid, onvrijheid, ⟨fig⟩ slavernij

serge /sɜːdʒ, ᴬsɜrdʒ/ [niet-telb zn; vaak attributief] **serge** ⟨stevige gekeperd(e) kamgaren/wollen stof⟩

ser·gean·cy /sɑːdʒənsi, ᴬsɑr-/, **ser·geant·ship** /-dʒənt·ʃɪp/ [niet-telb zn] **sergeantsplaats,** sergeantsrang, sergeantschap

ser·geant /sɑːdʒənt, ᴬsɑr-/ [telb zn] ① ⟨mil⟩ **sergeant,** wachtmeester ♦ *sergeant of the guard* planton ② **brigadier** ⟨van politie⟩

sergeant-at-arms [telb zn] → **serjeant-at-arms**

Sergeant Ba·ker [telb zn; ook sergeant baker] ⟨dierk⟩ **sergeantbaker(vis)** ⟨Australische lantaarnvis; Aulopus purpurissatus⟩

sergeant first class [telb zn; mv: sergeants first class] **sergeant eerste klasse,** pelotonssergeant ⟨Amerikaanse leger⟩

sergeant fish [telb zn] ⟨dierk⟩ **cobia** ⟨soort tropische vis; Rachycentron canadum⟩

sergeant major [telb zn; mv: ook sergeants major] **(sergeant-)majoor** ♦ ⟨BE⟩ *regimental sergeant major* regimentssergeant-majoor

serg·ette /sɜːdʒet, ᴬsɜr-/ [niet-telb zn] **lichte serge(stof)**

Sergt [afk] (Sergeant)

¹**se·ri·al** /sɪərɪəl, ᴬsɪrɪəl/ [telb zn] ① **feuilleton,** vervolgverhaal, vervolgroman, vervolghoorspel, serie, radioserie, televisieserie ② **serie(werk),** (vervolg)reeks, tijdschrift, periodiek, seriepublicatie

serial

²**se·ri·al** /sɪərɪəl, ᴬsɪrɪəl/ [bn; bw: ~ly] ① serieel, van/m.b.t. een serie/reeks/rij, in serie, serie-, opeenvolgend ♦ *serial number* volgnummer, reeksnummer, serienummer; *in serial order* in/op volgorde; ⟨comp⟩ *serial printer* tekendrukker; *serial production* serieproductie, seriefabricage; *serial monogamy* seriële monogamie, seriemonogamie ② ⟨muz⟩ serieel, ⟨i.h.b.⟩ twaalftonig, dodecafonisch

³**se·ri·al** /sɪərɪəl, ᴬsɪrɪəl/ [bn, attr; bw: ~ly] in afleveringen/delen verschijnend, vervolg-, serie-, periodiek ♦ *serial publication* seriepublicatie, vervolgwerk; *be published serially* in afleveringen/als serie verschijnen; *a serial story* een vervolgverhaal/feuilleton

se·ri·al·ist /sɪərɪəlɪst, ᴬsɪr-/ [telb zn] componist van seriële muziek, ⟨i.h.b.⟩ dodecafonist

se·ri·al·i·ty /sɪərɪælətɪ, ᴬsɪrɪælətɪ/ [niet-telb zn] opeenvolging, seriële ordening

se·ri·al·i·za·tion, se·ri·al·i·sa·tion /sɪərɪəlaɪzeɪʃn, ᴬsɪrɪələ-/ [telb + niet-telb zn] ① publicatie als feuilleton/serie/vervolgverhaal ② rangschikking, indeling in reeksen

se·ri·al·ize, se·ri·al·ise /sɪərɪəlaɪz, ᴬsɪr-/ [ov ww] ① als feuilleton/serie publiceren, in (verschillende) afleveringen/delen uitgeven/uitzenden ② rangschikken, ordenen/indelen in series/reeksen

serial killer [telb zn] seriemoordenaar

serial rights, serialization rights [alleen mv] feuilletonrechten ⟨recht om een boek, verhaal e.d. in afleveringen te publiceren⟩

¹**se·ri·ate** /sɪərɪeɪt, ᴬsɪrɪ-/ [bn; bw: ~ly] een reeks/serie vormend, (geordend/voorkomend) in een serie/reeks(en)/rij(en), geordend

²**se·ri·ate** /sɪərɪeɪt, ᴬsɪrɪ-/ [ov ww] rangschikken, reeksgewijze/in series/reeksen ordenen/indelen

se·ri·a·tim /sɪərɪeɪtɪm, ᴬsɪrɪ-/ [bw] ⟨form⟩ punt voor punt, één na/voor één, in/op volgorde, achtereenvolgens

se·ri·a·tion /sɪərɪeɪʃn, ᴬsɪrɪ-/ [niet-telb zn] (seriële) ordening

Se·ric /sɪərɪk, se-, ᴬsɪrɪk, ᴬse-/ [bn] ⟨form⟩ Chinees

se·ri·ceous /sɪrɪːʃəs/ [bn] ① zijdeachtig, zijig, zijden ② ⟨biol⟩ donzig, zachtharig, pubescent

ser·i·cin /serɪsɪn/ [niet-telb zn] sericine, zijdelijm

ser·i·cul·tur·al /serɪkʌltʃrəl/ [bn] van/m.b.t. zijdecultuur

ser·i·cul·ture /serɪkʌltʃə, ᴬ-ər/ [niet-telb zn] zijdecultuur, zijde(rups)teelt

ser·i·cul·tur·ist /serɪkʌltʃərɪst/ [telb zn] zijderupskweker, zijde(rups)teler

se·ri·e·ma /serɪːmɑː/ [telb zn] ⟨dierk⟩ seriema ⟨genus Cariamidae⟩ Zuid-Amerikaanse gekuifde vogel

¹**se·ries** /sɪərɪːz, ᴬsɪr-/ [telb zn; mv: series] ① reeks, serie ⟨o.m. van boeken, artikelen, muntstukken, postzegels; ook biologie, geologie, scheikunde, wiskunde⟩, rij, verzameling, opeenvolging, groep ♦ *one long series of accidents* een aaneenschakeling van ongelukken; ⟨wisk⟩ *arithmetical series* rekenkundige reeks; ⟨wisk⟩ *ascending series* opklimmende reeks; ⟨scheik⟩ *homologous series* homologe reeks; *in series* in serie, seriegewijs, na elkaar; *second series* tweede reeks/jaargang ⟨bijvoorbeeld van tijdschrift⟩; *a series of setbacks* een reeks tegenslagen ② ⟨muz⟩ reeks, sequens ⟨van twaalf chromatische tonen⟩

> **series**
> · het Engelse woord **series** eindigt altijd op een **-s**, zowel in het enkelvoud als meervoud (*a new television series*)
> · na **series** volgt vaak **of** (*we must do a series of tests; please arrange these items in series of ten*)

²**se·ries** /sɪərɪːz, ᴬsɪr-/ [niet-telb zn] ⟨elek⟩ serie(schakeling) ♦ *in series* in serie

series connection [telb + niet-telb zn] ⟨elek⟩ seriescha-keling

se·ries-wound /sɪərɪːzwaʊnd, ᴬsɪrɪːzwaʊnd/ [bn] ⟨elek⟩ met seriewikkeling, serie- ♦ *series-wound dynamo* seriedynamo

¹**ser·if, ser·iph, cer·iph** /serɪf/ [telb zn] ⟨drukw⟩ dwarsstreepje, schreef

²**ser·if, ser·iph, cer·iph** /serɪf/ [telb + niet-telb zn] ⟨drukw⟩ schreef(letter)

ser·i·graph /serɪɡrɑːf, ᴬ-ɡræf/ [telb zn] ⟨grafi⟩ zeefdruk

se·rig·ra·phy /sərɪɡrəfɪ/ [niet-telb zn] ⟨grafi⟩ serigrafie, zeefdruk(kunst), het zeefdrukken

ser·in /serɪn/ [telb zn] ⟨dierk⟩ Europese kanarie ⟨Serinus serinus⟩

ser·i·nette /serɪnet/ [telb zn] serinette, kanarieorgeltje ⟨speeldoos/orgeltje om zangvogels te leren zingen⟩

se·rin·ga /sərɪŋɡə/ [telb zn] ⟨plantk⟩ ① boerenjasmijn ⟨genus Philadelphus⟩ ② Braziliaanse rubberboom, hevea ⟨genus Hevea⟩

se·ri·o·com·ic /sɪərɪoʊkɒmɪk, ᴬsɪrɪəkɑmɪk/, **se·ri·o·com·i·cal** /-ɪkl/ [bn; bw: ~ally] ① half ernstig, half vrolijk, deels serieus, deels komisch, tragikomisch ♦ *a serio-comic novel* een ernst-en-luimroman ② gemaakt ernstig/grappig, ironisch, schalks

se·ri·ous /sɪərɪəs, ᴬsɪr-/ [bn] ernstig, serieus, bedachtzaam, bedaard, deftig, belangrijk, gewichtig, aanzienlijk, moeilijk, kritiek, erg, oprecht, gemeend, toegewijd, gemotiveerd ♦ *be serious about sth.* iets ernstig/serieus opnemen/opvatten, iets au sérieux nemen; *serious alterations* ingrijpende veranderingen; *are you serious?* meen je dat nu echt?; *be serious* het (ernstig/werkelijk) menen ⟨bijvoorbeeld verkering⟩; in ernst zijn; *serious damage* aanzienlijke schade, zware beschadiging; *a serious illness* een ernstige ziekte; *she is not serious, is she?* dat meent ze toch niet, hè?; *look serious* ernstig/bedenkelijk kijken, ernstig lijken, er ernstig uitzien; *a serious matter* een zaak van betekenis; *serious offence* zwaar vergrijp; *a serious rival* een geduchte rivaal/mededinger, een ernstige mededinger; *a serious step* een belangrijke stap; *after serious thought* na rijp beraad • *and now to be serious* alle gekheid op een stokje

se·ri·ous·ly /sɪərɪəslɪ, ᴬsɪr-/ [bw] ① → serious ♦ *seriously ill* ernstig/erg ziek; *take sth. seriously* iets au sérieux nemen, iets ernstig opnemen/opvatten ② zonder gekheid, alle gekheid op een stokje, maar in ernst nu ♦ *but seriously, are you really thinking of moving?* maar serieus, ben je echt van plan te verhuizen?

se·ri·ous·ness /sɪərɪəsnəs, ᴬsɪr-/ [niet-telb zn] ernst(igheid), serieusiteit, belang, bedenkelijkheid, oprechtheid ♦ *in all seriousness* in alle ernst, zonder gekheid

ser·jeant /sɑːdʒənt, ᴬsɑr-/, ⟨in betekenis 1 ook⟩ **serjeant-at-law** [telb zn] ① ⟨gesch⟩ advocaat van de hoogste rang ⟨in Engeland⟩ ② ⟨BE; mil⟩ sergeant, wachtmeester

serjeant-at-arms, sergeant-at-arms [telb zn] ceremoniemeester ⟨in gerechtshof, parlement, organisatie⟩, ordebewaarder, deurwaarder, zaalwachter, stafdrager, functionaris van de ordedienst

ser·mon /sɜːmən, ᴬsɜr-/ [telb zn] ① preek, predicatie, sermoen, kanselrede ♦ *an edifying sermon* een stichtelijke preek; *Sermon on the Mount* bergrede ⟨Matth. 5-7⟩; *deliver/preach a sermon on* een preek/lezing houden/preken over ② sermoen, zedenles, boetepreek, zedenpreek, vermaning ③ stichtend voorbeeld

ser·mon·ic /sɜːmɒnɪk, ᴬsɜrmɑ-/, **ser·mon·i·cal** /-ɪkl/ [bn] preekachtig, prekerig ⟨ook figuurlijk⟩

¹**ser·mon·ize, ser·mon·ise** /sɜːmənaɪz, ᴬsɜr-/ [onov ww] preken ⟨ook figuurlijk⟩, een preek/boetepreek/zedenpreek/predicatie houden, zedenpreken, zedenmieren, moraliseren ♦ *stop sermonizing!* schei nou eens uit met je gezedenpreek!

²**ser·mon·ize, ser·mon·ise** /sɜːmənaɪz, ᴬsɜr-/ [ov ww] preken tegen/over ⟨ook figuurlijk⟩, een preek/boetepreek/zedenpreek/predicatie houden, zedenpreken/moraliseren tegen/over ♦ *sermonize s.o.* tegen iemand een boetepreek houden, iemand de les lezen

ser·mon·iz·er, ser·mon·is·er /sɜːmənaɪzə, ᴬ-ər/ [telb zn] prediker

sero- /sɪəroʊ, ᴬsɪroʊ/ ⟨med⟩ sero-, serum, serologisch ♦ *serotherapy* serotherapie, serumtherapie, serumbehandeling; *serodiagnosis* serologische diagnose, serumdiagnose

se·o·log·ic /sɪərəlɒdʒɪk, ᴬsɪrəlɑː-/, **se·ro·log·i·cal** /-ɪkl/ [bn; bw: ~ally] ⟨med⟩ serologisch, van/m.b.t. de serologie, met behulp van een serumreactie, serum- ♦ *a serologic reaction* een serumreactie

se·rol·o·gist /sɪrɒlədʒɪst, ᴬ-rɑː-/ [telb zn] ⟨med⟩ seroloog, specialist in de serologie, serumdeskundige

se·rol·o·gy /sɪrɒlədʒi, ᴬ-rɑː-/ [niet-telb zn] ⟨med⟩ serologie, studie/leer van de sera

se·roon, ce·roon /sɪruːn/, **se·ron** /sɪərɒn, ᴬsɪroʊn/ [telb zn] seroen ⟨verpakking van boombast/runderhuid/vlechtwerk⟩, baal, gevlochten emballagemat

se·ro·pos·i·tive /sɪəroʊpɒzətɪv, ᴬsɪroʊpɑːzətɪv/ [bn] ⟨med⟩ seropositief

se·ro·sa /sɪroʊsə/ [telb zn; mv: ook serosae /-siː/] ⟨biol⟩ serosa, weivlies, (i.h.b.) sereus vlies

se·ros·i·ty /sɪrɒsəti, ᴬsɪrɑːsəti/ [niet-telb zn] ⟨biol⟩ waterigheid, waterachtigheid, weiachtigheid

ser·o·tine /serətiːn/ [telb zn] ⟨dierk⟩ laatvlieger ⟨kastanjebruine Europese vleermuis; Eptesicus serotinus⟩

se·rot·i·nous /sɪrɒtɪnəs, ᴬ-rɑːtn-əs/, **se·rot·i·nal** /sɪrɒtɪnəl, ᴬ-rɑːtn-əl/ [bn] ⟨biol⟩ van/m.b.t./tijdens de nazomer, (i.h.b.) laat, laatbloeiend, laatrijpend, nabloeiend

ser·o·to·nin /serətoʊnɪn, ᴬsɪrə-/ [niet-telb zn] ⟨biol⟩ serotonine ⟨vasoconstrictieve stof o.a. aanwezig in het bloedserum⟩

se·rous /sɪərəs, ᴬsɪrəs/ [bn] ⟨biol⟩ waterig, waterachtig, sereus ♦ *serous gland* sereuze klier; *serous membrane* sereus vlies, weivlies, (i.h.b.) sereus vlies

ser·pent /sɜːpənt, ᴬsɜr-/ [telb zn] [1] slang, serpent [2] ⟨the; vaak Serpent⟩ duivel, de Satan ⟨Gen. 3, Openb. 12:9, 20:2⟩ [3] onderkruiper, geniepigerd, gemene donder [4] ⟨muz⟩ serpent

serpent eater [telb zn] ⟨dierk⟩ [1] slangenvreter, secretarisvogel, slangenarend ⟨Sagittarius serpentarius⟩ [2] markboor, schroefhoorngeit ⟨Capra falconieri⟩

serpent grass [niet-telb zn] ⟨plantk⟩ knolletjesduizendknoop ⟨Bistorta vivipara⟩

¹**ser·pen·tine** /sɜːpəntaɪn, ᴬsɜrpəntiːn/ [telb zn] [1] kronkelpad, kronkelweg [2] kronkellijn [3] ⟨gesch⟩ serpentijn, slang ⟨klein 15e-17e-eeuws kanon⟩

²**ser·pen·tine** /sɜːpəntaɪn, ᴬsɜrpəntiːn/ [niet-telb zn] serpentiniet, serpentijn(steen), slangensteen

³**ser·pen·tine** /sɜːpəntaɪn, ᴬsɜrpəntiːn/ [bn] [1] slangachtig, slangen- [2] kronkelig, kronkelend, bochtig, draaiend, slingerend [3] listig, sluw, geslepen, verraderlijk, vals [•] ⟨letterk⟩ *serpentine verse* serpentinisch vers

⁴**ser·pen·tine** /sɜːpəntaɪn, ᴬsɜrpəntiːn/ [onov ww] (zich) kronkelen, slingeren

Ser·pen·tine /sɜːpəntaɪn, ᴬsɜrpəntiːn/ [eigenn; the] Serpentine ⟨vijver in Hyde Park⟩

serpent lizard [telb zn] slanghagedis

ser·pent's-tongue [niet-telb zn] ⟨plantk⟩ addertong ⟨Ophioglossum vulgatum⟩

ser·pig·i·nous /sɜːpɪdʒɪnəs, ᴬsɜr-/ [bn] ⟨med⟩ serpigineus

ser·pi·go /sɜːpaɪgoʊ, ᴬsɜr-/ [telb + niet-telb zn; mv: serpigoes; ook serpigines /sɜːpɪdʒəniːz, ᴬsɜr-/] ⟨med⟩ ringworm

SERPS /sɜːps, ᴬsɜrps/ [afk] (State earnings-related pension scheme)

ser·rate /serət, sereɪt/, **ser·rat·ed** /sereɪtɪd/ [bn] zaagvormig, getand, gezaagd ⟨ook biologie⟩, gekarteld

¹**ser·ra·tion** /sereɪʃn/ [telb zn] [1] tand [2] tanding

²**ser·ra·tion** /sereɪʃn/ [niet-telb zn] het zaagvormig-zijn/getand-zijn/gezaagd-zijn

ser·ried /serɪd/ [bn] aaneengesloten, opeengedrongen, opeengepakt ♦ *soldiers in serried ranks* soldaten in gesloten gelid; *plants in serried rows* dichte rijen planten

ser·ru·late /serʊlət, -leɪt, ᴬ-rə-/ [bn] (zeer) fijn getand/gezaagd

se·rum /sɪərəm, ᴬsɪrəm/ [telb zn; mv: ook sera /-rə-/] serum, bloedwei

serum sickness [telb + niet-telb zn] serumziekte

ser·val /sɜːvl, ᴬsɜrvl/ [telb zn] ⟨dierk⟩ serval ⟨boskat, Felis serval⟩

ser·vant /sɜːvnt, ᴬsɜrvnt/ [telb zn] [1] dienaar, dienares, (huis)bediende, (huis)knecht, (dienst)meid, dienstbode ♦ *what did your last servant die of?* ik ben je dienstmeisje/knechtje niet, commandeer je hondje en blaf zelf [2] (hulp)middel, instrument ♦ *atomic energy should be a servant of man* kernenergie moet ten dienste staan van de mens [•] ⟨sprw⟩ *money is a good servant, but a bad master* geld is een goede dienaar, maar een slechte meester

servant girl [telb zn] dienstmeisje, dienstbode

servants' hall [telb zn] bediendekamer, dienstbodevertrek

¹**serve** /sɜːv, ᴬsɜrv/ [telb zn] ⟨sport⟩ service, serve, opslag

²**serve** /sɜːv, ᴬsɜrv/ [onov ww] misdienen ♦ *serve at Mass* de mis dienen; → **serving**

³**serve** /sɜːv, ᴬsɜrv/ [onov + ov ww] [1] dienen, in dienst zijn van, dienen bij, bekleden ⟨ambt⟩ ♦ *serve as a clerk* werkzaam zijn als kantoorbediende; *the gardener served our family for twenty years* de tuinman is twintig jaar bij ons in dienst geweest; *he served in the Commons* hij heeft in het Lagerhuis gezeten, hij is lid van het Lagerhuis geweest; ⟨fig⟩ *serve two masters* twee heren dienen; *serve on* zitting hebben in, lid zijn van; *serve on the company board* in de raad van bestuur zitten; *serve under the old regime* dienen onder het oude bewind [2] serveren, opdienen, opdoen ♦ *serve at table* bedienen, opdienen; *serve dinner* het eten opdienen; *spirits are not served here* hier wordt geen sterkedrank geschonken [3] dienen, dienstdoen, helpen, baten, voorzien in/van, volstaan, voldoende zijn, voldoen aan, vervullen ♦ *a stone served him as hammer* een steen diende hem als/tot hamer; *are you being served?* wordt u al geholpen?; *that excuse served him well* dat smoesje is hem goed van pas gekomen; *the sky serves him for a roof* de hemel diende hem als dak; *as memory serves* voor zover mijn geheugen me niet in de steek laat; *as occasion serves* al naargelang de gelegenheid zich voordoet; *only total surrender would serve him* hij nam alleen genoegen met een totale overgave; *the tide serves* het tij is gunstig; *£50 serves him for a week* aan vijftig pond heeft hij een week genoeg; *it will serve* het kan ermee door, daarmee lukt het wel [4] ⟨sport⟩ serveren, opslaan [•] ⟨sprw⟩ *they also serve who only stand and wait* de mensen die de onbelangrijke klusjes opknappen zijn ook onmisbaar; ⟨sprw⟩ *first come, first served* die eerst komt, eerst maalt, die eerst in de boot is, heeft keus van riemen; ⟨sprw⟩ *no man can serve two masters* niemand kan twee heren dienen; ⟨sprw⟩ *youth will be served* ± laat jonge mensen van het leven genieten; → **serving**

⁴**serve** /sɜːv, ᴬsɜrv/ [ov ww] [1] dienen, voorzien in/van, volstaan, voldoende zijn, vervullen ♦ *buses serve the suburbs* de voorsteden zijn per bus bereikbaar; *serve the need/turn* geschikt zijn voor het doel, bruikbaar zijn, zijn dienstdoen; *serve a purpose* een bepaald doel dienen; *serve the purpose of* dienstdoen als; *serve no useful purpose* geen nut/zin hebben; *this recipe will serve four people* dit recept is genoeg voor vier personen; *the house is served with water* het huis is aangesloten op de waterleiding [2] behande-

serve out

len, bejegenen, optreden, zich gedragen ♦ *that serves him right!* dat is zijn verdiende loon!, net goed!; *he served me shamefully* hij heeft me schandalig behandeld; *serve s.o. a trick* iemand erin laten lopen, iemand een poets bakken ③ **ondergaan**, vervullen, doorlopen, (uit)zitten ♦ *serve one's apprenticeship* in de leer zijn; *he served ten years in prison* hij heeft tien jaar in de gevangenis gezeten ④ **dagvaarden**, betekenen ♦ *serve a writ on s.o., serve someone with a writ* iemand dagvaarden; *serve a writ* een dagvaarding betekenen ⑤ **dekken** ⟨dieren⟩ ⑥ ⟨scheepv⟩ **bekleden** ⟨touw⟩ ⑦ ⟨mil⟩ **bedienen** ⟨geschut⟩ •ʳ zie: **serve out;** zie: **serve up; → serving**

serve out [ov ww] ① **verdelen**, ronddelen, distribueren ♦ *serve rations out* rantsoenen verdelen ② **uitdienen**, uitzitten ♦ *he served out his time on the Bench* hij diende zijn tijd als rechter uit ③ **betaald zetten** ♦ *serve s.o. out* iemand iets betaald zetten

serv·er /sɜːvə, ᴬsɜrvər/ [telb zn] ① **ober**, kelner, serveerster, buffetbediende ② ⟨sport⟩ **serveerder**, degene die serveert/de opslag heeft ③ **misdienaar**, koorknaap, acoliet ④ **opscheplepel**, schep ⑤ **dienblad**, presenteerblad, ⟨i.h.b.⟩ ⟨koffieblad/theeblad met⟩ koffiestel/theestel ⑥ ⟨comp⟩ **server**

server farm [telb zn] ⟨comp⟩ **server farm** ⟨aantal verbonden webservers op een locatie⟩

ser·ve·ry /sɜːvri, ᴬsɜr-/ [telb zn] ① **buffet** ⟨in zelfbedieningsrestaurant⟩ ② **doorgeefluik** ⟨tussen keuken en eetkamer⟩

serve up [ov ww] ① **opdienen** ② **voorzetten**, voorschotelen ♦ *they keep serving up the same old rubbish* ze komen steeds weer met dezelfde oude troep aanzetten

¹**serv·ice** /sɜːvɪs, ᴬsɜr-/ [telb zn] ① **dienst**, tak van dienst, (overheids)instelling, bedrijf, onderneming, voorziening, gasvoorziening, watervoorziening, elektriciteitsvoorziening ♦ *secret service* geheime dienst ② **krijgsmachtonderdeel**, onderdeel van de strijdkrachten, ⟨i.b.⟩ marine of luchtmacht ♦ *on (active) service* in actieve dienst; *the (fighting) services* de strijdkrachten, leger, marine en luchtmacht ③ ⟨mil⟩ **dienstvak** ④ ⟨vaak mv⟩ **hulp**, dienst, bijstand, dienstverlening ♦ *do s.o. a service* iemand een dienst bewijzen ⑤ **dienst**, kerkdienst, godsdienstoefening ♦ *divine service* godsdienstoefening ⑥ **liturgie** ⑦ ⟨liturgisch⟩ **gezang**, muzikale deel van de liturgie ⑧ ⟨jur⟩ **betekening**, gerechtelijke aanzegging, exploot, dagvaarding ⑨ **verbinding**, dienst ⟨d.m.v. bus, trein of boot⟩ ⑩ **onderhoudsbeurt**, onderhoud, service ⑪ **servies** ⑫ **nutsbedrijf** ⑬ ⟨sport⟩ **opslag**, service, servicebeurt ⑭ ⟨plantk⟩ **peerlijsterbes** ⟨Sorbus domestica⟩ ⑮ ⟨plantk⟩ **elsbes** ⟨Sorbus torminalis⟩ ⑯ **gasleiding, waterleiding** ⟨in woning⟩, aanvoerbuis, huisaansluiting •ʳ *the US Army saw service in Europe* het Amerikaanse leger heeft in Europa gestreden; *our batalion first saw service in 1942* ons bataljon heeft in 1942 voor het eerst actief aan de strijd deelgenomen; *see service* dienstdoen ⟨voornamelijk bij de strijdkrachten⟩

²**serv·ice** /sɜːvɪs, ᴬsɜr-/ [niet-telb zn] ① **dienstbaarheid**, dienst, het dienen ♦ *be in service* in dienst ⟨bijvoorbeeld van een bus of trein⟩; *be in/go into service* in de huishouding werken/gaan werken, als dienstbode/huisknecht werken/gaan werken; *take into one's service* in dienst nemen, aannemen als bediende/knecht/dienstbode; *be of service* van dienst zijn; *take service with* in dienst gaan bij, als bediende/knecht/dienstbode gaan werken bij, in betrekking gaan bij ② **nut**, dienst ♦ *at your service* tot je/uw dienst; *at the service of* ten dienste/in dienst van ⟨ook figuurlijk⟩; *is it of any service to you?* heb je er iets aan?, kun je het gebruiken?; *his typewriter has seen a lot of service* zijn schrijfmachine raakt al aardig versleten ③ **bediening**, service ④ **het dekken** ⟨van dieren⟩, dekking ⑤ ⟨scheepv⟩ **woelgaren** ⑥ ⟨rente⟩**dienst** ⟨van lening⟩

³**serv·ice** /sɜːvɪs, ᴬsɜr-/ [ov ww] ① **onderhouden**, repareren, een (onderhouds)beurt geven ② **(be)dienen**, voorzien van ③ **dekken** ⟨dieren⟩ ④ **rente betalen op** ⟨lening⟩ ⑤ **aflossen** ⟨lening⟩

serv·ice·a·bil·i·ty /sɜːvɪsəbɪləti, ᴬsɜrvɪsəbɪləti/ [niet-telb zn] ① **nut**, nuttigheid, bruikbaarheid ② **stevigheid**, duurzaamheid

serv·ice·a·ble /sɜːvɪsəbl, ᴬsɜr-/ [bn; bw: serviceably; zn: ~ness] ① **nuttig**, dienstig, bruikbaar, handig ② **sterk**, stevig, duurzaam

service agreement [telb zn] ① **arbeidsovereenkomst**, arbeidscontract ② **onderhoudscontract**

service area [telb zn] ① **wegrestaurant** ⟨samen met benzinestation⟩ ② ⟨comm⟩ **reikwijdte**, bereik ⟨van zender⟩ ③ ⟨volleybal⟩ **serveervak**, servicevak, opslagplaats

serv·ice·ber·ry [telb zn] ① ⟨plantk⟩ **peerlijsterbes** ⟨Sorbus domestica⟩ ② **vrucht van peerlijsterbes** ③ ⟨plantk⟩ **elsbes** ⟨Sorbus torminalis⟩ ④ **vrucht van elsbes** ⑤ ⟨plantk⟩ **krentenboompje** ⟨genus Amelanchier⟩

service book [telb zn] ① **kerkboek** ② **missaal**

service bus, service car [telb zn] ⟨AuE⟩ ⟨auto⟩**bus**

service ceiling [telb zn] ⟨luchtv⟩ **(praktische) hoogtegrens**

service charge [telb zn] ① **bedieningsgeld** ② **administratiekosten**

service club [telb zn] **serviceclub**, vereniging voor het algemeen welzijn

service court [telb zn] ⟨sport⟩ **servicevak**

service door [telb zn] **dienstingang**, personeelsingang, leveranciersingang

service dress [niet-telb zn] **diensttenue**

service elevator [telb zn] **dienstlift**

service engineer [telb zn] **onderhoudsmonteur**

service entrance [telb zn] **dienstingang**

service flat [telb zn] ⟨BE⟩ **verzorgingsflat**

service hatch [telb zn] **doorgeefluik** ⟨in keuken⟩, dienluikje

service industry [telb + niet-telb zn] **dienstverlenend bedrijf**, dienstverlenende industrie ♦ *the service industries* de dienstensector

service line [telb zn] ⟨sport⟩ **servicelijn**

serv·ice·man /sɜːvɪsmən, ᴬsɜr-/ [telb zn; mv: servicemen /-mən/] ① **militair**, soldaat ② **monteur**, reparateur

service module [telb zn] ⟨ruimtev⟩ **service module**, dienstcompartiment

service occupation [telb zn] ⟨ec⟩ **dienstverlenende activiteit**

service provider [telb zn] ① **dienstverlener**, dienstverlenende instantie ② ⟨comp⟩ **provider**

service road [telb zn] **ventweg**, parallelweg

service speed [telb zn] ⟨scheepv⟩ **economische vaart**

service stairs [alleen mv] **dienstrap**

service station [telb zn] ① **servicestation**, benzinestation, pompstation ② **(auto)wegrestaurant** ⟨met garage, wc enz.⟩

service tree [telb zn] ⟨plantk⟩ ① **peerlijsterbes** ⟨Sorbus domestica⟩ ② **elsbes** ⟨Sorbus torminalis⟩ ③ **krentenboompje** ⟨genus Amelanchier⟩

serv·ice·wom·an [telb zn] **vrouwelijke militair**, milva, marva, luva

ser·vi·ette /sɜːviet, ᴬsɜr-/ [telb zn] ⟨vnl BE⟩ **servet**, servetje, vingerdoekje

ser·vile /sɜːvaɪl, ᴬsɜrvl/ [bn; bw: ~ly] ① **slaven-** ♦ *servile revolt* slavenopstand; *servile war* slavenoorlog ② **slaafs**, onderdanig, kruiperig, serviel ♦ *servile flattery* kruiperige vleierij; *servile imitation* slaafse navolging; *servile to public opinion* overdreven gevoelig voor de publieke opinie

ser·vil·i·ty /sɜːvɪləti, ᴬsɜrvɪləti/ [niet-telb zn] **slaafsheid**, slaafs gedrag, kruiperige houding

¹**serv·ing** /sɜːvɪŋ, ᴬsɜr-/ [telb zn; (oorspronkelijk) gerund

van serve] portie ♦ *three servings of ice-cream* drie porties ijs

²**serv·ing** /sɜːvɪŋ, ᴬsɜr-/ [niet-telb zn; (oorspronkelijk) gerund van serve] **het bedienen,** bediening, het (op)dienen

ser·vi·tor /sɜːvɪtə, ᴬsɜrvɪtər/ [telb zn] [1] ⟨vero⟩ **dienaar,** bediende [2] ⟨gesch⟩ **beursstudent** ⟨student in Oxford, die in ruil voor beurs stafleden moest bedienen⟩

¹**ser·vi·tude** /sɜːvɪtjuːd, ᴬsɜrvɪtuːd/ [telb zn] ⟨jur⟩ **servituut,** erfdienstbaarheid

²**ser·vi·tude** /sɜːvɪtjuːd, ᴬsɜrvɪtuːd/ [niet-telb zn] [1] **slavernij,** onderworpenheid ♦ *servitude to the enemy* onderworpenheid aan de vijand [2] **dwangarbeid**

¹**ser·vo** /sɜːvoʊ, ᴬsɜr-/ [telb zn] [1] → **servomotor** [2] **servomechanisme**

²**ser·vo** /sɜːvoʊ, ᴬsɜr-/ [ov ww] **met servomechanisme bedienen** ♦ *servo the brakes off* de remmen door servomechanisme lossen

ser·vo- /sɜːvoʊ, ᴬsɜrvoʊ/ **servo-** ♦ *servo-assisted steering* servobesturing, stuurbekrachtiging

ser·vo-as·sist·ed /sɜːvoʊəsɪstɪd, ᴬsɜrvoʊəsɪstɪd/ [bn] **servo-,** (door servomotor/servomechanisme) bekrachtigd ♦ *servo-assisted brakes* bekrachtigde remmen; rembekrachtiging

ser·vo-boost·ed /sɜːvoʊbuːstɪd, ᴬsɜrvoʊbuːstɪd/ [bn] **met servomechanisme aangedreven**

ser·vo disc brake /sɜːvoʊdɪskbreɪk, ᴬsɜrvoʊdɪskbreɪk/ [telb zn] **servoschijfrem**

ser·vo·mech·a·nism /sɜːvoʊmekənɪzm, ᴬsɜrvoʊmekənɪzm/ [telb zn] **servomechanisme**

ser·vo·mo·tor /sɜːvoʊmoʊtə, ᴬsɜrvoʊmoʊtər/ [telb zn] [1] **servomotor** [2] **stuwkrachtversterker** ⟨van vliegtuig⟩

ses·a·me /sesəmi/ [niet-telb zn] [1] ⟨plantk⟩ **sesamkruid** ⟨Sesamum indicum⟩ [2] **sesamzaad** ▪ *Open sesame!* Sesam, open U!

¹**ses·a·moid** /sesəmɔɪd/ [telb zn] ⟨anat⟩ **sesambeentje**

²**ses·a·moid** /sesəmɔɪd/ [bn] [1] **de vorm van een sesamzaadje hebbend** [2] ⟨anat⟩ **sesam-** ♦ *sesamoid bone* sesambeentje

ses·qui- /seskwi/ [1] **anderhalf-** ♦ *sesquicentennial* anderhalve-eeuwfeest, 150e verjaardag [2] **veel-** ♦ *sesquipedalian* met vele lettergrepen [3] ⟨scheik⟩ **sesqui-,** waarvan de elementen in verhouding 2:3 staan ♦ *sesquioxide* sesquioxide

ses·qui·cen·ten·ni·al /seskwɪsentenɪəl/, **ses·qui·cen·ten·a·ry** /-sentɪnəri, ᴬ-sentnˌeri/ [telb zn] **honderdvijftigste verjaardag**

ses·qui·pe·da·li·an /seskwɪpɪdeɪlɪən/, **ses·quip·e·dal** /seskwɪpɪdl/ [bn] [1] **vele lettergrepen hebbend,** ellenlang ⟨woord, vers⟩ [2] **pedant,** bombastisch, lange woorden gebruikend

¹**sess** /ses/ [telb zn] ⟨vnl SchE, IE, IndE⟩ **belasting,** heffing, taks

²**sess** [afk] (session)

ses·sile /sesaɪl, ᴬsesl/ [bn] ⟨plantk⟩ [1] ⟨dierk⟩ **sessiel,** zittend, vastzittend [2] **ongesteeld**

ses·sion /seʃn/ [telb zn] [1] **zitting** ⟨gerechtshof, bestuur, commissie⟩, vergadering, sessie ♦ *in session* in zitting; *be in session* zitting houden, vergaderen; *secret session* geheime zitting [2] **zitting,** zittijd, zittingsperiode, zittingstijd [3] ⟨academiejaar, ⟨AE, SchE⟩ semester, halfjaar [4] **schooltijd** [5] ⟨SchE⟩ **kerkenraad,** consistorie [6] **bijeenkomst,** partij, vergadering ♦ *gossip(ing) session* roddelpartij [7] ⟨rel⟩ **zitten van Christus ter rechterhand Gods**

ses·sion·al /seʃnəl/ [bn, attr; bw: ~ly] [1] **zittings-** [2] **voor één (parlements)zitting geldig,** voor elke zitting vernieuwbaar ♦ *sessional rule* vernieuwbare/niet-permanente reglementering ⟨in Parlement⟩

ses·terce /sestɜːs, ᴬ-stɜrs/, **ses·ter·tius** /sestɜːtɪəs, ᴬ-stɜrʃəs/ [telb zn; mv: sestertii /-tiaɪ, ᴬ-ʃiaɪ/] ⟨gesch⟩ **sestertie,** sestertius ⟨Romeinse munt⟩

ses·ter·tium /sestɜːtɪəm, ᴬ-stɜrʃəm/ [telb zn; mv: sestertia /-tɪə, ᴬ-ʃə/] ⟨gesch⟩ **duizend sestertiën** ⟨Romeinse munteenheid⟩

ses·tet /sestet/ [telb zn] [1] ⟨muz⟩ **sextet** [2] ⟨letterk⟩ **sextet** ⟨van sonnet⟩

ses·ti·na /sestiːnə/ [telb zn] ⟨letterk⟩ **sestina** ⟨gedicht met zes stanza's van zes regels gevolgd door triplet⟩

¹**set** /set/ [telb zn] [1] **stel,** span, servies, garnituur, assortiment, ⟨techn⟩ aggregaat, batterij, stel, reeks ⟨gebouwen, vertrekken, kamers, postzegels⟩, serie, suite ♦ *a set of proposals* een pakket voorstellen; *a set of stamps* een reeks postzegels; *set of (false) teeth* een (vals) gebit [2] **kring,** gezelschap, groep, troep, bende, kliek, ploeg ♦ *the fast set* de uitgaande wereld; *the smart set* de chic [3] **quadrille,** quadrillefiguren, quadrilledansers, vier paren ⟨dans⟩ ♦ *a set of dancers* vier paren; *set of quadrilles* quadrille [4] **gebit,** kunstgebit [5] **toestel,** ⟨i.h.b.⟩ radiotoestel, tv-toestel, radio-installatie [6] **stek,** loot, jonge plant, zaailing [7] **laatste pleisterlaag,** afwerk(pleister)laag [8] **ruit** ⟨in Schotse ruit⟩ [9] **legsel,** stel broedeieren, broed(sel) [10] **dassenhol** [11] **vierkante straatkei** [12] **roem** ⟨kaartspel⟩ [13] **val,** strik ⟨voor wild⟩ [14] ⟨sport⟩ **set,** spel, partij [15] ⟨volleybal⟩ **set-up** ⟨hoge bal bij net om teamgenoot te laten smashen⟩ [16] ⟨wisk⟩ **verzameling,** stelsel

²**set** /set/ [niet-telb zn] [1] **het (zich) zetten,** het hard/vast worden [2] **richting** ⟨van stroming, getijde, wind⟩, ⟨fig⟩ (ver)loop, tendens, neiging, strekking, aanleg, ⟨psych⟩ predispositie, voorbeschiktheid ♦ *the set of public opinion is against tolerance* er is een neiging bij het publiek tegen tolerantie; *he's got a set to the left* hij heeft een neiging naar links [3] **vorm,** houding ⟨van hoofd⟩, ligging ⟨van heuvels⟩ ♦ *the set of her head* de houding van haar hoofd; *the set of the hills* de ligging van de heuvels [4] **val,** model, fatsoen, snit, het zitten ⟨van jurk⟩ [5] **watergolf** [6] **schranking,** het (scherp) zetten ⟨van zaag⟩ [7] **het stellen** ⟨van weefkam⟩ [8] **Schotse ruit,** geruit patroon [9] ⟨drukw⟩ **letterbreedte** [10] **het staan** ⟨van jachthond⟩ ♦ *dead set* het staan ⟨van jachthond⟩ [11] **toneelopbouw,** scène, meubilering, aankleding, stoffering [12] **set,** locatie, filmdecor, (studio)decor ♦ *everyone to be on the set by eight a.m.* iedereen op de set om acht uur [13] **verzakking** ⟨van metselwerk⟩ [14] **vleug** ⟨van bont, fluweel⟩ ♦ *against the set* tegen de vleug [15] **vruchtzetting** [16] ⟨form⟩ **(zons)ondergang** ♦ *at set of sun* bij zonsondergang [17] ⟨AuE⟩ ⟨inf⟩ **wrok**

³**set** /set/ [bn; oorspronkelijk volt deelw van set] [1] **gezet,** vast, bepaald, vastgesteld, stereotiep, routine-, onveranderlijk, formeel, pro forma, conventioneel, officieel ♦ *set form of prayer* stereotiepe gebedsvorm; *a set formula* een stereotiepe formule; *set hours of work* vaste werkuren; *set phrase* cliché, stereotiepe uitdrukking; *set price/time* vast(e) prijs/tijdstip; *set purpose* vast vooropgesteld doel; *set speech* vooraf geprepareerde/ingestudeerde toespraak; *at a set wage* tegen een vast loon [2] **voorgeschreven,** opgelegd ⟨boek, onderwerp⟩ ♦ *set reading* opgelegde/verplichte lectuur [3] **strak,** onbeweeglijk, stijf ⟨gezicht⟩, koppig, hardnekkig, halsstarrig, onverzettelijk, onbuigzaam, onwrikbaar ♦ *set fair* bestendig ⟨weer⟩; prettig, mooi, goed ⟨vooruitzicht⟩; *a man of set opinions* een man die halsstarrig bij zijn mening blijft; *a set smile* een strakke glimlach; *set in one's ways* vast in zijn gewoonten, vastgeroest [4] **klaar,** gereed ♦ ⟨inf⟩ *be all set for sth./to do sth.* klaar zijn voor iets/om iets te doen; ⟨sport⟩ *(get) set!* klaar!; *ready, set, go* aan de lijn, klaar, start [5] **opzettelijk** [6] **samengebracht,** samengevoegd, in elkaar gezet, gevormd [7] **ingebouwd,** belegd, afgezet [8] ⟨cricket⟩ **ingespeeld** ⟨m.b.t. batsman⟩ ▪ *a set battle* een geregelde slag; *set piece* groot vuurwerk op stellage; doorwrocht(e) stuk/compositie, klassiek(e) scène/stuk ⟨in kunst en literatuur⟩; ⟨dram⟩ zetstuk; zorgvuldig vooraf geplande militaire operatie; ⟨BE; sport⟩ ingestudeerd(e) (tactische) manoeuvre/combinatie/spelpatroon ⟨voornamelijk bij voetbal⟩; ⟨AE; vnl sport⟩ *set play* ingestudeerd spel(patroon), ingestudeerde (spel)manoeuvre;

set

*of set **purpose*** met opzet; *set **scene*** toneelschikking, decor, toneel(opbouw); ⟨rugby⟩ *set **scrum*** scrum opgelegd door de scheidsrechter; *set **square*** tekendriehoek; *set **teeth*** op elkaar geklemde tanden; *in (good) set **terms*** ronduit, zonder een blad voor de mond te nemen, in duidelijke bewoordingen

⁴set /set/ [bn, attr; oorspronkelijk volt deelw van set] ⟨BE⟩ volledig en tegen vaste prijs ⟨in restaurant⟩ ♦ *set **dinner*** dagschotel, dagmenu; *set **menu*** keuzemenu

⁵set /set/ [bn, pred; oorspronkelijk volt deelw van set] [1] geplaatst, gevestigd ♦ *eyes **set** deep in the head* diepliggende ogen [2] vastbesloten, gesteld, gebrand ♦ *my mind is **set*** ik ben vastbesloten; *her mind is **set** on pleasure* ze wil alleen plezier maken; *be **set** (up)on sth.* zeer gesteld/verzot zijn op iets, gebrand zijn op iets; *he's very **set** (up)on becoming an actor* hij wil absoluut acteur worden

⁶set /set/ [onov ww; set, set] [1] vast worden, stijf/hard/stevig/dik worden ⟨van cement, gelei⟩, verharden, stremmen, klonteren, stollen, een vaste vorm aannemen, opdrogen ⟨van inkt⟩, bestendig worden ⟨van weer⟩, hard worden ⟨van ei⟩, broeden ⟨van klokhen⟩, zich zetten ⟨van bloesem, vrucht⟩, vruchten vormen ⟨van boom⟩, een harde/strakke/vastberaden/besliste uitdrukking aannemen ⟨van gezicht⟩, verstarren, breken ⟨van ogen⟩ [2] ondergaan ⟨van zon, maan⟩ [3] afnemen, verminderen, achteruitgaan, verbleken, tanen ♦ ⟨fig⟩ *his star **sets*** zijn ster verbleekt, zijn roem begint te tanen [4] zich bewegen, gaan, voortsnellen, toenemen ⟨van getijde, stroming⟩, neigen ⟨ook figuurlijk, m.b.t. gevoelens, gewoonte⟩ ♦ ⟨fig⟩ *the tide has **set** in his favour* het tij is in zijn voordeel gekeerd; *the current **sets** strongly to the south* er is een sterke stroming in zuidelijke richting [5] staan, blijven staan ⟨van jachthond⟩ [6] zijn positie innemen, voor de partner plaatsnemen ⟨bij dans⟩ ♦ *set to **partner(s)*** voor de partner plaatsnemen, tegenover elkaar gaan staan ⟨bij dans⟩ [7] passen, zitten, vallen ⟨van kledij⟩, gepast/betamelijk zijn [8] aan elkaar groeien ⟨van gebroken been⟩ [9] wasecht worden ⟨van kleur⟩ [10] golven ⟨van haar⟩ [11] ⟨gew; vulg⟩ zitten ▪ zie: **set about**; *public opinion is **setting** against him* de publieke opinie kant zich tegen hem; zie: **set forth**; zie: **set forward**; zie: **set in**; zie: **set off**; zie: **set on**; zie: **set out**; zie: **set to**; zie: **set up**, →**set²**, **setting**

⁷set /set/ [ov ww; set, set] [1] zetten, plaatsen, stellen, leggen, doen zitten ♦ *set **ashore*** aan land zetten; *set at **liberty*** vrijlaten, bevrijden; ⟨fig⟩ *set **duty** before pleasure* de plicht voor het plezier laten gaan; *set **sth.** before s.o.* iemand iets voorzetten/voorleggen; ⟨fig⟩ *set a **purpose** before one's eyes* zich een doel voor ogen stellen; *set **free*** vrijlaten, bevrijden; *set **flowers** in water* bloemen in water zetten; *set on the **shore*** aan land zetten; *set s.o. **on his feet*** iemand op de been helpen; ⟨fig⟩ iem erbovenop helpen; ⟨fig⟩ *set a **country on its feet*** een land er (financieel) bovenop helpen; *set **pen** to paper* beginnen te schrijven; *set **spurs** to the horse* het paard de sporen geven; *set an **axe** to sth.* iets neerhakken; ⟨fig⟩ met de vernieling van iets beginnen, in iets het mes zetten; *set a **glass** to one's lips, set one's **lips** to a glass* een glaasje aan de lippen brengen; *set one's **seal** to a document* een document van zijn zegel voorzien; *set the **trumpet** to one's lips* de trompet aan de mond brengen; *set a **trap*** een val zetten [2] gelijkzetten ⟨klok, uurwerk⟩ ♦ *set the **alarm-clock*** de wekker zetten; *set the **clock**/one's **watch** by s.o. else's* de klok/zijn uurwerk met die van iemand anders gelijkzetten [3] te broeden zetten ⟨klokhen⟩, laten uitbroeden, in de incubator/broedmachine doen ♦ *set **eggs*** eieren laten uitbroeden; *set a **hen*** een hen op eieren zetten [4] zaaien, planten, poten [5] instellen ⟨camera, lens, toestel⟩, justeren ⟨instrument⟩ ♦ *set the **camera*** de camera instellen [6] opprikken ⟨vlinder⟩ ♦ *set a **butterfly*** een vlinder opprikken [7] drijven ⟨in een richting⟩ ♦ *the current **set** us to the south* de stroming dreef ons af naar het zuiden [8] aanzetten, opzetten, scherpen, slijpen ⟨scheermes⟩ ♦ *set a **razor*** een scheermes aanzetten [9] schranken, ⟨scherp⟩ zetten ⟨zaag⟩ ♦ *set a **saw*** een zaag zetten [10] (in)zetten, wagen, verwedden [11] dekken ⟨tafel⟩, klaarzetten ⟨maaltijd⟩ ♦ *set the **chairs*** de stoelen (klaar)zetten; *set the **table*** de tafel dekken [12] aanhitsen, aanzetten, ophitsen ♦ *set a **dog** at/(up)on s.o.* een hond tegen iemand aanhitsen/op iemand loslaten [13] laten rijzen ⟨deeg⟩ [14] op elkaar klemmen ⟨tanden, lippen⟩ ♦ *set one's **teeth**/**lips*** zijn tanden/lippen op elkaar klemmen [15] watergolven, onduleren [16] zetten ⟨letters, tekst⟩ ♦ *set **close*** dicht bij elkaar zetten ⟨letters, tekst⟩; *set (up) **type*** het zetsel klaarmaken; *set **wide*** ruim spatiëren ⟨letters, tekst⟩ [17] invatten, kassen ⟨steen, juweel⟩, (be)zetten, afzetten, omboorden, inzetten, bezaaien, voorzien van, tooien, versieren ♦ *set a **bed** with flowers* een bloembed aanleggen; *set a **crown** with gems* een kroon met juwelen bezetten; *set **jewels*** juwelen (in)zetten/kassen; ⟨fig⟩ *the sky was **set** with bright stars* sterren schitterden als juwelen aan de hemel [18] schikken, richten [19] brengen, aanleiding geven tot, veroorzaken ♦ *set a **machine**/engine going* een machine in werking stellen; *set sth. in **order*** iets in orde brengen; *set sth. in **motion*** iets in beweging zetten; ⟨fig⟩ *set (the) **wheels** in motion* de zaak aan het rollen brengen; *set s.o. **laughing*** iemand aan het lachen brengen; *set o.s. **to do sth.*** zich erop toeleggen/zijn best doen om iets te doen; *that **set** me **thinking*** dat bracht me aan het denken; *set to **work*** zich aan het werk zetten; beginnen te werken; *set o.s. **to work*** zich aan het werk zetten [20] opleggen, voorschrijven, opdragen, opgeven ⟨taak⟩, geven ⟨voorbeeld⟩, stellen ⟨voorbeeld, probleem⟩ ♦ *who will **set** the examination papers?* wie stelt de examenvragen op?; *set an **example*** een voorbeeld stellen; *set s.o. a good **example*** iemand het goede voorbeeld geven; *set s.o. an **exercise*** iemand een oefening opleggen; *set o.s. a difficult **task*** zichzelf een moeilijke taak opleggen; *set a **problem*** een probleem stellen; *set **questions*** vragen stellen; *set s.o. a **task*** iemand een taak opleggen; *set s.o. to **write** a report* iemand een rapport laten opstellen [21] vast/stijf/hard/stevig/onbeweeglijk doen worden ⟨cement, gelei, e.d.⟩, verharden, hard maken, doen stollen, stremmen, ⟨vero⟩ tot rijpheid/volle ontwikkeling doen komen, doen rijpen/ontwikkelen ♦ ⟨fig⟩ *set one's **face*** een strak gezicht zetten [22] uitzetten ⟨wacht, netten⟩, posteren ♦ *set a **watch**,* ⟨scheepv⟩ *set the **watch*** een schildwacht uitzetten [23] (bij)zetten ⟨zeil⟩ ♦ *set **sail*** zeil zetten, de zeilen hijsen; ⟨fig⟩ onder zeil gaan, vertrekken [24] zetten ⟨gebroken been⟩, bij elkaar voegen/plaatsen, samenvoegen, verbinden, vastmaken, vasthechten, vastzetten, vastleggen, (be)vestigen ♦ *set a broken **bone*** een gebroken been zetten [25] bepalen ⟨datum⟩, voorschrijven ⟨de mode⟩, richtinggevend zijn voor, aangeven ⟨maat, pas, toon, tempo⟩, vaststellen ⟨limiet, tijd, prijs⟩, besluiten, beslissen ♦ *set **conditions*** voorwaarden stellen; *set the **fashion*** de mode bepalen; *set the **price*** de prijs bepalen; *set a **price** on sth.* de prijs van iets bepalen; ⟨roeisp⟩ *set the **stroke*** de slag aangeven; *set a high **value** on sth.* veel waarde aan iets hechten; *set the **wedding-day*** de trouwdag bepalen [26] opstellen, (samen)stellen ⟨vragen, puzzel⟩ [27] toonzetten, componeren, op muziek zetten ⟨tekst⟩ ♦ *set to **music*** op muziek zetten, toonzetten [28] dichten, van tekst voorzien ⟨melodie⟩ [29] ⟨vaak passief⟩ situeren ⟨verhaal, toneelstuk⟩ ♦ *this novel is **set** in nineteenth-century London* deze roman speelt zich af in het Londen van de negentiende eeuw [30] inrichten, opbouwen ⟨het toneel⟩ ♦ *set the **stage*** het toneel inrichten; ⟨fig⟩ alles voorbereiden [31] wasecht maken ⟨kleuren⟩ [32] ⟨bridge⟩ down spelen [33] ⟨AE⟩ vestigen ⟨record⟩ ♦ *set a new **record*** een nieuw record vestigen [34] ⟨AE⟩ aansteken ⟨vuur⟩ ♦ *set a **fire*** een vuur aansteken ▪ *set **about** rumours* geruchten verspreiden; *set **friend** against friend* vriend tegen vriend opzetten; *set **theory** against practice* de theorie tegenover de praktijk stellen; *set s.o. against s.o.* iemand opzetten/innemen tegen iemand, iemand tegen iemand in het harnas jagen; *set sth. against sth. else* iets tegenover iets anders stellen; *against that fact you must set that ...* daartegenover moet je stellen dat ...; zie: **set apart**; zie: **set aside**; *set at s.o.* iemand aanvallen, op iemand lostrekken; zie: **set back**; *set s.o. beside s.o. else* iemand met iemand anders vergelijken; zie: **set by**; zie: **set down**; zie: **set forth**; zie: **set forward**; zie: **set in**; *set little/much by sth.* iets geringschatten/hoogschatten, weinig/veel geven om; ⟨vero⟩ *set at naught/nothing* zich niet storen aan, zich niets aantrekken van, in de wind slaan, naast zich neerleggen; beneden zich achten; niet bang/bevreesd zijn voor; zie: **set off**; zie: **set on**; zie: **set out**; *set s.o. over s.o.* iemand boven iemand (aan)stellen, iemand het bevel over iemand geven; *set s.o. over sth.* iemand aan het hoofd stellen van iets; zie: **set up**; *set (up)on s.o.* iemand aanvallen/overvallen; ⟨sprw⟩ *set a beggar on horseback and he'll ride to the devil* als men een bedelaar op paard helpt, wordt hij een trotse jonker; ⟨sprw⟩ *set a thief to catch a thief* met dieven vangt men dieven; → **set²**, **setting**

se·ta /si:tə/ [telb zn; mv: setae /-i:/] ⟨biol⟩ seta, borstel(haar)

set about [onov ww] ⓵ beginnen (met/aan), aanpakken ♦ *set about doing sth.* iets beginnen te doen; *he didn't know how to set about it* hij wist niet hoe eraan te beginnen ⓶ ⟨inf⟩ aanvallen

se·ta·ceous /sɪteɪʃəs/ [bn; bw: ~ly] ⟨biol⟩ borstelig, borstelachtig

set apart [ov ww] ⓵ terzijde zetten/leggen, reserveren ⓶ scheiden, afzonderen ♦ *he felt set apart from the others* hij voelde zich opzijgezet door de anderen; *set sth. apart from sth. else* iets van iets anders scheiden

set aside [ov ww] ⓵ terzijde zetten/leggen, reserveren, sparen ♦ *set aside for* reserveren/bestemmen voor; *set aside money* geld opzijleggen/sparen ⓶ veronachtzamen, buiten beschouwing laten, geen aandacht schenken aan ♦ *setting aside the details* afgezien van de details, de details daargelaten, de details buiten beschouwing gelaten ⓷ ⟨jur⟩ nietig verklaren, vernietigen, casseren, annuleren, verwerpen, afwijzen, naast zich neerleggen, buiten werking stellen ♦ *set aside claims* eisen naast zich neerleggen; *set aside a decree* een decreet vernietigen

set-a·side [telb + niet-telb zn] ⓵ spaargeld, reservepotje, reservebedrag ⓶ ⟨BE⟩ braaklegpremie ⟨subsidieregeling voor het uit productie nemen van landbouwgrond⟩, braaklegregeling ⓷ ⟨AE⟩ regeling voor gemeentelijke financieringen voor kleine bedrijven

set·back [telb zn] ⓵ inzinking, instorting, terugval ⓶ nederlaag, tegenslag, kink in de kabel ⓷ ⟨bouwk⟩ terugsprong, terugspringende gevel ⓸ offensieve achterspeler/verdediger

set back [ov ww] ⓵ terugzetten, achteruitzetten, terugstellen, achteruitstellen ⓶ ⟨sl⟩ kosten

set by [ov ww] ⟨vero⟩ opzijleggen, sparen

set chisel [telb zn] koubeitel

set designer [telb zn] decorbouwer, decorontwerper

set·down [telb zn] terechtwijzing, berisping, vernedering

set down [ov ww] ⓵ neerzetten ⓶ afzetten, laten afstappen/uitstappen ⟨uit voertuig⟩ ⓷ neerschrijven, op papier brengen/zetten, optekenen, opschrijven ⓸ op zijn nummer zetten, vernederen ⓹ ⟨jur⟩ vaststellen, bepalen ⟨termijn⟩ ♦ *set down a case for trial* een zaak aanhangig maken; *set down the day for the trial* de dag van het proces bepalen ▸ *set s.o. down as a liar* iemand voor een leugenaar houden; *set o.s. down as a genius* zichzelf voor een genie houden; *set sth. down at* iets vaststellen/schatten op; *set sth. down to* iets toeschrijven aan

¹set forth [onov ww] ⟨form⟩ zich op weg begeven, vertrekken, opbreken, op weg gaan ♦ *set forth on one's journey* de reis aanvaarden, op reis gaan

²set forth [ov ww] ⟨form⟩ ⓵ uitvaardigen, bekendmaken, verklaren, uiteenzetten, beschrijven ⓶ versieren, verfraaien

¹set forward [onov ww] ⟨vero⟩ zich op weg begeven, vertrekken, opbreken

²set forward [ov ww] ⓵ vooruithelpen, bevorderen ⓶ vooruitzetten ⟨klok⟩

se·tif·er·ous /sɪtɪfrəs/, **se·tig·er·ous** /sɪtɪdʒərəs/, **se·tose** /si:toʊs/, **se·tous** /si:təs/ [bn] met borstels, borstelig

se·ti·form /si:tɪfɔ:m, ˈsi:tɪfɔrm/ [bn] borstelvormig

set-in [telb zn] begin, intrede, inval

¹set in [onov ww] ⓵ intreden ⟨jaargetijde, reactie⟩, invallen ⟨duisternis, dooi⟩, beginnen ♦ *rain has set in* het is gaan regenen; *it set in to rain* het begon te regenen ⓶ opkomen, landinwaarts gaan ⟨vloed, stroming, wind⟩

²set in [ov ww] ⓵ inpassen, inzetten ⟨deel van kledingstuk⟩ ⓶ landinwaarts richten ⟨schip⟩

¹set-off [telb zn] ⓵ repoussoir ⟨dat wat iets anders beter doet uitkomen⟩, contrast, tegenstelling, tegenhanger ⓶ tegenwicht, compensatie, vergoeding ⓷ tegeneis ⓸ versiering ⓹ ⟨bouwk⟩ voorsprong ⟨van muur⟩ ⓺ ⟨drukw⟩ offset

²set-off [niet-telb zn] ⟨drukw⟩ het afgeven/vlekken ⟨van drukinkt⟩

¹set off [onov ww] ⓵ zich op weg begeven, vertrekken, op weg gaan, opbreken ♦ *set off for home* naar huis vertrekken; *set off in pursuit of* de achtervolging inzetten; *set off on a trip/expedition* een reis/expeditie ondernemen ⓶ afgeven, vlekken ⟨inkt⟩

²set off [ov ww] ⓵ versieren, verfraaien ⓶ doen uitkomen ⟨kleuren⟩, verhogen ⓷ doen ontbranden, doen afgaan, tot ontploffing brengen ⟨bom⟩ ⓸ doen opwegen, goedmaken, compenseren ♦ *set off against* doen opwegen tegen, stellen tegenover; *the gain set off against the loss* de winst maakte het verlies goed ⓹ aan de gang maken, doen ⟨lachen, praten⟩, aan het, ⟨lachen/praten⟩ brengen, veroorzaken, stimuleren ♦ *set s.o. off laughing* iemand aan het lachen brengen; *set s.o. off on his pet subject* iemand op zijn stokpaardje zetten ⓺ afzetten, afpassen, afmeten ⓻ afscheiden, onderscheiden, afzonderen

se·ton /si:tn/ [telb zn] ⟨med⟩ seton, draineerstreng

¹set on [onov ww] ⟨form⟩ voortschrijden

²set on [ov ww] ertoe brengen, aansporen, aanzetten

¹set out [onov ww] ⓵ zich op weg begeven, vertrekken, opbreken, op reis/weg gaan, zich opmaken ♦ *set out on a journey* op reis gaan ⓶ zich voornemen, het plan opvatten, zich ten doel stellen, trachten, het erop aanleggen ♦ *set out in business* een zaak beginnen

²set out [ov ww] ⓵ uitzetten, opzetten ⟨schaakstukken⟩, wijd zetten ⟨letters, tekst⟩ ⓶ versieren, tooien ⓷ uitplanten ⓸ tentoonstellen, etaleren, uitstallen ⟨goederen⟩ ⓹ verklaren, aantonen, demonstreren, uiteenzetten, beschrijven, bekendmaken, opsommen ⓺ ontwerpen, opstellen, plannen ⓻ klaarzetten ⟨stoelen, maaltijd⟩, klaarleggen ⟨theegerei⟩, dekken ⟨tafel⟩ ⓼ afbakenen

set-out [telb zn] ⟨vnl inf⟩ ⓵ begin, aanvang, start, vertrek ⓶ uitrusting, collectie, servies ⓷ uitstalling, vertoning ⓸ opmaak, lay-out

set point [telb zn] ⟨sport⟩ setpunt, ⟨volleybal⟩ setbal, ⟨tennis⟩ setpoint ⟨waarmee setwinst gemaakt kan worden⟩

set·screw [telb zn] stelschroef

set shot [telb zn] ⟨basketb⟩ schot uit stand

set·square [telb zn] tekendriehoek

¹sett /set/ [telb zn] ⓵ stek, loot, jonge plant, zaailing ⓶ ruit ⟨in Schotse ruit⟩ ⓷ dassenhol ⓸ vierkante straatkei

²sett /set/ [niet-telb zn] ① het stellen ⟨van weefkam⟩ ② **Schotse ruit**

set·tee /seti:/ [telb zn] ① canapé, sofa, (rust)bank ② ⟨gesch, scheepv⟩ **schebek**

settee bed [telb zn] **divanbed**

set·ter /setə, ^setər/ [telb zn] ① **zetter** ② **setter** ⟨hond⟩ ③ lokvogel, politiespion, tipgever, aanbrenger ④ ⟨volleybal⟩ **set-upman**, spelverdeler

set·ter-on [telb zn; mv: setters-on] ① **aanvaller** ② **aanhitser**

set·ter·wort /setəwɜ:t, ^setərwɜrt/ [niet-telb zn] ⟨plantk⟩ stinkend nieskruid ⟨Helleborus foetidus⟩

set theory [niet-telb zn] ⟨wisk⟩ **verzamelingenleer**

¹set·ting /setɪŋ/ [telb zn; (oorspronkelijk) gerund van set] ① stand, instelling ⟨op instrument, machine⟩ ② ⟨vnl enkelvoud⟩ **omlijsting**, omgeving, achtergrond, verband, kader ♦ *the story has its setting in London* het verhaal speelt zich af in Londen ③ couvert ⟨van diner⟩ ④ kas, montuur, vatting ⟨van juweel⟩ ⑤ sokkel, voetstuk ⟨van machine⟩

²set·ting /setɪŋ/ [niet-telb zn; (oorspronkelijk) gerund van set] ① het zetten ② ondergang ⟨zon, maan⟩ ③ toonzetting, compositie ④ montering, aankleding ⟨film, toneelstuk⟩ ⑤ legsel, gelegde eieren, broed(sel) ⑥ ⟨badm⟩ **verlengingsrecht**

set·ting-lo·tion [telb zn] **haarversteviger**

set·ting-pole [telb zn] ⟨scheepv⟩ **schippersboom**

set·ting-up ex·er·cise [telb zn] gymnastiekoefening, ⟨vnl mv⟩ conditietraining

¹set·tle /setl/ [telb zn] ± **zittekist** ⟨met vaste hoge leuning⟩

²set·tle /setl/ [onov ww] ① gaan zitten, zich neerzetten, neerdalen, neerstrijken ♦ *settle back in a chair* gemakkelijk gaan zitten in een stoel; *his cold had settled in/on his chest* zijn verkoudheid had zich vastgezet op/in zijn borst; *darkness settled on the town* duisternis daalde neer op de stad ② neerslaan, bezinken ⟨van stof, droesem⟩ ③ verzakken, inklinken, inzakken ⟨van grond⟩ ④ langzaam zinken, beginnen te zinken ⟨van schip⟩ ⑤ zich vestigen, gaan wonen ♦ *the father settled near his daughter in Amsterdam* de vader ging vlak bij zijn dochter in Amsterdam wonen ▪ zie: **settle down;** *settle for sth.* genoegen nemen met iets, iets accepteren, iets (aan)nemen; *settle for second best* zich met wat minder tevreden (moeten) stellen; *settle in* zich installeren, zich inrichten (in huis); zich inwerken, acclimatiseren; *we haven't yet settled in* we zijn nog niet op stel/orde; *it is settling in to rain tonight* het ziet er naar uit dat het vannacht gaat regenen; *the new secretary had soon settled in at our office* de nieuwe secretaresse voelde zich al gauw thuis op ons kantoor; *settle into new surroundings* wennen/gewend raken aan een nieuwe omgeving; *settle (down) to sth.* zich ergens op concentreren, zich toeleggen op iets, zich ergens toe zetten; *settle to a life of boredom* aan een leven vol verveling beginnen; *I cannot settle (down) to work* ik kom maar niet aan het werk, ik kan me niet op mijn werk concentreren; *I cannot settle (down) to anything* ik kom nergens toe; → **settled**

³set·tle /setl/ [onov + ov ww] ① kalmeren, (doen) bedaren, bezinken, tot rust brengen/komen, rustig worden/maken ♦ *this drink will settle your nerves* dit drankje zal je kalmeren; *the situation settled into shape after the quarrel* na de ruzie kwam de situatie weer tot rust; *the weather settles* het weer wordt bestendig; ⟨fig⟩ *the storm settled the weather* de storm zorgde voor stabieler weer/bracht minder wisselvallig weer ② opklaren, helderder worden/maken ♦ *the beer settles* het bier wordt helderder; *settle white with eggwhite* witte wijn met eiwit (op)klaren ③ overeenkomen, een besluit nemen, besluiten ♦ *settle the day and place for the next meeting* de datum en plaats voor de volgende vergadering afspreken; *we settled to go hiking in Sweden* we besloten te gaan trekken in Zweden; *settle (up)on a date* een datum vaststellen; *settle (up)on the colour red* de kleur rood kiezen/(besluiten te) nemen; *settle with s.o. on sth.* een overeenkomst sluiten/een regeling treffen met iemand m.b.t. iets ④ betalen, voldoen, vereffenen ♦ *settle the bill* de rekening betalen; *settle a claim* schade uitbetalen; *settle up* verrekenen, afrekenen ⟨onder elkaar⟩; *settle up (with the waiter)* (met de ober) afrekenen, de rekening betalen; *my wife has already settled for all of us* mijn vrouw heeft al voor ons allemaal betaald; *settle with s.o.* rekening/schulden betalen aan iemand; ⟨fig⟩ *settle (an account) with s.o.* het iemand betaald zetten, de rekening met iemand vereffenen ▪ zie: **settle down;** → **settled**

⁴set·tle /setl/ [ov ww] ① regelen, in orde brengen/maken (ook kleren, kamer), voor elkaar brengen ♦ *settle up sth.* iets definitief regelen, iets voor eens en voor altijd in orde maken ② vestigen (in woonplaats, maatschappij), ⟨bij uitbreiding⟩ aan een goede baan helpen, aan de man/vrouw brengen ③ ⟨vaak passief⟩ koloniseren, bevolken ♦ *when was this country settled?* wanneer werd dit land gekoloniseerd? ④ ⟨ook wederkerend werkwoord⟩ zetten, plaatsen, leggen ♦ *he settled his cap on his bald head* hij zette zijn pet op zijn kale kop; *settle a colony* een kolonie stichten; *she settled herself in the chair* zij nestelde zich in haar stoel; *she settled her mother among the pillows* zij legde haar moeder comfortabel neer tussen de kussens ⑤ ⟨benaming voor⟩ vaster doen worden, doen inklinken, laten inzakken, indikken ⑥ (voorgoed) beëindigen, beslissen, een eind maken aan ⟨woordenwisseling, twijfels⟩, de doorslag geven, uitmaken ♦ *that settles it!* dat is de druppel!, dat geeft de doorslag!, dat doet de deur dicht/toe! ⑦ schikken, bijleggen, tot een schikking komen, het eens worden ⑧ ⟨inf⟩ afrekenen met ⟨alleen figuurlijk⟩, tot zwijgen brengen, uitschakelen, doen ophouden, terechtwijzen, wraak nemen op, betaald zetten, kwaad doen, ruïneren ♦ *I'll settle him if he bothers you* ik zal hem op andere gedachten brengen als hij je lastig valt ▪ *settle in* installeren, inrichten ⟨huis⟩; zich thuis doen voelen in ⟨baan⟩; inwerken; *settle into* laten wennen aan, zich thuis doen voelen in; *settle on* vastzetten op, vestigen op; ⟨jur⟩ in vruchtgebruik overdragen op ⟨geld, bezit⟩; → **settled**

set·tled /setld/ [bn; volt deelw van settle] ① → **settle** ② vast, onwrikbaar, gevestigd ⟨mening⟩, bestendig ⟨weer⟩, onveranderlijk ③ blijvend, vast, gezeten ⟨bevolking⟩ ④ bewoond, bevolkt ⑤ vastgesteld, bepaald, geregeld ⑥ betaald, voldaan

¹settle down [onov ww] ① een vaste betrekking aannemen, zich vestigen, een geregeld/gezapig/burgerlijk leven gaan leiden ♦ *settle down in a job* een vaste baan/betrekking nemen; *marry and settle down* trouwen en gesetteld raken; *settle down to a married life* het rustige leventje van echtgenoot gaan leiden ② wennen, zich thuis gaan voelen, ingewerkt raken ♦ *settle down in a new house* zich thuis gaan voelen in een nieuw huis ③ zich concentreren, zich toeleggen ♦ *settle down to sth.* zich ergens op concentreren, zich ergens op toeleggen, zich ergens toe zetten, aan iets toekomen ④ vast/stabiel worden ⟨van weer⟩ ⑤ minder worden, (weg)zakken ♦ *the excitement has settled down a little* de opwinding is enigszins bedaard

²settle down [onov + ov ww] ① kalmeren, (doen) bedaren, tot rust komen/brengen, rustig worden/maken ♦ *wait till things have settled down* wacht totdat het rustig is ② ⟨ook wederkerend werkwoord⟩ (gemakkelijk) gaan zitten, onderuit/achterover zakken, zich neerzetten ♦ *we settled ourselves down in front of the TV* we zakten onderuit voor de tv; *settle down to an evening of reading* een avond gaan zitten lezen

¹set·tle·ment /setlmənt/ [telb zn] ① ⟨benaming voor⟩ nederzetting, kolonie, groepje kolonisten, plaatsje, gehucht, gat, slavenhutten ② schikking, overeenkomst, vergelijk, regeling, akkoord ③ afrekening, vereffening, betaling, voldoening, (i.h.b.) liquidatie, rescontre ⟨op beurs⟩ ◆ *in settlement of* ter vereffening van ④ schenking, gift ⑤ ⟨vestiging van⟩ lijfrente ◆ *make a settlement on s.o.* iets vastzetten op iemand ⑥ vaste woonplaats, wettige verblijfplaats ⑦ ⟨jur⟩ (akte van) overdracht

²**set·tle·ment** /sᴇtlmənt/ [niet-telb zn] ① kolonisatie, vestiging ② bezinking, opklaring ⟨wijn e.d.⟩ ③ verzakking, inklinking

set·tler /sᴇtlə, -ər/ [telb zn] ① kolonist ② bemiddelaar ⟨in rechtszaken⟩ ③ ⟨benaming voor⟩ beslissend iets, laatste woord, afdoend argument, doorslaggevende gebeurtenis

settling day [niet-telb zn] ⟨BE; handel⟩ liquidatiedag, (vierde/vijfde) rescontredag ⟨op beurs⟩

set·tlings /sᴇtlɪŋz/ [alleen mv] bezinksel, afzetsel, droesem, neerslag

set·tlor /sᴇtlə, ˄sᴇtlər/ [telb zn] ⟨jur⟩ iemand die eigendom in vruchtgebruik overdraagt

set to [onov ww] aanpakken, aan de slag/gang gaan, toetasten ⟨eten⟩, er op los trekken, van leer trekken, aanvallen

set-to [telb zn] ① vechtpartij, bokswedstrijd, bokspartij, handgemeen ② ruzie, dispuut, woordentwist, gekijf ③ aanval ④ nek-aan-nekrace ⟨paardenrennen⟩

set-top box [telb zn] ⟨BE⟩ settopbox ⟨apparaatje om de tv interactief te maken⟩

set-up [telb zn] ① houding, gesteldheid, instelling ② fysiek, lichamelijke gesteldheid ③ opstelling ⟨van camera, microfoons, acteurs bij filmopname⟩ ④ ⟨inf⟩ opbouw, structuur, organisatie, situatie ⑤ ⟨AE; inf⟩ doorgestoken kaart, makkie ⑥ ⟨AE; inf⟩ rondje ⟨m.b.t. drankjes⟩ ⑦ ⟨vaak mv⟩ ⟨AE; inf⟩ alcoholvrije ingrediënten van een alcoholisch mengsel ⑧ ⟨AE; sl⟩ sul ⑨ ⟨AE; sl⟩ woning, ruimte

¹**set up** [onov ww] ① zich vestigen ◆ *set (o.s.) up as a photographer* zich als fotograaf vestigen; *set up for o.s.* voor zichzelf beginnen; *set up in business* een zaak beginnen ② zich voordoen, zich doen doorgaan, zich opwerpen, aanspraak maken ◆ *he is not the man he sets himself up as* hij is niet de man die hij beweert te zijn; ⟨inf⟩ *set up as/for an expert* zich opwerpen als expert; *set up for sth.* op iets aanspraak maken ③ te vlug vast worden, te vlug stollen ④ ⟨sl⟩ rijk zijn, alles hebben

²**set up** [ov ww] ① opzetten, overeind zetten, oprichten, opslaan ⟨tent⟩, opstellen, monteren, in elkaar zetten ⟨machine⟩, zetten ⟨boek, letters⟩, plaatsen ⟨op de troon⟩, stichten ⟨religieuze orde⟩, oprichten ⟨school⟩, beginnen ⟨winkel⟩, aanstellen, instellen, benoemen ⟨comité⟩, opstellen ⟨regels⟩, organiseren ◆ ⟨inf⟩ *set up shop as a dentist* zich als tandarts vestigen ② vooropstellen, voor de dag komen met ⟨plan, theorie⟩, aankomen met ⟨eisen⟩, aanvoeren ⟨argumenten, bewijzen⟩ ③ te koop aanbieden, in veiling brengen ④ aanheffen, slaken ⟨kreet⟩, verheffen ⟨stem⟩ ◆ *set up a yell* een gil slaken ⑤ veroorzaken, doen ontstaan ⑥ erbovenop helpen, op de been helpen, opknappen, stimuleren, opbeuren, opvrolijken ⑦ vestigen ⟨ook record⟩, in een zaak zetten, uitrusten ◆ *set s.o. up in business* iemand in een zaak zetten ⑧ ⟨inf⟩ belazeren, de schuld in de schoenen schuiven ⑨ lichamelijk ontwikkelen/opleiden ⑩ beramen ⟨overval⟩ ⑪ de hoorns doen opsteken, trots/ijdel maken ⟨door gevlei⟩ ⑫ ⟨AE; inf⟩ trakteren, onthalen op ⟨drank, sigaren⟩, klaarzetten ⑬ ⟨sl⟩ verzwakken ⑭ ⟨sl⟩ dekken ⟨tafel⟩ ◆ *set o.s. up against the authority* zich tegen het gezag verzetten; *be well set up for/with money* goed voorzien zijn van geld

set-up [telb zn] ① ⟨badm⟩ makkelijke kans (om te scoren) ② ⟨volleybal⟩ set-up ⟨aangeven van bal zodat hij over het net geslagen kan worden⟩

set-wall [telb zn] ⟨plantk⟩ echte valeriaan ⟨*Valeriana officinalis*⟩

sev·en /sᴇvn/ [telw] zeven ⟨ook voorwerp/groep ter waar-de/grootte van zeven⟩, ⟨in mv; rugby⟩ wedstrijd(en) van ploegen van zeven spelers ◆ *he bought seven* hij kocht er zeven; *arranged by sevens* per zeven gegroepeerd; *a poem in sevens* een gedicht in zevenlettergrepige regels; *at seven o'clock* om zeven uur; *seven deadly sins* zeven doodzonden; *the Seven Years' War* de Zevenjarige Oorlog ⟨1756-63⟩ ▪ ⟨sprw⟩ *rain before seven, fine before eleven* regen vóór acht uren zal de hele dag niet duren

sevenfigure fortune [telb zn] miljoenenfortuin

sev·en·fold /sᴇvnfoʊld/ [bn] ① zevenvoudig ② zevendelig

sev·en-inch [telb zn] ⟨muz⟩ single ⟨van gewoon formaat tegenover twelve-inch⟩

sev·en-league [bn] zevenmijls- ◆ *seven-league boots* zevenmijlslaarzen; *seven-league steps* zevenmijlse stappen

sev·en·teen /sᴇvntiːn/ [telw] zeventien

sev·en·teenth /sᴇvntiːnθ/ [telw] zeventiende

sev·enth /sᴇvnθ/ [telw; bw: ~ly] zevende, ⟨muz⟩ septime ◆ *she came in seventh* ze kwam als zevende aan; *the seventh day* de zevende dag, de sabbat, de zaterdag; *in the seventh heaven* in de zevende hemel; *the seventh largest town* de zevende grootste stad; *seventh(ly)* ten zevende, in/op de zevende plaats

Sev·enth-Day Ad·vent·ists /sᴇvnθdeɪ ædvᴇntɪsts/ [alleen mv] ⟨rel⟩ zevendedagadventisten

sev·enth·ly /sᴇvnθli/ [bw] in/op de zevende plaats

sev·en·tieth /sᴇvntiɪθ/ [telw] zeventigste

sev·en·ty /sᴇvnti/ [telw] zeventig ⟨ook voorwerp/groep ter waarde/grootte van zeventig⟩ ◆ *in seventy countries* in zeventig landen; *in the seventies* in de zeventiger jaren; *he is in his seventies* hij is in de zeventig; *temperatures in the seventies* temperaturen van boven de zeventig graden ▪ *he is a Seventy* hij is een lid van de raad van zeventig ⟨bij de mormonen⟩

sev·en·ty-eight, ⟨inf⟩ **seventy**, **sev·en·ty-five** [telb zn] 78 toerenplaat

sev·en·ty-'leven /sᴇvntilᴇvn/ [uitr vnw] ⟨scherts⟩ willekeurig groot aantal, veel, elfendertig

sev·en-year [bn] zevenjarig ▪ *seven-yearitch* schurft; ⟨scherts⟩ huwelijkskriebels ⟨na zeven jaar huwelijk⟩

¹**sev·er** /sᴇvə, ˄-ər/ [onov ww] ① breken, begeven, losgaan ◆ *the arms of the chair had severed* de armleuningen van de stoel waren afgebroken; *the ropes severed under the weight* de touwen begaven het onder het gewicht ② uiteen gaan, scheiden, van elkaar gaan ③ ⟨jur⟩ ⟨als⟩ afzonderlijk(e partij) optreden

²**sev·er** /sᴇvə, ˄-ər/ [ov ww] ① afbreken, afhakken, doorhakken, doorsnijden, afsnijden ◆ *sever the hand from the arm* de hand van de arm scheiden/afhakken; *sever the rope* het touw doorhakken/doorsnijden ② (af)scheiden ◆ *the Atlantic Ocean severs America and Europe* de Atlantische Oceaan scheidt Amerika en Europa; *sever o.s. from* zich afscheiden van ③ verbreken ⟨relatie e.d.⟩ ④ ontslaan, verbreken/opzeggen van een arbeidscontract met ⑤ ⟨jur⟩ splitsen, verdelen ⟨rechten e.d.⟩

sev·er·a·ble /sᴇvrəbl/ [bn] scheidbaar, (ver)deelbaar, splitsbaar

¹**sev·er·al** /sᴇvrəl/ [onbep vnw] verscheidene(n), enkele(n), een aantal (ervan) ◆ *she washed the strawberries and ate several* ze waste de aardbeien en at er enkele; *several of my friends* verscheidene van mijn vrienden

²**sev·er·al** /sᴇvrəl/ [onbep det] ① enkele, een aantal, enige, verscheidene ◆ *she has written several books* ze heeft verscheidene boeken geschreven; *they spent several days in Paris* ze brachten een aantal dagen door in Parijs ② apart(e), respectievelijk(e), verschillend(e), individuele, ⟨jur⟩ hoofdelijk ◆ *this is one of his several conclusions* dit is één van zijn afzonderlijke conclusies; *each gave their several contributions* elk gaf zijn afzonderlijke bijdrage; *she had three several degrees* ze had drie verschillende diploma's;

severally

collective and several **responsibility** gezamenlijke en hoofdelijke verantwoordelijkheid; ⟨jur⟩ *the fine imposed on the gang was several, not joint* de boete die de bende werd opgelegd gold voor elk lid apart, niet voor allen samen; *each went their several ways* elk ging zijn eigen weg

sev·er·al·ly /sevrəli/ [bw] [1] **afzonderlijk**, hoofdelijk [2] **elk voor zich**, respectievelijk, onderscheidenlijk

¹**sev·er·al·ty** /sevrəlti/ [telb + niet-telb zn] **afzonderlijkheid**, apartheid

²**sev·er·al·ty** /sevrəlti/ [niet-telb zn] **persoonlijk eigendom** ♦ *in severalty* in persoonlijk eigendom

¹**sev·er·ance** /sevrəns/ [telb + niet-telb zn] [1] **verbreking**, opzegging ⟨van betrekkingen⟩ [2] **scheiding**, (ver)deling

²**sev·er·ance** /sevrəns/ [niet-telb zn] **ontslag**, verbreking van arbeidscontract

severance pay [niet-telb zn] ⟨vnl AE⟩ **afvloeiingspremie**, ontslaguitkering

se·vere /sɪvɪə, ᴬsɪvɪr/ [bn; vergr trap: ook severer; bw: ~ly; zn: ~ness] [1] **streng**, strikt, onverbiddelijk [2] **hevig**, heftig, bar, streng ♦ *severe cold* strenge kou; *severe conditions* strenge/barre omstandigheden [3] **zwaar**, moeilijk, ernstig, hard, scherp ♦ *severe competition* scherpe/zware concurrentie; *severe requirements* zware eisen [4] **gestreng**, strak ⟨bouwstijl⟩, kaal, sober, eenvoudig [5] **bijtend**, sarcastisch ♦ *severe remarks* sarcastische opmerkingen [6] **precies**, nauwgezet, strikt ⟨in de leer⟩

se·ver·i·ties /sɪverətiz/ [alleen mv] **barheid**, hardheid, ruwheid

se·ver·i·ty /sɪverəti/ [niet-telb zn] [1] **strengheid**, hardheid [2] **striktheid**, nauwgezetheid [3] **hevigheid**, barheid [4] **soberheid**, strakheid, eenvoud

Se·ville or·ange /sevɪl ɒrɪndʒ, ᴬ-ɔrɪndʒ, ᴬ-ɑr-/ [telb zn] ⟨plantk⟩ **pomerans**, zure sinaasappel ⟨Citrus aurantium⟩

Sè·vres /seɪvr(ə), ᴬsevrə/ [niet-telb zn] **sèvres(porselein)**

sew /soʊ/ [onov + ov ww; sewed; sewed/sewn] [1] **naaien**, hechten ⟨wond⟩, aannaaien ♦ *sew a book* een boek (in)naaien; *sew buttons* knopen aanzetten; *sew down the lapels* de revers vaststetten; *sew in a patch* een lap er inzetten; *sew on a sleeve* een mouw aanzetten; *sew a button onto a coat* een knoop aan een jas zetten/naaien; zie: **sew up** [2] **innaaien** ♦ *he had sewn some money inside/into his pocket* hij had wat geld in zijn zak ingenaaid; zie: **sew up** ▪ zie: **sew up**; → **sewing**

¹**sew·age** /s(j)uːɪdʒ, ᴬsuː-/ [telb zn] ⟨zelden⟩ **riolering**, rioolstelsel

²**sew·age** /s(j)uːɪdʒ, ᴬsuː-/ [niet-telb zn] **afvalwater**, rioolwater ♦ *raw sewage* ongezuiverd afvalwater

³**sew·age** /s(j)uːɪdʒ, ᴬsuː-/ [ov ww] [1] **met afvalwater bemesten** [2] **rioleren**

sewage disposal [niet-telb zn] **rioolwaterverwerking**, rioolwaterzuivering

sewage farm [telb zn] [1] **rioolwaterzuiveringsinrichting** ⟨met vloeiweides⟩ [2] **vloeiweide**, vloeiveld ⟨met afvalwater als mest⟩

sewage works [alleen mv] **rioolwaterzuiveringsinrichting**

¹**sew·er** /s(j)uːə, ᴬsuːər/ [telb zn] [1] **riool(buis)** [2] ⟨gesch⟩ ± **hofmeester**, ± intendant

²**sew·er** /soʊə, ᴬ-ər/ [telb zn] **naaister**

sew·er·age /s(j)uːərɪdʒ, ᴬsuː-/ [niet-telb zn] [1] **riolering**, rioolstelsel [2] **(afval)waterafvoer**, waterlozing [3] **afvalwater**, rioolwater [4] **viezigheid**, vuiligheid, gore taal, vuilspuiterij

sew·er·man /s(j)uːəmən, ᴬsuːər-/ [telb zn; mv: sewermen /mən/] **rioolwerker**, rioolarbeider

sew·er-rat [telb zn] **rioolrat**, bruine rat

sew·ing /soʊɪŋ/ [niet-telb zn; gerund van sew] [1] **het naaien** [2] **naaiwerk**

sewing bird [telb zn] **naaischroef**

sewing cotton [niet-telb zn] **naaigaren**

sewing machine [telb zn] **naaimachine**

sewn /soʊn/ [volt deelw] → **sew**

sew up [ov ww] [1] **dichtnaaien**, hechten ♦ *the wound was sewn up* de wond werd gehecht [2] **innaaien** [3] ⟨inf⟩ **succesvol afsluiten/afhandelen**, voor elkaar maken, beklinken, regelen ♦ *I want to have the deal sewn up before July* ik wil dat de zaak rond is voor juli [4] ⟨AE; inf⟩ **monopoliseren**, alleenrecht van/alleenheerschappij over iets verkrijgen, onder controle krijgen [5] ⟨BE; inf; voornamelijk voltooid deelwoord⟩ **uitputten**, vermoeien [6] ⟨BE; inf; voornamelijk voltooid deelwoord⟩ **dronken voeren** ♦ *a sewn up sailor* een ladderzatte matroos

sew-up [telb zn] ⟨wielersp⟩ **tube**

¹**sex** /seks/ [telb + niet-telb zn; vaak attributief] **geslacht**, sekse, kunne ▪ *the second sex* de tweede sekse, de vrouw(en); ⟨sl⟩ *the third sex* de homoseksuelen

²**sex** /seks/ [niet-telb zn; vaak attributief] [1] **seks**, erotiek [2] **seksuele omgang**, seksueel contact, geslachtsgemeenschap ♦ *have sex with s.o.* seks met iemand hebben, met iemand naar bed gaan/vrijen [3] **geslachtsdrift** [4] **(uitwendige) geslachtsorganen** ⟨van mens⟩

³**sex** /seks/ [ov ww] **seksen**, het geslacht vaststellen van ⟨kuikens⟩

sex- /seks/, **sex·i-** /seksi/ **zes-** ♦ *sexangular* zeshoekig

¹**sex·a·ge·nar·i·an** /seksədʒɪneəriən, ᴬ-ner-/ [telb zn] **zestigjarige**, zestiger, iemand van in de zestig

²**sex·a·ge·nar·i·an** /seksədʒɪneəriən, ᴬ-ner-/ [bn] [1] **zestigjarig**, in de zestig [2] **zestigers-**, van een zestiger

¹**sex·ag·e·nar·y** /seksædʒɪnəri, ᴬseksægɪneri/ [telb zn] **zestigjarige**, zestiger, iemand van in de zestig

²**sex·ag·e·nar·y** /seksædʒɪnəri, ᴬseksægɪneri/ [bn] [1] **zestigvoudig**, zestig-, zestigtallig [2] **zestigjarig**, in de zestig [3] **zestigers-**, van een zestiger

Sex·a·ges·i·ma /seksədʒesɪmə/, **Sexagesima Sunday** [eigenn] **sexagesima** ⟨2e zondag voor de vasten, 8e zondag voor Pasen⟩

sex·a·ges·i·mal /seksədʒesɪml/ [bn] **zestigtallig**, sexagesimaal ♦ *a sexagesimal fraction* een sexagesimale breuk ⟨met noemer een macht van zestig⟩

sex appeal [niet-telb zn] **sexappeal**, seksuele aantrekkelijkheid

sex bomb [telb zn] **seksbom**

sex buddy [telb zn] ⟨vnl BE⟩ **sekspartner**

¹**sex·cen·te·nar·y** /sekssentiːn(ə)ri, ᴬsentneri/ [telb zn] **zeshonderdste gedenkdag**, zesde eeuwfeest

²**sex·cen·te·nar·y** /sekssentiːn(ə)ri, ᴬsentneri/ [bn] [1] **zeshonderdjarig** [2] **van zeshonderd**, zeshonderd(voudig)-

sex change [telb zn] **sekseverandering**, geslachtsverandering

sex chromosome [telb zn] **geslachtschromosoom**, heterosoom

sex drive [telb zn] **libido**, geslachtsdrift

sexed /sekst/ [bn] **opwindend**, sexy, geil ♦ *a highly sexed dance* een opwindende/geile dans

-sex·ed /sekst/ [m.b.t. seks(ualiteit)] ♦ *oversexed* van seks bezeten, oversekst

sex education [telb + niet-telb zn] **seksuele opvoeding**, seksuele voorlichting ⟨ook als schoolvak⟩

sex·en·ni·al /seksenɪəl/ [bn] [1] **zesjaarlijks** [2] **zesjarig**

sex·ism /seksɪzm/ [niet-telb zn] **seksisme**, ongelijke behandeling naar sekse, (i.h.b.) vrouwenonderdrukking

¹**sex·ist** /seksɪst/ [telb zn] **seksist**

²**sex·ist** /seksɪst/ [bn] **seksistisch**

sex job [telb zn] ⟨sl⟩ [1] **sexy vrouw**, lekker stuk [2] **sletje**, nymfomane [3] **(uitgebreide/uitputtende) neukpartij**

sex kitten [telb zn] ⟨inf⟩ **stoeipoes**, lekker stuk

sex·less /seksləs/ [bn; bw: ~ly; zn: ~ness] [1] **onzijdig**, geslachtloos, neutraal [2] **seksloos**, niet opwindend [3] **aseksueel**, zonder geslachtsleven/driftleven

sex life [telb + niet-telb zn] seksueel leven, liefdesleven
sex-link·ed [bn] ⟨genetica⟩ ① in geslachtschromosomen ⟨van genen⟩ ② geslachtsgebonden
sex maniac [telb zn] seksmaniak, seksueel geobsedeerde
sex object [telb zn] ① seksobject, lustobject ② sekssymbool
sex offender [telb zn] zedendelinquent
sex·o·log·ic /sɛksəlɒdʒɪk, ᴬ-lɑdʒɪk/, **sex·o·log·i·cal** /-ɪkl/ [bn] seksuologisch
sex·ol·o·gist /sɛksɒlədʒɪst, ᴬ-sɑ-/ [telb zn] seksuoloog
sex·ol·o·gy /sɛksɒlədʒi, ᴬ-sɑ-/ [niet-telb zn] seksuologie
sex organ [telb zn] geslachtsorgaan
sex·par·tite /sɛkspɑːtaɪt, ᴬ-pɑr-/ [bn] zesdelig, zesvoudig
sex·pert /sɛkspɜːt, ᴬ-pɜrt/ [telb zn] ⟨scherts⟩ seksuele therapeut
sex·ploi·ta·tion /sɛksplɔɪteɪʃn/ [niet-telb zn] commercieel gebruik van seks ⟨voornamelijk in film⟩
sex·ploi·ter /sɛksplɔɪtə, ᴬ-splɔɪtər/ [telb zn] seksfilm, pornofilm
sex·pot [telb zn] ⟨sl⟩ sexy vrouw, ⟨zelden⟩ sexy man, lekker stuk
sex role [telb zn; vaak mv] rollenpatroon, geslachtsrol
sex shop [telb zn] seksshop, seksboetiek, sekswinkel
sex symbol [telb zn] sekssymbool
¹**sext, sexte** /sɛkst/ [telb zn] ⟨rel⟩ sext(en) ⟨vijfde canonieke uur; om twaalf uur⟩
²**sext, sexte** /sɛkst/ [niet-telb zn] ⟨rel⟩ sextentijd ⟨zesde uur van de dag⟩
sex·tain /sɛksteɪn/ [telb zn] ① sestina ⟨dichtvorm⟩ ② zesregelig vers
¹**sex·tan** /sɛkstən/ [telb + niet-telb zn] de vijfdendaagse koorts
²**sex·tan** /sɛkstən/ [bn] vijfdaags, om de vijf dagen terugkerend
sex·tant /sɛkstənt/ [telb zn] sextant ⟨navigatie-instrument⟩
Sex·tant /sɛkstənt/, ⟨ook⟩ **Sex·tans** /-tænz/ [eigenn] ⟨astron⟩ Sextant, Uranies Sextans
¹**sex·tet, sex·tette** /sɛkstɛt/ [telb zn] ① ⟨muz⟩ sextet, zesstemmig stuk ② ⟨letterk⟩ zesregelig vers, sextet
²**sex·tet, sex·tette** /sɛkstɛt/ [verzameln] ⟨muz⟩ sextet, ⟨alg⟩ zestal
sex therapy [telb + niet-telb zn] sekstherapie
sex·tile /sɛkstaɪl/ [niet-telb zn] ⟨astrol⟩ zeshoekig aspect
¹**sex·to·dec·i·mo** /sɛkstədɛsɪmoʊ/ [telb zn] ⟨boek⟩ sedecimo ⟨boek in 16ᵐᵒ⟩
²**sex·to·dec·i·mo** /sɛkstədɛsɪmoʊ/ [niet-telb zn] ⟨boek⟩ sedecimo ⟨32 bladzijden per vel druks⟩
sex·ton /sɛkstən/ [telb zn] ① koster, kerkbewaarder ② ⟨vero⟩ doodgraver
sexton beetle [telb zn] ⟨dierk⟩ doodgraver ⟨genus Necrophorus⟩
sex·ton·ship /sɛkstənʃɪp/ [niet-telb zn] kosterschap
sex tourism [niet-telb zn] sekstoerisme
¹**sex·tu·ple** /sɛkstʊpl, ᴬ-tuː-/ [telb zn] zesvoud
²**sex·tu·ple** /sɛkstʊpl, ᴬ-tuː-/ [bn; bw: sextuply] ① zesdelig ② zesvoudig
³**sex·tu·ple** /sɛkstʊpl, ᴬ-tuː-/ [onov + ov ww] verzesvoudigen
sex·tu·plet /sɛkstjuːplɪt, ᴬ-stʌ-/ [telb zn] ① zesling ⟨één van de zes⟩ ② zestal ⟨zelfde personen/dingen⟩ ③ ⟨muz⟩ sextool
sex·tu·plets /sɛkstjuːplɪts, ᴬ-stʌ-/ [alleen mv] zesling ⟨groep van zes⟩
sex-typed /sɛkstaɪpt/ [bn] seksegebonden
sex·u·al /sɛkʃʊəl/ [bn; bw: ~ly] ① seksueel, geslachts- ♦ *sexual abuse* seksueel misbruik/geweld, ontucht; *sexual contact* seksueel contact; *sexual harassment* ongewenste intimiteiten ⟨voornamelijk op werk⟩; *sexual intercourse* vleselijke omgang, geslachtsgemeenschap; *sexual organs* geslachtsorganen; *sexual revolution* seksuele revolutie ② geslachtelijk, m.b.t. het geslacht/de sekse ♦ ⟨plantk⟩ *sexual system* seksueel systeem ⟨van Linnaeus⟩
sex·u·al·i·ty /sɛkʃʊælətɪ/ [niet-telb zn] ① seksualiteit, geslachtelijkheid ② geslachtsleven, geslachtsdrift, seksualiteit ③ seksuele geaardheid
sex up [ov ww] opleuken
sex worker [telb zn] ⟨form⟩ sekswerker
sex·y /sɛksi/ [bn; vergr trap: sexier; bw: sexily; zn: sexiness] ① sexy, opwindend, prikkelend, pikant, uitdagend ② geil, heet, hitsig
Sey·chelles /seɪʃɛlz/ [eigenn; the; werkwoord meestal mv] Seychellen
¹**Sey·chel·lois** /seɪʃɛlwɑː/ [telb zn; mv: Seychellois] Seycheller, Seychelse, inwoner/inwoonster van de Seychellen
²**Sey·chel·lois** /seɪʃɛlwɑː/ [bn, attr] Seychels, van/uit/m.b.t. de Seychellen
sez /sɛz/ [informeel spelling van says] ⟨inf⟩ zeg(t) ▪ *sez you!* hij/zij wel!, hoor hem/haar!, kom nou!, bespottelijk!
¹**sf, SF** [afk] ① (science fiction) sf ② (sub finem) s.f.
²**sf** [afk] (sforzando) sfz.
sfor·zan·do /sfɔːtsændoʊ, ᴬsfɔrtsɑn-/, **sfor·za·to** /sfɔːtsɑːtoʊ, ᴬsfɔrtsɑtoʊ/ [bn; bw] ⟨muz⟩ sforzando, sforzato ⟨aanzwellend⟩
sfz [afk] (sforzando) sfz.
SG [afk] ① (senior grade) ② (solicitor general) ③ ⟨ook sg⟩ (specific gravity) s.g. ④ ⟨vnl AE⟩ (Surgeon General)
sgd [afk] (signed) sign., w.g.
SGML [afk] ⟨comp⟩ (Standard Generalized Markup Language) SGML
sgraf·fi·to /sɡræfiːtoʊ, ᴬsɡrɑfiːtoʊ/ [telb zn; mv: sgraffiti /-fiːti/] ① (s)graffito ② (s)graffitopot, (s)graffitobeker, (s)graffito(keramiek)
Sgt [afk] (sergeant)
¹**sh, shh, ssh** /ʃʃʃ/ [tw] sst
²**sh** [afk] ① (share) ② (sheet) ③ (shilling(s))
shab·by /ʃæbi/ [bn; vergr trap: shabbier; bw: shabbily; zn: shabbiness] ① versleten, af(gedragen), kaal ② sjofel, armoedig, verlopen, armzalig ③ min, laag, gemeen, vuil, verachtelijk
shabby chic [bn] ± nostalgisch ⟨decoratiestijl⟩
shab·by-gen·teel [bn] van kale chic getuigend, vol vergane glorie
shab·rack /ʃæbræk/ [telb zn] sjabrak, zadelkleed
Sha·bu·oth, Sha·bu·ot, She·vu·oth, She·vu·ot, Sha·vu·oth, Sha·vu·ot /ʃəvuːoʊθ, -vuːəs/ [eigenn] ⟨rel⟩ Wekenfeest, joodse pinksterfeest
¹**shack** /ʃæk/ [telb zn] ① hut ② hok, keet, schuurtje
²**shack** /ʃæk/ [onov ww] ⟨AE; inf⟩ een of meer nachten doorbrengen bij iem. ♦ *to shack with s.o.* met iemand slapen
shacked up [bn] ⟨inf⟩ ± samenwonend ♦ *to be shacked up* het bed delen
shack job [telb zn] ⟨sl⟩ ① sletje, maîtresse ② (langdurige) seksuele relatie
¹**shack·le** /ʃækl/ [telb zn] ① ⟨vaak mv⟩ boei, voetboei, handboei, keten, kluister ② schakel, (sluit)schalm, (sluit)harp, sluiting, harpsluiting ③ trekijzer, koppeling ⟨bijvoorbeeld tussen ploeg en trekker⟩ ④ beugel ⟨van hangslot⟩ ⑤ kluister(blok) ⟨voor dier⟩
²**shack·le** /ʃækl/ [ov ww; vaak passief] ① boeien, ketenen, kluisteren ② koppelen, vastmaken ⟨d.m.v. schalm e.d.⟩ ③ belemmeren, beperken, hinderen ▪ *be shackled with sth.* vast zitten aan iets, met iets opgezadeld zitten
shackle bolt [telb zn] ① sluitbout, harpbout ② grendel met sluitschalm
shack·les /ʃæklz/ [alleen mv] boeien, kluisters, ketenen,

shack man

⟨fig⟩ blok aan het been

shack man [telb zn] ⟨sl⟩ [1] getrouwde man [2] man/soldaat met maîtresse

shack up [onov ww] ⟨inf⟩ [1] hokken, samenwonen, intiem zijn/leven ⟨in het bijzonder met vrouw⟩ ♦ *shack up together* (samen)hokken, samenwonen; *shack up with s.o.* met iemand hokken [2] wonen, uithangen, zitten ♦ *I don't know where the fellow is shacking up right now* ik weet niet waar de knaap op dit moment huist/uithangt

shad /ʃæd/ [telb zn; mv: ook shad] ⟨dierk⟩ elft ⟨genus Alosa⟩

shad·ber·ry [telb zn] ⟨AE; plantk⟩ bes van krentenboompje, bes van rotsmispel/junibes ⟨genus Amelanchier⟩

shad·bush [telb zn] ⟨AE; plantk⟩ krentenboompje, rotsmispel, junibes ⟨genus Amelanchier⟩

shad·dock /ʃædək/ [telb zn] ⟨plantk⟩ [1] pompelmoes ⟨Citrus grandis/decumana/maxima⟩ [2] pompelmoes ⟨vrucht van de Citrus grandis⟩

¹**shade** /ʃeɪd/ [telb zn] [1] ⟨vaak mv⟩ schaduwplek(je), schaduwhoek, plaats in de schaduw, ⟨fig⟩ rustig plekje, afzondering [2] schakering, nuance, tint ♦ *shades of green* schakeringen (van) groen, verschillende kleuren groen; *shades of meaning* (betekenis)nuances, betekenisschakeringen [3] ⟨vaak attributief⟩ ⟨benaming voor⟩ scherm, kap, lampenkap, oogscherm, zonneklep, zonnescherm, stolp ⟨over klok⟩, ⟨sl; scherts⟩ paraplu [4] hersenschim, schaduw [5] schim, geest, spook [6] tikkeltje, ietsje, tikje, beetje ♦ *with a shade of despair* met een vleugje wanhoop; *a shade too heavy* ietsje te zwaar [7] ⟨AE⟩ (rol)gordijn [8] ⟨sl⟩ heler

²**shade** /ʃeɪd/ [telb + niet-telb zn] schaduw, diepsel ⟨bij schilderen e.d.⟩

³**shade** /ʃeɪd/ [niet-telb zn] schaduw, lommer, ⟨fig⟩ achtergrond ♦ ⟨fig⟩ *cast/throw s.o./sth. into the shade*, ⟨fig⟩ *put someone/something in the shade* iemand/iets in de schaduw stellen; *in the shade* in de schaduw, ⟨fig⟩ op de achtergrond, achter de schermen

⁴**shade** /ʃeɪd/ [onov + ov ww] geleidelijk veranderen, (doen) overgaan ♦ *shading from red into pink* van rood overgaand naar roze; *shade (off) into blue* (doen) overgaan in blauw · *shade away/off* geleidelijk aan (laten) verdwijnen, beetje bij beetje (doen) afnemen; → **shading**

⁵**shade** /ʃeɪd/ [ov ww] [1] beschermen, beschutten, beschaduwen, belommeren, ⟨fig⟩ overschaduwen, in de schaduw stellen ♦ *shade one's eyes* zijn hand boven de ogen houden; *the trees shaded the little square* het pleintje lag in de schaduw van de bomen [2] afschermen ⟨licht⟩, temperen, dimmen [3] arceren, schaduwen, schaduw aanbrengen in, donker/zwart maken [4] verduisteren, verdonkeren, versomberen; → **shading**

shades /ʃeɪdz/ [alleen mv] [1] duisternis, schemerduister [2] ⟨the; vaak Shades⟩ schimmenrijk, Hades, onderwereld [3] ⟨vnl AE; inf⟩ zonnebril [4] ⟨BE⟩ wijnkelder, wijntapperij · *shadess of Homer!* Homerus zou zich in zijn graf omkeren!; ⟨inf⟩ *shadess of your granny. She used to talk like that* je lijkt je opoe wel/sprekend je opoe. Die praatte ook zo

shade tree [telb zn] schaduwboom

¹**shad·ing** /ʃeɪdɪŋ/ [telb zn; (oorspronkelijk) gerund van shade] [1] nuance, schakering, verschilletje [2] scherm, beschutting

²**shad·ing** /ʃeɪdɪŋ/ [niet-telb zn; (oorspronkelijk) gerund van shade] arcering, het schaduwen

¹**shad·ow** /ʃædoʊ/ [telb zn] [1] schaduw(beeld) ⟨ook figuurlijk⟩, afschaduwing, silhouet ♦ *cast a shadow on sth.* een schaduw werpen op iets ⟨ook figuurlijk⟩; ⟨fig⟩ *in the shadow of s.o.* in de schaduw van iemand [2] schaduwplek, schaduwhoek, ⟨i.h.b.⟩ arcering, schaduw ⟨in schilderij⟩, ⟨fig⟩ kring ⟨onder ogen⟩ [3] zwakke afspiegeling, schaduw, schijn(beeld), schim, hersenschim ♦ *catch at a shadow* een hersenschim najagen; *a shadow of democracy* een schijn van democratie, een zwakke afspiegeling van democratie; *wear o.s. to a shadow* uitgemergeld raken als een geest, zichzelf uitputten totdat men eruitziet als een spook [4] onafscheidelijke metgezel, vaste kameraad, ⟨sport⟩ mandekker, schaduw [5] (be)dreiging, schaduw, voorspiegeling, somber voorteken ♦ *coming events cast their shadows before* toekomstige gebeurtenissen werpen hun schaduw vooruit [6] ⟨benaming voor⟩ iemand die schaduwt, spion, detective, rechercheur, smeris [7] spiegelbeeld, evenbeeld [8] houtskool, oogschaduw [9] ⟨enkelvoud⟩ spoortje, zweem, schijntje ♦ *beyond a/the shadow of doubt*, *without a/the shadow of a doubt* zonder ook maar de geringste twijfel [10] ⟨sl⟩ nikker, roetmop [11] ⟨sl⟩ klaploper · *he is the shadow of his former self* hij is bij lange na niet meer wat hij geweest is; *it is the shadow of a shade* het is een hersenschim/waanidee; ⟨sprw⟩ *catch not at the shadow and lose the substance* zijn en schijn is twee

²**shad·ow** /ʃædoʊ/ [niet-telb zn] [1] schaduw, duister(nis), schemerduister ♦ *sleep in the shadow* in de schaduw slapen [2] hoede, bescherming ♦ *under the shadow of* onder de hoede van

³**shad·ow** /ʃædoʊ/ [ov ww] [1] beschaduwen, belommeren, in de schaduw stellen [2] schaduwen, volgen ⟨van detective⟩ [3] ⟨sport⟩ volgen als een schaduw, straf dekken [4] somber maken, verdonkeren, versomberen, doen betrekken ♦ *a shadowed face* een betrokken gezicht [5] afschaduwen, vaag schetsen, vaag aankondigen, voorlopig voorstellen ♦ *shadow forth/out* afschaduwen, vaag aangeven [6] arceren, schaduwen, schaduw aanbrengen in

shadow ball [telb zn] ⟨bowling⟩ oefenbal

shadow bird [telb zn] ⟨dierk⟩ schaduwvogel ⟨Scopus umbretta⟩

shad·ow·box [onov ww] schaduwboksen

shadow cabinet [telb zn] ⟨BE⟩ schaduwkabinet

shadow chancellor [telb zn] ⟨BE⟩ schaduwminister van financiën

shadow economy [telb zn] schaduweconomie, schemereconomie

shad·ow·graph /ʃædoʊgrɑːf, ᴬ-græf/ [telb zn] [1] schaduwbeeld, silhouet, schaduwfiguur ⟨op scherm/doek⟩ [2] ⟨med⟩ röntgenfoto

shadow play, shadow show [telb zn] schimmenspel, schaduwspel

shadow puppet [telb zn] schaduwpop, wajangpop

shad·ows /ʃædoʊz/ [alleen mv; the] schemerduister, invallende duisternis, schaduwen

shadow skating [niet-telb zn] ⟨schaatssp⟩ (het) parallelschaatsen

shad·ow·y /ʃædoʊi/ [bn; vergr trap: shadowier; zn: shadowiness] [1] onduidelijk, vaag, schimmig [2] schaduwrijk, lommerrijk, in de schaduw gehuld [3] als een schim, vluchtig, onwezenlijk, denkbeeldig, hersenschimmig

shad·y /ʃeɪdi/ [bn; vergr trap: shadier; bw: shadily; zn: shadiness] [1] schaduwrijk, lommerrijk [2] onbetrouwbaar, (van) twijfelachtig(e) (reputatie), verdacht, louche [3] donker [4] stil, gedeisd, koest, schuil ♦ *keep shady!* hou je gedeisd!, blijf stil zitten! · *on the shady side of sixty* boven de zestig

¹**shaft** /ʃɑːft, ᴬʃæft/ [telb zn] [1] schacht ⟨van pijl, speer⟩, ⟨bij uitbreiding⟩ pijl, speer, lans, werpspies ♦ ⟨fig⟩ *shafts of envy* pijlen van jaloezie [2] ⟨benaming voor⟩ lang recht hoofddeel/middenstuk, steel, stok, schacht ⟨spade⟩, schacht ⟨veer⟩, haarschacht, schacht, diafyse ⟨pijpbeenderen⟩, bloemstengel, steel, schacht [3] lamoenstok, arm van een disselboom [4] schacht ⟨van zuil⟩, ⟨bij uitbreiding⟩ zuil, pilaar, obelisk [5] ⟨benaming voor⟩ lichtstraal, lichtbundel, bliksemstraal, lichtflits [6] koker, schacht ⟨lift, mijn⟩ [7] schoorsteen ⟨op dak⟩ [8] torenspits [9] ⟨techn⟩ as, drijfas · ⟨AE; sl⟩ *get the shaft* te grazen genomen worden; *give s.o. the shaft* iemand te grazen nemen; *have a shaft left*

in one's quiver nog andere pijlen op zijn boog/in zijn koker hebben
²**shaft** /ʃɑːft, ˄ʃæft/ [ov ww] ⟨sl⟩ ① neuken, naaien, palen ② ⟨AE⟩ te grazen nemen, belazeren, besodemieteren
¹**shag** /ʃæg/ [telb zn] ① warboel, kluwen ② verwarde haarbos ③ lange nop, pluis, knoop ⟨in laken⟩ ④ ⟨dierk⟩ aalscholver ⟨genus Phalocrocorax⟩, ⟨i.h.b.⟩ kuifaalscholver ⟨Phalocrocorax aristotelis⟩ ⑤ ⟨BE; sl⟩ nummertje ♦ *have a shag* een nummertje maken ⑥ ⟨sl⟩ seksorgie, groepsseks ⑦ ⟨sl⟩ vriend(innetje)
²**shag** /ʃæg/ [niet-telb zn] ① shag, gekorven tabak ② noppen, ruw laken
³**shag** /ʃæg/ [bn] ruig, verward, wild
⁴**shag** /ʃæg/ [onov ww] ⟨sl⟩ 'm smeren, rennen
⁵**shag** /ʃæg/ [ov ww] ① (op)ruwen, ruig maken ② ⟨voornamelijk voltooid deelwoord⟩ uitputten, vermoeien ♦ ⟨BE; vulg⟩ *Dorene was shagged (out)* Dorene was afgepeigerd/gevloerd/uitgeteld ③ ⟨BE; sl⟩ naaien, een nummertje/wippie maken met, wippen met ④ ⟨sl⟩ jacht maken op
¹**shag·bark** [telb zn] ⟨AE; plantk⟩ hickorynoot, hickorynotenboom ⟨Carya ovata⟩
²**shag·bark** [niet-telb zn] ⟨AE⟩ hickory, hickorynothout
shag·gy /ʃægi/ [bn; vergr trap: shaggier; bw: shaggily; zn: shagginess] ① harig, ruigbehaard, ruwharig ♦ *a shaggy dog* een ruwharige/ruige hond ② ruig, wild, woest, verwaarloosd ⟨baard⟩, overwoekerd ⟨land⟩ ♦ *shaggy forests* ruige bossen ③ noppig, ruig, ruw, grof, oneffen ⟨stof⟩ ④ ⟨biol⟩ stekelig, ruig, harig, als met haar begroeid
shag·gy-dog sto·ry [telb zn] ① paardenmop ② lange mop/anekdote zonder pointe
¹**sha·green** /ʃəˈɡriːn, ʃæ-/ [niet-telb zn] ① chagrijnleer, segrijnleer ⟨van haai/segrijnrug: om hout te polijsten⟩ ② chagrijnleer, segrijnleer, Turks leer ⟨ook van schapenhuid e.d.⟩
²**sha·green** /ʃəˈɡriːn, ʃæ-/ [bn] segrijnleren, chagrijnleren
shah /ʃɑː/ [telb zn] sjah ⟨in Perzië⟩
shaik, shaikh [telb zn] → sheikh
shaikdom, shaikhdom [telb zn] → sheikdom
¹**shake** /ʃeɪk/ [telb zn] ① ⟨geen mv⟩ het schudden, ⟨i.h.b.⟩ handdruk ♦ *give s.o. a shake* iemand door elkaar rammelen; *a shake of the hand* een handdruk; *he said no with a shake of the head* hij schudde (van) nee ② beving, schok, ruk, trilling ③ dakspaan ④ milkshake ⑤ ⟨inf⟩ ogenblikje, momentje ♦ *in two shakes (of a lamb's tail)* zo, direct, in een seconde, in een wip ⑥ ⟨inf⟩ aardbeving ⑦ ⟨muz⟩ triller ⑧ ⟨AE; inf⟩ handeltje, transactie, kans, gelegenheid ♦ *get a fair/good shake* goed/eerlijk behandeld worden ⑨ ⟨sl⟩ afpersing ♦ *on the shake* bezig met afpersing, aan het chanteren ⑩ ⟨sl⟩ chantagegeld, omkoopgeld ▪ *give s.o./ sth. the shake* iets/iemand kwijtraken, van iets/iemand afraken, ontsnappen aan iemand/iets
²**shake** /ʃeɪk/ [onov ww; shook, shaken; volt deelw verouderd of informeel ook shook] ① schudden, schokken, beven, (t)rillen, sidderen ♦ *the building shook* het gebouw trilde/beefde; *your hand shakes* je hand trilt; *shake with laughter* schudden/schuddebuiken van het lachen; *they were shaking with fear* ze stonden te bibberen van angst ② wankelen, onvast worden ③ ⟨inf⟩ de hand geven, de vijf geven ♦ *shake (on it)!* geef me de vijf!, hand erop! ④ ⟨sl⟩ wellustig heupwiegen, ⟨scherts⟩ dansen ▪ zie: **shake down;** *shake out* tot rust komen, zich stabiliseren; ⟨mil⟩ zich verspreiden, uiteengaan
³**shake** /ʃeɪk/ [onov + ov ww; shook, shaken; volt deelw verouderd of informeel ook shook] ⟨muz⟩ trillen, tremolo/vibrato zingen
⁴**shake** /ʃeɪk/ [ov ww; shook, shaken; volt deelw verouderd of informeel ook shook] ① doen schudden, schokken, doen beven/trillen ♦ *get a shaking* door elkaar geschud worden; *the explosion shook the island* de explosie deed het eiland schudden/beven ② (uit)schudden, zwaai-

en, heen en weer schudden ♦ *shake dice* dobbelstenen schudden; *shake the fruits from/out of the trees* de vruchten uit/van de bomen schudden; *the dog shook himself after his swim* na het zwemmen schudde de hond zich (uit); *shake off* (van zich) afschudden ⟨ook figuurlijk⟩; kwijtraken, ontsnappen aan; *shake out* uitschudden, leegschudden; *shake out a rug* een kleedje uitschudden; *shake sugar on bread* suiker op brood strooien; *shake a sword* met een zwaard zwaaien; *shake before use/using* schudden voor gebruik ③ geven, schudden, drukken ⟨hand⟩ ④ ⟨vaak passief⟩ schokken, verontrusten, van de wijs/kook brengen, overstuur maken ♦ *mother was shaken by Paul's death* moeder was getroffen/geschokt/overstuur door de dood van Paul; *shake s.o. from/out of his apathy* iemand uit zijn onverschilligheid wakker schudden; ⟨inf⟩ *Mary was shook* Mary was helemaal van de kook ⑤ aan het wankelen brengen ⟨figuurlijk⟩, verzwakken, verminderen, aan geloofwaardigheid doen verliezen ♦ *these stories have shaken the firm's credit* deze verhalen hebben de firma in diskrediet gebracht; *shake s.o.'s faith* iemands geloof/vertrouwen schokken/doen wankelen ⑥ ⟨AuE; sl⟩ bestelen, beroven, uitschudden ⑦ ⟨AuE⟩ stelen ⑧ ⟨inf⟩ kwijtraken, van zich afschudden, afkomen van, opgeven ♦ *he couldn't shake gambling* hij kon het gokken niet laten, hij kon niet ophouden met gokken ▪ zie: **shake down;** *shake together* het goed met elkaar vinden, ⟨goed⟩ opschieten met elkaar; zie: **shake up;** *the company shakes out its fibre optics business* het bedrijf saneert/reorganiseert zijn glasvezelactiviteiten
shake·a·ble, shak·a·ble /ʃeɪkəbl/ [bn] schudbaar
shake·down [telb zn] ① kermisbed ② ⟨vaak attributief⟩ laatste proefvlucht/proefvaart ⟨met bemanning⟩ ③ ⟨AE⟩ (radicale) reorganisatie ④ ⟨AE; inf⟩ afpersing, chantage, geld-uit-de-zakklopperij ⑤ ⟨AE; inf⟩ grondig onderzoek, grondige fouillering, zwaar verhoor ⑥ gewenning(speriode), stabilisatieperiode ⑦ periode van prijsdaling ⟨op de beurs⟩ ⑧ ⟨AE⟩ shakedown ⟨woeste dans⟩
¹**shake down** [onov ww] ① gewend raken aan, ingewerkt raken, zich op zijn plaats/thuis gaan voelen, zich inpassen ♦ *the members of the committee are shaking down nicely* de leden van de commissie raken aardig op elkaar ingespeeld/kunnen goed met elkaar overweg ② goed/gesmeerd gaan lopen, werken, goed afgesteld zijn, in orde zijn ⟨van machine e.d.⟩ ♦ *the engines shook down properly* de motoren werkten zoals het hoorde ③ (gaan) slapen, pitten, maffen ④ vast worden, compact worden
²**shake down** [ov ww] ① (af)schudden, uitschudden, schuddend neerhalen ♦ *the building had been shaken down by an earthquake* het gebouw was ingestort door een aardbeving ② uitspreiden, op de grond schudden ⟨stro e.d., als kermisbed⟩ ③ compacter laten worden, ineenschudden ④ laatste proefvlucht/proefvaart laten maken ⟨met bemanning⟩ ⑤ ⟨AE; inf⟩ afpersen, chanteren, geld uit de zak kloppen, uitschudden, aftroggelen ♦ *shake s.o. down for fifty dollars* iemand vijftig dollar afpersen/lichter maken, iemand tillen voor vijftig dollar ⑥ ⟨AE; inf⟩ grondig doorzoeken, aan een zwaar verhoor onderwerpen
shake-hands [alleen mv; werkwoord voornamelijk enk] hand(druk)
shake-out [telb zn] reorganisatie ⟨bijvoorbeeld in industrie⟩, shake-out
shak·er /ʃeɪkə, ˄-ər/ [telb zn] ① schudbeker, mengglas, shaker ② strooibus, ⟨i.h.b.⟩ zoutbusje, suikerstrooier ③ schudder
Shak·er /ʃeɪkə, ˄-ər/ [telb zn] shaker ⟨Amerikaanse godsdienstige sekte⟩
Shak·er·ism /ʃeɪkərɪzm/ [niet-telb zn] shakerisme ⟨leer van de shakers⟩
shakes /ʃeɪks/ [alleen mv; the] tremor, (koorts)rillingen, trillingen, bibbers, ⟨i.h.b.⟩ delirium (tremens)

Shakespearian

¹**Shake·spear·i·an, Shake·spear·e·an** /ʃeɪkspɪərɪən, ᴬ-spɪr-/ [telb zn] Shakespearekenner

²**Shake·spear·i·an, Shake·spear·e·an** /ʃeɪkspɪərɪən, ᴬ-spɪr-/ [bn] ① van Shakespeare, Shakespeare- ② shakespeareaans

Shake·spear·i·ana, Shak·sper·i·ana, Shake·spear·e·ana, Shak·sper·e·ana /ʃeɪkspɪərɪɑːnə, ᴬ-spɪriænə/ [alleen mv] shakespeariana

shake·up [telb zn] ① radicale reorganisatie, ingrijpende hergroepering ② ⟨geen mv⟩ opschudding, het opschudden ⟨van kussen⟩ ③ ⟨geen mv⟩ het door elkaar schudden ④ ⟨geen mv⟩ opfrisser, het wakker schudden ♦ *they need a thorough shakeup* ze moeten eens flink wakker geschud/tot de orde geroepen worden ⑤ ⟨AE⟩ in elkaar geflanst huis/gebouw ⑥ ⟨sl⟩ whiskycocktail

shake up [ov ww] ① (door elkaar) schudden, hutselen ⟨drankje⟩ ♦ ⟨fig⟩ *we felt shaken up after the ten-hour flight* we voelden ons geradbraakt na de vlucht van tien uur ② opschudden ⟨kussen⟩ ③ wakker schudden, opschudden, opschrikken, tot de orde van de dag brengen ④ reorganiseren, hergroeperen, orde op zaken stellen in ⑤ schokken, overstuur maken ♦ ⟨inf⟩ *Mary was all shook up* Mary was helemaal van de kook/overstuur; *shaken up by the news of her father's death* helemaal van slag/streek door het nieuws van haar vaders dood ⬛ ⟨sl⟩ *shake it up* schiet op

shak·o /ʃækoʊ, ʃeɪkoʊ/ [telb zn] ⟨mil⟩ sjako

shak·y /ʃeɪki/ [bn; vergr trap: shakier; bw: shakily] ① beverig, trillerig, zwak(jes) ② wankel ⟨ook figuurlijk⟩, gammel, onbetrouwbaar, onveilig, zwak ♦ ⟨fig⟩ *my Swedish is rather shaky* ik ben niet zo sterk in Zweeds, mijn Zweeds is nogal zwak

shale /ʃeɪl/ [niet-telb zn] ⟨geol⟩ schalie, kleischalie

shale oil [niet-telb zn] schalieolie

shall /ʃ(ə)l, ⟨sterk⟩ ʃæl/ [hulpww] ① ⟨toekomende tijd⟩ zullen ♦ *I shall consider it* ik zal er rekening mee houden ② ⟨emfatisch gebod, belofte enz.⟩ zullen, moeten ♦ *it shall be prohibited to dump in the woods* het is verboden vuilnis te storten in de bossen; *as it was in the beginning, it now and ever shall be* zoals het was in den beginne, en nu, en altijd; *whatever shall happen, we must be brave* wat er ook gebeure, we moeten dapper zijn; *you shall have the book you want* je krijgt het boek dat je wil hebben; *thou shalt not kill* gij zult niet doden; *I shall speak to him even if he tries to prevent me* ik zal hoe dan ook met hem spreken, zelfs als hij het me wil verhinderen; *I will and I shall be married* ik wil en ik zal trouwen ③ ⟨in inversie; vraagt om beslissing⟩ zullen, moeten ♦ *what shall we do when Jimmy leaves us?* wat moeten we doen als Jimmy ons verlaat?; *shall I open the window?* zal ik het raam openzetten?, wilt u dat ik het raam openzet?; → should

shal·loon /ʃəluːn/ [niet-telb zn] (soort) serge ⟨lichte gekeperde wollen stof⟩

shal·lop /ʃæləp/ [telb zn] sloep

shal·lot /ʃəlɒt, ᴬʃəlɑt/, **esch·a·lot** /eʃə-/ [telb zn] sjalot

¹**shal·low** /ʃæloʊ/ [bn] ① ⟨vaak mv⟩ ondiep(te), ondiepe plaats, wad, zandbank ♦ *the ship lay wrecked in the rocky shallows of the river* het schip lag gestrand op de ondiepe rotsen van de rivier ② ⟨BE⟩ platte/ondiepe mand ⟨van venter⟩ ③ ⟨BE⟩ venterskar

²**shal·low** /ʃæloʊ/ [bn; vergr trap: ook shallower; bw: ~ly; zn: ~ness] ① ondiep ♦ *a shallow dish* een plat bord; *shallow river* ondiepe rivier; *shallow steps* lage treden ② oppervlakkig, niet diepgaand, lichtvaardig, ondiep, triviaal ♦ *shallow arguments* oppervlakkige/niet-diepgaande argumenten; *a shallow love* een oppervlakkige liefde; *shallow optimism* lichtvaardig optimisme ③ zwak, niet diep ⟨van ademhaling⟩ ⬛ ⟨sprw⟩ *cross the stream where it is shallowest* ± waarom moeilijk doen als het gemakkelijk kan, ± het gemak dient de mens

³**shal·low** /ʃæloʊ/ [onov ww] ondiep(er) worden

1680

⁴**shal·low** /ʃæloʊ/ [ov ww] ondiep(er) maken

shal·low-brained, shal·low-wit·ted [bn] oppervlakkig, dom, leeghoofdig, lichtvaardig

shal·low-fry [ov ww] ⟨cul⟩ kort/even bakken, kort/even braden

shal·low-heart·ed [bn] oppervlakkig, met/van oppervlakkige gevoelens ♦ *be shallow-hearted* oppervlakkige gevoelens hebben

shal·low-pat·ed [bn] leeghoofdig

shal·lows /ʃæloʊz/ [telb zn] ondiepte, ondiepe plaats, wad ♦ *a dangerous shallows* een gevaarlijke ondiepte

sha·lom /ʃɒlɒm, ᴬʃɑloʊm/, **shalom a·lei·chem** /ʃɒlɒm əleɪxəm, ᴬʃɑloʊm-/ sjalom ⟨aleikum⟩, vrede (zij met u)

shalt /ʃɒlt, ⟨sterk⟩ ʃælt/ [2e pers enk tegenwoordige tijd, verouderd of religie] → shall

¹**sham** /ʃæm/ [telb zn] ① veinzerij, komedie, bedotterij, schijn(vertoning), misleiding ♦ *her love for him is a mere sham* haar liefde voor hem is louter veinzerij/enkel voor de schijn; *the promise was a sham* de belofte was maar geveinsd/schijn ② voorwendsel, smoes ③ namaaksel, imitatie, vervalsing ④ bedrieger, veinzer(es), komediant, hypocriet, huichelaar ⑤ ⟨sl⟩ smeris

²**sham** /ʃæm/ [niet-telb zn] bedrog, veinzerij, schijn, valsheid ♦ *all sham* één en al veinzerij/komedie/vertoning, je reinste bedrog

³**sham** /ʃæm/ [bn, attr] ① namaak-, imitatie-, nagemaakt, vals ♦ ⟨bouwk⟩ *sham Tudor* imitatietudor ② schijn-, gesimuleerd, voorwendend, pseudo- ♦ *sham pity* voorgewend medelijden; ⟨jur⟩ *a sham plea* een pseudopleidooi ⟨gehouden om tijd te winnen⟩ ⬛ ⟨mil⟩ *a sham fight* een spiegelgevecht

⁴**sham** /ʃæm/ [onov ww + koppelww] doen alsof, veinzen, simuleren ♦ *sham asleep* doen alsof je slaapt; *sham dead* zich dood houden; *sham ill* veinzen ziek te zijn; *he's only shamming* hij doet maar alsof

⁵**sham** /ʃæm/ [ov ww] voorwenden, veinzen, simuleren, voorgeven ♦ *sham a headache* hoofdpijn voorwenden; *sham illness* ziekte voorwenden, doen alsof je ziek bent

sha·man /ʃɑːmən/ [telb zn] sjamaan, medicijnman

sha·man·ism /ʃɑːmənɪzm/ [niet-telb zn] sjamanisme

sham·at·eur /ʃæmətə, -tʃə, ᴬ-mətʃər, -tʃʊr/ [telb zn] semiprofessional, pseudoamateur, staatsamateur

sham·at·eur·ism /ʃæmətərɪzm, -tʃə-, ᴬʃæmətʃərɪzm, ᴬ-tʃʊ-/ [niet-telb zn] semiprofessionalisme, pseudoamateurisme, staatsamateurisme

sham·ba /ʃæmbə/ [niet-telb zn] (bouw)land

¹**sham·ble** /ʃæmbl/ [telb zn] schuifelgang(etje)

²**sham·ble** /ʃæmbl/ [onov ww] schuifelen, sloffen, sukkelend gaan ⟨ook figuurlijk⟩ ♦ *a shambling gait* een sukkelgang; *a shambling style* een houterige/sukkelende stijl

sham·bles /ʃæmblz/ [telb zn] ① janboel, mesthoop ⟨enkel figuurlijk⟩, troep, bende, rommel ♦ *be a shambles* volledig overhoop staan, één grote rommel/troep/bende zijn; *their house is a complete shambles* hun huis is een echte varkensstal; *leave sth. in a shambles* iets als één grote bende achterlaten; *make a shambles of sth.* een ramp/zooi maken van iets ② bloedbad, (af)slachting, slachtpartij ③ slachterij, slachthuis, slachtplaats, abattoir ④ ⟨BE⟩ (vlees)markt ⑤ ⟨BE⟩ slagerij, beenhouwerij

sham·bol·ic /ʃæmbɒlɪk, ᴬ-bɑlɪk/ [bn] ⟨BE⟩ wanordelijk, volledig overhoop

¹**shame** /ʃeɪm/ [telb zn; alleen enk] ① schande, schandaal ♦ *it's a sin and a shame* het is zonde en schande; *be a shame to one's family* een schande zijn voor de familie, de schande van de familie zijn ② zonde ⬛ *what a shame!* het is een schande!, 't is zonde!, wat jammer/spijtig!

²**shame** /ʃeɪm/ [niet-telb zn] ① schaamte(gevoel), beschaamdheid, verlegenheid ♦ *Don't you feel shame at having told lies?* Schaam je je niet dat je leugens verteld hebt?; *for shame* van/uit schaamte/beschaamdheid; *he cannot do it*

for very shame hij is uit louter beschaamd/verlegenheid niet in staat het te doen; *I feel no shame for my actions* ik schaam me niet voor mijn daden; *have no shame* geen schaamte kennen, geen enkel schaamtegevoel hebben; *be past shame* geen schaamte meer kennen; *have no sense of shame* zich nergens voor schamen; *be lost to shame* alle schaamte verloren hebben; *be dead to/quite without shame* alle schaamte afgelegd hebben; *flush with shame* blozen van schaamte [2] schande, smaad, oneer, vernedering ♦ *bring shame on s.o.* schande brengen over iemand, iemand tot schande/oneer strekken, iemand te schande maken; *cry shame on s.o.* schande roepen over iemand, schande van iemand spreken; *think shame to do sth.* het een schande vinden iets te doen, zich schamen iets te doen; *to my shame* tot mijn (grote) schande; ⟨tegen spreker⟩ *shame!* schandalig!, (het is een) schande!, hoe durft u! *for shame!, shame on you!* schaam je!, je moest je schamen!; *put to shame* in de schaduw stellen, schande/oneer aandoen; beschaamd maken/doen staan, beschamen; ⟨sprw⟩ *if a man deceives me once, shame on him; if he deceives me twice, shame on me* ± een ezel stoot zich geen tweemaal aan dezelfde steen

³**shame** /ʃeɪm/ [ov ww] [1] **beschamen**, beschaamd doen staan/maken ♦ *he shamed her into admitting that it was a lie* hij maakte haar zo beschaamd, dat zij toegaf te hebben gelogen; *it shames me to say this* ik schaam me ervoor dit te (moeten) zeggen; *she shamed him out of copying his homework* ze maakte hem zo beschaamd, dat hij het huiswerk niet meer durfde overschrijven [2] **schande aandoen,** te schande maken [3] **in de schaduw stellen,** overtreffen, met rode kaken doen staan ♦ *an industrial development which shames the western world* een industriële ontwikkeling die de westerse wereld in de schaduw stelt ⟨sprw⟩ *speak the truth and shame the devil* ± vecht tegen de verleiding om te liegen en spreek de waarheid

shame·faced [bn; bw: shamefacedly /-feɪsɪdli/; zn: shamefacedness /-feɪsɪdnəs/] [1] **beschaamd** [2] **beschroomd,** bedeesd, verlegen, schaamachtig [3] ⟨form⟩ **bescheiden,** onopvallend

shame·ful /ʃeɪmfl/ [bn; bw: ~ly; zn: ~ness] [1] **beschamend** [2] **schandelijk,** schandalig

shame·less /ʃeɪmləs/ [bn; bw: ~ly; zn: ~ness] **schaamteloos,** onbeschaamd

sham·mer /ʃæmə, ᴬ-ər/ [telb zn] [1] **veinzer(es),** komediant, hypocriet, huichelaar [2] **bedrieger**

shammy, shamoy [telb + niet-telb zn] → **chamois**

¹**sham·poo** /ʃæmpuː/ [telb zn] [1] **shampoobeurt** ♦ *give o.s. a shampoo* zijn haar met shampoo wassen

²**sham·poo** /ʃæmpuː/ [telb + niet-telb zn] [1] **shampoo** ♦ *dry shampoo* droogshampoo [2] ⟨sl; scherts⟩ **champagne**

³**sham·poo** /ʃæmpuː/ [ov ww; shampooed] [1] **shampooën,** shamponeren [2] **shamponeren,** met shampoo reinigen/schoonmaken ⟨in het bijzonder auto, tapijt⟩

sham·pooed /ʃæmpuːd/ [verleden tijd en volt deelw] → **shampoo**

sham·rock /ʃæmrɒk, ᴬ-rɑk/ [telb + niet-telb zn] ⟨plantk⟩ [1] **klaver** ⟨Trifolium⟩, ⟨i.h.b.⟩ kleine klaver ⟨T. dubium, symbool van Ierland⟩ [2] **klaverzuring** ⟨Oxalis⟩

sha·mus /ʃɑːməs, ʃeɪməs/ [telb zn] ⟨sl⟩ [1] **smeris,** klabak, politieagent [2] **privédetective**

shan·dry·dan /ʃændrɪdæn/ [telb zn] [1] **rijtuig** ⟨met kap⟩ [2] **(oude) rammelkast**

shan·dy /ʃændi/, **shan·dy·gaff** /-gæf/ [telb + niet-telb zn] **shandy(gaff)** ⟨bier met gember of limonade⟩

shang·hai [ov ww] [1] **shanghaaien,** ⟨door list of onder dwang⟩ ronselen ⟨in het bijzonder als matroos, door hem dronken te voeren⟩ [2] **shanghaaien,** ⟨door list/onder dwang⟩ overhalen, dwingen, chanteren ♦ *shanghai into* pressen/dwingen tot, onder dwang brengen tot, chanteren

¹**Shang·hai** /ʃæŋhaɪ/ [eigen] **Sjanghai**

²**Shang·hai** /ʃæŋhaɪ/ [telb zn; soms shanghai] **sjanghai** ⟨soort brahmapoetrakip⟩

Shan·gri-La /ʃæŋɡri lɑː/ [niet-telb zn] **shangri-la,** aards paradijs, Utopia ⟨naar verborgen vallei in 'Lost Horizon' van J. Hilton⟩

¹**shank** /ʃæŋk/ [telb zn] [1] ⟨anat⟩ **been, onderbeen, scheenbeen,** schenkel [2] ⟨ornithologie⟩ **loopbeen** [3] ⟨plantk⟩ **steel,** stengel [4] **schacht** ⟨van anker, zuil, sleutel, vishaak, pijp ⟨van sleutel⟩ [5] **steel** ⟨van gebruiksvoorwerpen, in het bijzonder nagel, bout, lepel, pijp, glas⟩ [6] **oog** ⟨van knoop⟩ [7] **doorn** ⟨van mes, enz.⟩ [8] ⟨AE⟩ **beste/vroegste deel** ⟨van tijdsperiode⟩ ♦ *the shank of the evening* het beste deel van de avond

²**shank** /ʃæŋk/ [niet-telb zn] **schenkel(vlees)**

³**shank** /ʃæŋk/ [onov ww] **afvallen** ⟨van bloem, door verrotting van de stengel⟩

⁴**shank** /ʃæŋk/ [ov ww] [1] ⟨golf⟩ **shanken** ⟨een misslag maken met hiel van golfstok⟩ [2] ⟨American football⟩ **mistrappen,** misschoppen

shanks' pony, shanks's pony, shanks' mare, shanks's mare, [niet-telb zn] ⟨vero; scherts⟩ **benenwagen** ♦ *go on/ride shanks' pony* met de benenwagen gaan

shan·ny /ʃæni/ [telb zn] ⟨dierk⟩ **slijmvis** ⟨Blennius pholis⟩

shan't, sha'nt /ʃɑːnt, ᴬʃænt/ (samentrekking van shall not)

shan·tung /ʃæntʌŋ/ [niet-telb zn] **shantoeng,** tussorzijde

¹**shan·ty,** ⟨in betekenis 3 spelling ook⟩ **shan·tey** /ʃænti/, ⟨in betekenis 3 ook⟩ **chan·ty,** ⟨AE ook⟩ **chan·tey** /tʃænti/ [telb zn] [1] **barak,** keet [2] ⟨vero; AuE⟩ **kroeg,** café, bar ⟨in het bijzonder zonder vergunning⟩ [3] **shanty,** zeemansliedje, matrozenliedje

²**shan·ty** /ʃænti/ [onov ww] **barakkeren,** in een barak/hut/keet/loods wonen

shan·ty·man /ʃæntimən/, ⟨in betekenis 1 ook⟩ **shan·ty·boy** [telb zn; mv: 1e variant shantymen /-mən/] [1] **barakbewoner** ⟨in het bijzonder houthakker⟩ [2] **shantyman** ⟨voorzanger bij het zingen van zeemansliedjes⟩

shan·ty·town [telb zn] **sloppenwijk,** barakkenkamp, bidonville

¹**shape** /ʃeɪp/ [telb zn] [1] **gedaante,** schim, verschijning ♦ *a huge shape loomed up through the fog* een enorme gedaante doemde uit de mist op [2] **vorm, bakvorm, gietvorm,** model, patroon, sjabloon [3] **hoedenbol**

²**shape** /ʃeɪp/ [telb + niet-telb zn] **vorm,** gestalte, gedaante, voorkomen, verschijning ♦ *get/put sth. into shape* gestalte/vorm geven aan iets, iets ⟨een⟩ vaste vorm geven; *give shape to* vorm geven aan, tot uitdrukking brengen; *a monster in human shape* een monster in de gedaante van een mens/in mensengedaante; *in shape* van vorm/toestand; *in any shape* onder welke vorm dan ook; *round in shape* rond van vorm; *in the shape of* in de vorm/gedaante van; *in all shapes and sizes* in alle soorten en maten, in alle maten en gewichten; *take shape* (vaste/vastere) vorm aannemen/krijgen, gestalte (ver)krijgen; *take shape in* vaste vorm krijgen door, tot uiting komen in; *the shape of things to come* ± wat de toekomst ons brengen zal ⟨met ontkenning⟩ *in any shape or form* in welke vorm dan ook, in welke aard dan ook; *I've had no trouble with him in any shape or form* ik heb op geen enkele manier moeilijkheden met hem gehad; *knock out of shape* vervormen; *knock/lick sth. into shape* iets in een goede vorm gieten/presentabel maken, iets fatsoeneren/bijschaven

³**shape** /ʃeɪp/ [niet-telb zn] ⟨inf⟩ **(goede) conditie,** (goede) toestand, vorm ♦ *in bad/poor shape* in slechte conditie; *be in good shape* in (goede) conditie zijn, (goed) in vorm zijn; *exercises to keep in shape* conditietraining, gymnastiekoefeningen; *they got the shop in shape for the sale* zij maakten de winkel in orde voor de verkoop; *in(to) shape* in (goede)

shape

conditie; *that's the shape of it* zo is het ermee gesteld; *out of shape* in slechte conditie; *I feel out of shape* er scheelt me iets, ik voel me niet al te best ▪ ⟨AE; inf⟩ *bent out of shape* woest, pisnijdig; geschokt, verbouwereerd, apezat, strontlazarus

⁴**shape** /ʃeɪp/ [onov ww; volt deelw verouderd ook shapen] ① **zich ontwikkelen**, vooruitgang maken, zich vormen, vorm aannemen/krijgen ♦ *shape into* zich ontwikkelen tot; *how is the new system shaping?* hoe is het nieuwe systeem zich aan 't ontwikkelen?; *the new team is shaping satisfactorily* de nieuwe ploeg maakt voldoende vooruitgang; *we'll see how things shape (up)* we zullen zien hoe de dingen zich ontwikkelen; *shape up* zich ontwikkelen, vooruitgang maken, zich vormen, vorm aannemen/krijgen; zich voorbereiden, zich opstellen; *shape (up) well* zich gunstig ontwikkelen, veelbelovend zijn, er goed voorstaan, succesvol lijken ▪ *shape up* zich goed (gaan) gedragen, zijn fatsoen houden

⁵**shape** /ʃeɪp/ [ov ww; volt deelw verouderd ook shapen] ① **vormen**, maken, ontwerpen, creëren, modelleren, de juiste vorm geven aan ♦ *shape earth and leaves to make a bed* met aarde en bladeren een bed maken; *shape sth. from* iets vormen uit/met, iets maken van; *shape a bed from earth and leaves* uit aarde en bladeren een bed vormen, van aarde en bladeren een bed maken; *shape into* (om)vormen tot, maken tot; *shape plastic into buckets* uit/van plastic emmers maken; *shaped like (a pear)* in de vorm van een (een peer), (peer)vormig ② **plannen**, regelen, vorm/richting geven aan, leiden ♦ *shape one's course for home* op huis aan gaan; *shape one's course differently* van koers veranderen ③ **bepalen**, vormen, vorm/richting geven aan, determineren ♦ *the years of my youth shaped my future* de jeugdjaren hebben mijn toekomst bepaald ④ **aanpassen**, adapteren, bijschaven, fatsoeneren ♦ *shape to* aanpassen aan ⑤ **passend maken**, doen passen ⟨kledingstuk⟩ ♦ *a dress shaped at the waist* een getailleerde jurk; *dress shaped to her figure* een jurk die haar als gegoten zit/die de vorm van haar lichaam volgt ⑥ **uitdenken, indenken** ⑦ **veranderen** ⟨gedrag⟩ ▪ *shaped for (a teacher)* in de wieg gelegd voor (leraar); ⟨sprw⟩ *God shapes the back for the burden* God geeft kracht naar kruis

SHAPE /ʃeɪp/ [eigenn] (Supreme Headquarters Allied Powers Europe)

shape·a·ble, shap·a·ble /ʃeɪpəbl/ [bn] ① **vormbaar**, plastisch ② **goedgevormd**, welgemaakt, welgevormd, knap, fraai

-shaped /ʃeɪpt/ [vormt bn met zn] **-vormig**, in de vorm van ♦ *V-shaped* V-vormig

shape·less /ʃeɪpləs/ [bn; bw: ~ly; zn: ~ness] ① **vorm(e)loos**, ongevormd ② **misvormd**, misvormig, vervormd

shape·ly /ʃeɪpli/ [bn; vergr trap: shapelier; zn: shapeliness] **goedgevormd**, welgemaakt, knap ♦ *a shapely pair of legs* een mooi stel benen

shapen /ʃeɪpən/ [volt deelw] → **shape**

shap·er /ʃeɪpə, ᴧ-ər/ [telb zn] ① **vormer**, vormmaker ② **vormmachine** ③ **freesmachine** ④ **sterkearmschaafmachine**

shard /ʃɑːd, ᴧʃɑrd/, **sherd** /ʃɜːd, ᴧʃɜrd/ [telb zn] ① **(pot)scherf**, stuk, brok ② ⟨dierk⟩ **vleugelschild**, dekschild

¹**share** /ʃeə, ᴧʃer/ [telb zn] ① ⟨vaak mv⟩ ⟨ec⟩ **aandeel**, effect ♦ *deferred shares* uitgestelde aandelen; ⟨BE⟩ *ordinary shares* gewone aandelen; ⟨fin⟩ *partly paid shares* niet volstorte aandelen; ⟨BE⟩ *preferred shares* preferente aandelen ② (verk: ploughshare) **ploegschaar**, ploegijzer

²**share** /ʃeə, ᴧʃer/ [telb + niet-telb zn] **deel, aandeel, onderdeel**, part, gedeelte, portie, stuk, inbreng ♦ *you must take your share of the blame* je moet voor jouw deel van de schuld opdraaien; *do one's fair share* zijn deel inbrengen; *get one's fair share* zijn part krijgen, zijn rechtmatig (aan)deel krijgen; *you have done your fair share* je hebt je portie wel gedaan; *have no share in* part noch deel hebben aan, niets te maken hebben met; *take share in a conversation* deelnemen in/aan een gesprek; *take a share in the expenses* een deel van de kosten op zich nemen/betalen; *a share in/of* een deel van; *she has her share of conceit* ze is flink verwaand; *share and share alike* met gelijke/eerlijke verdeling, op gelijke voet; *what share had she in their success?* wat was haar inbreng in hun succes? ▪ *fall to one's share* iemand ten deel/te beurt vallen, zijn lot zijn; *go shares with s.o. in sth.* de kosten van iets met iemand delen, samen met iemand bijdragen in de kosten van iets; *on shares* met gelijke verdeling van kosten/winst, met gedeelde kosten/winst; *shares!* samen delen!

³**share** /ʃeə, ᴧʃer/ [onov ww] ① **deelnemen, delen** ♦ *share in* deelnemen aan, delen; *I will share in the work* ik zal mijn deel van het werk doen; *he will share in the cost with me* hij zal de kosten met mij delen; *share and share alike* eerlijk delen, elk zijn part betalen ② **aandeelhouder zijn**

⁴**share** /ʃeə, ᴧʃer/ [onov + ov ww] **delen** ▪ ⟨sprw⟩ *share and share alike* eerlijk delen

⁵**share** /ʃeə, ᴧʃer/ [ov ww] ① **(ver)delen** ♦ *share (out) among/between* verdelen onder/over; *would you and your brother mind sharing a bedroom?* zou je 't erg vinden een slaapkamer met je broer te delen?; *share out* verdelen, uitdelen; *share with* delen met; *share one's happiness with others* anderen laten delen in zijn geluk ② **deelgenoot maken van** ♦ *share sth. with s.o.* iemand deelgenoot maken van iets ▪ ⟨sprw⟩ *a trouble shared is a trouble halved* gedeelde smart is halve smart

share capital [telb zn] ⟨BE; ec⟩ **aandelenkapitaal**

share certificate, ⟨AE⟩ **stock certificate** [telb zn] ⟨BE⟩ **aandeel(bewijs)**

¹**share·crop** [onov ww] **deelpachter zijn**

²**share·crop** [ov ww] **als deelpachter bewerken**

share·crop·per [telb zn] **deelpachter**

share·hold·er, ⟨AE ook⟩ **stock·hold·er** [telb zn] **aandeelhouder**

share index [telb zn] **aandelenindex**

share issue [telb + niet-telb zn] **aandelenemissie, aandelenuitgifte**

share option [telb zn] ⟨fin⟩ **aandelenoptie**

share-out [telb zn] **verdeling**, distributie, uitkering

shar·er /ʃeərə, ᴧʃerər/ [telb zn] ① **aandeelhouder** ② **deelnemer**, deelhebber ③ **verdeler**

share shop [telb zn] **'beurswinkel'**, aandelen- en effectenwinkel/effectenafdeling ⟨bijvoorbeeld in warenhuis⟩

share·ware [niet-telb zn] ⟨comp⟩ **shareware** ⟨probeersoftware⟩

share warrant [telb zn] **aandeelhoudersbewijs**

sha·ri·a, she·ri·a /ʃɑriːə/ [niet-telb zn] **sharia** ⟨islamitische wetgeving⟩

sharif [telb zn] → **sherif**

¹**shark** /ʃɑːk, ᴧʃɑrk/ [telb zn] ① **haai** ♦ *frilled shark* franjehaai (Chlamydoselachus anguineus) ② **haai** ⟨alleen figuurlijk⟩, schrok, veelvraat, gulzigaard, parasiet ③ **afzetter**, zwendelaar, zwendelaarster, woekeraar, woekeraarster, oplichter ④ ⟨BE; sl⟩ **douanier**, douanebeambte ⑤ ⟨AE; sl⟩ **kei**, kraan ⟨alleen figuurlijk⟩, uitblinker ⑥ ⟨sl; zeelui⟩ **advocaat**

²**shark** /ʃɑːk, ᴧʃɑrk/ [onov ww] ① **als bedrieg(st)er aan de kost komen,** van zwendel/afzetterij leven, woekeren, op anderen teren, parasiteren ② **klaplopen**

³**shark** /ʃɑːk, ᴧʃɑrk/ [ov ww] ⟨vero⟩ ① **aftroggelen**, door bedrog bemachtigen, afzetten ② **gappen** ▪ *shark up* bijeenscharrelen

¹**shark·skin** [telb zn] ⟨sl⟩ **afzetter**, zwendelaar, zwendelaarster, woekeraar, woekeraarster, oplichter

²**shark·skin** [niet-telb zn] ① **haaienvel** ② **haaienleer**, segrijn ③ **rayon(stof)** ⟨in het bijzonder voor bovenkledij⟩

sportkledij⟩

¹sharp /ʃɑːp, ˆʃɑrp/ [telb zn] ① ⟨muz⟩ (noot met) kruis ② smalle, scherpe naald ③ bedrieg(st)er (in het spel), oplichter, valse speler/speelster ▫ *under the sharp of one's hand* met de hand boven de ogen

²sharp /ʃɑːp, ˆʃɑrp/ [bn; vergr trap: sharper; bw: ~ly; zn: ~ness] ① scherp, scherpsnijdend, spits, puntig, scherpgepunt, scherpgekant ♦ *a sharp angle* een scherpe hoek; *a sharp gable* een spitse gevel/puntgevel; *a sharp knife* een scherp mes; *sharp sand* scherp zand ② scherp, schril, duidelijk/scherp afgelijnd/afgetekend/uitkomend/afstekend ♦ *a sharp contrast* een scherp/schril contrast; *a sharp image* een scherp/duidelijk beeld ③ scherp, plots, abrupt, steil, sterk ♦ *there's a sharp drop over the edge* aan de rand gaat het steil naar beneden, is er een steile afgrond; *a sharp fall/rise in prices* een plotse/scherpe daling/stijging van de prijzen; *a sharp turn to the right* een scherpe bocht naar rechts ④ scherp, bijtend, doordringend, snijdend ♦ *sharp air* scherpe ijskoude lucht; *sharp frost* vinnige kou, bijtende vrieskou, strenge vorst; *sharp pains* scherpe/hevige/stekende pijnen; *a sharp voice* een scherpe/bijtende/schelle stem; *a sharp wind* een scherpe/bijtende/snijdende wind ⑤ scherp, pikant, prikkelend, sterk ♦ ⟨vnl AE⟩ *sharp cheese* scherpe/sterke/sterk smakende kaas; *a sharp flavour* een scherpe smaak; *sharp sauce* pikante saus; *a sharp wine* scherpe/zurige/zerpe/wrange wijn ⑥ hevig, krachtig ♦ *a sharp blow* een hevige/gevoelige klap ⟨ook figuurlijk⟩; *his death was a sharp blow* zijn dood kwam hard aan/was een harde slag; *a sharp fight* een hevig/vinnig/fel gevecht; *a sharp push* een fikse duw ⑦ scherp, streng, vinnig, bijtend ♦ *sharp punishment* strenge straf; *a sharp reproof* een scherp/hard verwijt; *a sharp temper* een scherp/fel/vinnig/hevig temperament; *have a sharp tongue* een scherpe tong hebben; *be sharp with s.o.* iemand hard aanpakken; *sharp words* scherpe/bijtende woorden ⑧ scherp, scherpzinnig, schrander, bijdehand, pienter, vinnig, vlug ♦ *a sharp answer* een vinnig/puntig/gevat antwoord; *sharp at sums* vlug in sommen maken; *sharp at maths* goed in wiskunde; *a sharp child* een schrander kind; *sharp ears* scherpe/waakzame oren; *sharp eyes* scherpe/waakzame/pientere ogen; *he's too sharp for me* ik kan niet tegen hem op; *be too sharp for s.o.* iemand te slim af zijn; *he's got a sharp eye for detail* hij heeft een goed/scherp oog voor details; *keep a sharp look-out* scherp uitkijken/opletten, nauwgezet toekijken; *sharp reflexes* vlugge/snelle reacties/reflexen; *sharp wits* een scherp verstand ⑨ geslepen, sluw, leep, gewiekst, gehaaid, op 't randje van 't oneerlijke af, bedrieglijk ♦ *a sharp hand* een gewiekste kerel; *a sharp salesman* een gehaaid verkoper ⑩ stevig, flink, gezwind, vlug ♦ *at a sharp pace* in een stevig tempo; *a sharp shower* een fikse bui; *a sharp walk* een fikse wandeling ⑪ hongerig ♦ *a sharp appetite* een stevige eetlust; *my stomach was sharp* ik had erge honger ⑫ ⟨inf⟩ knap, net, vlot, tof ♦ *he's a sharp dresser* hij kleedt zich erg vlot ⑬ ⟨muz⟩ met kruisen in de voortekening ⑭ ⟨taalk⟩ scherp, stemloos ♦ *a sharp consonant* een scherpe/fortis medeklinker ▫ *at the sharp end* daar waar de strijd het hevigst is; *sharp practice* oneerlijke praktijken, een vuil zaakje; *as sharp as a razor* buitengewoon intelligent; uiterst vlug/actief; ⟨AE; inf⟩ *sharp as a tack* vlot/piekfijn gekleed; buitengewoon intelligent, zeer kien; *sharp's the word* haast je!, zet er een beetje vaart achter, 't moet vlug gebeuren; ⟨BE; scherts⟩ *he is not the sharpest knife in the drawer* hij heeft het buskruit niet uitgevonden

³sharp /ʃɑːp, ˆʃɑrp/ [bn, pred; vergr trap: sharper; bw: ~ly; zn: ~ness] ⟨muz⟩ te hoog, vals, te hoog geïntoneerd ♦ *you're sharp* je zit boven de toon/te hoog

⁴sharp /ʃɑːp, ˆʃɑrp/ [bn, postnom; vergr trap: sharper; bw: ~ly; zn: ~ness] ⟨muz⟩ (-)kruis ♦ *C sharp* c-kruis, cis; *F sharp* f-kruis, fis

⁵sharp /ʃɑːp, ˆʃɑrp/ [onov ww] ⟨muz⟩ te hoog klinken, vals klinken

⁶sharp /ʃɑːp, ˆʃɑrp/ [onov + ov ww] ⟨gew⟩ → **sharpen**

⁷sharp /ʃɑːp, ˆʃɑrp/ [ov ww] ⟨AE; muz⟩ (met een halve toon) verhogen

⁸sharp /ʃɑːp, ˆʃɑrp/ [bw; vergr trap: sharper] ① → **sharp²** ② stipt, precies, klokslag ♦ *three o'clock sharp* drie uur stipt, klokslag drie uur ③ opeens, plotseling, onverhoeds ♦ *pull up sharp* opeens optrekken ④ scherp ♦ *turn sharp right* scherp naar rechts draaien ⑤ ⟨muz⟩ te hoog, vals ♦ *sing sharp* te hoog/vals zingen ▫ *look sharp* schiet op, haast je, een beetje snel graag; (goed) opletten, waakzaam zijn

sharp-cut [bn] scherp gesneden/uitgesneden/ingesneden

sharp-eared [bn] met een scherp gehoor

sharp-edged [bn] scherpgekant, met scherpe randen

Shar Pei /ʃɑːpeɪ, ˆʃɑrpeɪ/ [telb zn] sharpei ⟨Chinese hond⟩

¹sharp·en /ʃɑːpən, ˆʃɑrpən/ [onov ww] scherp(er) worden, (zich) (ver)scherpen

²sharp·en /ʃɑːpən, ˆʃɑrpən/ [ov ww] ① (ver)scherpen, scherp(er) maken, slijpen ② aanpunten, puntig maken ③ ⟨BE; muz⟩ (met een halve toon) verhogen

sharp·en·er /ʃɑːpənə, ˆʃɑrpənər/ [telb zn] scherper, slijper, puntenslijper

sharp·er /ʃɑːpə, ˆʃɑrpər/, ⟨AE ook⟩ **sharp** [telb zn] ① afzetter, bedrieg(st)er, oplichter ② valse speler/speelster ⟨in het bijzonder in kaartspel⟩

sharp-eyed [bn] ① scherpziend, scherpzichtig ② opmerkzaam, waakzaam, oplettend, alert

sharp·ie /ʃɑːpi, ˆʃɑrpi/ [telb zn] ① sharpie ⟨bepaalde kleine zeilboot⟩ ② ⟨inf⟩ knapperd, uitblinker

¹sharp·ish /ʃɑːpɪʃ, ˆʃɑrpɪʃ/ [bn] scherpachtig, nogal scherp

²sharp·ish /ʃɑːpɪʃ, ˆʃɑrpɪʃ/ [bw] ⟨inf⟩ snel, (nu) meteen, direct

sharp-set [bn] ① in een scherpe hoek geplaatst, met scherpe kant zichtbaar ② uitgehongerd, hongerig ③ begerig ♦ *sharp-set after/for/upon* begerig naar

sharp·shoot·er [telb zn] scherpschutter

sharp-sight·ed [bn; bw: sharp-sightedly; zn: sharp-sightedness] ① scherpziend ② scherp(zinnig), schrander, vinnig, bijdehand, slim

sharp-tongued [bn] met een scherpe tong, scherp, bits, bijtend

sharp-wit·ted [bn; bw: sharp-wittedly; zn: sharp-wittedness] scherp(zinnig), schrander, vinnig, gevat

shash·lik, shash-lick /ʃɑːʃlɪk/ [telb + niet-telb zn] ⟨cul⟩ sjasliek ⟨op een pen geregen en geroosterde groenten en vlees⟩

Shas·ta dai·sy /ˈʃæstə deɪzi/ [telb zn] ⟨plantk⟩ reuzenmargriet, grootbloemige margriet ⟨Chrysanthemum maximum⟩

Shas·tra /ʃɑːstrə/ [eigenn] sjastra ⟨heilige schriften van het hindoeïsme⟩

shat /ʃæt/ [verleden tijd en volt deelw] → **shit**

¹shat·ter /ʃætə, ˆʃætər/ [niet-telb zn] het verbrijzelen

²shat·ter /ʃætə, ˆʃætər/ [onov ww] gruizelen, uiteenspatten, barsten, in stukken (uiteen)vallen, aan gruzelementen vallen

³shat·ter /ʃætə, ˆʃætər/ [ov ww] ① aan gruzelementen/diggelen slaan, versplinteren, verbrijzelen, gruizen, (compleet) vernietigen ⟨ook figuurlijk⟩ ♦ *an illness that shattered his health* een ziekte die zijn gezondheid (volkomen) ruïneerde; *the event shattered our hopes* het gebeuren sloeg onze hoop/verwachtingen stuk; *all window-panes were shattered* alle ruiten lagen aan diggelen/waren verbrijzeld ② ⟨inf⟩ schokken, ontredderen, in de war brengen ♦ *a shattered look* een ontredderde blik; *shattered nerves* geschokte/ontredderde/ondermijnde zenuwen;

shatterproof

shattering news schokkend nieuws ③ ⟨vnl BE; inf⟩ afmatten, totaal uitputten ♦ *I feel **completely** shattered* ik ben doodop

shat·ter·proof [bn] splintervrij ♦ *shatterproof glass* veiligheidsglas

shat·ters /ˈʃætəz, ᴬˈʃætərz/ [alleen mv] ⟨vero of gew⟩ brokstukken, duigen, diggelen ♦ *in shatters* aan scherven

¹**shave** /ʃeɪv/ [telb zn] ① het scheren, scheerbeurt ♦ *I must have a shave* ik moet me eens (laten) scheren ② rakelingse benadering, ontwijking op het nippertje ♦ *he got through by a shave* hij kwam er op het nippertje door ⟨examen⟩ ③ ⟨dun⟩ schijfje, spaan, flenter ④ schaaf(mes)

²**shave** /ʃeɪv/ [onov + ov ww; shaved, shaved; voornamelijk als bn shaven; ook wederkerend werkwoord] (zich) scheren ♦ *he doesn't shave every day* hij scheert zich niet dagelijks; *he has shaved off his beard* hij heeft zijn baard afgeschoren; → **shaving**

³**shave** /ʃeɪv/ [ov ww; shaved, shaved; voornamelijk als bn shaven] ① (af)schaven, afraspen ♦ *shave off* afschaven, een dun schijfje afsnijden van, schillen ② ⟨inf⟩ scheren langs, net missen, schampen, rakelings gaan langs ♦ *the car just shaved me by an inch* de wagen miste me op een haar na ③ ⟨inf⟩ iets afdoen van ⟨de prijs van⟩, afprijzen ④ ⟨kort af⟩maaien ⑤ ⟨AE; sl⟩ tegen (te) hoog disconto opkopen ⑥ ⟨sl⟩ scheren, bedriegen, villen ⑦ ⟨sl⟩ (net) verslaan ⑧ ⟨sl⟩ gebruikmaken van; → **shaving**

shave grass, shave rush [niet-telb zn] ⟨plantk⟩ schaafstro ⟨Equisetum hiemale⟩

shave·ling /ˈʃeɪvlɪŋ/ [telb zn] ⟨vero⟩ ① ⟨pej⟩ geschoren persoon, paap, pater ② jongeling

shav·en /ˈʃeɪvn/ [volt deelw] → **shave**

shav·er /ˈʃeɪvə, ᴬ-ər/ [telb zn] ① (elektrisch) scheerapparaat ② ⟨scherts⟩ jongen, jonge snaak, snotjongen, jochie ③ scheerder, barbier

shave·tail [telb zn] ⟨vnl AE⟩ ① pas afgericht muildier ② ⟨sl⟩ pas aangesteld officier, tweede luitenant, onderluitenant

¹**Sha·vi·an** /ˈʃeɪviən/ [telb zn] ⟨letterk⟩ leerling/bewonderaar van G. B. Shaw

²**Sha·vi·an** /ˈʃeɪviən/ [bn] shawiaans, (in de trant) van G. B. Shaw

¹**shav·ing** /ˈʃeɪvɪŋ/ [telb zn; voornamelijk mv; (oorspronkelijk) gerund van shave] schijfje, ⟨mv⟩ flenters, spaanders, ⟨België⟩ schavelingen, schaafkrullen, spanen

²**shav·ing** /ˈʃeɪvɪŋ/ [niet-telb zn; (oorspronkelijk) gerund van shave] het scheren, scheerbeurt

shaving bag [telb zn] ⟨AE⟩ toilettas
shaving brush [telb zn] scheerkwast
shaving cream [niet-telb zn] scheerzeep, scheercrème
shaving foam [niet-telb zn] scheerschuim
shaving soap [niet-telb zn] scheerzeep
shaving stick [telb zn] staafje scheerzeep, scheerstaaf
shaving tackle [niet-telb zn] scheergerei

shaw /ʃɔː/ [telb zn] ⟨BE⟩ ① ⟨verouderd of gewestelijk⟩ (kreupel)bosje, struikgewas ② ⟨vnl SchE⟩ loof ⟨van aardappelen, rapen enz.⟩

¹**shawl** /ʃɔːl/ [telb zn] sjaal(tje), omslagdoek, hoofddoek
²**shawl** /ʃɔːl/ [ov ww] een sjaal omdoen/hangen
shawl collar [telb zn] sjaalkraag
shawl strap [telb zn] plaidriem, handvat met riemenstel ⟨om bagage enz. compact te vervoeren⟩

shawm /ʃɔːm/ [telb zn] schalmei
¹**Shaw·nee** /ʃɔːˈniː/ [eigenn] Shawnee ⟨indianentaal⟩
²**Shaw·nee** /ʃɔːˈniː/ [telb zn; mv: ook Shawnee] lid van de Shawnee
³**Shaw·nee** /ʃɔːˈniː/ [verzameln; ook Shawnee] Shawnee ⟨indianenstam⟩

shay /ʃeɪ/ [telb zn] ⟨vero behalve AE; inf; scherts⟩ sjees

¹**she** /ʃiː/ [telb zn; vaak attributief] ① ⟨inf⟩ vrouw(tje), wijfje, zij, meisje, liefje ♦ *is it a he or a she?* is het een jongen of een meisje? ② ⟨plantk⟩ inferieure variant

²**she** /ʃɪ, ⟨sterk⟩ ʃiː/ [pers vnw] zij, ze, ⟨in sommige constructies⟩ die, dat, het ♦ ⟨substandaard⟩ *a secret between Helen and she* een geheim tussen Helen en haar; *she's left* ze is weg; *John's ship? she looks terrific* Johns schip? het ziet er geweldig uit; *England's problem was that she had **neglected** her fleet* Engelands probleem was dat het zijn vloot verwaarloosd had; ⟨form⟩ *this is she* zij is het; → **her, herself**

she- /ʃiː/ wijfjes- ⟨van dier; pejoratief van vrouw⟩ ♦ *she-ass* ezelin; *she-talk* vrouwenpraat

shea /ʃɪə/, **shea tree** [telb zn] ⟨plantk⟩ sheaboom ⟨Butyrospermum parkii⟩

shea butter [niet-telb zn] sheaboter ⟨wit vet uit de zaden van de sheaboom⟩

shead·ing /ˈʃiːdɪŋ/ [telb zn] sheading, district, kanton ⟨op het eiland Man⟩

¹**sheaf** /ʃiːf/ [telb zn; mv: sheaves /ʃiːvz/] ① schoof ② bundel ♦ *a sheaf of papers* een bundel papier/documenten ③ pijlenbundel, pijlenkoker (vol)

²**sheaf** /ʃiːf/, **sheave** /ʃiːv/ [ov ww] schoven, tot schoven/in garven binden, opbinden

shealing [telb + niet-telb zn] → **shieling**

¹**shear** /ʃɪə, ᴬʃɪr/ [telb zn] ① blad ⟨van schaar⟩ ② ⟨aardr, techn⟩ schuifkracht, dwarskracht, afschuiving, (af)glijding ⟨van terrein⟩ ③ ⟨techn⟩ scheersel, scheerwol, vacht ④ schering, scheerbeurt ⟨van schapen⟩ ♦ *a two-shear sheep* een schaap dat tweemaal geschoren werd

²**shear** /ʃɪə, ᴬʃɪr/ [onov ww; verouderd ook shore, shorn] ① ⟨vero⟩ snijden, klieven ♦ *birds shore **through** the air* er scheerden vogels door de lucht ② ⟨techn⟩ afschuiven, afknappen ⟨onder zijdelingse druk⟩; → **shearing**

³**shear** /ʃɪə, ᴬʃɪr/ [ov ww; verouderd ook shore, shorn] ① (af)scheren ♦ *shear cloth* laken scheren; *shearing sheep* schapen scheren ② ontdoen, beroven, plukken, villen ♦ *shorn of* ontdaan van; *shorn of his money* totaal berooid ③ ⟨inf⟩ afhouwen, doorklieven, afsnijden ♦ *he shore off his plume* hij hieuw zijn helmbos af ④ ⟨techn⟩ doen schuiven ⟨door zijdelingse druk⟩, breken ⑤ ⟨vnl SchE⟩ zichten, maaien ⟨koren⟩ ⑥ ⟨sprw⟩ *God tempers the wind to the shorn lamb* God geeft koude naar kleren; → **shearing**

shear·bill [telb zn] ⟨dierk⟩ schaarbek ⟨Rynchops⟩
shear·er /ˈʃɪərə, ᴬˈʃɪrər/ [telb zn] ① scheerder ② maaier ③ ⟨landb⟩ scheermachine ④ ⟨techn⟩ blikschaar, snijmachine

shear·grass [niet-telb zn] kweek(gras) ⟨met scherpe randen⟩
shear·hog [telb zn] jaarling, ééns geschoren schaap

¹**shear·ing** /ˈʃɪərɪŋ, ᴬˈʃɪrɪŋ/ [telb + niet-telb zn; (oorspronkelijk) gerund van shear] het scheren, scheerbeurt ⟨van schaap e.d.⟩

²**shear·ing** /ˈʃɪərɪŋ, ᴬˈʃɪrɪŋ/ [niet-telb zn; (oorspronkelijk) gerund van shear] ⟨techn⟩ afschuiving

shearing strain, shearing stress, shear stress [telb + niet-telb zn] ① ⟨techn⟩ schuifspanning ② ⟨geol⟩ schuifspanning, tangentiële spanning

shear·ling /ˈʃɪəlɪŋ, ᴬˈʃɪr-/ [telb zn] (vacht van) jaarling, eenmaal geschoren schaap

shear·machine, shear·ing machine [telb zn] ① knipmachine, schaar ② lakenscheermachine

shears, ⟨in betekenis 3 ook⟩ **sheers** /ʃɪəz, ᴬʃɪrz/ [alleen mv] ① (grote) schaar, heggenschaar ♦ *a pair of shears* een schaar ② knipmachine, knipwerktuig ③ (mast)bok, drijvende kraan ④ ⟨gymn⟩ schaar

shear·tail [telb zn] kolibrie met schaarvormige staart
shear·wa·ter [telb zn] ⟨dierk⟩ pijlstormvogel ⟨genus Puffinus⟩ ♦ *great shearwater* grote pijlstormvogel ⟨Puffinus gravis⟩

she-ass [telb zn] ezelin
sheat·fish /ˈʃiːtfɪʃ/ [telb zn] ⟨dierk⟩ meerval ⟨Silurus glanis⟩

¹**sheath** /ʃiːθ/ [telb zn; mv: sheaths /ʃiːðz, ʃiːθs/] ① schede, foedraal, beschermhuls, koker, omhulsel ② ⟨biol⟩ schede, omhulsel, vlieseldscheid, schacht ③ ⟨voornamelijk attributief⟩ nauwaansluitende jurk, rechte jurk ④ condoom ♦ *protective* sheath condoom ⑤ (kabel)mantel

²**sheath, sheathe** /ʃiːð/ [ov ww] ① in de schede steken, van een omhulsel voorzien, hullen ② ⟨scheepv⟩ koperen, dubbelen, bekleden ③ terugtrekken, intrekken ⟨klauwen⟩ ④ ⟨form⟩ steken ♦ *she sheathed a dagger in his back* zij plantte een dolk in zijn rug; → **sheathing**

sheath-bill [telb zn] ⟨dierk⟩ ijshoen ⟨familie Chionididae⟩

sheath·ing /ʃiːðɪŋ/ [niet-telb zn; gerund van sheath(e)] ① ⟨benaming voor⟩ (beschermende) bekleding, omhulling, mantel, dubbeling ⟨van schip⟩, beplanking ⟨van huis⟩ ② het bekleden, bekleding

sheath knife [telb zn] steekmes, dolk

¹**sheave** /ʃiːv/ [telb zn] katrolschijf, blokschijf, kabelschijf

²**sheave** /ʃiːv/ [ov ww] → **sheaf**²

sheaves /ʃiːvz/ [alleen mv] → **sheaf**¹

She·ba /ʃiːbə/ [eignn] Seba, Saba, Sheba ⟨pre-islamitisch koninkrijk in het zuidwesten van Arabië⟩

she·bang /ʃɪbæŋ/ [telb zn] ⟨vnl AE; inf⟩ ① zootje, zaak(je), spul, santenkraam, poespas, affaire, situatie, organisatie ♦ *the whole shebang* het hele zootje ② hut, keet, (stille) kroeg, bordeel ③ fuif

she-bear [telb zn] berin

¹**she·been, she·bean** /ʃɪbiːn/ [telb zn] ① ⟨IE⟩ stille kroeg, sluikschenkerij ② ⟨ZAE⟩ zwarte kroeg ⟨waar alleen zwarten komen⟩

²**she·been, she·bean** /ʃɪbiːn/ [niet-telb zn] ⟨AE, IE⟩ slap bier

she-boss [telb zn] ⟨AE⟩ bazin, manwijf

she-cat [telb zn] (wijfjes)kat, ⟨pej; fig⟩ kat, kattige vrouw

Shechinah [niet-telb zn] → **Shekinah**

she-cous·in [telb zn] nicht

¹**shed** /ʃed/ [telb zn] ① schuur(tje), stal(letje), keet, loods, schutstal, barak ② afdak, luifel, hangar ③ waterscheiding, scheidingslijn, afscheiding ④ ⟨techn⟩ vak ⟨bij het weven⟩

²**shed** /ʃed/ [onov ww; shed, shed] ① ruien ② afvallen, uitvallen

³**shed** /ʃed/ [ov ww; shed, shed] ① afwerpen, verliezen, afleggen, afschudden, laten vallen ♦ *they began to shed their clothes* ze begonnen hun kleren uit te trekken; *shed eggs/spawn* kuit schieten; *shed bad habits* slechte gewoonten afleggen; *the dog is shedding its hair* de hond verliest zijn haar; *the tree had shed its leaves* de boom had zijn bladeren laten vallen; *snakes shed their skin every year* slangen vervellen jaarlijks; *little John hasn't shed his teeth yet* kleine John heeft zijn tandjes nog niet gewisseld ② ⟨form⟩ storten, vergieten, plengen ♦ *shed hot tears* hete tranen storten ③ uitstralen, verspreiden, afgeven, uitstrooien ♦ *shed love and affection around one* liefde en genegenheid om zich uitstralen ④ afstoten ♦ *a duck's feathers shed water* het verenkleed van een eend stoot water af ⑤ ⟨BE⟩ verliezen, kwijtraken ♦ *the lorry shed its load* de vrachtwagen verloor zijn lading ⑥ in de/een schuur opsluiten/opbergen ⑦ ⟨elek⟩ verlagen · ⟨sprw⟩ *cast ne'er/don't shed a clout till May is out* ± het is een wenk, reeds lang verjaard, 't vriest even vaak in mei als in maart, ± de mei tot juichmaand uitverkoren, heeft toch de rijp nog achter de oren, ± 't staartje van mei is het staartje van de winter

she'd /ʃɪd, ⟨sterk⟩ ʃiːd/ ① (samentrekking van she had) ② (samentrekking van she would)

shed dormer [telb zn] koekoek, dakkapel ⟨met vlakke dakrand⟩

she-dev·il [telb zn] duivelin ⟨ook figuurlijk⟩, helleveeg, feeks, rotwijf

shed-load [telb zn] ⟨BE; inf⟩ lading, hoop, boel, massa ♦ *that car must have cost shedloads* die auto moet bakken met geld gekost hebben; *have shedloads of ideas* boordevol ideeen zitten

shed roof [telb zn] sheddak, zaagdak, lessenaarsdak

¹**sheen** /ʃiːn/ [telb zn] ① glans, schittering, (weer)schijn ② ⟨form⟩ pracht, prachtige tooi

²**sheen** /ʃiːn/ [bn] glanzend, schitterend, stralend, prachtig, mooi

³**sheen** /ʃiːn/ [onov ww] glanzen, schitteren, schijnen, glinsteren

¹**sheen·y, sheen·ie,** ⟨AE ook⟩ **sheen·ee** /ʃiːni/ [telb zn] ⟨sl; beled⟩ ① smous ⟨Jood⟩ ② kleermaker

²**sheen·y** /ʃiːni/ [bn] ① glinsterend, glanzend, blinkend ② ⟨sl; beled⟩ Joods

sheep /ʃiːp/ [telb zn; mv: sheep] ① schaap ⟨ook figuurlijk⟩, onnozel kind, bloed(je), mak/volgzaam/gedwee persoon ♦ ⟨vnl fig⟩ *the lost sheep* het verloren schaap ② ⟨vnl mv⟩ ⟨rel⟩ schapen, parochianen, gemeente · *separate/tell the sheep and the goats* de goeden van de slechten/het koren van het kaf/de bokken van de schapen scheiden ⟨Matth. 25:33⟩; *like sheep* afhankelijk, initiatiefloos, als een stom schaap/een kudde schapen; ⟨sprw⟩ *if one sheep leaps over the ditch, all the rest will follow* als één schaap over de dam is, volgen er meer; ⟨sprw⟩ *one might as well be hanged for a sheep as a lamb* als je toch moet hangen, kan je beter iets uithalen waardoor je die straf echt verdient; ⟨sprw⟩ *there is a black sheep in every flock/family* in elke kudde/familie is een zwart schaap; ⟨sprw⟩ *it's a foolish sheep that makes the wolf his confessor* ± alleen dwazen gaan bij de duivel te biecht

sheep		
dier	sheep (mv: sheep)	schaap
mannetje	ram	ram
vrouwtje	ewe	ooi
jong	lamb	lam
groep	flock	kudde
roep	bleat	blaten
geluid	baa	bè
vlees	mutton	schapenvlees

sheep-back [telb zn] ⟨aardr⟩ bultrots

sheep-ber·ry [telb zn] ⟨AE; plantk⟩ Noord-Amerikaanse sneeuwbal ⟨Viburnum lentago⟩

sheep-bot [telb zn] ⟨dierk⟩ (larve van) schapenhorzel ⟨Oestrus ovis⟩

sheep dip [telb + niet-telb zn] ① (dompelbad met) ontsmettingsmiddel, ontluizingsvloeistof ② ⟨sl⟩ goedkope drank

sheep-dog [telb zn] ① (schaap)herdershond ⟨in het bijzonder collie⟩ ② bobtail, oud-Engelse herdershond

sheep-farm [telb zn] schapenfokkerij

sheep-farm·er [telb zn] ⟨BE⟩ schapenboer, schapenfokker

sheep fescue, sheep's fescue [niet-telb zn] ⟨plantk⟩ schapengras, schaapsdravik ⟨Festuca ovina⟩

sheep-fold [telb zn] ① schaapskooi, schaapsstal ② toevluchtsoord, asiel

sheep-herd·er [telb zn] ⟨AE⟩ schaper, schapenhoeder, schaapherder

sheep·ish /ʃiːpɪʃ/ [bn; bw: ~ly; zn: ~ness] verlegen, onbeholpen, bedeesd, dom, schaapachtig

sheep-ked /ʃiːpked/, **ked** /ked/ [telb zn] ⟨dierk⟩ schapenteek ⟨Melophagus ovinus⟩

sheep laurel, sheep-kill [telb zn] ⟨plantk⟩ giftige Noord-Amerikaanse dwergheester ⟨Kalmia angustifolia⟩

sheep louse [telb zn] ⟨dierk⟩ ① schapenvachtluis ⟨Bovicula ovis⟩ ② schapenluis ⟨Melophagus ovinus⟩

sheepman

sheep·man [telb zn; mv: sheepmen] ⟨AE⟩ schapenfokker, schapenhouder
sheep-pen [telb zn] schaapskooi, omheining voor schapen
sheep-rot [niet-telb zn] leverbotziekte
sheep-run [telb zn] schaapsweide, schapenweide, schapendrift
sheep's-bit [telb zn] ⟨plantk⟩ zandblauwtje ⟨Jasione montana⟩
sheep's eyes [alleen mv] [·] ⟨inf⟩ make/cast sheep's eyes at s.o. iemand vertederd aankijken, verliefde/smachtende blikken werpen naar iemand, iemand toelonken
sheep-shank [telb zn] trompetsteek ⟨om touw in te korten⟩
sheeps·head [telb zn] [1] schaapshoofd, schapenkop ⟨in het bijzonder als voedsel⟩ [2] ⟨dierk⟩ Archosargus probatocephalus ⟨grote zeevis⟩
sheep-shear·ing [niet-telb zn] [1] het schapenscheren [2] (feest bij gelegenheid van het) scheerseizoen
¹**sheep·skin** [telb zn] [1] schapenhuid, schapenvel, schaapsvacht, nappa jas [2] ⟨AE; scherts⟩ diploma
²**sheep·skin** [niet-telb zn] schaapsleer, nappa, perkament
sheep-sta·tion [telb zn] ⟨AuE⟩ (grote) schapenfokkerij
sheep-tick [telb zn] ⟨dierk⟩ [1] hondenteek ⟨Ixodes ricinus⟩ [2] schapenteek ⟨Melophagus ovinus⟩
sheep-walk [telb zn] ⟨BE⟩ schapenweide
sheep-wash [niet-telb zn] [1] dompelbad ⟨voor schapen⟩ [2] ⟨vnl BE⟩ schapenwasmiddel, ontluizingsvloeistof
sheep-weed [telb zn] ⟨plantk⟩ vetblad ⟨Pinguicula vulgaris⟩
¹**sheer** /ʃɪə, ˄ʃɪr/ [telb zn] ⟨scheepv⟩ [1] zeeg ⟨van schip⟩, langsscheepse rondte [2] gier(ing), zwenking [3] positie van schip ⟨ten opzichte van ankerplaats⟩
²**sheer** /ʃɪə, ˄ʃɪr/ [bn; vergr trap: sheerer; bw: ~ly; zn: ~ness] [1] dun, doorschijnend, transparant, diafaan ◆ sheer nylon dun/doorzichtig nylon [2] erg steil, kaarsrecht, loodrecht
³**sheer** /ʃɪə, ˄ʃɪr/ [bn, attr; vergr trap: sheerer; bw: ~ly; zn: ~ness] volkomen, zuiver, rein, je reinste, puur, absoluut, onversneden ⟨bijvoorbeeld wijn⟩ ◆ sheer nonsense! klinkklare onzin!
⁴**sheer** /ʃɪə, ˄ʃɪr/ [onov ww] ⟨scheepv⟩ gieren, een gier doen, scherp uitwijken, zwenken, sterk van koers afwijken, afhouden [·] sheer about voor het anker gieren; sheer away scherp zwenken, uitwijken; sheer away from mijden; he always sheered away from that subject hij vermeed dat onderwerp zorgvuldig; sheer off uit 't roer lopen, uitzetten, afhouden; ⟨inf⟩ vermijden, ontlopen, 'm smeren, het over een andere boeg gooien; sheer up aangieren, steil stijgen
⁵**sheer** /ʃɪə, ˄ʃɪr/ [ov ww] plots van richting doen veranderen, laten zwenken
⁶**sheer** /ʃɪə, ˄ʃɪr/ [bw] [1] erg steil, (bijna) loodrecht [2] compleet, regelrecht, radicaal, pardoes, absoluut, volkomen, volledig, totaal
sheers /ʃɪəz, ˄ʃɪrz/ [alleen mv] → shears
¹**sheet** /ʃiːt/ [telb zn] [1] (bedden)laken, doek, lijkwade ◆ fitted sheet hoeslaken [2] blad, vel ⟨papier⟩ ◆ in sheets in losse vellen ⟨drukwerk⟩ [3] plaat, (dunne) laag, film, vlak, folie, blik ◆ a sheet of glass een glasplaat/stuk glas; the sea is just like a sheet of glass de zee is als een spiegel [4] gordijn, muur, massa, vlaag ◆ a sheet of flame een vuurzee/vlammengordijn; the rain came down in sheets de regen kwam in stromen naar beneden, het goot [5] geperforeerd vel postzegels [6] ⟨sl⟩ (schandaal)krant, (sensatie)blad, brochure [7] ⟨geol⟩ rotsblad [8] ⟨scheepv⟩ schoot ◆ with flowing sheet(s) met losse/gevierde schoten [9] ⟨sl⟩ strafblad [·] between the sheets tussen de lakens, onder zeil, onder de wol; ⟨inf⟩ be/have a sheet/three sheets in/to the wind hem om hebben, strontzat/straalbezopen zijn
²**sheet** /ʃiːt/ [onov ww] [1] zich massaal/als een dik gordijn vormen ◆ the rain sheeted down de regen stroomde bij beken neer, het stortregende; the mist came sheeting in from the lake de mist kwam als een dik gordijn van het meer aangewaaid [2] ⟨scheepv⟩ de schoten aanhalen ◆ sheet home de schoten aanhalen, → sheeting
³**sheet** /ʃiːt/ [ov ww] [1] (als) in een laken wikkelen, omhullen, van lakens voorzien, afdekken ◆ mist sheeted the mountains mist hulde zich om de bergen [2] in een lijkwade wikkelen [3] met een dunne laag/plaat bedekken [4] in lagen vormen ◆ sheeted rain neerstromende regen [5] ⟨scheepv⟩ met de schoten vastmaken, aanhalen ◆ sheet home the sail het zeil met de schoten vastmaken [·] ⟨AuE⟩ sheet home blame schuld geven, verantwoordelijk stellen; → sheeting
sheet anchor [telb zn] [1] ⟨scheepv⟩ (groot) noodanker, plechtanker [2] toeverlaat, laatste toevlucht, noodoplossing
sheet bend [telb zn] ⟨scheepv⟩ schootsteek
sheet copper [niet-telb zn] bladkoper, koperblik
sheet erosion [niet-telb zn] vlakte-erosie
sheet feeder [telb zn] ⟨comp⟩ papierinvoer
sheet glass [niet-telb zn] vensterglas, getrokken glas
sheet ice [niet-telb zn] [1] ijs(laag) ⟨op water⟩ [2] ⟨BE⟩ ijzel
sheet·ing /ˈʃiːtɪŋ/ [niet-telb zn; oorspronkelijk tegenwoordig deelw van sheet] [1] lakenstof [2] bekleding(smateriaal) ◆ metal sheeting metalen bekleding, bekleding met metaalplaten [3] het afdekken/omhullen [4] ⟨geol⟩ sheeting, ontspanningsdiaklazering ⟨bij stollingsgesteenten⟩
sheet iron [niet-telb zn] bladstaal, plaatijzer, gewalst ijzer
sheet lightning [niet-telb zn] weerlicht
sheet metal [niet-telb zn] bladmetaal, metaalblik
sheet music [niet-telb zn] (muziek uitgegeven op) losse muziekbladen
sheet piling [telb zn] (be)schoeiing, damwand
sheets /ʃiːts/ [alleen mv] ⟨scheepv⟩ voor- en achterplecht
she·getz /ˈʃeɪɡɪts/ [telb zn; mv: shkotzim /ˈʃkɒtsɪm, ˄ˈʃkɑt-/] ⟨jod; pej⟩ [1] niet-joodse jonge(ma)n [2] onorthodoxe Joodse jongen
she-goat [telb zn] geit
sheik·dom, sheikh·dom /ˈʃeɪkdəm, ˄ˈʃiːk-/ [telb zn] sjeikdom
sheikh, sheik, shaikh, shaik /ʃeɪk, ˄ʃiːk/ [telb zn] sjeik
shei·la /ˈʃiːlə/ [telb zn] ⟨AuE; sl⟩ meisje, jonge vrouw
shekarry [telb zn] → shikaree
shek·el /ˈʃekl/ [telb zn; mv: ook shekalim /ʃəkɑːlɪm/] [1] sjekel ⟨Israëlische munt⟩ [2] sjekel, sikkel ⟨Hebreeuwse munt en gewicht; ± 16,3 g⟩
shek·els /ˈʃeklz/ [alleen mv] ⟨inf; scherts⟩ poen, duiten, geld, fortuin
She·ki·nah, she·chi·na(h) /ʃɪˈkaɪnə, ˄-ˈkiːnə/ [niet-telb zn] ⟨jod⟩ sjechina, goddelijke aanwezigheid, goddelijke uitstraling, goddelijke openbaring ⟨in het bijzonder in de tempel⟩
shel·drake /ˈʃeldreɪk/ [telb zn; mv: ook sheldrake] ⟨dierk⟩ [1] (woerd van de) bergeend ⟨genus Tadorna; in het bijzonder Tadorna tadorna⟩ [2] zaagbek ⟨genus Mergus⟩
shel·duck, sheld-duck /ˈʃeldʌk/ [telb zn; mv: ook shel(d)duck] ⟨dierk⟩ bergeend ⟨genus Tadorna; in het bijzonder Tadorna tadorna⟩
shelf /ʃelf/ [telb zn; mv: shelves /ʃelvz/] [1] (leg)plank, boekenplank, ⟨België⟩ schap [2] (rots)richel, vooruitstekende rand, terras [3] rif, rotsrichel ⟨onder water⟩, ⟨bij uitbreiding⟩ zandbank [4] ⟨mijnb⟩ deklaag, harde rotslaag [·] ⟨inf⟩ be (put/left) on the shelf uitgerangeerd/aan de kant gezet/afgeschreven/aan de dijk gezet worden; in onbruik raken, afgedankt worden; blijven zitten, niet meer aan een man raken ⟨van vrouw⟩; these articles can be delivered off

the shelf deze artikelen zijn prompt/uit voorraad leverbaar
shelf company [telb zn] brievenbusfirma
shelf ice [niet-telb zn] shelfijs, ijsbarrière
shelf life [niet-telb zn] houdbaarheidsperiode ⟨van waren⟩
shelf list, shelf register [telb zn] standcatalogus ⟨in bibliotheek⟩
shelf-load [telb zn] ⟨inf⟩ hele plank ♦ *shelfloads of reports* planken vol rapporten
shelf mark [telb zn] signatuur, kastnummer ⟨van boek in bibliotheek⟩
shelf room [niet-telb zn] plankruimte ♦ *refuse shelf room to sth.* iets weigeren op te nemen
shelf·y /ʃelfi/ [bn] ① vol zandbanken, vol ondiepten ② vol richels, terrasvormig
¹**shell** /ʃel/ [telb zn] ① ⟨benaming voor⟩ geraamte ⟨van gebouw⟩, skelet, casco, romp ⟨van schip⟩, chassis ② (binnenste) doodkist ③ lichte roeiboot, wedstrijdroeiboot ④ deegbakje, pasteikorst ⑤ huls, granaat, ⟨AE⟩ patroon ⑥ handbeschermer ⟨van zwaard⟩, stootplaat ⑦ schelpvormig gebouw ⑧ lege huls, schijn, voorkomen
²**shell** /ʃel/ [telb + niet-telb zn] ⟨benaming voor⟩ hard omhulsel, schelp, slakkenhuis, schil, dop, schaal, bolster, peul, omhulsel, elektronenschil, schulp, rugschild, dekschild, vleugelschild, cocon ♦ *come out of one's shell* loskomen, ontdooien; *go/retire into one's shell* in zijn schulp kruipen; *in the shell* in de dop
³**shell** /ʃel/ [niet-telb zn] aardkorst
⁴**shell** /ʃel/ [onov ww] ① zich van zijn schil ontdoen ♦ *shell off* afschilferen ⟨van metaal⟩ ② zich laten schillen, zich laten pellen/doppen · zie: **shell out**
⁵**shell** /ʃel/ [ov ww] ① van zijn schil ontdoen, schillen, doppen, pellen, ontbolsteren ② beschieten, onder vuur nemen, bombarderen ③ omhullen, bedekken (met schelpen) · zie: **shell out**
she'll /ʃil/, ⟨sterk⟩ ʃiːl/ ① (samentrekking van she shall) ② (samentrekking van she will)
¹**shel·lac** /ʃəlæk/ [niet-telb zn] schellak
²**shel·lac** /ʃəlæk/ [ov ww] ① met schellak vernissen ② ⟨AE; sl⟩ in de pan hakken, totaal verslaan, genadeloos afranselen; → **shellacking**
shel·lack·ing /ʃəlækɪŋ/ [telb zn; gerund van shellac; voornamelijk enk ⟨AE; sl⟩ ① aframmeling ② nederlaag, fiasco
shell·back [telb zn] ⟨scheepv; sl⟩ oude zeerob, pikbroek
shell·bark [telb zn] ⟨plantk⟩ soort hickory ⟨Amerikaanse notenboom; Carya ovata⟩
shell bit [telb zn] guts ⟨gutsvormig gedeelte van het boorijzer van een centerboor⟩
shell button [telb zn] beklede (metalen) knoop
shell company [telb zn] lege vennootschap ⟨waarop een overnamebod wordt gedaan vanwege haar positie op de beurs⟩
shell egg [telb zn] ei in de schaal ⟨tegenover eierpoeder⟩
shell·fire [niet-telb zn] granaatvuur
shell·fish [telb zn; mv: ook shellfish] ① schelpdier ② schaaldier
shell game [telb zn] ⟨AE⟩ ① dopjesspel ⟨kansspel met drie dopjes, een beker en een balletje⟩ ② zwendel
shell heap, shell mound [telb zn] voorhistorische afvalhoop
shell hole [telb zn] granaattrechter
shell jacket [telb zn] ⟨mil⟩ buis
shell-less /ʃelləs/ [bn] ① zonder schil, zonder dop, zonder schaal, zonder bolster ② zonder schelp, zonder rugschild, zonder dekschild, zonder vleugelschild, zonder cocon
shell lime [niet-telb zn] schelpkalk
shell marble [niet-telb zn] schelpmarmer

shell money [niet-telb zn] schelpengeld
¹**shell out** [onov + ov ww] ⟨inf⟩ dokken, afschuiven
²**shell out** [ov ww] in zijn geheel verwijderen
shell pink [niet-telb zn; ook attributief] zachtroze
shell-proof [bn] bomvrij
shell shock [telb + niet-telb zn] ⟨med⟩ (shell)shock, oorlogsneurose
shell-shocked [bn] ① ⟨med⟩ met een shellshock/oorlogsneurose ② ⟨inf⟩ in een shock(toestand)
shell suit [telb zn] ⟨BE⟩ trainingspak, (nylon) joggingpak
shell·work [niet-telb zn] schelpwerk, schelpversiering
shel·ly /ʃeli/ [bn] ① vol schelpen ② schelpen-
¹**shel·ter** /ʃeltə, ˄-ər/ [telb zn] ① ⟨benaming voor⟩ schuilgelegenheid, schuilkelder, bushokje, wachthokje, schuilkeet, tramhuisje ② schuilplaats, toevluchtsoord, tehuis, ⟨AE⟩ asiel ♦ *shelter for battered women* opvang(te)huis voor mishandelde vrouwen · ⟨sprw⟩ *a good tree is a good shelter* wie tegen een goede boom leunt, heeft goede schaduw
²**shel·ter** /ʃeltə, ˄-ər/ [niet-telb zn] beschutting, bescherming, onderdak, ⟨sport, i.h.b. wielrennen⟩ windschaduw ♦ *shelter from the wind* beschutting tegen de wind; *give shelter* onderdak verlenen, een schuilplaats verlenen; *in the shelter* in de luwte; *take shelter* schuilen
³**shel·ter** /ʃeltə, ˄-ər/ [onov ww] schuilen ♦ *shelter from* schuilen voor/tegen
⁴**shel·ter** /ʃeltə, ˄-ər/ [ov ww] ① beschutten, beschermen, een schuilplaats verlenen, ⟨sport, i.h.b. wielrennen⟩ uit de wind houden ♦ *sheltered accommodation/housing* aanleunwoning(en); *shelter from* in bescherming nemen tegen; *sheltered industries* beschermde industrieën; *shelter o.s.* zich schuilhouden; *a sheltered workshop* een sociale werkplaats ② huisvesten, onderdak verlenen
shelter belt [telb zn] windkering, windhaag
shelter deck [telb zn] ⟨scheepv⟩ schutdek, shelterdek
shel·ter·er /ʃeltrə, ˄-ər/ [telb zn] ① iemand die schuilt ② iemand die een schuilplaats verleent
shel·ter·less /ʃeltələs, ˄-tər-/ [bn] onbeschut, zonder schuilplaats, zonder onderdak
shelter tent [telb zn] shelter, eenvoudig tentje
shelter trench [telb zn] schuilloopgraaf
shel·tie, shel·ty /ʃelti/ [telb zn] ① shetlandpony ② Shetlandse herdershond
¹**shelve** /ʃelv/ [onov ww] geleidelijk aflopen ⟨van bodem⟩, glooien, (zacht) hellen ♦ *shelve down to* geleidelijk aflopen naar; → **shelving**
²**shelve** /ʃelv/ [ov ww] ① op een plank zetten ② op de lange baan schuiven, in de ijskast zetten, opschorten ③ ontslaan, pensioneren, op stal zetten ④ van planken voorzien; → **shelving**
shelves /ʃelvz/ [alleen mv] → **shelf**
shelv·ing /ʃelvɪŋ/ [niet-telb zn; gerund van shelve] ① (materiaal voor) planken ② planken, plankruimte
she·moz·zle, sche·moz·zle /ʃɪmɒzl, ˄ʃɪmɑzl/ [telb zn] ⟨sl⟩ ① herrie, heibel, ruzie ② janboel, warboel
she·nan·i·gan /ʃɪnænɪɡən/ [telb zn; voornamelijk mv] ⟨inf⟩ ① trucje, foefje, list ② streek, geintje, dwaasheid ③ schelmerij, bedriegerij
shend /ʃend/ [ov ww; shent, shent] ⟨vero⟩ ① schenden, onteren ② berispen ③ beschamen ④ vernielen, vernietigen, te gronde richten, ruïneren
shent /ʃent/ [verleden tijd en volt deelw] → **shend**
she-oak [telb zn] ⟨plantk⟩ casuarina ⟨Casuarina stricta; Australische boom⟩
She·ol /ʃiouəl/ [eigenn] Hebreeuws dodenrijk
¹**shep·herd** /ʃepəd, ˄ʃepərd/ [telb zn] ⟨schaap)herder, hoeder, zielenherder ♦ *the Good shepherd* de Goede Herder · ⟨sprw⟩ *red sky at night, shepherd's/sailor's delight; red sky in the morning, shepherd's/sailor's warning* des avonds rood, des morgens goed weer aan boord; morgenrood, water in

shepherd

de sloot
²**shep·herd** /ʃepəd, ᴬʃepərd/ [ov ww] ① hoeden, leiden, loodsen, in het oog houden, in de gaten houden ② ⟨voetb⟩ weglokken
shepherd dog [telb zn] herdershond
shep·herd·ess /ʃepədɪs, ᴬ-pər-/ [telb zn] herderin
shepherd moon [telb zn] ⟨astron⟩ herdersmaan(tje)
shep·herd's-club [telb + niet-telb zn] ⟨plantk⟩ koningskaars, aronsstaf, nachtkaars ⟨Verbascum thapsus⟩
shep·herd's-cress [telb + niet-telb zn] ⟨plantk⟩ klein tasjeskruid ⟨Teesdalia nudicaulis⟩
shepherd's crook [telb zn] herdersstaf
shep·herd's-nee·dle [telb + niet-telb zn] ⟨plantk⟩ naaldenkervel ⟨Scandix pecten-veneris⟩
shepherd's pie [niet-telb zn] ⟨BE; cul⟩ gehakt met een korst van aardappelpuree, ± filosoof
¹**shep·herd's plaid, shep·herd's check** [telb zn] zwart-witte ruit
²**shep·herd's plaid, shep·herd's check** [niet-telb zn] ① zwart-wit geruite stof ② zwart-witte ruit
shepherd's-purse, shepherd's-pouch [telb + niet-telb zn] ⟨plantk⟩ herderstasje ⟨Capsella bursa pastoris⟩
shepherd's rod [telb + niet-telb zn] ⟨plantk⟩ kaardenbol ⟨Dipsacus⟩
she-pine [telb + niet-telb zn] ⟨plantk⟩ Podocarpus elata ⟨bepaalde Australische conifeer, met geel hout⟩
Sher·a·ton /ʃerətn/ [eigenn; ook attributief] Sheraton ⟨Engelse meubelstijl, eind 18e eeuw⟩
¹**sher·bet** /ʃɜːbət, ᴬʃɜr-/ [telb + niet-telb zn] ① ⟨vnl AE⟩ sorbet, waterijs ② sorbet, ⟨oosterse⟩ vruchtendrank/ijsdrank ③ drank(je) gemaakt met sherbet²
²**sher·bet** /ʃɜːbət, ᴬʃɜr-/ [niet-telb zn] zoet poeder ⟨als snoep of om een frisdrank mee te maken⟩
sherd /ʃɜːd, ᴬʃɜrd/, **shard** /ʃɑːd, ᴬʃɑrd/ [telb zn] ① (pot)scherf ② brok(je), stuk(je) ③ ⟨vleugel⟩schild ⟨van insect⟩
she·rif, she·reef /ʃeriːf, ᴬʃəriːf/, **sha·rif** /ʃæriːf/ [telb zn] sjarif ⟨afstammeling van Mohammeds dochter Fatima; moslimleider⟩
sher·iff /ʃerɪf/, ⟨in betekenis 3 ook⟩ **sheriff depute** [telb zn] ① ⟨BE⟩ sheriff, ± drost ⟨hoogste rechterlijke en bestuursambtenaar in een graafschap⟩ ② ⟨BE⟩ sheriff ⟨bekleder van ambt die jaarlijks in een aantal steden gekozen wordt⟩ ③ sheriff ⟨hoogste rechter van een graafschap of district in Schotland⟩ ④ ⟨AE⟩ sheriff ⟨hoofd van de politie in een district⟩
sheriffalty, sheriffdom, sheriffship [telb zn] → shrievalty
sheriff court [telb zn] rechtbank van een graafschap in Schotland
sheriff substitute [telb zn] ⟨SchE; jur⟩ hulpsheriff
Sher·lock Holmes /ʃɜːlɒk hoʊmz, ᴬʃɜrlɑk-/ [eigenn, telb zn] Sherlock Holmes, ⟨goede⟩ detective, scherp redeneerder
Sher·pa /ʃɜːpə, ᴬʃɜr-/ [telb zn; ook attributief] sherpa
sher·ry /ʃeri/ [telb + niet-telb zn] sherry
sherry glass [telb zn] sherryglas
she's /ʃiːz, ⟨sterk⟩ ʃiːz/ ① (samentrekking van she has) ② (samentrekking van she is)
she-stuff [niet-telb zn] ⟨sl⟩ ① wijven, vrouwen ② vrouwengedoe, wijvenpraat
Shetland lace /ʃetlənd leɪs/ [niet-telb zn] opengewerkte wollen rand
Shetland pony [telb zn] shetlander, shetlandpony
Shetland sheepdog [telb zn] Shetland sheepdog, sheltie, Schotse herdershond
Shetland wool [niet-telb zn] shetlandwol
Shevuoth, Shevuot [eigenn] → Shabuoth
shew [onov + ov ww] → show
shew·bread, ⟨vero ook⟩ **show·bread** [telb + niet-telb zn] ⟨jod⟩ toonbrood, offerbrood

she-wolf [telb zn] wolvin
shh /ʃʃʃ/ [tw] sst, stil
Shi·ah /ʃiːə/ [eigenn] sjiieten ⟨sjiitische sekte van de islam⟩
shi·a·tsu /ʃiɑːtsuː/ [niet-telb zn] shiatsu ⟨drukpuntmassage⟩
shib·bo·leth /ʃɪbəleθ, ᴬ-lɪθ/ [telb zn] sjibollet, herkenningswoord, wachtwoord
shick·ered /ʃɪkəd, ᴬ-ərd/ [bn] ⟨AuE⟩ bezopen, zat, dronken
shiel /ʃiːl/ [telb zn] ⟨SchE⟩ hut(je) ⟨voor herders, sportvissers⟩
¹**shield** /ʃiːld/ [telb zn] ① schild, beukelaar, verdedigingswapen, wapenschild, ⟨dierk⟩ dekschild ♦ *a human shield* een menselijk schild ② beveiliging, bescherming, beschermkap ③ ⟨AE⟩ politiepenning
²**shield** /ʃiːld/ [ov ww] ① beschermen, in bescherming nemen, dekken ♦ *shield from* beschermen tegen ② verbergen, verhullen
shield bug [telb zn] ⟨dierk⟩ stinkwants ⟨Pentatomidae⟩
shield fern [telb zn] schildvaren, moerasvaren, mannetjesvaren
shiel·ing, shea·ling /ʃiːlɪŋ/ [telb zn] ⟨SchE⟩ ① (herders)hut ② weide(grond)
shi·er, shy·er /ʃaɪə, ᴬ-ər/ [telb zn] schichtig paard
¹**shift** /ʃɪft/ [telb zn] ① verschuiving, verandering, wisseling, verruiling, ⟨vnl BE⟩ verhuizing ② ploeg ⟨werklieden⟩ ③ werktijd, arbeidsduur ④ redmiddel, hulpmiddel ⑤ foefje, kneepje, truc, kunstje, uitvlucht, list ⑥ hemdjurk, ⟨vero⟩ (dames)hemd ⑦ verschuiving ⟨van voegen ten opzichte van elkaar in metselwerk enz.⟩ ⑧ ⟨astron⟩ verschuiving ♦ *Doppler shift* dopplerverschuiving ⑨ ⟨taalk⟩ klankverschuiving ⑩ ⟨bridge⟩ antwoord in nieuwe kleur ⑪ ⟨AE; bridge⟩ switch, overschakeling op/nakomst in nieuwe kleur ⑫ positieverandering ⟨bij het vioolspelen⟩ ⑬ verschoning ⑭ hoofdlettertoets ⑮ ⟨AE⟩ wisseling van versnelling ⑯ ⟨atl⟩ aanglijtechniek ⟨van discuswerper⟩ ⑰ ⟨vero⟩ *make shift* zich behelpen; *make shift without* het stellen zonder
²**shift** /ʃɪft/ [onov ww] ① van plaats veranderen, zich verplaatsen, schuiven, werken ⟨van lading⟩, omlopen ⟨van de wind⟩ ♦ *shift away* zich (stilletjes) uit de voeten maken, ertussenuit knijpen; *shifting sands* drijfzand ② wisselen, veranderen ♦ *the scene shifts* de achtergrond van het verhaal verandert ③ ⟨sl⟩ snel bewegen ④ zich redden, zich behelpen, het klaarspelen, zich erdoor slaan ♦ *shift for o.s.* het zelf klaarspelen, voor zichzelf zorgen ⑤ draaien, hengelen, uitvluchten verzinnen
³**shift** /ʃɪft/ [ov ww] ① verplaatsen, verschuiven, verzetten, verhalen ⟨boot⟩ ♦ *shift the blame onto* de schuld schuiven op; *shift the helm* het roer omgooien; *shift the responsibility off* de verantwoordelijkheid afschuiven ② verwisselen, verruilen, veranderen, ⟨AE⟩ wisselen, schakelen ⟨versnelling⟩ ♦ *shift one's ground* plotseling een ander standpunt innemen; *shift the scene* de achtergrond van een verhaal veranderen ③ transformeren, van gedaante doen veranderen ④ verstouwen, verorberen, achteroverslaan
shift·er /ʃɪftə, ᴬ-ər/ [telb zn] ① draaier, iemand die vol uitvluchten zit ② ⟨dram⟩ machinist
shift·ie /ʃɪfti/ [telb zn] ⟨sl⟩ onbetrouwbaar meisje
shift·ie-eyed, shift·y-eyed [bn] ⟨sl⟩ gluiperig, gemeen
shift key [telb zn] hoofdlettertoets
shift·less /ʃɪftləs/ [bn; bw: ~ly; zn: ~ness] ① niet vindingrijk, inefficient, onbeholpen, onbekwaam ② lui ③ doelloos
shift work [niet-telb zn] ploegendienst, ploegenarbeid
shift·y /ʃɪfti/ [bn; bw: shiftily; zn: shiftiness] ① niet rechtdoorzee, onoprecht, stiekem, onbetrouwbaar ② gewiekst, goochem ③ ongrijpbaar, moeilijk te vatten

Shi·ite /ʃiːaɪt/ [telb zn] sjiiet ⟨lid van de sjiitische sekte van de islam⟩
shi·kar /ʃɪkɑː, ˄ʃɪkɑr/ [niet-telb zn] ⟨IndE⟩ jacht ⟨voornamelijk op grof wild⟩
shi·ka·ree /ʃɪkæri/ [telb zn] ⟨IndE⟩ jager ⟨in het bijzonder inheemse beroepsjager of begeleider van jachtgezelschap⟩
shik·sa, shik·se, shick·sa /ʃɪksə/ [telb zn] ⟨AE; jod; vnl pej⟩ sjikse ⟨niet-joods meisje; Joods meisje dat de tradities niet meer volgt⟩
¹**shill** /ʃɪl/ [telb zn] ⟨AE; sl⟩ [1] lokvogel, lokaas [2] standwerker, vendumeester, reclameman, publicrelationsman [3] politieknuppel
²**shill** /ʃɪl/ [onov ww] als lokvogel dienen
shill bid·ding [niet-telb zn] het nepbieden, het opdrijven van prijzen door nepbiedingen ⟨op veilingsites⟩
shil·le·lagh, shil·la·lah /ʃɪleɪli/ [telb zn] knots, knuppel ⟨Iers, van sleedoorn of eikenhout⟩
shil·ling /ʃɪlɪŋ/ [telb zn] shilling ⟨voormalige Engelse munt, Oost-Afrikaanse munteenheid⟩ ▪ *cut off with a shilling* onterven
shilling mark [telb zn] ⟨drukw⟩ schuin streepje
shil·lings·worth /ʃɪlɪŋzwɜːθ, ˄-wɜrθ/ [telb zn; alleen enk] shilling, voor een shilling ⟨hoeveelheid die men voor een shilling kan kopen⟩
¹**shil·ly-shal·ly** /ʃɪliʃæli/ [telb + niet-telb zn] besluiteloosheid, het weifelen, het aarzelen
²**shil·ly-shal·ly** /ʃɪliʃæli/ [bn] besluiteloos, weifelend, aarzelend, irresoluut
³**shil·ly-shal·ly** /ʃɪliʃæli/ [onov ww] dubben, weifelen, aarzelen
shily [bw] → shy
¹**shim** /ʃɪm/ [telb zn] vulstuk, vulsteen, plug, wig
²**shim** /ʃɪm/ [ov ww] van een vulstuk voorzien
¹**shim·mer** /ʃɪmə, ˄-ər/ [niet-telb zn] flikkering, glimp, flauw schijnsel, glinstering
²**shim·mer** /ʃɪmə, ˄-ər/ [onov ww] glinsteren, flakkeren, flikkeren, glimmen, schemeren
¹**shim·my** /ʃɪmi/ [telb zn] ⟨AE⟩ [1] hemd [2] shimmy ⟨dans uit de jaren '20⟩ [3] abnormale slingering van de voorwielen, shimmy
²**shim·my** /ʃɪmi/ [onov ww] ⟨AE⟩ [1] de shimmy dansen [2] abnormaal slingeren ⟨van voorwielen⟩
¹**shin** /ʃɪn/ [telb zn] [1] scheen [2] runderschenkel ▪ *a shin of beef* een runderschenkel
²**shin** /ʃɪn/, ⟨ook, vnl AE⟩ **shin·ny** /ʃɪni/ [onov + ov ww] klauteren, klimmen ⟨met handen en voeten⟩ ▪ *shin down* omlaag klauteren; *shin up* omhoogklauteren; *shin up a tree* een boom inklauteren, een boom invliegen
³**shin** /ʃɪn/ [ov ww] tegen de schenen trappen
shin·bone [telb zn] scheenbeen, tibia
shin·dig /ʃɪndɪɡ/ [telb zn] ⟨inf⟩ [1] partij(tje), feest(je), fuif(je) [2] herrie, heibel, tumult, opschudding, rumoer
shin·dy /ʃɪndi/ [telb zn] ⟨inf⟩ [1] herrie, heibel, tumult, opschudding, rumoer ▪ *kick up a shindy* herrie schoppen, lawaai maken, een rel trappen [2] partij(tje), feest(je), fuif(je)
¹**shine** /ʃaɪn/ [telb + niet-telb zn] [1] schijn, schijnsel, licht, uitstraling [2] glans, glinstering, schittering, luister, politoer ▪ *take the shine off/out of* van zijn glans beroven; maken dat de aardigheid af gaat van; in de schaduw stellen [3] ⟨AE⟩ poetsbeurt, het poetsen ⟨van schoenen⟩ [4] ⟨sl⟩ ⟨gesmokkelde/zelfgemaakte⟩ whisky ▪ ⟨AE; inf⟩ *take a shine to s.o.* iemand zomaar/direct aardig vinden
²**shine** /ʃaɪn/ [onov ww; shone, shone] [1] glanzen, glimmen, blinken, stralen [2] schitteren, uitblinken ▪ *shine out* duidelijk naar voren komen; → shining
³**shine** /ʃaɪn/ [onov + ov ww; shone, shone] schijnen, lichten, gloeien ▪ *he shone his light in my face* hij scheen met zijn lantaarn in mijn gezicht; *shine out* naar buiten schijnen ▪ ⟨sprw⟩ *make hay while the sun shines* men moet het ijzer smeden als het heet is, men moet hooien als de zon schijnt; ⟨sprw⟩ *the sun is never the worse for shining on a dunghill* ± goede mensen worden niet gecorrumpeerd door een slechte omgeving; → shining
⁴**shine** /ʃaɪn/ [onov ww] → shine up to
⁵**shine** /ʃaɪn/ [ov ww] ⟨inf⟩ poetsen, doen glimmen
shine box [telb zn] ⟨sl⟩ glittertent ⟨van of voor negers⟩
shin·er /ʃaɪnə, ˄-ər/ [telb zn] [1] ⟨benaming voor⟩ iets dat schittert, ster, diamant, blinkend muntstuk [2] schoenpoetser [3] ⟨inf⟩ blauw oog [4] ⟨dierk⟩ shiner ⟨Noord-Amerikaanse zoetwatervis; Netropis⟩
shin·ers /ʃaɪnəz, ˄-ərz/ [alleen mv] ⟨BE⟩ duiten, poen, centen
shine up to [onov ww] ⟨AE⟩ proberen in het gevlij te komen bij, veel aandacht besteden aan
¹**shin·gle** /ʃɪŋɡl/ [telb zn] [1] dakspaan [2] ⟨AE⟩ naambord van arts/advocaat ⟨enz.⟩ ▪ *hang out/hang up/put up one's shingle* zich vestigen als arts enz. [3] kort dameskapsel ⟨waarbij het haar van achteren opgeknipt is⟩, jongenskopje
²**shin·gle** /ʃɪŋɡl/ [niet-telb zn] kiezel, grind, kiezelstrand
³**shin·gle** /ʃɪŋɡl/ [ov ww] [1] met dakspanen bedekken [2] opknippen ⟨haar⟩
shingle beach [telb zn] kiezelstrand
shin·gles /ʃɪŋɡlz/ [alleen mv] ⟨med⟩ gordelroos
shin·guard, shin·pad [telb zn] scheenbeschermer
shin·ing /ʃaɪnɪŋ/ [bn; oorspronkelijk tegenwoordig deelw van shine] [1] schitterend, glanzend, blinkend, lichtend, stralend [2] uitstekend, uitmuntend
shinny [onov + ov ww] → shin²
shinpad [telb zn] → shinguard
shin splints [alleen mv] ⟨sport⟩ pijnlijke scheenbeenspieren
Shin·to /ʃɪntoʊ/, **Shin·to·ism** /ʃɪntoʊɪzm/ [eigenn] shintoïsme ⟨Japanse godsdienst⟩
Shin·to·ist /ʃɪntoʊɪst/ [telb zn] aanhanger van het shintoïsme
¹**shin·ty** /ʃɪnti/, **shin·ny** /ʃɪni/ [telb zn] ⟨BE⟩ [1] bal gebruikt bij shinty [2] stick gebruikt bij shinty
²**shin·ty** /ʃɪnti/, **shin·ny** /ʃɪni/ [niet-telb zn] ⟨BE⟩ shinty ⟨balspel dat op hockey lijkt⟩
¹**shin·y** /ʃaɪni/ [telb zn] ⟨sl⟩ [1] ⟨beled⟩ nikker, roetmop [2] sterkedrank
²**shin·y** /ʃaɪni/ [bn; vergr trap: shinier; zn: shininess] [1] glanzend, glimmend, blinkend, schitterend ▪ *shiny trousers* een glimmende broek [2] zonnig
¹**ship** /ʃɪp/ [telb zn] [1] schip, schuit, vaartuig, zeilschip ▪ *on board ship* aan boord; *break ship* drossen; ⟨inf⟩ *when my ship comes in/home* als het schip met geld (binnen)komt; ⟨fig⟩ *ship of the desert* het schip der woestijn; *jump ship* ⟨als bemanningslid⟩ het schip verlaten, aan wal blijven ⟨zonder af te monsteren⟩; *ship of the line* linieschip; *take ship* zich inschepen, aan boord gaan [2] ⟨AE⟩ vliegtuig, kist, luchtschip [3] ruimteschip [4] ⟨sl⟩ boot ⟨in het bijzonder wedstrijdboot⟩ ▪ *spoil the ship for a halfpennyworth*, ⟨inf⟩ *spoil the ship for a ha'porth o'tar* ± het kind met het badwater weggooien; ⟨like⟩ *ships that pass in the night* mensen die elkaar toevallig een keer tegenkomen; ⟨sprw⟩ *it's no use spoiling the ship for ha'p'orth of tar* men moet om een ei geen pannenkoek bederven, ± wat men aan het zaad spaart verliest men aan de oogst
²**ship** /ʃɪp/ [onov ww] [1] scheep gaan, zich inschepen [2] aanmonsteren ▪ *ship out* naar zee gaan; → shipping
³**ship** /ʃɪp/ [ov ww] [1] verschepen, ⟨per schip⟩ verzenden/transporteren, ⟨bij uitbreiding⟩ vervoeren, verzenden ▪ *ship off, ship out* verschepen [2] schepen, laden [3] plaatsen ⟨bijvoorbeeld mast, roer⟩ [4] binnenhalen ⟨riemen⟩ [5] binnenkrijgen, overkrijgen ▪ *ship water/a sea* een golf binnenkrijgen/overkrijgen ▪ *ship off* wegsturen, wegzenden;

-ship
→ shipping
-ship /ʃɪp/ [vormt abstract naamwoord uit bn en naamwoord] ± -schap ⟨geeft hoedanigheid aan of rang, status, beroep, vaardigheid, aantal⟩ ♦ *kinship* verwantschap; *membership* lidmaatschap, het aantal leden; *workmanship* vakmanschap; *chairmanship* voorzitterschap
ship biscuit, ship's biscuit [niet-telb zn] ⟨vnl BE⟩ scheepsbeschuit, scheepskaak
ship-board [telb + niet-telb zn] scheepsboord ♦ *on shipboard* aan boord
ship boy [telb zn] scheepsjongen, kajuitsjongen
ship-break·er [telb zn] scheepssloper, opkoper van oude schepen
ship broker [telb zn] [1] cargadoor, scheepsbevrachter, scheepsmakelaar [2] scheepsmakelaar ⟨die schepen verhandelt⟩
ship·build·er [telb zn] scheepsbouwer
ship·build·ing [niet-telb zn] scheepsbouw
ship burial [telb + niet-telb zn] ⟨gesch⟩ begrafenis in een schip in een grafheuvel
ship canal [telb zn] kanaal ⟨bevaarbaar voor zeeschepen⟩
ship carpenter [telb zn] scheepstimmerman
ship chandler, ship's chandler [telb zn] scheepsleverancier, shipchandler, verkoper van scheepsbenodigdheden
ship fever [telb + niet-telb zn] tyfus
ship·lap /ʃɪplæp/ [ov ww] rabatten ⟨planken enz. dakpansgewijs over elkaar leggen⟩, potdekselen
ship letter [telb zn] brief die per gewoon schip en niet per mailboot wordt verzonden
ship·load [telb zn] scheepslading, scheepsvracht
ship·mas·ter [telb zn] kapitein ⟨van koopvaardijschip⟩
ship·mate [telb zn] scheepsmaat, scheepsmakker
¹**ship·ment** /ʃɪpmənt/ [telb zn] zending, vracht, ⟨i.h.b.⟩ scheepslading
²**ship·ment** /ʃɪpmənt/ [niet-telb zn] vervoer ⟨niet alleen per schip⟩, verzending, verscheping, transport
ship money [niet-telb zn] ⟨BE; gesch⟩ belasting tot instandhouding van de vloot
ship·own·er [telb zn] reder
ship·pen, ship·pon /ʃɪpən/ [telb zn] ⟨BE, gew⟩ (koe)stal
ship·per /ʃɪpə, ˆ-ər/ [telb zn] expediteur ⟨Brits-Engels alleen per schip⟩, verzender
ship·ping /ʃɪpɪŋ/ [niet-telb zn; gerund van ship] [1] verscheping, verzending [2] inscheping [3] (totaal aan) schepen ⟨van een land, in een haven enz.⟩ [4] scheepvaart
ship·ping-a·gent [telb zn] scheepsbevrachter, cargadoor
shipping articles [alleen mv] → ship's articles
ship·ping-bill [telb zn] ⟨BE⟩ ladingsmanifest, carga, dinglijst
ship·ping-clerk [telb zn] expeditieklerk
shipping company, shipping line [telb zn] scheepvaartmaatschappij
shipping document [telb zn] verschepingsdocument, verladingsdocument
shipping forecast [telb zn] ⟨BE⟩ weerbericht voor de (zee)scheepvaart
shipping lane [telb zn] scheepvaartroute
ship·ping-mas·ter [telb zn] ⟨BE; scheepv⟩ waterschout
ship·ping-of·fice [telb zn] [1] cargadoorskantoor, expeditiekantoor, bevrachtingskantoor [2] kantoor van een waterschout
ship-rig·ged [bn] vierkant getuigd, met razeilen
ship's articles, ⟨AE⟩ **shipping articles** [alleen mv] arbeidsovereenkomst ⟨tussen kapitein en bemanning⟩
ship's chandler [telb zn] → ship chandler
ship's company [verzameln] scheepsbemanning
ship's corporal [telb zn] scheepsonderofficier belast met het handhaven van de orde ⟨onder de provoost⟩

1690

ship-shape /ʃɪpʃeɪp/ [bn, pred; bw] netjes, in orde, keurig ♦ *(all) shipshape and Bristol fashion* keurig netjes, prima/piekfijn in orde
ship's husband [telb zn] scheepsagent, rederijagent
ship's papers [alleen mv] scheepspapieren, scheepsdocumenten
ship-to-shore [bn, attr] tussen schip en wal ⟨radio⟩
¹**ship·wreck** [telb + niet-telb zn] schipbreuk, ⟨fig⟩ ondergang, mislukking
²**ship·wreck** [onov ww] schipbreuk lijden, ⟨fig⟩ mislukken
³**ship·wreck** [ov ww] schipbreuk doen lijden, ⟨fig⟩ doen mislukken
ship·wright /ʃɪpraɪt/ [telb zn] scheepsbouwer, scheepstimmerman
ship·yard [telb zn] scheeps(timmer)werf
shir·a·lee /ʃɪrəliː, ˆʃɪrəliː/ [telb zn] ⟨AuE⟩ bundel, pak ⟨van zwerver⟩
shire /ʃaɪə, ˆʃaɪər/, ⟨in betekenis 3 ook⟩ **shire horse** [telb zn] [1] ⟨BE⟩ graafschap ⟨Engelse provincie⟩ [2] ⟨AuE⟩ zelfstandig gebied ⟨platteland⟩ [3] shire ⟨zwaar Engels trekpaardenras⟩
shires /ʃaɪəz, ˆʃaɪərz/ [alleen mv; meestal Shires; the] [1] Engelse graafschappen ⟨ten noordoosten van Hampshire en Devon⟩ [2] graafschappen in Midden-Engeland, ⟨i.h.b.⟩ Leicestershire en Northamptonshire ⟨gebied van vossenjacht⟩
¹**shirk** /ʃɜːk, ˆʃɜrk/, **shirk·er** /ʃɜːkə, ˆʃɜrkər/ [telb zn] drukker, lijntrekker ⟨iemand die zich aan zijn plicht e.d. onttrekt⟩
²**shirk** /ʃɜːk, ˆʃɜrk/ [onov ww] zich drukken
³**shirk** /ʃɜːk, ˆʃɜrk/ [ov ww] zich onttrekken aan ♦ *shirk school* spijbelen
Shir·ley pop·py /ʃɜːli pɒpi, ˆʃɜrli pɑpi/ [telb zn] Shirley klaproos
¹**shirr** /ʃɜː, ˆʃɜr/ [telb + niet-telb zn] draad voor smokwerk
²**shirr** /ʃɜː, ˆʃɜr/ [niet-telb zn] smokwerk
³**shirr** /ʃɜː, ˆʃɜr/ [ov ww] [1] smokken, plooien, inrimpelen, inhalen [2] ⟨AE⟩ pocheren ⟨eieren⟩; → shirring
shirr·ing /ʃɜːrɪŋ/ [niet-telb zn; gerund van shirr] smokwerk
shirt /ʃɜːt, ˆʃɜrt/ [telb zn] [1] overhemd ♦ *boiled shirt* rokoverhemd, wit overhemd met gesteven front; ⟨AE; sl⟩ *fried shirt* hemd met stijve boord, gesteven overhemd [2] overhemdbloes [3] overhemdjurk [4] *give away the shirt off one's back* zijn laatste cent weggeven; ⟨inf⟩ *bet one's shirt on/that* er absoluut zeker van zijn (dat); ⟨inf⟩ *keep your shirt on!* kalmpjes aan!, maak je niet dik!, maak je niet te sappel!; ⟨inf⟩ *lose one's shirt* alles verliezen wat men heeft, veel geld verliezen; ⟨inf⟩ *put one's shirt on sth.* al zijn geld op iets zetten ⟨in het bijzonder paarden⟩; ⟨inf⟩ *stuffed shirt* opgeblazen persoon, blaaskaak; reactionair, zelfgenoegzaam iemand
shirt blouse [telb zn] overhemdbloes
shirt dress [telb zn] overhemdjurk
shirt·ed /ʃɜːtɪd, ˆʃɜrtɪd/ [bn] met overhemd
shirt-front [telb zn] front(je), overhemdsborst
shirt·ing /ʃɜːtɪŋ, ˆʃɜrtɪŋ/ [niet-telb zn] (katoenen) overhemdstof
shirt·less /ʃɜːtləs, ˆʃɜrt-/ [bn; zn: ~ness] zonder overhemd
shirt-sleeve [telb zn; vaak attributief] ⟨inf; meestal mv⟩ hemdsmouw ♦ *in one's shirt-sleeves* in hemdsmouwen, informeel
shirt tail [telb zn] (over)hemdsslip
shirt·waist·er, ⟨AE⟩ **shirt·waist,** ⟨AE ook⟩ **shirt·mak·er** [telb zn] [1] overhemdbloes [2] overhemdjurk
shirt·y /ʃɜːti, ˆʃɜrti/ [bn] ⟨vnl BE; inf⟩ nijdig, kwaad, geërgerd
shish ke·bab /ʃɪʃ kɪbæb, ˆ-bɑb/ [niet-telb zn] shish ke-

bab

shist [niet-telb zn] → **schist**

¹shit /ʃɪt/, ⟨BE⟩ **shite** /ʃaɪt/ [telb zn] ⟨vulg⟩ zeiker(d), lul, zak ♦ *you shit!* klootzak!

²shit /ʃɪt/, ⟨BE⟩ **shite** /ʃaɪt/ [telb + niet-telb zn] ⟨vulg⟩ ① stront, kak, poep, schijt, drol ② het schijten ♦ *go and have a shit* gaan schijten ③ rommel, rotzooi • *beat/kick/knock the shit out of s.o.* iemand een pak op zijn sodemieter geven; *bore the shit out of s.o.* strontvervelend zijn; *eat shit* beledigingen moeten slikken, door het stof moeten; ⟨AE⟩ iets moeten opbiechten, een vernederende bekentenis moeten maken; ⟨sl⟩ *get one's shit together* orde op zaken stellen, zichzelf meester worden; *not give a shit* er schijt aan hebben; *it grips my shit* het ergert me mateloos; *then the shit hit the fan* daar had je 't gelazer, toen brak de pleuris uit; *shoot the shit* dik doen; *not worth a shit* niets waard

³shit /ʃɪt/, ⟨BE⟩ **shite** /ʃaɪt/ [niet-telb zn] ⟨vulg⟩ ① gezeik, gelul, geklets, onzin ♦ *that is shit for the birds* je kunt me nog meer vertellen ② hasj ③ lot, noodlot

⁴shit /ʃɪt/ [bn] ⟨vulg⟩ volledig, totaal

⁵shit /ʃɪt/ [onov ww; ook shat] ⟨vulg⟩ ① schijten, beren, kakken, poepen, bouten ② overdrijven ③ liegen ④ het besterven • *shit on s.o.* iemand verlinken/verloenen ⟨bij de politie⟩, walgen van/woedend zijn op iemand

⁶shit /ʃɪt/ [ov ww; ook shat] ⟨vulg⟩ schijten op/in ♦ *shit o.s.* het in zijn broek doen

⁷shit /ʃɪt/ [bw] ⟨vulg⟩ verdomd, zeer, heel ♦ *shit out of luck* volkomen hulpeloos, mislukt, gestraald

⁸shit /ʃɪt/, ⟨BE⟩ **shite** /ʃaɪt/ [tw] ⟨vulg⟩ verdomme, kut, shit

shite ⟨BE; vulg⟩ → **shit¹, shit², shit³, shit⁸**

shit-faced [bn] ⟨vulg⟩ strontlazarus, strontzat, straalbezopen

shit-for-brains [telb zn] ⟨vulg⟩ leeghoofd, iemand met stront tussen z'n oren

shit·head, shit·heel [telb zn] ⟨vulg⟩ ① klootzak, schoft, etter ② hasjroker, hasjrookster, junkie

shit hole [telb zn] ⟨vulg⟩ krot, kot

shit-hot [bn] ⟨vulg⟩ retegoed, gaaf, geweldig

shit·kick·er [telb zn] ⟨vulg⟩ ① boer, plattelander ② western ③ ⟨mv⟩ zware laarzen ⟨van boeren⟩

shit·less /ʃɪtləs/ [bn, pred] • ⟨inf⟩ *be bored shitless* zich stierlijk vervelen; ⟨inf⟩ *be scared shitless* het in zijn broek doen van angst, bagger schijten

shit list [telb zn] ⟨vulg⟩ zwarte lijst

shits /ʃɪts/, ⟨BE⟩ **shites** /ʃaɪts/ [alleen mv; the] ⟨vulg⟩ schijterij, 'dunne', diarree

shit stirrer [telb zn] ⟨vnl BE; vulg⟩ herrieschopper, (onrust)stoker

shit·ter /ʃɪtə, ˆʃɪtər/ [telb zn] ⟨vulg⟩ schijthuis

shit·ty /ʃɪti/ [bn] ⟨vulg⟩ ① lullig, stom, onbelangrijk ② boos, giftig, rot-

shiv /ʃɪv/, **shive** [telb zn] ⟨sl⟩ mes ⟨in het bijzonder als wapen⟩

shivaree [telb + niet-telb zn] → **charivari**

shiv artist [telb zn] ⟨sl⟩ messentrekker

¹shiv·er /ʃɪvə, ˆ-ər/ [telb zn; meestal mv] ① rilling ⟨ook figuurlijk⟩, beving, siddering, (i.h.b.) gevoel van angst/afkeer ♦ *a shiver ran down his spine* de rillingen liepen hem over de rug; ⟨inf⟩ *get the shivers* de rillingen krijgen; ⟨inf⟩ *give s.o. the shivers* iemand de rillingen geven; ⟨inf⟩ *have the shivers* de rillingen hebben, huiveren; *send cold shivers (up and) down s.o.'s back/spine* iemand de koude rillingen langs de rug doen lopen ② ⟨zelden⟩ scherf, splinter ♦ *break sth. to shivers* iets in scherven laten vallen; *burst into shivers* in scherven uiteen vallen

²shiv·er /ʃɪvə, ˆ-ər/ [onov ww] ① rillen ⟨van angst, kou⟩, sidderen, huiveren ♦ *be shivering in one's shoes* op zijn benen staan te trillen ② killen ⟨van zeil⟩, klapperen ③ ⟨vero⟩ breken, (in scherven) uiteenvallen

³shiv·er /ʃɪvə, ˆ-ər/ [ov ww] ① doen killen ⟨zeilen⟩, doen klapperen ② ⟨verouderd of schertsend⟩ breken, versplinteren, verbrijzelen

shiv·er·y /ʃɪvəri/ [bn; vergr trap: ook shiverier] ① rillerig, beverig ② griezelig, beangstigend ③ kil ⟨van weer⟩ ④ bros, brokkelig

shle·moz·zle /ʃləmɒzl, ˆ-mɑzl/ [telb zn] ⟨AE; sl⟩ ① puinhoop ② tumult, ruzie, verwarring ③ slamassel, eeuwige pechvogel

shlep → **schlep**

shlub /ʃlʌb/, **shlub·bo** /ʃlʌboʊ/ [telb zn] ⟨AE; sl⟩ lomperik, boer

shmat·te /ʃmætə/, **shmot·te** /ʃmɒtə, ˆʃmɑtə/ [telb zn] ⟨AE; sl⟩ lor, vod

shmo, shmoe /ʃmoʊ/ [telb zn] ⟨AE; sl⟩ ① sul, idioot ② kerel, vent, gozer

shnook /ʃnʊk/ [telb zn] ⟨AE; sl⟩ sul, onnozele hals

¹shoal /ʃoʊl/ [telb zn] ① ondiepte ② zandbank ③ menigte, troep, (i.h.b.) school ⟨van vissen⟩ ♦ *in shoals* in scholen; *shoal of fish* school vissen ⟨inf⟩ hoop, groot aantal ⑤ ⟨mv⟩ klippen ⟨figuurlijk⟩, verborgen gevaar/gevaren

²shoal /ʃoʊl/ [bn; vergr trap: shoaler; zn: ~ness] ondiep

³shoal /ʃoʊl/ [onov ww] ① ondiep(er) worden ② scholen ⟨van vissen⟩

⁴shoal /ʃoʊl/ [ov ww] in ondiep(er) deel komen van ⟨van schepen⟩

shoal·y /ʃoʊli/ [bn; zn: shoaliness] vol ondiepten

shoat, shote /ʃoʊt/ [telb zn] ⟨AE⟩ jong (speen)varken

¹shock /ʃɒk, ˆʃɑk/, (in betekenis 2 ook) **stook** /stʊk, stuːk/ [telb zn] ① aardschok ② stuik ⟨van schoven graan⟩, hok ③ ⟨inf⟩ schokbreker ④ ⟨inf⟩ dikke bos ⟨van haar⟩ ♦ *shock of hair* dikke bos haar, wilde haardos

²shock /ʃɒk, ˆʃɑk/ [telb + niet-telb zn] ① schok, hevige emotie, schrik, (onaangename) verrassing ♦ *come upon s.o. with a shock* een (grote) schok zijn voor iemand ② (elektrische) schok

³shock /ʃɒk, ˆʃɑk/ [niet-telb zn] shock ⟨ook medisch⟩ ♦ *die of shock* sterven ten gevolge van een shock

⁴shock /ʃɒk, ˆʃɑk/ [onov ww] ① een schok veroorzaken ② ⟨vero⟩ krachtig botsen; → **shocking**

⁵shock /ʃɒk, ˆʃɑk/, (in betekenis 3 ook) **stook** /stʊk, stuːk/ [ov ww] ① ⟨vaak passief⟩ schokken, choqueren, laten schrikken ♦ *be shocked at/by* geschokt zijn door; *a shocked silence* een ontzette stilte ② een schok geven ⟨ook elektriciteit⟩, een shock veroorzaken bij ♦ *get shocked* een (elektrische) schok krijgen ③ hokken ⟨schoven graan⟩, aan hokken zetten, in stuiken zetten • *shock s.o. into telling sth.* d.m.v. een schok iemand ertoe brengen iets te vertellen; *shock a secret/confession out of s.o.* d.m.v. een schok iemand ertoe brengen een geheim prijs te geven/te bekennen; → **shocking**

shock absorber [telb zn] ⟨techn⟩ schokdemper, schokbreker

shock·er /ʃɒkə, ˆʃɑkər/ [telb zn] ⟨vero; scherts; inf⟩ ① iemand die schokt ② schokkend iets, (i.h.b.) schokkend verhaal/boek

shock·ing /ʃɒkɪŋ, ˆʃɑ-/ [bn; oorspronkelijk tegenwoordig deelw van shock; zn: ~ness] ① ⟨bw⟩ zeer slecht ② stuitend, schokkend, weerzinwekkend ③ ⟨inf⟩ vreselijk, erg ♦ *shocking weather* rotweer • *shocking pink* felroze

shock·ing·ly /ʃɒkɪŋli, ˆʃɑ-/ [bw] ① → **shocking** ② uiterst, zeer

shock jock [telb zn] ⟨vnl AE⟩ shockjock ⟨choquerende diskjockey⟩

shock·proof [bn] schokvast, schokbestendig

shock stall [niet-telb zn] ⟨luchtv⟩ schokgolfweerstand

shock tactics [alleen mv] ⟨mil⟩ stoottactiek, ⟨fig⟩ overrompeling(stactiek)

shock therapy, shock treatment [niet-telb zn] ⟨med⟩ schoktherapie, schokbehandeling

shock troops [alleen mv] stoottroepen, keurtroepen, elitetroepen

shock wave [telb zn] schokgolf, drukgolf

shod /ʃɒd, ˄ʃɑd/ [verleden tijd en volt deelw] → **shoe**

¹shod·dy /ˈʃɒdi, ˄ˈʃɑdi/ [telb + niet-telb zn] [1] scheurwol ⟨uit breisels, vervilt weefsel, enz.⟩, herwonnen wol, kunstwol [2] weefsel uit scheurwol [3] goedkoop/inferieur materiaal [4] kitsch, prul

²shod·dy /ˈʃɒdi, ˄ˈʃɑdi/ [bn; vergr trap: shoddier; bw: shoddily; zn: shoddiness] [1] nagemaakt, kunst-, imitatie-, pseudo- [2] prullig [3] onwaardig, minderwaardig, snert-

¹shoe /ʃuː/ [telb zn; mv: verouderd ook shoon /ʃuːn/] [1] schoen ♦ *a pair of shoes* een paar schoenen; *put on one's shoes* zijn schoenen aantrekken; *take off one's shoes* zijn schoenen uittrekken [2] hoefijzer [3] ⟨benaming voor⟩ schoenvormig voorwerp, remschoen, remblok, beslag [4] ⟨techn⟩ beugel ⟨op trein, tram e.d.⟩ [5] ⟨auto⟩ band [·] ⟨inf⟩ *be in s.o.'s shoes* in iemands schoenen staan; *die in one's shoes/with one's shoes on* een gewelddadige dood sterven; ⟨inf⟩ *fill s.o.'s shoes* iemand opvolgen; ⟨i.h.b.⟩ een waardig opvolger zijn van iemand; ⟨AE; inf⟩ *but now the shoe is on the other foot* maar nu zijn de rollen omgedraaid; *lick s.o.'s shoes* iemand likken; ⟨inf⟩ *(know) where the shoe pinches* (weten) waar de schoen wringt; *put o.s. in(to) s.o.'s shoes* zich in iemands positie verplaatsen; *shake in one's shoes* op zijn benen staan te trillen; *step into s.o.'s shoes* iemand opvolgen; ⟨i.h.b.⟩ een waardig opvolger zijn van iemand; *step into s.o. else's shoes* de rol/taak/bevoegdheid van iemand anders overnemen; ⟨sprw⟩ *if the cap/shoe fits, wear it* wie de schoen past, trekke hem aan; ⟨sprw⟩ *it is ill waiting for dead men's shoes* met naar de schoen van een dode te wachten kan men lang blootsvoets lopen, hopedoden leven lang; ⟨sprw⟩ *for want of a nail the shoe was lost* ± men moet om een ei geen pannenkoek bederven; ⟨sprw⟩ *only the wearer knows where the shoe pinches* ieder voelt het best waar hem de schoen wringt

²shoe /ʃuː/ [ov ww; meestal shod, shod] [1] beslaan ⟨paard⟩ [2] schoeien [·] *cars shod with special tyres* auto's met/voorzien van speciale banden

shoe·bill [telb zn] ⟨dierk⟩ schoensnavel ⟨Balaeniceps rex⟩

shoe·black [telb zn] schoenpoetser

shoe·black·ing [telb + niet-telb zn] (zwarte) schoensmeer

shoe·buckle [telb zn] (schoen)gesp

¹shoe·horn, shoe·lift [telb zn] schoenlepel

²shoe·horn [ov ww] in een kleine ruimte (trachten te) persen

shoe·ing-horn [telb zn] schoenlepel, ⟨fig⟩ hulpmiddel

shoe·ing-smith [telb zn] hoefsmid

shoe-lace [telb zn] (schoen)veter

shoe-last [telb zn] (schoen)leest

shoe-latch·et [telb zn] schoenriem

shoe-leath·er [niet-telb zn] [1] schoenleer [2] slijtage van schoenen ♦ *save shoe-leather* zijn schoenen sparen ⟨door weinig te lopen⟩

shoe·less /ˈʃuːləs/ [bn] zonder schoenen

shoe-lift [telb zn] → **shoehorn**

shoe·mak·er [telb zn] schoenmaker, schoenlapper

shoe·mak·ing [telb zn] [1] het schoenmaken [2] schoenmakersambacht

shoe polish [niet-telb zn] schoensmeer

shoe·shine [niet-telb zn] het schoenpoetsen

shoeshine boy [telb zn] schoenpoetser

shoeshine stand [telb zn] ⟨AE⟩ schoenpoetsersplaats, schoenpoetserspunt

¹shoe-string [telb zn] [1] ⟨vnl AE⟩ (schoen)veter [2] ⟨inf⟩ (te) klein budget ♦ *on a shoe-string* met erg weinig geld

²shoe-string [niet-telb zn] ⟨sl⟩ goedkope rode wijn

³shoe-string [bn, attr] [1] erg gering, erg klein/weinig ♦ *shoe-string budget* zeer beperkt budget [2] ⟨AE⟩ lang en dun ♦ *shoe-string potatoes* dunne friet(en)

shoe-tree [telb zn] (schoen)spanner

sho·far /ˈʃoʊfɑː, ˄-fər/ [telb zn; mv: shofroth /ʃoʊˈfroʊt/] ramshoorn, sjofar, sjoufer

sho·gun /ˈʃoʊɡən/ [telb zn] ⟨gesch⟩ shogun ⟨militaire heersers in Japan, 1192-1867⟩

sho·gun·ate /ˈʃoʊɡənət, -neɪt/ [niet-telb zn] shogunaat, ambt(speriode)/waardigheid van een shogun

shone /ʃɒn, ˄ʃoʊn/ [verleden tijd en volt deelw] → **shine**

shonk·y, shonk·ie /ˈʃɒŋki, ˄ˈʃɑŋ-/ [bn; vergr trap: shonkier] ⟨inf⟩ [1] ⟨AuE⟩ louche, verdacht, onbetrouwbaar ♦ *shonky practices* achterbakse praktijken [2] goedkoop, waardeloos, flutterig

¹shoo /ʃuː/ [onov + ov ww] ks/kst roepen, wegjagen ♦ *shoo sth./s.o. away/off* iets/iemand wegjagen

²shoo /ʃuː/ [tw] ks, kst

shoo-fly [telb zn] ⟨AE⟩ [1] tijdelijk(e) weg/spoor [2] politieman in burger ⟨die agenten controleert⟩

shoo-fly [tw] ⟨sl⟩ verrek

shoofly pie [telb + niet-telb zn] ⟨AE⟩ soort toetje ⟨heel zoet en stroopachtig⟩

shoo-in [telb zn] ⟨AE; inf⟩ [1] gedoodverfde winnaar, kat in 't bakkie [2] makkie

¹shook /ʃʊk/ [telb zn] ⟨AE⟩ stuik ⟨schoven graan⟩

²shook /ʃʊk/ [verzamelnaam] ⟨AE⟩ stel duigen, stel latten ⟨voor krat/kist⟩

³shook /ʃʊk/ [verleden tijd en verouderd/informeel volt deelw] → **shake**

shoon /ʃuːn/ [alleen mv] ⟨vero⟩ → **shoe**

¹shoot /ʃuːt/ [telb zn] [1] (jonge) spruit, loot, scheut, uitloper [2] stroomversnelling, waterval [3] glijgoot, glijkoker, stortkoker, helling [4] jachtpartij, jachtexpeditie, jacht [5] schietoefening, schietwedstrijd [6] jachtgebied, jachtterrein [7] jachtrecht [8] ⟨vnl AE; inf⟩ lancering ⟨van raket e.d.⟩ [·] ⟨sl⟩ *the whole shoot* de hele handel

²shoot /ʃuːt/ [onov ww; shot, shot] [1] snel bewegen, voortschieten, wegschieten, voorbijschieten, ⟨i.h.b.⟩ schuiven ⟨van grendel⟩ ♦ *shoot ahead* vooruitschieten, de leiding nemen ⟨in race⟩; *shoot away* met schieten doorgaan; *shoot forth/along* voortsnellen [2] uitsteken ⟨van rots e.d.⟩ [3] schieten ⟨met wapen⟩, jagen, vuren ♦ *shoot at/for* schieten op ⟨AE; inf, ook fig⟩ (zich) richten op; zie: **shoot out**; *shoot over dogs* met honden jagen; *shoot over an estate* een landgoed afjagen [4] afgaan ⟨van wapen⟩, afgevuurd worden [5] steken ⟨van pijn, wond⟩ ♦ *the pain shot through/up his arm* een stekende pijn ging door zijn arm [6] uitlopen, ontspruiten ♦ zie: **shoot up** [7] scoren, schieten, hard werpen [8] plaatjes schieten, foto's nemen, filmen [9] doorschieten ⟨van cricketbal⟩, over de grond scheren [10] ⟨sl⟩ doorgeven ⟨eten aan tafel⟩ [·] ⟨AE; inf⟩ *shoot straight/square* rechtdoorzee zijn, open kaart spelen; ⟨AE; inf⟩ *shoot!* zeg op!, zeg het maar!; → **shooting, shot²**

³shoot /ʃuːt/ [ov ww; shot, shot] [1] (af)schieten ⟨kogel, pijl enz.⟩, afvuren ♦ *shoot away* verschieten ⟨munitie⟩; eraf schieten ⟨ledemaat⟩; *shoot down* neerschieten, neerhalen; ⟨fig⟩ afkeuren; belachelijk maken; ⟨mil⟩ *shoot in* dekken, (vuur)dekking geven; *shoot off* afschieten, afvuren, afsteken ⟨vuurwerk⟩; eraf schieten ⟨ledemaat⟩, ⟨sl⟩ spuiten, ejaculeren [2] neerschieten, verwonden, afschieten, doodschieten, ⟨i.h.b.⟩ fusilleren ♦ ⟨fig⟩ *I'll be shot if* ik mag doodvallen als [3] jagen (op), afjagen ⟨terrein⟩ [4] ⟨benaming voor⟩ doen bewegen, schuiven ⟨grendel⟩, storten ⟨vuil⟩, spuiten ⟨drugs⟩ [5] scoren ⟨doel/punt⟩, schieten [6] snel passeren, snel onderdoor varen ⟨brug⟩, snel varen over ⟨stroomversnelling⟩ [7] schieten ⟨plaatjes⟩, kieken, opnemen ⟨film⟩ [8] gladschuren [9] ⟨AE⟩ spelen ⟨biljart e.d.⟩ ♦ *shoot dice* dobbelen; *shoot marbles* knikkeren [·] zie: **shoot out**; zie: **shoot up**; → **shooting, shot²**

shoot·a·ble /ˈʃuːtəbl/ [bn] te schieten, te jagen

shoot·er /ˈʃuːtə, ˄ˈʃuːtər/ [telb zn] [1] schutter, jager ♦ *a* *snap shooter* een schieter op de aanslag [2] ⟨inf; cricket⟩ doorschietende bal

-shoot·er /ʃuːtə, ᴬʃutər/ [1] ⟨vormt samenstelling die schietwapen aanduidt⟩ ± **-schieter,** ± **-blazer** ♦ *peashooter* erwtenblazer [2] ⟨vormt samenstelling die schutter aanduidt⟩ **-schutter** ♦ *sharpshooter* scherpschutter

¹**shoot·ing** /ʃuːtɪŋ/ [telb zn; (oorspronkelijk) gerund van shoot] [1] jachtterrein [2] (pijn)scheut [3] schietpartij [4] scheut ⟨van plant⟩, spruit, uitloper [5] opname ⟨film, scene⟩

²**shoot·ing** /ʃuːtɪŋ/ [niet-telb zn; (oorspronkelijk) gerund van shoot] [1] het schieten, het jagen [2] jacht [3] jachtrecht

³**shoot·ing** /ʃuːtɪŋ/ [bn; tegenwoordig deelw van shoot] [1] schietend [2] stekend ♦ *shooting pains* pijnscheuten ⟨inf⟩ *shooting star* vallende ster

shoot·ing-box, shoot·ing-lodge [telb zn] ⟨BE⟩ jachthut

shoot·ing-brake, shoot·ing-break [telb zn] ⟨BE⟩ stationcar

shooting circle [telb zn] ⟨netbal⟩ schietcirkel

shoot·ing-coat, shoot·ing-jack·et [telb zn] jagersbuis

shoot·ing-gal·ler·y [telb zn] [1] (overdekte) schietbaan [2] ⟨inf⟩ drugspand

shoot·ing-i·ron [telb zn] ⟨sl⟩ schietijzer, vuurwapen, ⟨i.h.b.⟩ revolver

shoot·ing-match [telb zn] schietwedstrijd ⟨inf⟩ *the whole shooting-match* het hele zaakje, de hele handel

shoot·ing-range [telb zn] schietterrein

shoot·ing-script [telb zn] draaiboek ⟨voor film⟩

shoot·ing-stick [telb zn] zitstok

shooting war [telb zn] ⟨inf⟩ oorlog waarin geschoten wordt, gewapend conflict

¹**shoot out** [onov ww] [1] ⟨inf⟩ naar buiten schieten [2] eruit flappen ⟨opmerking⟩ [3] ⟨inf⟩ uitzetten ⟨uit huis⟩

²**shoot out** [ov ww] ⟨inf⟩ een vuurgevecht leveren over ♦ *they're going to shoot it out* ze gaan het uitvechten (met de revolver)

shoot-out [telb zn] ⟨inf⟩ [1] (beslissend, hevig) vuurgevecht ⟨met handwapens⟩, duel [2] (dobbelen) eindresultaat [3] ⟨AE; sport, in het bijzonder American football⟩ doelpuntenfestijn

¹**shoot up** [onov ww] [1] ⟨inf⟩ omhoog schieten ⟨van planten, kinderen⟩, snel groeien, snel stijgen ⟨van temperatuur, prijzen⟩ [2] ⟨sl⟩ spuiten ⟨m.b.t. drugs⟩

²**shoot up** [ov ww] [1] kapotschieten, overhoop schieten [2] terroriseren ⟨met vuurwapens⟩ ♦ *shoot up a town* een stadje terroriseren [3] ⟨sl⟩ spuiten ⟨drugs⟩

shoot-up [telb zn] ⟨sl⟩ vuurgevecht

¹**shop,** ⟨in betekenis 1 AE ook⟩ **shoppe** /ʃɒp, ᴬʃɑp/ [zn] [1] winkel, zaak ♦ *keep a shop* een winkel drijven; *mind the shop* de winkel runnen; ⟨fig⟩ op de winkel passen [2] werkplaats, atelier, studio [3] ⟨inf⟩ kantoor, zaak, instelling [4] (toneel) engagement ⟨ ♦ *closed shop* closed shop ⟨onderneming waarin lidmaatschap van vakbond verplicht is voor alle werknemers; dit principe⟩; ⟨BE; inf⟩ *all over the shop* door elkaar, her en der; *smell of the shop* te graag willen verkopen; te technisch zijn

²**shop** /ʃɒp, ᴬʃɑp/ [niet-telb zn] werk, zaken, beroep ♦ *close/shut up shop* de zaak sluiten/opdoeken, de tent sluiten; *keep shop* op de zaak passen; *set up shop* een zaak opzetten; *talk shop* over zaken/het vak praten

³**shop** /ʃɒp, ᴬʃɑp/ [onov ww] winkelen, boodschappen doen ♦ *shop around* rondkijken, zich oriënteren (alvorens te kopen) ⟨ook figuurlijk⟩; ⟨fig⟩ links en rechts informeren (wat het beste is), de markt verkennen; *shop around for sth.* rondkijken naar iets; *shop for a dress* op een jurk uitgaan; *go shopping* gaan winkelen ⟨BE; sl⟩ *shop on s.o.* iemand aangeven/verlinken; → **shopping**

⁴**shop** /ʃɒp, ᴬʃɑp/ [ov ww] [1] ⟨AE⟩ bezoeken ⟨winkels⟩ [2] ⟨BE; sl⟩ verlinken ⟨bij de politie⟩, verloenen, verklikken; → **shopping**

shop assistant [telb zn] ⟨BE⟩ winkelbediende, verkoper, verkoopster

shop-boy [telb zn] winkelbediende, verkoper

shop·fit·ting [niet-telb zn] ⟨BE⟩ winkelinrichting

shop-floor [niet-telb zn; the] [1] werkplaats, werkvloer, atelier [2] arbeiders ⟨tegenover bazen⟩

shop-front [telb zn] winkelpui

shop-girl [telb zn] winkelmeisje, verkoopster(tje)

shop-hours [alleen mv] openingstijden ⟨van een winkel⟩

shop·keep·er [telb zn] winkelier ♦ *nation of shopkeepers* volk van winkeliers ⟨de Engelsen⟩

¹**shop·lift** [onov ww] winkeldiefstal(len) plegen; → **shoplifting**

²**shop·lift** [ov ww] stelen ⟨uit een winkel⟩; → **shoplifting**

shop·lift·er [telb zn] winkeldief, winkeldievegge

shop·lift·ing [niet-telb zn; gerund van shoplift] winkeldiefstal

shop·man /ʃɒpmən, ᴬʃɑp-/ [telb zn; mv: shopmen] [1] ⟨BE⟩ winkelier [2] ⟨BE⟩ winkelbediende [3] ⟨AE⟩ werkman ⟨in werkplaats⟩

shop·per /ʃɒpə, ᴬʃɑpər/ [telb zn] [1] iemand die winkelt, koper, klant, ⟨mv⟩ winkelpubliek [2] ⟨AE⟩ (lokaal) reclameblad/reclamekrantje

shop·ping /ʃɒpɪŋ, ᴬʃɑpɪŋ/ [niet-telb zn; gerund van shop] [1] het boodschappen doen, het inkopen, het winkelen ♦ *do one's shopping* boodschappen doen [2] boodschappen, inkopen

shopping arcade, shopping mall [telb zn] winkelgalerij

shopping bag [telb zn] boodschappentas

shopping bag lady [telb zn] → **bag lady**

shopping basket [telb zn] winkelmandje ⟨op website⟩

shopping centre [telb zn] winkelcentrum, winkelwijk

shopping list [telb zn] boodschappenlijstje

shopping precinct [telb zn] ⟨BE⟩ winkelcentrum

shopping street [telb zn] winkelstraat

shopping trolley [telb zn] winkelwagentje, boodschappenwagentje

shop·py /ʃɒpi, ᴬʃɑpi/ [bn] [1] winkel- [2] vak- [3] zakelijk

shop-soiled, shop-worn [bn] ⟨BE⟩ verlegen ⟨van goederen; ook figuurlijk⟩, verbleekt, minder geworden

shop-stew·ard [telb zn] vakbondsvertegenwoordiger, vakbondsafgevaardigde, vakbondsman, sociaal voorman, vertrouwensman ⟨van de vakbond⟩

shop·talk [niet-telb zn] gepraat over het vak/werk, jargon

shop-walk·er [telb zn] ⟨BE⟩ (afdelings)chef

shop win·dow [telb zn] etalage ⟨ ♦ *have everything in the shop window* oppervlakkig/een leeghoofd zijn; ⟨fig⟩ *put all one's goods in the shop window* al zijn kennis tentoonspreiden

shopworn [bn] → **shopsoiled**

sho·ran /ʃɔːræn/ [zn] ⟨techn⟩ (short range navigation) shoransysteem ⟨radionavigatiesysteem met twee antwoordbakens⟩

¹**shore** /ʃɔː, ᴬʃɔr/ [telb zn] schoor(balk), steunbalk, stut, schoorpaal, schraag

²**shore** /ʃɔː, ᴬʃɔr/ [telb + niet-telb zn] [1] kust, oever ⟨van meer⟩ ♦ *in shore* vlak voor de kust; *in shore of* dichter bij de kust dan; *off the shore* voor de kust; *on shore* aan (de) wal, op het land; *on the shore(s) of a lake* aan de oever van een meer [2] ⟨jur⟩ strand ⟨land tussen eb- en vloedlijn⟩ ⟨form⟩ *these shores* dit land/eiland

³**shore** /ʃɔː, ᴬʃɔr/ [ov ww] [1] steunen, schoren, schragen, versterken ♦ *shore up* (onder)steunen [2] aan land zetten, landen; → **shoring**

shore

⁴**shore** /ʃɔː, ˄ʃɔr/ [verleden tijd] → **shear**
shore-based [bn] vanaf de wal opererend, wal-
shore bird [telb zn] waadvogel
shore-go·ing [bn] ① op het land wonend ② aan wal gaand, geschikt om aan land te gaan, gebruikt om aan land te gaan
shore lark [telb zn] ⟨dierk⟩ strandleeuwerik ⟨Eremophila alpestris⟩
shore leave [telb zn] ⟨scheepv⟩ verlof (om aan wal te gaan)
shore·less /ʃɔːləs, ˄ʃɔr-/ [bn] ① zonder oever ⟨waarop men kan landen⟩, met steile kust ② onbegrensd, uitgestrekt
shore·line [telb zn] waterlijn, oever, kustlijn
shore·man /ʃɔːmən, ˄ʃɔr-/ [telb zn; mv: shoremen] ① kustbewoner ② iemand die aan de wal werkt ⟨in visserij e.d.⟩
shore patrol [verzamelw] ⟨AE⟩ marinepolitie
shore radar [telb zn] walradar
¹**shore·ward** /ʃɔːwəd, ˄ʃɔrwərd/ [bn] landwaarts, naar de kust
²**shore·ward** /ʃɔːwəd, ˄ʃɔrwərd/, **shore·wards** /ʃɔːwədz, ˄ʃɔrwərdz/ [bw] naar de kust
¹**shor·ing** /ʃɔːrɪŋ/ [telb zn; (oorspronkelijk) gerund van shore] stutsel, schoorpalen
²**shor·ing** /ʃɔːrɪŋ/ [niet-telb zn; (oorspronkelijk) gerund van shore] het steunen, het schoren/stutten/schragen
shorl [niet-telb zn] → **schorl**
shorn /ʃɔːn, ˄ʃɔrn/ [volt deelw] → **shear**
¹**short** /ʃɔːt, ˄ʃɔrt/ [telb zn] ① korte lettergreep/klinker ② ⟨inf⟩ (verk: short circuit) kortsluiting ③ ⟨inf⟩ korte (voor)film ④ ⟨fin⟩ baissier, contramineur, speculant à la baisse ⑤ ⟨inf⟩ borrel, sterkedrank ⟨puur⟩ • *for short* kortweg, bij wijze van afkorting; *William, or Bill for short* William, roepnaam Bill; ⟨inf⟩ *get s.o. by the short and curlies* iemand bij de lurven/bij zijn kraag/in zijn nekvel grijpen
²**short** /ʃɔːt, ˄ʃɔrt/ [bn; vergr trap: shorter; zn: ~ness] ① kort, klein, beknopt • ⟨BE⟩ *short back and sides* opgeknipt ⟨kapsel⟩; *short division* deling zonder staart; ⟨inf⟩ *be left with the short end of the stick*, ⟨inf⟩ *get the short end of it* aan het kortste eind trekken, met de gebakken peren zitten; *short for* een afkorting/verkorting van; ⟨inf⟩ *short hairs* schaamhaar, ⟨fig⟩ *get/have (s.o.) by the short hairs* (iemand) volledig onder controle/in zijn macht hebben; iemand bij de lurven hebben; *short haul* transport over korte afstand; *(by a) short head* (met) minder dan een hoofdlengte/kleine voorsprong ⟨ook figuurlijk⟩; *short hundredweight* Amerikaanse centenaar ⟨45,36 kg⟩; *in short* in het kort, om kort te gaan; ⟨letterk⟩ *short metre* soort kwatrijn ⟨eerste, tweede en vierde regel: trimeter, derde regel: tetrameter⟩; *nothing short of* niets minder dan, in één woord; ⟨sl⟩ *short pint* dwerg; *short rib* valse rib; ⟨muz⟩ *short score* ingekorte partituur; *short sight* bijziendheid, kortzichtigheid; *sth. short of* weinig minder dan, bijna; *short story* novelle, kort verhaal; ⟨kaartsp⟩ *short suit* korte kleur; ⟨inf; vnl iron⟩ *short and sweet* kort en bondig, kort maar krachtig; *short title* verkorte titel; *short ton* Amerikaans ton ⟨907,18 kg⟩; *short view* kortzichtigheid, bekrompen visie; *in the short view* op korte termijn; *take the short view of sth.* iets op korte termijn zien; *short wave* korte golf; *short whist* whistspel voor vijf punten ② kort(durend) • ⟨fin⟩ *short bill/bond* kortzichtpapier; ⟨fin⟩ *short date* kortzicht; ⟨sport⟩ *short game* kort spel; ⟨sl⟩ *short heist* klein(e) diefstal/bedrog; *short list* zwarte lijst; ⟨at⟩ *short notice* (op) korte termijn; ⟨AE⟩ *short order* bestelling/gerecht/portie geserveerd in een snelbuffet/cafetaria; ⟨AE⟩ *in short order* onmiddellijk, direct; *in the short run* over een korte periode, op korte termijn; ⟨fig⟩ *give short shrift to*, ⟨fig⟩ *make short shrift of* korte metten maken met; *in the short term* op korte termijn; *short time* korte(re) werktijd, werktijdverkorting; ⟨inf⟩ *make short work of* korte metten maken met, snel naar binnen werken, snel een einde maken aan ③ te kort, onvoldoende, te weinig, karig, krap • *short of breath* kortademig; *short by ten* tien te kort/te weinig; *short change* te weinig wisselgeld; *be on short commons* op rantsoen zijn, op een houtje moeten bijten; *put s.o. on short commons* iemand op rantsoen zetten; *little short of* weinig minder dan, bijna; *short measure* krappe maat, manco; *short memory* slecht geheugen; *short of money* krap bij kas; *two short of fifty* op twee na vijftig; *(be) short of/on* te kort (hebben) aan; *be on short rations* (te) krap gerantsoeneerd zijn; *in short supply* schaars, beperkt leverbaar; *medicines are in short supply* er is een tekort aan medicijnen; *short weight* ondergewicht; *short wind* kortademigheid ④ kortaf, bits ⑤ bros, kruimelig, brokkelig • *short biscuit* sprits; *short pastry* kruimeldeeg, brokkeldeeg ⑥ onverdund ⟨sterkedrank⟩, puur • *short drink/one* borrel; *sth. short* een borrel ⑦ ⟨fin⟩ à la baisse • *short sale* verkoop à la baisse ⦁ *short circuit* kortsluiting; *short corner* ⟨hockey⟩ korte corner, strafcorner; ⟨voetb⟩ korte corner; ⟨sl⟩ *short fuse* drift, lange tenen; *short odds* bijna gelijke kansen ⟨bij gokken⟩; *be in short pants* onvolwassen/een broekje zijn, nog in de korte broek lopen; *draw/get the short straw* de pineut zijn, pech hebben; *short temper* drift(igheid), opvliegendheid; *short waist* verhoogde taille; ⟨sprw⟩ *life is short and time is swift* het leven is kort en de tijd vliegt; ⟨sprw⟩ *the shortest way round is the longest way home* de kortste omweg is de langste weg naar huis; ⟨sprw⟩ *good company on the road is the shortest cut* goed gezelschap maakt korte mijlen; ⟨sprw⟩ *the longest way round is the nearest/shortest way home* een goed pad krom loopt niet om
³**short** /ʃɔːt, ˄ʃɔrt/ [onov ww] kortsluiting veroorzaken
⁴**short** /ʃɔːt, ˄ʃɔrt/ [ov ww] ① kortsluiten, uitschakelen ② ⟨fig⟩ verkorten ⟨procedure e.d.⟩, vereenvoudigen ③ ⟨fin⟩ à la baisse verkopen
⁵**short** /ʃɔːt, ˄ʃɔrt/ [bw] ① niet (ver) genoeg • *come short* onvoldoende zijn, tekortschieten; *come short of* niet voldoen aan ⟨verwachtingen⟩; *cut sth./s.o. short* iets kort(er) maken, iemand onderbreken; *fall short* onvoldoende zijn, tekortschieten; niet ver genoeg reiken, te vroeg neerkomen ⟨raket⟩; *fall short of* niet voldoen aan, teleurstellen; *go short (of)* gebrek hebben (aan); *four inches short* vier inches te kort/te weinig; *run short* bijna op zijn; *run short of (sth.)* bijna zonder (iets) zitten; ⟨sl⟩ *short of hat size* stom, stompzinnig; *throw short* niet ver genoeg werpen ② plotseling • *bring/pull up short* plotseling stoppen/tegenhouden; *snap s.o. (off) short* iemand afsnauwen; *stop short* plotseling ophouden/niet doorgaan; *take up short (s.o.)* (iemand) onderbreken; ⟨inf⟩ *be taken/caught short* nodig moeten; overvallen worden ⦁ *nothing short of* slechts, alleen maar; niets minder dan, minstens; *short of* behalve, zonder; ⟨fin⟩ *sell short* contramineren, à la baisse speculeren, short gaan; ⟨inf⟩ *sell s.o. short* iemand tekortdoen, iemand niet op zijn juiste waarde schatten

short·age /ʃɔːtɪdʒ, ˄ʃɔrtɪdʒ/ [telb + niet-telb zn] gebrek, tekort, schaarste • *shortage of* tekort/gebrek aan
short-arm [bn, attr] met gebogen arm ⟨klap⟩
short·bread [niet-telb zn] zandkoek
short·cake [niet-telb zn] ① ⟨BE⟩ theebeschuit ② ⟨AE⟩ zandgebak
short-change [ov ww] ⟨inf⟩ ① te weinig wisselgeld geven aan • *be short-changed* te weinig (wisselgeld) terugkrijgen ② afzetten, beduvelen
¹**short-circuit** [onov ww] kortsluiting veroorzaken
²**short-circuit** [ov ww] ① kortsluiten, uitschakelen ② ⟨fig⟩ verkorten ⟨procedure e.d.⟩, vereenvoudigen
short·com·ing [telb zn; vaak mv] tekortkoming
short-coup·led [bn] ⟨dierk⟩ met korte romp
short course [telb zn] ⟨zwemsp⟩ kort bassin, 25m-bad
short·crust pas·try /ʃɔːtkrʌstpeɪstri,

ˆʃɔrtkrʌstpeɪstri/ [telb + niet-telb zn] **kruimeldeeg,** brokkeldeeg

short cut [telb zn] ⟨inf⟩ [1] korte(re) weg [2] ⟨fig⟩ besparing

¹**short-cut** [onov ww] een korte(re) weg nemen

²**short-cut** [ov ww] [1] afsnijden ⟨weg⟩ [2] inkorten, verkorten

short·dat·ed [bn] ⟨fin⟩ kortzicht-

short-day [bn, attr] ⟨plantk⟩ kortedagbehandeling vereisend ⟨voor bloei⟩

short-eared [bn] [·] ⟨dierk⟩ *short-eared owl* velduil ⟨Asio flammeus⟩

¹**short·en** /ʃɔːtn, ˆʃɔrtn/ [onov ww] [1] kort(er) worden [2] ⟨cul⟩ bros worden [3] verminderen, lager worden ⟨van prijzen⟩; → **shortening**

²**short·en** /ʃɔːtn, ˆʃɔrtn/ [ov ww] [1] verkorten, kort(er) maken, afkorten ♦ *shortened form* verkorting [2] ⟨cul⟩ bros maken [3] ⟨scheepv⟩ minderen ⟨zeil⟩; → **shortening**

¹**short·en·ing** /ʃɔːtnɪŋ, ˆʃɔrt-/ [telb zn; (oorspronkelijk) gerund van shorten] verkorte vorm, verkorting

²**short·en·ing** /ʃɔːtnɪŋ, ˆʃɔrtɪ-/ [niet-telb zn; (oorspronkelijk) gerund van shorten] bakvet

short·fall [telb zn] **tekort,** manco, deficit

short·hand [niet-telb zn] [1] steno(grafie) [2] ⟨fig⟩ korte wijze van uitdrukken

short-hand·ed [bn] met te weinig personeel/arbeiders

shorthand secretary [telb zn] stenotypist(e)

shorthand typist [telb zn] stenotypist(e)

short-haul [bn, attr] ⟨luchtv⟩ korteafstand(s)-

short-head [ov ww] met minder dan een hoofdlengte verslaan

short·horn [telb zn] korthoorn(rund)

short·ish /ʃɔːtɪʃ, ˆʃɔrtɪʃ/ [bn] vrij kort, aan de korte kant

short-life [bn, attr] ⟨BE⟩ [1] korte tijd meegaand, wegwerp- [2] bederfelijk, aan bederf onderhevig ♦ *short-life foods* bederfelijke etenswaren [3] kortstondig, tijdelijk

short-list [telb zn] ⟨vnl BE⟩ voordracht, lijst van geselecteerde kandidaten

short-list [ov ww] ⟨vnl BE⟩ voordragen, op voordracht plaatsen, ⟨België⟩ (de kandidatuur) weerhouden (van)

short-lived [bn; zn: short-livedness] kortdurend, kortlevend, kortstondig

short·ly /ʃɔːtli, ˆʃɔrt-/ [bw] [1] spoedig, binnenkort ♦ *shortly after* korte tijd na; *shortly afterwards* korte tijd later; *shortly before* korte tijd voor [2] (op) beknopt(e wijze), in het kort, in een paar woorden [3] kort(af), ongeduldig

short-or·der [bn] ⟨vnl AE⟩ snelbuffet

short-pitched [bn] ⟨cricket⟩ (te) kort geworpen ⟨van bal⟩

short-range [bn] [1] op korte termijn [2] met kort bereik, korteafstands-

shorts /ʃɔːts, ˆʃɔrts/ [alleen mv] [1] korte broek [2] ⟨AE⟩ onderbroek [3] ⟨fin⟩ kortzichtpapieren [4] ongebuild grofmeel [5] ⟨sl⟩ het blauw-zijn ♦ *I have/am troubled with the shorts* ik ben blut

short-sheet [onov + ov ww] ⟨sl⟩ [1] een practical joke uithalen [2] aan het kortste eind laten trekken

short-sight·ed [bn; bw: short-sightedly; zn: short-sightedness] [1] bijziend [2] ⟨fig⟩ kortzichtig

short-sleeved [bn] met korte mouw(en)

short-spo·ken [bn] kortaangebonden, kort(af), bits

short-staffed [bn] met te weinig personeel

short-stak·er [telb zn] ⟨sl⟩ tijdelijke werkkracht

¹**short·stop** [telb zn] [1] ⟨honkb⟩ korte stop [2] ⟨sl⟩ ⟨benaming voor⟩ iemand die zichzelf bedient van voor anderen bestemd gerecht

²**short·stop** [ov ww] ⟨sl⟩ zichzelf bedienen ⟨van langskomend gerecht dat voor iemand anders bestemd is⟩

short-tem·pered [bn] [1] opvliegend, kortaangebonden [2] kortaf, bits, snauwerig, snibbig

short-term [bn] op korte termijn, kortetermijn-

short-term·ism /ʃɔːttɜːmɪzm, ˆʃɔrttɜrmɪzm/ [niet-telb zn] (het) kortetermijndenken, kortetermijnplanning

short-time working [niet-telb zn] korte(re) werktijd, werktijdverkorting

short-toed [bn] [·] ⟨dierk⟩ *short-toed eagle* slangenarend ⟨Circaetus gallicus⟩; ⟨dierk⟩ *short-toed lark* kortteenleeuwerik ⟨Calandrella cinerea⟩; ⟨dierk⟩ *lesser short-toed lark* kleine kortteenleeuwerik ⟨Calandrella rufescens⟩; ⟨dierk⟩ *short-toed treecreeper* boomkruiper ⟨Certhia brachydactyla⟩

short-wave [bn] kortegolf-

short-wind·ed [bn] [1] kortademig [2] ⟨fig⟩ geen lange adem hebbend

short·y, short·ie /ʃɔːti, ˆʃɔrti/ [telb zn] ⟨inf⟩ [1] kleintje ⟨gezegd van persoon⟩, kruimel, onderdeurtje [2] kort kledingstuk

¹**shot** /ʃɒt, ˆʃɑt/ [telb zn] [1] schot ⟨ook sport⟩, voorzet, worp, stoot, slag [2] schutter ♦ *good shot* goede schutter; *poor shot* slechte schutter [3] lancering ⟨van raket e.d.⟩, start [4] ⟨inf⟩ (snedige) opmerking, repartie [5] ⟨inf⟩ gok, poging, kans, gissing ♦ *a shot at the title* een poging om de titel te veroveren; *make a bad shot* verkeerd gokken/raden; *good shot* goede gok/poging; *have/make a shot (at sth.)* (iets) proberen, (ergens) een slag (naar) slaan [6] ⟨foto⟩ opname, foto, kiekje, shot ♦ *have a shot at* een kiekje nemen van [7] ⟨inf⟩ injectie, shot [8] ⟨atl⟩ (stoot)kogel ♦ *putting the shot* kogelstoten [9] gelag, (drank)rekening ♦ *pay one's shot* zijn (deel van de) (drank)rekening betalen; *stand shot* (alles) betalen, trakteren [10] ⟨inf⟩ borrel, whisky puur [11] ⟨sl⟩ ontploffing ⟨van atoombom⟩ [12] ⟨sl⟩ vermogen ⟨van raket⟩ [13] ⟨sl⟩ ejaculatie, het spuiten/klaarkomen [14] ⟨sl⟩ hobby, egotripperij [·] *shot in the arm,* ⟨sl⟩ *shot in the ass* stimulans, injectie, opsteker; ⟨inf⟩ borrel(tje); ⟨sl⟩ *shot in the ass* schok, slecht nieuws, schop onder je kont; *shot across the bows* schot voor de boeg, waarschuwing; ⟨sl⟩ *call the shots* de leiding hebben, de baas zijn; ⟨AE; inf⟩ *call one's shot* precies vertellen wat men van plan is; *shot in the dark* slag in de lucht; *off like a shot* als een pijl uit een boog; *(do sth.) like a shot* zonder aarzelen/onmiddellijk (iets doen); ⟨sl⟩ *shot in the neck* bezopen

²**shot** /ʃɒt, ˆʃɑt/ [telb + niet-telb zn; mv: vaak shot] lading ⟨van vuurwapen⟩, schroot, kartets, hagel, (kanons)kogel

³**shot** /ʃɒt, ˆʃɑt/ [niet-telb zn] [1] het schieten [2] bereik ♦ *out of shot* buiten schot/bereik, buiten schootsafstand; *within shot* binnen bereik/schootsafstand [3] ⟨atl⟩ (het) kogelstoten

⁴**shot** /ʃɒt, ˆʃɑt/ [bn; oorspronkelijk volt deelw van shoot] [1] changeant, met weerschijn ⟨van weefsel⟩ [2] glad geschaafd

⁵**shot** /ʃɒt, ˆʃɑt/ [bn, pred; oorspronkelijk volt deelw van shoot] [1] ⟨inf⟩ uitgeput, uitgevoerd, oud, versleten ♦ *his nerves are shot* hij is kapot/doodmoe [2] ⟨inf⟩ bezopen, zat, teut, dronken [3] doorweven, vol ♦ *shot (through) with* doorspekt met, vol van [4] ⟨sl⟩ katterig [·] ⟨inf⟩ *get shot of* afhandelen; ⟨inf⟩ *be shot of* klaar zijn met, af zijn van

⁶**shot** /ʃɒt, ˆʃɑt/ [ov ww] met kogels verzwaren ⟨netten⟩

⁷**shot** /ʃɒt, ˆʃɑt/ [verleden tijd en volt deelw] → **shoot**

shot·blast [ov ww] ⟨techn⟩ kogelstralen, staalstralen, zandstralen, gietstralen

shot cartridge [telb zn] hagelpatroon

shote [telb zn] → **shoat**

shot-fir·er [telb zn] ⟨mijnb⟩ schietmeester, schiethouwer

¹**shot·gun** [telb zn] [1] (jacht)geweer [2] ⟨sl⟩ gepeperde saus [3] ⟨sl⟩ koppelaar(ster) [·] *ride shotgun* bewaken van goederen/personen in transit; ⟨in voert⟩ voorin zitten

²**shot·gun** [bn, attr] ⟨inf⟩ [1] gedwongen ♦ *a shotgun merger* een gedwongen fusie; *shotgun wedding/marriage* moetje [2] ⟨vnl AE⟩ lukraak, in het wilde weg, grof ♦ *shotgun approach* (zeer) grove benadering

shot hole [telb zn] [1] boorgat [2] (door insect geboord)

shotproof

gat ⟨in hout⟩
shot·proof [bn] kogelvrij
shot-put [niet-telb zn; the] ⟨atl⟩ kogelstoten
shot-put·ter /ʃɒt pʊtə, ˆʃɑt pʊtər/ [telb zn] ⟨atl⟩ kogelstoter
shot·ten /ʃɒtn, ˆʃɑtn/ [bn] kuit geschoten hebbend ◆ *shotten herring* ijle haring; ⟨vero, fig⟩ waardeloze figuur
shot tower [telb zn] hageltoren
should /ʃ(ə)d, ⟨sterk⟩ ʃʊd/ [hulpww; verleden tijd van shall] ① ⟨mogelijke maar niet waarschijnlijke voorwaarde⟩ zou(den), mochten ◆ *should I ever see him again, he will rue the day* als ik hem ooit weer zie zal hij die dag vervloeken ② ⟨plicht⟩ (zou(den)) moet(en) ◆ *this is as it should be* dit is zoals het hoort; *every man should do his duty* iedereen moet zijn plicht doen; *why should I listen to him?* waarom zou ik naar hem luisteren? ③ ⟨emfatisch gebod in verleden context⟩ zou(den), zou(den) moeten, moest(en) ◆ *he told her that she should be quieter* hij zei dat ze stiller moest zijn; *they decreed that all men should enlist in the army* zij bevalen dat alle mannen in dienst moesten ④ ⟨verwijst naar toekomst in verleden context⟩ zou(den) ◆ *he hoped that he should be accepted* hij hoopte dat hij aangenomen zou worden; *we knew that we should meet again* we wisten dat we elkaar weer zouden ontmoeten ⑤ ⟨1e persoon, in voorwaarde; ook te vertalen door verleden tijd⟩ ⟨BE⟩ zou(den) ◆ *if Sheila came, I should come too* als Sheila kwam, dan kwam ik ook/dan zou ik ook komen ⑥ ⟨onderstelling⟩ moet(en), zullen, zal, zou(den) ◆ *it should be easy for you* het moet voor jou gemakkelijk zijn; *she should have returned by now* ze zou nu al terug moeten zijn; *we should make good profits next year* we zullen volgend jaar grote winsten maken ⑦ ⟨als beleefdheidsvorm⟩ ⟨vnl BE⟩ zou(den) ◆ *I should advise you to travel by air* ik zou je aanraden te vliegen; *should you like to come* als je graag zou komen; *I should like some more apples* ik zou nog wat appels willen; *yes, I should love to* ja, dat zou ik echt graag doen; *I should say that ...* ik zou zeggen dat ...; ⟨BE; iron⟩ *whether you can come? I should think so!* of jij ook kunt komen? dat zou ik denken! ⑧ ⟨in bijzin afhankelijk van een uitdrukking die wil of wens uitdrukt; vaak onvertaald⟩ ⟨vnl BE⟩ zou(den), moeten ◆ *she was anxious that her son should be successful* ze was erop gebrand dat haar zoon succes zou hebben; *I suggest that we should leave* ik stel voor dat wij naar huis (zouden) gaan ⑨ ⟨vnl BE⟩ ⟨in bijzin afhankelijk van een uitdrukking die een opinie weergeeft; blijft onvertaald⟩ ◆ *it's surprising he should be so attractive* het is verbazingwekkend dat hij zo aantrekkelijk is
¹**shoul·der** /ˆʃoʊldə, ˆ-ər/ [telb zn] ① schouder, ⟨cul⟩ schouderstuk ◆ *this shirt is narrow across the shoulders* dit overhemd is te nauw in de schouders; *a shoulder to cry/lean on* een schouder om op uit te huilen; mededogen, sympathie; *he stood head and shoulders above his friends* hij stak met kop en schouders boven zijn vrienden uit; ⟨fig⟩ *his work stood head and shoulders above that of his contemporaries* zijn werk stak met kop en schouders boven dat van zijn tijdgenoten uit; *a shoulder of lamb* een schouderstuk van een lam, een lamsbout; *off the shoulders* de schouders bloot latend ⟨van jurk⟩; *shoulder to shoulder* schouder aan schouder, zij aan zij; ⟨fig⟩ in eenheid, met een gemeenschappelijk doel ② ⟨vnl enkelvoud⟩ (weg)berm ③ berghelling onder top ④ verwijding (onder hals van fles) ⑤ schoft ⟨van dier⟩ ⑥ ⟨inf⟩ *(straight) from the shoulder* op de man af, recht voor z'n raap, onomwonden, zonder omhaal; *open one's shoulders* met de kracht van het gehele bovenlichaam raken ⟨de bal in balspel⟩; ⟨inf⟩ *rub shoulders with* omgaan met, in het gezelschap verkeren van; *square one's shoulders* zich schrap zetten, zich vermannen; *put/set one's shoulder to the wheel* zijn schouders ergens onder zetten, ergens hard aan werken; ⟨sprw⟩ *a dwarf on a giant's shoulders sees the farther of the two* ± het is profijtelijk om gebruik te ma-

1696

ken van de ervaring en de wijsheid van anderen; ⟨sprw⟩ *you cannot put old heads on young shoulders* ± grijze haren groeien op geen zotte bollen, ± het verstand komt met de jaren
²**shoul·der** /ˆʃoʊldə, ˆ-ər/ [onov + ov ww] duwen, (met de schouders) dringen ◆ *shoulder people aside* mensen opzij duwen met de schouders; *shoulder s.o. out of position* iemand van zijn plaats verdringen; *he shouldered his way through the crowd* hij baande zich een weg door de menigte
³**shoul·der** /ˆʃoʊldə, ˆ-ər/ [ov ww] ① op zich nemen, op zijn schouders nemen, dragen, ondersteunen ◆ *shoulder a great burden* een zware last op zich nemen ② ⟨mil⟩ schouderen ⟨geweer⟩, ⟨i.h.b. AE⟩ tegen de schouder brengen ◆ *shoulder arms/a rifle* een geweer schouderen
shoulder bag [telb zn] schoudertas
shoulder belt [telb zn] draagband, bandelier
shoulder blade, shoulder bone [telb zn] schouderblad
shoulder charge [telb zn] ⟨voetb⟩ schouderduw
shoulder flash [telb zn] ⟨mil⟩ (gekleurd) onderscheidingslintje ⟨van rang, enz. op uniform⟩
shoulder-high [bn; bw] op schouderhoogte
shoulder joint [telb zn] ⟨cul⟩ schouderstuk
shoulder knot [telb zn] schoudertres, nestel
shoulder-length [bn] tot op de schouders ⟨haar⟩
shoulder loop [telb zn] ⟨AE⟩ schouderlap, schouderbedekking ⟨van officier⟩
shoulder mark [telb zn] ⟨AE⟩ schouderklep ⟨verstevigde schouderbedekking van marineofficier⟩
shoulder-of-mutton sail [telb zn] ⟨scheepv⟩ driehoekig loggerzeil
shoulder pad [telb zn] schoudervulling
shoulder stand [telb zn] ⟨gymn⟩ kaarstand
shoulder strap [telb zn] ① schouderbandje ⟨bijvoorbeeld van jurk⟩, schouderriem(pje) ② ⟨mil⟩ schouderbedekking, schouderklep, schouderlap
shoulder surfing [niet-telb zn] het meekijken ⟨wanneer iemand anders een wachtwoord of pincode intikt⟩
shouldn't /ˆʃʊdnt/ (samentrekking van should not)
shouldst [2e pers enk, verouderd of religie] → **should**
¹**shout** /ʃaʊt/ [telb zn] ① schreeuw, kreet, roep, gil, toejuiching ◆ *shouts for help* hulpgeroep; *shout of joy* vreugdekreet; *a shout of pain* een schreeuw van pijn ② ⟨AuE; inf⟩ rondje, beurt om te bestellen, gratis drankje, aangeboden glas ◆ *it's my shout* ik trakteer/betaal
²**shout** /ʃaʊt/ [onov + ov ww] ① schreeuwen, (uit)roepen, brullen, gillen, juichen ◆ *don't shout about it!* maak er niet zo'n ophef over!, maak je er niet zo druk om!; *he shouted his approbation* hij gaf luidkeels zijn goedkeuring te kennen; *don't shout at me!* ga niet zo tegen me tekeer!; *the crowd shouted at the traitor* de menigte jouwde de verrader uit; *the audience shouted down the speaker* het publiek joelde de spreker uit; het publiek overstemde de spreker met zijn geschreeuw; *shout for joy* het uitroepen van vreugde; *he was shouting for money* hij riep luidkeels om geld; *he shouted for/to me to come* hij riep dat ik moest komen; *shout o.s. hoarse* zich schor schreeuwen; *shout the news* het nieuws uitschreeuwen; *shout orders* bevelen roepen; *don't shout out like that!* ga niet zo tekeer!; *pedlars shouted their wares* venters prezen luid hun koopwaar aan; *shout with pain* schreeuwen/gillen van de pijn; *shout with laughter* brullen van de lach ② ⟨AuE; inf⟩ trakteren, een rondje geven; → **shouting**
¹**shout·ing** /ˆʃaʊtɪŋ/ [niet-telb zn; gerund van shout] geschreeuw, geroep, gegil, gejuich ◆ *it's all over but/bar the shouting* de strijd is zogoed als gestreden, het spel is gespeeld
²**shout·ing** /ˆʃaʊtɪŋ/ [bn; oorspronkelijk tegenwoordig deelw van shout] opvallend, scherp in het oog vallend, opdringerig, onaangenaam treffend ◆ *her lips were shout-*

ing with red op haar lippen zat een schreeuwende kleur rood; *shouting needs* zeer dringende noden

shout·y /ʃaʊti/ [bn] luidruchtig

¹shove /ʃʌv/ [telb zn] duw, zet, stoot ♦ *give s.o. a good shove* iemand een flinke zet geven • *if push comes to shove* als puntje bij paaltje komt

²shove /ʃʌv/ [onov + ov ww] duwen, wegduwen, (opzij)-schuiven, dringen (tegen), een zet geven, ⟨inf⟩ stoppen, leggen ♦ *shove along* heen en weer duwen; vooruitdringen; *shove it in the drawer* stop/gooi het in de la; *shove past s.o.* langs iemand schuiven/dringen; *a lot of pushing and shoving* heel wat geduw en gedrang • zie: **shove around**; *shove off* afschuiven; afduwen ⟨in boot⟩; *shove off!* hoepel op!; ⟨inf⟩ *let's shove off* laten we ervandoor gaan; *shove over* opschuiven

shove around [ov ww] ⟨inf⟩ ① vooruitduwen, heen en weer duwen ② commanderen, ruw/hardvochtig behandelen

shove-half·pen·ny, shove-ha'pen·ny [niet-telb zn] ⟨oneig⟩ sjoelbak ⟨gezelschapsspel met munten⟩

¹shov·el /ʃʌvl/ [telb zn] ① schop, spade, schep ② schoep ⟨van machine⟩ ③ laadschop ④ schepvol, schopvol

²shov·el /ʃʌvl/ [onov + ov ww] scheppen, opscheppen, verplaatsen, schuiven, opruimen (met een schep) ♦ *shovel coal* steenkool scheppen; ⟨inf⟩ *shovel food into one's mouth* eten in zijn mond proppen, gulzig eten; *shovel papers into a desk* papieren in een bureau proppen; *shovel a path through the snow* een pad graven door de sneeuw

shov·el·board, shuf·fle·board [niet-telb zn] ⟨oneig⟩ sjoelbak ⟨gezelschapsspel met munten; voornamelijk gespeeld op passagiersschepen⟩

shov·el·ful /ʃʌvlfʊl/ [telb zn; mv: ook shovelsful] schep-(vol), (schep)lading

shovel hat [telb zn] schuithoed ⟨in het bijzonder van Engelse geestelijken⟩

shov·el·head [telb zn] ⟨dierk⟩ hamerhaai ⟨Sphyrna tiburo⟩

shov·el·ler, shov·el·er /ʃʌvələ, -ər/ [telb zn] ① schepper ② ⟨dierk⟩ slobeend ⟨Spatula clypeata⟩

shov·el·ware [niet-telb zn] ⟨internet⟩ ouwe meuk ⟨inhoud van boeken, kranten e.d. onveranderd op internet gezet⟩

¹show /ʃoʊ/ [telb zn] ① vertoning, show, ⟨inf⟩ uitzending, opvoering, voorstelling, programma ♦ *the last shows of this circus* de laatste voorstellingen van dit circus; *a show in the theatre* een toneelopvoering; *a travelling show* een reizende voorstelling ② spektakel(stuk), grootse vertoning, schouwspel, optocht, parade ♦ *be in the Arnhem show* bij de grote slag om Arnhem zijn; *the orchard in a fine show of blossoms* de boomgaard in een prachtige bloesemtooi; *a show of force/strength* een machtsvertoon; ⟨fig⟩ *make a show of sth.* ergens een hele heisa/drukte om maken; *make a show of one's learning* te koop lopen met zijn geleerdheid ③ tentoonstelling, expositie, uitstalling, collectie ④ indruk, uiterlijk, impressie ♦ *he wasn't even given a show of appraisal* hij kreeg zelfs geen schijntje waardering; *make a show of interest* belangstelling voorwenden, uiterlijk geïnteresseerd zijn; *make a show of being reasonable* de indruk wekken redelijk te zijn; *make a good show at a reception* een goede indruk maken op een receptie; *under a show of benevolence* onder het mom van welwillendheid ⑤ spoor, zweem, enige blijk, indicatie, aanwijzing ♦ *without a show of justice* zonder een greintje/enige rechtvaardigheid; *no show of resistance* geen enkel blijk van verzet ⑥ ⟨vero, inf⟩ kans, gelegenheid ⟨bijvoorbeeld om zich te verdedigen⟩ ♦ *give s.o. a fair show* iemand een eerlijke kans geven; *have no show at all* geen kans krijgen zich te verdedigen; ⟨AE; inf⟩ *stand a show* kans hebben, kans maken ⑦ ⟨inf⟩ poging, gooi, beurt ♦ *a bad/poor show* een slechte beurt, een ongelukkige gooi, geen stijl; *good show!* goed geprobeerd!, mooi gedaan!; *put up a good/bad show* zich kranig/slapjes weren, een goede/teleurstellende poging doen ⑧ ⟨vnl enkelvoud⟩ zaak, onderneming, organisatie, gebeurtenis, resultaat ♦ *the man behind the show* de man achter de schermen; *boss/run the show* de zaak leiden/rennen; *be not in this show* niets met deze zaak te maken hebben; *this is my show* dit is mijn zaak; *be in charge of the show* de zaak leiden/runnen • *give (the whole) show away* de hele zaak verraden/verlinken, alles rondvertellen; *vote by (a) show of hands* d.m.v. handopsteking stemmen; ⟨inf⟩ *all over the show* door elkaar, overal, her en der; *let's get this show on the road* laten we nu maar eens beginnen; *steal the show* de show stelen, aller aandacht trekken, het meeste succes hebben; *the whole show* de grote baas

²show /ʃoʊ/ [niet-telb zn] ① uiterlijk, de buitenkant, show, schijn, het voordoen, opschepperij ♦ *this is all empty show* dit is allemaal slechts schijn; *she only does it for show* ze doet het alleen voor de buitenwereld/show/schijn, ze doet het slechts om op te scheppen; *grateful in show* ogenschijnlijk dankbaar; *he's good enough in outward show* hij is ogenschijnlijk goed genoeg, hij doet zich goed genoeg voor ② pracht (en praal), overdreven vertoon, luister, glans, glorie, glamour ♦ *be fond of show* dol zijn op glamour, gek zijn op pracht en praal; *a world full of show* een glansrijke/luisterrijke wereld ③ vertoning, het opvoeren/tentoonstellen, demonstratie, manifestatie ♦ *objects on show* de tentoongestelde/geëxposeerde voorwerpen; *what's on show today?* wat wordt er vandaag vertoond?, wat draait er vandaag?

³show, ⟨vero ook⟩ **shew** /ʃoʊ/ [onov ww; showed, shown; volt deelw zelden ook showed] ① (zich) (ver)tonen, (duidelijk) zichtbaar zijn, (zich) laten zien, (ver)schijnen, eruitzien, vertoond worden ⟨van film⟩ ♦ *blood will show* afkomst verloochent zich niet; *some buds start showing* enkele knoppen beginnen tevoorschijn te komen; *your dress shows white from here* hiervandaan lijkt je jurk wit; *his education shows* het is goed merkbaar/duidelijk dat hij goed onderlegd is; *his face showed red* zijn gezicht zag rood; *she's in trouble and it shows* ze heeft problemen en dat is duidelijk te merken; *the scar still shows* het litteken is nog goed te zien; *your slip is showing* je onderjurk komt eruit, je vlagt; *that stain will show* de vlek wordt zichtbaar; *her Dutch accent still shows through* haar Nederlandse accent is nog (goed) hoorbaar; *her yellow bikini shows through her dress* haar gele bikini schijnt door haar jurk heen; *time will show* de tijd zal het leren; *what's showing at the cinema?* wat draait er in de bioscoop?; *we'll show the world* we zullen de wereld/iedereen eens laten zien wat we kunnen ② blijken (te zijn), zich bewijzen, duidelijk worden ♦ *the hero in him showed* de held in hem kwam naar boven, zijn heldhaftigheid werd bewezen/duidelijk ③ ⟨AE⟩ als derde (of hoger) eindigen ⟨in paardenrace/hondenrace, bij weddenschap⟩ ④ komen opdagen ♦ *the man never showed* de man is niet komen opdagen • *Birmingham will show against Arsenal* Birmingham zal uitkomen tegen Arsenal; *it just goes to show!* zo zie je maar!; zie: **show off**; zie: **show up;** → **showing**

⁴show, ⟨vero ook⟩ **shew** /ʃoʊ/ [ov ww; showed, shown; volt deelw zelden ook showed] ① (aan)tonen, laten zien, tentoonstellen, vertonen, manifesteren, openbaren ♦ *show the painting to advantage* het schilderij op zijn voordeligst tonen; *show one's cards/hand* open kaart spelen, zich in de kaart laten kijken ⟨ook figuurlijk⟩; ⟨jur⟩ *show cause* aantonen; *show me an example* geef me een voorbeeld; *a peacock shows its feathers* een pauw pronkt met zijn veren; *she never shows her feelings* ze toont haar gevoelens nooit; *this year's figures show some recovery* de cijfers van dit jaar geven enig herstel te zien; *which film are they showing?* welke film draaien ze?; *he had scars to show for it* zijn littekens waren het bewijs van; *he has nothing to*

show bill

show for all his work zijn werk heeft helemaal geen vruchten afgeworpen; *several objects were shown **forth*** verscheidene voorwerpen werden tevoorschijn gehaald/vertoond; *his anger showed **itself*** hij was duidelijk boos; *show **o.s.*** je (gezicht) laten zien, ergens verschijnen; je ware aard tonen; *the **painting** showed the queen* op het schilderij stond de koningin; *show **signs** of fatigue* tekenen van vermoeidheid vertonen; ⟨onderw⟩ *show and **tell*** iets (meenemen naar school om te) laten zien en er iets over (te) vertellen; *show one's **ticket*** zijn kaartje laten zien; *show (s.o.) the **way*** iemand de weg wijzen ⟨ook figuurlijk⟩; een voorbeeld stellen, de leiding hebben ② uitleggen, verklaren, uiteenzetten, demonstreren, voordoen, bewijzen, duidelijk maken ♦ *this goes to show that crime doesn't pay* dit bewijst dat misdaad niet loont; *you show me some **purpose** in life* je geeft me enig doel aan in het leven; *that **remark** shows her stupidity* die opmerking illustreert hoe dom ze is; *in his **speech** he showed why he was an advocate of that plan* in zijn toespraak zette hij uiteen waarom hij een voorstander van dat plan was; *show me the **truth** of what you're saying* bewijs me dat het waar is wat je zegt; *he showed me how to **write*** hij leerde me schrijven ③ te kennen geven, aan de dag leggen, tentoonspreiden, doen blijken ♦ *show one's **feelings*** zijn gevoelens uiten; *show one's **kindness*** vriendelijk blijken te zijn; *impressed by the vast **knowledge** she showed* onder de indruk van de enorme kennis die ze aan de dag legde; *show o.s. to be a brave **man*** een dapper man blijken te zijn; *show bad **taste*** van een slechte smaak getuigen ④ (rond)leiden, geleiden, brengen/voeren naar ♦ *show me **about** the town* laat me de stad zien; *show s.o. **about**/(a)round* iemand rondleiden; *he showed us (a)**round** the house* hij liet ons het huis zien; *show s.o. **in*** iemand binnenlaten; *show her **into** the waiting room* breng haar naar de wachtkamer; *show me **out*** laat me uit, breng me naar de deur/uitgang; *I'll show you **out** of the house* ik zal u uitlaten; *show s.o. **over** the factory* iemand een rondleiding geven door de fabriek ⑤ aanwijzen, aangeven, aanduiden ♦ *the **barometer** shows wind* de barometer geeft wind aan; *the **clock** shows five minutes past* de klok staat op vijf over ⑥ ⟨form⟩ bewijzen, laten voelen, geven, schenken, verlenen, toestaan ♦ *Lord, show **mercy*** Heer, schenk genade; *they showed their enemies **pity*** ze hebben/toonden mededogen met hun vijanden ⑦ ⟨ec⟩ sluiten met ♦ *show a **deficit*** sluiten met een tekort • zie: **show off**; zie: **show up**; ⟨sprw⟩ *a **straw** will show which way the wind blows* ± ogenschijnlijk onbelangrijke dingen kunnen aangeven wat er gaat gebeuren; ⟨sprw⟩ *if you cannot **bite**, don't show your teeth* ± als je iets niet wil doen, moet je er ook niet mee dreigen; → **showing**
show bill [telb zn] aanplakbiljet, affiche, reclameposter
show·boat [telb zn] ① theaterboot ⟨voornamelijk in USA, mississippistoomboot waarop voorstellingen gegeven worden⟩ ② ⟨AE; inf⟩ aansteller, uitslover, bink, patser
show box [telb zn] kijkkast, kijkdoos
showbread [telb + niet-telb zn] → **shewbread**
show business, ⟨inf ook⟩ **show biz** [niet-telb zn] amusementsbedrijf, show business
show card [telb zn] ① reclameplaat ② toonkaart, staalkaart, monsterkaart
¹**show·case** [telb zn] ① vitrine ⟨in winkel/museum⟩, glazen toonbank, uitstalkast ② presentatie ♦ *play a **showcase*** een presentatie houden ③ (perfect) voorbeeld ♦ *a **showcase** of home decorating on a budget* een perfect voorbeeld van je huis inrichten met weinig geld
²**showcase** [bn] voorbeeld- ♦ *a **showcase** model for small farmers* een model dat als voorbeeld kan dienen voor kleine boeren
³**show·case** [ov ww] ⟨AE⟩ tentoonstellen, onder de aandacht brengen
show·down [telb zn; voornamelijk enk] ⟨inf⟩ ① ⟨poker⟩ het zijn kaarten op tafel leggen ⟨ook figuurlijk⟩, het zich blootgeven, openhartige bespreking ♦ *call for a **showdown*** oproepen om zijn kaarten op tafel te leggen, vragen om het bekendmaken van zijn plannen ⟨bijvoorbeeld de vijand⟩ ② directe confrontatie, beslissend treffen, krachtmeting ♦ *call for a **showdown*** uitdagen om het uit te vechten; *when it comes to the/a **showdown*** als het er uiteindelijk op aankomt, als er orde op zaken gesteld wordt
¹**show·er** /ʃaʊə, ˄-ər/, ⟨in betekenis 2 ook⟩ **shower bath** [telb zn] ① ⟨vaak mv⟩ bui, regenbui, hagelbui, sneeuwbui, windvlaag ♦ *scattered **showers** are expected* er worden verspreid voorkomende buien verwacht ② douche, stortbad ♦ ⟨sl⟩ *send s.o. to the **showers*** iemand het veld uitsturen; iemand afwijzen; *take a **shower*** ⟨AE⟩ douchen, een douche nemen ③ stroom, lawine, toevloed, golf, lading, menigte ♦ *a **shower** of arrows/bullets* een regen van pijlen/kogels; *a **shower** of insults* een stroom van beledigingen; *a **shower** of letters* een golf brieven; *a **shower** of stones* een lading stenen ④ ⟨AE⟩ feest waarbij geschenken worden aangeboden ⟨bijvoorbeeld voor toekomstige bruid, pasgeboren baby⟩ ♦ *a **bridal** shower* feest waarbij de toekomstige bruid geschenken worden aangeboden ⑤ meteoorregen ⑥ kosmische (stralings)bui ⑦ ⟨BE; inf⟩ lamzak • ⟨sprw⟩ *March winds and April **showers** bring forth May's flowers* ± de stormen in maart en de buien in april zorgen voor de bloemen in mei
²**show·er** /ʃaʊə, ˄-ər/ [verzamelw] ⟨BE; inf⟩ (groep) vervelende mensen, stelletje lamzakken
³**show·er** /ʃaʊə, ˄-ər/ [onov ww] ① (zich) douchen, een douche nemen ② (stort)regenen, buiig zijn ♦ *it started to **shower*** een bui barstte los ③ (toe)stromen, als een lawine aankomen, losbarsten ♦ *apples **showered** down the tree* het regende appels uit de boom
⁴**show·er** /ʃaʊə, ˄-ər/ [ov ww] ① overgieten, uitstorten, doen neerstromen ♦ *the couple was **showered** with confetti* het paar werd overgoten met confetti ② overladen, in grote hoeveelheden geven/zenden, overstromen, overstelpen ♦ *shower questions **on** s.o.* een heleboel vragen op iemand afvuren; *be **showered** with honours* met eerbewijzen overstelpt/overstroomd worden; *shower the enemy **with** missiles* de vijand bestoken met projectielen; *shower s.o. **with** gifts/gifts (up)on s.o.* iemand overladen met geschenken
shower activity [telb zn] ⟨meteo⟩ buienactiviteit
shower cap [telb zn] douchekapje
shower cubicle [telb zn] douchecel
shower gel [niet-telb zn] douchegel, showergel
shower head [telb zn] douchekop
show·er·proof [bn] waterafstotend, tegen lichte regen bestand
shower slipper [telb zn] badslipper
show·er·y /ʃaʊəri/ [bn] buiig, regenachtig
show flat [telb zn] ⟨BE⟩ modelflat, modelappartement
show·girl [telb zn] ① revuemeisje ② figurante ③ mannequin
show glass [telb zn] ⟨BE⟩ vitrine, (glazen) toonbank, uitstalkast
show house [telb zn] ⟨BE⟩ kijkwoning, modelwoning
¹**show·ing** /ʃoʊɪŋ/ [telb zn] bewijs(voering), opgave (van gegevens), (cijfer)materiaal, verklaring (van feiten) ♦ *the financial **showing** of this firm doesn't give much hope* de financiële positie van deze firma geeft niet veel hoop; *on any **showing*** hoe je het ook bekijkt; *on present **showing*** volgens de huidige bewijsvoering/feiten, zoals de zaak er nu voor blijkt te staan; *on your own **showing**, sth. must be done soon* zoals je zelf al aangeeft/verklaart, er moet gauw iets gebeuren
²**show·ing** /ʃoʊɪŋ/ [telb + niet-telb zn] vertoning, voorstelling, voordracht, show, voorkomen, figuur ♦ *get a good **showing*** goed tot zijn recht komen; *make a good **showing**

een goed figuur slaan; *on this showing he'll fail* op deze manier zal hij geen succes hebben, nu zal het hem niet lukken; *a poor showing* een zwakke vertoning, een armzalige voorstelling

show jumper [telb zn] ⟨paardsp⟩ springruiter

show jump·ing [niet-telb zn] ⟨paardsp⟩ (het) jachtspringen, springconcours

show·man /ʃoʊmən/ [telb zn; mv: showmen /-mən/] [1] impresario, arrangeur van evenementen, kermisbaas, producer [2] publieksspeler, publiekstrekker, publiciteitsnajager, aansteller

show·man·ship /ʃoʊmənʃɪp/ [niet-telb zn] gave voor het trekken van publiciteit, propagandistisch talent

shown /ʃoʊn/ [volt deelw] → show

¹**show-off** [telb zn] ⟨inf⟩ uitslover, opschepper, druktemaker, praatjesmaker

²**show-off** [niet-telb zn] ⟨inf⟩ uitsloverij

¹**show off** [onov ww] opscheppen, indruk proberen te maken, de aandacht trekken ♦ *he is always showing off* hij loopt zich altijd uit te sloven, hij heeft altijd kapsones

²**show off** [ov ww] [1] pronken met, opscheppen met ♦ *don't show off your knowledge* loop niet zo te koop met je kennis; *she likes to show off her son* ze loopt graag te pronken/paraderen met haar zoon [2] goed doen uitkomen, voordelig tonen

show·piece [telb zn] pronkstuk, prachtexemplaar, paradepaardje

show place [telb zn] (toeristische) trekpleister, hoogtepunt, attractie, bezienswaardigheid

show room [telb zn] toonzaal, showroom, modelkamer

showrunner [telb zn] ⟨vnl AE; tv⟩ ± uitvoerend producent ⟨belast met de dagelijkse leiding bij een tv-programma⟩

show·stop·per [telb zn] ⟨inf⟩ [1] succesnummer ⟨van een show⟩ [2] blikvanger, opvallende verschijning, succes

show-stop·ping [bn] ⟨inf⟩ magnifiek ⟨van voorstelling⟩, bejubeld

show trial [telb zn] showproces, schijnproces

show-up [telb zn] aandekaakstelling, openbaring, ontmaskering

¹**show up** [onov ww] [1] ⟨inf⟩ opdagen, verschijnen, komen, aanwezig zijn ♦ *only three guests showed up* slechts drie gasten kwamen opdagen [2] zichtbaar zijn, tevoorschijn komen, duidelijk worden ♦ *his addiction to drink started to show up again* zijn drankzucht begon de kop weer op te steken; *in these circumstances people's true characters show up* in deze omstandigheden treedt het ware karakter van de mensen naar voren; *her wrinkles show up now* haar rimpeltjes zijn nu zichtbaar

²**show up** [ov ww] [1] ontmaskeren, aan het licht brengen, openbaar maken, bekendheid geven aan, aantonen ♦ *he was shown up as a coward* hij bleek een lafaard te zijn, hij werd ontmaskerd als lafaard; *show up a deception* een bedrog aan het licht brengen; *don't show up for what you are!* doe je anders voor dan je bent!; *show up an impostor* een bedrieger ontmaskeren [2] zichtbaar maken, vertonen ♦ *only strong light shows up her wrinkles* slechts sterk licht toont haar rimpeltjes [3] ⟨vnl BE⟩ in verlegenheid brengen, doen schamen, in een moeilijk parket brengen ♦ *his daughter's remark showed him up* de opmerking van zijn dochtertje zette hem voor gek

show window [telb zn] etalage, toonkast, vitrine

show·y /ʃoʊi/ [bn; vergr trap: showier; bw: showily; zn: showiness] opvallend, opzichtig, (te) fel gekleurd, schitterend, de aandacht trekkend ♦ *showy clothes* opzichtige kleren; *showy flowers* felgekleurde bloemen

shp [afk] (shaft horsepower)

shpt [afk] (shipment)

shrammed /ʃræmd/ [bn] ⟨BE, gew⟩ verstijfd (van de kou)

shrank /ʃræŋk/ [verleden tijd] → shrink

¹**shrap·nel** /ʃræpnəl/ [telb zn] (soort) granaat

²**shrap·nel** /ʃræpnəl/ [niet-telb zn] granaatkartets, granaatscherven

¹**shred** /ʃred/ [telb zn] [1] stukje, draadje, reepje, snipper ♦ *not a shred of clothing* geen draadje kleding; *cut to shreds* in de pan hakken; *some shreds of a shirt* enkele reepjes van een overhemd; *tear sth. to shreds* iets aan flarden scheuren ⟨ook figuurlijk⟩; niets heel laten van, iets geheel de grond inboren; *a shred of tobacco* een beetje/restantje tabak [2] greintje, flard, zweem ♦ *not a shred of truth* geen greintje waarheid

²**shred** /ʃred/ [ov ww] verscheuren, versnipperen, aan flarden scheuren, in stukjes snijden, rafelen ♦ *shredded cabbage* gesneden/geschaafde kool; *shredded clothes* gescheurde kleren; → shredding

shred·der /ʃredə, ^-ər/ [telb zn] [1] (grove keuken)schaaf ⟨voor groente, kaas⟩, rasp [2] papierversnipperaar ⟨machine⟩

shred·ding /ʃredɪŋ/ [telb zn; oorspronkelijk tegenwoordig deelw van shred] reepje, stukje, draadje, vodje, snipper

shred·dy /ʃredi/ [bn; vergr trap: shreddier] rafelig, gescheurd, aan flarden

shrew /ʃruː/, ⟨in betekenis 2 ook⟩ **shrew·mouse** [telb zn] [1] feeks, kijvende vrouw, helleveeg ♦ *'The Taming of the Shrew' by Shakespeare* 'De Getemde Feeks' van Shakespeare [2] ⟨dierk⟩ spitsmuis ⟨genus Soricidae⟩, ⟨i.h.b.⟩ bosspitsmuis ⟨Sorex araneus⟩

shrewd /ʃruːd/ [bn; vergr trap: shrewder; bw: ~ly; zn: ~ness] [1] slim, schrander, uitgeslapen, pienter, scherpzinnig, intelligent ♦ *shrewd businessmen* slimme zakenlui; *a shrewd face* een pienter gezicht; *a shrewd guess* een scherpzinnige/intelligente gok; *shrewd-headed* pienter, slim; *a shrewd idea where to find sth.* een nauwkeurig idee waar iets te zoeken; *a shrewd observer* een scherp waarnemer; *a shrewd suspicion* een sterk vermoeden [2] sluw, doortrapt, listig, slinks, gehaaid ♦ *his shrewd plan to cheat her* zijn boosaardige plan om haar te bedriegen [3] ⟨form⟩ scherp, vinnig, pijnlijk, hard aankomend, bitter, ernstig ♦ *a shrewd blow* een gevoelige klap; *a shrewd cold* een bijtende kou; *a shrewd pain* een doordringende/stekende pijn

shrew·ish /ʃruːɪʃ/ [bn; bw: ~ly; zn: ~ness] feeksachtig, scheldend, tekeergaand, als een helleveeg, kijfachtig

¹**shriek** /ʃriːk/ [telb zn] schreeuw, gil, (schrille) kreet, doordringende roep ♦ *the shriek of a locomotive engine* het gillen van een locomotief; *a shriek of pain* een gil van de pijn

²**shriek** /ʃriːk/ [onov + ov ww] schreeuwen, gillen, gieren, (uit)roepen ♦ *don't shriek like that!* schreeuw niet zo!; *shrieking headlines* schreeuwende krantenkoppen; *shriek out* uitschreeuwen; *she shrieked a warning* ze gilde een waarschuwing; *shriek with laughter* gieren van het lachen

shriev·al /ʃriːvl/ [bn] van/m.b.t. een sheriff, sheriffs- ♦ *shrieval authority* het gezag van een sheriff

shriev·al·ty /ʃriːvlti/ [telb zn] ⟨vnl BE⟩ [1] het sheriffsambt, bevoegdheid/rechtsgebied/ambtsperiode van sheriff, het sheriff-zijn [2] sheriffskantoor, bureau van sheriff

shrift /ʃrɪft/ [telb zn] ⟨vero⟩ [1] biecht, schuldbekentenis [2] absolutie

shrike /ʃraɪk/ [telb zn] ⟨dierk⟩ klauwier ⟨familie Laniidae⟩ [·] *masked shrike* maskerklauwier ⟨Lanius nubicus⟩

¹**shrill** /ʃrɪl/ [bn; vergr trap: shriller; bw: ~y; zn: ~ness] schel, schril, scherp (en op hoge toon), doordringend, snerpend, ⟨fig⟩ fel ♦ *a shrill attack* een felle aanval; *a shrill contrast* een schril contrast; *a shrill cry* een doordringende uitroep; *a shrill sound* een krijsend/snerpend geluid; *a shrill voice* een schelle stem

²**shrill** /ʃrɪl/ [onov ww] schel klinken, snerpen

³**shrill** /ʃrɪl/ [ov ww] schel doen klinken, op scherpe toon

shrimp

uiten, krijsen, gillen, piepen

¹**shrimp** /ʃrɪmp/ [telb zn; mv: ook shrimp] ① **garnaal** ② (inf) **garnaal,** klein opdondertje, onderdeurtje, peuter

²**shrimp** /ʃrɪmp/ [onov ww] **op garnalenvangst gaan,** garnalen vangen

shrimp cocktail [telb + niet-telb zn] ⟨AE; cul⟩ **garnalencocktail**

shrimp·er /ʃrɪmpə, ᴬ-ər/ [telb zn] **garnalenvisser**

¹**shrine** /ʃraɪn/ [telb zn] ① **relikwieënkist,** relikwieënkastje ② **(heiligen)tombe,** grafteken ♦ *the shrine of a saint* de tombe van een heilige ③ **heiligdom,** tempel, kapel, altaar ④ **vereringsplaats,** plaats van speciale aandacht ♦ *Stratford, the shrine of Shakespeare* Stratford, de speciale gedenkplaats van Shakespeare · *worship at the shrine of Mammon* de mammon dienen

²**shrine** /ʃraɪn/ [ov ww] ⟨form⟩ **zorgvuldig bewaren (als iets heiligs),** als in een relikwieënkistje wegsluiten

Shrin·er /ʃraɪnə, ᴬ-ər/ [telb zn] **lid van (voornamelijk Amerikaanse) broederschap de Shrine**

¹**shrink** /ʃrɪŋk/ [telb zn] ⟨AE; inf⟩ ⟨verk: headshrinker⟩ **zielenknijper,** psych ⟨psychiater, psycholoog⟩

²**shrink** /ʃrɪŋk/ [telb + niet-telb zn] **inkrimping,** afname, het afnemen/slinken, ⟨fig⟩ ineenkrimping, het ineenkrimpen

³**shrink** /ʃrɪŋk/ [onov ww; shrank, shrunk; voornamelijk als bn ook shrunken] ① **krimpen,** afnemen, kleiner worden, samentrekken, slinken, inlopen ② **wegkruipen,** zich aan het oog onttrekken, ineenkrimpen, ⟨fig⟩ huiveren, achteruitkrabbelen, onwillig zijn ♦ *shrink at/from a situation* zich aan een situatie onttrekken, terugschrikken voor een situatie; *shrink back* terugdeinzen ⟨ook figuurlijk⟩; achteruitdeinzen; *shrink back from action/acting* terugdeinzen voor actie; *shrink into o.s.* in zichzelf keren; *shrink up* wegkruipen, ineenkrimpen

⁴**shrink** /ʃrɪŋk/ [ov ww; shrank, shrunk; voornamelijk als bn ook shrunken] **doen krimpen,** inkrimpen, doen afnemen/samentrekken/slinken, kleiner maken ♦ *cooking shrinks mushrooms* champignons slinken bij het koken; *shrink a metal tyre on* een metalen band opkrimpen, een metalen band heet omleggen

shrink·a·ble /ʃrɪŋkəbl/ [bn] **inkrimpbaar,** samentrekbaar

shrink·age /ʃrɪŋkɪdʒ/ [telb + niet-telb zn] ① **krimp,** inkrimping, slinking, samentrekking, verkleining ② **(waarde)vermindering,** bezuiniging, afname, vooraadverlies

shrink-wrap [ov ww] **krimpverpakken,** in krimpfolie verpakken

¹**shrive** /ʃraɪv/ [onov ww; voornamelijk shrove, shriven] ⟨vero⟩ **biecht horen,** absolutie verlenen

²**shrive** /ʃraɪv/ [ov ww; voornamelijk shrove, shriven] ⟨vero⟩ ① **biecht horen van,** absolutie verlenen, boetedoening opleggen, vergiffenis schenken, absolveren ② **biechten** ♦ *shrive o.s. to s.o.* te biecht gaan bij iemand

¹**shriv·el** /ʃrɪvl/ [onov ww] **zijn vitaliteit verliezen** ♦ *shrivel up* uitgeput raken, zijn energie verliezen

²**shriv·el** /ʃrɪvl/ [onov + ov ww] **verschrompelen,** uitdrogen, verdorren, inkrimpen, samentrekken ♦ *a shrivelled face* een verschrompeld/gerimpeld gezicht; *this plant shrivels (up)* deze plant verdort/verdroogt

shriv·en /ʃrɪvn/ [volt deelw] → **shrive**

¹**shroud** /ʃraʊd/ [telb zn] ① **lijkwade,** doodskleed, lijkkleed ♦ *you'll have no pockets in your shroud* je kunt je geld niet in je graf meenemen ② ⟨fig⟩ **sluier,** dekmantel ♦ *a shroud of mist* een sluier van mist; *wrapped in a shroud of mystery* in een sluier van raadselachtigheid/geheimzinnigheid gehuld ③ ⟨vaak mv⟩ ⟨scheepv⟩ **hoofdtouwen,** want, tuig ♦ *shrouds and riggings of the masthead* tuig van de mast ④ **draaglijn** ⟨van valscherm⟩ ⑤ ⟨techn⟩ ⟨benaming voor⟩ **versterking,** tandwerk ⟨van tandwiel⟩,

schoepversterking ⟨van turbine⟩, straalpijpring ⟨vliegtuig⟩ · ⟨sprw⟩ *shrouds haven't any pockets* een doodshemd heeft geen zakken, wat iemand rooft of vindt of erft, hij laat het al wanneer hij sterft

²**shroud** /ʃraʊd/ [ov ww] ① **in een doodskleed wikkelen** ② **hullen,** omhullen, verbergen ♦ *mountains shrouded in mist* in mist gehulde bergen; *lies shrouded in polite phrases* leugens gehuld/verhuld/verborgen in beleefde woorden/formuleringen

shroud-laid [bn] ⟨scheepv⟩ **vierstrengs** ⟨van touw⟩

shroud-wav·ing [niet-telb zn] ⟨BE⟩ **het publiekelijk de noodklok luiden over de gezondheidszorg** ⟨om meer staatssteun te krijgen⟩

shrove /ʃroʊv/ [verleden tijd] → **shrive**

Shrove·tide /ʃroʊvtaɪd/ [eigenn] **Vastenavond** ⟨drie dagen vóór Aswoensdag⟩, carnaval

Shrove Tues·day [eigenn] **Vastenavond,** ⟨België⟩ vette dinsdag

¹**shrub** /ʃrʌb/ [telb zn] **struik,** heester

²**shrub** /ʃrʌb/ [niet-telb zn] **(rum)punch**

¹**shrub·ber·y** /ʃrʌbəri/ [telb zn] **heesterperk,** heesteraanleg, heesterhaag

²**shrub·ber·y** /ʃrʌbəri/ [niet-telb zn] **struikgewas,** heestergewas

shrub·by /ʃrʌbi/ [bn; vergr trap: shrubbier; zn: shrubbiness] ① **heesterachtig,** op een heester gelijkend ② **heesterachtig,** uit heesters bestaand, met heesters begroeid

¹**shrug** /ʃrʌɡ/ [telb zn] ① **schouderophalen,** schouderbeweging ♦ *give a shrug* de schouders ophalen; *answer with a shrug* met schouderophalen antwoorden ② **bolero** ⟨kledingstuk⟩

²**shrug** /ʃrʌɡ/ [onov ww] **de schouders ophalen**

³**shrug** /ʃrʌɡ/ [ov ww] **ophalen** ⟨schouders⟩ ♦ zie: **shrug off**

shrug off [ov ww] **van zich afschudden** ⟨kleding⟩, ⟨fig⟩ geen belang hechten aan, links laten liggen, negeren ♦ *he shrugged off his coat* hij schudde (met een schouderbeweging) zijn mantel af

shrunk /ʃrʌŋk/, **shrunken** /ʃrʌŋkən/ [volt deelw] → **shrink**

shtg [afk] ⟨shortage⟩

shtick, shtik, schtick /ʃtɪk/ [telb zn] ⟨AE; sl⟩ ① **nummertje,** optreden ② **trekje,** kenmerkende eigenschap, treffend detail ③ **gimmick,** routine, act, ding ④ **stuk,** gedeelte ⑤ **reclamestunt**

¹**shuck** /ʃʌk/ [telb zn] ① ⟨vnl AE⟩ ⟨benaming voor⟩ **omhulsel,** peul, dop ⟨van vrucht⟩, kaf, schede ⟨van aar⟩, schaal, schelp ⟨van oester⟩ ♦ *not worth shucks* geen zier waard ② ⟨AE; sl⟩ **nep,** bedrog, bedotterij, diefstal, fraude

²**shuck** /ʃʌk/ [onov ww] ⟨AE; sl⟩ ① **dollen,** lol trappen ② **bluffen,** overdrijven, liegen

³**shuck** /ʃʌk/ [ov ww] ① ⟨vnl AE⟩ **pellen,** doppen ⟨erwten⟩, kraken ⟨noten⟩, openen ⟨oester⟩ ② ⟨AE; inf⟩ **uitgooien** ⟨kleren⟩ ③ ⟨AE; sl⟩ **neppen,** belazeren, oplichten

shucks /ʃʌks/ [tw] ⟨AE; inf⟩ ① **onzin!** ② **verdorie!,** stik!

¹**shud·der** /ʃʌdə, ᴬ-ər/ [telb zn] **huivering,** rilling ♦ *it gives me the shudders* het geeft me koude rillingen ⟨van ontzetting⟩; *a shudder ran through the crowd* een huivering/rilling ging door de menigte

²**shud·der** /ʃʌdə, ᴬ-ər/ [onov ww] ① **huiveren,** sidderen, beven ♦ *he shuddered at the sight of the corpse* hij huiverde bij het zien van het lijk; *shudder away/up from* huiveren/terugschrikken voor; *I shudder to think* ik huiver als ik eraan denk/bij de gedachte; *shudder with fear* sidderen van angst; *shudder with cold/disgust* huiveren van de kou/van afkeer ② **trillen**

³**shud·der** /ʃʌdə, ᴬ-ər/ [ov ww] **doen huiveren,** doen beven ♦ *the thought shuddered my spine* ik sidderde bij de gedachte

shud·der·ing·ly /ʃʌdərɪŋli/ [bw] **huiverend,** angstig

shud·der·y /ˈʃʌdəri/ [bn] eng, griezelig
¹shuf·fle /ˈʃʌfl/ [telb zn] ① schuifelgang, slenterpas, geslof ♦ *he came in in a shuffle* hij kwam binnensloft ② ⟨dans⟩ schuifelpas ♦ *double shuffle* twee opeenvolgende schuifelpassen ③ het schudden, het wassen/mêleren ⟨kaarten, dominostenen⟩ ♦ *give the cards a shuffle* de kaarten schudden ④ verwisseling, herverdeling ♦ *a shuffle of the Cabinet* een herverdeling van de regeringsportefeuilles ⑤ dubbelzinnigheid, uitvlucht ♦ *plain words and no shuffle* duidelijke taal zonder draaierij
²shuf·fle /ˈʃʌfl/ [onov ww] ① heen en weer bewegen, zitten te wiebelen/schommelen/draaien ② ⟨fig⟩ weifelen, eromheen draaien, ⟨België⟩ rond de pot draaien, uitvluchten zoeken ♦ *shuffle out of one's responsibility* zich aan zijn verantwoordelijkheid onttrekken, zich eruit draaien ③ op onzekere wijze bewegen, ⟨fig⟩ op slordige manier handelen ♦ *shuffle through one's job* zijn werk afraffelen
³shuf·fle /ˈʃʌfl/ [onov + ov ww] schuifelen, sloffen ♦ *shuffle along* voortsloffen, voortsjokken; *shuffle one's feet* met de voeten schuifelen; *shuffle off* wegsloffen, ervandoor gaan; ⟨fig⟩ de pijp uit gaan
⁴shuf·fle /ˈʃʌfl/ [ov ww] ① mengen, door elkaar halen/gooien, schudden, wassen, mêleren ⟨kaarten⟩ ♦ *shuffle the cards* de kaarten schudden/wassen; ⟨fig⟩ de rollen herverdelen, het over een andere boeg gooien ② heen en weer bewegen, verwisselen, herverdelen ♦ *shuffle the Cabinet* de regeringsportefeuilles herverdelen; *shuffle one's papers* in zijn papieren rommelen; *shuffle together/up one's papers* zijn papieren bij elkaar graaien/grabbelen ③ schuiven, al schuivend aantrekken/uittrekken, afschuiven ♦ *shuffle into one's clothes* zijn kleren onhandig/sloom aantrekken; *try to shuffle off one's responsibility* zijn verantwoordelijkheid proberen af te schuiven; *shuffle on/off one's slippers* zijn pantoffels al schuifelend aantrekken/uittrekken ④ smokkelen, binnensmokkelen, wegsmokkelen, verdonkeremanen ♦ *shuffle sth. away* iets wegmoffelen/smokkelen; *shuffle a few facts into a file* een paar feiten in een dossier binnensmokkelen
shuf·fle·board [telb + niet-telb zn] ± sjoelbak
shuf·fler /ˈʃʌflə, ˈ-ər/ [telb zn] ① weifelaar(ster), draaier, uitvluchtenzoeker ② speler die de kaarten schudt
shuf·ty /ˈʃʊfti/ [telb zn] ⟨BE; sl⟩ kijkje, blik ♦ *have/take a shufty at* een blik werpen op
shun /ʃʌn/ [ov ww] mijden, schuwen ♦ *shun people* mensen uit de weg gaan/blijven
'shun /ʃʌn/ [tw] ⟨mil⟩ ⟨verk: attention⟩ geef acht!
¹shun·pike /ˈʃʌnpaɪk/ [telb zn] ⟨AE⟩ zijweg waardoor men tolhek op snelweg kan omzeilen
²shun·pike /ˈʃʌnpaɪk/ [onov ww] ⟨AE⟩ ① tolhek op snelweg omzeilen via zijweg ② langs kleinere, gezelligere wegen reizen ⟨in plaats van snelweg⟩
¹shunt /ʃʌnt/ [telb zn] ① (spoor)wissel ② aftakking, zijspoor ③ ⟨elek⟩ shunt, parallelle schakeling ④ ⟨med⟩ by-pass, aftakking ⟨voor bloedstroom⟩ ⑤ ⟨sl⟩ botsing
²shunt /ʃʌnt/ [telb + niet-telb zn] afleiding, het afleiden/rangeren
³shunt /ʃʌnt/ [onov ww] ① afslaan, een andere richting volgen/inslaan, aftakking/zijspoor volgen, ⟨fig⟩ van richting/standpunt veranderen ② afgeleid worden, gerangeerd worden ⟨wagon⟩, afgetakt worden ⟨stroom⟩ ③ pendelen, heen en weer reizen
⁴shunt /ʃʌnt/ [ov ww] ① afleiden, afvoeren, rangeren, doen afslaan ⟨trein, wagon⟩, shunten ⟨elektriciteit⟩, uit de weg duwen, op een dood spoor zetten ⟨persoon⟩, ⟨med⟩ afleiden ⟨bloed⟩ ♦ *shunt a train onto a siding* een trein naar een zijspoor afvoeren/op een zijspoor rangeren; *shunt the conversation onto a more decent subject* het gesprek naar een behoorlijker onderwerp leiden; *he has been shunted to a post where he could do no harm* ze hebben hem naar een post verplaatst/overgeheveld waar hij geen kwaad kon ② ont-

lopen, van zich afschuiven, op de lange baan schuiven, zich ontdoen van ♦ *he shunted the job onto me* hij schoof het werk op mij af; *he shunted the responsibility* hij schoof de verantwoordelijkheid van zich af
shunt·ing-en·gine [telb zn] rangeerlocomotief
shunt·ing-switch [telb zn] rangeerwissel
shunt·ing-yard [telb zn] rangeerterrein, rangeerstation
¹shush /ʃʌʃ/ [onov ww; vaak gebiedende wijs] stil zijn, stil worden ♦ *shush now, let's be quiet* sst, stil nu, iedereen rustig
²shush /ʃʌʃ/ [ov ww] doen zwijgen, sussen
³shush /ʃʌʃ/ [tw] sst!, stilte!
¹shut /ʃʌt/ [bn, pred; oorspronkelijk volt deelw van shut] dicht, gesloten ♦ *slam the door shut* de deur dichtsmijten
²shut /ʃʌt/ [onov ww; shut, shut] sluiten, dichtgaan, dichtslaan, dichtklappen, ⟨fig⟩ stopgezet worden, ophouden ⟨bijvoorbeeld bedrijf⟩, dicht/toe zijn ♦ *the door shuts badly* de deur sluit niet goed; *the factory shuts down for a fortnight this summer* de fabriek gaat van de zomer twee weken dicht; *the shop shuts on Sundays* de winkel is 's zondags gesloten; *the door shuts to* de deur gaat helemaal dicht; zie: **shut up** ⚫ ⟨sprw⟩ *when one door shuts another opens* ± er komt altijd weer een nieuwe kans, ± wat in het vat zit verzuurt niet; → **shut¹**
³shut /ʃʌt/ [ov ww; shut, shut] ① sluiten, dichtdoen, dichtslaan, dichtklappen, dichtdraaien ♦ *shut a book* een boek dichtklappen; ⟨fig⟩ *shut the door on a request/proposal* een aanvraag weigeren/voorstel verwerpen; *shut one's eyes/ears/mind to sth.* iets niet willen zien/horen/weten; *shut in by mountains* door bergen ingesloten/omringd; ⟨inf⟩ *shut your mouth/head/trap* hou je mond/waffel/bek; *shut off the water/gas* het water/gas afsluiten; *live shut off from society* van de maatschappij afgezonderd leven; *shut out* buitensluiten, uitsluiten; het zicht belemmeren op, aan het zicht onttrekken, ⟨AE; sport, vnl honkb⟩ niet laten scoren, op nul houden; *shut out of* de toegang ontzeggen tot; ⟨fig⟩ *shut the stable after the horse is gone* de put dempen als het kalf verdronken is; *shut the door to* de deur (pot)dicht doen ② sluiten, stopzetten, doen staken ♦ *shut down a plant* een fabriek (definitief) sluiten; *shut a reactor down* een kernreactor stilleggen; zie: **shut up** ③ opsluiten ♦ *shut sth. away* iets (veilig) opsluiten/bergen; *shut o.s. away to finish a book* zichzelf opsluiten om een boek af te maken; *she shut herself into her room* ze sloot zich in haar kamer op; *shut the horses into the stable* de paarden in de stal opsluiten; *shut o.s. in* zichzelf opsluiten ⟨bijvoorbeeld in kamer⟩; *shut s.o. into a room* iemand in een kamer opsluiten; zie: **shut up** ④ al sluitend klemmen, vastklemmen ♦ *shut one's finger in the door* zijn vinger tussen de deur klemmen ⚫ ⟨AE; sport⟩ *shut down/off* verslaan; ⟨sprw⟩ *a door must be either open or shut* een deur moet open of dicht zijn; → **shut¹**
shut·down [telb zn] sluiting, opheffing, stopzetting ⟨van bedrijf⟩
shut-eye [telb + niet-telb zn] ⟨sl⟩ ① slaap, tukje, dutje ♦ *have a bit of shut-eye* een dutje doen ② ⟨AE⟩ bewusteloosheid ♦ *pull a shut-eye* zich bewusteloos drinken
¹shut-in [telb zn] ⟨vnl AE⟩ invalide ⟨die binnen moet blijven⟩
²shut-in [bn] ⟨vnl AE⟩ ① die binnen moet blijven ⟨zieke⟩ ② ⟨psych⟩ mensenschuw, zeer introvert/gesloten
shut-off [telb zn] ① afsluiting, afsluitstuk ② onderbreking
shut-out, ⟨in betekenis 1 ook⟩ **shut·ting out,** ⟨in betekenis 2 ook⟩ **shutout bid** [telb zn] ① lock-out, uitsluiting ⟨van arbeiders⟩ ② ⟨bridge⟩ preëmptief bod, pre-emptive ③ ⟨AE; voornamelijk honkbal⟩ slagbeurt/wedstrijd waarin één team niet scoort
¹shut·ter /ˈʃʌtə, ˈʃʌtər/ [telb zn] ① blind, luik, rolluik ♦ *put up the shutters* de zaak sluiten ② schuifdeksel ③ slui-

shutter

ter ⟨ook van camera⟩

²**shut·ter** /ʃʌtə, ᴬʃʌtər/ [ov ww] [1] met (een) luik(en) sluiten ♦ *shuttered windows/houses* vensters/huizen met gesloten luiken [2] van luiken voorzien; → **shuttering**

shut·ter·bug [telb zn] ⟨inf⟩ amateurfotograaf, foto-enthousiast

shut·ter·ing /ʃʌtərɪŋ/ [niet-telb zn; gerund van shutter] ⟨vnl BE⟩ bekisting

shutter release [telb zn] ⟨foto⟩ ontspanner, ontspanknop, sluiterknop

¹**shut·tle** /ʃʌtl/ [telb zn] [1] schietspoel [2] schuitje ⟨van naaimachine⟩ [3] pendeldienst [4] → **shuttlecock** [5] → **space shuttle**

²**shut·tle** /ʃʌtl/ [onov ww] pendelen, heen en weer reizen/bewegen/lopen ♦ *on busy days I keep shuttling between the shop and the phone* op drukke dagen ren ik voortdurend heen en weer tussen de winkel en de telefoon

³**shut·tle** /ʃʌtl/ [ov ww] heen en weer vervoeren ⟨met pendeltrein e.d.⟩ ♦ *shuttle people from New Jersey to New York* mensen (dagelijks) per trein heen en weer vervoeren van New Jersey naar New York

shuttle armature [telb zn] ⟨elek⟩ dubbel T-anker ⟨m.b.t. gewapende magneet⟩

¹**shut·tle·cock** [telb zn] pluimbal, shuttle ⟨badminton⟩

²**shut·tle·cock** [ov ww] heen en weer sturen/slaan/gooien

shuttle craft [telb zn] pendel, ruimteveer, spaceshuttle

shuttle diplomacy [niet-telb zn] pendeldiplomatie

shuttle service [telb zn] pendeldienst

shuttle train [telb zn] pendeltrein

¹**shut up** [onov ww] [1] ⟨vaak gebiedende wijs⟩ zwijgen ♦ *shut up like an oyster* zijn mond niet opendoen, geen kik geven; ⟨inf⟩ *shut up!* kop dicht! [2] sluiten ⟨winkel e.d.⟩ ♦ *shut up early* (de winkel) vroeg sluiten

²**shut up** [ov ww] [1] sluiten, (zorgvuldig) afsluiten ♦ *they shut up the house before they left* ze sloten het huis af voordat ze weggingen; *shut up shop* de zaak sluiten, met de zaak ophouden [2] opsluiten, achter slot en grendel zetten ♦ *the documents are safely shut up in a vault* de documenten liggen veilig opgeborgen in een kluis [3] doen zwijgen, de mond snoeren ♦ ⟨inf⟩ *shut s.o. up* iemand tot zwijgen brengen

shwa [telb + niet-telb zn] → **schwa**

¹**shy** /ʃaɪ/ [telb zn] [1] gooi, worp ♦ *have a shy at s.o.* iemand proberen te raken, naar iemand gooien; *sixpence a shy* drie ballen voor een stuiver, drie keer gooien voor een duppie [2] ⟨inf⟩ bruuske beweging/sprong ⟨van schrik⟩, ruk [3] ⟨inf⟩ gooi, poging, experiment ♦ *have a shy at sth.* een gooi doen naar iets, iets proberen te krijgen/bereiken, het (ook) eens proberen [4] ⟨inf⟩ schimpscheut, steek onder water, hatelijkheid ♦ *have a shy at s.o.* iemand een steek onder water geven

²**shy** /ʃaɪ/ [bn; vergr trap: shyer, shier; bw: ~ly; zn: ~ness] [1] schuw, schichtig ⟨dieren⟩ [2] verlegen, bedeesd, timide, bleu, schuchter, blo, beschroomd, gereserveerd, terughoudend ♦ *give s.o. a shy look* iemand verlegen aankijken; *be rather shy with women* nogal bedeesd zijn in de omgang met vrouwen [3] slecht dragend, weinig voortbrengend/produktief ⟨planten, dieren, vruchtbomen⟩

³**shy** /ʃaɪ/ [bn, pred; vergr trap: shyer, shier; bw: ~ly; zn: ~ness] [1] voorzichtig, behoedzaam, omzichtig, wantrouwend ♦ *be shy about/of doing sth.* huiverig staan om/ervoor terugschrikken iets te doen; *I am shy of saying sth. on this subject* ik zeg liever niets over dit onderwerp; *fight/be shy of* uit de weg gaan, zich niet inlaten met, (proberen te) vermijden [2] ⟨vnl AE; inf⟩ te kort, gebrek hebbend, te weinig, verloren ♦ *be shy of money* slecht bij kas zijn; *he's shy three quid* hij is drie pond kwijt [3] ⟨AE; inf⟩ niet in staat de inzet te betalen ⟨poker⟩ • ⟨spr⟩ *once bitten, twice shy* ± door schade en schande wordt men wijs

⁴**shy** /ʃaɪ/ [bn, postnom; vergr trap: shyer, shier; bw: ~ly; zn: ~ness] ⟨vnl AE; inf⟩ te kort, gebrek hebbend, te weinig, verloren ♦ *he's three quid shy* hij komt drie pond te kort

⁵**shy** /ʃaɪ/ [onov ww] [1] schichtig opspringen, schrikken, schichtig worden, schichtig opzij springen ♦ *shy at sth.* schichtig worden voor iets ⟨paarden⟩ [2] terugschrikken ♦ *shy at/from sth.* voor iets terugschrikken; *shy away/off from sth.* iets vermijden/ontwijken, voor iets uit de weg gaan/terugschrikken

⁶**shy** /ʃaɪ/ [onov + ov ww] ⟨inf⟩ gooien, werpen, smijten, slingeren

⁷**shy** /ʃaɪ/ [ov ww] ⟨AE⟩ ontwijken, vermijden ♦ *shy off* ontwijken, vermijden

-shy /ʃaɪ/ [drukt vrees of afkeer uit] -schuw ♦ *work-shy* werkschuw

shy·er /ʃaɪə, ᴬ-ər/ [telb zn] schichtig paard

shy·lock /ʃaɪlɒk, ᴬ-lɑk/ [eigenn, telb zn; ook Shylock] Shylock, harteloze woekeraar

shy·ster /ʃaɪstə, ᴬ-ər/ [telb zn] ⟨AE; sl⟩ [1] gewetenloos mens ⟨voornamelijk advocaat of politicus⟩, beunhaas, hooizak [2] advocaat

si /si:/ [telb + niet-telb zn] ⟨muz⟩ si

SI [afk] [1] ⟨(Order of the) Star of India⟩ [2] ⟨(International) System of Units (of Measurement)⟩

si·al /saɪəl, ᴬsaɪæl/ [niet-telb zn] ⟨geol⟩ sial ⟨bovenste gedeelte van de aardkorst⟩

si·a·mang /saɪəmæŋ, ᴬsɪə-/ [telb zn] ⟨dierk⟩ siamang ⟨grote zwarte gibbon; Symphalangus/Hylobates syndactylus⟩

¹**si·a·mese** /saɪəmi:z/ [telb zn; mv: siamese] ⟨techn⟩ Y-vormig verbindingsstuk

²**si·a·mese** /saɪəmi:z/ [bn] ⟨techn⟩ Y-vormig ♦ *siamese pipe* broekstuk, Y-buis, gaffelvormige buis

¹**Si·a·mese** /saɪəmi:z/ [eigenn] Siamees, Thai, Thaise taal

²**Si·a·mese** /saɪəmi:z/ [telb zn; mv: Siamese] [1] Siamees ⟨inwoner van Siam⟩ [2] siamees, Siamese kat

³**Si·a·mese** /saɪəmi:z/ [bn] [1] Siamees ♦ *Siamese cat* Siamese kat, siamees [2] nauw verwant, sterk gelijkend, onafscheidelijk, onscheidbaar, Siamees, tweeling- ♦ *Siamese twin(s)* Siamese tweeling(en) ⟨ook figuurlijk⟩

¹**sib** /sɪb/ [telb zn] (bloed)verwant(e), broer, zuster

²**sib** /sɪb/ [verzamelw] sibbe, (bloed)verwanten, familie, verwantschap

³**sib** /sɪb/ [bn] ⟨vnl SchE⟩ verwant

Sib [afk] ⟨Siberia(n)⟩

Sib·bald's ror·qual /sɪbl(d)z rɔ:kwəl, ᴬ-rɔr-/ [telb zn] ⟨dierk⟩ blauwe vinvis ⟨Sibbaldus musculus, Balaenopterus musculus⟩

¹**Si·be·ri·an** /saɪbɪərɪən, ᴬ-bɪr-/ [telb zn] Siberiër

²**Si·be·ri·an** /saɪbɪərɪən, ᴬ-bɪr-/ [bn] Siberisch ♦ ⟨dierk⟩ *Siberian thrush* Siberische lijster ⟨Turdus sibiricus⟩ • ⟨dierk⟩ *Siberian jay* taigagaai ⟨Perisoreus infaustus⟩; ⟨dierk⟩ *Siberian tit* bruinkopmees ⟨Parus cinctus⟩

sib·i·lance /sɪbɪləns/, **sib·i·lan·cy** /-si/ [niet-telb zn] sissend geluid, sissen

¹**sib·i·lant** /sɪbɪlənt/ [telb zn] ⟨taalk⟩ sisklank, sibilant

²**sib·i·lant** /sɪbɪlənt/ [bn; bw: ~ly] sissend

¹**sib·i·late** /sɪbɪleɪt/ [onov ww] sissen, sissend spreken

²**sib·i·late** /sɪbɪleɪt/ [ov ww] sissend/met een sisklank uitspreken

¹**sib·i·la·tion** /sɪbɪleɪʃn/ [telb zn] sisklank

²**sib·i·la·tion** /sɪbɪleɪʃn/ [niet-telb zn] gesis

sib·ling /sɪblɪŋ/ [telb zn] ⟨form⟩ [1] broer [2] zuster

sib·ship /sɪbʃɪp/ [verzamelw] broers en zusters, (bloed)verwanten, familie, verwantschap

sib·yl /sɪbl/ [telb zn] sibille, profetes, ⟨pej⟩ waarzegster, heks

sib·yl·line /sɪbɪlaɪn/, **si·byl·ic, si·byl·lic** /sɪbɪlɪk/ [bn] sibillijns, profetisch, orakelachtig, mysterieus • *the Sibyl-*

line books de sibillijnse boeken

¹sic, sick /sɪk/ [ov ww] ① **aanvallen** ♦ *sic him!* pak 'm! ⟨tegen hond⟩ ② **aanhitsen, opzetten** ♦ *sic s.o. on s.o.* iemand tegen iemand opzetten

²sic /sɪk/ [bw] sic, aldus, zo staat er woordelijk

³sic /sɪk/ [predet] ⟨SchE⟩ **zulk(e)**

Sic [afk] ① (Sicilian) ② (Sicily)

Si·ca·ni·an /sɪkeɪnɪən/ [bn] **Siciliaans**

¹sic·ca·tive /sɪkətɪv/ [telb zn] **siccatief**, droogmiddel

²sic·ca·tive /sɪkətɪv/ [bn] **opdrogend**, droog-

sice, ⟨in betekenis 2 ook⟩ **syce** /saɪs/ [telb zn] ① **zes** ⟨op dobbelsteen⟩ ② ⟨IndE⟩ **stalknecht**, lakei, dienaar

¹Si·cil·ian /sɪsɪljən/ [eigenn] **Siciliaans** ⟨dialect⟩

²Si·cil·ian /sɪsɪljən/ [bn] **Siciliaan**

³Si·cil·ian /sɪsɪljən/ [bn] **Siciliaans**

Sic·i·ly /sɪsɪli/ [eigenn] **Sicilië** ♦ ⟨gesch⟩ *(the Kingdom of) the Two Sicilies* het Koninkrijk der Beide Siciliën

¹sick /sɪk/ [telb zn] ⟨sl⟩ **ziekenhuispatiënt**

²sick /sɪk/ [telb + niet-telb zn] ① **ziekte**, misselijkheid ② ⟨BE⟩ **braaksel**

³sick /sɪk/ [bn; vergr trap: sicker] ① ⟨AE; verouderd in Brits-Engels⟩ **ziek**, ziekelijk, sukkelend ♦ ⟨r-k; niet vero⟩ *the anointing of the sick* de zalving der zieken, het heilig/laatste oliesel; *fall sick* ziek worden; ⟨inf⟩ *go on the sick*, ⟨mil⟩ *go/report sick* zich ziek melden; *lie sick of a fever* met koorts liggen ② **ziekelijk**, ongezond, morbide, bitter, wrang ⟨spot⟩, luguber, sadistisch, wreed, macaber ⟨humor, grap⟩, gepervertaard ♦ *sick humour* macabere humor; *a sick joke* een lugubere grap; *a sick mind* een ziekelijke geest ③ **geesteszek**, gestoord, ⟨sl⟩ ⟨gevaarlijk⟩ psychopatisch, neurotisch ④ **bleek** ⑤ ⟨landb⟩ **onvruchtbaar** ⟨•⟩ *sick unto death* doodziek

⁴sick /sɪk/ [bn, attr; vergr trap: sicker] ① ⟨BE⟩ **ziek** ♦ *his sick son is in hospital* zijn zieke zoon ligt in het ziekenhuis; *the sick* de zieken ② **wee**, onpasselijk/misselijk makend ♦ *a sick feeling* een wee gevoel; ⟨AE; vnl inf⟩ *sick headache* hoofdpijn met misselijkheid, migraine ③ **ziekte-**, zieken- ④ **defect** ⑤ **flauw** ⟨markt, Beurs⟩

⁵sick /sɪk/ [bn, pred; vergr trap: sicker] ① **misselijk**, onpasselijk, ziek, met walging vervuld ♦ ⟨vnl BE⟩ *be sick* overgeven, braken, spugen; *sick as a cat* kotsmisselijk, misselijk als een kat/hond; ⟨sl⟩ *he was sick as a dog* hij moest flink kotsen, hij ging flink over zijn nek; ⟨AE⟩ *sick at/to one's stomach* onpasselijk, misselijk; *turn sick* misselijk worden/maken; *be worried sick* doodongerust zijn ② **diepbedroefd**, verdrietig, treurig ♦ ⟨inf⟩ *I am sick at heart* ik ben diepbedroefd; ⟨inf⟩ *I am sick at having to do this, but I must* ik vind het intreurig dit te moeten doen, maar ik kan er niet buiten ③ **beu**, moe(de), 't land hebbend ♦ ⟨inf⟩ *I am sick (and tired) of it* ik ben het spuugzat; *I am sick of the sight of it* ik word misselijk als ik het zie ④ **geërgerd**, gekrenkt ♦ *you make me sick!* je maakt me ziek!, je verveelt me! ⑤ **van streek**, ontdaan, ondersteboven, overstuur, kapot ⑥ **smachtend**, hunkerend, ziek ♦ *she is sick for home* ze heeft heimwee; ⟨fig⟩ *the ship is sick of paint* het schip moet nodig geverfd ⑦ **zwak**, van slechte kwaliteit ♦ ⟨inf⟩ *he makes me look sick* vergeleken bij hem ben ik een nul ⑧ ⟨euf⟩ **ongesteld** ⑨ ⟨gew; euf⟩ *in het kinderbed* ⟨•⟩ ⟨sl⟩ *be sick in the breadbasket* moeten kotsen; *sick unto/unto death of s.o./sth.* iemand/iets spuugzat zijn, doodziek iemand/iets; *sick with envy* groen van nijd; ⟨sprw⟩ *hope deferred maketh the heart sick* als men in zijn verwachtingen teleurgesteld wordt, laat men het hoofd hangen, ± hoop doet leven

⁶sick /sɪk/ [ov ww] ① ⟨inf⟩ **braken**, overgeven, spugen ♦ *sick up* spugen, overgeven, uitbraken ② **aanvallen** ♦ *sick him!* pak 'm! ⟨tegen hond⟩ ③ **aanhitsen**, opzetten

-sick /sɪk/ ① **-ziek**, misselijk, onpasselijk ♦ *carsick* wagenziek; *seasick* zeeziek ② **smachtend** ♦ *she is homesick* ze heeft heimwee ③ ⟨scheepv⟩ **(dringend) nodig** ⟨hebbend⟩ ⟨herstelling⟩ ♦ *be paint-sick* om verf schreeuwen

sick·bay [telb zn] ① **medisch centrum** ⟨bijvoorbeeld op universitaire campus⟩ ② ⟨scheepv⟩ **ziekenboeg**

sick·bed [telb zn] **ziekbed**

sick·ben·e·fit, sickness benefit [niet-telb zn] ⟨BE⟩ **ziekengeld**, ziektegeld, uitkering wegens ziekte

sick·berth [telb zn] ⟨scheepv⟩ **ziekenboeg**

sick building syndrome [niet-telb zn] **sickbuilding-syndroom** ⟨bijvoorbeeld door slechte ventilatie in gebouwen⟩

¹sick call [telb + niet-telb zn] ⟨AE; mil⟩ **ziekenappel**, ziekenrapport

²sick call [niet-telb zn] **ziekenbezoek** ⟨door dokter of geestelijke⟩

¹sick·en /sɪkən/ [onov ww] ① **ziek worden** ② **misselijk/onpasselijk worden** ♦ *sicken at the sight of/to see sth.* misselijk worden bij het zien van iets ③ **het beu/moe worden**, walgen ♦ *I sickened of it after a few days* na een paar dagen was ik het spuugzat ④ **kwijnen**, verzwakken, vervallen ⑤ **smachten** ♦ *sicken for sth.* naar iets smachten ⑥ ⟨vnl BE⟩ **de eerste tekenen (van een ziekte) vertonen**, onder de leden hebben ♦ *be sickening for/of/with measles* de mazelen onder de leden hebben; → **sickening**

²sick·en /sɪkən/ [ov ww] ① **ziek/misselijk maken**, doen walgen, met afschuw vervullen ② **moe maken** ③ **verzwakken**, uitputten ⟨land⟩; → **sickening**

sick·en·er /sɪkənə, ^-ər/ [telb zn] **wat ziek/misselijk/moe maakt**

sick·en·ing /sɪkənɪŋ/ [bn; tegenwoordig deelw van sicken; bw: ~ly] ① **ziekmakend**, ziekteverwekkend ② **walgelijk**, misselijk, weerzinwekkend

sick-flag [telb zn] **quarantainevlag**, gele vlag

sick·ie /sɪki/ [telb zn] ⟨AuE, BE; inf⟩ **baaldag** ⟨onterecht ziekteverlof⟩

sick·ish /sɪkɪʃ/ [bn; bw: ~ly; zn: ~ness] ① **onwel**, onpasselijk, wat misselijk ② **onaangenaam**, wat stuitend ③ ⟨vero⟩ **ziekelijk**, sukkelend

¹sick·le /sɪkl/ [telb zn] ① **sikkel**, sikkelvormig voorwerp ② ⟨landb⟩ **snijmachine van maaidorser**

²sick·le /sɪkl/ [ov ww] **met een sikkel snijden/maaien**

sick leave [niet-telb zn] **ziekteverlof** ♦ *on sick leave* met ziekteverlof

sick·le-bill [telb zn] ⟨dierk⟩ ⟨benaming voor⟩ **vogel met sikkelvormige snavel**, (i.h.b.) wulp ⟨genus Numenius⟩

sickle cell [telb zn] ⟨med⟩ **sikkelcel**

sickle-cell anaemia, sick·lae·mi·a, ⟨AE⟩ **sick·le·mi·a** /sɪkli:mɪə/ [niet-telb zn] ⟨med⟩ **sikkelcelanemie** ⟨erfelijke bloedarmoede⟩

sickle feather [telb zn] **hanenveer** ⟨uit de staart⟩

sick list [telb zn] **ziekenlijst** ♦ *on the sick list* afwezig wegens ziekte, ziek

sick·ly /sɪkli/ [bn; vergr trap: sicklier; bw: ~, sicklily; zn: sickliness] ① **ziekelijk**, sukkelend ② **bleek** ⟨gelaat(skleur)⟩, flauw ⟨glimlach⟩, kwijnend, zwak ⟨licht, kleur⟩ ③ **ongezond** ⟨klimaat⟩ ④ **walgelijk** ⟨geur⟩, wee ⟨lucht⟩ ⑤ **slap**, laf

sick-mak·ing [bn] ⟨inf⟩ ① **ziekmakend**, ziekteverwekkend ② **walgelijk**, misselijk

¹sick·ness /sɪknəs/ [telb + niet-telb zn] **ziekte** ♦ *falling sickness* vallende ziekte

²sick·ness /sɪknəs/ [niet-telb zn] **misselijkheid**

sickness benefit [niet-telb zn] ⟨BE⟩ **ziekengeld**, uitkering wegens ziekte

sick note [telb zn] ⟨BE⟩ **doktersverklaring, doktersbriefje**, verklaring/briefje van de ouders ⟨t.b.v. ziekteverzuim⟩

sick-nurse [telb zn] **ziekenzuster**

sick·o /sɪkoʊ/ [telb zn] ⟨vnl AE; sl⟩ **griezel**, psychopaat

¹sick-out [niet-telb zn] **algemene georganiseerde ziekmelding** ⟨door werknemers⟩

²sick-out [onov ww] **zich gezamenlijk ziek melden** ⟨van

sick parade werknemers⟩
sick parade [niet-telb zn] ⟨BE; mil⟩ **ziekenappel,** ziekenrapport ♦ *go on sick parade* op ziekenrapport gaan, zich ziek melden
sick·pay [niet-telb zn] **ziekengeld**
sick room [telb zn] **ziekenkamer**
sid·dur /ˈsɪdə, ˈsɪdʊr/ [telb zn; mv: ook siddurim] **siddoer** ⟨joods gebedenboek⟩
¹**side** /saɪd/ [telb zn] ① ⟨benaming voor⟩ **zijde,** zij, kant, zijkant, flank, helling ⟨van heuvel, berg⟩, oever ⟨van rivier⟩, richting, aspect, trek ⟨van karakter⟩, partij, afstammingslijn ♦ *look at all sides of the question* het probleem van alle kanten bekijken; *at/by my side* aan mijn zij, naast mij; *a side of bacon* een zij spek; *on both sides* aan weerskanten; *there is much to be said on both sides* er is veel voor en veel tegen te zeggen; ⟨fig⟩ *the bright side* de lichtzijde, de zonzijde; ⟨fig⟩ *burst/hold/shake/split one's sides (laughing/with laughter)* zich te barsten lachen; ⟨fig⟩ *side by side* zij aan zij; *by the side of* naast, vergeleken met/bij; *she looks small by his side* naast hem ziet ze er klein uit; *change sides* overlopen; ⟨fig⟩ *the dark side* de schaduwzijde; ⟨fig⟩ *on the fat side* aan de vette kant, tamelijk vet; *they came from all sides* ze kwamen uit alle richtingen; *from/on every side/all sides* van alle kanten; ⟨fig⟩ *on the high side* aan de hoge kant, tamelijk hoog/duur ⟨van prijs o.a.⟩; *on the mother's side* van moederskant; *side of a mountain* bergflank; *on one side* aan één kant, opzij, scheef; *look on all sides* naar alle kanten kijken; *on the north side of* aan de noordkant van; *this price is on the high side* deze prijs is aan de hoge kant; *the other side* de andere kant, de overkant; *the Lord is on our side* de Heer is met ons; *pick sides* partij kiezen; ⟨fig⟩ *on the safe side* aan de veilige kant, tamelijk veilig; ⟨fig⟩ *to be on the safe side* voor alle zekerheid; ⟨fig⟩ *on the small side* aan de kleine kant, tamelijk klein; *study all sides of sth.* alle aspecten van iets bestuderen; *take sides with s.o., take someone's side* partij voor iemand kiezen; ⟨inf⟩ *the best food this side of Paris* om (nóg) beter te eten moet je naar Parijs; *this side up* boven ⟨op dozen voor verzending⟩; *whose side is he on, anyway?* aan wiens kant staat hij eigenlijk? ② **bladzijde,** kantje, zijtje ③ **gedeelte,** deel ⟨van stad⟩, (land)streek ♦ *he went to the far side of the room* hij liep tot achter in de kamer ④ **gezichtspunt** ♦ *look on the black side* zich alles zwart voorstellen; *look on the bright side of life* het leven van de zonzijde zien ⑤ **hoek** ⟨van mond, oog⟩ ⑥ ⟨BE; sport⟩ **ploeg,** team, elftal ⟨voetbal⟩ ♦ ⟨vnl fig⟩ *let the side down* matig presteren, niet aan de verwachtingen (van de anderen) voldoen, teleurstellen; *the other side* de tegenpartij, de vijand; *we have a strong side* we hebben een sterk elftal ⑦ ⟨inf⟩ **televisiekanaal** ⑧ ⟨dram⟩ **rol** ⑨ ⟨AE⟩ **bijgerecht** ♦ *on the side* als bijgerecht ⓾ *on the side of the angels* aan de goede kant, rechtgeaard; *butter both sides of one's bread* van twee wallen eten; *know (on) which side one's bread is buttered* de kaats wel weten te tekenen, weten waar men zijn kaarsje moet laten branden; *brush to one side* in de wind slaan; *the other side of the coin* de keerzijde van de medaille; *two sides of the same coin* twee kanten van één/dezelfde medaille; *he is laughing on the other side of his face/mouth* now het lachen is hem vergaan, hij lacht als een boer die kiespijn heeft, hij kijkt op zijn neus; *come down on one side of the fence or the other* zich bij de ene partij/kant aansluiten of bij de andere; *on this side of the grave* in leven; *on his side* van zijn kant; ⟨inf⟩ *like the side of a house* kamerbreed, zo rond als een ton ⟨van vrouw⟩; ⟨rugby, voetb⟩ *no side* eindsignaal, einde van het spel; *on the side* ⟨vnl AE⟩ als bijverdienste; ⟨BE⟩ zwart; tersluiks, in het geniep; *gin and coke on the side* gin met cola; ⟨euf⟩ *the other side* het hiernamaals; *pass by on the other side* in een boog om iemand heen lopen, iemand niet helpen; *place/put sth. on one side* iets terzijde leggen; iets uitstellen; *put on/to one side* terzijde leggen, sparen, reserveren; *set on one side* opzij/terzijde leggen, sparen, reserveren; ⟨jur⟩ **vernietigen** ⟨vonnis⟩; *take on/to one side* terzijde nemen ⟨voor een gesprek⟩; *(on) this side (of)* Christmas vóór Kerstmis; ⟨sprw⟩ *there are two sides to every question/an argument* men moet de zaak steeds van twee kanten bekijken; ⟨sprw⟩ *providence is always on the side of the big/strongest battalions* het geluk is altijd met de sterksten, ± de winnaar heeft altijd gelijk; ⟨sprw⟩ *God is always on the side of might* ± God staat altijd aan de kant van de machtigen; ⟨sprw⟩ *every medal has two sides* elke medaille heeft een keerzijde; ⟨sprw⟩ *the apples on the other side of the wall are the sweetest* ± andermans schotels zijn altijd vet, ± al wat onze buurman heeft, lijkt ons beter dan wat God ons geeft

²**side** /saɪd/ [niet-telb zn] ① ⟨bilj⟩ **(links) effect, zijeffect, mee-effect** ② ⟨BE; sl, vero⟩ **air(s),** snoeverij, opschepperij ♦ *she has too much side* ze stelt zich te veel aan; *he has no side* hij stelt zich nooit aan; *he's putting on side again* hij geeft zich weer airs, hij stelt zich weer aan; *he is without side* hij geeft zich nooit airs; *utterly without sides* zonder de geringste pretenties

³**side** /saɪd/ [bn, attr] ① **zij-** ♦ *side entrance* zijingang ② **bij-, neven-**

⁴**side** /saɪd/ [onov ww] ① **partij kiezen** ♦ *side against/with* partij kiezen tegen/voor ② **zijwaarts gaan**

⁵**side** /saɪd/ [ov ww] ① **van zijden voorzien** ♦ *side (up) a house* een huis oprichten ② **bijstaan,** staan naast ③ **opzijzetten** ④ ⟨gew⟩ **opruimen** ♦ *side up a room* een kamer opruimen ⑤ ⟨techn⟩ **kanten** ⟨hout⟩

side aisle [telb zn] **zijbeuk**
side·arm [bn, attr] ⟨honkb⟩ **onderhands geworpen**
side arm [telb zn; voornamelijk mv] **revolver,** geweer, handvuurwapen, zwaard, sabel, degen
side band [telb zn] **zijband** ⟨radio⟩
side-bet [telb zn] **bijweddenschap**
side·board [telb zn] ① **buffet** ② **dientafel,** zijtafel, dressoir ③ **zijplank**
side-boards [alleen mv] ⟨BE; inf⟩ **(lange) bakkebaarden**
¹**side-bone** [telb zn] **(gevorkt) heupbeen** ⟨van gevogelte⟩
²**side-bone** [niet-telb zn] **zijbeen** ⟨bij paarden⟩
side-bones [alleen mv] **zijbeen** ⟨bij paarden⟩
side-box [telb zn] **zijloge**
side·burns [alleen mv] ⟨AE; inf⟩ **bakkebaardjes,** tochtlatten, koteletten
side·car [telb zn] ① **tweewielig karretje met twee banken** ⟨Ierland⟩ ② **zijspan(wagen)** ③ **sidecar** ⟨soort cocktail⟩
side chain [telb zn] ⟨scheik⟩ **zijketen**
side-chap·el [telb zn] **zijkapel**
side-check [telb zn] **opzetteugel**
-sid·ed /ˈsaɪdɪd/ ① **-zijdig,** -kantig, -vlakkig ♦ *two-sided* tweezijdig ② **met ... zijd(en)/kant(en)/vlak(ken)** ♦ *marble-sided* met marmeren kanten
side-dish [telb zn] **bijgerecht,** tussengerecht
side-door [telb zn] **zijdeur** ⟨ook figuurlijk⟩ ♦ *in by the side-door* langs een achterpoortje, tersluiks, in het geniep
¹**side·dress** [niet-telb zn] ① **mest,** voedingsstof(fen) ⟨voor zijdelingse rijenbemesting⟩ ② **zijdelingse rijenbemesting**
²**side·dress** [onov + ov ww] **in rijen zijdelings bemesten**
side-dress·ing [niet-telb zn] **mest,** voedingsstof(fen) ⟨voor zijdelingse rijenbemesting⟩
side-drum [telb zn] ⟨mil⟩ **kleine trom** ⟨ook in jazzorkest⟩
side effect [telb zn] **neveneffect,** bijwerking ⟨van geneesmiddel of therapie⟩
¹**side-face** [telb zn] **profiel**
²**side-face** [bw] **in profiel**
side-glance [telb zn] **zijdelingse blik**
side·head [telb zn] ⟨boek⟩ **marginale onderkop/ondertitel**
side·hill [telb zn] ⟨AE⟩ **heuvelhelling,** (berg)helling
side issue [telb zn] **bijzaak,** iets bijkomstigs

side judge [telb zn] 〈American football〉 grensrechter
side·kick, side·kick·er [telb zn] 〈AE; inf〉 [1] handlanger, ondergeschikte partner [2] gabber, makker, maat
side lamp [telb zn] stadslicht 〈van auto〉
¹**side·light** [telb zn] [1] 〈BE〉 zijlicht, 〈i.h.b.〉 stadslicht 〈van auto〉 [2] zijraam, zijvenster [3] 〈scheepv〉 zijlantaarn, boordlicht, boordlantaarn [4] 〈mv〉 〈scheepv; sl〉 doppen, ogen
²**side·light** [telb + niet-telb zn] 〈fig〉 toevallige/bijkomstige/aanvullende informatie ♦ *that throws some interesting sidelights on the problem* dat werpt een interessant licht op de zaak
³**side·light** [niet-telb zn] zijlicht, schamplicht
¹**side·line** [telb zn] [1] zijlijn [2] bijbaan, bijkomstig werk, bijkomstige bron van inkomsten, nevenactiviteit [3] nevenbranche, bijartikel
²**side·line** [ov ww] 〈AE; sport〉 [1] van het veld sturen 〈speler〉, 〈fig〉 passeren, negeren, buiten spel zetten [2] 〈American football〉 langs de lijn houden, uitschakelen 〈vanwege blessure bijvoorbeeld〉
side·lines [alleen mv] [1] 〈sport〉 zijlijnen, rand van het veld ♦ *be/sit/stand on the sidelines* de zaak van een afstand bekijken [2] 〈fig〉 (standpunt van) buitenstaanders
¹**side·ling** /saɪdlɪŋ/ [bn] 〈vero〉 [1] zijwaarts, scheef, schuin [2] hellend
²**side·ling** /saɪdlɪŋ/ [bw] 〈vero〉 zijwaarts, scheef, schuin
side·long [bn; bw] [1] zijdelings, zijwaarts ♦ *she looked at him sidelong* ze keek hem zijdelings aan [2] schuin, hellend, scheef
side·man /saɪdmən/ [telb zn; mv: sidemen /-mən/] (gewoon) lid van band/jazzgroep 〈tegenover leider: front man〉
side mirror [telb zn] 〈AE〉 buitenspiegel, zijspiegel
side-note [telb zn] kanttekening
side-on [bn] van opzij
side order [telb zn] 〈AE〉 bijgerecht 〈in restaurant〉
side-out [telb zn] 〈volleybal〉 serviceverlies, opslagverlies
side-piece [telb zn] zijstuk
si·de·re·al /saɪdɪərɪəl, ᴬ-dɪr-/ [bn] 〈astron〉 siderisch, sterren-, sideraal ♦ *sidereal clock* sterrenklok; *sidereal day* siderische dag, sterrendag; *sidereal time* siderische tijd; *sidereal year* siderisch jaar, sterrenjaar
¹**sid·er·ite** /saɪdəraɪt, ᴬsɪ-/ [telb zn] sideriet 〈voornamelijk uit ijzer bestaande meteoriet〉
²**sid·er·ite** /saɪdəraɪt, ᴬsɪ-/ [niet-telb zn] sideriet, ijzerspaat
side-road [telb zn] zijweg, zijstraat
sid·er·og·ra·phy /saɪdərɒɡrəfi, ᴬsɪdərɑ-/ [niet-telb zn] staalgraveerkunst
sid·er·o·stat /saɪdəroʊstæt, ᴬsɪdərə-/ [telb zn] 〈astron〉 siderostaat 〈instrument dat beeld van ster a.h.w. vasthoudt〉
¹**side·sad·dle** [telb zn] dameszadel
²**side·sad·dle** [bw] met een dameszadel
side scene [telb zn] coulisse
side-seat [telb zn] zijbank 〈in voertuig〉
side show [telb zn] [1] bijkomende voorstelling/vertoning, extra attractie 〈op kermis; in circus〉 [2] bijzaak 〈ook figuurlijk〉, ondergeschikte gebeurtenis, onbelangrijk voorval, leuk incident/spektakel
¹**side-slip** [telb zn] zijwaartse slip/beweging 〈van auto, vliegtuig, skiër〉, zijslip
²**side-slip** [onov ww] 〈zijwaarts〉 slippen 〈van auto, vliegtuig, skiër〉
³**side-slip** [ov ww] 〈zijwaarts〉 doen slippen 〈vliegtuig〉
sides·man /saɪdzmən/ [telb zn; mv: sidesmen /-mən/] onderkerkmeester
side splits [alleen mv] 〈gymn〉 breedtespagaat
side-split·ting [bn] om je te barsten/krom/slap/ziek te lachen

¹**side-step** [onov ww] opzijgaan, uit de weg gaan, terzijde gaan
²**side-step** [ov ww] ontwijken, uit de weg gaan 〈ook figuurlijk; verantwoordelijkheid, problemen〉
side step [telb zn] [1] zijstap, zijpas, stap zijwaarts/opzij/terzijde [2] zijtrap, zijdelingse opstap
side-strad·dle hop [telb zn] hansworst 〈kinderspeelgoed〉
sidestreet [telb zn] zijstraat
¹**side-stroke** [telb zn] [1] zijslag, zijstoot [2] toevallig/bijkomend voorval [3] zijslag 〈zwemmen〉
²**side-stroke** [onov ww] op de zij zwemmen
¹**side-swipe** [telb zn] 〈vnl AE; inf〉 [1] zijslag, zijstoot [2] schampscheut, steek onder water
²**side-swipe** [ov ww] 〈AE; inf〉 schampen (langs), zijdelings/van terzijde raken
side-ta·ble [telb zn] [1] zijtafel, wandtafel [2] bij(zet)tafel
¹**side-track** [telb zn] zijspoor 〈ook figuurlijk〉, wisselspoor, rangeerspoor
²**side-track** [ov ww] [1] op een zijspoor lopen [2] afwijken, afdwalen 〈van het hoofdthema/hoofdonderwerp〉
³**side-track** [ov ww] [1] op een zijspoor zetten/brengen 〈ook figuurlijk〉, rangeren, 〈fig〉 uitrangeren, opzijschuiven, opzijzetten, op de lange baan schuiven [2] van zijn onderwerp afbrengen, doen afwijken/afdwalen, afleiden [3] 〈AE; sl〉 arresteren, inrekenen
side-trip [telb zn] kleine excursie
side-valve engine [telb zn] zijklepmotor
side-view [telb zn] zijaanzicht, profiel
side·walk [telb zn] 〈AE〉 stoep, trottoir, voetpad ♦ 〈sl〉 *hit the sidewalks* werk zoeken; wandelen; ervandoor gaan; staken
sidewalk artist [telb zn] 〈AE〉 trottoirschilder, trottoirtekenaar
sidewalk superintendent [telb zn] 〈AE; inf; scherts〉 ± gaper, ± gaapstok 〈toeschouwer bij bouwwerk/sloopwerk〉
side-wall [telb zn] [1] zijwand, zijmuur [2] zijvlak, zijkant 〈van autoband〉
¹**side-ward** /saɪdwəd, ᴬ-wərd/, **side-way** /-weɪ/, **side-ways** /-weɪz/, **side-wise** /-waɪz/ [bn] zijwaarts, zijdelings
²**side-ward** /saɪdwəd, ᴬ-wərd/, **side-wards** /saɪdwədz, ᴬ-wərdz/, **side-way** /-weɪ/, **side-ways** /-weɪz/, **side-wise** /-waɪz/ [bw] zijwaarts, zijdelings ♦ *it was so narrow that one could only move sideward on* het was zo smal dat je je alleen zijwaarts kon voortbewegen
side-way [telb zn] [1] zijweg [2] stoep, trottoir, voetpad
side-wheel·er [telb zn] 〈AE〉 [1] raderstoomschip [2] 〈sl〉 linkshandige [3] telganger
side-whisk·ers [alleen mv] bakkebaarden
side-wind /saɪdwɪnd/ [telb zn] [1] zijwind [2] 〈fig〉 onrechtstreekse werking/invloed/aanval
side-wind·er /saɪdwaɪndə, ᴬ-ər/ [telb zn] 〈AE〉 [1] harde slag van terzijde [2] 〈dierk〉 hoornratelslang 〈*Crotalus cerastes*〉 [3] 〈mil〉 〈benaming voor〉 type van supersonische korteafstandsraket [4] 〈sl〉 bruut [5] 〈sl〉 lijfwacht [6] 〈sl〉 handlanger, huurmoordenaar
side-win·dow [telb zn] zijraam
¹**sid·ing** /saɪdɪŋ/ [telb zn] rangeerspoor, wisselspoor
²**sid·ing** /saɪdɪŋ/ [niet-telb zn] 〈AE〉 afbouwmateriaal, gevelbeplating, buitenmuurbekleding
¹**si·dle** /saɪdl/ [telb zn] zijstap, zijwaartse beweging
²**si·dle** [onov ww] [1] zijwaarts lopen, zich zijdelings bewegen [2] zich schuchter/steels bewegen ♦ *sidle upto/away from s.o.* schuchter naar iemand toe/van iemand weglopen
SIDS /sɪdz/ [afk] 〈med〉 〈Sudden Infant Death Syndrome〉 wiegendood
siege /siːdʒ/ [telb zn] beleg(ering), blokkade, 〈fig〉 slijta-

siege artillery

geslag ♦ *lay siege to* het beleg slaan van, belegeren; *raise the siege* het beleg opbreken

siege artillery [verzameln] ⟨gesch⟩ belegeringsartillerie

siege gun [telb zn] ⟨gesch⟩ belegeringskanon

si·en·na /sɪenə/ [niet-telb zn] oker, (terra)siena ♦ *burnt sienna* gebrande siena ⟨roodbruin⟩; *raw sienna* ongebrande siena ⟨bruingeel⟩

si·er·ra /sɪerə/ [telb zn] [1] siërra, getande bergketen [2] ⟨dierk⟩ Spaanse makreel ⟨genus Scomberomorus⟩

Si·er·ra Le·one /sɪərəliuːn, sɪərəliuːni/ [eigen] Sierra Leone

¹**Si·er·ra Le·o·ni·an** /sɪərəliuːnɪən/ [telb zn] Sierra Leoner, Sierra Leoonse, inwoner/inwoonster van Sierra Leone

Sierra Leone		
naam	Sierra Leone	Sierra Leone
officiële naam	Republic of Sierra Leone	Republiek Sierra Leone
inwoner	Sierra Leonean	Sierra Leoner
inwoonster	Sierra Leonean	Sierra Leoonse
bijv. naamw.	Sierra Leonean	Sierra Leoons
hoofdstad	Freetown	Freetown
munt	leone	leone
werelddeel	Africa	Afrika
int. toegangsnummer 232 www .sl auto WAL		

²**Si·er·ra Le·o·ni·an** /sɪərəliuːnɪən/ [bn, attr] Sierra Leoons, uit/van/m.b.t. Sierra Leone

si·es·ta /sɪestə/ [telb zn] siësta, middagdutje, middagslaapje

¹**sieve** /sɪv/ [telb zn] zeef, zift, reuter ♦ *a head/memory/mind like a sieve* een hoofd/geheugen als een zeef

²**sieve** /sɪv/ [ov ww] ziften ⟨ook figuurlijk⟩, zeven, schiften ♦ *sieve out* uitzeven, uitziften

sie·vert /siːvət, ˄-vərt/ [telb zn] ⟨natuurk⟩ sievert ⟨eenheid van ioniserende straling⟩

¹**sift** /sɪft/ [onov ww] vallen ⟨als door een zeef⟩ ♦ *the light is sifting through the curtains* het licht filtert door de gordijnen

²**sift** /sɪft/ [onov + ov ww] [1] ziften ⟨ook figuurlijk⟩, zeven, schiften, strooien ⟨suiker⟩ ♦ *sift the wheat from the chaff* het kaf van het koren scheiden; *sift out* uitzeven [2] uitpluizen, doorpluizen, uitvorsen, navorsen, uitziften, ontleden, nauwkeurig onderzoeken ♦ *he sifted through his papers* hij doorzocht zijn papieren [3] uitvragen, uithoren

sift·er /sɪftə, ˄-ər/ [telb zn] kleine zeef, zeefbusje, strooibusje

sift·ings /sɪftɪŋz/ [alleen mv] ziftsel

sig ⟨comp⟩ ⟨verk: signature⟩

Sig [afk] ⟨signor(e)⟩

sigact [telb zn] ⟨AE; mil⟩ ⟨significant activity⟩ militaire activiteit van betekenis

¹**sigh** /saɪ/ [telb zn] zucht ♦ *a sigh of relief* een zucht van verlichting

²**sigh** /saɪ/ [onov + ov ww] zuchten ♦ *sigh for* smachten/hunkeren/zuchten naar

¹**sight** /saɪt/ [telb zn] [1] aanblik, blik, gezicht, uitzicht, schouwspel ♦ *cannot bear/stand the sight of* niet kunnen luchten of zien; *the sights of Brussels* de bezienswaardigheden van Brussel; *catch sight of, have/get a sight of* in het oog krijgen; een glimp opvangen van; *keep sight of* in het oog houden; ⟨inf; iron⟩ *you do look a sight* je ziet er fraai uit; ⟨inf; iron⟩ *what a sight you look/are!* wat zie je eruit!; *lose sight of* uit het oog verliezen ⟨ook figuurlijk⟩; ⟨inf; iron⟩ *you are a perfect sight* je ziet er (fraai) uit; *see the sights* de bezienswaardigheden bezoeken/doen; *buy sth. sight unseen* iets ongezien kopen; *the garden is a wonderful sight/a sight to see this summer* de tuin is prachtig deze zomer [2] ⟨vaak mv⟩ vizier, korrel ♦ *get/have* (lined up) *in one's sights, get/have one's sights* (lined up) *on* willen, op het oog hebben; ⟨fig⟩ *set one's sights on* op het oog hebben, willen [3] waarneming ⟨met instrument⟩ ♦ *take a careful sight before shooting* goed mikken voor het schieten [4] ⟨inf⟩ boel, massa, hoop ♦ *he is a sight too clever for me* hij is me veel te vlug af; *that is a long sight better* dat is stukken beter; *a sight of money* een bom geld [5] mening, opinie ♦ *in the sight of law* volgens de wet ⟨•⟩ *you are a sight for the gods/for sore eyes* je bent door de hemel gezonden; *raise/lower one's sights* meer/minder verwachten

²**sight** /saɪt/ [niet-telb zn] [1] gezicht, zicht, gezichtsvermogen ♦ *loss of sight* het blind worden [2] gezicht, het zien ♦ ⟨fin⟩ *ten days after sight* (betaalbaar) tien dagen na zicht ⟨m.b.t. wissels⟩; *at first sight* op het eerste gezicht; *at the sight of* bij het zien van; ⟨fin⟩ *at ten days' sight* (betaalbaar) tien dagen na zicht ⟨m.b.t. wissels⟩; *play music at sight* op het eerste gezicht/van het blad spelen; *at/on sight* op zicht; *know s.o. by sight* iemand van gezicht kennen; *line of sight* gezichtslijn; *shoot on sight* schieten zonder waarschuwing; *I knew him on sight* ik wist wie hij was zo gauw ik hem zag [3] zicht, uitzicht, gezicht(sveld) ♦ *come into/within sight* zichtbaar worden; *go out of sight* uit het oog/gezicht verdwijnen; ⟨scherts⟩ *heave in(to) sight* eraan komen, opdoemen; *in sight* in zicht ⟨ook figuurlijk⟩; *keep in sight of* binnen het gezichtsveld blijven van, zichtbaar blijven voor; *keep s.o. in sight* iemand in het oog houden; *out of my sight!* uit mijn ogen!; *put out of sight* uit het gezicht leggen; *stay/keep out of sight* blijf uit het gezicht; *we are* (with)*in sight of the end* het einde is in zicht ⟨•⟩ ⟨inf⟩ *the cost of living has grown out of sight* het leven is onbetaalbaar geworden; ⟨AE; inf⟩ *what about a trip to Paris? that would be out of sight!* wat denk je van een reisje naar Parijs? Reuze/Fantastisch!; *second sight* helderziendheid; ⟨sprw⟩ *out of sight, out of mind* uit het oog, uit het hart

³**sight** /saɪt/ [ov ww] [1] in zicht krijgen, in het vizier krijgen [2] waarnemen, observeren, zien ⟨met instrument⟩ ♦ *sight along* viseren ⟨op rechtlijnigheid⟩ [3] van vizieren voorzien [4] (in)stellen ⟨vizier⟩ ♦ *the rifle was sighted to five hundred yards* het vizier werd ingesteld op/het geweer werd gericht op vierhonderdvijftig meter [5] richten, mikken [6] ⟨handel⟩ presenteren ⟨rekening⟩; → **sighting**

sight bill, sight draft [telb zn] zichtwissel

sight·ed /saɪtɪd/ [bn] ziende ♦ *partially sighted* slechtziend

sight·er /saɪtə, ˄-saɪtər/ [telb zn] ⟨boogschieten⟩ oefenschot ⟨één van de toegestane zes⟩

sight·ing /saɪtɪŋ/ [telb + niet-telb zn; ⟨oorspronkelijk⟩ gerund van sight] waarneming ♦ *there have been numerous sightings of UFO's lately* er zijn de laatste tijd veel vliegende schotels gezien

sighting shot [telb zn] proefschot, gericht schot

sight·less /saɪtləs/ [bn; bw: ~ly; zn: ~ness] [1] blind [2] ⟨form⟩ onzichtbaar

sight·line [telb zn] gezichtslijn, (onbelemmerd) uitzicht

sight·ly /saɪtli/ [bn; vergr trap: sightlier; zn: sightliness] [1] aantrekkelijk, mooi, aardig, aangenaam [2] ⟨AE⟩ mooi ⟨uitzicht⟩

sight-read [onov + ov ww] van het blad/op zicht lezen/spelen/zingen; → **sight-reading**

sight-read·er [telb zn] iemand die van het blad leest/musiceert

sight-read·ing [niet-telb zn; gerund van sight-read] het lezen/spelen van het blad

sight·screen [telb zn] ⟨cricket⟩ wit scherm om zichtbaarheid van de bal te verbeteren

sight·see·ing [niet-telb zn] sightseeing, het bezoeken van bezienswaardigheden

sight·se·er /saɪtsiːə, ˄-ər/ [telb zn] toerist

sight·wor·thy [bn] bezienswaardig

sig·il /sɪdʒɪl/ [telb zn] ① zegel ② ⟨bibliotheekwezen⟩ signatuur

sig·il·late /sɪdʒɪlət/ [bn] ① gezegeld ⟨m.b.t. aardewerk⟩ ② ⟨plantk⟩ als met zegelafdrukken

sig·lum /sɪgləm/ [telb zn; mv: sigla /-lə/] teken, afkorting

sig·ma /sɪgmə/ [telb zn] sigma ⟨18e letter van het Griekse alfabet⟩

sig·mate /sɪgmeɪt/ [bn] ① sigmavormig ② S-vormig

sig·moid /sɪgmɔɪd/ [bn] ① sigmavormig, sikkelvormig ♦ *sigmoid flexure* sigma ⟨laatste deel van dikke darm⟩ ② S-vormig

¹sign /saɪn/ [telb zn] ① teken, symbool ♦ *sign and countersign* herkenningstekens, geheime afgesproken tekens/ woorden; ⟨mil⟩ wachtwoord, parool; *deaf-and-dumb signs* gebaren(taal) van doofstommen; *negative/minus sign* minteken; *positive/plus sign* plusteken; *V sign* V-teken ② aanwijzing, (ken)teken, indicatie, symptoom, blijk, voorteken ♦ *there was no sign of her* ze was in geen velden of wegen te bekennen; *there were no signs of a break-in* er waren geen sporen van braak ③ wenk, teken, gebaar, signaal, seintje ♦ *make no sign* geen teken geven ④ bord, uithangbord, (gevel)plaat, bordje ♦ *at the sign of the Pink Panther* in 'de Roze Panter' ⑤ teken, merkteken, kenteken ♦ *sign of the cross* kruisteken; *sign of the times* teken des tijds ⑥ ⟨med⟩ symptoom, ziekteverschijnsel, indicatie ⑦ ⟨rel⟩ wonder, mirakel ♦ *signs and wonders* mirakels ⑧ sterrenbeeld ♦ *sign of the zodiac* sterrenbeeld ⑨ ⟨AE⟩ spoor ⟨van wild dier⟩

---

signs of the zodiac 2/2

de sterrenbeelden worden zowel in het Engels als in het Nederlands met een hoofdletter geschreven
- zij is een Steenbok: **she is Capricorn**
- wat voor sterrenbeeld ben jij?: **what is your sign?**
- ik ben Vissen / ik ben een Vis: **I am Pisces**
- het sterrenbeeld Maagd is in het Engels **Virgo** (dus niet *Virgin*!)

---

²sign /saɪn/ [onov ww] gebarentaal gebruiken; → **signing**

³sign /saɪn/ [onov + ov ww] ① (onder)tekenen ♦ *sign away* schriftelijk afstand doen van; *a registered letter has to be signed for when delivered* bij een aangetekende brief moet je tekenen voor ontvangst; *sign in* tekenen bij aankomst, intekenen; *sign one's name* tekenen; *sign one's name to* ondertekenen; *sign off* een contract schriftelijk beëindigen; afmonsteren; een radio-uitzending/tv-uitzending beëindigen ⟨met herkenningsmelodie⟩; *sign off smoking* ophouden met roken; *sign off a letter* een brief aftekenen; *sign on* een radio-uitzending/tv-uitzending beginnen ⟨met herkenningsmelodie⟩; *sign on at the Job Centre* inschrijven op het arbeidsbureau; *sign on/up as a sailor* als matroos aanmonsteren; *sign on/up a footballer* een voetballer contracteren; *sign out* tekenen bij vertrek; *sign o.s. out of the camp* tekenen bij het verlaten van het kamp; *she signed over her estate to her daughter* ze deed schriftelijk afstand van haar landgoed ten gunste van haar dochter; *sign up for a course* zich voor een cursus inschrijven ② signeren ③ wenken, een teken geven, gebaren ④ zegenen ⑤ contracteren ⟨speler⟩ ▪ *the matter is signed and sealed/is signed, sealed and delivered* de zaak is (definitief) beklonken, de zaak is in kannen en kruiken; → **signing**

sign·age /saɪnɪdʒ/ [niet-telb zn] ① verkeers- en richtingsborden ② wegbebakening ③ borden

¹sig·nal /sɪgnl/ [telb zn] ① signaal, teken, sein ♦ *crossed signals* tegenstrijdige signalen/bevelen/instructies; *signal of distress* noodsein, noodsignaal; *get the signal* het signaal ontvangen; ⟨fig⟩ de wenk begrijpen ② signaal, aanleiding ♦ *the police action was the signal for the revolution* het politieoptreden was het signaal voor de opstand ③ sein(apparaat), signaal ④ ⟨elektronica⟩ signaal ⑤ verkeerslicht ⑥ ⟨muz⟩ voortekening

²sig·nal /sɪgnl/ [bn, attr; bw: ~ly] buitengewoon, opmerkelijk, aarts-, kapitaal, schitterend ♦ *fail signally* het glansrijk afleggen, duidelijk verliezen

³sig·nal /sɪgnl/ [onov + ov ww] (over)seinen, signaleren, een teken geven ♦ *the leader signalled to his men for the attack to begin* de leider gaf zijn mannen het teken tot de aanval

⁴sig·nal /sɪgnl/ [ov ww] ① signaleren, aankondigen, duidelijk maken, te kennen geven ② betekenen, een teken zijn van

sig·nal-box [telb zn] ⟨BE⟩ seinhuisje

signal gun [telb zn] seinpistool

sig·nal·ize, sig·nal·ise /sɪgnəlaɪz/ [ov ww] ① doen opvallen, de aandacht vestigen op, beklemtonen, doen uitblinken, opluisteren ② markeren, onderscheiden, kenbaar maken ③ signaleren, seinen, een teken geven, aankondigen

sig·nal·ler, ⟨AE ook⟩ **sig·nal·er** /sɪgnələ, ᴬ-ər/ [telb zn] seiner ⟨bij leger⟩

sig·nal·man /sɪgnəlmən/ [telb zn] ⟨spoorw; mar⟩ seiner, ⟨spoorw ook⟩ sein(huis)wachter

signal tower [telb zn] ⟨AE⟩ seintoren, seinhuisje

sig·na·to·ry /sɪgnətri, ᴬ-tɔri/ [telb zn; ook attributief] ondertekenaar

¹sig·na·ture /sɪgnətʃə, ᴬ-ər/ [telb zn] ① handtekening, ondertekening, signatuur, ⟨comp⟩ elektronische handtekening ⟨in e-mails⟩ ② ⟨boek⟩ katern(merk), signatuur ③ kenmerk, kenteken, aanwijzing ④ ⟨med⟩ signatuur

²sig·na·ture /sɪgnətʃə, ᴬ-ər/ [bn] karakteristiek, kenmerkend

signature campaign [telb zn] handtekeningenactie

signature tune [telb zn] herkenningsmelodie, tune ⟨van radio, tv⟩

sign·board [telb zn] ① uithangbord ② ⟨AE⟩ bord met opschrift

---

signs of the zodiac (sterrenbeelden) 1/2

Nederlands		geboren op of tussen	Engels
Steenbok	♑	22 december – 20 januari	Capricorn
Waterman	♒	21 januari – 18 februari	Aquarius
Vissen	♓	19 februari – 20 maart	Pisces
Ram	♈	21 maart – 20 april	Aries
Stier	♉	21 april – 21 mei	Taurus
Tweelingen	♊	22 mei – 21 juni	Gemini
Kreeft	♋	22 juni – 22 juli	Cancer
Leeuw	♌	23 juli – 23 augustus	Leo
Maagd	♍	24 augustus – 23 september	Virgo
Weegschaal	♎	24 september – 23 oktober	Libra
Schorpioen	♏	24 oktober – 22 november	Scorpio
Boogschutter	♐	23 november – 21 december	Sagittarius

sign·er /saɪnə, ᴬ-ər/ [telb zn] ondertekenaar
sig·net /sɪgnɪt/ [telb zn] zegel, signet ♦ *the signet* het koninklijke zegel
signet ring [telb zn] zegelring
sig·nif·i·cance /sɪgnɪfɪkəns/, ⟨AE ook⟩ **sig·nif·i·can·cy** /-nsi/ [niet-telb zn] ① betekenis, belang, inhoud, draagwijdte, strekking ♦ *a look of deep significance* een veelbetekenende blik; *don't read significance into every gesture* je moet geen betekenis hechten aan elk gebaar ② belang, gewicht, waarde, betekenis, invloed, significantie ③ ⟨stat⟩ significantie
significance level [telb zn] ⟨stat⟩ significantieniveau
significance test [telb zn] ⟨stat⟩ significantietoets
¹**sig·nif·i·cant** /sɪgnɪfɪkənt/ [telb zn] teken, symbool, aanduiding
²**sig·nif·i·cant** /sɪgnɪfɪkənt/ [bn; bw: ~ly] ① belangrijk, gewichtig, aanmerkelijk, substantieel, invloedrijk, waardevol ♦ ⟨scherts⟩ *the significant other* de belangrijke ander, de levenspartner, de geliefde ② suggestief, veelbetekenend, veelzeggend, expressief, significant ♦ *be significant of* aanduiden, kenmerkend zijn voor ③ betekenisdragend ♦ ⟨stat, wisk⟩ *significant figure* significant cijfer ⟨bijvoorbeeld niet de o aan het begin van een getal⟩ ④ ⟨stat⟩ significant ⟨niet door toeval verklaarbaar geacht⟩
¹**sig·ni·fi·ca·tion** /sɪgnɪfɪkeɪʃn/ [telb zn] ① (precieze) betekenis, significatie, inhoud, zin ② aanzegging
²**sig·ni·fi·ca·tion** /sɪgnɪfɪkeɪʃn/ [niet-telb zn] het betekenen, het aanduiden, het beduiden
sig·nif·i·ca·tive /sɪgnɪfɪkətɪv, ᴬ-keɪtɪv/ [bn; bw: ~ness] ① significant, veelbetekenend ♦ *be significative of* aanduiden ② betekenisdragend, symbolisch
sig·nif·ics /sɪgnɪfɪks/ [alleen mv] significa
¹**sig·ni·fy** /sɪgnɪfaɪ/ [onov ww] van belang zijn, tellen, van betekenis zijn ♦ *it does not signify* het heeft niets te betekenen
²**sig·ni·fy** /sɪgnɪfaɪ/ [ov ww] ① betekenen, inhouden, voorstellen, beduiden, wijzen op ② te kennen geven, duidelijk maken, bekendmaken
sig·ni·fy·ing /sɪgnɪfaɪɪŋ/ [niet-telb zn; gerund van signify] ⟨AE; sl⟩ (beledigend) woordenspel
sign-in [telb zn] handtekeningenactie
sign·ing /saɪnɪŋ/ [telb zn] iemand die gecontracteerd wordt, aanwinst
sign language [telb + niet-telb zn] gebarentaal
sign-on [telb zn] herkenningsmelodie ⟨van radioprogramma/tv-programma⟩, tune
si·gnor /siːnjɔː, siːnjɔː, ᴬsiːnjɔr/ [telb zn] ook Signor; mv: ook signori /siːnjɔːriː/] signore, mijnheer
si·gno·ra /siːnjɔːrə/ [telb zn] ook Signora; mv: ook signore /siːnjɔːreɪ/] signora, mevrouw
si·gno·ri·na /siːnjɔːriːnə, ᴬ-njə-/ [telb zn] ook Signorina; mv: ook signorine /-riːneɪ/] signorina, juffrouw
sign-paint·er, sign-writ·er [telb zn] reclameschilder, schilder van uithangborden
¹**sign·post** [telb zn] ① wegwijzer, handwijzer ⟨ook figuurlijk⟩ ② paal van vrijstaand uithangbord
²**sign·post** [ov ww] van wegwijzers voorzien
si·ka /siːkə/, **sika deer** [telb zn] ⟨dierk⟩ sika(hert) ⟨Cervus sika/nippon⟩
Sikh /siːk/ [telb zn] sikh ⟨lid van hindoesekte⟩
Sikh·ism /siːkɪzm/ [niet-telb zn] godsdienst van de sikhs
¹**si·lage** /saɪlɪdʒ/ [telb + niet-telb zn] kuilvoeder, ingekuild voer, silovoer
²**si·lage** /saɪlɪdʒ/ [ov ww] inkuilen
¹**si·lence** /saɪləns/ [telb + niet-telb zn] ① stilte, het stilzijn, stilheid, stilzwijgen(dheid) ♦ *break silence* de stilte/het stilzwijgen verbreken; *in silence* in stilte, stilzwijgend; *keep silence* het stilzwijgen bewaren/in acht nemen; *two minutes' silence* twee minuten stilte ⟨in Groot-Brittannië, herdenkingsceremonie omstreeks 11 november⟩; *a one-minute's silence* een minuut stilte; *pass over in silence* stilzwijgend aan voorbijgaan; *put/reduce s.o. to silence* iemand tot zwijgen brengen/het stilzwijgen opleggen ⟨voornamelijk figuurlijk⟩; *silence!* stil!, stilte!, zwijg! ② stilte, geheimhouding, heimelijkheid ♦ *his silence on the riots was significant* zijn stilzwijgen/terughoudendheid over de rellen was veelbetekenend ③ vergetelheid ♦ ⟨sprw⟩ *silence gives/lends consent* wie zwijgt, stemt toe; ⟨sprw⟩ *speech is silver, silence is golden* spreken is zilver, zwijgen is goud
²**si·lence** /saɪləns/ [ov ww] tot zwijgen brengen, het stilzwijgen opleggen ⟨ook figuurlijk⟩, stil doen zijn
si·lenc·er /saɪlənsə, ᴬ-ər/ [telb zn] ① geluiddemper ⟨aan vuurwapens⟩ ② ⟨BE⟩ knalpot, knaldemper ③ doorslaand/afdoend argument
si·lent /saɪlənt/ [bn; bw: ~ly; zn: ~ness] ⟨benaming voor⟩ stil, (stil)zwijgend, zwijgzaam, onuitgesproken, stom, rustig ♦ *be silent about/as to what you saw!* zwijg/zeg niets over wat je gezien hebt!; *silent action* stil spel; *silent assassin* sluipmoordenaar; *a silent film* een stomme film; *silent as the grave* doodstil; *keep silent* rustig/stil blijven; *the k in 'know' is a silent letter* de k in 'know' is een stomme letter; *the silent majority* de zwijgende meerderheid; *silent reading* stillezen; *the silent screen* de stomme film; *silent system* stil regime ⟨in gevangenis, waarbij niet gesproken mag worden⟩; *the report is silent (up)on the incident* het rapport zegt niets over het incident; *William the Silent* Willem de Zwijger ❑ ⟨AE⟩ *silent butler* asemmertje; ⟨AE⟩ *silent partner* stille/commanditair vennoot, commanditaris; *silent spirit* sterkedrank zonder bouquet/karakter
si·le·nus /saɪliːnəs/ [telb zn; mv: sileni /-naɪ/] sileen ⟨sater⟩
si·le·sia /saɪliːʃə, ᴬ-ʒə/ [niet-telb zn] linon, lawn ⟨zacht lijnwaad/katoen voor voering⟩
si·lex /saɪleks/ [niet-telb zn] ① tripel ⟨vulmiddel voor verf⟩ ② kwartsglas
¹**sil·hou·ette** /sɪluːet/ [telb zn] ① silhouet, beeltenis ② silhouet, schaduwbeeld, omtrek ♦ *in silhouette* in silhouet
²**sil·hou·ette** /sɪluːet/ [ov ww] ① silhouetteren ② ⟨vnl passief⟩ aftekenen ♦ *he saw the tower silhouetted against the blue sky* hij zag het silhouet van de toren tegen de blauwe lucht
sil·i·ca /sɪlɪkə/, **silicon dioxide** [niet-telb zn] ⟨geol, scheik⟩ silica, siliciumdioxide, kiezelaarde
sil·i·cate /sɪlɪkət, -keɪt/ [telb + niet-telb zn] ① ⟨scheik⟩ silicaat ② ⟨geol⟩ silicaat(gesteente)
si·li·ceous, si·li·cious /sɪlɪʃəs/ [bn] ⟨geol, scheik⟩ siliciumachtig, kiezelachtig, kiezel-, ⟨geol ook⟩ kiezelhoudend ♦ *siliceous earth* kiezelaarde
sil·ic·ic /sɪlɪsɪk/ [bn, attr] ⟨scheik⟩ silicium-, kiezel- ♦ *silicic acid* kiezelzuur
sil·i·cif·er·ous /sɪlɪsɪfərəs/ [bn] ⟨geol, scheik⟩ siliciumhoudend, kiezelhoudend
si·lic·i·fy /sɪlɪsɪfaɪ/ [onov + ov ww] ⟨geol⟩ verkiezelen
sil·i·cle /sɪlɪkl/ [telb zn] ⟨plantk⟩ hauwtje
sil·i·con /sɪlɪkən, ᴬ-kɑn/ [niet-telb zn] ⟨scheik⟩ silicium ⟨element 14⟩
silicon chip [telb zn] ⟨comp⟩ siliciumchip
sil·i·cone /sɪlɪkoʊn/ [telb + niet-telb zn] ⟨scheik, techn⟩ silicone
silicone implant [telb zn] siliconenimplantaat
silicon sibling [telb zn] aan bedrijven uit Silicon Valley verwant bedrijf
sil·i·co·sis /sɪlɪkoʊsɪs/ [niet-telb zn] silicose, stoflong, steenlong
sil·i·qua /sɪlɪkwə/ [telb zn; mv: siliquae /-kwiː/] ⟨plantk⟩ hauw
sil·i·quous /sɪlɪkwəs/, **sil·i·quose** /-kwoʊs/ [bn] ⟨plantk⟩ ① hauwdragend ② hauwachtig
¹**silk** /sɪlk/ [telb zn] ① zijden kledingstuk ② ⟨BE; inf⟩

King's/Queen's Counsel ⟨die zijden toga mag dragen⟩
²silk /sɪlk/ [niet-telb zn] [1] zij(de), zijdedraad, zijdegaren, zijden weefsel ♦ *artificial silk* kunstzij(de), rayon; ⟨form⟩ *silk and satins* zijden en satijnen kleren; ⟨fig⟩ zeer fijne/chique kleren [2] zijdeachtig zaadpluis op maiskolf [•] *spun silk* floretzijde, vloszijde, filozel; ⟨BE⟩ *take silk* zijde mogen dragen ⟨als King's/Queen's Counsel⟩; King's/Queen's Counsel worden; ⟨sprw⟩ *he that hath not silver in his purse should have silk in his tongue* ± arme mensen die om hulp vragen moeten zich hoffelijk gedragen, ± met de hoed in de hand komt men door het ganse land
³silk /sɪlk/ [bn, attr] zijden, zijde- ♦ *silk cotton* (zijde)kapok; *silk hat* zijden hoed, hoge zijden [•] *make a silk piece/purse out of a sow's ear* goede resultaten bereiken met een persoon van middelmatige kwaliteit; ⟨sprw⟩ *you cannot make a silk purse out of a sow's ear* men kan van een varkensoor geen fluwelen beurs maken
silk·en /sɪlkən/ [bn] [1] zijdeachtig, zijig, zacht/glanzend als zijde [2] zijden, zacht, innemend [3] in zijde gekleed [4] ⟨vero, form⟩ zijden, zijde-
silk-fowl [telb zn] zijdehoen
silk-gland [telb zn] zijde(spin)klier
silks /sɪlks/ [alleen mv] zijden kleren ⟨voornamelijk van jockeys⟩
silk-screen printing, silk-screen process [niet-telb zn] zijdezeefdruk
silk·worm [telb zn] ⟨dierk⟩ zijderups ⟨Bombyx mori⟩
silk·y /sɪlki/ [bn; vergr trap: silkier; bw: silkily; zn: silkiness] [1] zijdeachtig, zijig, zacht/glanzend als zij(de) [2] zijden [3] zoetvleiend, zacht, innemend, verlokkend, verleidend
sill, cill /sɪl/ [telb zn] [1] vensterbank, onderdorpel, lekdorpel, lekdrempel [2] drempel, onderdorpel, lekdorpel, lekdrempel [3] grondbalk ⟨in dok of sluis⟩ [4] ⟨geol⟩ sill ⟨dunne rotslaag van stollingsgesteente⟩
sil·la·bub, syl·la·bub /sɪləbʌb/ [telb + niet-telb zn] room of melk gestremd met wijn of likeur en vaak geklopt met eiwit of gelatine, ± Haagse bluf; ⟨fig⟩ bombast, woordenkraam ♦ ⟨fig⟩ *mere sillabub* louter holle frasen
sill·er /sɪlə, -ər/ [niet-telb zn] ⟨SchE⟩ [1] zilver [2] geld
¹sil·ly /sɪli/ [telb zn] ⟨inf⟩ domoor, arme hals, slome, stommeling, stommerd
²sil·ly /sɪli/ [bn; vergr trap: sillier; bw: ~, sillily; zn: silliness] [1] dwaas, mal, onnozel, lichtzinnig, dom, onvoorzichtig, onverstandig [2] ⟨inf⟩ verdwaasd, suf, murw ♦ *bore s.o. silly* iemand dood vervelen; *knock s.o. silly* iemand murw/lens slaan; *scare s.o. silly* iemand dood laten schrikken/de stuipen op het lijf jagen [3] ⟨vero⟩ zwakzinnig, imbeciel, seniel [4] ⟨cricket⟩ heel dicht bij de batsman (geplaatst) [•] ⟨sl⟩ *play silly buggers* de idioot uithangen
sil·ly-bil·ly [telb zn] suffie, sufferdje, sul, hannes
silly season [telb zn] ⟨BE⟩ komkommertijd
¹si·lo /saɪloʊ/ [telb zn] [1] silo, voederkuil [2] silo, raketsilo [3] ⟨BE⟩ graansilo
²si·lo /saɪloʊ/ [ov ww] [1] in een silo opslaan [2] inkuilen ⟨voeder⟩
¹silt /sɪlt/ [niet-telb zn] slib, slik
²silt /sɪlt/ [onov + ov ww] dichtslibben, verzanden ♦ *silt up* dichtslibben, verzanden
sil·ta·tion /sɪlteɪʃn/ [niet-telb zn] verzilting
silt-stone [niet-telb zn] ⟨geol⟩ siltgesteente
¹Si·lu·ri·an /sɪlʊəriən, -lʊr-/ [eigenn; the] ⟨geol⟩ siluur ⟨paleozoïsche periode⟩
²Si·lu·ri·an /sɪlʊəriən, -lʊr-/ [bn] ⟨geol⟩ silurisch
sil·van, syl·van /sɪlvn/ [bn] [1] bos-, bosrijk, bebost [2] landelijk
silvanite [niet-telb zn] → sylvanite
¹sil·ver /sɪlvə, -ər/ [bn] ⟨ook scheik⟩ zilver ⟨element 47⟩ ♦ *oxidized silver* geoxideerd zilver ⟨eigenlijk: zilver met laagje zilversulfide⟩ [2] zilvergeld, zilvermunten ♦ *in silver* in munten [3] nikkelmunten, nikkeltjes [4] ⟨vnl SchE; sl⟩ geld [5] zilver, zilverwerk, zilveren vaatwerk, tafelzilver, tafelgerei [6] zilver, zilveren medaille [7] zilverkleur [8] ⟨foto⟩ zilver, zilverzout [•] ⟨sprw⟩ *he that hath not silver in his purse should have silk in his tongue* arme mensen die om hulp vragen moeten zich hoffelijk gedragen, ± met de hoed in de hand komt men door het ganse land
²sil·ver /sɪlvə, -ər/ [bn] [1] van zilver, zilveren, zilver- ♦ ⟨plantk⟩ *silver birch* zilverberk, ruwe/witte berk ⟨Betula verrucosa⟩; ⟨foto⟩ *silver bromide* zilverbromide; ⟨scheik⟩ *silver chloride* zilverchloride; ⟨plantk⟩ *silver fir* zilverspar, zilverden ⟨Abies alba⟩; *silver foil* zilverfolie; *silver fox* zilvervos; *silver gilt* (imitatie van) verguld zilver; *silver iodide* zilverjodide; *silver lace* zilverkant, zilvergalon; *silver leaf* zilverblad; bladzilver; *silver medal* zilveren medaille; *silver nitrate* zilvernitraat; *silver paper* zilverpapier; tinfolie; *silver print* zilverdruk; *silver sand* zilverzand; *silver solder* zilversoldeer; *silver standard* zilveren standaard/geldstandaard/muntstandaard; *Silver Star* Zilveren Ster ⟨Amerikaanse militaire decoratie⟩ [2] zilverhoudend [3] verzilverd ♦ *silver plate* zilverpleet; vaatwerk/tafelgerei van zilverpleet [4] zilverachtig, zilverig, zilveren ⟨ook m.b.t. klank⟩, zilverkleurig [•] *silver age* zilveren eeuw ⟨eerste eeuw voor Chr. in het Oude Rome⟩; ⟨BE⟩ *silver band* fanfare; *silver jubilee* zilveren (herdenkings)feest ⟨bijvoorbeeld van troonsbestijging⟩; *silver Latin* het Latijn uit de zilveren eeuw; *hand sth. to s.o. on a silver platter* iemand iets op een presenteerblaadje aanbieden; ⟨dierk⟩ *silver salmon* kisutchzalm ⟨Oncorhynchus kisutch⟩; *silver screen* goed reflecterend filmscherm; ⟨fig⟩ *the silver screen* het witte doek; *be born with a silver spoon in one's mouth* van rijke afkomst zijn; een gelukskind zijn; ⟨BE⟩ *the silver streak* Het Kanaal; *silver thaw* ijslaagje van aangevroren regen of dooiwater; *silver tongue* fluwelen tong, welsprekendheid, overredingskracht; *silver wedding* (anniversary) zilveren bruiloft; ⟨sprw⟩ *speech is silver, silence is golden* spreken is zilver, zwijgen is goud; ⟨sprw⟩ *every cloud has a silver lining* achter de wolken schijnt de zon
³sil·ver /sɪlvə, -ər/ [onov ww] zilverkleurig worden, een zilveren kleur krijgen
⁴sil·ver /sɪlvə, -ər/ [ov ww] [1] verzilveren, ⟨fig⟩ (als) zilver kleuren, zilverkleurig maken ♦ *the years have silvered his hair* met de jaren is zijn haar zilverwit geworden [2] met tinfolie coaten ⟨spiegelglas⟩ [3] ⟨foto⟩ verzilveren ⟨plaat⟩
sil·ver-fish [telb zn] ⟨dierk⟩ [1] zilvervis ⟨tegenover goudvis⟩ [2] zilvervisje, suikergast, schietmot, papiermot ⟨Lepisma saccharina⟩
sil·ver-grey, ⟨AE⟩ sil·ver-gray [niet-telb zn; ook attributief] zilvergrijs, glanzend grijs
sil·ver-gull [telb zn] ⟨dierk⟩ witkopkokmeeuw ⟨Larus novaehollandiae⟩
sil·vern /sɪlvən, -vərn/ [bn] ⟨vero, form⟩ [1] zilverachtig, zilverig, zilveren [2] van zilver, zilveren, zilver-
sil·ver-pheas·ant [telb zn] ⟨dierk⟩ zilverfazant ⟨Gennaeus nycthemerus⟩
sil·ver·side [niet-telb zn] ⟨BE⟩ runderhaas
sil·ver·smith [telb zn] zilversmid
sil·ver-tongued [bn] met een fluwelen tong, welsprekend
sil·ver-tree [telb zn] ⟨plantk⟩ zilverboom ⟨Leucadendron argenteum⟩
sil·ver·ware [telb zn] [1] zilverwerk [2] ⟨AE⟩ tafelzilver
sil·ver·weed [telb + niet-telb zn] ⟨plantk⟩ zilverschoon, zilverkruid ⟨Potentilla anserina⟩
sil·ver·y /sɪlvri/ [bn; zn: silveriness] [1] zilverachtig, zilverig, zilveren ⟨ook m.b.t. klank⟩ [2] zilverkleurig ♦ ⟨dierk⟩ *silvery gull* zilvermeeuw ⟨Larus argentatus⟩ [3] zilverhoudend [4] verzilverd

silviculture

sil·vi·cul·ture, syl·vi·cul·ture /sɪlvɪkʌltʃə, ᴬ-ər/ [niet-telb zn] bosbouw

si·ma /saɪmə/ [niet-telb zn] ⟨geol⟩ sima ⟨onderste gedeelte van de aardkorst⟩

sim card /sɪm/ [telb zn] simkaart ⟨van mobiele telefoon⟩

¹**sim·i·an** /sɪmɪən/ [telb zn] ⟨dierk⟩ [1] mensaap [2] aap

²**sim·i·an** /sɪmɪən/, **sim·i·oid** /sɪmiɔɪd/, **sim·i·ous** /-mɪəs/ [bn] ⟨dierk⟩ [1] mensaapachtig [2] aapachtig, apen-

¹**sim·i·lar** /sɪm(ɪ)lə, ᴬ-ər/ [telb zn] gelijke

²**sim·i·lar** /sɪm(ɪ)lə, ᴬ-ər/ [bn] gelijk, gelijkend, dergelijk, vergelijkbaar, soortgelijk, gelijksoortig, hetzelfde, ⟨wisk⟩ gelijkvormig ♦ *be similar to* lijken op; *similar triangles* gelijkvormige driehoeken

¹**sim·i·lar·i·ty** /sɪmɪlærəti/ [telb zn] vergelijkingspunt, gelijkenis, punt van overeenkomst

²**sim·i·lar·i·ty** /sɪmɪlærəti/ [niet-telb zn] vergelijkbaarheid, gelijksoortigheid, soortgelijkheid, gelijkvormigheid, overeenkomst

sim·i·lar·ly /sɪm(ɪ)ləli, ᴬ-lər-/ [bw] [1] op dezelfde manier, op een vergelijkbare manier [2] ⟨aan het begin van de zin⟩ evenzo

sim·i·le /sɪmɪli/ [telb zn] vergelijking, gelijkenis ⟨retorische figuur⟩

¹**si·mil·i·tude** /sɪmɪlɪtjuːd, ᴬ-tuːd/ [telb zn] [1] vergelijking, gelijkenis ♦ *talk in similitudes* in vergelijkingen spreken [2] ⟨vero⟩ evenbeeld, dubbelganger, tegenhanger

²**si·mil·i·tude** /sɪmɪlɪtjuːd, ᴬ-tuːd/ [telb + niet-telb zn] gelijkenis, overeenkomst

³**si·mil·i·tude** /sɪmɪlɪtjuːd, ᴬ-tuːd/ [niet-telb zn] uitzicht, schijn, vorm, gestalte ♦ *Jesus in the similitude of a beggar* Jezus in de gestalte van een bedelaar

sim·i·lor /sɪmɪlɔː, ᴬ-lɔr/ [telb zn] similor, pinsbek, halfgoud, bijouteriegoud

¹**sim·mer** /sɪmə, ᴬ-ər/ [telb zn; geen mv] gesudder, gepruttel, het sudderen ♦ *bring sth. to a simmer* iets aan het sudderen brengen; *keep sth. at a simmer* iets het sudderen houden/zachtjes laten koken

²**sim·mer** /sɪmə, ᴬ-ər/ [onov ww] [1] sudderen, pruttelen, zachtjes koken [2] zich inhouden ⟨m.b.t. woede, lach⟩ ♦ *simmer down/off* bedaren, tot rust komen, zich kalmeren; *he was simmering with anger* inwendig kookte hij van woede; *he was simmering with laughter* hij kon zijn lach nauwelijks inhouden

³**sim·mer** /sɪmə, ᴬ-ər/ [ov ww] aan het sudderen/prutteln brengen/houden, zachtjes aan de kook brengen/houden, laten sudderen

sim·nel /sɪmnəl/, **simnel cake** [telb zn] ⟨BE⟩ feestgebak ⟨voornamelijk met Kerstmis, Pasen, halfvasten⟩

si·mo·le·on /sɪmoʊliən/ [telb zn] ⟨AE; sl⟩ dollar, ⟨mv⟩ poen

¹**si·mo·ni·ac** /sɪmoʊniæk/ [telb zn] iemand die simonie bedrijft

²**si·mo·ni·ac** /sɪmoʊniæk/, **si·mo·ni·a·cal** /sɪmənaɪəkl/ [bn; bw: ~ally] schuldig aan simonie

si·mon·ize /saɪmənaɪz/ [ov ww] wassen, in de was zetten ⟨auto⟩

Si·mon Le·gree /saɪmənləɡriː/ [telb zn] ⟨AE; inf⟩ slavendrijver ⟨naar een figuur in Uncle Tom's Cabin⟩

si·mon-pure [bn, attr] waar, echt, onvervalst, authentiek

si·mo·ny /saɪməni/ [niet-telb zn] simonie ⟨handel in geestelijke ambten/privileges⟩

si·moom /sɪmuːm/, **si·moon** /sɪmuːn/ [telb zn] samoem, samoen ⟨hete zandwind, voornamelijk in Arabische woestijn⟩

simp /sɪmp/ [telb zn] ⟨vnl AE; inf⟩ [1] sul, stumper, onnozele bloed/hals [2] dwaas, domkop, sukkel

sim·pa·ti·co /sɪmpɑːtiːkoʊ/ [bn] ⟨inf⟩ [1] gelijkgezind, gelijkgestemd [2] sympathiek, aardig, aantrekkelijk

¹**sim·per** /sɪmpə, ᴬ-ər/ [telb zn] onnozele glimlach, zelfvoldane/gemaakte grijnslach

²**sim·per** /sɪmpə, ᴬ-ər/ [onov + ov ww] onnozel glimlachen, zelfvoldaan/gemaakt grijnslachen ♦ *he simpered his approval* met een grijnslach gaf hij zijn toestemming

sim·per·ing·ly /sɪmpərɪŋli/ [bw] met een onnozele glimlach, met een zelfvoldane/gemaakte grijnslach

¹**sim·ple** /sɪmpl/ [telb zn] [1] iets eenvoudigs [2] dwaas, sul [3] ⟨vero⟩ heelkruid, geneeskrachtige plant

²**sim·ple** /sɪmpl/ [bn] [1] enkelvoudig, eenvoudig, enkel, eendelig, primair ♦ ⟨dierk⟩ *simple eye* enkelvoudig oog, ommatidium ⟨bij insecten⟩; ⟨wisk⟩ *simple fraction* eenvoudige/enkelvoudige breuk; ⟨med⟩ *simple fracture* enkelvoudige (been)breuk/fractuur; ⟨plantk⟩ *simple fruit* vrucht van één stamper; ⟨fin⟩ *simple interest* enkelvoudige rente; ⟨muz⟩ *simple interval* interval van niet meer dan één octaaf; ⟨plantk⟩ *simple leaf* enkelvoudig blad; *simple forms of life* eenvoudige/primaire levensvormen; ⟨techn⟩ *simple machine* enkelvoudig werktuig ⟨als onderdeel van een machine⟩; ⟨natuurk⟩ *simple harmonic motion* eenvoudige harmonische beweging; ⟨plantk⟩ *simple pistil* enkelvoudige stamper; ⟨taalk⟩ *simple tense* enkelvoudige tijd(svorm); ⟨muz⟩ *simple time* enkelvoudige maat [2] eenvoudig, ongekunsteld, eerlijk, natuurlijk, ongecompliceerd ♦ *the simple life* het ongekunstelde/natuurlijke leven ⟨voornamelijk als artificieel fenomeen⟩ [3] simpel, eenvoudig, gewoon, enkel, zonder meer ♦ *simple contract* ongeregistreerd/ongezegeld contract; *hold in fee simple* in volle/onbeperkte eigendom bezitten; *a simple majority of votes* een eenvoudige meerderheid van stemmen; *deceit pure and simple* regelrecht bedrog; *the simple truth* de nuchtere/naakte/zuivere waarheid [4] dwaas, onnozel, argeloos, niet wijs, simpel, ⟨sl⟩ afgestompt ♦ *Simple Simon* onnozele hals, hannes [5] eenvoudig, gemakkelijk, simpel ♦ *a simple solution* een eenvoudige/gemakkelijke oplossing [6] eenvoudig, bescheiden, nederig, onbeduidend ♦ *a simple peasant* een eenvoudige boer/plattelander [7] ⟨vero⟩ simpel, zwakzinnig

sim·ple-heart·ed [bn] ⟨form⟩ eenvoudig, eerlijk, oprecht

sim·ple-mind·ed [bn; bw: simple-mindedly; zn: simple-mindedness] [1] eenvoudig, eerlijk, oprecht, ongekunsteld [2] dwaas, argeloos, onnadenkend [3] zwakzinnig

sim·ple·ton /sɪmpltən/ [telb zn] dwaas, sul, hannes

¹**sim·plex** /sɪmpleks/ [telb zn; mv: ook simplices /-plɪsiːz/; mv: simplicia /sɪmplɪʃə/] ⟨benaming voor⟩ enkelvoudig element, simplex, ongeleed woord

²**sim·plex** /sɪmpleks/ [niet-telb zn] ⟨comp, telecomm⟩ simplex ⟨communicatielijn die maar in een richting tegelijk werkt⟩

sim·plic·i·ty /sɪmplɪsəti/ [niet-telb zn] [1] eenvoud, simpliciteit, ongecompliceerdheid ♦ ⟨inf⟩ *it is simplicity itself* het is een koud kunstje [2] dwaasheid, argeloosheid, simpelheid, onnozelheid

sim·pli·fi·ca·tion /sɪmplɪfɪkeɪʃn/ [telb + niet-telb zn] vereenvoudiging, simplificatie

sim·pli·fy /sɪmplɪfaɪ/ [ov ww] [1] vereenvoudigen ⟨ook wiskunde⟩ [2] (te) eenvoudig voorstellen, simplificeren

sim·plism /sɪmplɪzm/ [telb + niet-telb zn] [1] simplisme, overdreven eenvoud [2] simplisme, simplistische denkwijze/voorstelling

sim·plis·tic /sɪmplɪstɪk/ [bn; bw: ~ally] simplistisch, al te eenvoudig

sim·ply /sɪmpli/ [bw] [1] eenvoudig, gewoonweg, zonder meer [2] stomweg, domweg [3] enkel, maar, slechts

sim·u·la·crum /sɪmjʊleɪkrəm, ᴬ-mjə-/ [telb zn; mv: ook simulacra /-leɪkrə/] [1] beeld, afbeelding, voorstelling [2] schijnbeeld, schaduwbeeld, schim

sim·u·lant /sɪmjʊlənt, ᴬ-mjə-/ [bn] nabootsend ♦ ⟨plantk⟩ *leaves simulant of their surroundings* bladeren die hun omgeving nabootsen

sim·u·late /sɪmjʊleɪt, ᴬ-mjə-/ [ov ww] ① **simuleren,** voorgeven, voorwenden, fingeren, veinzen, doen alsof ② **imiteren,** nabootsen, spelen, zich uitgeven voor ♦ *simulated gold* namaakgoud, ersatzgoud; *simulated leather* imitatieleer

sim·u·la·tion /sɪmjʊleɪʃn, ᴬ-mjə-/ [telb + niet-telb zn] ① **simulatie,** voorwending, veinzerij ② **imitatie,** nabootsing ③ ⟨comp⟩ **simulatie,** model

sim·u·la·tor /sɪmjʊleɪtə, ᴬ-mjəleɪtər/ [telb zn] ① **simulant,** huichelaar ② ⟨techn⟩ **simulator**

¹si·mul·cast /sɪmlkɑːst, ᴬsaɪmlkæst/ [telb zn] **simultane uitzending** ⟨op radio, tv⟩

²si·mul·cast /sɪmlkɑːst, ᴬsaɪmlkæst/ [ov ww] **simultaan uitzenden** ⟨radio, tv⟩

si·mul·ta·ne·i·ty /sɪmltəniːəti, ᴬsaɪmltəniːəti/ [niet-telb zn] **gelijktijdigheid,** simultaneïteit

si·mul·ta·ne·ous /sɪmlteɪniəs, ᴬsaɪ-/ [bn; bw: ~ly; zn: ~ness] **gelijktijdig,** simultaan ♦ ⟨wisk⟩ *simultaneous equations* simultane vergelijkingen; *simultaneously with* tegelijk met

¹sin /sɪn/ [telb + niet-telb zn] **zonde,** inbreuk, vergrijp, misdaad ♦ *commit a sin* een zonde begaan/bedrijven/doen; *the seven deadly sins* de zeven hoofdzonden; *deadly/mortal sin* doodzonde; ⟨scherts⟩ *for my sins* voor mijn straf; *live in sin* in zonde leven; ⟨inf vnl⟩ samenwonen; *the original sin* de erfzonde; *venial sin* dagelijkse zonde • *ugly as sin* foeilelijk, spuuglelijk; *black as sin* zwart als de hel; ⟨sl⟩ *like sin* als de dood, hard, erg; ⟨sprw⟩ *charity covers a multitude of sins* ± de liefde dekt vele gebreken; ⟨sprw⟩ *poverty is no sin* armoede is geen schande

²sin /sɪn/ [onov ww] **zondigen,** zonde begaan/bedrijven/doen ♦ *sin against* zondigen tegen

³sin /sɪn/ [ov ww] **begaan** ⟨zonde⟩

⁴sin [afk] (sine) **sin**

sin·an·thro·pus /sɪnænθrəpəs/ [telb zn] **sinanthropus,** pekingmens ⟨Pithecantropus erectus/pekinensis⟩

sin·a·pism /sɪnəpɪzm/ [niet-telb zn] **mosterdpleister**

sin bin [telb zn] ⟨inf; ijshockey⟩ **strafbankje**

¹since /sɪns/ [bw] ⟨tijd⟩ ① **sindsdien,** van dan af, ondertussen, intussen, inmiddels ♦ *that building has since been demolished* dat gebouw is ondertussen gesloopt; *I've lived here ever since* ik heb hier sindsdien onafgebroken gewoond; *he has seen her twice since* hij heeft haar sindsdien twee keer gezien ② **geleden** ♦ *he left some years since* hij is enige jaren geleden weggegaan; *it has disappeared long since* het is lang geleden/allang verdwenen

²since /sɪns/ [vz] **sinds,** sedert, van ... af ♦ *I've met her on and off since that occasion* ik heb haar sinds/na die gelegenheid nog af en toe gezien

³since /sɪns/, ⟨vero⟩ **sith** /sɪθ/ [ondersch vw] ① **sinds,** vanaf/na de tijd dat ♦ *he's never been the same since his wife died* hij is nooit meer dezelfde geweest sinds zijn vrouw gestorven is; *it's a long time ago since I last visited the place* het is lang geleden sinds ik die plek voor het laatst bezocht ② ⟨reden of oorzaak⟩ **aangezien,** daar ♦ *since you don't want me around I might as well leave* aangezien je me niet in de buurt wilt hebben, kan ik evengoed vertrekken

sin·cere /sɪnsɪə, ᴬ-sɪr/ [bn] ① **eerlijk,** oprecht, rechtuit, gemeend ② ⟨vero⟩ **zuiver,** puur, onvervalst • ⟨sprw⟩ *imitation is the sincerest form of flattery* ± goed voorgaan doet goed volgen

sin·cere·ly /sɪnsɪəli, ᴬ-sɪrli/ [bw] **eerlijk,** oprecht, gemeend, rechtuit ♦ *yours sincerely* met vriendelijke groeten ⟨slotformule in brief⟩

sin·cer·i·ty /sɪnserəti/ [niet-telb zn] **eerlijkheid,** oprechtheid, gemeendheid ♦ *in all sincerity* in alle oprechtheid

sin·cip·i·tal /sɪnsɪpɪtl/ [bn, attr] ⟨anat⟩ **schedeldak-,** schedelkap-, kruin- ② **voorhoofds-**

sin·ci·put /sɪnsɪpʌt/ [telb zn; mv: ook sincipita /sɪnsɪpɪtə/] ⟨anat⟩ ① **schedeldak,** schedelkap, kruin

---

② **voorhoofd**

sine /saɪn/ [telb zn] ⟨wisk⟩ **sinus** ♦ *sine of angle* sinus; *versed sine* sinus versus

si·ne·cure /saɪnɪkjʊə, ᴬ-kjʊr/ [telb zn] **sinecure,** sinecuur ⟨bezoldigd (geestelijk) ambt zonder verplichtingen; ook figuurlijk⟩

si·ne·cur·ism /saɪnɪkjʊərɪzm, ᴬ-kjʊr-/ [niet-telb zn] **stelsel van sinecures**

si·ne·cur·ist /saɪnɪkjʊərɪst, ᴬ-kjʊr-/ [telb zn] **iemand met een sinecure**

sine curve, sine wave [telb zn] **sinuslijn,** sinusoïde

si·ne di·e /saɪni daɪiː/ [bw] **sine die,** voor onbepaalde tijd

si·ne qua non /sɪni kwɑː nɒn, ᴬsaɪni kweɪ nɑn/ [telb zn] **conditio/voorwaarde sine qua non,** absolute voorwaarde, onmisbaar iets

¹sin·ew /sɪnjuː/ [telb zn] **pees,** zeen

²sin·ew /sɪnjuː/ [niet-telb zn] **kracht,** lichaamskracht, spierkracht

³sin·ew /sɪnjuː/ [ov ww] ① **sterken,** kracht geven ② **ondersteunen,** schragen

sin·ews /sɪnjuːz/ [alleen mv; the] ① **kracht,** spierkracht ② **krachtbron** ③ ⟨fig⟩ **steunpilaar,** geraamte • *sinews of war* geldmiddelen

sin·ew·y /sɪnjuːi/ [bn] ① **pezig,** zenig, taai ② **gespierd,** sterk

sin·fo·nia /sɪnfəniə/ [telb zn; mv: sinfonie /-nieɪ/] ⟨muz⟩ ① **symfonie** ② **ouverture**

¹sin·fo·niet·ta /sɪnfoʊnietə/ [telb zn] ⟨muz⟩ **sinfonietta,** korte symfonie

²sin·fo·niet·ta /sɪnfoʊnietə/ [verzamelw] ⟨muz⟩ **klein symfonieorkest,** kamerorkest

sin·ful /sɪnfl/ [bn; bw: ~ly; zn: ~ness] ① **zondig,** schuldig ② **slecht,** verdorven, goddeloos ③ **schandalig,** schandelijk ♦ *a sinful waste of money* een schandalige geldverspilling

¹sing /sɪŋ/ [telb zn] **zangsamenkomst,** samenzang

²sing /sɪŋ/ [onov ww; sang, sung] ① ⟨benaming voor⟩ **zingend geluid maken,** suizen ⟨van wind⟩, fluiten ⟨van kogel⟩, tjirpen ⟨van krekel⟩ ♦ *the kettle is singing on the cooker* de ketel fluit op het fornuis; *singing saw* zingende zaag; *sing to the music of zigeuner* op de muziek van ② **gonzen** ⟨van oor⟩ ♦ *his ears were singing from the roaring* zijn oren zoemden van het gedreun ③ **prettig klinken** ⟨van taal⟩ ④ ⟨sl⟩ **tippen,** verklikken ⑤ ⟨sl⟩ ⟨schuld⟩ **bekennen** • *sing of the old heroes* de oude helden bezingen; *sing out (for)* schreeuwen (om); *sing sth. out* iets uitroepen; *sing small* achteruit krabbelen, toontje lager zingen; *sing up* luider zingen; → **singing**

³sing /sɪŋ/ [onov + ov ww; sang, sung] ① ⟨benaming voor⟩ **zingen,** tjilpen ⟨van vogel e.d.⟩ ♦ *sing away one's troubles* zijn zorgen wegzingen; *sing to sleep* in slaap zingen ② **dichten** • ⟨sprw⟩ *if you sing before breakfast, you will cry before night/supper* die vandaag lacht zal morgen wenen, ± vogeltjes die vroeg zingen zijn voor de poes; → **singing**

⁴sing /sɪŋ/ [ov ww; sang, sung] **bezingen,** verheerlijken; → **singing**

⁵sing [afk] (singular)

sing·a·ble /sɪŋəbl/ [bn] (geschikt om) **te zingen**

sing·a·long [telb zn] **meezinger**

Sin·ga·pore /sɪŋəpɔː, ᴬsɪŋəpɔr/ [eigenn] **Singapore**

¹Sin·ga·por·e·an /sɪŋəpɔːriən, ᴬsɪŋə-/ [telb zn] **Singaporees, Singaporese,** Singaporaan(se)

²Sin·ga·por·e·an /sɪŋəpɔːriən, ᴬsɪŋə-/ [bn] **Singaporees,** Singaporaans

¹singe /sɪndʒ/ [telb zn] ① **schroeiing,** verzenging ② **schroeiplek,** schroeivlek

²singe /sɪndʒ/ [onov + ov ww] ① **(ver)schroeien,** verzengen, afschroeien ♦ *singe fowl/a pig* gevogelte/een varken zengen ② **friseren** ⟨haar⟩

sing·er /sɪŋə, ᴬ-ər/ [telb zn] ① **zanger(es)** ② **dichter(es)**

singer-songwriter

③ zangvogel ④ ⟨sl⟩ verklikker

Singapore	
naam	**Singapore** *Singapore*
officiële naam	**Republic of Singapore** *Republiek Singapore*
inwoner	**Singaporean** *Singaporees*
inwoonster	**Singaporean** *Singaporese*
bijv. naamw.	**Singaporean** *Singaporees*
hoofdstad	**Singapore** *Singapore*
munt	**Singapore dollar** *Singaporese dollar*
werelddeel	**Asia** *Azië*
int. toegangsnummer 65	www .sg auto SGP

sing·er·song·writ·er [telb zn] zanger die zijn eigen liedjes schrijft, singer-songwriter

Singh /sɪŋ/ [eigenn, telb zn] Indiaas krijgsman

Singhalese → Sinhalese

¹**sing·ing** /ˈsɪŋɪŋ/ [telb + niet-telb zn; (oorspronkelijk) gerund van sing] gezang, het zingen

²**sing·ing** /ˈsɪŋɪŋ/ [niet-telb zn; (oorspronkelijk) gerund van sing] ① zang(kunst) ② het zingen

sing·ing·mas·ter [telb zn] zangleraar

¹**sin·gle** /ˈsɪŋɡl/ [telb zn] ① ⟨BE⟩ enkeltje, enkele reis ② één run ⟨bijvoorbeeld bij cricket⟩ ③ enkel, enkelspel ⟨golf, tennis⟩ ④ ⟨vaak mv⟩ vrijgezel ⑤ single, 45 toerenplaatje ⑥ ⟨inf⟩ bankbiljet van één dollar/pond ⑦ ⟨honkb⟩ honkslag ⑧ ⟨sl⟩ solist

²**sin·gle** /ˈsɪŋɡl/ [bn] ① enkel, enkelvoudig ♦ *single entry* enkelvoudig boekhouden; *in single figures* in enkele cijfers ⟨onder de tien⟩; *single flower* enkelvoudige bloem; *single honours* (universitaire) studie met één hoofdvak; *single yellow line* (enkele) gele streep ⟨op weg waar parkeerbeperkingen gelden⟩; ⟨ec⟩ *single tax* enkelvoudige belastingheffing ② ongetrouwd, alleenstaand ♦ *single parent* alleenstaande ouder ③ oprecht, eerlijk ♦ *single mind* eenvoud ⟨m.b.t. karakter⟩; toewijding, toegewijdheid

³**sin·gle** /ˈsɪŋɡl/ [bn, attr] ① enig, één ♦ *a single currency* één valuta/munt; *in single file* in/op één rij, in ganzenmars, allemaal achter elkaar; ⟨AE⟩ *single lane road/track road* eenbaansweg; *not a single man helped* niet één man hielp; *single market, Single European Market* Europese markt ② afzonderlijk, alleen(staand), op zichzelf staand ♦ *every single house* (echt) elk huis; *the single most important issue* de allerbelangrijkste kwestie ③ eenpersoons- ♦ *single bed* eenpersoonsbed ④ ⟨BE⟩ enkele reis ♦ *a single ticket* een (kaartje) enkele reis ⁵ *single combat* tweegevecht; *single cream* dunne room; ⟨scheepv⟩ *single knot* halve/overhandse knoop; ⟨AE; ec⟩ *single liability* beperkte aansprakelijkheid

⁴**sin·gle** /ˈsɪŋɡl/ [ov ww] uitkiezen, selecteren, uitpikken ♦ *single s.o./sth. out* iets/iemand uitkiezen

sin·gle·act·ing [bn] enkelwerkend ⟨in het bijzonder van machine⟩

sin·gle·bar·relled [bn] enkelloops-, eenloops- ♦ *single-barrelled rifle* enkelloopsgeweer

sin·gle·breast·ed [bn] met één rij knopen ♦ *single-breasted coat* jas met één rij knopen

sin·gle·cut [bn] met groeven in één richting ⟨van vijl⟩

sin·gle·deck·er, sin·gle·deck bus [telb zn] eenverdiepingsvoertuig, eenverdiepingsbus, eendekker

sin·gle·en·gine [bn, attr] eenmotorig

sin·gle·eyed [bn] ① met één oog, eenogig ② eerlijk, oprecht ③ doelbewust

¹**sin·gle·foot** [niet-telb zn] telgang

²**sin·gle·foot** [onov ww] in telgang lopen

sin·gle·foot·er [telb zn] telganger

¹**sin·gle·hand·ed** [bn; bw: single-handedly] ① alleen, zonder steun ② met één hand ③ voor één hand

²**sin·gle·hand·ed** [bw] ① alleen, zonder steun ② met één hand

sin·gle·jack [telb zn] ⟨sl⟩ bedelaar met één arm/been/oog

single-lens reflex [telb zn] eenlenzige reflexcamera

sin·gle·mind·ed [bn; bw: single-mindedly; zn: single-mindedness] ① doelbewust ② vastberaden, standvastig

sin·gle·ness /ˈsɪŋɡlnəs/ [niet-telb zn] ① concentratie ② het alleen-zijn/ongehuwd-zijn ⁑ *with singleness of mind* met één doel voor ogen; *singleness of purpose* doelgerichte toewijding

¹**sin·gle·o** /ˈsɪŋɡəloʊ/ [telb zn] ⟨sl⟩ alleen opererende oplichter

²**sin·gle·o** /ˈsɪŋɡəloʊ/ [bn] ⟨sl⟩ ① ongetrouwd ② solistisch

³**sin·gle·o** /ˈsɪŋɡəloʊ/ [bw] ⟨sl⟩ alleen, op zichzelf

single-parent family [telb zn] eenoudergezin

sin·gle·phase [bn] ⟨elek, natuurk⟩ eenfasig, eenfase-

sin·gles /ˈsɪŋɡlz/ [alleen mv] enkel, enkelspel ⟨in het bijzonder bij tennis⟩

singles bar [telb zn] singlesbar, vrijgezellenbar

sin·gle·seat·er [telb zn] ① eenpersoonsvoertuig ② eenpersoonsvliegtuig

sin·gle·sex [bn, attr] ⟨BE; onderw⟩ niet-gemengd

single skating [niet-telb zn] ⟨schaatssp⟩ (het) solorijden

sin·gle·space [onov + ov ww] (uit)typen op enkele regelafstand

¹**sin·gle·stick** [telb zn] ⟨sport⟩ (batonneer)stok

²**sin·gle·stick** [niet-telb zn] ⟨sport⟩ het stokschermen

sin·gle·stick·er [telb zn] zeilboot met één mast

sin·glet /ˈsɪŋɡlɪt/ [telb zn] ① ⟨BE⟩ (onder)hemd, sporthemd ② ⟨natuurk⟩ enkele spectraallijn

sin·gle·ton /ˈsɪŋɡltən/ [telb zn] ① singleton ⟨bij kaarten⟩ ♦ *a singleton in diamonds* een singleton in ruiten ② eenling, individu

sin·gle·track [bn] ① enkelsporig, eensporig ② kleingeestig, kortzichtig

sin·gle·tree [telb zn] zwengelhout, zwenghout ⟨van wagen⟩

sin·gly /ˈsɪŋɡli/ [bw] ① afzonderlijk, apart, alleen ② één voor één ⁑ ⟨sprw⟩ *misfortunes never come singly* een ongeluk komt zelden alleen

¹**sing·song** [telb zn] ① dreun, eentonige manier van opzeggen ♦ *say sth. in a sing-song* iets opdreunen ② ⟨BE⟩ samenzang, zangbijeenkomst ⁑ *sing-song girl* Chinees animeermeisje

²**sing·song** [bn, attr] eentonig, monotoon, op een dreun ♦ *in a sing-song manner* eentonig; *in a sing-song voice* met eentonige stem

³**sing·song** [onov + ov ww] eentonig zingen

⁴**sing·song** [ov ww] opdreunen, eentonig opzeggen

¹**sin·gu·lar** /ˈsɪŋɡjʊlə, ᴬ-ɡjələr/ [niet-telb zn] ① het bijzondere ② ⟨taalk⟩ enkelvoud(svorm), singularis(vorm), enkelvoudige vorm

²**sin·gu·lar** /ˈsɪŋɡjʊlə, ᴬ-ɡjələr/ [bn; bw: ~ly; zn: ~ness] ① alleen, op zichzelf staand, uniek, individueel, afzonderlijk ♦ *a king of singular nerve* een koning met een buitengewone moed ② buitengewoon, bijzonder, uitzonderlijk ♦ *singular event* eigenaardige gebeurtenis ③ ongewoon, eigenaardig, zonderling, vreemd ④ opmerkelijk, opvallend ⑤ ⟨taalk⟩ enkelvoudig, in/van het enkelvoud, enkelvouds- ♦ *singular number* enkelvoud ⑥ ⟨wisk⟩ singulier

¹**sin·gu·lar·i·ty** /ˌsɪŋɡjʊˈlærəti, ᴬ-ɡjəˈlærəti/ [telb zn] ① bijzonderheid, uitzonderlijkheid ② eigenaardigheid, ongewoonheid ③ opmerkelijkheid, opvallendheid

²**sin·gu·lar·i·ty** /ˌsɪŋɡjʊˈlærəti, ᴬ-ɡjəˈlærəti/ [niet-telb zn] ① enkelvoudigheid ② individualiteit, uniekheid

sin·gu·lar·ize, sin·gu·lar·ise /ˈsɪŋɡjʊləraɪz, ᴬ-ɡjə-/ [ov ww] ① enkelvoudig maken ② individualiseren ③ onderscheiden ④ kenmerken, karakteriseren, typeren

sinh [afk] (hyperbolic sine)

¹**Sin·ha·lese** /ˌsɪn(h)əˈliːz/, **Sin·gha·lese** /ˌsɪn(ɡ)əˈliːz/ [ei-

genn] Singalees, de Singalese taal
²Sin·ha·lese /sɪn(h)əliːz/, Sin·gha·lese /sɪŋ(g)əliːz/ [eigenn, telb zn; mv: Sin(g)halese] Singalees, bewoner van Sri Lanka
³Sin·ha·lese /sɪn(h)əliːz/, Sin·gha·lese /sɪŋ(g)əliːz/ [bn] ① Singalees, uit/van Sri Lanka ② Singalees, uit/van het Singalees
sin·is·ter /sɪnɪstə, ᴬ-ər/ [bn; bw: ~ly; zn: ~ness] ① boosaardig, kwaadaardig, onguur ♦ sinister face onguur gezicht ② onheilspellend, dreigend, duister, sinister, noodlottig ♦ sinister gesture onheilspellend gebaar ③ ⟨heral⟩ links ⟨gezien vanuit de drager van het schild⟩ ④ ⟨vero⟩ links, linker · ⟨heral⟩ bar/baton sinister linkerschuinbalk ⟨vaak aanduiding van bastaardschap⟩; bastaardschap
¹sin·is·tral /sɪnɪstrəl/ [telb zn] linkshandige
²sin·is·tral /sɪnɪstrəl/ [bn; bw: ~ly] ① linkshandig, links ② links, linker ③ met linkerzijde boven ⟨vis⟩ ④ naar links gedraaid ⟨schelp⟩
sin·is·tral·i·ty /sɪnɪstrælətɪ/ [niet-telb zn] ① linkshandigheid ② linksheid, het zich links bevinden
sin·is·trorse /sɪnɪstrɔːs, ᴬ-strɔrs/ [bn] omhoog groeiend met linkse draai ⟨in het bijzonder biologie⟩ ♦ sinistrorse vine met een draai naar links groeiende rank
sin·is·trous /sɪnɪstrəs/ [bn; bw: ~ly] ① onheilspellend, sinister, dreigend, duister ② boosaardig, kwaadaardig ③ ongeluk brengend
¹sink /sɪŋk/ [telb zn] ① gootsteen, spoelbak ② wasbak, fonteintje ③ beerput, zinkput ④ riool ⑤ poel, moeras ⑥ poel van kwaad ♦ sink of iniquity poel van ongerechtigheid ⑦ ⟨aardr⟩ doline ⟨verzakking(sgat), voornamelijk in (kalk)steenlandschap⟩
²sink /sɪŋk/ [bn, attr] ⟨BE⟩ kansarm, achterstands-, in hopeloze/slechte staat ♦ sink estate achterstandswijk; sink school slechte/kansarme school
³sink /sɪŋk/ [onov ww; sank/sunk, sunk/sunken] ① (weg)zinken, (weg)zakken, verzakken, verzinken ♦ sinking cake cake die inzakt/instort; courage sank into/to his boots de moed zonk hem in de schoenen; sunken road verzakte/holle weg; sink to the ground op de grond neerzijgen; his voice sank to a whisper hij begon te fluisteren ② (neer)dalen ♦ darkness sank quickly de duisternis viel snel in; sink in one's estimation in iemands achting dalen ③ afnemen, verminderen, verflauwen, kleiner worden, verdwijnen ④ achteruit gaan, zwakker worden, in verval raken ♦ the sick man is sinking fast de zieke man gaat snel achteruit ⑤ bedaren, luwen, tot rust komen ⑥ doordringen, indringen (in) ♦ the news finally sank into his mind het nieuws drong eindelijk tot hem door ⑦ glooien, afhellen, schuin aflopen ♦ the ground sinks to the shore de grond loopt naar de kust af · sunken cheeks ingevallen wangen; his words will sink in zijn woorden zullen inslaan; sink into a doze insluimeren; sink into oblivion in vergetelheid raken; her spirits sank de moed zonk haar in de schoenen; sink or swim zwemmen/pompen of verzuipen, erop of eronder; → sinking
⁴sink /sɪŋk/ [ov ww; sank/sunk, sunk/sunken] ① laten zinken, tot zinken brengen, doen zakken, laten dalen ♦ sink a pole into the ground een paal de grond in drijven; sink a ship een schip tot zinken brengen/de grond in boren ② verzwakken ③ tot rust brengen, kalmeren, tot bedaren brengen ④ vergeten, laten rusten, van zich af zetten ♦ sink the differences de geschillen vergeten ⑤ investeren ♦ sink one's capital in zijn geld steken in ⑥ verliezen ⟨investering⟩ ⑦ (bal) in gat/korf krijgen ⟨golf, basketbal enz.⟩ ⑧ afbetalen, delgen ⑨ graven, boren ♦ sink a well een put boren ⑩ bederven, verpesten, verzieken ♦ sink a plan een plan bederven ⑪ ⟨BE; inf⟩ achteroverslaan ⟨glas drank, borrel⟩ · ⟨inf⟩ be sunk reddeloos verloren zijn; sink a bottle of rum een fles rum achterover slaan; sink a die een stempel graveren; sink one's head zijn hoofd laten hangen; be sunk in thought in gedachten verzonken zijn; sink one's name afstand doen van zijn naam, zijn naam niet voeren; → sinking

sink·a·ble /sɪŋkəbl/ [bn] tot zinken te brengen
sink·er /sɪŋkə, ᴬ-ər/ [telb zn] ① zinklood ⟨aan vissnoer⟩ ② ⟨sl⟩ (zilveren) dollar ③ ⟨sl⟩ donut ④ ⟨mv⟩ ⟨sl⟩ schuiten, grote voeten
sink·hole [telb zn] ① zinkput, zakput, ⟨fig⟩ poel van zonde/verderf ② ⟨aardr⟩ verdwijngat ⟨verzakking in bodem waar rivier/beek in ondergrond verdwijnt⟩
sink·ing /sɪŋkɪŋ/ [telb zn; oorspronkelijk tegenwoordig deelw van sink] ① het doen zinken, het tot zinken brengen ② wee gevoel ③ amortisatie, aflossing
sinking fund [telb zn] amortisatiefonds
sink rate [telb zn] ⟨luchtv, i.h.b. zweefvliegen⟩ daalsnelheid
sin·less /sɪnləs/ [bn; bw: ~ly; zn: ~ness] zondeloos, zonder zonde, onschuldig, vrij van zonde
sin·ner /sɪnə, ᴬ-ər/ [telb zn] ① zondaar ② ⟨form; scherts⟩ schelm
sinnet [niet-telb zn] → sennit
Sinn Fein /ʃɪn feɪn/ [eigenn] Sinn Féin ⟨politieke vleugel van de IRA⟩
Si·no- /saɪnoʊ/ Chinees-, sino-
Si·nol·o·gist /saɪnɒlədʒɪst, ᴬ-nɑ-/ [telb zn] sinoloog
sin·o·logue, sin·o·log /saɪnəlɒg, ᴬ-lɔg/ [telb zn] sinoloog
Si·nol·o·gy /saɪnɒlədʒɪ, ᴬ-nɑ-/ [niet-telb zn] sinologie
sin·o·phile /saɪnəfaɪl/ [telb zn] sinofiel
¹sin·ter /sɪntə, ᴬsɪntər/ [telb zn] ① ⟨geol⟩ sinter ② sintering
²sin·ter /sɪntə, ᴬsɪntər/ [onov ww] sinteren
³sin·ter /sɪntə, ᴬsɪntər/ [onov + ov ww] samenbakken
sin·u·ate /sɪnjʊət, -eɪt/, sin·u·at·ed /-eɪtɪd/ [bn; bw: ~ly] ① kronkelend, golvend ② ⟨plantk⟩ gelobd, gegolfd
¹sin·u·os·i·ty /sɪnjʊɒsətɪ, ᴬ-ɑsətɪ/ [telb zn] kronkeling, bocht, kromming
²sin·u·os·i·ty /sɪnjʊɒsətɪ, ᴬ-ɑsətɪ/ [niet-telb zn] ① bochtigheid ② lenigheid, buigzaamheid, flexibiliteit
sin·u·ous /sɪnjʊəs/ [bn; bw: ~ly; zn: ~ness] ① kronkelend, krom, bochtig, golvend ② lenig, buigzaam, flexibel ③ ⟨plantk⟩ gelobd, gegolfd
si·nus /saɪnəs/ [telb zn] ① holte, opening ② ⟨biol⟩ sinus ③ ⟨med⟩ fistel ④ ⟨plantk⟩ golf tussen twee bladlobben
sinus cavity [telb zn] ⟨anat⟩ sinus(holte), voorhoofdsholte, kaakholte
si·nus·i·tis /saɪnəsaɪtɪs/ [telb + niet-telb zn] ⟨med⟩ sinusitis, voorhoofdsholteontsteking
si·nus·oid /saɪnəsɔɪd/ [telb zn] ⟨wisk⟩ sinusoïde, sinuslijn
si·nus·oid·al /saɪnəsɔɪdl/ [bn] ⟨wisk⟩ sinusoïdaal ♦ sinusoidal projection sinusoïdale (kaart)projectie
-sion /ʃn, ʒn/ [vormt naamwoord] ± -ing, ± -sie ♦ explosion ontploffing, explosie; permission toestemming
Sion [eigenn, telb zn] → Zion
¹Siou·an /suːən/ [telb zn; mv: ook Siouan] Siouxindiaan
²Siou·an /suːən/ [niet-telb zn] ① taal der Sioux ② Siouxstam
¹Sioux /suː/ [telb zn; mv: Sioux] Siouxindiaan
²Sioux /suː/ [niet-telb zn] ① Siouxstam ② Sioux ⟨taal⟩
³Sioux /suː/ [bn] Sioux-, van/m.b.t. de Sioux
¹sip /sɪp/ [telb zn] slokje, teugje
²sip /sɪp/ [onov ww] nippen ♦ sip at nippen aan
³sip /sɪp/ [onov + ov ww] met kleine teugjes drinken
sipe /saɪp, ᴬsiːp/ [telb zn] profielgroef van band
¹si·phon, sy·phon /saɪfn/ [telb zn] ① sifon, hevel, stankafsluiter ② sifon, hevelfles, spuitfles ③ ⟨dierk⟩ zuigbuis van insect ④ ⟨dierk⟩ buisvormig orgaan van inktvisachtigen ⟨genus Cephalopoda⟩
²si·phon, sy·phon /saɪfn/ [onov ww] (als) door hevel

siphon

stromen ▪ *tea was siphoning from the cup* de thee liep over uit het kopje

³**si·si·phon, sy·phon** /saɪfn/ [ov ww] (over)hevelen, overtappen ♦ *siphon off/out* overhevelen; ⟨fig⟩ overdragen, overbrengen, verplaatsen

si·phon·al /saɪfənəl/, **si·phon·ic** /saɪfɒnɪk, ᴬ-fɑ-/ [bn] sifonachtig, hevelachtig

si·phon·et /saɪfənet/ [telb zn] honingbuisje van bladluis

si·pho·no·phore /saɪfɒnəfɔː, ᴬsaɪfɑnəfɔːr/ [telb zn] ⟨dierk⟩ kwalachtig dier ⟨orde Siphonophora⟩

si·phun·cle /saɪfʌŋkl/ [telb zn] ⟨dierk⟩ buisvormig orgaan ⟨in het bijzonder bij zeedieren⟩

sip·pet /sɪpɪt/ [telb zn] ① brood/toast bij soep ⟨e.d.⟩, soldaatje, crouton ② ⟨fig⟩ stukje

¹**sir, Sir** /sɜː, ᴬsɜːr, ⟨in betekenis 2⟩ sə, ᴬsɜːr/ [telb zn] ① meneer, mijnheer ⟨aanspreektitel⟩ ♦ *Dear Sir* geachte heer; *Dear Sirs* mijne heren ⟨in brief⟩; ⟨AE; inf⟩ *no sir!* geen sprake van! ② *sir* ⟨titel van baronet en ridder⟩ ▪ *Sir Roger de Coverley* levendige Engelse volksdans(muziek)

²**sir** /sɜː, ᴬsɜːr/ [ov ww] met meneer aanspreken ♦ *don't sir me, please* noem me alsjeblieft geen meneer

sir·car, sir·kar /sɜːkɑː, ᴬsɜːrkɑːr/ [telb zn] ⟨IndE⟩ ① regering ② bevelhebber, hoofd ③ heer, aanzienlijk man ④ huisbediende ⑤ administrateur, hoofdboekhouder

sir·dar /sɜːdɑː, ᴬsɜːrdɑːr/ ⟨vnl IndE⟩ [telb zn] ① legerbevelhebber ② titel van hoge officier ③ hoogwaardigheidsbekleder

¹**sire** /saɪə, ᴬ-ər/ [telb zn] ① vader van dier ⟨in het bijzonder van paard⟩ ♦ *have a sire with a pedigree* een vader met een stamboom hebben ② dekhengst ③ ⟨vero⟩ (voor)vader ④ ⟨vero⟩ Sire, heer ⟨aanspreektitel van keizer/koning⟩

²**sire** /saɪə, ᴬ-ər/ [ov ww] verwekken ⟨in het bijzonder van paard⟩

¹**si·ren** /saɪərən/ [telb zn] ① ⟨myth⟩ sirene ② verleidster ③ betoverende zangeres ④ sirene, alarmsirene ⑤ misthoorn ⑥ ⟨dierk⟩ amfibisch dier ⟨familie Sirenidae⟩

²**si·ren** /saɪərən/ [bn, attr] verleidelijk, betoverend

si·re·ni·an /saɪriːniən/ [telb zn] ⟨dierk⟩ zeekoe ⟨orde der Sirenia⟩

siren song [telb zn] sirenengezang, sirenenlied

siren suit [telb zn] hansop

Sir·i·us /sɪriəs/ [eigenn] ⟨astron⟩ Sirius, Hondsster

sirkar [telb zn] → sircar

sir·loin /sɜːlɔɪn, ᴬsɜːr-/ [telb + niet-telb zn] sirloin, harst, lendenstuk van rund

sirloin steak [telb + niet-telb zn] stuk sirloin, harststuk, lendenstuk

si·roc·co /sɪrɒkoʊ, ᴬ-rɑ-/, **sci·roc·co** /ʃɪ-/ [telb zn] sirocco ⟨hete wind⟩

sir·rah /sɪrə/ [telb zn] ⟨vero⟩ man, kerel, vent

sir·ree, sir·ee /səriː/ [telb zn] ⟨inf⟩ mijnheer, meneer ⟨nadrukkelijk, vaak met 'ja' en 'nee'⟩ ♦ *no sirree, I will not do that!* nee meneer, dat doe ik niet!

sirup [niet-telb zn] → syrup

sir·vente /sɜːvent, ᴬsɜːr-/, **sir·ventes** /sɜːvents, ᴬsɜːrvents/, **sir·vent** /sɜːvent, ᴬsɜːr-/ [telb zn] satirisch lied van Provençaalse troubadour ⟨voornamelijk middeleeuws⟩

sis /sɪs/ [telb zn; mv: sisses] ⟨inf⟩ ① ⟨verk: sister⟩ zusje, zus(ter) ② ⟨verk: sister⟩ laffe/bange jongen ③ ⟨verk: sister⟩ meisje

si·sal /saɪsl/ [telb zn] ① ⟨plantk⟩ sisal(plant) ⟨Agave sisalana⟩ ② sisalvezel

sis·kin /sɪskɪn/ [telb zn] ⟨dierk⟩ sijs ⟨Carduelis spinus⟩

¹**sis·soo** /sɪsuː/ [telb zn] ⟨plantk⟩ sissoo ⟨boom, genus Dalbergia⟩

²**sis·soo** /sɪsuː/ [niet-telb zn] ⟨plantk⟩ hout van de sissooboom

¹**sis·sy, cis·sy** /sɪsi/ [telb zn] ⟨inf⟩ ① zus(je) ② fat, dandy,

verwijfde vent, moederskindje, mietje ③ lafbek, melkmuil ④ prik(limonade)

²**sis·sy** /sɪsi/, **sis·si·fied** /sɪsɪfaɪd/ [bn] ⟨inf⟩ ① verwijfd, fatterig, dandyachtig, meisjesachtig ② laf, lafhartig, slap

sis·ter /sɪstə, ᴬ-ər/ [telb zn] ① zuster, zus ♦ *the Fatal Sisters/Sisters three/three Sisters* de schikgodinnen ② non, zuster ♦ *Sister of Charity/Mercy* liefdezuster ③ meid, feministe ④ ⟨BE⟩ hoofdverpleegster, hoofdzuster ⑤ ⟨BE; inf⟩ verpleegster, zuster ⑥ ⟨AE; inf⟩ zus, meid ⟨voornamelijk aanspreekvorm⟩ ♦ *hands up, sister!* handen omhoog, zus!

sis·ter-ger·man [telb zn; mv: sisters-german] volle zus(ter)

sis·ter·hood /sɪstəhʊd, ᴬ-tər-/ [telb zn] ① zusterschap ② nonnenorde ③ zusterlijke verwantschap/relatie ④ ⟨vaak Sisterhood; vaak the⟩ vrouwenbeweging, feminisme

sis·ter-in-law [telb zn; mv: sisters-in-law] schoonzus(ter)

sis·ter·li·ness /sɪstəlinəs, ᴬ-tər-/ [telb zn] zusterlijkheid

sis·ter·ly /sɪstəli, ᴬ-tər-/ [bn; bw] zusterlijk

sister uterine [telb zn; mv: sisters uterine] halfzus(ter) ⟨van moederszijde⟩

Sis·tine /sɪstiːn/, **Six·tine** [bn] sixtijns ♦ *Sistine chapel* sixtijnse kapel

sis·trum /sɪstrəm/ [telb zn; mv: sistra /-trə/] ⟨muz⟩ sistrum

¹**sit** /sɪt/ [niet-telb zn] ① het zitten ② zit ③ pasvorm

²**sit** /sɪt/ [onov ww; sat, sat; verleden tijd verouderd ook sate] ① zitten ♦ *sit by the patient* waken bij de patiënt; *sit through a meeting* een vergadering uitzitten; ⟨inf⟩ *sit tight* rustig blijven zitten, voet bij stuk houden ② zijn, zich bevinden, liggen, staan ♦ *sit heavy on the stomach* zwaar op de maag liggen ③ te paard zitten ④ poseren, model staan ♦ *sit for* vertegenwoordigen ⟨in het Parlement⟩; *sit for a portrait* voor een portret poseren; *sit to a painter* voor een schilder poseren ⑤ oppassen ⟨bijvoorbeeld op baby⟩ ⑥ (zitten te) broeden ⑦ zitting hebben/houden ⑧ passen, zitten, staan, ⟨fig⟩ betamen ♦ *that hat sits well on her* die hoed staat haar goed ▪ *sit about/around* lanterfanten; *sit back* gemakkelijk gaan zitten, achterover leunen; ⟨fig⟩ zijn gemak nemen, ontspannen; ⟨AE; inf⟩ *sit back (from)* op een afstand gelegen zijn ⟨van⟩; *sit by* lijdelijk toekijken; *sit down* gaan zitten; ⟨mil⟩ zich legeren; *sit down under* lijdelijk ondergaan, nemen, slikken; ⟨inf⟩ *sit fat* goed zitten, boven jan zijn; ⟨BE⟩ *sit for on exam* een examen afleggen; *sit in* als vervanger optreden; een gebouw bezetten als uiting van protest; ⟨inf⟩ *sit in* als toehoorder bijwonen, aanwezig zijn bij; *her words sit loosely on her* ze houdt zich niet erg aan haar woord; zie: **sit on**; zie: **sit out**; ⟨inf⟩ *sit pretty* op rozen zitten; ⟨kerk⟩ *sit under* deel uitmaken van de gemeente van ⟨dominee⟩; zie: **sit up**; zie: **sit upon**; *that idea doesn't sit well with me* dat idee zit me niet lekker; *sit with* helpen verplegen; ⟨AE; inf⟩ *how did your story sit with your father?* wat vond je vader van je verhaal?; → **sitting**

³**sit** /sɪt/ [ov ww; sat, sat; verleden tijd verouderd ook sate] ① laten zitten ② berijden ⟨paard⟩ ③ ⟨BE⟩ afleggen ⟨examen⟩ ▪ zie: **sit out**; → **sitting**

si·tar /sɪtɑː, ᴬsɪtɑr/ [telb zn] ⟨muz⟩ sitar

sit·com /sɪtkɒm, ᴬ-kɑm/ [telb + niet-telb zn] ⟨vnl BE; inf⟩ ⟨verk: situation comedy⟩ komische tv-serie

¹**sit-down** [telb zn] ① sit-downdemonstratie ② zitstaking

²**sit-down** [bn, attr] ① zittend, zit- ♦ *sit-down meal* zittend/aan tafel genuttigde maaltijd ② sitdown, zit- ♦ *sit-down strike* zitstaking

¹**site** /saɪt/ [telb zn] ① plaats, ligging, locatie ② (bouw)terrein, (bouw)grond ③ (archeologische) vindplaats, opgraving ④ ⟨comp⟩ locatie, site ⟨op het web⟩

²**site** /saɪt/ [ov ww] plaatsen, situeren ♦ *the cottage is beauti-*

fully sited het huisje is prachtig gelegen

¹sit-fast [telb zn] ontstoken eeltplek/eeltknobbel ⟨onder zadel⟩

²sit-fast [bn] vastzittend, onbeweeglijk

sith [ondersch vw] → since

sit-in [telb zn] sit-indemonstratie, bezetting ⟨van gebouw⟩

sit·ka cy·press [telb + niet-telb zn] ⟨plantk⟩ gele ceder ⟨Chamaecyparis nootkatensis⟩

sitka spruce [telb + niet-telb zn] ⟨plantk⟩ spar ⟨Picea sitchensis⟩

sit on, ⟨in betekenis 1 ook⟩ **sit upon** [onov ww] [1] zitting hebben in [2] onderzoeken [3] ⟨inf⟩ niets doen aan, laten liggen, verwaarlozen [4] ⟨inf⟩ onderdrukken [5] ⟨inf⟩ terechtwijzen, berispen, op z'n kop zitten

¹sit out [onov ww] [1] buiten zitten [2] langer blijven ⟨dan anderen⟩ [3] niet meedoen, blijven zitten

²sit out [ov ww] [1] uitzitten ⟨bijvoorbeeld concert⟩ [2] niet meedoen aan ⟨dans enz.⟩, blijven zitten tijdens

sitrep /sɪtrep/ [telb zn] ⟨mil⟩ ⟨verk: situation report⟩ verslag ⟨van de stand van zaken⟩, situatierapport

sit spin [telb zn] ⟨schaatss⟩ zitpirouette

sit·ter /sɪtə, ᴬsɪtər/ [telb zn] [1] zitter [2] model, iemand die poseert [3] broedende vogel, broedhen [4] ⟨inf⟩ makkelijk schot/vangst, ⟨fig⟩ makkelijke werkje, makkelijke vangbal [5] ⟨verk: babysitter⟩ (baby)oppas [6] ⟨sl⟩ zitvlak

¹sit·ting /sɪtɪŋ/ [telb zn; (oorspronkelijk) gerund van sit] [1] zitting, vergadering, seance [2] broedsel, stel broedeieren [3] tafel, gelegenheid om te eten ♦ *there will be two sittings of lunch, one at noon and one at two o'clock* er kan op twee tijdstippen gelunchd worden, nl. om twaalf uur en om twee uur

²sit·ting /sɪtɪŋ/ [niet-telb zn; (oorspronkelijk) gerund van sit] [1] het zitten, zit [2] het poseren, het model staan • *he read the story at one sitting* hij las het verhaal in één ruk uit

³sit·ting /sɪtɪŋ/ [bn, attr; tegenwoordig deelw van sit] [1] zittend ♦ *sitting member* zittend lid; *sitting tenant* huidige huurder [2] broedend [3] stilstaand

sit·ting-room [telb zn] [1] zitkamer, woonkamer, huiskamer [2] zitplaats, zitruimte

¹sit·u·ate /sɪtʃʊeɪt, -ʊət/ [bn] ⟨vero⟩ geplaatst, gelegen, gesitueerd

²sit·u·ate /sɪtʃʊeɪt/ [ov ww] plaatsen, situeren; → situated

sit·u·at·ed /sɪtʃʊeɪtɪd/ [bn; volt deelw van situate] [1] geplaatst [2] gelegen, gesitueerd [3] ⟨inf⟩ in een bepaalde positie verkerend ♦ *I'm rather awkwardly situated right now* ik zit momenteel nogal moeilijk

¹sit·u·a·tion /sɪtʃʊeɪʃn/ [telb zn] [1] toestand, situatie, positie, omstandigheden [2] betrekking, baan ♦ *situation vacant* functie aangeboden; ⟨BE⟩ *Situations Vacant* personeelsadvertenties ⟨in krant⟩

²sit·u·a·tion /sɪtʃʊeɪʃn/ [niet-telb zn] [1] ligging, plaats, stand [2] kritieke samenloop van omstandigheden ⟨in het bijzonder bij toneelstuk⟩

sit·u·a·tion·al /sɪtʃʊeɪʃnəl/ [bn] [1] verband houdend met ligging/plaats/stand [2] verband houdend met omstandigheden

situation comedy [telb + niet-telb zn] ⟨vnl BE⟩ komische televisieserie

situation report [telb zn] situatierapport, verslag over de stand van zaken

sit up [onov ww] [1] rechtop (gaan) zitten ♦ ⟨inf⟩ *sit up and take notice* wakker worden, opschrikken; ⟨fig⟩ *that will make him sit up and take notice!* daar zal hij van opkijken! [2] opblijven, waken ⟨bij zieke⟩ [3] opkijken van iets, verbaasd staan van iets

sit-up [telb zn] opzitoefening ⟨gymnastiek⟩

sit-up-on [telb zn] ⟨inf⟩ zitvlak

sitz bath /sɪts bɑːθ, zɪts-, ᴬ-bæθ/ [telb zn] [1] zitbad [2] bad genomen in zitbad

sitz·bein /sɪtsbaɪn, zɪts-/ [telb zn] ⟨sl⟩ billen, zitvlak

sitz·fleisch /sɪtsflaɪʃ, zɪts-/, **sitz·pow·er** /-paʊə, ᴬ-ər/ [niet-telb zn] ⟨sl⟩ doorzettingsvermogen

Si·va /siːvə, sɪvə/, **Shi·va** /ʃiːvə, ʃɪvə/ [eigenn] Shiva ⟨Indische godheid⟩

six /sɪks/ [telw] zes ⟨ook voorwerp/groep ter waarde/grootte van zes⟩ ♦ *he drives a six* hij rijdt met een zescilinder; *he let six escape* hij liet er zes ontsnappen; *six foot high* zes voet hoog; ⟨sport⟩ *they made a six* zij vormden een zestal; *six o'clock* zes uur • *I'm all at sixes and sevens* ik ben helemaal confuus/kluts kwijt, ik weet niet hoe ik het heb; *everything is at sixes and sevens* alles is helemaal in de war/in het honderd gelopen; *it's six and two threes* het is lood om oud ijzer

six-ain /sɪkseɪn, ᴬsɪkseɪn/ [telb zn] zesregelig couplet

six-er /sɪksə, sɪksər/ [telb zn] leider van zes kabouters/welpen ⟨padvinderij⟩

six·fold /sɪksfoʊld/ [bn; bw] zesvoudig

six-foot·er [telb zn] ⟨inf⟩ iemand/iets van zes voet/een meter tachtig

six-gun [telb zn] → sixshooter

six-pack [telb zn] ⟨inf⟩ [1] (verpakking met) zes flesjes/blikjes, (i.h.b.) zes flesjes/blikjes bier [2] ⟨scherts⟩ wasbord ⟨gespierde buik⟩, sixpack

¹six·pence /sɪkspəns/ [telb zn] ⟨BE⟩ sixpence, zesstuiver(munt)stuk, ± kwartje

²six·pence /sɪkspəns/ [niet-telb zn] ⟨BE⟩ (waarde van) zesstuiver

six·pen·ny /sɪkspəni/ [bn, attr] [1] zesstuiver- ♦ *sixpenny bit/piece* zesstuiverstuk [2] onbetekenend, prullig, nietszeggend

six·shoot·er, six-gun [telb zn] revolver ⟨met zes kamers⟩

sixte /sɪkst/ [telb zn] ⟨schermsp⟩ de wering zes

six·teen /sɪkstiːn/ [telw] zestien ⟨ook voorwerp/groep ter waarde/grootte van zestien⟩ ♦ ⟨boek⟩ *bound in sixteens* gebonden in sedecimo

¹six·teen·mo /sɪkstiːnmoʊ/ [telb zn] ⟨boek⟩ boek van het sedecimoformaat

²six·teen·mo /sɪkstiːnmoʊ/ [niet-telb zn] ⟨boek⟩ sedecimo

six·teenth /sɪkstiːnθ/ [telw] zestiende, ⟨AE; muz⟩ zestiende noot

sixteenth note [telb zn] ⟨AE; muz⟩ zestiende noot

sixth /sɪksθ/ [telw; bw: ~ly] zesde, ⟨muz⟩ sext ♦ *he came sixth* hij kwam als zesde, hij stond op de zesde plaats; *a sixth part of the area* een zesde deel van het gebied; *trusted her sixth sense* vertrouwde op haar zesde zintuig; *the sixth smallest business* het zesde kleinste bedrijf; ⟨muz⟩ *a sixth too low* een sext te laag; *sixth(ly)* ten zesde, in/op de zesde plaats

sixth form [verzameln] ± bovenbouw vwo/atheneum ⟨van twee jaar; in Groot-Brittannië⟩

sixth-form college [telb zn] ± (staats)school met alleen bovenbouw vwo/atheneum van twee jaar ⟨in Groot-Brittannië⟩

sixth-form·er [telb zn] ± eindexamenkandidaat, ± leerling in bovenbouw vwo/atheneum ⟨gedurende twee jaar; in Groot-Brittannië⟩

six·ti·eth /sɪkstiɪθ/ [telw] zestigste

Sixtine [bn] → Sistine

six·ty /sɪksti/ [telw] zestig ⟨ook voorwerp/groep ter waarde/grootte van zestig⟩ ♦ *in the sixties* in de zestiger jaren; *a man in his sixties* een man in de zestig; *temperatures in the sixties* temperaturen boven de zestig graden • ⟨AE; inf⟩ *like sixty* allemachtig hard, in een razend tempo; *it went like sixty* het liep als een lier/trein, het ging heel vlot

¹six·ty-four·mo [telb zn] ⟨drukw⟩ boek van ¹⁄₆₄ formaat

²six·ty-four·mo [niet-telb zn] ⟨drukw⟩ ¹⁄₆₄ formaat

sixty-four thousand dollar question, sixty-four dollar question [telb zn; the] ⟨AE⟩ hamvraag, de grote vraag

siz·a·ble, size·a·ble /saɪzəbl/ [bn; bw: sizably; zn: ~ness] vrij groot, fors, flink

siz·ar /saɪzə, ᴬ-ər/ [telb zn] ± beursstudent ⟨student in Cambridge en Trinity College, Dublin, met toelage⟩

¹**size** /saɪz/ [telb + niet-telb zn] ① afmeting, formaat, grootte, omvang, kaliber ♦ *in all sizes and styles* in alle maten en vormen; *trees of various sizes* bomen van verschillende grootte; *two of a size* twee van dezelfde grootte ② maat ♦ *she takes size eight* ze heeft maat acht ⋅ ⟨fig⟩ *cut down to size* iemand op zijn plaats zetten; *of size* zwaarlijvig, gezet; *of some size* nogal groot; ⟨inf⟩ *that is (about) the size of it* zo zit dat, zo is het verlopen; *try for size* proberen of iets iemand ligt ⟨ook figuurlijk⟩

²**size** /saɪz/ [niet-telb zn] ① lijmwater, planeerwater ② stijfsel, pap, sterksel, appret

³**size** /saɪz/ [ov ww] ① rangschikken/sorteren naar grootte/maat, kalibreren, ordenen ② stijven, pappen, planeren, appreteren ⋅ ⟨inf⟩ *size s.o./sth. up* iemand/iets schatten/taxeren/opnemen, zich een mening vormen over iemand/iets; **sizing**

-sized /saɪzd/ [oorspronkelijk volt deelw van size] van een bepaalde grootte ♦ *a large-sized book* een boek van groot formaat; *a medium-sized car* een auto van middelmatige grootte

size-stick [telb zn] schoenmakersmaatstok

size-up [telb zn] taxatie

siz·ing /saɪzɪŋ/ [niet-telb zn; gerund van size] ① het stijven, het pappen/appreteren/planeren ② lijmwater, planeerwater ③ stijfsel, pap, sterksel, appret

¹**siz·zle** /sɪzl/ [telb zn] ① gesis, geknetter ② ⟨sl⟩ onaangenaam persoon, griezel

²**siz·zle** /sɪzl/ [onov ww] ① ⟨inf⟩ sissen, knetteren ② ⟨inf⟩ zieden van woede ③ ⟨sl⟩ geroosterd worden ⟨op elektrische stoel⟩; **sizzling**

siz·zler /sɪzlə, ᴬ-ər/ [telb zn] ⟨inf⟩ ① snikhete dag ② ⟨sl⟩ stuk, lekker wijf ③ ⟨sl⟩ travestiedanser, travestiestripper ④ ⟨sl⟩ sensationeel/luguber verhaal ⑤ ⟨schuine⟩ bak ⑥ ⟨sl⟩ uitschieter, hit ⑦ ⟨sl⟩ jatwerk, gestolen goed ⑧ ⟨sl⟩ gekidnapt persoon

sizz·ling /sɪzlɪŋ/ [bn; tegenwoordig deelw van sizzle] ① heet ♦ *a sizzling hot day* een snikhete dag ② ⟨sl⟩ gestolen ③ ⟨sl⟩ losgeld-

sizz-wa·ter /sɪzwɔːtə, ᴬ-wɔtər/ [telb zn] ⟨sl⟩ spuitwater

SJ [afk] (Society of Jesus)

sjam·bok /ʃæmbɒk, ᴬ-bɑk/ [telb zn] sambok, sjambok ⟨zweep⟩

SJD [afk] (Doctor of Juridical Science)

ska /skɑː/ [niet-telb zn] ⟨muz⟩ ska ⟨voorloper van reggae, met fel ritme⟩

skads /skædz/ [alleen mv] ⟨sl⟩ massa's, hopen ⟨bijvoorbeeld poen⟩

skag [niet-telb zn] → scag

skald [telb zn] → scald

skam·mer /skæmə, ᴬ-ər/ [telb zn] ⟨sl⟩ oplichter, zwendelaar, smokkelaar

¹**skank** /skæŋk/ [telb zn] ⟨vnl AE; inf⟩ ① slet, hoer, sloerie ② slons, sloerie

²**skank** /skæŋk/ [onov ww] ① skanken ⟨dansen op skamuziek⟩ ② ⟨inf⟩ uitdagend lopen/bewegen

skank·y /skæŋki/ [bn; vnl AE; inf] ① hoerig, als een slet ② slonzig, onfris

¹**skat** /skæt/ [telb zn] skaat ⟨kaartcombinatie bij skaat⟩

²**skat** /skæt/ [niet-telb zn] skaat ⟨kaartspel⟩

³**skat** /skæt/ [bn] ⟨tienerslang⟩ in, hip

¹**skate** /skeɪt/ [telb zn] ① schaats ② ⟨AE; sl⟩ vent, kerel ⋅ ⟨inf⟩ *get/put one's skates on* opschieten, voortmaken

²**skate** /skeɪt/ [telb + niet-telb zn; mv: ook skate] ⟨dierk⟩ rog ⟨familie Rajidae⟩, ⟨i.h.b.⟩ vleet, spijkerrog ⟨Raja batis⟩

³**skate** /skeɪt/ [onov ww] ① schaatsen, schaatsenrijden ② rolschaatsen ③ glijden ⟨vaak figuurlijk⟩ ④ ⟨sl⟩ er (zonder betaling) vandoor gaan, 'm smeren ⋅ *skate over/round sth.* ergens luchtig overheen lopen/praten; → **skating**

¹**skate·board** [telb zn] skateboard, rol(schaats)plank

²**skate·board** [onov ww] skateboarden, skaten, schaatsplankrijden

skate·board·er [telb zn] skateboarder, rolplankschaatser

skate·board·ing [niet-telb zn] ⟨spel, sport⟩ skateboarding, (het) skateboarden

skate guard [telb zn] schaatsbeschermer

skat·er /skeɪtə, ᴬskeɪtər/ [telb zn] ① schaatser ② rolschaatser, ⟨ook⟩ skateboarder ③ ⟨dierk⟩ schaatsenrijder ⟨familie Gerridae⟩

skate sailing [niet-telb zn] ⟨schaatssp⟩ (het) schaatszeilen ⟨voortglijden van schaatser met handzeil⟩

skate sailor [telb zn] ⟨schaatssp⟩ schaatszeiler

skat·ing /skeɪtɪŋ/ [niet-telb zn; gerund van skate] ① het schaatsen, het schaatsenrijden ② het rolschaatsen

---

skating

- in het Engels, vooral het Brits-Engels, wordt met **skating** vaak *kunstschaatsen* of *figuurrijden* bedoeld (**figure skating** wordt ook gebruikt)
- *recreatief schaatsen* (op de sloot of de ijsbaan) wordt meestal **ice-skating** genoemd
- *schaatsen op noren* wordt **speed skating** genoemd
- *skaten* (op skates met vier wielen) heet in het Engels meestal **inline skating** of **rollerblading**
- *skeeleren* (op skates met vijf wielen) heet in het Engels **inline speed skating** of **roller speed skating**
- *rolschaatsen* wordt in het Engels **rollerskating** of **quad skating** genoemd

---

skating boot [telb zn] ⟨schaatssp⟩ kunstschaats

skating foot [telb zn] ⟨schaatssp⟩ schaatsvoet

skat·ing rink [telb zn] ① ijsbaan, schaatsbaan ② rolschaatsbaan

skean, skene /skiːn/ [telb zn] dolk

skean-dhu /skiːnduː/ [telb zn] dolk in klederdracht der Schotse Hooglanders

¹**ske·dad·dle** /skɪdædl/, **sked·dle** /skedl/ [telb zn] ⟨inf⟩ vlucht, ontsnapping

²**ske·dad·dle** /skɪdædl/, **sked·dle** /skedl/ [onov ww] ⟨inf⟩ ervandoor gaan, 'm smeren

skee·sicks, skee·zicks, skee·zix /skiːzɪks/ [telb zn] schelm, schurk, rakker, dondersteen

skeet /skiːt/, **skeet-shoot·ing** [niet-telb zn] ⟨AE; sport⟩ skeet(schieten), soort kleiduivenschieten

skeet·er /skiːtə, ᴬskiːtər/ [onov ww] zich haasten, snellen, vliegen

skein /skeɪn/ [telb zn] ① streng ② vlucht wilde ganzen ③ verwarring, verwikkeling

skel·e·tal /skelɪtl/ [bn; bw: ~ly] skeletachtig, van het geraamte

¹**skel·e·ton** /skelɪtn/ [telb zn] ① skelet, geraamte ♦ *the skeleton of the building* het geraamte van het gebouw ② uitgemergeld persoon/dier ♦ *he was reduced to a skeleton* hij was broodmager geworden ③ schema, schets ⋅ *skeleton in the cupboard*, ⟨AE⟩ *skeleton in the closet* onplezierig (familie)geheim; ⟨sprw⟩ *every family has a skeleton in the cupboard* ± overal vindt men gebroken potten, ± onder het beste graan vindt men wel onkruid

²**skel·e·ton** /skelɪtn/ [niet-telb zn] ① kern, essentie ② opzet, plan

skeleton crew [telb zn] kernbemanning

¹**skel·e·ton·ize, skel·e·ton·ise** /skelɪtənaɪz, ᴬ-tn-aɪz/ [onov ww] ① een geraamte worden ⟨ook figuurlijk⟩

2 een schets maken, een uittreksel maken
²skel·e·ton·ize, skel·e·ton·ise /skelɪtənaɪz, ʌ-tn·aɪz/ [ov ww] 1 tot een geraamte maken 2 verkorten, inkorten
skeleton key [telb zn] loper
skeleton service [telb zn] basisdienst, minimale dienst
skeleton staff [telb zn] kern van een staf
skeleton tobogganing [niet-telb zn] ⟨sport⟩ ⟨het⟩ skeletonsleeën ⟨met buik op slee⟩
skel·lum /skeləm/ [telb zn] ⟨SchE⟩ schurk, schelm
¹skelp /skelp/ [telb zn] ⟨gew⟩ klap, slag
²skelp /skelp/ [onov ww; skelped/skelped; ook skelpit/skelpit] doorstappen, de pas erin zetten
³skelp /skelp/ [ov ww; skelped/skelped; ook skelpit/skelpit] ⟨gew⟩ een klap geven, slaan
skel·ter /skeltə, ʌ-ər/ [onov ww] rennen, ijlen, zich haasten
skene [telb zn] → skean
skep /skep/, skip /skɪp/ [telb zn] 1 mand, korf 2 mandvol 3 bijenkorf ⟨in het bijzonder van stro⟩
skepsis [niet-telb zn] → scepsis
skeptic [telb zn] → sceptic
skeptical [bn] → sceptical
skepticism [telb + niet-telb zn] → scepticism
sker-ew·y /skəru:i/ [bn] ⟨sl⟩ 1 gek, dwaas, idioot 2 verbijsterd
sker·rick /skerɪk/ [telb zn] ⟨AE, AuE; inf⟩ kruimeltje, korreltje
sker·ry /skeri/ [telb zn] 1 rif 2 rotsig eiland
¹sketch /sketʃ/ [telb zn] 1 schets, beknopte beschrijving, kort overzicht 2 schets, tekening 3 sketch, kort toneelstukje/verhaal 4 ⟨muz⟩ schets 5 ⟨inf⟩ grapjas, lolbroek
²sketch /sketʃ/ [onov + ov ww] schetsen, tekenen
³sketch /sketʃ/ [ov ww] schetsen, kort beschrijven/omschrijven ♦ sketch in/out the main points de hoofdpunten kort beschrijven/aangeven
sketch·block, sketch·book, sketch·pad [telb zn] schetsblok, tekenblok
sketch·er /sketʃə, ʌ-ər/ [telb zn] schetser
sketch·i·ness /sketʃinəs/ [niet-telb zn] schetsmatigheid, ⟨fig⟩ oppervlakkigheid
sketch-map [telb zn] schetskaart
sketch·y /sketʃi/ [bn; vergr trap: sketchier; bw: sketchily] schetsmatig, ruw, vluchtig, ⟨fig⟩ onafgewerkt, onvolledig, oppervlakkig ♦ a sketchy breakfast een vlug/licht ontbijt; details are still sketchy nadere gegevens ontbreken nog; a sketchy knowledge of history een oppervlakkige kennis van geschiedenis
¹skew /skju:/ [telb zn] scheefheid, helling, schuinte, asymmetrie · on the skew schuin, scheef
²skew /skju:/ [bn; zn: ~ness] 1 schuin, scheef, hellend ♦ skew arch scheve boog; skew chisel schuine beitel 2 niet in één vlak liggend ⟨meetkunde⟩ 3 asymmetrisch, onregelmatig ⟨in het bijzonder statistiek⟩
³skew /skju:/ [onov ww] 1 opzijgaan, uitwijken, draaien, keren 2 hellen, schuin aflopen 3 van opzij kijken, vanuit de ooghoeken kijken ♦ skew at loensen naar
⁴skew /skju:/ [ov ww] scheef maken, (ver)draaien, verwringen, ⟨fig⟩ een scheef/vertekend beeld geven van
skew·back [telb zn] ⟨bouwk⟩ aanzetsteen ⟨van boog/gewelf⟩, aanzet(laag)
¹skew·bald [telb zn] gevlekt dier ⟨in het bijzonder paard⟩
²skew·bald [bn] bont, gevlekt, bruin-witgevlekt, rood-witgevlekt, grijs-witgevlekt
¹skew·er /skju:ə, ʌ-ər/ [telb zn] ⟨cul⟩ vleespen, vleespin, spies, brochette
²skew·er /skju:ə, ʌ-ər/ [ov ww] ⟨vnl cul⟩ 1 doorsteken ⟨(als) met vleespen⟩ 2 vastprikken, vaststeken ⟨(als) met vleespen⟩

skew-eyed [bn] ⟨BE; inf⟩ scheel
skew-whiff [bn, postnom] ⟨BE; inf⟩ schuin, scheef, schots
¹ski /ski:/ [telb zn; mv: ook ski] ski
²ski /ski:/ [onov ww; verleden tijd ook ski'd] skiën, skilopen
skiagraphy [niet-telb zn] → sciagraphy
ski bag [telb zn] ⟨wintersp⟩ heuptasje
ski-bob [telb zn] ⟨sport⟩ skibob
ski·bob·ber /ski:bɒbə, ʌ-bəbər/ [telb zn] ⟨sport⟩ skibobrijder
ski boot [telb zn] skischoen, skilaars
¹skid /skɪd/ [telb zn] 1 steunblok, steunbalk, steunplank 2 glijbaan, schuifbaan, glijplank, rolhout 3 remschoen, remslot, remketting 4 schuiver, slip, slippartij, het slippen ♦ the car went into a skid de wagen raakte in een slip, de wagen maakte een schuiver 5 ⟨vaak mv⟩ ⟨scheepv⟩ wrijfhout ⟨als bescherming bij laden en lossen⟩ 6 staartsteun, staartslof ⟨van vliegtuig⟩ 7 laadbord, pallet · ⟨inf⟩ on the skids bergafwaarts, van kwaad tot erger; ⟨inf⟩ put the skids on/under s.o./sth. iemand/iets afremmen; iemand/iets naar de ondergang brengen/naar de verdommenis helpen; iemand opjutten
²skid /skɪd/ [onov ww] slippen ⟨ook van wiel⟩, schuiven
³skid /skɪd/ [ov ww] 1 laten glijden, doen slippen, schuiven, slepen 2 blokkeren, afremmen 3 stutten, op steunbalken zetten
skid chain [telb zn] sneeuwketting
skid·dy /skɪdi/ [bn; vergr trap: skiddier] glibberig
skid-lid [telb zn] ⟨BE; inf⟩ valhelm, motorhelm
skid mark [telb zn] slipspoor, remspoor
¹ski-doo /skidu:/ [telb zn] skidoo, motorslee
²ski-doo, skid-doo /skidu:/ [onov ww] ⟨AE; sl⟩ hem smeren, ertussenuit knijpen, ervandoor gaan, ophoepelen
skid-pan [telb zn] ⟨BE⟩ 1 slipbaan, slipschool 2 remschoen, remblok, remslot
skid road [telb zn] ⟨AE⟩ 1 rolbaan, sleepbaan ⟨voor boomstammen⟩ 2 ⟨inf⟩ achterbuurt, kroegenbuurt
skid row [telb zn] ⟨AE; inf⟩ achterbuurt, kroegenbuurt
ski·er /ski:ə, ʌ-ər/ [telb zn] 1 skiër, skiester 2 → skyer
skies [alleen mv] → sky
skiey [bn] → skyey
skiff /skɪf/ [telb zn] kleine boot, ⟨i.h.b.⟩ skiff ⟨smalle, lange eenpersoonsroeiboot⟩
skif·fle /skɪfl/ [telb zn] ⟨vnl BE⟩ skiffle ⟨soort volksmuziek met zelfgemaakte instrumenten en zanger met gitaar/banjo⟩
skif·fle-group [telb zn] ⟨vnl BE⟩ 'skiffle'band
ski glasses [alleen mv] skibril
ski hut [telb zn] skihut, schuilhut
ski·ing /ski:ɪŋ/ [niet-telb zn] skisport, skiën
skiing goggles [alleen mv] skibril
ski instructor [telb zn] skileraar, skilerares, ski-instructeur
ski·jor·ing /ski:dʒɔ:rɪŋ/ [niet-telb zn] ⟨skisp⟩ skijøring ⟨voornamelijk in Noorwegen; voorttrekken van skiër door paard of trekhond(en)⟩
¹ski jump [telb zn] 1 skischans 2 skisprong
²ski jump [niet-telb zn] schansspringen
skil·ful, ⟨AE⟩ skill·ful /skɪlfl/ [bn; bw: ~ly; zn: ~ness] 1 bekwaam, (des)kundig, capabel 2 vakkundig, ervaren, vaardig ♦ he is not very skilful at/in painting van schilderen heeft hij weinig verstand
ski lift [telb zn] skilift
¹skill /skɪl/ [telb + niet-telb zn] 1 bekwaamheid, (des)kundigheid 2 vakkundigheid, vaardigheid ♦ he has acquired quite some skill in cooking hij heeft aardig wat leren koken
²skill /skɪl/ [onov ww] baten
skilled /skɪld/ [bn] 1 bekwaam, kundig, capabel 2 vakkundig, bedreven, geschoold, ervaren ♦ skilled labour ge-

skillet

schoolde arbeid; *skilled worker* geschoolde arbeider, vakman
skil·let /skɪlɪt/ [telb zn] ① ⟨BE⟩ steelpannetje, kookpotje ⟨vaak met pootjes⟩ ② ⟨AE⟩ koekenpan, braadpan
skillion [telb zn] → scillion
skill·set [telb zn] vaardigheden
skil·ly /skɪli/ [niet-telb zn] ⟨BE⟩ haversoep, dunne meelsoep
ski lodge [telb zn] skihut, skichalet
¹**skim** /skɪm/ [telb zn] dun laagje
²**skim** /skɪm/ [niet-telb zn] ① het glijden over, het afschuimen, het afromen ② het afgeroomde, het afgeschepte, ⟨i.h.b.⟩ afgeroomde melk
³**skim** /skɪm/, **skimmed** /skɪmd/ [bn] afgeroomd ♦ *skim milk* taptemelk
⁴**skim** /skɪm/ [onov ww] ① (heen) glijden, scheren, langs strijken ♦ *sea-gulls skimmed along/over the waves* meeuwen scheerden over de golven ② zich met een dun laagje bedekken; → skimming
⁵**skim** /skɪm/ [onov + ov ww] vluchtig inkijken, doorbladeren ♦ *skim (through/over) a book* een boek vlug doornemen; → skimming
⁶**skim** /skɪm/ [ov ww] ① afschuimen, afscheppen ♦ *skim the cream off from* de room afschappen van; ⟨fig⟩ afromen ② afromen ♦ *skim milk* melk afromen ③ (doen) scheren over, (doen) (heen) glijden over, keilen ♦ *skim the ground* over de grond scheren; *skim a stone over the water* een steen op het water doen springen/keilen ④ met een dun laagje bedekken ⑤ skimmen ⟨van betaalpasjes⟩ ⑥ verzwijgen ⟨gokwinst⟩, verbergen; → skimming
skim·ble-skam·ble /skɪmbl skæmbl/ [niet-telb zn] nonsens, onzin
skim·mer /skɪmə, ʌ-ər/ [telb zn] ① afromer ② schuimspaan ③ ⟨dierk⟩ schaarbek ⟨vogel; genus Rynchops⟩ ④ platte strohoed ⑤ hemdjurk, rechte jurk zonder mouwen ⑥ olieveger
skim·mia /skɪmɪə/ [telb + niet-telb zn] ⟨plantk⟩ skimmia ⟨heester; genus Skimmia⟩
skim·ming /skɪmɪŋ/ [telb zn; oorspronkelijk tegenwoordig deelw van skim; mv: meestal skimmings] ① het afgeschuimde, het afgeschepte, het afgeroomde ② schuim ③ belastingfraude, het verzwijgen van gokwinst
skimming dish [telb zn] schuimspaan
ski mountaineering [niet-telb zn] ⟨sport⟩ (het) gletsjerskiën
¹**skimp** /skɪmp/ [onov ww] ① bezuinigen, (zich) bekrimpen, beknibbelen ♦ *skimp on the budget* op de begroting bezuinigen ② karig/zuinig zijn, spaarzaam zijn
²**skimp** /skɪmp/ [ov ww] ① karig (toe)bedelen, zuinig zijn met ② kort houden, krap houden
skimp·y /skɪmpi/ [bn; vergr trap: skimpier; bw: skimpily; zn: skimpiness] ① karig, schaars, krap ② krenterig, gierig
¹**skin** /skɪn/ [telb zn] ① leren waterzak ② ⟨sl⟩ vrek ③ ⟨sl⟩ knol, paard ④ ⟨sl⟩ dollar ⑤ ⟨verk: skinhead⟩
²**skin** /skɪn/ [telb + niet-telb zn] ① huid ⟨ook van vliegtuig, schip⟩, vel, pels ♦ *next to the skin* op de huid; *wet to the skin* doornat; *with a whole skin* heelhuids ② schil, vlies, bast ③ ⟨comp⟩ skin ⟨uiterlijk, look-and-feel van een programma⟩ ④ ⟨sl⟩ hand ⑤ ⟨sl⟩ portefeuille ♦ ⟨sl⟩ *give me some skin* geef me een poot ⚫ *skin and bone(s)* vel over been; *change one's skin* een ander mens worden; ⟨inf⟩ *get under s.o.'s skin* vat krijgen op iemand, iemand kriegel maken/irriteren; bezeten zijn van iemand; *jump out of one's skin* een gat in de lucht springen, zich dood schrikken; ⟨inf⟩ *be no skin off s.o.'s nose* iemand niet aangaan, niet iemands zaak zijn, iemand niet interesseren; *save one's skin* er heelhuids afkomen; *escape by the skin of one's teeth* op het nippertje ontsnappen; *under the skin* in wezen
³**skin** /skɪn/ [onov ww] ① zich met (nieuw) vel bedekken, helen, genezen ♦ *skin over* zich met (nieuw) vel bedekken, nieuw vel krijgen ② vervellen ⚫ *skin by/through* er met moeite doorheen komen ⟨ook figuurlijk⟩
⁴**skin** /skɪn/ [ov ww] ① villen, (af)stropen ⟨ook figuurlijk⟩ ♦ *skin off* afstropen, uittrekken ⟨bijvoorbeeld kousen⟩ ② schillen, pellen ③ (als) met (nieuw) vel bedekken ④ oplichten, afzetten, bedriegen, zwendelen ⑤ ⟨inf⟩ verpletterend verslaan
skin·care [niet-telb zn] huidverzorging
skin-deep [bn] oppervlakkig ⟨ook figuurlijk⟩ ⚫ ⟨sprw⟩ *beauty is but/only skin-deep* ± uiterlijk schoon is slechts vertoon
skin-dive [onov ww] ⟨sport⟩ sportduiken
skin diver [telb zn] sportduiker
skin diving [niet-telb zn] (het) sportduiken, het snuiven
skin effect [telb + niet-telb zn] ⟨natuurk⟩ huideffect, skineffect ⟨elektriciteit⟩
skin·flick [telb zn] ⟨AE; inf⟩ pornofilm
skin·flint [telb zn] vrek, gierigaard, krent
skin-food [niet-telb zn] voedende huidcrème
skin friction [niet-telb zn] ⟨natuurk⟩ wrijving van een lichaam in vloeistof
skin·ful /skɪnful/ [telb zn] ⟨inf⟩ genoeg drank om dronken van te worden
skin game [telb zn] ⟨inf⟩ ① oneerlijk gokspel ② afzetterij, zwendel
skin-graft [telb zn] getransplanteerd stukje huid ⟨plastische chirurgie⟩
skin·head [telb zn] ① skinhead, iemand met zeer kort haar, lid van jeugdbende ② kaalkop
skin house [telb zn] ⟨sl⟩ travestie(film)theater
skink /skɪŋk/ [telb zn] ⟨dierk⟩ skink ⟨familie Scincidae⟩
skin magazine [telb zn] ⟨sl⟩ pornotijdschrift
-skinned /skɪnd/ ⟨vormt bijvoeglijk naamwoord⟩ met (een)... huid, -huidig ♦ *dark-skinned* met een donkere huid; *thick-skinned* dikhuidig
skin·ner /skɪnə, ʌ-ər/ [telb zn] ① vilder ② bonthandelaar, huidenkoper ③ oplichter, afzetter
skin·ny /skɪni/ [bn; vergr trap: skinnier] ① broodmager, uitgemergeld, vel over been ② huidachtig ③ ⟨cul⟩ mager ♦ *a skinny latte* een koffie verkeerd met magere melk ④ ⟨van broek⟩ met zeer smalle pijpen
¹**skin·ny-dip** [telb zn] ⟨inf⟩ naaktzwempartij, blote plons
²**skin·ny-dip** [onov ww] ⟨inf⟩ naakt zwemmen
skin·ny-dip·per [telb zn] ⟨inf⟩ naaktzwemmer
skinny-leg [bn, attr] met zeer smalle pijpen ⟨van broek⟩
skin patch [telb zn] ⟨med⟩ huidpleister, transdermale pleister, slimme pleister ⟨om pijnloos medicijn(en) af te geven⟩
skin-pop [onov ww] ⟨sl⟩ onderhuids spuiten ⟨m.b.t. drugs⟩
¹**skin-search** [telb zn] ⟨sl⟩ visitatie
²**skin-search** [ov ww] ⟨sl⟩ visiteren, fouilleren
skin spots [alleen mv] huiduitslag
skint /skɪnt/ [bn] ⟨BE; inf⟩ platzak, blut
skin test [telb zn] oppervlakkige allergietest
skin-tight [bn] nauwsluitend, strak, gespannen ⟨van kleren⟩
skin wool [niet-telb zn] plootwol, blootwol
¹**skip** /skɪp/ [telb zn] ① sprongetje ② weglating, omissie, hiaat ③ bediende ⟨Trinity College, Dublin⟩ ④ ⟨BE⟩ afvalcontainer ⟨voor puin, afbraak e.d.⟩ ⑤ kooi/bak waarin mijnwerkers en materiaal worden vervoerd ⑥ aanvoerder van bowlingteam ⑦ ⟨sl⟩ buschauffeur, taxichauffeur
²**skip** /skɪp/ [niet-telb zn] het huppelen, het (touwtje)springen
³**skip** /skɪp/ [onov ww] ① huppelen, (over)springen ② touwtjespringen ③ ⟨inf⟩ ervandoor gaan ⟨zonder te betalen⟩ ♦ *skip off/out* weggaan, verdwijnen ④ van de hak op de tak springen ⚫ *skip over* overslaan, luchtig over-

heen gaan

⁴**skip** /skɪp/ [ov ww] [1] overslaan, weglaten ♦ *skip a grade* een klas overslaan [2] keilen ⟨steentje⟩ [3] ⟨inf⟩ overslaan, wegblijven van ♦ *skip breakfast* het ontbijt overslaan; *skip school* niet naar school gaan, spijbelen [4] ⟨vnl AE; inf⟩ 'm smeren uit, met de noorderzon vertrekken uit [•] ⟨inf⟩ *oh, skip it!* o, vergeet het maar!, o, het doet er niet toe!

ski pants [alleen mv] skibroek, skipantalon

skip·jack [telb zn; mv: ook skipjack] [1] tonijnachtige vis [2] soort haring

ski-plane [telb zn] vliegtuig voorzien van ski's

ski pole [telb zn] → ski stick

¹**skip·per** /skɪpə, ^-ər/ [telb zn] [1] kapitein, schipper, gezagvoerder [2] ⟨sport⟩ coach/aanvoerder van een team [3] iemand die huppelt/springt [4] ⟨dierk⟩ dikkopje ⟨vlinder van de familie der Hesperia⟩ [5] springende vis [6] ⟨sl⟩ hoofd van een politiedistrict

²**skip·per** /skɪpə, ^-ər/ [ov ww] [1] schipper/kapitein/gezagvoerder zijn van [2] aanvoeren, leiden

skip·pet /skɪpɪt/ [telb zn] zegeldoosje

skip·ping-rope, ⟨AE⟩ **skip-rope** [telb zn] springtouw

skip·py /skɪpi/ [bn] ⟨inf⟩ luchtig, licht

skip·py strike /skɪpi straɪk/ [telb zn] ⟨sl⟩ prikactie, prikstaking ⟨in het bijzonder aan lopende band⟩

skip zone, skip distance [telb + niet-telb zn] ⟨elek⟩ dode zone ⟨radio⟩

¹**skirl** /skɜːl, ^skɜrl/ [niet-telb zn] gesnerp, gegil ⟨in het bijzonder van doedelzak⟩

²**skirl** /skɜːl, ^skɜrl/ [onov ww] [1] snerpen, een schril geluid maken [2] gillen ⟨in het bijzonder van doedelzak⟩

³**skirl** /skɜːl, ^skɜrl/ [ov ww] bespelen [•] *skirl the bagpipe* de doedelzak bespelen

¹**skir·mish** /skɜːmɪʃ, ^skɜrmɪʃ/ [telb zn] [1] schermutseling ⟨ook figuurlijk⟩ [2] redetwist, gedachtewisseling, woordenwisseling

²**skir·mish** /skɜːmɪʃ, ^skɜrmɪʃ/ [onov ww] [1] schermutselen, tirailleren [2] redetwisten, gedachtewisseling/woordenwisseling hebben

skir·mish·er /skɜːmɪʃə, ^skɜrmɪʃər/ [telb zn] [1] verkenner [2] voorpostenlinie, patrouille [3] tirailleur

skirmish line [telb + niet-telb zn] tirailleurslinie

skir·ret /skɪrɪt/ [telb + niet-telb zn] ⟨plantk⟩ suikerwortel ⟨Sium sisarum⟩

¹**skirt** /skɜːt, ^skɜrt/ [telb zn] [1] rok [2] pand, slip [3] ⟨vaak mv⟩ rand, zoom, boord, uiteinde ♦ *the skirt of the forest* de zoom van het woud [4] zweetblad ⟨van zadel⟩ [5] ⟨techn⟩ bekleding, ommanteling, beschermplaat [6] staartmantel ⟨van raket⟩ [7] middenrif ⟨van dier⟩ [8] ⟨BE⟩ ribstuk [9] ⟨sl⟩ stuk, grietje ♦ *what a piece of skirt!* wat een stuk! [10] ⟨badm⟩ veren ⟨van kunststofpluimbal⟩

²**skirt** /skɜːt, ^skɜrt/ [onov ww] dicht langs de rand van iets gaan ♦ *skirt around/round a moor* dicht langs de rand van een moeras gaan

³**skirt** /skɜːt, ^skɜrt/ [ov ww] [1] begrenzen, lopen langs [2] omringen, omgeven, omzomen [3] ontwijken, vermijden, omzeilen, ontduiken

skirt-chas·er [telb zn] rokkenjager

skirt-dance [telb zn] rokkendans

skirt·ed /skɜːtɪd, ^skɜrtɪd/ [bn] met een slip/pand ♦ *skirted coat* slipjas

skirt·ing-board /skɜːtɪŋ bɔːd, ^skɜrtɪŋ bɔrd/ [telb zn] plint

ski run [telb zn] [1] skihelling, skipiste [2] skispoor

ski school [telb + niet-telb zn] skischool, skiklas(sen)

ski stick, ⟨AE⟩ **ski pole** [telb zn] skistok

ski stop [telb zn] ⟨skisp⟩ stopper

ski suit [telb zn] skipak

skit /skɪt/ [telb zn] [1] parodie, spotternij, bespotting, scherts [2] schimpschrift, schotschrift

ski tow [telb zn] sleeplift

skit·ter /skɪtə, ^skɪtər/ [onov ww] [1] snellen, rennen, voortschieten [2] spatten, plassen [3] ⟨sportvis⟩ vliegvissen

skit·tish /skɪtɪʃ/ [bn; bw: ~ly; zn: ~ness] [1] schichtig, nerveus [2] levendig, dartel, uitgelaten [3] schalks, koket, frivool [4] grillig, wispelturig [5] bedeesd, schuw

skit·tle /skɪtl/ [telb zn] [1] ⟨BE⟩ kegel [•] ⟨sprw⟩ *life is not all beer and skittles* ± het is niet alle dagen kermis

skit·tle-al·ley [telb zn] ⟨BE⟩ kegelbaan

skittle ball [telb zn] ⟨BE⟩ kegelbal, kegelschijf

skittle out [ov ww] ⟨cricket⟩ oprollen, eruit kegelen ⟨team⟩

skittle pin [telb zn] ⟨BE⟩ kegel

skit·tles [niet-telb zn] ⟨BE⟩ [1] kegelspel [2] informeel schaakspel [•] ⟨sprw⟩ *life is not all beer and skittles* ± het is niet alle dagen kermis

¹**skive** /skaɪv/, ⟨ook⟩ **skive off** [onov ww] ⟨BE; inf⟩ zich aan het werk onttrekken, zich drukken

²**skive** /skaɪv/ [ov ww] [1] afschaven ⟨leer⟩ [2] snijden, splitsen ⟨leer⟩

skiv·er /skaɪvə, ^-ər/ [telb zn] [1] schaver, snijder ⟨van leer⟩ [2] mes voor het snijden van leer [3] dun reepje leer

skiv·vies /skɪviz/ [alleen mv] ⟨AE⟩ herenondergoed

¹**skiv·vy** /skɪvi/ [telb zn] [1] ⟨BE; inf⟩ dienstmeisje, hitje [2] ⟨AE⟩ herenonderhemd

²**skiv·vy** /skɪvi/ [onov ww] ⟨BE; inf⟩ het vuile werk doen

skivvy shirt [telb zn] ⟨AE⟩ herenonderhemd

ski wax [niet-telb zn] ⟨wintersp⟩ skiwas

ski wear [niet-telb zn] skikleding

sku·a /skjuːə/ [telb zn] ⟨dierk⟩ jager ⟨genus Stercorarius⟩ ♦ *great skua* grote jager ⟨Stercorarius skua⟩

skul·dug·ge·ry, skull·dug·ge·ry /skʌldʌɡəri/ [niet-telb zn] [1] bedriegerij, bedotterij, geïntrigeer [2] achterbaksheid, rotstreek

¹**skulk** /skʌlk/ [telb zn] [1] sluiper, gluiper [2] troep vossen

²**skulk** /skʌlk/ [onov ww] [1] zich verschuilen [2] sluipen, gluipen [3] lijntrekken, zich drukken

skulk·er /skʌlkə, ^-ər/ [telb zn] sluiper, gluiper

skull /skʌl/ [telb zn] [1] schedel [2] doodshoofd, doodskop ♦ *skull and crossbones* doodshoofd met gekruiste beenderen ⟨bijvoorbeeld op piratenvlag⟩ [3] ⟨vnl enkelvoud⟩ ⟨inf⟩ hersenpan, hersenen ♦ *he couldn't get it into his skull* het drong niet tot zijn hersenen door [4] ⟨sl⟩ kei, kraan

skull-cap [telb zn] [1] petje, kalotje, keppeltje [2] kap ⟨in het bijzonder bij klederdracht⟩, oorijzer [3] ⟨biol⟩ schedeldak [4] ⟨plantk⟩ glidkruid ⟨genus Scutellaria⟩ [5] ⟨sl; paardsp⟩ valhelm

skull session [telb zn] ⟨AE⟩ [1] bijeenkomst voor overleg, vergadering [2] ⟨sport⟩ tactiekbespreking, tactiek, spelanalyse

¹**skunk** /skʌŋk/ [telb zn] [1] ⟨dierk⟩ stinkdier ⟨genus Mephitis⟩ [2] ⟨inf⟩ verachtelijk sujet, schoft, schooier

²**skunk** /skʌŋk/ [niet-telb zn] bont van stinkdier

³**skunk** /skʌŋk/ [ov ww] ⟨AE; inf⟩ [1] volkomen verslaan [2] bedriegen, oplichten ⟨voornamelijk door niet te betalen⟩ ♦ *skunk s.o. out of sth.* iemand iets afzetten

skunk-bear [telb zn] ⟨AE; dierk⟩ veelvraat ⟨Gulo luscus⟩

skunk-cab·bage [telb zn] ⟨AE; plantk⟩ ⟨benaming voor⟩ stinkende Noord-Amerikaanse (moeras)planten ⟨Symplocarpus foetidus; Lysichitum americanum⟩

skunk works [telb zn; voornamelijk enk] ⟨AE; inf⟩ (zelfstandige) afdeling radicale innovatie (en productontwikkeling), groep vernieuwers

¹**sky** /skaɪ/ [telb + niet-telb zn; voornamelijk enk; voornamelijk the] [1] hemel, lucht, firmament, ruimte ♦ *the stars in the sky* de sterren aan de hemel; *praise s.o. to the skies* iemand hemelhoog prijzen; *reach for the sky* hemelhoog reiken; ⟨fig⟩ het hoogste nastreven; *read the sky* ⟨astrol⟩ de tekenen aan de hemel interpreteren; ⟨meteo⟩ aan de hand van waarnemingen van de lucht het weer voorspellen; *sunny skies are expected* er wordt zonnig weer verwacht;

sky

under the open sky onder de blote/vrije hemel, in de openlucht [2] klimaat, luchtstreek [·] ⟨inf⟩ *the sky is the limit* het is onbegrensd/onbeperkt, het kan niet op ⟨voornamelijk m.b.t. geld⟩; ⟨sprw⟩ *red sky at night, shepherd's/sailor's delight; red sky in the morning, shepherd's/sailor's warning* des avonds rood, des morgens goed weer aan boord; morgenrood, water in de sloot

²**sky** /skaɪ/ [ov ww] [1] ⟨sport⟩ (te) hoog slaan/schoppen/ trappen ⟨bal⟩, huizenhoog overschieten, hoog wegschieten [2] ⟨roeisp⟩ (te) hoog optillen ⟨roeiblad⟩ [3] (te) hoog ophangen ⟨schilderij⟩

sky blue [niet-telb zn] hemelsblauw
sky-blue [bn] hemelsblauw
sky·box [telb zn] skybox, loge ⟨voor vips, in stadion⟩
sky·cap [telb zn] ⟨sl⟩ kruier
sky·dive [onov ww; Amerikaans-Engels informeel verleden tijd ook skydove] ⟨parachutespringen⟩ vrije val maken ♦ *skydiving* vrije val
sky·div·er [telb zn] ⟨parachutespringen⟩ vrijevaller
sky·dove /skaɪdoʊv/ [verleden tijd] → **skydive**
Skye /skaɪ/, **Skye terrier** [telb + niet-telb zn] skyeterriër
sky·er /skaɪə, ᴬ-ər/ [telb zn] ⟨cricket⟩ hoge slag
sky·ey /skaɪi/ [bn] [1] hemels [2] hoog, verheven
sky-high [bn; bw] hemelhoog, ⟨fig⟩ buitensporig hoog ⟨bijvoorbeeld prijzen⟩ ♦ *blow sky-high* in de lucht laten vliegen, opblazen; ⟨inf, fig⟩ geen spaan heel laten van
sky·hook, ⟨in betekenis 2 ook⟩ **skyhook balloon** [telb zn] ⟨AE; inf⟩ [1] denkbeeldige haak/steun uit de hemel [2] sondeerballon
¹**sky·jack** [telb zn] vliegtuigkaping
²**sky·jack** [ov ww] ⟨inf⟩ kapen ⟨vliegtuig⟩; → **skyjacking**
sky·jack·er [telb zn] ⟨inf⟩ vliegtuigkaper
sky·jack·ing [telb + niet-telb zn] (oorspronkelijk) gerund van skyjack) ⟨inf⟩ ⟨vliegtuig⟩kaping
¹**sky·lark** [telb zn] [1] ⟨dierk⟩ veldleeuwerik ⟨Alauda arvensis⟩ [2] grap, gekheid, geintje
²**sky·lark** [onov ww] [1] stoeien [2] pret maken, grappen uithalen
sky·light [telb zn] dakraam
sky·line [telb zn] [1] horizon, einder, kim [2] skyline, silhouet, omtrek ⟨gezien tegen de lucht⟩
sky·man /skaɪmən/ [telb zn; mv: skymen /-mən/] ⟨sl⟩ vlieger, piloot
sky-par·lor [telb zn] ⟨sl⟩ vliering, zolderkamer
skype /skaɪp/ [onov + ov ww] skypen
sky piece [telb zn] ⟨sl⟩ pruik
sky pilot [telb zn] ⟨sl⟩ [1] ⟨r-k⟩ vlootaalmoezenier, VLAM [2] ⟨prot⟩ vlootpredikant, VLOP [3] ⟨benaming voor⟩ pastoor, dominee, hemelpiloot [4] sportvlieger met brevet
¹**sky·rock·et** [telb zn] vuurpijl
²**sky·rock·et** [onov ww] omhoogschieten ♦ *prices are skyrocketing* de prijzen vliegen omhoog
sky·sail [telb zn] ⟨scheepv⟩ scheizeil
sky·scape [telb zn] luchtgezicht
sky·scrap·er [telb zn] [1] wolkenkrabber, torengebouw [2] ⟨fig⟩ bonenstaak, lange, sladood [3] ⟨inf⟩ ⟨benaming voor⟩ hoog iets, ⟨honkb⟩ hoge bal, sandwich met veel lagen beleg, uitgebreid dessert
sky ship [telb zn] luchtschip
sky sign [telb zn] (licht)reclame bovenop gebouw
sky·walk [telb zn] (overdekte) voetgangersbrug
sky·ward /skaɪwəd, ᴬ-wərd/, **sky·wards** /skaɪwədz, ᴬ-wərdz/ [bn; attr + bw] hemelwaarts
sky wave [telb zn] ⟨natuurk⟩ ethergolf ⟨radio⟩, luchtgolf
sky way [telb zn] [1] luchtroute [2] ⟨AE⟩ verkeersweg boven de grond
sky·writ·ing [niet-telb zn] rookschrift, luchtschrift
SL [afk] (Senior Lecturer)
S & L [afk] (Savings and Loan Association)

¹**slab** /slæb/ [telb zn] [1] plaat ⟨bijvoorbeeld ijzer, marmer⟩ [2] snijtafel ⟨in mortuarium⟩ [3] plak ⟨bijvoorbeeld kaas⟩, snee ⟨brood⟩ [4] buitenschaal ⟨bij het kantrechten van boomstam⟩ [5] ⟨honkb⟩ werpplaat [6] ⟨sl⟩ dollar
²**slab** /slæb/ [ov ww] [1] ⟨vlak⟩ behakken ⟨voornamelijk steen, hout⟩, afschalen, kantrechten ⟨boomstam⟩ [2] plaveien met platte stenen
slab·by /slæbi/ [bn; vergr trap: slabbier] [1] kleverig, taai, dik [2] bedekt met platte stenen, van platte stenen [3] plaatvormig
slab-line [telb zn] ⟨scheepv⟩ triplijn
slab-sid·ed [bn] ⟨AE⟩ [1] met platte zijkanten, met platte zijden [2] lang en mager, spichtig
¹**slack** /slæk/ [telb zn] [1] los/slap (hangend) deel van zeil of touw, loos ♦ *take up the slack, pull in the slack* aantrekken ⟨touw e.d.⟩; ⟨fig⟩ de teugel(s) kort houden [2] verslapping, slapte [3] speling [4] tijdelijke stilte/kalmte [5] stil water [6] ⟨BE; inf⟩ dal [7] ⟨BE; inf⟩ poel, moeras
²**slack** /slæk/ [niet-telb zn] [1] steenkoolgruis [2] slappe tijd, slapte ⟨in handel⟩, komkommertijd ⟨in nieuws⟩
³**slack** /slæk/ [bn; bw; bw: ~ly; zn: ~ness] [1] slap, los ♦ *reign with a slack hand* met slappe hand regeren [2] zwak, slap, laks ♦ *slack laws* zwakke wetten [3] lui, traag, loom, mat [4] slordig, slonzig, laks [·] *slack lime* gebluste kalk; ⟨fig⟩ *keep a slack rein on s.o.* iemand de vrije teugel laten; *keep a slack rein on sth.* iets verwaarlozen; ⟨fig⟩ laks regeren; *slack season* slappe tijd; ⟨AE⟩ *slack suit* vrijetijdspak; *slack water* stil water; dood getijde
⁴**slack** /slæk/ [onov ww] [1] lijntrekken, traag/minder hard werken [2] vaart verminderen ♦ *slack up* vaart verminderen [·] *slack off* lui/zorgeloos zijn in het werk; verslappen
⁵**slack** /slæk/ [onov + ov ww] [1] verslappen, (zich) ontspannen [2] verminderen, afnemen ♦ *slacking tide* afgaand getijde
⁶**slack** /slæk/ [ov ww] [1] los(ser) maken, (laten) vieren [2] blussen ⟨kalk⟩ ♦ *slacked lime* gebluste kalk [3] lessen, stillen ⟨dorst⟩ [·] *slack away/off* losmaken ⟨bijvoorbeeld touw⟩
slack-baked [bn] [1] half doorbakken ♦ *slack-baked bread* half doorbakken brood [2] slecht gemaakt/afgewerkt
¹**slack·en** /slækən/ [onov ww] langzamer bewegen/lopen/ rijden
²**slack·en** /slækən/ [onov + ov ww] [1] verslappen, (zich) ontspannen [2] verminderen, minder worden; *slacken off* verminderen, minder worden; *slacken speed* vaart verminderen; *the storm is slackening* de storm neemt af
³**slack·en** /slækən/ [ov ww] los(ser) maken, (laten) vieren, loos geven [·] *slacken away/off!* opvieren/loos geven die tros!
slack·er /slækə, ᴬ-ər/ [telb zn] luilak, lijntrekker [1] dienstweigeraar
slacks /slæks/ [alleen mv] sportpantalon, lange broek, sportbroek
¹**slag** /slæg/ [telb zn] ⟨BE; inf⟩ slet
²**slag** /slæg/ [niet-telb zn] [1] slak, (metaal) slak(ken) ♦ *basic slag* thomasslakkenmeel [2] slak, vulkanische slakken [3] sintel(s)
³**slag** /slæg/ [onov + ov ww] slakken vormen, verslakken
⁴**slag** /slæg/ [ov ww] [·] ⟨inf⟩ *slag off* neerhalen, afkraken, kleineren, afgeven op
slag·gy /slægi/ [bn] [1] slakachtig, slakkig [2] sintelachtig
slag-heap [telb zn] ⟨BE⟩ heuvel van mijnafval [·] *be on the slag-heap* afgedaan hebben, onbruikbaar geworden zijn ⟨m.b.t. persoon⟩
slag-wool [niet-telb zn] slakkenwol
slain /sleɪn/ [volt deelw] → **slay**
¹**slake** /sleɪk/ [onov ww] uit elkaar vallen, verkruimelen
²**slake** /sleɪk/ [ov ww] [1] lessen, laven, verkwikken [2] bevredigen ⟨bijvoorbeeld nieuwsgierigheid⟩ [3] blussen ⟨kalk⟩ ♦ *slaked lime* gebluste kalk [4] bedaren, matigen

¹**sla·lom** /slɑ:ləm/ [telb zn] ⟨sport⟩ slalom ♦ *giant slalom* reuzenslalom

²**sla·lom** /slɑ:ləm/ [niet-telb zn] ⟨sport⟩ slalom, het slalomskiën/kanoën/rijden

slalom skier [telb zn] ⟨skɪsp⟩ slalomskiër, slalommer

¹**slam** /slæm/ [telb zn] 1 harde slag, klap, dreun, ⟨honkb⟩ rake slag 2 ⟨sl⟩ neut, borrel 3 → **slammer**

²**slam** /slæm/ [telb + niet-telb zn] scherpe kritiek

³**slam** /slæm/ [niet-telb zn] ⟨bridge⟩ slem, alle slagen ♦ *grand slam* groot slem (dertien slagen; figuurlijk ook voor het winnen van een reeks tennistoernooien/golftoernooien e.d.); *little/small slam* klein slem (twaalf slagen)

⁴**slam** /slæm/ [onov + ov ww] 1 met een klap dichtslaan ♦ *slam to* met een klap dichtslaan 2 ⟨inf; honkb⟩ (de bal) raken 3 ⟨inf⟩ harde klap/slag met de hand geven · ⟨sl⟩ *slam off* doodgaan; *he slammed out of the room* hij denderde de kamer uit

⁵**slam** /slæm/ [ov ww] 1 smijten, neersmijten, dichtsmijten, kwakken, neerkwakken, dichtkwakken, met een smak gooien/neergooien/dichtgooien ♦ ⟨inf⟩ *slam the door* de deur dichtslaan (ook figuurlijk); *slam down* neersmijten 2 ⟨inf⟩ scherp bekritiseren, uitschelden 3 ⟨inf⟩ inmaken, volledig verslaan

¹**slam-bang** [bn] ⟨inf⟩ 1 gewelddadig 2 onnodig ruw 3 grondig, compleet, rigoureus 4 rechtstreeks

²**slam-bang** [ov ww] ⟨inf⟩ aanvallen

³**slam-bang** [bw] ⟨inf⟩ 1 → **slam-bang¹** 2 met een klap/dreun 3 roekeloos, onbesuisd

slam dunk [telb zn] 1 ⟨basketb⟩ slamdunk (score of schot door hoog opspringende de bal van bovenaf in de basket te dumpen) 2 ⟨AE; inf⟩ (geheid) succes, (zekere) hit, voltreffer

slam-dunk [onov + ov ww] ⟨basketb⟩ slamdunken

slam·mer /slæmə, ᴬ-ər/ [telb zn] ⟨AE; sl⟩ nor

slam·min /slæmɪn/ [bn; bw] ⟨AE; sl⟩ fantastisch, (kei)gaaf, geweldig

slan [afk] ⟨boek⟩ (sine loco, anno, vel nomine) zonder plaats, jaartal of naam

¹**slan·der** /slɑ:ndə, ᴬslændər/ [telb + niet-telb zn] lasterpraat(je), laster, kwaadsprekerij, belastering

²**slan·der** /slɑ:ndə, ᴬslændər/ [ov ww] (be)lasteren, zwartmaken

slan·der·er /slɑ:ndərə, ᴬslændərər/ [telb zn] lasteraar(ster), kwaadspreker, kwaadspreekster, schendtong, slangentong

slan·der·ous /slɑ:ndrəs, ᴬslæn-/ [bn; bw: ~ly; zn: ~ness] lasterlijk

¹**slang** /slæŋ/ [niet-telb zn; ook attributief] slang, zeer gemeenzame taal, taal van bepaalde sociale klasse of bepaald beroep, boeventaal, schuttingtaal, Bargoens, jargon, ruwe/platte/onbeschofte taal

²**slang** /slæŋ/ [onov ww] ⟨BE; inf⟩ slang gebruiken

³**slang** /slæŋ/ [ov ww] ⟨BE; inf⟩ uitschelden, uitfoeteren, uitkafferen

slang·ing-match [telb zn] scheldpartij

slang·y /slæŋi/ [bn; vergr trap: slangier; bw: slangily; zn: slanginess] 1 slangachtig 2 met ruwe en onbeschofte taal

¹**slant** /slɑ:nt, ᴬslænt/ [telb zn] 1 helling, schuinte, scheefheid, schuinheid 2 gezichtspunt, kijk, optiek, oogpunt 3 schuine/scheve koers/richting/baan 4 scheef invallende (licht)straal 5 schuine streep 6 briesje, windvlaag 7 ⟨AE⟩ hatelijkheid, steek onder water 8 ⟨AE⟩ (steelse) blik 9 ⟨AE; sl; mil⟩ spleetoog · *on a/the slant* scheef, schuin

²**slant** /slɑ:nt, ᴬslænt/ [bn] hellend, schuin, scheef · ⟨wisk⟩ *slant height* schuine hoogte; rib ⟨van een piramide⟩; regel ⟨van een kegel⟩; ⟨letterk⟩ *slant rhyme* onzuiver rijm, kreupelrijm

³**slant** /slɑ:nt, ᴬslænt/ [onov ww] 1 hellen, schuin aflopen 2 scheef gaan/lopen, afwijken

⁴**slant** /slɑ:nt, ᴬslænt/ [ov ww] 1 laten hellen, scheef houden 2 schuin gooien 3 tendentieus weergeven ♦ *slanted news* tendentieuze nieuwsberichten

slant-eye [telb zn] ⟨sl⟩ spleetoog

slant-eyed [bn] spleetogig

slant·ing·ly /slɑ:ntɪŋli, ᴬslæn-/ [bw] schuin, scheef, hellend

slant·wise /slɑ:ntwaɪz, ᴬslænt-/ [bn; bw] schuin, scheef, hellend

¹**slap** /slæp/ [telb zn] klap, mep, slag ♦ *slap on the back* joviale klap op de rug; ⟨fig⟩ schouderklopje, felicitaties; ⟨inf⟩ *slap in the face/kisser/teeth* (ook fig) klap in het gezicht; ⟨BE; inf⟩ *slap and tickle* geflirt; ⟨inf, fig⟩ *slap on the wrist* vermaning, lichte straf

²**slap** /slæp/ [onov ww] kletteren, kletsen, klepperen ♦ *rain slapped at the window* de regen kletterde tegen het raam; → **slapping**

³**slap** /slæp/ [onov + ov ww] een klap geven, meppen, kletsen ♦ ⟨fig⟩ *slap s.o. on the back* iemand op zijn schouder kloppen/feliciteren; *father slapped on the table* vader gaf een klap op de tafel; → **slapping**

⁴**slap** /slæp/ [ov ww] 1 smakken, smijten, kwakken ♦ *slap down* neersmijten, neerkwakken; ⟨inf⟩ hard aanpakken; ⟨inf⟩ *slap sth. on(to)* iets kwakken op; ⟨inf⟩ *slap new taxes on(to) spirits* belasting op sterkedrank verhogen, hogere belasting(en) leggen op sterkedrank; *slap together* in elkaar flansen, bij elkaar brengen 2 berispen; → **slapping**

⁵**slap** /slæp/ [bw] 1 met een klap, pats, regelrecht 2 eensklaps, pardoes, zomaar ineens

slap-bang [bn; bw] 1 pardoes, eensklaps, opeens, halsoverkop 2 heftig, lawaaierig

slap·dash [bn; bw] nonchalant, achteloos, met de Franse slag gedaan, lukraak

slap·hap·py [bn; vergr trap: slaphappier; bw: slaphappily] ⟨inf⟩ 1 uitgelaten, brooddronken, onstuimig 2 ⟨BE⟩ nonchalant, achteloos 3 ⟨sl⟩ duizelig

slap-head [telb zn] ⟨BE; inf⟩ kaalkop, kale

slap·jack [telb zn] ⟨AE⟩ pannenkoek, plaatkoek

slap·per /slæpə, ᴬ-ər/ [telb zn] ⟨BE; sl⟩ slet

slap·ping /slæpɪŋ/ [bn; tegenwoordig deelw van slap] enorm, reusachtig

slap shot [telb zn] ⟨ijshockey⟩ slapshot, vliegend schot, harde slag

¹**slap·stick** [telb zn] 1 buigbare houten sabel van harlekijn 2 gooi-en-smijtfilm, gooi-en-smijttoneelstuk

²**slap·stick** [niet-telb zn] grove humor

³**slap·stick** [bn, attr] lawaaierig, grof

slap-up [bn] ⟨BE; inf⟩ super-de-luxe, uit de kunst, eersteklas

¹**slash** /slæʃ/ [telb zn] 1 houw, slag 2 snee, jaap 3 schuine streep 4 ⟨AE⟩ split (in kleding) 5 ⟨vnl mv⟩ ⟨AE⟩ moerassig, begroeid terrein

²**slash** /slæʃ/ [niet-telb zn] 1 het houwen, het hakken 2 ⟨AE⟩ afval bij houthakken 3 ⟨vulg⟩ het zeiken, het pissen

³**slash** /slæʃ/ [onov ww] erop inhakken, om zich heen slaan; → **slashing**

⁴**slash** /slæʃ/ [onov + ov ww] 1 houwen, hakken, slaan 2 snijden, splijten, een jaap geven 3 striemen, ranselen; → **slashing**

⁵**slash** /slæʃ/ [ov ww] 1 drastisch verlagen (prijzen) 2 scherp bekritiseren/berispen 3 een split maken in ⟨kleding⟩ ♦ *slashed sleeve* mouw met split (waardoor andere stof zichtbaar is) 4 ⟨AE⟩ kaal slaan; → **slashing**

slash-and-burn [bn, attr] · *slash-and-burn agriculture* zwerflandbouw, brandcultuur

slash·er /slæʃə, ᴬ-ər/ [telb zn] 1 kapmes 2 houwwapen 3 houwer, hakker

¹**slash·ing** /slæʃɪŋ/ [telb zn; (oorspronkelijk) gerund van

slashing

slash] ⟨AE⟩ open plek in een bos

²**slash·ing** /ˈslæʃɪŋ/ [niet-telb zn; (oorspronkelijk) gerund van slash] [1] het houwen, het hakken [2] het snijden [3] het striemen, het ranselen [4] ⟨ijshockey⟩ (het) hakken ⟨met de stick als overtreding⟩

³**slash·ing** /ˈslæʃɪŋ/ [bn; tegenwoordig deelw van slash; bw: ~ly] [1] snijdend, ⟨fig⟩ scherp, striemend, vernietigend ♦ *slashing criticism* bijtende kritiek [2] vurig, fel

slash pine [telb zn] soort den ⟨in USA en Caraïbisch gebied⟩

¹**slat** /slæt/ [telb zn] [1] lat ⟨bijvoorbeeld van jaloezie⟩ [2] ⟨techn⟩ vleugelneusklep ⟨vliegtuig⟩ [3] ⟨sl⟩ magere, hoekige vrouw, lat

²**slat** /slæt/ [onov ww] klapperen ⟨van zeil⟩; → **slatted**

³**slat** /slæt/ [ov ww] voorzien van latten; → **slatted**

¹**slate** /sleɪt/ [telb zn] [1] lei, plaatje leisteen, schrijfbordje [2] daklei, lei [3] ⟨AE⟩ kandidatenlijst [4] kerfstok ♦ ⟨inf⟩ *put it on the slate!* schrijf het maar op (de lat)! [5] ⟨comp⟩ tablet-pc

²**slate** /sleɪt/ [niet-telb zn] [1] lei (gesteente) [2] leigrijs

³**slate** /sleɪt/ [bn, attr] [1] leien [2] leikleurig

⁴**slate** /sleɪt/ [onov + ov ww] op een lei schrijven; → **slating**

⁵**slate** /sleɪt/ [ov ww] [1] met lei dekken [2] ⟨AE⟩ (voor)bestemmen [3] ⟨AE⟩ beleggen ⟨bijvoorbeeld vergadering⟩, vaststellen ♦ *slated for January* voor januari gepland [4] ⟨BE; inf⟩ scherp bekritiseren, afkraken, hekelen [5] ⟨AE; inf⟩ (als kandidaat) voordragen; → **slating**

slate blue [niet-telb zn; vaak attributief] leiblauw, grijsblauw

slate grey [niet-telb zn; vaak attributief] leigrijs, blauwgrijs

slate-pen·cil [telb zn] griffel

slat·er /ˈsleɪtə, ᴬˈsleɪtər/ [telb zn] [1] leidekker [2] ⟨dierk⟩ pissebed ⟨orde Isopoda⟩, (i.h.b.) gewone pissebed, keldermot, (platte)zeug ⟨Oniscus asellus⟩

¹**slath·er** /ˈslæðə, ᴬ-ər/ [telb zn] ⟨inf; vaak mv⟩ grote hoeveelheid, massa ♦ *slathers of friends* massa's vrienden

²**slath·er** /ˈslæðə, ᴬ-ər/ [ov ww] ⟨AE; inf⟩ [1] dik besmeren met [2] verspillen

slat·ing /ˈsleɪtɪŋ/ [telb + niet-telb zn; geen mv; oorspronkelijk tegenwoordig deelw van slate] [1] het leidekken [2] ⟨BE⟩ scherpe kritiek, hekelende kritiek ♦ *give s.o. a sound slating* iemand er flink van langs geven [3] leisteen ⟨in het bijzonder voor leidekken⟩

slats /slæts/ [alleen mv] ⟨inf⟩ ribben

slat·ted /ˈsleɪtɪd/ [bn; volt deelw van slat] met latten ⟨als bij jaloezie⟩

slat·tern /ˈslætən, ᴬˈslætərn/ [telb zn] del, slons

slat·tern·ly /ˈslætənli, ᴬˈslætərnli/ [bn; zn: slatternliness] slonzig, slodderig, slordig

slat·y /ˈsleɪti/ [bn] [1] leiachtig [2] met leisteen

¹**slaugh·ter** /ˈslɔːtə, ᴬˈslɔtər/ [telb zn] slachting, slachtpartij, bloedbad ♦ *be brought as a lamb to the slaughter* als een lam ter slachting geleid worden

²**slaugh·ter** /ˈslɔːtə, ᴬˈslɔtər/ [niet-telb zn] het slachten, het afmaken

³**slaugh·ter** /ˈslɔːtə, ᴬˈslɔtər/ [ov ww] [1] slachten, een slachting aanrichten onder, afmaken, vermoorden [2] ⟨inf⟩ totaal verslaan, inmaken; → **slaughtered**

slaugh·tered /ˈslɔːtəd, ᴬˈslɔtərd/ [bn, pred; oorspronkelijk volt deelw van slaughter] ⟨BE; inf⟩ stomdronken, bezopen

slaugh·ter·er /ˈslɔːtərə, ᴬˈslɔtərər/ [telb zn] slachter, slager

slaugh·ter·house [telb zn] slachthuis, abattoir

slaugh·ter·ous /ˈslɔːtrəs, ᴬˈslɔtərəs/ [form] bloedig, moorddadig, moordend

¹**Slav** /slɑːv/ [telb zn] Slaaf

²**Slav** /slɑːv/ [bn] Slavisch

¹**slave** /sleɪv/ [telb zn] [1] slaaf, slavin, lijfeigene [2] ⟨sl⟩ (slechtbetaald) baantje, corvee [·] ⟨sprw⟩ *better be an old man's darling than a young man's slave* ± beter het liefje van een oude man dan het slaafje van een jonge man

²**slave** /sleɪv/ [onov ww] zich uitsloven, zich afbeulen, zwoegen, slaven ♦ *slave away (at sth.)* zwoegen (op iets), ploeteren ⟨bijvoorbeeld voor examen⟩

slave-born [bn] geboren in slavernij

slave drive [ov ww] tot harder werk opzwepen

slave driver [telb zn] [1] slavendrijver ⟨ook figuurlijk⟩, bankofficier [2] ⟨sl; scherts⟩ echtgenote

slave labour [niet-telb zn] slavenarbeid, slavenwerk ⟨ook figuurlijk⟩

slave market [telb zn] ⟨sl⟩ straat/wijk met arbeidsbureau(s)

¹**slav·er** /ˈsleɪvə, ᴬ-ər/ [telb zn] [1] slavenhandelaar [2] slavenschip

²**slav·er** /ˈslævə, ᴬ-ər/ [niet-telb zn] [1] kwijl, speeksel [2] geflikflooi, strooplikkerij, gekwijl

³**slav·er** /ˈslævə, ᴬ-ər/ [onov ww] kwijlen ⟨ook figuurlijk⟩, temen, zeveren

⁴**slav·er** /ˈslævə, ᴬ-ər/ [ov ww] bekwijlen

¹**slav·er·y** /ˈsleɪvəri/ [niet-telb zn] [1] slavernij, slavendienst [2] slavenarbeid, uitputtende arbeid, gezwoeg [3] het slaaf-zijn

²**slav·er·y** /ˈsleɪvəri/ [bn] [1] kwijlend, slobberend [2] kwijlerig

slave ship [telb zn] slavenschip

Slave State [eigenn, telb zn] ⟨gesch⟩ slavenstaat ⟨staat waar slavernij wettelijk toegelaten was voor de Amerikaanse burgeroorlog⟩

slave trade, slave traffic [niet-telb zn] slavenhandel

sla·vey /ˈsleɪvi/ [telb zn] ⟨inf⟩ dienstmeisje, sloof, hitje

Slav·ic /ˈslɑːvɪk, ˈslæ-/ [bn] Slavisch

slav·ish /ˈsleɪvɪʃ/ [bn; bw: ~ly; zn: ~ness] [1] slaafs, serviel, onderdanig ♦ *a slavish imitation* een slaafse nabootsing [2] zwaar, moeilijk

Slav·ism /ˈslɑːvɪzm/ [telb + niet-telb zn] slavisme, iets typisch Slavisch

¹**Sla·vo·ni·an** /sləˈvoʊniən/ [telb zn] Slavoniër

²**Sla·vo·ni·an** /sləˈvoʊniən/ [bn] Slavonisch [·] ⟨dierk⟩ *Slavonian grebe* kuifduiker ⟨Podiceps auritus⟩

¹**Sla·von·ic** /sləˈvɒnɪk, ᴬ-ˈvɑ-/ [eigenn] Slavisch (taal) ♦ *Old (Church) Slavonic* Oudkerkslavisch

²**Sla·von·ic** /sləˈvɒnɪk, ᴬ-ˈvɑ-/ [bn] Slavisch ♦ *Slavonic languages* Slavische talen

slaw /slɔː/ [niet-telb zn] koolsla

¹**slay** [telb zn] → **sley**

²**slay** /sleɪ/ [ov ww; slew, slain] [1] doden, doodslaan, vermoorden, afmaken [2] slachten [3] ⟨sl⟩ volkomen voor zich winnen

slay·er /ˈsleɪə, ᴬ-ər/ [telb zn] moordenaar, doder

SLBM [afk] (submarine-launched ballistic missile)

sld [afk] [1] (sailed) [2] (sealed)

SLD [afk] (Social and Liberal Democrats)

¹**sleave** /sliːv/ [telb zn] [1] verwarde draad [2] rafeldraad, dun draadje

²**sleave** /sliːv/ [ov ww] ontwarren, uit elkaar halen

sleave silk [niet-telb zn] [1] vloszijde [2] borduurzijde

¹**sleaze** /sliːz/ [telb zn] ⟨inf⟩ vieze kerel/man, viespeuk, voddenbaal

²**sleaze** /sliːz/ [niet-telb zn] ⟨inf⟩ goorheid, verlopenheid, viesheid, smerigheid

sleaze-ball, sleaze-bag [telb zn] ⟨AE; sl⟩ viezerik, engerd, gluiperd

slea·zy, slee·zy /ˈsliːzi/ [bn; vergr trap: sleazier; bw: sleazily; zn: sleaziness] [1] goor, vies, smerig, verlopen ♦ *a sleazy alley* een goor steegje [2] armoedig, goedkoop, waardeloos ♦ *a sleazy excuse* een waardeloos excuus [3] dun, zwak, niet sterk ⟨bijvoorbeeld van stof⟩

¹sled /sled/ [telb zn] ⟨vnl AE⟩ slee, slede
²sled /sled/ [onov ww] ⟨vnl AE⟩ sleeën, sleetje rijden;
→ sledding
³sled /sled/ [ov ww] ⟨vnl AE⟩ met een slee vervoeren;
→ sledding
sled·ding /sledɪŋ/ [niet-telb zn; gerund van sled] ⟨AE⟩
[1] het sleeën [2] weer om te sleeën [3] ⟨inf⟩ vooruitgang, vordering ♦ *tough sledding* moeizame vooruitgang
sled dog, sledge dog [telb zn] sledehond
sled-dog race [telb zn] ⟨sport⟩ sledehondenren
sled-dog racing [niet-telb zn] ⟨sport⟩ (het) sledehondenrennen
¹sledge /sledʒ/ [telb zn] [1] slee, slede [2] voorhamer, moker
²sledge /sledʒ/ [onov ww] sleeën, sleetje rijden; → **sledging**
³sledge /sledʒ/ [ov ww] met een slee vervoeren; → **sledging**
¹sledge·ham·mer [telb zn] voorhamer, moker • *take a sledgehammer to crack/break a (wal)nut* met een kanon op een mug schieten
²sledge·ham·mer [bn, attr] verpletterend, verbrijzelend
³sledge·ham·mer [onov ww] met een moker slaan
sledg·ing /sledʒɪŋ/ [telb + niet-telb zn; oorspronkelijk tegenwoordig deelw van sledge] ⟨AuE; sl⟩ ⟨cricket⟩ provocatie, het opzettelijk afleiden van de tegenstander
¹sleek /sliːk/ [bn; bw: ~ly; zn: ~ness] [1] zacht en glanzend (in het bijzonder van haar) [2] sluik, glad (in het bijzonder van haar) [3] bloeiend, blakend (van gezondheid), welgedaan [4] vleiend, zalvend [5] (te) keurig verzorgd, gesoigneerd [6] mooi gestroomlijnd (auto), chic en gestroomlijnd
²sleek /sliːk/ [ov ww] [1] gladmaken, gladstrijken [2] glanzend maken
¹sleep /sliːp/ [telb + niet-telb zn] [1] slaap, slaaptoestand, nachtrust, ⟨sl⟩ nacht ♦ *have a good sleep* goed slapen, een goede nachtrust hebben; ⟨form⟩ *the big/last/long sleep* de eeuwige slaap/rust, de dood; *get to sleep* in slaap vallen; *go to sleep* gaan slapen, in slaap vallen; *my foot has gone to sleep* mijn voet slaapt; *have one's sleep out* uitslapen, doorslapen; *the sleep of the just* de slaap der rechtvaardigen; *lay (out) to sleep* te slapen leggen; ⟨fig⟩ begraven; *not lose sleep over/about sth.* niet wakker liggen van iets; *put to sleep* in slaap brengen/sussen; wegmaken ⟨narcose⟩; afmaken; een spuitje geven, vergassen ⟨dier⟩; *send to sleep* in slaap doen vallen; *a six hours' sleep* een nachtrust van zes uur, zes uur slaap [2] rust, rustperiode, winterslaap [3] ⟨plantk⟩ (planten)slaap, nyctinastie • ⟨sprw⟩ *an hour's sleep before midnight is worth three after* ± de uren slaap voor middernacht tellen dubbel
²sleep /sliːp/ [niet-telb zn] ⟨inf⟩ slaap, slapers, oogvuil
³sleep /sliːp/ [onov ww; slept, slept] [1] slapen, rusten, dutten, sluimeren ♦ *Sleeping Beauty* Schone Slaapster, Doornroosje; *sleep round the clock/the clock round* de klok rond slapen; *sleep in* in huis slapen (bijvoorbeeld oppas); uitslapen; *sleep late* uitslapen; *sleep on* doorslapen; *sleep on/over sth.* een nachtje over iets slapen; *sleep out* buitenshuis/in de openlucht slapen; niet inwonend zijn; *sleep rough* in barre omstandigheden/onder de blote hemel slapen; *sleep through sth.* door iets heen slapen (bijvoorbeeld wekker) [2] winterslaap houden • ⟨inf⟩ *sleep around* met jan en alleman naar bed gaan; *sleep together* met elkaar naar bed gaan; *sleep with s.o.* met iemand naar bed gaan; ⟨sprw⟩ *let sleeping dogs lie* men moet geen slapende honden wakker maken; ⟨sprw⟩ *wake not a sleeping lion* men moet geen slapende honden wakker maken
⁴sleep /sliːp/ [ov ww; slept, slept] [1] slaapplaats hebben voor ♦ *this hotel sleeps eighty (guests)* dit hotel biedt plaats voor tachtig gasten [2] laten slapen ♦ *sleep the girls in that room* laat de meisjes in die kamer slapen • *sleep away* verslapen (bijvoorbeeld tijd); *sleep off* verslapen, door slapen kwijtraken; *sleep off one's hangover* zijn roes uitslapen
sleep disorder [telb + niet-telb zn] slaapstoornis
sleep·er /sliːpə, ʌ-ər/ [telb zn] [1] slaper, slaapkop [2] dwarsbalk (in het bijzonder van spoorbaan), biel(s) [3] slaapwagen, couchette [4] slaaptrein [5] relmuis, zevenslaper [6] ongebrandmerkt kalf met oormerk [7] weinig gevraagd artikel [8] onverwacht succes, onverwachte kandidaat [9] stille vennoot [10] slaappakje (voor kinderen) [11] ⟨vnl BE⟩ kleine gouden oorring [12] (dierk) slaapgrondel (familie Eleotridae) [13] ⟨AE; sl⟩ slaapmiddel [14] spion (die op later tijdstip pas actief wordt) [15] ⟨BE⟩ ondergedoken IRA-terrorist • *this would rouse the seven sleepers* dit zou de doden doen ontwaken
sleep-in [telb zn] sleep-in (op een publieke plaats)
sleeping bag [telb zn] slaapzak
sleeping berth [telb zn] couchette (in trein)
sleeping car [telb zn] slaapwagen
sleeping coach [telb zn] slaapbus
sleeping draught [telb zn] slaapdrank(je)
sleeping pill, sleeping tablet [telb zn] slaaptablet, slaappil
sleeping porch [telb zn] ⟨AE⟩ slaapveranda
sleeping quarters [alleen mv] slaapzaal, slaapvertrekken
sleeping sickness [telb + niet-telb zn] slaapziekte
sleep-learn·ing [niet-telb zn] hypnopedie
sleep·less /sliːpləs/ [bn; bw: ~ly; zn: ~ness] slapeloos
sleep·o·ver [telb zn] ⟨AE⟩ logeerpartijtje (voor kinderen)
sleep·walk·er [telb zn] slaapwandelaar
sleep·y /sliːpi/ [bn; vergr trap: sleepier; bw: sleepily; zn: sleepiness] [1] slaperig, doezelig, soezerig ♦ *be sleepy* slaperig zijn, slaap hebben [2] loom, suf, passief [3] saai, slaapverwekkend, levenloos ♦ *sleepy town* saaie, doodse stad • ⟨med⟩ *sleepy sickness* slaapziekte (encephalitis lethargica)
sleep·y·head [telb zn] ⟨inf⟩ slaapkop, sufkop
¹sleet /sliːt/ [niet-telb zn] [1] natte sneeuw(bui), natte hagel(bui) [2] ⟨AE⟩ ijzel, rijp
²sleet /sliːt/ [onov ww] sneeuwen/hagelen en regenen tegelijk
sleet·y /sliːti/ [bn] als/met natte sneeuw/hagel
¹sleeve /sliːv/ [telb zn] [1] mouw ♦ *puffed sleeve* pofmouw [2] koker, bus, huls, mof [3] hoes (in het bijzonder van grammofoonplaat) [4] windzak • *have sth. up one's sleeve* iets achter de hand houden, iets in petto hebben; *laugh in/up one's sleeve* in zijn vuistje lachen; ⟨inf⟩ *put the sleeve on* arresteren; identificeren (voor politie); aanklampen; *roll up one's sleeves* de handen uit de mouwen steken
²sleeve /sliːv/ [ov ww] van mouwen voorzien ♦ *a long-sleeved dress* een jurk met lange mouwen
sleeve·board [telb zn] mouwplankje (bij strijken)
sleeve coupling [telb zn] ⟨techn⟩ klemkoppelbus, mofkoppeling
sleeve garter [telb zn] mouwophouder
sleeve·less /sliːvləs/ [bn] [1] mouwloos [2] tevergeefs
sleeve·let /sliːvlɪt/ [telb zn] [1] mouwtje [2] morsmouw, overmouw
sleeve link [telb zn] manchetknoop
sleeve notes [alleen mv] hoestekst (van plaat)
sleeve nut [telb zn] ⟨techn⟩ mof met linkse en rechtse draad
sleeve valve [telb zn] ⟨techn⟩ schuifklep
sleezy [bn] → **sleazy**
¹sleigh /sleɪ/ [telb zn] ar, (arren)slee, (arren)slede
²sleigh /sleɪ/ [onov ww] arren
sleigh·bell [telb zn] arrenbel
sleight /slaɪt/ [1] behendigheid, handigheid, kunstgreep [2] slimmigheid, list [3] goocheltoer, goocheltruc

sleight-of-hand [niet-telb zn] ① goochelarij, gegoochel ② vingervlugheid, behendigheid, handigheid

slen·der /slɛndə, ^-ər/ [bn; bw: ~ly; zn: ~ness] ① slank, tenger, rank, dun ② schaars, karig, ontoereikend ♦ *slender income* karig inkomen ③ zwak, teer, broos ⚫ ⟨dierk⟩ *slender loris* slanke lori ⟨Loris tardigradus⟩

slen·der-billed [bn] ⚫ ⟨dierk⟩ *slender-billed curlew* dunbekwulp ⟨Numenius tenuirostris⟩; ⟨dierk⟩ *slender-billed gull* dunbekmeeuw ⟨Larus genei⟩

¹**slen·der·ize, slen·der·ise** /slɛndəraɪz/ [onov ww] afslanken, slank(er) worden

²**slen·der·ize, slen·der·ise** /slɛndəraɪz/ [ov ww] dun(ner) maken, slank(er) maken

slept /slept/ [verleden tijd en volt deelw] → sleep

¹**sleuth** /sluːθ/, **sleuth-hound** [telb zn] ① bloedhond, speurhond ② ⟨scherts⟩ detective, speurder

²**sleuth** /sluːθ/ [onov ww] als detective optreden

³**sleuth** /sluːθ/ [ov ww] ① (op)speuren, naspeuren ② volgen, schaduwen

¹**slew, slue** /sluː/ [telb zn] ① draai, zwenking ② ⟨AE; inf⟩ massa, hoop ③ ⟨AE⟩ moeras, drijfland, modderland ④ ⟨AE⟩ modderpoel

²**slew, slue** /sluː/ [onov + ov ww] (rond)zwenken, met kracht omdraaien/ronddraaien; → slewed

³**slew** /sluː/ [verleden tijd] → slay

slewed /sluːd/ [bn; oorspronkelijk volt deelw van slew] ⟨sl⟩ bezopen

slew·foot [telb zn] ⟨sl⟩ ① detective, politieagent ② klungel, kluns

sley, slay /sleɪ/ [telb zn] ① weverskam ② lade ⟨weefgetouw⟩

¹**slice** /slaɪs/ [telb zn] ① plak(je), snee(tje), schijf(je) ♦ *slice of cake* sneetje cake ② deel, stuk, segment ③ schep, spatel, visschep ④ slag met effect, effectbal ⟨bijvoorbeeld bij tennis⟩ ⑤ ⟨drukw⟩ inktspatel ⚫ ⟨inf, fig⟩ *a slice of the cake* een deel van de koek; *it is a slice of life* het is uit het leven gegrepen; *slice of luck* bof, meevaller, gelukje

²**slice** /slaɪs/ [onov + ov ww] kappen ⟨(bal) met effect slaan⟩

³**slice** /slaɪs/ [ov ww] ① in plakken snijden ♦ *slice up a loaf* een brood opsnijden/in sneetjes snijden ② afsnijden, doorsnijden ♦ *sliced bread* gesneden brood; *slice off a big piece* een groot stuk afsnijden ③ verdelen ④ ⟨sl⟩ snijden, afzetten ⚫ *slice into sth.* ergens in snijden, het mes ergens in zetten; ⟨AE; inf⟩ *any way you slice it* hoe je het ook bekijkt

slice·a·ble /slaɪsəbl/ [bn] ① (in plakken) snijdbaar, te snijden ② verdeelbaar, te verdelen

slice bar [telb zn] breekbeitel

slic·er /slaɪsə, ^-ər/ [telb zn] ① snijder ② snijmachine ③ schaaf

¹**slick** /slɪk/, ⟨in betekenis 1 ook⟩ **oil slick**, ⟨in betekenis 3 ook⟩ **slick chisel** [telb zn] ① olievlek ⟨in het bijzonder op zeeoppervlak⟩ ② ⟨AE; inf⟩ populair tijdschrift op glanzend papier ③ ⟨AE⟩ brede afsteekbeitel ④ ⟨auto⟩ slick, droogweerband, profielloze/brede raceband ⑤ ⟨sl⟩ goede tweedehands auto ⑥ laag, oppervlaktefilm ⟨dunne laag van meestal vloeibaar materiaal⟩

²**slick** /slɪk/ [bn; bw: ~ly; zn: ~ness] ⟨inf⟩ ① glad, glibberig ② glad, uitgeslapen, gehaaid, slim, listig ③ oppervlakkig, glad, zich mooi voordoend, uitsluitend commercieel ④ goed (uitgevoerd), kundig, soepel (verlopend/draaiend)

³**slick** /slɪk/ [ov ww] gladmaken, glanzend maken, polijsten ⚫ *slick down* (haar) glad tegen het hoofd plakken met water/olie; ⟨inf⟩ *slick up* mooi/netjes maken, opknappen

⁴**slick** /slɪk/ [bw] ⟨inf⟩ vlak, recht ♦ *hit s.o. slick in the face* iemand vlak in het gezicht slaan

slick-chick [telb zn] ⟨sl⟩ aantrekkelijk, goed gekleed meisje

slick·en·side /slɪkənsaɪd/ [telb zn] ⟨geol⟩ glijvlak ⟨bij breuk⟩

¹**slick·er** /slɪkə, ^-ər/ [telb zn] ⟨AE; inf⟩ ① gladjanus, gladde ② waterafstotende regenjas, oliejas ③ opgedirkt stadsmens ④ soort looiersmes ⑤ ⟨dierk⟩ franjestaart ⟨orde Thysanura⟩, (i.h.b.) zilvervisje, suikergast ⟨Lepisma saccharina⟩

²**slick·er** /slɪkə, ^-ər/ [ov ww] ⟨sl⟩ belazeren, bedriegen

slick·um /slɪkəm/ [telb zn] ⟨sl⟩ pommade

slid·a·ble, slide·a·ble /slaɪdəbl/ [bn; bw: slidably] verschuifbaar

¹**slide** /slaɪd/ [telb zn] ① glijbaan, glijplank, glijgoot, glijkoker ② helling, hellend vlak ③ sleehelling, rodelbaan ④ (stoom)schuif, slee, loper ⑤ schuifdeur, schuifraam ⑥ objectglaasje ⟨van microscoop⟩ ⑦ dia(positief), lantaarnplaatje ⑧ ⟨roeisp⟩ rolbankje ⑨ (aard)verschuiving, lawine ⑩ haarspeld ⑪ ⟨muz⟩ portamento di voce

²**slide** /slaɪd/ [niet-telb zn] ① het glijden, het slippen ② slip ③ val, achteruitgang ⟨ook figuurlijk⟩ ⚫ ⟨inf⟩ *he is on the slide* het gaat bergaf met hem

³**slide** /slaɪd/ [onov ww; slid, slid/slidden] ① (uit)glijden ② glippen, slippen ③ afdwalen ④ zijn natuurlijke loop nemen ⑤ ⟨sl⟩ popularteit/prestige kwijtraken ⚫ *youth slides by* de jeugd gaat ongemerkt voorbij; *slide into lies* tot leugens vervallen; *slide over sth.* luchtig over iets heen praten

⁴**slide** /slaɪd/ [onov + ov ww; slid, slid/slidden] ① schuiven ♦ *sliding door* schuifdeur; *sliding keel* kielzwaard; *sliding roof* schuifdak; *sliding scale* kalibermaat; variabele schaal, glijdende (loon)schaal; *sliding seat* glijbank ⟨van roeiboot⟩ ② slippen

⁵**slide** /slaɪd/ [ov ww; slid, slid/slidden] (voort) laten glijden

slide fastener [telb zn] ⟨AE⟩ rits(sluiting)

slide frame, slide mount [telb zn] diaraampje

slide guitar [telb zn] bottleneck(gitaar) ⟨met metalen/glazen cilindertje bespeeld⟩, slideguitar

slid·er /slaɪdə, ^-ər/ [telb zn] ① glijder, schuiver ② glijbaan, glijplank ③ schuif

slide rule [telb zn] rekenliniaal

slide tackle, sliding tackle [telb zn] ⟨voetb⟩ sliding

slide valve [telb zn] ⟨techn⟩ ① stoomschuif ② schuifklep

slide·way [telb zn] ① glijbaan, glijplank, glijgoot ② schuif, slee, loper

sliding time [niet-telb zn] ⟨AE⟩ glijdende/variabele werktijd

¹**slight** /slaɪt/ [telb + niet-telb zn] (blijk van) geringschatting, minachting, kleinering ♦ *put a slight upon* geringschatten, kleineren

²**slight** /slaɪt/ [bn; vergr trap: slighter; zn: ~ness] ① tenger, broos, frêle ② gering, klein, onbeduidend ♦ *slight cold* lichte verkoudheid; *not in the slightest* niet in het minst

³**slight** /slaɪt/ [ov ww] ① geringschatten, kleineren, minachten ② veronachtzamen ③ versmaden, afwijzen, verwerpen; → slighting

slight·ing /slaɪtɪŋ/ [bn; tegenwoordig deelw van slight; bw: ~ly] geringschattend, minachtend, kleinerend, smalend

slight·ly /slaɪtli/ [bw] ① onstevig, zwak ② een beetje, lichtjes, enigszins ♦ *slightly longer* een beetje langer ③ onzorgvuldig, oppervlakkig

slily [bw] → sly

¹**slim** /slɪm/ [bn; vergr trap: slimmer; bw: ~ly; zn: ~ness] ① slank, tenger, dun ② klein, gering ♦ *slim chance* geringe kans ③ listig, geslepen, sluw, slim

²**slim** /slɪm/ [onov ww] afslanken, aan de (slanke) lijn doen, lijnen ♦ *slim down* afslanken, inkrimpen, bezuinigen

³**slim** /slɪm/ [ov ww] slanker maken ♦ *slim down* doen in-

¹slime /slaɪm/ [niet-telb zn] [1] slik, slijk, slat, slib [2] slijm, zwadder [3] asfalt [4] ⟨sl⟩ onderwereld [5] ⟨sl⟩ schoft [6] ⟨sl⟩ lasterlijk artikel

²slime /slaɪm/ [onov ww] slijm/zwadder verwijderen

³slime /slaɪm/ [ov ww] met slijm bedekken/besmeuren, bezwadderen

slime mould, ⟨AE⟩ **slime mold** [telb zn] slijmzwam ⟨klasse Myxomycetes⟩

slim·line [bn, attr] [1] caloriearm [2] slank, rank, smal, dun, fijngebouwd, gracieus ⟨van constructie⟩ ♦ *a slimline dishwasher* een smal model vaatwasmachine

slim·y /slaɪmi/ [bn; vergr trap: slimier; bw: slimily; zn: sliminess] [1] slijmachtig [2] slijmerig (ook figuurlijk), glibberig [3] slijkerig, modderig, slibachtig [4] kruiperig, onoprecht, vleierig [5] walgelijk, smerig

¹sling /slɪŋ/ [telb zn] [1] slinger [2] ⟨AE⟩ katapult [3] slingerverband, mitella, draagdoek [4] draagriem, draagband [5] lus, (hijs)strop, ⟨scheepv⟩ leng [6] hielbandje ⟨van schoen⟩ [7] ⟨scheepv⟩ borg ⟨van ra⟩ • ⟨form⟩ *slings and arrows* rampspoed, ellende, beproevingen

²sling /slɪŋ/ [telb + niet-telb zn] ⟨AE⟩ grog ⟨drank⟩

³sling /slɪŋ/ [niet-telb zn] [1] het slingeren, het zwaaien [2] zwaai

⁴sling /slɪŋ/ [ov ww; slung, slung] [1] (weg)slingeren, zwaaien, smijten, gooien ♦ *sling s.o. out* iemand eruit smijten [2] ophangen, vrij laten hangen, vastsjorren (bijvoorbeeld hangmat) [3] (op)hijsen met een strop/leng [4] in draagriem dragen • *sling it* (te veel) praten; ouwehoeren, lullen; liegen

sling·back [telb zn] pump met open hiel

sling bag [telb zn] ⟨AE⟩ schoudertas

sling dog [telb zn] ⟨scheepv⟩ grijphaak

sling·er /slɪŋə, ᴬ-ər/ [telb zn] [1] slingeraar [2] ⟨sl⟩ kelner, serveerster [3] ⟨sl⟩ ouwehoer, kletskous

sling seat [telb zn] ⟨bergsp⟩ karabinerzit ⟨bij het abseilen⟩

sling·shot [onov ww] ⟨wielersp⟩ erop en erover gaan ⟨inhalen en meteen demarreren⟩

sling shot [telb zn] [1] ⟨AE⟩ katapult [2] ⟨waterpolo⟩ slingerschot

¹slink /slɪŋk/ [telb + niet-telb zn] (vlees van) onvoldragen jong ⟨in het bijzonder kalf⟩

²slink /slɪŋk/ [bn] voortijdig geboren ⟨in het bijzonder kalf⟩

³slink /slɪŋk/ [onov ww; slunk, slunk] [1] wegsluipen ♦ *slink away/off/out* heimelijk weggaan, zich stilletjes uit de voeten maken; *slink in* heimelijk binnensluipen [2] deinen; → slinking

⁴slink /slɪŋk/ [ov ww; slunk, slunk] ontijdig werpen; → slinking

slink-butch·er [telb zn] slager die vlees van vroeg geworpen/zieke dieren verkoopt

slink·ing /slɪŋkɪŋ/ [bn; tegenwoordig deelw van slink; bw: ~ly] stiekem, heimelijk

slink·y /slɪŋki/ [bn; vergr trap: slinkier; bw: slinkily; zn: slinkiness] [1] stiekem, heimelijk, steels, gluiperig [2] nauwsluitend ⟨van jurk⟩, slankmakend [3] ⟨inf⟩ soepel, ⟨i.h.b.⟩ heupwiegend

¹slip /slɪp/ [telb zn] [1] misstap (ook figuurlijk), uitglijding, vergissing, ongelukje, abuis, blunder ♦ *make a slip* een vergissing maken, een misstap begaan; *slip of the pen* verschrijving; *slip of the tongue/lip* verspreking, lapsus linguae [2] hoesje, (kussen)sloop, (boek)cassette [3] onderrok, onderjurk [4] (benaming voor) strookje (papier), reep(je), sluitnota, slip, losse drukproef, galeiproef [5] stek(je), ent, loot, spruit [6] ⟨cricket⟩ slip(positie) ⟨veldspeler/positie vlak achter de wicketkeeper⟩ ♦ *in the/at slips* in de slips [7] garnaal, opdondertje, onderdeertje ♦ *slip of a girl* tenger meisje [8] landverschuiving [9] koppel(riem)

[10] ⟨techn⟩ slip [11] ⟨vnl mv⟩ ⟨scheepv⟩ aanlegplaats, ligplaats • *give s.o. the slip/give the slip to s.o.* iemand ontglippen; ⟨sprw⟩ *there's many a slip 'twixt the cup and the lip* tussen lepel en mond valt veel pap op de grond, tussen neus en lippen kan een goede kans ontglippen

²slip /slɪp/ [niet-telb zn] [1] ⟨keramiek⟩ slip, kleisuspensie, engobe [2] ⟨scheepv⟩ slip ⟨verschil tussen de snelheid van een schip als de schroef in een vast medium zou kunnen draaien en de ware snelheid⟩

³slip /slɪp/ [onov ww] [1] (uit)glijden, slippen, wegglijden, doorschieten, glippen ♦ *time slips away/by* de tijd gaat ongemerkt voorbij; *slipped disc* hernia; *slip down* naar beneden glijden; *slip on sth.* ergens over uitglijden; *slip and slide* glijden, vallen en glijden; *slip through* doorschieten [2] glippen, (snel) sluipen ♦ *slip away* wegglippen, ertussenuit knijpen; *slip from* ontglippen aan; *slip in* naar binnen glippen; *slip off* wegglippen, ertussenuit knijpen; *slip out* naar buiten glippen; *slip past s.o.* langs iemand glippen [3] afglijden, vervallen, erger worden [4] zich vergissen, een vergissing maken, struikelen ♦ *slip up* zich vergissen • *slip into a dress* een jurk aanschieten; *slip into another rhythm* ongemerkt overgaan in/op een ander ritme; *let slip* zich verspreken

⁴slip /slɪp/ [ov ww] [1] schuiven, slippen, laten glijden ♦ *slipping clutch* slippende koppeling; ⟨fig⟩ *slip in a remark* een opmerking invoegen; *slip a certain remark into a speech* een bepaalde opmerking inlassen in een toespraak; *let slip through one's fingers* door zijn vingers laten glippen [2] ontglippen, ontschieten ♦ *slip one's attention* ontgaan; *slip one's foot* uitglijden; *let slip* zich laten ontvallen; laten ontsnappen; *slip one's memory/mind* vergeten [3] ⟨inf⟩ aanschieten, snel aantrekken ♦ *slip off clothes* kleren snel uittrekken; *slip on sth. comfortable* iets gemakkelijks/comfortabels aanschieten; *slip a jumper over one's head* een trui aanschieten [4] (onopvallend) toestoppen/geven [5] afschuiven, zich losmaken van [6] ⟨BE⟩ (onder het rijden) afhaken ⟨rijtuig⟩ [7] afhalen ⟨breisteek⟩ [8] ontijdig werpen ⟨van dieren⟩ [9] loslaten ⟨hond, van riem⟩ ♦ ⟨form, fig⟩ *let slip the dogs of war* de oorlog ontketenen [10] laten voorbijgaan ♦ *slip an opportunity* een gelegenheid voorbij laten gaan [11] stekken, afsnijden [12] ⟨keramiek⟩ engoberen [13] ⟨sl⟩ ontslaan • ⟨AE⟩ *slip one over on s.o.* iemand beetnemen

slip bolt [telb zn] grendel

slip carriage, slip coach [telb zn] ⟨BE⟩ sliprijtuig, slipwagon

slip·case [telb zn] (boek)cassette

slip·cov·er [telb zn] [1] losse (meubel)hoes [2] (boek)cassette [3] ⟨AE⟩ losse bekleding ⟨van meubels⟩

slip·hook [telb zn] ⟨scheepv⟩ sliphaak

slip·knot [telb zn] [1] schuifknoop [2] slipsteek

¹slip-on [telb zn] [1] instapper ⟨schoen⟩ [2] sportmantel, overjas

²slip-on [bn, attr] makkelijk aan te schieten ⟨van kleding⟩ ♦ *slip-on shoes* instappers

¹slip·o·ver [telb zn] [1] slip-over [2] pullover

²slip·o·ver [bn, attr] over het hoofd aan te trekken ⟨van kleding⟩

slip·page /slɪpɪdʒ/ [telb + niet-telb zn] slip, het slippen

¹slip·per /slɪpə, ᴬ-ər/ [telb zn] [1] pantoffel, slof [2] slipper, muiltje • *hunt the slipper* slofje-onder ⟨gezelschapsspel⟩

²slip·per /slɪpə, ᴬ-ər/ [ov ww] [1] een pak slaag geven, er met de pantoffel van langs geven [2] in pantoffels/muiltjes steken ♦ *slippered feet* in pantoffels/muiltjes gestoken voeten

slip·per an·i·mal·cule [telb zn] ⟨dierk⟩ pantoffeldiertje ⟨Paramecium caudatum⟩

slip·per-bath [telb zn] pantoffelvormig bad, bad met bedekt voeteneind

slip·per·ette /slɪpərɛt/ [telb zn] pantoffeltje

slip·per lim·pet [telb zn] ⟨dierk⟩ muiltje ⟨Crepidula fornicata⟩
slip·per·wort /slɪpəwɜːt, ᴬ-pərwɜrt/ [telb + niet-telb zn] ⟨plantk⟩ pantoffeltje ⟨Calceolaria⟩
slip·per·y /slɪpəri/ [bn; bw: slipperily; zn: slipperiness] [1] glad, glibberig ♦ ⟨AuE⟩ *slippery dip* glijbaan [2] moeilijk te pakken te krijgen, ontwijkend, ⟨fig ook⟩ moeilijk te begrijpen [3] glibberig, moeilijk te hanteren, riskant ♦ *on slippery ground* op glibberig terrein [4] onbetrouwbaar, glad, louche, vals ♦ *as slippery as an eel* glad als een aal, voor geen cent te vertrouwen [5] ⟨plantk⟩ *slippery elm* Noord-Amerikaanse iep ⟨Ulmus rubra⟩; ⟨BE⟩ *a slippery slope* een glibberig pad, een gevaarlijke koers
slip proof [telb zn] ⟨drukw⟩ galeiproef
slip·py /slɪpi/ [bn] [1] ⟨inf⟩ glad, glibberig [2] tenger, rank [3] ⟨BE; inf⟩ *be slippy!* vlug! schiet op!; *look slippy!* kijk uit!
slip ring [telb zn] ⟨elek⟩ sleepring
slip road [telb zn] ⟨BE⟩ oprit, afrit ⟨van autoweg⟩, invoegstrook, uitvoegstrook
slip rope [telb zn] ⟨scheepv⟩ tros
slips /slɪps/ [alleen mv] [1] ⟨scheepv⟩ (hellend) dok, (scheeps)helling [2] ⟨vnl BE⟩ zwembroek ♦ *pair of slips* zwembroek
slip·shod /slɪpʃɒd, ᴬ-ʃɑd/ [bn] [1] sjofel, met afgetrapte schoenen [2] onzorgvuldig, slordig ⟨van taal, stijl⟩
slip·slide a·way [onov ww] wegglijden, afglijden, (langzaam) populariteit verliezen
slip·slop /slɪpslɒp, ᴬ-slɑp/ [telb zn] [1] slap bakje ⟨koffie, enz.⟩ [2] (slap) geklets, gezwets [3] slordige stijl ⟨van schrijven⟩
slip stitch [telb zn] [1] blinde steek [2] afgehaalde (brei)steek
slip-stitch [ov ww] blind zomen
¹slip·stream /slɪpstriːm/ [telb zn] [1] ⟨luchtv⟩ schroefwind [2] zuiging ⟨achter auto⟩, ⟨fig⟩ kielzog ♦ *in the slipstream of* ⟨fig⟩ in het kielzog van
²slip·stream [ov ww] in de slipstream rijden van ⟨andere auto, motor⟩
slip-up [telb zn] ⟨inf⟩ vergissing, fout(je)
slip·ware /slɪpweə, ᴬ-wer/ [niet-telb zn] engobewerk, met engobe bewerkt keramiek
slip·way [telb zn] [1] (scheeps)dok, (scheeps)helling, steigers [2] (bouw)steiger
¹slit /slɪt/ [telb zn] [1] spleet, gleuf, kier, split, scheur, insnijding [2] ⟨sl⟩ spleet(je), gleuf, vagina
²slit /slɪt/ [onov ww] een scheur krijgen, scheuren, uitscheuren
³slit /slɪt/ [ov ww] [1] snijden, insnijden, in repen snijden, opensnijden, openknippen ♦ *slit a skirt up the back* een achtersplit in een rok maken [2] scheuren, inscheuren, stukscheuren, openscheuren
slit-eyed [bn] spleetogig, met lange smalle ogen
¹slith·er /slɪðə, ᴬ-ər/ [telb zn] glijdende beweging, glijpartij, slip
²slith·er /slɪðə, ᴬ-ər/ [niet-telb zn] steenslag
³slith·er /slɪðə, ᴬ-ər/ [onov ww] [1] glijden, glibberen, uitglijden, slippen [2] voortglijden, voortschuifelen
⁴slith·er /slɪðə, ᴬ-ər/ [ov ww] laten (uit)glijden
slith·er·y /slɪðəri/ [bn] glibberig
slit-pock·et [telb zn] steekzak
slit·ter /slɪtə, ᴬslɪtər/ [ind] snijmachine
slit trench /slɪt/ ⟨mil⟩ smalle loopgraaf
¹sliv·er /slɪvə, ᴬ-ər/ [telb zn] [1] splinter, spaan(der), snipper, schilfer, scherf(je), ⟨i.h.b.⟩ granaatscherf [2] (dunne) strip, strook(je), reep(je), plak(je) [3] ⟨text⟩ lont
²sliv·er /slɪvə, ᴬ-ər/ [onov ww] versplinteren, in stukken uiteen vallen
³sliv·er /slɪvə, ᴬ-ər/ [ov ww] [1] versnipperen, in/tot snippers scheuren, aan splinters hakken, splijten [2] aan repen/plakken snijden

sli·vo·vitz /slɪvəvɪts, sliː-/ [telb + niet-telb zn] slivovitsj, pruimenbrandewijn
Sloane Ranger /sloʊn reɪndʒə, ᴬ-ər/ [telb zn] jong 'high society' type, 'pareltje'
¹slob /slɒb, ᴬslɑb/ [telb zn] ⟨inf⟩ [1] luie stomkop, sukkel, vent van niks [2] smeerlap, slons, voddige kerel
²slob /slɒb, ᴬslɑb/ [telb + niet-telb zn] ⟨IE⟩ slik, schor, modderig (stuk) land
slob around [onov ww] ⟨BE; sl⟩ lanterfanten, rondhangen
¹slob·ber /slɒbə, ᴬslɑbər/ [niet-telb zn] [1] kwijl, speeksel, spuug [2] sentimentele praat, weeïg gedoe, gezwijmel, gekwijl [3] ⟨vnl gew⟩ slijk, modder [4] kwal
²slob·ber /slɒbə, ᴬslɑbər/ [onov ww] [1] kwijlen, speeksel uit de mond laten lopen [2] knoeien, kliederen, kwijlen, drank/voedsel uit de mond laten lopen [3] sentimenteel doen, weeïg doen, zwijmelen, kwijlen ♦ ⟨inf⟩ *slobber over s.o./sth.* overdreven lief doen/weeïg doen tegen iemand, zwijmelig doen over iets [4] ⟨gew⟩ grienen, snotteren, snikken [5] ⟨gew⟩ slobberen, smakken, vies eten
³slob·ber /slɒbə, ᴬslɑbər/ [ov ww] [1] bekwijlen, vies maken, nat maken met speeksel [2] natte zoenen geven, vochtig kussen [3] brabbelen, met dikke tong uitbrengen
slob·ber·y /slɒbəri, ᴬslɑ-/ [bn] [1] modderig, vies, vuil [2] kwijlend [3] weeïg, klef, sentimenteel
sloe /sloʊ/ [telb zn] [1] ⟨plantk⟩ sleedoorn ⟨Prunus spinosa⟩ [2] sleepruim
sloe-eyed [bn] [1] donkerogig, met blauwig-zwarte ogen [2] met schuinstaande ogen
sloegin [niet-telb zn] sleepruimenbrandewijn
sloe-thorn, sloe-tree [telb zn] ⟨plantk⟩ sleedoorn ⟨Prunus spinosa⟩
¹slog /slɒg, ᴬslɑg/ [telb zn] ⟨inf⟩ [1] geploeter, gezwoeg, het lang en hard werken [2] uitputtende tocht [3] ⟨cricket, bokssp⟩ harde klap/stoot, uithaal, zwieper, ram
²slog /slɒg, ᴬslɑg/, ⟨AE⟩ **slug** /slʌg/ [onov ww] [1] zwoegen, gestaag doorploeteren, noest doorwerken ♦ ⟨inf⟩ *slog away (at)* zwoegen (op), ijverig doorworstelen (met) [2] ploeteren, zich moeizaam voortslepen, sjokken
³slog /slɒg, ᴬslɑg/, ⟨AE⟩ **slug** /slʌg/ [ov ww] ⟨voornamelijk cricket, boksen⟩ hard raken/stoten/treffen, uithalen naar, beuken, een ontzettende mep geven [5] *slog it out* het uitvechten, tot het einde doorknokken
slo·gan /sloʊgən/ [telb zn] [1] strijdkreet [2] motto, devies, strijdkreet, slogan [3] slagzin (in reclame)
slo·gan·eer /sloʊgənɪə, ᴬ-nɪr/ [telb zn] kretoloog
slo·gan·is·ing /sloʊgənaɪzɪŋ/, ⟨vnl AE⟩ **slo·gan·eer·ing** /sloʊgənɪərɪŋ, ᴬ-nɪrɪŋ/ [niet-telb zn] kretologie, het scanderen van leuzen en slogans
slog·ger /slɒgə, ᴬslɑgər/ [telb zn] [1] zwoeger, ploeteraar [2] ⟨cricket⟩ mepper, speler die wilde klappen uitdeelt [3] ⟨inf⟩ bokser, vuistvechter
sloid, sloyd /slɔɪd/ [niet-telb zn] slöjd, handenarbeid
slommack [onov + ov ww] → **slummock**
slo-mo /sloʊmoʊ/ (verk: slow motion)
sloop /sluːp/ [telb zn] ⟨scheepv⟩ [1] sloep, zeilboot met sloeptuig [2] klein oorlogsschip ⟨in het bijzonder met antiduikbootwapens⟩ [3] ⟨BE; gesch⟩ klein oorlogsschip ♦ *sloop of war* klein oorlogsschip
sloop-rigged [bn] ⟨scheepv⟩ met sloeptuig
sloot [telb zn] → **sluit**
¹slop /slɒp, ᴬslɑp/ [telb zn] [1] plas, gemorste vloeistof [2] wijd jak, los wijd gewaad [3] ⟨sl⟩ smeris, politieman [4] ⟨sl⟩ goedkope (eet)tent
²slop /slɒp, ᴬslɑp/ [niet-telb zn] [1] modder, slijk, slik [2] sentimenteel gewauwel, gezwijmel [3] ⟨vaak meervoud met werkwoord in enkelvoud⟩ waterige soep, slappe kost [4] ⟨vaak meervoud met werkwoord in enkelvoud⟩ spoeling, dun varkensvoer [5] ⟨vaak meervoud met werkwoord in enkelvoud⟩ bezinksel, residu ⟨bij distillatie⟩ [6] ⟨vaak

meervoud met werkwoord in enkelvoud⟩ menselijke ontlasting, drek

³**slop** /slɒp, ᴬslɑp/ [onov ww] ① overstromen, gemorst worden ♦ *slop about/around* klotsen, rondklotsen; *slop over* overstromen ② plassen, kliederen, in de modder ploeteren, ③ sloffen, slenteren, sleepvoeten, sjokken ④ overlopen van sentiment ♦ *slop over s.o.* walgelijk sentimenteel doen tegen iemand ⑤ *slop about/around* rondhannesen, niksen, lummelen; *slop out* toiletemmers/po's leegmaken

⁴**slop** /slɒp, ᴬslɑp/ [onov + ov ww] morsen, knoeien, kliederen

⁵**slop** /slɒp, ᴬslɑp/ [ov ww] ① bemorsen, bevuilen, nat maken, knoeien op ② voeren met spoeling ⑤ ⟨gew⟩ *slop up* opslobberen, opslurpen

slop·ba·sin, slop-bowl [telb zn] ⟨BE⟩ spoelkom

slop·buck·et [telb zn] toiletemmer

slop-chute [telb zn] ⟨sl⟩ bar, kroeg

¹**slope** /sloʊp/ [telb zn] ① helling, het hellen, het schuin aflopen ② helling, hellend oppervlak, glooiing ③ ⟨wisk⟩ helling(sgraad), richtingscoëfficiënt ⑤ ⟨mil⟩ *at the slope* met het geweer op schouder ⟨van soldaat⟩; ⟨rifle⟩ *at the slope* (het geweer) op schouder, (het geweer) geschouderd; *do a slope* 'm smeren, ervandoor gaan

²**slope** /sloʊp/ [onov ww] hellen, schuin aflopen/oplopen, glooien ♦ *slope down (to)* aflopen (naar), omlaag glooien (naar) ⑤ *slope into the hotel* het hotel binnensluipen/binnenglippen; *slope off* 'm smeren, 'm piepen, ertussenuit knijpen; *slope out of the hotel* het hotel uit sluipen/glippen

³**slope** /sloʊp/ [ov ww] ① laten hellen, laten aflopen/oplopen ② ⟨mil⟩ schouderen ♦ ⟨mil⟩ *slope arms* de geweren schouderen

slope lift [telb zn] ⟨zweefvliegen⟩ hellingsstijgwind

slop·py /slɒpi, ᴬslɑpi/ [bn; vergr trap: sloppier; bw: sloppily; zn: sloppiness] ① nat, modderig, vol plassen ② nat, vies, bemorst ③ dun, waterig, smakeloos ④ slordig, slonzig, slecht uitgevoerd, slecht gemaakt, onzorgvuldig gedaan, er slonzig bijlopend ⑤ melig, weeïg, overdreven gevoelig, sentimenteel ⑥ ⟨sl⟩ bezopen ⑤ *Sloppy Joe, sloppy joe* slobbertrui; hamburgerhakt met barbecuesaus

slops /slɒps, ᴬslɑps/ [alleen mv] ① vuil water, spoelwater, vuil waswater ② werkkleren, overall ③ matrozenplunje, kleren en beddengoed aan matrozen uitgereikt ④ ⟨vnl BE⟩ confectie, goedkope kleren ⑤ ⟨geschiedenis of verouderd⟩ (korte) wijde (zeemans)broek

slop-work [niet-telb zn] ① confectie-industrie, het maken van goedkope kleding ② goedkope confectie

¹**slosh** /slɒʃ, ᴬslɑʃ/ [telb zn] ① dreun, zware slag ② plasje, laagje (vloeistof)

²**slosh** /slɒʃ, ᴬslɑʃ/ [niet-telb zn] ① modder, slijk, brij ② geplats, geklots

³**slosh** /slɒʃ, ᴬslɑʃ/ [onov ww] ① plassen, ploeteren, door het water/de modder waden ♦ *slosh about* rondplassen, rondploeteren ② klotsen; → **sloshed**

⁴**slosh** /slɒʃ, ᴬslɑʃ/ [ov ww] ① knoeien, morsend uitschenken, kliederen met ② bemorsen, knoeien op ③ klotsen met, laten klotsen, roeren in ♦ *slosh about* rondroeren, rondklotsen ④ ⟨BE; sl⟩ meppen, een dreun verkopen, een opstopper geven, stompen ⑤ *slosh the paint on the wall* de verf op de muur smijten; *I've been sloshing paint on my trousers* ik heb mijn broek vol verf gesmeerd; → **sloshed**

sloshed /slɒʃt, ᴬslɑʃt/ [bn; volt deelw van slosh] ⟨inf⟩ dronken, zat

slosh·y /slɒʃi, ᴬslɑʃi/ [bn] modderig, vies

¹**slot** /slɒt, ᴬslɑt/ [telb zn] ① groef, geul, sleuf, spleet, gleuf ② ⟨inf⟩ plaats ⟨in programma⟩, plaatsje, gaatje, ruimte ♦ ⟨comm⟩ *find a slot for the president's speech* een plaats inruimen voor de toespraak van de president ③ ⟨sport⟩ gunstige schietpositie ④ ⟨luchtv⟩ spleet ⑤ ⟨verk: slot machine⟩ (geld)automaat ⑥ ⟨sl⟩ fruitmachine ⑤ *in the slot* klaar ⟨in het bijzonder voor slagbeurt⟩

²**slot** /slɒt, ᴬslɑt/ [telb zn; mv: slot] ① hertenspoor ② hertenhoef

³**slot** /slɒt, ᴬslɑt/ [onov ww] in een gleuf/groef passen

⁴**slot** /slɒt, ᴬslɑt/ [ov ww] ① een gleuf/gleuven maken in ② in een gleuf plaatsen ③ achtervolgen, het spoor volgen van ④ ⟨vnl BE⟩ inlassen, een plaatsje vinden voor, de tijd vinden voor ⑤ ⟨voetb⟩ erin prikken

¹**sloth** /sloʊθ/ [telb zn] ⟨dierk⟩ luiaard ⟨Bradypus⟩

²**sloth** /sloʊθ/ [niet-telb zn] vadsigheid, luiheid, laksheid, traagheid

sloth·bear [telb zn] ⟨dierk⟩ lippenbeer ⟨Melursus ursinus/labiatus⟩

sloth·ful /sloʊθfl/ [bn] vadsig, lui, laks, traag

sloth·mon·key [telb zn] ⟨dierk⟩ lori, luie aap ⟨halfaap; onderfamilie Lorisidae⟩

slot machine [telb zn] ① ⟨BE⟩ automaat, sigarettenautomaat, snoepautomaat, kaartjesautomaat ② ⟨spel⟩ fruitmachine

slot·ter /slɒtə, ᴬslɑtər/ [ind] uitsteekmachine, afsteekmachine

¹**slouch** /slaʊtʃ/ [telb zn] ① slappe houding, ronde rug, afhangende schouders, slome manier van lopen ♦ *move with a slouch* in elkaar gezakt lopen, een ronde rug hebben ② neergeslagen hoedrand ③ slappe hoed, flambard ④ ⟨inf⟩ zoutzak, waardeloze vent, slordig werker, sukkel ♦ *be no slouch at* bepaald niet stom zijn in, handig zijn in ⑤ ⟨inf⟩ waardeloos geval ♦ *it is no slouch* het is niet kwaad, het is zeker niet gek, het is uitstekend

²**slouch** /slaʊtʃ/ [onov ww] ① hangen, erbij hangen, afzakken ♦ *slouch about/around* rondhannesen, er lui/slonzig bijlopen, maar wat rondsjokken ② een slappe houding hebben, met afzakkende schouders lopen, met een ronde rug zitten, er sloom bij lopen/zitten; → **slouching**

³**slouch** /slaʊtʃ/ [ov ww] laten hangen, laten zakken; → **slouching**

slouch hat [telb zn] slappe vilthoed, flambard

slouch·ing /slaʊtʃɪŋ/ [bn; tegenwoordig deelw van slouch; bw: ~ly] slap, krom, gebogen, met afhangende schouders

slouch·y /slaʊtʃi/ [bn; bw: slouchily; zn: slouchiness] ① slap, sloom van houding, met hangende schouders ② slonzig, slordig

¹**slough** /slaʊ/ [telb zn] ① moeras, drijfland, modderland ♦ *the Slough of Despond* een poel van ellende, de diepste wanhoop ② modderpoel ③ inzinking, depressie, wanhoop ④ ⟨sl⟩ arrestatie ⑤ ⟨sl⟩ sluiting ⟨van café e.d.⟩ ⑥ ⟨sl⟩ smeris

²**slough** /slʌf/ [telb zn] ① afgeworpen huid ⟨van slang enz.⟩ ② iets dat wordt afgeworpen/afgeschaft

³**slough** /slʌf/ [niet-telb zn] ⟨med⟩ dood weefsel

⁴**slough** /slʌf/ [onov ww] ① afvallen, afgeworpen worden ② ⟨dierk⟩ vervellen, zijn huid afwerpen ③ ⟨med⟩ loslaten, afvallen ⟨van dood weefsel⟩ ④ ⟨sl⟩ 'm smeren

⁵**slough** /slʌf/ [ov ww] ① afwerpen, ⟨fig ook⟩ afschaffen, kwijtraken ♦ *slough sth. off* iets van zich afschudden ② ⟨sl⟩ opsluiten, gevangen nemen, arresteren ♦ ⟨sl⟩ *slough up* arresteren ③ ⟨sl⟩ opheffen ⟨zaak⟩ ④ ⟨sl⟩ uiteenjagen ⟨menigte⟩ ⑤ ⟨sl⟩ hard stompen

slough-foot /slaʊfʊt/ [onov ww] ⟨sl⟩ zich wankelend voortbewegen

¹**slough·y** /slaʊi/ [bn] modderig, zompig

²**slough·y** /slʌfi/ [bn] ⟨med⟩ als/met dood weefsel

¹**Slo·vak** /sloʊvæk/ [eigenn] Slowaaks, de Slowaakse taal

²**Slo·vak** /sloʊvæk/ [telb zn] Slowaak(se)

³**Slo·vak** /sloʊvæk/, **Slo·vak·i·an** /sloʊvækiən/ [bn] Slowaaks

Slo·vak·i·a /sloʊvækiə/ [eigenn] Slowakije

slov·en /slʌvn/ [telb zn] ① slons, slordig gekleed/vuil mens ② sloddervos, iemand die er met de pet naar gooit, slordig werker

Slovene

¹**Slo·vene** /sloʊviːn/, **Slo·ve·ni·an** /sloʊviːnɪən/ [eigenn] Sloveens, de Sloveense taal
²**Slo·vene** /sloʊviːn/, **Slo·ve·ni·an** /sloʊviːnɪən/ [telb zn] Sloveen(se)
³**Slo·vene** /sloʊviːn/, **Slo·ve·ni·an** /sloʊviːnɪən/ [bn] Sloveens

Slovakia

naam	Slovakia Slowakije
officiële naam	Slovak Republic Slowaakse Republiek
inwoner	Slovak Slowaak
inwoonster	Slovak Slowaakse
bijv. naamw.	Slovak Slowaaks
hoofdstad	Bratislava Bratislava
munt	Slovak koruna Slowaakse kroon
werelddeel	Europe Europa
int. toegangsnummer 421	www .sk auto SK

Slo·ve·ni·a /sloʊviːnɪə/ [eigenn] Slovenië
slov·en·ly /slʌvnli/ [bn; vergr trap: ook slovenlier; zn: slovenliness] ① slonzig, vuil, slordig gekleed, onverzorgd ② slordig, onzorgvuldig, zonder zorg

Slovenia

naam	Slovenia Slovenië
officiële naam	Republic of Slovenia Republiek Slovenië
inwoner	Slovene Sloveen
inwoonster	Slovene Sloveense
bijv. naamw.	Slovene Sloveens
hoofdstad	Ljubljana Ljubljana
munt	euro euro
werelddeel	Europe Europa
int. toegangsnummer 386	www .si auto SLO

¹**slow** /sloʊ/ [bn; bw: ~ly; zn: ~ness] ① langzaam, traag, met lage snelheid ♦ ⟨foto⟩ *a slow film* een langzame/laaggevoelige film; *slow handclap* traag handgeklap ⟨door publiek, als teken van verveling⟩; ⟨mil⟩ *slow march* dodenmars, trage mars; ⟨film⟩ *in slow motion* in slow motion, vertraagd; ⟨natuurk⟩ *slow neutron* traag neutron; *I had a slow puncture* mijn band liep langzaam leeg; ⟨vero; natuurk⟩ *slow reactor* trage reactor, thermische reactor; *slow but steady* langzaam maar gestaag; *slow and sure* langzaam gaat zeker, haast u langzaam; *slow train* boemeltrein, lokaaltrein, lokaal(tje) ② langzaam, geleidelijk, stapsgewijze ♦ ⟨med⟩ *slow fever* sluipkoorts, moeraskoorts; *a slow job* een karwei dat veel tijd kost; *slow poison* langzaam werkend vergif ③ ⟨benaming voor⟩ traag, zwak, flauw, niet vlug, niet levendig, niet scherp, slap, saai, dom, vervelend ♦ *be slow to anger* niet gauw kwaad worden; ⟨handel⟩ *business is slow* de markt is flauw; *a slow fire* een zacht/laagbrandend vuur; *a slow oven* een laagbrandende oven; *a slow party* een vervelend feestje; *she was not slow to claim the inheritance* ze was er direct bij om de erfenis op te eisen; *slow to wrath* niet gauw in toorn ontstekend ④ traag, laat, vertraagd ♦ *a slow clock* een klok die achterloopt; *the train is slow* de trein is (te) laat ⑤ ⟨AE; inf⟩ *do a slow burn* langzaam kwaad worden; ⟨dierk⟩ *slow loris* grote plompe lori, koekang ⟨Nycticebus coucang⟩; *slow off the mark* traag van begrip; *slow match* lont ⟨van explosieven⟩; ⟨sport⟩ *slow pitch/court/green* een trage/langzame pitch/baan/veld; ⟨vnl AE⟩ *slow time* wintertijd, standaardtijd; ⟨AE⟩ *slow on the uptake* traag van begrip; *be slow of wit* traag van begrip zijn; ⟨sprw⟩ *make haste slowly* haast u langzaam; ⟨sprw⟩ *slow but sure (wins the race)* langzaam maar zeker; ⟨sprw⟩ *the mills of God grind slowly, but they grind exceeding small/fine* Gods molens malen langzaam
²**slow** /sloʊ/ [onov + ov ww] vertragen, snelheid minderen, inhouden ♦ *slow (the car) down* langzaam gaan rijden, snelheid minderen; *the doctor said I had to slow down a bit*

de dokter zei dat ik het wat kalmer aan moest doen; *he seems to be slowing up* het lijkt wel of hij minder energie heeft/minder goed werk aflevert dan vroeger; *business slows up at the stores* het wordt rustiger in de winkels
³**slow** /sloʊ/ [bw; vaak in combinatie met werkwoord] langzaam, traag, in een langzaam tempo ♦ *drive slow* langzaam rijden; *go slow* het langzamaan doen, een langzaamaanactie voeren; ⟨sl⟩ *take it slow* voorzichtig zijn; *your watch is four minutes slow* je horloge loopt vier minuten achter; *slow-moving goods* moeilijk verkoopbare goederen; *a slow-spoken man* een traag sprekende man
slow-beat guy [telb zn] ⟨sl⟩ ① ellendeling ② natte klapzoen
slow city [telb zn] autoluwe, groene stad
slow·coach, ⟨AE⟩ **slow·poke** [telb zn] ⟨inf⟩ slak, slome, traag mens
slow-down [telb zn] ① vertraging, vermindering, ⟨i.h.b. ind⟩ productievermindering ② langzaamaanactie
slow food [niet-telb zn] slowfood ⟨ambachtelijk bereid voedsel dat aan tafel wordt gegeten⟩
slow foodist [telb zn] liefhebber van slowfood
slow-foot·ed, slow-paced [bn] langzaam, traag, ⟨ook fig⟩ zonder vaart, gezapig
slow ramp [telb zn] verkeersdrempel
slow travel [niet-telb zn] slowtravel, milieuvriendelijk reizen
slow-wit·ted [bn; bw: slowwittedly; zn: slowwittedness] traag van begrip, dom, traag
slow-worm [telb zn] ⟨dierk⟩ hazelworm ⟨Anguis fragilis⟩
sloyd [niet-telb zn] → **sloid**
SLR [afk] ⟨single-lens reflex⟩
¹**slub** /slʌb/ [telb zn] ⟨text⟩ verdikking, bobbel in garen
²**slub** /slʌb/ [niet-telb zn] ⟨text⟩ lont, voorgesponnen strengen
³**slub** /slʌb/ [bn] ⟨text⟩ onregelmatig, oneffen, ruw
⁴**slub** /slʌb/ [ov ww] ⟨text⟩ voorspinnen
slub·ber·de·gul·li·on /slʌbədɡʌlɪən, ᴬ-bər-/ [telb zn] ⟨vero; BE⟩ schobbejak, schooier, haveloze kerel, smerige vent
sludge /slʌdʒ/ [niet-telb zn] ① slijk, modder ② rioolspecie, bezinksel in het riool ♦ *activated sludge* geactiveerd slib ③ olieklont, oliekorst ④ nieuwgevormd zee-ijs, onsamenhangende laag zee-ijs
sludge-hole [telb zn] ⟨ind⟩ slijkgat
sludg·y /slʌdʒi/ [bn] modderig, blubberig, slijkachtig
slue → **slew**
¹**slug** /slʌɡ/ [telb zn] ① naakte slak ② metaalklomp ③ onregelmatig gevormde kogel ④ luchtbukskogel ⑤ ⟨drukw⟩ regel linotypezetsel ⑥ ⟨drukw⟩ smalle interlinie ⑦ ⟨natuurk⟩ slug ⟨eenheid van massa⟩ ⑧ ⟨AE; inf⟩ slok, glaasje sterkedrank ⑨ ⟨sl⟩ donut ⑩ ⟨sl⟩ dollar ⑪ ⟨sl⟩ klap ♦ *put the slug on s.o.* iemand een dreun geven; ⟨fig⟩ iemand met woorden aanvallen/bekritiseren/de grond in boren ⑫ ⟨sl⟩ (vervelende) kerel ⑬ ⟨mil; sl⟩ douw
²**slug** /slʌɡ/ [onov + ov ww] → **slog**
slug·a·bed /slʌɡəbed/ [telb zn] ⟨vero⟩ luilak, luiaard
slug·fest /slʌɡfest/ [telb zn] ⟨AE; sl⟩ felle knokpartij, hevig gevecht, ⟨i.h.b.⟩ zware honkbalwedstrijd
¹**slug·gard** /slʌɡəd, ᴬ-ərd/ [telb zn] luiaard, luiwammes, slome
²**slug·gard** /slʌɡəd, ᴬ-ərd/ [bn; bw: ~ly; zn: ~ness] lui
slugged /slʌɡd/ [bn] ⟨sl⟩ bezopen
slug·ger /slʌɡə, ᴬ-ər/ [telb zn] ⟨sl⟩ ① honkb⟩ goede slagman ② bokser ③ ringbaard
slug·gish /slʌɡɪʃ/ [bn; bw: ~ly; zn: ~ness] traag, langzaam, lui, futloos
slug-nut·ty [bn] ⟨sl⟩ bedwelmd ⟨van bokser⟩
¹**sluice** /sluːs/ [telb zn] ⟨vnl bouwk⟩ ① sluis ② sluiskolk, schutkolk ③ sluisdeur ④ afwateringskanaal ⑤ inlaat-

duiker, inlaatsluis [6] ⟨mijnb⟩ wasgoot ⟨voor erts⟩, stroomgoot [7] kanaal voor houtvervoer

²**sluice** /sluːs/ [onov ww] uitstromen, wegstromen, neerstromen ♦ *sluice out* uitstorten, neerstorten

³**sluice** /sluːs/ [ov ww] [1] laten uitstromen, weg laten stromen [2] van een sluis/sluizen voorzien, een sluis/sluizen aanbrengen in [3] bevloeien ⟨d.m.v. sluizen⟩ [4] overspoelen, spoelen, water laten stromen over ♦ *sluice ore* erts wassen; *sluice out* uitspoelen, doorspoelen, schoonspoelen [5] wegspoelen, weg laten stromen [6] via een kanaal vervoeren ⟨hout⟩

sluice-gate, sluice-valve [telb zn] ⟨wwb⟩ sluisdeur

sluice-way [telb zn] ⟨mijnb⟩ wasgoot ⟨voor erts⟩, stroomgoot

sluit, sloot /sluːt/ [telb zn] ⟨ZAE⟩ geul, regengeul, diepe greppel

¹**slum** /slʌm/ [telb zn; vaak mv] [1] achterbuurt, krottenwijk, sloppenwijk, vervallen stadswijk [2] ⟨inf⟩ rotzooi, smerige boel

²**slum** /slʌm/ [niet-telb zn] ⟨mijnb⟩ slik

³**slum** /slʌm/ [bn] ⟨sl⟩ armoedig, goedkoop

⁴**slum** /slʌm/ [onov ww; behalve in uitdrukking slum it] [1] (voor zijn plezier) in achterbuurten rondlopen, zijn vertier zoeken in de achterbuurten ♦ *slum it* op stap gaan in de achterbuurten [2] sociaal werk/onderzoek doen (in sloppenwijken) [3] ⟨inf⟩ een armoedig leven leiden, beneden zijn stand leven ♦ *slum it* armoedig/primitief leven, zich behelpen

¹**slum·ber** /slʌmbə, ᴬ-ər/ [telb zn; vaak mv] ⟨vnl form⟩ slaap, sluimer, sluimering, ⟨fig ook⟩ periode van inertie

²**slum·ber** /slʌmbə, ᴬ-ər/ [onov ww] ⟨vnl form⟩ slapen, sluimeren, rusten

³**slum·ber** /slʌmbə, ᴬ-ər/ [ov ww] ⟨vnl form⟩ verslapen ♦ *slumber away the afternoon* de middag sluimerend doorbrengen, de middag verslapen

slumber button [telb zn] sluimerknop

slum·ber·land [niet-telb zn] dromenland

slum·ber·ous /slʌmbrəs/ [bn; bw: ~ly; zn: ~ness] [1] slaperig, ⟨fig ook⟩ vredig, rustig, ingeslapen [2] slaapverwekkend [3] op slaap gelijkend

slumber party [telb zn] ⟨AE⟩ pyjamafeest ⟨voor jonge meisjes in nachtjapon⟩

slum·ber-wear [niet-telb zn] ⟨handel⟩ nachtmode, nachtkleding

slum clearance [niet-telb zn] krotopruiming, woningsanering

slum·gul·lion /slʌmgʌliən/ [niet-telb zn] ⟨sl⟩ [1] slootwater, waterige drank, slappe thee/koffie [2] ⟨AE⟩ waterig vleesgerecht, dunne hachee

slum·land [telb zn] krottenwijk

slum·lord [telb zn] ⟨inf⟩ eigenaar van krottenwijk, slechte huisbaas, uitzuiger, huisjesmelker

¹**slum·mock** /slʌmək/ [onov ww] ⟨vnl gew⟩ [1] onhandig rondstommelen [2] ⟨AE⟩ er smerig bijlopen, slonzig zijn

²**slum·mock** /slʌmək/ [ov ww] ⟨vnl gew⟩ opschrokken, schranzen

slum·my /slʌmi/ [bn] [1] vervallen, verkrot [2] vuil, smerig

slum·my mum·my [telb zn] ⟨inf⟩ sjofele, onaantrekkelijke jonge moeder

¹**slump** /slʌmp/ [vnl handel, fin] ineenstorting, snelle daling, val, inzinking, debacle

²**slump** /slʌmp/ [onov ww] [1] in elkaar zakken, neervallen, neerzinken ♦ *suddenly she slumped down to the floor* ze zakte plotseling op de vloer in elkaar [2] zakken, zinken, ergens doorheen zakken [3] instorten, bezwijken, mislukken, ⟨i.h.b. handel, fin⟩ kelderen, snel dalen

slump·fla·tion /slʌmpfleɪʃn/ [niet-telb zn] ⟨ec⟩ stagflatie

slung /slʌŋ/ [verleden tijd en volt deelw] → sling

slung·shot /slʌŋʃɒt, ᴬ-ʃɑt/ [telb zn] ⟨AE⟩ slingerkogel ⟨als wapen⟩

slunk /slʌŋk/ [verleden tijd en volt deelw] → slink

¹**slur** /slɜː, ᴬslɜr/ [telb zn] [1] smet, blaam, betichting, belastering, verdachtmaking ♦ *cast a slur on sth.* een smet werpen op iets; *put a slur upon s.o.* iemands reputatie schaden, een smet op iemands naam werpen [2] gemompel, gebrabbel, onduidelijk uitgesproken woorden [3] gekrabbel, onduidelijk opgeschreven/in elkaar overlopende woorden/letters [4] ⟨muz⟩ legato, legato uitgevoerd fragment [5] ⟨muz⟩ boog, legatoteken [6] ⟨boek⟩ vlekkerige afdruk

²**slur** /slɜː, ᴬslɜr/ [onov + ov ww] [1] brabbelen, onduidelijk (uit)spreken, klanken inslikken [2] slordig schrijven, (de letters/woorden) in elkaar laten overlopen

³**slur** /slɜː, ᴬslɜr/ [ov ww] [1] achteloos heenlopen over, wegstoppen, negeren, veronachtzamen ♦ *the fact that it was his own fault was slurred over* aan het feit dat het zijn eigen schuld was, werd achteloos voorbij gegaan [2] ⟨muz⟩ legato spelen/zingen [3] ⟨muz⟩ een boog aanbrengen bij [4] ⟨verouderd, behalve Amerikaans-Engels⟩ blameren, betichten, verdacht maken [5] ⟨boek⟩ laten uitlopen ⟨de inkt⟩, smeren, vlekken

slurb /slɜːb, ᴬslɜrb/ [telb zn] ⟨inf⟩ armoedige buitenwijk

slurf → slurp

¹**slurp** /slɜːp, ᴬslɜrp/ [niet-telb zn] ⟨inf⟩ geslobber, gesmak, geschrok, geslurp

²**slurp** /slɜːp, ᴬslɜrp/, ⟨inf⟩ **slurf** /slɜːf, ᴬslɜrf/ [onov + ov ww] slobberen, luidruchtig eten/drinken, (op)schrokken, (op)slurpen

slurp·y /slɜːpi, ᴬslɜrpi/ [bn] ⟨sl⟩ half vloeibaar

slur·ry /slɜːri/ [telb + niet-telb zn] [1] suspensie van klei/leem/modder, ⟨i.h.b.⟩ dunne specie [2] drijfmest [3] smurrie, dunne modder [4] ⟨mijnb⟩ slurry, slik

¹**slush** /slʌʃ/ [niet-telb zn] [1] sneeuwbrij, smeltende sneeuw [2] dunne modder, slijk [3] spoeling, draf ⟨veevoer⟩ [4] gezwijmel, sentimentele onzin, keukenmeidenromans, weeïge films [5] ⟨ind⟩ smeervet [6] ⟨scheepv⟩ vetrestanten uit scheepskeuken [7] ⟨sl⟩ leuterpraat [8] ⟨sl⟩ (verk: slush fund)

²**slush** /slʌʃ/ [onov ww] plassen, plonzen, ploeteren

³**slush** /slʌʃ/ [ov ww] [1] met modder/smeltende sneeuw bespatten [2] ⟨ind⟩ smeren [3] ⟨bouwk⟩ voegen [4] ⟨scheepv⟩ schoonspoelen ⟨dek⟩ [5] ⟨scheepv⟩ invetten

slush fund [telb zn] ⟨AE⟩ [1] omkooppot, geheim fonds voor steekpenningen [2] potje, geldvoorraad voor speciale gelegenheden [3] ⟨gesch, scheepv⟩ opbrengst van de verkoop van overschotten

slush·y /slʌʃi/ [bn; vergr trap: slushier; zn: slushiness] [1] modderig, vies [2] dun, slap, waterig [3] sentimenteel, weeïg, zwijmelig

slut /slʌt/ [telb zn] [1] slons, del, slonzig en vuil mens [2] slet, lichtzinnige meid, zedeloze vrouw [3] hoer, prostituee [4] teef, vrouwtjeshond

slut lamp [telb zn] ⟨sl⟩ geïmproviseerde olielamp

slut·tish /slʌtɪʃ/ [bn; bw: ~ly; zn: ~ness] [1] slonzig, vuil, wanordelijk [2] lichtzinnig, uitdagend, hoerig

slut·ty /slʌti/ [bn] sletterig, hoerig

¹**sly** /slaɪ/ [niet-telb zn] ♦ *on the sly* in het geniep, verborgen

²**sly** /slaɪ/ [bn; vergr trap: slyer, slier; bw: ~ly, slily; zn: ~ness, sliness] [1] sluw, geslepen, handig, glad ♦ *sly old fox* sluwe vos, geslepen kerel [2] geniepig, leep, bedrieglijk, onbetrouwbaar ♦ *a sly dog* geniepigerd, stiekemerd [3] plagerig, pesterig, speels-gemeen, insinuerend, ironisch [4] ⟨AuE; sl⟩ clandestien, illegaal ♦ *sly grog* illegaal gestookte sterkedrank

sly·boots [telb zn] ⟨inf⟩ leperd, sluwe vos

slype /slaɪp/ [telb zn] ⟨bouwk⟩ overdekte gang tussen kerk en pastorie

SM [afk] [1] (sadomasochism) [2] (Sergeant Major) [3] (short metre) [4] (silver medallist) [5] (Soldier's Medal)

smack

¹smack /smæk/, ⟨in betekenissen 1,2 en 3 ook⟩ **smatch** /smætʃ/ [telb zn] [1] smaak, smaakje ♦ *it has a smack of cinnamon* het smaakt een beetje naar kaneel, het heeft iets van kaneel [2] vleugje, snufje, spoortje [3] trek, karaktertrek, neiging, spoor ♦ *he has a smack of inflexibility in him* hij heeft iets onverzettelijks [4] smakkend geluid, gesmak, smak ♦ *smack!* klap!, pats!, smak! [5] klap, knal ♦ *a smack in the eye* een klap in het gezicht ⟨ook figuurlijk⟩ [6] klapzoen, klinkende zoen, smakkerd [7] ⟨scheepv⟩ smak ▪ ⟨fig⟩ *get a smack in the eye/face* zijn neus stoten, op zijn gezicht vallen; *have a smack at sth.* een poging wagen (te), in de aanval gaan, ergens op af gaan

²smack /smæk/ [niet-telb zn] ⟨sl⟩ horse ⟨heroïne⟩

³smack /smæk/ [onov ww] [1] smakken, een smakkend geluid maken [2] klappen, een klappend/knallend geluid maken [3] rieken ♦ *smack of* rieken naar, suggereren, kenmerken vertonen van; *this smacks of treason* dit riekt naar verraad; → smacking

⁴smack /smæk/ [ov ww] [1] slaan, een klap geven ♦ *smack s.o.'s bottom/s.o. on the bottom* iemand een klap op zijn donder geven; *smack s.o. up* (tegen elkaar) slaan, klappen uitdelen aan iemand [2] smakken met ⟨de lippen⟩, smakkende geluiden maken met [3] met een smak neerzetten/neersmijten ♦ *she smacked her bag on the desk* ze kwakte haar tas op het bureau ▪ zie: **smack down**; → **smacking**

⁵smack /smæk/ [bw] ⟨inf⟩ [1] met een klap ♦ *hit s.o. smack on the head* iemand een rake klap op zijn kop geven [2] recht, precies, rechtstreeks, direct, pal ♦ *he hurled it smack through the window* hij smeet het regelrecht het raam uit

smack-dab [bw] ⟨AE; sl⟩ recht, precies, juist, zomaar

smack down [ov ww] ⟨sl⟩ [1] uitfoeteren [2] laten verliezen [3] zijn verdiende loon geven

smack·er /smækə, ᴬ-ər/ [telb zn] [1] klap, dreun, smak [2] klapzoen, smakkerd [3] ⟨vaak mv⟩ ⟨sl⟩ pond [4] ⟨vaak mv⟩ ⟨sl⟩ dollar

smack·er·oo /smækəruː/ [telb zn] ⟨sl⟩ [1] pond [2] dollar

smack·head [telb zn] ⟨sl⟩ junk(ie), heroïneverslaafde

¹smack·ing /smækɪŋ/ [telb zn; oorspronkelijk tegenwoordig deelw van smack] [1] pak slaag [2] geklapper

²smack·ing /smækɪŋ/ [bn, attr; tegenwoordig deelw van smack] ⟨inf⟩ kwiek, vief, energiek, vlug ♦ *a smacking breeze* een stevige bries; *at a smacking pace* in een stevig tempo

smacks·man /smæksmən/ [telb zn; mv: smacksmen /-mən/] ⟨scheepv⟩ zeeman op vissersmak

¹small /smɔːl/ [niet-telb zn] [1] het smalste gedeelte ♦ *the small of the back* lende, lendenstreek [2] gruiskool ▪ *in (the) small* in het klein

²small /smɔːl/ [verzamelzn] de kleintjes, jongen, kinderen ▪ ⟨sprw⟩ *the great fish eat up the small* de grote vissen eten de kleine

³small /smɔːl/ [bn; vergr trap: smaller; zn: ~ness] [1] klein, klein in aantal/afmetingen, klein van stuk ♦ ⟨inf⟩ *the smallest room* het kleinste kamertje, de wc [2] klein, met een kleine onderneming, op kleine schaal werkend ♦ *small business* kleinbedrijf; *a small farmer* een kleine boer; *small science* kleinschalige wetenschap [3] klein, jong, onvolgroeid [4] fijn, in kleine deeltjes [5] klein, gering, nietig, goedkoop ♦ *I paid but small attention to it* ik besteedde er nauwelijks aandacht aan; ⟨spel⟩ *a small card* een lage kaart; *a small eater* een kleine eter; *feel/look small* zich schamen, zich vernederd voelen/beschaamd kijken; *have small French* maar weinig Frans spreken; *it is only a small matter* het is maar een onbelangrijke kwestie; *a small voice* een klein/zacht/hoog stemmetje; *small wonder* geen wonder [6] klein, kleiner, van de kleinere soort ♦ *small arms* handvuurwapens; ⟨scheepv⟩ *small bower* klein boeganker; ⟨boek⟩ *small capital* klein kapitaal; *small change* kleingeld, ⟨fig⟩ prietpraat, geuzel, bagatel; ⟨wisk⟩ *small circle* kleine cirkel; ⟨jur⟩ *small claim* vordering; *small craft* boten; ⟨med⟩ *small intestine* dunne darm; *small letters* kleine letters; ⟨sl⟩ *small nickel* vijfhonderd dollar; *small print* kleine druk, klein gedrukt werk; ⟨fig⟩ de kleine lettertjes, verborgen ongunstige bepalingen; ⟨spel⟩ *small slam* klein slem [7] bescheiden, zonder pretenties ♦ *in a small way* op kleine schaal, op bescheiden voet [8] kleingeestig, enghartig, gering, laag, min, ⟨inf⟩ gierig, onbeleefd, asociaal [9] slap, licht, dun, niet sterk, met weinig alcohol ♦ *small beer* dun/klein bier, zwak alcoholisch bier; ⟨fig⟩ nietigheden; ⟨België⟩ klein bier ▪ ⟨AE⟩ *a small frog in a big pond* een klein radertje in een organisatie; *the small hours* de kleine uurtjes; *small office, home office, SOHO* kantoor aan huis, thuiswerkplek, klein bedrijf; ⟨inf⟩ *small potatoes* mensen/dingen van weinig belang; bagatel; *the small screen* televisie; de televisiefilm, het tv-drama; *on the small side* aan de kleine kant; beperkt, nietig, onbelangrijk; ⟨sprw⟩ *small profits, quick returns* grote omzet, kleine winst

⁴small /smɔːl/ [bw] klein ♦ *cut sth. small* iets klein snijden ▪ ⟨sprw⟩ *the mills of God grind slowly, but they grind exceeding small/fine* Gods molens malen langzaam

small ad [telb zn] ⟨BE⟩ rubrieksadvertentie, kleine annonce

small·age /smɔːlɪdʒ/ [niet-telb zn] ⟨plantk⟩ (wilde) selderie ⟨*Apium graveolens*⟩

small-bore [bn, attr] van klein kaliber ⟨van vuurwapens⟩

small-cap [telb zn; ook attributief] ⟨fin⟩ smallcap ⟨(een aandeel in een) klein bedrijf⟩

small claims court [telb zn] ⟨jur⟩ ± kantongerecht ⟨voor afhandeling van kleine vragen of schulden⟩

small-clothes [alleen mv] [1] ⟨BE⟩ de kleine was, ondergoed, lingerie [2] ⟨vero⟩ korte broek, kniebroek

small fry [alleen mv] ⟨inf⟩ [1] onbelangrijke lieden/mensen, kleine luiden [2] het kleine grut, kinderen, kleintjes

small-goods [alleen mv] ⟨AuE⟩ delicatessen, vleeswaren

small·hold·er [telb zn] ⟨AE; landb⟩ kleine boer, kleine pachter

small·hold·ing [telb zn] ⟨BE; landb⟩ stuk akkerland kleiner dan twintig hectare

small·ish /smɔːlɪʃ/ [bn] ⟨vnl BE⟩ tamelijk klein, aan de kleine kant

small-mind·ed [bn; bw: small-mindedly; zn: small-mindedness] kleingeestig, kleinzielig, enghartig

small·pox [niet-telb zn] ⟨med⟩ pokken

smalls /smɔːlz/ [alleen mv] [1] broodjes [2] ⟨handel⟩ kleine zendingen [3] ⟨inf⟩ kleine was, kleine spulletjes, lingerie, ondergoed [4] gruiskool

small-scale [bn, attr] kleinschalig

small screen [niet-telb zn] televisie

small-sword [telb zn] klein zwaard, rapier, duelleerzwaard

small talk [niet-telb zn] geklets, het praten over koetjes en kalfjes

small-time [bn, attr] ⟨inf⟩ gering, beperkt, nietig, onbelangrijk

small·tim·er [telb zn] onbelangrijke figuur

small-town [bn] [1] van een kleine stad [2] ⟨vnl AE⟩ kleinsteeds, bekrompen

small·wares [alleen mv] ⟨BE⟩ fournituren, garen en band

smalt /smɔːlt/ [niet-telb zn] smalt, blauwe verfstof

sma·rag·dite /smərægdaɪt/ [niet-telb zn] ⟨geol⟩ smaragdiet

smarm /smɑːm/, ᴬsmɑrm/ [ov ww] ⟨BE; inf⟩ [1] besmeren, bestrijken, bepleisteren [2] stroop om de mond smeren, vleien, flikflooien ♦ *smarm one's way into sth.* door gevlei iets bereiken

smarm·y /smɑːmi/, ᴬsmɑrmi/ [bn; vergr trap: smarmier; bw: smarmily; zn: smarminess] ⟨BE; inf⟩ zalvend, flikflooiend

¹smart /smɑːt/, ᴬsmɑrt/ [telb zn] steek, pijnscheut, scherpe pijn

²**smart** /smɑːt, ᴬsmɑrt/ [bn; bw: ~ly; zn: ~ness] **1** heftig, fel, hevig, flink, fiks ♦ *at a smart pace* met flinke pas **2** bijdehand, ad rem, knap, intelligent, slim, gevat, vlug ♦ *a smart answer* een gevat antwoord; ⟨sl⟩ *smart as paint* heel intelligent; ⟨sl⟩ *smart bomb* doelzoekende bom; *smart card* chipkaart, smartcard, slimme kaart ⟨(bank)kaart met geheugen⟩; *smart drug* smartdrug; *don't (you) get smart (with me)!* niet te bijdehand/brutaal worden, hè!; ⟨inf⟩ *smart number* slimmerd; *a smart talker* een vlotte prater **3** sluw, geslepen, doortrapt **4** keurig, knap, verzorgd, fris, fleurig, mooi ♦ *how smart you look!* wat zie je er mooi uit! **5** toonaangevend, in de mode, in, bij de chic horend ♦ *smart money* investering/inzet van insiders; *the smart people* de bekende mensen, de toonaangevende kringen ⦁ *smart aleck/alick* wijsneus, pedante kwast; *look smart!* schiet op!; ⟨AE; inf⟩ *play it smart* het handig aanpakken, het juiste doen; ⟨sl⟩ *smart ass/guy* wijsneus, pedante kwast

³**smart** /smɑːt, ᴬsmɑrt/ [onov ww] **1** pijn doen, steken, prikken ♦ *the needle/my finger smarted* de naald/mijn vinger deed me pijn **2** pijn hebben, lijden ♦ *smart for one's deeds* boeten voor zijn daden; *smart over/under an insult* zich gekwetst voelen door een belediging

smart·al·eck·y /smɑːˈtælɪki, ᴬsmɑrtˈælɪki/ [bn] eigenwijs, pedant, beweterig, wijsneuzig

smart·al·ick /smɑːˈtælɪk, ᴬsmɑrtˈælɪk/ [bn] gewiekst, sluw

smart card [telb zn] smartcard, chipcard, chipkaart

¹**smart·en** /smɑːtn, ᴬsmɑrtn/ [onov + ov ww] opknappen, mooier worden, mooier maken, (zichzelf) opdoffen, er beter uit gaan zien, zich beter kleden ♦ *smarten up the house* het huis opknappen; *you really have smartened up* je ziet er echt veel beter uit

²**smart·en** /smɑːtn, ᴬsmɑrtn/ [ov ww] doen opleven, opfrissen, opmonteren ⦁ *smarten up one's pace* flink doorstappen, zijn pas versnellen

smart-mon·ey [niet-telb zn] **1** smartengeld **2** geld ingezet door ervaren/goed ingelichte gokkers

Smartphone [telb zn] ⟨merknaam⟩ smartphone

smarts /smɑːts, ᴬsmɑrts/ [niet-telb zn] ⟨AE; inf⟩ hersens, verstand, intelligentie

smart-weed [niet-telb zn] ⟨plantk⟩ duizendknoop, ⟨i.h.b.⟩ waterpeper ⟨Polygonum hydropiper⟩

¹**smart·y** /smɑːti, ᴬsmɑrti/ [telb zn] wijsneus

²**smart·y** /smɑːti, ᴬsmɑrti/ [bn] ⟨inf⟩ eigenwijs, pedant, beweterig, wijsneuzig

smart·y-pants, smart·y-boots [telb zn] ⟨inf⟩ wijsneus, pedante kwast

¹**smash** /smæʃ/ [telb zn] **1** slag, gerinkel, het in scherven vallen, het met een klap aan stukken breken **2** klap, slag, dreun **3** ineenstorting, ruïnering, ⟨i.h.b. ec⟩ krach, bankroet, financieel debacle ♦ *go to smash* mislukken, instorten **4** ⟨AE; inf⟩ topper, groot succes, hit **5** ⟨tennis⟩ smash **6** ⟨cul⟩ smash, longdrink met cognac en mint **7** ⟨cul⟩ vruchtensap **8** ⟨sl⟩ valse munt

²**smash** /smæʃ/ [onov ww] **1** razen, beuken, botsen ♦ *the car smashed into the garage door* de auto vloog met een klap tegen de garagedeur **2** geruïneerd worden, ⟨i.h.b.⟩ failliet gaan **3** ⟨tennis⟩ smashen; → **smashed, smashing**

³**smash** /smæʃ/ [onov + ov ww] breken, in stukken breken, in scherven uiteen (doen) spatten, stuksmijten ♦ *a cup smashed up in the sink* er viel een kopje kapot in de gootsteen; → **smashed, smashing**

⁴**smash** /smæʃ/ [ov ww] **1** slaan op, beuken tegen ♦ ⟨inf⟩ *I will smash your face in* ik sla je in elkaar; *she smashed her fist through the pane* ze sloeg met haar vuist het ruitje in **2** vernielen, vernietigen, in de prak rijden ♦ *smash down* intrappen, inbeuken, inslaan ⟨deur⟩, omverbeuken, omverhalen ⟨muur⟩; *smash in* in elkaar slaan, inslaan, stukslaan; *the car was completely smashed up* de auto was volledig vernield **3** uiteenjagen, verpletteren ⟨de vijand⟩ **4** ⟨tennis⟩ smashen **5** ⟨natuurk⟩ (ver)splijten ⟨atomen⟩; → **smashed, smashing**

⁵**smash** /smæʃ/ [bw] met een klap ♦ *he ran smash into a parked truck* hij reed met een klap op een geparkeerde vrachtwagen

smash-and-grab raid [telb zn] ⟨BE⟩ etalagediefstal, plundering

smashed /smæʃt/ [bn; volt deelw van smash] ⟨inf⟩ teut, dronken, aangeschoten

smash·er /smæʃə, ᴬ-ər/ [telb zn] ⟨inf⟩ **1** iets geweldigs, iets fantastisch **2** dreun, vernietigend antwoord, afbrekende kritiek **3** slappe hoed

smash hit [telb zn] ⟨sl⟩ geweldig succes, iets dat enorm inslaat

smash·ing /smæʃɪŋ/ [bn; tegenwoordig deelw van smash] ⟨BE; inf, vnl kind⟩ geweldig, te gek, gaaf, prachtig

smash-up [telb zn] **1** klap, dreun, ⟨i.h.b.⟩ botsing, ongeluk **2** catastrofe, financieel debacle

smatch [telb zn] → **smack**

¹**smat·ter** /smætə, ᴬsmætər/ [onov ww] stamelen, brabbelen; → **smattering**

²**smat·ter** /smætə, ᴬsmætər/ [ov ww] **1** brabbelen, hortend spreken, zich moeizaam behelpen in ⟨een vreemde taal⟩ **2** liefhebberen in; → **smattering**

smat·ter·er /smætərə, ᴬsmætərər/ [telb zn] amateur

smat·ter·ing /smætərɪŋ/ [telb zn; oorspronkelijk tegenwoordig deelw van smatter] beetje, schijntje ♦ *have a smattering of French* een paar woordjes Frans spreken

smaze /smeɪz/ [niet-telb zn] ⟨BE⟩ mengsel van nevel en rook

SME [telb zn] (Small to Medium-sized Enterprises) mkb (midden- en kleinbedrijf)

¹**smear** /smɪə, ᴬsmɪr/ [telb zn] **1** smeer, vlek **2** ⟨inf⟩ verdachtmaking, bekladding, loze beschuldiging **3** ⟨med⟩ uitstrijkje

²**smear** /smɪə, ᴬsmɪr/ [niet-telb zn] vettige/kleverige substantie, smeersel

³**smear** /smɪə, ᴬsmɪr/ [onov ww] **1** vies worden, vlekkerig worden, uitlopen **2** afgeven

⁴**smear** /smɪə, ᴬsmɪr/ [ov ww] **1** smeren, uitsmeren **2** besmeren ♦ *smear butter on a piece of toast* boter op een stuk geroosterd brood smeren; *the little girl had smeared her face with make-up* het kleine meisje had haar gezicht volgesmeerd met make-up **3** vlekken maken op **4** vlekkerig maken, uitvlakken, uit laten lopen **5** verdacht maken, een smet werpen op, de naam bekladden van **6** ⟨sl⟩ volkomen verslaan, uit de weg ruimen **7** ⟨inf⟩ omkopen, smeergeld aanbieden

smear·case /smɪəkeɪs, ᴬsmɪr-/ [telb zn] ⟨AE⟩ zachte kaas, verse kaas

smear·er /smɪərə, ᴬsmɪrər/ [telb zn] lasteraar

smearing campaign, smear campaign [telb zn] lastercampagne, hetze

smear test [telb zn] ⟨BE; med⟩ uitstrijkje

smear-word [telb zn] belasterend scheldwoord, verdacht makende benaming

smear·y /smɪəri, ᴬsmɪri/ [bn] **1** uitgelopen, vlekkerig **2** vettig, kleverig

smec·tite /smɛktaɪt/ [niet-telb zn] smectis, ⟨soort⟩ vollersaarde

smee [telb zn] → **smew**

smeech /smiːtʃ/ [niet-telb zn] ⟨BE, gew⟩ walm, dikke rook

smeg·ma /smɛgmə/ [niet-telb zn] ⟨med⟩ sebum, smeer, vetafscheiding, ⟨i.h.b.⟩ smegma

¹**smell** /smɛl/ [telb zn] **1** reuk, lucht, geur, ⟨fig⟩ sfeer, uitstraling **2** vieze lucht, stank **3** snuf, het opsnuiven, het ruiken ♦ *take a smell at this* ruik hier eens even aan ⦁ *smell of powder* (ge)vecht(s)ervaring

smell

²**smell** /smel/ [niet-telb zn] reuk, reukzin

³**smell** /smel/ [onov ww; ook smelt, smelt] **1** ruiken (naar), een geur afgeven, geuren ♦ *smell of garlic* naar knoflook ruiken; *tulips don't smell* tulpen ruiken niet **2** snuffelen, rondsnuffelen, ⟨fig⟩ speuren, zoeken ♦ *smell about/round* rondsnuffelen, ⟨fig⟩ op zoek zijn/speuren/op jacht zijn naar **3** stinken, rieken, ⟨fig⟩ er verdacht uitzien, een luchtje hebben ♦ *the meat has gone off, it smells* het vlees is bedorven, het stinkt; *it smells of dishonesty* het riekt naar oneerlijkheid **4** lijken, de indruk wekken van, suggereren, eruitzien als ▪ ⟨sprw⟩ *a rose by any other name would smell as sweet* ± hoe men een roos ook zou noemen, ze blijft altijd even heerlijk ruiken

⁴**smell** /smel/ [onov + ov ww; ook smelt, smelt] ruiken, (een geur) waarnemen, ergens aan ruiken ♦ *smell at a rose* aan een roos ruiken

⁵**smell** /smel/ [ov ww; ook smelt, smelt] **1** opsporen, op het spoor komen, ontdekken ♦ *the dogs smelt him out soon* de honden waren hem al gauw op het spoor; *she smelt out our intentions* ze bespeurde wat we van plan waren **2** ⟨inf⟩ doen stinken, met stank vullen ♦ *that chicken is smelling the kitchen out* de hele keuken stinkt naar die kip; ⟨AE; inf⟩ *smell up the garden* de tuin doen stinken

smell·er /ˈsmelə, ᴬ-ər/ [telb zn] **1** ontdekker, wie iets op het spoor komt **2** voelspriet, tastspriet, ⟨i.h.b.⟩ snorhaar ⟨van kat⟩ **3** ⟨sl⟩ neus

smell·ing-bot·tle [telb zn] flesje reukzout
smell·ing-salts [alleen mv] reukzout
smell·y /ˈsmeli/ [bn; vergr trap: smellier; zn: smelliness] ⟨inf⟩ vies, stinkend

¹**smelt** /smelt/ [telb zn; mv: ook smelt] ⟨dierk, viss⟩ spiering, ⟨i.h.b.⟩ (Europese) spiering ⟨Osmerus eperlanus⟩, Noord-Amerikaanse spiering ⟨Osmerus mordax⟩

²**smelt** /smelt/ [ov ww] ⟨ind⟩ **1** (uit)smelten ⟨erts⟩ **2** uit erts uitsmelten ⟨metaal⟩

³**smelt** /smelt/ [verleden tijd en volt deelw] → **smell**

smelt·er /ˈsmeltə, ᴬ-ər/ [telb zn] ⟨ind⟩ **1** smeltoven ⟨erts⟩ **2** ertssmelterij **3** smelter, arbeider in ertssmelterij

smew /smju:/ ⟨gew ook⟩ **smee** /smi:/ [telb zn] ⟨dierk⟩ nonnetje ⟨soort zaagbekeend; Mergus abellus⟩

smext·ing /ˈsmekstɪŋ/ [niet-telb zn] (samentrekking van smoking and texting) het sms'en tijdens een rookpauze

smid·gen, smid·geon, smid·gin /ˈsmɪdʒən/ [telb zn] ⟨AE; inf⟩ **1** tikje, fractie **2** snufje, vleugje

smi·lax /ˈsmaɪlæks/ [telb + niet-telb zn] ⟨plantk⟩ smilax ⟨klimplant; Smilax; Asparagus asparagoides⟩

¹**smile** /smaɪl/ [telb zn] **1** glimlach ♦ *she was all smiles* ze straalde; *crack a smile* glimlachen, een lach(je) vertonen; *wipe the smile off s.o.'s face* iemand het lachen doen vergaan **2** plezierige aanblik, schoonheid **3** gunstige gezindheid

²**smile** /smaɪl/ [onov ww] **1** glimlachen ♦ *she smiled at me* ze glimlachte tegen me; *he smiled cynically at/upon my clumsy attempts* hij bekeek mijn onhandige pogingen met een cynische glimlach; *I smiled to think how happy the children would be* ik glimlachte bij de gedachte hoe blij de kinderen zouden zijn **2** er stralend uitzien ♦ *the smiling hills* het stralende heuvellandschap **3** lachen, toelachen, gunstig gezind zijn ♦ *the Commission smiles on deregulation* de Commissie is de deregulering gunstig gezind ▪ *come up smiling* het niet opgeven, met frisse moed opnieuw beginnen

³**smile** /smaɪl/ [ov ww] glimlachen, glimlachend uiten/uitdrukken/bewerkstelligen ♦ *she smiled her approval* ze glimlachte goedkeurend; *he smiled my anger away* zijn glimlach verjaagde mijn woede; *he smiled me out of my anger* door zijn glimlach verdween mijn woede; *he smiled an uncanny smile* er kwam een eigenaardig lachje op zijn gezicht

smil·ey /ˈsmaɪli/ [telb zn] ⟨comp⟩ smiley ⟨figuurtjes gemaakt van lettertekens, van opzij te lezen; bijvoorbeeld:-) = glimlach⟩, (internet)emoticon

smil·ing·ly /ˈsmaɪlɪŋli/ [bw] glimlachend, met een glimlach

¹**smirch** /smɜːtʃ, ᴬsmɜrtʃ/ [telb zn] **1** vlek **2** smet, schande, schandvlek

²**smirch** /smɜːtʃ, ᴬsmɜrtʃ/ [ov ww] **1** bevuilen, bevlekken, besmeuren, vies maken **2** schandvlekken, te schande maken, een smet werpen op

¹**smirk** /smɜːk, ᴬsmɜrk/ [telb zn] zelfgenoegzaam/aanstellerig lachje

²**smirk** /smɜːk, ᴬsmɜrk/ [onov ww] zelfgenoegzaam/geaffecteerd glimlachen, meesmuilen, grijnzen, gniffelen

smish·ing /ˈsmɪʃɪŋ/ [niet-telb zn] smishing, sms-phishing

¹**smite** /smaɪt/ [telb zn] ⟨inf⟩ slag, dreun, mep

²**smite** /smaɪt/ [onov ww; smote, smitten; volt deelw verouderd smit] ⟨form; scherts⟩ neerstorten, neerkomen, beuken, slaan ♦ *a harsh sound smote upon my ear* een rauw geluid trof mijn oor

³**smite** /smaɪt/ [ov ww; smote, smitten; volt deelw verouderd smit] ⟨form; scherts⟩ **1** slaan **2** verslaan, vernietigen, vellen, neerslaan **3** straffen **4** raken, treffen ♦ *her conscience smote her* haar geweten stak; *a terrible thought smote him* hij werd plotseling bevangen door een vreselijke gedachte; *he is really smitten with her* hij is werkelijk smoorverliefd op haar; *smitten with a contagious disease* getroffen door een besmettelijke ziekte

¹**smith** /smɪθ/ [telb zn] **1** smid **2** maker, bedenker, smeder

²**smith** /smɪθ/ [onov + ov ww] smeden

smith·er·eens /ˌsmɪðəˈriːnz/, **smith·ers** /ˈsmɪðəz, ᴬ-ərz/ [alleen mv] ⟨inf⟩ duigen, diggelen, gruzelementen ♦ *smash into/to smithereens* aan diggelen gooien/slaan

¹**smith·er·y** /ˈsmɪθəri/ [telb zn] ⟨vnl scheepv⟩ smederij

²**smith·er·y** /ˈsmɪθəri/ [niet-telb zn] smeedwerk, smidswerk

smith·y /ˈsmɪði, ˈsmɪθi, ᴬ-ði/ [telb zn] smederij, smidse

¹**smock** /smɒk, ᴬsmɑk/ [telb zn] **1** kieltje, schortje **2** jak, kiel, boerenkiel, schilderskiel, positiejack, jasschort

²**smock** /smɒk, ᴬsmɑk/ [ov ww] **1** in een kiel steken, een kiel aantrekken **2** smokken, met smokwerk versieren; → **smocking**

smock-frock [telb zn] kiel, werkkiel, schilderskiel
smock·ing /ˈsmɒkɪŋ, ᴬsmɑ-/ [niet-telb zn; gerund van smock] smokwerk

smog /smɒg, ᴬsmɔg, ᴬsmɑg/ [niet-telb zn] smog, vervuilde mist, met rook/gassen vermengde mist, dichte damp

¹**smoke** /sməʊk/ [telb zn] **1** rokertje, sigaret ⟨e.d.⟩ **2** trekje, haal **3** ⟨beled⟩ neger

²**smoke** /sməʊk/ [niet-telb zn] **1** rook, het roken **2** damp **3** ⟨vaak attributief⟩ rookkleur, blauwgrijs, dofgrijs **4** ⟨sl⟩ slechte sterkedrank, bocht, goedkope drank ▪ ⟨AE; sl⟩ *blow smoke* opscheppen, fabeltjes vertellen; belazeren, misleiden; hasj/shit roken, blowen; *end up in smoke* in rook opgaan, op niets uitlopen; *go up in smoke* in rook opgaan, verbranden; ⟨fig⟩ op niets uitlopen; ⟨sl⟩ *watch my smoke!* zo gebeurd!; ⟨sprw⟩ *there is no smoke without fire* geen rook zonder vuur, ± men noemt geen koe bont of er zit een vlekje aan

³**smoke** /sməʊk/ [onov ww] **1** rook afgeven, roken **2** tabak roken, roken ♦ *no smoking* verboden te roken **3** dampen **4** ⟨sl⟩ nijdig zijn, koken van woede

⁴**smoke** /sməʊk/ [ov ww] **1** beroken, beroeten, met rook laten beslaan ♦ *smoked glass* beroet glas; *smoked pearl* gebrand paarlemoer, paarsgrijs, donker paarlemoerkleurig; *smoked walls* berookte muren **2** bederven, doorroken ⟨voedsel⟩ **3** uitroken ♦ *smoke out a fox* een vos uitroken; *smoke out the enemy's plans* de plannen van de vijand te weten komen; *smoke out a runaway criminal* een gevluchte

misdadiger uit zijn schuilplaats jagen [4] **fumigeren**, doorroken [5] **roken** ⟨tabak⟩ ♦ *smoke away one's time* zijn tijd verdoen met roken, zijn tijd rokend doorbrengen; *smoke away the mosquitoes* de muggen uitroken/met rook verjagen; *smoke o.s. sick/to death* roken tot je er ziek van wordt/zich doodroken; *smoke out a cigar* een sigaar oproken [6] ⟨cul⟩ **roken** ♦ *smoked ham* gerookte ham [7] ⟨vero⟩ **belachelijk maken**
smoke abatement [niet-telb zn] **rookbestrijding**
smoke alarm [telb zn] **rookmelder**
smoke·bell [telb zn] **lampenkapje** ⟨boven gaslamp⟩
smoke-black [niet-telb zn] **lampenzwart**, roet
smoke-bomb [telb zn] **rookbom**
smoke-box [telb zn] ⟨techn⟩ **rookkast**
smoke-bush, smoke-plant, smoke-tree [telb zn] ⟨plantk⟩ **pruikenboom** ⟨Cotinus abovatus/coggyria⟩
smoke-con·sum·er [telb zn] ⟨techn⟩ **rookverbrander**
smoke detector [telb zn] **rookdetector**, rookmelder
smoke-dried [bn] ⟨cul⟩ ⟨droog⟩ **gerookt**
smoke-eat·er [telb zn] **brandweerman**, brandblusser
smoke-free [bn, attr] **rookvrij** ♦ *smoke-free area/zone* rookvrije ruimte/zone ⟨waar niet gerookt mag worden⟩
smoke-hel·met [telb zn] **gasmasker**
smoke-ho [telb zn] →**smoko**
smoke hood [telb zn] ⟨luchtv⟩ **rookmasker** ⟨tegen giftige gassen bij vliegtuigongelukken⟩
smoke-house [telb zn] ⟨cul⟩ **rookhok**, rookzolder, rokerij
smoke inhalation [niet-telb zn] **rookvergiftiging**
smoke-jump·er [telb zn] **brandweerman-parachutist**
smoke·less /smouklǝs/ [bn] **zonder rook**, rookvrij ♦ ⟨BE⟩ *smokeless fuel* rookvrije brandstof; *smokeless powder* rookvrij kruit; ⟨AE⟩ *smokeless tobacco* pruimtabak; ⟨BE⟩ *smokeless zone* rookvrije zone ⟨waar het maken van rook en het gebruik van rookvormende brandstoffen verboden is⟩
smoke-out [telb zn] ⟨inf⟩ **barbecue**, picknick
smok·er /smoukǝ, ᴬ-ǝr/ [telb zn] [1] **roker**, visroker, vleesroker, ⟨sportvis⟩ rookven(tje) [2] **roker** [3] **rookcoupé**, rookrijtuig, [4] **mannenbijeenkomst**
smoke-ring [telb zn] **kring**, rookkring
smoke-room [telb zn] →**smoking-room**
smok·er's cough /smoukǝs kɒf/, ᴬsmoukǝrz kɔf/ [telb zn] ⟨med⟩ **rokershoest**
smok·er's heart [telb zn] ⟨med⟩ **rokershart**
smok·er's throat [telb zn] ⟨med⟩ **rokerskeel**
smoke-screen [telb zn] ⟨mil⟩ **rookgordijn** ⟨ook figuurlijk⟩
smoke-shell [telb zn] **rookgranaat**
smoke signal [telb zn] **rooksignaal**
smoke-stack [telb zn] **schoorsteen**, fabrieksschoorsteen, scheepsschoorsteen, ⟨AE ook⟩ locomotiefschoorsteen
smokestack industry [telb + niet-telb zn; vaak mv] ⟨vnl AE⟩ **zware industrie** ⟨auto- en staalindustrie e.d.⟩
smoke-stone [niet-telb zn] **rookkwarts**, cairngorm
smoke·tree [telb zn] **pruikenboom** ⟨Cotinus coggyria⟩
Smokey Bear, Smok·ey-the-Bear, Smoky [telb zn] ⟨AE; sl⟩ [1] **smeris**, tuut [2] **politieauto**
smok·ing-cap [telb zn] **huismutsje**, kalotje
smok·ing-car·riage [telb zn] **rookrijtuig**, rookwagon
smok·ing-com·part·ment [telb zn] **rookcoupé**
smok·ing-con·cert [telb zn] ⟨BE⟩ **informeel concert**, concert waar gerookt mag worden
smok·ing-jack·et [telb zn] **huisjasje**
smok·ing-mix·ture [telb zn] **pijptabak**
smok·ing-room, smoke-room [telb zn] **rooksalon**
smok·ing-room talk [niet-telb zn] **mannenpraat**, obscene praat
smok·o, smoke-ho, smoke-oh /smoukou/ [telb zn] ⟨AuE; sl⟩ [1] **pauze**, rookpauze, theepauze [2] **informeel concert**
smok·y /smouki/ [bn; vergr trap: smokier; bw: smokily; zn: smokiness] [1] **rokerig**, rook afgevend [2] **rokerig**, vol rook [3] **rokerig**, met rook beslagen, bruin van de rook ♦ *smoky quartz* rookkwarts [4] **rokerig**, naar rook smakend [5] **rookachtig**, op rook lijkend ⟨sl; beled⟩ **nikkerachtig**
Smoky [telb zn] →**Smokey Bear**
smolder →**smoulder**
smolt /smoult/ [dierk] **jonge zalm** ⟨die naar de zee trekt⟩
¹**smooch** /smu:tʃ/ [telb zn] ⟨inf⟩ [1] **smakkerd**, pakkerd, zoen [2] ⟨BE⟩ **(een nummertje) schuifelen/slijpen** ⟨intiem dansen⟩, slow ♦ *fancy a smooch, Gerry?* zin om ⟨een nummertje⟩ te schuifelen, Gerard?
²**smooch** /smu:tʃ/ [niet-telb zn] ⟨inf⟩ [1] **gezoen**, gevrij, geknuffel [2] ⟨BE⟩ **slijpnummer, schuifelnummer** ⟨muziek waarop men intiem danst⟩
³**smooch** /smu:tʃ/ [onov ww] [1] ⟨inf⟩ **vrijen**, knuffelen, liefkozen, zoenen [2] ⟨BE; inf⟩ **schuifelen**, slowen, slijpen ⟨intiem dansen⟩ [3] ⟨sl⟩ **bevlekken**, bevuilen [4] ⟨sl⟩ **schooien**, jatten
smooch·er /smu:tʃǝ, ᴬ-ǝr/ [telb zn] ⟨inf⟩ [1] **smakker**, knuffelaar, vrijpot [2] ⟨sl⟩ **leentjebuur**, klaploper
smooch·y /smu:tʃi/ [bn] **knuffelig**, zoenerig
smoot /smu:t/, **smout** /smout/ [onov ww] ⟨boek⟩ **smouten**, in zijn vrije tijd bij een andere drukker werken
¹**smooth** /smu:ð/ [telb zn] **veeg**, aai, gladstrijkende beweging
²**smooth** /smu:ð/ [niet-telb zn] **glad gedeelte**, glad oppervlak
³**smooth** /smu:ð/ [bn; bw: ~ly; zn: ~ness] [1] **glad** ♦ ⟨cul⟩ *a smooth batter* een glad beslag; ⟨med⟩ *smooth muscle* gladde spier; *smooth surface* glad oppervlak [2] **soepel**, gelijkmatig, ritmisch, vloeiend [3] **gemakkelijk**, probleemloos ♦ *go smoothly* gladjes verlopen [4] **vreedzaam**, rustig, minzaam [5] **overmatig vriendelijk**, uiterst beleefd, glad, vleiend, poeslief ♦ ⟨inf⟩ *smooth operator* gladjanus [6] **zacht smakend** [7] **zoetvloeiend**, zacht, strelend ⟨van stem, klank⟩ ♦ ⟨taalk⟩ *smooth breathing* spiritus lenis [8] ⟨sl⟩ **aangenaam**, voortreffelijk [9] *smooth things* gevlei, gehuichel; *in smooth water* in rustig vaarwater, de moeilijkheden te boven
⁴**smooth** /smu:ð/, **smooth·en** /smu:ðn/ [onov ww] **glad worden** ♦ *the waves had smoothed down* de zee was kalm geworden
⁵**smooth** /smu:ð/, **smooth·en** /smu:ðn/ [ov ww] [1] **gladmaken**, effen/regelmatig maken [2] **gladstrijken**, ⟨fig⟩ (onregelmatigheden/verschillen) wegnemen ♦ *smooth away* wegnemen; *smooth down one's clothes* zijn kleren gladstrijken; *smooth out a sheet* een laken gladstrijken; *smooth out difficulties* moeilijkheden gladstrijken/oplossen [3] **effenen**, obstakels wegnemen in ♦ *smooth out a problem* een moeilijkheid wegnemen; *smooth over an argument* een woordentwist bijleggen [4] **kalmeren** ♦ *it is quite a job to smooth him down when he is angry* hij is heel moeilijk te kalmeren als hij kwaad is
⁶**smooth** /smu:ð/ [bw] **glad**, soepel, gemakkelijk
smooth-bore [telb zn] **gladloopsgeweer**
smooth-file [telb zn] **gladvijl**
smooth·ie, smooth·y /smu:ði/ [telb zn] [1] ⟨inf⟩ **gladde**, handige prater, vleier [2] **vruchtendrank** ⟨met yoghurt, melk of ijs⟩, smoothie [3] ⟨sl⟩ **stuk**, aantrekkelijk persoon
smooth·ing-i·ron [telb zn] **strijkijzer**
smooth·ing-plane [telb zn] **gladschaaf**
smooth·ish /smu:ðɪʃ/ [bn] **tamelijk glad**
smor·gas·bord /smɔ:gǝsbɔ:d, ᴬsmɔrgǝsbɔrd/ [telb + niet-telb zn] ⟨cul⟩ **smörgåsbord**, smørrebrød, ⟨fig⟩ grote/ruime keuze/selectie, gevarieerd aanbod
smote /smout/ [verleden tijd] →**smite**
¹**smoth·er** /smʌðǝ, ᴬ-ǝr/ [telb zn] [1] **(verstikkende) walm**,

smother

(dikke) rook, damp ② wolk, rookwolk, stofwolk, sneeuwwolk ♦ *a smother of sand* een wolk (van) zand ③ massa, chaos, wirwar, vloed ♦ *a smother of flowers covered the bride* een regen van bloemen bedekte de bruid ④ ⟨vero⟩ smeulend vuur, smeulende as

²**smoth·er** /smʌðə, ᴬ-ər/ [onov ww] ① (uit)doven, uitgaan, uitsterven, wegsterven ♦ *his anger smothered* zijn woede doofde uit/stierf weg; *the fire smothered* het vuur doofde uit ② ⟨BE, gew⟩ (na)smeulen, gloeien

³**smoth·er** /smʌðə, ᴬ-ər/ [onov + ov ww] (ver)stikken, (ver)smoren, (doen) stikken

⁴**smoth·er** /smʌðə, ᴬ-ər/ [ov ww] ① (uit)doven ② (ver)smoren, onderdrukken, tegenhouden, stuiten ♦ *all opposition was smothered* elke oppositie werd gesmoord/onderdrukt; *smother up* onderdrukken, in de doofpot stoppen ③ overladen, overdekken, overstelpen, ⟨fig⟩ verstikken, versmoren ♦ *medals smothered his chest* zijn borst was met medailles beladen; *smother in* overladen/beladen met; *a cake smothered in cream* een rijkelijk met room bedekte taart; *she smothered him with kisses* zij overstelpte hem met kussen ④ ⟨AE⟩ overweldigen, onder de voet lopen, platdrukken

smoth·er·y /smʌðəri/ [bn] benauw(en)d, verstikkend

¹**smoul·der**, ⟨AE vnl⟩ **smol·der** /smoʊldə, ᴬ-ər/ [telb + niet-telb zn] ① (dikke) rookwolk, walm ② smeulend vuur, smeulende as

²**smoul·der**, ⟨AE vnl⟩ **smol·der** /smoʊldə, ᴬ-ər/ [onov ww] (na)smeulen, gloeien

smri·ti /smriti/ [niet-telb zn; vaak Smriti] Smriti ⟨traditionele religieuze geschriften van het hindoeïsme⟩

¹**SMS** [telb + niet-telb zn] (short messaging system/service) sms

²**SMS** [onov + ov ww] sms'en

¹**smudge** /smʌdʒ/, ⟨in betekenis 2 ook⟩ **smudge fire** [telb zn] ① vlek, (vuile) plek, veeg, klad, smet ♦ *cleanse o.s. of every smudge* zich van alle smetten zuiveren ② ⟨AE⟩ smeulend vuur ⟨tegen insecten/vorst⟩, rookfakkel, rookpot

²**smudge** /smʌdʒ/ [onov ww] vlekken, vlekken maken, uitlopen ♦ *ink smudges easily* inkt maakt gemakkelijk vlekken

³**smudge** /smʌdʒ/ [ov ww] ① (be)vlekken, vlekken maken op, vuilmaken, besmeuren, bezoedelen ② een smet werpen op, (be)vlekken, bezoedelen ③ uitsmeren, uitwrijven ④ verknoeien ⑤ ⟨AE⟩ tegen insecten/vorst met rook vullen, tegen insecten/vorst beroken

smudge pot [telb zn] ⟨AE⟩ rookpot ⟨tegen vorst/insecten⟩

smudg·y /smʌdʒi/ [bn; vergr trap: smudgier; bw: smudgily; zn: smudginess] ① vlekkerig, besmeurd, vuil ② wazig, vaag, onhelder, onduidelijk

smug /smʌɡ/ [bn; vergr trap: smugger; bw: ~ly; zn: ~ness] zelfvoldaan, vol zelfbehagen, vol bekrompen deugdzaamheid, burgerlijk

¹**smug·gle** /smʌɡl/ [onov ww] smokkelen, smokkelhandel drijven ⑤ *smuggle off* er heimelijk van door gaan; → **smuggling**

²**smug·gle** /smʌɡl/ [ov ww] (mee)smokkelen, stiekem/heimelijk overbrengen, (illegaal) over de grens brengen ♦ *smuggle in* binnensmokkelen; *smuggle drugs into Europe* drugs Europa in smokkelen; *smuggle out* naar buiten smokkelen; *smuggle past the customs* langs/voorbij de douane smokkelen; → **smuggling**

smug·gler /smʌɡlə, ᴬ-ər/ [telb zn] smokkelaar

smug·gling /smʌɡlɪŋ/ [niet-telb zn; gerund van smuggle] smokkel, smokkelarij, smokkelhandel

¹**smut** /smʌt/ [telb zn] ① vuiltje, stofje ② roetdeeltje ③ (zwarte) vlek, roetvlek

²**smut** /smʌt/ [niet-telb zn] ① roet, kolenstof ② vuiligheid, viezigheid, smerigheid, vuile taal/grappen/lectuur,

obsceniteiten ♦ *talk smut* vuile taal uitslaan ③ ⟨plantk⟩ (koren)brand, brandschimmel

³**smut** /smʌt/ [onov ww] ① roet/vuil afgeven ② zwart/vuil worden ③ korenbrand krijgen, brandig worden ⟨van koren⟩

⁴**smut** /smʌt/ [ov ww] ① bezoedelen, bevuilen, vuilmaken, ⟨fig⟩ omlaag halen, besmetten ② met korenbrand besmetten ③ van korenbrand ontdoen ④ met vuile taal doorspekken, obsceen maken

smut ball [telb zn] ⟨plantk⟩ brandaar

¹**smutch** /smʌtʃ/ [telb zn] ① vlek, (vuile) plek ② smet, klad

²**smutch** /smʌtʃ/ [niet-telb zn] ① vuil ② roet

³**smutch** /smʌtʃ/ [ov ww] bezoedelen, bevuilen, vuilmaken

smut mill [telb zn] korenbrandmachine

smut·ty /smʌti/ [bn; vergr trap: smuttier; bw: smuttily; zn: smuttiness] ① vuil, bezoedeld ② vuil, smerig, vies, obsceen ③ brandig ⟨van koren⟩

¹**Smyr·na** /smɜːnə, ᴬsmɜrnə/ [eigenn] Smyrna

²**Smyr·na** /smɜːnə, ᴬsmɜrnə/ [telb zn; ook smyrna] smyrna(tapijt)

³**Smyr·na** /smɜːnə, ᴬsmɜrnə/ [bn, attr] Smyrnaas, van/uit Smyrna

Smyr·nae·an /smɜːnɪən, ᴬsmɜr-/, **Smyr·ni·ote** /-nɪoʊt/ [telb zn] Smyrnioot, inwoner van Smyrna

sn [afk] ⟨boek⟩ (sine nomine) s.n., z.n.

¹**snack** /snæk/ [telb zn] ① snack, hapje, vlugge maaltijd, tussendoortje, versnapering ② hap, beet ③ slok ④ ⟨AuE⟩ akkefietje, kleinigheid, werkje van niets

²**snack** /snæk/ [onov ww] ⟨AE⟩ ① lunchen ② een tussendoortje gebruiken

snack bar, snack counter [telb zn] snackbar, snelbuffet

¹**snaf·fle** /snæfl/, **snaffle bit** [telb zn] trens ⟨paardenbit⟩

²**snaf·fle** /snæfl/ [ov ww] ① de trens aandoen ② met een trens in toom houden ③ ⟨BE; sl⟩ gappen, pikken, stelen ④ ⟨BE; sl⟩ pakken, (op)vangen ⟨bal⟩ ⑤ ⟨BE; sl⟩ inrekenen

¹**sna·fu** /snæfuː/ [telb zn] ⟨AE; sl⟩ (situation normal all fouled/fucked up) troep, rommel, bende, chaos, stommiteit

²**sna·fu** /snæfuː/ [bn] ⟨AE; sl⟩ overhoop, in de war, chaotisch

³**sna·fu** /snæfuː/ [ov ww; snafued, snafued] ⟨AE; sl⟩ overhoop gooien, in de war brengen, een bende maken van

sna·fued /snæfuːd/ [verleden tijd en volt deelw] → **snafu**

¹**snag** /snæɡ/ [telb zn] ① uitsteeksel, bult, oneffenheid, knobbel, (uitstekende) punt, stomp ⟨van tand, boom⟩, knoest ② (voor)uitstekende tand ③ tak ⟨van gewei⟩ ④ probleem, tegenvaller(tje), hindernis, belemmering, moeilijkheid ♦ *come/strike upon a snag, hit a snag* op een klip zeilen, op een moeilijkheid stuiten/botsen; *that's the snag* daar zit 'm de kneep; *the snag is that* 't probleem is dat; *there's a snag in it somewhere* er schuilt ergens een addertje onder 't gras, er zit ergens een kink in de kabel ⑤ (winkel)haak, scheur, gat, haal ⑥ ⟨vnl AE⟩ boom(stronk) ⟨in het bijzonder in rivierbedding⟩

²**snag** /snæɡ/ [onov ww] ① scheuren ② ⟨vnl AE⟩ zich vastvaren, stranden ⟨in het bijzonder op boom(stronk) in rivierbedding⟩

³**snag** /snæɡ/ [ov ww] ① blijven haken met, blijven hangen met ♦ *be snagged* vastzitten, in de war zitten; *get snagged* vastraken, in de war raken, blijven haken/hangen; *snag one's pants on barbed wire* met zijn broek aan prikkeldraad blijven haken ② scheuren, halen ③ hinderen, storen, belemmeren ④ effenen, van uitsteeksels ontdoen ⑤ ⟨AE; inf⟩ wegsnappen, te pakken krijgen, bemachtigen

snagged /snæɡd/, **snag·gy** /snæɡi/ [bn] bultig, oneffen, (k)noestig

snag·gle·tooth /snægltu:θ/ [telb zn] [1] (voor)uitstekende tand [2] (af)gebroken tand
snags /snægz/ [alleen mv] ⟨AuE; sl⟩ worstjes
¹snail /sneɪl/ [telb zn] [1] (huisjes)slak (ook figuurlijk), slome, trage, treuzelaar(ster) [2] (verk: snail clover) slakkenklaver [3] (verk: snail-fish) zeeslak [4] (verk: snail-wheel) snekrad
²snail /sneɪl/ [onov ww] [1] kruipen, met een slakkengangetje gaan [2] slakken zoeken
³snail /sneɪl/ [ov ww] [1] spiraalvormig maken [2] van slakken ontdoen
snail clover, snail med·ic, snail med·ick [telb zn] ⟨plantk⟩ slakkenklaver, rupsklaver, driebladklaver (Medicago)
snail-fish, sea snail [telb zn] ⟨dierk⟩ slakdolf (Liparis liparis)
snail-like /sneɪllaɪk/ [bn] slakachtig, als (van) een slak
snail mail [niet-telb zn] ⟨scherts⟩ (gewone) post (tegenover e-mail)
snail-paced [bn] met een slakkengang(etje), heel traag
snail's pace [telb zn] slakkengang(etje)
snail·y /sneɪli/ [bn] [1] vol slakken, met veel slakken [2] slakachtig
¹snake /sneɪk/ [telb zn] [1] slang [2] valsaard, zogezegde vriend [3] ontstoppingsveer [4] ⟨fin⟩ (munt)slang ♦ *Snake in a/the Tunnel* (Europese) muntslang [·] *have snakes in one's boots* beestjes/roze olifantjes zien, een delirium tremens hebben; *a snake in one's bosom* een valse vriend; *cherish/warm a snake in one's bosom* een adder aan zijn borst koesteren; *a snake in the grass* een valsaard, een zogezegde vriend; een addertje onder het gras; *snakes and ladders* slangen en ladders (op ganzenbord lijkend gezelschapsspel); *scotch a/the snake* een gerucht de kop indrukken, een gevaar ontkrachten; *(great) snakes!* verdomme
²snake /sneɪk/ [onov ww] [1] kronkelen (als een slang), kruipen, slingeren [2] sluipen, ongemerkt verdwijnen
³snake /sneɪk/ [ov ww] [1] sleuren, slepen (in het bijzonder met ketting/koord) [2] rukken ♦ *snake in* binnenloodsen, inhijsen, binnentrekken [3] kronkelend voortbewegen
Snake /sneɪk/ [eigenn; the] ⟨astron⟩ Slang, Serpens
snake-bird [telb zn] ⟨dierk⟩ slangenhalsvogel (genus Anhinga)
snake-bite [telb + niet-telb zn] [1] (vergiftiging door) slangenbeet/steek [2] cider-lagerdrankje (half cider, half lager(bier))
snake charmer [telb zn] slangenbezweerder
snake dance [telb zn] [1] slangendans [2] zigzag voorwaarts lopende rij
snake·den [telb zn] slangenkuil
snake-eat·er [telb zn] ⟨dierk⟩ [1] markhoor (Capra falconeri) [2] secretarisvogel (Sagittarius serpentarius)
snake fence [telb zn] ⟨AE⟩ zigzagvormig hek, zigzagvormige afrastering
snake-head [telb zn] ⟨plantk⟩ schildpadbloem (Chelone glabra)
snake-like /sneɪklaɪk/ [bn] slangachtig, kronkelig
snake-locked [bn] ⟨form⟩ met slangenhaar, met haar als slangen
snake oil [niet-telb zn] [1] slangenolie [2] ⟨AE; inf⟩ geleuter, geklets
snake pit [telb zn] ⟨sl⟩ gekkenhuis, krankzinnigengesticht
snake-root [telb + niet-telb zn] [1] (benaming voor) slangenwortel (tegen slangenbeet), pijpbloem (Aristolochia serpentaria), leverkruid(plant) (Eupatorium urticaefolium) [2] adderwortel (Polygonum bistorta)
snake's head [telb zn] ⟨plantk⟩ kievietsbloem (Fritillaria meleagris)
snake·skin [telb + niet-telb zn] slangenhuid, slangenvel, slangenleer
snake·stone [telb zn] [1] slangensteen [2] wetsteen, slijpsteen
snake·weed [telb zn] ⟨plantk⟩ [1] duizendknoop (Polygonum) [2] adderwortel (Polygonum bistorta) [3] slangenwortel (Calla)
¹snake·wood [telb zn] slangenhoutboom
²snake·wood [niet-telb zn] slangenhout
snak·ish /sneɪkɪʃ/ [bn] slangachtig
snak·y /sneɪki/ [bn; vergr trap: snakier; bw: snakily; zn: snakiness] [1] van een slang, slangen- [2] slangachtig, kronkelig [3] vol slangen, met veel slangen [4] boosaardig, vals, arglistig [5] sluw, geslepen, leep
¹snap /snæp/ [telb zn] [1] knal, klap, knap, krak, klik ♦ *the glass broke with a snap* het glas brak met een knal; *shut a book/lid with a snap* een boek/deksel met een klap sluiten [2] hap, beet, snap [3] knip ♦ *a snap of the fingers* een knip met de vingers; *one snap of the scissors cut the paper* met één knip van de schaar was het papier gesneden [4] ⟨vaak attributief⟩ knip(slot), knipsluiting, snapslot, drukknoop ♦ *the bracelet closes with a snap* de armband sluit met een knip(slot) [5] korte periode (van hevige kou/vorst) ♦ *a cold snap* een korte periode van strenge vorst; *a snap of cold* een korte periode van strenge vorst [6] snauw, snak [7] (voornamelijk als 2e lid in samenstellingen) (knappend) koekje, bros koekje [8] ⟨AE; inf⟩ karweitje van niets, kleinigheid, lachertje, gemakkelijk baantje, akkefietje ♦ *it will be a snap to win that game* dat spel winnen we met gemak [9] kort engagement, rolletje tussendoor (in theater) [10] koopje, voordeeltje [11] ⟨American football⟩ beginpass (door benen van de center naar (quarter)back) [12] ⟨CanE⟩ middenveld (bij voetbal) [13] (verk: snap bean) [14] (verk: snapshot) [·] *I don't care a snap for what she says* wat zij zegt kan me geen barst/lor schelen; *not care a snap (of one's fingers) for sth.* zich niets aantrekken van iets, geen knip geven om iets
²snap /snæp/ [telb + niet-telb zn] ⟨BE, gew⟩ tussendoortje, snack, lunch(pakket)
³snap /snæp/ [niet-telb zn] [1] het losschieten (van elastiek e.d., onder spanning of druk) [2] ⟨BE⟩ snap ⟨kaartspel⟩ ♦ *snap!* snap! (uitroep bij kaartspel) [3] ⟨inf⟩ pit, fut, energie, kracht ♦ *put some snap into it!* een beetje meer fut!
⁴snap /snæp/ [bn, attr] [1] impulsief, overijld, overhaast, ⟨België⟩ plots ♦ *a snap decision* een beslissing van 't moment (zelf) [2] onverwacht, onvoorbereid, geïmproviseerd ♦ *a snap check* een steekproef; *a snap election* een onverwachte/vervroegde verkiezing; *the chairman called a snap election to take place* de voorzitter liet bij verrassing/inderhaast een verkiezing houden [3] ⟨inf⟩ makkelijk, licht [·] *a snap shot* een direct schot, een schot op de aanslag (zonder lang te richten)
⁵snap /snæp/ [onov ww] [1] happen, snappen, bijten ♦ *the dog snapped at the postman* de hond hapte/beet naar de postbode [2] ⟨jacht⟩ lukraak/in 't wilde weg schieten, op de aanslag schieten [3] klikken (zonder af te gaan) ♦ *the gun snapped* het geweer klikte/ging niet af [4] fonkelen, schitteren ♦ *her eyes snapped with fury* haar ogen fonkelden van woede [·] *snap at* grijpen naar, gretig/dadelijk ingaan op, aangrijpen; *she'd snap at every opportunity to make money* ze is er als de kippen bij als er geld te verdienen valt; *he'd snap at any invitation to leave the country* hij zou dadelijk toehappen/bijten als hem gevraagd zou worden het land te verlaten; ⟨vnl gebiedende wijs; inf⟩ *snap (in)to it* vooruit, schiet 'ns op, aan de slag; ⟨inf⟩ *snap out of it* ermee ophouden, ermee breken, er een punt achter zetten
⁶snap /snæp/ [onov + ov ww] [1] (af)breken, (af)knappen, knakken, het begeven (ook figuurlijk) ♦ *the cable snapped* de kabel knapte/brak af; *snapped nerves* geknakte zenuwen; *my nerves snapped* mijn zenuwen knapten af/begaven het; *he snapped off the twigs* hij brak de twijgjes af

snap

② knallen, een knallend/knappend geluid (doen) maken ♦ *snap down a bird* een vogel neerknallen/neerschieten; *the whip snapped down on his back* de zweep kwam knallend op zijn rug neer; *the fire snapped and crackled* het vuur knalde en knetterde; *the gun snapped* het geweer knalde/ging af; *he snapped the whip* hij knalde met de zweep/liet de zweep knallen ③ **(dicht)klappen**, toeklappen, dichtslaan ♦ *the door snapped to/shut* de deur sloeg dicht ④ **(toe)knippen**, met een knip sluiten ♦ *snap one's eyes shut* zijn ogen toeknijpen; *she snapped the lock of her purse* ze kniptte het slot van haar portemonnee dicht ⑤ **snauwen**, schimpen, grauwen, bitsen ♦ *I won't come, she snapped out* ik kom niet, snauwde ze; *snap at s.o.* iemand afsnauwen; ⟨inf⟩ *snap on s.o.* uitvaren tegen iemand, uitvallen tegen iemand, iemand aanvallen ⟨ook letterlijk⟩ ⑥ **met een ruk/schok bewegen**, springen, rukken, rukkend bewegen, ⟨België⟩ snokken ♦ *he snapped to attention* opeens had hij er zijn volle aandacht bij; *he was snapped back by a sudden cry* een plotse schreeuw deed hem met een ruk omdraaien; *clothes snapping on the line* kleren die aan de waslijn wapperen; *the wind snapped the sheets* de wind rukte aan de lakens/deed de lakens wapperen ・ *snap s.o. short* iemand (botweg) afschepen/onderbreken/afsnauwen

⁷**snap** /snæp/ ⟨ov ww⟩ ① **(weg)grissen**, snappen, pakken, meesnappen, meepakken, grijpen, (weg)rukken ♦ *snap away* wegsnappen, weggappen; *the dog snapped the meat from the table* de hond griste het vlees van de tafel; *snap up* op de kop tikken, te pakken krijgen; *snap up a bargain* een koopje meepakken; *he was snapped up by a rich woman* hij werd door een rijke vrouw ingepikt; *the wind snapped the scarf from her head* de wind rukte haar sjaaltje van haar hoofd ② **happen**, bijten ③ **knippen met** ♦ *snap one's fingers* met zijn vingers knippen ④ **kieken**, een kiekje/foto maken van ⑤ **centeren**, naar achteren/het middenveld spelen ・ ⟨AE; inf⟩ *snap it up* vooruit, aan de slag

⁸**snap** /snæp/ ⟨tw⟩ ① **klap**, knal, knap ♦ *snap went the glass* klap ging/zei het glas ② **knak**, krak, klik ♦ *snap went the oar* knak ging/zei de roeispaan ・ ⟨BE; inf⟩ *snap! you're wearing the same dress as me* wat een toeval!/asjemenou!/ nee maar! je hebt dezelfde jurk aan als ik

snap bean [telb zn] ⟨AE⟩ prinsessenboon, sperzieboon
snap beetle, snap bug, snapping beetle, snapping bug [telb zn] ⟨dierk⟩ kniptor ⟨familie Elateridae⟩
snap bolt [telb zn] knipslot, springslot, vleugelslot, snapslot
snap-brim, snap-brim hat [telb zn] jagershoed ⟨met vooraan neergeslagen en achteraan opgeslagen rand⟩
¹**snap·drag·on** /snæpdrægən/ [telb zn] ⟨plantk⟩ leeuwenbek ⟨Antirrhinum⟩
²**snap·drag·on** /snæpdrægən/ [niet-telb zn] snapdragon ⟨spel waarbij rozijnen uit brandende brandewijn moeten worden gehaald⟩
snap election [telb zn; voornamelijk mv] ⟨inf; pol⟩ vervroegde verkiezingen
snap fastener [telb zn] ⟨vnl AE⟩ drukknoop(je), drukknoopsluiting
snap lock, snap bolt [telb zn] knipslot, springslot, vleugelslot, snapslot
snap-on [bn, attr] snel/makkelijk te bevestigen/sluiten ⟨d.m.v. drukknoopje, knipsluiting enz.⟩
¹**snap·per** /snæpə, ᴬ-ər/ [telb zn] ① happer ② snauwer, snauwster ③ pakker, grijper ④ kiekjesmaker, kieker ⑤ slag ⟨dun uiteinde van zweep⟩ ⑥ ⟨AE⟩ voetzoeker ⑦ ⟨sl⟩ clou ⑧ ⟨vulg⟩ kut ⑨ → **snapping turtle**
²**snap·per** /snæpə, ᴬ-ər/ [telb + niet-telb zn; mv: ook snapper] ⟨dierk⟩ snapper ⟨familie Lutianidae⟩
snap·pers /snæpəz, ᴬ-ərz/ [alleen mv] ① castagnetten ② ⟨sl⟩ tanden
snapping turtle [telb zn] ⟨dierk⟩ ① bijtschildpad ⟨Chelydra serpentina⟩ ② alligatorschildpad ⟨Macroclemys temmincki⟩

snap·py /snæpi/, ⟨in betekenissen 5 en 7 ook⟩ **snap·pish** /-pɪʃ/ [bn; vergr trap: snappier; bw: snappily; zn: snappiness] ① ⟨inf⟩ pittig, levendig, energiek, vurig ② ⟨inf⟩ chic, net, modieus, elegant ③ knapp(er)end, knetterend ④ fris ♦ *a snappy wind* een frisse wind ⑤ bijtachtig, bijtgraag ⑥ snauwerig, bits, nors, bijtend, vinnig ⑦ prikkelbaar, lichtgeraakt, kortaangebonden ・ ⟨inf⟩ *look snappy!, make it snappy!* vlug wat!, schiet op!
snap roll [telb zn] snaproll ⟨manoeuvre met vliegtuig⟩
snap·shoot·er [telb zn] kiekjesmaker, kieker
snap·shot [telb zn] kiekje, snapshot, momentopname ⟨ook figuurlijk⟩
¹**snare** /sneə, ᴬsner/ [telb zn] ① ⟨vaak mv in figuurlijke betekenis⟩ (val)strik, strop, val, klem, hinderlaag ♦ *lay a snare for s.o.* voor iemand een valstrik leggen/spannen; *he got caught in the snares of a rich woman* hij raakte verstrikt in de netten van een rijke vrouw ② verleiding, bekoring, verzoeking, verlokking ③ snaar ⟨van trommel⟩ ④ ⟨med⟩ poliepsnoerder ⑤ → **snare drum**
²**snare** /sneə, ᴬsner/ [ov ww] ① (ver)strikken ⟨ook figuurlijk⟩, vangen, in de val lokken ♦ *get snared* in de val raken/lopen, bedrogen worden; *snare a hare* een haas strikken; *snare a good job* een goede baan versieren/weten te bemachtigen ② ⟨BE; sl⟩ gappen
snare drum [telb zn] roffeltrom, kleine trom
snar·er /sneərə, ᴬsnerər/ [telb zn] strikkenspanner, strikker
snarf /snɑːf, ᴬsnɑrf/ [ov ww] ⟨vnl AE; sl⟩ ① opschrokken, naar binnen schrokken, opvreten ♦ *snarf down all the cookies* alle koekjes gulzig naar binnen proppen ② illegaal gegevens (uit)lezen ⟨bv. van mobiele telefoon⟩
SNARF [afk] ⟨comp⟩ (Social Network and Relationship Finder) SNARF ⟨computerprogramma om e-mails te organiseren⟩
snark·y /snɑːki, ᴬsnɑrki/ [bn] ⟨AE; inf⟩ kribbig, geïrriteerd, humeurig ♦ *say sth. snarky* iets rottigs zeggen
¹**snarl** /snɑːl, ᴬsnɑrl/ [telb zn] ① grauw, grom, snauw, sneer ② knoop, klis, wirwar, warboel, verwarring, zwerm, massa ♦ *a snarl of bushes* een wirwar van struiken; *a snarl of people* een zwerm/massa mensen; *a snarl of traffic* een verkeersknoop/verkeersopstopping ③ verwarring, complicatie, moeilijk(e) situatie/parket, warboel ♦ *he got all his affairs in a great snarl* hij heeft van al zijn zaken een grote knoeiboel gemaakt ④ (k)noest, kwast, war ・ *be in a snarl* in de war zijn
²**snarl** /snɑːl, ᴬsnɑrl/ [onov ww] ① grauwen, grommen, brommen ⟨van mens/dier⟩, snauwen ⟨van mens⟩ ♦ *snarl at s.o.* tegen iemand snauwen, iemand afsnauwen; *I don't like being snarled at* ik hou er niet van toegesnauwd te worden ② in de war raken/lopen, in de knoop raken ・ zie: **snarl up**
³**snarl** /snɑːl, ᴬsnɑrl/ [ov ww] ① snauwen, grauwen, brommen ♦ *snarl out* snauwen, grauwen, met een snauw/ grauw zeggen ② in de war/knoop brengen, verwarren ③ bemoeilijken ・ zie: **snarl up**
snarl·er /snɑːlə, ᴬsnɑrlər/ [telb zn] snauwer, snauwster, grauw(st)er, grommer, grompot, brompot
¹**snarl up** [onov ww] ① in de war raken/lopen, in de knoop raken ♦ *get snarled up* in de war/knoop raken, in de war lopen, vastlopen ② vastlopen ♦ *the traffic snarled up completely* het verkeer liep helemaal vast ・ *snarl up in, get oneself snarled up in* verwikkeld/verstrikt raken in
²**snarl up** [ov ww] ① in de war/knoop brengen, verwarren ② doen vastlopen ♦ *snarl up in* verwikkelen/verstrikken in
snarl-up [telb zn] ⟨BE; inf⟩ ① (verkeers)opstopping, file ② warboel, verwarring
snarl·y /snɑːli, ᴬsnɑrli/ [bn; vergr trap: snarlier] ① snauwerig, bits, grommig, knorrig ② verward, in de war/

knoop

¹**snatch** /snætʃ/ [telb zn] ① greep, ruk ♦ *make a snatch at* een greep doen naar ② brok(stuk), stuk(je), deel, fragment ♦ *a snatch of conversation* een brokstuk van een gesprek; *he has heard snatches of the gossip* hij heeft hier en daar iets van het geroddel opgevangen; *a snatch of sleep* een hazenslaapje, een dutje; *whistle snatches of songs* fragmenten van liedjes fluiten ③ ⟨vaak mv⟩ korte periode, poos, tijdje, vlaag, ogenblik(je) ♦ *by/in snatches* met tussenpozen, bij/met vlagen, (zo) nu en dan, van tijd tot tijd, met stukken en brokken, met horten en stoten; *work in snatches* met vlagen werken; *sleep in snatches* met tussenpozen/onderbrekingen slapen; *I read all night and slept in snatches* ik heb heel de nacht gelezen en van tijd tot tijd/ zo nu en dan geslapen ④ hapje, snack, vluchtige maaltijd ⑤ ⟨AE; sl⟩ roof, kidnapping, ontvoering ⑥ ⟨BE; sl⟩ roof, diefstal ⑦ ⟨gewichtheffen⟩ het trekken ⟨het gewicht in één keer tot boven het hoofd brengen⟩ ⑧ ⟨sl⟩ arrestatie ⑨ ⟨vulg⟩ kut • *put the snatch on s.o.* iemand onder druk zetten; ⟨sl⟩ iemand arresteren; iemand kidnappen; ⟨sl⟩ *put the snatch on sth.* iets pakken/grijpen/stelen

²**snatch** /snætʃ/ [bn, attr] impulsief ♦ *a snatch decision* een beslissing van het moment (zelf)

³**snatch** /snætʃ/ [onov ww] rukken • *snatch at* grijpen naar; (dadelijk) aangrijpen; te baat nemen, dadelijk ingaan op; *there's a vacancy, but you'll have to snatch at it* er is een lege plaats, maar je zult er als de kippen bij moeten zijn

⁴**snatch** /snætʃ/ [ov ww] ① (weg)rukken, (weg)grijpen, grissen, pakken, beetpakken, wegpakken, gappen, bemachtigen, vlug nemen/doen, ⟨sl⟩ kidnappen ♦ *snatch away* wegrukken, weggrijpen, wegpakken; *death snatched her prematurely* de dood rukte haar vroegtijdig weg; *snatch down* grijpen; naar beneden rukken; *snatch from* ontrukken (aan); (weg)rukken uit; *be snatched from death* aan de dood ontrukt worden, ternauwernood aan de dood ontsnappen/ontkomen; *he snatched the bag from me* hij ontrukte me de tas; *the boy was snatched from the car* de jongen werd uit de wagen (weg)gerukt; *she was snatched from us by premature death* ze werd door een vroegtijdige dood uit ons midden weggerukt/aan ons ontrukt; *snatch a glance at* een blik toewerpen; *snatch a kiss* een kus bemachtigen/stelen, onverwachts zoenen; *snatch a meal* een maaltijd bemachtigen, vlug iets eten; *snatch off* afrukken; uitrukken, uitgooien; *snatch off one's clothes* zijn kleren uitgooien; *snatch out of* (weg)rukken uit, grissen uit; *she snatched the letter out of my hand* ze griste me de brief uit de hand; *snatch an hour's rest* een uurtje rust bemachtigen, vlug een uurtje rusten, van de gelegenheid gebruikmaken om een uurtje te rusten; *snatch some sleep* een beetje slaap bemachtigen, vlug een beetje slapen, een uiltje knappen; *snatch up* grijpen, oppakken ② aangrijpen, te baat nemen ♦ *snatch an opportunity* een kans/gelegenheid aangrijpen/ te baat nemen ③ ⟨gewichtheffen⟩ trekken ⟨in één beweging boven 't hoofd brengen⟩ ④ ⟨sl⟩ arresteren

snatch·er /snætʃə, ᴬ-ər/, ⟨in betekenis 3 vnl⟩ **body snatcher** [telb zn] ① grijper, pakker ② (gauw)dief, zakkenroller, gapper, grijper ③ lijkenrover ④ kidnapper, kinderrover, mensenrover, ontvoerder

snatch squad [telb zn] oppakploeg ⟨ploeg van agenten om bij rellen e.d. herrieschoppers aan te houden⟩, arrestatieteam

snatch·y /snætʃi/ [bn] ① ongeregeld, onregelmatig, intermitterend ② met onderbrekingen/tussenpozen, met vlagen ♦ *a snatchy conversation* een gesprek met onderbrekingen

snath /snæθ/ [telb zn] ⟨vnl AE⟩ zeisboom

snaz·zy /snæzi/ [bn; vergr trap: snazzier; bw: snazzily] ⟨inf⟩ ① chic, net, mooi, knap, hip ② opzichtig, smakeloos

SNCC [afk] ⟨vnl AE⟩ (Student Nonviolent Coordinating Committee)

¹**sneak** /sniːk/ [telb zn] ① ⟨inf⟩ gluiper(d), valsaard, achterbakse, lafaard ② achterbakse daad ③ ⟨BE; inf⟩ onopvallend vertrek ④ ⟨BE; kind⟩ klikspaan, klikker, klikster ⑤ ⟨sl⟩ onaangekondigde voorvertoning ⑥ → **sneak thief** • *on the sneak* in het geheim, in 't geniep

²**sneak** /sniːk/ [bn, attr] ① geheim, clandestien, heimelijk, verborgen ♦ *a sneak preview* een onaangekondigde voorvertoning ② onverhoeds, onverwacht, verrassings-, bij verrassing ♦ *a sneak attack* een verrassingsaanval; *a sneak flood* een onverhoedse/onverwachte overstroming; *a sneak raider* vliegtuig dat verrassingsaanvallen doet

³**sneak** /sniːk/ [onov ww; informeel ook snuck, snuck] ① (weg)sluipen, (weg)glippen, gluipen ♦ *sneak away* wegsluipen, wegglippen; *sneak up behind s.o.* van achteren naar iemand toesluipen; *sneak (up)on s.o.* naar iemand toesluipen ② zich achterbaks/kruiperig gedragen ③ ⟨BE; kind⟩ klikken ♦ *sneak on s.o.* over iemand klikken, iemand verklikken; → **sneaking**

⁴**sneak** /sniːk/ [ov ww; informeel ook snuck, snuck] ① heimelijk doen, heimelijk brengen, smokkelen, heimelijk nemen ♦ *the little boy sneaked the kitten into the house* het jongetje smokkelde het poesje binnen; *sneak a smoke* heimelijk een trekje doen; *sneak a strawberry into one's mouth* heimelijk een aardbei in zijn mond laten glijden ② ⟨sl⟩ pikken, gappen, kapen, stelen ③ ⟨sl⟩ onaangekondigd voorvertonen; → **sneaking**

sneak·er /sniːkə, ᴬ-ər/ [telb zn] ① sluiper ② gluiper(d), valsaard, achterbakse, lafaard ③ ⟨BE; kind⟩ klikspaan, klikker, klikster ④ ⟨sl⟩ gapper, pikker, dief

sneak·ers /sniːkəz, ᴬ-ərz/ [alleen mv] ⟨AE⟩ gymschoenen, sportschoenen, tennisschoenen ♦ *a pair of sneakers* een paar gymschoenen/tennisschoenen

sneak·ing /sniːkɪŋ/, ⟨in betekenissen 2 en 3 ook⟩ **sneak·y** /sniːki/ [bn; 1e variant tegenwoordig deelw van sneak; vergr trap: sneakier; bw: sneakily; zn: ~ness; bw: sneakily; zn: sneakiness] ① → **sneak** ② gluiperig, vals, achterbaks ③ heimelijk, verborgen, geheim, stil ♦ *have a sneaking desire to* de stille wens koesteren om; *have a sneaking sympathy for* een heimelijke/stille sympathie koesteren voor ④ vaag ♦ *a sneaking suspicion* een vaag vermoeden • ⟨sl⟩ *sneaking pete* illegale/zelfgemaakte/goedkope sterkedrank/wijn

sneaks /sniːks/ [alleen mv] ⟨AE; inf⟩ gympies, gymnastiekschoenen, tennisschoenen

sneak thief [telb zn] insluiper

¹**sneck** /snek/ [telb zn] ⟨SchE, gew⟩ ① klink ② knip(slot), slot

²**sneck** /snek/ [ov ww] ⟨SchE, gew⟩ ① in de klink sluiten/zetten, op de klink doen ② op de knip doen

¹**sneer** /snɪə, ᴬsnɪr/ [telb zn] ① grijns(lach), spotlach, hoonlach ② spottende opmerking, hatelijkheid, ⟨mv⟩ gespot ♦ *I am fed up with his sneers at politics* ik ben zijn hatelijkheden over politiek beu

²**sneer** /snɪə, ᴬsnɪr/ [onov ww] ① grijnzen, grijnslachen, spotlachen, spottend lachen ♦ *sneer at* grijnzen naar ② spotten, sneren ♦ *sneer at* spotten met, bespotten, honen; zijn neus ophalen/optrekken voor; *this is not to be sneered at* daar valt niet om te lachen, daar hoef je niet voor uit de hoogte te doen

³**sneer** /snɪə, ᴬsnɪr/ [ov ww] met een grijns zeggen, grijnzend/spottend/laatdunkend zeggen

¹**sneeze** /sniːz/ [telb zn] ① nies(geluid), ⟨mv⟩ het niezen, genies ♦ *three sneezes* drie keer niezen, drie niesgeluiden ② ⟨sl⟩ kidnapping

²**sneeze** /sniːz/ [onov ww] niezen ♦ ⟨inf⟩ *not sneeze at* niet versmaden; *that's not to be sneezed at* dat valt niet te versmaden, dat is de moeite waard

sneeze gas, sneez·ing gas [niet-telb zn] niesgas

sneez·er /sniːzə, ᴬ-ər/ [telb zn] ⟨sl⟩ bajes, nor, bak, lik

sneezeweed

sneeze·weed [telb zn] ⟨plantk⟩ ① lintbloem ⟨Helenium⟩ ② → **sneezewort**
sneeze·wort /ˈsniːzwɜːt, ᴬ-wɜrt/ [telb zn] ⟨plantk⟩ wilde bertram ⟨Achillea ptarmica⟩
sneez·y /ˈsniːzi/ [bn; vergr trap: sneezier] ① niezerig ♦ *I'm sneezy again today* ik ben weer aan 't niezen vandaag ② stofferig
¹**snell** /snel/ [telb zn] sneu ⟨dwarslijntje van vislijn⟩
²**snell** /snel/ [bn] ① ⟨gew⟩ snel, vlug, rap ② ⟨gew⟩ pienter, wakker, bijdehand, vinnig ③ scherp, bijtend
SNG [afk] ① (Substitute Natural Gas) ② (Synthetic Natural Gas)
¹**snib** /snɪb/ [telb zn] ⟨SchE, CanE⟩ ① grendel ② knip(slot)
²**snib** /snɪb/ [ov ww] ⟨SchE, CanE⟩ ① grendelen ② op de knip doen
¹**snick** /snɪk/ [telb zn] ① knip(je), snee(tje), keep(je), inkeping, insnijding ② klik, tik ③ knoop (in draad enz.)
²**snick** /snɪk/ [onov ww] klikken, een klik geven
³**snick** /snɪk/ [ov ww] ① doen klikken ② insnijden, (in)kepen, een snee maken in
¹**snick·er** /ˈsnɪkə, ᴬ-ər/ [telb zn] ① ⟨vnl BE⟩ hinnikgeluid ② → **snigger**
²**snick·er** /ˈsnɪkə, ᴬ-ər/ [onov ww] ① ⟨vnl BE⟩ (zacht) hinniken ② → **snigger**
snick·er·snee /ˈsnɪkəsniː, ᴬ-ə(r)sniː/ [telb zn] ⟨vero; scherts⟩ ① lang mes ⟨in het bijzonder om mee te vechten⟩ ② messengevecht, bekkensnijderij
¹**snide** /snaɪd/ [telb zn] ⟨inf⟩ gemenerik, hatelijk/misselijk persoon
²**snide** /snaɪd/ [bn; bw: ~ly; zn: ~ness] ⟨inf⟩ ① vals, nagemaakt, namaak- ② hatelijk, spottend, grievend, sarcastisch ♦ *snide remarks* hatelijke/misselijke opmerkingen ③ ⟨vnl AE⟩ gemeen, laag, smerig ♦ *a snide trick* een smerige truc
¹**sniff** /snɪf/ [telb zn] ① snuivend geluid, ⟨mv⟩ gesnuif ② luchtje, snuifje, vleugje ♦ *get a sniff of sea air* de zeelucht opsnuiven; ⟨inf⟩ *he isn't going to get a sniff of that kind of money* dat soort bedragen krijgt hij van zijn levensdagen niet in handen ⋅ ⟨inf⟩ *get a sniff of sth.* lucht van iets krijgen
²**sniff** /snɪf/ [onov ww] ① snuiven, snuffen ♦ *she sniffed contemptuously* ze snoof minachtend ② snuffelen ♦ *sniff at* snuffelen aan, besnuffelen ⋅ ⟨vnl met ontkenning⟩ *sniff at* zijn neus ophalen voor, minachten; *not to be sniffed at* niet te versmaden
³**sniff** /snɪf/ [ov ww] ① (op)snuiven, inhaleren ♦ *sniff heroin* heroïne snuiven; *sniff up* opsnuiven ② snuiven, snuivend zeggen ③ besnuffelen, snuffelen aan ④ ruiken, de geur opsnuiven van, ruiken aan ♦ *sniff a rose* aan een roos ruiken, de geur van een roos opsnuiven ⋅ *sniff out* opsporen, zoeken, uitvissen, op het spoor gaan naar
sniff·er /ˈsnɪfə, ᴬ-ər/ [telb zn] ⟨sl⟩ zakdoek, snotlap
sniffer dog [telb zn] snuffelhond ⟨voor explosieven, narcotica⟩, drugshond, hasjhond, heroïnehond
sniff·ish /ˈsnɪfɪʃ/ [bn; bw: ~ly] hooghartig, trots
¹**snif·fle** /ˈsnɪfl/ [telb zn] gesnuif, gesnotter
²**snif·fle** /ˈsnɪfl/ [onov ww] ① snuffen, snotteren, snuiven ② snotteren, grienen, snikken
snif·fler /ˈsnɪflə, ᴬ-ər/ [telb zn] snotteraar
snif·fles /ˈsnɪflz/ [alleen mv; the] ⟨inf⟩ verstopt(e) neus/hoofd, loopneus, snuffelneus
snif·fy /ˈsnɪfi/ [bn; vergr trap: sniffier; bw: sniffily; zn: sniffiness] ⟨inf⟩ ① arrogant, hooghartig, hautain, smalend, met opgehaalde neus, verwaten ② ⟨BE⟩ duf, kwalijk riekend, muf ③ slechtgehumeurd
snift /snɪft/ [onov ww] ⟨gew⟩ snotteren
snif·ter /ˈsnɪftə, ᴬ-ər/ [telb zn] ① ⟨vnl BE; sl⟩ neutje, borrel ② ⟨AE⟩ (ballonvormig) cognacglas ③ ⟨gew⟩ stevige bries ④ ⟨sl⟩ snuiver (cocaïne)
snifter valve, snift·ing valve [telb zn] snuifklep

1738

⟨van stoommachine⟩
snif·ty /ˈsnɪfti/ [bn] ⟨sl⟩ ① hoogthartig, verachtelijk ② nietig, gering ③ ⟨AE⟩ geurig
snig /snɪg/ [telb zn] ⟨BE, gew⟩ aaltje
¹**snig·ger** /ˈsnɪgə, ᴬ-ər/ ⟨AE ook⟩ **snick·er** /ˈsnɪkə, ᴬ-ər/ [telb zn] giechel, heimelijk lachje, grinniklachje
²**snig·ger** /ˈsnɪgə, ᴬ-ər/ ⟨AE ook⟩ **snick·er** /ˈsnɪkə, ᴬ-ər/ [onov ww] gniffelen, giechelen
¹**snig·gle** /ˈsnɪgl/ [onov ww] ① peuren, met de peur vissen ♦ *sniggle for eels* (naar) paling peuren ② ⟨vnl gew⟩ gniffelen, giechelen, grinniken
²**snig·gle** /ˈsnɪgl/ [ov ww] ① peuren, met de peur vangen ② steken, strikken ♦ *sniggle salmon* zalm steken/strikken
¹**snip** /snɪp/ [telb zn] ① knip(geluid) ② snipper, stukje, fragment ③ knip, snip, keep, snee ④ wit vlekje ⟨op neus van paard⟩ ⑤ ⟨BE; inf⟩ koopje, buitenkans ⑥ ⟨vnl BE; inf⟩ makkie, gemakkelijk/zeker iets, gemakkelijke karwei/baantje ⑦ ⟨vnl AE; inf⟩ nietig persoontje/ding ⑧ ⟨vnl AE; inf⟩ brutaal ding, onbeschaamd kind
²**snip** /snɪp/ [onov ww] snijden, knippen, een knippende beweging maken, 'knip' doen ♦ *snip at sth.* naar iets knippen, iets met de schaar te lijf gaan; → **snipping**
³**snip** /snɪp/ [ov ww] knippen, afknippen, doorknippen, versnipperen, (af)snijden ♦ *snip off loose threads* losse draden afknippen; → **snipping**
⁴**snip** /snɪp/ [tw] knip (knip) ♦ *snip went the scissors* knip zei/deed de schaar
¹**snipe** /snaɪp/ [telb zn; mv: ook snipe] ① ⟨dierk⟩ (water)snip ⟨genus Capella, in het bijzonder Capella gallinago⟩ ② sluipschot ③ kwal, verachtelijk persoon ④ ⟨sl⟩ peuk ⑤ ⟨sl⟩ niet-bestaand dier ⋅ ⟨dierk⟩ *great snipe* poelsnip ⟨Gallinago media⟩
²**snipe** /snaɪp/ [onov ww] ① op snip (gaan) jagen ② sluipschieten, uit een hinderlaag schieten ③ zware kritiek leveren op, op iemand afgeven, iemand een veeg uit de pan geven ♦ *he got tired of critics sniping at him* hij was het beu door critici aangevallen te worden
³**snipe** /snaɪp/ [ov ww] vanuit een hinderlaag neerschieten
snipe eel [telb zn] ⟨dierk⟩ snebaal ⟨familie Anguillidae⟩
snipe·fish [telb zn] ⟨dierk⟩ snipvis ⟨Macrorhamphosidae⟩
snip·er /ˈsnaɪpə, ᴬ-ər/ [telb zn] ① sluipschutter ② ⟨sl⟩ dief, zakkenroller
snip·pet /ˈsnɪpɪt/ [telb zn] stukje, fragment, knipsel, snipper, citaat ② ⟨vnl AE; inf⟩ vlegel, rekel
snip·ping /ˈsnɪpɪŋ/ [telb zn; oorspronkelijk tegenwoordig deelw van snip] snipper, stukje
¹**snip·py** /ˈsnɪpi/, **snip·pet·y** /ˈsnɪpəti/ [bn; vergr trap: snippier; bw: snippily; zn: snippiness, snippetiness] ① fragmentarisch, uit kleine stukjes bestaand, versnipperd, snipperachtig, snipperig ② hakkelig, kort, erg beknopt ③ nietig, klein, petieterig, snipperachtig ④ ⟨inf⟩ bars, bits, kortaf, kort aangebonden
²**snip·py** /ˈsnɪpi/ [bn] snibbig, bits, vinnig
snips /snɪps/ [alleen mv] metaalschaar
¹**snip-snap** [telb zn] ① geknip, knip knip ⟨van schaar⟩ ② gevat antwoord, stekelige zet, snedige repliek
²**snip-snap** [bn, attr] snedig, bits, vinnig
³**snip-snap** [onov ww] snibben, snibbig spreken
snip-snap-sno·rum /ˈsnɪpsnæpsnɔːrəm/ [niet-telb zn] snip-snap ⟨kaartspel⟩
snit /snɪt/ [telb zn] ⟨AE; sl⟩ opwinding ⋅ *she was in a snit* zij was over haar toeren
¹**snitch** /snɪtʃ/ [telb zn] ① ⟨BE; inf; vnl scherts⟩ snuitje, snufferd, neus ② ⟨sl⟩ aanbrenger, verrader, verklikker ③ ⟨sl⟩ diefstal
²**snitch** /snɪtʃ/ [onov ww] ⟨inf⟩ klikken, (uit de school) klappen ♦ *he snitched on John* hij verklikte John
³**snitch** /snɪtʃ/ [ov ww] ⟨inf⟩ gappen, snaaien, verdonkeremanen

snitch·er /snɪtʃə, ˣ-ər/ [telb zn] ⟨sl⟩ aanbrenger, verrader, verklikker, klikspaan

¹**sniv·el** /snɪvl/ [telb zn] ① snotter ♦ *with a sob and a snivel* met een snik en een snotter ② ⟨vnl mv⟩ neusverkoudheid, verstopte neus, loopneus

²**sniv·el** /snɪvl/ [niet-telb zn] ① snot ② gesnotter, gegrien ③ huichelend gesnotter, huichelarij

³**sniv·el** /snɪvl/ [onov ww] ① een loopneus hebben, een verstopte neus hebben ② (minachtend) snuiven, (verontwaardigd) de neus ophalen ③ grienen, weeklagen, snotteren, jammeren, jengelen

sniv·el·ler, ⟨AE⟩ **sniv·el·er** /snɪvlə, ˣ-ər/ [telb zn] huilebalk, snotteraar, wekeling

sniz·zle /snɪzl/ [telb zn] ⟨inf⟩ nies, genies

snob /snɒb, ˣsnɑb/ [telb zn] ① snob ② ⟨vero; BE, gew⟩ schoenmaker

snob appeal [niet-telb zn] snobappeal, exclusiviteit, aantrekkingskracht

snob·ber·ies /snɒbəriz, ˣsnɑ-/ [alleen mv] pedanterieën

snob·ber·y /snɒbəri, ˣsnɑ-/ [niet-telb zn] snobisme, verwatenheid, gewichtigdoenerij ♦ ⟨BE⟩ *inverted snobbery* omgekeerd snobisme ⟨tegen al wat prestigieus is⟩

snob·bish /snɒbɪʃ, ˣsnɑ-/ [bn; bw: ~ly; zn: ~ness] snobistisch, pedant, pretentieus, omhooggevallen, laatdunkend

snob·by /snɒbi, ˣsnɑbi/ [bn; bw: snobbily] snobistisch, laatdunkend

SNOBOL /snoʊbɒl, ˣ-bɑl/ [eigenn] (String Oriented Symbolic Language) Snobol ⟨computerprogrammeertaal⟩

snoek /snuːk/ [telb zn] ⟨ZAE; dierk⟩ atoen ⟨Thyrsites atun⟩

sno·fa·ri /snoʊfɑːri/ [telb zn] sneeuwsafari, poolexpeditie

snoff /snɒf, ˣsnɔf, ˣsnɑf/ [telb zn] ⟨sl⟩ weekendvriendin

¹**snog** /snɒɡ, ˣsnɑɡ/ [telb zn; geen mv] ⟨BE; inf⟩ tongzoen, ⟨bij uitbreiding⟩ vrijpartijtje, (ge)knuffel

²**snog** /snɒɡ, ˣsnɑɡ/ [onov ww] ⟨BE; inf⟩ tong(zoen)en, aflebberen, ⟨bij uitbreiding⟩ vrijen

¹**snood** /snuːd/ [telb zn] ① haarnet ⟨in het bijzonder voor wrong⟩ ② ⟨SchE; form⟩ haarlint ⟨in het bijzonder gedragen door Schotse maagd⟩ ③ sneu, ondertuig ⟨van vislijn⟩

²**snood** /snuːd/ [ov ww] ① in een haarnet steken, met een haarlint binden ② met een sneu vastmaken

snook /snuːk, ˣsnʊk/ [telb zn; mv: in bet 1 ook snook] ① ⟨dierk⟩ (zee)snoek ⟨genus Centropomus⟩ ② ⟨BE; sl⟩ lange neus ⟨spottend gebaar, met duim tegen neus en vingers uitgespreid⟩ ♦ *cock a snook at s.o.* een lange neus maken naar iemand

¹**snook·er** /snuːkə, ˣsnʊkər/ [telb zn] ⟨BE⟩ ① obstructiestoot ⟨biljart; de speelbal zo leggen dat een andere bal hem de weg blokkeert⟩, in de weg liggende bal ♦ *lay a snooker* een bal in de weg leggen ② ⟨sl⟩ groentje, ⟨België⟩ schacht, pas aangekomen cadet ⟨in Woolwich⟩

²**snook·er** /snuːkə, ˣsnʊkər/ [niet-telb zn] ⟨BE⟩ snooker(biljart)

³**snook·er** /snuːkə, ˣsnʊkər/ [ov ww] ① verhinderen rechtstreeks te stoten ⟨door een bal tussen de speelbal en de te spelen bal te leggen⟩ ② ⟨inf⟩ in het nauw drijven, dwarsbomen, verslaan, doodleggen ③ ⟨sl⟩ belazeren

¹**snoop** /snuːp/ [telb zn] ⟨inf⟩ ① het snuffelen ② snuffelaar, bemoeial, speurder, spion

²**snoop** /snuːp/ [onov ww] ⟨inf⟩ rondsnuffelen, zijn neus in andermans zaken steken, speuren, neuzen ♦ *the headmaster is snooping about/around again* het schoolhoofd is weer op ronde/ligt weer op de loer; *don't snoop into my correspondence* zit niet in mijn brieven te neuzen

³**snoop** /snuːp/ [ov ww] ⟨inf⟩ gappen, (mee)pikken, stiekem meenemen

snoop·er /snuːpə, ˣ-ər/ [telb zn] ⟨inf⟩ bemoeial, speurder, spion

snoop·er·scope [telb zn] ⟨vnl AE⟩ nachtkijker, infraroodkijker

snoop·y /snuːpi/ [bn; vergr trap: snoopier] ⟨inf⟩ bemoeiziek, nieuwsgierig

¹**snoot** /snuːt/ [telb zn] ⟨sl⟩ snuit, neus ► *cock a snoot at/to s.o.* een lange neus maken naar iemand; ⟨sl⟩ *get/have a snoot full* bezopen worden/zijn

²**snoot** /snuːt/ [ov ww] ⟨sl⟩ hooghartig behandelen

snoot·y /snuːti/ [bn; vergr trap: snootier; bw: snootily; zn: snootiness] ⟨inf⟩ ① verwaand, laatdunkend, hooghartig, omhooggevallen ② exclusief, voor snobs

¹**snooze** /snuːz/ [telb zn] ⟨inf⟩ dutje, (hazen)slaapje

²**snooze** /snuːz/ [onov ww] ⟨inf⟩ dutten, een uiltje knappen, maffen

snooz·y /snuːzi/ [bn] ⟨inf⟩ slaperig, suf

snopes /snoʊps/ [telb zn] ⟨AE⟩ haai, gewetenloos politicus/zakenman ⟨naar romanfiguren van Faulkners⟩

¹**snore** /snɔː, ˣsnɔr/ [telb zn] (ge)snurk

²**snore** /snɔː, ˣsnɔr/ [onov ww] snurken, snorken

³**snore** /snɔː, ˣsnɔr/ [ov ww] snurkend doorbrengen

snor·er /snɔːrə, ˣsnɔrər/ [telb zn] snurker, snorker

¹**snor·kel** /snɔːkl, ˣsnɔrkl/, **schnor·kel** /ʃnɔːkl, ˣʃnɔrkl/ [telb zn] ① s(ch)norkel, ventilatiepijp ⟨van onderzeeër⟩ ② snorkel, snuiver ⟨van duiker⟩

²**snor·kel** /snɔːkl, ˣsnɔrkl/ [onov ww] met een snorkel zwemmen/duiken, snorkelen

¹**snort** /snɔːt, ˣsnɔrt/ [telb zn] ① gesnuif ♦ *he gave a snort of contempt* hij snoof minachtend ② ⟨inf⟩ neutje, borrel ③ ⟨BE⟩ s(ch)norkel ④ ⟨sl⟩ snuif ⟨drug die men opsnuift, in het bijzonder cocaïne⟩ ⑤ ⟨sl⟩ ⟨benaming voor⟩ iets kleins, korte afstand

²**snort** /snɔːt, ˣsnɔrt/ [onov ww] ① snuiven ② verachtelijk snuiven, fulmineren ♦ *snort at s.o.* (snuivend) tegen iemand uitvaren; *John snorted with rage* John snoof van woede ③ ⟨inf⟩ het uitproesten, in lachen uitbarsten

³**snort** /snɔːt, ˣsnɔrt/ [ov ww] ① snuivend uitdrukken, uitblazen, uitspuwen ♦ *snort (out) a reply* met onverholen verontwaardiging antwoord geven ② uitsnuiten ③ (op)-snuiven ♦ *snort cocaine* cocaïne snuiven

snort·er /snɔːtə, ˣsnɔrtər/ [telb zn] ① snuiver, snorker ② kanjer, kei, zeer moeilijk karwei ③ (hevige) storm ④ opdoffer, klap op de neus ⑤ ⟨sl⟩ borrel, neutje ⑥ ⟨BE; sl⟩ belachelijk iemand/iets, giller ⑦ ⟨AE⟩ opschepper, vechtjas

snort·y /snɔːti, ˣsnɔrti/ [bn] ⟨inf⟩ slechtgehumeurd, geërgerd, afkeurend

¹**snot** /snɒt, ˣsnɑt/ [telb zn] ⟨vulg⟩ snotjong, snotneus

²**snot** /snɒt, ˣsnɑt/ [niet-telb zn] ⟨vulg⟩ snot

snot-nosed [bn] ⟨inf⟩ snotterig, met snot/een snotneus ► ⟨AE⟩ *a snot-nosed kid* een snotneus, een snotjongen

snot-rag [telb zn] ⟨vulg⟩ snotlap, snotdoek

¹**snot·ter** /snɒtə, ˣsnɑtər/ [niet-telb zn] ⟨BE, gew⟩ snot

²**snot·ter** /snɒtə, ˣsnɑtər/ [onov ww] ⟨BE, gew⟩ ① snotteren ② snuiven, snurken

snot·ty /snɒti/ [bn; vergr trap: snottier; bw: snottily; zn: snottiness] ① ⟨vulg⟩ snott(er)ig, met snot ② ⟨sl⟩ verwaand, omhooggevallen, snobistisch ③ ⟨sl⟩ gemeen, smerig, onbeschoft ④ ⟨inf⟩ geërgerd, kort aangebonden

snot·ty-nosed, snot-nosed [bn] ⟨inf⟩ ① snotterig, met snot/een snotneus ② ⟨BE⟩ verwaand, omhooggevallen

¹**snout** /snaʊt/ [telb zn] ① snuit, snoet, ⟨bij uitbreiding⟩ tuit, punt, snavel ② ⟨sl; pej⟩ kokkerd, (grote) neus ③ ⟨sl⟩ verklikker, informant ④ ⟨BE; sl⟩ sigaret, saffie ⑤ ⟨AuE; sl⟩ *have (got) a snout on s.o.* de pik op iemand hebben

²**snout** /snaʊt/ [niet-telb zn] ⟨BE; sl⟩ tabak, shag

³**snout** /snaʊt/ [onov ww] wroeten

⁴**snout** /snaʊt/ [ov ww] van een snuit/tuit voorzien

snout beetle [telb zn] ⟨dierk⟩ snuitkever ⟨familie Curculionidae⟩

snouty

snout·y /sn<u>au</u>ti/ [bn] [1] snuitachtig [2] met een (uitstekende) snuit

¹snow /snoʊ/ [telb zn] [1] sneeuwmassa, sneeuwbui, sneeuwval, sneeuwdek ♦ ⟨form⟩ *where are the snows of yester-year?* où sont les neiges d'antan?, waar is de vergankelijke schoonheid gebleven? [2] ⟨scheepv⟩ snauw ⟨soort schip⟩

²snow /snoʊ/ [niet-telb zn] [1] sneeuw [2] ⟨benaming voor wat er uitziet als⟩ sneeuw, sneeuwwit haar [3] ⟨sl⟩ sneeuw, cocaïne [4] ⟨cul⟩ tot sneeuw geklopt eiwit, sneeuweieren, sneeuwballen, sneeuwvlokken [5] (koolzuur)sneeuw [6] sneeuw ⟨op tv-scherm/radarscherm⟩ [7] ⟨sl⟩ overdreven (vleierig) gepraat

³snow /snoʊ/ [onov ww] [1] sneeuwen ♦ *it's snowing* het is aan het sneeuwen, het sneeuwt [2] neerdwarrelen • *snow in* (massaal) binnenstromen, binnendwarrelen

⁴snow /snoʊ/ [ov ww] [1] (be)sneeuwen, laten dwarrelen, in grote hoeveelheden doen vallen [2] ⟨AE; inf⟩ omverpraten, overbluffen, charmeren, in het ootje nemen, om zijn vinger winden [3] insneeuwen ♦ *be snowed in/up* ingesneeuwd zijn, van de buitenwereld afgesloten zijn ⟨door sneeuwval⟩; *be snowed off* ⟨van sportmanifestaties⟩ wegens sneeuwval niet doorgaan; *be snowed under* ondergesneeuwd worden; ⟨fig⟩ bedolven worden, verslagen worden; ⟨AE; pol⟩ met verpletterende meerderheid verslagen worden • ⟨AE; sl⟩ *be snowed in/up* (door cocaïne) bedwelmd zijn

snow anchor [telb zn] ⟨bergsp⟩ sneeuwanker, firnanker

¹snow·ball [telb zn] [1] sneeuwbal [2] sneeuwbal(effect), wat escaleert, lawine [3] ⟨plantk⟩ sneeuwbal, Gelderse roos ⟨Viburnum opulus⟩ [4] ⟨sl⟩ cocaïnesnuiver, junkie • ⟨inf⟩ *a snowball's chance in hell* geen schijn van/niet de minste/louw kans

²snow·ball [onov ww] [1] sneeuwballen, sneeuwballen gooien [2] een sneeuwbaleffect hebben/kennen, escaleren, aanzwellen, de pan uit rijzen, steeds sneller toenemen

³snow·ball [ov ww] [1] (met sneeuwballen) bekogelen [2] doen escaleren

snow·ball-tree [telb zn] ⟨plantk⟩ sneeuwbal, Gelderse roos ⟨genus Viburnum⟩

Snow·belt [eigenn; (the)] Sneeuwgordel ⟨noorden van de USA⟩

snow·ber·ry /sn<u>oʊ</u>bri, ᴬ-beri/ [telb zn] ⟨plantk⟩ sneeuwbes ⟨genus Symphoricarpos⟩

snow·bird [telb zn] [1] ⟨dierk⟩ sneeuwvogel, ⟨i.h.b.⟩ sneeuwgors ⟨Plectrophenax nivalis⟩ [2] ⟨sl⟩ cocaïnesnuiver, cocaïnegebruiker, junkie [3] ⟨AE; inf⟩ overwinteraar ⟨iemand die in de winter naar warme(re) oorden trekt⟩

snow-blind [bn; zn: snow-blindness] sneeuwblind

snow·blink [niet-telb zn] (sneeuw)blink ⟨weerkaatsing van sneeuw in de lucht⟩

snow·blow·er [telb zn] sneeuwblazer, sneeuwruimer, sneeuwruimmachine

snow·board [telb zn] ⟨sport⟩ snowboard ⟨surfplank voor sneeuw⟩

snow·board·ing [niet-telb zn] (het) snowboarden

snow·boot [telb zn] sneeuwlaars, poollaars

snow·bound [bn] ingesneeuwd

snow bridge [telb zn] ⟨bergsp⟩ sneeuwbrug, firnbrug

snow·broth [niet-telb zn] sneeuwslijk, half gesmolten sneeuw

snow bunting [telb zn] ⟨dierk⟩ sneeuwgors ⟨Plectrophenax nivalis⟩

snow·cap [telb zn] sneeuwkap ⟨over bergtop⟩

snow·capped [bn] ⟨form⟩ met sneeuw op de top ⟨van berg⟩

snow·cat [telb zn] sneeuwkat

snow chain [telb zn; vaak mv] sneeuwketting

snow-clad, snow-covered [bn] ⟨form⟩ met sneeuw bedekt, ondergesneeuwd, besneeuwd

snow·drift [telb zn] [1] sneeuwbank [2] sneeuwjacht

¹snow·drop [telb zn] [1] ⟨plantk⟩ sneeuwklokje ⟨Galanthus nivalis⟩ [2] sneeuwvlok [3] ⟨sl⟩ lid van Amerikaanse militaire politie

²snow·drop [onov ww] ⟨AuE; inf⟩ wasgoed (van de lijn) stelen/jatten

snowdrop tree [telb zn] ⟨plantk⟩ sneeuwklokjesboom ⟨genus Halesia⟩

snow·fall [telb + niet-telb zn] sneeuwval

snow fence [telb zn] sneeuwscherm, sneeuwschild

snow·field [telb zn] (eeuwig) sneeuwveld

snow finch [telb zn] ⟨dierk⟩ sneeuwvink ⟨Montifringilla nivalis⟩

snow·flake [telb zn] [1] sneeuwvlok(je) [2] ⟨plantk⟩ zomerklokje ⟨genus Leucojum⟩ [3] ⟨dierk⟩ sneeuwgors ⟨Plectrophenax nivalis⟩

snow gaiters [alleen mv] ⟨bergsp⟩ gamaschen ⟨beenkappen om binnendringen van sneeuw in schoenen tegen te gaan⟩

snow goose [telb zn] ⟨dierk⟩ sneeuwgans ⟨Anser caerulescens⟩

snow grains [alleen mv] ⟨meteo⟩ motsneeuw

snow grouse [telb zn] ⟨dierk⟩ sneeuwhoen ⟨genus Lagopus⟩

snow ice [niet-telb zn] sneeuwijs

snow job [telb zn] ⟨AE; sl⟩ bluf, veel gepraat en weinig wol ♦ *give s.o. a snow job* iemand overdonderen, op iemand inpraten

snow leopard [telb zn] ⟨dierk⟩ sneeuwluipaard, sneeuwpanter ⟨Uncia uncia⟩

snow·less /sn<u>oʊ</u>ləs/ [bn] sneeuwvrij, zonder sneeuw

snow·like /sn<u>oʊ</u>laɪk/ [bn] sneeuw(acht)ig

snow line [niet-telb zn; the] sneeuwgrens, sneeuwlinie, sneeuwgordel

snow·mak·er [telb zn] sneeuwmaker, sneeuwmachine

snow·man [telb zn; mv: snowmen] sneeuwman, sneeuwpop

snow·mo·bile [telb zn] ⟨vnl AE⟩ skimotor, sneeuwkat

snow-on-the-moun·tain [telb zn] ⟨AE; plantk⟩ wolfsmelk ⟨Euphorbia marginata⟩

snow owl, snowy owl [telb zn] ⟨dierk⟩ sneeuwuil ⟨Nyctea nyctea/scandiaca⟩

snow pea [telb zn] ⟨vnl AE⟩ peul(tje), suikererwt

snow pellets [alleen mv] sneeuwkorrels, korrelsneeuw, stofhagel

snow plant [telb zn] ⟨plantk⟩ sneeuwalg, sneeuwwier ⟨dat sneeuw rood kleurt; Sarcodes sanguinea⟩

snow·plough, ⟨AE⟩ **snow·plow** [telb zn] sneeuwploeg ⟨ook skiën⟩, sneeuwruimer, sneeuwfrees, sneeuwschraper

snow report [telb zn] sneeuwbericht(en)

snow route [telb zn] ⟨AE⟩ sneeuwvrije weg

snow·shed [telb zn] sneeuwdak ⟨boven spoorbaan, tegen sneeuwlawines enz.⟩

snow·shirt [telb zn] ⟨bergsp⟩ waterdicht jack, anorak

¹snow·shoe [telb zn] [1] sneeuwschoen [2] ⟨sl⟩ politieman in burger, stille, detective

²snow·shoe [onov ww] op sneeuwschoenen lopen/reizen

snowshoe rabbit, snowshoe hare [telb zn] ⟨dierk⟩ Amerikaanse haas ⟨Lepus americanus⟩

snow·shov·el [telb zn] sneeuwschop, sneeuwschepper

snow·slip, snow·slide [telb zn] sneeuwlawine, sneeuwstorting

snow·storm [telb zn] sneeuwstorm, sneeuwjacht

snow·suit [telb zn] sneeuwhanspop, skioverall ⟨voor kinderen⟩, winterpakje

snow tyre [telb zn] sneeuwband, spijkerband

snow-white [bn] sneeuwwit

Snow-white [eigenn] Sneeuwwitje

snow·y /snoʊi/ [bn; vergr trap: snowier; bw: snowily; zn: snowiness] [1] **besneeuwd, met sneeuw bedekt** [2] **sneeuw-(acht)ig,** sneeuwen, sneeuw- [3] **sneeuwwit,** hagelwit, kraakhelder, sneeuwblank
SNP [eigenn] (Scottish National Party)
Snr, snr [afk] ⟨vnl BE⟩ (Senior, senior)
¹**snub** /snʌb/ [telb zn] [1] **affront,** onheuse bejegening, kleinering, terechtwijzing [2] **stompneus** [3] **ruk,** plotselinge stilstand ⟨van afrollend touw⟩
²**snub** /snʌb/ [bn] **stomp** ⟨in het bijzonder van neus⟩, stompneuzig, kort en dik ♦ *a snub nose* een korte dikke wipneus, een mopsneus
³**snub** /snʌb/ [ov ww] [1] **(plotseling) inhouden/tegenhouden** ⟨in het bijzonder door touw rond paal te slaan⟩ ♦ *snub up* vastleggen, vastmaken, vastmeren [2] **afstoten,** onheus bejegenen, vernederen, affronteren, met de nek aanzien, bits afwijzen [3] **platdrukken** ⟨neus⟩ ⟨inf⟩ *snub out* uitdrukken ⟨sigaret⟩
snub·ber /snʌbə, ᴬ-ər/ [telb zn] ⟨vnl AE⟩ **schokdemper**
snub·by /snʌbi/ [bn] **stomp(neuzig)**
snub-nosed [bn] [1] **stompneuzig** [2] **met extra korte loop** ⟨van pistool⟩
snuck /snʌk/ [verleden tijd en volt deelw] ⟨inf⟩ → **sneak**
¹**snuff** /snʌf/ [telb zn] [1] **(ge)snuif** [2] **snuifpoeder(tje)** ⟨in het bijzonder geneesmiddel⟩ [3] **verkoolde pit** ⟨van kaars⟩, snuitsel [4] **snuifje** ⟨snuif⟩
²**snuff** /snʌf/ [niet-telb zn] [1] **snuif(tabak)** ♦ *take snuff* snuiven [2] **(snuif)poeder** ⟨inf⟩ *up to snuff* ⟨BE⟩ uitgeslapen, niet van gisteren, niet voor één gat te vangen, zijn wereld kennend; in goede conditie, zoals het hoort, voldoende; *I'm not feeling up to snuff this morning* ik voel me niet al te best vanmorgen
³**snuff** /snʌf/ [onov ww] [1] **snuiven,** snuffelen, inhaleren [2] **snuiven,** snuiftabak nemen, cocaïne snuiven ⟨inf⟩ *snuff out* uitdoven, ⟨inf⟩ sterven
⁴**snuff** /snʌf/ [ov ww] [1] **snuiten** ⟨kaars⟩ [2] **opsnuiven** [3] **besnuffelen** ⟨BE; sl⟩ *snuff it* 't hoekje omgaan, de pijp uit gaan; *snuff out* uitsnuiten, (uit)doven, ⟨inf⟩ koud maken, een eind maken aan, de grond in slaan, vernietigen, onderdrukken
snuff·box [telb zn] **snuifdoos**
snuff-col·our [telb zn] **snuifkleur,** donker okerbruin/geelbruin
snuff-col·oured [bn] **snuifkleurig,** tabakskleurig
snuff dip [telb zn] **(pruim)tabakzakje**
snuff·dish [telb zn] **snuiterbakje**
snuff·er /snʌfə, ᴬ-ər/ [telb zn] **(kaarsen)domper**
snuff·ers /snʌfəz, ᴬ-ərz/ [alleen mv] **kaarsensnuiter** ♦ *a pair of snuffers* een kaarsensnuiter
¹**snuf·fle** /snʌfl/ [telb zn] [1] **snuif,** snuiving, snuf [2] **neusstem,** nasaal geluid
²**snuf·fle** /snʌfl/ [onov ww] [1] **snuffen,** snuffelen, snuiven, zwaar ademen [2] **door de neus spreken** ⟨vroeger typisch voor sommige puriteinse predikers⟩ [3] **snotteren,** grienen
³**snuf·fle** /snʌfl/ [ov ww] **met een nasale stem uitspreken** ♦ *snuffle out* nasaal uitspreken, met een nasale stem zeggen
snuf·fler /snʌflə, ᴬ-ər/ [telb zn] [1] **snuiver,** snuffelaar [2] **temer,** huichelaar
snuf·fles /snʌflz/ [alleen mv; the] [1] **verstopte neus,** neusverkoudheid [2] **snuffelziekte** ⟨van dieren⟩
snuf·fy /snʌfi/ [bn; vergr trap: snuffier; zn: snuffiness] [1] **als snuif,** met snuif bedekt, naar snuif ruikend [2] **aan snuif verslaafd,** snuif gebruikend [3] **gemelijk,** verveeld, chagrijnig, knorrig, lichtgeraakt [4] **onaangenaam,** onprettig, irritant [5] **verwaand,** laatdunkend, hoogvaardig
¹**snug** /snʌg/ [telb zn] ⟨BE⟩ **gelagkamer**
²**snug** /snʌg/ [bn; vergr trap: snugger; bw: ~ly; zn: ~ness] [1] **behaaglijk,** beschut, warmpjes, knus, gezellig, lekker ♦ *be as snug as a bug in a rug* een lekker leventje leiden; *lie snug* lekker liggen [2] **goed ingericht** [3] **nauwsluitend,** goed passend [4] **ruim** ⟨van inkomen⟩, comfortabel [5] **knap,** ordelijk, netjes [6] **zeewaardig** [7] **verborgen** ♦ *lie snug* zich schuilhouden
³**snug** /snʌg/ [ov ww] [1] **in orde brengen,** netjes maken [2] **wegbergen,** verstoppen ⟨·⟩ *snug down a vessel* een schip stormklaar maken
snug·ger·y /snʌgəri/ [telb zn] ⟨vnl BE⟩ [1] **beschut plekje,** hol(letje), knusse kamer [2] ⟨BE⟩ **gelagkamer**
snug·gish /snʌgɪʃ/ [bn] **behaaglijk,** knus, gezellig
¹**snug·gle** /snʌgl/ [onov ww] **zich nestelen** ♦ *snuggle down* lekker onder de dekens kruipen; *snuggle up to s.o.* lekker tegen iemand aan gaan liggen
²**snug·gle** /snʌgl/ [ov ww] **dicht tegen zich aantrekken,** knuffelen
¹**so** /soʊ/ [bn, pred] [1] **zo,** waar ♦ *if so* als dat zo/waar is; *is that really so?* is dat echt waar? [2] ⟨in plaats van bijvoeglijk naamwoord⟩ **dat,** het ♦ *she was chubby but not exceedingly so* ze was mollig maar niet buitenmate; *'She's the tallest' 'Yes, so she is'* 'Ze is de grootste' 'Dat is ze inderdaad'
²**so** /soʊ/ [aanw vnw] [1] ⟨ook in plaats van een gehele (bij)zin of van een hoofdwerkwoord⟩ **dusdanig,** het, dat, zo (ook), aldus, zulks ♦ *I was born a beggar and I will die so* ik ben als bedelaar geboren en zal er als een sterven; *don't say you didn't steal it: you did so* zeg niet dat je het niet gestolen hebt: je hebt dat (vast en zeker) wel gedaan; *'You blundered' 'So I did/But so did you'* 'Je hebt geblunderd' 'Ja, inderdaad/Maar jij ook'; *he became president and remained so until his death* hij werd president en bleef dat tot zijn dood; *'I'm tired' 'So you should be'* 'Ik ben moe' 'Dat zou je ook moeten zijn'; *'Is Jill coming?' 'I think so'* 'Komt Jill?' 'Ik denk het/van wel' [2] **iets dergelijks,** zo(iets) ♦ *in June or so* in of omstreeks de maand juni; *six days or so* zes dagen of zo; *it sounds like French or so* het lijkt op Frans of zoiets
³**so** /soʊ/ [bw] [1] ⟨wijze of graad⟩ **zo,** aldus, op die wijze, dusdanig, zodanig, in die mate ♦ *just as the French enjoy Brie, so the Scots enjoy haggis* net zoals de Fransen van brie houden, (net zo) zijn de Schotten dol op haggis; *it's better so* het is beter zo; *he tripped and fell and so broke the eggs* hij struikelde, viel en brak zo de eieren; *it's not so difficult as you think* het is niet zo moeilijk als je denkt; *he continued to do it so* hij bleef het zo doen; *she studies hard but even so she should pay more attention* ze studeert hard maar toch zou ze beter moeten opletten; *(in) so far as I know* voor zover ik weet; *so far it hasn't happened* tot nu toe/tot nog toe is het niet gebeurd; ⟨gew⟩ *he twisted it so fashion* hij draaide het op deze wijze; *and so forth/on* enzovoort(s); *this so frightened her that she began to cry* daar schrok ze zo dusdanig van, dat ze begon te huilen; *if so* als dat zo is, zo ja; *it was so interpreted as to mislead* het werd op een misleidende wijze geïnterpreteerd; *(would you) be so kind as to leave immediately* zou u zo goed willen zijn/wees zo goed onmiddellijk te vertrekken; ⟨inf⟩ *hold it so* hou het zo/op die manier; *so long as you don't tell anybody* als je 't maar aan niemand vertelt; *so much the worse* des te erger; *without so much as saying goodbye* zonder zelfs maar dag te zeggen; *she's not so much ill as discontented* ze is niet zozeer ziek als wel ontevreden; *he did not so much as open the envelope* hij heeft de envelope niet eens opengemaakt; *he was tired, so much so that he dozed off* hij was moe, zo erg moe dat hij indommelde; *he wouldn't part with even so much as a pound* hij wilde nog geen pond afstaan; *she is so proud as to be unapproachable* ze is zo trots dat je haar niet kunt benaderen; *so it is said* zo wordt er gezegd; *so it is told* aldus wordt het verteld; *so wise a man was he* hij was zo'n wijs man [2] ⟨emfatische graadaanduiding⟩ **zozeer,** zo erg, zo sterk, zo(danig) ♦ *she is so haughty* ze is toch zo hooghartig; *I love you so* ik hou zo veel van je; *so many came* er kwamen er zo veel; *(only just) so many, (only just) so much* een beperkte

so

hoeveelheid; *it's so sad* het is heel erg droevig; ⟨inf⟩ *so sorry* sorry, pardon; ⟨inf⟩ *this administration has so messed up our economy* deze regering heeft zo'n puinhoop gemaakt van onze economie; ⟨inf⟩ *that's is so not the point* daar gaat het helemaal niet over; ⟨inf⟩ *suicide is so not the answer* zelfmoord lost helemaal niets op ③ ⟨duidt een bepaalde maar niet gespecificeerde mate of wijze aan⟩ ♦ *I can only work so fast* ik kan niet sneller werken; *I can only do so much* ik kan niets bovenmenselijks doen ④ ⟨reden⟩ bijgevolg, daarom, zodoende, dus ♦ *my wife was ill and so I couldn't come* mijn vrouw was ziek en dus kon ik niet komen; *so what?* en dan?, wat dan nog?; *so here we are!* hier zijn we dan!; *so there you are* daar zit je dus; *so that's who did it* aha, dus die heeft het gedaan; *she only spoke French; so we could not understand her* ze sprak alleen Frans, en dus konden wij haar niet verstaan ⑤ ⟨inf⟩ typisch (voor), net ♦ *that befuddled look is so George Bush* die verwarde blik is typisch George Bush ⦁ ⟨vero⟩ *and so to bed* en nu naar bed, en dan gingen ze naar bed; *so as* zo dat; opdat; *so far from letting him go she followed him home* ze liet hem niet gaan maar volgde hem integendeel naar huis; ⟨inf⟩ *so long!* tot ziens!; *every so often* nu en dan, af en toe; *so there* nu weet je het, dat is/wordt het dan; ⟨inf⟩ *you must buy that shirt, it's so you* koop dat shirt, het is helemaal jouw stijl/het is alsof het voor je gemaakt is

⁴**so** /soʊ/ [ondersch vw] ① ⟨gevolg of doel⟩ ⟨inf, behalve in combinatie met ander voegwoord⟩ zodat, opdat, om ♦ *come in quietly, so as not to wake up the baby* kom zachtjes binnen, zodat je de baby niet wakker maakt/om de baby niet wakker te maken; *warn her, so that she may avoid all danger* waarschuw haar zodat/opdat ze geen gevaar zou lopen; *be careful so you don't get hurt* pas op dat je je geen pijn doet; *he behaved so she wouldn't see how angry he was* hij gedroeg zich netjes zodat/opdat ze niet zou zien hoe kwaad hij wel was ② ⟨voorwaarde⟩ ⟨vero behalve met just⟩ mits, als ... maar, indien ♦ *he'd do anything just so he can make money* hij zou alles doen als hij er maar mee verdient; *so please you* als het u behaagt; *so it's done, no matter how, I shall be pleased* als het maar gebeurt, het geeft niet hoe, dan zal ik tevreden zijn

⁵**so** /soʊ/ [nevensch vw] zodat, (en) dus ♦ *he's late, so (that) we can't start yet* hij is te laat, zodat we nog niet kunnen beginnen/en dus kunnen we nog niet beginnen

⁶**so** /soʊ/ [tw] ziezo, voilà, klaar!

So [afk] (South) Z

SO [afk] (Stationery Office)

¹**soak** /soʊk/ [telb zn] ① zuippartij ② ⟨sl⟩ zuipschuit, dronkenlap ③ ⟨AuE, gew⟩ drassig stuk land (aan de voet van een heuvel), poel ⦁ ⟨sprw⟩ *if the oak is out before the ash, you will only get a splash; If the ash is out before the oak, you will surely get a soak* ± als de eik bladeren heeft voor de es zover is, krijgen we een mooie zomer, maar als de es groen is voor de eik, een natte

²**soak** /soʊk/ [telb + niet-telb zn] week, het weken ♦ *in soak* in de week

³**soak** /soʊk/ [niet-telb zn] ⟨sl⟩ het verpand-zijn ♦ *in soak* in de lommerd

⁴**soak** /soʊk/ [onov ww] ① sijpelen, doordringen, doortrekken ♦ *the water had soaked through the paper* het water had het papier doordrenkt ② ⟨sl⟩ zuipen, hijsen ⦁ zie: **soak in;** → **soaked, soaking**

⁵**soak** /soʊk/ [onov + ov ww] weken, in de week zetten, in de week staan, soppen ♦ *soak off* losweken, afweken; → **soaked, soaking**

⁶**soak** /soʊk/ [ov ww] ① doorweken, (door)drenken ♦ *soaked to the skin* doornat; *soaked through* doornat, kletsnat ② (onder)dompelen ♦ *soak o.s. in* zich verdiepen in ③ dronken voeren ④ uitzuigen, afzetten ♦ *soak the rich* de rijken plukken ⑤ afstraffen ⑥ doorbakken ⑦ ⟨BE; sl⟩ in de lommerd brengen ⦁ zie: **soak in;** zie: **soak up;**

⟨sl⟩ *go soak yourself* kom nou, ga weg; → **soaked, soaking**

soak·age /soʊkɪdʒ/ [niet-telb zn] ① doorsijpeling ② doorgesijpelde vloeistof

soak·a·way /soʊkəweɪ/ [telb zn] ⟨BE⟩ afvoer van zakwater

soaked /soʊkt/ [bn, pred; volt deelw van soak] ① doornat, kletsnat ② stomdronken, zat, lazarus ⦁ *soaked in/with* doortrokken van, vol van, doorkneed van

soak·er /soʊkə, ˄-ər/ [telb zn] ① stortbui, plasregen ② zuipschuit, dronkenlap ③ ⟨inf⟩ luierbroekje

¹**soak in** [onov ww] doordringen, intrekken, inwerken ⟨van opmerking, vocht enz.⟩

²**soak in** [ov ww] opnemen, inzuigen, opslorpen, absorberen

¹**soak·ing** /soʊkɪŋ/ [bn; tegenwoordig deelw van soak] doornat, kletsnat, doorweekt

²**soak·ing** /soʊkɪŋ/ [bw] door en door ♦ *soaking wet* kletsnat, doorweekt

soaking solution [telb + niet-telb zn] bewaarvloeistof ⟨voor contactlenzen⟩

soak up [ov ww] ① opnemen, absorberen, opslorpen, inzuigen ② kunnen incasseren ⟨kritiek, klap⟩

¹**so-and-so** /soʊənsoʊ/ [telb zn] ① je-weet-wel ♦ *a real so-and-so* een echte je-weet-wel ⟨eufemisme voor bijvoorbeeld rotzak⟩ ② ⟨sl; scherts⟩ vriend, man

²**so-and-so** /soʊənsoʊ/ [niet-telb zn] ① die en die, dinges ♦ *he told me to do so-and-so* hij zei mij zus en zo te handelen ② dit en dit, zo

¹**soap** /soʊp/ [niet-telb zn] ① zeep ⟨ook scheikunde⟩ ♦ *a bar/cake/tablet of soap* een stuk zeep; *soft soap* halfvloeibare zeep ② ⟨AE; sl⟩ vleierij, geslijm ③ ⟨sl⟩ → **soap opera** ⦁ ⟨AE; inf⟩ *no soap* geen geluk, zonder succes, het zal niet gaan

²**soap** /soʊp/ [ov ww] ① zepen, inzepen, afzepen ② ⟨inf⟩ vleien, likken, stroop om de mond smeren

soap·bark [telb zn] ⟨plantk⟩ zeepboom ⟨Quillaja saponaria⟩

soap·ber·ry [telb zn] ⟨plantk⟩ ① zeepboomachtige ⟨Sapindaceae⟩ ② zeepbes ⟨vrucht van de zeepboom⟩

¹**soap·box** [telb zn] ① doos, karton ⟨waar zeep in heeft gezeten⟩, zeepkist ② zeepkist, geïmproviseerd platform ♦ *get on one's soapbox* op zijn spreekgestoelte staan, op de zeepkist gaan staan

²**soap-box** [bn, attr] ⟨AE⟩ (als) van een straatredenaar, demagogisch

soap·box·er [telb zn] straatredenaar

soap bubble [telb zn] zeepbel

soap dish [telb zn] zeepbakje, zeephouder

soap·er, so·por, so·per /soʊpə, ˄-ər/ [telb zn] ⟨AE; sl⟩ slaapmiddel, methaqualone, quaalude ⟨ook als illegale drug⟩

soap flakes [alleen mv] zeepvlokken

soap nut [telb zn] ⟨plantk⟩ zeepnoot ⟨vrucht van de zeepboom⟩

soap opera [telb zn; ook attributief] ⟨AE⟩ melodramatische serie ⟨op radio/tv⟩

soap plant [telb zn] ⟨plantk⟩ zeepkruid ⟨Saponaria⟩

soap pod [telb zn] vrucht van Chinese Caesalpiniavariëteiten

soap powder [niet-telb zn] zeeppoeder

soap root [telb zn] ⟨plantk⟩ ① gipskruid ⟨Gypsophila⟩ ② zeepkruid ⟨Saponaria⟩

soap·stone [niet-telb zn] ⟨geol⟩ zeepsteen, steatiet, speksteen

soap·suds [alleen mv] zeepsop

soap·wort /soʊpwɜːt, ˄-wɜrt/ [niet-telb zn] ⟨plantk⟩ ⟨gewoon⟩ zeepkruid ⟨Saponaria officinalis⟩

soap·y /soʊpi/ [bn; vergr trap: soapier; bw: soapily; zn: soapiness] ① zeepachtig, zeep- ② ⟨inf⟩ zalvend, flikflooiend ③ ⟨inf⟩ melodramatisch

¹soar /sɔː, ᴬsɔr/ [niet-telb zn] ① vlucht ② hoogte
²soar /sɔː, ᴬsɔr/ [onov ww] ① hoog vliegen, ⟨fig⟩ een hoge vlucht nemen ♦ *prices soared* de prijzen rezen de pan uit; *a soaring spire* een hoge toren ② (omhoog) rijzen, stijgen, zich verheffen ③ zweven, zeilen; → **soaring**
soar·ing /sɔːrɪŋ/ [niet-telb zn; gerund van soar] (het) thermiekvliegen
¹sob /sɒb, ᴬsɑb/ [telb zn] snik
²sob /sɒb, ᴬsɑb/ [onov ww] snikken
³sob /sɒb, ᴬsɑb/, ⟨in betekenis 1 ook⟩ **sob out** [ov ww] ① snikkend vertellen ♦ *sob one's heart out* hartverscheurend snikken ② huilend doen ♦ *he sobbed himself to sleep* hij huilde zichzelf in slaap, al huilend viel hij in slaap
SOB [afk] ⟨AE; sl⟩ (son of a bitch)
sob·bing·ly /sɒbɪŋli, ᴬsɑ-/ [bw] snikkend
¹so·ber /soʊbə, ᴬ-ər/ [bn; bw: ~ly; zn: ~ness] ① nuchter, niet beschonken ♦ ⟨fig⟩ *sober as a judge* zo nuchter als een kalf, broodnuchter; ⟨inf⟩ *stone cold sober* broodnuchter ② matig, gematigd, abstinent, ingetogen ♦ *sober colours* gedekte kleuren; *a sober dress* een stemmige jurk; *a sober man* een man die niet veel drinkt ③ beheerst, kalm, nuchter, bedaard, rustig, bezadigd ④ verstandig, redelijk, rationeel ⑤ ernstig, serieus ⋅ ⟨sprw⟩ *what soberness conceals, drunkenness reveals* ± dronkemans mond spreekt 's harten grond
²so·ber /soʊbə, ᴬ-ər/ [onov ww] ① ernstig worden ② verstandig worden ③ nuchter worden, tot bezinning komen ♦ *sober down/up* nuchter worden, tot bezinning komen ④ bedaren, kalmeren ♦ *sober down/up* nuchter worden, bedaren
³so·ber /soʊbə, ᴬ-ər/ [ov ww] ① ernstig stemmen ♦ *a sobering thought* een ernstige gedachte ② ontnuchteren, nuchter maken, tot bezinning brengen ♦ *sober down/up* nuchter maken, tot bezinning brengen ♦ doen bedaren, kalmeren ♦ *sober down/up* nuchter maken, doen bedaren
so·ber·ize, so·ber·ise /soʊbəraɪz/ [ov ww] ① ernstig stemmen ② ontnuchteren, tot bezinning brengen
so·ber·mind·ed [bn] nuchter, bezadigd, bedaard
so·ber·suit·ed, so·ber·sid·ed [bn] nuchter, serieus, bezadigd, bedaard
so·bri·e·ty /səbraɪəti/ [niet-telb zn] ① nuchterheid ② gematigdheid, ingetogenheid ③ bezadigdheid, kalmte ④ ernst, serieusheid, serieusiteit ⑤ verstand, overleg
sobriety checkpoint [telb zn] ⟨AE⟩ alcoholcontrole ♦ *conduct a sobriety checkpoint* een alcoholcontrole houden
sobriety coach [telb zn] ⟨med⟩ alcoholconsulent, verslavingsconsulent
so·bri·quet, sou·bri·quet /soʊbrɪkeɪ, ᴬ-ket/ [telb zn] bijnaam
¹sob sister [telb zn] ① schrijfster van sentimentele/melodramatische verhalen ② actrice met sentimentele rol ③ sentimenteel persoon
²sob sister [bn] ⟨sl⟩ sentimenteel
sob story [telb zn] smartlap, tranentrekker, sentimenteel/pathetisch verhaal
sob stuff [niet-telb zn] ⟨inf⟩ pathetisch gedoe, melodramatisch verhaal, pathetisch gedrag
soc, Soc /sɒk, ᴬsɑk/ [afk] ① (socialist) ② (society)
so·ca /soʊkə/ [niet-telb zn] soca(muziek) ⟨met elementen uit soul en calypso⟩
soc·age, soc·cage /sɒkɪdʒ, ᴬsɑ-/ [niet-telb zn] ⟨gesch⟩ leenmanschap met bepaalde niet-militaire herendiensten
so-called /soʊkɔːld/ [bn, attr] zogenaamd
soc·cer /sɒkə, ᴬsɑkər/ [niet-telb zn] voetbal
soccer fan [telb zn] voetbalfan, voetbalsupporter
soccer mom [telb zn] ⟨AE⟩ (moeder als) taxichauffeur ⟨brengt de kinderen naar de trainigen, feestjes enz.⟩
so·cia·bil·i·ty /soʊʃəbɪləti/ [telb + niet-telb zn] ① vriendelijkheid ② gezelligheid

¹so·cia·ble /soʊʃəbl/ [telb zn] ① wagentje ⟨(vierwielig,) met dwarsbalken⟩ ② S-vormige sofa ③ ⟨AE⟩ gezellige bijeenkomst, feestje, partij, avondje
²so·cia·ble /soʊʃəbl/ [bn; bw: sociably] sociabel, gezellig, vriendelijk, open, prettig in de omgang, op gezelschap gesteld ⋅ ⟨dierk⟩ *sociable plover* steppekieviet ⟨Vanellus gregarius⟩
¹so·cial /soʊʃl/ [telb zn] gezellige bijeenkomst, feestje, partij, avondje
²so·cial /soʊʃl/ [bn; bw: ~ly] ① sociaal, maatschappelijk, ⟨dierk⟩ gezellig levend ♦ *man is a social animal* de mens is een sociaal wezen; *social anthropology* culturele antropologie; *social charges* sociale lasten ⟨werkgever⟩; *a social climber* iemand die in de hogere kringen wil doordringen; ⟨pol⟩ *social contract* sociaal akkoord; ⟨gesch⟩ *the social contract* het maatschappelijke verdrag; ⟨ec⟩ *social credit* sociaal krediet ⟨theorie dat de winst van de industrie onder de consumenten verdeeld moet worden⟩; *social critic* maatschappijcriticus; *social democracy* sociaaldemocratie; *social democrat* sociaaldemocraat; *a social disease* een seksueel overdraagbare ziekte/aandoening; *social engineering* social engineering; *social event* ontvangst, receptie, partijtje; *social history* sociale geschiedenis; *social order* de samenleving; *social realism* sociaal realisme; *social scientist* sociale wetenschapper; beoefenaar van de sociale wetenschappen; *social security* uitkering, sociale voorzieningen; ⟨AE⟩ stelsel van sociale zekerheid; *social welfare* bijstand; *social audit* sociaalethisch onderzoek ⟨naar het beleid van een bedrijf⟩; ⟨BE⟩ *social exclusion* sociale uitsluiting ② ⟨plantk⟩ bijeen groeiend ③ sociabel, gezellig, vriendelijk ♦ *I'm not feeling very social today* ik blijf liever alleen vandaag, ik heb vandaag niet zo'n zin om met andere mensen om te gaan
³so·cial /soʊʃl/ [bn, attr; bw: ~ly] gezelligheids-, gezellig ♦ *a social club* een gezelligheidsvereniging; *social drinker* gezelligheidsdrinker, sociaal drinker; *social drinking* sociaal drinken; *active social life* druk uitgaansleven/sociaal verkeer
so·cial·ism /soʊʃəlɪzm/ [niet-telb zn] socialisme ♦ *Christian socialism* religieus socialisme
¹so·cial·ist /soʊʃəlɪst/ [telb zn] socialist
²so·cial·ist /soʊʃəlɪst/ [bn] socialistisch, m.b.t. het socialisme, van de socialisten, volgens het socialisme
so·cial·is·tic /soʊʃəlɪstɪk/ [bn] socialistisch, m.b.t. het socialisme, van de socialisten, volgens het socialisme
so·cial·ite /soʊʃəlaɪt/ [telb zn] ⟨vnl AE⟩ lid van de beau monde
so·ci·al·i·ty /soʊʃiæləti/ [telb + niet-telb zn] ① vriendelijkheid ② gezelligheid ③ gemeenschap, omgang, sociaal verkeer ④ neiging tot groepsvorming
so·cial·i·za·tion, so·cial·i·sa·tion /soʊʃəlaɪzeɪʃn, ᴬ-ləzeɪʃn/ [niet-telb zn] socialisatie, socialisering, vermaatschappelijking
¹so·cial·ize, so·cial·ise /soʊʃəlaɪz/ [onov ww] zich sociabel gedragen, gezellig doen, zich aanpassen ♦ *socialize with* omgaan met
²so·cial·ize, so·cial·ise /soʊʃəlaɪz/ [ov ww] ① socialiseren ♦ ⟨AE⟩ *socialized medicine* openbare gezondheidszorg ② geschikt maken voor de maatschappij
¹so·cial sci·ence /soʊʃlsaɪəns, ᴬsoʊʃlsaɪəns/ [telb zn] sociale wetenschap
²so·cial sci·en·ces /soʊʃlsaɪənsɪz, ᴬsoʊʃlsaɪənsɪz/ [niet-telb zn] sociale wetenschappen, maatschappijwetenschappen, gammawetenschappen
so·cial serv·ice /soʊʃlsɜːvɪs, ᴬsoʊʃlsɜrvɪs/ [telb + niet-telb zn] liefdadig werk
so·cial serv·ic·es /soʊʃlsɜːvɪsɪz, ᴬsoʊʃlsɜrvɪsɪz/ [alleen mv] ⟨vnl BE⟩ sociale voorzieningen
so·cial stud·ies [niet-telb zn] sociale wetenschappen, maatschappijwetenschappen, gammawetenschappen

social work

so·cial work [niet-telb zn] maatschappelijk werk, welzijnswerk

so·cial work·er [telb zn] maatschappelijk werker/werkster, welzijnswerker, welzijnswerkster

so·ci·e·tal /səsaɪətl/ [bn, attr] m.b.t. de samenleving, sociaal

¹**so·ci·e·ty** /səsaɪəti/ [telb zn] [1] vereniging, genootschap, kring, maatschappij ♦ *Dorcas society* Dorcas, Dorcasvereniging, liefdadige instelling; *the Society of Friends* het Genootschap der Vrienden (de quakers); *Society of Jesus* Societas Jesu, Sociëteit van Jezus (jezuïetenorde); *Royal Society (of London)* Royal Society (voor wetenschappelijke discussie) [2] (AE) (kerkelijke) gemeente [3] (plantk) plantengemeenschap

²**so·ci·e·ty** /səsaɪəti/ [telb + niet-telb zn] (de) samenleving, (de) maatschappij/gemeenschap

³**so·ci·e·ty** /səsaɪəti/ [niet-telb zn] [1] gezelschap ♦ *I try to avoid his society* ik probeer zijn gezelschap te mijden; *he goes a great deal into society* hij gaat veel uit [2] (ook attributief) society, hogere kringen, beau monde

Society Islands [eignn; the] de Gezelschapseilanden

society wedding [telb zn] societyhuwelijk

¹**So·cin·i·an** /soʊsɪnɪən/ [telb zn] sociniaan (aanhanger van het socianisme, de leer van Socinus)

²**So·cin·i·an** /soʊsɪnɪən/ [bn] sociniaans (volgens het socianisme)

so·cio- /soʊʃoʊ/ socio-, sociaal ♦ *socio-cultural* sociaalcultureel; *socio-economic* sociaaleconomisch

so·ci·o·log·i·cal /soʊsɪəlɒdʒɪkl, soʊʃə-, ᴬ-lɑ-/, **so·ci·o·log·ic** /-lɒdʒɪk, ᴬ-lɑdʒɪk/ [bn; bw: ~ly] sociologisch

so·ci·ol·o·gist /soʊsɪɒlədʒɪst, soʊʃɪ-, ᴬ-ɑlə-/ [telb zn] socioloog

so·ci·ol·o·gy /soʊsɪɒlədʒi, soʊʃɪ-, ᴬ-ɑlə-/ [niet-telb zn] sociologie

so·ci·o·met·ric /soʊsɪəmɛtrɪk, soʊʃə-/ [bn] sociometrisch

so·ci·om·e·trist /soʊsɪɒmɪtrɪst, soʊʃɪ-, ᴬ-ɑmɪtrɪst/ [telb zn] beoefenaar der sociometrie

so·ci·om·e·try /soʊsɪɒmɪtri, soʊʃɪ-, ᴬ-ɑmɪtri/ [niet-telb zn] sociometrie

so·ci·o·path /soʊsɪəpæθ, soʊʃɪ-/ [telb zn] psychopaat

¹**sock** /sɒk, ᴬsɑk/ [telb zn; mv: in bet 1 Amerikaans-Engelse spelling ook sox] [1] sok (ook van dier), (korte) kous [2] inlegzool(tje) [3] (gesch) soccus (lage open schoen op toneel gedragen) [4] komedie, blijspel [5] (inf) (vuist)slag, oplawaai(er), poeier, stoot, dreun ♦ *take a sock at me* de vuist uithalen naar [6] (inf) windzak [7] (vnl SchE) ploegschaar [8] spaarpot [9] (sl) sok, sukkel [10] (sl) veel poen [11] (sl) succes, hit ▪ (AE; sl) *knock (one's) socks off* (volkomen) verbijsteren/in verrukking brengen; (BE; inf) *pull one's socks up* ertegenaan gaan; (sl) *put a sock in it* kop dicht

²**sock** /sɒk, ᴬsɑk/ [niet-telb zn] (AE) stootkracht, slagkracht

³**sock** /sɒk, ᴬsɑk/ [ov ww] (inf) [1] sokken aantrekken [2] meppen, slaan, dreunen ♦ *sock s.o. on the jaw* iemand een kaakslag geven [3] (sl) *als een bom laten inslaan* [4] (sl) sparen [5] (sl) verdienen ▪ (AE) *socked in* (pot)dicht, (wegens slecht weer) gesloten (van vliegveld); (door mist) vertraagd, aan de grond (van vliegtuigen); *sock it to s.o.* iemand op zijn donder geven, iemand ervanlangs geven; grote indruk op iemand maken; als een bom bij iemand laten inslaan

⁴**sock** /sɒk, ᴬsɑk/ [bw] (vnl BE; inf) precies, juist, recht ♦ *sock in the eye* middenin het oog

sock·dol·a·ger, sock·dol·o·ger /sɒkdɒlədʒə, ᴬsɑkdɑlədʒər/ [telb zn] (vero; AE; inf) [1] beslissende slag (ook figuurlijk), genadeslag [2] opmerkelijk iets, einde

¹**sock·er·oo** /sɒkəru:, ᴬsɑ-/ [telb zn] (sl) succes, hit

²**sock·er·oo** /sɒkəru:, ᴬsɑ-/ [bn] (sl) geweldig, heel succesvol

¹**sock·et** /sɒkɪt, ᴬsɑ-/ [telb zn] [1] holte, (oog)kas, gewrichtsholte [2] kandelaar, kaarshouder [3] (techn) sok, mof, buis [4] (elek) contactdoos [5] (elek) contrastekker [6] (elek) fitting, lamphouder [7] (golf) socket (onderste deel van shaft van ijzeren golfclub)

²**sock·et** /sɒkɪt, ᴬsɑ-/ [ov ww] [1] uithollen [2] in holte/kandelaar/fitting/sok inbrengen [3] (golf) socketen, shanken, een shank slaan (misslag maken)

socket spanner [telb zn] (BE) dopsleutel

socket wrench [telb zn] dopsleutel, inbussleutel

sock·eye, sockeye salmon [telb zn] (dierk) blauwrugzalm (Oncorhynchus nerka)

sock·ing /sɒkɪŋ, ᴬsɑ-/ [bw] (BE; inf) enorm

¹**sock·o** /sɒkoʊ, ᴬsɑ-/ [bw] (sl) heel goed, profijtelijk

²**sock·o** /sɒkoʊ, ᴬsɑ-/ [tw] (sl) pats

sock suspender [telb zn; vaak mv] (BE) sokophouder

so·cle /sɒkl, soʊkl, ᴬsɑkl, ᴬsoʊkl/ [telb zn] (bouwk) sokkel, voet(stuk), plint

¹**So·crat·ic** /səkrætɪk/ [telb zn] volgeling van Socrates

²**So·crat·ic** /səkrætɪk/ [bn; bw: ~ally] socratisch ♦ *Socratic elenchus* socratisch onderzoek; *Socratic irony* socratische ironie; *the Socratic method* de socratische methode, dialectiek

So·crat·i·cism /səkrætɪsɪzm/ [niet-telb zn] leer van Socrates

¹**sod** /sɒd, ᴬsɑd/ [telb zn] (BE; inf; pej of scherts) [1] sodemieter ♦ *not care/give a sod* zich geen bliksem interesseren [2] vent, kerel, lamstraal ♦ *dirty sod* viezerik; *kind old sod* vriendelijke oude kerel; *silly sod* dwaas, idioot [3] stinkklus, ellende

²**sod** /sɒd, ᴬsɑd/ [telb + niet-telb zn] (gras)zode, gras(land), plag(ge) ♦ *under the sod* onder de (groene) zoden

³**sod** /sɒd, ᴬsɑd/ [onov ww] ▪ (BE; vulg) *sod off* opsodemieteren, ophoepelen

⁴**sod** /sɒd, ᴬsɑd/ [ov ww] [1] met zoden bedekken [2] (BE; vulg) verdoemen ♦ *sodding computers* verdomde computers, klerecomputers; *sod it!* verdomme!; *sod you!* krijg de klere! ▪ (BE) *sod all* nada, geen snars/moer/flikker

⁵**sod** /sɒd, ᴬsɑd/ [tw] verdomme

¹**so·da** /soʊdə/ [telb zn] roomijs met spuitwater

²**so·da** /soʊdə/ [telb + niet-telb zn] soda(water)

³**so·da** /soʊdə/ [niet-telb zn] [1] (scheik) soda, natriumcarbonaat ♦ *baking soda* dubbelkoolzure soda, zuiveringszout; *caustic soda* bijtende/caustische soda, natriumhydroxide; *washing soda* soda, natriumcarbonaat, wassoda [2] (inf) natrium [3] (verk: soda pop) [4] (verk: soda water)

soda biscuit [telb zn] sodakoekje (bereid met dubbelkoolzure soda)

soda bread [niet-telb zn] sodabrood (bereid met dubbelkoolzure soda)

soda cracker [telb zn] soda cracker (bereid met dubbelkoolzure soda)

soda fountain [telb zn] (AE) fristap(installatie)

soda jerk [telb zn] (AE; sl) (verk: soda jerker) bediener van een fristap

so·dal·i·ty /soʊdæləti/ [telb zn] groepering, broederschap, (r-k) congregatie, sodaliteit

soda pop [telb + niet-telb zn] (AE; inf) prik(limonade), fris

soda siphon [telb zn] spuitwaterfles

soda water [niet-telb zn] soda(water), spuitwater

¹**sod·den** /sɒdn, ᴬsɑdn/ [bn; bw: ~ly; zn: ~ness] [1] doorweekt, doordrenkt ♦ *sodden with water* kleddernat [2] klef (van brood, e.d.) [3] opgeblazen, opgezwollen (door drank) ♦ *sodden features* opgeblazen gezicht

²**sod·den** /sɒdn, ᴬsɑdn/ [onov ww] [1] doordrenkt/doorweekt raken [2] klef worden

³**sod·den** /sɒdn, ᴬsɑdn/ [ov ww] [1] doorweken, doordrenken [2] klef maken [3] opgeblazen maken (door drank)

sod·dy /sɒdi, ᴬsɑ-/ [bn; vergr trap: soddier] met zoden

bedekt
so·di·um /soʊdɪəm/ [niet-telb zn] ⟨scheik⟩ natrium ⟨element 11⟩
sodium bicarbonate [niet-telb zn] natriumbicarbonaat, zuiveringszout
sodium chloride [niet-telb zn] ⟨scheik⟩ keukenzout
sodium lamp [telb zn] natriumlamp
Sod·om /sɒdəm, ᴬsɑ-/ [eigenn, telb zn] Sodom ⟨in Bijbels Palestina; Gen. 19:24⟩, verdorven stad
sod·om·ite /sɒdəmaɪt, ᴬsɑ-/ [telb zn] [1] sodemieter, iemand die sodomie bedrijft [2] homoseksueel
sod·om·y /sɒdəmi, ᴬsɑ-/ [niet-telb zn] [1] sodomie [2] homoseksueel gedrag
Sod's Law [niet-telb zn] ⟨BE; inf; scherts⟩ de wet van 'Sod' ⟨als er iets fout kán gaan, gaat dat ook fout; zie ook Murphy's Law⟩ ♦ *oh God, Sod's Law again!* verdorie, alles wat maar kan, zit weer tegen!
so·ev·er /soʊevə, ᴬ-ər/ [bw; vaak suffix bij betrekkelijk voornaamwoord of bijwoord] ± ... (dan) ook, ± al ... ♦ *any town soever* welke plaats dan ook; *howsoever* hoe dan ook; *whosoever* wie dan ook, al wie
so·fa /soʊfə/ [telb zn] bank, sofa, canapé
sofa bed [telb zn] slaapbank
sofa government [niet-telb zn] het regeren vanuit een ivoren toren
sofa lizard [telb zn] ⟨sl⟩ ⟨vurige⟩ vrijer
sofa surfing [niet-telb zn] [1] het logeren bij vrienden [2] het gratis of goedkoop logeren bij iemand met wie men via het internet in contact gekomen is
sof·fit /sɒfɪt, ᴬsɑ-/ [telb + niet-telb zn] ⟨bouwk⟩ soffiet ⟨(versierd) ondervlak van een architraaf, kroonlijst, galerij enz.⟩
S of S [afk] ⟨Bijb⟩ (Song of Songs) Hoogl.
¹**soft** [telb zn] → softy
²**soft** /sɒft, ᴬsɔft/ [bn; vergr trap: softer; bw: ~ly; zn: ~ness] [1] zacht, week, buigzaam, gedempt ⟨licht⟩, vaag, onscherp, rustig, teerhartig, mild, teder, hartelijk, medelevend ♦ *soft answer* rustig/kalmerend antwoord ⟨op beschuldiging e.d.⟩; *soft answer* zacht antwoord (Spreuken 15:1); *as soft as butter* zo zacht als boter; *have a soft heart* vriendelijk zijn; *soft iron* weekijzer; *soft landing* zachte landing; *soft manners* hoffelijk gedrag; *soft palate* zacht gehemelte; *soft shoulder/verge!* zachte berm!; *soft skin* zachte huid; *soft soap* zachte zeep; ⟨fig⟩ vleierij; *soft solder* tinsoldeer; *soft tissues* zachte weefsels; *soft toy* knuffeldier, knuffelbeest [2] slap ⟨ook figuurlijk⟩, zwak, week, sentimenteel ♦ *soft muscles* slappe spieren; *whisper soft nothings* zoete/lieve woordjes fluisteren, troetelwoordjes fluisteren; *(have) a soft spot for s.o.* een zwak voor iemand hebben [3] ⟨BE⟩ vochtig ⟨weer⟩, regenachtig, dooiend [4] ⟨inf⟩ niet-verslavend, soft ⟨drugs⟩ [5] ⟨fin⟩ laaggeprijsd ⟨aandelen⟩ [6] ⟨inf⟩ eenvoudig ♦ *soft job* makkie, goedbetaalde baan; *soft option* gemakkelijke weg/oplossing [7] ⟨inf⟩ onnozel, dwaas, gek ♦ *have gone soft in the head* niet goed wijs zijn geworden [8] ⟨inf⟩ niet-alcoholisch, fris [9] ⟨vero; taalk⟩ lenis, stemhebbend, niet-geaspireerd [10] ⟨niet-technisch⟩ zacht, fricatief ⟨medeklinker⟩ ♦ *in ice-age, c and g are soft* in ice-age worden c en g uitgesproken als s en zj ⟨AE⟩ *soft cider* appelsap; *soft coal* vette kolen; *soft credit* lening op gunstige voorwaarden; *soft currency* zwakke valuta; *soft detergent* milieuvriendelijk schoonmaakmiddel; ⟨foto⟩ *soft focus* soft focus ⟨BE⟩ *soft fruit* zacht fruit ⟨zonder pit⟩; ⟨BE⟩ *soft furnishings* woningtextiel; ⟨BE⟩ *soft goods* manufacturen; *soft loan* lening op gunstige voorwaarden; *soft mark* dupe, willig slachtoffer; *soft money* papiergeld; donatie aan een politieke partij ⟨en niet rechtstreeks aan een kandidaat⟩; *soft paste* namaakporselein, zacht porselein; *soft pedal* linker pedaal ⟨piano⟩; ⟨inf⟩ *soft porno* softporno; *soft radiation* zwakke straling; *soft roe* hom; *the soft sciences* de niet-exacte wetenschappen, de alfa- en gammawetenschappen; *soft sell* vriendelijk overredende verkoop(methode); *the soft(er) sex* het zwakke geslacht; *soft sugar* kristalsuiker; poedersuiker; *soft touch* vrijgevig iemand; iemand die gemakkelijk te overreden is/geld uitleent; eenvoudig klusje; makkelijk verdiend geld; *soft water* zacht water; ⟨cricket⟩ *soft wicket* natte (en daardoor zachte) wicket/pitch; ⟨sprw⟩ *a soft answer turneth away wrath* een zacht woord stilt de toorn

³**soft** /sɒft, ᴬsɔft/ [bn, pred; vergr trap: softer; bw: ~ly; zn: ~ness] zwak, gek, verliefd ♦ ⟨inf⟩ *be soft about/on* gek/verliefd zijn op, een zwak hebben voor
⁴**soft** /sɒft, ᴬsɔft/ [bw; voornamelijk vergrotende trap] zacht ♦ *play soft(er)* zachtjes/(zachter) spelen
sof·ta /sɒftə, ᴬsɔftə, ᴬsɑf-/ [telb zn] softa ⟨student van de moslimleer⟩
soft·ball [niet-telb zn] softbal
soft-boiled [bn] [1] zacht(gekookt) ⟨van ei⟩ [2] weekhartig, sentimenteel
soft-cen·tred [bn] met zachte vulling ⟨van chocolade⟩, gevuld
soft copy [niet-telb zn] ⟨comp⟩ beeldschermtekst
soft-core [bn, attr] soft, zacht ⟨m.b.t. porno⟩ ♦ *soft-core pornography* softporno
soft drink [telb zn] fris(drank)
¹**sof·ten** /sɒfn, ᴬsɔfn/ [onov ww] [1] zacht(er) worden [2] vertederd worden, vertederen
²**sof·ten** /sɒfn, ᴬsɔfn/ [ov ww] [1] zacht(er) maken, verzachten, dempen ⟨licht⟩, ontharden ⟨water⟩ [2] verwennen, verweekelijken, verslappen [3] vertederen, teder maken ⟨·⟩ *softening of the brain* hersenverweking, seniele aftakeling; *soften up* mild/gunstig stemmen, vermurwen; verzwakken, murw maken; ⟨mil⟩ murw bombarderen
sof·ten·er /sɒfnə, ᴬsɔfnər/ [telb zn] (water)verzachter, waterontharder, (i.h.b.) wasverzachter
soft·head [telb zn] ⟨inf⟩ onnozele hals
soft·head·ed [bn; bw: softheadedly] halfzacht, niet goed wijs/snik
soft·heart·ed [bn; bw: softheartedly; zn: softheartedness] teerhartig, snel bewogen/ontroerd, hartelijk, vriendelijk
softie [telb zn] → softy
soft·ish /sɒftɪʃ, ᴬsɔf-/ [bn] vrij zacht, aan de zachte kant
soft·land [onov ww] een zachte landing maken
soft-lined [bn] met zachte/delicate gelaatstrekken
soft·ly-soft·ly [bn, attr] ⟨BE⟩ zeer voorzichtig ⟨van aanpak⟩
soft-nosed [bn] ⟨·⟩ *soft-nosed bullet* dumdumkogel
¹**soft-ped·al** [onov ww] een uitspraak afzwakken
²**soft-ped·al** [onov + ov ww] met het linkerpedaal ingedrukt spelen ⟨piano⟩
³**soft-ped·al** [ov ww] [1] afzwakken, matigen, verzachten, temperen [2] niet benadrukken
soft-shell, soft-shelled [bn] [1] met zachte schaal ⟨van krab, in het bijzonder na vervellen⟩ [2] gematigd, mild
soft-soap, soft-saw·der [ov ww] ⟨inf⟩ stroop smeren bij, vleien, zoete broodjes bakken/een wit voetje trachten te halen bij
soft-spo·ken, soft·ly-spo·ken [bn; vergr trap: ook softer-spoken] met zachte/vriendelijke stem
soft tack [niet-telb zn] ⟨scheepv⟩ zacht/wit brood, goede kost
soft-term [bn, attr] op lange termijn ♦ *soft-term loan* lening op lange/gunstige termijn
soft-top [telb zn] [1] vouwdak ⟨van auto⟩ [2] cabriolet
soft·ware /sɒf(t)weə, ᴬsɔf(t)wer/ [niet-telb zn] ⟨comp⟩ programmatuur, software
software package [telb zn] ⟨comp⟩ softwarepakket
soft·wood [niet-telb zn] zachthout ⟨voornamelijk naaldhout⟩

soft·y, soft·ie /sɒfti, ˄sɔfti/, **soft** [telb zn] ⟨inf⟩ ① slappeling, zwakkeling, softie, dwaas ② iemand die gemakkelijk te overreden is/geld uitleent, zacht ei(tje)

SOGAT /sougæt/ [afk] ⟨BE⟩ (Society of Graphical and Allied Trades)

sog·gy /sɒgi, ˄sagi/ [bn; vergr trap: soggier; bw: soggily; zn: sogginess] ① doorweekt ② drassig ③ suf, saai, sullig, idioot ④ klef ⟨van brood, e.d.⟩ ⑤ drukkend, zwoel

soh, so /sou/ [telb + niet-telb zn] ⟨muz⟩ sol, G

so·ho /souhou/ [tw] ① ⟨jacht⟩ ⟨uitroep bij het ontdekken van een⟩ haas!, ⟨alg⟩ aha!, nou heb ik je te pakken! ② ⟨tot paard⟩ bedaard

SO·HO /souhou/ [niet-telb zn] ⟨comp⟩ (Small Office, Home Office) soho

soi-di·sant /swɑːdiːzɑ̃, ˄-diːzɑ̃/ [bn] ① zich noemend ② zogenaamd

soi·gné /⟨vrouwelijk⟩ **soi·gnée** /swɑːnjeɪ, ˄swɑnjeɪ/ [bn] gesoigneerd, verzorgd, elegant

¹soil /sɔɪl/ [telb + niet-telb zn] ① grond ⟨ook figuurlijk⟩, land, teelaarde ② ⟨vader⟩land ♦ *on Dutch soil* op Nederlandse bodem; *native soil* geboortegrond ③ vuil, vlek, vuiligheid, smet ⟨ook figuurlijk⟩

²soil /sɔɪl/ [niet-telb zn] ① (ver)vuil(ing) ② afval, drek ③ ⟨the⟩ aarde, grond, land ♦ *son of the soil* kind van het land ④ ⟨jacht⟩ poel, water ♦ *take soil* zijn toevlucht zoeken in het water ⟨van wild⟩

³soil /sɔɪl/ [onov ww] ① vuil worden, smetten ② ⟨jacht⟩ zijn toevlucht zoeken in het water ⟨van wild⟩

⁴soil /sɔɪl/ [ov ww] ① vuilmaken, bevuilen, bezoedelen ♦ *refuse to soil one's hands* weigeren zijn handen vuil te maken; ⟨fig⟩ *not soil one's hands with sth.* vies zijn van iets ② groenvoer geven ⟨vee⟩ · ⟨sprw⟩ *it's a foolish bird that soils its own nest* het is een slechte vogel, die zijn eigen nest bevuilt

soil·age /sɔɪlɪdʒ/ [niet-telb zn] groenvoer

soil·less /sɔɪləs/ [bn] zonder grond/(teel)aarde

soil mechanics [alleen mv; werkwoord voornamelijk enk] grondmechanica

soil pipe [telb zn] afvoerpijp, riool

soil science [niet-telb zn] bodemkunde, pedologie

soil survey [telb zn] bodemkartering

soil·y /sɔɪli/ [bn; vergr trap: soilier] ① vuil ② bodem-, aarde-

soi·ree, soi·rée /swɑːreɪ, ˄swɑreɪ/ [telb zn] soiree, avondje

¹so·journ /sɒdʒɜːn, ˄soudʒɜrn/ [telb zn] ⟨form⟩ (tijdelijk) verblijf, oponthoud

²so·journ /sɒdʒɜːn, ˄soudʒɜrn/ [onov ww] ⟨form⟩ vertoeven, (tijdelijk) verblijven ♦ *sojourn among friends* onder vrienden vertoeven; *sojourn at/in a place* tijdelijk ergens verblijven; *sojourn with relatives* bij familie verblijven

so·journ·er /sɒdʒɜːnə, ˄soudʒɜrnər/ [telb zn] ⟨form⟩ gast

¹soke /souk/ [telb zn] ⟨BE; gesch, jur⟩ rechtsgebied, district ⟨onder soke² bet 1⟩

²soke /souk/ [niet-telb zn] ⟨BE; gesch, jur⟩ jurisdictie, rechtsmacht ⟨van landheer⟩

soke·man /soukmən/ [telb zn; mv: sokemen /-mən/] leenman

¹sol /sɒl, ˄sɑl/ [telb zn; mv: ook soles] sol ⟨munteenheid van Peru⟩

²sol /sɒl, ˄sɑl/ [telb + niet-telb zn] ① ⟨muz⟩ sol, G ② ⟨scheik⟩ (verk: solution) sol ⟨colloïdale oplossing⟩

³sol /sɒl, ˄sɑl/ [niet-telb zn] ① ⟨sl⟩ (verk: solitary confinement) eenzame opsluiting, afzondering, isoleercel ② ⟨alchemie⟩ goud

⁴sol [afk] ① (solicitor) ② (solution)

Sol /sɒl, ˄sɑl/ [eigennm; the] ⟨scherts behalve Romeinse myth⟩ Sol, de zon⟨negod⟩

¹so·la /soulə/ [telb zn] ⟨plantk⟩ sola ⟨Aeschynomene aspera⟩

²so·la /soulə/ [bn, pred; v] → **solus**

sola bill [telb zn] ⟨fin⟩ sola(wissel), enkele wissel

¹sol·ace /sɒlɪs, ˄sɑlɪs/, **sol·ace·ment** /-mənt/ [telb + niet-telb zn] troost, vertroosting, verlichting, soelaas, bemoediging ♦ *find solace in sth.* troost vinden in iets

²sol·ace /sɒlɪs, ˄sɑlɪs/ [ov ww] ① (ver)troosten, verlichten, opbeuren ♦ *solace o.s. (with sth.)* zich troosten (met iets) ② opvrolijken, opmonteren

sol·ac·er /sɒlɪsə, ˄sɑlɪsər/ [telb zn] trooster

so·lan /soulən/, **solan goose** [telb zn] ⟨vero; dierk⟩ jan-van-gent, bassaangans, rotspelikaan ⟨Sula bassana⟩

so·lan·der /səlændə, ˄-ər/ [telb zn] cassette ⟨voor boek, kaarten, e.d.⟩

so·la·num /səleɪnəm/ [telb + niet-telb zn] ⟨plantk⟩ nachtschade ⟨genus Solanum⟩

¹so·lar /soulə, ˄-ər/ [telb zn] ① solarium ② bovenkamer ⟨van middeleeuws huis⟩

²so·lar /soulə, ˄-ər/ [bn] solair, van de zon, zonne-, zons- ♦ *solar battery*, *solar cell* zonnecel; *solar collector* zonnecollector; *solar constant* zonneconstante; *solar cycle* zonnecyclus, zonnecirkel ⟨28 jaar⟩; *solar day* zonnedag; *solar eclipse* zoneclips, zonsverduistering; *solar energy* zonne-energie; *solar heating* zonneverwarming; *solar month* zonnemaand; *solar myth* zonnemythe; *solar panel* zonnepaneel; *solar particle* zonnedeeltje; *solar pond* zonnevijver; *solar power* zonne-energie; *solar wind* zonnewind; *solar year* zonnejaar ⟨med⟩ *solar plexus* zonnevlecht ⟨plexus solaris⟩; ⟨inf⟩ maag

so·lar·ism /souləɪzm/ [niet-telb zn] zonnecultus, zonnedienst

so·lar·ist /souləɪst/ [telb zn] aanhanger van zonnecultus

so·lar·i·um /souleəɪəm, ˄-ler-/ [telb zn; mv: ook solaria /-ɪə/] ① solarium ② ⟨gesch⟩ (Romeinse) zonnewijzer

so·lar·i·za·tion, so·lar·i·sa·tion /souləraɪzeɪʃn, ˄-rəzeɪʃn/ [telb + niet-telb zn] ⟨foto⟩ solarisatie ⟨na sterke overbelichting⟩

¹so·lar·ize, so·lar·ise /souləraɪz/ [onov ww] ① aan zonlicht blootgesteld worden ② ⟨foto⟩ gesolariseerd worden, solarisatie ondergaan

²so·lar·ize, so·lar·ise /souləraɪz/ [ov ww] ① aan zonlicht blootstellen ② ⟨foto⟩ solariseren

so·lar-pow·ered [bn] van/m.b.t. zonne-energie

solar system [telb zn] zonnestelsel

so·la·ti·um /souleɪʃɪəm/ [telb zn; mv: solatia /-ʃɪə/] ⟨jur⟩ vergoeding ⟨voor immateriële schade⟩, smartengeld

so·la to·pi /soulə toupi/ [telb zn] tropenhelm

sold /sould/ [verleden tijd en volt deelw] → **sell**

sol·dan /souldən, sɒl-, ˄souldən, ˄sɑl-/, **sou·dan** /suːdn/ [telb zn] ⟨vero⟩ sultan

sol·da·nel·la /sɒldənelə, ˄sɑl-/ [telb zn] ⟨plantk⟩ alpenklokje ⟨genus Soldanella, in het bijzonder S. alpina⟩

¹sol·der /sɒldə, souldə, ˄sɑdər/ [niet-telb zn] ① soldeer(sel), soldeermetaal ② (gemeenschappelijke) band, cement

²sol·der /sɒldə, souldə, ˄sɑdər/ [ov ww] solderen, ⟨fig⟩ verbinden ♦ *solder up* solderen, bij elkaar houden, herstellen

sol·der·ing-i·ron /sɒldrɪŋ aɪən, sɒl-, ˄sɑdərɪŋ aɪərn/ [telb zn] soldeerbout, soldeerijzer

¹sol·dier /souldʒə, ˄-ər/ [telb zn] ① militair, soldaat, onderofficier ♦ *soldier of Christ* proselietenmaker; *common soldier* (gewoon) soldaat, onderofficier; *fine soldier* goed militair; *soldier of fortune* avonturier, huurling; *play at soldiers* soldaatje spelen ② strijder, voorvechter ③ ⟨sl; vnl scheepv⟩ lijntrekker, bootafhouder ④ rode spin ⑤ ⟨sl⟩ lege bierfles/whiskyfles ⑥ ⟨AE; sl⟩ iemand die het vuile werk opknapt (in bendes), knecht, waterdrager, klusjesman ⑦ → **soldier ant** ⑧ → **soldier beetle** ⑨ → **soldier crab** ⑩ → **soldier fish**

²sol·dier /souldʒə, ˄-ər/ [onov ww] ① dienen ⟨als soldaat⟩,

dienstdoen ♦ *go soldiering* dienst nemen ② ⟨sl; vnl scheepv⟩ lijntrekken · ⟨BE; inf⟩ *soldier on* volhouden, volharden
soldier ant [telb zn] ⟨dierk⟩ ① soldaat ⟨strijdmier⟩ ② rode mier ⟨Australisch; genus Myrmecia⟩
soldier beetle [telb zn] ⟨dierk⟩ zachtschildkever, weekschildkever ⟨familie Cantharidae⟩, soldaatje ⟨genus Cantharis⟩
soldier crab [telb zn] ⟨dierk⟩ ① heremietkreeft ⟨familie Paguridae⟩ ② wenkkrab ⟨genus Uca⟩
soldier fish [telb zn] ⟨AuE; dierk⟩ ① kardinaalbaars ⟨familie Apogonidae⟩ ② soldatenvis ⟨familie Holocentridae⟩ ③ regenboogdarter ⟨Etheostoma caeruleum⟩
¹**sol·dier·ize** /ˈsoʊldʒəraɪz/ [onov ww] soldaat zijn, dienen
²**sol·dier·ize** /ˈsoʊldʒəraɪz/ [ov ww] (tot) soldaat maken
¹**sol·dier·ly** /ˈsoʊldʒəli, ᴬ-dʒər-/, **sol·dier·like** /-laɪk/ [bn; zn: soldierliness] ① (als) van een soldaat, soldatesk, krijgsmans- krijgshaftig, dapper
²**sol·dier·ly** /ˈsoʊldʒəli, ᴬ-dʒər-/ [bw] soldatesk, als van een soldaat
soldier orchid [telb zn] ⟨plantk⟩ soldaatje ⟨Orchis militaris⟩
sol·dier·ship /ˈsoʊldʒəʃɪp, ᴬ-dʒər-/ [niet-telb zn] ① krijgskunst ② soldaterij, het soldaat-zijn
sol·dier·y /ˈsoʊldʒəri/ [verzameln] ⟨form⟩ ① militairen ② soldateska, soldatenvolk, krijgsvolk
sold-out [bn] uitverkocht
¹**sole** /soʊl/ [telb zn] ① (voet)zool ② (schoen)zool ③ ondervlak, grondvlak ④ bodem ⑤ ⟨bouwk⟩ kesp ⑥ vlakke onderkant van golfclub
²**sole** /soʊl/ [telb zn; culinaria ook niet-telbaar zn; mv: ook sole] ⟨dierk⟩ tong ⟨Solea solea⟩
³**sole** /soʊl/ [bn, attr] ① enig, enkel ② exclusief, uitsluitend
⁴**sole** /soʊl/ [bn, postnom] ⟨vero⟩ ① ⟨jur⟩ ongetrouwd ⟨in het bijzonder van vrouw⟩ ♦ *feme sole* ongehuwde vrouw; weduwe ② alleen ♦ *corporation sole* uit één persoon bestaande rechtspersoonlijkheid ⟨koning; bisschop⟩
⁵**sole** /soʊl/ [ov ww] (ver)zolen
sole circle [telb zn] ⟨gymn⟩ zolendraai ⟨aan rek of legger⟩
sol·e·cism /ˈsɒlɪsɪzm, ᴬˈsɑ-/ [telb zn] ① taalfout, soloecisme ② onbetamelijkheid, ongepastheid
sol·e·cist /ˈsɒlɪsɪst, ᴬˈsɑ-/ [telb zn] ① iemand die taalfouten maakt ② onbetamelijk iemand, vlerk
sol·e·cis·tic /ˌsɒlɪˈsɪstɪk, ᴬˌsɑ-/ [bn; bw: ~ally] ① onjuist ② onbetamelijk, ongepast
-soled /soʊld/ ± met zolen ⟨van bepaalde soort⟩ ♦ *rubbersoled* met rubberzolen
sole·ly /ˈsoʊlli/ [bw] ① alleen ② enkel, uitsluitend
sol·emn /ˈsɒləm, ᴬˈsɑ-/ [bn; bw: ~ly; zn: ~ness] ① plechtig, solemneel ♦ *a solemn duty* een heilige plicht; *Solemn League and Covenant* Plechtig Verbond tussen Engeland en Schotland (1643); ⟨r-k⟩ *solemn mass* solemnele/plechtige mis; *a solemn oath* een plechtige eed ② ernstig ♦ *look as solemn as a judge* doodernstig kijken ③ (plecht)statig ④ belangrijk, gewichtig, ⟨muz ook⟩ gedragen ♦ *solemn warning* dringende waarschuwing ⑤ indrukwekkend, eerbiedwaardig ⑥ saai
¹**so·lem·ni·ty** /səˈlemnəti/ [telb zn] plechtigheid, solemniteit
²**so·lem·ni·ty** /səˈlemnəti/ [niet-telb zn] ① plechtstatigheid, ceremonieel ② ernst
¹**sol·em·ni·za·tion, sol·em·ni·sa·tion** /ˌsɒləmnaɪˈzeɪʃn, ᴬˌsɑləmnə-/ [telb + niet-telb zn] ① (plechtige) viering ② voltrekking ⟨van een huwelijk⟩
²**sol·em·ni·za·tion, sol·em·ni·sa·tion** /ˌsɒləmnaɪˈzeɪʃn, ᴬˌsɑləmnə-/ [niet-telb zn] ① het plechtig maken ② het ernstig stemmen
sol·em·nize, sol·em·nise /ˈsɒləmnaɪz, ᴬˈsɑ-/ [ov ww]

⟨form⟩ ① (plechtig) vieren, solemniseren ② voltrekken ⟨huwelijk⟩ ③ plechtig maken ④ ernstig stemmen
so·len /ˈsoʊlən/ [telb zn] ⟨dierk⟩ zwaardschede ⟨Solen ensis⟩
so·le·noid /ˈsoʊlənɔɪd/ [telb zn] ⟨elek⟩ solenoïde, relais, elektromagneet
sole·plate [telb zn] ⟨techn⟩ funderingsplaat, grondplaat
¹**sol-fa** /ˌsɒlˈfɑː, ᴬˌsoʊlˈfɑ/ [telb + niet-telb zn] ⟨muz⟩ ① diatonische toonladder ② solfège(oefening) ③ → **solmization**
²**sol-fa** /ˌsɒlˈfɑː, ᴬˌsoʊlˈfɑ/ [onov + ov ww] → **solmizate**
sol·fa·ta·ra /ˌsɒlfəˈtɑːrə, ᴬˌsɑlfəˈtɑrə/ [telb zn] bron van zwaveldampen, solfatare
sol·feg·gio /sɒlˈfedʒioʊ, ᴬsɑl-/ [telb + niet-telb zn; mv: ook solfeggi /-dʒi/] ① solmisatie ② solfège, solfeggio
sol·fe·ri·no /ˌsɒlfəˈriːnoʊ, ᴬˌsɑl-/ [niet-telb zn; vaak attributief] ① purperachtig rood, solferino ② fuchsine, fuchsia
soli [alleen mv] → **solo**
¹**so·lic·it** /səˈlɪsɪt/ [onov ww] ① een verzoek doen ♦ ⟨form⟩ *solicit for custom* om klandizie verzoeken ② tippelen, banen
²**so·lic·it** /səˈlɪsɪt/ [ov ww] ① (dringend) verzoeken, bedelen, dingen naar ♦ *solicit s.o.'s attention* iemands aandacht vragen; *solicit (s.o. for) s.o.'s custom* iemands klandizie vragen ② aanspreken ⟨van prostituee⟩, aanklampen, benaderen, lastigvallen, (ver)lokken
so·lic·i·tant /səˈlɪsɪtənt/ [telb zn] ⟨form⟩ vrager
¹**so·lic·i·ta·tion** /səˌlɪsɪˈteɪʃn/ [telb zn] ① verzoek ② verlokking, verleiding
²**so·lic·i·ta·tion** /səˌlɪsɪˈteɪʃn/ [niet-telb zn] ① het verzoeken, aandrang ② het verlokken
so·lic·i·tor /səˈlɪsɪtə, ᴬ-sɪtər/ [telb zn] ① ⟨BE; jur⟩ ± procureur ② ⟨BE; jur⟩ rechtskundig adviseur, ± advocaat ⟨voor lagere rechtbank⟩ ③ ⟨BE; jur⟩ ± notaris ④ ⟨AE⟩ rechterlijk ambtenaar ⑤ ⟨AE⟩ colporteur ⑥ ⟨AE⟩ verkiezingsagent
Solicitor General [telb zn; ook sollicitor general; mv: Solicitors General] ⟨jur⟩ ① ⟨BE⟩ ± advocaat-generaal ② ⟨AE⟩ ± viceminister van Justitie ③ ⟨AE⟩ ± minister van Justitie
so·lic·i·tous /səˈlɪsɪtəs/ [bn; bw: ~ly; zn: ~ness] ① verlangend, gretig ♦ *solicitous to do sth.* verlangend om iets te doen; *solicitous of* verlangend naar ② bezorgd, bekommerd ♦ *solicitous about/for* bezorgd om ③ aandachtig, nauwgezet
so·lic·i·tude /səˈlɪsɪtjuːd, ᴬ-tuːd/ [niet-telb zn] ① zorg, bezorgdheid, angst ② aandacht, nauwgezetheid
¹**sol·id** /ˈsɒlɪd, ᴬˈsɑ-/ [telb zn] ① vast lichaam ⟨driedimensionaal⟩ lichaam, stereometrische figuur ③ ⟨vaak mv⟩ vast deeltje ⟨in een vloeistof⟩, vaste stof
²**sol·id** /ˈsɒlɪd, ᴬˈsɑ-/ [bn; bw: ~ly; zn: ~ness] ① vast ⟨ook scheikunde⟩, stevig, compact, solide ♦ *of solid build* stevig gebouwd; *solid fuel* vaste brandstof; ⟨fig⟩ *on solid ground* goed onderbouwd; *a solid meal* een degelijke maaltijd; *packed solid* propvol; *solid rock* vast gesteente; ⟨scheik⟩ *solid solution* vaste oplossing ⟨mengkristal⟩; *solid state* vaste toestand ② massief, dicht ♦ *solid tyre* massieve (rubber)band; *solid wall* blinde muur ③ ⟨inf⟩ ononderbroken, aaneen, aaneengesloten ⟨van tijd⟩ ♦ *solid hour* vol uur; *Castro talked solidly for three hours* Castro sprak drie uur aan één stuk ④ betrouwbaar ⟨in het bijzonder financieel⟩, solide, welgesteld ♦ *solid evidence* betrouwbaar/concreet/ tastbaar bewijs; *solid figures* harde cijfers; *solid firm* kredietwaardige zaak ⑤ kubiek, kubisch, driedimensionaal ♦ *solid angle* ruimtehoek; lichaamshoek; *solid geometry* stereometrie; *solid metre* kubieke meter; *solid paraboloid* kubische paraboloïde ⑥ ⟨inf⟩ unaniem, eensgezind, solidair ♦ *solid against* unaniem tegen; ⟨AE⟩ *the Solid South* het eensgezinde Zuiden ⟨democratisch⟩; *the Board supports you solidly* het bestuur staat als één man achter u; *solid vote*

solid

eenstemmigheid ⑦ gegrond, echt, grondig, degelijk ♦ *solid arguments* sterke argumenten; *solid comfort* echte troost; *(be) solid for sth.* unaniem vóór iets (zijn); *(go) solid for sth.* unaniem (stemmen) vóór iets; *solid learning* grondige studie; *solid offer* goed aanbod; *solid reasons* gegronde redenen ⑧ ⟨boek⟩ aaneen(geschreven), kompres, aan elkaar ♦ *solid printing* kompresse druk ⑨ ⟨BE; sl⟩ gaaf, prima, cool ⑩ ⟨BE; sl⟩ moeilijk, lastig · ⟨sl⟩ *solid ivory* uilskuiken; ⟨sl⟩ *solid sender* hippe vogel; ⟨AE; inf⟩ *solid with* op goede voet met

³**sol·id** /splɪd, ᴬsɑ-/ [bn, attr; bw: ~ly; zn: ~ness] ① zuiver, massief, puur ♦ *solid gold* puur goud ② ⟨AE⟩ effen ♦ *solid colour* effen kleur

volume van vaste stoffen		1/2
Amerikaans-Engels	omrekenfactor	**Nederlands**
(dry) pint	x 0,551 =	liter
(dry) quart	x 1,101 =	liter
cubic inch	x 16,387 =	kubieke centimer
cubic foot	x 28,316 =	kubieke decimeter
cubic yard	x 0,765 =	kubieke meter
Brits-Engels		
cubic inch	x 16,387 =	kubieke centimer
cubic foot	x 28,316 =	kubieke decimeter
cubic yard	x 0,765 =	kubieke meter
Nederlands		**Amerikaans-Engels**
liter	x 1,815 =	(dry) pint
liter	x 0,908 =	(dry) quart
kubieke centimer	x 0,061 =	cubic inch
kubieke decimeter	x 0,035 =	cubic foot
kubieke meter	x 1,307 =	cubic yard
		Brits-Engels
kubieke centimer	x 0,061 =	cubic inch
kubieke decimeter	x 0,035 =	cubic foot
kubieke meter	x 1,307 =	cubic yard

sol·i·dar·i·ty /splɪdærəti, ᴬsɑlɪdærəti/ [niet-telb zn] solidariteit, saamhorigheidsgevoel, eensgezindheid

sol·i·dar·y /splɪdri, ᴬsɑlɪderi/ [bn] solidair ② verenigd, één

sol·id-drawn [bn] ⟨techn⟩ naadloos getrokken

solid glass rod [telb zn] ⟨sportvis⟩ glashengel

so·lid·i·fi·ca·tion /səlɪdɪfɪkeɪʃn/ [telb + niet-telb zn] ① verharding, condensatie, stolling, ⟨fig⟩ consolidering ② versterking

¹**so·lid·i·fy** /səlɪdɪfaɪ/ [onov ww] ① hard(er) worden, verharden, stollen, vast/stijf worden, ⟨fig⟩ zich consolideren ② zich verenigen, één worden

²**so·lid·i·fy** /səlɪdɪfaɪ/ [ov ww] ① hard(er) maken, doen stollen, condenseren, vast/stijf maken, ⟨fig⟩ consolideren ② vormen ③ verenigen, één maken

¹**so·lid·i·ty** /səlɪdəti/ [telb zn] vast lichaam

²**so·lid·i·ty** /səlɪdəti/ [niet-telb zn] ① soliditeit, hardheid, stevigheid ② dichtheid, compactheid ③ kracht ⟨van argumenten⟩ ④ betrouwbaarheid

sol·ids /splɪdz, ᴬsɑ-/ [alleen mv] vast voedsel

sol·id-state [bn] ⟨elek⟩ halfgeleider-, getransistoriseerd, statisch ⟨onderbreker⟩ · *solid-state physics* vaste stof fysica

sol·id-un·gu·late /splɪdʌŋɡjʊlət, ᴬsɑlɪdʌŋɡjələt/ [bn] ⟨dierk⟩ eenhoevig

sol·i·dus /splɪdəs, ᴬsɑ-/ [telb zn; mv: solidi /-daɪ/] ① schuine streep, breukstreep, Duitse komma ② ⟨wisk⟩ solidus(kromme), ⟨schuine⟩ breukstreep ③ ⟨gesch⟩ solidus ⟨Romeinse munt⟩

solidus curve [telb zn] ⟨wisk⟩ solidus(kromme)

¹**sol·i·fid·i·an** /splɪfɪdiən, ᴬsɑ-, ᴬsoʊ-/ [telb zn] ⟨rel⟩ aanhanger van het beginsel van verlossing door geloof alleen

²**sol·i·fid·i·an** /splɪfɪdiən, ᴬsɑ-, ᴬsoʊ-/ [bn] ⟨rel⟩ gelovend in verlossing door geloof alleen

so·li·fluc·tion, (AE ook) so·li·flux·ion /soʊlɪflʌkʃn, sp-, ᴬsoʊ-, ᴬsɑ-/ [niet-telb zn] ⟨aardr⟩ bodemvloeiing, solifluctie

so·lil·o·quist /səlɪləkwɪst/ [telb zn] iemand die tot zichzelf spreekt

¹**so·lil·o·quize, so·lil·o·quise** /səlɪləkwaɪz/ [onov ww] tot zichzelf spreken, hardop denken

²**so·lil·o·quize, so·lil·o·quise** /səlɪləkwaɪz/ [ov ww] in de vorm van een monoloog zeggen

so·lil·o·quy /səlɪləkwi/ [telb + niet-telb zn] alleenspraak, monoloog

¹**so·li·ped** /splɪped, ᴬsɑ-/ [telb zn] eenhoevig dier

²**so·li·ped** /splɪped, ᴬsɑ-/ [bn] eenhoevig

sol·ip·sism /splɪpsɪzm, ᴬsɑ-, ᴬsoʊ-/ [niet-telb zn] ⟨filos⟩ solipsisme

sol·ip·sist /splɪpsɪst, ᴬsɑ-, ᴬsoʊ-/ [telb zn] ⟨filos⟩ solipsist

sol·ip·sis·tic /splɪpsɪstɪk, ᴬsɑ-, ᴬsoʊ-/ [bn] ⟨filos⟩ solipsistisch

¹**sol·i·taire** /splɪteə, ᴬsɑlɪter/ [telb zn] ① solitair(e) ⟨afzonderlijk gezette diamant, enz.⟩ ② ring/oorbel met solitair(e) ③ ⟨dierk⟩ solitaire van Rodriguez ⟨uitgestorven vogel; Pezophaps solitaria⟩ ④ ⟨dierk⟩ clarino, klarinetvogel, townsendzanger ⟨Myadestes townsendi⟩

²**sol·i·taire** /splɪteə, ᴬsɑlɪter/ [telb zn] ① ⟨AE⟩ patience(spel), solitair(spel) ② solitair(spel) ⟨met pinnetjes⟩ ③ ⟨sl⟩ zelfmoord

¹**sol·i·tar·y** /splɪtri, ᴬsɑlɪteri/ [telb zn] kluizenaar, eenling

²**sol·i·tar·y** /splɪtri, ᴬsɑlɪteri/ [telb zn] ⟨inf⟩ eenzame opsluiting, afzondering, isoleercel

³**sol·i·tar·y** /splɪtri, ᴬsɑlɪteri/ [bn; bw: solitarily; zn: solitariness] ① alleen(levend), solitair ⟨ook biologie⟩ ② eenzelvig ③ afgezonderd, eenzaam, teruggetrokken, afgelegen, verlaten ♦ *solitary confinement* eenzame opsluiting

⁴**sol·i·tar·y** /splɪtri, ᴬsɑlɪteri/ [bn, attr; bw: solitarily; zn: solitariness] enkel ♦ *give me one solitary example* geef mij één enkel voorbeeld

volume van vaste stoffen	2/2
Amerikaans-Engels	
1 quart = 2 pints	
1 cubic yard = 27 cubic feet	
1 cubic foot = 1728 cubic inches	
Brits-Engels	
1 cubic yard = 27 cubic feet	
1 cubic foot = 1728 cubic inches	
· 1 kubieke meter = 1000 kubieke decimeter	
· 1 kubieke decimeter = 1000 kubieke centimeter	
· als een Engels woord een volume aangeeft dat groter is dan 1, wordt het meervoud gebruikt: **one and a half dry pints, eight cubic yards**	

¹**sol·i·tude** /splɪtjuːd, ᴬsɑlɪtuːd/ [telb zn] eenzame plek · ⟨sprw⟩ *a great city, a great solitude* ± eenzaam, maar niet alleen

²**sol·i·tude** /splɪtjuːd, ᴬsɑlɪtuːd/ [niet-telb zn] eenzaamheid

¹**sol·mi·zate** /splmɪzeɪt, ᴬsɑl-/, **sol-fa** /splfɑː, ᴬsoʊlfɑ/ [onov ww] ⟨muz⟩ solmiseren, solfegiëren

²**sol·mi·zate** /splmɪzeɪt, ᴬsɑl-/, **sol-fa** /splfɑː, ᴬsoʊlfɑ/

[ov ww] ⟨muz⟩ zingen met gebruik van klankladder
sol·mi·za·tion /sɒlmɪzeɪʃn, ᴬsɑl-/, **sol-fa** /sɒlfɑː, ᴬsoʊlfɑ/ [telb + niet-telb zn] ⟨muz⟩ solmisatie, transpositie-dosysteem, solfège
¹**so·lo** /soʊloʊ/ [telb zn; mv: ook soli /soʊli/] ⓵ ⟨muz⟩ solo, alleenzang ⓶ solo-optreden, solistisch optreden ⓷ solovlucht
²**so·lo** /soʊloʊ/ [niet-telb zn] → solo whist
³**so·lo** /soʊloʊ/ [bn] m.b.t. een solo, solistisch, solo- ♦ *solo flight* solovlucht
⁴**so·lo** /soʊloʊ/ [onov ww] ⓵ als solist(e) optreden, alleen optreden, soleren ⓶ solo vliegen ⓷ ⟨sl⟩ z'n eigen boontjes doppen, iets op z'n eigen houtje doen
⁵**so·lo** /soʊloʊ/ [bw] solo, alleen ♦ *fly solo* solo vliegen
so·lo·ist /soʊloʊɪst/ [telb zn] solist(e)
Sol·o·mon /sɒləmən, ᴬsɑ-/ [eigenn, telb zn] Salomo, wijze, wijs man ♦ *Judgement of Solomon* salomonsoordeel ⟨1 Kon. 3:16-28⟩; ⟨iron⟩ *be no Solomon* niet zo wijs zijn als Salomo, geen licht zijn
Sol·o·mon·ic /sɒləmɒnɪk, ᴬsɑləmɑnɪk/, **Sol·o·mo·nian** /-moʊnɪən/ [bn] salomonisch, wijs, uiterst verstandig
Solomon Islander [telb zn] Salomonseilander, Salomonseilandse, inwoner/inwoonster van de Salomonseilanden
Solomon Islands, Solomons [eigenn; the; werkwoord mv] Salomonseilanden
¹**Solomon's seal** [telb zn] ⟨plantk⟩ salomonszegel ⟨genus Polygonatum⟩
²**Solomon's seal** [niet-telb zn] davidster
So·lon /soʊlən/ [eigenn, telb zn] Solon, wijze wetgever
so long [tw] ⟨inf⟩ tot ziens
solo stop [telb zn] ⟨muz⟩ soloregister ⟨van orgel⟩
solo whist [telb zn] ⟨muz⟩ solo ⟨soort whistspel⟩
sol·stice /sɒlstɪs, ᴬsɑl-/ [telb zn] ⟨astron⟩ ⓵ zonnestilstand, solstitium, zonnewende ⓶ zonnestilstandspunt ⓷ hoogste punt, limiet
sol·sti·tial /sɒlstɪʃl, ᴬsɑl-/ [bn] ⟨astron⟩ solstitiaal
sol·u·bil·i·ty /sɒljʊbɪləti, ᴬsɑljəbɪləti/ [niet-telb zn] oplosbaarheid
sol·u·bi·li·za·tion, sol·u·bi·li·sa·tion /sɒljʊbəlaɪzeɪʃn, ᴬsɑljəbələ-/ [niet-telb zn] het oplosbaar gemaakt worden/zijn
sol·u·bil·ize, sol·u·bil·ise /sɒljʊbəlaɪz, ᴬsɑljə-/ [ov ww] (meer) oplosbaar maken
sol·u·ble /sɒljʊbl, ᴬsɑljəbl/ [bn; bw: solubly; zn: ~ness] ⓵ oplosbaar ♦ *soluble in* oplosbaar in ⓶ verklaarbaar, oplosbaar ⓷ ⟨scheik⟩ *soluble glass* waterglas, natriumsilicaat
so·lus /soʊləs/, ⟨vrouwelijk⟩ **so·la** /soʊlə/ [bn, pred] ⟨vero; dram of scherts⟩ alleen
sol·ute /sɒljuːt, ᴬsɑljuːt/ [telb + niet-telb zn] ⟨scheik⟩ opgeloste stof
¹**so·lu·tion** /səluːʃn/ [telb + niet-telb zn] ⓵ solutie, oplossing ♦ *in solution* in opgeloste vorm ⓶ oplossing, uitwerking, uitweg ♦ *solution for/of/to a problem* oplossing van een probleem ⓷ ontbinding
²**so·lu·tion** /səluːʃn/ [niet-telb zn] ⓵ het oplossen ⓶ het ontraadselen
¹**So·lu·tre·an, So·lu·tri·an** /səluːtrɪən/ [eigenn, telb zn] solutréen ⟨laat-paleolithische cultuur⟩
²**So·lu·tre·an, So·lu·tri·an** /səluːtrɪən/ [bn] m.b.t./van het solutréen
solv·a·bil·i·ty /sɒlvəbɪləti, ᴬsɑlvəbɪləti/ [niet-telb zn] ⓵ oplosbaarheid ⓶ ⟨ec⟩ solvabiliteit
solv·a·ble /sɒlvəbl, ᴬsɑl-/ [bn; zn: ~ness] ⓵ oplosbaar ⓶ verklaarbaar
sol·vate /sɒlveɪt, ᴬsɑl-/ [onov ww] ⟨scheik⟩ solvateren
sol·vate /sɒlveɪt, ᴬsɑl-/ [ov ww] ⟨scheik⟩ doen solvateren
sol·va·tion /sɒlveɪʃn, ᴬsɑl-/ [telb + niet-telb zn] ⟨scheik⟩ solvatatie
solve /sɒlv, ᴬsɑlv/ [ov ww] ⓵ oplossen, solveren, een uit-

weg vinden voor ⓶ verklaren
sol·ven·cy /sɒlvənsi, ᴬsɑl-/ [niet-telb zn] solventie, solvabiliteit
¹**sol·vent** /sɒlvnt, ᴬsɑl-/ [telb + niet-telb zn] ⓵ solvent, oplosmiddel ⓶ tinctuur ⓷ verzachtend middel, verdrijver
²**sol·vent** /sɒlvnt, ᴬsɑl-/ [bn] ⓵ ⟨ec⟩ solvent, solvabel ⓶ oplossend ⓷ ontbindend
solvent abuse [niet-telb zn] het snuiven van oplosmiddelen, (i.h.b.) lijmsnuiven, solutiesnuiven
solv·er /sɒlvə, ᴬsɑlvər/ [telb zn] oplosser, iemand die iets oplost
-som → **-some**
Som [afk] (Somerset)
¹**so·ma** /soʊmə/ [telb zn] ⓵ ⟨biol⟩ lichaam ⟨tegenover geest⟩, soma ⓶ ⟨biol⟩ totaal der lichaamscellen ⟨i.t.t. kiemcellen⟩ ⓷ ⟨plantk⟩ soma ⟨Sarcostemma acidum⟩
²**so·ma** /soʊmə/ [telb + niet-telb zn] somadrank ⟨bedwelmende drank⟩

Somalia	
naam	Somalia Somalië
officiële naam	Somali Democratic Republic Democratische Republiek Somalië
inwoner	Somali Somaliër
inwoonster	Somali Somalische
bijv. naamw.	Somali Somalisch
hoofdstad	Mogadishu Mogadishu
munt	Somali shilling Somalische shilling
werelddeel	Africa Afrika
int. toegangsnummer 252	www.so auto SO

¹**So·ma·li** /soʊmɑːli/ [eigenn] Somalisch, de Somalische taal
²**So·ma·li** /soʊmɑːli/ [telb zn; mv: ook Somali] Somaliër, Somalische
³**So·ma·li** /soʊmɑːli/ [bn] Somalisch
So·ma·li·a /soʊmɑːlɪə/ [eigenn] Somalië
so·mat·ic /soʊmætɪk/ [bn] ⟨med⟩ somatisch, lichamelijk ♦ *somatic cell* lichaamscel
so·ma·tiz·er, so·ma·tis·er /soʊmətaɪzə, ᴬ-ər/ [telb zn] ⟨med; form⟩ somatiseerder
so·ma·to- /soʊmətoʊ/ ⟨med, psych⟩ somato-, lichaams- ♦ *somatology* somatologie, leer van het menselijk lichaam; *somatotype* lichaamstype; *somatogenic* somatogeen; *somatotonic* somatotonisch
so·ma·to·stat·in /soʊmətəstætɪn/ [telb zn] somatostatine
so·ma·to·tro·pin /soʊmətətroʊpɪn/, **so·ma·to·tro·phin** /soʊmətətroʊfɪn/ [telb zn] somatotropine, groeihormoon
¹**som·bre**, ⟨AE ook⟩ **som·ber** /sɒmbə, ᴬsɑmbər/, ⟨form⟩ **som·brous** /sɒmbrəs, ᴬsɑm-/ [bn; bw: ~ly; zn: ~ness] somber, duister, zwaarmoedig, donker, melancholiek ⓶ ⟨dierk⟩ *sombre tit* rouwmees ⟨Parus lugubris⟩
²**som·bre**, ⟨AE ook⟩ **som·ber** /sɒmbə, ᴬsɑmbər/ [onov + ov ww] versomberen, somber/donker worden/maken
som·bre·ro /sɒmbreərəʊ, ᴬsɑmbreroʊ/ [telb zn] sombrero
¹**some** /sʌm/ [onbep vnw] wat, iets, enkele(n), sommige(n), een aantal ♦ *some of these days* een dezer dagen; *I've made a cake; would you like some?* ik heb een cake gebakken; wil je er wat van/een stukje?; *some say so* sommigen zeggen dat, er zijn er die dat zeggen; *he weighed out three pounds and then some* hij woog drie pond af en nog wat ⓶ ⟨AE; inf⟩ *and then some!* en meer dan dat!, en nog veel meer!, en hoe!
²**some** /sʌm/ [bw] ⓵ ongeveer, zo wat ♦ *some fifty pounds* zo'n vijftig pond ⓶ ⟨vnl AE; inf⟩ enigszins, een beetje, ⟨iron⟩ geweldig, formidabel, fantastisch ♦ *he was annoyed some* hij was een tikje geïrriteerd; *that's going some!* sjonge jonge, wat geweldig!; *she felt some stronger* ze voelde zich

some

wat sterker

³**some** /sʌm, ⟨in betekenis 1⟩ s(ə)m, ⟨in betekenis 1 sterk⟩ sʌm/ [onbep det] ⓵ ⟨hoeveelheid of aantal⟩ **wat, een stuk, een aantal** ♦ *some oranges* wat sinaasappels; *some water* wat water ⓶ ⟨entiteit⟩ **sommige, een of andere, een** ♦ *some day I'll know* ik zal het ooit weten; *some day or another* op één of andere dag; *some girls were dark, others fair* sommige meisjes hadden donker haar, andere blond haar; *a blunt object: a baseball bat, a frozen leg of lamb, or some such thing* een stomp voorwerp: een baseball bat, een bevroren lamsbout, of iets dergelijks; *some woman in the crowd shouted* een vrouw uit de massa schreeuwde ⓷ ⟨emfatische graadaanduiding⟩ ⟨ook iron⟩ **geweldig, fantastisch** ♦ *it was some demonstration* het was een indrukwekkende betoging; *that was some holiday* dat was nu eens een fijne vakantie; ⟨iron⟩ *some hope!* waarschijnlijk stelt het niets voor!; ⟨iron⟩ *some plumber he is!* wat een klungelaar van een loodgieter! ⓿ zie: **someplace**; zie: **sometime**

¹-**some** /səm/ ⓵ **-achtig, -gevend, -veroorzakend, gauw geneigd tot, de aanleiding vormend tot, gekenmerkt door** ♦ *fearsome* angstaanjagend; *burdensome* zwaar; *quarrelsome* ruzieachtig; *troublesome* moeilijkheden veroorzakend, problematisch ⓶ **-tal, groep van** ♦ *foursome* viertal; *ninesome* groep van negen

²-**some** /soʊm/ ⟨biol⟩ **-soom, -lichaam(pje)** ♦ *ribosome* ribosoom; *chromosome* chromosoom

¹**some·bod·y** /sʌmbədi, ᴬ-bɑdi/ [telb zn] **een belangrijk persoon, een hele piet** ♦ *he wanted to be somebody* hij wilde aanzien verwerven; *she thinks she is a real somebody* ze denkt dat ze nogal wat is

²**some·bod·y** /sʌmbədi, ᴬ-bɑdi/ [onbep vnw] **iemand** ♦ *somebody will take care of you* er zal iemand voor je zorgen

some·day [bw] **op een dag, ooit, op één of andere dag** ♦ *we all must die someday* we moeten allen eens sterven

some·how [bw] ⓵ **op de een of andere manier, hoe dan ook, ergens** ♦ *somehow (or other) I'll have to make this clear* op de een of andere wijze moet ik het duidelijk maken ⓶ **om de een of andere reden, waarom dan ook** ♦ *somehow (or other) she never talked to him* om de een of andere reden praatte ze nooit tegen hem

some·one ⃞SOME⃞ [onbep vnw] **iemand** ♦ *she met s.o. on the train* ze ontmoette iemand in de trein

some·place [bw] **ergens, op een of andere plaats** ♦ *someplace else* ergens anders; *do you have someplace to go?* heb je een onderkomen?; *someplace in this area* ergens in deze omgeving

¹**som·er·sault, sum·mer·sault** /sʌməsɔːlt, ᴬ-mər-/,

som·er·set, sum·mer·set /sʌməset, ᴬ-mər-/ [telb zn] **salto (mortale), buiteling, koprol, sprong** ♦ *turn/throw a somersault* een salto/koprol maken, kopje duikelen, over de kop slaan

²**som·er·sault, sum·mer·sault** /sʌməsɔːlt, ᴬ-mər-/, **som·er·set, sum·mer·set** /sʌməset, ᴬ-mər-/ [onov ww] **een salto/koprol maken, buitelen, rondduikelen**

¹**some·thing** [telb zn] **iets** ♦ *I've bought you a little sth. to take with you* ik heb een kleinigheidje voor je gekocht om mee te nemen; *I saw a sth. move and screamed* ik zag iets bewegen en gilde; ⟨euf⟩ *what the sth. are you up to?* wat voer je potdorie uit?

²**some·thing** ⃞SOME⃞ [onbep vnw] ⓵ **iets, wat** ♦ *he dropped sth.* hij liet iets vallen; *have sth.* eet of drink wat/iets; *there's sth. in/to it* daar is iets van aan, daar zit wat in; ⟨inf⟩ *sth. like $1000* zo ongeveer/om en nabij een duizend dollar; *it's sth. like a church* het ziet er min of meer uit als een kerk; *shaped sth. like an egg* ongeveer eivormig; *this means sth.* dit is van belang; *his name is sth. Jones* zijn naam is Jones maar ik kende zijn voornaam niet; ⟨inf⟩ *he's sth. of a painter* het is een vrij behoorlijk/niet onaardig/niet onverdienstelijk schilder; *it's sth. of a problem* het is enigszins een probleem; *it came as sth. of a surprise* het kwam een beetje als een verrassing; *this dish is called haggis or sth.* dit gerecht heet haggis of zoiets/iets dergelijks; *sth. or other* het een of ander; *seventy sth.* in de zeventig, een dikke zeventig; *at three sth.* om drie uur zoveel ⓶ ⟨inf⟩ **iets geweldigs** ♦ ⟨AE⟩ *sth. else* een speciaal/buitengewoon iemand/iets; *this is sth. like a castle* dit is me nog eens een kasteel; *the party was really sth.* het feestje was geweldig, het was een knalfuif; *this is sth. like* dit is geweldig/je van het/het neusje van de zalm ⓿ *you may have sth. there* je zou weleens gelijk kunnen hebben, daar zit wat in, daar zeg je wat

³**some·thing** [bw] ⟨inf⟩ ⓵ ⟨graadaanduidend⟩ **iets, wat, een beetje** ♦ *he was sth. hesitant* hij aarzelde een beetje; *sth. over sixty* iets boven de zestig ⓶ ⟨intensiverend⟩ **heel erg, in hoge mate** ♦ *he yelled sth. awful* hij schreeuwde zo verschrikkelijk, dat het niet om aan te horen was; *he had a fever sth. terrible* hij had een verschrikkelijk hoge koorts

¹**some·time** [bn, attr] **vroeger, voormalig** ♦ *John, a sometime friend of mine* John, die ooit een vriend van me was; *Mr Jones, sometime teacher at this school* meneer Jones, voormalig leraar aan deze school

²**some·time** [bw] ⓵ **ooit, eens, te eniger tijd** ♦ *sometime in the future* in de toekomst; *I'll show it to you sometime* ik zal het je (ooit) eens laten zien; *she died sometime last year* ze is

any of some?		
een beetje, enkele (in een vraag of verzoek)	· als u zeker weet dat men het heeft: **some**	· I'd like some mustard on my hotdog please · can you give me some money?
	· als u niet zeker weet of men het heeft: **any**	· are there any tickets left for the concert tonight? · can you give me any money?
iemand	· een bepaald iemand of iemand die onderdeel uitmaakt van een groep: **someone**	· someone came into my room and stole my bag · can someone please give me a hand with these boxes?
	· wie dan ook: **anyone**	· hello? is there anyone there? · can anyone tell me what this is?
iets	· een bepaald iets dat (min of meer) bekend is bij de spreker: **something**	· I have something to tell you · there is something strange about this house
	· wat dan ook: **anything**	· I'm really hungry – can't you give me anything? · anything is better than nothing

in de loop van vorig jaar gestorven ② ⟨vero⟩ vroeger ♦ *it had sometime been built for a nobleman* het is vroeger ooit voor een edelman gebouwd ③ ⟨vero⟩ soms, af en toe ♦ *sometime they would gather* soms kwamen ze bijeen

some·times [bw] soms, af en toe, nu en dan, van tijd tot tijd, bij gelegenheid ♦ *sometimes he lies and sometimes he tells the truth* soms liegt hij en soms spreekt hij de waarheid

some·way, some·ways [bw] ⟨AE; inf⟩ ① op de een of andere manier ♦ *you'll have to pay someway (or other)* je zult op de een of andere manier moeten betalen ② om de een of andere reden ♦ *someway I don't believe him* ik weet niet goed waarom, maar ik geloof hem niet

¹**some·what** /sʌmwɒt, ˄-(h)wɑt, ˄-(h)wʌt/ [telb zn] ⟨vero⟩ iets, ding ♦ *matter is an unknown somewhat* de materie is een onbekend iets

²**some·what** /sʌmwɒt, ˄-(h)wɑt, ˄-(h)wʌt/ [onbep vnw] ① iets, wat ♦ *somewhat of a cynic* een beetje een cynicus; *he recovered somewhat of the money* hij kreeg een deel van het geld terug ② iets/iemand van aanzien ♦ *Mr Soames is somewhat in Grimsby* meneer Soames is een grote meneer in Grimsby

³**some·what** /sʌmwɒt, ˄-(h)wɑt, ˄-(h)wʌt/ [bw] enigszins, in zekere mate, een beetje, wat, iets ♦ *somewhat moist* een beetje vochtig; ⟨inf⟩ *more than somewhat surprised* niet weinig verbaasd; *a somewhat soiled cloth* een lichtjes bevuilde stof

some·when [bw] ooit, een of andere keer, te eniger tijd

somewhere [bw] ① ⟨ook fig; plaats of richting⟩ ergens (heen) ♦ *he left for somewhere in Scotland* hij vertrok naar ergens in Schotland; *he'll get somewhere yet* hij zal het nog ver brengen; *we're getting somewhere at last* eindelijk maken we vorderingen, dat lijkt er al meer op; *he was headed somewhere south* hij ging in zuidelijke richting; *the experiment ought to lead us somewhere* het experiment moet toch een of ander resultaat opleveren; *she's read it somewhere* ze heeft het ergens gelezen; *he went somewhere else* hij ging ergens anders naartoe ② ⟨benadering⟩ ongeveer, ergens, om en bij ♦ *somewhere about sixty* zo'n zestig; *somewhere between twenty and forty* tussen de twintig en de veertig ③ ⟨euf⟩ in de hel ♦ *I'll see you somewhere first* eer dat gebeurt kun je naar de duivel lopen, over mijn lijk

some·whith·er [bw] ⟨vero⟩ ergens heen

so·mite /soʊmaɪt/ [dierk] lichaamssegment, metameer

so·mit·ic /soʊmɪtɪk/ [bn] ⟨dierk⟩ metamerisch

som·nam·bu·lant /sɒmnæmbjələnt, ˄sɑm-/ [bn] slaapwandelend, somnambuul

som·nam·bu·late /sɒmnæmbjəleɪt, ˄sɑm-/ [onov ww] slaapwandelen

som·nam·bu·lism /sɒmnæmbjəlɪzm, ˄sɑm-/ [niet-telb zn] het slaapwandelen, somnambulisme

som·nam·bu·list /sɒmnæmbjəlɪst, ˄sɑm-/ [telb zn] slaapwandelaar, somnambule

som·nif·er·ous /sɒmnɪfrəs, ˄sɑm-/, **som·nif·ic** /-nɪfɪk/ [bn; bw: ~ly] slaapverwekkend, soporatief

som·no·lence /sɒmnələns, ˄sɑmnə-/, **som·no·len·cy** /-lənsi/ [niet-telb zn] slaperigheid, somnolentie, slaapdronkenheid

som·no·lent /sɒmnələnt, ˄sɑm-/ [bn; bw: ~ly] ① slaperig, suffig, slaapdronken, somnolent, doezelig ② slaapverwekkend, saai, vervelend ♦ *a somnolent speech* een saaie toespraak

son /sʌn/ [telb zn] zoon, mannelijk(e) afstammeling/familielid/inwoner, jongen ♦ *the sons of Adam* de mensheid; *the sons of Britain* de Britse jongens; *the sons of darkness* de zonen/kinderen van het duister; *he's his father's son* hij is een (echte) zoon van zijn vader; hij lijkt op zijn vader; *sons of freedom* kinderen/erfgenamen van de vrijheid; *son and heir* zoon en erfgenaam; ⟨vaak⟩ oudste zoon; *the Son of Man* de Mensenzoon, Christus; *the sons of men* mensenkinderen, de mensheid; *son of the soil* kind van het land, iemand die geboren en getogen is op het land; landbouwer; *the Son (of God)* de Zoon (van God) ⓘ ⟨sprw⟩ *like father, like son* zo vader, zo zoon

so·nance /soʊnəns/ [telb + niet-telb zn] ① klank, geluid, het klinken ② stemhebbende kwaliteit, het stem hebben

so·nan·cy /soʊnənsi/ [telb + niet-telb zn] stemhebbende kwaliteit, het stemhebbend klinken

so·nant /soʊnənt/ [telb zn] ⟨taalk⟩ ① sonant, stemhebbende klank ② sonant ⟨medeklinker met mogelijke syllabefunctie⟩

so·nar /soʊnɑː, ˄-ɑr/ [telb zn] (sound navigation and ranging) sonar, echopeilingssysteem, echolokalisatie

so·na·ta /sənɑːtə/ [telb zn] ⟨muz⟩ sonate

sonata form [telb zn] ⟨muz⟩ sonatevorm

so·na·ti·na /sɒnətiːnə, ˄sɑnə-/ [telb zn; mv: ook sonatine /-tiːni/] ⟨muz⟩ sonatine

sone /soʊn/ [telb zn] soon ⟨luidheidsmaat⟩

son et lu·mière /sɒn eɪ luːmjeə, ˄sɑn eɪ luːmjer/ [telb zn] ⟨vnl BE⟩ klank- en lichtspel ⟨bijvoorbeeld als toeristische attractie⟩

¹**song** /sɒŋ, ˄sɔŋ/ [telb zn] ① lied(je), versje, deuntje, wijsje, gezang, chanson ♦ *give us a song* zing eens wat; *popular songs* volksliedjes, populaire wijsjes; *it's the same (old) song* 't is weer het oude liedje; *sing a song* een deuntje/wijsje zingen ② gedicht(je), rijm, vers ♦ *Songs of Innocence and Experience* gedichtjes van onschuld en ervaring; *Song of Songs/Solomon* Hooglied ⓘ *buy sth. for a(n old) song* iets voor een appel en een ei/een habbekrats kopen; ⟨BE; inf⟩ *a song and dance* heisa, drukte, ophef, onnodige/onwelkome uitbarsting van emotie; ⟨BE; inf⟩ *nothing to make a song and dance about* niets om drukte/ophef over te maken; *go for a song* bijna voor niets van de hand gaan

²**song** /sɒŋ, ˄sɔŋ/ [niet-telb zn] ① gezang, het zingen ♦ *the song of birds* vogelgezang; *he burst (forth) into song* hij barstte in gezang uit ② poëzie, rijm, vers ♦ *renowned in song* vermaard in de dichtkunst ⓘ ⟨BE; inf⟩ *on song* op dreef, op volle toeren; in topconditie/topvorm

song·bird [telb zn] zangvogel

song·book [telb zn] zangboek, liedboek, zangbundel

song box [telb zn] zangorgaan ⟨van vogels⟩, syrinx

song contest [telb zn] songfestival ♦ *the Eurovision song contest* het Eurovisie songfestival

song·ful /sɒŋful, ˄sɔŋ-/ [bn; bw: ~ly; zn: ~ness] melodieus, mooiklinkend, goed zingend, zangerig

song-line [telb zn] ⟨AuE⟩ droomspoor

song sparrow [telb zn] ⟨dierk⟩ zanggors ⟨Amerikaanse vogel; Melospiza melodia⟩

song·ster /sɒŋstə, ˄sɔŋstər/ [telb zn] ① zanger ② zangvogel ③ ⟨form⟩ dichter, tekstschrijver, liedjesschrijver ④ ⟨AE⟩ zangboek

song·stress /sɒŋstrɪs, ˄sɔŋ-/ [telb zn] ① zangeres, zangster ② liedjesschrijfster

song thrush [telb zn] ⟨dierk⟩ zanglijster ⟨Turdus philomelos⟩

song·writ·er [telb zn] liedjesschrijver, liedjesschrijfster, schrijver/schrijfster van versjes, songschrijver, schrijfster, tekstdichter

son·ic /sɒnɪk, ˄sɑnɪk/ [bn] sonisch, m.b.t. geluid(sgolven), -soon ♦ ⟨BE ook⟩ *sonic bang* supersone knal; *sonic barrier* geluidsbarrière; *sonic boom* supersone knal; *sonic branding* het gebruik van (muziek)geluiden in reclame; *sonic mine* akoestische mijn; *sonic speed* geluidssnelheid; *sonic wave* geluidsgolf

so·nif·er·ous /sənɪfərəs/ [bn] ① klankvoortbrengend, klankuitstotend ② klankgeleidend

son-in-law [telb zn; mv: sons-in-law] schoonzoon

¹**son·net** /sɒnɪt, ˄sɑ-/ [telb zn] sonnet

²**son·net** /sɒnɪt, ᴬsɑ-/, **son·net·eer** /sɒnɪtɪə, ᴬsɑnɪtɪr/, **son·net·ize** /sɒnɪtaɪz, ᴬsɑ-/ [onov ww; ook sonnetted] (een) sonnet(ten) schrijven/dichten

³**son·net** /sɒnɪt, ᴬsɑ-/, **son·net·eer** /sɒnɪtɪə, ᴬsɑnɪtɪr/, **son·net·ize** /sɒnɪtaɪz, ᴬsɑ-/ [ov ww; ook sonnetted] een sonnet schrijven voor/over, een sonnet opdragen aan, in een sonnet bezingen

son·net·eer /sɒnɪtɪə, ᴬsɑnɪtɪr/ [telb zn] ① sonnettenschrijver, sonnettenschrijfster, sonnettendichter(es) ② rijmelaar(ster), poëtaster, pruldichter(es)

son·ny /sʌni/ [telb zn] ⟨vnl aanspreekvorm; inf⟩ jochie, ventje, kerel, mannetje, jongen, jongetje, jongeman

son-of-a-bitch, sonavobitch [telb zn; mv: sons of bitches] ⟨vulg⟩ klootzak, (rot)zak, rotvent, klier, smeerlap ▸ *son-of-a-bitch!* godverdomme!, potverdrie!

son-of-a-gun [telb zn; mv: son of a guns, sons of guns] ⟨inf, mannetaal⟩ ① (stoere) bink, durfal, mannetjesputter ② rotvent, smeerlap ⟨ook schertsend/affectief⟩ ③ rotklus ④ rotding ▸ *son-of-a-gun!* godverdomme!

so·no·met·er /sənɒmɪtə, ᴬ-nɑmɪtər/ [telb zn] sonometer, toonmeter, klankmeter

so·nor·i·ty /sənɒrəti, ᴬsənɔrəti, ᴬ-nɑ-/ [niet-telb zn] sonoriteit, het sonoor-zijn, (een) volle klank (hebben)

so·no·rous /sɒnərəs, ᴬsɑ-/ [bn; bw: ~ly; zn: ~ness] ① sonoor, (helder)klinkend, met diepe/volle klank ♦ *a sonorous voice* een sonore stem ② weerklinkend ③ imposant, indrukwekkend, weids, klankvol, welluidend ♦ *a sonorous style of writing* een imposante schrijfstijl; *a sonorous title* een indrukwekkende/klinkende titel ▸ *sonorous figures* klankfiguren van Chladni

son·ship /sʌnʃɪp/ [niet-telb zn] zoonschap, het zoon-zijn

son·sy, son·sie /sɒnsi, ᴬsɑn-/ [bn; vergr trap: sonsier] ⟨gew⟩ ① mollig, welgevormd, goedgevormd ② vrolijk, vriendelijk, goedgehumeurd, glunder, opgewekt ③ gelukbrengend

sook /sʊk/ [telb zn] ⟨AuE⟩ ① kalfje ② moederskindje, bangerik, schuchter iemand

sool /suːl/ [ov ww] ⟨vnl AuE⟩ ophitsen ⟨in het bijzonder hond⟩

¹**soon** /suːn/ [bn; vergr trap: sooner] snel, vlug, vroeg ♦ *the soonest date that can be arranged* de eerste datum die mogelijk is

²**soon** /suːn/ [bw; vergr trap: sooner] ① spoedig, gauw, binnen korte tijd, snel (daarna), op korte termijn, vroeg ♦ *soon after that* spoedig daarop; *as soon as* zodra (als), meteen toen/als; *you must come as/so soon as you can* je moet zo spoedig mogelijk komen; *at the soonest* op z'n vroegst; *it will soon be one year since we first met* het is binnenkort al een jaar geleden dat we elkaar voor het eerst ontmoetten; *the sooner the better* hoe eerder hoe beter; *I'm going soon* ik ga al spoedig; *soon or late* vroeg of laat, uiteindelijk; *sooner or later* vroeg of laat, ten slotte, uiteindelijk; *he soon saw me* hij zag me gauw; *speak too soon* te voorbarig zijn, te veel op de zaken vooruit lopen, te gauw iets voor waar aannemen, te vroeg juichen; *no sooner ... than* nauwelijks ... of; *it was no sooner said than done* het werd meteen gedaan, het werd in een mum van tijd gedaan; *he had no sooner gone than she called* hij was nauwelijks weg, toen zij kwam; *no sooner had he arrived than she left* nauwelijks was hij aangekomen of zij ging al weg ② graag, bereidwillig, gewillig, zonder aarzeling ♦ *as soon as not* liever (wel dan niet); *I'd as soon tell them as not* ik vertel het ze liever; *I'd (just) as soon stay home* ik blijf net zo lief thuis; *I'd sooner walk* ik loop liever, ik zou liever lopen; *which would you sooner do* wat zou je liever/het liefst doen; *he would sooner die than apologize* hij gaat liever dood dan dat hij zijn verontschuldigingen aanbiedt; *sooner than working he would be a beggar* hij zou nog liever gaan bedelen dan werken ▸ ⟨sprw⟩ *a fool and his money are soon parted* een zot en zijn geld zijn haast gescheiden, als de zotten geld hebben, hebben de kramers nering

soon·er /suːnə, ᴬ-ər/ [telb zn] ⟨gesch⟩ (te) vroege kolonist ⟨vóór officiële ingebruikneming van bepaald gebied⟩, voorloper, voorbarig kolonist, eerste nederzettingsstichter ⟨voornamelijk in westen van USA⟩

Soon·er /suːnə, ᴬ-ər/ [telb zn] inwoner van Oklahoma ⟨als bijnaam⟩

¹**soot** /sʊt/ [niet-telb zn] roet, roetvlokjes, ⟨België⟩ grijm

²**soot** /sʊt/ [ov ww] met roet bedekken, vuilmaken, vervuilen

¹**sooth** /suːθ/ [niet-telb zn] ⟨vero⟩ werkelijkheid, realiteit, waarheid ♦ *in (good) sooth* werkelijk, echt, heus, voorwaar

²**sooth** /suːθ/ [bn] ⟨vero⟩ ① werkelijk, waar, heus, echt, waarheidsgetrouw, eerlijk ② zacht, zoet, troostend

¹**soothe** /suːð/ [onov + ov ww] kalmeren, geruststellen, troosten, sussen, (iemands angst/boosheid/opgewondenheid) wegnemen ♦ *his anger was soothed* zijn boosheid werd gesust/zijn in woede zakte; *soothe a crying boy* een huilend jongetje troosten; *his words had a soothing effect* zijn woorden hadden een kalmerende invloed; *the anxious girl was soothed* het ongeruste meisje werd gerustgesteld; *sth. to soothe your nerves* een kalmeringsmiddel

²**soothe** /suːð/ [ov ww] ① verzachten (pijn), lenigen ② vleien, tevreden stellen ♦ *soothe s.o.'s vanity* iemands ijdelheid strelen

sooth·er /suːðə, ᴬ-ər/ [telb zn] ① geruststeller, susser, trooster, kalmeerder ② verzachter ③ vleier

sooth·fast /suːθfɑːst, ᴬ-fæst/ [bn] ⟨vero⟩ ① eerlijk, de waarheid sprekend, trouw ② werkelijk, waarlijk, echt, waar

sooth·ing·ly /suːðɪŋli/ [bw] ① op kalmerende wijze, op geruststellende toon, troostend, kalmerend ② op verzachtende wijze, met een verzachtend effect, verzachtend

sooth·say·er /suːθseɪə, ᴬ-ər/ [telb zn] ⟨vero⟩ waarzegger, profeet, voorspeller, ziener

soot·y /sʊti/ [bn; vergr trap: sootier] ① roetig, (als) met roet bedekt ② roetkleurig, zwart, donker, roetkleurig ③ roetbruin ▸ ⟨dierk⟩ *sooty shearwater* grauwe pijlstormvogel ⟨Puffinus griseus⟩; ⟨dierk⟩ *sooty tern* bonte stern ⟨Sterna fuscata⟩

¹**sop** /sɒp, ᴬsɑp/ [telb zn] ① sopbroodje, dompelbroodje, stukje brood in melk/soep ⟨e.d.⟩, crouton ② zoenoffer, omkoopgeschenk, smeergeld, zoethoudertje

²**sop** /sɒp, ᴬsɑp/ [onov ww] soppen, doorweekt/doornat/drijfnat/week worden/zijn, druipen, sijpelen; → **sopping**

³**sop** /sɒp, ᴬsɑp/ [ov ww] doorweken, (in)dopen, soppen, kletsnat maken ▸ zie: **sop up**; → **sopping**

SOP [afk] (standard operating procedure)

soper [telb zn] → **soaper**

soph [afk] (sophomore)

soph·ism /sɒfɪzm, ᴬsɑ-/ [telb + niet-telb zn] sofisme, drogreden, verkeerde redenering, bedrieglijk-spitsvondige bewering

soph·ist /sɒfɪst, ᴬsɑ-/ [telb zn] sofist, drogredenaar, schijnbaar logische redenaar, bedrieglijke spreker

Soph·ist /sɒfɪst, ᴬsɑ-/ [telb zn] ⟨gesch⟩ sofist

soph·is·ter /sɒfɪstə, ᴬsɑfɪstər/ [telb zn] ① drogredenaar, sofist ② ⟨gesch⟩ tweedejaarsstudent/derdejaarsstudent/vierdejaarsstudent aan Engelse/Amerikaanse universiteit ⟨verschillend per plaats⟩

so·phis·tic /səfɪstɪk/, **so·phis·ti·cal** /-ɪkl/ [bn; bw: ~ally] ① schijnbaar logisch, spitsvondig, sofistisch ② van/m.b.t. sofisten

¹**so·phis·ti·cate** /səfɪstɪkeɪt/ [telb zn] ① wijsneus, wereldwijs/mondain iemand ② subtiel persoon, slim/gerafineerd iemand

²**so·phis·ti·cate** /səfɪstɪkeɪt/ [onov ww] sofistisch redeneren, drogredenen uiten, sofismen gebruiken; → **sophisticated**

³**so·phis·ti·cate** /səfɪstɪkeɪt/ [ov ww] ① een bedrieglijke redenering houden over, sofismen uiten over ② wereldwijs maken, kunstmatig/gekunsteld maken, beroven van spontaneïteit, ontdoen van natuurlijkheid ③ bederven, verdraaien, vervalsen, ⟨tekst⟩ op verkeerde manier gebruiken, pervers maken ④ aanlengen ⟨wijn⟩ ⑤ verfijnen, ingewikkelder/omvangrijker maken, intelligent maken, verder ontwikkelen, perfectioneren; → **sophisticated**
so·phis·ti·cat·ed /səfɪstɪkeɪtɪd/ [bn; volt deelw van sophisticate; bw: ~ly] ① subtiel, intellectualistisch, ontwikkeld, geperfectioneerd, verfijnd, geraffineerd, geacheveerd ♦ *a sophisticated dress* een geraffineerde jurk; *a sophisticated remark* een subtiele opmerking; *a sophisticated taste* een verfijnde/gedistingeerde smaak ② wereldwijs, niet spontaan/naïef, werelds, mondain, erudiet, ontwikkeld, cultureel ♦ *a sophisticated child* een wereldwijs/vroegwijs kind ③ gekunsteld, onecht, onnatuurlijk, onoprecht ♦ *a sophisticated smile* een gekunstelde glimlach ④ ingewikkeld, complex, gecompliceerd ♦ *a sophisticated machine* een ingewikkelde machine
so·phis·ti·ca·tion /səfɪstɪkeɪʃn/ [telb + niet-telb zn] ① subtiliteit, raffinement, geraffineerdheid, verfijning, distinctie, perfectie ② wereldwijsheid, mondaniteit, het vroegrijp-zijn ③ onechtheid, gekunsteldheid, vervalsing ④ complexiteit, ingewikkeldheid
so·phis·ti·ca·tor /səfɪstɪkeɪtə, ᴬ-keɪtər/ [telb zn] ① sofist(isch redenaar) ② bedrieger, (woord)verdraaier, vervalser, bederver
soph·is·try /sɒfɪstri, ᴬsɑ-/ [telb + niet-telb zn] ① sofisterij, spitsvondigheid ② sofisme, sofistiek, bedrieglijke redenering
soph·o·more /sɒfəmɔː, ᴬsɑfəmɔr/ [telb zn] ⟨vnl AE⟩ tweedejaarsstudent ⟨op Amerikaanse school/universiteit⟩
soph·o·mor·ic /sɒfəmɒrɪk, ᴬsɑfəmɔrɪk/, **soph·o·mor·i·cal** /-ɪkl/ [bn; bw: ~ally] ⟨vnl AE⟩ ① m.b.t. een tweedejaarsstudent, tweedejaars- ② onrijp (en zelfingenomen), arrogant, pedant
sopor [telb zn] → **soaper**
so·po·rif·er·ous /sɒpərɪfrəs, ᴬsɑ-/ [bn; bw: ~ly; zn: ~ness] slaapverwekkend
¹**so·po·rif·ic** /sɒpərɪfɪk, ᴬsɑ-/ [telb zn] slaapmiddel, slaapverwekkend(e) medicijn/stof/drankje, soporatief
²**so·po·rif·ic** /sɒpərɪfɪk, ᴬsɑ-/ [bn; bw: ~ally] ① slaapverwekkend, saai, vervelend, soporatief ♦ *a soporific drug* een slaapmiddel; *a soporific speech* een saaie toespraak ② slaperig, doezelig, slaapdronken, lethargisch ♦ *a soporific look in his eyes* een slaperige blik in zijn ogen
so·po·rose /sɒpərəʊs, ᴬsɑ-/ [bn] slaapzuchtig, slaapziek, slaap-
sop·ping /sɒpɪŋ, ᴬsɑ-/, **sopping wet** [bn; tegenwoordig deelw van sop] ⟨inf⟩ doorweekt, sopp(er)ig, doornat, kleddernat, week ♦ *sopping with rain* kletsnat van de regen
sop·py /sɒpi, ᴬsɑpi/ [bn; vergr trap: soppier] ① doorweekt, kletsnat, sopperig, drassig ♦ *soppy land* drassig land; *soppy socks* doorweekte sokken ② regenachtig ③ ⟨BE; inf⟩ sentimenteel, slijmerig, klef, zoetig, weeïg ♦ *a soppy film* een sentimentele film; *to be soppy on s.o.* tot over zijn oren verliefd zijn op iemand, verslingerd zijn aan iemand
so·pra·ni·no /sɒpranɪnoʊ, ᴬsoʊ-/ [telb zn] sopranino, sopraninoblokfluit, sopraninosaxofoon (e.d.)
so·pra·nist /sɒprɑːnɪst, ᴬsəprænɪst/ [telb zn] sopraan, ⟨i.h.b.⟩ mannensopraan
so·pra·no /səprɑːnoʊ, ᴬsəpræ-/ [telb zn], **soprano singer** [telb zn; mv: ook soprani /-niː/] sopraan(zangeres)
soprano clef [telb zn] sopraansleutel
soprano voice [telb zn] sopraanstem
sop up [ov ww] opnemen ⟨vloeistoffen⟩, opdwelen, afnemen, opzuigen, absorberen ♦ *he likes to sop up gravy with some bread* hij vindt het lekker om de jus van zijn bord te vegen met brood; *sop up this water with a towel* neem dit water op met een handdoek
so·ra /sɔːrə/, **sora rail** [telb zn] ⟨dierk⟩ carolinerail ⟨Noord-Amerikaanse moerasvogel; Porzana carolina⟩
sorb /sɔːb, ᴬsɔrb/ [telb zn] ⟨plantk⟩ ① lijsterbes, sorben(boom) ⟨genus Sorbus⟩ ② → **sorb apple**
Sorb /sɔːb, ᴬsɔrb/ [telb zn] Sorb, één der Wenden
sorb apple [telb zn] sorbe ⟨vrucht van sorbenboom⟩
sor·bet /sɔːbɪt, sɔːbeɪ, ᴬsɔrbɪt/ [telb + niet-telb zn] sorbet, waterijs(je), ⟨BE ook⟩ vruchtendrank, ⟨AE ook⟩ frappé, bevroren vruchtenmoes
sor·cer·er /sɔːsərə, ᴬsɔrsərər/ [telb zn] tovenaar
sor·cer·ess /sɔːsərɪs, ᴬsɔr-/ [telb zn] tovenares, (tover)heks
sor·ce·rous /sɔːsərəs, ᴬsɔrsərəs/ [bn] van een tovenaar, tover-, magisch, duivels
sor·ce·ry /sɔːsəri, ᴬsɔr-/ [niet-telb zn] tovenarij, toverkunst, hekserij, toverij, zwarte kunst
sor·des /sɔːdiːz, ᴬsɔr-/ [alleen mv; werkwoord ook enk] ⟨med⟩ vuil, korst van de koorts, verontreinigde wond, stinkende afscheiding
sor·did /sɔːdɪd, ᴬsɔr-/ [bn; bw: ~ly; zn: ~ness] ① gemeen, laag, oneerlijk, verachtelijk, kwalijk ♦ *a sordid criminal* een vuile boef ② vuil ⟨ook figuurlijk⟩, vies, smerig, zwaar vervuild, stinkend, onhygiënisch ♦ *sordid clothes* smerige kleren; *the sordid details of the story* de smerige details van het verhaal ③ armzalig, pover, armoedig ♦ *sordid living conditions* zeer slechte levensomstandigheden/woonomstandigheden ④ inhalig, vrekkig, gierig, zelfzuchtig, egoïstisch ⑤ vaal
sor·di·no /sɔːdiːnoʊ, ᴬsɔr-/ [telb zn; mv: sordini /-niː/] ⟨muz⟩ sordino, sourdine, demper ⟨bijvoorbeeld op strijkinstrument/blaasinstrument⟩
¹**sore** /sɔː, ᴬsɔr/ [telb zn] ① pijnlijke plek, zweer, wond ② ⟨vnl mv⟩ zeer, pijnlijk(e) onderwerp(en), onaangename herinnering ♦ *old sores* oud zeer; *recall/reopen old sores* oude wonden openrijten
²**sore** /sɔː, ᴬsɔr/ [bn; vergr trap: sorer; zn: ~ness] ① pijnlijk, zeer, pijn veroorzakend, irriterend ♦ ⟨inf⟩ *he's like a bear with a sore head* hij is een oude mopperpot/knorrepot; *I'm very sore all over* ik heb overal pijn, ik ben bont en blauw; *a sore spot on your arm* een pijnlijke plek op je arm; *a sore throat* een zere/ontstoken keel, keelpijn; *clergyman's sore throat* sprekershoestje ② ⟨inf⟩ (over)gevoelig, (licht)geraakt, geïrriteerd, gauw op zijn teentjes getrapt ♦ *he is sore on this point* hij is overgevoelig op dit punt ③ bedroefd ♦ *a sore heart* een bedroefd/bezwaard hart ♦ *a sight for sore eyes* een prettig(e) gezicht/mededeling, aangenaam iets/iemand, welkome verrassing; *you are a sight for sore eyes* je bent door de hemel gezonden; *I stuck out like a sore thumb with that red hat on* ik viel lelijk uit de toon met die rode hoed op
³**sore** /sɔː, ᴬsɔr/ [bn, attr; vergr trap: sorer; zn: ~ness] ① onaangenaam, pijnlijk, onprettig, teer ♦ *a sore point* een teer punt; *that is a sore spot with him* dat is een teer punt voor hem; *a sore subject* een pijnlijk onderwerp; *a sore task* een bittere/onaangename taak ② ⟨vero⟩ ernstig, zwaar, belangrijk, moeilijk ♦ *in sore distress* in grote wanhoop; *in sore need of help* in ernstige verlegenheid om hulp; *a sore struggle* een zware strijd; *sore trouble* erge moeilijkheden
⁴**sore** /sɔː, ᴬsɔr/ [bn, pred; vergr trap: sorer; zn: ~ness] ⟨vnl AE⟩ beledigd, boos, kwaad, nijdig, misdeeld, gepikeerd ♦ *he felt sore for not being invited* hij voelde zich gekrenkt/gepasseerd omdat hij niet uitgenodigd was; *don't get sore about your defeat* maak je niet zo nijdig over je verlies
sore·head [telb zn] ⟨AE; inf⟩ zaniker, zeur(kous), klager, mopperaar, knorrepot
sore·head·ed [bn] ⟨AE; inf⟩ knorrig, zanikend, moppe-

sorel

rig, zeurderig, klagerig
so·rel /sprəl, ᴬsɒ-/ [telb zn] ⟨BE⟩ tweejarig damhert
sore·ly /ˈsɔːli, ᴬsɔrli/ ⟨vero⟩ **sore** [bw] ernstig, in belangrijke mate, pijnlijk ♦ *she was sorely afflicted* ze had het heel erg te kwaad; *the army was sorely defeated* het leger leed een gevoelige nederlaag; *help is sorely needed* hulp is hard nodig; *he sorely reminded me of his father* hij deed me op pijnlijke wijze aan zijn vader denken; *he was sorely tempted* hij werd zwaar in verzoeking gebracht
so·rex /ˈsɔːreks/ [telb zn] ⟨dierk⟩ spitsmuis ⟨genus Sorex⟩
sor·ghum /ˈsɔːɡəm, ᴬsɔr-/ [niet-telb zn] **1** ⟨plantk⟩ sorghum ⟨tropisch graangewas; genus Sorghum⟩, ⟨i.h.b.⟩ doerra ⟨S. durra⟩ **2** sorghumdrank
so·ri·tes /səˈraɪtiːz/ [telb zn; mv: sorites] ⟨log⟩ kettingredenering, sorites ⟨volgens theorie van het polysyllogisme⟩
sorn /sɔːn, ᴬsɔrn/ [onov ww] ⟨SchE⟩ klaplopen, parasiteren ⟨als logé⟩ ♦ *sorn (up)on s.o.* zich bij iemand opdringen
so·rop·ti·mist /səˈrɒptɪmɪst, ᴬ-ˈrɑp-/ [telb zn] soroptimiste ⟨lid van oorspronkelijk Amerikaanse vrouwenvereniging, pendant van Rotary club⟩
so·ror·i·cid·al /səˌrɒrɪˈsaɪdl, ᴬ-ˌrɔː-, ᴬ-ˌrɑ-/ [bn] zustermoord-
¹so·ror·i·cide /səˈrɒrɪsaɪd, ᴬ-ˈrɔː-, ᴬ-ˈrɑ-/ [telb zn] zustermoordenaar, zustermoordenares
²so·ror·i·cide /səˈrɒrɪsaɪd, ᴬ-ˈrɔː-, ᴬ-ˈrɑ-/ [telb zn] zustermoord
so·ror·i·ty /səˈrɒrəti, ᴬ-ˈrɔːrəti, ᴬ-ˈrɑ-/ [telb zn] **1** zusterschap, nonnenorde **2** vrouwenvereniging **3** ⟨AE⟩ meisjesstudentenclub, sociëteit van vrouwelijke studenten ⟨aan Amerikaanse universiteit⟩
so·ro·sis /səˈroʊsɪs/ [telb zn; mv: soroses /-siːz/] ⟨plantk⟩ samengestelde besvrucht ⟨ananas, moerbei e.d.⟩
sorp·tion /ˈsɔːpʃn, ᴬsɔrpʃn/ [niet-telb zn] ⟨natuurk, scheik⟩ sorptie ⟨absorptie, adsorptie⟩
¹sor·rel /ˈsɒrəl, ᴬsɔː-, ᴬsɑ-/ [telb zn] **1** vos, vosbruin paard **2** ⟨BE⟩ mannelijk damhert in zijn derde jaar
²sor·rel /ˈsɒrəl, ᴬsɔː-, ᴬsɑ-/ [niet-telb zn] **1** ⟨plantk⟩ zuring ⟨genus Rumex⟩, ⟨i.h.b.⟩ schapenzuring ⟨R. acetosella⟩ **2** ⟨plantk⟩ klaverzuring, zurkel ⟨genus Oxalis⟩ **3** voskleur, roodbruin
³sor·rel /ˈsɒrəl, ᴬsɔː-, ᴬsɑ-/ [bn] voskleurig, roodbruin, rossig
¹sor·row /ˈsɒroʊ, ᴬsɑ-/ [telb + niet-telb zn] **1** smart, verdriet, leed, zorg(en), rouw ♦ *more in sorrow than in anger* eerder bedroefd/teleurgesteld dan boos; *sorrow at/for/over the loss of a friend* verdriet/rouw over het verlies van een vriend; *drown one's sorrow* zijn verdriet verdrinken; *sorrow for/over his evil deeds* spijt om/over zijn kwade daden; *joy(s) and sorrow(s)* lief en leed; *Man of Sorrows* Man van Smarten ⟨Jezus⟩; *cause s.o. much sorrow/many sorrows* iemand veel verdriet aandoen/zorgen baren; *to the sorrow of all* tot aller spijt **2** gejammer, jammerklacht, weeklacht **•** ⟨sprw⟩ *company in distress makes sorrow less* gedeelde smart is halve smart
²sor·row /ˈsɒroʊ, ᴬsɑ-/ [onov ww] **1** treuren, bedroefd zijn, rouwen ♦ *I sorrow for you* het spijt me voor je; *sorrow for/after one's mother* om ⟨de dood van⟩ zijn moeder treuren/rouwen; *sorrow over/for one's misfortune* treuren over zijn ongeluk **2** treuren, weeklagen **•** ⟨sprw⟩ *who goes a-borrowing goes a-sorrowing* borgen brengt zorgen
sor·row·er /ˈsɒroʊə, ᴬsɑroʊər/ [telb zn] treurende, bedroefde, rouwende, weeklager, weeklaagster
sor·row·ful /ˈsɒroʊfʊl, ᴬsɑ-/ [bn; bw: ~ly; zn: ~ness] **1** treurig, droevig, spijtig **2** bedroefd **3** erbarmelijk, bedroevend
¹sor·ry /ˈsɒri, ᴬsɑri/ [bn, attr; vergr trap: sorrier; bw: sorrily; zn: sorriness] **1** droevig, treurig, erbarmelijk ♦ *he came home in a sorry condition* hij kwam thuis in een trieste toestand **2** naar, armzalig, ellendig ♦ *be in a sorry plight* in

een vervelende situatie verkeren **3** waardeloos, min ♦ *a sorry excuse* een armzalige uitvlucht
²sor·ry /ˈsɒri, ᴬsɑri/ [bn, pred; vergr trap: sorrier; bw: sorrily; zn: sorriness] **1** bedroefd, droevig ♦ *I'm sorry (to hear that) your brother died* het spijt me (te horen) dat je broer overleden is; *I'm sorry (to say that) we cannot accept your proposal* het spijt mij dat we uw voorstel niet kunnen aanvaarden **2** medelijdend ♦ *I am/feel sorry for his children* ik heb medelijden met/het spijt me voor zijn kinderen; *don't feel so sorry for yourself* wees niet zo met jezelf begaan; *it's better to be safe than sorry* laten we het zekere voor het onzekere nemen **3** berouwvol, berouwhebbend, beschaamd ♦ *you'll be sorry* het zal je berouwen; *I'm sorry for/about that* het/dat spijt me (zeer); *I'm sorry* het spijt me; neem (het) me niet kwalijk **•** ⟨sprw⟩ *better be sure than sorry* ± beter hard geblazen dan de mond gebrand, ± voorkomen is beter dan genezen
³sor·ry /ˈsɒri, ᴬsɑri/ [tw] **1** sorry, het spijt me, pardon, neem me niet kwalijk **2** wat zegt u?, ik versta u niet, wat b(e)lieft u?
¹sort /sɔːt, ᴬsɔrt/ [telb zn] **1** soort, klas(se), variëteit, type ♦ *all sorts of* allerlei; *of every sort and kind* van allerlei slag/soorten, allerhande; *no sort of notion* geen benul; *a sort of (a)* een soort(ement) van, een of andere; *a painter of sorts* een of ander stuk/soort schilder; *nothing of the sort* niets dergelijks, geen sprake van!; *that sort of thing* zoiets, zulks; ⟨inf⟩ *in a sort of way* in zekere zin **2** ⟨inf⟩ persoon, type, slag ♦ *he is a bad sort* hij deugt niet; *the common sort* gewone mensen; *all sorts and conditions of men* mensen van alle rangen en standen/van allerlei slag; *a good/decent sort* een geschikt type, behoorlijke lui; *not my/your sort* niet mijn/jouw type **3** ⟨drukw⟩ lettertype **4** ⟨vero⟩ manier ♦ *in some sort* op een of andere manier, enigszins, min of meer; *in seemly sort* op betamelijke wijze; *in/after their sort* op hun manier **5** ⟨comp⟩ sortering **•** ⟨inf⟩ *nothing of the sort!* geen sprake van!, daar klopt niks van!, daar komt niks van in huis!; zie: **sort of**; *out of sorts* zich niet lekker/kregelig voelen; ⟨sprw⟩ *it takes all sorts to make a world* op de wereld vind je allerlei soorten mensen, zulke mensen moeten er ook zijn
²sort /sɔːt, ᴬsɔrt/ [ov ww] **1** sorteren, klasseren, rangschikken ♦ *sort letters* brieven sorteren; *sort over/through* sorteren, klasseren **2** bij elkaar doen passen, assorteren, schakeren ⟨kleuren⟩ **3** ⟨BE⟩ in orde brengen, oplossen, repareren, regelen, afhandelen ♦ *have the dishwasher sorted* de vaatwasmachine laten repareren; *these problems have now been sorted* deze problemen zijn nu opgelost; *sorted!* voor elkaar!, in orde!; *no more excuses, just sort it* geen uitvluchten meer, je moet het afhandelen **•** zie: **sort out;** → **sorted**
sort·a·ble /ˈsɔːtəbl, ᴬsɔrtəbl/ [bn] sorteerbaar
¹sort·ed /ˈsɔːtɪd, ᴬsɔrtɪd/ [bn, pred; volt deelw van sort] **1** ⟨BE, inf⟩ in orde gemaakt, voor elkaar ♦ *that's your ticket sorted* je ticket is geregeld **2** ⟨van⟩ voorzien, hebbes ♦ *are we sorted for booze?* hebben we voldoende drank (in huis)?
²sort·ed /ˈsɔːtɪd, ᴬsɔrtɪd/ [tw] geregeld
sort·er /ˈsɔːtə, ᴬsɔrtər/ [telb zn] **1** sorteerder ⟨postbeambte⟩ **2** sorteermachine
sor·tie /ˈsɔːti, ᴬsɔrti/ [telb zn] **1** ⟨mil⟩ uitval **2** ⟨mil⟩ vlucht ⟨van gevechtsvliegtuig⟩ **3** uitstapje ⟨figuurlijk; op/naar onbekend/vijandig gebied⟩
¹sor·ti·lege /ˈsɔːtɪlɪdʒ, ᴬsɔrtl-/ [telb + niet-telb zn] waarzegging door loten
²sor·ti·lege /ˈsɔːtɪlɪdʒ, ᴬsɔrtl-/ [niet-telb zn] **1** waarzeggerij **2** toverij, tovenarij, hekserij
sort·ing of·fice [telb zn] sorteerpunt ⟨post⟩
sor·ti·tion /sɔːˈtɪʃn, ᴬsɔr-/ [telb + niet-telb zn] loting, trekking
sort of /ˈsɔːtəv, ᴬsɔrtəv/ [bw] ⟨inf⟩ min of meer, zo onge-

veer, een beetje, zoiets als ♦ *I feel sort of ill* ik voel me een beetje ziek; *I sort of wondered* ik vroeg me zo min of meer af

sort out [ov ww] ① sorteren, indelen, rangschikken ♦ *sort out one's stamp collection* zijn postzegelverzameling sorteren; *sort out the chaff from the wheat* het kaf van het koren scheiden ② ⟨BE⟩ ordenen, regelen, ontwarren, bijleggen ♦ *leave it to sort itself out* laat maar betijen; *sort o.s. out* met zichzelf in het reine komen; *sort out a difficult problem* een moeilijk probleem ontwarren; *sort out the quarrel* het geschil bijleggen; *things will sort themselves out* de zaak komt wel terecht ③ ⟨BE; inf⟩ organiseren, disciplineren ♦ *I need a week to sort out the office staff* ik heb een week nodig om het personeel te organiseren/disciplineren ④ ⟨BE; inf⟩ te pakken krijgen, bestraffen, een opdonder geven ♦ *stop that noise or I'll come and sort you out* hou op met die herrie of je krijgt het met mij aan de stok; → sorted

sort-out [telb zn] ⟨BE⟩ ordening ♦ *your room needs a sort-out* je kamer moet opgeruimd worden

so·rus /sɔːrəs/ [telb zn; mv: sori /-raɪ/] ⟨plantk⟩ tros sporenhouders ⟨van varens, zwammen e.d.⟩

SOS [telb zn] ① SOS, telegrafisch noodsein, noodsignaal ② SOS-bericht, dringende oproep ⟨om hulp, aan familie e.d.⟩

so-so [bn; bw] ⟨inf⟩ zozo, middelmatig, niet al te best ♦ *business is so-so* de zaken gaan maar zozo; *I'm feeling only so-so* ik voel me maar zozo; *a so-so student* een middelmatig student

¹**sos·te·nu·to** /sɒstənjuːtoʊ, ᴬsoʊstənuːtoʊ/ [telb zn; mv: ook sostenuti -njuːtiː/] ⟨muz⟩ sostenuto ⟨matig langzaam gespeeld stuk⟩

²**sos·te·nu·to** /sɒstənjuːtoʊ, ᴬsoʊstənuːtoʊ/ [bn; bw] ⟨muz⟩ ① sostenuto ⟨de beweging aanhoudend⟩ ② sostenuto, voortdurend

¹**sot** /sɒt, ᴬsɑt/ [telb zn] dronkaard, drinkebroer, zuiplap

²**sot** /sɒt, ᴬsɑt/ [onov ww] pimpelen, zuipen, zich bedrinken

so·te·ri·ol·o·gy /soʊtɪərɪɒlədʒi, ᴬ-tɪriɑlədʒi/ [niet-telb zn] ⟨theol⟩ soteriologie, verlossingsleer

So·thic /soʊθɪk/ [bn] ⟨astron⟩ Sothis-, i.v.m. Sothis/Sirius ♦ *Sothic cycle* sothisperiode ⟨1460 jaar⟩; *Sothic year* sothisjaar ⟨365 ¼ dagen⟩

So·this /soʊθɪs/ [eigenn] ⟨astron⟩ Sirius, Hond, Hondsster

sot·tish /sɒtɪʃ, ᴬsɑtɪʃ/ [bn; bw: ~ly; zn: ~ness] ① bezopen, dronken, beneveld ② bezopen, zot, dwaas

sot·to vo·ce /sɒtoʊ voʊtʃi, ᴬsɑtoʊ-/ [bw] ① ⟨muz⟩ sotto voce, met zachte, ingehouden stem ② terzijde, niet hardop, zacht, binnensmonds, terloops

sou /suː/ [telb zn] ① ⟨gesch⟩ sou, stuiver ⟨Frans geldstukje van kleine waarde⟩ ♦ *not a sou* geen rooie duit, geen cent, geen sou ② ⟨inf⟩ duit, cent ⟨voornamelijk in negatieve zin⟩

sou·brette /suːbrɛt/ [telb zn] soubrette, kamenier ⟨in toneelstuk, operette e.d.⟩

soubriquet [telb zn] → sobriquet

sou·chong, soo·chong /suːtʃɒŋ, ᴬ-tʃɔŋ/ [niet-telb zn] souchon, souchonthee

¹**sou-east** /saʊiːst/ [telb zn] ⟨scheepv⟩ zuidoostenwind

²**sou-east** /saʊiːst/ [niet-telb zn; the] ⟨scheepv⟩ zuidoosten

³**sou-east** /saʊiːst/ [bn] ⟨scheepv⟩ zuidoostelijk, zuidoosten-

⁴**sou-east** /saʊiːst/ [bw] ⟨scheepv⟩ zuidoost, ten zuidoosten, zuidoostwaarts, naar/in/uit het zuidoosten

souf·fle /suːfl/ [telb zn] ⟨med⟩ geruis ⟨van hart e.d.⟩

¹**souf·flé** /suːfleɪ, ᴬsuːfleɪ/ [telb zn] ⟨cul⟩ soufflé

²**souf·flé** /suːfleɪ, ᴬsuːfleɪ/ [bn] gespikkeld ⟨vaatwerk⟩

³**souf·flé** /suːfleɪ, ᴬsuːfleɪ/, ⟨ook⟩ **souf·fleed** /suːfliːd, ᴬsuːfleɪd/ [bn, ook postnom] ⟨cul⟩ soufflé, gesouffleerd

¹**sough** /sʌf, saʊ/ [telb zn] ① gesuis, geruis, zucht ⟨wind⟩ ② zucht, luidruchtige ademhaling ③ ⟨SchE⟩ zangerige toon, zeurige (preek)toon ④ ⟨SchE⟩ gerucht, praatje

²**sough** /sʌf, saʊ/ [onov ww] ① suizen, ruisen ② zuchten, hijgen ③ ⟨SchE⟩ temen, drenzen, zeuren • *sough away* de laatste adem uitblazen, sterven

sought /sɔːt/ [verleden tijd en volt deelw] → seek

sought after, ⟨als attributief bijvoeglijk naamwoord⟩

sought-af·ter [bn] ⟨vnl BE⟩ veelgevraagd, in trek, gezocht, gewild

souk, suq /suːk/ [telb zn] soek

¹**soul** /soʊl/ [telb zn + niet-telb zn] ① ziel, geest ♦ *the ship went down with 300 souls* het schip zonk met 300 zielen aan boord; *not a soul* geen levende ziel, geen sterveling; *commend one's soul to God* zijn ziel Gode bevelen; *there's a good soul!* dat is lief/braaf!; *the greatest souls of antiquity* de grootste geesten uit de oudheid; ⟨fig⟩ *that fellow has no soul* die knaap heeft geen pit/hart/is een egoïst; ⟨fig⟩ *his art lacks soul* het ontbreekt zijn kunst aan bezieling; *not a living soul* geen levende ziel, geen sterveling; *like a lost soul* als een verloren ziel; *he left that to meaner souls* daar heeft hij zijn handen niet aan vuilgemaakt; *poor soul!* (arme) stakker!, zielenpoot!; ⟨form⟩ *search one's soul* gewetensonderzoek doen; *sell one's soul for sth.* zijn ziel voor iets verkopen; ⟨vero⟩ *upon my soul!* bij mijn ziel!, wis en waarachtig!; *his whole soul revolted from it* zijn hele wezen kwam ertegen in opstand; *with (all one's) heart and soul* met hart en ziel ② ⟨inf⟩ (God) *bless my soul!* lieve deugd!; ⟨inf⟩ (God) *bless your soul!* dat is lief/aardig!; *he has a soul above such trivialities* met zulke beuzelarijen houdt hij zich niet bezig; *he is the soul of honour* hij is de eer in persoon/zelf; *she is the soul of kindness* zij is de vriendelijkheid in persoon/zelf; ⟨BE; inf⟩ *he is the (life and) soul of the party/enterprise* hij is de bezieler van het feest/de ziel van de onderneming, alles draait om hem op het feest/in de onderneming; ⟨sprw⟩ *brevity is the soul of wit* kortheid is het wezen van geestigheid; ⟨sprw⟩ *open confession is good for the soul* ± je moet van je hart geen moordkuil maken

²**soul** /soʊl/ [niet-telb zn] ⟨ook attributief⟩ ① soul(muziek) ② ⟨AE; inf⟩ soul ⟨Afro-Amerikaanse cultuur, het negerzijn; vaak als uiting van Afro-Amerikaanse saamhorigheidsgevoel⟩

Soul /soʊl/ [niet-telb zn] God ⟨Christian Science⟩

soul brother [telb zn] ⟨AE; inf⟩ Afro-Amerikaan, medeneger

soul-de·stroy·ing [bn] ⟨inf⟩ geestdodend, afstompend, monotoon

soul food [niet-telb zn] ⟨AE; inf⟩ typisch Afro-Amerikaans voedsel

soul·ful /soʊlfl/ [bn; bw: ~ly; zn: ~ness] ① vol (verheven) gevoelens, gevoelvol, innerlijk bewogen ⟨soms ironisch⟩ ② ⟨inf⟩ hyperemotioneel

soul·less /soʊlləs/ [bn; bw: ~ly; zn: ~ness] zielloos, geestdodend, monotoon

soul mate [telb zn] boezemvriend(in), zielsvriend(in), minnaar, minnares, echtgenoot, echtgenote

soul music [niet-telb zn] soul(muziek)

soul rock [niet-telb zn] soul rock ⟨rockmuziek onder invloed van soul⟩

¹**soul-search·ing** [niet-telb zn] gewetensonderzoek, gewetensvolle zelfanalyse

²**soul-search·ing** [bn] de ziel doorvorsend

soul sister [telb zn] ⟨AE; inf⟩ Afro-Amerikaanse, medenegerin

soul-stir·ring [bn] (ont)roerend, treffend, aandoenlijk

¹**sound** /saʊnd/ [telb zn] ① zee-engte, zeestraat ② inham, (diepe, wijde) baai, golf ③ zwemblaas ④ ⟨med⟩ sonde ⑤ ⟨vero⟩ dieplood

²**sound** /saʊnd/ [telb + niet-telb zn] ① geluid, klank, toon

sound

♦ *from/by the sound(s) of it/things* zo te horen; *I don't like the sound of it* het bevalt me niet, het zit me niet zo lekker ② gehoorsafstand ♦ *be out of sound* buiten gehoorsafstand zijn ③ gerucht ④ *sound and fury* nietsbeduidende woorden, geraas en gebral; ⟨sprw⟩ *empty barrels/vessels make the most sound* holle vaten klinken het hardst

³**sound** /saʊnd/ [niet-telb zn] ⟨vaak mv⟩ ⟨sl⟩ sound, muziek ⟨voornamelijk rock, jazz of pop⟩

⁴**sound** /saʊnd/ [bn; vergr trap: sounder; bw: ~ly; zn: ~ness] ① gezond, krachtig, kloek, stevig, gaaf, flink, bekwaam, knap, ⟨inf⟩ ♦ ⟨inf⟩ *be (as) sound as a bell* (zo) gezond als een vis zijn; perfect functioneren ⟨machine⟩; *sound fruit* gaaf fruit; *a sound mind in a sound body* een gezonde geest in een gezond lichaam; *sound teeth* gave tanden ② correct, orthodox, zuiver in de leer, logisch, gegrond, deugdelijk, overtuigend ⟨argument⟩, rechtmatig, oordeelkundig, verstandig, wijs, goed ⟨raad⟩ ♦ ⟨AE; pol⟩ *sound on the goose* zuiver in de leer ③ solvent, financieel gezond, solide, degelijk, evenwichtig, te vertrouwen, betrouwbaar ④ vast, diep, vredig ⟨slaap⟩ ⑤ grondig, compleet ⟨onderzoek⟩ ⑥ hard, krachtig, flink ♦ *a sound thrashing* een flink pak ransel ⑦ conservatief ⑧ ⟨jur⟩ (rechts)geldig ⑨ ⟨vero⟩ eervol, oprecht, rechtschapen

⁵**sound** /saʊnd/ [onov ww] ① klinken ⟨ook figuurlijk⟩, luiden, schallen, uitbazuinen, galmen, weerklinken ♦ *that sounds all right* dat klinkt goed; *his excuse sounds hollow* zijn excuus klinkt geveinsd; *it sounds as if he wanted to come back home* het klinkt alsof hij terug naar huis wil komen; *sound loud* luid weerklinken; *that sounds reasonable* dat klinkt redelijk/billijk ② de diepte peilen, de oceaanbodem onderzoeken ③ in de diepte schieten, onderduiken ⟨(wal)vis⟩ ④ ⟨jur⟩ *sound in damages* alleen maar betrekking hebben op schadevergoeding; ⟨mil⟩ *sound off* een sein laten weerklinken, ⟨inf⟩ opscheppen, pochen, ⟨mil; sl⟩ schreeuwen, roepen; het marstempo aangeven; ⟨inf⟩ zijn mening luid te kennen geven; afblazen, luid klagen/schelden; → sounding

⁶**sound** /saʊnd/ [ov ww] ① laten klinken, laten luiden/schallen/weerklinken, doen horen ♦ *sound a warning* een waarschuwing laten horen ② uiten, uitspreken, articuleren ♦ *the h in 'honest' is not sounded* de h in 'honest' wordt niet uitgesproken ③ blazen ⟨alarm, aftocht⟩, blazen op ⟨bijvoorbeeld trompet⟩ ♦ *sound the attack* ten aanval blazen ④ testen ⟨door bekloppen van longen, wielen van spoorwagon⟩, ausculteren, onderzoeken ⑤ peilen ⟨ook figuurlijk⟩, sonderen, loden, ⟨fig⟩ onderzoeken, polsen, (discreet) uithoren ♦ *sound s.o. out about/on sth.* iemand over iets polsen ⑥ ⟨form⟩ verkondigen, bekendmaken ♦ *sound God's praises far and wide* Gods lof wijd en zijd uitzingen; → sounding

⁷**sound** /saʊnd/ [bw] vast, diep, vredig ⟨slaap⟩ ♦ *sound asleep* vast in slaap; *I will sleep the sounder for it* ik zal er des te beter om slapen

Sound /saʊnd/ [eigenn; the] Sont

sound-and-light [bn, attr] klank- en licht- ♦ *sound-and-light programme* klank- en lichtspel; *sound-and-light technique* klank- en lichttechniek

sound archives [alleen mv] geluidsarchief

sound barrier [telb zn] geluidsbarrière, geluidsmuur ♦ *break the sound barrier* de geluidsbarrière doorbreken, sneller gaan dan het geluid

sound bite [telb zn] uitspraak van de dag ⟨gelicht uit speech van politicus⟩, kort, kernachtig citaat, soundbite

sound-board [telb zn] → sounding board

sound box [telb zn] ① geluidgever ⟨van ouderwetse grammofoon⟩ ② klankkast ⟨van viool, gitaar, cello enz.⟩

sound broadcasting, sound radio [telb + niet-telb zn] radio

sound camera [telb zn] geluidscamera

sound card [telb zn] ⟨comp⟩ geluidskaart

sound-check [telb zn] geluidstest

sound effects [alleen mv] geluidseffecten, geluiden ⟨radio⟩

sound engineer [telb zn] geluidsingenieur, geluidstechnicus

sound-er /saʊndə, ^-ər/ [telb zn] ① sounder, klankgever, ⟨telegrafie⟩ klopper ② dieplood, peilrichting, peiltoestel ③ loder, peiler

sound-ful /saʊndfl/ [bn] melodieus

sound-hole [telb zn] klankgat ⟨van sommige snaarinstrumenten⟩

¹**sound·ing** /saʊndɪŋ/ [telb + niet-telb zn; (oorspronkelijk) gerund van sound] ① peiling ⟨ook figuurlijk⟩, sondering, loding, ⟨fig⟩ (grondig) onderzoek

²**sound·ing** /saʊndɪŋ/ [telb; niet-telb zn; (oorspronkelijk) gerund van sound] ① het klinken, klank ② ⟨AE; sl⟩ → signifying

³**sound·ing** /saʊndɪŋ/ [bn, attr; tegenwoordig deelw van sound] weerklinkend, resonerend, schallend, klinkend ⟨klank⟩, hoogdravend, bombastisch, pompeus ⟨retoriek⟩, indrukwekkend, ronkend ⟨titel⟩

sound·ing-bal·loon [telb zn] ⟨meteo⟩ weerballon, weersonde

sound·ing board [telb zn] ① klankbord ⟨bijvoorbeeld boven preekstoel⟩ ② klankbodem ③ ⟨fig⟩ spreekbuis

sound·ing lead /saʊndɪŋled/ [telb zn] dieplood, peillood

sound·ing line [telb zn] ⟨scheepv⟩ loodlijn

sound·ing rock·et [telb zn] sondeerraket

sound·ing rod [telb zn] peilroede, peilstok

sound·ings /saʊndɪŋz/ [alleen mv; (oorspronkelijk) gerund van sound] ⟨scheepv⟩ peilbare grond, aangelode plaats(en)/diepte(n) ♦ *be in/on soundings* grond aanloden; *come into soundings* binnen de dieptelijn komen; *lose one's soundings* geen grond meer aanloden; *make/take soundings* loden; ⟨fig⟩ poolshoogte nemen; opiniepeilingen houden; *be out of/off soundings* geen grond aanloden; *strike soundings* grond aanloden

sound·less /saʊndləs/ [bn; bw: ~ly; zn: ~ness] ① geluidloos ② ⟨vnl form⟩ onpeilbaar

sound·ly /saʊndli/ [bw] ① gezond, stevig, terdege ② vast ⟨in slaap⟩

sound mixer [telb zn] ⟨techn⟩ ① geluidmixer, geluidstechnicus ② mengpaneel

sound pollution [niet-telb zn] geluidshinder

sound-post [telb zn] ⟨muz⟩ stapel ⟨van snaarinstrument⟩

¹**sound-proof** [bn] geluiddicht

²**sound-proof** [ov ww] geluiddicht maken

sound-re·cord·ing [telb + niet-telb zn] geluidsopname

sound·scape /saʊndskeɪp/ [niet-telb zn] ⟨muz⟩ muzikaal panorama

sound shift [telb zn] klankverschuiving

sound spectrograph [telb zn] geluidsspectrograaf ⟨voor het registreren en analyseren van spraakgeluiden⟩

sound stage [telb zn] (geluiddichte) opnamestudio

sound-sup·press·ing [bn] geluiddempend

sound system [telb zn] geluidsinstallatie

sound·track [telb zn] ① soundtrack, geluidsspoor, klankstrook ⟨van geluidsfilm⟩ ② opgenomen filmmuziek

sound truck [telb zn] ⟨AE⟩ geluidswagen, reportagewagen

sound wave [telb zn] geluidsgolf

¹**soup** /suːp/ [telb + niet-telb zn] ① soep ② ⟨inf; foto⟩ ontwikkelaar ③ ⟨sl⟩ dichte mist, erwtensoep ④ ⟨sl⟩ pk ⟨van motor⟩ ⑤ ⟨AE; sl⟩ nitroglycerine, springstof ⟨van brandkastkrakers⟩ ⑥ ⟨AE; sl⟩ brandstof ⟨in het bijzonder voor krachtige motoren⟩ ⑦ ⟨scheik⟩ (oer)soep ⟨mengsel van basiselementen⟩ ♦ ⟨AE; inf⟩ *from soup to nuts* van begin tot

einde; ⟨sl⟩ *in the soup* in de puree, in de rats; ⟨sl⟩ *in soup and fish* in avondtoilet, in pontificaal

²**soup** /suːp/ [ov ww] ⟨inf⟩ opvoeren, opfokken ⟨motor(vermogen)⟩ ♦ *soup up* opvoeren, opfokken ⟨motor(vermogen)⟩

soup·çon /ˈsuːpsɒn, ᴬ-sɑn/ [telb zn] beetje, ietsje, tikkeltje, vleugje, snuifje, tikje, schijntje, schimmetje, soupçon

souped-up [bn] ⟨inf⟩ opgepept, groter, aantrekkelijker, sensationeler, opwindender

soup·er /ˈsuːpə, ᴬ-ər/ [telb zn] ⟨sl⟩ ① dichte mist, erwtensoep ② klok, horloge

soup jockey [telb zn] ⟨sl⟩ ① kelner ② serveerster

soup kitchen [telb zn] ① soepinrichting ② ⟨mil⟩ veldkeuken

soup plate [telb zn] soepbord, diep bord

soup·spoon [telb zn] soeplepel

soup-strain·er [telb zn] ⟨inf; scherts⟩ snor

soup·y /ˈsuːpi/ [bn; vergr trap: soupier] ① soepachtig, soeperig ② sentimenteel ③ zeer mistig, zwaarbewolkt

¹**sour** /saʊə, ᴬ-ər/ [telb zn] ① iets zuurs ② ⟨AE⟩ zure sterkedrank ⟨voornamelijk whisky met citroen/limoensap en suiker⟩

²**sour** /saʊə, ᴬ-ər/ [niet-telb zn] ① zuur ② onaangenaamheid, (het) onaangename ♦ ⟨sl⟩ *in sour* in ongenade; in moeilijkheden; met een slechte start; *the sweet and sour* vreugde en verdriet

³**sour** /saʊə, ᴬ-ər/ [bn; vergr trap: sourer; bw: ~ly; zn: ~ness] ① zuur, wrang, zerp, ranzig ♦ ⟨plantk⟩ *sour cherry* zure kers, morel ⟨Prunus cerasus⟩; kersenboom, morellenboom; *sour cream* zure room; *go/turn sour* verzuren, bitter worden; ⟨AE⟩ *sour mash* zuur beslag ⟨om whiskey te distilleren⟩; whisky ⟨uit zuur beslag⟩; *as sour as vinegar* zo zuur als azijn ② nors, gemelijk, knorrig, zuur, ongelukkig, pessimistisch ⟨persoon⟩; scherp ⟨tong⟩ ③ guur, onaangenaam, slecht ⟨weer⟩, ontgoochelend ④ ⟨sl⟩ verkeerd, verdacht, onethisch, illegaal ♦ *go/turn sour* slecht aflopen ⋅ ⟨plantk⟩ *sour dock* veldzuring ⟨Rumex acetosa⟩; *sour grapes* de druiven zijn zuur; *sour salt* citroenzuur

⁴**sour** /saʊə, ᴬ-ər/ [onov ww] verzuren, zuur/verbitterd worden ⋅ ⟨AE⟩ *sour on s.o.* genoeg van iemand hebben

⁵**sour** /saʊə, ᴬ-ər/ [ov ww] zuur maken, verbitteren ♦ ⟨BE⟩ *soured cream* zure room ⟨AE⟩ *sour s.o. on sth.* iemand een afkeer van iets doen krijgen

sour·ball [telb zn] ⟨inf⟩ zuurpruim, pessimist, zwartkijker

¹**source** /sɔːs, ᴬsɔrs/ [telb zn] bron ⟨ook figuurlijk⟩, oorsprong, oorzaak, zegsman, informant ♦ *at source* aan de bron; *source of income* bron van inkomsten; *reliable source* betrouwbare bron

²**source** /sɔːs, ᴬsɔrs/ [ov ww] veroorzaken, brengen, doen ontstaan, in het leven roepen

source book [telb zn] bronnenboek

source code [telb + niet-telb zn] ⟨comp⟩ broncode

source-crit·i·cism [niet-telb zn] bronnenkritiek

source language [telb zn] ⟨comp, taalk⟩ brontaal, oorspronkelijke taal

sourcrout [niet-telb zn] → sauerkraut

sour·dine /sʊəˈdiːn, ᴬsʊr-/ [telb zn] ⟨muz⟩ ① sourdine, sordino, (klank)demper ② sourdine ⟨register van orgel⟩

¹**sour·dough** [telb zn] ⟨AE; inf⟩ ouwe trapper/goudzoeker, doorgewinterde prospector/pionier ⟨in Alaska en Noordwest-Canada⟩

²**sour·dough** [niet-telb zn] ⟨AE, CanE, gew⟩ zuurdeeg, zuurdesem

sourdough bread [niet-telb zn] zuurdesembrood

sour·ish /ˈsaʊərɪʃ/ [bn] zurig, zuurachtig, rins

sour·puss, sour-pan [telb zn] ⟨sl; scherts⟩ zuurpruim, zuursmoel, zuurmuil

sour·sop /ˈsaʊəsɒp, ᴬˈsaʊərsɑp/ [telb zn] ⟨plantk⟩ ① zuurzak ⟨Anona muricata⟩ ② zuurzakboom

¹**sour-sweet** [telb zn] zuurtje

²**sour-sweet** [bn] zuurzoet

sou·sa·phone /ˈsuːzəfoʊn/ [telb zn] ⟨muz⟩ sousafoon ⟨soort tuba⟩

¹**souse** /saʊs/ [telb zn] ① ⟨AE; sl⟩ zuiplap ② ⟨AE; sl⟩ zuippartij ③ ⟨gew⟩ opstopper

²**souse** /saʊs/ [niet-telb zn] ① pekel, pekelsaus ② het inpekelen, het marineren ③ onderdompeling, geplons ④ ⟨AE⟩ pekelvlees, varkensoren/kop en -poten, marinade

³**souse** /saʊs/ [onov ww] doornat worden; → **soused**

⁴**souse** /saʊs/ [ov ww] ① onderdompelen ② doornat maken, (een vloeistof) gieten (over iets) ③ pekelen, marineren ④ ⟨AE; inf⟩ dronken voeren ⑤ ⟨vero⟩ aanvallen, zich werpen op, met de klauwen grijpen; → **soused**

soused /saʊst/ [bn; volt deelw van souse] ⟨sl⟩ bezopen, dronken ♦ *soused to the gills* volkomen lazarus, straalbezopen

souslik [telb zn] → **suslik**

¹**sou-sou-east** [niet-telb zn; the] ⟨scheepv⟩ zuidzuidoosten

²**sou-sou-east** [bn] ⟨scheepv⟩ zuidzuidoostelijk, zuidzuidoosten-

³**sou-sou-east** [bw] ⟨scheepv⟩ zuidzuidoost, ten zuidzuidoosten, zuidzuidoostwaarts, naar/in/uit het zuidzuidoosten

¹**sou-sou-west** [niet-telb zn; the] ⟨scheepv⟩ zuidzuidwesten

²**sou-sou-west** [bn] ⟨scheepv⟩ zuidzuidwestelijk, zuidzuidwesten-

³**sou-sou-west** [bw] ⟨scheepv⟩ zuidzuidwest, ten zuidzuidwesten, zuidzuidwestwaarts, naar/in/uit het zuidzuidwesten

sou·tache /suːˈtæʃ/ [telb zn] soutache, soutas, galon

sou·tane /suːˈtɑːn/ [telb zn] ⟨r-k⟩ soutane, (priester)toog

sou·te·neur /ˈsuːt(ə)nɜː, ᴬ-nɜr/ [telb zn] souteneur, pooier

sou·ter /ˈsuːtə, ᴬ-ər/ [telb zn] ⟨SchE⟩ schoenlapper

sou·ter·rain /ˈsuːtəreɪn, ᴬˈsuːtəreɪn/ [telb zn] souterrain ⟨voornamelijk archeologie⟩

¹**south** /saʊθ/ [telb zn] zuidenwind

²**south** /saʊθ/ [niet-telb zn; the] ① zuiden ⟨windrichting⟩ ♦ *(to the) south of* ten zuiden van ② ⟨bridge⟩ zuid

³**south** /saʊθ/ [bn] zuidelijk, zuid-, zuider- ♦ *the wind is south* de wind zit in het zuiden

⁴**south** /saʊθ/ [onov ww] ① zuidelijken, naar het zuiden draaien, zich naar het zuiden bewegen ② door de meridiaan gaan, de meridiaan passeren ⟨van hemellichaam⟩

⁵**south** /saʊθ/ [bw] zuid, ten zuiden, zuidwaarts, naar/in/uit het zuiden, in zuidelijke richting, aan de zuidzijde ♦ *south by east* zuid ten oosten; *south by west* zuid ten westen; ⟨inf⟩ *down south* in het zuiden

¹**South** /saʊθ/ [niet-telb zn; the] ① Zuiden ⟨deel van wereld, land, stad⟩ ② zuidoostelijke staten van de USA ♦ *Deep South* het diepe Zuiden ⟨de meest zuidelijke staten van de USA⟩

²**South** /saʊθ/ [bn] Zuid-, Zuider- ⟨voornamelijk in aardrijkskundige namen⟩ ♦ *(Republic of) South Africa* (Republiek) Zuid-Afrika; *South America* Zuid-Amerika; *South Island* Zuideiland ⟨deel van Nieuw-Zeeland⟩; *South Korea* Zuid-Korea; *South Orkney Islands* Zuid-Orcaden; *South Pole* Zuidpool; *South Sea* (Stille) Zuidzee; *South China Sea* Zuid-Chinese Zee; *South Slavic* Zuid-Slavisch ⟨talengroep⟩

¹**South African** [telb zn] Zuid-Afrikaan(se)

²**South African** [bn] Zuid-Afrikaans ⟨van Zuid-Afrika⟩ ♦ *South African Dutch* Afrikaans ⟨taal⟩; Afrikaner, Afrikaander Boer; *South African War* Boerenoorlog

south·bound [bn] op weg naar het zuiden

South·down [telb zn] southdowner ⟨schaap/schapenras⟩

¹**south-east** [telb zn] zuidoostenwind

²**south-east** [niet-telb zn; the] zuidoosten

south-east

³**south-east** [bn] zuidoostelijk, zuidoosten-
⁴**south-east,** ⟨scheepv⟩ **sou-east** /saʊiːst/ [bw] zuidoost, ten zuidoosten, zuidoostwaarts, naar/in/uit het zuidoosten, in zuidoostelijke richting, aan de zuidoostelijke zijde ♦ *south-east by east* zuidoost ten oosten; *south-east by south* zuidoost ten zuiden
South-east [niet-telb zn; the] Zuidoosten ⟨deel van wereld, land, stad⟩

South Africa

naam	South Africa *Zuid-Afrika*
officiële naam	Republic of South Africa *Republiek Zuid-Afrika*
inwoner	South African *Zuid-Afrikaan*
inwoonster	South African *Zuid-Afrikaanse*
bijv. naamw.	South African *Zuid-Afrikaans*
hoofdstad	Tshwane (Pretoria) *Tshwane (Pretoria)*
munt	rand *rand*
werelddeel	Africa *Afrika*

int. toegangsnummer 27 www .za auto ZA

south·east·er [telb zn] zuidooster ⟨wind⟩
¹**south·east·er·ly** [bn] zuidoostelijk, zuidoosten-
²**south·east·er·ly** [bw] naar/in/uit het zuidoosten
south·east·ern [bn; vaak Southeastern] zuidoostelijk ⟨deel van land⟩
¹**south·east·ward** [niet-telb zn] zuidoosten ⟨richting, streek⟩
²**south·east·ward** [bn; bw: southeastwardly] zuidoost(waarts), zuidoostelijk
south·east·wards, ⟨AE ook⟩ **southeastward** [bw] zuidoost(waarts), zuidoostelijk
south·er /ˈsaʊðə, ᴬ-ər/ [telb zn] zuidenwind
¹**south·er·ly** /ˈsʌðəli, ᴬ-ðər-/ [telb zn] ① zuidenwind, zuiderstorm ② ⟨AuE⟩ koude zuiderstorm
²**south·er·ly** /ˈsʌðəli, ᴬ-ðər-/ [bn] ① zuiden-, zuidwaarts ② zuidelijk, zuider-, zuiden-
³**south·er·ly** /ˈsʌðəli, ᴬ-ðər-/ [bw] ① naar het zuiden, zuidwaarts ② uit het zuiden, uit zuidelijke richting
south·ern /ˈsʌðn, ᴬˈsʌðərn/ [bn; vaak Southern] zuidelijk, zuider-, zuid(en), op/uit het zuiden ♦ *the Southern Alps* de zuidelijke Alpen; *the Southern Confederacy* de zuidelijke staten ⟨tijdens de Amerikaanse burgeroorlog⟩; ⟨astron⟩ *Southern Cross* Zuiderkruis; *Southern Hemisphere* zuidelijk(e) halfrond/hemisfeer; *southern lights* zuiderlicht, aurora australis; *Southern States* zuidelijke staten ⟨van de USA⟩; *the southern sun* de zuiderzon, de zon van zuidelijke streken; *southern wind* zuidenwind
south·ern·er /ˈsʌðənə, ᴬˈsʌðərnər/ [telb zn; vaak Southerner] zuiderling, ⟨i.h.b. AE⟩ bewoner van de zuidelijke staten in de USA
south·ern·most /ˈsʌðnmoʊst, ᴬˈsʌðərn-/ [bn] meest zuidelijk, zuidelijkst
south·ern·wood [niet-telb zn] ⟨plantk⟩ citroenkruid ⟨Artemisia abrotanum⟩
south·ing /ˈsaʊðɪŋ, -θɪŋ/ [niet-telb zn; gerund van south] ① breedteverschil bij varen naar het zuiden ② zuidwaartse beweging/tocht ③ ⟨astron⟩ het door de meridiaan gaan ⟨van hemellichamen⟩
¹**South Korean** [telb zn] Zuid-Koreaan(se)
²**South Korean** [bn] Zuid-Koreaans
¹**south·paw** [telb zn] ⟨AE; sport; inf⟩ ① ⟨honkb, bokssp⟩ linkshandige werper/bokser ② linkerhand
²**south·paw** [bn, attr] ⟨AE; sport; inf⟩ linkshandig
South Pole [eigenn, telb zn] Zuidpool
¹**south·ron** /ˈsʌðrən/ [telb zn] ① ⟨vero; SchE⟩ zuiderling, Engelsman ② ⟨AE; gesch⟩ zuiderling ⟨tijdens de burgeroorlog⟩
²**south·ron** /ˈsʌðrən/ [bn] ⟨vero; SchE⟩ zuidelijk, Engels
South Sea [eigenn] ⟨Stille⟩ Zuidzee

South Sea Bubble [eigenn] ⟨gesch⟩ failliet van de Britse South Sea Company ⟨1720⟩
¹**south-south·east** [niet-telb zn; the] zuidzuidoosten
²**south-south·east** [bn] zuidzuidoostelijk, zuidzuidoosten-
³**south-south·east** [bw] zuidzuidoost, ten zuidzuidoosten, zuidzuidoostwaarts, naar/in/uit het zuidzuidoosten, in zuidzuidoostelijke richting

South Korea

naam	South Korea *Zuid-Korea*
officiële naam	Republic of Korea *Republiek Korea*
inwoner	South Korean *Zuid-Koreaan*
inwoonster	South Korean *Zuid-Koreaanse*
bijv. naamw.	South Korean *Zuid-Koreaans*
hoofdstad	Seoul *Seoel*
munt	South Korean won *Zuid-Koreaanse won*
werelddeel	Asia *Azië*

int. toegangsnummer 82 www .kr auto ROK

¹**south-south·west** [niet-telb zn; the] zuidzuidwesten
²**south-south·west** [bn] zuidzuidwestelijk, zuidzuidwesten-
³**south-south·west** [bw] zuidzuidwest, ten zuidzuidwesten, zuidzuidwestwaarts, naar/in/uit het zuidzuidwesten, in zuidzuidwestelijke richting
¹**south·ward** /ˈsaʊθwəd, ᴬ-wərd/ [niet-telb zn] zuiden ⟨richting, streek⟩
²**south·ward** /ˈsaʊθwəd, ᴬ-wərd/ [bn; bw: ~ly] zuid(waarts), zuidelijk
south·wards /ˈsaʊθwədz, ᴬ-wərdz/, ⟨AE ook⟩ **southward** [bw] zuid(waarts), zuidelijk
¹**south-west** [telb zn] zuidwestenwind
²**south-west** [niet-telb zn; the] zuidwesten
³**south-west** [bn] zuidwestelijk, zuidwesten-
⁴**south-west** [bw] zuidwest, ten zuidwesten, zuidwestwaarts, naar/in/uit het zuidwesten, in zuidwestelijke richting, aan de zuidwestelijke zijde ♦ *south-west by west* zuidwest ten westen; *south-west by south* zuidwest ten zuiden
South-west [niet-telb zn; the] Zuidwesten ⟨deel van wereld, land, stad⟩
south·west·er /ˌsaʊθˈwestə, ᴬ-ər/ [telb zn] zuidwester(storm)
¹**south·west·er·ly** [bn] zuidwestelijk, zuidwesten-
²**south·west·er·ly** [bw] naar/in/uit het zuidwesten
south·west·ern [bn; vaak Southwestern] zuidwestelijk ⟨deel van land⟩
¹**south·west·ward** [niet-telb zn] zuidwesten ⟨richting, streek⟩
²**south·west·ward** [bn; bw: southwestwardly] zuidwest(waarts), zuidwestelijk
south·west·wards, ⟨AE ook⟩ **southwestward** [bw] zuidwestwaarts
south wind [telb zn] zuidenwind
sou·ve·nir /ˌsuːvəˈnɪə, ᴬ-ˈnɪr/ [telb zn] souvenir, aandenken, herinnering, memento, gedenkteken
¹**sou-west** /ˌsaʊˈwest/ [telb zn] ⟨scheepv⟩ zuidwestenwind
²**sou-west** /ˌsaʊˈwest/ [niet-telb zn; the] ⟨scheepv⟩ zuidwesten
³**sou-west** /ˌsaʊˈwest/ [bn] ⟨scheepv⟩ zuidwestelijk, zuidwesten-
⁴**sou-west** /ˌsaʊˈwest/ [bw] ⟨scheepv⟩ zuidwest, ten zuidwesten, zuidwestwaarts
sou·west·er /ˌsaʊˈwestə, ᴬ-ər/ [telb zn] zuidwester ⟨hoed, wind⟩
sov [afk] ⟨sovereign⟩
¹**sov·er·eign** /ˈsɒvrɪn, ᴬˈsɑvərɪn/ [telb zn] ① soeverein, monarch, heerser, vorst ② sovereign, soeverein ⟨gouden pondstuk⟩

²**sov·er·eign** /sɒvrɪn, ᴬsɑvərɪn/ [bn; bw: ~ly] [1] soeverein, zelfbeschikkend, onafhankelijk, autonoom [2] soeverein, heersend, oppermachtig, hoogst, grootst ♦ *our sovereign lady the Queen* onze landsvorstin/landsvrouwe; *our sovereign lord the King* onze landsheer/vorst; *the sovereign pontiff* de opperpriester, de paus [3] onovertroffen, buitengewoon, uitstekend, weergaloos, ongetemperd, puur ♦ *with sovereign contempt* met de diepste minachting; *the sovereign good* het hoogste goed [4] doeltreffend, probaat, efficiënt, krachtig ⟨remedie⟩ ♦ *there is no sovereign remedy for cancer yet* er is nog geen afdoend middel tegen kanker

¹**sov·er·eign·ty** /sɒvrənti, ᴬsɑvrənti/ [telb zn] soevereine staat

²**sov·er·eign·ty** /sɒvrənti, ᴬsɑvrənti/ [niet-telb zn] [1] soevereiniteit, autonomie, zelfbestuur, zelfbeschikking, onafhankelijkheid [2] soevereiniteit, heerschappij

¹**so·vi·et** /soʊviɪt, sɒ-, ᴬsoʊviet/ [telb zn; vaak Soviet] sovjet, raad ⟨bestuursraad in de USSR⟩ ♦ *the Supreme Soviet* de opperste sovjet

²**so·vi·et** /soʊviɪt, sɒ-, ᴬsoʊviet/ [bn, attr] sovjet-, van/m.b.t. een sovjet

So·vi·et [bn, attr] Sovjet-, Sovjet-Russisch, van/uit/m.b.t. de Sovjet-Unie, ⟨bij uitbreiding⟩ Russisch

so·vi·et·ize /soʊviətaɪz/ [ov ww] [1] sovjetiseren, tot een sovjetstaat maken [2] van de sovjetgeest doordringen

so·vi·et·ol·o·gist /soʊviətɒlədʒɪst, ᴬ-tɑ-/ [telb zn] sovjetkenner, Ruslandkenner

so·vi·ets /soʊviɪts, sɒ-, ᴬsoʊviets/ [alleen mv; vaak Soviets; the] de Sovjets, de Russen

sovran → sovereign

¹**sow** /saʊ/ [telb zn] [1] zeug [2] ⟨metaalbewerking⟩ afvoergeul, putkanaal, gieteling, vaar, staaf [3] pissebed, keldermot, zeug [4] ⟨gesch⟩ stormdak ⟨*⟩ *you cannot make a silk purse out of a sow's ear* men kan van een varkensoor geen fluwelen beurs maken

²**sow** /soʊ/ [onov + ov ww; sowed, sowed/sown] [1] zaaien ⟨ook figuurlijk⟩, uitstrooien, verspreiden, ⟨dik⟩ bedekken [2] zaaien, (be)planten, poten ♦ *sow a piece of land with clover* een stuk land volzaaien met klaver ⟨*⟩ ⟨sprw⟩ *as you sow, so shall you reap* wat men zaait, zal men ook maaien, ± wie zaait zal oogsten; ⟨sprw⟩ *one man sows and another reaps* ± die de meeste hazen schiet, eet er het minst, ± de een slaat de nagel en de ander hangt de hoed er aan; ⟨sprw⟩ *sow the wind and reap the whirlwind* die wind zaait, zal storm oogsten

³**sow** /soʊ/ [ov ww; sowed, sowed/sown] opwekken, veroorzaken, teweegbrengen, zaaien, de kiem leggen van ♦ *sow the seeds of doubt* twijfel zaaien

sow·back /saʊbæk/ [telb zn] lage kiezelrug/zandrug

sow·bread /saʊbred/ [niet-telb zn] ⟨plantk⟩ varkensbrood ⟨Cyclamen europaeum⟩

sow bug /saʊ bʌg/ [telb zn] keldermot, pissebed, zeug

sow·er /soʊə, ᴬ-ər/ [telb zn] [1] zaaier [2] zaaimachine

sow thistle /saʊ θɪsl/ [telb zn] melkdistel

sox /sɒks, ᴬsɑks/ [alleen mv] ⟨vnl AE⟩ sokken

soy /sɔɪ/, **soy·a** /sɔɪə/ [niet-telb zn] [1] soja(saus) [2] soja(bonen)

soy·bean, soy·a bean [telb zn] soja(boon)

soy sauce [niet-telb zn] ketjap, soja(saus)

soz·zled /sɒzld, ᴬsɑ-/ [bn] ⟨BE; sl⟩ straalbezopen, lazarus

spa /spɑː/ [telb zn] [1] minerale bron [2] badplaats ⟨bij bron⟩, kuuroord

¹**space** /speɪs/ [telb zn] [1] afstand, interval, tussenruimte, wijdte ♦ *keep a space of thirty yards between cars* tussen de wagens een afstand van zevenentwintig meter bewaren [2] plaats, ruimte, gebied, terrein ♦ *clear a space on the tribune for the speaker* ruimte op de tribune maken voor de spreker; *buy space in a newspaper* (advertentie)ruimte in een dagblad kopen, een advertentie/mededeling plaatsen; *a trip through the wide open spaces* een tocht in de vrije natuur [3] tijdspanne, periode, tijdsverloop ♦ *for a space* voor een tijdje; *during the space of three years* binnen het bestek van drie jaar [4] ⟨drukw⟩ spatie

²**space** /speɪs/ [telb + niet-telb zn] [1] ruimte ♦ *I was part of his space* ik hoorde tot zijn wereld [2] (wereld)ruimte, heelal, universum, ⟨fig⟩ wat je bezighoudt ♦ *outer space* kosmische ruimte, heelal; *vanish into space* in het niet verdwijnen

³**space** /speɪs/ [ov ww] [1] uit elkaar plaatsen, met tussenruimten plaatsen, scheiden, over de tijd verdelen ♦ *a well spaced (out) family* een goed gepland gezin; *space out* over meer ruimte/tijd verdelen, scheiden, spatiëren, uitsmeren, spreiden; *space out payments* betalen in termijnen [2] ⟨drukw⟩ spatiëren; → spacing

space age [telb + niet-telb zn] tijdperk van de ruimtevaart, ruimtetijdperk

space-age [bn, attr] futuristisch, ultramodern, m.b.t. het ruimtetijdperk

space antenna [telb zn] paraboolantenne

space bar [telb zn] ⟨drukw⟩ spatielat, spatiebalk

space-borne [bn] [1] ruimte-, in de ruimte vliegend, zich in de ruimte bevindend [2] ruimte-, in de ruimte/d.m.v. ruimte-instrumenten verwezenlijkt ♦ *spaceborne television* satelliettelevisie

space cadet [telb zn] ⟨inf⟩ [1] space cadet, vreemde vogel, wereldvreemd iemand [2] mafkikker, lippo

space capsule [telb zn] ruimtecapsule

space centre [telb zn] ruimtevaartcentrum

space·craft [telb zn] ruimtevaartuig, ruimteschip

spaced out [bn] ⟨AE; sl⟩ [1] versuft, stoned, high, onder invloed [2] wereldvreemd, excentriek

space flight [telb zn] ruimtevlucht, ruimtereis

space heater [telb zn] kachel ⟨die één vertrek/ruimte verwarmt⟩

space helmet [telb zn] ruimtehelm

space·lab [telb + niet-telb zn] ruimtelab

space lattice [telb zn] ⟨natuurk⟩ kristalrooster

space·man [telb zn; mv: spacemen] ruimtevaarder, astronaut, kosmonaut

space mark [telb zn] spatieteken

space medicine [niet-telb zn] ruimtevaartgeneeskunde

space opera [telb zn] ⟨AE; inf⟩ sf-serie, sf-film, sf-toneelstuk

space platform [telb zn] → space station

space port [telb zn] ruimtevaartcentrum

space probe [telb zn] ruimtesonde

space programme, ⟨AE⟩ **space program** [telb zn] ruimtevaartprogramma

space rocket [telb zn] ruimteraket

space·scape /speɪskeɪp/ [telb zn] ruimtelandschap, ruimtepanorama, ruimtegezicht

space·ship [telb zn] ruimteschip, ruimtevaartuig

space shuttle [telb zn] ruimtependel, spaceshuttle, ruimteveer

space·sick [bn; zn: spacesickness] ruimteziek

space station [telb zn] ruimtestation, ruimtehaven

space suit [telb zn] ruimtepak

space-time continuum, space-time [niet-telb zn] ruimte-tijdcontinuüm

space travel [niet-telb zn] het reizen door de ruimte, het maken van ruimtevluchten

space vehicle [telb zn] ruimtevaartuig

space·walk [telb zn] ruimtewandeling

space warp [telb + niet-telb zn] vervorming van de ruimte, onderbreking/gat/deviatie in de ruimte

space·wom·an [telb zn] ruimtevaarster, astronaute, kosmonaute

space writer [telb zn] ⟨AE⟩ journalist/tekstschrijver die per afgedrukt woord wordt betaald, schrijver die alleen

spacey

afgedrukte kopij betaald krijgt
spac·ey, spac·y /ˈspeɪsi/ [bn] ⟨AE; sl⟩ ① versuft, stoned, verdwaasd ⟨door drugs⟩ ② vreemd, raar, excentriek
spacial [bn] → spatial
¹**spac·ing** /ˈspeɪsɪŋ/ [telb zn; (oorspronkelijk) gerund van space] ① afstand, tussenruimte ② ⟨drukw⟩ spatie ♦ *double spacing* met één spaties; *single spacing* zonder spaties; *triple spacing* met twee spaties
²**spac·ing** /ˈspeɪsɪŋ/ [niet-telb zn; (oorspronkelijk) gerund van space] ① het scheiden, het uit elkaar plaatsen, het spreiden, het ordenen in de ruimte/tijd ② ⟨drukw⟩ het spatiëren
spa·cious /ˈspeɪʃəs/ [bn; bw: ~ly; zn: ~ness] ruim, spatieus, uitgebreid, uitgestrekt, wijd, weids, groot
spack·le /ˈspækl/ [niet-telb zn] ⟨AE; oorspronkelijk merknaam⟩ plamuur
¹**spade** /speɪd/ [telb zn] ① spade, schop ② ⟨vnl mv⟩ ⟨kaartsp⟩ schoppen(s) ♦ *the five of spades* schoppen vijf ③ steek ④ ⟨AE; sl; beled⟩ nikker ⑤ ⟨mil⟩ spoor van affuit ▪ *call a spade a spade* het kind/beestje bij zijn naam noemen, er geen doekjes om winden; ⟨AE; sl⟩ *in spades* beslist, heel zeker, absoluut, dubbel en dwars, onmiskenbaar, heel erg; ronduit, recht voor zijn raap, zonder meer
²**spade** /speɪd/ [onov ww] spitten, spaden, delven, schoppen
³**spade** /speɪd/ [ov ww] omspitten, bespitten, omspaden, delven ♦ *spade up* opspitten, delven
spade·ful /ˈspeɪdfʊl/ [telb zn] steek
spade·work [niet-telb zn] ⟨fig⟩ pionierswerk
spad·ger /ˈspædʒə, ˌ-ər/ [telb zn] ⟨BE⟩ huismus
spa·dille /spəˈdɪl/ [telb zn] spadille ⟨schoppenaas⟩
spa·dix /ˈspeɪdɪks/ [telb zn; mv: spadices /-dɪsiːz/] ⟨plantk⟩ bloeikolf, bloemkolf
spa·ghet·ti /spəˈɡɛti/ [niet-telb zn] ① spaghetti ② ⟨sl; beled⟩ spaghettivreter, Italiaan, Latijns-Amerikaan ③ ⟨sl⟩ brandslang ④ ⟨sl⟩ bepaalde televisieantenne
spaghetti western [telb zn] spaghettiwestern ⟨Italiaanse western⟩
spa·hi, spa·hee /ˈspɑːhiː/ [telb zn] ⟨gesch⟩ spahi ⟨Turks ruiter; Algerijnse ruiter in Franse dienst⟩
Spain /speɪn/ [eigenn] Spanje

Spain	
naam	**Spain** *Spanje*
officiële naam	**Kingdom of Spain** *Koninkrijk Spanje*
inwoner	**Spaniard** *Spanjaard*
inwoonster	**Spaniard** *Spaanse*
bijv. naamw.	**Spanish** *Spaans*
hoofdstad	**Madrid** *Madrid*
munt	**euro** *euro*
werelddeel	**Europe** *Europa*
int. toegangsnummer 34	www .es auto **E**

spake /speɪk/ [verleden tijd] → speak
¹**spall** /spɔːl/ [telb zn] steensplinter, schilfer, chip
²**spall** /spɔːl/ [onov + ov ww] afsplinteren, (ver)splinteren, kleinmaken, stukslaan
spal·la·tion /spəˈleɪʃn, ˌspəˈleɪʃn/ [telb zn] ⟨kernfys⟩ spallatie, afsplitsing
spal·peen /spælˈpiːn/ [telb zn] ⟨IE⟩ ① deugniet, schurk, schavuit, schelm, belhamel ② jochie
¹**spam** /spæm/ [niet-telb zn] ① ⟨vaak Spam; handelsmerk⟩ gekookte ingeblikte ham ② ⟨comp⟩ spam ⟨ongewenste (reclame)mail⟩, junkmail
²**spam** /spæm/ [onov + ov ww] ⟨comp⟩ spammen, in grote hoeveelheden ongevraagde e-mail verzenden (naar)
spam·mer /ˈspæmə, ˌspæmər/ [telb zn] ⟨comp⟩ spammer ⟨verzender van junkmail⟩
¹**span** /spæn/ [telb zn] ① breedte, wijdte, span(ne) ② (tijd)-spanne, (korte) periode, tijdruimte, tijdsbestek ♦ *during the whole span of human history* gedurende heel de geschiedenis van de mensheid ③ overspanning, spanwijdte ④ vleugelbreedte, spanwijdte ⟨vliegtuig⟩ ⑤ span(ne) ⟨0,2286 m⟩ ⑥ ⟨scheepv⟩ sjortouw ⑦ ⟨AE⟩ span, stel ⟨paarden, ezels⟩ ⑧ ⟨ZAE⟩ juk, (ge)span ⟨ossen⟩
²**span** /spæn/ [ov ww] ① overspannen ⟨ook figuurlijk⟩, overbruggen, zich uitstrekken over ② omspannen, meten, bedekken ⟨met hand⟩ ③ vastsjorren
³**span** /spæn/ [verleden tijd] → spin
¹**span·cel** /ˈspænsl/ [telb zn] tui, touw ⟨om de poten van vee te binden⟩
²**span·cel** /ˈspænsl/ [ov ww] tuien, tuieren, binden, boeien ⟨poten van vee met touw⟩
span·drel, span·dril /ˈspændrəl/ [telb zn] ⟨bouwk⟩ boogvulling
spandrel wall [telb zn] ⟨bouwk⟩ muur als boogvulling
spang /spæŋ/ [bw] ⟨AE⟩ precies, juist, helemaal, pardoes, pats
¹**span·gle** /ˈspæŋɡl/ [telb zn] ① paillette, lovertje, kristalletje, glinsterend kledingornament ② glinstering, glinsterend deeltje, lichtend punt ♦ *spangles of sunlight* druppels zonnelicht ③ galnoot, galappel ⟨op eikenbladen⟩
²**span·gle** /ˈspæŋɡl/ [ov ww] met pailletten/lovertjes versieren ⟨ook figuurlijk⟩ ♦ *spangled with stars* met sterren bezaaid
Span·glish /ˈspæŋɡlɪʃ/ [eigenn] mengeling van Spaans en Engels
span·gly /ˈspæŋɡli/ [bn; vergr trap: spanglier] glinsterend, fonkelend
Span·iard /ˈspænjəd, ˌ-jərd/ [telb zn] Spanjaard, Spaanse
¹**span·iel** /ˈspænɪəl/ [telb zn] ① spaniël ⟨hond⟩ ② hielenlikker, vleier, kruiper, pluimstrijker
²**span·iel** /ˈspænɪəl/ [onov + ov ww] hielenlikken, kruiperig vleien
¹**Span·ish** /ˈspænɪʃ/ [eigenn] Spaans, de Spaanse taal
²**Span·ish** /ˈspænɪʃ/ [bn] Spaans ♦ *Spanish America* Spaans (sprekend) Amerika; ⟨gesch⟩ *Spanish Armada* Spaanse Armada ▪ ⟨plantk⟩ *Spanish bayonet* yucca ⟨genus Yucca⟩; ⟨i.h.b.⟩ adamsnaald ⟨Yucca filamentosa⟩; ⟨plantk⟩ *Spanish chestnut* tamme kastanje(boom) ⟨Castanea sativa⟩; ⟨dierk⟩ *Spanish fly* Spaanse vlieg ⟨Lytta vesicatoria⟩; ⟨plantk⟩ *Spanish grass* Spaans gras, esparto(gras), spart(e), spartelgras ⟨Stipa tenacissima, Lygeum spartum⟩; ⟨gesch⟩ *Spanish Main* noordoostkust van Zuid-Amerika en aangrenzend deel van de Caraïbische Zee; *Spanish omelette* Spaanse omelet ⟨met groenten⟩; *Spanish onion* grote, gele ui met zachte smaak; ⟨plantk⟩ *Spanish potato* bataat, zoete aardappel, cassave ⟨Ipomoea batatas⟩; ⟨dierk⟩ *Spanish sparrow* Spaanse mus ⟨Passer hispaniolensis⟩; *Spanish windlass* Spaanse takeling, hondsend
¹**Span·ish-A·mer·i·can** [telb zn] ① bewoner van Spaanssprekend Amerika, Spaans-Amerikaan ② bewoner van Spaanse afkomst
²**Span·ish-A·mer·i·can** [bn] ① van/uit/m.b.t. Spaanssprekend Amerika, Spaans-Amerikaans ② van/m.b.t. bewoners van Spaanse afkomst
Span·ish-walk [ov ww] ⟨sl⟩ bij kop en kont eruit gooien
¹**spank** /spæŋk/ [telb zn] mep, klets, klap ⟨met vlakke hand op achterste⟩
²**spank** /spæŋk/ [onov ww] voortsnellen ♦ *spank along* zich reppen, stuiven, vliegen ⟨van paard, boot⟩; → spanking
³**spank** /spæŋk/ [ov ww] ① (een pak) voor de broek/billen geven ⟨in het bijzonder met vlakke hand/plat voorwerp⟩, een pak slaag geven, afstraffen ② ⟨sl⟩ verslaan ⟨in het bijzonder in spel⟩; → spanking
spank·er /ˈspæŋkə, ˌ-ər/ [telb zn] ① hardlopen, draven ⟨in het bijzonder paard⟩ ② ⟨scheepv⟩ bezaan ③ ⟨inf⟩ kraan, kanjer, kei, puikje, prachtexemplaar
spanker boom [telb zn] ⟨scheepv⟩ bezaansboom
¹**spank·ing** /ˈspæŋkɪŋ/ [telb zn; oorspronkelijk tegen-

woordig deelw van spank] **pak voor de broek,** pak slaag, afstraffing

²**spank·ing** /spæŋkɪŋ/ [bn, attr; tegenwoordig deelw van spank] ⟨inf⟩ [1] **kolossaal,** mieters, eersteklas, prima, reusachtig [2] **kwiek,** wakker, levendig, flink, vlug, krachtig, ⟨België⟩ vinnig ♦ *a spanking breeze* een stevige bries; *at a spanking pace* in snelle draf

³**spank·ing** /spæŋkɪŋ/ [bw] ⟨inf⟩ **kolossaal,** excellent, mieters, prachtig, prima ♦ *what a spanking fine woman* wat een prachtmeid; *spanking new* spiksplinternieuw

span-long [bn] een span(ne) lang

span·ner /spænə, ^-ər/ [telb zn] ⟨BE⟩ **moersleutel,** schroefsleutel ♦ *adjustable spanner* Engelse sleutel, bahco; *open-end(ed) spanner* steeksleutel · *throw a spanner into the works* een spaak/stok in het wiel steken

span roof [telb zn] **zadeldak**

span·worm [telb zn] ⟨AE; dierk⟩ **spanrups** ⟨familie Geometridae⟩

¹**spar** /spɑ:, ^spɑr/ [telb zn] [1] ⟨benaming voor⟩ **lange paal,** rondhout, ligger ⟨van vliegtuigvleugel⟩ [2] **bokspartij,** ⟨i.h.b.⟩ oefenboksmatch [3] **hanengevecht** [4] **dispuut,** redetwist, schermutseling

²**spar** /spɑ:, ^spɑr/ [niet-telb zn] [1] ⟨geol⟩ **spaat** ⟨mineraal⟩ [2] **het boksen**

³**spar** /spɑ:, ^spɑr/ [onov ww] [1] **sparren,** boksen [2] **met klauwen/sporen vechten** ⟨hanengevecht⟩ [3] **redetwisten,** bekvechten, schermutselen

spar·a·ble /spærəbl/ [telb zn] **schoenspijker**

spar buoy [telb zn] **drijfbaken**

spar deck [telb zn] **spardek**

¹**spare** /speə, ^sper/ [telb zn] [1] **reserve,** dubbel ♦ *it is a spare* we hebben er een over, we kunnen er een missen [2] **reservewiel** [3] ⟨BE⟩ **reserveonderdeel,** vervangstuk [4] ⟨bowling⟩ **spare** ⟨het omvergooien van alle kegels met de eerste twee ballen⟩

²**spare** /speə, ^sper/ [bn; vergr trap: sparer; bw: ~ly; zn: ~ness] [1] **extra,** reserve, overtollig, ongebruikt, ⟨scheepv⟩ waarloos ♦ *spare part* reserveonderdeel; ⟨België⟩ wisselstuk; *spare room* logeerkamer [2] **vrij,** onbezet ⟨tijd⟩ [3] **mager,** dun ♦ *a man of spare frame* een tenger mannetje · ⟨BE; sl⟩ *go spare* razend/verbijsterd worden, van streek/erg geïrriteerd raken; ⟨sl; scherts⟩ *feel like a spare prick at a wedding* zich opgelaten/als het vijfde wiel aan de wagen voelen; ⟨BE; inf; scherts⟩ *spare tyre* vijfde wiel aan wagen; zwembandje, michelinbandje ⟨vetring boven taille⟩

³**spare** /speə, ^sper/ [bn, attr; vergr trap: sparer; bw: ~ly; zn: ~ness] **schraal,** schaars, karig, krap, zuinig ♦ *a spare style of prose* een sobere ⟨schrijf⟩stijl

⁴**spare** /speə, ^sper/ [onov ww] **zuinig/sober zijn;** → **sparing**

⁵**spare** /speə, ^sper/ [ov ww] [1] **het stellen zonder,** missen, overhebben, geven, afstaan ♦ *enough and to spare* meer dan genoeg, volop; *I can't spare the money for a trip to Italy* ik heb geen geld voor een reisje naar Italië; *I have exactly £1 to spare* ik heb nog precies £1 over; *can you spare me a few moments?* heb je een paar ogenblikken voor mij? [2] **sparen,** ontzien ♦ *if I am spared* als ik dan nog leef; *spare his blushes* maak hem niet verlegen; *spare s.o.'s feelings* iemands gevoelens sparen; *not spare o.s.* zichzelf niet sparen [3] **besparen** ♦ *spare me your excuses* bespaar me je excuses [4] **sparen,** bezuinigen op, zuinig zijn met ♦ *no expense(s)/pains spared* zonder geld/moeite te sparen · ⟨sprw⟩ *spare the rod and spoil the child* wie zijn kind liefheeft, spaart de roede niet; → **sparing**

spare·able /speərəbl, ^sper-/ [bn] **misbaar,** ontbeerlijk

spare-part surgery [niet-telb zn] ⟨inf⟩ **transplantatiechirurgie**

spare·rib [telb zn; voornamelijk mv] **krabbetje,** magere varkensrib(ben)

sparge /spɑ:dʒ, ^spɑrdʒ/ [ov ww] **(be)sprenkelen**

spar·ing /speərɪŋ, ^sperɪŋ/ [bn; tegenwoordig deelw van spare; bw: ~ly; zn: ~ness] **zuinig,** spaarzaam, matig, sober, karig, schraal

¹**spark** /spɑ:k, ^spɑrk/ [telb zn] [1] **vonk,** vuursprank(el), vonkje, sprankel, glinstering, ⟨fig⟩ sprank(je), greintje ♦ *a spark of compassion* een greintje medelijden [2] **fat,** dandy [3] **minnaar,** vrijer [4] ⟨elek⟩ **ontlading,** doorslag [5] ⟨techn⟩ **diamant,** diamantsplinter ⟨als werktuig⟩ · *make the sparks fly* erop los gaan/timmeren, de poppen aan het dansen brengen

²**spark** /spɑ:k, ^spɑrk/ [onov ww] [1] **vonken,** vonken schieten [2] **het hof maken,** vrijen [3] ⟨techn⟩ **ontsteken,** ontbranden (m.b.t. motor)

³**spark** /spɑ:k, ^spɑrk/ [ov ww] [1] **ontsteken,** doen ontbranden ♦ *spark off* ontsteken, doen ontploffen [2] **aanvuren,** aanwakkeren [3] **uitlokken,** doen beginnen/ontbranden ♦ *spark off a war* een oorlog uitlokken/doen ontbranden [4] **aanbidden,** het hof maken, vrijen met

spark arrester [telb zn] ⟨techn⟩ **vonkafleider**

spark chamber [telb zn] ⟨natuurk⟩ **ionisatiekamer,** ionisatievat

spark coil [telb zn] ⟨elek⟩ **(vonk)inductor,** ontstekingsspoel

spark gap [telb zn] ⟨techn⟩ **vonkbrug,** elektrodeafstand

sparking distance [niet-telb zn] ⟨techn⟩ **slagwijdte**

spark·ish /spɑ:kɪʃ, ^spɑrkɪʃ/ [bn] **galant,** elegant, zwierig, chic

¹**spar·kle** /spɑ:kl, ^spɑrkl/ [telb zn] **sprankel,** sprankje, vonkje ⟨ook figuurlijk⟩ ♦ *sparkles of wit* sprankels ⟨van⟩ geestigheid

²**spar·kle** /spɑ:kl, ^spɑrkl/ [telb + niet-telb zn] **fonkeling,** glinstering, schittering

³**spar·kle** /spɑ:kl, ^spɑrkl/ [niet-telb zn] [1] **gefonkel,** geglinster, geschitter, (ge)tintel [2] **het parelen,** het mousseren/schuimen/(op)bruisen [3] **geestigheid,** levendigheid, opgewektheid

⁴**spar·kle** /spɑ:kl, ^spɑrkl/ [onov ww] [1] **fonkelen,** glinsteren, sprankelen, tintelen ♦ *sparkling with wit* sprankelend van geest(igheid) [2] **parelen,** mousseren, schuimen, (op)bruisen ♦ ⟨AE⟩ *sparkling water* spuitwater; *sparkling wine* schuimwijn [3] **sprankelen,** geestig zijn

spar·kler /spɑ:klə, ^spɑrklər/ [telb zn] [1] **wat fonkelt** [2] **sprankelende geest** [3] **sterretje** ⟨vuurwerk⟩ [4] **schuimwijn,** mousserende wijn [5] ⟨dierk⟩ **zand(loop)kever** ⟨genus Cicindelidae⟩ [6] ⟨sl⟩ **glimmer** ⟨diamant⟩

spark·less /spɑ:kləs, ^spɑrk-/ [bn] ⟨techn⟩ **vonkvrij**

spark·let /spɑ:klɪt, ^spɑrk-/ [telb zn] **vonkje**

spark plug, ⟨BE ook⟩ **spark·ing plug** [telb zn] [1] **(ontstekings)bougie** [2] ⟨AE; inf⟩ **animator,** stuwende kracht, bezieler

Sparks /spɑ:ks, ^spɑrks/ [alleen mv] ⟨scherts⟩ [1] ⟨scheepv⟩ **draad** ⟨benaming voor marconist⟩ [2] **elektricien**

spark up [onov ww] **er eentje opsteken** ⟨van sigaret⟩

spark·y /spɑ:ki, ^spɑr-/ [bn; vergr trap: sparkier] **levendig,** energiek, sprankelend

spar·ling /spɑ:lɪŋ, ^spɑr-/ [telb zn; mv: ook sparling] ⟨dierk⟩ [1] **spiering** ⟨Osmerus eperlanus⟩ [2] **jonge haring**

spar·ring-match /spɑ:rɪŋ mætʃ/ [telb zn] [1] **oefenboksmatch** [2] **dispuut,** redetwist, schermutseling

spar·ring-part·ner [telb zn] **sparringpartner** ⟨ook figuurlijk⟩

spar·row /spæroʊ/ [telb zn] **mus**

spar·row-grass [niet-telb zn] ⟨gew; inf⟩ **asperge(s),** sperzie(s)

sparrow hawk [telb zn] ⟨dierk⟩ [1] **sperwer** ⟨Accipiter nisus⟩ [2] **Amerikaanse torenvalk** ⟨Falco sparverius⟩

spar·ry /spɑ:ri/ [bn] ⟨geol⟩ **spaatachtig,** spaat-

sparse /spɑ:s, ^spɑrs/ [bn; vergr trap: sparser; bw: ~ly; zn: ~ness] **dun,** verspreid, mager, schaars, spaarzaam, karig ♦ *a sparse beard* een dunne baard; *a sparsely furnished*

sparsity

house een spaarzaam gemeubileerd huis; *a sparsely populated area* een dunbevolkt gebied

spar·si·ty /spɑːsəti, ᴬspɑrsəti/ [niet-telb zn] dunheid, dunte, schraalheid, magerte

Spar·ta·cist /spɑːtəsɪst, ᴬspɑrtə-/ [telb zn] ⟨gesch⟩ spartakist ⟨lid van revolutionaire beweging in Duitsland 1914-1919⟩

¹**Spar·tan** /spɑːtn, ᴬspɑrtn/ [telb zn] Spartaan, ⟨fig⟩ zeer gehard persoon

²**Spar·tan** /spɑːtn, ᴬspɑrtn/ [bn] Spartaans, ⟨fig⟩ zeer hard/streng ♦ *a Spartan life* een spartaanse levenswijze

¹**spasm** /spæzm/ [telb zn] ① kramp, huivering, rilling, siddering ♦ *spasms of laughter* lachkrampen; *spasms of pain* sidderingen van pijn ② aanval, opwelling, vlaag, bui ♦ *a spasm of energy* een energieke bui; *spasms of grief* opwellingen van smart

²**spasm** /spæzm/ [telb + niet-telb zn] ⟨med⟩ spasme, kramp ♦ *clonic spasm* klonische kramp; *tonic spasm* tonische kramp

spas·mod·ic /spæzmɒdɪk, ᴬ-mɑ-/ [bn; bw: ~ally] ① spasmodisch, spastisch, krampachtig, kramp- ♦ *spasmodic asthma* spasmodisch astma ② bij vlagen, met tussenpozen, ongestadig ♦ *spasmodic gunfire* ongestadig kanonvuur ③ prikkelbaar, lichtgeraakt, oplopend

¹**spas·tic** /spæstɪk/ [telb zn] ① ⟨med⟩ spastisch persoon ② ⟨sl, vnl kind⟩ lammeling, lummel, hannes

²**spas·tic** /spæstɪk/ [bn; bw: ~ally] spastisch, krampachtig ♦ ⟨med⟩ *spastic paralysis* spastische paralyse, ruggenmergsverlamming

¹**spat** /spæt/ [telb zn; mv: ook spat] ① ⟨benaming voor⟩ kuit van schelpdieren, oesterzaad ② ⟨benaming voor⟩ jonge schelpdieren, oesters ③ ⟨inf⟩ ruzietje, klappen ♦ *they were between spats* ze waren even niet aan het ruziën/bakkeleien ④ ⟨zelden⟩ klap, mep ⑤ ⟨vnl mv⟩ slobkous ⑥ klatering, klaterend geluid, geklater, gekletter ⟨als van regendruppels⟩ ⑦ ⟨techn⟩ beschermhoes voor vliegtuigwielen

²**spat** /spæt/ [onov ww] ① kuit schieten ⟨van schelpdieren, voornamelijk oesters⟩ ② ⟨inf⟩ kibbelen ③ slaan, een klap geven ④ kletteren, sputteren, kletsen ⟨als van regendruppels⟩

³**spat** /spæt/ [ov ww] een klap(je) geven, meppen, slaan

⁴**spat** /spæt/ [verleden tijd en volt deelw] → spit

¹**spatch·cock** /spætʃkɒk, ᴬ-kɑk/ [telb zn] geslacht en dadelijk bereid gevogelte

²**spatch·cock** /spætʃkɒk, ᴬ-kɑk/ [ov ww] ① slachten en dadelijk bereiden ⟨gevogelte⟩ ② ⟨inf⟩ ⟨haastig/onvoorzien⟩ inlassen ⟨woorden⟩ ♦ *a spatchcocked document* een ineengeflanst document; *he spatchcocked a curious remark into his speech* hij laste een vreemde opmerking in zijn toespraak in

spate, ⟨vnl Schots-Engelse spelling⟩ **spait** /speɪt/ [telb zn] ① ⟨BE⟩ hoge waterstand, (vloed)vloed, overstroming ⟨van rivier⟩ ♦ *the rivers are in spate* de rivieren zijn gezwollen ② toevloed, vloed, stroom, overvloed ♦ *a spate of words* een woordenvloed

spa·tha·ceous /spəˈdeɪʃəs, ᴬspeɪ-/, **spa·those** /spædoʊs, ᴬspeɪ-/ [bn] ① met bloeischede ② bloeischede-achtig

spathe /speɪð/ [niet-telb zn] ⟨plantk⟩ bloeischede, bloemschede

spath·ic /spæθɪk/ [bn] ① spaatachtig ♦ *spathic iron ore* ijzerspaat, sideriet ② kloofbaar, splijtbaar, kliefbaar

spa·tial, **spa·cial** /speɪʃl/ [bn; bw: ~ly] ruimtelijk, ruimte-

spa·ti·al·i·ty /speɪʃiˈæləti/ [niet-telb zn] ruimtelijkheid

spa·ti·o·tem·po·ral /speɪʃioʊtemprəl/ [bn; bw: ~ly] ruimtelijk en tijdelijk, ruimte-tijd-

¹**spat·ter** /spætə, ᴬspætər/ [telb zn] ① spat(je), vlekje ② spattend geluid, klatering ③ buitje ♦ *a spatter of rain* een regenbui

²**spat·ter** /spætə, ᴬspætər/ [niet-telb zn] gespat, gesputter, gekletter, geklater

³**spat·ter** /spætə, ᴬspætər/ [onov ww] spatten, kletsen, klateren, plassen

⁴**spat·ter** /spætə, ᴬspætər/ [ov ww] ① bespatten, spatten, (be)sprenkelen ♦ *he spattered water on(to)/in my face* hij spatte water in mijn gezicht; *the lorry spattered my clothes with mud* de vrachtauto bespatte mijn kleren met modder ② bekladden, besmeuren, bevlekken, bezoedelen ⟨ook figuurlijk⟩

spat·ter·dash /spætədæʃ, ᴬspætər-/ [telb zn; voornamelijk mv] slobkous

spat·ter·work [telb + niet-telb zn] spatwerk ⟨tekening⟩

spat·u·la /spætjʊlə, ᴬ-tʃələ/, **spat·ule** /spætjuːl, ᴬ-tʃuːl/ [telb zn] ① spatel ♦ ⟨AE⟩ *slotted spatula* bakspaan ② ⟨med⟩ (tong)spatel ❍ ⟨AE⟩ *slotted spatula* (bak)spaan

spat·u·late /spætjʊlət, ᴬ-tʃələt/, **spat·u·lar** /-lə, ᴬ-lər/ [bn] spatelvormig

spav·in /spævɪn/ [niet-telb zn] spat ⟨paardenziekte⟩

spav·ined /spævɪnd/ [bn] ① spatkreupel ⟨m.b.t. paarden⟩, ⟨fig⟩ kreupel, verminkt

¹**spawn** /spɔːn/ [niet-telb zn] ① kuit ⟨van vissen⟩ ② kikkerdril ③ broedsel, broed, gebroed(sel) ⟨ook figuurlijk; pejoratief m.b.t. mensen⟩ ④ ⟨vaak pej⟩ voortbrengsel, product ⑤ ⟨plantk⟩ zwamvlokken, mycelium

²**spawn** /spɔːn/ [onov ww] ① kuit schieten, paaien, rijden ② opkomen/opschieten/verrijzen als paddenstoelen (uit de grond/na een regenachtige dag) ♦ *the river spawns with fish* de rivier wemelt van de vis

³**spawn** /spɔːn/ [ov ww] ① schieten ⟨kuit/kikkerdril⟩ ② ⟨vaak pej⟩ uitbroeden, voortbrengen, produceren ③ met zwamvlokken beplanten

spawn·er /spɔːnə, ᴬ-ər/ [telb zn] kuiter, kuitvis

spawn·ing-sea·son [telb zn] paaitijd, rijtijd ⟨paartijd voor vissen⟩

spay /speɪ/ [ov ww] steriliseren ⟨vrouwelijk dier⟩

SPCA [afk] ⟨AE⟩ (Society for the Prevention of Cruelty to Animals) dierenbescherming

SPCK [afk] (Society for Promoting Christian Knowledge)

¹**speak** /spiːk/, **speak·o** /spiːkoʊ/ [telb zn] ⟨AE; sl⟩ speakeasy, clandestiene kroeg ⟨voornamelijk omstreeks 1920-'30⟩

²**speak** /spiːk/ [onov ww; spoke, spoken; verouderd spake, spoke] ① spreken, een toespraak/voordracht houden ♦ *speak about* spreken over/van; *speak against sth.* spreken/een toespraak/pleidooi houden tegen; ⟨fig⟩ *a will speaks from the death of the testator* een testament gaat in/is van kracht vanaf de dood van de erflater; *speak for s.o.* spreken voor/uit naam van iemand; *generally speaking* in het algemeen gesproken; *legally speaking* wettelijk gezien, volgens de wet; *not to speak of* haast niet, niet noemenswaard(ig); *speak of sth.* van iets spreken/gewag maken, iets vermelden; *nothing to speak of* haast niets, niets noemenswaard(ig)s; *speak ill of s.o./sth.* kwaad spreken over iemand/iets; *speak well of s.o./sth.* gunstig spreken over iemand/iets; *speak on* verder spreken, vervolgen; *speak on sth.* spreken/een toespraak/voordracht houden over iets; *speak out against sth.* zich tegen iets uitspreken, zich tegenstander verklaren van iets; *speak out/up* duidelijk spreken; vrijuit spreken; *personally speaking* voor mijn part; *properly speaking* in eigenlijke zin; *roughly speaking* ruw geschat; *so to speak* (om) zo te zeggen, bij wijze van spreken, zogezegd, zogoed als; *strictly speaking* strikt genomen, in de strikte zin (des woords); *speak to s.o.* tot/met iemand spreken, iemand aanspreken, zich tot iemand richten; voor iemand een toespraak houden; *speak to sth.* iets toelichten; *speak to s.o. (about sth.)* iemand (om iets) aanspreken; iemand (over iets) aanspreken/aanpakken/onder handen nemen; *speak up for sth.* het voor iets opnemen;

speak with s.o. met iemand praten/spreken/converseren; ⟨telefoon⟩ *speaking!* spreekt u mee!; ⟨telefoon⟩ *Smith speaking!* (u spreekt) met Smith! [2] aanslaan, (beginnen te) blaffen ♦ *the dog spoke immediately* de hond sloeg onmiddellijk aan [3] klinken, toon geven, aanspreken ♦ *that flute speaks well* die fluit spreekt goed aan/klinkt goed; *the guns spoke in the distance* de kanonnen weerklonken/bulderden in de verte •⟩ ⟨inf⟩ *be spoken for* gereserveerd zijn, bezet zijn ⟨ook van persoon⟩; (al) een relatie hebben/getrouwd zijn; *speak for sth.* iets bestellen/reserveren; van iets getuigen; een toespraak houden/pleiten voor ⟨ook figuurlijk⟩; *it speaks well for his diligence* dat zegt heel wat over zijn ijver; *that speaks for itself* dat spreekt voor zich/boekdelen; *speaking for myself* voor mijn part; *speak to sth.* spreken/een verklaring afleggen over iets, iets behandelen; *this music does not speak to me* deze muziek zegt me niets/spreekt me niet aan; *I can speak to his having been here* ik kan getuigen/bevestigen dat hij hier geweest is; *speak up* harder spreken; *could you speak up please* wat harder/luider a.u.b.; *speaking for yourself/selves!* je moet het zelf weten!; ⟨sprw⟩ *speak fair and think what you like* denk wat u wil, maar pas op wat u zegt; ⟨sprw⟩ *actions speak louder than words* ± praatjes vullen geen gaatjes, ± zeggen en doen is twee, ± 't is met zeggen niet te doen; ⟨sprw⟩ *speak well of the dead* van de doden niets dan goeds; ⟨sprw⟩ *dying men speak true* ± stervenden spreken de waarheid; ⟨sprw⟩ *he that commits a fault thinks everyone speaks of it* ± wie schuldig is droomt van de duivel, ± die kwaad doet haat het licht; ⟨sprw⟩ *he that has a great nose thinks that everyone is speaking of it* ± als iemand een gebrek heeft denkt hij dat iedereen erover spreekt; ⟨sprw⟩ *what all men speak, no man hears* ± niemand luistert naar wat iedereen zegt; ⟨sprw⟩ *he cannot speak well who cannot hold his tongue* ± 't is een goed spreken dat een goed zwijgen beteren zal, ± waar klappen goed is, is zwijgen nog beter, ± spreken is zilver, zwijgen is goud; → speaking

³**speak** /spiːk/ [ov ww; spoke, spoken; verouderd spake, spoke] [1] spreken, zeggen, uitspreken, uitdrukken ♦ *speak English* Engels spreken; *speak s.o. fair* iemand vriendelijk aanspreken; *speak one's mind* zijn mening zeggen; *speak a piece* iets kort opzeggen/voordragen; *it speaks volumes for his moderation* het spreekt boekdelen over zijn gematigdheid, het stelt zijn gematigdheid in een helder daglicht; *speak the word!* zeg het maar! [2] ⟨scheepv⟩ signalen uitwisselen met, contact leggen met, praaien ⟨voorbijvarend schip⟩ [3] ⟨vero⟩ spreken van, getuigen van, wijzen op, aanduiden ♦ *this speak him honest* dit typeert hem als eerlijk; *this speaks a generous mind* dit getuigt van een edelmoedige geest; *his face speaks sadness* het verdriet is van zijn gezicht af te lezen •⟩ ⟨sprw⟩ *what all men speak, no man hears* ± niemand luistert naar wat iedereen zegt; ⟨sprw⟩ *many a true word is spoken in jest* al gekkende en mallende zeggen de zotten de waarheid, tussen boert en ernst zegt de zot zijn mening; ⟨sprw⟩ *speak the truth and shame the devil* ± vecht tegen de verleiding om te liegen en spreek de waarheid; ⟨sprw⟩ *a word spoken is past recalling* eens gezegd, blijft gezegd; → speaking

-speak (productief achtervoegsel) -jargon ♦ *computerspeak* computerjargon; *educationspeak* onderwijsjargon

speak·a·ble /spiːkəbl/ [bn] uit te spreken, uitspreekbaar, goedklinkend, welluidend, die/dat wel bekt

speak·eas·y [telb zn; AE; sl] speakeasy, clandestiene kroeg ⟨voornamelijk omstreeks 1920-'30⟩

speak·er /spiːkə, ᴬ-ər/ [telb zn] [1] spreker, spreekster ♦ *a speaker of French* iemand die Frans spreekt [2] woordvoerder, woordvoerster, zegsman [3] luidspreker

Speak·er /spiːkə, ᴬ-ər/ [telb zn] voorzitter van het Lagerhuis/Huis van Afgevaardigden •⟩ *catch (the) Speaker's eye* het woord krijgen ⟨in het Lagerhuis⟩

Speak·er·ship /spiːkəʃɪp, ᴬ-kər-/ [niet-telb zn] voorzitterschap van het Lagerhuis/Huis van Afgevaardigden

¹**speak·ing** /spiːkɪŋ/ [telb zn; oorspronkelijk tegenwoordig deelw van speak] politieke bijeenkomst, meeting

²**speak·ing** /spiːkɪŋ/ [niet-telb zn; oorspronkelijk tegenwoordig deelw van speak] [1] het spreken, woorden, toespraak, uiteenzetting [2] redekunst, retorica

³**speak·ing** /spiːkɪŋ/ [bn; tegenwoordig deelw van speak] sprekend, levensecht, treffend ♦ *a speaking likeness* een sprekende gelijkenis; *a speaking portrait* een levensecht portret •⟩ ⟨BE⟩ *speaking clock* tijdmelding/sprekende klok

speaking acquaintance [telb zn] iemand die men goed genoeg kent om aan te spreken

speaking engagement [telb zn] spreekbeurt

speaking skill [telb + niet-telb zn] spreekvaardigheid

speaking terms [alleen mv; in verbindingen] het kunnen/willen spreken ♦ *be on speaking terms with s.o.* iemand goed genoeg kennen om hem aan te spreken; *not be on speaking terms with s.o.* niet (meer) spreken tegen iemand

speaking trumpet [telb zn] spreektrompet, roeper

speaking tube [telb zn] spreekbuis ⟨voornamelijk op schip⟩

¹**spear** /spɪə, ᴬspɪr/ [telb zn] [1] speer, spies, piek, lans [2] harpoen, aalschaar [3] spriet, (gras)halm, (riet)stengel, ⟨fig⟩ spriet, piek, haarspriet, haarpiek [4] ⟨sl⟩ vork [5] ⟨vero⟩ speerdrager, lansier, piekenier

²**spear** /spɪə, ᴬspɪr/ [onov ww] [1] sprieten, opschieten ⟨van planten⟩ [2] ⟨inf⟩ doorklieven, schieten, snijden ♦ *the torpedo speared through the water* de torpedo schoot door het water

³**spear** /spɪə, ᴬspɪr/ [ov ww] [1] (met een speer) doorboren/doorsteken, spietsen [2] ⟨sport⟩ grijpen met vooruitschietende armbeweging ⟨bijvoorbeeld bal in American football⟩, uit de lucht plukken [3] ⟨American football⟩ torpederen ⟨tegenstander⟩ [4] ⟨CanE; ijshockey⟩ steken/slaan naar ⟨tegenstander met stick⟩

spear grass [niet-telb zn] ⟨plantk⟩ ⟨benaming voor⟩ hoog gras, ⟨i.h.b.⟩ struisgras ⟨genus Agrostis⟩

spear gun [telb zn] harpoengeweer ⟨bij onderwatervissen⟩

¹**spear·head** [telb zn] [1] speerpunt, ⟨fig⟩ ver vooruit gedrongen legerspits [2] spits, leider, voorloper, ⟨i.h.b.⟩ campagneleider [3] ⟨sport, in het bijzonder Australisch voetbal⟩ topscorer

²**spear·head** [ov ww] de spits/voorhoede zijn van, aan de spits staan van ⟨ook figuurlijk⟩, leiden, aanvoeren ⟨bijvoorbeeld actie, campagne⟩

spearhead principle [niet-telb zn] ⟨zwemsp⟩ speerpuntprincipe ⟨snelste zwemmers uit series in de middelste banen⟩

spear·man /spɪəmən, ᴬspɪr-/ [telb zn; mv: spearmen /-mən/] speerdrager, lansier, piekenier

spear·mint [niet-telb zn] [1] ⟨plantk⟩ groene munt ⟨Mentha spicata⟩ [2] kauwgom met muntsmaak

spear phisher [telb zn] ⟨comp⟩ iemand die aan spearphishing doet

spear phishing [niet-telb zn] ⟨comp⟩ spearphishing ⟨doelgerichte e-mailfraude⟩

spear side [niet-telb zn] ⟨genealogie⟩ zwaardzijde, mannelijke linie, vaderszijde

spear·wort /spɪəwɜːt, ᴬspɪrwɜrt/ [niet-telb zn] ⟨plantk⟩ egelboterbloem ⟨Ranunculus flammula⟩

¹**spec** /spek/ [telb zn] ⟨inf⟩ ⟨verk: speculation⟩ gok, speculatie ♦ *buy shares on spec* aandelen op speculatie/de bonnefooi kopen

²**spec** [afk] [1] (special) [2] (specification) [3] (speculation)

¹**spe·cial** /speʃl/ [telb zn] [1] ⟨benaming voor⟩ iets bijzonders/speciaals, extratrein, extra-editie, speciaal gerecht op menu, bijzonder examen, speciale attractie, (tv-)special, speciaal programma ♦ *a special on the Stones* een special over de Stones; *today's special* de (aanbevolen) dagschotel,

special

menu van de dag ② ⟨BE⟩ hulppolitieagent ③ ⟨AE; inf⟩ (speciale) aanbieding ⟨met reductie⟩ ♦ *oranges are on special today* sinaasappels zijn in de aanbieding vandaag; *what have you got on special?* wat hebt u in de aanbieding? ④ ⟨sl⟩ frankfurter speciaal ⟨van flink gekruid rundvlees⟩
²**spe·cial** /speʃl/ [bn; zn: ~ness] speciaal, bijzonder, apart, buitengewoon, extra ♦ ⟨jur⟩ *special act* bijzondere wet ⟨voor één persoon/gebied⟩; *special case* speciaal/apart geval; ⟨BE⟩ *special constable* hulppolitieagent; *special correspondent* speciale correspondent ⟨voor berichtgeving⟩; ⟨AE⟩ *special court-martial* bijzondere krijgsraad ⟨voor vrij ernstige vergrijpen⟩; *special education* bijzonder/speciaal onderwijs; ⟨r-k⟩ *special intention* bijzondere intentie ⟨bijvoorbeeld van mis⟩; *special interest group* belangengroep; *nothing special* niks speciaals, heel gewoon; ⟨natuurk⟩ *special relativity* speciale relativiteit(stheorie); ⟨fin⟩ *special drawing rights* speciale trekkingsrechten ⟨van het IMF⟩; *special school* school voor bijzonder/speciaal onderwijs; *special session* bijzondere zitting •; ⟨AE⟩ *special agent* FBI-agent; ⟨BE; vnl ec⟩ *special area* noodgebied; ⟨BE⟩ *Special Branch* politieke veiligheidspolitie; ⟨jur⟩ *special case* geschreven ingediende klacht bij rechtbank; *special delivery* expressebestelling; *special effects* speciale effecten, trucage; *special forces* speciale militaire eenheid, commando's, groene baretten; ⟨BE⟩ *special licence* speciale toelating voor huwelijk ⟨zonder afkondiging of verplichting van plaats of tijd⟩; ⟨jur⟩ *special pleading* aanvoering van bijzondere/nieuwe elementen; ⟨inf⟩ spitsvondige aanvoering van misleidende argumenten; *special student* vrij student ⟨aan Amerikaanse universiteit⟩; *special verdict* bijzondere uitspraak ⟨waarbij de jury de conclusie aan het hof overlaat⟩
spe·cial·ism /speʃəlɪzm/ [telb + niet-telb zn] specialisme, specialisering, specialisatie
spe·cial·ist /speʃəlɪst/ [telb zn] ① specialist ⟨in het bijzonder medisch⟩ ② militair van lagere rang maar met wedde van onderofficier ⟨in het Amerikaanse leger⟩
spe·cial·is·tic /speʃəlɪstɪk/ [bn, attr] specialistisch, specialisten-
spe·ci·al·i·ty /speʃiælətɪ/ ⟨in betekenissen 2,3 ook⟩ **spe·cial·ty** /speʃlti/ [telb zn] ① bijzonder kenmerk, bijzonderheid, detail ② ⟨BE⟩ specialiteit ⟨vak, product e.d.⟩ ③ ⟨BE⟩ specialisme, specialisatie ⟨voornamelijk medisch⟩
spe·cial·i·za·tion, spe·cial·i·sa·tion /speʃəlaɪzeɪʃn, ^-ləzeɪʃn/ [telb + niet-telb zn] ① specialisering, specialisatie ② specificering ③ beperking, wijziging ⟨van verklaring e.d.⟩ ④ ⟨biol⟩ differentiatie, adaptatie, aanpassing
¹**spe·cial·ize, spe·cial·ise** /speʃəlaɪz/ [onov ww] ① zich specialiseren ♦ *specialize in paediatrics* zich in de pediatrie specialiseren ② in bijzonderheden treden ③ ⟨biol⟩ zich bijzonder ontwikkelen, zich aanpassen/adapteren/differentiëren
²**spe·cial·ize, spe·cial·ise** /speʃəlaɪz/ [ov ww] ① specificeren, speciaal vermelden, specialiseren ② beperken, wijzigen, preciseren ⟨verklaring e.d.⟩ ③ differentiëren, adapteren, aanpassen
spe·cial·ly /speʃli/ [bw] ① speciaal, inzonderheid, bepaaldelijk ♦ *I did it specially for you* ik heb het speciaal voor u gedaan ② speciaal, apart, op speciale/bijzondere wijze ♦ *he talks very specially* hij spreekt heel speciaal/apart ③ bepaald, bijzonder, speciaal ♦ *he is not specially interesting* hij is niet bepaald interessant
special needs pupil [telb zn] achterstandsleerling
¹**spe·cial·ty** /speʃlti/ [telb zn] ① specialiteit ⟨vak, product e.d.⟩ ② specialisme, specialisatie ⟨voornamelijk medisch⟩ ③ bijzonder kenmerk, bijzonderheid ④ ⟨jur⟩ gezegeld document/contract
²**spe·cial·ty** /speʃlti/ [niet-telb zn] specialiteit, bijzonder karakter
spe·ci·a·tion /spi:ʃieɪʃn/ [niet-telb zn] ⟨biol⟩ vorming van nieuwe species/soorten

spe·cie /spi:ʃi/ [niet-telb zn] ⟨form⟩ specie, gemunt geld, munt ♦ *in specie* in klinkende munt; ⟨fig⟩ met gelijke munt; *payment in specie* betaling in specie
spe·cies /spi:ʃi:z, -si:z/ [telb zn; mv: species] ① soort, type ♦ *a remarkable species of car* een vreemd soort auto ② gestalte, gedaante, vorm ⟨voornamelijk rooms-katholiek, m.b.t. eucharistie⟩ ♦ *the two species of the Eucharist* de twee gedaanten van de eucharistie ③ ⟨biol⟩ species, soort ♦ *the (human)/our species* het mensdom, de menselijke soort ④ ⟨log⟩ soort
spec·i·fi·able /spesɪfaɪəbl/ [bn] te specificeren
¹**spe·cif·ic** /spɪsɪfɪk/ [telb zn] ① iets specifieks, specifiek kenmerk ② ⟨med⟩ specificum
²**spe·cif·ic** /spɪsɪfɪk/ [bn; zn: ~ness] ① specifiek, duidelijk, precies, gedetailleerd ♦ *be specific* de dingen bij hun naam noemen, er niet omheen draaien; *a specific description* een duidelijke/precieze beschrijving ② specifiek, kenmerkend, eigen ♦ *specific of/to Rembrandt* kenmerkend voor Rembrandt
³**spe·cif·ic** /spɪsɪfɪk/ [bn, attr; zn: ~ness] specifiek, soortelijk, soort- ♦ ⟨med⟩ *specific cause* specifieke oorzaak ⟨van ziekte⟩; ⟨biol⟩ *specific difference* soortelijk verschil; ⟨med⟩ *specific disease* specifieke ziekte ⟨met bepaalde oorzaak⟩; *specific duties* specifieke (invoer)rechten; ⟨natuurk⟩ *specific gravity* soortelijk gewicht; ⟨natuurk⟩ *specific heat* soortelijke warmte; ⟨techn⟩ *specific impulse* specifieke stootkracht ⟨van raketbrandstof⟩; ⟨med⟩ *specific medicine* specificum, specifiek geneesmiddel; ⟨biol⟩ *specific name* soortnaam; ⟨jur⟩ *specific performance* uitvoering van een specifieke verbintenis; ⟨elek⟩ *specific resistance* soortelijke weerstand
spe·cif·i·cal·ly /spɪsɪfɪkli/ [bw] ① → **specific** ② duidelijk, precies, gedetailleerd ③ bepaald, bijzonder ♦ *not a specifically English custom* niet bepaald een Engelse gewoonte ④ meer bepaald, inzonderheid, met name ♦ *two people, specifically you and I* twee mensen, met name jij en ik
¹**spec·i·fi·ca·tion** /spesɪfɪkeɪʃn/ [telb zn] ① specificatie, gedetailleerde beschrijving ② ⟨jur⟩ specificatie, zaakvorming ③ ⟨jur⟩ patentbeschrijving
²**spec·i·fi·ca·tion** /spesɪfɪkeɪʃn/ [niet-telb zn] specificering
spec·i·fi·ca·tions /spesɪfɪkeɪʃnz/ [alleen mv] bestek, technische beschrijving
spec·i·fic·i·ty /spesɪfɪsɪti/ [niet-telb zn] specificiteit, specifiek karakter, het specifiek-zijn
spe·cif·ics /spɪsɪfɪks/ [alleen mv] bijzonderheden, details
spec·i·fy /spesɪfaɪ/ [ov ww] specificeren, precies vermelden/omschrijven/noemen, (in een bestek) opnemen
spec·i·men /spesɪmən/ [telb zn] ① specimen, proeve, monster, staaltje, voorbeeld, exemplaar ② ⟨inf⟩ ⟨mooi⟩ exemplaar, ⟨rare⟩ snuiter, vreemde vogel
specimen copy [telb zn] ⟨drukw⟩ proefexemplaar
spe·ci·ol·o·gy /spi:ʃiɒlədʒi, ^-ələdʒi/ [niet-telb zn] ⟨biol⟩ leer van de soorten, ⟨i.h.b.⟩ evolutieleer
¹**spe·ci·os·i·ty** /spi:ʃiɒsəti, ^-ɒsəti/ [telb zn] schoonschijnend persoon/ding
²**spe·ci·os·i·ty** /spi:ʃiɒsəti, ^-ɒsəti/ [niet-telb zn] ⟨schone⟩ schijn, schijnbare juistheid, misleidend karakter, schijndeugd
spe·cious /spi:ʃəs/ [bn; bw: ~ly; zn: ~ness] schoonschijnend, schijnbaar oprecht/juist/goed, misleidend, verblindend
¹**speck** /spek/ [telb zn] ① vlek(je), stip, spikkel, plek(je), ⟨fig⟩ greintje ♦ *the apples were full of specks* de appels zaten vol (rotte) plekjes; *not a speck of common sense* geen greintje gezond verstand ② gevlekt fruit ♦ *a basket of specks* een mand gevlekt fruit
²**speck** /spek/ [niet-telb zn] ① ⟨vnl gew⟩ blubber, spek, zeehondenspek, walvisspek ② ⟨ZAE⟩ nijlpaardenspek

³speck /spek/ [ov ww] (be)vlekken, met vlekjes/plekjes/ spikkels bezaaien ♦ *specked fruit* gevlekt fruit
¹speck·le /spekl/ [telb zn] spikkel, stippel, vlekje
²speck·le /spekl/ [ov ww] (be)spikkelen, stippelen ♦ *a speckled cow* een bonte/gevlekte koe; *speckled skin* gespikkelde huid
speck·less /spekləs/ [bn] vlekkeloos ⟨ook figuurlijk⟩
speck·tio·neer, speck·sio·neer /spekʃənɪə, ᴬ-nɪr/ [telb zn] eerste harpoenier ⟨op walvisvaarder⟩
specs, ⟨in betekenis 1 ook⟩ **specks** /speks/ [alleen mv] ⟨inf⟩ [1] (verk: spectacles) bril [2] (verk: specifications) bestek
spec·ta·cle /spektəkl/ [telb zn] [1] schouwspel, vertoning ♦ *make a spectacle of o.s.* zich belachelijk/onmogelijk maken, zich(zelf) te kijk zetten [2] aanblik, gezicht, spektakel
spec·ta·cle-case [telb zn] brillendoos
spec·ta·cled /spektəkld/ [bn] gebrild ♦ ⟨dierk⟩ *spectacled bear* brilbeer ⟨Tremarctos ornatus⟩; ⟨dierk⟩ *spectacled cobra* brilslang ⟨Naja naja⟩; ⟨dierk⟩ *spectacled warbler* brilgrasmus ⟨Sylvia conspicillata⟩
spec·ta·cles /spektəklz/ [alleen mv] bril ♦ *a pair of spectacles* een bril; ⟨BE; cricket⟩ brilstand; *see reality through rose-coloured/rose-tinted/rosy spectacles* de werkelijkheid door een roze bril/rooskleurig/optimistisch zien
¹spec·tac·u·lar /spektækjulə, ᴬ-jələr/ [telb zn] spectaculaire show ⟨voornamelijk op tv⟩
²spec·tac·u·lar /spektækjulə, ᴬ-jələr/ [bn; bw: ~ly] spectaculair, sensationeel, opzienbarend, opvallend
spec·tate /spekteɪt, ᴬspekteɪt/ [onov ww] toekijken, bekijken
spec·ta·tor /spekteɪtə, ᴬspekteɪtər/ [telb zn] toeschouwer, kijker, ooggetuige, waarnemer
spec·ta·to·ri·al /spektətɔːrɪəl/ [bn, attr] [1] toeschouwers-, kijkers-, ooggetuigen- [2] ⟨ook Spectator⟩ ⟨gesch⟩ spectatoriaal ⟨voornamelijk m.b.t. The Spectator, 1711-'12⟩
spectator sport [telb zn] kijksport
spec·tra /spektrə/ [alleen mv] → spectrum
spec·tral /spektrəl/ [bn; bw: ~ly; zn: ~ness] [1] spookachtig, spook-, geest- [2] ⟨natuurk⟩ spectraal
spec·tre, ⟨AE⟩ **spec·ter** /spektə, ᴬ-ər/ [telb zn] [1] spook, geest, schim, schrikbeeld ⟨ook figuurlijk⟩, ⟨fig⟩ (bang) voorgevoel ♦ *the spectre of war* het schrikbeeld van de oorlog [2] ⟨dierk⟩ ⟨benaming voor⟩ spookachtig dier(tje), ⟨i.h.b.⟩ spooksprinkhaan, wandelend(e) blad/tak ⟨familie Phasmidae⟩
spec·tro- /spektroʊ/ ⟨techn⟩ spectro- ♦ *spectrogram* spectrogram
spec·tro·gram /spektrəgræm/ [telb zn] spectrogram
spec·tro·graph /spektrəgrɑːf, ᴬ-græf/ [telb zn] spectrograaf
spec·tro·graph·ic /spektrəgræfɪk/ [bn] spectrografisch
spec·tro·gra·phy /spektrɒgrəfi, ᴬ-trɑ-/ [niet-telb zn] spectrografie
spec·tro·he·li·o·graph /spektroʊhiːlɪəgrɑːf, ᴬ-græf/ [telb zn] spectroheliograaf
spec·tro·he·li·o·scope /spektroʊhiːlɪəskoʊp/ [telb zn] spectrohelioscoop
spec·trom·e·ter /spektrɒmɪtə, ᴬ-trɑmɪtər/ [telb zn] spectrometer
spec·tro·met·ric /spektrəmetrɪk/ [bn] spectrometrisch
spec·trom·e·try /spektrɒmɪtri, ᴬ-trɑ-/ [niet-telb zn] spectrometrie
spec·tro·pho·tom·e·ter /spektroʊfoʊtɒmɪtə, ᴬ-tɑmətər/ [telb zn] spectrofotometer
spec·tro·scope /spektrəskoʊp/ [telb zn] spectroscoop
spec·tro·scop·ic /spektrəskɒpɪk, ᴬ-skɑ-/, **spec·tro·scop·i·cal** /-ɪkl/ [bn; bw: ~ally] spectroscopisch
spec·tros·co·pist /spektrɒskəpɪst, ᴬ-trɑ-/ [telb zn] spectroscopist

spec·tros·co·py /spektrɒskəpi, ᴬ-trɑ-/ [niet-telb zn] spectroscopie
spec·trum /spektrəm/ [telb zn; mv: ook spectra /-trə/] [1] spectrum, kleurenbeeld, ⟨bij uitbreiding⟩ radiospectrum, klankspectrum [2] spectrum, gamma, reeks ♦ *a wide spectrum of* een breed gamma van [3] nabeeld ♦ *ocular spectrum* nabeeld
spectrum analysis [telb zn] spectraalanalyse, spectrumanalyse
spectrum line [telb zn] spectraallijn, spectrumlijn
spec·u·lar /spekjulə, ᴬ-kjələr/ [bn] spiegelend, glanzend, spiegel-, speculum- ♦ ⟨med⟩ *specular examination* onderzoek m.b.v. een speculum; *specular iron (ore)* hematiet; *specular surface* reflecterend oppervlak
spec·u·late /spekjuleɪt, ᴬ-kjə-/ [onov ww] speculeren, berekenen, mijmeren, bespiegelingen houden ♦ *speculate about/on/upon* overdenken, overpeinzen; *speculate in* speculeren in
spec·u·la·tion /spekjuleɪʃn, ᴬ-kjə-/ [telb + niet-telb zn] [1] speculatie, beschouwing, bespiegeling, overpeinzing [2] speculatie, (riskante) transactie, het speculeren
spec·u·la·tive /spekjulətɪv, ᴬ-kjəleɪtɪv/ [bn; bw: ~ly; zn: ~ness] [1] speculatief, bespiegelend, beschouwend, theoretisch ♦ *speculative philosophy* speculatieve filosofie [2] speculatief, op gissingen berustend ♦ *speculative builder* bouwspeculant; *speculative guess* pure gissing; *speculative housing* speculatiebouw, revolutiebouw; *speculative market* termijnmarkt
spec·u·la·tor /spekjuleɪtə, ᴬ-kjəleɪtər/ [telb zn] [1] bespiegelaar, filosoof, theoreticus [2] speculant
spec·u·lum /spekjuləm, ᴬ-kjə-/ [telb zn; mv: ook specula /-lə/] [1] speculum, (dokters)spiegel(tje) ♦ *vaginal speculum* vaginaal speculum, vaginoscoop [2] (metalen) spiegel [3] ⟨ornithologie⟩ spiegel ⟨op vleugel⟩
speculum metal [niet-telb zn] spiegelmetaal
sped /sped/ [verleden tijd en volt deelw] → speed
¹speech /spiːtʃ/ [telb zn] [1] speech, toespraak, rede(voering), voordracht ♦ *deliver/give/make a speech* een toespraak houden, een speech afsteken; *maiden speech* maidenspeech, redenaarsdebuut; *quite a speech* een heel verhaal; *a set speech* een vooraf geprepareerde speech [2] opmerking, uitlating ♦ *unlucky speech* ongelukkige/misplaatste opmerking [3] gesprek, conversatie [4] taal [5] dialect, idiolect [6] uitspraak, accent [7] klank, geluid [8] rede ♦ *(in)direct speech* (in)directe rede; *reported speech* indirecte rede
²speech /spiːtʃ/ [niet-telb zn] [1] spraak(vermogen), het spreken, uiting, taal ♦ *freedom of speech* vrijheid van meningsuiting; *have speech with* spreken met; *recover one's speech* zijn spraakvermogen herwinnen; *stumble in one's speech* hakkelen, hakkelend spreken [2] uitspraak, accent [*] ⟨sprw⟩ *speech is silver, silence is golden* spreken is zilver, zwijgen is goud
³speech /spiːtʃ/ [onov ww] speechen, een redevoering houden
⁴speech /spiːtʃ/ [ov ww] toespreken
speech act [telb zn] ⟨taalk, filos⟩ taaldaad, taalhandeling
speech analysis [telb zn] taalanalyse
speech band [telb zn] spraakfrequentieband
speech center [telb zn] spraakcentrum
speech community [telb zn] taalgemeenschap, taalgroep
speech·craft [niet-telb zn] taalkunst, redekunst, retorica
speech day [telb zn] ⟨BE⟩ prijsuitdeling(sdag), proclamatiedag
speech defect [telb zn] spraakgebrek, spraakstoornis
speech form [telb zn] taalvorm
speech·ful /spiːtʃfl/ [bn; zn: ~ness] expressief

speech·i·fi·ca·tion /spiːtʃɪfɪkeɪʃn/ [niet-telb zn] ⟨scherts⟩ gespeech

speech·i·fi·er /spiːtʃɪfaɪə, ᴬ-ər/ [telb zn] ⟨scherts⟩ speecher

speech·i·fy /spiːtʃɪfaɪ/ [onov ww] ⟨scherts⟩ speechen, een speech afsteken

speech·less /spiːtʃləs/ [bn; bw: ~ly; zn: ~ness] [1] sprakeloos, stom, verstomd [2] onbeschrijfelijk, verstommend, woordeloos ♦ *speechless admiration* onbeschrijfelijke/woordeloze bewondering [3] zwijgzaam, stil

speech·ma·ker [telb zn] [1] tekstschrijver ⟨van redevoeringen⟩ [2] redenaar

speech·mak·ing [niet-telb zn] [1] het schrijven van redevoeringen [2] het speechen

speech mark [telb zn; vaak mv] aanhalingsteken

speech melody, speech tune [telb zn] spraakmelodie, muzikaal accent, taalmelodie

speech organ [telb zn] spraakorgaan

speech·read·ing [niet-telb zn] het spraakafzien, het liplezen

speech recognition [niet-telb zn] ⟨comp⟩ spraakherkenning

speech sound [telb zn] [1] spraakklank [2] foneem

speech synthesizer [telb zn] spraaksynthesizer

speech therapist [telb zn] logopedist

speech therapy [niet-telb zn] logopedie

¹**speed** /spiːd/ [telb zn] [1] versnelling ⟨van fiets⟩ [2] ⟨Amerikaans-Engels of verouderd⟩ versnelling(sbak) ⟨van auto⟩

²**speed** /spiːd/ [telb + niet-telb zn] [1] (rij)snelheid, vaart, gang ♦ *at speed* snel, vlug, haastig; *at a speed of* met een snelheid van; *average speed* gemiddelde snelheid, kruissnelheid; *(at) full speed* met volle kracht, in volle vaart; *a player with good speed* een beweeglijke/snelle speler; *have the speed of* sneller vliegen/gaan/zijn dan; ⟨atl⟩ *speed of release* werpsnelheid ⟨van discus, speer, (slinger)kogel⟩; *top speed* topsnelheid [2] ⟨foto⟩ snelheid, (licht)gevoeligheid ⟨van film⟩, lichtsterkte ⟨van lens⟩ [3] omwentelingssnelheid, draaisnelheid, toerental

³**speed** /spiːd/ [niet-telb zn] [1] spoed, haast [2] ⟨sl⟩ speed, amfetamine [3] ⟨vero⟩ succes, voorspoed ♦ *send s.o. good speed* iemand voorspoed toewensen [⋅] ⟨sprw⟩ *more haste, less speed* hoe meer haast, hoe minder spoed, haastige spoed is zelden goed

⁴**speed** /spiːd/ [onov ww; ook sped, sped] [1] (te) snel rijden, de maximumsnelheid overschrijden ♦ *speed away* (snel) wegrijden; *speed up* sneller gaan rijden, optrekken, gas geven [2] (voorbij)snellen ⟨ook figuurlijk⟩ ♦ *speed by* voorbijvliegen; *speed on* voortsnellen [3] zich haasten, haast maken, zich spoeden ♦ *speed down the street* de straat doorrennen/uitrennen; *speed up* haast maken; *speed up!* haast je wat!, maak voort! [4] ⟨vero⟩ gedijen, voorspoed hebben, welvaren, slagen ♦ *how have you sped?* hoe is het je vergaan?; *speed well* voorspoed hebben, gedijen; → **speeding**

⁵**speed** /spiːd/ [ov ww; ook sped, sped] [1] verhaasten, haast doen maken, aanzetten, opjagen, bespoedigen ♦ *speed up* verhaasten, opjagen; *it needs speeding up* er moet schot in worden gebracht [2] versnellen, opvoeren, opdrijven ♦ *speed up (production)* (de productie) opvoeren [3] reguleren, afstellen [4] (ver)zenden, sturen, wegsturen, versturen, afschieten ♦ *speed an arrow (from the bow)* een pijl afschieten [5] uitgeleide doen, afscheid nemen van ♦ *speed a parting guest* een gast uitgeleide doen [6] (snel) vervoeren ♦ *speed away* (haastig) wegvoeren [7] ⟨vero⟩ doen gedijen, begunstigen, bevorderen, doen slagen ♦ *God speed you!* God zij met u!, het ga je goed!; → **speeding**

speed bag [telb zn] ⟨AE; bokssp⟩ speedball, platformpeer, wandboksbal

speed·ball [telb zn] [1] sneltrein ⟨figuurlijk; snel werkend persoon⟩ [2] ⟨sl⟩ speedball ⟨mengeling van cocaïne met heroïne of morfine⟩ [3] ⟨sport⟩ speedball ⟨mengvorm van voetbal en rugby⟩ [4] ⟨BE; bokssp⟩ speedball, platformpeer, wandboksbal

speed·bal·ler [telb zn] ⟨sl⟩ iemand die speedball gebruikt ⟨combinatie van heroïne en crack⟩

speed·bal·ling [niet-telb zn] ⟨sl⟩ het speedballen ⟨een combinatie van heroïne en crack gebruiken⟩

speed·boat [telb zn] speedboot, raceboot

speed brake [telb zn] remklep ⟨van vliegtuig⟩

speed bump, ⟨BE ook⟩ **speed hump** [telb zn] verkeersdrempel

speed control [niet-telb zn] snelheidsregeling

speed·cop [telb zn] ⟨sl⟩ motoragent ⟨die o.a. snelheid controleert⟩, ⟨België⟩ zwaantje

speed dating [niet-telb zn] het speeddaten

speed dial, speed dialing [niet-telb zn] ⟨telefonie⟩ snelkeuzetoets

speed·er /spiːdə, ᴬ-ər/ [telb zn] [1] snelheidsmaniak [2] snelheidsregelaar, snelheidsbeperker

speed·fiend [telb zn] snelheidsduivel

speedfreak [telb zn] ⟨sl⟩ speedfreak, speedgebruiker

speed indicator [telb zn] snelheidsmeter, tachometer

speed·ing /spiːdɪŋ/ [niet-telb zn; gerund van speed] het te hard rijden

speed inhibitors [alleen mv] verkeersremmende maatregelen ⟨bijvoorbeeld verkeersdrempels⟩

speed limit [telb zn] [1] topsnelheid, maximumsnelheid ♦ *exceed/keep within the speed limit* de maximumsnelheid overschrijden/niet overschrijden [2] ⟨spoorw⟩ baanvaksnelheid

speed limitation [niet-telb zn] snelheidsbeperking

speed limiter, speed limiting device [telb zn] snelheidsbegrenzer

speed merchant [telb zn] [1] snelheidsmaniak [2] ⟨AE; sl⟩ snelle atleet, ⟨bij uitbreiding⟩ snelle pitcher ⟨honkbal⟩

speed·o /spiːdoʊ/ [telb zn] [1] ⟨BE; inf⟩ (verk: speedometer) snelheidsmeter

speed·om·e·ter /spɪdɒmɪtə, spiː-, ᴬ-dɑmɪtər/ [telb zn] [1] snelheidsmeter, tachometer [2] afstandmeter, hodometer, pedometer

speed ramp [telb zn] [1] verkeersdrempel [2] rollend trottoir ⟨op luchthaven⟩

speed-read [onov + ov ww] snellezen

speed-read·ing [niet-telb zn; gerund van speed-read] het snellezen

speed record [telb zn] snelheidsrecord

speed·skat·ing [niet-telb zn] hardrijden ⟨op de schaats⟩

speed·ster /spiːdstə, ᴬ-ər/ [telb zn] ⟨AE⟩ [1] snelheidsmaniak [2] hardrijder [3] sportwagen, raceauto [4] raceboot

speed trap [telb zn] autoval

speed-up [telb zn] opdrijving ⟨van de productie⟩, versnelling

¹**speed·way** [telb zn] [1] renbaan, autorenbaan, motorrenbaan, speedwaybaan [2] ⟨AE⟩ autosnelweg

²**speed·way** [niet-telb zn] speedway

speed·well [telb zn] ⟨plantk⟩ ereprijs ⟨genus Veronica⟩

speed·y /spiːdi/ [bn; vergr trap: speedier; bw: speedily; zn: speediness] snel, vlug, spoedig, prompt

speiss /spaɪs/ [niet-telb zn] spijs ⟨bijproduct van andere metalen bij uitsmelten van een metaal uit erts⟩

spe·le·o·log·i·cal, spe·lae·o·log·i·cal /spiːliəlɒdʒɪkl, ᴬ-lɑ-/ [bn] speleologisch

spe·le·ol·o·gist, spe·lae·ol·o·gist /spiːliɒlədʒɪst, ᴬ-ɑlə-/ speleoloog, grotonderzoeker

spe·le·ol·o·gy, spe·lae·ol·o·gy /spiːliɒlədʒi, ᴬ-ɑlə-/ [niet-telb zn] speleologie

spelican [telb zn] → **spillikin**

¹**spell** /spel/ [telb zn] [1] bezwering(sformule), ban(formule), betovering, toverformule, tovermiddel, ⟨fig⟩ bekoring ♦ *break the spell* de betovering verbreken; *cast/lay/put a*

spell on/over betoveren, beheksen, biologeren; *fall under the spell of* in de ban raken van; *have s.o. in one's spell* iemand in zijn betovering hebben; *lay under a spell* betoveren, beheksen, biologeren; *under a spell* betoverd, behekst, in trance; *under the spell of* in de ban van ② periode, tijd(je), werktijd, (werk)beurt ♦ *spell and spell (about)* om beurten; *at a spell* zonder onderbreking; *by spells* met tussenpozen, om beurten; *do a spell of carpentering* wat timmerwerk doen, wat timmeren; *for a spell* een poosje; *spell for spell* om beurten; *give a spell* aflossen; *keep/take spell* aan de beurt zijn/komen; *rest for a (short) spell* een poosje rusten; *take a spell at* zich wat bezighouden met; *take spells at the wheel* om beurten rijden; *spell of work abroad* arbeidsperiode in het buitenland ③ vlaag, aanval, golf, bui ♦ *cold spell* koudegolf; *spell of hay fever* aanval van hooikoorts ④ ⟨inf⟩ eind(je) ⑤ ⟨vnl BE⟩ splinter ⑥ ⟨AuE⟩ schaft(tijd), rusttijd ⑦ ⟨vero⟩ ploeg ⟨arbeiders⟩

²**spell** /spel/ [onov ww; ook spelt, spelt] rusten, pauzeren, schaften ♦ *spell off for a while* wat rust nemen, even uitblazen; → **spelling**

³**spell** /spel/ [onov + ov ww; ook spelt, spelt] spellen ♦ *spell down* verslaan in een spelwedstrijd; *learn to spell* zonder fouten leren schrijven; *spell out* (met moeite) spellen; ⟨fig⟩ uitleggen, verklaren, nauwkeurig omschrijven; → **spelling**

⁴**spell** /spel/ [ov ww; ook spelt, spelt] ① de spelling zijn van ♦ *book spells 'book'* de letters boek vormen het woord 'boek' ② (voor)spellen, betekenen, inhouden ♦ *these measures spell the ruin of* deze maatregelen betekenen de ondergang van ③ ontdekken, ontcijferen ♦ *spell out* ontcijferen, uitdokteren ④ betoveren, beheksen, in zijn ban brengen ⑤ laten rusten, rust gunnen, aflossen ♦ *spell s.o. at sth.* iemand bij iets aflossen; → **spelling**

spell·bind [ov ww] boeien, verrukken, fascineren, betoveren, biologeren, (als) verlammen; → **spellbound**

spell·bind·er [telb zn] boeiend spreker, charismatisch redenaar, ⟨pej⟩ volksmenner

spell·bound [bn; volt deelw van spellbind] geboeid, gefascineerd ♦ *hold one's audience spellbound* het publiek in zijn ban houden

spell-check [onov + ov ww] ⟨comp⟩ de spelling controleren (van)

spell-check·er, spelling checker [telb zn] ⟨comp⟩ spellingcontrole(programma), spellingchecker

spell-down [telb zn] spelwedstrijd, spelkampioenschap

spell·er /spelə, ᴬ-ər/ [telb zn] ① speller, spelster ② spelboek(je), abc-boek

spell·ing /spelɪŋ/ [telb + niet-telb zn; oorspronkelijk tegenwoordig deelw van spell] spelling(wijze), het spellen, orthografie, spellingleer

spelling bee [telb zn] spelwedstrijd

spelling error, spelling mistake [telb zn] spelfout

¹**spelt** /spelt/ [niet-telb zn] spelt ⟨soort tarwe⟩

²**spelt** /spelt/ [verleden tijd en volt deelw] → **spell**

spel·ter /speltə, ᴬ-ər/ [niet-telb zn] handelszink

spe·lun·ker /spɪlʌŋkə, ᴬ-ər/ [telb zn] ⟨AE⟩ speleoloog, grotonderzoeker

spe·lunk·ing /spɪlʌŋkɪŋ/ [niet-telb zn] ⟨AE⟩ grotonderzoek, speleologie

spence /spens/ [telb zn] ⟨vero⟩ provisiekast, spin(de)

spen·cer /spensə, ᴬ-ər/ [telb zn] ① spencer, jumper, (onder)lijfje ② ⟨vero⟩ spencer, mouwvest ⟨herenoverjas in 19e eeuw⟩ ③ ⟨scheepv⟩ gaffelzeil

¹**Spen·ce·ri·an** /spensɪərɪən, ᴬ-sɪrɪən/ [bn] ⟨filos⟩ spenceriaan, volgeling van (H.) Spencer ⟨1820-1903⟩

²**Spen·ce·ri·an** /spensɪərɪən, ᴬ-sɪrɪən/ [bn] ⟨filos⟩ spenceriaans, m.b.t. (H.) Spencer

¹**spend** /spend/ [niet-telb zn; the] het spenderen ♦ *be on the spend* zijn geld laten rollen, geld uitgeven

²**spend** /spend/ [onov ww; spent, spent] ① geld uitgeven, betalen ② ⟨vero⟩ verbruikt worden, opgebruikt/opgemaakt raken/worden; → **spent**

³**spend** /spend/ [ov ww; spent, spent] ① uitgeven, spenderen, besteden, verteren, verbruiken, opmaken, betalen ♦ ⟨vnl AE⟩ *spend money for* geld spenderen/uitgeven aan; *spend money* geld uitgeven; *spend money on* geld spenderen/uitgeven aan ② doorbrengen, spenderen, wijden, besteden ♦ *spend the evening (in) watching TV* de avond doorbrengen met tv-kijken; *have spent one's purpose* zijn diensten gedaan hebben ③ verkwisten, verspillen, vergooien ④ verliezen, opofferen, opgeven ♦ ⟨scheepv⟩ *spend a mast* een mast verliezen ⑤ uitputten ♦ *the storm had soon spent its force* de storm was spoedig uitgeraasd; *have spent o.s.* gekalmeerd zijn, tot bedaren gekomen zijn, uitgewoed zijn; *spend o.s. in friendly words* zich uitputten in vriendelijke woorden ⟨•⟩ *spend o.s.* klaarkomen, ejaculeren; ⟨sprw⟩ *never spend your money before you have it* verkoop de huid van de beer niet, eer hij gevangen is; → **spent**

spend·a·ble /spendəbl/ [bn] uit te geven, te verteren

spend-all [telb zn] verkwister

spend·er /spendə, ᴬ-ər/ [telb zn] ① verkwister ♦ *be a big spender* het breed laten hangen ② consument, verteerder, verbruiker

spend·ing cut [telb zn] bezuinigingsmaatregel, bezuiniging, besnoeiing, ombuiging

spend·ing mon·ey [niet-telb zn] ⟨vnl AE⟩ zakgeld

spend·ing pow·er [niet-telb zn] koopkracht

spend·ing spree [telb zn] vlaag van koopwoede ♦ *go on a spending spree* uitgebreid uit winkelen gaan, veel geld uitgeven bij het winkelen

¹**spend·thrift** [telb zn] verkwister, verspiller

²**spend·thrift** [bn] verkwistend, spilziek, verspillend

spend-up [telb zn] vlaag van koopwoede

¹**Spen·se·ri·an** /spensɪərɪən, ᴬ-sɪrɪən/ [telb zn; voornamelijk mv] ⟨letterk⟩ spenseriaans vers ⟨zoals gebruikt door Edmund Spenser in 'Faerie Queene'⟩

²**Spen·se·ri·an** /spensɪərɪən, ᴬ-sɪrɪən/ [bn] ⟨letterk⟩ spenseriaans ♦ *Spenserian sonnet* spenseriaans sonnet; *Spenserian stanz* spenseriaans vers

spent /spent/ [bn; volt deelw van spend] ① (op)gebruikt, af, leeg, mat, ijl, afgetrokken ♦ *a spent athlete* een atleet die over zijn hoogtepunt heen is; *spent bullet* matte kogel; *spent cartridge* lege huls; *spent herring* ijle haring; *spent horse* afgeleefd paard; *spent tea* afgetrokken thee ② uitgeput, afgemat ♦ *spent with* uitgeput van

¹**sperm** /spɜːm, ᴬspɜrm/ [telb zn; mv: ook sperm] ① spermacel, zaadcel, spermatozoön ② → **sperm whale**

²**sperm** /spɜːm, ᴬspɜrm/ [niet-telb zn] ① sperma, zaad ② spermaceti, walschot, witte amber

sper·ma·ce·ti /spɜːməseti, ᴬspɜrməseti/, **spermaceti wax** [niet-telb zn] spermaceti, spermaceet, walschot, witte amber

spermaceti whale [telb zn] → **sperm whale**

sper·mat·ic /spɜːmætɪk, ᴬspɜrmætɪk/ [bn] ⟨biol⟩ sperma-achtig, zaadachtig, sperma-, zaad- ♦ *spermatic cord* zaadstreng; *spermatic fluid* sperma, zaadvloeistof

sper·ma·tid /spɜːmətɪd, ᴬspɜrmətɪd/ [telb zn] ⟨biol⟩ spermatide

sper·ma·ti·um /spɜːmeɪtɪəm, ᴬspɜrmeɪʃɪəm/ [telb zn; mv: spermatia /-tɪə, ᴬ-ʃɪə/] ⟨biol⟩ spermatium ⟨soort spore⟩

sper·ma·to·blast /spɜːmətəblæst, ᴬspɜrmætə-/ [telb zn] ⟨biol⟩ spermatide

sper·ma·to·cyte /spɜːmətəsaɪt, ᴬspɜrmætə-/ [telb zn] ⟨biol⟩ spermatocyt ♦ *primary/secondary spermatocyte* primaire/secundaire spermatocyt

sper·ma·to·gen·e·sis /spɜːmətədʒenɪsɪs, ᴬspɜrmətə-/ [niet-telb zn] ⟨biol⟩ spermatogenese

sper·ma·to·ge·net·ic /spɜːmətədʒɪnetɪk, ᴬspɜrmætədʒɪnetɪk/, **sper·ma·to·gen·ic** /-dʒenɪk/ [bn]

spermatogonium

spermatogenetisch
sper·ma·to·go·ni·um /spɜːmətəgoʊnɪəm, ᴬspɜrmətə-/ [telb zn; mv: spermatogonia /-nɪə/] ⟨biol⟩ spermatogonium, spermamoedercel
sper·ma·toid /spɜːmətɔɪd, ᴬspɜr-/ [bn] ⟨biol⟩ zaadachtig, sperma-achtig
sper·ma·to·phore /spɜːmətəfɔː, ᴬspɜrmætəfɔr/ [telb zn] ⟨biol⟩ spermatofoor
sper·ma·to·phyte /spɜːmətəfaɪt, ᴬspɜrmætə-/ [telb zn] ⟨plantk⟩ zaadplant, spermatofyton
sper·mat·o·phyt·ic /spɜːmətəfɪtɪk, ᴬspɜrmætəfɪtɪk/ [telb zn] ⟨plantk⟩ zaaddragend
¹**sper·ma·to·zoid** /spɜːmətəzoʊɪd, ᴬspɜrmətə-/ [telb zn] ⟨plantk⟩ spermatozoïde
²**sper·ma·to·zoid** /spɜːmətəzoʊɪd, ᴬspɜrmətə-/ [bn] ⟨biol⟩ zaadcelachtig
sper·ma·to·zo·on /spɜːmətəzoʊən, ᴬspɜrmətə-/ [telb zn; mv: spermatozoa /-zoʊə/] ⟨biol⟩ spermatozoön, (dierlijke) zaadcel, zaaddiertje
sper·ma·ty /spɜːməri, ᴬspɜr-/ [telb zn] ⟨biol⟩ zaadorgaan
sperm bank [telb zn] spermabank
sper·mi·cide /spɜːmɪsaɪd, ᴬspɜr-/ [telb zn] spermacide pasta, zaaddodende pasta
sper·mine /spɜːmiːn, ᴬspɜr-/ [niet-telb zn] ⟨scheik⟩ spermine
sper·mi·o·gen·e·sis /spɜːmioʊdʒenɪsɪs, ᴬspɜr-/ [niet-telb zn] ⟨biol⟩ ① spermiogenese ② spermatogenese
sperm oil [niet-telb zn] spermacetiolie, spermolie, potvisolie
sperm·o·phile /spɜːməfaɪl, ᴬspɜr-/ [telb zn] ⟨dierk⟩ grondeekhoorn ⟨genus Citellus⟩
sperm whale [telb zn] ⟨dierk⟩ potvis, cachelot ⟨Physeter catodon⟩
¹**spew**, ⟨vero⟩ **spue** /spjuː/ [niet-telb zn] braaksel, spuug(sel)
²**spew**, ⟨vero⟩ **spue** /spjuː/ [onov + ov ww] (uit)braken, spuwen, (uit)spugen, overgeven ♦ *spew out* uitspugen; *spew up* overgeven
SPF [telb zn] (Sun Protection Factor) beschermingsfactor
sp gr [afk] (specific gravity) s.g.
sphag·nous /sfægnəs/ [bn] veenmos(achtig)-
sphag·num /sfægnəm/ [telb + niet-telb zn; mv: ook sphagna /sfægnə/] veenmos, sfagnum
sphal·er·ite /sfælərɑɪt/ [niet-telb zn] sfaleriet ⟨mineraal⟩
sphene /sfiːn/ [niet-telb zn] ⟨scheik⟩ titaniet
sphe·no·don /sfiːnədɒn, ᴬ-dɑn/ [telb zn] ⟨dierk⟩ brughagedis ⟨Sphenodon punctatus⟩
¹**sphe·noid** /sfiːnɔɪd/ [telb zn] ⟨anat⟩ wiggenbeen
²**sphe·noid** /sfiːnɔɪd/, **sphe·noid·al** /sfiːnɔɪdl/ [bn, attr] ⟨anat⟩ ① wigvormig ♦ *sphenoid bone* wiggenbeen ② wiggenbeen-
¹**sphere** /sfɪə, ᴬsfɪr/ [telb zn] ① sfeer, bol, bal, kogel ② hemellichaam, globe, (aard)bol ③ wereldbol, (aard)globe ④ hemelglobe, (i.h.b.) open hemelglobe, (armillair)sfeer ♦ *oblique/right/parallel sphere* hemelglobe waarop sterrenhemel wordt afgebeeld zoals waargenomen uit plaats waar horizon schuin/recht/parallel staat t.o.v. evenaar ⑤ sfeer, kring, domein, gebied, terrein, veld, bereik ♦ *sphere of action* werkingssfeer, actieveld; *distinguished in many spheres* in vele kringen bekend; *sphere of influence* invloedssfeer; *sphere of interest* belangensfeer; *out of one's sphere* buiten zijn sfeer/bevoegdheid ⑥ ⟨form⟩ hemelgewelf, uitspansel ⑦ ⟨astron, gesch⟩ sfeer ⟨om de aarde⟩ ♦ *harmony/music of the spheres* harmonie der sferen
²**sphere** /sfɪə, ᴬsfɪr/ [ov ww] ① omsluiten ② ronden, een bolvorm geven aan ③ een domein toewijzen
spher·ic /sferɪk/, **spher·i·cal** /sferɪkl/ [bn; bw: ~ally; zn: ~alness] ① sferisch, bolvormig, (bol)rond, bol- ♦ *spheric aberration* sferische aberratie; *spheric angle* sferische hoek; ⟨scheepv⟩ *spheric buoy* bolton; *spheric candle*

1768

power sferische lichtsterkte; *spheric cap* bolsegment; *spheric coordinates* sferische coördinaten; *spheric function* bolfunctie; *spheric geometry* bolmeetkunde; *spheric polygon* sferische polygoon; *spheric sector* bolsector; *spheric segment* bolschijf; *spheric triangle* boldriehoek, sferische driehoek; *spheric trigonometry* boldriehoeksmeting; *spheric valve* kogelklep; *spheric vault* bolgewelf, koepelgewelf; *spheric zone* bolschijf ② ⟨form⟩ hemels
spher·ic·i·ty /sfɪrɪsəti/ [niet-telb zn] bolvormigheid
spher·ics /sferɪks/ [niet-telb zn] boldriehoeksmeting
sphe·roid /sfɪərɔɪd, ᴬsfɪrɔɪd/ [telb zn] ① sferoïde, afgeplatte bol ② ballontank, druktank
sphe·roi·dal /sfɪərɔɪdl, ᴬsfɪ-/, **sphe·roi·di·cal** /-dɪk/ [bn; bw: ~ly, spheroidically] ongeveer bolvormig, sferoïdisch, sferoïdaal ♦ *spheroidal graphite iron* modulair gietijzer; *spheroidal state* sferoïdale toestand
sphe·rom·e·ter /sfɪərɒmɪtə, ᴬsfɪrɑmətər/ [telb zn] sferometer
spher·u·lar /sferʊlə, ᴬsfɪrələr/ [bn] bolvormig
spher·ule /sferuːl, ᴬsfɪruːl/ [telb zn] bolletje
spher·u·lite /sferʊlaɪt, ᴬ-rə-/ [telb zn] sferoliet
sphinc·ter /sfɪŋ(k)tə, ᴬ-ər/ [telb zn] ⟨anat⟩ sfincter, kringspier, sluitspier
sphinc·ter·al /sfɪŋ(k)trəl/, **sphinc·ter·ic** /-terɪk/ [bn] ⟨anat⟩ sfincter-, m.b.t./van de kringspier/sluitspier
sphin·gid /sfɪndʒɪd/ [telb zn] ⟨dierk⟩ pijlstaart ⟨familie Sphingidae⟩
sphinx /sfɪŋks/ [telb zn; mv: ook sphinges /sfɪndʒiːz/] ① sfinx ⟨ook figuurlijk⟩ ② → sphinx baboon ③ → sphinx moth
sphinx baboon [telb zn] ⟨dierk⟩ sfinxbaviaan ⟨Papio sphinx⟩
sphinx·like /sfɪŋkslaɪk/ [bn] sfinxachtig, raadselachtig, ondoorgrondelijk, mysterieus
sphinx moth [telb zn] ⟨dierk⟩ pijlstaart ⟨familie Sphingidae⟩
sphra·gis·tics /sfrədʒɪstɪks/ [alleen mv; werkwoord voornamelijk enk] sfragistiek, zegelkunde, sigillografie
sp ht [afk] (specific heat)
sphyg·mic /sfɪgmɪk/ [bn] sfygmisch, m.b.t./van de polsslag
sphyg·mo·gram /sfɪgməgræm/ [telb zn] sfygmogram ⟨registratie van polsslag⟩
sphyg·mo·graph /sfɪgməgrɑːf, ᴬ-græf/ [telb zn] sfygmograaf ⟨registreert polsslag⟩
sphyg·mo·ma·nom·e·ter /sfɪgmoʊmənɒmɪtə, ᴬ-nɑmɪtər/, **sphyg·mom·e·ter** /sfɪgmɒmɪtə, ᴬ-mɑmɪtər/ [telb zn] sfygmomanometer, bloeddrukmeter
spic, spick, spik /spɪk/ [telb zn] ⟨AE; sl; beled⟩ (in de USA wonende) Latijns-Amerikaan, iemand van Latijns-Amerikaanse afkomst, latino, tacovreter ⟨in het bijzonder Mexicaan, Porto Ricaan⟩
spi·ca /spaɪkə/ [telb zn; mv: ook spicae /spaɪsiː/] ① ⟨plantk⟩ aar ② ⟨med⟩ korenaarverband
spic-and-span, spick-and-span [bn; bw] ① kraaknet, kraakschoon, keurig, in de puntjes ♦ *in spic-and-span order* piekfijn/tot in de puntjes in orde, pico bello ② (spik)splinternieuw, fonkelnieuw, gloednieuw ♦ *spic-and-span new* spiksplinternieuw
spi·cate /spaɪkeɪt/, **spi·cat·ed** /-keɪtɪd/ [bn] ⟨plantk⟩ aarvormig
¹**spic·ca·to** /spɪkɑːtoʊ/ [niet-telb zn] ⟨muz⟩ spiccato ⟨van strijkers⟩
²**spic·ca·to** /spɪkɑːtoʊ/ [bn] ⟨muz⟩ spiccato, met springende strijkstok
¹**spice** /spaɪs/ [telb + niet-telb zn] ① kruid(en), specerij(en), kruiderij ♦ *add spice to* kruiden, smaak geven aan ⟨ook figuurlijk⟩; *dealer in spice* handelaar in specerijen

② bijsmaak, tintje, zweem, vleugje, tikje, snuifje ♦ *there is a spice of haughtiness in him* hij heeft iets hautains over zich; *a spice of malice* een vleugje kwaadaardigheid ③ geur, parfum ⦁ ⟨sprw⟩ *variety is the spice of life* verandering van spijs doet eten

²**spice** /spaɪs/ [ov ww] kruiden, smaak geven aan ⟨ook figuurlijk⟩ ♦ *spice with* kruiden met

spice·bush, ⟨in betekenis 1 ook⟩ **spice·wood** [telb zn] ⟨plantk⟩ ① koortsstruik ⟨Lindera benzoin⟩ ② specerijstruik ⟨genus Calycanthus⟩

Spice Islands [eigenn] specerijeilanden, Molukken

spice nut [telb zn] pepernoot

spick [telb zn] → **spic**

spicknel [telb zn] → **spignel**

spic·u·lar /spɪkjʊlə, ᴬ-kjələr/ [bn] scherp, puntig

spic·u·late /spɪkjʊlət, -leɪt, ᴬ-kjə-/ [bn] stekelig, ⟨bedekt⟩ met scherpe punten, puntig, scherp

spic·ule /spɪkjuːl/, **spic·u·la** /spɪkjʊlə, ᴬ-kjələ/ [telb zn; mv: spiculae /-liː/] ① naald, stekel, ⟨scherpe⟩ punt, uitsteeksel, spriet ② ⟨plantk⟩ aartje ③ ⟨anat⟩ stekelvormig orgaan, spiculum ⟨van ongewervelden/rondwormen⟩ ④ ⟨astron⟩ spicula ⟨van zon⟩

spic·u·lum /spɪkjʊləm, ᴬ-kjə-/ [telb zn; mv: spicula /-lə/] ① ⟨anat⟩ stekelvormig orgaan, spiculum ② → **spicule**

spi·cy, **spi·cey** /spaɪsi/ [bn; vergr trap: spicier; bw: spicily; zn: spiciness] ① kruidig, gekruid, pikant, heet ② geurig, aromatisch ③ pikant ⟨figuurlijk⟩, pittig, gewaagd sappig, sensationeel ♦ *spicy story* gewaagd verhaal ④ ⟨sl⟩ net, elegant, chic, pico bello, piekfijn

spi·der /spaɪdə, ᴬ-ər/ [telb zn] ① spin, spinnenkop ♦ ⟨fig⟩ *spider and fly* kat en muis ② ⟨BE⟩ spin(binder) ③ ⟨AE⟩ (ijzeren) koekenpan ⟨oorspronkelijk op poten⟩ ④ ⟨AE⟩ drievoet, treeft ⑤ ⟨comp⟩ spider ⟨een programma dat automatisch webpagina's ophaalt⟩, robot, crawler ⑥ ⟨elek⟩ ankerbus ⑦ ⟨techn⟩ centreerstuk ⟨in een bril van een draaibank⟩

spider cart, **spider wagon** [telb zn] wagen (op hoge wielen)

spider crab [telb zn] ⟨dierk⟩ spinkrab ⟨familie Majidae⟩

spider hole [telb zn] ⟨mil⟩ eenmansgat

spi·der·like /spaɪdəlaɪk, ᴬ-dər-/ [bn] spinachtig

spi·der·man [telb zn] ⟨vnl BE; inf⟩ op grote hoogte werkende bouwvakker ⟨aan stalen geraamte van gebouw⟩, skeletbouwer

spider monkey [telb zn] ⟨dierk⟩ ① slingeraap ⟨genus Ateles⟩ ② spinaap ⟨Brachyteles arachnoïdes⟩

spider's web, **spider web** [telb zn] ⟨dierk⟩ spinnenweb

spider wasp [telb zn] ⟨dierk⟩ spinnendoder ⟨sluipwesp; familie Pompilidae⟩

spi·der·wort /spaɪdəwɜːt, ᴬspaɪdərwɜrt/ [telb zn] ⟨plantk⟩ eendagsbloem ⟨genus Tradescantia⟩

spi·der·y /spaɪdəri/ [bn] ① spinachtig, ⟨fig⟩ krabbelig ⟨handschrift⟩ ② vol spinnen ③ spichtig, broodmager, schraal ♦ *spidery legs* spillebenen ④ ragfijn, spinnenwebachtig

spie·gel·ei·sen /ʃpiːɡlaɪzn/, **spie·gel** /ʃpiːɡl/, **spiegel iron** [niet-telb zn] spiegelijzer

¹**spiel** /ʃpiːl/ [telb + niet-telb zn] ⟨inf⟩ ① woordenstroom, woordenvloed, relaas, (breedsprakig) verhaal, speech ♦ *fall for s.o.'s spiel* zich laten overtuigen/inpakken door iemands verhaal/babbel; *give a spiel* een heel verhaal doen, een boom opzetten; *the salesman's spiel* het verkooppraatje, de snelle babbel van de verkoper ② reclametekst ⟨radio⟩

²**spiel** /ʃpiːl, spiːl/ [onov ww] oreren, zijn relaas doen

³**spiel** /ʃpiːl, spiːl/ [ov ww] afdraaien, opdreunen, afratelen ♦ *spiel off* afratelen

spiel·er /ʃpiːlə, spiːlə, ᴬ-ər/ [telb zn] ① ⟨AE⟩ breedsprakig persoon ② ⟨AE⟩ boniseur, klantenlokker ③ ⟨AE⟩ radio-omroeper, televisieomroeper ④ ⟨AuE⟩ gokker,

valsspeler

spiff·ed out [bn] ⟨sl⟩ chic gekleed

spif·fli·cat·ed /spɪflɪkeɪtɪd/ [bn] ⟨sl⟩ bezopen

¹**spif·fy** /spɪfi/, **spif·fing** /spɪfɪŋ/ [bn; vergr trap: spiffier; bw: spiffily; zn: spiffiness] ⟨inf⟩ ① chic, (piek)fijn, prachtig, knap, elegant ② uitstekend, slim, groots

²**spif·fy** /spɪfi/ [bw] ⟨sl⟩ best

spif·li·cate, **spif·fli·cate** /spɪflɪkeɪt/ [ov ww] ⟨scherts⟩ ① afrossen, een pak slaag geven, ervanlangs geven ② afmaken, uit de weg ruimen

spig·nel /spɪɡnəl/, **spick·nel** /spɪknəl/ [telb zn] ⟨plantk⟩ berenwortel ⟨Meum athamanticum⟩

spig·ot /spɪɡət/ [telb zn] ① spon, stop, zwik(je), tap ② tapkraan ③ pasrand, ring ④ insteekeinde, spie-eind ⟨van pijp of buis⟩

spik [telb zn] → **spic**

¹**spike** /spaɪk/ [telb zn] ① ⟨benaming voor⟩ (scherpe) punt, pin, piek, spijl, prikker ⟨voor rekeningen e.d.⟩, piek ⟨in grafiek⟩, stekel, tand ⟨van kam⟩, naald, spuitje, arend, angel ⟨van vijl enz.⟩, naaldhak ② spijker, (draad)nagel, ⟨i.h.b.⟩ spoorspijker, haakbout ③ (koren)aar, (koren)halm ④ aar, (bloei)kolf ⟨bloeiwijze; spica⟩ ⑤ spies ⟨van hertenkalf⟩ ⑥ (jonge) makreel ⑦ ⟨BE⟩ rechtzinnige, orthodoxe ⑧ ⟨volleybal⟩ smash ⑨ ⟨American football⟩ spike ⟨demonstratieve stuitbal na touchdown in eindzone⟩

²**spike** /spaɪk/ [ov ww] ① spijkeren, bespijkeren, vastspijkeren, (vast)nagelen ② van spijkers/punten/spikes voorzien ♦ *spiked shoes* spikes ③ vernagelen ⟨vuurwapen⟩, onbruikbaar maken, ⟨fig⟩ verijdelen ⟨plan⟩ ♦ *spike a plan* een plan verijdelen ④ kwetsen, doorboren, beschadigen ⟨met punt/spijkers/spikes⟩ ⑤ weigeren, tegenhouden ⟨verhaal, artikel⟩ ⑥ ⟨AE⟩ ontzenuwen, weerleggen ⟨idee, betoog enz.⟩ ♦ *spike a rumour* een gerucht de kop indrukken ⑦ ⟨vnl AE; inf⟩ alcoholiseren, alcohol toevoegen aan ♦ *spike coffee with cognac* wat cognac in de koffie doen; ⟨fig⟩ *spike sth. with* humour iets opfrissen met wat humor ⑧ ⟨volleybal⟩ smashen ⑨ ⟨American football⟩ spiken ⟨bal demonstratief stuiten na touchdown in eindzone⟩

spike heel [telb zn] naaldhak

spike lavender [telb zn] ⟨plantk⟩ spijk, grote lavendel ⟨Lavandula latifolia⟩

spike lavender oil, **spike oil** [niet-telb zn] spijkolie, lavendelolie

spike·let /spaɪklɪt/ [telb zn] ⟨plantk⟩ aartje

spike nail [telb zn] ⟨vnl gew⟩ lange nagel

¹**spike·nard** /spaɪknɑːd, ᴬ-nɑrd/ [telb zn] ⟨plantk⟩ ① (spijk)nardus ⟨in het bijzonder Nardostachys jatamansi⟩ ② ⟨soort⟩ aralia ⟨Aralia racemosa; uit Noord-Amerika⟩

²**spike·nard** /spaɪknɑːd, ᴬ-nɑrd/ [niet-telb zn] nardusolie

spik·er /spaɪkə, ᴬ-ər/ [telb zn] ⟨volleybal⟩ smasher

spikes /spaɪks/ [alleen mv] ① spikes ⟨sportschoenen⟩ ② ⟨AE⟩ spijkerbroek

spike team [telb zn] ⟨AE⟩ driespan ⟨met één paard voor de twee andere⟩

spik·y /spaɪki/ [bn; vergr trap: spikier; bw: spikily; zn: spikiness] ① puntig, stekelig, piekerig, met (scherpe) punten ② bits, onvriendelijk, stekelig, scherp ⟨bijvoorbeeld antwoord⟩, lichtgeraakt ⟨van persoon⟩ ♦ *that's a spiky boy* die jongen is gauw op zijn teentjes getrapt ③ ⟨plantk⟩ aardragend, kolfdragend

¹**spile** /spaɪl/ [telb zn] ① paal, spijl, staak ② spon, plug, prop ③ ⟨AE⟩ tap, kraantje ⟨om sap uit suikerahorn af te voeren⟩

²**spile** /spaɪl/ [ov ww] ① schragen, stutten ② pluggen ③ ⟨AE⟩ aftappen ⟨sap van suikerahorn⟩

¹**spill** /spɪl/ [telb zn] ① val(partij), tuimeling, duik, daling ♦ *give s.o. a spill* iemand doen vallen; *have/take a spill* vallen, een smak maken ② vlek ♦ *coffee spills* koffievlekken ③ fidibus ④ splinter, stukje ⑤ spil, staafje ⑥ spon, pen, plug ⑦ overlaat ⑧ ⟨sl⟩ (half)neger, (half) Porto Ricaan

²**spill** /spɪl/ [niet-telb zn] ① afwerping ⟨van ruiter⟩ ② morserij, het morsen, verspilling, spil(lage) ③ **het vergieten** ④ stortregen, plasregen

³**spill** /spɪl/ [onov ww; ook spilt] ① overlopen, overstromen, uitstromen, overstorten, gemorst worden ♦ *the coffee has spilt on my books* de koffie is over mijn boeken uitgelopen; *the milk spilled* de melk liep over; *water spilled out of the bucket onto the floor* water stroomde over de rand van het emmer op de grond; *when the doors opened, the classes spilled out into the streets* toen de deuren opengingen, stroomden de klassen de straten in/naar buiten de straat op; *spill over* overlopen, zich verspreiden, ⟨fig⟩ te veel inwoners hebben, bevolkingsoverschot hebben ⟨van gemeente⟩; *te omvangrijk worden* ⟨van bevolking⟩ ② (af)vallen ♦ *spill from* vallen uit/van ③ ⟨sl⟩ zijn mond opendoen ④ ⟨sl⟩ verklikken

⁴**spill** /spɪl/ [ov ww; ook spilt] ① ⟨benaming voor⟩ doen overlopen, laten overstromen/uitstromen, overstorten, overgieten, morsen (met), omgooien, (ver)spillen ♦ *spill out* laten overstromen, morsen; *spill the wine* met wijn morsen ② vergieten ⟨bloed⟩, doen vloeien ♦ *spill blood* (nodeloos) bloed vergieten; *spill the blood of* doden, vermoorden ③ afwerpen, uit het voertuig/zadel gooien ⟨van paard⟩ ④ ⟨inf⟩ verklappen, onthullen, openbaar maken ⑤ ⟨scheepv⟩ gorden ⟨zeil⟩ ⑥ ⟨sl⟩ laten vallen

spill·age /spɪlɪdʒ/ [telb + niet-telb zn] ① morserij, het (ver)spillen/morsen/overstromen, lozing ⟨bijvoorbeeld van olie op zee⟩ ② spil(lage), het verspilde/gemorste

spill·er /spɪlə, ᴬ-ər/ [telb zn] ① morser ② (klein) visnet ⟨om groter net te ontlasten⟩

spil·li·kin /spɪlɪkɪn/ [telb zn] splinter

¹**spil·li·kins, spil·i·kins** /spɪlɪkɪnz/ [niet-telb zn] knibbelspel

²**spil·li·kins** /spɪlɪkɪnz/ [alleen mv] knibbelspel

spill·o·ver [telb + niet-telb zn] overloop, het overlopen/overstromen, surplus ♦ *spillover population* overloop, surplusbevolking

spill·way [telb zn] ① overlaat ② afvoerkanaal

spilt /spɪlt/ [verleden tijd en volt deelw] → **spill**

spilth /spɪlθ/ [telb zn] ① het morsen ② het gemorste ③ overmaat, overschot, teveel ④ afval, rommel

¹**spin** /spɪn/ [telb zn] ① draaibeweging, tolbeweging, rotatie ② ritje, tochtje ♦ ⟨inf⟩ *let's go for a spin* laten we 'n eindje gaan rijden ③ (terug)val, duik ⟨ook figuurlijk⟩ ④ ⟨luchtv⟩ spin, tolvlucht, vrille, wervelval, duik ♦ *flat spin* horizontale spin/tolvlucht; ⟨fig⟩ paniek, opwinding ⑤ ⟨natuurk⟩ spin ⟨van elektron⟩ ⑥ ⟨sport⟩ spin ⟨draaiguur bij dansen⟩ ⑦ ⟨geen mv⟩ (positieve) draai ♦ *put a positive spin on the figures* de cijfers rooskleuriger voorstellen, de cijfers positief uitleggen ⑧ ⟨AuE; inf⟩ toeval ⟨geluk, pech⟩ ♦ *in a (flat) spin* in paniek

²**spin** /spɪn/ [niet-telb zn] ① het spinnen ② spinsel ③ het draaien, het tollen ④ ⟨inf⟩ verwarring, paniek ⑤ ⟨sport⟩ spin(effect)

³**spin** /spɪn/ [onov ww; spun, spun; verleden tijd verouderd span] ① tollen, snel draaien, roteren ♦ ⟨fig⟩ *make s.o.'s head spin* iemands hoofd doen tollen ② (voort)snellen ③ ⟨sport⟩ spinnen, vissen met spinners; → **spun**

⁴**spin** /spɪn/ [ov ww; spun, spun; verleden tijd verouderd span] ① spinnen ⟨ook figuurlijk⟩ ② fabriceren, produceren, doen ontstaan ⟨in het bijzonder verhaal⟩ ♦ *spin a story* een verhaal spinnen/verzinnen ③ spineffect geven ⟨aan bal; bijvoorbeeld bij tennis⟩ ④ snel laten ronddraaien ♦ *spin a coin* een munt opgooien, kruis of munt gooien; *spin a top* tollen ⟨spel⟩ ⑤ *spin off* draaiend van zich afwerpen; *spin off poems* het ene gedicht na het andere produceren; *spin out* uitspinnen ⟨verhaal⟩; rekken ⟨tijd⟩; zuinig zijn met ⟨geld⟩; → **spun**

spi·na bif·i·da /spaɪnə bɪfɪdə/ [telb + niet-telb zn] ⟨med⟩ open rug

¹**spin·ach** /spɪnɪdʒ, ᴬ-nɪtʃ/ [telb zn] ① ⟨AE⟩ overbodigheid, onnodigheid ② ⟨sl⟩ baard

²**spin·ach** /spɪnɪdʒ, ᴬ-nɪtʃ/ [niet-telb zn] spinazie

spinach beet [niet-telb zn] ⟨plantk⟩ snijbiet ⟨Beta vulgaris acla⟩

¹**spi·nal** /spaɪnl/ [telb zn] verdoving in ruggenmerg, ⟨oneig⟩ epi

²**spi·nal** /spaɪnl/ [bn, attr; bw: ~ly] van/m.b.t. de ruggengraat, ruggengraats- ♦ *spinal anaesthesia* verdoving in het ruggenmerg, epidurale anesthesie; *spinal canal* ruggenmergholte; *spinal column* ruggengraat; *spinal cord, spinal marrow* ruggenmerg

spin bowler [telb zn] ⟨sport⟩ een met spineffect gooiende bowler ⟨in het bijzonder bij cricket⟩

¹**spin·dle** /spɪndl/ [telb zn] ① spindel, (spin)klos, spoel ② as, spil, pin ③ stang, staaf, pijp, spijl ④ lengtemaat van draad/garen

²**spin·dle** /spɪndl/ [onov ww] ① uitschieten, opschieten, uitlopen ⟨van plant⟩ ② lang en dun worden/zijn; → **spindly**

³**spin·dle** /spɪndl/ [ov ww] ⟨vast⟩prikken, spietsen ⟨op prikker⟩; → **spindly**

spindle berry [telb zn] besje van kardinaalsmuts

spin·dle-legged, spin·dle-shanked [bn] met spillebenen

spin·dle·legs, spin·dle·shanks [alleen mv; werkwoord voornamelijk enk] spillebeen ⟨bijnaam⟩

spindle side [niet-telb zn] spillezijde, vrouwelijke linie

spindle tree [telb zn] ⟨plantk⟩ kardinaalsmuts ⟨genus Euonymus⟩

spin·dly /spɪndli/, **spin·dling** /spɪndlɪŋ/ [bn; vergr trap: spindlier] spichtig, stakig

spin doctor [telb zn] ⟨inf⟩ pr-man ⟨van politicus⟩, mannetjesmaker

spin·dri·er, spin·dry·er [telb zn] centrifuge

spin·drift /spɪndrɪft/ [niet-telb zn] ① vlokschuim, verwaaid(e) schuim/nevel ⟨van zeewater⟩ ② stuifsneeuw

spin-dry [ov ww] centrifugeren

spine /spaɪn/ [telb zn] ① ruggengraat ② stekel, doorn, uitsteeksel ③ rug ⟨van boek⟩

spine-chill·er [telb zn] horrorfilm, horrorroman, horrorverhaal, griezelfilm, gruwelfilm ⟨enz.⟩

spine-chil·ling, spine-freez·ing [bn] griezelig, gruwelijk, afgrijselijk

spined /spaɪnd/ [bn] gestekeld, met doorns

spi·nel /spɪnel/ [telb + niet-telb zn] spinel ⟨edelsteen⟩

spine·less /spaɪnləs/ [bn; bw: ~ly; zn: ~ness] ① zonder ruggengraat ⟨ook figuurlijk⟩ ② karakterloos, slap, zwak

spinel ruby [telb + niet-telb zn] rode spinel ⟨edelsteen⟩

spi·nes·cence /spaɪnesns/ [niet-telb zn] ① rangschikking van stekels ⟨bijvoorbeeld op insect⟩ ② doornigheid, stekeligheid

spi·nes·cent /spaɪnesnt/ [bn] ① stekelig, doornig, met stekels/doorns ② stekelachtig

spin·et /spɪnet, ᴬspɪnɪt/ [telb zn] ⟨muz⟩ spinet

spi·nif·er·ous /spaɪnɪfərəs/, **spi·nig·er·ous** /spaɪnɪdʒərəs/ [bn] ① doornig, stekelig ② stekelachtig, doornachtig

spin·i·fex /spaɪnɪfeks/ [telb zn] ⟨plantk⟩ Australisch gras ⟨genus Spinifex⟩

spin·na·ker /spɪnəkə, ᴬ-ər/ [telb zn] ⟨scheepv⟩ spinnaker, ballonfok

spin·ner /spɪnə, ᴬ-ər/ [telb zn] ① spinner, spinster ② ⟨biol⟩ spinorgaan ④ ⟨sportvis⟩ spinner, tol(letje), lepel(tje) ⑤ ⟨cricket⟩ spinner, effectbal ⑥ ⟨cricket⟩ bowler die spinner gooit ⑦ naafkap, dop van propelleras ⟨van vliegtuig⟩ ⑧ draaibord, bord met draaiwijzer ⟨bijvoorbeeld op kermis⟩

spin·ner·et /spɪnərət/ [telb zn] ① ⟨biol⟩ spinorgaan ⟨van spin, zijderups e.d.⟩ ② ⟨ind⟩ spindop

spin·ney, spin·ny /spɪni/ [telb zn] ⟨BE⟩ bosje, struikgewas

¹spin·ning /spɪnɪŋ/ [niet-telb zn; gerund van spin] [1] het spinnen [2] spinning ⟨het trainen op een hometrainer begeleid door stimulerende muziek⟩

²spin·ning /spɪnɪŋ/ [bn, attr; tegenwoordig deelw van spin] spin-, spinnen-, om te spinnen
spinning frame [telb zn] spinmachine
spinning jenny [telb zn] spinmachine
spinning wheel [telb zn] spinnewiel

spin-off [telb zn; ook attributief] [1] (winstgevend) nevenproduct/resultaat/derivaat, bijproduct, spin-off [2] spin-off ⟨afgeleid vervolg op film, tv-serie, boek van film e.d.⟩

spi·nose /spaɪnoʊs/ [bn; bw: ~ly; zn: ~ness] [1] doornig, stekelig [2] stekelachtig, doornachtig [3] netelig, moeilijk

spi·nos·i·ty /spaɪnɒsəti, ᴬ-nɑsəti/ [niet-telb zn] [1] doornigheid, stekeligheid [2] stekelachtigheid, doornachtigheid [3] neteligheid

spi·nous /spaɪnəs/ [bn] [1] doornachtig, stekelachtig [2] doornig, stekelig [3] netelig, moeilijk [·] ⟨biol⟩ *spinous process* processus spinosus

spin·out [telb zn] het uit de bocht vliegen ⟨van auto⟩
spin out [telb zn] ⟨AE; ec⟩ spin-out ⟨verzelfstandiging van bestaande onderneming⟩

Spi·no·zism /spɪnoʊzɪzm/ [niet-telb zn] ⟨filos⟩ spinozisme

spi·no·zis·tic /spɪnoʊzɪstɪk/ [bn] ⟨filos⟩ spinozistisch

spin·ster /spɪnstə, ᴬ-ər/ [telb zn] [1] oude vrijster [2] ⟨BE; jur⟩ ongehuwde vrouw

spin·ster·hood /spɪnstəhʊd, ᴬ-stər-/ [niet-telb zn] ongehuwde staat van een vrouw

spin·ster·ish /spɪnstərɪʃ/ [bn] oudevrijsterachtig

spin·thar·i·scope /spɪnθærɪskoʊp/ [telb zn] ⟨natuurk⟩ spinthariscoop

spi·nule /spaɪnjuːl/ [telb zn] stekeltje, doorntje

spin·u·lose /spaɪnjʊloʊs, ᴬ-jə-/, **spin·u·lous** /-ləs/ [bn] [1] met stekeltjes [2] stekelvormig, als een stekeltje

spin·y /spaɪni/ [bn; vergr trap: spinier; zn: spininess] [1] doornig, stekelig [2] doornachtig, stekelachtig, doornvormig, stekelvormig [3] moeilijk, netelig, hachelijk [·] ⟨dierk⟩ *spiny anteater* miereneggel ⟨Tachyglossus⟩; *spiny lobster* langoest ⟨familie Palinuridae⟩; *spiny rat* stekelrat ⟨genus Echimys⟩

spin·y-finned [bn] met een stekelvin ⟨van vis⟩, stekelvinnig

spir·a·cle /spaɪrəkl, ᴬspɪ-/, **spi·rac·u·lum** /-rækjʊləm, ᴬ-kjələm/ [telb zn; mv: ze variant spiracula /-lə-/] [1] ademgat, stigma, adempleetje ⟨zoals bij insect⟩ [2] spuitgat, spiraculum ⟨in het bijzonder van walvis⟩ [3] luchtgat

spi·rac·u·lar /spaɪrækjʊlə, ᴬ-kjələr/ [bn] als van een ademgat/stigma

spi·rae·a, spi·re·a /spaɪrɪə/ [telb + niet-telb zn] ⟨plantk⟩ spirea ⟨genus Spiraea⟩

¹spi·ral /spaɪrəl/ [telb zn] [1] spiraal, schroeflijn, helix [2] spiraalvormige winding ⟨in het bijzonder van schelp⟩ [3] ⟨ec⟩ spiraal ⟨van prijzen, lonen⟩ [·] ⟨astron⟩ *barred spiral* balkspiraal

²spi·ral /spaɪrəl/ [bn; bw: ~ly] [1] spiraalvormig, schroefvormig ♦ *spiral binding* spiraalband ⟨bijvoorbeeld van schrift⟩; *spiral galaxy/nebula* spiraalnevel, nevelvlekken; *spiral staircase* wenteltrap [2] kronkelend

³spi·ral /spaɪrəl/ [onov ww] [1] zich in een spiraalbaan bewegen, een spiraal beschrijven ♦ *prices are spiralling (upward/s)* de prijzen bevinden zich in een opwaartse spiraal; *prices are spiralling downward(s)* de prijzen bevinden zich in een neerwaartse spiraal; *spiral up* omhoogkringelen ⟨rook⟩; spiraalsgewijs stijgen

⁴spi·ral /spaɪrəl/ [ov ww] spiraalvormig/schroefvormig maken

¹spi·rant /spaɪərənt/ [telb zn] ⟨taalk⟩ spirant, fricatief
²spi·rant /spaɪərənt/ [bn] ⟨taalk⟩ spirantisch, fricatief

¹spire /spaɪə, ᴬ-ər/ [telb zn] [1] (toren)spits, piek, punt [2] grasspriet, grashalm [3] spiraal, kronkeling, draai [4] ⟨biol⟩ top van slakkenhuis

²spire /spaɪə, ᴬ-ər/ [onov ww] [1] zich verheffen, verrijzen, bovenuit steken [2] omhoog schieten, ontkiemen [3] (omhoog)kronkelen [4] spiraalsgewijs bewegen; → spired

³spire /spaɪə, ᴬ-ər/ [ov ww] van een (toren)spits voorzien; → spired

spired /spaɪəd, ᴬ-ərd/ [bn; volt deelw van spire] [1] spits, puntig ♦ *a spired peak* een spitse piek [2] met een (toren)spits(en) ♦ *a spired village* een dorp met (veel) torenspits(en)

spi·rif·er·ous /spaɪrɪfrəs/ [bn] [1] van een (toren)spits voorzien [2] spiraalvormig

spi·ril·lum /spɪrɪləm, ᴬspaɪ-/ [telb zn; mv: spirilla /-lə/] ⟨dierk⟩ spirillum ⟨genus van spiraalvormige bacteriën⟩

¹spir·it /spɪrɪt/ [telb zn] [1] ⟨steeds met bepaling⟩ geest ⟨persoon⟩, karakter ♦ *she is a kind spirit* zij is een vriendelijke ziel; *moving spirit* drijvende kracht, aanstichter; *two unbending spirits* twee onbuigzame karakters [2] geest, spook, elf, fee ♦ *familiar spirit* vertrouweling, persoonlijke duivel, boeleerduivel

²spir·it /spɪrɪt/ [telb + niet-telb zn] geest, ziel, karakter, wezen ♦ *spirit of the age/times* tijdgeest; *the Holy Spirit* de Heilige Geest; *be with s.o. in (the) spirit* in gedachten bij iemand zijn; *kindred spirits* verwante zielen; *when the spirit moves him* als hij de geest krijgt/geïnspireerd wordt/zich geneigd voelt; *the poor in spirit* de armen van geest [·] *public spirit* gemeenschapszin; ⟨sprw⟩ *the spirit is willing but the flesh is weak* de geest is gewillig maar het vlees is zwak

³spir·it /spɪrɪt/ [niet-telb zn] [1] levenskracht, vitaliteit, energie, pit ♦ ⟨inf⟩ *knock the spirit out of s.o.* iemand murw slaan; ⟨fig⟩ iemand door geweld demoraliseren [2] levenslust, opgewektheid, monterheid [3] moed, durf, lef, spirit [4] zin, diepe betekenis ♦ *enter into the spirit of sth.* erin komen, (enthousiast) meevoelen/meedoen met iets; *the spirit of the law* de geest van de wet ⟨tegenover de letter van de wet⟩ [5] spiritus, alcohol ♦ *methylated spirit* (brand)spiritus, gedenatureerde alcohol [·] *spirit of turpentine* terpentijnolie

⁴spir·it /spɪrɪt/ [ov ww] [1] wegtoveren, weggoochelen, ontfutselen, ⟨fig⟩ heimelijk laten verdwijnen, stilletjes ontvoeren ♦ *spirit away/off* wegtoveren, weggoochelen, ontfutselen; ⟨fig⟩ verdonkeremanen [2] aanmoedigen, aanvuren, stimuleren, aansporen ♦ *spirit up* aanmoedigen; opmonteren [3] opmonteren, opvrolijken; → spirited

spirit duck [telb zn] ⟨dierk⟩ [1] buffelkopeend ⟨Bucephala albeola⟩ [2] brilduiker ⟨Bucephala clangula⟩

spir·it·ed /spɪrɪtɪd/ [bn; volt deelw van spirit; bw: ~ly; zn: ~ness] [1] levendig, geanimeerd, pittig [2] bezield, vurig, energiek

-spir·it·ed /spɪrɪtɪd/ gestemd, bezield met ♦ *low-spirited* neerslachtig; *high-spirited* fier, stoutmoedig; *public-spirited* met gemeenschapszin

spirit gum [telb + niet-telb zn] sneldrogende gomoplossing

spir·it·ism /spɪrɪtɪzm/ [niet-telb zn] spiritisme
spir·it·ist /spɪrɪtɪst/ [telb zn] spiritist
spir·it·is·tic /spɪrɪtɪstɪk/ [bn] spiritistisch
spirit lamp [telb zn] spirituslamp
spir·it·less /spɪrɪtləs/ [bn; bw: ~ly; zn: ~ness] [1] lusteloos, futloos, moedeloos, slap [2] levenloos, geesteloos, doods, saai

spirit level [telb zn] luchtbelwaterpas ⟨met alcoholvulling⟩

spirit licence [telb zn] drankvergunning

spir·it·ous /spɪrɪtəs/ [bn] [1] alcoholisch [2] ⟨vero⟩ levendig, geanimeerd, vurig [3] ⟨vero⟩ puur, verfijnd

spirit rapper [telb zn] klopgeestmedium

spirit rapping [niet-telb zn] het kloppen ⟨van klopgeest⟩

spir·its /spɪrɪts/ [alleen mv] [1] gemoedsgesteldheid, geestesgesteldheid, stemming ♦ *my spirits fell* ik raakte terneergeslagen; *in good spirits* opgewekt zijn; *be in great/high spirits* opgewekt zijn; *this will lift his spirits* dit zal hem opbeuren; *be in low/poor spirits* neerslachtig/down zijn; *out of spirits* neerslachtig, down; *pluck up one's spirits* moed vatten; *raise s.o.'s spirits* iemand opmonteren/opvrolijken [2] ⟨soms enkelvoud⟩ spiritualiën, sterkedranken, alcohol ♦ *ardent spirits* sterkedrank [3] spiritus, geest ⟨alcoholische oplossing⟩ ▪ *spirits of turpentine* terpentinolie

spirit stove [telb zn] spiritusstel, spirituskomfoor, spiritusbrander

¹**spir·i·tu·al** /spɪrɪtʃʊəl/ [telb zn] (negro)spiritual

²**spir·i·tu·al** /spɪrɪtʃʊəl/ [bn; bw: ~ly; zn: ~ness] [1] geestelijk, onstoffelijk, spiritueel ♦ *spiritual court* geestelijke gerechtshof [2] mentaal, geestelijk, intellectueel [3] godsdienstig, religieus, geestelijk [4] spiritualistisch, bovennatuurlijk ♦ *spiritual healing* geloofsgenezing [5] geestig, gevat, spiritueel [6] ⟨BE⟩ kerkelijk ♦ ⟨BE⟩ *Lords spiritual* bisschoppen in het Hogerhuis

spir·i·tu·al·ism /spɪrɪtʃʊlɪzm/ [niet-telb zn] [1] ⟨filos⟩ spiritualisme [2] spiritisme

spir·i·tu·al·ist /spɪrɪtʃʊlɪst/ [telb zn] [1] ⟨filos⟩ spiritualist [2] spiritist

spir·i·tu·al·is·tic /spɪrɪtʃʊlɪstɪk/ [bn] [1] ⟨filos⟩ spiritualistisch [2] spiritistisch

spir·i·tu·al·i·ties /spɪrɪtʃʊæləˌtiz/, **spir·i·tu·al·ties** /-tʃʊəltiz/ [alleen mv] kerkelijke inkomsten/bezittingen

spir·i·tu·al·i·ty /spɪrɪtʃʊæləti/, **spir·i·tu·al·ty** /-tʃʊəlti/ [niet-telb zn] [1] onstoffelijkheid, geestelijke aard, spiritualiteit [2] vroomheid, godsvrucht [3] geestelijkheid, geestelijken

spir·i·tu·al·i·za·tion, spir·i·tu·al·i·sa·tion /spɪrɪtʃʊlaɪzeɪʃn, ᴬ-lə-/ [niet-telb zn] vergeestelijking

spir·i·tu·al·ize, spir·i·tu·al·ise /spɪrɪtʃʊlaɪz, ᴬ-tʃə-/ [ov ww] [1] vergeestelijken [2] in geestelijke zin uitleggen

spir·i·tu·als /spɪrɪtʃʊəlz/ [alleen mv] geestelijke/godsdienstige aangelegenheden

spir·i·tu·el, spir·i·tu·elle /spɪrɪtʃʊel/ [bn] geestig, pittig, snedig

spir·it·u·os·i·ty /spɪrɪtʃʊɒsəti, ᴬ-ɑsəti/ [niet-telb zn] geestrijkheid

spir·i·tu·ous /spɪrɪtʃʊəs/ [bn] alcoholisch, geestrijk ♦ *spirituous liquors* sterkedranken

spir·i·tus as·per /spɪrɪtəs æspər, ᴬspɪrɪtəs æspər/ [telb zn] ⟨taalk⟩ spiritus asper

spir·i·tus le·nis /spɪrɪtəs liːnɪs/ [taalk] spiritus lenis

spi·ri·valve /spaɪrəvælv/ [bn] ⟨dierk⟩ met spiraalvormige schelp

spir·ket·ing /spɜːkɪtɪŋ, ᴬspɜrkɪtɪŋ/ [telb zn] ⟨scheepv⟩ zetgang

spi·ro- /spaɪroʊ-/ spiro- ♦ *spirochete* spirocheet; *spirometer* spirometer, ademhalingsmeter

spi·ro·che·tal, spi·ro·chae·tal /spaɪrəkiːtl, ᴬ-/ [bn] door spirocheten veroorzaakt ⟨van ziekte⟩

spi·ro·chete, spi·ro·chae·te /spaɪroʊkiːt/ [telb zn] spirocheet ⟨bacterie, genus Spirochaeta⟩

spi·ro·che·to·sis, spi·ro·chae·to·sis /spaɪroʊkɪtoʊsɪs/ [telb + niet-telb zn] ziekte veroorzaakt door spirocheten ⟨bijvoorbeeld syfilis⟩

spi·ro·graph /spaɪrəɡrɑːf, ᴬ-ɡræf/ [telb zn] spirograaf

spi·ro·gy·ra /spaɪrədʒaɪrə/ [telb zn] zoetwateralg ⟨genus Spirogyra⟩

spi·roid /spaɪrɔɪd/ [bn] spiraalvormig, schroefvormig

spi·rom·e·ter /spaɪrɒmɪtə, ᴬ-rɑmɪtər/ [telb zn] spirometer, ademhalingsmeter

spirt → spurt

spir·u·la /spaɪrʊlə, ᴬspɪrələ/ [telb zn; mv: spirulae /-liː/] ⟨dierk⟩ koppotig weekdier ⟨genus Spirula⟩

spir·y /spaɪəri/ [bn] [1] spits, puntig (toelopend) [2] spiraalvormig [3] met torenspitsen ♦ *spiry town* stad met (veel) torenspitsen

¹**spit** /spɪt/ [telb zn] [1] spit, braadspit, vleespen [2] landtong [3] spade, schop, spadesteek ♦ *dig a hole two spit(s) deep* een gat twee spaden diep graven

²**spit** /spɪt/ [niet-telb zn] [1] spuug, speeksel [2] ⟨biol⟩ koekoeksspeeksel ⟨van het schuimbeestje⟩ [3] het blazen, het sissen ⟨van kat⟩ [4] buitje ♦ *a spit of snow* een sneeuwbuitje ▪ *the spit (and image)* of het evenbeeld van; *spit and polish* (grondig) poetswerk ⟨bijvoorbeeld in het leger⟩

³**spit** /spɪt/ [onov ww; spit/spat, spit/spat] [1] spuwen, spugen ♦ *spit at/(up)on s.o./sth.* op iemand/iets spugen ⟨ook figuurlijk⟩; ⟨dierk⟩ *spitting cobra* spugende cobra, zwarthalscobra ⟨Naja nigricallis⟩; *I could have spat in his eye* ik had hem in het gezicht kunnen spugen; *spit up* spugen, braken [2] sputteren, blazen ⟨bijvoorbeeld kat⟩ [3] spatten, spetteren, knetteren ⟨van vuur, heet vet⟩ [4] lichtjes neervallen, druppen, druppelen ⟨regen⟩, zachtjes sneeuwen ▪ *he is the spitting image of his father, he is the (dead/very) spitting (and image) of his father* hij lijkt als twee druppels water op zijn vader

⁴**spit** /spɪt/ [ov ww; spit/spat, spit/spat] (uit)spuwen, (uit)spugen, opgeven ♦ *spit blood* bloed opgeven; *spit out* uitspuwen ▪ ⟨inf⟩ *spit it out!* voor de dag ermee!; *spit out a curse* er een vloek uitgooien

⁵**spit** /spɪt/ [ov ww] [1] aan het spit steken/rijgen, spietsen [2] aan het zwaard/de degen/... rijgen, doorboren, doorsteken

spit·ball [telb zn] ⟨AE⟩ [1] propje, gekauwd papierpropje [2] ⟨honkb⟩ spitball, spuugbal ⟨bal met spuug aan een kant natgemaakt⟩

¹**spitch·cock** /spɪtʃkɒk, ᴬ-kɑk/ [telb zn] speetaal

²**spitch·cock** /spɪtʃkɒk, ᴬ-kɑk/ [ov ww] aan moten snijden en braden ⟨in het bijzonder van aal⟩

spit curl [telb zn] ⟨AE⟩ spuuglok

¹**spite** /spaɪt/ [telb + niet-telb zn] [1] wrok, wrevel, ⟨alg⟩ haat, boosaardigheid ♦ *from/out of spite* uit kwaadaardigheid; *have a spite against s.o.* tegen iemand wrok koesteren, iets hebben tegen iemand ▪ *in spite of* ondanks, in weerwil van, trots; *in spite of o.s.* of men wil of niet, onwillekeurig

²**spite** /spaɪt/ [ov ww] treiteren, pesten, vernederen, dwarsbomen, hinderen

spite·ful /spaɪtfl/ [bn; bw: ~ly; zn: ~ness] [1] hatelijk [2] wraakgierig, rancuneus

spit·fire [telb zn] heethoofd, driftkop

spit·ter /spɪtə, ᴬspɪtər/ [telb zn] ⟨AE⟩ [1] spuwer, spuger [2] ⟨honkb⟩ spitball, spuugbal ⟨bal met spuug aan een kant natgemaakt⟩ [3] spiesbok, jong hert

spit·tle /spɪtl/ [niet-telb zn] [1] speeksel, spuug [2] koekoeksspeeksel ⟨van schuimbeestje⟩

spit·tle-bug [telb zn] ⟨dierk⟩ schuimbeestje, schuimcicade ⟨familie Cercopidae⟩

spit·toon /spɪtuːn/ [telb zn] kwispedoor, spuwbakje

spitz /spɪts/ [telb zn] keeshond, spitshond

spiv /spɪv/ [telb zn] ⟨BE; sl⟩ [1] handige jongen, scharrelaar, linkerd, profiteur [2] charlatan, zwendelaar, oplichter, zwarthandelaar

spiv·ery, spiv·very /spɪvəri/ [niet-telb zn] ⟨BE; sl⟩ oplichterij, zwendel

spiv·vy /spɪvi/ [bn] fatterig, opgedirkt, opzichtig

splanch·nic /splæŋknɪk/ [bn] ingewands-, darm-

splanch·ni·cot·o·my /splæŋknɪkɒtəmi, ᴬ-kɑtəmi/ [telb + niet-telb zn] ⟨med⟩ splanchnicotomie

¹**splash** /splæʃ/ [telb zn] [1] plons [2] vlek, spat, plek, licht-

plek, kleurplek, klad ③ **schreeuwende krantenkop**, voorpaginanieuws ④ ⟨inf⟩ **succes**, faam ♦ ⟨inf⟩ *make a splash opzien baren* ⑤ ⟨sprw⟩ *if the oak is out before the ash, you will only get a splash; If the ash is out before the oak, you will surely get a soak* ± als de eik bladeren heeft voor de es zover is, krijgen we een mooie zomer, maar als de es groen is voor de eik, een natte

²**splash** /splæʃ/ [niet-telb zn] ① **gespetter**, gespat, geplas ② ⟨BE; inf⟩ **(spuit)water**, scheutje (spuit)water ♦ *scotch and splash* whisky-soda

³**splash** /splæʃ/ [onov ww] ① **(rond)spatten**, uiteenspatten ♦ *splash about* rondspatten ② **plassen**, rondspetteren, ploeteren, poedelen, plonzen ③ **klateren**, kletteren ⑤ *splash down* landen in zee ⟨van ruimtevaartuig⟩

⁴**splash** /splæʃ/ [ov ww] ① **(be)spatten** ♦ *splash s.o./sth. with sth.* iemand/iets met iets bespatten ② **laten spatten** ♦ *this painter just splashes about paint* deze schilder kwakt de verf maar raak; *splash sth. on/over s.o./sth.* iets op/over iemand/iets spatten ③ **met grote koppen in de krant zetten** ④ ⟨BE; inf⟩ **verkwisten**, over de balk smijten ♦ ⟨inf⟩ *he splashes his money about* hij smijt met geld; ⟨inf⟩ *splash out money* met geld smijten

⁵**splash** /splæʃ/ [bw] **met een plons**

splash·back [telb zn] **spatplaat**

splash·down [telb zn] **landing in zee** ⟨van ruimtevaartuig⟩

splash·er /splæʃə, ᴬ-ər/ [telb zn] ① **spetteraar** ② **spatbord**

splash guard [telb zn] ⟨AE⟩ **spatlap**

splash·y /splæʃi/ [bn; vergr trap: splashier; bw: splashily; zn: splashiness] ① **spattend**, spetterend ② **modderig** ③ **met kleurige vlekken bedekt** ⟨bijvoorbeeld stof⟩ ④ **opzichtig**, in het oog vallend

¹**splat** /splæt/ [telb zn] ① **rugleuning**, rugstijl, rugspijl ② **klets**

²**splat** /splæt/ [bw] **met een klets**

¹**splat·ter** /splætə, ᴬsplætər/ [niet-telb zn] **gespetter**, gespat

²**splat·ter** /splætə, ᴬsplætər/ [onov ww] ① **spetteren**, spatten ② **plassen**, poedelen, ploeteren ③ **klateren**, kletteren

³**splat·ter** /splætə, ᴬsplætər/ [ov ww] ① **bespatten** ② **laten spatten**

splatter movie [telb zn] **bloederige horrorfilm**

¹**splay** /spleɪ/ [telb zn] ① **verwijding**, verbreding ② **afschuining**

²**splay** /spleɪ/ [bn] **breed, plat en naar buiten staand** ⟨in het bijzonder van voet⟩

³**splay** /spleɪ/ [onov ww] ① **afgeschuind zijn** ② **naar buiten staan** ⟨van voet⟩

⁴**splay** /spleɪ/ [onov + ov ww] ① **(zich) verwijden**, (zich) verbreden ♦ *splay out* breder worden, zich verbreden ② **(zich) uitspreiden**

⁵**splay** /spleɪ/ [ov ww] ① **afschuinen** ② **uitspreiden** ♦ *splay out* uitspreiden

¹**splay·foot** [telb zn] **naar buiten gedraaide platvoet**

²**splay·foot, splay·foot·ed** [bn] ① **met naar buiten gedraaide platvoeten** ② **onhandig**, lomp

¹**spleen** /spliːn/ [telb zn] **milt**

²**spleen** /spliːn/ [niet-telb zn] ① **zwaarmoedigheid**, neerslachtigheid, zwartgalligheid ② **gemelijkheid**, boze bui ♦ *fit of spleen* woedeaanval ⑤ *vent one's spleen* zijn gal spuwen

spleen·ful /spliːnfl/ [bn; bw: ~ly] ① **zwaarmoedig**, neerslachtig ② **boos**, gemelijk, geïrriteerd, knorrig

spleen·wort [telb zn] ⟨plantk⟩ **streepvaren** ⟨genus Asplenium⟩

spleen·y /spliːni/ [bn; vergr trap: spleenier] ① **zwaarmoedig**, neerslachtig ② **kwaad**, gemelijk, knorrig

splen·dent /splendənt/ [bn] ① **schitterend**, glanzend ② **beroemd**, vermaard

splen·did /splendɪd/ [bn; bw: ~ly; zn: ~ness] ① **schitterend**, stralend, luisterrijk, prachtig ② **groots**, imposant ③ **roemrijk**, glorierijk ④ **prijzenswaard(ig)** ⑤ ⟨inf⟩ **voortreffelijk**, uitstekend

splen·dif·er·ous /splendɪfrəs/ [bn; bw: ~ly; zn: ~ness] ⟨inf; vaak iron⟩ ① **groots**, indrukwekkend ② **prachtig**, schitterend

splen·dor·ous, splen·drous /splendrəs/ [bn] **schitterend**, stralend, prachtig, luisterrijk

splen·dour, ⟨AE⟩ **splen·dor** /splendə, ᴬ-ər/ [niet-telb zn] ① **pracht**, glans, glorie, praal ② **glorie**, heerlijkheid, grootsheid ⑤ ⟨heral⟩ *sun in splendour* stralende zon

sple·nec·to·my /splɪnektəmi/ [telb + niet-telb zn] ⟨med⟩ **splenectomie** ⟨verwijdering van de milt⟩

¹**sple·net·ic** /splɪnetɪk/ [telb zn] **hypochonder**, zwartkijker, zwaarmoedig persoon

²**sple·net·ic** /splɪnetɪk/, **sple·net·i·cal** /splɪnetɪkl/ [bn; bw: ~ally] ① **humeurig**, knorrig, gemelijk, onaangenaam ② **van/m.b.t. de milt**, milt-

splen·ic /splinɪk, splenɪk/ [bn] **milt**, van de milt ♦ ⟨med⟩ *splenic fever* miltvuur ⟨antrax⟩

sple·ni·tis /splɪnaɪtɪs/ [telb + niet-telb zn; mv: splenites /-naɪtiːz/] ⟨med⟩ **splenitis**, miltontsteking

sple·no·meg·a·ly /spliːnoʊmegəli/ [telb + niet-telb zn] ⟨med⟩ **splenomegalie**, miltvergroting

¹**splice** /splaɪs/ [telb zn] ① **las**, verbinding, koppeling ② **splits** ⟨van touwwerk⟩ ③ **houtverbinding**

²**splice** /splaɪs/ [ov ww] ① **splitsen**, aan elkaar verbinden, ineenvlechten ⟨touwwerk⟩ ② **verbinden**, een verbinding maken ⟨van houtwerk⟩ ③ **lassen**, koppelen ⟨film, geluidsband⟩ ④ ⟨inf⟩ **aan elkaar blijven hangen**, trouwen ♦ *get spliced* trouwen

splic·er /splaɪsə, ᴬ-ər/ [telb zn] **lasapparaat** ⟨voor films, banden⟩

spliff, splif /splɪf/ [telb zn] ⟨sl⟩ **joint**

¹**spline** /splaɪn/ [telb zn] ① **glijspie** ② **spiebaan**, gleuf ③ **strooklat** ④ **lat**, strook hout/metaal, strip

²**spline** /splaɪn/ [ov ww] **van glijspieën voorzien**

¹**splint** /splɪnt/ [telb zn] ① **splinter** ② **spaan** ③ **metaalstrook**, metaalstrip ④ ⟨med⟩ **spalk** ⑤ ⟨dierk⟩ **spat** ⑥ ⟨dierk, med⟩ **kuitbeen**

²**splint** /splɪnt/ [ov ww] ⟨med⟩ **spalken**

splint·bone [telb zn] **kuitbeen**

splint·coal [niet-telb zn] ⟨mijnb⟩ **doffe kool**, schilferkool

¹**splin·ter** /splɪntə, ᴬsplɪntər/ [telb zn] ① **splinter**, scherf ② **splintergroepering**, splinterpartij

²**splin·ter** /splɪntə, ᴬsplɪntər/ [onov ww] **zich afsplitsen**

³**splin·ter** /splɪntə, ᴬsplɪntər/ [onov + ov ww] **versplinteren**, splinteren

splin·ter·bar [telb zn] **haamhout**, zwenghout

splinter group, splinter party [telb zn] ⟨pol⟩ **splintergroepering**, splinterpartij

splin·ter·less /splɪntələs, ᴬsplɪntər-/ [bn] **splintervrij**, niet splinterend ⟨van glas e.d.⟩

¹**splin·ter·proof** [telb zn] ⟨mil⟩ **scherfvrije schuilplaats**, schuilplaats tegen granaatscherven

²**splin·ter·proof** [bn] ⟨mil⟩ **scherfvrij**

splin·ter·y /splɪntəri/ [bn] ① **splinterig**, vol splinters, uit splinters bestaand ② **splinterachtig**, als een splinter

splint·wood [niet-telb zn] **spint**, spinthout

¹**split** /splɪt/ [telb zn] ① **spleet**, scheur, torn, kloof, ⟨fig⟩ breuk, splitsing, scheiding, scheuring ② **deel**, gedeelte, aandeel, portie ③ **splinter** ④ **gespleten wilgenteen** ⑤ **tand van weefkam** ⑥ **lap splitleer** ⑦ ⟨inf⟩ **halfje**, half flesje, half glaasje, halve 'pint' ⑧ ⟨sport⟩ **tussentijd** ⑨ ⟨faraospel⟩ **gelijke inzet** ⑩ **ijscoupe**, ijs met fruit ⑪ ⟨BE; inf⟩ **splitje**, split, sterkedrank met water ⑫ ⟨BE; sl⟩ **verklikker**, speurder, spion, detective ⑬ ⟨bowling⟩ **split**, twee groepjes nog staande kegels na eerste bowl ⑭ ⟨pol⟩ **gesplitste stem**, stem uitgebracht op tegenoverstelde kan-

split

didaten [15] ⟨sport, in het bijzonder gewichtheffen⟩ uitval(spas)

²**split** /splɪt/ [niet-telb zn] [1] het splitsen, het splijten [2] ⟨AE; fin⟩ splitsing, het splitsen van aandelen

³**split** /splɪt/ [bn; volt deelw van split] [1] gespleten, gekloofd, gebarsten, gebroken ♦ *split ends* gespleten (haar)punten [2] gesplitst, gescheurd, gescheiden, gedeeld ♦ ⟨sport⟩ *split decision* niet-eenstemmige beslissing; ⟨taalk⟩ *split infinitive* gescheiden infinitief ⟨infinitief met bijwoord e.d. tussen 'to' en werkwoord⟩; ⟨bouwk⟩ *split level* met halve verdiepingen, split level; ⟨psych⟩ *split mind/personality* gespleten geest, gespleten persoonlijkheid, schizofreen; *split pea* spliterwt; *split ring* splitring, sleutelring; ⟨film⟩ *split screen* split screen ⟨met twee of meer beelden naast elkaar⟩; *split second* fractie/onderdeel van een seconde, flits; *split shift* gebroken dienst ⟨bijvoorbeeld van 8.00-12.00 en dan weer van 18.00-22.00⟩; ⟨croquet⟩ *split shot/stroke* splitslag; ⟨AE; vnl pol⟩ *split ticket* gesplitste stem, stem uitgebracht op kandidaten van verschillende partijen • ⟨sport⟩ *split striker* schaduwspits; ⟨sl; poker⟩ *split week* kleine straat met ontbrekende middelste kaart

⁴**split** /splɪt/ [onov ww; split, split] [1] ⟨inf⟩ geheimen verraden, verklappen, verraden ♦ *I know you have split on me* ik weet dat je me verraden hebt [2] ⟨inf⟩ 'm smeren [3] ⟨scheepv⟩ stuklopen, stukslaan; → **splitting**

⁵**split** /splɪt/ [onov + ov ww; split, split] [1] splijten, overlangs scheuren, splitsen, ⟨fig⟩ afsplitsen, scheuren, uiteen (doen) vallen, scheiden, een breuk vertonen/veroorzaken, verdelen ♦ *split up into groups* (zich) in groepjes verdelen; *John and I have split up* John en ik zijn uit elkaar gegaan [2] delen, onder elkaar verdelen ♦ *let us split (the bill)* laten we (de kosten) delen; → **splitting**

⁶**split** /splɪt/ [ov ww; split, split] ⟨sport⟩ voor de helft winnen ⟨reeks wedstrijden⟩; → **splitting**

split jump [telb zn] ⟨schaatssp⟩ spreidsprong

split pin [telb zn] splitpen

splits /splɪts/ [alleen mv; the] spagaat ♦ *do the splits* een spagaat maken, in spagaat vallen

split·ter /splɪtə, ᴬsplɪtər/ [telb zn] wegloper, opgever

split time [telb zn] ⟨sport⟩ tussentijd

split·ting /splɪtɪŋ/ [bn; tegenwoordig deelw van split] fel, heftig, doordringend, scherp, hevig ♦ *splitting headache* barstende hoofdpijn

split-up [telb zn] ⟨inf⟩ breuk ⟨na ruzie⟩, het uit elkaar gaan, echtscheiding

¹**splodge** /splɒdʒ, ᴬsplɑdʒ/, ⟨AE⟩ **splotch** /splɒtʃ, ᴬsplɑtʃ/ [telb zn] vlek, smeer, plek, veeg, klodder

²**splodge** /splɒdʒ, ᴬsplɑdʒ/, ⟨AE⟩ **splotch** /splɒtʃ, ᴬsplɑtʃ/ [ov ww] besmeuren, vlekken maken op

splodg·y /splɒdʒi, ᴬsplɑdʒi/, ⟨AE⟩ **splotch·y** /splɒtʃi, ᴬsplɑtʃi/ [bn] vlekkerig

splog /splɒɡ, ᴬsplɔɡ, ᴬsplɑɡ/ [telb zn] ⟨comp⟩ (spam blog) splog ⟨website met reclame voor gerelateerde websites⟩

¹**splosh** /splɒʃ, ᴬsplɑʃ/ [telb zn] ⟨inf⟩ plons, plens, pets

²**splosh** /splɒʃ, ᴬsplɑʃ/ [onov + ov ww] plonzen, plenzen, petsen

¹**splurge** /splɜːdʒ, ᴬsplɜrdʒ/ [telb zn] [1] uitspatting, uitbarsting [2] vertoon, spektakel, demonstratie [3] plensbui, stortregen

²**splurge** /splɜːdʒ, ᴬsplɜrdʒ/ [onov ww] ⟨inf⟩ [1] een vertoning weggeven, demonstratief doen, pronken [2] plenzen, plonzen

³**splurge** /splɜːdʒ, ᴬsplɜrdʒ/ [onov + ov ww] ⟨inf⟩ (geld) verspillen/verkwisten, zich te buiten gaan ♦ *splurge on a twelve-course dinner* zich te buiten gaan aan een diner van twaalf gangen

splurg·y /splɜːdʒi, ᴬsplɜr-/ [bn] demonstratief, opzichtig, pronkerig

¹**splut·ter** /splʌtə, ᴬsplʌtər/ [telb + niet-telb zn] [1] gesputter, gespetter [2] tumult, onenigheid, ruzie

²**splut·ter** /splʌtə, ᴬsplʌtər/ [onov ww] [1] sputteren, spetteren, sissen, knapperen [2] proesten, sproeien, spetteren [3] spatten, inktspatten maken ▪ *splutter out* uitgaan als een nachtkaars, op niets uitlopen

³**splut·ter** /splʌtə, ᴬsplʌtər/ [onov + ov ww] sputteren, stamelen, hakkelen, brabbelen

spod /spɒd, ᴬspɑd/ [telb zn] sul, sukkel

Spode /spoʊd/ [eigenn, niet-telb zn; ook spode] spodeporselein

¹**spoil** /spɔɪl/ [telb zn] dierenhuid

²**spoil** /spɔɪl/ [niet-telb zn] [1] buit, roofbuit, oorlogsbuit, geroofde goederen [2] uitgegraven/opgebaggerde grond

³**spoil** /spɔɪl/ [onov ww; ook spoilt, spoilt] verschalen, oninteressant worden, een baard krijgen ⟨van grap⟩

⁴**spoil** /spɔɪl/ [onov + ov ww; ook spoilt, spoilt] [1] bederven, (doen) rotten ♦ *the strawberries have spoiled a bit* de aardbeien zijn een beetje zacht geworden [2] ⟨vero; mil⟩ plunderen, roven ▪ ⟨inf⟩ *be spoiling for a fight* snakken naar een gevecht, staan te trappelen om te vechten

⁵**spoil** /spɔɪl/ [ov ww; ook spoilt, spoilt] [1] bederven, beschadigen, laten mislukken, vergallen ♦ *spoil the fun* het plezier vergallen [2] bederven, verwennen ♦ *spoilt brat* verwend kreng; *a spoilt child of fortune* een zondagskind; *my stay in Italy has spoilt me for the English climate* door mijn verblijf in Italië bevalt het Engelse klimaat me niet meer; *spoilt rotten* door en door verwend [3] verwennen, vertroetelen [4] ⟨vero⟩ beroven, plunderen ♦ *spoil s.o. of his money* iemand van zijn geld beroven ▪ ⟨sprw⟩ *too many cooks spoil the broth* te veel koks bederven de brij; ⟨sprw⟩ *spare the rod and spoil the child* wie liefheeft, spaart de roede niet; ⟨sprw⟩ *it's no use spoiling the ship for ha'p'orth of tar* men moet om een ei geen pannenkoek bederven, ± wat men aan het zaad spaart verliest men aan de oogst

spoil·age /spɔɪlɪdʒ/ [niet-telb zn] [1] bederf [2] bedorven waar [3] ⟨boek⟩ verspild papier, misdrukken

spoil·er /spɔɪlə, ᴬ-ər/ [telb zn] [1] plunderaar, rover [2] bederver [3] spoiler ⟨van auto⟩ [4] ⟨luchtv⟩ stromingsverstoorder, spoiler

spoils /spɔɪlz/ [alleen mv] [1] buit, roofbuit, oorlogsbuit [2] resultaten [3] ⟨scherts; pol⟩ buit, voordeel, opbrengst van een overwinning, te verdeelen ambten, emolumenten

spoils·man /spɔɪlzmən/ [telb zn; mv: spoilsmen /-mən/] baantjesjager, iemand die op een profijtelijk ambt uit is

spoil-sport [telb zn] spelbreker

spoils system [niet-telb zn] ⟨AE; pol⟩ weggeefsysteem, het uitdelen van ambten aan partijgenoten

spoilt /spɔɪlt/ [verleden tijd en volt deelw] → **spoil**

¹**spoke** /spoʊk/ [telb zn] [1] spaak [2] sport, trede [3] ⟨scheepv⟩ spaak van stuurrad ▪ *put in one's spoke* een duit in het zakje doen, zijn zegje doen; *put a spoke in s.o.'s wheel* iemand een spaak in het wiel steken

²**spoke** /spoʊk/ [ov ww] [1] van spaken voorzien, een spaak steken in ⟨een wiel⟩ [2] tegenhouden, afremmen

³**spoke** /spoʊk/ [verleden tijd, volt deelw] → **speak**

spoke-bone [telb zn] ⟨med⟩ spaakbeen

spo·ken /spoʊkən/ [volt deelw] → **speak**

-spo·ken /spoʊkən/ [1] -gevooisd, met zachte stem [2] -sprekende, goed uit zijn woorden komend

spoke-shave [telb zn] stokschaaf, spookschaaf

spokes·man /spoʊksmən/ [telb zn; mv: spokesmen /-mən/] woordvoerder, afgevaardigde, spreker

spokes·per·son /spoʊkspɜːsn, ᴬ-pɜr-/ [telb zn] woordvoerder, woordvoerster

spokes·wom·an /spoʊkswʊmən/ [telb zn; mv: spokeswomen /-wɪmɪn/] woordvoerster, afgevaardigde, spreekster

spo·li·ate /spoʊlieɪt/ [ov ww] [1] plunderen, beroven [2] vernietigen

spo·li·a·tion /spoʊlieɪʃn/ [niet-telb zn] beroving, plun-

dering ⟨in het bijzonder van neutrale vrachtschepen door oorlogvoerende landen⟩
spon·da·ic /spɒndeɪk, ᴬspɑn-/ [bn] ⟨letterk⟩ spondeïsch
spon·dee /spɒndi, ᴬspɑndi/ [telb zn] ⟨letterk⟩ spondee
spon·du·licks /spɒndjuːlɪks, ᴬspɑndu-/ [alleen mv] ⟨sl⟩ duiten, centen
spon·dy·li·tis /spɒndɪlaɪtɪs, ᴬspɑndɪlaɪtɪs/ [telb + niet-telb zn] ⟨med⟩ spondylitis, wervelontsteking
¹sponge /spʌndʒ/ [telb zn] ① klaploper, parasiet, uitvreter ② spons, drinker, zuiplap ③ sponsbad, afsponzing
²sponge /spʌndʒ/ [telb + niet-telb zn] ① ⟨dierk⟩ spons ⟨Porifera⟩ ② spons, stuk spons ♦ ⟨bokssp⟩ *toss/throw in/up the sponge* de spons opgooien/in de ring gooien ⟨als teken dat deelnemer het opgeeft⟩; ⟨fig⟩ de strijd opgeven ③ ⟨benaming voor⟩ sponsachtige substantie, tampon, wondgaas, sponsijzer, platinaspons ⟨e.d.⟩, gerezen deeg, ⟨cake van⟩ biscuitdeeg, loopborstel ⟨voor kanon⟩, drassige grond
³sponge /spʌndʒ/ [onov ww] ① naar sponzen duiken, sponzen duiken ② klaplopen, parasiteren ♦ *sponge from s.o.* teren op iemand, steeds zijn hand ophouden bij iemand; *sponge on s.o.* op iemand parasiteren ③ ⟨cul⟩ rijzen
⁴sponge /spʌndʒ/ [ov ww] ① sponzen, schoonsponzen, afsponzen, met een spons opnemen ② natmaken/afspoelen met een spons ③ uitvegen, wegvegen, ⟨fig⟩ wegvagen ♦ *sponge off a debt* een schuld delgen ④ afbedelen, aftroggelen ♦ *he always manages to sponge some supper from her* hij ziet altijd kans om wat te eten van haar los te krijgen ⑤ ⟨cul⟩ doen rijzen
sponge-bag [telb zn] ⟨BE⟩ toilettasje
sponge-bath [telb zn] afsponzing, sponsbad
sponge biscuit [telb + niet-telb zn] ⟨cul⟩ eierbiscuit
sponge-cake [telb + niet-telb zn] ⟨cul⟩ Moskovisch gebak
sponge-div·er [telb zn] sponzenduiker, sponzenvisser
sponge-fin·ger [telb zn] ⟨cul⟩ lange vinger
sponge pudding [telb zn] ⟨BE; cul⟩ lichte cake ⟨rond; warm gegeten⟩
spong·er /spʌndʒə, ᴬ-ər/ [telb zn] ① sponzenduiker ② ⟨inf⟩ klaploper
spon·ging-house /spʌndʒɪŋ haʊs/ [telb zn] ⟨gesch⟩ arrestantenkamer, gevangenis voor schuldenaars ⟨onder gezag van deurwaarder⟩
spon·gy /spʌndʒi/ [bn; vergr trap: spongier; zn: sponginess] sponzig, sponsachtig
¹spon·sion /spɒnʃn, ᴬspɑnʃn/ [telb zn] ⟨pol⟩ niet-geautoriseerde toezegging, diplomatieke afspraak door onbevoegd persoon
²spon·sion /spɒnʃn, ᴬspɑnʃn/ [niet-telb zn] ⟨jur⟩ borg, het zich borg stellen
spon·son /spɒnsn, ᴬspɑnsn/ [telb zn] ⟨scheepv⟩ ① raderkastplatform ⟨op raderboot⟩ ② kanonplatform ③ stabilisatievin ⟨van watervliegtuig⟩
¹spon·sor /spɒnsə, ᴬspɑnsər/ [telb zn] ① peter, meter ② leider, leraar, meester ③ ⟨jur⟩ borg, iemand die zich borg stelt ④ ⟨pol⟩ indiener ⟨van wetsontwerp⟩ ⑤ ⟨vnl handel⟩ sponsor, geldschieter ⑥ ⟨pol⟩ verkiezingscommissie, verkiezingsorganisatie
²spon·sor /spɒnsə, ᴬspɑnsər/ [ov ww] ① propageren, steunen, bevorderen ② de verantwoordelijkheid op zich nemen voor ③ sponsor zijn voor, sponsoren ♦ *sponsored race* gesponsorde race; *sponsored walk* sponsorloop
spon·sor·ship /spɒnsəʃɪp, ᴬspɑnsər-/ [niet-telb zn] ① peetschap ② sponsorschap, sponsoring, financiële steun ⟨in ruil voor reclame⟩
spon·ta·ne·i·ty /spɒntəniːəti, ᴬspɑntəniːəti/ [niet-telb zn] spontaniteit, spontaneïteit, spontaanheid
spon·ta·ne·ous /spɒnteɪniəs, ᴬspɑn-/ [bn; bw: ~ly; zn: ~ness] ① spontaan, in een opwelling, eigener beweging ② spontaan, natuurlijk, ongedwongen, impulsief ③ uit zichzelf, vanzelf, ⟨i.h.b. biol⟩ spontaan ♦ *spontaneous combustion* spontane ontbranding, zelfontbranding; *spontaneous generation* spontane generatie, abiogenesis; *spontaneous suggestion* onwillekeurige/onbewuste suggestie ④ onwillekeurig, plotseling, onbeheerst
spon·toon /spɒntuːn, ᴬspɑn-/ [telb zn] ⟨gesch, mil⟩ korte piek/hellebaard
¹spoof /spuːf/ [telb zn] ① poets, bedrog, verlakkerij ② parodie ③ onzin, flauwekul
²spoof /spuːf/ [ov ww] ① voor de gek houden, een poets bakken, verlakken ② parodiëren
¹spook /spuːk/ [telb zn] ① ⟨scherts⟩ geest, spook ② ⟨AE; inf⟩ spion, geheim agent ③ ⟨AE; beled⟩ neger ④ ⟨AE; beled⟩ blanke
²spook /spuːk/ [onov ww] ⟨AE; inf⟩ bang worden, schrikken
³spook /spuːk/ [ov ww] ⟨inf⟩ ① rondspoken in, rondwaren in ② ⟨vnl AE⟩ de stuipen op het lijf jagen, bang maken, angst aanjagen ③ ⟨vnl AE⟩ opschrikken, opjagen ⟨dieren⟩
spook·y /spuːki/ [bn; vergr trap: spookier; bw: spookily; zn: spookiness] ⟨inf⟩ ① spookachtig, spook- ② spookachtig, griezelig, eng, angstaanjagend ③ schichtig ⟨van paard⟩, nerveus
¹spool /spuːl/ [telb zn] ① spoel ② spoel, hoeveelheid draad op een spoel ③ ⟨BE⟩ klos, garenklos
²spool /spuːl/ [ov ww] spoelen, opspoelen, opwinden
¹spoon /spuːn/ [telb zn] ① lepel ♦ *slotted spoon* schuimspaan ② ⟨viss⟩ lepel, lepelvormig kunstaas ③ ⟨scheepv⟩ roeispaan met hol blad ④ ⟨vero; golf⟩ spoon ⟨houten golfclub⟩ ⑤ ⟨sl⟩ halvegare, dwaas ⑥ ⟨sl⟩ verliefde gek ♦ ⟨sprw⟩ *he who gives fair words feeds you with an empty spoon* ± een vleier is vriend in de mond, maar altijd vijand in de grond; ⟨sprw⟩ *he should have a long spoon that sups with the devil* die met de duivel uit één schotel eten wil, moet een lange lepel hebben
²spoon /spuːn/ [onov ww] ① ⟨viss⟩ met de lepel vissen ② ⟨vero⟩ dwaas verliefd doen
³spoon /spuːn/ [ov ww] lepelen, opscheppen, oplepelen ♦ *spoon out* opscheppen, uitdelen; *spoon up* oplepelen, met een lepel opeten
spoon-bait [telb zn] ⟨viss⟩ lepel, lepelvormig kunstaas
spoon beak [telb zn] ⟨dierk⟩ lepeleend
spoon·bill [telb zn] ⟨dierk⟩ ① lepelaar ⟨in Europa Plataleia leucorodia, in Amerika Ajaja ajaja⟩ ② slobeend ⟨Spatula clypeata⟩ ③ lepelsteur ⟨familie Polyodontidae, in het bijzonder Polyodon spatula⟩
spoon-bow [telb zn] ⟨scheepv⟩ lepelboeg
spoon-bread [niet-telb zn] ⟨AE; cul⟩ zacht maisbrood, maispudding
spoondrift [niet-telb zn] → spindrift
spoon·er·ism /spuːnərɪzm/ [telb zn] ⟨taalk⟩ spoonerism(e) ⟨verwisseling van beginletters van twee of meer woorden, bijvoorbeeld peatot in plaats van teapot⟩
spoon-fed [bn; (oorspronkelijk) volt deelw van spoon-feed] ① gevoerd ② verwend, bedorven ③ passief, dom gehouden
spoon-feed [ov ww] ① voeren, met een lepel voeren ② iets met de lepel ingieten, iemand iets voorkauwen; → spoon-fed
spoon-ful /spuːnfʊl/ [telb zn; mv: ook spoonsful] lepel, lepel vol
spoon-net [telb zn] ⟨viss⟩ schepnet
¹spoon·y /spuːni/ [telb zn] dwaas, mallood
²spoon·y /spuːni/ [bn; vergr trap: spoonier] ① dwaas, mal, sentimenteel ② verliefd, verkikkerd ♦ *spoony (up)on s.o.* verkikkerd op iemand
¹spoor /spʊə, spɔː, ᴬspʊr, ᴬspɔr/ [telb zn] spoor ⟨voornamelijk van dier⟩
²spoor /spʊə, spɔː, ᴬspʊr, ᴬspɔr/ [onov ww] het spoor/sporen volgen ⟨voornamelijk van dier⟩
³spoor /spʊə, spɔː, ᴬspʊr, ᴬspɔr/ [ov ww] volgen ⟨⟨dier⟩-

sporadic

spoor⟩

spo·rad·ic /spərædɪk/, **spo·rad·i·cal** /-ɪkl/ [bn; bw: ~ally; zn: ~alness] [1] sporadisch, nu en dan/hier en daar voorkomend [2] ⟨plantk⟩ sporadisch, slechts wijd verspreid voorkomend [3] ⟨med⟩ sporadisch, geïsoleerd, niet algemeen heersend

spo·ran·gi·um /spərændʒɪəm/ [telb zn; mv: sporangia /-dʒɪə/] ⟨plantk⟩ sporangium, sporenkapsel

spore /spɔː, ˆspɔr/ [telb zn] ⟨biol⟩ spore

spork /spɔːk, ˆspɔrk/ lepelvork ⟨lepel en vork in een⟩

spo·ro- /spɔːroʊ/, **spor-** /spɔːr/ ⟨biol⟩ sporen-

spo·ro·ge·ne·sis /spɔːrədʒənɪsɪs/ [niet-telb zn] ⟨biol⟩ sporenvorming

spo·ro·phyte /spɔːrəfaɪt/ [telb zn] ⟨plantk⟩ sporofyt

spo·ro·zo·an /spɔːrəzoʊən/ [telb zn] ⟨biol⟩ sporozoön

spor·ran /sporən, ˆspɔrən, ˆspɑ-/ [telb zn] tasje, beurs ⟨op kilt, gedragen door Schotse Hooglanders⟩

¹**sport** /spɔːt, ˆspɔrt/ [telb zn] [1] sportieve meid/kerel [2] ⟨BE, AuE; inf⟩ meid, kerel, vriend(in), kameraad ♦ *hello, old sport* zo, beste kerel! [3] ⟨AE; inf⟩ frivole vent, bon vivant, playboy [4] ⟨biol⟩ afwijking, afwijkend exemplaar, mutatie [5] ⟨AE⟩ gokker

²**sport** /spɔːt, ˆspɔrt/ [telb + niet-telb zn] [1] sport [2] jacht [3] spel, tijdverdrijf ⦁ ⟨jacht⟩ *have good sport* met een flinke buit thuiskomen; *the sport of Kings* paardenrennen; *show sport* een sportieve tegenstander zijn, zich met vuur verdedigen

³**sport** /spɔːt, ˆspɔrt/ [niet-telb zn] [1] pret, vermaak, spel, plezier, lol, grappenmakerij ♦ *in sport* voor de grap; *make sport of* voor de mal houden [2] speelbal, slachtoffer, mikpunt ♦ *the sport of Fortune* de speelbal der Fortuin

⁴**sport** /spɔːt, ˆspɔrt/ [onov ww] [1] spelen, zich vermaken [2] grappen maken [3] ⟨biol⟩ een mutatie vertonen;
→ **sporting**

⁵**sport** /spɔːt, ˆspɔrt/ [ov ww] pronken met, vertonen, uitgebreid laten zien, de aandacht trekken met, te koop lopen met ♦ *she was sporting her high heels* ze liep te pronken met haar hoge hakken; → **sporting**

sport·ful /spɔːtfl, ˆspɔrtfl/ [bn; bw: ~ly; zn: ~ness] [1] leuk, amusant [2] speels

¹**sport·ing** /spɔːtɪŋ, ˆspɔrtɪŋ/ [telb zn; oorspronkelijk tegenwoordig deelw van sport] ⟨sl⟩ het boemelen

²**sport·ing** /spɔːtɪŋ, ˆspɔrtɪŋ/ [bn; oorspronkelijk tegenwoordig deelw van sport; bw: ~ly] [1] sportief, in sport geïnteresseerd, sport beoefenend ♦ *sporting dog* racehond; *sporting man* tweederangssportman, iemand die een beetje aan sport/jagen doet [2] sportief, eerlijk, fair ♦ *sporting chance* redelijke kans, eerlijke kans [3] sport-, m.b.t. de sport [4] ⟨AE⟩ gokkers- ⦁ ⟨AE⟩ *sporting house* bordeel

sporting editor, sports editor [telb zn] sportredacteur, sportredactrice

spor·tive /spɔːtɪv, ˆspɔrtɪv/ [bn; bw: ~ly; zn: ~ness] [1] speels [2] sport-, sportief

sports /spɔːts, ˆspɔrts/ [alleen mv] [1] sportdag, sportevenement, sportmanifestatie [2] atletiek [3] sport, de sportwereld

sports car, ⟨AE ook⟩ **sport car** [telb zn] sportwagen

sports·cast [niet-telb zn] sportnieuws

sports·cast·er [telb zn] sportverslaggever, sportjournalist

sports centre [telb zn] ⟨BE⟩ sporthal, sportcentrum

sports coat, sports jacket, ⟨AE ook⟩ **sport coat, sport jacket** [telb zn] tweedjasje

sports day [telb zn] sportdag, sportevenementendag

sports event, sporting event [telb zn] sportevenement, sportmanifestatie

sports·man /spɔːtsmən, ˆspɔrts-/ [telb zn; mv: sportsmen /-mən/] [1] sportieve man [2] sportman, ⟨i.h.b.⟩ jager, visser

sports·man·like /spɔːtsmənlaɪk, ˆspɔrts-/ [bn] sportief, zich sportief gedragend, als een goede winnaar/verliezer

sports·man·ship /spɔːtsmənʃɪp, ˆspɔrts-/ [niet-telb zn] sportiviteit, het zich sportief gedragen, het eerlijk spelen

sports medicine [niet-telb zn] sportgeneeskunde

sports page [telb zn] sportpagina ⟨in krant⟩

sports scholarship [telb zn] sportbeurs ⟨voor spelers in universitaire teams in USA⟩

sports shirt, ⟨AE ook⟩ **sport shirt** [telb zn] sporthemd, sportief overhemd

sports·wear /spɔːtsweə, ˆspɔrtswer/ [niet-telb zn] [1] sportkleding [2] ⟨AE⟩ sportieve kleding

sports·wom·an [telb zn; mv: sportswomen] [1] sportieve vrouw [2] sportvrouw

sports writer [telb zn] sportmedewerker, sportredacteur

sport-u·til·i·ty vehicle, sport utility [telb zn] ⟨AE⟩ SUV ⟨kruising tussen een ruimtewagen en een terreinwagen⟩

spor·ty /spɔːti, ˆspɔrti/ [bn; vergr trap: sportier] [1] sportief, sport- [2] zorgeloos, vrolijk, nonchalant [3] opvallend, apart, bijzonder ⟨van kleren⟩

spor·ule /sprʊːl, ˆspɔrjuːl/ [telb zn] ⟨biol⟩ sporule, kleine spore, spoortje

¹**spot** /spɒt, ˆspɑt/ [telb zn] [1] plaats, plek(je) ♦ *running on the spot* het op de plaats/ter plaatse lopen; *he was shot dead on the spot* hij werd ter plekke/meteen doodgeschoten; *they were on the spot within half an hour* ze waren binnen een halfuur ter plaatse [2] vlek, vlekje, stip, spikkel [3] vlek, ⟨fig⟩ smet, blaam [4] puistje [5] post, plaats, functie, positie [6] oog ⟨van dobbelsteen⟩ [7] figuur ⟨van speelkaart⟩ [8] zonnevlek [9] druppel [10] ⟨radio/tv⟩ nummer ⟨in show⟩, plaats [11] ⟨radio/tv⟩ spot(je) ⟨m.b.t. reclame e.d.⟩ [12] gestippelde stof [13] lapje, stuk grond [14] ⟨inf⟩ drankje, slokje, borrel ⟨in het bijzonder whisky⟩ [15] ⟨inf⟩ spotlight [16] ⟨BE; inf⟩ beetje, wat, iets ⦁ *a spot of bother* een probleem, onenigheid; *a spot of lunch* een hapje, wat te eten; *do a spot of work* nog wat werken [17] ⟨bilj⟩ acquit [18] ⟨bilj⟩ stipbal, wit met stip [19] ⟨boogschieten⟩ roos [20] ⟨handel⟩ onmiddellijke levering, loco-, contant- [21] ⟨sl⟩ tent, bar, nachtclub, restaurant ⦁ *change one's spots* van richting/overtuiging veranderen, een ander leven gaan leiden; ⟨inf⟩ *that hit the spot* dat was net wat ik nodig had, dat smaakt; ⟨AE⟩ *in spots* af en toe, enigszins; ⟨inf⟩ *now he is in a (tight) spot/on the spot* nu zit hij in de penarie; ⟨BE⟩ *knock spots off* gemakkelijk verslaan, de vloer aanvegen met, geen kind hebben aan; *be on the spot* klaarwakker zijn, zich weren, tegen de situatie opgewassen zijn; *leave on the spot* op staande voet vertrekken; *put s.o. on the spot* iemand in het nauw brengen, iemand onder druk zetten; *touch the spot* de spijker op de kop slaan; de vinger op de wond leggen; ⟨sprw⟩ *the leopard cannot change his spots* ± een vos verliest wel zijn haren maar niet zijn streken, ± voor ingeworteld kwaad is al heel weinig raad

²**spot** /spɒt, ˆspɑt/ [onov ww] [1] verkleuren, vlekken krijgen, gevlekt worden [2] vlekken, vlekken maken [3] ⟨BE⟩ spetteren, licht regenen, in grote druppels neervallen ♦ *it's spotting with rain* er vallen dikke druppels regen;
→ **spotted, spotting**

³**spot** /spɒt, ˆspɑt/ [ov ww] [1] vlekken maken in/op, bemorsen, bevlekken, ⟨fig⟩ bezoedelen, een smet werpen op [2] stippelen, bespikkelen, stippels maken op [3] herkennen, eruit halen, eruit pikken, ontwaren, zien, ontdekken, spotten ⟨vogels, treinen e.d.⟩ ♦ *with her red hair she is very easy to spot among her class-mates* met haar rode haar valt ze direct op tussen haar klasgenootjes; *spot a mistake* een fout ontdekken; *I spotted him right away as a Dutchman* ik wist meteen dat hij een Nederlander was; ⟨sport⟩ *spot the winner* de winnaar er van tevoren uitpikken [4] plaatsen, situeren, neerzetten, uitzetten [5] letten op, belang-

stelling hebben voor, uitkijken naar [6] een mouche aanbrengen op ⟨het gezicht⟩ [7] ⟨mil⟩ lokaliseren, de positie vaststellen (in het bijzonder vanuit de lucht) [8] ⟨AE⟩ ontvlekken, vlekken halen uit [9] ⟨AE⟩ verwijderen, uithalen ⟨vlek⟩ [10] ⟨AE⟩ merken, sjappen ⟨bomen⟩ [11] ⟨AE; sport⟩ (als voorgift) geven, als voorsprong geven [12] ⟨bilj⟩ opzetten ⟨de bal⟩, acquit geven [13] ⟨sl⟩ in het nauw brengen, onder druk zetten; → spotted, spotting

⁴spot /spɒt, ᴬspɑt/ [bw] ⟨BE; inf⟩ precies ♦ arrive spot on time precies op tijd komen

spot-ball [telb zn] ⟨bilj⟩ stipbal, met 2 stippen gemerkt

spot card [telb zn] ⟨kaartsp⟩ kleintje

spot cash [niet-telb zn] ⟨handel⟩ contant geld, contante betaling

spot check [telb zn] steekproef

spot-check [ov ww] aan een steekproef onderwerpen

spot kick [telb zn] ⟨sport⟩ strafschop

spot·less /spɒtləs, ᴬspɑt-/ [bn; bw: ~ly; zn: ~ness] brandschoon, vlekkeloos, ⟨fig ook⟩ onberispelijk [•] ⟨dierk⟩ spotless starling zwarte spreeuw ⟨Sturnus unicolor⟩

¹spot·light [telb zn] [1] schijnwerper(licht), spotlight, bundellicht [2] bermlicht ⟨van auto⟩ [•] be in the spotlight, hold the spotlight in het middelpunt van de belangstelling staan

²spot·light [ov ww] [1] beschijnen, een spotlight richten op [2] onder de aandacht brengen, laten zien

spot-mar·ket [telb zn] ⟨handel⟩ locohandel

spot-on [bn] ⟨BE; inf⟩ juist, precies (goed)

spot-price [telb zn] ⟨handel⟩ locoprijs

spot remover [telb zn] vlekkenmiddel, vlekkenwater

spot·ted /spɒtɪd, ᴬspɑtɪd/ [bn; volt deelw van spot] [1] vlekkerig, vuil, bezoedeld, ⟨fig ook⟩ besmet, onzuiver [2] gevlekt, met vlekken ♦ spotted Dick ⟨BE; inf⟩ rozijnenpudding; spotted dog dalmatiër, rijst-met-krentenhond; ⟨BE; inf⟩ rozijnenpudding; ⟨med⟩ spotted fever nekkramp; vlektyfus [3] verdacht

spot·ter /spɒtə, ᴬspɑtər/ [telb zn] [1] spotter ⟨van vogels, treinen e.d.⟩ [2] wachter, iemand die op de uitkijk zit [3] detective, spion [4] ontvlekker [5] ⟨mil⟩ verkenner, verkenningsvliegtuig [6] ⟨sport⟩ spotter, iemand die de spelers identificeert voor een verslaggever [7] ⟨gymn; trampolinespringen⟩ help(st)er ⟨bij het opvangen⟩ [8] stippelaar, iemand die de stippen zet

spot·ting [niet-telb zn; gerund van spot] ⟨parachutespringen⟩ (het) spotten ⟨juiste moment kiezen om voor precisiesprong uit vliegtuig te springen⟩

spot·ty /spɒti, ᴬspɑti/ [bn; vergr trap: spottier; bw: spottily; zn: spottiness] [1] vlekkerig [2] ⟨AE⟩ ongelijkmatig, onregelmatig, niet consequent, met goede en slechte gedeelten [3] ⟨BE; inf⟩ puisterig, in de puberteit

spot-weld [ov ww] puntlassen

spot-weld·er [telb zn] [1] puntlasser [2] puntlasmachine

¹spous·al /spaʊzl/ [telb zn; vaak mv] ⟨form⟩ huwelijk, bruiloft

²spous·al /spaʊzl/ [bn] huwelijks-, bruilofts-

spouse /spaʊs, spaʊz/ [telb zn] ⟨form; jur⟩ echtgenoot, echtgenote

¹spout /spaʊt/ [telb zn] [1] pijp, buis [2] tuit [3] glijkoker, stortkoker [4] waterspuwer [5] waterhoos, stofhoos, zandhoos [6] straal, opspuitende vloeistof/zand (e.d.) [•] spuitgat ⟨van walvis⟩ [•] ⟨inf⟩ up the spout naar de knoppen, verknald ⟨bijvoorbeeld geld, leven⟩; totaal verkeerd ⟨bijvoorbeeld cijfers⟩; hopeloos in de knoei, reddeloos verloren ⟨van persoon⟩; ⟨sl⟩ zwanger; ⟨inf⟩ that's another 20 pounds up the spout dat is nog eens 20 pond naar de knoppen/verspild

²spout /spaʊt/ [onov + ov ww] [1] spuiten, naar buiten spuiten, met kracht uitstoten, omhoog spuiten ♦ the water spouted from the broken pipe het water spoot uit de gebarsten leiding [2] ⟨inf⟩ oreren, galmen, spuien, brallen ♦

he spouted about the merits of a classical education hij oreerde over de deugden van een klassieke opleiding; she was always spouting German verses ze liep altijd Duitse verzen te galmen

SPQR [afk] [1] (Senatus Populusque Romanus) S. P. Q. R. [2] (small profits and quick returns)

SPR [afk] (Society for Physical Research)

sprad·dle /ˈsprædl/ [onov ww] wijdbeens lopen/staan

sprag /spræg/ [telb zn] [1] blok, remblok, houten blok (e.d.), onder/in wiel ter afremming [2] pal, rempal [3] ⟨mijnb⟩ schoor, stut, hulpstijl

¹sprain /spreɪn/ [telb zn] ⟨med⟩ verstuiking

²sprain /spreɪn/ [ov ww] ⟨med⟩ verstuiken

spraint /spreɪnt/ [telb zn; vaak mv] (stuk) otterdrek

sprang [verleden tijd] → spring

¹sprat /spræt/ [telb zn] ⟨viss⟩ sprot

²sprat /spræt/ [onov ww] ⟨viss⟩ op sprot vissen

¹sprawl /sprɔːl/ [telb zn] [1] nonchalante houding, het lui uitgestrekt liggen/hangen [2] slordige massa, onregelmatige uitgroei, vormeloos geheel ♦ the sprawl of the suburbs de uitdijende voorsteden

²sprawl /sprɔːl/ [onov ww] [1] armen en benen uitspreiden, nonchalant liggen, onderuit zakken, slordig in een stoel hangen, zich uitspreiden, de ledematen alle kanten op steken ♦ the girls were sprawling about on the couch de meisjes hingen lui op de bank; she sprawled out in the grass ze ging languit in het gras liggen [2] zich uitspreiden, alle kanten op gaan, zich in alle richtingen verbreiden, onregelmatig van vorm zijn ♦ a sprawling hand een groot onregelmatig handschrift; sprawling suburbs naar alle kanten uitgroeiende voorsteden

³sprawl /sprɔːl/ [ov ww] uitspreiden, alle kanten op steken/laten hangen ⟨armen, benen⟩

¹spray /spreɪ/ [telb zn] [1] takje, twijg [2] corsage, broche ⟨met vorm van bloeiend takje⟩ [3] verstuiver, spuitbus, vaporisator [4] straal, wolk ⟨verstoven vloeistof⟩ [5] spray

²spray /spreɪ/ [niet-telb zn] nevel, wolk van druppels, stuivend water

³spray /spreɪ/ [onov ww] sproeien, spuiten, een vloeistof verstuiven

⁴spray /spreɪ/ [onov + ov ww] verstuiven, vaporiseren

⁵spray /spreɪ/ [ov ww] bespuiten, besproeien, met een spray behandelen ♦ spray the skin with disinfectant de huid behandelen/bespuiten met een ontsmettend middel

spray can [telb zn] spuitbus

spray cover, spray skirt [telb zn] ⟨kanovaren⟩ spatschort

spray·er /spreɪə, ᴬ-ər/ [telb zn] [1] spuiter [2] spuitbus, vaporisator

spray-gun [telb zn] spuitpistool, verfspuit

spray-paint [onov + ov ww] met verf spuiten

¹spread /spred/ [telb zn] [1] wijdte, ⟨fig ook⟩ reikwijdte [2] uitdijing, het dikker worden [3] breedte [4] verbreiding, verspreiding [5] stuk land, ⟨i.h.b. AE⟩ landbezit van één boer [6] sprei, kleed [7] smeersel [8] ⟨inf⟩ maal, feestmaal, onthaal, volgeladen tafel [9] ⟨ec, fin⟩ marge, verschil ⟨bijvoorbeeld tussen aan- en verkoopprijs⟩ [10] ⟨fin, verz⟩ spreiding ⟨van portefeuille, risico's⟩ [11] ⟨AE; fin⟩ stellage, dubbele optie ⟨voor koop/verkoop van aandelen⟩ [12] ⟨boek⟩ tekst over twee of meer kolommen [13] ⟨boek⟩ dubbele pagina, tekst/foto over twee ⟨tegenover elkaar liggende⟩ pagina's, spread [14] ⟨sl⟩ boter [15] ⟨sl⟩ (gunstig) krantenartikel/tijdschriftartikel, reclame, publiciteit [16] ⟨paardsp⟩ breedtesprong ⟨als hindernis⟩

²spread [onov ww; mv, spread, spread] [1] zich uitstrekken, zich uitspreiden ♦ spread out zich verbreden, zich breed uitstrekken; the contract spreads over into next season het contract loopt door tot in het volgende seizoen [2] zich verspreiden, zich verbreiden, overal bekend worden, alom heersen ♦ the disease spread quickly to surrounding

spread

villages de ziekte breidde zich snel uit naar omliggende dorpen [3] uitgespreid/uitgesmeerd worden ♦ *cold butter does not spread easily* koude boter smeert niet gemakkelijk [4] zich verspreiden, verder uit elkaar gaan ♦ *the riders spread out* de ruiters verspreidden zich [5] zich uitrollen, zich uitvouwen, zich ontvouwen [·] ⟨sl⟩ *spread for* de benen spreiden voor, (willen) neuken met

³**spread** /spred/ [ov ww; spread, spread] [1] uitspreiden, ⟨fig ook⟩ spreiden, verdelen ♦ *spread one's arms* zijn armen uitslaan/uitspreiden; *the measures are spread over a considerable period* de maatregelen worden over een vrij lange tijd verspreid; *deep below the fields were spread like a quilt* in de diepte lagen de akkers uitgespreid als een lappendeken [2] uitsmeren, uitstrijken [3] bedekken, beleggen, besmeren ♦ *spread a cracker with butter* een cracker met boter besmeren [4] verbreiden, verspreiden [5] klaarzetten (een maaltijd), dekken (tafel) [6] uithameren, uitkloppen (metaal) [·] ⟨sl⟩ *spread it on thick* overdrijven; vleien; *spread o.s.* uitweiden (over), uitpakken, er veel geld/moeite aan besteden, er veel tegenaan gooien

¹**spread·ea·gle** [telb zn] [1] ⟨heraldiek e.d.⟩ adelaar ⟨met uitgespreide vleugels⟩ [2] arrogante opschepper [3] ⟨scheepv⟩ gestrafte, met armen en benen wijd vastgebonden ⟨om gegeseld te worden⟩ ♦ *make a spreadeagle of s.o.* iemand aan armen en benen vastbinden en geselen

²**spread·ea·gle** [niet-telb zn] ⟨AE⟩ chauvinisme, bombastisch gepoch

¹**spread·ea·gle** [onov ww] [1] met armen en benen wijd liggen [2] opsnijden, chauvinistische praat uitslaan

²**spread·ea·gle** [ov ww] [1] (zich) met armen en benen wijd neerleggen/neergooien [2] vastbinden en geselen [3] volkomen verslaan, in de grond boren

spread-ea·gle·ism /sprediːɡl·ɪzm/ [niet-telb zn] ⟨AE⟩ chauvinisme, patriottisme

spread·er /spredə, ^-ər/ [telb zn] [1] botermes [2] ⟨landb⟩ strooier, strooimachine [3] dwarshout, dwarsbalk, ⟨i.h.b. scheepv⟩ zaling

spread·sheet [telb zn] ⟨comp⟩ spreadsheet

¹**spree** /spriː/ [telb zn] ⟨inf⟩ pret(je), lol, boemel(arij), braspartij, drinkgelag, jool ♦ *buying spree* aanval van koopwoede; *go out on a spree* aan de boemel gaan, boemelen; *have a spree* boemelen, fuiven; *on the spree* aan de rol/boemel; *shopping spree* aanval van koopwoede; *spending spree* geldsmijterij

²**spree** /spriː/ [onov ww] ⟨inf⟩ boemelen, pierewaaien, zwierbollen

³**spree** /spriː/ [ov ww] ⟨inf⟩ ⟨alleen in volgende uitdrukking⟩ ♦ *spree it* boemelen, pierewaaien, zwierbollen

¹**sprig** /sprɪɡ/ [telb zn] [1] twijg(je), takje, rijsje [2] toefje, aigrette ⟨ter versiering⟩ [3] telg, spruit ♦ ⟨pej⟩ *sprig of (the) nobility* telg uit/voortbrengsel van een adellijk geslacht [4] ⟨inf⟩ jongmens [5] koploos spijkertje

²**sprig** /sprɪɡ/ [ov ww; vaak volt deelw] [1] (met twijgjes/bloemfiguren) versieren [2] (be)spijkeren ⟨met koploze spijkertjes⟩

sprig·gy /sprɪɡi/ [bn; vergr trap: spriggier] vol twijgen

spright [telb zn] → sprite

spright·ly /spraɪtli/ [bn; vergr trap: sprightlier; zn: sprightliness] levendig, dartel, opgewekt, vrolijk

sprig·tail [telb zn] ⟨dierk⟩ pijlstaart(eend), langhals(eend) ⟨Anas acuta⟩

¹**spring** /sprɪŋ/ [telb zn] [1] ⟨vaak mv⟩ bron ⟨ook figuurlijk⟩, wel, oorsprong, herkomst ♦ *hot springs* geisers, warme springbronnen; *have its spring in* zijn oorsprong hebben in [2] (metalen) veer, springveer [3] sprong, buiteling ♦ *take a spring at s.o.'s throat* iemand naar de keel vliegen; *make/take a spring* springen [4] terugsprong, terugslag, terugstoot [5] springtij, springvloed [6] drijfveer, (beweeg)reden, motief [7] ⟨scheepv⟩ spring, sprenkel [8] ⟨bouwk⟩ geboorte, voet ⟨van boog, gewelf⟩ [9] barst, sprong, scheur [10] ⟨sl⟩ lening

²**spring** /sprɪŋ/ [telb + niet-telb zn] lente ⟨ook figuurlijk⟩, voorjaar ♦ *in (the) spring* in het voorjaar; *spring of life* lente van het leven

³**spring** /sprɪŋ/ [niet-telb zn] ⟨ook fig⟩ veerkracht, vering, rek, elasticiteit, energie

⁴**spring** /sprɪŋ/ [onov ww; sprang, sprung; verleden tijd Amerikaans-Engels ook sprung] [1] (op)springen ♦ *spring at s.o.'s throat* iemand naar de keel vliegen; *spring to attention* in de houding springen; *spring to s.o.'s defense* iemand te hulp schieten; *spring to life* plotseling tot leven komen; *the first thing that springs to one's mind* het eerste wat je te binnen schiet; *spring to one's feet* opspringen; *spring to s.o.'s assistance* iemand te hulp snellen; *spring up* opspringen, opkomen [2] (terug)veren ♦ *spring back* terugveren [3] ontspringen, ontstaan, voortkomen, opschieten ♦ *spring from* afstammen van; ⟨inf⟩ *where did you spring from?* waar kom jij opeens vandaan?; *spring from/out of* voortkomen/ontstaan uit; *spring up* plotseling opkomen/verschijnen [4] openspringen, barsten, splijten, exploderen, ontploffen, springen [5] dichtklappen ⟨van val⟩, toespringen [6] kromtrekken ⟨van hout⟩, buigen [7] ⟨vero⟩ aanbreken ⟨van de dag⟩ [8] ⟨sl⟩ vrijkomen ⟨uit gevangenis⟩ [9] ⟨sl⟩ ontsnappen ⟨uit gevangenis⟩ [·] ⟨sprw⟩ *hope springs eternal in the human breast* ± hoop doet leven, ± hoop is de staf van de wieg tot het graf; → sprung

⁵**spring** /sprɪŋ/ [ov ww; sprang, sprung; verleden tijd Amerikaans-Engels ook sprung] [1] doen opspringen [2] springen over ⟨van paard, hindernis⟩ [3] plotseling bekendmaken ♦ ⟨inf⟩ *spring sth. on/with s.o.* iemand plotseling met iets confronteren/met iets overvallen [4] opjagen ⟨wild⟩ [5] doen (open)springen, opblazen, splijten, tot ontploffing brengen [6] laten dichtklappen/toespringen [7] ⟨meestal voltooid deelwoord⟩ van veren/vering voorzien [8] ⟨inf⟩ erdoor jagen ⟨geld⟩, uitgeven [9] ⟨AE; sl⟩ (voorwaardelijk) vrijlaten ⟨uit de gevangenis⟩, ontslaan, helpen ontsnappen [10] ⟨sl⟩ trakteren [11] ⟨sl⟩ als een verrassing brengen; → sprung

spring balance [telb zn] veerbalans, veerunster

spring bed [telb zn] [1] bed met springveren matras/springmatras [2] springveren matras, springmatras

spring·board [telb zn] ⟨ook fig⟩ springplank, duikplank ♦ *springboard to success* springplank naar succes

springboard diving [niet-telb zn] ⟨schoonspringen⟩ (het) plankspringen

spring·bok /sprɪŋbɒk, ^-bɑk/, **spring·buck** /sprɪŋbʌk/ [telb zn; mv: ook springbok, ook springbuck] ⟨dierk⟩ springbok ⟨soort gazelle; Antidorcas marsupialis⟩

Spring·bok [telb zn] ⟨bijnaam van⟩ Zuid-Afrikaan, ⟨i.h.b. bijnaam van⟩ lid van een Zuid-Afrikaans sportteam ♦ *Springboks* Springbokken ⟨Zuid-Afrikaans sportteam⟩

spring bolt [telb zn] veergrendel

spring break [telb zn] ⟨AE⟩ voorjaarsvakantie

spring butt [telb zn] ⟨sl⟩ overijverig/overenthousiast persoon

spring callipers, spring calipers [alleen mv] veerpasser ♦ *two pairs of spring callipers* twee springpassers

spring chicken [telb + niet-telb zn] ⟨ook fig⟩ piepkuiken, groentje, jong broekje ♦ *she is no spring chicken* zij is niet meer zo piep

¹**spring-clean,** ⟨AE⟩ **spring-clean·ing** [niet-telb zn] voorjaarsschoonmaak, grote schoonmaak

²**spring-clean** [onov ww] voorjaarsschoonmaak/grote schoonmaak houden

³**spring-clean** [ov ww] grondig schoonmaken, voorjaarsschoonmaak/grote schoonmaak houden in

¹**springe** /sprɪndʒ/ [telb zn] valstrik, lus

²**springe** /sprɪndʒ/ [onov ww] strikken zetten

³**springe** /sprɪndʒ/ [ov ww] strikken, vangen

spring equinox [telb zn] lentepunt, voorjaarsnachteve-

ningspunt
spring·er /sprɪŋə, ᴬ-ər/ [telb zn] ① springer ⟨iemand die springt⟩ ② springerspaniël ③ springbok ④ dolfijn ⑤ springende zalm/vis ⑥ iets wat veert ⑦ ⟨bouwk⟩ geboorte, voet ⟨van boog, gewelf⟩
spring fever [telb zn] ⟨sl⟩ lentekoorts, voorjaarskoorts
spring greens [alleen mv] ⟨BE⟩ spring greens ⟨jonge kool als groente⟩
spring gun [telb zn] ① vanzelf afgaand geweer ⟨als waarschuwing tegen stropers e.d.⟩ ② soort speelgoedgeweertje
spring·head [telb zn] bron, oorsprong
spring·house [telb zn] ⟨AE⟩ koelhuis boven een bron
¹**spring·ing** /sprɪŋɪŋ/ [telb zn] ⟨bouwk⟩ geboorte, voet ⟨van boog, gewelf⟩
²**spring·ing** /sprɪŋɪŋ/ [telb + niet-telb zn] vering ⟨van een auto⟩
spring·less /sprɪŋləs/ [bn] zonder veren/vering
spring·let /sprɪŋlɪt/ [telb zn] ① bronnetje ② stroompje, beekje, vliet
spring·like /sprɪŋlaɪk/ [bn] voorjaarsachtig, voorjaars-
spring·load·ed [bn] met veer(werking)
spring lock [bn] veerslot
spring mattress [telb zn] springveermatras, springmatras
spring onion [telb + niet-telb zn] ⟨BE⟩ bosuitje, lente-uitje, nieuwe ui
spring roll [telb zn] ⟨BE⟩ loempia
spring·tail [telb zn] ⟨dierk⟩ springstaart ⟨orde Collembola, klasse Hexapoda⟩
¹**spring tide** [telb + niet-telb zn] springtij, springvloed
²**spring tide** [niet-telb zn] ⟨form⟩ lente(tijd), voorjaar
spring·time [niet-telb zn] lente(tijd), voorjaar
spring water [niet-telb zn] bronwater, welwater
spring wheat [niet-telb zn] zomertarwe
spring·y /sprɪŋi/ [bn; vergr trap: springier; bw: springily; zn: springiness] ① veerkrachtig ② elastisch ③ rijk aan (water)bronnen
¹**sprin·kle** /sprɪŋkl/ [telb zn] ① stofregen ② regenbuitje ♦ *sprinkle of rain* (regen)buitje ③ → **sprinkling** ⬜ *a sprinkle of houses* enkele (verspreid liggende) huizen
²**sprin·kle** /sprɪŋkl/ [onov ww] stofregenen; → **sprinkling**
³**sprin·kle** /sprɪŋkl/ [ov ww] ① sprenkelen ⟨ook figuurlijk⟩, sprengen, strooien ♦ *sprinkle on(to)* sprenkelen op ② bestrooien ⟨ook figuurlijk⟩, besprenkelen ♦ *sprinkle with* bestrooien met; → **sprinkling**
sprin·kler /sprɪŋklə, ᴬ-ər/ [telb zn] ① (tuin)sproeier ② sprenkelinstallatie, sprinklerinstallatie, blusinstallatie
sprinkler system [telb zn] sprenkelinstallatie, sprinklerinstallatie, blusinstallatie
¹**sprin·kling** /sprɪŋklɪŋ/, ⟨in betekenis 1 ook⟩ **sprin·kle** /sprɪŋkl/ [telb zn; (oorspronkelijk gerund van sprinkle] kleine hoeveelheid, greintje
²**sprinkl·ing** /sprɪŋklɪŋ/ [telb + niet-telb zn; (oorspronkelijk) gerund van sprinkle] het sproeien
sprinkling can [telb zn] ⟨AE⟩ gieter
¹**sprint** /sprɪnt/, **sprint race** [telb zn] sprint, spurt ♦ ⟨fig⟩ *not a sprint but a marathon* een kwestie van lange adem
²**sprint** /sprɪnt/ [onov ww] sprinten, spurten
sprint·er /sprɪntə, ᴬsprɪntər/ [telb zn] ① ⟨sport⟩ sprinter ② sprinter ⟨trein⟩
sprint·out [telb zn] ⟨American football⟩ zijwaartse sprint
sprint training [niet-telb zn] ⟨sport⟩ sprinttraining
sprit /sprɪt/ [telb zn] ① (zeil)spriet ② spruit, scheut, loot, ent
sprite, spright /spraɪt/ [telb zn] ① (boze) geest ② elf(je) ③ kabouter
sprit·sail /sprɪtseɪl, ⟨scheepv⟩ sprɪtsl/ [telb zn] ⟨scheepv⟩ sprietzeil

spritz /sprɪts/ [ov ww] ⟨AE⟩ spuiten, sproeien
spritz·er /sprɪtsə, ᴬ-ər/ [telb zn] ⟨AE⟩ drankje van witte wijn met spuitwater
sprock·et /sprɒkɪt, ᴬsprɑ-/ [telb zn] ① tand(je) ⟨van tandrad⟩ ② → **sprocket wheel**
sprocket block [telb zn] ⟨wielersp⟩ pignon
sprocket wheel, sprocket [telb zn] kettingrad, tandrad, kettingwiel, kettingschijf ⟨van fiets, e.d.⟩
sprog /sprɒg, ᴬsprɑg/ [telb zn] ⟨BE; inf⟩ koter, kind
¹**sprout** /spraʊt/ [telb zn] ① spruit, loot, scheut, ent ② ⟨inf⟩ jong persoon, spruit, jongmens ③ ⟨vaak mv⟩ spruitje ⟨groente⟩
²**sprout** /spraʊt/ [onov ww] ① (ont)spruiten, ontluiken, uitlopen ② de hoogte in schieten, groeien, opschieten ♦ *sprout up* de hoogte in schieten
³**sprout** /spraʊt/ [ov ww] ① doen ontspruiten, doen ontluiken ② laten groeien ⟨ook figuurlijk⟩ ♦ *sprout a beard* zijn baard laten staan
¹**spruce** /spruːs/, ⟨ook⟩ **spruce fir** [telb zn] ⟨plantk⟩ spar ⟨genus Picea⟩
²**spruce** /spruːs/ [niet-telb zn] sparrenhout
³**spruce** /spruːs/ [bn; vergr trap: sprucer; bw: ~ly; zn: ~ness] net, netjes, keurig, opgedoft, opgedirkt
⁴**spruce** /spruːs/ [onov ww] ⬜ ⟨inf⟩ *spruce up* zich opdoffen/opdirken
⁵**spruce** /spruːs/ [ov ww] ⟨inf⟩ opdoffen, opdirken, netjes opknappen ♦ *spruce o.s. (up)* zich opdoffen/opdirken; *spruce s.o. up* iemand opdirken
spruce beer [niet-telb zn] bier van sparrenbladeren en -takjes
¹**sprue** /spruː/ [telb zn] ① dun soort asperge ② ⟨techn⟩ gietloop, giettap
²**sprue** /spruː/ [telb + niet-telb zn] ⟨med⟩ Indische sprouw ⟨Aphthae tropicae⟩
spruit /spreɪt, ᴬspruːt/ [telb zn] ⟨ZAE⟩ spruit, stroompje
¹**sprung** /sprʌŋ/ [bn; oorspronkelijk volt deelw van spring] ⟨sl⟩ bezopen, dronken, teut
²**sprung** /sprʌŋ/ [verleden tijd en volt deelw] → **spring**
spry /spraɪ/ [bn; vergr trap: spryer, sprier; bw: ~ly; zn: ~ness] levendig, actief, kwiek ♦ *a spry old man* een krasse oude baas
¹**spud** /spʌd/ [telb zn] ① (smalle) schoffel, wiedijzer ② ⟨inf⟩ pieper, aardappel ③ kort en dik iemand/iets, dikkerdje, propje
²**spud** /spʌd/ [onov + ov ww] ⟨techn⟩ (in)spudden ⟨olieput/gasput⟩ ♦ *spud in* inspudden ⟨olieput/gasput⟩
³**spud** /spʌd/ [ov ww] schoffelen, wieden, uitsteken ♦ *spud out/up weeds* onkruid uitsteken/wieden
spud-bash·ing [niet-telb zn] ⟨sl, sold⟩ het piepers jassen
spudge around /spʌdʒ əraʊnd/ [onov ww] ⟨sl⟩ snel werken, actief zijn
spue → **spew**
¹**spume** /spjuːm/ [niet-telb zn] ⟨vnl form⟩ schuim, bruis
²**spume** /spjuːm/ [onov ww] schuimen, bruisen
spu·mes·cence /spjuːmesns/ [niet-telb zn] ① schuimigheid ② het schuimen/bruisen
spu·mous /spjuːməs/, **spum·y** /-mi/ [bn; vergr trap: spumier] ① schuimig, schuimend ② schuimachtig
¹**spun** /spʌn/ [bn; volt deelw van spin] gesponnen ♦ *spun gold/silver* gesponnen goud/zilver, gouddraad, zilverdraad ⬜ *spun silk* floretzijde, vloszijde, filozel; *spun yarn* schiemansgaren
²**spun** /spʌn/ [verleden tijd en volt deelw] → **spin**
¹**spunk** /spʌŋk/ [niet-telb zn] ① tonder, zwam ② ⟨inf⟩ pit, lef, durf, fut ③ ⟨BE; vulg⟩ kwakje, zaad, sperma
²**spunk** /spʌŋk/ [onov ww] ⟨AE; ook fig⟩ ontvlammen ♦ *spunk up* in actie komen
¹**spunk·y, spunk·ie** /spʌŋki/ [telb zn] ⟨inf⟩ bink, flinke vent
²**spunk·y** /spʌŋki/ [bn; vergr trap: spunkier; bw: spunkily;

spur

zn: spunkiness ⟨inf⟩ ⓘ flink, pittig, moedig ② ⟨AE⟩ opvliegend, heethoofdig, driftig

¹**spur** /spɜ:, ᴬspɜr/ [telb zn] ⓘ spoor ⟨van ruiter, haan⟩ ♦ *put/set spurs to* de sporen geven, aansporen; *win/gain one's spurs* zijn sporen verdienen ⟨ook figuurlijk⟩; geridderd worden, zich onderscheiden ② aansporing, prikkel, stimulans, impuls, spoorslag ♦ *(act) on the spur of the moment* spontaan, impulsief, in een opwelling (iets doen) ③ ⟨plantk⟩ spoor ④ uitloper ⟨van berg⟩ ⑤ ram ⟨aan op stapel staand schip⟩, steun, stut, beer ⑥ zij(spoor)lijn

²**spur** /spɜ:, ᴬspɜr/ [onov ww] ⟨ook fig⟩ er vaart achter zetten ♦ *spur forward/on* spoorslags rijden; → **spurred**

³**spur** /spɜ:, ᴬspɜr/ [ov ww] ⓘ de sporen geven ② aansporen, aanmoedigen, aanzetten ♦ *spur s.o. to do sth.* iemand aansporen om iets te doen; *spur on (to)* aanzetten, aansporen (tot) ③ ⟨vaak voltooid deelwoord⟩ van sporen voorzien, sporen ⓘ ⟨sprw⟩ *never spur a willing horse* gewillige paarden hoeft men niet met sporen te steken; → **spurred**

spurge /spɜ:dʒ, ᴬspɜrdʒ/ [telb zn] ⟨plantk⟩ wolfsmelk ⟨genus Euphorbia⟩

spurge laurel [telb zn] ⟨plantk⟩ peperboompje ⟨Daphne⟩, ⟨i.h.b.⟩ zwart peperboompje ⟨Daphne laureola⟩

spu·ri·ous /spjʊərɪəs, ᴬspjʊr-/ [bn; bw: ~ly; zn: ~ness] ⓘ onecht, vals, vervalst, nagemaakt, pseudo-, schijn- ♦ *spurious edition* pirateneditie, witte uitgave ② buitenechtelijk, bastaard- ⟨van kind⟩ ③ onlogisch ♦ *spurious argument* verkeerd argument

spur·less /spɜ:ləs, ᴬspɜr-/ [bn] zonder sporen

¹**spurn** /spɜ:n, ᴬspɜrn/ [telb zn] ⟨vero⟩ ⓘ versmading, verachting, afwijzing, verwerping ② trap, schop

²**spurn** /spɜ:n, ᴬspɜrn/ [ov ww] ⓘ afwijzen, versmaden, verachten, verwerpen, van de hand wijzen ② ⟨vero⟩ (weg)trappen

spur-of-the-mo·ment [bn] ⟨inf⟩ spontaan, in een opwelling, impulsief

spurred /spɜ:d, ᴬspɜrd/ [bn; volt deelw van spur] met sporen ⓘ *spurred rye* moederkoren

spur·rey, spur·ry /spʌri/ [telb zn; mv: spurreys, spurries] ⟨plantk⟩ spurrie ⟨Spergula arvensis⟩

spur·ri·er /spɜ:rɪə, ᴬ-ər/ [telb zn] sporenmaker

spur rowel [telb zn] ⟨heral⟩ spoorrad

spur royal [telb zn] ⟨gesch⟩ munt van vijftien shilling ⟨17e eeuw⟩

¹**spurt,** ⟨BE ook⟩ **spirt** /spɜ:t, ᴬspɜrt/ [telb zn] ⓘ uitbarsting, losbarsting, vlaag, opwelling, bevlieging, bui ♦ *a spurt of anger* een uitbarsting van woede; *by/in spurts* bij/met vlagen ② ⟨sport⟩ sprint(je), spurt(je) ♦ *put on a spurt* een sprintje trekken ③ (krachtige) straal, stroom, vloed ♦ *a spurt of water* een krachtige waterstraal ④ uitbarsting, losbarsting, eruptie ♦ *a spurt of flames* een plotselinge zee van vlammen ⑤ piek, hoogtepunt, uitschieter ♦ *the annual spurt in sales* de jaarlijkse piek in de verkoop ⑥ ogenblik, moment

²**spurt,** ⟨BE ook⟩ **spirt** /spɜ:t, ᴬspɜrt/ [onov ww] ⓘ een krachtige inspanning doen, zich tot het uiterste inspannen ② spurten, een grote vaart zetten, sprinten ③ spuiten, opspatten, opslaan, met kracht naar buiten komen/uitslaan, losbarsten ♦ *blood spurted from his head* het bloed spoot/gutste uit zijn hoofd; *smoke and flames spurted from the windows* rook en vlammen sloegen door de ramen naar buiten; *the blood spurted out* het bloed spoot/gutste eruit ④ de hoogte ingaan, een piek bereiken/beleven, omhoog schieten ♦ *he spurted into fame* hij werd op slag beroemd; *sales spurted* de verkoop bereikte een piek ⑤ opschieten ♦ *grass spurted between the rocks* tussen de rotsen schoot het gras op

³**spurt,** ⟨BE ook⟩ **spirt** /spɜ:t, ᴬspɜrt/ [ov ww] ⓘ spuiten, doen stromen/vloeien, met kracht (naar buiten) stuwen, doen (op)spatten, doen losbarsten ② de hoogte doen ingaan, intensiveren

spur track [telb zn] zijspoor

spur wheel, spur gear [telb zn] (eenvoudig) tandwiel, tandrad

spur-winged [bn] • ⟨dierk⟩ *spur-winged plover* sporenkieviet ⟨Vanellus spinosus⟩

spur·wort /spɜ:wɜ:t, ᴬspɜrwɜrt/ [niet-telb zn] ⟨plantk⟩ blauw walstro ⟨Sherardia arvensis⟩

sput·nik /spʊtnɪk/ [telb zn; ook Sputnik] ⟨ruimtev⟩ spoetnik

¹**sput·ter** /spʌtə, ᴬspʌtər/ [telb + niet-telb zn] ⓘ gesputter, sputtergeluid, gepruttel, het sputteren ② gestamel, gebrabbel, het stamelen, stameltaal, brabbeltaal ③ het spatten, spat(je) ④ geratel

²**sput·ter** /spʌtə, ᴬspʌtər/ [onov ww] ⓘ sputteren, spuwen, proesten ♦ *the diver was sputtering* de duiker proestte ② sputteren, stamelen, brabbelen ♦ *sputter at* sputteren tegen ③ ratelen ④ sputteren, spatten ♦ *the engine only sputtered a bit* de motor sputterde alleen een beetje ⑤ sputteren, knetteren • *sputter out* sputterend uitgaan/doven; *the candle sputtered out* de kaars ging sputterend uit; *the riot sputtered out when the police arrived* het oproer bloedde dood toen de politie er aankwam

³**sput·ter** /spʌtə, ᴬspʌtər/ [ov ww] ⓘ stamelen, brabbelen ♦ *sputter out* uitbrengen, uitstamelen ② ratelen ♦ *sputter out* al ratelend vertellen ③ sputteren ⟨een metaallaagje aanbrengen op⟩ ④ uitspuwen, in het rond spuwen ⑤ ⟨elek⟩ sproeien

sput·ter·er /spʌtərə, ᴬspʌtərər/ [telb zn] ⓘ stamelaar(ster) ② spuwer ③ ratel

¹**spu·tum** /spjuːtəm/ [telb zn; mv: ook sputa /spjuːtə/] fluim, rochel, kwalster, slijmprop

²**spu·tum** /spjuːtəm/ [niet-telb zn] ⓘ sputum, slijm, spuwsel ② saliva, speeksel

¹**spy** /spaɪ/ [telb zn] ⓘ spion(ne), geheim agent, stille ♦ *industrial spy* industrieel spion; *be a spy on* bespioneren ② ⟨vnl vero⟩ (mogelijkheid) tot bekijken/bespioneren ♦ *have one's first spy* voor het eerst gaan spioneren ③ ⟨inf⟩ *spy in the cab* tachograaf

²**spy** /spaɪ/ [onov ww] ⓘ spioneren, spieden, loeren, gluren, kijken ♦ *spy at* kijken/gluren/loeren naar, bespioneren; *spy into* bespioneren, bespieden, beloeren, onderzoeken, trachten te achterhalen; zijn neus steken in; *spy out for* uitkijken/zoeken naar; *spy (up)on* bespioneren, bespieden, beloeren, loeren op ② spioneren, een spion zijn

³**spy** /spaɪ/ [ov ww] ⓘ bespioneren, bespieden, bespien ② ontwaren, in het oog krijgen, bespeuren ③ van dichtbij bekijken, nauwkeurig bekijken • *I spy (with my little eye)* ik zie, ik zie, wat jij niet ziet ⟨kinderspel waarbij een zichtbaar voorwerp geraden moet worden⟩; zie: **spy out**

spy·glass [telb zn] kijker ⟨in het bijzonder kleine telescoop⟩

spy·glass·es [alleen mv] verrekijker, toneelkijker

spy·hole [telb zn] kijkgat, loergat

spy out [ov ww] ⓘ verkennen, onderzoeken ② opsporen, zoeken, ontdekken, op zoek gaan naar ♦ *spy out all opposition* alle oppositie opsporen

spy·ware [niet-telb zn] ⟨comp⟩ spyware ⟨software die gemaakt is om de gebruiker te bespieden⟩

sq [telb zn] ⓘ (the following (one)) sq. ② (sequence) ③ (squadron) ④ (square)

Sq [afk] ⓘ (Squadron) ② (Square)

sqn [afk] (squadron)

Sqn Ldr [afk] (Squadron Leader)

sqq [afk] (the following (ones)) sq.

¹**squab** /skwɒb, ᴬskwɑb/ [telb zn] ⓘ dikkerd, dikzak ② jonge vogel, kuiken ⟨in het bijzonder als voedsel; voornamelijk duif⟩ ③ (zit)kussen, sofakussen ④ ⟨BE⟩ rugkussen, rugleuning ⟨in auto⟩ ⑤ sofa, canapé, rustbank, ottomane ⑥ onervaren persoon, melkmuil, jong meisje

square

²**squab** /skwɒb, ᴬskwɑb/, ⟨in betekenis 1 ook⟩ **squab·by** /skwɒbi, ᴬskwɑbi/ [bn; vergr trap: 2e variant squabbier] ① plomp, kort, dik, log ② kaal, naakt ⟨van jonge vogel⟩

¹**squab·ble** /skwɒbl, ᴬskwɑbl/ [telb zn] ① kibbelpartij, schermutseling, gekibbel, kibbelarij, ruzie ② ⟨druk⟩ pastei

²**squab·ble** /skwɒbl, ᴬskwɑbl/ [onov ww] ① krakelen, kibbelen, overhoop liggen, twisten ♦ *squabble with s.o. about sth.* met iemand over iets kibbelen ② ⟨druk⟩ *in pastei vallen,* door elkaar raken, uit de vorm vallen

³**squab·ble** /skwɒbl, ᴬskwɑbl/ [ov ww] ⟨druk⟩ door elkaar gooien, pastei maken van

squab·bler /skwɒblə, ᴬskwɑblər/ [telb zn] kibbelaar(ster)

squab chick [telb zn] vogel zonder veren, kale vogel

squab pie [telb + niet-telb zn] ⟨cul⟩ ① duivenpastei ② vleespastei met uien en appels

squac·co /skwækoʊ, ᴬskwɑ-/, **squacco heron** [telb zn] ⟨dierk⟩ ralreiger ⟨Ardeola ralloides⟩

¹**squad** /skwɒd, ᴬskwɑd/ [verzameln] ① ploeg, groep, team ② ⟨vnl in samenstellingen⟩ ⟨politie⟩ brigade ♦ *drugs squad* narcoticabrigade ③ ⟨mil⟩ sectie, escouade, rot ④ ⟨sport⟩ selectie, team ⑤ ⟨sport⟩ (sport)ploeg

²**squad** /skwɒd, ᴬskwɑd/ [ov ww] in ploegen onderbrengen, ploegen vormen met

squad car [telb zn] ⟨AE⟩ patrouilleauto

squad·die, squad·dy /skwɒdi, ᴬskwɑdi/ [telb zn] ⟨BE; inf⟩ ① soldaat(je) ② (ploeg)maat

¹**squad·ron** /skwɒdrən, ᴬskwɑ-/ [verzameln] ⟨mil⟩ ① eskadron ② ⟨marine⟩ eskader, smaldeel ③ ⟨luchtmacht⟩ squadron, eskader ④ groep, ploeg, team

²**squad·ron** /skwɒdrən, ᴬskwɑ-/ [ov ww] in eskadrons/eskaders/squadrons onderbrengen

squadron leader [telb zn] ⟨BE; mil⟩ majoor, eskadercommandant ⟨bij luchtmacht⟩

squail /skweɪl/ [telb zn] ⟨spel⟩ schijfje, fiche

squails /skweɪlz/ [alleen mv] ⟨spel⟩ squails ⟨soort vlooienspel⟩

squal·id /skwɒlɪd, ᴬskwɑ-/ [bn; bw: ~ly; zn: ~ness] ① smerig, vuil, vies ② smerig, vuil, gemeen, laag, schunnig ③ ellendig, beroerd, erbarmelijk ♦ *a squalid existence* een erbarmelijk/doodarm bestaan

squa·lid·i·ty /skwɒlɪdəti, ᴬskwɑlɪdəti/ [niet-telb zn] ① smerigheid, vuilheid, laagheid, gemeenheid, schunnigheid ② ellendigheid, ellende, beroerdheid, erbarmelijkheid

¹**squall**, ⟨in betekenis 4 ook⟩ **squawl** /skwɔːl/ [telb zn] ① vlaag, windvlaag, regenvlaag, sneeuwvlaag, hagelvlaag, rukwind, windstoot, bui, regenbui, sneeuwbui, hagelbui, storm ② uitbarsting, vlaag, bui, herrie, opschudding ③ kibbelpartij, ruzie, schermutseling ④ kreet, gil, schreeuw ▪ *look out for squalls* op zijn hoede zijn

²**squall** /skwɔːl/ [onov ww] stormen, waaien

³**squall**, ⟨in betekenis 1 ook⟩ **squawl** /skwɔːl/ [onov + ov ww] gillen, krijsen, (uit)schreeuwen

squall·er /skwɔːlə, ᴬ-ər/ [telb zn] schreeuwer, schreeuwlelijk

squall line [telb zn] ⟨meteo⟩ buienlijn ⟨vaak gepaard met onweer⟩

squall·y /skwɔːli/ [bn; vergr trap: squallier] ① buiig, regenachtig, winderig, stormachtig ② stormachtig, onstuimig, heftig, hevig ♦ *a squally discussion* een stormachtige discussie

¹**squa·loid** /skweɪlɔɪd/ [telb zn] haaiachtige ⟨vis⟩

²**squa·loid** /skweɪlɔɪd/ [bn] haaiachtig

squal·or /skwɒlə, ᴬskwɑlər/ [niet-telb zn] ① misère, ellende, ⟨België⟩ miserie ② smerigheid, vuil(heid), viezigheid

squa·ma /skweɪmə/ [telb zn; mv: squamae /-miː/] ⟨biol⟩ ① schub ② schubvormig(e) bot

squa·mous /skweɪməs/, **squamose** /-moʊs/, ⟨in betekenis 1 ook⟩ **squa·mate** /-meɪt/ [bn; bw: ~ly; zn: ~ness] ⟨biol⟩ ① geschubd, schubbig ② schubachtig, schubvormig, squameus

squam·ule /skweɪmjuːl/ [telb zn] ⟨biol⟩ schub(bet)je

squam·u·lous /skweɪmjʊləs, ᴬ-mjə-/ [bn] ⟨biol⟩ met schub(bet)jes/kleine schubben bedekt

¹**squan·der** /skwɒndə, ᴬskwɑndər/ [telb + niet-telb zn] verspilling, verkwisting

²**squan·der** /skwɒndə, ᴬskwɑndər/ [niet-telb zn] kwistigheid, overdaad

³**squan·der** /skwɒndə, ᴬskwɑndər/ [onov ww] spilziek zijn

⁴**squan·der** /skwɒndə, ᴬskwɑndər/ [ov ww] verspillen, verkwisten, verbrassen, opsouperen ♦ *squander money* met geld smijten; *squander on* verspillen/verkwisten/weggooien aan

squan·der·er /skwɒndərə, ᴬskwɑndərər/ [telb zn] verspiller, verspilster, verkwister

squan·der·ma·ni·a /skwɒndəmeɪnɪə, ᴬskwɑndər-/ [niet-telb zn] spilzucht, geldsmijterij

¹**square** /skweə, ᴬskwer/ [telb zn] ① vierkant ② vierkant stuk ♦ *a square of carpet* een vierkant stuk tapijt ③ doek, vierkante sjaal ④ ⟨in plaatsnamen Square⟩ plein, square, ⟨België⟩ plaats ⑤ tekenhaak, winkelhaak ⑥ veld, hokje, ruit ⟨op speelbord⟩ ⑦ ⟨AE⟩ (huizen)blok ▪ *he lives three squares from here* hij woont hier drie blokken vandaan ⑧ blok(je), klomp(je) ♦ *a square of butter* een boterklomp(je); *a square of cheese* een kaasblokje ⑨ oefenplein, oefenterrein, exercitieplein, exercitieveld, kazerneplein ⑩ ⟨wisk⟩ kwadraat, tweede macht, vierkant ♦ *nine is the square of three* negen is het kwadraat/de tweede macht van drie; *the square of four is sixteen* het kwadraat/de tweede macht van vier is zestien, vier in het kwadraat is zestien ⑪ ⟨mil⟩ carré ♦ *form into square* (zich) in carré opstellen ⑫ ⟨cricket⟩ square, wicketveldje ⑬ ⟨inf⟩ bourgeois, filistijn, kleinburgerlijk/bekrompen/ouderwets/conventioneel persoon ⑭ square ⟨oppervlaktemaat; honderd vierkante voet⟩ ⑮ square, vliegende matras, stratostar ⑯ ➤ **square dance** ▪ *be back to square one* weer bij het vertrekpunt zijn, terug naar 'af' moeten, van voren af aan/opnieuw moeten beginnen; *by the square* op de millimeter (nauwkeurig), precies, nauwkeurig; *on the square* rechtdoorzee, eerlijk, open; in een rechte hoek; *be on the square* bij de loge zijn, in de loge zitten, bij de vrijmetselarij zijn; *out of square* niet haaks, scheef; niet op zijn plaats, in de war, overhoop

²**square** /skweə, ᴬskwer/ [bn; vergr trap: squarer; zn: ~ness] ① vierkant ♦ *square brackets* vierkante haakjes ② recht(hoekig) ♦ *a square corner* een rechte hoek; *square to* recht(hoekig) op ③ eerlijk, fair, rechtvaardig, rechtmatig ♦ *a square deal* een rechtvaardige behandeling; een eerlijke verkoop/transactie; *square dealings* eerlijke onderhandelingen; *his dealings are not quite square* zijn praktijken zijn niet helemaal eerlijk; *a square game* een eerlijk spel; *get a square deal* eerlijk behandeld worden; *give s.o. a square deal* iemand eerlijk/royaal behandelen; *play a square game* eerlijk spelen, een eerlijk spel spelen; *be square with s.o.* eerlijk zijn tegen/met iemand ④ eerlijk, open(hartig), direct, rechtuit, onomwonden ♦ *a square answer* een direct/onomwonden antwoord ⑤ vierkant, fors, breed, stevig ♦ *a square chin* een vierkante kin; *of square frame* fors van gestalte ⑥ effen, vlak, glad, plat ♦ *a square surface* een glad oppervlak ⑦ ⟨inf⟩ bourgeois, kleinburgerlijk, conventioneel, ouderwets ⑧ ⟨cricket⟩ loodrecht ⟨op het wicket⟩ ⑨ ⟨scheepv⟩ vierkant getuigd/gebrast ⑩ vierkant, regelmatig ⟨m.b.t. gang van paard⟩ ▪ *a round peg in a square hole* de verkeerde persoon (voor iets), iemand die niet op zijn plaats is; ⟨cricket⟩ *square leg* square

square

leg ⟨(plaats van) speler links van batsman en in een rechte lijn met het wicket⟩; *a square peg (in a round hole)* de verkeerde persoon (voor iets), iemand die niet op zijn plaats is; *a square piano* tafelpiano, tafelklavier

³**square** /skweə, ᴬskwer/ [bn, attr; vergr trap: squarer; zn: ~ness] ① vierkant, kwadraat-, vierkants- ♦ *one square foot* één vierkante voet; *one square metre* één vierkante meter; *one square mile* één vierkante mijl; ⟨wisk⟩ *a square number* een volkomen kwadraat(getal); ⟨wisk⟩ *square root* vierkantswortel ② regelrecht, onomwonden, vierkant, keihard ♦ *a square contradiction* een regelrechte contradictie; *meet (with) a square refusal* nul op het rekest krijgen; *a square refusal* een onomwonden/vierkante weigering ③ met/van vier personen ♦ *a square party* een gezelschap van vier personen ④ stevig, flink ♦ *a square drink* een flinke/stevige borrel; *a square meal* een flinke/stevige maaltijd

⁴**square** /skweə, ᴬskwer/ [bn, pred; vergr trap: squarer; zn: ~ness] ① effen, quitte, vereffend, voldaan ♦ *our account is (all) square* onze rekening is (helemaal) effen; *be (all) square* (helemaal) effen/quitte zijn/staan ② in orde ♦ *get things square* de boel in orde brengen, orde op zaken stellen ③ ⟨sport, in het bijzonder golf⟩ gelijk ♦ *be (all) square* gelijk staan · *all square* we zijn/staan effen/quitte; ⟨sport, i.h.b. golf⟩ gelijk stand; *call it all square* beschouw het als vereffend; we zijn/staan effen/quitte, oké?; *square with* op gelijke hoogte/voet met; *be square with* effen/quitte zijn/staan met; op gelijke hoogte/voet staan met; *get square with s.o.* met iemand afrekenen, zijn schulden bij iemand vereffenen; het iemand betaald zetten, met iemand afrekenen; *square!* we zijn/staan effen/quitte!

⁵**square** /skweə, ᴬskwer/ [bn, postnom; vergr trap: squarer; zn: ~ness] in het vierkant ♦ *three feet square* drie voet in het vierkant

⁶**square** /skweə, ᴬskwer/ [onov ww] ① overeenstemmen, kloppen, stroken, overeenkomen, verzoenbaar zijn ♦ *square to* aansluiten/passen bij, verzoenbaar zijn met; *my plans don't square to his interests* mijn plannen komen niet in zijn kraam te pas; *square with* overeenstemmen/stroken/kloppen met, aansluiten bij ② in een rechte hoek staan ③ zich in postuur stellen, in gevechtshouding gaan staan, klaar gaan staan om te vechten ♦ *square off/up* zich in postuur/gevechtshouding stellen, de vuisten ballen; ⟨fig⟩ *square up to reality* de werkelijkheid onder ogen zien/onderkennen ④ afrekenen, (de rekening) betalen, de rekening vereffenen ♦ *square for* betalen voor; ⟨inf⟩ *square up* afrekenen, (de rekening) betalen, de rekening vereffenen; orde op zaken stellen; *square up with s.o.* het iemand betaald zetten, zijn schuld bij iemand vereffenen

· zie: **square away**

⁷**square** /skweə, ᴬskwer/ [ov ww] ① vierkant maken, vierkanten ♦ *square off/up* (tot een) vierkant maken ② rechthoekig maken ♦ *square off/up* rechthoekig maken ③ kantrechten ⟨timmerhout⟩ ④ op rechthoekigheid testen ⑤ rechten, rechtzetten, omhoog brengen, rechthoekig plaatsen ♦ *square one's shoulders* zijn schouders rechten ⑥ van een vierkant/vierkanten voorzien, een vierkant/vierkanten tekenen op ♦ *square of a page* een blad in vierkanten verdelen, ruitjes tekenen op een bladzijde; *squared paper* ruitjespapier ⑦ in overeenstemming brengen, doen aansluiten ♦ *square to/with* doen aansluiten bij, richten naar, afstemmen op, in overeenstemming brengen met, doen stroken met ⑧ in orde brengen, regelen, vereffenen, schikken ♦ ⟨inf⟩ *square up* vereffenen, (af)betalen; *square up one's debts* zijn schuld voldoen/aanzuiveren ⑨ omkopen, steekpenningen geven aan ⑩ vervalsen ⑪ ⟨wisk⟩ kwadrateren, in/tot de tweede macht/het kwadraat verheffen ♦ *squaring the circle* de kwadratuur van de cirkel; *three squared equals nine* drie tot de tweede (macht) is negen ⑫ ⟨sport, in het bijzonder golf⟩ op gelijke stand brengen ⑬ ⟨scheepv⟩

vierkant brassen · zie: **square away**; *three squared equals nine* in het kwadraat is negen, drie tot de tweede (macht) is negen

⁸**square** /skweə, ᴬskwer/ [bw] ① recht(hoekig), in een rechte hoek, rechtop ♦ *sit square on one's seat* recht op zijn stoel zitten ② (regel)recht, vlak, pal, juist ♦ *hit s.o. square on the jaw* iemand een regelrechte kaakslag toedienen, iemand recht op de kaak slaan; *look s.o. square in the eye* iemand recht in de ogen kijken; *square to* vlak/pal tegenover ③ eerlijk, fair, rechtvaardig ♦ *play square* eerlijk spelen; *treat s.o. square* iemand eerlijk/royaal behandelen ④ rechtuit, open(hartig), eerlijk, direct, onomwonden ♦ *come square out with an answer* rechtuit/onomwonden antwoorden ⑤ stevig, breed(uit), fors ♦ *place o.s. square before* zich breeduit neer zetten/planten voor

¹**square away** [onov ww] ① ⟨scheepv⟩ de ra's vierkant tuigen/brassen ② ⟨AE⟩ de dingen in orde brengen, alles in orde maken, orde op zaken stellen ③ de bokshouding aannemen

²**square away** [ov ww] ① vierkant tuigen ② ⟨AE⟩ in orde brengen/maken, regelen

square ball [telb zn] ⟨voetb⟩ breedtepass

square-bash·ing [niet-telb zn] ⟨BE; sl, sold⟩ dril, exercities

square-built [bn] vierkant, fors, hoekig, stevig, breed

square dance [telb zn] quadrille

square-dance [onov ww] een quadrille dansen

square·head [telb zn; vnl AE; beled] ① mof, Duitser ② kaaskop, Hollander, Nederlander ③ Noord-Europeaan, Scandinaviër

square knot [telb zn] ⟨AE⟩ platte knoop

square·ly /skweəli, ᴬskwerli/ [bw] ① → **square** ② recht(hoekig), in een rechte hoek, rechtop ♦ *sit squarely in one's seat* recht op zijn stoel zitten ③ (regel)recht, vlak, pal, juist ♦ *sit squarely across s.o.* recht tegenover iemand zitten ④ eerlijk, fair, rechtvaardig ♦ *act squarely* eerlijk handelen

square measure [telb zn] (opper)vlaktemaat

square pass [telb zn] → **square ball**

square-rigged [bn] ⟨scheepv⟩ vierkant getuigd/gebrast

square-rig·ger /skweərɪgə, ᴬskwer-/ [telb zn] ⟨scheepv⟩ square-rigger ⟨vierkant getuigde boot⟩

square sail [telb zn] ⟨scheepv⟩ razeil

square-shoul·dered [bn] breedgeschouderd, met rechte schouders

¹**squares·ville** /skweəzvɪl, ᴬskwerz-/ [niet-telb zn; soms Squaresville] ⟨sl⟩ de bourgeoisie, de kleine burgerij

²**squares·ville** /skweəzvɪl, ᴬskwerz-/ [bn] ⟨sl⟩ bourgeois, ouderwets, kleinburgerlijk

square-toed /skweətoʊd, ᴬskwer-/ [bn; zn: ~ness] ① met brede tip/neus/punt ⟨van schoen⟩ ② preuts, ouderwets, vormelijk

square-toes /skweətoʊz, ᴬskwer-/ [niet-telb zn] preuts persoon, vormelijk/ouderwets iemand, pedant

squar·ish /skweərɪʃ, ᴬskwerɪʃ/ [bn; bw: ~ly] ongeveer/bijna vierkant

squar·rose /skwærous/, **squar·rous** /-rəs/ [bn; bw: ~ly] ① ⟨biol⟩ ruw(harig), schubachtig ② ⟨plantk⟩ schubvormig, gekruld ♦ *squarrose bracts* schubvormige schutbladen ③ ⟨plantk⟩ stijfbladig ♦ *a squarrose involucre* een stijfbladig omwindsel

squar·son /skwɑːsn, ᴬskwɑrsn/ [telb zn] ⟨BE; scherts⟩ squarson, dominee-grootgrondbezitter ⟨squire die ook parson is⟩

¹**squash** /skwɒʃ, ᴬskwɑʃ/ [telb zn] ① plets, pats, klets, smak, plof ② gesop, soppig geluid, zuigend geluid ③ ⟨bijna altijd enkelvoud⟩ gedrang, openhoping, oploop, menigte, ⟨België⟩ gedrum ④ verplettering, verbrijzeling

²**squash** /skwɒʃ, ᴬskwɑʃ/ [telb + niet-telb zn; mv: in bet 2 ook squash] ① ⟨BE⟩ kwast, vruchtendrank ② ⟨plantk⟩

pompoen ⟨genus Cucurbita⟩

³squash /skwɒʃ, ˄skwɑʃ/ **squash rackets** ③ → **squash tennis** ① pulp, brij, pap, zachte massa ② →

⁴squash /skwɒʃ, ˄skwɑʃ/ [onov ww] ① pletten, plat/tot moes gedrukt worden ② dringen, zich wringen/persen ♦ *squash in* zich wringen/persen in; *can I squash in next to you?* kan ik me ook naast u wringen?; *squash up* (dicht) opeen gaan zitten/staan, samen schuiven, zich opeendringen ③ soppen, zompen, een zuigend geluid maken

⁵squash /skwɒʃ, ˄skwɑʃ/ [ov ww] ① pletten, platdrukken, (plat)persen, tot pulp maken, verpletteren ♦ *squash flat* platdrukken, platduwen ② verpletteren ⟨alleen figuurlijk⟩, de mond snoeren, tot zwijgen brengen, overdonderen ③ de kop indrukken, onderdrukken ④ wringen, duwen, persen, samenduwen, samenpersen, opeenhopen ♦ *squash in* erin/erbij persen/duwen; *squash into* wringen/(samen)duwen in; *squash up* samenduwen, tegen elkaar duwen

⁶squash /skwɒʃ, ˄skwɑʃ/ [bw] met een plets, met een plof

squash rackets, squash racquets [niet-telb zn] squash ⟨balspel⟩

squash tennis [niet-telb zn] squash tennis ⟨op squash rackets lijkend balspel met opblaasbare bal⟩

squash·y /skwɒʃi, ˄skwɑʃi/ [bn; vergr trap: squashier; bw: squashily; zn: squashiness] ① zacht, gemakkelijk pletbaar ♦ *a squashy pillow* een zacht vormeloos kussen ② zacht, overrijp ③ papp(er)ig, papachtig, brijig, pulpachtig ♦ *a squashy face* een papachtig gezicht ④ drassig, vochtig, week

¹squat /skwɒt, ˄skwɑt/ [telb zn] ① hurkende houding, hurkzit, ⟨krachtsp⟩ diepe kniebuiging ⟨met halter op schouders uit hurkhouding omhoogkomen⟩ ♦ *put o.s. into a squat* zich in hurkzit zetten, hurken ② ineengedoken houding ⟨van dier⟩ ③ kraakpand ④ leger ⟨van haas⟩, hol

²squat /skwɒt, ˄skwɑt/ [niet-telb zn] ① het (neer)hurken ② het ineenkruipen ⟨van dier⟩ ③ het kraken ⟨van een huis⟩

³squat /skwɒt, ˄skwɑt/ [bn; vergr trap: squatter; bw: ~ly; zn: ~ness] ① gedrongen, plomp, log ② gehurkt, (neer)hurkend

⁴squat /skwɒt, ˄skwɑt/ [onov ww] ① (neer)hurken ♦ *squat down* neerhurken ② zich tegen de grond drukken ⟨van dier⟩ ③ zich illegaal ne(d)erzetten, zich illegaal vestigen ⟨op een stuk land⟩ ♦ *squat down* zich neergooien, zich (neer)zetten ④ een kraker zijn, in een kraakpand wonen ♦ *squat in a derelict building* een vervallen pand gekraakt hebben, in een kraakpand wonen ⑤ ⟨BE; inf⟩ (gaan) zitten, zich neergooien, zich (neer)zetten

⁵squat /skwɒt, ˄skwɑt/ [ov ww] ① ⟨wederkerend werkwoord⟩ (neer)hurken, zich in hurkzit zetten ♦ *squat o.s. down* (neer)hurken, zich in hurkzit zetten; *squat o.s. (neer)hurken*, zich in hurkzit zetten ② in hurkzit zetten, doen hurken ③ illegale nederzettingen vestigen op, bezetten ④ kraken ♦ *squat an empty building* een leegstaand gebouw kraken

¹squat·ter /skwɒtə, ˄skwɑtər/ [telb zn] ① hurkend persoon ② ineengedoken dier ③ illegale kolonist, landbezetter ④ kolonist ⟨op onontgonnen land met de bedoeling het eigendomsrecht te verkrijgen⟩ ♦ *squatter's rights* de rechten van een kolonist ⑤ kraker ⑥ ⟨AuE; gesch⟩ pachter van gouvernementsland ⑦ ⟨AuE; gesch⟩ grootgrondbezitter, herenboer

²squat·ter /skwɒtə, ˄skwɑtər/ [onov ww] pletsen, ploeteren, poedelen, plassen

squaw /skwɔː/ [telb zn] ① squaw, indiaanse (getrouwde) vrouw ② ⟨AE; vnl scherts⟩ vrouw, oudje

¹squawk /skwɔːk/ [telb zn] ① schreeuw, gekrijs, snerp, geloei ② ⟨inf⟩ luid protest, gejammer ③ ⟨sl⟩ klacht ④ ⟨sl⟩ klager

²squawk /skwɔːk/ [onov ww] ① krijsen, snateren, snerpen, schril schreeuwen, angstig kakelen, klappen ② knarsen ③ ⟨inf⟩ heftig/luid protesteren, steen en been klagen ④ ⟨sl⟩ klikken, doorslaan

squawk box [telb zn] ⟨inf⟩ luidspreker, intercom

squawk·er /skwɔːkə, ˄-ər/ [telb zn] ① snerpend speeltuig ② lokfluitje ⟨voor eenden⟩ ③ klager ④ verklikker ⑤ luidspreker

squawl → **squall**

squaw man [telb zn] blanke/zwarte man van indiaanse

squaw winter [telb zn] ⟨AE⟩ winterse periode ⟨in herfst, vóór zogenaamd Indian summer⟩

¹squeak /skwiːk/ [telb zn] ① (ge)piep, geknars ② klein kansje ③ ⟨sl⟩ helper, assistent ④ ⟨sl⟩ klacht tegen politie ▪ ⟨inf⟩ *that was a close/narrow/near squeak* dat was op het nippertje, dat scheelde een haartje

²squeak /skwiːk/ [onov ww] ① piepen, knarsen, krassen, kraken, gilletjes slaken ② ⟨inf⟩ doorslaan, klikken, bekennen, de boel verraden ③ ⟨vnl AE⟩ nipt winnen, nog net erdoor glippen, op 't kantje af slagen ♦ *squeak through/by* het nog net halen; *she squeaked through/by the exam* zij haalde het examen met de hakken over de sloot

³squeak /skwiːk/ [ov ww] (laten/doen) piepen, schril uitroepen ♦ *squeak out* schril uitbrengen

squeak·er /skwiːkə, ˄-ər/ [telb zn] ① pieper, jonge vogel ② ⟨vnl BE; inf⟩ verrader, aanbrenger, verklikker ③ ⟨BE⟩ big, varkentje ④ piepertje ⟨speeltuig⟩, blieper, piepend voorwerp, lawaaimaker ⑤ ⟨sl⟩ op het nippertje behaald resultaat

squeak·y /skwiːki/ [bn; vergr trap: squeakier; bw: squeakily; zn: squeakiness] piepend, pieperig, schril, krakend ▪ ⟨vnl AE; inf⟩ *squeaky clean* kraaknet, brandschoon

¹squeal /skwiːl/ [telb zn] ① gil, schreeuw, schril geluid, gepiep ② ⟨sl⟩ klacht

²squeal /skwiːl/ [niet-telb zn] ⟨sl⟩ varkensvlees, ham

³squeal /skwiːl/ [onov ww] ① krijsen, piepen, snerpen, schril schreeuwen, een keel opzetten, gillen, briesen, gieren ♦ *the children squealed with delight* de kinderen gierden het uit van de pret ② ⟨inf⟩ klikken, doorslaan ♦ *he squealed on them to the jailer* hij verklikte hen bij de cipier ③ ⟨vnl BE; inf⟩ luid klagen, groot misbaar maken, heftig protesteren

⁴squeal /skwiːl/ [ov ww] (uit)krijsen, gillen, schreeuwen

squeal·er /skwiːlə, ˄-ər/ [telb zn] ① pieper, jonge vogel ② aanbrenger, verklikker ③ ⟨inf⟩ klager, vitter

squeam·ish /skwiːmɪʃ/ [bn; bw: ~ly; zn: ~ness] ① (gauw) misselijk, zwak van maag, gauw aan het walgen gebracht ② teergevoelig, lichtgeraakt ③ (al te) kieskeurig, overdreven nauwgezet, overscrupuleus, overgevoelig, preuts ④ gauw bang, met 'n klein hartje

¹squee·gee /skwiːdʒiː/ [telb zn] ① rubber vloerwisser/ruitenwisser, schuiver, gummi waterschraper, trekker ② ⟨foto⟩ afstrijker, afstrijktang, rolstrijker

²squee·gee /skwiːdʒiː/ [ov ww] ① afwissen, afvegen ⟨met een gummiwisser⟩ ♦ *squeegee the floor* de vloer (droog)trekken ② ⟨foto⟩ afstrijken, gladstrijken, aandrukken

¹squeeze /skwiːz/ [telb zn] ① samendrukking, persing, het knijpen ♦ *she gave his hand a little squeeze* ze kneep even in zijn hand ② ⟨benaming voor⟩ uitgeperste/uitgeknepen hoeveelheid, enige druppels, snuifje ♦ *a squeeze of lemon juice* enkele druppels/een beetje citroensap ③ gedrang, menigte, opeengepakte massa, drukte ♦ *there's room for one more, but it will be a squeeze* er kan er nog eentje bij, maar 't zal wringen zijn ④ ⟨BE⟩ (stevige) handdruk, (innige) omarming/omhelzing ⑤ ⟨inf⟩ moeilijkheid, probleem, klem ♦ *be in a squeeze* in de klem zitten, problemen hebben ⑥ ⟨bridge⟩ dwang ⑦ afdruk ⟨van munt e.d. op stof/papier/was⟩ ⑧ ⟨inf⟩ vriendje, vriendinnetje, schatje ▪ ⟨inf⟩ *we all got in, but it was a close/narrow/tight squeeze* we geraakten allemaal binnen, maar we zaten als haringen in een ton

squeeze

²**squeeze** /skwiːz/ [telb + niet-telb zn] ① ⟨ec⟩ **beperking,** schaarste, tekort ② ⟨inf⟩ **politiek van kredietbeperking,** strakke monetaristische politiek, handelsbeperking(en) ③ **smeergeld,** steekpenning, ⟨bij uitbreiding⟩ percent, commissieloon, afpersing ⟨in Azië⟩ ④ **pressie,** druk ♦ *put the squeeze on s.o.* iemand onder druk zetten

³**squeeze** /skwiːz/ [onov ww] ① **zich laten (uit)persen/ knijpen/wringen,** samendrukbaar zijn, meegeven ♦ *sponges squeeze easily* sponsen kunnen gemakkelijk uitgeknepen worden ② **druk uitoefenen,** drukken, zich (economisch/financieel) laten gelden ♦ *the continuous industrial action began to squeeze* de voortdurende vakbondsacties begonnen zich te laten gelden ③ **wurmen,** dringen, zich wringen ♦ *squeeze in* zich erin/ertussen/naar binnen wringen, erbij kruipen, zich naar binnen wurmen; *he squeezed into the car* hij wurmde/wrong zich in de auto; *squeeze through* zich erdoorheen wurmen/worstelen, erdoor spartelen ⟨ook figuurlijk⟩; *squeeze through the crowd* zich een weg door de menigte banen; *the student managed to squeeze through* de student haalde het net/met de hakken over de sloot/op het nippertje zijn examens; *the burglar squeezed through the narrow slit* de inbreker wurmde zich door de nauwe spleet; *squeeze up a bit more to let the others in* schuif nog wat op, dan kunnen de anderen erbij ▪ *squeeze off* afdrukken, de trekker overhalen

⁴**squeeze** /skwiːz/ [ov ww] ① **drukken (op),** knijpen (in) ♦ *he squeezed her hand* hij kneep haar (zachtjes) in de hand ② **(uit)persen,** uitknijpen ♦ *squeeze a lemon* een citroen uitpersen; *squeeze out an orange* een sinaasappel uitpersen; *squeeze out a few drops* er enkele druppels uitpersen ③ **onder (financiële) druk zetten,** zware (belasting)druk leggen op, afpersen, in (financiële) moeilijkheden brengen, uitzuigen ♦ *dictators who squeeze out the people* dictators die het volk leeg zuigen/afpersen; *the government will squeeze every penny out of you* de regering zal je de laatste cent/frank van je opeisen; *the blackmailer tried to squeeze more out of his victim* de chanteur probeerde meer geld van zijn slachtoffer af te persen ④ **duwen,** wurmen, proppen, stouwen ♦ *he squeezed all his clothes in/into one suitcase* hij propte al zijn kleren in één koffer; *how can she squeeze so many things into one single day?* hoe krijgt ze zoveel dingen op één dag gedaan?; *he squeezed his way through the crowds* hij worstelde/baande zich een weg door de menigte ⑤ **tegen zich aan drukken,** stevig omhelzen, flink vastpakken ⑥ ⟨bridge⟩ **in dwang brengen** ⑦ **een afdruk nemen van**

squeeze bottle [telb zn] ⟨plastic⟩ **knijpfles**

squeeze-box [telb zn] ⟨inf⟩ **trekdoos,** trekzak, trekharmonica, accordeon

squeeze play [telb zn] ① **afpersing** ② ⟨honkb⟩ **squeezespel** ⟨poging om met stootslag de 3e honkloper binnen te krijgen⟩ ③ ⟨bridge⟩ **dwang(positie)** ④ ⟨bridge⟩ **dwangtechniek,** dwangpositiespel

squeez·er /skwiːzə, ᴬ-ər/ [telb zn] ① ⟨fruit⟩**pers** ② **knijper,** drukker, perser ③ **speelkaart** ⟨met symbool en waarde in linker bovenhoek⟩ ④ ⟨inf⟩ **vrek**

¹**squelch** /skweltʃ/ [telb zn] ① **verplettering,** harde slag/ klap, ⟨fig⟩ onderdrukking ② **verpletterend(e) antwoord/ opmerking,** dooddoener ③ **plassend/zompend/zuigend geluid** ④ ⟨radio⟩ **ruisonderdrukker**

²**squelch** /skweltʃ/ [onov ww] **een zuigend geluid maken,** zompen, ploeteren, waden

³**squelch** /skweltʃ/ [ov ww] ① **verpletteren,** onderdrukken, een eind maken aan, de grond in boren ② **het zwijgen opleggen,** de mond snoeren, doen zwijgen, de kop indrukken ③ **een zuigend geluid doen maken**

squelch·er /skweltʃə, ᴬ-ər/ [telb zn] **vernietigend antwoord**

squelch·y /skweltʃi/ [bn] **zompig,** sompig, drassig, pappig

sque·teague /skwɪtiːg/ [telb zn; mv: squeteague] ⟨AE; dierk⟩ **zeeforel** ⟨Salmo trutta⟩

¹**squib** /skwɪb/ [telb zn] ① **voetzoeker,** rotje, sterretjesvuurwerk, klapper ② **blindganger,** sisser ③ **schotschrift,** libel, hekeldicht, schimpschrift ④ **ontstekingsmechanisme** ⑤ ⟨AuE; inf⟩ **lafaard** ⑥ ⟨inf⟩ **advertentietekst** ⑦ ⟨inf⟩ **stopper,** opvullertje, krantenartikeltje ⑧ ⟨American football⟩ **(langs de grond) stuiterende bal**

²**squib** /skwɪb/ [onov ww] ① **schotschriften schrijven** ② **voetzoekers gooien** ③ **als een voetzoeker exploderen** ④ **zich zigzaggend bewegen,** bokkensprongen maken ⑤ ⟨sl⟩ **jokken** ⑥ ⟨AuE; inf⟩ **zich laf gedragen**

³**squib** /skwɪb/ [ov ww] **een schotschrift schrijven tegen,** over de hekel halen

¹**squid** /skwɪd/ [telb zn; mv: in bet 1 ook squid] ① ⟨dierk⟩ **pijlinktvis** ⟨genus Loligo⟩ ② **(kunst)aas** ⟨lijkend op pijlinktvis⟩ ③ ⟨superconducting quantum interference device⟩ **squid** ⟨meettoestel voor het meten van zeer zwakke magnetische velden⟩

²**squid** /skwɪd/ [onov ww] ① **met pijlinktvis vissen** ⟨als aas⟩ ② **de vorm van een inktvis aannemen,** een langwerpige vorm aannemen ⟨van valscherm, door te grote luchtdruk⟩

squid·gy /skwɪdʒi/ [bn; vergr trap: squidgier] ⟨BE; inf⟩ **zompig**

squif·fy /skwɪfi/ [bn], **squiffed** /skwɪft/ [bn; vergr trap: squiffier] ⟨inf⟩ **aangeschoten,** licht beneveld, boven zijn theewater

¹**squig·gle** /skwɪgl/ [telb zn] ⟨inf⟩ **kronkel(lijn),** krabbel, krul

²**squig·gle** /skwɪgl/ [onov ww] ① **kronkelen,** wriemelen, wriggelen ② **krabbelen,** ⟨België⟩ kribbelen, een kronkellijn trekken

squig·gly /skwɪgli/ [bn; vergr trap: squigglier] **kronkelig,** krabbelig

¹**squill** /skwɪl/ [telb zn] ① ⟨plantk⟩ **scilla,** (soort) hyacint ⟨genus Scilla⟩ ② ⟨dierk⟩ **bidsprinkhaankreeft** ⟨Squilla mantis⟩

²**squill** /skwɪl/ [telb + niet-telb zn] ⟨plantk⟩ **zee-ui,** zeelook ⟨ook in geneeskundige toepassingen; Urginea maritima⟩

squil·la /skwɪlə/ [telb zn; mv: ook squillae /-liː/] ⟨dierk⟩ **bidsprinkhaankreeft** ⟨Squilla mantis⟩

squil·lion /skwɪliən/ [telb zn] ⟨scherts⟩ **ziljoen, ontelbaar veel, hordes**

squil·lion·aire /skwɪliənneə, ᴬskwɪliənneər/ [telb zn] ⟨scherts⟩ **schathemelrijk persoon**

squinch /skwɪntʃ/ [telb zn] ⟨bouwk⟩ **pendentief,** hoekzwik

¹**squint** /skwɪnt/ [telb zn; voornamelijk enk] ① **scheel oog,** het scheelzien/loensen, strabisme ② **turend oog** ③ ⟨BE; inf⟩ **(vluchtige) blik,** kijkje, oogopslag, het turen ♦ *have/take a squint at sth.* iets even bekijken, een blik werpen op iets ④ **loense/steelse/zijdelingse blik** ♦ ⟨fig⟩ *he organized parties with a squint to/towards business* hij organiseerde feestjes met één oog gericht op zakendoen ⑤ **neiging,** geneigdheid, tendens ⑥ **hagioscoop,** kijkgat, kijkspleet

²**squint** /skwɪnt/ [bn] ① **scheel,** loensend ② **schuin/van terzijde kijkend**

³**squint** /skwɪnt/ [onov ww] ① **scheel kijken,** aan strabisme lijden, loensen ② **gluren,** (scheef) kijken, (door de wimpers) turen, met de ogen knipperen, de ogen half dicht/tot spleetjes knijpen ♦ *squint at sth.* een steelse blik op iets werpen, iets zijdelings begluren ♦ *squint at/towards* geneigd zijn tot, ogen op, overhellen naar; zinspelen op; *he proposed measures that squinted at/towards a war* hij stelde maatregelen voor die zinspeelden op een oorlog

⁴**squint** /skwɪnt/ [ov ww] ① **vlug dichtdoen,** doen knippen, knipperen met, half sluiten ⟨ogen⟩ ② **scheel doen kijken**

squint·er /skwɪntə, ᴬskwɪntər/ [telb zn] schele, scheeloog
squint-eye [telb zn] schele, scheeloog
squint-eyed [bn] [1] scheel [2] met half dichtgeknepen ogen [3] zijdelings kijkend [4] boosaardig, afgunstig, bevooroordeeld, kwaadwillig, afkeurend
squint·y /skwɪnti/ [bn; vergr trap: squintier] scheel(kijkend), loensend
squir·arch, squire-arch /skwaɪərɑːk, ᴬ-ɑrk/ [telb zn] lid van de landadel
squir·ar·chal, squire·ar·chal /skwaɪərɑːkl, ᴬ-ɑrkl/, **squir·ar·chi·cal, squire·ar·chi·cal** /-ɪkl/ [bn] van de landadel, landadellijk
¹**squir·ar·chy, squire·ar·chy** /skwaɪərɑːki, ᴬ-ɑr-/ [telb zn] landjonkerdom, titel/ambt van landjonker
²**squir·ar·chy, squire·ar·chy** /skwaɪərɑːki, ᴬ-ɑr-/ [verzamelen] landjonkerdom, landadel, grondadel
¹**squire** /skwaɪə, ᴬ-ər/, ⟨vero⟩ **es·quire** /ɪskwaɪə, ᴬeskwaɪər/ [telb zn] [1] landjonker, landheer, grondbezitter, heer van 't dorp ⟨in Engeland⟩ [2] ⟨gesch⟩ schildknaap, wapendrager, wapenknecht [3] ⟨BE; inf⟩ meneer ⟨aanspreekvorm tussen mannen onderling⟩, heer [4] ⟨AuE⟩ ⟨jonge⟩ zeebrasem, bliekje
²**squire** /skwaɪə, ᴬ-ər/ [ov ww] ⟨form, inf⟩ [1] (als cavalier) begeleiden, het hof maken, escorteren [2] jonker noemen
• *squire it* de landheer/jonker uithangen, als landheer optreden
squi·reen /skwaɪəriːn/, **squire·ling** /-lɪŋ/ [telb zn] ⟨vnl IE⟩ jonkertje, kleine grondbezitter
¹**squire·hood** /skwaɪəhʊd, ᴬ-ər-/ [niet-telb zn] jonkerschap, landheerschap
²**squire·hood** /skwaɪəhʊd, ᴬ-ər-/ [verzamelen] → **squirarchy**
squire·ly /skwaɪəli, ᴬ-ər-/ [bn] jonkerachtig, (als) van een landsheer
squire·ship /skwaɪəʃɪp, ᴬ-ər-/ [niet-telb zn] jonkerschap
squirk /skwɜːk, ᴬskwɜrk/ [telb zn] piepgeluid, giechelgeluid, gegniffel, gepiep
squirl /skwɜːl, ᴬskwɜrl/ [telb zn] tierelantijntje, krinkel, krul ⟨in schrift⟩
¹**squirm** /skwɜːm, ᴬskwɜrm/ [telb zn] [1] (lichaamsge)kronkel, wriemeling, gewriemel, gekronkel [2] ⟨scheepv⟩ kronkel ⟨in touw⟩
²**squirm** /skwɜːm, ᴬskwɜrm/ [onov ww] [1] kronkelen, wriggelen, wriemelen, zich in bochten wringen • *she'll never manage to squirm out of that charge* onder die beschuldiging komt zij nooit uit [2] de grond in kunnen kruipen, zich ongemakkelijk voelen, in verlegenheid gebracht zijn • *she was squirming with embarrassment* zij wist zich geen raad van verlegenheid
squirm·y /skwɜːmi, ᴬskwɜrmi/ [bn] [1] kronkelend, wriemelend [2] druk, onrustig, beweeglijk • *the dog was squirmy and afraid* de hond was onrustig en bang [3] ⟨inf⟩ gênant
¹**squir·rel** /skwɪrəl, ᴬskwɜrəl/ [telb zn] [1] ⟨dierk⟩ eekhoorn, eekhoornachtige ⟨familie Sciuridae⟩ • *grey squirrel* grijze eekhoorn ⟨Sciurus carolinensis⟩, *red squirrel* rode eekhoorn ⟨Sciurus leucourus⟩ [2] ⟨sl⟩ psycholoog, psychiater [3] ⟨sl⟩ idioot [4] ⟨inf⟩ hamsteraar, prullenverzamelaar
• *barking squirrel* prairiehond ⟨Cynomys⟩
²**squir·rel** /skwɪrəl, ᴬskwɜrəl/ [niet-telb zn] eekhoorn, eekhoornvacht, eekhoornpels
³**squir·rel** /skwɪrəl, ᴬskwɜrəl/ [ov ww] ⟨vnl AE⟩ hamsteren, bijeengaren • *he squirreled away more than he needed* hij hamsterde meer dan hij nodig had
squirrel cage [telb zn] [1] tredmolen(tje) ⟨ook figuurlijk⟩, afstompende monotonie, zinloos bestaan [2] ⟨techn⟩ kooianker, kooirotor
squirrel corn [telb zn] ⟨plantk⟩ eekhoorntjeskruid ⟨Dicentra Canadensis⟩

squir·rel·fish [telb zn] ⟨dierk⟩ eekhoornvis ⟨genus Holocentrus⟩
squirrel hawk [telb zn] ⟨AE; dierk⟩ roestbruine ruigpootbuizerd ⟨Buteo regalis⟩
squir·rel·ly /skwɪrəli, ᴬskwɜr-/ [bn] ⟨AE; sl⟩ knetter, gek, excentriek
squirrel monkey [telb zn] ⟨dierk⟩ doodshoofdaapje ⟨genus Saimiri⟩
¹**squirt** /skwɜːt, ᴬskwɜrt/ [telb zn] [1] straal ⟨van vloeistof enz.⟩ [2] spuit(je), ⟨bij uitbreiding⟩ waterpistool [3] ⟨inf⟩ nul, stuk onbenul [4] ⟨inf⟩ snotneus, snotaap
²**squirt** /skwɜːt, ᴬskwɜrt/ [onov ww] (krachtig) naar buiten spuiten • *squirt out* uitspuiten
³**squirt** /skwɜːt, ᴬskwɜrt/ [ov ww] [1] (uit)spuiten, uitspuwen [2] volspuiten
squirt·er /skwɜːtə, ᴬskwɜrtər/ [telb zn] spuitmachine, spuitpistool, spuitfles
squirt gun [telb zn] ⟨vnl AE⟩ waterpistool
squirting cucumber [telb zn] ⟨plantk⟩ spuitkomkommer ⟨Ecballium elaterium⟩
¹**squish** /skwɪʃ/ [telb zn] zompend/zuigend geluid ⟨als van modder⟩
²**squish** /skwɪʃ/ [onov ww] [1] zompen [2] een plassend/zuigend/gorgelend geluid maken
³**squish** /skwɪʃ/ [ov ww] tot pulp slaan, doen plassen
¹**squish-squash** [telb zn] zompend/zuigend geluid
²**squish-squash** [onov ww] [1] zompen [2] een plassend/zuigend/gorgelend geluid maken
squish·y /skwɪʃi/ [bn] [1] zompig, drassig [2] ⟨sl⟩ sentimenteel, verliefd
squit /skwɪt/ /skwɪt/ [bn] ⟨BE; sl⟩ [1] broekie, ventje, onderdeur [2] nonsens, onzin
squitch /skwɪtʃ/ [telb zn] ⟨plantk⟩ kweek(gras) ⟨Agropyron repens⟩
squit·ters /skwɪtəz, ᴬskwɪtərz/ [alleen mv] ⟨inf of gew⟩ schijterij, racekak
squiz /skwɪz/ [telb zn; mv: squizzes] ⟨AuE; sl⟩ (onderzoekende) blik
sr, Sr [afk] [1] senior) sr., sen. [2] (señor) [3] (sister) zr. [4] (IndE) (sri) [5] (steradian(s)) sr
Sra [afk] ⟨señora⟩
SRAM [afk] (short-range attack missile)
SRC [afk] ⟨BE⟩ (Science Research Council)
Sri /ʃriː/ [telb zn] ⟨IndE⟩ Sri, hoogheid ⟨eretitel⟩
Sri Lan·ka /srɪlæŋkə, ᴬsrɪlɑŋkə/ [eigenn] Sri Lanka

Sri Lanka	
naam	Sri Lanka *Sri Lanka*
officiële naam	Democratic Socialist Republic of Sri Lanka *Democratische Socialistische Republiek Sri Lanka*
inwoner	Sri Lankan *Sri Lankaan*
inwoonster	Sri Lankan *Sri Lankaanse*
bijv. naamw.	Sri Lankan *Sri Lankaans*
hoofdstad	Colombo *Colombo*
munt	Sri Lankan rupee *Sri Lankaanse roepie*
werelddeel	Asia *Azië*
int. toegangsnummer 94 www .lk auto CL	

¹**Sri Lan·kan** /srɪlæŋkən, ᴬsrɪlɑŋkən/ [telb zn] Sri Lankaan(se)
²**Sri Lan·kan** /srɪlæŋkən, ᴬsrɪlɑŋkən/ [bn] Sri Lankaans
SRN [afk] (State Registered Nurse)
SRO [afk] [1] ⟨BE; beurs⟩ (Self-Regulatory Organization) [2] ⟨biol⟩ (sex-ratio organism) [3] ⟨AE⟩ (single-room occupancy) [4] ⟨AE⟩ (standing room only)
S.R.O. hotel [telb zn] ⟨AE⟩ (hotel/instelling met) verzorgingsflats voor alleenstaanden
Srta [afk] ⟨señorita⟩
ss [afk] (scilicet) sc.

SS

SS [afk] ① (saints) **HH.** ② (Schutzstaffel) **SS** ③ (screw steamer) **ss** ④ (steamship) **ss, SS** ⑤ (subjects) ⑥ (Sunday school)
SSA [afk] (Social Security Administration)
SSAFA [afk] (Soldiers', Sailors', and Airmen's Families Association)
SSBN [telb zn] (Submarine, Ballistic, Nuclear) kernduikboot
SSC [afk] ⟨SchE⟩ (Solicitor to the Supreme Court)
SSE [afk] (south-southeast) Z.Z.O.
Ssh /ʃʃʃ/ [tw] sst, stil
SSR [afk] (Soviet Socialist Republic)
SSRC [afk] ⟨BE⟩ (Social Science Research Council)
SSS [afk] ① ⟨AE⟩ (Selective Service System) ② ⟨sport, golf⟩ (standard scratch score)
SST [afk] (supersonic transport)
SSW [afk] (south-southwest) Z.Z.W.
¹st [afk] ① (same time) ② (short ton)
²st, St [afk] ① (stanza) ② (state) ③ (statute) ④ (stet) ⑤ (stitch) ⑥ (stokes) **St.** ⑦ (stone) ⑧ (strait) ⑨ (Street) str. ⑩ (strophe) str. ⑪ ⟨cricket⟩ (stumped (by))
-st ① ⟨superlatiefsuffix na -e⟩ **-ste** ② ⟨vero⟩ ⟨suffix van 2e persoon enkelvoud⟩ **-t** ③ ⟨vormt rangtelwoorden met een⟩ -ste
St [afk] (Saint) St., H.
sta, Sta [afk] ① (Station) ② (stationary)
¹stab /stæb/ [telb zn] ① steek(wond), stoot, messteek, uithaal ⟨met scherp voorwerp⟩ ② pijnscheut, stekende pijn, plotse opwelling ③ ⟨inf⟩ poging, gooi ♦ *have/make a stab at* een gooi doen naar ⟨•⟩ *a stab in the back* dolkstoot in de rug, achterbakse streek
²stab /stæb/ [onov ww] ① (toe)stoten, steken, uithalen ♦ *he stabbed at the guard* hij stak naar de bewaker ② een vlijmende pijn veroorzaken ♦ *a stabbing pain* een stekende pijn
³stab /stæb/ [ov ww] ① steken, doorsteken, doodsteken, neersteken, doorboren, over de kling jagen, spiezen, prikken in ♦ *she was stabbed to death* zij werd doodgestoken ② een stekende pijn bezorgen ⟨ook figuurlijk⟩, kwellen ♦ *it stabbed me to the heart* het raakte me in mijn ziel ③ ruw maken, krassen in ⟨muur⟩
Sta·bat Ma·ter /stɑ:bæt mɑ:tə, ᴬ-meɪtər/ [eigenn, telb zn] Stabat Mater ⟨Marialied in rooms-katholieke liturgie⟩
stab·ber /stæbə, ᴬ-ər/ [telb zn] messentrekker
¹sta·bile /steɪbaɪl, ᴬ-bi:l/ [telb zn] ⟨bk⟩ stabile ⟨abstract kunstwerk zonder bewegende delen⟩
²sta·bile /steɪbaɪl, ᴬ-bɪl/ [bn] stabiel, immobiel, stationair
sta·bil·i·ty /stəbɪləti/ [telb + niet-telb zn] ① stabiliteit, bestendigheid, duurzaamheid, standvastigheid, evenwichtigheid, betrouwbaarheid ② ⟨rel⟩ votum stabilitatis loci ⟨gelofte van monnik om zich aan één abdij te binden⟩
sta·bi·li·za·tion, sta·bi·li·sa·tion /steɪbɪlaɪzeɪʃn, ᴬ-ləzeɪʃn/ [niet-telb zn] stabilisatie
¹sta·bi·lize, sta·bi·lise /steɪbɪlaɪz/ [onov ww] stabiel worden, in evenwicht blijven, zich stabiliseren
²sta·bi·lize, sta·bi·lise /steɪbɪlaɪz/ [ov ww] stabiliseren, stabiel maken, in evenwicht brengen/houden, duurzaam maken
sta·bi·liz·er, sta·bi·lis·er /steɪbɪlaɪzə, ᴬ-ər/ [telb zn] stabilisator, gyroscoop, stabilo, stabiliseringsmiddel
¹sta·ble /steɪbl/ [telb zn] ① stal, paardenstal, stallingen ② (ren)stal ③ stal, groep, ploeg, familie, huis ♦ *the same stable of newspapers* dezelfde krantengroep
²sta·ble /steɪbl/ [bn; vergr trap: ook stabler; bw: stably] ① stabiel, bestendig, solide, vast, duurzaam, onafbreekbaar ♦ *stable equilibrium* stabiel evenwicht ② standvastig, resoluut, onwankelbaar, onverstoorbaar
³sta·ble /steɪbl/ [onov ww] op stal staan, in een stal gehuisvest zijn, huizen; → stabling
⁴sta·ble /steɪbl/ [ov ww] stallen, op stal zetten/houden,

→ stabling
sta·ble·boy, sta·ble·lad [telb zn] staljongen
sta·ble·com·pan·ion, sta·ble·mate [telb zn] ① paard uit dezelfde stal ② kameraad, clubgenoot, soortgenoot, broertje, zusje
stable door [telb zn] staldeur, stalpoort ⟨•⟩ ⟨sprw⟩ *it's too late to lock the stable door after the horse has bolted* 't is te laat de stal gesloten, als 't paard gestolen is, als het kalf verdronken is, dempt men de put
sta·ble-fly [telb zn] ⟨dierk⟩ stalvlieg ⟨Stomoxys calcitrans⟩
stable hand [telb zn] stalknecht
sta·ble·man /steɪblmən/ [telb zn; mv: stablemen] stalknecht
stable yard [telb zn] stalerf
sta·bling /steɪblɪŋ/ [niet-telb zn; gerund van stable] ① het stallen ② stalgelegenheid, stalruimte, stalling(en)
stablish [ov ww] → establish
stab wound [telb zn] ① steekwond ② (buik)incisie
¹stac·ca·to /stəkɑ:toʊ/ [telb zn; mv: ook staccati /-i/] staccato, stotend ritme, gehakkel
²stac·ca·to /stəkɑ:toʊ/ [bn; bw] ① ⟨muz⟩ staccato (te spelen) ② hortend, stokkend, hakkelig, onsamenhangend
staccato mark [telb zn] ⟨muz⟩ staccatopuntje
¹stack /stæk/ [telb zn] ① mijt, hooimijt, houtmijt, opper, berg, hooiopper, hooiberg ② stapel, hoop ♦ *stacks of money* hopen/bergen geld; *a whole stack of work* een massa werk ③ schoorsteen, groep schoorstenen, schoorsteenpijp, rookgang, fabriekschoorsteen, ⟨sl⟩ uitlaat ④ ⟨vnl mv⟩ boekenrek(ken), depot, (boeken)magazijn ⟨in bibliotheek⟩ ⑤ rot ⟨geweren⟩ ⑥ ⟨luchtv⟩ wachtende groep vliegtuigen ⟨voor landing rondcirkelend boven vliegveld⟩, wachtruimte ⑦ ⟨BE⟩ drie kuub ⟨houtmaat⟩ ⑧ ⟨BE⟩ vrijstaande rots ⟨in zee⟩ ⑨ ⟨comp⟩ stapelgeheugen ⑩ ⟨vnl AE; inf⟩ *blow one's stack* uit zijn vel springen van woede, opvliegen
²stack /stæk/ [onov ww] ① (op verschillende hoogten) boven een vliegveld rondcirkelen, op landingsinstructies wachten ② stapelbaar zijn ⟨•⟩ zie: **stack up**; → **stacked**
³stack /stæk/ [ov ww] ① (op)stapelen, tassen, op een hoop leggen, aan mijten zetten ♦ *stack arms* geweren aan rotten zetten ② arrangeren, bedrieglijk beramen, vals schikken ♦ *stack the cards* de kaarten steken ③ op verschillende hoogten laten rondvliegen ⟨vliegtuigen die op landingsinstructies wachten⟩ ④ volstapelen ⟨•⟩ zie: **stack up**; → **stacked**
stacked /stækt/ [bn; volt deelw van stack] ① uit laagjes bestaand, gelaagd, gestapeld ♦ *a stacked heel* uit laagjes leer bestaande schoenhiel ② ⟨inf⟩ mollig, van alles rijk voorzien ⟨van vrouwen⟩
stack room [telb zn] magazijn ⟨van bibliotheek⟩
stack·stand [telb zn] ruiter, hooiberg ⟨onderbouw van hooimijt⟩
stack system [telb zn] stereotoren
¹stack up [onov ww] ① een file/rij vormen ⟨van auto's, vliegtuigen⟩, aanschuiven, ⟨i.h.b.⟩ wachten op landingsinstructies, op verschillende hoogten boven vliegveld rondcirkelen ② ⟨AE; inf⟩ de vergelijking doorstaan, op kunnen, voldoen ♦ *our product does not stack up against the competition* ons product kan niet op tegen de concurrentie ③ ⟨AE; inf⟩ ervoor staan, eruitzien ♦ *that's how things stacked up yesterday* zo stonden de zaken er gisteren voor ④ ⟨AE; sl⟩ een wagen in de prak rijden, met de auto verongelukken
²stack up [ov ww] ① opstapelen, tassen, op een hoop leggen ② ophouden, een file/rij doen vormen, ⟨i.h.b.⟩ op verschillende hoogten boven het vliegveld doen wachten/rondcirkelen ♦ *traffic was stacked up for miles* het verkeer werd kilometers lang opgehouden
stack·yard [telb zn] erf voor hooimijt

stac·te /stækti/ [niet-telb zn] mirre(olie) ⟨om wierook te maken⟩
stad·dle /stædl/ [telb zn] ruiter, ⟨i.h.b. stenen⟩ onderbouw van mijt
stad·dle-stone [telb zn] platte ronde steen van hooibed
stad·hold·er, stadt·hold·er /stæthoʊldə, ᴬ-ər/ [telb zn] ⟨gesch⟩ stadhouder ⟨in de Nederlanden⟩
stad·hold·er·ate, stadt·hold·er·ate /stæthoʊldərət, ᴬ-reɪt/, **stad·hold·er·ship, stadt·hold·er·ship** /-ʃɪp/ [niet-telb zn] stadhouderschap
¹**sta·di·a** /steɪdɪə/ [telb zn] [1] tachymetrische methode ⟨afstandsmeting d.m.v. landmeterssextant en landmeetstok⟩ [2] landmeetstok
²**sta·di·a** /steɪdɪə/ [alleen mv] parallelle lijntjes ⟨in landmeterstelescoop⟩
sta·di·um /steɪdɪəm/ [telb zn; mv: ook stadia /-dɪə/] [1] stadion, renbaan, looppiste, atletiekbaan, sportterrein, arena [2] stadium, fase [3] stadie ⟨Oud-Griekse lengtemaat, meestal ca. 190 m⟩
stadium golf [telb zn] ⟨golf⟩ stadiongolf ⟨golfbaan met bijzondere faciliteiten voor toeschouwers, zoals tribunes, uitkijkpunten en wandelpaden⟩
¹**staff** /stɑːf, ᴬstæf/ [telb zn; mv: in bet 4 ook staves /steɪvz/] [1] staf, knuppel, kromstaf ♦ *pastoral staff* herderlijke staf, bisschopsstaf, kromstaf [2] steunstok, vlaggenstok, schacht [3] steun ⟨ook figuurlijk⟩, staf, ondersteuning, stut, sport ⟨bijvoorbeeld ladder⟩ ♦ *that son is the staff of his old age* de zoon is de staf zijns ouderdoms [4] ⟨muz⟩ notenbalk [5] doorrijsignaal ⟨voor treinmachinist op enkelspoor⟩ [6] spilletje ⟨in horloge⟩ [7] ⟨vnl BE⟩ landmetersstok, liniaal ♦ *the staff of aesculapius* esculaapteken, esculaap(slang); *the staff of life* brood ⟨als hoofdbestanddeel van eten⟩; ons dagelijks brood; *staff and staple* hoofdbestanddeel, hoofdschotel; ⟨sprw⟩ *bread is the staff of life* men moet eten om te leven
²**staff** /stɑːf, ᴬstæf/ [niet-telb zn] specie ⟨mengsel van gebrande gips, cement enz.⟩
³**staff** /stɑːf, ᴬstæf/ [verzamelnl] [1] staf, personeel, korps, kader, equipe ♦ *be staff* tot het personeel behoren; *the editorial staff of a newspaper* de redactionele staf/redactie van een dagblad [2] ⟨mil⟩ staf ♦ *the General Staff* de generale staf
⁴**staff** /stɑːf, ᴬstæf/ [ov ww] bemannen, van personeel voorzien ▪ *staff up* het personeelsbestand opvoeren van, meer personeel aanwerven voor
staf·fage /stəfɑːʒ/ [niet-telb zn] ⟨bk⟩ stoffering, bijwerk
staff association [telb zn] personeelsraad
staff college [telb zn] ⟨BE; mil⟩ stafschool ⟨ter voorbereiding van officieren op staffuncties⟩
staff counsel [telb zn] stafvergadering
staff·er /stɑːfə, ᴬstæfər/ [telb zn] ⟨vnl AE; inf⟩ stafmedewerker, redactielid
staff manager [telb zn] personeelschef
staff member [telb zn] staflid, personeelslid
staff notation [niet-telb zn] ⟨muz⟩ notenschrift ⟨d.m.v. notenbalk⟩
staff nurse [telb zn] ⟨BE⟩ stafverpleegster ⟨onderzuster in rang⟩
staff-of·fice [telb zn] personeelsdienst
staff officer [telb zn] ⟨mil⟩ stafofficier
staff position [telb zn] staffunctie
staff room [telb zn] leraarskamer
Staffs /stæfs/ [afk] (Staffordshire)
staff sergeant [telb zn] ⟨mil⟩ stafonderofficier
¹**stag** /stæg/ [telb zn] [1] hertenbok, (mannetjes)hert [2] gecastreerd dier, ⟨vnl⟩ barg, os [3] ⟨BE⟩ kalkoense haan [4] ⟨BE; fin⟩ premiejager [5] ⟨AE⟩ ongeëscorteerde heer, man die alleen op stap is [6] ⟨AE⟩ bokkenfuif, herenpartijtje, hengstenbal [7] ⟨sl⟩ bok, vrijgezel

²**stag** /stæg/ [bn, attr] [1] mannen-, heren- ♦ *a stag diner* een herendiner; *a stag film* een seksfilm; *a stag line* een groep dancingbezoekers [2] ⟨AE; mannentaal⟩ ongeëscorteerd, alleen op stap
³**stag** /stæg/ [onov ww] [1] ⟨BE⟩ klikken, doorslaan [2] ⟨BE; fin⟩ speculeren [3] ⟨AE; mannentaal⟩ ongeëscorteerd uitgaan, alleen op stap gaan
⁴**stag** /stæg/ [ov ww] [1] ⟨BE⟩ in de gaten houden, bespioneren [2] ⟨AE⟩ korter maken, afknippen ⟨in het bijzonder broekspijpen⟩ ▪ ⟨AE; mannentaal⟩ *stag it* de vrouw(en) thuislaten
stag beetle [telb zn] ⟨dierk⟩ vliegend hert
¹**stage** /steɪdʒ/ [telb zn] [1] stellage, stelling, verhoging, platform, toneel ⟨van microscoop⟩ [2] fase, stadium, trap, graad ♦ *at this stage* op dit punt; *stage by stage* stapsgewijs [4] pleisterplaats, stopplaats, ⟨BE⟩ halte aan het eind van een tariefzone [5] etappe, rit, traject, ⟨BE⟩ tariefzone ♦ *by easy stages* in korte etappes; *in stages* gefaseerd, stap voor stap [6] ⟨geol⟩ etage [7] ⟨elektronica⟩ trap [8] trap van raket [9] diligence, postkoets ♦ ⟨AE; inf⟩ *at that stage of the game* op dat moment
²**stage** /steɪdʒ/ [niet-telb zn; the] toneel ⟨ook figuurlijk⟩, schouwtoneel, toneelkunst ♦ *hold the stage* in productie blijven, publiek blijven trekken; *be on the stage* aan het toneel verbonden zijn; *go on the stage* aan het toneel gaan; *put on the stage* opvoeren ▪ *hold the stage* alle aandacht trekken, het gesprek overheersen; *set the stage for* de weg bereiden voor; *tread the stage* op de planken staan, bij het toneel zijn, optreden
³**stage** /steɪdʒ/ [bn] ⟨sl⟩ snobistisch, arrogant
⁴**stage** /steɪdʒ/ [onov ww] geschikt zijn voor opvoering; → **staging**
⁵**stage** /steɪdʒ/ [ov ww] [1] opvoeren, ten tonele brengen, uitvoeren [2] produceren [3] regisseren [4] op touw zetten, ensceneren, organiseren [5] ⟨sl⟩ de aandacht afhandig maken [6] ⟨sl⟩ negeren, onheus bejegenen, kil behandelen [7] ⟨sl⟩ kwaad worden/zijn op; → **staging**
stage box [telb zn] loge avant-scène
stage·coach [telb zn] diligence, postkoets ♦ *by stagecoach* met de postkoets
stage·craft [niet-telb zn] toneelkunst
stage direction [telb zn] toneelaanwijzing
stage door [telb zn] artiesteningang
stage effect [telb zn] toneeleffect, dramatisch effect
stage fever [niet-telb zn] hartstocht voor het toneel ♦ *he has got stage fever* hij wil dolgraag aan/bij het toneel
stage fright [niet-telb zn] plankenkoorts
stage·hand [telb zn] toneelknecht
stage-man·age [ov ww] ensceneren, opzetten, op touw zetten
stage management [niet-telb zn] het ensceneren
stage manager [telb zn] toneelmeester
stage name [telb zn] toneelnaam
stage play [telb zn] toneelstuk
stage properties [alleen mv] rekwisieten
stag·er /steɪdʒə, ᴬ-ər/ [telb zn] [1] ervaren iemand ♦ *an old stager* een oude rot in het vak [2] koetsier van een postkoets [3] paard van een postkoets [4] ⟨vero⟩ toneelspeler, toneelspeelster
stage race [telb zn] ⟨sport, in het bijzonder wielrennen⟩ etappewedstrijd, ⟨België⟩ rittenwedstrijd
stage rights [alleen mv; the] recht van opvoering, toneelauteursrechten
stag·er·y /steɪdʒəri/ [niet-telb zn] toneelkunst
stage setting [telb zn] toneelschikking, mise-en-scène
stage-struck [bn] gek op toneel, met toneelaspiraties behept ♦ *she is stagestruck* zij wil dolgraag aan het toneel
stag evil [telb + niet-telb zn] ⟨diergen⟩ klem ⟨bij paarden⟩
stage whisper [telb zn] [1] terzijde [2] luid gefluister

stagey

stagey [bn] → **stagy**
stag·fla·tion /stægfleɪʃn/ [niet-telb zn] ⟨ec⟩ stagflatie
stag·gard /stægəd, ^-ərd/ [telb zn] ⟨dierk⟩ vier jaar oud mannetjeshert
¹**stag·ger** /stægə, ^-ər/ [telb zn; alleen enk] [1] wankeling, het wankelen [2] zigzag/overhangende/schuine opstelling
²**stag·ger** /stægə, ^-ər/ [onov ww] [1] wankelen, onvast staan, waggelen ♦ *stagger about/around* rondwankelen; *stagger along* moeizaam vooruitkomen [2] weifelen, aarzelen, dubben; → **staggering**
³**stag·ger** /stægə, ^-ər/ [ov ww] [1] doen wankelen, ⟨fig⟩ onthutsen, van zijn stuk brengen ♦ *we were staggered to hear/see ...* we waren verbijsterd toen we hoorden/zagen ... [2] doen weifelen, doen aarzelen [3] zigzagsgewijs aanbrengen ♦ *a staggered road crossing* een kruising met verspringende zijwegen; *stagger the spokes of a wheel* de spaken van een wiel beurtelings naar links en naar rechts buigen [4] doen alterneren, spreiden ⟨vakantie⟩ ♦ *staggered office hours* glijdende werktijden/openingstijden; → **staggering**
stag·ger·er /stægərə, ^-ər/ [telb zn] [1] iemand die wankelt [2] weifelaar [3] ⟨benaming voor⟩ iets dat versteld doet staan, puzzel, probleem
stag·ger·ing /stægərɪŋ/ [bn; oorspronkelijk tegenwoordig deelw van stagger; bw: ~ly] [1] wankelend [2] weifelend [3] onthutsend, ontstellend
stag·gers /stægəz, ^-ərz/ [alleen mv; the] [1] duizeligheid [2] ⟨dierk⟩ kolder
stag-head·ed [bn] ⟨plantk⟩ met een kale kruin
¹**stag·horn, stag's horn** [telb zn] ⟨plantk⟩ [1] wolfsklauw ⟨Lycopodium⟩ [2] hertshoornvaren ⟨Platycerium⟩
²**stag·horn, stag's horn** [niet-telb zn] hertshoorn ⟨voor meshefden⟩
stag·hound [telb zn] jachthond
¹**stag·ing** /steɪdʒɪŋ/ [telb zn; oorspronkelijk tegenwoordig deelw van stage] steiger, stelling, stellage, verhoging, platform
²**stag·ing** /steɪdʒɪŋ/ [telb + niet-telb zn; oorspronkelijk tegenwoordig deelw van stage] [1] opvoering, het opvoeren, mise-en-scène [2] ⟨mil⟩ het zich groeperen
³**stag·ing** /steɪdʒɪŋ/ [niet-telb zn; oorspronkelijk tegenwoordig deelw van stage] ⟨ruimtev⟩ het afstoten van een draagraket
staging area [telb zn] ⟨mil⟩ verzamelplaats
staging post [telb zn] vaste halte
Stag·i·rite /stædʒɪraɪt/ [eigenn; the] de man uit Stagira, Aristoteles
stag jump [telb zn] ⟨schaatssp⟩ reesprong
stag·nan·cy /stægnənsi/ [niet-telb zn] stilstand, malaise
stag·nant /stægnənt/ [bn; bw: ~ly] [1] stilstaand [2] stagnerend ⟨ook economie⟩, mat, slap, flauw
¹**stag·nate** /stægneɪt, ^stægneɪt/ [onov ww] [1] stilstaan, stagneren, niet vloeien [2] mat worden/zijn, flauw/slap worden/zijn
²**stag·nate** /stægneɪt, ^stægneɪt/ [ov ww] doen stilstaan, laten stagneren
stag·na·tion /stægneɪʃn/ [niet-telb zn] stagnatie, stremming, stilstand
stag party, ⟨BE ook⟩ **stag night** [telb zn] bokkenfuif, herenpartijtje, hengstenbal ⟨in het bijzonder ten afscheid van het vrijgezellenbestaan⟩
stag·y, stage·y /steɪdʒi/ [bn; bw: stagily; zn: staginess] theatraal, overdreven, geaffecteerd
¹**staid** /steɪd/ [bn; bw: ~ly; zn: ~ness] bezadigd, ernstig, saai
²**staid** /steɪd/ [bn, attr; bw: ~ly; zn: ~ness] vast, stellig, onwrikbaar
¹**stain** /steɪn/ [telb zn] smet, schandvlek, brandmerk
²**stain** /steɪn/ [telb + niet-telb zn] [1] vlek, klad, vuile plek, verkleuring [2] kleurstof, verfstof, kleurreagens ⟨in laboratorium⟩, beits
³**stain** /steɪn/ [onov ww] vlekken, afgeven, vlekken krijgen, smetten
⁴**stain** /steɪn/ [ov ww] [1] (be)vlekken, vlekken geven op, ⟨fig⟩ bezoedelen, besmeuren, een smet werpen op [2] kleuren, verven, beitsen, branden, vlammen ♦ *stained glass* gebrandschilderd glas
stain·a·ble /steɪnəbl/ [bn] te kleuren, te verven, te beitsen
stain·er /steɪnə, ^-ər/ [telb zn] [1] kleurder, verver, beitser [2] kleurpigment ⟨van verf⟩
stain·less /steɪnləs/ [bn] [1] vlekkeloos, smetteloos, zonder smet, onbezoedeld [2] roestvrij, vlekvrij ♦ *stainless steel* roestvrij staal
stain-proof [bn] vlekvrij
stain remover [telb zn] vlekkenmiddel, vlekkenwater
stair /steə, ^ster/ [telb zn] [1] trap ♦ *a winding stair* een wenteltrap [2] trede
stair carpet [telb zn] traploper
stair·case, stair·way [telb zn] trap ♦ *a moving staircase* een roltrap
stair·head [telb zn] trapportaal boven aan de trap
stair rod [telb zn] traproede
stairs /steəz, ^sterz/ [alleen mv] [1] trap [2] aanlegsteiger ♦ *below stairs* in het souterrain, bij de bedienden
stair·well [telb zn] trappenhuis
stair wire [telb zn] (dunne) traproede
staithe /steɪð/ [telb zn] ⟨BE⟩ kolenpark in haven, kolenpier
¹**stake** /steɪk/ [telb zn] [1] staak, paal [2] brandstapel, brandpaal [3] inzet, ⟨fig⟩ belang, interesse ♦ *have a stake in the country* zakelijk belang hebben bij het wel en wee van het land, belangen hebben op het platteland; *lose one's stake* zijn inzet/de weddenschap verliezen [4] tenthering ♦ *pull up stakes* zijn biezen pakken, verhuizen [5] bies ⟨van vlechtwerk⟩ [6] ⟨techn⟩ bankaambeeld [7] *be at stake* op het spel staan; *the issue at stake* waar het om gaat
²**stake** /steɪk/ [niet-telb zn; the] de dood op de brandstapel/aan de brandpaal ♦ *go to the stake* op de brandstapel sterven; ⟨fig⟩ de zure vruchten plukken (van een onverstandig besluit)
³**stake** /steɪk/ [ov ww] [1] vastbinden aan een staak, stutten [2] afpalen, afbakenen ♦ *stake (out) a/one's claim (on/to)* aanspraak maken (op); *stake off/out* afpalen, afbakenen, afzetten [3] spietsen [4] verwedden, inzetten, ⟨fig⟩ op het spel zetten, riskeren, inzetten ♦ *stake money on a horse* geld (in)zetten op een paard; *I'd stake my life on it* ik durf er mijn hoofd om te verwedden [5] ⟨AE; inf⟩ (financieel) steunen, financieren, aan geld helpen ♦ *I'll stake you to a new one* ik zal een nieuwe voor je betalen [6] ⟨AE; inf⟩ *stake out* posten bij, in de gaten houden ⟨bijvoorbeeld (huis van) misdadiger⟩; ⟨sprw⟩ *nothing stake, nothing draw* wie waagt, die wint
stake boat [telb zn] ⟨roeisp⟩ startboot, (drijvende) startsteiger, startponton
stake·hold·er [telb zn] [1] beheerder van de inzet, beheerder van de pot ⟨bij weddenschap⟩ [2] ⟨jur⟩ ± bewaarder, ± sekwester [3] ⟨ec⟩ stakeholder, belanghebbende
stakeholder economy [telb zn] ⟨BE⟩ economie waarbij de burger zich belanghebbende voelt
stake net [telb zn] fuik, staaknet
stake·out [telb zn] ⟨AE; inf⟩ [1] plaats die (door politie) wordt bespied [2] politiebewaking, politietoezicht, politiesurveillance ⟨van plaats of verdacht persoon⟩
stakes /steɪks/ [alleen mv] [1] prijzengeld [2] wedstrijd met prijzengeld, paardenrennen
Sta·kha·nov·ite /stækænəvaɪt, ^stə-/ [telb zn] stachanovist ⟨sovjetarbeider die enorme prestaties levert; naar Stachanov⟩

stal·ac·tic /stəlæktɪk/, **stal·ac·tit·ic** /stæləktɪtɪk/ [bn] ① als een stalactiet, stalactitisch ② vol stalactieten

stal·ac·ti·form /stəlæktɪfɔːm, ᴬ-fɔrm/ [bn] stalactietvormig

sta·lac·tite /stæləktaɪt, ᴬstəlæktaɪt/ [telb zn] ⟨geol⟩ stalactiet, druipsteen

sta·lag·mite /stæləgmaɪt, ᴬstəlægmaɪt/ [telb zn] ⟨geol⟩ stalagmiet, druipsteen

stal·ag·mit·ic /stæləgmɪtɪk/, **stal·ag·mit·i·cal** /-ɪkl/ [bn; bw: ~ally] ⟨geol⟩ als een stalagmiet, stalagmitisch

¹**stale** /steɪl/ [niet-telb zn] stal(le) ⟨urine van paard/rund⟩

²**stale** /steɪl/ [bn; vergr trap: staler; bw: ~ly; zn: ~ness] ① niet vers, muf, bedompt, oud⟨bakken⟩, verschaald ♦ *stale bread* oud brood ② afgezaagd, triviaal, banaal ③ overtraind, overwerkt, op, mat, niet meer geïnspireerd, machinaal ④ ⟨jur⟩ verjaard ♦ ⟨fin⟩ *a stale cheque* een verjaarde cheque ♦ *go stale on* beu zijn, genoeg hebben van

³**stale** /steɪl/ [onov ww] ① oud worden, muf/bedompt worden, verschalen ② afgezaagd worden, oninteressant worden, verflauwen ③ wateren ⟨van paard, enz.⟩

⁴**stale** /steɪl/ [ov ww] ① oud maken, muf/bedompt maken, doen verschalen ② doen verflauwen

¹**stale·mate** /steɪlmeɪt/ [telb + niet-telb zn] ① ⟨schaaksp⟩ pat ② impasse, dood punt

²**stale·mate** /steɪlmeɪt/ [ov ww] ⟨schaaksp⟩ pat zetten, ⟨fig⟩ vastzetten, klemzetten

¹**stalk** /stɔːk/ [telb zn] ① ⟨plantk⟩ stengel, steel, rank, halm ② steel, schacht ③ hoge schoorsteenpijp ④ statige tred

²**stalk** /stɔːk/ [niet-telb zn] het besluipen ⟨van wild⟩

³**stalk** /stɔːk/ [onov ww] ① schrijden, statig stappen/lopen ♦ *the chairman stalked out in anger* de voorzitter stapte kwaad op ② sluipen ⟨bij de jacht⟩ ③ rondwaren, spoken

⁴**stalk** /stɔːk/ [ov ww] ① besluipen ② achtervolgen (en lastig vallen), hinderlijk volgen, stalken ③ rondwaren door

stalked /stɔːkt/ [bn] ⟨plantk⟩ gesteeld

stalk·er /stɔːkə, ᴬ-ər/ [telb zn] ① iemand die wild besluipt, jager ② achtervolger, stalker, iemand die je hinderlijk volgt

stalk-eyed [bn] ⟨dierk⟩ met ogen op steeltjes

stalk·ing-horse [telb zn] (imitatie)paard waarachter jager zich verbergt, ⟨fig⟩ voorwendsel, dekmantel

stalk·y /stɔːki/ [bn] ① ⟨plantk⟩ gesteeld ② dun, slank, sprietig

¹**stall** /stɔːl/ [telb zn] ① box, hok, stal ② stalletje, kraam, stand ③ koorstoel ⟨in het bijzonder van deken, kanunnik⟩, ⟨fig⟩ decanaat, kanunnikdij ④ ⟨BE⟩ stallesplaats ⑤ douchecel, douchehok(je) ⑥ ⟨vaak mv⟩ ⟨paardsp⟩ startbox, starthok ⑦ vingerling, sluifje, vingerovertrek ⑧ ⟨BE; mijnb⟩ pand ⑨ ⟨luchtv⟩ overtrokken vlucht ⑩ ⟨AE; sl⟩ handlanger van zakkenroller/crimineel ⑪ ⟨AE; sl⟩ voorwendsel, list, smoesje

²**stall** /stɔːl/ [onov ww] ① blijven steken, vastzitten, tot stilstand komen, ⟨AE⟩ ingesneeuwd zijn ② afslaan ⟨van motor⟩ ③ ⟨luchtv⟩ in een overtrokken vlucht raken ④ draaien, talmen, uitvluchten zoeken, tijd rekken

³**stall** /stɔːl/ [ov ww] ① stallen, op stal zetten ② van boxen voorzien ③ ⟨luchtv⟩ overtrekken ④ doen afslaan ⟨motor⟩ ⑤ ophouden, blokkeren, obstrueren ♦ *stall off* aan het lijntje houden, afschepen

stall·age /stɔːlɪdʒ/ [niet-telb zn] ⟨BE⟩ ① staangeld, marktgeld, marktrecht ② staanplaats op markt ③ recht om een kraam neer te zetten

stall-feed [ov ww] op stal mesten

stall-hold·er [telb zn] ⟨BE⟩ houd(st)er van een kraam

stall·ing speed [niet-telb zn] ⟨luchtv⟩ overtreksnelheid

stal·lion /stæliən/ [telb zn] hengst, dekhengst

stalls /stɔːlz/ [alleen mv] ⟨BE⟩ stalles

¹**stal·wart** /stɔːlwət, ᴬ-wərt/ [telb zn] trouwe aanhanger/volgeling

²**stal·wart** /stɔːlwət, ᴬ-wərt/ [bn; bw: ~ly; zn: ~ness] ① stevig, fors, robuust, stoer, potig ② flink, dapper ③ standvastig, onverzettelijk, trouw

Stam·boul /stæmbuːl/ [eigenn] Konstantinopel, Stamboel

sta·men /steɪmən/ [telb zn; mv: ook stamina /stæmɪnə/] ⟨plantk⟩ meeldraad

stam·i·na /stæmɪnə/ [niet-telb zn] uithoudingsvermogen, weerstandsvermogen

stam·i·nal /stæmɪnl/ [bn] ① uithoudings-, weerstands-, van het gestel ② ⟨plantk⟩ m.b.t. meeldraden

stam·i·nate /stæmɪnət/ [bn] ⟨plantk⟩ ① met meeldraden ② mannelijk

sta·mi·nif·er·ous /stæmɪnɪfrəs/ [bn] ⟨plantk⟩ met meeldraden

¹**stam·mer** /stæmə, ᴬ-ər/ [telb zn; voornamelijk enk] stamelgebrek, het stotteren ♦ *speak with a stammer* stotteren

²**stam·mer** /stæmə, ᴬ-ər/ [onov + ov ww] stotteren, stamelen, haperen ♦ *he stammered out a few words* hij stamelde een paar woorden

stam·mer·er /stæmərə, ᴬ-ər/ [telb zn] stotteraar, stamelaar

stam·mer·ing·ly /stæmərɪŋli/ [bw] stotterend, stamelend

¹**stamp** /stæmp/ [telb zn] ① stempel, stempelafdruk, ⟨fig⟩ (ken)merk, indruk, effect ♦ *bear the stamp of* het stempel dragen van; *embossed stamp* reliëfstempel, droogstempel; *leave one's stamp on* zijn stempel drukken op ② zegel, postzegel, stempelmerk, waarmerk ③ kenmerk, label ④ soort, slag, stempel ⑤ stampblok ⟨voor erts⟩ ⑥ stamp, gestamp

²**stamp** /stæmp/ [onov + ov ww] stampen, trappen, aanstampen, losstampen ♦ *she stamped the snow from her boots* zij stampte de sneeuw van haar laarzen; ⟨fig⟩ *stamp on* onderdrukken, in de kiem smoren, afstraffen; ⟨fig⟩ *stamp out* uitroeien

³**stamp** /stæmp/ [ov ww] ① stempelen, persen, waarmerken, stampen ⟨metalen⟩ ♦ *it was stamped on his memory* het was in zijn geheugen gegrift ② frankeren, een postzegel plakken op ♦ *stamped addressed envelope* antwoordenveloppe, aan afzender geadresseerde, gefrankeerde enveloppe ③ fijnstampen, verpulveren ④ stempelen tot, tekenen, karakteriseren ♦ *this stamps him (as) a conservative* dit stempelt hem tot een conservatief

Stamp Act [eigenn; the] zegelwet ⟨in 1765⟩

stamp album [telb zn] postzegelalbum

stamp book [telb zn] postzegelboekje

stamp collecting [niet-telb zn] het verzamelen van postzegels

stamp collector [telb zn] postzegelverzamelaar

stamp dealer [telb zn] postzegelhandelaar

stamp duty [niet-telb zn] zegelrecht

¹**stam·pede** /stæmpiːd/ [telb zn] ① wilde vlucht ⟨in het bijzonder van vee of paarden⟩, paniek, het op hol slaan ② stormloop, toeloop ③ massabeweging, ⟨AE⟩ grote toestroom van kiezers

²**stam·pede** /stæmpiːd/ [onov ww] op de vlucht slaan, op hol slaan, ⟨fig⟩ het hoofd verliezen

³**stam·pede** /stæmpiːd/ [ov ww] op de vlucht jagen, op hol jagen, ⟨fig⟩ het hoofd doen verliezen, in rep en roer brengen ♦ *don't be stampeded into selling all your shares* besluit niet overhaastig al je aandelen te verkopen

stamp·er /stæmpə, ᴬ-ər/ [telb zn] stamper, mortierstok, stempel

stamp-hinge [telb zn] gomstrookje, postzegelstrookje

stamping ground [telb zn; ook mv] gewone/geliefde verblijfplaats ♦ *that used to be his stamping ground* daar

stamping machine

hing hij vroeger veel uit
stamping machine [telb zn] [1] stempelmachine [2] frankeermachine
stamp mill [telb zn] ertsmolen
stamp office [telb zn] zegelkantoor
¹**stamp paper** [telb zn] gomstrook aan een postzegelblad
²**stamp paper** [niet-telb zn] gezegeld papier
stance /stɑːns, ᴬstæns/ [telb zn; voornamelijk enk] [1] houding ⟨bij tennis, golf enz.⟩, stand, postuur [2] pose, houding, gezindheid
¹**stanch** /stɑːntʃ/, **staunch** /stɔːntʃ/ [ov ww] [1] stelpen, stillen [2] tot staan brengen, een halt toeroepen (aan) [3] waterdicht maken
²**stanch** /stɑːntʃ/ → staunch
¹**stan·chion** /stɑːntʃən, ᴬstæn-/ [telb zn] [1] paal, staak, stijl, stang, stut, ⟨scheepv⟩ scepter, berkoen [2] ijzeren kraag, halsbeugel ⟨om koeien in vast te leggen⟩
²**stan·chion** /stɑːntʃən, ᴬstæn-/ [ov ww] [1] stutten, schoren [2] een ijzeren kraag omdoen ⟨koeien⟩
¹**stand** /stænd/ [telb zn] [1] stilstand, halt ♦ *bring to a stand* tot staan brengen; *come to a stand* tot staan komen, blijven stilstaan [2] stelling ⟨ook leger⟩, ⟨fig⟩ standpunt ♦ *make a stand for* opkomen voor; *make a final stand* een laatste verdedigingsstelling innemen; *make a stand against the enemy* stelling nemen tegen de vijand; ⟨fig⟩ *take a stand on* zich uitspreken over; *take one's stand on* zich baseren op [3] plaats, positie, post ♦ *take a/one's stand* postvatten [4] stander, rek, stelling, statief [5] stand, kraam, stalletje [6] standplaats ⟨van taxi's enz.⟩ [7] tribune, platform, podium, stellage, ⟨AE⟩ getuigenbank ♦ ⟨AE⟩ *take the stand* plaats nemen in de getuigenbank [8] ⟨bosb⟩ opstand, ⟨landb⟩ stand, gewas [9] plaats waar men optreedt op tournee [10] ⟨vnl SchE⟩ stel kleren [11] ⟨cricket⟩ stand, het langdurig aan slag zijn van twee batsmen [·] ⟨mil⟩ *stand of arms* wapenrusting; *stand of colours* vaandel van regiment
²**stand** /stænd/ [onov ww; stood, stood] [1] (rechtop) staan, gaan staan, opstaan ♦ *the workers were just standing about/around* de arbeiders stonden maar wat te kijken; *as I stand here* zowaar ik hier sta; *please stand clear of the doors* laat de deuropening vrij a.u.b.; *stand on one's head* op zijn hoofd staan; *I won't stand in your way* ik zal jou niet in de weg staan [2] zich bevinden, staan, liggen [3] stilstaan, halt houden, ⟨AE⟩ stoppen ⟨van voertuigen⟩ [4] blijven staan, stand houden ♦ *he stands at nothing* hij deinst voor niets terug; *stand and deliver!* je geld of je leven! [5] gelden, van kracht blijven/zijn, opgaan ♦ *stand or fall by* staan of vallen met, afhankelijk zijn van; *the offer still stands* het aanbod is nog van kracht [6] zijn, (ervoor) staan, zich in een bepaalde situatie bevinden ♦ *as it stands* in de huidige situatie, momenteel, zoals het nu is; *the thermometer stood at thirty degrees* de thermometer stond op dertig graden; *they stood under heavy obligations* zij hadden zware verplichtingen; *he would like to know/learn/find out where he stands* hij wil graag weten waar hij aan toe is [7] ⟨BE⟩ kandidaat zijn, zich kandidaat stellen [8] ⟨scheepv⟩ koersen ♦ *stand from the shore* van de kust afhouden [9] ⟨jacht⟩ staan ⟨van hond⟩ [·] *it stands alone* het kent zijn weerga niet; *stand aloof* zich op een afstand houden; *stand apart* zich afzijdig houden; zie: **stand aside**; zie: **stand back**; *stand by* bijstaan, steunen, niet afvallen; zich houden aan, trouw blijven aan; zie: **stand by**; *I stand corrected* ik neem mijn woorden terug; zie: **stand down**; *stand easy!* op de plaats rust!; zie: **stand for**; *stand high* hoog in aanzien staan; ⟨inf⟩ *stand in with s.o.* met iemand samenwerken/meedoen; *stand in (for s.o.)* (iemand) vervangen; *stand in for the shore* op de kust aanhouden; *stand in towards the harbour* koers zetten naar de haven; *stand in (well) with s.o.* op vriendelijke voet staan met iemand, het kunnen vinden met iemand; *stand to lose sth.* waarschijnlijk/zeker iets

zullen verliezen; zie: **stand off**; *stand on* staan op, aandringen op; *she stands on her dignity* zij wil met egards behandeld worden; *we don't stand on ceremony* wij hechten niet aan plichtplegingen; zie: **stand out**; *stand over* toezicht houden op; *this item can stand over until next month* deze zaak kan tot volgende maand wachten/uitgesteld worden; *stand pat* passen ⟨in poker⟩; ⟨fig⟩ voet bij stuk houden, op zijn stuk blijven (staan); zie: **stand to**; zie: **stand up**; *stand upon* staan op, gesteld zijn op; *stand well with s.o.* met iemand op goede voet staan, bij iemand in een goed blaadje staan; ⟨sprw⟩ *an empty sack cannot stand upright* ± zonder water draait de molen niet, ± een lege beurs staat moeilijk recht; ⟨sprw⟩ *a house divided against itself cannot stand* indien een huis in zichzelf verdeeld is, zal het ondergaan; ⟨sprw⟩ *they also serve who only stand and wait* ± de mensen die de onbelangrijke klusjes opknappen zijn ook onmisbaar; ⟨sprw⟩ *united we stand, divided we fall* eendracht maakt macht, tweedracht breekt kracht; → standing
³**stand** /stænd/ [ov ww; stood, stood] [1] plaatsen, neerzetten, rechtop zetten ♦ *stand everything on its head* alles op zijn kop zetten [2] verdragen, dulden, uitstaan [3] doorstaan, ondergaan ♦ *stand the test* de proef doorstaan; *stand trial* terecht staan [4] weerstaan [5] trakteren (op), betalen ♦ *stand s.o. (to) a drink* iemand op een drankje trakteren; *stand treat* trakteren [·] zie: **stand off**; zie: **stand out**; zie: **stand up**; → standing
stand-a·lone [telb zn; ook attributief] ⟨comp⟩ stand-alone, ⟨attributief⟩ zelfstandig, autonoom ⟨van computersysteem⟩
¹**stan·dard** /stændəd, ᴬ-dərd/ [telb zn] [1] vaandel ⟨ook figuurlijk⟩, standaard, vlag, banier ♦ ⟨fig⟩ *raise the standard of revolt* tot opstand oproepen, de revolutie uitroepen; *royal standard* koninklijke standaard [2] ⟨vaak mv⟩ maat(staf), norm, richtlijn [3] standaard(maat), gebruikelijke maat, slaper, legger, eenheidsmaat [4] houder, standaard, kandelaar [5] (munt)standaard, muntvoet, geldstandaard [6] standaard (houtmaat) [7] staander, steun, stijl, post, paal [8] hoogstammige plant/struik [9] ⟨vero; BE⟩ klasse ⟨van lagere school⟩
²**stan·dard** /stændəd, ᴬ-dərd/ [telb + niet-telb zn] peil, niveau, standaard ♦ *below standard* beneden peil; *(not) come up to (the) standard* (niet) op peil zijn/aan de gestelde eisen voldoen; *standard of living/life* levensstandaard; *of a low standard* van slechte kwaliteit; *set a high/low standard* hoge/lage eisen stellen; *up to standard* op peil, van de gewenste kwaliteit
³**stan·dard** /stændəd, ᴬ-dərd/ [bn; bw: ~ly] [1] normaal, gebruikelijk, standaard- [2] ⟨vero; BE⟩ van gemiddelde (standaard)grootte ⟨van eieren⟩
⁴**stan·dard** /stændəd, ᴬ-dərd/ [bn, attr; bw: ~ly] [1] standaard-, gebruikelijk, eenheids-, genormaliseerd, gestandaardiseerd ♦ *standard coin* standpenning, standaardmunt; ⟨AE⟩ *standard deduction* vaste aftrek ⟨van belasting⟩; ⟨stat⟩ *standard deviation* standaardafwijking, standaarddeviatie ⟨symbool σ⟩; *Standard English* Standaardengels; ⟨stat⟩ *standard error* standaardfout; ⟨spoorw⟩ *standard gauge* normaalspoor; *standard time* zonnetijd [2] staand ♦ *standard rose* stamroos [·] *standard book* standaardwerk
stan·dard-bear·er [telb zn] banierdrager ⟨ook figuurlijk⟩, vaandeldrager
¹**stan·dard·bred** [telb zn; ook Standardbred] ⟨AE⟩ standard-bred, standard-bredpaard, harddraver
²**stan·dard·bred** [niet-telb zn; ook Standardbred] ⟨AE⟩ standard-bred(ras)
stan·dard·i·za·tion, stan·dard·i·sa·tion /stændədaɪzeɪʃn, ᴬ-dərdə-/ [telb + niet-telb zn] standaardisering, normalisering
stan·dard·ize, stan·dard·ise /stændədaɪz, ᴬ-dər-/ [ov ww] standaardiseren, normaliseren

standard lamp [telb zn] ⟨BE⟩ staande lamp
stand aside [onov ww] ① opzij gaan (staan), aan de kant gaan (staan) ② zich afzijdig houden, niets doen
stand back [onov ww] ① achteruit gaan ② op een afstand liggen ♦ *the house stands well back from the road* het huis ligt een goed stuk van de weg af ③ afstand nemen ④ zich op de achtergrond houden
¹**stand·by** [telb zn; mv: standbys] ① reserve, vervanger, ⟨fig⟩ toevlucht, hulp (in nood), ⟨sport ook⟩ wisselspeler ♦ *an old standby* een ouwe getrouwe ② reserve, (nood)voorraad ③ ⟨luchtv⟩ stand-bypassagier ④ ⟨luchtv⟩ stand-byticket
²**stand·by** [niet-telb zn] reserve ♦ *be on standby* paraat/bereikbaar zijn, reserve/klaar/paraat staan, ⟨België⟩ van wacht zijn; op stand-by staan, in sluimerstand staan ⟨van toestel⟩
³**stand·by** [bn, attr] ① reserve-, nood-, hulp- ♦ *be on standby duty* klaar/paraat moeten staan; *standby equipment* nooduitrusting; *standby mode* stand-by, sluimerstand ⟨bijvoorbeeld van tv⟩; *standby power plant* noodaggregaat ② ⟨luchtv⟩ stand-by ③ ⟨fin⟩ *standby credit* overbruggingskrediet
stand by [onov ww] ① erbij staan ② werkloos toezien ③ gereed staan, ⟨mil⟩ paraat staan, ⟨scheepv⟩ klaar staan
standby time [niet-telb zn] stand-bytijd ⟨telefoon⟩, tijd in de ruststand/waakstand/sluimerstand ⟨elektronisch apparaat⟩, wachttijd ⟨van gebruiker, als de computer een taak uitvoert⟩
¹**stand down** [onov ww] ① zich terugtrekken, aftreden ♦ *he stood down in favour of his brother* hij trok zich terug ten gunste van zijn broer ② ⟨AE; jur⟩ de getuigenbank verlaten ③ ⟨mil⟩ inrukken ④ ⟨scheepv⟩ voor de wind/met het getijde varen
²**stand down** [ov ww] ⟨vnl BE; ook mil⟩ op non-actief stellen, tijdelijk ontslaan
stand·ee /stændiː/ [telb zn] ⟨AE⟩ iemand op staanplaats
stand for [onov ww] ① staan voor, vertegenwoordigen, betekenen ② ⟨inf⟩ goedvinden, zich laten welgevallen, dulden, (het) nemen ③ ⟨BE⟩ kandidaat staan voor ④ ⟨BE⟩ voorstaan, verdedigen
stand-in [telb zn] vervanger
¹**stand·ing** /stændɪŋ/ [telb + niet-telb zn; (oorspronkelijk) gerund van stand] ① status, rang, stand, positie, naam, standing ♦ *a member in full/good standing* een gerespecteerd lid; *s.o. of standing* iemand van aanzien/standing ② reputatie, achting ③ lidmaatschapsduur ④ diensttijd
²**stand·ing** /stændɪŋ/ [niet-telb zn; (oorspronkelijk) gerund van stand] ① (tijds)duur ♦ *friendship of long standing* oude/ver teruggaande vriendschap ② het staan
³**stand·ing** /stændɪŋ/ [bn, attr] ① blijvend, van kracht/in gebruik blijvend, permanent, gevestigd, vast, constant, bestendig ♦ ⟨scheepv⟩ *all standing* met staande zeilen; ⟨fig⟩ onverhoeds; *standing army* staand leger; *standing committee* permanente commissie; *standing corn* (te velde) staand koren, koren op (de) halm; *standing joke* vaste grap; *standing order* doorlopende order, legorder; staande opdracht; ⟨i.h.b.⟩ automatische overschrijving; *pay by standing order* per staande order/via automatische overschrijving betalen; *standing orders* reglement van orde, statuten; ⟨mil⟩ algemene orders; ⟨scheepv⟩ *standing rigging* staand tuig/want; ⟨boek⟩ *standing type* vaste drukplaat, stereotype, styp, cliché; *standing water* staand water; ⟨natuurk⟩ *standing wave* staande/transversale golf ② staand, stilstaand ♦ *standing ovation* staande ovatie ③ zonder aanloop ⟨van sprong, e.d.⟩
standing dive [telb zn] ⟨schoonspringen⟩ sprong uit stand
standing room [niet-telb zn] staanplaatsen ⟨in theater, stadion, enz.⟩
stand·ish /stændɪʃ/ [telb zn] ⟨vero⟩ inktstel

stand-off [telb zn] ① impasse ② evenwicht ③ ⟨vnl AE⟩ (periode van) nietsdoen/zich afzijdig houden ④ → stand-off
¹**stand off** [onov ww] ① opzij gaan staan ② zich op een afstand houden ③ ⟨scheepv⟩ voor de kust liggen/varen, van de kust afhouden
²**stand off** [ov ww] ① tegenhouden, op (een) afstand houden ⟨vijand⟩ ② (tijdelijk) ontslaan
stand-off, stand-off half [telb zn] ⟨rugby⟩ stand-off half ⟨halfback⟩, flyhalf
stand·off·ish /stændɒfɪʃ, ^-ɔfɪʃ/ [bn; bw: ~ly; zn: ~ness] op een afstand, afstandelijk, gereserveerd, niet/weinig toeschietelijk
stand oil [niet-telb zn] standolie
¹**stand·out** [telb zn] ⟨AE; inf⟩ uitblinker, kanjer, schoonheid ♦ *Mary was a standout* Mary stak met kop en schouder boven de rest uit
²**stand·out** [bn, attr] ⟨AE; inf⟩ uitmuntend, opmerkelijk, voortreffelijk, opzienbarend, ovalllend (goed/mooi)
¹**stand out** [onov ww] ① duidelijk uitkomen, in het oog vallen, afsteken ♦ *it stands out a mile* dat kun je met je klompen aanvoelen ② zich onderscheiden, opvallen ③ blijven volhouden ♦ *stand out against* zich verzetten tegen, bestrijden; *stand out for* verdedigen, blijven aandringen op ♦ *his eyes stood out of his head* zijn ogen puilden uit (zijn hoofd) (van verbazing/angst/verbijstering); *stand out to sea* zee kiezen
²**stand out** [ov ww] weerstaan, verduren, doorstaan
stand·o·ver [telb zn] ⟨AuE; inf⟩ bedreiging, intimidatie
stand·pat·ter /stæn(d)pætə, ^-pætər/ [telb zn] ⟨AE⟩ (aarts)conservatief ⟨voornamelijk politiek⟩
stand·pipe [telb zn] ⟨techn⟩ standpijp, standbuis
stand·point /stæn(d)pɔɪnt/ [telb zn] standpunt (ook figuurlijk), gezichtspunt ♦ *from a commercial standpoint* uit een commercieel oogpunt, commercieel gezien
stand·still /stæn(d)stɪl/ [telb zn] stilstand ♦ *at a standstill* tot stilstand gekomen; *bring/come to a standstill* (doen) stoppen/stilstaan, tot stilstand brengen/komen
stand tall [onov ww] zijn mannetje staan, moed tonen
stand to [onov ww] ① ⟨mil⟩ paraat zijn, in de houding staan, ⟨scheepv⟩ klaar staan ② aanstaan ⟨van deur⟩
¹**stand up** [onov ww] ① overeind staan ♦ *they only had the clothes they stood up in* zij hadden alleen maar de kleren die ze aan hadden ② gaan staan, opstaan ♦ ⟨fig⟩ *stand up against* in verzet komen tegen; *stand up and be counted* voor zijn mening uitkomen; *stand up for* opkomen voor ③ standhouden, overeind blijven, ⟨fig⟩ goed blijven, doorstaan, zich handhaven ♦ *that won't stand up in court* daar blijft niets van overeind in de rechtszaal; *it stood up to the years* het heeft al die jaren goed doorstaan ④ *stand up to* trotseren, het hoofd bieden aan; ⟨vnl AE; inf⟩ *stand up with* eerste bruidsjonker/bruidsmeisje zijn van
²**stand up** [ov ww] laten zitten, een afspraak niet nakomen ♦ *she stood me up* zij heeft me laten zitten, zij is niet op komen dagen
¹**stand-up** [telb zn] solo-entertainer, stand-upcomedian, stand-upper
²**stand-up** [niet-telb zn] stand-upcomedy
³**stand-up** [bn, attr] ① rechtop staand ② lopend ⟨van souper e.d.⟩ ♦ *stand-up buffet* lopend buffet ③ flink, stevig ♦ *stand-up fight* stevig potje/robbertje vechten ④ eerlijk, zonder trucs ⑤ eenmans-, solo- ♦ *stand-up comedian* stand-upcomedian ⟨conferencier die in hoog tempo grappen vertelt⟩
stang /stæŋ/ [verleden tijd] ⟨vero⟩ → sting
stan·hope /stænəp/ [telb zn] stanhope, open sjees, faëton, open rijtuigje ⟨voor één persoon, met twee of vier wielen⟩
stan·iel /stænɪəl/ [telb zn] torenvalk
stank [verleden tijd] → stink

stan·na·ry /stænəri/ [telb zn; vaak mv] ⟨BE⟩ tinmijndistrict ⟨in Cornwall en Devon⟩
stannary court [telb zn] ⟨BE⟩ rechtbank voor tinmijndistrict
stan·nate /stæneɪt/ [telb + niet-telb zn] ⟨scheik⟩ stannaat, tinzuur zout
stan·nic /stænɪk/ [bn] ⟨scheik⟩ tin-, stanni- ♦ *stannic acid* tinzuur
stan·nif·er·ous /stænɪfərəs/ [bn] tinhoudend
stan·nite /stænaɪt/ [niet-telb zn] ⟨scheik⟩ stanniet, tinkies
stan·nous /stænəs/ [bn] ⟨scheik⟩ tin-, stanno- ♦ *stannous salts* tinzouten
stan·za /stænzə/ [tn] ⟨letterk⟩ 1 stanza, ottava rima, couplet, strofe 2 ⟨inf; American football⟩ kwart ⟨spelperiode van 15 minuten⟩
stan·za'd, stan·zaed /stænzəd/ [bn] 1 verdeeld in stanza's 2 opgebouwd uit stanza's
stan·za·ic /stænzeɪɪk/ [bn; bw: ~ally] bestaande uit stanza's
sta·pe·dec·to·my /steɪpədɛktəmi/ [telb + niet-telb zn] ⟨med⟩ stijgbeugelamputatie, stapedectomie
sta·pe·lia /stəpiːliə/ [telb zn] ⟨plantk⟩ aasbloem ⟨genus Stapelia⟩
sta·pes /steɪpiːz/ [telb zn; mv: stapes; stapedes /stəpiːdiːz/] ⟨biol⟩ stijgbeugel, stapes
staph /stæf/ [telb zn] (verk: staphylococcus)
staph·y·lo·coc·cal /stæfɪloʊkɒkl, ˆ-kɑkl/ [bn] m.b.t. stafylokok, van een stafylokok
staph·y·lo·coc·cus /stæfɪloʊkɒkəs, ˆ-kɑ-/, ⟨inf⟩ **staph** /stæf/ [telb zn; mv: staphylococci /stæfɪloʊkɒksaɪ, ˆ-kɑk-/] stafylokok, druifcoccus ⟨etter vormende microbacterie⟩
¹**sta·ple** /steɪpl/ [telb zn] 1 niet(je) 2 kram(metje) 3 ⟨vaak mv⟩ belangrijk artikel, hoofdvoortbrengsel, stapelproduct 4 ruw product 5 ⟨vaak mv⟩ hoofdbestanddeel ⟨ook figuurlijk⟩, hoofdschotel 6 stapelplaats, markt 7 centrum, bron, middelpunt
²**sta·ple** /steɪpl/ [telb + niet-telb zn] vezel ⟨wol, katoen⟩, stapel, vezellengte
³**sta·ple** /steɪpl/ [bn, attr] 1 voornaamste, stapel- ♦ *their staple diet/food is rice* hun hoofdvoedsel is rijst; *staple products* stapelproducten 2 belangrijk
⁴**sta·ple** /steɪpl/ [ov ww] 1 (vast)nieten, hechten, krammen, vastmaken 2 sorteren ⟨wol⟩
staple gun [telb zn] nietpistool
sta·pler /steɪplə, ˆ-ər/ [telb zn] 1 nietmachine, niettang 2 krammachine 3 koopman 4 wolhandelaar
sta·pling ma·chine /steɪplɪŋ məʃiːn/ [telb zn] nietapparaat, nietmachine
¹**star** /stɑː, ˆstɑr/ [telb zn] 1 ster ⟨ook figuurlijk⟩ ♦ *Star of David* davidster; *falling star* vallende ster, meteoor; *fixed star* vaste ster; *his star is rising* zijn ster rijst; *see stars* sterretjes zien ⟨na val, e.d.⟩; *his star has set* zijn ster rijst niet meer/verbleekt; *shooting star* vallende/verschietende ster 2 asterisk, sterretje 3 gesternte ♦ *born under a lucky star* onder een gelukkig gesternte geboren 4 uitblink(st)er, ⟨i.h.b.⟩ beroemdheid, (film)ster, vedette ♦ *literary star* aan de literaire hemel; *all-star cast* sterbezetting 5 ⟨mv, the⟩ sterren, horoscoop ♦ *thank one's (lucky) stars* zich gelukkig prijzen 6 (witte) bles, ster, kol 7 ⟨elek⟩ sterschakeling, sterrenpunt 8 ster ⟨aanduiding van kwaliteit/rang⟩ ♦ ⟨gesch⟩ *Star of India* Ster van India ⟨Engelse onderscheiding⟩; *three-star hotel* driesterrenhotel 9 → **star prisoner** 🔒 ⟨AE⟩ *the Stars and Bars* vlag van de geconfedereerden; ⟨plantk⟩ *Star of Bethlehem* gewone vogelmelk (Ornithogalum umbellatum); *with stars in one's eyes* met een gevoel van verrukking, vervoering vertonend/uitend; ⟨AE⟩ *the Stars and Stripes* Amerikaanse vlag
²**star** /stɑː, ˆstɑr/ [onov ww] 1 (als ster) optreden, hoofd-

rol hebben, schitteren ♦ *star in* (in de hoofdrol) optreden in 2 stervormige barst krijgen ⟨van ruit e.d.⟩
³**star** /stɑː, ˆstɑr/ [ov ww] 1 ⟨voornamelijk voltooid deelwoord⟩ met sterren versieren 2 een ster geven aan ⟨als kwaliteitsaanduiding⟩ 3 met een sterretje/asterisk aanduiden 4 als ster laten optreden, de hoofdrol geven ♦ *a film starring Romy Schneider* een film met (in de hoofdrol) Romy Schneider; *star s.o. in* iemand laten optreden, iemand een/de hoofdrol geven in
star apple [telb zn] 1 ⟨plantk⟩ sterappel (Chrysophyllum cainito), sterrennet 2 sterappel ⟨vrucht⟩
¹**star·board** /stɑːbəd, ˆstɑrbərd/ [niet-telb zn] ⟨luchtv, scheepv⟩ stuurboord
²**star·board** /stɑːbəd, ˆstɑrbərd/ [ov ww] ⟨scheepv⟩ naar stuurboord draaien ⟨roer⟩ ♦ *starboard the helm* stuurboordroer geven
starboard tack [telb zn] ⟨scheepv⟩ stuurboordslag
starboard watch [telb zn] ⟨scheepv⟩ stuurboordwacht
¹**starch** /stɑːtʃ, ˆstɑrtʃ/ [telb + niet-telb zn] zetmeel ♦ *starch-reduced* met minder zetmeel
²**starch** /stɑːtʃ, ˆstɑrtʃ/ [niet-telb zn] 1 stijfsel 2 ⟨fig⟩ stijfheid, vormelijkheid 3 ⟨inf⟩ kracht, energie, uithoudingsvermogen, lef ♦ *take the starch out of s.o.* iemand uitputten, iemand afmatten
³**starch** /stɑːtʃ, ˆstɑrtʃ/ [ov ww] 1 stijven, door het stijfsel halen, stijfselen 2 verstijven ♦ *starched manners* vormelijkheid, stijfheid
star chamber [niet-telb zn] willekeurig, streng gerecht
Star Chamber [niet-telb zn] ⟨BE; gesch⟩ Star Chamber ⟨rechtbank tot 1641⟩
starch·er /stɑːtʃə, ˆstɑrtʃər/ [telb zn] iemand die stijft, stijfster
starch·y /stɑːtʃi, ˆstɑrtʃi/ [bn; vergr trap: starchier; bw: starchily; zn: starchiness] 1 stijf(achtig) 2 zetmeelrijk ♦ *starchy food* meelkost, meelspijzen 3 gesteven 4 ⟨inf⟩ stijfjes, vormelijk, opgeprikt
star-crossed [bn] ⟨vero⟩ door het lot ongunstig beïnvloed, onder een ongunstig gesternte geboren, noodlottig, ongelukkig ♦ *star-crossed lovers* geliefden die het lot niet gunstig gezind is
star·dom /stɑːdəm, ˆstɑr-/ [niet-telb zn] 1 het ster-zijn, roem 2 sterren
star drift [telb zn] sterrenstroming
star·dust [niet-telb zn] 1 kosmische stof, sterrenwolk, sterrenhoop 2 romantisch gevoel
¹**stare** /steə, ˆster/ [telb zn] ⟨onov ww⟩ starende blik, staar
²**stare** /steə, ˆster/ [onov ww] 1 staren ♦ *stare at/upon* staren naar, aanstaren, aangapen; ⟨fig⟩ *make s.o. stare* iemand verbijsteren/doen opkijken; *stare with surprise* verbaasd staren, kijken met grote ogen van verbazing 2 wijd open zijn ⟨van ogen⟩, staren 3 in het oog springen; → **staring**
³**stare** /steə, ˆster/ [ov ww] staren naar, aanstaren ♦ *stare s.o. down/out* iemand aanstaren tot hij de ogen neerslaat; ⟨fig⟩ *it is staring you in the face* het ligt (vlak) voor je neus/voor de hand, het is overduidelijk; *stare s.o. out (of countenance)* iemand van zijn stuk brengen door hem aan te staren; *stare s.o. into silence* iemand met een indringende blik tot zwijgen brengen; → **staring**
star·finch [telb zn] ⟨dierk⟩ gekraagde roodstaart (Phoenicurus phoenicurus)
star·fish [telb zn] zeester
star·flow·er [telb zn] ⟨plantk⟩ ⟨benaming voor⟩ plant met stervormige bloem, ⟨i.h.b.⟩ zevenster ⟨genus Trientalis⟩, (gewone) vogelmelk (Ornithogalum umbellatum), veldmuur ⟨genus Alsine⟩
star-fruit [telb + niet-telb zn] carambola, stervrucht, zoete blimbing ⟨(vrucht van) Averrhoa carambola⟩
star·gaze [onov ww] 1 sterrenkijken 2 dromen
star·gaz·er /stɑːgeɪzə, ˆstɑrgeɪzər/ [telb zn] 1 ⟨scherts⟩ sterrenkijker, astronoom 2 ⟨scherts⟩ sterrenwichelaar,

astroloog, sterrenkijker ③ dromer, idealist ④ ⟨dierk⟩ sterrenkijker ⟨vis; familie Uranoscopidae⟩
star·gaz·ing [niet-telb zn] ⟨scherts⟩ sterrenkijkerij
¹**star·ing** /stɛərɪŋ, ᴬstɛrɪŋ/ [bn; tegenwoordig deelw van stare] ⟨vnl BE⟩ (te) fel ⟨van kleuren⟩, in 't oog springend, opzichtig, schril, hel
²**star·ing** /stɛərɪŋ, ᴬstɛrɪŋ/ [bw; oorspronkelijk tegenwoordig deelw van stare] volledig ♦ *stark staring* **mad** knettergek
¹**stark** /stɑːk, ᴬstɑrk/ [bn; vergr trap: starker; bw: ~ly; zn: ~ness] ① grimmig, streng ② stijf, strak ③ onbuigzaam, star ④ ⟨fig⟩ schril ♦ *stark* **contrast** schril contrast ⑤ verlaten ⟨van landschap⟩, kaal ⑥ spiernaakt · *stark* **poverty** bittere armoede; *stark truth* naakte waarheid
²**stark** /stɑːk, ᴬstɑrk/ [bn, attr; vergr trap: starker; bw: ~ly; zn: ~ness] zuiver, volledig, uiterst, louter ♦ *stark* **nonsense** klinkklare onzin
³**stark** /stɑːk, ᴬstɑrk/ [bw] volledig ♦ *stark* **blind** stekeblind; *stark* **naked** spiernaakt
stark·en /stɑːkən, ᴬstɑr-/ ⟨onov ww⟩ verstijven, stijf worden
stark·ers /stɑːkəz, ᴬstɑrkərz/ [bn, pred] ⟨BE; inf⟩ poedelnaakt
star·less /stɑːləs, ᴬstɑr-/ [bn; bw: ~ly; zn: ~ness] sterreloos, zonder sterren
star·let /stɑːlɪt, ᴬstɑr-/ [telb zn] sterretje, ⟨i.h.b.⟩ aankomend filmsterretje
¹**star·light** [niet-telb zn] sterrenlicht ♦ *by starlight* bij het licht van de sterren
²**star·light,** ⟨form⟩ **star·lit** /stɑːlɪt, ᴬstɑr-/ [bn] door sterren verlicht, sterverlicht ♦ *starlight night* sterrennacht
star·like /stɑːlaɪk, ᴬstɑr-/ [bn] als een ster, stervormig
star·ling /stɑːlɪŋ, ᴬstɑr-/ [telb zn] ① ⟨dierk⟩ spreeuw ⟨Sturnus vulgaris⟩ ② ⟨AE; dierk⟩ troepiaal ⟨familie Icteridae⟩ ③ paalbeschoeiing ⟨van brugpijler⟩
star player [telb zn] sterspeler
star prisoner [telb zn] ⟨BE⟩ voor het eerst in de gevangenis zittende veroordeelde, beginneling, groentje
star-quake [telb zn] nova-uitbarsting
star route [telb zn] ⟨AE⟩ postroute ⟨op Amerikaanse platteland⟩
star·ry /stɑːri/ [bn; vergr trap: starrier; bw: starrily; zn: starriness] ① met sterren bezaaid, sterrig ♦ *starry sky* sterrenhemel ② stralend, schitterend, fonkelend ♦ *starry eyes* ogen als sterren ③ sterren- ⟨m.b.t. beroemdheden⟩
star·ry-eyed [bn] ⟨inf⟩ (te) idealistisch, onpraktisch, naïef, te optimistisch, irrationeel, wereldvreemd, zonder werkelijkheidszin
star sapphire [telb zn] stersaffier
star shell [telb zn] ⟨mil⟩ lichtgranaat, lichtkogel, seingranaat
star sign [telb zn] sterrenbeeld ⟨van de dierenriem⟩
star-span·gled /stɑːspæŋgld, ᴬstɑr-/ [bn] met sterren bezaaid · *the Star-Spangled Banner* het Amerikaanse volkslied; de Amerikaanse vlag
star-stream [telb zn] sterrenstroming
star-stud·ded [bn] ① met sterren bezaaid ⟨van hemel⟩ ② ⟨inf⟩ vol bekende namen, met veel sterren ♦ *star-studded play* stuk met veel sterren
star system [niet-telb zn; the] ① sterrenstelsel, melkwegstelsel ② ⟨film, dram⟩ sterrensysteem, het werken met sterren ⟨om succes te verzekeren⟩
¹**start** /stɑːt, ᴬstɑrt/ [telb zn] ① ⟨vnl enkelvoud⟩ schok ⟨van schrik, verbazing, e.d.⟩, ruk, plotselinge beweging, sprong ♦ *give a start* hevig schrikken; *give s.o. a start* iemand doen/laten schrikken; iemand doen opkijken; *wake up with a start* wakker schrikken ② ⟨inf⟩ verrassende/eigenaardige gebeurtenis, verrassing ♦ *a queer start* een zonderling voorval ③ start(plaats), vertrekpunt ④ start ⟨ook sport⟩, begin, vertrek, afvaart ♦ *at the start* in het be-

gin; ⟨sport⟩ *false start* valse start ⟨ook figuurlijk⟩; *from start to finish* van begin tot eind, helemaal; ⟨inf⟩ *for a start* om te beginnen; *from the (very) start* vanaf het (allereerste) begin; *get off to a good/bad start* goed/slecht beginnen; *make a start on* beginnen met; *make an early start* vroeg vertrekken/beginnen; *make a fresh/new start* opnieuw beginnen; ⟨atl⟩ *staggered start* verspringende start(lijn) ⑤ startsein ⑥ losgeschoten gedeelte ⑦ ⟨vnl mv⟩ nieuw bedrijf ⑧ ⟨vnl mv⟩ beginnende/nieuwe werknemer, starter ♦ *new starts* nieuwe werknemers ⑨ ⟨vnl mv⟩ nieuwe baan
²**start** /stɑːt, ᴬstɑrt/ [telb + niet-telb zn] voorsprong, voordeel ♦ *get the start of s.o.* vóór komen op iemand; *give s.o. a start* iemand een voorsprong geven; *give s.o. a start (in life)* iemand op gang/op weg helpen; *have (a) two hours' start* een voorsprong van twee uur hebben/krijgen; *much start* grote voorsprong; *start on/over* voorsprong op
³**start** /stɑːt, ᴬstɑrt/ [onov ww] ① beginnen, starten, beginnen te lopen ⟨van klok, e.d.⟩, beginnen te werken ♦ *start at* beginnen bij/met; *start from* beginnen bij/met; ⟨fig⟩ uitgaan van; *starting next month* vanaf volgende maand; *start out* vertrekken; ⟨fig⟩ zijn loopbaan beginnen; *start (all) over again*, ⟨AE⟩ *start (all) over* (helemaal) opnieuw beginnen; ⟨inf⟩ *start from scratch* van voren af aan beginnen; *start with* beginnen met; *to start with* om (mee) te beginnen; in het begin; in de eerste plaats ② vertrekken, ⟨i.h.b.⟩ opstijgen, afvaren ♦ *start (out) for* op weg gaan naar, vertrekken naar ③ ⟨op⟩springen, (op)schrikken, (terug)deinzen, wakker schrikken, ontstellen ♦ *start at* (op)schrikken van; *start back (from)* terugdeinzen (voor); *start from* opschrikken/opspringen uit; ⟨form⟩ *start on/to one's feet* opspringen ④ ⟨benaming voor⟩ (plotseling) bewegen, losspringen ⟨van hout⟩, aanslaan ⟨van motor⟩, tevoorschijn springen ♦ *start for the door* richting deur gaan/lopen; *water started from the hole* water spoot uit het gat; *start into life* (plotseling) tot leven komen ⟨van personages in een boek, e.d.⟩; *tears started to their eyes* de tranen sprongen hen in de ogen ⑤ startsein geven ⑥ uitpuilen ♦ *eyes starting from their sockets* uitpuilende ogen ⑦ ⟨BE; inf⟩ moeilijkheden zoeken, katten ♦ *start on* ruzie zoeken met, vitten op · zie: **start in;** zie: **start off;** zie: **start up; → starting**
⁴**start** /stɑːt, ᴬstɑrt/ [ov ww] ① ⟨benaming voor⟩ (doen) beginnen, in beweging zetten, aan de gang brengen/helpen, het startsein geven aan, aanzetten, starten ⟨motor, auto⟩, opwerpen ⟨vraag⟩, aanheffen ⟨lied⟩, aanrichten, aansteken ⟨vuur⟩, op touw zetten, stichten, opzetten, oprichten ⟨zaak, e.d.⟩, naar voren/te berde brengen, introduceren, aansnijden ⟨onderwerp⟩ ♦ *start a discussion* een discussie op gang brengen; *start school* voor het eerst naar school gaan; *start sth. from scratch* iets van de grond af opbouwen, met niets/opnieuw beginnen; *start work* beginnen (met werken) ② verwekken ③ zwanger worden van ④ brengen tot, laten ♦ *the dust started me coughing* door het stof moest ik hoesten ⑤ aannemen, laten beginnen, in dienst nemen ♦ ⟨inf⟩ *start s.o. out as* iemand een eerste baan geven als, laten beginnen als ⑥ doen losgaan ⟨hout⟩, doen losspringen ⑦ opjagen ⟨wild⟩ ⑧ ⟨scheepv⟩ (uit)gieten ⟨drank uit vat⟩ · zie: **start off;** *start sth.* moeilijkheden maken/zoeken, ruzie zoeken; zie: **start up; → starting**
START /stɑːt, ᴬstɑrt/ [afk] ⟨Strategic Arms Reduction Talks/Treaty⟩
start·er /stɑːtə, ᴬstɑrtər/ [telb zn] ① beginner ♦ *a slow starter* iemand die langzaam op gang komt ② ⟨sport⟩ starter ♦ ⟨sport⟩ *be under starter's orders* in de startklaarpositie staan, in afwachting van het startsein zijn ③ ⟨sport⟩ deelnemer ④ startmotor ⑤ ⟨ook mv⟩ voorafje, voorgerecht ⑥ ⟨inf⟩ eerste stap/aanzet, opwarmertje, voorafje ⑦ ⟨met ontkenning⟩ ⟨BE⟩ mogelijkheid · ⟨AE; inf⟩ *for starters* om te beginnen

starter home

starter home [telb zn] ⟨BE⟩ eerste (koop)huis, woning voor starters
starter motor [telb zn] startmotor
starter pack [telb zn] startpakket
start in [onov ww] ⟨inf⟩ [1] beginnen ♦ *start in on a job* een karwei beginnen [2] kritiek beginnen te leveren ♦ *start in on s.o.* iemand beginnen uit te schelden
start·ing /stɑ:tɪŋ, ᴬstɑrtɪŋ/ [telb + niet-telb zn; oorspronkelijk tegenwoordig deelw van start] [1] start, het beginnen/starten [2] vertrek
starting block [telb zn] ⟨sport⟩ startblok
starting dive [telb zn] ⟨zwemsp⟩ startduik
starting gate [telb zn] ⟨paardsp⟩ starthek
starting grid [telb zn] ⟨auto⟩ startplaats ⟨met tijdsnelsten vooraan⟩, startopstelling
starting grip [telb zn] ⟨zwemsp⟩ startgreep ⟨voor rugslagzwemmers⟩
starting gun [telb zn] ⟨sport⟩ startpistool
starting handle [telb zn] ⟨BE⟩ slinger ⟨van auto⟩, aanzetslinger
starting height [telb zn] ⟨atl⟩ beginhoogte ⟨van lat bij (polsstok)hoogspringen⟩
starting lane [telb zn] ⟨(zwem)sport⟩ startbaan
starting motor [telb zn] startmotor
starting order [telb zn] ⟨sport⟩ start(volg)orde
starting pistol, starting gun [telb zn] ⟨sport⟩ startpistool
starting point [telb zn] uitgangspunt ⟨ook figuurlijk⟩
starting position [telb zn] ⟨sport⟩ startpositie, startopstelling
starting post [telb zn] ⟨sport⟩ startpaal
starting price [telb zn] ⟨paardsp⟩ inzetprijs
starting score [telb zn] ⟨darts⟩ beginscore ⟨van 301, 501 of 1001 punten⟩
starting signal [telb zn] ⟨sport⟩ startsignaal ⟨meestal hoorbaar⟩
starting stall [telb zn; vaak mv] ⟨paardsp⟩ startbox, starthok
starting time [telb + niet-telb zn] aanvangstijd, begintijd
starting trap [telb zn] ⟨hondenrennen⟩ starthok, startbox
starting wheel [telb zn] aanzetwiel
¹**star·tle** /stɑ:tl, ᴬstɑrtl/ [telb zn] schrik, schok
²**star·tle** /stɑ:tl, ᴬstɑrtl/ [onov ww] (op)schrikken; → **startling**
³**star·tle** /stɑ:tl, ᴬstɑrtl/ [ov ww] [1] doen schrikken, alarmeren ♦ *startled out of one's wits* zich rot/wild geschrokken [2] schokken [3] opschrikken; → **startling**
star·tling /stɑ:tlɪŋ, ᴬstɑrtlɪŋ/ [bn; tegenwoordig deelw van startle; bw: ~ly] [1] verrassend, opzienbarend [2] alarmerend, ontstellend, schrikwekkend
¹**start off** [onov ww] [1] ⟨inf⟩ beginnen, ⟨i.h.b.⟩ beginnen te bewegen/lopen/rijden ♦ *he started off (by)* saying *that* hij begon met te zeggen dat [2] vertrekken, op weg gaan [3] beginnen te zeggen
²**start off** [ov ww] [1] aan de gang laten gaan ♦ *start them off on Spanish* ze aan Spaans laten werken [2] op een spoor zetten, doen beginnen te praten ♦ *don't start him off on those jokes* laat hem in vredesnaam niet met die moppen beginnen
¹**start up** [onov ww] [1] opspringen [2] een loopbaan beginnen, opkomen, carrière maken, vooruitkomen ♦ *start up in business* in zaken gaan [3] ontstaan, opkomen, de kop opsteken [4] beginnen te spelen ⟨van muziek⟩ [5] aanslaan ⟨van motor⟩
²**start up** [ov ww] aan de gang brengen, in beweging brengen, opzetten ⟨zaak⟩, (op)starten, aan de praat krijgen ⟨motor⟩
start-up [telb zn] pas opgericht internetbedrijf, start-up, starter

start-up period [telb zn] het opstarten, beginperiode, aanloopperiode
star turn [telb zn] ⟨vnl BE⟩ [1] hoofdnummer, voornaamste attractie [2] beroemdste optreder/artiest
star·va·tion /stɑ:veɪʃn, ᴬstɑr-/ [niet-telb zn] [1] hongerdood [2] verhongering ♦ *die of starvation* verhongeren
starvation wages [alleen mv] hongerloon
¹**starve** /stɑ:v, ᴬstɑrv/ [onov ww] [1] verhongeren, omkomen/sterven door honger/gebrek ♦ *starve to death* verhongeren [2] honger lijden [3] ⟨inf⟩ sterven van de honger ⟨figuurlijk⟩, erge honger hebben [4] hunkeren, kwijnen, verlangen, hongeren ♦ *starve for* hunkeren naar [5] ⟨vero⟩ kou lijden
²**starve** /stɑ:v, ᴬstɑrv/ [ov ww] [1] uithongeren, laten verhongeren, van honger doen omkomen ♦ *starve to death* uithongeren; *starve an illness* een ziekte door vasten genezen; *starve o.s.* een hongerkuur volgen; *starve out* uithongeren [2] doen kwijnen, laten hongeren, ⟨ook fig⟩ laten hunkeren, onthouden ♦ *be starved of* verlangen naar, behoefte hebben aan, snakken naar [3] door uithongering dwingen ♦ *the troops were starved* into *surrender* de troepen werden door uithongering tot overgave gedwongen; *starved out of a place* door uithongering gedwongen een plaats te verlaten [•] ⟨sprw⟩ *feed a cold, starve a fever* ± als je verkouden bent moet je veel eten, als je koorts hebt weinig
¹**starve·ling** /stɑ:vlɪŋ, ᴬstɑr-/ [telb zn] ⟨form⟩ [1] hongerlijder, ondervoed persoon, ⟨i.h.b.⟩ uitgehongerd kind [2] uitgehongerd dier
²**starve·ling** /stɑ:vlɪŋ, ᴬstɑr-/ [bn] [1] uitgehongerd, hongerig [2] schamel, armoedig
star·war [telb zn; vaak mv] sterrenkrijg, sterrenoorlog, Star Wars, satellietenoorlog
star·wort /stɑ:wɜ:t, ᴬstɑrwɜrt/ [telb zn] ⟨plantk⟩ [1] muur ⟨genus Stellaria⟩ [2] aster ⟨genus Aster⟩ [3] sterrenkroos ⟨genus Callitriche⟩
star·y, star·ey /steəri, ᴬsteri/ [bn; vergr trap: starier] (wild) starend
¹**stash** /stæʃ/ [telb zn] [1] bergplaats [2] verborgen voorwerp
²**stash** /stæʃ/ [ov ww] ⟨inf⟩ [1] verbergen, opbergen, hamsteren ♦ *stash away* verbergen, opbergen [2] verlaten [3] ⟨vnl BE⟩ stoppen/kappen met ♦ *stash up* een eind maken aan
sta·sis /steɪsɪs, stæsɪs/ [telb + niet-telb zn; mv: stases /-si:z/] [1] stilstand ⟨ook figuurlijk⟩, stagnatie [2] ⟨med⟩ stagnatie
-sta·sis /steɪsɪs/ [mv: -stases /-si:z/] -stase, stopping, vertraging ♦ *haemostasis* hemostase, bloedstelping; *bacteriostasis* bacteriostase, onderdrukking van bacteriegroei
-stat /stæt/ -staat ♦ *thermostat* thermostaat
stat·a·ble, state·a·ble /steɪtəbl/ [bn] [1] vast te stellen [2] uit te drukken
stat·al /steɪtl/ [bn] staats-, van/m.b.t. (de) staat/staten
sta·tant /steɪtnt/ [bn, postnom] ⟨heral⟩ staand
¹**state** /steɪt/ [telb zn] [1] ⟨enkelvoud⟩ toestand, staat, stadium, ⟨i.h.b.⟩ slechte toestand ♦ *state of affairs* toestand, stand van zaken; *state of emergency* noodtoestand; ⟨rel⟩ *state of grace* genadestaat; *a poor state of health* een slechte gezondheidstoestand; *larval state* larvenstadium; *state of mind* geestestoestand, gemoedstoestand; ⟨cricket⟩ *state of play* score, stand; ⟨fig⟩ stand van zaken; *be in a bad state of repair* slecht onderhouden zijn; *state of things* toestand; *state of war* oorlogstoestand [2] (gemoeds)toestand, stemming, ⟨i.h.b.⟩ zenuwachtige toestand ♦ *be in a state* in alle staten zijn; *get into a state* in alle staten raken, van streek/overstuur raken [3] rijk, land, staat, natie [4] (deel)staat ♦ *the United States of America* de Verenigde Staten van Amerika [5] ⟨drukw⟩ staat ⟨afdruk van boek/ets in bepaald sta-

dium⟩ ▪ *state of the art* state of the art, ⟨overzicht van de⟩ stand van zaken ⟨op een bepaald wetenschappelijk gebied⟩; *state of life* status; ⟨rel⟩ *state of nature* zondige staat; ⟨scherts⟩ *in a state of nature* in z'n/d'r nakie

²**state** /steɪt/ [telb + niet-telb zn] [1] ⟨ook attributief; vaak State⟩ **staat, natie, rijk** ♦ *affairs of state* staatszaken; *Church and State* Kerk en Staat; *States of the Church* Kerkelijke Staat; ⟨BE⟩ *State Enrolled Nurse* ± ziekenverzorg(st)er; ⟨BE⟩ *State Registered Nurse* ± verpleegkundige [2] **rang, stand**

³**state** /steɪt/ [niet-telb zn; ook attributief] **staatsie, praal, luister, vol ornaat** ♦ *state banquet* staatsiebanket; *keep state* staatsie voeren; *live in state* grote/hoge staat voeren ▪ *lie in state* opgebaard liggen ⟨op praalbed⟩

⁴**state** /steɪt/ [ov ww] [1] ⟨formeel⟩ **verklaren,** uitdrukken, beweren, mededelen, zeggen [2] **aangeven,** opgeven ♦ *at stated intervals* op gezette tijden, met vaste tussenpozen, op regelmatige afstanden [3] **vaststellen,** specificeren, bepalen, aankondigen [4] ⟨jur⟩ **uiteenzetten,** officieel vastleggen [5] ⟨muz⟩ **(voor)spelen** ⟨thema e.d.⟩

state aid [telb + niet-telb zn] **rijksbijdrage,** overheidssubsidie

State attorney [telb zn] → **State's attorney**

state benefit [telb + niet-telb zn] **uitkering** ⟨van het rijk⟩

state call [telb zn] **officieel bezoek**

State capitalism [niet-telb zn; ook state capitalism] **staatskapitalisme**

state carriage [telb zn] **staatsiekoets**

state·craft [niet-telb zn] **staatsmanschap,** staatsmanskunst, staatskunst, staatkunde

state criminal [telb zn] **staatsmisdadiger**

State Department [niet-telb zn] **ministerie van Buitenlandse Zaken** ⟨van de USA⟩

state funeral [telb zn] **staatsbegrafenis**

state·hood /steɪthʊd/ [niet-telb zn] **soevereiniteit,** onafhankelijkheid, ⟨i.h.b. AE⟩ het staat-zijn, positie als staat

state house [telb zn] **overheidswoning** ⟨in Nieuw-Zeeland⟩

State House [telb zn] ⟨AE⟩ **Statengebouw**

state·less /steɪtləs/ [bn; zn: ~ness] **staatloos** ♦ *stateless person* stateloze

state·let /steɪtlɪt/ [telb zn] **staatje**

state line [telb zn] **staatsgrens** ⟨in USA⟩

state lottery [telb zn] **staatsloterij**

state·ly /steɪtli/ [bn; vergr trap: statelier; zn: stateliness] [1] **statig,** deftig [2] **waardig,** groots, imposant [3] **formeel,** ceremonieel ▪ ⟨BE⟩ *stately home* landhuis

¹**state·ment** /steɪtmənt/ [telb zn] [1] **verklaring** ⟨ook juridisch⟩, bewering, uiteenzetting, vermelding ♦ *make a statement* een verklaring afleggen [2] **(bank)afschrift,** (af)rekening ♦ *statement of account* rekeningafschrift; *daily statement* dagafschrift [3] **uitdrukking** [4] ⟨ec⟩ **borderel,** lijst ♦ *statement of affairs* staat van baten en schulden [5] ⟨muz⟩ **invoering van het thema** [6] ⟨comp⟩ **statement** ⟨formulering van opdracht⟩

²**state·ment** /steɪtmənt/ [niet-telb zn] **het uitdrukken,** verwoording

³**state·ment** /steɪtmənt/ [ov ww] ⟨BE⟩ **extra subsidie toewijzen aan** ⟨kind met achterstand in ontwikkeling⟩ ♦ *statemented children* ± achterstandskinderen, ± kinderen in een achterstandspositie

state-of-the-art [bn, attr] [1] **overzichts-,** m.b.t. de stand van zaken ⟨in een wetenschap⟩, state-of-the-art ♦ *state-of-the-art report* overzichtsrapport, state-of-the-art-rapport [2] **ultramodern,** allernieuwst, allerlaatst, geavanceerd, met de nieuwste snufjes, state-of-the-art

state-own·ed [bn] **overheids-,** genationaliseerd

state park [telb zn] **(beschermd) natuurgebied (van een staat)** ⟨in USA⟩, nationaal park

state participation [niet-telb zn] **staatsdeelneming**

state prison [telb zn; ook State prison] **staatsgevangenis**

state prisoner [telb zn] **staatsgevangene,** politieke gevangene

sta·ter /steɪtə, ᴬsteɪtər/ [telb zn] ⟨gesch⟩ **stater** ⟨Oud-Griekse munt⟩

State Rights, State's Rights [alleen mv] ⟨AE⟩ **rechten van de afzonderlijke staten**

state·room [telb zn] [1] **staatsiezaal** [2] **passagiershut,** luxe hut [3] ⟨AE⟩ **(privé)coupé**

state·run [bn] **onder staatstoezicht**

states /steɪts/ [alleen mv] **wetgevend lichaam van de Kanaaleilanden**

States /steɪts/ [alleen mv; the] **Verenigde Staten,** Amerika

State's attorney, State attorney [telb zn] ⟨AE⟩ **officier van justitie van een staat**

State school [telb zn] **staatsschool,** openbare school

state secret [telb zn] **staatsgeheim** ⟨ook figuurlijk⟩

State's evidence [niet-telb zn; ook state's evidence] ⟨AE⟩ [1] **getuigenis tegen medeplichtigen** [2] **getuige die tegen zijn medeplichtigen getuigt** ♦ *turn State's evidence* getuigen tegen zijn medeplichtigen

States-Gen·e·ral, Es·tates-Gen·e·ral [alleen mv] **Staten-Generaal**

state·side [bn; bw; ook Stateside] ⟨AE; inf⟩ **van/naar/in de USA,** Amerikaans

states·man /steɪtsmən/ [telb zn; mv: statesmen /-mən/] [1] **staatsman** ♦ *elder statesman* groot staatsman ⟨in Japan tussen 1868 en 1900⟩; raadsman in staatszaken, ervaren politicus [2] **politicus**

states·man-like /steɪtsmənlaɪk/ [bn] **als een staatsman**

states·man·ly /steɪtsmənli/ [bn] **(als) van een staatsman,** staatsmans-

states·man·ship /steɪtsmənʃɪp/ [niet-telb zn] **(goed) staatsmanschap,** staatkunde, staatsmanskunst

State socialism [niet-telb zn; ook state socialism] **staatssocialisme**

state spending [niet-telb zn] **overheidsuitgaven**

state tax [telb + niet-telb zn] **staatsbelasting** ⟨in USA⟩

state trial [telb zn] **staatsproces**

state trooper [telb zn] ⟨AE⟩ **staatspolitieman**

State university [telb zn; ook state university] ⟨AE⟩ **staatsuniversiteit**

state visit [telb zn] **staatsbezoek,** officieel bezoek

state·wide [bn; bw] ⟨AE⟩ **over de gehele staat**

¹**stat·ic** /stætɪk/ [niet-telb zn] [1] **statica** [2] **statische elektriciteit** [3] ⟨elek⟩ **atmosferische storing,** luchtstoring, (witte) ruis [4] ⟨AE; inf⟩ **luidruchtige kritiek** ♦ *the static I am going to receive* het gedonder dat me te wachten staat

²**stat·ic** /stætɪk/, **stat·i·cal** /stætɪkl/ [bn; bw: ~ally] [1] **statisch** ♦ *static pressure* statische druk [2] **stabiel,** evenwichtig, statisch ♦ *static electricity* statische elektriciteit; ⟨luchtv⟩ *static line* treklijn ⟨tussen valscherm en vliegtuig⟩ [3] **in rust,** passief ♦ *static water* watervoorraad [4] **atmosferisch**

-stat·ic /stætɪk/ **-statisch** ♦ *bacteriostatic* bacteriostatisch, bacterieremmend

stat·ics /stætɪks/ [alleen mv; werkwoord voornamelijk enk] [1] **evenwichtsleer,** statica [2] **statische elektriciteit**

sta·tin /stætɪn/ [niet-telb zn] ⟨biol⟩ **statine**

¹**sta·tion** /steɪʃn/ [telb zn] [1] **standplaats,** plaats, post ⟨ook leger⟩, station, ⟨sl; honkb⟩ honk ♦ *be at action stations* gevechtsklaar zijn; *on station* op zijn post; *take up one's station* postvatten [2] **station,** basis ♦ *naval station* marinebasis [3] **(spoorweg)station,** stationsgebouw, halte, ⟨BE⟩ goederenstation [4] **brandweerkazerne** [5] **politiebureau** [6] **radiostation,** televisiestation [7] **observatiepost** [8] **(elektrische) centrale** [9] ⟨AE⟩ **bijpostkantoor** [10] ⟨AuE⟩ **veefokkerij,** schapenfokkerij, boerderij, ranch [11] ⟨gesch,

station

mil, scheepv⟩ basis, post, Britse officieren/kolonie ⟨in Indië⟩ [12] ⟨rel⟩ statie ⟨van de kruisweg⟩, bidkapel ⟨voornamelijk in Rome⟩ ♦ *stations of the Cross* kruiswegstaties; *go/make/perform one's/the stations* de kruisweg doen [13] ⟨plantk, dierk⟩ habitat, biotoop, woongebied ⟨van plant/dier⟩

²**sta·tion** /steɪʃn/ [telb + niet-telb zn] positie, stand, rang, status, staat, ambt ♦ *marry above/beneath one's station* boven/beneden zijn stand trouwen; *men of (high) station* mannen van (hoge) stand

³**sta·tion** /steɪʃn/ [niet-telb zn] [1] ⟨scheepv⟩ station, standplaats ⟨van schepen in konvooi⟩ ♦ *be in/out of station* in/uit station liggen [2] het staan, stilstand, stilte

⁴**sta·tion** /steɪʃn/ [ov ww] plaatsen, stationeren, posteren ♦ *station o.s.* postvatten

¹**sta·tion·ar·y** /steɪʃənri, ᴬ-neri/ [telb zn] [1] iemand die (op dezelfde plaats) blijft [2] ⟨vaak mv⟩ ⟨gesch, mil⟩ Romeins garnizoenssoldaat

²**sta·tion·ar·y** /steɪʃənri, ᴬ-neri/ [bn; bw: stationarily; zn: stationariness] stationair, stilstaand, vast, (op de plaats) blijvend, ⟨mil⟩ niet verplaatsbaar ⟨wapens, troepen⟩ ♦ *stationary air* lucht die in de longen blijft bij de ademhaling; ⟨meteo⟩ *stationary front* stationair front; ⟨ruimtev⟩ *stationary orbit* vaste baan; ⟨ruimtev⟩ *stationary satellite* vaste satelliet; *stationary warfare* positieoorlog; ⟨natuurk, radio⟩ *stationary wave* staande golf

sta·tion-bill [telb zn] ⟨scheepv⟩ kwartierlijst ⟨lijst van bemanning⟩

sta·tion-break [telb zn] ⟨AE⟩ omroeppauze ⟨met identificatie van radio- of tv-station⟩

sta·tion·er /steɪʃənə, ᴬ-ər/ [telb zn] [1] handelaar in kantoorbenodigdheden [2] ⟨vero⟩ uitgever, boekhandelaar ♦ ⟨BE; gesch⟩ *Stationers' Company* boekhandelaarsgilde ⟨in Londen opgericht in 1557⟩; ⟨BE; gesch⟩ *Stationers' Hall* kantoor van het boekhandelaarsgilde ⟨in Londen, waar het kopijrecht werd geregistreerd⟩

¹**sta·tion·er·y** /steɪʃənri, ᴬ-neri/ [telb + niet-telb zn] kleinhandel in kantoorbenodigdheden

²**sta·tion·er·y** /steɪʃənri, ᴬ-neri/ [niet-telb zn] [1] kantoorbenodigdheden [2] brief/postpapier en enveloppen

Stationery Office [eigenn] ⟨BE⟩ staatsdrukkerij, staatsuitgeverij

station house [telb zn] [1] politiebureau [2] brandweerkazerne [3] plattelandsstation

sta·tion-keep·ing [niet-telb zn] ⟨scheepv, luchtv⟩ het positie bewaren ⟨bij het varen/vliegen in formatie⟩

sta·tion·mas·ter [telb zn] stationschef

sta·tion-point·er [telb zn] ⟨scheepv⟩ plaatspasser

station sergeant [telb zn] ⟨BE⟩ hoofd van politiebureau

station-to-station [bn; bw] ⟨comm⟩ van aansluiting tot aansluiting ⟨van telefoongesprek; tegenover person-to-person⟩

station wagon [telb zn] ⟨AE⟩ stationcar, combi(natie)wagen

stat·ism, state·ism /steɪtɪzm/ [niet-telb zn] dirigisme ⟨op economisch en sociaal gebied⟩, etatisme, geleide economie, planeconomie

¹**stat·ist** /steɪtɪst/ [telb zn] [1] etatist, voorstander van dirigisme/geleide economie [2] statisticus [3] ⟨vero⟩ politicus

²**stat·ist** /steɪtɪst/ [bn] etatistisch

sta·tis·tic /stətɪstɪk/ [telb zn] [1] statistisch gegeven/feit [2] ⟨stat⟩ steekproefgrootheid

sta·tis·ti·cal /stətɪstɪkl/, **statistic** [bn; bw: ~ly] statistisch ♦ *statistical physics* statistische fysica

stat·is·ti·cian /stætɪstɪʃn/ [telb zn] statisticus

¹**sta·tis·tics** /stətɪstɪks/ [niet-telb zn] statistiek

²**sta·tis·tics** /stətɪstɪks/ [alleen mv, [telb zn] statistieken, cijfers, percentages [•] ⟨sprw⟩ *there are lies, damned lies and statistics* ± er zijn leugens, grote leugens en statistieken

sta·tive /steɪtɪv/ [bn] ⟨taalk⟩ statisch, een toestand aanduidend ♦ *stative verb* niet-handelingswerkwoord

sta·tor /steɪtə, ᴬsteɪtər/ [telb zn] ⟨elek⟩ stator

stats /stæts/ [alleen mv] ⟨inf⟩ (verk: statistics) statistieken

¹**stat·u·ar·y** /stætʃʊəri, ᴬ-tʃʊeri/ [telb zn] beeldhouwer

²**stat·u·ar·y** /stætʃʊəri, ᴬ-tʃʊeri/ [niet-telb zn] [1] beeldhouwwerken [2] beeldhouwkunst

³**stat·u·ar·y** /stætʃʊəri, ᴬ-tʃʊeri/ [bn, attr] beeldhouw-, statuair ♦ *statuary marble* statuair marmer

stat·ue /stætʃuː/ [telb zn] (stand)beeld, statue, beeldhouwwerk ♦ *Statue of Liberty* Vrijheidsbeeld

stat·u·esque /stætʃʊesk/ [bn; bw: ~ly; zn: ~ness] [1] statuesk, als een standbeeld, groots, statig [2] plastisch [3] ⟨pej⟩ star, streng, koud

stat·u·ette /stætʃʊet/ [telb zn] beeldje

stat·ure /stætʃə, -ər/ [telb + niet-telb zn] [1] gestalte, (lichaams)lengte, postuur, statuur [2] ⟨fig⟩ formaat, status, kaliber, gewicht, grootte ♦ *a man of stature* een man van formaat

¹**stat·us** /steɪtəs, ᴬstætəs/ [telb + niet-telb zn] status, stand (van zaken), toestand, staat, plaats, sociale/maatschappelijke positie, rechtspositie

²**stat·us** /steɪtəs, ᴬstætəs/ [niet-telb zn] status, standing, maatschappelijk aanzien, erkenning, waardering, prestige

status quo /steɪtəskwoʊ, ᴬstætəskwoʊ/ [niet-telb zn; the] status-quo, onveranderde/vorige toestand

status quo an·te /steɪtəskwoʊænti, ᴬstætəskwoʊænti/ [niet-telb zn; the] status quo ante, de vorige toestand

status report [telb zn] stand-van-zakenrapport

status seeker [telb zn] statusjager, statuszoeker

status symbol [telb zn] statussymbool

stat·u·ta·ble /stætʃʊtəbl, ᴬ-tʃətəbl/ [bn; bw: statutably] statutair

stat·ute /stætʃuːt/ [telb zn] [1] ⟨jur⟩ statuut, wet, beschikking, verordening, decreet, edict ♦ *statutes at large* de volledige oorspronkelijke termen van de wet, de letter van de wet; *statute of limitations* verjaringswet; ⟨pol, gesch⟩ *Statute of Westminster* Grondwet van het Britse Gemenebest ⟨1931⟩ [2] ⟨Bijb⟩ Goddelijk gebod

stat·ute-barred [bn] ⟨jur⟩ verjaard

stat·ute-book [niet-telb zn; the] ⟨jur⟩ ⟨verzameling der⟩ geschreven wetten

statute labour [niet-telb zn] herendienst(en)

statute law [niet-telb zn] geschreven wet(ten), geschreven recht

statute mile [LENGTH] [telb zn] (wettelijke) mijl ⟨1609,34 m⟩

stat·ute-roll [niet-telb zn] ⟨jur⟩ [1] gegrosseerde wetten [2] ⟨verzameling der⟩ geschreven wetten

stat·u·to·ry /stætʃʊtri, ᴬ-tʃətɔri/ [bn; bw: statutorily] ⟨jur⟩ statutair, wettelijk opgelegd/voorgeschreven/vereist, wettig, volgens de wet ♦ ⟨BE; ec⟩ *statutory corporation* wettelijk erkende vennootschap; ⟨BE⟩ *statutory declaration* plechtige verklaring ⟨eed⟩; ⟨AE; jur⟩ *statutory holiday* wettelijke feestdag; ⟨AE; jur⟩ *statutory offence/crime* misdrijf opgenomen in wetboek van strafrecht, gecodificeerd misdrijf; *statutory incomes policy* geleide loonpolitiek; ⟨AE⟩ *statutory rape* ontucht met/seksueel contact met/verkrachting van minderjarig meisje; *statutory woman* excusstruus, alibi-jet ⟨vrouw slechts getolereerd om schijn van seksisme te vermijden⟩

¹**staunch**, ⟨AE ook⟩ **stanch** /stɔːntʃ, ᴬstɔntʃ, ᴬstæntʃ/ [telb zn] stuw, sluis

²**staunch** ⟨AE ook⟩ **stanch** /stɔːntʃ, ᴬstɔntʃ, ᴬstæntʃ/ [bn; vergr trap: stauncher; bw: ~ly; zn: ~ness] [1] betrouwbaar, trouw, loyaal, onwankelbaar [2] solide, sterk (gebouwd), stoer, hecht, ferm [3] waterdicht, zeewaardig ⟨schip⟩, luchtdicht

³**staunch** /stɔːntʃ, ᴬstɒntʃ, ᴬstɑntʃ/ [ov ww] → **stanch**

¹**stave** /steɪv/ [telb zn] ① duig ② stok, knuppel, staf ③ stang, staaf ④ sport ⟨van ladder, stoel⟩ ⑤ couplet, strofe, vers ⑥ ⟨muz⟩ notenbalk

²**stave** /steɪv/ [onov ww; ook stove, stovel] ① in duigen vallen ② lek slaan ③ ⟨AE⟩ razen, zich haasten, rennen

³**stave** /steɪv/ [ov ww; ook stove, stovel] ① in duigen slaan/doen vallen ② een gat slaan in, inslaan, indrukken, kapotslaan ♦ *the hull is stove in* de romp is lek geslagen; *he staved in several ribs* hij brak verscheidene ribben ③ van duigen voorzien, in elkaar zetten ⊡ zie: **stave off**

stave off [ov ww] ① van zich af/op een afstand houden, zich van het lijf houden, van zich afzetten ② (tijdelijk) afwenden, voorkomen, opschorten, uitstellen

stave-rhyme [telb + niet-telb zn] stafrijm, alliteratie

staves /steɪvz/ [alleen mv] → **staff**, **stave**

staves·a·cre /ˈsteɪvzeɪkə, ᴬ-ər/ [niet-telb zn] ⟨plantk⟩ staverzaad ⟨Delphinium staphisagria⟩

¹**stay** /steɪ/ [telb zn] ① verblijf, oponthoud ♦ *a long stay* een lang oponthoud; *make a stay* zich ophouden; *be on a short stay* maar enkele dagen blijven ② steun, stut ⟨ook figuurlijk⟩, schoor ♦ *the stay of his old age* de steun van zijn oude dag; *be the prop and stay of s.o.* iemands steun en toeverlaat zijn ③ verbindingsstuk ⟨bijvoorbeeld in vliegtuig⟩ ④ balein ⟨van korset, overhemdsboord⟩ ⑤ ⟨vero, form⟩ rem ⟨figuurlijk⟩, stilstand, belemmering ♦ *make a stay* stilhouden; *put a stay on sth.* iets tegenhouden/tegengaan; *a stay upon her activities* een rem op haar activiteiten ⑥ ⟨scheepv⟩ stag, tuitouw, stormlijn ⟨ook voor schoorstenen, enz.⟩ ⑦ ⟨scheepv⟩ topreep, toppardoen ♦ *in stays* overstag; *miss/refuse stays* weigeren te wenden, weigeren over een andere boeg te gaan liggen/overstag te gaan

²**stay** /steɪ/ [telb + niet-telb zn] ⟨jur⟩ schorsing, uitstel, opschorting ♦ *stay of execution* uitstel van executie

³**stay** /steɪ/ [niet-telb zn] uithoudingsvermogen

⁴**stay** /steɪ/ [onov + ov ww] ① blijven, toeven, wachten, dralen, talmen ♦ ⟨inf⟩ *be here to stay*, ⟨inf⟩ *come to stay* blijven; ⟨fig⟩ burgerrecht krijgen, zich een blijvende plaats verwerven, een blijver worden; *for s.o./sth.* op iemand/iets wachten; *stay for/to supper* blijven souperen/eten; *stay here!* blijf hier! ② verblijven, logeren, doorbrengen ♦ *stay at a hotel* in een hotel logeren; *stay the night* de nacht doorbrengen, blijven slapen; *stay over the weekend* het weekend overblijven, het weekend blijven logeren; *stay the weekend* het weekend doorbrengen/blijven; *stay with friends* bij vrienden logeren ③ stilhouden, stoppen, ophouden ④ resideren, verblijven, wonen ⟨in de koloniën⟩ ⑤ ⟨poker⟩ de inzet aanvaarden zonder hem te verhogen ⑥ ⟨vnl gebiedende wijs⟩ ⟨vero⟩ wachten ♦ *stay!* wacht! ⑦ ⟨scheepv⟩ overstag gaan, wenden ⑧ ⟨SchE⟩ wonen ⑨ ⟨sl⟩ 'm overeind/stijf houden ⟨penis⟩ ⊡ ⟨inf⟩ *stay with s.o.* blijven luisteren naar iemand; ⟨AE⟩ *stay with s.o.* iemand bijhouden

⁵**stay** /steɪ/ [onov + ov ww] **(het) uithouden** ⟨voornamelijk sport⟩ ♦ *stay the course/pace* het tot het einde volhouden/uithouden, strijden tot het einde ⟨ook figuurlijk⟩

⁶**stay** /steɪ/ [ov ww] ① uitstellen, opschorten ⟨executie, oordeel, beslissing⟩ ② schoren, stutten, (onder)steunen ♦ *stay up* schoren ③ kracht geven, ondersteunen, troosten ④ tuien ⟨mast, vlaggenstok⟩ ⑤ ⟨form⟩ stillen ⟨honger⟩ ⑥ afwachten ⑦ inhouden, intomen, bedwingen ⟨gevoelens⟩ ⑧ ⟨scheepv⟩ overstag smijten ⑨ ⟨form⟩ tegenhouden, terughouden, stoppen, tot staan brengen ⟨ziekte⟩ ♦ *stay s.o. from his duty* iemand van zijn plicht afhouden; *stay one's hand* zich inhouden, van een actie afzien; *stay your hand!* laat af! ⑩ ⟨vero⟩ onderdrukken ⑪ ⟨vero⟩ standhouden, pal staan ⊡ zie: **stay out**; *stay s.o. at arm's length* iemand op afstand houden ⟨ook figuurlijk⟩

⁷**stay** /steɪ/ [koppelww] blijven ♦ *stay abreast (of)* op de hoogte blijven (van), bijblijven (in); *stay ahead* aan de leiding blijven; *stay ahead of the others* de anderen voorblijven; *stay aloft* in de lucht blijven ⟨vliegtuig⟩; *stay away* wegblijven, niet opdagen/verschijnen; ⟨fig⟩ zich niet (be)moeien; *stay away from s.o./sth.* iemand/iets ongemoeid laten, zich niet bemoeien met iemand/iets; *stay behind* (achter)blijven; *stay clean* schoon blijven; *stay down* beneden blijven (staan); erin blijven ⟨in de maag⟩; *stay in* binnen blijven, erin blijven; bezetten ⟨fabriek, e.d.⟩; ⟨cricket⟩ aan het wicket blijven; *stay in (after school)* schoolblijven, nablijven; *stay indoors* binnen blijven, binnen zijn; *stay off the bottle* van de fles blijven, niet meer drinken; *stay on* erop blijven, aanblijven ⟨van licht, vuur, tv⟩; (aan)blijven ⟨in ambt; als anderen weg zijn⟩; *stay on top* aan het langste eind trekken; *stay on top of s.o.* iemand de baas blijven; *stay out* buiten(shuis) blijven ⟨na donker⟩; buiten blijven, uitblijven, van huis blijven, wegblijven; blijven staken; *stay out of reach* buiten bereik/schot blijven; *stay out of danger/trouble* buiten gevaar blijven, moeilijkheden vermijden; ⟨inf⟩ *stay put* op zijn plaats blijven, blijven waar men is, thuis blijven, voorgoed blijven; *stay seated* blijven zitten ⟨letterlijk⟩; *stay single* ongetrouwd blijven; *stay up* recht blijven (staan); boven blijven ⟨in het water⟩; blijven staan/hangen ⟨van decor, aankondiging⟩; in de lucht blijven ⟨van vliegtuig⟩; *stay up late* laat opblijven; *stay up (at the University)* niet met vakantie gaan

¹**stay-at-home** [telb zn] huismus, thuiszitter, thuisblijver

²**stay-at-home** [bn, attr] thuisblijvend, ho(n)kvast ♦ *he is the stay-at-home type* hij is een thuisblijver; *stay-at-home father* huisman; *stay-at-home mother* huisvrouw

stay·er /ˈsteɪə, ᴬ-ər/ [telb zn] ① blijver ② ⟨inf⟩ volhouder, doorzetter, iemand/dier met veel uithoudingsvermogen, ⟨sport⟩ langeafstandsloper, langeafstandszwemmer ⟨enz.⟩ ③ ⟨wielersp⟩ stayer

stay-in, stay-in strike [telb zn] zitstaking, bezettingsactie

stay·ing per·mit /ˈsteɪɪŋ pɜːmɪt, ᴬ- pɜrmɪt/ [telb zn] verblijfsvergunning

stay·ing pow·er [niet-telb zn] uithoudingsvermogen

stay out [ov ww] langer blijven dan ♦ *stay out the performance* de hele opvoering door blijven; *stay out a welcome* langer blijven dan iemand lief is

stay-press [bn, attr] plooivast

stays /steɪz/ [alleen mv] ⟨vero⟩ korset, keurslijf

stay·sail /ˈsteɪseɪl, ⟨scheepv⟩ ˈsteɪsl/ [telb zn] ⟨scheepv⟩ stagzeil

stbd [afk] ⟨starboard⟩

St. Bernard /sn(t) bɜːnəd, ᴬseɪnt bɜrnərd/ [telb zn] sint-bernard(shond)

STC [afk] ⟨short-title catalogue⟩

std [afk] ⟨standard⟩

STD [afk] ① ⟨Sexually Transmitted Disease(s)⟩ soa ② ⟨Subscriber Trunk Dialling⟩ ③ ⟨Doctor of Sacred Theology⟩

STD-code [telb zn] ⟨BE⟩ kengetal

¹**stead** /sted/ [telb zn] ① hofstede, hoeve, erf ② ⟨vero⟩ plaats, positie ♦ *in s.o.'s stead* in iemands plaats ⊡ *stand one in good stead* iemand te stade/van pas komen

²**stead** /sted/ [ov ww] ⟨vero⟩ helpen, baten, te stade komen

stead·fast, sted·fast /ˈstedfɑːst, ᴬ-fæst/ [bn; bw: -ly; zn: -ness] ① vast, standvastig, vastberaden, onwrikbaar ② trouw, getrouw, loyaal

stead·ing /ˈstedɪŋ/ [telb zn] ⟨BE⟩ ① hofstede, hoeve ② ⟨SchE⟩ bijgebouwen

¹**stead·y** /ˈstedi/ [telb zn] ① steun, steunsel ② ⟨AE; inf⟩ vaste vrijer, vaste vriend(in) ③ ⟨techn⟩ bril ⟨van draaibank⟩

²**stead·y** /ˈstedi/ [bn; bw: steadily; zn: steadiness] ① vast, vaststaand, stevig, stabiel, onbeweeglijk ♦ *steady hand* vaste hand; (as) *steady as a rock* rotsvast; ⟨med, sport⟩ *steady state* steady state ⟨evenwicht tussen inspanning en zuurstofgebruik⟩; ⟨fig⟩ evenwicht, stabiliteit ② gestaag, gestadig, bestendig, constant, geregeld, regelmatig, gelijkma-

steady

tig, vast, gelijk blijvend, doorlopend, stationair ♦ *steady income* vast inkomen; *steady job* vaste baan; *lead a steady life* een regelmatig leven leiden; *steady nerves* sterke zenuwen ③ kalm, bezadigd, onverstoorbaar, evenwichtig ♦ *steady on!* kalm aan!, langzaam! ④ standvastig, trouw, onwankelbaar ♦ *he is steady in his principles* hij houdt vast aan zijn principes ⑤ betrouwbaar, oppassend, solide, ernstig, degelijk ⑥ gematigd, matig ♦ *steady climate* gematigd klimaat ⟨•⟩ ⟨scheepv⟩ *keep her steady!* zo houden!; ⟨scheepv⟩ *steady on!* recht zo!

³**stead·y** /stedi/ [onov ww] ① vast worden ♦ *the prices steadied* de prijzen stabiliseerden zich ② bestendig/regelmatig worden ♦ *steady down* een regelmatig leven (gaan) leiden, bezadigd worden ③ kalm worden, kalmeren, tot rust komen ④ standvastig worden ⑤ oppassend/betrouwbaar/solide worden ⑥ ⟨scheepv⟩ dezelfde koers houden

⁴**stead·y** /stedi/ [ov ww] ① vastheid geven, steunen, sterken, staven, krachtiger maken ♦ ⟨scheepv⟩ *steady the helm* het roer recht houden; *steady o.s.* zich staande houden ② bestendigen, stabiliseren ③ kalmeren, in evenwicht brengen, onder controle brengen, tot bedaren brengen ♦ *steady o.s.* bedaren, kalmeren ④ standvastig maken ⑤ oppassend/betrouwbaar/solide maken ⑥ in de pas doen lopen ⟨paard⟩ ⑦ ⟨scheepv⟩ dezelfde koers doen houden

⁵**stead·y** /stedi/ [bw] vast, gestaag, gestadig ⟨•⟩ ⟨inf⟩ *go steady* vaste verkering hebben

⁶**stead·y** /stedi/ [tw] ① kalm aan, kalmpjes aan, rustig ② ⟨scheepv⟩ recht zo

stead·y-go·ing [bn] kalm, bezadigd, bedaard, oppassend, solide, ernstig, degelijk, betrouwbaar

stead·y·ish /stediʃ/ [bn] tamelijk vast/kalm/bestendig/standvastig/betrouwbaar

steady-state theory [telb zn; the] ⟨astron⟩ steady-statetheorie ⟨dat de dichtheid van het heelal onveranderd blijft⟩

¹**steak** /steɪk/ [telb zn] ① lapje vlees, ⟨i.h.b.⟩ runderlapje, biefstuk, ⟨ook⟩ varkenslapje ② (vis)moot

²**steak** /steɪk/ [niet-telb zn] ① vlees, ⟨i.h.b.⟩ rundvlees, ⟨ook⟩ varkensvlees ② visfilet ③ gehakt

steak and kidney pie [telb + niet-telb zn] ⟨cul⟩ pastei met rundvlees en nieren

steak house [telb zn] steakhouse, biefstukhuis

steak tar·tare /steɪkˈtɑː/, ᴬsteɪkɑrtɑr/ [niet-telb zn] tartaar ⟨rauw gegeten⟩

¹**steal** /stiːl/ [telb zn] ⟨vnl AE⟩ ① diefstal ② ⟨inf⟩ koopje, (spot)goedkoop iets, meevallertje ③ ⟨inf⟩ frauduleuze/twijfelachtige (politieke) daad, corrupte handeling ④ ⟨honkb⟩ gestolen honk

²**steal** /stiːl/ [onov ww; stole, stolen] ① stelen ② sluipen, stilletjes gaan, zich op slinkse wijze bewegen, glijden ♦ *steal away* er heimelijk vandoor gaan, ertussenuit knijpen, wegsluipen; ongemerkt voorbijgaan ⟨van tijd⟩; *a tear stole down her face* er rolde een traan over haar gezicht; *steal in/out* stilletjes binnenkomen/weggaan; *the months stole on* de maanden verstreken ongemerkt; *steal out of the room* stiekem de kamer verlaten; *a smile steals over her face* een glimlach glijdt over haar gezicht; *a feeling of happiness stole over her* een gevoel van geluk kwam ongemerkt over haar; *an uncomfortable thought stole over her* een onaangename gedachte bekroop haar; *he managed to steal through the frontlines* hij slaagde erin ongemerkt door de frontlinies heen te komen; *the boy stole up on me de jongen besloop me; don't let melancholy steal up on you* laat de melancholie je niet bekruipen ♦ ⟨honkb⟩ een honk stelen

³**steal** /stiːl/ [ov ww; stole, stolen] ① (ont)stelen, ontvreemden, pikken, wederrechtelijk (af)nemen, heimelijk innemen, op slinkse wijze verkrijgen ♦ *steal each other's clients* elkaars klanten afpikken; *steal an idea/a joke* een idee/grap pikken/plagiëren; *steal a kiss* onverhoeds een kus geven, een kus ontstelen; *steal s.o.'s lines* iemands verzen overnemen/stelen; *steal money* geld stelen; *steal a ride* stiekem meerijden, als verstekeling meerijden ② ⟨honkb⟩ stelen ⟨honk⟩ ③ ⟨basketb⟩ stelen, (af)pakken, uit handen slaan, onderscheppen ⟨•⟩ ⟨sprw⟩ *stolen pleasures are sweet(est)* ± gestolen drank is zoet, ± gestolen beten smaken het best

stealth /stelθ/ [niet-telb zn] heimelijkheid, geheim, onopvallendheid ♦ *by stealth* stiekem, in het geheim/geniep, tersluiks

stealth bomber [telb zn] stealthbommenwerper

stealth tax [telb zn] ⟨BE; inf⟩ verkapte belastingheffing, sluikbelasting

stealth·y /stelθi/ [bn; vergr trap: stealthier; bw: stealthily; zn: stealthiness] heimelijk, geheim, tersluiks, ongemerkt, ongezien, onopvallend, sluipend

¹**steam** /stiːm/ [niet-telb zn] stoom(kracht), wasem, damp, condensatie, ⟨fig⟩ kracht(ige gevoelens), fut, energie, vaart ♦ *blow/let/work off steam* stoom afblazen ⟨ook figuurlijk⟩; zijn hart luchten; *dry/wet steam* droge/natte stoom; *full steam ahead* met volle kracht/vaart vooruit; *get up steam* energie/stoom opladen; ⟨fig⟩ zich boos maken; energie opdoen, zijn moed bijeenrapen; er vaart achter zetten; *that idea is getting up steam* dat idee begint goed op gang te komen; *run out of steam* zijn drijfkracht/energie verliezen; futloos worden; uitgeput raken; *saturated steam* verzadigde stoom; *superheated steam* oververhitte stoom; *under one's own steam* op eigen (wils)kracht, uit eigen wil; *steam on the window* condensatie/wasem op het raam; *there is steam on the window* het raam is beslagen

²**steam** /stiːm/ [onov ww] ① stomen, dampen, (uit)wasemen, stoom afgeven/vormen ♦ *the pan was steaming away on the fire* de pan stond te stomen op het vuur; *steaming hot milk* dampende melk ② beslaan ③ opstomen, zich (op stoomkracht) voortbewegen, ⟨fig⟩ energiek werken, goede vooruitgang boeken ♦ *the ship steams across the Atlantic at high speed* het schip stoomt over de Atlantische Oceaan met grote snelheid; *steam ahead/away* doorstomen, snel verder gaan, er vaart achter zetten; *the vessel steams down the river* het vaartuig vaart snel de rivier af; *the train steams into London* de trein stoomt Londen binnen; *the ship steams out* het schip vertrekt, het schip stoomt weg ⟨•⟩ zie: **steam up**; → **steamed-up, steaming**

³**steam** /stiːm/ [ov ww] ① (gaar) stomen, klaarstomen, koken d.m.v. stoom, bewerken met stoom ♦ *steamed fish/rice* gestoomde vis/rijst; *steam a stamp off an envelope* een postzegel van een enveloppe af stomen; *steam open a letter* een brief open stomen ⟨•⟩ zie: **steam up**; → **steamed-up, steaming**

steam bath [telb zn] stoombad

steam·boat [telb zn] stoomboot

steam boiler [telb zn] stoomketel

steam brake [telb zn] stoomrem

steam clean [ov ww] stomen, met stoom reinigen ⟨kleding⟩

steam coal [niet-telb zn] ketelkool

steam cock [telb zn] stoomkraan, stoomafsluiter

steam crane [telb zn] stoomkraan

steam cylinder [telb zn] stoomcilinder

steam dome [telb zn] stoomdom

steamed-up, steamed [bn] opgewonden, enthousiast, boos

steam engine [telb zn] stoommachine

steam·er /stiːmə, ᴬ-ər/ [telb zn] ① stoomkoker, stoompan, stoomketel ② stoomschip, stoomboot ③ stoombrandspuit

steam gauge [telb zn] (stoom)manometer

steam hammer [telb zn] stoomhamer

steam heat [niet-telb zn] stoomwarmte, stoomverwarming

steam·ing /stiːmɪŋ/ [bn; tegenwoordig deelw van steam] ① (erg) heet, kokend heet ♦ *steaming hot* snikheet, smoorheet, stikheet ② witheet, woedend, laaiend ③ ⟨vnl ScнЕ⟩ ladderzat, stomdronken

steam iron [telb zn] stoomstrijkijzer
steam jacket [telb zn] stoommantel
steam power [niet-telb zn] stoomkracht
steam pump [telb zn] stoompomp
steam radio [telb zn] ⟨BE; inf⟩ geluidskastje, geluidsdoos
¹**steam·rol·ler** [telb zn] stoomwals ⟨ook figuurlijk⟩
²**steam·rol·ler**, ⟨AE ook⟩ **steam·roll** [ov ww] ⟨inf⟩ ① met een stoomwals platwalsen ② verpletteren, korte metten maken met, vernietigen, platwalsen, niets heel laten van ♦ *steamroller all opposition* alle verzet de kop indrukken
steam rug [telb zn] ⟨vnl AE⟩ reisdeken
steam·ship [telb zn] stoomschip
steam shovel [telb zn] ⟨vnl AE⟩ grondgraafmachine
steam·tight [bn; zn: steamtightness] stoomdicht
steam train [telb zn] stoomtrein
steam tug [telb zn] stoomsleepboot, stoomsleper
steam turbine [telb zn] stoomturbine
¹**steam up** [onov ww] ① beslaan, met condensatie/wasem bedekt worden ♦ *my glasses are steaming up* mijn bril beslaat ② opstomen, oprukken, zich snel voortbewegen ♦ *the ships are steaming up* de schepen rukken op
²**steam up** [ov ww] ① doen beslaan, met condensatie/wasem bedekken ♦ *the heat steamed up the windows* de hitte deed de ramen beslaan ② ⟨vnl passief⟩ ⟨inf⟩ boos/opgewonden/enthousiast maken, prikkelen, opwinden, ergeren ♦ *she became steamed up about the new fashion* ze werd laaiend enthousiast over de nieuwe mode; *don't get steamed up about it* wind je er niet zo over op, maak je er niet druk om
steam valve [telb zn] stoomafsluiter, stoomschuif
steam whistle [telb zn] stoomfluit
steam winch [telb zn] stoomlier
steam·y /stiːmi/ [bn; vergr trap: steamier; bw: steamily; zn: steaminess] ① m.b.t. stoom, stoomachtig, dampig, vol stoom/damp ② ⟨inf⟩ heet, sensueel
ste·ar·ic /stiærɪk/ [bn] ⟨scheik⟩ m.b.t. stearine, vet- ♦ *stearic acid* stearinezuur, octadecaanzuur
ste·a·rin /stɪərɪn/ [niet-telb zn] ⟨scheik⟩ stearine, glyceroltristearaat, ⟨oneig⟩ vet
ste·a·tite /stɪətaɪt/ [niet-telb zn] steatiet, speksteen, zeepsteen
ste·a·tit·ic /stɪətɪtɪk/ [bn] m.b.t. steatiet, speksteen-, speksteenachtig
ste·a·to·py·gi·a /stɪətoʊpɪdʒɪə, ᴬstɪətə-/ [niet-telb zn] steatopygie ⟨overvloedige vetvorming op zitvlak, bijvoorbeeld bij Hottentotvrouwen⟩
ste·a·to·py·gous /stɪətoʊpaɪgəs, ᴬstɪətə-/ [bn] steatopygisch, m.b.t. grote vetvorming op zitvlak, met dikke billen
steed /stiːd/ [telb zn] ⟨form behalve scherts⟩ (strijd)ros, paard
¹**steel** /stiːl/ [telb zn] ① wetstaal, slijpstaal, aanzetstaal, stalen priem ♦ *a butcher's steel* een slagers aanzetstaal ② (staal)balein ⟨bijvoorbeeld in korset⟩ ③ ⟨vnl enkelvoud⟩ (stalen) strijdwapen, zwaard, sabel, dolk, mes, degen ♦ *my enemy was worthy of my steel* ik had een waardige/goede tegenstander, mijn vijand bood dapper tegenstand ④ vuurslag
²**steel** /stiːl/ [niet-telb zn; vaak attributief] ① (stuk) staal ♦ ⟨fig⟩ *a heart of steel* een hart van steen; *pressed steel* geperst staal; ⟨fig⟩ *as true as steel* zo eerlijk als goud; zo trouw als een hond ② staalindustrie ♦ *national income from steel* nationaal inkomen uit de staalindustrie ③ strijdwapens ♦ *all steel had to be used* alle strijdwapens moesten werden ingezet ④ grote kracht, staal ⟨figuurlijk⟩ ♦ *a man of steel* een man van staal, een sterke man; *muscles of steel* oersterke/stalen spieren ⑤ ⟨sprw⟩ *the tongue is not steel, yet it cuts* ± niets snijdt dieper dan een scherpe tong, ± een goed woord baat, een kwaad woord schaadt
³**steel** /stiːl/ [ov ww] (ver)stalen, met staal bedekken, wapenen, tot staal maken, pantseren ⟨ook figuurlijk⟩, harden, sterken ♦ *steeled against pity* gehard tegen medelijden, onvermurwbaar tot medelijden; *steel o.s. to do sth.* zich dwingen iets te doen; *steel one's heart* zijn hart/moed sterken; *steel o.s. against/for disappointment* zich pantseren/wapenen tegen teleurstelling; *steel yourself for further increases in prices* bereid je voor op verdere prijsstijgingen
steel band [verzamelnm] ⟨muz⟩ steelband
steel blue [niet-telb zn; vaak attributief] staalblauw
steel-clad, steel-plat·ed /stiːlpleɪtɪd/ [bn] ① gepantserd (met staal), met staal(platen) bekleed ⟨bijvoorbeeld van oorlogsschip⟩ ② (met staal) bewapend, met (stalen) harnas, in wapenrusting
steel engraving [telb + niet-telb zn] staalgravure, staalplaat
steel grey [niet-telb zn; vaak attributief] staalgrijs
steel guitar [telb zn] ⟨muz⟩ steelguitar ⟨gitaar met stalen snaren⟩
steel·head [telb zn] ⟨dierk⟩ regenboogforel ⟨Salmo gairdneri⟩
steel industry [telb zn] staalindustrie
steel mesh [niet-telb zn] plaatgaas
steel mill [telb zn] ① staalfabriek ② staalwalserij
steel plant [telb zn] staalfabriek
steel·plate [telb + niet-telb zn] staalplaat, plaatstaal, plaatijzer
steels /stiːlz/ [alleen mv] staalaandelen, staalwaarden
steel town [telb zn] (staal)industriestad
steel wool [niet-telb zn] staalwol
steel·work [niet-telb zn] staalwerk, stalen delen/voorwerpen
steel·work·er [telb zn] staalwerker, staalarbeider
steel·works [alleen mv; werkwoord ook enk] staalfabriek
steel·y /stiːli/ [bn; vergr trap: steelier; zn: steeliness] stalen, (als) van staal, staalachtig, ⟨fig⟩ onwrikbaar, onbuigzaam ♦ *steely composure* ijzige kalmte; *a steely glance* een staalharde/ijskoude blik; *a steely will* een stalen/onbreekbare/ijzeren wilskracht
steel·yard [telb zn] unster, Romeinse balans, weeghaak
steen, stein, steyn /stiːn, staɪn/ [ov ww] met steen bekleden ⟨bijvoorbeeld put⟩
steen·bok /stiːnbɒk, ᴬ-bɑk/, **stein·bok** /staɪn-/ [telb zn; mv: ook steenbok, ook steinbok] ⟨dierk⟩ steenbokantilope ⟨kleine Afrikaanse antilope; Raphicerus campestris⟩
¹**steep** /stiːp/ [telb zn] steilte, scherpe/steile helling, steil oplopende plaats
²**steep** /stiːp/ [niet-telb zn] ① indompeling, het weken/doordrenken/laten intrekken ② bad, weekvloeistof ♦ *in steep* in de week
³**steep** /stiːp/ [bn; vergr trap: steeper; bw: ~ly; zn: ~ness] ① steil, sterk hellend ♦ *a steep slope* een steile helling; *steep stairs* een steile trap ② scherp (oplopend), snel (stijgend) ♦ *a steep drop of the number of children* een snelle/sterke daling van het kindertal; *a steep rise in prices* scherpe prijsstijgingen ③ ⟨inf⟩ onredelijk ⟨bijvoorbeeld van eis⟩, te groot, overdreven, onrealistisch, ongeloofwaardig, sterk ⟨van verhaal⟩ ♦ *I thought it a bit steep* ik vond het een beetje te veel gevraagd; *I know he's ambitious, but this object is really steep* ik weet dat hij ambitieus is, maar nu neemt hij echt te veel hooi op zijn vork; *oil-prices are becoming really steep* de olieprijzen rijzen de pan uit; *a rather steep remark* een nogal krasse opmerking

⁴steep /stiːp/ [onov ww] **(in)trekken,** weken, in de week staan, doordrenkt worden ♦ *leave the coffee to steep* de koffie laten trekken; *steep in the sunlight* zich baden in het zonlicht

⁵steep /stiːp/ [ov ww] **onderdompelen** ⟨ook figuurlijk⟩, indopen, laten trekken/weken, in de week zetten, doen verzinken, (door)drenken, impregneren ♦ *steep almonds in wine* amandelen in wijn weken; *steep the coffee* de koffie laten trekken; *steep flax* vlas roten; *steeped in vice* door en door slecht; *be steeped in misery* ondergedompeld zijn in ellende, zich ellendig voelen; *steeped in a deep sleep* gedompeld/verzonken in een diepe slaap; *a lady steeped in mystery* een dame omhuld door geheimzinnigheid; *steeped in Chinese history* doorkneed in de Chinese geschiedenis; *your mind is steeped in useless facts* je geest is doordrongen/ overvol van nutteloze feiten; *steep o.s. in* zich verdiepen in, verzinken in

¹steep·en /stiːpən/ [onov ww] **steil(er) worden** ♦ *the slope steepened near the top* de helling liep steiler op nabij de top

²steep·en /stiːpən/ [ov ww] **steil(er) maken,** hoger maken, verhogen

steep·er /stiːpə, ᴬ-ər/ [telb zn] **weekvat,** loogkuip, drenkvat

steep·ish /stiːpɪʃ/ [bn] **nogal steil**

stee·ple /stiːpl/ [telb zn] [1] **(toren)spits,** bovenste deel van een toren [2] **toren met spits,** spitse toren

stee·ple·bush [telb zn] ⟨plantk⟩ **viltige spirea** ⟨Spiraea tomentosa⟩

stee·ple·chase [telb zn] [1] ⟨paardsp⟩ **steeplechase** ⟨oorspronkelijk met torenspits als doel⟩, hindernisren [2] ⟨atl⟩ **steeple(chase),** hindernisloop

stee·ple·chas·er [telb zn] [1] ⟨paardsp⟩ **steeplechaser** [2] ⟨atl⟩ **hindernisloper,** steepleloper

stee·ple·chas·ing [niet-telb zn] ⟨paardsp⟩ **(het) hindernisrennen**

stee·ple-crowned [bn] **punt-,** met een punt, puntig, taps toelopend ♦ *a steeple-crowned hat* een punthoed

stee·pled /stiːpld/ [bn] **met een/(vele) toren(s)**

steeple hat [telb zn] **punthoed**

stee·ple·jack [telb zn] **hoogtewerker,** torenreparateur, schoorsteenreparateur

stee·ple·top [telb zn] ⟨dierk⟩ **Groenlandse walvis** ⟨Balaena mysticetus⟩

stee·ple·wise [bn] **als een toren(spits)**

steep-to [bn] ⟨scheepv⟩ **zeer steil,** bijna loodrecht aflopend ⟨van kust, zandbank⟩

¹steer /stɪə, ᴬstɪr/ [telb zn] [1] **jonge os** [2] **stierkalf** [3] ⟨vnl AE; inf⟩ **advies,** raad(geving), tip ♦ *give/sell s.o. a bum steer* iemand een slecht advies geven

²steer /stɪə, ᴬstɪr/ [onov + ov ww] **sturen,** koers (doen) zetten, in een bepaalde richting (doen) gaan, (zich laten) leiden ♦ *steer the conversation away from a subject* de conversatie afleiden/wegloodsen van een onderwerp; *learn how to steer (a car)* leren hoe je (een auto) moet (be)sturen; *steer the middle course* de middenweg bewandelen; *which course will you steer?* welke koers ga je volgen?; *he steered for home* hij ging op huis aan; *the ship is steering for the harbour* het schip stevent/vaart op de haven af; *steer s.o.'s thoughts into a certain direction* iemands gedachten in een bepaalde baan/richting leiden; *she steered him towards the window* zij loodste hem naar het raam; *the vessel steers well/badly* het schip stuurt goed/slecht, het vaartuig luistert goed/slecht naar het roer [•] ⟨inf⟩ *steer clear of sth.* iets vermijden/ontwijken, uit de buurt blijven van iets

steer·a·ble /stɪərəbl, ᴬstɪrəbl/ [bn] **bestuurbaar**

¹steer·age /stɪərɪdʒ, ᴬstɪrɪdʒ/ [telb zn] **stuurinrichting**

²steer·age /stɪərɪdʒ, ᴬstɪrɪdʒ/ [niet-telb zn] [1] **het sturen,** stuurmanskunst [2] **stuurvermogen,** bestuurbaarheid, het luisteren naar het roer ♦ *a ship with easy steerage* een schip met een goed stuurvermogen, een gemakkelijk bestuurbaar schip [3] **leiding,** het besturen [4] ⟨vero⟩ **vooronder,** tussendek

steerage accommodations [alleen mv] **tussendeksinrichtingen**

steerage passenger [telb zn] **tussendekspassagier**

steer·age·way [niet-telb zn] ⟨scheepv⟩ **voortgang voor roercontrole,** bestuurbaarheidsafstand

steer·er /stɪərə, ᴬstɪrər/ [telb zn] [1] **bestuurder** [2] **stuurman** [3] **voertuig dat naar het sturen luistert** ♦ *be a quick steerer* goed naar het stuur/roer luisteren [4] ⟨AE⟩ **trekpleister** ⟨bijvoorbeeld in theater⟩, publiekstrekker, lokvogel

steer·ing col·umn, steer·ing post [telb zn] **stuurkolom** ⟨van motorvoertuig⟩

steer·ing com·mit·tee [verzamelnl] **stuurgroep**

steering gear [niet-telb zn] **stuurinrichting,** stuurhuis, stuurgerei

steer·ing wheel [telb zn] **stuur(wiel)** ⟨van boot, auto⟩, stuurrad ⟨van boot⟩

steers·man /stɪəzmən, ᴬstɪrz-/ [telb zn; mv: steersmen /-mən/] **stuurman,** roerganger

¹steeve /stiːv/ [telb zn] ⟨scheepv⟩ **laadboom,** rondhout ⟨gebruikt bij laden van schip⟩

²steeve /stiːv/ [telb + niet-telb zn] ⟨scheepv⟩ **boegspriethelling**

³steeve /stiːv/ [onov ww] ⟨scheepv⟩ **een hoek maken** ⟨van boegspriet met horizon/kiel⟩, hellen, springen

⁴steeve /stiːv/ [ov ww] ⟨scheepv⟩ [1] **een bepaalde hoek geven** ⟨boegspriet⟩, laten springen, doen hellen [2] **stouwen,** laden ⟨met laadboom⟩

¹stein /staɪn/ [telb zn] **stenen bierkroes**

²stein /staɪn/ [ov ww] → **steen**

stein·bock /staɪnbɒk, ᴬ-bɑk/ [telb zn] ⟨dierk⟩ **steenbok** ⟨Capra ibex⟩

steinbok [telb zn] → **steenbok**

ste·le /stiːli, ᴬstiːl/, **ste·la** /stiːlə/ [telb zn; mv: ook stelae /-liː/] [1] **stèle,** (Oud-Griekse) (graf)steen/zuil met inscripties [2] ⟨plantk⟩ **stèle,** centrale cilinder ⟨van plant⟩

stell /stel/ [telb zn] ⟨vnl SchE⟩ **schaapskooi,** afgeschermd schapenlandje

stel·lar /stelə, ᴬ-ər/ [bn] [1] **stellair,** van/m.b.t. de sterren, sterren-, stervormig [2] ⟨AE⟩ **met (film)sterren** ⟨bezetting⟩ [3] ⟨AE; inf⟩ **schitterend,** top-, ster- ♦ *stellar year* gloriejaar [•] ⟨BE; inf⟩ *go stellar* de sterrenstatus bereiken, doorbreken

stel·late /stelət, ᴬ-leɪt/, **stel·lat·ed** /-leɪtɪd/ [bn; bw: ~ly] [1] **stervormig,** sterrig, ⟨plantk⟩ gestraald [2] **stralend (als een ster)** [3] **met sterren bezaaid**

stel·lif·er·ous /stelɪfrəs/ [bn] **met sterren (versierd),** vol sterren

stel·li·form /stelɪfɔːm, ᴬ-fɔrm/ [bn] **stervormig,** sterrig

stel·lu·lar /steljʊlə, ᴬ-jələr/ [bn] **als/met sterretjes,** bezaaid met (kleine) sterren

¹stem /stem/ [telb zn] [1] ⟨benaming voor⟩ **stam** ⟨van boom/woord/afkomst⟩, basisvorm, geslacht ♦ *the stem of this tree* de stam van deze boom; *the stem of this verb* de stam van dit werkwoord [2] ⟨hoofd⟩**stengel** ⟨van bloem⟩, steel(tje) [3] ⟨benaming voor⟩ **stamvormig deel,** steel ⟨van glas, pijp⟩, schacht ⟨van pijl, veer⟩, poot, stok ⟨van letter/ muzieknoot⟩, stang, stift ♦ *the stem of the thermometer* het (verticale deel van het) buisje van de thermometer [4] **voorsteven,** boeg ♦ *the stem of the ship* de voorsteven van het schip; *from stem to stern* van de voor- tot de achtersteven; ⟨fig⟩ van top tot teen, helemaal, over de hele linie, in alle opzichten [5] ⟨mv⟩ ⟨sl⟩ **(fraaie) benen**

²stem /stem/ [onov ww] ⟨skisp⟩ **stemmen** ⟨met één of twee ski's licht afremmen om een bocht te maken⟩ [•] zie: **stem from**

³stem /stem/ [ov ww] [1] **strippen** ⟨tabak, kersen⟩ [2] **doen stoppen,** stuiten, tegenhouden, stremmen, afdammen, stelpen ♦ *stem **blood*** bloed stelpen; *stem his **enthousiasm*** zijn enthousiasme stuiten/indammen; *stem the river* de rivier afdammen; *stem the traffic* het verkeer stremmen ③ **het hoofd bieden aan,** zich richten tegen, weerstand bieden aan, zich verzetten tegen, recht ingaan tegen, worstelen met ♦ *stem the **current*** tegen de stroom opvaren; *stem a gale* tegen een storm optornen; *stem the tide (of public opinion)* tegen het getij (van de publieke opinie) ingaan/indruisen; ⟨scheepv⟩ het tij doodzeilen ④ **stevig plaatsen,** planten, poten ♦ *stem your **hand** in your side* je hand in je zij planten

stem cell [telb zn] ⟨med⟩ stamcel

stem from [onov ww] stammen uit, teruggaan op, voortkomen uit, afkomstig zijn van, voortspruiten uit ♦ *his **bitterness** stems from all his disappointments* zijn verbittering komt door al zijn teleurstellingen; *he stemmed from William the Conqueror* hij was een afstammeling van Willem de Veroveraar

stem·ma /stɛmə/ [telb zn; mv: ook stemmata /stɛmətə/] ① stamboom, afstamming ② ⟨dierk⟩ facet van samengesteld oog, enkelvoudig oog

-stemmed /stemd/ ① -gestamd, met bepaalde stam ♦ *a blue-stemmed toadstool* een paddenstoel met blauwe steel ② -gesteeld, met bepaalde steel/stengel ♦ *long-stemmed flowers* bloemen met lange stelen/stengels

stem turn, stem [telb zn] ⟨skisp⟩ stemmschwung

stem·ware [niet-telb zn] ⟨AE⟩ glaswerk op voet, glasservies/glazen met steel

stem-wind·er /stɛmwaɪndə, ᴬ-ər/ [telb zn] ⟨AE⟩ ① remontoir, opwindhorloge met knopje ② ⟨sl⟩ vrachtauto met slinger

Sten, sten /sten/, **sten gun** [telb zn] sten(gun), bepaald licht machinepistool

stench /stentʃ/ [telb zn] stank, vieze lucht/geur

stench-trap [telb zn] ⟨techn⟩ stankafsluiter, stankscherm, stankbocht

¹**sten·cil** /stɛnsl/ [telb zn] ① stencil, stencilafdruk, stencilplaat, getypte drukvorm ② modelvorm, sjabloon, mal

²**sten·cil** /stɛnsl/ [ov ww] ① stencilen, stencilafdrukken maken van ② sjabloneren, (sjabloon)afdrukken maken van, vermenigvuldigen d.m.v. modelvorm

sten·o /stɛnoʊ/, **ste·nog** /stɛnɒɡ, ᴬ-nɑɡ/ ⟨vnl AE⟩ ① (verk: stenographer) ② (verk: stenography)

sten·o·graph /stɛnəɡrɑːf, ᴬ-ɡræf/ [telb zn] ① stenogram ② stenografeermachine ③ stenografisch teken

ste·nog·ra·pher /stɛnɒɡrəfə, ᴬ-nɑɡrəfər/ [telb zn] ⟨vero; AE⟩ stenograaf, snelschrijver, stenotypist(e)

sten·o·graph·ic /stɛnəɡræfɪk/, **sten·o·graph·i·cal** /-ɪkl/ [bn; bw: ~ally] stenografisch

ste·nog·ra·phy /stɛnɒɡrəfi, ᴬ-nɑɡrəfi/ [niet-telb zn] ⟨vero; AE⟩ steno(grafie), snelschrift, snelschrijfkunst

ste·no·sis /stɪnoʊsɪs/ [telb zn; mv: stenoses /-siːz/] ⟨med⟩ vernauwing (in lichaam)

sten·o·type /stɛnətaɪp/ [telb zn] ① stenografisch teken ② stenografeermachine

sten·tor /stɛntɔː, ᴬ-tər/ [telb zn] ① stentor, man/iemand met zeer luide stem ② ⟨biol⟩ stentor, trompetdiertje

sten·to·ri·an /stɛntɔːriən/ [bn] ⟨form⟩ zeer luid, doordringend, keihard, machtig ⟨van stem⟩ ♦ *a stentorian **voice*** een stentorstem

¹**step** /step/ [telb zn] ① (voet)stap, (dans)pas, voetspoor, voetafdruk, schrede, stapgeluid, tred, schrede ♦ *break step* uit de pas/maat gaan; *step by step* stapje voor stapje, voetje voor voetje, geleidelijk, behoedzaam; *change step* in een andere pas/maat gaan lopen; *fall into step* in de pas lopen; ⟨fig⟩ *fall into step with* zich aansluiten bij, het eens zijn met, in de pas lopen met; *dance a fast step* een snelle danspas dansen; *follow in s.o.'s steps* in iemands voetsporen treden, iemands voetspoor volgen/drukken; *some steps forward and some steps back* enkele stappen voorwaarts en enkele achteruit; *only two steps from our house* slechts twee passen van ons huis, vlak bij ons huis; *in step* ⟨ook fig⟩ in de pas/maat, in het juiste ritme; in harmonie, ermee eens; *keep in step (with)* gelijke tred houden (met); *in his father's steps* in zijn vaders voetstappen/voetsporen, naar zijn vaders voorbeeld; *he is in step with the latest developments* hij houdt de laatste ontwikkelingen bij; *get/fall into step* in de pas/maat gaan; *keep step to the music* op de maat van de muziek lopen; *keep step with s.o.* in de maat lopen/dansen met iemand, hetzelfde ritme aanhouden als iemand anders; *a light step* een lichte pas; *take long steps* lange passen/schreden nemen; *do not move a step* verzet geen stap/voet, verroer je niet; *out of step* uit de pas/maat ⟨ook figuurlijk⟩; niet ermee eens, uit de toon; *he's out of step with modern painting* hij is geen volgeling van de moderne schilderkunst; *recognize s.o.'s step* iemands loop herkennen; *retrace your steps* op je schreden terugkeren; *turn one's steps* zijn schreden richten, in een bepaalde richting gaan ② stap, maatregel, daad, actie, poging ♦ *a false step* een misstap, een verkeerde stap/daad; *a long step towards success* een belangrijke stap/vooruitgang in de richting van het succes; *a rash step* een overhaaste daad; *take steps to prevent sth.* stappen ondernemen/maatregelen treffen om iets te voorkomen; *watch/mind your step* wees voorzichtig, pas op ③ (trap)trede, sport ⟨van ladder⟩, stoepje, stepje ⟨van brommer⟩, voetsteun ♦ *watch/mind the step* pas op het afstapje ④ niveau ⟨bijvoorbeeld in bepaalde schaal⟩, trap, fase, trede, rang, streepje ♦ *a step ahead of me* een stapje voor mij, een rang boven mij; *get a step up* een treetje stijgen, promotie maken; *rise a step on the scale of wages* een stapje/treetje/trapje op de loonschaal stijgen; *a step on the Fahrenheit or on the Celsius scale?* een streepje/graad op de schaal van Fahrenheit of Celsius? ⑤ ⟨AE; muz⟩ toon ⟨in toonschaal⟩ ⑥ ⟨scheepv⟩ spoor(stuk) ⟨van mast⟩ • ⟨sprw⟩ *discontent is the first step to progress* ± vooruitgang begint met ontevredenheid; ⟨sprw⟩ *from the sublime to the ridiculous is but a step* tussen het verhevene en het belachelijke ligt maar één stap

²**step** /step/ [niet-telb zn] steps, stepaerobics

³**step** /step/ [onov ww] ① stappen, trappen, gaan, dansen, lopen, wandelen ♦ *step across the road* de weg oversteken; *step back(wards)* (verschrikt) een pas achteruit doen, terugdeinzen; *step between the fighters* zich tussen de strijdende partijen mengen; *step briskly* kwiek lopen, flink stappen; *step forward* naar voren komen, zich aanbieden als vrijwilliger; *step high* hoog zijn benen optillen ⟨bijvoorbeeld van paard⟩; ⟨fig⟩ stijgen, vorderingen maken; *step inside* komt u binnen; *step into a fortune* een fortuin verwerven/erven; *step into the house* het huis binnengaan; *step off the plane* uit het vliegtuig stappen; *step off the platform* van het spreekgestoelte afstappen, het spreekgestoelte verlaten; *step on the gas*, ⟨inf⟩ *step on it* gas geven; ⟨fig⟩ opschieten, haast maken, snelle gang; *step on s.o.* iemand onverschillig/arrogant behandelen; *step on the brake* op de rem gaan staan, op de rem trappen; *step on some glass* in wat glas trappen; *step out of line* uit het gareel raken; ⟨inf⟩ *he told me to step outside and repeat the insult* hij zei dat ik mee naar buiten moest gaan (om te vechten) en de belediging herhalen; *step over a heap of bricks* over een hoop stenen heen stappen; *step through a dance* de pasjes van een dans doen; *step on s.o.'s toes/corns* iemand op zijn teentjes trappen, iemand kwetsen, iemand tactloos behandelen; *step this way* komt u deze kant op, volgt u mij; *she steps well* ze danst goed ② ⟨scheepv⟩ vaststaan ⟨van mast⟩, vastgezet worden/zijn • zie: **step aside**; zie: **step down;** zie: **step in;** zie: **step off;** zie: **step out;** ⟨inf⟩ *step (all) over s.o.* met iemand de vloer aanvegen; zie: **step up**

⁴**step** /step/ [ov ww] ① stappen, zetten, plaatsen ♦ ⟨AE⟩ *step foot on land* voet aan wal zetten, land betreden; *step some*

step-

paces enkele stappen doen ② dansen, uitvoeren ⟨dans⟩, de stapjes doen van ♦ *step a measure* een nummertje dansen; *step the menuet* de menuet dansen ③ ⟨voornamelijk step out/off⟩ afstappen, afpassen, meten d.m.v. passen ♦ *step 20 yards* twintig yard afstappen ④ ⟨scheepv⟩ vastzetten ⟨mast⟩ ♦ *step the mast* de mast vastzetten (in het spoor) • zie: **step down;** zie: **step off;** zie: **step out;** zie: **step up**

step- /step/ stief- ♦ *stepchild* stiefkind; *stepparents* stiefouders

step aerobics [alleen mv; werkwoord voornamelijk enk] steps, stepaerobics

step aside [onov ww] ① opzij stappen, uit de weg gaan ② zijn plaats afstaan

step·broth·er [telb zn] stiefbroer, halfbroer

step-by-step [bn, attr] stap voor stap ♦ *step-by-step plan* stappenplan

step change [telb zn] doorbraak

step·child [telb zn] stiefkind

step·dance [telb zn] step⟨dans⟩

step·daugh·ter [telb zn] stiefdochter

¹**step down** [onov ww] ① aftreden ♦ *the chairman stepped down in favour of the vice-chairman* de voorzitter ruimde het veld ten gunste van de vicevoorzitter ② zijn plaats afstaan

²**step down** [ov ww] ① verminderen, trapsgewijs verlagen/reduceren ② ⟨elek⟩ neertransformeren ⟨voltage⟩

step-down [bn, attr] verlagings- ♦ *step-down transformer* verlagingstransformator

step·fa·ther [telb zn] stiefvader

steph·a·no·tis /stefənoʊtɪs/ [telb zn] ⟨plantk⟩ stefanotis ⟨genus Stephanotis⟩

Ste·phen, Ste·ven /stiːvn/ [eigen] Steven, Stefaan

step in [onov ww] ① binnenkomen, erin komen, even langskomen ② tussenbeide komen, zich erin mengen, zich ermee gaan bemoeien, te hulp schieten, inspringen ♦ *when a disaster was imminent, he stepped in* toen een ramp dreigde, kwam hij tussenbeide; *only when victory of the party was certain, did she step in* pas toen de overwinning van de partij zeker was, kwam zij erbij

step-in [telb zn; vaak mv] ⟨benaming voor⟩ kledingstuk waar men in stapt, step-in ⟨rondgeweven korsetje⟩

step·ins /stepɪnz/ [alleen mv] ① ⟨vero⟩ step-in ② ⟨sl⟩ slipje ③ ⟨sl⟩ slippers, sloffen, instappers

step·lad·der [telb zn] trap⟨ladder⟩, trapleer

step·moth·er [telb zn] stiefmoeder ⟨ook figuurlijk⟩

¹**step off** [onov ww] ① ⟨inf⟩ beginnen, aanvangen, starten ♦ *step off on the wrong foot* op de verkeerde manier beginnen, iets fout aanpakken ② ⟨mil⟩ beginnen te marcheren, aantreden, afmarcheren, wegmarcheren ♦ *step off with the left foot* te beginnen met je linkerbeen wegmarcheren ③ ⟨sl⟩ trouwen ④ ⟨sl⟩ de pijp uitgaan, doodgaan

²**step off** [ov ww] afpassen, afstappen, meten d.m.v. stappen ♦ *step off 5 yards* vijf yard afstappen • ⟨sl⟩ *step off the carpet* trouwen

step-on can [telb zn] ⟨AE⟩ pedaalemmer

¹**step out** [onov ww] ① snel(ler) gaan lopen, kwiek lopen, flink doorstappen, het tempo opvoeren, lange(re) passen nemen ② (even) naar buiten gaan, een stapje buiten de deur doen ③ eruit stappen, aftreden, zich terugtrekken, opstappen, ⟨vnl AE⟩ sterven, doodgaan ④ ⟨inf⟩ een vrolijk leven(tje) leiden, goed uitgaan, flink feesten, gaan stappen, ⟨sl⟩ naar een afspraak/feest gaan ♦ ⟨sl⟩ *step out on (s.o.)* iemand bedriegen, een afspraakje hebben met een ander, ontrouw zijn

²**step out** [ov ww] afstappen, meten d.m.v. passen nemen, afpassen ♦ *step out 10 metres* tien meter afstappen • *step it out* uitbundig dansen

step·par·ent [telb zn] stiefouder

steppe /step/ [telb zn; vaak mv] steppe, steppeland

stepped /stept/ [bn] trap-, trapvormig, met trappen ♦ *stepped gable* trapgevel

stepped-up [bn] opgevoerd, verhoogd, versneld ♦ *stepped-up attacks* (in kracht) toenemende aanvallen; *stepped-up production* opgevoerde productie

step·per /stepə, ^-ər/ [telb zn] ⟨sl⟩ stapper ⟨student⟩

step·ping·stone /stepɪŋstoʊn/ [telb zn] ① stapsteen ⟨om bijvoorbeeld rivier te doorwaden⟩, oversteeksteen, één steen uit rij ② springplank, duwtje in de rug, hulp (bij een bepaald streven), gunstige positie (om iets te bereiken) ♦ *a steppingstone to success* een springplank naar het succes

steps /steps/ [alleen mv] ① (stenen) trap, stoep(je) ② trap(ladder), trapleer, dubbele ladder

step·sis·ter [telb zn] stiefzuster

step·son [telb zn] stiefzoon

step-stool [telb zn] keukentrapje

¹**step up** [onov ww] ① naar voren komen, opstaan ♦ *he stepped up and told his story* hij kwam naderbij en vertelde zijn verhaal ② promotie maken, opklimmen ♦ ⟨fig⟩ *step up to the chair of English* opklimmen tot/bevorderd worden tot hoogleraar Engels ③ aanwakkeren ⟨van wind⟩;
→ **stepped-up**

²**step up** [ov ww] ① doen toenemen, opvoeren, groter maken, ⟨elek⟩ optransformeren ⟨voltage⟩, versterken, intensiveren ♦ *step up the campaign* de campagne uitbreiden, actiever campagne gaan voeren; *step up production* de productie opvoeren; *step up the volume* het volume vergroten ② ⟨scheepv⟩ vastzetten ⟨mast⟩, in het spoor brengen ♦ *step up the mast* de mast bevestigen/vastmaken in het spoor;
→ **stepped-up**

-ster /stə, ^stər/ ⟨na naamwoord of werkwoord om persoon aan te duiden⟩ -er, ster, -ling ♦ *gangster* gangster, bendelid

ste·ra·di·an /stəreɪdɪən/ [telb zn] ⟨meetk⟩ steradiaal

ster·co·ra·ce·ous /stɜːkəreɪʃəs, ^stɜr-/, **ster·co·rous** /-kərəs/, **ster·co·ral** /-kərəl/ [bn] fecaal, mest-, uitwerpsel-

stere, stère /stɪə, ^stɪr/ [telb zn] stère, kubieke meter

¹**ster·e·o** /sterioʊ, ^stɪrioʊ/ [telb zn] stereo, stereo-installatie, grammofoon/radio/versterker met stereo-effect

²**ster·e·o** /sterioʊ, ^stɪrioʊ/ [bn] stereo-, stereofonisch, met stereo-effect ♦ *stereo recording* stereo-opname

ster·e·o- /sterioʊ, ^stɪrioʊ/ stereo-, ruimtelijk ♦ *stereography* stereografie

ster·e·o·bate /steriəbeɪt, ^stɪrio-/ [telb zn] ⟨bouwk⟩ stereobaat, onderbouw

ster·e·o·chem·is·try /steriəʊkemɪstri, ^stɪrio-/ [niet-telb zn] stereochemie

ster·e·o·gram /steriəgræm, ^stɪr-/ [telb zn] stereogram

ster·e·o·graph·y /steriɒɡrəfi, ^stɪriɑɡrəfi/ [niet-telb zn] ① stereografie ② stereofotografie

ster·e·o·i·so·mer /steriəʊaɪsəmə, ^stɪrioʊaɪsəmər/ [telb zn] ⟨scheik⟩ stereo-isomeer

ster·e·ol·o·gy /steriɒlədʒi, ^stɪriɑlədʒi/ [niet-telb zn] stereologie ⟨bestuderen van driedimensionale voorwerpen via tweedimensionale beelden⟩

ster·e·om·e·ter /steriɒmɪtə, ^stɪriɑmɪtər/ [telb zn] stereometer

ster·e·om·e·try /steriɒmɪtri, ^stɪriɑmɪtri/ [niet-telb zn] stereometrie

ster·e·o·phon·ic /steriəfɒnɪk, ^stɪriəfɑ-/ [bn; bw: ~ally] stereofonisch

ster·e·o·oph·o·ny /steriɒfəni, ^stɪriɑfəni/ [niet-telb zn] stereofonie

ster·e·o·scope /steriəskoʊp, ^stɪriə-/ [telb zn] stereoscoop

ster·e·o·scop·ic /steriəskɒpɪk, ^stɪrioskɑpɪk/ [bn; bw: ~ally] stereoscopisch, driedimensionaal

stereo system [telb zn] stereo-installatie, geluidsin-

stallatie
ster·e·o·tape /stɛriəteɪp, ᴬstɪrio-/ [telb + niet-telb zn] stereoband, stereotape
ster·e·o·tax·ic /stɛriətæksɪk, ᴬstɪrio-/, **ster·e·o·tac·tic** /-tæktɪk/ [bn; bw: ~ally, stereotactically] ⟨med⟩ stereotactisch ⟨m.b.t. driedimensionaal hersenonderzoek⟩
¹**ster·e·o·type** /stɛriətaɪp, ᴬstɪrio-/ [telb zn; ook attributief] ① stereotype, stereotypeplaat, styp ② stereotype, stereotiep beeld, vaststaande opvatting ③ stereotype, type, model, karakteristiek vertegenwoordiger
²**ster·e·o·type** /stɛriətaɪp, ᴬstɪrio-/ [niet-telb zn] stereotypie, stereotypedruk
³**ster·e·o·type** /stɛriətaɪp, ᴬstɪrio-/ [ov ww] ① stereotyperen, in stereotypie drukken ② stereotyperen, in stereotypen indelen ◆ *stereotyped ideas* vastgeroeste/stereotiepe opvattingen; *stereotype people* mensen in stereotypen indelen
ster·ic /stɛrɪk/ [bn] ⟨scheik⟩ sterisch ⟨m.b.t. schikking van atomen in de ruimte⟩ ◆ *steric hindrance* sterische verhindering
ster·ile /stɛraɪl, ᴬ-rəl/ [bn; bw: ~ly; zn: ~ness] ① steriel, onvruchtbaar ② steriel, kiemvrij ③ steriel, ⟨fig⟩ weinig resultaat opleverend, weinig ontvankelijk, weinig creatief/oorspronkelijk ◆ *a sterile discussion* een vruchteloze/niets opleverende discussie; *a sterile mind* een sterile geest ④ ⟨AE⟩ absoluut veilig, vrij van afluisterapparatuur, afluistervrij ⟨van telefoon, huis⟩
ste·ril·i·ty /stɛrɪləti/ [niet-telb zn] steriliteit, onvruchtbaarheid ⟨ook figuurlijk⟩
ster·il·i·za·tion, ster·il·i·sa·tion /stɛrɪlaɪzeɪʃn, ᴬ-ləzeɪʃn/ [niet-telb zn] ① sterilisatie, onvruchtbaarmaking ② sterilisatie, het kiemvrij maken ⟨van melk, instrumenten enz.⟩
ster·il·ize, ster·il·ise /stɛrɪlaɪz/ [ov ww] ① steriliseren, steriel/onvruchtbaar maken ② steriliseren, kiemvrij maken ③ ⟨AE⟩ beveiligen, van belastend materiaal/geheime informatie ontdoen, veilig maken
ster·il·iz·er, ster·il·is·er /stɛrɪlaɪzə, ᴬ-ər/ [telb zn] sterilisator, autoclaaf
ster·let /stɜːlɪt, ᴬstɜr-/ [telb zn] ⟨dierk⟩ sterlet ⟨Acipenser ruthenus⟩
¹**ster·ling** /stɜːlɪŋ, ᴬstɜr-/ [niet-telb zn] pond sterling ◆ *the value of sterling* de waarde van het Britse pond
²**ster·ling** /stɜːlɪŋ, ᴬstɜr-/ [bn] echt, zuiver, onvervalst ⟨zilver, goud⟩, ⟨fig⟩ degelijk, betrouwbaar, eersteklas ◆ *a sterling friend* een echte vriend; *sterling sense* echt gezond verstand; *sterling silver* 92,5% zuiver zilver
sterling area [niet-telb zn; the] sterlinggebied, sterlingblok
¹**stern** /stɜːn, ᴬstɜrn/ [telb zn] ① ⟨scheepv⟩ achterschip, hek, spiegel, achtersteven ◆ *down by the stern* met de achtersteven onder water; *stern forward/on* met de achtersteven naar voren; *from stem to stern* van voor- tot achtersteven; *trim by the stern* de lading (vooral) in het achterschip stuwen ② achterstuk ③ achterste, achterwerk ④ staart ⟨in het bijzonder van vossenjachthond⟩
²**stern** /stɜːn, ᴬstɜrn/ [bn; vergr trap: sterner; bw: ~ly; zn: ~ness] ① streng, hard, onbuigzaam, meedogenloos ◆ *the sterner sex* het sterke geslacht; *ambition should be made of sterner stuff* een eerzuchtig iemand zou zich niet zo gevoelig moeten tonen (Shakespeare) ② streng, strak, strikt, grimmig, sober ◆ *stern countenance* grimmige uitdrukking ③ ongastvrij, onherbergzaam ◆ *stern landscape* onherbergzaam landschap
ster·nal /stɜːnl, ᴬstɜrnl/ [bn] borstbeen-, van/m.b.t. het borstbeen
stern-chas·er [telb zn] ⟨mil⟩ hekvuur ⟨kanon op hek van schip⟩
stern·most /stɜːnmoʊst, ᴬstɜrn-/ [bn] achterst
stern·post [telb zn] ⟨scheepv⟩ achtersteven, roersteven

stern sheets [alleen mv] ⟨scheepv⟩ achterschip ⟨van open boot⟩
stern·um /stɜːnəm, ᴬstɜr-/ [telb zn; mv: ook sterna /-nə/] borstbeen
ster·nu·ta·tion /stɜːnjʊteɪʃn, ᴬstɜrnjə-/ [telb + niet-telb zn] het niezen
ster·nu·ta·tor /stɜːnjʊteɪtə, ᴬstɜrnjəteɪtər/ [telb zn] niesmiddel, niesgas
ster·nu·ta·to·ry /stɜːnjuːtətri, ᴬstɜrnjuːtətɔri/ [bn] het niezen verwekkend
¹**stern·ward** /stɜːnwəd, ᴬstɜrnwərd/ [bn] ⟨scheepv⟩ naar het achterschip, achterwaarts
²**stern·ward** /stɜːnwəd, ᴬstɜrnwərd/, **stern·wards** /stɜːnwədz, ᴬstɜrnwərdz/ [bw] ⟨scheepv⟩ naar het achterschip, achterwaarts
stern·wave [telb zn] ⟨scheepv⟩ hekgolf
stern·way [niet-telb zn] ⟨scheepv⟩ achterwaartse beweging
stern-wheel·er [telb zn] hekwielboot
ster·oid /stɛrɔɪd, ᴬstɪr-/ [telb zn] ⟨scheik⟩ steroïde ◆ *anabolic steroids* anabole steroïden
ster·ol /stɛrɒl, ᴬ-rəl/ [niet-telb zn] ⟨scheik⟩ sterol
ster·tor·ous /stɜːtrəs, ᴬstɜrtərəs/ [bn; bw: ~ly; zn: ~ness] snorkend, snurkend
stet /stɛt/ [onov + ov ww] ⟨drukw⟩ ① ⟨gebiedende wijs⟩ correctie vervalt ⟨aan te geven door stippellijn onder oorspronkelijke tekst⟩ ② correctie laten vervallen
¹**steth·o·scope** /stɛθəskoʊp/ [telb zn] ⟨med⟩ stethoscoop
²**steth·o·scope** /stɛθəskoʊp/ [ov ww] met de stethoscoop onderzoeken
steth·o·scop·ic /stɛθəskɒpɪk, ᴬ-skɑ-/ [bn; bw: ~ally] stethoscopisch
steth·o·sco·py /stɛθɒskəpi, ᴬ-θɑ-/ [telb zn] stethoscopie, onderzoek met de stethoscoop
stet·son /stɛtsn/ [telb zn] ① cowboyhoed ⟨breedgerand⟩ ② ⟨sl⟩ hoed
ste·ve·dore /stiːvɪdɔː, ᴬ-dər/ [telb zn] stuwadoor
Stev·en·graph /stiːvngrɑːf, ᴬ-græf/ [telb zn] in zijde geweven afbeelding
¹**stew** /stjuː, ᴬstuː/ [telb zn] ① ⟨BE⟩ visvijver, visreservoir ② artificieel oesterbed ③ zweetbad(inrichting) ④ ⟨AE; inf; luchtv⟩ steward(ess) ⑤ ⟨vnl mv, the⟩ ⟨vero⟩ bordeel
²**stew** /stjuː, ᴬstuː/ [telb + niet-telb zn] ① hutspot, ⟨België⟩ hutsepot ◆ *Irish stew* stoofschotel van schapenvlees, ui en aardappelen; *a stew of lies* een brouwsel van leugens ② stoofpot, stoofschotel ③ ⟨sl⟩ dronkenlap ④ ⟨sl⟩ zuippartij ⑤ ⟨sl⟩ chaos, verwarring ⑥ ⟨sl⟩ frustratie ◆ ⟨inf⟩ *be in/get into a stew* zich dik maken, opgewonden zijn/raken
³**stew** /stjuː, ᴬstuː/ [onov ww] ① ⟨inf⟩ stikken, bakken, smoren ② ⟨sl⟩ blokken ③ ⟨AE; inf⟩ broeien ◆ *stew over* broeien/zich zorgen maken over; → **stewed**
⁴**stew** /stjuː, ᴬstuː/ [onov + ov ww] stoven, smoren ▪ *let s.o. stew (in one's own juice)* iemand in zijn eigen vet gaar laten koken; → **stewed**
¹**stew·ard** /stjuːəd, ᴬstuːərd/ [telb zn] ① rentmeester, administrateur, beheerder ② steward, hofmeester, bottelier, ⟨bij uitbreiding⟩ mannelijk lid van bedieningspersoneel in club/restaurant; in het bijzonder op boot/trein/vliegtuig ③ ceremoniemeester, commissaris van orde, zaalwachter ④ ⟨sport⟩ wedstrijdcommissaris, baancommissaris, (wedstrijd)official
²**stew·ard** /stjuːəd, ᴬstuːərd/ [onov + ov ww] beheren, besturen
stew·ard·ess /stjuːədes, ᴬstuːərdɪs/ [telb zn] stewardess, airhostess, hofmeesteres
¹**stew·ard·ship** /stjuːədʃɪp, ᴬstuːərdʃɪp/ [telb zn] rentmeesterambt ⟨ook ambtsperiode⟩ ◆ ⟨BE⟩ *apply for the stewardship of the Chiltern Hundreds* zijn parlementszetel opgeven, zich uit de actieve politiek terugtrekken
²**stew·ard·ship** /stjuːədʃɪp, ᴬstuːərdʃɪp/ [niet-telb zn]

stewed

rentmeesterschap ⟨van landgoed⟩
stewed /stjuːd, ^stuːd/ [bn; volt deelw van stew] ① ⟨BE⟩ sterk, te lang getrokken ⟨thee⟩ ② ⟨sl⟩ bezopen ♦ ⟨sl⟩ *stewed to the gills* straalbezopen
stewing pear [telb zn] stoofpeer
stewing steak [niet-telb zn] runderstoofvlees, sudderlapjes, suddervlees
St Ex [afk] ⟨Stock Exchange⟩
steyn [ov ww] → steen
stg [afk] ⟨sterling⟩
stich·o·myth·i·a /stɪkəmɪθɪə/ [niet-telb zn] ⟨dram⟩ stichomythie ⟨dialoog in alternerende versregels⟩
¹**stick** /stɪk/ [telb zn] ① stok, tak, rijs, twijg, stuk hout, kachelblok, brandhout ♦ *gather dry sticks for the fire* hout sprokkelen voor het vuur ② staf, stok(je) ③ stok, trommelstok, dirigeerstok, strijkstok, seinstok ④ staaf(je), reep(je), stuk ⟨chocolade, dynamiet, zeep⟩, pijp ⟨kaneel, lak⟩ ♦ *a stick of chalk* een krijtje ⑤ roede, stok, knuppel ♦ ⟨fig⟩ *the big stick* de stok achter de deur, machtsvertoon; ⟨fig⟩ *wield/carry a big stick* dreigen ⑥ stick, hockeystick, (polo)hamer ⑦ stengel, steel ⟨rabarber, selderie⟩ ⑧ kandelaar ⑨ stuk ⟨schamele⟩ inboedel/huisraad ♦ ⟨inf⟩ *a few sticks of furniture* een paar meubeltjes; *not a stick was left standing* de hele inboedel werd vernield, alles werd kort en klein geslagen ⑩ tic ⟨in drankje⟩ ⑪ ⟨inf⟩ figuur, snuiter, ⟨i.h.b.⟩ houten klaas, droogstoppel, dooie piet, saaie vent ♦ *a dull/dry old stick* een dooie piet; *you clever old stick!* jij oude slimmerik!; *a queer stick* een rare snuiter ⑫ ⟨luchtv⟩ stuurknuppel, stuurstang ⑬ ⟨mil⟩ reeks uit vliegtuig uitgeworpen bommen/gedropte parachutisten ⑭ ⟨scheepv; scherts⟩ rondhout, mast, ra ⑮ ⟨sl⟩ stick, stickie, marihuanasigaret ♦ *the stick and the carrot* dreigementen en lokmiddelen; *caught in a cleft stick* in de knel/klem, in het nauw; ⟨AE; sl⟩ *get on the stick* fel van start gaan, aan de slag gaan, de handen laten wapperen; ⟨sl⟩ *hop the stick* het hoekje om gaan; met de noorderzon vertrekken, ertussenuit knijpen; ⟨AE; inf⟩ *more than you could shake a stick at* ontelbaar veel; *tarred with the same stick* een pot nat, met hetzelfde sop overgoten, uit hetzelfde hout gesneden; ⟨sprw⟩ *sticks and stones may break my bones, but names/words will never hurt me* schelden doet geen zeer
²**stick** /stɪk/ [niet-telb zn] ① het afranselen ⟨ook figuurlijk⟩, afranseling ♦ ⟨vnl fig⟩ *get/take stick* ervanlangs krijgen; *give s.o. some stick* iemand een pak slaag geven; ⟨inf⟩ *daddy will give you some stick* papa zal je ervanlangs geven ② kleefvermogen, het kleven
³**stick** /stɪk/ [onov ww; stuck, stuck] ① klem zitten, vastzitten, knellen ♦ *stick fast* stevig vastzitten ② blijven steken, (blijven) vastzitten, vastlopen ♦ *he stuck in the middle of his speech* hij stokte midden in zijn redevoering; ⟨fig⟩ *stick in the mud* blijven steken, vastlopen, niet met zijn tijd meegaan ③ plakken ⟨ook figuurlijk⟩, (vast)kleven, hechten, houden, ⟨inf⟩ blijven ♦ ⟨fig⟩ *stick about/around* rondhangen, rondlummelen, in de buurt blijven; ⟨inf⟩ *you can get this job done in a few days' time but you have to stick at it* je kan met dit karwei in een paar dagen klaar zijn, maar je moet goed doorwerken; ⟨inf⟩ *stick by one's old friends* zijn oude vrienden trouw blijven; *he sticks in the bar all day* hij blijft de hele dag in de bar hangen; *the memory of it will always stick in my mind* dat zal me altijd bijblijven; *they called him Piggy and the nickname stuck* ze noemden hem Dikzak en die bijnaam hield hij; *stick on* blijven (zitten) op, pakken/houden op; *the reorganisation could not be made to stick* de reorganisatie hield geen stand; ⟨inf⟩ *stick to it!* volhouden!; *stick to the point* bij het onderwerp blijven, niet uitweiden; *stick to the rules* zich aan de regels houden; *the translation sticks closely to the original* de vertaling volgt het origineel op de voet; ⟨inf⟩ *let us for ever stick together* laten we altijd samen blijven; *stick to/with one's principles* trouw blijven aan zijn principes; ⟨inf⟩ *stick with*

one's friends for safety voor alle veiligheid bij zijn vrienden blijven ⟨·⟩ zie: **stick at;** zie: **stick out;** zie: **stick up;** ⟨sprw⟩ *let the cobbler stick to his last* schoenmaker blijf bij je leest; ⟨sprw⟩ *fling dirt enough and some will stick* wee de wolf die in een kwaad gerucht staat; → **stuck**
⁴**stick** /stɪk/ [ov ww; stuck, stuck] ① (vast)steken, (vast)prikken, vastnagelen, opspelden vast/ophangen, bevestigen, opprikken ⟨insecten⟩ ♦ ⟨fig⟩ *be stuck with sth.* ergens aan vastzitten; ⟨fig⟩ *stick s.o. with sth.* iemand ergens mee opschepen, iemand ergens voor laten opdraaien ② doodsteken, neersteken ♦ *stick pigs* varkens kelen; op wilde zwijnen jagen ⟨met speer⟩ ③ ⟨inf⟩ steken, zetten, plaatsen, leggen, stoppen, bergen ♦ *stick sth. down* iets neerkrabbelen/neerpennen; *stick it down anywhere* gooi het maar ergens neer; *stick it in your pocket* stop/doe het in je zak; *stick a few commas in your article* gooi een paar komma's in je artikel; *stick on* opzetten, opleggen; *stick it on the bill* zet het op de rekening; *a cake stuck with raisins* een cake bezet met rozijnen ④ (vast)kleven, vastlijmen, vastplakken, aanplakken ♦ *stick down* dichtkleven, dichtplakken; *stick on* opplakken ⑤ ⟨alleen ontkennend⟩ ⟨inf⟩ pruimen, luchten, uitstaan, verdragen ♦ *I can't stick his airs* ik heb de pest aan zijn maniertjes ⑥ afzetten, bedriegen ♦ ⟨sl⟩ *beware of psychiatrists, they stick it on* pas op voor psychiaters, ze halen je het vel over de oren ⑦ ophouden, vertragen ⟨·⟩ ⟨inf⟩ *stick it there!* geef me de vijf! ⟨ten teken van akkoord⟩; ⟨AE; inf⟩ *stick it to s.o.* iemand op zijn donder geven, iemand ervanlangs geven; ⟨sl⟩ *don't believe everything he says; he sticks it on* je moet niet alles geloven wat hij zegt; hij maakt van een vlieg/mug een olifant/hij dikt het flink aan/blaast het flink op; zie: **stick out;** zie: **stick up;** → **stuck**
⁵**stick** /stɪk/ [ov ww; ook stuck, stuck] stokken, ondersteunen, stokken zetten bij ⟨plant⟩
stick at [onov ww] ① opzien tegen, zich laten weerhouden door, terugdeinzen voor ♦ *stick at nothing* voor niets/nergens voor terugdeinzen; *he sticks at no scruples* hij heeft geen scrupules ② doorgaan (met), volhouden
stick-at-noth·ing [bn, attr] gewetenloos
stick·ball [niet-telb zn] straathonkbal ⟨door kinderen in USA⟩
stick·er /stɪkə, ^-ər/ [telb zn] ① plakkertje, zelfklevend etiket, ⟨i.h.b.⟩ sticker ② plakker, plakbroek, iemand die maar niet weggaat ③ doorzetter, aanhouder, volhouder, doordouwer ④ (aan)plakker ⑤ steekwapen ⑥ winkeldochter, winkelknecht, moeilijk verkoopbaar artikel ⑦ doorn, stekel
¹**stick·fast** [telb zn] vastzittend(e) schip/wagen
²**stick·fast** [niet-telb zn] het vastzitten
stick·ing-piece [telb zn] ⟨BE; cul⟩ stuk halsvlees
stick·ing place, stick·ing point [telb zn] ① eindpunt, limiet, hoogtepunt ② knelpunt, breekpunt
stick·ing plas·ter [telb + niet-telb zn] ① ⟨BE⟩ kleefpleister, hechtpleister ② ⟨AE⟩ kleefband, plakband
stick insect [telb zn] ⟨dierk⟩ wandelende tak ⟨familie Phasmidae⟩
stick-in-the-mud [telb zn; vaak attributief] ⟨inf⟩ conservatieveling
stick·it /stɪkɪt/ [bn, attr] ⟨SchE⟩ onvoltooid, onaf ♦ *a stick-it minister* een mislukt predikant, een gejeesde priester
stick·jaw [telb + niet-telb zn] ① kleef(toffee) ② kleef(pudding)
stick lac [niet-telb zn] ⟨biol⟩ stoklak
stick·le /stɪkl/ [onov ww] ① blijven vitten, doorbomen, koppig vasthouden aan ② scrupules hebben, aarzelen, bezwaren hebben
stick·le·back [telb zn] stekelbaars
stick·ler /stɪklə, ^-ər/ [telb zn] (hardnekkig) voorstander, ijveraar ♦ *stickler for accuracy* pietje-precies; *stickler for* ijveraar voor, vurig voorstander van; *be a stickler for formality*

overdreven belang hechten aan formaliteiten
stick-on [bn, attr] zelfklevend
¹stick out [onov ww] ⟨inf⟩ overduidelijk zijn
²stick out [onov + ov ww] ⚀ volhouden, uithouden, doorbijten, doorstaan ♦ *stick out for more women in Parliament* alles op alles zetten om meer vrouwen in het parlement te krijgen; ⟨inf⟩ *stick it out!* hou vol! ⚁ uitsteken, vooruit steken
¹stick-out [telb zn] staking
²stick-out [bn, attr] uitstekend, vooruitstekend
stick·pin [telb zn] ⟨AE⟩ dasspeld
sticks /stɪks/ [alleen mv] ⚀ ⟨inf⟩ (schamele) inboedel/huisraad ⚁ ⟨inf⟩ benen ⚂ ⟨the⟩ ⟨AE; inf⟩ rimboe, periferie, afgelegen gebied ♦ *out in the sticks* in de rimboe, ergens ver weg ⚃ ⟨cricket⟩ paaltjes van wicket ⚄ sticks, het boven de schouders brengen van de hockeystick ⟨overtreding⟩ ⚅ ⟨sl⟩ tamboer, drummer ▪ ⟨vero, inf⟩ *up sticks* verhuizen
stick shift [telb zn] ⟨AE⟩ ⚀ versnellingspook ⚁ handgeschakelde auto
stick-to-it·ive·ness /stɪktuːɪtɪvnəs/ [niet-telb zn] ⟨AE; inf⟩ doorzettingsvermogen, volharding
¹stick up [onov ww] ⚀ omhoogstaan, overeind staan, uitsteken ⚁ ⟨inf⟩ in de bres springen, opkomen ♦ *stick up for s.o.* voor iemand in de bres springen, het voor iemand opnemen; *stick up for yourself* sta je mannetje, kom voor jezelf op ⚂ ⟨inf⟩ weerstand bieden ♦ *stick up to* weerstand bieden aan, het hoofd bieden aan
²stick up [ov ww] ⚀ omhoogsteken, uitsteken ♦ *stick your hands up/'em up!* handen omhoog! ⚁ opplakken, aanplakken ⚂ ⟨inf⟩ overvallen, beroven
¹stick-up [telb zn] ⚀ overval ⚁ opstaande boord ⚂ ⟨AE⟩ overvaller
²stick-up [bn] opstaand
stick·y /stɪki/ [bn; vergr trap: stickier; bw: stickily; zn: stickiness] ⚀ kleverig, klevend, lijmachtig, plakkerig ♦ *a sticky road* een modderige weg; *a sticky wicket* glibberig/moeilijk bespeelbaar terrein; ⟨fig⟩ benarde situatie ⚁ ⟨inf⟩ weerspannig, stug, lastig, onwillig, taai, onbuigzaam ♦ *she was rather sticky when I asked for a rise* ze maakte nogal bezwaar toen ik om opslag vroeg ⚂ ⟨inf⟩ penibel, pijnlijk, onaangenaam, lastig, akelig ♦ *he will come to/meet a sticky end* het zal slecht met hem aflopen; *be/bat on a sticky wicket* in een benarde situatie zitten ⚃ zwoel, broeierig, drukkend ⚄ stroef, ongemakkelijk, stug, stijfjes ♦ *a rather sticky conversation* een slecht vlottend/stroef gesprek ⚅ houtachtig, stokachtig ⟨ook figuurlijk⟩, houterig, stokkerig ⚇ ⟨sl; comp⟩ sticky ⟨van een site, die een bezoeker lang vasthoudt⟩, aantrekkelijk ▪ ⟨inf⟩ *she's got sticky fingers* ze heeft lange vingers, ze jat
¹stiff /stɪf/ [telb zn] ⟨sl⟩ ⚀ kreng, kadaver, lijk ⚁ briefje, geld, wissel, waardepapier ⚂ lummel, schooier, landloper ♦ *you big stiff* idioot, stommeling ⚃ document, brief, vergunning, certificaat ⚄ outsider, geboren/gedoodverfd verliezer
²stiff /stɪf/ [bn; vergr trap: stiffer; bw: ~ly; zn: ~ness] ⚀ stijf, onbuigzaam, stevig, taai, rigide, stug, hard, strak ♦ *a stiff collar* een stijve boord ⚁ vastberaden, koppig, stijfhoofdig, halsstarrig, onbuigzaam ♦ *put up (a) stiff resistance* hardnekkig weerstand bieden ⚂ stram, stijf, stroef ♦ *a stiff neck* een stijve nek; *stiff and stark* stijf en stram ⚃ stijf, stug, stroef, ongemakkelijk, vormelijk, terughoudend, gereserveerd, uit de hoogte ♦ *a stiff reception* een koele ontvangst; *stiff verse* stroeve poëzie; *she is rather stiff with people she doesn't know* ze is nogal op een afstand tegenover mensen die ze niet kent ⚄ zwaar, moeilijk, lastig, veeleisend, streng ♦ *a stiff exam* een pittig examen; *a stiff job* een hele toer; *this poem is stiff reading* dit gedicht is zware kost ⚅ sterk, stevig, krachtig, energiek ♦ *a stiff breeze* een stijve bries ⚇ (te) groot/erg, enorm, straf, sterk,

overdreven, onredelijk ♦ *stiff demands* hoge eisen; *it is a bit stiff to expect me to work all night* het is nogal kras om van mij te verwachten dat ik de hele nacht doorwerk; *a stiff price* een woekerprijs ⚈ dik, stijf, viskeus, stevig, vast ⚉ stijf, vast, stabiel ⚉ stijf, vast ⟨markt⟩ ▪ *as stiff as a poker/ramrod* zo stijf als een plank; *keep a stiff upper lip* het been stijf houden, voet bij stuk houden; zich flink houden; ⟨inf⟩ *he is stiff with conceit* hij staat stijf van eigendunk; ⟨inf⟩ *the place is stiff with people* het is hier eivol/stampvol/tjokvol
³stiff /stɪf/ [bn, attr; vergr trap: stiffer; bw: ~ly; zn: ~ness] sterk, puur ⟨alcoholische drank⟩ ♦ *a stiff drink* een stevige borrel; *a stiff whisky* whisky puur
⁴stiff /stɪf/ [ov ww] ⟨AE; inf⟩ bedriegen, oplichten, (i.h.b.) geen fooi geven
⁵stiff /stɪf/ [bw] ⟨inf⟩ door en door, intens, buitenmate, vreselijk, ontzettend ♦ *bore s.o. stiff* iemand gruwelijk/dodelijk vervelen; *scare s.o. stiff* iemand de stuipen op het lijf jagen
stiff-arm [ov ww] afweren
¹stiff·en /stɪfn/ [onov ww] ⚀ verstijven, stijf/stijver/strammer worden, een vastere vorm aannemen ⚁ verstevigen, in kracht toenemen ⚂ verstijven, koeler/stuurser worden ♦ *she stiffened at his insolent remark* ze verstijfde bij zijn brutale opmerking ⚃ vaster/stabieler worden ⟨prijzen, markt⟩; → stiffening
²stiff·en /stɪfn/ [ov ww] ⚀ verstijven, stijf maken, stram maken, verharden ♦ *that long walk stiffened me up* die lange wandeling heeft me helemaal stram gemaakt ⚁ dikker maken, een vastere vorm doen aannemen, doen verdikken ⚂ verstevigen, krachtiger maken, ⟨ook fig⟩ stijven (in), aanwakkeren, versterken, ondersteunen, vastberadener maken ♦ *the growing opposition stiffened her will to continue* ze ging halsstarriger doorzetten naarmate ze meer tegenstand kreeg ⚃ versterken ⟨leger, door nieuwe troepen⟩ ⚄ stijf maken ⟨markt⟩; → stiffening
stiff·en·er /stɪfnə, ʌ-ər/ [niet-telb zn] ⚀ ⟨benaming voor⟩ versteviger, balein, verstevigende voering/vulling, hielstuk, karton, stijver, versterking ⚁ opkikkertje, hartversterking, borrel
stiff·en·ing /stɪfnɪŋ/ [niet-telb zn; gerund van stiffen] ⚀ versteviging ⚁ stijfsel
stiff-necked [bn] ⚀ koppig, halsstarrig, ontoegeeflijk, eigenzinnig ⚁ verwaand
stif·fy /stɪfi/ [telb zn] ⟨vulg⟩ stijve (lul)
¹sti·fle /staɪfl/, **sti·fle-joint** [telb zn] ⟨dierk⟩ achterste kniegewricht ⟨van paard, hond⟩
²sti·fle /staɪfl/ [onov ww] stikken, verstikken, (ver)smoren ⟨ook figuurlijk⟩
³sti·fle /staɪfl/ [ov ww] ⚀ verstikken, doen stikken, (ver)smoren, ⟨fig ook⟩ in de doofpot stoppen ♦ *a stifling heat* een verstikkende hitte ⚁ onderdrukken ♦ *stifle one's laughter* zijn lach inhouden; *stifle a revolt* een opstand onderdrukken
stig·ma /stɪgmə/ [telb zn; mv: ook stigmata /-mətə/] ⚀ (schand)vlek, smet, blaam, stigma ⟨voornamelijk figuurlijk⟩ ⚁ ⟨benaming voor⟩ merkteken, litteken, geboortevlek ⚂ ⟨med⟩ stigma, moedervlek ⟨bij hysterie⟩, ⟨fig⟩ vast symptoom ⚃ ⟨dierk⟩ stigma, ademopening ⟨van insecten⟩ ⚄ ⟨plantk⟩ stigma, stempel ⚅ meervoud alleen -ta ⟨rel⟩ stigma, wondteken ⟨(zoals) van Christus⟩
¹stig·mat·ic /stɪgmætɪk/, **stig·ma·tist** /stɪgmətɪst/ [telb zn] ⟨rel⟩ gestigmatiseerde
²stig·mat·ic /stɪgmætɪk/, **stig·ma·ti·cal** /stɪgmætɪkl/ [bn; bw: ~ally] ⟨rel⟩ ⚀ gestigmatiseerd ⚁ brandmerkend, blamerend ⚂ ⟨foto⟩ anastigmatisch
stig·ma·ti·za·tion, stig·ma·ti·sa·tion /stɪgmətaɪzeɪʃn, ʌ-mətəzeɪʃn/ [telb + niet-telb zn] ⚀ brandmerking, schandvlekking ⚁ ⟨rel⟩ stigmatisatie ⟨het verschijnen van de stigma's van Christus⟩

stigmatize

stig·ma·tize, stig·ma·tise /ˈstɪɡmətaɪz/ [ov ww] ① stigmatiseren, brandmerken, schandvlekken ② ⟨rel⟩ stigmatiseren
stil·bene /stɪlˈbiːn/ [niet-telb zn] ⟨scheik⟩ stilbeen, 1,2-difenyletheen
stil·boes·trol, ⟨AE⟩ **stil·bes·trol** /stɪlˈbiːstrəl, ˌ-bɛ-/ [niet-telb zn] ⟨scheik⟩ stilbestrol
stile /staɪl/ [telb zn] ① overstap ② tourniquet, draaikruis ③ ⟨houtbewerking⟩ stijl, post ⟨van deur e.d.⟩ ► *help s.o./a lame dog over a stile* iemand/een zielenpoot een handje helpen
sti·let·to /stɪˈlɛtoʊ/ [telb zn; mv: ook stilettoes] ① stiletto ⟨korte dolk⟩ ② priem ③ ⟨inf⟩ schoen met naaldhak
stiletto heel [telb zn] naaldhak
¹**still** /stɪl/ [telb zn] ① filmfoto, stilstaand (film)beeld ② stilleven ③ distilleertoestel, distilleervat ④ stokerij ⑤ ⟨AE⟩ stil (brand)alarm
²**still** /stɪl/ [niet-telb zn] stilte, rust, kalmte ♦ *the still of the night* de stilte van de nacht, de nachtelijke stilte
³**still** /stɪl/ [bn; zn: ~ness] ① stil, onbeweeglijk, roerloos, stilstaand ♦ *a still evening* een stille/windloze avond; *still water* stilstaand water ② stil, geluidloos ♦ ⟨AE⟩ *still alarm* stil (brand)alarm; *still as the grave* zo stil als het graf; *keep a still tongue (in one's head)* zijn mond houden ③ stil, gedempt, zacht ♦ *a still voice* een stille/gedempte stem, een fluisterstem ④ stil, rustig, kalm ♦ *a still character* een stil/rustig karakter ⑤ stil, niet mousserend, niet gazeus ♦ *still lemonade* niet-gazeuze limonade; *still wine* niet-mousserende wijn [•] *still camera* fotocamera, fototoestel; ⟨AE⟩ *still hunt* sluipjacht; ⟨inf⟩ het werken in stilte; ⟨sprw⟩ *still waters run deep* stille waters hebben diepe gronden; ⟨sprw⟩ *a still tongue makes a wise head* het is vaak verstandig om je mond te houden, ± spreken is zilver, zwijgen is goud
⁴**still** /stɪl/ [onov ww] ⟨form⟩ stil worden, bedaren, luwen, stillen ♦ *the storm stills* de storm luwt
⁵**still** /stɪl/ [ov ww] ⟨form⟩ ① stillen, stil doen worden, het zwijgen opleggen, doen ophouden ② stillen, tot stilstand/rust brengen, ⟨fig⟩ bedaren, kalmeren
⁶**still** /stɪl/ [bw] ① stil ♦ *keep still* (zich) stilhouden; *lie still* stilliggen; *sit still* stilzitten; *stand still* stilstaan; *my heart stood still* mijn hart stond stil ⟨van schrik⟩ ② nog, nog altijd ♦ *he had still not understood* hij had het nog altijd niet begrepen; *is he still here?* is hij hier nog?; *he still loved her, he loved her still* hij hield nog altijd van haar; *he is still waiting* hij wacht nog altijd ③ nog ⟨m.b.t. graad, hoeveelheid⟩ ♦ *still another possibility* nog een andere mogelijkheid; *he is still taller, he is taller still* hij is nog groter ④ toch, nochtans, niettemin ♦ *he did not like the idea, but he still agreed* het idee stond hem niet aan, maar hij stemde er toch mee in ⑤ ⟨vero⟩ steeds, altijd aan/door, voortdurend
stil·lage /ˈstɪlɪdʒ/ [telb zn] stellage, schraag, rek
still-birth [telb zn] ① geboorte van een dood kind ② doodgeborene
still-born [bn] doodgeboren ⟨ook figuurlijk⟩
still frame [telb zn] stilstaand beeld
stil·ling /ˈstɪlɪŋ/, **stil·lion** /ˈstɪlɪən/ [telb zn] stellage ⟨voor vaten⟩
still-life [telb + niet-telb zn; ook attributief; mv: soms still lives /stɪl laɪvz/] stilleven
still-room [telb zn] ⟨BE⟩ ① distilleerkamer ② provisiekamer
¹**still·y** /ˈstɪli/ [bn] ⟨form⟩ stil, rustig
²**still·y** /ˈstɪli/ [bw] ⟨form⟩ stilletjes
¹**stilt** /stɪlt/ [telb zn; mv: in bet 3 ook stilt] ① stelt ♦ *on stilts* op stelten; ⟨fig⟩ hoogdravend, bombastisch ② paal, pijler ③ ⟨dierk⟩ steltkluut ⟨genus Himantopus⟩
²**stilt** /stɪlt/ [onov ww] op stelten lopen; → stilted
³**stilt** /stɪlt/ [ov ww] op stelten zetten; → stilted
stilt·ed /ˈstɪltɪd/ [bn; oorspronkelijk volt deelw van stilt; bw: ~ly; zn: ~ness] ① (als) op stelten ② stijf, artificieel, vormelijk, gekunsteld ③ hoogdravend, bombastisch, pompeus ④ ⟨bouwk⟩ verhoogd ⟨met een verticaal stuk vanaf de impost van een boog⟩
stilt·er /ˈstɪltə, ˌ-ər/, **stilt-walk·er** [telb zn] ① stelt(en)loper ② ⟨dierk⟩ steltloper ⟨waadvogel⟩
Stil·ton /ˈstɪltn/, **Stilton cheese** [niet-telb zn] stiltonkaas
stilus [telb zn] → stylus
¹**stim·u·lant** /ˈstɪmjʊlənt, ˌ-jə-/ [telb zn] ① stimulans, opwekkend middel, ⟨fig⟩ prikkel ② sterkedrank, alcohol
²**stim·u·lant** /ˈstɪmjʊlənt, ˌ-jə-/ [bn] stimulerend, prikkelend
stim·u·late /ˈstɪmjʊleɪt, ˌ-jə-/ [onov + ov ww] stimuleren, prikkelen, opwekken, aanmoedigen ♦ *stimulate s.o. (in)to more efforts* iemand tot meer inspanningen aanmoedigen
stim·u·la·tion /ˌstɪmjʊˈleɪʃn, ˌ-jə-/ [telb + niet-telb zn] stimulering, stimulatie, prikkeling, aanmoediging
¹**stim·u·la·tive** /ˈstɪmjʊlətɪv, ˌ-jəleɪtɪv/ [telb zn] stimulans, prikkel
²**stim·u·la·tive** /ˈstɪmjʊlətɪv, ˌ-jəleɪtɪv/ [bn] stimulerend, prikkelend
stim·u·la·tor /ˈstɪmjʊleɪtə, ˌ-jəleɪtər/ [telb zn] stimulator
stim·u·lus /ˈstɪmjʊləs, ˌ-jə-/ [telb zn; mv: stimuli /-laɪ/] ① ⟨ook psych⟩ stimulus, prikkel, ⟨fig⟩ aanmoediging, spoorslag ♦ *conditioned stimulus* voorwaardelijke prikkel ② ⟨plantk⟩ brandhaar ⟨bijvoorbeeld op netels⟩
stimy → stymie
¹**sting** /stɪŋ/ [telb zn] ① angel ② giftand ③ brandhaar, netelhaar ④ ⟨sl⟩ list, val, undercoveroperatie, infiltratie [•] *the story has a sting in the tail* het venijn zit in de staart van het verhaal; ⟨sprw⟩ *the sting is in the tail* het venijn zit in de staart
²**sting** /stɪŋ/ [telb + niet-telb zn] steek, beet, prikkel(ing), tinteling ⟨ook figuurlijk⟩, vinnigheid, pit ♦ *the sting of fresh air* de tinteling van frisse lucht; *the sting of his remark* de stekeligheid van zijn opmerking; *stings of remorse* knagende wroeging, ⟨sport⟩ *his service has no sting in it* er zit geen venijn in zijn service/opslag; ⟨fig⟩ *take the sting out of sth.* de scherpe kantjes van iets afhalen; *a smile took the sting out of her remark* een glimlach verzachtte haar scherpe opmerking; *the sting of icy wind* het bijten van ijskoude wind [•] ⟨sprw⟩ *the sting of a reproach is the truth of it* hoe meer een verwijt op waarheid berust, hoe harder het aankomt
³**sting** /stɪŋ/ [onov + ov ww; stung, stung] ① steken, bijten, ⟨fig⟩ grieven, pijn doen, knagen ♦ *a bee stings* een bij steekt; *his conscience stung him* zijn geweten knaagde, hij kreeg wroeging; *a snake stings* een slang bijt ② prikkelen, branden, ⟨fig⟩ aansporen, aanzetten ♦ *that stung him (in)to action* dat zette hem tot actie aan; *a nettle stings* een netel brandt ③ ⟨sl⟩ afzetten, oplichten ♦ *sting s.o. for a few dollars* iemand een paar dollar lichter maken [•] ⟨sprw⟩ *he who handles a nettle tenderly is soonest stung* ± een gevaarlijke onderneming kan men het best voortvarend afhandelen; → stinging
sting-bull [telb zn] ⟨dierk⟩ grote pieterman ⟨Trachinus draco⟩
sting·er /ˈstɪŋə, ˌ-ər/ [telb zn] ① iemand die/iets dat steekt/prikkelt ② ⟨inf⟩ mep, por, klap, ⟨fig⟩ steek ③ ⟨sl⟩ obstakel, onopgelost probleem, onzekere factor
sting-fish [telb zn] ⟨dierk⟩ ① kleine pieterman ⟨Trachinus vipera⟩ ② schorpioenvis ⟨familie Scorpaenidae⟩
sting·ing /ˈstɪŋɪŋ/ [bn; oorspronkelijk tegenwoordig deelw van sting; bw: ~ly] ① stekend, bijtend ♦ *he replied stingingly* hij antwoordde op bijtende/scherpe toon; *a stinging reproach* een bijtend/scherp verwijt ② prikkelend
sting·less /ˈstɪŋləs/ [bn] zonder angel, ⟨fig⟩ futloos, zon-

sting·net·tle, sting·ing·net·tle [telb zn] brandnetel
stin·go /stɪŋgoʊ/ [niet-telb zn] ⟨vero⟩ sterk bier, ⟨fig⟩ pit, fut
sting·ray, ⟨AE, AuE ook⟩ **sting·a·ree** /stɪŋəri:/ [telb zn] ⟨dierk⟩ pijlstaartrog ⟨familie Dasyatidae⟩
sting·y /stɪndʒi/ [bn; vergr trap: stingier; bw: stingily; zn: stinginess] vrekkig, gierig
¹**stink** /stɪŋk/ [telb zn] [1] stank [2] ⟨inf⟩ publiek protest, schandaal, herrie ♦ *create/kick up/make/raise a (big/real) stink about sth.* herrie schoppen over iets [•] ⟨sl⟩ *like stink* hels, bliksems
²**stink** /stɪŋk/ [onov ww; stank/stunk, stunk] [1] stinken, kwalijk rieken ⟨ook figuurlijk⟩ ♦ *stink by/of/with money* stinkend rijk zijn, bulken van het geld; *stink of rotten fish* naar rotte vis stinken [2] ⟨sl⟩ oerslecht zijn, niet deugen ♦ *his reputation stinks* hij heeft een slechte reputatie;
→ stinking
³**stink** /stɪŋk/ [ov ww; stank/stunk, stunk] [1] doen stinken, met stank vullen ♦ *stink out* door stank verdrijven; ⟨inf⟩ met stank vullen; *stink out a fox* een vos uitroken; *stink up* doen stinken [2] ⟨sl⟩ stank ruiken; → stinking
stink-a·live [telb zn] ⟨dierk⟩ steenbolk ⟨kleine kabeljauw; Gadus luscus⟩
¹**stin·ka·roo, stin·ke·roo** /stɪŋkəru:/ [telb zn] ⟨sl⟩ slechte voorstelling
²**stin·ka·roo, stin·ke·roo** /stɪŋkəru:/ [bn] ⟨sl⟩ waardeloos, vervelend, slecht
stink-bomb [telb zn] stinkbom
stink·er /stɪŋkə, ᴬ-ər/ [telb zn] [1] stinker(d) [2] ⟨benaming voor⟩ aasetende stormvogel, zuidelijke reuzenstormvogel ⟨Macronectus giganteus⟩ [3] ⟨sl⟩ ⟨benaming voor⟩ iets beledigends/boosaardigs/strengs/waardeloos, boze/beledigende brief, moeilijke opdracht/examen, slechte voorstelling [4] ⟨sl⟩ ± scheet(je) ⟨koosnaam⟩
stink·horn [telb + niet-telb zn] ⟨plantk⟩ stinkzwam ⟨orde Phallales⟩
stink·ie, stink·y /stɪŋki/ [telb zn] ⟨sl⟩ stinkerd
¹**stink·ing** /stɪŋkɪŋ/ [bn; oorspronkelijk tegenwoordig deelw van stink; bw: ~ly; zn: ~ness] [1] stinkend ♦ ⟨dierk⟩ *stinking badger* (Maleise) stinkdas, teledoe ⟨Mydaus javanensis⟩; ⟨plantk⟩ *stinking c(h)amomile* stinkende kamille ⟨Anthemis cotula⟩ [2] ⟨sl⟩ aanstotelijk, gemeen [3] ⟨AE; sl⟩ stomdronken [4] ⟨AE; sl⟩ stinkend rijk [•] *cry stinking fish* zijn eigen waar/familie enz. afkammen, het eigen nest bevuilen
²**stink·ing** /stɪŋkɪŋ/ [bw] ⟨inf⟩ stinkend, ontzettend ♦ *stinking rich* stinkend rijk
stinking thinking [niet-telb zn] ⟨inf⟩ het doemdenken
stink·o /stɪŋkoʊ/ [bn, pred] ⟨AE; sl⟩ stomdronken
stink-pot [telb zn] [1] stinkpot [2] stinkbom [3] modderpoel [4] ⟨sl⟩ stinker(d)
stinks /stɪŋks/ [alleen mv] ⟨BE; sl⟩ [1] scheikunde ⟨als leervak⟩ [2] scheikundeleraar
stink·weed [telb + niet-telb zn] ⟨plantk⟩ ⟨benaming voor⟩ stinkende plant, ⟨i.h.b.⟩ muurzandkool ⟨Diplotaxis muralis⟩, ⟨AE⟩ doornappel ⟨Datura stramonium⟩
stink·wood [telb + niet-telb zn] ⟨plantk⟩ stinkhout ⟨in het bijzonder Ocotea bullata⟩
¹**stint** /stɪnt/ [telb zn] [1] portie, karwei(tje), taak, opdracht ♦ *do one's daily stint* zijn dagtaak volbrengen [2] ⟨dierk⟩ strandloper ⟨genus Calidris⟩, ⟨i.h.b.⟩ bonte strandloper ⟨C. alpina⟩ ♦ *little stint* kleine strandloper ⟨C. minuta⟩
²**stint** /stɪnt/ [niet-telb zn] beperking, restrictie, limiet ♦ *without stint* zonder beperking, onbeperkt
³**stint** /stɪnt/ [onov ww] [1] zich bekrimpen, zich beperken ♦ *not stint on* niet beknibbelen/bezuinigen op [2] ⟨vero⟩ ophouden
⁴**stint** /stɪnt/ [ov ww] [1] beperken, inperken, inkrimpen, beknibbelen op ♦ *stint the amount of money* de geldhoeveelheid beperken [2] karig toebedelen, krap houden ♦ *stint o.s./s.o. of food* zichzelf/iemand karig voedsel toebedelen [3] ⟨vero⟩ ophouden met
stint·less /stɪntləs/ [bn] onbeperkt
stipe /staɪp/ [telb zn] ⟨plantk⟩ stengel, steel, stam ⟨voornamelijk van paddenstoel, varen⟩
sti·pel /staɪpl/ [telb zn] ⟨plantk⟩ secundair steunblaadje
sti·pel·late /staɪpələt, -pelət/ [bn] ⟨plantk⟩ met secundaire steunblaadjes
sti·pend /staɪpend, ᴬ-pənd/ [telb zn] wedde, bezoldiging, salaris ⟨in het bijzonder van geestelijke⟩
¹**sti·pen·di·ar·y** /staɪpendiəri, ᴬ-dieri/ [telb zn] [1] bezoldigde, bezoldigd ambtenaar [2] ⟨BE⟩ (bezoldigd) politierechter
²**sti·pen·di·ar·y** /staɪpendiəri, ᴬ-dieri/ [bn] bezoldigd ♦ ⟨BE⟩ *stipendiary magistrate* bezoldigd politierechter
sti·pes /staɪpi:z/ [telb zn; mv: stipites /stɪpɪti:z/] ⟨plantk⟩ stengel, steel, stam
stip·i·tate /stɪpɪteɪt/ [bn] ⟨plantk⟩ gesteeld
sti·pi·ti·form /stɪpɪtɪfɔ:m, ᴬstɪpɪtɪfɔrm/, **sti·pi·form** /staɪpɪfɔ:m, ᴬ-fɔrm/ [bn] stengelvormig, steelvormig, stamvormig
¹**stip·ple** /stɪpl/ [telb zn] [1] ⟨graveerkunst; tekenkunst⟩ stippelgravure, punteerwerk [2] ⟨schilderk⟩ pointillé
²**stip·ple** /stɪpl/ [niet-telb zn] [1] ⟨graveerkunst; tekenkunst⟩ punteerkunst, punteermethode [2] ⟨schilderk⟩ pointillisme
³**stip·ple** /stɪpl/ [onov + ov ww] [1] (be)stippelen, (be)spikkelen [2] ⟨graveerkunst; tekenkunst⟩ punteren [3] ⟨schilderk⟩ pointilleren
stip·pler /stɪplə, ᴬ-ər/ [telb zn] [1] punteerder [2] pointillist [3] punteernaald [4] pointilleerpenseel
stip·u·lar /stɪpjʊlə, ᴬ-pjələr/ [bn] ⟨plantk⟩ met/m.b.t./als steunblaadjes
¹**stip·u·late** /stɪpjʊlət, ᴬ-pjə-/ [bn] ⟨plantk⟩ met steunblaadjes
²**stip·u·late** /stɪpjʊleɪt, ᴬ-pjə-/ [onov + ov ww] [1] bedingen, stipuleren, bepalen, vastleggen, vaststellen ♦ *stipulate for the best conditions* de beste voorwaarden bedingen [2] ⟨form⟩ garanderen, beloven
stip·u·la·tion /stɪpjʊleɪʃn, ᴬ-pjə-/ [telb + niet-telb zn] stipulatie, beding, bepaling, voorwaarde
stip·u·la·tor /stɪpjʊleɪtə, ᴬ-pjəleɪtər/ [telb zn] contractant
stip·ule /stɪpju:l/ [telb zn] ⟨plantk⟩ steunblaadje
¹**stir** /stɜ:, ᴬstɜr/ [telb zn] [1] ⟨benaming voor⟩ roerende/pokende beweging ♦ *give the fire a stir* pook het vuur even op; *give the pudding a few stirs* roer een paar maal door de pudding [2] beroering, opwinding, sensatie, woeling, gisting ♦ *cause a/make a great/quite a stir* (veel) opzien baren, beroering verwekken [3] drukte, beweging [4] ⟨sl⟩ nor, bajes ♦ *in stir* in de nor
²**stir** /stɜ:, ᴬstɜr/ [onov ww] [1] (zich) (ver)roeren, (zich) bewegen ♦ *don't stir!* beweeg niet!; *stir from/out of house* de deur/het huis uitgaan; *stir out* naar buiten gaan, uitgaan [2] opstaan, op zijn, ⟨ook fig⟩ opkomen ♦ *compassion stirred in his heart* deernis kwam in zijn hart op; *he is not stirring yet* hij komt nog niet op [3] in de weer zijn [4] gaande zijn, aan de hand zijn, gebeuren; → stirring
³**stir** /stɜ:, ᴬstɜr/ [ov ww] [1] bewegen, roeren, in beweging brengen, ⟨fig⟩ beroeren, verontrusten, ontstellen, wakker maken ♦ *stir o.s.* in beweging komen, actief worden [2] (op)poken, opporren, ⟨fig⟩ opwekken, aanwakkeren, stimuleren, prikkelen, aanstoken, opstoken, ophitsen ♦ *stir one's curiosity* iemands nieuwsgierigheid prikkelen; *stir the fire* het vuur oppoken/opporren; *stir people to discontent* mensen tot ontevredenheid aanzetten; *stir up* opwekken, aanwakkeren, prikkelen; aanstoken, opstoken, ophitsen [3] roeren, doorroeren, omroeren ♦ *stir cocoa in(to) milk* cacao in melk roeren; *stir up* oproeren; → stir-

stir-about ring

stir·a·bout [telb + niet-telb zn] [1] (haver)meelpap, roerom [2] druk persoon [3] beroering, drukte
stir crazy [bn] ⟨sl⟩ dof, suf ⟨door opsluiting⟩
¹**stir-fry** [telb zn] roergebakken gerecht
²**stir-fry** [ov ww] roerbakken
stir·less /stɜːləs, ᴬstɜr-/ [bn] roerloos, onbeweeglijk
stir·pi·cul·ture /stɜːpɪkʌltʃə, ᴬstɜrpɪkʌltʃər/ [telb + niet-telb zn] rasverbetering, rasveredeling
stirps /stɜːps, ᴬstɜrps/ [telb zn; mv: stirpes /-piːz/] [1] stam, familietak [2] ⟨dierk⟩ ras [3] ⟨jur⟩ stamvader
stir·rer /stɜːrə, ᴬ-ər/ [telb zn] [1] ⟨benaming voor⟩ roertoestel, roerlepel [2] ⟨sl⟩ (op)stoker, opruier, twiststoker
¹**stir·ring** /stɜːrɪŋ/ [telb + niet-telb zn] [1] ⟨oorspronkelijk⟩ gerund van stir] [1] beweging, activiteit ♦ *stirrings of doubt* (eerste) tekenen van twijfel [2] opwinding, agitatie [3] aansporing, stimulatie, prikkel(ing)
²**stir·ring** /stɜːrɪŋ/ [bn; (oorspronkelijk) tegenwoordig deelw van stir; bw: ~ly] [1] druk, levendig, actief [2] opwekkend, stimulerend [3] bezielend, enthousiasmerend, inspirerend
stir·rup /stɪrəp, ᴬstɜrəp/, ⟨in betekenis 3 ook⟩ **stirrup bone** [telb zn] [1] (stijg)beugel [2] voetbeugel, voetriem [3] ⟨anat⟩ stijgbeugel ⟨in het oor⟩ [4] ⟨scheepv⟩ springpaard ⟨touw aan ra⟩
stir·rup-cup [telb zn] afscheidsdronk, glaasje op de valreep
stirrup leather [telb zn] stijgbeugelriem
stir-up [telb zn] beroering, rumoer, drukte
Stir·up Sun·day [eigenn] ⟨BE; inf⟩ zondag vóór de advent
stir-wise [bn] ⟨sl⟩ verstandig, goed geïnformeerd ⟨door verblijf in gevangenis⟩
¹**stitch** /stɪtʃ/ [telb zn] [1] ⟨geen mv⟩ steek in de zij [2] steek, naaisteek, breisteek, haaksteek ♦ *drop a stitch* een steek laten vallen; *put a few stitches in a garment* een paar steken in een kledingstuk naaien [3] lapje, stukje (stof), ⟨fig⟩ beetje ♦ *not have a stitch to one's back* in vodden gekleed zijn; *haven't got/not have a stitch on* niks aanhebben, spiernaakt zijn; *not do a stitch of work* geen lor uitvoeren [4] ⟨boek⟩ naaisel [5] ⟨med⟩ hechting [·] *in stitches* ziek/slap van het lachen; ⟨inf⟩ *stuffed to the stitches* barstensvol, tot op de rand gevuld; ⟨sprw⟩ *a stitch in time saves nine* werk op tijd maakt wel bereid
²**stitch** /stɪtʃ/ [ov ww] [1] stikken, naaien, vastnaaien, dichtnaaien ♦ *stitch on a pocket* een zak opzetten/stikken; *stitch on a button* een knoop aanzetten/naaien; *stitch up a seam* een zoom opnaaien; *stitch up a tear* een scheur dichtnaaien; ⟨inf⟩ *stitch s.o. up* iemand (opzettelijk) vals beschuldigen, iemand in de val lokken/erin luizen; *stitch up a wound* een wond hechten/naaien; ⟨inf⟩ *stitch up an agreement* een overeenkomst tot stand brengen/bewerkstelligen/treffen [2] bestikken, borduren [3] nieten; → **stitched, stitching**
stitched /stɪtʃt/ [bn; volt deelw van stitch] ⟨sl⟩ bezopen
stitch·er /stɪtʃə, ᴬ-ər/ [telb zn] [1] stikker, stikster [2] stikmachine
stitch·er·y /stɪtʃəri/ [telb + niet-telb zn] stikwerk, naaiwerk
stitch·ing /stɪtʃɪŋ/ [niet-telb zn; gerund van stitch] stiksel
stitch-up, stitch up [telb zn] ⟨inf⟩ valstrik, zwendel, complot
stitch·wort /stɪtʃwɜːt, ᴬ-wɜrt/ [telb + niet-telb zn] ⟨plantk⟩ muur ⟨genus Stellaria⟩, ⟨i.h.b.⟩ grootbloemige muur ⟨St. holostea⟩
stith·y /stɪði/ [telb zn] ⟨vero, form⟩ [1] aambeeld [2] smidse
¹**stive** /staɪv/ [onov ww] stikken
²**stive** /staɪv/ [ov ww] [1] stuwen, stouwen, pakken [2] doen stikken

sti·ver /staɪvə, ᴬ-ər/ [telb zn] stuiver, ⟨fig⟩ duit, zier ♦ *I don't care a stiver* het kan me geen zier schelen; *he hasn't got a stiver* hij heeft geen (rooie) duit
St Kitts and Nev·is /səntkɪtsəndniːvɪs, ᴬseɪntkɪtsəndniːvɪs/, **Saint Kitts-Nevis** [eigenn] Saint Kitts en Nevis
St Lu·cia /səntluːʃə, ᴬseɪntluːʃə/ [eigenn] Saint Lucia
¹**St Lu·cian** /səntluːʃən, ᴬseɪntluːʃən/ [telb zn] inwoner/inwoonster van Saint Lucia
²**St Lu·cian** /səntluːʃən, ᴬseɪntluːʃən/ [bn] uit/van/m.b.t. Saint Lucia
sto·a /stoʊə/ [telb zn; mv: stoae /-iː/] stoa, zuilengang ⟨in het oude Griekenland⟩ ♦ *the Stoa* de stoa ⟨leer van de stoïcijnen⟩
stoat /stoʊt/ [telb zn] ⟨dierk⟩ hermelijn ⟨in het bijzonder in bruine zomerpels; Mustela erminea⟩
sto·chas·tic /stoʊkæstɪk, ᴬstə-/ [bn; bw: ~ally] ⟨wisk⟩ stochastisch, waarschijnlijk, willekeurig, door toeval bepaald, kans-
¹**stock** /stɒk, ᴬstɑk/ [telb zn] [1] stok, stam, stronk, stomp, boomstronk, boomstomp ♦ *ten-week stock* violier ⟨die na tien weken bloeit; Matthiola incana annua⟩ [2] onderstam ⟨voor ent⟩ [3] moederstam ⟨waarvan enten genomen worden⟩ [4] ⟨benaming voor⟩ steel, zweepsteel, hengelstok, geweerlade, ploegstaart, ankerstok [5] ⟨benaming voor⟩ blokvormig stuk, (steun)blok, voet ⟨bijvoorbeeld van aambeeld, kop ⟨van machines, bijvoorbeeld draaibank⟩, klokkenbalk, (achterstuk van) affuit [6] stommerd, idioot [7] stamvader [8] familie, ras, geslacht ⟨mens, dier, plant⟩, volk ⟨bijen⟩, groep, familie, taalgroep, taalfamilie [9] stapel niet rondgedeelde kaarten/dominostenen [10] hoefstal, travalje, noodstal [11] ⟨plantk⟩ violier ⟨Matthiola, in het bijzonder M. incana⟩ [12] ⟨geschiedenis; mode⟩ geknoopte foulard ⟨als das om halsboord, 18e eeuw⟩ [13] ⟨AE; ec⟩ aandeel, effect, aandeel(houders)bewijs [14] ⟨AE⟩ ⟨toneel⟩repertoire [15] ⟨AE⟩ repertoiregezelschap [16] ⟨AE⟩ repertoiretheater [·] *stocks and stones* levenloze dingen; ⟨fig⟩ ongeïnteresseerd/mat publiek
²**stock** /stɒk, ᴬstɑk/ [telb + niet-telb zn] [1] voorraad, stock, inventaris ♦ *in stock* in voorraad, voorhanden; *while stock lasts* zolang de voorraad strekt; *lay in stock* voorraad inslaan; *out of stock* niet in voorraad/voorhanden; *take stock* de inventaris opmaken; ⟨fig⟩ *take stock of the situation* de toestand bekijken/beoordelen/nagaan, de balans opmaken van de toestand; *stock in trade* voorhanden/beschikbare voorraad; beschikbare gelden/middelen; benodigd gereedschap; (geestelijke) bagage; kneep (van het vak), truc [2] bouillon [3] ⟨ec⟩ aandelenkapitaal [4] ⟨ec⟩ aandelen, aandelenbezit, aandelenportefeuille, effecten, fonds ♦ *active stocks* actieve/druk verhandelde aandelen; *buy/hold stock* aandelen kopen/bezitten; ⟨AE⟩ *common stock* gewone aandelen; *deferred stock* uitgestelde aandelen, aandelen met uitgesteld dividend; ⟨fig⟩ *his stock is falling* zijn ster verbleekt; ⟨BE⟩ *ordinary stock* gewone aandelen; ⟨AE⟩ *preferred stock* preferente aandelen, prioriteitsaandelen; ⟨fig⟩ *her stock is rising* haar ster gaat op/rijst; *take stock in* aandelen kopen van; ⟨fig⟩ zich interesseren voor; ⟨inf⟩ vertrouwen, geloven, belang hechten aan [5] ⟨BE; ec⟩ overheidspapier, staatspapier [·] *put stock in sth.* iets hoog aanslaan, ergens fiducie in hebben
³**stock** /stɒk, ᴬstɑk/ [niet-telb zn] [1] afkomst, ras, familie, komaf ♦ *be/come of good stock* van goede afkomst/komaf zijn [2] materiaal, materieel, grondstof ♦ *rolling stock* rollend materieel/materiaal ⟨van spoorwegen⟩ [3] vee(stapel) [4] veestapel en gereedschap
⁴**stock** /stɒk, ᴬstɑk/ [bn, attr] [1] courant, gangbaar, gewoon ♦ *stock sizes* courante maten [2] stereotiep, vast, terugkerend ♦ *a stock remark* een stereotiepe opmerking
⁵**stock** /stɒk, ᴬstɑk/ [onov ww] voorraad inslaan, zich bevoorraden, ⟨fig⟩ hamsteren ♦ *stock up on/with sugar* suiker

inslaan/hamsteren
⁶stock /stɒk, ᴬstɑk/ [ov ww] **1** van een steel voorzien **2** van het nodige voorzien ♦ *a well-stocked department store* een goed voorzien warenhuis; *stock a farm* een fokkerij van vee voorzien; *stock a shop with goods* een winkel van goederen voorzien **3** inslaan, een voorraad bewaren van ♦ *stock oil* olievoorraden aanleggen **4** in voorraad hebben ♦ *stock umbrellas* paraplu's in voorraad hebben **5** ⟨gesch⟩ in het blok zetten

stock‑ac·count, stock‑book [telb zn] ⟨BE⟩ magazijnboek, stockboek, voorraadboek

¹stock·ade /stɒkeɪd, ᴬstɑ‑/ [telb zn] **1** palissade, palank **2** met palissade omheind terrein **3** ⟨AE⟩ omheind veld voor dwangarbeid

²stock·ade /stɒkeɪd, ᴬstɑ‑/ [ov ww] palissaderen, omheinen, afsluiten

stock·breed·er, stock·farm·er [telb zn] veefokker

stock·breed·ing [niet-telb zn] veefokkerij

stock·bro·ker [telb zn] effectenmakelaar, stockbroker

stockbroker belt [telb zn] ⟨BE; inf⟩ chique woonwijk, rijkeluisbuurt ⟨rondom grote steden⟩

stock·bro·king [niet-telb zn] effectenhandel

stock-build·ing [niet-telb zn] het verwerven van aandelen

stock car [telb zn] **1** ⟨BE; auto⟩ stockcar ⟨speciaal aangepaste/gedemonteerde auto voor stockcarraces⟩ **2** ⟨AE; auto⟩ stockcar ⟨speciaal opgevoerde productietoerwagen voor speedwayraces en soms wegracecircuits⟩ **3** ⟨AE⟩ veewagen

stockcar race [telb zn] stockcarrace, ⟨België⟩ autorodeo

stock certificate [telb zn] ⟨AE⟩ aandeel(bewijs)

stock company [telb zn] ⟨AE⟩ **1** maatschappij op aandelen **2** repertoiregezelschap

stock cube [telb zn] ⟨BE⟩ bouillonblokje

stock dividend [telb zn] ⟨AE; fin⟩ dividend in aandelen, bonusaandelen

stock dove [telb zn] ⟨dierk⟩ holenduif ⟨Columba oenas⟩

stock·er /stɒkə, ᴬstɑkər/ [telb zn] **1** maker van geweerladen **2** ⟨AE⟩ vetweider, mestdier, mestbeest **3** ⟨AE⟩ stockcar ⟨licht aangepast voor dragrace⟩

stock exchange [niet-telb zn; the] effectenbeurs, beurs(gebouw) ♦ *be on the Stock Exchange* aan de (Londense) Beurs zijn ⟨daar opereren⟩; *the Stock Exchange* de (Londense) Beurs **2** beursnoteringen, beurskoersen ♦ *the stock exchange fell sharply today* de beursnoteringen zijn vandaag scherp gedaald

stock·fish [telb + niet-telb zn] stokvis

stock·hold·er [telb zn] **1** houder van aandelen/effecten **2** ⟨vnl AE⟩ aandeelhouder

stock-hold·ing [niet-telb zn] het bezit van aandelen

stock·i·net, stock·i·nette /stɒkɪnet, ᴬstɑ‑/ [niet-telb zn] elastische stof ⟨voor verband, ondergoed e.d.⟩, ± tricotstof

stock·ing /stɒkɪŋ, ᴬstɑ‑/ [telb zn] **1** kous ♦ ⟨fig⟩ *blue stocking* blauwkous; *elastic stocking* elastieken kous ⟨tegen spataders⟩; ⟨fig⟩ *fill one's stocking* een kous maken, geld sparen; *in his stockings/stocking(ed) feet* op kousenvoeten, zonder schoenen aan; *a pair of stockings* een paar kousen **2** ⟨paard⟩ sok ♦ *white stocking* sok ⟨van paard⟩

stocking cap [telb zn] lange gebreide muts

stock·ing·er /stɒkɪŋə, ᴬstɑkɪŋər/ [telb zn] kousenwever

stocking mask [telb zn] als masker over het hoofd getrokken nylonkous

stock-in-trade [niet-telb zn] **1** voorhanden/beschikbare voorraad **2** beschikbare gelden/middelen **3** benodigd gereedschap **4** (geestelijke) bagage ♦ *that joke is part of his stock-in-trade* dat is één van zijn standaardgrappen **5** kneep (van het vak), truc

stock·ish /stɒkɪʃ, ᴬstɑ‑/ [bn; bw: ~ly; zn: ~ness] **1** als een blok **2** dom, stom **3** gedrongen

stock·ist /stɒkɪst, ᴬstɑ‑/ [telb zn] ⟨BE⟩ handelaar met (grote) voorraad ♦ *the town's largest stockist of schoolbooks* de handelaar met de grootste voorraad schoolboeken in de stad

stock·job·ber [telb zn] **1** ⟨BE⟩ beursagent, hoekman ⟨die transacties afsluit voor effectenmakelaars⟩ **2** ⟨AE⟩ effectenmakelaar **3** ⟨AE; pej⟩ beursspeculant

stock·job·bing, stock·job·ber·ry [niet-telb zn] **1** effectenhandel **2** ⟨AE⟩ beursspeculatie

stock·list [telb zn] **1** koerslijst, beursnoteringen **2** ⟨boek⟩ fondscatalogus

stock·man /stɒkmən, ᴬstɑk‑/ [telb zn; mv: stockmen /‑mən/] **1** ⟨vnl AuE⟩ veehoeder, veedrijver ⟨voor eigenaar⟩ **2** ⟨AE⟩ veeboer, veefokker, veehouder ⟨eigenaar⟩ **3** ⟨AE⟩ magazijnmeester, magazijnhouder

stock market [niet-telb zn; the] **1** effectenbeurs **2** effectenhandel **3** ⟨vnl AE⟩ beursnoteringen ♦ *the stock market rose slightly today* de beursnoteringen zijn vandaag enigszins gestegen **4** veemarkt

¹stock·pile [telb zn] voorraad, reserve

²stock·pile [onov + ov ww] voorraden aanleggen/inslaan (van)

stock·pot [telb zn] ⟨BE⟩ bouillonketel

stock·rid·er [telb zn] ⟨AuE⟩ bereden veedrijver, cowboy

stock·room, stock room [telb zn] **1** magazijn **2** monsterkamer, showroom ⟨bijvoorbeeld in hotel⟩

stocks /stɒks, ᴬstɑks/ [alleen mv] **1** ⟨scheepv⟩ stapel(blokken), stapelhout, helling ♦ ⟨vero⟩ *on the stocks* op stapel ⟨ook figuurlijk⟩; ⟨fig⟩ in voorbereiding **2** ⟨gesch⟩ blok (straftuig) **3** ⟨the⟩ ⟨BE; ec⟩ staatsschulden ♦ *consolidated stocks* consols

stock size [telb zn] ⟨handel⟩ vaste maat, ⟨vnl⟩ confectiemaat

stock-still [bw] doodstil, stokstijf

stock-tak·ing [niet-telb zn] inventarisatie, voorraadopneming, ⟨fig⟩ onderzoek van de toestand

stock-tick·er [telb zn] beurstikker, koerstelegraaf

stock-turn, stock turnover [niet-telb zn] ⟨ec⟩ omzetsnelheid ⟨van voorraad⟩

stock·y /stɒki, ᴬstɑki/ [bn; vergr trap: stockier; bw: stockily; zn: stockiness] **1** gedrongen, kort en dik, stevig ♦ *a stocky fellow* een flinke/stevige vent **2** houtig, stokkig **3** stijf, stug ♦ *stocky manners* koude/stijve/afstandelijke manieren

stock·yard [telb zn] omheinde, tijdelijke ruimte voor vee

¹stodge /stɒdʒ, ᴬstɑdʒ/ [niet-telb zn] ⟨inf⟩ zware kost, onverteerbaar eten, ⟨fig⟩ moeilijke stof

²stodge /stɒdʒ, ᴬstɑdʒ/ [ov ww] volproppen, ⟨fig⟩ verzadigen ♦ *stodge o.s. with* zich volproppen met

stodg·y /stɒdʒi, ᴬstɑdʒi/ [bn; vergr trap: stodgier; bw: stodgily; zn: stodginess] **1** zwaar, onverteerbaar ♦ *stodgy food* zwaar te verteren kost **2** zwaar, moeilijk ♦ *stodgy reading* zware lectuur **3** saai, vervelend

stoep /stuːp/ [telb zn] ⟨ZAE⟩ veranda

sto·gy, sto·gie /stəʊɡi/ [telb zn] ⟨AE⟩ **1** lange dunne sigaar **2** lompe schoen/laars

¹sto·ic /stəʊɪk/ [telb zn] stoïcijn

²sto·ic /stəʊɪk/, **sto·i·cal** /stəʊɪkl/ [bn; bw: ~ally] stoïcijns, onaangedaan, gelaten

stoi·chi·om·e·try /stɔɪkiɒmɪtri, ᴬ‑ɑmɪ‑/ [niet-telb zn] ⟨scheik⟩ stoichiometrie

sto·i·cism /stəʊɪsɪzm/ [niet-telb zn] stoïcisme, gelatenheid

¹stoke /stəʊk/ [onov ww] **1** het vuur aanstoken/opstoken **2** ⟨inf⟩ zich met eten volproppen ♦ *stoke up* zich met eten volproppen

²stoke /stəʊk/ [ov ww] aanstoken, opstoken ⟨vuur⟩, aanwakkeren, opvullen ⟨kachel⟩ ♦ *stoke up the fire with coal* de kachel opvullen met kolen

stoked /stoʊkt/ [bn] ⟨AE; inf⟩ in de wolken, uit je dak
stoke·hold, stoke·hole [telb zn] 1 stookplaats 2 stookgat
stok·er /ˈstoʊkə, ᴬ-ər/ [telb zn] stoker
STOL /stɒl, ᴬstoʊl/ [afk] ⟨luchtv⟩ ⟨short take-off and landing⟩ STOL
sto·la /ˈstoʊlə/ [telb zn; mv: ook stolae /ˈstoʊliː/] stola ⟨lang bovenkleed van Romeinse vrouwen⟩
¹**stole** /stoʊl/ [telb zn] 1 stola 2 stola, brede, lange sjaal ⟨bij avondjurk⟩ 3 stool ⟨bandstrook door priester/diaken gedragen⟩
²**stole** /stoʊl/ [verleden tijd] → **steal**
sto·len /ˈstoʊlən/ [volt deelw] → **steal**
stol·id /ˈstɒlɪd, ᴬˈstɑ-/ [bn; bw: ~ly; zn: ~ness] 1 flegmatiek, onverstoorbaar, ongevoelig, onaandoenlijk 2 stompzinnig, koppig, verwezen, traag
sto·lid·i·ty /stəˈlɪdəti/ [niet-telb zn] 1 flegma, onverstoorbaarheid 2 stompzinnigheid, koppigheid
sto·lon /ˈstoʊlɒn, ᴬ-lən/ [telb zn] ⟨dierk, plantk⟩ stoloon, uitloper
STOL·port [telb zn] vliegveld voor vliegtuigen die slechts een korte start/landingsbaan nodig hebben
sto·ma /ˈstoʊmə/ [telb zn; mv: ook stomata /-mətə/] 1 ⟨dierk⟩ stoma, mondopening 2 ⟨plantk⟩ stoma, huidmondje
¹**stom·ach** /ˈstʌmək/ [telb zn] 1 maag ♦ *on an empty stomach* op een nuchtere maag; *first/second/third/fourth stomach* pens, netmaag, boekmaag, lebmaag ⟨van herkauwers⟩; *on a full stomach* met een volle maag; *muscular stomach* spiermaag; *pit of the stomach* maagkuil; *it turns my stomach* het doet me walgen 2 buik, abdomen, buikje ⟨sprw⟩ *the way to a man's heart is through his stomach* de weg naar het hart van de man gaat door de maag
²**stom·ach** /ˈstʌmək/ [niet-telb zn; vaak met no] 1 eetlust, zin, trek ♦ *I have no stomach for such heavy food* ik heb geen trek in/kan niet tegen zulke zware kost; *still one's stomach* zijn maag/honger stillen 2 zin, neiging ♦ *I have no stomach for a fight* ik heb geen zin om ruzie te maken
³**stom·ach** /ˈstʌmək/ [ov ww] 1 slikken, eten ♦ *I can't stomach Indian food* ik krijg Indisch eten niet naar binnen 2 slikken, aanvaarden, goedkeuren, verkroppen ♦ *you needn't stomach such an affront* zo'n belediging hoef je niet zomaar te slikken
stom·ach·ache [telb + niet-telb zn] 1 maagpijn 2 buikpijn
stomach bleeding [telb zn] maagbloeding
stom·ach·er /ˈstʌməkə, ᴬ-ər/ [telb zn] borst ⟨van vrouwenkleed⟩, borstlap, corsage
stom·ach·ful /ˈstʌməkfʊl/ [telb zn; geen mv] ⟨inf, fig⟩ een buik vol ♦ *I've had my stomachful of your complaints* ik heb mijn buik vol van je gejammer/ben je geklaag beu
¹**sto·mach·ic** /stəˈmækɪk/, **sto·mach·al** /ˈstʌməkl/ [niet-telb zn] maagversterkend middel, eetlust/spijsvertering bevorderende medicijn/drank
²**sto·mach·ic** /stəˈmækɪk/, **sto·mach·al** /ˈstʌməkl/, **sto·mach·i·cal** /stəˈmækɪkl/ [bn] 1 maag-, gastrisch 2 de maagfuncties bevorderend, maagversterkend, eetlustverwekkend, spijsvertering bevorderend
stomach pump [telb zn] maagpomp
stom·ach·rob·ber [telb zn] ⟨sl⟩ kok ⟨in houthakkerskamp⟩
stomach tooth [telb zn] onderste melkhoektand
stomach tube [telb zn] 1 maagsonde 2 maagkatheter, maaghevel
sto·ma·ti·tis /stoʊməˈtaɪtɪs/ [niet-telb zn] ⟨med⟩ stomatitis, mondslijmvliesontsteking
sto·ma·tol·o·gist /stoʊməˈtɒlədʒɪst, ᴬ-tɑ-/ [telb zn] ⟨med⟩ stomatoloog
sto·ma·tol·o·gy /stoʊməˈtɒlədʒi, ᴬ-tɑ-/ [niet-telb zn] ⟨med⟩ stomatologie

¹**stomp** /stɒmp, ᴬstɑmp/ [telb + niet-telb zn] ⟨inf⟩ stomp ⟨jazzdans, jazzmuziek⟩
²**stomp** /stɒmp, ᴬstɑmp/ [onov ww] ⟨inf⟩ 1 de stomp dansen, stampend dansen 2 stampen
¹**stone** /stoʊn/ [telb zn] 1 ⟨benaming voor⟩ steen, kei, kiezelsteen, bouwsteen, straatsteen, plavei, grafsteen, slijpsteen, molensteen, mijlsteen, landpaal, edelsteen, pit ⟨van vrucht⟩, hagelsteen, niersteen, galsteen ♦ *break stones* stenen breken ⟨voor wegverharding⟩; ⟨fig⟩ tot diepe nood vervallen zijn; *give a stone for bread* stenen voor brood geven; *meteoric stone* meteoorsteen, meteoriet; *stone of offence* steen des aanstoots; *precious stone* edelsteen; *sermons in stones* getuigenissen van steen ⟨bijvoorbeeld oude tempels⟩; *sink like a stone*, ⟨scherts⟩ *swim like a stone* zinken als een baksteen; ⟨vero, fig⟩ *throw/cast the first stone* de eerste steen werpen; *throw/cast stones at s.o.* (met) stenen gooien/ werpen/smijten naar iemand; ⟨fig⟩ iemand belasteren; *mark that with a white stone!* schrijf dat met een krijtje aan/op de balk! 2 ⟨drukw⟩ steen ⟨tafel voor het inslaan van pagina's⟩ 3 ⟨vero, vulg⟩ bal, teelbal, kloot ⟨•⟩ *give a stone and a beating to* gemakkelijk verslaan ⟨oorspronkelijk bij paardenrennen⟩; *leave no stone unturned* geen middel onbeproefd laten; *rolling stone* zwerver; ⟨sprw⟩ *a rolling stone gathers no moss* een rollende steen vergaart geen mos/begroeit niet; ⟨sprw⟩ *you cannot get blood out of a stone* men kan van een kikker geen veren plukken, waar niets is, verliest de keizer zijn recht; ⟨sprw⟩ *constant dripping wears away the stone* ± gestadig druppelen holt de steen, ± elke dag een draadje is een hemdsmouw in het jaar; ⟨sprw⟩ *those who live in glass houses should not throw stones* wie in een glazen huisje zit, moet niet met stenen gooien; ⟨sprw⟩ *sticks and stones may break my bones, but names/words will never hurt me* ± schelden doet geen zeer
²**stone** /stoʊn/ [niet-telb zn] steen ♦ *as hard as stone* (zo) hard als steen; *harden into stone* verstenen ⟨ook figuurlijk⟩; *he has a heart of stone* hij heeft een hart van steen
³**stone** ⟨WEIGHT⟩ /stoʊn/ [telb zn; mv: ook stone] stone ⟨6,35 kg⟩
⁴**stone** /stoʊn/ [bn; attr + bw] ⟨AE, CanE; inf⟩ volkomen, volledig, volslagen, echt, absoluut ♦ *stone madness* absolute waanzin
⁵**stone** /stoʊn/ [ov ww] 1 stenigen, met stenen gooien naar 2 ontpitten, van de pitten ontdoen 3 met stenen bekleden, ⟨i.h.b.⟩ bestraten, plaveien 4 (met steen) schuren/slijpen 5 castreren; → **stoned**
Stone Age [telb + niet-telb zn] ⟨gesch⟩ stenen tijdperk ⟨ook figuurlijk⟩, steentijd
stone-blind [bn] 1 stekeblind 2 ⟨AE; sl⟩ straalbezopen
stone blue [niet-telb zn] smalt ⟨kleur⟩
stone borer [telb zn] ⟨dierk⟩ boormossel ⟨genus Lithophaga⟩
stone·break [telb zn] ⟨plantk⟩ steenbreek ⟨genus Saxifraga⟩
stone·break·er [telb zn] 1 steenbreker, steenbreekmachine
stone-broke [bn] ⟨AE; sl⟩ volkomen platzak/blut
stone·chat [telb zn] ⟨dierk⟩ roodborsttapuit ⟨Saxicola torquata⟩
stone coal [niet-telb zn] antraciet
¹**stone-cold** [bn] steenkoud
²**stone-cold** [bw] zeer, ontzettend ♦ *stone-cold dead* morsdood; *stone-cold sober* broodnuchter
stone crop [telb zn] ⟨plantk⟩ vetkruid ⟨genus Sedum⟩, ⟨i.h.b.⟩ muurpeper ⟨S. acre⟩
stone curlew [telb zn] ⟨dierk⟩ griel ⟨Burhinus oedicnemus⟩
stone·cut·ter [telb zn] steenhouwer, steenbikker
stoned /stoʊnd/ [bn; oorspronkelijk volt deelw van stone] 1 ⟨inf⟩ stomdronken ♦ *stoned out of one's head/mind* straalbezopen 2 ⟨inf⟩ stoned, high, onder invloed van

drugs ♦ *stoned out of one's head/mind* apestoned ③ met pit
stone-dead [bn] morsdood, ⟨België⟩ steendood
stone-deaf [bn] stokdoof
stone dust [niet-telb zn] steengruis
stone falcon [telb zn] ⟨dierk⟩ smelleken ⟨Falco columbarius⟩
stone fence [telb + niet-telb zn] ⟨AE⟩ alcoholische mixdrank ⟨in het bijzonder whisky en cider⟩
stone·fish [telb zn] ⟨dierk⟩ steenvis ⟨genus Synanceia⟩
stone·fly [telb zn] ⟨dierk⟩ steenvlieg ⟨Plecoptera⟩
stone fruit [telb + niet-telb zn] steenvrucht(en)
stone-ground [bn] met molenstenen gemalen
stone·heart·ed [bn] met een hart van steen
stone·lay·ing [telb zn] (eerste)steenlegging
stone·less /stəʊnləs/ [bn] zonder pit
stone lily [telb zn] ⟨dierk⟩ fossiele zeelelie
stone marten [telb zn] ⟨dierk⟩ steenmarter ⟨Martes foina⟩
stone·ma·son [telb zn] steenhouwer
stone parsley [telb zn] ⟨plantk⟩ steeneppe ⟨Sison Amomum⟩
stone pine [telb zn] ⟨plantk⟩ parasolden ⟨Pinus pinea⟩
stone pit, stone quarry [telb zn] steengroeve
stone·so·ber [bn] broodnuchter
stone's throw [telb zn] steenworp ♦ *within a stone's throw* op een steenworp afstand
¹**stone·wall** [onov ww] ① ⟨cricket⟩ defensief batten ② obstructie voeren, niet meewerken; → stonewalling
²**stone·wall** [ov ww] niet meewerken aan, tegenwerken; → stonewalling
stone·wall·er [telb zn] ⟨BE⟩ ① ⟨cricket⟩ defensief batsman ② ⟨pol⟩ obstructievoerder
stone·wall·ing [niet-telb zn; gerund van stonewall] ⟨BE⟩ ① ⟨cricket⟩ (het) defensief batten ② ⟨pol⟩ het obstructie voeren
stone·ware [niet-telb zn] steengoed ⟨zwaar aardewerk⟩
stone-washed [bn] stonewashed ⟨van spijkerbroek⟩
stone·work [niet-telb zn] ① steenwerk ② metselwerk
stone·wort [telb zn] ⟨plantk⟩ kranswier ⟨genus Chara⟩
stonk·er /stɒŋkə, ᴬstɒŋkər/ [telb zn] ⟨inf⟩ hit, knaller, klapper ♦ *a stonker of a shot* een fantastisch schot
stonk·ered /stɒŋkəd, ᴬstɒŋkərd/ [bn] ⟨AuE; sl⟩ ① hondsmoe, afgepeigerd, bekaf ② in de pan gehakt, afgemaakt ③ van zijn/haar stuk, van de kaart
stonk·ing /stɒŋkɪŋ, ᴬstɒŋ-/ [bn] ⟨BE; inf⟩ puik, gaaf, ijzersterk, beregoed
¹**ston·y** /stəʊni/ [bn; vergr trap: stonier; bw: stonily; zn: stoniness] ① steenachtig, stenig, vol stenen ♦ *stony soil* steenachtige grond ② keihard, steenhard, ⟨fig⟩ hardvochtig, gevoelloos ♦ *stony heart* ongevoelig hart, harde kern ③ ijzig, onaandoenlijk ♦ *stony look* ijzige blik ④ verlammend, dof ♦ *stony fear* verlammende angst ⑤ blut, platzak
²**ston·y** /stəʊni/ [bw; alleen in bijbehorende uitdrukking] tot op de bodem, finaal ♦ *stony broke* platzak, blut, op de keien
ston·y-faced [bn] ernstig, met een stalen gezicht, onbewogen
stood /stʊd/ [verleden tijd en volt deelw] → stand
¹**stooge** /stuːdʒ/ [telb zn] ① ⟨dram⟩ mikpunt, aangever ② zondebok ③ knechtje, slaafje, duvelstoejager ④ spion ⑤ stroman ♦ *he turned out a Russian stooge* hij bleek een marionet van de Russen te zijn
²**stooge** /stuːdʒ/ [onov ww] ① ⟨dram⟩ als mikpunt optreden/fungeren, aangeven ♦ *stooge for* aangever zijn voor ② heen en weer vliegen ♦ *stooge about/around* rondvliegen ③ rondhangen ♦ *stooge about/around* rondlummelen
stook → shock
stook·ie /stʊki/ [telb zn] ⟨SchE⟩ gips, gipsafgietsel, gipsafdruk, pleister ♦ *stand like a stookie* doodstil staan

¹**stool** /stuːl/ [telb zn] ① kruk, bankje, taboeret ♦ *fall between two stools* tussen twee stoelen in de as zitten; *stool of repentance* zondaarsbank ② voetenbank(je) ③ vensterbank ④ stoelgang ⑤ ⟨form⟩ ontlasting, feces ♦ *go to/pass a stool* ontlasting hebben ⑥ ⟨AE⟩ → stool pigeon ⑦ schraag, steun ⑧ ⟨plantk⟩ stoel, uitlopende boomstomp ⑨ ⟨vero⟩ stilletje, gemak
²**stool** /stuːl/ [onov ww] ① ⟨plantk⟩ stoelen, uitlopen ② ⟨AE; sl⟩ als lokvogel optreden
³**stool** /stuːl/ [ov ww] ① met een lokvogel lokken ② ⟨sl⟩ verlinken ⟨bij politie⟩
stool-ball [niet-telb zn] ± cricket ⟨voornamelijk voor dames⟩
stool pigeon, stool, ⟨AE ook⟩ **stool·ie, stool·ey** /stuːli/ [telb zn] ⟨sl⟩ ① lokvogel, lokaas ② politieverklikker
¹**stoop** /stuːp/ [telb zn] ① gebukte houding ② ronde rug ♦ *walk with a slight stoop* een beetje gebogen lopen ③ ⟨vnl enkelvoud⟩ neerbuigendheid ④ vernedering ⑤ duikvlucht ⑥ ⟨AE⟩ stoep, bordes, veranda ⑦ drinkbeker, kroes, flacon ⑧ wijwaterbak ⑨ ⟨sl⟩ stommeling
²**stoop** /stuːp/ [onov ww] ① (zich) bukken, voorover buigen ② zich verwaardigen ③ zich vernederen, zich verlagen ♦ *stoop to conquer* winnen door zich te vernederen; *stoop to folly* zich tot onbezonnenheden verlagen ④ gebogen lopen, met ronde rug lopen ⑤ stoten, neerschieten ⟨van roofvogel op prooi⟩
³**stoop** /stuːp/ [ov ww] buigen, neigen ♦ *stoop one's head* het hoofd buigen
stooz·ing /stuːzɪŋ/ [niet-telb zn] ⟨ec⟩ het met creditcards tegen 0% rente lenen van geld, waarbij het geleende bedrag wordt uitgezet tegen een hoge rente
¹**stop** /stɒp, ᴬstɑp/ [telb zn] ① einde, beëindiging, het stoppen, pauze, onderbreking ♦ *bring to a stop* stopzetten, een halt toeroepen; *come to a stop* ophouden; *put a stop to* een eind maken aan; *without stop* onophoudelijk, voortdurend ② halte, stopplaats ③ afsluiting, blokkade, belemmering ④ ⟨taalk⟩ leesteken, interpunctieteken, ⟨i.h.b.⟩ punt ⑤ ⟨muz⟩ klep, gat ⟨op blaasinstrument⟩ ⑥ ⟨muz⟩ register(knop) ⟨van orgel⟩ ♦ *with all stops out* met alle registers open; ⟨fig⟩ met alle zeilen bijgezet; *pull all the stops out, pull out all the stops* alle registers opentrekken ⟨ook figuurlijk⟩; ⟨fig⟩ alle zeilen bijzetten ⑦ ⟨foto⟩ stop, diafragma ⑧ ⟨taalk⟩ occlusief, plofklank ⑨ ⟨techn⟩ pal, aanslag, pin, pen, stop, plug, begrenzer ⑩ ⟨scheepv⟩ sjorring
²**stop** /stɒp, ᴬstɑp/ [onov ww] ① ophouden, tot een eind komen, stoppen ♦ *the flow of talk stopped* de woordenstroom hield op ② halt houden, stilhouden, tot stilstand komen ♦ *stop at nothing* tot alles in staat zijn; *the boys stopped to eat sth.* de jongens pauzeerden om iets te eten; *stop dead (in one's tracks)* plotseling blijven staan; *stop short* plotseling halt houden; *stop short at ...* zich beperken tot ..., niet meer doen dan ...; *they stopped short of doing it* ze deden het net niet, ze gingen niet zover, dat ze het deden ③ ⟨inf⟩ blijven, verblijven, overblijven ♦ *stop at/with s.o.* logeren bij iemand; *stop away* wegblijven; *stop behind* achterblijven; ⟨vnl AE⟩ *stop by* (even) langskomen; *stop by s.o.'s house* bij iemand langs gaan; *stop in* binnenblijven, nablijven, schoolblijven; ⟨AE ook⟩ langskomen; *stop indoors* binnenblijven; *stop off* zijn reis onderbreken; *stop on* langer blijven; *stop out* niet thuis komen, wegblijven; ⟨AE⟩ zijn studie onderbreken; *stop over* de (vlieg)reis onderbreken; *stop to/for tea* blijven eten; *stop up late* nog laat opblijven, lang opzitten; → stopping
³**stop** /stɒp, ᴬstɑp/ [ov ww] ① (af)sluiten, dichten, dichtstoppen, dichthouden ⟨ook gat op blaasinstrument⟩ ♦ ⟨foto⟩ *stop down* diafragmeren; *stop one's ears* zijn oren dichthouden; ⟨fig⟩ niet willen luisteren; *stop a gap* een leemte vullen, in een behoefte voorzien; *stop s.o.'s mouth*

stopboard

iemand de mond snoeren; *stop off* vullen, dichten ⟨vorm met zand⟩; *stop up a leak* een lek dichten [2] **verhinderen,** afhouden, tegenhouden ♦ *stop s.o. from getting into trouble* zorgen dat iemand niet in moeilijkheden raakt; *stop s.o. getting into trouble* zorgen dat iemand niet in moeilijkheden raakt; *stop a runaway horse* een op hol geslagen paard tegenhouden; *stop out* afdekken; *stop thief!* houd de dief! [3] **blokkeren,** versperren, afsnijden, tegenhouden, inhouden ♦ *stop blood* bloed stelpen; *stop s.o.'s breath* iemand de keel dichtknijpen; *stop (payment of) a cheque* een cheque blokkeren; *stop a fee out of one's wages* contributie van iemands salaris inhouden; *stop payment* zich insolvent verklaren; ⟨muz⟩ *stop a string* een snaar neerdrukken [4] **een eind maken aan,** stopzetten, beëindigen ♦ *stop a bird* een vogel neerschieten; *stop one's visits* zijn bezoeken beëindigen [5] **opvangen,** in ontvangst nemen, krijgen, vangen ⟨bal⟩ ♦ ⟨sport⟩ *stop a blow* een slag pareren; ⟨sl⟩ *stop a bullet* een kogel door zijn lijf krijgen [6] **stilzetten** [7] **ophouden met,** staken, beëindigen ♦ *stop it!* hou op!; *stop muttering* ophouden met foeteren; *stop work* het werk neerleggen [8] ⟨taalk⟩ **interpuncteren** [9] ⟨scheepv⟩ **sjorren;** → **stopping**
stop·board [telb zn] ⟨atl⟩ **(stoot)balk** ⟨voorste begrenzing d.m.v. witte balk van kogelstootcirkel⟩
stop·cock [telb zn] ⟨techn⟩ **plugkraan**
stop·drill [telb zn] **boor met diepteaanslag**
stope /stoʊp/ [telb zn] ⟨mijnb⟩ **winplaats,** terrasgewijs afgegraven groeve
stop·gap [telb zn] [1] **noodoplossing** [2] **invaller,** invalster [3] **stoplap,** stopwoord
stop·go, go-stop [telb zn; meestal enk; ook attributief] ⟨BE; inf⟩ **wisselvallige belastingpolitiek** ⟨gericht op economische expansie of bezuiniging⟩
stop·knob [telb zn] **registerknop** ⟨op orgel⟩
stop·lamp [telb zn] ⟨BE⟩ **remlicht**
stop·light [telb zn] [1] ⟨BE⟩ **stoplicht,** verkeerslicht [2] ⟨vnl AE⟩ **remlicht**
stop-log [telb zn] **schotbalk**
stop-loss order, stop order [telb zn] ⟨beurs⟩ **stoplossorder,** stoporder
stop·off [telb zn] **kort verblijf,** reisonderbreking
stop·o·ver [telb zn] **reisonderbreking,** kort verblijf, oponthoud
stopover ticket [telb zn] **stop-overticket**
STOPP [afk] ⟨BE⟩ (Society of Teachers Opposed to Physical Punishment)
stop·pa·ble /stɒpəbl, ᴬstɑ-/ [bn] **tegen te houden,** te stoppen
stop·page /stɒpɪdʒ, ᴬstɑ-/ [telb zn] [1] **verstopping,** stremming, blokkering, obstructie ♦ *stoppage of air* blokkering van de luchtstroom; *stoppage in the drain* verstopping in de afvoer [2] **inhouding** ♦ *stoppage of pay* inhouden van loon [3] **aanhouding,** inbeslagneming ♦ *stoppage of goods* inbeslagneming van goederen [4] **staking,** stilstand, (werk)onderbreking, prikactie ♦ *stoppage of work* staking [5] **oponthoud** ♦ ⟨handel⟩ *stoppage in transit(u)* recht van reclame [6] ⟨sport⟩ **(spel)onderbreking**
stoppage time [telb + niet-telb zn] ⟨sport⟩ **(extra) bijgetelde tijd** ⟨voor spelonderbrekingen⟩, blessuretijd
¹**stop·per** /stɒpə, ᴬstɑpər/ [telb zn] [1] **stopper,** vanger, iemand die/iets dat stopt, ⟨techn⟩ nok, pal, prop [2] **stop,** plug, kurk ♦ *put the stoppers on sth.* ergens een eind aan maken, iets stopzetten
²**stop·per** /stɒpə, ᴬstɑpər/ [ov ww] **afsluiten,** een stop doen op
¹**stop·ping** /stɒpɪŋ, ᴬstɑ-/ [telb zn; (oorspronkelijk) gerund van stop] ⟨BE⟩ **vulling,** plombeersel ⟨van tand, kies⟩
²**stop·ping** /stɒpɪŋ, ᴬstɑ-/ [niet-telb zn; (oorspronkelijk) gerund van stop] **het stoppen,** het pauzeren/belemmeren/inhouden

stopping distance [telb + niet-telb zn] **afstand om te kunnen stoppen/tot voorligger**
stopping knife [telb zn] **plamuurmes**
stopping place [telb zn] **halteplaats,** stopplaats
stopping train [telb zn] **stoptrein,** boemel(trein)
¹**stop·ple** /stɒpl, ᴬstɑpl/ [telb zn] [1] **stop** ⟨van fles⟩ [2] ⟨AE⟩ **oordopje**
²**stop·ple** /stɒpl, ᴬstɑpl/ [ov ww] **(met een stop) afsluiten**
stop-press [niet-telb zn; the] ⟨BE⟩ **laatste nieuws**
stop sign [telb zn] **stopsignaal,** stopsein, stopteken
stop street [telb zn] ⟨AE; inf⟩ **niet-voorrangsweg**
stop valve [telb zn] ⟨techn⟩ **afsluiter,** stopkraan
stop-vol·ley [telb zn] **stopvolley** ⟨bij tennis⟩
stop·watch [telb zn] **stopwatch**
stor·age /stɔːrɪdʒ/ [niet-telb zn] [1] **opslag,** bewaring ♦ *put one's piano in storage* zijn piano laten opslaan [2] **verzameling,** ophoping, accumulatie [3] **bergruimte,** opslagplaats, pakhuis, ⟨comp⟩ geheugen [4] **opslagkosten,** pakhuishuur
storage battery [telb zn] ⟨techn⟩ **accumulatorenbatterij,** accu
storage cell [telb zn] [1] ⟨techn⟩ **accumulator,** accucel [2] ⟨comp⟩ **geheugenelement**
storage chip [telb zn] ⟨comp⟩ **geheugenchip**
storage heater [telb zn] **warmteaccumulator**
storage room [telb zn] **bergruimte,** voorraadkamer
storage space [niet-telb zn] **opslagruimte,** bergruimte
storage tank [telb zn] **opslagtank**
storage yard [telb zn] **opslagterrein**
¹**sto·rax** /stɔːræks/, **sty·rax** /staɪræks/ [telb zn] ⟨plantk⟩ **storaxboom** ⟨genus Styrax; in het bijzonder S. officinalis en S. benzoin⟩
²**sto·rax** /stɔːræks/, **sty·rax** /staɪræks/ [niet-telb zn] [1] **styrax,** benzoë(balsem), storax [2] **storax(hars)** ⟨van de Liquidambar⟩ ♦ *liquid storax* storax(hars)
¹**store** /stɔː, ᴬstɔr/ [telb zn] [1] **voorraad** ♦ *in store* in voorraad; *there's a surprise in store for you* je zult voor een verrassing komen te staan; *we always keep a large store of tins* we hebben altijd een hoop blikjes in voorraad [2] **voorraadkast,** provisiekast [3] **opslagplaats,** magazijn, pakhuis [4] **grote hoeveelheid,** overvloed, hoop [5] ⟨AE⟩ **winkel,** zaak ♦ *the stores* de grote warenhuizen [7] ⟨BE⟩ **mestdier**
²**store** /stɔː, ᴬstɔr/ [niet-telb zn] ⟨comp⟩ **geheugen,** geheugenruimte [·] *lay/put/set (great) store by/on* veel waarde hechten aan
³**store** /stɔː, ᴬstɔr/ [ov ww] [1] **bevoorraden,** volstoppen, toerusten, uitrusten ♦ *store one's memory with facts* zijn geheugen volladen met feiten [2] **inslaan,** in huis halen ♦ *store up a lot of tins* een hele voorraad blikjes aanleggen [3] **opslaan,** opbergen, bewaren ♦ *store away* wegbergen, opbergen; *store blankets in a chest* dekens in een kist opbergen; ⟨handel⟩ *sell on stored terms* op ceel leveren; *store up one's jealousy* zijn jaloezie opkroppen [4] **kunnen bevatten,** ruimte hebben voor ♦ *this chest will store a lot of blankets* je kunt heel wat dekens in deze kist kwijt
store brand [telb zn] ⟨vnl AE⟩ **eigen merk** ⟨bijvoorbeeld van supermarkt⟩
store cattle [verzameln] **mestvee**
store cheese [niet-telb zn] ⟨AE; inf⟩ **(gewone Amerikaanse) cheddarkaas**
store detective [telb zn] **winkeldetective**
store·front [telb zn] ⟨AE⟩ [1] **winkelpui** [2] ⟨comp⟩ **elektronische winkel,** internetwinkel, internetetalage
storeh /stɔːri/ [telb zn] ⟨sl⟩ **man,** kerel, vent
store·house [telb zn] **pakhuis,** opslagplaats, voorraadschuur ⟨ook figuurlijk⟩ ♦ *Steve is a storehouse of information* Steve is een onuitputtelijke bron van informatie
store·keep·er [telb zn] [1] **magazijnmeester** ⟨in het bijzonder leger⟩, proviandmeester [2] ⟨AE⟩ **winkelier**

store·man /stɔːmən, ᴬstɔr-/, **stores·man** /stɔːzmən, ᴬstɔrz-/ [telb zn; mv: store(s)men] [1] magazijnmeester [2] ⟨AE⟩ winkelier
store·room [telb zn] opslagkamer, voorraadkamer
¹**stores** /stɔːz, ᴬstɔrz/ [telb zn; geen mv] ⟨BE⟩ (dorps)winkel, bazaar
²**stores** /stɔːz, ᴬstɔrz/ [niet-telb zn, mv] ⟨vnl mil⟩ opslagplaats, magazijn
³**stores** /stɔːz, ᴬstɔrz/ [alleen mv] ⟨i.h.b. mil⟩ provisie, artikelen, goederen, proviand ♦ *naval stores* scheepsbehoeften
store suit [telb zn] ⟨AE⟩ confectiepak
sto·rey, ⟨AE⟩ **sto·ry** /stɔːri/ [telb zn] verdieping, woonlaag ♦ *the first storey* benedenverdieping, parterre; *the second storey* de eerste verdieping
-sto·reyed, ⟨AE⟩ **-sto·ried** /stɔːrid/ [± -lagig, ± met ... verdiepingen] [•] *four-storeyed* met drie bovenverdiepingen
sto·ri·at·ed /stɔːrieɪtɪd/ [bn, attr] met historische/legendarische afbeeldingen versierd
sto·ried /stɔːrid/ [bn, attr] [1] legendarisch, befaamd, veelbezongen [2] met historische/legendarische tafereelen versierd
sto·ri·ette /stɔːriet, ᴬ-ˈet/ [telb zn] heel kort verhaal
stork /stɔːk, ᴬstɔrk/ [telb zn] ooievaar
stork's bill [telb zn] ⟨plantk⟩ [1] ooievaarsbek ⟨genus Geranium⟩ [2] reigersbek ⟨genus Erodium⟩
¹**storm** /stɔːm, ᴬstɔrm/ [telb zn] [1] ⟨voornamelijk als tweede lid in samenstellingen⟩ (hevige) bui, noodweer [2] ⟨alg⟩ storm(wind), orkaan, ⟨meteo; i.h.b.⟩ zware storm ⟨windkracht 10⟩ ♦ *storm in a teacup* storm in een glas water [3] beroering, wanorde, agitatie, tweedracht, tumult ♦ *bring a storm about one's/s.o.'s ears* een storm ontketenen/doen losbarsten; *kick up a storm* opschudding verwekken; *ride the storm* ⟨fig⟩ de storm beteugelen [4] uitbarsting, vlaag ♦ *a storm of applause* stormachtig applaus; *storm of protests* regen van protesten [5] stormaanval, bestorming ♦ *take by storm* stormenderhand veroveren ⟨ook figuurlijk⟩ [•] ⟨AE⟩ *dance/party/sing up a storm* dansen/feesten/zingen tot je erbij neervalt; ⟨sprw⟩ *after a storm comes a calm* na regen komt zonneschijn, na lijden komt verblijden; ⟨sprw⟩ *any port in a storm* ± het naaste water dient als er brand is, ± vuil water blust ook brand, ± nood breekt wet(ten); ⟨sprw⟩ *vows made in storms are forgotten in calms* een belofte in dwang en duurt niet lang
²**storm** /stɔːm, ᴬstɔrm/ [onov ww] [1] stormen, waaien, onweren, gieten ♦ *it stormed last night* er was gisteravond een vreselijk noodweer [2] tekeergaan, uitvallen, razen, woeden ♦ *storm at/against s.o.* tegen iemand tekeergaan [3] rennen, denderen, stormen ♦ *storm in* binnen komen stormen; *storm into the room* de kamer binnenstormen; ⟨inf⟩ *storm out* woedend vertrekken [4] ⟨mil⟩ een stormaanval uitvoeren, stormlopen
³**storm** /stɔːm, ᴬstɔrm/ [ov ww] ⟨mil⟩ bestormen, stormlopen op
storm-beat·en [bn] door stormen geteisterd
storm belt, storm zone [telb zn] stormgebied, stormzone
storm bird [telb zn] → **storm petrel**
storm·bound [bn] door storm/noodweer opgehouden
storm cellar [telb zn] ⟨AE⟩ schuilkelder ⟨onder huis, bij zware storm⟩
storm centre [telb zn] ⟨meteo⟩ stormcentrum, ⟨fig⟩ haard van onrust
storm cloud [telb zn] regenwolk, donderwolk, onweerswolk, ⟨fig⟩ donkere wolk, teken van onheil
storm-cock [telb zn] grote lijster
storm-col·lar [telb zn] hoge opstaande kraag
storm-cone [telb zn] stormkegel
storm door [telb zn] [1] dubbele deur [2] tochtdeur
storm drum [telb zn] ⟨scheepv⟩ stormtrommel

storm finch [telb zn] ⟨BE⟩ stormvogeltje
storm glass [telb zn] ± weerglas
storming party [telb zn] ⟨mil⟩ stormcolonne, stormtroep
storm jib [telb zn] ⟨scheepv⟩ stormstagzeil
storm lantern [telb zn] ⟨BE⟩ stormlamp, stormlantaarn
storm petrel, storm bird [telb zn] ⟨dierk⟩ stormvogeltje ⟨Hydrobates pelagicus⟩
storm-proof [bn] stormbestendig, windbestendig, windvast
storm sail [telb zn] ⟨scheepv⟩ stormzeil
storm signal [telb zn] stormsein
storm surge [telb zn] stormvloed
storm-tossed [bn, attr] door storm heen en weer geslingerd
storm trooper [telb zn] [1] lid van stormtroep/stoottroep [2] SA-man
storm troops [alleen mv] [1] stormtroepen, stoottroepen [2] SA ⟨in nazi-Duitsland⟩
storm water [niet-telb zn] overtollig regenwater
storm window [telb zn] voorzetraam, dubbel raam
storm·y /stɔːmi, ᴬstɔr-/ [bn; vergr trap: stormier; bw: stormily; zn: storminess] [1] stormachtig, winderig, waaierig ♦ *stormy day* winderige dag [2] onbesuisd, heftig, ruw ♦ *stormy temper* opvliegend temperament [3] door stormen geteisterd, stormachtig ♦ *stormy coast* winderige kust [4] storm-, stormbrengend ♦ *stormy petrel* stormvogeltje; ⟨fig⟩ onheilsbode, onrustzaaier
Stor·ting, Stor·thing /stɔːtɪŋ, ᴬstɔrtɪŋ/ [eigennm; ook storting] Noors parlement, storting
sto·ry /stɔːri/ [telb zn] [1] (levens)geschiedenis, historie, overlevering ♦ *what's Stella's story?* wat voor leven heeft Stella achter de rug? [2] verhaal, relaas ♦ *it's quite another story now* de zaken liggen nu heel anders; *the story goes* het gerucht gaat; *cut/make a long story short* om kort te gaan; *the (same) old story* het bekende verhaal, het oude liedje; *that is not the whole story, that is only part of the story* er zit meer aan vast, het verhaal is niet compleet [3] ⟨letterk⟩ vertelling, legende, novelle, verhaal [4] ⟨journ⟩ (materiaal voor) artikel, verhaal ♦ *that's a good story* daar zit een artikel in [5] ⟨letterk⟩ plot, intrige, verhaal(tje) ♦ *the film is built on a very thin story* de film heeft maar een mager verhaaltje [6] ⟨inf⟩ smoesje, praatje, verzinsel, gerucht ♦ *tell stories* jokken [7] → **storey**
sto·ry·board [telb zn] ⟨film; show⟩ storyboard ⟨reeks tekeningen/foto's van nog op te nemen scènes⟩
¹**sto·ry·book** [telb zn] verhalenboek, vertelselboek
²**sto·ry·book** [bn, attr] als in een sprookje, sprookjesachtig ♦ *a storybook ending* een gelukkige afloop, een happy end
story line [telb zn] ⟨letterk⟩ intrige, plot
sto·ry·tell·er [telb zn] [1] verteller [2] ⟨inf⟩ jokkebrok, leugenaar, praatjesmaker
¹**stot** /stɒt, ᴬstɑt/ [telb zn] ⟨SchE⟩ jonge os
²**stot** /stɒt, ᴬstɑt/ [onov ww] ⟨SchE⟩ stuite(re)n, (terug)springen
³**stot** /stɒt, ᴬstɑt/ [ov ww] ⟨SchE⟩ (doen/laten) stuite(re)n
sto·tious /stoʊʃəs/ [bn] ⟨IE of gew⟩ bezopen, dronken
stoup, stoop /stuːp/ [telb zn] [1] flacon, fles [2] beker, kroes [3] stoop [4] wijwaterbak
¹**stout** /staʊt/ [telb + niet-telb zn] stout, donker bier
²**stout** /staʊt/ [bn; vergr trap: stouter; bw: ~ly; zn: ~ness] [1] krachtig, vastberaden ♦ *stout resistance* krachtig verzet; *Steve was a stout supporter of co-education* Steve was een groot voorvechter van het gemengd onderwijs [2] solide, stevig, kloek, zwaar ♦ *stout shoes* stevige schoenen [3] gezet, corpulent, dik ♦ *a stout woman* een gezette vrouw
³**stout** /staʊt/ [bn, attr; vergr trap: stouter; bw: ~ly; zn: ~ness] moedig, dapper, flink, vastberaden ♦ ⟨vero, inf⟩ *stout fellow* stoere knaap; *a stout heart* moed

stouten

¹**stout·en** /stɑutn/ [onov ww] dik/gezet worden
²**stout·en** /stɑutn/ [ov ww] versterken, steunen
stout·heart·ed [bn] dapper, moedig, kloek
stout·ish /stɑutɪʃ/ [bn] ① nogal moedig ② vrij krachtig ③ vrij stevig ④ dikkig
¹**stove** /stoʊv/ [telb zn] ① kachel ② fornuis ③ petroleumstel, oliestel ④ droogoven ⑤ stoof ⑥ ⟨BE⟩ broeikas
²**stove** /stoʊv/ [ov ww] ① drogen ⟨in oven⟩ ② ⟨BE⟩ in een broeikas kweken ③ ⟨SchE⟩ stoven
³**stove** /stoʊv/ [verleden tijd en volt deelw] → **stave**
stove-en·am·el [niet-telb zn] hittevast email
stove league [verzameln] ⟨sl⟩ honkbalfanaten
stove-pipe, ⟨in betekenis 2 AE ook⟩ **stove-pipe hat** [telb zn] ① kachelpijp ② ⟨inf⟩ hoge zijden, hoge hoed ③ ⟨AE; inf⟩ straaljager
sto·ver /stoʊvə, ᴬ-ər/ [telb + niet-telb zn] ⟨AE, gew⟩ hooi, stro, stoppels ⟨als veevoer⟩
stow /stoʊ/ [ov ww] ① opbergen, stouwen, inpakken, bergen, stuwen ♦ zie: **stow away**, *stow one's belongings in a knapsack* zijn spullen in een rugzak proppen ② volstouwen, volpakken, volstoppen ♦ *a trunk stowed with blankets* een hutkoffer volgepakt met dekens ③ ⟨sl⟩ kappen met, uitscheiden met, ophouden met ♦ ⟨sl⟩ *stow the gab!* mond dicht!; *stow it!* kap ermee!
stow·age /stoʊɪdʒ/ [niet-telb zn] ① het stouwen, het inpakken, het wegbergen, ⟨scheepv⟩ stuwing ② bergruimte, laadruimte ③ ⟨scheepv⟩ stuwagegeld, stuwkosten, stuwloon
stow·a·way /stoʊəweɪ/ [telb zn] ① verstekeling ② (op)bergruimte
¹**stow away** [onov ww] zich verbergen ⟨aan boord van een schip/vliegtuig⟩
²**stow away** [ov ww] opbergen, wegbergen, uit de weg zetten
STP [afk] (standard temperature and pressure)
Str [afk] ① (strait) ② (street)
stra·bis·mic /strəbɪzmɪk/, **stra·bis·mal** /-məl/ [bn] ⟨med⟩ scheelziend
stra·bis·mus /strəbɪzməs/ [telb + niet-telb zn; mv: strabismes /-miːz/] ⟨med⟩ het scheelzien, strabisme, strabismus
stra·bot·o·my /strəbɒtəmi, ᴬ-bɑtəmi/ [telb + niet-telb zn] ⟨med⟩ verkorting/verlenging van de oogspier(en), oogcorrectie
Strad /stræd/ [telb zn] (verk: Stradivarius) Stradivarius(viool)
¹**strad·dle** /strædl/ [telb zn; voornamelijk enk] ① spreidstand, spreidzit, schrijlingse stand/zit ② vrijblijvende houding, onduidelijke opstelling ③ ⟨handel⟩ stellage ④ ⟨fin⟩ stellage, dubbele optie ⟨voor koop of verkoop van aandelen⟩ ⑤ ⟨atl⟩ buikrol ⟨hoogtesprong met buik over de lat⟩
²**strad·dle** /strædl/ [onov ww] ① in spreidstand staan/zitten, schrijlings zitten ② gespreid zijn ⟨van benen⟩ ③ dubbelen ⟨bij poker⟩ ④ ⟨mil⟩ bommen over een doel spreiden, een bomtapijt leggen
³**strad·dle** /strædl/ [ov ww] ① schrijlings zitten op, met gespreide benen zitten op/staan boven ♦ *straddle a chair* schrijlings op een stoel zitten ② uitspreiden ♦ *straddle one's legs* zijn benen spreiden ③ ⟨mil⟩ zich inschieten op ④ ⟨mil⟩ terechtkomen aan weerskanten van ♦ *straddle a target* rondom het doel terechtkomen ⟨van bommen⟩ ⑤ zich vrijblijvend opstellen tegenover, zich niet vastleggen op ♦ *straddle a question* zich niet uitspreken over een zaak
straddle jump [telb zn] → **straddle¹** bet 5
strad·dle-legged [bn] wijdbeens, schrijlings, met gespreide benen
Strad·i·var·i·us /strædɪvɛərɪəs, ᴬ-vɛr-/ [telb zn; mv: Stradivarii /-riː/] Stradivarius(viool)

¹**strafe** /strɑːf, ᴬstreɪf/ [telb zn] ⟨inf⟩ ① ⟨mil⟩ bombardement, beschieting ② reprimande, uitbrander, afstraffing
²**strafe** /strɑːf, ᴬstreɪf/ [ov ww] ⟨inf⟩ ① ⟨mil⟩ beschieten, bombarderen ② afstraffen ③ uitschelden, een uitbrander geven, ⟨België⟩ een bolwassing geven
¹**strag·gle** /strægl/ [telb zn] verspreide groep
²**strag·gle** /strægl/ [onov ww] ① (af)dwalen, zwerven, achterblijven, van de groep af raken ♦ *soldiers straggling through the fields* door de velden zwervende soldaten ② uitgroeien, verspreid groeien/liggen ♦ *a straggling beard* een woest uitgegroeide baard; *straggling town* stadskern met grillige uitlopers ③ zich verspreiden, uiteenvallen
strag·gler /stræglə, ᴬ-ər/ [telb zn] ① achterblijver, uitvaller, ⟨i.h.b.⟩ afgedwaalde vogel ② ⟨plantk⟩ uitloper ③ matroos die zonder verlof uitblijft
strag·gly /strægli/ [bn; vergr trap: stragglier] ① verspreid, verstrooid ② verwilderd, verward ⟨haar, baard⟩ ③ onregelmatig, schots en scheef ⟨handschrift⟩
¹**straight** /streɪt/ [telb zn] ① recht stuk ⟨in het bijzonder van renbaan⟩ ♦ *home straight* laatste rechte stuk van renbaan ② straat ⟨bij poker⟩ ③ ⟨inf⟩ conventioneel/conformistisch iemand, brave burger(man) ④ ⟨inf⟩ hetero(seksueel iemand) ⑤ ⟨inf⟩ niet-gebruiker ⟨m.b.t. drugs⟩, straight/clean iemand ⑥ ⟨sl⟩ (gewone) sigaret
²**straight** /streɪt/ [niet-telb zn; meestal het] de rechte lijn ⟨ook figuurlijk⟩ ♦ *on the straight* recht van draad, in de draadrichting ⟨van stof⟩; *on the straight and narrow* op het (smalle) rechte pad; *out of the straight* scheef, krom
³**straight** /streɪt/ [bn; vergr trap: straighter; bw: ~ly; zn: ~ness] ① recht, gestrekt ⟨van knie⟩, steil, sluik, glad ⟨van haar⟩, rechtop ♦ *straight angle* gestrekte hoek; *straight arch* platte boog; *as straight as an arrow* kaarsrecht; ⟨cricket⟩ *straight bat* verticaal gehouden bat; ⟨inf⟩ *play one's game with a straight bat* eerlijk spel spelen; *(as) straight as a die* kaarsrecht; ⟨fig⟩ goudeerlijk, door en door betrouwbaar; *put one's tie straight* zijn das rechttrekken; ⟨AE⟩ *straight razor* (ouderwets) scheermes ② puur, onverdund, ⟨fig⟩ letterlijk, zonder franje, serieus ♦ *straight man* aangever ⟨van komiek⟩; *straight play* traditioneel toneelstuk; *a straight rendering of the facts* een letterlijk verslag van de feiten; *straight whisky* whisky puur ③ opeenvolgend, direct achter elkaar ♦ *straight flush* suite, (vijf) volgkaarten, straat ⟨bij poker⟩; *five straight wins* vijf overwinningen op rij ④ open(hartig), eerlijk, rechtdoorzee ♦ *straight answer* eerlijk antwoord; *straight arrow* nette vent ⑤ strak, recht, in de plooi, correct, fatsoenlijk, ⟨inf⟩ conventioneel, conformistisch, burgerlijk ♦ *straight face* uitgestreken gezicht; *keep a straight face* niet verpinken ⟨voornamelijk in komische situatie⟩; *keep straight* op het rechte pad blijven; *keep to the straight and narrow path* op het rechte pad blijven; *keep s.o. to the straight and narrow path* iemand op het rechte pad houden; *keep (s.o.) to the straight and narrow path* (iemand) op het rechte pad houden; ⟨AE; inf⟩ *straight shooter* fatsoenlijke kerel ⑥ ordelijk, geordend, netjes ♦ *get this straight* knoop dit even goed in je oren, begrijp me goed; *get/keep/put/set the facts/record straight* alle feiten op een rijtje zetten/hebben; *put one's desk straight* zijn bureau opruimen; *set s.o. straight about sth.* iemand de ware toedracht over iets meedelen ⑦ rechtlijnig, logisch ♦ *straight thinking* rechtlijnig denken ⑧ vrij van schulden ⑨ direct, rechtstreeks, zonder voorbehoud ♦ ⟨BE; pol⟩ *straight fight* directe confrontatie tussen twee kandidaten; ⟨AE; pol⟩ *straight ticket* stem op alle kandidaten van één partij; *straight tip* tip uit betrouwbare bron; *if you stand me a drink, we'll be straight* als jij me een drankje geeft, staan we quitte ⑩ ⟨inf⟩ hetero(seksueel) ⑪ ⟨inf⟩ straight, clean, afgekickt, niet meer aan de drugs ⑫ ⟨AE; pol⟩ streng, star ♦ ⟨BE⟩ *play a straight bat* zich correct/keurig gedragen; *straight eye* timmermansoog; ⟨sl⟩ *straight goods* de

waarheid

⁴**straight** /streɪt/ [bw] ① rechtstreeks, meteen, zonder omwegen ♦ *come straight to the point* meteen ter zake raken; *go straight back* meteen terug gaan; *tell s.o. straight out* iemand iets vierkant in zijn gezicht zeggen; *vote straight* met zijn partij mee stemmen ② recht, rechtop ♦ *straight ahead* recht vooruit; *straight on* rechtdoor; *sit up straight* recht overeind zitten ③ goed, correct ♦ *go straight* een eerlijk mens worden; *see straight* duidelijk zien; *think straight* helder denken ④ eerlijk, onomwonden ♦ *give it s.o. straight* iemand er direct van langs geven; *sing an aria straight* een aria zonder versieringen zingen; ⟨inf⟩ *tell s.o. straight* iemand eerlijk de waarheid zeggen, er geen doekjes om winden ⑤ ⟨vero⟩ onmiddellijk, meteen, dadelijk ♦ *straight away/off* onmiddellijk

straight-A [bn] briljant, knap ♦ *a straight-A student* een briljant(e) student(e)

straight-ar·row [bn] keurig, netjes, fatsoenlijk

¹**straight·a·way** [telb zn] recht stuk ⟨op weg of renbaan⟩

²**straight·a·way** [bn, attr] ⟨AE⟩ ① recht(doorgaand), ⟨fig⟩ eerlijk, rechtdoorzee ② onmiddellijk, direct

³**straight·a·way** [bw] onmiddellijk, dadelijk, meteen

straight·bred [bn] raszuiver

straight·edge [telb zn] ⟨techn⟩ richtliniaal

straight-eight [telb zn] auto met achtcilindermotor, achtcilinder

¹**straight·en** /ˈstreɪtn/ [onov ww] recht worden, recht trekken, bijtrekken ⟨ook figuurlijk⟩ ♦ zie: **straighten out**; *straighten up* overeind gaan staan, zich weer oprichten

²**straight·en** /ˈstreɪtn/ [ov ww] rechtmaken, recht zetten, richten ⟨ook figuurlijk⟩ ♦ *straighten one's accounts* zijn rekeningen vereffenen; *straighten one's face* zijn gezicht in de plooi brengen; *straighten one's legs* de benen strekken; zie: **straighten out**; zie: **straighten up**

¹**straighten out** [onov ww] recht worden, recht (gaan) liggen, bijtrekken

²**straighten out** [ov ww] ① recht leggen, rechtmaken ② ordenen, ontwarren, op orde brengen, opruimen ♦ *things will soon straighten themselves out* alles zal gauw op zijn pootjes terechtkomen ③ ⟨inf⟩ op het rechte spoor zetten, twijfels wegnemen bij, inlichten ♦ *straighten s.o. out as to his chances of a scholarship* iemand precies uitleggen wat zijn kansen op een studiebeurs zijn ④ ⟨inf⟩ rechtzetten, corrigeren

¹**straighten up** [onov ww] recht worden, rechtop gaan staan

²**straighten up** [ov ww] ① recht leggen, rechtmaken ♦ *straighten o.s. up* zich oprichten ② ordenen, ontwarren, op orde brengen, opruimen

straight-faced [bn; bw: straight-facedly /ˈstreɪtfeɪsɪdli/] met een uitgestreken/stalen gezicht

straight·for·ward [bn; bw: straightforwardly; zn: straightforwardness] ① oprecht, rechtdoorzee, open, eerlijk, onverbloemd ♦ *straightforward answer* eerlijk antwoord ② ongecompliceerd, simpel, duidelijk, rechtlijnig ♦ *straightforward language* ongekunstelde taal; *a straightforward performance* een degelijke, onopgesmukte uitvoering

straightjacket [telb zn] → **straitjacket**

straight·limbed [bn] recht van lijf en leden

straight-line [bn] lineair, vast ⟨van afschrijving e.d.⟩

straight-out [bn] volkomen, volslagen ♦ *Jane's motive is straight-out jealousy* Jane wordt zuiver door jaloezie gedreven

straight-to-vid·e·o [telb zn] direct op video uitgebrachte film, STV

straight up [tw] ⟨BE, sl⟩ ① eerlijk, serieus, zonder gekheid ② zonder ijsklontjes

straight·way /ˈstreɪtweɪ/ [bw] ⟨form⟩ aanstonds, onmiddellijk, meteen, direct

¹**strain** /streɪn/ [telb zn] ① spanning, druk, trek, ⟨fig⟩ belasting, inspanning ♦ *at (full) strain/on the strain* met de uiterste inspanning, tot het uiterste gespannen; *a strain on one's resources* een aanslag op iemands beurs; *too much strain on the walls* te veel belasting op de muren; *your behaviour is a great strain on my patience* je gedrag vergt het uiterste van mijn geduld; *place/put a strain on s.o.* een zware belasting zijn voor iemand; *be under a lot of strain* onder hoge druk staan ② ⟨natuurk, techn⟩ vervorming, vormverandering, rek ③ overbelasting, uitputting ♦ *strain of the heart* overbelasting van het hart ④ verdraaiing, verrekking, verstuiking ♦ *a strain in one's arm* een verrekte arm ⑤ ⟨meestal mv⟩ flard ⟨van muziekstuk, gedicht⟩, regel, melodie, toon ⑥ stijl, trant, toon ⟨van uitdrukken⟩ ♦ *in a lighter strain* op luchtiger toon ⑦ (karakter)trek, element, inslag ♦ *there's a strain of musicality in the family* muzikaliteit zit in de familie ⑧ stam, ras, soort ♦ *strain of bacteria* bacteriënstam; *of a good strain* uit een goed nest, van goede familie ⑨ familie, afkomst ⑩ streven ♦ *a strain after* een streven naar

²**strain** /streɪn/ [onov ww] ① zich inspannen, moeite doen, zwoegen, worstelen ♦ *strain after* fanatiek nastreven; *strain after effect* effectbejag; *strain under a load* onder een zware last gebukt gaan; *strain upwards* een weg omhoog zoeken, zich omhoog worstelen ② rukken, trekken ♦ *strain at* rukken aan; ⟨fig⟩ moeite hebben met, aarzelen te; *strain at a gnat* muggenziften ⟨naar Matth. 23:24⟩; *strain at the leash* aan de teugels trekken, zich los willen rukken ⟨in het bijzonder figuurlijk⟩; *strain on* rukken aan ③ doorsijpelen, doorzijgen ⬜ *strain against* zich aandrukken tegen; ⟨sprw⟩ *men strain at gnats and swallow camels* ± de een mag een koe stelen en de ander mag niet over het hek kijken; → **strained**

³**strain** /streɪn/ [ov ww] ① spannen, (uit)rekken, wringen ♦ *strain a rubber band to breaking-point* een elastiek uitrekken tot het knapt ② inspannen, maximaal belasten ♦ *strain one's ears* ingespannen luisteren; *strain one's eyes* turen; *strain every nerve* zich tot het uiterste inspannen; *strain one's voice* uit alle macht schreeuwen ③ overbelasten, te veel vergen van, ⟨fig⟩ geweld aandoen ♦ *strain one's authority/powers/rights* buiten zijn boekje gaan; *strain the law* de wet ruim interpreteren; *strain the truth* de waarheid geweld aandoen; *strain one's voice* zijn stem forceren ④ verrekken, verdraaien ♦ *strain a muscle* een spier verrekken ⑤ vastklemmen ♦ *strain to one's breast* tegen zijn borst klemmen ⑥ zeven, laten doorzijgen/doorsijpelen ♦ *strain out* uitzeven ⑦ afgieten ♦ *strain away/off* afgieten; *strain the vegetables* de groente afgieten; → **strained**

strained /streɪnd/ [bn; oorspronkelijk volt deelw van strain] ① gedwongen, geforceerd, onnatuurlijk, gewild ♦ *strained smile* geforceerd lachje ② gewrongen, verdraaid ♦ *strained interpretation* vergezochte interpretatie ③ gespannen, geladen, (zwaar)belast ♦ *strained expression* gespannen uitdrukking; *strained relations* gespannen verhoudingen

strain·er /ˈstreɪnə, -ər/ [telb zn] ① zeef ② vergiet ③ filter(doek) ④ ⟨AuE⟩ paal ⟨van hek⟩

strain gauge [telb zn] ⟨techn⟩ rekstrookje

¹**strait** /streɪt/ [telb zn; vaak mv] ① zee-engte, (zee)straat ♦ *the Straits of Dover* het Nauw van Calais; *The Straits* de Straat van Malakka ② netelige omstandigheden, moeilijkheden ♦ *be in dire/desperate straits* ernstig in het nauw zitten ③ landengte

²**strait** /streɪt/ [bn; vergr trap: straiter; bw: ~ly] ⟨vero; Bijb⟩ ① nauw, smal, eng, beperkt ② strikt, streng, stijf, bekrompen, benepen

¹**strait·en** /ˈstreɪtn/ [onov ww] ⟨vero⟩ nauw worden, zich versmallen

straiten

²**strait·en** /streɪtn/ [ov ww] ① inperken, beperken, begrenzen ♦ *straitened circumstances* behoeftige omstandigheden ② ⟨vero⟩ vernauwen, nauw maken

¹**strait·jack·et, straight·jack·et** [telb zn] dwangbuis, keurslijf ⟨ook figuurlijk⟩

²**strait·jack·et** [ov ww] een dwangbuis aandoen, ⟨fig⟩ in zijn vrijheid beperken, in een keurslijf stoppen

strait-laced [bn] ⟨pej⟩ puriteins, stijf, bekrompen, preuts, kleingeestig

strait-waist·coat [telb zn] ⟨BE⟩ dwangbuis, keurslijf ⟨ook figuurlijk⟩

strake /streɪk/ [telb zn] ⟨scheepv⟩ huidgang

stra·mash /strəmæʃ/ [telb zn] ⟨SchE⟩ ① herrie, lawaai ② vechtpartij, kloppartij

stra·min·eous /strəmɪnɪəs/ [bn] ① strooien, van stro, stro-, ⟨fig⟩ nietig, waardeloos, onbeduidend ② strokleurig

¹**strand** /strænd/ [telb zn] ① streng, snoer, draad ♦ *a strand of hair* een streng/pluk/sliert haar; *a strand of pearls* een parelsnoer ② lijn, draad ⟨in verhaal⟩, element ③ ⟨form⟩ strand, kust, oever

²**strand** /strænd/ [onov ww] ⟨scheepv⟩ vastlopen, stranden, aan de grond lopen; → **stranded**

³**strand** /strænd/ [ov ww] ① laten stranden, aan de grond laten lopen ② een streng breken van ⟨touw⟩ ③ in strengen verdelen; → **stranded**

strand·ed /strændɪd/ [bn; volt deelw van strand] ① gestrand, vast, aan de grond, vastgelopen ⟨ook figuurlijk⟩ ♦ *due to the strike at the airport, Alan was stranded in Rome* vanwege de staking op het vliegveld zat Alan in Rome vast ② bestaande uit strengen/draden ♦ *black hair stranded with grey* zwart haar met grijs erdoor

strand wolf [telb zn] strandwolf, bruine hyena

strange /streɪndʒ/ [bn; vergr trap: stranger; bw: ~ly; zn: ~ness] ① vreemd, onbekend ♦ *I can't write with a strange pen* ik kan niet met andermans pen schrijven; *that handbag is strange to me* dat handtasje heb ik nooit gezien ② eigenaardig, gek, zonderling, ongewoon, onverklaarbaar ♦ *Clothilde wears the strangest clothes* Clothilde draagt altijd de wonderlijkste kleren; *feel strange* zich raar/duizelig voelen; *it feels strange* het is een gek gevoel; ⟨natuurk⟩ *strange particle* vreemd deeltje; *strange to say* vreemd genoeg ③ nieuw, onbekend, onervaren, vreemd ♦ *feel strange* zich een buitenstaander voelen; *I'm quite strange here* ik ben hier volslagen vreemd; *Steve is strange to the business* Steve heeft nog geen ervaring in deze branche ④ ⟨vero⟩ uitheems, buitenlands ⑤ ⟨sprw⟩ *truth is stranger than fiction* de werkelijkheid is vaak vreemder dan de verbeelding; ⟨sprw⟩ *adversity makes strange bedfellows* algemene nood maakt vijanden tot vrienden, het zijn vrienden als Herodes en Pilatus

¹**stran·ger** /streɪndʒə, ˄-ər/ [telb zn] ① vreemdeling, vreemde, nieuweling, onbekende, buitenlander ♦ *I'm a stranger here* ik ben hier vreemd; *Simon has become quite a stranger* we zien Simon nog maar zelden; ⟨jur⟩ *be a stranger to* ergens part noch deel aan hebben; *be a stranger to the town* niet bekend zijn in de stad; *Simon is no stranger to me* ik ken Simon heel goed; *be a/no stranger to sth.* iets nooit/vaak meegemaakt hebben ② ⟨BE⟩ tribunebezoeker ⟨in parlement⟩

²**stran·ger** /streɪndʒə, ˄-ər/ [bn] vreemd, onbekend, uitheems

¹**stran·gle** /stræŋgl/ [onov ww] stikken

²**stran·gle** /stræŋgl/ [ov ww] ① wurgen, kelen, doen/laten stikken ② smoren, verstikken ③ onderdrukken, smoren ⟨neiging, kreet⟩

stran·gle·hold [telb zn] wurggreep, verstikkende greep, ⟨fig⟩ onbeperkte macht ♦ *have a stranglehold on* in zijn greep/macht hebben

stran·gler /stræŋglə, ˄-ər/ [telb zn] wurger, wurgmoordenaar

stran·gles /stræŋglz/ [alleen mv; werkwoord vaak enk] goedaardige droes ⟨klierzwelling bij hoefdieren⟩

stran·gu·late /stræŋgjʊleɪt, ˄-gjə-/ [ov ww] ① wurgen ② ⟨med⟩ beknellen, afklemmen, beklemmen ♦ *strangulated hernia* beklemde/beknelde breuk

stran·gu·la·tion /stræŋgjʊleɪʃn, ˄-gjə-/ [telb + niet-telb zn] ① wurging ② ⟨med⟩ beknelling, beklemming

stran·gu·ry /stræŋgjʊri, ˄-gjəri/ [telb + niet-telb zn] ⟨med⟩ strangurie, het moeilijk urineren

¹**strap** /stræp/ [telb zn] ① riem, ⟨techn⟩ drijfriem ② band(je) ③ ⟨techn⟩ strop, band, reep ⟨ook van metaal⟩ ④ lus ⟨in tram e.d.⟩, beugel ⑤ ⟨IE⟩ hoer, slet, del

²**strap** /stræp/ [niet-telb zn; vaak the] de knoet, pak rammel/ransel

³**strap** /stræp/ [ov ww] ① vastbinden, vastsnoeren, vastgespen ♦ *strap down* dichtgespen; *strap on a saddle* een zadel aangespen; *strap a rucksack on(to) one's back* een rugzak op zijn rug gespen; *strap up a suitcase* een koffer met riemen dichtgespen ② verbinden, met pleisters afdekken ♦ *strap up a wound* een wond stevig verbinden ③ pak rammel/ransel geven ④ aanzetten ⟨scheermes⟩ ⑤ ⟨inf; zelden⟩ plukken, uitkleden, van zijn laatste geld beroven; → **strapped, strapping**

strap-hang [onov ww] ⟨inf⟩ aan de lus hangen ⟨in tram e.d.⟩

strap-hang·er [telb zn] lushanger ⟨in tram e.d.⟩

strap·less /stræpləs/ [bn] ⟨mode⟩ strapless, zonder schouderbandjes

strap·line [telb zn] ondertitel, onderkop

¹**strap·pa·do** /strəpɑːdoʊ, -peɪ-/ [telb zn; mv: ook strappadoes] ⟨gesch⟩ wipgalg

²**strap·pa·do** /strəpɑːdoʊ, -peɪ-/ [ov ww] ⟨gesch⟩ wippen, aan de wipgalg straffen

strapped /stræpt/ [bn; volt deelw van strap] ① vastgebonden, vastgespt ② verbonden, opgebonden ③ ⟨inf⟩ berooid, platzak, blut ♦ *be strapped for cash* krap bij kas zitten

strap·per /stræpə, ˄-ər/ [telb zn] poteling, flinkerd

¹**strap·ping** /stræpɪŋ/ [telb zn; (oorspronkelijk) gerund van strap] aframmeling, pak rammel/ransel

²**strap·ping** /stræpɪŋ/ [niet-telb zn; (oorspronkelijk) gerund van strap] ① pleister(s) ⟨om verband op zijn plaats te houden⟩ ② het vastbinden ③ het verbinden ④ riemen, banden

³**strap·ping** /stræpɪŋ/ [bn] flink, potig, stoer

strap-work [niet-telb zn] vlechtbandmotief

Stras·bourg /stræzbɜːg, ˄strʊsbɜrg/ [eigenn] Straatsburg

strass /stræs/ [niet-telb zn] stras, namaakjuwelen

strata [alleen mv] → **stratum**

strat·a·gem /strætədʒəm/ [telb zn] ⟨krijgs⟩list, stratagème

stra·tal /streɪtl/ [bn, attr] ⟨wet⟩ laag, lagen-, in lagen, gelaagd

stra·te·gic /strətiːdʒɪk/, **stra·te·gi·cal** /-ɪkl/ [bn; bw: ~ally] strategisch

stra·te·gics /strətiːdʒɪks/ [niet-telb zn] ⟨mil⟩ strategie

strat·e·gist /strætɪdʒɪst/ [telb zn] strateeg

strat·e·gus /strətiːgəs/ [telb zn; mv: strategi /-dʒaɪ/] ⟨gesch⟩ ① legeraanvoerder, veldheer ⟨in het bijzonder in de Griekse oudheid⟩ ② strateeg, opperbevelhebber ⟨in Athene⟩

¹**strat·e·gy** /strætədʒi/ [telb zn] plan, methode, strategie

²**strat·e·gy** /strætədʒi/ [niet-telb zn] strategie, beleid

strath /stræθ/ [telb zn] ⟨SchE⟩ (breed) dal

strath·spey /stræθspeɪ/ [telb zn] ⟨SchE⟩ (muziek voor een) Schotse dans

strati [alleen mv] → **stratus**

stra·tic·u·late /strətɪkjʊlət, ˄-kjə-/ [bn] ⟨geol⟩ gelaagd, in dunne lagen

¹strat·i·fi·ca·tion /strætɪfɪkeɪʃn/ [telb zn] ⟨ook geol⟩ gelaagdheid, verdeling in lagen, stratificatie ♦ *social stratification* maatschappelijke gelaagdheid

²strat·i·fi·ca·tion /strætɪfɪkeɪʃn/ [niet-telb zn] laagvorming

strat·i·fi·ca·tion·al /strætɪfɪkeɪʃnəl/ [bn, attr] lagen-, m.b.t. gelaagdheid ♦ ⟨taalk⟩ *stratificational grammar* stratificationele grammatica ⟨waarbij taal op verschillende structurele strata wordt beschreven⟩

strat·i·form /strætɪfɔːm, ᴬstrætɪfɔrm/ [bn] gelaagd, laagvormig

¹strat·i·fy /strætɪfaɪ/ [onov ww] lagen vormen, gelaagd zijn/worden

²strat·i·fy /strætɪfaɪ/ [ov ww] in lagen verdelen ⟨ook figuurlijk⟩ ♦ ⟨stat⟩ *stratified sample* gelede/gelaagde/gestratificeerde steekproef; *stratified society/soil* gelaagde maatschappij/bodem

strat·i·graph·ic /strætɪgræfɪk/, **strat·i·graph·i·cal** /-ɪkl/ [bn; bw: ~ally] ⟨geol⟩ stratigrafisch

stra·tig·ra·phy /strətɪgrəfi/ [niet-telb zn] ⟨geol⟩ stratigrafie, leer van de aardlagen

stra·to·cir·rus /strætoʊsɪrəs/ [telb zn; mv: stratocirri /-raɪ/] ⟨meteo⟩ cirrostratus, lage vederwolk

stra·toc·ra·cy /strətɒkrəsi, ᴬ-tɑ-/ [telb zn] militair bewind

stra·to·cruis·er /strætoʊkruːzə, ᴬstrætoʊkruːzər/ [telb zn] straalvliegtuig

stra·to·cu·mu·lus /strætoʊkjuːmjələs, ᴬ-laɪ/ ⟨meteo⟩ stratocumulus

stra·to·pause /strætoʊpɔːz/ [niet-telb zn] ⟨meteo⟩ stratopauze ⟨laag tussen stratosfeer en ionosfeer⟩

strat·o·sphere /strætəsfɪə, ᴬstrætəsfɪr/ [niet-telb zn] stratosfeer

strat·o·spher·ic /strætəsferɪk/ [bn, attr] ① stratosferisch ② buitengewoon hoog ♦ ⟨fig⟩ *stratospheric interest rates* buitengewoon hoge rentevoet

stra·tum /strɑːtəm, ᴬstreɪtəm, ᴬstræ-/ [telb zn; mv: strata /strɑːtə, ᴬstreɪtəəstræ-/] laag, stratum ⟨van bodem, weefsel enz.; ook figuurlijk⟩ ♦ *he and I belong to different social strata* er is een standsverschil tussen hem en mij

stra·tus /strɑːtəs, ᴬstreɪtəs, ᴬstræ-/ [telb zn; mv: strati /-aɪ/] ⟨meteo⟩ status, laaghangende wolk

¹straw /strɔː/ [telb zn] ① strohalm, strootje ♦ *catch/clutch/grasp at a straw/at straws (like a drowning man)* zich aan iedere kleinigheid vastklampen; *draw straws* strootje trekken; *the last straw* de druppel die de emmer doet overlopen ② rietje ⟨om mee te drinken⟩ ③ strooien hoed ④ ⟨enkelvoud⟩ zier ♦ *not care a straw about* geen moer geven om; *not worth a straw* niets waard • *her eye(lid)s began to draw/gather/pick straw* haar ogen begonnen dicht te vallen; *a straw in the wind* een voorteken, een eerste aankondiging, een teken aan de wand; ⟨sprw⟩ *the last straw breaks the camel's back* de laatste druppel doet de emmer overlopen; ⟨sprw⟩ *a straw will show which way the wind blows* ogenschijnlijk onbelangrijke dingen kunnen aangeven wat er gaat gebeuren; ⟨sprw⟩ *a drowning man will clutch a straw* een drenkeling grijpt zelfs een strohalm vast

²straw /strɔː/ [niet-telb zn] stro

³straw /strɔː/ [bn, attr] ① strooien, stro-, van stro ② nietszeggend, onbelangrijk, nietswaardig ♦ *straw bail* ongeldige borgstelling; ⟨AE⟩ *straw bid* schijnbod; ⟨AE; inf⟩ *straw boss* onderbaas, voorman, (assistent-)ploegbaas; *straw poll/vote* onofficiële steekproef, voorlopige peiling, ⟨pol⟩ opiniepeiling, opinieonderzoek; *as a straw poll/vote among my friends demonstrated* zoals bleek uit een steekproef/kleine enquête onder mijn vrienden

⁴straw /strɔː/ [ov ww] ① met stro bedekken ② → **strew**

¹straw·ber·ry /strɔːbri, ᴬstrɔːberi/ [telb zn] ① aardbeiplant ② aardbei

²straw·ber·ry /strɔːbri, ᴬstrɔːberi/ [niet-telb zn; vaak attributief] donkerroze • *crushed strawberry* karmozijn(rood)

¹strawberry blonde [telb zn] rossige vrouw

²strawberry blonde [telb zn; vaak attributief] rossig, rosblond ⟨van haar⟩

strawberry mark [telb zn] ⟨med⟩ aardbeivlek, frambozenvlek, vaatgezwel, angioom

strawberry pear [telb zn] ⟨plantk⟩ slingercactus ⟨Hylocereus undatus⟩

strawberry roan [telb zn] rossig grijs paard

strawberry tree [telb zn] ⟨plantk⟩ aardbeiboom ⟨Arbutus unedo⟩

straw·board [niet-telb zn] strokarton

straw boss [telb zn] ⟨AE; inf⟩ onderbaas, voorman, (assistent-)ploegbaas

straw·col·our, straw·col·oured [bn] strokleurig, strogeel

straw-cut·ter [telb zn] strosnijmachine, hakselmachine

straw-hat [bn, attr] ⟨AE⟩ ± zomer-, ± buiten- ♦ *straw-hat theater* zomertheater, openluchttheater

straw man [telb zn; mv: straw men] ⟨vnl AE⟩ stropop, ⟨fig ook⟩ stroman, marionet

straw poll, straw vote [telb zn] voorlopige peiling, onofficiële steekproef ♦ *as a straw poll among my friends demonstrated* zoals bleek uit een steekproef/kleine enquête onder mijn vrienden

straw ride [telb zn] ⟨AE⟩ ritje op een hooiwagen

straw stem [telb zn] ⟨wijnglas met⟩ aan de kelk vastgeblazen steel

straw·worm [telb zn] ⟨dierk⟩ kokerjuffer ⟨Harmolita grandis⟩

straw·y /strɔːi/ [bn; vergr trap: strawier] stroachtig, als stro

¹stray /streɪ/ [telb zn] ① zwerver, verdoolde, verdwaalde ⟨ook figuurlijk⟩, ⟨i.h.b.⟩ zwerfdier ♦ *A Bible on the detective shelf? that must be a stray* een Bijbel op de plank met detectives? Die is daar vast verdwaald ② ontheemd kind, dakloos kind ③ ⟨meestal mv⟩ ⟨techn⟩ atmosferische storing

²stray /streɪ/ [niet-telb zn] ⟨BE⟩ recht zijn vee te laten grazen

³stray /streɪ/ [bn, attr] ① verdwaald, zwervend, verdoold, afgedwaald ♦ *stray bullet* verdwaalde kogel; *stray cats* zwerfkatten; ⟨elek⟩ *stray current* zwerfstroom ② verspreid, los, sporadisch, toevallig ♦ *there were some stray cars in the streets* in de straten reed hier en daar een auto; *a shop with a stray customer coming in* een winkel met zo nu en dan eens een klant; *stray remarks* verspreide/losse opmerkingen

⁴stray /streɪ/ [onov ww] ① dwalen, dolen, rondzwerven ⟨ook figuurlijk⟩ ♦ *stray from the subject* van het onderwerp afdwalen ② het slechte pad opgaan

stray·ling /streɪlɪŋ/ [telb zn] verdwaalde, zwerver

¹streak /striːk/ [telb zn] ① streep, lijn, strook, veeg ♦ *a streak of light in the East* een streepje licht in het oosten; *yellow with streaks of red* geel met rode vegen ② flits ♦ *a streak of lightning* een bliksemflits; *like a streak of lightning* bliksemsnel ③ (karakter)trek, element, tikje ♦ *there's a streak of madness in Mel* er zit (ergens) een draadje los bij Mel ④ reeks, serie, periode ♦ *suffer a losing streak* een reeks nederlagen/verliezen lijden; *a streak of luck* een periode waarin het meezit; *hit a winning streak* een reeks overwinningen/successen behalen ⑤ ⟨geol⟩ streep(kleur) ⟨test(resultaat) om mineralen van elkaar te onderscheiden⟩

²streak /striːk/ [onov ww] ① (weg)schieten, flitsen, snellen, ijlen ♦ *the rabbit streaked off into the woods* het konijn schoot als een pijl uit een boog het bos in ② ⟨inf⟩ streaken, ⟨België⟩ flitsen, blootflitsen, naaktflitsen ⟨naakt over straat rennen⟩ ③ strepen krijgen; → **streaked**

³streak /striːk/ [ov ww] strepen zetten op, strepen maken

streaked

in ♦ *streaked with grey* met grijze strepen; → **streaked**
streaked /striːkt/ [bn; volt deelw van streak] ⓵ doorregen ⟨van spek⟩ ⓶ ⟨AE⟩ geschrokken, ontsteld ⓷ ⟨AE⟩ slecht op zijn gemak
streak·er /ˈstriːkə, ˆ-ər/ [telb zn] ⟨inf⟩ streaker, ⟨België⟩ flitser ⟨iemand die naakt over straat rent⟩
streak·y /ˈstriːki/ [bn; vergr trap: streakier; bw: streakily; zn: streakiness] ⓵ gestreept, met strepen, doorregen ⟨van spek⟩ ⓶ ongelijk, wisselend, veranderlijk, variabel

¹**stream** /striːm/ [telb zn] ⓵ stroom(pje), water, beek, rivier ⓶ ⟨meestal enkelvoud⟩ stroomrichting, stroom ♦ *down the stream* stroomafwaarts; *up the stream* stroomopwaarts ⓷ ⟨vnl enkelvoud⟩ stroming, stroom, heersende mening, algemene opinie ♦ *go/swim against the stream* tegen de stroom in gaan; *go/swim with the stream* met de stroom mee gaan ⓸ (stort)vloed, stroom ♦ *a stream of abuse* een stortvloed van scheldwoorden; ⟨letterk⟩ *stream of consciousness* monologue intérieur ⓹ ⟨BE; onderw⟩ richting, stroom, afdeling, niveaugroep ⟨ind⟩ *take off stream* stilleggen, stopzetten ⟨fabriek, proces⟩; ⟨ind⟩ *on stream* op gang, in gebruik, in bedrijf ⟨fabriek, continu proces⟩; ⟨sprw⟩ *never swap horses while crossing the stream* ± men moet niet halverwege de race van paard verwisselen; ⟨sprw⟩ *it is ill striving against the stream* tegen stroom is het kwaad roeien; ⟨sprw⟩ *cross the stream where it is shallowest* ± waarom moeilijk doen als het gemakkelijk kan, ± het gemak dient de mens

²**stream** /striːm/ [onov ww] ⓵ stromen, vloeien, lopen ⟨ook figuurlijk⟩ ♦ *the blood streamed down Ned's nose* het bloed stroomde langs Neds neus naar beneden; *they streamed out of the church* ze stroomden de kerk uit ⓶ druipen, kletsnat zijn/worden, vloeien, lopen ⟨bijvoorbeeld neus⟩ ♦ *have a streaming cold* snipverkouden zijn; *his face was streaming with sweat* het zweet liep hem langs het gezicht ⓷ wapperen, waaien, fladderen

³**stream** /striːm/ [ov ww] ⓵ doen stromen, druipen van ♦ *the wound was streaming blood* het bloed gutste uit de wond ⓶ ⟨BE; onderw⟩ indelen, groeperen ⟨leerlingen naar begaafdheid⟩ ⓷ laten wapperen ⓸ ⟨comp⟩ direct afspelen/vertonen/weergeven ⓹ ⟨techn⟩ wassen ⟨tinerts⟩ ⓺ ⟨scheepv⟩ uitgooien ⟨boei⟩; → **streaming**
stream-an·chor [telb zn] ⟨scheepv⟩ stopanker, stroomanker
stream·er /ˈstriːmə, ˆ-ər/ [telb zn] ⓵ wimpel ⓶ serpentine ⓷ loshangend lint ⓸ loshangende veer ⓹ ⟨AE⟩ paginabrede (kranten)kop ⓺ ⟨meteo⟩ straal van het noorderlicht ⓻ ⟨parachutespringen⟩ winddrifter, sikkie
streamer headline [telb zn] paginabrede (kranten)kop
stream·ing /ˈstriːmɪŋ/ [niet-telb zn; gerund van stream] ⟨comp⟩ directe weergave
stream·let /ˈstriːmlɪt/ [telb zn] stroompje, beekje
¹**stream·line** [telb zn; alleen enk] stroomlijn
²**stream·line** [ov ww] stroomlijnen, ⟨fig⟩ lijn brengen in, vereenvoudigen, simplificeren ♦ *streamline an organization* een organisatie stroomlijnen/efficiënter maken; → **streamlined**
stream·lined /ˈstriːmlaɪnd/ [bn; volt deelw van streamline] gestroomlijnd ⟨ook figuurlijk⟩ ♦ *a streamlined version of an old model* een verbeterde/gemoderniseerde versie van een oud model

¹**street** /striːt/ [telb zn] straat, weg, straatweg ♦ ⟨inf⟩ *streets ahead (of)* ⟨mijlen⟩ver uitstekend boven, veel beter dan; ⟨inf, fig⟩ *be streets apart* (mijlen)ver uiteen liggen, hemelsbreed verschillen; *be on/go on/walk the streets* dakloos zijn/worden, op straat zwerven; *cross the street* de straat oversteken; *go down the street* de straat aflopen; *go across the street* de straat oversteken; *hit the street* de straat oplopen, de stad intrekken, de hort op gaan, naar buiten gaan; ⟨BE⟩ *in the street*, ⟨AE⟩ *on the street* op straat; *windows looking on the street* ramen die uitzien op de straat; *turn s.o. out into the street* iemand op straat zetten/gooien, iemand aan de deur zetten, iemand eruit gooien; *that's not up my street* dat is niets voor mij/mijn vak niet; (just/right) *up/down one's street* een kolfje naar zijn hand; *that's (just/right) up/down my street* dat is precies in mijn straatje, dat is een kolfje naar mijn hand; *the whole street helped her* de hele straat hielp haar, iedereen in de straat hielp haar ⟨·⟩ *be on/go on/walk the streets* gaan tippelen, de baan opgaan; ⟨BE⟩ *in the street* na sluitingstijd ⟨van beurs⟩; op de nabeurs; ⟨sl⟩ *put it on the street* inlichtingen verstrekken; bekendmaken; verklappen; ⟨inf⟩ *not be in the same street as/with* niet kunnen tippen aan, niet van hetzelfde kaliber zijn als; *walk the streets* de straten aflopen op zoek naar werk

²**street** /striːt/ [bn] ⟨mode⟩ street-
Street /striːt/ [niet-telb zn; the] ⟨AE⟩ Wall Street
street Arab [telb zn] ⓵ straatbengel, straatvlegel, straatjongen, boefje ⓶ dakloos kind
street·car [telb zn] ⟨AE⟩ tram
street cleaning machine [telb zn] veegmachine
street corner [telb zn] straathoek, hoek van een straat
street credibility, street cred [niet-telb zn] ⟨inf⟩ geloofwaardigheid/populariteit (bij de jeugd), straatimago
street cry [telb zn; voornamelijk mv] ⟨BE⟩ straatroep, straatkreet
street dog [telb zn] straathond
street door [telb zn] voordeur, straatdeur, huisdeur
street furniture [niet-telb zn] ⟨sl⟩ ⓵ grofvuilmeubilair ⟨ingepikt voor eigen gebruik⟩ ⓶ ⟨bouwk; scherts⟩ straatmeubilair ⟨bijvoorbeeld lampen, parkeermeters enz.⟩
street gang [telb zn] straatbende
street girl [telb zn] ⓵ hippiemeisje ⓶ dakloos meisje ⓷ → **streetwalker**
street kid [telb zn] straatkind, schooier, zwerfkind
street·lamp, street·light [telb zn] straatlamp, straatlantaarn, straatlicht
street level [niet-telb zn] gelijkvloers
street lighting [niet-telb zn] straatverlichting
street map, street plan [telb zn] stratenplan, wegenkaart
street market [niet-telb zn] nabeurs, straatbeurs
street noise [niet-telb zn] straatlawaai, straatgerucht
street offence [niet-telb zn] straatschenderij, schending der openbare eerbaarheid
street people [alleen mv] ⟨AE⟩ ⓵ (soort) clochards ⓶ ⟨sl⟩ hippies
street performer [telb zn] straatkunstenaar
street pizza [telb zn] ⟨AE; sl; skateboarding⟩ schaafwond
street railway [telb zn] ⟨AE⟩ tramlijn
street refuge [telb zn] vluchtheuvel
street roller [telb zn] straatwals
street·scape [telb zn] ⓵ straatbeeld, straatgezicht ⓶ afbeelding van een straat, schilderij van een straat
street-smart [bn] → **streetwise**
street smarts [niet-telb zn] ⟨AE; inf⟩ gewiekstheid van een stadsmens, kennis van de gevaren van een stad ♦ *people with no street smarts* mensen die niet door de wol geverfd zijn
street style [niet-telb zn] straatstijl ⟨van de gewone jongeren⟩, gangbare stijl onder de jeugd
street sweeper, street cleaner [telb zn] straatveger, straatveegmachine
street theatre [niet-telb zn] straattheater, straattoneel
street time [telb zn] ⟨sl⟩ proeftijd, verloftijd ⟨van gevangene⟩
street trader [telb zn] straatventer, straathandelaar, straatkoopman
street value [telb zn] handelswaarde, straatwaarde ♦ *drugs with a street value of £30,000* drugs voor een handels-

waarde van 30.000 pond
street vendor [telb zn] venter
street·walk·er, street girl [telb zn] tippelaarster, straatmeid, straathoer
street·walk·ing [niet-telb zn] straatprostitutie, het tippelen
¹**street·ward** /stri:twəd, ᴬ-wərd/ [bn] naar de straat gekeerd/gericht
²**street·ward** /stri:twəd, ᴬ-wərd/ [bw] naar de straat
street·wear [niet-telb zn] ⟨BE⟩ straatmode, streatware
street·wise, street-smart [bn] ⟨inf⟩ door het leven gehard, door de wol geverfd, slim, gewiekst, doortrapt ⟨op de hoogte van wat er op straat reilt en zeilt⟩
stre·ga /streɪgə/ [niet-telb zn] strega ⟨Italiaanse likeur⟩
strength /streŋ(k)θ/ [niet-telb zn] ⓵ sterkte ⟨ook figuurlijk⟩, kracht(en), krachtbron, macht, vermogen ♦ *strength of character* karaktersterkte; *strength of evidence* bewijskracht; *God is our strength* God is onze sterkte en kracht; *that is not his strength* dat is zijn fort/sterkste punt niet; *measure one's strength with* zijn krachten meten met; *on the strength of* op grond van, krachtens, uitgaand van, vertrouwend op; *strengths and weaknesses* sterke en zwakke punten; *with all one's strength* uit alle macht ⓶ (getal)sterkte, macht, talrijkheid, bezetting, aantal ♦ *at full/half strength* op volle/halve sterkte; *below/under strength* niet op sterkte, onder de volle sterkte; *in full strength* voltallig, *in (great) strength* in groten getale; ⟨mil⟩ *off the strength* buiten de formatie; ⟨mil⟩ *off/on the strength* zonder/met verlof der legerautoriteiten; *on the strength* op de monsterrol, in dienst; ⟨mil⟩ *tot de formatie behorend*; (*bring*) *up to (full) strength* op (volle) sterkte (brengen), voltallig maken ⓷ gehalte, concentratie, zwaarte ⟨van tabak⟩, sterkte ⓸ ⟨sl⟩ (grove) winst(en) ⓹ ⟨vero⟩ vesting, fort, sterkte ♦ *from strength* vanuit een sterke positie ⓺ *go from strength to strength* het ene succes na het andere behalen; ⟨inf⟩ *give me strength!* wel, allemachtig!; ⟨sprw⟩ *the strength of the chain is in its weakest link* de keten is zo sterk als de zwakste schakel
¹**strength·en** /streŋ(k)θən/ [onov ww] sterk(er) worden, aansterken, in kracht toenemen
²**strength·en** /streŋ(k)θən/ [ov ww] sterk(er) maken, versterken, verstevigen
strength·en·er /streŋ(k)θnə, ᴬ-ər/ [telb zn] versterker, versterkend middel
strength·less /streŋ(k)θləs/ [bn; bw: ~ly; zn: ~ness] krachteloos, futloos, mat, zwak, machteloos
strength training [niet-telb zn] ⟨sport⟩ krachttraining
stren·u·os·i·ty /strenjʊɒsəti, ᴬ-ɑːsəti/ [niet-telb zn] ⓵ energie, kracht, ijver, intensiteit ⓶ inspanning, moeite
stren·u·ous /strenjʊəs/ [bn; bw: ~ly; zn: ~ness] ⓵ zwaar, inspannend, hard, veeleisend, vermoeiend ♦ *strenuous efforts* zware inspanningen; *strenuous life* inspannend leven ⓶ energiek, onvermoeibaar, fervent, ijverig, (over)actief ♦ *strenuous child* (hyper)actief kind ⓷ luid, fors, krachtig
strep·i·tant /strepɪtənt/, **strep·i·tous** /strepɪtəs/ [bn] luid(ruchtig), druk, rumoerig
strep throat [telb + niet-telb zn] keelontsteking
strep·to·coc·cal /streptəkɒkl, ᴬ-kɑːkl/, **strep·to·coc·cic** /-kɒk(s)ɪk, ᴬ-kɑːk(s)ɪk/ [bn] ⟨med⟩ streptokokken-
strep·to·coc·cus /streptəkɒkəs, ᴬ-kɑːkəs/, ⟨inf ook⟩ **strep** [telb zn; mv: streptococci -kɒk(s)aɪ, ᴬ-kɑːk(s)aɪ/] ⟨med⟩ streptokok, streptococcus
strep·to·my·cin /streptəmaɪsɪn/ [niet-telb zn] ⟨med⟩ streptomycine
¹**stress** /stres/ [telb + niet-telb zn] ⓵ spanning, druk, pressie, (aan)drang, dwang, stress ♦ *by stress of/under the stress of circumstances* gedwongen door de omstandigheden; *by/under stress of weather* in zwaar weer, door noodweer gedwongen; *the stress of business life* de stress/spanning(en) van het zakenleven; *moments of stress* spannende momenten; *put stress on* (zwaar) belasten; *times of stress* crisistijden; *under the stress of poverty* onder de druk van armoede; (*be*) *under stress/subjected to great stress* onder (hoog)spanning (staan), onder (hoge) druk (staan) ⓶ beklemtoning, accentuering, nadruk, klem(toon), accent, ⟨fig⟩ gewicht, belang, waarde, betekenis ♦ *lay stress on* beklemtonen, de nadruk leggen op, vooropstellen, van betekenis vinden; *lay the stress on* de klemtoon leggen op ⓷ ⟨techn⟩ spanning, druk, belasting
²**stress** /stres/ [onov ww] stressen, zich druk maken; →**stressed**
³**stress** /stres/ [ov ww] ⓵ beklemtonen ⟨ook figuurlijk⟩, de nadruk leggen op, accentueren, op de voorgrond plaatsen, sterk doen uitkomen ♦ *we can't stress enough that* we kunnen er niet voldoende de nadruk op leggen dat; *stress the point that* met nadruk betogen dat; *stressed syllable* beklemtoonde lettergreep ⓶ belasten ⟨letterlijk én figuurlijk⟩, onder druk/spanning zetten ♦ ⟨sl⟩ *the job stressed him out* hij raakte gestrest van het werk ⓷ (ver)dragen, kunnen hebben ⟨bepaalde spanning⟩; →**stressed**
-stress /strɪs/ [-ster] ♦ *seamstress* naaister
stress disease [telb + niet-telb zn] managerziekte
stressed /strest/, **stressed out** [bn, pred; 1e variant volt deelw van stress] gestrest, gespannen
stress·ful /stresfl/ [bn; bw: ~ly; zn: ~ness] zwaar, veeleisend, stressrijk, stressig
stress·less /stresləs/ [bn] ⓵ zorgeloos, zonder stress ⓶ onbeklemtoond, zonder accent
stress mark [telb zn] klemtoonteken, accent
stres·sor /stresə, -sɔː, ᴬ-sər/ [telb zn] stressveroorzakende factor
stress puppy [telb zn] ⟨inf⟩ stresskip
stress test [telb zn] ⟨med, sport⟩ inspanningstest
stress·y /stresi/ [bn] ⟨inf⟩ stressy, gestrest
¹**stretch** /stretʃ/ [telb zn] ⓵ (benaming voor) (groot) stuk ⟨land, weg, zee enz.⟩, uitgestrektheid, vlakte, eind(je), lap, stuk, traject, rak, slag ⟨van laverend schip⟩ ♦ *large stretches of open country* grote uitgestrektheden onbebouwd land; *stretch of road* eind/stuk weg ⓶ rechte stuk ⟨van renbaan⟩ ♦ *final stretch* laatste stuk ⟨van renbaan⟩; *finishing stretch* laatste stuk; ⟨AE⟩ *home stretch* laatste stuk ⟨van renbaan⟩ ⓷ tijd(ruimte), tijdspanne, periode, duur ♦ *ten hours at a stretch* tien uur aan één stuk ⓸ ⟨inf⟩ straftijd, (i.h.b.) gevangenisstraf van een jaar ♦ *do a stretch* brommen, zitten ⓹ ⟨vnl eenkelvoud⟩ rekbeweging, strekoefening ♦ *at full stretch* languit, volledig uitgestrekt; *give/have a good stretch* zich flink uitrekken; *go for a stretch* zijn benen strekken, een wandelingetje maken
²**stretch** /stretʃ/ [telb + niet-telb zn] (uiterste) inspanning ⟨van verbeelding, kracht⟩, (bij uitbreiding) misbruik, verruiming, verlenging ♦ ⟨vnl BE⟩ *at a stretch* desnoods; als het moet; *at full stretch* met inspanning van al zijn krachten, op volle toeren; *stretch of authority* machtsmisbruik; *not by any stretch of the imagination* met de beste wil van de wereld niet; *it cannot be true, by any stretch of the imagination* het kan niet waar zijn, hoeveel fantasie men ook mag hebben; *stretch of language* onnauwkeurig taalgebruik; *on the stretch* in volle vaart; *with every faculty on the stretch* met al zijn vermogens tot het uiterste gespannen
³**stretch** /stretʃ/ [niet-telb zn] ⓵ rek(baarheid), elasticiteit ⓶ spanning ♦ *bring to the stretch* (op)spannen; *on the stretch* gespannen
⁴**stretch** /stretʃ/ [onov ww] ⓵ zich uitstrekken, reiken, liggen ♦ *stretch away (to)* zich (eindeloos) uitstrekken (naar); *his memories stretch to his childhood* zijn herinneringen gaan terug tot zijn kindertijd ⓶ gaan liggen, zich neervlijen, zich uitstrekken ♦ *stretch out* gaan liggen, zich uitstrekken; *be stretched out* languit liggen ⓷ zich uitrek-

stretch

ken, rekoefeningen doen ♦ *stretch out* zich uitrekken [4] duren ♦ *stretch over a year* een jaar duren [5] voortmaken, flink doorstappen, met volle zeilen varen ♦ *stretch out* flink aanstappen/aanpakken; *stretch to the oar/stroke* uit alle macht roeien [6] ⟨sl⟩ opgehangen/opgeknoopt worden; → **stretching**

⁵**stretch** /stretʃ/ [onov + ov ww] (uit)rekken ⟨ook figuurlijk⟩, verwijden, verlengen, verruimen ♦ *stretch one's budget* zuinig omspringen/rondkomen met je geld; *stretch gloves* handschoenen oprekken; *stretch the law* de wet ruim interpreteren; *stretch one's mind* zijn geest verruimen; *stretch out* genoeg/voldoende (doen) zijn; *stretch out an argument* een argument (nodeloos) uitspinnen; *will the beer stretch out?* is er genoeg bier?; *stretch out the wine by putting water in it* zorgen dat de wijn genoeg is door er water bij te doen; *stretch s.o.'s patience* iemands geduld op de proef stellen; *my new sweater stretched when I washed it* mijn nieuwe sweater werd wijder/rekte uit toen ik hem waste; → **stretching**

⁶**stretch** /stretʃ/ [ov ww] [1] (aan)spannen, opspannen, strak trekken ♦ *stretch a rope* een touw spannen [2] (uit)strekken, reiken ♦ *stretch forth/out* uitstrekken, uitsteken ⟨hand⟩; *stretch o.s.* zich uitrekken [3] tot het uiterste (doen/laten) inspannen, forceren, geweld aandoen, misbruiken ♦ *be fully stretched* op volle toeren draaien, zich helemaal geven; *stretch o.s.* zich tot het uiterste inspannen; *stretch one's powers* zich forceren; *stretch the rules* het reglement omzeilen, de regels overtreden; *that's rather stretched* dat is nogal overdreven, dat is tamelijk vergezocht [4] verrekken ♦ *stretch a tendon* een pees verrekken [5] uithameren, uitsmeden [6] ⟨inf⟩ vellen, neerslaan ♦ *stretch s.o. (on the ground)* iemand in het stof doen bijten [7] ⟨sl⟩ een stukje langer maken ⟨door op te hangen/op pijnbank te leggen⟩, uitrekken, opknopen [8] ⟨vnl gew⟩ afleggen ⟨lijk⟩ [•] ⟨sprw⟩ *stretch your legs according to your coverlets* ± je moet niet verder springen dan je stok lang is; → **stretching**

stretch·able /stretʃəbl/ [bn] rekbaar, elastisch

stretch·er /stretʃə, ᴬ-ər/ [telb zn] [1] brancard, draagbaar [2] rekker, handschoenenrekker, schoenspanner [3] spanraam [4] dwarshout, dwarsbalk [5] strekse steen [6] ⟨inf⟩ sterk verhaal, overdrijving, leugen [7] ⟨roeisp⟩ spoorstok, voet(en)bord [8] ⟨sl⟩ hals [9] ⟨vnl AuE⟩ (opklapbaar) veldbed, stretcher

stretch·er-bear·er [telb zn] ziekendrager, brancardier

stretcher course, stretching course [telb zn] strekse laag

stretcher off [ov ww] ⟨sport⟩ (per brancard) afvoeren/van het veld dragen

stretcher party [verzamelw] groep brancardiers

stretch·es /stretʃɪz/ [alleen mv] ⟨sl⟩ jarretelles

stretch hosiery [niet-telb zn] stretchkousen

stretch·ing /stretʃɪŋ/ [niet-telb zn; gerund van stretch] stretching ⟨statisch rekken van spieren⟩

stretching gallop [niet-telb zn] gestrekte galop

stretch limo, stretch limousine [telb zn] verlengde limousine

stretch mark [telb zn] zwangerschapsstreep

stretch-out [telb zn] opvoering van het arbeidsritme

stretch·y /stretʃi/ [bn; vergr trap: stretchier; zn: stretchiness] ⟨inf⟩ elastisch, (te) rekbaar, rekkerig

¹**stret·to** /stretoʊ/, **stret·ta** /stretə/ [bn; mv: ook stretti /stretiː/; mv: strette /streteɪ/] ⟨muz⟩ stretta

²**stret·to** /stretoʊ/ [bw] ⟨muz⟩ stretto

strew /struː/ [ov ww; ook strewn] [1] uitstrooien, bestrooien, bezaaien ♦ *strew on/over* uitstrooien over; *books were strewn all over his desk* overal op zijn bureau lagen boeken [2] ⟨form⟩ verspreid liggen op

strewn /struːn/ [verleden tijd en volt deelw] → **strew**

'**strewth** [tw] → '**struth**

stri·a /straɪə/ [telb zn; mv: striae /straɪiː/] (fijne) streep, lijn, groef, rib

¹**stri·ate** /straɪət, ᴬstraɪeɪt/, **stri·at·ed** /-eɪtɪd/ [bn] (fijn) gegroefd, (fijn) gestreept

²**stri·ate** /straɪeɪt/ [ov ww] (fijn) groeven, strepen

¹**stri·a·tion** /straɪeɪʃn/, **stri·a·ture** /straɪətʃə, ᴬ-ər/ [telb zn] (fijne) streep, lijn, groef, rib

²**stri·a·tion** /straɪeɪʃn/, **stri·a·ture** /straɪətʃə, ᴬ-ər/ [niet-telb zn] gestreeptheid, gegroefdheid, streping, striatie

strick·en /strɪkən/ [bn; oorspronkelijk volt deelw van strike] [1] ⟨benaming voor⟩ getroffen, geslagen, aangetast, bezocht, (zwaar) beproefd, verslagen, bedroefd, verwond, gewond, verliefd ♦ *stricken face* bedroefd gezicht; ⟨vero⟩ *stricken in years* verzwakt door ouderdom; *stricken look* verslagen blik; *stricken voice* bedroefde stem; *stricken with fever* door koorts overmand [2] afgestreken ⟨maat met strijkstok⟩ ♦ *stricken from* geschrapt van; *stricken out* geschrapt, afgevoerd [3] ⟨AE⟩ geschrapt, afgevoerd

¹**strick·le** /strɪkl/ [telb zn] [1] strijkel, strijkhout, strijkstok ⟨bij het graanmeten⟩ [2] wetsteen ⟨voor zeis⟩ [3] strijkplank ⟨in gieterij⟩

²**strick·le** /strɪkl/ [ov ww] [1] afstrijken [2] wetten

strict /strɪkt/ [bn; vergr trap: stricter; bw: ~ly; zn: ~ness] [1] strikt, nauwkeurig, precies, nauwgezet, stipt, streng, rigoureus ♦ *in strict(est) confidence* in strikt vertrouwen, onder de striktste geheimhouding; ⟨muz⟩ *strict counterpoint* strenge contrapunt; *strict discipline* strenge discipline; *lay a strict injunction on s.o. (to do sth.)* iemand op het hart drukken (iets te doen); *interpret (a law) strictly* (een wet) strikt interpreteren; *strict order* strikt bevel; *strict parents* strenge ouders; ⟨inf⟩ *strictly played* prima/uitstekend gespeeld ⟨van jazz⟩; *smoking is strictly prohibited* roken is ten strengste verboden; *strict secrecy* strikte geheimhouding; *in the strict sense* in de strikte zin; *strictly speaking* strikt genomen, in de strikte zin van het woord; *be strict with* streng zijn voor [2] ⟨plantk⟩ rechtop staand [•] ⟨jur⟩ *strict liability* burgerlijke aansprakelijkheid

stric·ture /strɪktʃə, ᴬ-ər/ [telb zn] [1] ⟨vaak mv⟩ aanmerking, berisping, afkeuring, kritiek ♦ *pass strictures (up)on* kritiek uitoefenen op [2] beperking, restrictie, band [3] ⟨med⟩ strictuur, vernauwing

stric·tured /strɪktʃəd, ᴬ-ərd/ [bn] ⟨med⟩ vernauwd

¹**stride** /straɪd/ [telb zn] [1] pas, stap, tred, schrede ♦ *at/in a stride* in één stap; ⟨fig⟩ *get into one's stride* zijn weg vinden, op dreef komen; ⟨inf, fig⟩ *put s.o. off his stride* iemand uit zijn gewone doen brengen, iemands leven ontregelen; *take in (one's) stride* er overheen stappen; ⟨fig⟩ niet gehinderd worden door, tussen de bedrijven door/zonder veel omhaal afhandelen, even meenemen; ⟨fig⟩ *be thrown out of one's stride* uit zijn normale doen/van de wijs/uit balans geraken; *walk with vigorous strides/a vigorous stride* flink aanstappen [2] gang [3] ⟨vnl mv⟩ stap vooruit, vooruitgang, vordering ♦ *make great/rapid strides (towards)* grote vooruitgang boeken (op de weg naar), met rasse schreden vorderen/naderen [4] spreidstand

²**stride** /straɪd/ [onov ww; strode, stridden] schrijden, (voort)stappen, grote passen nemen, benen ♦ *stride across/over* stappen over; *stride away/off* wegstappen; *stride out* flink aanstappen

³**stride** /straɪd/ [ov ww; strode, stridden] [1] stappen over, schrijden over, benen over [2] afpassen [3] schrijlings zitten op/staan over

stri·dence /straɪdns/, **stri·den·cy** /-si/ [telb + niet-telb zn] schelheid, schrilheid

stri·dent /straɪdnt/ [bn; bw: ~ly] schel, schril, scherp, snerpend, snijdend, krassend ♦ *strident cry* schrille kreet, door merg en been gaande kreet

stride pattern [telb zn] ⟨atl⟩ pasritme ⟨van hordeloper⟩

strides /straɪdz/ [alleen mv] ⟨BE⟩ broek

stri·dor /straɪdɔː, ˄-dər/ [telb zn] [1] schel geluid [2] ⟨med⟩ stridor, piepend ademhalingsgeluid ♦ *nasal stridor* nasale stridor

stri·du·lant /strɪdjʊlənt, ˄-dʒələnt/, **stri·du·la·to·ry** /-lətri, ˄-lətɔri/, **stri·du·lous** /-ləs/ [bn] [1] sjirpen [2] krassend, piepend, knerpend

stri·du·late /strɪdjʊleɪt, ˄-dʒəleɪt/ [onov ww] [1] sjirpen [2] krassen, piepen, knerpen

stri·du·la·tion /strɪdjʊleɪʃn, ˄-dʒəleɪʃn/ [telb + niet-telb zn] [1] gesjirp [2] gekras, gepiep

strife /straɪf/ [niet-telb zn] [1] strijd, twist, ruzie, conflict, geharrewar ♦ *be at strife with* het oneens zijn met, bekampen; *industrial strife* industriële onrust/onvrede [2] ⟨vero⟩ streving

strig·il /strɪdʒɪl/ [telb zn] [1] ⟨gesch⟩ huidkrabber [2] ⟨entomologie⟩ strigilis

stri·gose /straɪɡoʊs/ [bn] [1] ⟨plantk⟩ behaard, borstelig [2] ⟨entomologie⟩ gegroefd, gestreept

strik·a·ble /straɪkəbl/ [bn] trefbaar

¹**strike** /straɪk/ [telb zn] [1] slag, klap, treffer, inslag ♦ *lucky strike* gelukstreffer [2] (lucht)aanval [3] beet ⟨van vis, slang enz.⟩ [4] staking ♦ *general strike* algemene staking; *(out) on strike* in staking; *sympathetic strike* solidariteitsstaking; *unofficial strike* wilde staking [5] vondst ⟨van olie enz.⟩, ontdekking, ⟨fig⟩ succes, vangst ♦ *make a strike* een succes boeken [6] strijkel, strijkhout [7] ⟨honkb⟩ slag, geldige worp ⟨gemist door slagman⟩ [8] ⟨bowling⟩ strike ⟨het omwerpen van alle kegels met 1e bal⟩ [9] ⟨geol⟩ strekking [10] ⟨vnl BE, gew⟩ strike ⟨maat van 2 pecks tot 4 bushels⟩ [·] ⟨inf⟩ *have two strikes against/on one* in het nadeel zijn, op een achterstand staan

²**strike** /straɪk/ [onov ww; struck, struck; volt deelw verouderd ook stricken] zich overgeven, de vlag strijken; → **striking**, **stricken**

³**strike** /straɪk/ [onov + ov ww; struck, struck; volt deelw verouderd ook stricken] [1] ⟨benaming voor⟩ slaan, slaan in/met/op/tegen, uithalen, treffen, raken, inslaan (in), aanvallen, toeslaan, wegslaan, afslaan, aanslaan ⟨snaar, noot⟩, aan de haak slaan, vangen, munten, geld slaan, aansteken, aanstrijken, (doen) aangaan ⟨lucifer⟩, botsen (met/op), stoten (op/tegen), lopen op, vallen (op) ⟨van licht⟩ ♦ *strike one's foot against a stone* zijn voet aan een steen stoten; *strike at* uithalen naar, een slag toedienen, aangrijpen, aantasten; *strike back* terugslaan; *strike s.o. blind* iemand (met een klap) verblinden, iemand met blindheid slaan; *strike a blow* een klap toedienen/uitdelen; *struck by lightning* door de bliksem getroffen; *the clock strikes (the hour)* de klok slaat (het uur); *strike a coin* een munt slaan; *strike down* neerslaan (ook figuurlijk); vellen; branden ⟨van zon⟩; *struck dumb* met stomheid geslagen; *strike (a blow) for freedom* voor de vrijheid in de bres springen, de zaak van de vrijheid dienen; *the hammer strikes (on) the bell* de klepel doet de klok luiden; *his head struck the kerb* hij viel met zijn hoofd tegen de stoeprand; *the hour has struck* het uur heeft geslagen; *strike in* naar binnen slaan ⟨van ziekte⟩; onderbreken, er tussenkomen; *strike s.o. in the face (with one's fist)* iemand een (vuist)slag in het gezicht geven; *strike a light* een lucifer aansteken, licht maken; vuur slaan; *strike a match* een lucifer aansteken; ⟨fig⟩ *strike a note of warning* een waarschuwend geluid laten horen, tot voorzichtigheid manen; zie: **strike off**; *strike s.o. off the list* iemand royeren; *strike one's hand on the table* met zijn hand op tafel slaan; zie: **strike out**; *strike the ball out of court* de bal uit slaan; *the ship strikes ((on) rock)* het schip loopt op de klippen; *they were struck silent* ze stonden als aan de grond genageld; ⟨fig⟩ *strike sparks out of s.o.* iemand er duchtig van langs geven; *strike sparks (out of sth.)* vonken slaan (uit iets); *strike through* doorstrepen, schrappen; *strike upon* verlichten ⟨van licht⟩; *strike (up)on* treffen, slaan op; stoten op, ontdekken; krijgen, komen op ⟨idee⟩ [2] bijten ⟨van slang⟩ [3] staken, stopzetten, ophouden (met), in staking gaan ♦ *strike against/for* in staking gaan tegen/voor [4] ⟨benaming voor⟩ steken, doorsteken, doorboren, insteken, steken in, stekken, (zich) vasthechten (in), wortel schieten ♦ *strike cuttings (of a plant)* planten stekken; *strike a knife into s.o.'s chest* iemand een mes tussen de ribben steken; *a plant strikes (its roots into the soil), a plant strikes root* een plant schiet wortel; *strike through* doorsteken; *the cold struck through his clothes* de kou ging dwars door zijn kleren heen [5] aanvoelen, aandoen, lijken ♦ *the room strikes cold* de kamer doet koud aan; *strike false* vals klinken ⟨van noot⟩ [6] (op pad/weg) gaan, beginnen (met) ♦ *strike away (to)* afslaan (naar); *strike down to* de weg inslaan naar; *strike for home* de weg naar huis inslaan; *strike into a song* een lied aanheffen; *strike into/out of a track* een pad inslaan/verlaten; *strike into/out of a subject* een onderwerp aansnijden/van een onderwerp afstappen; *strike to the right* rechts afslaan [·] *strike home* een voltreffer plaatsen; *strike home to s.o.* grote indruk maken op/geheel doordringen tot iemand; ⟨sl⟩ *struck on* smoor(verliefd)/verkikkerd op; zie: **strike up**; ⟨sprw⟩ *lightning doesn't strike twice in the same place* ± de duivel danst niet altijd voor één mans deur; → **striking**, **stricken**

⁴**strike** /straɪk/ [ov ww; struck, struck; volt deelw verouderd ook stricken] [1] strijken, neerlaten ⟨vlag e.d.⟩ ♦ *strike one's flag* zich overgeven; het bevel neerleggen ⟨van admiraal⟩ [2] opbreken, afbreken, wegnemen, opruimen ♦ *strike camp/tents* het kamp/de tenten opbreken; *strike one's moorings* losgooien ⟨schip⟩ [3] vervullen (met) ♦ *strike terror into s.o.'s heart* iemand met schrik vervullen/de schrik op het lijf jagen; *strike s.o. with panic* iemand de schrik op het lijf jagen; *strike s.o. with dismay* iemand met ontzetting vervullen [4] bereiken, sluiten, halen ♦ *strike an alliance* een verbond aangaan; *strike an average* een gemiddelde halen/nemen; *strike a balance* het saldo trekken; ⟨fig⟩ de buit opmaken; *strike a bargain* een koopje sluiten; *strike a bargain with* het op een akkoordje gooien met; *strike up (a treaty)* (een verdrag) sluiten/aangaan [5] aannemen ⟨houding⟩ ♦ *strike a gallop* in galop gaan; *strike a pose* een houding aannemen [6] uitkomen op, tegenkomen, stuiten op ♦ *strike a river* bij/op een rivier uitkomen [7] ontdekken, aanboren, vinden, stoten op ♦ *strike help* hulp vinden; *strike oil* olie aanboren; ⟨fig⟩ een goudmijn aanboren, fortuin maken [8] een indruk maken op, opvallen, treffen, verrassen, voorkomen, lijken ♦ *it struck my eye* het viel mij op; *it strikes me that* het valt me op dat; het komt me voor/lijkt me dat; *how does it strike you?* wat vind je ervan?; *it strikes me as impossible* het lijkt mij onmogelijk; *did it ever strike you that* heb je er ooit bij stilgestaan dat, heb je er weleens aan gedacht dat [9] opkomen bij, invallen ⟨idee⟩ [10] afstrijken ⟨graan⟩ [11] trekken ⟨lijn⟩ [12] vormen, samenstellen ⟨jury⟩ [13] ⟨AE⟩ staakactie ondernemen tegen [14] ⟨inf⟩ een dringend verzoek doen, smeken ⟨om geld, baan enz.⟩; → **striking**, **stricken**

strike action [telb zn] staking, stakingsactie ♦ *take strike action* in staking gaan

strike-bound [bn] lamgelegd ⟨door staking⟩

strike-break·er [telb zn] [1] stakingsbreker [2] ⟨sl⟩ eerste reserve ⟨geliefde⟩

strike-break·ing [niet-telb zn] het breken van een staking

strike-call [telb zn] stakingsoproep

strike committee [verzameln] stakingscomité

strike force [telb zn] aanvalsmacht, ⟨i.h.b.⟩ (direct inzetbare) aanvalstroepen/interventietroepen, kernstrijdmacht

strike fund [telb zn] stakingsfonds, stakingskas, weerstandskas

strike leader [telb zn] stakingsleider

strike measure

strike measure [telb zn] afgestreken maat
¹**strike off** [onov ww] ⓵ op pad/weg gaan ♦ *strike off on a new course* een nieuwe richting inslaan ⓶ uitkomen ♦ *strike off against* uitkomen tegen
²**strike off** [ov ww] ⓵ afslaan, afhakken ⓶ schrappen, royeren ⓷ afdraaien, drukken
strike-out [telb zn] ⟨honkb⟩ het uitgooien met 3 slag ⟨van slagman⟩
¹**strike out** [onov ww] ⓵ (fel) uithalen ⟨ook figuurlijk⟩, (fel) tekeergaan ♦ *strike out at* (fel) uithalen naar ⓶ armen en benen uitslaan ⟨bij zwemmen⟩ ♦ *strike out for/towards* met krachtige slag/snel zwemmen naar/afzwemmen op, zich spoeden naar ⓷ nieuwe wegen inslaan ♦ *strike out on one's own* zijn eigen weg inslaan/gaan
²**strike out** [ov ww] ⓵ uitstippelen, schetsen, smeden ⟨plan⟩ ⓶ schrappen, doorhalen ⓷ ⟨honkb⟩ (met 3 maal slag) uitgooien ⟨slagman⟩
strike pay [niet-telb zn] stakingsuitkering
strike picket [telb zn] stakingspost
strik·er /straɪkə, ^-ər/ [telb zn] ⓵ iemand die slaat ⟨enz.⟩ zie strike³ bet 1) ⓶ staker ⓷ ⟨sport⟩ slagman, ⟨cricket⟩ batsman die aan slag is ⓸ ⟨voetb⟩ spits(speler), aanvaller ⓹ harpoen(ier) ⓺ slagpin ⟨van vuurwapens⟩ ⓻ strijkel, strijkhout ⓼ ⟨AE⟩ officiersoppasser
¹**strike up** [onov + ov ww] gaan spelen/zingen, inzetten, aanheffen
²**strike up** [ov ww] (doen) beginnen ♦ *strike up an acquaintance (with)* (toevallig) kennismaken (met); *strike up the band!* laat de muziek/de band beginnen!; *strike up a conversation* een gesprek aanknopen
strike-wea·ry [bn] stakingsmoe
strike zone [telb zn] ⟨honkb⟩ slagzone ⟨tussen knie- en schouderhoogte⟩
¹**strik·ing** /straɪkɪŋ/ [niet-telb zn; gerund van strike] het slaan
²**strik·ing** /straɪkɪŋ/ [bn; oorspronkelijk tegenwoordig deelw van strike; bw: ~ly; zn: ~ness] ⓵ slaand ♦ *striking clock* slaande klok, slagklok ⓶ opvallend, treffend, frappant, markant, saillant ♦ *strikingly beautiful* buitengewoon mooi ⓷ aantrekkelijk
striking circle [telb zn] ⟨veldhockey⟩ slagcirkel
striking distance [telb zn] ⓵ bereik ♦ *within striking distance* binnen het bereik; ⟨mil⟩ binnen de aanvalsradius ⓶ ⟨elek⟩ slagwijdte
striking part, striking train, striking work [telb zn] slagwerk ⟨van klok⟩
strim·mer /strɪmə, ^-ər/ [telb zn] ⟨BE⟩ (gras)trimmer, kantentrimmer
Strine /straɪn/ [eigenn] ⟨inf⟩ Australisch ⟨Engels⟩
¹**string** /strɪŋ/ [telb zn] ⓵ koord, touw(tje), streng, bindgaren, snoer, sliert ♦ *in strings* kapot, versleten; ⟨fig⟩ *have s.o. on a/the string* iemand volledig in zijn macht/aan het lijntje hebben/houden; ⟨fig⟩ *pull the strings* aan de touwtjes trekken, de touwtjes in handen hebben; ⟨fig⟩ *pull (some) strings* invloed uitoefenen, kruiwagens gebruiken; *string of spaghetti* sliert spaghetti ⓶ lint, band, veter, riem(pje) ♦ *string of the tongue* tongriem ⓷ draad, vezel, pees ⓸ snaar ♦ ⟨fig⟩ *touch a string* een (gevoelige) snaar aanraken; *touch the strings* spelen, de snaren betokkelen ⓹ (benaming voor) aaneenschakeling, snoer, ris(t), reeks, rij, string, file, sliert, kolom, serie ♦ *string of beads* kralensnoer; *string of cars* file auto's; *in a string* op een rijtje; *string of symbols* aaneenschakeling van symbolen ⓺ (trap)boom ⓻ stal (paarden) ⓼ ⟨bouwk⟩ vooruitstekende lijst, uitstekende laag stenen ⓽ ⟨bilj⟩ ± afstootlijn ⟨lijn parallel aan onderzijde van Engels biljart⟩ ⓾ ⟨bilj⟩ voorstoot ⟨om te bepalen wie er begint⟩ ⑪ ⟨bilj⟩ ± scorebord ⟨met balletjes op draden⟩ ⑫ ⟨sl⟩ kletsverhaal • *have two strings/a second string/more than one string to one's bow* op twee paarden wedden; *first string* voornaamste troef; ⟨AE sport⟩ basisopstelling; *harp on one/the same string* ⟨door⟩drammen; *play second string* de tweede viool spelen; *second string* achterdeurtje, tweede kans; *without strings, with no strings (attached)* zonder kleine lettertjes/beperkende bepalingen, onvoorwaardelijk
²**string** /strɪŋ/ [niet-telb zn] touw, garen ♦ *piece of string* touwtje
³**string** /strɪŋ/ [onov ww; strung, strung] ⓵ een rij vormen, op een rij liggen ♦ *string along (with)* meedoen/meegaan/meelopen/meewerken (met), zich aansluiten (bij), volgen; *string out* uit elkaar vallen, zich verspreiden ⟨van groep⟩ ⓶ draden vormen, draderig worden ⟨van lijm e.d.⟩ ⓷ ⟨bilj⟩ de voorstoot maken ⟨om te beslissen wie begint⟩
⁴**string** /strɪŋ/ [ov ww; strung, strung] ⓵ een rij doen vormen, op een rij plaatsen ♦ *string out* in een lange rij plaatsen; rekken ⓶ (vast)binden ⓷ (aan elkaar) rijgen, ritsen ♦ *string words together* woorden aan elkaar rijgen ⓸ ⟨inf⟩ opknopen, ophangen ♦ *string up* ophangen, opknopen ⓹ spannen, veerkracht geven; *string a bow* een boog spannen; *string up* klaar maken voor ⓺ stemmen ⓻ bespannen, besnaren ♦ ⟨fig⟩ *finely strung* fijnbesnaard; ⟨fig⟩ *highly strung* fijnbesnaard, overgevoelig ⓼ afritsen, afhalen ♦ *string beans* bonen afhalen ⓽ ⟨AE; inf⟩ beduvelen, verlakken, bedriegen ♦ *string along* beduvelen, verlakken, misleiden, aan het lijntje houden
string-bag [telb zn] ⟨scherts⟩ kist, vliegtuig
string bag [telb zn] boodschappennet
string band [telb zn] strijkje
string bass [telb zn] ⟨AE⟩ contrabas
string bean [telb zn] ⟨AE⟩ ⓵ (snij)boon ⓶ ⟨inf⟩ bonenstaak
string·board [telb zn] (trap)boom
string correspondent, string·man /strɪŋmən/ [telb zn; mv: stringmen /-mən/] ⟨AE⟩ (plaatselijk) correspondent ⟨die per regel betaald wordt⟩
string·course [telb zn] ⟨bouwk⟩ (vooruitstekende) lijst, uitstekende laag stenen
stringed /strɪŋd/ [bn] besnaard, snaar-, strijk- ♦ *stringed instrument* strijkinstrument
¹**strin·gen·cy** /strɪndʒənsi/ [telb + niet-telb zn] ⓵ beperking, restrictie ⓶ nood(situatie), krapte, schaarste ♦ *financial stringency* financiële nood
²**strin·gen·cy** /strɪndʒənsi/ [niet-telb zn] ⓵ striktheid, strengheid, bindendheid ♦ *the stringency of the law* de bindende kracht van de wet ⓶ overtuigingskracht ♦ *the stringency of an argument* de kracht van een argument
strin·gen·do /strɪndʒɛndoʊ/ [bw] ⟨muz⟩ stringendo
string·ent /strɪndʒənt/ [bn; bw: ~ly] ⓵ stringent, strikt, streng, bindend, dwingend ♦ *stringent rule* strikte regel ⓶ afdoend, overtuigend, bondig ♦ *stringent argument* overtuigend argument ⓷ krap, schaars ⓸ knellend, samentrekkend ⓹ scherp, bitter ♦ *stringent cold* snijdende kou
string·er /strɪŋə, ^-ər/ [telb zn] ⓵ (trap)boom ⓶ (lange) steunbalk, ligger, dwarsbalk ⓷ ⟨techn⟩ langsverband, langsligger ⟨van spoor, brug⟩, stringer ⟨van schip⟩, (langs)verstijver ⟨van vliegtuig⟩ ⓸ ⟨AE⟩ (plaatselijk) correspondent ⟨die per regel wordt betaald⟩ ⓹ ⟨AE; sport⟩ *first stringer* basisspeler
string·halt [niet-telb zn] ⟨med⟩ hanenspat, hanentred ⟨van paard⟩
string orchestra [telb zn] strijkorkest
string pea [telb zn] peulerwt
string·piece [telb zn] (lange) steunbalk
string quartet [telb zn] strijkkwartet
strings /strɪŋz/ [alleen mv] strijkinstrumenten, strijkers
string tie [telb zn] smalle stropdas ⟨vaak als strikje gedragen⟩
string vest [telb zn] nethemd
string·y /strɪŋi/ [bn; vergr trap: stringier; bw: stringily;

zn: stringiness] ⊡ vezelig, pezig, zenig ♦ *stringy arm* pezige arm; *stringy hair* vlassig haar ② mager, lang en dun ③ draderig ⟨van vloeistof⟩

¹**strip** /strɪp/ [telb zn] ① strook, strip, reep ♦ *strip of paper* papierstrook ② landingsbaan ③ ⟨voetb⟩ clubkleuren ④ strip(verhaal), beeldverhaal ⑤ striptease(nummer) ♦ *do a strip* een striptease opvoeren ⑥ ⟨elek⟩ beeldstrook ⟨m.b.t. tv-beeld⟩ ⑦ ⟨AE⟩ commerciële zone ⟨met horeca, supermarkten enz. aan uitvalsweg⟩ ⑧ ⟨AE; sl⟩ racebaan ⑨ ⟨SchE⟩ streep ⟨·⟩ ⟨sl⟩ *tear s.o. off a strip,* ⟨sl⟩ *tear a strip/ strips off someone* iemand een uitbrander geven; ⟨AE; sl⟩ *the Strip* het uitgaanscentrum/vermaakscentrum

²**strip** /strɪp/ [onov ww] ① zich uitkleden ♦ *strip off* zich uitkleden; *stripped to the waist* met ontbloot bovenlijf ② een striptease opvoeren ③ afschilferen, afbrokkelen, loslaten ④ slijten, afslijten, wegslijten ⑤ tabak strippen

³**strip** /strɪp/ [ov ww] ① uitkleden ♦ *strip s.o. naked* iemand (helemaal) uitkleden ⟨ook figuurlijk⟩; *strip s.o. to the skin* iemand (helemaal) uitkleden ⟨ook figuurlijk⟩ ② ⟨benaming voor⟩ van iets ontdoen, pellen, (af)schillen, villen, (af)stropen, ontschorsen, kaal vreten, ontbloten, uit elkaar halen, ontmantelen, verwijderen, aftrekken, afscheuren, aftuigen, onttakelen ⟨schip⟩, afhalen, aftrekken ⟨bed⟩, strippen ⟨tabak⟩, (uit)melken ⟨koe⟩, ontharen ⟨hond⟩, ontzadelen ⟨paard⟩, leeghalen ⟨huis⟩, afkrabben ⟨verf⟩, uittrekken ⟨handschoen⟩ ♦ *strip away/off* afrukken, afscheuren, afhalen, afwerpen; *strip a branch* een tak ontbladeren; *strip down* uit elkaar nemen, ontmantelen; *strip the leaves from/off a tree* een boom ontbladeren; *strip of* ontdoen van; beroven; *strip off (one's clothes)* (zijn kleren) uittrekken; *strip up* opstropen ⟨mouw⟩ ③ degraderen ④ uitschudden ⟨figuurlijk⟩ ⑤ doldraaien ⟨schroef⟩

strip artist [telb zn] stripper, stripdanser(es)

strip cartoon [telb zn] stripverhaal, beeldverhaal

strip club, ⟨AE; inf ook⟩ **strip joint** [telb zn] strip(tease)tent

strip-crop·ping, strip farming [niet-telb zn] strooksgewijze beplanting

¹**stripe** /straɪp/ [telb zn] ① streep, lijn, strook, baan ② streep, chevron ♦ *get a stripe* promotie maken; *lose a stripe* gedegradeerd worden ③ ⟨AE⟩ opvatting, opinie, mening, strekking, aard ♦ *all of a stripe* één pot nat; *of all political stripes* van alle politieke kleuren ④ ⟨vnl mv⟩ ⟨vero⟩ (zweep)slag, striem

²**stripe** /straɪp/ [ov ww] (onder)strepen ♦ ⟨dierk⟩ *striped bass* gestreepte zeebaars ⟨Roccus saxatilis⟩; ⟨dierk⟩ *striped hyena* gestreepte hyena ⟨Hyaena hyaena⟩

strip·er /straɪpə, ᴬ-ər/ [telb zn] ① ⟨inf; dierk⟩ gestreepte zeebaars ⟨Roccus saxatilis⟩ ② ⟨vaak in samenstellingen; sl⟩ officier ♦ *four-striper* officier met vier strepen

stripes /straɪps/ [alleen mv; werkwoord ook enk] ① tijger ② streepjesgoed, gestreepte plunje ♦ *wear the stripes* het boevenpak dragen

strip iron [niet-telb zn] bandstaal, bandijzer

strip·leaf [niet-telb zn] strippeling, gestripte tabak

¹**strip·light** [telb zn] tl-buis, neonbuis, buislamp

²**strip·light** [niet-telb zn] tl-verlichting, neonverlichting, buisverlichting

strip·ling /strɪplɪŋ/ [telb zn] knaap, jongmens, melkmuil

strip mall [telb zn] ⟨AE⟩ kleine winkelpromenade, winkelstraat, rij winkels

strip mill [telb zn] pletmolen

¹**strip-mine** [telb zn] bovengrondse mijn

²**strip-mine** [ov ww] ⟨mijnb⟩ in dagbouw ontginnen

strip mining [niet-telb zn] ⟨mijnb⟩ dagbouw

strip·per /strɪpə, ᴬ-ər/ [telb zn] ① stripper ⟨van tabak⟩ ② afkrabber ⟨van verf⟩ ③ afbijtmiddel ⟨van verf⟩ ④ stripper, kleine oliebron ⑤ ⟨sl⟩ stripper, stript(eas)euse, stripdanser(es)

strip·pings /strɪpɪŋz/ [alleen mv] laatste melk van koe

strip poker [niet-telb zn] strippoker ⟨pokerspel waarbij verliezers kledingstukken uittrekken⟩

strips /strɪps/ [alleen mv] strippeling, gestripte tabak

¹**strip-search** [telb zn] ⟨sl⟩ visitatie

²**strip-search** [ov ww] ⟨sl⟩ visiteren

strip show [telb zn] stripteasevertoning, stripteaseshow

¹**strip·tease** [telb + niet-telb zn] striptease

²**strip·tease** [onov ww] een striptease opvoeren

strip·teas·er [telb zn] stripper, stript(eas)euse, stripdanser(es)

strip·y /straɪpi/ [bn; vergr trap: stripier] streperig, met/vol strepen ♦ *stripy pattern* streepdessin

strive /straɪv/ [onov ww; strove, striven] ① streven, zich inspannen ♦ *strive after/for* nastreven; *strive to do sth.* iets trachten (waar te maken) ② vechten, worstelen, strijden ♦ *strive against/with* bekampen, bevechten; *strive with each other/together* ruziën; → striving

striv·er /straɪvə, ᴬ-ər/ [telb zn] strever ♦ *striver after* beijveraar van

striv·ing [telb zn; oorspronkelijk tegenwoordig deelw van strive] inspanning ⟨·⟩ ⟨sprw⟩ *it is ill striving against the stream* tegen stroom is het kwaad roeien

striv·ings [alleen mv; oorspronkelijk tegenwoordig deelw van strive] strijd, wedijver, streberei

strobe /stroʊb/ [telb zn] ⟨inf⟩ ① stroboscoop ② stroboscooplamp

strobe light [telb zn] stroboscooplamp, flitslamp, flitslicht, knipperlicht

strobes /stroʊbz/, **strobe** /stroʊb/, **strobe lighting** [niet-telb zn] stroboscooplicht

stro·bi·la /strəbaɪlə/ [telb zn; mv: strobilae /-li:/] ① strobila ⟨segmentketen van lintworm⟩ ② strobila ⟨m.b.t. schijfkwallen⟩

strob·i·la·ceous /stroʊbɪleɪʃəs, ᴬstrɑbɪ-/ [bn] ⟨plantk⟩ ① kegelachtig, kegelvormig, conisch ② kegeldragend

strob·ile, strob·il /stroʊbaɪl, ᴬstrɑbɪl/ [telb zn] ① ⟨plantk⟩ kegel(vrucht), strobilus ② → strobila

strob·i·lus /stroʊbɪləs, ᴬstrɑ-/ [telb zn; mv: strobili /-laɪ/] ① ⟨plantk⟩ kegel(vrucht), strobilus ② → strobila

strob·o·scope /stroʊbəskoʊp/ [telb zn] ① stroboscoop ② stroboscooplamp

strob·o·scop·ic /stroʊbəskɒpɪk, ᴬ-skɑpɪk/ [bn; bw: ~ally] stroboscopisch

strode /stroʊd/ [verleden tijd] → stride

stro·gan·off /strɒgənɒf, ᴬstrɔgənəf/ [bn, postnom] stroganoff ⟨van vlees; in reepjes gesneden en bereid met zure room, ui en champignons⟩

¹**stroke** /stroʊk/ [telb zn] ① ⟨benaming voor⟩ slag, klap, houw, stoot, klop, dreun, steek, donderslag, bliksemslag, klokslag, hamerslag, trommelslag, hartslag, tel, zet, manoeuvre ♦ *at a/one stroke* met één slag, in één klap; *bold stroke* gewaagde zet; *do a good stroke of business* een goede slag slaan; *stroke of genius* geniale zet/vondst; *stroke of lightning* bliksem(in)slag; *be off one's stroke* uit de maat zijn, van slag zijn, geen slag houden; ⟨fig⟩ de kluts kwijt zijn; ⟨fig⟩ *put s.o. off his stroke* iemand van zijn stuk/van de kook brengen; *on the stroke* precies op tijd; *on/at the stroke of twelve* klokslag twaalf (uur); *pull/row strokes* slagen roeien; *set the stroke* de slag aangeven; *ten strokes of the whip* tien zweepslagen; *stroke of wit* geestige zet/vondst, kwinkslag ② aanval, beroerte, verlamming ♦ *stroke of apoplexy* beroerte; *stroke of paralysis* verlamming ③ trek, haal, pennenstreek, streep ♦ *with one stroke of the pen* met één pennenstreek ④ streepje, breukstreep ⑤ streling, aai ⑥ ⟨roeisp⟩ slag(roeier) ⟨achterste roeier⟩ ⑦ ⟨techn⟩ slag, slaglengte, slaghoogte, tact ⟨·⟩ *finishing stroke* coup de grâce, genadeslag, doodslag, genadestoot; *stroke of (good) luck* buitenkansje, gelukkig toeval, bof; *put the finishing strokes* er de laatste hand aan leggen, de finishing touch

stroke

geven; *he has not done a stroke of work* hij heeft geen klap/donder uitgevoerd, hij heeft geen vinger uitgestoken; ⟨sprw⟩ *different strokes for different folks* ± zoveel hoofden, zoveel zinnen, ± elk wat wils; ⟨sprw⟩ *little strokes fell great oaks* kleine houwen vellen grote eiken

²**stroke** /stroʊk/ [ov ww] [1] strijken, strelen, aaien, gladstrijken, ⟨inf, fig⟩ vleien ♦ *stroke s.o. down* iemand paaien/kalmeren/bedaren/sussen; *stroke one's hair* zijn haren gladstrijken; *stroke s.o./s.o.'s hair the wrong way* iemand tegen de haren in strijken/irriteren [2] de slag aangeven in/aan ♦ *stroke a boat* de slag aangeven/slagroeier zijn in een boot; *stroke a crew* de slag aangeven aan een roeiteam [3] (beheerst/bekeken) slaan/stoten ⟨bal⟩, ⟨i.h.b. bilj⟩ een aaistoot geven [4] aanslaan ♦ *stroke a key* een toets aanslaan ⟨op schrijfmachine⟩ [5] doorstrepen ♦ *stroke out* doorstrepen; *dot the i's and stroke the t's* puntjes op de i zetten en streepjes door de t trekken

stroke house [telb zn] ⟨AE; sl⟩ pornobios(coop), seksbioscoop

stroke oar [telb zn] ⟨roeisp⟩ slag(roeier) ⟨achterste roeier⟩

¹**stroll** /stroʊl/ [telb zn] wandeling(etje), kuier, ommetje ♦ *have/go for/take a stroll* een wandelingetje/ommetje maken, wat gaan kuieren, een frisse neus halen

²**stroll** /stroʊl/ [onov ww] [1] wandelen, kuieren, slenteren [2] rondreizen, ronddwalen, trekken, zwerven ♦ *strolling actor* rondreizend toneelspeler [•] ⟨sl⟩ *stroll on!* ga heen!, vlieg op!

³**stroll** /stroʊl/ [ov ww] [1] wandelen door, kuieren/slenteren door ♦ *stroll the streets* de straten afkuieren [2] rondreizen, ronddwalen, doortrekken, zwerven in/door ♦ *stroll the whole country* het hele land afreizen

stroll·er /ˈstroʊlə, ᴬ-ər/ [telb zn] [1] wandelaar, kuieraar, slenteraar [2] ⟨vnl AE⟩ wandelwagen(tje), kinderwagentje [3] rondreizend acteur [4] vagebond, landloper

stro·ma /ˈstroʊmə/ [telb zn; mv: stromata /-mətə/] ⟨biol⟩ stroma, steunweefsel, interstitium

stro·mat·ic /stroʊˈmætɪk/, **stro·mal** /ˈstroʊml/ [bn] ⟨biol⟩ stroma-

strong /strɒŋ, ᴬstrɔŋ/ [bn; vergr trap: stronger, overtr trap: strongest] ⟨benaming voor⟩ sterk, stoer, krachtig, fors, weerbaar, stevig, hecht, vast, duurzaam, kloek, flink, gezond, zwaar ⟨van bier, sigaar⟩, geconcentreerd ⟨van oplossing⟩, prikkelig, scherp, doordringend ⟨van geur, smaak, geluid⟩, onwelriekend, stinkend, drastisch ⟨van maatregel⟩, rans, ranzig ⟨van boter⟩, talrijk ⟨van leger⟩, bekwaam, bedreven, kundig, hevig, geducht, krachtig, stevig ⟨van wind⟩, hoog ⟨van koorts, prijs enz.⟩, vurig, onregelmatig ⟨van werkwoord, naamwoord⟩, beklemtoond ⟨van lettergreep⟩, geprononceerd, uitgesproken, gedecideerd, vastbesloten, kras, overdreven ⟨van taal, woorden⟩ ♦ *be strong against sth.* uitgesproken tegen iets zijn; *strong argument* sterk/sluitend argument; *strong arm* macht, geweld; *by the strong arm* met geweld; *strong arm of the law* (sterke) arm der wet; *as strong as a horse/an ox* sterk als een paard/beer; *strong bank/farmer* rijke bank/boer; *strong beliefs* onwrikbare opvattingen; *strong breath* slechte adem; ⟨meteo⟩ *strong breeze* krachtige wind ⟨windkracht 6⟩; *hold strong cards* sterke kaarten (in handen) hebben; ⟨inf⟩ *come on strong* een sterke indruk maken; overdrijven; *as strong as they come* oersterk, beresterk; ⟨sl⟩ *come/go it (a bit) strong* overdrijven; *strong conviction* vaste overtuiging; *strong dollar* sterke dollar; *strong drink* sterkedrank; *strong electrolyte* sterk elektrolyt; *feel strong again* er weer bovenop zijn; *strong feelings* intense gevoelens, groot ongenoegen; *strong fever* hevige koorts; *be strong for* veel ophebben met, hoog oplopen met, krachtig steunen; ⟨taalk⟩ *strong form* sterke vervoegingsvorm/verbuigingsvorm; beklemtoonde vorm; ⟨meteo⟩ *strong gale* storm ⟨windkracht 9⟩; *give it s.o. hot and strong* iemand er ongenadig van langs geven;

⟨sl⟩ (still) *going strong* nog steeds actief, nog steeds in de wedstrijd/op dreef; ⟨taalk⟩ *strong grade* voltrap ⟨van ablaut⟩; *stand on strong ground* sterk staan; *have a strong hold upon/over* grote macht uitoefenen over, grote invloed hebben op; *be strong in* goed voorzien van; *be strong in* uitblinken/goed zijn in; *strong in health* kerngezond; *strong language* krasse/krachtige taal, gevloek, schimptaal; *take a strong line* zich (kei)hard opstellen, een onverzoenlijk standpunt innemen, flink doortasten; *strong man* krachtpatser; ⟨fig⟩ steunpilaar; dictator, sterke man; *strong measure* drastische maatregel; *strong meat* hele kluif, harde dobber, moeilijk te verteren opvatting/actie; *strong nerves* stalen zenuwen; *be strong on* zeer hechten aan; *strong point* fort, bastion; ⟨fig⟩ sterke kant; *strong stomach* sterke maag, maag die veel verdraagt, ijzeren maag; *strong stuff* krachtige taal, sterke kant; *strong suit* sterke kleur ⟨bij kaartspel⟩; ⟨fig⟩ sterke kant; *strong supporter* hevig/vurig supporter; *two hundred strong* tweehonderd man sterk; ⟨taalk⟩ *strong verb* sterk werkwoord; *hold strong views* er een uitgesproken mening op nahouden; *strong voice* krachtige stem [•] ⟨sprw⟩ *providence is always on the side of the big/strongest battalions* het geluk is altijd met de sterksten, ± de winnaar heeft altijd gelijk

¹**strong-arm** [bn, attr] hardhandig, ruw, grof, gewelddadig ♦ *strong-arm methods* grove middelen

²**strong-arm** [ov ww] hardhandig aanpakken ♦ *strong-arm one's way to* zich (ruw) een weg banen naar

strong-bo·died [bn] krachtig, met veel body, gecorseerd ⟨van wijn⟩

strong·box [telb zn] brandkast, geldkist, juwelenkist, safe(loket)

strong·er /ˈstrɒŋə, ᴬˈstrɔŋər/ [vergrotende trap] → strong

strong·est /ˈstrɒŋɪst/ [overtreffende trap] → strong

strong·head·ed [bn] (stijf)koppig, eigenzinnig

strong·heart·ed [bn] dapper, moedig

strong·hold [telb zn] bolwerk, bastion, vesting, sterkte

strong·ish /ˈstrɒŋɪʃ, ᴬˈstrɔŋɪʃ/ [bn] vrij sterk

strong-limb·ed [bn] sterk van leden, potig

strong·ly /ˈstrɒŋli, ᴬˈstrɔŋli/ [bw] [1] → strong ♦ *feel strongly about sth.* iets uitgesproken belangrijk vinden; *they felt strongly about the increased taxes* ze waren misnoegd over de verhoogde belasting [2] met klem, nadrukkelijk ♦ *I strongly advise you* ik raad je ten stelligste aan

strongman [telb zn; mv: strongmen] sterke man, autoriteit, machthebber, leider

strong-mind·ed [bn; bw: strong-mindedly; zn: strong-mindedness] gedecideerd, vastberaden, stijfkoppig, resoluut ♦ *be very strong-minded* (verdraaid goed) weten wat men wil

strong room [telb zn] (bank)kluis, safe, bewaarkluis

strong-willed [bn] wilskrachtig, gedecideerd, vastberaden

stron·tia /ˈstrɒntɪə, ᴬˈstrɔnʃə/ [niet-telb zn] strontiumoxide, strontiaan

stron·ti·an·ite /ˈstrɒntɪənaɪt, ᴬˈstrɔnʃənaɪt/ [niet-telb zn] strontianiet

stron·ti·um /ˈstrɒntɪəm, ᴬˈstrɔnʃəm/ [niet-telb zn] ⟨scheik⟩ strontium ⟨element 38⟩

¹**strop** /strɒp, ᴬstrɑp/ [telb zn] [1] scheerriem [2] strop ⟨ook scheepvaart⟩ [•] *walking off in a strop* kwaad weglopen

²**strop** [onov ww] ⟨BE; inf⟩ hekelen, kwaad worden ♦ *to strop off* kwaad weglopen

³**strop** /strɒp, ᴬstrɑp/ [ov ww] [1] aanzetten, scherpen ⟨op scheerriem⟩ [2] stroppen ⟨ook scheepvaart⟩, met een strop vastleggen

stro·phan·thin /stroʊˈfænθɪn/ [niet-telb zn] strofantine

stro·phe /ˈstroʊfi/ [telb zn] strofe, couplet, stanza, zang ⟨in Grieks drama⟩

stroph·ic /ˈstrɒfɪk, ᴬˈstrɑfɪk/, **stroph·i·cal** /-ɪkl/ [bn; bw:

~ally⟩ strofisch, in strofevorm
stroph·u·lus /strɒfjʊləs, ˄strɒfjələs/ [telb + niet-telb zn; mv: strophuli /-laɪ/] strophulus, prurigo ⟨jeukende huidreactie⟩
strop·py /strɒpi, ˄strɑpi/ [bn; vergr trap: stroppier] ⟨BE; inf⟩ onbeschoft dwars, lastig, tegendraads
¹**stroud** /straʊd/ [telb zn] (ruwe) wollen doek/deken
²**stroud** /straʊd/, ⟨ook⟩ **stroud·ing** /straʊdɪŋ/ [niet-telb zn] ruwe wol ⟨naar Stroud in Gloucestershire⟩
strove /stroʊv/ [verleden tijd] → strive
¹**struck** /strʌk/ [bn, attr; volt deelw van strike] ① stakend, lamgelegd, in staking ♦ *struck factory* lamgelegde/platgelegde fabriek; *struck labourer* arbeider in staking ② afgestreken ♦ *struck measure* afgestreken maat
²**struck** /strʌk/ [bn, pred; volt deelw van strike] aangegrepen, getroffen, bezeten, vervuld ♦ ⟨inf⟩ *be struck on/with* dol/verliefd zijn op, wég zijn van, veel ophebben met; *struck with terror* met ontzetting vervuld, aangegrepen door angst
³**struck** /strʌk/ [verleden tijd en voltooide tijd] → strike
struc·tur·al /strʌktʃrəl/ [bn; bw: ~ly] structureel, bouw-, structuur-, constructie-, tektonisch, ⟨biol⟩ morfologisch ♦ *structural alterations* verbouwing; ⟨dierk⟩ *structural colour* structuurkleur; *structural engineer* bouwkundig ingenieur; *structural fault* constructiefout; *structural formula* structuurformule; *structural gene* structuurgen; *structural grammar* structurele grammatica; *structural linguistics* structurele taalkunde, structuralisme; *structural psychology* structuurpsychologie; *structural steel* constructiestaal; *structural unit* structuureenheid
struc·tur·al·ism /strʌktʃrəlɪzm/ [niet-telb zn] structuralisme
struc·tur·al·ist /strʌktʃrəlɪst/ [telb zn] structuralist
struc·tur·al·i·za·tion, struc·tur·al·i·sa·tion /strʌktʃrəlaɪzeɪʃn, ˄-ləzeɪʃn/ [telb + niet-telb zn] structurering
struc·tur·al·ize, struc·tur·al·ise /strʌktʃrəlaɪz/ [ov ww] structureren, in een structuur vatten
¹**struc·ture** /strʌktʃə, ˄-ər/ [telb zn] bouwwerk, constructie, bouwsel, stellage
²**struc·ture** /strʌktʃə, ˄-ər/ [niet-telb zn] ① structuur, bouw, samenstel(ling), constitutie, constructie, structurering ② ⟨bouwk⟩ bouw(wijze), structuur ③ ⟨scheepv⟩ verband
³**struc·ture** /strʌktʃə, ˄-ər/ [ov ww] ① structureren, organiseren, ordenen ② bouwen, construeren
stru·del /struːdl/ [telb + niet-telb zn] ⟨cul⟩ strudel, fruitrolletje, kaasrolletje ⟨van bladerdeeg⟩
¹**strug·gle** /strʌgl/ [telb zn] ① worsteling, gevecht, vechtpartij, twist, (wed)strijd ♦ *struggle for existence/life* strijd om het bestaan; *struggle for freedom* vrijheidsstrijd; *put up a struggle* zich verzetten; *the struggle with* de strijd tegen; *without a struggle* zonder verzet ② (krachts)inspanning ♦ *I had a struggle helping/to help them* het kostte me veel moeite om hen te helpen; *quite a struggle* een heel karwei, een harde dobber; *with a struggle* met moeite
²**strug·gle** /strʌgl/ [onov ww] worstelen, vechten, ⟨ook fig⟩ strijden, kampen, zich inspannen, zwoegen, zich uitsloven ♦ *struggle against poverty* opbokken tegen de armoede; *struggle along/on* met moeite vooruitkomen; *struggle to be friendly* zich inspannen/zijn best doen om vriendelijk te zijn; *struggle for power* een machtsstrijd voeren; *struggle in* zich met moeite een weg naar binnen zoeken; *struggle into one's clothes* zich in zijn kleren wurmen; *struggle out of s.o.'s power* zich aan iemands macht ontworstelen; *struggle to say sth.* zich (bovenmatig) inspannen om iets te zeggen; *struggle through* zich erdoor worstelen/wurmen; *struggle to one's feet* overeind krabbelen; *struggle with* vechten met, worstelen met; → struggling
strug·gler /strʌglə, ˄-ər/ [telb zn] vechter, kamper, strijder

strug·gling /strʌglɪŋ/ [bn, attr; tegenwoordig deelw van struggle] strijdend, vechtend tegen de armoede, een strijd om het bestaan voerend
strug·gling·ly /strʌglɪŋli/ [bw] ① → struggling ② met moeite
¹**strum** /strʌm/ [telb zn] getokkel, getrommel, gehamer
²**strum** /strʌm/ [onov + ov ww] (be)tokkelen, trommelen (op) ♦ *he was strumming his guitar* hij zat een beetje op zijn gitaar te tokkelen
stru·ma /struːmə/ [telb zn; mv: strumae /-miː/] ① scrofulose, klierziekte ② struma, krop(gezwel), (hals)kliergezwel ③ ⟨plantk⟩ verdikking, gezwel
stru·mat·ic /struːmætɪk/, **stru·mose** /struːmoʊs/, **stru·mous** /struːməs/ [bn] klierachtig, scrofuleus
strum·pet /strʌmpɪt/ [telb zn] ⟨vero⟩ deern(e), lichtekooi, hoer
strung /strʌŋ/ [verleden tijd en volt deelw] → string
strung out [bn, pred] ⟨inf⟩ ① verslaafd, onder invloed ⟨van narcotica⟩ ♦ *strung out on* verslaafd aan; ⟨België⟩ verhangen aan ② overspannen, in de war, doorgedraaid, afgepeigerd ③ gesloopt ⟨door alcohol of drugs⟩ ④ verliefd ♦ *strung out on* verliefd op
strung-up [bn] ⟨inf⟩ gespannen, geëxalteerd
¹**strut** /strʌt/ [telb zn] ① ⟨vnl enkelvoud⟩ pompeuze/pronkerige gang ② stut, steun, schoor(balk), verstijvingsbalk ⟨ook mijnbouw⟩, stijl ⟨ook van vliegtuig⟩, ⟨scheepv⟩ dekstijl, veerpoot ⟨van auto⟩
²**strut** /strʌt/ [onov + ov ww] pompeus/pronkerig schrijden (op/over), paraderen, heen en weer stappen (op) ♦ *strut about the place* rondparaderen; *strut about/around/round* rondstappen als een pauw, met de neus in de lucht (rond)lopen, een hoge borst opzetten; *strut the stage* heen en weer schrijden op het toneel
³**strut** /strʌt/ [ov ww] stutten, schoren, schragen, steunen
'struth, 'strewth /struːθ/ [tw] (verk: God's truth) warempel, allemachtig
stru·thi·ous /struːθɪəs/ [bn] struisvogelachtig, struis(vogel)-
strut·ter /strʌtə, ˄strʌtər/ [telb zn] opschepper, pocher, snoever, snoefhaan, praalhans
strych·nic /strɪknɪk/ [bn] strychnine- ♦ *strychnic poisoning* strychninevergiftiging
strych·nine /strɪkniːn, ˄-naɪn, ˄-nɪn/ [niet-telb zn] strychnine
Sts [afk] (Saints)
¹**stub** /stʌb/ [telb zn] ① ⟨benaming voor⟩ stomp, rest, stompje, eind(je), peuk, staartstomp, stobbe, boomstronk, boomstomp, afgesleten spijker/hoefnagel ② souche ⟨van bon- of chequeboekje⟩, reçustrook, controlestrook, talon ⟨van effecten⟩
²**stub** /stʌb/ [ov ww] ① rooien, uit de grond halen, ontwortelen ♦ *stub up* ontwortelen, rooien ② van wortels/boomstronken ontdoen ③ stoten ♦ *stub one's toe* zijn teen stoten ④ uitdrukken, uitdoven ♦ *stub out a cigarette* een sigaret uitdrukken/doven; → stubbed
stub axle [telb zn] asstomp
stubbed /stʌbd/ [bn; volt deelw van stub] ① stomp ② stoppelig, vol stompjes ③ versleten, afgesleten ④ ⟨gew⟩ gezet, kort en dik
stub·ble /stʌbl/ [niet-telb zn] ① stoppel(s) ② stoppelveld, stoppelakker, stoppelland ③ stoppelbaard
stub·ble·field /stʌblfiːld/ [telb zn] stoppelveld, stoppelakker, stoppelland
stubble goose [telb zn] ⟨dierk⟩ grauwe gans ⟨Anser anser⟩
stub·bles /stʌblz/ [alleen mv] stoppelveld, stoppels
stub·bly /stʌbli/ [bn] stoppelig, stekelig, borstelig
stub·born /stʌbən, ˄-bərn/ [bn; bw: ~ly; zn: ~ness] ① koppig, eigenwijs, stijfhoofdig, eigenzinnig, obsti-

stubby

naat, weerspannig ♦ *as stubborn as a mule* koppig als een ezel [2] onverzettelijk, onbuigzaam, halsstarrig ♦ *facts are stubborn things* je kunt niet om de feiten heen [3] hardnekkig, aanhoudend, chronisch, moeilijk te bestrijden ♦ *stubborn illness* hardnekkige ziekte [4] weerbarstig, hard, zwaar, moeilijk te bewerken, stroef, stug ♦ *stubborn lock* stroef slot; *stubborn soil* moeilijk te bewerken grond, taaie grond

¹**stub·by** /stʌbi/ [telb zn] ⟨AuE; inf⟩ biertje, pijpje

²**stub·by** /stʌbi/ [bn; vergr trap: stubbier; bw: stubbily; zn: stubbiness] [1] stomp, afgesleten [2] gedrongen, gezet, plomp, kort en dik ♦ *stubby fingers* dikke vingertjes [3] borstelig, stekelig, stoppelig, stoppel-

stub end station, ⟨AE ook⟩ **stub terminal** [telb zn] kopstation ⟨van spoorweg⟩

stub fin [telb zn] ⟨ruimtev⟩ stompvin

stub mortise [telb zn] blind gat ⟨van verborgen pen-en-gatverbinding⟩

stub receptacle [telb zn] vergaarbak voor peukjes, asbak

stub tenon [telb zn] blinde pen ⟨van verborgen pen-en-gatverbinding⟩

stub wing [telb zn] [1] vleugelstomp [2] stomp ⟨van vliegboot⟩

¹**stuc·co** /stʌkoʊ/ [telb + niet-telb zn; mv: ook stuccoes /-koʊz/] stuc(ornament), pleister(kalk), gipsspecie, gipspleister, stukadoorswerk, pleisterwerk, stucwerk, stucversiering

²**stuc·co** /stʌkoʊ/ [ov ww] pleisteren, stukadoren

¹**stuck** /stʌk/ [niet-telb zn] ⟨BE; inf⟩ moeilijkheden ♦ *be in stuck* in de problemen zitten

²**stuck** /stʌk/ [bn, pred; volt deelw van stick] [1] vast ⟨ook figuurlijk⟩, klem, onbeweeglijk, ten einde raad ♦ *be stuck for an answer* met zijn mond vol tanden staan/zitten; ⟨inf⟩ *let's get stuck in* laten we er (lekker/flink) tegenaan gaan; ⟨inf⟩ *here is my home-made apple pie; get stuck in!* hier is mijn zelfgebakken appeltaart, val aan!; ⟨inf⟩ *get stuck in(to) sth.* iets enthousiast aanpakken; *he reached the fourth form but there he got stuck on mathematics* hij haalde de vierde klas maar daar bleef hij hangen op zijn wiskunde; ⟨inf⟩ *be/get stuck with a job* met een karwei opgezadeld/opgescheept zitten [2] vastgekleefd, vastgeplakt [·] ⟨BE; inf⟩ *she is really stuck on the boy next-door* ze is helemaal weg van de buurjongen

³**stuck** /stʌk/ [verleden tijd en volt deelw] → **stick**

stuck-up [bn] ⟨inf⟩ bekakt, opgeblazen, blasé, verwaand

¹**stud** /stʌd/ [telb zn] [1] (sier)spijker, sierknopje, nagel [2] knoop(je), overhemdsknoopje, boordenknoopje, manchetknoopje [3] verbindingsbout ⟨in schakels van ketting⟩ [4] stijl, plank ⟨in pleisterwerk⟩ [5] ⟨AE⟩ kamerhoogte [6] stoeterij, (ren)stal, fokbedrijf [7] ⟨AE⟩ fokhengst, springhengst, dekhengst ⟨ook figuurlijk⟩ ♦ *at/in stud* als fokhengst beschikbaar [8] tapeind, tapbout, schroefbout, steunbout [9] open poker [10] wegpunaise [11] nop ⟨onder voetbalschoen⟩, ⟨België⟩ stud

²**stud** /stʌd/ [ov ww] [1] beslaan, versieren met/voorzien van spijkers/knopjes [2] bezetten, bezaaien, bedekken, bestrooien ♦ *studded with* bezaaid/bestrooid met; *studded with quotations* vol citaten; *a crown studded with diamonds* een met diamanten bezette kroon [3] schoren, stutten, schragen; → **studding**

³**stud** [afk] (student)

stud bolt [telb zn] tapeind, tapbout, schroefbout, steunbout

stud·book [telb zn] stamboek ⟨voornamelijk van paarden⟩, fokstamboek

stud·ding /stʌdɪŋ/ [telb + niet-telb zn; (oorspronkelijk) gerund van stud] [1] houtwerk, tengelwerk, tengeling ⟨in pleisterwand⟩ [2] ⟨AE⟩ kamerhoogte ⟨in termen van stijllengte⟩

stud·ding sail /stʌdɪŋseɪl, ⟨scheepv⟩ stʌnsl/ [telb zn] ⟨scheepv⟩ lijzeil

stu·dent /stjuːdnt, ᴬstuːdnt/ [telb zn] [1] student(e), studerende, ⟨AE⟩ leerling(e), scholier ♦ *student of law* rechtenstudent, student in de rechten; *medical student* student in de medicijnen [2] navorser, kenner ♦ *student of bird-life* vogelkenner; *student of history* iemand met historische belangstelling, historicus; *student of human nature* kenner van de menselijke natuur

student body [telb zn] ⟨AE⟩ de gezamenlijke leerlingen/studenten ⟨van een onderwijsinstelling⟩, leerlingengemeenschap, studentengemeenschap

student charter [telb zn] leerlingenstatuut

student engineer [telb zn] ⟨AE; spoorw⟩ leerling-machinist

student government, student council [telb zn] ⟨AE⟩ studentenbestuur, leerlingenbestuur, studentenraad, leerlingenraad

student grant [telb zn] studiebeurs

student hostel [telb zn] studentenhuis, studentenflat

student interpreter [telb zn] leerling-tolk

student loan [telb zn] studielening

student nurse [telb zn] leerling-verpleegster

student pastor [telb zn] studentenpredikant, studentenpasto(o)r

¹**stu·dent·ship** /stjuːdntʃɪp, ᴬstuː-/ [telb zn] ⟨BE⟩ studiebeurs

²**stu·dent·ship** /stjuːdntʃɪp, ᴬstuː-/ [niet-telb zn] het student-zijn, studie

students' union [telb zn] ⟨BE⟩ [1] studentenbond [2] studentensociëteit, studentenvereniging, studentencorps

student teacher [telb zn] [1] (leraar-)stagiair, hospitant [2] kweekling [3] student p.a./pabo/nlo

student teaching [niet-telb zn] ⟨AE; onderw⟩ stage ⟨ter verkrijging van onderwijsbevoegdheid⟩

student uprising [telb zn] studentenopstand

stud farm [telb zn] fokbedrijf, stoeterij

stud fee [telb zn] dekgeld

stud-hole [telb zn] knoopsgat ⟨voor boordenknoopje⟩

stud·horse [telb zn] dekhengst, fokhengst

stud·ied /stʌdid/ [bn; volt deelw van study; zn: ~ness] [1] weloverwogen, (wel)doordacht, berekend, gemaakt, geforceerd, bestudeerd, gekunsteld, vormelijk ♦ *studied attitude* bestudeerde houding; *studied insult* opzettelijke belediging; *studied plan* (wel)doordacht plan; *studied politeness* berekende beleefdheid; *studied smile* gemaakte/geforceerde glimlach; *studied words* weloverwogen woorden [2] geleerd, belezen, kundig, knap, bedreven ♦ *an able and studied man* een vaardig en belezen man

stud·ied·ly /stʌdidli/ [bw] [1] → **studied** [2] willens en wetens

stu·di·o /stjuːdioʊ, ᴬstuː-/ [telb zn] [1] studio, eenkamerappartement [2] atelier, werkplaats [3] studio, opnamekamer, ⟨vaak mv⟩ filmstudio

studio audience [verzamelw] studiopubliek

studio couch [telb zn] divanbed

studio flat, ⟨AE⟩ **studio apartment** [telb zn] eenkamerappartement, studio

stu·di·ous /stjuːdɪəs, ᴬstuː-/ [bn; bw: ~ly; zn: ~ness] [1] leergierig, studieus, vlijtig, ijverig [2] nauwgezet, scrupuleus, angstvallig, behoedzaam, bedachtzaam ♦ *studious to do/in doing sth.* iets nauwgezet doen; *be studious of* nauwgezet in acht nemen [3] bestudeerd, weloverwogen, opzettelijk ♦ *studious politeness* bestudeerde/gemaakte beleefdheid [4] verlangend, begerig, zich toeleggend ♦ *be studious of* beogen, nastreven [5] studie bevorderend, tot studie nopend

stud·mare [telb zn] fokmerrie, veulenmerrie

stud poker, studhorse poker [niet-telb zn] open

poker

¹**stud·y** /stʌdi/ [telb zn] [1] studie, monografie, werk, thesis, oefenschets, oefentekening, ⟨muz⟩ oefenstuk, etude ♦ *make a study of sth.* een studie van iets maken, zich op iets toeleggen; ⟨dram⟩ *have a quick/slow study* gemakkelijk/moeilijk rollen leren/instuderen [2] studeerkamer, ⟨België⟩ bureau [3] studie(vak), discipline, onderwerp ♦ *graduate studies* ± postgraduaatsstudie; ⟨België⟩ derde cyclus, postgraduaat; *make a study of* ervoor trachten te zorgen dat; *this is quite a study* dit is de moeite waard om te bestuderen; *Theological Studies* Theologische Studiën [4] acteur (die rol instudeert) ♦ ⟨dram⟩ *be a quick/slow study* gemakkelijk/moeilijk rollen leren

²**stud·y** /stʌdi/ [niet-telb zn] studie, het studeren, research, onderzoek, aandacht, attentie, ⟨dram⟩ het instuderen van een rol ♦ *spend an afternoon in study* een namiddag met studeren doorbrengen; *with study* met aandacht

³**stud·y** /stʌdi/ [onov ww] [1] studeren, les volgen, college lopen ♦ *study to be a doctor* voor dokter studeren; *study for the Bar* voor advocaat studeren, rechten doen [2] peinzen, denken [3] zijn best doen, zich toeleggen, zich beijveren ♦ *study to do sth.* zich beijveren om iets te doen; → **studied**

⁴**stud·y** /stʌdi/ [ov ww] [1] (be)studeren, onderzoeken, navorsen, aandachtig lezen/bekijken, overdenken, overpeinzen, beschouwen, overwegen ♦ *study a language* een taal studeren; *study law* rechten studeren/doen; *study out* uitdenken; *study s.o.* iemand opnemen; *study up* bestuderen [2] instuderen, memoriseren, van buiten leren [3] nastreven, behartigen, in het oog houden ♦ *study s.o.'s interests* iemands belangen behartigen; → **studied**

study circle, study club, study group [telb zn] studiekring, studiegroep

study hall [telb zn] ⟨AE⟩ [1] studie(zaal) [2] studie(tijd)

¹**stuff** /stʌf/ [niet-telb zn] [1] materiaal, (grond)stof, elementen ♦ *(not) be the stuff heroes are made of* (niet) van het hout zijn waarvan men helden maakt; *she has the stuff of an actress in her* er zit een actrice in haar; *there was a lot of stuff about it on television* er was heel wat over te doen op de televisie; *we must first know what stuff she's made of* we moeten eerst weten uit welk hout zij gesneden is/wat voor vlees we (met haar) in de kuip hebben/met wat voor iemand we te doen hebben; *be of the stuff that* van het soort/slag zijn dat [2] kern, (het) wezen(lijke), essentie ♦ *the stuff of life* de essentie van het leven [3] spul, goed(je), waar ♦ *do you call this stuff coffee?* noem jij dit goedje koffie?; *sweet stuff* zoet spul, snoepgoed [4] troep, rommel, boeltje, goedje, spul ♦ *throw that stuff away!* gooi die rommel/vuiligheid weg! [5] onzin, kletskoek, kletspraat, nonsens [6] gedoe [7] stof, kopij, materiaal [8] materie, (grond)stof [9] (koop)waar, goederen [10] ⟨inf⟩ kost, waar ♦ *dull stuff* saaie kost; *good stuff* goede/goeie kost; *old stuff* oude/ouwe kost, oud nieuws; *that joke is old stuff* dat is een mop met een baard [11] ⟨inf⟩ spullen, boel(tje), gerei, hebben en houden ♦ *I've sold all my stuff* ik heb al mijn spullen/heel mijn boeltje verkocht [12] ⟨sl⟩ poen, (klinkende) duiten, (baar) geld ♦ *the stuff* poen, duiten [13] ⟨sl⟩ stuff, spul, hasj, shit, heroïne, weed ♦ *hard stuff* hard stuff, harddrugs (morfine, cocaïne, heroïne); *smell the stuff* cocaïne snuiven [14] ⟨vero⟩ wollen stof(fen) [·] ⟨sl⟩ *do one's stuff* eens tonen wat je kan, zijn taak volbrengen; ⟨sl⟩ *that's the stuff to give 'em/to give the troops* zo moet je hen aanpakken, dat is de behandeling die ze verdienen, 't is niet meer dan dat ze verdienen, ze verdienen niet beter; *know one's stuff* weten waarover je het hebt/waarover je spreekt, zijn vak verstaan, een meester in zijn vak zijn; *stuff and nonsense!* kletskoek!, klinkklare/je reinste onzin!; ⟨inf⟩ *strut one's stuff* opscheppen, duur doen, snoeven; ⟨inf⟩ *the stuff* voorraad; ⟨inf⟩ *that's the stuff!* dat is het!, dat is wat we nodig hebben!, (dat is) je ware!, zo mag ik 't horen!; ⟨inf⟩ *your toys and stuff* je speelgoed en zo/dergelijke

²**stuff** /stʌf/ [onov ww] ⟨inf⟩ schrokken, zich volproppen/overeten; → **stuffing**

³**stuff** /stʌf/ [ov ww] [1] (op)vullen, volproppen, volstoppen, vol duwen, volstoppen, opproppen ♦ *stuff full* volproppen; *stuff out* opvullen, volproppen, volstoppen, opproppen; *stuff sth./s.o. with* iets/iemand volproppen met; *my mind is stuffed with facts* mijn hersenpan zit vol (met) feiten [2] stoppen, dichtstoppen, volstoppen, toeproppen ♦ *stuff one's ears* zijn oren dichtstoppen; *stuff a hole* een gat stoppen; *a stuffed nose* een verstopte neus; *his throat was stuffed* hij had een brok/prop in zijn keel; ⟨vnl passief⟩ *stuff up* stoppen, dichtstoppen, verstoppen, toeproppen; *stuffed up* verstopt; *stuff up a hole* een gat stoppen; *we stuffed up our ears* wij stopten onze oren dicht; *my nose is completely stuffed up* mijn neus is helemaal verstopt [3] proppen, stoppen, steken, duwen, ⟨inf⟩ van dichtbij ingooien/erin rammen/erin slaan (bal, puck) ♦ *stuff away* wegmoffelen, wegsteken, wegstoppen; *stuff in* erbij/erin proppen; *stuff food into o.s.* zich volproppen (met eten); *stuff sth. in(to) his mouth* iets proppen/stoppen/duwen/steken in [4] opzetten ♦ *stuff a bird* een vogel opzetten [5] ⟨inf⟩ volproppen, doen overeten ♦ *no more food please, I'm stuffed* alsjeblieft geen eten meer, ik zit vol; *stuff o.s.* zich volproppen, zich overeten; *stuff s.o.* iemand volproppen; *stuff o.s. with* zich volproppen met [6] ⟨cul⟩ farceren, vullen, stoppen ♦ *stuffed tomatoes* gevulde tomaten; *a stuffed turkey* een gefarceerde kalkoen [7] makkelijk verslaan, inmaken (in wedstrijd) [8] ⟨vulg⟩ neuken [9] ⟨sl⟩ bedanken voor, afdanken, weigeren ♦ *he can stuff his job!* hij kan naar de maan lopen met zijn baan! [10] ⟨AE⟩ met valse stemmen vullen (de stembus) [·] *if you don't like it, you can stuff it* als het je niet zint, dan laat je het toch/dan doe je het toch niet/dan smeer je het maar in je haar; ⟨sl⟩ *(you can) stuff yourself!* je kunt me de bout hachelen!, je kunt me wat!; → **stuffing**

stuffed-up [bn, attr] verstopt ♦ *a stuffed-up nose* een verstopte neus

stuff·er /stʌfə, ᴬ-ər/ [telb zn] [1] opzetter, taxidermist ♦ *a stuffer of birds* een vogelopzetter [2] (op)vuller ♦ *stuffer of chairs* stoelenvuller [3] bijsluiter (in het bijzonder als reclame)

stuff gown [telb zn] [1] wollen (advocaten)toga, gewone (advocaten)toga [2] jonge advocaat

stuff·ing /stʌfɪŋ/ [telb + niet-telb zn; (oorspronkelijk) gerund van stuff] (op)vulsel, vulling, stopsel, ⟨cul⟩ farce [·] *knock/take the stuffing out of s.o.* iemand tot moes slaan, iemand uitschakelen, iemand knock-out slaan, iemand buiten gevecht stellen; iemand doen aftakelen, iemand verzwakken, iemand futloos maken (van ziekte)

stuffing box [telb zn] ⟨techn⟩ pakkingbus

stuff shot [telb zn] → **dunk shot**

stuff·y /stʌfi/ [bn; vergr trap: stuffier; bw: stuffily; zn: stuffiness] [1] bedompt, benauwd, muf [2] saai, duf, muf, vervelend [3] verstopt [4] bekrompen, kleingeestig, preuts, conventioneel [5] humeurig, ontstemd, boos

stull /stʌl/ [telb zn] ⟨mijnb⟩ [1] stijl, steunpilaar (in winplaats) [2] platform (op stijlen, in winplaats)

stul·ti·fi·ca·tion /stʌltɪfɪkeɪʃn/ [telb + niet-telb zn] [1] bespotting, het belachelijk maken [2] tenietdoening, vernietiging, opheffing, uitschakeling [3] afstomping [4] verklaring van ontoerekeningsvatbaarheid

stul·ti·fy /stʌltɪfaɪ/ [ov ww] [1] belachelijk maken, ridiculiseren, bespotten [2] tenietdoen, nietig/zinloos/krachteloos maken, opheffen ♦ *the critic stultifies himself by admitting that he has only seen a part of the film* de criticus schakelt zichzelf uit door toe te geven dat hij maar een gedeelte van de film heeft gezien [3] afstompen, gevoelloos maken [4] ⟨jur⟩ ontoerekeningsvatbaar verklaren

¹**stum** /stʌm/ [niet-telb zn] most(wijn)

²**stum** /stʌm/ [ov ww] [1] zwavelen, de gisting stoppen van

stumble

⟨wijn⟩, beletten te gisten ▢2 **tot nieuwe gisting brengen**

¹stum·ble /stʌmbl/ [telb zn] ▢1 **struikeling**, misstap ▢2 **blunder**, flater, fout ▢3 **misstap**, dwaling, zonde

²stum·ble /stʌmbl/ [onov ww] ▢1 **struikelen**, vallen ♦ *stumble on/over* struikelen over ▢2 **strompelen**, stuntelen ♦ *stumble about/across/along* voortstrompelen ▢3 **hakkelen**, haperen, stamelen, stotteren ♦ *he always stumbles at/over the difficult words* hij struikelt altijd over de moeilijke woorden; *stumble in one's speech* hakkelen, hakkelend spreken; *stumble through a text* een tekst hakkelend lezen ▢4 **blunderen**, (een) blunder(s) maken, (een) fout(en) maken, een flater begaan ♦ *stumble against/over* struikelen over ⟨alleen figuurlijk⟩; blunderen in; *they all stumbled over the same part of the exam* ze struikelden allemaal over hetzelfde deel van het examen ▢5 **dwalen**, dolen ⟨alleen figuurlijk⟩, een misstap begaan, zondigen ▢• zie: **stumble across**; zie: **stumble at**; zie: **stumble into**; zie: **stumble on**; zie: **stumble upon**; ⟨sprw⟩ *it's a good horse that never stumbles* het beste paard struikelt weleens

³stum·ble /stʌmbl/ [ov ww] **in de war brengen**, perplex doen staan, verbijsteren

stumble across, stumble on, stumble upon [onov ww] ▢1 **tegen het lijf lopen**, tegenkomen, toevallig ontmoeten ▢2 **(toevallig) (aan)treffen**, stuiten op ♦ *stumble across the right persons* de juiste personen treffen ▢3 **toevallig ontdekken**, toevallig vinden ♦ *stumble across a secret passage* toevallig een geheime doorgang ontdekken; *stumble across a plot* toevallig een samenzwering ontdekken

stumble at [onov ww] ▢1 **struikelen over** ⟨woorden⟩ ▢2 **aanstoot nemen aan**, zich stoten aan, struikelen over ♦ *he stumbled at my behaviour* hij nam aanstoot aan mijn gedrag

stum·ble·bum [telb zn] ⟨sl⟩ ▢1 **bokser van niets** ▢2 **knoei(st)er**

stumble into [onov ww] ▢1 **(door dwaling) komen/overgaan tot** ♦ *stumble into crime* tot misdaad vervallen ▢2 **door een toeval belanden in**, terechtkomen in, geraken tot ♦ *stumble into fame* door toeval beroemd worden; *he stumbled into that job* hij kreeg die baan in de schoot geworpen, hij belandde toevallig op die post; *he stumbled into marriage* hij raakte op een of andere manier getrouwd

stum·bling block [telb zn] ▢1 **struikelblok**, hindernis, belemmering ♦ *that is the stumbling block* dat is het probleem ▢2 **steen des aanstoots**

stu·mer /stjuːmə, ᴬstuːmər/ [telb zn] ⟨BE; sl⟩ ▢1 **namaaksel**, namaak, vervalsing, bedrog, prul ▢2 **valse cheque/munt, vals geldstuk/(geld)briefje**, namaakcheque, namaakmunt, namaakbriefje ▢3 **blunder**, flater, fout, stommiteit ▢4 **flop**, mislukk(el)ing, fiasco ⟨in het bijzonder paard⟩

¹stump /stʌmp/ [telb zn] ▢1 **(boom)stronk**, stomp ♦ *buy timber on the stump* hout op stam kopen ▢2 **stomp, arm, beenstomp, takstomp** ▢3 **stompje, potloodstompje, tandstompje**, eindje, stukje, peukie, sigarenpeukje, sigarettenpeukje ▢4 **platform**, podium, spreekgestoelte, sprekershoek ♦ ⟨vnl AE; inf⟩ *on the stump* bezig met het houden van (verkiezings)toespraken/(politieke) redevoeringen/campagnes ♦ ⟨vnl AE; inf⟩ *go on the stump* een campagne gaan voeren ▢5 **kunstbeen**, houten been ▢6 **dikkerd(je)**, prop(je) ▢7 **zware stap**, (ge)stamp, geklos ▢8 ⟨vaak mv⟩ ⟨scherts⟩ **been** ▢9 ⟨grafi⟩ **doezelaar** ▢10 ⟨cricket⟩ **stump**, wicketpaaltje ♦ *middle stump* middelste wicketpaaltje ▢• ⟨cricket⟩ *draw stumps* ophouden met spelen, het spel beëindigen; ⟨inf⟩ *stir one's stumps* er vaart achter zetten, zich reppen; ⟨inf⟩ *stir your stumps!* schiet op!, rep je wat!; ⟨inf⟩ *take the stump* het gebied afreizen om campagne te voeren/om (verkiezings)toespraken/(politieke) redevoeringen/campagnes te houden; ⟨AE; inf⟩ *up a stump* in de knel, in

moeilijkheden; ⟨AE; inf⟩ *be up a stump* in de knel zitten, in het nauw zitten, zich in een lastig parket bevinden, aan het eind van zijn Latijn zijn; ⟨AE; inf⟩ *get s.o. up a stump* iemand in het nauw drijven/in een lastig parket/in verlegenheid brengen, iemand tot wanhoop drijven

²stump /stʌmp/ [bn] ▢1 **stomp**, plomp, kort ▢2 **afgesleten** ▢• *a stump arm* een korte/mismaakte arm; *a stump foot* een horrelvoet

³stump /stʌmp/ [onov ww] ▢1 **stommelen**, (al) stampen(d gaan), met zware/heftige stap gaan, klossen ♦ *stump across* met heftige stap gaan door; *stump across to/up to* al stampend gaan naar; *stump away* met heftige pas weggaan; *stump up the stairs* de trap opstommelen/opstormen ▢2 **strompelen**, hompelen ▢3 **al rondreizend campagne voeren**, al rondreizend (verkiezings)toespraken/(politieke) redevoeringen/campagnes houden ♦ *stump for* campagne voeren voor ▢• zie: **stump up**

⁴stump /stʌmp/ [ov ww] ▢1 **(af)knotten**, snoeien ▢2 **van boomstronken ontdoen** ▢3 **rooien**, uitgraven ♦ *stump trees* bomen rooien ▢4 ⟨inf⟩ **voor raadsels stellen**, perplex/versteld doen staan, met stomheid slaan, in het nauw drijven, overdonderen ♦ *be stumped* perplex staan, aan het eind van zijn Latijn zijn, niet meer weten wat te doen; *all the students were stumped by the last question* de laatste vraag sloeg al de studenten met stomheid ▢5 ⟨inf⟩ **blut maken** ♦ *be stumped* blut zijn ▢6 ⟨vnl AE⟩ **doorreizen om campagne te voeren**, doorreizen om (verkiezings)toespraken/(politieke) redevoeringen/campagnes te houden ♦ *stump for* doorreizen om campagne te voeren voor ▢7 ⟨AE⟩ **stoten** ♦ *I stumped my toe* ik heb mijn teen (ergens tegen) gestoten ▢8 ⟨AE; inf⟩ **uitdagen** ▢9 ⟨grafi⟩ **doezelen** ▢10 ⟨cricket⟩ **stumpen** ♦ *batsman buiten zijn crease uitschakelen door de stumps met de bal te raken* ♦ *stump out* stumpen, uitstumpen ▢• zie: **stump up**

stump·age /stʌmpɪdʒ/ [niet-telb zn] ⟨AE⟩ **(waarde van) hout op stam**

stump·er /stʌmpə, ᴬ-ər/ [telb zn] ⟨inf⟩ ▢1 **moeilijke/lastige vraag** ▢2 **politiek redenaar**, verkiezingsredenaar

stumps /stʌmps/ [alleen mv] **(haar)stoppels**

stump speaker, stump orator [telb zn] **politieke redenaar**, verkiezingsredenaar

stump up [onov + ov ww] ⟨BE; inf⟩ **ophoesten**, dokken, neertellen, betalen ♦ *stump up for sth.* (moeten) (op)dokken voor iets

stump·y /stʌmpi/ [bn; vergr trap: stumpier; bw: stumpily; zn: stumpiness] ▢1 **stomp(achtig)**, kort en dik, log ▢2 **afgesleten** ▢3 **vol stronken**

¹stun /stʌn/ [telb zn] **schok**

²stun /stʌn/ [ov ww] ▢1 **bewusteloos slaan**, bedwelmen, verdoven ▢2 **overweldigen**, overrompelen, schokken, verwarren, verdoven ▢3 **versteld doen staan**, verbluft/perplex doen staan, verbazen ♦ *be stunned by* versteld staan van; *be stunned into speechlessness* sprakeloos staan van verbazing, met stomheid geslagen zijn ▢4 **verrukken**, vervoeren ▢5 **verdoven** ⟨van geluid⟩; → **stunning**

stung /stʌŋ/ [verleden tijd en volt deelw] → **sting**

stun gas [niet-telb zn] **bedwelmingsgas**

stun gun [telb zn] **stungun**, verdovingspistool, verdovingsgeweer ⟨bijvoorbeeld d.m.v. stroomstoten⟩

stunk /stʌŋk/ [verleden tijd en volt deelw] → **stink**

stun·ner /stʌnə, ᴬ-ər/ [telb zn] ▢1 **verbazingwekkend iets/iemand**, klapstuk, klap op de vuurpijl, (hoofd)attractie, verrassing ▢2 ⟨inf⟩ **prachtexemplaar**, schoonheid, beauty

stun·ning /stʌnɪŋ/ [bn; oorspronkelijk tegenwoordig deelw van stun; bw: ~ly] ⟨inf⟩ ▢1 **ongelofelijk/verbluffend mooi** ▢2 **verrukkelijk** ▢3 **prachtig**, magnifiek

stun·sail, stun·s'l /stʌnsl/ [telb zn] ⟨scheepv⟩ (verk: studdingsail) **lijzeil**

¹stunt /stʌnt/ [telb zn] ▢1 ⟨inf⟩ **stunt**, (acrobatische) toer, kunst(je), kunststuk, truc, bravourestukje ♦ *acrobatic stunts* acrobatische toeren 2 ⟨inf⟩ (reclame)stunt, attractie, nieuwigheid, curiositeit 3 ⟨inf⟩ stunt, sensatie(verhaal), buitenissigheid 4 ⟨inf⟩ kunstvlucht, stuntvlucht 5 belemmering van groei/ontwikkeling, dwerggroei 6 in groei achtergebleven dier/plant/persoon, dwerg(dier) ▪ *pull a stunt* een stunt uithalen

²**stunt** /stʌnt/ [onov ww] ⟨inf⟩ 1 toeren doen, stunts uitvoeren 2 stunten, kunstvliegen 3 (een) stunt(s) op touw zetten; → **stunted**

³**stunt** /stʌnt/ [ov ww] 1 ⟨inf⟩ stunts doen met ⟨in het bijzonder een vliegtuig⟩ 2 (in zijn groei) belemmeren, de groei/ontwikkeling belemmeren van, niet tot volle ontwikkeling laten komen; → **stunted**

stunt·ed /stʌntɪd/ [bn; volt deelw van stunt; zn: ~ness] onvolgroeid, (in groei) achtergebleven, niet tot volle ontwikkeling gekomen, dwerg-

stunt flying [niet-telb zn] luchtacrobatiek, kunstvlucht, het stuntvliegen, het stunten

stunt man [telb zn] ⟨film⟩ stuntman

stunt woman [telb zn] ⟨film⟩ stuntvrouw

stu·pa /stuːpə/ [telb zn] stoepa ⟨boeddhistisch heiligdom⟩

¹**stupe** /stjuːp, ᴬstuːp/ [telb zn] 1 warme omslag 2 ⟨sl⟩ uilskuiken

²**stupe** /stjuːp, ᴬstuːp/ [ov ww] met warme omslagen betten

¹**stu·pe·fa·cient** /stjuːpɪˈfeɪʃnt, ᴬstuːpɪ-/, **stu·pe·fac·tive** /-fæktɪv/ [bn] verdovend middel, bedwelmend middel, narcoticum

²**stu·pe·fa·cient** /stjuːpɪˈfeɪʃnt, ᴬstuːpɪ-/ [bn] bedwelmend, verdovend

stu·pe·fac·tion /stjuːpɪˈfækʃn, ᴬstuː-/ [niet-telb zn] 1 bedwelming, verdoving 2 verbijstering, stomme verbazing

stu·pe·fy /stjuːpɪfaɪ, ᴬstuː-/ [ov ww; vaak passief] 1 bedwelmen, verdoven, duf/dof maken ♦ *be stupefied by drink* door de drank versuft zijn 2 afstompen 3 verbijsteren, versteld/verstomd doen staan, verbluffen, ontzetten

stu·pen·dous /stjuːˈpendəs, ᴬstuː-/ [bn; bw: ~ly; zn: ~ness] 1 ontzagwekkend, verbazingwekkend, overweldigend 2 reusachtig, kolossaal, geweldig (groot) ♦ *what stupendous folly!* wat een ongelofelijke stommiteit!; *a stupendous mistake* een kolossale flater, een blunder van formaat; *a most stupendous thing to do* een erg domme zet 3 prachtig, schitterend, ongelofelijk

¹**stu·pid** /stjuːpɪd, ᴬstuː-/ [telb zn] ⟨inf⟩ domoor, stommerd, domkop, dommerik

²**stu·pid** /stjuːpɪd, ᴬstuː-/ [bn; vergr trap: ook stupider; bw: ~ly; zn: ~ness] 1 dom, traag (van begrip), stom(pzinnig), onverstandig 2 dom, dwaas, zot, onzinnig, onverstandig 3 dom, saai, oninteressant, vervelend, suf

³**stu·pid** /stjuːpɪd, ᴬstuː-/ [bn, pred; vergr trap: ook stupider; bw: ~ly; zn: ~ness] suf, versuft, verdoofd, verdwaasd, wezenloos ♦ *be stupid with beer* beneveld/versuft zijn door te veel bier; *I'm still stupid with sleep* ik heb mijn ogen nog niet open, ik ben nog slaapdronken

¹**stu·pid·i·ty** /stjuːˈpɪdəti, ᴬstuːˈpɪdəti/ [telb zn] dom(mig)heid, stommiteit, dwaasheid, domme streek/opmerking

²**stu·pid·i·ty** /stjuːˈpɪdəti, ᴬstuːˈpɪdəti/ [niet-telb zn] 1 domheid, traagheid (van begrip), stompzinnigheid, dwaasheid 2 domheid, saaiheid 3 het domme, het stompzinnige 4 dom gedrag

stu·por /stjuːpə, ᴬstuː-/ [telb zn + niet-telb zn] 1 (toestand van) verdoving, (toestand van) bedwelming/lethargie/bewusteloosheid/gevoelloosheid ♦ *in a drunken stupor* in stomdronken/zwijmelende/benevelde toestand 2 (toestand van) stomme verbazing, verbluftheid

stu·por·ous /stjuːprəs, ᴬstuː-/ [bn] 1 verdoofd, bedwelmd, gevoelloos, lethargisch, bewusteloos 2 stom-verbaasd, verbluft

stur·died /stɜːdid, ᴬstɜr-/ [bn] met draaiziekte, aan draaiziekte lijdend ⟨van schaap⟩

¹**stur·dy** /stɜːdi, ᴬstɜr-/ [telb + niet-telb zn] draaiziekte ⟨van schaap⟩

²**stur·dy** /stɜːdi, ᴬstɜr-/ [bn; vergr trap: sturdier; bw: sturdily; zn: sturdiness] 1 stevig, sterk, duurzaam 2 robuust, sterk, flink, krachtig, gespierd, stevig (gebouwd) 3 vastberaden, resoluut, krachtig, energiek ♦ *keep up a sturdy resistance to sth.* krachtig/vastberaden weerstand bieden aan/tegen iets 4 krachtig, gespierd, kernachtig, energiek ♦ *a sturdy style* een krachtige stijl

stur·geon /stɜːdʒən, ᴬstɜr-/ [telb + niet-telb zn] steur

¹**Sturm und Drang** /ʃtʊəm ʊn(t) drɑːŋ, ᴬʃtʊrm-/ [eigennm; soms sturm und drang] ⟨letterk⟩ Sturm und Drang

²**Sturm und Drang** /ʃtʊəm ʊn(t) drɑːŋ, ᴬʃtʊrm-/ [niet-telb zn; soms sturm und drang] herrie en opwinding, sturm-und-drang ▪ *the Sturm und Drang of life* de stormen des levens

¹**stut·ter** /stʌtə, ᴬstʌtər/ [telb zn; voornamelijk enk] 1 gestotter, het stotteren ♦ *have a stutter* stotteren; *without a stutter* zonder te stotteren 2 staccato, geratel

²**stut·ter** /stʌtə, ᴬstʌtər/ [onov + ov ww] stotteren, stamelen, hakkelen, stotterend uitbrengen ♦ *stutter out* stotterend uitbrengen

stut·ter·er /stʌtrə, ᴬstʌtrər/ [telb zn] stotteraar(ster)

stut·ter·ing·ly /stʌtərɪŋli/ [bw] (al) stotterend

STV [afk] (Scottish Television)

St Vin·cent and the Gren·a·dines /sntˈvɪnsnt əndəgrenədiːnz, ᴬseɪntˈvɪnsnt əndəgrenədi:nz/ [eigennm] Saint Vincent en de Grenadines

¹**sty,** ⟨in betekenis 4 ook⟩ **stye** /staɪ/ [telb zn] 1 varkenskot, varkensstal, varkenshok 2 zwijnenstal ⟨figuurlijk⟩, (varkens)kot, huishouden van Jan Steen 3 oord (des verderfs) 4 strontje, gerst(e)korrel, stijg ⟨zweertje aan oog⟩

²**sty** /staɪ/ [onov ww] in een varkenskot opsluiten

³**sty** /staɪ/ [ov ww] in een varkenskot verblijven/wonen

styg·i·an /stɪdʒɪən/ [bn; vaak Stygian] 1 ⟨Griekse myth⟩ Stygisch, van de Styx 2 ⟨form⟩ somber (als de Styx), donker/duister/zwart (als de Styx), onheilspellend 3 ⟨form⟩ hels, duivels 4 ⟨form⟩ onschendbaar, onbreekbaar

¹**style** /staɪl/ [telb zn] 1 stift, schrijfstift, stilus, stilet, schrijfpriem 2 graveernaald, etsnaald, graveerstift 3 grammofoonnaald 4 genre, type, soort, model, vorm ♦ *a new style of chair* een nieuw genre/model stoel; *in all sizes and styles* in alle maten en vormen 5 benaming, (volledige) (aanspreek)titel, (firma)naam ♦ *style* iemands juiste (aanspreek)titel; *take the style (of) 'Majesty'* de titel (van) 'Majesteit' dragen/aannemen; *under the style of* onder de benaming (van) 6 stijl, tijdrekening ♦ *the New Style* de nieuwe stijl ⟨de gregoriaanse tijdrekening⟩; *the Old Style* de oude stijl ⟨de juliaanse tijdrekening⟩ 7 stift ⟨van zonnewijzer⟩ 8 ⟨plantk⟩ stijl 9 ⟨med⟩ sonde 10 ⟨med⟩ stilet 11 ⟨boek⟩ typografie, typografische conventies

²**style** /staɪl/ [telb + niet-telb zn] 1 (schrijf)stijl, trant, wijze, schrijftrant, schrijfwijze ♦ *in the style of* in/volgens de stijl van; *spaghetti Italian style* spaghetti op z'n Italiaans 2 stijl, stroming, school, richting ⟨m.b.t. letterkunde, bouwkunst e.d.⟩ ♦ *the new style of building* de nieuwe bouwstijl; *Decorated style* decoratedstijl ⟨2e fase van Engelse gotiek; 14e eeuw⟩ 3 manier van doen, manieren, stijl, levenswijze ♦ *in fine style* met (veel) stijl, stijlvol; *the style of a gentleman* de stijl van een gentleman; *that's not his style* dat is zijn stijl niet, zo is hij niet 4 mode, stijl, vogue ♦ *in style* in de mode, en vogue; *out of style* uit de mode ▪ *cramp s.o.'s style* iemand de ruimte niet geven, iemand in zijn ontplooiing/doen en laten belemmeren/beperken; *live in a style beyond one's means* boven zijn stand

style

leven; *style of swimming* zwemslag
³**style** /staɪl/ [niet-telb zn] [1] vorm(geving), stijl ♦ *the style is even worse than the matter* de vorm is nog slechter dan de inhoud [2] stijl, distinctie, voorname manieren ♦ *have no style* geen stijl hebben, (alle) distinctie missen [·] *in style* met stijl, stijlvol, chic; *drive in style* met een chique wagen rijden; *a party in style* een chic feest; *live in (grand/great) style* op grote voet leven, een luxe leventje leiden
⁴**style** /staɪl/ [ov ww] [1] stileren [2] ⟨volgens een bepaalde stijl⟩ ontwerpen, een bepaalde stijl geven aan, vorm geven aan, vormgeven [3] ⟨vaak passief⟩ noemen, de titel geven van [4] ⟨drukw⟩ typografisch persklaar maken;
→ styling
-style /staɪl/ in ...(-)stijl ♦ *cowboy-style* in cowboystijl; *Indian-style* op zijn indiaans
style book [telb zn] ⟨drukw⟩ boek met typografische aanwijzingen
style judge [telb zn] ⟨zwemsp⟩ kamprechter, zwemslagcontroleur
style jump [telb zn] ⟨sport⟩ steilsprong
style·less /ˈstaɪlləs/ [bn] stijlloos
styl·er /ˈstaɪlə, ᴬ-ər/ [telb zn] stylist
style sheet [telb zn] [1] (kaart/boekje met) stijlregels [2] ⟨drukw⟩ (kaart/boekje met) typografische regels, regels voor het persklaar maken [3] ⟨comp, drukw⟩ stijlblad ⟨met opmaakkenmerken⟩, stylesheet
sty·let /ˈstaɪlɪt/ [telb zn] [1] stilet(to) [2] ⟨med⟩ stilet
styl·ing /ˈstaɪlɪŋ/ [niet-telb zn; gerund van style] styling, vormgeving, ontwerp
styl·ing brush [telb zn] krulborstel
sty·lish /ˈstaɪlɪʃ/ [bn; bw: ~ly; zn: ~ness] [1] modieus, naar de mode (gekleed) [2] stijlvol, elegant, deftig, chic
styl·ist /ˈstaɪlɪst/ [telb zn] [1] stilist(e), auteur met (goede) stijl [2] ontwerp(st)er [3] stilist(e), adviseur, adviseuse, etaleur ♦ *an industrial stylist* een industrieel adviseur
sty·lis·tic /staɪˈlɪstɪk/, **sty·lis·ti·cal** /-ɪkl/ [bn; bw: ~ally] stilistisch, stijl-, m.b.t./van (de) stijl ♦ *stylistic change* stijlverandering
sty·lis·tics /staɪˈlɪstɪks/ [niet-telb zn] [1] stilistiek, stijlstudie, stijlonderzoek, stijlanalyse [2] stilistiek, stijlleer
sty·lite /ˈstaɪlaɪt/ [telb zn] pilaarheilige, styliet, zuilheilige
styl·i·za·tion, styl·i·sa·tion /ˌstaɪlaɪˈzeɪʃn, ᴬ-ləˈzeɪʃn/ [telb + niet-telb zn] stilering
styl·ize, styl·ise /ˈstaɪlaɪz/ [ov ww] stileren, stiliseren ♦ *stylized representations* gestileerde afbeeldingen
sty·lo /ˈstaɪloʊ/ [telb zn] ⟨inf⟩ ⟨verk: stylograph⟩ stylograaf, (soort) vulpen
sty·lo·bate /ˈstaɪləbeɪt/ [telb zn] ⟨bouwk⟩ stylobaat, zuilenstoel
sty·lo·graph /ˈstaɪləɡrɑːf, ᴬ-ɡræf/ [telb zn] stylograaf, (soort) vulpen
sty·lo·graph·ic /ˌstaɪləˈɡræfɪk/, **sty·lo·graph·i·cal** /-ɪkl/ [bn; bw: ~ally] [1] m.b.t./van de stylografie [2] met/van een stylograaf, met/van een vulpen ♦ *stylographic pen* stylograaf, (soort) vulpen
sty·log·ra·phy /staɪˈlɒɡrəfi, ᴬ-ˈlɑː-/ [niet-telb zn] (kunst van) het schrijven/graveren/etsen met een (schrijf)stift
sty·loid /ˈstaɪlɔɪd/ [bn] priemvormig, naaldvormig, puntig
sty·lo·po·di·um /ˌstaɪləˈpoʊdiəm/ [telb zn; mv: stylopodia /-dɪə/] ⟨plantk⟩ stijlvoet
sty·lus /ˈstaɪləs/ [telb zn; mv: ook styli /-laɪ/] [1] ⟨grammofoon⟩naald, diamant, saffier [2] stift, graveernaald [3] schrijfpriem, schrijfstift, stilet [4] snijbeitel ⟨maakt groef in plaat⟩ [5] ⟨comp⟩ stylus ⟨stift om touchscreens te bedienen⟩
¹**sty·mie, sty·my** /ˈstaɪmi/ [telb zn] [1] ⟨golf⟩ stymie ⟨situatie waarbij de bal van een speler de weg van de andere bal naar de hole belemmert⟩ ♦ *lay a stymie* een bal tussen die van de tegenspeler en het te bereiken gat spelen [2] lastige situatie, impasse, hindernis, beletsel, kink in de kabel
²**sty·mie, sty·my** /ˈstaɪmi/ [ov ww] [1] ⟨golf⟩ met een stymie hinderen, voor een stymie stellen ⟨zie stymie¹ bet 1⟩ ♦ *stymie a ball* een bal tussen die van de tegenspeler en het gat spelen [2] dwarsbomen, (ver)hinderen, verijdelen, belemmeren, tegenhouden
styp·sis /ˈstɪpsɪs/ [niet-telb zn] ⟨med⟩ bloedstelping, bloedstilling
¹**styp·tic** /ˈstɪptɪk/ [telb zn] ⟨med⟩ stypticum, bloedstelpend/hemostatisch middel
²**styp·tic** /ˈstɪptɪk/, **styp·ti·cal** /ˈstɪptɪkl/ [bn] ⟨med⟩ [1] styptisch, bloedstelpend, hemostatisch [2] adstringerend, samentrekkend
styrax [telb + niet-telb zn] → storax
sty·rene /ˈstaɪriːn/ [niet-telb zn] ⟨scheik⟩ styreen, styrol, vinylbenzeen
Styr·i·a /ˈstɪrɪə/ [eigenn] Stiermarken ⟨Oostenrijkse deelstaat⟩
¹**Styr·i·an** /ˈstɪrɪən/ [telb zn] Stiermarker, Stiermarkse, inwoner, inwoonster van Stiermarken
²**Styr·i·an** /ˈstɪrɪən/ [bn; ook styrian] Stiermarks
Sty·ro·foam /ˈstaɪrəfoʊm/ [niet-telb zn] ⟨AE; merknaam⟩ piepschuim, polystyreen
Styx /stɪks/ [eigenn] ⟨Griekse myth⟩ Styx ♦ *black as Styx* zo zwart als de nacht, zo duister als de Styx [·] *cross the Styx* zich naar het schimmenrijk begeven, sterven
Suabian → Swabian
su·a·bil·i·ty /ˌsjuːəˈbɪləti, ᴬˌsuːəˈbɪləti/ [niet-telb zn] vervolgbaarheid
su·a·ble /ˈsjuːəbl, ᴬˈsuːəbl/ [bn; bw: suably] (gerechtelijk) vervolgbaar
sua·sion /ˈsweɪʒn/ [niet-telb zn] overreding(skracht), overtuiging ♦ *moral suasion* morele overreding(skracht)
sua·sive /ˈsweɪsɪv/ [bn] overredend, overtuigend, welbespraakt
suave /swɑːv/ [bn; bw: ~ly; zn: ~ness] [1] zacht(aardig), mild, suave, vriendelijk, verzachtend ♦ *a suave wine* een zacht wijntje [2] beminnelijk, hoffelijk, beleefd, ⟨pej⟩ glad ♦ *suave manners* beminnelijke manieren
¹**suav·i·ty** /ˈswɑːvəti/ [telb + niet-telb zn] hoffelijkheid, beleefdheid, beminnelijkheid
²**suav·i·ty** /ˈswɑːvəti/ [niet-telb zn] zacht(aardig)heid, mildheid, vriendelijkheid
¹**sub** /sʌb/ [telb zn] [1] ⟨verk: subaltern⟩ [2] ⟨verk: subcontractor⟩ [3] ⟨verk: subeditor⟩ [4] ⟨verk: sublieutenant⟩ [5] ⟨verk: submarine⟩ [6] ⟨verk: subordinate⟩ [7] ⟨verk: subscriber⟩ [8] ⟨verk: subscription⟩ [9] ⟨verk: subsidiary⟩ [10] ⟨verk: subsistence allowance⟩ [11] ⟨verk: substitute⟩ [12] ⟨verk: substratum⟩ [13] ⟨verk: suburb⟩ [14] ⟨verk: subway⟩
²**sub** /sʌb/ [bn, attr] ondergeschikt, secundair, bijkomend, hulp- ♦ *sub post office* hulppostkantoor
³**sub** /sʌb/ [onov ww] ⟨inf⟩ [1] als plaatsvervanger optreden, invallen ♦ *sub for* vervangen, invallen voor [2] ⟨BE⟩ een voorschot op het loon/salaris betalen/ontvangen
⁴**sub** /sʌb/ [ov ww] ⟨inf⟩ [1] ⟨foto⟩ substreren [2] ⟨verk: subcontract⟩ [3] ⟨verk: subedit⟩ [4] ⟨verk: subirrigate⟩
sub- /sʌb/ sub-, onder-, bij-, ondergeschikt, enigszins, grenzend aan
sub·ab·dom·i·nal /ˌsʌbæbˈdɒmɪnl, ᴬ-ˈæbdɑː-/ [bn] ⟨med⟩ subabdominaal
sub·ac·id /ˌsʌbˈæsɪd/ [bn; bw: ~ly; zn: ~ness] [1] zuurachtig, nogal zuur/scherp [2] minder zuur dan normaal
sub·ac·id·i·ty /ˌsʌbəˈsɪdəti/ [niet-telb zn] zuurachtigheid
sub·ac·rid /ˌsʌbˈækrɪd/ [bn] nogal scherp/bitter
sub·a·cute /ˌsʌbəˈkjuːt/ [bn; bw: ~ly] subacuut
sub·aer·i·al /ˌsʌbˈeərɪəl, ᴬ-ˈerɪəl/ [bn; bw: ~ly] (net) bovengronds, in de openlucht, aan het aardoppervlak

sub·a·gen·cy /sʌbeɪdʒənsi/ [telb zn] subagentschap, filiaal, bijkantoor
sub·a·gent /sʌbeɪdʒənt/ [telb zn] subagent, onderagent
su·bah·dar, su·ba·dar /suːbədɑː, ˄-dɑr/ ⟨gesch⟩ subadar ⟨Indisch officier⟩
sub·al·pine /sʌbælpaɪn/ [bn] ① subalpien ② aan de voet van de Alpen • ⟨dierk⟩ subalpine warbler baardgrasmus ⟨Sylvia cantillans⟩
¹**sub·al·tern** /sʌbltən, ˄səbɔltərn/ [telb zn] ① ondergeschikte, mindere, subaltern ② ⟨vnl BE⟩ subalterne officier ⟨onder kapiteinsrang⟩
²**sub·al·tern** /sʌbltən, ˄səbɔltərn/ [bn] ① subaltern, ondergeschikt, onder- ② ⟨log⟩ subaltern
sub·al·ter·nate /sʌbɔːltnət, ˄-tər-/ [bn] ① ondergeschikt ② ⟨plantk⟩ subalternerend
sub·ant·arc·tic /sʌbæntɑː(k)tɪk, ˄sʌbæntɑr(k)tɪk/ [bn] sub-Antarctisch
sub·ap·os·tol·ic /sʌbæpəstɒlɪk, ˄-æpəstɑ-/ [bn] postapostolisch
sub·a·qua /sʌbækwə/, **sub·a·quat·ic** /-əkwætɪk/, **sub·a·que·ous** /-eɪkwɪəs/ [bn] onderwater-, submarien
sub·arc·tic /sʌbɑː(k)tɪk, ˄sʌbɑr(k)tɪk/ [bn] subarctisch
sub·ar·id /sʌbærɪd/ [bn] nogal droog/dor
sub·as·tral /sʌbæstrəl/ [bn] aards, ondermaans
sub·at·lan·tic /sʌbətlæntɪk/ [bn] subatlantisch
sub·a·tom·ic /sʌbətɒmɪk, ˄-ɑtɑ-/ [bn] subatomair
sub·au·di·tion /sʌbɔːdɪʃn/ [niet-telb zn] het lezen tussen de regels
sub·ax·il·lar·y /sʌbæksɪləri/ [bn] ⟨med⟩ onder de oksel
sub·base·ment /sʌbbeɪsmənt/ [telb zn] kelderverdieping onder souterrain
sub·branch /sʌbbrɑːntʃ, ˄-bræntʃ/ [telb zn] subafdeling, onderafdeling
sub·brand [telb zn] huismerk, eigen merk
sub·breed /sʌbbriːd/ [telb zn] onderras
sub·cal·i·ber /sʌbkælɪbə, ˄-ər/ [bn] van te klein kaliber
sub·car·ri·er /sʌbkæriə, ˄-ər/ [bn] ⟨elektronica⟩ hulpdraaggolf
sub·car·ti·lag·i·nous /sʌbkɑːtɪlædʒənəs, ˄-kɑrtlædʒənəs/ [bn] ⟨med⟩ ① onder het kraakbeen ② (gedeeltelijk) kraakbeenachtig
sub·cat·e·go·ry /sʌbkætəgri, ˄-kætəgɔri/ [telb zn] subcategorie
sub·cau·dal /sʌbkɔːdl/ [bn] ⟨med⟩ onder de staart
sub·ce·les·tial /sʌbsɪlestʃəl/ [bn] ① aards, ondermaans ② werelds, mondain, profaan
sub·cep·tion /səbsepʃn/ [niet-telb zn] ⟨psych⟩ subliminale perceptie
sub·chas·er [telb zn] onderzeebootjager
sub·class /sʌbklɑːs, ˄-klæs/ [telb zn] subklasse, onderklasse
¹**sub·cla·vi·an** /sʌbkleɪviən/ [telb zn] ⟨med⟩ ondersleutelbeenslagader, ondersleutelbeenzenuw, ondersleutelbeenspier
²**sub·cla·vi·an** /sʌbkleɪviən/ [bn] ⟨med⟩ onder het sleutelbeen
sub·clin·i·cal /sʌbklɪnɪkl/ [bn] ⟨med⟩ vóór het verschijnen van de symptomen, zonder duidelijke symptomen
sub·com·mis·sion /sʌbkəmɪʃn/ [verzamel] subcommissie
sub·com·mis·sion·er /sʌbkəmɪʃnə, ˄-ər/ [telb zn] onderafgevaardigde, ondercommissie
sub·com·mit·tee /sʌbkəmɪti/ [verzamel] ① subcomité, subcommissie ② commissie van bijstand
sub·com·pact /sʌbkɒmpækt, ˄-kɑmpækt/, **subcompact car** [telb zn] kleine tweepersoonsauto
sub·con·ic /sʌbkɒnɪk, ˄-kɑnɪk/, **sub·con·i·cal** /-ɪkl/ [bn] bijna kegelvormig
¹**sub·con·scious** /sʌbkɒnʃəs, ˄-kɑnʃəs/ [niet-telb zn; the] het onderbewustzijn

²**sub·con·scious** /sʌbkɒnʃəs, ˄-kɑnʃəs/ [bn; bw: ~ly; zn: ~ness] onderbewust
sub·con·ti·nent /sʌbkɒntɪnənt, ˄-kɑntn·ənt/ [telb zn] subcontinent
sub·con·ti·nen·tal /sʌbkɒntɪnentl, ˄-kɑntnentl/ [bn] ⟨AE⟩ m.b.t. een subcontinent
¹**sub·con·tract** /sʌbkɒntrækt, ˄-kɑntrækt/ [telb zn] onderaanbestedingscontract, toeleveringscontract
²**sub·con·tract** /sʌbkɒntrækt/ [onov + ov ww] een onderaanbestedingscontract/toeleveringscontract sluiten (voor) ♦ subcontract some of the work to a plumber een gedeelte van het werk uitbesteden aan een loodgieter
sub·con·trac·tor /sʌbkɒntræktə, ˄-kɑntræktər/ [telb zn] onderaannemer, toeleveringsbedrijf, toeleverancier
¹**sub·con·tra·ry** /sʌbkɒntrəri, ˄-kɑntreri/ [telb zn] ⟨log⟩ subcontraire propositie
²**sub·con·tra·ry** /sʌbkɒntrəri, ˄-kɑntreri/ [bn] ⟨log⟩ subcontrair
sub·cor·date /sʌbkɔːdeɪt, ˄-kɔr-/ [bn] bijna hartvormig
sub·cos·tal /sʌbkɒstl, ˄-kɑstl/ [bn] ⟨med⟩ onder een rib/de ribben
sub·crit·i·cal /sʌbkrɪtɪkl/ [bn] ⟨natuurk⟩ subkritisch, onderkritisch
sub·cul·tur·al /sʌbkʌltʃrəl/ [bn] m.b.t. een subcultuur
sub·cul·ture /sʌbkʌltʃə, ˄-ər/ [telb zn] subcultuur
sub·cu·ta·ne·ous /sʌbkjuːteɪniəs/, **sub·cu·tic·u·lar** /-kjuːtɪkjʊlə, ˄-jələr/ [bn; bw: ~ly] ⟨med⟩ subcutaan, onderhuids, subdermaal, hypodermaal ♦ subcutaneous injection subcutane injectie
sub·cy·lin·dri·cal /sʌbsɪlɪndrɪkl/ [bn] bijna cilindrisch
sub·dea·con /sʌbdiːkən/ [telb zn] ⟨rel⟩ subdiaken, onderdiaken
sub·dean /sʌbdiːn/ [telb zn] vicedecaan, onderdeken
sub·dean·er·y /sʌbdiːnəri/ [telb + niet-telb zn] onderdecanaat, ⟨België⟩ onderdekenij
sub·deb·u·tante /sʌbdebjuːtɑːnt/, ⟨inf⟩ **sub·deb** /-deb/ [telb zn] ⟨AE⟩ tiener(meisje)
sub·dec·a·nal /sʌbdɪkeɪnl/ [bn; bw: ~ly] m.b.t. het onderdecanaat
sub·di·ac·o·nate /sʌbdaɪækənət/ [niet-telb zn] ⟨rel⟩ subdiaconaat
¹**sub·di·vide** /sʌbdɪvaɪd/ [onov ww] zich splitsen, zich weer verdelen
²**sub·di·vide** /sʌbdɪvaɪd/ [ov ww] ① (onder)verdelen, opsplitsen ② ⟨AE⟩ verkavelen
sub·di·vid·er /sʌbdɪvaɪdə, ˄-ər/ [telb zn] (onder)verdeler
sub·di·vis·i·ble /sʌbdɪvɪzəbl/ [bn] verder verdeelbaar
sub·di·vi·sion /sʌbdɪvɪʒn/ [telb + niet-telb zn] ① (onder)verdeling, onderafdeling, subafdeling ② ⟨AE⟩ verkaveling
sub·dom·i·nant /sʌbdɒmɪnənt, ˄-dɑ-/ [niet-telb zn] ⟨muz⟩ subdominant, onderdominant, onderkwint van de tonica
sub·du·a·ble /səbdjuːəbl, ˄-duː-/ [bn] tembaar
sub·du·al /səbdjuːəl, ˄-duː-/ [niet-telb zn] ① onderwerping, overheersing, beteugeling, beheersing ② matiging, tempering, verzachting ③ ontginning, bebouwing
sub·duct /səbdʌkt/ [ov ww] ① ⟨biol⟩ neerwaarts richten (voornamelijk oog) ② ⟨vero⟩ verwijderen, onttrekken ③ ⟨vero⟩ aftrekken
sub·duc·tion /səbdʌkʃn/ [telb + niet-telb zn] ① ⟨biol⟩ (het) neerwaarts richten ⟨van oog⟩ ② ⟨geol⟩ subductie ⟨in tektoniek⟩
sub·due /səbdjuː, ˄-duː/ [ov ww] ① onderwerpen, onder het juk brengen, beteugelen, bedwingen, beheersen, temmen, gedwee maken ♦ subdue one's passions zijn hartstochten beteugelen ② temperen, matigen, verzachten ♦ subdue the light het licht temperen ③ ontginnen, cultiveren, bebouwen ♦ subdue the land het land ontginnen; → subdued

subdued

sub·dued /səbdjuːd, ᴬduːd/ [bn; oorspronkelijk volt deelw van subdue] getemperd, (ver)zacht, gematigd, gedempt, ingehouden, ingetogen, stil, berustend, stemmig, niet opzichtig ♦ *subdued colours* zachte kleuren; *subdued humour* ingehouden humor; *subdued lighting* getemperd licht; *subdued mood* ingetogen/gelaten stemming; *subdued voice* gedempte stem

sub·du·er /səbdjuːə, ᴬ-duːər/ [telb zn] overheerser

sub·ed·it /sᴀbedɪt/ [ov ww] redigeren, persklaar maken

sub·ed·i·tor /sᴀbedɪtə, ᴬ-edɪtər/ [telb zn] ① adjunct-hoofdredacteur ② persklaarmaker, editor

sub·e·qua·to·ri·al /sᴀbekwətɔːrɪəl/ [bn] subequatoriaal

sub·e·rect /sᴀbɪrekt/ [bn] ⟨plantk⟩ bijna rechtop (groeiend)

su·ber·e·ous /sjuːbɪərɪəs, ᴬsuː-/, **su·ber·ic** /-berɪk/, **su·ber·ose** /-brous/, **su·ber·ous** /-brəs/ [bn] kurkachtig ♦ *suberic acid* kurkzuur

su·ber·in /sjuːbrɪn, ᴬsuː-/ [niet-telb zn] ⟨plantk⟩ suberine, kurkstof

su·ber·i·za·tion, su·ber·i·sa·tion /sjuːbəraɪzeɪʃn, ᴬsuːbərə-/ [niet-telb zn] ⟨plantk⟩ suberinevorming

su·ber·ize, su·ber·ise /sjuːbəraɪz, ᴬsuː-/, **su·ber·in·ize, su·ber·in·ise** /-brɪnaɪz/ [ov ww] ⟨plantk⟩ suberine doen vormen

sub·fam·i·ly /sᴀbfæm(ɪ)li/ [telb zn] subfamilie, onderfamilie

sub·feb·rile /sᴀbfiːbraɪl, ᴬ-febrəl/ [bn] subfebriel, lichtjes koortsig

sub·fer·til·i·ty /sᴀbfɜːtɪləti, ᴬ-fərtɪləti/ [niet-telb zn] subfertiliteit, verminderde vruchtbaarheid

sub fi·nem /sᴀbfaɪnəm/ [bw] sub finem, aan/tegen het eind

sub·floor /sᴀbflɔː, ᴬ-flɔr/ [telb zn] houten ondervloer

sub·form /sᴀbfɔːm, ᴬ-fɔrm/ [telb zn] variant

¹sub·fusc /sᴀbfᴀsk/ [niet-telb zn] donkere kledij ⟨aan sommige universiteiten⟩

²sub·fusc /sᴀbfᴀsk/ [bn] donker, somber, weinig inspirerend, ⟨fig⟩ grijs

sub·ge·ner·ic /sᴀbdʒɪnerɪk/, **sub·ge·ner·i·cal** /-ɪkl/ [bn; bw: ~ally] m.b.t. een onderklasse, een onderklasse vormend

sub·ge·nus /sᴀbdʒiːnəs, ᴬdʒenərə/ [telb zn; mv: subgenera /-dʒenərə/] onderklasse

sub·gla·cial /sᴀbgleɪʃl/ [bn; bw: ~ly] ① subglaciaal, onder een gletsjer ② postglaciaal

sub·group /sᴀbgruːp/ [telb zn] subgroep

sub·head /sᴀbhed/, **sub·head·ing** /-hedɪŋ/ [telb zn] ① onderdeel ② ondertitel, onderkop, deeltitel

sub·he·pat·ic /sᴀbhɪpætɪk/ [bn] ⟨med⟩ onder de lever

sub-Hi·ma·la·yan /sᴀbhɪməleɪən/ [bn] onder/aan de voet van de Himalaya

sub·hu·man /sᴀbhjuːmən, ᴬ-(h)juːmən/ [bn] minder dan menselijk, dierlijk

sub·in·dex /sᴀbɪndeks/ [telb zn; mv: ook subindices /-ɪndɪsiːz/] subindex, deelindex

sub·in·feu·date /sᴀbɪnfjuːdeɪt/, **sub·in·feud** /-ɪnfjuːd/ [ov ww] ⟨gesch⟩ onderpacht, onderverhuren ⟨feodaal landgoed⟩

sub·in·feu·da·tion /sᴀbɪnfjudeɪʃn/ [niet-telb zn] ⟨gesch⟩ onderpacht

sub·in·feu·da·to·ry /sᴀbɪnfjuːdətri, ᴬ-tɔri/ [telb zn] onderpachter

sub·ir·ri·gate /sᴀbɪrɪgeɪt/ [ov ww] ondergronds irrigeren

sub·ir·ri·ga·tion /sᴀbɪrɪgeɪʃn/ [niet-telb zn] ondergrondse irrigatie

su·bi·to /suːbɪtou/ [bw] ⟨muz⟩ subito

subj [afk] ① (subject) ② (subjective) ③ (subjunctive)

sub·ja·cent /sᴀbdʒeɪsnt/ [bn] lager/dieper gelegen, onderliggend

¹sub·ject /sᴀbdʒɪkt/ [telb zn] ① onderdaan, ondergeschikte ♦ *rulers and subjects* vorsten en onderdanen ② thema ⟨ook muziek⟩, onderwerp ♦ *change the subject* van onderwerp veranderen, over iets anders beginnen te praten; *subject for debate* gespreksthema, discussiepunt; *on the subject of* omtrent, aangaande, over, op het punt van; *talk on serious subjects* over ernstige onderwerpen praten; *wander from the subject* van het onderwerp afwijken/afdwalen ③ sujet, persoon ♦ *sensitive subject* teergevoelig sujet ④ (studie)object, voorwerp, studiegebied, (leer)vak ⑤ aanleiding, omstandigheid, reden ♦ *subject for complaint* reden tot klagen; *subject for congratulation* reden tot gelukwensing; *subject for ridicule* voorwerp van spot ⑥ ⟨taalk, log⟩ subject, onderwerp ♦ *subject and object* subject en object; *subject and predicate* onderwerp en gezegde ⑦ ⟨filos⟩ subject, het (beschouwende) ik, ik-heid ⑧ ⟨med⟩ lijk ⟨voor dissectie⟩, kadaver, proefdier, proefpersoon, proefkonijn ♦ *subject for dissection* dissectieobject, lijk, kadaver ⑨ ⟨med⟩ patiënt

²sub·ject /sᴀbdʒɪkt/ [bn] ① onderworpen ♦ *a subject nation* een onderdrukte natie; *subject to foreign rule* onder vreemde heerschappij; *subject to the laws of nature* onderworpen aan de wetten van de natuur

³sub·ject /sᴀbdʒɪkt/ [bn, pred] ① onderhevig, blootgesteld, vatbaar ♦ *subject to gout* onderhevig aan jicht; *subject to change* vatbaar voor wijziging(en) ② afhankelijk ♦ *subject to contract* afhankelijk van het sluiten van een contract; *subject to your consent* behoudens uw toestemming; *subject to these conditions* afhankelijk van de vervulling van deze voorwaarden, op deze voorwaarden

⁴sub·ject /səbdʒekt/ [ov ww] ① onderwerpen ♦ *subject to one's rule* aan zijn heerschappij onderwerpen ② blootstellen ♦ *subject to criticism* aan kritiek blootstellen ③ doen ondergaan ♦ *subject to torture* martelen

subject catalogue [telb zn] systematische catalogus

subject heading [telb zn] indexering

subject index [telb zn] klapper, systematisch register

sub·jec·tion /səbdʒekʃn/ [niet-telb zn] ① onderwerping, subjectie, onderworpenheid ② afhankelijkheid

¹sub·jec·tive /səbdʒektɪv/ [bn] ⟨taalk⟩ (woord in de) nominatief

²sub·jec·tive /səbdʒektɪv/ [bn; bw: ~ly; zn: ~ness] ① subjectief, persoonlijk, gevoelsmatig, bevooroordeeld ② ⟨taalk⟩ onderwerps- ♦ *subjective case* nominatief; *subjective genitive* onderwerpsgenitief

sub·jec·tiv·ism /səbdʒektɪvɪzm/ [niet-telb zn] subjectivisme

sub·jec·tiv·ist /səbdʒektɪvɪst/ [telb zn] subjectivist

sub·jec·tiv·is·tic /sᴀbdʒektɪvɪstɪk/ [bn] subjectivistisch

sub·jec·tiv·i·ty /sᴀbdʒektɪvəti/ [niet-telb zn] subjectiviteit

sub·ject·less /sᴀbdʒɪktləs/ [bn] zonder onderwerp

subject matter [niet-telb zn] onderwerp, inhoud ⟨bijvoorbeeld van boek⟩

subject picture [telb zn] genrestuk

sub·join /sᴀbdʒɔɪn/ [ov ww] ⟨form⟩ (eraan) toevoegen, bijvoegen ♦ *subjoin a postscript* een postscriptum toevoegen; → subjoined

sub·join·der /sᴀbdʒɔɪndə, ᴬ-ər/ [telb zn] ⟨form⟩ toevoeging, postscriptum

sub·joined /sᴀbdʒɔɪnd/ [bn; bw; volt deelw van subjoin] ⟨form⟩ bijgaand, bijgevoegd, inliggend ♦ *subjoined please find* wij zenden u bijgaand

sub·joint /sᴀbdʒɔɪnt/ [telb zn] ondergeleding ⟨van poot van insect e.d.⟩

sub ju·di·ce /sᴀb dʒuːdɪsi, ᴬ-juːdɪkeɪ/ [bn, pred] sub judice, nog hangende, bij de rechter

sub·ju·ga·ble /sᴀbdʒəgəbl/ [bn] overwinbaar

sub·ju·gate /sᴀbdʒʊgeɪt, ᴬ-dʒə-/ [ov ww] onderwerpen, overwinnen, onder het juk brengen

sub·ju·ga·tion /sʌbdʒʊgeɪʃn, ᴬ-dʒə-/ [niet-telb zn] onderwerping, overwinning, overheersing
sub·ju·ga·tor /sʌbdʒʊgeɪtə, ᴬ-dʒəgeɪtər/ [telb zn] overheerser, overwinnaar
sub·junc·tion /səbdʒʌŋkʃn/ [telb + niet-telb zn] toevoeging, bijvoeging, bijvoegsel, postscriptum
¹**sub·junc·tive** /səbdʒʌŋktɪv/ [telb zn] 〈taalk〉 ① conjunctief, aanvoegende wijs, subjunctief ② conjunctieve (werkwoords)vorm, werkwoord in de conjunctief
²**sub·junc·tive** /səbdʒʌŋktɪv/ [bn; bw: ~ly] 〈taalk〉 subjunctief, aanvoegend ♦ *subjunctive mood* aanvoegende wijs
sub·king·dom /sʌbkɪŋdəm/ [telb zn] 〈biol〉 fylum, stam
sub·lan·guage /sʌblæŋgwɪdʒ/ [telb + niet-telb zn] subtaal, taaltje
¹**sub·lap·sar·i·an** /sʌblæpsɛərɪən, ᴬ-sɛr-/ 〈theol〉 aanhanger van het infralapsarisme
²**sub·lap·sar·i·an** /sʌblæpsɛərɪən, ᴬ-sɛr-/ [bn] 〈theol〉 infralapsarisch
sub·lap·sar·i·an·ism /sʌblæpsɛərɪənɪzm, ᴬ-sɛr-/ [niet-telb zn] 〈theol〉 infralapsarisme
¹**sub·lease** /sʌbliːs/ [telb zn] onderverhuring(scontract)
²**sub·lease** /sʌbliːs/ [ov ww] onderverhuren
sub·les·see /sʌblesiː/ [telb zn] onderhuurder, onderhuurster
sub·les·sor /sʌblesɔː, ᴬ-lesɔr/ [telb zn] onderverhuurder, onderverhuurster
¹**sub·let** /sʌblet/ [telb zn] onderverhuurd appartement/huis
²**sub·let** /sʌblet/ [ov ww; sublet, sublet] ① onderverhuren ② onderaanbesteden
sub·lieu·ten·ant /sʌbleftenənt, ᴬ-luː-/ [telb zn] 〈BE; mil, scheepv〉 luitenant-ter-zee 3e klasse
¹**sub·li·mate** /sʌblɪmət/ [telb zn] 〈scheik〉 sublimaat
²**sub·li·mate** /sʌblɪmət/ [bn] sublimaat-, gesublimeerd
³**sub·li·mate** /sʌblɪmeɪt/ [onov + ov ww] ① 〈scheik〉 (doen) sublimeren, (doen) vervluchtigen (en condenseren) ② 〈fig〉 veredelen, verfijnen, veredeld/verfijnd worden, verheffen ♦ *sublimate into* veredelen tot
⁴**sub·li·mate** /sʌblɪmeɪt/ [ov ww] 〈psych〉 sublimeren
sub·li·ma·tion /sʌblɪmeɪʃn/ [telb + niet-telb zn] ① 〈scheik, psych〉 sublimatie, sublimering ② 〈fig〉 veredeling, verheffing
¹**sub·lime** /səblaɪm/ [niet-telb zn; the] het verhevene, het sublieme ♦ *from the sublime to the ridiculous* van het sublieme tot het potsierlijke
²**sub·lime** /səblaɪm/ [bn; bw: ~ly; zn: ~ness] ① subliem, edel, hoog, verheven ♦ *sublime heroism* edele heldhaftigheid; 〈gesch〉 *the Sublime Porte* de Verheven Porte ② 〈inf; pej〉 subliem, ongehoord, ongelofelijk ♦ *sublime impudence* ongehoorde schaamteloosheid ⊡ 〈sprw〉 *from the sublime to the ridiculous is but a step* tussen het verhevene en het belachelijke ligt maar één stap
³**sub·lime** /səblaɪm/ [onov + ov ww] 〈scheik〉 (doen) sublimeren
⁴**sub·lime** /səblaɪm/ [ov ww] 〈fig〉 veredelen, verfijnen, verheffen
sub·lim·i·nal /sʌblɪmɪnəl/ [bn; bw: ~ly] 〈psych〉 subliminaal ♦ *subliminal advertising* subliminale reclame; *subliminal self* het onderbewustzijn
sub·lim·i·ty /səblɪmətɪ/ [telb + niet-telb zn] sublimiteit, verhevenheid, het edele ♦ *the sublimities of religion* de verhevenheid van de godsdienst
sub·lin·gual /sʌblɪŋgwəl/ [bn; bw: ~ly] 〈med〉 sublinguaal, onder de tong
sub·lit·to·ral /sʌblɪtrəl, ᴬ-lɪtərəl/ [bn] in de kustwateren
Sub-Lt [afk] 〈BE〉 (Sub-Lieutenant)
sub·lu·nar·y /sʌbluːnərɪ/, **sub·lu·nar** /-lʊːnə, ᴬ-ər/ [bn] ondermaans, aards, sublunarisch
sub·ma·chine gun /sʌbməʃiːn gʌn/ [telb zn] machinepistool, lichte mitrailleur

sub·man /sʌbmæn/ [telb zn; mv: submen /-men/] inferieur mens, bruut, idioot
sub·man·ag·er /sʌbmænɪdʒə, ᴬ-ər/ [telb zn] onderdirecteur
¹**sub·ma·rine** /sʌbməriːn/ [telb zn] ① duikboot, onderzeeër ② zeemijn, onderzeese mijn ③ zeedier ④ zeeplant ⑤ → **submarine sandwich**
²**sub·ma·rine** /sʌbməriːn/ [bn] onderzees, submarien
³**sub·ma·rine** /sʌbməriːn/ [onov ww] ① onderzees leven/functioneren ② een onderzeeër besturen
⁴**sub·ma·rine** /sʌbməriːn/ [ov ww] aanvallen met onderzeeërs, torpederen
submarine chaser [telb zn] duikbootjager
submarine pen [telb zn] duikbootdok, schuilplaats voor duikboten
sub·mar·i·ner /sʌbmærɪnə, ˢsʌbməriːnər/ [telb zn] bemanningslid van een duikboot
submarine sandwich [telb zn] 〈AE; sl〉 (grote) sandwich, belegd stokbroodje
sub·mas·ter /sʌbmɑːstə, ᴬ-mæstər/ [telb zn] onderdirecteur 〈van school〉
sub·max·il·lar·y /sʌbmæksɪlərɪ, ᴬ-mæksɪlerɪ/ [bn] 〈med〉 onder de kaak
sub·me·di·ant /sʌbmiːdɪənt/ [telb zn] 〈BE; muz〉 submediant, bovendominant
sub·men·tal /sʌbmentl/ [bn] 〈med〉 onder de kin
sub·merge /səbmɜːdʒ, ᴬ-mɜrdʒ/ [onov + ov ww] ① (doen) duiken 〈van duikboot〉, onderduiken ② (doen) zinken, (doen) ondergaan, onderdompelen, overstromen, onder water zetten ♦ *submerged rocks* blinde klippen ③ 〈fig〉 (doen) verdwijnen, verzwelgen, dompelen, verzinken ♦ *submerged in thought* in gepeins/gedachten verzonken; *the submerged tenth* de in armoede gedompelde minderheid
sub·mersed /səbmɜːst, ᴬ-mɜrst/ [bn] ondergedoken 〈van waterplant〉
¹**sub·mers·i·ble** /səbmɜːsəbl, ᴬ-mɜr-/ [telb zn] duikboot
²**sub·mers·i·ble** /səbmɜːsəbl, ᴬ-mɜr-/, **sub·mer·gi·ble** /səbmɜːdʒəbl, ᴬ-mɜr-/ [bn] ① met duikvermogen ② onderdompelbaar, overstroombaar
sub·mer·sion /səbmɜːʃn, ᴬ-mɜrʒn/, **sub·mer·gence** /-mɜːdʒns, ᴬ-mɜr-/, **sub·merge·ment** /-mɜːdʒmənt, ᴬ-mɜrdʒ-/ [niet-telb zn] ① het duiken ② onderdompeling, overstroming ③ 〈fig〉 verdwijning, verzwelging ④ 〈fig〉 diep gepeins
sub·mi·cro·scop·ic /sʌbmaɪkrəskɒpɪk, ᴬ-skɑ-/ [bn] submicroscopisch (klein)
sub·min·i·a·ture /sʌbmɪnɪ(ə)tʃə, ᴬ-ər/ [bn] kleiner dan miniatuur, buitengewoon klein
sub·miss /səbmɪs/ [bn] 〈vero〉 ① onderdanig, nederig ② gedempt 〈van toon〉
¹**sub·mis·sion** /səbmɪʃn/ [telb zn] 〈form〉 oordeel, suggestie ♦ *in my submission* naar mijn bescheiden mening; *my submission is that* sta me toe op te merken dat
²**sub·mis·sion** /səbmɪʃn/ [niet-telb zn] ① onderwerping, submissie, overgave ♦ *crush into submission* hardhandig onderwerpen; *starve the enemy into submission* de vijand uithongeren ② onderworpenheid, ootmoed, onderdanigheid, nederigheid, submissie ♦ *with all due submission* in alle bescheidenheid ③ voorlegging
sub·mis·sive /səbmɪsɪv/ [bn; bw: ~ly; zn: ~ness] onderdanig, onderworpen, nederig, ootmoedig ♦ *submissive to advice* ontvankelijk voor goede raad
¹**sub·mit** /səbmɪt/ [onov ww] toegeven, zwichten ♦ *submit to threats* onder dreiging toegeven; *submit to s.o.'s wishes* iemands wensen inwilligen ⊡ 〈sprw〉 *submitting to one wrong brings on another* ± al te goed is buurmans gek
²**sub·mit** /səbmɪt/ [onov + ov ww] (zich) overgeven, (zich) onderwerpen ♦ *submit to defeat* zich gewonnen geven,

submit

zich overgeven; *submit (o.s.) to* zich onderwerpen aan; *I will never submit to being parted from you* ik zal nooit toestaan dat we van elkaar gescheiden worden

³**sub·mit** /səbmɪt/ [ov ww] voorleggen, voordragen, aan iemands oordeel onderwerpen ♦ *submit s.o.'s name for appointment* iemand ter benoeming voordragen; *I submit that* ik meen te mogen beweren dat; *submit to* voorleggen aan; *submit a case to court* een zaak voor het gerecht brengen

¹**sub·mul·ti·ple** /sʌbmʌltɪpl/ [telb zn] factor, deelgetal
²**sub·mul·ti·ple** /sʌbmʌltɪpl/ [bn] factor-, factoren-
¹**sub·nor·mal** /sʌbnɔ:ml, ᴬ-nɔrml/ [telb zn] achterlijk persoon
²**sub·nor·mal** /sʌbnɔ:ml, ᴬ-nɔrml/ [bn] subnormaal, achterlijk, beneden de norm
sub·nor·mal·i·ty /sʌbnɔ:mæləti, ᴬ-nɔrmæləti/ [niet-telb zn] subnormaliteit, achterlijkheid
sub·oc·u·lar /sʌbɒkjʊlə, ᴬ-ɑkjələr/ [bn] ⟨med⟩ onder het oog
sub·oe·soph·a·ge·al /sʌbi:sɒfədʒɪəl, ᴬ-i:sɑ-/ [bn] ⟨med⟩ beneden de slokdarm
sub·or·bit·al /sʌbɔ:bɪtl, ᴬ-ɔrbɪtl/ [bn] ① ⟨med⟩ onder de oogkas ② geen volledige baan beschrijvend
sub·or·der /sʌbɔ:rdə, ᴬ-ɔrdər/ [telb zn] suborde, onderorde
sub·or·di·nal /sʌbɔ:dɪnəl, ᴬ-ɔrdn-/ [bn] suborde-, een suborde vormend, m.b.t. een suborde
¹**sub·or·di·nate** /səbɔ:dɪnət, ᴬ-bɔrdn-ət/ [telb zn] ondergeschikte, bediende
²**sub·or·di·nate** /səbɔ:dɪnət, ᴬ-bɔrdn-ət/ [bn; bw: ~ly; zn: ~ness] ondergeschikt, onderworpen, afhankelijk ♦ ⟨taalk⟩ *subordinate clause* bijzin, ondergeschikte zin; ⟨taalk⟩ *subordinate conjunction* onderschikkend voegwoord; *subordinate position* ondergeschikte betrekking/plaats/post; *subordinate to* ondergeschikt aan
³**sub·or·di·nate** /səbɔ:dɪneɪt, ᴬ-bɔrdn-/ [ov ww] ondergeschikt maken, onderschikken, subordineren, achterstellen ♦ *subordinating conjunction* onderschikkend voegwoord, subordinator; *subordinate one's quarrels and feuds* zijn twisten van ondergeschikt belang achten/op de achtergrond schuiven; *subordinate to* ondergeschikt maken aan, achterstellen bij
sub·or·di·na·tion /səbɔ:dɪneɪʃn, ᴬsəbɔrdneɪʃn/ [niet-telb zn] ① subordinatie, ondergeschiktheid ② ⟨taalk⟩ onderschikking, subordinatie, hypotaxis
sub·or·di·na·tion·ism /səbɔ:dɪneɪʃənɪzm, ᴬsəbɔrdneɪʃənɪzm/ [niet-telb zn] ⟨theol⟩ subordinationisme
sub·or·di·na·tive /səbɔ:dɪnətɪv, ᴬsəbɔrdn-eɪtɪv/ [bn] onderschikkend
sub·or·di·na·tor /səbɔ:dɪneɪtə, ᴬsəbɔrdn-eɪtər/ [telb zn] ⟨taalk⟩ subordinator, onderschikkend voegwoord
sub·orn /səbɔ:n, ᴬ-bɔrn/ [ov ww] ① omkopen ⟨voornamelijk tot meineed⟩, aanstoken, verleiden, overhalen ② verkrijgen door omkoping
sub·or·na·tion /sʌbɔ:neɪʃn, ᴬ-ɔr-/ [niet-telb zn] subornatie, omkoping ⟨tot meineed⟩ ♦ *subornation of perjury* omkoping tot meineed
sub·orn·er /səbɔ:nə, ᴬ-bɔrnər/ [telb zn] omkoper
sub·ox·ide /sʌbɒksaɪd, ᴬ-ɑk-/ [telb zn] ⟨scheik⟩ suboxide
sub·par /sʌbpɑ:, ᴬ-pɑr/ [bn] van mindere kwaliteit, beneden het gemiddelde
sub·phy·lum /sʌbfaɪləm/ [telb zn; mv: subphyla /-faɪlə/] ⟨biol⟩ onderfylum
sub·plot /sʌbplɒt, ᴬ-plɑt/ [telb zn] ⟨letterk⟩ ondergeschikte intrige/plot ⟨in roman, film, toneelstuk e.d.⟩
¹**sub·poe·na, sub·pe·na** /səpi:nə/ [telb zn] ⟨jur⟩ dagvaarding ♦ *writ of subpoena* dagvaarding
²**sub·poe·na, sub·pe·na** /səpi:nə/ [ov ww; ook subp(o)ena'd] ⟨jur⟩ dagvaarden

subpoena money [niet-telb zn] ⟨jur⟩ getuigengeld
sub-post office [telb zn] ⟨BE⟩ hulppostkantoor
sub·prime /sʌbpraɪm/ [bn] ⟨AE⟩ suprime-, risicovol ♦ *subprime loan* subprimelening
sub·prin·ci·pal /sʌbprɪnsɪpl/ [telb zn] onderdirecteur ⟨van school⟩
sub·pri·or /sʌbpraɪə, ᴬ-ər/ [telb zn] onderprior, onderoverste
sub·re·gion /sʌbri:dʒən/ [telb zn] onderdeel van faunagebied
sub·re·gion·al /sʌbri:dʒnəl/ [bn] m.b.t. een onderdeel van een faunagebied
sub·rep·tion /səbrepʃn/ [telb + niet-telb zn] ① subreptie, verkrijging door vervalsing ② gevolgtrekking op basis van valse voorstelling
sub·rep·ti·tious /sʌbreptɪʃəs/ [bn] subreptief, bij verrassing, via slinkse wegen ⟨verkregen⟩
¹**sub·ro·gate** /sʌbrəgeɪt/ [ov ww] ⟨vnl jur⟩ subrogeren, in de plaats stellen
sub·ro·ga·tion /sʌbrəgeɪʃn/ [niet-telb zn] ⟨vnl jur⟩ subrogatie, indeplaatsstelling, indeplaatstreding
sub rosa /sʌb rouzə/ [bn, pred; bw] sub rosa, confidentieel, onder strikte geheimhouding
sub·rou·tine /sʌbru:ti:n/ [telb zn] ⟨comp⟩ subroutine ⟨onderdeel van routine⟩
sub·sat·u·rat·ed /sʌbsætʃəreɪtɪd/ [bn] bijna verzadigd
sub·sat·u·ra·tion /sʌbsætʃəreɪʃn/ [niet-telb zn] onvolledige verzadiging
¹**sub·scap·u·lar** /sʌbskæpjʊlə, ᴬ-skæpjələr/ [telb zn] ⟨med⟩ ader/zenuw/... onder het schouderblad
²**sub·scap·u·lar** /sʌbskæpjʊlə, ᴬ-skæpjələr/ [bn] onder het schouderblad
¹**sub·scribe** /səbskraɪb/ [onov ww] ① intekenen, inschrijven, zich abonneren, subscriberen ♦ *subscribe for* ⟨vooraf⟩ bestellen; *subscribe to a paper* zich op een krant abonneren; *subscribe to a loan/shares* inschrijven op een lening/aandelen ② onderschrijven ♦ *subscribe to an opinion* een mening onderschrijven ③ ⟨geldelijk⟩ steunen ♦ *subscribe to a cause* een (goed) doel steunen
²**sub·scribe** /səbskraɪb/ [onov + ov ww] ① (onder)tekenen, zijn handtekening zetten (onder) ♦ *subscribe one's name (to sth.)* (iets) ondertekenen; *subscribe o.s.* tekenen; *subscribe a will* een testament ondertekenen ② inschrijven (voor) ♦ *subscribe (for) fifty dollars* inschrijven voor vijftig dollar ③ (af)nemen ♦ *subscribe (for) twenty copies* twintig exemplaren nemen ⟨bijvoorbeeld van boek⟩
³**sub·scribe** /səbskraɪb/ [ov ww] ① geld bijeenbrengen voor ♦ *subscribe a gold medal (for s.o.)* geld voor een gouden medaille bijeenbrengen (voor iemand) ② aanbieden ♦ *subscribe a book to the trade* een boek aan de boekhandel aanbieden ⟨door uitgever⟩ ▪ ⟨handel⟩ *subscribed capital* geplaatst kapitaal; *a subscribed loan* een voltekende lening
sub·scrib·er /səbskraɪbə, ᴬ-ər/ [telb zn] ① ondertekenaar ② abonnee, subscribent
subscriber trunk dialling [niet-telb zn] rechtstreeks (interlokaal) telefoneren, automatisch telefoneren
¹**sub·script** /sʌbskrɪpt/ [telb zn] subscript, ⟨natuurk, scheik, wisk⟩ index ⟨teken of getal achter en half onder symbool⟩
²**sub·script** /sʌbskrɪpt/ [bn] ondergeschreven
sub·scrip·tion /səbskrɪpʃn/ [telb zn] ① ondertekening, onderschrift ② abonnement, intekening, inschrijving, subscriptie ♦ *subscription concert/dance* concert/bal voor abonnees; *take out a subscription to sth.* zich op iets abonneren ③ contributie, bijdrage, steun ④ ⟨AE⟩ colportage, huis-aan-huisverkoop
subscription library [telb zn] uitleenbibliotheek ⟨voor leden⟩
subscription rate [telb zn] abonnementsprijs
subscription television [niet-telb zn] abonneetelevi-

sie, betaaltelevisie
sub·sec·tion /sʌbsekʃn/ [telb zn] onderafdeling
sub·sel·li·um /sʌbseliəm/ [telb zn; mv: subsellia /-lɪə/] misericordia (steunstuk in koorbank)
¹**sub·se·quence** /sʌbsɪkwəns/ [telb zn] deelsequentie
²**sub·se·quence** /sʌbsɪkwəns/ [telb zn] vervolg, wat volgt, volgende gebeurtenis
³**sub·se·quence** /sʌbsɪkwəns/ [niet-telb zn] het volgen, het later komen
sub·se·quent /sʌbsɪkwənt/ [bn; zn: ~ness] (erop) volgend, later, verder ♦ *condition subsequent* later/achteraf te vervullen voorwaarde; *subsequent events* verdere gebeurtenissen; *subsequent(ly) to* na, later dan, volgend op
sub·se·quent·ly /sʌbsɪkwəntli/ [bw] ① → **subsequent** ② vervolgens, nadien, daarna
sub·serve /səbsɜːv, ᴬ-sɜrv/ [ov ww] bevorderen, dienen, begunstigen, in de hand werken, bevorderlijk zijn voor
sub·ser·vi·ence /səbsɜːvɪəns, ᴬ-sɜr-/, **sub·ser·vi·en·cy** /-si/ [niet-telb zn] ① dienstigheid ② ondergeschiktheid ③ kruiperigheid
sub·ser·vi·ent /səbsɜːvɪənt, ᴬ-sɜr-/ [bn; bw: ~ly] ① bevorderlijk, dienstig, gunstig, nuttig ♦ *subservient to* bevorderlijk voor ② ondergeschikt, dienend, dienstbaar ③ kruiperig, onderdanig, overgedienstig
sub·set /sʌbset/ [telb zn] ondergroep, (wisk) deelverzameling
sub·shrub /sʌbʃrʌb/ [telb zn] lage struik
sub·side /səbsaɪd/ [onov ww] ① (be)zinken, (in)zakken, wegzakken, verzakken ♦ (scherts) *subside into an armchair* in een fauteuil wegzinken ② slinken, inkrimpen, afnemen ③ luwen, bedaren, stiller/kalmer worden, tot rust komen ♦ *subside into silence* ophouden met praten, zwijgen; *subside into a slower pace* langzamer gaan lopen
¹**sub·si·dence** /səbsaɪdns, sʌbsɪdəns/ [telb + niet-telb zn] bezinksel
²**sub·si·dence** /səbsaɪdns, sʌbsɪdəns/ [niet-telb zn] ① verzakking, het wegzakken, instorting ② bezinking ③ slinking, inkrimping, afname ④ bedaring, kalmering
sub·sid·i·ar·ies /səbsɪdʒəriz, ᴬ-dieriz/ [alleen mv] hulptroepen, huurtroepen
sub·sid·i·ar·i·ty /səbsɪdiærəti/ [niet-telb zn] (pol) subsidiariteit, subsidiariteitsbeginsel, subsidiariteitsprincipe
¹**sub·sid·i·ar·y** /səbsɪdʒəri, ᴬ-dieri/ [telb zn] ① hulpmiddel ② helper, assistent ③ dochtermaatschappij, dochteronderneming
²**sub·sid·i·ar·y** /səbsɪdʒəri, ᴬ-dieri/ [bn; bw: subsidiarily] ① helpend, steunend, hulp-, aanvullings-, supplementair ♦ *subsidiary troops* hulptroepen, huurtroepen ② ondergeschikt, afhankelijk, bijkomstig, subsidiair ♦ *subsidiary company* dochtermaatschappij, dochteronderneming; *subsidiary road* secundaire weg; *subsidiary stream* zijrivier; *subsidiary subject* bijvak; *subsidiary to* ondergeschikt aan, afhankelijk van
sub·si·di·za·tion, sub·si·di·sa·tion /sʌbsɪdaɪzeɪʃn, ᴬ-də-/ [niet-telb zn] subsidiëring
sub·si·dize, sub·si·dise /sʌbsɪdaɪz/ [ov ww] ① subsidiëren ② huren (troepen, e.d.) ③ (sl) omkopen
sub·si·dy /sʌbsɪdi/ [telb zn] subsidie, ondersteuning, tegemoetkoming, toelage, bijdrage
¹**sub·sist** /səbsɪst/ [telb zn] (BE) ① voorschot (op loon of soldij) ② onderhoudstoelage
²**sub·sist** /səbsɪst/ [onov ww] ① (blijven) bestaan, leven, subsisteren ♦ *subsist on* leven van ② van kracht blijven ③ inherent zijn ♦ *subsist in* inherent aan ④ (filos) (logisch) mogelijk zijn
³**sub·sist** /səbsɪst/ [ov ww] onderhouden, proviandoren
sub·sis·tence /səbsɪstəns/ [niet-telb zn] ① bestaan, leven ② onderhoud, bestaansmiddelen, kost, levensonderhoud, subsistentie ③ bevoorrading, proviandering ④ (filos, theol) subsistentie ⑤ → **subsistence allowance**
subsistence allowance [telb zn] (vnl BE) ① voorschot (op loon of soldij) ② onderhoudstoelage
subsistence crop [telb zn] oogst voor eigen gebruik
subsistence department [telb zn] (AE; mil) verplegingsdienst, intendance
subsistence diet [telb zn] minimale hoeveelheid voedsel
subsistence farming, subsistence agriculture [niet-telb zn] landbouw voor eigen gebruik
subsistence level [telb + niet-telb zn] bestaansminimum ♦ *live at subsistence level* nauwelijks rond komen
subsistence wage [telb zn] minimumloon
sub·sis·tent /səbsɪstənt/ [bn] ① bestaand ② inherent ♦ *subsistent in* inherent aan
¹**sub·soil** /sʌbsɔɪl/ [niet-telb zn] ondergrond
²**sub·soil** /sʌbsɔɪl/ [ov ww] diep omploegen
sub·soil·er /sʌbsɔɪlə, ᴬ-ər/, **subsoil plough** [telb zn] ondergrondsploeg, grondwoeler, diepploeg
sub·so·lar /sʌbsoʊlə, ᴬ-ər/ [bn] ① recht onder de zon ② equatoriaal
sub·son·ic /sʌbsɒnɪk, ᴬ-sɑnɪk/ [bn; bw: ~ally] subsonisch, subsoon, onhoorbaar, langzamer dan het geluid ♦ *subsonic speed* subsone (vlieg)snelheid
sub·spe·cies /sʌbspiːʃiːz, sʌbspiːsiːz/ [telb zn; mv: subspecies] subspecies, ondersoort
sub·spe·cif·ic /sʌbspəsɪfɪk/ [bn] m.b.t. een subspecies, kenmerkend voor een ondersoort
subst [afk] ① (substantive) ② (substitute)
sub·stance /sʌbstəns/ [telb + niet-telb zn] substantie, wezen, essentie, werkelijkheid, zelfstandigheid, stof, materie, kern, hoofdzaak, (hoofd)inhoud, vastheid, degelijkheid, vermogen, goederenkapitaal ♦ *in substance* in hoofdzaak, in substantie, in werkelijkheid; *man of substance* rijk/vermogend man; *of little substance* met weinig substantie/inhoud; *the substance of his remarks* de kern van zijn opmerkingen; *sacrifice the substance for the shadow* het wezen opofferen aan de schijn; *waste one's substance* zijn vermogen verkwisten ▪ (sprw) *catch not at the shadow and lose the substance* zijn en schijn is twee
substance abuse [niet-telb zn] drugsmisbruik, alcoholmisbruik
¹**sub·stan·dard** /sʌbstændəd, ᴬ-dərd/ [niet-telb zn] (taalk) substandaard
²**sub·stan·dard** /sʌbstændəd, ᴬ-dərd/ [bn] ① beneden de maat ② (taalk) niet-standaard, substandaard, (pej) slecht, (oneig) dialectisch
sub·stan·tial /səbstænʃl/ [bn; zn: ~ness] substantieel, wezenlijk, werkelijk, stoffelijk, materieel, hoofdzakelijk, vast, stevig, sterk, degelijk, solide, voedzaam, krachtig, aanzienlijk, aanmerkelijk, belangrijk, vermogend, welgesteld ♦ *a substantial amount of books* een aanzienlijke hoeveelheid/nogal wat boeken; *substantial argument* degelijk argument; *substantial concessions* belangrijke concessies; *substantial damage* aanzienlijke schade; *substantial desk* stevig bureau; *substantial firm* welvarende firma; *substantial meal* stevige maaltijd
sub·stan·tial·ism /səbstænʃəlɪzm/ [niet-telb zn] leer van het wezen der dingen
sub·stan·ti·al·i·ties /səbstænʃiælətiz/ [alleen mv] substantieel voedsel
sub·stan·ti·al·i·ty /səbstænʃiæləti/ [niet-telb zn] ① wezenlijkheid, wezenlijk bestaan, zelfstandigheid ② stoffelijkheid ③ soliditeit, stevigheid, vastheid ④ belangrijkheid ⑤ welgesteldheid
sub·stan·tial·ize, sub·stan·tial·ise /səbstænʃəlaɪz/ [onov + ov ww] wezenlijk worden/maken
sub·stan·tial·ly /səbstænʃəli/ [bw] ① → **substantial** ② in wezen ③ in hoofdzaak
sub·stan·tials /səbstænʃlz/ [alleen mv] ① (the) hoofd-

substantiate

zaken, het wezenlijke [2] **vaste voorwerpen/stoffen**
sub·stan·ti·ate /səbstǽnʃieɪt/ [ov ww] **substantiëren,** van gronden voorzien, bewijzen, bevestigen, tot een substantie maken, stevig maken, belichamen, vaste vorm geven, verwezenlijken, effectief maken ♦ *substantiate a claim* een bewering staven
sub·stan·ti·a·tion /səbstænʃiéɪʃn/ [niet-telb zn] **substantiëring,** staving, bewijs, belichaming, verwezenlijking
sub·stan·ti·val /sʌ̀bstəntάɪvl/ [bn; bw: ~ly] ⟨taalk⟩ **substantivisch,** naamwoordelijk, zelfstandig
¹**sub·stan·tive** /sʌ́bstəntɪv/ [telb zn] ⟨taalk⟩ **substantief,** zelfstandig naamwoord
²**sub·stan·tive** /sʌ́bstəntɪv/ [bn; bw: ~ly; zn: ~ness] [1] **substantief** ⟨ook taalkunde⟩, zelfstandig, onafhankelijk, direct ♦ *substantive dye* directe/substantieve kleurstof, zoutkleurstof [2] **wezenlijk,** werkelijk, essentieel [3] **aanzienlijk,** belangrijk, substantieel, met substantie [4] ⟨BE; mil⟩ **effectief,** niet titulair ♦ *substantive rank* effectieve rang [5] ⟨taalk⟩ **existentie uitdrukkend** ♦ *the substantive verb* het existentiële werkwoord (bijvoorbeeld to be) [·] ⟨jur⟩ *substantive law* materieel recht; *a substantive motion* een motie waarover verder gediscussieerd wordt
sub·sta·tion /sʌ́bsteɪʃn/ [telb zn] [1] **hulpkantoor** [2] ⟨elek⟩ **onderstation**
¹**sub·stit·u·ent** /sʌ́bstɪtjuənt/ [telb zn] ⟨scheik⟩ **substituent**
²**sub·stit·u·ent** /sʌ́bstɪtjuənt/ [bn] ⟨scheik⟩ **substituent**
sub·sti·tut·a·bil·i·ty /sʌ̀bstɪtju:təbɪ́ləti, ᴬ-tu:təbɪ́ləti/ [niet-telb zn] **vervangbaarheid**
sub·sti·tut·a·ble /sʌ́bstɪtju:təbl, ᴬ-tu:təbl/ [bn] **vervangbaar**
¹**sub·sti·tute** /sʌ́bstɪtju:t, ᴬ-tu:t/ [telb zn] **substituut,** plaatsvervanger, plaatsvervuller, substituant, remplaçant, ⟨sport⟩ reserve(speler), invaller, wisselspeler, vervangmiddel, surrogaat
²**sub·sti·tute** /sʌ́bstɪtju:t, ᴬ-tu:t/ [bn, attr] **substituerend,** plaatsvervangend ♦ ⟨sport⟩ *substitute goalkeeper* reservedoelman; ⟨AE; onderw⟩ *substitute teacher* invaller, vervanger; ⟨België⟩ interimaris
³**sub·sti·tute** /sʌ́bstɪtju:t, ᴬ-tu:t/ [onov + ov ww] **substitueren,** in de plaats treden (van), als plaatsvervanger optreden (voor), vervangen, ⟨sport⟩ invallen (voor), als reserve optreden (voor), in de plaats stellen, ⟨jur⟩ onderschuiven ♦ ⟨inf⟩ *substitute by/with* vervangen door; *substitute a child* een kind onderschuiven; *substitute for* in de plaats stellen/treden voor; *if they don't like lettuce, substitute peas* als ze geen sla lusten, geef dan erwten in de plaats
sub·sti·tu·tion /sʌ̀bstɪtjú:ʃn, ᴬ-tú:-/ [telb + niet-telb zn] **substitutie,** (plaats)vervanging, ⟨jur⟩ onderschuiving
sub·sti·tu·tion·al /sʌ̀bstɪtjú:ʃnəl, ᴬ-tú:-/, **sub·sti·tu·tion·a·ry** /-ʃənri, ᴬ-ʃəneri/, **sub·sti·tu·tive** /-tju:tɪv, ᴬ-tu:tɪv/ [bn; bw: ~ly, substitutively] **(plaats)vervangend**
substitution table [telb zn] ⟨taalk⟩ **substitutietabel**
sub·stra·tal /sʌ̀bstréɪtl/ [bn] [1] **substraat-** [2] **fundamenteel**
sub·strate /sʌ́bstreɪt/ [telb zn] [1] **vlak,** tekenvlak, schildervlak, drukvlak [2] **substraat,** ondergrond, ⟨biol⟩ voedingsbodem
sub·stra·tum /sʌ́bstrɑ:təm, ᴬ-streɪtəm, ᴬ-stræ-/ [telb zn; mv: substrata /-tə/] [1] **substraat** ⟨ook taalkunde⟩, onderlaag, ondergrond, grondlaag, ⟨biol⟩ voedingsbodem [2] ⟨fig⟩ **grond,** grondslag ♦ *substratum of truth* grond van waarheid
sub·struc·tion·al /sʌ̀bstrʌ́kʃnəl/, **sub·struc·tur·al** /-strʌ́ktʃrəl/ [bn] **funderings-**
sub·struc·ture /sʌ́bstrʌktʃə, ᴬ-ər/, **sub·struc·tion** /-strʌ́kʃn/ [telb zn] [1] **fundering,** grondslag, fundament, onderbouw, substructuur [2] **spoordam**
sub·sum·a·ble /səbsjú:məbl, ᴬ-sú:-/ [bn] **subsumeer-**

baar
sub·sume /səbsjú:m, ᴬ-sú:m/ [ov ww] ⟨form⟩ **subsumeren,** brengen onder, opnemen ♦ *subsume under* onderbrengen bij
sub·sump·tion /səbsʌ́mpʃn/ [telb zn] [1] **subsumptie,** onderbrenging, rangschikking [2] ⟨log⟩ **subsumptie**
sub·sys·tem /sʌ́bsɪstɪm/ [telb zn] **subsysteem,** ondergeschikt systeem
sub·ten·an·cy /sʌ̀bténənsi/ [niet-telb zn] **onderhuur,** onderhuurderschap
sub·ten·ant /sʌ̀bténənt/ [telb zn] **onderhuurder**
sub·tend /səbténd/ [ov ww] [1] **liggen onder,** insluiten [2] ⟨meetk⟩ **onderspannen**
¹**sub·ter·fuge** /sʌ́btəfju:dʒ, ᴬ-tər-/ [telb zn] [1] **uitvlucht,** voorwendsel, drogreden [2] **trucje**
²**sub·ter·fuge** /sʌ́btəfju:dʒ, ᴬ-tər-/ [niet-telb zn] [1] **sofisterij** [2] **onderhandsheid**
sub·ter·mi·nal /sʌ̀btə́:mɪnəl, ᴬ-tə́r-/ [bn] **subterminaal,** bijna aan het einde
sub·ter·ra·ne·an /sʌ̀btəréɪniən/, **sub·ter·ra·ne·ous** /-niəs/ [bn; bw: ~ly, subterraneously] [1] **onderaards,** ondergronds, subterrestrisch [2] **ondergronds** ⟨figuurlijk⟩, heimelijk, in het geheim, clandestien
¹**sub·ter·res·tri·al** /sʌ̀btəréstriəl/ [telb zn] **subterrestrisch dier/wezen**
²**sub·ter·res·tri·al** /sʌ̀btəréstriəl/ [bn; bw: ~ly] **subterrestrisch,** onderaards, ondergronds
sub·text /sʌ́btekst/ [telb zn] ⟨letterk⟩ **onderliggende tekst,** tekstuele dieptestructuur
sub·til·i·ty /sʌbtɪ́ləti/, **sub·tle·ty** /sʌ́tlti/, ⟨vero⟩ **sub·til·ty** /sʌ́tɪlti/ [telb + niet-telb zn] **subtiliteit,** fijnheid, teerheid, ijlheid, scherpzinnigheid, vernuftigheid, subtiel onderscheid, spitsvondigheid, haarkloverij
sub·til·i·za·tion, **sub·til·i·sa·tion** /sʌ̀tɪlaɪzéɪʃn, ᴬ-lə-/ [niet-telb zn] **subtilisering,** verdunning, verfijning, nuancering, haarkloverij
¹**sub·til·ize,** **sub·til·ise** /sʌ́tɪlaɪz/ [onov ww] **haarkloven,** vitten ♦ *subtilize upon* vitten over, fijn uitspinnen
²**sub·til·ize,** **sub·til·ise** /sʌ́tɪlaɪz/ [ov ww] **subtiliseren,** verdunnen, vervluchtigen, verfijnen, scherpen, nuanceren, fijn uitspinnen ♦ *subtilize the senses* de zinnen scherpen
¹**sub·ti·tle** /sʌ́btaɪtl/ [telb zn] [1] **ondertitel,** tweede titel [2] **tussentitel** [3] ⟨vnl mv⟩ **onderschrift,** ondertitel
²**sub·ti·tle** /sʌ́btaɪtl/ [ov ww] [1] **ondertitelen** [2] **van onderschriften voorzien**
sub·tle, ⟨vero⟩ **sub·tile** /sʌ́tl/ [bn; vergr trap: subtler; bw: subtly; zn: ~ness] [1] **subtiel,** fijn, ijl, teer, verfijnd, fijnbesnaard, nauwelijks merkbaar, onnaspeurbaar, mysterieus, scherp(zinnig), schrander, spitsvondig, vernuftig ♦ *subtle air* ijle lucht; *subtle charm* mysterieuze charme; *subtle distinction* subtiele onderscheiding; *subtle mind* scherpzinnige/spitsvondige geest; *subtle perfume* fijne/subtiele parfum; *smile subtly* fijntjes lachen; *subtle taste* verfijnde smaak [2] **listig,** sluw, geraffineerd ♦ *subtle flattery* geraffineerde vleierij
sub·tle-wit·ted [bn] **spitsvondig,** scherpzinnig
sub·ton·ic /sʌ̀btɒ́nɪk, ᴬ-tɑ́nɪk/ [telb zn] ⟨muz⟩ **zevende toon** ⟨van diatonische toonladder⟩, leidtoon
sub·to·pi·a /sʌ̀btóʊpiə/ [telb + niet-telb zn] ⟨BE; pej⟩ (samentrekking van suburb-utopia) **monotone voorstad**
sub·tor·rid /sʌ̀btɒ́rɪd, ᴬ-tɔ́ri, ᴬ-tɑ́rɪd/ [bn] **subtropisch**
¹**sub·to·tal** /sʌ́btoʊtl/ [telb zn] **subtotaal**
²**sub·to·tal** /sʌ́btoʊtl/ [bn] **onvolledig,** incompleet
³**sub·to·tal** /sʌ́btoʊtl/ [onov ww] **het subtotaal berekenen**
⁴**sub·to·tal** /sʌ́btoʊtl/ [ov ww] **gedeeltelijk optellen**
sub·tract /səbtrǽkt/ [onov + ov ww] **aftrekken,** onttrekken ♦ *subtract from* aftrekken van; ⟨fig⟩ *this subtracts nothing from his great merit* dit doet niets af van zijn grote verdienste

sub·trac·tion /səbtrækʃn/ [telb + niet-telb zn] aftrekking, vermindering
sub·trac·tive /səbtræktɪv/ [bn] ① aftrekkend, negatief, af te trekken ② ⟨techn⟩ subtractief
sub·tra·hend /sʌbtrəhend/ [telb zn] ⟨wisk⟩ aftrekker
sub·trop·i·cal /sʌbtrɒpɪkl, ᴬ-trɑ-/, **sub·trop·ic** /-trɒpɪk, ᴬ-trɑ-/ [bn] subtropisch ♦ *subtropical climate* subtropisch klimaat; *subtropical fruit* subtropische vrucht(en), zuidvrucht(en)
sub·trop·ics /sʌbtrɒpɪks, ᴬ-trɑpɪks/ [alleen mv] subtropen, subtropische gewesten
su·bu·late /suːbjələt, -eɪt/ [bn] ⟨biol⟩ priemvormig, elsvormig
sub·urb /sʌbɜːb, ᴬ-ɜrb/ [telb zn] voorstad, buitenwijk, randgemeente, (niet in het centrum gelegen) stadswijk
¹**sub·ur·ban** /səbɜːbən, ᴬsəbɜrbən/ [telb zn] bewoner van een/van de voorstad
²**sub·ur·ban** /səbɜːbən, ᴬsəbɜrbən/ [bn] van/in de voorstad, voorstedelijk, ⟨pej⟩ bekrompen, provinciaal, kleinsteeds, kleinburgerlijk ♦ *suburban life* het leven in de voorsteden; *suburban outlook* bekrompen kijk/mening
sub·ur·ban·ite /səbɜːbənaɪt, ᴬsəbɜr-/ [telb zn] voorstadbewoner, bewoner van een voorstad/satellietstad
sub·ur·ban·i·za·tion, sub·ur·ban·i·sa·tion /sʌbɜːbənaɪzeɪʃn, ᴬsʌbɜrbənəzeɪʃn/ [niet-telb zn] suburbanisatie, vervoorstedelijking
sub·ur·ban·ize, sub·ur·ban·ise /səbɜːbənaɪz, ᴬ-bɜr-/ [ov ww] suburbaniseren, tot voorstad maken
sub·ur·bi·a /səbɜːbɪə, ᴬ-bɜr-/ [niet-telb zn; ook Suburbia] suburbia, (gebied/bewoners van de) voorstad/voorsteden
¹**sub·ven·tion** /səbvenʃn/ [telb + niet-telb zn] subsidiëring, subsidie, subventie, toelage, bijdrage, hulp, onderstand
²**sub·ven·tion** /səbvenʃn/ [ov ww] subsidiëren
sub·ver·sion /səbvɜːʃn, ᴬ-vɜrʒn/ [niet-telb zn] ① ontwrichting, omverwerping ② subversie, ondermijning
¹**sub·ver·sive** /səbvɜːsɪv, ᴬ-vɜr-/, **sub·vert·er** /-vɜːtə, ᴬ-vɜrtər/ [telb zn] subversief element
²**sub·ver·sive** /səbvɜːsɪv, ᴬ-vɜr-/ [bn; bw: ~ly; zn: ~ness] subversief, ontwrichtend, omverwerpend, revolutionair, ondergronds, ondermijnend ♦ *subversive activities* subversieve activiteiten; *subversive ideas* revolutionaire ideeën; *subversive of all discipline* elke vorm van discipline ondermijnend
sub·vert /səbvɜːt, ᴬ-vɜrt/ [ov ww] ① ontwrichten, omverwerpen ② ondermijnen ③ opstandig maken, opruien
sub·vert·i·ble /səbvɜːtəbl, ᴬ-vɜrtəbl/ [bn] ① ontwrichtbaar, omver te werpen ② vatbaar voor subversieve ideeën
sub·ver·tis·ing, sub·ver·tiz·ing /sʌbvətaɪzɪŋ, ᴬ-vər-/ [niet-telb zn] subvertising ⟨het ondergraven van reclamecampagnes in dezelfde beeldtaal⟩
sub·way /sʌbweɪ/ [telb zn] ① (voetgangers)tunnel, ondergrondse (door)gang ② ⟨AE⟩ metro, ondergrondse (spoorweg) ③ ⟨AE; inf⟩ kleine fooi ♦ ⟨AE; inf⟩ *subway!* Fooi, dank u!
sub·ze·ro /sʌbzɪəroʊ, ᴬ-ziːroʊ, -zɪroʊ/ [bn] onder nul, onder het vriespunt, vries-
suc·ce·da·ne·ous /sʌksɪdeɪnɪəs/ [bn] plaatsvervangend, vervang(ings)-
suc·ce·da·ne·um /sʌksɪdeɪnɪəm/ [telb zn; mv: succedanea /-deɪnɪə/] substituut, vervangmiddel, surrogaat, plaatsvervanger
suc·ce·dent /sʌksɪdənt/ [bn] (op)volgend
¹**suc·ceed** /səksiːd/ [onov ww] ① slagen, gelukken, succes hebben, goed uitvallen/aflopen ♦ *succeed in* slagen in, erin slagen om/te; *it does not succeed with him* (bij) hem lukt het niet ② gedijen (van plant) ● ⟨sprw⟩ *if at first you don't succeed, try, try, try again* de aanhouder wint, met veel slagen valt de boom, met vallen en opstaan leert men lopen;

⟨sprw⟩ *nothing succeeds like success* ± als men eenmaal succes heeft, ligt de weg naar meer succes open
²**suc·ceed** /səksiːd/ [onov + ov ww] (op)volgen, komen na, succederen, (over)erven ♦ *succeeding ages* het nageslacht; *succeeding months* daaropvolgende maanden; *succeed to* volgen op; *succeed to the throne* de kroon erven, als vorst opvolgen; *succeed to the property* de bezittingen overerven
suc·ceed·er /səksiːdə, ᴬ-ər/ [telb zn] ⟨vero⟩ opvolger
suc·cen·tor /səksentə, ᴬ-sentər/ [telb zn] tweede cantor, tweede (voor)zanger
suc·cen·tor·ship /səksentəʃɪp, ᴬ-sentər-/ [niet-telb zn] functie van tweede cantor
suc·cess /səkses/ [telb + niet-telb zn] ① succes, goede afloop/uitkomst/uitslag, welslagen, bijval ♦ *be a success, have great success* succes boeken, met succes bekroond worden; *make a success of it* het er goed afbrengen; *meet with success* succes boeken, met succes bekroond worden; *military successes* militaire overwinningen/successen; *be a social success* schitteren in gezelschap; *be without success* zonder succes blijven, geen resultaat opleveren ② ⟨vero⟩ uitslag, afloop ♦ *bad/ill success* slechte afloop, mislukking ● ⟨sprw⟩ *nothing succeeds like success* als men eenmaal succes heeft, ligt de weg naar meer succes open
suc·cess·ful /səksesfl/ [bn; bw: ~ly] succesrijk, succesvol, succes(sen) boekend, voorspoedig, geslaagd, goed aflopend ♦ *successful candidate* geslaagde kandidaat, de kandidaat die aangenomen wordt ⟨na sollicitatie⟩; *he is successful in everything* hij slaagt in al zijn ondernemingen/brengt het er overal goed af
suc·ces·sion /səkseʃn/ [telb + niet-telb zn] ① reeks, serie, opeenvolging ♦ *succession of defeats* reeks nederlagen; *in succession* achtereen(volgens), achter elkaar, na elkaar; *in quick succession* met korte tussenpozen, vlak na elkaar ② opvolging, successie, erfopvolging, troonopvolging ♦ *apostolic succession* apostolische successie; *by succession* volgens erfrecht; *claim the succession* het recht van successie opeisen; *in succession to* als opvolger van; *law of succession* successiewet; *settle the succession* een opvolger aanwijzen; *title by succession* geërfde titel
suc·ces·sion·al /səkseʃnəl/ [bn; bw: ~ly] ① erfelijk, geerfd, successie-, erf- ② successief, achtereenvolgend, opeenvolgend
succession duty [telb zn] successiebelasting, successierecht
Succession State [telb zn] erfland ♦ *the Austrian Succession States* de Oostenrijkse erflanden
suc·ces·sive /səksesɪv/ [bn; bw: ~ly; zn: ~ness] successief, achtereenvolgend, opeenvolgend ♦ *on five successive days* vijf dagen na elkaar
suc·ces·sor /səksesə, ᴬ-ər/ [telb zn] opvolger ♦ *successor of/to* opvolger van; *successor to the throne* troonopvolger
success story [telb zn] ① succesverhaal ② spectaculaire/succesrijke loopbaan, snelle carrière
suc·cinct /səksɪŋkt/ [bn; bw: ~ly; zn: ~ness] beknopt, kort, bondig
suc·cin·ic /səksɪnɪk/ [bn, attr] ① barnsteen-, amberbarnsteen- ♦ *succinic acid* barnsteenzuur, butaandizuur, ethaandizuur, butaandizuur-1,2 ② barnsteenzuur-
suc·co·ry /sʌkəri/ [telb zn] cichorei, suikerij
suc·co·tash /sʌkətæʃ/ [telb + niet-telb zn] ⟨AE⟩ gerecht van gekookte mais en limabonen
¹**suc·cour**, ⟨AE⟩ **suc·cor** /sʌkə, ᴬ-ər/ [telb zn] ⟨form⟩ ① helper, toevlucht ② ⟨gew⟩ schuilplaats, toevluchtsoord
²**suc·cour**, ⟨AE⟩ **suc·cor** /sʌkə, ᴬ-ər/ [niet-telb zn] ⟨form⟩ hulp, steun, bijstand
³**suc·cour**, ⟨AE⟩ **suc·cor** /sʌkə, ᴬ-ər/ [ov ww] ⟨form⟩ te hulp snellen/komen, helpen, steunen, bijstaan, ontzetten
suc·cour·less, ⟨AE⟩ **suc·cor·less** /sʌkələs, ᴬ-kər-/ [bn] ⟨form⟩ aan zichzelf overgeleverd

succubus

suc·cu·bus /sʌkjʊbəs, ^-kjə-/ [telb zn; mv: succubi /-baɪ/] [1] succubus, boeleerduivelin, nachtmerrie, mare [2] boze geest [3] hoer, slet

suc·cu·lence /sʌkjʊləns, ^-kjə-/, **suc·cu·len·cy** /-si/ [niet-telb zn] succulentie, sappigheid

¹**suc·cu·lent** /sʌkjʊlənt, ^-kjə-/ [telb zn] ⟨plantk⟩ succulent, vetplant

²**suc·cu·lent** /sʌkjʊlənt, ^-kjə-/ [bn; bw: ~ly] succulent, sappig, vochtrijk

suc·cumb /səkʌm/ [onov ww] bezwijken, succumberen ◆ *succumb to* bezwijken aan/voor; *succumb to one's wounds* bezwijken aan zijn wonden; *succumb to one's enemies* zwichten voor/zich overgeven aan zijn vijanden

¹**suc·cur·sal, suc·cur·sale** /səkɜːsl, ^-kɜrsl/ [telb zn] succursale, filiaal, hulpkantoor, bijkantoor, hulpkerk, filiaalkerk

²**suc·cur·sal** /səkɜːsl, ^-kɜrsl/ [bn] ondergeschikt, hulp-, bij-

suc·cus·sion /səkʌʃn/ [telb zn] [1] schok [2] het geschokt worden

¹**such** /sʌtʃ/ [bn; predeterminator in combinatie met onbep lidw] [1] ⟨hoedanigheid⟩ zulk, zulke ◆ *such as* zoals; *a man such as John* een man als John; *you shall have such a bag* je krijgt zo'n tas [2] ⟨graad of hoeveelheid⟩ zodanig, zulk ◆ *his anger was such/such was his anger that he hit her* hij was zo woedend dat hij haar sloeg; *I have accepted his help/soldiers, such as it is/they are* ik heb zijn hulp/soldaten aangenomen, ook al is/zijn die vrijwel niets waard/als je dat tenminste hulp/soldaten kunt noemen; *such clothes as he would need* zoveel kleren als hij/de kleren die hij nodig zou hebben; *it was such a disaster that he never tried again* het werd zo'n mislukking dat hij het nooit opnieuw probeerde; *such victuals as were available* wat er aan levensmiddelen beschikbaar was, het beetje levensmiddelen dat er was; *such lovely weather* zulk mooi weer [3] ⟨met aanwijzende of anaforische functie⟩ zo, zulk ◆ *did you ever see such colours?* heb je ooit zulke kleuren gezien?; *bring me such an instrument* breng mij zo'n instrument; *the work was brilliant but no-one recognized it as such* het werk was briljant maar niemand erkende het als zodanig [4] ⟨intensiverend⟩ ◆ *there was such a crowd!* er was een massa volk!; *such a day!* wat een dag!; *such a lot of fun* zoveel pret; *music, and such music!* muziek, en wat voor muziek!; *such rubbish!* wat een onzin!; *it was such a success* het werd een overdonderend succes; *I've never seen such a thing* ik heb nog nooit zoiets gezien [5] ⟨duidt identiteit of overeenkomst aan⟩ dergelijke, zulke, zo een, zo'n, gelijkaardige ◆ *such another* nog zo een, net zo een; *give him any Burgundy? I won't give him any such thing!* hem bourgogne geven? Niets daarvan!; *the fifth such conference* de vijfde conferentie van dien aard; *all such matters* al dergelijke zaken; *there's no such thing* iets dergelijks bestaat niet; *twenty such novels* twintig van dergelijke romans; ⟨form of jur; zonder onbepaald lidwoord⟩ *whosoever shall knowingly make such statement falsely* al wie wetens en willens een dergelijke valse verklaring aflegt [6] ⟨ongespecificeerd⟩ die en die, dat en dat ◆ *at such (and such) a place and at such (and such) a time* op die en die plaats en op dat en dat uur/tijdstip; *such and such a thing* zoiets ⟨·⟩ *a scream such as to/such as would/such that it would make your blood curdle* een gil die/zo'n gil dat hij je bloed zou doen stollen

²**such** /sʌtʃ/ [aanw vnw] [1] zulke(n), zo iemand/iets, dergelijke(n), zulks ◆ *all such* alle(n) van dat slag/soort; *peas, lentils, beans, and such* erwten, linzen, bonen, en dergelijke; ⟨form⟩ *such as say so err* zij die dit zeggen vergissen zich; *they are English; take them as such* het zijn Engelsen; je moet ze als dusdanig aanvaarden/nemen zoals ze zijn; *it was not a biography though he called it such* het was geen biografie hoewel hij het zo noemde; *such was not my intention* iets dergelijks/dat was niet mijn bedoeling; *thieves* ...

there may be some such but ... dieven? die zijn er wel, maar ... [2] ⟨informeel of handel⟩ derzelve, die, dat ◆ *people who leave parcels in the train cannot expect to recover such* reizigers die iets in de trein laten liggen kunnen er niet op rekenen dit weer terug te krijgen ⟨·⟩ ⟨inf⟩ *as such* dus; *such being the case* nu het/de zaken er zo voorstaat/voorstaan

³**such** /sʌtʃ/ [bw] ⟨hoedanigheid of graad⟩ zodanig, op zulke wijze ◆ *not in such good health* niet in erg goede gezondheid; *built such that the walls sloped* zodanig gebouwd dat de muren helden

¹**such·like** [bn] ⟨inf⟩ zo'n, zulk(e), dergelijke ◆ *worms and suchlike creatures* wormen en dergelijke beestjes

²**such·like** [aanw vnw] ⟨inf⟩ dergelijke ◆ *clowns, jesters and suchlike* clowns, narren en dergelijke

¹**suck** /sʌk/ [telb zn] [1] slokje, teugje ◆ *suck of liquor* slokje sterkedrank; *take/have a suck (at)* (eens) zuigen (aan) [2] ⟨vnl mv⟩ ⟨sl⟩ fiasco, mislukking, ontgoocheling ◆ *what a suck!, sucks!* sliepuit!, lekker niet/mis! [3] ⟨vnl mv⟩ ⟨sl⟩ bedriegerij, beetnemerij [4] ⟨sl⟩ speciale invloed, bijzondere gunst ⟨door gevlei⟩

²**suck** /sʌk/ [niet-telb zn] het zuigen, zuiging ◆ *give suck (to)* zogen

³**suck** /sʌk/ [onov ww] [1] lens zijn ⟨van pomp⟩ [2] ⟨sl⟩ (goed) waardeloos zijn, shit/kut zijn ◆ *this sucks* dit is shit/(zwaar) klote; → **sucking**

⁴**suck** /sʌk/ [ov ww + ov ww] [1] zuigen (aan/op), aanzuigen, inzuigen, opzuigen, uitzuigen, halen uit ◆ *suck (away) at* zuigen op/aan; *suck down/under* omlaagzuigen; *suck dry* leegzuigen ⟨ook figuurlijk⟩; uitzuigen; ⟨sl⟩ *suck face* likken, kussen, zoenen; *suck strength from/out of* kracht putten uit; *suck advantage from/out of* zijn voordeel doen met; *suck in* inzuigen, opzuigen, absorberen, in zich opnemen, aanzuigen; *suck in knowledge* kennis vergaren; *be sucked into a situation* in een situatie terechtkomen ⟨tegen wil en dank⟩; *suck sweets* snoepen, snoepjes opzuigen; *suck up* opzuigen, absorberen, opslorpen [2] ⟨vulg⟩ pijpen, beffen ◆ ⟨vulg⟩ *suck off* pijpen, beffen [3] ⟨sl⟩ likken, vleien, pluimstrijken ◆ *suck around* rondhangen ⟨om te vleien⟩; *suck off* flikflooien, vleien; *suck up (to)* iemand vleien/likken ⟨·⟩ ⟨sl⟩ *suck in* likken, bedriegen, beetnemen; → **sucking**

¹**suck·er** /sʌkə, ^-ər/ [telb zn] [1] ⟨benaming voor⟩ iets dat zuigt, zuiger, zuigeling, speenvarken(tje), walvisjong, uitloper, scheut, stek, zuigorgaan, zuignap, zuigsnuit, pompzuiger, zuigbuis, zuigleiding, zuigleer(tje) [2] ⟨sl⟩ onnozele hals, dupe, sukkel ◆ *be a sucker for* zich altijd laten inpakken door [3] ⟨sl⟩ fan, liefhebber ◆ *be a sucker for* gek zijn op, vallen op [4] ⟨AE; inf⟩ lul, idioot, (kloot)zak [5] ⟨AE; inf⟩ lolly [6] → **suckerfish**

²**suck·er** /sʌkə, ^-ər/ [onov ww] scheuten krijgen, uitlopers vormen

³**suck·er** /sʌkə, ^-ər/ [ov ww] [1] van uitlopers ontdoen [2] beetnemen, bedotten, in de luren leggen

Suck·er /sʌkə, ^-ər/ [telb zn] ⟨AE; sl⟩ inwoner van Illinois

suck·er·fish, suck·fish, sucking fish [telb zn] ⟨dierk⟩ zuigvis ⟨familie Echeneidae⟩

sucker list [telb zn] ⟨sl⟩ [1] klantenlijst [2] namenlijst van slachtoffers van bedrog

suck-in [telb zn] ⟨sl⟩ bedriegerij, beetnemerij

suck·ing /sʌkɪŋ/ [bn; oorspronkelijk tegenwoordig deelw van suck] ongespeend, ⟨fig⟩ jong, onervaren ◆ *sucking child* zuigeling, borstkindje; *sucking dove* onnozel/onschuldig duifje

sucking cup, sucking disc [telb zn] zuignapje
sucking lamb [telb zn] zuiglam
sucking pig [telb zn] speenvarken

¹**suck·le** /sʌkl/ [onov ww] zuigen, de borst krijgen; → **suckling**

²**suck·le** /sʌkl/ [ov ww] [1] zogen [2] ⟨fig⟩ (op)voeden, grootbrengen; → **suckling**

suck·ler /sʌklə, ^-ər/ [telb zn] [1] zuigeling [2] zoogdier

suck·ling /sʌklɪŋ/ [telb zn; oorspronkelijk tegenwoordig deelw van suckle] [1] zuigeling [2] jong ⟨dat nog gezoogd wordt⟩ ♦ *suckling pig* speenvarken

suck-off, suck-up [telb zn] ⟨sl⟩ vleier, hielenlikker, slijmerd

sucks /sʌks/ [alleen mv] lekkers, suikergoed, snoepgoed

suck-up [telb zn] ⟨vooral AE; sl⟩ slijmerd, slijmjurk

su·crose /suːkroʊz/ [niet-telb zn] sucrose, sacharose, rietsuiker

suc·tion /sʌkʃn/ [niet-telb zn] [1] het zuigen, zuigwerking, zuigkracht, zuiging, (kiel)zog [2] ⟨sl⟩ invloed, macht

suction cap, ⟨AE⟩ **suction cup** [telb zn] zuignap

suction cleaner [telb zn] stofzuiger

suction gas [telb + niet-telb zn] zuiggas

suction line [telb zn] zuigleiding

suction pad [telb zn] zuignapje ⟨o.m. van vlieg⟩

suction pipe [telb zn] zuigpijp, haalpijp, zuigbuis

suction pump [telb zn] zuigpomp

suction stop [telb zn] ⟨taalk⟩ klik, click, zuigklank

suction valve [telb zn] zuigklep, hartklep

suc·to·ri·al /sʌktɔːriəl/ [bn] zuig-, zuigend ♦ *suctorial organ* zuigorgaan

suc·to·ri·an /sʌktɔːriən/ [dierk] dier met zuigorganen

Su·dan /suːdɑːn, ᴬ-dæn/ [eigenn; ook the Sudan] Sudan

Sudan	
naam	Sudan *Sudan*
officiële naam	Republic of Sudan *Republiek Sudan*
inwoner	Sudanese *Sudanees*
inwoonster	Sudanese *Sudanese*
bijv. naamw.	Sudanese *Sudanees*
hoofdstad	Khartoum *Khartoem*
munt	Sudanese dinar *Sudanese dinar*
werelddeel	Africa *Afrika*
int. toegangsnummer 249 www .sd auto SUD	

¹**Su·dan·ese** /suːdəniːz/ [telb zn; mv: Sudanese] Sudanees, Sudanese

²**Su·dan·ese** /suːdəniːz/ [bn] Sudanees

su·dar·i·um /sjuːdeəriəm, ᴬsuːder-/ [telb zn; mv: sudaria /-riə/] [1] ⟨gesch⟩ zweetdoek ⟨oude Rome⟩, ⟨i.h.b.⟩ zweetdoek van de Heilige Veronica [2] Christuskop ⟨op doek⟩ [3] ⟨gesch⟩ sudatorium, zweetbad ⟨oude Rome⟩

su·da·tion /sjuːdeɪʃn, ᴬsuː-/ [telb + niet-telb zn] zweting, het zweten

su·da·to·ri·um /sjuːdətɔːriəm, ᴬsuː-/ [telb zn; mv: sudatoria /-riə/] ⟨gesch⟩ sudatorium, zweetbad, heteluchtbad ⟨oude Rome⟩

¹**su·da·to·ry** /sjuːdətri, ᴬsuːdətɔri/ [telb zn] [1] sudatorium, zweetbad [2] sudoriferum, zweetdrijvend middel

²**su·da·to·ry** /sjuːdətri, ᴬsuːdətɔri/ [bn] zweetdrijvend

sudd /sʌd/ [niet-telb zn] drijvende planten(massa) ⟨voornamelijk op de Nijl⟩

sud·den /sʌdn/ [bn; zn: ~ness] plotseling, onverhoeds, onverwacht, haastig, overijld, snel, scherp ♦ *sudden bend* scherpe bocht; *sudden death* plotse dood; ⟨sport⟩ *sudden death (play-off)* beslissende verlenging ⟨waarbij de eerste die een punt of goal scoort, wint⟩; tiebreak, verlenging, beslissing door lottrekking; *sudden departure* onverwacht vertrek; *sudden infant death syndrome* wiegendood; *all of a sudden*, ⟨vero⟩ *(all) on a sudden* plotseling, ineens

sud·den·ly /sʌdnli/ [bw] [1] → sudden [2] plotseling, opeens, plots, ineens

su·do·ku /suːdoʊkuː/ [telb zn] sudoku(puzzel)

su·dor·if·er·ous /sjuːdərɪfrəs, ᴬsuː-/ [bn] zweetdrijvend, zweetgeleidend, zweetverwekkend, zweet-

¹**su·dor·if·ic** /sjuːdərɪfɪk, ᴬsuː-/ [telb zn] zweetmiddel, zweetdrijvend middel

²**su·dor·if·ic** /sjuːdərɪfɪk, ᴬsuː-/ [bn] zweetdrijvend, zweetgeleidend, zweetverwekkend, zweet-

¹**suds** /sʌdz/ [alleen mv; werkwoord ook enk] [1] (zeep)sop [2] schuim [3] ⟨AE; sl⟩ bier

²**suds** /sʌdz/ [onov ww] schuimen

³**suds** /sʌdz/ [ov ww] (in zeepsop) wassen

suds·y /sʌdzi/ [bn; vergr trap: sudsier] schuimend, schuimig

¹**sue** /suː/ [onov ww] een eis instellen ♦ *sue for* een eis instellen tot/wegens; *sue to* een eis instellen bij

²**sue** /suː/ [onov + ov ww] [1] verzoeken, smeken, vragen ♦ *sue (to) s.o. for sth.* iemand om iets verzoeken [2] ⟨vero⟩ een aanzoek doen, het hof maken, dingen naar/vragen om de hand van

³**sue** /suː/ [ov ww] (gerechtelijk) vervolgen, dagvaarden, in rechte(n) aanspreken, voor het gerecht dagen ♦ *sue at law* voor het gerecht dagen ▪ zie: **sue out**

suede, suède /sweɪd/ [niet-telb zn] [1] (peau de) suède [2] peau de pêche

suede cloth [niet-telb zn] peau de pêche

suede·head [telb zn] nozem

suede shoe [telb zn] suède schoen

sue out [ov ww] ⟨gerechtelijk⟩ verkrijgen ♦ *sue out a pardon* gratie verleend krijgen

su·et /suːɪt/ [niet-telb zn] niervet

suet pudding [telb + niet-telb zn] niervetpudding

su·et·y /suːɪti/ [bn] niervetachtig, niervet-

¹**suf·fer** /sʌfə, ᴬ-ər/ [onov ww] [1] lijden, in ellende verkeren, schade lijden, beschadigd worden, in het nadeel zijn ♦ *suffer by* schade lijden door; *suffer from* lijden aan/door/onder; *suffer severely* zwaar te lijden hebben; *suffer with* sukkelen met [2] boeten ♦ *suffer for* boeten voor [3] de marteldood sterven, martelingen ondergaan [4] terechtgesteld worden; → suffering

²**suf·fer** /sʌfə, ᴬ-ər/ [ov ww] lijden, ondergaan, ondervinden, souffreren, dulden, verdragen, verduren, uithouden, ⟨form⟩ toestaan, vergunnen, gedogen, (toe)laten ♦ *suffer s.o. to come* iemand zijn toestemming geven om te komen; *suffer death* (de marteldood) sterven, terechtgesteld worden; *not suffer fools (gladly)* dwazen slecht kunnen uitstaan; *suffer a loss of face* gezichtsverlies lijden, zijn prestige verliezen; → suffering

suf·fer·a·ble /sʌfrəbl/ [bn; bw: sufferably] [1] draaglijk, uit te houden, te verdragen [2] aanvaardbaar

¹**suf·fer·ance** /sʌfrəns/ [telb zn] losvergunning ⟨vóór het betalen van de rechten⟩

²**suf·fer·ance** /sʌfrəns/ [niet-telb zn] [1] uithoudingsvermogen, weerstandsvermogen ♦ *beyond sufferance* ondraaglijk [2] (stilzwijgende) toestemming, het dulden, toelating ♦ *be at the sufferance of* gedoogd worden door; *be somewhere on/by/through sufferance* ergens geduld worden [3] ⟨vero⟩ geduld, verdraagzaamheid, lankmoedigheid, lijdzaamheid [4] ⟨vero⟩ lijden, pijn, miserie

suf·fer·er /sʌfrə, ᴬ-ər/ [telb zn] [1] lijder, zieke, patiënt [2] slachtoffer [3] martelaar

suf·fer·ing /sʌfrɪŋ/ [telb + niet-telb zn; ⟨oorspronkelijk⟩ gerund van suffer] pijn, lijden ♦ *severe sufferings* zware pijn(en)

suf·fice /səfaɪs/ [onov + ov ww] ⟨form⟩ genoeg/voldoende zijn (voor), volstaan, voldoen, tevreden stellen ♦ *suffice for* voldoende zijn voor; *suffices to prove that* volstaat om te bewijzen dat; *suffice it to say that* het zij voldoende te zeggen dat; *your word will suffice me* uw woord is me voldoende

¹**suf·fi·cien·cy** /səfɪʃnsi/ [telb zn] voldoende voorraad, toereikend(e) hoeveelheid/inkomen ♦ *a sufficiency of* een toereikende voorraad

²**suf·fi·cien·cy** /səfɪʃnsi/ [niet-telb zn] sufficiëntie, toereikendheid, voldoendheid, adequatie

suf·fi·cient /səfɪʃnt/ [bn; bw: ~ly] [1] voldoende, toereikend, genoeg, sufficiënt, adequaat ♦ *sufficient in law*

suffix

rechtsgeldig ⟨2⟩ ⟨vero⟩ bekwaam, competent ⟨•⟩ ⟨sprw⟩ *sufficient unto the day is the evil thereof* elke dag heeft genoeg aan zijn eigen kwaad

¹suf·fix /sʌfɪks/ [telb zn] ⟨taalk⟩ suffix, achtervoegsel

²suf·fix /sʌfɪks/ [ov ww] ⟨taalk⟩ suffigeren, een suffix toevoegen aan, als suffix/achtervoegsel toevoegen/aanhechten

suf·fix·al /sʌfɪksl/ [bn] ⟨taalk⟩ ⟨1⟩ suffigerend, suffix- ⟨2⟩ achtergevoegd, gesuffigeerd

suf·fix·a·tion /sʌfɪkseɪʃn/ [telb + niet-telb zn] ⟨taalk⟩ suffigering

suf·fo·cate /sʌfəkeɪt/ [onov + ov ww] (doen) stikken, smoren, verstikken; → suffocating

suf·fo·ca·ting /sʌfəkeɪtɪŋ/ [bn]; oorspronkelijk tegenwoordig deelw van suffocate; bw: ~ly] stikkend, om te stikken, stikheet

suf·fo·ca·tion /sʌfəkeɪʃn/ [niet-telb zn] (ver)stikking, smoring, suffocatie ♦ *crammed to suffocation* stikvol, nokvol

suf·fo·ca·tive /sʌfəkeɪtɪv/ [bn] (ver)stikkend

¹Suf·folk /sʌfək/ [eigenn] Suffolk ⟨Engels graafschap⟩

²Suf·folk /sʌfək/ [telb zn] ⟨1⟩ suffolkschaap ⟨2⟩ suffolkpaard

³Suf·folk /sʌfək/ [niet-telb zn] (schapen/paarden van het) suffolkras

¹suf·fra·gan /sʌfrəgən/ [telb zn] suffragaan(bisschop), hulpbisschop, wijbisschop

²suf·fra·gan /sʌfrəgən/ [bn] suffragaan, onderhorig, hulp- ♦ *suffragan bishop, bishop suffragan* suffragaanbisschop, wijbisschop; *suffragan church* suffragaankerk, wijkerk; *suffragan see* hulpbisschopszetel

suf·fra·gan·ship /sʌfrəgənʃɪp/ [niet-telb zn] suffragaanschap, ambt van hulpbisschop

¹suf·frage /sʌfrɪdʒ/ [telb zn] ⟨1⟩ stemming, stemuitbrenging ⟨2⟩ stembriefje, stemballetje ⟨3⟩ ⟨algemene⟩ opinie, consensus ⟨4⟩ ⟨form⟩ (goedkeurende) stem, suffrage ⟨5⟩ ⟨meestal mv⟩ ⟨rel⟩ smeekbede ⟨voornamelijk in litanie⟩

²suf·frage /sʌfrɪdʒ/ [niet-telb zn] ⟨1⟩ stemrecht, kiesrecht ♦ *universal suffrage* algemeen stemrecht ⟨2⟩ bijval, goedkeuring

suf·fra·gette /sʌfrədʒet/ [telb zn] suffragette

suf·fra·get·tism /sʌfrədʒetɪzm/ [niet-telb zn] suffragettebeweging

suf·fra·gist /sʌfrədʒɪst/ [telb zn] voorstand(st)er van vrouwenstemrecht

suf·fuse /səfjuːz/ [ov ww] bedekken, overgieten, overspreiden ♦ *be suffused with* overgoten zijn met, vol staan van; *suffused with light* met licht overgoten; *eyes suffused with tears* ogen vol tranen

suf·fu·sion /səfjuːʒn/ [niet-telb zn] ⟨1⟩ overgieting ♦ *suffusion of blood* bloeding, bloedvlek ⟨2⟩ glans, waas, blos ♦ *suffusion of light* lichtglans

suf·fu·sive /səfjuːsɪv/ [bn] zich verspreidend, overdekkend

su·fi /suːfi/ [telb zn; vaak Sufi] soefi, aanhanger van het soefisme

su·fic /suːfɪk/, **su·fis·tic** /-fɪstɪk/ [bn; vaak Sufic] soefistisch

su·fism /suːfɪzm/, **su·fi·ism** /-fiːɪzm/ [niet-telb zn; vaak Sufism] soefisme ⟨islamitische mystiek⟩

¹sug·ar /ʃʊgə, ˆ-ər/ [telb zn] ⟨1⟩ suikertje, suikerklontje ♦ ⟨AE⟩ *spun sugar* suikerspin ⟨2⟩ ⟨voornamelijk als aanspreekvorm⟩ ⟨AE; inf⟩ schat(je), liefje, ⟨België⟩ zoetje

²sug·ar /ʃʊgə, ˆ-ər/ [niet-telb zn] ⟨1⟩ suiker, sachrose ♦ *sugar of lead* loodsuiker, loodacetaat; *sugar of milk* melksuiker, lactose; ⟨AE⟩ *spun sugar* gesponnen suiker; *sugar and water* suikerwater ⟨2⟩ zoete woordjes, vleierij ⟨3⟩ ⟨AE; sl⟩ lsd ⟨4⟩ ⟨AE; sl⟩ duiten, ping(ping), poen ♦ *heavy sugar* een smak geld

³sug·ar /ʃʊgə, ˆ-ər/ [onov ww] ⟨1⟩ suiker vormen ⟨2⟩ korrelen, granuleren ⟨3⟩ suiker smeren, motten vangen ⟨4⟩ ⟨AE⟩ ahornsuiker bereiden ♦ *sugar off* het ahornsuikersap afgieten, ahornsuiker bereiden ⟨5⟩ ⟨BE; sl⟩ lijntrekken ⟨tijdens het roeien⟩

⁴sug·ar /ʃʊgə, ˆ-ər/ [ov ww] ⟨1⟩ zoeten, (be)suikeren, suiker doen in, smakelijk maken ⟨2⟩ ⟨fig⟩ aangenamer maken, verzoeten, verbloemen, verfraaien ♦ *sugar over* verbloemen; *sugar the pill* de pil vergulden ⟨3⟩ met suiker besmeren ⟨om motten te vangen⟩

sugar apple [telb zn] suikerappel

sugar bean [telb zn] ⟨plantk⟩ suikerboon, prinsessenboon ⟨Phaseolus saccharatus/lunatus⟩

sugar beet [telb zn] suikerbiet

sug·ar·bird [telb zn] ⟨dierk⟩ suikervogel ⟨familie Coerebidae⟩

sugar bowl, ⟨BE ook⟩ **sugar basin** [telb zn] suikerpot

sugar bush, sugar grove, sugar orchard [telb zn] ⟨AE⟩ plantage van suikerahornen

sugar candy [niet-telb zn] kandij(suiker)

sug·ar·cane [niet-telb zn] suikerriet

sugar caster, sugar dredger, sugar shaker, sugar sifter [telb zn] suikerstrooier, strooibus

sug·ar·coat [ov ww] ⟨1⟩ met een suikerlaagje bedekken ⟨2⟩ ⟨fig⟩ aangenamer maken, verzoeten, verbloemen, verfraaien

sugar corn [niet-telb zn] suikermais

sugar cube [telb zn] suikerklontje

sug·ar-cured [bn] met suiker, zout en nitraat verduurzaamd ⟨van vlees(waren)⟩

sugar daddy, sugar papa [telb zn] ⟨AE; inf⟩ rijke (oudere) mainteneur

sug·ar·er /ʃʊgərə, ˆ-ər/ [telb zn] ⟨BE; sl⟩ lijntrekker ⟨bij het roeien⟩

sugar estate, sugar plantation [telb zn] suikerplantage

sugar gum [telb zn] ⟨plantk⟩ eucalyptus ⟨in het bijzonder Eucalyptus corynocalyx⟩

¹sug·ar·ing off /ʃʊgərɪŋ ɒf, ˆ-ɔːf/, ⟨ook⟩ **sugar eat, sugar lick, sugar party** [telb zn] ⟨AE⟩ Suikerfeest ⟨bij ahornsuikerbereiding⟩

²sug·ar·ing off /ʃʊgərɪŋ ɒf, ˆ-ɔːf/ [niet-telb zn] ⟨AE⟩ ahornsuikerbereiding, het afgieten van het ahornsuikersap

sug·ar·less /ʃʊgələs, ˆ-gər-/ [bn] suikervrij

sugar level [telb zn] suikergehalte ♦ *sugar level in blood* bloedsuikergehalte, (bloed)suikerspiegel

sugar loaf [telb zn] ⟨1⟩ suikerbrood ⟨2⟩ ⟨benaming voor⟩ kegelvormig iets, kegelberg, kegelhoed

sug·ar-loaf, sug·ar-loafed /ʃʊgəlouft, ˆ-gər-/ [bn] suikerbroodvormig, kegelvormig ♦ *sugar-loaf hat* kegelhoed

sugar louse, sugar mite [telb zn] ⟨dierk⟩ suikergast

sugar lump [telb zn] ⟨vnl BE⟩ suikerklontje

sugar maple [telb zn] suikerahorn

sugar mill [telb zn] suikermolen

sugar pea [telb zn] peultje, suikererwt

sug·ar·plum [telb zn] ⟨1⟩ zoethoudertje ⟨figuurlijk⟩, vleierij, lievigheidje, steekpenning ⟨2⟩ ⟨vero⟩ suikertje, suikerboon, suikerpruim

sugar refinery [telb zn] suikerraffinaderij, suikerfabriek

sugar report [telb zn] ⟨AE; sl⟩ liefdesbrief

sugar root [telb zn] beetwortel

sugar soap [niet-telb zn] alkalisch afbijtmiddel/reinigingsmiddel

sugar tongs [alleen mv] suikertang(etje)

sug·ar·y /ʃʊgəri/ [bn; zn: sugariness] ⟨1⟩ suikerachtig, suikerig, suiker- ⟨2⟩ suikerzoet ⟨figuurlijk⟩, verbloemd, vleierig, stroperig

sug·gest /sədʒest, ˆsəgdʒest/ [ov ww] ⟨1⟩ suggereren,

voor de geest roepen, oproepen, doen denken aan, duiden/wijzen op, influisteren, inblazen, ingeven, opperen, aanvoeren, te berde brengen, in overweging geven, voorstellen, aanraden ♦ *suggest doing sth.* voorstellen iets te doen; *suggest fear* angst uitdrukken; *an idea suggested itself* er ging mij een licht op; *suggest itself/themselves* als vanzelf opkomen; *I suggest that* ik meen te kunnen aannemen dat; *are you suggesting that I'm mad?* wil je daarmee zeggen/bedoel je daarmee dat ik gek ben?; *I suggest that he come/should come home now* ik stel voor dat hij nu thuis komt; *suggest sth. to s.o.* iemand iets voorstellen [2] vereisen ♦ *this crime suggests severe punishment* deze misdaad dient zwaar gestraft te worden/vraagt om een strenge straf

sug·gest·i·bil·i·ty /sədʒestəbɪləti, ᴬsəgdʒestəbɪləti/ [niet-telb zn] suggestibiliteit, beïnvloedbaarheid

sug·gest·i·ble /sədʒestəbl, ᴬsəg-/ [bn] suggestibel, beïnvloedbaar

sug·ges·tion /sədʒestʃn, ᴬsəg-/ [telb + niet-telb zn] [1] suggestie, aanduiding, aanwijzing, inblazing, ingeving, wenk, zinspeling, mededeling, idee, overweging, voorstel, raad ♦ *at the suggestion of* op aanraden/voorstel van; *hypnotic suggestion* hypnotische suggestie; *on your suggestion* op uw voorstel [2] zweem, tikje, spoor ♦ *a suggestion of anger* een zweem van woede; *have a suggestion of* de indruk geven van; *there was not a suggestion of condescension about the prince* de prins deed helemaal niet uit de hoogte

suggestion book, sug·ges·tions-book [telb zn] ideeënboek

suggestion box, sug·ges·tions-box [telb zn] ideeënbus

sug·ges·tive /sədʒestɪv, ᴬsəg-/ [bn; bw: ~ly; zn: ~ness] [1] suggestief, suggererend, ideeën oproepend, veelbetekenend, te denken gevend ♦ *suggestive article* artikel dat tot nadenken stemt; *suggestive of* wijzend op, zwemend naar [2] gewaagd, van verdacht allooi ♦ *suggestive joke* schuine mop

sug·ging /sʌgɪŋ/ [niet-telb zn] ⟨vnl AE; ec⟩ poging om goederen/diensten te verkopen onder het mom van een onderzoek/enquête

su·i·ci·dal /suːɪsaɪdl/ [bn; bw: ~ly] [1] zelfmoord-, zelfdodings-, zelfmoordneigingen, zelfmoordenaars- ♦ *met zelfmoordneigingen* [3] waanzinnig ⟨figuurlijk⟩ ♦ *suicidal plan* plan dat gelijk staat met zelfmoord

¹**su·i·cide** /suːɪsaɪd/ [telb zn] zelfmoordenaar, zelfmoordenares

²**su·i·cide** /suːɪsaɪd/ [telb + niet-telb zn] zelfmoord ⟨ook figuurlijk⟩, suïcide, zelfdoding ♦ *commit suicide* zelfmoord plegen; *political suicide* politieke zelfmoord; *assisted suicide* (medisch) begeleide zelfmoord

³**su·i·cide** /suːɪsaɪd/ [onov ww] zelfmoord plegen

suicide attempt, suicide bid [telb zn] zelfmoordpoging

suicide bomber [telb zn] pleger van een zelfmoordaanslag, zelfmoorddader

suicide pact [telb zn] zelfmoordpact ⟨afspraak om samen zelfmoord te plegen⟩

suicide pilot [telb zn] zelfmoordpiloot, kamikazepiloot

suicide squad [telb zn] zelfmoordcommando

su·i gen·e·ris /suːaɪdʒenərɪs/ [bn, pred + postnom] sui generis, met een eigen/bijzondere aard

su·i ju·ris /suːaɪdʒʊərɪs, ᴬsuːaɪdʒʊrɪs/ [bn, pred + postnom] sui juris, volwassen, onafhankelijk

¹**su·il·line** /suːɪlaɪn/ [telb zn] varken

²**su·il·line** /suːɪlaɪn/ [bn] varkens-

su·i·mate /suːɪmeɪt, ᴬsuːaɪ-/ ⟨schaaksp⟩ zelfmat

su·int /suːɪnt, swɪnt/ [niet-telb zn] wolvet

¹**suit** /suːt/ [telb zn] [1] kostuum, pak, mantelpak, ⟨vero⟩ uniform ♦ *bathing suit* badpak [2] ⟨kaartsp⟩ kleur, kaarten van één kleur ♦ *follow suit* kleur bekennen/houden; ⟨fig⟩

iemands voorbeeld volgen [3] stel, uitrusting ♦ *suit of armour* wapenrusting; *suit of sails* zeilage; *suit of whiskers* bakkebaarden [4] (rechts)geding, proces, rechtszaak ♦ *bring a suit against* een aanklacht indienen tegen; *criminal/civil suit* strafrechtelijke/civiele procedure [5] ⟨form⟩ verzoek, petitie ♦ *grant s.o.'s suit* iemands verzoek inwilligen; *make suit* nederig verzoeken; *press one's suit* met aandrang smeken [6] ⟨vnl mv⟩ man in het pak (gekleed), manager in pak [7] ⟨vero⟩ huwelijksaanzoek ♦ *pay suit to, plead/press/push one's suit with* ten huwelijk vragen, om de hand vragen van; *prosper in one's suit* iemands hand en hart verwerven [8] ⟨gesch⟩ hofdienst, ridderdienst, leendienst [•] *suit of hair* bos haar, kop met haar

²**suit** /suːt/ [niet-telb zn] overeenstemming, harmonie ♦ *in suit with* in overeenstemming/harmonie met, overeenkomstig

³**suit** /suːt/ [onov + ov ww] [1] passen (bij), geschikt zijn (voor), overeenkomen (met), staan (bij) ♦ *this colour suits (with) her complexion* deze kleur past bij haar teint; *this dress does not suit you* deze jurk staat je niet; *mercy suits a king* barmhartigheid siert een koning; *suit s.o. (down) to the ground* voor iemand geknipt zijn; *suit with* passen bij [2] gelegen komen (voor), uitkomen (voor), schikken ♦ *it does not suit my convenience* het komt me niet gelegen; *that date will suit (me)* die datum komt (me) goed uit; *it does not suit his purpose* het komt niet in zijn kraam te pas; → **suited, suiting**

⁴**suit** /suːt/ [ov ww] [1] aanpassen, geschikt maken ♦ *suit to* aanpassen aan; *suit one's style to one's audience* zijn stijl aan zijn publiek aanpassen [2] goed zijn voor, niet hinderen ♦ *I know what suits me best* ik weet wel wat voor mij het beste is [3] voldoen, aanstaan, bevredigen ♦ *it suits my book/me* het staat me wel aan; *hard to suit* moeilijk tevreden te stellen; *suit s.o.'s needs* aan iemands behoeften voldoen; *suit the qualifications* aan de vereisten voldoen; *suit all tastes* aan alle smaken beantwoorden; *suit yourself!* moet je zelf weten!, ga je gang maar!, doe wat je niet laten kunt! [4] voorzien ♦ *suit with* voorzien van [5] ⟨vero⟩ kleden; → **suited, suiting**

suit·a·bil·i·ty /suːtəbɪləti/ [niet-telb zn] geschiktheid, gepastheid

suit·a·ble /suːtəbl/ [bn; bw: suitably; zn: ~ness] geschikt, gepast, passend, voegzaam ♦ *suitable to/for* geschikt voor

suit·case [telb zn] koffer, ⟨België⟩ valies

suite /swiːt/ [telb zn] [1] stel, rij, reeks, serie, suite, ameublement ♦ *suite of furniture* ameublement; *suite of rooms* suite, reeks vertrekken; *three-piece suite* driedelige zitcombinatie [2] suite, gevolg [3] ⟨muz⟩ suite [4] ⟨comp⟩ programmabundel

suit·ed /suːtɪd/ [bn; volt deelw van suit] [1] geschikt, (bij elkaar) passend ♦ *suited to be an engineer* geschikt om ingenieur te worden; *suited for the job* geschikt/geknipt voor het karwei; *well suited to one another* voor elkaar gemaakt lijken [2] gericht (op), aangepast (aan), beantwoordend (aan) [3] gekleed ♦ *velvet suited* met een fluwelen pak

suit·ing /suːtɪŋ/ [telb + niet-telb zn; (oorspronkelijk) gerund van suit] stof, (i.h.b.) herenstof, stof voor herenkleding

suit·or /suːtə, ᴬsuːtər/ [telb zn] ⟨form⟩ [1] verzoeker, rekestrant, suppliant [2] ⟨jur⟩ aanklager, eiser [3] ⟨vero⟩ huwelijkskandidaat, vrijer, minnaar

suk, sukh [telb zn] → **souk**

su·ki·ya·ki /suːkiɑːki/ [niet-telb zn] sukiyaki ⟨Japans gerecht⟩

sul·cate /sʌlkeɪt/, **sul·cat·ed** /sʌlkeɪtɪd/ [bn] ⟨biol⟩ gegroefd, gevoord, sulcatus

sul·cus /sʌlkəs/ [telb zn; mv: sulci /sʌlsaɪ/] ⟨biol⟩ sulcus, groeve, spleet, gleuf

SULEV [afk] ⟨vnl AE⟩ ⟨super ultra-low emission vehicle⟩ SULEV ⟨auto met zeer lage uitlaatgasemissie⟩

sulfur

sulfur [telb + niet-telb zn] → **sulphur**

¹**sulk** /sʌlk/ [telb zn; voornamelijk mv] kwade luim, boze bui, nuk, kuur, ⟨België⟩ loet ♦ *have a sulk/(a fit of) the sulks* een chagrijnige bui hebben; *be in the sulks* koppen, mokken, nukken, pruilen

²**sulk** /sʌlk/ [onov ww] mokken, nukken, pruilen, chagrijnig zijn

¹**sulk·y** /sʌlki/ [telb zn] sulky ⟨voor harddraverijen⟩

²**sulk·y** /sʌlki/ [bn; vergr trap: sulkier; bw: sulkily; zn: sulkiness] [1] nukkig, pruilerig, chagrijnig, knorrig, gemelijk, koppig ♦ *as sulky as a bear* zo nors als de noordenwind, ongenietbaar; *be/get sulky with s.o. about a trifle* nukkig zijn/worden op iemand om een kleinigheid [2] triest, akelig, somber ♦ *sulky weather* somber weer [3] langzaam, traag ♦ *sulky fire* smeulend vuurtje

sulky plow [telb zn] zitploeg

sul·lage /sʌlɪdʒ/ [niet-telb zn] [1] slib, slik [2] rioolwater [3] (huis)vuil, afval

sul·len /sʌlən/ [bn; bw: ~ly / ~ness] [1] nors, stuurs, nukkig, knorrig, gemelijk ♦ *sullen looks* norse blik [2] eigenzinnig, koppig, weerspannig [3] naargeestig, somber, akelig, triest ♦ *sullen sky* sombere/donkere hemel [4] langzaam, traag [5] dof ⟨van geluid⟩

¹**sul·ly** /sʌli/ [telb zn] ⟨vero⟩ vlek

²**sul·ly** /sʌli/ [ov ww] bevlekken ⟨ook figuurlijk⟩, vuilmaken, bezoedelen, bezwalken ♦ *sully s.o.'s reputation* iemands goede naam bezwalken, iemand bekladden/zwartmaken

sul·pha, ⟨AE⟩ **sul·fa** /sʌlfə/, **sulpha drug**, ⟨AE⟩ **sulfa drug**, **sul·phon·a·mide**, ⟨AE⟩ **sul·fon·a·mide** /sʌlfɒnəmaɪd, ^-fɑ-/ [telb + niet-telb zn] sulfa(preparaat), sulfonamide, sulfamide

sul·pha·mic, ⟨AE⟩ **sul·fa·mic** /sʌlfæmɪk/, **sul·pha·mid·ic**, ⟨AE⟩ **sul·fa·mid·ic** /sʌlfəmɪdɪk/ [bn] sulfamine- ♦ *sulphamic acid* sulfaminezuur

sul·pha·nil·a·mide, ⟨AE⟩ **sul·fa·nil·a·mide** /sʌlfənɪləmaɪd/ [niet-telb + telb zn] sulfanilamide

¹**sul·phate**, ⟨AE⟩ **sul·fate** /sʌlfeɪt/ [telb + niet-telb zn] sulfaat, natriumsulfaat, zwavelzuurzout ♦ *sulphate of ammonia* zwavelzure ammonia(k); *sulphate of copper* kopersulfaat; *sulphate of magnesium* magnesiumsulfaat, bitterzout, Engels zout

²**sul·phate**, ⟨AE⟩ **sul·fate** /sʌlfeɪt/ [onov ww] gesulfateerd worden

³**sul·phate**, ⟨AE⟩ **sul·fate** /sʌlfeɪt/ [ov ww] sulfateren

sul·phide, ⟨AE⟩ **sul·fide** /sʌlfaɪd/ [telb + niet-telb zn] sulfide, zwavelverbinding ♦ *sulphide of iron* zwavelijzer

sul·phite, ⟨AE⟩ **sul·fite** /sʌlfaɪt/ [telb + niet-telb zn] sulfiet, zwaveligzuur zout

¹**sul·pho·nate**, ⟨AE⟩ **sul·fo·nate** /sʌlfəneɪt/ [telb + niet-telb zn] sulfonaat

²**sul·pho·nate**, ⟨AE⟩ **sul·fo·nate** /sʌlfəneɪt/ [ov ww] sulfonneren

sul·pho·na·tion, ⟨AE⟩ **sul·fo·na·tion** /sʌlfəneɪʃn/ [niet-telb zn] sulfonnering

sul·phone, ⟨AE⟩ **sul·fone** /sʌlfoʊn/ [telb + niet-telb zn] sulfon

sul·phon·ic, ⟨AE⟩ **sul·fon·ic** /sʌlfɒnɪk, ^-fɑ-/ [bn] sulfon- ♦ *sulphonic acid* sulfonzuur

¹**sul·phur**, ⟨AE⟩ **sul·fur** /sʌlfə, ^-ər/ [telb zn] ⟨dierk⟩ witje ⟨familie Pieridae⟩

²**sul·phur**, ⟨AE⟩ **sul·fur** /sʌlfə, ^-ər/ [niet-telb zn] ⟨ook scheik⟩ zwavel, sulfer, solfer ⟨element 16⟩

³**sul·phur**, ⟨AE⟩ **sul·fur** /sʌlfə, ^-ər/ [bn] [1] zwavelig, zwavel-, zwavelhoudend ♦ *sulphur dioxide* zwaveldioxide [2] zwavelkleurig

⁴**sul·phur**, ⟨AE⟩ **sul·fur** /sʌlfə, ^-ər/, **sul·phu·rate**, ⟨AE⟩ **sul·fu·rate** /sʌlfjʊreɪt/, **sul·phur·ize**, **sul·phur·ise**, ⟨AE⟩ **sul·fur·ize** /-raɪz/ [ov ww] zwavelen, met zwavel verbinden/bewerken, sulfideren, vulkaniseren

sulphur bottom, ⟨AE⟩ **sulfur bottom**, **sulphur-bottom whale**, ⟨AE⟩ **sulfur-bottom whale** [telb zn] ⟨dierk⟩ blauwe vinvis ⟨Balaenoptera musculus⟩

sulphur candle, ⟨AE⟩ **sulfur candle** [telb zn] zwavelkaars

sul·phu·re·ous, ⟨AE⟩ **sul·fu·re·ous** /sʌlfjʊərɪəs, ^-fjʊr-/ [bn] [1] zwavelachtig, zwavelhoudend, zwavelig, sulfureus [2] zwavelkleurig, groengeel

sul·phu·ret, ⟨AE⟩ **sul·fu·ret** /sʌlfjʊret, ^-fjə-/ [ov ww] zwavelen ♦ *sulphuret(t)ed hydrogen* zwavelwaterstof

sul·phu·ric, ⟨AE⟩ **sul·fu·ric** /sʌlfjʊərɪk, ^-fjʊr-/ [bn] zwavelachtig, zwavelhoudend, zwavelig ♦ *sulphuric acid* zwavelzuur

sul·phur·ous, ⟨AE⟩ **sul·fur·ous** /sʌlf(ə)rəs/, **sul·phur·y**, ⟨AE⟩ **sul·fur·y** /sʌlf(ə)ri/ [bn] [1] zwavelachtig, zwavelhoudend, zwavelig, sulfureus, gezwaveld ♦ *sulphurous acid* zwaveligzuur [2] zwavelkleurig, groengeel [3] heftig, vurig, godslasterlijk, hels, duivels, satanisch ♦ *sulphurous language* godslasterlijke taal; *sulphurous sermon* vurige preek

sulphur spring, ⟨AE⟩ **sulfur spring** [telb zn] zwavelbron, zwavelwaterbron

sulphur water, ⟨AE⟩ **sulfur water** [niet-telb zn] zwavelwater

sul·phur·weed, ⟨AE⟩ **sul·fur·weed**, **sul·phur·wort**, ⟨AE⟩ **sul·fur·wort** [telb + niet-telb zn] ⟨plantk⟩ varkenskervel ⟨Peucedanum officinale⟩

sul·tan /sʌltən, ^-tn/ [telb zn] [1] sultan ♦ *the Sultan* de sultan (van Turkije) [2] ⟨dierk⟩ sultanshoen ⟨genus Porphyrio⟩ [3] ⟨plantk⟩ muskuscentaurie ⟨Centaurea moschata/suaveolens⟩ ♦ *sweet sultan* muskuscentaurie

sul·tan·a /sʌltɑːnə, ^-tænə/, ⟨in betekenis 1 ook, vero⟩ **sul·tan·ess** /sʌltənɪs/, ⟨in betekenis 2 ook⟩ **sultana bird** [telb zn] [1] sultane [2] ⟨dierk⟩ sultanshoen ⟨genus Porphyrio⟩ [3] (sultana)rozijn

sul·tan·ate /sʌltəneɪt, -nət/ [telb zn] sultanaat

sul·tan·ic /sʌltænɪk/ [bn] sultanisch, sultans- ♦ *sultanic splendour* vorstelijke pracht

sul·try /sʌltri/ [bn; vergr trap: sultrier; bw: sultrily; zn: sultriness] [1] zwoel, drukkend, benauwd, tropisch [2] heet, gloeiend, verschroeiend, brandend [3] wellustig, sensueel, wulps, hartstochtelijk, erotisch [4] ongekuist, goddeloos, plat, scabreus, liederlijk

¹**sum** /sʌm/ [telb zn] [1] som, totaal, geheel ♦ *in sum* in totaal; *the sum of our knowledge* de som van onze kennis; *the sum of one's life* zijn hele leven/bestaan [2] som, somma, bedrag, hoeveelheid ♦ *considerable sum* flinke som; *nice little sum* mooi sommetje; *round sum* ronde som [3] (reken)som, berekening, optelling, optelsom ♦ *good at sums* goed in rekenen; *do sums* sommen maken/uitrekenen; *do sums in one's head* hoofdrekenen, uit het hoofd rekenen; *do a rapid sum* een vlugge berekening maken [4] samenvatting, hoofdinhoud, hoofdpunt, kern, strekking ♦ *in sum* in één woord; *the sum (and substance) of his objections is that* zijn bezwaren komen hierop neer dat [5] toppunt, hoogtepunt ♦ *the sum of folly* het toppunt van waanzin

²**sum** /sʌm/ [onov ww] [1] sommen maken [2] oplopen ♦ *sum to/into* oplopen tot, bedragen, belopen ▶ zie: **sum up**

³**sum** /sʌm/ [ov ww] optellen ♦ *sum a column of figures* een kolom cijfers optellen [2] samenvatten, resumeren, recapituleren, beschrijven ♦ *sum in one sentence* in één zin samenvatten ▶ zie: **sum up**

su·mac, **su·mach** /suːmæk, ʃuː-/ [telb zn] ⟨plantk⟩ sumak, smak, looiersboom ⟨genus Rhus⟩

¹**Su·me·ri·an** /suːmɪərɪən, ^-merɪən/ [eigenn] Soemerisch ⟨taal⟩

²**Su·me·ri·an** /suːmɪərɪən, ^-merɪən/ [telb zn] Soemeriër

³**Su·me·ri·an** /suːmɪərɪən, ^-merɪən/ [bn] Soemerisch

sum·ma /sʊmə/ [telb zn; mv: summae /-miː/] summa, ± compendium

sum·ma cum lau·de /sʊmə kʊm laʊdeɪ, ᴬ-laʊdə/ [bw] summa cum laude, met de hoogste lof

sum·ma·ri·ly /sʌm(ə)rɪli, ᴬsəmer-/ [bw] [1] **summier-(lijk)**, in het kort, in beknopte vorm ♦ *deal summarily with* summier behandelen, korte metten maken met [2] **terstond**, zonder vorm van proces, op staande voet ♦ *summarily arrested* op staande voet gearresteerd

sum·ma·rize, sum·ma·rise /sʌməraɪz/ [onov + ov ww] **samenvatten**, recapituleren, resumeren

¹**sum·ma·ry** /sʌməri/ [telb zn] **samenvatting**, kort begrip, korte inhoud, resumé, uittreksel, summarium

²**sum·ma·ry** /sʌməri/ [bn] **summier**, beknopt, kort, bondig, samenvattend, snel, ⟨jur ook⟩ standrechtelijk ♦ *summary account* summier overzicht; *summary conviction* veroordeling na korte procesgang ⟨zonder jury⟩; *summary court-martial* krijgsraad voor kleine vergrijpen; *summary execution* parate executie; *summary jurisdiction/justice/proceedings* korte rechtspleging, korte procesgang, summiere procesorde, snelrecht; *summary offence* kleine overtreding; *summary punishment* tuchtmaatregel; *summary statement* verzamelstaat, recapitulatie

sum·mat /sʌmət/ [onbep vnw; gewestelijk; vorm van *something*] **iets (dergelijks)**, zoiets

¹**sum·ma·tion** /səmeɪʃn/ [telb zn] [1] **optelling** [2] **som**, totaal [3] **samenvatting**, resumé, ⟨jur⟩ eindpleidooi

²**sum·ma·tion** /səmeɪʃn/ [niet-telb zn] **het optellen**

sum·ma·tion·al /səmeɪʃnəl/ [bn] [1] **opgeteld**, optellend [2] **samenvattend**, resumerend

¹**sum·mer** /sʌmə, ᴬ-ər/ [telb zn] [1] ⟨vnl mv⟩ ⟨form⟩ **zomer**, (levens)jaar ♦ *a girl of fifteen summers* een meisje van vijftien lentes [2] ⟨benaming voor⟩ **draagsteen, draagbalk**, schoorbalk, kalf, bovendorpel, kraagsteen [3] **opteller**

²**sum·mer** /sʌmə, ᴬ-ər/ [telb + niet-telb zn] **zomer**, zomerweer ♦ *in (the) summer* in de zomer ▪ ⟨sprw⟩ *one swallow doesn't make a summer* één zwaluw maakt nog geen zomer

³**sum·mer** /sʌmə, ᴬ-ər/ [niet-telb zn; the] **zomer** ⟨figuurlijk⟩, bloeitijd ♦ *the summer of life* de zomer des levens

⁴**sum·mer** /sʌmə, ᴬ-ər/ [onov ww] **de zomer doorbrengen** ♦ *summer at/in* de zomer doorbrengen aan/in

⁵**sum·mer** /sʌmə, ᴬ-ər/ [ov ww] **gedurende de zomer weiden** ⟨vee⟩

summer camp [telb zn] **zomerkamp**

summer cypress [telb + niet-telb zn] ⟨plantk⟩ **studentenkruid** ⟨Kochia scoparia⟩

summer fallow [niet-telb zn] **zomerbraak**, halve braak

sum·mer-fal·low [ov ww] **in zomerbraak leggen**

summer holidays [alleen mv] ⟨BE⟩ **zomervakantie**, grote vakantie

summer house [telb zn] **zomerhuis(je)**, prieel, tuinhuisje

sum·mer·ish /sʌmərɪʃ/, **sum·mer·like** /sʌməlaɪk, ᴬ-mər-/, **sum·mer·ly** /sʌməli, ᴬ-mər-/, **sum·mer·y** /sʌməri/ [bn] **zomers**, zomerachtig

sum·mer·ite /sʌmeraɪt/ [telb zn] ⟨AE⟩ **zomertoerist**, vakantieganger, vakantiegast

sum·mer·less /sʌmələs, ᴬ-mər-/ [bn] **zomerloos**, zonder zomer

summer level [telb zn] **zomerpeil**

summer lightning [niet-telb zn] **weerlicht**

Summer Olympics [alleen mv] **Olympische zomerspelen**

summer pudding [telb + niet-telb zn] ⟨BE⟩ **vruchtenkoek, vruchtencake**, fruittaart

summer recess [niet-telb zn] **zomerreces**, zomervakantie

summersault, summerset → **somersault**

summer savory [niet-telb zn] ⟨plantk⟩ **bonenkruid** ⟨Satureia hortensis⟩

summer school [telb zn] **zomercursus**, vakantiecursus ⟨voornamelijk aan universiteit⟩

summer solstice [telb + niet-telb zn; voornamelijk the] **zomerzonnestilstand**, zomerzonnewende

summer squash [telb zn] ⟨plantk⟩ **tulbandkalebas** ⟨Cucurbita melopepo⟩

summer storm [telb zn] **zomerstorm**, (zomers) onweer

summer term [telb zn] **zomerkwartaal**

sum·mer·tide [niet-telb zn] ⟨form⟩ **zomerseizoen**, zomer(tijd)

sum·mer·time [niet-telb zn] **zomerseizoen**, zomer(tijd)

summer time [niet-telb zn] **zomertijd** ⟨zomertijdregeling⟩

sum·mer·tree [telb zn] **draagbalk**

sum·mer-up [telb zn; mv: summers-up] **opteller**

summer vacation [niet-telb zn] ⟨AE⟩ **zomervakantie**, grote vakantie

summer wear [niet-telb zn] **zomerkleding**, zomerdracht

sum·mer-weight [bn, attr] **zomers**, licht, lichtgewicht ♦ *summer-weight clothes* zomerkleding

sum·mer·wood [niet-telb zn] **zomerhout**

summery [bn] → **summerish**

sum·ming-up /sʌmɪŋ ʌp/ [telb zn; mv: summings-up] [1] **samenvatting**, resumé, recapitulatie ⟨voornamelijk door rechter⟩ [2] **eindpleidooi**, eindbetoog [3] **eindoordeel** ♦ *summing-up of s.o./sth.* eindoordeel over iemand/iets

sum·mit /sʌmɪt/ [telb zn] [1] **top**, kruin, hoogste punt [2] **toppunt**, hoogtepunt, summum, zenit ♦ *at the summit* op het hoogste niveau [3] **top(conferentie)**

sum·mit·eer /sʌmɪtɪə, ᴬ-tɪr/ [telb zn] **aanwezige op/deelnemer aan topconferentie**

sum·mit·less /sʌmɪtləs/ [bn] **zonder top**

summit meeting [telb zn] **topconferentie**, topontmoeting

sum·mit·ry /sʌmɪtri/ [niet-telb zn] **het houden van topconferenties**

summit talks [alleen mv] **topconferentie**

sum·mon /sʌmən/ [ov ww] [1] **bijeenroepen**, oproepen, verzamelen, ontbieden, (erbij) halen [2] **sommeren**, aanmanen, oproepen ♦ *summon to pay* sommeren tot betaling; ⟨mil⟩ *summon to surrender* tot overgave oproepen [3] **dagvaarden** ▪ zie: **summon up**

sum·mon·er /sʌmənə, ᴬ-ər/ [telb zn] **deurwaarder**

¹**sum·mons** /sʌmənz/ [telb zn] [1] **oproep**, ontbieding [2] **sommatie**, sommering, aanmaning, opvordering [3] **dagvaarding** ♦ *issue a summons* een dagvaarding uitschrijven; *serve a summons on s.o., serve someone with a summons* iemand dagvaarden

²**sum·mons** /sʌmənz/ [ov ww] [1] **sommeren** [2] **dagvaarden**

summon up [ov ww] **vergaren**, verzamelen ♦ *summon up one's courage (to do sth.)* zich vermannen (om iets te doen); *summon up all one's strength (for)* al zijn krachten verzamelen (voor/om)

sum·mum bo·num /sʊməm boʊnəm, sʌmʌm-/ [niet-telb zn] **summum bonum**, het hoogste goed

su·mo /s(j)uːmoʊ, ᴬsuː-/ [niet-telb zn] **sumo** ⟨Japanse worstelkunst⟩

sump /sʌmp/ [telb zn] [1] **moeras**, ven, broek, drasland [2] ⟨mijnb⟩ **schachtput**, pompput [3] **zinkput**, beerput [4] **(olie)carter**, olierservoir ⟨van auto⟩

sump·ter /sʌm(p)tə, ᴬ-ər/ [telb zn] ⟨vero⟩ **pakdier**, pakpaard, pakezel, lastdier

sump·tu·ar·y /sʌm(p)tʃʊəri, ᴬ-tʃʊeri/ [bn] ⟨jur⟩ [1] **de uitgaven betreffend/regelend**, weelde- ♦ *sumptuary law* weeldewet; *sumptuary tax* weeldebelasting [2] **zedelijk**, zeden- ♦ *sumptuary laws* zedelijke wetten, gedragsvoorschriften

sump·tu·os·i·ty /sʌm(p)tʃʊɒsəti, ᴬ-ɑːsəti/ [niet-telb zn] **weelderigheid**, pracht (en praal), somptuositeit, luxe

sump·tu·ous /sʌm(p)tʃʊəs/ [bn; bw: ~ly; zn: ~ness]

sum total

weelderig, kostbaar ingericht/uitgevoerd, luxueus, rijk(elijk), somptueus, prachtig

sum total [niet-telb zn; the] ① totaal, eindbedrag ② (eind)resultaat ③ strekking, hoofdinhoud, kern

¹**sum up** [onov ww] ① sommen maken, optellen ② een samenvatting/resumé geven/maken

²**sum up** [ov ww] ① optellen, becijferen, samentellen ② samenvatten, resumeren ♦ *sum up the evidence* het aangevoerde bewijsmateriaal samenvatten ③ beoordelen, doorzien ♦ *I can't sum up that fellow* ik kan geen hoogte van die kerel krijgen; *sum s.o. up as a fool* iemand voor gek verslijten

¹**sun** /sʌn/ [telb + niet-telb zn] zon ⟨ook figuurlijk⟩, zonlicht, zonneschijn, ⟨form⟩ jaar, dag ♦ *against the sun* tegen de wijzers van de klok in, tegen de zon in; *beneath/under the sun* onder de zon, op aarde; *catch the sun* in de zon gaan zitten, door de zon verbrand worden; *go to bed with the sun* met de kippen op stok gaan; *in the sun* in de zon; ⟨fig⟩ op een gunstige plek, in gunstige omstandigheden; *keep out/let in the sun* de zon buiten houden/binnen laten, de gordijnen dichtschuiven/openschuiven; *a place in the sun* een plaatsje in de zon; ⟨fig⟩ een gunstige positie; *rise with the sun* opstaan bij het krieken van de dag; *see the sun* leven; *sun is set* het lekkere leventje is voorbij; *his sun is set* zijn zon is ondergegaan, hij heeft zijn tijd gehad; *on which the sun never sets* waar de zon nooit ondergaat; *take the sun* in de zon gaan zitten, zonnen, zonnebaden; ⟨scheepv⟩ *take the sun,* ⟨sl; scheepv⟩ *shoot the sun* de zon schieten/meten; *touch of the sun* ⟨lichte⟩ zonnesteek; *with the sun* met de klok mee, met de zon mee ▪ ⟨inf; beled⟩ *think the sun shines out of s.o.'s bum/behind/backside/bottom* iemand het einde/verrukkelijk vinden, weg van iemand zijn; *we've tried everything under the sun* we hebben al het denkbare/al het mogelijke/alles en alles/letterlijk alles geprobeerd; ⟨sprw⟩ *let not the sun go down on your wrath* laat de zon niet ondergaan over uw toorn; ⟨sprw⟩ *light not a candle to the sun* ± je moet geen water naar de zee dragen; ⟨sprw⟩ *make hay while the sun shines* men moet het ijzer smeden als het heet is, men moet hooien als de zon schijnt; ⟨sprw⟩ *when the sun is in the west, lazy people work the best* als de zon is in 't west, zijn de luiaards op hun best; ⟨sprw⟩ *there is nothing new under the sun* er is geen/niets nieuws onder de zon; ⟨sprw⟩ *the sun is never the worse for shining on a dunghill* ± goede mensen worden niet gecorrumpeerd door een slechte omgeving

²**sun** /sʌn/ [onov + ov ww] ① (zich) zonnen, in de zon leggen/gaan liggen/warmen/drogen, zich koesteren in de zon ② (be)schijnen, lichten, belichten, verlichten, zon/licht brengen in

Sun [afk] (Sunday) zo

sun-and-planet motion [niet-telb zn] planetair tandwielstelsel

sun·bak·ed [bn] ① in de zon gebakken/gedroogd, ⟨fig⟩ in de zon bradend ② zonovergoten, in zonlicht badend

sun·bath [telb zn] zonnebad

sun·bathe [onov ww] zonnebaden

sun·bath·er [telb zn] zonnebader

sun·beam [telb zn] zonnestraal

sun bear [telb zn] ⟨dierk⟩ Maleise beer ⟨Helarctos/Ursus malayanus⟩

sun·bed [telb zn] ① zonnebank ② ligstoel

sun·belt /sʌnbelt/ [telb zn] ⟨AE⟩ gebied met veel zon ♦ *the Sunbelt* het zonnige zuiden, de zonstaten ⟨bijvoorbeeld Florida, Californië⟩

sun·bird [telb zn] ⟨dierk⟩ ① honingvogel ⟨familie Nectariniidae⟩ ② zonneral ⟨Eurypyga helias⟩ ③ zonnevogel ⟨familie Heliornithidae⟩

sun bittern [telb zn] ⟨dierk⟩ zonneral ⟨Eurypyga helias⟩

sun·blind [telb zn] ⟨BE⟩ zonneblind, jaloezie, zonnescherm, markies

sun-blind [bn] zonneblind

sun·block [telb zn] zonblok ⟨zonnebrandmiddel met hoge beschermingsfactor⟩, sunblock

sun·bon·net [telb zn] zonnehoed

sun·bow /sʌnbou/ [telb zn] regenboog ⟨in waterval, enz.⟩

¹**sun·burn** [niet-telb zn] ① zonnebrand, roodverbrande huid ② ⟨BE⟩ gebronsdheid, bruinverbrande huid

²**sun·burn** [onov + ov ww] verbranden, bruin/rood (doen) worden; → sunburnt

sun·burnt, sun·burned [bn; volt deelw van sunburn] ⟨BE⟩ gebruind, zonverbrand

sun·burst [telb zn] ① zonnebundel, zonnestraal, plotselinge zonneschijn ② zonnetje ⟨vuurwerk, juweel, enz.⟩

sun-care product [telb zn] zonnebrandmiddel, zonnebrandproduct

sun-clock [telb zn] zonnewijzer, zonne-uurwerk

sun cream [telb + niet-telb zn] ⟨BE⟩ zonnebrandcrème

Sun·da /sʌndə/ [eigenn] Soenda

sun·dae /sʌndeɪ, ˄-di/ [telb zn] ijscoupe, plombière

sun dance [telb zn] zonnedans

¹**Sun·da·nese** /sʌndəniːz/ [eigenn] Soendanees ⟨taal⟩, Soendaas

²**Sun·da·nese** /sʌndəniːz/ [telb zn; mv: Sundanese] Soendanees, Soendaas, Soendanese, Soendase, West-Javaan(se)

³**Sun·da·nese** /sʌndəniːz/ [bn] Soendanees, Soendaas

¹**Sun·day** /sʌndi, sʌndeɪ/ [eigenn, telb zn] zondag, feestdag, rustdag ♦ *he arrives (on) Sunday* hij komt (op/a.s.) zondag aan; *on Sunday(s)* zondags, op zondag, de zondag(en), elke zondag; ⟨BE⟩ *he arrived on the Sunday* hij kwam (de) zondag/op zondag aan; ⟨vnl AE⟩ *he works Sundays* hij werkt zondags/op zondag/elke zondag ▪ *he was born on a Sunday* hij is op een zondag geboren, hij is een zondagskind/gelukskind; *when two Sundays come together* met sintjuttemis, als de kalveren op het ijs dansen; ⟨sprw⟩ *come day, go day, God send Sunday* ± als de zon is in de west, is de luiaard op zijn best, ± hij is liever lui dan moe

²**Sun·day** /sʌndi, sʌndeɪ/ [telb zn] zondagskrant, zondagsblad, zondageditie ⟨van krant⟩

³**Sun·day** /sʌndi, sʌndeɪ/ [onov ww; ook sunday] de zondag vieren, zondag houden

Sunday best [niet-telb zn] zondagse kleren ♦ *in one's Sunday best* op zijn zondags

Sunday child, Sunday's child [telb zn] zondagskind, ⟨fig⟩ gelukskind

Sunday clothes [alleen mv] zondagse kleren ♦ *in one's Sunday clothes* op zijn zondags

Sunday driver [telb zn] zondagsrijder

Sunday edition [telb zn] zondagseditie ⟨van krant⟩

Sun·day-go-to-meet·ing [bn, attr] ⟨scherts⟩ zondags(-) ♦ *Sunday-go-to-meeting clothes* zondagskleren; *Sunday-go-to-meeting expression* plechtige uitdrukking

sun·day·ish /sʌndiɪʃ/ [bn; vaak Sundayish] zondags

Sunday letter [telb zn] zondagsletter

Sunday manners [alleen mv] zondagse manieren, nette/goede manieren

Sunday observance [niet-telb zn] zondagsheiliging

Sunday painter [telb zn] zondagsschilder, amateurschilder

Sunday paper [telb zn] zondagskrant, zondagsblad

Sunday punch [telb zn] ⟨AE; sl⟩ opstopper, harde vuistslag, ⟨ook fig⟩ voltreffer

Sun·days /sʌndiz/ [bw] ⟨vnl AE⟩ 's zondags, op zondag

Sunday school [telb zn] zondagsschool

Sunday suit [telb zn] zondagse pak

sun deck [telb zn] ① bovendek, zonnedek, opperdek ⟨van schip⟩ ② plat dak, (zonne)terras, balkon ⟨waarop men kan zonnen⟩

¹**sun·der** /sʌndə, ˄-ər/ [niet-telb zn] ⟨form⟩ scheiding ▪ *in sunder* in stukken, uit/van elkaar, vaneen, gescheiden

²**sun·der** /sʌndə, ˄-ər/ [onov + ov ww] ⟨form⟩ (zich) (af)-

scheiden, (zich) splitsen, verdelen, splijten, (doen) barsten
sun·der·ance /sʌndrəns/ [niet-telb zn] ⟨form⟩ scheiding, splitsing, splijting
sun·dew [niet-telb zn] zonnedauw
sun·di·al [telb zn] zonnewijzer, zonne-uurwerk
sun disc, sun disk [telb zn] (gevleugelde) zonneschijf ⟨embleem van de zonnegod⟩
sun dog [telb zn] [1] bijzon, parhelium [2] valse zon
¹**sun·down** [telb zn] [1] zonsondergang ♦ *at sundown* bij zonsondergang [2] (breedgerande) dameshoed
²**sun·down** [niet-telb zn] geelbruin
sun·down·er /sʌndaʊnə, -ər/ [telb zn] ⟨sl⟩ [1] ⟨vnl BE⟩ borrel, drankje (aan het eind van de dag) [2] ⟨AuE⟩ landloper [3] ⟨vnl scheepv⟩ strenge officier, dienstklopper
sun·drenched [bn] zonovergoten
sun·dress [telb zn] zonnejurk
sun·dried [bn] zondroog, in de zon gedroogd
sun·dries /sʌndriz/ [alleen mv] diversen, varia, allerlei zaken
sun·dries·man /sʌndrizmən/ [telb zn; mv: sundriesmen] ⟨BE⟩ winkelier, handelaar ⟨in allerlei kleine artikelen⟩
sun·drops [alleen mv] ⟨plantk⟩ teunisbloem ⟨genus Oenothera⟩
¹**sun·dry** /sʌndri/ [telb zn] ⟨AuE; cricket⟩ extra run
²**sun·dry** /sʌndri/ [bn, attr] divers, allerlei, verschillend ♦ *sundry articles* diverse artikelen; *on sundry occasions* bij verschillende gelegenheden ▪ *all and sundry* iedereen (zonder onderscheid), allemaal, jan en alleman
sun·fast [bn] ⟨AE⟩ zonbestendig, kleurvast, kleurecht
SUNFED (afk) (Special United Nations Fund for Economic Development)
sun·fish [telb zn] ⟨dierk⟩ [1] maanvis ⟨Mola mola⟩ [2] zonnevis ⟨familie Centrarchidae⟩
sun·flow·er [telb zn] zonnebloem
sunflower seed [telb + niet-telb zn] zonnebloemzaad, zonne(bloem)pit
sung /sʌŋ/ [volt deelw] → sing
sun gear [telb zn] zonnewiel ⟨in stelsel van planetaire tandwielen⟩
sun·glass [telb zn] brandglas
sun·glass·es [alleen mv] zonnebril
sun·glow [niet-telb zn] zonnegloed, zonnebrand
sun god [telb zn] zonnegod
sun-grebe [telb zn] ⟨dierk⟩ zonnevogel ⟨familie Heliornithidae⟩
sun hat [telb zn] zonnehoed
sun helmet [telb zn] zonnehelm, tropenhelm
sunk /sʌŋk/ [bn; oorspronkelijk volt deelw van sink] [1] verzonken, ingelaten, verlaagd, verdiept ♦ *sunk fence* verzonken omheining, droge sloot ⟨met omheining erin⟩; *sunk garden* verdiepte tuin; *sunk key* ingelaten/verzonken spie, groefspie, sleufspie [2] reddeloos verloren
sunk·en /sʌŋkən/ [bn; oorspronkelijk volt deelw van sink] [1] gezonken, onder water, ondergegaan, ingezonken, ingevallen, diepliggend, hangend ♦ *sunken cheeks* ingevallen wangen; *sunken eyes* diepliggende ogen; *sunken head* hangend hoofd; *sunken meadow* lage weide; *sunken rock* blinde klip; *sunken ship* gezonken schip; *sunken sun* ondergegane zon [2] verzonken, ingegraven, ingelaten, verlaagd, verdiept ♦ ⟨mil⟩ *sunken battery* ingegraven batterij; *sunken garden* verdiepte tuin; *sunken road* holle weg [3] vernederd, gekrenkt, gebroken
sun lamp [telb zn] [1] hoogtezon(lamp), kwartslamp, hoogtezon, zonlichtlamp [2] ⟨film⟩ zonlichtlamp
sun·less /sʌnləs/ [bn; zn: ~ness] zonloos, zonder zon, donker, somber
sun·light [niet-telb zn] zonlicht
sun·like [bn] zonachtig, op de/een zon gelijkend

suntan lotion

sun·lit [bn] door de zon verlicht, in het zonlicht, zonovergoten
sun lounge, sun room, ⟨AE⟩ **sun parlor, sun porch, sun-room** [telb zn] (glazen) veranda, serre
sun lounger [telb zn] ligstoel
sunn /sʌn/, **sun hemp, sunn hemp** [niet-telb zn] ⟨plantk⟩ Bengaalse hennep, Bombay hennep ⟨Crotalaria juncea⟩
Sun·na, Sun·nah /sʌnə, ˄sʊnə/ [eigenn] soenna ⟨uit overlevering stammende islamitische leefregels⟩
sun·nies /sʌniz/ [alleen mv] ⟨inf⟩ zonnebril
¹**Sun·nite** /sʌnaɪt, ˄sʊnaɪt/, **Sun·ni** /sʌni, ˄sʊni/ [telb zn; 2e variant Sunni, Sunnis] soenniet ⟨orthodoxe moslim die de soenna erkent als van de Profeet afkomstig⟩
²**Sun·nite** /sʌnaɪt, ˄sʊnaɪt/, **Sun·ni** /sʌni, ˄sʊni/ [bn] soennitisch
sun·ny /sʌni/ [bn; bw: sunnily; zn: sunniness] zonnig, glanzend, prettig, vrolijk ♦ *sunny room* zonnige kamer; *sunny side* zon(ne)kant; ⟨fig⟩ goede/prettige kant; *the sunny side of life* de zonnige kant(en) van het leven; *on the sunny side of forty* nog geen veertig; *sunny sky* blauwe hemel; *sunny smile* zonnige glimlach
sun·ny-side up [bn, pred + postnom] ⟨AE⟩ aan één kant gebakken ⟨van eieren⟩ ♦ *two eggs sunny-side up* twee spiegeleieren
sun·ray [telb zn] zonnestraal
sunray lamp [telb zn] hoogtezon(lamp)
sun·rays [alleen mv] ultravioletstralen, ultravioletstraling
sunray treatment [telb zn] hoogtezonbehandeling
sun·rise [telb zn] zonsopgang ♦ *at sunrise* bij zonsopgang, bij/met het krieken van de dag
sunrise industry [telb + niet-telb zn] hightechindustrie ⟨met toekomstperspectief⟩, speerpuntindustrie
sun roof [telb zn] [1] plat dak ⟨om te zonnen⟩ [2] schuifdak ⟨van auto⟩, zonnedak
sun·screen [telb zn] [1] zonnescherm [2] zonnefilter ⟨in zonnebrandcrème e.d.⟩
sun·seek·er [telb zn] [1] vakantieganger, ⟨fig⟩ zonaanbidder [2] zonnezoeker ⟨voornamelijk ruimtevaart⟩
sun·set [telb + niet-telb zn] zonsondergang, avondrood ♦ *at sunset* bij zonsondergang, bij het vallen van de avond; ⟨fig⟩ *sunset of life* levensavond
sunset glow [niet-telb zn] avondrood
sunset gun [telb zn] avondschot
sunset industry [telb zn] verouder(en)de industrie
sun·shade [telb zn] zonnescherm, parasol, markies, zonneklep
sun·shades [alleen mv] ⟨inf⟩ zonnebril
¹**sun·shine** [niet-telb zn] [1] zonneschijn, ⟨fig⟩ vrolijkheid, opgewektheid, geluk, voorspoed, zonnetje ♦ *a ray of sunshine* wat vrolijkheid; ⟨inf⟩ een zonnetje, het zonnetje in huis [2] ⟨BE; inf⟩ schatje, lekker dier ⟨als aanspreekvorm⟩
²**sun·shine** [bn, attr] ⟨AE⟩ m.b.t. de openbaarheid/toegankelijkheid ♦ *sunshine laws* wetten die de openbaarheid garanderen ⟨van politieke debatten e.d.⟩
sunshine roof [telb zn] schuifdak ⟨van auto⟩
sun·shin·y [bn] zonnig
sun-splashed [bn] met zonnige plekken
sun·spot [telb zn] [1] zonnevlek [2] ⟨AE⟩ sproet [3] ⟨BE; inf⟩ vakantieoord [4] ⟨film⟩ zonlichtlamp
sun star [telb zn] zonnester
sun·stone [niet-telb zn] zonnesteen, aventurien
sun·strick·en, sun·struck [bn] door een zonnesteek getroffen
sun·stroke [telb zn] zonnesteek, ⟨België⟩ zonneslag
sun·suit [telb zn] zonnepakje
sun·tan [telb zn] (bruine) kleur, zonnebrand
suntan lotion, suntan oil [telb + niet-telb zn] zonnebrandolie, zonnebrandmiddel

suntanned

sun·tanned [bn] gebruind ⟨door de zon⟩, bruin
sun·tan·ning lamp [telb zn] → **sunray lamp**
sun-trap [telb zn] zonnig hoekje
sun-trap shelter [telb zn] solarium, zonnebad
sun umbrella [telb zn] tuinparasol
sun-up [telb zn] ⟨vnl AE; inf⟩ zonsopgang
sun visor [telb zn] zonneklep ⟨van auto⟩
sun·ward /sʌnwəd, ᴬ-wərd/, **sun·wards** /-wədz, ᴬ-wərdz/ [bw] zonwaarts, naar de zon
sun·ways /sʌnweɪz/, **sun·wise** /sʌnwaɪz/ [bw] met de zon/klok mee
sun wheel [telb zn] zonnewiel ⟨in stelsel van planetaire tandwielen⟩
sun worship [niet-telb zn] zonnedienst ⟨ook figuurlijk⟩, zonaanbidding
sun worshipper [telb zn] zonaanbidder ⟨ook figuurlijk⟩
¹**sup** /sʌp/ [telb zn] ⟨vnl SchE⟩ slok(je), teug ♦ *a sup of ale* een slok bier; *neither bite nor sup* niets te eten of te drinken
²**sup** /sʌp/ [onov ww] ⟨vero⟩ souperen, zijn avondmaal/warme maaltijd gebruiken, dineren ♦ *sup off/on/upon bread and cheese* brood en kaas als avondmaal eten · ⟨sprw⟩ *he should have a long spoon that sups with the devil* die met de duivel uit één schotel eten wil, moet een lange lepel hebben
³**sup** /sʌp/ [onov + ov ww] ⟨vnl SchE⟩ drinken, nippen, een teug nemen (van) ♦ *sup one's beer* van zijn bier nippen; ⟨fig⟩ *sup sorrow* verdriet hebben, spijt hebben
⁴**sup** /sʌp/ [ov ww] ① ⟨vero⟩ een souper aanbieden (aan) ♦ *sup up* een souper aanbieden ② avondvoer geven (aan)
⁵**sup** [afk] ① (superior) ② (superlative) ③ (supine) ④ (supplement) ⑤ (supply) ⑥ (supra)
supe /suːp/ [telb zn] ⟨sl⟩ ① figurant ② reserve, extra kracht, hulpkracht
¹**su·per** /suːpə, ᴬ-ər/ [telb zn] ① kanjer, baas, prachtexemplaar ② ⟨inf⟩ (verk: superhive) ③ ⟨inf⟩ (verk: superintendent) ④ ⟨inf⟩ (verk: supermarket) ⑤ ⟨inf⟩ (verk: supernumerary) ⑥ ⟨inf⟩ (verk: supervisor)
²**su·per** /suːpə, ᴬ-ər/ [niet-telb zn] ① super ⟨benzine⟩ ② boekbindersgaas ③ ⟨inf⟩ (verk: superphosphate)
³**su·per** /suːpə, ᴬ-ər/ [bn] ① ⟨inf⟩ super, fantastisch, prachtig, eersteklas ♦ ⟨als tussenwerpsel⟩ *super!* geweldig!, mieters! ② (verk: superficial ⟨van maat⟩) ③ (verk: superfine) ④ (verk: superlative) ⑤ (verk: superior)
⁴**su·per** /suːpə, ᴬ-ər/ [onov ww] uitblinken, schitteren
⁵**su·per** /suːpə, ᴬ-ər/ [ov ww] versterken met boekbindersgaas
su·per- /suːpə, ᴬ-ər/ super-, boven-, opper-, over-, buitengewoon
su·per·a·ble /suːprəbl/ [bn; bw: superably; zn: ~ness] overkomelijk, te overkomen, uit de weg te ruimen
su·per·a·bound /suːpərəbaʊnd/ [onov ww] (te) overvloedig aanwezig zijn ♦ *superabound in/with* overlopen van, rijk zijn aan, overvloed/meer dan genoeg hebben van, een teveel hebben aan
su·per·a·bun·dance /suːpərəbʌndəns/ [niet-telb zn] (al te) grote overvloed, rijkelijke voorraad ♦ *food in superabundance, a superabundance of food* een overvloed aan/meer dan genoeg voedsel
su·per·a·bun·dant /suːpərəbʌndənt/ [bn; bw: ~ly] (zeer/al te) overvloedig, meer dan genoeg, rijkelijk (aanwezig)
su·per·add /suːpəræd/ [ov ww] (er nog aan) toevoegen, (er) bijvoegen
su·per·ad·di·tion /suːpərədɪʃn/ [telb + niet-telb zn] (verdere) toevoeging, toevoegsel, bijvoeging
su·per·ad·di·tion·al /suːpərədɪʃnəl/ [bn] bijgevoegd, (verder) toegevoegd
su·per·al·tar /suːpərɔːltə, ᴬ-ər/ [telb zn] (losse) altaarsteen

su·per·an·nu·a·ble /suːpərænjʊəbl/ [bn] ⟨BE⟩ pensioengerechtigd
¹**su·per·an·nu·ate** /suːpərænjʊeɪt/ [onov ww] ① met pensioen gaan ② de pensioengerechtigde leeftijd bereiken ③ van school gaan, te oud worden voor school; → **superannuated**
²**su·per·an·nu·ate** /suːpərænjʊeɪt/ [ov ww] ① pensioneren, met pensioen sturen, op pensioen stellen ② afdanken, ontslaan, wegsturen ③ afdanken, wegdoen, van de hand doen, niet langer gebruiken ⟨wegens ouderdom⟩; → **superannuated**
su·per·an·nu·at·ed /suːpərænjʊeɪtɪd/ [bn; volt deelw van superannuate] ① gepensioneerd ② afgedankt, aan de dijk gezet, buiten gebruik gesteld ③ verouderd, ouderwets, te oud, versleten ♦ *superannuated ideas* ouderwetse ideeën · *superannuated spinster* oude vrijster
su·per·an·nu·a·tion /suːpərænjʊeɪʃn/ [telb + niet-telb zn] ① pensionering, pensioen, emeritaat, leeftijdsontslag ② pensioen, lijfrente ③ pensioenbijdrage
superannuation act [telb zn] pensioenwet
superannuation allowance [telb zn] pensioen, lijfrente
superannuation fund [telb zn] pensioenfonds, pensioenkas
superannuation pay [telb + niet-telb zn] pensioen, lijfrente
superannuation scheme [telb zn] pensioenregeling
su·per·a·que·ous /suːpəreɪkwɪəs/ [bn] boven water
su·perb /suːpɜːb, ᴬ-pɜrb/ [bn; bw: ~ly] ① groots, prachtig, verheven, majestueus, imposant, luisterrijk, statig ♦ *superb beauty* verheven schoonheid; *superb contempt* suprême minachting; *superb courage* buitengewone moed; *superb display* prachtige tentoonstelling; *superb impudence* ongehoorde schaamteloosheid; *superb view* groots aanblik ② uitmuntend, voortreffelijk, uitnemend, buitengewoon ♦ *superb meal* voortreffelijke maaltijd
sup·er·bike [telb zn] ① ⟨motorsp⟩ zware machine, superfiets, zware jongen ② super-de-luxe fiets
su·per·bug [telb zn] resistente bacterie
¹**su·per·cal·en·der** [telb zn] ⟨ind⟩ satineerkalander ⟨papier⟩
²**su·per·cal·en·der** [ov ww] ⟨ind⟩ satineren, extra glanzen ♦ *supercalendered paper* gesatineerd papier
su·per·car·go [telb zn] supercarga, supercargo
su·per·ce·les·tial [bn] ① boven de hemel, voorbij het firmament ② meer dan hemels
su·per·charge [ov ww] ① aanjagen ⟨verbrandingsmotor⟩ ② overladen; → **supercharged**
su·per·charged [bn; volt deelw van supercharge] aangejaagd, ⟨fig⟩ energiek
su·per·charg·er [telb zn] aanjager, compressor ⟨van motor⟩
su·per·cil·i·ar·y /suːpəsɪliəri, ᴬsuːpərsɪlieri/ [bn] wenkbrauw-, van de wenkbrauw, boven het oog
su·per·cil·i·ous /suːpəsɪliəs, ᴬsuːpər-/ [bn; bw: ~ly; zn: ~ness] hooghartig, hautain, uit de hoogte, laatdunkend, verwaand
su·per·cit·y [telb zn] ① conglomeraat, aaneengroeiend stedencomplex ② megalopolis
su·per·class [telb zn] ⟨biol⟩ superklasse
su·per·co·lum·nar /suːpəkəlʌmnə, ᴬsuːpərkəlʌmnər/ [bn] ⟨bouwk⟩ ① met zuilenrijen boven elkaar ② boven een zuil(enreeks)
su·per·co·lum·ni·a·tion /suːpəkəlʌmnieɪʃn, ᴬsuːpər-/ [niet-telb zn] ⟨bouwk⟩ superpositie van zuilen
su·per·com·pu·ter [telb zn] supercomputer
su·per·con·duc·ting, su·per·con·duc·tive [bn] supergeleidend
su·per·con·duc·tiv·i·ty [niet-telb zn] supergeleiding
su·per·con·duc·tor [telb zn] supergeleider

su·per·con·scious [bn; bw: superconsciously; zn: superconsciousness] bovenbewust, niet bereikbaar voor het bewustzijn
su·per·cool [onov + ov ww] onderkoelen ♦ *supercooled rain* onderkoelde regen; → **supercooling**
su·per·cool·ing [niet-telb zn; gerund van supercool] onderkoeling
su·per·crit·i·cal [bn] ⟨natuurk⟩ superkritisch, overkritisch
su·per·crook [telb zn] meesteroplichter
su·per·dom·i·nant [telb zn] ⟨AE; muz⟩ bovendominant, submediant
su·per·du·per /sˈuːpəduːpə, ᴬsuːpərduːpər/ [bn] ⟨sl⟩ super, je van het
su·per·e·go /sˈuːpəriːɡoʊ, -eɡoʊ/ [telb zn] ⟨psych⟩ überich, superego, boven-ik
su·per·el·e·va·tion /sˌuːpəreliːveɪʃn/ [niet-telb zn] verkanting, dwarshelling ⟨van wegdek⟩
su·per·em·i·nence /sˌuːpərˈemɪnəns/ [telb zn] [1] uitmuntendheid, voortreffelijkheid [2] opvallendheid
su·per·em·i·nent /sˌuːpərˈemɪnənt/ [bn; bw: ~ly] [1] uitmuntend, alles overtreffend, meesterlijk, weergaloos, superieur [2] opvallend, opzienbarend
su·per·er·o·gate /sˌuːpərˈerəɡeɪt/ [onov ww] meer doen dan nodig is
su·per·er·o·ga·tion /sˌuːpərərəˈɡeɪʃn/ [telb + niet-telb zn] overdadigheid, het meer doen dan nodig is ♦ ⟨r-k⟩ *works of supererogation* overdadige goede werken, opera supererogationis
su·per·e·rog·a·to·ry /sˌuːpərɪˈrɒɡətri, ᴬ-ɪrɑɡətɔri/, **su·per·e·rog·a·tive** /-ɪˈrɒɡətɪv, ᴬ-ɪrɑɡətɪv/ [bn; bw: supererogatorily] [1] onverplicht, vrijwillig, ongevraagd, extra, overdadig, niet vereist [2] overbodig, overtollig, onnodig
su·per·ex·cel·lence /sˌuːpərˈeksləns/ [niet-telb zn] uitmuntendheid, voortreffelijkheid
su·per·ex·cel·lent /sˌuːpərˈekslənt/ [bn; bw: ~ly] onovertroffen, meesterlijk, buitengewoon
su·per·fam·i·ly [telb zn] ⟨biol⟩ onderorde
su·per·fat·ted [bn] overvet ⟨voornamelijk van zeep⟩
su·per·fe·ta·tion /sˌuːpəfiːˈteɪʃn, ᴬ-pər-/ [telb + niet-telb zn] [1] superfecundatie, overbevruchting, bevruchting tijdens zwangerschap [2] ⟨plantk⟩ bevruchting door verschillende soorten stuifmeel [3] opeenhoping, opstapeling
¹**su·per·fi·cial** /sˌuːpəˈfɪʃl, ᴬ-pər-/ [telb zn] [1] oppervlakkig mens [2] ⟨vnl mv⟩ oppervlakkig kenmerk
²**su·per·fi·cial** /sˌuːpəˈfɪʃl, ᴬ-pər-/ [bn; bw: ~ly; zn: ~ness] [1] oppervlakkig, oppervlakte-, ondiep, niet diepgaand, vluchtig, superficieel, onbeduidend ♦ *superficial colour* oppervlaktekleur; *superficial knowledge* oppervlakkige/superficiële kennis; *superficial wound* ondiepe wond [2] vlakte-, kwadraat(s)-, vierkant(s)- ♦ *superficial foot* vierkante voet; *superficial measure* vlaktemaat [3] ⟨techn⟩ werkzaam ♦ *superficial velocity* werkzame snelheid
su·per·fi·ci·al·i·ty /sˌuːpəfɪʃiˈæləti, ᴬsˌuːpərfɪʃiˈæləti/ [niet-telb zn] oppervlakkigheid
su·per·fine [bn; zn: superfineness] [1] superfijn, allerfijnst, van superkwaliteit [2] zeer fijn, haarfijn, ⟨ook fig⟩ subtiel, minuscuul ♦ *superfine distinctions* haarfijne onderscheidingen, haarkloverijen; *superfine file* fijne zoetvijl; *superfine flour* bloem, extra fijn meel [3] oververfijnd, overbeschaafd
su·per·flu·i·ty /sˌuːpəˈfluːɪti, ᴬsˌuːpərˈfluːɪti/ [telb + niet-telb zn] overtolligheid, overbodigheid, overvloed, overmaat, teveel, redundantie, superflu ♦ *indulge in superfluities* zich met allerlei overbodigheden omringen; *the superfluities of life* de ontbeerlijke dingen; *a superfluity of good things* van het goede te veel
su·per·flu·ous /suːˈpɜːfluəs, ᴬ-pɜr-/ [bn; bw: ~ness] overtollig, overbodig, overmatig, overdadig, onnodig, redundant
su·per·food [telb zn] ⟨fig⟩ ± krachtvoer ⟨voedingsmiddel met zeer veel voedingsstoffen⟩
su·per·gi·ant, ⟨in betekenis 2 ook⟩ **supergiant star** [telb zn] [1] kolos [2] reuzenster
su·per·glue [niet-telb zn] ⟨merknaam⟩ superlijm, tiensecondelijm
su·per·grass [telb zn] ⟨BE⟩ verklikker, verrader, judas ⟨in Noord-Ierland; ex-IRA-lid dat IRA-leden 'verklikt'⟩
su·per·group [telb zn] supergroep, superformatie ⟨popgroep met bekende namen⟩
¹**su·per·heat** [niet-telb zn] oververhitting
²**su·per·heat** [ov ww] oververhitten ♦ *superheated steam* oververhitte stoom
su·per·heat·er [telb zn] oververhitter, superheater
¹**su·per·heav·y** [bn] ⟨scheik⟩ superzwaar element
²**su·per·heav·y** [bn] ⟨scheik⟩ superzwaar ♦ *a superheavy element* een superzwaar element
¹**su·per·het·er·o·dyne,** ⟨inf⟩ **su·per·het** /sˈuːpəhet, ᴬ-pər-/ [telb zn] ⟨radio⟩ superheterodyne ontvanger, zwevingsontvanger
²**su·per·het·er·o·dyne** [bn] ⟨radio⟩ superheterodyn ♦ *superheterodyne receiver* superheterodyne ontvanger
su·per·high [bn] extra hoog, allerhoogst ♦ ⟨radio⟩ *superhigh frequency* hoogste frequentie(gebied) ⟨3000 tot 30000 megahertz⟩
su·per·high·way [telb zn] [1] ⟨vnl AE⟩ (extra brede) autosnelweg [2] ⟨comp⟩ elektronische snelweg, digitale snelweg
su·per·hive [telb zn] hoogsel, bovenste afdeling van bijenkorf/kast
su·per·hu·man [bn; bw: superhumanly; zn: superhumanness] bovenmenselijk, bovennatuurlijk, buitengewoon ♦ *superhuman effort* bovenmenselijke inspanning
su·per·hu·man·i·ty [niet-telb zn] bovenmenselijkheid
su·per·hu·mer·al [telb zn] [1] ⟨r-k⟩ humeraal, humerale, amict, pallium [2] ⟨jod⟩ efod
su·per·im·pose /sˌuːpərɪmˈpoʊz/ [ov ww] [1] bovenop/overheen leggen, opleggen, ⟨techn⟩ superponeren ♦ *superimpose one photograph (up)on another* de ene foto over de andere heen maken [2] bevestigen (aan), toevoegen, bijeenvoegen ♦ *a culture superimposed on the previous one* een cultuur die zich aan de voorafgaande had toegevoegd
su·per·im·po·si·tion /sˌuːpərɪmpəˈzɪʃn/ [niet-telb zn] superpositie, het boven elkaar/over elkaar heen geplaatst zijn
su·per·in·cum·bent /sˌuːpərɪnˈkʌmbənt/ [bn; bw: ~ly] (er)bovenop liggend, ⟨ook fig⟩ drukkend, bezwarend
su·per·in·duce /sˌuːpərɪnˈdjuːs, ᴬ-ˈduːs/ [ov ww] [1] erbij voegen, toevoegen, bijvoegen ♦ *superinduce on/to/into* toevoegen aan [2] veroorzaken, teweegbrengen
su·per·in·tend /sˌuːpərɪnˈtend/ [onov + ov ww] toezicht houden/hebben (op), controleren, toezien (op), surveilleren
su·per·in·ten·dence /sˌuːpərɪnˈtendəns/ [niet-telb zn] (opper)toezicht, supervisie, superintendentie
su·per·in·ten·den·cy /sˌuːpərɪnˈtendənsi/ [niet-telb zn] [1] toezicht, supervisie [2] superintendentie, opzichterschap, functie van supervisor/inspecteur ⟨enz.⟩
¹**su·per·in·ten·dent** /sˌuːpərɪnˈtendənt/ [telb zn] [1] supervisor, superintendent, (hoofd)opzichter, ⟨België⟩ toezichter, inspecteur, inspectrice, hoofd, directeur, directrice ♦ *medical superintendent* geneesheer-directeur [2] ⟨vnl BE⟩ hoofdinspecteur ⟨van politie⟩ [3] ⟨vnl AE⟩ politiecommissaris [4] ⟨vnl AE⟩ conciërge, huisbewaarder, huisbewaarster
²**su·per·in·ten·dent** /sˌuːpərɪnˈtendənt/ [bn, attr] toezichthoudend, toezichthebbend
¹**su·pe·ri·or** /suːˈpɪəriə, ᴬsʊˈpɪriər/ [telb zn] [1] meerdere,

superior

superieur(e), hogere in rang, chef ♦ *have no superior* zijn eigen baas zijn; *have no superior as/in* onovertroffen zijn als/in ② 〈voornamelijk Superior〉 overste〈van religieuze orde〉, superieur(e), superior, kloostervoogd(es) ♦ *Lady/Mother Superior* moeder-overste ③ 〈boek〉 superieur, superscript

²**su·pe·ri·or** /suːpɪərɪə, ᴬsʊpɪrɪər/ [bn; bw: ~ly] ① superieur, beter ♦ *superior force/numbers/strength* overmacht; *superior grades of coffee* betere kwaliteit (van) koffie; *superior in speed* sneller dan; *superior in numbers* talrijker; *superior to* beter 〈van kwaliteit〉; hoger 〈in rang〉 ② superieur, buitengewoon, onovertroffen, uitstekend, voortreffelijk ♦ *superior cunning* onovertroffen sluwheid; *superior wine* uitgelezen wijn; *superior wisdom* diepzinnige wijsheid ③ superieur, superbe, hoogharig, arrogant, verwaand, uit de hoogte, eigenwijs, zelfgenoegzaam ♦ *superior airs* aanmatigende houding; *superior smile* hooghartig lachje ④ 〈boek〉 superieur, superscript 〈letter〉 ♦ *superior figures/letters* superieuren ⑤ 〈plantk〉 bovenstandig ♦ *superior ovary* bovenstandig vruchtbeginsel ⑥ *Lake Superior* Bovenmeer; *be superior to* verheven zijn boven, staan boven

³**su·pe·ri·or** /suːpɪərɪə, ᴬsʊpɪrɪər/ [bn, attr; bw: ~ly] ① superieur, bovenst, opperst, 〈fig ook〉 hoger, opper-, hoofd- ♦ *the superior limbs* de bovenste ledematen; *a superior officer* een hoger (geplaatst) officier; *his superior officer* zijn superieur/meerdere (in rang) ② hoger, voornaam, deftig ♦ 〈ook scherts〉 *superior persons* de elite ③ 〈astron〉 *superior conjunction* bovenconjunctie; *superior court* hogere rechtbank; *superior planet* buitenplaneet; *superior road* primaire weg; *superior seminary* grootseminarie

su·pe·ri·or·i·ty /suːpɪərɪɒrətɪ, ᴬsəpɪrɪɔːrətɪ, ᴬ-ɑːrətɪ/ [niet-telb zn] superioriteit, grotere kracht/bekwaamheid, meerderheid, overmacht, hogere kwaliteit, hoger gezag, voorrang

superiority complex [telb + niet-telb zn] ① meerderwaardigheidscomplex, superioriteitswaan ② 〈inf〉 arrogantie, dominant gedrag

su·per·ja·cent /suːpədʒeɪsnt, ᴬsuːpər-/ [bn] bovenliggend, (er) bovenop liggend ♦ *superjacent rocks* erop liggende rotsen

su·per·jet [telb zn] superjet

superl [afk] (superlative)

¹**su·per·la·tive** /suːpɜːlətɪv, ᴬsʊpɜːrlətɪv/ [telb zn] ① 〈taalk〉 superlatief, overtreffende trap, superlativus ♦ *speak in superlatives* in superlatieven spreken ② hoogtepunt, summum, topprestatie

²**su·per·la·tive** /suːpɜːlətɪv, ᴬsʊpɜːrlətɪv/ [bn; bw: ~ly; zn: ~ness] ① superlatief, alles overtreffend, ongeëvenaard, van de hoogste graad/beste soort, ongemeen, voortreffelijk, prachtig ② overdreven, overmatig, buitensporig ③ 〈taalk〉 in de superlatief ♦ *superlative adjective* adjectief in de superlatief; *superlative degree* superlatief, overtreffende trap

su·per·lu·mi·nal /suːpəluːmɪnəl, ᴬsuːpər-/ [bn] sneller dan het licht

su·per·lu·nar /suːpəluːnə, ᴬsuːpərluːnər/, **su·per·lu·na·ry** /-nərɪ/ [bn] ① boven/voorbij de maan ② bovenaards, hemels, hemel-

su·per·man /suːpəmæn, ᴬsuːpər-/ [bn; mv: supermen /-men/] ① superman, supermens ② übermensch

su·per·mar·ket /suːpəmɑːkɪt, ᴬsuːpərmɑːrkɪt/ [telb zn] supermarkt, warenhuis, zelfbedieningszaak

su·per·mol·e·cule /suːpəmɒləkjuːl, ᴬsuːpərmɑ-/ [telb zn] macromolecule

su·per·mun·dane /suːpəmʌndeɪn, ᴬsuːpər-/ [bn] bovenaards, hemels, goddelijk, bovennatuurlijk

¹**su·per·na·cu·lum** /suːpənækjʊləm, ᴬsuːpərnækjələm/ [telb zn] drank van de hoogste kwaliteit

²**su·per·na·cu·lum** /suːpənækjʊləm, ᴬsuːpərnækjələm/ [bw] ad fundum, tot de laatste druppel

su·per·nal /suːpɜːnl, ᴬsʊpɜːrnl/ [bn; bw: ~ly] 〈form〉 hemels, verheven, bovenaards, etherisch, goddelijk

¹**su·per·na·tant** /suːpəneɪtənt, ᴬsuːpərneɪtənt/ [telb + niet-telb zn] bovendrijvende substantie

²**su·per·na·tant** /suːpəneɪtənt, ᴬsuːpərneɪtənt/ [bn] bovendrijvend ♦ *supernatant layer/liquid* bovendrijvende (vloeistof)laag

¹**su·per·nat·u·ral** /suːpənætʃrəl, ᴬsuːpər-/ [niet-telb zn; the] (het) bovennatuurlijke

²**su·per·nat·u·ral** /suːpənætʃrəl, ᴬsuːpər-/ [bn; bw: ~ly; zn: ~ness] bovennatuurlijk, wonderbaarlijk, goddelijk, magisch

su·per·nat·u·ral·ism /suːpənætʃrəlɪzm, ᴬsuːpər-/ [niet-telb zn] ① supernaturalisme, geloof in het bovennatuurlijke ② bovennatuurlijkheid

su·per·nat·u·ral·ist /suːpənætʃrəlɪst, ᴬsuːpər-/ [telb zn] supernaturalist, iemand die in het bovennatuurlijke gelooft

su·per·nat·u·ral·is·tic /suːpənætʃrəlɪstɪk, ᴬsuːpər-/ [bn; bw: ~ally] supernaturalistisch, bovennatuurlijk

su·per·nat·u·ral·ize, su·per·nat·u·ral·ise /suːpənætʃrəlaɪz, ᴬsuːpər-/ [ov ww] ① bovennatuurlijk maken ② als bovennatuurlijk beschouwen

su·per·nor·mal /suːpənɔːml, ᴬsuːpərnɔːrml/ [bn] supernormaal, bovennormaal, meer dan normaal, buitengewoon, ongewoon

su·per·no·va /suːpənoʊvə, ᴬsuːpər-/ [telb zn; mv: ook supernovae /-noʊviː/] 〈astron〉 supernova

¹**su·per·nu·mer·a·ry** /suːpənjuːmərəri, ᴬsuːpərnuːməreri/ [telb zn] ① extra, reserve ② 〈dram〉 figurant

²**su·per·nu·mer·a·ry** /suːpənjuːmərəri, ᴬsuːpərnuːməreri/ [bn] ① extra, meer dan normaal/noodzakelijk, reserve- ② overtollig, overbodig

su·per·or·der /suːpərɔːdə, ᴬ-ɔːrdər/ [telb zn] 〈biol〉 superorde

su·per·or·di·nate /suːpərɔːdɪnət, ᴬ-ɔːrdnət/ [bn] superieur, beter

su·per·phos·phate /suːpəfɒsfeɪt, ᴬsuːpərfɑsfeɪt/ [niet-telb zn] superfosfaat 〈meststof〉

su·per·phys·i·cal /suːpəfɪzɪkl, ᴬsuːpər-/ [bn] bovennatuurlijk, bovenzinnelijk

su·per·pose /suːpəpoʊz, ᴬsuːpər-/ [ov ww] opleggen, aanbrengen op, op elkaar plaatsen, erbovenop plaatsen, openplaatsen ♦ *superpose on* plaatsen op

su·per·po·si·tion /suːpəpəzɪʃn, ᴬsuːpər-/ [telb + niet-telb zn] superpositie, het op elkaar plaatsen/geplaatst zijn

su·per·po·tent /suːpəpoʊtnt, ᴬsuːpər-/ [bn] extra krachtig

su·per·pow·er /suːpəpaʊə, ᴬsuːpərpaʊər/ [telb zn] grootmacht, supermacht, supermogendheid

su·per·roy·al /suːpərɔɪəl, ᴬsuːpər-/ [bn] superroyal 〈papierformaat〉

su·per·sat·u·rate /suːpəsætʃəreɪt, ᴬsuːpərsætʃəreɪt/ [ov ww] 〈scheik〉 oververzadigen

su·per·sat·u·ra·tion /suːpəsætʃəreɪʃn, ᴬsuːpərsætʃə-/ [niet-telb zn] oververzadiging

su·per·scribe /suːpəskraɪb, ᴬsuːpər-/ [ov ww] van een opschrift/inscriptie voorzien, erop/erboven schrijven

¹**su·per·script** /suːpəskrɪpt, ᴬsuːpər-/ [telb zn] 〈boek〉 superscript (teken/letter/cijfer)

²**su·per·script** /suːpəskrɪpt, ᴬsuːpər-/ [bn] superscript, erboven geschreven

su·per·scrip·tion /suːpəskrɪpʃn, ᴬsuːpər-/ [telb zn] superscriptie, opschrift

¹**su·per·sede** /suːpəsiːd, ᴬsuːpər-/ [onov ww] zich onthouden, (ervan) afzien

²**su·per·sede** /suːpəsiːd, ᴬsuːpər-/ [ov ww] ① (doen) vervangen, de plaats (doen) innemen van, verdringen, opzij-

zetten, opzijschuiven, voorbijgaan (aan) ♦ *superseded in the command* van het bevel ontheven; *superseded methods* verouderde/achterhaalde methodes ② vernietigen, te niet doen, afschaffen ③ volgen op ④ voorrang krijgen op

su·per·se·de·as /suːpəsiːdɪəs, ᴬsuːpər-/ [telb zn; mv: supersedeas] ⟨jur⟩ bevel tot schorsing/opschorting

su·per·se·dure /suːpəsiːdʒə, ᴬsuːpərsiːdʒər/, **su·per·ses·sion** /-seʃn/ [niet-telb zn] ① vervanging, afzetting, ontheffing, schorsing ♦ *in supersedure of* ter vervanging van ② afschaffing, stopzetting

su·per·sen·si·ble /suːpəsensəbl, ᴬsuːpər-/ [bn; bw: supersensibly] bovenzinnelijk, geestelijk, psychisch

su·per·sen·si·tive /suːpəsensətɪv, ᴬsuːpərsensətɪv/ [bn] overgevoelig, hypergevoelig

su·per·sen·su·al /suːpəsenʃʊəl, ᴬsuːpər-/, **su·per·sen·su·ous** /-senʃʊəs/ [bn] bovenzinnelijk

su·per·ser·ver [telb zn] ⟨comp⟩ krachtige server

¹**su·per·size** /suːpəsaɪz, ᴬsuːpər-/ [bn, attr] ⟨AE⟩ supergroot ♦ *a supersize fry* een supergrote portie patat

²**su·per·size** /suːpəsaɪz, ᴬsuːpər-/ [ov ww] ⟨AE⟩ een grotere portie/groter glas geven van

¹**su·per·son·ic** /suːpəsɒnɪk, ᴬsuːpərsɑnɪk/ [telb zn] ultrageluidsfrequentie

²**su·per·son·ic** /suːpəsɒnɪk, ᴬsuːpərsɑnɪk/ [bn; bw: ~ally] supersonisch, supersoon, sneller dan het geluid ♦ *supersonic airliner* supersonisch verkeersvliegtuig; *supersonic frequency* ultra-akoestische frequentie, ultrageluidsfrequentie; *supersonic sounding* ultrasonoor onderzoek

su·per·star /suːpəstaː, ᴬsuːpərstɑr/ [telb zn] superster, superstar

su·per·sti·tion /suːpəstɪʃn, ᴬsuːpər-/ [telb + niet-telb zn] bijgeloof, superstitie, bijgelovigheid

su·per·sti·tious /suːpəstɪʃəs, ᴬsuːpər-/ [bn; bw: ~ly; zn: ~ness] bijgelovig, superstitieus ♦ *superstitious beliefs* bijgeloof

su·per·store /suːpəstɔː, ᴬsuːpərstɔr/ [telb zn] (grote) supermarkt

su·per·stra·tum /suːpəstrɑːtəm, ᴬsuːpərstreɪtəm, ᴬ-strætəm/ [telb zn; mv: superstrata /-strɑːtə, ᴬ-streɪtə -strætə/] bovenlaag, ⟨taalk ook⟩ superstraat

su·per·struc·ture /suːpəstrʌktʃə, ᴬsuːpərstrʌktʃər/ [telb zn] bovenbouw, superstructuur

su·per·sub·stan·tial /suːpəsəbstænʃl, ᴬsuːpər-/ [bn] onstoffelijk

su·per·sub·tle /suːpəsʌtl, ᴬsuːpərsʌtl/ [bn] oversubtiel

su·per·sub·tle·ty /suːpəsʌtlti, ᴬsuːpərsʌtlti/ [niet-telb zn] oversubtiliteit

su·per·tank·er /suːpətæŋkə, ᴬsuːpərtæŋkər/ [telb zn] supertanker, supertankschip, mammoettanker

¹**su·per·tax** /suːpətæks, ᴬsuːpər-/ [telb + niet-telb zn] extra inkomstenbelasting

²**su·per·tax** /suːpətæks, ᴬsuːpər-/ [ov ww] extra belasten ⟨boven bepaald inkomen⟩

su·per·tem·po·ral /suːpətemprəl, ᴬsuːpər-/ [bn] ① boven de slapen, boventemporaal ② eeuwig, niet tijdelijk

su·per·ter·ra·nean /suːpətəreɪnɪən, ᴬsuːpər-/, **su·per·ter·ra·ne·ous** /-təreɪnɪəs/ [bn] bovengronds

su·per·ter·rene /suːpətəriːn, ᴬsuːpər-/ [bn] ① bovengronds ② bovenaards

su·per·ter·res·tri·al /suːpətərestrɪəl, ᴬsuːpər-/ [bn] ① bovenaards ② bovengronds

su·per·ton·ic /suːpətɒnɪk, ᴬsuːpərtɑnɪk/ [telb zn] ⟨muz⟩ seconde, tweede toon ⟨van diatonische ladder⟩

su·per·us·er [telb zn] ⟨comp⟩ superuser, rootgebruiker, root

¹**su·per·vene** /suːpəviːn, ᴬsuːpər-/ [onov ww] ① optreden, zich voordoen, gebeuren, intreden, ⟨i.h.b.⟩ ertussen komen, hinderen, een obstakel vormen ② volgen ♦ *supervene on/to* volgen op

²**su·per·vene** /suːpəviːn, ᴬsuːpər-/ [ov ww] verdringen

su·per·ven·ient /suːpəviːnɪənt, ᴬsuːpər-/ [bn] bijkomend, tussenkomend

su·per·ven·tion /suːpəvenʃn, ᴬsuːpər-/ [telb + niet-telb zn] ① tussenkomst ② opvolging, vervanging

superviral /suːpəvaɪərəl, ᴬ-ər-/ [bn] ▯ *go superviral* een megahit worden, een megasucces worden

su·per·vise /suːpəvaɪz, ᴬsuːpər-/ [onov + ov ww] ① aan het hoofd staan (van), leiden ② toezicht houden/toezien (op), controleren, surveilleren

su·per·vi·sion /suːpəvɪʒn, ᴬsuːpər-/ [niet-telb zn] supervisie, leiding, opzicht, toezicht ♦ *supervision of construction* bouwtoezicht; *work under supervision* onder toezicht werken

su·per·vi·sor /suːpəvaɪzə, ᴬsuːpərvaɪzər/ [telb zn] ① supervisor, opziener, opzichter, controleur, chef ② ⟨BE⟩ promotor ⟨van promovendus⟩ ③ ⟨AE⟩ schoolsupervisor, coördinator ④ ⟨AE⟩ ± secretaris, gemeentesecretaris, stadssecretaris

su·per·vi·so·ry /suːpəvaɪzəri, ᴬsuːpər-/ [bn] toeziend, toezicht uitoefenend, controle- ♦ *supervisory lamp* controlelamp; *supervisory relay* controlerelais; *supervisory staff* lager leidinggevend personeel

su·pi·nate /suːpɪneɪt/ [onov + ov ww] (doen) supineren, kantelen, met de palm naar boven draaien ⟨hand⟩, buitenwaarts draaien ⟨been⟩

su·pi·na·tion /suːpɪneɪʃn/ [niet-telb zn] supinatie, kanteling

su·pi·na·tor /suːpɪneɪtə, ᴬ-neɪtər/ [telb zn] supinator ⟨spier⟩

¹**su·pine** /suːpaɪn/ [telb zn] ⟨taalk⟩ supinum

²**su·pine** /suːpaɪn/ [bn; bw: ~ly; zn: ~ness] ① achteroverliggend, op de rug liggend, ruggelings, rug- ② gekanteld ③ lethargisch, traag, lusteloos, indolent

supp, suppl [afk] ① (supplement) ② (supplementary)

¹**sup·per** /sʌpə, ᴬsʌpər/ [telb + niet-telb zn] ① (licht) avondmaal, avondeten, souper ♦ *have supper* het avondmaal gebruiken, avondeten, souperen; *the Lord's Supper* de eucharistie ② avondpartij, soirée ⟨met maal⟩ ▯ *go to supper with the devil* naar de hel gaan; *sing for one's supper* niets voor niets krijgen, wat terug moeten doen; ⟨sprw⟩ *if you sing before breakfast, you will cry before night/supper* die vandaag lacht zal morgen wenen, ± vogeltjes die vroeg zingen zijn voor de poes

²**sup·per** /sʌpə, ᴬsʌpər/ [onov ww] souperen

³**sup·per** /sʌpə, ᴬsʌpər/ [ov ww] ① een avondmaal aanbieden ② het avondvoer geven ♦ *supper up* het avondvoer geven

sup·per·less /sʌpələs, ᴬsʌpər-/ [bn] zonder avondeten ♦ *go supperless* geen avondeten krijgen/gebruiken

sup·per·time [niet-telb zn] etenstijd, tijd voor het avondeten

sup·plant /səplɑːnt, ᴬsəplænt/ [ov ww] verdringen, onderkruipen, de voet lichten, vervangen

sup·plant·er /səplɑːntə, ᴬsəplæntər/ [telb zn] onderkruiper, vervanger

¹**sup·ple** /sʌpl/ [bn; vergr trap: suppler; bw: supply, ~ly] ① soepel (ook figuurlijk), buigzaam, lenig, elastisch, plooibaar ♦ *supple mind* soepele geest ② gedwee, volgzaam, meegaand ③ kruiperig

²**sup·ple** /sʌpl/ [onov + ov ww] versoepelen, soepeler worden/maken

sup·ple·jack /sʌpldʒæk/ [telb zn] ① ⟨plantk⟩ ⟨benaming voor⟩ houtachtige klimplant ⟨voornamelijk Berchemia scandens⟩ ② wandelstok ③ hansworst ⟨pop⟩

¹**sup·ple·ment** /sʌplɪmənt/ [telb zn] ① aanvulling, bijvoegsel, supplement, toevoegsel, vervollediging ♦ ⟨wisk⟩ *supplement of an angle* supplement(shoek) ② suppletie, bijstorting, aanvulling ♦ *pay a supplement* bijbetalen, bijstorten

²**sup·ple·ment** /sʌplɪment/ [ov ww] aanvullen, vervolle-

digen, ⟨i.h.b.⟩ van een supplement voorzien ◆ *supplement by/with* aanvullen met

¹sup·ple·men·ta·ry /ˌsʌplɪˈmentri, ᴬ-mentəri/, **sup·ple·men·tal** /-ˈmentl/ [telb zn] supplement, aanvulling

²sup·ple·men·ta·ry /ˌsʌplɪˈmentri, ᴬ-mentəri/, **sup·ple·men·tal** /-ˈmentl/ [bn] aanvullend, supplementair, toegevoegd, extra, suppletoir, suppletie-, supplements-, hulp- ◆ ⟨wisk⟩ *supplementary angles* supplementaire hoeken; ⟨BE⟩ *supplementary benefit* aanvullende uitkering; *supplementary estimates* aanvullingsbegroting

sup·ple·ness /ˈsʌplnəs/ [niet-telb zn] ① soepelheid, souplesse, buigzaamheid, elasticiteit ② meegaand ③ kruiperigheid

sup·ple·tion /səˈpliːʃn/ [niet-telb zn] ⟨i.h.b. taalk⟩ suppletie

sup·ple·tive /səˈpliːtɪv/ [bn; bw: ~ly] ⟨i.h.b. taalk⟩ suppletief

¹sup·pli·ant /ˈsʌpliənt/, **sup·pli·cant** /ˈsʌplɪkənt/ [telb zn] ⟨form⟩ smekeling(e), supplicant, suppliant, rekestrant

²sup·pli·ant /ˈsʌpliənt/, **sup·pli·cant** /ˈsʌplɪkənt/ [bn; bw: ~ly] ⟨form⟩ smekend

sup·pli·cate /ˈsʌplɪkeɪt/ [onov + ov ww] ⟨form⟩ smeken, suppliëren, verzoeken, rekestreren ◆ *supplicate for pardon* vergeving afsmeken; *supplicate s.o.'s protection* iemands bescherming afsmeken; *supplicate to s.o. for sth.* iemand om iets verzoeken

sup·pli·ca·tion /ˌsʌplɪˈkeɪʃn/ [telb zn] smeekbede, supplicatie, rekest, verzoekschrift, suppliek

sup·pli·ca·tor /ˈsʌplɪkeɪtə, ᴬ-keɪtər/ [telb zn] smekeling

sup·pli·ca·to·ry /ˈsʌplɪkətri, ᴬsʌplɪkətɔːri/ [bn] suppliërend, smekend, smeek-

sup·pli·er /səˈplaɪə, ᴬ-ər/ [telb zn] ① producent ② leverancier ③ aanvoer, toevoerapparaat

sup·plies /səˈplaɪz/ [alleen mv] ① (mond)voorraad, proviand, benodigdheden ◆ *medical supplies* geneesmiddelenvoorraad ② zakgeld, toelage ◆ *cut off supplies* toelage intrekken ③ budget van uitgaven, toegestane/aangevraagde gelden ◆ *vote supplies* onkostenbudget goedkeuren, gelden toestaan

Supplies Day /səˈplaɪz deɪ/ [eigenn] dag waarop in het Britse Lagerhuis goedkeuring van budgetten wordt gevraagd

¹sup·ply /səˈplaɪ/ [telb zn] ① voorraad ◆ *supply of food* voedselvoorraad ② (plaats)vervanger, ⟨i.h.b.⟩ waarnemend predikant, ⟨België⟩ interimaris ◆ *be/go on supply* als plaatsvervanger optreden; ⟨België⟩ een interim waarnemen ③ bron, energiebron, ⟨radio⟩ voedingsbron

²sup·ply /səˈplaɪ/ [niet-telb zn] ① bevoorrading, aanvoer, toevoer, levering, voeding ◆ *cut off the gas/water supply* het gas/water afsluiten ② aanbod ◆ ⟨ec⟩ *supply and demand*, ⟨ec⟩ *demand and supply* vraag en aanbod ③ (plaats)vervanging, waarneming ④ ⟨mil⟩ verpleging, intendance

³sup·ply /səˈplaɪ/ [onov ww] inspringen, als plaatsvervanger optreden, ⟨België⟩ een interim waarnemen ◆ *supply at a church* de dienst waarnemen

⁴sup·ply /səˈplaɪ/ [ov ww] ① leveren, aanvoeren, toevoeren, verschaffen, bezorgen, voorzien van, voeden ◆ *supply sth. to s.o.*, *supply someone with something* iemand iets bezorgen, iemand van iets voorzien ② voorzien in, verhelpen, bevredigen, vervullen, voldoen aan ◆ *supply a demand* aan een verzoek voldoen; *supply a need/want* voorzien in een behoefte/nood, een behoefte vervullen ③ vullen ◆ *supply a vacancy* een vacante plaats vullen ④ compenseren, aanvullen, vergoeden, goedmaken ◆ *supply a deficiency* een tekort compenseren; *supply a loss* een verlies goedmaken ⑤ vervangen, substitueren, waarnemen ◆ *supply the place of s.o.* iemands plaats vervullen/innemen, iemand vervangen; *supply a pulpit/clergyman/church* de dienst waarnemen (voor een predikant)

supply agreement [telb zn] leveringscontract, leverantiecontract

supply cable [telb zn] voedingskabel

supply column [telb zn] verplegingscolonne

supply department [telb zn] verplegingsdienst, verplegingsafdeling

supply depot [telb zn] bevoorradingspost

supply line [telb zn] toevoerlijn, toevoerlinie

supply network [telb zn] verdeelnet

supply officer [telb zn] verplegingsofficier, intendanceofficier, intendant

supply pastor, supply preacher [telb zn] waarnemend predikant

supply pipe [telb zn] toevoerleiding, aanvoerbuis

supply service [telb zn] verplegingsdienst

supply ship [telb zn] bevoorradingsschip

supply-side economics [niet-telb zn] aanbodeconomie

supply teacher [telb zn] ⟨BE; onderw⟩ invaller, vervanger, ⟨België⟩ interimaris

supply train [telb zn] verplegingstrein

supply waiter [telb zn] hulpkelner

supply wire [telb zn] voedingsdraad

¹sup·port /səˈpɔːt, ᴬsəˈpɔrt/ [telb zn] ① steun(stuk), stut, drager, draagbalk, schraag, schoor, steunsel, steunder, support, onderstel, voetstuk, statief, leunspaan ② bewijsstuk ③ verdediger, voorvechter ④ kostwinner

²sup·port /səˈpɔːt, ᴬsəˈpɔrt/ [niet-telb zn] ① steun, hulp, ondersteuning, onderstand, steunverlening, subsidie ◆ *give support to* steun verlenen aan, kracht bijzetten; *in support* in reserve, klaar ter ondersteuning; *in support of* tot steun van; *need support* behoeftig zijn; *troops (stationed) in support* ondersteuningstroepen, aanvullingstroepen ② onderhoud, levensonderhoud, middelen van bestaan ◆ *claim support* onderhoudsgeld (op)eisen; *a means of support* een bron van inkomsten ③ staving ◆ *in support of* tot staving van ④ begeleiding, achtergrondmuziek

³sup·port /səˈpɔːt, ᴬsəˈpɔrt/ [ov ww] ① (onder)steunen, stutten, dragen, schragen, ophouden ◆ *supporting beam/wall* dragende balk/muur, steunbalk, steunmuur ② (benaming voor) steunen, helpen, bijstaan, assisteren, aansporen, verdedigen, bijtreden, bijspringen, bijvallen, subsidiëren ◆ *support a candidate* een kandidaat steunen; *support a policy* een beleid verdedigen ③ staven, bekrachtigen, volhouden ◆ *support a theory* een theorie staven ④ onderhouden, voorzien in de levensbehoeften van, in stand houden ◆ *support o.s./one's family* zich/zijn familie onderhouden ⑤ ophouden, hooghouden, bewaren, handhaven ◆ *support one's honour* zijn eer ophouden; ⟨handel⟩ *coffee supports itself* de koffie blijft vast ⑥ (ver)dragen, doorstaan, verduren, uithouden, dulden ⑦ spelen ⟨rol⟩ ◆ *support a part/role* een rol spelen ⑧ seconderen, een bijrol spelen bij, ondergeschikt zijn aan ◆ *supporting actor/actress* bijfiguur; *supporting film/programme* bijfilm, voorfilm(pje); *supporting part/role* bijrol ⑨ begeleiden ⟨ook muziek⟩

sup·port·a·ble /səˈpɔːtəbl, ᴬ-ˈpɔrtəbl/ [bn; bw: supportably] ① houdbaar, verdedigbaar, te handhaven ② te onderhouden ③ draaglijk, duldbaar, te verdragen, supportabel

support act [telb zn] ⟨muz⟩ ① voorprogramma ② voorprogrammaband

sup·port·er /səˈpɔːtə, ᴬ-ˈpɔrtər/ [telb zn] ① steun(stuk), stut, drager, draagbalk, schraag, schoor, steun, steunbalk, steunbeeld, steunbeer, steunboog, steunpunt, steunsel, steunder, support, onderstel, voetstuk, statief, leunspaan ② suspensoir, draagverband ③ suspensoir, toque ④ verdediger, aanhanger, voorvechter, voorstander, medestander ⑤ ⟨sport⟩ supporter ⑥ donateur ⑦ begeleider, paranimf ⑧ ⟨heral⟩ schilddrager, schildhouder

support group [telb zn] praatgroep
sup·por·tive /səpɔːtɪv, ᴬ-pɔrtɪv/ [bn] steunend, helpend, aanmoedigend
support line [telb zn] ondersteuningslinie
support price [telb zn] garantieprijs, gesubsidieerde prijs
support trench [telb zn] ondersteuningsloopgraaf
sup·pos·a·ble /səpoʊzəbl/ [bn; bw: supposably] denkbaar, te veronderstellen
¹**sup·pose** /spoʊz, səpoʊz/ [onov ww] gissen; → supposed, supposing
²**sup·pose** /spoʊz, səpoʊz/ [ov ww] ① (ver)onderstellen, menen, aannemen, stellen, vermoeden, geloven, denken, supponeren ♦ *he is supposed to be in London* hij zou in Londen moeten zijn; *not be supposed to do sth.* iets niet mogen doen; *and he's supposed to be a leader!* en zo iemand moet doorgaan voor een leider!; *I suppose so/not* ik neem aan van wel/niet, waarschijnlijk wel/niet; *let us suppose that* aangenomen dat; *you cannot suppose/it is not to be supposed that* het valt niet te veronderstellen dat; *suppose we go/went for a walk* laten we een wandelingetje maken; ⟨als onderschikkend voegwoord⟩ *suppose it rains?, what then?* maar stel dat het regent, wat dan?, maar wat als het regent? ② **vooronderstellen** ♦ *every effect supposes a cause* elk effect vooronderstelt/heeft een oorzaak; → supposed, supposing
sup·posed /səpoʊzd/ [bn, attr; volt deelw van suppose] vermeend, vermoedelijk, zogezegd, zogenaamd, gewaand ♦ *his supposed wealth* zijn vermeende rijkdom
sup·pos·ed·ly /səpoʊzɪdli/ [bw] ① vermoedelijk, naar alle waarschijnlijkheid ② zogenaamd, schijnbaar, naar verluidt
sup·pos·ing /spoʊzɪŋ, səpoʊzɪŋ/ [ondersch vw; tegenwoordig deelw van suppose] indien, verondersteld/aangenomen dat ♦ *supposing it rains, what then?* maar wat als het regent?
sup·po·si·tion /sʌpəzɪʃn/ [telb + niet-telb zn] (ver)onderstelling, vermoeden, gissing, suppositie, hypothese ♦ *in/on the supposition that* in de veronderstelling dat
sup·po·si·tion·al /sʌpəzɪʃnəl/ [bn; bw: ~ly] hypothetisch, op gissingen berustend, (ver)onderteld, denkbeeldig
sup·po·si·tious /sʌpəzɪʃəs/, **sup·pos·i·ti·tious** /səpɒzɪtɪʃəs, ᴬ-pɑ-/ [bn; bw: ~ly; zn: ~ness; bw: supposititiously; zn: supposititiousness] ① hypothetisch, op gissingen berustend, (ver)ondersteld ② imaginair, denkbeeldig, ingebeeld, vermeend ③ vals, vervalst, nagemaakt ④ ondergeschoven, onecht, onwettig ⟨kind⟩
¹**sup·pos·i·tive** /səpɒzətɪv, ᴬ-pɑzətɪv/ [telb zn] ⟨taalk⟩ voorwaardelijk voegwoord
²**sup·pos·i·tive** /səpɒzətɪv, ᴬ-pɑzətɪv/ [bn; bw: ~ly] ① (ver)ondersteld ② (ver)onderstellend
sup·pos·i·to·ry /səpɒzɪtri, ᴬ-pɑzɪtɔri/ [telb zn] ⟨med⟩ zetpil, suppositorium
sup·press /səpres/ [ov ww] ① ⟨benaming voor⟩ onderdrukken, supprimeren, bedwingen, beteugelen, smoren, weglaten, verzwijgen, achterwege laten, achterhouden, binnenhouden, tegenhouden, blokkeren, verbieden, censureren, afschaffen, opheffen ♦ *suppress agitators* oproeriers in toom houden; *suppress a book* een boek van de markt houden; *suppress evidence/facts* bewijsstukken/feiten achterhouden; *suppress feelings* gevoelens onderdrukken; *suppress monasteries* kloosters opheffen; ⟨jur⟩ *suppress the name of the accused* de naam van de verdachte niet voor publicatie vrijgeven; *suppress a newspaper* een verschijningsverbod opleggen aan een krant; *suppress a smile* een glimlach onderdrukken; *suppress the truth* de waarheid verzwijgen; *suppress a yawn* een geeuw onderdrukken ② stelpen, stillen, stoppen ♦ *suppress a haemorrhage* een bloeding stelpen ③ ⟨psych⟩ verdringen ④ ⟨elek⟩ ontstoren, storingvrij maken

sup·pres·sant /səpresnt/ [telb zn] ⟨benaming voor⟩ brand beperkend middel ⟨bijvoorbeeld natmakers in bluswater⟩
sup·press·er, sup·pres·sor /səpresə, ᴬ-ər/ [telb zn] ① onderdrukker, verdringer ② ⟨radio⟩ dichtdrukkende impulsie ③ ⟨techn⟩ storingseliminator, smoorschakeling, echo-onderdrukker ⟨radar⟩
sup·pres·si·ble /səpresəbl/ [bn] onderdrukbaar
sup·pres·sion /səpreʃn/ [niet-telb zn] ① ⟨benaming voor⟩ onderdrukking, beteugeling, opheffing, afschaffing ② ⟨psych⟩ verdringing
suppression order [telb zn] ⟨jur⟩ publicatieverbod ⟨van naam van verdachte⟩
sup·pres·si·o ve·ri /səpresioʊ veraɪ/ [niet-telb zn] ⟨jur⟩ verzwijging van de waarheid
sup·pres·sive /səpresɪv/ [bn; zn: ~ness] onderdrukkend, suppressief, beteugelend, bedwingend, onderdrukkings- ♦ *suppressive cough medicine* hoeststillend middel
sup·pu·rate /sʌpjʊreɪt, ᴬ-pjə-/ [onov ww] etteren, etter afscheiden/dragen/vormen
sup·pu·ra·tion /sʌpjʊreɪʃn, ᴬ-pjə-/ [niet-telb zn] ① ettering, ettervorming, suppuratie ② etter, pus
¹**sup·pu·ra·tive** /sʌpjʊrətɪv, ᴬsʌpjəreɪtɪv/ [telb zn] suppurans, ettering bevorderend middel
²**sup·pu·ra·tive** /sʌpjʊrətɪv, ᴬsʌpjəreɪtɪv/ [bn] ① etterend, suppuratief, etterig, rottend ② ettering bevorderend
supr [afk] (supreme)
su·pra /suːprə/ [bw] supra, (hier)boven, hoger, eerder
su·pra- /suːprə/ ① supra-, boven- ♦ *supracostal* supracostaal, boven de ribben ② super-, boven- ♦ *suprahuman* bovenmenselijk; *suprascript* superscript
su·pra·au·ric·u·lar /suːprɔːrɪkjʊlə, ᴬ-ɔrɪkjələr/ [bn] supra-auriculair, boven het oor
su·pra·ax·il·la·ry /suːprəæksɪləri/ [bn] supra-axillair, boven de oksel
su·pra·cla·vic·u·lar /suːprəkləvɪkjʊlə, ᴬ-jələr/ [bn] supraclaviculair, boven het sleutelbeen
su·pra·con·duc·tiv·i·ty /suːprəkɒndʌktɪvəti, ᴬ-kɑndʌktɪvəti/ [niet-telb zn] suprageleiding, supergeleiding
su·pra·con·scious /suːprəkɒnʃəs, ᴬ-kɑn-/ [bn] ① bovenbewust ② supralogisch
su·pra·cos·tal /suːprəkɒstl, ᴬ-kɑstl/ [bn] supracostaal, boven de ribben
su·pra·glot·tal /suːprəglɒtl, ᴬ-glɑtl/ [bn] supraglottisch, boven het strottenhoofd
su·pra·hu·man /suːprəhjuːmən, ᴬ-(h)juːmən/ [bn] bovenmenselijk, bovennatuurlijk, buitengewoon
¹**su·pra·lap·sar·i·an** /suːprəlæpseərɪən, ᴬ-ser-/ [telb zn] ⟨theol⟩ supralapsariër
²**su·pra·lap·sar·i·an** /suːprəlæpseərɪən, ᴬ-ser-/ [bn] ⟨theol⟩ supralapsarisch
su·pra·lap·sar·i·an·ism /suːprəlæpseərɪənɪzm, ᴬ-ser-/ [niet-telb zn] ⟨theol⟩ supralapsarisme
su·pra·lim·i·nal /suːprəlɪmɪnəl/ [bn] bovenbewust
su·pra·max·il·la·ry /suːprəmæksɪləri, ᴬ-mæksɪleri/ [bn] supramaxillair, van de bovenkaak
su·pra·mo·lec·u·lar /suːprəməlekjʊlə, ᴬ-jələr/ [bn] supramoleculair
su·pra·mun·dane /suːprəmʌndeɪn/ [bn] bovenaards
su·pra·na·tion·al /suːprənæʃnəl/ [bn] supranationaal, bovennationaal
su·pra·nat·u·ral /suːprənætʃrəl/ [bn] bovennatuurlijk
su·pra·or·bi·tal /suːprɔːbɪtl, ᴬ-ɔrbɪtl/ [bn] boven de oogkas
¹**su·pra·re·nal** /suːprəriːnl/ [telb zn] bijnier
²**su·pra·re·nal** /suːprəriːnl/ [bn] boven de nier, ⟨i.h.b.⟩

suprarenalin

m.b.t. de bijnier ♦ *suprarenal gland/capsule/body* bijnier

su·pra·ren·a·lin /suːprəriːnəlɪn/ [niet-telb zn] suprarenine, adrenaline

su·pra·scap·u·lar /suːprəskæpjʊlə, ᴬ-jələr/ [bn] boven het schouderblad

¹**su·pra·script** /suːprəskrɪpt/ [telb zn] superieur(e) teken/letter/cijfer, superscript

²**su·pra·script** /suːprəskrɪpt/ [bn] superscript, superieur, boven de regel geschreven

su·pra·seg·men·tal /suːprəsegmentl/ [bn] ⟨taalk⟩ suprasegmenteel

su·pra·sen·su·ous /suːprəsenʃʊəs/ [bn] bovenzinnelijk

su·pra·ton·sil·lar /suːprətɒnsɪlə, ᴬ-tɑnsɪlər/ [bn] boven de keelamandel

su·prem·a·cist /səpreməsɪst/ [telb zn] chauvinist, racist, seksist ♦ *male supremacist* (mannelijke) seksist; *white supremacist* blanke racist

su·prem·a·cy /səpreməsi/ [telb + niet-telb zn] suprematie, oppergezag, oppermacht, overmacht, superioriteit ♦ *Act of Supremacy* Akte van Suprematie ⟨1534, Hendrik VIII ten opzichte van Engelse kerk⟩; *gain supremacy over* de suprematie verwerven over; *the supremacy of sth. over sth.* het primaat van iets boven iets

¹**su·preme** /suːpriːm, sə-/, ⟨ook⟩ **su·prême** /sʊprem, ᴬsuːpriːm/ [telb zn] gerecht in roomsaus ♦ *supreme of sole* tong in roomsaus

²**su·preme** /suːpriːm, sə-/, ⟨in betekenis 1 ook⟩ **su·prême** /sʊprem, ᴬsuːpriːm/ [niet-telb zn] ① roomsaus, sauce suprême ② ⟨the⟩ het neusje van de zalm, het fijnste, het lekkerste ③ ⟨the⟩ toppunt, summum

³**su·preme** /suːpriːm, sə-/ [bn; bw: ~ly; zn: ~ness] ① ⟨vaak Supreme⟩ opperst, opper-, oppermachtig, soeverein, hoogst, verheven, voornaamst, belangrijkst ♦ *Supreme Being* Opperwezen, Allerhoogste, God; *Supreme Command* opperbevel, oppercommando; *Supreme Commander* opperbevelhebber; ⟨AE⟩ *Supreme Court* hooggerechtshof, Hoge Raad; ⟨BE⟩ *Supreme Court of Judicature* hooggerechtshof ⟨bestaat uit Court of Appeal en High Court of Justice⟩; *supreme end/good* summum bonum, het hoogste goed; *supreme happiness* opperste geluk, suprême geluk, toppunt van geluk; *Supreme Pontiff* paus; *rule supreme* het oppergezag/hoogste gezag voeren; *Supreme Soviet* opperste sovjet; *stand supreme* allen/alles overtreffen, zijns gelijke niet kennen ② uiterst, suprême, in de hoogste graad aanwezig, laatst, ultiem ♦ *supreme disdain/scorn* suprême verachting/minachting; *the supreme hour* kritieke/beslissende uur; *supreme test* vuurproef, beslissende test ③ dood(s)- ♦ *supreme hour* doodsuur; *supreme penalty* doodstraf; *make the supreme sacrifice* zijn leven geven; ⟨iron⟩ het ultieme offer brengen ⟨zijn maagdelijkheid verliezen⟩

Su·preme /suːpriːm, sə-/ [niet-telb zn; the] de Allerhoogste, het Opperwezen

su·pre·mo /suːpriːməʊ/ [telb zn] hoogste gezagdrager, leider, opperbevelhebber

supt, Supt [afk] (superintendent)

suq [telb zn] → souk

sur [afk] ① (surface) ② (surplus)

sur- /sɜː, ᴬsɜr/ sur-, over-, opper- ♦ *surcharge* surtaks, overlading

¹**su·rah**, ⟨ook⟩ **su·ra** /sʊərə, ᴬsʊrə/ [telb zn] soera ⟨(hoofd)stuk uit de Koran⟩

²**su·rah** /sʊərə, ᴬsʊrə/ [niet-telb zn] surah ⟨zijden weefsel⟩

su·ral /sjʊərəl, ᴬsʊrəl/ [bn, attr] kuit-

sur·base /sɜːbeɪs, ᴬsɜr-/ [telb zn] ⟨bouwk⟩ lijst, rand, bovenrand van een sokkel

sur·based /sɜːbeɪst, ᴬsɜr-/ [bn] ⟨bouwk⟩ gedrukt ♦ *surbased arch* gedrukte boog, korfboog; *surbased vault* gedrukt gewelf, segmentgewelf

¹**sur·cease** /sɜːsiːs, ᴬsɜrsiːs/ [telb zn] ⟨vero⟩ einde, beëindiging, stopzetting, stilstand, opschorting, staking

²**sur·cease** /sɜːsiːs, ᴬsɜrsiːs/ [onov ww] stoppen, ophouden, eindigen

³**sur·cease** /sɜːsiːs, ᴬsɜrsiːs/ [ov ww] doen ophouden/stoppen/eindigen, een eind maken aan, stopzetten

¹**sur·charge** /sɜːtʃɑːdʒ, ᴬsɜrtʃɑrdʒ/ [telb zn] ① toeslag, strafport ② (postzegel met) opdruk(je) ③ surtaks, extra belasting, opcenten ④ prijsverhoging, winstmarge, surplus ⑤ overlading, overbelasting, oververhitting ⑥ overvraging

²**sur·charge** /sɜːtʃɑːdʒ, ᴬsɜrtʃɑrdʒ/ [ov ww] ① overladen, overbelasten, oververzadigen, overstelpen, overvullen ♦ *surcharged steam* oververhitte stoom ② overvragen, te veel in rekening brengen/doen betalen, afzetten ③ extra/een toeslag laten betalen ♦ *be surcharged* toeslag moeten betalen ④ opdrukken, overdrukken (postzegel) ♦ *surcharged stamp* zegel met opdruk

¹**sur·cin·gle, cir·cin·gle** /sɜːsɪŋgl, ᴬsɜr-/ [telb zn] singel, gordel, buikriem

²**sur·cin·gle, cir·cin·gle** /sɜːsɪŋgl, ᴬsɜr-/ [ov ww] singelen, aanriemen, omgorden

sur·coat, ⟨in betekenis 1 ook⟩ **sur·cote** /sɜːkəʊt, ᴬsɜr-/ [telb zn] ① overmantel ② ⟨gesch⟩ opperkleed

sur·cu·lose /sɜːkjʊləʊs, ᴬsɜrkjə-/ [bn] ⟨plantk⟩ scheuten vormend

¹**surd** /sɜːd, ᴬsɜrd/ [telb zn] ① ⟨wisk⟩ irrationeel/onmeetbaar getal ⟨wortelvorm⟩ ② ⟨taalk⟩ stemloze medeklinker

²**surd** /sɜːd, ᴬsɜrd/ [bn] ① ⟨wisk⟩ irrationeel, onmeetbaar ② ⟨taalk⟩ stemloos

¹**sure** /ʃʊə, ᴬʃʊr/ [bn; vergr trap: surer] ① zeker, waar, onbetwijfelbaar, onbetwistbaar ♦ *be sure* zeker zijn, vaststaan; *one thing is sure* één ding staat vast ② zeker, veilig, betrouwbaar, onfeilbaar, vast ♦ *sure hand* vaste hand; *sure place* veilige plaats; *sure proof* waterdicht bewijs; *sure shot* scherpschutter ⦁ ⟨AE⟩ *sure thing* feit, zekerheid, vaststaand iets; ⟨als uitroep⟩ natuurlijk!, welzeker!, jazeker!, zonder twijfel!, gegarandeerd!, vast en zeker!, komt in orde!; ⟨sprw⟩ *slow but sure (wins the race)* ± langzaam maar zeker

²**sure** /ʃʊə, ᴬʃʊr/ [bn, pred; vergr trap: surer] zeker, verzekerd, overtuigd ♦ *be/feel sure about sth.* zeker/overtuigd zijn van iets, iets zeker weten; *I am not sure* ik ben er niet zeker van, ik weet het niet zeker, ik durf het niet zeker (te) zeggen; *I am sure I do not know* ik weet het echt/heus niet; *I am sure I did not mean it* ik heb het echt niet zo bedoeld; *sure of victory* zeker van de overwinning; *you can be sure of it* daar kan je van op aan, je kan erop rekenen; *sure of o.s.* zelfverzekerd, zelfbewust; *be sure that* (er) zeker (van) zijn dat ⦁ *well, I am sure!* wel allemachtig!, nu nog mooier!, nounou!; *to be sure* welzeker, natuurlijk, toegegeven; *to be sure!* wel wel!, waarachtig!; *be sure you do it* zorg dat je het in elk geval doet; *be sure to tell her* vergeet vooral niet het haar te vertellen; *be sure to/and do it* zorg dat je het in elk geval doet; *it is sure to be a girl* het wordt vast een meisje; *to be sure she is not rich* ze is weliswaar niet rijk; *well/so it is, to be sure!* wel allemachtig!, nu nog mooier!, nounou!; *what a surprise, to be sure!* nou, wat een verrassing!; *be/make sure that* ervoor zorgen dat; zich ervan vergewissen dat; *you had better be/make sure* je moest het maar even nakijken; *he is sure to come* hij komt zeker; *she is sure to like it* het bevalt haar ongetwijfeld; *just to make sure* voor alle zekerheid; *it is sure to turn out well* het komt gegarandeerd in orde; ⟨sprw⟩ *better be sure than sorry* ± beter hard geblazen dan de mond gebrand, ± voorkomen is beter dan genezen; ⟨sprw⟩ *talk of the devil and he is sure to appear* als men van de duivel spreekt, trapt men op zijn staart

³**sure** /ʃʊə, ᴬʃʊr/ [bw] ⟨vnl AE⟩ zeker, natuurlijk, ongetwijfeld, stellig, inderdaad ♦ *as sure as fate/death/hell/my name is Bob/I am standing here/eggs is/are eggs* zo waar ik hier sta,

zonder enige twijfel; *sure **enough!*** natuurlijk!, waarachtig!, jazeker!, ga je gang!; *he will come sure **enough*** hij komt zonder twijfel; *he promised to come and sure **enough** he did* hij beloofde te komen en inderdaad, hij kwam ook; *for sure!* vast en zeker!, zonder (enige) twijfel!; *that's for sure* dat staat vast, daar valt niet aan te twijfelen, zoveel is zeker; *I don't know for sure* ik ben er niet (zo) zeker van; ⟨vnl AE; inf⟩ *he sure **is** tall* hij is wel degelijk groot; ⟨vnl AE; inf⟩ *it sure **was** painful* en of het pijn deed, het deed inderdaad pijn

sure-e·nough [bn] ⟨AE; inf⟩ echt, onvervalst

sure-fire [bn] ⟨inf⟩ onfeilbaar, zeker, 100% betrouwbaar ♦ *sure-fire **winner*** zekere winnaar

sure-foot-ed [bn; bw: sure-footedly; zn: sure-footedness] vast van voet/gang, stevig op de benen, met vaste tred, ⟨fig⟩ betrouwbaar, onwankelbaar, standvastig

sure·ly /ˈʃʊəli, ᴬˈʃɜrli/ [bw] ⓵ zeker, met zekerheid, ongetwijfeld, stellig, voorzeker, toch ♦ *he will **surely** fall* hij gaat gegarandeerd vallen; *surely not!* geen sprake van!; *plant one's feet surely* zijn voeten stevig neerplanten; *slowly but surely* langzaam maar zeker; *you know him surely!* je moet hem kennen!; *surely I've met you before?* heb ik u niet al eens ontmoet?; *surely you are not leaving me behind* je gaat me toch (zeker) niet achterlaten ⓶ ⟨vnl AE⟩ natuurlijk, ga je gang ⟨als antwoord op verzoek⟩

¹**sure·ty** /ˈʃʊərəti, ᴬˈʃʊrəti/ [telb zn] ⓵ borgsteller ⓶ ⟨vero⟩ zekerheid, vaststaand iets ♦ *for/of a **surety*** zeker, natuurlijk

²**sure·ty** /ˈʃʊərəti, ᴬˈʃʊrəti/ [telb + niet-telb zn] borg, borgsom, (onder)pand, garantie, borgstelling ♦ *stand surety for s.o.* borg staan voor iemand, zich borg stellen voor iemand

³**sure·ty** /ˈʃʊərəti, ᴬˈʃʊrəti/ [niet-telb zn] zekerheid, beslistheid, zelfverzekerdheid

sure·ty·ship /ˈʃʊərətiʃɪp, ᴬˈʃʊrəti-/ [niet-telb zn] borgstelling, borgspreking, borgtocht

¹**surf** /sɜːf, ᴬsɜrf/ [niet-telb zn] branding

²**surf** /sɜːf, ᴬsɜrf/, ⟨in betekenis 1 ook⟩ **surf-ride** [onov ww] ⓵ surfen ⓶ baden in de branding ⓷ branding vormen ⓸ ⟨tv⟩ zappen; → **surfing**

³**surf** /sɜːf, ᴬsɜrf/ [ov ww] ⟨vnl comp⟩ surfen op ♦ *surf the Net* internetten, op het Net surfen; → **surfing**

surf·a·ble /ˈsɜːfəbl, ᴬˈsɜrfəbl/ [bn] surfbaar, geschikt om te surfen ⟨strand, golf⟩

¹**sur·face** /ˈsɜːfɪs, ᴬˈsɜr-/ [telb + niet-telb zn] oppervlak(te) ⟨ook figuurlijk⟩, buitenzijde, vlak, mantelvlak, wegdek, brugdek ♦ *break surface* bovenkomen ⟨bijvoorbeeld van duikboot⟩; *come to the surface* aan de oppervlakte treden, tevoorschijn komen, bovenkomen; *get below the surface* grondiger op iets ingaan, niet aan de oppervlakte blijven; *of/on the surface* aan de oppervlakte, oppervlakkig, op het eerste gezicht, aan de buitenkant; *scratch the surface of* aan de oppervlakte krassen van; ⟨fig⟩ oppervlakkig behandelen, aan de oppervlakte blijven van; *under/below/beneath the surface* onder de oppervlakte ⟨ook figuurlijk⟩

²**sur·face** /ˈsɜːfɪs, ᴬˈsɜr-/ [onov ww] ⓵ aan de oppervlakte komen/treden ⟨ook figuurlijk⟩, opduiken, bovenkomen, verschijnen, tevoorschijn treden, de kop opsteken ⓶ boven water komen, opstaan ⓷ ⟨AE⟩ zichtbaar worden, bekend worden; → **-surfaced**, **surfacing**

³**sur·face** /ˈsɜːfɪs, ᴬˈsɜr-/ [ov ww] ⓵ vlakken, vlakmaken, gladmaken, polijsten, egaliseren ⓶ bedekken, overlagen, bestraten, asfalteren ⓷ aan de oppervlakte brengen; → **-surfaced**, **surfacing**

sur·face-ac·tive [bn] capillair-actief

surface activity [niet-telb zn] capillair-actief vermogen, capillair-actieve werking

surface area [telb zn] oppervlakte

surface condenser [telb zn] ⟨techn⟩ oppervlaktecondensor ⟨stoom⟩

surface contour, surface contour line [telb zn] hoogtelijn, isohypse

surface cooling [niet-telb zn] oppervlaktekoeling

-sur·faced /sɜːfɪst, ᴬsɜr-/ [oorspronkelijk volt deelw van surface] met een (bepaald soort) oppervlak ♦ *smooth-surfaced* met een glad oppervlak

surface development [niet-telb zn] ontwikkeling aan de oppervlakte

surface dose [telb zn] oppervlaktedosis

sur·face-ef·fect ship [telb zn] ⟨AE⟩ luchtkussenboot, hovercraft

surface grinding machine [telb zn] ⟨techn⟩ vlakslijpmachine

surface hardness [niet-telb zn] oppervlaktehardheid

surface haze [niet-telb zn] oppervlaktematheid

surface integral [telb zn] oppervlakte-integraal

surface knowledge [niet-telb zn] oppervlakkige kennis

surface mail [niet-telb zn] landpost, zeepost ⟨tegenover luchtpost⟩

sur·face·man /ˈsɜːfɪsmən, ᴬˈsɜr-/ [telb zn; mv: surfacemen /-mən/] wegwerker, kantonnier, stratenmaker

surface merriment [niet-telb zn] geveinsde vrolijkheid, schijnvrolijkheid

surface noise [niet-telb zn] naaldgeruis, gekras, oppervlaktegeruis ⟨van grammofoonplaat⟩

surface politeness [niet-telb zn] uiterlijke beleefdheid

surface protection [niet-telb zn] oppervlaktebescherming

surface resistance [niet-telb zn] oppervlakteweerstand

surface resistivity [niet-telb zn] specifieke oppervlakteweerstand

surface structure [telb + niet-telb zn] ⟨taalk⟩ oppervlaktestructuur

surface tension [niet-telb zn] oppervlaktespanning

sur·face-to-air [bn, attr] grond-lucht- ♦ *surface-to-air missile* grond-luchtraket

sur·face-to-sur·face [bn, attr] grond-grond- ⟨wapens⟩

surface transport [niet-telb zn] verkeer over land, trein- en busverbindingen

surface water [niet-telb zn] oppervlaktewater, bovenwater

surface worker [telb zn] bovengronder

surface wound [telb zn] oppervlakkige wond

sur·fac·ing /ˈsɜːfɪsɪŋ, ᴬˈsɜr-/ [niet-telb zn; gerund van surface] ⓵ oppervlaktemateriaal ⓶ oppervlaktewerking ⓷ ⟨AE; techn⟩ het oplassen ⓸ ⟨wwb⟩ deklaag

sur·fac·tant /sɜːˈfæktənt, ᴬsɜr-/ [telb zn] surfactans, capillair-actieve stof

surf-bath·ing /ˈsɜːfbeɪðɪŋ, ᴬˈsɜrf-/ [niet-telb zn] baden in de branding

surf·bird [telb zn] ⟨dierk⟩ steenloper ⟨*Aphriza virgata*⟩

¹**surf·board** [telb zn] surfplank

²**surf·board** [onov ww] surfen

surf·boat [telb zn] lichte boot ⟨voor gebruik in de branding⟩

surf duck, surf scoter [telb zn] ⟨dierk⟩ brileend, zeeeend ⟨*Melanitta perspicillata*⟩

¹**sur·feit** /ˈsɜːfɪt, ᴬˈsɜr-/ [telb zn; voornamelijk enk] overdaad, overlading ⟨van de maag⟩, zatheid, oververzadiging, walging ♦ *have a **surfeit** of* zich ziek/een breuk eten aan; *to (a) surfeit* tot walgens toe

²**sur·feit** /ˈsɜːfɪt, ᴬˈsɜr-/ [onov ww] ⟨vero⟩ ⓵ zich overeten, zich een breuk/te barsten eten, zijn maag overladen ♦ *surfeit on/with* overmatig eten/drinken van ⓶ beu worden ♦ *surfeited of/with pleasure* zat van genot

³**sur·feit** /ˈsɜːfɪt, ᴬˈsɜr-/ [ov ww] overvoeden, zich doen overeten, volstoppen

sur·feit·er /ˈsɜːfɪtə, ᴬˈsɜrfɪtər/ [telb zn] ⟨vero⟩ **zwelger,** brasser
surf·er /ˈsɜːfə, ᴬˈsɜrfər/, **surf-rid·er** [telb zn] **(branding)-surfer**
surfer's knob [telb zn] **surfknobbel** ⟨op wreef of knie⟩
sur·fi·cial /ˈsɜːfɪʃl, ᴬˈsɜrfɪʃl/ [bn; bw: ~ly] ⟨geol⟩ **aan/van het aardoppervlak**
surf·ing /ˈsɜːfɪŋ, ᴬˈsɜrf-/ [telb zn; gerund van surf, surf-ride] **(het) (branding)surfen**
surg [afk] ① (surgeon) ② (surgery) ③ (surgical)
¹**surge** /sɜːdʒ, ᴬsɜrdʒ/ [telb zn; voornamelijk enk]
① **(hoge) golf,** stortzee ② **golving,** golfslag ♦ *the surge of the hills* het glooien/golven van de heuvels ③ **schommeling,** stijging, toeneming, daling, afneming ④ **opwelling,** vlaag, golf ♦ *a surge of interest* een vlaag van interesse ⑤ ⟨scheepv⟩ **schrikrol** ⑥ ⟨atl⟩ **tempoverhoging,** tussensprint ⑦ ⟨mil⟩ **troepentoename, extra troepen/eenheden** ⟨in een conflictgebied⟩
²**surge** /sɜːdʒ, ᴬsɜrdʒ/ [onov ww] ① **golven,** deinen, stromen, aanzwellen ♦ *surge by* voorbijstromen ② **schommelen,** (plots) stijgen, toenemen, dalen, afnemen ③ **dringen,** duwen, stuwen, zich verdringen ♦ *surging crowd* opdringende massa ④ **opwellen,** opbruisen ⟨van gevoelens⟩ ♦ *surge up* opwellen ⑤ ⟨scheepv⟩ **slippen,** doorschieten ⟨van touw⟩ ⑥ ⟨atl⟩ **(plotseling) het tempo verhogen,** (een) tussensprint plaatsen
³**surge** /sɜːdʒ, ᴬsɜrdʒ/ [ov ww] ① **doen golven** ② ⟨scheepv⟩ **schrikken,** laten doorschieten ⟨van touw⟩
surge chamber, surge tank [telb zn] **waterslagtoren**
sur·gent /ˈsɜːdʒənt, ᴬˈsɜr-/ [bn] **sterk opkomend**
sur·geon /ˈsɜːdʒən, ᴬˈsɜr-/ [telb zn] ① **chirurg,** heelkundige, arts ② **scheepsdokter** ③ **legerdokter,** officier van gezondheid ④ (verk: surgeonfish)
surgeon apothecary [telb zn] ⟨BE⟩ **apotheekhoudend arts,** apotheker-geneesheer
sur·geon·cy /ˈsɜːdʒənsi, ᴬˈsɜr-/ [telb zn] **betrekking van chirurg**
surgeon dentist [telb zn] **kaakchirurg**
sur·geon·fish [telb zn] **chirurgijnvis,** doktersvis, chirurgvis ⟨genus Acanthurus⟩
surgeon general [telb zn; mv: surgeons general] ⟨AE⟩ ① **generaal-majoor-arts** ② ± **directeur-generaal** ⟨van de nationale gezondheidsdienst⟩
surgeon's gown [telb zn] **operatieschort,** ⟨bij uitbreiding⟩ doktersjas
surgeon's knot [telb zn] **chirurgische knoop**
¹**sur·ger·y** /ˈsɜːdʒəri, ᴬˈsɜr-/ [telb zn] ① **behandelkamer,** operatiekamer ② ⟨vnl BE⟩ **spreekkamer**
²**sur·ger·y** /ˈsɜːdʒəri, ᴬˈsɜr-/ [telb + niet-telb zn] **spreekuur,** spreekuren
³**sur·ger·y** /ˈsɜːdʒəri, ᴬˈsɜr-/ [niet-telb zn] **chirurgie,** heelkunde ♦ *be in/have/undergo surgery* geopereerd worden; *plastic surgery* plastische chirurgie
surgery hours, surgeon hours [alleen mv] **spreekuur,** spreekuren
sur·gi·cal /ˈsɜːdʒɪkl, ᴬˈsɜr-/ [bn; bw: ~ly] ① **chirurgisch,** heelkundig, operatief ♦ *surgical case* instrumentenkistje; *surgical knot* chirurgische knoop; *surgical mask* mondmasker, mondkapje, smoeltje ⟨van chirurg⟩; ⟨BE⟩ *surgical spirit* ontsmettingsalcohol; *surgical treatment* chirurgische behandeling ② **operatie-,** postoperatief ♦ *surgical fever* operatiekoorts, wondkoorts · *surgical boot* orthopedische schoen; *surgical stocking* steunkous, elastische kous; *surgical strike* precisieaanval
su·ri·cate /ˈsjʊərɪkeɪt, ᴬˈsʊr-/, **su·ri·cat** /-kæt/ [telb zn] ⟨dierk⟩ **stokstaartje** ⟨Suricata suricatta⟩
¹**Su·ri·nam, Su·ri·name** /ˈsʊərɪnæm, ᴬˈsʊrənæm/ [eigenn] **Suriname**
²**Su·ri·nam** /ˈsʊərɪnæm, ᴬˈsʊrənæm/ [bn] **Surinaams** ♦ *Suri-*

nam toad pipa, Surinaamse pad
¹**Su·ri·na·mese** /ˌsʊərɪnəˈmiːz, ᴬˌsʊrənəˈmiːz/, **Su·ri·nam·er** /ˈsʊərɪnɑːmə, ᴬˈsʊrənɑːmər/ [telb zn; mv: Surinamese] **Surinamer, Surinaamse**
²**Su·ri·na·mese** /ˌsʊərɪnəˈmiːz, ᴬˌsʊrənəˈmiːz/ [bn] **Surinaams**

Suriname	
naam	Suriname *Suriname*
officiële naam	Republic of Suriname *Republiek Suriname*
inwoner	Surinamese *Surinamer*
inwoonster	Surinamese *Surinaamse*
bijv. naamw.	Surinamese *Surinaams*
hoofdstad	Paramaribo *Paramaribo*
munt	Suriname dollar *Surinaamse dollar*
werelddeel	America *Amerika*
int. toegangsnummer 597 www.sr auto SME	

sur·ly /ˈsɜːli, ᴬˈsɜrli/ [bn; vergr trap: surlier; zn: surliness] **knorrig,** kribbig, nors, bars, bokkig, korzelig, wrevelig
sur·mis·able /səˈmaɪzəbl, ᴬsər-/ [bn] **veronderstelbaar,** te vermoeden
¹**sur·mise** /səˈmaɪz, sɜːˈmaɪz, ᴬsər-, ᴬsɜr-/ [telb zn] **gissing,** vermoeden, conjectuur, onderstelling
²**sur·mise** /səˈmaɪz, ᴬsər-/ [onov + ov ww] **gissen,** vermoeden, veronderstellen, raden
sur·mount /səˈmaʊnt, ᴬsər-/ [ov ww] ① **overklimmen,** beklimmen, overspringen ② **bedekken,** overdekken, staan/liggen op ♦ *peaks surmounted with snow* met sneeuw bedekte toppen; *a house surmounted by/with a weather-vane* een huis met een weerhaan erop ③ **uitsteken boven** ♦ *surmounted arch* verhoogde boog ④ **overwinnen,** te boven komen, de baas worden ♦ *surmount difficulties* moeilijkheden overwinnen
sur·mount·a·ble /səˈmaʊntəbl, ᴬsərˈmaʊntəbl/ [bn] **overwinbaar,** overkomelijk
sur·mul·let /səˈmʌlɪt, ᴬsər-/ [telb zn; mv: ook surmullet] ⟨dierk⟩ **zeebarbeel** ⟨Mullus surmuletus⟩
¹**sur·name** /ˈsɜːneɪm, ᴬˈsɜr-/ [telb zn] ① **familienaam,** achternaam ② **bijnaam,** toenaam
²**sur·name** /ˈsɜːneɪm, ᴬˈsɜr-/ [ov ww] ① **een (bij)naam geven** ♦ *Charles, surnamed the Bald* Karel, bijgenaamd de Kale ② **bij de achternaam/bijnaam noemen**
sur·pass /səˈpɑːs, ᴬsərˈpæs/ [ov ww] **overtreffen,** te boven/ buiten gaan ♦ *surpass all expectations* alle verwachtingen overtreffen; *surpass in strength/skill* sterker/vaardiger zijn dan; → **surpassing**
sur·pass·able /səˈpɑːsəbl, ᴬˈsɜrpæsəbl/ [bn] **overtrefbaar**
sur·pass·ing /səˈpɑːsɪŋ, ᴬˈsɜrpæsɪŋ/ [bn; tegenwoordig deelw van surpass; bw: ~ly] **ongeëvenaard,** weergaloos, buitengewoon ♦ *surpassing beauty* onvergetelijke schoonheid
sur·plice /ˈsɜːplɪs, ᴬˈsɜr-/ [telb zn] ⟨rel, vnl r-k⟩ **superplie,** superpellicum, koorhemd
sur·pliced /ˈsɜːplɪst, ᴬˈsɜr-/ [bn] **in superplie**
surplice duty [telb zn] ⟨vnl BE⟩ **priesterdienst** ⟨bij doop enz.⟩
¹**sur·plus** /ˈsɜːpləs, ᴬˈsɜrplʌs/ [telb zn] **surplus,** overschot, teveel, ⟨vnl BE⟩ rest(ant)
²**sur·plus** /ˈsɜːpləs, ᴬˈsɜrplʌs/ [bn, attr] **overtollig,** extra, over-, surplus- ♦ *surplus grain* graanoverschot; *surplus labour* arbeidsreserve; *surplus population* bevolkingsoverschot; *surplus stock* surplusvoorraad; *surplus value* meerwaarde, overwaarde; *surplus weight* overwicht
¹**sur·prise,** ⟨zelden⟩ **sur·prize** /səˈpraɪz, ᴬsər-/, **sur·pris·al** /-praɪzl/ [telb + niet-telb zn] **verrassing,** verbazing, verwondering, overrompeling, surprise ♦ *come as a surprise (to s.o.)* totaal onverwacht komen ⟨voor iemand⟩; *full of surprise* vol verbazing; *his surprise did not last long* hij

surveyor

was snel van de verrassing bekomen; *look up in surprise* verrast opkijken; *stare in surprise* grote ogen opzetten; *take by surprise* overrompelen, bij verrassing (in)nemen; *to my great surprise* tot mijn grote verbazing; *what a surprise!* wat een verrassing!; *surprise!* kiekeboe!

²**sur·prise**, ⟨zelden⟩ **sur·prize** /səpraɪz, ᴬsər-/ [ov ww] verrassen, verbazen, verwonderen, overrompelen, overvallen, betrappen ♦ *she surprised him into an answer* voor hij het wist had ze hem een antwoord ontfutseld; *surprise s.o. into doing sth.* iemand onverhoeds ertoe brengen iets te doen; *you surprise me!* dat had ik niet van je verwacht!, dat valt me tegen van je!, je gaat al mijn verwachtingen te boven!; *surprise s.o. with* iemand verrassen met; *you'd be surprised!* daar zou je van opkijken!; *surprise s.o. in the act* iemand op heterdaad betrappen; → **surprised**, **surprising**

surprise attack [telb zn] verrassingsaanval, overval

sur·prised /səpraɪzd, ᴬsər-/ [bn; volt deelw van *surprise*; bw: ~ly] verrast, verbaasd, verwonderd, versteld ♦ *be surprised at* zich verbazen over, versteld staan van; *I'm surprised at you* dat had ik niet van je verwacht, je valt me tegen

surprise package, surprise packet [telb zn] surprise, verrassingspakket

surprise party [telb zn] ⟨vnl AE⟩ (onverwacht) feest(je) ⟨voor gastheer/gastvrouw⟩

surprise visit [telb zn] onverwacht bezoek

sur·pris·ing /səpraɪzɪŋ, ᴬsər-/ [bn; tegenwoordig deelw van *surprise*; bw: ~ly] verrassend, ongewoon, verbazend, verbazingwekkend ▪ *not surprisingly* het is niet zo verbazingwekkend dat

surr [afk] ⟨surrender⟩

sur·ra, sur·rah /sʊrə, ᴬsʊrə/ [niet-telb zn] surra(ziekte), (soort) slaapziekte ⟨bij dieren⟩

sur·re·al /sərɪəl/ [bn] surreëel, surrealistisch

sur·re·al·ism /sərɪəlɪzm/ [niet-telb zn] surrealisme

¹**sur·re·al·ist** /sərɪəlɪst/ [telb zn] surrealist

²**sur·re·al·ist** /sərɪəlɪst/, **sur·re·al·is·tic** /sərɪəlɪstɪk/ [bn; bw: ~ically] surrealistisch, surreëel

sur·re·but /sɜːrɪbʌt/ [onov ww] ⟨jur⟩ voor de derde maal repliceren ⟨door aanklager⟩

sur·re·but·ter /sɜːrɪbʌtə/, **sur·re·but·tal** /-bʌtl/ [telb zn] ⟨jur⟩ derde repliek ⟨van aanklager⟩

sur·re·join /sɜːrɪdʒɔɪn/ [onov ww] ⟨jur⟩ voor de tweede maal repliceren ⟨door aanklager⟩

sur·re·join·der /sɜːrɪdʒɔɪndə, -ər/ [jur] tripliek ⟨van aanklager⟩

¹**sur·ren·der** /sərɛndə, ᴬ-ər/ [niet-telb zn] ① overgave, uitlevering, inlevering, afstand, afgifte ♦ afkoop ⟨van verzekering⟩

²**sur·ren·der** /sərɛndə, ᴬ-ər/ [onov ww] ① zich overgeven, capituleren, het opgeven, toegeven, zwichten ② ⟨jur⟩ verschijnen, opkomen ⟨van tegen borgtocht vrijgelatene⟩ ♦ ⟨BE⟩ *surrender to one's bail* verschijnen, opkomen

³**sur·ren·der** /sərɛndə, ᴬ-ər/ [ov ww] ① overgeven, uitleveren, inleveren, afstaan, afstand doen van, afzien van ♦ *surrender to* zich overgeven aan ② afkopen ⟨verzekering⟩ ♦ *surrender a policy* een polis afkopen

surrender value [telb + niet-telb zn] afkoopwaarde ⟨van verzekering⟩

sur·rep·ti·tious /sʌrəptɪʃəs/ [bn; bw: ~ly; zn: ~ness] ① clandestien, heimelijk, stiekem ♦ *surreptitious edition* clandestiene editie; *surreptitious glance* steelse blik ② onecht, vervalst, bedrieglijk

sur·rey /sʌri, ᴬsɜːri/ [telb zn] ⟨AE⟩ (licht) vierwielig plezierrijtuig

sur·ro·ga·cy /sʌrəgəsi, ᴬsɜːrə-/ [niet-telb zn] leenmoederschap, draagmoederschap

¹**sur·ro·gate** /sʌrəgət, -geɪt/ [telb zn] ① plaatsvervanger, substituut, ⟨BE⟩ bisschoppelijk afgevaardigde, vicaris ② vervangmiddel, substituut, surrogaat ③ draagmoeder ④ ⟨AE⟩ rechter ⟨voor verificatie van testamenten, aanstelling van voogden e.d.⟩

²**sur·ro·gate** /sʌrəgət, -geɪt, ᴬsɜːrə-/ [bn, attr] plaatsvervangend, substituut-, vice-, onder- ♦ *surrogate mother* leenmoeder, draagmoeder ⟨vrouw⟩; ⟨bij dieren⟩ surrogaatmoeder; *surrogate gestational mother* draagmoeder ⟨van bevruchte eicel van andere vrouw⟩; *surrogate motherhood* leenmoederschap, draagmoederschap

³**sur·ro·gate** /sʌrəgeɪt, ᴬsɜːrə-/ [ov ww] vervangen, in de plaats stellen, substitueren

sur·ro·gate·ship /sʌrəgətʃɪp, -geɪt-, ᴬsɜːrə-/ [niet-telb zn] plaatsvervangerschap

¹**sur·round** /səraʊnd/ [telb zn] ① ⟨BE⟩ (sier)rand ⟨voornamelijk tussen tapijt en muur⟩ ② ⟨AE⟩ omsingeling ⟨van kudde dieren⟩

²**sur·round** /səraʊnd/ [ov ww] omringen, omsingelen, insluiten, omhullen, omsluiten ♦ *surrounded by/with* omringd door, omgeven door; → **surrounding**

sur·round·ing /səraʊndɪŋ/ [bn, attr; tegenwoordig deelw van *surround*] omliggend, omringend, omgevend, nabijgelegen ♦ *surrounding villages* omliggende dorpen

sur·round·ings /səraʊndɪŋz/ [alleen mv] omgeving, buurt, streek, omtrek, omstreken

surround sound [niet-telb zn; vaak attributief] ⟨vnl BE; muz⟩ (meerkanaals)stereofonie, ⟨oneig⟩ quadrafonie

¹**sur·tax** /sɜːtæks, ᴬsɜːr-/ [niet-telb zn] extra belasting, surtaks

²**sur·tax** /sɜːtæks, ᴬsɜːr-/ [ov ww] extra belasten

sur·ti·tles /sɜːtaɪtlz, ᴬsɜːrtaɪtlz/ [alleen mv] boventiteling ⟨bij opera's⟩

sur·tout /sɜːtuː, ᴬsɜːrtuː/ [telb zn] ⟨gesch⟩ ① overjas ② geklede jas

sur·veil /sɜːveɪl, ᴬsər-/ [ov ww] ⟨AE⟩ onder bewaking/toezicht houden, bewaken, controleren

sur·veil·lance /sɜːveɪləns, ᴬsər-/ [niet-telb zn] toezicht, bewaking, surveillance ♦ *under (close) surveillance* onder (strenge) bewaking

surveillance airplane [telb zn] verkenningsvliegtuig

¹**sur·veil·lant** /sɜːveɪlənt, ᴬsər-/ [telb zn] toezichter, bewaker, opzichter, surveillant

²**sur·veil·lant** /sɜːveɪlənt, ᴬsər-/ [bn] toezichthoudend, controlerend, bewakend, surveillerend

¹**sur·vey** /sɜːveɪ, ᴬsɜːr-/ [telb zn] ① overzicht, wijde blik ② overzicht, samenvatting ③ (klassen)onderzoek, inspectie, survey ♦ *be under survey* geïnspecteerd worden ④ raming, schatting, expertise, rapport, ⟨i.h.b.⟩ taxering, taxatierapport ⟨van huis⟩ ⑤ opmeting, opneming, topografische verkenning, triangulatie, opname, kartering ⟨van terrein⟩ ♦ *aerial survey* fotografische topografie/opneming ⑥ ⟨kernfys⟩ stralingscontrole, stralingsmeting ⑦ ⟨BE⟩ ⟨verk: ordnance survey⟩ ▪ *take a survey of* onderzoeken, inspecteren, opnemen

²**sur·vey** /səveɪ, ᴬsər-/ [ov ww] ① overzien, overschouwen, toezien op ② samenvatten, een overzicht geven van ③ onderzoeken, inspecteren, bezichtigen ④ ramen, schatten, taxeren ⟨bijvoorbeeld huis⟩ ⑤ opnemen, opmeten, karteren; → **surveying**

sur·vey·able /səveɪəbl, ᴬsər-/ [bn] te overzien, overzienbaar

sur·vey·ance /səveɪəns, ᴬsər-/ [niet-telb zn] toezicht, bewaking, surveillance

survey course [telb zn] overzichtscursus, inleidende cursus

sur·vey·ing /səveɪɪŋ, ᴬsər-/ [niet-telb zn; gerund van *survey*] landmeetkunde, het landmeten

surveying chain [telb zn] meetketting

survey instrument [telb zn] ⟨kernfys⟩ (draagbare) stralingsmeter

sur·vey·or /səveɪə, ᴬsərveɪər/ [telb zn] ① opziener, opzichter, inspecteur ② landmeter ③ deskundige, expert,

surveyorship

taxateur, schatter [4] beschouwer, toeschouwer [5] ⟨BE⟩ bouwmeester, architect (met toezicht) [6] ⟨AE⟩ commies, douanebeambte

sur·vey·or·ship /səvɛɪəʃɪp, ᴬsərveɪər-/ [niet-telb zn] [1] opzichterschap [2] landmeterschap

surveyor's house [telb zn] directiekeet

surveyor's level [telb zn] landmeterswaterpas

surveyor's measure [telb zn] landmetersmaat

¹**sur·viv·al** /səvaɪvl, ᴬsər-/, **sur·viv·ance** /-vəns/ [telb zn] [1] overblijfsel, relict, survival [2] (laatst) overgeblevene

²**sur·viv·al** /səvaɪvl, ᴬsər-/, **sur·viv·ance** /-vəns/ [niet-telb zn] overleving, het overleven, het voortbestaan ♦ *survival of the fittest* overleving van de sterksten, natuurlijke selectie

survival curve [telb zn] ⟨kernfys⟩ overlevingskromme

survival equipment [niet-telb zn] overlevingsuitrusting, nooduitrusting

sur·viv·al·ist /səvaɪvəlɪst, ᴬsər-/ [telb zn; ook attributief] ⟨AE⟩ quasioverlever ⟨die onder mom van zelfbescherming zichzelf bewapent⟩

survival kit [telb zn] overlevingsuitrusting, nooduitrusting, uitrusting voor noodgevallen

survival rate [telb zn] overlevingspercentage

survival suit [telb zn] overlevingspak, reddingspak

survival trip [telb zn] overlevingstocht

survival value [telb + niet-telb zn] overlevingswaarde

sur·vive /səvaɪv, ᴬsər-/ [onov + ov ww] overleven, voortbestaan, bewaard blijven, nog leven, blijven leven, langer leven dan, ⟨fig⟩ zich (weten te) handhaven ♦ *survive one's children* zijn kinderen overleven; *survive an earthquake* een aardbeving overleven; *survive on* zich in leven houden met; ⟨jur⟩ *survive to* overgaan op ⟨overlevende⟩; *survive one's usefulness* zijn nut overleven

sur·vi·vor /səvaɪvə, ᴬsərvaɪvər-/ [telb zn] [1] overlevende, geredde [2] ⟨inf⟩ doordouwer, iemand die niet kapot te krijgen is, iemand die zich weet te handhaven [3] ⟨jur⟩ langstlevende

sur·vi·vor·ship /səvaɪvəʃɪp, ᴬsərvaɪvərʃɪp/ [niet-telb zn] [1] overleving [2] ⟨jur⟩ opvolgingsrecht ⟨bij overleven⟩

survivorship insurance [telb + niet-telb zn] overlevingsverzekering

survivor syndrome [telb zn] ⟨psych⟩ overlevingssyndroom ⟨bijvoorbeeld van overlevenden van kampen⟩

¹**sus** /sʌs/ [telb zn] ⟨inf⟩ verdachte

²**sus** /sʌs/ [niet-telb zn] ⟨inf⟩ verdenking

³**sus** /sʌs/ [ov ww] → **suss**

Sus [afk] ⟨Sussex⟩

sus·cep·tance /səseptəns/ [niet-telb zn] ⟨elek⟩ susceptantie

¹**sus·cep·ti·bil·i·ty** /səseptəbɪləti/ [telb zn] gevoeligheid, zwakke/tere plek ♦ *wound s.o. in his susceptibilities* iemand op zijn zwakke plek raken, iemands gevoeligheid kwetsen

²**sus·cep·ti·bil·i·ty** /səseptəbɪləti/ [niet-telb zn] [1] gevoeligheid, vatbaarheid, ontvankelijkheid, susceptibiliteit, lichtgeraaktheid [2] ⟨natuurk⟩ susceptibiliteit

¹**sus·cep·ti·ble** /səseptəbl/ [bn; bw: susceptibly; zn: ~ness] ontvankelijk, gevoelig, lichtgeraakt, susceptibel, licht opgewonden ♦ *a susceptible girl* een licht ontvlambaar meisje

²**sus·cep·ti·ble** /səseptəbl/ [bn, pred; bw: susceptibly; zn: ~ness] vatbaar, gevoelig, onderhevig, blootgesteld ♦ *susceptible to* vatbaar/gevoelig voor, onderhevig/blootgesteld aan

sus·cep·tive /səseptɪv/ [bn; zn: ~ness] receptief, ontvankelijk, gevoelig, vatbaar ♦ *susceptive of* gevoelig/vatbaar voor

sus·cep·tiv·i·ty /sʌseptɪvəti/ [niet-telb zn] receptiviteit, ontvankelijkheid, vatbaarheid, opnemingsvermogen, gevoeligheid

su·shi /suːʃi/ [niet-telb zn] sushi ⟨Japans gerecht⟩

sus·lik /sʌslɪk/, **sous·lik** /suːslɪk/ [telb zn] ⟨dierk⟩ soeslik, ziesel ⟨genus Citellus⟩

¹**sus·pect** /sʌspekt/ [telb zn] verdachte, vermoedelijke dader

²**sus·pect** /sʌspekt/ [bn] verdacht, suspect, twijfelachtig, dubieus

³**sus·pect** /səspekt/ [onov ww] argwaan koesteren, achterdochtig zijn

⁴**sus·pect** /səspekt/ [ov ww] [1] vermoeden, vrezen, geloven, menen, denken [2] verdenken, wantrouwen ♦ *suspected criminal* verdachte, vermoedelijke misdadiger; *suspect of* verdenken van [3] betwijfelen

¹**sus·pend** /səspend/ [onov ww] [1] zijn activiteiten (tijdelijk) staken [2] in verzuim zijn, in gebreke blijven, niet voldoen aan verplichtingen, niet (meer) betalen

²**sus·pend** /səspend/ [ov ww] [1] (op)hangen ♦ *suspend from* ophangen aan; *be suspended from/in* hangen aan, zweven in; *suspended rail joint* zwevende las; *suspended pump* hangende pomp; *suspended railway* hangbaan, luchtspoorweg; *suspended scaffold* hangsteiger [2] uitstellen, opschorten, verdagen ♦ *suspend one's judgment* zijn oordeel opschorten; *suspended sentence* voorwaardelijke straf/ veroordeling [3] schorsen, (tijdelijk) intrekken/buiten werking stellen, onderbreken, staken, suspenderen ♦ *be suspended from school* (tijdelijk) van school gestuurd worden; *suspend hostilities* de vijandelijkheden staken; *suspend a licence* een vergunning intrekken; *suspend payment* zijn betalingen staken; *suspend a player* een speler schorsen [4] ⟨scheik⟩ suspenderen, in suspensie doen overgaan

sus·pend·er ⌜BRACE⌝ /səspendə, ᴬ-ər/ [telb zn] ⟨BE⟩ jarretel(le), ophouder, kousophouder, sokophouder ♦ *pair of suspenders* jarretel(le)s

suspender belt [telb zn] ⟨BE⟩ jarretel(len)gordel

sus·pend·ers /səspendəz, ᴬ-ərz/ [alleen mv] ⟨AE⟩ bretellen, bretels ♦ *pair of suspenders* bretels

sus·pense /səspens/ [niet-telb zn] [1] spanning, onzekerheid, suspense ♦ *hold/keep in suspense* in onzekerheid laten; *in suspense* in spanning [2] opschorting, uitstel ♦ *in suspense* (tijdelijk) opgeschort/buiten werking gesteld; *suspense of judgment* opschorting van oordeel/uitspraak

suspense account [telb zn] hulprekening, voorlopige rekening

sus·pense·ful /səspensfl/ [bn] vol spanning/suspense, spannend

sus·pen·si·ble /səspensəbl/ [bn] ophangbaar

¹**sus·pen·sion** /səspenʃn/ [telb zn] [1] ophangpunt [2] iets hangends [3] ⟨scheik⟩ suspensie

²**sus·pen·sion** /səspenʃn/ [telb + niet-telb zn] vering, ophanging

³**sus·pen·sion** /səspenʃn/ [niet-telb zn] [1] suspensie, ophijsing, ophanging, hangende/zwevende toestand ♦ *be in suspension* zweven ⟨in vloeistof⟩; *point of suspension* ophangpunt [2] suspensie, opschorting ⟨van een oordeel, vonnis e.d.⟩, onderbreking, uitstel, staking ⟨van betaling⟩, schorsing ⟨van een geestelijke/wedstrijdspeler⟩ ♦ *suspension of arms* wapenstilstand; *suspension of disbelief* bereidheid iets te geloven; *suspension of payment* staking van betaling

suspension bridge [telb zn] hangbrug, kettingbrug

suspension file [telb zn] hangmap

suspension lamp [telb zn] hanglamp

suspension periods, suspension points [alleen mv] weglatingspuntjes

sus·pen·sive /səspensɪv/ [bn; bw: ~ly; zn: ~ness] [1] opschortend, suspensief, schorsend, uitstellend [2] twijfelachtig, onzeker

sus·pen·sor /səspensə, ᴬ-ər/ [telb zn] [1] ⟨plantk⟩ zaadstreng [2] → **suspensory**

¹sus·pen·so·ry /səspɛnsəri/ [telb zn] suspensoir, draag(ver)band, suspensorium

²sus·pen·so·ry /səspɛnsəri/ [bn] ① dragend, steunend ◆ *suspensory bandage* draagverband; ⟨anat⟩ *suspensory ligament* sustentaculum ② opschortend, suspensief

sus·pi·cion /səspɪʃn/ [telb + niet-telb zn] ① vermoeden, gissing, veronderstelling ◆ *have a suspicion that* vermoeden dat ② verdenking, achterdocht, argwaan, suspicie ◆ *above suspicion* boven alle verdenking verheven; *have suspicions of sth.* iets niet vertrouwen; *on (the) suspicion of* onder verdenking van; *under suspicion (of)* onder verdenking (van) ③ zweempje, schijntje, vleugje, ietsje ◆ *a suspicion of irony* een zweempje ironie

sus·pi·cious /səspɪʃəs/ [bn; bw: ~ly; zn: ~ness] ① verdacht ◆ *be/feel suspicious about/of s.o./sth.* iemand/iets verdacht vinden/wantrouwen, wantrouwig staan tegenover iemand/iets ② wantrouwig, achterdochtig, argwanend

sus·pi·ra·tion /sʌspɪreɪʃn/ [telb zn] ⟨form⟩ ① verzuchting ② zucht, (diepe) ademhaling

sus·pire /səspaɪə, ᴬ-ər/ [onov ww] ⟨form⟩ ① verzuchten ◆ *suspire after/for sth.* smachten naar iets ② ademen, zuchten

suss, sus /sʌs/ [ov ww] ⟨inf⟩ ontdekken, erachter komen, beseffen ◆ *I soon sussed that ...* ik had al gauw door dat ... ① zie: **suss out**

¹Sus·sex /sʌsɪks/ [eigenn] Sussex ⟨Engels graafschap⟩

²Sus·sex /sʌsɪks/ [telb zn] ① sussexrund ② sussexhoen ③ sussexspaniël

suss out, sus out [ov ww] ⟨inf⟩ ① uitzoeken, uitkienen, uitvinden, proberen te weten te komen ◆ *suss out an area* een gebied verkennen; *suss out a party* erachter proberen te komen wat voor feestje het is ② doorgronden, proberen te doorzien ◆ *I can't suss him out* ik kan geen hoogte van hem krijgen; *I've got him sussed out* ik heb hem door/in de peiling, ik weet wat voor vlees ik met hem in de kuip heb

sus·tain /səsteɪn/ [ov ww] ① (onder)steunen, dragen, schragen, verstevigen, kracht bijzetten, bewijzen, staven, bevestigen, staande houden, ophouden, hooghouden, aanmoedigen ◆ *sustain one's authority* zijn gezag hooghouden; *sustain a claim* een bewering staven; *sustaining food* versterkend voedsel; ⟨AE; radio/tv⟩ *sustaining program* programma zonder reclame ② volhouden, aanhouden, gaande houden, onderhouden ◆ *sustain a conversation* een gesprek gaande houden; *sustain a correspondence* een briefwisseling onderhouden; *sustain an effort* een inspanning volhouden; *sustain a note* een noot aanhouden; *sustain one's part* zijn rol volhouden ③ doorstaan, niet bezwijken voor, verdragen ◆ *sustain an attack* een aanval afslaan/doorstaan; *sustain a comparison* een vergelijking doorstaan ④ ondergaan, lijden, oplopen ◆ *sustain a defeat/an injury* een nederlaag/letsel oplopen; *sustain a loss* een verlies lijden ⑤ aanvaarden, erkennen ◆ *sustain s.o.'s claim/s.o. in his claim* iemand zijn eis toewijzen; *sustain an objection* een bezwaar aanvaarden ⑥ spelen ◆ *sustain a character/part* een rol spelen; → **sustained**

sus·tain·a·ble /səsteɪnəbl/ [bn] ① houdbaar, verdedigbaar, vol te houden ② duurzaam

sus·tained /səsteɪnd/ [bn; volt deelw van sustain] volgehouden, voortdurend, onafgebroken, aanhoudend, langdurig ◆ *sustained argumentation* onafgebroken discussie; *sustained comedy* onverflauwde komedie; *sustained effort* volgehouden inspanning; *sustained flight* langdurige vlucht

sus·tain·er /səsteɪnə, ᴬ-ər/ [telb zn] ① steun ② hoofdmotor ⟨van raket⟩ ③ ondersteuningsmotor ⟨van raket⟩ ④ ⟨AE; radio/tv⟩ programma zonder reclame

sus·tain·ment /səsteɪnmənt/ [niet-telb zn] ① ondersteuning ② uithouding ③ (levens)onderhoud

sus·te·nance /sʌstənəns/ [niet-telb zn] ① steun, (levens)onderhoud ② voedsel ⟨ook figuurlijk⟩ ③ voeding(swaarde)

sus·ten·tac·u·lar /sʌstəntækjʊlə, ᴬ-kjələr/ [bn] ⟨anat⟩ sustentaculair

sus·ten·tac·u·lum /sʌstəntækjʊləm, ᴬ-kjə-/ [telb zn; mv: sustentacula /-lə/] ⟨anat⟩ sustentaculum

sus·ten·ta·tion /sʌstənteɪʃn/ [niet-telb zn] ① (levens)onderhoud, steun ② handhaving, behoud ③ voedsel

su·sur·rant /sjuːsʌrənt, ᴬsəsʌrənt/, **su·sur·rous** /-sʌrəs/ [bn] ⟨form⟩ fluisterend, murmelend, ruisend, ritselend

su·sur·ra·tion /sjuːsəreɪʃn, ᴬsuː/, **su·sur·rus** /sjuːsʌrəs, ᴬsəsʌrəs/ [niet-telb zn] ⟨form⟩ gefluister, gemurmel, geruis, geritsel

sut·ler /sʌtlə, ᴬ-ər/ [telb zn] ⟨gesch⟩ zoetelaar(ster), marketent(st)er

¹sut·tee, sa·ti /sʌtiː, sʌti/ [telb zn] ⟨gesch⟩ suttee ⟨hindoeweduwe die zich liet verbranden met haar gestorven man⟩

²sut·tee, sa·ti /sʌtiː, sʌti/ [niet-telb zn] ⟨gesch⟩ suttiisme, weduweverbranding

sut·tee·ism /sʌtiːɪsm/ [niet-telb zn] suttiisme

su·tur·al /suːtʃərəl/ [bn; bw: ~ly] sutuur-, naad-, hechtend, gehecht

¹su·ture /suːtʃə, ᴬ-ər/ [telb zn] sutuur, sutura, ⟨anat⟩ naad, pijlnaad, schedelnaad, ⟨med⟩ wondnaad, hechting, steek

²su·ture /suːtʃə, ᴬ-ər/ [telb + niet-telb zn] hechtdraad

³su·ture /suːtʃə, ᴬ-ər/ [ov ww] ⟨med⟩ hechten

SUV [telb zn] ⟨AE⟩ (sport-utility vehicle) SUV

¹su·ze·rain /suːzəreɪn, ᴬ-rɪn/ [telb zn] ① suzerein, opperleenheer ② suzerein ⟨vorst, staat⟩, soeverein, vorst, soevereine staat

²su·ze·rain /suːzəreɪn, ᴬ-rɪn/ [bn, attr] ① opperleen- ② soeverein, oppermachtig

su·ze·rain·ty /suːzrənti/ [niet-telb zn] ① suzereiniteit, opperleenheerschap ② suzereiniteit, soevereiniteit, heerschappij

sv [afk] ① (sub verbo/voce) s.v. ② (side valve) ③ (sailing vessel)

svastika [telb zn] → **swastika**

svelte, svelt /svɛlt/ [bn; vergr trap: svelter; bw: ~ly; zn: ~ness] slank, rank

Sven·ga·li /svɛŋɡɑːli/ [telb zn] kwade genius, goeroe

sw [afk] ① (specific weight) ② (short wave) ③ (short-wave) ④ (switch)

Sw [afk] ① (Sweden) ② (Swedish)

SW [afk] ① (South-West(ern)) Z.W. ② (Senior Warden)

¹swab, swob /swɒb, ᴬswɑːb/ [telb zn] ① zwabber, stokdweil, wisser, doek ② prop (watten), wattenstokje ③ zwabbergast, scheepsjongen ④ ⟨med⟩ uitstrijk(je), uitstrijking, uitstrijkpreparaat ◆ *take a swab* een uitstrijkje maken ⑤ ⟨sl⟩ lummel, pummel ⑥ ⟨BE; sl⟩ epaulet ⟨van zeemachtofficier⟩ ⑦ ⟨sl⟩ koopvaardijmatroos

²swab, swob /swɒb, ᴬswɑːb/ [ov ww] ① zwabberen, (op)dweilen, opnemen ◆ *swab down/out* (grondig) zwabberen/opdweilen ⟨bijvoorbeeld dek⟩; ⟨sl⟩ een bad nemen, zich wassen; *swab up* opnemen ② ⟨med⟩ uitstrijken

swab·ber /swɒbə, ᴬswɑːbər/ [telb zn] zwabber

swab·by /swɒbi, ᴬswɑːbi/ [telb zn] ① zwabbergast, matroos

Swa·bi·a, Sua·bi·a /sweɪbɪə/ [eigenn] Zwaben

¹Swa·bi·an, Sua·bi·an /sweɪbɪən/ [eigenn] Zwabisch ⟨dialect⟩

²Swa·bi·an, Sua·bi·an /sweɪbɪən/ [telb zn] Zwaab

³Swa·bi·an, Sua·bi·an /sweɪbɪən/ [bn] Zwabisch

swacked /swækt/ [bn] ⟨sl⟩ bezopen

¹swad /swɒd, ᴬswɑːd/ [telb zn] ⟨AE⟩ soldaat

²swad /swɒd, ᴬswɑːd/ [verzameln] ⟨sl⟩ hoop, troep, bos

swad·die, swad·dy /swɒdi, ᴬswɑːdi/ [telb zn] ⟨BE; inf⟩ soldaat(je)

¹swad·dle /swɒdl, ᴬswɑːdl/ [telb zn] ⟨vnl AE⟩ windsel, lui-

swaddle

er, wikkeldoek, zwachtel

²**swad·dle** /swɒdl, ᴬswɑdl/ [ov ww] **omwikkelen**, inwikkelen, omwinden, inbakeren, zwachtelen ♦ *swaddle up* inbakeren

swad·dler /swɒdlə, ᴬswɑdlər/ [telb zn] ⟨vnl IE; beleid⟩ **protestant**

swaddling bands, swaddling clothes [alleen mv] ① **windsels**, doeken, zwachtels, luiers ② ⟨fig⟩ **keurslijf** • *he is still in his swaddling bands* hij is nog niet droog achter zijn oren

¹**swag** /swæg/ [telb zn] ① **slingering**, zwaai ② **plof** ③ **slinger**, festoen, guirlande ④ ⟨AuE⟩ **bundel**, pak ♦ ⟨inf⟩ *go on the swag* gaan zwerven

²**swag** /swæg/ [niet-telb zn] ⟨sl⟩ **buit** ⟨van diefstal/smokkel⟩

³**swag** /swæg/ [onov ww] ① **slingeren** ② **doorzakken**, doorhangen

⁴**swag** /swæg/ [ov ww] ① **doen slingeren** ② **doen doorzakken/hangen** ③ **met slingers versieren**

swag belly [telb zn] **hangbuik**, bierbuik, tonnetje

¹**swage** /sweɪdʒ/ [telb zn] ① **(smeed)zadel**, stempel ② **zadelblok**

²**swage** /sweɪdʒ/ [ov ww] **smeden in zadels**

swage anvil, swage block [telb zn] **zadelblok**

swage head [telb zn] **stuikkop**, zetkop

¹**swag·ger** /swægə, ᴬ-ər/ [telb zn] ① **ruime (dames)mantel**, swagger ② ⟨NZE⟩ **zwerver**, landloper

²**swag·ger** /swægə, ᴬ-ər/ [niet-telb zn] ① **geparadeer**, air, zwier(ige gang) ② **pocherij**, gesnoef, fanfaronnade, grootsprekerij

³**swag·ger** /swægə, ᴬ-ər/ [bn, attr] ① ⟨inf⟩ **chic**, modieus, fijn, verfijnd, elegant ♦ *swagger clothes* modieuze kleren ② **los**, ruim ⟨van jas⟩

⁴**swag·ger** /swægə, ᴬ-ər/ [onov ww] ① **paraderen**, zich een air geven ♦ *swagger about/in/out* rond/binnen/naar buiten lopen als een pauw ② **snoeven**, pochen, opsnijden, bluffen ♦ *swagger about* opscheppen over

⁵**swag·ger** /swægə, ᴬ-ər/ [ov ww] **overbluffen**, overdonderen

swagger coat [telb zn] **ruime (dames)mantel**, swagger

swag·ger·er /swægərə, ᴬ-ər/ [telb zn] **snoever**, opschepper, praalhans, branie

swagger stick [telb zn] ⟨BE; mil⟩ **rottinkje**, badine

swag·gie /swægi/ [telb zn] ⟨AuE, NZE⟩ **zwerver**, landloper

swag·man /swægmən/ [telb zn; mv: swagmen /-mən/] ⟨AuE⟩ **landloper**, zwerver, marskramer

¹**Swa·hi·li** /swɑhiːli, swɑː-/ [eigenn] **Swahili** ⟨taal⟩

²**Swa·hi·li** /swɑhiːli, swɑː-/ [telb zn; mv: ook Swahili] **Swahili**

swain /sweɪn/ [telb zn] ⟨form⟩ ① **boer(enknecht)**, boerenjongen, plattelander, herder(sjongen) ② ⟨scherts⟩ **vrijer**, minnaar

¹**swal·low** /swɒloʊ, ᴬswɑ-/ [telb zn] ① **zwaluw**, boerenzwaluw, gierzwaluw ② **slok**, teug, gulp ③ **slokdarm**, keel(gat) ④ ⟨scheepv⟩ **schijfgat** ⑤ ⟨vnl BE⟩ **holte** ⟨in kalksteen⟩ • ⟨sprw⟩ *one swallow doesn't make a summer* één zwaluw maakt nog geen zomer

²**swal·low** /swɒloʊ, ᴬswɑ-/ [ov ww] **slikken** • *swallow hard* zich vermannen, moed vatten

³**swal·low** /swɒloʊ, ᴬswɑ-/ [ov ww] ① **slikken**, doorslikken, inslikken, binnenkrijgen ② **opslokken**, verzwelgen, verslinden, doen verzwinden ♦ *swallow down/in* opslokken; *swallow up* doen verzwinden, opslokken, inlijven, in beslag nemen ③ ⟨fig⟩ **slikken**, zich laten welgevallen, (voor waar) aannemen, geloven ♦ *swallow a camel* lichtgelovig zijn; *swallow an insult* een belediging incasseren; *swallow a story* een verhaal slikken ④ **inslikken** ⟨woorden of klanken⟩, binnensmonds (uit)spreken, mompelen ⑤ **herroepen**, terugnemen, intrekken ♦ *swallow one's words* zijn woorden terugnemen ⑥ **onderdrukken**, verbijten, opzijzetten, doorslikken ♦ *swallow one's pride* zijn trots terzijde schuiven; *swallow one's tears* zijn tranen bedwingen • ⟨sprw⟩ *men strain at gnats and swallow camels* ± de een mag een koe stelen en de ander mag niet over het hek kijken

swal·low·a·ble /swɒloʊəbl, ᴬswɑ-/ [bn] ① **(in)slikbaar** ② **acceptabel**

swallow dive, ⟨AE⟩ **swan dive** [telb zn] ⟨schoonspringen⟩ **zwaluwduik**, zweefduik, zweefsprong

swal·low·er /swɒloʊə, ᴬswɑloʊər/ [telb zn] ① **slikker** ② **gulzigaard**, slokop, veelvraat, smulpaap

swallow fish [telb zn] ⟨dierk⟩ **rode poon** ⟨Trigla hirundo⟩

swallow hawk [telb zn] ⟨dierk⟩ **zwaluwstaartwouw** ⟨Elanoides forficatus⟩

swallow hole, swallow pit [telb zn] **(trechtervormige) holte** ⟨in kalksteen⟩

swallow's nest [telb zn] **zwaluwnest**

swal·low·tail [telb zn] ① **zwaluwstaart** ② ⟨dierk⟩ **page** ⟨familie Papilionidae⟩ ③ ⟨houtbewerking⟩ **zwaluwstaartverbinding** ④ ⟨benaming voor⟩ **zwaluwstaartvormig voorwerp**, gevorkte pijlspits, gespleten wimpel, rok(jas)

swallowtail butterfly [telb zn] ⟨dierk⟩ **page** ⟨familie Papilionidae⟩

swal·low·tailed [bn] **zwaluwstaartvormig**, gevorkt ♦ *swallowtailed coat* rok(jas), zwaluwstaart; ⟨dierk⟩ *swallowtailed kite* zwaluwstaartwouw ⟨Elanoides forficatus⟩

swal·low·wort /swɒloʊwɜːt, ᴬswɑloʊwɜːrt/ [telb zn] ⟨plantk⟩ **zwaluwwortel**, engbloem, zijdeplant ⟨familie Asclepiadaceae⟩

swam /swæm/ [verleden tijd] → **swim**

swa·mi, swa·my /swɑːmi/ [telb zn] **swami** ⟨hindoese godsdienstonderwijzer⟩

¹**swamp** /swɒmp, ᴬswɑmp/ [telb + niet-telb zn] **moeras(land)**, broekland

²**swamp** /swɒmp, ᴬswɑmp/ [onov ww] ⟨radio⟩ ① **overstemd worden** ② **vollopen** ③ **onderlopen**, overstroomd worden ④ **zinken**

³**swamp** /swɒmp, ᴬswɑmp/ [ov ww] ① **doen vollopen** ♦ *be/get swamped* vol water lopen ② **doen onderlopen**, onder water doen lopen, overstromen ③ **doen zinken** ④ **doorweken**, doornat maken ⑤ **overstelpen**, bedelven, overweldigen, overspoelen ♦ *be swamped with* verdrinken in; *swamp with work/letters* overstelpen met werk/brieven, bedelven onder het werk/de brieven ⑥ **verzwelgen**, opslokken, opslorpen ⑦ ⟨radio⟩ **overstemmen**

swamp angel [telb zn] ⟨sl⟩ ① **plattelandsbewoner** ② **moerasbewoner**

swamp boat [telb zn] **glijboot**

swamp·er /swɒmpə, ᴬswɑmpər/ [telb zn] ① **moerasbewoner** ② **heideontginner** ③ ⟨AE; inf⟩ **help(st)er**, hulp ⟨in bar enz.⟩, bijrijder

swamp fever [niet-telb zn] **malaria**, moeraskoorts

swamp·land [niet-telb zn] **moerasland**

swamp law [niet-telb zn] → **lynch law**

swamp ore [niet-telb zn] **moeraserts**, weide-erts

swamp·y /swɒmpi, ᴬswɑmpi/ [bn; vergr trap: swampier; zn: swampiness] **moerassig**, drassig, zompig, moerasachtig

¹**swan** /swɒn, ᴬswɑn/ [telb zn] ① **zwaan** ② ⟨vaak Swan⟩ **zwaan**, dichter ♦ *the Swan of Avon* Shakespeare

²**swan** /swɒn, ᴬswɑn/ [onov ww] ⟨inf⟩ **banjeren**, lopen, rondbanjeren, rondlopen, zwalken ♦ *swan around* rondtrekken, rondzwerven; *swan around Canada* rondtrekken/zwerven in Canada • *she just went swanning off to the cinema while she should have been at school* ze is gewoon mooi naar de bioscoop gegaan terwijl ze op school had moeten zijn

Swan /swɒn, ᴬswɑn/ [eigenn] **Zwaan** ⟨sterrenbeeld⟩

swan dive [telb zn] → **swallow dive**

Swanee /swɒni, ˄swɑni/ [eigenn] Swanee · ⟨inf⟩ *go down the Swanee* naar de knoppen gaan
swan·flow·er [telb zn] ⟨plantk⟩ (soort) orchidee ⟨genus Cycnoches⟩
swang /swæŋ/ [verleden tijd] → **swing**
swan-hopper [telb zn] → **swan-upper**
swan-hopping [niet-telb zn] → **swan-upping**
¹**swank** /swæŋk/ [telb zn] ⟨inf⟩ opschepper
²**swank** /swæŋk/ [niet-telb zn] ⟨inf⟩ ① opschepperij, bluf, opsnijderij, grootdoenerij ② elegantie, stijl
³**swank** /swæŋk/, **swank·y** /swæŋki/ [bn; vergr trap: swanker; bw: ~ily; zn: ~iness] ⟨inf⟩ ① opschepperig, blufferig, pretentieus ② chic, elegant, modieus
⁴**swank** /swæŋk/ [onov ww] ⟨inf⟩ opscheppen, bluffen, snoeven, zich aanstellen ♦ *swank about in a fur coat* rondparaderen in een bontmantel
swank·er /swæŋkə, ˄-ər/, **swank·pot** /swæŋkpɒt, ˄-pɑt/ [telb zn] ⟨BE⟩ opschepper, bluffer, aansteller
¹**swank·y, swank·ey** /swæŋki/ [telb + niet-telb zn] ⟨BE, gew⟩ slootwater, afwaswater ⟨slecht bier⟩
²**swank·y** /swæŋki/ [bn] → **swank**
swan·like /swɒnlaɪk, ˄swɑn-/ [bn] zwaanachtig, als (van) een zwaan
swan mussel [telb zn] ⟨dierk⟩ zwanenmossel ⟨Anodonta cygnea⟩
swan neck [telb zn] ⟨ook fig⟩ zwanenhals
swan·ner·y /swɒnəri, ˄swɑnəri/ [telb zn] zwanenkwekerij, zwanenfokkerij
swan·ny /swɒni, ˄swɑni/ [bn] vol zwanen
swans·down /swɒnzdaʊn, ˄swɑnz-/ [niet-telb zn] zwanendons
swan song [telb zn] zwanenzang
swan-up·per /swɒnʌpə, ˄swɑnʌpər/, **swan-hop·per** /-hɒpə, ˄-hɑpər/ [telb zn] zwanenmerker
swan-up·ping /swɒnʌpɪŋ, ˄swɑn-/, **swan-hop·ping** /-hɒpɪŋ, ˄-hɑpɪŋ/ [niet-telb zn] het merken der zwanen ⟨op de Theems⟩
¹**swap, swop** /swɒp, ˄swɑp/ [telb zn] ⟨inf⟩ ① ruil, ⟨fin⟩ swap ⟨ruil van schulden⟩ ♦ *do/make a swap* ruilen ② ruilmiddel, ruilobject
²**swap, swop** /swɒp, ˄swɑp/ [onov + ov ww] ⟨inf⟩ ruilen, verwisselen, omwisselen, uitwisselen ♦ *swap for* (in)ruilen tegen; *swap jokes* moppen tappen onder elkaar; ⟨fig⟩ *swap notes* bevindingen uitwisselen; *swap over/round* van plaats verwisselen; *swap partners* aan partnerruil doen; *swap sth. with s.o.* iets met iemand ruilen · ⟨sprw⟩ *never swap horses while crossing the stream* ± men moet niet halverwege de race van paard verwisselen
swap meet [telb zn] ⟨AE⟩ ① ruilbeurs ② rommelmarkt
SWAPO /swɑːpoʊ/ [eigenn] (South West African People's Organization) Swapo ⟨bevrijdingsbeweging⟩
swap·per, swop·per /swɒpə, ˄swɑpər/ [telb zn] ruiler
swa·raj /swəˈrɑːdʒ/ [niet-telb zn] ⟨gesch⟩ onafhankelijkheid, zelfbestuur ⟨voor India⟩
swa·raj·ist /swəˈrɑːdʒɪst/ [telb zn] ⟨gesch⟩ lid van onafhankelijkheidspartij ⟨in India⟩
¹**sward** /swɔːd, ˄swɔrd/, **swarth** /swɔːθ, ˄swɔrθ/ [telb + niet-telb zn] ⟨form⟩ grasveld, grastapijt
²**sward** /swɔːd, ˄swɔrd/, **swarth** /swɔːθ, ˄swɔrθ/ [onov ww] begroeien, met gras bedekt worden
³**sward** /swɔːd, ˄swɔrd/, **swarth** /swɔːθ, ˄swɔrθ/ [ov ww] doen begroeien, met gras bedekken
sware /sweə, ˄swer/ [verleden tijd] → **swear**
swarf /swɔːf, ˄swɔrf/ [niet-telb zn] ① slijpsel, vijlsel, spanen, krullen ② spaan ⟨van grammofoonplaat⟩
¹**swarm** /swɔːm, ˄swɔrm/ [telb zn] zwerm, massa, menigte, drom, kolonie ♦ *swarms of children* drommen kinderen
²**swarm** /swɔːm, ˄swɔrm/ [onov ww] ① zwermen, een zwerm vormen, samendrommen ♦ *swarm about/round* samendrommen rond; *swarm in/out* naar binnen/buiten stromen; *swarm over/through* uitzwermen over; *swarm up a tree* in een boom klauteren ② krioelen, wemelen ♦ *swarm with* krioelen van ③ klimmen, klauteren
³**swarm** /swɔːm, ˄swɔrm/ [ov ww] klimmen, klauteren
swarm cell, swarm spore [telb zn] ⟨plantk⟩ zwermspore, zoöspore
swarm·er /swɔːmə, ˄swɔrmər/ [telb zn] ① zwermer ② uitzwermende bijenkorf ③ ⟨plantk⟩ zwermspore, zoöspore
swart·back /swɔːtbæk, ˄swɔrt-/ [telb zn] ⟨dierk⟩ grote mantelmeeuw ⟨Larus marinus⟩
swarth·y /swɔːði, ˄swɔrði/, ⟨vero⟩ **swart** /swɔːt, ˄swɔrt/, **swarth** /swɔːθ, ˄swɔrθ/ [bn; vergr trap: swarthier; bw: swarthily; zn: swarthiness] ① donker, getaand, bruin, zwart(achtig) ② ⟨fig⟩ duister, kwaadaardig
¹**swash** /swɒʃ, ˄swɑʃ/ [telb zn] ① (brekende) golf ② drempel, zandbank, ondiepte ③ ⟨verk: swash channel⟩ ④ varkensdraf, spoeling, afval ⑤ slap goedje, slootwater, ⟨België⟩ afwaswater ⑥ kwak, plof ⑦ ⟨vero⟩ snoever, opschepper
²**swash** /swɒʃ, ˄swɑʃ/ [niet-telb zn] ① geruis, (golf)geklots ⟨voornamelijk van de zee⟩ ② dras(sigheid)
³**swash** /swɒʃ, ˄swɑʃ/ [bn, attr] ① hellend ② ⟨drukw⟩ met krullen
⁴**swash** /swɒʃ, ˄swɑʃ/ [onov ww] ① klotsen, plassen, opspatten ② ⟨vero⟩ snoeven, bluffen, opscheppen, zwetsen; → **swashing**
⁵**swash** /swɒʃ, ˄swɑʃ/ [ov ww] ① doen klotsen, doen plassen/opspatten ② bespatten; → **swashing**
⁶**swash** /swɒʃ, ˄swɑʃ/ [tw] kwak, smak, plof
swash·buck·ler /swɒʃbʌklə, ˄swɑʃbʌklər/, **swash·er** /swɒʃə, ˄swɑʃər/ [telb zn] ① stoere vent, durfal, avonturier ② melodramatische avonturenroman/avonturenfilm
¹**swash·buck·ling** /swɒʃbʌklɪŋ, ˄swɑʃ-/ [niet-telb zn] stoerheid, roekeloosheid, koenheid
²**swash·buck·ling** /swɒʃbʌklɪŋ, ˄swɑʃ-/, **swash·ing** /swɒʃɪŋ, ˄swɑ-/ [bn; 2e variant tegenwoordig deelw van swash] stoer, roekeloos, koen ♦ *swashbuckling film/novel* melodramatische avonturenfilm/avonturenroman
swash channel, swash·way [telb zn] zee-engte ⟨in zandbank/tussen zandbank en kust⟩
swash·ing /swɒʃɪŋ, ˄swɑ-/ [bn; tegenwoordig deelw van swash] ① klotsend, spattend ② kletterend, klinkend ♦ *swashing blow* klinkende klap ③ beukend, verpletterend ④ → **swashbuckling**
swash letter [telb zn] ⟨drukw⟩ (cursieve) krulletter
swash mark [telb zn] vloedlijn
swash plate [telb zn] ⟨techn⟩ schommelplaat
swash·y /swɒʃi, ˄swɑʃi/ [bn; vergr trap: swashier] ① nat, drassig, week, brijachtig, papperig ② slap, waterachtig ⟨van thee, enz.⟩
swas·ti·ka, swas·ti·ca, svas·ti·ka /swɒstɪkə, ˄swɑ-/ [telb zn] swastika, hakenkruis
swastika banner, swastika flag [telb zn] hakenkruisvlag
¹**swat, swot** /swɒt, ˄swɑt/ [telb zn] ① mep, slag, klap, opstopper ② (vliegen)mepper ③ ⟨BE⟩ blokker, ⟨België⟩ blokbeest
²**swat, swot** /swɒt, ˄swɑt/ [niet-telb zn] ⟨BE⟩ ① geblok ② zwaar werk, ⟨België⟩ (hard) labeur
³**swat, swot** /swɒts, ˄swats/ [onov ww] ⟨BE⟩ blokken, hard studeren, vossen, hengsten
⁴**swat, swot** /swɒts, ˄swats/ [ov ww] ① meppen, (dood)slaan ♦ *swat a fly* een vlieg doodmeppen ② een opstopper geven, een klap toedienen
SWAT [afk] ⟨AE; politie⟩ (Special Weapons and Tactics) ± BBE (Bijzondere Bijstandseenheid), ⟨België⟩ ± BOB (Bijzondere Opsporingsbrigade)
swatch /swɒtʃ, ˄swatʃ/ [telb zn] monster(boek), staal

swathe

⟨voornamelijk van textiel⟩

¹swathe /sweɪð, ᴬswɑð/ ⟨in betekenissen 1 en 2 ook⟩ **swath** /swɔːθ, ᴬswɑθ/ [telb zn] ① **zwad(e),** snede ⟨van koren, gras enz.⟩ ② **(gemaaide) strook,** baan ♦ ⟨fig⟩ *cut a wide swathe through* zware sporen achterlaten in, flink verwoesten ③ **zwachtel,** verband, omhulsel, verpakking ④ *cut a (wide) swathe* flink huishouden, tekeergaan; ⟨inf⟩ aandacht trekken, indruk maken

²swathe /sweɪð, ᴬswɑð/ [ov ww] **zwachtelen,** bakeren, verbinden, omhullen, inpakken ♦ ⟨ook fig⟩ *swathed in* gehuld in

swats, swots /swɒts, ᴬswɑts/ [alleen mv] ⟨sl⟩ **borstels** ⟨van drumstel⟩

swat-stick [telb zn] ⟨sl⟩ **honkbalknuppel**

swat·ter /swɒtə, ᴬswɑtər/ [telb zn] **(vliegen)mepper**

¹sway /sweɪ/ [niet-telb zn] ① **slingering,** zwaai, schommeling ♦ *the sway of a ship* het wiegen van een schip ② **gratie,** zwier ③ **neiging,** voorkeur ④ **invloed,** druk, overwicht, dwang ♦ *under the sway of his arguments* gedwongen door zijn argumenten ⑤ ⟨form⟩ **macht,** heerschappij, regering ♦ *bear/hold sway* de heerschappij voeren, de scepter zwaaien; *under Caesar's sway* onder het bewind van Caesar

²sway /sweɪ/ [onov + ov ww] **slingeren,** (doen) zwaaien/schommelen/wiegen/wankelen/overhellen, ⟨fig ook⟩ (doen) weifelen ♦ *sway between two alternatives* weifelen tussen twee alternatieven; *sway to the music* deinen/wiegen op de muziek; → **swaying**

³sway /sweɪ/ [ov ww] ① **beïnvloeden,** leiden, tot andere gedachten brengen ♦ *be swayed by* zich laten leiden door; *sway s.o. from sth.* iemand van iets afbrengen; *sway votes* stemmen winnen ② ⟨form⟩ **regeren,** beheersen, macht uitoefenen over ♦ *sway the world* de wereld regeren ③ ⟨scheepv⟩ **hijsen** ④ ⟨vero⟩ **hanteren,** zwaaien ♦ *sway the scepter* de scepter zwaaien; *sway the sword* het zwaard hanteren; → **swaying**

sway·back [telb zn] **holle rug** ⟨van paard⟩, lordose

sway·backed, sway·ed /sweɪd/ [bn; 2e variant oorspronkelijk volt deelw van sway] **met holle rug**

sway·ing /sweɪɪŋ/ [telb zn; oorspronkelijk tegenwoordig deelw van sway] **holling** ⟨van de rug⟩

¹Swa·zi /swɑːzi/ [telb zn; mv: ook Swazi] **Swaziër, Swazische,** Swazi ⟨man⟩

²Swa·zi /swɑːzi/ [bn] **Swazisch,** uit/van/m.b.t. Swaziland

Swa·zi·land /swɑːzilænd/ [eigenn] **Swaziland**

swaz·zled /swɒzld, ᴬswɑzld/ [bn] ⟨sl⟩ **bezopen**

SW by S, SWbS [afk] (southwest by south)

SW by W, SWbW [afk] (southwest by west)

¹swear /sweə, ᴬswer/ [telb zn] ① **vloekpartij,** gevloek ♦ *have a good swear* lekker vloeken ② **vloek(woord)** ③ ⟨inf⟩ **eed**

²swear /sweə, ᴬswer/ [onov ww; swore, sworn; verleden tijd verouderd ook sware] ① **vloeken** ♦ *swear at* vloeken op; ⟨fig⟩ vloeken met ② ⟨inf⟩ **blazen** ⟨van kat⟩

³swear /sweə, ᴬswer/ [onov + ov ww; swore, sworn; verleden tijd verouderd ook sware] **zweren,** bezweren, een eed afleggen, onder ede bevestigen, ⟨inf⟩ met kracht beweren, wedden ♦ *swear sth. against s.o.* iemand onder ede van iets beschuldigen; *swear at* onder ede schatten op; *swear away* door een eed benemen ⟨rechten, enz.⟩; ⟨inf⟩ *be sworn against* zich hardnekkig verzetten tegen; ⟨inf⟩ *swear blind that …* bij hoog en bij laag zweren dat …, zweren bij alles wat heilig is dat …; ⟨inf, fig⟩ *swear by s.o./sth.* bij iemand/iets zweren, iemand/iets vereren; *swear by (all that is holy)* zweren bij (alles wat heilig is); *swear to do sth.* plechtig beloven iets te zullen doen; *swear an information against* onder ede een beschuldiging inbrengen tegen; *swear an oath* een eed afleggen; ⟨inf⟩ *swear off* afzweren; *swear on the Bible that* op de Bijbel zweren dat; *swear on one's head that* zijn hoofd erom (durven) verwedden dat; *swear the peace against s.o.* iemand onder ede aanklagen wegens bedreiging met geweld; *swear to God that* zweren bij God dat; *swear to sth.* zweren dat iets het geval is, zweren/een eed doen op iets

⁴swear /sweə, ᴬswer/ [ov ww; swore, sworn; verleden tijd verouderd ook sware] **beëdigen,** laten zweren, de eed afnemen ♦ *sworn evidence* verklaring/getuigenis onder ede; ⟨fig⟩ *sworn friends/enemies* gezworen kameraden/vijanden; *swear in* beëdigen; *swear a jury/witness* een jury/getuige beëdigen; *be sworn of* beëdigd worden als lid van; *be sworn of the peace* beëdigd worden als politierechter; ⟨AE⟩ *swear (a warrant) out against s.o.* een arrestatiebevel voor iemand verkrijgen op een beëdigde aanklacht; *swear sth. to* iets onder ede toeschrijven aan; *swear to secrecy/silence* een eed van geheimhouding afnemen van

swear·er /sweərə, ᴬswerər/ [telb zn] ① **iemand die een eed aflegt** ② **vloeker, vloekster**

swear·er-in [telb zn; mv: swearers-in] **eedafnemer**

swear·word [telb zn] **vloek(woord),** verwensing, krachtterm

¹sweat /swet/ [telb zn] ① **zweet** ♦ *he was in a cold sweat* het koude/klamme zweet brak hem uit; *in a sweat,* ⟨inf⟩ *all of a sweat* helemaal bezweet, nat van het zweet ② ⟨inf⟩ **inspanning,** karwei ♦ *a sweat will do him good* een inspanning zal hem geen kwaad doen; *a frightful sweat* een vreselijk karwei ③ ⟨inf⟩ **eng gevoel,** benauwdheid, angst, spanning, ongeduld ♦ *in a sweat* benauwd, bang ④ **oefenloop** ⟨van paard⟩ ⑤ **zweetkuur** ⑥ ⟨BE; sl⟩ **(oude) rot,** ervaren kerel ♦ *old sweat* oudgediende, oude rot

²sweat /swet/ [niet-telb zn] ① **zweet,** transpiratie, perspiratie, uitgezweet vocht, (uit)zweting ♦ *by/in the sweat of one's brow/face* in het zweet des aanschijns; *running/dripping/wet with sweat* (drijf)nat van het zweet ② ⟨inf⟩ **angst,** spanning, ongeduld ♦ ⟨AE; inf⟩ *no sweat* geen probleem, maak je geen zorgen, zo gebeurd

³sweat /swet/ [onov ww; Amerikaans-Engels ook sweat, sweat] ① **zweten,** transpireren, perspireren, uitslaan ♦ *sweat in the heat* zweten van de hitte; *sweat with fear* zweten van angst ② **zich in het zweet werken,** werken tegen een hongerloon, zich uitsloven ③ ⟨inf⟩ **boeten,** betalen, ⟨België⟩ afzien ♦ *sweat for sth.* voor iets boeten/bloeden ④ ⟨inf⟩ **piekeren,** tobben; → **sweated**

⁴sweat /swet/ [ov ww; Amerikaans-Engels ook sweat, sweat] ① **doen (uit)zweten,** doen transpireren/perspireren/uitslaan ♦ *sweat away/off* eraf zweten, door zweten verliezen (bijvoorbeeld gewicht); *sweat out a cold* een verkoudheid uitzweten ② **uitbuiten,** doen zweten/werken tegen een hongerloon ♦ *sweated labour* uitgebuite arbeiders ③ **afrijden** ⟨paard⟩, trainen ⟨atleet enz.⟩ ④ ⟨techn⟩ **solderen** ⑤ ⟨sl⟩ **villen,** afpersen, afzetten, beroven ⑥ ⟨AE; sl⟩ **roosteren,** verhoren, uithoren, laten zweten ♦ *sweat sth. out* iets eruit krijgen ⟨door geweld/intimidatie⟩ ⑦ ⟨sl⟩ *sweat it* een probleem maken van; bezorgd zijn over; *sweat it out* (tot het einde) vol/standhouden; ⟨sl⟩ doodsangsten uitstaan; ⟨sl⟩ *sweat sth. out* met angst en beven op iets wachten; → **sweated**

sweat·band [telb zn] **zweetband(je)** ⟨in hoed, om hoofd enz.⟩

sweat·box [telb zn] ① **zweetkist** ② ⟨sl⟩ **zweetkamertje,** kleine gevangeniscel, cel onder in schip, ⟨AE⟩ telefooncel, verhoorkamer ⟨in politiekantoor⟩

sweat cloth [telb zn] ① **zweetdoek** ② **zadeldeken**

sweat·ed /swetɪd/ [bn, attr; oorspronkelijk volt deelw van sweat] **door uitbuiting verkregen,** uitgebuit ♦ *sweated clothes* tegen hongerloon vervaardigde kleren; *sweated labour* slavenarbeid, uitgebuite arbeidskrachten

sweat equity [niet-telb zn] ⟨AE⟩ **inspanningsbijdrage,** niet-geldelijke inbreng/bijdrage ⟨bv. tijd en energie door zelf te helpen bij het bouwen van een huis⟩

sweat·er /swetə, ᴬswetər/ [telb zn] ① **zweter,** zwoeger,

sweep

wroeter [2] zweetmiddel [3] sweater, sportvest, (wollen) trui [4] uitbuiter, ⟨fig⟩ slavendrijver
sweat gland [telb zn] zweetklier
sweating fever [telb + niet-telb zn] zweetkoorts
sweating iron, sweat scraper [telb zn] zweetmes
sweating sickness [niet-telb zn] zweetziekte
sweating system [telb zn] uitbuiterij, ⟨fig⟩ slavendrijverij
sweat joint [telb zn] ⟨techn⟩ soldeerverbinding
sweat pants [alleen mv] trainingsbroek, joggingbroek
sweat shirt, sweating shirt [telb zn] sweatshirt, sporttrui ⟨van katoen⟩
sweat·shop, sweating shop [telb zn] slavenhok ⟨werkplaats van uitbuiter⟩
sweat suit [telb zn] trainingspak, joggingpak
sweat·y /swe̱ti/ [bn; vergr trap: sweatier; bw: sweatily; zn: sweatiness] [1] zwetend, bezweet, zweterig [2] zweetachtig [3] broeierig, heet [4] zwaar, moeizaam
swede /swi:d/, ⟨ook⟩ **swede turnip** [telb zn] koolraap, knolraap, koolrabi
Swede /swi:d/ [telb zn] Zweed(se)
Swe·den /swi̱:dn/ [eigenn] Zweden

Sweden	
naam	Sweden Zweden
officiële naam	Kingdom of Sweden Koninkrijk Zweden
inwoner	Swede Zweed
inwoonster	Swede Zweedse
bijv. naamw.	Swedish Zweeds
hoofdstad	Stockholm Stockholm
munt	Swedish krona Zweedse kroon
werelddeel	Europe Europa
int. toegangsnummer 46	www .se auto S

Swe·den·bor·gi·an /swi̱:dnbɔːdʒən, ᴬ-bɔr-/ [telb zn] swedenborgiaan ⟨volgeling van de Zweedse mysticus Swedenborg⟩
swedge /swedʒ/ [telb zn] ⟨paardsp⟩ (gegroefd) wedstrijdhoefijzer ⟨om beter te kunnen afzetten⟩
¹**Swed·ish** /swi̱:dɪʃ/ [eigenn] Zweeds ⟨taal⟩
²**Swed·ish** /swi̱:dɪʃ/ [bn] Zweeds ♦ *Swedish bench/box* Zweedse bank ⟨turntoestel⟩; *Swedish iron* Zweeds staal; *Swedish mile* Zweedse mijl ⟨10 km⟩ [·] *Swedish turnip* knolraap, koolraap
swee·ny, swee·ney /swi̱:ni/, **swin·ney** /swɪni/ [telb + niet-telb zn] ⟨AE⟩ spieratrofie ⟨voornamelijk in schouder van paard⟩
¹**sweep** /swi:p/ [telb zn] [1] (schoonmaak)beurt, opruiming, ⟨mil⟩ mijnenvegeroperatie ♦ *clean sweep* grote opruiming; *give sth. a thorough sweep* iets flink aanvegen/afvegen/uitvegen; *make a clean sweep* schoon schip maken; *make a clean sweep of* flink opruiming houden in/onder [2] veger, bezem, stoffer, ⟨landb⟩ hooischuif [3] veger, ⟨inf⟩ schoorsteenveger, straatveger [4] veeg, haal (met een borstel), streek [5] zwaai, slag, houw, riemslag, zwier, draai, bocht ♦ *at one/a sweep* met één slag, in één klap; *sweep of the eye* oogopslag, blik; *make a sweep* een bocht maken, draaien; *sweep of the sword* houw van het zwaard; *wide sweep* wijde draai/bocht [6] ⟨benaming voor⟩ gebogen traject/lijn, golflijn, omtrek, bocht, bochtig pad, gebogen oprijlaan [7] ⟨benaming voor⟩ zwaaiend voorwerp, (lange) roeiriem, pompzwengel, molenwiek, putgalg, ballista [8] rij ⟨van gebouwen, kamers, winkels⟩ [9] stuk, eind ♦ *sweep of mountain country* stuk bergland, berglandschap [10] voorwaartse beweging, ⟨mil⟩ uitval, sortie [11] volledige overwinning, ⟨kaartsp⟩ slem, slam ♦ *clean sweep* verpletterende overwinning; *make a clean sweep* alle prijzen binnenhalen [12] ⟨inf⟩ sweepstake [13] telescopische waarneming ⟨van sterrenhemel⟩ [14] ⟨oscillografie⟩ tijdbasis
²**sweep** /swi:p/ [niet-telb zn] [1] het vegen [2] ⟨benaming voor⟩ bereik, domein, gebied, draagwijdte, portee, omvang, uitgestrektheid ♦ *the sweep of his argument* de draagwijdte van zijn argument; *beyond/within the sweep of* buiten/binnen het bereik van [3] beweging, stroom, golving ♦ *the sweep of the tide* de getijdenbeweging
³**sweep** /swi:p/ [onov ww; swept, swept] [1] zich (snel/statig) (voort)bewegen, spoeden, vliegen, razen, galopperen ♦ *sweep along* voortsnellen; *sweep by/past* voorbijzweven, voorbijsnellen, voorbijschieten, voorbijstevenen; *sweep down on* aanvallen; *sweep from/out of the room* de kamer uit stuiven/uitstevenen; *sweep in* binnensnellen, statig binnengaan; *sweep into power* aan de macht komen; *sweep in(to)* naar binnen snellen, statig naar binnen gaan; *sweep on* voortijlen, voortstevenen; *sweep out* naar buiten snellen, statig naar buiten gaan; ⟨fig⟩ *fear swept over him* hij werd bevangen door angst; *a wave swept over the ship* een golf sloeg over het schip; *sweep round* zich (met een zwaai) omdraaien; *sweep round the hill* (met een wijde boog) om de heuvel heen lopen ⟨ook van weg⟩ [2] zich uitstrekken ♦ *sweep down to the sea* zich neerwaarts uitstrekken tot aan de zee; *sweep northwards* zich noordwaarts uitstrekken; → **sweeping**
⁴**sweep** /swi:p/ [onov + ov ww; swept, swept] [1] vegen, aanvegen, afvegen, opvegen, wegvegen, schoonvegen, opruimen ♦ ⟨fig⟩ *sweep away* vernielen, verwoesten; *sweep the dirt away* het vuil wegvegen; *sweep away/off* wegvegen, opruimen; ⟨fig⟩ doen vergaan, wegmaaien; *sweep the country of crime* het land van misdaad zuiveren; *sweep down* aanvegen; *sweep the house of everything* het huis leegplunderen/leeghalen; *sweep the house clean/clear of dirt* het huis schoonvegen; *sweep in* opstrijken; ⟨België⟩ binnenrijven; ⟨fig⟩ *sweep sth. from memory* iets uit zijn geheugen bannen; ⟨fig⟩ *sweep with a wide net* proberen alles te vangen/meester te worden; ⟨fig⟩ *sweep everything into one's net* alles opstrijken/inpalmen, op alles beslag leggen; *sweep out* aanvegen, uitvegen; ⟨fig⟩ *sweep the seas* de zeeën schoonvegen/zuiveren van piraten; ⟨fig⟩ *be swept from sight* aan het gezicht onttrokken worden; *sweep up* vegen, aanvegen, opvegen, uitvegen, bijeenvegen; ⟨fig⟩ meeslepen, meesleuren [2] (laten) slepen, slepen/strijken langs/over [3] (af)dreggen ♦ *sweep for* dreggen naar [·] ⟨sprw⟩ *a new broom sweeps clean* nieuwe bezems vegen schoon, nieuwe messen snijden scherp; ⟨sprw⟩ *if each would sweep before his own door, we should have a clean city* als elk voor zijn huis veegt, dan zijn alle straten schoon, als ieder zijn vloer keert, dan is 't in alle huizen schoon; → **sweeping**
⁵**sweep** /swi:p/ [ov ww; swept, swept] [1] (toe)zwaaien, slaan ♦ *sweep one's arm above one's head* zijn arm boven zijn hoofd zwaaien; *sweep aside* (met een zwaai) opzijschuiven; ⟨fig⟩ naast zich neerleggen; *sweep s.o. a bow/curtsey* statig buigen voor iemand; *sweep off* (met een zwaai) afnemen ⟨hoed⟩ [2] meesleuren, wegsleuren, meevoeren, afrukken, wegrukken, wegspoelen ♦ *sweep along* meesleuren, meeslepen; *sweep away/off* afrukken, wegrukken, wegvoeren; ⟨fig⟩ wegmaaien; *sweep down* omversleuren, meesleuren ⟨met stroming⟩; ⟨fig⟩ neerschieten; *be swept off one's feet* omvergelopen worden; ⟨fig⟩ overdonderd/meegesleept worden; halsoverkop verliefd worden; *be swept out to sea* in zee gesleurd worden [3] doorkruisen, teisteren, woeden boven, razen over ♦ *the storm swept the country* de storm raasde over het land; *a fashion sweeping America* een mode die Amerika verovert; *the wind sweeps the hillside* de wind geselt de heuvelflank [4] afzoeken, aftasten, afvissen ♦ *his eyes swept the distance* zijn ogen tastten de horizon af, hij liet zijn ogen weiden over/langs de horizon [5] overzien, bestrijken ♦ *sweep the street with a machine gun* de straat bestrijken met een machinegeweer [6] (volledig) winnen ♦ *sweep all before one* eindeloze successen boeken; *sweep the elections* de verkiezingen verpletterend winnen [7] (voort)roeien; → **sweeping**

sweepback

sweep·back [telb zn] ⟨luchtv⟩ pijlvorm, pijlstelling ⟨van vleugel⟩

sweep·er /swi:pə, ᴬ-ər/ [telb zn] ① veger, straatveger, schoorsteenveger ② veger, bezem, tapijtenroller, (straat)-veegmachine, grasborstel ③ ⟨mil⟩ mijnenveger ④ ⟨sport, in het bijzonder voetbal⟩ vrije verdediger, libero, ausputzer, laatste man

¹sweep·ing /swi:pɪŋ/ [telb zn; (oorspronkelijk) gerund van sweep] (schoonmaak)beurt, opruiming

²sweep·ing /swi:pɪŋ/ [niet-telb zn; (oorspronkelijk) gerund van sweep] het vegen

³sweep·ing /swi:pɪŋ/ [bn; oorspronkelijk tegenwoordig deelw van sweep; bw: ~ly; zn: ~ness] ① vegend ② verreikend, veelomvattend, verstrekkend, ingrijpend, doortastend ♦ *sweeping changes* ingrijpende veranderingen ③ radicaal, veralgemenend, apodictisch ♦ *sweeping condemnation* radicale veroordeling; *sweeping statement* apodictische uitspraak ④ geweldig, overweldigend ♦ *sweeping reductions* reusachtige prijsverminderingen; *sweeping victory* totale overwinning

sweep·ing-broom, sweep·ing-brush [telb zn] veger, stoffer, borstel

sweep·ings /swi:pɪŋz/ [alleen mv; (oorspronkelijk) gerund van sweep] ① veegsel ② uitvaagsel, uitschot, afval

sweep-out, sweep-up [telb zn] (schoonmaak)beurt, (grondige) opruiming

sweep rake [telb zn] ⟨landb⟩ hooischuif

sweeps /swi:ps/ [alleen mv] ① veegsel ② ⟨AE⟩ periode waarin reclametarieven aan kijkcijfers worden aangepast

sweep saw [telb zn] boogzaag

sweep-sec·ond hand, sweep-sec·ond [telb zn] (centrale) secondewijzer

sweep·stake, sweep·stakes /swi:psteɪks/ [telb zn] sweepstake ⟨(wedren met) prijs bestaande uit de inleggelden van de deelnemers⟩

¹sweet /swi:t/ [telb zn] ① lieveling, liefje, schatje, liefste ♦ *my sweet* mijn schatje ② bataat, zoete aardappel ③ ⟨vnl mv⟩ het zoete, genoegens, geneugten, heerlijkheden, zaligheden, emolumenten ♦ *the sweet(s) and the bitter(s) of life* 's levens zoet en zuur/wel en wee, lief en leed; *the sweets of office* de emolumenten; *the sweets of success* de zaligheden van het succes ④ ⟨vaak mv⟩ ⟨BE⟩ snoepje, zoetigheid(je), bonbon, lekkers ⑤ ⟨vnl mv⟩ ⟨vero⟩ zoete geur

²sweet /swi:t/ [telb + niet-telb zn] ⟨BE⟩ (zoet) dessert, toetje

³sweet /swi:t/ [niet-telb zn] zoet(ig)heid

⁴sweet /swi:t/ [bn; vergr trap: sweeter; bw: ~ly; zn: ~ness] ① ⟨benaming voor⟩ zoet ⟨ook plantkunde⟩, lekker, heerlijk, geurig, melodieus, zacht, drinkbaar, eetbaar, fris, vers, goed, in goede conditie, lief, schattig, snoezig, charmant, lief(elijk), bekoorlijk, bevallig, beeldig, innemend ♦ *be sweet about sth.* iets goed opnemen; *sweet almond* zoete amandel; *sweet cherry* zoete kers; *sweet face* lief gezicht, vriendelijk snuitje; *sweet girl* lief meisje; *how sweet of you* wat aardig van je; *keep sweet* goed blijven/houden; *keep s.o. sweet* iemand zoet/te vriend houden; *sweet nature* zachte natuur, beminnelijk karakter; *nice and sweet* lekker zoet; *as sweet as nut* zo zoet/lekker als wat; ⟨inf⟩ *be sweet on* gek/verkikkerd zijn op; *sweet one* schatje; ⟨sl⟩ *a sweet one* een flinke opstopper; *sweet pickles* zoetzuur; *sweet scent* lekkere geur; *sweet seventeen* de/een lieve zeventienjarige; *sweet stuff/things* snoepgoed, lekkers, zoetigheid; *taste sweet* zoet smaken; *sweet temper* zacht temperament; *sweet voice* bevallige/aangename/zachte stem; *the garden is sweet with thyme* de tuin geurt naar tijm ② ⟨sl⟩ makkelijk en lucratief ③ ⟨sl⟩ gastvrij ⬛ ⟨plantk⟩ *sweet alyssum/alison* zeeschildzaad ⟨Lobularia maritima⟩; ⟨plantk⟩ *sweet basil* bazielkruid, basiliekruid ⟨Ocinum basilicum⟩; *sweet birch* suikerberk ⟨Betula lenta⟩; ⟨plantk⟩ *sweet chestnut*

tamme kastanje ⟨Castanea sativa⟩; ⟨plantk⟩ *sweet cicely* roomse kervel ⟨voornamelijk Myrrhis odorata⟩; *sweet cider* (ongegiste) appelwijn; ⟨plantk⟩ *sweet clover* honingklaver ⟨genus Melitotus⟩; *sweet dreams!* slaap lekker!, welterusten!; ⟨sl⟩ *sweet effay/FA/Fanny Adams* geen donder, geen ene moer; ⟨plantk⟩ *sweet flag* kalmoes ⟨Acorus calamus⟩; ⟨plantk⟩ *sweet gale* gagel ⟨Myrica gale⟩; ⟨plantk⟩ *sweet grass* vlotgras ⟨genus Glyceria⟩; ⟨plantk⟩ *sweet gum* amberboom ⟨Liquidambar styraciflua⟩; styrax, storax; ⟨plantk⟩ *sweet majoram* marjolein, majoraan ⟨Origanum vulgare⟩; ⟨sl⟩ *sweet mama* minnares; ⟨sl⟩ *sweet man* minnaar; ⟨inf⟩ *sweet nothings* lieve woordjes; *sweet oil* zoete/eetbare olie, olijfolie, sesamolie; ⟨sl⟩ *sweet papa* rijke (oudere) minnaar, goudvink; ⟨sl⟩ *sweet pea* liefje; sukkel; ⟨plantk⟩ *sweet pepper* paprika; ⟨plantk⟩ *sweet pepperbush* clethra ⟨genus Clethra⟩; ⟨plantk⟩ *sweet potato* bataat ⟨Ipomoea batatas⟩; ⟨inf⟩ ocarina; ⟨plantk⟩ *sweet rocket* damastbloem ⟨Hesperis matronalis⟩; ⟨plantk⟩ *sweet rush/sedge* kalmoes ⟨Acorus calamus⟩; ⟨plantk⟩ *sweet sultan* muskuscentaurie ⟨genus Centaurea⟩; ⟨AE⟩ *sweet talk* vleierij, vleitaal, mooipraterij; *sweet tea* vieruurtje met zoetigheid; *have a sweet tooth* een zoetekauw zijn; ⟨plantk⟩ *sweet violet* welriekend viooltje, maarts viooltje ⟨Viola odorata⟩; *go one's own sweet way* zijn eigen gangetje gaan, het op zijn (eigen) manier doen; *of its own sweet will* zomaar vanzelf; *at one's own sweet will* naar believen/eigen goeddunken; ⟨plantk⟩ *sweet William* duizendschoon, ruige anjer, mantelanjer ⟨Dianthus barbatus⟩; ⟨plantk⟩ *sweet willow* gagel ⟨Myrica gale⟩; ⟨plantk⟩ *sweet woodruff* lievevrouwebedstro ⟨Asperula odorata⟩; ⟨inf⟩ *I got you a new bike. Sweet!* je krijgt een fiets cadeau! Gaaf!; ⟨sprw⟩ *sweet are the uses of adversity* ± men moet van de nood een deugd maken; ⟨sprw⟩ *a rose by any other name would smell as sweet* hoe men een roos ook zou noemen, ze blijft altijd even heerlijk ruiken; ⟨sprw⟩ *stolen pleasures are sweet(est)* ± gestolen drank is zoet, ± gestolen beten smaken het best; ⟨sprw⟩ *the apples on the other side of the wall are the sweetest* ± andermans schotels zijn altijd vet, ± al wat onze buurman heeft, lijkt ons beter dan wat God ons geeft; ⟨sprw⟩ *revenge is sweet* wraak is zoet; ⟨sprw⟩ *forbidden fruit is sweet/sweetest* verboden vrucht smaakt het lekkerst

sweet-and-sour [bn] zoetzuur

sweet bay [telb zn] ⟨plantk⟩ (Amerikaans soort) magnolia/tulpenboom ⟨Magnolia virginiana⟩

sweet-box [telb zn] bonbonnière, snoepdoos

sweet·bread [telb zn] zwezerik

sweet·bri·er, sweet·bri·ar [telb zn] ⟨plantk⟩ egelantier ⟨Rosa eglanteria⟩

sweet corn [niet-telb zn] ⟨vnl BE⟩ (zoete) mais, suikermais

sweet-dish [telb zn] snoepschotel

¹sweet·en /swi:tn/ [onov + ov ww] zoeten, zoet(er) maken/worden, verzoeten; → **sweetening**

²sweet·en /swi:tn/ [ov ww] ① verzachten, verlichten, milder maken ② veraangenamen, opfleuren, opvrolijken ③ ververen, zuiveren, filteren, ventileren ④ ⟨inf⟩ sussen, omkopen, gunstig stemmen, zoet houden ⑤ verleiden, lekker maken ⑥ opvoeren, verhogen ⟨borg bij lening, inzet bij poker, enz.⟩ ⬛ ⟨sl⟩ *sweeten up* verzoeten, verbloemen; sussen, zoet houden; → **sweetening**

sweet·en·er /swi:tnə, ᴬ-ər/ [telb zn] ① zoetmiddel, zoetstof ② ⟨sl⟩ zoethoudertje, fooi, douceurtje ③ ⟨sl⟩ opjager ⟨bij verkoop⟩

¹sweet·en·ing /swi:tnɪŋ/ [telb + niet-telb zn; (oorspronkelijk) gerund van sweeten] zoetmiddel

²sweet·en·ing /swi:tnɪŋ/ [niet-telb zn; (oorspronkelijk) gerund van sweeten] het zoeten

¹sweet·heart [telb zn] ① lief(je), vrijer, minnaar, minnares, vriend(in) ② lieverd ③ ⟨sl⟩ iets uitstekends

²sweet·heart [onov ww] vrijen

³sweet·heart [ov ww] vrijen (met), het hof maken

sweetheart agreement, sweetheart deal [telb zn] ⓵ buiten de vakbond om afgesloten arbeidsovereenkomst ⟨meestal ten gunste van de werkgever⟩ ⓶ ⟨AuE⟩ buiten de cao vallende arbeidsovereenkomst

swee·tie /swiːti/, ⟨in betekenis 1 ook⟩ **sweetie pie** [telb zn] ⟨inf⟩ ⓵ liefje, schatje, snoezepoes ⓶ snoesje, dotje ⓷ ⟨BE, SchE⟩ snoepje, bonbon, suikertje, zoetje, koekje

sweet·ing /swiːtɪŋ/ [telb zn] ⓵ zoeteveentje, sint-jansappel ⓶ ⟨vero⟩ lieveling

sweet·ish /swiːtɪʃ/ [bn] zoet(er)ig, vrij zoet, zoetachtig

sweet·meat [telb zn] snoepje, bonbon, ⟨mv⟩ snoepgoed, suikergoed, gekonfijt fruit

sweet-mouth·ed [bn] zoetsappig, zouteloos

sweet·ness /swiːtnəs/ [niet-telb zn] zoetheid ♦ *she's all sweetness and light* zij is een en al beminnelijkheid

sweet pea [telb zn] ⟨plantk⟩ lathyrus, reukerwt ⟨Lathyrus odoratus⟩

sweet roll [telb zn] ⟨AE⟩ zoet broodje, koffiebroodje

sweet·root [niet-telb zn] zoethout

sweet-scent·ed, sweet-smell·ing [bn] geurig, welriekend

sweet·shop [telb zn] ⟨vnl BE⟩ snoepwinkel, snoepjeszaak

sweet·sop [telb zn] ⟨plantk⟩ suikerappel(boom) ⟨Annona squamosa⟩

¹**sweet spot** [telb zn] ⟨tennis⟩ ± meest effectieve slagpunt ⟨van racket⟩

²**sweet spot** [telb zn] hoogtepunt, opleving

sweet-talk [onov + ov ww] ⟨vnl AE⟩ vleien

sweet-tem·pered [bn] lief, aardig, zacht van aard

sweety [telb zn] → sweetie

¹**swell** /swel/ [telb zn] ⓵ zwelling, gezwel, uitpuiling, hoogte, heuvel(tje), buikje ⓶ ⟨muz⟩ bovenwerk ⟨van orgel⟩ ⓷ ⟨techn⟩ askraag ⓸ ⟨ind⟩ schietspoelklem ⓹ ⟨vero, inf⟩ dandy, fat ⓺ ⟨vero, inf⟩ grote meneer

²**swell** /swel/ [niet-telb zn] ⓵ zwelling, het zwellen, gezwollenheid, volheid ⓶ deining ⓷ ⟨muz⟩ crescendo(-diminuendo)

³**swell** /swel/ [bn] ⓵ ⟨vnl AE, inf⟩ voortreffelijk, patent ♦ *a swell chance* een prachtkans; *a swell teacher* een prima leraar ⓶ ⟨vero, sl⟩ dandyachtig, fatterig, modieus, chic, fijn, prachtig

⁴**swell** /swel/ [onov ww; ook swollen] zwellen, opzwellen, aanzwellen, bol gaan staan, (zich) uitzetten/opblazen, buiken, (op)bollen ♦ *swell into* aangroeien/zwellen tot; *swell out* bollen; *swell up* (op)zwellen; *swell with pride* zwellen van trots, barsten van pretentie; → **swelling**

⁵**swell** /swel/ [ov ww; ook swollen] doen zwellen, doen opzetten/uitzetten/(op)bollen, bol doen staan, doen aangroeien/toenemen, verhogen, doen bonzen ♦ *swell one's funds/pocket* wat bijverdienen; *swell out* doen bollen; *swell up* doen opzwellen; → **swelling**

⁶**swell** /swel/ [bw] ⟨inf⟩ ⓵ uitstekend, geweldig ⓶ prettig, aardig, heerlijk ⓷ elegant, stijlvol ⓸ gastvrij

swell·bel·ly, swell·fish [telb zn] ⟨dierk⟩ kogelvis ⟨genus Tetraodontidae⟩

swell box [telb zn] ⟨muz⟩ zwelkast ⟨van orgel⟩

swelled-head·ed, swell·head·ed [bn; zn: swelledheadedness] verwaand, pretentieus

¹**swell·head** [telb zn] ⟨inf⟩ verwaand ventje, pedante kwast

²**swell·head** [niet-telb zn] ⓵ besmettelijke sinusitis ⟨bij kalkoen⟩ ⓶ ⟨soort⟩ oedeem ⟨bij schaap/geit⟩ ⓷ ⟨inf⟩ verwaandheid, pretentie, dunk, opgeblazenheid

swell·ing /swelɪŋ/ [telb + niet-telb zn; (oorspronkelijk) gerund van swell] zwelling, het zwellen, gezwel, uitwas

swell organ [telb zn] ⟨muz⟩ zwelkastregister ⟨van orgel⟩

¹**swel·ter** /sweltə, ᴬ-ər/ [telb + niet-telb zn] smoorhitte, drukkende hitte

²**swel·ter** /sweltə, ᴬ-ər/ [onov ww] ⓵ stikken (van de hitte), baden in het zweet, smoren ⓶ liggen te broeien; → **sweltering**

³**swel·ter** /sweltə, ᴬ-ər/ [ov ww] ⓵ doen stikken (van de hitte), doen baden in het zweet, blakeren, zengen ⓶ ⟨vero⟩ afscheiden, uitzweten; → **sweltering**

swel·ter·ing /sweltrɪŋ/ [bn; tegenwoordig deelw van swelter] smoorheet, drukkend, zengend, broeierig ♦ *sweltering (hot) day* drukkend hete dag

swel·try /sweltri/ [bn; vergr trap: sweltrier] drukkend, broeierig

swept /swept/ [verleden tijd en volt deelw] → **sweep**

swept-back [bn] ⓵ pijlvormig ⟨voornamelijk van vleugels van vliegtuig⟩ ♦ *swept-back wing* pijlvleugel ⓶ naar achteren (gekamd/geborsteld) ⟨van haar⟩

swept-up [bn] hoog opgestoken, toren- ⟨van haar⟩

¹**swerve** /swɜːv, ᴬswɜrv/ [telb zn] zwenking, wending, draai, zijbeweging

²**swerve** /swɜːv, ᴬswɜrv/ [onov ww] ⓵ zwerven, dolen ⓶ zwenken, opzijgaan, plots uitwijken ♦ *swerve from the path* van het pad afdwalen ⟨ook figuurlijk⟩; *swerve from one's purpose* zijn doel uit het oog verliezen ⓷ afwijken, afdwalen

³**swerve** /swɜːv, ᴬswɜrv/ [ov ww] ⓵ doen zwenken, opzij doen gaan ⓶ doen afwijken

swerve·less /swɜːvləs, ᴬswɜrv-/ [bn] onomstotelijk, onwankelbaar, standvastig

SWG [afk] (standard wire gauge)

¹**swift** /swɪft/ [telb zn] ⓵ gierzwaluw ⟨familie Apodidae⟩ ⓶ boomgierzwaluw ⟨familie Hemiprocnidae⟩ ⓷ stekelleguaan ⟨genus Sceloporus⟩ ⓸ wortelboorder ⟨familie Hepialidae⟩ ⓹ kitvos ⟨Vulpes velox⟩ ⓺ haspel, klos, spoel ⓻ kaardtrommel ⓼ ⟨sl⟩ snelheid

²**swift** /swɪft/ [bn; vergr trap: swifter; bw: ~ly; zn: ~ness] ⓵ vlug, snel, rap, gezwind, schielijk ♦ *swift to anger* gauw kwaad, heetgebakerd; *swift of foot* vlug ter been; *swift to forgive* vergevensgezind; *swift response* prompt antwoord; *swift runner* snelloper ⓶ ⟨sl⟩ losbandig, liederlijk ⌐ ⟨sprw⟩ *life is short and time is swift* het leven is kort en de tijd vliegt

³**swift** /swɪft/, ⟨AE vnl⟩ **swift·er** /swɪftə, ᴬ-ər/ [ov ww] ⟨scheepv⟩ zwichten

⁴**swift** /swɪft/ [bw] snel, vlug ♦ *swift-flowing* snelvlietend

swift-foot·ed [bn] snelvoetig, vlug ter been, ⟨België⟩ rap ter been

swift·let /swɪf(t)lɪt/ [telb zn] ⟨dierk⟩ salangaan ⟨zwaluw; genus Collocalia⟩

¹**swig** /swɪɡ/ [telb zn] ⟨inf⟩ teug, slok, gulp

²**swig** /swɪɡ/ [onov ww] ⟨inf⟩ met grote teugen drinken

³**swig** /swɪɡ/ [ov ww] ⟨inf⟩ naar binnen gieten, leegzuipen

¹**swill** /swɪl/, ⟨in betekenis 1 ook⟩ **swill-down, swill-out** [telb zn] ⓵ spoeling, spoelbeurt ♦ *give a swill* uitspoelen ⓶ teug sterkedrank

²**swill** /swɪl/ [niet-telb zn] ⓵ spoelwater ⟨ook figuurlijk⟩, vaatwater, afwaswater ⓶ afval ⓷ spoeling, varkensdraf

³**swill** /swɪl/ [onov ww] ⓵ stromen ⓶ ⟨inf⟩ zuipen, gretig drinken ⓷ ⟨inf⟩ schrokken

⁴**swill** /swɪl/ [ov ww] ⓵ afspoelen, doorspoelen, uitspoelen ♦ *swill down* afspoelen; *swill out* uitspoelen ⓶ voeren ⟨met spoeling⟩ ⓷ ⟨inf⟩ volgieten, volop te drinken geven ⓸ ⟨inf⟩ opzuipen, gretig opdrinken, leeggulpen ♦ *swill down* opzuipen; verzuipen ⓹ ⟨inf⟩ opschrokken, opslokken

swill·bowl [telb zn] zuiplap, dronkaard

swill·er /swɪlə, ᴬ-ər/ [telb zn] ⓵ zuiplap ⓶ schrokker

swill·ings /swɪlɪŋz/ [alleen mv] ⓵ spoeling, varkensdraf ⓶ spoelwater ⟨ook figuurlijk⟩, vaatwater, afwaswater

swill tub [telb zn] spoelingbak, varkensbak

¹**swim** /swɪm/ [telb zn] ⓵ zwempartij ♦ *have/go for a swim* gaan zwemmen, een duik (gaan) nemen ⓶ visrijke plek ⓷ duizeling, bezwijming ♦ *my head was all of a swim* het

swim

duizelde mij

²**swim** /swɪm/ [niet-telb zn; the] stroming, actie ▸ *in the swim with* in het gezelschap van, in verstandhouding met; *be in/out of the swim* (niet) op de hoogte zijn, er (niet) bij zijn, (niet) meedoen

³**swim** /swɪm/ [onov ww; swam, swum] ① zwemmen ⟨ook figuurlijk⟩, baden ♦ *swim across the river* de rivier overzwemmen; *swim for it* zich zwemmend trachten te redden ② vlotten, drijven ♦ *swimming in blood* badend in het bloed; *swimming with tears* zwemmend in/vol tranen ③ zweven, glijden ♦ *swim into the house* het huis binnenzweven ④ duizelen, draaien, draaierig worden ♦ *my head swims* het duizelt mij, het draait me voor de ogen ▸ ⟨sprw⟩ *the best fish swim near the bottom* ± de grootste vissen vindt men in diep water; → **swimming**

⁴**swim** /swɪm/ [ov ww; swam, swum] ① overzwemmen ♦ *swim a river* een rivier overzwemmen ② deelnemen aan ⟨zwemwedstrijd⟩ ♦ *swim a race* aan een zwemwedstrijd deelnemen ③ aan de waterproef onderwerpen ♦ *swim a witch* een heks aan de waterproef onderwerpen ④ doen duizelen; → **swimming**

swim bladder, swimming bladder [telb zn] zwemblaas

swim·mer /swɪmə, ᴬ-ər/ [telb zn] ① zwemmer, zwemster ② zwemvogel ③ waterspin ④ zwemblaas ⑤ zwemorgaan, zwemstaart ⑥ dobber, drijver, zwemboei

swim·mer·et, swim·mer·ette /swɪmərət, ᴬ-rɛt/ [telb zn] roeipoot

¹**swim·ming** /swɪmɪŋ/ [telb zn; (oorspronkelijk) gerund van swim] duizeling ♦ *have a swimming in the head* duizelig zijn

²**swim·ming** /swɪmɪŋ/ [niet-telb zn; (oorspronkelijk) gerund van swim] het zwemmen, de zwemsport

swimming bath [telb zn; vaak mv] ⟨BE⟩ (overdekt) zwembad

swimming belt [telb zn] ⟨zwemsp⟩ zwemgordel

swimming costume, swimming suit, swim·suit [telb zn] zwempak, badpak, zwemkostuum

swimming jacket [telb zn] zwemvest, zwembuis

swim·ming·ly /swɪmɪŋli/ [bw] vlot, moeiteloos, als van een leien dakje ♦ *go on/off swimmingly* vlot van stapel/gesmeerd lopen

swimming pool, swim·pool [telb zn] zwembad, zwembassin

swimming stone [niet-telb zn] drijfsteen

swimming trunks [alleen mv] zwembroek

swim·my /swɪmi/ [bn; vergr trap: swimmier] ① draaierig, duizelig ② wazig, vaag, doezelig

swim-up [telb zn] ⟨waterpolo⟩ (het) uitzwemmen ⟨het zwemmen naar de middenlijn om in balbezit te komen bij aanvang of hervatting van spel⟩

swim·wear [niet-telb zn] badkleding, badmode

¹**swin·dle** /swɪndl/ [telb zn] ① zwendelzaak ② ⟨inf⟩ stuk bedrog ③ ⟨sl⟩ transactie, zaak, affaire, deal ④ ⟨sl⟩ werk, baan, taak

²**swin·dle** /swɪndl/ [niet-telb zn] zwendel, zwendelarij, bedrog, oplichterij

³**swin·dle** /swɪndl/ [onov ww] zwendelen

⁴**swin·dle** /swɪndl/ [ov ww] oplichten, afzetten, bedriegen ♦ *swindle money out of s.o., swindle someone out of money* iemand geld ontfutselen/afhandig maken

swin·dler /swɪndlə, ᴬ-ər/ [telb zn] zwendelaar(ster), oplichter, bedrieger

swindle sheet [telb zn] ⟨sl⟩ onkostendeclaratie

swindle stick [telb zn] ⟨sl⟩ ① rekenlineaal ② loonschaal

swine /swaɪn/ [telb zn; mv: swine; figuurlijk ook swines] ⟨ook fig⟩ zwijn, varken

swine fever [niet-telb zn] varkenskoorts, vlektyfus ⟨bij varkens⟩

swine·herd [telb zn] zwijnenhoed(st)er, varkenshoed(st)er

swine·man /swaɪnmən/ [telb zn; mv: swinemen /-mən/] ① varkensfokker ② varkenshoeder

swine's-feath·er, swine's-pike [telb zn] zwijnsspriet, speer voor zwijnenjacht

swine's-grass [telb + niet-telb zn] ⟨plantk⟩ varkensgras ⟨Polygonum aviculare⟩

swine's-snout [telb zn] ⟨plantk⟩ paardenbloem ⟨Taraxacum officinale⟩

swine·stone [niet-telb zn] stinksteen, stinkkalk

¹**swing** /swɪŋ/ [telb zn] ① schommel ♦ *be/go on a swing* (gaan) schommelen ② schommelpartijtje ♦ *have a swing* schommelen ③ slingerwijdte ④ ⟨AE⟩ tournee, rondreis ♦ *swing around the circle* rondreis, verkiezingscampagne ⟨voornamelijk van presidentiële kandidaten⟩ ▸ ⟨sprw⟩ *what one loses on the swings one makes up on the roundabouts* de winsten moeten de verliezen compenseren

²**swing** /swɪŋ/ [telb + niet-telb zn] ① schommeling, slingering, zwaai, slingerbeweging ♦ *complete one's swing* zich geheel omdraaien; *give full/free swing to* botvieren, de vrije teugel laten; *have/take one's (full) swing* zich uitleven/laten gaan; *the swing of the pendulum* de wisseling(en) van het lot, de kentering in de publieke opinie; *swing in prices* prijzenschommeling; *swing in public opinion* kentering in de publieke opinie ② forse beweging ③ (fors) ritme, ⟨m.b.t. stap⟩ veerkrachtige gang ♦ *go with a swing* met veerkrachtige tred lopen, ritmisch bewegen; ⟨fig⟩ van een leien dakje lopen; *the party was going with a swing* het feest liep als een trein ④ swing(muziek) ⑤ ⟨sl⟩ pauze

³**swing** /swɪŋ/ [niet-telb zn] actie, vaart, gang, schwung ♦ *in full swing* in volle actie/gang; *get into the swing of things* op gang komen, op dreef komen ② bezieling, vuur, inspiratie ③ ⟨sl⟩ swingliefhebbers

⁴**swing** /swɪŋ/ [verzameln] ⟨sl⟩ ploeg tussen dag- en avondploeg

⁵**swing** /swɪŋ/ [bn] ⟨mode⟩ wijd uitlopend ⟨van jas(je)⟩

⁶**swing** /swɪŋ/ [onov ww; swung, swung; verleden tijd soms swang] ① met veerkrachtige tred gaan, met zwaaiende gang lopen, zwierig/veerkrachtig lopen ♦ *swing along/by/past* met veerkrachtige gang voorbijlopen, (heup)wiegend langs lopen, langs komen zeilen ② springen ♦ *swing down* naar beneden springen; *swing from bough to bough* van tak tot tak springen ③ swingen ④ ⟨inf⟩ opgehangen worden ♦ *swing for it* ervoor gehangen worden ⑤ ⟨sl⟩ (goed) bij zijn, hip/op de hoogte zijn, (flink) meedoen ⑥ ⟨sl⟩ actief en opwindend zijn ⑦ ⟨sl⟩ een swinger zijn ⑧ ⟨sl⟩ aan groepsseks/partnerruil doen; → **swingeing**

⁷**swing** /swɪŋ/ [onov + ov ww; swung, swung; verleden tijd soms swang] ① slingeren, schommelen, zwaaien ♦ *swing (one's fist) at s.o.* met iemand op de vuist gaan; *swing behind one's leaders* zich achter zijn leiders scharen/aaneensluiten; ⟨drukw⟩ *swung dash* slangetje, tilde; *swing into line* zich bij de meerderheid aansluiten; ⟨fig⟩ *swing into action* in actie komen; *swing a stick* met een stok zwaaien; *swing to and fro* heen en weer schommelen ② draaien, (doen) zwenken/keren, (zich) omdraaien ♦ *swing a battle* de krijgskansen doen keren; *swing off* afslaan; *swing on* draaien om; *swing round* (zich) omdraaien, (doen) keren, omgooien; *swing round the corner* de hoek omdraaien; *swing to* dichtslaan ③ (op)hangen ♦ *swing from the ceiling* aan het plafond hangen; *swing a hammock* een hangmat ophangen; *swing on sth.* aan iets hangen (te slingeren) ④ ⟨scheepv⟩ zwaaien ⑤ spelen op swingritme ⑥ ⟨cricket⟩ (doen) afwijken/swingen ⟨bal⟩ *swing in (with)* zich aansluiten (bij); → **swingeing**

⁸**swing** /swɪŋ/ [ov ww; swung, swung; verleden tijd soms swang] ① beïnvloeden, bepalen, manipuleren, ⟨AE⟩ doen omslaan, in zijn zak hebben ⟨jury⟩, beheersen ♦ *swing a deal* een profijtelijke koop sluiten, een goede slag slaan;

swing the market de markt beheersen; *swing a seventy-percent vote* zeventig procent van de stemmen halen [2] wijsmaken ♦ *you can't swing that sort of stuff to her* zoiets maak je haar niet wijs [•] *swing it* het klaarspelen, het klaren; *what swung it was the money* wat de doorslag gaf, was het geld; → swingeing

swing·back [telb zn] terugkeer ⟨van politieke partij, enz.⟩

swing·boat [telb zn] schommelbootje

swingbridge, swingdrawbridge, ⟨AE ook⟩ **swing span** [telb zn] draaibrug

swing door, swinging door [telb zn] klapdeur, tochtdeur, klepdeur

swinge /swɪndʒ/ [ov ww] ⟨vero⟩ (hard) slaan, afranselen, afrossen; → swingeing

swinge·ing, swing·ing /ˈswɪndʒɪŋ/ [bn, attr; tegenwoordig deelw van swinge] ⟨vnl BE⟩ geweldig, enorm, reusachtig ♦ *swingeing blow* geweldige klap; *swingeing cuts* zeer drastische bezuinigingen; *swingeing majority* overweldigende meerderheid

¹**swing·er** /ˈswɪŋə, ᴬ-ər/ [telb zn] ⟨sl⟩ [1] iemand die bij is, snelle jongen, hippe vogel [2] iemand die aan partnerruil/groepsseks doet [3] biseksueel

²**swing·er** /ˈswɪndʒə, ᴬ-ər/ [telb zn] ⟨vnl BE⟩ [1] kanjer(d) [2] kolossale klap, slag van je welste, dreun, opdonder

swing gate [telb zn] draaihek, draaiboom

swing-glass, swing-mir·ror [telb zn] draaispiegel, psyché

swing·ing /ˈswɪŋɪŋ/ [bn; tegenwoordig deelw van swing; bw: ~ly] [1] schommelend, slingerend, zwaaiend [2] veerkrachtig, zwierig ♦ *swinging step* veerkrachtige tred [3] ritmisch, swingend, levendig [4] ⟨sl⟩ bij, hip, gedurfd, gewaagd

swinging ground, swinging place [telb zn] zwaaiplaats ⟨voor schip⟩

¹**swin·gle** /ˈswɪŋgl/, **swingle staff, swingl·ing staff** [telb zn] [1] zwingel, braakstok ⟨voor vlas⟩ [2] zwengel ⟨van een dorsvlegel⟩

²**swin·gle** /ˈswɪŋgl/ [ov ww] zwingelen

swin·gle-bar, swin·gle-tree [telb zn] zwenghout, zwengel

swin·gle·tail, swingletail shark [telb zn] ⟨dierk⟩ voshaai ⟨Alopias vulpinus⟩

swing music [niet-telb zn] swingmuziek

swing-om·e·ter /ˈswɪŋɒmɪtə, ᴬ-flmɪtər/ [telb zn; ⟨BE; inf⟩ stemmenmeter ⟨op tv; bij verkiezingen⟩

swing-o·ver [telb zn] ommezwaai

swing room [telb zn] ⟨sl⟩ kantine, schaftlokaal

swing set [telb zn] ⟨AE⟩ schommel ⟨speeltuig, in tuin⟩

swing shift [verzameln] ⟨sl⟩ ploeg tussen dagploeg en avondploeg

swing sign [telb zn] uithangbord

swing wing [telb zn] zwenkvleugel, verstelbare vleugel ⟨van vliegtuig⟩

swin·ish /ˈswaɪnɪʃ/ [bn; bw: ~ly; zn: ~ness] zwijnachtig, beestachtig

¹**swink** /swɪŋk/ [niet-telb zn] ⟨vero⟩ (zware) arbeid, inspanning, ⟨België⟩ labeur

²**swink** /swɪŋk/ [onov ww] ⟨vero⟩ zwoegen, hard werken

swinney [telb + niet-telb zn] → sweeny

¹**swipe** /swaɪp/ [telb zn] [1] ⟨inf⟩ mep, (harde) slag ⟨ook sport⟩ ♦ *have/take a swipe at* uithalen naar; *swipe round the ear* oorveeg [2] ⟨inf⟩ veeg, verwijt, schimpscheut [3] ⟨vnl BE⟩ zwengel, pompslinger, wip [4] ⟨vnl AE⟩ stalknecht ⟨op renbaan⟩ [5] ⟨sl⟩ mispunt ♦ *lousy swipe* gemene vent, gemeen loeder [6] ⟨sl⟩ goedkope zelfgemaakte whisky/wijn

²**swipe** /swaɪp/ [onov + ov ww] [1] (hard) slaan, meppen ⟨ook sport⟩ ♦ *swipe at* slaan/uithalen naar; ⟨fig⟩ beschimpen [2] ⟨sl⟩ (leeg)zuipen

³**swipe** /swaɪp/ [ov ww] [1] halen ⟨pasje door kaartlezer ter identificatie⟩ [2] ⟨inf⟩ gappen, stelen

swipe card [telb zn] magneetkaart, ⟨i.h.b.⟩ keycard, sleutelkaart

swip·er /ˈswaɪpə, ᴬ-ər/ [telb zn] [1] mep [2] mepper [3] ⟨sl⟩ zuiplap [4] ⟨sl⟩ dief

swipes /swaɪps/ [alleen mv] ⟨BE; sl⟩ dun bier, ⟨België⟩ fluitjesbier

swi·ple, swip·ple /ˈswɪpl/ [telb zn] [1] zwingel, braakstok ⟨voor vlas⟩ [2] zwengel ⟨van dorsvlegel⟩

¹**swirl** /swɜːl, ᴬswɜrl/ [telb zn] [1] (draai)kolk, maalstroom, wieling ♦ *swirl of dust* stofhoos [2] ⟨vnl AE⟩ krul, draai ♦ *swirl of lace* kanten krul

²**swirl** /swɜːl, ᴬswɜrl/ [niet-telb zn] werveling, wieling, kolking

³**swirl** /swɜːl, ᴬswɜrl/ [onov ww] [1] wervelen, dwarrelen ♦ *swirl about* rondwervelen, ronddwarrelen; *swirl about the street* door de straat tollen/dansen [2] kolken, draaien

⁴**swirl** /swɜːl, ᴬswɜrl/ [ov ww] [1] doen wervelen, doen dwarrelen [2] doen kolken, doen wielen/draaien [•] *swirl away/off* wegdwarrelen, meeslepen, meevoeren, wegspoelen

swirl·y /ˈswɜːli, ᴬswɜrli/ [bn; vergr trap: swirlier] [1] wervelend, dwarrelend [2] kolkend, wielend [3] krullig, krullend

¹**swish** /swɪʃ/ [telb zn] [1] zwiep, slag [2] rietje, zweep [3] ⟨sl⟩ homo

²**swish** /swɪʃ/ [telb + niet-telb zn] zoevend geluid, gesuis, geruis, gefluit ♦ *the swish of a cane* het zoeven van een rietje; *the swish of silk* het geruis van zijde

³**swish** /swɪʃ/ [bn] ⟨sl⟩ [1] ⟨vnl BE⟩ chic, modieus, deftig [2] verwijfd

⁴**swish** /swɪʃ/ [onov ww] [1] zoeven, suizen, ruisen, fluiten ♦ *swishing bullets* fluitende kogels; *swish past* voorbijzoeven; *swishing silk* ruisende zijde [2] zwiepen [3] ⟨sl⟩ zich verwijfd aanstellen

⁵**swish** /swɪʃ/ [ov ww] [1] doen zwiepen, slaan met ♦ *swish off* afslaan, afhouwen; *swishing tail* zwiepende staart [2] afranselen

⁶**swish** /swɪʃ/ [tw] zoef, zwiep

swish·y /ˈswɪʃi/ [bn; vergr trap: swishier] [1] zoevend, ruisend, fluitend [2] zwiepend [3] ⟨sl⟩ verwijfd

¹**Swiss** /swɪs/ [telb zn; mv: Swiss] Zwitser(se)

²**Swiss** /swɪs/ [bn] Zwitsers ♦ *Swiss cheese* emmentaler; *Swiss cottage* chalet; *Swiss French* Zwitsers-Frans; *Swiss German* Zwitser-Duits [•] *Swiss army knife* padvindersmes; *Swiss chard* snijbiet; *Swiss cheese plant* gatenplant ⟨Monstera deliciosa⟩; ⟨plantk⟩ *Swiss pine* arve, alpenden ⟨Pinus cembra⟩; ⟨plantk⟩ *Swiss mountain pine* bergden ⟨Pinus mugo⟩; *Swiss roll* koninginnenbrood ⟨opgerolde cake met jam⟩

¹**switch** /swɪtʃ/ [telb zn] [1] twijgje, teentje, loot [2] (rij)zweep, roe(de) [3] mep, zweepslag [4] (valse) haarlok, (valse) haarvlecht [5] ⟨comp, spoorw⟩ wissel [6] ⟨elek⟩ schakelaar, stroomwisselaar, schakelbord [7] regulateur ⟨van gasbrander⟩ [8] ontsteking ⟨van springlading⟩ [9] omkeer, ommezwaai, verandering, draai [10] ⟨sl⟩ mes

²**switch** /swɪtʃ/ [onov ww] ⟨AE; sl⟩ [1] (ver)klikken [•] ⟨sl⟩ *switch on* drugs nemen, high worden

³**switch** /swɪtʃ/ [onov + ov ww] [1] (om)schakelen ⟨ook elektriciteit⟩, veranderen (van), overgaan op ♦ *switch the conversation* een andere wending aan het gesprek geven; *switch from coal to oil* van kolen op olie overschakelen; *switch in/on* inschakelen, aanzetten, aanknippen; *switch off* uitschakelen, uitdraaien, afzetten; ⟨inf⟩ versuffen, stil/levenloos maken/worden; *switch out* uitschakelen; *she switched it out of my hand* zij griste het uit mijn hand; *switch over* overschakelen, overlopen; ⟨radio/tv⟩ een ander kanaal kiezen; *switch places* van plaats veranderen; ⟨AE⟩ *switch sides* overlopen, van mening veranderen; *switch through (to)* doorverbinden; ⟨AE⟩ *switch up* inruilen

switch

2 draaien, (doen) omzwaaien, rukken ♦ *switch round* omdraaien; *switch with s.o.* met iemand ruilen/wisselen (bijvoorbeeld van dag in ploegendienst) 3 snoeien 4 meppen, slaan, (af)ranselen 5 zwaaien, (doen) zwiepen ♦ *the cow was switching its tail* de koe stond met haar staart te zwaaien • ⟨inf⟩ *switch on* stimuleren, inspireren; doen opleven, geïnteresseerd doen raken, ⟨sl⟩ geil maken, opwinden; ⟨sl⟩ *switched on* high; ⟨AE⟩ *I'll be switched if* ik laat me hangen als

⁴**switch** /swɪtʃ/ [ov ww] 1 verwisselen ♦ *switch (a)round* verwisselen 2 regelen 3 ontsteken 4 ⟨spoorw⟩ rangeren, wisselen 5 ⟨fig⟩ afleiden (gedachten enz.)

switch·a·ble /ˈswɪtʃəbl/ [bn] verwisselbaar

¹**switch·back**, ⟨in betekenissen 3 en 4 ook⟩ **switchback railway**, ⟨in betekenissen 1 en 2 ook⟩ **switchback road** [telb zn] 1 bochtige weg, weg met haarspeldbochten, ⟨bij uitbreiding⟩ haarspeldbocht 2 heuvelige weg 3 zigzagspoorweg ⟨op berghelling⟩ 4 ⟨BE⟩ roetsjbaan, achtbaan

²**switch·back** [onov ww] 1 zigzaggen, kronkelen 2 op en neer gaan, heuvelen

switch·blade, switchblade knife, switch knife [telb zn] ⟨vnl AE⟩ stiletto, springmes

switch·board [telb zn] schakelbord

switched-off [bn] ⟨inf⟩ suff(er)ig, saai, levenloos

switched-on [bn] 1 ⟨inf⟩ levendig, alert 2 ⟨inf⟩ bij (de tijd), vooruitstrevend, chic, modieus, in 3 ⟨sl⟩ high, gedrogeerd

switch engine [telb zn] rangeerlocomotief

switch·er·oo /ˌswɪtʃəˈruː/ [telb zn] ⟨AE; sl⟩ (plotselinge) ommekeer, draai, verandering ♦ *pull a switcheroo* iets heel anders doen

switch·gear [niet-telb zn] ⟨elek⟩ schakel- en verdeeltoestellen

switch hitter [telb zn] ⟨honkb⟩ switch hitter ⟨slagman die links- en rechtshandig slaat⟩ 2 ⟨sl⟩ veelzijdig persoon 3 ⟨sl⟩ biseksueel

switch·man /ˈswɪtʃmən/ [telb zn; mv: switchmen /-mən/] ⟨vnl AE⟩ wisselwachter

switch·o·ver [telb zn] 1 overschakeling, omschakeling 2 overgang, verandering, wisseling

switch rail [telb zn] wissel

switch selling [niet-telb zn] ⟨BE⟩ verkoop van duurder artikel ⟨dan het geadverteerde⟩

switch signal [telb zn] wisselsignaal

switch tower [telb zn] ⟨AE⟩ seinhuis

switch yard [telb zn] ⟨AE⟩ rangeerterrein

¹**swith·er** /ˈswɪðə, ᴬ-ər/ [niet-telb zn] ⟨vnl SchE⟩ 1 aarzeling 2 paniek

²**swith·er** /ˈswɪðə, ᴬ-ər/ [onov ww] ⟨vnl SchE⟩ aarzelen, weifelen

Switz [afk] ⟨Switzerland⟩

Swit·zer /ˈswɪtsə, ᴬ-ər/ [telb zn] ⟨in BE vero⟩ 1 Zwitser 2 Zwitserse gardist ⟨in Vaticaan⟩

Swit·zer·land /ˈswɪtsələnd, ᴬ-sər-/ [eigenn] Zwitserland

Switzerland

naam	Switzerland Zwitserland
officiële naam	Swiss Confederation Zwitserse Bondsstaat
inwoner	Swiss Zwitser
inwoonster	Swiss Zwitserse
bijv. naamw.	Swiss Zwitsers
hoofdstad	Berne Bern
munt	Swiss franc Zwitserse frank
werelddeel	Europe Europa
int. toegangsnummer 41 www .ch auto CH	

¹**swive** /swaɪv/ [onov ww] ⟨vero⟩ copuleren

²**swive** /swaɪv/ [ov ww] ⟨vero⟩ copuleren met

¹**swiv·el** /ˈswɪvl/ [telb zn] 1 wartel, wervel, kettingwartel ⟨ook hengelsport⟩ 2 spoelkop 3 draaibas 4 ⟨sl⟩ blik, kijkje 5 draaiing van het hoofd

²**swiv·el** /ˈswɪvl/ [onov + ov ww] draaien (als) om een pen/tap/spil ♦ *swivel one's chair round* zijn stoel doen ronddraaien; *swivel round in one's chair* ronddraaien in zijn stoel

swivel bend [telb zn] draaibare bocht

swivel bridge [telb zn] draaibrug

swivel caster [telb zn] zwenkwiel

swivel chair [telb zn] draaistoel

swivel gun [telb zn] draaibas

swivel hook [telb zn] wartelhaak

swivel insulator [telb zn] scharnierende isolator

swivel loader [telb zn] zwenklader

swivel pin [telb zn] stuurgewrichtspen, fuseepen

swivel ring [telb zn] draaikom

swivel seating [telb zn] scharnierverbinding

swizz, swiz /swɪz/ [telb zn; geen mv] ⟨BE; inf⟩ 1 bedrog 2 ontgoocheling

¹**swiz·zle** /ˈswɪzl/ [telb zn] 1 ⟨inf⟩ cocktail, borrel 2 ⟨BE; sl⟩ bedrog 3 ⟨BE; sl⟩ ontgoocheling

²**swiz·zle** /ˈswɪzl/ [onov ww] ⟨inf⟩ zuipen, borrelen

³**swiz·zle** /ˈswɪzl/ [ov ww] ⟨inf⟩ roeren ⟨met roerstokje⟩, mixen ⟨cocktail⟩

swizzle stick [telb zn] ⟨inf⟩ roerstokje

swob → swab

swol·len /ˈswəʊlən/ [volt deelw] → swell

swol·len-head·ed [bn] 1 verwaand, arrogant 2 overmoedig

¹**swoon** /swuːn/, ⟨vero ook⟩ **swound** /swaʊnd/ [telb zn] 1 ⟨form⟩ (appel)flauwte, bezwijming ♦ *go off in a swoon* flauwvallen, in zwijm vallen, een appelflauwte krijgen 2 ⟨sl⟩ gefingeerde knock-out

²**swoon** /swuːn/, ⟨vero ook⟩ **swound** /swaʊnd/ [onov ww] ⟨form⟩ 1 in vervoering geraken ⟨ook schertsend⟩ 2 bezwijmen, in onmacht vallen 3 wegsterven ⟨van geluid⟩ 4 ⟨fig⟩ wegkwijnen

¹**swoop** /swuːp/ [telb zn] 1 duik 2 veeg, haal ♦ *at/in one (fell) swoop* met één slag

²**swoop** /swuːp/ [onov ww] stoten ⟨van roofvogel⟩, (op een prooi) neerschieten, zich storten op, neervallen, duiken ♦ *swoop down* stoten; *swoop down on* neerschieten op; *swoop up* omhoogschieten ⟨van vliegtuig⟩

³**swoop** /swuːp/ [ov ww] wegvegen, oprollen ⟨bende⟩ ♦ *swoop up* opdoeken

¹**swoosh** /swuːʃ, swʊʃ/ [telb zn] geruis, gesuis

²**swoosh** /swuːʃ, swʊʃ/ [onov ww] ruisen, suizen

swop → swap

¹**sword** /sɔːd, ᴬsɔrd/ [telb zn] zwaard ⟨ook figuurlijk⟩, sabel, degen ♦ *cross swords (with)* de degens kruisen (met); *the sword of Damocles* het zwaard van Damocles; *draw the sword* naar het zwaard grijpen; *draw one's sword* zijn zwaard trekken; *fall on one's sword* zich op zijn zwaard storten; *the sword of justice* het zwaard der gerechtigheid, de wrekende hand; *measure swords (with/against)* de degens kruisen (met); *be at swords' points* met getrokken zwaarden tegenover elkaar staan, op voet van oorlog staan met elkaar; *put to the sword* over de kling jagen; ⟨BE⟩ *Sword of State* rijkszwaard; *the sword* het zwaard, geweld, oorlog; krijgsmacht; *wear the sword* de wapens dragen • ⟨sprw⟩ *gluttony kills more than the sword* ± de veelvraat delft zijn eigen graf met mond en tanden tot zijn straf; ⟨sprw⟩ *the pen is mightier than the sword* de pen is machtiger dan het zwaard; ⟨sprw⟩ *words cut more than swords* het woord is een scherp snijdend zwaard, ± een goed woord baat, een kwaad woord schaadt

²**sword** /sɔːd, ᴬsɔrd/ [ov ww] 1 bewapenen met een zwaard 2 doden met het zwaard

sword arm [telb zn] rechterarm

sword bayonet [telb zn] sabelbajonet

sword bearer [telb zn] ⟨vnl BE⟩ zwaarddrager ⟨bij ceremoniën⟩, zwaardbroeder, zwaardridder
sword belt [telb zn] zwaardkoppel, sabelkoppel, degenkoppel
sword·bill, sword bill hummingbird [telb zn] ⟨dierk⟩ zwaardkolibrie ⟨Ensifera ensifera⟩
sword blade [telb zn] sabelkling, degenkling
sword dance [telb zn] zwaarddans
sword·fish [telb zn] ⟨dierk⟩ zwaardvis ⟨Xiphias gladius⟩
sword flag [telb zn] ⟨plantk⟩ gele lis ⟨Iris pseudocorus⟩
sword·grass [niet-telb zn] ⟨plantk⟩ [1] zwaardlelie, zwaardbloem, gladiool ⟨genus Gladiolus⟩ [2] rietgras ⟨o.m. Phalaris orundinacea⟩
sword hilt [telb zn] gevest
sword·knot [telb zn] sabelkwast, degenkwast, dragon
sword·like /sɔːdlaɪk, ᴬsɔr-/ [bn] zwaard-, zwaardachtig, zwaardvormig
sword lily [telb zn] ⟨plantk⟩ zwaardlelie, gladiool ⟨genus Gladiolus⟩
sword·play [niet-telb zn] het schermen, ⟨fig⟩ woordentwist
sword point [niet-telb zn] punt van een zwaard ♦ *at sword point* met het mes op de keel
sword-shaped [bn] zwaardvormig
swords·man /sɔːdzmən, ᴬsɔr-/ [telb zn; mv: swordsmen /-mən/] [1] zwaardvechter [2] schermer, schermmeester
swords·man·ship /sɔːdzmənʃɪp, ᴬsɔr-/ [niet-telb zn] schermkunst
sword stick [telb zn] degenstok
sword swallower [telb zn] degenslikker
swords·wom·an [telb zn] schermster
sword·tail [telb zn] ⟨dierk⟩ [1] zwaarddragertje ⟨Xiphophorus helleri⟩ [2] degenkrab ⟨voornamelijk Limulus polyphemus⟩
swore /swɔː, ᴬswɔr/ [verleden tijd] → swear
sworn /swɔːn, ᴬswɔrn/ [bn, attr] oorspronkelijk volt deelw van swear] [1] gezworen ♦ *sworn enemies* gezworen vijanden [2] beëdigd ♦ *sworn broker/statement* beëdigd(e) makelaar/verklaring
¹**swot** /swɒt, ᴬswɑt/ [telb zn] ⟨BE; inf⟩ [1] blokker, vosser, zwoeger, wroeter [2] karwei, kluif ♦ *what a swot!* wat een klus!
²**swot** /swɒt, ᴬswɑt/ [niet-telb zn] ⟨BE; inf⟩ geblok, gewroet, gezwoeg
³**swot** /swɒt, ᴬswɑt/ [onov ww] ⟨BE; inf⟩ [1] blokken, vossen, hengsten, wroeten ♦ *swot for an exam* blokken voor een examen [2] → swat
⁴**swot** /swɒt, ᴬswɑt/ [ov ww] ⟨BE; inf⟩ [1] blokken op ♦ *swot sth. up* iets erin pompen/stampen; iets herhalen/nazien/repeteren [2] → swat
SWOT /swɒt, ᴬswɑt/ [niet-telb zn] (strengths, weaknesses, opportunities, threats) SWOT ♦ *a SWOT analysis* een SWOT-analyse ⟨analyse van een organisatie waarbij wordt gekeken naar sterke en zwakke punten, kansen en bedreigingen⟩
swot·ter /swɒtə, ᴬswɑtər/ [telb zn] ⟨BE; inf⟩ blokker, vosser
swound → swoon
swum /swʌm/ [volt deelw] → swim
swung /swʌŋ/ [verleden tijd en volt deelw] → swing
swy /swaɪ/ [niet-telb zn] ⟨AuE⟩ ⟨soort⟩ gokspel ⟨met twee muntstukken⟩
SY [afk] (steam yacht)
syb·a·rite /sɪbəraɪt/ [telb zn; vaak Sybarite] ⟨form⟩ sybariet, wellusteling, levensgenieter
syb·a·rit·ic /sɪbərɪtɪk/, **syb·a·rit·i·cal** /-ɪkl/ [bn; bw: ~ally] ⟨form⟩ sybaritisch, wellustig, genotzuchtig
syb·a·rit·ism /sɪbəraɪtɪzm/ [niet-telb zn] ⟨form⟩ sybaritisme, wellustigheid
sybil [telb zn] → sibyl

syc·a·mine /sɪkəmaɪn/ [telb zn] ⟨Bijb⟩ zwarte moerbeiboom
¹**syc·a·more** /sɪkəmɔː, ᴬ-mɔr/ [telb zn] ⟨plantk⟩ [1] ⟨verk: sycamore maple⟩ [2] ⟨vnl AE⟩ plataan ⟨Platanus occidentalis⟩ [3] ⟨verk: sycamore fig⟩
²**syc·a·more** /sɪkəmɔː, ᴬ-mɔr/ [niet-telb zn] ⟨plantk⟩ sycomorenhout
sycamore fig [telb zn] ⟨Bijb, plantk⟩ sycomoor, Egyptische/wilde vijgenboom ⟨Ficus sycomorus⟩
sycamore maple [telb zn] ⟨plantk⟩ ahorn, esdoorn ⟨Acer pseudoplatanus⟩
syce [telb zn] → sice
sy·cee /saɪsiː/ [telb zn] ⟨gesch⟩ zilverstaaf ⟨in China als geld gebruikt⟩
sy·co·ni·um /saɪkoʊniəm/ [telb zn; mv: syconia /-nɪə/] ⟨plantk⟩ syconium, schijnvrucht
syc·o·phan·cy /sɪkəfænsi, ᴬ-fənsi/ [niet-telb zn] [1] pluimstrijkerij, hielenlikkerij, kruiperij, vleierij, ⟨België⟩ mouwvegerij [2] verklikkerij
syc·o·phant /sɪkəfənt/ [telb zn] [1] pluimstrijker, vleier, stroopsmeerder, flikflooier, ⟨België⟩ mouwveger [2] sycofant, klikspaan, beroepsverklikker
syc·o·phan·tic /sɪkəfæntɪk/, **syc·o·phan·ti·cal** /-ɪkl/ [bn; bw: ~ally] [1] pluimstrijkend, kruiperig, vleierig, flikflooiend [2] sycofantisch, lasterend, verklikkend, klikkerig
sy·co·sis /saɪkoʊsɪs/ [telb + niet-telb zn; mv: sycoses /-siːz/] baardschurft, baardvin, sycosis
sy·e·nite /saɪənaɪt/ [niet-telb zn] ⟨geol⟩ syeniet
sy·e·nit·ic /saɪnənɪtɪk/ [bn] ⟨geol⟩ syeniet-, syeniethoudend
syl, syll [afk] [1] (syllable) [2] (syllabus)
syl·la·bar·y /sɪləbri, ᴬ-beri/ [telb zn] [1] syllabeschrift, lettergreepschrift [2] syllabereeks
¹**syl·lab·ic** /sɪlæbɪk/ [telb zn] syllabe, lettergreep
²**syl·lab·ic** /sɪlæbɪk/ [bn; bw: ~ally] syllabisch, lettergreep-, syllabair
¹**syl·lab·i·cate** /sɪlæbɪkeɪt/, **syl·lab·i·fy** /-bɪfaɪ/, **syl·la·bize**, ⟨BE ook⟩ **syl·la·bise** /sɪləbaɪz/ [onov ww] lettergrepen vormen
²**syl·lab·i·cate** /sɪlæbɪkeɪt/, **syl·lab·i·fy** /-bɪfaɪ/, **syl·la·bize**, ⟨BE ook⟩ **syl·la·bise** /sɪləbaɪz/ [ov ww] in lettergrepen verdelen
syl·lab·i·ca·tion /sɪlæbɪkeɪʃn/, **syl·lab·i·fi·ca·tion** /-bɪfɪkeɪʃn/ [telb + niet-telb zn] [1] syllabevorming [2] verdeling in lettergrepen
syl·la·bic·i·ty /sɪləbɪsəti/ [niet-telb zn] syllabiciteit
syl·la·bism /sɪləbɪzm/ [niet-telb zn] [1] syllabair schrift, syllabeschrift [2] verdeling in lettergrepen
syl·la·bize, ⟨BE ook⟩ **syl·la·bise** /sɪləbaɪz/ [ov ww] in lettergrepen verdelen/uitspreken
¹**syl·la·ble** /sɪləbl/ [telb zn] syllabe, lettergreep, woorddeel ♦ *not a syllable!* geen woord!, totaal niets!; ⟨taalk⟩ *closed syllable* gesloten lettergreep; *he didn't utter a syllable* hij gaf geen kik
²**syl·la·ble** /sɪləbl/ [ov ww] [1] syllabisch uitspreken, duidelijk articuleren [2] ⟨form⟩ uiten
-syl·la·bled /sɪləbld/ -lettergrepig, -syllabisch ♦ *poly-syllabled* meerlettergrepig, polysyllabisch; *three-syllabled* drielettergrepig
syllabub [telb + niet-telb zn] → sillabub
syl·la·bus /sɪləbəs/ [telb zn; mv: ook syllabi /-baɪ/] syllabus, overzicht, samenvatting, programma, leerplan, lijst
syl·lep·sis /sɪlepsɪs/ [telb zn; mv: syllepses /-siːz/] ⟨taalk⟩ [1] syllepsis ⟨stijlfiguur⟩ [2] zeugma
syl·lep·tic /sɪleptɪk/, **syl·lep·ti·cal** /-ɪkl/ [bn; bw: ~ally] ⟨taalk⟩ sylleptisch
syl·lo·ge /sɪlədʒi/ [telb zn] compendium, kort begrip, samenvattend overzicht
¹**syl·lo·gism** /sɪlədʒɪzm/ [telb zn] [1] syllogisme, sluitrede ♦ *false syllogism* valse sluitrede, sofisme [2] spitsvondig-

syllogism

heid

²**syl·lo·gism** /sɪlədʒɪzm/ [niet-telb zn] deductie
¹**syl·lo·gis·tic** /sɪlədʒɪstɪk/ [niet-telb zn] ① syllogistiek ② syllogistisch denken
²**syl·lo·gis·tic** /sɪlədʒɪstɪk/, **syl·lo·gis·ti·cal** /sɪlədʒɪstɪkl/ [bn; bw: ~ally] syllogistisch, in de vorm van een sluitrede
syl·lo·gis·tics /sɪlədʒɪstɪks/ [alleen mv; werkwoord soms enk] ① syllogistiek ② syllogistisch denken
¹**syl·lo·gize**, ⟨BE ook⟩ **syl·lo·gise** /sɪlədʒaɪz/ [onov ww] syllogistisch denken
²**syl·lo·gize**, ⟨BE ook⟩ **syl·lo·gise** /sɪlədʒaɪz/ [ov ww] ① als syllogisme formuleren ② deduceren, (door sluitrede) afleiden, door syllogismen komen tot
sylph /sɪlf/ [telb zn] ① sylfe, luchtgeest ② elegante dame ③ ⟨soort⟩ kolibrie (Aglaiocercus kingi)
¹**sylph·id** /sɪlfɪd/ [telb zn] sylfide, jonge luchtgeest
²**sylph·id** /sɪlfɪd/, **sylph·ic** /sɪlfɪk/, **sylph·ish** /-ɪʃ/, **sylph·like** /-laɪk/ [bn] sylfachtig of sylfenachtig, sierlijk, bevallig, elegant
sylph·like [bn] ⟨form⟩ sylfenachtig
sylvan [bn] → silvan
syl·van·ite /sɪlvənaɪt/ [niet-telb zn] ⟨geol⟩ sylvaniet, schrifterts
Sylvester eve /sɪlvɛstər iːv/, **Sylvester night** [eigenn] silvesteravond, oudejaarsavond
sylviculture [niet-telb zn] → silviculture
syl·vite /sɪlvaɪt/, **syl·vin** /sɪlvɪn/, **syl·vine** /sɪlviːn, ᴬ-vɪn/, **syl·vin·ite** /sɪlvɪnaɪt/ [niet-telb zn] sylvien, sylviet
sym [afk] ① (symbol) ② (symbolic) ③ (symmetrical) ④ (symphony)
sym- /sɪm/ sym-
sym·bi·ont /sɪmbiɒnt, ᴬ-baɪɒnt/, **sym·bi·ote** /sɪmbioʊt, ᴬ-baɪ-/ [telb zn] ⟨biol⟩ symbiont
sym·bi·o·sis /sɪmbioʊsɪs, ᴬ-baɪ-/ [telb + niet-telb zn; mv: symbioses /-siːz/] ⟨biol⟩ symbiose
sym·bi·ot·ic /sɪmbɪɒtɪk, ᴬ-baɪɒtɪk/, **sym·bi·ot·i·cal** /-ɪkl/ [bn; bw: ~ally] ⟨biol⟩ symbiotisch
¹**sym·bol** /sɪmbl/ [telb zn] ① symbool, zinnebeeld, verzinnebeelding, teken, leesteken, onderscheidingsteken, embleem ② ⟨rel⟩ symbolum, samenvatting van geloofsbelijdenis
²**sym·bol** /sɪmbl/ [onov ww] symbolen gebruiken
³**sym·bol** /sɪmbl/ [ov ww] symboliseren, verzinnebeelden, symbool zijn van, symbolisch/zinnebeeldig voorstellen
¹**sym·bol·ic** /sɪmbɒlɪk, ᴬ-bɑ-/ [niet-telb zn; the] de symboliek, het symbolische
²**sym·bol·ic** /sɪmbɒlɪk, ᴬ-bɑ-/, **sym·bol·i·cal** /sɪmbɒlɪkl, ᴬ-bɑ-/ [bn; bw: ~ally; zn: ~alness] symbolisch, zinnebeeldig ♦ ⟨comp⟩ *symbolic address* symbolisch adres; ⟨comp⟩ *symbolic addressing/coding* programmeren m.b.v. symbolische adressen; *be symbolic of* voorstellen, het symbool/zinnebeeld zijn van; ⟨rel⟩ *symbolic books* symbolische boeken/geschriften; *symbolic delivery* symbolische overhandiging; *symbolic language* symbolentaal, symbolische taal; *symbolic logic/method/theology* symbolische logica/schrijfwijze/theologie
sym·bol·ics /sɪmbɒlɪks, ᴬ-bɑ-/, **sym·bol·ol·o·gy** /sɪmbəlɒlədʒi, ᴬ-lɑ-/ [niet-telb zn] symboliek, symbolenleer, ⟨rel⟩ symbolisme
sym·bol·ism /sɪmbəlɪzm/ [telb + niet-telb zn] ① symbolisme ② symboliek, het symbolische, symbolische betekenis, symbolisatie
¹**sym·bol·ist** /sɪmbəlɪst/ [telb zn] symbolist
²**sym·bol·ist** /sɪmbəlɪst/, **sym·bol·is·tic** /sɪmbəlɪstɪk/, **sym·bol·is·ti·cal** /-ɪkl/ [bn; bw: ~ically] symbolistisch, symbolisch
sym·bol·i·za·tion, sym·bol·i·sa·tion /sɪmbəlaɪzeɪʃn, ᴬ-bələ-/ [telb + niet-telb zn] symbolisatie, symbolisering,

¹**sym·bol·ize, sym·bol·ise** /sɪmbəlaɪz/ [onov ww] symbolen gebruiken
²**sym·bol·ize, sym·bol·ise** /sɪmbəlaɪz/ [ov ww] symboliseren, symbool zijn van, verzinnebeelden, symbolisch/zinnebeeldig voorstellen
sym·bol·ol·a·try /sɪmbəlɒlətri, ᴬ-lɑ-/, **sym·bol·a·try** /-bɒlətri, ᴬ-bɑ-/ [niet-telb zn] (overdreven) symboolvering
symbol string [telb zn] symbolenrij, reeks tekens
sym·met·al·ism /sɪmmɛtlɪzm/ [niet-telb zn] bimetallisme, dubbele standaard
sym·met·ric /sɪmɛtrɪk/, **sym·met·ri·cal** /-ɪkl/ [bn; bw: ~ally; zn: ~alness] ① symmetrisch, symmetrie- ♦ *symmetric turnout/winding* symmetrische wissel/wikkeling ② ⟨plantk⟩ (zijdelings) symmetrisch
sym·me·trize /sɪmətraɪz/ [ov ww] symmetrisch maken
sym·me·try /sɪmɪtri/ [niet-telb zn] symmetrie
sym·pa·thec·to·my /sɪmpəθɛktəmi/ [telb + niet-telb zn] ⟨med⟩ sympathectomie (verwijdering van deel van sympathicus)
¹**sym·pa·thet·ic** /sɪmpəθɛtɪk/ [telb zn] ⟨med⟩ sympathicus, sympathisch(e) zenuw(stelsel)
²**sym·pa·thet·ic** /sɪmpəθɛtɪk/, **sym·pa·thet·i·cal** /sɪmpəθɛtɪkl/ [bn; bw: ~ally; zn: ~alness] ① sympathiek, genegen, hartelijk, welwillend ♦ *sympathetic audience* welwillend publiek; *sympathetic strike* solidariteitsstaking, sympathiestaking; *be/feel sympathetic to/toward(s) s.o.* iemand genegen zijn/een warm hart toedragen; in overeenstemming zijn met iemand ② sympathetisch, ⟨med⟩ sympathisch ♦ *sympathetic ganglion/nerve* sympathische zenuw; *sympathetic magic* sympathetische magie; *sympathetic nervous system* sympathicus, sympathisch/vegetatief zenuwstelsel; *sympathetic pain* sympathetische pijn; *sympathetic powder* sympathetisch poeder ③ meevoelend, deelnemend, deelneming/medelijden tonend ♦ *be sympathetic with* sympathiseren met
sym·pa·thize, sym·pa·thise /sɪmpəθaɪz/ [onov ww] ① sympathiseren ♦ *sympathize with* sympathiseren met, gunstig staan tegenover; meevoelen met, condoleren ② meevoelen, medelijden hebben, deelneming gevoelen ③ ⟨med⟩ sympathisch reageren ♦ *sympathize with* sympathisch reageren op
sym·pa·thiz·er, sym·pa·this·er /sɪmpəθaɪzə, ᴬ-ər/ [telb zn] sympathisant
¹**sym·pa·tho·lyt·ic** /sɪmpəθoʊlɪtɪk/ [telb zn] ⟨med⟩ sympathicolyticum
²**sym·pa·tho·lyt·ic** /sɪmpəθoʊlɪtɪk/ [bn] ⟨med⟩ sympathicolytisch
¹**sym·pa·tho·mi·met·ic** /sɪmpəθoʊmɪmɛtɪk/ [telb zn] ⟨med⟩ sympath(ic)omimeticum
²**sym·pa·tho·mi·met·ic** /sɪmpəθoʊmɪmɛtɪk/ [bn] ⟨med⟩ sympath(ic)omimetisch
sym·pa·thy /sɪmpəθi/ [telb + niet-telb zn] ① sympathie, genegenheid, waardering, voorkeur, medegevoel, deelneming, medelijden, mededogen ♦ *accept my sympathies* aanvaard mijn innige deelneming; *come out in sympathy (for sth.)* sympathie (voor iets) tonen; in solidariteitsstaking gaan; *feel sympathy for* meeleven met; *our sympathies go with her* we voelen met haar mee; *have no sympathy with* niet voelen voor; *you have my sympathies* mijn innige deelneming; *be in sympathy with* gunstig/welwillend staan tegenover, meegaan met, begrip hebben voor; *letter of sympathy* condoleancebrief; *his sympathies lie with* hij sympathiseert met, zijn voorkeur gaat uit naar; *be out of sympathy with* niet langer gesteld zijn op; *show sympathy for/with* sympathiseren met; *strike in sympathy with* staken uit solidariteit met; *a man of wide sympathies* een groothartig man; *sympathy with* sympathie voor ② overeenstemming ♦ *go up in sympathy* overeenkomstig stijgen ⟨van prijzen⟩;

be in sympathy with in overeenstemming zijn met ▪ *in sympathy with* onder de invloed van
sympathy strike [telb zn] solidariteitsstaking, sympathiestaking
sym·pet·al·ous /sɪmpetələs/ [bn] ⟨plantk⟩ sympetaal
sym·phon·ic /sɪmfɒnɪk, ᴬ-fɑ-/ [bn; bw: ~ally] ⟨muz⟩ symfonisch, symfonie- ♦ *symphonic ballet/dance/poem* symfonisch(e) ballet/dans/gedicht
sym·pho·ni·ous /sɪmfoʊnɪəs/ [bn; bw: ~ly] ⟨muz; form⟩ harmonisch
sym·pho·nist /sɪmfənɪst/ [telb zn] ⟨muz⟩ componist van symfonieën
¹**sym·pho·ny** /sɪmf(ə)ni/ [telb zn] ⟨muz⟩ symfonie
²**sym·pho·ny** /sɪmf(ə)ni/ [verzamelln] (AE; muz) symfonieorkest
symphony orchestra [telb zn] symfonieorkest
sym·phy·se·al, sym·phy·si·al /sɪmfɪziːəl, ᴬsɪmfɪzɪəl/ [bn] ⟨med⟩ van/m.b.t. de symfyse, symfyse-
sym·phy·sis /sɪmfɪsɪs/ [telb zn; mv: symphyses /-siːz/] ⟨med⟩ symfyse, ⟨i.h.b.⟩ schaamvoeg
sym·po·di·al /sɪmpoʊdɪəl/ [bn; bw: ~ly] ⟨plantk⟩ sympodiaal
sym·po·di·um /sɪmpoʊdɪəm/ [telb zn; mv: sympodia /-dɪə/] ⟨plantk⟩ schijnas, sympodium
sym·po·si·arch /sɪmpoʊziɑːk, ᴬ-ɑrk/ [telb zn] voorzitter van symposium/drinkgelag
sym·po·si·ast /sɪmpoʊziæst/ [telb zn] deelnemer aan een symposium
sym·po·si·um /sɪmpoʊzɪəm/ [telb zn; mv: ook symposia /-zɪə/] ① symposium, conferentie ② drinkgelag, feestmaal ③ ⟨wetenschappelijke⟩ (artikelen)bundel
symp·tom /sɪm(p)təm/ [telb zn] ⟨ook med⟩ symptoom, (ziekte)verschijnsel, indicatie, teken ♦ *objective symptom* objectief symptoom; *subjective symptom* subjectief symptoom
symp·to·mat·ic /sɪm(p)təmætɪk/ [bn; bw: ~ally] symptomatisch ♦ *be symptomatic of* symptomatisch zijn voor, wijzen op
symp·tom·a·tol·o·gy /sɪm(p)təmətɒlədʒi, ᴬ-tɑ-/ [niet-telb zn] ⟨med⟩ symptomatologie, medische semiotiek, semiologie, leer der ziekteverschijnselen
syn [afk] ① (synonym) ② (synonymous) ③ (synonymy)
syn- /sɪn/ ① syn-, samen-, mede- ♦ ⟨plantk⟩ *syncarp* syncarpe/meerhokkige vrucht; ⟨biol⟩ *syngamy* syngamie ⟨het versmelten van gameten bij de bevruchting⟩; *synecology* synecologie ⟨studie van plantengemeenschappen/dierengemeenschappen⟩; *syngenesis* syngenese, geslachtelijke voortplanting; ⟨med⟩ *synostosis* synostose ⟨verbinding van twee beenstukken door beenweefsel⟩; ⟨med⟩ *syndesmosis* syndesmose ⟨verbinding van twee beenstukken door bindweefsel⟩; ⟨plantk⟩ *synantherous* synantheer, saamhelmig; ⟨med⟩ *syndactyl(ous)* syndactyl; ⟨med⟩ *syndactylism, syndactyly* syndactylie ⟨vergroeiingen van vingers/tenen⟩ ② synthetisch, kunst-, kunstmatig ♦ *synoil* synthetische olie
syn·aer·e·sis, ⟨AE ook⟩ **syn·er·e·sis** /sɪnɪərəsɪs, ᴬ-ner-, ᴬ-nɪr-/ [telb zn; mv: syn(a)ereses /-siːz/] ⟨taalk⟩ synerese ⟨samentrekking van twee klinkers in een lettergreep⟩
syn·aes·the·sia, ⟨AE ook⟩ **syn·es·the·sia** /sɪniːsθiːzɪə, ᴬsɪnɪsθiːʒə/ [niet-telb zn] ⟨med⟩ synesthesie
syn·aes·thet·ic, ⟨AE ook⟩ **syn·es·thet·ic** /sɪniːsθetɪk, ᴬsɪnɪsθetɪk/ [bn] synesthetisch
syn·a·gog·i·cal /sɪnəgɒdʒɪkl, ᴬ-gɑ-/, **syn·a·gog·al** /-gɒgl, ᴬ-gɑgl/ [bn] synagogaal
syn·a·gogue, ⟨AE ook⟩ **syn·a·gog** /sɪnəgɒg, ᴬ-gɑg/ [telb + niet-telb zn] synagoge, sjoel
syn·apse /saɪnæps, ᴬsɪnæps/ [telb zn] ⟨biol⟩ synaps
syn·ap·sis /sɪnæpsɪs/ [telb zn; mv: synapses /-siːz/] ① paring, synapsis ⟨van chromosomen⟩ ② → **synapse**

syn·ap·tic /sɪnæptɪk/ [bn; bw: ~ally] synaptisch
syn·ar·thro·sis /sɪnɑːθroʊsɪs, ᴬsɪnɑr-/ [telb + niet-telb zn; mv: synarthroses /-siːz/] ⟨med⟩ synartrose ⟨onbeweegbare verbinding van twee beenstukken⟩
¹**sync, synch** /sɪŋk/ [niet-telb zn] ⟨inf⟩ (verk: synchronization) synchronisatie ♦ *out of sync* niet synchroon, asynchroon, niet in fase, uit de pas
²**sync, synch** /sɪŋk/ [onov + ov ww] ⟨inf⟩ (verk: synchronize) synchroniseren ♦ *sync/synch up* synchroniseren, gesynchroniseerd worden
syn·chon·dro·sis /sɪŋkɒndroʊsɪs, ᴬ-kɑn-/ [telb + niet-telb zn; mv: synchondroses /-siːz/] ⟨med⟩ synchondrose ⟨verbinding van twee beenstukken d.m.v. kraakbeen⟩
syn·chro- /sɪŋkroʊ/ synchro- ♦ ⟨natuurk⟩ *synchrocyclotron* synchrocyclotron
syn·chro·mesh /sɪŋkroʊmeʃ/ [niet-telb zn; ook attributief] ⟨techn⟩ synchromesh ⟨synchronisatie in versnellingsbak⟩
syn·chron·ic /sɪŋkrɒnɪk, ᴬ-krɑ-/ [bn; bw: ~ally] synchronisch ⟨ook taalkunde⟩, synchroon ♦ *synchronic language description* synchrone taalbeschrijving
syn·chron·ic·i·ty /sɪŋkrənɪsəti/ [niet-telb zn] synchroniciteit
¹**syn·chro·nism** /sɪŋkrənɪzm/ [telb zn] synchronistische tabel
²**syn·chro·nism** /sɪŋkrənɪzm/ [niet-telb zn] ① synchronisme, gelijktijdigheid ② synchroniciteit
syn·chron·is·tic /sɪŋkrənɪstɪk/ [bn; bw: ~ally] synchronistisch, van/m.b.t. synchronisme
syn·chro·ni·za·tion, syn·chro·ni·sa·tion /sɪŋkrənaɪzeɪʃn, ᴬ-krənə-/ [niet-telb zn] synchronisatie
¹**syn·chro·nize, syn·chro·nise** /sɪŋkrənaɪz/ [onov ww] ① gelijktijdig gebeuren/plaatshebben ② samenvallen ③ gelijk staan ⟨van klok⟩
²**syn·chro·nize, syn·chro·nise** /sɪŋkrənaɪz/ [onov + ov ww] synchroniseren, (doen) samenvallen (in de tijd) ♦ *synchronize a clock* een klok gelijkzetten; *synchronized swimming* synchroonzwemmen, kunstzwemmen; *synchronize with* synchroniseren met
syn·chro·nous /sɪŋkrənəs/ [bn; bw: ~ly; zn: ~ness] synchroon, gelijktijdig, synchronistisch ♦ *synchronous motor* synchroonmotor; *synchronous with* synchroon met
¹**syn·chro·ny** /sɪŋkrəni/ [telb zn] synchrone behandeling ⟨van taal⟩
²**syn·chro·ny** /sɪŋkrəni/ [niet-telb zn] gelijktijdigheid
syn·chro·tron /sɪŋkrətrɒn, ᴬ-trɑn/ [telb zn] ⟨natuurk⟩ synchrotron
syn·cli·nal /sɪŋklaɪnl/ [bn] ⟨geol⟩ synclinaal
syn·cline /sɪŋklaɪn/ [telb zn] ⟨geol⟩ plooidal, synclin(al)e
syn·co·pal /sɪŋkəpl/ [bn] ⟨med⟩ als/van een syncope, bewusteloosheids-
syn·co·pate /sɪŋkəpeɪt/ [ov ww] ① ⟨taalk⟩ samentrekken, syncoperen ⟨bijvoorbeeld *weder* tot *weer*⟩ ② ⟨muz⟩ syncoperen
¹**syn·co·pa·tion** /sɪŋkəpeɪʃn/ [telb + niet-telb zn] ⟨taalk⟩ syncope
²**syn·co·pa·tion** /sɪŋkəpeɪʃn/ [niet-telb zn] ⟨muz⟩ syncope, accentverschuiving
syn·cope /sɪŋkəpi/ [telb + niet-telb zn] ① ⟨taalk⟩ syncope ② ⟨med⟩ syncope, onmacht, flauwte, bewusteloosheid
syn·cret·ic /sɪŋkretɪk/, **syn·cre·tis·tic** /sɪŋkrɪtɪstɪk/ [bn] ⟨filos, theol⟩ syncretisch
syn·cre·tism /sɪŋkrətɪzm/ [niet-telb zn] ① ⟨filos, theol⟩ syncretisme ② ⟨taalk⟩ syncretisme, versmelting van verbuigingsvormen/vervoegingsvormen
¹**syn·cre·tize** /sɪŋkrətaɪz/ [onov ww] ⟨theol⟩ syncretisme plegen
²**syn·cre·tize** /sɪŋkrətaɪz/ [ov ww] ⟨theol⟩ syncretiseren, doen versmelten
syn·cy·ti·um /sɪnsɪtɪəm, ᴬ-sɪʃm/ [telb zn; mv: syncytia

syndesmology

/-tɪə, ᴬ-sɪʃə/ ⟨biol⟩ syncytium
syn·des·mo·log·y /sɪndesmɒlədʒi, ᴬ-mɑ-/ [niet-telb zn] ⟨med⟩ leer der gewrichtsbanden
syn·det·ic /sɪndetɪk/, **syn·det·i·cal** /-ɪkl/ [bn; bw: ~ally] ⟨taalk⟩ [1] verbindend, syndetisch [2] verbonden
syn·dic /sɪndɪk/ [telb zn] [1] gezagsdrager, bestuurder, magistraat, syndicus [2] bewindvoerder, zaakwaarnemer [3] ⟨BE⟩ syndicus, lid van bijzondere senaatscommissie ⟨Universiteit van Cambridge⟩ ▶ *The Syndics* de Staalmeesters
syn·di·cal·ism /sɪndɪkəlɪzm/ [niet-telb zn] ⟨pol⟩ syndicalisme
syn·di·cal·ist /sɪndɪkəlɪst/ [telb zn] ⟨pol⟩ syndicalist
¹**syn·di·cate** /sɪndɪkət/ [telb zn] [1] syndicaat, groep, belangengroepering, vereniging [2] magistratuur [3] perssyndicaat, persbureau, gemeenschappelijke persdienst
²**syn·di·cate** /sɪndɪkeɪt/ [onov ww] een syndicaat vormen
³**syn·di·cate** /sɪndɪkeɪt/ [ov ww] [1] tot een syndicaat maken, in een syndicaat organiseren [2] via een perssyndicaat publiceren, gelijktijdig in verschillende bladen laten verschijnen [3] ⟨AE⟩ aan lokale stations verkopen ⟨tv-programma's, radioprogramma's⟩
syn·di·ca·tion /sɪndɪkeɪʃn/ [niet-telb zn] [1] syndicaatsvorming [2] publicatie in een aantal bladen tegelijk
syn·drome /sɪndroʊm/ [telb zn] syndroom ⟨ook medisch⟩
syn·ec·do·che /sɪnekdəki/ [letterk] synecdoche
syneresis [telb zn] → synaeresis
syn·er·gism /sɪnədʒɪzm, ᴬ-nər-/, ⟨in betekenissen 1 en 2 ook⟩ **syn·er·gy** /-dʒi/ [niet-telb zn] [1] ⟨med, biol⟩ synergisme, samenwerking van organen of systemen [2] ⟨farmacie⟩ synergisme, samenwerking van geneesmiddelen [3] ⟨theol⟩ synergisme
syn·er·gis·tic /sɪnədʒɪstɪk, ᴬ-nər-/ [bn] synergetisch
syn·er·gy /sɪnədʒi, ᴬ-nər-/ [niet-telb zn] [1] synergie [2] → synergism
syn·fu·el /sɪnfjuːəl/ [telb + niet-telb zn] synthetische brandstof
syn·noe·cious, sy·ne·cious /sɪniːʃəs/ [bn] ⟨plantk⟩ tweeslachtig
syn·od /sɪnəd/ [telb zn] ⟨rel⟩ synode
sy·nod·i·cal /sɪnɒdɪkl, ᴬ-nɑ-/, **sy·nod·ic** /-dɪk/ [bn; bw: ~ly] ⟨rel⟩ van/als een synode, synodaal [2] ⟨astron⟩ synodisch
syn·o·nym /sɪnənɪm/ [telb zn] ⟨taalk, biol⟩ synoniem
syn·o·nym·ic /sɪnənɪmɪk/, **syn·o·nym·i·cal** /-ɪkl/ [bn] synonymie-, met/door synoniemen
syn·o·nym·i·ty /sɪnənɪməti/ [niet-telb zn] synonymie
syn·on·y·mous /sɪnɒnɪməs, ᴬ-nɑ-/ [bn; bw: ~ly] synoniem
¹**syn·on·y·my** /sɪnɒnɪmi, ᴬ-nɑ-/ [telb zn] [1] synoniemenlijst, synoniemenverzameling [2] synoniemenstudie, verhandeling over synoniemen [3] ⟨biol⟩ synoniemlijst
²**syn·on·y·my** /sɪnɒnɪmi, ᴬ-nɑ-/ [niet-telb zn] [1] synonymie [2] synoniemenleer
syn·op·sis /sɪnɒpsɪs, ᴬ-nɑ-/ [telb zn; mv: synopses /-siːz/] synopsis, samenvatting, overzicht
syn·op·size, syn·op·sise /sɪnɒpsaɪz, ᴬ-nɑ-/ [ov ww] samenvatten, een samenvatting/overzicht maken van
¹**sy·nop·tic** /sɪnɒptɪk, ᴬ-nɑp-/ [telb zn] ⟨rel⟩ [1] synopticus, een der synoptici [2] synoptisch evangelie
²**sy·nop·tic** /sɪnɒptɪk, ᴬ-nɑp-/, **sy·nop·ti·cal** /sɪnɒptɪkl, ᴬ-nɑp-/ [bn; bw: ~ally] [1] samenvattend, een overzicht gevend, synoptisch ⟨ook meteorologie⟩ [2] ⟨rel⟩ synoptisch ◆ *Synoptic Gospels* synoptische evangeliën
syn·op·tist /sɪnɒptɪst, ᴬ-nɑp-/ [telb zn] ⟨rel⟩ synopticus
syn·o·vi·a /sɪnoʊviə/ [niet-telb zn] ⟨med⟩ synovia, gewrichtsvocht
syn·o·vi·al /sɪnoʊviəl/ [bn] ⟨med⟩ synoviaal ◆ *synovial membrane* synoviaal vlies

syn·o·vi·tis /sɪnoʊvaɪtɪs, saɪ-, ᴬsɪnəvaɪtɪs/ [telb + niet-telb zn] ⟨med⟩ synovitis, gewrichtsvliesontsteking
syn·tac·tic /sɪntæktɪk/, **syn·tac·ti·cal** /-ɪkl/ [bn; bw: ~ally] syntactisch
syn·tac·tics /sɪntæktɪks/ [niet-telb zn] syntaxis
syn·tag·ma /sɪntægmə/, **syn·tagm** /sɪntæm, ᴬsɪntægm/ [telb zn; mv: ook syntagmata /-mətə/] ⟨taalk⟩ syntagma
syn·tag·mat·ic /sɪntægmætɪk/ [bn; bw: ~ally] ⟨taalk⟩ syntagmatisch ⟨tegenover paradigmatisch⟩
syn·tax /sɪntæks/ [telb zn] [1] ⟨taalk⟩ syntaxis, zinsleer [2] ⟨taalk⟩ syntaxis, zinsbouw [3] ordening, systeem
synth /sɪnθ/ [telb zn] ⟨muz⟩ ⟨verk: synthesizer⟩
syn·the·sis /sɪnθəsɪs/ [telb zn; mv: syntheses /-siːz/] [1] synthese ⟨ook filosofie, scheikunde, taalkunde⟩ [2] ⟨med⟩ samenvoeging
syn·the·sist /sɪnθəsɪst/, **syn·the·tist** /-θətɪst/ [telb zn] wie synthetisch denkt/synthetische methoden hanteert
syn·the·size, syn·the·sise /sɪnθəsaɪz/ [ov ww] [1] maken, samenstellen, produceren [2] bijeenvoegen, tot een geheel maken [3] synthetisch bereiden, langs synthetische weg maken
syn·the·siz·er, syn·the·sis·er /sɪnθəsaɪzə, ᴬ-ər/ [telb zn] [1] wie een synthese/samenvoeging maakt [2] ⟨muz⟩ synthesizer
¹**syn·thet·ic** /sɪnθetɪk/ [telb zn] ⟨scheik⟩ synthetische stof
²**syn·thet·ic** /sɪnθetɪk/, **syn·thet·i·cal** /sɪnθetɪkl/ [bn; bw: ~ally] [1] synthetisch, op synthese berustend [2] synthetisch, kunstmatig vervaardigd [3] ⟨taalk⟩ synthetisch
syn·ton·ic /sɪntɒnɪk, ᴬ-tɑ-/ [bn] ⟨comm⟩ afgestemd
syn·ton·ize /sɪntənaɪz/ [ov ww] ⟨comm⟩ afstemmen
syph·i·lis /sɪfəlɪs/ [niet-telb zn] ⟨med⟩ syfilis
¹**syph·i·lit·ic** /sɪfəlɪtɪk/ [telb zn] syfilislijder
²**syph·i·lit·ic** /sɪfəlɪtɪk/ [bn] syfilitisch
syphon → siphon
syr [afk] [1] ⟨Syria⟩ [2] ⟨Syriac⟩ [3] ⟨Syrian⟩
syren → siren
Syr·i·a /sɪriə/ [eigenn] Syrië

Syria	
naam	Syria Syrië
officiële naam	Syrian Arab Republic Arabische Republiek Syrië
inwoner	Syrian Syriër
inwoonster	Syrian Syrische
bijv. naamw.	Syrian Syrisch
hoofdstad	Damascus Damascus
munt	Syrian pound Syrisch pond
werelddeel	Asia Azië
int. toegangsnummer 963 www .sy auto SYR	

Syr·i·ac /sɪriæk/ [eigenn] Oud-Syrisch, Aramees
¹**Syr·i·an** /sɪriən/ [eigenn] Syrisch, de Syrische taal
²**Syr·i·an** /sɪriən/ [telb zn] Syriër, Syrische
³**Syr·i·an** /sɪriən/ [bn] Syrisch ◆ ⟨dierk⟩ *Syrian woodpecker* Syrische bonte specht ⟨Dendrocopos syriacus⟩
sy·rin·ga /sɪrɪŋgə/ [telb zn] ⟨plantk⟩ [1] boerenjasmijn ⟨Philadelphus coronarius⟩ [2] sering ⟨genus Syringa⟩
¹**syr·inge** /sɪrɪndʒ/ [telb zn] [1] spuit [2] injectiespuit
²**syr·inge** /sɪrɪndʒ/ [ov ww] [1] inspuiten, een injectie geven [2] bespuiten, besproeien [3] uitspuiten, schoonspuiten
syr·inx /sɪrɪŋks/ [telb zn; mv: ook syringes /sɪrɪndʒiːz/] [1] syrinx, panfluit [2] ⟨gesch⟩ syrinx, in rots uitgehouwen bovenbouw van Egyptisch graf [3] ⟨dierk⟩ syrinx, zangorgaan van vogels
syr·tes /sɜːtiːz, ᴬsɜrtiːz/ [telb zn] drijfzandgebied, drijfzand
syr·up, ⟨AE ook⟩ **sir·up** /sɪrəp/ [niet-telb zn] [1] siroop [2] stroop

syr·up·y /ˈsɪrəpi/ [bn] stroperig, ⟨fig⟩ zoetelijk, kleverig, weeïg

sys·tal·tic /sɪsˈtæltɪk, -ˈstɔːl-/ [bn] systaltisch, samentrekkend

¹sys·tem /ˈsɪstɪm/ [telb zn] ① stelsel, systeem ② geheel, samenstel ③ gestel, lichaam(sgesteldheid), constitutie ④ methode ⑤ ⟨natuurk, meteo⟩ systeem ⑥ ⟨muz⟩ systeem, bijeenbehorende notenbalken ⑦ ⟨biol⟩ stelsel ⑧ ⟨filos, rel⟩ stelsel ⑨ ⟨geol⟩ systeem • *get sth. out of one's system* iets verwerken; *get those unpleasant experiences out of your system* je moet met die nare gebeurtenissen afrekenen; ⟨inf⟩ *all systems go!* (laten we) beginnen!, klaar voor de start!

²sys·tem /ˈsɪstɪm/ [telb + niet-telb zn] ordening, systeem, systematiek

sys·tem·at·ic /ˌsɪstɪˈmætɪk/ [bn; bw: ~ally] systematisch, methodisch, stelselmatig

sys·tem·at·ics /ˌsɪstɪˈmætɪks/ [niet-telb zn] ⟨biol⟩ systematiek, taxonomie

sys·tem·a·tism /ˈsɪstɪmətɪzm/ [niet-telb zn] ① systematisering, het methodisch te werk gaan ② systeemdwang

sys·tem·a·tist /ˈsɪstɪmətɪst/ [telb zn] ① systematicus, methodisch werker ② taxonoom

sys·tem·a·ti·za·tion, sys·tem·a·ti·sa·tion /ˌsɪstɪmətaɪˈzeɪʃn, ᴬ-məˈtə-/ [niet-telb zn] systematisatie, het systematiseren

sys·tem·a·tize, sys·tem·a·tise /ˈsɪstɪmətaɪz/ [ov ww] systematiseren, tot een systeem maken

sys·tem·ic /sɪˈstiːmɪk, ᴬ-ˈstɛ-/ [bn] ① ⟨med⟩ systemisch, van het hele lichaam ② ⟨med⟩ niet slagaderlijk ③ ⟨plantk⟩ systemisch, via de wortels of uitlopers binnendringend ⟨van insecticide e.d.⟩ • ⟨taalk⟩ *systemic grammar* systemic grammar

systems analysis [niet-telb zn] ⟨comp⟩ systeemanalyse

systems analyst [telb zn] ⟨comp⟩ systeemanalist(e)

sys·to·le /ˈsɪstəli/ [telb zn] ⟨med⟩ systole ⟨samentrekking van de hartspier⟩

sys·tyle /ˈsɪstaɪl/ [niet-telb zn] ⟨bouwk⟩ systyle, ⟨zuilengang met⟩ zuilafstand van tweemaal de zuildikte

syz·y·gy /ˈsɪzɪdʒi/ [telb zn] ① paar, koppel, stel ② ⟨astron⟩ syzygie, samenstand ③ ⟨letterk⟩ syzygie, dipodie

t

¹t, T /tiː/ [telb zn; mv: t's, zelden ts, T's, zelden Ts] **1** ⟨de letter⟩ t, T **2** T-vorm(ig iets/voorwerp), T-vormige buis, T-stuk, ⟨T⟩ T-shirt ♦ *cross the/one's t's (and dot the/one's i's)* de puntjes op de i zetten, op de details letten; *to a T* precies, tot in de puntjes, volmaakt

²t, T [afk] **1** ⟨alleen T⟩ (tablespoon(ful)) **2** (tare) t **3** ⟨alleen t⟩ (teaspoon(ful)) **4** (tempo) t **5** (tenor) t **6** (tense) **7** (terminal) **8** (territory) **9** ⟨alleen T⟩ (Testament) **10** (time) t **11** (ton(ne)) t **12** (town(ship)) **13** (transit) **14** (transitive) t., o. **15** (troy) **16** (Tuesday) d., di

-t 1 ⟨onregelmatige uitgang voltooid deelwoord⟩ ♦ *bought* gekocht **2** ⟨verouderd; uitgang 2e persoon enkelvoud⟩ ♦ *thou shalt* gij zult

't [pers vnw] → **it**

T [afk] **1** (surface tension) **2** (temperature) T **3** (tera) T **4** (tesla) **5** (time reversal) **6** (tritium) T

ta /tɑː/ [tw] ⟨BE; inf/kind⟩ dank, dank je wel ♦ ⟨inf⟩ *ta ever so* dank dank, dank je zeer, balleefd

TA [afk] **1** (Territorial Army) **2** (telegraphic address)

Taal /tɑːl/ [niet-telb zn; the] ⟨taalk⟩ Oudafrikaans, Vroegafrikaans

¹tab /tæb/ [telb zn] **1** lus, lusje, ophanglusje **2** etiketje, label **3** ⟨benaming voor⟩ klepje, flapje, lipje, tong, tab ⟨van systeemkaart⟩, uitsteeksel, handgreepje **4** nestel ⟨van veter⟩ **5** (ophaallus van) toneelgordijn **6** ⟨BE; mil⟩ (kraaginsigne van) stafofficier **7** ⟨inf⟩ lijst, optelling, ⟨AE ook⟩ rekening, cheque, prijs, kosten ♦ *pick up the tab* betalen, afrekenen **8** ⟨inf⟩ tab, tabtoets, tabulator **9** ⟨luchtv⟩ stelvlak, stuurvlak **10** ⟨AE⟩ blad, krantje, nieuwsblaadje **11** ⟨boogschieten⟩ vingerbeschermer **12** (verk: tablet) tablet, pil ▪ *keep tabs/tab/a tab on* in de gaten houden, bijhouden, nauwlettend volgen

²tab /tæb/ [ov ww] **1** van lussen/labels/tabs/... voorzien **2** ⟨conf⟩ in hoekjes/puntjes uitsnijden ⟨zoom, halslijn⟩

TAB [afk] **1** (Typhoid-paratyphoid A and B vaccine) TAB **2** (Totalizator Agency Board)

tab·ard /tæbəd, ᴬ-bərd/ [telb zn] ⟨gesch⟩ **1** wapenkleed, riddermantel **2** heraustmantel **3** tabberd, tabbaard, pij, mantel **4** wapenkleed ⟨afhangend van trompet⟩

tab·a·ret /tæbərɪt/ [niet-telb zn] tabaret ⟨meubelstof met satijn- en moiréstrepen⟩

ta·bas·co /təbæskoʊ/ [niet-telb zn] tabascosaus

¹tab·by /tæbi/ [telb zn] **1** cyperse kat, tabby, grijsgestreepte/bruingestreepte kat **2** poes, vrouwtjeskat **3** ⟨BE; pej⟩ oude vrijster, oude juffrouw

²tab·by /tæbi/ [niet-telb zn] **1** tabijn, gewaterd taf **2** ⟨ind⟩ echt weefsel **3** ⟨AE; gesch⟩ schelpencement

³tab·by /tæbi/ [ov ww] **1** strepen, gestreept maken **2** moireren ⟨textiel⟩

tab·er·dar /tæbədɑː, ᴬ-dɑr/ [telb zn] taberdar, (ex-)student van Queen's College, Oxford

tab·er·na·cle /tæbənækl, ᴬtæbər-/ [telb zn] ⟨rel⟩ **1** ⟨Bijb⟩ tabernakel, (veld)hut, tent **2** ⟨vaak Tabernacle⟩ ⟨jod⟩ tabernakel **3** ⟨r-k⟩ tabernakel **4** ⟨vaak Tabernacle⟩ tabernakel, godshuis, bedehuis, heiligdom, tempel ⟨ook figuurlijk⟩ **5** ⟨scheepv⟩ tabernakel, mastkoker **6** ⟨bouwk⟩ tabernakelnis, baldakijn

tab·er·na·cled /tæbənækld, ᴬtæbər-/ [bn] ⟨bouwk⟩ met gebeeldhouwde koepel, met baldakijn

ta·bes /teɪbiːz/ [telb + niet-telb zn; mv: tabes] ⟨med⟩ **1** wegtering, verzwakking **2** tabes, tabes dorsalis, motorische ataxie

ta·bet·ic /təbetɪk/ [bn] ⟨med⟩ lijdend aan tabes (dorsalis)

tab·i·net /tæbɪnɪt, ᴬtæbənet/ [niet-telb zn] tabinet, wolzijdemoiré

tab key [telb zn] tabtoets, tab

tab·la /tɑːblə/ [telb zn] ⟨IndE; muz⟩ tabla, trommeltje

tab·la·ture /tæblətʃə, ᴬ-ər/ [telb zn] **1** ⟨muz, gesch⟩ tablatuur **2** steen met inscriptie

¹ta·ble /teɪbl/ [telb zn] **1** tafel ♦ ⟨BE⟩ *lay the table,* ⟨AE⟩ *set the table* de tafel dekken; ⟨BE⟩ *wait at table(s),* ⟨AE⟩ *wait (on) table(s)* serveren, tafeldienen **2** werkblad ⟨van instrument/machine⟩, tafel **3** tafel, tablet, plaat, blad **4** (edelsteen met) tafelfacet **5** tabel, lijst, tafel, ⟨BE; sport⟩ ranglijst, stand, klassement ♦ *learn one's tables* de tafels van vermenigvuldiging leren **6** ⟨aardr⟩ tafelland **7** ⟨geol⟩ horizontale aardlaag **8** ⟨bouwk⟩ kordonband, kordonpaneel **9** ⟨spel⟩ (speel)tafel, ⟨bridge⟩ hand van de dummy, ⟨backgammon⟩ helft/kwadrant van het bord ♦ *sweep the table* de hele inzet/alle kaarten winnen; ⟨fig⟩ iedereen van tafel vegen, grote winsten boeken ♦ *lay on the table* ⟨BE⟩ ter tafel brengen, bespreken; ⟨AE⟩ uitstellen, opschorten; *lie on the table* ⟨BE⟩ ter tafel gebracht zijn, ter discussie staan; ⟨AE⟩ uitgesteld/opgeschort zijn; *turn the tables (on s.o.)* de rollen omdraaien, zich op zijn beurt (tegen iemand) keren; ⟨inf⟩ *drink s.o. under the table* iemand onder de tafel drinken

²ta·ble /teɪbl/ [telb + niet-telb zn] tafel, maaltijd, voedsel ♦ *at table,* ⟨AE ook⟩ *at the table* aan tafel, tijdens de maaltijd; *they keep a good table* ze eten altijd lekker

³ta·ble /teɪbl/ [verzamelw] (tafel)gezelschap

⁴ta·ble /teɪbl/ [onov ww] eten, de maaltijd gebruiken, tafelen

⁵ta·ble /teɪbl/ [ov ww] **1** ⟨iemand⟩ te eten geven **2** op ta-

fel leggen/zetten ③ ⟨BE⟩ ter tafel brengen, ter bespreking voorstellen, indienen ④ ⟨vnl AE⟩ opschorten, uitstellen, opzijzetten ⑤ ⟨scheepv⟩ versterken ⟨randen van een zeil⟩ ⑥ ⟨vero⟩ in een tabel opnemen
tab·leau /tæblou, ᴬtæblou/ [telb zn; mv: ook tableaux /ou(z)/] ① tableau, tafereel, voorstelling, verbeelding ② tableau, scène, tafereel(tje), merkwaardige aanblik, vertoning ③ tableau vivant ④ ⟨dram⟩ tableau, intermezzo waarbij de spelers in hun houding bevriezen
tab·leau cur·tains [alleen mv] toneelgordijnen
tab·leau vi·vant /tæblou viːvɑ̃, ᴬtæblou viːvɑ̃/ [telb zn; mv: tableaux vivants /-ɑ̃/] tableau vivant
ta·ble-book [telb zn] ① tabellenboek, boek met rekenkundige tafels ⟨e.d.⟩ ② salontafelboek
ta·ble-cen·tre [telb zn] kleedje, sierkleedje
ta·ble-cloth [telb zn] tafelkleed
table dancing [niet-telb zn] tafeldansen ⟨in nachtclub e.d.⟩
ta·ble d'hôte /tɑːbl dout/ [telb zn; mv: tables d'hôte /tɑːblz dout/] table d'hôte, (vast) menu
ta·ble-hop [onov ww] de tafels langsgaan, iedereen gaan begroeten, van tafel naar tafel gaan ⟨in restaurant enz.⟩
ta·ble-knife [telb zn] tafelmes
ta·ble-land [telb zn] ⟨aardr⟩ tafelland, plateau
ta·ble-li·cense [telb zn] beperkte drankvergunning, ± verlof A, ± vergunning om alcoholische drank bij de maaltijden te serveren
ta·ble-lin·en [niet-telb zn] tafellinnen, tafellakens en servetten
ta·ble-man·ners [alleen mv] tafelmanieren
ta·ble-mat [telb zn] tafelmatje, onderzetter
ta·ble-mon·ey [niet-telb zn] ⟨BE⟩ ① ⟨mil⟩ tafelgeld ② tafelgeld, kosten voor het gebruik van de eetzaal ⟨in club⟩
ta·ble-nap·kin [telb zn] servet
¹**ta·ble-plate** [telb zn] bord
²**ta·ble-plate** [telb zn] bestek, tafelzilver, eetgerei
ta·ble-rap·ping, ta·ble-tap·ping [niet-telb zn] ⟨spiritisme⟩ tafelklopperij
ta·ble-run·ner [telb zn] tafelloper
table salt [niet-telb zn] tafelzout, keukenzout, ⟨scheik⟩ natriumchloride
¹**ta·ble-ser·vice** [telb zn] tafelgerei, servies en bestek
²**ta·ble-ser·vice** [niet-telb zn] bediening, het tafeldienen
ta·ble-spoon [telb zn] ① opscheplepel ② ⟨cul⟩ eetlepel ⟨als inhoudsmaat 14,8 ml⟩
ta·ble-spoon·ful [telb zn] ⟨cul⟩ grote eetlepel ⟨als inhoudsmaat 14,8 ml⟩
tab·let /tæblɪt/ [telb zn] ① plaat, plaquette, gedenkplaat ② tablet, pil ③ schrijfblok ④ ⟨comp⟩ tablet-pc ⑤ tabletje, plat stukje ⑥ ⟨gesch⟩ tablet, tafel, schrijftablet, kleitablet, wastafeltje ⑦ ⟨gesch⟩ bundeltje schrijftabletten ⑧ ⟨bouwk⟩ paneelband, kordonband
ta·ble-talk [niet-telb zn] tafelgesprekken
table tennis [niet-telb zn] tafeltennis
ta·ble-tilt·ing, ta·ble-tip·ping, ta·ble-turn·ing [niet-telb zn] ⟨spiritisme⟩ tafeldans
ta·ble-top [telb zn] ① tafelblad ② bovenkant
ta·ble-ware /teɪblweə, ᴬ-wer/ [niet-telb zn] tafelgerei, servies en bestek
ta·ble-wine [niet-telb zn] tafelwijn
tab·loid /tæblɔɪd/ [telb zn] ① krant(je) ⟨op kwart of half van gewoon dagbladformaat⟩, nieuwsblaadje, sensatieblaadje, roddelblad, roddelkrant ② concentraat, iets geconcentreerds ⟨in het bijzonder geneesmiddel⟩
tabloid journalism [niet-telb zn] sensatiejournalistiek, sensatiepers, roddelpers, schandaalpers
¹**ta·boo, ta·bu** /təbuː, ᴬtæbuː/ [telb + niet-telb zn] taboo ♦ *put sth. under taboo* iets taboe verklaren
²**ta·boo, ta·bu** /təbuː, ᴬtæbuː/ [bn] taboe
³**ta·boo, ta·bu** /təbuː, ᴬtæbuː/ [ov ww] tot een taboe maken

¹**ta·bour, ta·bor** /teɪbə, ᴬ-ər/ [telb zn] ⟨gesch⟩ tamboer, tamboerijn, handtrommel
²**ta·bour, ta·bor** /teɪbə, ᴬ-ər/ [onov ww] tamboeren, trommelen
tab·ou·ret, ⟨AE⟩ tab·o·ret /tæbərɪt, ᴬtæbəret/ [telb zn] ① taboeret, krukje ② borduurraam
tabs /tæbz/ [alleen mv] ⟨BE; inf; media⟩ de roddelpers, ± de bladen, ± de sensatiebladen
tab stop [telb zn] tabtoets, tabulatortoets, tabulatorknop
tabu → taboo
tab·u·la /tæbjʊlə/ [telb zn; mv: tabulae /-liː/] ① ⟨anat⟩ tussenschotje ⟨in skeletbuisjes van koralen, e.d.⟩, sclerosseptum ② wastafeltje, schrijftablet ③ frontaal, antependium ⟨van altaar⟩ ④ schedelbeen
tab·u·lar /tæbjʊlə, ᴬ-bjələr/ [bn; bw: ~ly] ① tabellarisch, in tabelvorm, getabellariseerd ② tafelvormig, plat, vlak ③ met twee brede platte facetten ⟨van kristal⟩ ④ in laagjes/plaatjes gemaakt
tab·u·la ra·sa /tæbjʊlə rɑːsə, ᴬtæbjələ rɑsə/ [telb zn; mv: tabulae rasae /-liː rɑsiː/] tabula rasa, schone lei ⟨ook figuurlijk⟩
tab·u·late /tæbjʊleɪt, ᴬ-bjə-/ [ov ww] ① tabelleren, tabellarisch rangschikken/classificeren, tabellariseren ② vlak maken
tab·u·la·tion /tæbjʊleɪʃn, ᴬ-bjə-/ [niet-telb zn] het tabelleren, tabulatie
tab·u·la·tor /tæbjʊleɪtə, ᴬtæbjəleɪtər/ [telb zn] ① tabellenmaker, tabelzetter ② tabulator ⟨van schrijfmachine⟩ ③ tabelleermachine
¹**tac·a·ma·hac** /tækəməhæk/ [telb zn] ⟨plantk⟩ balsempopulier ⟨Populus balsamifera⟩
²**tac·a·ma·hac** /tækəməhæk/ [niet-telb zn] hars van de balsempopulier
ta·can /tækæn/ [niet-telb zn] (tactical air navigation) tacan ⟨elektronisch navigatiesysteem voor vliegtuigen⟩
tac-au-tac /tækoutæk/ [telb zn] ⟨schermsp⟩ parade riposte
tace [telb zn] → tasse
ta·cet /teɪset, ᴬtɑket/ [onov ww; gebiedende wijs] ⟨muz⟩ tacet ⟨zwijgt⟩
tach /tæk/ [telb zn] ⟨vnl AE⟩ (verk: tachometer) tachometer
tache /tæʃ/ [telb zn] ① ⟨vero⟩ gesp ② ⟨inf⟩ (verk: moustache) snor(retje)
tach·ism, tach·isme /tæʃɪzm/ [niet-telb zn] ⟨bk⟩ tachisme
ta·chis·to·scope /təkɪstəskoup/ [telb zn] tachistoscoop ⟨gezichtsvermogentester⟩
ta·chis·to·scop·ic /təkɪstəskɒpɪk, ᴬ-skɑ-/ [bn; bw: ~ally] m.b.t./van een/met een tachistoscoop
tach·o /tækou/ [telb zn] ⟨inf⟩ (verk: tachograph) tachograaf, tachometer
tach·o·graph /tækəgrɑːf, ᴬ-græf/ [telb zn] tachograaf
ta·chom·e·ter /təkɒmɪtə, ᴬtækɑmɪtər/ [telb zn] ⟨techn⟩ snelheidsmeter, toerenteller ⟨van machine⟩, tachometer
ta·chom·e·try /tækɒmɪtri, ᴬ-kɑ-/ [niet-telb zn] tachometrie, snelheidsmeting
tach·y- /tæki/ tachy-, snel(heids)-
tach·y·car·di·a /tækɪkɑːdɪə, ᴬ-kɑrdɪə/ [niet-telb zn] ⟨med⟩ tachycardie ⟨te snelle hartwerking, meer dan 100 per minuut⟩, hartkloppingen
ta·chy·gra·phic /tækɪgræfɪk/ [bn], **ta·chyg·ra·phic·al** /-ɪkl/ [bn] tachygrafisch
ta·chyg·ra·phy /tækɪgrəfi/ [niet-telb zn] tachygrafie, snelschrift, kortschrift ⟨voornamelijk zoals bij Oude Grieken en Romeinen⟩
tach·y·lyte, tach·y·lite /tækɪlaɪt/ [niet-telb zn] tachyliet ⟨zwart, glasachtig basaltgesteente⟩

tachymeter

ta·chym·e·ter /tækɪmɪtə, ᴬ-mɪtər/ [telb zn] tachymeter ⟨soort theodoliet, landmetersinstrument⟩

tach·y·on /tækiɒn, ᴬ-ɑn/ [telb zn] ⟨natuurk⟩ tachyon

tach·y·on·ic /tækiɒnɪk, ᴬ-ɑnɪk/ [bn] tachyonisch

tac·it /tæsɪt/ [bn; bw: ~ly] stilzwijgend, geïmpliceerd ♦ *tacit agreement* stilzwijgende overeenkomst; *tacit knowledge* onbewuste/impliciete kennis

tac·i·turn /tæsɪtɜːn, ᴬ-tɜrn/ [bn; bw: ~ly] ⟨form⟩ zwijgzaam, (stil)zwijgend, onmededeelzaam, gesloten, laconiek

tac·i·tur·ni·ty /tæsɪtɜːnəti, ᴬ-tɜrnəti/ [niet-telb zn] zwijgzaamheid

¹tack /tæk/ [telb zn] ① kopspijker(tje), nageltje ② ⟨scheepv⟩ hals(talie) ⟨van zeil⟩ ③ ⟨scheepv⟩ koers ⟨ten opzichte van de stand der zeilen en de windrichting⟩, boeg ⟨bij het laveren, in termen van de loef⟩ ♦ *change of tack* koerswijziging ④ ⟨scheepv⟩ het loeven, het overstag gaan ⑤ koers(verandering), strategie, politiek, aanpak ♦ *change one's tack* het over een andere boeg gooien/anders aanpakken ⑥ ⟨BE⟩ rijgsteek, ⟨België⟩ driegsteek ⑦ ⟨BE⟩ aanhangsel, bijgevoegde clausule ⟨bij wetsontwerp⟩ ⑧ kleverigheid, plakkerigheid ⟨van pas geverfd oppervlak⟩ ⑨ schooldecaan

²tack /tæk/ [niet-telb zn] ① ⟨sl; scheepv⟩ vreten, voer, kost, scheepsbeschuit ② ⟨pej⟩ rommel, rotzooi ③ tuig ⟨van paard⟩

³tack /tæk/ [onov ww] ① ⟨scheepv⟩ loeven, overstag gaan, laveren, wenden, over een andere boeg gaan ② van koers veranderen, het over een andere boeg gooien, het anders aanpakken

⁴tack /tæk/ [ov ww] ① vastspijkeren, met kopspijkertjes bevestigen/vastkloppen ♦ *he tacked down the lid* hij spijkerde het deksel dicht ② ⟨vnl BE⟩ rijgen, ⟨België⟩ driegen ♦ *the ribbon has been tacked on too loosely* het lint is te losjes geregen ③ aanhechten, vastmaken, toevoegen, vastknopen, verbinden ♦ *tack it on* voeg het aan het eind toe, maak er een aanhangsel van; *she tacked her name onto the list* zij voegde haar naam toe aan de lijst ④ ⟨scheepv⟩ door de wind doen gaan, over een andere boeg wenden, van koers doen veranderen ⑤ losjes aaneenweven, losjes bevestigen, samenklutsen

tack block [telb zn] ⟨scheepv⟩ halsblok

tack·et /tækɪt/ [telb zn] ⟨SchE⟩ schoenspijker met dikke kop, dikke spijker

tack·et·y /tækɪti/ [bn] met dikke/dikkoppige spijkers beslagen ♦ *tackety boots* bergschoenen

tack hammer [telb zn] ① (lichte) hamer ⟨meestal met spijkerklauw⟩ ② ⟨sl; scheepv⟩ grote voorhamer

¹tack·le /tækl/ [telb zn] ① takel, talie, gijn, jijn ② ⟨sport⟩ tackle, aanval, het stoppen ⟨van tegenstander met bal⟩, het neerleggen/onderuithalen ③ ⟨American football⟩ tackle, stopper

²tack·le /tækl/ [niet-telb zn] ① uitrusting, gerei, (vis)gerief, benodigdheden, tuig ② ⟨scheepv⟩ takelage, takelwerk

³tack·le /tækl/ [onov ww] ⟨sport⟩ tackelen, de tegenstander neerleggen/onderuithalen/de bal afpakken; → tackling

⁴tack·le /tækl/ [ov ww] ① ⟨sport⟩ tackelen, (met fysieke kracht) van de bal zetten, neerleggen ② aanpakken, zich zetten aan, onder de knie proberen te krijgen, aanvallen op ♦ *tackle a problem* een probleem aanpakken ③ aanpakken, aanspreken, een hartig woordje spreken met ♦ *dad will have to tackle him about/on/over his bad conduct* papa zal hem eens flink onder handen moeten nemen over zijn wangedrag ④ ⟨sl⟩ pakken, grijpen, vloeren, bij het nekvel grijpen ⑤ takelen ⑥ (op)tuigen ⟨paard⟩; → tackling

tackle block [telb zn] takelblok, gijnblok

tackle fall [telb zn] talieloper, takelloper

tack·ling /tæklɪŋ/ [niet-telb zn; oorspronkelijk tegen-

1874

woordig deelw van tackle] ① tuig(age), takelage, takeling ② gerei, uitrusting, tuig ③ gareel, tuig ④ ⟨sport⟩ (het) tackelen, het neerleggen van een tegenstander

tacks·man /tæksmən/ [telb zn; mv: tacksmen /-mən/] ⟨SchE⟩ pachter ⟨in het bijzonder die onderverhuurt⟩

¹tack·y /tæki/ [telb zn] ① ⟨AE, gew⟩ hit, oude knol ② schoft, schooier ③ ⟨vnl mv⟩ ⟨vnl BE⟩ tennisschoen, gymnastiekschoen, gympie

²tack·y /tæki/ [bn; vergr trap: tackier; zn: tackiness] ① plakkerig, kleverig, nog niet helemaal droog, pikkerig ② ⟨AE, inf⟩ havelos, sjofel, vervallen, slonzig, gehaven, verwaarloosd, verlopen ③ ⟨AE; inf⟩ smakeloos, prullig, goedkoop, opzichtig, ordinair, stijlloos

ta·co /tɑːkoʊ/ [telb zn] ⟨AE; cul⟩ taco ⟨gevulde tortilla⟩

tac·o·nite /tækənaɪt/ [niet-telb zn] ⟨geol⟩ taconiet ⟨ijzerhoudend gesteente⟩

tact /tækt/ [niet-telb zn] ① tact, discretie, diplomatie, savoir-vivre ② ⟨vero⟩ tastzin

tact·ful /tæktfl/ [bn; bw: ~ly] tactvol, kies, discreet, attent

¹tac·tic /tæktɪk/ [telb zn] tactische zet, tactiek, manoeuvre

²tac·tic /tæktɪk/ [bn] ① ⟨scheik⟩ tactisch ⟨m.b.t. polymeren⟩ ② ⟨biol⟩ tactueel

tac·ti·cal /tæktɪkl/ [bn; bw: ~ly] ① ⟨mil⟩ tactisch ② tactisch, handig, diplomatiek, met overleg, doordacht ♦ *tactical voting* strategisch stemgedrag

tac·ti·cian /tæktɪʃn/ [telb zn] tacticus

tac·tics /tæktɪks/ [alleen mv] ① ⟨mil⟩ tactiek, krijgskunst ② tactiek, strategie, werkwijze

tac·tile /tæktaɪl, ᴬtæktl/ [bn] ① tactiel, tast-, van/m.b.t. de tastzin, gevoels- ♦ *tactile organs* tastorganen ② tastbaar, voelbaar

tac·til·i·ty /tæktɪləti/ [niet-telb zn] ① tastbaarheid ② gevoeligheid

tac·tion /tækʃn/ [telb zn] aanraking, betasting, contact

tact·less /tæktləs/ [bn; bw: ~ly; zn: ~ness] tactloos, onkies, ondelicaat, ondiplomatiek

tac·tu·al /tæktʃʊəl/ [bn] tactiel, tast-, van/m.b.t. tastzin, gevoels-

TACV [afk] (tracked air cushion vehicle ⟨luchtkussentrein⟩)

tad /tæd/ [telb zn] ⟨inf⟩ ① jochie ② greintje, klein beetje, ietsje

Tadjik [telb zn, bn] → Tajik

tad·pole /tædpoʊl/ [telb zn] dikkop(je), kikkervisje

Tadzhikistan [eigenn] → Tajikistan

tae-bo /taɪboʊ/ [niet-telb zn] ⟨sport⟩ tae-bo ⟨een combinatie van karate, boksen en aerobics⟩

tae·di·um vi·tae /tiːdiəm vaɪtiː/ [niet-telb zn] ⟨med⟩ taedium vitae, levensmoeheid

taek·won·do /taɪkwɒndoʊ, ᴬ-kwɑn-/ [niet-telb zn] ⟨vechtsp⟩ taekwondo

tael /teɪl/ [telb zn] taël ⟨oude Chinese gewichts- en munteenheid⟩

ta'en /teɪn/ (samentrekking van taken)

tae·ni·a, ⟨AE ook⟩ **te·ni·a** /tiːniə/ [telb zn; mv: ook taeniae /tiːniː/] ① hoofdband(je), haarlint ② ⟨bouwk⟩ lijst ⟨tussen Dorische fries en architraaf⟩ ③ ⟨biol⟩ lintwormweefsel ⟨in het bijzonder uit hersens of dikke darm⟩ ④ ⟨dierk⟩ taenia, lintworm ⟨genus Taenia⟩

tae·ni·a·cide, ⟨AE ook⟩ **te·ni·a·cide** /tiːniəsaɪd/ [niet-telb zn] lintworm(bestrijdings)middel, lintwormagens

tae·ni·a·sis, ⟨AE ook⟩ **te·ni·a·sis** /tiːnaɪəsɪs/ [telb + niet-telb zn] ⟨med⟩ taeniasis, lintworminfectie

tae·ni·oid /tiːniɔɪd/ [bn] lintwormvormig, verwant met de taeniae

taf·fe·ta /tæfɪtə/ [niet-telb zn] taf, taffetas, tafzijde

taffeta weave [telb zn] effen binding ⟨over-onder, enz.⟩, tafbinding

taff·rail /tæfreɪl, **taf·fer·el** /tæfrəl/ [telb zn] ⟨scheepv⟩

1 reling ⟨aan achterschip⟩ 2 hakkebord
taf·frail log [telb zn] ⟨scheepv⟩ hakkebordlog ⟨snelheidsmeter⟩
¹**taf·fy** /ˈtæfi/ [telb zn; vaak Taffy] ⟨BE; sl⟩ taffy, ⟨bijnaam/roepnaam van een⟩ Welshman
²**taf·fy** /ˈtæfi/ [niet-telb zn] ⟨AE⟩ 1 toffee, zoetigheid, karamel 2 ⟨inf⟩ stroop, mooipraterij, zoete broodjes, vleierij
taffy pull [telb zn] gezellige bijeenkomst ⟨waarbij karamel bereid wordt⟩
taf·i·a, taf·fi·a /ˈtæfɪə/ [niet-telb zn] taffia ⟨goedkope rum⟩
¹**tag** /tæg/ [telb zn] 1 etiket ⟨ook figuurlijk⟩, strookje, identificatieplaatje, insigne, label 2 stiftje, malie ⟨aan uiteinde van veter e.d.⟩ 3 gemeenplaats, afgezaagde aanhaling, cliché, (te) vaak gehoorde uitspraak 4 aanhangsel, refrein, slotverzen, epiloog ⟨van toneelstuk⟩, claus 5 flard, rafel, vuile lap, los uiteinde 6 lepeltje, glinsterend draadje ⟨aan (vis)vlieg⟩ 7 klis haar, vlok geklitte wol 8 ⟨taalk⟩ vraagconstructie ⟨aan einde van zin⟩ 9 tierelantijntje ⟨aan handtekening⟩ 10 laarzenstrop, laarzentrekker 11 ⟨comp⟩ tag 12 ⟨inf⟩ tag, piece, teken, naamtekening ⟨bij graffiti⟩ 13 ⟨AE⟩ nummerplaat ⟨van voertuig⟩ 14 staart(eind), staarttipje 15 ⟨vnl AE⟩ parkeerbon 16 ⟨sl⟩ arrestatiebevel 17 ⟨sl⟩ naam
²**tag** /tæg/ [niet-telb zn] 1 ⟨spel⟩ krijgertje, tikkertje 2 ⟨sport⟩ het aantikken/uittikken/aftikken/tikken ⟨bijvoorbeeld speler bij honkbal⟩
³**tag** /tæg/ [onov ww] dicht volgen, achternalopen, slaafs/ongevraagd nakomen, meelopen ♦ ⟨inf⟩ *tag around with s.o.* iemand constant vergezellen; *the reporters were tagging along/on behind the moviestar* de reporters zaten de filmster achterna; ⟨AE; honkb⟩ *tag up* terugkeren naar een honk om het met een voet aan te tikken alvorens naar het volgende te rennen
⁴**tag** /tæg/ [ov ww] 1 van een etiket voorzien ⟨ook figuurlijk⟩, etiketteren, merken ♦ *every item was nicely tagged* elk artikel was keurig geëtiketteerd/van een prijskaartje voorzien/gemerkt; ⟨fig⟩ *the book was tagged provocative* het boek werd als provocerend bestempeld 2 vastknopen, vasthechten, aanhechten, toevoegen ♦ *a label had been tagged on* er was een kaartje aan vastgemaakt; *she tagged an appeal for more understanding to/onto her speech* ze knoopte een oproep voor meer begrip aan haar toespraak vast 3 aaneenrijgen ⟨voornamelijk door rijmen⟩, op rijm zetten 4 (met clichés) doorspekken ♦ *he tagged his letters with poetry* hij doorspekte zijn brieven met poëzie 5 radioactief merken 6 op de voet volgen, achternalopen, nalopen, vergezellen ♦ *they were tagging the man* ze volgden de man op de voet 7 ⟨sport, spel⟩ tikken, uittikken 8 ⟨vnl AE⟩ beschuldigen, op de bon zetten, bekeuren, arresteren ♦ *tagged for murder* van moord beschuldigd; *the cars were tagged for unauthorized parking* de auto's kregen een bon (achter de ruitenwisser gestoken) wegens verkeerd parkeren 9 ontklitten, samengeklitte wolvlokken afknippen van 10 ⟨inf⟩ taggen ⟨graffiti⟩, een teken/tag/piece spuiten ▫ ⟨honkb⟩ *tag out* uittikken
TAG [afk] (the Adjutant General)
¹**Ta·ga·log** /ˈtəɡɑːlɒɡ, ᴬ-lɑɡ/ [eigenn] Tagalog ⟨Filippijnse taal⟩
²**Ta·ga·log** /ˈtəɡɑːlɒɡ, ᴬ-lɑɡ/ [telb zn; mv: ook Tagalog] Tagalog ⟨lid van het Filippijnse Tagalogvolk⟩
tag end [telb zn] restje, staart(stuk)je, overblijvend lapje
tage·tes /ˈtədʒiːtiːz, ᴬtədʒəti:z/ [telb zn; mv: tagetes /-tiːz/] ⟨plantk⟩ afrikaantje ⟨genus Tagetes⟩
tag·ger /ˈtæɡə, ᴬ-ər/ [telb zn] 1 naloper, pakker ⟨in het bijzonder bij krijgertje⟩ 2 ⟨inf⟩ tagger, graffiteur, graffiteuse
tag·gers /ˈtæɡəz, ᴬ-ərz/ [alleen mv] zeer dun vertind bladstaal
ta·glia·tel·le /ˌtæljəˈteli/ [telb zn; mv: tagliatelli /-li/] tagliatelle, sliertnoedel
tag·meme /ˈtæɡmiːm/ [telb zn] ⟨taalk⟩ tagmeem
tag·mem·ic /ˌtæɡmiːˈmɪk/ [bn] ⟨taalk⟩ tagmemisch ♦ *tagmemic grammar* tagmemische grammatica
tag·mem·ics /ˌtæɡmiːˈmɪks/ [alleen mv; werkwoord voornamelijk enk] ⟨taalk⟩ tagmemiek
tag·rag [niet-telb zn] janhagel, schorremorrie, schorem, uitschot, rapaille, gespuis ♦ *tagrag and bobtail* het uitschot
tag sale [telb zn] tweedehandsmarkt, (uit)verkoop, rommelverkoop ⟨waarbij de waar van prijskaartjes voorzien is⟩
Ta·gus /ˈteɪɡəs/ [eigenn; the] Taag
¹**Ta·hi·tian** /təˈhiːʃn/ [eigenn] Tahitiaans ⟨taal⟩
²**Ta·hi·tian** /təˈhiːʃn/ [telb zn] Tahitiaan
³**Ta·hi·tian** /təˈhiːʃn/ [bn] Tahitiaans
tahr, thar /tɑː, ᴬtɑr/ [telb zn] ⟨dierk⟩ thar ⟨wilde himalayageit; genus Hemitragus⟩
tah·sil /tɑːˈsiːl/ [telb zn] ⟨IndE⟩ tahsil, tolgebied, cijnsdistrict
tah·sil·dar /tɑːsiːlˈdɑː, ᴬtɑsɪldɑr/ [telb zn] ⟨IndE⟩ tahsildar, tolbeambte, cijnsambtenaar
Tai /taɪ/ [eigenn] Thai, Siamees ⟨taal van de Thaivolkeren⟩
tai chi /ˌtaɪ ˈtʃiː, -dʒiː/ [niet-telb zn] tai chi
taig /teɪɡ/ [gew; vnl pej] rooms-katholiek, paap ⟨in Ulster⟩
tai·ga /ˈtaɪɡə, ᴬtaɪɡɑ/ [telb zn] taiga
¹**tail** /teɪl/ [telb zn] 1 staart ♦ ⟨inf, fig⟩ *have s.o./sth. by the tail* iemand/iets in zijn zak hebben, iemand/iets in de hand hebben; *the dog wagged its tail* de hond kwispelstaartte 2 ⟨benaming voor⟩ laatste/onderste/achterste deel, achterste, onderste, uiteinde, pand, slip, sleep ⟨van kleding⟩, roede ⟨van komeet⟩, staart ⟨van o.m. komeet, vliegtuig, vlieger; cijfer, letter, muzieknoot; leger, processie⟩, (paarden)staart, haarvlecht, gevolg, sleep, slier, queue, aanhangsel, voetmarge, onderkant ⟨van blad⟩, achterstok, stabilisatorstuk ⟨van raket⟩, uitstekend stuk dakpan, in de muur ingewerkt stuk van steen, inbalking, achterdeel ⟨van vlindervleugel⟩, uitloper, staart ⟨van storm⟩, kort slotvers, coda, (vlucht)spoor, achtersteven, muntzijde, keerzijde ⟨van muntstuk⟩ 3 ⟨sl⟩ achterwerk, kont 4 ⟨inf⟩ schaduwmannetje, spionerend agent ♦ *put a tail on s.o.* iemand laten schaduwen, iemand zijn gangen laten nagaan 5 ⟨jur⟩ beperking van het bezit van erfgoed tot bepaalde erfgenaam/erfgenamen ♦ *in tail* onder beperking van erfgerechtigde 6 ⟨sl⟩ spoor ♦ *be on s.o.'s tail* iemand op de hielen zitten 7 ⟨vulg⟩ kut, scheur, pruim ▫ *the tail wags the dog, it's a case of tail wagging the dog* het grut/de mindere goden zitten op de wip, het grut/de mindere goden hebben het voor het zeggen; ⟨sl⟩ *drag one's tail* balen, in de put zitten, kniezen; zich voortslepen; *from the tail of the eye* vanuit de (buiten)ooghoek, van terzijde; *have one's tail down* met zijn staart tussen zijn benen lopen; *with one's tail between one's legs* met de staart tussen de benen, met hangende pootjes; *turn tail on* weglopen/ervandoor gaan/op de vlucht slaan voor; *turn tail and run* hard weglopen; *twist s.o.'s tail* iemand op de kast krijgen, iemand kwaad maken, iemand ergeren; *with tails up* goedgeluimd, opgewekt, vol goede moed; ⟨sprw⟩ *better be the head of a dog than the tail of a lion* ± beter grote knecht dan kleine baas; ⟨sprw⟩ *the sting is in the tail* het venijn zit in de staart
²**tail** /teɪl/ [niet-telb zn] ⟨vulg⟩ 1 kut, scheur ♦ *what a bit/piece of tail!* wat een scheur/spetter/stuk/stoot! 2 het naaien, het neuken
³**tail** /teɪl/ [bn, pred] ⟨jur⟩ beperkt tot bepaalde persoon (en zijn erfgenamen) ⟨van erfgoed⟩, beperkt overdraagbaar, onderhevig aan erfrechtelijke beperking ♦ *fee tail* beperkt overdraagbaar eigendom ⟨bijvoorbeeld alleen aan oudste zoon⟩
⁴**tail** /teɪl/ [onov ww] 1 uitzwermen, de rijen

tail

verbreken, zich verspreiden ♦ *the demonstrators tailed out in small groups* de betogers gingen in groepjes uit elkaar [2] ⟨inf⟩ achteraankomen, volgen, aansluiten [3] ⟨bouwk⟩ aan één kant ingebalkt zijn [4] ⟨scheepv⟩ aan de grond lopen ⟨met de achtersteven eerst⟩, met de achtersteven in een bepaalde richting liggen ♦ *the vessel tailed toward the shore* het schip lag met de achtersteven naar de kust voor anker [·] de staart vormen [·] *tail after s.o.* iemand op de voet volgen, iemand dicht op de hielen zitten; ⟨BE⟩ *traffic is tailing back three miles from the Watford junction* voor het knooppunt Watford junction staat 5 km langzaam rijdend en stilstaand verkeer/staat 5 km file; *tail off/away* geleidelijk afnemen, slinken, wegsterven; verstommen; uiteenvallen, verspreid achterblijven; → **tailing**

⁵**tail** /teɪl/ [ov ww] [1] ⟨inf⟩ schaduwen, volgen, in het oog houden [2] ontstelen, de steeltjes afdoen van [3] van een staart voorzien, een staart maken aan [4] kortstaarten, de staart kappen/wegnemen van [5] ⟨met de staartjes/eindjes⟩ aaneenknopen, aaneenhechten, bijvoegen [6] als sluitstuk fungeren van, de achterhoede vormen van, meegesleurd worden achter [7] ⟨bouwk⟩ in een muur inlaten/inbalken [8] bij de staart trekken/grijpen [·] *tail in* inbalken; → **tailing**

tail·back [telb zn] [1] ⟨BE⟩ file, verkeersopstopping [2] ⟨American football⟩ tailback ⟨speler die het verst van de scrimmagelijn staat⟩

tail beam [telb zn] ⟨bouwk⟩ staartbalk

tail·board [telb zn] ⟨vnl BE⟩ laadklep, achterklep ⟨van kar, e.d.⟩

tail bone [telb zn] ⟨sl⟩ krent, kont, reet

tail·coat [telb zn] jacquet, rok, zwaluwstaart

tail covert [telb zn] dekveertje ⟨aan basis van staartveren⟩

-tail·ed /teɪld/ -gestaart, met een ... staart

tail end [telb zn] (uit)einde, laatste loodje, sluitstuk, staart(je), uitloper

tail·end·er [telb zn] laatste, rode lantaarn

tail fin [telb zn] staartvin ⟨van vis/wagen⟩, kielvlak

¹**tail·gate** [telb zn] [1] ⟨vnl AE⟩ achterklep, laadklep ⟨van vrachtwagen enz.⟩, vijfde deur ⟨van stationcar⟩ [2] ebdeur, benedensluisdeur [3] → **tailgate party**

²**tail·gate** [onov ww] ⟨vnl AE⟩ te dicht achter een ander voertuig rijden, op iemands lip rijden/bumper zitten, geen afstand houden

³**tail·gate** [ov ww] ⟨vnl AE⟩ te dicht rijden achter

tailgate party, tailgate [telb zn] picknick ⟨vlak voor en vlak bij een Amerikaanse footballwedstrijd⟩

tail·gat·ing /ˈteɪlgeɪtɪŋ/ [telb zn] ⟨AE⟩ (smul)partijtje, picknick ⟨waarbij het eten achter uit een auto wordt gehaald⟩

tail-heav·y [bn] ⟨luchtv⟩ staartlastig

tail·ing /ˈteɪlɪŋ/ [telb zn; oorspronkelijk tegenwoordig deelw van tail] ⟨bouwk⟩ inbalking

tail·ings /ˈteɪlɪŋz/ [alleen mv; oorspronkelijk tegenwoordig deelw van tail] afval, restanten, kaf, draf, afvalslik

taille /taɪ/ [telb + niet-telb zn] ⟨gesch⟩ taille ⟨directe belasting in Frankrijk vóór 1789⟩

tail·less /ˈteɪlləs/ [bn] staartloos, zonder staart

tail·light, tail lamp [telb zn] (rood) achterlicht, sluitlicht ⟨van trein⟩, staartlicht

¹**tai·lor** /ˈteɪlə, ^-ər/ [telb zn] kleermaker, tailleur [·] ⟨sprw⟩ *the tailor makes the man* de kleren maken de man

²**tai·lor** /ˈteɪlə, ^-ər/ [onov ww] kleermaker zijn, (maat)kleren maken; → **tailored, tailoring**

³**tai·lor** /ˈteɪlə, ^-ər/ [ov ww] [1] op maat maken ⟨kleren⟩ [2] kleden, kleren maken voor [3] aanpassen, op maat knippen, bijwerken, afstemmen ♦ *service tailored to the needs of* ... dienstverlening gericht op de behoeften van ...; → **tailored, tailoring**

tai·lor·bird [telb zn] ⟨dierk⟩ snijdervogel ⟨genus Orthotomus⟩, ⟨i.h.b.⟩ Indische snijdervogel, langstaartsnijdervogel ⟨O. sutorius⟩

tai·lor·ed /ˈteɪləd, ^-ərd/ [bn; oorspronkelijk volt deelw van tailor] sober, eenvoudig, stemmig, gedistingeerd van snit

tai·lor·ing /ˈteɪlərɪŋ/ [niet-telb zn; gerund van tailor] [1] kleermakerswerk, kleermakersbedrijf [2] snit, stijl [3] het aanpassen

¹**tai·lor-made** [telb zn] [1] maatkostuum [2] ⟨sl⟩ confectiekostuum [3] ⟨sl⟩ (voorgerolde) peuk/sigaret

²**tai·lor-made** [bn] [1] (op maat) gemaakt, aangemeten, getailleerd, in mantelpakjesstijl ⟨van vrouwenkleren die een mannelijke indruk geven⟩, tailormade ♦ *a tailor-made suit* een maatkostuum [2] geknipt, perfect aangepast, geschikt, pasklaar ♦ *she's tailor-made for him* zij past uitstekend bij hem [3] à la carte ⟨bijv. van vakantiereis, pensioenregeling⟩ [4] ⟨sl⟩ confectie-

tailor's chair [telb zn] kleermakersstoel ⟨zonder poten⟩

tailor's twist [niet-telb zn] naaigaren ⟨door kleermakers gebruikt⟩

tail·piece [telb zn] [1] ⟨grafi⟩ vignet, cul-de-lampe [2] staartstuk, verlengstuk, sluitstuk, completerend aanhangsel, postscriptum [3] staartstuk ⟨van viool⟩ [4] ⟨bouwk⟩ inbalking, ingelaten balk

tail pipe [telb zn] [1] zuigbuis ⟨van pomp⟩ [2] uitlaat(pijp)

tail·plane [telb zn] staartvlak, stabilisatievlak ⟨van vliegtuig⟩

tail·race [telb zn] afvoerkanaal, afvoertrog, onderbeek ⟨van watermolen⟩

tails /teɪlz/ [alleen mv] [1] munt(zijde), keerzijde ⟨van muntstuk⟩ [2] ⟨inf⟩ jacquet, rok, rokkostuum, zwaluwstaart

tail·skid [telb zn] staartsteun, staartslof ⟨van vliegtuig⟩

tail·spin [telb zn] [1] staartspin ⟨tolvlucht van vliegtuig⟩, vrille [2] paniek, verwarring, verlies van zelfbeheersing [3] val, ondergang, debacle ♦ *go into a tailspin* in een vrije val terechtkomen, instorten

tail·stock [telb zn] losse kop ⟨van draaibank⟩

tail·ward /ˈteɪlwəd, ^-wərd/, **tail·wards** /-wədz, ^-wərdz/ [bw] naar achteren (gericht), achteruit

tail wind [telb zn] rugwind, staartwind, wind van achteren

tail·wise /ˈteɪlwaɪz/ [bw] [1] bij wijze van staart [2] achteruit

tail·zie /teɪl, ^teɪl(j)i/ [telb zn] ⟨SchE; jur⟩ beperking in de overdracht van erfgoed tot bepaalde persoon

tain /teɪn/ [niet-telb zn] bladtin, folie ⟨ook op spiegelrug⟩

¹**taint** /teɪnt/ [telb zn] smet(je), spoor, vlekje, spatje, rot plekje, stipje, kanker, ⟨fig⟩ gebrek, ontaarding, bederf, zweem

²**taint** /teɪnt/ [onov ww] bederven, rotten, ontaarden

³**taint** /teɪnt/ [ov ww] besmetten, aansteken, bezoedelen, infecteren, bederven, corrumperen, bezwalken, aantasten, bevlekken

Taiwan	
naam	Taiwan *Taiwan*
officiële naam	Taiwan *Taiwan*
inwoner	Taiwanese *Taiwanees*
inwoonster	Taiwanese *Taiwanese*
bijv. naamw.	Taiwanese *Taiwanees*
hoofdstad	Taipei *Taipei*
munt	new Taiwan dollar *nieuwe Taiwanese dollar*
werelddeel	Asia *Azië*
int. toegangsnummer 886 www .tw auto RC	

'tain't /teɪnt/ [tw] ⟨inf⟩ (samentrekking van it is not) nietes

taint·less /ˈteɪntləs/ [bn] smetteloos, puur, onbedorven, vlekkeloos, onaangetast

tai·pan /taɪpæn/ [telb zn] ① taipan ⟨hoofd van buitenlands handelshuis in China⟩ ② ⟨dierk⟩ taipan ⟨Oxyuranus scutellatus⟩

Tai·wan /taɪwɑːn/ [eigenn] Taiwan

¹**Tai·wan·ese** /taɪwəniːz/ [telb zn; mv: Taiwanese] Taiwanees, Taiwanese

²**Tai·wan·ese** /taɪwəniːz/ [bn] Taiwanees

taj /tɑːdʒ, ᴬtɑʒ, ᴬtɑdʒ/ [telb zn] tadj ⟨kegelvormige hoed van moslims/derwisjen⟩

¹**Ta·jik, Ta·djik** /tɑːdʒiːk, tɑːdʒɪk/ [telb zn] Tadzjiek(se)

²**Ta·jik, Ta·djik** /tɑːdʒiːk, tɑːdʒɪk/ [bn] Tadzjieks

Ta·jik·i·stan, Ta·dzhik·i·stan /tɑːdʒiːkɪstɑːn/ [eigenn] Tadzjikistan

Tajikistan

naam	Tajikistan *Tadzjikistan*
officiële naam	Republic of Tajikistan *Republiek Tadzjikistan*
inwoner	Tajik *Tadzjiek*
inwoonster	Tajik *Tadzjiekse*
bijv. naamw.	Tajik *Tadzjieks*
hoofdstad	Dushanbe *Doesjanbe*
munt	somoni *somoni*
werelddeel	Asia *Azië*

int. toegangsnummer 992 www .tj auto TJ

ta·ka·he /tɑːkəhiː, ᴬtəkaɪ/ [telb zn] ⟨dierk⟩ takahe ⟨praktisch uitgestorven Nieuw-Zeelandse loopvogel; *Notornis mantelli*⟩

¹**take** /teɪk/ [telb zn] ① vangst, ⟨viss⟩ trek ② opbrengst, recette, ontvangst(en), ⟨sl⟩ grote winst ③ ⟨drukw⟩ hoeveelheid kopij voor één keer zetten ④ ⟨film⟩ opname ▪ ⟨inf⟩ *be on the take* corrupt/omkoopbaar zijn, steekpenningen aannemen

²**take** /teɪk/ [onov ww; took, taken] ① pakken, aanslaan, wortel schieten ② effect sorteren, inslaan, slagen, een succes zijn ③ bijten ⟨van vis⟩ ④ worden ♦ *he took cold/ill* hij werd verkouden/ziek ⑤ gaan, lopen ⑥ vlam vatten ⑦ op de foto komen/staan ▪ *take after* aarden naar, lijken op; *I took against him at first sight* ik vond hem al direct niet aardig; zie: **take away;** zie: **take off;** zie: **take on;** zie: **take over;** zie: **take to;** zie: **take up;** → **taking**

³**take** [BRING] /teɪk/ [ov ww; took, taken] ① nemen, (aan)vatten, grijpen, (beet)pakken ♦ ⟨fig⟩ *take my father, he's still working* neem nou mijn vader, die werkt nog steeds ② veroveren, innemen, afnemen, vangen, ⟨schaaksp, damsp⟩ slaan ♦ *take s.o. in the act* iemand op heterdaad betrappen; ⟨schaaksp⟩ *take en passant* en passant slaan; zie: **take in;** ⟨fig⟩ *take the law into one's own hands* het recht in eigen hand nemen; *she was taken by a sudden need to sleep* zij werd overweldigd door een plotselinge behoefte aan slaap; *he took me unawares* hij verraste mij ③ winnen, (be)halen ♦ *take the last trick* de laatste slag halen ④ (in)nemen, zich verschaffen/bedienen van, gebruiken, eten, drinken, opeten, opdrinken ♦ *I'll have to take the bus* ik zal de bus moeten nemen; *they took a cottage for the summer* zij hebben voor de zomer een huisje gehuurd; *take a degree* een graad/titel behalen; *take five/ten* even pauzeren/rusten; *he took it from the Bible* hij ontleende het aan de Bijbel; *the man took her by force* de man nam haar met geweld; *when will you take your holidays?* wanneer neem jij vakantie?; *the governess had to take her meals upstairs* de gouvernante moest haar maaltijden boven gebruiken; *take the opportunity* de gelegenheid te baat nemen; *this seat is taken* deze stoel is bezet; *do you take sugar in your tea?* gebruikt u suiker in de thee?; *we take the Times* we zijn geabonneerd op de Times ⑤ vergen, vereisen, in beslag nemen, ⟨taalk⟩ regeren, krijgen ♦ *have what it takes* aan de eisen voldoen, precies goed zijn, uit het goede hout gesneden zijn; *it will take a lot of doing* het zal niet meevallen; *she takes a size twelve* zij heeft maat twaalf; *it won't take too much time* het zal niet al te veel tijd kosten ⑥ meenemen, brengen, voeren ♦ *take about* rondleiden, escorteren; *his business often took him abroad* voor zijn werk moest hij vaak naar het buitenland; *take across* naar de overkant meenemen; helpen oversteken; *take s.o. around* iemand rondleiden, iemand meenemen; *take s.o. aside* iemand apart nemen; *that bus will take you to the station* met die bus kom je bij het station; *I'll take you through it once again* ik zal het nog een keer met je doornemen ⑦ weghalen, wegnemen, aftrekken, uit het leven wegrukken ♦ *he could not take his eyes off her* hij kon zijn ogen niet van haar afhouden; *take five from twelve* trek vijf van twaalf af; *it takes sth. from it* het doet er een beetje afbreuk aan, het doet er iets van af; *it took her mind off things* het bezorgde haar wat afleiding ⑧ krijgen, (op)vatten, voelen ♦ *take comfort* troost putten; *she took an immediate dislike to him* zij kreeg onmiddellijk een hekel aan hem; *take fire* vlam vatten; *take it into one's head* het in zijn hoofd krijgen; *she is quick to take offence* zij is/voelt zich gauw beledigd; *we took pity on him* wij kregen medelijden met hem ⑨ opnemen, noteren, meten ♦ *the policeman took my name* de politieagent noteerde mijn naam; *let me take your temperature* laat mij even je temperatuur opnemen ⑩ begrijpen, snappen, opvatten, opnemen, aannemen, beschouwen ♦ *taken all in all* alles bij elkaar genomen, goed beschouwd; *don't take it amiss* vat het niet verkeerd op, begrijp me niet verkeerd; *take it badly* het zich erg aantrekken; *she took him to be a fool* zij hield hem voor een dwaas; *take it easy!* kalm aan!, maak je niet druk!; *take for* houden voor, beschouwen als; *what do you take me for?* waar zie je me voor aan?; *take for granted* als vanzelfsprekend aannemen; *take it ill* ontstemd zijn, het slecht opvatten; *I take it that he'll be back soon* ik neem aan dat hij gauw terugkomt; *she took his meaning* zij begreep wat hij bedoelde; *take as read* voor gelezen houden; *how am I to take that?* hoe moet ik dat opvatten?; *taking one thing with another* alles bij elkaar genomen; *take it well* iets goed opvatten ⑪ aanvaarden, accepteren, (aan)nemen, ontvangen, incasseren, dulden ♦ *take a beating* een pak ransel krijgen, ervanlangs krijgen; ⟨sl⟩ *take it big* het zwaar opnemen; *take s.o./sth. as one finds him/her/it* iemand/iets nemen zoals hij is; *I've taken more than enough from her* ik heb meer dan genoeg van haar geslikt; *take s.o. into one's confidence* iemand in vertrouwen nemen; *I can take it* ik kan er wel tegen, ik kan het wel hebben; *you may take it from me* je kunt van mij aannemen; *we'll take it from there* dan beschouwen we dat maar als het begin; *you (can) take it from there* daar neem jij het wel (weer) over, verder kun jij het wel alleen aan, dan is het aan jou; *he can't take a joke in good part* hij kan niet tegen een grapje; *she won't take no for an answer* zij wil van geen nee horen; *take sides* partij kiezen; *take that!* daar dan!, pak aan!; *I take a different view* ik ben een andere mening toegedaan; *take my word for it* neem het nou maar van mij aan ⑫ maken, doen, nemen, geven ⟨vak⟩, leiden ⟨religieuze dienst⟩ ♦ *he took the corner too fast* hij nam de bocht te snel; *take a decision* een besluit nemen; *take an exam* een examen afleggen; *she took French that year* dat jaar deed zij Frans; *take a look around* kijk maar (eens) rond; *she took a long time over it* zij deed er lang over; *take a trip* een reisje/uitstapje maken; *take a vow* een gelofte/eed afleggen, zweren ⑬ fotograferen, nemen ♦ *take s.o.'s likeness* iemand portretteren ⑭ raken, treffen ⑮ behandelen ⟨probleem enz.⟩ ⑯ ⟨sl⟩ beroven, belazeren, afzetten ⑰ ⟨sl⟩ in elkaar timmeren, vechten met, ruw behandelen ▪ *take aback* verrassen, in verwarring/van zijn stuk brengen, overdonderen; ⟨scheepv⟩ *taken aback* met teruggeslagen/tegen de mast geslagen zeilen; *be taken aback* overdonderd/verrast zijn, van zijn stuk gebracht zijn; zie: **take apart;** zie: **take away;** zie: **take back;** *she was*

take apart

rather taken *by/with it* zij was er nogal mee in haar schik; zie: **take down**; zie: **take in**; *you can't take it with you* je kunt het niet mee het graf innemen; *take it or leave it* graag of niet; ⟨België⟩ 't is te nemen of te laten; *she took it lying down* zij liet het maar over zich heen komen, zij verzette zich niet; zie: **take off**; zie: **take on**; zie: **take out**; *it takes two to tango* waar twee kijven hebben twee/beiden schuld; *take a strap/stick to s.o.* iemand met een riem/stok afranselen; zie: **take up**; *take it (up)on o.s.* het op zich nemen, het wagen, zich aanmatigen; ⟨sprw⟩ *it takes two to make a bargain* ± voor een afspraak zijn er twee nodig; ⟨sprw⟩ *take care of the pence and the pounds will take care of themselves* die het kleine niet eert, is het grote niet weerd; ⟨sprw⟩ *give him an inch and he'll take a yard/mile* als men hem een vinger geeft, neemt hij de hele hand; ⟨sprw⟩ *pay your money and take your choice* ± aan u de keus; ⟨sprw⟩ *it takes two to make a quarrel* waar twee kijven hebben beiden schuld; ⟨sprw⟩ *the mouse that has but one hole is quickly taken* de muis die maar één gat en kent, is van de kat haast overrend; ⟨sprw⟩ *it takes all sorts to make a world* ± op de wereld vind je allerlei soorten mensen, ± zulke mensen moeten er ook zijn; ⟨sprw⟩ *take the will for the deed* ook de goede wil is te prijzen; → **taking**

take apart [ov ww] ① uit elkaar halen/nemen, demonteren ② geen spaan heel laten van, ⟨fig⟩ een vreselijke uitbrander geven

¹**take·a·way** [telb zn] ⟨BE⟩ ① afhaalrestaurant ② afhaalmaaltijd, meeneemmaaltijd

²**take·a·way** [bn, attr] ⟨BE⟩ afhaal-, meeneem-

¹**take away** [ov ww] afbreuk doen, verkleinen ♦ *take away from* afbreuk doen aan

²**take away** [ov ww] ① aftrekken ② weghalen ③ ⟨BE⟩ meenemen (maaltijd) ④ verminderen, verkleinen, afbreuk doen aan ♦ *take sth. away from* een beetje afbreuk doen aan

take back [ov ww] ① terugbrengen, ⟨fig⟩ terugvoeren, doen denken aan ♦ *it took me back to my childhood* het deed me denken aan mijn jeugd ② terugnemen ③ intrekken, terugnemen ④ ⟨drukw⟩ op de vorige regel zetten

take down [ov ww] ① afhalen, afnemen, naar beneden halen ② opschrijven, noteren ③ vernederen, kleineren, op zijn nummer zetten ④ uit elkaar nemen/halen, demonteren, slopen, afbreken ⑤ slikken ⑥ naar tafel leiden

¹**take-down** [telb zn] ⟨inf⟩ vernedering, kleinering

²**take-down** [niet-telb zn] het demonteren, demontage

take-home [bn, attr] afhaal-, meeneem- ♦ *take-home dinners* meeneemmaaltijden; *take-home exam* examen dat je thuis maakt; *take-home foods* meeneemeetwaren

take-home pay [niet-telb zn] nettoloon, nettosalaris

take in [ov ww] ① in huis nemen, kamers verhuren aan ② naar binnen halen/brengen, meenemen ③ aannemen ⟨thuiswerk⟩ ♦ *she takes in sewing* zij doet thuis naaiwerk ④ omvatten, beslaan, betreffen ⑤ ⟨inf⟩ aandoen ⟨plaats⟩, bezoeken ⑥ innemen ⟨kleding⟩, ⟨scheepv⟩ oprollen, inkorten, innemen, bergen ⟨zeilen⟩ ⑦ begrijpen, doorzien, beseffen, in het opnemen ⑧ ⟨inf⟩ opnemen ⟨omgeving e.d.⟩, bekijken, nota nemen van ⑨ bedotten, bedriegen, in de luren leggen ⑩ ⟨vnl BE⟩ geabonneerd zijn op ⑪ beuren, opbrengen, in het laatje brengen ⑫ in bezit nemen ⟨land⟩, herwinnen, veroveren, omheinen ⑬ opbrengen, naar het politiebureau brengen ⑭ ⟨AE⟩ gaan zien, bijwonen ⑮ ⟨scheepv⟩ maken ⟨water⟩

take-in [telb zn] ① bedriegerij, beetnemerij ② bedrieger, zwendelaar

taken [volt deelw] → **take**

¹**take off** [onov ww] ① zich afzetten ② vertrekken, weggaan, zich afscheiden ⟨van zijrivier⟩ ♦ *they took off take off for Paris* ze vertrokken naar Parijs ③ opstijgen, starten, van start gaan, opvliegen, ⟨fig⟩ een vliegende start hebben ④ ⟨inf⟩ (snel) populair worden, een snelle groei/populariteit kennen, succes hebben ⑤ afbreuk doen ♦ *take off from* afbreuk doen aan ⑥ afnemen ⟨van wind⟩, gaan liggen

²**take off** [ov ww] ① uittrekken, uitdoen ② meenemen, wegleiden, wegvoeren ♦ *she took the children off to bed* zij bracht de kinderen naar bed ③ afhalen, weghalen, verwijderen, amputeren, uit het repertoire schrappen, uit dienst nemen ④ afdoen ⟨van de prijs⟩ ⑤ parodiëren, nadoen, imiteren ⑥ vrij nemen ⑦ ten grave slepen, uit het leven wegrukken ⑧ afdrukken, een afdruk maken van ⑨ uitdrinken ⋅ *take o.s. off* ervandoor gaan, weggaan, zich uit de voeten maken

¹**take-off** [telb zn] ① parodie, imitatie ② afzetbalk ③ ⟨sl⟩ diefstal

²**take-off** [telb + niet-telb zn] ① start, het opstijgen, vertrek, afzet ② begin, vertrekpunt

take-off artist [telb zn] ⟨AE; inf⟩ dief, oplichter

take-off board [telb zn] ⟨atl⟩ afzetbalk

take-off leg [telb zn] ⟨atl⟩ afzetbeen, sprongbeen

¹**take on** [onov ww] ① tekeergaan, drukte maken, zich aanstellen ② aanslaan, populair worden ⋅ *take on with* het aanleggen met

²**take on** [ov ww] ① op zich nemen, als uitdaging accepteren ② krijgen, aannemen ⟨kleur⟩, overnemen ③ aannemen, in dienst nemen ④ het opnemen tegen, vechten tegen ⑤ aan boord nemen

¹**take out** [onov ww] zich (op weg) begeven, gaan, beginnen te rennen ♦ *take out after* achterna rennen, achtervolgen

²**take out** [ov ww] ① mee naar buiten nemen/brengen, mee (uit) nemen ♦ ⟨AE⟩ *take out food* eten afhalen; *take s.o. out for a walk/meal* iemand meenemen uit wandelen, iemand mee uit eten nemen ② verwijderen, uithalen ♦ *the responsibility was taken out of her hands* zij werd van de verantwoordelijkheid ontheven ③ tevoorschijn halen ④ nemen, aanschaffen ♦ *take out insurance/an insurance (policy)* een verzekering afsluiten; *take out a patent* een patent nemen; ⟨jur⟩ *take out a summons against s.o.* iemand een dagvaarding sturen ⑤ ⟨inf⟩ buiten gevecht stellen ⟨tegenstander⟩, uitschakelen ⑥ ⟨bridge⟩ uitnemen ⟨bod⟩ ⋅ *take it out in goods* betalen met goederen, er goederen voor in de plaats geven ⟨voor geldschuld⟩; *the book took him out of himself* het boek bezorgde hem wat afleiding; *take it out of s.o./a lot out of s.o.* veel van iemands krachten vergen; iemand erg aanpakken; *don't take it out on him* reageer het niet op hem af

take-out [telb + niet-telb zn; ook attributief] ⟨inf⟩ ① ⟨AE⟩ meeneemvoedsel, afhaalmaaltijd ② ⟨AE⟩ afhaalrestaurant ③ aandeel in de buit/winst ④ ⟨bridge⟩ bod in nieuwe kleur

take-out double [telb zn] ⟨bridge⟩ informatiedoublet

¹**take over** [onov + ov ww] overnemen, het heft in handen nemen, aan zich trekken, ⟨pol⟩ aantreden ⟨van kabinet⟩

²**take over** [ov ww] ① navolgen, overnemen ② overbrengen, overzetten

take-over [telb zn; ook attributief] overname ♦ *take-over bid* overnamebod

take-over zone [telb zn] ⟨atl⟩ wisselvak ⟨bij estafette⟩

tak·er /ˈteɪkə, ˈ-ər/ [telb zn] ① nemer, neemster, opnemer, opneemster, innemer, inneemster, wegnemer, wegneemster ② afnemer, afneemster, koper, koopster ♦ *no takers* geen liefhebbers ③ wedder, wedster

take to [onov ww] ① beginnen te, de gewoonte aannemen om, gaan doen aan, zich toeleggen op ② ⟨inf⟩ aardig vinden, mogen ♦ *he did not take kindly to it* hij moest er niet veel van hebben, hij had er niet veel mee op ③ ⟨inf⟩ aanleg hebben voor, goed zijn in ④ de wijk nemen naar, vluchten/gaan naar ♦ *take to one's bed* het bed houden

¹**take up** [onov ww] ① verder gaan ⟨van verhaal, verteller⟩

[2] **opklaren,** beter worden ⚫ ⟨AE⟩ *take up for* het opnemen voor; *take up with* bevriend raken met, omgaan met
²**take up** [ov ww] [1] **oplichten,** optillen, oppakken, oprapen, opbreken ⟨straat⟩ ♦ *take up arms* de wapens opnemen [2] **absorberen** ⟨ook figuurlijk⟩, opnemen, in beslag nemen ♦ *it took up all his attention* het nam al zijn aandacht in beslag; *completely taken up with his new book* volkomen in beslag genomen door zijn nieuwe boek [3] **oppikken** ⟨reizigers⟩, onderweg opnemen [4] **protegeren,** onder zijn hoede nemen [5] **ter hand nemen,** gaan doen aan, zich gaan interesseren voor ♦ *take up a cause* een zaak omhelzen; *after her husband's death she took up gardening* na het overlijden van haar man is zij gaan tuinieren; *take up a matter* een zaak aansnijden [6] **in de rede vallen,** onderbreken, corrigeren [7] **vervolgen,** hervatten, weer opnemen [8] **korter maken** ⟨kleding⟩, opwinden, innemen [9] **aannemen,** aanvaarden, ingaan op ♦ *he took me up on my offer* hij nam mijn aanbod aan [10] **innemen** ⟨positie⟩, aannemen ⟨houding⟩ [11] ⟨muz⟩ **invallen,** mee gaan zingen [12] **accepteren** ⟨wissel⟩ [13] **inschrijven op** ⟨aandelen⟩ [14] **innen** ⟨contributie⟩, houden ⟨collecte⟩ [15] **afbinden** ⟨slagader⟩ [16] **arresteren,** inrekenen, oppakken ⚫ *I'll take you up on that* daar zal ik je aan houden; *I'll take things up with your superior* ik zal de zaak aan je chef voorleggen
¹**take-up** [telb zn] **plooi**
²**take-up** [telb + niet-telb zn] **gebruikmaking,** benutting ♦ *there wasn't much take-up of …* er werd weinig gebruikgemaakt van …, er werd weinig aanspraak gemaakt op …
take-up spool [telb zn] **spoel** ⟨waar band enz. omheen gewonden wordt⟩
ta·kin /tɑːkɪn, ᴬtəkiːn/ [telb zn] ⟨dierk⟩ **rundergems** ⟨Budorcas taxicolor⟩
¹**tak·ing** /teɪkɪŋ/ [niet-telb zn; ⟨oorspronkelijk⟩ gerund van take] **het nemen** ♦ *for the taking* voor het grijpen/oprapen
²**tak·ing** /teɪkɪŋ/ [bn; tegenwoordig deelw van take; bw: ~ly; zn: ~ness] [1] **innemend** [2] **boeiend,** pakkend [3] **aantrekkelijk** [4] **besmettelijk**
tak·ings /teɪkɪŋz/ [alleen mv; ⟨oorspronkelijk⟩ gerund van take] **verdiensten,** recette, ontvangsten
ta·la /tɑːlə/ [telb zn] **tala** ⟨ritmisch patroon in Indische muziek⟩
tal·a·poin /tæləpɔɪn/ [telb zn] [1] **boeddhistische monnik** [2] ⟨dierk⟩ **dwergmeerkat** ⟨aap; Cercopithecus talapoin⟩
ta·lar·i·a /təleərɪə, ᴬtəlærɪə/ [alleen mv] ⟨myth⟩ **vleugelschoenen**
tal·bot /tɔːlbət/ [telb zn] **talbot** ⟨uitgestorven jachthond⟩
¹**talc** /tælk/, **tal·cum** /tælkəm/ [niet-telb zn] [1] **talk(aarde)** [2] **talkpoeder** [3] **glimmer,** mica
²**talc** /tælk/ [ov ww; ook talcked, talcking] **talken,** met talk behandelen
tal·cite /tælkaɪt/ [niet-telb zn] **talkaarde**
talck·y /tælki/, **talc·ose** /tælkoʊs/, **talc·ous** /tælkəs/ [bn] [1] **van talk** [2] **talk bevattend** [3] **talkachtig**
talcum powder [niet-telb zn] **talkpoeder**
tale /teɪl/ [telb zn] [1] **verhaal(tje)** ♦ *bear/carry/tell tales* kletsen, roddelen; *thereby hangs a tale* daar zit een (heel) verhaal aan vast; *tell a tale* een verhaaltje vertellen; *tell its own tale* voor zichzelf spreken; *tell one's own tale* zijn eigen versie geven; ⟨fig⟩ *it tells a tale on him* het zegt (wel) iets over hem; *tale of a tub* bakerpraatje, praatje voor de vaak [2] **sprookje,** legende [3] **leugen,** smoes(je) [4] **gerucht,** roddel, praatje ♦ ⟨sl⟩ *tell the tale* een meelijwekkend verhaal opdissen/op de mouw spelden; *tell tales out of school* uit de school klappen, praatjes rondstrooien, kletsen; *if all tales be true* als alles waar was wat gezegd wordt [5] **opsomming** [6] ⟨vero⟩ **(aan)tal,** totaal ⚫ ⟨sprw⟩ *a tale never loses in the telling* hoe vaker een verhaal wordt verteld, hoe mooier het wordt; ⟨sprw⟩ *dead men tell no tales* ± dode honden bijten niet (al zien ze lelijk); ⟨sprw⟩ *a good tale is none the worse for being told twice* ± goed nieuws mag best vaak verteld worden
tale·bear·er [telb zn] [1] **roddelaar(ster)** [2] **kwaadspreker, kwaadspreekster**
¹**tale·bear·ing, tale·car·ry·ing** [niet-telb zn] [1] **kwaadsprekerij** [2] **roddel**
²**tale·bear·ing** [bn] [1] **roddelend** [2] **kwaadsprekend**
¹**tal·ent** /tælənt/ [telb zn] **talent** ⟨Oud-Griekse munt, bepaald gewicht in zilver⟩
²**tal·ent** /tælənt/ [telb + niet-telb zn] [1] **talent,** (natuurlijke) begaafdheid, gave ♦ *talent for music* talent voor muziek [2] **talent,** begaafd(e) persoon/personen ♦ *local talent* plaatselijk talent; *a young talent* een jong talent
³**tal·ent** /tælənt/ [niet-telb zn; the] ⟨sport⟩ **wedders,** wedrenspelers ⟨tegenover bookmakers⟩
⁴**tal·ent** /tælənt/ [verzamelnm] ⟨sl⟩ **stukken,** stoten, spetters, mooie meiden
tal·ent·ed /tæləntɪd/ [bn] **getalenteerd,** talentrijk, begaafd
tal·ent·less /tæləntləs/ [bn] **talentloos,** zonder talent
talent money [niet-telb zn] **(overwinnings)premie,** bonus ⟨in beroepssport⟩
tal·ent-scout, tal·ent-spot·ter [telb zn] **talentenjager,** talentscout
talent show [telb zn] **talentenjacht**
ta·les /teɪliːz/ [telb zn; mv: tales] ⟨jur⟩ [1] **lijst van aanvullende juryleden** [2] **oproeping van aanvullende juryleden** ♦ *pray a tales* een aanvullend jurylid oproepen
ta·les·man /teɪliːzmən, ᴬteɪlz-/ [telb zn; mv: talesmen /-mən/] ⟨jur⟩ **aanvullend jurylid**
tale·tel·ler [telb zn] [1] **kwaadspreker,** kwaadspreekster [2] **roddelaar(ster)** [3] **verteller,** vertelster, verklikker
ta·li [alleen mv] → **talus**
tal·i·on /tælɪən/ [telb + niet-telb zn] ⟨jur⟩ **talio** ⟨wedervergelding, straf gelijk aan het misdrijf⟩
tal·i·ped /tælɪped/ [bn] **(iemand met een) horrelvoet**
¹**tal·i·pes** /tælɪpiːz/ [telb zn] **horrelvoet,** klompvoet, misvormde voet
²**tal·i·pes** /tælɪpiːz/ [niet-telb zn] **het hebben van een horrelvoet**
tal·i·pot /tælɪpɒt, ᴬ-pɑt/ [telb zn] ⟨plantk⟩ **talipot** ⟨Corypha umbraculifera; soort palm⟩
tal·is·man /tælɪzmən/ [telb zn; mv: ook talismen] **talisman,** amulet
tal·is·man·ic /tælɪzmænɪk/, **tal·is·man·i·cal** /-ɪkl/ [bn; bw: ~ally] [1] **m.b.t./van een talisman** [2] **gelukbrengend**
¹**talk** /tɔːk/ [telb zn] [1] **praatje,** lezing, causerie ♦ *a talk on/about sth.* een praatje over iets [2] **gesprek,** conversatie, onderhoud ♦ *have a talk (to/with s.o.)* (met iemand) spreken [3] ⟨vaak mv⟩ **bespreking,** onderhandeling
²**talk** /tɔːk/ [niet-telb zn] [1] **gepraat** [2] **manier van spreken,** taal(tje) [3] ⟨the⟩ **(onderwerp van) gesprek** ♦ *the talk of the town* hét onderwerp van gesprek [4] **gerucht,** praatjes ♦ *there is talk of* er is sprake van, het gerucht gaat dat [5] **holle frasen,** geklets, praats ♦ *be all talk* praats hebben ⟨maar niets presteren⟩; *a lot of talk* veel praats ⚫ *end in talk* tot niets (concreets) leiden; *all talk and no trousers* veel geschreeuw en weinig wol
³**talk** /tɔːk/ [onov ww] [1] **spreken,** praten, zich uiten ♦ zie: **talk about;** ⟨fig⟩ *talk above/over the heads of one's audience* over de hoofden van zijn gehoor heen praten; zie: **talk at;** *talk away for hours* urenlang praten; zie: **talk back;** *talk big/large/tall* een grote mond hebben; pochen, opscheppen, snoeven; ⟨inf⟩ *you can/can't talk* moet je horen wie het zegt; *do the talking* het woord voeren; zie: **talk down; make s.o. talk** iemand aan het praten krijgen; zie: **talk of; teach a parrot to talk** een papegaai leren spreken; ⟨inf⟩ *now you're talking* zo mag ik het horen; *talk round sth.* ergens omheen draaien/praten; zie: **talk to;** zie: **talk up; talk with s.o.** een gesprek/onderhoud hebben met ie-

talk

mand; *talk with the hands* met zijn handen praten ② **roddelen**, praten ♦ *people will talk* er wordt nu eenmaal geroddeld · ⟨sprw⟩ *money talks* geld regeert de wereld; ⟨sprw⟩ *talk of the devil and he is sure to appear* als men van de duivel spreekt, trapt men op zijn staart; → **talking**

⁴**talk** /tɔ:k/ [ov ww] ① **spreken over**, discussiëren over, bespreken, praten (over) ♦ ⟨AE; sl⟩ *talk s.o.'s ear off* iemand de oren van het hoofd praten; *talk s.o. into his grave* iemand het graf in praten; ⟨inf⟩ *talk s.o.'s head off* iemand de oren van het hoofd praten; *talk o.s. hoarse* praten tot men hees is; *talk one's way out of sth.* zich ergens uitpraten ② **zeggen, uiten** ③ **(kunnen) spreken** · ⟨een taal⟩ ♦ *talk Spanish* Spaans spreken · *talk away the time* de tijd verpraten; zie: **talk down**; *talk o.s. into a job* door overredingskracht een baan krijgen; *talk s.o. into (doing) sth.* iemand overhalen iets te doen; zie: **talk out**; *talk s.o. out of (doing) sth.* iemand iets uit het hoofd praten, iemand overhalen iets niet te doen; *talk o.s. out of a difficult situation* zich uit een moeilijke situatie praten; zie: **talk over**; *talk s.o. round (to sth.)* iemand ompraten/overhalen (tot iets); *he talks the talk, but he doesn't really walk the walk* hij belooft veel, maar doen ho maar; ± veel geschreeuw, weinig wol; zie: **talk through**; zie: **talk up**; → **talking**

talk about [onov ww] ① **spreken over**, bespreken, het hebben over ♦ *know what one is talking about* zijn zaakjes kennen, weten waar men het over heeft; ⟨inf⟩ *talk about problems!* over problemen gesproken! ② **roddelen over** ♦ *be talked about* in opspraak zijn, over de tong gaan; *get talked about* in opspraak raken ③ **spreken van**, het hebben over, zijn voornemen uiten (om) ♦ *they're talking about emigrating to Australia* zij overwegen emigratie naar Australië

talk at [onov ww] ① **spreken tot**, zich richten tot, toespreken ♦ *don't talk at me, but to me!* spreek niet tot mij, maar tegen/met mij! ② **spreken over**, opmerkingen maken over ⟨iemand, binnen gehoorsafstand, tegen anderen⟩ ♦ *he rather talked at me than to his wife* zijn woorden waren eerder voor mij bedoeld dan voor zijn vrouw

talk·a·thon /ˈtɔ:kəθɒn, ˈtɔ:kəθɑn/ [telb zn] ① **marathondiscussie** ② ⟨pol⟩ **filibuster**

talk·a·tive /ˈtɔ:kətɪv/ [bn; bw: ~ly; zn: ~ness] **praatgraag, praatziek**, praterig

talk back [onov ww] ① **(brutaal) reageren**, van repliek dienen ♦ *talk back to s.o.* iemand van repliek dienen ② ⟨radio/tv⟩ **spreken via een radioverbinding**, ⟨i.h.b.⟩ reageren ⟨op een radioprogramma⟩

talk-back [telb zn] **tweezijdige radioverbinding**, zendontvanginstallatie

¹**talk down** [onov ww] **neerbuigend praten** ♦ *talk down to one's audience* afdalen tot het niveau van zijn gehoor, zijn gehoor neerbuigend toespreken

²**talk down** [ov ww] ① **overstemmen** ② **onder de tafel praten** ③ **binnenpraten** ⟨vliegtuig⟩

talk·ee-talk·ee /ˌtɔ:kiːˈtɔ:ki/ [niet-telb zn] ① **(onophoudelijk) geklets**, gekwek ② **koeterwaals**

talk·er /ˈtɔ:kə, ˈ-ər/ [telb zn] ① **prater** ② **sprekende vogel**

talk·fest /ˈtɔ:kfest/ [telb zn] ① **marathondiscussie** ② **informele discussie(bijeenkomst)**

talk·ie /ˈtɔ:ki/ [telb zn] ⟨inf⟩ ① → **walkie-talkie** ② ⟨vero⟩ **sprekende film**, geluidsfilm

talk-in [telb zn] ① **talk-in**, protestvergadering ⟨met veel sprekers⟩ ② **causerie** ③ **discussie(vergadering)**

talk·ing /ˈtɔ:kɪŋ/ [bn; tegenwoordig deelw van talk] **sprekend** ⟨ook figuurlijk⟩, expressief ♦ *talking bird* sprekende vogel; *talking book* gesproken boek; *talking film/picture* sprekende film; ⟨vnl pej⟩ *talking head(s)* (tv-beeld(en) met alleen maar) hoofd van spreker

talking point [telb zn] ① **onderwerp van discussie**, discussiepunt, gespreksstof ② **sterk punt**, argument, pluspunt

talk·ing-to [telb zn] ⟨inf⟩ **reprimande**, terechtwijzing ♦ *(give s.o.) a good talking-to* een hartig woordje (met iemand spreken)

talk of [onov ww] ① **spreken over**, bespreken, spreken van ♦ ⟨aan begin van de zin⟩ *talking of plants* over planten gesproken ② **spreken van,** het hebben over, zijn voornemen uiten (om) ♦ *talk of doing sth.* het erover hebben/van plan zijn/voornemens zijn iets te doen · ⟨sprw⟩ *talk of the devil and he is sure to appear* als men van de duivel spreekt, trapt men op zijn staart

talk out [ov ww] ① **uitvoerig spreken over**, doodpraten ♦ *talk out a bill* door lange redevoeringen het aannemen van een wet verhinderen ② **uitpraten**

talk over [ov ww] ① **(uitvoerig) spreken over**, uitvoerig bespreken ♦ *talk things over with s.o.* de zaak (uitvoerig) met iemand bespreken ② **ompraten**, overhalen ♦ *talk s.o. over to sth.* iemand ompraten, iemand overhalen tot iets

talk radio [niet-telb zn] **praatradio**, talkradio

talk show [telb zn] **praatprogramma** ⟨op tv⟩

talk-talk [niet-telb zn] ⟨AE; sl⟩ **geklets**, geroddel

talk through [ov ww] ⟨dram⟩ **doorpraten**, doornemen ♦ *talk s.o. through a scene* een scène met iemand doornemen

talk time [niet-telb zn] ⟨telefonie⟩ **beltijd**, gesprekstijd, spreektijd

talk to [onov ww] ① **spreken tegen/met** ♦ *talk to o.s.* een monoloog houden, tegen zichzelf praten, het tegen zichzelf hebben ② ⟨inf⟩ **ernstig praten met**, ernstig toespreken

¹**talk up** [onov ww] ① **luid (en duidelijk) spreken** ② **een grote mond hebben** ♦ *talk up to the boss* een grote mond opzetten tegen de baas

²**talk up** [ov ww] ⟨AE⟩ **ophemelen**, campagne voeren voor ♦ *talk up s.o.'s candidacy* voor iemands kandidatuur campagne voeren · *he was talking it up with the girls* hij was druk aan het babbelen met de meisjes

talk·y /ˈtɔ:ki/ [bn; vergr trap: talkier] ① **praatziek** ② **langdradig**

talk·y-talk [niet-telb zn] **geklets,** gezwets, kletspraat, geouwehoer

¹**tall** [HEIGHT] /tɔ:l/ [bn; vergr trap: taller; zn: ~ness] ① **lang** ⟨van persoon⟩, rijzig, groot ♦ *6 feet tall* 1.80 m (lang) ② **hoog** ⟨van boom, mast enz.⟩ ♦ *10 feet tall* 3 m hoog; *tall hat* hoge zijden hoed ③ ⟨inf⟩ **exorbitant**, overdreven, te groot ♦ *tall order* onredelijke eis; *tall story/tale* sterk verhaal ④ ⟨sl⟩ **'te gek'**, prima, uitstekend · *tall drink* longdrink; ⟨AuE; inf⟩ *tall poppy* hoge ome; *tall ship* vierkant getuigd schip; ⟨inf⟩ *tall talk* opschepperij, gesnoef

²**tall** /tɔ:l/ [bw] ⟨inf⟩ ① **overdreven**, op exorbitante wijze ② **rechtop**

tal·lage /ˈtælɪdʒ/ [niet-telb zn] ⟨gesch⟩ ① **(gemeente)belasting**, tol ② **feodale belasting**

tall-boy [telb zn] ⟨BE⟩ ① **hoge ladekast** ② **hoge schoorsteenmantel**

tal·li·er /ˈtæliə, ˈ-ər/ [telb zn] ① **ladingcontroleur**, ladingschrijver, tallyklerk ② **persoon die op afbetaling levert**

tall·ish /ˈtɔ:lɪʃ/ [bn] ① **vrij groot**, vrij lang ② **vrij hoog**

tal·lith /ˈtælɪθ/ [telb zn; mv: tallithim /ˈtælɪθiːm/] ⟨jod⟩ **talliet** ⟨gebedsmantel⟩

tall oil [niet-telb zn] **tallolie**, dennenolie

¹**tal·low** /ˈtæloʊ/ [niet-telb zn] **talg** ⟨dierlijk vet⟩, talk ♦ *vegetable tallow* plantaardige talk

²**tal·low** /ˈtæloʊ/ [ov ww] ① **besmeren (met talk)** ② **mesten** ⟨dieren, om talk te verkrijgen⟩

tal·low·ish /ˈtæloʊɪʃ/ [bn] **talkachtig**

tal·low-tree [telb zn] ⟨plantk⟩ **talkboom** ⟨genus Stillingia⟩

tal·low·y /ˈtæloʊi/ [bn] ① **van talk,** talk- ② **talkachtig**

¹**tal·ly** /ˈtæli/ [telb zn] ① **rekening** ② **inkeping** ③ **label,** etiket, merk ④ **overeenkomstig deel**, duplicaat, tegenhanger, kopie ♦ *tally of sth.* duplicaat van iets ⑤ **score**, stand

⁶ scorebord ⁷ bepaalde hoeveelheid, (aan)tal ⟨waren⟩ ♦ *buy by the tally* bij het tal kopen ⑧ ⟨gesch⟩ kerfstok, lat

²**tal·ly** /ˈtæli/ [telb + niet-telb zn] aantekening ♦ *keep (a) tally (of)* aantekening houden (van)

³**tal·ly** /ˈtæli/ [onov ww] ① (in)kerven, aanstrepen ② overeenkomen, gelijk zijn, kloppen, stroken ♦ *tally with* overeenkomen met, gelijk zijn aan ③ de stand bijhouden

⁴**tal·ly** /ˈtæli/ [ov ww] ① berekenen ② tellen ♦ *tally up* optellen, berekenen ③ aantekenen, aanstrepen ④ labelen ⑤ ⟨scheepv⟩ tallyen, controleren, tellen

tally clerk [telb zn] ladingschrijver, tallyklerk, tallyman

¹**tal·ly·ho** /ˌtæliˈhoʊ/ [telb zn] ⟨jacht⟩ hallali ♦ *tallyho!* hallali!

²**tal·ly·ho** /ˌtæliˈhoʊ/ [onov ww] ⟨jacht⟩ hallali roepen

³**tal·ly·ho** /ˌtæliˈhoʊ/ [ov ww] ⟨jacht⟩ opjagen ⟨honden, door roepen van hallali⟩

tal·ly·man /ˈtælimən/ [telb zn; mv: tallymen /-mən/] ⟨BE⟩ ① ± eigenaar van/verkoper in afbetalingsmagazijn ② afbetalingscolporteur ③ → tally clerk

tal·ly·sheet [telb zn] tallyboekje, ladingboek

tally system, tally trade [telb zn; the] ⟨BE⟩ ① afbetalingsstelsel ② huurkoopsysteem

Tal·mud /ˈtælmʊd/ [eigenn; the] ⟨jod⟩ Talmoed

Tal·mu·dic /tælˈmʊdɪk/, **Tal·mu·di·cal** /-ɪkl/ [bn] ⟨jod⟩ Talmoedisch

Tal·mu·dist /ˈtælmʊdɪst/ [telb zn] ⟨jod⟩ Talmoedist

tal·on /ˈtælən/ [telb zn] ① klauw ⟨in het bijzonder van een roofvogel⟩ ② ⟨kaartsp⟩ talon, stok, koopkaarten, pot ③ ⟨fin⟩ talon ④ ⟨bouwk⟩ talaan, talon ⑤ ⟨techn⟩ schieter ⟨van een slot⟩ ⑥ ⟨bouwk⟩ ojief

tal·on·ed /ˈtælənd/ [bn] met klauwen

¹**ta·lus** /ˈteɪləs/ [telb zn] ① talud, helling ② puinkegel

²**ta·lus** /ˈteɪləs/ [telb zn; mv: tali /ˈteɪlaɪ/] ⟨anat⟩ enkel(bot)

tam /tæm/ [telb zn] (verk: tam-o'-shanter) ⟨Schotse⟩ baret

TAM [afk] (television audience measurement)

tamability [niet-telb zn] → **tameability**

tamable [bn] → **tameable**

ta·ma·le /təˈmɑːli/ [niet-telb zn] tamale ⟨Mexicaans maisgerecht⟩

ta·man·dua /tæmənˈduːə/ [telb zn] ⟨dierk⟩ tamandoea, boommiereneter ⟨Tamandua tetradactyla⟩

tam·a·noir /ˌtæmənˈwɑː, ˌ-ˈwɔːr/ [telb zn] ⟨dierk⟩ miereneter ⟨Myrmecophaga jubata⟩

¹**tam·a·rack** /ˈtæməræk/ [telb zn] ⟨plantk⟩ Amerikaanse lariks/lork ⟨in het bijzonder Larix laricina⟩

²**tam·a·rack** /ˈtæməræk/ [niet-telb zn] lorkenhout

tam·a·rin /ˈtæmərɪn/ [telb zn] ⟨dierk⟩ tamarin ⟨Zuid-Amerikaans zijdeaapje; genus Saguinus⟩

tam·a·rind /ˈtæmərɪnd/ [telb zn] ① ⟨plantk⟩ tamarinde(boom) ⟨Tamarindus indica⟩ ② tamarindevrucht

tam·a·risk /ˈtæmərɪsk/ [telb zn] ⟨plantk⟩ tamarisk ⟨genus Tamarix⟩ ♦ *common/French tamarisk* Franse tamarisk ⟨Tamarix gallica⟩

¹**tam·bour** /ˈtæmbʊə, ˌ-ˈbʊr/ [telb zn] ① trom(mel), tamboer ② tamboereerraam ③ tamboereerwerk ④ tochtportaal ⑤ schuifklep ⟨van een bureau⟩ ⑥ palissade, tamboer ⑦ ⟨bouwk⟩ tamboer ⑧ ⟨dierk⟩ trommelvis ⟨Pogonias chromis⟩

²**tam·bour** /ˈtæmbʊə, ˌ-ˈbʊr/ [ov ww] borduren op een tamboereerraam, tamboereren

tam·bou·ra, tam·bu·ra /tæmˈbʊərə, ˌ-ˈbʊrə/ [telb zn] tamboera ⟨Indiase langhalsluit⟩

tam·bou·rin /ˈtæmbərɪn/ [telb zn] ① tambourin ⟨lange smalle Provençaalse trommel⟩ ② ⟨dans op⟩ tambourinmuziek

tam·bou·rine /ˌtæmbəˈriːn/ [telb zn] ① tamboerijn, rinkelbom ② ⟨dierk⟩ trommelduif ⟨Columba tympanistria⟩

¹**tame** /teɪm/ [bn; vergr trap: tamer; bw: ~ly; zn: ~ness] ① tam, getemd, mak ② gedwee, meegaand ③ ⟨AE⟩ gekweekt, tam, veredeld ⟨van planten⟩ ④ ⟨inf⟩ oninteressant, saai, kleurloos, tam

²**tame** /teɪm/ [ov ww] ① temmen, ⟨fig⟩ bedwingen, beteugelen, intomen ♦ *man tames nature* de mens bedwingt de natuur ② temperen, verzachten ♦ *time will tame his passion* de tijd zal zijn passie temperen

tame·a·bil·i·ty, tam·a·bil·i·ty /ˌteɪməbɪˈlɪti/ [niet-telb zn] tembaarheid

tame·a·ble, tam·a·ble /ˈteɪməbl/ [bn; bw: tameably] tembaar, te temmen

tam·er /ˈteɪmə, ˌ-ər/ [telb zn] temmer

¹**Tam·il** /ˈtæmɪl/ [eigenn] Tamil ⟨Dravidische taal⟩

²**Tam·il** /ˈtæmɪl/ [telb zn; mv: ook Tamil] Tamil ⟨bewoner van Zuid-India⟩

³**Tam·il** /ˈtæmɪl/ [bn] Tamil-

Ta·mil·ian /təˈmɪliən/ [bn] ① m.b.t. het Tamil ② m.b.t. de Tamils ③ Dravidisch

tam·is /ˈtæmi, ˈtæmɪs/ [telb zn] teems ⟨zeef van kamgaren⟩

¹**Tam·ma·ny** /ˈtæməni/, **Tammany Hall** [eigenn] ⟨AE; gesch⟩ Tammany ⟨organisatie van de democratische partij in New York City⟩

²**Tam·ma·ny** /ˈtæməni/ [bn] ⟨AE⟩ (politiek) corrupt

¹**tam·my** /ˈtæmi/ [telb zn] ① teems, zeef ② (verk: tam-o'-shanter)

²**tam·my** /ˈtæmi/ [niet-telb zn] stamijn, zeefdoek

tam-o'-shan·ter /ˌtæməˈʃæntə, ˌ-ˈʃæntər/ [telb zn] ⟨Schotse⟩ baret

ta·mox·i·fen /təˈmɒksɪfən, ˌ-ˈmɑ-/ [niet-telb zn] ⟨med; handelsmerk⟩ tamoxifen ⟨medicijn tegen borstkanker⟩

tamp /tæmp/ [ov ww] ① opvullen ⟨gat van springlading⟩ ② aandrukken ⟨bijvoorbeeld tabak in pijp⟩ ♦ *tamp sth. down* iets aandrukken ③ aanstampen ♦ *tamp sth. down* iets aanstampen; → **tamping**

tam·pan /ˈtæmpæn/ [telb zn] tampan ⟨Zuid-Afrikaanse giftige teek⟩

Tam·pax /ˈtæmpæks/ [telb zn; mv: Tampax] ⟨merknaam⟩ tampon

tamp·er /ˈtæmpə, ˌ-ər/ [telb zn] ① (pneumatische) stamper ② iemand die (aan)stampt ③ ⟨techn⟩ reflector ⟨van atoombom⟩

tam·per·er /ˈtæmpərə, ˌ-ər/ [telb zn] ① knoeier ② bemoeial ③ intrigant

tam·per·ev·i·dent, ⟨AE⟩ **tam·per·re·sis·tant** [bn] ± verzegeld ⟨zodat er niet mee geknoeid kan worden⟩

tam·per-proof [bn] ① bestand tegen knoeierij, niet te vervalsen ② onomkoopbaar

tam·per with [onov ww] ① knoeien met, verknoeien ♦ *tamper with documents* documenten vervalsen ② zich bemoeien met ③ komen aan, zitten aan ④ heulen met ⟨de vijand⟩ ⑤ omkopen

tamp·ing /ˈtæmpɪŋ/ [niet-telb zn; gerund van tamp] ① opvulmateriaal, opvulsel, prop ② het opvullen

tam·pi·on /ˈtæmpiən/, **tom·pi·on** /ˈtɒm-, ˌˈtɑm-/ [telb zn] ① prop ⟨voor een kanon⟩ ② plug

¹**tam·pon** /ˈtæmpɒn, ˌ-pɑn/ [telb zn] tampon

²**tam·pon** /ˈtæmpɒn, ˌ-pɑn/ [ov ww] tamponneren

tam·pon·ade /ˌtæmpəˈneɪd/, **tam·pon·age** /-pənɪdʒ/, **tam·pon·ment** /-pənmənt/ [niet-telb zn] ⟨med⟩ tamponnade

tam-tam /ˈtæmtæn/ [telb zn] ① gong ② tamtam, trommel

¹**tan** /tæn/ [telb zn] ① (geel)bruine kleur ⟨in het bijzonder van zongebrande huid⟩

²**tan** /tæn/ [niet-telb zn] ① taan, looi ② run ⟨fijngemalen eikenschors of hout⟩ ♦ *spent tan* run ③ ⟨the⟩ ⟨sl⟩ circus, piste ④ ⟨the⟩ ⟨sl⟩ manege

³**tan** /tæn/ [bn] ① runkleurig, taankleurig ② geelbruin ③ zongebruind

⁴**tan** /tæn/ [onov ww] ① bruin worden ⟨door de zon⟩ ② gelooid worden ⟨van huiden⟩; → **tanning**

⁵**tan** /tæn/ [ov ww] ① bruinen ⟨zon⟩ ② looien, tanen ③ ⟨sl⟩

afranselen ♦ ⟨fig⟩ *tan s.o.'s hide*/*the hide off s.o.* iemand afranselen; → tanning

⁶**tan** [afk] (tangent) tg

tan·a·ger /tænədʒə, ᴬ-ər/ [telb zn] ⟨dierk⟩ tanager ⟨Amerikaanse vogel; Thraupis episcopus⟩

Tan·a·gra fig·u·rine /tænəgr -, tənægrə -/, **Tanagra statuette** [telb zn] tanagrabeeldje ⟨Oud-Grieks terracotta⟩

tan-bark [niet-telb zn] run ⟨fijngemalen eikenschors of hout⟩

¹**tan·dem** /tændəm/ [telb zn] ① tandem, tweezitsfiets ② tandem(bespanning) ⟨met twee of meer paarden achter elkaar⟩ ♦ *in tandem* achter elkaar ③ paardentandem ⟨soort rijtuig⟩ ⦁ *in tandem (with)* tegelijkertijd (met); samen (met), in samenwerking (met)

²**tan·dem** /tændəm/ [bw] achter elkaar ♦ *drive tandem* met twee of meer paarden achter elkaar rijden

tan·door·i /tænduəri, ᴬ-duri/ [niet-telb zn; ook attributief] tandoori ⟨boven houtskool in kleioven bereid(e) vlees/groenten⟩

¹**tang** /tæŋ/ [telb zn] ① scherpe (karakteristieke) lucht, indringende geur ② scherpe smaak ③ smaakje ⟨figuurlijk⟩, zweem, tikje ♦ *a tang of sth.* een zweem van iets ④ ⟨benaming voor⟩ scherp uitsteeksel, angel, arend, staart ⟨van mes, beitel e.d.⟩, doorn ⟨van mes⟩, tand ⟨van vork⟩ ⑤ ⟨benaming voor⟩ scherpe (onaangename) klank, gerinkel, gekletter, geschetter ⑥ ⟨plantk⟩ zeewier ⟨genus Fucus⟩

²**tang** /tæŋ/ [onov ww] ⟨benaming voor⟩ ⟨scherp⟩ klinken, rinkelen, kletteren, schetteren

³**tang** /tæŋ/ [ov ww] ⟨scherp⟩ doen klinken

tan·ga /tæŋɡə/ [telb zn] ⟨mode⟩ tanga(slipje)

tan·ge·lo /tændʒəloʊ/ [telb zn] tangelo ⟨kruising van een mandarijn en een grapefruit⟩

tan·gen·cy /tændʒənsi/ [niet-telb zn] het raken

¹**tan·gent** /tændʒənt/ [telb zn] ① raaklijn, tangente ② tangens ♦ ⟨wisk⟩ *tangent of an angle* tangens van een hoek ③ invalshoek, golflengte ④ tangent ⟨van een klavichord⟩, hamertje ⦁ ⟨inf⟩ *fly/go off at a tangent* een gedachtesprong maken, plotseling van koers veranderen

²**tan·gent** /tændʒənt/ [bn] ⟨wisk⟩ raak- ⟨van een lijn, oppervlak enz.⟩ ♦ *tangent to* rakend aan

tangent compass, tangent galvanometer [telb zn] ⟨elek⟩ tangentenboussole

tan·gen·tial /tændʒenʃl/ [bn; bw: ~ly] ① rakend ② tangentieel ③ ⟨form⟩ divergerend ④ oppervlakkig ⟨figuurlijk⟩

tangent sight [telb zn] opzet ⟨van een vuurwapen⟩

¹**tan·ger·ine** /tændʒəriːn, ᴬtændʒəriːn/, **tangerine orange** [telb + niet-telb zn] ⟨plantk⟩ mandarijn(tje) ⟨Citrus nobilis deliciosa⟩

²**tan·ger·ine** /tændʒəriːn, ᴬtændʒəriːn/, **tangerine orange** [niet-telb zn] feloranje

Tangerine [bn] van Tanger

tan·gi·bil·i·ty /tændʒəbɪləti/ [niet-telb zn] tastbaarheid, voelbaarheid

tan·gi·ble /tændʒəbl/ [bn; bw: tangibly; zn: ~ness] tastbaar ⟨ook figuurlijk⟩, voelbaar, concreet ♦ ⟨jur⟩ *tangible assets* activa

¹**tan·gle** /tæŋɡl/ [telb zn] ① knoop ⟨ook figuurlijk⟩, klit ⟨in haar, wol e.d.⟩, ⟨fig⟩ verwikkeling, probleem ♦ *in a tangle* in de war, in de knoop ② verwarring, wirwar, kluwen ③ ⟨inf⟩ conflict, onenigheid, moeilijkheden ♦ *get into a tangle with s.o.* met iemand in conflict raken

²**tan·gle** /tæŋɡl/ [niet-telb zn] ⟨plantk⟩ soort zeewier ⟨genus Laminaria⟩

³**tan·gle** /tæŋɡl/ [onov ww] ① in de knoop raken, klitten ② in de war raken, in verwarring raken ♦ ⟨inf, fig⟩ *tangle with s.o.* verwikkeld raken in een handgemeen/ruzie met iemand

⁴**tan·gle** /tæŋɡl/ [ov ww] ① verwarren ♦ *be tangled up* in de knoop zitten ② compliceren ♦ *a tangled matter* een ingewikkelde zaak

tang·ly /tæŋɡli/ [bw] ① verward, ingewikkeld ② met zeewier bedekt

¹**tan·go** /tæŋɡoʊ/ [telb zn] tango(dans)

²**tan·go** /tæŋɡoʊ/ [telb + niet-telb zn] tango(muziek)

³**tan·go** /tæŋɡoʊ/ [onov ww] de tango dansen

tan·gram /tæŋɡræm, ᴬ-ɡrəm/ [telb zn] tangram ⟨Chinese legpuzzel van 7 stukken⟩

tang·y /tæŋi/ [bn; vergr trap: tangier] scherp, pittig

tanh [afk] (hyperbolic tangent)

tan·ist /tænɪst/ [telb zn] ⟨gesch⟩ gekozen opvolger van de leider ⟨bij de Kelten⟩

tan·ist·ry /tænɪstri/ [niet-telb zn] ⟨gesch⟩ opvolging van de leider d.m.v. verkiezingen ⟨bij de Kelten⟩

¹**tank** /tæŋk/ [telb zn] ① tank, voorraadtank, reservoir ② ⟨mil⟩ tank, pantserwagen ③ ⟨IndE⟩ ⟨gegraven⟩ waterreservoir, waterbassin ④ ⟨AE, gew⟩ poel, plas ⑤ ⟨AE; sl⟩ cel, lik, bajes ⦁ ⟨AE; inf⟩ *be/go in the tank* slecht presteren, verlies lijden

²**tank** /tæŋk/, ⟨ook⟩ **tank up** [onov ww] ① tanken, laden, (bij)vullen ② ⟨sl⟩ zich volgieten, hijsen, zuipen ♦ *get tanked (up)* zich vol laten lopen

³**tank** /tæŋk/, **tank up** [ov ww] in een tank laden/opslaan/behandelen

tan·ka /tæŋkə, ᴬtɑ̃ŋkə/ [telb zn] tanka ⟨Japans gedicht van 31 lettergrepen⟩

tank act, tank fight, tank job [telb zn] ⟨AE; sl⟩ verkochte bokswedstrijd ⟨waarbij een van de deelnemers is betaald om te verliezen⟩

tank·age /tæŋkɪdʒ/ [niet-telb zn] ① tankopslag ② opslagkosten ③ tankruimte, tankinhoud ④ soort kunstmest ⟨ongeveer als beendermeel⟩

tank·ard /tæŋkəd, ᴬ-kərd/ [telb zn] drinkkan, (bier)kroes

tank-en·gine, tank locomotive [telb zn] tenderlocomotief

tank·er /tæŋkə, ᴬ-ər/ [telb zn] ① tanker ② tankauto

tank·er·ship, tank·ship, tanker steamer [telb zn] tanker, tankschip

tank farm [telb zn] opslagterrein van olietanks

tank-farm·ing [niet-telb zn] watercultuur, hydrocultuur

tank·ful /tæŋkfʊl/ [telb zn] tanklading

tan·ki·ni /tæŋkiːni/ [telb zn] tankini ⟨bikini met een topje⟩

tank suit [telb zn] ⟨AE⟩ (onaantrekkelijk) eendelig badpak

tank top [telb zn] (mouwloos) T-shirt, topje

tank town [telb zn] ⟨AE; sl⟩ gat, gehucht

tank-trap [telb zn] ⟨mil⟩ tankval

tan-liq·uor, tan-ooze, tan-pick·le [niet-telb zn] looistof

tan·na·ble /tænəbl/ [bn] looibaar, te looien

tan·nage /tænɪdʒ/ [niet-telb zn] ① het looien ② looiproducten

tan·ner /tænə, ᴬ-ər/ [telb zn] ① looier, leerbereider ② ⟨vero; BE; sl⟩ zesstuiverstuk

¹**tan·ner·y** /tænəri/ [telb zn] looierij

²**tan·ner·y** /tænəri/ [niet-telb zn] het looien

tan·nic /tænɪk/ [bn] m.b.t. tannine, looi- ♦ *tannic acid* tannine, looizuur

tan·nin /tænɪn/, **tan·nate** /tæneɪt/ [niet-telb zn] looizuur, tannine

¹**tan·ning** /tænɪŋ/ [telb zn; (oorspronkelijk) gerund van tan] ⟨sl⟩ pak slaag

²**tan·ning** /tænɪŋ/ [niet-telb zn; (oorspronkelijk) gerund van tan] looiing, het looien

tan·noy /tænɔɪ/ [telb zn] ⟨BE⟩ intercom ⟨oorspronkelijk merknaam⟩ ♦ *say over the tannoy* omroepen

tanrec [telb zn] → tenrec

tan·sy /tænzi/ [telb + niet-telb zn] ⟨plantk⟩ wormkruid ⟨genus Tanacetum⟩, ⟨i.h.b.⟩ boerenwormkruid ⟨T. vulgare⟩

tan·tal·ic /tæntælɪk/ [bn] ⟨scheik⟩ m.b.t. tantalium

tan·ta·lite /tæntəlaɪt/ [niet-telb zn] ⟨scheik⟩ tantaliet

tan·ta·li·za·tion, tan·ta·li·sa·tion /tæntəlaɪzeɪʃn, ^tæntəlǝzeɪʃn/ [telb + niet-telb zn] tantaluskwelling, tantalisering, tandentarging

tan·ta·lize, tan·ta·lise /tæntəlaɪz/ [ov ww] [1] doen watertanden, tantaliseren, kwellen [2] verwachtingen wekken; → tantalizing

tan·ta·liz·ing, tan·ta·lis·ing /tæntəlaɪzɪŋ/ [bn; (oorspronkelijk) tegenwoordig deelw van tantalize; bw: ~ly] aanlokkelijk, verleidelijk, aantrekkelijk, verlokkend ♦ *tantalizing blouse* verleidelijke/opwindende bloes; *it is tantalizing to think that ...* het is verleidelijk om te denken dat ...; *we were tantalizingly close* we waren er ontzettend dicht bij

tan·ta·lum /tæntələm/ [niet-telb zn] ⟨scheik⟩ tantaal, tantalium ⟨element 73⟩

tan·ta·lus /tæntələs/ [telb zn] [1] afsluitbaar drankenkastje [2] ⟨dierk⟩ nimmerzat ⟨Ibis ibis⟩ [3] ⟨dierk⟩ schimmelkopooievaar ⟨Mycteria americana⟩

tan·ta·mount /tæntəmaʊnt/ [bn, pred] gelijk(waardig) ♦ *tantamount to* te vergelijken met; *be tantamount to* neerkomen op, overeenkomen met

tantara [telb + niet-telb zn] → taratantara

¹**tan·tiv·y** /tæntɪvi/ [telb zn] ⟨vero⟩ bepaalde jachtkreet

²**tan·tiv·y** /tæntɪvi/ [bn] snel

³**tan·tiv·y** /tæntɪvi/ [bw] [1] in galop [2] met topsnelheid

tant pis /tɑ̃piː/ [tw] des te erger, tant pis

tan·tra /tæntrə, ^tʌntrə/ [niet-telb zn] tantra ⟨ritueel voorschrift in hindoeïsme en boeddhisme⟩

tan·tric /tæntrɪk, ^tʌn-/ [bn] tantristisch

tan·trism /tæntrɪzm, ^tʌn-/ [niet-telb zn] tantrisme, leer der tantra's

tan·trist /tæntrɪst, ^tʌn-/ [telb zn] tantrist

tan·trum /tæntrəm/ [telb zn] woede-uitbarsting, slechte bui, vlaag van razernij, driftbui, kwade luim ♦ *he's in one of his tantrums* hij heeft weer eens een boze bui; *get into a tantrum* een woedeaanval krijgen; *throw a tantrum* een woedeaanval krijgen

Tan·za·ni·a /tænzəniːə/ [eigenn] Tanzania

Tanzania	
naam	Tanzania *Tanzania*
officiële naam	United Republic of Tanzania *Verenigde Republiek Tanzania*
inwoner	Tanzanian *Tanzaniaan*
inwoonster	Tanzanian *Tanzaniaanse*
bijv. naamw.	Tanzanian *Tanzaniaans*
hoofdstad	Dodoma *Dodoma*
munt	Tanzanian shilling *Tanzaniaanse shilling*
werelddeel	Africa *Afrika*
int. toegangsnummer 255 www .tz auto EAT	

¹**Tan·za·ni·an** /tænzəniːən/ [telb zn] Tanzaniaan(se)

²**Tan·za·ni·an** /tænzəniːən/ [bn] Tanzaniaans

Taoi·seach /tiːʃək, -ʃəx/ [eigenn] taoiseach ⟨titel van de minister-president van Ierland⟩

Tao·ism /taʊɪzm/ [niet-telb zn] ⟨rel, filos⟩ taoïsme

¹**Tao·ist** /taʊɪst/ [telb zn] ⟨rel, filos⟩ taoïst

²**Tao·ist** /taʊɪst/, **Tao·is·tic** /taʊɪstɪk/ [bn] ⟨rel, filos⟩ taoïstisch

¹**tap** /tæp/ [telb zn] [1] kraan, tap(kraan), spon, stop, zwik, bom ⟨van vat⟩ ♦ *the tap is leaking* de kraan lekt; *on tap* uit het vat, van de tap; ⟨fig⟩ meteen voorradig, zo voorhanden; *beer on tap* tapbier; *have jokes on tap* moppen voorhanden hebben; *she has money on tap* ze heeft het geld voor het opscheppen/als water; *turn the tap on/off* doe de kraan open/dicht [2] tik(je), klopje, klik ♦ *the tap of a pen* de klik van een pen; *a tap on a shoulder* een schouderklopje [3] aftakking ⟨van elektriciteit⟩ [4] (tap)drank, bier/wijn/cider uit het vat, drankje van de tap [5] tapperij, gelagkamer [6] ⟨AE⟩ (leren) lap, stuk leer ⟨voor schoenreparatie⟩ [7] ⟨techn⟩ (draad)snijtap [8] ⟨med⟩ aftapping, punctie ♦ *spinal tap* lumbaalpunctie [9] ⟨AE; inf⟩ afluisterapparatuur

²**tap** /tæp/ [onov ww] [1] tikken, kloppen, zachtjes slaan ♦ *tap at/on the door* op de deur tikken [2] trippelen, tippelen [•] *tap into* gebruiken, gebruikmaken van, profiteren van; ⟨AE; sl⟩ *tap out* al z'n geld kwijtraken, blut worden

³**tap** /tæp/ [ov ww] [1] doen tikken/kloppen ♦ *the signaller taps out a message* de seiner zendt een boodschap uit; *tap a pen* met een pen zitten tikken; *tap s.o. on the shoulder* iemand op de schouder kloppen [2] (af)tappen, afnemen ♦ ⟨fig⟩ *tap s.o.'s brains* iemand uithoren; *tap s.o. for blood* iemand bloed afnemen; ⟨fig⟩ *tap a person for information* informatie aan iemand ontfutselen; *tap a power line* ⟨heimelijk⟩ een aftakking in een elektriciteitsleiding maken, energie aftappen; *tap off wine from a cask* wijn tappen uit een vat; *tap a rubber-tree* een rubberboom aftappen; *her telephone was tapped* haar telefoon werd afgetapt/afgeluisterd [3] onttrekken, ontfutselen (aan), ⟨fig⟩ afluisteren, onderscheppen [4] openen, aanspreken, aanbreken ⟨ook figuurlijk⟩, aanboren, aansnijden, ⟨fig ook⟩ gebruiken, gebruikmaken van ♦ *tap a bottle* een fles aanspreken/aanbreken; *tap a new market* een nieuwe markt openleggen/toegankelijk maken; *tap one's last money* zijn laatste geld aanspreken; *tap new sources of energy* nieuwe energiebronnen aanboren; *tap a subject* een onderwerp aansnijden/aanroeren [5] van een tap/kraan/zwik voorzien, met een kraan uitrusten ♦ *tap a cask* een vat met een tap/kraan uitrusten [6] ⟨inf⟩ (om geld) vragen/bedelen, (proberen) los (te) krijgen van ♦ *I tapped an old aunt* ik vroeg om geld aan een oude tante; *he managed to tap his father for 200 pounds* het lukte hem 200 pond van zijn vader los te krijgen; ⟨AE; sl⟩ *tapped out* blut [7] ⟨AE⟩ lappen ⟨schoen⟩ [8] ⟨techn⟩ schroefdraad tappen [9] ⟨med⟩ laten ontsnappen ⟨vloeistof uit lichaam⟩, laten weglopen, wegnemen [10] (ver)kiezen

ta·pa /tɑːpə/ [niet-telb zn] bast van papiermoerbei ⟨gebruikt voor papierfabricage⟩

tap bolt [telb zn] tapbout

tap dance [telb zn] tapdans

tap dancing [niet-telb zn] het tapdansen

¹**tape** /teɪp/ [telb + niet-telb zn] [1] lint, band, koord, draad ♦ *insulating tape* isolatieband; *a parcel tied up with tape* een pakketje ingepakt met touw/koord [2] finishdraad, finishlint ♦ *breast the tape* het finishlint doorbreken, winnen, als eerste finishen [3] meetlint, centimeter [4] (magneet)band, geluidsband(je), muziekband(je), videotape, bandopname ♦ *borrow a tape* een band(opname) lenen; *a lot of tape was wasted* veel (geluids)band werd verspild; *magnetic tape* magnetische band [5] band, plakband, kleefband, tape ♦ *adhesive tape* plakband, kleefband [6] (papier)strook ⟨van telegraaftoestel⟩ [7] ⟨tennis, volleybal⟩ netband

²**tape** /teɪp/ [onov ww] meten, de maat opnemen

³**tape** /teɪp/ [onov + ov ww] opnemen, een (band)opname maken (van), op de band opnemen, tapen ♦ *tape a song* een liedje op de band vastleggen

⁴**tape** /teɪp/ [ov ww] [1] (vast)binden, inpakken, omwikkelen (met lint), inbinden, samenbinden, (met plakband) vastmaken ♦ *tape a book* een boek (bijeen)binden, delen van een boek samenbinden; *tape a card on the wall* een kaart met plakband aan de muur bevestigen; *tape a present* een geschenk inpakken (met touw/koord) [2] ⟨vnl passief⟩ ⟨AE⟩ verbinden, met verband omwikkelen ♦ *his knee was taped up* zijn knie zat in het verband [•] ⟨inf⟩ *have/get s.o. taped* iemand helemaal doorhebben, iemand door-

tape deck

zien; *tape sth. off* iets afplakken
tape deck [telb zn] tapedeck
tape drive [telb zn] ⟨comp⟩ tapedrive, (magneet)bandeenheid
tape line [telb zn] meetlint, centimeter, meetband
tape machine [telb zn] telegraaftoestel, telegrafeerapparaat
tape measure [telb zn] meetlint, centimeter, meetband
¹**ta·per** /teɪpə, ᴬ-ər/ [telb zn] ① (dunne) kaars ② (was)pit, lontje ③ (zwak/flauw) lichtje ④ (geleidelijke) versmalling ⟨bijvoorbeeld van lang voorwerp⟩, spits, spits/taps toelopend voorwerp
²**ta·per** /teɪpə, ᴬ-ər/ [bn, attr] ⟨vnl form⟩ taps (toelopend), spits, (geleidelijk) afnemend ♦ *her taper fingers* haar spitse vingers
³**ta·per** /teɪpə, ᴬ-ər/ [onov ww] ① taps/spits toelopen, geleidelijk smaller worden ♦ *this stick tapers off to a point* deze stok loopt scherp toe in een punt ② (geleidelijk) kleiner worden, verminderen, aflopen, teruglopen, tot een eind komen, afnemen, verzanden ♦ *their wonderful scheme tapered off* hun geweldige plan ging als een nachtkaars uit; *the organization tapered off very soon* al heel gauw brokkelde de organisatie af
⁴**ta·per** /teɪpə, ᴬ-ər/ [ov ww] ① smal(ler) maken, taps/spits doen toelopen, punten ♦ *taper a pole* een paal punten ② verkleinen, langzamerhand doen verminderen, doen afnemen ♦ *taper off unemployment* de werkloosheid verminderen/terugbrengen
tape record [ov ww] op (geluids)band opnemen
tape recorder [telb zn] bandrecorder, bandopnametoestel
tape recording [telb + niet-telb zn] bandopname, het opnemen op (geluids)band, weergave op band
tape·script [telb zn] transcriptie van tekst op band, tapescript
tape·stream·er [telb zn] ⟨comp⟩ tapestreamer
tap·es·tried /tæpɪstrɪd/ [bn] ① met wandkleden versierd, met tapisserieën behangen/gestoffeerd ♦ *a tapestried wall* een met een wandtapijt beklede muur ② in een wandkleed afgebeeld/verwerkt/voorgesteld ♦ *a tapestried battle* een in een wandtapijt geweven voorstelling van een veldslag
¹**tap·es·try** /tæpɪstri/ [telb zn] tapisserie, (hand)geweven wandtapijt, wandkleed, tapijtwerk
²**tap·es·try** /tæpɪstri/ [niet-telb zn] tapestry ⟨bekledingsstof van meubelen, muren⟩
ta·pe·tum /təpiːtəm/ [telb zn] ⟨biol⟩ tapetum
tape·worm [telb zn] ⟨med, biol⟩ lintworm ⟨subklasse Cestoda⟩
tape·writ·er [telb zn] lettertang
tap·i·o·ca /tæpiəʊkə/ [niet-telb zn] tapioca ⟨zetmeel⟩
ta·pir /teɪpə, ᴬ-ər/ [telb zn; mv: ook tapir] ⟨dierk⟩ tapir ⟨familie Tapiridae⟩
tap·is /tæpiː/ [zn] ▪ *on the tapis* in overweging/discussie, ter tafel, in bespreking; *a subject on the tapis* een onderwerp dat ter discussie staat; *bring sth. on the tapis* iets op het tapijt/ter sprake/te berde brengen, iets aan de orde stellen
ta·pote·ment /təpəʊtmənt/ [telb + niet-telb zn] beklopping ⟨bij massage⟩
tap·pet /tæpɪt/ [telb zn] ⟨techn⟩ arm ⟨van machine⟩, nok, kam, klepstoter
tap·pit-hen /tæpɪthen/ [telb zn] ⟨SchE⟩ ① kip/hen (met kam) ② drinkkan met (knop)deksel
tap·room [telb zn] tapperij, taphuis, gelagkamer
tap root [telb zn] ⟨plantk⟩ penwortel, hoofdwortel
taps /tæps/ [alleen mv; werkwoord voornamelijk enk] ⟨AE; mil⟩ signaal, trommelsignaal, hoornsignaal ⟨voor lichten uit; ook op militaire begrafenis⟩
tap·ster /tæpstə, ᴬ-ər/ [telb zn] tapper, tapster, schenk-

(st)er, barman, barmeisje
tap water [niet-telb zn] leidingwater
ta·que·ri·a /tækəriːə, tɑː-/ [telb zn] ⟨vnl AE⟩ Mexicaans (taco)restaurant
¹**tar** /tɑː, ᴬtɑr/ [telb zn] ⟨vero, inf⟩ pikbroek, pekbroek, zeeman, janmaat
²**tar** /tɑː, ᴬtɑr/ [telb + niet-telb zn] teer ♦ *how much tar does this cigarette contain?* hoeveel teer bevat deze sigaret? ▪ ⟨vnl AE; inf⟩ *beat/whale the tar out of s.o.* iemand een flink pak rammel geven/in elkaar slaan; ⟨sprw⟩ *it's no use spoiling the ship for ha'p'orth of tar* men moet om een ei geen pannenkoek bederven, ± wat men aan het zaad spaart verliest men aan de oogst
³**tar** /tɑː, ᴬtɑr/ [niet-telb zn] ⟨sl⟩ opium
⁴**tar** /tɑː, ᴬtɑr/ [onov + ov ww] teren, met teer bedekken/insmeren, ⟨fig⟩ zwartmaken ♦ *tar and feather s.o.* iemand met teer en veren bedekken ⟨als straf⟩; *tar a road* een weg met een laag teer bedekken
tar·a·did·dle, tar·ra·did·dle /tærədɪdl/ [telb zn] ⟨inf⟩ ① leugentje, onwaarheid ② gezwets (in de ruimte)
tar·a·ma·sa·la·ta /tærəməsəlɑːtə, ᴬtɑrəməsəlɑtə/ [telb zn] ⟨cul⟩ taramasalata ⟨roze vispaté⟩
tar·an·tel·la /tærəntelə/, **tar·an·telle** /-tel/ [telb zn] ⟨dans, muz⟩ tarantella(muziek)
tar·an·tism /tærəntɪzm/ [niet-telb zn] tarantisme, danswoede
tar·an·tu·la /tərænt͡ʃʊlə, ᴬ-t͡ʃələ/ [telb zn; mv: ook tarantulae /-liː/] ⟨dierk⟩ ① vogelspin ⟨familie Theraphosidae⟩ ② tarantula ⟨wolfspin; Lycosa tarentula⟩
tar·a·tan·ta·ra /tærətæntərə, -tæntɑːrə/, **tar·an·ta·ra** /tærəntərə, tærəntɑːrə/, **tan·ta·ra** /tæntərə, tæntɑːrə/ [telb + niet-telb zn] ① tetterettet, tatereta, taratarantara ⟨trompetgeluid/hoorngeluid⟩ ② fanfare
¹**ta·rax·a·cum** /təræksəkəm/ [telb + niet-telb zn] ⟨plantk⟩ paardenbloem ⟨genus Taraxacum⟩
²**ta·rax·a·cum** /təræksəkəm/ [niet-telb zn] ⟨aftreksel van⟩ paardenbloemwortel ⟨geneesmiddel⟩
tar·boosh, tar·bush /tɑːbuːʃ, ᴬtɑr-/ [telb zn] (moslim)hoed, (rode) fez
tar·brush [telb zn] teerkwast
¹**tar·di·grade** /tɑːdɪɡreɪd, ᴬtɑr-/ [telb zn] ⟨dierk⟩ beerdiertje ⟨orde Tardigrada⟩
²**tar·di·grade** /tɑːdɪɡreɪd, ᴬtɑr-/ [bn] ⟨dierk⟩ ① traag (bewegend), langzaam kruipend ⟨dier⟩ ② van/m.b.t./behorend tot de beerdiertjes
tar·dy /tɑːdi, ᴬtɑrdi/ [bn; vergr trap: tardier; bw: tardily; zn: tardiness] ① traag, sloom, achterblijvend, nalatig ♦ *he is tardy in paying* hij is langzaam/slecht van betalen; *tardy progress* langzame vooruitgang ② ⟨AE⟩ (te) laat, met oponthoud, vertraagd, verlaat, laat komend ♦ *be tardy for work* te laat op je werk komen ③ weifelend, onzeker, onwillig, aarzelend, dralend ♦ *his tardy acceptance of the situation* zijn aarzelende aanvaarding van de situatie
¹**tare** /teə, ᴬter/ [telb zn] ① ⟨vnl mv⟩ ⟨Bijb⟩ stuk onkruid, onkruidplant ♦ *tares in the cornfield* het onkruid in het korenveld; *separate the tares from the wheat* het kaf van het koren scheiden ② ⟨plantk⟩ voederwikke ⟨Vicia sativa⟩ ③ tarra(gewicht) ♦ *actual/real tare* nettotarra, reële tarra; *average tare* gemiddelde tarra, doorsneetarra; *customary tare* usotarra, gewone tarra; *estimated tare* geschatte tarra; *super tare* extra tarra ④ tarra, aftrekking van emballagegewicht, aftrek ⑤ dood/leeg gewicht ⟨van motorvoertuig, zonder lading/brandstof⟩ ⑥ tegenwicht
²**tare** /teə, ᴬter/ [ov ww] tarreren, het tarragewicht bepalen van, de tarra aangeven van ♦ *tare tea* thee tarreren
targe /tɑːdʒ, ᴬtɑrdʒ/ [telb zn] ⟨vero⟩ (klein rond) schild, beukelaar, rondschild
¹**tar·get** /tɑːɡɪt, ᴬtɑr-/ [telb zn] ① doel, roos, schietschijf, ⟨fig⟩ streven, doeleinde, doelstelling ♦ *on target* op de goede weg, in de goede richting ② doelwit ⟨van spot/kritiek⟩,

mikpunt ③ (klein rond) schild, beukelaar, rondschild ④ hals- en borststuk van lam ⑤ ⟨AE; spoorw⟩ signaalschijf ⟨bij wissel enz.⟩ ⑥ ⟨techn⟩ trefplaat(je) ⟨voor stralen⟩

²tar·get /tɑ:gɪt, ᴬtɑr-/ [ov ww] ① mikken op ♦ *he targets his audiences carefully* hij neemt zijn publiek zorgvuldig op de korrel ② richten ♦ *missiles targeted on Europe* raketten op Europa gericht

target archery [niet-telb zn] ⟨sport⟩ (het) (boog)schieten van de plaats

tar·get-card [telb zn] ⟨boogschieten⟩ aantekenschijf, scorekaart

target cross [telb zn] ⟨parachutespringen⟩ doelkruis ⟨bij precisiesprong⟩

target date [telb zn] streefdatum

target jumper [telb zn] ⟨parachutespringen⟩ precisiespringer

target language [telb zn] ⟨comp, taalk⟩ doeltaal

target practice [niet-telb zn] het schijfschieten

target seat [telb zn] ⟨BE; pol⟩ parlementszetel die de andere partij (dan de zittende) denkt te kunnen winnen

Tar·gum /tɑ:gəm, ᴬtɑrgʊm/ [telb zn] targoem ⟨Aramese vertaling van Oude Testament⟩

tar·heel [telb zn; vaak Tarheel] ⟨AE; scherts⟩ ⟨bijnaam van⟩ inwoner van North Carolina, ⟨bijnaam van⟩ iemand afkomstig uit North Carolina

¹**tar·iff** /tærɪf/ [telb zn] ① tarief, toltarief, invoerrechten, uitvoerrechten ♦ *postal tariffs* posttarieven; *preferential tariff on goods from a certain country* voorkeurstarief voor goederen uit een bepaald land; *retaliatory tariff* retorsierechten ② prijslijst, tarievenlijst, tariefkaart ③ ⟨sport, in het bijzonder schoonspringen⟩ moeilijkheidsfactor

²**tar·iff** /tærɪf/ [ov ww] ① tariferen, invoerrechten, uitvoerrechten vaststellen voor, belasten ② de prijs/het tarief bepalen van

tariff duty [telb zn; vaak mv] invoerrecht(en), uitvoerrecht(en)

tar·la·tan, tar·le·tan /tɑ:lətən, ᴬtɑr-/ [telb zn] tarlatan ⟨soort dunne, opengeweven mousseline⟩

¹**tar·mac** /tɑ:mæk, ᴬtɑr-/, **tar·mac·ad·am** /tɑ:məkædəm, ᴬtɑr-/ [telb zn] teermacadamweg(dek), tarmac, teermacadambaan ⟨bijvoorbeeld als landingsbaan⟩, teermacadampad

²**tar·mac** /tɑ:mæk, ᴬtɑr-/, **tar·mac·ad·am** /tɑ:məkædəm, ᴬtɑr-/ [niet-telb zn] teermacadam, teersteenslag

³**tar·mac** /tɑ:mæk, ᴬtɑr-/, **tar·mac·ad·am** /tɑ:məkædəm, ᴬtɑr-/ [ov ww] met teermacadam bedekken, verharden met teermacadam/teersteenslag

tarn /tɑ:n, ᴬtɑrn/ [telb zn] bergmeertje

tar·nal /tɑ:nl, ᴬtɑrnl/ [bn; bw; bw: ~ly] ⟨AE, gew⟩ vervloekt, verdomd, verdraaid ♦ *his tarnal pride* zijn verdomde trots

tar·na·tion /tɑ:neɪʃn, ᴬtɑr-/ [telb + niet-telb zn] ⟨AE, gew⟩ vervloeking, verdoemenis ♦ *what in tarnation are you talking about?* waar heb je het verdorie/verdomme over?

¹**tar·nish** /tɑ:nɪʃ, ᴬtɑr-/ [telb zn] aangelopen/aangeslagen oppervlak ⟨van metaal⟩

²**tar·nish** /tɑ:nɪʃ, ᴬtɑr-/ [telb + niet-telb zn] glansverlies, kleurverlies, dofheid, ⟨fig⟩ smet, bezoedeling, bevlekking

³**tar·nish** /tɑ:nɪʃ, ᴬtɑr-/ [onov ww] dof/mat worden, aanlopen, aanslaan ⟨van metaal⟩, ⟨fig⟩ aangetast/bezoedeld worden ♦ *this bracelet tarnishes* deze armband verkleurt/verliest zijn glans; *tarnishing fame* tanende roem

⁴**tar·nish** /tɑ:nɪʃ, ᴬtɑr-/ [ov ww] dof/mat maken, doen aanslaan/aanlopen/verkleuren, ⟨fig⟩ aantasten, bezoedelen ♦ *his tarnished honour* zijn aangetaste eer; *a tarnished reputation* een bezoedelde naam

tar·nish·a·ble /tɑ:nɪʃəbl, ᴬtɑr-/ [bn] besmettelijk, (snel) aanslaand/aanlopend, gauw dof/mat wordend, verkleurend

ta·ro /tɑ:roʊ/, **ta·ra** /tɑ:rə/ [telb zn] ⟨cul, plantk⟩ taro ⟨Colocasia esculenta⟩

tar·ot /tæroʊ, ᴬtæroʊ/, **tar·oc, tar·ok** /tærɒk, ᴬtərɑk/ [telb + niet-telb zn] ⟨kaartsp⟩ tarot, tarok

tar·pan /tɑ:pæn, ᴬtɑrpæn/ [telb zn] ⟨dierk⟩ tarpan ⟨klein paardensoort; Equus ferus gmelini⟩

tar·pa·per [niet-telb zn] teerpapier

¹**tar·pau·lin** /tɑ:pɔ:lɪn, ᴬtɑr-/, ⟨AE, AuE; inf⟩ **tarp** /tɑ:p, ᴬtɑrp/ [telb zn] ① matrozenpet ⟨bijvoorbeeld van gewaste taf⟩ ② ⟨vero, inf⟩ pikbroek, pekbroek, matroos, zeeman

²**tar·pau·lin** /tɑ:pɔ:lɪn, ᴬtɑr-/, ⟨AE, AuE; inf⟩ **tarp** /tɑ:p, ᴬtɑrp/ [telb + niet-telb zn] tarpaulin, teerkleed, presenning, geteerd zeildoek, waterdicht(e) jute(kleed)

tar·pon /tɑ:pɒn, ᴬtɑrpɑn/ [telb zn; mv: ook tarpon] ⟨dierk⟩ tarpon ⟨vis; Megalops atlanticus⟩

tarradiddle [telb zn] → taradiddle

tar·ra·gon /tærəgɒn, ᴬ-gɑn/ [niet-telb zn] ⟨cul, plantk⟩ dragon, slangenkruid ⟨Artemisia dracunculus⟩

tarragon vinegar [niet-telb zn] dragonazijn

tar·ras /təræs/ [niet-telb zn] tras ⟨fijngemalen tufsteen⟩

tar·ri·er /tæriə, ᴬ-ər/ [telb zn] talmer, draler, treuzelaar

¹**tar·ry** /tæri/ [telb zn] ⟨vnl AE; form⟩ (tijdelijk) verblijf, oponthoud, séjour

²**tar·ry** /tɑ:ri/ [bn; vergr trap: tarrier] teerachtig, van/m.b.t./als teer, geteerd, met teer (ingesmeerd), teerrend

³**tar·ry** /tæri/ [onov ww] ⟨form⟩ ① talmen, dralen, treuzelen, op zich laten wachten, langzamaan doen, (te) laat zijn/komen, toeven ♦ *tarry in taking a decision* talmen bij het nemen van een beslissing, er lang over doen een besluit te vormen ② (ver)blijven, vertoeven, zich ophouden ♦ *we'll tarry longer in this town* we zullen langer in deze stad verblijven

¹**tar·sal** /tɑ:sl, ᴬtɑrsl/ [telb zn] ⟨anat⟩ voet(wortel)beentje

²**tar·sal** /tɑ:sl, ᴬtɑrsl/ [bn] ⟨anat⟩ ① van/m.b.t. de voetwortel, voetwortel-, tarsaal ② van/m.b.t. het ooglidbindweefsel

¹**tar·seal** [telb zn] ⟨AuE⟩ teermacadamweg, tarmac

²**tar·seal** [ov ww] ⟨AuE⟩ met teermacadam/steenslag verharden

tar·sia /tɑ:siə, ᴬtɑr-/ [telb + niet-telb zn] intarsia, (houten) inlegwerk

tar·si·er /tɑ:siə, ᴬtɑrsiər/ [telb zn] ⟨dierk⟩ spookdier(tje) ⟨halfaap; genus Tarsius⟩

tar·sus /tɑ:səs, ᴬtɑr-/ [telb zn; mv: tarsi /-saɪ/] ⟨anat⟩ ① voetwortel ② tars ⟨laatste gelede pootlid van insect⟩ ③ loopbeen, tarsus ⟨van vogel⟩ ④ ooglidbindweefsel

¹**tart** /tɑ:t, ᴬtɑrt/ [telb zn] ⟨inf⟩ slet, del, sloerie, hoer

²**tart** /tɑ:t, ᴬtɑrt/ [telb + niet-telb zn] ⟨vnl BE⟩ (vruchten)taart(je)

³**tart** /tɑ:t, ᴬtɑrt/ [bn; vergr trap: tarter; bw: ~ly; zn: ~ness] ① scherp(smakend), zuur, wrang, doordringend ♦ *a tart taste* een zure/wrange smaak ② scherp, sarcastisch, bijtend, bits, stekelig, vinnig ♦ *a tart character* een vinnig/bits karakter; *a tart remark* een wrange/sarcastische opmerking

¹**tar·tan** /tɑ:tn, ᴬtɑrtn/ [telb zn] ① Schots ruitpatroon, (bepaalde) Schotse ruit ♦ *all Scottish clans have their own tartans* alle Schotse clans hebben hun eigen ruitpatroon/tartan ② doek/deken in Schotse ruit, tartan plaid ③ ⟨scheepv⟩ tartaan ⟨vaartuig⟩

²**tar·tan** /tɑ:tn, ᴬtɑrtn/ [niet-telb zn] tartan, (geruite) Schotse wollen stof

Tartan turf /tɑ:tn tɜ:f, ᴬtɑrtn tɜrf/ [niet-telb zn] ⟨merknaam⟩ (Tartan) kunstgras

¹**tar·tar** /tɑ:tə, ᴬtɑrtər/ [telb zn; ook Tartar] woesteling, bruut, wildeman, heethoofd · *catch a tartar* een onverwacht sterke tegenstander/te sterke tegenpartij treffen

²**tar·tar** /tɑ:tə, ᴬtɑrtər/ [niet-telb zn] ① wijnsteen, tartar(us) ② tandsteen

Tartar

¹**Tar·tar** /tɑ:tə, ᴬtɑrtər/ [eigenn] Tataars, de Tataarse taal
²**Tar·tar** /tɑ:tə, ᴬtɑrtər/ [telb zn] Tataar
³**Tar·tar** /tɑ:tə, ᴬtɑrtər/ [bn] Tataars
Tar·tar·ean /tɑ:teəriən, ᴬtɑrteriən/ [bn] ① van/m.b.t. de Tartarus, onderwereld-, van/m.b.t. het schimmen/dodenrijk ② hels
tartar emetic [niet-telb zn] braakwijnsteen
tar·tare sauce, tar·tar sauce [telb + niet-telb zn] tartaarsaus
tartar fox [telb zn] ⟨dierk⟩ steppevos ⟨Alopex corsac⟩
¹**Tar·tar·i·an** /tɑ:teəriən, ᴬtɑrteriən/ [telb zn] ⟨vero⟩ Tataar
²**Tar·tar·i·an** /tɑ:teəriən, ᴬtɑrteriən/ [bn] Tataars
tar·tar·ic /tɑ:tærɪk, ᴬtɑr-/ [bn] wijnsteen- ♦ *tartaric acid* wijnsteenzuur
Tar·ta·rus /tɑ:tərəs, ᴬtɑrtərəs/ [eigenn, telb zn] Tartarus, onderwereld, schimmenrijk, dodenrijk, ⟨fig⟩ hel
tart·ish /tɑ:tɪʃ, ᴬtɑrtɪʃ/ [bn; bw: ~ly] wrangachtig, enigszins scherp/zuur, zurig ♦ *a tartish taste* een enigszins zure smaak
tart·let /tɑ:tlɪt, ᴬtɑrt-/ [telb zn] taartje
tar·trate /tɑ:treɪt, ᴬtɑr-/ [niet-telb zn] ⟨scheik⟩ tartraat ⟨zout van wijnsteenzuur⟩
Tar·tuffe, Tar·tufe /tɑ:tuf, ᴬtɑr-/ [eigenn, telb zn; ook tartuffe] Tartuffe, huichelaar, schijnheilige
tart up [ov ww] ⟨inf⟩ opdirken, ⟨ordinair⟩ optutten, opdoffen, overdreven/smakeloos aankleden ♦ *she tarted herself up* ze dirkte zich op; *tart up a house* een huis kitscherig inrichten
tart·y /tɑ:ti, ᴬtɑrti/ [bn; vergr trap: tartier; zn: tartiness] ⟨vnl BE⟩ dellerig, ordinair, hoerig
Tar·zan /tɑ:zn, -zæn, ᴬtɑr-/ [eigenn, telb zn] Tarzan
Tas [afk] ① ⟨Tasmania⟩ ② ⟨Tasmanian⟩
¹**task** /tɑ:sk, ᴬtæsk/ [telb zn] taak, karwei, opdracht, plicht, (portie) huiswerk ♦ *he gave us tasks* hij gaf ons opdrachten/taken; *that's quite a task* dat is een hele opgave/heel karwei ▪ *take s.o. to task (for)* iemand onder handen nemen (vanwege), iemand flink aanpakken (om)
²**task** /tɑ:sk, ᴬtæsk/ [ov ww] ① belasten, bezwaren, eisen stellen aan, veel vergen van, zwaar drukken op ♦ *that man is tasked too much* die man wordt te zwaar belast; *don't task your powers too much* eis niet te veel van je krachten, stel je krachten niet te veel op de proef; *financial problems task him extremely* financiële problemen drukken enorm op hem ② een taak opgeven, werk opdragen aan ♦ *be tasked with sth.* iets als opdracht krijgen
¹**task·bar** [telb zn] ⟨comp⟩ taakbalk
²**task·bar** [telb zn] ⟨comp⟩ taakbalk
task force, task group [telb zn] speciale eenheid ⟨voornamelijk van leger, politie⟩, gevechtsgroep, eenheid met speciale opdracht, taakgroep
task·mas·ter [telb zn] taakgever, opdrachtgever, opzichter, opziener ♦ *a hard taskmaster* een harde leermeester
task·mis·tress [telb zn] taakgeefster, opdrachtgeefster, opzichteres, opzienster
task·work [niet-telb zn] ① stukwerk ② zwaar werk/karwei ③ opgegeven werk
¹**Tas·ma·ni·an** /tæzmeɪniən/ [eigenn] Tasmaans, de Tasmaanse taal
²**Tas·ma·ni·an** /tæzmeɪnɪən/ [telb zn] Tasmaniër
³**Tas·ma·ni·an** /tæzmeɪnɪən/ [bn] Tasmaans ♦ ⟨dierk⟩ *Tasmanian devil* Tasmaanse duivel, buidelduivel ⟨marter, Sarcophilus harrisii⟩; ⟨dierk⟩ *Tasmanian tiger/wolf* buidelwolf ⟨Thylacinus cynocephalus⟩
tass /tæs/ [telb zn] ⟨SchE⟩ ① slokje, teugje ♦ *have a tass of whisky* aan de whisky nippen, een klein slokje whisky nemen ② borreltje ③ bekertje, kroesje
Tass /tæs/ [afk] ⟨Telegrafnoe agentstvo Sovjetskogo Sojuza⟩ Tass

TASS /tæs/ [afk] ⟨Technical, Administrative, and Supervisory Section (of the AUEW)⟩
tasse, tace /tæs/, **tas·set** /tæsɪt/ [telb zn] ⟨gesch⟩ strip dijharnas, harnasstuk, harnasplaat ⟨over dijbenen⟩ ♦ *he wore shining tasses* hij droeg een blinkend(e) dijharnas/harnasrok
¹**tas·sel** /tæsl/ [telb zn] ① kwastje ⟨van gordijn enz.⟩ ② leeswijzer, lintje ⟨in boek⟩ ③ ⟨plantk⟩ pluim ⟨bloeiwijze⟩ ④ houten/stenen/ijzeren steun, stut ⟨van balk⟩
²**tas·sel** /tæsl/ [onov ww] ⟨AE⟩ pluimen vormen ⟨van mais⟩
³**tas·sel** /tæsl/ [ov ww] van kwastjes voorzien, versieren met kwasten ♦ *a tasselled cushion* een kussen met kwasten
tassie /tæsi/ [telb zn] ⟨form; SchE⟩ kopje, bekertje, klein kopje
¹**Tas·sie, Tas·sy** /tæzi/ [eigenn] ⟨AuE; inf⟩ Tasmanië
²**Tas·sie, Tas·sy** /tæzi/ [telb zn] ⟨AuE; inf⟩ Tasmaniër
tast·a·ble, taste·a·ble /teɪstəbl/ [bn] te proeven, voor proeven vatbaar
¹**taste** /teɪst/ [telb zn] ① kleine hoeveelheid, hapje, slokje, beetje, ietsje, tikkeltje ♦ *it is a taste better than before* het is een tikkeltje beter dan voorheen; *have a taste of this cake/wine* proef eens een hapje/slokje van deze cake/wijn; ⟨fig⟩ *give s.o. a taste of his own medicine* iemand met gelijke munt (terug) betalen, iemand een koekje van eigen deeg geven ② ervaring, ondervinding ♦ *give s.o. a taste of the whip* iemand de zweep laten voelen ③ ⟨sl⟩ neukpartij
²**taste** /teɪst/ [telb + niet-telb zn] ① smaak, smaakje ♦ *leave a bad/nasty/unpleasant taste in the mouth* een bittere/onaangename nasmaak hebben ⟨ook figuurlijk⟩; *cigarettes with more taste and less tar* sigaretten met meer smaak en minder teer ② smaak, voorkeur, genoegen ♦ *there is no accounting for/disputing about tastes* over smaak valt niet te twisten; *expensive taste(s)* dure smaak/smaken; *have (a) taste for music* genoegen scheppen in muziek; *it is not to my taste* het is niet mijn smaak/is niet naar mijn zin; *add sugar to taste* suiker toevoegen naar smaak/wens ▪ ⟨sprw⟩ *tastes differ* smaken verschillen, ⟨sprw⟩ *every man to his taste* ± smaken verschillen, ± ieder zijn meug
³**taste** /teɪst/ [niet-telb zn] ① smaak(zin) ♦ *my taste is gone* ik proef niets meer, mijn smaakzin is verdwenen; *sweet to the taste* zoet van smaak ② smaak, schoonheidszin, gevoel ⟨voor gepast gedrag e.d.⟩ ♦ *in good taste* smaakvol; behoorlijk; *that is good/bad taste* dat getuigt van goede/slechte smaak; *the remark was in bad taste* de opmerking was onbehoorlijk/onkies/getuigde van slechte smaak; *furnished with taste* met smaak ingericht ③ smaak, mode, trant, stijl ♦ *in the mediaeval taste* in de middeleeuwse trant/stijl
⁴**taste** /teɪst/ [onov ww] ① smaken ♦ *the apples taste like melon* de appels smaken naar meloen; *the pudding tasted of garlic* de pudding smaakte naar knoflook; *the soup tastes good* de soep smaakt lekker ② ⟨form⟩ de ervaring hebben ♦ *the valiant taste of death but once* de moedigen leren de dood slechts éénmaal kennen, de moedigen gaan de dood niet uit de weg; → **tasting**
⁵**taste** /teɪst/ [ov ww] ① proeven, keuren ♦ *taste cheese/wine* kaas/wijn proeven/keuren ② smaken, proeven, aanraken ⟨voedsel e.d.⟩ ♦ ⟨fig⟩ *taste blood* genoegen scheppen in de nederlaag van een tegenstander; *he has not tasted food or drink for days* hij heeft dagenlang geen voedsel of drank aangeraakt ③ ervaren, ondervinden ♦ *taste defeat* het onderspit delven; *taste the pleasures of life* van de genoegens van het leven genieten ④ een smaak(je) geven ♦ *a cake tasted with maraschino* een cake met een marasquinsmaakje; → **tasting**
tasteable [bn] → **tastable**
taste bud [telb zn] smaakknop, smaakpapil
taste·ful /teɪstfl/ [bn; bw: ~ly; zn: ~ness] smaakvol, van goede smaak getuigend
taste·less /teɪstləs/ [bn; bw: ~ly; zn: ~ness] ① smaakloos, geen smaak hebbend ② smakeloos, van slechte

smaak getuigend
taste·mak·er [telb zn] smaakmaker
tast·er /ˈteɪstə, ᴬ-ər/ [telb zn] ① proever, kaasproever, wijnproever, ⟨gesch⟩ voorproever ② proefje ⟨van voedsel e.d.⟩, monster ③ taste-vin, proefbekertje ④ kaasboor ⑤ ⟨BE⟩ portie ijs in een schaaltje
taster course [telb zn] introductiecursus, kennismakingscursus
tast·ing /ˈteɪstɪŋ/ [telb zn; oorspronkelijk tegenwoordig deelw van taste] proeverij
tast·y /ˈteɪsti/ [bn; vergr trap: tastier; bw: tastily; zn: tastiness] ① smakelijk ② hartig
¹tat /tæt/ [telb zn] klap
²tat /tæt/ [niet-telb zn] ⟨BE; inf⟩ ① ruwe stof, vodden ② troep, rommel
³tat, tatt /tæt/ [onov + ov ww] frivolité maken, frivolité knopen/klossen ♦ *tat up* opknappen, bijwerken
ta-ta /ˌtæˈtɑː/ [tw] ⟨BE; kind⟩ dada, daag
ta·ta·mi /təˈtɑːmi/ [telb zn; mv: ook tatami] Japanse stromat, ⟨vechtsp⟩ tatami, wedstrijdmat
Tatar → **tartar, Tartar**
tat·as /ˈtætɑːz/ [niet-telb zn] ⟨kind⟩ dada, wandeling ♦ *go tatas* dada gaan, stapstap gaan doen
ta·ter /ˈteɪtə, ᴬˈteɪtər/ [telb zn] ⟨gew; inf⟩ aardappel, pieper, ⟨België⟩ patat
¹tat·ter /ˈtætə, ᴬˈtætər/ [telb zn] ① flard, lomp, vod, lap ♦ *dressed in tatters* in lompen gekleed; *go to tatters* kapotgaan ⟨voornamelijk figuurlijk⟩; *tear to tatters* aan flarden scheuren, kapotmaken ⟨ook figuurlijk⟩ ② klosser ⟨van frivolité⟩ ③ ⟨BE, gew⟩ haast ♦ *in a tatter* gehaast
²tat·ter /ˈtætə, ᴬˈtætər/ [onov ww] aan flarden gaan, aftakelen; → **tattered**
³tat·ter /ˈtætə, ᴬˈtætər/ [ov ww] aan flarden scheuren; → **tattered**
tat·ter·de·ma·lion /ˌtætədəˈmeɪliən, ᴬˈtætər-/ [telb zn] in lompen gekleed persoon, vogelverschrikker, voddenpop
tat·ter·ed /ˈtætəd, ᴬˈtætərd/ [bn; volt deelw van tatter] ① haveloos, aan flarden ⟨kleren⟩ ② in lompen gekleed ⟨persoon⟩
¹tat·ter·sall /ˈtætəsɔːl, ᴬˈtætərsɔːl/, ⟨ook⟩ **tattersall check** [telb + niet-telb zn] ruitenpatroon met donkere ruiten op lichtere achtergrond
²tat·ter·sall /ˈtætəsɔːl, ᴬˈtætərsɔːl/, **tattersall check** [niet-telb zn] Schotse stof met donkere ruiten op lichtere achtergrond
Tat·ter·sall's /ˈtætəsɔːlz, ᴬˈtætərsɔːlz/ [telb + niet-telb zn] ① paardenmarkt ② ⟨AuE⟩ loterij ⟨van Melbourne⟩, sweepstake
tat·tie /ˈtæti/ [telb zn] ⟨SchE; inf⟩ pieper, aardappel
tat·ting /ˈtætɪŋ/ [niet-telb zn] ① frivolité, kantwerk met lussen en bogen ② het knopen van frivolité
¹tat·tle /ˈtætl/ [niet-telb zn] ① gebabbel, geklets, geroddel ② geklik
²tat·tle /ˈtætl/ [onov ww] ① babbelen, kletsen, roddelen ② klikken • *tattle on s.o.* over iemand klikken/roddelen
³tat·tle /ˈtætl/ [ov ww] verklikken
tat·tler /ˈtætlə, ᴬ-ə/ [telb zn] ① kletskous, kletsmeier ② klikspaan ③ ⟨dierk⟩ ⟨benaming voor⟩ ruiter ⟨vogel; voornamelijk genus Totanus/Heterosalus⟩ ④ ⟨sl⟩ nachtwaker ⑤ ⟨sl⟩ wekker
tat·tle·tale [telb zn] ⟨AE⟩ klikspaan
¹tat·too /təˈtuː, tæ-/ [telb zn] ① taptoe ⟨trommelsignaal/klaroensignaal⟩ ♦ *beat/sound the tattoo* taptoe slaan/blazen ② taptoe, militaire avondparade ③ tromgeroffel ④ tatoeëring, ⟨in mv ook⟩ tatoeage ⑤ ⟨IndE⟩ in Indië gefokte pony
²tat·too /təˈtuː, tæ-/ [ov ww] tatoeëren
tat·too·ist /təˈtuːɪst, tæ-/ [telb zn] tatoeëerder
tat·ty /ˈtæti/ [bn; vergr trap: tattier; bw: tattily] ① slordig, slonzig, sjofel, aftands, verward ⟨van haar⟩ ♦ *tatty clothes* sjofele kleren ② kitscherig, druk, goedkoop, inferieur ♦ *a tatty Christmas tree* een drukke/oversierde/kitscherige kerstboom
tau /tau, tɔː/ [telb zn] tau ⟨19e letter van het Griekse alfabet⟩
tau cross [telb zn] taukruis, krukkruis, sint-antoniuskruis
taught /tɔːt/ [verleden tijd en volt deelw] → **teach**
¹taunt /tɔːnt, ᴬtɔnt, ᴬtɑnt/ [telb zn; vaak mv] schimpscheut, beschimping, bespotting, ⟨in mv⟩ spot, hoon
²taunt /tɔːnt, ᴬtɔnt, ᴬtɑnt/ [bn] ⟨scheepv⟩ buitengewoon hoog ⟨van mast⟩
³taunt /tɔːnt, ᴬtɔnt, ᴬtɑnt/ [ov ww] honen, beschimpen, hekelen, tergen ♦ *they taunted him into losing his temper* ze tergden hem tot hij in woede uitbarstte; *the boys taunted her with her red hair* de jongens scholden haar uit vanwege haar rode haar
taunt·ing·ly /ˈtɔːntɪŋli, ᴬˈtɔntɪŋli, ᴬˈtɑ-/ [bw] honend, op schimpende/tergende toon/wijze
Taun·ton tur·key /ˌtɔːntən ˈtɜːki, ᴬˈtɑntn ˈtɜrki/ [telb zn] ⟨dierk⟩ haringachtige Amerikaanse zeevis ⟨Pomolobus pseudoharengus⟩
taupe /toʊp/ [niet-telb zn; ook attributief] donkergrijs met een vleugje bruin, taupe(kleurig)
tau·rine /ˈtɔːraɪn/ [bn] runder-, stieren-, runderachtig
¹tau·rom·a·chy /tɔːˈrɒməki, ᴬˈtɔːrɑ-/ [telb zn] ⟨vero⟩ stierengevecht, tauromachie, corrida
²tau·rom·a·chy /tɔːˈrɒməki, ᴬˈtɔːrɑ-/ [niet-telb zn] het vechten tegen een stier, stierenvechterskunst
¹Tau·rus ⟨SIGN⟩ /ˈtɔːrəs/ [eigenn] ⟨astrol, astron⟩ (de) Stier, Taurus
²Tau·rus /ˈtɔːrəs/ [telb zn] ⟨astrol⟩ Stier ⟨iemand geboren onder dit sterrenbeeld⟩
taut /tɔːt/ [bn; vergr trap: tauter; bw: ~ly; zn: ~ness] ① strak, gespannen ♦ *a taut expression* een gespannen uitdrukking; *haul/pull a rope taut* een koord strak aantrekken/spannen; *taut nerves/muscles* gespannen zenuwen/spieren ② keurig, netjes, in orde
¹taut·en /ˈtɔːtn/ [onov ww] zich spannen, strak/gespannen worden ♦ *all his muscles tautened under the effort* al zijn spieren spanden zich van de inspanning
²taut·en /ˈtɔːtn/ [ov ww] spannen, aanhalen, aantrekken
tau·to- /ˈtɔːtoʊ/ tauto-, van/met/behorend tot de/hetzelfde ♦ ⟨biol⟩ *tautonym* dubbele naam ⟨bijvoorbeeld Carduelis carduelis⟩; *tautochronic* tautochroon
tau·tog, tau·taug /ˈtɔːtɒg, ᴬˈtɔtɑg, ᴬ-tɑg/ [telb zn] ⟨dierk⟩ donkere Amerikaanse zeevis ⟨Tautoga onitis⟩
tau·to·log·i·cal /ˌtɔːtəˈlɒdʒɪkl, ᴬˌtɑˈlɑdʒɪkl/ [bn; bw: ~ly] tautologisch
tau·tol·o·gism /tɔːˈtɒlədʒɪzm, ᴬˈtɑ-/ [telb + niet-telb zn] tautologie
tau·tol·o·gize, tau·tol·o·gise /tɔːˈtɒlədʒaɪz, ᴬˈtɑ-/ [onov ww] hetzelfde zeggen met andere woorden, tautologieën gebruiken
tau·tol·o·gous /tɔːˈtɒləgəs, ᴬˈtɑ-/ [bn] tautologisch
tau·tol·o·gy /tɔːˈtɒlədʒi, ᴬˈtɑ-/ [telb + niet-telb zn] ① tautologie, (onnodige) herhaling ② ⟨log⟩ tautologie, noodzakelijk ware uitspraak
tau·to·mer /ˈtɔːtəmə, ᴬˈtɑtəmər/ [telb zn] ⟨scheik⟩ tautomeer
tau·to·mer·ic /ˌtɔːtəˈmerɪk/ [bn] ⟨scheik⟩ tautomeer
tau·tom·er·ism /tɔːˈtɒmərɪzm, ᴬˈtɑtɑ-/ [niet-telb zn] ⟨scheik⟩ tautomerie
tav·ern /ˈtævən, ᴬ-vərn/ [telb zn] taveerne, herberg, kroeg, tapperij, bar
T & AVR [afk] ⟨BE⟩ (Territorial and Army Volunteer Reserve)
¹taw /tɔː/ [telb zn] grote knikker
²taw /tɔː/ [niet-telb zn] ① (soort) knikkerspel ② streep bij het knikkerspel

³**taw** /tɔ:/ [onov + ov ww] ⟨leerindustrie⟩ witlooien
¹**taw·dry** /tɔ:dri/ [niet-telb zn] smakeloze opschik
²**taw·dry** /tɔ:dri/ [bn; vergr trap: tawdrier; bw: tawdrily; zn: tawdriness] opzichtig, smakeloos, opgedirkt, opgetakeld, (kakel)bont
taw·er /tɔ:ə, ᴬtɔ:ər/ [telb zn] witlooier
taw·ny, taw·ney /tɔ:ni/ [bn] getaand, taankleurig, geelbruin ▪ ⟨dierk⟩ *tawny eagle* steppearend ⟨Aquila (nipalensis) rapax⟩; ⟨dierk⟩ *tawny owl* bosuil ⟨Strix aluco⟩; ⟨dierk⟩ *tawny pipit* duinpieper ⟨Anthus campestris⟩
tawse, taws /tɔ:z/ [telb zn; ook mv] ⟨SchE⟩ knoet, riem ⟨voornamelijk om kinderen te slaan⟩
¹**tax** /tæks/ [telb zn; geen mv] last, druk, gewicht ♦ *lay/be a tax on* veel vergen van
²**tax** /tæks/ [telb + niet-telb zn] ⒈ belasten, rijksbelasting, schatting ♦ *direct tax* directe belasting; *indirect tax* indirecte belasting; *value-added tax* belasting op de toegevoegde waarde, btw ⒉ ⟨AE⟩ lokale belasting ⒊ ⟨AE⟩ contributie ⟨van leden van organisatie⟩ ▪ ⟨sprw⟩ *nothing is certain but death (and the taxes)* ± iedereen moet sterven en belastingen betalen
³**tax** /tæks/ [ov ww] ⒈ belasten, belastingen opleggen ⒉ veel vergen van, hoge eisen stellen aan, zwaar op de proef stellen, belasten ♦ *tax your memory* denk eens goed na ⒊ ⟨jur⟩ schatten, vaststellen ⟨kosten⟩ ▪ zie: **tax with**
taxa [alleen mv] → **taxon**
tax·a·bil·i·ty /tæksəbɪləti/ [niet-telb zn] belastbaarheid
¹**tax·a·ble** /tæksəbl/ [telb zn] belastbare zaak/persoon
²**tax·a·ble** /tæksəbl/ [bn] belastbaar
tax agent [telb zn] belastingconsulent, belastingadviseur
tax assessment [telb + niet-telb zn] belastingaanslag
tax assessor [telb zn] ⟨AE⟩ inspecteur der belastingen
tax·a·tion /tækseɪʃn/ [niet-telb zn] ⒈ het belasten, het belast worden ⒉ belasting(gelden) ⒊ belastingsysteem
tax avoidance [niet-telb zn] belastingontwijking
tax bracket [telb zn] belastingschijf, tariefschijf
tax break [telb zn] ⟨AE⟩ belastingvoordeel
tax burden [telb zn] belastingdruk
tax collector [telb zn] ontvanger ⟨van belastingen⟩
tax cut [telb zn] belastingverlaging
tax-cut·ting [bn] belastingverlagend ♦ *a tax-cutting proposal* een voorstel tot belastingverlaging
tax-de·duct·i·ble [bn] aftrekbaar van de belastingen, fiscaal aftrekbaar
tax-de·ferred [bn] ⟨AE⟩ met uitstel van belasting(betaling) ♦ *tax-deferred income for the self-employed* fiscale oudedagsreserve
tax device [telb zn] belastingtruc
tax disc [telb zn] ⟨BE⟩ belastingplaatje ⟨op voorruit van auto aan te brengen⟩, ± deel III ⟨van het kentekenbewijs⟩
tax dodge [telb zn] ⟨inf⟩ belasting(ontduikings)truc
tax-dodg·er [telb zn] ⟨inf⟩ belastingontduiker
tax environment [telb zn] belastingklimaat
tax·er /tæksə, ᴬ-ər/ [telb zn] zetter ⟨bij belastingen⟩
tax evader [telb zn] belastingontduiker
tax evasion [niet-telb zn] belastingontduiking
tax-ex·empt [bn] vrijgesteld van belasting
tax exemption [telb + niet-telb zn] belastingvrijstelling
tax exile, tax expatriate [telb zn] belastingemigrant
tax form [telb zn] belastingformulier
tax-free [bn] ⒈ belastingvrij ⒉ na belasting ⟨bijvoorbeeld dividend⟩
tax haven [telb zn] belastingparadijs
tax hike [telb zn] ⟨vnl AE⟩ belastingverhoging ♦ *a tax hike on petroleum products* een verhoging van de belasting op aardolieproducten
¹**tax·i** /tæksi/ [telb zn; mv: ook taxies] taxi, huurauto, huurboot, huurvliegtuig

²**tax·i** /tæksi/ [onov + ov ww; tegenwoordig deelw ook taxying; 3e pers tegenwoordige tijd ook taxies] ⒈ (doen) taxiën ⒉ in een taxi rijden/vervoeren
tax·i·cab [telb zn] taxi, huurauto
Tax·i·card [telb zn] ⟨BE⟩ taxireductiekaart ⟨voor mindervaliden in Londen⟩
taxi dancer [telb zn] gehuurde danspartner
tax·i·der·mal /tæksɪdɜ:ml, ᴬ-dər-/, **tax·i·der·mic** /-mɪk/ [bn] taxidermisch
tax·i·der·mist /tæksɪdɜ:mɪst, ᴬ-dər-/ [telb zn] taxidermist, opzetter van dieren, preparateur
tax·i·der·my /tæksɪdɜ:mi, ᴬ-dər-/ [niet-telb zn] taxidermie ⟨opzetten van dieren⟩
taxi driver [telb zn] taxichauffeur
tax·i·man /tæksimən/ [telb zn; mv: taximen /-mən/] ⟨vnl BE⟩ taxichauffeur
tax·i·me·ter /tæksimi:tə, ᴬ-mi:tər/ [telb zn] taxameter, taximeter
tax inspector [telb zn] belastinginspecteur
tax·i·plane [telb zn] taxivliegtuig, huurvliegtuig, luchttaxi
taxi rank, ⟨vnl AE⟩ **taxi stand** [telb zn] taxistandplaats
tax·is /tæksɪs/ [telb + niet-telb zn; mv: taxes /-si:z/] ⒈ ⟨biol⟩ taxis ⟨beweging van organismen gericht door een prikkel⟩ ⒉ ⟨med⟩ taxis ⟨het op zijn plaats brengen van een verschoven wervel enz.⟩
-tax·is /tæksɪs/, **-tax·y** /tæksi/ -taxis, -taxie ⟨ordening, schikking⟩ ♦ ⟨biol⟩ *chemotaxis* chemotaxis; ⟨plantk⟩ *phyllotaxy* fyllotaxis, bladstand
taxi strip, tax·i·way [telb zn] taxibaan ⟨voor vliegtuigen⟩
tax·i·way [telb zn] ⟨luchtv⟩ taxibaan
tax law [telb zn] belastingwet
tax lawyer [telb zn] ⟨AE⟩ fiscaal jurist
tax liability [telb + niet-telb zn] belastingverplichting, belastingschuld
¹**tax·man** [telb zn] belastingontvanger
²**tax·man** [niet-telb zn; the] ⟨inf⟩ belastingen, fiscus
taxol /tæksɒl, ᴬtæksɑl/ [niet-telb zn] ⟨med⟩ taxol ⟨medicijn tegen eierstokkanker⟩
tax·on /tæksɒn, ᴬtæksɑn/ [telb zn; mv: taxa /-sə/] ⟨biol⟩ taxon, taxonomische groep
tax·o·nom·ic /tæksənɒmɪk, ᴬ-nɑmɪk/, **tax·o·nom·i·cal** /-ɪkl/ [bn] taxonomisch
tax·on·o·mist /tæksɒnəmɪst, ᴬ-sɑ-/ [telb zn] taxonoom
tax·on·o·my /tæksɒnəmi, ᴬ-sɑ-/ [telb + niet-telb zn] ⟨vnl biol, taalk⟩ taxonomie
tax·pay·er [telb zn] belastingbetaler
tax policy [telb zn] belastingpolitiek
tax rate [telb zn] belastingtarief
tax rebate [telb zn] belastingteruggave
tax reform [telb + niet-telb zn] belastinghervorming
tax rejection [niet-telb zn] weigering belasting te betalen
tax relief [niet-telb zn] ⟨BE⟩ belastingvermindering, belastingverlaging
tax return [telb zn] belastingaangifte, aangiftebiljet
tax revenues [alleen mv] belastinginkomsten
tax shelter [telb zn] ⟨handel⟩ constructie ter ontduiking van belasting
tax stamp [telb zn] belastingzegel
tax take [telb + niet-telb zn] ⟨AE; inf⟩ belastinggelden, belastingopbrengst
tax with [onov ww] ⒈ beschuldigen van, ten laste leggen, betichten van ⒉ rekenschap vragen voor, op het matje roepen wegens
tax year [telb zn] belastingjaar, fiscaal jaar
¹**TB** [telb zn] ⟨comp⟩ (terabyte) terabyte ⟨1000 gigabyte⟩
²**TB, tb** [afk] ⒈ (torpedo boat) ⒉ (trial balance) ⒊ (tubercle

bacillus, tuberculosis⟩ tb(c)
TBA, tba [afk] (to be announced)
T-ball, Tee-ball /tiːbɔːl/ [niet-telb zn] ⟨merknaam⟩ honkbal voor jonge kinderen
T-bar [telb zn] T-balk
TBD, tbd [afk] (to be determined)
T-bonesteak, T-bone [telb zn] T-bonesteak, biefstuk van de rib
tbs, tbsp [afk] (tablespoon(ful))
TC [afk] (tank corps)
TCCB [afk] (Test and County Cricket Board)
TCD [afk] (Trinity College, Dublin)
T cell, T-cell [telb zn] ⟨biochem⟩ T-cel, T-lymfocyt, T-helpercel
tchr [afk] (teacher)
TCP/IP [afk] ⟨comp⟩ (Transmission Control Protocol/Internet Protocol ⟨netwerkprotocol om met Unix te communiceren⟩)
td, TD [afk] (touchdown)
TD [afk] [1] (Territorial (Officer's) Decoration) [2] ⟨IE⟩ (Teachta Dala ⟨parlementslid⟩) [3] (touchdown)
T-dress [telb zn] lang T-shirt ⟨als jurk te dragen⟩
¹tea /tiː/ [telb zn] [1] (kopje) thee [2] → **tea rose**
²tea /tiː/ [telb + niet-telb zn] ⟨vnl BE⟩ [1] thee, theevisite, theekransje, het theedrinken, lichte maaltijd, om 5 uur 's middags ♦ *they were at tea* ze waren aan het theedrinken; *what are we having for tea?* wat eten we vanavond? [2] ⟨(vroege) avondmaaltijd ⟨met warm/koud gerecht en thee⟩, avondeten
³tea /tiː/ [niet-telb zn] [1] thee ♦ *have tea* theedrinken; *make tea* thee zetten [2] ⟨plantk⟩ thee, theeplant, theestruik ⟨Thea sinensis⟩ [3] thee, theebladeren, theebloemen [4] aftreksel, kruidenaftreksel, vleesaftreksel [5] ⟨sl⟩ shit, marihuana [6] theeroos [·] ⟨inf; scherts⟩ *not for all the tea in China* voor geen goud, voor niets ter wereld; ⟨inf⟩ *tea and sympathy* troost, schouderklopje
⁴tea /tiː/ [onov ww] theedrinken
⁵tea /tiː/ [ov ww] op thee onthalen
tea bag [telb zn] theezakje, theebuiltje
tea ball [telb zn] thee-ei
tea basket [telb zn] ⟨BE⟩ picknickmandje
tea-break [telb zn] theepauze, koffiepauze
tea-cad·dy [telb zn] theebus, theedoosje, theetrommel, theeblik
tea·cake [telb zn] [1] ⟨BE⟩ krentenbroodje, theebroodje [2] ⟨AE⟩ koekje
¹teach /tiːtʃ/ [telb zn] ⟨AE; inf⟩ (aanspreekvorm⟩ (verk: teacher) mevrouw, mijnheer ⟨tegen leraar/lerares⟩
²teach /tiːtʃ/ [onov + ov ww; taught, taught] onderwijzen, leren, lesgeven, doceren, onderrichten, bijbrengen, voor de klas staan ♦ *teach at a school* in/op een school lesgeven; *be taught (how) to swim* zwemmen leren; *teach s.o. chess, teach chess to someone* iemand leren schaken; ⟨AE⟩ *teach school* onderwijzer(es)/docent(e) zijn [·] ⟨sprw⟩ *you cannot teach/it's hard to teach an old dog new tricks* oude beren dansen leren is zwepen verknoeien
³teach /tiːtʃ/ [ov ww; taught, taught] [1] (af)leren ♦ *I will teach him to betray our plans* ik zal hem leren onze plannen te verraden; *that'll teach you!* dat zal je leren! [2] doen inzien, leren ♦ *the bible teaches us that* ... uit de Bijbel leren wij dat ..., de Bijbel leert ons dat ...; *experience taught him that* ... bij ondervinding wist hij dat ...
teach·a·bil·i·ty /tiːtʃəbɪləti/ [niet-telb zn] [1] overdraagbaarheid [2] ontvankelijkheid voor onderwijs
teach·a·ble /tiːtʃəbl/ [bn; bw: teachably; zn: ~ness] [1] onderwijsbaar, overdraagbaar [2] ontvankelijk voor onderwijs, leergierig, dociel
teach·er /tiːtʃə, ᴬ-ər/ [telb zn] [1] leraar, lerares, lesgever, lesgeefster, docent(e) ♦ *teacher's pet* het lievelingetje/de oogappel van de leraar/lerares [2] onderwijzer(es) [·]

⟨sprw⟩ *experience is the teacher/mistress of fools* door schade en schande wordt men wijs
teachers' college, teachers college [telb zn] ⟨AE⟩ onderwijsopleiding ⟨die meestal de graad van bachelor toekent⟩, lerarenopleiding
¹teach·er·ship /tiːtʃəʃɪp, ᴬ-tʃər-/ [telb zn] leraarsbetrekking, leraarsambt
²teach·er·ship /tiːtʃəʃɪp, ᴬ-tʃər-/ [niet-telb zn] leraarschap
tea-chest [telb zn] theekist
teach-in [telb zn] ⟨inf⟩ teach-in, (politiek) debat in universiteit
¹teach·ing /tiːtʃɪŋ/ [telb zn; (oorspronkelijk) gerund van teach] leerstelling ♦ *the teachings of Jesus* de leer van Jezus
²teach·ing /tiːtʃɪŋ/ [niet-telb zn; (oorspronkelijk) gerund van teach] [1] het lesgeven, onderwijs [2] leer
teaching aids [alleen mv] leermiddelen, ⟨België⟩ didactisch materiaal
teaching assistant [telb zn] ⟨AE⟩ ± assistent in opleiding, ± aio ⟨promovendus belast met leeropdracht o.l.v. een professor⟩
teaching fellow [telb zn] ⟨vnl BE⟩ ± student-assistent, kandidaat-assistent
teaching hospital [telb zn] ⟨BE⟩ academisch ziekenhuis
teaching load [telb zn] onderwijslast, aantal te geven lesuren/colleges
teaching machine [telb zn] onderwijsmachine, onderwijscomputer
teaching practice [niet-telb zn] ⟨BE; onderw⟩ stage ⟨ter verkrijging van de onderwijsbevoegdheid⟩
tea circle [telb zn] theekrans(je)
tea-cloth, ⟨in betekenis 2 ook⟩ **tea-towel** [telb zn] [1] theekleed, tafelkleedje [2] theedoek, droogdoek
tea-co·sy [telb zn] theemuts, theebeurs, teacosy
tea·cup [telb zn] theekopje ⟨ook als maat⟩
tea·cup·ful [telb zn; mv: ook teacupsful] theekopje ⟨als maat⟩
tea dance [telb zn] thé dansant
tea-fight [telb zn] ⟨inf⟩ thee, theevisite, theemaaltijd, theeslurperij
tea·gar·den [telb zn] [1] theetuin, theeschenkerij, terras [2] theeplantage
tea-grow·er [telb zn] theeplanter
tea·house [telb zn] theehuis
¹teak /tiːk/ [telb zn] ⟨plantk⟩ teak(boom) ⟨Tectona grandis⟩
²teak /tiːk/ [niet-telb zn] teakhout, djatihout
tea-ket·tle [telb zn] waterketel, theeketel
¹teal /tiːl/ [telb zn; mv: ook teal] ⟨dierk⟩ taling ⟨kleine wilde eend; genus Anas⟩, ⟨i.h.b.⟩ wintertaling ⟨A. crecca⟩ ♦ *marbled teal* marmereend ⟨Marmaronetta angustirostris⟩
²teal /tiːl/ [niet-telb zn; ook attributief] groenblauw, blauwgroen
tea-lead /tiːled/ [niet-telb zn] theelood
tea leaf [telb zn] [1] theeblad ⟨blad van theeplant⟩ [2] ⟨BE; sl⟩ jatter, gapper, dief, pikker [·] *read the tea leaves* de toekomst voorspellen
¹team /tiːm/ [telb zn] [1] span ⟨van trekdieren⟩ [2] combinatie van trekdier(en) en voertuig [3] team, (sport)ploeg, elftal, equipe [4] vlucht ⟨vogels⟩ [5] ⟨AE⟩ wagen, kar [6] ⟨gew⟩ toom, broedsel, nest
²team /tiːm/ [onov ww] een team vormen ♦ ⟨inf⟩ *team up with* (gaan) samenwerken/spelen met; ⟨inf⟩ *team up together* samen een team vormen, de handen in elkaar slaan
³team /tiːm/ [ov ww] [1] inspannen, aanspannen ♦ ⟨inf⟩ *team up* laten samenwerken/samenspelen [2] ⟨AE⟩ door een ploeg laten verrichten, aanbesteden ⟨werk⟩
team bench [telb zn] ⟨sport⟩ spelersbank
team·mate [telb zn] teamgenoot
team player [telb zn] ⟨sport; ook fig⟩ teamspeler

team spirit

team spirit [niet-telb zn] teamgeest, ploeggeest
team·ster /tiːmstə, ᴬ-ər/, **team·er** /tiːmə, ᴬ-ər/ [telb zn] ① voerman, menner ② ⟨AE⟩ truckchauffeur, vrachtwagenchauffeur
team·work [niet-telb zn] ① teamwork, groepsarbeid, door een span/ploeg verrichte arbeid ② samenwerking, samenspel
tea-par·ty [telb zn] theekransje, theevisite, theepartij
tea·pot [telb zn] ① theepot, trekpot ② ⟨(rol)schaatsen⟩ theepotje, pistooltje ⟨op standbeen gehurkt met vrije voet recht naar voren⟩
tea-poy /tiːpɔɪ/ [telb zn] theetafeltje ⟨meestal met drie poten⟩
¹**tear** /tɪə, ᴬtɪr/ [telb zn] ① traan ♦ ⟨fig⟩ *be bored to tears* zich dood vervelen; *break into tears* in tranen uitbarsten; *it will end in tears!* daar komen tranen van!; *fight back one's tears* tegen zijn tranen vechten, zijn tranen wegslikken; *she was in tears when I left* zij was in tranen toen ik wegging; *move s.o. to tears* iemand aan het huilen brengen/tot tranen bewegen; *shed tears over sth.* tranen storten over, betreuren ⟨in het bijzonder iets/iemand dat/die het niet waard is⟩; *learn French without tears!* leer Frans zonder moeite! ② drup(pel), drop(pel) ③ ⟨AE; sl⟩ parel
²**tear** /tɛə, ᴬtɛr/ [telb zn] ① scheur ② flard ③ ⟨sneltrein⟩-vaart, wilde ren, ⟨fig⟩ haast, gejaagdheid ♦ *he passed by at a tear* hij kwam in een sneltreinvaart voorbij; *be in a tear* reuze haast hebben ④ ⟨AE; sl⟩ fuif, braspartij ♦ *be on a tear* boemelen, aan de rol/zwier zijn ⑤ ⟨AE; sl⟩ *be on a tear* woest/woedend zijn
³**tear** /tɪə, ᴬtɪr/ [onov ww] tranen ⟨van oog⟩
⁴**tear** /tɪə, ᴬtɪr/ [ov ww] doen tranen, met tranen vullen
⁵**tear** /tɛə, ᴬtɛr/ [onov ww; tore, torn] ① rennen, ⟨fig⟩ stormen, vliegen, razen ♦ *the boy tore across the street* de jongen vloog de straat over; *the car tore down the hill* de auto raasde de heuvel af; *tearing hurry* vliegende haast; *tear in(to) a room* een kamer binnenstormen; *be in a tearing rage* razend zijn; *tear up the stairs* de trap opstormen ② scheuren, stuk gaan ♦ *silk tears easily* zijde scheurt makkelijk ③ rukken, trekken ♦ *tear at sth.* aan iets rukken/trekken; *tear loose* zich losrukken ⟨ook figuurlijk⟩ ⑤ zie: **tear into**
⁶**tear** /tɛə, ᴬtɛr/ [ov ww; tore, torn] ① (ver)scheuren, (open)rijten ♦ *tear across* doorscheuren, doormidden scheuren; *tear one's arm on barbed wire* zich de arm aan prikkeldraad openrijten; ⟨fig⟩ *be torn between love and hate* tussen liefde en haat in tweestrijd staan; ⟨fig⟩ *the country was torn by opposed interests* het land werd door tegengestelde belangen verscheurd; *the girl tore a hole in her coat* het meisje scheurde haar jas; *tear in half/two* in tweeën scheuren; *tear out* uitscheuren; *tear a picture out of a magazine* een foto uit een tijdschrift scheuren; *tear to pieces/shreds* in stukken/snippers scheuren, aan flarden scheuren; *tear up* verscheuren; ⟨fig⟩ te niet doen; *he wanted to tear up the agreement* hij wou het akkoord tenietdoen ② (uit)rukken, (uit)trekken ♦ *tear down* afrukken, aftrekken; *he tore up the flowers* hij rukte de bloemen uit de grond ⑤ zie: **tear apart**; zie: **tear away**; *tear s.o. down* iemand hekelen, kwaad spreken over iemand, kritiek hebben op iemand; *tear down a building* een gebouw afbreken; ⟨inf⟩ *that has torn it* dat heeft alles bedorven/doet de deur dicht; zie: **tear off**

tear·a·ble /tɛərəbl, ᴬtɛrəbl/ [bn] te scheuren ♦ *this material is very tearable* deze stof scheurt snel
tear apart [ov ww] ① verscheuren ⟨voornamelijk figuurlijk⟩ ♦ *the country was torn apart by religious contradictions* het land werd door godsdienstige tegenstellingen verscheurd ② overhoop halen ♦ *my flat was torn apart during my absence* mijn flat werd tijdens mijn afwezigheid overhoopgehaald ③ ⟨inf⟩ zich vernietigend uitlaten over ♦ *the critics tore his latest novel apart* de critici velden een vernietigend oordeel over zijn laatste roman ④ ⟨inf⟩ uit-

schelden
¹**tear·a·way** [telb zn] ⟨BE; inf⟩ herrieschopper, rellenschopper
²**tear·a·way** [bn, attr] onstuimig, wild
tear away [ov ww] afrukken, aftrekken, afscheuren, wegtrekken, wegscheuren, ⟨fig⟩ wegnemen, verwijderen ♦ ⟨fig⟩ *tear o.s. away from the party* met feest met tegenzin verlaten; *tear away the elaborate rhetoric and you keep very little substance* neem de ingewikkelde retoriek weg en je houdt heel weinig substantie over; *tear away the wallpaper* het behang aftrekken
tear-bag /tɪəbæg, ᴬtɪr-/, **tear-pit** /-pɪt/ [telb zn] ⟨anat⟩ traanzakje
tear bomb /tɪə bɒm, ᴬtɪr bɑm/ [telb zn] traangasbom
tear-drop /tɪədrɒp, ᴬtɪrdrɑp/ [telb zn] traan
tear·er /tɛərə, ᴬtɛrər/ [telb zn] iemand die scheurt, scheurder
tear·ful /tɪəfʊl, ᴬtɪr-/ [bn; bw: ~ly; zn: ~ness] ① huilend, schreiend, betraand, vol tranen ② huilerig
tear-gas [ov ww] traangas gebruiken tegen
tear gas /tɪə gæs, ᴬtɪr-/ [niet-telb zn] traangas
tear into [onov ww] ① inslaan ⟨bijvoorbeeld van granaatscherf⟩ ② in alle hevigheid aanvallen ⟨ook figuurlijk⟩, heftig tekeergaan tegen
tear-jerk·er /tɪədʒɜːkə, ᴬtɪrdʒɜrkər/ [telb zn] ⟨inf⟩ tranentrekker, smartlap, sentimenteel verhaal/liedje/tv-programma ⟨enz.⟩
tear-jerk·ing /tɪədʒɜːkɪŋ, ᴬtɪrdʒɜrkɪŋ/ [bn] sentimenteel, pathetisch, aandoenlijk, ontroerend
tear·less /tɪələs, ᴬtɪr-/ [bn; bw: ~ly; zn: ~ness] zonder tranen
tear off [ov ww] ① afrukken, aftrekken, afscheuren, ⟨fig⟩ wegnemen, verwijderen ♦ *he tore off my coat* hij rukte mijn jas af; *tear off the plaster from the wall* het pleister van de muur afhalen; *tear off the veil of secrecy* de sluier van de geheimhouding oplichten ② ⟨inf⟩ snel doen, in elkaar flansen ♦ *tear off a letter* een brief in elkaar flansen; ⟨AE; sl⟩ *tear off a piece (of ass)* een snel nummertje maken; ⟨AE⟩ *tear off some sleep* proberen tussendoor wat te slapen
tear-off [bn, attr] scheur- ♦ *tear-off calendar* scheurkalender
tea·room [telb zn] ① tearoom, theesalon ② ⟨AE; sl⟩ herentoilet, urinoir ⟨gebruikt door homo's⟩
tea rose [telb zn] ⟨plantk⟩ theeroos ⟨Rosa odorata⟩
tear-sheet /tɛəʃiːt, ᴬtɛr-/ [telb zn] ① uitgescheurde bladzij ② ⟨drukw⟩ overdruk
tear-strip /tɛəstrɪp, ᴬtɛr-/ [telb zn] scheurstrook
¹**tease** /tiːz/ [telb zn] ① plaaggeest, kwelgeest ② flirt, droogverleidster ③ ⟨handel⟩ teaseradvertentie ⟨die informatie achterhoudt om nieuwsgierig te maken⟩
²**tease** /tiːz/ [telb + niet-telb zn] plagerij, geplaag
³**tease** /tiːz/ [ov ww] ① plagen, lastigvallen, pesten, sarren, kwellen ♦ *tease s.o. to do sth.* iemand aanzetten/pressen iets te doen, iemand iets afdwingen; *tease s.o. for sth.* iemand lastigvallen om ② opgewonden doen raken, opvallend flirten met, opgeilen ③ afvleien, ontlokken ④ touperen ⟨haar⟩ ⑤ kammen, kaarden ⟨bijvoorbeeld wol⟩ ⑥ ruwen, rouwen, kaarden, opborstelen ⟨stof, om die pluizig te maken⟩ ⑦ aan stukjes scheuren ⟨in het bijzonder stof, voor onderzoek⟩ ⑤ *tease out* ontwarren ⟨ook figuurlijk⟩
¹**tea·sel, tea·zel, tea·zle** /tiːzl/ [telb zn] ① ⟨plantk⟩ kaardenbol, kaardendistel, kaardenkruid ⟨genus Dipsacus⟩, (i.h.b.) weverskaardenbol ⟨D. fullonum⟩ ② kaardmachine
²**tea·sel, tea·zel, tea·zle** /tiːzl/ [ov ww] kaarden ⟨bijvoorbeeld wol⟩
teas·er /tiːzə, ᴬ-ər/ [telb zn] ① plaaggeest, plager, kwelgeest ② ⟨inf⟩ moeilijke vraag, probleemgeval ③ lokmiddel, lokaas ④ kaarder ⑤ kaardmachine ⑥ ⟨AE; sl⟩ droog-

verleidster
teaser ad [telb zn] plaagadvertentie ⟨niet-informatieve advertentie, om interesse te wekken⟩, lokadvertentie
tea service, tea set [telb zn] theestel, theeservies
tea·shop [telb zn] ① tearoom, theesalon ② theewinkel
tea·spoon [telb zn] theelepeltje, koffielepeltje ⟨ook als maat⟩
tea·spoon·ful [telb zn; mv: ook teaspoonsful] theelepeltje ⟨als maat⟩
tea·strain·er [telb zn] theezeefje
teat /tiːt/ [telb zn] ① tepel ② ⟨BE⟩ speen
tea·ta·ble [telb zn; vaak attributief] theetafel ♦ *tea-table conversation* babbeltje
tea-time [niet-telb zn] theetijd, thee-uur
tea towel [telb zn] theedoek, droogdoek
tea-trol·ley [telb zn] ⟨vnl BE⟩ theewagen, theeboy
tea wagon [telb zn] theewagen
tec /tek/ [telb zn] ⟨inf⟩ ⟨verk: detective (novel)⟩ detective
TEC /tek/ [telb zn] (Training and Enterprise Council)
¹tech /tek/ [telb zn] ⟨BE; inf⟩ ① ⟨verk: technical college/ school⟩ ② ⟨verk: polytechnic⟩ ③ ⟨verk: technician⟩
²tech /tek/ [bn] technisch ♦ *tech support* (afdeling) technische ondersteuning
tech- /tek/, **tech·no-** /teknoʊ/ techn-, techno- ♦ *technical* technisch; *technology* technologie
¹tech·ie /ˈteki/ [telb zn] ⟨AE; inf⟩ techneut, techno ⟨vooral m.b.t. computers⟩
²techie /ˈteki/ [bn] techneuten-, techno-, technologisch
tech·ne·ti·um /tekˈniːʃəm, ᴬ-ʃiəm/ [niet-telb zn] ⟨scheik⟩ technetium ⟨element 43⟩
tech·ne·tron·ic /ˌteknɪˈtrɒnɪk, ᴬ-ˈtrɑ-/ [bn, attr] technisch-elektronisch ♦ *our technetronic era* ons technischelektronisch tijdperk
¹tech·nic /ˈteknɪk/ [telb zn] techniek, bedrevenheid, vaardigheid, handigheid
²tech·nic /ˈteknɪk/ [bn] ① technisch ② wettelijk, formeel
tech·ni·cal /ˈteknɪkl/ [bn; bw: ~ly] ① technisch ♦ *technical college* hogere technische school; *technical difficulties* technische problemen; *technical hitch* technische storing; ⟨boksp⟩ *technical knockout* technisch knock-out; *technical school* lagere technische school; *technical term* technische term, vakterm; *technical support* (afdeling) technische ondersteuning ② wettelijk, formeel, volgens de letter der wet ♦ *a technical defeat for the politicians* een formele nederlaag voor de politici
¹tech·ni·cal·i·ty /ˌteknɪˈkæləti/ [telb zn] ① technische term ② technisch detail, (klein) formeel punt ♦ *he lost the case on a technicality* hij verloor de zaak op/door een formeel foutje
²tech·ni·cal·i·ty /ˌteknɪˈkæləti/ [niet-telb zn] technisch karakter
tech·ni·cal·ly /ˈteknɪkli/ [bw] ① → **technical** ② technisch gezien
tech·ni·cals /ˈteknɪkls/ [alleen mv] ① vaktermen ② technische bijzonderheden, techniek
tech·ni·cian /tekˈnɪʃn/ [telb zn] technicus, specialist, deskundige ♦ *dental technician* tandtechnicus; *linguistic technician* taalspecialist
Tech·ni·col·or /ˈteknɪkʌlə, ᴬ-ər/ [eigenn, niet-telb zn] technicolor, ⟨fig⟩ levendige, helle kleuren ⟨oorspronkelijk merknaam voor kleurenfilmprocédé⟩
tech·nics /ˈteknɪks/ [alleen mv; werkwoord ook enk] ① technische bijzonderheden, techniek ② vaktermen
tech·ni·kon /ˈteknɪkən, ᴬ-kɑn/ [telb zn] technische school
¹tech·nique /tekˈniːk/ [telb zn] ⟨kunst, sport⟩ techniek, procédé
²tech·nique /tekˈniːk/ [niet-telb zn] techniek, bedrevenheid, vaardigheid, handigheid
tech·no /ˈteknoʊ/ [niet-telb zn] ⟨muz⟩ techno

teed up

tech·noc·ra·cy /tekˈnɒkrəsi, ᴬ-ˈnɑ-/ [telb + niet-telb zn] technocratie
tech·no·crat /ˈteknəkræt/ [telb zn] technocraat
tech·no·crat·ic /ˌteknəˈkrætɪk/ [bn] technocratisch
tech·no·log·i·cal /ˌteknəˈlɒdʒɪkl, ᴬ-ˈlɑ-/ [bn; bw: ~ly] technologisch ♦ ⟨BE⟩ *technological university* technische hogeschool
tech·nol·o·gist /tekˈnɒlədʒɪst, ᴬ-ˈnɑ-/ [telb zn] technoloog
tech·nol·o·gy /tekˈnɒlədʒi, ᴬ-ˈnɑ-/ [telb + niet-telb zn] ① technologie ② ⟨antr⟩ (studie van de) technologie
technology assessment [niet-telb zn] ⟨pol⟩ aspectenonderzoek ⟨naar sociale gevolgen van technologische vernieuwing⟩
tech·no·phobe /ˈteknoʊfoʊb/ [bn] technofoob
tech·no·pho·bi·a /ˌteknoʊˈfoʊbiə/ [niet-telb zn] technofobie, vrees voor techniek/technologie, computervrees, knoppenvrees
tech·no-pop /ˈteknoʊ pɒp, ᴬ-pɑp/ [niet-telb zn] ⟨muz⟩ technopop
techy [bn] → tetchy
tec·ton·ic /tekˈtɒnɪk, ᴬ-ˈtɑnɪk/ [bn, attr; bw: ~ally] ① ⟨bouwk⟩ tektonisch, bouwkundig, architectonisch ② ⟨geol⟩ tektonisch
tec·ton·ics /tekˈtɒnɪks, ᴬ-ˈtɑ-/ [niet-telb zn] ① ⟨bouwk⟩ tektoniek, bouwkunde ② ⟨geol⟩ tektoniek
tec·to·ri·al /tekˈtɔːriəl/ [bn, attr] ⟨anat⟩ dek- ♦ *tectorial membrane* dekvlies in het slakkenhuis van het binnenoor ⟨Membrana tectoria⟩
tec·trix /ˈtektrɪks/ [telb zn; mv: tectrices /tekˈtrɪsiːz/] ⟨dierk⟩ dekveer
¹ted /ted/ [telb zn; soms Ted] ⟨BE; inf⟩ ⟨verk: Teddy boy⟩
²ted /ted/ [ov ww] keren, uitspreiden ⟨gras, hooi⟩
Ted /ted/ [eigenn] ⟨inf⟩ ⟨verk: Edward, Theodore⟩ Ted
ted·der /ˈtedə, ᴬ-ər/ [telb zn] ① (hooi)keerder ② (hooi)keermachine
ted·dy /ˈtedi/ [telb zn] ① teddy ⟨dameslingerie⟩ ② ⟨soms Teddy⟩ ⟨verk: teddy bear⟩ ③ ⟨BE; inf; ook Teddy⟩ ⟨verk: Teddy boy⟩
Ted·dy /ˈtedi/ [eigenn; verkleinwoord van] → ted
teddy bear [telb zn; soms Teddy bear] teddy(beer)
Teddy boy [telb zn; ook teddy boy] ⟨BE⟩ teddy(boy), nozem ⟨omstreeks 1950-60⟩
Teddy girl [telb zn; ook teddy girl] ⟨BE⟩ teddygirl, nozemmeisje
Te De·um /ˌtiː ˈdiːəm/ [telb zn] Te Deum ⟨rooms-katholieke lofzang⟩
te·di·ous /ˈtiːdiəs/ [bn; bw: ~ly; zn: ~ness] vervelend, eentonig, langdradig, saai
te·di·um /ˈtiːdiəm/ [niet-telb zn] ① verveling ② vervelendheid, saaiheid, eentonigheid, langdradigheid
¹tee /tiː/ [telb zn] ① (letter) t ② T-stuk ③ ⟨curling⟩ tee ④ ⟨ringwerpen⟩ ⟨werp⟩paaltje ⑤ ⟨golf⟩ tee ⟨houten/plastic afslagpaaltje⟩ ⑥ ⟨bouwk⟩ parapluvormig ornament boven stoepa/pagode ❖ *to a tee* precies, tot in de puntjes, volmaakt, haarfijn
²tee /tiː/ [onov ww] ⟨golf⟩ de bal op de tee leggen ♦ *tee off* de bal van de tee afslaan, het spel inzetten; een bal hard raken/ver slaan, ⟨fig, inf⟩ starten, beginnen; ⟨boksp⟩ (steeds) voluit raken; *tee up* de bal op de tee leggen ❖ *tee off on s.o.* iemand streng de les lezen, iemand van katoen geven
³tee /tiː/ [ov ww] ⟨golf⟩ op de tee leggen ⟨bal⟩ ♦ *tee off* afslaan (voor een round); hard raken, ver slaan; *tee up* op de tee leggen ⟨bal⟩ ❖ *tee off* ergeren, pissig maken; *tee up* ⟨inf⟩ opzetten, organiseren
Tee-ball [niet-telb zn] → **Tee-ball**
tee'd off, teed off, t'd off /ˌtiːd ˈɒf, ᴬ-ˈɔːf/ [bn] ⟨sl⟩ kwaad, pissig, nijdig
teed up [bn] ⟨sl⟩ dronken

teeing ground [telb zn] ⟨golf⟩ afslagplaats

¹teem /tiːm/ [onov ww] [1] wemelen, krioelen, tieren ♦ *fish teem in that lake* dat meer wemelt van de vis; *his head teems with new ideas* zijn geest zit vol nieuwe ideeën [2] stortregenen, gieten ♦ *the rain was teeming down* het stortregende/goot; *it is teeming with rain* het stortregent; → teeming

²teem /tiːm/ [ov ww] ⟨gew, behalve techn⟩ uitgieten, storten, lossen ♦ *teem molten iron* gesmolten ijzer storten; → teeming

teem·ing /ˈtiːmɪŋ/ [bn; oorspronkelijk tegenwoordig deelw van teem] ⟨form⟩ [1] wemelend, krioelend, (over)vol ♦ *forests teeming with snakes* wouden die krioelen van de slangen [2] prolifiek, vruchtbaar ⟨ook figuurlijk⟩ ♦ *mice are very teeming* muizen planten zich snel voort

¹teen /tiːn/ [telb zn] ⟨AE⟩ tiener

²teen /tiːn/ [bn, attr] ⟨vnl AE; inf⟩ tiener-

teen·age, teen·aged /ˈtiːneɪdʒ/ [bn, attr] tiener- ♦ *teenage boy* tiener; *teen-age dreams* tienerdromen; *teenage girl* tiener, bakvis

teen·ag·er /ˈtiːneɪdʒə, ᴬ-ər/ [telb zn] tiener

teens /tiːnz/ [alleen mv] [1] jaren/getallen dertien t/m negentien ⟨die op -teen eindigen⟩ [2] tienerjaren, tienertijd ♦ *boy/girl in his/her teens* tiener

¹tee·ny /ˈtiːni/ [telb zn] ⟨inf⟩ tiener

²tee·ny /ˈtiːni/, **tee·ny-wee·ny** /ˌtiːniˈwiːni/, **teen·sy** /ˈtiːnsi/, **teen·sy-ween·sy** /ˌtiːnsiˈwiːnsi/ [bn] ⟨inf, kind⟩ piepklein

teen·y·bop·per /ˈtiːnibɒpə, ᴬ-bɑpər/ [telb zn] ⟨sl⟩ ⟨dweperig⟩ jong tienermeisje

¹tee·ny-ti·ny /ˈtiːniˈtaɪni/ [telb zn] ⟨sl⟩ jong tienermeisje, bakvis

²tee·ny-ti·ny /ˈtiːniˈtaɪni/ [bn] ⟨sl⟩ heel klein

teepee [telb zn] → tepee

tee peg [telb zn] ⟨golf⟩ tee(paaltje)

tee shirt [telb zn] → T-shirt

tee shot [telb zn] ⟨golf⟩ lange slag (vanaf de tee)

¹tee·ter /ˈtiːtə, ᴬˈtiːtər/ [telb zn] [1] wankeling [2] ⟨AE⟩ wip(plank) [3] ⟨AE⟩ wip, wippende/op- en neergaande beweging

²tee·ter /ˈtiːtə, ᴬˈtiːtər/ [onov ww] [1] wankelen, waggelen ♦ ⟨fig⟩ *teeter on the edge of collapse* op de rand van de ineenstorting staan [2] ⟨AE⟩ wippen, op de wip spelen

³tee·ter /ˈtiːtə, ᴬˈtiːtər/ [ov ww] [1] doen wankelen [2] ⟨AE⟩ (doen) wippen

tee·ter-tot·ter [telb zn] ⟨AE⟩ wip, wipwap

¹teeth /tiːθ/ [alleen mv] ⟨inf⟩ kracht, effect ♦ *not have the necessary teeth to* niet de nodige kracht hebben om; *put teeth into a law* een wet bekrachtigen; *put new teeth into a law* een wet verscherpen

²teeth /tiːθ/ [alleen mv] → tooth

teethe /tiːð/ [onov ww] tandjes krijgen ⟨voornamelijk melktanden⟩

teeth·ing ring /ˈtiːðɪŋrɪŋ/ [telb zn] bijtring

teething troubles [alleen mv] kinderziekten ⟨voornamelijk figuurlijk⟩

tee·to·tal /tiːˈtəʊtl/ [bn] [1] alcoholvrij, geheelonthouders- [2] ⟨AE⟩ totaal, geheel, volledig

tee·to·tal·ism /tiːˈtəʊtlɪzm/ [niet-telb zn] geheelonthouding

tee·to·tal·ler, ⟨AE⟩ **tee·to·tal·er** /tiːˈtəʊtələ, ᴬtiːˈtəʊtlər/ [telb zn] geheelonthouder

tee·to·tum /tiːˈtəʊtəm/ [telb zn] ⟨vero⟩ a-al-tolletje ⟨met letters op de zijvlakken⟩

TEFL [afk] ((the) Teaching (of) English as a Foreign Language)

Tef·lon /ˈteflɒn, ᴬˈteflɑn/ [niet-telb zn] teflon

¹teg /teɡ/ [telb zn] [1] schaap in zijn tweede jaar [2] vacht van schaap

²teg [afk] ⟨boek⟩ (top edges gilt)

teg·u·lar /ˈteɡjʊlə, ᴬ-ɡjələr/ [bn; bw: ~ly] (dak)panachtig

teg·u·ment /ˈteɡjʊmənt, ᴬ-ɡjə-/ [telb zn] [1] ⟨dierk⟩ bedekking, omhulsel, bescherming, integument [2] ⟨plantk⟩ zaadhulsel, zaadvlies

teg·u·men·ta·ry /ˌteɡjʊˈmentri, ᴬ-jəmentəri/, **teg·u·men·tal** /-mentl/ [bn, attr] ⟨biol⟩ bedekkend, beschermend, dek-

¹te-hee /tiːˈhiː/ [telb + niet-telb zn] gegiechel

²te·hee /tiːˈhiː/ [onov ww] giechelen

³te·hee /tiːˈhiː/ [tw] hihi

teind /tiːnd/ [telb zn] ⟨SchE⟩ [1] tiende [2] ⟨vnl mv⟩ ⟨gesch⟩ tiend ⟨voor bezodiging van de clerus⟩

tek·tite /ˈtektaɪt/ [telb zn] tektiet ⟨glasachtige (meteoriet)steen⟩

tel, Tel [afk] [1] (telegram) [2] (telegraph(ic)) [3] (telephone) tel.

tel·aes·the·sia, ⟨AE⟩ **tel·es·the·sia** /ˌtelɪsˈθiːziə, ᴬteles-/ [niet-telb zn] helderziendheid, clairvoyance

tel·aes·thet·ic, ⟨AE⟩ **tel·es·thet·ic** /ˌteliːsˈθetɪk, ᴬtelesˈθetɪk/ [bn] helderziend

tel·a·mon /ˈteləmən, ᴬ-mɑn/ [telb zn; mv: telamones /-məʊniːz/] telamon ⟨mannenfiguur als zuil⟩

Tel·au·to·graph, Tel·Au·to·graph /teˈlɔːtəɡrɑːf, ᴬteˈlɔːtəɡræf/ [eigenn, telb zn] teleautograaf ⟨oorspronkelijk merknaam⟩

tel·co /ˈtelkəʊ/ [telb zn] (verk: telecommunications company) telecombedrijf, telecommunicatiebedrijf

tel·e /ˈteli/ [telb + niet-telb zn] ⟨AE; inf⟩ teevee, tv

tel·e- /ˈteli/ [1] tele- ♦ *telegraph* telegraaf; *telemarketer* telefonisch verkoper/verkoopster [2] tv- ♦ *telefilm* tv-film

tel·e·bank·ing /ˈtelɪbæŋkɪŋ/ [niet-telb zn] (het) telebankieren

tel·e·cam·er·a /ˈtelɪkæmrə/ [telb zn] tv-camera

¹tel·e·cast /ˈtelɪkɑːst, ᴬ-kæst/ [telb zn] tv-uitzending

²tel·e·cast /ˈtelɪkɑːst, ᴬ-kæst/ [onov + ov ww] op tv uitzenden

tel·e·cast·er /ˈtelɪkɑːstə, ᴬ-kæstər/ [telb zn] tv-presentator

tel·e·cine /ˈtelɪsɪni/, **tel·e·film** /ˈtelɪfɪlm/ [telb zn; ook vaak attributief] tv-film

tel·e·com /ˈtelɪkɒm, ᴬ-kɑm/ [telb + niet-telb zn] (verk: telecommunication)

tel·e·com·mu·ni·ca·tion /ˌtelɪkəmjuːnɪˈkeɪʃn/ [telb zn] telecommunicatie, telecommunicatieverbinding

tel·e·com·mu·ni·ca·tions /ˌtelɪkəmjuːnɪˈkeɪʃnz/ [alleen mv; werkwoord voornamelijk enk] telecommunicatietechniek, telecommunicatiewetenschap

tel·e·com·mut·er /ˌtelɪkəmjuːtə, ᴬ-mjuːtər/ [telb zn] telewerker, thuiswerker

tel·e·com·mut·ing /ˌtelɪkəmjuːtɪŋ/ [niet-telb zn] het telewerken, het thuiswerken ⟨per computer⟩

¹tel·e·con·fer·ence /ˈtelɪkɒnfrəns, ᴬ-kɑn-/ [telb zn] conferentie per telefoon, telefonische conferentie, televergadering

²tel·e·con·fer·ence /ˈtelɪkɒnfrəns, ᴬ-kɑn-/ [onov ww] televergaderen, een teleconferentie houden; → teleconferencing

tel·e·con·fer·enc·ing /ˈtelɪkɒnfrənsɪŋ, ᴬ-kɑn-/ [niet-telb zn; gerund van teleconference] televergaderen, confereren per telefoon

tel·e·cop·i·er /ˈtelɪkɒpiə, ᴬ-kɑpiər/ [telb zn] ⟨comm⟩ telecopier

tel·e·cot·tage /ˈtelɪkɒtɪdʒ, ᴬ-kɑtɪdʒ/ [telb zn] ⟨comp⟩ telewerkcentrum

tel·e·di·ag·no·sis /ˌtelɪdaɪəɡˈnəʊsɪs/ [telb zn; mv: telediagnoses /-siːz/] ⟨med⟩ telediagnose

tel·e·du /ˈtelɪduː/ [telb zn] ⟨dierk⟩ ⟨Maleise⟩ stinkdas ⟨*Mydaus javanensis*⟩

tel·e·fac·sim·i·le /ˌtelɪfækˈsɪmɪli/ [telb zn] telekopie

tel·e·fax /ˈtelɪfæks/ [telb zn] telefax

teleferic [telb + niet-telb zn] → telpher

tel·e·gen·ic /ˌtelɪˈdʒenɪk/ [bn; bw: ~ally] telegeniek

tel·e·gon·ic /telɪgɒnɪk, ᴬ-gɑnɪk/, **te·leg·o·nous** /tɪlegənəs/ [bn, attr] ⟨biol⟩ telegonisch

te·leg·o·ny /tɪlegəni/ [niet-telb zn] ⟨biol⟩ telegonie, impregnatie ⟨erfelijke invloed van mannelijk dier op nageslacht van vrouwelijk dier⟩

tel·e·gram /telɪgræm/ [telb + niet-telb zn] telegram ♦ *by telegram* per telegram, telegrafisch; *singing telegram* gezongen gelukstelegram

¹tel·e·graph /telɪgrɑːf, ᴬ-græf/ [telb zn] [1] telegraaf, seintoestel [2] semafoor [3] telegram [4] nieuwsblad ⟨voornamelijk in namen van dagbladen⟩

²tel·e·graph /telɪgrɑːf, ᴬ-græf/ [niet-telb zn] telegraaf, telegrafie ♦ *by telegraph* per telegraaf

³tel·e·graph /telɪgrɑːf, ᴬ-græf/ [onov + ov ww] telegraferen, een teken/sein geven ⟨ook figuurlijk⟩, aanduiden, laten vermoeden ♦ *telegraph him to come* telegrafeer hem dat hij moet komen; *telegraph her this message* telegrafeer haar deze boodschap; *telegraph them that we cannot come* telegrafeer hem dat we niet kunnen komen; *I shall telegraph to your parents* ik zal (aan/naar) je ouders telegraferen

te·leg·ra·pher /tɪlegrəfə, ᴬ-ər/, **te·leg·ra·phist** /-grəfɪst/, **telegraph operator** [telb zn] telegrafist(e), telegraafbeambte

tel·e·graph·ese /telɪgrəfiːz/ [niet-telb zn] ⟨inf⟩ telegramstijl

tel·e·graph·ic /telɪgræfɪk/ [bn; bw: ~ally] [1] telegrafisch, telegram- ♦ *telegraphic address* telegramadres; *telegraphic transfer* telegrafische remise/transfer [2] beknopt, telegram- ♦ *a telegraphic message* een beknopte boodschap

tel·e·graph-key [telb zn] seinsleutel

tel·e·graph-line, **tel·e·graph-wire** [telb zn] telegraaflijn, telegraafdraad

telegraph plant [telb zn] ⟨plantk⟩ telegraafplantje ⟨Desmodium gyrans⟩

tel·e·graph-pole, **tel·e·graph-post** [telb zn] telegraafpaal

te·leg·ra·phy /tɪlegrəfi/ [niet-telb zn] telegrafie

tel·e·ki·ne·sis /telɪkɪniːsɪs/ [niet-telb zn] telekinese, telekinesie

tel·e·ki·net·ic /telɪkɪnetɪk/ [bn] telekinetisch

¹tel·e·mark /telɪmɑːk, ᴬ-mɑrk/ [telb zn] ⟨skisp⟩ telemark

²tel·e·mark /telɪmɑːk, ᴬ-mɑrk/ [onov ww] stoppen met een telemark

tel·e·mar·ket·er /telɪmɑːkətə, ᴬ-mɑrkətər/ [telb zn] telefonisch verkoper, telemarketeer

tel·e·mar·ket·ing /telɪmɑːkətɪŋ, ᴬ-mɑrkətɪŋ/, **tel·e·sel·ling** /telɪselɪŋ/ [niet-telb zn] handel/verkoop via telefoon, telemarketing

tel·e·mat·ics /telɪmætɪks/ [niet-telb zn] ⟨comm⟩ telematica

¹te·lem·e·ter /tɪlemɪtə, ᴬtelɪmiːtər/ [telb zn] telemeter, afstandmeter

²te·lem·e·ter /tɪlemɪtə, ᴬtelɪmiːtər/ [onov + ov ww] op afstand meten, telemetrie toepassen (op)

tel·em·e·try /tɪlemɪtri/ [niet-telb zn] telemetrie

tel·e·o·log·ic /telɪəlɒdʒɪk, ᴬ-lɑdʒɪk/, **tel·e·o·log·i·cal** /-ɪkl/ [bn; bw: ~ally] teleologisch

tel·e·ol·o·gist /telɪɒlədʒɪst, ᴬ-ɑlə-/ [telb zn] teleoloog

tel·e·ol·o·gy /telɪɒlədʒi, ᴬ-ɑlədʒi/ [niet-telb zn] ⟨filos⟩ teleologie, doelmatigheidsleer

tel·e·ost /telɪɒst, ᴬ-ɑst/, **tel·e·os·te·an** /-ɒstɪən, ᴬ-ɑstɪən/ [telb zn] ⟨dierk⟩ beenvis ⟨orde Teleostei⟩

tel·e·path·ic /telɪpæθɪk/ [bn; bw: ~ally] telepathisch

tel·e·path·ist /tɪlepəθɪst/, **tel·e·path** /telɪpæθ/ [telb zn] telepaat, gedachtelezer

te·lep·a·thy /tɪlepəθi/ [niet-telb zn] telepathie

¹tel·e·phone /telɪfoʊn/ [telb + niet-telb zn] telefoon, (telefoon)toestel ♦ *by telephone* per telefoon, telefonisch; *be on the telephone* telefoon hebben; aan de telefoon zijn; *on/over the telephone* per telefoon, telefonisch; *pick up the telephone* de telefoon opnemen

talking on the telephone   1/4

algemene tips

in Engelstalige landen is het niet gebruikelijk om de eigen naam te noemen bij het opbellen of opnemen; als u wilt weten wie u aan de lijn heeft, zult u dat moeten vragen:
- als u zelf belt: who am I speaking to?
- als u gebeld wordt: who is calling, please?
- als u de beller wilt doorverbinden met iemand anders: who can I say is calling, please?

in het Engels is het gebruikelijk om bij verzoeken please te gebruiken, ook in situaties waar Nederlandstaligen niet zo snel *alstublieft* zouden zeggen (could I speak to John Smith, please?)

in Engelstalige landen gebruikt men aan de telefoon meestal voornaam plus achternaam, ook in zakelijke gesprekken, bijvoorbeeld John Smith of Ann Smith in plaats van Mr Smith of Mrs Smith

in het Engels worden telefoonnummers als volgt uitgesproken:
- *nul* spreekt men uit als zero of oh
- bij twee dezelfde cijfers achter elkaar zegt men double (44566 wordt uitgesproken als double four, five, double six)

²tel·e·phone /telɪfoʊn/ [onov + ov ww] telefoneren, (op)bellen ♦ *you can telephone New York directly* je kunt rechtstreeks naar New York bellen; *he has just telephoned through from Beirut* hij heeft zojuist uit Beiroet opgebeld; *I telephoned to my friend* ik heb mijn vriend opgebeld

telephone answering machine [telb zn] (telefoon)antwoordapparaat, telefoonbeantwoorder

telephone banking [niet-telb zn] telebankieren, bankieren via telefoon

telephone booth, telephone kiosk, ⟨BE ook⟩ **telephone box** [telb zn] telefooncel

telephone call [telb zn] telefoongesprek ♦ *place a telephone call* een gesprek aanvragen

telephone conversation [telb zn] telefoongesprek

telephone directory, telephone book [telb zn] telefoongids, telefoonboek

telephone exchange [telb zn] telefooncentrale

telephone pole [telb zn] ⟨AE⟩ telefoonpaal, telegraafpaal

tel·e·phon·ic /telɪfɒnɪk, ᴬ-fɑ-/ [bn; bw: ~ally] telefonisch

te·leph·o·nist /tɪlefənɪst/, **telephone operator** [telb zn] telefonist(e), telefoonbeambte

te·leph·o·ny /tɪlefəni/ [niet-telb zn] telefonie

tel·e·pho·to /telɪfoʊtoʊ/ [telb zn] (verk: telephotograph)

¹tel·e·pho·to·graph /telɪfoʊtəgrɑːf, ᴬ-foʊtəgræf/ [telb zn] [1] telelensfoto [2] telefoto ⟨telegrafisch doorgeseind⟩

²tel·e·pho·to·graph /telɪfoʊtəgrɑːf, ᴬ-foʊtəgræf/ [ov ww] [1] met een telelens fotograferen [2] (radio)telegrafisch doorseinen ⟨foto's⟩

tel·e·pho·to·graph·ic /telɪfoʊtəgræfɪk/ [bn, attr] [1] telefotografisch, telefoto- [2] beeldtelegrafisch

tel·e·pho·tog·ra·phy /telɪfətɒgrəfi, ᴬ-tɑ-/ [niet-telb zn] [1] telefotografie ⟨d.m.v. telelenzen⟩ [2] beeldtelegrafie

telephoto lens [telb zn] telelens, teleobjectief

tel·e·play /telɪpleɪ/ [telb zn] tv-spel

tel·e·point /telɪpɔɪnt/ [telb zn; ook attributief] greenpoint ♦ *telepoint phone* kermit, greenpointzaktelefoon

tel·e·port /telɪpɔːt, ᴬ-pɔrt/ [onov ww] [1] teleporteren ⟨verplaatsen door tijd en ruimte, in computerspel en sciencefiction⟩ [2] d.m.v. telekinese verplaatsen/bewegen

tel·e·print·er /telɪprɪntə, ᴬ-prɪntər/ [telb + niet-telb zn]

teleprocessing

⟨BE⟩ telex, telexapparaat, telextoestel ♦ *by teleprinter* per telex

tel·e·pro·cess·ing /ˈtelɪprəʊsesɪŋ, ᴬ-ˈprɑ-/ [niet-telb zn] ⟨comp⟩ verwerking op afstand

Tel·e·promp·ter /ˈtelɪprɒm(p)tə, ᴬ-ˈprɑm(p)tər/ [telb zn] ⟨AE⟩ afleesapparaat voor tv-omroepers ⟨merknaam⟩

tel·e·sales /ˈtelɪseɪlz/ [niet-telb zn] telefonische verkoop, telemarketing

¹**tel·e·scope** /ˈtelɪskəʊp/ [telb zn] telescoop, (astronomische) verrekijker

²**tel·e·scope** /ˈtelɪskəʊp/ [onov ww] [1] telescoperen, in elkaar schuiven [2] ineengedrukt worden ♦ *two cars telescoped together in the accident* twee auto's werden bij het ongeval ineengedrukt

³**tel·e·scope** /ˈtelɪskəʊp/ [ov ww] [1] in elkaar schuiven, ineendrukken, samendrukken [2] bekorten, verkorten, inkorten ♦ *the encyclopaedia was telescoped into four volumes* de encyclopedie werd tot vier delen ingekort

telescope table [telb zn] uitschuiftafel, uittrektafel, klaptafel

tel·e·scop·ic /telɪˈskɒpɪk, ᴬ-ˈskɑ-/ [bn; bw: ~ally] [1] telescopisch ♦ *telescopic lens* telelens; *telescopic sight* telescoopvizier, vizierkijker; *telescopic stars* telescopische sterren [2] telescopisch, ineenschuifbaar, uitschuifbaar ♦ *telescopic rod* telescoophengel; *telescopic umbrella* opvouwbare paraplu [3] verziend

teleselling [niet-telb zn] → telemarketing

tel·e·shop·ping /ˈtelɪʃɒpɪŋ, ᴬ-ˈʃɑpɪŋ/ [niet-telb zn] (het) telewinkelen, (het) teleshoppen

telesthesia [niet-telb zn] → telaesthesia

telesthetic [bn] → telaesthetic

tel·e·text /ˈtelɪtekst/ [niet-telb zn] ⟨comm⟩ teletekst

tel·e·thon /ˈtelɪθɒn, ᴬ-θɑn/ [telb zn] ⟨AE⟩ tv-marathon ⟨voor goed doel⟩

¹**Tel·e·type** /ˈtelɪtaɪp/ [telb + niet-telb zn; ook teletype] ⟨oorspronkelijk merknaam⟩ telex, telexapparaat, telextoestel ♦ *by Teletype* per telex

²**Tel·e·type** /ˈtelɪtaɪp/ [onov + ov ww; ook teletype] telexen

tel·e·type·writ·er /ˈtelɪtaɪpraɪtə, ᴬ-raɪtər/ [telb zn] ⟨AE⟩ telex, telexapparaat, telextoestel, verreschrijfmachine, verreschrijver

tel·e·van·gel·ism /telɪˈvændʒɪlɪzm/ [niet-telb zn] tv-evangelisatie

tel·e·van·gel·ist /telɪˈvændʒɪlɪst/ [telb zn] tv-dominee, televisiepredikant

¹**tel·e·view** /ˈtelɪvjuː/ [onov ww] (naar de) televisie/tv kijken

²**tel·e·view** /ˈtelɪvjuː/ [ov ww] op de televisie/tv zien/bekijken

tel·e·view·er /ˈtelɪvjuːə, ᴬ-ər/ [telb zn] televisiekijker, tv-kijker

¹**tel·e·vise** /ˈtelɪvaɪz/ [onov ww] [1] op de televisie/tv uitgezonden worden [2] voor de televisie/tv geschikt zijn ♦ *tennis televises well* tennis is goed geschikt voor de televisie/tv

²**tel·e·vise** /ˈtelɪvaɪz/ [ov ww] op de televisie/tv uitzenden, op televisie/tv geven

¹**tel·e·vi·sion** /ˈtelɪvɪʒn, telɪˈvɪʒn/ [telb zn] televisie, televisieapparaat, televisieontvanger, televisietoestel, tv(-toestel)

²**tel·e·vi·sion** /ˈtelɪvɪʒn, telɪˈvɪʒn/ [niet-telb zn] televisie, tv ♦ *on (the) television* op de televisie; *watch television* tv kijken

television ad, television advertisement, TV ad, TV advertisement [telb zn] reclamespot

television audience, TV audience [verzameln] [1] televisiepubliek, televisiekijkers, tv-kijkers [2] publiek bij een tv-opname

television audience measurement [niet-telb zn] ± kijkcijfers

television broadcast, TV broadcast [telb zn] televisie-uitzending, tv-uitzending

television camera, TV camera [telb zn] televisiecamera, tv-camera

television commentator, TV commentator [telb zn] televisiecommentator, tv-commentator

television commercial, TV commercial [telb zn] reclamespot

television crew, TV crew [verzameln] televisieploeg, tv-ploeg

television film, TV film [telb zn] televisiefilm, tv-film

television greeting, TV greeting [telb zn] televisieboodschap

television interview, TV interview [telb zn] televi-

talking on the telephone	2/4
als u zelf belt	
this is Aisha Jansen	hallo, u spreekt met Aisha Jansen/mevrouw Jansen
who am I speaking to?	met wie spreek ik?
is this John Smith?	spreek ik met John Smith/de heer Smith?
could I speak to John Smith, please?	kan ik John Smith/de heer Smith spreken?
what would be the best time to call him?	wanneer kan ik hem het beste bellen?
could I speak to Melanie, please?	is Melanie thuis?
I'm calling about …	ik bel in verband met …
I'm sorry, I didn't quite catch that	sorry, dat heb ik niet goed verstaan
could you repeat that, please?	kunt u dat herhalen?
could you spell that for me, please?	kunt u dat spellen?
could you put me through to the Sales department, please?	kunt u mij doorverbinden met de afdeling Verkoop?
I'm calling about an order	ik bel over een bestelling
who should I talk to about a complaint?	wie kan ik spreken over een klacht?
is there someone else who could help me?	kan iemand anders mij misschien helpen?
can I leave a message, please?	kan ik een boodschap achterlaten?
could you tell her/him I called, please?	kunt u doorgeven dat ik gebeld heb?
could you ask her to call me back, please?	kunt u vragen of zij mij terug wil bellen?
I'll try again later today	ik probeer het later vandaag nog eens
when I've received your letter, I'll get back to you	als ik uw brief heb ontvangen, neem ik weer contact met u op
can I call you back later?	kan ik u straks terugbellen?
could I have your fax number, please?	wat is uw faxnummer?
until what time can I reach you?	tot hoe laat bent u bereikbaar?
could I have your name, please?	met wie heb ik gesproken?

sie-interview, tv-interview
tele**vision junkie, TV junkie** [telb zn] televisieverslaafde
tele**vision licence, TV licence** [telb zn] ⟨BE⟩ kijkvergunning, kijk(- en luister)geld
tele**vision programme, TV programme** [telb zn] televisieprogramma, tv-programma
tele**vision screen, TV screen** [telb zn] televisiescherm, tv-scherm
tele**vision serial, TV serial** [telb zn] televisieserie, tv-serie, tv-reeks ⟨voornamelijk vervolgserie⟩
tele**vision series, TV series** [telb zn] televisieserie, tv-serie, tv-reeks
tele**vision set, TV set** [telb zn] televisietoestel, televisieapparaat, televisieontvanger, tv(-toestel)
tele**vision tube, TV tube** [telb zn] beeldbuis
tele**vision viewer, TV viewer** [telb zn] televisiekijker, tv-kijker
tel·e·vi·sor /tɛlɪvaɪzə, ᴬ-ər/ [telb zn] televisietoestel, televisieapparaat, televisieontvanger, tv(-toestel)
tel·e·vis·u·al /tɛlɪvɪʒʊəl/ [bn] ⟨BE⟩ ① van/m.b.t. de televisie, televisie- ② telegeniek, geschikt voor de televisie
tel·e·vote /tɛlɪvəʊt/ [onov ww] per computer stemmen
tel·e·work /tɛlɪwɜːk, ᴬ-wɜrk/ [onov ww] telewerken, thuiswerken ⟨per computer en fax⟩; → **teleworking**
tel·e·work·er /tɛlɪwɜːkə, ᴬ-wɜrkər/ [telb zn] telewerker, thuiswerker ⟨per computer en fax⟩
tel·e·work·ing /tɛlɪwɜːkɪŋ, ᴬ-wɜrkɪŋ/ [niet-telb zn; gerund van telework] telewerk, thuiswerken ⟨per computer en fax⟩
¹**tel·ex** /tɛlɛks/ [telb zn] telex, telexbericht
²**tel·ex**, ⟨in betekenis 1 ook⟩ **Tel·ex** /tɛlɛks/ [niet-telb zn] telex, telexsysteem, telexdienst ♦ *by telex* per telex
³**tel·ex** /tɛlɛks/ [ov ww] telexen
telex machine [telb zn] ⟨comm⟩ telex(apparaat)
telfer [telb + niet-telb zn] → **telpher**
tel·ic /tɛlɪk/ [bn] doelgericht, doelbewust
¹**tell** /tɛl/ [telb zn] tell ⟨heuvel in Israël⟩
²**tell** /tɛl/ [onov ww; told, told] ① spreken, zeggen, vertellen, getuigen ⟨figuurlijk⟩ ♦ *tell about/of sth.* over iets vertellen/berichten; *as far as we can tell* voor zover we weten; ⟨AE; inf⟩ *do tell!* 't is niet waar! ⟨uitroep van verbazing⟩;

you can never tell/never can tell je weet maar nooit; *his blush told of his embarrassment* zijn blos getuigde van zijn verlegenheid; *time will tell* dat zal de tijd leren ② het/iets verklappen, het/iets verraden ♦ *don't tell!* verklap het niet!; ⟨inf, kind⟩ *tell on s.o.* iemand verraden/verklikken; ⟨inf⟩ *that would be telling* zeg ik lekker niet; *that would be telling!* niet verklappen (hoor)! ③ (mee)tellen, meespelen, van belang zijn, wegen ♦ *his age will tell against him* zijn leeftijd zal in zijn nadeel pleiten; *his enthusiasm tells in favour of him* zijn enthousiasme pleit in zijn voordeel; *every penny tells* elke penny telt mee; *the long drive began to tell (up)on us* de lange rit begon op ons te wegen ④ ⟨BE, gew⟩ babbelen; → **telling**
³**tell** /tɛl/ [ov ww; told, told] ① vertellen, zeggen, spreken ♦ *tell about/of sth.* over iets vertellen/berichten; ⟨sl⟩ *tell s.o. what to do with sth./where to put/shove/stick sth.* iemand vertellen dat hij ergens mee kan barsten/doodvallen; ⟨inf⟩ *you tell 'em* gelijk heb je, wat je zegt, nou en of; ⟨inf⟩ *tell s.o. where he gets off/to get off* iemand op zijn plaats/nummer zetten; ⟨AE⟩ *tell goodbye* afscheid nemen, vaarwel zeggen; ⟨AE; sl⟩ *tell it like it is/how it is/was* zeggen waar het op staat, het (iemand) recht voor zijn raap zeggen; *tell me!* zeg het me!; ⟨inf⟩ *now you tell me!* en dat vertel je me nu pas!; ⟨inf⟩ *tell me another!* maak dat een ander/de kat wijs!, loop naar je grootje!; ⟨inf⟩ *you're telling me!* wat je (me) zegt!; vertel mij wat!, ik weet het maar al te goed!; *don't tell my mother* vertel het niet aan mijn moeder; *tell a secret* een geheim verklappen; *tell tales about s.o.* verhaaltjes over iemand rondstrooien; *do not tell that to the director* zeg dat niet aan de directeur; *tell the truth* de waarheid spreken/zeggen; *I (can) tell you!* neem het van me aan!, ik verzeker het je!; ⟨inf⟩ *I'll tell you what* ik doe je een voorstel ② weten, kennen, zeggen, uitmaken ♦ *I could tell by/from his look that he was honest* ik kon aan zijn oogopslag zien dat hij eerlijk was; *can you tell the difference between a Belgian and a Dutchman?* ken je het verschil tussen een Belg en een Nederlander?; *how can I tell if/whether it is true or not?* hoe kan ik weten of het waar is of niet?; *there is no telling what will happen* je weet maar nooit wat er gebeurt; *can she tell the time yet?* kan ze al klok kijken? ③ onderscheiden, uit elkaar houden, onderkennen ♦ *can you tell these twins apart?* kun jij deze tweeling uit elkaar houden?; *tell truth*

talking on the telephone		3/4
als u gebeld wordt		
Marijke van Oort speaking	met Marijke van Oort	
speaking	daar spreekt u mee	
I'm afraid you have dialled the wrong number	u bent verkeerd verbonden	
who is calling, please?	met wie spreek ik?	
who do you want to speak to?	wie wilt u spreken?	
what is it you're calling about?	waar gaat het over?	
I'm sorry, there's no one of that name here	het spijt me, … is hier niet bekend	
I'll put you through	ik verbind u door	
one moment, please	een moment, graag	
sorry to keep you waiting	sorry voor het wachten	
would you like to wait, or shall I ask him to call you back?	wilt u wachten, of zal ik vragen of hij u terugbelt?	
she's not here at the moment	zij is er op het moment niet	
he's on the telephone at the moment	hij is momenteel telefonisch in gesprek	
perhaps I might be able to help you?	misschien kan ik u helpen?	
I'll tell her	ik zal het haar zeggen	
can I pass on a message?	kan ik een boodschap aannemen?	
I'll pass on the message	ik zal de boodschap doorgeven	
can I ask her to call you back?	kan ik vragen of zij u terugbelt?	
what is your number?	wat is uw telefoonnummer?	
you're welcome	tot uw dienst	
thank you for calling	bedankt voor het bellen	
it's not very convenient at the moment; can I call you back later?	het komt nu niet zo goed uit; kan ik u straks terugbellen?	

teller

from lies de waarheid van leugens onderscheiden [4] zeggen, bevelen, de opdracht geven ♦ *I told you to stay away* ik had je gezegd weg te blijven [5] zeggen, waarschuwen ♦ *I told you so!* ik had het je nog gezegd!, ik had je gewaarschuwd! [6] ⟨vero⟩ tellen ♦ *all told* in het geheel; na telling; ⟨vero⟩ *tell over* natellen; *tell the votes* de stemmen tellen ⟨voornamelijk in het Lagerhuis⟩ [·] *all told* alles samen, alles bij elkaar (genomen); in alle opzichten, over het geheel; ⟨inf⟩ *get tell off* een standje krijgen; ⟨mil⟩ *tell off s.o. for a task* iemand voor een taak aanwijzen; ⟨inf⟩ *tell s.o. off (for sth.)* iemand (om iets) berispen/op zijn plaats/nummer zetten; iemand (ergens voor) waarschuwen; *sth. tells me that ...* ik heb zo het idee dat ...; *I'll tell you what: let's stop* weet je wat? laten we ermee ophouden; ⟨sprw⟩ *dead men tell no tales* ± dode honden bijten niet (al zien ze lelijk); ⟨sprw⟩ *never tell your enemy that your foot aches* ± ga nooit bij de duivel te biecht; ⟨sprw⟩ *a good tale is none the worse for being told twice* ± goed nieuws mag best vaak verteld worden; ⟨sprw⟩ *a liar is not believed when he tells the truth* een leugenaar wordt niet geloofd, al zweert hij bij zijn ziel en hoofd; ⟨sprw⟩ *ask no questions and be told no lies* vraag mij niet, dan lieg ik niet; ⟨sprw⟩ *a tale never loses in the telling* ± hoe vaker een verhaal wordt verteld, hoe mooier het wordt; →**telling**

tell·er /tɛlə, ᴬ-ər/ [telb zn] [1] verteller [2] (stemmen)teller ⟨bijvoorbeeld in Lagerhuis⟩ [3] ⟨AE⟩ kasbediende

tell·er·ship /tɛləʃɪp, ᴬ-lər-/ [telb + niet-telb zn] [1] functie van (stemmen)teller [2] ⟨AE⟩ functie van kasbediende

tell·ing /tɛlɪŋ/ [bn]; oorspronkelijk tegenwoordig deelw van tell; bw: ~ly] [1] treffend, raak, indrukwekkend ♦ *a telling argument* een raak argument; *a telling blow* een rake klap [2] veelbetekenend, veelzeggend, revelerend ♦ *a telling gesture* een veelbetekenend gebaar

tell·ing-off [telb zn; mv: tellings-off] uitbrander, reprimande

tell·tale [telb zn] [1] roddelaar(ster), babbelkous [2] klikspaan, verklikker, verklikster [3] ⟨ook attributief⟩ teken, aanduiding ♦ *the telltale clay on her boots* de klei aan/op haar laarzen die haar verraadde; ⟨fig⟩ *a telltale nod* een veelbetekenend knikje [4] ⟨benaming voor⟩ verklikker(inrichting), verklikkerlamp, verklikkersignaal, tijdklok, roerverklikker, axiometer

¹**tel·lu·ri·an** /təluəriən, ᴬ-lʊr-/ [telb zn] [1] aardbewoner [2] →tellurion

²**tel·lu·ri·an** /təluəriən, ᴬ-lʊr-/ [bn, attr] tellurisch, terrestrisch, aards, aard-

tel·lu·ric /tɛluərɪk, ᴬ-lʊr-/ [bn, attr] [1] tellurisch, terrestrisch, aards, aard-, grond- [2] ⟨scheik⟩ tellurium-, telluur- ⟨met valentie 6⟩ ♦ *telluric acid* tellurigzuur

tel·lu·ride /tɛljʊraɪd, ᴬ-jə-/ [telb + niet-telb zn] ⟨scheik⟩ telluride

tel·lu·ri·on /tɛluəriən, ᴬ-lʊr-/ [telb zn] tellurium ⟨toestel om aardbewegingen voor te stellen⟩

tel·lu·ri·um /tɛluəriəm, ᴬ-lʊr-/ [niet-telb zn] ⟨scheik⟩ telluur, tellurium ⟨element 52⟩

tel·lu·rous /tɛljʊrəs, ᴬ-jə-/ [bn, attr] ⟨scheik⟩ tellurisch, telluur- ⟨met valentie 4⟩

tel·ly /tɛli/ [telb + niet-telb zn] ⟨BE; inf⟩ teevee, tv

Tel·net /tɛlnet/ [niet-telb zn] ⟨comp⟩ Telnet ⟨dialoogprotocol⟩

¹**tel·pher, tel·fer** /tɛlfə, ᴬ-ər/, **tel·e·fer·ic** /tɛlɪfɛriːk/ [telb zn] luchtkabelcontainer

²**tel·pher, tel·fer** /tɛlfə, ᴬ-ər/, **tel·e·fer·ic** /tɛlɪfɛriːk/, ⟨ook⟩ **tel·pher·age** /tɛlfərɪdʒ/ [telb + niet-telb zn] luchtkabeltransport(systeem)

tel·son /tɛlsn/ [telb zn] staartwaaier ⟨bij schaaldieren⟩

tem·blor /tɛmblə, ᴬ-ər/ [telb zn] ⟨AE, gew⟩ aardbeving

tem·er·ar·i·ous /tɛmərɛəriəs, ᴬ-ræ-/ [bn; bw: ~ly; zn: ~ness] ⟨form⟩ roekeloos, vermetel, onbezonnen

tem·er·i·ty /tɪmɛrəti/ [niet-telb zn] roekeloosheid, vermetelheid, onbezonnenheid

Tem·minck's stint /tɛmɪŋks stɪnt/ [telb zn] ⟨dierk⟩ Temmincks strandloper ⟨Calibris temminckii⟩

¹**temp** /temp/ [telb zn] ⟨inf⟩ ⟨verk: temporary employee⟩ tijdelijke medewerker/medewerkster, ⟨i.h.b.⟩ uitzendkracht, interimkracht

²**temp** /temp/ [onov ww] als uitzendkracht werken, werken bij/via een uitzendbureau

³**temp** [afk] [1] ⟨temperance⟩ [2] ⟨temperature⟩ [3] ⟨temporary⟩

temp agency [telb zn] uitzendbureau

¹**tem·per** /tɛmpə, ᴬ-ər/ [telb zn] [1] humeur, stemming, luim ♦ *be in a bad temper* in een slecht humeur zijn, de pest in hebben [2] kwade/slechte bui [3] driftbui, woedeaanval ♦ *fly/get into a temper* een woedeaanval krijgen [4] bijmengsel, toevoegsel

²**tem·per** /tɛmpə, ᴬ-ər/ [telb + niet-telb zn] [1] temperament, geaardheid, natuur, inborst ♦ *a person of (a) sweet*

talking on the telephone	4/4
wat handige zinnen	
this is a very bad connection	de verbinding is erg slecht
could you call me on my mobile, please?	kun je me op mijn mobiel bellen?
could you call me tonight on my home number, please?	kun je me vanavond thuis bellen?
I have to go	ik moet ophangen
my battery is almost empty	mijn batterij is bijna leeg
I'll call you back in ten minutes	ik bel je over tien minuten terug
what is your mobile number?	wat is je mobiele nummer?
gesprekken met een automatische telefoonbeantwoorder	
you've reached Marijke van Oort's voicemail	dit is de voicemail van Marijke van Oort
you've reached Marijke van Oort's answering machine	dit is het antwoordapparaat van Marijke van Oort
I cannot take your call at the moment, but I will call you back as soon as I can	ik ben momenteel niet bereikbaar, maar ik bel u zo spoedig mogelijk terug
please leave a message after the beep	laat een boodschap achter na de piep
please leave your name and telephone number	spreek uw naam en telefoonnummer in
you can reach me on 123456	ik ben te bereiken op nummer 123456
press asterisk after the beep	toets na de pieptoon een sterretje
press the pound key/the hash key	toets een hekje
for the Sales department, press 5	toets een 5 voor de afdeling Verkoop
you are caller number four	er zijn nog drie wachtenden voor u
all our employees are busy at the moment	al onze medewerkers zijn in gesprek

temper een zachtaardig mens; *the temper of the times* de tijdgeest ② opvliegendheid, opvliegend karakter, oplopendheid, drift(igheid) ♦ *have a temper* opvliegend zijn; *do not mind his temper* let niet op zijn opvliegend karakter; *show temper* opvliegend/lastig/prikkelbaar zijn

³**tem·per** /tempə, ᴬ-ər/ [niet-telb zn] ① kalmte, beheersing ♦ *control/keep one's temper* zijn kalmte bewaren; *lose one's temper* zijn kalmte verliezen, boos worden; ⟨form⟩ *out of temper with* boos/woedend op ② irritatie, woede ♦ *get a fit of temper* een woedeaanval krijgen ③ tempering, harding ⟨van metaal⟩ ④ (juiste) mengverhouding

⁴**tem·per** /tempə, ᴬ-ər/ [onov ww] getemperd worden ⟨metaal⟩

⁵**tem·per** /tempə, ᴬ-ər/ [ov ww] ① aanmaken, toebereiden ⟨mortel e.d.⟩ ② temperen, mengen ⟨olie, kleuren⟩ ③ temperen, ontlaten ⟨voornamelijk staal⟩ ④ temperen, matigen, verzachten, intomen ♦ ⟨form⟩ *temper rigour with compassion* gestrengheid met mededogen temperen ⑤ ⟨muz⟩ stemmen • ⟨sprw⟩ *God tempers the wind to the shorn lamb* God geeft koude naar kleren; ⟨sprw⟩ *mercy tempers justice* ± door genadig te zijn versterkt men het recht

temperature	1/3

- in het *Brits-Engels* wordt de temperatuur tegenwoordig bijna altijd aangegeven in graden Celsius (° C), maar soms wordt nog de oudere temperatuursaanduiding in graden Fahrenheit (° F) gebruikt
- in het *Amerikaans-Engels* wordt de temperatuur aangegeven in graden Fahrenheit (° F)

tem·per·a /tempərə/ [niet-telb zn] ① tempera(techniek) ② tempera(verf)

tem·per·a·ment /tempərəmənt/ [telb + niet-telb zn] ① temperament ⟨ook figuurlijk⟩, aard, gestel, constitutie, vurigheid ♦ *sanguine temperament* sanguinisch/vurig temperament ② humeurigheid, prikkelbaarheid ③ ⟨muz⟩ temperatuur, stemming ⟨van instrument⟩

tem·per·a·men·tal /tempərəmentl/ [bn; bw: ~ly] ① natuurlijk, aangeboren, ingeboren ♦ *temperamentally, he is a fighter* hij is van nature/aard een vechter ② grillig, humeurig, onberekenbaar, vol nukken/kuren, nukkig ③ ⟨zelden⟩ temperamentvol, vurig

temperature		2/2
°C	°F	
100 (kookpunt van water)	212	
40	104	
38	100	
37 (lichaamstemperatuur)	98,6	
35	95	
30	86	
25	77	
20	68	
15	59	
10	50	
5	41	
0 (vriespunt van water)	32	
-5	23	
-10	14	
-15	5	
-20	-4	
-30	-22	
-40	-40	

tem·per·ance /tempərəns/ [niet-telb zn] ① gematigdheid, matigheid ② zelfbeheersing ③ geheelonthouding

tem·per·ate /tempərət/ [bn; bw: ~ly; zn: ~ness] ① matig, gematigd ♦ *temperate zone* gematigde luchtstreek ② met zelfbeheersing

¹**tem·per·a·ture** /temp(r)ətʃə, ᴬtempərtʃər/ [telb + niet-telb zn] temperatuur ♦ *a change in temperature* een temperatuurverandering/temperatuurschommeling; *take s.o.'s temperature* iemands temperatuur opnemen

²**tem·per·a·ture** /temp(r)ətʃə, ᴬtempərtʃər/ [niet-telb zn] verhoging, koorts ♦ *have/run a temperature* verhoging hebben

tem·pered /tempəd, ᴬ-pərd/ [bn; volt deelw van temper] ① getemperd ⟨bijvoorbeeld van licht⟩ ② ⟨muz⟩ gestemd naar een temperatuur

-tem·pered /tempəd, ᴬ-pərd/ -gehumeurd, -geluimd, -geaard ♦ *bad-tempered* slechtgehumeurd

tem·per·some /tempəsəm, ᴬ-pər-/ [bn; zn: ~ness] opvliegend

tem·pest /tempɪst/ [telb zn] ① (hevige) storm ⟨ook figuurlijk⟩ ♦ ⟨AE⟩ *tempest in a teapot* storm in een glas water ② oproer, tumult, lawaai ♦ *a tempest of laughter* een bulderend gelach

tem·pest-beat·en [bn] ⟨form⟩ door de storm(en) gebeukt

tem·pest-swept, tem·pest-tossed [bn] ⟨form⟩ door de storm(en) geteisterd/heen en weer geslingerd

tem·pes·tu·ous /tempestʃʊəs/ [bn; bw: ~ly; zn: ~ness] stormachtig ⟨ook figuurlijk⟩, onstuimig, hartstochtelijk ♦ *a tempestuous confrontation* een stormachtige confrontatie

temperature	3/3
omrekenen naar Fahrenheit	voorbeeld
neem de temperatuur in °C	de temperatuur is 28°C
vermenigvuldig die met 1,8	28 maal 1,8 is 50,4
tel er vervolgens 32 bij op	50,4 plus 32 is 82,4
u heeft nu de temperatuur in °F	het is 82,4°F
omrekenen naar Celsius	voorbeeld
neem de temperatuur in °F	de temperatuur is 20°F
trek er 32 vanaf	20 min 32 is −12
deel vervolgens door 1,8	−12 gedeeld door 1,8 is −6,7
u heeft nu de temperatuur in °C	het is min 6,7°C

temp·ing a·gen·cy /tempɪŋeɪdʒənsi/ [telb zn] uitzendbureau

tem·plar /templə, ᴬ-ər/ [telb zn] jurist of juridisch student met kamers in de Temple in Londen

Tem·plar /templə, ᴬ-ər/ [telb zn] ① ⟨gesch⟩ tempelier, tempelridder ② lid van (Amerikaanse) vrijmetselaarsorde ③ ⟨ook templar⟩ goede tempelier ⟨lid van Amerikaans genootschap van geheelonthouders⟩ ♦ *Good Templar* goede tempelier

tem·plate, tem·plet /templɪt/ [telb zn] ① mal(plaatje), vormplaat, sjabloon, template ② ⟨bouwk⟩ latei

tem·ple /templ/ [telb zn] ① tempel, kerk ♦ ⟨BE⟩ *the Inner/Middle Temple* benaming voor twee Inns of Court ② ⟨AE⟩ synagoge ③ slaap, zijkant van hoofd ④ brillenarm ⑤ ⟨weverij⟩ tempel, breedhouder

tem·po /tempoʊ/ [telb zn; mv: ook tempi /-piː/] tempo, vaart, snelheid ⟨in het bijzonder van muziek⟩

¹**tem·po·ral** /temprəl/ [telb zn] ⟨anat⟩ ① slaap, slaapbeen ② slaapader ③ slaapspier

²**tem·po·ral** /temprəl/ [bn; bw: ~ly] ① tijdelijk ♦ ⟨taalk⟩ *temporal conjunction* voegwoord van tijd ② wereldlijk, tijdelijk, seculier, seculair ♦ *Temporal Lords/Lords Temporal* wereldlijke leden van het Hogerhuis ③ ⟨anat⟩ slaap-, van de slaap ♦ *temporal bone* slaapbeen; *temporal lobe* slaapkwab

tem·po·ral·i·ties /tempəræləṭiz/ [alleen mv] tempora-

temporality

lia, temporaliën, wereldlijk inkomen ⟨van geestelijken⟩
¹**tem·po·ral·i·ty** /tempəræləti/ [telb zn] wereldse bezitting
²**tem·po·ral·i·ty** /tempəræləti/ [niet-telb zn] ① tijdelijkheid ② wereldlijkheid, tijdelijkheid
tem·po·rals /temprəlz/ [alleen mv] ① wereldse aangelegenheden ② tijdelijke aangelegenheden
¹**tem·po·rar·y** /temp(r)əri, ᴬ-pəreri/ [telb zn] tijdelijke werkkracht, los werkman
²**tem·po·rar·y** /temp(r)əri, ᴬ-pəreri/ [bn; bw: temporarily; zn: temporariness] tijdelijk, voorlopig ♦ *temporary buildings* noodgebouwen; *temporary employment agency* uitzendbureau; *temporary officer* reserveofficier · ⟨AE⟩ *temporary mailing address* correspondentieadres
tem·po·ri·za·tion, tem·po·ri·sa·tion /tempəraɪzeɪʃn, ᴬ-rəzeɪʃn/ [niet-telb zn] ① uitstel, temporisatie ② het temporiseren, het proberen tijd te winnen ③ het zich naar de omstandigheden schikken, opportunisme ④ het zoeken naar een vergelijk
tem·po·rize, tem·po·rise /tempəraɪz/ [onov ww] ① temporiseren, proberen tijd te winnen, een slag om de arm houden ② zich naar de omstandigheden schikken, de huik naar de wind hangen ③ een vergelijk zoeken
tem·po·riz·er, tem·po·ris·er /tempəraɪzə, ᴬ-ər/ [telb zn] ① tijddrekker ② opportunist ③ iemand die naar een vergelijk zoekt
tempt /tem(p)t/ [ov ww] ① verleiden, in verleiding brengen, (ver)lokken ♦ *I am tempted not to believe that* ik ben geneigd dat niet te geloven; *he tempted me into taking the wrong decision* hij verleidde mij ertoe de verkeerde beslissing te nemen ② verzoeken, in verzoeking brengen, tempteren ③ tarten, tergen, tempteren; → **tempting**
tempt·a·ble /tem(p)təbl/ [bn] te verleiden, te (ver)lokken, te verzoeken
¹**temp·ta·tion** /tem(p)teɪʃn/ [telb zn] aanlokkelijkheid, verleidelijkheid, aanlokkelijke/verleidelijke kant
²**temp·ta·tion** /tem(p)teɪʃn/ [niet-telb zn] ① het verleiden, het (ver)lokken, het verzoeken ② verleiding, verlokking, verzoeking, temptatie ♦ ⟨Bijb⟩ *lead us not into temptation* leid ons niet in bekoring/verzoeking
tempt·er /tem(p)tə, ᴬ-ər/ [telb zn] verleider
Tempt·er /tem(p)tə, ᴬ-ər/ [eigenn; the] Satan, duivel
tempt·ing /tem(p)tɪŋ/ [bn; tegenwoordig deelw van tempt; bw: ~ly; zn: ~ness] verleidelijk, aanlokkelijk, verlokkelijk
tempt·ress /tem(p)trɪs/ [telb zn] verleidster
tem·pu·ra /tempʊrɑː, ᴬtempʊrə/ [telb + niet-telb zn] tempura ⟨Japans visgerecht⟩
¹**ten** /ten/ [telw] tien ⟨ook voorwerp/groep ter waarde/grootte van tien⟩ ♦ ⟨sport⟩ *formed a ten* vormden een tiental; *give me a ten* geef me een briefje van tien; *have a ten* een pauze (van tien minuten) nemen; *a mistake in the tens* een fout in de tientallen; *I bet you ten to one* ik wed tien tegen één; *he wears a ten* hij draagt maat tien
²**ten** [afk] ① (tenor) ② (tenuto)
ten·a·bil·i·ty /tenəbɪləti/ [niet-telb zn] verdedigbaarheid, houdbaarheid ⟨ook figuurlijk⟩
ten·a·ble /tenəbl/ [bn; bw: tenably; zn: ~ness] verdedigbaar, houdbaar ⟨ook figuurlijk⟩ ♦ *the job is tenable for a year* de baan geldt voor een jaar; *a tenable fortification* een houdbare versterking; *a tenable theory* een houdbare theorie
ten·ace /teneɪs, tenɪs/ [telb zn] vork ⟨combinatie van twee hoge kaarten, bijvoorbeeld aas-vrouw, heer-boer⟩
te·na·cious /tɪneɪʃəs/ [bn; bw: ~ly; zn: ~ness] ① vasthoudend, standvastig, volhardend, hardnekkig, koppig ♦ *he is tenacious of his rights* hij houdt vast aan zijn rechten, hij staat op zijn recht(en) ② krachtig, goed ⟨van geheugen⟩ ♦ *he has a tenacious memory* hij heeft een uitstekend geheugen ③ kleverig, plakkerig, klevend, plakkend

④ samenhangend
te·nac·i·ty /tɪnæsəti/ [niet-telb zn] ① vasthoudendheid, standvastigheid, volhardendheid, hardnekkigheid, koppigheid ② kracht ⟨van geheugen⟩ ③ kleverigheid, plakkerigheid ④ logisch geheel, orde
te·nac·u·lum /tɪnækjʊləm, ᴬ-kjə-/ [telb zn; mv: tenacula /-lə/] ⟨med⟩ tenaculum, wondhaak
¹**ten·an·cy** /tenənsi/ [telb zn] ① huurtermijn, pachttermijn, pachttijd ② huur, pacht ③ bekleding ⟨van ambt/functie⟩ ♦ *the tenancy of a teaching position* het aangesteldzijn als docent
²**ten·an·cy** /tenənsi/ [niet-telb zn] ① bewoning ② gebruik, genot
¹**ten·ant** /tenənt/ [telb zn] ① huurder, pachter ♦ *sorry no tenants* alleen voor bezitters van een eigen huis ② bewoner ③ ⟨jur⟩ eigenaar
²**ten·ant** /tenənt/ [ov ww] ① huren, pachten ② bewonen, innemen
ten·ant·a·ble /tenəntəbl/ [bn] ① verhuurbaar, verpachtbaar ② bewoonbaar
tenant farmer [telb zn] pachtboer, pachter
tenant in chief [telb zn; mv: tenants in chief] hoofdleenman
tenant right [telb zn] ⟨BE⟩ recht van pachter om pacht voort te zetten
¹**ten·ant·ry** /tenəntri/ [telb zn] huur, pacht
²**ten·ant·ry** /tenəntri/ [verzameln] (gezamenlijke) pachters
tenants association [verzameln] huurdersvereniging
tench /tentʃ/ [telb zn; mv: ook tench] ⟨dierk⟩ zeelt ⟨Tinca tinca⟩
¹**tend** /tend/ [onov ww] ① gaan ⟨in zekere richting⟩, zich richten/uitstrekken ♦ *prices are tending downwards* de prijzen dalen ② neigen, geneigd zijn ♦ *this book tends to corrupt morals* dit boek heeft een zedenbedervende invloed; *John tends to get angry when he's criticized* John wordt gauw boos als hij bekritiseerd wordt; *Jones's lectures tend to dullness* de colleges van Jones zijn vaak nogal saai; *he tends towards sarcasm* hij is geneigd sarcastisch te zijn; *the President tended to veto Congress* de president sprak dikwijls/gewoonlijk zijn veto uit over de voorstellen van het Congres ③ strekken tot, bijdragen/leiden tot, gericht zijn op ♦ *his words tended to action* zijn woorden spoorden aan tot handelen ④ ⟨scheepv⟩ om zijn anker draaien · *tend to* zwemen naar; ⟨vnl AE⟩ aandacht besteden aan; *dark hair tending to black* donker haar zwemend naar zwart; *tend (up)on* bedienen
²**tend** /tend/ [ov ww] ① verzorgen, zorgen voor, passen op, letten op ♦ *tending sheep* schapen hoeden ② ⟨AE⟩ bedienen ♦ *who's tending bar?* wie staat er achter de bar?; *who's tending store?* wie bedient er in de winkel?, wie staat er achter de toonbank?
ten·dance /tendəns/ [telb zn] verzorging
ten·den·cy /tendənsi/ [telb zn] ① neiging, tendens, tendentie, trend ♦ *he has a tendency to fear* hij is gauw bang; *there is a tendency towards moderation in government circles* er bestaat in regeringskringen een tendens tot gematigdheid ② aanleg ♦ *he has a tendency to grow fat* hij heeft een aanleg tot dik worden ③ ⟨fin⟩ stemming
ten·den·tious /tendenʃəs/ [bn; bw: ~ly; zn: ~ness] tendentieus, partijdig, vooringenomen
¹**ten·der** /tendə, ᴬ-ər/ [telb zn] ① verzorger, oppasser ② operator, operateur ⟨van machines⟩ ③ tender, hulpschip, bevoorradingsschip ④ tender ⟨van locomotief⟩ ⑤ slangenwagen ⟨brandweerwagen⟩ ⑥ offerte, inschrijving, tender ♦ *put out to tender* aanbesteden (voor inschrijving)
²**ten·der** /tendə, ᴬ-ər/ [bn; bw: ~ly; zn: ~ness] ① mals ⟨van vlees⟩ ② gevoelig, delicaat ♦ ⟨fig⟩ *tender spot* gevoelige plek ③ zacht, mild, voorzichtig ④ broos, breekbaar, fra-

giel, teer ⑤ liefhebbend, toegenegen, lief, teder, teergevoelig ♦ *tender loving care* liefdevolle aandacht, liefde en aandacht ⑥ pijnlijk, zeer, gevoelig ♦ *tender place* gevoelige plek ⑦ ⟨scheepv⟩ rank • *left to the tender mercies of* overgeleverd aan de genade van; *he was tender of his reputation* hij was beducht voor zijn reputatie; ⟨sprw⟩ *he who handles a nettle tenderly is soonest stung* een gevaarlijke onderneming kan men het best voortvarend afhandelen

³**ten·der** /tendə, ᴬ-ər/ [bn, attr; bw: ~ly; zn: ~ness] jong, onbedorven, onervaren ♦ *of tender age* van prille leeftijd

⁴**ten·der** /tendə, ᴬ-ər/ [onov ww] inschrijven ♦ *tender for the building of a new road* inschrijven op de aanleg van een nieuwe weg

⁵**ten·der** /tendə, ᴬ-ər/ [ov ww] aanbieden ♦ *please tender the exact change* verzoeke met gepast geld te betalen; *tender one's resignation* zijn ontslag indienen

ten·der·er /tendrə, ᴬ-ər/ [telb zn] inschrijver

ten·der-eyed [bn] ① met vriendelijke blik ② slechtziend

ten·der·foot [telb zn; mv: ook tenderfeet] groentje, nieuwkomer, nieuweling

ten·der·heart·ed [bn; bw: tenderheartedly; zn: tenderheartedness] teerhartig

ten·der·ize, ten·der·ise /tendəraız/ [ov ww] mals maken ⟨vlees⟩

¹**ten·der·loin** [telb zn; vaak Tenderloin] ⟨AE⟩ rosse buurt

²**ten·der·loin** [telb + niet-telb zn] ① haasbiefstuk ② varkenshaas

ten·di·ni·tis, ⟨ook⟩ **ten·do·ni·tis** /tendənaıtıs/ [niet-telb zn] ⟨med⟩ tendinitis, peesontsteking

ten·di·nous /tendınəs/ [bn] ① pees- ② pezig

ten·don /tendən/ [telb zn] ⟨spier⟩pees ♦ *tendon of Achilles* achillespees

ten·dril /tendrıl/ [telb zn] (hecht)rank, ⟨fig⟩ streng, sliert, tentakel ♦ *tendril of hair* streng(el)/lok haar, haarvlecht; *tendrils of mist* mistflarden

ten·dril·led, ten·dril·ed /tendrıld/ [bn] rankerig, met (hecht)ranken, ⟨fig⟩ sliertachtig, in strengen

Ten·e·brae /tenıbri:/ [alleen mv] ⟨r-k⟩ donkere metten

ten·e·bros·i·ty /tenıbrɒsəti, ᴬ-brɑsəti/ [telb + niet-telb zn] ⟨vero⟩ duisternis, donker(te)

ten·e·brous /tenıbrəs/, **te·neb·ri·ous** /tınebrıəs/ [bn] ⟨vero⟩ duister, donker, ⟨ook fig⟩ obscuur, ondoorzichtig, geheimzinnig, somber, zwaarmoedig, droefgeestig

ten·e·ment /tenımənt/ [telb zn] ① (particulier) eigendom ⟨stuk grond⟩, vast goed, vrij goed, grond ② ⟨jur⟩ pachtgoed, pachtgrond, pachthoeve, pachtbezit, huurgrond, huurhuis ③ woonplaats, woning, (woon)huis ⟨in het bijzonder Schots-Engels: gebouw bewoond door verschillende huurders⟩, verblijf(plaats) ④ (huur)kamer, appartement, (huur)flat, etagewoning, ⟨België⟩ kwartier ⑤ → tenement house

ten·e·men·tal /tenımentl/, **ten·e·men·ta·ry** /tenımentri, ᴬ-mentəri/ [bn] verpacht, verhuurd, pacht-, huur-, flat-

tenement house [telb zn] huurkazerne, kazernewoning, etagewoning, flat(gebouw) ⟨in verpauperde wijk⟩

te·nes·mus /tınezməs/ [telb zn] ⟨med⟩ tenesmus ⟨krampachtige samentrekking van de anus en/of sluitspier van de blaas⟩, tenesme, (pijnlijke) stoelaandrang

ten·et /tenıt/ [telb zn] ⟨form⟩ (basis)principe, (grond)beginsel, (leer)stelling, geloofspunt, leerstuk, dogma, norm

¹**ten·fold** /tenfoʊld/ [telb zn] tienvoud, vertienvoudiging

²**ten·fold** /tenfoʊld/ [bn] ① tienvoudig, tiendubbel, tienmaal zo groot/zoveel (zijnde) ② tienvoudig, tien, tiendelig, tienledig, met/van tien

³**ten·fold** /tenfoʊld/ [ov ww] vertienvoudigen

⁴**ten·fold** /tenfoʊld/ [bw] tienvoudig, tiendubbel, tienmaal (zo groot/zoveel), met (factor) tien ♦ *increase sth. tenfold* iets vertienvoudigen

ten-foot-pole [telb zn] • ⟨AE; inf⟩ *I wouldn't touch it/him with a ten-foot-pole* ik zou het/hem met geen tang (willen) aanraken, ik mijd het/hem als de pest, ik loop er met een wijde boog om heen

ten-gal·lon hat [telb zn] cowboyhoed (met brede rand)

Teng·malm's owl /teŋməlmz aʊl/ [telb zn] ⟨dierk⟩ ruigpootuil ⟨Aegolius funereus⟩

tenia [telb zn] → taenia

ten-mil·er [telb zn] ⟨atl⟩ ① (wedstrijd)loop van tien Engelse mijlen ② tienmijlloper

Tenn [afk] (Tennessee)

ten·né, ten·ne /teni/ [niet-telb zn] ① ⟨heral⟩ oranjebruine kleur ② taan(kleur), bruingeel, vaalgeel

ten·ner /tenə, ᴬ-ər/ [telb zn] ① ⟨inf⟩ tientje, briefje van tien pond/dollar ② ⟨sl⟩ tien jaar ⟨gevangenisstraf⟩

ten·nis /tenıs/ [niet-telb zn] tennis(spel) ♦ *play tennis* tennissen, tennis spelen

tennis arm [telb zn] tennisarm (spierverrekking in de arm)

tennis ball [telb zn] tennisbal

tennis court [telb zn] tennisbaan, tennisveld

tennis elbow [telb zn] tenniselleboog ⟨ontsteking⟩

tennis match [telb zn] tennismatch, tenniswedstrijd

tennis racket [telb zn] tennisracket

tennis shoe [telb zn] tennisschoen

ten·nist /tenıst/ [telb zn] ⟨sl; tennis⟩ tennisser

Ten·no /tenoʊ/ [telb zn; mv: ook Tenno] tenno, keizer van Japan ⟨als religieus leider en belichaming van het goddelijke⟩

Ten·ny·so·nian /tenısoʊnıən/ [bn] tennysoniaans ⟨m.b.t. de Engelse dichter Alfred Tennyson⟩

ten·o- /ti:noʊ, te-/ ⟨med⟩ teno-, van/m.b.t. een pees, pees- ♦ *tenotomy* tenotomie ⟨het chirurgisch doorsnijden van een pees⟩

¹**ten·on** /tenən/ [telb zn] tap, houten (verbindings)pen ♦ *dovetailed tenon* zwaluwstaartpen; *female tenon* pengat, tapgat; *the tenon doesn't fit into the mortise* de pen past niet in het tapgat

²**ten·on** /tenən/ [ov ww] ① voorzien van een tap/(verbindings)pen, een pen maken/slaan/frezen aan ② verbinden met een tap/pen, (aan elkaar) lassen met een tap/pen/pen-en-gatverbinding, in elkaar zetten met een tap/pen/pen-en-gatverbinding, op zijn/hun plaats houden met een tap/pen/pen-en-gatverbinding ③ tot een tap/pen snijden/frezen

tenon-and-mortise joint [telb zn] pen-en-gatverbinding

ten·on·er /tenənə, ᴬ-ər/ [telb zn] ① pennenfrezer, pennenschaver, pennensnijder ② pennen(frees)bank, pennenfreesmachine

tenon saw [telb zn] tapzaag ⟨fijne handzaag⟩, verstekzaag

¹**ten·or** /tenə, ᴬ-ər/ [telb zn] ① tenor(zanger) ② tenorpartij ③ ⟨vaak attributief⟩ tenorstem ④ tenor(instrument), instrument voor de tenorpartij, ⟨i.h.b.⟩ altviool ⑤ ⟨jur⟩ (gelijkluidend/eensluidend) afschrift

²**ten·or** /tenə, ᴬ-ər/ [niet-telb zn; the] ① gang ⟨in het bijzonder van iemands leven⟩, (ver)loop, (algemene) richting ♦ *the tenor of s.o.'s life/way* iemands (vaste/normale) levenswijze/levensstijl/levensweg; *life has resumed its quiet tenor* het leven gaat weer zijn gewone, rustige gang ② teneur ⟨van tekst, gesprek⟩, strekking, (algemene) betekenis/tendentie, (globale) inhoud, bedoeling, draad ⟨van verhaal⟩ ♦ *get the tenor of what is being said* in grote lijnen begrijpen wat er wordt gezegd ③ ⟨jur⟩ (officiële) tekst ⟨van wetsartikel, contract, document enz.⟩, juiste bewoordingen, origineel ♦ *copies of the same tenor* eensluidende exemplaren

tenor bell [telb zn] grootste klok van klokkenspel

tenor clef [telb zn] tenorsleutel

tenor voice [telb zn] tenorstem

tenpence

tenses: present tense	1/4
gebeurt nu	the headmaster wants to speak to you
gebeurt altijd	the sun sets in the west
gebeurt uit gewoonte	they usually go by train
-ing:	
gedurende enige tijd, tijdelijk	what are you reading?
volgens afspraak	I'm playing tennis this afternoon

¹**ten·pence** /tenpəns/ [telb zn; mv: ook tenpence] tienpence(stuk)
²**ten·pence** /tenpəns/ [niet-telb zn] (bedrag/som van) tien pence/stuivers ♦ *(sell) at tenpence a hundred* (verkopen) tegen tien pence per honderd
ten·pen·ny /tenpəni/ [bn, attr] tien pence/stuiver waard/bedragend/kostend · *tenpenny nail* grote spijker ⟨oorspronkelijk tien pence per honderd⟩
ten·pin [telb zn] kegel ⟨een van de tien kegels van het bowlingspel⟩
tenpin alley [telb zn] kegelbaan, bowlingbaan
tenpin ball [telb zn] kegelbal, bowlingbal
tenpin bowling [niet-telb zn] kegelspel ⟨met tien kegels⟩, bowling
ten·pins [alleen mv; werkwoord voornamelijk enk] kegelspel ⟨met tien kegels⟩, bowling
ten·rec /tenrek/, **tan·rec** /tænrek/ [telb zn] ⟨dierk⟩ tenrek ⟨borstelegel; familie Tenrecidae⟩
¹**tense** /tens/ [telb + niet-telb zn] ⟨taalk⟩ tijd, tempus, tijdsvorm

tenses: future tense	2/4
shall, will	
toekomst	he'll call you tomorrow
verzoek	shall I drive you home? will you help me?
-ing:	I'll be writing soon will you be visiting him tomorrow?
going to	
bedoeling	we are going to sell the house next spring
to ...	
officiele mededelingen	the Prime Minister is to make a statement on Monday
afspraak	we are to meet him before lunch-time

²**tense** /tens/ [bn; vergr trap: tenser; bw: ~ly; zn: ~ness] gespannen ⟨ook van spraakklank⟩, strak/stijf (gespannen), zenuwachtig, nerveus, angstig, in/van/vol spanning, spannend, zenuwslopend, moeilijk, ingespannen, intens ♦ *a moment of tense excitement* een ogenblik van grote opwinding; *a tense moment* een ogenblik van grote spanning; *the situation is tense* de toestand is gespannen; *wait tensely* gespannen wachten, in/met (angstige) spanning (zitten) wachten; *tense with expectancy* in gespannen verwachting; *a face tense with anxiety* een van angst vertrokken gezicht
³**tense** /tens/ [onov ww] gespannen worden, zich (op)-spannen, verstrakken, in spanning komen, zenuwachtig/spannend worden ♦ *tense up* gespannen/zenuwachtig/nerveus worden, zich zenuwachtig maken; stijf/stram worden/verstijven ⟨van spieren⟩; zich klaar maken/schrap zetten; *prevent one's muscles from tensing up* zijn spieren soepel/warm houden

⁴**tense** /tens/ [ov ww] gespannen maken, (op)spannen, in spanning brengen, zenuwachtig/spannend maken ♦ *tense one's muscles* zijn spieren spannen; *tense o.s. against* zich schrap zetten tegen; *be tensed up* (erg) gespannen/zenuwachtig/nerveus zijn, in spanning verkeren/zitten; *get tensed up* gespannen raken, verstrakken; *tense s.o. up* iemand zenuwachtig/nerveus maken
tense·less /tensləs/ [bn] ⟨taalk⟩ tempusloos

tenses: past tense	3/4
verleden	I got to know her on a party in London
vaak met tijdsbepaling	my father died on April 18th
-ing:	
gedurende enige tijd	what were you doing yesterday?

ten-shun /tenʃʌn/ [tw] opgelet ⟨variant van (at)tention⟩
ten·si·bil·i·ty /tensəbɪləti/ [niet-telb zn] rekbaarheid
ten·si·ble /tensəbl/ [bn; bw: tensibly; zn: ~ness] (uit)rekbaar
¹**ten·sile** /tensaɪl, ᴬtensl/ [bn; bw: ~ly; zn: ~ness] (uit)rekbaar, elastisch
²**ten·sile** /tensaɪl, ᴬtensl/ [bn, attr; bw: ~ly; zn: ~ness] trek-, span- ♦ *tensile force* spankracht, trekkracht; *tensile load on a wire* trekbelasting aan een draad; *tensile strength* treksterkte, trekvastheid, breukvastheid; *tensile stress* trekspanning, spanning tegen trek
ten·sil·i·ty /tensɪləti/ [niet-telb zn] rekbaarheid
ten·sim·e·ter /tensɪmɪtə, ᴬ-sɪmɪtər/ [telb zn] [1] damp-(spannings)meter [2] manometer
ten·si·om·e·try /tensiɒmɪtri, ᴬ-ɑmɪtri/ [niet-telb zn] ⟨natuurk⟩ tensiometrie

tenses: perfect tense	4/4
verleden heeft gevolgen voor het heden	the football player has broken his leg, so he won't be able to play tomorrow
nog steeds	we've lived here since 2007
ooit	have you ever been to America?
recent	I've met my new colleague this week
-ing:	
voortdurend	I've been gardening for hours she has been waiting all morning

¹**ten·sion** /tenʃn/ [telb zn] spanningsregelaar, strakheidsregelaar, ⟨i.h.b.⟩ draadspanningsregelaar ⟨van naaimachine⟩
²**ten·sion** /tenʃn/ [telb + niet-telb zn; voornamelijk mv] spanning, gespannen verhouding/toestand ♦ *racial tensions* rassenonlusten
³**ten·sion** /tenʃn/ [niet-telb zn] [1] spanning, (graad/toestand van) gespannenheid, strakheid (bijvoorbeeld van touw) ♦ *increase the tension of* (sterker/strakker) aanspannen; *keep under tension* gespannen houden, op spanning houden [2] spanning, gespannenheid, zenuwachtigheid, nervositeit, drukte, opwinding ♦ *suffer from nervous tension* overspannen zijn, last van zenuwen hebben [3] (trek)-spanning ⟨van vaste stof⟩, trek, trekking, trekkracht, spankracht, uitzettingskracht ♦ *in/under tension* gespannen, aan een trekbelasting onderworpen [4] spanning ⟨van gas/damp⟩, spankracht, uitzettingsvermogen, expansieve kracht, druk [5] (elektrische) spanning, voltage, potentiaal ♦ *low tension* laagspanning
⁴**ten·sion** /tenʃn/ [ov ww] (aan)spannen, (constant) gespannen houden, op spanning houden ♦ *tensioned cord* treksnoer

ten·sion·al /tenʃnəl/ [bn] van/door/m.b.t. (trek)spanning, getrokken, gespannen, spannings- ⟨ook figuurlijk⟩
tension rod [telb zn] trekstaaf
tension rope [telb zn] spankabel ⟨van kabelbaan⟩
ten·si·ty /tensəti/ [niet-telb zn] spanning, gespannenheid
ten·sive /tensɪv/ [bn] van/m.b.t. spanning, spannend, span-
ten·son /tensn/, **ten·zon** /tenzn/ [telb zn] ⟨letterk⟩ tenzone ⟨dispuutgedicht van de troubadours⟩
ten·sor /tensə, ᴬ-ər/ [telb zn] ① ⟨anat⟩ strekspier, spanspier, strekker ② ⟨wisk⟩ tensor
ten·so·ri·al /tensɔːrɪəl/ [bn] ⟨wisk⟩ tensorieel, tensor-
¹ten-speed [telb zn] ⟨wielersp⟩ racefiets met tien versnellingen
²ten-speed [bn, attr] ⟨wielersp⟩ met tien versnellingen
ten-strike [telb zn] ⟨AE; inf⟩ treffer, full strike ⟨het met een bal omverwerpen van alle kegels bij tenpins⟩, ⟨fig⟩ prachtschot, geweldige prestatie, geslaagde actie, meesterwerk, (kas)succes
¹tent /tent/ [telb zn] ① tent, kampeertent, ⟨med⟩ zuurstoftent ♦ *pitch a tent* een tent opslaan/opzetten; ⟨fig⟩ *pitch one's tent* zijn tenten opslaan; *strike a tent* een tent afbreken ② ⟨med⟩ wiek, prop watten/(wond)gaas, tampon ⟨om wond/lichaamsopening open te houden⟩ ③ ⟨vero; med⟩ wondijzer, sonde, peilstift ▪ *fold one's tents* zijn biezen pakken, opgeven
²tent /tent/ [telb + niet-telb zn] ⟨vero⟩ tint(wijn), tinto ⟨donkerrode Spaanse wijn⟩
³tent /tent/ [onov ww] (in een tent/tenten) kamperen, zijn tent(en) opslaan, zich legeren, (tijdelijk) verblijven; → tented
⁴tent /tent/ [ov ww] ① (als/met een tent) bedekken/overdekken ② legeren, in een tent/tenten onderbrengen ③ ⟨vnl SchE⟩ letten op, aandacht besteden aan ④ ⟨vnl SchE⟩ zorgen voor, passen op, bedienen; → tented
ten·ta·cle /tentəkl/ [telb zn] ① ⟨dierk; ook fig⟩ ⟨benaming voor⟩ tentakel, tastorgaan, tastdraad, taster, voelhoorn, voelspriet, voeldraad, voeler, vangarm, grijparm, vangdraad, grijporgaan, ⟨fig ook⟩ klauw ♦ *the tentacles of a polyp* de armen/voelers van een poliep ② ⟨plantk⟩ tentakel ⟨bijvoorbeeld van zonnedauw⟩, klierhaar
ten·ta·cled /tentəkld/, **ten·tac·u·late** /tentækjʊlət, ᴬ-kjə-/, **ten·tac·u·lat·ed** /-leɪtɪd/ [bn] met/voorzien van tentakels ⟨ook figuurlijk⟩
ten·tac·u·lar /tentækjʊlə, ᴬ-kjə-/ [bn] ① van/m.b.t./gelijkend op tentakels ⟨ook figuurlijk⟩, tentakelachtig, tast-, voel- ② uitgerust met tentakels, tastend, rondtastend, aftastend
tent·age /tentɪdʒ/ [niet-telb zn] ① tenten(kamp) ② (voorraad) tenten ③ kampeermateriaal, kampeeruitrusting
¹ten·ta·tive /tentətɪv/ [telb zn] proef(neming), experiment, hypothese, poging, probeersel, voorlopig aanbod
²ten·ta·tive /tentətɪv/ [bn; bw: ~ly; zn: ~ness] ① tentatief, experimenteel, hypothetisch, proef-, voorlopig ♦ *a tentative conclusion* een voorzichtige conclusie; *make a tentative suggestion* een proefballon oplaten, een balletje opgooien; *tentative talks* besprekingen om het terrein te verkennen, voorbespreking(en); *tentatively* bij wijze van proef(ballon) ② aarzelend, weifelachtig, onzeker, onduidelijk
tent bed [telb zn] ① (soort) hemelbed ⟨ledikant met tentvormige overkapping⟩ ② veldbed
tent·ed /tentɪd/ [bn; volt deelw van tent] ① vol tenten ② in een tent/tenten ondergebracht, van een tent/tenten voorzien, gelegerd ③ tentvormig ♦ *tented wagon* huifkar, huifwagen
¹ten·ter /tentə, ᴬtentər/ [telb zn] lakenraam, spanraam, spanmachine, droograam

²ten·ter /tentə, ᴬtentər/ [ov ww] opspannen (op een lakenraam)
ten·ter·hook [telb zn] spanhaak ⟨van een lakenraam⟩, klem, knijper ▪ *on tenterhooks* ongerust, nerveus, niks op zijn gemak, in gespannen verwachting; *be on tenterhooks* in de knijp(ers)/knijperd/rats/op hete kolen zitten, in spanning verkeren/zijn/zitten
tenth /tenθ/ [telw; bw: ~ly] tiende, ⟨muz⟩ decime, ⟨gesch⟩ tiend(e) ⟨belasting⟩ ♦ *the tenth fastest car* op negen na de snelste auto; *the tenth time* de tiende keer; *tenthly* ten tiende, op de tiende plaats
tenth-rate [bn] tienderangs ⟨voornamelijk figuurlijk⟩, van inferieure kwaliteit
ten·tion /tenʃʌn/ [tw] (verk: attention) opgelet
tent peg, tent pin [telb zn] (tent)haring, tentpin, piket(paal)
tent peg·ging [niet-telb zn] haringrijden ⟨cavaleriesport waarbij ruiter in galop met een lans een haring uit de grond haalt⟩
tent pole [telb zn] tentpaal, tentstok
tent trailer [telb zn] vouw(kampeer)wagen, Alpenkreuzer, vouwcaravan
ten·u·is /tenjʊɪs/ [telb zn; mv: tenues /-jʊiːz/] ⟨taalk⟩ tenuis, stemloze occlusief ⟨zoals p, t, k⟩
te·nu·i·ty /tɪnjuːəti, ᴬtɪnuːəti/ [niet-telb zn] ① dunheid, fijnheid, ijlheid, kleinheid, slankheid, broosheid, breekbaarheid ② onbeduidendheid, oppervlakkigheid, beperktheid, schraalheid ③ slapheid, krachteloosheid, zwakheid, futloosheid
ten·u·ous /tenjʊəs/ [bn; bw: ~ly; zn: ~ness] ① dun, (rag)fijn, ijl, klein, slank, schraal ② (te) subtiel, (te) fijn, gerafineerd ♦ *tenuous distinctions* ragfijne onderscheidingen ③ onbeduidend, oppervlakkig, slap, zwak ♦ *a tenuous argument* een zwak argument; *a tenuous grasp of grammar* een geringe kennis van de grammatica
¹ten·ure /tenjə, ᴬ-ər/ [telb zn] leen(goed), pachtgoed, bezitting
²ten·ure /tenjə, ᴬ-ər/ [telb + niet-telb zn] ① pachtregeling, pachtstelsel, pachtvoorwaarde, leenverhouding, voorwaarde(n)/wijze van leenbezit ② ambtstermijn, ambtsperiode, mandaat ♦ *tenure of office* ambtsperiode ③ greep, houvast, vat, gezag, invloed, macht ♦ *have tenure over* macht hebben over; *a feeble tenure of life* een zwakke gezondheid
³ten·ure /tenjə, ᴬ-ər/ [niet-telb zn] ① beschikkingsrecht, eigendomsrecht, rechten op een ambt ♦ *feudal tenure* leenbezit, leenrecht; *have tenure of* bezitten, houden, genieten van, het genot/(vrucht)gebruik hebben van ② ambtsbekleding, ambtsvervulling ♦ *tenure of office* ambtsbekleding ③ vaste aanstelling/benoeming ♦ *have tenure* vast benoemd zijn
ten·u·ri·al /tɪnjʊərɪəl, ᴬtɪnjʊrɪəl/ [bn; bw: ~ly] van/m.b.t. eigendom(srecht)/(pacht)bezit/(leen)bezit, pacht-, leen-, eigendoms-
te·nu·to /tɪnjuːtoʊ, ᴬtənuːtoʊ/ [bw] ⟨muz⟩ tenuto
ten-week stock [telb zn] ⟨plantk⟩ violier ⟨Matthiola incana⟩
tenzon [telb zn] → tenson
te·pee, tee·pee, ti·pi /tiːpiː/ [telb zn] tipi ⟨kegelvormige indianentent uit Noord-Amerika⟩
tep·e·fy /tepɪfaɪ/ [onov + ov ww] lauwen, lauw worden/maken
teph·ra /tefrə/ [niet-telb zn] ⟨geol⟩ tefra
tep·id /tepɪd/ [bn; bw: ~ly; zn: ~ness] lauw, halfwarm, ⟨fig⟩ koel, halfslachtig, mat, sloom, futloos
te·pid·i·ty /tepɪdəti/ [niet-telb zn] ⟨ook fig⟩ lauwheid
te·qui·la /tɪkiːlə/ [niet-telb zn] tequila ⟨sterkedrank uit Mexico⟩
ter- /tɜː, ᴬtɜr/ tri-, ter-, drie- ♦ ⟨scheik⟩ *tervalent* trivalent
ter·a- /terə/ tera-, een biljoen

terabyte

¹**ter·a·byte** /terəbaɪt/ [telb zn] ⟨comp⟩ terabyte ⟨eenheid van 1.099.511.627.776 bytes⟩
²**terabyte** [telb zn] ⟨comp⟩ terabyte ⟨1000 gigabyte⟩
ter·a·flop /terəflɒp, ᴬ-flɑp/ [telb zn; voornamelijk mv] ⟨comp⟩ teraflop ⟨eenheid van duizend miljard bewerkingen per seconde⟩
te·rai /təraɪ/ [telb zn] (breedgerande vilten) zonnehoed
ter·aph /terəf/, **ter·a·phim** /terəfɪm/ [telb zn; mv: teraphim] terafim, huisgod ⟨van de oude semitische volkeren⟩
terat- /terət/, **terato-** /terətoʊ/ terat(o)-, van/m.b.t. monsters/misvormingen ♦ *teratoid* monsterlijk, monsterachtig, abnormaal; *teratogenic* teratogeen, misvormingen verwekkend
ter·a·to·log·i·cal /terətəlɒdʒɪkl, ᴬterətəlɑdʒɪkl/ [bn] teratologisch, van/m.b.t. de teratologie/studie van misvormingen
ter·a·tol·o·gist /terətɒlədʒɪst, ᴬ-tɑlə-/ [telb zn] teratoloog
¹**ter·a·tol·o·gy** /terətɒlədʒi, ᴬ-tɑlə-/ [telb zn] ⟨1⟩ wonderverhaal, wonderbaarlijke/fantastische geschiedenis/vertelling ⟨2⟩ reeks/verzameling wonderverhalen
²**ter·a·tol·o·gy** /terətɒlədʒi, ᴬ-tɑlə-/ [niet-telb zn] ⟨biol⟩ teratologie, studie van misvormingen
ter·a·to·ma /terətoʊmə/ [telb zn; mv: ook teratomata /-mətə/] ⟨med⟩ teratoom, goedaardig gezwel
ter·bi·um /tɜːbiəm, ᴬtɜr-/ [niet-telb zn] ⟨scheik⟩ terbium ⟨element 65⟩
terce /tɜːs, ᴬtɜrs/, **tierce** /tɪəs, ᴬtɪrs/ [niet-telb zn] ⟨r-k⟩ terts
ter·cel /tɜːsl, ᴬtɜrsl/, **terce·let** /tɜːslɪt, ᴬtɜr-/, **tier·cel** /tɪəsl, ᴬtɪrsl/ [telb zn] ⟨valkenjacht⟩ tersel, tarsel, mannetjesvalk, (i.h.b.) slechtvalk, havik
¹**ter·cen·te·nar·y** /tɜːsentɪnri, ᴬtɜrsentn·eri/, **ter·cen·ten·ni·al** /tɜːsentenɪəl, ᴬtɜr-/ [telb zn] (viering van) driehonderdste verjaardag, driehonderdjarig bestaan, derde eeuwfeest
²**ter·cen·te·nar·y** /tɜːsentɪnri, ᴬtɜrsentn·eri/, **ter·cen·ten·ni·al** /tɜːsentenɪəl, ᴬtɜr-/ [bn] driehonderdjarig, van/m.b.t. (viering van) driehonderdste verjaardag, driehonderdste (van verjaardag/gedenkdag), om de driehonderd jaar (voorkomend)
ter·cet /tɜːsɪt, ᴬtɜr-/, **tier·cet** /tɪəsɪt, ᴬtɪrsɪt/ [telb zn] ⟨1⟩ ⟨letterk⟩ ⟨benaming voor⟩ drieregelige strofe, triplet, terzet ⟨2⟩ ⟨muz⟩ triool
ter·e·bene /terəbiːn/ [niet-telb zn] ⟨scheik⟩ ⟨benaming voor⟩ mengsel van terpenen ⟨voornamelijk gebruikt als slijmoplossend/antiseptisch middel⟩
ter·e·binth /terəbɪnθ/ [telb zn] ⟨plantk⟩ terebint, terpentijnboom ⟨Pistacia terebinthus⟩
ter·e·bin·thine /terəbɪnθaɪn, ᴬ-bɪnθən/ [bn] ⟨1⟩ van/m.b.t. de terebint ⟨2⟩ van/m.b.t. terpentijn, terpentijn-, terpentijnachtig
ter·e·bra /terɪbrə, ᴬterɪːbrə/ [telb zn; mv: ook terebrae /-briː/] ⟨dierk⟩ legboor ⟨van insecten⟩
ter·e·brant /terəbrənt, ᴬtərɪː-/ [bn] ⟨dierk⟩ met een legboor
te·re·do /təriːdoʊ/ [telb zn; mv: ook teredines /təredɪniːz/] ⟨dierk⟩ paalworm ⟨genus Teredo⟩
Ter·ek sand·pi·per /terəksændpaɪpə, ᴬterəksændpaɪpər/ [telb zn] ⟨dierk⟩ Terek strandloper ⟨Xenus cinereus⟩
te·rete /tərɪːt/ [bn] ⟨biol⟩ glad en rond
ter·gal /tɜːɡl, ᴬtɜrɡl/ [bn] ⟨biol⟩ van/m.b.t. rug/ruggedeelte/rugplaat/rugschild, rug(gen)-, dorsaal
ter·gi·ver·sate /tɜːdʒɪvəseɪt, ᴬtɜrdʒɪvər-/ [onov ww] ⟨form⟩ ⟨1⟩ afvallig worden/zijn, apostaseren ⟨ook figuurlijk⟩, overlopen, van idee/mening/partij veranderen, (als een blad aan een boom) omdraaien, omslaan, het roer omgooien, een andere koers (gaan) varen ⟨2⟩ tergiverseren, uitvluchten hebben/zoeken, eromheen praten/draaien, ontwijkend/dubbelzinnig antwoorden, schipperen, zichzelf tegenspreken

ter·gi·ver·sa·tion /tɜːdʒɪvəseɪʃn, ᴬtɜrdʒɪvər-/ [telb + niet-telb zn] ⟨form⟩ ⟨1⟩ verandering (van idee/mening/partij/politiek), afval(ligheid), desertie ⟨alleen figuurlijk⟩, verzaking, om(me)keer, om(me)zwaai, (volledige) koerswijziging ⟨2⟩ tergiversatie, uitvlucht, het eromheen praten, draaierij, dubbelzinnigheid, geschipper, afleidingsmanoeuvre
ter·gi·ver·sa·tor /tɜːdʒɪvəseɪtə, ᴬtɜrdʒɪvərseɪtər/ [telb zn] ⟨form⟩ ⟨1⟩ afvallige, renegaat, overloper, (geloofs)verzaker ⟨2⟩ uitvluchtenzoeker, draaier, veinzer, schipperaar
ter·gum /tɜːɡəm, ᴬtɜr-/ [telb zn; mv: terga /tɜːɡə, ᴬtɜr-/] ⟨biol⟩ rug, ruggedeelte, rugplaat, rugschild
-te·ri·a /tɪəriə, ᴬtɪriə/ ± met zelfbediening, ± zelfbedienings- ♦ *groceteria* kruidenier(swinkel) met zelfbediening, zelfbediening
¹**term** /tɜːm, ᴬtɜrm/ [telb zn] ⟨1⟩ ⟨benaming voor⟩ termijn, periode, term, duur, tijd, ambtsperiode, mandaat, zittingsperiode, zittingstijd ⟨van rechtbank, parlement⟩, straftijd, gevangenisstraf, huurtermijn, pachttermijn, aflossingstermijn, (af)betalingstermijn ♦ *extend a term* een termijn verlengen; *for a term* een tijdlang/tijdje; *for a term of years* een aantal jaren (lang); *a long term of imprisonment/in prison* een lange gevangenisstraf; *term of notice* opzeggingstermijn; *term of office* ambtsperiode, ambtstermijn; *her term of office as president* haar voorzitterschap; *in the short/medium/long term* op korte/middellange/lange termijn; *elected for a term of two years* verkozen voor een periode van twee jaar ⟨2⟩ ⟨jur⟩ eigendom in vruchtgebruik ♦ *term of/for years* pand/goed in vruchtgebruik ⟨3⟩ grenszuil, grenssteen, ⟨i.h.b.⟩ grensbeeld ⟨oorspronkelijk van de grensgod Terminus⟩ ⟨4⟩ ⟨wisk⟩ term ⟨van verhouding, reeks, vergelijking⟩, lid ♦ *term of an equation* lid van een vergelijking; *the expression* ax^2+bx-c *has three terms* de uitdrukking ax^2+bx-c bestaat uit drie termen; *the four terms of a geometrical proportion* de vier termen van een meetkundige evenredigheid ⟨5⟩ ⟨log⟩ term ⟨van propositie, relatie, syllogisme⟩, ⟨i.h.b.⟩ subjectsterm, predicaatsterm ⟨6⟩ (vak)term, woord, uitdrukking, begrip ♦ *term of abuse* scheldwoord; *term of endearment* koosnaam; *in plain terms* klaar en duidelijk, onverbloemd, ronduit; *in set terms* in duidelijke/precieze bewoordingen ⟨7⟩ ⟨vero⟩ grens ⟨ook figuurlijk⟩, (tijds)limiet, einde ♦ *reach one's term* ten einde lopen, aflopen ⟨bijvoorbeeld van tijdperk⟩; *set a term to* een eind maken aan, paal en perk stellen aan ⟨▪⟩ ⟨BE⟩ *eat one's terms* ⟨in de⟩ rechten/voor de balie studeren ⟨oorspronkelijk verplicht een aantal keren gaan dineren in een van de vier Inns of Court⟩; *in terms of* in termen van, op het punt/stuk van, met betrekking tot, in verband met, ten opzichte van, vergeleken met, uitgaand van; uitgedrukt in ⟨van munteenheid, maateenheid⟩; *in terms of money* financieel gezien; *think of everything in terms of money* alles van de financiële kant bekijken; *think in terms of moving to the south* van plan zijn/plannen/eraan denken/overwegen naar het zuiden te verhuizen
²**term** /tɜːm, ᴬtɜrm/ [telb + niet-telb zn] ⟨1⟩ onderwijsperiode, trimester, kwartaal, semester, lessen, colleges ♦ *during term* tijdens het schooljaar; *term has started* het schooljaar is begonnen, de lessen/colleges zijn begonnen; *examinations at the end of term* trimestriële/semestriële examens ⟨2⟩ ⟨benaming voor⟩ (vast/overeengekomen) beginpunt/eindpunt van periode/termijn, begin/einde van huurtermijn/pachttermijn, ingang(sdatum), afloopdag, afloopdatum, het aflopen ⟨van huur, contract enz.⟩, betaaldag, kwartaaldag, aflossingsdatum, einde van (normale) zwangerschap/drachttijd, (tijd van) bevalling ♦ *at term* op het einde van de periode/termijn, als de termijn verstreken/afgelopen is; *she is near her term* ze moet bijna

bevallen; *our contract is getting near its term* ons contract loopt binnenkort af

³**term** /tɜːm, ᴬtɜr/ [ov ww] noemen, met een term aanduiden, aanduiden als, een term gebruiken voor

ter·ma·gan·cy /tɜːməgənsi, ᴬtɜr-/ [niet-telb zn] kijfachtigheid, boosaardigheid, geruzie, bedilzucht, humeurigheid

¹**ter·ma·gant** /tɜːməgənt, ᴬtɜr-/ [telb zn] feeks, helleveeg, bazig/kwaadaardig/nurks mens, heks, wijf, manwijf, viswijf, ruziezoekster, zeurkous

²**ter·ma·gant** /tɜːməgənt, ᴬtɜr-/ [bn; bw: ~ly] kijfachtig, ruzieachtig, krakeelachtig, lawaaierig, bazig, bemoeiziek, korzelig, nors

term day [telb zn] ⟨benaming voor⟩ vastgestelde dag, termijndag, zittingsdag ⟨van rechtbank e.d.⟩, betaaldag, kwartaaldag, aflossingsdatum

ter·mi·na·bil·i·ty /tɜːmɪnəbɪləti, ᴬtɜrmɪnəbɪləti/ [niet-telb zn] ⟨1⟩ beëindigbaarheid, begrensbaarheid, opzegbaarheid, aflosbaarheid ⟨2⟩ eindigheid, beperktheid

ter·mi·na·ble /tɜːmɪnəbl, ᴬtɜrnəbl/ [bn; bw: terminably; zn: ~ness] ⟨1⟩ beëindigbaar, begrensbaar, opzegbaar, aflosbaar, inlosbaar ♦ *terminable bonds* aflosbare obligaties ⟨2⟩ eindig, aflopend, verstrijkend, beperkt ♦ *terminable annuity* aflopende annuïteit

¹**ter·mi·nal** /tɜːmɪnl, ᴬtɜr-/ [telb zn] ⟨1⟩ (uit)einde, eindpunt, grens, limiet, uiterste, ⟨i.h.b.⟩ eindletter(greep), eindklank, slotklank, slotwoord ⟨2⟩ ⟨techn⟩ klem, contactklem, aansluitklem, sluitklem, poolklem ⟨3⟩ ⟨benaming voor⟩ eindpunt ⟨van buslijn, spoorweglijn enz.⟩, eindhalte, terminus, eindstation, kopstation, terminal, luchthaven(gebouw), hal, aankomsthal, vertrekhal, vertrekplaats van busdienst tussen stadscentrum en luchthaven ⟨4⟩ ⟨vnl bouwk⟩ (top)bekroning, topversiering, topstuk, topsieraad, finale ⟨5⟩ ⟨comp⟩ (computer)terminal, eindstation, loketmachine

²**ter·mi·nal** /tɜːmɪnl, ᴬtɜr-/ [bn; bw: ~ly] ⟨1⟩ eind-, grens-, slot-, terminaal, terminus, uiterste, laatste ♦ *have a terminal curriculum* een afgesloten/volledig leerplan bieden ⟨leidend tot een einddiploma⟩; *terminal figure/statue* grensbeeld; *terminal pillar* grenszuil, grenspaal; *terminal point* eindpunt, eindstation, eindhalte; *terminal problem* eindprobleem, kernprobleem; *terminal station* eindstation, kopstation; *terminal syllable* eindlettergreep; ⟨natuurk⟩ *terminal velocity* eindsnelheid (bij vrije val) ⟨als luchtweerstand en zwaartekracht gelijk zijn⟩ ⟨2⟩ ⟨med⟩ terminaal, in de eindfase, ongeneeslijk, hopeloos, fataal ♦ ⟨mil⟩ *terminal leave* ± verlof zonder wedde; *the terminal stage of cancer* het terminale stadium van kanker; *the terminal ward* de afdeling (van) terminale patiënten ⟨3⟩ van/m.b.t. (elke) termijn/(onderwijs)periode, termijn-, periodiek, trimester-, kwartaal-, semester- ♦ *terminal examinations* trimesterexamens, semesterexamens; *terminal market* termijnmarkt; *terminal payments* periodieke betalingen ⟨4⟩ ⟨plantk⟩ eindstandig ⟨van bloem/bloeiwijze bijvoorbeeld⟩ ⟨5⟩ ⟨dierk⟩ terminaal

terminal voltage [niet-telb zn] ⟨elek⟩ klemspanning

¹**ter·mi·nate** /tɜːmɪnət, ᴬtɜr-/ [bn] ⟨1⟩ eindig(end), beperkt, begrensbaar ⟨2⟩ ⟨wisk⟩ eindig, schrijfbaar als eindig getal, ⟨i.h.b.⟩ opgaand, zonder rest ♦ *terminate decimal fraction* opgaande tiendelige breuk

²**ter·mi·nate** /tɜːmɪneɪt, ᴬtɜr-/ [onov ww] eindigen, ten einde lopen, een einde nemen, aflopen, verstrijken, ophouden ♦ *the meeting terminated at two o'clock* de vergadering was om twee uur afgelopen; *terminate in* eindigen met/in, resulteren in, leiden tot; ⟨taalk⟩ eindigen/uitgaan op

³**ter·mi·nate** /tɜːmɪneɪt, ᴬtɜr-/ [ov ww] ⟨1⟩ begrenzen, insluiten, afsluiten, indelen, omgeven ⟨2⟩ beëindigen, eindigen, een eind maken aan, termineren, het einde/eindpunt betekenen/zijn van, opzeggen, (af)sluiten ♦ *terminate a contract* een contract opzeggen/vernietigen; *terminate a pregnancy* een zwangerschap onderbreken

¹**ter·mi·na·tion** /tɜːmɪneɪʃn, ᴬtɜr-/ [telb zn] ⟨taalk⟩ woordeinde, (woord)uitgang, eindletter, eindletters, eindlettergreep, ⟨i.h.b.⟩ verbuigingsuitgang, vervoegingsuitgang

²**ter·mi·na·tion** /tɜːmɪneɪʃn, ᴬtɜr-/ [telb + niet-telb zn] ⟨benaming voor⟩ einde, beëindiging, eindpunt, grens, uiteinde, slot, besluit, afloop, resultaat, terminatie, begrenzing, insluiting, opzegging, vernietiging ⟨van contract⟩ ♦ *bring to a termination* tot een eind brengen, een eind maken aan, afsluiten; beëindigen, bijleggen ⟨ruzie, geschil⟩; *draw to a termination* ten einde lopen, bijna afgelopen zijn, op zijn laatste benen lopen; *the termination of hostilities* het beëindigen/staken van de vijandelijkheden; *termination of pregnancy* zwangerschapsonderbreking, abortus (provocatus); *put a termination to* beëindigen, een eind maken aan

ter·mi·na·tion·al /tɜːmɪneɪʃnəl, ᴬtɜr-/ [bn] eind-, slot-

ter·mi·na·tive /tɜːmɪnətɪv, ᴬtɜrmɪneɪtɪv/ [bn; bw: ~ly] ⟨1⟩ eind-, begrenzend, slot-, grens- ⟨2⟩ afdoend, beslissend, definitief

ter·mi·na·tor /tɜːmɪneɪtə, ᴬtɜrmɪneɪtər/ [telb zn] ⟨1⟩ ⟨benaming voor⟩ iemand die/iets dat eindigt/beëindigt/begrenst ⟨2⟩ ⟨astron⟩ terminator, schaduwgrens, scheidingslijn tussen licht en donker ⟨op planeet⟩

terminator gene [telb zn] terminatorgen ⟨gen dat gewassen steriel maakt⟩

terminer → oyer

ter·mi·nism /tɜːmɪnɪzm, ᴬtɜrmɪ-/ [niet-telb zn] ⟨1⟩ ⟨filos⟩ terminisme, nominalisme ⟨2⟩ ⟨theol⟩ terminisme, leer van de termijn

ter·mi·no·log·i·cal /tɜːmɪnəlɒdʒɪkl, ᴬtɜrmɪnəlɑ-/ [bn; bw: ~ly] terminologisch, van/m.b.t. terminologie ♦ *terminological inexactitude* terminologische onnauwkeurigheid; ⟨scherts⟩ leugen, onwaarheid

ter·mi·nol·o·gist /tɜːmɪnɒlədʒɪst, ᴬtɜrmɪnɑ-/ [telb zn] terminoloog, terminologiedeskundige

¹**ter·mi·nol·o·gy** /tɜːmɪnɒlədʒi, ᴬtɜrmɪnɑ-/ [telb + niet-telb zn] (vak)terminologie, (systeem van) vaktermen

²**ter·mi·nol·o·gy** /tɜːmɪnɒlədʒi, ᴬtɜrmɪnɑ-/ [niet-telb zn] leer van de terminologie

term insurance [telb + niet-telb zn] verzekering op termijn, tijdelijke verzekering

ter·mi·nus /tɜːmɪnəs, ᴬtɜr-/ [telb zn; mv: ook termini /-naɪ/] ⟨1⟩ (uit)einde, eindpunt ⟨ook van vector⟩, uiterste punt, top(punt), bestemming, doel, eindbestemming, einddoel ⟨2⟩ vertrekpunt, beginpunt, uitgangspunt ⟨3⟩ eindpunt ⟨van buslijn, kanaal, pijpleiding enz.⟩, eindstation, kopstation, eindhalte, laatste station/halte/stopplaats ⟨4⟩ grens, grenssteen, grenspaal, ⟨i.h.b.⟩ grensbeeld

terminus ad quem /tɜːmɪnəsædkwem, ᴬtɜrmɪnəsædkwem/ [telb zn] terminus ad quem, einde, eindpunt, bestemming, doel, eindbestemming, einddoel, (uiteindelijke) bedoeling

terminus a quo /tɜːmɪnəsɑːkwoʊ, ᴬtɜrmɪnəsɑːkwoʊ/ [telb zn] terminus a quo, begin(punt), vertrekpunt, uitgangspunt, oorsprong

ter·mi·tar·i·um /tɜːmɪteəriəm, ᴬtɜrmɪteriəm/, **ter·mi·tary** /tɜːmɪtri, ᴬtɜrmɪteri/ [telb zn; mv: termitaria /-teəriə, ᴬ-teriə/] termietennest, termietenheuvel

ter·mite /tɜːmaɪt, ᴬtɜr-/ [telb zn] ⟨dierk⟩ termiet ⟨orde Isoptera⟩

term·less /tɜːmləs, ᴬtɜrm-/ [bn] ⟨1⟩ grenzeloos, onbegrensd, eindeloos, oneindig, onmetelijk ⟨2⟩ onvoorwaardelijk, onbeperkt

term·ly /tɜːmli, ᴬtɜrm-/ [bw] ⟨vero⟩ periodiek, trimester-, semester-, in/bij termijnen

term·or, term·er /tɜːmə, ᴬtɜrmər/ [telb zn] ⟨jur⟩ pachter, huurder, pachtboer, vruchtgebruiker

term paper

term paper [telb zn] ⟨onderw⟩ scriptie, trimesterscriptie, semesterscriptie

terms /tɜ:mz, ᴬtɜrmz/ [alleen mv] ① termen, bewoordingen, taal, toon, manier van spreken ♦ *in terms* (over)duidelijk, ondubbelzinnig, expliciet, uitdrukkelijk, zonder omhaal (van woorden); *speak in the most flattering terms of* zich erg lovend/in zeer lovende bewoordingen uitlaten over ② voorwaarden ⟨van overeenkomst, verdrag enz.⟩, condities, bepalingen, modaliteiten, ⟨i.h.b.⟩ (af)betalingsvoorwaarden, prijzen, prijs, honorarium ♦ *sell at very reasonable terms* verkopen tegen erg schappelijke prijzen/op zeer billijke voorwaarden; *her terms are ten dollar a lesson* ze vraagt/rekent tien dollar per les(uur); *make/impose one's terms* (zijn eigen) voorwaarden stellen/dicteren; *on easy terms* met/onder gunstige (betalings)voorwaarden; *on these terms* op deze voorwaarden; *on his own terms* op zijn (eigen) voorwaarden, zoals hij het wil/ziet; *surrender on terms* zich onder bepaalde voorwaarden/niet onvoorwaardelijk overgeven; *terms of reference* (omschrijving/bepaling van) onderzoeksopdracht/onderzoekstaak/onderzoeksbevoegdheid ⟨bijvoorbeeld van commissie⟩; *liberal terms of repayment* soepele terugbetalingscondities; *stand on terms* aan gestelde voorwaarden vasthouden, eisen dat de voorwaarden worden nageleefd; ⟨ec⟩ *terms of trade* (handels)ruilvoet ⟨verhouding tussen de prijzen van twee landen⟩; *the terms of a will* de testamentaire bepalingen ③ overeenkomst, vergelijk, akkoord ♦ *bring s.o. to terms* iemand (weten te) overtuigen/bepraten/doen bijdraaien; *come to terms/make terms with* tot een vergelijk komen met, een overeenkomst sluiten/treffen/het op een akkoordje gooien met, het eens worden met ④ relatie, verhouding, verstandhouding, voet ⟨alleen figuurlijk⟩ ♦ *be on nodding terms with s.o./sth.* iemand/iets oppervlakkig kennen; *be on bad terms with* op gespannen voet staan/ruzie hebben met iemand, iemand niet kunnen luchten; *they are on very good terms* ze kunnen goed met elkaar opschieten, ze zijn dikke/goede vrienden, het is koek en ei tussen hen; *(up)on terms* op dezelfde/gelijke/vriendschappelijke voet; *be on visiting terms* bij elkaar aan huis komen ▸ *come to terms* zwichten, opgeven, toegeven, toestemmen, er zich bij neerleggen, eieren voor zijn geld kiezen; *come to terms with sth.* zich neerleggen bij iets, iets (leren) aanvaarden/onder ogen durven zien, leren leven met iets; *keep terms with* omgaan/contact houden/(regelmatig) afspreken met, raadplegen; ⟨cricket⟩ *on terms* gelijk ⟨van stand⟩; *terms of reference* agenda, punten/stukken die moeten worden behandeld/besproken ⟨door ambtenaar, commissie enz.⟩; *to terms* gelijk ⟨van stand⟩

term-time [telb + niet-telb zn] trimester, semester ♦ *during/in term-time* gedurende het trimester/semester

¹**tern** /tɜ:n, ᴬtɜrn/ [telb zn] ① ⟨dierk⟩ stern ⟨genus Sterna⟩ ♦ *common tern* visdiefje ⟨Sterna hirundo⟩; *little tern* dwergstern ⟨Sterna albifrons⟩ ② drietal, groep van drie, trio ③ ⟨lottospel⟩ terne ⟨(prijs gewonnen bij) drie bij één trekking uitgekomen winnende nummers⟩ ④ ⟨scheepv⟩ driemaster

²**tern** /tɜ:n, ᴬtɜrn/ [bn] → **ternate**

¹**ter·na·ry** /tɜ:nəri, ᴬtɜr-/ [telb zn] drietal, groep van drie, trio

²**ter·na·ry** /tɜ:nəri, ᴬtɜr-/ [bn] ① ternair, driedelig ⟨ook wiskunde⟩, drievoudig, drieledig, drietallig, met/van drie ♦ *ternary alloy* ternaire legering; *ternary scale* driedelig (tal)stelsel; ⟨scheik⟩ *ternary system* ternair systeem/stelsel ② → **ternate**

ter·nate /tɜ:neɪt, ᴬtɜr-/, **tern** /tɜ:n, ᴬtɜrn/, **ternary** [bn; bw: ~ly] driedelig, drieledig, drie bij drie geplaatst, ⟨plantk⟩ drietallig, uit drie blaadjes bestaande ♦ *a compound ternate leaf* een drietallig samengesteld blad

terne /tɜ:n, ᴬtɜrn/, **terne·plate** [niet-telb zn] loodhoudend blik

ter·pene /tɜ:pi:n, ᴬtɜr-/ [telb zn] ⟨scheik⟩ terpeen

terp·si·cho·re·an /tɜ:psɪkəriən, ᴬtɜrpsɪkɔriən/ [bn] ⟨form⟩ van/m.b.t. de dans/Terpsichore, dans- ♦ *the terpsichorean art* de danskunst

terr [afk] ① (terrace) ② (territorial) ③ (territory)

ter·ra al·ba /terə ælbə/ [niet-telb zn] ⟨benaming voor⟩ witte minerale stof, gipspoeder, pijpaarde, kaolien, porseleinaarde, watervrij aluin, aluinpoeder, magnesia, talkaarde, bitteraarde, zwaarspaat, bariet

¹**ter·race** /terɪs/ [telb zn] ① ⟨benaming voor⟩ (verhoogd) vlak oppervlak, terras, dakterras, wandelterras, terrasland, balkon, verhoging, berm, middenberm, (open) veranda, patio, portiek, galerij ② ⟨aardr⟩ terras, kust, strandterras, rivierterras ③ ⟨benaming voor⟩ reeks brede trappen, trappen(vlucht), bordes, (open) tribune, staanplaatsen, stoep, waterstoep, walstoep ⟨trappen langs rivieroever⟩ ④ rij huizen ⟨op terras/helling/heuvelkam⟩, (aaneengesloten) huizenrij, huizenblok, ⟨Terrace⟩ Terrace ⟨in straatnaam⟩

²**ter·race** /terɪs/ [ov ww] ① terrasseren, tot terras(sen) omvormen, in terrassen verdelen ♦ *terraced garden* terrastuin; *terraced lawn* terras, terrasgewijs aangelegd grasperk, grasperk met verschillende terrassen ② van terras(sen) voorzien, een terras/terrassen aanleggen bij/in/op/voor ♦ *terraced roof* terrasdak, plat dak ⟨in het bijzonder van oosters huis⟩ ▸ ⟨BE⟩ *terraced house* rijtjeshuis; ⟨BE⟩ *terraced houses* aaneengesloten huizenrij

terrace house [telb zn] rijtjeshuis

¹**ter·ra cot·ta** /terə kɒtə, ᴬ-kɑtə/ [telb + niet-telb zn] (voorwerp(en)/aardewerk in) terracotta, terracotta beeldje/kom/vaas/tegel/versiering ⟨enz.⟩

²**ter·ra cot·ta** /terə kɒtə, ᴬ-kɑtə/ [niet-telb zn; vaak attributief] ① terracotta ⟨onverglaasde gebrande pottenbakkersklei⟩ ② terracotta(kleur), licht bruinrood

ter·rae fil·i·us /teri: fɪliəs/ [telb zn; mv: terrae filii /-fɪliaɪ/] ⟨gesch⟩ terrae filius ⟨Oxfordstudent aangewezen om satirische rede te houden⟩

ter·ra fir·ma /terə fɜ:mə, ᴬ-fɜrmə/ [niet-telb zn] terra firma, vaste grond, veilige bodem, (het) droge, land ♦ *glad to be on terra firma again* blij weer vaste grond onder de voeten te hebben

¹**ter·rain** /təreɪn/ [telb + niet-telb zn] terrein, (stuk) grond, streek, gebied ⟨ook figuurlijk⟩ ♦ *difficult terrain for heavy armoured vehicles* moeilijk terrein voor zware pantservoertuigen

²**ter·rain** /təreɪn/ [niet-telb zn] terreingesteldheid, terreinbijzonderheden, topografie

ter·ra in·cog·ni·ta /terə ɪnkɒgni:tə, ᴬ-ɪnkɑgni:tɑ/ [telb zn; mv: terrae incognitae /teri: ɪnkɒgni:ti:, ᴬteraɪ ɪnkɑgni:taɪ/] terra incognita, onbekend land/terrein, nog niet geëxploreerd/in kaart gebracht/onderzocht gebied, witte plek ⟨op landkaart⟩

Ter·ra·my·cin /terəmaɪsɪn/ [eigenn, niet-telb zn] terramycine ⟨sterk antibioticum⟩

ter·ra·pin /terəpɪn/ [telb zn; mv: ook terrapin] ⟨dierk⟩ moerasschildpad ⟨familie Emydidae⟩, ⟨i.h.b.⟩ doosschildpad ⟨genus Terrapene⟩

ter·ra·que·ous /təreɪkwɪəs/ [bn] uit land en water bestaande, land- en water- ♦ *the terraqueous globe* de aarde/aardbol, het totale aardoppervlak

ter·rar·i·um /təreəriəm, ᴬtəreriəm/ [telb zn; mv: ook terraria /-rɪə/] terrarium

ter·ra sig·il·la·ta /terə sɪdʒɪlɑ:tə, ᴬ- sɪgəlɑtə/ [niet-telb zn] terra sigillata, aardewerk uit Romeinse keizertijd met zegel erin

ter·raz·zo /tərætsoʊ, ᴬ-rɑt-/ [telb + niet-telb zn] terrazzo, terrazzowerk, terrazzovloer ⟨vorm van sierbeton⟩

ter·rene /teri:n/ [bn] van/m.b.t. de aarde, aards, terrestrisch, aard-, grond-, land-

terre·plein /teəpleɪn, ᴬterəpleɪn/ [telb zn] terreplein

⟨platform achter borstwering⟩, banket

¹**ter·res·tri·al** /tɪrɛstrɪəl/ [telb zn] ⟨benaming voor⟩ op de aarde/het land voorkomend/levend iemand/iets, aardbewoner, landdier

²**ter·res·tri·al** /tɪrɛstrɪəl/ [bn; bw: ~ly; zn: ~ness] ① van/m.b.t. de aarde/het land, aards, terrestrisch, aard-, land-, ondermaans, ⟨biol⟩ op de aarde/het land voorkomend/levend/groeiend ♦ *terrestrial birds* vogels die op het land leven; *a terrestrial globe* een aardglobe/wereldbol; *the terrestrial globe* de aarde/aardbol; *terrestrial life* het ondermaanse leven; *terrestrial magnetism* aardmagnetisme; *the terrestrial parts of the earth's surface* het aardoppervlak ⟨tegenover wateroppervlak⟩; *the terrestrial planets* de eerste vier planeten van het zonnestelsel ⟨Mercurius, Venus, Mars, de aarde⟩; *terrestrial telescope* aardse/terrestrische kijker ⟨tegenover astronomische kijker⟩; *terrestrial transportation* landtransport, vervoer over land ② aards(gezind), werelds(gezind), wereldlijk

ter·ret, ter·rit /tɛrɪt/ [telb zn] lus ⟨van zadeltuig⟩, (zadel)ring, teugelring, halstering

terre-verte /tɛəvɛət, ᴬtɛrvɛrt/ [niet-telb zn] groenaarde, (olijf)groene verfaarde, groensel

ter·ri·ble /tɛrəbl/ [bn; zn: ~ness] ① verschrikkelijk, schrikwekkend, vreselijk, gruwelijk, afschuwelijk ② ontzagwekkend, vreselijk, groot, geducht, formidabel ♦ *a terrible responsibility* een erg zware verantwoordelijkheid ③ ⟨inf⟩ (verschrikkelijk/afschuwelijk/erg/ontzettend) moeilijk/groot/slecht ♦ *be terrible at* verschrikkelijk slecht zijn in; *he is terrible at tennis* hij speelt afschuwelijk/abominabel slecht tennis; *he is a terrible bore* het is een erg vervelende/saaie vent; *the heat is terrible* de hitte is ondraaglijk/niet te harden; *a terrible job* een echte rotbaan/rotklus; *we had a terrible time at that party* dat feest is ons dik tegengevallen

ter·ri·bly /tɛrəbli/ [bw] ① → **terrible** ② ⟨inf⟩ vreselijk, zeer, uiterst, verschrikkelijk, afschuwelijk, geweldig, erg, ontstellend, ontzaglijk, ontzettend, buitengewoon, buitensporig

ter·ric·o·lous /tɛrɪkələs/ [bn] ⟨biol⟩ in/op de grond levend, aard-, grond-, land-, terrestrisch

ter·ri·er /tɛrɪə, ᴬ-ər/ [telb zn] ① terriër, aardhond ② ⟨vaak Terrier⟩ ⟨BE; inf⟩ soldaat van Territorial Army, landweerman, vrijwilliger ③ ⟨jur⟩ grondboek, kadaster, kadastraal boek, ⟨i.h.b.⟩ pachtboek, pachtregister ④ ⟨gesch⟩ verzameling leendiensten ⟨van leenmannen⟩

ter·ri·fic /tərɪfɪk/ [bn] ① verschrikkelijk, angstaanjagend, schrikwekkend, afschuwelijk, vreselijk ② ⟨inf⟩ geweldig, fantastisch, prachtig, knap, enorm, buitengewoon (goed) ♦ *a terrific chap* een reusachtige kerel ③ ⟨inf⟩ (verschrikkelijk/erg/ontzettend) groot/hoog/veel, geweldig, krachtig, zwaar, hard ♦ *have a terrific headache* een razende hoofdpijn hebben; *make a terrific noise* afschuwelijk veel/een hels lawaai maken; *at a terrific speed* razend snel

ter·rif·i·cal·ly /tərɪfɪkli/ [bw] ⟨inf⟩ verschrikkelijk, zeer, uiterst, vreselijk, afschuwelijk, geweldig, erg, ontstellend, ontzaglijk, ontzettend, buitengewoon, buitensporig

ter·ri·fied /tɛrɪfaɪd/ [bn; volt deelw van terrify] ① (doods)bang, doodsbenauwd, met schrik vervuld, door angst bevangen ♦ *be terrified of* (doods)bang/doodsbenauwd zijn voor, als de dood zijn van/voor ② verontrust, ongerust, verschrikt, ontsteld ♦ *terrified at* verschrikt/ontsteld over, bevreesd voor

ter·ri·fy /tɛrɪfaɪ/ [ov ww] schrik/angst aanjagen, bang/aan het schrikken maken, beangstigen, benauwen, afschrikken ♦ *terrify s.o. into submission* iemand onderdanigheid afdwingen/tot gehoorzaamheid dwingen; *terrify s.o. into doing sth.* iemand zo bang maken/schrik aanjagen dat hij iets doet, iemand er met bedreigingen toe brengen iets te doen; *terrify s.o. to death* iemand de dood(sschrik)/stuipen op het lijf jagen; *be terrified out of one's wits* zich dood/een aap schrikken, buiten zichzelf van angst/schrik zijn; → **terrified, terrifying**

ter·ri·fy·ing /tɛrɪfaɪɪŋ/ [bn; oorspronkelijk tegenwoordig deelw van terrify; bw: ~ly] ① angstaanjagend, beangstigend, schrikwekkend, afschuwelijk ♦ *what a terrifying experience!* om je dood te schrikken! ② ⟨inf⟩ geweldig, indrukwekkend, formidabel, reusachtig, enorm, ontzaglijk

ter·rig·e·nous /tɛrɪdʒənəs/ [bn] ⟨geol⟩ terrigeen ⟨van het land afkomstig en door erosie ontstaan/gevormd⟩

ter·rine /tərin/ [telb zn] terrine, kom, potje (van aardewerk)

¹**ter·ri·to·ri·al** /tɛrɪtɔːrɪəl/ [telb zn] soldaat van de vrijwillige landweer, landweerman, ⟨vaak Territorial⟩ soldaat van het Territorial Army

²**ter·ri·to·ri·al** /tɛrɪtɔːrɪəl/ [bn; bw: ~ly] ① territoriaal, territoir-, territorium- ⟨ook biologie⟩, grondgebied-, land-, grond- ♦ *territorial claims* territoriale aanspraken; *territorial commander* territoriaal bevelhebber; *territorial waters* territoriale wateren, driemijlszone ② regionaal, lokaal, plaatselijk

³**ter·ri·to·ri·al** /tɛrɪtɔːrɪəl/ [bn, attr; vaak Territorial] ① territoriaal, van/m.b.t. (het) territorium(s) ⟨in het bijzonder van USA⟩ ② territoriaal, van/m.b.t. territoriale troepen/nationale reserve/vrijwillige landweer ⟨in het bijzonder van Engeland⟩ ♦ *the Territorial Army* het territoriale (vrijwilligers)leger/nationale reserveleger, de vrijwillige landweer ⟨van Engeland, 1908-1967⟩

ter·ri·to·ri·al·ism /tɛrɪtɔːrɪəlɪzm/ [niet-telb zn] ① pachtstelsel, pachtsysteem ② ⟨kerkrecht⟩ territoriaal stelsel/systeem

ter·ri·to·ri·al·i·ty /tɛrɪtɔːrɪælətɪ/ [niet-telb zn] ① territorialiteit, statuut van territorium ② territoriuminstinct, territoriumdrift, sterke gebondenheid aan bepaald territorium

ter·ri·to·ri·al·ize /tɛrɪtɔːrɪəlaɪz/ [ov ww] ① (verworven territorium/grondgebied) inlijven ② tot de status van territorium terugbrengen, op territoriale basis inrichten/organiseren ③ verdelen/verspreiden over de territoriums

¹**ter·ri·to·ry** /tɛrɪtri, ᴬ-tɔri/ [telb zn; vaak Territory] territory, territorium ⟨gebied met beperkte vorm van zelfbestuur, bijvoorbeeld in associatie met de USA⟩ ♦ *Minnesota became a territory in 1849* Minnesota kreeg in 1849 de status van territorium

²**ter·ri·to·ry** /tɛrɪtri, ᴬ-tɔri/ [telb + niet-telb zn] ① territorium, territoir, (stuk) grondgebied/staatsgebied ♦ *Portuguese territory in Africa* Portugese gebiedsdelen in Afrika ② ⟨biol⟩ territorium, (eigen) woongebied/(grond)gebied ③ ⟨benaming voor⟩ (stuk) land, grond, (land)streek, gebied, terrein, domein ⟨ook figuurlijk⟩, district, rechtsgebied, machtsgebied, werkterrein, rayon, handelsgebied, (eigen) helft van het veld/terrein, speelhelft ♦ *much territory* heel wat land, een flinke lap grond/groot stuk terrein; *unknown territory* onbekend gebied/terrein ④ sfeer, belangensfeer, invloedssfeer, machtssfeer ⑤ *scheduled territories* sterlingzone, sterlinggebied, sterlingbloklanden; *take in too much territory* te veel beweren/zeggen, te ver gaan

¹**ter·ror** /tɛrə, ᴬ-ər/ [telb zn] ① verschrikking, schrik, plaag, bedreiging, gruwel, monster(achtigheid) ♦ *the king of terrors* de vorst der verschrikking ⟨de pest; Job 18:14⟩ ② ⟨inf⟩ ⟨benaming voor⟩ lastig/angstaanjagend iemand, lastpost, herriesc hopper, ruziezoeker, enfant terrible, pestmeid, spook, tang, pestjoch, rakker, bengel ♦ *a holy terror* een echte plaaggeest/lastpost/pestkop; *the terror of the neighbourhood* de schrik van de buurt

²**ter·ror** /tɛrə, ᴬ-ər/ [telb + niet-telb zn] ① (gevoel van) schrik, (hevige/panische) angst, angstgevoel, paniek, vrees, ont-

terror

zetting ♦ *it has no terrors for me* het boezemt mij geen angst in, het schrikt mij niet af; *run away in terror* in paniek wegvluchten; *be in terror of one's life* voor zijn leven vrezen; *have a terror of* (panische) angst hebben/doodsbang zijn voor, als de dood zijn voor, gruwen van; *strike terror into s.o.* iemand schrik/angst/vrees aanjagen, iemand (doods)bang maken/erg doen schrikken

³**ter·ror** /tɛrə, ᴬ-ər/ [niet-telb zn] [1] verschrikking, afschuwelijkheid, vreselijkheid, het gruwelijke/griezelige [2] terreur(acties), ⟨vaak Terror⟩ schrikbewind ♦ *the Red Terror* de rode terreur ⟨tijdens Franse revolutie⟩; *the Reign of Terror* het schrikbewind ⟨tijdens Franse revolutie, 1793-4⟩; *the White Terror* de witte terreur ⟨reactionaire terreur van de Bourbons in 1814-1815⟩

ter·ror·ism /tɛrərɪzm/ [niet-telb zn] terrorisme, terreur, terreurdaden, terreurpolitiek, schrikbewind, (politiek) geweld

¹**ter·ror·ist** /tɛrərɪst/ [telb zn] terrorist

²**ter·ror·ist** /tɛrərɪst/, **ter·ror·is·tic** /tɛrərɪstɪk/ [bn] terroristisch, terreur-, van terroristen, ondermijnend

ter·ror·i·za·tion, ter·ror·i·sa·tion /tɛrəraɪzeɪʃn, ᴬ-rəzeɪʃn/ [niet-telb zn] terrorisatie, het terroriseren, het uitoefenen van terreur, terrorisme

ter·ror·ize, ter·ror·ise /tɛrəraɪz/ [onov + ov ww] terroriseren, schrik/angst aanjagen, een schrikbewind voeren/met de knoet regeren (over), terreur uitoefenen (over/onder), tiranniseren ♦ *terrorize s.o. into* iemand er met geweld/bedreigingen toe dwingen om; *terrorize over* tirannniseren

ter·ror-strick·en, ter·ror-struck [bn] doodsbang, door (panische) angst/schrik bevangen, volledig door vrees overmand, sidderend/ineengekrompen van angst, in duizend angsten, in paniek

¹**ter·ry** /tɛri/, **terry cloth** [telb zn] kettingdraad(je), (niet doorgesneden) lus/lusvormig gareneindje

²**ter·ry** /tɛri/, ⟨ook⟩ **terry cloth** [niet-telb zn; vaak attributief] badstof ⟨weefsel met niet doorgesneden lussen⟩

terse /tɜːs, ᴬtɜrs/ [bn; vergr trap: terser; bw: ~ly; zn: ~ness] beknopt, bondig, kort, zakelijk, gebald ⟨van stijl⟩ ♦ *speak tersely* het zonder omhaal ⟨van woorden⟩/kortaf/kort en bondig/in een paar woorden zeggen

¹**ter·tian** /tɜːʃn, ᴬtɜrʃn/ [telb zn] anderdaagse/derdendaagse koorts

²**ter·tian** /tɜːʃn, ᴬtɜrʃn/ [bn] anderdaags, derdendaags ♦ *tertian ague/fever* anderdaagse/derdendaagse koorts; ⟨i.h.b.⟩ goedaardige derdendaagse koorts ⟨veroorzaakt door malariaparasiet Plasmodium vivax⟩

¹**ter·ti·a·ry** /tɜːʃəri, ᴬtɜrʃieri/ [telb zn; vaak Tertiary] ⟨r-k⟩ tertiaris, derdeordeling, lid van een derde orde

²**ter·ti·a·ry** /tɜːʃəri, ᴬtɜrʃieri/ [bn] [1] tertiair ⟨ook scheikunde⟩, van de derde orde/graad/rang, van/m.b.t. de tertiaire sector/tertiair onderwijs ♦ *a tertiary burn* derdegraadsverbranding; *tertiary colour* tertiaire kleur; *tertiary education* tertiair onderwijs [2] ⟨r-k⟩ van/m.b.t. een derde orde, derdeorde- ♦ *tertiary order* derde orde

¹**Ter·ti·a·ry** /tɜːʃəri, ᴬtɜrʃieri/ [niet-telb zn; the] ⟨geol⟩ tertiair, tertiaire periode

²**Ter·ti·a·ry** /tɜːʃəri, ᴬtɜrʃieri/ [bn] ⟨geol⟩ tertiair, van/m.b.t. het tertiair

ter·ti·um quid /tɜːʃəm kwɪd, ᴬtɜrʃəm -/ [niet-telb zn] tertium quid, derde mogelijkheid, tussenvorm, (tussen)schakel, overgangsvorm

ter·tius /tɜːʃəs, ᴬtɜr-/ [telb zn] de derde ⟨jongste van drie met dezelfde naam⟩

ter·va·lent /tɜːveɪlənt, ᴬtɜr-/ [bn] ⟨scheik⟩ trivalent, driewaardig, met valentie(getal) drie

te·ry·lene /tɛrəliːn/ [niet-telb zn; ook Terylene; vaak attributief] ⟨BE⟩ teryleenstof, teryleen ⟨synthetische textielvezel; naar merknaam⟩

ter·za ri·ma /tɜːtsə riːmə, tɛə-, ᴬtɜr-/ [telb + niet-telb zn;

mv: terze rime /-riːmeɪ/] ⟨letterk⟩ terza rima, terzine

ter·zet·to /tɜːtsɛtoʊ, tɛə-, ᴬtɜrtsɛtoʊ/ [telb zn; mv: ook terzetti /-seti/] ⟨muz⟩ terzet, trio

TESL [afk] (Teaching English as a Second Language)

tes·la /tɛslə/ [telb zn] ⟨elek, natuurk⟩ tesla ⟨eenheid van magnetische inductie⟩

tesla coil [telb zn; ook Tesla coil] ⟨techn⟩ teslatransformator, teslaklos

TESOL [afk] (Teachers of English to Speakers of Other Languages)

TESSA /tɛsə/ [afk] (Tax Exempt Special Savings Account ⟨in Groot-Brittannië⟩)

tes·sel·late /tɛsɪleɪt/ [ov ww] met mozaïek bekleden, met mozaïek(en)/mozaïekblokjes beleggen/versieren; → tessellated

tes·sel·lat·ed /tɛsɪleɪtɪd/, ⟨in betekenis 1 ook⟩ **tes·sel·lar** /tɛslə, ᴬ-ər/ [bn; (oorspronkelijk) volt deelw van tessellate] [1] met mozaïek(en)/mozaïekblokjes bekleed/belegd/versierd, mozaïek-, mozaïekachtig, met ruiten ingelegd ♦ *a tessellated pavement* een mozaïekvloer [2] ⟨biol⟩ (regelmatig) geruit, ruitvormig, gevlekt, gestippeld

tes·sel·la·tion /tɛsɪleɪʃn/ [telb + niet-telb zn] mozaïek, mozaïekpatroon, mozaïekversiering, mozaïekwerk, het met mozaïek(en)/mozaïekblokjes bekleden/bekleed zijn, ruitwerk, ruitpatroon, inlegwerk, ⟨fig⟩ harmonisch/coherent geheel, patroon

tes·ser·a /tɛsərə/, ⟨in betekenis 1 ook⟩ **tes·sel·la** /tɛsɛlə/ [telb zn; mv: tesserae /tɛsəriː/; mv: tessellae /təsɛliː/] [1] (mozaïek)blokje ⟨van steen/gekleurd glas⟩, (mozaïek)steentje [2] ⟨Romeinse en Griekse geschiedenis⟩ tessera ⟨vierkant bordje/plaatje of dobbelsteen gebruikt als teken/bewijs⟩, kenteken, (herkennings)teken, betalingsbewijs, ⟨i.h.b.⟩ (houten bordje met) wachtwoord

tes·si·tu·ra /tɛsɪtʊərə, ᴬ-tʊrə/ [telb zn] ⟨muz⟩ tessituur

¹**test** /tɛst/ [telb zn] [1] ⟨benaming voor⟩ test, toets(ing), onderzoek, proef, keuring, testmethode, schooltoets, proefwerk, overhoring, reactie ♦ *be a difficult test for/of* zwaar op de proef stellen/beproeven, hoge eisen stellen aan, een uitdaging zijn voor; *pass a test* slagen voor een toets, een proef(werk) afleggen; *put sth. to the test* iets op de proef stellen/aan een toets onderwerpen, iets toetsen/(uit)testen/onderzoeken; *apply a severe test to* aan een zware proef/nauwlettende toets onderwerpen; *stand the test* de proef/toets doorstaan; *statistical test* (statistische) toets; *stand/withstand the test of time* de tand des tijds weerstaan, de tijd trotseren [2] toets(steen) ⟨alleen figuurlijk⟩, criterium, standaard, norm, maat(staf), vergelijkingsbasis ♦ *be the test of* de toetssteen zijn van, als toetssteen gelden voor; *it is excluded by our test* het voldoet niet aan onze toelatingsvoorwaarden [3] ⟨scheik⟩ reagens, reageermiddel [4] ⟨vnl BE⟩ cupel, smeltkroes, essaaikroes, drijfhaard [5] ⟨inf; cricket⟩ testmatch [6] ⟨vnl BE; gesch⟩ eed van getrouwheid/trouw ⟨in het bijzonder aan staatsambtenaren opgelegde eed van trouw aan de anglicaanse kerk⟩ ♦ *religious test* geloofseed, geloofsbelijdenis; *take the test* de eed van getrouwheid/trouw afleggen, trouw zweren [7] schelp, schaal ⟨van ongewervelde dieren⟩

²**test** /tɛst/ [onov ww] [1] getoetst worden, getest/beproefd/onderzocht worden, een toets/test afleggen [2] een (test)resultaat hebben/geven, (een testresultaat) behalen, scoren ♦ *test to* als (test)resultaat hebben/geven, een (test)-score/resultaat behalen van

³**test** /tɛst/ [onov + ov ww] (d.m.v. een test) onderzoeken ♦ *test for* onderzoeken (op), het gehalte bepalen aan; *test for calcium* nagaan of er calcium aanwezig is (in); *test for acid content* het zuurgehalte bepalen/nagaan (van)

⁴**test** /tɛst/ [ov ww] [1] ⟨benaming voor⟩ toetsen, testen, aan een toets/test/proef onderwerpen, beproeven, nagaan, nakijken, onderzoeken, keuren, examineren, overhoren ♦ *test by practical experience* aan de praktijk/ervaring toet-

sen; *have one's eyesight tested* zijn ogen laten onderzoeken, een oogonderzoek ondergaan; *test out a theory* een theorie toepassen/in praktijk brengen/aan de werkelijkheid toetsen; *test out sth.* iets (uit)testen/(uit)proberen [2] (zwaar) op de proef stellen, veel vergen van, hoge eisen stellen aan, beproeven ◆ *test s.o.'s patience* veel van iemands geduld vergen, iemands geduld zwaar op de proef stellen; *testing times* zware/moeilijke tijden, tijden van beproeving [3] ⟨vnl BE⟩ essayeren, cupelleren, toetsen, keuren

tes·ta /tɛstə/ [telb zn; mv: testae /tɛstiː/] ⟨plantk⟩ zaadhuid, testa

tes·ta·bil·i·ty /tɛstəbɪlətɪ/ [niet-telb zn] toetsbaarheid, testbaarheid

tes·ta·ble /tɛstəbl/ [bn] toetsbaar, testbaar, beproefbaar, uit te testen

tes·ta·cea /tɛsteɪʃə/ [alleen mv] ⟨dierk⟩ schaalamoeben ⟨orde Testacea⟩

¹**tes·ta·cean** /tɛsteɪʃn/ [telb zn] ⟨dierk⟩ schaalamoebe ⟨orde Testacea⟩

²**tes·ta·cean** /tɛsteɪʃn/ [bn] ⟨dierk⟩ van/m.b.t. schaalamoeben

tes·ta·ceous /tɛsteɪʃəs/ [bn] [1] ⟨dierk⟩ van/m.b.t. met schelpen/schelpdieren, schelp-, schaal-, schelpachtig, kalkachtig [2] ⟨biol⟩ steenrood, baksteenkleurig, roodbruin, bruingeel

Test Act [telb zn] ⟨gesch⟩ Test Act ⟨Engelse wet, 1672-1828, eiste van ambtenaren eed van trouw aan anglicaanse kerk⟩

tes·ta·cy /tɛstəsɪ/ [niet-telb zn] ⟨jur⟩ het nalaten/bestaan van een rechtsgeldig testament, het testateur-zijn/testatrice-zijn

tes·ta·ment /tɛstəmənt/ [telb zn] [1] ⟨jur⟩ testament, uiterste wil(sbeschikking), testamentaire beschikking ◆ *last will and testament* uiterste wil(sbeschikking), testament [2] ⟨voornamelijk Testament⟩ ⟨rel⟩ testament, verbond ⟨tussen God en mensheid⟩, ⟨i.h.b.⟩ (het) Nieuwe Testament [3] ⟨inf⟩ testament, verklaring, getuigenis, credo, geloofsbelijdenis [4] bewijs, bewijsstuk, eerbewijs ◆ *a testament to* een bewijs/blijk van, een (blijk van) hulde aan

tes·ta·men·ta·ry /tɛstəməntrɪ, ᴬ-mentərɪ/ [bn] ⟨jur⟩ testamentair, (geregeld) bij testament

tes·ta·mur /tɛsteɪmə, ᴬ-ər/ [telb zn] ⟨BE⟩ testimonium, getuigschrift ⟨van afgelegd examen, in het bijzonder aan de universiteit⟩

¹**tes·tate** /tɛsteɪt/ [telb zn] ⟨jur⟩ erflater, testateur

²**tes·tate** /tɛsteɪt/ [bn] ⟨jur⟩ een rechtsgeldig testament nalatend

tes·ta·tion /tɛsteɪʃn/ [niet-telb zn] ⟨jur⟩ erflating, het bij testament nalaten/toewijzen, vermaking

tes·ta·tor /tɛsteɪtə, ᴬtɛsteɪtər/ [telb zn] ⟨jur⟩ testateur, erflater

tes·ta·trix /tɛsteɪtrɪks/ [telb zn; mv: testatrices /-trɪsiːz/] ⟨jur⟩ testatrice, erflaatster

test ban treaty, test ban [telb zn] kernstopverdrag

test bed [telb zn] proefbank, proefstelling ⟨in het bijzonder voor vliegtuigmotoren⟩

test bore [telb zn] proefboring

test card [telb zn] ⟨tv⟩ testbeeld

test case [telb zn] ⟨jur⟩ test case, proefproces

test certificate [telb zn] ⟨BE⟩ keuringscertificaat ⟨voor auto⟩, bewijs van keuring, apk-keuringsbewijs

test cock [telb zn] proefkraan, waterpeilkraan, aftapkraantje ⟨van stoomketel⟩

test drive [telb zn] proefrit, het proefrijden

¹**test-drive** [onov ww] een proefrit maken

²**test-drive** [ov ww] een proefrit maken met/in, testen

test·ee /tɛstiː/ [telb zn] persoon die wordt getest, proefpersoon, ondervraagde, examinandus

¹**test·er** /tɛstə, ᴬ-ər/ [telb zn] [1] ⟨benaming voor⟩ iemand die/iets dat toetst/test, toetser, essayeur, keurder, proefnemer, (kwaliteits)analist, examinator, testapparaat, meetapparaat [2] ⟨wielersp⟩ tijdrijder

²**tes·ter** /tɛstə, ᴬ-ər/ [telb zn] [1] ⟨benaming voor⟩ overkapping, hemel ⟨van ledikant, boven preekstoel⟩, baldakijn, troonhemel, altaarhemel, ciborium, draaghemel, galmbord ⟨boven preekstoel⟩ [2] ⟨BE; gesch⟩ tester, shilling van Hendrik VIII ⟨oorspronkelijk twaalf, later zes stuiver waard⟩, zesstuiverstuk

tes·tes [alleen mv] → testis

test flight [telb zn] proefvlucht

¹**test-fly** [onov ww] (een) proefvlucht(en) maken, invliegen

²**test-fly** [ov ww] (een) proefvlucht(en) maken met/in, invliegen

test glass [telb zn] reageerbuis(je)

tes·ti·cle /tɛstɪkl/ [telb zn] testis, bal, teelbal, zaadbal, testikel

tes·tic·u·lar /tɛstɪkjʊlə, ᴬ-stɪkjələr/, ⟨in betekenissen 2 en 3 ook⟩ **tes·tic·u·late** /-lət/ [bn] [1] van/m.b.t./voortgebracht door de testes [2] testikelvormig [3] ⟨plantk⟩ met twee testikelvormige knollen ⟨in het bijzonder van orchidee⟩

tes·ti·fi·ca·tion /tɛstɪfɪkeɪʃn/ [telb + niet-telb zn] getuigenis, bevestiging, verklaring, staving, bewijs, (ken)teken, blijk

tes·ti·fi·er /tɛstɪfaɪə, ᴬ-ər/ [telb zn] getuige, ⟨i.h.b. rel⟩ nieuwbekeerde, proseliet

¹**tes·ti·fy** /tɛstɪfaɪ/ [onov ww] getuigen, getuigenis afleggen, (als getuige/onder ede) een verklaring afleggen ◆ *testify against* getuigen tegen/in het nadeel van, in het nadeel spreken van; *testify for* getuigen voor/in het voordeel van; *testify to* bevestigen, verklaren, staven, instaan voor; getuigen/getuigenis afleggen van; blijk geven van, een teken/bewijs zijn van, spreken van, wijzen op

²**tes·ti·fy** /tɛstɪfaɪ/ [ov ww] getuigen van, getuigenis afleggen van, bevestigen, (onder ede/openlijk) verklaren, staven, betuigen, belijden, blijk geven van/een teken/bewijs zijn/spreken van, wijzen op ◆ *be testified by* blijken uit, bewezen/aangetoond worden door; *testify one's regret* zijn spijt/leedwezen betuigen; *testify that* getuigen/bevestigen/verklaren dat

tes·ti·mo·ni·al /tɛstɪmoʊnɪəl/ [telb zn; ook attributief] [1] testimonium, getuigschrift, getuigenis, certificaat, attest(atie), (schriftelijke) verklaring, aanbevelingsbrief [2] huldeblijk, eerbewijs, geschenk, dankbetuiging [3] ⟨sport⟩ ± benefietwedstrijd

¹**tes·ti·mo·ny** /tɛstɪmənɪ, ᴬ-moʊnɪ/ [telb + niet-telb zn] getuigenis, (getuigen)verklaring, bevestiging, staving, bewijs, (ken)teken, blijk, belijdenis, geloofsgetuigenis ◆ *bear testimony against* getuigen tegen; *in testimony whereof* ten getuige waarvan, als bewijs waarvan/voor; *call s.o. in testimony* iemand tot getuige nemen/roepen/als getuige oproepen; *bear testimony to* getuigen/getuigenis afleggen van; bevestigen, staven; blijk geven van/een teken zijn van, wijzen op; *the witness's testimony* de getuigenverklaring

²**tes·ti·mo·ny** /tɛstɪmənɪ, ᴬ-moʊnɪ/ [niet-telb zn; the] [1] verklaringen, constateringen, bevindingen, beweringen, vermeldingen, rapport ◆ *according to the testimony of* volgens (de verklaringen van) [2] ⟨Bijb⟩ decalogus, tien geboden, mozaïsche wet, verbondswet ◆ *the tables of the testimony* de twee tafelen der getuigenis/van het verbond ⟨Exod. 31:18⟩ [3] ⟨vaak Testimony⟩ ⟨Bijb⟩ ark(e) des verbonds, verbondsark, verbondskist

testing ground [telb zn] [1] ⟨fig⟩ proefterrein [2] testbaan ⟨voor auto's⟩, proefbaan

tes·tis /tɛstɪs/ [telb zn; mv: testes /tɛstiːz/] testis, bal, teelbal, zaadbal, testikel

test-mar·ket [ov ww] op de markt testen

test match [telb zn] ⟨cricket⟩ testmatch ⟨wedstrijd tussen landenteams⟩

test meal

test meal [telb zn] ⟨med⟩ proefmaaltijd
tes·tos·ter·one /testɒstəroʊn, ᴬ-stɒ-/ [niet-telb zn] testosteron
¹**test paper** [telb zn] ① proefwerk, schriftelijke toets/opgave ② ⟨AE⟩ handschrift, handgeschreven tekst ⟨als bewijsstuk, vergelijkingsbasis⟩
²**test paper** [niet-telb zn] ⟨scheik⟩ reageerpapier ⟨bijvoorbeeld lakmoespapier⟩, testpapier
test pilot [telb zn] testpiloot, proefvlieger, invlieger
test strip [telb zn] proefvak, proefstrook
test tube [telb zn] reageerbuisje, proefbuisje
test-tube baby [telb zn] reageerbuisbaby
test-tube fertilization [niet-telb zn] bevruchting in een reageerbuis
test type [telb zn] proefletter ⟨voor bepalen van gezichtsscherpte⟩
tes·tu·di·nal /testjuːdnəl, ᴬ-stuːd-/, **tes·tu·di·nar·i·ous** /testjuːdɪnɛərɪəs, ᴬtestuːdnɛrɪəs/ [bn] van/m.b.t. schildpad, schildpadachtig, schildpadkleurig, schildpad-
tes·tu·do /testjuːdoʊ, ᴬ-stuː-/ [telb zn; mv: ook testudines /-dɪniːz/] ⟨Romeinse gesch, mil⟩ testudo, schilddak
tes·ty /testi/ [bn; vergr trap: testier; bw: testily; zn: testiness] ① prikkelbaar, lichtgeraakt, opvliegend, korzelig, kregelig ♦ *a testy person* een kregelig iemand ② ergerlijk, verveeld, hinderlijk ♦ *a testy remark* een knorrige opmerking
¹**te·tan·ic** /tetænɪk/ [telb zn] ⟨med⟩ kramp veroorzakend middel
²**te·tan·ic** /tetænɪk/ [bn; bw: ~ally] tetanusachtig, tetanus-, tetanie-
tet·a·nize /tetənaɪz, ᴬtetn-aɪz/ [ov ww] in kramp doen trekken, tetanus veroorzaken bij
tet·a·nus /tetənəs, ᴬtetn·əs/ [telb + niet-telb zn] tetanus, klem, wondkramp, stijfkramp ♦ *tetanus of the lower jaw* mondklem
tet·a·ny /tetəni, ᴬtetn-i/ [telb + niet-telb zn] tetanie ⟨soort stijfkramp⟩
tetched /tetʃt/ [bn] ⟨AE; inf⟩ getikt, gek
tetch·y, tech·y /tetʃi/ [bn; vergr trap: tetchier; bw: tetchily; zn: tetchiness] ① prikkelbaar, lichtgeraakt, snel gepikeerd, overgevoelig, opvliegend, slechtgemutst ② vervelend ⟨iets⟩, lastig, ergerlijk, hachelijk ♦ *a tetchy question* een netelige vraag; *a tetchy situation* een gespannen toestand ③ gevoelig, zwak, teer, delicaat ♦ *a tetchy back* een zwakke rug
¹**tête-à-tête** /teɪt ə teɪt/ [telb zn] ① tête-à-tête, onderhoud onder vier ogen, privégesprek, onderonsje ② tête-à-tête ⟨canapé voor twee⟩
²**tête-à-tête** /teɪt ə teɪt/ [bw] tête-à-tête, met z'n tweeën, onder vier ogen, vertrouwelijk, tegenover elkaar ♦ *talk tête-à-tête* elkaar onder vier ogen spreken; *tête-à-tête with* ⟨recht/vlak⟩ tegenover, van aangezicht tot aangezicht met
¹**teth·er** /teðə, ᴬ-ər/ [telb zn] tuier, tuiertouw, tuierketting ⟨waarmee grazend dier wordt vastgelegd⟩, ⟨fig⟩ kluister, boei, band
²**teth·er** /teðə, ᴬ-ər/ [niet-telb zn] ⟨benaming voor⟩ bereik, grenzen, omvang ⟨van kennis, macht, kracht, middelen enz.⟩ ♦ *at the end of one's tether* uitgeput, uitgeteld, uitgepraat, aan het eind van zijn geduld/krachten/zenuwen/Latijn, ten einde raad, van de kaart, op
³**teth·er** /teðə, ᴬ-ər/ [ov ww] vastmaken, ⟨i.h.b.⟩ tui(er)en, (met een tuier) vastleggen, binden, kluisteren, vastbinden, vastkluisteren, ⟨fig⟩ aan banden leggen, beperken, inperken ♦ *tether a horse to a fence* een paard aan een hek tuien
tet·ra- /tetrə/, **tetr-** /tetr/ tetr(a)-, vier- ♦ *tetramerous* vierdelig, uit vier (gelijke) delen, vierlakkig bestaande; ⟨plantk⟩ viertallig; *tetracycline* tetracycline ⟨antibioticum⟩
tet·ra·chord /tetrəkɔːd, ᴬ-kɔrd/ [telb zn] ⟨muz⟩ ① tetra-chord ⟨opeenvolging van vier tonen⟩ ② viersnarig instrument
tet·rad /tetræd/ [telb zn] ① tetrade, groep/verzameling/set van vier, vier(tal) ② ⟨scheik⟩ vierwaardig atoom/radicaal/element
¹**tet·ra·dac·tyl** /tetrədæktɪl, ᴬ-tl/ [telb zn] viertenig/viervingerig dier
²**tet·ra·dac·tyl** /tetrədæktɪl, ᴬ-tl/, **tet·ra·dac·ty·lous** /tetrədæktɪləs/ [bn] viertenig, viervingerig
tet·ra·eth·yl lead /tetrəeθl led/ [niet-telb zn] tetraethyllood, ethyl ⟨antiklopmiddel⟩
tet·ra·gon /tetrəgən, ᴬ-gɑn/ [telb zn] vierhoek, vierzijdige veelhoek
te·trag·o·nal /tetrægənl/ [bn; bw: ~ly] ① tetragonaal, vierhoekig, vierzijdig, quadrangulair ② ⟨geol⟩ tetragonaal, van/m.b.t. het tetragonaal (kristal)stelsel
tet·ra·gram /tetrəgræm/ [telb zn] tetragram, woord van vier letters, ⟨i.h.b.⟩ tetragrammaton
Tet·ra·gram·ma·ton /tetrəgræmətɒn/ [telb zn; mv: Tetragrammata] tetragrammaton ⟨Hebreeuwse naam van God: JHWH⟩
tet·ra·he·dral /tetrəhiːdrəl, -he-/ [bn; bw: ~ly] tetraëdrisch, tetraëdraal, viervlakkig, vierzijdig
tet·ra·he·dron /tetrəhiːdrən, -he-/ [telb zn; mv: ook tetrahedra /-drə/] tetraëder, viervlak, driezijdige piramide
te·tral·o·gy /tetrælədʒi, ᴬ-trɑ-/ [telb zn] ⟨vnl letterk⟩ tetralogie
te·tram·e·ter /tetræmɪtə, ᴬ-mɪtər/ [telb zn] ⟨letterk⟩ tetrameter, viervoetig vers, viervoeter, vers van vier voeten/maten
¹**tet·ra·pod** /tetrəpɒd, ᴬ-pɑd/ [telb zn] ① viervoetig/vierpotig dier, viervoet(er) ② vierpoot(je), voetstuk/standaard met vier poten
²**tet·ra·pod** /tetrəpɒd, ᴬ-pɑd/, **te·trap·o·dous** /tetræpədəs/ [bn] viervoetig, vierbenig, vierpotig, met vier benen/poten
te·trap·ter·ous /tetræptərəs/ [bn] viervleugelig
tet·rarch /tetrɑːk, ᴬ-trɑrk/ [telb zn] ① tetrarch, viervorst, onderkoning, ondergouverneur ② vierman, lid van een quadruumviraat
te·trar·chi·cal /tetrɑːkɪkl, ᴬ-trɑrkɪkl/, **te·trar·chic** /-kɪk/ [bn] van/m.b.t. tetrarch(ie)
tet·rar·chy /tetrɑːki, ᴬ-trɑr-/, **tet·rar·chate** /-keɪt/ [telb zn] ① tetrarchie, viervorstendom, gebied van een tetrarch/viervorst ② tetrarchie, viermanschap
tet·ra·stich /tetrəstɪk/ [telb zn] ⟨letterk⟩ vierregelig vers, stanza/strofe van vier regels, kwatrijn
tet·ra·syl·lab·ic /tetrəsɪlæbɪk/ [bn] vierlettergrepig
tet·ra·syl·la·ble /tetrəsɪləbl/ [telb zn] vierlettergrepig woord
tet·ra·va·lent /tetrəveɪlənt/ [bn] ⟨scheik⟩ tetravalent, vierwaardig, met valentie(getal) vier
tet·ter /tetə, ᴬtetər/ [telb + niet-telb zn] huidziekte, huiduitslag, jeukziekte, ⟨i.h.b.⟩ eczema, eczeem
Teut [afk] ① (Teuton) ② (Teutonic)
Teu·to- /tjuːtoʊ, ᴬtuːtoʊ/ germano-, Duits-, van/m.b.t. de Germanen/Duitsers ♦ *Teutomania* germanomanie, manie voor alles wat Duits is
Teu·ton /tjuːtn, ᴬtuːtn/ [telb zn] ① ⟨benaming voor⟩ iemand die een Germaanse taal spreekt, Teutoon, Germaan, Duitser ② ⟨gesch⟩ Teutoon ⟨lid van de volksstam der Teutonen⟩
¹**Teu·ton·ic** /tjuːtɒnɪk, ᴬtuːtɑ-/ [eigennn] Teutoon, Germaan, ⟨i.h.b.⟩ Duitser
²**Teu·ton·ic** /tjuːtɒnɪk, ᴬtuːtɑ-/ [bn] Teutoons, Germaans, ⟨i.h.b.⟩ Duits ♦ *Teutonic Knight* ridder van de Duitse Orde ⟨in 1190 gestichte geestelijke ridderorde⟩; *Teutonic in its thoroughness* van een typisch Duitse degelijkheid getuigend
¹**Teu·ton·i·cism** /tjuːtɒnɪsɪzm, ᴬtuːtɑ-/, **Teu·ton·ism**

/tjuːtənɪzm, ᴬtuːtn·ɪzm/ [telb zn] germanisme
²**Teu·ton·i·cism** /tjuːtɒnɪsɪzm, ᴬtuːtə-/, **Teu·ton·ism** /tjuːtənɪzm, ᴬtuːtn·ɪzm/ [niet-telb zn] Germaans/Duits karakter, Duitse aard/natuur
Teu·ton·i·za·tion /tjuːtənaɪzeɪʃn, ᴬtuːtn·əzeɪʃn/ [telb + niet-telb zn] verduitsing, germanisatie
Tex [afk] (Texas)
¹**Tex·an** /teksn/ [telb zn] Texaan, inwoner van Texas
²**Tex·an** /teksn/ [bn] Texaans, van/m.b.t. Texas/de Texanen, uit Texas
Tex·as fe·ver /teksəs fiːvə, ᴬ-ər/, **Texas cattle fever** [niet-telb zn] texaskoorts ⟨runderziekte⟩
Tex-Mex /teksmeks/ [bn] ⟨AE⟩ Texaans-Mexicaans ♦ *the Tex-Mex cooking* tex-mex, de Texaans-Mexicaanse keuken
¹**text** /tekst/ [telb zn] ⒈ tekst ⟨als basis van discussie, essay enz.⟩, onderwerp, thema, bron, ⟨i.h.b.⟩ Bijbeltekst, Bijbelpassage ⟨als onderwerp van preek⟩ ⒉ uitgave, editie, tekstuitgave, teksteditie, exemplaar, tekst, publicatie ♦ *autographed text* gesigneerd exemplaar; *the original text* de basistekst/eerste uitgave; *revised text* herziene uitgave/druk ⒊ sms-bericht, sms'je ⒋ ⟨AE⟩ → textbook ⦁ *stick to one's text* bij de tekst blijven, voet bij stuk houden, niet loslaten/wijken
²**text** /tekst/ [telb + niet-telb zn] ⒈ tekst, grondtekst, oorspronkelijke bewoordingen ♦ *a corrupt text* een vervalste tekst ⒉ tekst(gedeelte), gedrukte tekst, inhoud ♦ *too much text* te veel tekst
³**text** /tekst/ [niet-telb zn] → text hand
⁴**text** /tekst/ [ov ww] sms versturen aan, sms'en
¹**text·book** /teks(t)bʊk/ [telb zn] ⒈ handboek, studieboek, leerboek, schoolboek, overzicht, compilatie ♦ *a comprehensive textbook on linguistics* een algemene inleiding tot de taalkunde ⒉ (primaire) tekst ♦ *one of the textbooks was a novel by Fielding* één van de opgegeven werken was een roman van Fielding
²**text·book** /teks(t)bʊk/ [bn, attr] model-, volgens het boekje, nauwgezet, voorbeeldig ♦ *textbook example* schoolvoorbeeld, typisch voorbeeld, perfecte uitvoering, model
text editing [niet-telb zn] ⟨comp⟩ tekstverwerking
text editor [telb zn] ⟨comp⟩ teksteditor ⟨zorgt voor invoer en wijzigen van tekst⟩
text file [telb zn] ⟨comp⟩ tekstbestand
text hand [niet-telb zn] grootschrift
¹**tex·tile** /tekstaɪl/ [telb zn] ⒈ weefsel, weefgoed, textielproduct, (geweven/gebreide) stof ♦ *textiles* textiel, weefgoederen, weefstoffen ⒉ weefmateriaal, textielvezel, textielgaren, weefgaren
²**tex·tile** /tekstaɪl/ [bn, attr] textiel-, van textiel, weef-, weefbaar, geweven ♦ *the textile art* de textiele kunst/weefkunst; *textile fabrics* weefsels, textielproducten; *the textile industry* de textiel(industrie)/weefnijverheid; *textile materials* textiel, textielproducten, textielstoffen, textielwaren; *textile tissue* textiline, papiergaren
text·lin·guis·tics [niet-telb zn] ⟨taalk⟩ tekstlinguïstiek, tekstwetenschap
¹**text message** [telb zn] sms-bericht, sms'je
²**text message, text** [ov ww] sms versturen aan, sms'en
text messaging [niet-telb zn] sms, textmessaging
texts /teksts/ [alleen mv] opgelegde lectuur, studieboeken, studiemateriaal, leerboeken, teksten ♦ *list of texts* lectuurlijst, literatuurlijst, lijst van verplichte boeken, lijst van basisteksten/basisartikelen
tex·tu·al /tekstʃʊəl/ [bn; bw: ~ly] ⒈ tekstueel, tekst- ♦ *textual criticism* tekstkritiek, tekstanalyse; *textual error* tekstbederf, fout in de (overgeleverde) tekst ⒉ letterlijk, woordelijk ♦ *reproduce textually* tekstueel/woord voor woord overnemen
tex·tu·al·ism /tekstʃʊəlɪzm/ [niet-telb zn] ⒈ het zich strikt aan de tekst (van de Bijbel) houden ⒉ tekstkritiek, ⟨i.h.b.⟩ Bijbelkritiek
tex·tu·al·ist /tekstʃʊəlɪst/ [telb zn] ⒈ iemand die zich strikt aan de tekst (van de Bijbel) houdt ⒉ tekstcriticus, ⟨i.h.b.⟩ Bijbelgeleerde, Bijbelkenner
tex·tur·al /tekstʃərəl/ [bn; bw: ~ly] ⒈ weef(sel)- ♦ *textural art* textiele kunst ⒉ textuur-, structureel, compositioneel
¹**tex·ture** /tekstʃə, ᴬ-ər/ [telb + niet-telb zn] ⒈ textuur, weefselstructuur, weefwijze, weefpatroon, ⟨bij uitbreiding⟩ structuur, bouw, compositie, voorkomen, uitzicht, ⟨muz⟩ klankstructuur, textuur ♦ *skin of coarse texture* ruwe/ruw aanvoelende huid; *give (a) texture to* substantie geven/een ruimtelijke dimensie toevoegen aan, afwisseling/reliëf brengen in, de effenheid/eentonigheid breken van; indelen, structureren; *rough in texture* ruw/grof/hard van samenstelling/oppervlak; *cotton of a loose texture* los katoen; *the texture of a mineral* de textuur van een mineraal; *the smooth texture of ivory* de glad/effenheid van ivoor ⒉ substantie, wezen, essentie, karakter, aard
²**tex·ture** /tekstʃə, ᴬ-ər/ [ov ww] ⒈ (samen)weven, vlechten, ineenvlechten, dooreenvlechten, samenvlechten ♦ *textured vegetable protein* sojavlees, kunstvlees, TVP ⟨uit soja vervaardigde vleesvervanger⟩; *a carpet textured with geometrical patterns* een tapijt met geometrische patronen ⒉ samenstellen, structureren, substantie/reliëf/structuur geven
-tex·tured /tekstʃəd, ᴬ-tʃərd/ geweven, aanvoelend, gestructureerd, van samenstelling/textuur/oppervlak ♦ *coarse-textured* ruw (aanvoelend), grof(dradig)
texture paint [niet-telb zn] structuurverf
TF [afk] ⟨BE⟩ (Territorial Force)
TG [afk] ⟨taalk⟩ ⒈ (transformational grammar) tg(g) ⒉ (transformational-generative)
T-group [telb zn] sensitivity(trainings)groep, ontmoetingsgroep
TGWU [afk] ⟨BE⟩ (Transport & General Workers' Union)
-th /θ/, ⟨in betekenis 3 ook⟩ **-eth** /ɪθ/ ⒈ ⟨vormt abstract naamwoord uit werkwoord⟩ ± -ing ♦ *birth* baring, geboorte; *growth* groei, aangroei(ing); *spilth* verspilling ⒉ ⟨vormt abstract naamwoord uit bijvoeglijk naamwoord⟩ ± -te, ± -heid ♦ *width* wijdte, breedte, uitgestrektheid ⒊ ⟨vormt rangtelwoord uit de hoofdtelwoorden vanaf 4⟩ -de, -ste ♦ *a fourth* een vierde; *twentieth* twintigste
¹**Thai** /taɪ/ [eigenn] Thai, de Thaise taal, Siamees
²**Thai** /taɪ/ [telb zn; mv: Thai] Thai(lander), Thai(land)se
³**Thai** /taɪ/ [bn] Thai(land)s
Thai-box·er [telb zn] ⟨vechtsp⟩ Thaise bokser
Thai-box·ing [niet-telb zn] ⟨vechtsp⟩ (het) Thais boksen
Thai·land /taɪlænd, -lənd/ [eigenn] Thailand

Thailand	
naam	Thailand *Thailand*
officiële naam	Kingdom of Thailand *Koninkrijk Thailand*
inwoner	Thai *Thai*
inwoonster	Thai *Thaise*
bijv. naamw.	Thai *Thais*
hoofdstad	Bangkok *Bangkok*
munt	baht *baht*
werelddeel	Asia *Azië*
int. toegangsnummer 66 www .th auto T	

thal·a·mus /θæləməs/ [telb zn; mv: thalami /-maɪ/] ⒈ ⟨gesch⟩ kamer, vertrek, binnenkamer, binnenvertrek, ⟨i.h.b.⟩ vrouwenverblijf, vrouwenvertrek, boudoir ⒉ ⟨anat⟩ thalamus ⟨grijze materie van de tussenhersenen⟩ ⒊ ⟨plantk⟩ bloembodem, vruchtbodem, vruchtdrager
tha·las·sic /θəlæsɪk/ [bn] zee-, binnenzee-, oceaan-, oceanisch, pelagisch
thal·as·soc·ra·cy /θæləsɒkrəsi, ᴬ-sɑ-/ [telb zn] thalasso-

thalassotherapy

cratie, zeeheerschappij, macht op zee
thal·as·so·ther·a·py /θəlæsoʊθerəpi/ [niet-telb zn] zeewatertherapie, thalassotherapie
tha·ler, ⟨AE ook⟩ **ta·ler** /tɑːlə, ^-ər/ [telb zn] ⟨gesch⟩ taler ⟨Duitse/Oostenrijkse 15e-19e-eeuwse zilveren munt⟩
Tha·li·an /θəlaɪən/ [bn] blijspel-, komisch, (k)luchtig ⟨naar Thalia, muze van het blijspel⟩
tha·lid·o·mide /θəlɪdəmaɪd/ [niet-telb zn] ⟨med⟩ thalidomide, softenon
thalidomide baby [telb zn] softenonbaby, misvormd geboren kind
thal·lic /θælɪk/, **thallous** /θæləs/ [bn] ⟨scheik⟩ thalli-
thal·li·um /θælɪəm/ [niet-telb zn] ⟨scheik⟩ thallium ⟨element 81⟩
thal·lo·gen /θælədʒɪn/, **thal·lo·phyte** /-faɪt/ [telb zn] ⟨plantk⟩ thallofyt, thallusplant
thal·lus /θæləs/ [telb zn; mv: ook thalli /θælaɪ/] ⟨plantk⟩ thallus ⟨plant zonder duidelijk verschil tussen wortel, stengel en blad⟩
Thames /temz/ [eigenn; the] Theems · ⟨BE; inf⟩ *set the Thames on fire* iets opmerkelijks doen, furore/epoque/grote opgang maken, de wereld met verstomming slaan, van zich doen spreken; *she won't/is not the kind to set the Thames on fire* ze heeft het buskruit niet uitgevonden
¹than /ðən, ⟨sterk⟩ ðæn/ [vz; formeel voegwoord; na vergrotende trap en woorden die verschil uitdrukken] dan, als ♦ *John's fatter than Bill* John is dikker dan Bill; ⟨AE; inf⟩ *different than* verschillend van; *they were older than her* ze waren ouder dan zij; *nowhere else than here could such a thing happen* alleen hier kan zoiets gebeuren; *none other than Joe* niemand anders dan Joe; ⟨form⟩ *they were older than she* ze waren ouder dan zij; *civil servants, than whom none have less cause to complain* ambtenaren, en niemand heeft minder reden tot klagen
²than /ðən, ⟨sterk⟩ ðæn/ [ondersch vw] 1 ⟨na vergrotende trap en woorden die verschil uitdrukken⟩ dan, als ♦ *easier said than done* gemakkelijker gezegd dan gedaan; *she's better than I am* zij is beter dan ik; *we have no choice than to leave* we hebben geen andere keuze dan te vertrekken; *he would sooner die than give in* hij zou eerder sterven dan toegeven; *he cries more than (is) necessary* hij huilt meer dan nodig (is); *you know better than to tease her* plaag haar niet, je weet toch beter; *preferred to join in than be left out* deed liever mee dan uitgesloten te worden; *not other than we are used to at home* niet anders dan we thuis gewend zijn; *better than if he had come late as well* beter dan dat hij ook nog te laat was gekomen; *could you have solved it otherwise than you did?* had je het anders kunnen oplossen dan je gedaan hebt?; *rather than leave early she decided to stay the night* ze besloot liever te overnachten dan vroeg te vertrekken 2 ⟨na een negatieve constructie; gelijktijdigheid of onmiddellijke opeenvolging in de tijd⟩ of, dan, en, toen ♦ *hardly had she finished than the bell rang* ze was nauwelijks klaar van de bel ging; *she had barely left the room than John began to cry* ze was nauwelijks de kamer uit of John begon te huilen; *she had scarcely learnt to read than she bought Shakespeare* ze had amper leren lezen toen ze Shakespeare kocht
than·age /θeɪnɪdʒ/, **thane·dom** /-dəm/, **thane·ship** /-ʃɪp/ [telb + niet-telb zn] ⟨gesch⟩ 1 rang van een thane, ± leenmanschap 2 land/grond van een thane, ± leen(bezit)
than·a·to- /θænətoʊ/, **than·at-** /θænət/ thanat(o)-, doods- ♦ *thanatoid* doods, dodelijk; *thanatology* thanatologie ⟨wetenschap van de dood⟩; *thanatophobia* doodsangst, stervensangst
than·a·tol·o·gy /θænətɒlədʒi, ^-tɑː-/ [niet-telb zn] thanatologie ⟨leer van het sterven/de stervensbegeleiding⟩
¹Than·a·tos /θænətɒs, ^-tɑːs/ [eigenn] Thanatos, de Dood
²Than·a·tos /θænətɒs, ^-tɑːs/ [niet-telb zn; ook thanatos] thanatos, doodsdrift, drang naar zelfvernietiging, doods-

verlangen
thane, thegn /θeɪn/ [telb zn] ⟨gesch⟩ thane, leenman ⟨tussen erfadel en gewone vrijen in Engeland⟩, leenheer, vrijheer, clanhoofd ⟨in Schotland⟩
thank /θæŋk/ [ov ww] 1 (be)danken, dank brengen/betuigen, dankbaar zijn ♦ *thank s.o. for sth.* iemand voor iets (be)danken/dankbaar/erkentelijk zijn/dank brengen/betuigen/weten/zeggen; *(I'll) thank you for that book* mag ik dat boek even?; *thank you for your letter of October 9* hartelijk dank voor je brief van 9 oktober; *thank God/goodness/heaven(s)* God(e)/de hemel zij dank, goddank, gelukkig; *thank you,* ⟨inf⟩ *thanking you* dank u/je (wel), je bent/wordt bedankt, (ja) graag, alstublieft ⟨bij het aanvaarden, aanreiken van iets⟩; *no, thank you* (nee) dank u/je (wel) ⟨bij weigering⟩; *thank you, my dear* erg vriendelijk/attent van je, lieveling; ⟨iron⟩ *thank you for nothing* dank je feestelijk; *I'll thank you to open the window* mag het raam misschien open, alsjeblieft?; *I'll thank you to wipe your shoes* voeten vegen, alsjeblieft/graag!; *I will thank you to be a little more polite* wat/een beetje beleefder kan ook wel 2 danken, (ver)wijten, verantwoordelijk stellen ♦ *have s.o. to thank for sth.* iets (aan) iemand te danken hebben; *she may thank herself/has only got herself to thank for that* dat heeft ze (alleen/volledig) aan zichzelf te danken/wijten, het is haar eigen fout/schuld; *he has his own stupidity to thank for it* hij heeft het aan zijn eigen domheid te danken/wijten
thank·ee, thank·y /θæŋkiː/, **thank·ye** /θæŋkjə/ [tw] ⟨inf⟩ dank je wel, bedankt, merci
thank·ful /θæŋkfl/ [bn; bw: ~ly; zn: ~ness] dankbaar, erkentelijk, blij ♦ *be thankful for* dankbaar zijn voor, appreciëren, op prijs stellen, tevreden zijn met; *we don't have much to be thankful for* erg veel reden tot dankbaarheid hebben we niet; *you should be thankful that* je zou blij moeten zijn/je gelukkig moeten prijzen dat
thank·ful·ly /θæŋkfəli/ [bw] gelukkig ♦ *thankfully, he's not coming* gelukkig komt hij niet
thank·less /θæŋkləs/ [bn; bw: ~ly; zn: ~ness] ondankbaar, onerkentelijk, niet lonend ♦ *a thankless task* een ondankbare taak
thank-of·fer·ing [telb zn] dankoffer
thanks /θæŋks/ [alleen mv] dank, dankbaarheid, dankbetuiging, ⟨i.h.b.⟩ (kort) dankgebed ♦ *declined with thanks* onder dankzegging geweigerd; *express one's thanks* zijn dank betuigen; *give thanks* danken, bidden ⟨in het bijzonder voor of na maaltijd⟩; *give thanks to God* God danken; *a letter of thanks* een schriftelijke dankbetuiging/bedankje; ⟨iron⟩ *much thanks I got for it* stank voor dank kreeg ik, ik kreeg nauwelijks een bedankje; *received with thanks* in dank ontvangen; *small thanks I got for it* stank voor dank kreeg ik, ik kreeg nauwelijks een bedankje; ⟨iron⟩ *small/no thanks to you* maar aan jou is het niet te danken, maar niet bepaald dankzij jouw hulp/door jouw toedoen/door jou; *he smiled his thanks* hij bedankte met een glimlach; *thanks to* dankzij, ter wille van, wegens, door (toedoen van), met behulp van; ⟨inf⟩ *thanks!* dank je (wel)!, bedankt!; *no, thanks* (nee) dank je (wel), laat maar (zitten), doe geen moeite ⟨bij weigering⟩ · *thanks awfully/ever so much* (je bent) vreselijk/ontzettend bedankt, duizendmaal dank
thanks·giv·er /θæŋksgɪvə, ^-ər/ [telb zn] dankzegger
thanks·giv·ing /θæŋksgɪvɪŋ/ [telb + niet-telb zn] dankbetuiging, dankbetoon, dankzegging, dankfeest, dankgebed, dankviering ♦ ⟨anglicaanse liturgie⟩ *General Thanksgiving* het grote dankgebed
Thanks·giv·ing /θæŋksgɪvɪŋ/ [eigenn] → Thanksgiving Day
¹Thanksgiving Day [eigenn] Thanksgiving Day ⟨nationale dankdag; 4e donderdag van november (USA), 2e maandag van oktober (Canada)⟩
²Thanksgiving Day [telb zn; ook thanksgiving day]

dankdag, biddag

thank·wor·thy [bn] *dankenswaardig,* een bedankje waard, verdienstelijk

thank-you [telb zn; ook attributief] *bedankje,* woord van dank, dankbetuiging ♦ *a thank-you letter/note* een bedankbriefje

thank-you-ma'am [telb zn] ⟨AE; inf⟩ *knik* ⟨in weg⟩, kuil, put, hobbel, ⟨i.h.b.⟩ greppel, afvoergeul ⟨dwars over weg, voor afwatering⟩

¹**that** /ðæt/ [aanw vnw; mv: those /ðoʊz/] ① *die, dat* ♦ *that's Alice* dat is Alice; *that's all* dat is alles/het, anders niet; *he's into Zen and all that* hij interesseert zich voor zen en dat soort dingen; *did it really cost all that* kostte het werkelijk zo veel?; *the Third World isn't as backward as all that* de derde wereld is niet zo achterlijk; ⟨BE; substandaard⟩ *he's into hard rock and that* hij interesseert zich voor hard rock en dat soort dingen; *he did the cooking, and that extremely well* hij kookte, en heel goed ook/en hij deed dat heel goed; *six o'clock? no, the train is due before that* zes uur? nee, de trein komt vroeger aan; *those were the days* dat was een tijd; *the best linen is that from Flanders* het beste linnen is dat uit Vlaanderen; *that is (to say)* dat wil zeggen, te weten; *just like that* zomaar (even); *don't yell like that* schreeuw niet zo; *I'm more resourceful than that* ik ben te handig om dat niet aan te kunnen, daar ben ik te handig voor; *that's that* dat was het dan, zo, klaar is kees, voor mekaar, dat zit erop; ⟨als bevel⟩ en daarmee uit, en nou is 't uit; *this is heavier than that* dit is zwaarder dan dat; ⟨BE; aan telefoon⟩ *who's that?* met wie spreek ik?; *who's that crying?* wie huilt daar (zo)?; *that's women all over* zo zijn vrouwen nu eenmaal, typisch vrouwelijk ② ⟨gevolgd door latere definitie⟩ *diegene, datgene,* hij, zij, dat ♦ *there was that in his manner that made me wonder* er was iets in zijn manier van doen dat me aan het denken zette; *those unfit for consumption* diegene die niet eetbaar zijn; *hold fast to that which is good* houdt het bij wat goed is; *those who say so* zij die dat zeggen; *there are those who think so* er zijn er die dat denken ▪ *we'll have to leave, that's all* we moeten weg, er zit niets anders op; *we left it at that* we lieten het daarbij/maar zo; *it's practical and beautiful at that* het is praktisch, en bovendien nog mooi ook; *it was hard but I got it done at that* het was moeilijk, maar ik kreeg het toch voor mekaar; ⟨inf⟩ *eat your food, that's a good boy* wees een brave jongen en eet je eten op; ⟨inf⟩ *that's a dear* je bent een schat; ⟨cricket⟩ *how's that, umpire?* (is hij) uit of niet, scheidsrechter?; *he's tall, tall, that is, for a Japanese* hij is groot, tenminste (wel) in baarmoeder, voor een Japanner; ⟨inf⟩ *that's it* dat is 't hem nu juist, dat is (nu juist) het probleem; dat is wat we nodig hebben, dat is de oplossing, dat is het; dit/dat is het einde, 't is ermee gedaan, 't is uit met de pret; ⟨inf⟩ *he solved the problem (just) like that* hij loste het probleem op alsof het niks was; *with that* (onmiddellijk) daarna

²**that** /ðət, ⟨sterk⟩ ðæt/ [betr vnw; mv: those /ðoʊz/] ① *die, dat,* wat, welke ♦ *the chair(s) that I bought* de stoel(en) die ik gekocht heb; *the sculptor(s) that I know* de beeldhouwer(s) die ik ken; ⟨form; niet-beperkend⟩ *my uterus, that I loathed* mijn baarmoeder, die ik verafschuwde ② ⟨ook als betrekkelijk bijwoord te beschouwen⟩ *dat,* waarop, waarin, waarmee ⟨enz.⟩ ♦ *the day that he arrived* de dag dat/waarop hij aankwam; *the house that he lives in* het huis waarin hij woont ▪ *Mrs Jones, Miss Smith that was* Mevr. Jones, geboren/met haar meisjesnaam Smith

³**that** /ðæt/ [bw] ⟨inf⟩ ① ⟨graadaanduiding⟩ *zo(danig)* ♦ *it was that hot you couldn't breathe* het was zo heet dat je niet kon ademen; *she's about that tall* ze is ongeveer zo groot ② ⟨als intensivering⟩ *heel,* heel erg, zo ♦ *its not all that expensive* het is niet zo verschrikkelijk duur; *she'll be that pleased* ze zal toch zo blij zijn

⁴**that** /ðæt/ [aanw det; mv: those] ① *die, dat* ♦ *ah, those days* ha, die tijd toch; ⟨pej⟩ *one of those hooligans* een van die herrieschoppers, nog zo'n herrieschopper; *we went this way and that way* we gingen in alle richtingen/alle kanten op; *do you want this hat or that one* wil je deze hoed of die; *that way* op die wijze, in die toestand ② ⟨gevolgd door latere definitie⟩ *dat, die,* de, het ♦ *that smile of his* die glimlach van hem; *that time of day when the children come home* dat ogenblik van de dag waarop de kinderen thuiskomen ③ ⟨verouderd of informeel⟩ *zo'n* ♦ *in that state that he could not think clearly* in zo'n toestand dat hij niet meer helder kon denken ▪ *just one of those things* één van die dingen die kunnen gebeuren

⁵**that** /ðət, ⟨sterk⟩ ðæt/ [ondersch vw] ① ⟨met afhankelijke nominale zin⟩ *dat,* het feit dat ♦ *the fact that he had left her* het feit dat hij haar verlaten had; ⟨form⟩ *that he refused surprised her* dat hij weigerde verbaasde haar; *it was in jest that I said ...* al schertsend zei ik ...; *she groaned that she had had enough* ze zei kreunend dat het nu wel genoeg was; *it was only then that I found out that ...* pas toen ontdekte ik dat ... ② ⟨doel⟩ *opdat, zodat* ♦ *to the end that* met het doel te; *in order that* opdat; *she held it up that all might see* ze hield het omhoog zodat iedereen het zou kunnen zien ③ ⟨reden of oorzaak⟩ *omdat, doordat,* (om het feit) dat ④ ⟨gevolg en graadaanduidend gevolg⟩ *(zo)dat* ♦ *so high that one cannot see the top* zo hoog dat men de top niet kan zien; *I didn't go, that he would not follow me* ik ben niet gegaan, zodat hij me niet zou volgen; *she's not a fool that you can do all this unnoticed* ze is niet zo dom dat je dit alles ongemerkt kan doen ⑤ ⟨leidt een bijzin in die afhangt van een bijwoordelijke bepaling⟩ *dat,* waar, wanneer, hoe ♦ *now that she has gone* nu ze weg is; *for all that she is pretty* hoewel zij mooi is; *for all that she tried hard* ondanks dat zij zich erg inspande, hoe zeer zij zich ook inspande; *in whichever manner that you do it* op welke wijze je het ook doet; *anywhere that you would like to go* waar je ook naartoe zou willen; *the more often that he told her the less she believed him* hoe vaker (dat) hij het haar zei hoe minder ze hem geloofde ⑥ ⟨in verbinding met een voorzetsel, dat daardoor een equivalent voegwoord wordt⟩ ♦ *(gew of vero) after that* nadat; ⟨gew of vero⟩ *before that* voordat; *but that* behalve dat/ware het niet dat; *considering that* in acht genomen dat; *except that* tenzij/behalve dat; ⟨gew of vero⟩ *for that* omdat; *clauses of purpose and consequence are similar in that they are often translated in the same way, but different in that they mean different things* doel- en gevolgzinnen lijken op elkaar in de zin dat ze vaak op dezelfde manier vertaald worden, maar ze verschillen doordat/omdat ze verschillende betekenissen hebben; *notwithstanding that* niettegenstaande dat; *provided that* op voorwaarde dat; *save that* behalve dat; *so that* zodat; ⟨gew of vero⟩ *till that,* ⟨gew of vero⟩ *until that* totdat ⑦ ⟨voornamelijk verouderd of gewestelijk⟩ ⟨na ander onderschikkend voegwoord; onvertaald⟩ ♦ *if that you be honest* als je eerlijk bent; *when that he left* toen hij wegging ⑧ ⟨vero⟩ ⟨ter vervanging van een ander onderschikkend voegwoord in parallelle constructies⟩ ♦ *when we returned and that we found our castle in danger* toen wij terugkeerden en vonden dat ons kasteel in gevaar verkeerde

⁶**that** /ðət, ⟨sterk⟩ ðæt/ [nevensch vw; in uitroep] *dat* ♦ *that it should come to this!* dat het zover moest komen!; *oh that I could be there now!* och was ik nu maar daar!; *that ever I should have been born!* was ik maar nooit geboren!

¹**thatch** /θætʃ/ [telb zn] ① *strodak,* rieten dak ② ⟨scherts⟩ *haarbos,* (ruige) haardos

²**thatch** /θætʃ/ [niet-telb zn] ① *(dak)stro,* riet, bedekking, dakriet, dakbedekking, dekstro, dekriet ② *gazonvilt*

³**thatch** /θætʃ/ [onov ww] *een dak (met stro) bedekken*

⁴**thatch** /θætʃ/ [ov ww] *met riet/stro bedekken,* met een dak bedekken, een dak maken op, bekappen ♦ *thatched roof* strodak

thatch·er /θætʃə, ˄-ər/ [telb zn] rietdekker
Thatch·er·ite /θætʃərɑɪt/ [bn] ⟨vaak pej⟩ thatcheriaans ⟨m.b.t. het no-nonsensebeleid van Margaret Thatcher⟩
thatch·ing /θætʃɪŋ/ [niet-telb zn; gerund van thatch] [1] het daken dekken [2] (dak)stro, (dak)riet, dekstro, dekriet, dakbedekking
thau·ma·turge /θɔ:mətɜ:dʒ, ˄-tɜrdʒ/, **thau·ma·tur·gist** /-ɪst/ [zn] thaumaturg, wonderdoener
thau·ma·tur·gic /θɔ:mətɜ:dʒɪk, ˄-tɜr-/, **thau·ma·tur·gi·cal** /-ɪkl/ [bn] thaumaturgisch, miraculeus, wonderdoend, wonderdadig
thau·ma·tur·gy /θɔ:mətɜ:dʒi/ [niet-telb zn] wonderdoenerij, wonderdadigheid
¹thaw /θɔ:/ [telb + niet-telb zn] dooi, dooiweer, ⟨fig ook⟩ het ontdooien ♦ *a thaw has set in* het begint te dooien
²thaw /θɔ:/ ⟨onov ww⟩ (ont)dooien, smelten, ⟨fig⟩ ontdooien, zich thuis gaan voelen, zich ontspannen ♦ *it thaws* het dooit; *the ground is thawing out* de grond is aan het ontdooien; *our guest has finally thawed out* onze gast voelt zich eindelijk thuis; *the snow thaws* de sneeuw smelt
³thaw /θɔ:/ ⟨ov ww⟩ ontdooien ⟨ook figuurlijk⟩, zich thuis doen voelen, vriendelijker/losser maken, opwekken, stimuleren ♦ *thaw out the vegetables* de groenten ontdooien
Th D [afk] (Doctor of Theology)
¹the /ðə, ˄ðə, ⟨voor klinkers⟩ ði, ˄ðə, ˄ði/ [bw] [1] ⟨met vergrotende trap⟩ hoe, des te ♦ *all the more* des te meer; *so much the better* zoveel/des te beter; *they gathered close, the better to see what was going on* ze kwamen er dichter bij staan, om des te beter te kunnen zien wat er zich afspeelde; *the more so as* temeer daar; *the sooner the better* hoe eerder hoe beter; *I'm none the wiser for all your information* met al je inlichtingen ben ik er toch helemaal niet wijzer door geworden; *the more you eat the fatter you'll get* hoe meer je eet hoe dikker je wordt [2] ⟨met overtreffende trap⟩ de, het ♦ *he finished the fastest* hij was als eerste klaar; *he resented her interfering the most* het meest van al had hij een hekel aan het feit dat zij zich ermee bemoeide
²the /ðə, ˄ðə, ⟨voor klinkers⟩ ði, ˄ði, ðə, ⟨sterk⟩ ði:, ˄ði:/ [lidw] [1] ⟨met specifieke of unieke referent; ook in eigennamen en titels⟩ de, het ♦ *the Alps* de Alpen; *she looks after the children* zij zorgt voor de kinderen; *Edward the Confessor* Edward de Belijder; *the earth* de aarde; *the four I saw de vier die ik gezien heb; *the hazing of our students* het ontgroenen van onze studenten; *the story he told them* het verhaal dat hij hun vertelde [2] ⟨generisch enkelvoud en voor abstract zelfstandig naamwoord⟩ de, het ♦ *the aardvark is a nocturnal mammal* het aardvarken is een nachtzoogdier; *history of the cinema* geschiedenis van de film; *the evil that men do* het boze dat de mensen doen; *the flu* de griep; *play the piano* piano spelen; *recognize the untainted* het reine herkennen; *on the run* op de vlucht; *perish by the sword* door het zwaard vergaan; *I have the toothache* ik heb kiespijn; *it shrinks in the washing* het krimpt bij het wassen [3] ⟨generisch meervoud⟩ de ♦ *help the blind* help de blinden; *the Italians love spaghetti* (de) Italianen zijn dol op spaghetti [4] ⟨alleen beklemtoond; graadaanduidend⟩ de/het (enige/echte/grote/...) ♦ *ah, this is the life!* ah, dit is pas leven!; *a McDonald but not the McDonald* een McDonald maar niet de beroemde McDonald [5] ⟨bij onvervreemdbaar eigendom, in het bijzonder lichaamsdelen⟩ mijn/jouw/... ♦ *he went to visit the family* hij ging zijn familie bezoeken; *he took her by the hand* hij nam haar bij de hand; *I've got a pain in the leg* ik heb pijn in mijn been; ⟨BE; inf⟩ *how's the wife?* hoe gaat het met je vrouw? [6] ⟨distributief⟩ per, voor elk ♦ *four books to the child* vier boeken voor elk kind; *a shilling to the dozen* een shilling per dozijn [7] ⟨tijd⟩ ⟨vnl SchE⟩ deze ♦ *he's leaving the day* hij vertrekt vandaag; *I'll be six the year* ik word dit jaar zes jaar oud [8] ⟨SchE, IE⟩ het hoofd van ⟨een clan⟩ ♦ *the Macnab* het hoofd van de Macnabs

the- → **theo-**
the·an·dric /θiændrɪk/ [bn] godmenselijk
the·an·throp·ic /θɪənθrɒpɪk, ˄-θrɑ-/, **the·an·throp·i·cal** /-ɪkl/ [bn] godmenselijk, goddelijk en menselijk
the·an·thro·pism /θiænθrəpɪzm/ [niet-telb zn] [1] het Godmens-zijn ⟨voornamelijk van Christus⟩ [2] antropomorfisme ⟨vermenselijking van god⟩
the·ar·chy /θi:ɑki, ˄θi:ɑrki/ [telb zn] [1] theocratie [2] godenwereld, goden(dom)
¹the·a·tre, ⟨AE⟩ **the·a·ter** /θɪətə, θiətə, ˄θɪətər/ [telb zn] [1] theater, schouwburg, bioscoop, opera [2] aula, gehoorzaal, auditorium [3] ⟨BE⟩ o.k., operatiekamer ♦ *in theatre* op/in o.k., in de operatiekamer [4] toneel, (actie)terrein, operatieterrein ♦ *theatre of operations* operatieterrein; *the Viet Nam theatre* het Vietnamese oorlogsterrein; *theatre of war* oorlogstoneel [5] terraslandschap [6] (theater)publiek, toeschouwers [7] toneelgezelschap
²the·a·tre, ⟨AE⟩ **the·a·ter** /θɪətə, θiətə, ˄θɪətər/ [niet-telb zn] [1] toneel, drama, toneelstukken, theater ♦ *theatre of the absurd* absurd toneel; *contemporary French theatre* hedendaags Frans toneel; *this play makes good theatre* dit stuk leent zich goed voor een opvoering; *Miller's theatre* Millers toneelstukken [2] toneelmilieu
the·a·tre·go·er [telb zn] schouwburgbezoeker, toneelliefhebber
the·a·tre·go·ing [niet-telb zn] schouwburgbezoek, theaterbezoek
the·a·tre-in-the-round [telb zn; mv: theatres-in-the-round] [1] arenatoneel, arenatheater [2] stuk voor arenatoneel
theatre nuclear forces [alleen mv] tactische atoomstrijdkrachten
the·a·tre-seat [telb zn] klapstoel ⟨in schouwburg⟩
theatre sister [telb zn] ⟨BE⟩ operatiezuster, ok-verpleegkundige
¹the·at·ri·cal /θiætrɪkl/ [telb zn] acteur, toneelspeler
²the·at·ri·cal /θiætrɪkl/, ⟨zelden⟩ **the·at·ric** /θiætrɪk/ [bn; bw: ~ly; zn: ~ness] [1] toneel-, theater-, theatraal ♦ *theatrical company* toneelgezelschap, acteurs; *theatrical performance* toneelopvoering; *theatrical scenery* decor [2] theatraal, overdreven, onnatuurlijk, dramatisch, aanstellerig
the·at·ri·cal·ism /θiætrɪkəlɪzm/ [niet-telb zn] theatrale stijl, theatraal gedoe/optreden, theater, aanstellerij, opzichtigheid, exhibitionisme
the·at·ri·cal·i·ty /θiætrɪkæləti/ [niet-telb zn] theatraliteit, vertoon
the·at·ri·cal·ize /θiætrɪkəlaɪz/ ⟨ov ww⟩ [1] dramatiseren [2] te koop lopen met, schitteren met, (opzichtig) pronken met
the·at·ri·cals /θiætrɪklz/ [alleen mv] [1] toneelvoorstelling(en), ⟨i.h.b.⟩ amateurtoneel [2] theatraal gedoe, theater, aanstellerij, vertoon, komedie [3] dramaturgie, toneelkunst [4] rekwisieten
¹the·at·rics /θiætrɪks/ [niet-telb zn] dramaturgie, toneelkunst
²the·at·rics /θiætrɪks/ [alleen mv] [1] toneelopvoeringen, toneelvoorstellingen [2] (theater)effecten, toneeleffecten, effectbejag, gemaaktheid, theatraal gedoe
¹The·ban /θi:bən/ [telb zn] Thebaan ⟨inwoner van Thebe⟩
²The·ban /θi:bən/ [bn] Thebaans
the·ca /θi:kə/ [telb zn; mv: thecae /θi:si:, -ki:/] ⟨biol⟩ ⟨benaming voor⟩ omhulsel, huls, capsule, zak, sporenbeurs, sporenhouder, cocon, schede, koker
thé dan·sant /teɪ dɑ̃sɑ̃/ [telb zn] thé dansant
¹thee /ði:/ [pers vnw] ⟨vero, rel of gew⟩ [1] u, gij, ⟨gew vnl⟩ jou ♦ *I shall give thee gold and silver* ik zal u goud en zilver geven; *sweet Laura, of thee I sing* lieve Laura, van u zing ik; *I shall see thee on the morrow* ik zal u morgen zien [2] ⟨als nominatief gebruikt, werkwoord in 3e persoon enkelvoud⟩

⟨vnl quakers⟩ gij ♦ *thee is a fool* gij zijt een gek; → **thou, thyself**
²**thee** /ði:/ [wk vnw] ⟨vero, rel of gew⟩ jezelf, uzelf ♦ *find thee a wife* zoek u een vrouw; *thee shows thee an evil man* gij toont u een slecht mens; → **thou, thyself**
theft /θeft/ [telb + niet-telb zn] diefstal
thegn [telb zn] → **thane**
the·ine /ˈθiːiːn, ˈθiːɪn/ [niet-telb zn] theïne, cafeïne
their /ðeə, ˄ðer, ⟨voor klinkers⟩ ðər, ˄ðər/ [bez det] [1] hun, haar ♦ *their coats* hun mantels; *it's their day today* het is vandaag hun geluksdag/grote dag; *their destruction by the enemy* hun vernietiging door de vijand; *their determination* hun vastberadenheid; *their eating biscuits surprised her* (het feit) dat zij koekjes aten verbaasde haar; *they studied their French* ze leerden hun Frans; *their noise* het lawaai dat zij maken [2] ⟨verwijst naar 3e persoon enkelvoud⟩ zijn, haar ♦ *no-one gave their address* niemand gaf zijn adres; *who would deny their father?* wie zou zijn vader verloochenen?; *the boy or girl who lost their shoe* de jongen die zijn of het meisje dat haar schoen verloren heeft

their, they're, there		
their	van hen	this is their house
they're	zij zijn	they're away this weekend
there	daar/er	waiter, there's a fly in my soup

theirs /ðeəz, ˄ðerz/ [bez vnw] [1] de/het hunne ♦ *they shall have theirs* zij zullen krijgen wat hen toekomt; *a friend of theirs* één van hun vrienden, een vriend van hen; *our gardens are prettier than theirs* onze tuinen zijn mooier dan die van hen [2] ⟨predicatief gebruikt⟩ van hen, de/het hunne ♦ *they claimed it was theirs* ze beweerden dat het die van hen was [3] ⟨verwijst naar 3e persoon enkelvoud⟩ de/het zijne, de/het hare ♦ *did anyone claim the watch as theirs?* heeft iemand het horloge opgeëist?; *will somebody lend me theirs* wil iemand mij het zijne lenen [4] ⟨predicatief gebruikt; verwijst naar 3e persoon enkelvoud⟩ van hem/haar, de/het zijne, de/het hare ♦ *the person who said this was theirs* de persoon die beweerde dat dit van hem was
the·ism /ˈθiːɪzm/ [niet-telb zn] theïsme
the·ist /ˈθiːɪst/ [telb zn] theïst
the·is·tic /θiːˈɪstɪk/, **the·is·ti·cal** /-ɪkl/ [bn; bw: ~ally] theïstisch
Thek·la lark /ˈθeklɑːk, ˄ˈθeklərk/ [telb zn] ⟨dierk⟩ theklaleeuwerik ⟨*Galerida theklae*⟩
¹**them** /ðəm, ⟨sterk⟩ ðem/, ⟨inf⟩ 'em /əm/ [pers vnw] [1] hen, hun, aan/voor hen, ze ♦ ⟨inf⟩ *we are as good as them* wij zijn net zo goed als zij; *I gave them presents* ik gaf hun/ze geschenken; *depend on them* reken op hen; *he saw them* hij heeft hen/ze gezien; ⟨inf⟩ *you can do it better than them* jullie kunnen het beter doen dan zij; ⟨form; voor betrekkelijk voornaamwoord, in plaats van *those*⟩ *do not fear them that are of women born* vrees niet hen die uit een vrouw geboren zijn [2] ⟨in nominatieffuncties⟩ ⟨vnl inf⟩ zij, ze ♦ *them being my friends, I wondered if they'd do me a favour* omdat ze mijn vrienden waren, vroeg ik me af of ze mij een dienst wilden bewijzen; *I hate them worrying like that* ik vind het vreselijk dat/als ze zich zo'n zorgen maken; *it is them* zij zijn het; ⟨substandaard⟩ *them that don't like it can leave* hun die 't niet motten kennen ophoepelen; → **they, themselves**
²**them** /ðəm, ⟨sterk⟩ ðem/, ⟨inf⟩ 'em /əm/ [wk vnw] ⟨inf of gew⟩ (voor/aan) henzelf, (voor/aan) zich(zelf) ♦ *they built them a house* ze bouwden (voor) zich een huis; → **they, themselves**
³**them** /ðem/ [aanw det] ⟨substandaard⟩ deze, die ♦ *I don't like them fellows* ik mot die kerels niet; *them there horses* die paarden daar

the·mat·ic /θɪˈmætɪk/ [bn; bw: ~ally] thematisch ♦ *thematic analysis* thematische analyse; ⟨muz⟩ *thematic catalogue* thematische catalogus; ⟨muz⟩ *thematic manipulation* thematische bewerking; ⟨taalk⟩ *thematic verb* thematisch werkwoord; ⟨taalk⟩ *thematic vowel* themavocaal
theme /θiːm/ [telb zn] [1] thema, onderwerp, gegeven ♦ *a daily theme in the newspapers* een dagelijks terugkerend onderwerp in de kranten [2] ⟨AE⟩ (school)opstel, essay, verhandeling, opgave/thema (voor een verhandeling) [3] ⟨taalk⟩ thema (tegenover *rema*) [4] ⟨taalk⟩ stam, thema [5] ⟨muz⟩ thema, hoofdmelodie, herkenningsmelodie ♦ *theme and variations* thema met variaties [6] ⟨kunst⟩ thema, motief, beeld, kenmerkende idee [7] ⟨gesch⟩ provincie ⟨in Byzantijnse rijk⟩
themed /θiːmd/ [bn] ⟨vnl BE⟩ thema- ♦ *themed exhibition* thematentoonstelling; *themed restaurant* themarestaurant
theme park [telb zn] themapark ⟨met bepaald thema, zoals sprookjes, ruimtevaart enz.⟩, ⟨oneig⟩ pretpark
theme party [telb zn] ⟨BE⟩ themafeest
theme song, ⟨in betekenis 2 ook⟩ **theme tune** [telb zn] [1] thema, karakteristieke melodie, hoofdmelodie, titelmelodie [2] herkenningsmelodie, jingle [3] leus
them·self /ðəmˈself/ [wk vnw] ⟨inf⟩ zich(zelf) ⟨enkelvoudig gebruik, om geslacht te vermijden⟩ ♦ *I want s.o. who looks after themself* ik wil iemand die goed voor zichzelf zorgt
them·selves /ðəmˈselvz/ [wk vnw] [1] zich, zichzelf ♦ *they allowed themselves nothing* ze gunden zichzelf niets; *they bought it for themselves* ze kochten het voor zichzelf; *they hated themselves* ze haatten zichzelf; *they came to themselves* ze kwamen bij, ze kwamen tot zichzelf; *they kept it to themselves* ze hielden het voor zich [2] ⟨als nadrukwoord⟩ zelf, zij/hen zelf ♦ *themselves amateurs they sought advice* omdat zij zelf amateurs waren, zochten zij raad; *their children were as talented as themselves* hun kinderen waren zo begaafd als zij zelf; *themselves and their neighbours disapproved* zij zelf en hun buren keurden het af; *they themselves started, they started themselves* zij zelf zijn ermee begonnen [3] ⟨verwijst naar 3e persoon enkelvoud⟩ zich, zichzelf ♦ *anyone can lock themselves in* iedereen kan zichzelf opsluiten; → **they, them**
¹**then** /ðen/ [niet-telb zn] dan, dat tijdstip, dat (bepaalde) ogenblik ♦ *before then* voor die tijd; *by then* dan, toen, voor het zover is/was, ondertussen, op dat ogenblik; *till then* tot dan, tot zover, voor het zover is; *not till then* eerst dan, pas van dan af
²**then** /ðen/ [bn, attr] ⟨form⟩ toenmalig, van toen ♦ *the then king* de toenmalige koning
³**then** /ðen/ [bw] [1] dan, op dat ogenblik/moment, toen, destijds ♦ *then this, then that* nu dit, dan weer dat; *he was still king then* hij was in die tijd nog steeds koning; *then starts the problem* (pas) dan begint het probleem [2] dan, (onmiddellijk) daarna, daarop, bovendien, verder ♦ *then they went home* daarna zijn ze naar huis gegaan; *then there are the children* verder zijn er nog de kinderen [3] dan (toch), in dat geval, bijgevolg, dus, daarom ♦ *take it then* neem het dan toch; *why did you go then?* waarom ben je dan gegaan?; *if he is a bachelor, then he is unmarried* als hij een vrijgezel is, (dan) is hij niet getrouwd; *the causes of the crash, then, are unknown* de oorzaken van het ongeval zijn dus onbekend [•] *but then* (maar) anderzijds/per slot van rekening/dan toch/dan ook; *it's true, but then* het is waar, maar anderzijds; *but then, why did you do it?* maar waarom heb je het dan toch gedaan?; *then and there* onmiddellijk, dadelijk; *well then* nou dan, nu goed (dan)
the·nar /ˈθiːnɑː, ˄-nɑr/ [telb zn; ook attributief] muis ⟨van hand⟩
thenar eminence [telb zn] duimmuis
thence /ðens/ [bw] ⟨form⟩ [1] vandaar, van daaruit ♦ *from*

thenceforth

thence, he flew to London vandaar vloog hij naar Londen ② daarom, dus, bijgevolg, op die grond, uit dat feit, daaruit, daardoor ♦ *thence, we conclude that* op grond daarvan concluderen wij dat ③ → **thenceforth**

thence·forth /ðensfɔːθ, ᴬ-fɔrθ/, **thence·for·ward** /-fɔːwəd, ᴬ-fɔrwərd/ [bw] ⟨form⟩ vanaf dat ogenblik, van die tijd af, daarna ♦ *a year (from) thenceforth* een jaar later

the·o- /θiou/, **the-** /θi/ theo-, God(s)-, god(s)- ♦ *theism* theïsme; *theomancy* theomantie; *theophany* godsverschijning

the·o·bro·mine /θiːoubroumɪn, -maɪn/ [niet-telb zn] ⟨scheik⟩ theobromine

the·o·cen·tric /θiəsentrɪk/ [bn] theocentrisch

the·oc·ra·cy /θiɒkrəsi, ᴬθiɑ-/ [telb + niet-telb zn] theocratie ♦ *the Theocracy* de godsregering ⟨in Israël⟩

the·oc·ra·sy /θiɒkrəzi, ᴬθiɑ-/, **the·o·cra·sia, the·o·kra·sia** /θiəkreɪʒə/ [telb + niet-telb zn] ① vermenging van goden ⟨in een persoon⟩ ② zielsvereniging met God, godsaanschouwing ⟨in mystiek⟩

the·o·crat /θiəkræt/ [telb zn] theocraat

the·o·crat·ic /θiəkrætɪk/, **the·o·crat·i·cal** /-ɪkl/ [bn; bw: ~ally] theocratisch

¹**the·od·i·cy** /θiɒdəsi, ᴬθiɑ-/ [telb zn] theodicee ⟨rechtvaardiging van God⟩

²**the·od·i·cy** /θiɒdəsi, ᴬθiɑ-/ [niet-telb zn] theodicee, natuurlijke theologie

the·od·o·lite /θiɒdəlaɪt, ᴬθiɑdl-/ [telb zn] ⟨wwb⟩ theodoliet

the·od·o·lit·ic /θiɒdəlɪtɪk, ᴬθiɑdlɪtɪk/ [bn] ⟨wwb⟩ theodolitisch

the·o·gon·ic /θiəgɒnɪk, ᴬ-gɑnɪk/ [bn] theogonisch

the·og·o·nist /θiɒgənɪst, ᴬθiɑ-/ [telb zn] theogoniekenner

the·og·o·ny /θiɒgəni, ᴬθiɑ-/ [telb + niet-telb zn] theogonie ⟨(verklaring/leer van) de afstamming der goden⟩

theol [afk] ① (theologian) ② (theological) ③ (theology)

the·ol·a·try /θiɒlətri, ᴬθiɑ-/ [telb zn] godsverering, godendienst

the·o·lo·gian /θiəloudʒən/, **the·ol·o·ger** /θiɒlədʒə, ᴬθiɑlədʒər/, ⟨in betekenis 1 ook⟩ **the·ol·o·gist** /θiɒlədʒɪst, ᴬθiɑ-/ [telb zn] ① theoloog, godgeleerde ② seminarist

the·o·log·i·cal /θiəlɒdʒɪkl, ᴬ-lɑ-/, **the·o·log·ic** /-dʒɪk/ [bn; bw: ~ly] theologisch, godgeleerd ♦ ⟨BE⟩ *theological college* theologisch opleidingsinstituut, ± theologische faculteit; priesterseminarie; *theological doctrine* theologische leer; ⟨AE⟩ *theological seminary* theologisch opleidingsinstituut, ± theologische faculteit; priesterseminarie; *theological student* theologiestudent ▣ ⟨r-k⟩ *theological virtues* goddelijke deugden

¹**the·ol·o·gize, the·ol·o·gise** /θiɒlədʒaɪz, ᴬθiɑ-/ [onov ww] theologiseren, theologische discussies voeren

²**the·ol·o·gize, the·ol·o·gise** /θiɒlədʒaɪz, ᴬθiɑ-/ [ov ww] theologisch maken, theologisch behandelen ⟨probleem⟩, een religieuze betekenis geven aan

the·o·logue, ⟨in betekenis 1 ook⟩ **the·o·log** /θiəlɒg, ᴬ-lɔg, -lɑg/ [telb zn] ① theologiestudent ② → **theologian**

¹**the·ol·o·gy** /θiɒlədʒi, ᴬθiɑ-/ [telb + niet-telb zn] theologie, theologische doctrine/leer, theologisch systeem, geloofsovertuiging ♦ *the average man's theology* de geloofsovertuiging van de gewone man; *protestant theology* protestantse leer

²**the·ol·o·gy** /θiɒlədʒi, ᴬθiɑ-/ [niet-telb zn] theologie, godgeleerdheid ♦ *dogmatic theology* dogmatiek; *natural theology* natuurlijke theologie; *practical theology* praktische/pastorale theologie; *systematic theology* systematische theologie

the·om·a·chy /θiɒməki, ᴬθiɑ-/ [telb zn] ① godenstrijd ② strijd tegen god(en)

the·o·ma·ni·a /θiəmeɪniə/ [niet-telb zn] godsdienstwaanzin

the·o·ma·ni·ac /θiəmeɪniæk/ [telb zn] godsdienstwaanzinnige

the·o·mor·phic /θiəmɔːfɪk, ᴬ-mɔr-/ [bn] theomorfisch, gode(n)gelijk ♦ *theomorphic creation of man* de mens geschapen naar Gods gelijkenis

the·o·mor·phism /θiəmɔːfɪzm, ᴬ-mɔr-/ [niet-telb zn] voorstelling dat de mens geschapen is naar Gods gelijkenis

the·oph·a·ny /θiɒfəni, ᴬθiɑ-/ [telb zn] theofanie, godsverschijning

the·oph·o·ric /θiəfɔrɪk, ᴬ-fɔr-, ᴬ-fɑ-/ [bn] de naam van een god dragend

the·o·phyl·line /θiəfɪlɪn, -liːn/ [niet-telb zn] ⟨scheik⟩ theofylline

the·o·pneust /θiəpnjuːst, ᴬ-nuːst/ [bn] goddelijk geïnspireerd

the·or·bist /θiɔːbɪst, ᴬ-ɔr-/ [telb zn] ⟨muz⟩ teorbenspeler

the·or·bo /θiɔːbou, ᴬ-ɔr-/ [telb zn] ⟨muz⟩ teorbe

the·o·rem /θiərəm/ [telb zn] ① (grond)stelling, principe, theorie, idee, bewering ♦ *the theorem of the president's economic program* het grondprincipe van het economisch programma van de president ② ⟨wisk, filos⟩ theorema, (grond)stelling, formule ♦ *theorem of Pythagoras* stelling van Pythagoras ③ stencil

the·o·ret·ic /θiəretɪk/ [niet-telb zn] theorie

the·o·ret·i·cal /θiəretɪkl/, **the·o·ret·ic** [bn] ① theoretisch, beschouwend, bespiegelend, theoretisch aangelegd, contemplatief, intellectueel ♦ *theoretical linguistics versus applied linguistics* theoretische versus toegepaste taalkunde ② theoretisch, hypothetisch, fictief, speculatief, onzeker ♦ *theoretical amount* fictief bedrag

the·o·ret·i·cal·ly /θiəretɪkli/ [bw] theoretisch, in theorie, in abstracto, hypothetisch, idealiter ♦ *theoretically we need ten more people* idealiter hebben we nog tien mensen meer nodig; *theoretically you shouldn't have any problem* theoretisch gezien/eigenlijk zou je geen problemen mogen hebben

the·o·re·ti·cian /θiərətɪʃn/, **the·o·rist** /θiərɪst/, **the·o·ri·cian** /-rɪʃn/ [telb zn] theoreticus

the·o·ret·ics /θiəretɪks/ [alleen mv; werkwoord voornamelijk enk] theorie, theoretisch deel, (grond)principes

the·o·ri·za·tion, the·o·ri·sa·tion /θiəraɪzeɪʃn, ᴬθiərəzeɪʃn/ [niet-telb zn] getheoretiseer, speculatie

the·o·rize, the·o·rise /θiəraɪz/ [onov ww] theoretiseren, theorieën opbouwen, theoretisch analyseren, ⟨bij uitbreiding⟩ speculeren ♦ *theorize about/on* theoretiseren over

the·o·riz·er, the·o·ris·er /θiəraɪzə, ᴬ-ər/ [telb zn] theoreticus

¹**the·o·ry** /θiəri, ᴬθɪri, ᴬθiːri/ [telb zn] ① theorie, leer ♦ *theory of evolution* evolutietheorie; *theory of gravitation* gravitatietheorie; *theory of relativity* relativiteitstheorie ② theorie, hypothese, veronderstelling, speculatie, vermoeden ③ theorie, principe, stelling, opvatting ♦ *the theory that inflation beats recession* het principe dat de recessie door inflatie bestreden wordt

²**the·o·ry** /θiəri, ᴬθɪri, ᴬθiːri/ [niet-telb zn] theorie, grondprincipes, theoretisch deel ♦ ⟨wisk⟩ *theory of chances/probability* kansrekening, waarschijnlijkheidsrekening; *change from theory to practice* overgang van theorie naar praktijk; ⟨wisk⟩ *theory of combinations* combinatieleer, combinatierekening; ⟨wisk⟩ *theory of equations* theorie der vergelijkingen; *the importance of theory* het belang van een theoretische basis; *in theory* in theorie, theoretisch, op papier; *theory of music* muziektheorie

the·o·soph·i·cal /θiəsɒfɪkl, ᴬ-sɑ-/, **the·o·soph·ic** /θiəsɒfɪk, ᴬ-sɑ-/, **the·os·o·phist·ic** /θiɒsəfɪstɪk, ᴬθiɑsəfɪstɪk/, **the·o·so·phis·ti·cal** /-ɪkl/ [bn] theosofisch

the·os·o·phist /θɪɒsəfɪst, ᴬθiɑ-/, **the·o·soph** /θɪəsɒf, ᴬ-sɑf/, **the·os·o·pher** /θɪɒsəfə, ᴬθiɑsəfər/ [telb zn] theosoof

the·os·o·phize, the·os·o·phise /θɪɒsəfaɪz, ᴬθiɑ-/ [onov ww] theosofische beschouwingen houden

the·os·o·phy /θɪɒsəfi, ᴬθiɑ-/ [niet-telb zn] theosofie

therap [afk] (therapeutic(s))

ther·a·peu·tic /θerəpjuːtɪk/, **ther·a·peu·ti·cal** /-ɪkl/ [bn; bw: ~ally] therapeutisch, genezend, geneeskrachtig, geneeskundig, verbeterend ♦ *therapeutic community* therapeutische gemeenschap ⟨voor groepspsychotherapie⟩; *therapeutic dose* geneeskrachtige dosis; *therapeutic index* therapeutische index/waarde ⟨van een geneesmiddel⟩; *therapeutic shock* schoktherapie

ther·a·peu·tics /θerəpjuːtɪks/ [alleen mv; werkwoord voornamelijk enk] therapie, therapeutiek, geneeskunst

ther·a·peut·ist /θerəpjuːtɪst/, **ther·a·pist** /θerəpɪst/ [telb zn] therapeut, (behandelend) geneeskundige

ther·a·pize, ⟨BE ook⟩ **ther·a·pise** /θerəpaɪz/ [ov ww] (psycho)therapeutisch behandelen

¹**ther·a·py** /θerəpi/ [telb + niet-telb zn] therapie, geneeskunst, geneeswijze, behandeling

²**ther·a·py** /θerəpi/ [niet-telb zn] ① geneeskracht ② psychotherapie

Ther·a·va·da /θerəvɑːdə/ [eigenn] hinayana ⟨conservatieve tak van het boeddhisme⟩

¹**there** ᵀᴴᴱᴵᴿ /ðeə, ᴬðer, ⟨in betekenis 3 ook⟩ ðə, ᴬðər/ [bw] ① daar, er, ginds, ⟨fig⟩ op dat punt, wat dat betreft ♦ *there I don't agree with you* op dat punt/in dat opzicht ben ik het niet met je eens; *by there* daarlangs; *there they come* daar komen/zijn ze; *what are you doing there?* wat ben je daar aan het uitspoken?; *there goes the bell* daar gaat de bel; *hello there!* hallo! ⟨als begroeting; om aandacht te trekken⟩; *that house there* dat huis daar; *put it in there* leg het daar maar in; *he left there* hij is (van)daar weggegaan; *move along there!* opschieten/vooruit daar!; doorlopen alstublieft!; *he lives near there* hij woont daar in de buurt; *he lives over there* hij woont daarginds; *he stopped there* daar/op dat punt stopte hij; *you there!* jij/hé daar! ② daar(heen), daar naartoe ♦ *there and back* heen en terug; *he goes there every day* hij gaat er elke dag heen ③ er, ⟨expletief⟩ ♦ *there's no rush, is there?* er is toch geen haast bij, hè?; *there's no getting a word out of him* je krijgt er geen woord uit; *there's no standing it* het is onverdraaglijk; *there was no stopping him* hij was niet tegen te houden ④ *there you are* alstublieft, alsjeblieft, hier/daar heb je het, pak aan; maar ja; klaar is kees; zie je wel, wat heb ik je gezegd; ⟨sl⟩ *I have been there before* ik weet er alles van; ⟨ook iron⟩ *there's courage for you!* dat noem ik nou eens moed!; *there you go* alsjeblieft; *there it is* het is nu eenmaal zo, het is toch zo, dat is het probleem; *there and then* onmiddellijk, dadelijk; *there or thereabouts* daar ongeveer/in de buurt, daaromtrent; zo ongeveer; rond die tijd

²**there** /ðeə, ᴬðer/ [tw] daar, ziedaar, zie je, nou ♦ *but there* maar ja; *there, there, never mind* komkom, trek het je niet zo aan; *there, you've made me cry* zie je nu, je hebt me aan het huilen gebracht; *there (now), what did I tell you* zie je wel, wat heb ik je gezegd

there·a·bout, there·a·bouts /ðeərəbaʊts, ᴬðer-/ [bw] daar ergens, (daar) in de buurt, daaromtrent, ⟨fig⟩ rond die tijd, (daar/zo) ongeveer ♦ *20 years or thereabout* zo ongeveer 20 jaar

there·af·ter [bw] ⟨form⟩ daarna, hierna, naderhand, later, sindsdien

there·a·gainst [bw] daartegen, (er)tegen, in strijd met

there·at [bw] ⟨vero⟩ ① daar(op), op die plaats ② bij die gelegenheid ③ om die reden, op die grond, daarom

there·by [bw] ① ⟨form⟩ daardoor, daarmee, door middel daarvan ② ⟨form⟩ daardoor, daarom, als gevolg daarvan, dus, bijgevolg ♦ *he was born in Boston and thereby obtained US nationality* hij is in Boston geboren en verwierf daardoor de Amerikaanse nationaliteit ③ ⟨form⟩ in verband daarmee, daarmee verbonden, daaraan ④ ⟨vero⟩ daar ongeveer, daar in de buurt, dicht daarbij ⑤ *how did you come thereby?* hoe heb je dat kunnen bemachtigen?, hoe ben je daaraan gekomen?

there·for [bw] ⟨vero⟩ ① daarvoor, daartoe, hiervoor ② → therefore

there·fore [bw] daarom, bijgevolg, om die reden, vandaar, dus, op grond daarvan, zodoende, derhalve

there·from [bw] ⟨vero⟩ daarvan, daaruit, daarvandaan

there·in [bw] ⟨form⟩ ① daarin, daarbinnen, hierin ② wat dat betreft, in dat opzicht, daar

there·in·af·ter [bw] verder(op), later, daaronder ⟨in boek, document⟩

there·in·be·fore [bw] eerder (vermeld), daarboven, vroeger ⟨in boek, document⟩

there·in·to [bw] ⟨vero⟩ daarin, daar naar binnen

there·of [bw] ⟨form⟩ daarvan, ervan, hiervan, daaruit ♦ *the subject and the position thereof in the sentence* het onderwerp en de plaats ervan in de zin

there·on [bw] ① ⟨form⟩ daarop, daarover, erop, over die kwestie/zaak ♦ *his comments thereon* zijn commentaar erop ② ⟨vero⟩ daarop, (onmiddellijk) daarna, vervolgens, bijgevolg, op grond daarvan ③ ⟨vero⟩ daarop, erop ⟨plaatsaanduidend⟩

there·to [bw] ① ⟨form⟩ daaraan, daarbij, daartoe, ertoe, daarvoor, ervoor ② ⟨vero⟩ bovendien, daarnaast, ook, op de koop toe

there·to·fore [bw] ⟨form⟩ daarvoor, tot dan, tot op dat ogenblik, tevoren, voor die tijd

there·un·der [bw] ⟨form⟩ daaronder, eronder

there·up·on [bw] ① ⟨form⟩ daarom, bijgevolg, op grond daarvan ② ⟨form⟩ daarop, (onmiddellijk) daarna, dan, vervolgens ③ ⟨form⟩ daarop, daarover, erop, over die kwestie ④ ⟨vero⟩ ⟨plaatsaanduidend⟩ daarop, erop

there·with [bw] ⟨vero⟩ ① daarmee, daarbij ② bovendien ③ → thereupon bet 2

there·with·al [bw] ⟨vero⟩ ① daarenboven, bovendien, daarnaast ② daarmee, daarbij, tegelijkertijd ③ daarop, (onmiddellijk) daarna

the·ri·an·throp·ic /θɪəriənθrɒpɪk, ᴬθɪriənθrɑpɪk/ [bn] therianthropisch ⟨half als dier, half als mens voorgesteld⟩

the·ri·o·mor·phic /θɪərioʊmɔːfɪk, ᴬθɪriəmɔrfɪk/, **the·ri·o·mor·phous** /-fəs/ [bn] theriomorf ⟨met een dierlijke gedaante⟩ ♦ *theriomorphic gods* theriomorfe goden

therm, therme /θɜːm, ᴬθɜrm/ [telb zn] ⟨benaming voor⟩ warmte-eenheid, grote calorie, kleine calorie, 1000 kilocalorieën, 100.000 Britse warmte-eenheden ⟨bij gaslevering⟩

ther·mae /θɜːmiː, ᴬθɜrmiː/ [alleen mv] ⟨gesch⟩ thermen

¹**ther·mal** /θɜːml, ᴬθɜrml/ [telb zn] ⟨luchtv⟩ thermiekbel

²**ther·mal** /θɜːml, ᴬθɜrml/, ⟨in betekenis 1 ook⟩ **ther·mic** /θɜːmɪk, ᴬθɜrmɪk/ [bn; bw: ~ly, thermically] ① thermisch, warmte-, hitte- ♦ *thermal barrier* hittebarrière; *thermal capacity* warmtecapaciteit; *thermal efficiency* warmterendement; *thermal equator* thermische evenaar; *thermal neutron* thermische neutron; *thermal pollution* thermische verontreiniging; *thermal power station* thermische centrale; *thermal reactor/breeder* thermische reactor; *thermal underwear* thermisch ondergoed; *thermal unit* warmte-eenheid ② thermaal ♦ *thermal springs* warmwaterbronnen

ther·mals /θɜːmlz, ᴬθɜrmlz/ [alleen mv] ⟨inf⟩ isolerende (onder)kleding, ⟨i.h.b.⟩ thermisch ondergoed

Ther·mi·dor /θɜːmɪdɔː, ᴬθɜrmɪdɔr/ [eigenn] thermidor, warmtemaand ⟨elfde maand van de Franse revolutionaire kalender⟩

therm·i·on /θɜːmɪən, ᴬθɜr-/ [telb zn] ⟨natuurk⟩ thermion ⟨door verhit metaal uitgezonden ion⟩

therm·i·on·ic /θɜːmiɒnɪk, ᴬθɜrmiɑ-/ [bn; bw: ~ally] ⟨na-

thermionics

tuurk〉 thermionisch ♦ *thermionic current* thermionen-stroom; *thermionic emission* elektronenemissie, thermische emissie; 〈BE〉 *thermionic valve*, 〈AE〉 *thermionic tube* elektronenbuis, gloeikathodebuis
therm·i·on·ics /θɜːmiɒnɪks, ᴬθɜrmiɑ-/ [alleen mv; werkwoord voornamelijk enk] 〈natuurk〉 thermionenfysica
therm·is·tor /θɜːmɪstə, ᴬθɜrmɪstər/ [telb zn] 〈elek〉 thermistor
ther·mite, ther·mit /θɜːmɪt, -maɪt/ [niet-telb zn; ook Thermite; ook attributief] 〈techn〉 thermiet 〈lasmengsel〉 ♦ *thermite welding* (het) thermietlassen
ther·mo- /θɜːmoʊ, ᴬθɜr-/, **therm-** /θɜːm, ᴬθɜrm/ thermo-, warmte-
ther·mo·bar·ic /θɜːmoʊbærɪk, ᴬθɜr-/ [bn] thermobarisch 〈temperatuur- en luchtdrukverhogend, van bom e.d.〉
ther·mo·chem·i·cal /θɜːmoʊkemɪkl, ᴬθɜrmoʊ-/ [bn; bw: ~ly] tnermochemisch ♦ *thermochemical calorie* calorie
ther·mo·chem·is·try /θɜːmoʊkemɪstri, ᴬθɜrmoʊ-/ [niet-telb zn] thermochemie
ther·mo·cline /θɜːmoʊklaɪn, ᴬθɜrmoʊklaɪn/ [telb zn] 〈hydrologie〉 thermocline 〈temperatuursprongslaag〉
ther·mo·cou·ple /θɜːmoʊkʌpl, ᴬθɜrmoʊ-/ [telb zn] thermo-element, thermo-elektrisch element
ther·mo·dy·nam·ic /θɜːmoʊdaɪnæmɪk, ᴬθɜrmoʊ-/, **ther·mo·dy·nam·i·cal** /-ɪkl/ [bn; bw: ~ally] thermodynamisch ♦ *thermodynamic equilibrium* thermodynamisch evenwicht
ther·mo·dy·nam·ics /θɜːmoʊdaɪnæmɪks, ᴬθɜrmoʊ-/ [alleen mv; werkwoord voornamelijk enk] thermodynamica
ther·mo·e·lec·tric /θɜːmoʊɪlektrɪk, ᴬθɜrmoʊ-/, **ther·mo·e·lec·tri·cal** /-ɪkl/ [bn; bw: ~ally] thermo-elektrisch
ther·mo·e·lec·tric·i·ty /θɜːmoʊɪlektrɪsəti, ᴬθɜrmoʊ-/ [niet-telb zn] thermo-elektriciteit
¹**ther·mo·form** /θɜːmoʊfɔːm, ᴬθɜrmoʊfɔrm/ [niet-telb zn] 〈techn〉 vormgeving door hitte 〈van plastic〉
²**ther·mo·form** /θɜːmoʊfɔːm, ᴬθɜrmoʊfɔrm/ [onov ww] 〈techn〉 plastic vormen door hitte
³**ther·mo·form** /θɜːmoʊfɔːm, ᴬθɜrmoʊfɔrm/ [ov ww] 〈techn〉 door hitte vormen 〈van plastic〉
ther·mo·gen·e·sis /θɜːmoʊdʒenɪsɪs, ᴬθɜrmoʊ-/ [niet-telb zn] warmteverwekking, warmteproductie 〈in (menselijk) lichaam〉
ther·mo·gen·ic /θɜːmoʊdʒenɪk, ᴬθɜrmoʊ-/ [bn] thermogeen, warmtegevend
ther·mo·gram /θɜːmoʊɡræm, ᴬθɜrmoʊ-/ [telb zn] thermogram
ther·mo·graph /θɜːmoʊɡrɑːf, ᴬθɜrmoʊɡræf/ [telb zn] thermograaf
ther·mog·ra·phy /θɜːmɒɡrəfi, ᴬθɜrmɑɡrəfi/ [niet-telb zn] thermografie
ther·mo·junc·tion /θɜːmoʊdʒʌŋkʃn, ᴬθɜrmoʊ-/ [telb zn] 〈natuurk〉 soldeerplaats 〈in thermo-elektrisch element〉
ther·mo·la·bile /θɜːmoʊleɪbaɪl, -leɪbɪl, ᴬθɜrmoʊleɪbaɪl, ᴬ-leɪbɪl/ [bn] thermolabiel 〈niet bestand tegen warmte〉
ther·mo·lu·mi·nes·cence /θɜːmoʊlumɪnesns, ᴬθɜrmoʊ-/ [niet-telb zn] 〈natuurk〉 thermoluminescentie 〈oplichten bij warmte〉
ther·mo·lu·mi·nes·cent /θɜːmoʊlumɪnesnt, ᴬθɜrmoʊ-/ [bn] 〈natuurk〉 thermoluminescent
ther·mol·y·sis /θɜːmɒlɪsɪs, ᴬθɜrmɑlɪsɪs/ [niet-telb zn] ① 〈scheik〉 ontbinding door warmte ② 〈med〉 warmteverlies 〈uit lichaam〉
ther·mom·e·ter /θəmɒmɪtə, ᴬθərmɑmɪtər/ [telb zn] thermometer
ther·mo·met·ri·cal /θɜːmoʊmetrɪkl, ᴬθɜr-/, **ther·mo·met·ric** /-trɪk/ [bn; bw: ~ly] thermometrisch

ther·mom·e·try /θəmɒmɪtri, ᴬθərmɑmɪtri/ [niet-telb zn] thermometrie
ther·mo·mo·tor /θɜːmoʊmoʊtə, ᴬθɜrmoʊmoʊtər/ [telb zn] 〈techn〉 heteluchtmotor
ther·mo·nu·cle·ar /θɜːmoʊnjuːkliə, ᴬθɜrmoʊnuːkliər/ [bn] thermonucleair ♦ *thermonuclear bomb* waterstofbom
¹**ther·mo·phil** /θɜːməfɪl, ᴬθɜrmə-/, **ther·mo·phile** /-faɪl/ [telb zn] thermofiele bacterie
²**ther·mo·phil** /θɜːməfɪl, ᴬθɜrmə-/, **ther·mo·phile** /-faɪl/, **ther·mo·phil·ic** /-fɪlɪk/, **ther·mo·phil·ous** /θɜːmɒfɪləs, ᴬθɜrmɑ-/ [bn] thermofiel 〈van warmte houdend〉 ♦ *thermophil bacteria* thermofiele bacteriën
ther·mo·pile /θɜːməpaɪl, ᴬθɜrmə-/ [telb zn] 〈natuurk〉 thermozuil, thermo-elektrische zuil, thermobatterij
¹**ther·mo·plas·tic** /θɜːməplæstɪk, ᴬθɜrmə-/ [telb + niet-telb zn] 〈techn〉 thermoplast, thermoplastische stof
²**ther·mo·plas·tic** /θɜːməplæstɪk, ᴬθɜrmə-/ [bn] thermoplastisch 〈door verwarming vervormbaar〉
ther·mos /θɜːməs, ᴬθɜrməs/, **thermos flask**, 〈AE〉 **thermos bottle** [telb zn] thermosfles, thermoskan
ther·mo·scope /θɜːməskoʊp, ᴬθɜrmə-/ [telb zn] 〈natuurk〉 thermoscoop
ther·mo·set·ting /θɜːməsetɪŋ, ᴬθɜrməsetɪŋ/ [bn] 〈techn〉 thermohardend
ther·mo·sphere /θɜːməsfɪə, ᴬθɜrməsfɪr/ [telb zn] thermosfeer, ionosfeer
ther·mo·sta·ble, ther·mo·sta·bile /θɜːmoʊsteɪbl, ᴬθɜrmoʊ-/ [bn] 〈techn〉 thermostabiel 〈bestand tegen hitte〉
ther·mo·stat /θɜːməstæt, ᴬθɜrmə-/ [telb zn] ① thermostaat, thermoregulator ② thermostaat, broedstoof, droogoven
ther·mo·stat·ic /θɜːməstætɪk, ᴬθɜrmoʊstætɪk/ [bn; bw: ~ally] thermostatisch
ther·mo·tac·tic /θɜːməʊtæktɪk, ᴬθɜrmoʊ-/, **ther·mo·tax·ic** /-tæksɪk/ [bn] 〈biol〉 thermotaxisch, thermotroop, thermotropisch
ther·mo·tax·is /θɜːməʊtæksɪs, ᴬθɜrmoʊ-/ [niet-telb zn] 〈biol〉 thermotaxie, thermotropie, thermotropisme
ther·mo·ther·a·py /θɜːmoʊθerəpi, ᴬθɜrmoʊ-/ [niet-telb zn] 〈med〉 thermotherapie, warmtebehandeling
ther·mo·trop·ic /θɜːmoʊtrɒpɪk, ᴬθɜrmoʊtrɑpɪk/ [bn] 〈biol〉 thermotroop, thermotropisch, thermotaxisch
ther·mot·ro·pism /θɜːmɒtrəpɪzm, ᴬθɜrmɑ-/ [niet-telb zn] 〈biol〉 thermotropie, thermotropisme, thermotaxie
-ther·my /θɜːmi, ᴬθɜrmi/ -thermie ♦ 〈med〉 *diathermy* diathermie
the·sau·rus /θɪsɔːrəs/ [telb zn; mv: ook thesauri /-raɪ/] thesaurus, woordenboek, encyclopedie, vakwoordenboek, vakencyclopedie, lexicon, schatkamer 〈alleen figuurlijk〉, 〈i.h.b.〉 woordenboek van synoniemen
these [alleen mv] → **this**
the·sis /θiːsɪs/ [telb zn; mv: theses /-siːz/] ① thesis, (hypo)these, (onder)stelling, standpunt ② thesis, (academisch) proefschrift, (eind)verhandeling, dissertatie, scriptie ③ 〈letterk〉 thesis, (toon)daling ④ 〈muz〉 thesis, neerslag, daling
¹**Thes·pi·an** /θespɪən/ [telb zn] treurspelacteur, treurspelactrice, toneelspeler, toneelspeelster
²**Thes·pi·an** /θespɪən/ [bn] 〈letterk〉 ① van/m.b.t. Thespis 〈Grieks dichter en grondlegger van het drama〉 ② ook thespian dramatisch, toneel-, 〈i.h.b.〉 van/m.b.t. het treurspel, tragisch ♦ *the Thespian art* de dramatische kunst/toneel(speel)kunst, het toneel
Thess [afk] 〈Thessalonians〉 Thess.
¹**Thes·sa·li·an** /θeseɪlɪən/ [telb zn] Thessaliër
²**Thes·sa·li·an** /θeseɪlɪən/ [bn] Thessalisch, van/m.b.t. Thessalië/de Thessaliërs
¹**Thes·sa·lo·ni·an** /θesəloʊnɪən/ [telb zn] inwoner van Thessalonica/Saloniki ♦ *the Thessalonians* de Thessaloni-

cenzen

²**Thes·sa·lo·ni·an** /θesəlounɪən/ [bn] van/m.b.t. Thessalonica/Saloniki/de Thessalonicenzen

Thes·sa·lo·ni·ans /θesəlounɪəns/ [niet-telb zn] ⟨Bijb⟩ Thessalonicenzen, brief/brieven (van Paulus) aan de christenen van Thessalonica

the·ta /θiːtə/ [telb zn] thèta ⟨8e letter van het Griekse alfabet⟩

the·ur·gic /θiɜːdʒɪk, ᴬ-ɜr-/, **the·ur·gi·cal** /-ɪkl/ [bn; bw: ~ally] theürgisch, magisch, bezwerend, bovennatuurlijk

the·ur·gist /θiːɜːdʒɪst, ᴬ-ɜr-/ [telb zn] (geesten)bezweerder, magiër, wonderdoener, tovenaar

¹**the·ur·gy** /θiːɜːdʒi, ᴬ-ɜr-/ [telb + niet-telb zn] bovennatuurlijke/goddelijke ingreep/inmenging/tussenkomst, mirakel, wonder

²**the·ur·gy** /θiːɜːdʒi, ᴬ-ɜr-/ [niet-telb zn] theürgie, (geesten)bezwering, het gunstig stemmen van de goden, magie, het doen van wonderen

thew /θjuː, ᴬθuː/ [telb zn] ⟨form⟩ pees, spier

thewed /θjuːd, ᴬθuːd/, **thew·y** /θjuːi, ᴬθuːi/ [bn] gespierd, krachtig, pezig, sterk, stevig

thews /θjuːz, ᴬθuːz/ [alleen mv] ⟨form⟩ kracht, lichaamskracht, spierkracht, spieren, gespierdheid, ⟨fig⟩ sterkte, vitaliteit, pit ♦ *thews and sinews* (fysieke) kracht, lichaamskracht

they ⟨THEIR⟩ /ðeɪ/ [pers vnw] ① zij, ze ♦ *the police know that they are not popular* de politie weet dat zij niet populair zijn; *they chased each other* ze zaten elkaar achterna; ⟨form of substandaard⟩ *and the wenches, they hid behind the trees* en de meisjes, zij verstopten zich achter de bomen ② ⟨verwijst naar onbepaalde persoon of personen in het algemeen⟩ zij, ze, de mensen, men ♦ *she's as lazy as they come* ze is zo lui als maar kan zijn; *they never consult the women* de vrouwen worden nooit geraadpleegd; *they won't let me* ik mag niet; *so they say* dat zeggen ze/de mensen toch, dat wordt verteld ③ ⟨gebruikt als 3e persoon enkelvoud wanneer het geslacht er niet toe doet⟩ hij, hij of zij ♦ *everyone is proud of the work they do themselves* iedereen is trots op het werk dat hij zelf doet; *s.o. told me the other day that they had read about a new Woody Allen film* iemand vertelde me van de week dat hij over een nieuwe Woody Allenfilm had gelezen; → them, themselves

thi·a·mine /θaɪəmiːn/, **thi·a·min** /-mɪn/ [niet-telb zn] thiamine, aneurine, vitamine B1

¹**thick** /θɪk/ [niet-telb zn] ① ⟨vnl the⟩ dichtste/drukste/actiefste gedeelte, drukte, midden, centrum ♦ *in the thick of the battle/fight(ing)* in het heetst van de strijd/hevigste van het gevecht; *be in the thick of it* er midden in zitten; *in the thick of the mob* midden in de massa; *be in the thick of things* er midden in zitten ② ⟨the⟩ het dikste/dikke gedeelte/stuk, dik(te) ♦ *the thick of the thumb* het dik van de duim ▫ *through thick and thin* door dik en dun, wat er ook gebeurt

²**thick** /θɪk/ [bn; vergr trap: thicker; bw: ~ly] ① dik, breed ⟨lijn⟩, vet ⟨lettertype⟩, zwaar(gebouwd), gedrongen, (op)gezwollen, onduidelijk, moeilijk verstaanbaar, schor, hees, zwaar, dubbel ⟨tong⟩ ♦ *a thick board* een dikke plank; *two inches thick* twee inch dik, met een dikte/diameter van twee inch; *thick of speech* zwaar van tong; *with a thick tongue* met (een) dikke/dubbele/zware tong; *thick type* vette letter; *a voice thick with sleep* een slaperige stem ② dik, dicht, dicht bezet/bezaaid/opeengepakt, dichtbegroeid, druk, dik gezaaid, talrijk, frequent, vol, overladen, overvloedig, weinig vloeibaar/doorzichtig, troebel, drabbig, modderig, mistig, bewolkt, betrokken ⟨weer⟩ ♦ *thick in the air/on the ground* dik gezaaid, zeer talrijk/frequent, veel voorkomend, overal te vinden/zien; *a thick concentration* een grote concentratie; *cut too thick* te dik afgesneden; *thick darkness* dichte/diepe duisternis; *they are as thick as flies* het wemelt ervan/zit er vol van/tiert er welig; *thick fog* dichte mist; *a thick forest* een dicht bos; *the crowd grew thicker* er kwam voortdurend meer volk bij, de massa groeide aan; *a thick head* een zwaar/suf hoofd/houten kop; *thick soup* dikke soep; *spread the butter thick* er een dikke laag boter op smeren; *be thick with* dicht bezet/begroeid/volledig bedekt/overdekt zijn met; overvloeien/wemelen/bol staan van, vol staan/zitten met/van, rijk zijn aan; *thick with trees* boomrijk; *a room thick with smoke* een kamer vol rook, een rokerige kamer; *the air was thick with snow* de sneeuw viel in dichte vlokken uit de lucht; *the sky was thick with planes* de lucht zag zwart van vliegtuigen; *the furniture was thick with dust* het stof lag dik op de meubels, de meubels zaten flink onder het stof ③ zwaar ⟨accent⟩, duidelijk, hoorbaar ④ dom(pzinnig), bot, suf, traag van begrip, saai ♦ ⟨sl⟩ *be as thick as two short planks* zo dom als het achtereind van een varken/oliedom zijn ⑤ ⟨inf⟩ intiem, dik bevriend ♦ *be as thick as thieves* gezworen kameraden/de beste maatjes met elkaar zijn; *they are very thick with each other* het is koek en ei tussen hen ▫ *give s.o. a thick ear* iemand een oorveeg/klap om de oren geven, iemand een bloemkooloor meppen; *have a thick skin* een olifantshuid hebben; *he has a thick skull* hij heeft een harde schedel, hij is traag van begrip; *get the thick end of the stick* aan het kortste eind trekken, er bekaaid afkomen; ⟨sprw⟩ *blood is thicker than water* ± het hemd is nader dan de rok; ⟨België⟩ ± eerst oom en dan oompjes kinderen

³**thick** /θɪk/ [bn, pred; vergr trap: thicker; bw: ~ly] ⟨inf⟩ kras, grof, bar, sterk (overdreven), onredelijk ♦ *a bit/rather thick* nogal/al te kras, toch wel sterk/grof; *lay it on thick* het er dik op leggen, flink overdrijven; *two weeks of heavy rain is a little too thick* twee weken stortregen is me wel een beetje te grof/veel/vind ik wel wat overdreven

⁴**thick** /θɪk/ [bw] ① dik, breed, vet, met een dikke/dubbele/zware tong, onduidelijk ♦ *speak thick* met dubbele/zware tong spreken ② dik, dicht, dicht opeengepakt/op elkaar, dik gezaaid, talrijk, overvloedig, met hopen, bij bosjes, snel na elkaar ♦ *blows came thick and fast* het regende slagen; *misfortunes came thick and fast* de ene tegenslag volgde op de andere, er kwam tegenslag op tegenslag; *the snow lay thick everywhere* er lag overal een dik pak sneeuw

thick-and-thin [bn, attr] extreem loyaal, door dik en dun meegaand, blindelings volgend

thick-billed [bn] diksnavelig

thick-blood·ed [bn] dikbloedig

¹**thick·en** /θɪkən/ [onov ww] ① dik(ker)/dicht(er) worden, aandikken, verdikken, verdichten, gebonden/geconcentreerder worden, stollen ⟨van vloeistof⟩, zich groeperen/concentreren/verzamelen, samenkomen, toenemen (in dikte/aantal), vertroebelen, troebel/mistig/donker worden, betrekken ⟨van weer⟩, onduidelijk(er) worden ♦ *the mist thickened* de mist werd dichter ② ingewikkeld(er)/moeilijk(er)/verward(er) worden ♦ *the plot thickens* de plot/intrige wordt ingewikkelder, de verwikkelingen nemen toe; → thickening

²**thick·en** /θɪkən/ [ov ww] ① dik(ker)/dicht(er) maken, aandikken, verdikken, verdichten, indikken, binden ⟨vloeistof⟩, dichter bij elkaar brengen, (nauwer) aaneensluiten, samenbrengen, opvullen, doen toenemen (in dikte/aantal), verbreden, onduidelijk/onverstaanbaar maken ② ingewikkeld(er)/moeilijk(er)/verward(er) maken, meer substantie/inhoud/diepgang/spanning brengen in; → thickening

¹**thick·en·er** /θɪkənə, ᴬ-ər/ [telb zn] bezinkingsinstallatie, bezinkbak

²**thick·en·er** /θɪkənə, ᴬ-ər/ [telb + niet-telb zn] verdikkingsmiddel, bindmiddel

thick·en·ing /θɪkənɪŋ/ [telb + niet-telb zn; (oorspronkelijk) gerund van thicken] ① verdikking, aandikking, indikking, binding ② verdikkingsmiddel, bindmiddel ③ ⟨med⟩ sclerose (in het bijzonder van bloedvaten) ♦ *thickening of the arteries* arteriosclerose; ⟨oneig⟩ slagader-

thicket

verkalking

thick·et /θɪkɪt/ [telb zn] bosje, heesterbosje, kreupelbosje, struikgewas, kreupelhout, heg, ondergroei, ⟨fig⟩ kluwen

thick-faced [bn] ⟨drukw⟩ vet

thick-grow·ing [bn] dicht (opeen groeiend), welig tierend

thick·head [telb zn] ① domkop, dommerik, sufkop, sufferd, oen, stommeling, uilskuiken ② ⟨dierk⟩ ⟨benaming voor⟩ dikkoppige vogel ⟨uit Australië en Polynesië; genus Pachycephala e.a.⟩

thick·head·ed [bn; bw: thickheadedly; zn: thickheadedness] ① dikkoppig ② dom, bot (van verstand), stom(pzinnig), suf

thick·ish /θɪkɪʃ/ [bn] dikachtig, dikkig, vrij dik/dicht

thick-knee [telb zn] ⟨dierk⟩ griel (plevierachtige vogel; in het bijzonder genus Burhinus)

thick-leaved [bn] ① dicht bebladerd, met dicht gebladerte ② dikblad(er)ig, met dikke blad(er)en

thick-lipped [bn] diklippig, met dikke lippen

¹**thick·ness** /θɪknəs/ [telb zn] laag ♦ *two thicknesses of felt* twee lagen vilt/viltlagen

²**thick·ness** /θɪknəs/ [telb + niet-telb zn] ⟨benaming voor⟩ dikte, het dik-zijn, afmeting in de dikte, dik gedeelte/stuk, vetheid, zwaarte, dichtheid, consistentie, lijvigheid, concentratie ⟨van vloeistoffen⟩, het dichtbezet-zijn/bezaaid-zijn/opeengepakt-zijn, troebelheid, mistigheid, bewolktheid, betrokkenheid ♦ *be eight inches in thickness* acht inch dik zijn; *a thickness of five inches* een dikte/diameter/breedte van vijf inch; *length, width, and thickness* lengte, breedte en dikte; *thickness of population* bevolkingsdichtheid; *in the thickness of the wall* in het dikke gedeelte van de muur

³**thick·ness** /θɪknəs/ [niet-telb zn] ① dom(mig)heid, stompzinnigheid, botheid, suf(fig)heid ② schorheid, heesheid, onverstaanbaarheid

thick·o /θɪkoʊ/ [telb zn] ⟨inf⟩ domkop, oen, sufferd, sukkel

thick-ribbed [bn] dik/zwaar geribd, met dikke ribben/ribbels

¹**thick·set** [telb zn] bosje, heesterbosje, kreupelbosje, (dicht/ondoordringbaar) struikgewas, kreupelhout, heg, ondergroei

²**thick·set** [niet-telb zn; vaak attributief] bombazijn, ⟨i.h.b.⟩ (koord)manchester

³**thick·set** [bn] ① dicht, dicht beplant/bezaaid/bezet, dicht opeengepakt/bijeen geplaatst/gezet/groeiend ② sterk/stevig/zwaar (gebouwd), dik, gedrongen, gezet

thick-skinned [bn] dikhuidig, dik van huid/schil, ⟨fig⟩ ongevoelig, onbeschaamd, onverstoorbaar, met een brede rug, lomp, bot

thick-skull [telb zn] domkop, dikkop, domoor, sufferd, oen

thick-skulled [bn] ① dikschedelig, met een dikke schedel ② dom, traag van begrip, onbevattelijk, bot

thick-sown [bn] dik gezaaid ⟨ook figuurlijk⟩, dicht bezaaid/op elkaar gezaaid

thick-wit·ted [bn; bw: thick-wittedly; zn: thick-wittedness] dom, traag van begrip, bot (van verstand), stom, stompzinnig, suf

thief /θiːf/ [telb zn; mv: thieves /θiːvz/] ① dief, dievegge ♦ *pack of thieves* dievengespuis, dievenbende, boevenpak ② ⟨fig⟩ ⟨pit van kaars⟩ • ⟨sprw⟩ *once a thief, always a thief* eens een dief, altijd een dief; ⟨sprw⟩ *all are not thieves that dogs bark at* 't zijn allemaal geen dieven, daar de honden tegen blaffen, 't zijn niet allen koks, die lange messen dragen; ⟨sprw⟩ *set a thief to catch a thief* met dieven vangt men dieven; ⟨sprw⟩ *give a thief enough rope and he'll hang himself* het kwaad straft zichzelf; ⟨sprw⟩ *the receiver is as bad as the thief* helers zijn stelers; ⟨sprw⟩ *when thieves fall out honest men come into their own* ± als de dieven ruziën zijn de eerlijke mensen veilig; ⟨sprw⟩ *there is honour among thieves* dieven stelen niet van elkaar; ⟨sprw⟩ *opportunity makes the thief* de gelegenheid maakt de dief; ⟨sprw⟩ *procrastination is the thief of time* uitstel is de dief van de tijd

thief-proof [bn] inbraakvrij, tegen inbraak bestand

¹**thieve** /θiːv/ [onov ww] stelen, een dief zijn, diefstallen begaan ♦ *you thieving boys!* boefjes! dieven van jongens!; → **thieving**

²**thieve** /θiːv/ [ov ww] dieven, (ont)stelen, ontvreemden, verdonkeremanen; → **thieving**

thiev·er·y /θiːvəri/ [telb + niet-telb zn] ⟨form⟩ dieverij, diefstal, het stelen

thiev·ing /θiːvɪŋ/ [niet-telb zn; gerund van thieve] het stelen, dieverij, diefstal

thiev·ish /θiːvɪʃ/ [bn; bw: ~ly; zn: ~ness] ① diefachtig, geneigd tot stelen, pikkerig ② steels, dieven-, heimelijk, diefachtig, slinks ♦ *thievishly* als een dief (in de nacht), in het geheim/geniep, stilletjes, tersluiks, steelsgewijs; *thievish trick* dievenstreek, stiekeme streek

thigh /θaɪ/ [telb zn] dij

thigh-bone [telb zn] dijbeen

thill /θɪl/ [telb zn] lamoenstok, (lamoen)boom

thill·er /θɪlə, ᴧ-ər/, **thill horse** [telb zn] lamoenpaard, trekpaard

thills /θɪlz/ [alleen mv] lamoen

thim·ble /θɪmbl/ [telb zn] ① vingerhoed(je) ② ⟨techn⟩ ⟨benaming voor⟩ vingerhoedvormig/buisvormig metalen element, dop(je), ring, buis, bus, koker, sok, mof, huls, pijpje, verbindingsmof, verbindingshuls, verbindingspijpje, afstandsstuk ③ ⟨scheepv⟩ (kabel)kous ④ ⟨sl⟩ horloge

thim·ble·ful /θɪmblfʊl/ [telb zn] ⟨benaming voor⟩ zeer kleine hoeveelheid ⟨in het bijzonder drank⟩, vingerhoed(je), klein beetje, druppel, bodempje, slok, teugje

¹**thim·ble·rig** /θɪmblrɪɡ/ [telb zn] → **thimblerigger**

²**thim·ble·rig** /θɪmblrɪɡ/ [niet-telb zn] het dopjesspel (gokspel met drie bekertjes en een erwt), zwendel(arij), oplichterij, bedrog, goochelarij, goocheltoer

³**thim·ble·rig** /θɪmblrɪɡ/ [onov ww] dopjesspel spelen, (met het dopjesspel) zwendelen

⁴**thim·ble·rig** /θɪmblrɪɡ/ [ov ww] (met het dopjesspel) oplichten, bedriegen, beetnemen, een rad voor de ogen draaien, erin doen tuinen

thim·ble·rig·ger /θɪmblrɪɡə, ᴧ-ər/ [telb zn] iemand die (met het dopjesspel) zwendelt, zwendelaar, oplichter, bedrieger

¹**thin** /θɪn/ [bn; vergr trap: thinner; bw: ~ly; zn: ~ness] ① dun, smal, fijn, ijl, schraal, mager, slank ♦ *thin air* dunne/ijle lucht; *a thin layer of paint* een dun laagje verf; *look thin* er mager uitzien; *a thin mist* dunne nevel; *thin script* fijn schrift ② dun (bezet/gezaaid), dunbevolkt, schaars, schraal, karig ♦ *a thin attendance* een schrale opkomst; *a thin audience* een lege zaal, een klein/gering publiek, anderhalve man en een paardenkop; *his hair is getting pretty thin on top* zijn haar begint al aardig te dunnen; ⟨inf⟩ *thin on top* kalend ③ dun(vloeibaar), slap, waterig ♦ *thin beer* dun/klein/schraal bier; *thin blood* dun/waterachtig bloed; *thin paste* dunne pap/brij; *thin wine* slappe wijn ④ zwak, armzalig, flauw, mager, pover, slap, bleek ♦ *a thin attempt* een zwakke poging; *thinly clad* schaars gekleed; *a thin colour* een bleke/vale kleur; *a thin disguise* een doorzichtige/niet erg geslaagde vermomming; *a thin excuse* een mager excuus, een doorzichtige smoes, een armzalige uitvlucht; *a thin joke* een flauwe grap; *thin light* zwak/mat/dof licht; *thin soil* schrale/onvruchtbare grond; *a thin sound* een dun/schraal/zwak/blikkerig/schril geluid; *a thin voice* een dun/schraal/zwak stemmetje; *wear thin* opraken ⟨van geduld⟩; versleten raken, tot een cliché worden ⟨van grap, verhaal⟩; ongeloofwaardig/doorzichtig worden ⟨van ex-

cuus⟩ ⑤ ⟨foto⟩ dun ⟨van negatief⟩ • *appear out of thin air* uit de lucht komen vallen, uit het niets tevoorschijn komen; *disappear/melt/vanish into thin air* in rook opgaan, spoorloos verdwijnen, (als/in rook) vervliegen, als sneeuw voor de zon smelten; ⟨inf⟩ *be thin on the ground* dun gezaaid/schaars/weinig talrijk zijn, moeilijk te vinden zijn; *the thin end of the wedge* de eerste (ogenschijnlijk onbelangrijke) stap/maatregel/verandering, het (aller)eerste/ pas het begin, een voorproefje/smaakje; *she does not skate on thin ice* ze gaat niet over één nacht ijs, ze neemt het zekere voor het onzekere; *skate/walk/venture on thin ice* zich op glad ijs begeven/wagen; *as thin as a lath/rake/stick* mager als een lat, broodmager; *the/a thin red line* de voorvechters, de harde kern; *have a thin skin* erg gevoelig zijn; *spread o.s. too thin* te veel hooi op de vork nemen; zijn aandacht versnipperen; ⟨inf⟩ *have a thin time* zijn plezier wel op kunnen, zich ellendig/beroerd/rot voelen, een moeilijke tijd doormaken; ⟨i.h.b.⟩ weinig succes boeken, geen vooruitgang maken; ⟨sprw⟩ *the thin end of the wedge is dangerous* ± alle begin is moeilijk

²**thin** /θɪn/ [onov + ov ww] ① ⟨benaming voor⟩ (ver)dunnen, ijl(er) worden/maken, uitdunnen, versmallen, vermageren, verschralen, aanlengen, snoeien, verminderen, (doen) afnemen (in dikte/dichtheid/aantal), teruglopen, leeglopen ⟨van ruimte⟩ ♦ *thin down/off/out* dunnen, uitdunnen, verdunnen, dunner (en dunner) worden/maken, (geleidelijk) verminderen/(doen) afnemen, minder druk worden ⟨van verkeer⟩; *the mist thinned* de mist dunde/begon op te trekken; *thin out hair* haar (uit)dunnen/bijknippen; *the houses began to thin out* het aantal huizen nam langzaam af, de bebouwing werd minder en minder dicht; *the limestone layer was thinning out* de laag kalksteen brokkelde geleidelijk af; *thin the seedlings* de zaadplantjes uitdunnen; *thin wine with water* wijn verdunnen/aanlengen met water ② afzwakken, verzwakken, verslappen, verwateren, (doen) afnemen (in belangrijkheid/bruikbaarheid/...)

³**thin** /θɪn/ [bw] dun(netjes), karig, schaars, ⟨fig ook⟩ zwak, armzalig, slap(jes), onvoldoende, magertjes ♦ *thin-clad* schaars gekleed; *thin-worn* versleten

¹**thine** /ðaɪn/ [bez vnw] ⟨vero of rel⟩ ① ⟨predicatief gebruikt⟩ van u, de/het uwe ♦ *take what is thine* neem wat het uwe is ② de/het uwe ♦ *not my will but thine be done* niet mijn wil maar de Uwe geschiede; *those eyes of thine* die ogen van u; *no child of thine shall remember this day* geen kind van u zal zich deze dag herinneren

²**thine** /ðaɪn/ [bez det; voornamelijk vóór woord beginnend met klinker of h] ⟨vero of rel⟩ uw ♦ *thine eyes* uw ogen; *thine house* uw huis

¹**thing** /θɪŋ/ [telb zn] ① ⟨benaming voor⟩ iets concreets, ding(etje), zaak(je), voorwerp, spul, kledingstuk, werkje, stuk ♦ *a costly thing* een kostbaar ding/iets, iets kostbaars; *not a thing to wear* niks om aan te doen/trekken ② ⟨benaming voor⟩ iets abstracts, ding, iets, zaak, handeling, zet, streek, feit, gebeurtenis, voorval, omstandigheid, kwestie, onderwerp, idee, inval, middel, toevlucht ♦ *achieve/do great things* grote dingen doen, grote daden verrichten; *and another thing* bovendien, meer nog, daarbij; *(and) for another thing* in de tweede plaats, ten tweede, anderzijds; *there is another thing I want to discuss with you* er is nog iets (anders)/een punt/kwestie waarover ik het met jullie hebben wil; *she always did the correct/decent thing by him* ze deed altijd wat correct is/zij gedroeg zich altijd correct jegens hem; *have a few things to attend to* nog een aantal dingen/zaken/het een en ander te regelen hebben; *first things first* men moet hoofd- en bijzaken van elkaar scheiden, wat het zwaarst is moet het zwaarst wegen; *the first thing that comes into her head* het eerste (het beste) dat haar te binnen schiet; *get a thing done* iets gedaan krijgen, iets bereiken; *what with one thing leading to another* van het een kwam het ander, en ..., van lieverlee, min of meer vanzelf; *one thing led to another* van het een kwam het ander; *make a thing of* een kwestie/punt/zaak maken van, zich dik/druk maken over; *don't let's make a thing of it!* laten we er geen ruzie om maken/de zaak nu niet op de spits drijven!; *it didn't mean a thing to me* het zei me totaal niets/liet me volledig koud; *be all things to all men* alles zijn voor iedereen; *things of the mind* het geestelijke; *for one thing* in de eerste plaats, ten eerste, enerzijds, om te beginnen; immers; *not the same thing* niet hetzelfde, iets anders; *take things too seriously* de dingen/alles te ernstig opnemen; *taking one thing with another* alles bij elkaar genomen; *think things over* alles eens rustig overdenken, er nog eens goed over nadenken; *be an understood thing* vanzelf spreken, aanvaard zijn ③ schepsel, wezen, ding ♦ *dumb things* stommelingen; *you are a rare thing in lawyers* je bent me nogal een advocaat, een vreemd soort/mooi stuk advocaat ben je; *a thing like you* zo iemand als jij, iemand van jouw slag/soort; *she's a sweet little thing* ze is een lief ding/schepsel; *not a living thing to be seen* er was geen schepsel/levend wezen te zien, het was uitgestorven; *he is a thing of nothing* hij is een vent van niks/een grote nul; *a spiteful thing* een hatelijk/boosaardig mens, een tang van een wijf, één stuk venijn ④ (favoriete) bezigheid, liefhebberij, belangstelling ♦ ⟨inf⟩ *do one's (own) thing* doen waar men zin in heeft/goed in is/wat men graag doet; zichzelf zijn, zich uitleven/amuseren • *of all things* vreemd genoeg, hoe gek ook, stel je voor, nota bene; *well, of all things!* wel heb ik ooit!, nee maar!, nee, nou nog mooier!, stel je voor!, je doet maar!; ⟨inf⟩ *and things* en (zo meer) van die dingen, en dergelijke, en zo (meer); *be seeing/see things* spoken zien, hallucinaties hebben; *do things to s.o.* iemand iets doen/beïnvloeden/pakken/raken, op iemand veel invloed hebben; *I'll do it first thing in the morning* ik doe het morgenochtend meteen, het is het eerste wat ik doe morgen; *the first/next thing I knew he had hit him* voor ik wist wat er gebeurde had ze hem een mep gegeven; ⟨inf⟩ *have a/this thing about* geobsedeerd zijn door, een idee-fixe/waanidee hebben over; een sterke voorliefde hebben voor, dol zijn op; vooringenomen zijn/bevooroordeeld zijn/iets hebben tegen, niets moeten/een sterke afkeer hebben van; *hear things* vreemde dingen/geluiden horen; hallucinaties hebben; *know a thing or two* van gisteren zijn, een pienter/slim/schrander/uitgeslapen iemand zijn; *know a thing or two about* (wel) wat/het een en ander weten over/afweten van; *not know the first thing about* niet het minste verstand hebben van; *that's the last thing I'd do* dat is wel het allerlaatste wat ik zou doen, dat zou ik het minst van al/het allerminst doen; ⟨scherts⟩ *things that go bump in the night* geluiden in het donker/de nacht; *not a thing* helemaal niets, totaal niets; ⟨inf⟩ *now there's a thing!* dat is nog eens iets/wat!, asjemenou!, hé, zeg!; *what with one thing and another* om een lang verhaal kort te maken, kortom; *neither one thing nor the other* vlees noch vis, mossel noch vis; *let things rip/slide* de boel maar laten waaien/de boel laten, de boel op zijn beloop laten; *things seen* de zichtbare/werkelijke dingen ⟨tegenover verbeelde dingen⟩; ⟨inf⟩ *tell a thing or two* de waarheid zeggen; *it is (just) one of those things* (zo) van die dingen, dat gebeurt nu eenmaal, zoiets kan je moeilijk vermijden/heb je nu eenmaal, daar helpt geen lievemoederen aan; ⟨sprw⟩ *keep a thing seven years and you will find a use for it* wie wat bewaart, heeft wat; ⟨sprw⟩ *things are seldom what they seem* schijn bedriegt; ⟨sprw⟩ *he who begins many things finishes but few* ± twaalf ambachten, dertien ongelukken; ⟨sprw⟩ *a thing of beauty is a joy forever* mooie dingen blijven bekoren; ⟨sprw⟩ *things are never as black/bad as they seem/ look* de duivel is nooit zo zwart als hij geschilderd wordt, de soep wordt nooit zo heet gegeten als ze wordt opgediend; ⟨sprw⟩ *render unto Caesar the things that are Caesar's*

thing

geef de keizer wat de keizer toekomt en God wat God toekomt; ⟨sprw⟩ *a thing you don't want is dear at any price* ± iets nutteloos is nooit zijn geld waard; ⟨sprw⟩ *all things are difficult before they are easy* alle begin is moeilijk; ⟨sprw⟩ *if you want a thing well done, do it yourself* geen boodschap is zo goed als die men zelve doet, de beste bode is de man zelf; ⟨sprw⟩ *too much of a good thing is good for nothing* overdaad schaadt; ⟨sprw⟩ *all good things come to an end* ± lekker is maar een vinger lang, ± geluk en gras breekt even ras; ⟨sprw⟩ *little things please little minds* kleine mensen, kleine wensen; ⟨sprw⟩ *a little learning is a dangerous thing* ± de meester in zijn wijsheid gist, de leerling in zijn waan beslist; ⟨sprw⟩ *moderation in all things* alles met mate; ⟨sprw⟩ *worse things happen at sea* ± het kon erger; ⟨sprw⟩ *the worth of a thing is best known by the want of it* men kent verloren geld en goed, maar eerst wanneer men 't missen moet

²**thing** /θɪŋ/ [niet-telb zn; the] 1 (dat) wat gepast/de mode is, gewoonte, (laatste/nieuwste) mode, zoals het hoort/past/moet ♦ *be not (quite) the thing* niet passen/horen, niet gebruikelijk/de gewoonte/comme il faut/bon ton/netjes/beleefd zijn; *the latest thing in ties* een das naar de laatste mode, het laatste snufje/de laatste nieuwigheid op dassengebied; *quite the thing* erg in (de mode/trek)/trendy, de (laatste/nieuwste) mode, het (aller)laatste snufje, het helemaal 2 (dat) wat nodig is, het gewenste/gezochte/gevraagde ♦ *be just the thing* volledig van pas komen; je ware zijn; *just the thing I need* juist/precies wat ik nodig heb; *the very thing for you* echt iets voor jou 3 het belangrijkste (punt/kenmerk), kwestie, vraag, (hoofd)zaak, (streef)doel ♦ *the thing about Stephen* wat Steven zo typeert; *the thing is to do sth.* de hoofdzaak/ons streven is iets te doen; *the thing is that* het is zaak/het komt erop aan (om/dat), het belangrijkste/de hoofdzaak is (om/dat), de vraag is (of) 4 zaak in kwestie ♦ *just for the fun of the thing* gewoon voor de grap/lol ▫ ⟨vnl BE⟩ *he was not feeling quite the thing* hij voelde zich niet erg/al te lekker/zo best; *and that sort of thing* en (zo meer) van die dingen, en dergelijke, en zo (meer)

thing·a·ma·jig, thing·um·a·jig /θɪŋəmɪdʒɪɡ/, **thing·a·ma·bob, thing·um·a·bob, thing·um·bob** /-bɒb, ʌ-bʌb/, **thing·a·my, thing·um·my** /θɪŋəmi/ [telb + niet-telb zn] **dinges** (ook m.b.t. personen), dingsigheidje ⟨waarvan men de naam niet (meer) kent⟩

thing-in-it·self [telb zn; mv: things-in-themselves] ding op zich(zelf) (beschouwd), metafysische realiteit, noumenon, Ding an sich

things /θɪŋz/ [alleen mv] 1 ⟨benaming voor⟩ spullen, zaken, bullen, boel(tje), rommel, kleren, goed, uitrusting, gerei, benodigdheden, van alles ♦ *pack one's things* zijn boeltje bijeenpakken; *things for sewing* naaigerei, naaigerief 2 (algemene) toestand, (stand van) zaken, dingen, omstandigheden ♦ *things are changing for the worse* de toestand gaat achteruit, het gaat slechter en slechter; *how are things?*, ⟨inf⟩ *how's things?* hoe gaat/staat het (met de zaken/ermee)?, alles kits?; *that would only make things worse* dat zou het allemaal alleen maar vererggeren 3 ⟨jur⟩ goed(eren), eigendommen, bezit(tingen) 4 ⟨gevolgd door bijvoeglijk naamwoord⟩ al(les) (wat ... is) ⟨vaak schertsend⟩ ♦ *all things American* al(les) wat Amerikaans is/uit Amerika komt; *things political* de politiek/politieke wereld

¹**think** /θɪŋk/ [telb zn] ⟨inf⟩ 1 gedachte, idee, mening, opvatting ♦ *exchange thinks* van gedachten wisselen 2 ⟨geen mv⟩ bedenking, beraad, overweging ♦ *have a hard think* diep/hard nadenken, de hersens inspannen; *have a think about* eens (na)denken over, in overweging nemen ▫ ⟨inf⟩ *have got another think coming* het lelijk mis hebben, de bal misslaan, ernaast zitten, het bij het verkeerde eind hebben

²**think** /θɪŋk/ [onov ww; thought, thought] 1 denken, ⟨i.h.b.⟩ (erover) nadenken, zich (goed) bedenken ♦ *think about* denken aan, nadenken over; overdenken, overwegen, onderzoeken ⟨idee, voorstel, plan⟩; (terug)denken aan ⟨schooljaren, vakantie⟩; *think about moving* er ernstig over denken om te verhuizen; *think again* er nog eens over (na)denken, tot andere gedachten komen, van idee/gedachten veranderen; *think ahead (to)* vooruitdenken (aan), zich voorbereiden (op), plannen; *think aloud* hardop denken, zeggen wat men denkt; *think back* to terugdenken aan, zich in gedachten verplaatsen naar, (zich) weer voor de geest roepen; *think back a few years* een paar jaar terugdenken; *think deeply/hard* diep/hard/ingespannen nadenken; *let me think* wacht eens (even), laat eens (effen) kijken; *think a moment* denk eens even na, bezin je eens even; *I don't think so, I think not* ik denk/geloof van niet/denk het niet; *think to o.s.* bij zichzelf denken; *think for o.s.* zelfstandig denken/oordelen, een eigen mening vormen; *think out loud* hardop zeggen wat je denkt; *think outside the box* buiten (vaste) kaders denken; *think positively* positief denken; *the power to think* het denkvermogen; *yes, I think so* ja, ik denk/geloof van wel/denk het; *think twice* er (nog eens) goed over nadenken, het nog eens goed overwegen, zich nog eens bezinnen; *think (alike) with* het eens zijn/instemmen met, zich aansluiten bij, er hetzelfde over/van denken als 2 het vermoeden, het vermoeden/in de gaten hebben ♦ *I thought as much* heb ik het niet gedacht?, dat was te verwachten, ik vermoedde al zoiets, ik had het al wel zo half en half verwacht, precies wat ik dacht/verwachtte; *think for* denken, verwachten, vermoeden; *she usually strikes when you least think* ze slaat meestal toe als je er het minst om denkt/op bedacht bent ▫ *think big* het groots aanpakken, ambitieus/eerzuchtig zijn, ambitieuze plannen hebben/koesteren; ⟨sl⟩ *I do n't think* maar niet heus; ⟨sl; iron⟩ *you did a nice piece of work, I don't think* dat heb je (werkelijk) fantastisch gedaan (maar niet heus); zie: *think of*; *think rich* denken/redeneren (zo)als iemand die geld heeft; ⟨sprw⟩ *think not on what you lack as much as on what you have* veel klagen er waar het nog te vroeg is, nooit is er weinig waar genoeg is;

→ **thinking**

³**think** /θɪŋk/ [ov ww; thought, thought] 1 denken, aanzien, achten, beschouwen, vinden, geloven ♦ *what do you think about that?* hoe/wat denk je erover? wat vind je daarvan?; *think about/of* vinden/denken van, staan tegenover, een mening hebben over ⟨verklaring, beslissing, aanbod⟩; *he thinks himself quite a personage* hij vindt zichzelf een hele piet; *rather awkward, I'm thinking* nogal vervelend, denk ik/zou ik (zo) denken/zeggen/mag ik wel zeggen; *I thought it only fair* ik vond het alleen maar eerlijk; *think out for o.s.* voor/met zichzelf uitmaken, voor zichzelf beslissen/bepalen; *think s.o. pretty* iemand knap/mooi vinden; *it is not thought proper* het hoort niet; *do you think it will snow?* denk je dat het gaat sneeuwen? 2 (na)denken over, bedenken, overdenken, zijn gedachten laten gaan over ♦ *think away* wegdenken, uit zijn hoofd zetten, wegcijferen, negeren ⟨bijvoorbeeld pijn⟩; *she thought away the whole afternoon* ze heeft de hele middag zitten (na)denken; *think business all day* de hele dag door met zaken bezig zijn; *think computers* enkel en alleen maar aan computers denken; *think sth. into existence* iets uitdenken/in het leven roepen; *think o.s. silly* zich suf denken; *think out* overdenken, goed (na)denken over, overwegen, onderzoeken; uitdenken, bedenken, ontwerpen, zorgvuldig plannen, uitkienen, (uit)vinden; *that needs thinking out* dat moeten we nog eens goed bekijken; *think over* overdenken, (goed/ernstig/verder) nadenken over, in bedenking/overweging houden; *one day to think the matter over* één dag bedenktijd; *think hard things* hard/streng oordelen; *think great thoughts* grootse ideeën/plannen hebben; *think through* doordenken, overdenken, (goed) nadenken

over, overwegen, (tot in de puntjes) onderzoeken; *think up* bedenken, uitdenken, ontwerpen, verzinnen, beramen; *think up ideas of one's own* met eigen ideeën komen aandraven; *she was thinking when to leave* ze vroeg zich af wanneer ze zou vertrekken; *and to think (that)* en dan te moeten bedenken dat; *think what you're doing* bedenk wat je doet ③ overwegen, (eraan/erover) denken, (half) van plan zijn, willen, de bedoeling hebben ♦ *we thought to return early* we waren niet van plan lang te blijven; *yes, I thought so* ja, dat was de bedoeling/het plan; *I think I'll have a bath* ik denk dat ik een bad neem ④ denken aan, zich herinneren, niet vergeten ♦ *he didn't think to switch off the headlights* hij vergat/had er niet aan gedacht de koplampen uit te doen; *I can't think now what her name was* ik kan me nu niet herinneren hoe ze heette, haar naam wil me nu niet te binnen schieten ⑤ (in)zien, zich (in)denken/voorstellen, voor de geest halen, begrijpen, denken ♦ *you can't think* je kan onmogelijk begrijpen/(het) je niet voorstellen/hebt er geen idee van; *one cannot easily think infinity* het oneindige laat zich niet makkelijk denken/vatten; *she couldn't think how he did it* ze begreep niet/kon (het) zich niet voorstellen hoe hij het voor elkaar had gekregen ⑥ verwachten, vermoeden, denken om, bedacht zijn op ♦ *he thought to fool her* hij dacht/hoopte haar te kunnen beetnemen; *she never thought to see us here* ze had nooit gedacht/verwacht ons hier te treffen ⑦ ⟨inf⟩ *think nothing of it* dat is niets/helemaal niet erg/geen probleem, hoor; geen dank, graag gedaan; het mag geen naam hebben; *think nothing of s.o.* niet veel met iemand ophebben, de neus voor iemand ophalen; *think nothing of sth.* iets niets bijzonders/ongewoons/verdachts vinden, iets maar niks/een peulenschilletje vinden, niet zwaar aan iets tillen, zijn hand voor iets niet omdraaien; *she thinks nothing of cramming all night* ze kan de hele nacht blijven blokken; ⟨sprw⟩ *evil be to him who evil thinks* ± slechte gedachten leiden alleen maar tot kwaad; ⟨sprw⟩ *he that commits a fault thinks everyone speaks of it* ± wie schuldig is droomt van de duivel, ± die kwaad doet haat het licht; ⟨sprw⟩ *he that has a great nose thinks that everyone is speaking of it* ± als iemand een gebrek heeft denkt hij dat iedereen erover spreekt; ⟨sprw⟩ *every horse thinks his own pack heaviest* ieder meent dat zijn pak het zwaarst is; ⟨sprw⟩ *speak fair and think what you like* ± denk wat u wil, maar pas op wat u zegt;
→ **thinking**

think·a·ble /ˈθɪŋkəbl/ [bn; bw: thinkably; zn: ~ness] denkbaar, voorstelbaar, ⟨bij uitbreiding⟩ mogelijk

think-box [telb zn] ⟨sl⟩ hersens

think·er /ˈθɪŋkə, ˆ-ər/ [telb zn] ① denker, geleerde, filosoof ♦ *be a careful thinker* altijd zorgvuldig nadenken ② ⟨sl⟩ hersens

think-in [telb zn] ⟨inf⟩ conferentie, symposium

¹**think·ing** /ˈθɪŋkɪŋ/ [niet-telb zn; gerund van think] ① (het) (na)denken ♦ *he did some hard thinking* hij dacht er (eens) diep over na; *way of thinking* denkwijze, zienswijze, gedachtegang; *be of s.o.'s way of thinking* (erover) denken zoals/van dezelfde gedachte zijn als iemand ② mening, gedachte, oordeel, idee, opinie ♦ *what is your thinking on this?* wat denk je hierover?, hoe denk jij erover?; *to my thinking* volgens mij, naar/volgens mijn mening, naar mijn mening/oordeel/gedachte(n), mijns inziens ③ denkwijze, denkwereld, gedachtewereld ♦ *in modern thinking* in het moderne denken

²**think·ing** /ˈθɪŋkɪŋ/ [bn, attr; tegenwoordig deelw van think; bw: ~ly; zn: ~ness] (na)denkend, redelijk, verstandig, intelligent, bewust ♦ *the thinking public* het denkend deel van het volk, iedereen die nadenkt/op de hoogte is

thinking cap [telb zn] ⟨·⟩ *put on one's thinking cap* zijn hersens laten kraken, diep nadenken, prakkeseren

think·ings /ˈθɪŋkɪŋz/ [alleen mv; gerund van think] gedachten, gepeins

think of [onov ww] ① denken aan, (zich) bedenken, rekening houden met, zich rekenschap geven van, voor ogen houden ♦ *I never think of anyone but myself* ik denk alleen maar aan mezelf; *(just/to) think of it!* stel je voor!, alleen al de gedachte!, je kan het je niet voorstellen!; *now that I come to think of it* nu, als ik me goed bedenk ② (erover) denken om, overwegen, onderzoeken, van plan zijn, willen ♦ *be thinking of doing sth.* (juist) overwegen/erover denken/van plan zijn/zich voorgenomen hebben iets te doen; *I must be thinking of going* ik moest maar eens gaan; *I won't/wouldn't/can't/couldn't think of it!* ik denk er niet aan!, geen denken aan!, ik peins er niet over!, geen sprake van!; *he would never think of (doing) such a thing* zoiets zou nooit bij hem opkomen ③ ⟨voornamelijk na can/could not, en na try, want e.d.⟩ zich herinneren, zich te binnen brengen, voor de geest halen ♦ *she couldn't think of my name* ze kon niet op mijn naam komen ④ bedenken, voorstellen, uitdenken, ontwerpen, verzinnen, (uit)vinden ♦ *think of a number* neem/kies een getal; *we'll think of sth.* we vinden er wel iets op ⑤ aanzien, aanslaan, een mening/opinie/dunk/gedachte hebben van ♦ *think better of s.o.* een betere opinie van iemand hebben/krijgen; *think highly of* veel ophebben/weglopen met, hoog aanslaan, een hoge dunk hebben van; *think little/not much of* weinig ophebben/niet weglopen met, niet veel moeten/een lage dunk hebben van, helemaal niet aardig vinden; *heel gewoon/niets bijzonders vinden*; *be well thought of* hoog aangeslagen worden ⑥ *think better of it* zich bedenken, ervan afzien, ervan/erop terugkomen, het maar laten varen/opgeven; *she thought better of interfering* ze besloot zich er maar niet mee te bemoeien

think tank [verzamel n] denktank, researchinstituut, studiecentrum, (interdisciplinair) onderzoeksteam, (algemene) adviescommissie, groep specialisten

thin-lipped [bn] dunlippig, met dunne lippen

thin·ner /ˈθɪnə, ˆ-ər/ [telb + niet-telb zn] verdunner, verdunningsmiddel, thinner

thin·nish /ˈθɪnɪʃ/ [bn] tamelijk/vrij dun, nogal smal/ijl/mager/slap/zwak

thin-skinned [bn; zn: thin-skinnedness] ① dun van huid/schil ② overgevoelig, ⟨pej⟩ lichtgeraakt, prikkelbaar, kregelig

thio- /ˈθaɪoʊ/, **thi-** /ˈθaɪ-/ ⟨scheik⟩ thi(o)-, zwavel- ♦ *thiourea* thio-ureum; *thiosulphate* thiosulfaat

thio alcohol [niet-telb zn] ⟨scheik⟩ thioalcohol

thio ether [niet-telb zn] ⟨scheik⟩ thio-ether

¹**third** /θɜːd, ˆɜrd/ [ov ww] ① in drie delen verdelen ② als derde persoon ondersteunen ⟨motie⟩

²**third** /θɜːd, ˆɜrd/ [telw] derde, ⟨techn⟩ derde versnelling, ⟨muz⟩ terts, ⟨ec⟩ tertiawissel, ⟨onderw, bij examen⟩ derde rang, ± voldoende, ± zonder bezwaar ⟨bij examen⟩, ⟨in mv; handel⟩ derde kwaliteit/keus ♦ *third best* op twee na de beste; *third class* derde klas; *third day* dinsdag; *he got a third* hij is zonder bezwaar afgestudeerd; *in third (gear)* in zijn drie/derde versnelling; ⟨muz⟩ *an interval of a third* een interval van een terts; ⟨jur⟩ *third party/person* derden; ⟨taalk⟩ *third person* derde persoon; *I am the third in the row* ik ben de derde in de rij; *third(ly)* ten derde, in/op de derde plaats, tertio ⟨·⟩ *third ager* 55-plusser; *the third age* de oudere levensperiode; ⟨België⟩ de derde leeftijd (55-plus)

third-class [bn; bw] derderangs-, derdeklas(se)-, van de derde rang/klasse (m.b.t. kwaliteit; in Brits-Engels ook m.b.t. examenresultaten; in USA en Canada ook m.b.t. niet-afgestempeld drukwerk) ♦ *get a third-class degree* zonder bezwaar afstuderen; *dictionary-copy shouldn't be mailed third-class* kopij voor een woordenboek mag niet als gewoon drukwerk verzonden worden

third-de·gree [bn, attr] ① derdegraads-, in de derde graad ♦ *third-degree burns* derdegraadsverbranding ② ⟨AE; jur⟩ in de derde graad, eenvoudig ♦ *third-degree arson* een-

third-grade

voudige brandstichting
third-grade [bn, attr] ⟨AE; onderw⟩ derdeklas-, van/m.b.t. de derde klas ⟨van lagere school⟩
third-par·ty [bn, attr] ⟨verz⟩ tegenover derden, (wettelijke/burgerlijke) aansprakelijkheids- ♦ *third-party insurance* verzekering tegenover derden, aansprakelijkheidsverzekering
third-rate [bn] derderangs, van slechte kwaliteit
Third World [niet-telb zn; the; ook attributief] derde wereld ♦ *Third World countries* derdewereldlanden
¹**thirl** /θɜːl, ᴬθɜːrl/ [telb zn] ⟨BE, gew⟩ ① gat, gaatje, opening, hol, doorboring ② → thrill
²**thirl** /θɜːl, ᴬθɜːrl/ [ov ww] ⟨BE, gew⟩ ① doorboren ② → thrill
¹**thirst** /θɜːst, ᴬθɜːrst/ [telb + niet-telb zn; geen mv] dorst ⟨ook figuurlijk⟩, sterk/vurig verlangen, begeerte, lust ♦ *thirst after/for/of* dorst naar ⟨ook figuurlijk⟩; *die of thirst* omkomen/sterven van de dorst; *thirst for blood* bloeddorst; *thirst for knowledge* dorst/zucht naar kennis; *it gives me a thirst* ik krijg er dorst van; *have a thirst* hebben, een droge keel hebben; wel een borrel/glaasje lusten; *satisfy one's thirst* zijn dorst lessen
²**thirst** /θɜːst, ᴬθɜːrst/ [onov ww] dorsten ⟨ook figuurlijk⟩, dorst hebben, sterk/vurig verlangen ♦ ⟨Bijb⟩ *thirst after revenge* naar wraak dorsten; *thirst after/for* dorsten/verlangen/hunkeren/snakken/smachten naar; *be thirsting for adventure* uit zijn op avontuur, het avontuur zoeken
thirst·er /ˈθɜːstə, ᴬ-ər/ [telb zn] dorstig persoon
¹**thirst·y** /ˈθɜːsti, ᴬˈθɜːrsti/ [bn; vergr trap: thirstier; bw: thirstily; zn: thirstiness] ① dorstig, dorst hebbend ♦ *be/feel thirsty* dorst hebben ② droog, dor, uitgedroogd, dorstig ⟨seizoen, land⟩ ③ dorstverwekkend, dorstig makend ♦ *a thirsty game* een spel waar je dorst van krijgt
²**thirst·y** /ˈθɜːsti, ᴬˈθɜːrsti/ [bn, pred; vergr trap: thirstier; bw: thirstily; zn: thirstiness] dorstend, verlangend, begerig, tuk ♦ *be thirsty for* dorsten/hunkeren/snakken/verlangend uitkijken naar
thir·teen /θɜːˈtiːn, ᴬθɜːr-/ [telw] dertien ⟨ook voorwerp/groep ter waarde/grootte van dertien⟩
thir·teenth /θɜːˈtiːnθ, ᴬθɜːr-/ [telw] dertiende
thir·ti·eth /ˈθɜːtiɪθ, ᴬˈθɜːrtiɪθ/ [telw] dertigste
thir·ty /ˈθɜːti, ᴬˈθɜːrti/ [telw] ① dertig ⟨ook voorwerp/groep ter waarde/grootte van dertig⟩ ♦ *in the late thirties* in de late dertiger jaren; *a man in his thirties* een man van in de dertig ② XXX ⟨slotformule van telegram⟩, slot, einde, besluit, goedendag ♦ *the thirty indicating the end of the interview* de slotformule die het interview afrondde; *he wrote thirty on the project* hij sloot het project af
thir·ty·ish /ˈθɜːtiɪʃ, ᴬˈθɜːrtiɪʃ/ [bn] tegen de/ongeveer dertig jaar (oud)
thir·ty-sec·ond [telw] tweeëndertigste ♦ ⟨AE; muz⟩ *thirty-second note* tweeëndertigste noot
thir·ty·some·thing [telb zn; ook attributief] ⟨inf⟩ geslaagde dertiger
thir·ty-three [telb zn] ⟨sl⟩ drieëndertig toeren plaat
¹**this** /ðɪs/ [aanw vnw; mv: these] ① dit, deze, die, dat ♦ *these are my daughters* dit zijn mijn dochters; *do it like this* doe het zo; *it's/things are like this* 't zit zo, de zaken liggen zo; *a fine mess, this* dit is me toch een rommel; *the points at issue are these: housing, employment, ...* de punten waarover het gaat zijn de volgende: huisvesting, tewerkstelling, ...; *this is a rose and that a lily* dit is een roos en dat een lelie; *a scholar and a jester, this an old man, that a young lad* een geleerde en een nar, de laatste/laatstgenoemde een oude man en de eerste/eerstgenoemde een jongen; *what's all this?* wat is hier (allemaal) aan de hand?; *this is where I live* hier woon ik; ⟨AE; aan telefoon⟩ *who is this?* met wie spreek ik?; *he won the competition and this entirely by his own effort* hij won de wedstrijd en dit (deed hij) volledig door eigen inzet ② nu, dit ♦ *after this* hierna; *at this* op dit/dat

1922

ogenblik, hierop, hierna; *such disasters have happened before this* zulke rampen zijn al eerder/vroeger ook nog gebeurd; *he'll have arrived by this* hij zal nu wel aangekomen zijn; *this is the fifth of June* dit is de vijfde juni; *from this till midnight* van nu tot middernacht ③ hier ♦ *from this to London* van hier naar/tot Londen; *get out of this* maak dat je hier wegkomt · *for all this* niettegenstaande dit alles, toch, niettemin; *this is it!* dit is het einde/geweldig!; nu heb ik er genoeg van!; *he considered this and that* hij overwoog een en ander; *they talked about this and that* ze praatten over ditjes en datjes/over koetjes en kalfjes/over van alles en nog wat; *it was Mr Smith this and Mr Smith that* het was Mr. Smith voor en na
²**this** /ðɪs/ [bw] zo ♦ *I'm surprised it's this bad* het verbaast mij dat het zo slecht is; *I didn't know it would take this long* ik wist niet dat het zo lang zou duren; *I know this much, that the idea's crazy* ik weet in elk geval dat het een krankzinnig idee is
³**this** /ðɪs/ [aanw det; mv: these] ① dit, deze, die, dat ♦ *this accident you mentioned* dat ongeval waarover je het had; *this author* deze schrijver; *this girl here,* ⟨substandaard⟩ *this here girl* dit meisje (hier); *this message he sent: that he would always remember you* deze boodschap stuurde hij: hij zou je nooit vergeten; *this very moment* op ditzelfde ogenblik; ⟨form⟩ *this our home* dit ons huis; *do you want this suit or that one?* wil je dit pak of dat?; *these theories, however, all seem plausible* voormelde theorieën, echter, lijken allemaal aanvaardbaar ② ⟨temporele nabijheid⟩ laatste, voorbije, komende ♦ *this day* (de dag van) vandaag/heden; *these days* tegenwoordig; *I've been calling this past hour* ik ben al een uur aan het roepen; *this minute* doe het nu meteen; *this morning* vanmorgen; *where are you travelling this summer?* waar reis je de komende zomer naartoe?; *I'm leaving this Wednesday* ik vertrek (aanstaande) woensdag; *this week* deze week; *hope you enjoy these next six weeks* geniet van de volgende zes weken; *after all these years* na al die jaren
⁴**this** /ðɪs/ [onbep det; mv: these] ⟨inf⟩ een (zekere) ♦ *there was this beautiful cupboard* er stond daar zo'n prachtige kast; *this fellow came cycling along* er kwam een kerel aangefietst
this·ness /ˈðɪsnəs/ [niet-telb zn] ⟨filos⟩ haecceitas, het ditzijn
this·tle /ˈθɪsl/ [telb zn] ⟨plantk⟩ distel ⟨ook nationaal embleem van Schotland; genus Carduus⟩ ♦ *creeping thistle* akkerdistel ⟨Cirsium arvense⟩; *Scotch thistle* wegdistel ⟨Onopordum acanthium⟩
thistle butterfly [telb zn] ⟨dierk⟩ distelvlinder ⟨Vanessa cardui⟩
this·tle·down [niet-telb zn] distelpluis
this·tly /ˈθɪsli/ [bn] ① distel(acht)ig, vol distels ② netelig, moeilijk, lastig
thith·er /ˈðɪðə, ᴬˈθɪðər/ [bn; bw] ⟨vero⟩ derwaarts, daar, daarheen, daarhenen, ginds ♦ *hither and thither* her en der, hier- en daarheen, naar alle kanten; *on the thither side* aan gene/gindse zijde, aan de overkant
thix·o·trop·ic /ˌθɪksəˈtrɒpɪk, ᴬ-ˈtrɑːpɪk/ [bn] ⟨scheik⟩ thixotroop
thix·ot·ro·py /θɪkˈsɒtrəpi, ᴬ-ˈsɑː-/ [niet-telb zn] ⟨scheik⟩ thixotropie ⟨omkeerbare, isotherme gel-solovergang⟩
tho', tho → though
¹**thole** /θəʊl/, **thole pin** [telb zn] dol(pen), riempin, roeidol, roeipen
²**thole** /θəʊl/ [onov + ov ww] ⟨vero of SchE⟩ lijden, eronder lijden, (lijdzaam) ondergaan, dulden, verdragen, uithouden, gedogen
¹**Thom·as** /ˈtɒməs, ᴬˈtɑː-/ [eigennam] Thomas ♦ *a doubting Thomas* een ongelovige thomas ⟨naar Joh. 20:24-29⟩ · *Thomas Atkins* tommy, gewoon (Brits) soldaat
²**Thom·as** /ˈtɒməs, ᴬˈtɑː-/ [zn] tommy, gewoon (Brits)

soldaat, Jan Fuselier ⟨blanke soldaat van het Britse leger⟩
Tho·mism /toʊmɪzm/ [niet-telb zn] thomisme
¹Tho·mist /toʊmɪst/ [telb zn] thomist, aanhanger/volgeling van Thomas van Aquino/het thomisme
²Tho·mist /toʊmɪst/, **Tho·mis·tic** /toʊmɪstɪk/, **Tho·mis·ti·cal** /-ɪkl/ [bn] thomistisch, van/m.b.t./volgens het thomisme
¹thong /θɒŋ, ᴬθɔŋ/ [telb zn] ① ⟨benaming voor⟩ (leren) riem(pje), band, bindriem, reep, snoer, zweep, zweepkoord, zweeptouw, teugel, teugelriem, teugelreep ② string ⟨soort slipje⟩ ③ ⟨vnl mv⟩ ⟨AE⟩ (teen)slipper, sandaal
²thong /θɒŋ, ᴬθɔŋ/ [ov ww] ① een riem(pje) vastmaken aan ② riemen, (met een riem) (vast)binden/vastmaken ③ met een riem slaan, zwepen, de zweep geven, afranselen
tho·rac·ic /θɔːræsɪk/ [bn] ⟨anat⟩ thoracaal, van/m.b.t./in/bij de thorax/borst(kas), borst- ♦ *thoracic cavity* borstholte; *thoracic duct* borstbuis
tho·rax /θɔːræks/ [telb zn; mv: ook thoraces /θɔːrəsiːz/] ① ⟨anat⟩ thorax, borst(kas) ⟨van mens, dier⟩, borststuk ⟨van geleedpotige⟩ ② ⟨gesch⟩ borstplaat, kuras, (borst)harnas ⟨voornamelijk bij Grieken⟩
tho·ri·a /θɔːriə/ [niet-telb zn] ⟨scheik⟩ thorium(di)oxide
tho·ri·um /θɔːriəm/ [niet-telb zn] ⟨scheik⟩ thorium ⟨element 90⟩
¹thorn /θɔːn, ᴬθɔrn/ [telb zn] ① doorn, stekel, prikkel, puntig/doornvormig uitsteeksel ② runenteken voor th ⟨|, Oud- en Middelengels ook |⟩ • *be/sit on thorns* op hete kolen staan/zitten, zich niks op zijn gemak voelen, in de rats zitten, 'm knijpen; *a thorn in one's flesh/side* een doorn in het vlees/oog, een voortdurende bron van ergernis; ⟨sprw⟩ *no rose without a thorn* geen rozen zonder doornen
²thorn /θɔːn, ᴬθɔrn/ [telb + niet-telb zn] doorn, doornboom, doornplant, doornstruik
thorn apple [telb zn] ⟨plantk⟩ doornappel ⟨vrucht en plant; Datura stramonium⟩
thorn·back [telb zn] ⟨dierk⟩ ① spinkrab ⟨Maja squinado⟩ ② driedoornige stekelbaars ⟨Gasterosteus aculeatus⟩ ③ → thornback ray
thornback ray [telb zn] ⟨dierk⟩ stekelrog ⟨Raja clavata⟩
thorn·bill [telb zn] ⟨dierk⟩ doornsnavelkolibrie ⟨genus Chalcostigma⟩
thorn·bush [telb zn] ① doorn(struik), ⟨i.h.b.⟩ meidoorn, (witte) hagendoorn ② doornbos(je)
thorn hedge [telb zn] (mei)doornhaag, doornheg
thorn lizard [telb zn] ⟨dierk⟩ moloch ⟨Moloch horridus⟩
thorn·tail [telb zn] ⟨dierk⟩ draadkolibrie ⟨genus Popelairia⟩
thorn tree [telb zn] doornboom, ⟨i.h.b.⟩ meidoorn
thorn·y /θɔːni, ᴬθɔrni/ [bn; vergr trap: thornier; bw: thornily; zn: thorniness] doorn(acht)ig, vol doornen, doorn-, stekelig, ⟨fig⟩ lastig, moeilijk, netelig, ergerlijk, verontrustend
¹thor·ough /θʌrə, ᴬθɜroʊ/ [bn; bw: ~ly; zn: ~ness] grondig, degelijk, diepgaand, volledig, volkomen, gedetailleerd, nauwkeurig, nauwgezet ♦ *a thorough change* een ingrijpende verandering; *know s.o. thoroughly* iemand door en door kennen; *thoroughly tired* doodmoe, hondsmoe ⚫ ⟨muz⟩ *thorough bass* generale/becijferde bas, basso continuo; bas(partij), continuopartij
²thor·ough /θʌrə, ᴬθɜroʊ/ [bn, attr; bw: ~ly; zn: ~ness] echt, waar, volmaakt, typisch, onvervalst, aarts-, in hart en nieren ♦ *thorough fool* volslagen idioot, echte hansworst; *a thorough lady* op-en-top een dame, een echte dame; *thorough scoundrel* doortrapte schurk
thorough brace [telb zn] ⟨AE; gesch⟩ koetsriem ⟨draagt onderstel van rijtuig⟩
¹thor·ough·bred /θʌrəbrɛd, ᴬθɜroʊ-/ [bn] ① rasdier, stamboekdier, ⟨i.h.b.⟩ raspaard, volbloed ② ervaren/bekwaam persoon, kenner, vakman, deskundige ③ enthousiast ④ welopgevoed/beschaafd iemand, (echte) heer/dame ⑤ eersteklas auto/voertuig
²thor·ough·bred /θʌrəbrɛd, ᴬθɜroʊ-/ [bn; zn: ~ness] ① volbloed, van onvermengd/zuiver ras, rasecht, rasr ⟨ook figuurlijk⟩, vurig, vinnig, echt, onvervalst, eersteklas, klasse ⟨(sport)auto⟩ ② welopgevoed, beschaafd, elegant, fijn, gedistingeerd, stijlvol
Thor·ough·bred /θʌrəbrɛd, ᴬθɜroʊ-/ [telb + niet-telb zn] thoroughbred ⟨(paard van) gekruist Engels-Arabisch ras van renpaarden⟩, Engels(e) volbloed(ras)
¹thor·ough·fare /θʌrəfɛə, ᴬθɜroʊfɛr/ [telb zn] ⟨benaming voor⟩ (drukke) verkeersweg, hoofdstraat, hoofdweg, verkeersader, snelweg, verbindingsweg, belangrijke waterweg/zeestraat
²thor·ough·fare /θʌrəfɛə, ᴬθɜroʊfɛr/ [telb + niet-telb zn] doorgang, doorsteek, doorloop, doortocht, doorreis, het doorgaan/doorreizen/doortrekken ♦ *the streetcar clanged for thoroughfare* de tram belde om door te kunnen/mogen/de weg vrij te maken; *no thoroughfare* geen doorgang, geen doorgaand verkeer, verboden toegang, doodlopende weg, privéweg ⟨verbodsteken⟩
¹thor·ough·go·ing [bn; bw: thoroughgoingly; zn: thoroughgoingness] zeer grondig, volledig, drastisch, radicaal, extreem, doortastend ♦ *thoroughgoing cooperation* intense/verregaande samenwerking
²thor·ough·go·ing [bn, attr; bw: thoroughgoingly; zn: thoroughgoingness] echt, volmaakt, onvervalst, doortrapt, volslagen, in hart en nieren
¹thor·ough·paced [bn] ① volleerd, volledig geschoold, grondig getraind, geoefend, goed bereden ⟨paard⟩ ② grondig, diepgaand, doortastend
²thor·ough·paced [bn, attr] volmaakt, onvervalst, echt, door de wol geverfd, aarts- ♦ *a thoroughpaced optimist* een onverbeterlijke optimist
thor·ough·wax [niet-telb zn] ⟨plantk⟩ doorwas ⟨Bupleurum rotundifolium⟩
thorp, thorpe /θɔːp, ᴬθɔrp/ ⟨vero⟩ dorp, gehucht
Thos [afk] (Thomas)
those [alleen mv] → that
¹thou /θaʊ/ [telb zn; mv: ook thou] ⟨inf⟩ duizend(ste), ⟨i.h.b.⟩ duizend pond/dollar
²thou /θaʊ/ [pers vnw] ⟨vero of rel⟩ gij ♦ *be thou my guide* wees gij mijn gids; *thou shalt not kill* gij zult niet doden; → **thee, thyself**
¹though, ⟨inf⟩ **tho'**, ⟨AE⟩ **tho** /ðoʊ/ [bw] niettemin, desondanks, toch wel ♦ *I never really liked it, though* toch heb ik het nooit echt leuk gevonden
²though, tho', tho /ðoʊ/, ⟨meer form en niet in combinatie met even, as, what⟩ **al·though** /ɔːlðoʊ/ [onderschikkend vw] (al)hoewel, niettegenstaande dat, ondanks (het feit) dat, zij het (dat), ofschoon, al ♦ *though he smiles I do not trust him* hoewel hij glimlacht vertrouw ik hem toch niet; ⟨ellipt⟩ *though only six, he is a bright lad* hoewel hij nog maar zes jaar is, is hij een slim jongetje; *bad though it may be, it's not a catastrophe* ook al is het erg/hoe erg het ook mag zijn, het is geen catastrofe ⚫ *as though* alsof; *even though he has refused, he'll end up giving in* zelfs al heeft hij geweigerd, hij zal uiteindelijk wel toegeven
¹thought /θɔːt/ [telb zn] ① gedachte ♦ *be in s.o.'s thoughts* in iemands gedachten zijn ② gedachte, bedoeling, plan ♦ *I am sure she had no thought of hurting him* ik weet zeker dat het niet haar bedoeling was om hem te kwetsen ③ ⟨vaak mv⟩ idee, opinie, gedachte, mening ♦ *I don't know his thoughts on those matters* ik weet niet hoe hij over die zaken denkt ④ beetje, ietwat, tikje, snufje ⚫ ⟨inf⟩ *hold that thought* hou dat even vast; *perish the thought!* de gedachte alleen al!, ik moet er niet aan denken!; *on second thought(s)* bij nader inzien, als ik er nog eens over nadenk; *have sec-*

thought

ond *thoughts* zich bedenken, van idee veranderen; ⟨sprw⟩ *second thoughts are best* kort beraad, lang berouw; ⟨sprw⟩ *the wish is the father to the thought* de wens is de vader van de gedachte

²**thought** /θɔ:t/ [niet-telb zn] 1 het denken, de gedachte ♦ *in thought* in gedachten verzonken 2 het denken, denkwijze 3 het denken, de rede, het denkvermogen 4 het nadenken, de aandacht ♦ *after serious thought* na ernstig nadenken, na rijp beraad; *have/take no thought for* geen aandacht besteden aan, niet letten op; *he was always full of thought* hij was altijd even zorgzaam; *give thought to* in overweging nemen; *take thought* nadenken; *act without thought* handelen zonder na te denken, overijld te werk gaan 5 hoop, verwachting ♦ *I had given up all thought of ever getting away from there* ik had alle hoop opgegeven er nog ooit vandaan te komen · *quick as thought* bliksemsnel, snel als de gedachte

³**thought** /θɔ:t/ [verleden tijd, volt deelw] → think

thought·ful /θɔ:tfl/ [bn; bw: ~ly; zn: ~ness] 1 nadenkend, peinzend 2 diepzinnig, oorspronkelijk, wijs 3 attent, zorgzaam, oplettend

thought·less /θɔ:tləs/ [bn] 1 gedachteloos 2 onnadenkend, achteloos, zorgeloos 3 roekeloos, onbezonnen 4 onattent, zelfzuchtig

thought-out [bn] doordacht, doorwrocht

thought-pro·vok·ing [bn] tot nadenken stemmend, stimulerend, diepzinnig

thought-read·er [telb zn] gedachtelezer

thought-read·ing [niet-telb zn] het gedachtelezen

thought-trans·fer·ence [niet-telb zn] telepathie

thought-wave [telb zn] telepathische gedachtegolf

thou·sand /ˈθaʊznd/ [telw] duizend ⟨ook voorwerp/groep ter waarde/grootte van duizend⟩, ⟨fig⟩ talloos ♦ *by the thousand(s)* in groten getale; *they came by the/in their thousands* ze kwamen met/bij duizenden; *a mistake in the thousands* een fout in de duizendtallen; *I've got thousands of jobs to finish* ik moet nog een heleboel karweitjes afmaken; *thousand-and-one* duizend-en-een, ontelbaar veel; *he's one in a thousand* hij is er een uit duizend, zo zijn er niet veel; *it's a thousand pities* het is verschrikkelijk jammer/eeuwig zonde; *she asked a thousand (and one) questions* ze stelde een massa/duizend en een vragen; ⟨inf⟩ *a thousand thanks* duizendmaal bedankt; *thousand to one (chance)* een kans van een op duizend; *thousands upon thousands* duizenden en (nog eens) duizenden

¹**thou·sand·fold** /ˈθaʊzndfoʊld/ [bn] duizendvoudig, duizendmaal zo veel/groot

²**thou·sand·fold** /ˈθaʊzndfoʊld/ [bw] duizendmaal, duizendvoudig

thou·sandth /ˈθaʊzndθ/ [telw] duizendste

thral·dom, ⟨AE⟩ **thrall·dom** /ˈθrɔ:ldəm/ [niet-telb zn] slavernij

¹**thrall** /θrɔ:l/ [telb zn] slaaf ⟨ook figuurlijk⟩, verslaafde, onderworpene

²**thrall** /θrɔ:l/ [niet-telb zn] slavernij, verslaafdheid ⟨ook figuurlijk⟩ ♦ *in thrall to* onderworpen aan, beheerst door, de slaaf van

¹**thrash** /θræʃ/ [telb + niet-telb zn] 1 slag, zwiep, zwaai, dreun 2 beenslag ⟨bij crawlzwemmen⟩ 3 ⟨inf⟩ wild feestje, swingfeest, knalfuif

²**thrash** /θræʃ/ [onov ww] 1 tekeergaan, woelen, rollen ♦ zie: **thrash about** 2 beuken, slaan, stampen 3 uithalen, zwiepen, slaan 4 ⟨scheepv⟩ tegen de wind/het getijde in zeilen; → **thrashing**

³**thrash** /θræʃ/ [onov + ov ww] dorsen; → **thrashing**

⁴**thrash** /θræʃ/ [ov ww] 1 geselen, slaan, aframmelen, meppen 2 verslaan, overwinnen, in de grond boren, niets heel laten van · *thrash out a problem* een probleem uitpluizen/ontrafelen/grondig bestuderen; *thrash out a solution* tot een oplossing komen; → **thrashing**

thrash about [onov ww] 1 tekeergaan, rollen, woelen, spartelen ♦ *the sick child thrashed about feverishly* het zieke kind lag koortsig te woelen 2 ploeteren, naarstig zwoegen, wanhopig zoeken, zweten, zich het hoofd breken

thrash·er /ˈθræʃə, -ər/ [telb zn] 1 dorser 2 dorsmachine 3 iemand die slaat/mept/een aframmeling geeft 4 ⟨dierk⟩ krombekspotlijster ⟨Toxostoma⟩ 5 ⟨dierk⟩ voshaai ⟨Alopias vulpes⟩

thrash·er-fish, thrash·er-shark [telb zn] ⟨dierk⟩ voshaai ⟨Alopias vulpes⟩

thrash·ing /ˈθræʃɪŋ/ [telb zn; oorspronkelijk tegenwoordig deelw van thrash] 1 pak rammel 2 nederlaag

thrash metal [niet-telb zn] thrashmetal(muziek) ⟨combinatie van heavy metal en punk⟩

thra·son·i·cal /θrəˈsɒnɪkl, -ˈsoʊnɪ-/ [bn; bw: ~ly] ⟨form⟩ blufferig, pocherig, thrasonisch ⟨naar Thraso, figuur bij Terentius⟩

thrawn /θrɔ:n, ˈθrɑn/ [bn] ⟨SchE⟩ 1 tegendraads, koppig, verveeld 2 misvormd

¹**thread** /θred/ [telb zn] 1 draad, ⟨fig ook⟩ lijn, verloop, volgorde ♦ *gather up the threads* samenhang aanbrengen, de afzonderlijke delen met elkaar in verband brengen; *the thread of life* de levensdraad; *lose/miss the thread of one's story* de draad van zijn verhaal kwijtraken; *resume/take up/pick up the threads* de draad weer opnemen 2 schroefdraad 3 draadje, glimpje, straaltje, streepje ♦ *a thread of light* een streepje licht 4 dunne goudader 5 ⟨comp⟩ draad ⟨keten van berichten in een nieuwsgroep⟩, thread · *hang by a (single) thread* aan een zijden draad hangen, in een beslissend stadium verkeren

²**thread** /θred/ [niet-telb zn] garen

³**thread** /θred/ [onov ww] 1 moeizaam zijn weg vinden, zich een weg zoeken, ⟨fig ook⟩ zich heen worstelen door ♦ *I threaded slowly through the tedious novel* ik werkte me moeizaam door de langdradige roman heen 2 ⟨cul⟩ draden trekken, draden vormen

⁴**thread** /θred/ [ov ww] 1 een draad steken in ⟨een naald⟩ 2 rijgen ♦ *thread beads/a chain of beads* kralen/een ketting rijgen 3 inpassen, inleggen, invoegen, op zijn plaats brengen ⟨film, geluidsband, reep papier, enz.⟩ 4 zich een weg banen door, ⟨fig⟩ zich heen worstelen door 5 banen, zoeken, vinden ⟨pad, weg⟩ ♦ *thread one's way through the crowd* zich een weg banen door de menigte 6 doorschieten, draden trekken door ♦ *hair threaded with gray* haar met grijs doorschoten 7 doordringen, doorboren 8 van schroefdraad voorzien

thread·bare /ˈθredbeə, -ber/ [bn] 1 versleten, kaal, dun, rafelig 2 armoedig, lorrig, voddig 3 versleten, afgezaagd ♦ *a threadbare joke* een afgezaagde grap, een mop met een baard

thread-fin, thread-fish [telb zn] ⟨dierk⟩ draadvis ⟨Polynemidae⟩

thread lace [niet-telb zn] linnen/katoenen kant

thread·like /ˈθredlaɪk/ [bn] lang en dun

thread-mark [telb zn] zijdemerk, vezelmerk ⟨in bankbiljetten⟩

thread-nee·dle, thread-the-nee·dle [niet-telb zn] kruip-door-sluip-door ⟨spel⟩

Thread·nee·dle Street [eigenn] Threadneedle Street ⟨waar de Bank van Engeland is gevestigd, in Londen⟩

threads /θredz/ [alleen mv] ⟨AE; sl⟩ kleren

thread·worm [telb zn] spoelworm

thread·y /ˈθredi/ [bn; vergr trap: threadier; zn: threadiness] 1 vezelig, draderig 2 draadachtig, lang en dun 3 draderig, stroperig, draden trekkend 4 zwak, nauwelijks voelbaar ⟨van polsslag⟩ 5 dun, ijl, iel ⟨van klank⟩

¹**threat** /θret/ [telb zn] 1 dreigement, bedreiging 2 gevaar, bedreiging ♦ *there was a threat of snow* het dreigde te gaan sneeuwen; *they are a threat to our society* ze vormen een gevaar voor de maatschappij

²**threat** /θret/ [telb + niet-telb zn] ⟨ook jur⟩ bedreiging ♦ *under threat of* onder bedreiging met

¹**threat·en** /θretn/ [onov ww] ① dreigen, dreigementen uiten ② dreigen (te gebeuren), op handen zijn ♦ *danger threatened* er dreigde gevaar ③ dreigen, er dreigend uitzien ♦ *the weather threatens* de lucht ziet er dreigend uit

²**threat·en** /θretn/ [ov ww] ① bedreigen, een dreigement uiten tegen ♦ *the boys were threatened with punishment* de jongens werden met straffen bedreigd ② bedreigen, een gevaar vormen voor ♦ *peace is threatened* de vrede is in gevaar ③ dreigen met ♦ *they threatened to kill him* ze dreigden hem te doden; *threaten punishment* dreigen met straf

threat·en·ing·ly /θretnɪŋli/ [bw] dreigend

three /θri:/ [telw] ① drie ⟨ook voorwerp/groep ter waarde/grootte van drie⟩, drietje, maat drie, drie uur, drieën, ⟨mv; fin⟩ drieprocentsaandelen ♦ *by/in threes* per drie, drie aan drie, met drie tegelijk; *three cheers* hiep, hiep, hoera; *I have three* ik heb er drie; ⟨rel⟩ *Three in One* Drie-eenheid, Drievuldigheid; *three parts* drie vierde, driekwart; *three and three* drie shilling en drie pence; *three years old* drie jaar oud ② ⟨rugby⟩ (verk: three-quarter (back)) driekwart

three-act play [telb zn] ⟨dram⟩ toneelstuk in drie bedrijven

three-bag·ger [telb zn] ⟨honkb⟩ driehonkslag

three-base hit [telb zn] ⟨honkb⟩ driehonkslag

three-card trick, three-card monte [niet-telb zn] driekaartenspel, gokspel met drie blinde kaarten

three-cor·nered [bn] ① driehoekig ♦ *three-cornered hat* driekant, steek ② driehoeks-, tussen drie partijen/tegenstanders ♦ *three-cornered election* driehoeksverkiezing ③ schonkig, bonkig, slecht gebouwd ⟨van paard⟩ ④ onhandelbaar, nurks

three-course [bn] ① van drie gangen ⟨diner⟩ ② ⟨landb⟩ drieslag- ⟨stelsel⟩

three-cush·ion bil·liards [niet-telb zn] driebandenspel

¹**three-D, 3-D** [telb zn] ① driedimensionale film ② driedimensionale vorm/weergave

²**three-D, 3-D** [bn] driedimensionaal

three-day event [niet-telb zn; the] ⟨paardsp⟩ (de) military, (de) samengestelde wedstrijd(en)

three-deck·er [telb zn] ① trilogie, roman in drie delen ② driedekker, sandwich van drie sneetjes brood ③ rok met drie stroken ④ ⟨gesch⟩ driedekker, oorlogsschip met drie geschutdekken ⑤ ⟨inf⟩ kansel met drie verdiepingen

three-di·men·sion·al [bn] ① driedimensionaal ② stereoscopisch

¹**three·fold** /θri:foʊld/ [telb zn] drievoud

²**three·fold** /θri:foʊld/ [bn; bw] ① drievoudig, driemaal zo veel/groot ② drieledig, driedelig

three-four [bn] ⟨muz⟩ driekwarts-

three-half·pen·ny [bn] ⟨BE; fin, gesch⟩ ① van/voor anderhalve penny ② van een paar stuivers, weinig waard

three-hand·ed [bn] ① driehandig ② voor drie personen ⟨van spel⟩

Three-in-One [niet-telb zn] ⟨rel⟩ Drie-eenheid

three-lane [bn] driebaans-

three-leg·ged [bn] met drie poten • *three-legged race* driebeenswedloop ⟨waarbij de deelnemers met een been aan dat van de ander zijn vastgebonden⟩

three-line whip [telb zn] ⟨BE; pol⟩ dwingende oproep, dwingend stemadvies ⟨van fractieleider aan zijn fractie⟩

three-mile limit [niet-telb zn; the] ⟨jur⟩ (de) driemijlsgrens ⟨van territoriale wateren⟩ ♦ *within the three-mile limit* in de driemijlszone

three-pair [bn, attr] ⟨BE⟩ op de derde verdieping, driehoog ♦ *in the three-pair back of the house* driehoog aan de achterkant/achter

three-part [bn] driedelig, ⟨i.h.b. muz⟩ driestemmig

three-peat [telb zn] ⟨AE; inf⟩ derde achtereenvolgende overwinning ♦ *pull off a three-peat* drie keer achtereen winnen

¹**three-pen·ce** /θrepəns, θrʌ-/ [telb zn] ⟨BE; fin, gesch⟩ muntje van drie pence, driestuiverstukje

²**three-pen·ce** /θrepəns, θrʌ-/ [niet-telb zn] ⟨BE; fin, gesch⟩ drie pence

three-pen·ny /θrepni, θrʌ-/ [bn] ⟨BE; fin, gesch⟩ ① van/voor drie pence, driestuiver- ♦ *threepenny bit* muntje van drie pence, driestuiverstukje; ⟨fig⟩ kleintje, heel klein dingetje ② waardeloos, nietig

three-pen·ny·worth [bn] voor drie pence

three-per·cents [alleen mv] ⟨BE; fin, gesch⟩ drieprocents(staats)obligaties

three-phase [bn] ⟨elek⟩ driefase-, driefasig

three-piece [bn] driedelig ♦ *three-piece suit* driedelig pak; ⟨vnl BE⟩ *three-piece suite* driedelig ameublement ⟨bank en twee stoelen⟩

three-pile [bn] met driedubbele pool ⟨van fluweel e.d.⟩

three-ply [bn] ① driedraads ⟨van garen⟩ ② driedik, in drie lagen

three-point belt [telb zn] driepuntsgordel

three-point landing [telb zn] ⟨luchtv⟩ driepuntslanding

three-point turn [telb zn] ⟨vnl BE; verk⟩ straatje keren ⟨keren op de weg⟩

¹**three-quar·ter** [telb zn] ⟨rugby⟩ driekwart

²**three-quar·ter** [bn] driekwart, voor drie vierde deel ♦ ⟨rugby⟩ *three-quarter back* driekwart ⟨een van de drie of vier spelers achter de halfback⟩

three-quar·ters [alleen mv] driekwart ♦ *three-quarters of an hour* drie kwartier

three-ring circus [telb zn] ① circus met drie pistes ② spektakel, ongelofelijke vertoning

three-score [niet-telb zn] zestig ♦ *threescore and ten* zeventig; de zeventigjarige leeftijd

three-shift system [telb zn] drieploegenstelsel

three·some /θri:sm/ [telb zn; ook attributief] ① drietal, driemanschap, drie mensen ② ⟨sport⟩ threesome, partij golf met drie spelers ⟨één tegen twee⟩ ③ ⟨seks⟩ trio(otje)

three-speed gear [telb zn] drieversnellingsnaaf

three-square [bn] driekantig, driezijdig, met drie gelijke zijden ♦ *three-square file* driekante vijl

three-stage rocket [bn] ⟨ruimtev⟩ drietrapsraket

three-star [bn] driesterren-

three-sto·rey, three-sto·reyed [bn] met drie verdiepingen

three-tier, three-tiered [bn] van drie rijen/lagen

three-tined [bn] drietandig

three-toed [bn] • ⟨dierk⟩ *three-toed woodpecker* drieteenspecht ⟨Picoides tridactylus⟩

three-way [bn] ① met drie deelnemers ② ⟨vnl techn⟩ met drie richtingen, driestanden-, drieweg-

three-wheeled [bn] met drie wielen

three-wheel·er [telb zn] driewieler

thren·ode /θrenoʊd/ [telb zn] klaagzang

thre·no·di·al /θrɪnoʊdɪəl/, **thre·nod·ic** /-nɒdɪk, ʌ-nə-/ [bn] elegisch, klagend, als een klaagzang

thren·o·dist /θrenədɪst/ [telb zn] dichter van klaagzangen

thren·o·dy /θrenədi/ [telb zn] klaagzang, elegie, lamentatie, ⟨i.h.b.⟩ lijkzang, rouwdicht

¹**thresh** /θreʃ/ [onov ww] ① tekeergaan, woelen, rollen ② beuken, slaan, stampen ③ uithalen, zwiepen, slaan ④ ⟨scheepv⟩ tegen de wind/het getijde in zeilen

²**thresh** /θreʃ/ [onov + ov ww] ① dorsen, uitdorsen ② ⟨vero⟩ afranselen • *thresh out a difficulty* een probleem uitpluizen/grondig bestuderen, erin slagen een probleem op te lossen

thresh·er /θreʃə, ʌ-ər/ [telb zn] ① dorser ② dorsmachine

threshing floor

3 〈dierk〉 voshaai 〈Alopias vulpes〉
thresh·ing floor [telb zn] dorsvloer
thresh·ing ma·chine [telb zn] dorsmachine
thresh·old /ˈθreʃ(h)oʊld/ [telb zn] 1 drempel 〈ook figuurlijk〉, aanvang, begin 2 ingang 3 〈med, psych, natuurk〉 drempel ♦ *threshold of pain* pijndrempel
threw /θruː/ [verleden tijd] → **throw**
thrice /θraɪs/ [bw] (form) 1 driemaal, driewerf ♦ *thrice daily* drie keer per dag; *scrubbed it thrice over* schrobde het drie keer; *thrice six makes eighteen* drie maal zes is achttien 2 hoogst, zeer
thrift /θrɪft/ [niet-telb zn] 1 zuinigheid, spaarzaamheid, zorgvuldig beleid 2 〈AE; fin〉 spaarbank 3 〈plantk〉 standkruid, 〈i.h.b.〉 Engels gras 〈Armeria maritima〉 4 〈vero〉 voorspoedigheid, bloei, het gedijen
thrift·less /ˈθrɪftləs/ [bn; bw: ~ly; zn: ~ness] verkwistend, verspillend, niet zuinig
thrift shop [telb zn] uitdragerij, winkel in tweedehandsgoederen
thrift·y /ˈθrɪfti/ [bn; vergr trap: thriftier; bw: thriftily; zn: thriftiness] 1 zuinig, spaarzaam, economisch 2 goed gedijend, welvarend, bloeiend
¹**thrill** /θrɪl/ [telb zn] 1 beving, golf van ontroering/opwinding ♦ *it gave me a thrill of joy* mijn hart sprong op van blijdschap 2 huivering, siddering, golf van angst/afschuw ♦ *he felt a thrill of horror* hij huiverde van afgrijzen 3 aangrijpende/opwindende gebeurtenis, sensatie ♦ *it was quite a thrill* het was heel opwindend; 〈inf〉 *thrills and spills* spanning en sensatie 4 trilling, beving, klopping 5 〈med〉 siddering, het fibrilleren 〈van hart〉
²**thrill** /θrɪl/ [onov ww] 1 beven, ontroerd worden, worden aangegrepen 2 huiveren, sidderen ♦ *he thrilled to the howling of the wind* het geheul van de wind deed hem huiveren; *we thrilled with horror* we huiverden van afgrijzen 3 beven, doortrillen, aangrijpen, zich meester maken van ♦ *fear thrilled through his veins* hij werd door angst bevangen; → **thrilling**
³**thrill** /θrɪl/ [ov ww] 1 doen beven, aangrijpen, opwinden, in vervoering brengen, ontroeren ♦ *a thrilling story* een spannend verhaal; *be thrilled (to bits) with sth.* ontzettend gelukkig zijn met iets 2 doen huiveren, doen sidderen, angst aanjagen ♦ *thrilling horror-stories* angstaanjagende griezelverhalen; → **thrilling**
thrill·er /ˈθrɪlə, ˠ-ər/ [telb zn] iets opwindends, 〈i.h.b.〉 thriller, griezelfilm, griezelboek, spannend misdaadverhaal
thrill·ing /ˈθrɪlɪŋ/ [bn; tegenwoordig deelw van thrill; bw: ~ly] spannend, opwindend, aangrijpend
thrill-seek·er [telb zn] waaghals, spanningzoeker
thrips /θrɪps/ [alleen mv] 〈dierk〉 trips 〈Thysanoptera〉, onweersvliegje
thrive /θraɪv/ [onov ww; ook throve, thriven] 1 gedijen, welvaren, bloeien, voorspoedig zijn ♦ *he seems to thrive on hard work* hard werken schijnt hem goed te doen 2 voorspoedig groeien, groeien als kool, welig tieren, het goed doen 〈van planten, dieren〉 · 〈sprw〉 *first thrive and then wive* eerst het kooitje klaar, dan het vogeltje erin
thro', **thro** /θruː/ → **through**
¹**throat** /θroʊt/ [telb zn] 1 hals 〈ook figuurlijk〉, smal gedeelte 2 keel, strot ♦ *clear one's throat* zijn keel schrapen; *cut s.o.'s throat* iemand de keel afsnijden; 〈AE〉 *fly at s.o.'s throat* iemand aanvliegen, iemand naar de keel vliegen; *take s.o. by the throat* iemand bij de keel/strot grijpen, iemand naar de strot vliegen 3 〈plantk〉 keel 4 〈form〉 keel, stem van zangvogel 5 〈scheepv〉 hals · *be at each other's throats* elkaar in de haren vliegen; *cram/force/ram/stuff/ shove/thrust sth. down s.o.'s throat* iemand dwingen iets te accepteren, iemand iets opdringen, iemand tot vervelens toe doorzagen over iets; *cut/slit one's (own) throat* zijn eigen glazen ingooien, zichzelf een nederlaag toebrengen,

zijn eigen graf graven; *jump down s.o.'s throat* iemand ineens aanvliegen, tegen iemand uitvaren, iemand ineens toesnauwen; *lie in one's throat* liegen of het gedrukt staat, glashard liegen; *his remark sticks in my throat* ik vind zijn opmerking onverteerbaar; *the words stuck in my throat* de woorden bleven me in de keel steken
²**throat** /θroʊt/ [onov ww] 1 binnensmonds mompelen 2 met een keelstem uitspreken 3 groeven, een groef aanbrengen in
throat-band [telb zn] 1 halsband 2 boord 3 keelriem 〈van paard〉
-throat·ed /ˈθroʊtɪd/ -gekeeld, met een ... keel ♦ 〈dierk〉 *red-throated loon* roodkeelduiker 〈Gavia stellata〉
throat-flap [telb zn] 〈med〉 keelklepje
throat-lash [telb zn] keelriem 〈van paard〉
throat·let /ˈθroʊtlɪt/ [telb zn] 1 halsketting 2 bontje
throat·y /ˈθroʊti/ [bn; bw: throatily; zn: throatiness] 1 kelig, gutturaal 2 hees, schor 3 met vooruitspringende/afhangende keel 〈van dieren〉
¹**throb** /θrɒb, ˠθrɑb/ [telb zn] klop, geklop, gebons
²**throb** /θrɒb, ˠθrɑb/ [onov ww] 1 kloppen 2 bonzen, luid kloppen, bonken 〈van hart〉, ronken 〈van motor〉 ♦ *throbbing rhythm* opzwepend ritme 3 aangedaan/geroerd zijn, hevige emoties ondergaan
¹**throe** /θroʊ/ [telb zn; vaak mv] heftige pijn, stuiptrekking, kramp, 〈i.h.b.〉 barensnee, doodsstuip · 〈fig〉 *in the throes of* worstelend met, kampend met
²**throe** /θroʊ/ [onov ww] hevige pijnen lijden, stuiptrekken, 〈i.h.b.〉 in barensnood/doodsnood verkeren
Throg·mor·ton Street /ˈθrɒɡmɔːtn striːt, ˠˈθrɑɡmɔrtn-/ [eigenn] Throgmorton Street, de Londense effectenbeurs
throm·bin /ˈθrɒmbɪn, ˠˈθrɑm-/ [niet-telb zn] 〈biol〉 trombase
throm·bo·cyte /ˈθrɒmbəsaɪt, ˠˈθrɑm-/ [telb zn] 〈biol〉 bloedplaatje, trombocyt
throm·bo·sis /θrɒmˈboʊsɪs, ˠθrɑm-/ [telb + niet-telb zn; mv: thromboses /-siːz/] trombose
throm·bot·ic /θrɒmˈbɒtɪk, ˠθrɑmˈbɑtɪk/ [bn] trombose-
throm·bus /ˈθrɒmbəs, ˠˈθrɑm-/ [telb zn; mv: thrombi /-baɪ/] trombus, bloedprop
¹**throne** /θroʊn/ [telb zn] troon, zetel
²**throne** /θroʊn/ [niet-telb zn] troon, macht, heerschappij ♦ *come to the throne* op de troon komen, aan de macht komen
³**throne** /θroʊn/ [onov ww] tronen, op de troon zitten, regeren
⁴**throne** /θroʊn/ [ov ww] op de troon zetten, kronen, de macht geven
throne-name [telb zn] koningsnaam 〈bij troonsbestijging aangenomen〉
throne-room [telb zn] troonzaal
thrones /θroʊnz/ [alleen mv; ook Thrones] 〈Bijb〉 Tronen 〈derde der negen engelenkoren〉
¹**throng** /θrɒŋ, ˠθrɔŋ, ˠθrɑŋ/ [telb zn] 1 menigte, gedrang, mensenmassa 2 menigte, grote hoeveelheid, massa, berg, stapel, hoop
²**throng** /θrɒŋ, ˠθrɔŋ, ˠθrɑŋ/ [bn] druk bezig
³**throng** /θrɒŋ, ˠθrɔŋ, ˠθrɑŋ/ [onov ww] zich verdringen, toestromen, te hoop lopen
⁴**throng** /θrɒŋ, ˠθrɔŋ, ˠθrɑŋ/ [ov ww] 1 vullen, overstromen, overstelpen, overvol maken ♦ *people thronged the streets* in de straten waren drommen mensen 2 vullen, volstoppen 〈vero〉 zich verdringen om, omstuwen
thros·tle /ˈθrɒsl, ˠˈθrɑsl/ [telb zn] 1 〈form〉 lijster 2 〈ind〉 spinmachine
throstle frame [telb zn] 〈ind〉 spinmachine
¹**throt·tle** /ˈθrɒtl, ˠˈθrɑtl/ [telb zn] 1 〈techn〉 smoorklep 2 〈techn〉 regelklep 3 〈techn〉 gaspedaal, gashendel 4 〈vero〉 keel, strot, luchtpijp
²**throt·tle** /ˈθrɒtl, ˠˈθrɑtl/ [ov ww] 1 doen stikken, versmo-

ren, smoren, ⟨fig ook⟩ onderdrukken ② wurgen, de keel dichtknijpen ③ ⟨techn⟩ smoren, knijpen ④ gas minderen ⟨auto⟩ ♦ zie: **throttle down**[1]

¹throttle back, throttle down [onov ww] (vaart) minderen ⟨ook figuurlijk⟩, afremmen, (zich) inhouden

²throttle back, throttle down [ov ww] afremmen ⟨ook figuurlijk⟩, tegenhouden

throttle lever [telb zn] ⟨techn⟩ gaspedaal, gashendel

throttle valve [telb zn] ⟨techn⟩ smoorklep, regelklep

¹through, thro', thro, ⟨AE; inf ook⟩ **thru** /θruː/ [bn] doorgaand, doorlopend, ononderbroken ♦ *through beam* doorlopende balk; *through carriage* doorgaand rijtuig; *no through road* geen doorgaand verkeer; *through passengers* passagiers op doorreis; *through street* doorgaande weg, straat voor doorgaand verkeer; voorrangsweg; *not a through street* doodlopende straat; *through ticket* doorreisbiljet; *through traffic* doorgaand verkeer; *through train* doorgaande trein · ⟨handel⟩ *through bill of lading* doorvoercognossement

²through, thro', thro, ⟨AE; inf ook⟩ **thru** /θruː/ [bw] ① door, verder ♦ *go through with* doorgaan met, volhouden; *we drove right through to Amsterdam* we reden meteen door naar Amsterdam ② door, doorheen ♦ *they must let us through* ze moeten ons doorlaten; *five meters through* vijf meter doorsnede; *read sth. through* iets doornemen, iets uitlezen; *the floorboards were mouldered, and we went through* de vloer was vermolmd en we zakten er doorheen ③ klaar, er doorheen ♦ *I'm through with my work* ik ben klaar met mijn werk; *I am through with teaching* ik schei uit met lesgeven ④ door, doorgesleten, kapot ♦ *my sweater is through at the elbows* mijn trui is door aan de ellebogen ⑤ helemaal, volkomen, van begin tot eind ♦ *all through* overal; de hele tijd; *through and through* door en door; in hart en nieren; *wet through* doornat · ⟨telefoon⟩ *are you through?* heeft u verbinding?; ⟨AE⟩ bent u klaar?; *Ralph and I are through* het is uit tussen Ralph en mij

³through, thro', thro, ⟨AE; inf ook⟩ **thru** /θruː/ [vz] ① ⟨ook fig; richting, weg of medium; vaak met voltooidheidsaspect⟩ door, helemaal door, via, langs, over, gedurende ♦ *it flew through the air* het vloog door de lucht; *he took her through and through the sequence* hij nam met haar de volgorde door tot op het einde; *he went through six beers in an hour* hij goot in een uur zes biertjes naar binnen; *the seconds hand moved through 180 degrees* de secondewijzer legde 180 graden af; *get through one's exams* slagen voor zijn examen; *seen through a child's eyes* gezien met de ogen van een kind; *walk through the fields* door de velden wandelen; *he went through a fortune* hij heeft een fortuin erdoor gejaagd; *descended through generations of royalty* afstammen uit generaties van koninklijke(n) bloede; *he peered through his glasses* hij tuurde door zijn bril; *it has gone through his hands* het is door zijn handen gegaan; *had to travel through the heat* moesten in de hitte reizen; *she put him through hell* ze heeft hem het vuur na aan de schenen gelegd; *all through his life* gedurende heel zijn leven; *drove through a red light* reed door het rode licht; *could not speak through the noise* kon het lawaai niet overstemmen; *talk through one's nose* door zijn neus spreken, nasaal spreken; *scattered through the room* verspreid door de kamer; *have been through much suffering* hebben veel leed doorstaan; *stayed through the summer* bleef tot het einde van de zomer; *through and through* helemaal door(heen) ⟨ook figuurlijk⟩ ② ⟨wijze⟩ door middel van, met behulp van, via, langs ♦ *we are related through an old aunt* we zijn via een oude tante familie van elkaar; *we get our information through papers and television* we ontvangen onze informatie via de kranten en de televisie; *he taught us through parables* hij onderrichtte ons door middel van parabels; *illustrated through pictures* geïllustreerd aan de hand van fo-to's; *he spoke through his representative* hij sprak via zijn vertegenwoordiger ③ ⟨oorzaak⟩ door, wegens, uit ♦ *she did nothing through fear of hurting him* ze deed niets uit angst hem pijn te doen; *he could not travel through illness* hij kon wegens ziekte niet reizen ④ ⟨AE⟩ tot en met ♦ *numbers 7 through 12* de nummers 7 tot en met 12; *Monday through Thursday* van maandag tot en met donderdag · ⟨BE; fig, inf⟩ *go through s.o.* ⟨flink⟩ tekeergaan tegen iemand, uitvaren tegen iemand

through ball [telb zn] ⟨voetb⟩ throughpass, ⟨België⟩ doorsteekpass

through·ly /ˈθruːli/ [bw] ⟨vero⟩ geheel en al, volkomen

¹through·out [bw] helemaal, door en door, in alle opzichten, overal, steeds, volledig, van het begin tot het einde ♦ *our aim has been throughout ...* ons doel is steeds geweest ...; *she had been deceived throughout* ze was de hele tijd bedrogen geweest; *apples should be juicy throughout* appelen moeten door en door sappig zijn

²through·out [vz] door, helemaal door, door heel ♦ *throughout the country* door/in/over heel het land; *throughout his life* heel zijn leven door

through·put [telb zn] ① verwerkte hoeveelheid, resultaat, verwerking, productie ② ⟨ook comp⟩ verwerkingscapaciteit

through·way, ⟨AE ook⟩ **thru·way** [telb zn] snelweg

throve /θroʊv/ [verleden tijd] → **thrive**

¹throw /θroʊ/ [telb zn] ① worp, gooi, het werpen ♦ *at £x a throw* tegen £x per keer/stuk; *a high/low throw* een hoge/lage gooi ⟨met dobbelstenen⟩; *a throw of fifty metres* een worp van vijftig meter ② sprong, waagstuk, risico ③ ⟨geol⟩ spronghoogte ⟨mate van verticale verplaatsing aan weerszijden van een breuk⟩ ④ ⟨techn⟩ uitslag ⟨van wijzer⟩ ⑤ ⟨techn⟩ slag ⟨van kruk e.d.⟩ ⑥ ⟨techn⟩ draaibank, draaischijf ⟨met de hand aangedreven⟩ ⑦ ⟨AE⟩ doek, sprei, sjaal ⑧ ⟨AE⟩ kleedje, tapijtje ⑨ ⟨cricket⟩ throw, gooi ⟨onregelmatige worp/bowl⟩

²throw /θroʊ/ [onov ww; threw, thrown] met iets gooien, werpen ♦ *don't throw!* niet gooien!; ⟨sport⟩ *you threw very well* dat was een goede worp/(aan)gooi · zie: **throw down**; zie: **throw in**; zie: **throw off**; zie: **throw up**

³throw /θroʊ/ [ov ww; threw, thrown] ① werpen, gooien, ⟨fig ook⟩ doen belanden, terecht doen komen ♦ *throw about/around* rondsmijten, om zich heen gooien; *throw a stone at s.o.* met een steen naar iemand gooien; *throw by* terzijde/van zich af werpen, wegwerpen; *throw a card* een kaart spelen/ecarteren; *throw deposit* bezinksel/depot afzetten; *throw dice* dobbelstenen gooien, dobbelen; *throw eleven* elf gooien ⟨met dobbelstenen⟩; *throw its feathers* ruien, in de rui zijn; ⟨sport⟩ *throwing the hammer* het kogelslingeren; ⟨België⟩ hamerslingeren; *the horse threw him* het paard wierp hem af; *he was thrown into prison* hij werd in de gevangenis geworpen; *she threw herself on her knees* ze wierp zich op haar knieën; ⟨vss⟩ *throw the lines/nets* de lijnen/netten uitwerpen; *the candles throw shadows on the wall* de kaarsen werpen schaduwen op de muur; *throw o.s. at s.o.* zich op iemand storten/werpen; zich aan iemand opdringen, naar iemands gunsten dingen, met iemand aanpappen; *throw o.s. into sth.* zich enthousiast ergens op werpen/in storten; *throw o.s. (up) (s.o./sth.)* (iemand/iets) aanvallen, zich overleveren aan (iemand/iets), zich in handen geven van (iemand/iets); *throw a cape over one's shoulders* zich een cape over de schouders gooien; *throw overboard* overboord gooien, ⟨fig ook⟩ zich niet meer storen aan, laten varen, afstappen van ⟨principes⟩; *the horse had thrown a shoe* het paard had een hoefijzer verloren; *snakes throw their skins* slangen werpen hun huid af; *be thrown upon one's own resources* op zichzelf worden teruggeworpen; *our ship was thrown upon the rocks* ons schip werd op de rotsen gesmeten ② richten, werpen, toewerpen, toezenden ♦ *he threw us a sarcastic look* hij wierp ons

throwaway

een sarcastische blik toe; *throw s.o. a right on the chin* iemand een opstopper verkopen/een rechtse op zijn kaak geven; *throw one's voice* zijn stem luid laten weerklinken ③ werpen, baren, krijgen 〈jongen〉 ④ (af)schieten 〈projectiel〉 ⑤ omzetten, veranderen in, bewerken tot ⑥ draaien, vormen 〈hout, aardewerk〉 ⑦ 〈benaming voor〉 snel op zijn plaats brengen, werpen, leggen, maken, construeren, sturen, brengen ♦ *throw a dam/a bridge across the river* een dam bouwen in/een brug slaan over de rivier; *throw a cordon (a)round an area* een kordon trekken om een gebied; *throw an army into the battle* een leger in de strijd werpen; *throw the switch to 'off'* de schakelaar op uit zetten ⑧ verslaan, overwinnen ♦ *throw one's opponent* zijn tegenstander vellen 〈ook sport〉 ⑨ maken, hebben, doen ♦ *throw a fit/a tantrum/a scene* een woedeaanval krijgen, een scène maken; 〈sl〉 *throw a party* een fuif geven ⑩ 〈inf〉 verwarren, van de wijs brengen ⑪ 〈cricket〉 onreglementair gooien/bowlen ⑫ 〈ind〉 twisten, twijnen ⑬ 〈AE; bokssp〉 opzettelijk verliezen, weggeven • zie: **throw away;** zie: **throw back;** zie: **throw down;** zie: **throw in;** *throw s.o. into confusion/into a fit* iemand in verwarring brengen/een stuip bezorgen; zie: **throw out;** *they were thrown out of work* ze waren ineens zonder werk; *throw over* 〈zelden〉 overboord gooien 〈ook figuurlijk〉; 〈inf〉 *he threw her over after a couple of weeks* na een paar weken heeft hij haar laten zitten/in de steek gelaten; zie: **throw together;** zie: **throw up;** *thrown upon each other* op elkaar aangewezen; 〈sprw〉 *those who live in glass houses should not throw stones* wie in een glazen huisje zit, moet niet met stenen gooien

throw·a·way [telb zn] ① strooibiljet ② wegwerpding

throw away [ov ww] ① weggooien ② verspelen, verspillen, missen ♦ *throw away an advantage/a chance* een voorsprong/een kans verspelen ③ vergooien, weggooien, verspillen ♦ *throw one's money away on* zijn geld weggooien aan; *your advice is thrown away on him* je raadgevingen zijn niet aan hem besteed, hij luistert toch niet naar je raad; *you are thrown away on that sort of work* je bent veel te goed voor dat soort werk; *she has thrown herself away on an unworthy man* ze heeft zich vergooid aan een waardeloze vent ④ 〈dram〉 zonder nadruk uitspreken, quasinonchalant brengen ⑤ 〈bridge〉 afgooien, ecarteren

throw-away [bn, attr] ① wegwerp- ② zonder nadruk ♦ *a throw-away remark* een quasinonchalante opmerking

throw back [ov ww] ① teruggooien, terugwerpen ② openslaan, terugslaan, opzijwerpen ♦ *throw back the blankets* de dekens terugslaan ③ terugdringen, terugdrijven, verjagen ♦ *the army was thrown back* het leger werd teruggeslagen ④ teruggaan tot het verleden/ tot zijn voorouders, 〈i.h.b.〉 atavismen vertonen ⑤ in het nauw brengen, dwingen zijn toevlucht te nemen (tot) ⑥ belemmeren, achterop doen raken ♦ *my illness has thrown me back a year* door mijn ziekte ben ik een jaar achterop geraakt • *don't throw his faults back at him* je moet hem zijn fouten niet voor de voeten gooien; *be thrown back on* moeten terugrijpen naar, weer aangewezen zijn op

throw-back [telb zn] ① terugslag, atavisme ② terugkeer, het teruggrijpen op ♦ *it is a throw-back to fin de siècle design* het grijpt terug naar fin de siècle ontwerpen

¹**throw down** [onov ww] 〈AE; sl〉 rotzooi schoppen • *throw down on s.o.* iemand de schuld geven

²**throw down** [ov ww] ① neergooien, neerwerpen, op de grond gooien ♦ *throw o.s. down* languit gaan liggen ② neerhalen, omverhalen, afbreken, slopen ③ neerslaan, doen bezinken ④ vernederen, omlaag halen ⑤ 〈sl〉 te veel zijn voor, de baas zijn, het winnen van

throw·er /ˈθroʊə, ˈ-ər/, 〈in betekenis 2 ook〉 **throw·ster** /-stə, ˈ-ər/ [telb zn] ① pottendraaier, pottenbakker ② twijner

¹**throw in** [onov ww] zich toevoegen ♦ *throw in with* meedoen met, samenwerken met, omgaan met

²**throw in** [ov ww] ① erin gooien, inwerpen, naar binnen werpen ② gratis toevoegen, erbij doen, op de koop toe geven ③ terloops opmerken, terloops toevoegen ④ 〈sport〉 ingooien ⑤ 〈bridge〉 ingooien, placen ⑥ 〈jacht〉 op het spoor zetten 〈honden〉 ⑦ 〈techn〉 koppelen, doen ineengrijpen ♦ *throw in the clutch* koppelen 〈auto〉

throw-in [telb + niet-telb zn] inworp, het ingooien

throwing arm [telb zn] 〈atl〉 werparm

throwing cage [telb zn] 〈atl〉 (werp)kooi 〈bij discuswerpen en kogelslingeren〉

throwing circle [telb zn] 〈atl〉 werpcirkel

throwing event [telb zn] 〈atl〉 werpnummer

throwing sector [telb zn] 〈atl〉 werpsector, werpveld

¹**throw off** [onov ww] ① de jacht beginnen, de honden loslaten ② een begin maken, van start gaan

²**throw off** [ov ww] ① zich bevrijden van, van zich af schudden, wegwerken, zien kwijt te raken ♦ *throw off a cold* van zijn verkoudheid afraken; *throw off a persecutor* een achtervolger van zich afschudden ② uitgooien, haastig uittrekken, afwerpen, afdoen, afzetten ♦ *throw off one's mask* zijn masker afwerpen 〈ook figuurlijk〉 ③ uitstoten, afgeven, spuien, 〈ook fig〉 produceren ♦ *throw off a poem* een gedicht uit zijn mouw schudden ④ 〈jacht〉 loslaten 〈de honden〉

throw-off [telb zn] ① 〈sport, jacht〉 start, aanvang, begin ② voortbrengsel, resultaat

throw out [ov ww] ① weggooien, wegdoen ② verwerpen, afwijzen ③ uiten, suggereren, opmerken, vagelijk aanduiden ♦ *throw out a suggestion* een suggestie doen, een aanwijzing geven; *throw out a warning of* zich waarschuwend uitlaten over ④ geven, uitzenden, uitstralen, afgeven ♦ *throw out heat* warmte uitstralen ⑤ in de war brengen, een fout veroorzaken ♦ *now all our calculations are thrown out* nu zijn al onze berekeningen fout; *you have thrown me out* je hebt me van de wijs gebracht ⑥ wegsturen, eruit gooien ⑦ tevoorschijn brengen ♦ *the trees are already throwing out young leaves* de bomen zijn al aan het uitlopen/botten ⑧ uitbouwen, aanbouwen, uitbreiden ⑨ aftekenen, doen uitkomen, benadrukken ⑩ uitzetten, uitzenden, uitsturen ⑪ tentoonspreiden ⑫ 〈vnl sport〉 achter zich laten, achterop doen raken ⑬ 〈sport〉 uitgooien

throw-out [telb zn] weggestuurde, ontslagene, iemand die eruit gezet is

throw-outs [alleen mv] rommel, vuilnis, afgedankte spullen

throw-over [telb zn] ① verlating, het in de steek laten ② verwerping, afwijzing ③ omslagdoek, stola, sjaal

throw-over switch [telb zn] 〈elek〉 omschakelaar

throw-rug [telb zn] 〈AE〉 ① doek, sprei, sjaal ② kleedje, tapijtje

throw-stick, 〈in betekenis 2 ook〉 **throw·ing-stick** [telb zn] ① werphout, boemerang ② werphout 〈voor handpijl〉, woomera

throw together [ov ww] ① bij elkaar vegen, bij elkaar rapen, in elkaar flansen ♦ *throw a book/meal together* een boek/maaltijd in elkaar flansen ② bij elkaar brengen, samenbrengen ♦ *throw people together* mensen met elkaar in contact brengen

¹**throw up** [onov + ov ww] 〈inf〉 overgeven, braken, kotsen, over z'n nek gaan

²**throw up** [ov ww] ① opheffen, optillen, oplichten, omhoog tillen/schuiven ♦ *throw up one's arms/hands* de armen opheffen, een wanhoopsgebaar maken; *throw up one's eyes* de ogen ten hemel slaan; *throw up your hands* handen omhoog, geef je over ② voortbrengen ♦ *your country has thrown up many celebrities* uw land heeft veel beroemde persoonlijkheden voortgebracht ③ optrekken, opbou-

wen, opwerpen ♦ *throw up **barricades*** barricaden opwerpen ④ opgeven, verlaten, opzeggen, ermee ophouden ♦ *throw up one's **job*** zijn baan vaarwel zeggen ⑤ doen afsteken, doen uitkomen, benadrukken

throw-up [telb zn] ⟨netbal⟩ opgooi ⟨als spelhervatting⟩

thru → through

¹**thrum** /θrʌm/ [telb zn] ① draad(je), losse draad, los eindje ② kwastje ③ gepingel, getokkel ④ geklop, geroffel ⑤ gebrom, gedreun

²**thrum** /θrʌm/ [niet-telb zn] ① rafels, franje, loshangende draden, rafelrand ② ⟨text⟩ dreum, drom

³**thrum** /θrʌm/ [onov ww] ① tokkelen, pingelen ② neuzelen, brommen, eentonig spreken ③ ronken, brommen, dreunen ④ roffelen ⑤ zoemen, gonzen

⁴**thrum** /θrʌm/ [ov ww] ① tokkelen op, pingelen op ② opdreunen, eentonig uitspreken ③ van franje voorzien ④ ⟨text⟩ van pool voorzien, pool inweven/ruwen ⑤ ⟨scheepv⟩ ruwen, ruw maken ⟨zeildoek; door het invlechten van touwvezels⟩

thrupence [telb + niet-telb zn] → threepence

¹**thrush** /θrʌʃ/ [telb zn] lijster

²**thrush** /θrʌʃ/ [niet-telb zn] ⟨med⟩ ① spruw ② ⟨dierk⟩ rotstraal ③ ⟨inf⟩ vaginale infectie, candidiasis

thrush nightingale [telb zn] ⟨dierk⟩ noordse nachtegaal ⟨Luscinia luscinia⟩

¹**thrust** /θrʌst/ [telb zn] ① stoot, duw, zet ② steek, ⟨fig ook⟩ hatelijkheid, rotopmerking ③ ⟨mil, sport⟩ uitval ④ ⟨schermsp⟩ steek rechtuit ⑤ → thrust fault

²**thrust** /θrʌst/ [telb + niet-telb zn] ① druk, kracht, drijfkracht, stuwkracht ② beweging, streven, richting ③ ⟨bouwk⟩ horizontale druk ● *thrust and **parry*** houw en tegenhouw; schermutseling, duel, ⟨fig⟩ woord en wederwoord, woordenwisseling, twist, vinnig debat

³**thrust** /θrʌst/ [onov ww; thrust, thrust] ① uitvallen, toestoten ♦ *she thrust at him with a knife* ze stak naar hem met een mes ② dringen, duwen, worstelen ♦ *thrust **in*** zich een weg banen naar binnen, zich naar binnen worstelen

⁴**thrust** /θrʌst/ [ov ww; thrust, thrust] ① stoten, stompen, duwen ♦ *she thrust a parcel **at** me* ze schoof me bruusk een pakje toe; *she thrust her knife **at** him* ze stak naar hem met een mes; *she thrust the books **away from** her* ze stak een ruk de boeken van zich af; *he thrust his knee **into** my stomach* hij gaf me een kniestoot in mijn maag; *he thrust a knife **into** his victim's heart* hij stak zijn slachtoffer een mes in het hart ② duwen, stoppen, steken ♦ *he thrust his hands **into** his pockets* hij stopte zijn handen in zijn zak ③ duwen, dringen ♦ *she thrust her way **through** the crowd* ze worstelde zich door de menigte heen ● *thrust **o.s. in** sth.* zich ergens mee bemoeien, ergens zijn neus insteken; *thrust o.s. **upon** s.o.* zich aan iemand opdringen; *thrust sth. **upon** s.o.* iemand ergens mee opschepen

thrust·er, thrust·or /θrʌstə, ^-ər/ [telb zn] ① voordringer, ellebogenwerker, streber, iemand die zichzelf op de voorgrond dringt ② ⟨ruimtev⟩ thruster, stuwraket

thrust fault [telb zn] ⟨geol⟩ overschuiving ⟨breuk met lage hellingshoek⟩

thrust punch [telb zn] ⟨vechtsp⟩ stootslag

thrust-stage [telb zn] vooruitspringend podium

thruway [telb zn] → throughway

¹**thud** /θʌd/ [telb zn] plof, slag, bons

²**thud** /θʌd/ [onov ww] ploffen, bonzen, neerploffen ♦ *the stones thudded **into** the soft clay* de stenen ploften neer in de zachte klei

thug /θʌg/ [telb zn] ⟨gewelddadige/brutale⟩ misdadiger, moordenaar, schurk

Thug /θʌg/ [telb zn] ⟨gesch⟩ thug ⟨lid van een misdadigersbende in India⟩

thug·gee /θʌgi/ [telb zn] ⟨gesch⟩ thuggee ⟨gewelddadigheid van de thugs in India⟩

thug·ger·y /θʌgəri/ [niet-telb zn] gewelddadigheid

thu·ja /θuːdʒə, θuːjə/, **thu·ya** /θuːjə/ [telb zn] ⟨plantk⟩ levensboom, thuja ⟨genus Thuja⟩

thu·li·um /θuːliəm/ [niet-telb zn] ⟨scheik⟩ thulium ⟨element 69⟩

¹**thumb** /θʌm/ [telb zn] ① duim, eerste vinger van hand/voorpoot ② handschoenduim ♦ *he is all thumbs* hij heeft twee linkerhanden; *thumbs **down*** afgewezen, niks, onder de maat; *turn thumbs **down on** sth.* iets afwijzen, iets verbieden; *give the thumbs up/down* goedkeuren, afkeuren; *twiddle one's thumbs* duimendraaien, luilakken, niksen; *be **under** s.o.'s thumb* bij iemand onder de plak zitten; *thumbs up!* het was zó!, prima!, uitstekend; kop op!, hou je taai

²**thumb** /θʌm/ [onov ww] ① liften, de duim opsteken ② bladeren, doorbladeren, doorkijken ♦ *thumb **through** a book* een boek doorbladeren

³**thumb** /θʌm/ [ov ww] ① beduimelen, vette vingers zetten in, vuile vingerafdrukken achterlaten in/op ② vragen ⟨een lift⟩, liften ♦ *thumb a **ride*** liften, een lift vragen/krijgen

thumb-in·dex [telb zn] ⟨boek⟩ duimindex, duimgrepen

thumb·less /θʌmləs/ [bn] ① duimloos, zonder duim ② onhandig

thumb-lock [telb zn] drukslot

thumb-nail [telb zn] ① duimnagel ② ⟨comp⟩ thumbnail ⟨kleine afbeelding die je kunt aanklikken om te vergroten⟩, postzegel, duimnagel

thumb·nail sketch [telb zn] schetsje, krabbeltje, tekeningetje, portretje, ⟨fig⟩ korte beschrijving

thumb-nut [telb zn] vleugelmoer

thumb-pin, ⟨AE⟩ **thumb-tack** [telb zn] punaise

thumb-print [telb zn] duimafdruk

thumb-screw [telb zn] ① duimschroef ② vleugelschroef

thumb-suck·ing [niet-telb zn] het duimzuigen

thumb-through [telb zn] vluchtige blik, het vluchtig doorbladeren

¹**thump** /θʌmp/ [telb zn] dreun, klap, smak, bons, bonk

²**thump** /θʌmp/ [onov ww] ① dreunen, bonzen, stompen, bonken ♦ *they thumped **on** the floor to warn me* ze bonkten op de vloer om me te waarschuwen ② bonken, met dreunende stap lopen ③ luid snikken, → thumping

³**thump** /θʌmp/ [ov ww] ① dreunen op, timmeren op, beuken, bonzen ♦ *they thumped the floor* ze bonkten op de vloer; *he was thumping **out** a well-known song* timmerend op de toetsen speelde hij een bekend liedje ② stompen ③ ⟨inf⟩ een pak slaag geven, mores leren; → thumping

⁴**thump** /θʌmp/ [bw] ⟨inf⟩ met een dreun, beng, bonk ♦ *the boy ran thump with his head against the bookcase* de jongen liep bam met zijn hoofd tegen de boekenkast

thump·er /θʌmpə, ^-ər/ [telb zn] ① bonker, dreuner ② gigant, kanjer, joekel, indrukwekkend persoon/ding, ⟨i.h.b.⟩ enorme leugen

¹**thump·ing** /θʌmpɪŋ/ [bn; oorspronkelijk tegenwoordig deelw van thump; bw: ~ly] ① bonzend, bonkend, dreunend ♦ *a thumping **headache*** een barstende hoofdpijn ② ⟨inf⟩ geweldig, gigantisch ♦ *a thumping **boat*** een joekel van een boot ③ ⟨inf⟩ machtig, enig, verrukkelijk

²**thump·ing** /θʌmpɪŋ/ [bw] ⟨inf⟩ vreselijk, geweldig, kapitaal

¹**thun·der** /θʌndə, ^-ər/ [telb zn] ① gedonder, donderend geluid ♦ *thunders of **applause*** een donderend applaus; *the thunder of the **waves** against the **cliffs*** het beuken van de golven tegen de rotsen ② ⟨formeel/figuurlijk⟩ bliksem, bliksemstraal ● *steal s.o.'s thunder* met de eer gaan strijken, iemand het gras voor de voeten wegmaaien

²**thun·der** /θʌndə, ^-ər/ [niet-telb zn] donder, het donderen, onweer ● ⟨inf⟩ *by thunder!* voor de drommel, waarachtig; *like thunder* razend, nijdig; *what the thunder/what in thunder is he doing?* wat is hij in vredesnaam aan het doen?

³**thun·der** /θʌndə, ^-ər/ [onov ww] ① donderen, onweren

thunder

2 donderen, denderen, dreunen ♦ *trains thunder across the bridge* treinen denderen over de brug; *thunder past* voorbij denderen 3 donderen, razen, tieren, tekeergaan ♦ *thunder against* fulmineren tegen

⁴**thun·der** /θʌndə, ᴬ-ər/ [ov ww] uitbulderen, brullen, bulken, donderen ♦ *thunder threats at s.o.* iemand dreigementen toebulderen; *thunder out curses* verwensingen uitschreeuwen

thun·der·a·tion /θʌndəreɪʃn/ [tw] drommels, verdorie

thun·der·bolt [telb zn] 1 ⟨meteo⟩ bliksemflits 2 bliksemschicht 3 vervloeking, dreiging, banbliksem, banvloek 4 vuurvreter, ijzervreter, geweldenaar, woesteling, niets ontziend mens 5 donderslag, schok, klap 6 dondersteen ⟨letterlijk⟩

thun·der·clap [telb zn] donderslag ⟨ook figuurlijk⟩, schok, klap

thun·der-cloud [telb zn] onweerswolk

thun·der·er /θʌndrə, ᴬ-ər/ [telb zn] 1 donderaar 2 hor, gonzer, snor(robot) ⟨speelgoed⟩

Thun·der·er /θʌndrə, ᴬ-ər/ [eigenn; the] Donderaar, Jupiter

thun·der·head [telb zn] donderkop

thun·der·ing /θʌndrɪŋ/ [bn; oorspronkelijk tegenwoordig deelw van thunder; bw: ~ly] 1 donderend, met veel geraas 2 ⟨inf⟩ buitengewoon, erg, kolossaal, machtig

thun·der·ous, thun·drous /θʌndrəs/ [bn; bw: ~ly] donderend

thun·der-show·er [telb zn] onweersbui, regenbui met onweer

thun·der·stone [telb zn] 1 dondersteen 2 ⟨vero⟩ bliksemschicht

thun·der·storm [telb zn] onweersbui

thun·der·struck, thun·der·strick·en [bn] (als) door de bliksem getroffen

thun·der·y /θʌndri/ [bn] 1 onweerachtig, onweers- ♦ *thundery showers* onweersbuien 2 dreigend, onheilspellend

Thur, Thurs [afk] (Thursday)

thu·ri·ble /θjʊərəbl, ᴬθʊr-/ [telb zn] wierookvat

thu·ri·fer /θjʊərɪfə, ᴬθʊrɪfər/ [telb zn] wierookdrager

Thurs·day /θɜːzdi, -deɪ, ᴬθɜːrz-/ [eigenn, telb zn] donderdag ♦ *he arrives (on) Thursday* hij komt (op/a.s.) donderdag aan; *Holy Thursday* Witte Donderdag; *on Thursday(s)* donderdags, op donderdag, de donderdag(en), elke donderdag; ⟨BE⟩ *he arrived on the Thursday* hij kwam (de) donderdag/op donderdag aan; ⟨vnl AE⟩ *he works Thursdays* hij werkt donderdags/op donderdag/elke donderdag

¹**thus** /ðʌs/ [niet-telb zn] wierook

²**thus** /ðʌs/ [bw] ⟨form⟩ aldus, zo, dus, bijgevolg □ *thus far* tot hier toe, tot zover, tot nu toe; *thus much* zo veel; *I told you thus much* dat heb/had ik je (toch/al) verteld/gezegd; *thus and thus/so* zus en zo, dit en dat

thus·ly /ðʌsli/ [bw] ⟨inf⟩ aldus, zo, dus

thus·ness /ðʌsnəs/ [niet-telb zn] ⟨inf⟩ het aldus-zijn

thus·wise /ðʌswaɪz/ [bw] ⟨inf⟩ aldus, zo, dus

thuya [telb zn] → **thuja**

thwack → **whack**

thwaite /θweɪt/ [telb zn] ⟨BE, gew⟩ 1 weide 2 gecultiveerd land, bouwland

¹**thwart** /θwɔːt, ᴬθwɔrt/ [telb zn] 1 ⟨scheepv⟩ doft, roeibank 2 tegenwerking, belemmering, hindernis

²**thwart** /θwɔːt, ᴬθwɔrt/ [bn; bw: ~ly] ⟨vero⟩ 1 dwars(liggend) 2 koppig, onhandelbaar, dwars

³**thwart** /θwɔːt, ᴬθwɔrt/ [ov ww] 1 verijdelen, dwarsbomen, hinderen 2 tegenwerken, tegenhouden, blokkeren, doorkruisen 3 tarten, tegen zich in het harnas jagen

⁴**thwart** /θwɔːt, ᴬθwɔrt/ [bw] ⟨vero⟩ dwars door/over/op, (over)dwars

thwart·ed·ly /θwɔːtɪdli, ᴬθwɔrtɪdli/ [bw] met tegenwerking

thwart·er /θwɔːtə, ᴬθwɔrtər/ [telb zn] dwarsligger, spelbreker, dwarsdrijver

thwart·ship /θwɔːtʃɪp, ᴬθwɔrt-/ [bn] ⟨scheepv⟩ dwarsscheeps

thwart·ships /θwɔːtʃɪps, ᴬθwɔrt-/ [bw] ⟨scheepv⟩ dwarsscheeps

THX [afk] ⟨chat⟩ (thanks) dank je

thy /ðaɪ/ [bez det] ⟨vero of rel⟩ uw ♦ *cast sin out of thy heart* verwijder de zonde uit uw hart; → **thou, thee**

thy·la·cine /θaɪləsaɪn, -sɪn/ [telb zn] ⟨dierk⟩ Tasmaanse buidelwolf ⟨Thylacinus cynocephalus⟩

thyme /taɪm/ [niet-telb zn] ⟨plantk⟩ tijm ⟨genus Thymus⟩, (i.h.b.) gemene tijm ⟨T. vulgaris⟩ ♦ *wild thyme* wilde tijm ⟨T. serpyllum⟩

-thy·mi·a /θaɪmɪə/ ⟨psych⟩ -thymie ♦ *schizothymia* schizothymie

¹**thym·ic** /taɪmɪk/ [bn] 1 tijmachtig 2 van tijm

²**thy·mic** /taɪmɪk/ [bn] ⟨anat⟩ van de thymus, van de zwezerik

thy·mine /θaɪmiːn/ [niet-telb zn] ⟨scheik⟩ thymine ⟨aminozuur⟩

thy·mol /θaɪmɒl, ᴬ-mɔl/ [niet-telb zn] ⟨scheik⟩ thymol

thy·mus /θaɪməs/, **thymus gland** [telb zn; mv: 1e variant ook thymi /-maɪ/] thymus, zwezerik

thym·y /taɪmi/ [bn; vergr trap: thymier] 1 tijmachtig 2 geurend als tijm 3 vol tijm

thy·re·o- /θaɪriəʊ/, **thy·ro-** /θaɪrəʊ/ schildklier-, thyreo- ♦ *thyrotoxicosis* thyreotoxicose, schildkliervergiftiging

¹**thy·roid** /θaɪrɔɪd/, ⟨in betekenis 1 ook⟩ **thyroid gland**, ⟨in betekenis 2 ook⟩ **thyroid cartilage** [telb zn] ⟨anat⟩ 1 schildklier 2 schildvormig kraakbeen

²**thy·roid** /θaɪrɔɪd/ [niet-telb zn] ⟨med⟩ schildklierextract

³**thy·roid** /θaɪrɔɪd/ [bn, attr] 1 schildklier- 2 van/m.b.t. het schildvormig kraakbeen

thy·roid·ec·to·my /θaɪrɔɪdektəmi/ [telb + niet-telb zn] ⟨med⟩ thyreoïdectomie ⟨verwijdering van de schildklier⟩

thy·roid·i·tis /θaɪrɔɪdaɪtɪs/ [telb + niet-telb zn] ⟨med⟩ thyreoïditis, schildklierontsteking, ziekte van Hashimoto

thy·rot·ro·pin /θaɪrəʊtrəʊpɪn, ᴬθaɪrətrəpɪn/, **thy·rot·ro·phin** /-fɪn/ [niet-telb zn] ⟨med⟩ thyreotropine

thy·rox·in /θaɪrɒksɪn, ᴬ-rɔk-/, **thy·rox·ine** /-siːn, -sɪn/ [niet-telb zn] ⟨biol⟩ thyroxine ⟨schildklierhormoon⟩

thyrse /θɜːs, ᴬθɜːrs/ [telb zn] ⟨plantk⟩ thyrsus ⟨bloeiwijze⟩

thyr·soid /θɜːsɔɪd, ᴬθɜːr-/, **thyr·soi·dal** /-sɔɪdl/ [bn] ⟨plantk⟩ thyrsusvormig, thyrsusachtig

thyr·sus /θɜːsəs, ᴬθɜːr-/ [telb zn; mv: thyrsi /-saɪ/] 1 bacchusstaf, thyrsus 2 ⟨plantk⟩ thyrsus ⟨bloeiwijze⟩

thy·self /ðaɪself/ [wk vnw] ⟨vero of rel⟩ 1 uzelf ♦ *observe thyself* let op uzelf; *others more fortunate than thyself* anderen gelukkiger dan gij zelf 2 ⟨als nadrukwoord⟩ gij zelf ♦ *thyself a scholar thou canst help me* zelf een onderzoeker (zijnde) kunt gij mij helpen; *thyself and thy children shall suffer* gij(zelf) en uw kinderen zullen boeten; *thou thyself hast killed him* gij zelf hebt hem gedood

¹**ti, te** /tiː/ [telb zn] ⟨plantk⟩ Australische koolpalm ⟨genus Cordyline⟩

²**ti**, ⟨ook⟩ **te** /tiː/ [telb + niet-telb zn] ⟨muz⟩ b, si ⟨toon⟩

ti·ar·a /tiɑːrə/ [telb zn] 1 tiara 2 diadeem

tib·i·a /tɪbɪə/ [telb zn; mv: ook tibiae /tɪbiː/] 1 ⟨anat⟩ scheenbeen, tibia 2 segment van insectenpoot 3 ⟨muz⟩ aulos, tibia ⟨soort fluit⟩

tib·i·al /tɪbɪəl/ [bn, attr] scheenbeen-, van/m.b.t. het scheenbeen

tib·i·o·tar·sus /tɪbiəʊtɑːsəs, ᴬ-tɑr-/ [telb zn; mv: tibiotarsi /-saɪ/] scheenbeen van vogel

tic /tɪk/ [telb + niet-telb zn] tic, zenuwtrekje

tic dou·lou·reux /tɪkduːləruː/ [niet-telb zn] ⟨med⟩ trigeminusneuralgie, aangezichtspijnen

¹tick /tɪk/ [telb zn] ① teek, ⟨BE; inf, fig⟩ lastpost, klier, lammeling, lamzak ② tik, getik ⟨in het bijzonder van klok⟩, ⟨vnl BE; inf⟩ momentje, ogenblik ♦ *in a tick* in een wip; *in two ticks* in een, twee, drie, in een paar tellen, in een mum van tijd; *on/to the tick* exact op tijd ③ vink(je), (merk)teken(tje), streepje ⟨bij controle van lijst⟩ ④ (bedden)tijk, overtrek ⑤ ⟨beurs⟩ punt ⟨van een aandelenindex⟩

²tick /tɪk/ [niet-telb zn] ⟨inf⟩ ① tijk ⟨stof⟩ ② ⟨BE⟩ krediet, pof ♦ *on tick* op de pof, op krediet, op de lat

³tick /tɪk/ [onov ww] tikken ♦ *tick away* tikken; voorbijgaan ⟨van tijd⟩ · *tick by* voorbijgaan ⟨van tijd⟩; ⟨fin⟩ *tick down* dalen; *what makes s.o./sth. tick* wat het geheim is van iemand/iets, wat iemand drijft/wat iets in beweging houdt; ⟨BE⟩ *tick over* stationair draaien ⟨van motor⟩; ⟨inf⟩ zijn gangetje gaan, rustig gaan; ⟨fin⟩ *tick up* stijgen; → ticking

⁴tick /tɪk/ [onov + ov ww] poffen, op de pof/krediet (ver)kopen; → ticking

⁵tick /tɪk/ [ov ww] aanstrepen, aankruisen ⟨op lijst⟩ ♦ *tick off* afvinken, aanstrepen, afstrepen, aankruisen ⟨op lijst⟩ · ⟨inf⟩ *tick off* een uitbrander geven; woest/kwaad maken; → ticking

tick·bean [telb zn] ⟨plantk⟩ paardenboon, veldboon ⟨Vicia faba⟩

ticked /tɪkt/ [bn] ① gespikkeld ② ⟨AE; inf⟩ woest, kwaad

tick·er /ˈtɪkə, ˆ-ər/ [telb zn] ① iemand die/iets dat tikt ② tikker ⟨telegraaf⟩ ③ ⟨sl⟩ horloge, klok ④ ⟨sl⟩ hart, rikketik

¹tick·er-tape [telb zn] serpentine

²tick·er-tape [niet-telb zn] tikkerband, tickertape

tick·er-tape pa·rade [telb zn] ⟨AE⟩ tickertapeparade, serpentineoptocht ⟨in het bijzonder in New York⟩

¹tick·et /ˈtɪkɪt/ [telb zn] ① kaart(je), toegangsbewijs, vervoerbewijs, plaatsbewijs ♦ ⟨BE; gesch⟩ *ticket of leave* bewijs van voorwaardelijke invrijheidstelling; *work one's ticket* werken voor de overtocht ⟨van migrant⟩ ② prijskaartje, etiket ③ brevet, diploma ④ lot, loterijbriefje ⑤ lommerdbriefje ⑥ ⟨mil⟩ ontslagbriefje, paspoort ♦ ⟨inf⟩ *get one's ticket* uit militaire dienst ontslagen worden, zijn paspoort krijgen ⑦ ⟨inf⟩ bon, bekeuring ⑧ ⟨AE⟩ kandidatenlijst, stembriefje ♦ ⟨fig⟩ *split the ticket* voor kandidaten van verschillende lijsten stemmen ⑨ ⟨AE⟩ partijprogramma · ⟨inf⟩ *that's just the ticket* dát is het (precies), da's je ware

²tick·et /ˈtɪkɪt/ [ov ww] ① etiketteren, van een etiket voorzien, prijzen ② bestemmen, aanduiden ③ ⟨AE⟩ toegangsbewijs/spoorkaartje geven ④ ⟨AE⟩ ⟨inf⟩ een bon/bekeuring geven; → ticketing

ticket agent [telb zn] ⟨AE⟩ burelist, bureaulist, kaartverkoper

ticket collector [telb zn] (kaartjes)controleur, conducteur

ticket day [telb zn] ⟨BE⟩ tweede rescontredag ⟨op de Beurs⟩

ticket gate [telb zn] ⟨BE⟩ ingang, uitgang, controle

ticket holder [telb zn] iemand met toegangsbewijs/kaartje ⟨tot theater e.d.⟩, kaarthouder

tick·et·ing /ˈtɪkɪtɪŋ/ [niet-telb zn; gerund van ticket] uitgifte/verkoop van tickets, kaartverkoop

ticket office [telb zn] loket, plaatskaartenbureau

tick·et-of-leave man [telb zn] ⟨BE; gesch⟩ voorwaardelijk vrijgelatene

ticket punch [telb zn] conducteurstang

ticket scalper [telb zn] ⟨AE⟩ kaartjeszwendelaar, zwarthandelaar in toegangskaartjes

ticket tout [telb zn] zwartekaartjesverkoper

tick·e·ty-boo /ˌtɪkətɪˈbuː/ [bn] ⟨BE; sl⟩ best, prima

tick fever [telb + niet-telb zn] tekenkoorts

tick·ing /ˈtɪkɪŋ/ [niet-telb zn; in bet 1 gerund van tick] ① getik, het tikken ② (bedden)tijk ⟨stof⟩

tick·ing-off [telb zn; oorspronkelijk tegenwoordig deelw van tick off] ⟨inf⟩ uitbrander, schrobbering, reprimande

¹tick·le /ˈtɪkl/ [telb zn] ① gekietel ② kietelend gevoel

²tick·le /ˈtɪkl/ [onov ww] kietelen, kriebelen, jeuken, ⟨vnl fig⟩ kittelen ♦ *it tickles on my tongue* het kittelt op mijn tong

³tick·le /ˈtɪkl/ [ov ww] ① kietelen, kriebelen, kittelen, ⟨fig⟩ strelen, (aangenaam) prikkelen ♦ *it tickles the senses* het prikkelt de zinnen ② amuseren, aan het lachen maken, op de lachspieren werken ③ ⟨iron⟩ kastijden, ranselen, slaan · *tickle up* aansporen, opporren

tick·ler /ˈtɪklə, ˆ-ər/ [telb zn] ① iemand die/iets dat kietelt, (i.h.b.) veer, pluim, ⟨iron⟩ roede, rietje, stok ② netelig(e) vraag/probleem ③ ⟨AE⟩ notitieboekje

tick·lish /ˈtɪklɪʃ/ [bn; bw: ~ly; zn: ~ness] ① kittelig, kittelachtig ♦ *be ticklish* niet/slecht tegen kietelen kunnen ② lichtgeraakt ③ netelig, pijnlijk, lastig, teer ④ onvast, wankel, labiel, onbestendig, wisselvallig

tick·ly /ˈtɪkli/ [bn; vergr trap: ticklier] → ticklish

tick·seed [niet-telb zn] ⟨plantk⟩ meisjesogen ⟨genus Coreopsis⟩

¹tick-tack, tic-tac /ˈtɪktæk/ [telb + niet-telb zn] getik ⟨in het bijzonder van hart⟩

²tick-tack, tic-tac /ˈtɪktæk/ [niet-telb zn] ⟨BE⟩ het (geheim) seinen van beroepswedders ⟨op renbaan⟩

³tick-tack /ˈtɪktæk/ [onov ww] ① tikken ② ⟨BE⟩ seinen ⟨door beroepswedders, op renbaan⟩

tick-tack-toe, tic-tac-toe /ˌtɪktæktˈoʊ/ [niet-telb zn] ⟨AE⟩ boter-kaas-en-eieren ⟨spel⟩, kruisje-nulletje

tick-tick /ˈtɪktɪk/, **tick-tock** /ˈtɪktɒk, ˆ-tɑk/ [telb + niet-telb zn] getik, gerikketik, tiktak ⟨van klok⟩

¹tick·y-tack·y /ˌtɪkɪˈtæki/, **tick·y-tack** /ˈtɪkɪtæk/ [niet-telb zn] ⟨AE; inf⟩ goedkoop en inferieur (bouw)materiaal, ondeugdelijk materiaal

²tick·y-tack·y /ˌtɪkɪˈtæki/ [bn] ⟨AE; inf⟩ ① haveloos, sjofel, vervallen, slonzig, gehavend, verwaarloosd, verlopen ② smakeloos, prullig, goedkoop, opzichtig, ordinair, stijlloos

tid·al /ˈtaɪdl/ [bn; bw: ~ly] getij(den)- ♦ *tidal basin* getijdenbassin; *tidal dock* getijdok; *tidal flow* getijverkeer, spitsverkeer; *tidal pool* getijdenpoel(tje); *tidal river* getijdenrivier

tidal wave [telb zn] getijdengolf, vloedgolf, ⟨fig⟩ golf van emotie/woede/enthousiasme ⟨enz.⟩

tid·bit [telb zn] → titbit

tid·dler /ˈtɪdlə, ˆ-ər/ [telb zn] ⟨BE; inf⟩ ① visje ⟨in het bijzonder stekelbaarsje⟩ ② klein kind, ⟨fig⟩ klein(e) broertje/garnaal ③ munt van een halve penny, halfpennymunt

¹tid·dly /ˈtɪdli/ [telb zn] ⟨BE⟩ borreltje

²tid·dly /ˈtɪdli/ [bn] ⟨BE; inf⟩ ① aangeschoten, een beetje teut ② nietig, klein

tid·dly·wink, tid·dley·wink /ˈtɪdliwɪŋk/, **tid·dle·dy·wink** /ˈtɪdldi-/ [telb zn] vlo, fiche ⟨van duiven-/schaaps-?⟩

tid·dly·winks, tid·dley·winks /ˈtɪdliwɪŋks/, **tid·dle·dy·winks** /ˈtɪdldi-/ [alleen mv; werkwoord voornamelijk enk] vlooienspel

tid·dy /ˈtɪdi/ [bn; vergr trap: tiddier] ⟨inf⟩ klein, nietig, onbeduidend

¹tide /taɪd/ [telb zn] ① getij(de), tij ♦ *the tide is in/out* het is hoogwater/laagwater; ⟨scheepv⟩ *save the tide* met het getij uitvaren/binnenvaren; ⟨fig⟩ *turn the tide* het getij doen keren; ⟨fig⟩ *turn of the tide* kentering; ⟨fig⟩ *the tide turned* het getij keerde, er trad een kentering in ② vloed, ⟨fig⟩ hoogtepunt ♦ ⟨fig⟩ *tide of events* loop der gebeurtenissen ③ stroom, stroming (ook figuurlijk) ♦ ⟨inf, fig⟩ *swim/go with/against the tide* ergens in mee/tegenin gaan, met de stroom mee/tegen de stroom in gaan ④ ⟨vero⟩ gelegenheid, kans ⑤ ⟨verouderd, behalve in samenstellingen⟩ tijd, seizoen, (kerkelijk) feest · ⟨sprw⟩ *time and tide wait for no man* de tijd en het tij wachten op niemand

tide

²**tide** /taɪd/ [onov ww] ① met het tij meedrijven, op de stroom meedrijven ② op en neer/heen en weer stromen, op en neer vloeien ③ werken afhankelijk van het getijde, getijwerk doen ⟨bijvoorbeeld in haven⟩

³**tide** /taɪd/ [ov ww] meevoeren/wegvoeren door het getijde/met de stroom • *tide s.o. over* iemand verder/voorthelpen ⟨in het bijzonder financieel⟩; *tide s.o. over sth.* iemand over iets heen helpen

tide gauge [telb zn] vloedmeter, peilschaal

tide land [niet-telb zn] droogvallend land

tide mark [telb zn] ① hoogwaterlijn ② ⟨inf⟩ waterlijn, streep tot waar men zich gewassen heeft, vuile zone/streep in bad

tide mill [telb zn] getijmolen

tide pool [telb zn] ⟨AE⟩ getijdenpoel(tje)

tide rip [telb zn] ① vloedgolf ② stroomrafeling, het kolken, onrustig water waar twee getijden/stromingen samenkomen

tides·man /ˈtaɪdzmən/, **tide·wait·er** [telb zn; mv: tidesmen /-mən/] ① commies te water ② ⟨BE⟩ havenarbeider ⟨die bij vloed werkt⟩

tide·sur·vey·or [telb zn] opzichter van commiezen te water

tide table [telb zn] getijtafel

tide·wa·ter [niet-telb zn] ① vloedwater ② ⟨vaak attributief⟩ ⟨AE⟩ laagliggend kustgebied

tide·wave [telb zn] vloedgolf

¹**tide·way** [telb zn] stroombed, stroomgeul

²**tide·way** [niet-telb zn] eb/vloed in stroombed

tid·ings /ˈtaɪdɪŋz/ [alleen mv; werkwoord ook enk] ⟨vero⟩ tijding(en), nieuws, bericht(en)

¹**ti·dy** /ˈtaɪdi/ [telb zn] ① antimakassar, kleedje ② opbergdoosje voor prulletjes ③ prullenbakje, prullenmandje ④ gootsteenbakje ⑤ werkmandje

²**ti·dy** /ˈtaɪdi/ [bn; vergr trap: tidier; bw: tidily; zn: tidiness] ① netjes, keurig, aan kant, op orde • *tidy mind* ordelijke geest, heldere kop ② proper, zindelijk ③ redelijk (goed) • *tidy effort* redelijke poging ④ knap, goed/gezond uitziend ⑤ aardig (groot) • *a tidy few people* aardig wat mensen; *tidy income* aardig inkomen

³**ti·dy** /ˈtaɪdi/ [onov + ov ww] opruimen, schoonmaken, aan kant maken, opknappen • *tidy away* opruimen, opbergen, wegbergen; *tidy out* uitruimen ⟨bijvoorbeeld bureau⟩; *tidy up* opruimen, in orde brengen

ti·dy·tips [alleen mv] ⟨plantk⟩ Layia elegans ⟨Californische madeliefjesachtige bloem met witte tippen⟩

¹**tie** /taɪ/ [telb zn] ① touw(tje), koord, band, lint ② (strop)das, das(je), strik(je), sjaal(tje) ③ band, verbondenheid ④ handenbinder ⟨bijvoorbeeld lastig kind⟩ ⑤ verbindingsbalk ⑥ ⟨muz⟩ boogje ⟨verbindt noten van zelfde toonhoogte⟩ ⑦ ⟨sport, spel⟩ gelijk spel, gelijke stand, remise, ⟨fig⟩ staking van stemmen ⑧ ⟨sport⟩ (afval)wedstrijd, voorronde ⑨ ⟨AE⟩ dwarsligger, dwarsbalk, biel(s) ⑩ ⟨AE⟩ veterschoen

²**tie** /taɪ/ [onov ww] ① vastgemaakt worden • *that ties easily* dat kun je makkelijk vastmaken ② een knoop leggen ③ ⟨voornamelijk sport, politiek⟩ gelijk eindigen, gelijk spelen/staan, met hetzelfde aantal stemmen/punten eindigen • *they tied for a second place* ze deelden de tweede plaats; *tie with s.o. (for)* met iemand gelijk spelen/staan (voor); ⟨fig⟩ even goed zijn als, kunnen wedijveren met ⦁ *tie in (with)* verband houden (met); ⟨fig⟩ kloppen (met); *tie into an opponent* een tegenstander aanvallen/te lijf gaan; ⟨fig⟩ een tegenstander bekritiseren; *tie together* nauw verbonden zijn; zie: **tie up**; → **tied**

³**tie** /taɪ/ [ov ww] ① (vast)binden, (vast)knopen, strikken, (vast)hechten, vastmaken • *tie back* opbinden, bijeen binden, vastmaken, vaststeken; *tie down a dog* een hond vastleggen; *his hands are tied* zijn handen zijn gebonden ⟨voornamelijk figuurlijk⟩; *tie a knot* een knoop leggen; *tie on* vastmaken, vastknopen; *tie together* verbinden, samenbinden ② (ver)binden ⟨ook muziek⟩ ③ binden, beperken, kluisteren • *tie down* de handen binden, bezighouden; *tie o.s. down* zich(zelf) beperkingen opleggen; *tie s.o. down to* iemand binden aan, iemand zich laten houden aan ④ ⟨med⟩ afbinden ⑤ ⟨bouwk⟩ verankeren, door dwarsbalk(en) verbinden ⑥ ⟨AE⟩ van dwarsliggers/biels voorzien ⑦ ⟨voornamelijk sport, politiek⟩ gelijk eindigen/spelen/staan met, met hetzelfde aantal punten/stemmen eindigen als ⦁ *tied game* gelijkspel ⦁ *tie and dye* knoopverven; *tie in (with)* coördineren (met), afstemmen (op) ⟨bijvoorbeeld plannen⟩; aansluiten (op) ⟨machine op groter systeem⟩; ⟨AE⟩ samen verkopen (met) ⟨artikelen, om het minder gangbare aan de man te brengen⟩; ⟨AE; inf⟩ *tie one on* dronken worden; zie: **tie up**; → **tied**

tie beam [telb zn] bint(balk)

tie-break, tie-break·er [telb zn] beslissingswedstrijd, ⟨tennis⟩ tiebreak(er) ⟨game om set te beslissen⟩

tie-clasp, tie-clip [telb zn] dasspeld

tied /taɪd/ [bn; volt deelw van tie] ① ⟨BE⟩ (vast)gebonden, vastgelegd • *tied cottage* niet-vrije arbeiderswoning ⟨waarvan de huurder moet werken voor de eigenaar⟩; *tied house* gebonden café ⟨waar alleen bier van een bepaalde brouwerij mag worden verkocht⟩

¹**tie-dye** [niet-telb zn] tie-and-dyemethode, het knoopverven, het met touwtjes samenknopen van stof en zo verven

²**tie-dye** [ov ww] met de tie-and-dyetechniek verven, knoopverven

tie-in [telb zn] ① verband, connectie, relatie ② derivaat ⟨boek, plaat enz. gemaakt naar radio-, tv-serie/tv-uitzending⟩ ③ ⟨AE⟩ verkoop van twee of meer artikelen om de minder gangbare aan de man te brengen

tie-on [bn, attr] hang- • *tie-on label* hangetiket

tie·pin [telb zn] dasspeld

¹**ti·er** /taɪə, ˈtaɪər/ [telb zn] ① binder ② iemand die gelijk speelt ③ ⟨AE, gew⟩ boezelaar, voorschoot ④ ⟨scheepv⟩ opgeschoten touw

²**ti·er** /tɪə, ˈtɪr/ [telb zn] rij, verdieping, rang, reeks ⟨bijvoorbeeld in theater⟩

³**ti·er** /tɪə, ˈtɪr/ [onov ww] oprijzen, laag na laag opgestapeld zijn, torenen

⁴**ti·er** /tɪə, ˈtɪr/ [ov ww] in rijen boven elkaar rangschikken, boven elkaar plaatsen, stapelen

-tier /tɪə, ˈtɪr/, **-tiered** /tɪəd, ˈtɪrd/ met ... verdiepingen/lagen • *two-tier bed* twee bedden boven elkaar, stapelbed; *four-tier weddingcake* bruidstaart met vier verdiepingen

¹**tierce** /tɪəs, ˈtɪrs/, **terce** /tɜːs, ˈtɜrs/ [telb zn] ① vat, ton ② ⟨muz⟩ terts ③ ⟨schermsp⟩ derde positie, de wering drie ④ ⟨spel⟩ driekaart ⑤ ⟨vero⟩ tierce ⟨(wijn)maat van ongeveer 190 l⟩

²**tierce** /tɪəs, ˈtɪrs/, ⟨ook⟩ **terce** /tɜːs, ˈtɜrs/ [niet-telb zn] ⟨rel⟩ terts, officie van het derde uur

tiercel [telb zn] → **tercel**

tiercet [telb zn] → **tercet**

tier table [telb zn] etagetafel, tafel met meerdere bladen boven elkaar

tie tack [telb zn] ⟨AE⟩ dasspeld

¹**tie up** [onov ww] ① ⟨scheepv⟩ afgemeerd worden ② ⟨inf⟩ zich verbinden, connecties aanknopen, zich aansluiten ③ verband houden ④ kloppen • *tie up with* zich verbinden met, zich aansluiten bij; verband houden met; kloppen met

²**tie up** [ov ww] ① vastbinden, verbinden, dichtbinden • *tie up a dog* een hond vastleggen; ⟨inf, fig⟩ *tie o.s. up* zichzelf in de knoei werken, zich vastpraten; ⟨fig⟩ *be tied up with* verband houden met, verbonden zijn met ② ⟨scheepv⟩ afmeren ③ (druk) bezighouden, ophouden, blokkeren, stopzetten • *be tied up* bezet/druk bezig zijn

[4] **vastzetten, vastleggen** ⟨geld⟩ [5] **vastleggen** ⟨overeenkomst⟩ ▪ *be tied up with* kloppen met
tie-up [telb zn] [1] **touwtje**, lint, band [2] **(ver)band**, relatie, connectie [3] ⟨AE⟩ **stilstand** ⟨in het bijzonder van werk⟩, staking [4] ⟨AE⟩ **(verkeers)opstopping**, oponthoud
¹**tiff** /tɪf/ [telb zn] [1] **knorrige bui** [2] **kibbelpartij**
²**tiff** /tɪf/ [onov ww] [1] **kibbelen** [2] **in een boze bui zijn** [3] ⟨IndE⟩ **lunchen**
TIFF [zn] ⟨comp⟩ (tag(ged) image file format) TIFF ⟨formaat voor grafische bestanden met de extensie .tiff⟩
tif·fa·ny /ˈtɪfəni/ [telb + niet-telb zn] **dunne (zijden) stof**, mousseline
¹**tif·fin** /ˈtɪfɪn/ [niet-telb zn] ⟨IndE⟩ [1] **lunch** [2] **(soort) rijsttafel**
²**tif·fin** /ˈtɪfɪn/ [onov ww] ⟨IndE⟩ [1] **lunchen** [2] **(Indiaas) rijsttafelen**
¹**tig** /tɪɡ/ [niet-telb zn] [1] ⟨spel⟩ **krijgertje, tikkertje** [2] ⟨sport⟩ **het aantikken/uittikken/aftikken/tikken** ⟨bijvoorbeeld speler bij honkbal⟩
²**tig** /tɪɡ/ [onov ww] ⟨sport, spel⟩ **(uit)tikken**
tige /tiːʒ/ [telb zn] [1] **schacht** [2] **stang, pin** [3] **stengel**
ti·ger /ˈtaɪɡə, ˈ-ər/ [telb zn] [1] ⟨dierk⟩ **tijger** ⟨Panthera/Felis tigris; niet-wetenschappelijk ook voor o.a. panter, luipaard, jaguar⟩, ⟨fig⟩ **vechtersbaas** [2] ⟨inf⟩ **geducht tegenstander** ▪ ⟨inf⟩ *ride the tiger* een onzeker bestaan leiden; ⟨sprw⟩ *he who rides a tiger is afraid to dismount* ± die de duivel scheep heeft, moet hem overvaren, ± wie in het schuitje zit, moet varen
tiger beetle [telb zn] ⟨dierk⟩ **zandloopkever** ⟨familie Cicindelidae⟩
tiger cat [telb zn] ⟨dierk⟩ [1] **tijgerkat** ⟨o.a. ocelot, serval, margay⟩ [2] ⟨AuE⟩ **gevlekte buidelmarter** ⟨genus Dasyurus⟩
tig·er·eye, tig·er's·eye [telb zn] ⟨geol⟩ **tijgeroog** ⟨mineraal⟩
ti·ger·ish /ˈtaɪɡrɪʃ/ [bn; bw: ~ly; zn: ~ness] **tijgerachtig, wreed(aardig)**
tiger lily [telb zn] ⟨plantk⟩ **tijgerlelie** ⟨Lilium tigrinum⟩
tiger moth [telb zn] ⟨dierk⟩ **beervlinder** ⟨familie Arctidiae⟩
tiger shark [telb zn] ⟨dierk⟩ **tijgerhaai** ⟨Galeocerdo cuvieri⟩
tiger wood [niet-telb zn] **tijgerhout**
¹**tight** /taɪt/ [bn; vergr trap: tighter; bw: ~ly; zn: ~ness] [1] **strak, nauw(sluitend), (strak)gespannen** ▪ *it's a tight fit* het zit krap, ik/het/... kan er nauwelijks in; *tight shoes* te kleine/nauwe schoenen [2] **propvol** ▪ ⟨fig⟩ *tight argument* waterdicht argument, argument waar geen speld tussen te krijgen is; *a tight schedule* een overladen programma; *tight soil* bodem die geen water doorlaat; *it was a tight squeeze* het was propvol; we zaten erg opeengepakt; ⟨fig⟩ *be as tight as wax* niets loslaten, een slotje op zijn mond hebben [3] **potdicht** [4] **beklemmend, benauwd** ▪ *be in a tight corner/place*, ⟨inf⟩ *be in a tight spot* in de klem/in moeilijke/penibele situatie/een lastig parket zitten, het hard te verduren hebben [5] **schaars, krap** ▪ ⟨inf⟩ *it will be a tight match/race* het zal erom spannen, de deelnemers zijn aan elkaar gewaagd [6] **gierig, krenterig, vrekkig** [7] **stevig**, vast ▪ ⟨elek⟩ *tight coupling* vaste koppeling; *tight knot* ferme/stevige knoop; *a tight team* een hecht/harmonieus team [8] **streng, stringent, bindend** ▪ *keep a tight grip/hold on s.o.* iemand goed in de hand houden, iemand streng aanpakken; *he needs a tight hand* hij moet met vaste hand geleid worden/stevig in de hand gehouden worden; ⟨muz⟩ *tight playing* strak/rigoureus/uiterst verzorgd spelen; *keep a tight rein on s.o.* iemand kort houden, bij iemand de teugels stevig aanhalen [9] ⟨inf⟩ **dronken** ▪ ⟨American football⟩ *tight end* tight end; ⟨AE; inf⟩ *get one's jaws tight* boos/nijdig worden; *a tight squeeze* een hele toer/opgave

²**tight** /taɪt/ [bw] **vast, stevig, goed/stevig vast** ▪ *hold me tight* hou me goed/stevig vast; *sleep tight* welterusten
tight-assed [bn, attr] ⟨AE; sl⟩ **stijf**, ⟨fig⟩ **tuttig, benepen**
¹**tight·en** /ˈtaɪtn/ [onov ww] [1] **zich spannen, strakker worden** ▪ ⟨fig⟩ *tighten with* ineenkrimpen van [2] **krap worden**
²**tight·en** /ˈtaɪtn/ [ov ww] [1] **aanhalen, strak trekken, spannen, vastsnoeren** ▪ *tighten one's belt* de buikriem aanhalen ⟨voornamelijk figuurlijk⟩ [2] **vastklemmen, vastdraaien** [3] **verscherpen** ⟨maatregelen⟩ ▪ *tighten up* verscherpen
tight-fist·ed [bn; zn: tightfistedness] ⟨inf⟩ **krenterig, gierig, vrekkig**
tight-fit·ting [bn] **nauwsluitend**, strak
tight-jawed [bn] ⟨inf⟩ **sluitend** ▪ *a tight-jawed argument* een sluitend argument
tight·knit, tight·ly-knit [bn] **hecht** ▪ *a tightknit society* een hechte maatschappij
tight-lipped [bn] [1] **met opeengeklemde lippen** [2] **gesloten, stil** ▪ *a tight-lipped fellow* een vent waar je geen woord uitkrijgt
tight·rope [telb zn] **strakke koord** ▪ *be on/walk a tightrope* koorddansen ⟨ook figuurlijk⟩
tightrope act [telb zn] **een nummertje koorddansen** ⟨ook figuurlijk⟩
tightrope walker [telb zn] **koorddanser(es)** ⟨ook figuurlijk⟩
tights /taɪts/ [alleen mv] [1] **maillot**, tricot [2] ⟨vnl BE⟩ **panty**, panty's, ⟨België⟩ **kousenbroek** ▪ *two pairs of tights* twee panty's
tight·wad [telb zn] ⟨inf⟩ **vrek, gierigaard, krent**
tig·lic ac·id /ˈtɪɡlɪk ˌæsɪd/ [niet-telb zn] **tiglinezuur**
ti·gon /ˈtaɪɡən/, **ti·glon** /ˈtɪɡlɒn, ˈtaɪɡlən/ [telb zn] **welp van tijger en leeuwin**
ti·gress /ˈtaɪɡrɪs/ [telb zn] **tijgerin** ⟨ook figuurlijk⟩
tike [telb zn] → **tyke**
ti·ki /ˈtiːki/ [telb zn] [1] **beeld(je) van schepper/voorvader in hout/groensteen** ⟨Polynesië⟩ [2] **beeld van een Polynesische god**
til /tɪl/ [telb zn] ⟨IndE; plantk⟩ **sesam** ⟨Sesamum indicum⟩
ti·la·pi·a /tɪˈlæpɪə, ˈ-lɑ-/ [telb zn; culinaria ook niet-telbaar zn] ⟨dierk⟩ **tilapia** ⟨Afrikaanse vis; genus Tilapia⟩
til·bur·y /ˈtɪlbri, ˈ-beri/ [telb zn] **tilbury** ⟨tweewielig koetsje⟩
til·de /ˈtɪldə/ [telb zn] ⟨taalk⟩ **tilde**
¹**tile** /taɪl/ [telb zn] [1] **tegel, (dak)pan** [2] **draineerbuis**, goot [3] **steen** ⟨in spelen, bijvoorbeeld mahjong⟩ [4] ⟨inf⟩ **(hoge) hoed** ▪ ⟨inf⟩ *be (out) on the tiles* aan de rol/zwier zijn
²**tile** /taɪl/ [niet-telb zn] **tegels**
³**tile** /taɪl/ [ov ww] [1] **betegelen, plaveien** [2] **met pannen dekken** [3] **draineren** [4] **geheimhouding opleggen**; → **tiling**
tile·fish [telb zn] ⟨dierk⟩ **tegelvis** ⟨Lopholatilus chamaeleonticeps⟩
til·er /ˈtaɪlə, ˈ-ər/ [telb zn] [1] **pannendekker** [2] **tegelzetter** [3] **dekker van de loge** ⟨vrijmetselaarsloge⟩
¹**til·er·y** /ˈtaɪləri/ [telb zn] **pannenbakkerij, tegelbakkerij**
²**til·er·y** /ˈtaɪləri/ [niet-telb zn] ⟨bouwk⟩ **tegelwerk**
tile stone [niet-telb zn] ⟨geol⟩ **soort splijtbare zandsteen**
¹**til·ing** /ˈtaɪlɪŋ/ [telb zn; (oorspronkelijk) gerund van tile] **pannendak**
²**til·ing** /ˈtaɪlɪŋ/ [niet-telb zn; (oorspronkelijk) gerund van tile] [1] **het (be)tegelen** [2] **het leggen van dakpannen** [3] **tegelwerk, tegels, pannen**
¹**till** /tɪl/ [telb zn] **geldlade**, kassa ▪ ⟨inf⟩ *rob the till* geld achteroverdrukken/verduisteren
²**till** /tɪl/ [niet-telb zn] ⟨geol⟩ **kleisoort met stenen**, keileem
³**till** /tɪl/ [ov ww] **bewerken, bebouwen** ⟨grond⟩
⁴**till** /t(ə)l, ⟨sterk⟩ tɪl/ [vz] ⟨tijd⟩ **tot**, tot aan, voor ▪ *not till after dinner* niet vóór/pas na het middageten; *he lived till a hundred (years)* hij werd honderd jaar oud; *it's ten till six*

till

het is tien vóór zes; *till tomorrow* tot morgen [2] ⟨richting en doel⟩ ⟨SchE⟩ **tot,** naar, voor, aan, ten opzichte van ♦ *the village had changed till a city* het dorp was in een stad veranderd; *worked till an end* werkte voor een doel; *give it till Johnny* geef het aan Johnny; *be kind till Sheila* wees lief voor Sheila

⁵till /t(ə)l, (sterk) tɪl/ [ondersch vw] [1] ⟨tijd⟩ **tot,** totdat, voordat ♦ *wait till I get you* wacht maar, ik krijg je nog wel (kereltje)!; *he read till Harry arrived* hij las tot Harry aankwam; *it was ages till he gave up* het duurde een eeuwigheid voor hij opgaf; *it was a long time till she emerged* het duurde lang voor zij verscheen [2] ⟨vnl gew⟩ **toen,** of ♦ *she had scarcely sat down till the baby began to cry* ze was nauwelijks gaan zitten of de baby begon te huilen [3] ⟨vnl gew⟩ **terwijl,** zo lang als ♦ *get a good rest till you are here* rust goed uit zolang je hier bent [4] ⟨vergelijking⟩ ⟨gew⟩ **dan** ♦ *she was better at golf till John* ze speelde beter golf dan John [5] ⟨doel⟩ ⟨gew⟩ **zodat,** opdat ♦ *let me draw it till you can see what I mean* ik zal het eens tekenen zodat je kunt zien wat ik bedoel

till·able /tɪləbl/ [bn] **te bewerken/bebouwen**
till·age /tɪlɪdʒ/ [niet-telb zn] [1] **het bebouwen/bewerken** [2] **bewerkte/bebouwde grond**
til·land·si·a /tɪlændzɪə/ [telb zn] ⟨plantk⟩ **Tillandsia** ⟨plantengenus van de epilieten⟩
¹till·er /tɪlə, ᴬ-ər/ [telb zn] [1] **akkerman,** landbouwer, boer, landman [2] **roer,** roerpen, helmstok [3] ⟨plantk⟩ **uitloper,** scheut
²till·er /tɪlə, ᴬ-ər/ [onov ww] ⟨plantk⟩ **uitlopen,** uitbotten, uitspruiten
till money [niet-telb zn] **kasgeld**

¹tilt /tɪlt/ [telb zn] [1] **schuine stand,** schuinte, overhelling, het scheef houden ♦ *he wore his hat at a tilt* hij had zijn hoed schuin op [2] **steekspel,** toernooi [3] **aanval,** woordenwisseling, steekspel ♦ *make a tilt at s.o.* iemand onder vuur nemen [4] ⟨AE⟩ **neiging,** voorkeur, tendens, vooringenomenheid [5] **huif,** dekzeil, zonnetent [6] → **tilt hammer**

²tilt /tɪlt/ [onov ww] [1] **scheef/schuin/op zijn kant staan,** (over)hellen ♦ *tilt over* wippen, kantelen [2] **deelnemen aan steekspel/toernooi** [3] ⟨AE⟩ **neigen,** een voorkeur hebben ♦ *tilt against* vooringenomen zijn tegen; *tilt toward* neigen tot, een voorkeur hebben voor [4] **op en neer gaan,** wiegelen, schommelen [·] zie: **tilt at;** *tilt with* een lans breken met, in het strijdperk treden met

³tilt /tɪlt/ [ov ww] [1] **scheef/schuin/op zijn kant houden/zetten,** doen (over)hellen, kantelen [2] **vellen** ⟨lans⟩ [3] **smeden** ⟨met staarthamer⟩ [4] **met huif/zeil bespannen,** huif/zeil spannen over

tilt at [onov ww] [1] **aanstormen op** [2] **steken/stoten naar** ⟨met wapen⟩ [3] **aanvallen,** een aanval doen op ♦ *tilt at drinking and swearing* het drinken en vloeken bestrijden
tilt boat [telb zn] **tentboot**
tilt cart [telb zn] **kiepkar,** stortkar

¹tilth /tɪlθ/ [telb zn] **afspitting,** afsteking ♦ *we raked the garden to a good tilth* we harkten de tuin aan tot de grond goed los was
²tilth /tɪlθ/ [niet-telb zn] [1] **akkerland,** bouwland [2] **het bebouwen,** het in cultuur brengen, ontginning, ⟨ook fig⟩ het cultiveren
tilt hammer [telb zn] **staarthamer**
tilt·yard, tilt·ing yard [telb zn] **toernooiveld**
Tim [afk] ⟨Bijb⟩ ⟨Timothy⟩ **Tim.** ⟨(Brief aan) Timotheus⟩
tim·bal, tym·bal /tɪmbl/ [telb zn] **keteltrom,** pauk
tim·bale /tæmbɑ:l, ᴬtɪmbl/ [telb zn] ⟨cul⟩ **vleespasteitje, vispasteitje** [2] **timbaal(tje)** ⟨voor bereiding van pasteitjes⟩

¹tim·ber /tɪmbə, ᴬ-ər/ [telb zn] [1] **balk** [2] ⟨scheepv⟩ **spant** [3] ⟨sl⟩ **been,** ⟨i.h.b.⟩ **rib** [·] ⟨vero, inf⟩ *shiver me/my timbers* duizend bommen en granaten, de duvel hale me ⟨vloek/bezwering van zeelui in komische literatuur⟩

²tim·ber /tɪmbə, ᴬ-ər, ⟨in idioom⟩ tɪmbɜ:, ᴬ-bɜr/ [niet-telb zn] [1] **(timmer)hout** ♦ *sawn timber* tot planken gezaagd timmerhout [2] **opgaand hout,** boomstam(men), bomen, bos, woud [3] **kenmerken,** eigenschappen, karakter, kwaliteiten ♦ *a man of professorial timber* iemand met hoogleraarskwaliteiten, iemand die alles heeft om hoogleraar te worden [4] **(houten) hindernissen,** hekken ⟨bij vossenjacht⟩ [·] *timber!* van onderen! ⟨waarschuwingsroep bij het vellen van bomen⟩; gelukt!; ⟨sl⟩ jammer!

³tim·ber /tɪmbə, ᴬ-ər/ [ov ww] [1] **(met hout) beschieten** [2] **beschoeien** [3] **stutten,** schoren; → **timbered, timbering**

tim·bered /tɪmbəd, ᴬ-bərd/ [bn; volt deelw van timber] [1] **in vakwerk uitgevoerd** ♦ *a timbered house* een huis in vakwerk [2] **houten,** van hout [3] **bebost,** met opgaand hout begroeid

timber forest [telb zn] **hoogstammig woud**
tim·ber·head [telb zn] ⟨scheepv⟩ **bolder**
timber hitch [telb zn] ⟨scheepv⟩ **mastworp**
tim·ber·ing /tɪmb(ə)rɪŋ/ [telb zn; gerund van timber] [1] **beschoeiing** [2] **stutwerk,** stutsel, schoring
tim·ber·land [niet-telb zn] ⟨AE⟩ **houtbos,** bosland
tim·ber·line, timber line [telb zn] **boomgrens**
timber tree [telb zn] **boom die timmerhout oplevert**
timber wolf [telb zn] ⟨dierk⟩ **wolf** ⟨Canis lupus lycaon⟩
tim·ber·work [niet-telb zn] **houtwerk,** timmerwerk, balken
timber yard [telb zn] **stapelplaats, stapelterrein** ⟨van hout⟩

tim·bre /tæmbə, ᴬ-ər/ [telb zn] **timbre, klankkleur**
tim·brel /tɪmbrəl/ [telb zn] **tamboerijn**

¹time /taɪm/ [telb + niet-telb zn] [1] **tijd,** tijdsduur, tijdsspanne ♦ *time and (time) again* steeds weer/opnieuw; *I'm working against time to get the book finished* ik moet me (vreselijk) haasten/het is een race tegen de klok om het boek op tijd af te krijgen; *all the time* de hele tijd, voortdurend, altijd; *buy time* tijdrekken, de tijd rekken; *find (the) time to* (de) tijd vinden om; *for a time* een tijdje, even; *gain time* tijd winnen; *in (less than) no time (at all)* in minder dan geen tijd; *kill time* de tijd doden; *lose time* tijd verliezen; achterlopen ⟨van uurwerk⟩; *lose no time* geen tijd verliezen; *he lost no time on repairs* hij heeft geen tijd besteed aan reparaties; *I lost no time in notifying him* ik stelde hem meteen op de hoogte; *make time for sth.* ergens tijd voor vrijmaken; *me time* tijd voor jezelf; *in next to no time* in een ommezien/een mum van tijd; ⟨inf⟩ *it was no time before he was back* hij was zo/in een wip weer terug; *let's take some time off* laten we er even tussenuit gaan, laten we een tijdje/een paar dagen vrijaf nemen; *on one's own time* in zijn eigen/vrije tijd; ⟨AE⟩ *let's take some time out* laten we er even tussenuit gaan, laten we een tijdje/een paar dagen vrijaf nemen; *take one's time* er de tijd voor nemen, er lang over doen; *they wasted no time spending their profit* ze gaven hun winst meteen/zo gauw ze konden weer uit [2] **tijd(stip)** ♦ *he arrived ahead of time* hij kwam (te) vroeg; *at the time* toen, indertijd, op dat moment; *behind time* te laat; *the clock is behind time* de klok loopt achter; *she is often behind time with her payments* ze is vaak te laat/achter met haar betalingen; *by the time the police arrived, ...* tegen de tijd dat/toen de politie arriveerde, ...; *the time of day* de juiste tijd; *do you have the time?* weet u hoe laat het is?; *keep (good) time* goed lopen ⟨van klok⟩; in de maat blijven, de maat houden; *now's the time* het is nu of nooit, dit is het moment/de kans van je leven; *what time is it?* hoe laat is het?; *what's the time?* hoe laat is het? [3] ⟨vaak mv⟩ **tijd(-perk),** periode ♦ *ahead of one's time* zijn tijd vooruit, avant la lettre; *at one time* vroeger, eens; *(born) before (one's) time* zijn tijd vooruit zijn; *be behind the times* achterlopen, niet meer van deze tijd zijn; *in his time he was a great athlete* vroeger/indertijd was hij een groot sportman; *move with the times* met zijn tijd meegaan; *out of time* ontijdig; te laat; *the time(s)* de tijd(en); *once upon a time there was* er was eens; *time was when Britain ruled the world* er was een tijd dat Engeland over de wereld heerste, eens heerste Engeland over de wereld ▢ gelegenheid, moment, ogenblik, tijd(stip) ♦ ⟨inf⟩ *any time* altijd, om 't even wanneer, te allen tijde; *at other times* bij andere gelegenheden, andere keren; *bide one's time* zijn tijd beiden, afwachten; *every time* elke keer, altijd; steeds/telkens (weer); *have time on one's hands* genoeg/te veel vrije tijd hebben; *many times* vaak, dikwijls; *many a time* menigmaal, menige keer; *there's a time and place for everything* alles op zijn tijd, alles heeft zijn tijd ▢ keer, maal ♦ *nine times out of ten* negen (kansen) op de tien, bijna altijd ▢ *(and) about time (too)!* (en) het werd ook tijd!, eindelijk!; *time after time* keer op keer, steeds weer/opnieuw; *at times* soms; *at one time* tegelijk(ertijd); *at all times* altijd, te allen tijde; *one at a time* één tegelijk; *at the same time* tegelijkertijd, terzelfder tijd; toch, desalniettemin; *at this time of day* in late stadium; *at your time of life* op uw leeftijd; *he is old before his time* hij is oud vóór zijn tijd; *between times* soms, nu en dan, tussendoor; *know the time of day* weten hoe de zaken ervoor staan, goed op de hoogte zijn; ⟨sl⟩ *so that's the time of day!* dus dat zit erachter!, dus zo staat het ervoor!, dus zo staan de zaken!; *pass the time of day with s.o.* iemand goedendag zeggen; even met iemand staan praten, met iemand over koetjes en kalfjes praten; ⟨sl⟩ *he did not give him the time of day* hij negeerde hem volkomen; *do time* (een gevangenisstraf uit)zitten; *your time is drawing near* jouw tijd is nabij/bijna gekomen; ⟨inf⟩ *every time* in ieder geval, hoe dan ook, zonder uitzondering; *give me NYC every time* geef mij dan maar NYC, ik hou het toch maar op NYC; *for the time being* voorlopig; *take time by the forelock* de gelegenheid/kans aangrijpen/bij de haren grijpen; *from time to time* van tijd tot tijd, soms, nu en dan; *half the time* de helft van de tijd; *get time and a half for working on Saturdays* anderhalf keer betaald krijgen/een overwerktoeslag van vijftig procent krijgen voor werken op zaterdag; *have a time (of it)* het lastig/moeilijk hebben; ⟨sl⟩ *have (o.s.) a time* genieten; *I have no time for him* ik mag hem niet, ik heb een hekel aan hem; *in time* op tijd; te zijner tijd, na verloop van tijd, ten slotte; *last one's time* zijn tijd wel duren; *I had the time of my life* ik heb vreselijk genoten; *give s.o. the time of his life* het iemand lastig maken, iemand het leven zuur maken; iemand flink uitkafferen, tegen iemand tekeergaan; ⟨AE; inf⟩ *make time* goed opschieten; ⟨AE; inf⟩ *make time with a girl* iets met een meisje hebben, een meisje versieren; *make up for lost time* verloren tijd inhalen; *mark time* ⟨mil⟩ pas op de plaats maken; ⟨fig⟩ een afwachtende houding aannemen, betere tijden afwachten; *since time out of mind* sinds onheuglijke tijden; *she's near her time de* (barens)weeën kunnen elk moment beginnen; *times out of/without number* keer op keer, telkens weer/opnieuw; *on time* op tijd; ⟨AE⟩ op afbetaling; *play for time* tijd rekken; *serve one's time* in de leer zijn; een gevangenisstraf uitzitten; ⟨AuE; inf⟩ *snatch one's time* zijn (reeds verdiende) loon incasseren en wegwezen (voor de afgesproken werkperiode om is); *(only) time can/will tell* de tijd zal het uitwijzen; *give s.o. three times three* hiep hiep hoera roepen voor iemand; *that task took all his time* hij moest al zijn tijd besteden aan die taak; die taak kostte hem (grote) moeite/inspanning; *time's up!* het is de hoogste tijd!; *time, gentlemen, please!* het is de hoogste tijd! (bij sluiting van café); ⟨sprw⟩ *there is no time like the present* pluk de dag, ± stel nooit uit tot morgen wat ge heden doen kunt; ⟨sprw⟩ *time is money* tijd is geld; ⟨sprw⟩ *time and tide wait for no man* de tijd en het tij wachten op niemand; ⟨sprw⟩ *time flies* de tijd vliegt (snel, gebruik hem wel); ⟨sprw⟩ *times change* de tijden veranderen; ⟨sprw⟩ *other times, other manners* andere tijden, andere zeden; ⟨sprw⟩ *there is always a next time* er komt altijd een volgende kans; ⟨sprw⟩ *busiest men find the most time* ± die het meest te doen heeft, heeft de meeste tijd; ⟨sprw⟩ *cowards die many times before their death* ± ijdele vrees is zekere ellende, ± elk mens lijdt vaak het meest door het lijden dat hij vreest; ⟨sprw⟩ *what may be done at any time is done at no time* van uitstel komt afstel; ⟨sprw⟩ *time is the great healer* de tijd heelt alle wonden; ⟨sprw⟩ *procrastination is the thief of time* uitstel is de dief van de tijd; ⟨sprw⟩ *life is short and time is swift* het leven is kort en de tijd vliegt; ⟨sprw⟩ *a stitch in time saves nine* werk op tijd maakt wel bereid

²**time** /taɪm/ [niet-telb zn] ⟨muz⟩ ▢ maat ♦ *beat time* de maat slaan; *in time* in de maat; *keep time* in de maat blijven, de maat houden; *out of time* uit de maat ▢ tempo

³**time** /taɪm/ [onov ww] → **timing, time with**

⁴**time** /taɪm/ [ov ww] ▢ vaststellen, berekenen, regelen ⟨tijdstip, tijdsduur⟩ ♦ *he timed his journey so that he arrived early* hij had zijn reis zo geregeld, dat hij vroeg aankwam; *the train is timed to leave at 4 o'clock* de trein moet om vier uur vertrekken ▢ het juiste moment kiezen voor/om te ♦ *ill timed* ongelegen; *well timed* precies op het juiste moment ▢ ⟨vnl sport⟩ timen, klokken, de tijd(sduur) opmeten/nemen ▢ *when dancing he times his steps to the music* als hij danst, doet hij dat op de maat van de muziek; → **timing**

time-and-mo·tion stud·y, time-mo·tion stud·y, time stud·y [telb zn] arbeidsanalyse, tijdstudie
time bill [telb zn] ⟨AE⟩ dienstregeling
time bomb [telb zn] tijdbom ⟨ook figuurlijk⟩
time capsule [telb zn] tijdcapsule
time·card, time sheet [telb zn] tijdkaart, rooster ⟨van werkuren⟩
time charter [telb zn] tijdbevrachting(scontract), tijdcharter
time clock, time recorder [telb zn] prikklok
time-con·sum·ing [bn] tijdrovend
time-crunched [bn] ⟨AE⟩ met chronisch tijdgebrek kampend, gejaagd
time deposit [telb zn] ⟨ec⟩ termijndeposito
time exposure [telb + niet-telb zn] ⟨foto⟩ tijdopname
time factor [telb zn] tijdfactor
time fault [telb zn] ⟨paardsp⟩ tijdfout, strafseconden
time frame [telb zn] ⟨comp, ruimtev⟩ tijd(sbestek), ⟨alg; pompeus⟩ tijdsgewricht, tijdsgebeuren, datum
time fuse [telb zn] tijdontsteker, tijdontsteking
time-hon·oured [bn] traditioneel, sinds lang bestaand, aloud
time-in [telb zn] ⟨basketb⟩ spelhervatting ⟨na time-out⟩
time·keep·er [telb zn] ▢ uurwerk ♦ *my watch is a good timekeeper* mijn horloge loopt altijd op tijd ▢ tijdschrijver ▢ tijdwaarnemer, tijdopnemer
time lag [telb zn] pauze ⟨tussen twee opeenvolgende verschijnselen⟩, tijdsverloop, vertraging, tijdsinterval ♦ *there is often a time lag between a new discovery and its application* het duurt vaak geruime tijd voor een nieuwe ontdekking in de praktijk wordt toegepast
time-lapse [bn, attr] ⟨film⟩ time-lapse ⟨met tussenpozen hetzelfde object fotograferen⟩
time·less /taɪmləs/ [bn; bw: ~ly; zn: ~ness] ▢ oneindig, eeuwig ▢ tijdeloos ▢ ⟨vero⟩ ontijdig
time limit [telb zn] tijdslimiet
time lock [telb zn] tijdslot
time·ly /taɪmli/ [bn; vergr trap: timelier; zn: timeliness] ▢ tijdig ▢ van pas komend, geschikt, gelegen ♦ *yours was a timely remark* uw opmerking kwam precies op het juiste moment
time machine [telb zn] tijdmachine
time-on [telb zn] ⟨Australisch voetb⟩ verlenging ⟨voor verloren tijd⟩

time·ous, tim·ous /taɪməs/ [bn; bw: ~ly] ⟨SchE⟩ ① tijdig ② van pas komend, geschikt, gelegen
time-out [telb zn] ⟨AE; sport⟩ time-out, onderbreking
time payment [niet-telb zn] ⟨AE; ec⟩ betaling in termijnen
time penalty [telb zn] ⟨sport⟩ tijdstraf ⟨wegens overschrijding tijdslimiet⟩
time·piece [telb zn] uurwerk, klok, horloge
time-poor [bn] ⟨BE⟩ met gebrek aan vrije tijd ♦ *young lawyers are time-poor* jonge juristen hebben weinig vrije tijd
tim·er /taɪmə, ʌ-ər/ [telb zn] ① tijdopnemer ② tijdwaarnemer ③ tijdmechanisme, tijdontsteker ⟨bij bommen⟩ ④ timer ⟨bijvoorbeeld op videorecorder⟩, tijdschakelaar
time·sav·ing [bn] tijdsbesparend
time scale [telb zn] tijdschaal
time·serv·er [telb zn] opportunist
¹**time·serv·ing** [niet-telb zn] opportunisme
²**time·serv·ing** [bn] opportunistisch
time-share [telb zn; ook attributief] deeltijdeigenaarschap ⟨van vakantiewoning/vakantieflat⟩
time-shar·ing [niet-telb zn] ① ⟨comp⟩ timesharing ⟨simultaanbediening van interactieve gebruikers⟩ ② ⟨vaak attributief⟩ timesharing, deeltijdeigenaarschap ⟨van vakantiewoning/vakantieflat⟩
time sheet [telb zn] → timecard
time signal [telb zn] tijdsein, tijdsignaal
time signature [telb zn] ⟨muz⟩ maatteken, maataanduiding, maatbreuk
time·slot [telb + niet-telb zn] zenduur ⟨van radioprogramma's/tv-programma's⟩
time study [telb zn] → time-and-motion study
time switch [telb zn] tijdschakelaar, schakelklok
¹**time·ta·ble** [telb zn] ① tijdschema ② dienstregeling ③ rooster, lesrooster, collegerooster
²**time·ta·ble** [onov + ov ww] roosteren, een rooster maken
³**time·ta·ble** [ov ww] ⟨vaak passief⟩ plannen, in het rooster opnemen, inroosteren
time-test·ed [bn, attr] beproefd
time travel [niet-telb zn] het reizen in de tijd
time trial [telb zn] ⟨vnl wielersp⟩ tijdrit
time tri·al·ist, time tri·al·list /taɪm traɪəlɪst/ [telb zn] ⟨sport, in het bijzonder wielrennen⟩ tijdrijder
time warp [telb + niet-telb zn] vervorming van de tijd, onderbreking/gat/deviatie in de tijd, tijdsvervorming ♦ ⟨fig⟩ *the school seemed caught/stuck in a 1960s time warp* het was alsof op de school sinds de jaren zestig de tijd stil had gestaan, het was alsof de school in de jaren zestig was blijven steken
time-wast·ing [niet-telb zn] ⟨sport⟩ (het) tijdrekken, (het) tijd winnen
time with [onov ww] de maat houden/aangeven/slaan, in de maat zijn/lopen met, harmoniëren
time·work [niet-telb zn] per uur/dag betaald werk ♦ *he's not on piecework but on timework* hij krijgt geen stukloon, maar uurloon/tijdloon
time·work·er [telb zn] uurloonwerker
time·worn [bn] ① versleten, oud ② afgezaagd
time zone [telb zn] tijdzone
tim·id /tɪmɪd/ [bn; bw: ~ly; zn: ~ness] ① bang, beangst, angstig ② timide, bedeesd, beschroomd, schuchter, verlegen
ti·mid·i·ty /tɪmɪdəti/ [niet-telb zn] ① angst ② bedeesdheid, beschroomdheid, schuchterheid, verlegenheid
tim·ing /taɪmɪŋ/ [niet-telb zn; gerund van time] timing ♦ *the timing is crucial* de keuze van het juiste tijdstip is van groot belang
timing system [telb zn] ⟨sport, in het bijzonder zwemsport⟩ elektronische tijdwaarneming, gatsometer
ti·moc·ra·cy /taɪmɒkrəsi, ʌ-mə-/ [niet-telb zn] timocratie

ti·mo·crat·ic /taɪməkrætɪk/ [bn] timocratisch
tim·or·ous /tɪmrəs/ [bn; bw: ~ly; zn: ~ness] ① bang, beangst, angstig ② timide, bedeesd, beschroomd, schuchter, verlegen
tim·o·thy /tɪməθi/, **timothy grass** [niet-telb zn] ⟨plantk⟩ timothee, timotheegras, voedergras ⟨Phleum pratense⟩
tim·pa·ni, tym·pa·ni /tɪmpəni/ [alleen mv] pauk(en)
tim·pa·nist /tɪmpənɪst/ [telb zn] paukenist
¹**tin** /tɪn/ [telb zn] ① ⟨BE⟩ blik(je), conservenblik ② bus, trommel, blik ③ ⟨sl⟩ politiepenning
²**tin** /tɪn/ [niet-telb zn] ① ⟨ook scheik⟩ tin ⟨element 50⟩ ② blik ③ ⟨BE; sl⟩ poen, duiten, geld
³**tin** /tɪn/ [bn, attr] ① tinnen ♦ *tin foil* tinfolie; ⟨bij uitbreiding⟩ zilverpapier, aluminiumfolie; *tin soldier* tinnen soldaatje ② blikken ♦ *tin can* (leeg) blikje; *tin plate* blik; ⟨fig⟩ namaaksoldaat, pseudosoldaat; *tin whistle* blikken fluitje ③ prullerig, ordinair, onbenullig ④ ⟨AE; sl⟩ *tin can* oude torpedojager; auto; ⟨i.h.b.⟩ Ford (model) T; *(little) tin god* (vals) idool, afgod, godje; ⟨sl; mil⟩ *tin hat* helm; *put the tin hat on sth.* ergens een eind aan maken; *put the tin lid on* het toppunt zijn van; een eind maken aan; ⟨sl⟩ *tin lizzie/Lizzie* stuk blik, (ouwe) kar, rammelkar; ⟨i.h.b.⟩ Ford (model) T; ⟨AE; sl⟩ *tin star* detective
⁴**tin** /tɪn/ [ov ww] ① vertinnen ② ⟨BE⟩ inblikken, conserveren
tin·a·mou /tɪnəmuː/ [telb zn] ⟨dierk⟩ tinamoe ⟨vogel; familie Tinamidae⟩
tin·cal /tɪŋkl/ [niet-telb zn] tinkal ⟨ruwe natuurlijke borax⟩
tinct /tɪŋ(k)t/ [bn] getint, gekleurd
tinc·to·ri·al /tɪŋ(k)tɔːriəl/ [bn] kleur-, verf-, kleurend, tintend
¹**tinc·ture** /tɪŋ(k)tʃə, ʌ-ər/ [telb + niet-telb zn] ① tinctuur ② ⟨form⟩ vleugje, zweempje, tintje, smaakje, suggestie, ondertoon ③ tint, kleur, schakering ④ ⟨heral⟩ ⟨vaak mv⟩ email(s) ⟨algemene term voor kleuren, metalen, pelswerken⟩
²**tinc·ture** /tɪŋ(k)tʃə, ʌ-ər/ [ov ww] ⟨form⟩ ① tinten, lichtjes kleuren ② doordringen, doortrekken, lichtjes beïnvloeden
tin·dal /tɪndl/ [telb zn] ⟨IndE⟩ tindal ⟨onderofficier der laskaren⟩, inlands opzichter
tin·der /tɪndə, ʌ-ər/ [niet-telb zn] ① tondel, tonder, licht ontvlambaar spul, tintel ② olie op het vuur
tin·der·box [telb zn] ① tondeldoos, tinteldoos ② kruitvat, explosieve situatie/plaats, explosief persoon, heethoofd
tin·der-dry [bn] kurkdroog en licht ontvlambaar
tin·der·y /tɪndəri/ [bn] licht ontvlambaar, explosief, tondelachtig
tine /taɪn/ [telb zn] ① scherpe punt, tand ⟨van (hooi)vork⟩ ② geweitak
tin·e·a /tɪniə/ [telb zn] ① ⟨med⟩ huidschimmel, tinea, ringworm ② ⟨dierk⟩ mot ⟨familie Tineidae⟩
-tined /taɪnd/ ① -tandig ♦ *three-tined fork* vork met drie tanden ② -takkig ♦ *twelve-tined antlers* gewei met twaalf takken
tin·foil [niet-telb zn] tinfolie, bladtin, staniol, zilverpapier, aluminiumfolie
¹**ting** /tɪŋ/ [telb zn] ting, tingelend geluid, tink
²**ting** /tɪŋ/ [onov ww] tingelen, rinkelen, tinkelen
³**ting** /tɪŋ/ [ov ww] doen tingelen, laten rinkelen/tinkelen
¹**tinge** /tɪndʒ/ [telb zn] tint(je) ⟨ook figuurlijk⟩, schakering, smaakje, zweempje, ondertoon
²**tinge** /tɪndʒ/ [ov ww] ① tinten, lichtjes kleuren ② doortrekken, schakeren, doorspekken, mengen ♦ *comedy tinged with tragedy* tragikomedie, een lach en een traan
¹**tin·gle** /tɪŋgl/ [telb zn] tinteling, prikkeling
²**tin·gle** /tɪŋgl/ [onov ww] ① tintelen, steken, zinderen,

suizen 〈van oren〉 ② opgewonden zijn, popelen, sidderen
³tin·gle /tɪŋgl/ [ov ww] laten tintelen, prikkelen, doen suizen 〈van oren〉, opwinden
ting ware /tɪŋ weə, ^-wer/, ting yao /-jaʊ/ [niet-telb zn] tingporselein 〈melkwit Chinees kunstporselein〉
tin-horn [telb zn; ook attributief] 〈vnl AE; sl〉 pretentieus kereltje, pochhans, bluffer, grootspreker, opschepper, patser 〈in het bijzonder gokker die zich rijker voordoet dan hij is〉
¹tink·er /tɪŋkə, ^-ər/ [telb zn] ① ketellapper, blikslager ② prutser, broddelaar, knoeier, klungelaar ③ gelap, geknoei, geprutst, geklungel ④ 〈inf〉 rotjong, bengel, rekel, stout kind ⑤ 〈IE〉 zwerver, landloper ⸱ 〈sprw〉 *if 'ifs' and 'ans' were pots and pans, there'd be no work for tinkers* als is verbrande turf, als de hemel valt, hebben we allemaal blauwe hoedjes, als de hemel valt, zijn alle mussen dood
²tink·er /tɪŋkə, ^-ər/ [onov ww] ① ketellappen ② prutsen, broddelen, klungelen, knoeien, liefhebberen ♦ *tinker at/with an engine* aan een motor prutsen ③ zijn tijd verbeuzelen, klungelen, leeglopen, rondlummelen ♦ *tinker about* (nietsdoend) rondlummelen
³tink·er /tɪŋkə, ^-ər/ [ov ww] (op)lappen, (voorlopig) herstellen/repareren
tink·er·er /tɪŋkrə, ^-ər/ [telb zn] prutser, broddelaar, klungelaar, knoeier
tinker's damn, tinker's cuss [telb zn] ⸱ *not care a tinker's damn* er geen snars/sikkepit om geven
tin-ket·tling /tɪn ketlɪŋ/ [telb zn] 〈BE〉 ketelmuziek, nepserenade
¹tin·kle /tɪŋkl/ [telb zn] ① gerinkel, getinkel ② 〈BE; inf; euf〉 plasje, pipi ③ 〈BE; inf〉 belletje, telefoontje ♦ *give s.o. a tinkle* iemand opbellen
²tin·kle /tɪŋkl/ [onov ww] ① rinkelen, tinkelen, klingelen, tingelen ② 〈BE; inf; euf〉 pipi doen, plassen
³tin·kle /tɪŋkl/ [ov ww] ① laten rinkelen ② aankondigen, oproepen 〈met belgerinkel〉
tin·kly /tɪŋkli/ [bn] rinkelend, tingelend
tin liquor [niet-telb zn] tinoplossing, tinchloride
tin-man /tɪnmən/ [telb zn; mv: tinmen /-mən/] ① tinnegieter ② blikslager ③ opzichter bij het verzwaren 〈van textiel〉
tin·ner /tɪnə, ^-ər/ [telb zn] ① tinmijnwerker ② tingieter, blikslager
tin·ni·tus /tɪnaɪtəs/ [telb zn] 〈med〉 oorsuizing, oorgeruis
¹tin·ny /tɪni/ [telb zn] 〈AuE; inf〉 blikje bier, biertje
²tin·ny /tɪni/ [bn; bw: tinnily; zn: tinniness] ① tin-, blikachtig, tinhoudend, vertind, blikkerig, licht, glanzend ② metaalachtig, schril, snerpend 〈van klank〉 ③ 〈sl〉 waardeloos, van slechte kwaliteit, goedkoop, prullerig, ordinair ④ naar (het) blik smakend/ruikend, met een blikreukje/bliksmaakje
tin opener [telb zn] 〈vnl BE〉 blikopener
tin ore [niet-telb zn] tinerts, kassiteriet, tinsteen
tin-pan, tin-pan·ny /tɪnpæni/ [bn] lawaaierig, snerpend, krijsend
tin-pan alley [niet-telb zn; vaak Tin-Pan Alley] ± het popmuziekcircuit, ± de platenbusiness, ± het wereldje (van de populaire muziek), 〈eigenlijk〉 stadsdeel waar popmusici zich ophouden 〈district in New York〉
tin·plate [niet-telb zn] blik, vertinde staalplaat, tinnen plaat
tin-plate [ov ww] vertinnen
tin·plat·er [telb zn] blikslager, blikwerker
tin·pot [bn, attr] 〈BE; inf〉 prullig, uit minderwaardig materiaal vervaardigd, ordinair, waardeloos, nietig, armzalig
tin pyrites [niet-telb zn] 〈scheik〉 stanniet, tinkies
¹tin·sel /tɪnsl/ [telb zn] ① klatergoud, brokaat(papier), glinsterfolie, engelenhaar, tinsel ② klatergoud, opzichtigheid, oppervlakkige schittering

²tin·sel /tɪnsl/, tin·sel·ly /tɪnsəli/ [bn] ① van klatergoud, vals, opzichtig ② met klatergoud versierd
³tin·sel /tɪnsl/ [ov ww] ① met klatergoud versieren ② optutten, een valse glans geven aan ♦ *tinsel over* verdoezelen
tin shears [alleen mv] 〈AE〉 metaalschaar
tin·smith [telb zn] ① tinnegieter ② blikslager
tin·stone [niet-telb zn] tinsteen, tindioxide, kassiteriet
¹tint /tɪnt/ [telb zn] ① (pastel)tint, kleurschakering, met wit verzachte kleur ② ondertoon, nauwelijks waarneembaar spoor, zweempje ③ 〈grafi〉 tint, vlak/lichtgetinte achtergrond ④ arcering
²tint /tɪnt/ [telb + niet-telb zn] kleurshampoo, het verven 〈van haar〉, verdunde haarverf
³tint /tɪnt/ [onov ww] kleuren, een tintje krijgen
⁴tint /tɪnt/ [ov ww] ① kleuren, schakeren, tinten, verven ② lichtjes beïnvloeden, doortrekken, kleuren
tin-tack [telb zn] vertind kopspijkertje
tint·er /tɪntə, ^tɪntər/ [telb zn] verver, kleurenmenger
tin·tin·nab·u·lar /tɪntɪnæbjʊlə, ^-bjələr/, tin·tin·nab·u·lar·y /-bjʊləri, ^-bjələri/, tin·tin·nab·u·lous /-bjʊləs, ^-bjələs/ [bn] met klokken(geluid) te maken hebbend, klingelend, luidend ♦ *he enjoyed a tintinnabular fame* hij was alom beroemd
tin·tin·nab·u·la·tion /tɪntɪnæbjʊleɪʃn, ^-bjə-/ [telb + niet-telb zn] geklingel, gerinkel, gelui
tin·tin·nab·u·lum /tɪntɪnæbjʊləm, ^-bjə-/ [telb zn; mv: tintinnabula /-lə/] schel, belletje, klokje, tintinnabulum
tint·om·e·ter /tɪntɒmɪtə, ^tɪntɑmɪtər/ [telb zn] colorimeter, kleurmeter
tint·y /tɪnti/ [bn; zn: tintiness] onharmonisch getint, met schreeuwende kleuren, slecht gekleurd
tin-type [telb + niet-telb zn] 〈foto〉 ferrotypie 〈foto(grafie) op bladmetaal〉
tin·ware [niet-telb zn] ① tinwerk, tinwaar ② blikwerk, blikgoed, blikwaren
tin·work [telb + niet-telb zn] tinnen voorwerp(en), tin, tinwerk, tinwaar
tin·works [alleen mv; werkwoord ook enk] tinsmelterij, tin(ne)gieterij
¹ti·ny /taɪni/ [telb zn] 〈vnl BE〉 zuigeling, kleintje, baby
²ti·ny /taɪni/ [bn; vergr trap: tinier; bw: tinily; zn: tininess] uiterst klein, piepklein, nietig, minuscuul, petieterig, miezerig, mini-
-tion /ʃn/ [vormt naamwoord] ± -tie, ± -ing ♦ *action* actie
Ti·o Ta·co /tiou tɑ:kou/ [eigenn, telb zn] 〈AE; sl; beled〉 Oom Taco 〈Mexicaanse Amerikaan die de blanke Amerikanen na-aapt/wil behagen〉
¹tip /tɪp/ [telb zn] ① (benaming voor) tip(je), top(je), punt, uiteinde, spits, neusje, dopje, filter(stuk) 〈van sigaret〉, pomerans 〈van biljartkeu〉 ♦ *the eagle measured five feet from tip to tip* de arend mat een meter vijftig van de ene tot de andere vleugelpunt/had een vleugelwijdte van een meter vijftig; *the tip of the iceberg* het topje van de ijsberg ② bladknop 〈van thee〉 ③ 〈BE〉 stort(plaats), vuilnisbelt, asbelt ♦ 〈inf〉 *he lives in a tip* hij woont in een zwijnenstal ④ 〈BE〉 kolentip, wagonkieper ⑤ fooi, drinkgeld, zakgeld ⑥ tip, wenk, raad, aanrader, (vertrouwelijke) inlichting, voorspelling ♦ *she gave me a tip on how to remove the spots* zij gaf me een tip over hoe ik de vlekjes kon verwijderen; *a tip (on) how to bet* een tip over hoe je moet wedden ⑦ tik(je), duwtje ⑧ overhelling, schuine stand ⑨ 〈sl〉 het neuken ⸱ *be on the tip of one's/the tongue* (voor) op de tong liggen; *have sth. on the tip of one's tongue* iets op de tong hebben liggen
²tip /tɪp/ [onov ww] ① kiep(er)en, kantelen, (over)hellen ♦ *these bunks tip up* deze slaapbanken klappen omhoog ② omkantelen, omslaan, omvervallen ♦ *the bottle tipped over* de fles viel om ③ fooien uitdelen ⸱ 〈basketb〉 *tip off* de bal opgooien
³tip /tɪp/ [ov ww] ① van een tip/uiteinde voorzien 〈enz.,

tip-and-run

zie tip¹ bet 1) ② **doen overhellen,** doen kantelen, schuin zetten ♦ *tip sth. up* iets aan één kant opheffen/opkiepen/omkieperen ③ **doen omslaan,** omvergooien, omkiep(er)en, tippen ♦ *tip over* laten omkantelen, omgooien ④ 〈vnl BE〉 **wegkieperen,** dumpen, weggieten, uitwerpen, ledigen ♦ *no tipping* verboden afval te storten; *tip sth. out* iets uitgieten; *he was tipped out of his racing car* hij werd uit zijn racewagen geslingerd ⑤ **overgieten** ⑥ **aantikken,** eventjes aanraken, (aans)tippen ⑦ 〈honkb〉 **(aan)tippen,** laten afschampen, met de zijkant van het slaghout aanslaan ⑧ **tippen,** (als fooi) geven ♦ *she tipped the cabby £1* zij gaf de taxichauffeur één pond fooi ⑨ **tippen,** een wenk geven, als kanshebber aanwijzen, (vertrouwelijke) inlichtingen verstrekken van/omtrent ♦ *I'm tipping Andrew as the next president* ik denk dat Andrew kans heeft de volgende voorzitter te worden ⑩ **inplakken,** aan de bindrand vastlijmen, invoegen 〈blad bij boekbinden〉 ⑪ 〈sl〉 **doorspelen,** toesteken ⑫ **de punt/het uiteinde bedekken/versieren/verwijderen van** ⑬ **met verf aanstippen** 〈haren van vacht〉 ⑭ 〈sl〉 **bedriegen,** besodemieteren, ontrouw zijn ⑮ 〈sl〉 **neuken (met)** · 〈inf〉 *tip s.o. off* iemand waarschuwen/een tip geven; 〈BE; cricket〉 *tip and run* vorm van cricket waarbij de batsman telkens als hij de bal met zijn bat aanraakt een run moet maken

tip-and-run [bn, attr] 〈BE〉 **blitz-** ♦ *tip-and-run raid* blitzaanval, bliksemaanval

tip·cart [telb zn] **kiepkar,** stortkar

tip·cat [niet-telb zn] 〈spel〉 **tip,** timp, pinkel(spel), tiepel(spel), pinker

tipi [telb zn] → **tepee**

tip-in [telb zn] 〈basketb〉 **tip-in** 〈intikken van bal na rebound〉

tip-off [telb zn] 〈inf〉 ① **waarschuwing,** hint, wenk, confidentie ② 〈basketb〉 **springbal,** opgooi 〈spelbegin/spelhervatting〉

tip·pee /tɪpiː/ [telb zn] **ingewijde** 〈iemand die vertrouwelijke informatie over beurs­noteringen krijgt〉

tip·per /tɪpə, ᴬ-ər/ [telb zn] ① **fooiengever** ② **kieper,** kiepauto, kiepkar

tip·pet /tɪpɪt/ [telb zn] ① **stola,** lange pelskraag, schoudermanteltje, pelerine, bouffante, stool 〈van anglicaans priester〉 ② 〈gesch〉 **lang lint** 〈aan kap, e.d.〉

Tipp-Ex /tɪpeks/ [niet-telb zn] 〈BE; merknaam〉 **Tipp-Ex** 〈correctievloeistof〉

tipp-ex out [ov ww] 〈BE〉 **met Tipp-Ex weghalen**

tipping point [telb zn] **omslagpunt**

¹**tip·ple** /tɪpl/ [telb zn] 〈inf〉 ① **(sterke) drank,** drankje ♦ *what's your tipple?* wat drink jij (altijd)? ② **tip,** losplaats, kiepinstallatie, overlaadinrichting

²**tip·ple** /tɪpl/ [onov ww] 〈inf〉 **aan de drank zijn,** pimpelen

³**tip·ple** /tɪpl/ [ov ww] 〈inf〉 **(herhaaldelijk) nippen aan,** drinken

tip·pler /tɪplə, ᴬ-ər/ [telb zn] ① **(gewoonte)drinker,** pimpelaar ② **sierduif**

tip·py /tɪpi/ [bn] ① 〈BE〉 **uitstekend,** vernuftig, knap, chic, stijlvol ② 〈BE〉 **vol tipjes/eindjes,** veel bladknoppen bevattend 〈van thee〉 ③ **onvast,** schommelig, woelig, wankel

tip sheet [telb zn] 〈fin〉 **pagina/blad met tips,** 〈i.h.b.〉 krant/blad met beleggingsadviezen

tip·si·fy /tɪpsɪfaɪ/ [ov ww] **dronken maken**

tip·staff [telb zn] 〈vnl BE〉 ① **gerechtsdienaar** 〈die orde in rechtszaal handhaaft〉, deurwaarder ② 〈gesch〉 **staf met metalen beslag** 〈ambtsteken van bet 1〉

tip·ster /tɪpstə, ᴬ-ər/ [telb zn] **tipgever,** informant 〈van gokkers/speculanten〉

tip·sy /tɪpsi/ [bn; bw: tipsily; zn: tipsiness] 〈vnl BE〉 ① **aangeschoten,** lichtjes dronken, boven zijn theewater, onder invloed, tipsy ② **wankel,** hellend, scheef, schuin

tip·sy-cake [telb zn] 〈BE〉 **tipsy cake** 〈gebak met kirsch­crème〉

¹**tip-tap** [telb zn] **klikklak,** klopklop, getik, geklop

²**tip-tap** [onov ww] **klikklakken,** kloppen, tikken

tip-tilt·ed [bn] **aan het uiteinde omhooggaand** ♦ *tip-tilted nose* wipneus

¹**tip·toe** /tɪptoʊ/ [telb zn] **teentop** · *on tiptoe* op de topjes van zijn tenen; vol verwachting, halsreikend, opgewonden; stilletjes, steels

²**tip·toe** /tɪptoʊ/ [bn] ① **op de topjes van zijn tenen staand/lopend** ② **steels,** behoedzaam, stilletjes, heimelijk ③ **opgewonden,** halsreikend

³**tip·toe** /tɪptoʊ/ [onov ww] **op zijn tenen lopen,** behoedzaam stappen, trippelen

¹**tip-top** [niet-telb zn; the] **top(punt)** 〈ook figuurlijk〉, (aller)beste, uiterste, piek

²**tip-top** [verzamelb; the] 〈BE〉 **chic,** hoge kringen

³**tip-top** [bn] 〈inf〉 ① **tiptop,** piekfijn, uitstekend, van de bovenste plank, bovenste beste, prima ② **chic**

⁴**tip-top** [bw] 〈inf〉 **tiptop,** uitstekend, prima, zonder weerga

tip-tops [alleen mv; the] 〈BE〉 **chic,** hoge kringen

tip-up [bn, attr] **opklapbaar** ♦ *a tip-up seat* een klapstoeltje, een klapzitting

TIR [afk] (Transport International Routier) **TIR**

ti·rade /taɪreɪd, ᴬtaɪreɪd/ [telb zn] ① **tirade,** scheldkanonnade, schimprede ② 〈letterk〉 **lange rede**

tir·aill·eur /tɪrɑː, ᴬ-lɜr/ [telb zn] **tirailleur,** scherpschutter

tir·a·mi·su /tɪrəmiːsu, tɪrəmɪsuː/ [niet-telb zn] **tiramisu**

¹**tire** /taɪə, ᴬ-ər/ [telb zn] ① **hoepel,** ringband, wielband ② 〈vero〉 **tooi,** dos, kleding ③ 〈AE〉 **(kinder)schort** ④ 〈AE〉 → **tyre**

²**tire** /taɪə, ᴬ-ər/ [onov ww] ① **moe worden** ② **(het) beu worden,** er de buik van vol krijgen ♦ *I never tire of listening to their music* ik kan niet genoeg krijgen van hun muziek; → **tired**

³**tire** /taɪə, ᴬ-ər/ [ov ww] ① **afmatten,** vermoeien, uitputten ♦ *tire out* afmatten, uitputten ② **vervelen** ③ 〈vero〉 **tooien,** uitdossen, opsmukken; → **tired**

¹**tir·ed** /taɪəd, ᴬtaɪərd/ [bn; oorspronkelijk volt deelw van tire; bw: ~ly; zn: ~ness] ① **moe,** vermoeid, doodop, uitgeput ♦ *tired out* doodop ② **afgezaagd,** fantasieloos ③ **oud,** verpieterd 〈eten bijvoorbeeld〉

²**tir·ed** /taɪəd, ᴬtaɪərd/ [bn, pred; oorspronkelijk volt deelw van tire; bw: ~ly; zn: ~ness] **beu,** verveeld ♦ *be tired of sth.* de buik vol hebben van iets, genoeg hebben van iets, iets beu zijn

tire·less /taɪələs, ᴬtaɪər-/ [bn; bw: ~ly; zn: ~ness] ① **onvermoeibaar** ② **onophoudelijk,** onuitputtelijk, aanhoudend

tire·some /taɪəsəm, ᴬtaɪər-/ [bn; bw: ~ly; zn: ~ness] ① **vermoeiend,** afmattend ② **vervelend,** saai, langdradig, ergerlijk, irritant

tire·wom·an [telb zn] **kleedster** 〈bijvoorbeeld in theater〉

tir·ing-room, tir·ing house [telb zn] 〈vero〉 **kleedkamer** 〈in theater〉

ti·ro, ty·ro /taɪroʊ/ [telb zn] **beginneling,** onervaren nieuweling, groentje

'**tis** /tɪz/ (samentrekking van it is)

ti·sane /tɪzæn/ [telb zn] **kruidenthee,** infusie, aftreksel, tisane

Tish·ri /tɪʃri/ [eigenn] **tisjri** 〈1e maand van Joodse kalender〉

¹**tis·sue** /tɪʃuː, -sjuː, ᴬ-ʃuː/ [telb zn] ① **doekje,** tissu, gaasje, doorschijnende stof ② 〈gesch〉 **goudlaken, zilverlaken** ③ **papieren (zak)doekje,** velletje vloeipapier ④ **web,** netwerk ♦ *tissue of lies* aaneenschakeling van leugens ⑤ 〈sl〉 **kopie,** vel doorslagpapier ⑥ 〈sl〉 **dun briefpapier**

²**tis·sue** /tɪʃuː, -sjuː, ᴬ-ʃuː/ [niet-telb zn] ① 〈biol〉 **(cel)weefsel** ♦ *muscular tissue* spierweefsel ② → **tissue paper**

³**tis·sue** /tɪʃuː, -sjuː, ᴬ-ʃuː/ [ov ww] ① **(door)weven** ② **met**

absorberend papier verwijderen ③ met goudlaken/zijdepapier versieren/bekleden

tissue culture [telb + niet-telb zn] ⟨med⟩ weefselkweek, weefselcultuur

tissue paper [niet-telb zn] zijdepapier, vloeipapier

tis·su·lar /tɪʃʊlə, -sjʊlə, ᴬtɪʃələr/ [bn] ⟨biol⟩ weefsel-, m.b.t. organisch weefsel ♦ *tissular lesions* weefsellaesies

¹**tit** /tɪt/ [telb zn] ① ⟨dierk⟩ mees ⟨familie Paridae, in het bijzonder genus Parus⟩ ♦ *great tit* koolmees ⟨Parus major⟩ ② ⟨vulg⟩ tiet, tit, mem, tepel ③ ⟨pej⟩ griet, meid, wijf ④ ⟨sl⟩ knoppie ⑤ ⟨BE; sl⟩ stumperd, slapjanus, zwakkeling, klier, klerelijer ⑥ ⟨vero; gew⟩ knol, hit ▪ *she got on my tit* zij hing mij de keel uit, zij werkte me op de zenuwen

²**tit** /tɪt/ [niet-telb zn] ▪ ⟨inf⟩ *tit for tat* leer om leer, vergelding, het met gelijke munt betaald zetten; woordentwist

³**tit** [afk] (title) tit.

Tit [afk] (Titus)

¹**ti·tan** /taɪtn/ [telb zn] ① ⟨Griekse myth⟩ titan ② kolos, (geweldige) reus, superman, gigant

²**ti·tan** /taɪtn/ [bn] titanisch, gigantisch

Ti·tan /taɪtn/ [eigenn] ① ⟨Griekse myth⟩ Titan ② ⟨astron⟩ Titan ⟨grootste maan van Saturnus⟩

ti·tan·ate /taɪtn·eɪt/ [niet-telb zn] ⟨scheik⟩ titanaat

ti·ta·ni·a /taɪteɪnɪə/ [niet-telb zn] ⟨scheik⟩ titaan(di)oxide, titaanwit ⟨kleurstof⟩

ti·tan·ic /taɪtænɪk/ [bn; bw: ~ally] ① titanisch, reusachtig, immens, gigantisch, kolossaal ② ⟨scheik⟩ van/met titanium ⟨in tetravalente vorm⟩ ♦ *titanic acid* titaanzuur

ti·tan·if·er·ous /taɪtnɪfrəs/ [bn] titanium bevattend/opleverend

ti·tan·ism /taɪtn·ɪzm/ [niet-telb zn; vaak Titanism] opstandigheid, anarchie, revolte

ti·tan·ite /taɪtn·aɪt/ [niet-telb zn] titaniet ⟨calcium-titaansilicaatmineraal⟩

ti·ta·ni·um /taɪteɪnɪəm/ [niet-telb zn] ⟨scheik⟩ titaan, titanium ⟨element 22⟩

titanium dioxide, titanium oxide [niet-telb zn] ⟨scheik⟩ titaan(di)oxide, titaanwit ⟨kleurstof⟩

titanium white [niet-telb zn] titaanwit, titaniumdioxide ⟨als kleurstof⟩, titaanoxidewit

ti·tan·o·there /taɪtænəθɪə, ᴬ-θɪr/ [telb zn] ⟨dierk⟩ titanotherium ⟨uitgestorven neushoornachtige, genus Brontotherium⟩

ti·tan·ous /taɪtænəs/ [bn] ⟨scheik⟩ titaan-, titanium, ⟨in trivalente vorm⟩ bevattend

tit·bit, ⟨AE⟩ **tid·bit** /tɪtbɪt, ᴬtɪdbɪt/ [telb zn] ① lekker hapje, lekkernij, delicatesse, iets om je vingers bij af te likken, uitgelezen versnapering ② interessant nieuwtje, pareltje, roddeltje

titch /tɪtʃ/ [telb zn] ⟨BE; scherts of beled⟩ kleintje, dwerg, onderdeur(tje)

titch·y /tɪtʃi/ [bn; vergr trap: titchier] ⟨BE; inf⟩ petieterig, minuscuul, zeer klein

titer [telb zn] → titre

tit·fa /tɪtfə/, **tit·fer** /tɪtfə, ᴬ-ər/ [telb zn] ⟨BE; sl⟩ hoed

tit-for-tat [bn, attr] vergeldings-, uit wraak

¹**tith·a·ble** /taɪðəbl/ [telb zn] tiendplichtige

²**tith·a·ble** /taɪðəbl/ [bn] ① tiendplichtig ② tiendbaar, aan het betalen van tienden onderworpen

¹**tithe** /taɪð/ [telb zn; meestal mv] ① ⟨gesch⟩ tiend ② ⟨form⟩ tiende deel ⟨ook figuurlijk⟩, erg klein deel, fractie

²**tithe** /taɪð/ [bn, attr] ① tiende ♦ *a tithe part* één tiende deel ② tiend-

³**tithe** /taɪð/ [ov ww] ① tienden, tienden heffen op ② (een) tiend(e) betalen van; → **tithing**

tithe barn [telb zn] tiendschuur

tithe man, tithe proctor [telb zn] tiendgaarder, tiender

tith·ing /taɪðɪŋ/ [telb zn; oorspronkelijk tegenwoordig deelw van tithe] ⟨gesch⟩ ① heffing/betaling van tienden ② tiend ③ (district van) tienmanschap ⟨bond van tien gezinshoofden die zich tot vrede verbonden in feodaal Engeland⟩

tith·ing·man /taɪðɪŋmən/ [telb zn; mv: tithingmen /-mən/] ⟨gesch⟩ ① tiendgaarder, tiender ② hoofd van een tienmanschap ③ ⟨BE⟩ plaatselijk ordehandhaver ④ ordebewaarder ⟨in kerken in New England, 19e eeuw⟩

ti·ti /tiːtiː, ᴬtɪtiː, ⟨in betekenis 2⟩ ᴬtaɪtaɪ/ [telb zn] ① ⟨dierk⟩ springaapje ⟨genus Callicebus⟩ ② ⟨AE; plantk⟩ moerasheester ⟨genus Cyrilla, in het bijzonder Cyrilla racemiflora⟩

ti·tian /tɪʃn/ [niet-telb zn; ook attributief] titiaan ⟨licht kastanjebruin⟩

tit·il·late /tɪtɪleɪt, ᴬtɪtleɪt/ [ov ww] prikkelen, kittelen, aangenaam opwinden, strelen, opwekken, stimuleren

tit·il·la·tion /tɪtɪleɪʃn, ᴬtɪtleɪʃn/ [telb + niet-telb zn] prikkeling, aangename gewaarwording, kitteling

tit·i·vate, tit·ti·vate /tɪtɪveɪt/ [ov ww] ⟨inf⟩ mooi maken, opdirken, verfraaien, de laatste hand leggen aan, opknappen

tit·lark [telb zn] ⟨dierk⟩ ① pieper ⟨genus Anthus⟩ ② ⟨BE⟩ graspieper ⟨Anthus pratensis⟩

¹**ti·tle** /taɪtl/ [telb zn] ① ⟨benaming voor⟩ titel, titelblad, naam, opschrift, (ere)benaming, kwalificatie, kampioen(schap), eigendomsrecht, aanspraak, recht(sgrond), hoofding/onderdeel van wettekst/statuut, ondertitel, aftiteling ⟨van film⟩, titel ⟨verklaring van voorziening in levensonderhoud als voorwaarde voor wijding⟩ ② titelkerk ③ gehalte ⟨van goud e.d.⟩

²**ti·tle** /taɪtl/ [ov ww] betitelen, noemen, een titel verlenen aan; → **titled, titling**

ti·tle-chas·er [telb zn] ⟨sport⟩ titelkandidaat

title cut [telb zn] titelnummer

ti·tled /taɪtld/ [bn; volt deelw van title] met een (adellijke) titel, getiteld

title deed [telb zn] ⟨jur⟩ eigendomsakte, titelbewijs, eigendomscertificaat

title fight [telb zn] titelgevecht

ti·tle-hold·er [telb zn] ⟨sport⟩ titelhouder, titelhoudster, titelverdediger, titelverdedigster

title page [telb zn] titelpagina, titelblad ♦ *from title page to colophon* van de eerste tot de laatste bladzijde, van voor naar achter, van begin tot eind

title part, title role [telb zn] titelrol

title piece [telb zn] titelstuk ⟨bijvoorbeeld van essaybundel⟩

title song, title track [telb zn] titelsong

¹**tit·ling** /tɪtlɪŋ/ [telb zn] ⟨dierk⟩ ① pieper ⟨genus Anthus⟩, ⟨i.h.b.⟩ graspieper ⟨Anthus protensis⟩ ② mees ⟨genus Parus⟩

²**ti·tling** /taɪtlɪŋ/ [niet-telb zn; gerund van title] titelopdruk ⟨in goudblad, op kaft van boek⟩

tit·man /tɪtmən/ [telb zn; mv: titmen /-mən/] ① achterblijvertje ⟨in biggennest⟩ ② dwerg, achterlijke man

tit·mouse [telb zn] ⟨form; dierk⟩ mees ⟨genus Parus⟩

Ti·to·ism /tiːtoʊɪzm/ [niet-telb zn] ⟨pol⟩ titoïsme ⟨nietgebonden politiek⟩

ti·trate /taɪtreɪt/ [onov + ov ww] ⟨scheik⟩ titreren

ti·tra·tion /taɪtreɪʃn/ [telb + niet-telb zn] ⟨scheik⟩ titratie

ti·tre, ⟨AE⟩ **ti·ter** /taɪtə, ᴬtaɪtər/ [telb zn] ⟨scheik⟩ titer

tits-and-bums, ⟨AE⟩ **tits-and-ass** [bn, attr] ⟨sl⟩ porno-, bloot(-)

¹**tit·ter** /tɪtə, ᴬtɪtər/ [telb zn] (onderdrukt/nerveus) gegiechel ♦ *the whole class was in a titter* de hele klas was aan het giechelen

²**tit·ter** /tɪtə, ᴬtɪtər/ [onov ww] (onderdrukt/nerveus) giechelen

tittivate [ov ww] → **titivate**

tit·tle /tɪtl/ [telb zn] tittel, puntje, stipje, streepje, ⟨fig⟩ het

tittlebat

allergeringste deel ♦ *not one/a jot or tittle* geen tittel of jota, totaal niets 〈naar Matth. 5:18〉; *to a tittle* precies
tit·tle·bat /ˈtɪtlbæt/ [telb zn] 〈BE〉 stekelbaars
¹**tit·tle-tat·tle** /ˈtɪtltætl/ [niet-telb zn] 〈inf〉 kletspraat, roddelpraat
²**tit·tle-tat·tle** /ˈtɪtltætl/ [onov ww] 〈inf〉 kletsen, kwebbelen, roddelen
¹**tit·tup** /ˈtɪtəp/ [telb zn] ① handgalop ② sprongetje, gehuppel, getrippel van hoge hakjes ③ capriool, bokkensprong
²**tit·tup** /ˈtɪtəp/ [onov ww] ① huppelen, trippelen ② zich in handgalop voortbewegen ③ bokkensprongen maken
tit·ty /ˈtɪti/ [telb zn] ① 〈inf〉 tiet ② 〈kind〉 borst, tepel ③ 〈kind〉 speen
tit·ty-boo /ˈtɪtibuː/ [telb zn] 〈sl〉 ① wildebras, wilde meid ② jonge vrouwelijke delinquent/gevangene
tit·u·ba·tion /ˌtɪtʃʊˈbeɪʃn, ˌ-tʃə-/ [telb + niet-telb zn] 〈med〉 waggeling, onzekere gang
¹**tit·u·lar** /ˈtɪtʃʊlə, ˌ-tʃələr/, 〈vero〉 **tit·u·lar·y** /ˈtɪtʃʊləri, ˌ-tʃələri/ [telb zn] ① titularis ② patroonheilige van een kerk
²**tit·u·lar** /ˈtɪtʃʊlə, ˌ-tʃələr/, 〈vero〉 **tit·u·lar·y** /ˈtɪtʃʊləri, ˌ-tʃələri/ [bn] ① aan een titel verbonden ♦ *titular possessions* bezittingen die bij een bepaalde titel horen ② titulair, in naam ♦ *titular bishop* titulair bisschop; *titular saint* patroonheilige van een kerk
³**tit·u·lar** /ˈtɪtʃʊlə, ˌ-tʃələr/, 〈vero〉 **tit·u·lar·y** /ˈtɪtʃʊləri, ˌ-tʃələri/ [bn, attr] titel- ♦ *the titular hero* de titelheld
tiz·zy /ˈtɪzi/ [telb zn; voornamelijk enk] 〈inf〉 ongerustheid, zenuwachtigheid, opwinding, agitatie ♦ *be in/all of a tizzy* ergens ontzettend over inzitten, in de rats zitten, in alle staten zijn, over zijn toeren zijn
T-junc·tion [telb zn] ① T-verbindingspunt, T-knooppunt, T-kruising ② T-stuk
TKO [afk] (technical knock-out)
TLA [telb zn] (three-letter acronym) acroniem/letterwoord van drie letters
TLC [niet-telb zn] (tender loving care) liefdevolle aandacht, liefde en aandacht
TLS [afk] (Times Literary Supplement)
T lymphocyte [telb zn] 〈biochem〉 T-lymfocyt, T-cel, T-helpercel
TM [telb zn] ① (transcendental meditation) TM ② (trademark)
tme·sis /ˈtmiːsɪs/ [telb zn; mv: tmeses /-siːz/] 〈taalk〉 tmesis, snijding 〈scheiding van een samengesteld woord door een ertussen geplaatst woord〉
TMO [afk] (telegraph money order)
tn [afk] ① (town) ② 〈AE〉 (ton(s)) t ③ (train)
TN [afk] (Tennessee 〈postcode〉)
TNF [afk] (theater nuclear force(s))
tnpk [afk] 〈AE〉 (turnpike)
TNT [niet-telb zn] (trinitrotoluene) TNT
¹**to** /tuː/ [bw] ① 〈richting〉 heen, erheen ♦ *to and fro* heen en weer, op en neer; *pace to and fro* ijsberen; *the ship heaved to* het schip draaide bij ② 〈ook fig; plaats〉 tegen, bij, eraan, erop ♦ *the door stood to* de deur stond aan; *they were very close to* ze waren heel vlakbij
²**to** /tə, tʊ, 〈sterk〉 tuː/, 〈vero〉 **un·to** /ˈʌn-/ [vz] ① 〈ook fig; meewerkend voorwerp; richting, afstand en doel〉 naar, naar ... toe, tot, voor, jegens ♦ *he came to our aid* hij kwam ons te hulp; *she lied to Bill* ze heeft Bill voorgelogen; *pale to clear blue* bleek tot hel blauw; *refer to the book* verwijs naar het boek; *covered up to his chin* tot de kin bedekt; *hurry to church* zich naar de kerk haasten; *burnt to a cinder* helemaal opgebrand; *laid a claim to the house* aanspraak maken op het huis; *curses to the culprit* de schuldige zij vervloekt; *sentenced to death* ter dood veroordeeld; *he worked himself to death* hij werkte zich dood; *study to a master's degree* studeren met het oog op een master's diploma; *argue to the same effect* dezelfde zaak bepleiten; *to that end* voor dat doel; *destined to failure* voorbestemd om te falen; *sing hymns to God* hymnen zingen voor God; *drink to her health* op haar gezondheid drinken; *it seemed strange to John* het kwam John vreemd voor; *she held the letter to the light* ze hield de brief tegen het licht; *loyal to a man* stuk voor stuk trouw, trouw tot de laatste man; *increased to the maximum* tot het maximum vermeerderd; *his money went to clothes for the children* zijn geld besteedde hij aan kleren voor de kinderen; 〈vnl BE〉 *go to Mrs Cartwright* op visite gaan bij Mrs Cartwright; *he'll come to nothing* er zal van hem niets terechtkomen; *fell to pieces* viel aan stukken; *everything from pins to wardrobes* alles van spelden tot kleerkasten; *a pretender to the throne* een troonpretendent; *speak to another problem* over een ander probleem spreken; *danced to the queen* danste voor de koningin; *travel to Rome* naar Rome reizen; *it was clear to Sheila* het was Sheila duidelijk; *soaked to the skin* nat tot op de huid; *the house to the south* het huis aan de zuidkant; *look up to the stars* opkijken naar de sterren; *give sweets to the children* de kinderen snoep geven; *a tendency to pessimism* een neiging tot pessimisme; *it's a long way to Tipperary* het is ver naar Tipperary; *plant the land to wheat* het land met tarwe beplanten; *where shall we go to?* waar zullen we heen gaan?; *where has it gone to?* waar is het gebleven?; *from bad to worse* van kwaad tot erger ② 〈ook fig; plaats〉 tegen, op, in, aan ♦ *stand to attention* in de houding staan; *I've been to my aunt's* ik ben bij mijn tante gaan logeren; *she's out to a concert* ze is naar een concert; *I'll tell him to his face* ik zal het hem in zijn gezicht/rechtuit/ronduit zeggen; *apply cream to one's face* crème op zijn gelaat aanbrengen; *she kept her hands to her ears* ze hield haar handen op haar oren; *he kept it to himself* hij hield het voor zich; *he thought to himself* hij dacht bij zichzelf; *stick to one's job* bij zijn werk blijven; 〈vnl inf〉 *I was staying to Nora's at the time* ik logeerde toen bij Nora; *we had it to ourselves* we hadden het voor ons alleen; *we beat them eleven to seven* we hebben ze met elf tegen zeven verslagen ③ 〈vergelijkend〉 met, ten opzichte van, voor, tot, vergeleken bij, volgens, overeenkomstig ♦ *to all appearances* het ziet ernaar uit; *to the applause of the multitude* onder de toejuichingen van de menigte; *her attitude to immigrants* haar houding tegenover immigranten; *Jack had eight marbles to Bill's forty* Jack had slechts acht knikkers tegenover Bill, die er veertig had; *identical to my book* identiek aan mijn boek; *this is nothing to the capital* dit is niets vergeleken bij de hoofdstad; *a disaster to the nation* een ramp voor het volk; *measured to the drum* op de maat van de trom; *to his sharp ears there were sounds everywhere* zijn scherpe oren ontwaarden overal geluiden; *superior to synthetic fabric* beter dan synthetische stof; *she lost him to a more beautiful girl* ze verloor hem aan een mooier meisje; *unknown to Jack* buiten (mede)weten van Jack; *compared to Jack* vergeleken met Jack; *use 50 lbs. to the acre* gebruik 50 pond per acre; *he wrote music to his lyrics* hij schreef muziek bij zijn teksten; *true to nature* natuurgetrouw; *different to Philip's* verschillend van die van Philip; *I'm new to the place* ik ben hier nieuw; *twenty shillings to the pound* twintig shillings in een pond; *made to size* op maat gemaakt; *he was slave to his colleagues* hij was de slaaf van zijn collega's; *sweeten to taste* zoeten naar smaak; *what can I say to that?* wat kan ik daarop zeggen?; *it is cold to the touch* het voelt koud aan; *at right angles/perpendicular to the wall* loodrecht op de muur; *the dog came to his whistle* de hond kwam op zijn gefluit ④ 〈tijd〉 tot, tot op, op, voor ♦ *dated back to the second century* daterend van de tweede eeuw; *paid to the day* stipt betaald; *three years ago to the day* precies drie jaar geleden; *the only one found to the present day* de enige die tot op heden werd gevonden; *stay to the end* tot het einde blijven; 〈vnl BE〉 *the train is running to schedule* de trein rijdt precies volgens het tijdschema; 〈vnl gew〉

arrive to six o'clock om zes uur aankomen; ⟨vnl BE⟩ *five (minutes) to three* vijf (minuten) voor drie; *from week to week* van week tot week 5 ⟨duidt inherente verbondenheid aan⟩ *bij*, aan, van, behorende bij ♦ *heir to the throne* troonopvolger; *there's more to it* er zit meer achter; *the room had a smell to it* er hing een luchtje in de kamer; *the incident had a sequel to it* er kwam een vervolg op het voorval; *a motorbike with a sidecar to it* een motorfiets met een zijspan eraan; *a painting with Picasso's name to it* een schilderij met de naam van Picasso erop; *the key to the house* de sleutel van het huis; *partner to an Indian businessman* de partner van een Indische zakenman; *son to Mr Boswell* de zoon van Mr. Boswell; *there's more to the story* het verhaal is nog niet af 6 ⟨vero⟩ *tot*, als ♦ *he has a duchess to his aunt* hij heeft een hertogin als tante; *he took her to wife* hij nam haar tot vrouw

³**to** /tə, tʊ, ⟨sterk⟩ tʊ, tuː/ [partikel] ⟨vaak onvertaald⟩ 1 ⟨voor onbepaalde wijs⟩ *te* ♦ *to accept is to approve* aanvaarden is goedkeuren; *I don't know how to apologize* ik weet niet hoe ik mij moet verontschuldigen; *the plane took off to crash in flames two minutes later* het vliegtuig startte en/maar stortte twee minuten later brandend neer; ⟨substandaard ook⟩ het vliegtuig startte om twee minuten later brandend neer te storten; *to see him act like that, you wouldn't think he's so mean* als je hem zo bezig ziet, zou je niet denken dat hij zo gemeen is; *stay to see the last act* blijven om het laatste bedrijf te zien; *I don't want to apologize* ik wil mij niet verontschuldigen 2 ⟨in plaats van een onbepaalde wijs⟩ dat, het ♦ *I'd like to apologize, but I don't know how to* ik zou graag mijn verontschuldigen aanbieden, maar ik weet niet hoe; *go home already? I don't want to* nu al naar huis gaan? dat wil ik niet/daar heb ik geen zin in

TO [afk] 1 (technical order) 2 (telegraph office) 3 (telephone office) 4 (tincture of opium) 5 (transport officer) 6 (turn over) z.o.z.

toad /toʊd/ [telb zn] 1 ⟨dierk⟩ pad ⟨genus Bufo⟩ 2 ellendeling, beroerling, kwal • *eat s.o.'s toads* voor iemand kruipen, iemand likken

toad·eat·er [telb zn] pluimstrijker, vleier, kruiper, slaafse volgeling

¹**toad·eat·ing** [niet-telb zn] pluimstrijkerij

²**toad·eat·ing** [bn] vleiend, kruiperig

toad·fish [telb zn] ⟨dierk⟩ paddenvis ⟨familie der Batrachoididae⟩

toad·flax [telb zn] ⟨plantk⟩ vlasleeuwenbek ⟨genus Linaria, in het bijzonder L. vulgaris⟩ ♦ *ivy-leaved toadflax* muurleeuwenbek ⟨L. cymbalaria⟩

toad-in-the-hole [telb + niet-telb zn] ⟨BE; cul⟩ in beslag gebakken saucijsjes/rundvlees

toad spit, toad spittle [niet-telb zn] ⟨dierk⟩ koekoeksspog

¹**toad·stone** [telb zn] paddensteen

²**toad·stone** [niet-telb zn] ⟨geol⟩ vulkanisch gesteente in kalksteenlaag

toad·stool [telb zn] paddenstoel ⟨in het bijzonder giftig⟩

¹**toad·y** /toʊdi/ [telb zn] pluimstrijker, vleier, kruiper, slaafse volgeling

²**toad·y** /toʊdi/ [bn] 1 afzichtelijk, lelijk 2 vol padden

³**toad·y** /toʊdi/ [onov + ov ww] pluimstrijken, vleien, likken ♦ *toady to s.o.* iemand vleien

toad·y·ism /toʊdiɪzm/ [niet-telb zn] pluimstrijkerij, gevlei, kruiperij

¹**to-and-fro** /tuːənfroʊ/ [telb zn] 1 schommeling, ⟨fig⟩ weifeling, aarzeling 2 levendige discussie, spel van woord en wederwoord

²**to-and-fro** /tuːənfroʊ/ [telb + niet-telb zn] heen-en-weergeloop, komen en gaan

³**to-and-fro** /tuːənfroʊ/ [bn, attr] heen en weer (gaand), schommelend, over en weer

¹**toast** /toʊst/ [telb zn] 1 (heil)dronk, toost ♦ *drink a toast to s.o.* een dronk uitbrengen op iemand; *propose a toast to s.o.* een toost instellen op iemand 2 iemand/iets waarop getoost wordt, (i.h.b. gesch) gevierde schoonheid, (bij uitbreiding) ster, coryfee, beroemdheid ♦ *the toast of Hollywood* de ster/coryfee van Hollywood; *the toast was the Queen* men bracht een toost uit op de koningin 3 geroosterde boterham

²**toast** /toʊst/ [niet-telb zn] toast, geroosterd brood ♦ *sardines on toast* sardientjes op toast • *have s.o. on toast* iemand helemaal in zijn macht hebben

³**toast** /toʊst/ [ov ww] 1 roosteren, toast maken van, ⟨fig⟩ warmen ♦ *toast o.s. at the fire* zich warmen bij het vuur 2 toosten op, een dronk uitbrengen op

toast·er /toʊstə, ᴬ-ər/ [telb zn] 1 broodrooster 2 iemand die een toost uitbrengt

toast·ing·fork, toast·ing·i·ron [telb zn] roostervork

toast·mas·ter [telb zn] ceremoniemeester ⟨bij een diner⟩

toast rack [telb zn] toastrekje, rekje voor geroosterde boterhammen

¹**to·bac·co** /təbækoʊ/ [telb zn] tabakssoort, tabak

²**to·bac·co** /təbækoʊ/ [niet-telb zn] tabak, tabaksplant, tabaksblad

tobacco juice [niet-telb zn] tabakssap

tobacco mosaic virus [niet-telb zn] ⟨landb⟩ mozaïekziekte

to·bac·co·nist /təbækənɪst/ [telb zn] 1 tabakshandelaar, sigarenwinkel 2 tabaksfabrikant

tobacco pipe [telb zn] tabakspijp

tobacco plant [telb zn] tabaksplant

tobacco stopper [telb zn] pijpenstopper

¹**To·ba·gan** /toʊbeɪɡən/ [telb zn] Tobagaan(se), inwoner/inwoonster van Tobago

²**To·ba·gan** /toʊbeɪɡən/ [bn] Tobagaans, uit/van/m.b.t. Tobago

¹**To·ba·go·ni·an** /toʊbəɡoʊniən/ [telb zn] Tobagaan(se), inwoner/inwoonster van Tobago

²**To·ba·go·ni·an** /toʊbəɡoʊniən/ [bn] Tobagaans, uit/van/m.b.t. Tobago

¹**to·bog·gan** /təbɒɡən, ᴬ-bɑ-/ [telb zn] tobogan

²**to·bog·gan** /təbɒɡən, ᴬ-bɑ-/ [onov ww] met een tobogan sleeën, rodelen

to·bog·gan·er /təbɒɡənə, ᴬtəbɑɡənər/, **to·bog·gan·ist** /-nɪst/ [telb zn] iemand die met een tobogan sleet, iemand die rodelt

toboggan slide, toboggan chute [telb zn] rodelbaan

to·by /toʊbi/ ⟨in betekenis 1 ook⟩ **toby jug** [telb zn] 1 beker/kan in de vorm van een oude man met een steek 2 ⟨AE; sl⟩ stinkstok ⟨lange dunne slechte sigaar⟩

toby collar [telb zn] ⟨BE⟩ brede platte geplooide kraag ⟨zoals van Toby, de hond van Punch⟩

toc·ca·ta /təkɑːtə/ [telb zn] ⟨muz⟩ toccata

Toc H /tɒk eɪtʃ, ᴬtɑk-/ [eigenn] ⟨BE⟩ Toc H ⟨vereniging voor kameraadschap en hulpbetoon, oorspronkelijk van oud-strijders 1914-1918⟩

¹**To·char·i·an** /tɒkeəriən, ᴬtoʊkeriən/ [eigenn] ⟨gesch, taalk⟩ Tochaars ⟨Indo-Europese taal⟩

²**To·char·i·an** /tɒkeəriən, ᴬtoʊkeriən/ [bn] ⟨gesch, taalk⟩ Tochaars

toch·er /tɒxə, ᴬ-ər/ [telb + niet-telb zn] ⟨SchE⟩ bruidsschat

¹**to·co, to·ko** /toʊkoʊ/ [telb zn] ⟨BE; sl⟩ pak slaag, aframmeling

²**to·co, to·ko** /toʊkoʊ/ [niet-telb zn] ⟨BE; sl⟩ slaag

to-come /təkʌm/ [niet-telb zn; the] de toekomst

to·coph·er·ol /təkɒfərɒl, ᴬ-kɑfərɔl/ [telb + niet-telb zn] tocoferol ⟨vetachtige vitamine⟩

toc·sin /tɒksɪn, ᴬtɑk-/ [telb zn] alarmbel, noodklok, ⟨fig⟩ alarmsignaal

tod

¹**tod** /tɒd, ᴬtɑd/ [telb zn] ① ⟨vnl BE; gesch⟩ tod ⟨gewichtsmaat, voornamelijk van wol, gewoonlijk 28 lbs. = 12,7 kg⟩ ② ⟨SchE⟩ vos, ⟨fig⟩ slimmerik ③ ⟨AE; inf⟩ grog ⚫ ⟨BE; inf⟩ *on one's tod* op zijn eentje, in zijn uppie

²**tod** /tɒd, ᴬtɑd/ [niet-telb zn] ⟨AE; inf⟩ palmwijn

to'd /tiːoʊd/ [afk] (tee'd off)

¹**to·day** /təˈdeɪ/ [niet-telb zn] vandaag, heden, tegenwoordig ♦ *today is my birthday* vandaag is het mijn verjaardag; *today's paper* de krant van vandaag

²**to·day** /təˈdeɪ/ [bw] vandaag, heden (ten dage), vandaag de dag, tegenwoordig ⚫ ⟨sprw⟩ *better an egg today than a hen tomorrow* beter een half ei dan een lege dop, beter één vogel in de hand dan tien in de lucht; ⟨sprw⟩ *here today and gone tomorrow* heden gezond, morgen begraven, heden rood, morgen dood, heden op het kussen, morgen in de grond; ⟨sprw⟩ *jam tomorrow and jam yesterday, but never jam today* de regel is: morgen jam en gisteren jam, maar nooit vandaag jam; ⟨sprw⟩ *never put off till tomorrow what can be done today* stel niet uit tot morgen wat gij heden doen kunt

¹**tod·dle** /ˈtɒdl, ᴬˈtɑdl/ [telb zn] ① onvaste gang, waggelende gang ② ⟨inf⟩ kuier, wandelingetje

²**tod·dle** /ˈtɒdl, ᴬˈtɑdl/ [onov ww] ① met kleine onvaste stapjes lopen ⟨van kind⟩, waggelen ② ⟨inf⟩ kuieren, lopen, wandelen ♦ *toddle round/over* even aanlopen ③ ⟨inf⟩ opstappen, weggaan ♦ *time to toddle along* tijd om op te stappen

tod·dler /ˈtɒdlə, ᴬˈtɑdlər/ [telb zn] dreumes, peuter, hummel

¹**tod·dy** /ˈtɒdi, ᴬˈtɑdi/ [telb + niet-telb zn] grog, grogje, toddy

²**tod·dy** /ˈtɒdi, ᴬˈtɑdi/ [niet-telb zn] palmwijn, toddy

to-die-for [bn] ⟨inf; scherts⟩ voortreffelijk, grandioos, om je vingers bij af te likken, geweldig

to-do /təˈduː/ [telb zn; voornamelijk enk] drukte, gedoe, ophef, soesa

to·dy /ˈtoʊdi/ [telb zn] ⟨dierk⟩ tody ⟨Caraïbische vogel, genus Todus, orde Scharrelaarachtigen⟩

¹**toe** /toʊ/ [telb zn] ① teen, teenstuk, neus, punt ② ⟨benaming voor⟩ iets in de vorm van een teen, uitsteeksel, eind van een hamer, golfclub ⚫ *on one's toes* alert, klaar voor actie; *keep on one's toes* altijd bij de pinken zijn; *keep s.o. on his toes* iemand achter de broek zitten/achternarijden; *step/tread on s.o.'s toes* iemand op de tenen trappen ⟨voornamelijk figuurlijk⟩; ⟨inf⟩ *turn up one's toes* de pijp uitgaan; *he is toes up* hij ligt onder de groene zoden, hij is de pijp uit

²**toe** /toʊ/ [onov ww] ⚫ *toe in/out* de voeten naar binnen/buiten draaien ⟨bij het lopen⟩; ⟨techn; fig⟩ naar binnen/buiten staan ⟨van wielen⟩

³**toe** /toʊ/ [ov ww] ① van een teen(stuk) voorzien, een teen breien aan, een neus aanzetten, de teen maken van ② met de tenen aanraken ③ schuin (in)slaan ⟨spijker e.d.⟩ ④ ⟨golf⟩ met het uiteinde raken

toe-and-heel [onov ww] dansen, tapdansen ♦ *toe-and-heel it* dansen

toe-and-heel-walk·ing [niet-telb zn] snelwandelen

toe·cap [telb zn] neus ⟨van schoen⟩

toe·clip [telb zn] ⟨wielersp⟩ toeclip ⟨beugel aan pedaal van fiets⟩

-toed /toʊd/ -tenig ♦ *two-toed* met twee tenen, tweetenig

toe dance [telb zn] dans op de spitzen

TOEFL /ˈtoʊfl/ [afk] (Test Of English as a Foreign Language)

toe·hold [telb zn] steunpuntje, ⟨fig⟩ houvast, greep, opstapje

toe-in [telb zn] ⟨techn⟩ toespoor ⟨afstand die/positie waarbij de voorwielen vooraan dichter bij elkaar staan dan achteraan⟩

toe kick [telb zn] ⟨voetb⟩ puntertje ⟨als mislukte trap⟩

toe-kick [ov ww] ⟨voetb⟩ punteren ⟨als mistrap⟩

toe line [telb zn] ⟨darts⟩ teenlijn, werplijn

toe·nail [telb zn] ① teennagel ② schuin ingeslagen spijker

toe-out [telb zn] ⟨techn⟩ uitspoor ⟨tegenover toe-in⟩

toe poke [telb zn] ⟨voetb⟩ punter(tje)

toe-poke [ov ww] ⟨voetb⟩ punteren

toe-rag [telb zn] ⟨BE; sl; pej⟩ schooier

toe rake [telb zn] ⟨schaatssp⟩ zaag, schaatspunt, tanden

toe release [niet-telb zn] ⟨waterskiën⟩ voetveiligheid

toe stop [telb zn] ⟨rolschaatsen⟩ stopper ⟨rubberdop aan voorkant van rolschaats⟩

toe strap [telb zn] ⟨sport⟩ teenband, wreefband

toe unit [telb zn] ⟨skisp⟩ teenstuk ⟨van skibinding⟩

¹**to-fall** [telb zn] ⟨SchE⟩ aangebouwd stuk, afdak

²**to-fall** [niet-telb zn] ⟨SchE⟩ het vallen van de avond

¹**toff** /tɒf, ᴬtɑf/ [telb zn] ⟨BE; sl⟩ fijne meneer ♦ *the toffs* de rijkelui, de chic

²**toff** /tɒf, ᴬtɑf/ [ov ww] opdirken, opdoffen, opsmukken ♦ *toff up* opdoffen

tof·fee, tof·fy /ˈtɒfi, ᴬˈtɑfi/ [telb + niet-telb zn; Amerikaans-Engels alleen niet-telbaar zn] toffee, karamelbrok ⚫ ⟨sl⟩ *I won't do it for toffee* ik doe dat om de dooie dood niet/voor geen goud/voor geen geld ter wereld; ⟨sl⟩ *he can't drive for toffee* hij kan absoluut niet autorijden

toffee apple, ⟨AE⟩ **candy apple** [telb zn] met karamel overgoten appel op een stokje

tof·fee-nose [telb zn] ⟨vnl BE; sl⟩ snob, opschepper

tof·fee-nosed [bn] ⟨vnl BE; sl⟩ snobistisch, bekakt, verwaand

toff·ish /ˈtɒfɪʃ, ᴬˈtɑ-/ [bn] opgedirkt, als een fijne meneer

¹**toft** /tɒft, ᴬtɑft/ [telb zn] ⟨BE⟩ hofstede, boerderij

²**toft** /tɒft, ᴬtɑft/ [niet-telb zn] ⟨BE⟩ grond bij een hofstede

toft·man /ˈtɒftmən, ᴬˈtɑft-/ [telb zn; mv: toftmen /-mən/] ⟨BE⟩ kleine boer, kleine pachter

to·fu /ˈtoʊfuː/ [niet-telb zn] tahoe, tofoe

¹**tog** /tɒɡ, ᴬtɑɡ/ [telb zn; voornamelijk mv] ⟨inf⟩ kloffie, plunje, kleding ♦ *put on one's best togs* zich piekfijn uitdossen

²**tog** /tɒɡ, ᴬtɑɡ/ [ov ww] uitdossen, kleden ♦ *tog o.s. out/up* zich uitdossen, zich opdoffen

to·ga /ˈtoʊɡə/ [telb zn] toga, tabbaard

¹**to·geth·er** /təˈɡeðə, ᴬ-ər/ [bn] ⟨inf⟩ competent, met zelfvertrouwen, efficiënt

²**to·geth·er** /təˈɡeðə, ᴬ-ər/ [bw] ① samen, bijeen, bij/met elkaar, gezamenlijk, onderling ♦ *come together* samenkomen ② tegelijk(ertijd) ♦ *all together now* nu allemaal tegelijk ③ aaneen, aan elkaar, bij elkaar, tegen elkaar ♦ *tie together* aan elkaar binden ④ ⟨inf⟩ voor elkaar, geregeld, in orde ♦ *get things together* de boel regelen ⑤ achtereen, aaneen, zonder tussenpozen ♦ *talk for hours together* uren aan een stuk kletsen ⚫ *together with* met, alsmede, alsook, benevens

to·geth·er·ness /təˈɡeðənəs, ᴬ-ðər-/ [niet-telb zn] (gevoel van) saamhorigheid, kameraadschap

¹**tog·ger·y** /ˈtɒɡəri, ᴬˈtɑ-/ [telb zn] ⟨inf⟩ modewinkel, fourniturenwinkel

²**tog·ger·y** /ˈtɒɡəri, ᴬˈtɑ-/ [telb + niet-telb zn] ⟨inf⟩ ① kloffie, uitrusting, plunje, kledingstuk ② paardentuig

¹**tog·gle** /ˈtɒɡl, ᴬˈtɑɡl/, ⟨in betekenis 3 ook⟩ **toggle joint** [telb zn] ① knevel, staafje, stokje, pin, houtje ⟨van houtje-touwtje sluiting⟩ ② beweeglijk dwarsstuk van harpoen ③ knieverbinding ④ ⟨parachutespringen⟩ stuurklosje ⑤ ⟨comp⟩ aan-uit-schakelaar, toggle

²**tog·gle** /ˈtɒɡl, ᴬˈtɑɡl/ [ov ww] ① van een knevel voorzien, van een staafje/stokje/pin/houtje voorzien ② met een knevel vastmaken, met een staafje/stokje/pin/houtje vastmaken ③ ⟨comp⟩ aan/uitzetten, toggelen, omzetten

toggle iron, toggle harpoon [telb zn] harpoen met een beweeglijk dwarsstuk

toggle rope [telb zn] koord met lus en houten handvat

tog·gle switch [telb zn] [1] ⟨elek⟩ tuimelschakelaar [2] ⟨comp⟩ aan-schakelaar, uit-schakelaar, toggle
To·go /toʊgoʊ/ [eigennaam] Togo

Togo	
naam	Togo *Togo*
officiële naam	Togolese Republic *Republiek Togo*
inwoner	Togolese *Togolese*
inwoonster	Togolese *Togolese*
bijv. naamw.	Togolese *Togolees*
hoofdstad	Lomé *Lomé*
munt	CFA franc *CFA-frank*
werelddeel	Africa *Afrika*
int. toegangsnummer 228 www .tg auto TG	

¹**To·go·lese** /toʊgəliːz/ [telb zn; mv: Togolese] Togolees, Togolese, inwoner/inwoonster van Togo
²**To·go·lese** /toʊgəliːz/ [bn] Togolees, van/uit/m.b.t. Togo
¹**toil** /tɔɪl/ [telb + niet-telb zn] hard werk, gezwoeg, gesloof, geploeter, (zware) arbeid, inspanning ♦ *toil and moil* gezwoeg
²**toil** /tɔɪl/ [onov ww] [1] hard werken, zwoegen, sloven, ploeteren, arbeiden ♦ *toil at/on* hard werken aan; *toil away* ploeteren; *toil and moil* zwoegen en slaven [2] moeizaam vooruitkomen, zich voortslepen ♦ *toil up the mountain* de berg op zwoegen
¹**toile** /twɑːl/ [telb zn] patroon in mousseline ⟨van een kledingstuk⟩
²**toile** /twɑːl/ [niet-telb zn] linnen
toil·er /tɔɪlə, ᴬ-ər/ [telb zn] zwoeger, ploeteraar, harde werker, loonarbeider
¹**toi·let** /tɔɪlɪt/ [telb zn] [1] wc, toilet, wc-pot [2] gewaad, toilet [3] toilettafel, kaptafel
²**toi·let** /tɔɪlɪt/ [niet-telb zn] [1] toilet, het aankleden ♦ *make one's toilet* toilet maken [2] ⟨med⟩ het schoonmaken van een lichaamsholte/... na een operatie
toilet bag [telb zn] toilettas
toilet glass [telb zn] toiletspiegel
toilet paper, toilet tissue [niet-telb zn] toiletpapier, closetpapier, wc-papier
toilet roll [telb zn] closetrol, rol wc-papier
¹**toi·let·ry** /tɔɪlɪtri/ [telb zn] toiletartikel
²**toi·let·ry** /tɔɪlɪtri/ [niet-telb zn] toiletgerei, toiletbenodigdheden
toilet set [telb zn] [1] toiletgarnituur [2] toiletstel
toilet soap [niet-telb zn] toiletzeep
toilet table [telb zn] toilettafel, kaptafel
¹**toi·lette** /tɔɪlet, twɑlet/ [telb zn] gewaad, toilet
²**toi·lette** /tɔɪlet, twɑlet/ [niet-telb zn] toilet, het aankleden
toilet train [ov ww; voornamelijk als gerund] zindelijk maken ⟨kind⟩
toilet water [telb + niet-telb zn] eau de toilette
toils /tɔɪlz/ [alleen mv] netten, strikken ♦ *caught in the toils of* gevangen in de netten van
toil·some /tɔɪlsəm/ [bn] zwaar, afmattend, vermoeiend, moeizaam
toil-worn [bn] afgemat, uitgeput
to·ing /tuːɪŋ/ [telb + niet-telb zn] ▪ *toing and froing* heen en weergaande beweging; heen-en-weergeloop; over-en-weergepraat
To·kay /toʊkeɪ/ [telb + niet-telb zn] [1] tokayer, tokayerwijn [2] tokayerdruif
¹**toke** /toʊk/ [telb zn] ⟨sl⟩ trek, haal ⟨vaak aan stickie⟩
²**toke** /toʊk/ [onov ww] ⟨sl⟩ een trek/haal doen ⟨vaak aan stickie⟩
¹**to·ken** /toʊkən/ [telb zn] [1] teken, blijk, bewijs, symbool ♦ *in token of* ten teken van, ten bewijze van [2] herinnering, aandenken, souvenir [3] bon, cadeaubon, tegoedbon [4] munt, fiche, penning [5] ⟨gesch⟩ geldmunt ⟨onofficieel betaalmiddel⟩ [6] tekenmunt, tekengeld [7] symbolische medewerker/werknemer ⟨in het bijzonder om indruk van discriminatie te vermijden⟩ ▪ *by this/the same token* evenzo, evenzeer; bovendien, tevens, voorts; dus, ergo, weshalve
²**to·ken** /toʊkən/ [bn, attr] symbolisch ♦ *token black* obligate neger; *token payment* symbolische betaling; kleine betaling ter erkenning van een schuld; *token resistance* symbolisch verzet; *token strike* symbolische staking, prikactie; *token woman* excuustruus, alibi-jet ▪ *token money* tekengeld, tekenmunt; *token vote* stemming over een pro-memoriepost
³**to·ken** /toʊkən/ [ov ww] [1] betekenen, beduiden, duiden op [2] symboliseren, voorstellen
to·ken·ism /toʊkənɪzm/ [niet-telb zn] ⟨pol⟩ het maken van een loos/symbolisch gebaar ⟨in het bijzonder om pressiegroep te sussen⟩
toko [telb + niet-telb zn] → toco
told /toʊld/ [verleden tijd en volt deelw] → tell
To·le·do /tɒleɪdoʊ, ᴬtəliːdoʊ/ [telb zn; ook toledo] toledozwaard
tol·er·a·bil·i·ty /tɒlrəbɪləti, ᴬtɑlrəbɪləti/ [niet-telb zn] [1] (ver)draaglijkheid [2] toelaatbaarheid, duldbaarheid [3] redelijkheid
tol·er·a·ble /tɒlrəbl, ᴬtɑl-/ [bn] [1] verdraaglijk, draaglijk, tolerabel, te verdragen [2] toelaatbaar, duldbaar [3] redelijk
tol·er·a·bly /tɒlrəbli, ᴬtɑl-/ [bw] [1] → tolerable [2] redelijk, tamelijk, vrij ♦ *tolerably sure* vrij zeker [3] enigszins, in zekere mate
¹**tol·er·ance** /tɒlrəns, ᴬtɑlə-/, **tol·er·a·tion** /-reɪʃn/ [telb + niet-telb zn] [1] verdraagzaamheid, het verdragen ♦ *tolerance of/to hardship* het verdragen van ontberingen [2] ⟨med⟩ tolerantie, (te verdragen) maximumdosis ♦ *tolerance of/to certain drugs* het verdragen van bepaalde medicijnen [3] ⟨techn⟩ tolerantie, toegestane afwijking, speling
²**tol·er·ance** /tɒlrəns, ᴬtɑlə-/, (ook) **tol·er·a·tion** /-reɪʃn/ [niet-telb zn] tolerantie, verdraagzaamheid
tol·er·ant /tɒlrənt, ᴬtɑ-/ [bn; bw: ~ly] verdraagzaam, inschikkelijk, tolerant ♦ *be tolerant of opposition* tegenstand kunnen, tegenstand (kunnen) verdragen
tol·er·ate /tɒlreɪt, ᴬtɑ-/ [ov ww] [1] tolereren, verdragen, toelaten, gedogen, dulden ♦ *I cannot tolerate your doing a thing like that* ik kan niet dulden dat je zoiets doet [2] (kunnen) verdragen ⟨ook medisch⟩
¹**toll** /toʊl/ [telb zn] [1] tol(geld), doortochtgeld ♦ *take toll* tol heffen [2] staangeld, marktgeld [3] schatting, belasting [4] ⟨gesch⟩ maalloon [5] ⟨AE⟩ kosten van een interlokaal telefoongesprek
²**toll** /toʊl/ [telb + niet-telb zn; meestal enk] tol ⟨figuurlijk⟩, prijs ♦ *toll on/of the road* verkeersslachtoffers; *take its toll* zijn tol eisen; *take toll of s.o.* iemand erg aanpakken; *take toll of sth.* een gedeelte van iets wegnemen
³**toll** /toʊl/ [niet-telb zn; the] (klok)gelui
⁴**toll** /toʊl/ [onov ww] luiden ⟨van klok; in het bijzonder van doodsklok⟩
⁵**toll** /toʊl/ [ov ww] [1] luiden ⟨klok, bel⟩ [2] slaan ⟨van klok; het uur⟩
toll·age /toʊlɪdʒ/ [telb + niet-telb zn] tol(geld)
toll·booth, tol·booth /toʊl-/ [telb zn] [1] tolhuisje ⟨bv. bij tolweg⟩, tolhokje [2] ⟨vero; SchE⟩ tolhuis [3] ⟨vero; SchE⟩ gemeentehuis, stadhuis, raadhuis [4] ⟨vero; SchE⟩ (stads)gevangenis
toll bridge [telb zn] tolbrug
toll call [telb zn] ⟨AE⟩ interlokaal telefoongesprek
toll corn [niet-telb zn] maalloon ⟨in de vorm van koren⟩
toll·er /toʊlə, ᴬ-ər/ [telb zn] [1] tolbaas, tollenaar [2] klokkenluider
toll-free [bn; bw] ⟨AE⟩ gratis, zonder kosten ⟨van telefoongesprek, bijvoorbeeld 06-nummer⟩ ♦ *toll-free 800*

tollgate

service ⟨in Nederland⟩ gratis 06-nummer; ⟨België⟩ groen (telefoon)nummer
toll·gate [telb zn] tolboom, tolhek
toll·house [telb zn] tolhuis
toll line [telb zn] (telefoon)lijn voor interlokale gesprekken
toll road [telb zn] tolweg
toll·way [telb zn] ⟨AE⟩ tolweg
Tol·tec /tɒltek, ᴬtɑl-/ [telb zn] ⟨gesch⟩ Tolteek ⟨lid van een stam in Centraal-Mexico⟩
Tol·tec·an /tɒltekən, ᴬtɑltekən/ [bn] ⟨gesch⟩ Tolteeks, van de Tolteken
to·lu /tɒlu:, ᴬtəlu:/ [niet-telb zn] tolubalsem ⟨uit Zuid-Amerikaanse boom Myroxylon balsamum/toluiferum⟩
tol·u·ene /tɒljui:n, ᴬtɑl-/ [niet-telb zn] ⟨scheik⟩ tolueen, methylbenzeen
to·lu·ic /tɒljɔːɪk, ᴬtəlu:ɪk/ [bn] ⟨scheik⟩ tolu(een)- ♦ *toluic acid* toluylzuur
tol·u·ol /tɒljʊɒl, ᴬ-ɔl/ [niet-telb zn] ⟨scheik⟩ toluol, tolueen
tom /tɒm, ᴬtɑm/ [telb zn] **1** mannetje(sdier), ⟨i.h.b.⟩ kater **2** kalkoense haan **3** ⟨sl⟩ vrouwenjager
Tom /tɒm, ᴬtɑm/ [eigenn, telb zn] **1** Tom, Thomas **2** ⟨AE; sl⟩ (verk: Uncle Tom) onderdanige neger ▫ *Tom Collins* Tom Collins ⟨longdrink: gin, citroen, suiker en soda(water)⟩; *(every) Tom, Dick and Harry* Jan, Piet en Klaas, ⟨zomaar iedereen⟩; *Tom and Jerry* rumgrog ⟨met geklutste eieren⟩; ⟨gesch⟩ *Tom O'Bedlam* krankzinnige, gek ⟨uit St. Mary's hospital⟩; ⟨ook Peeping Tom⟩ *peeping Tom* gluurder, voyeur; loerder, bespieder; ⟨sprw⟩ *more know Tom Fool than Tom Fool knows* je bent bekender dan je denkt
¹**tom·a·hawk** /tɒməhɔːk, ᴬtɑməhɔk/ [telb zn] **1** strijdbijl ⟨van indianen in Noord-Amerika⟩, tomahawk ♦ ⟨AE⟩ *bury the tomahawk* de strijdbijl begraven **2** ⟨AuE⟩ (kleine) bijl, handbijl
²**tom·a·hawk** /tɒməhɔːk, ᴬtɑməhɔk/ [ov ww] slaan/verwonden/doden met een tomahawk
tom·al·ley /tɒmæli, ᴬtɑmæli/ [telb + niet-telb zn] ⟨cul⟩ kreeftenlever
¹**to·ma·to** /təmɑ:toʊ, ᴬtəmeɪtoʊ/ [telb zn; mv: tomatoes] **1** ⟨plantk⟩ tomaat(plant) ⟨Lycopersicon lycopersicum/esculentum⟩ **2** ⟨sl⟩ lekker stuk
²**to·ma·to** /təmɑ:toʊ, ᴬtəmeɪtoʊ/ [telb + niet-telb zn; mv: tomatoes] tomaat
tomato juice [telb + niet-telb zn] tomatensap
tomato sauce [telb + niet-telb zn] tomatensaus
¹**tomb** /tu:m/ [telb zn] **1** (praal)graf **2** (graf)tombe, grafgewelf **3** grafmonument
²**tomb** /tu:m/ [niet-telb zn; the] het dood-zijn
³**tomb** /tu:m/ [ov ww] ⟨zelden⟩ begraven, bijzetten
tom·bac, tom·back, tom·bak /tɒmbæk, ᴬtɑm-/ [niet-telb zn] tombak, rood messing, gilding metal, roodkoper
tom·bo·la /tɒmboʊlə, ᴬtɑmbələ/ [niet-telb zn] ⟨vnl BE⟩ tombola ⟨loterijspel⟩
tom·boy, ⟨sl⟩ **tom·girl** [telb zn] wilde meid, robbedoes, wildebras, wildzang
Tombs /tu:mz/ [alleen mv; the] staatsgevangenis van New York
tomb·stone [telb zn] grafsteen
tomb·ston·er [telb zn] iemand die van grote hoogte in het water duikt
tomb·ston·ing [niet-telb zn] het van grote hoogte in het water duiken
tom·cat [telb zn] kater
tom·cod [telb zn; mv: ook tomcod] ⟨AE⟩ tomcod ⟨schelvisachtige; Microgadus tomcod⟩
tome /toʊm/ [telb zn] (dik) boekdeel
-tome /toʊm/ **1** -toom ⟨deel/sectie aangevend⟩ **2** -toom ⟨snijinstrument aanduidend, in het bijzonder chirurgisch⟩ ♦ *microtome* microtoom

to·men·tose /təmentoʊs/, **to·men·tous** /təmentəs/ [bn] donzig
to·men·tum /təmentəm/ [telb zn; mv: tomenta /təmentə/] **1** ⟨anat⟩ bloedvaten aan binnenzijde van het zachte hersenvlies **2** ⟨biol⟩ dons
¹**tom·fool** [telb zn] **1** dwaas, idioot, zot, domkop, uilskuiken **2** clown, harlekijn, hansworst, potsenmaker, kwast
²**tom·fool** [bn] stom, dwaas, dom, onnozel
¹**tom·fool·er·y** [telb zn; vaak mv] **1** dwaasheid, malligheid, gekke streek **2** kleinigheid
²**tom·fool·er·y** [niet-telb zn] **1** flauw gedrag/gedoe **2** onzin
¹**tom·my** /tɒmi, ᴬtɑmi/ [telb zn] ⟨inf⟩ ⟨ook Tommy⟩ tommygun, pistoolmitrailleur **2** ⟨inf⟩ ⟨ook Tommy⟩ schutter met tommygun **3** ⟨sl⟩ → **tomboy**
²**tom·my** /tɒmi, ᴬtɑmi/ [niet-telb zn] tinsoldeer ♦ *soft tommy* tinsoldeer
Tom·my /tɒmi, ᴬtɑmi/ [telb zn] ⟨BE; inf⟩ (gewoon) soldaat ♦ *Tommy Atkins* tommy, (gewoon) soldaat
tommy bar [telb zn] ⟨techn⟩ draaipen ⟨van pijpsleutel⟩
tommy gun [telb zn; ook Tommy gun] ⟨inf⟩ tommygun, pistoolmitrailleur
tom·my·rot [niet-telb zn] ⟨inf⟩ volslagen onzin, dwaasheid
tom·nod·dy /tɒmnɒdi, ᴬtɑmnɑdi/ [telb zn] idioot, dwaas, onnozele hals, uilskuiken
to·mog·ra·phy /təmɒgrəfi, ᴬ-mɑ-/ [niet-telb zn] tomografie ⟨gedetailleerde röntgenopnamen⟩, planigrafie
¹**to·mor·row** /təmɒroʊ, ᴬ-mɔ-, ᴬ-mɑ-/ [telb + niet-telb zn] **1** morgen ♦ *tomorrow's newspaper* de krant van morgen **2** (nabije) toekomst ♦ ⟨sl⟩ *like there's no tomorrow* met een houding van 'het zal mijn tijd wel duren' ▫ ⟨sprw⟩ *tomorrow never comes* van uitstel komt afstel
²**to·mor·row** /təmɒroʊ, ᴬ-mɔ-, ᴬ-mɑ-/ [bw] morgen ♦ *tomorrow week* morgen over een week ▫ ⟨sprw⟩ *tomorrow is another day* morgen komt er weer een dag; ⟨sprw⟩ *better an egg today than a hen tomorrow* beter een half ei dan een lege dop, beter één vogel in de hand dan tien in de lucht; ⟨sprw⟩ *here today and gone tomorrow* heden gezond, morgen begraven, heden rood, morgen dood, heden op het kussen, morgen in de grond; ⟨sprw⟩ *jam tomorrow and jam yesterday, but never jam today* de regel is: morgen jam en gisteren jam, maar nooit vandaag jam; ⟨sprw⟩ *never put off till tomorrow what can be done today* stel niet uit tot morgen wat gij heden doen kunt
tompion [telb zn] → **tampion**
¹**Tom Thumb** /tɒm θʌm, ᴬtɑm -/ [eigenn] ± Klein Duimpje
²**Tom Thumb** /tɒm θʌm, ᴬtɑm -/ [telb zn] **1** dwerg **2** kleine soort ⟨van planten⟩, dwergvariant
Tom Tiddler's ground /tɒm tɪdləz graʊnd, ᴬtɑm tɪdlərz -/ [niet-telb zn] **1** landveroveraartje ⟨kinderspel⟩ **2** luilekkerland, eldorado **3** niemandsland ⟨figuurlijk⟩, betwist land
tom·tit [telb zn] ⟨inf; dierk⟩ mees ⟨genus Parus⟩, ⟨i.h.b.⟩ pimpelmees ⟨P. caeruleus⟩
tom·tom [telb zn] **1** tamtam **2** tomtom, trommel ⟨van een drumstel⟩
-to·my /təmi/ ⟨med⟩ -tomie, insnijding (in) ♦ *dichotomy* dichotomie, tweedeling; *nephrotomy* nefrotomie, insnijding in de nier, nieroperatie
¹**ton** ⟨WEIGHT⟩, ⟨in betekenis 1 ook⟩ **tonne** /tʌn/ [telb zn; mv: ook ton] **1** (metrische) ton ⟨1000 kg⟩ ♦ *it weighs (half) a ton* het weegt een ton, het is loodzwaar **2** (Engelse) ton ⟨1016 kg⟩ **3** (Amerikaanse) ton ⟨907,18 kg⟩ **4** (scheeps)ton, vrachtton ⟨1 ton, 40 kubieke voet, 1 m³⟩ **5** (maat)ton ⟨40 kubieke voet; ook voor hout⟩ **6** ton waterverplaatsing ⟨35 kubieke voet zeewater⟩ **7** (register)ton ⟨100 kubieke voet⟩ **8** ton ⟨koelvermogen⟩ **9** tonnage **10** ⟨vaak mv⟩ ⟨inf⟩ grote hoeveelheid, hopen, massa's ♦ *feel tons bet-*

ter zich duizendmaal beter voelen; *have tons of money* zwemmen in het geld [11] ⟨BE; sl⟩ honderd pond [12] ⟨vaak the⟩ ⟨BE; sl⟩ honderd (mijl per uur) ♦ *do the ton* honderd mijl per uur rijden [▪] *(come down) like a ton of bricks* duchtig (tekeergaan)

²**ton** /tɔ̃/ [niet-telb zn] [1] bon ton [2] mode

to·nal /tounl/ [bn; bw: ~ly] ⟨muz⟩ tonaal, toon-

¹**to·nal·i·ty** /tounǽləti/ [bn] ⟨muz⟩ toonaard, toonsoort, toongeslacht, toonzetting

²**to·nal·i·ty** /tounǽləti/ [telb + niet-telb zn] ⟨muz⟩ tonaliteit ⟨ook schilderkunst⟩

to-name [telb zn] ⟨SchE⟩ bijnaam

ton·do /tɒndou, ᴬtɑn-/ [telb zn; mv: tondi /-di/] ⟨bk⟩ tondo

¹**tone** /toun/ [telb zn] [1] toon ⟨ook muziek, ook van toontaal⟩, klank, toonhoogte ♦ *falling/rising tone* dalende/stijgende toon; *fundamental tone* grondtoon [2] ⟨taalk⟩ klem(toon), nadruk [3] stem(buiging), toon ♦ *take a high tone (with s.o.)* een hoge toon aanslaan (tegen iemand); *speak in an angry tone* op boze toon spreken [4] intonatie, accent, tongval [5] tint, schakering, toon, coloriet ♦ *warm tones* warme tinten [6] ⟨foto⟩ toon, tint [7] ⟨muz⟩ (hele) toon, grote seconde

²**tone** /toun/ [telb + niet-telb zn] [1] ⟨enkelvoud⟩ geest, stemming ⟨van de markt⟩, sfeer, houding ♦ *set the tone* de toon aangeven [2] gemoedstoestand, moreel

³**tone** /toun/ [niet-telb zn] [1] cachet ⟨figuurlijk⟩ [2] toon ⟨van schilderij⟩ [3] ⟨med⟩ tonus, spanning ⟨in het bijzonder van de spieren⟩, spankracht [4] (veer)kracht, energie

⁴**tone** /toun/ [onov ww] [1] harmoniëren, kleuren, overeenstemmen ♦ *tone (in) with* kleuren bij, harmoniëren met [2] kleur/tint aannemen [▪] zie: **tone up**

⁵**tone** /toun/ [ov ww] [1] (bepaalde) toon geven aan, stemmen [2] op bepaalde toon uitspreken, ⟨i.h.b.⟩ voordragen [3] ⟨foto⟩ tonen, (om)kleuren, tinten [4] doen harmoniëren ♦ *tone (in) with* doen harmoniëren/kleuren met, laten passen bij [5] versterken, verstevigen ♦ *a well-toned body* een afgetraind/gespierd lichaam [▪] zie: **tone down**; zie: **tone up**

tone arm [telb zn] (pick-up)arm, opneemarm, toonarm

tone control [niet-telb zn] toonregeling ⟨bij opname⟩

-toned /tound/ -klinkend, met ... toon/klank

tone-deaf [bn] geen (muzikaal) gehoor hebbend

tone down [ov ww] [1] afzwakken ⟨ook figuurlijk⟩, temperen, verflauwen, verzwakken ♦ *tone down one's language* op zijn woorden passen [2] verzachten

tone language [telb zn] ⟨taalk⟩ toontaal ⟨bijvoorbeeld Japans⟩

tone·less /tounləs/ [bn; bw: ~ly; zn: ~ness] [1] toonloos [2] kleurloos [3] monotoon, saai [4] levenloos, slap

to·neme /touni:m/ [telb zn] ⟨taalk⟩ toneem

to·ne·mic /tɒni:mɪk/ [bn] ⟨taalk⟩ tonemisch

tone poem [telb zn] ⟨muz⟩ symfonisch gedicht, toondicht [2] ± kleurcompositie

tone poet [telb zn] ⟨muz⟩ componist, toondichter, ⟨i.h.b.⟩ componist van programmamuziek

ton·er /tounə, ᴬ-ər/ [telb zn] [1] (organische) kleurstof [2] ⟨drukw⟩ toner

tone-row /tounrou/ [telb zn] ⟨muz⟩ toonreeks, ⟨i.h.b.⟩ (twaalf tonen van de) chromatische toonladder

tone syllable [telb zn] ⟨taalk⟩ beklemtoonde lettergreep

¹**tone up** [onov ww] krachtig(er) worden, energie krijgen, bezield worden

²**tone up** [ov ww] (nieuwe) energie geven aan, oppeppen, kracht geven aan, bezielen

toney [bn] → **tony**

tong /tɒŋ, ᴬtɑŋ/ [verzamelN] tong ⟨Chinese geheime organisatie⟩

ton·ga /tɒŋɡə, ᴬtɑŋɡə/ [telb zn] tweewielig karretje ⟨Indië⟩

Ton·ga /tɒŋə, ᴬtɑŋə/ [eigenn] Tonga

¹**Ton·gan** /tɒŋən, ᴬtɑŋən/ [telb zn] Tongaan(se), inwoner/inwoonster van Tonga

²**Ton·gan** /tɒŋən, ᴬtɑŋən/ [bn] Tongaans, van/uit/m.b.t. Tonga

tong·er /tɒŋə, ᴬtɑŋər/ [telb zn] ⟨AE⟩ oestervisser

tong·kang /tɒŋkæn, ᴬtɑŋ-/ [telb zn] Maleise jonk

tongs /tɒŋz, ᴬtɑŋz/ [alleen mv] tang ♦ *pair of tongs* tang

¹**tongue** /tʌŋ/ [telb zn] [1] tong ♦ *tongue and groove* messing en groef; *put out one's tongue* zijn tong uitsteken; *the word/name trips off the tongue* het woord/de naam rolt je (zo) uit de mond [2] taal [3] ⟨benaming voor⟩ tongvormig iets, lipje ⟨van schoen⟩, landtong, naald, evenaar ⟨van balans⟩, klepel ⟨van klok⟩, tong ⟨van wissel, gesp, vlam, blaasinstrument⟩, geer ⟨van stof⟩, messing ⟨van plank⟩ [4] dissel(boom) [5] ⟨sl⟩ advocaat, spreekbuis [▪] ⟨inf⟩ *bite one's tongue off* zijn tong (wel) af (kunnen) bijten ⟨van spijt⟩; *(speak) with (one's) tongue in (one's) cheek* ironisch/spottend (spreken); *with one's tongue hanging out* met de tong aan het gehemelte gekleefd ⟨van de dorst⟩; vol verwachting; ⟨sprw⟩ *the tongue ever turns to the aching tooth* je gedachten draaien altijd in een cirkel om de problemen; ⟨sprw⟩ *the tongue is not steel, yet it cuts* ± niets snijdt dieper dan een scherpe tong, ± een goed woord baat, een kwaad woord schaadt; ⟨sprw⟩ *he that hath not silver in his purse should have silk in his tongue* ± arme mensen die om hulp vragen moeten zich hoffelijk gedragen, ± met de hoed in de hand komt men door het ganse land; ⟨sprw⟩ *a still tongue makes a wise head* ± het is vaak verstandig om je mond te houden, ± spreken is zilver, zwijgen is goud

²**tongue** /tʌŋ/ [telb + niet-telb zn] [1] spraak, tong ♦ *have a ready tongue* goed van de tongriem gesneden zijn [2] tong ⟨als spijs⟩ [▪] *find one's tongue* zijn spraak hervinden; *get one's tongue around a difficult word* erin slagen een moeilijk woord uit te spreken; *give tongue* uiting geven aan; *give tongue to* uiting geven aan; *hold your tongue!* houd je mond!; *have lost one's tongue* zijn tong verloren hebben; *oil one's tongue* mooi praten, met fluwelen tong praten, vleien, flemen; *set tongues wagging* de tongen in beweging brengen; *wag one's tongue* (veel) kletsen, doordraven; ⟨sprw⟩ *he cannot speak well who cannot hold his tongue* ± 't is een goed spreken dat een goed zwijgen beteren zal, ± waar klappen goed is, is zwijgen nog beter, ± spreken is zilver, zwijgen is goud

³**tongue** /tʌŋ/ [niet-telb zn] [1] gepraat, holle frasen [2] geblaf ⟨van jachthonden bij het ruiken van wild⟩ ♦ *give/throw tongue* aanslaan, hals geven

⁴**tongue** /tʌŋ/ [onov ww] [1] staccato produceren ⟨door tongbewegingen; op blaasinstrument⟩ [2] in een tong uitlopen [3] ⟨jacht⟩ aanslaan, hals geven

⁵**tongue** /tʌŋ/ [ov ww] [1] staccato spelen ⟨noten op blaasinstrument⟩, aanzetten [2] met de tong aanraken, likken [3] ⟨techn⟩ van een messing voorzien ⟨hout⟩ [▪] *tongue it* kletsen, praten

-tongued /tʌŋd/ [1] met een ... tong ♦ *fork-tongued* met gespleten tong [2] -sprekend ♦ *sharp-tongued* met scherpe tong

tongue depressor [telb zn] ⟨AE⟩ tongspatel ⟨medisch instrument⟩

tongue·fish [telb zn; mv: ook tonguefish] ⟨dierk⟩ hondstong ⟨familie Cynoglossidae⟩

tongue-in-cheek [bn, attr] ironisch, spottend

tongue-lash·ing [telb zn] ⟨inf⟩ zware berisping

tongue·less /tʌŋləs/ [bn] [1] zonder tong [2] sprakeloos, stom

tongue·let /tʌŋlɪt/ [telb zn] tongetje

tongue·ster /tʌŋstə, ᴬ-ər/ [telb zn] babbelaar(ster)

tongue-tie [telb + niet-telb zn] spraakgebrek ⟨door te korte tongriem⟩

tongue-tied [bn] ⓵ met te korte tongriem ⓶ met de mond vol tanden
tongue twister [telb zn] moeilijk uit te spreken woord/zin
tongue·y, tongu·y /tʌni/ [bn] ⓵ m.b.t. de tong, tong- ⓶ goed van de tongriem gesneden, welbespraakt
¹**ton·ic** /tɒnɪk, ᴬtɑ-/ [telb zn] ⓵ tonicum, tonisch/versterkend middel ⟨ook figuurlijk⟩ ⓶ ⟨muz⟩ grondtoon, tonica
²**ton·ic** /tɒnɪk, ᴬtɑ-/ [niet-telb zn] → tonic water
³**ton·ic** /tɒnɪk, ᴬtɑ-/ [bn; bw: ~ally] ⓵ tonisch, spanning vertonend ⟨voornamelijk van spier⟩ ♦ ⟨med⟩ *tonic spasm* tonische kramp ⓶ versterkend, opwekkend, veerkracht gevend ⟨aan spieren, ook figuurlijk⟩ ⓷ ⟨muz⟩ m.b.t. (grond)toon ♦ *tonic accent* tonisch accent; *tonic major* grotetertstoonschaal; *tonic minor* kleinetertstoonschaal; *tonic sol-fa* solmisatie
to·nic·i·ty /tɒnɪsəti, ᴬtoʊnɪsəti/ [niet-telb zn] ⓵ het tonisch-zijn, tonus, spankracht ⟨van spieren⟩ ⓶ (veer)kracht, gezondheid
tonic water [niet-telb zn] tonic
¹**to·night** /tənaɪt/ [telb + niet-telb zn] ⓵ vanavond, de komende avond ⓶ vannacht, de komende nacht
²**to·night** /tənaɪt/ [bw] ⓵ vanavond ⓶ vannacht
toning tables [alleen mv] ⟨fitness⟩ bewegingsbank, slenderbank
ton·ish /toʊnɪʃ/ [bn; bw: ~ly; zn: ~ness] ⓵ modieus ⓶ stijlvol
tonk /tɒŋk, ᴬtɑŋk/ ⟨AE; sl⟩ ballentent, goktent, danstent
ton·ka bean /tɒŋkə biːn, ᴬtɑŋkə -/ [telb zn] tonka(boon)
ton·nage /tʌnɪdʒ/ [telb + niet-telb zn] ⓵ (netto) tonnage, scheepsruimte, tonnenmaat ⓶ waterverplaatsing, bruto tonnage ⓷ tonnage ⟨totaal aan schepen van land, haven enz.⟩ ⓸ tonnengeld
tonne ⟨WEIGHT⟩ /tʌn/ [telb zn; mv: ook tonne] (metrische) ton ⟨1000 kg⟩
ton·neau /tɒnoʊ, ᴬtʌnoʊ/ [telb zn] achterbankgedeelte van een auto
to·nom·e·ter /toʊnɒmɪtə, ᴬ-nɑmɪtər/ [telb zn] ⓵ toonmeter, stemvork ⓶ drukmeter ⟨voor vloeistof⟩, ⟨i.h.b.⟩ bloeddrukmeter
ton·sil /tɒnsl, ᴬtɑnsl/ [telb zn] (keel)amandel, tonsil ♦ *have one's tonsils out* zijn amandelen laten wegnemen
ton·sil·lar /tɒnsɪlə, ᴬtɑnsɪlər/ [bn] m.b.t./van de (keel)amandelen
ton·sil·lec·to·my /tɒnsɪlektəmi, ᴬtɑn-/ [telb + niet-telb zn] ⟨med⟩ tonsillectomie ⟨het pellen van de amandel(en)⟩
ton·sil·li·tis, ton·sil·i·tis /tɒnsɪlaɪtɪs, ᴬtɑnsɪlaɪtɪs/ [telb + niet-telb zn] amandelontsteking, angina, tonsillitis
ton·so·ri·al /tɒnsɔːriəl, ᴬtɑnsɔ-/ [bn] ⟨scherts⟩ m.b.t./van een barbier, haarsnijders-
¹**ton·sure** /tɒnʃə, ᴬtɑnʃər/ [telb zn] tonsuur, geschoren priesterkruin ♦ *give the tonsure to* tonsureren
²**ton·sure** /tɒnʃə, ᴬtɑnʃər/ [niet-telb zn] het tonsureren, kruinschering
³**ton·sure** /tɒnʃə, ᴬtɑnʃər/ [ov ww] ⓵ het hoofd scheren van ⓶ tonsureren, de kruin scheren van
ton·tine /tɒntiːn, tɒntiːn, ᴬtɑntiːn/ [telb zn] ⟨verz⟩ tontine
ton-up [bn, attr] ⟨BE; inf⟩ hardrijdend ⟨op motor; honderd mijl per uur of meer⟩ ♦ *ton-up boys* ± snelheidsduivels ⟨in het bijzonder m.b.t. hell's angels⟩
¹**to·ny** /toʊni/ [verzamelnm] ⟨vnl AE; inf⟩ chic, beau monde, grote wereld
²**to·ny, to·ney** /toʊni/ [bn; vergr trap: tonier] ⟨vnl AE; inf⟩ chic, elegant, volgens de laatste mode, stijlvol, modieus
To·ny /toʊni/ [telb zn] Tony ⟨Amerikaanse toneelprijs⟩
too /tuː/ [bw] ⓵ te (zeer) ♦ *too good to be true* te mooi om waar te zijn ⓶ ⟨inf⟩ erg, al te ♦ *it's too bad* (het is) erg jammer; *it was all too true* het was maar al te waar ⓷ ⟨niet zelden

begin van een zin⟩ ook, eveneens ♦ *he went to Rome, too* hij ging ook naar Rome; *he, too, went to Rome* híj ging ook naar Rome ⓸ bovendien ♦ *conceited, too!* en nog verwaand ook!; *they did it; on Sunday too!* zij hebben het gedaan; en nog wel op zondag! ⓹ ⟨AE; inf⟩ en of ♦ *'He won't go' 'He will too'* 'Hij wil niet gaan' 'Hij moet'/'En of hij gaat' ⟨·⟩ ⟨vnl AuE⟩ *too right* gelijk heb je, inderdaad, dat is zo
too·dle-oo /tuːdluː/ [tw] ⟨inf⟩ tot ziens
took /tʊk/ [verleden tijd] → take
¹**tool** /tuːl/ [telb zn] ⓵ handwerktuig, (stuk) gereedschap, instrument ♦ *down tools* het werk neerleggen ⟨uit protest⟩; *the tools of one's trade* iemands materiaal ⓶ werktuig ⟨alleen figuurlijk⟩, (hulp)middel, instrument, marionet ♦ *he was a tool in the rich man's hands* hij was een werktuig in de handen van de rijke man; *numbers are the tools of his trade* hij werkt met getallen ⓷ draaibank, gereedschapswerktuig, (uitbreiding) draaibeitel ⓸ stempel, stempelversiering, stempelafdruk ⟨van boekbinder⟩ ⓹ penseel, kwast ⓺ ⟨sl⟩ lul, pik ⓻ ⟨sl⟩ stommeling ⟨·⟩ ⟨sprw⟩ *a bad workman always blames his tools* een slechte werkman beschuldigt altijd zijn getuig, een kwaad werkman vindt nooit goed gereedschap; ⟨sprw⟩ *it is ill jesting with edged tools* die met messen speelt, snijdt zich
²**tool** /tuːl/ [onov ww] ⓵ een werktuig hanteren ⓶ ⟨inf⟩ toeren, rijden, (voort)rollen ♦ *tool along* rondtoeren, voortsnorren ♦ *tool up* (opnieuw) geoutilleerd/uitgerust worden, van een (nieuw) machinepark voorzien worden ⟨van fabriek⟩; → tooling
³**tool** /tuːl/ [ov ww] ⓵ bewerken ⓶ stempelversiering maken op ⓷ outilleren, uitrusten ⟨fabriek, met machines, enz.⟩ ♦ *tool up* outilleren, van (de nodige) machines voorzien ⓸ ⟨inf⟩ rijden ⟨auto⟩, doen (voort)rollen ⓹ ⟨inf⟩ brengen ⟨in auto⟩ ♦ *she tooled her children everywhere* zij reed/bracht haar kinderen overal heen; → tooling
tool·bag [telb zn] gereedschapstas
¹**tool·bar** [telb zn] ⟨comp⟩ werkbalk
²**tool·bar** [telb zn] ⟨comp⟩ werkbalk
tool·box [telb zn] gereedschapskist
tooled up [bn] bewapend, gewapend
tool·er /tuːlə, ᴬ-ər/ [telb zn] ⓵ bewerker ⓶ beitel
tool·hold·er [telb zn] ⟨techn⟩ ⓵ beitelhouder ⟨van draaibank⟩, gereedschaphouder ⓶ handgreep ⟨voor gereedschap⟩, hecht
¹**tool·ing** /tuːlɪŋ/ [telb zn; oorspronkelijk tegenwoordig deelw van tool] ⓵ ⟨boek⟩ (ingeperste) sierdruk ⓶ gereedschap, uitrusting
²**tool·ing** /tuːlɪŋ/ [telb + niet-telb zn; oorspronkelijk tegenwoordig deelw van tool] ⓵ bewerking, het bewerken ⓶ outillering, uitrusting, (het voorzien van een) machinepark ⟨van fabriek⟩
tool·kit [telb zn] (set) gereedschappen
tool-post, tool-rest [telb zn] ⟨techn⟩ beitelhouder ⟨van draaibank⟩, gereedschaphouder
tool-push·er [telb zn] boorder ⟨op booreiland⟩
tools /tuːlz/ [alleen mv] ⟨sl⟩ bestek
tool-shed [telb zn] gereedschapsschuurtje
tool·tip [telb zn] ⟨comp⟩ tooltip, knopinfo ⟨korte beschrijving van een object op computerscherm⟩
¹**toon** /tuːn/ [telb zn] ⟨plantk⟩ ⓵ toona ⟨Cedrela toona⟩ ⓶ siamceder, Aziatische ceder ⟨Toona ciliata⟩
²**toon** /tuːn/ [niet-telb zn] ⟨plantk⟩ cedro, cedrela, ceder ⟨hout⟩
¹**toot** /tuːt/ [telb zn] ⓵ (hoorn)stoot ⓶ ⟨AE⟩ braspartij, zuippartij ♦ *(go) on a/the toot* aan de zwier/rol (gaan) ⓷ ⟨gew⟩ dwaas, gek, stommerd ⓸ ⟨SchE⟩ teug, slok
²**toot** /tuːt/ [niet-telb zn] ⓵ getoeter ⓶ ⟨sl⟩ snuifdrug(s), ⟨i.h.b.⟩ sneeuw, cocaïne
³**toot** /tuːt/ [onov ww] ⓵ tetteren, schreeuwen ⓶ ⟨AE⟩ zuipen, drinken, aan de rol zijn
⁴**toot** /tuːt/ [onov + ov ww] toeteren, blazen (op)

toot·er /tuːtə, ˄tuːtər/ [telb zn] ① blazer ② toeter, trompet

¹tooth /tuːθ/ [telb zn; mv: teeth /tiːθ/] ① tand, kies, ⟨in mv⟩ gebit, tanden en kiezen ♦ ⟨fig⟩ *armed to the teeth* tot de tanden gewapend; *between one's teeth* binnensmonds; *cut one's teeth* zijn tanden krijgen; ⟨fig⟩ *cut one's teeth on sth.* ervaring opdoen in/met iets; *draw teeth* tanden trekken; ⟨fig⟩ *draw s.o.'s teeth* iemand onschadelijk maken; ⟨fig⟩ *get/sink one's teeth into sth.* ergens zijn tanden in zetten, serieus aan iets beginnen, zich ergens voor inzetten; *fly in the teeth of* trotseren, ingaan tegen; *the wind was right in their teeth* ze hadden de wind pal tegen; ⟨fig⟩ *(fight) tooth and nail* met hand en tand/uit alle macht/tot het uiterste (vechten); *have a tooth (pulled) out* een tand/kies laten trekken; ⟨fig⟩ *pull one's teeth* onschadelijk maken; *second teeth* blijvend gebit; *set one's teeth* zijn tanden/kiezen op elkaar zetten ⟨ook figuurlijk⟩; ⟨fig⟩ *show one's teeth* zijn tanden laten zien; ⟨fig⟩ *tooth of time* tand des tijds ② tand(je) ⟨van kam, blad, zaag enz.⟩ ♦ *tooth of a comb* een kam ③ smaak, voorkeur ♦ *have a tooth for meat* van vlees houden ⟨·⟩ ⟨sl⟩ *be fed up to the (back) teeth* er schoon genoeg van hebben, het zat zijn; *in the teeth of ...* ondanks ..., niettegenstaande ..., tegen ... in; *kick in the teeth* voor het hoofd stoten; *lie in/through one's teeth* liegen of het gedrukt staat, glashard liegen; *the sound set his teeth on edge* het geluid ging hem door merg en been; *that sets my teeth on edge* dat doet mij griezelen, dat maakt mij nijdig; *to the teeth* helemaal, met alles erop en eraan; *in the teeth of the wind* tegen de wind in; ⟨sprw⟩ *if you cannot bite, don't show your teeth* als je iets niet wil doen, moet je er ook niet mee dreigen; ⟨sprw⟩ *an eye for an eye and a tooth for a tooth* oog om oog en tand om tand; ⟨sprw⟩ *the tongue ever turns to the aching tooth* ± je gedachten draaien altijd in een cirkel om de problemen

²tooth /tuːθ, ˄tuːð/ [onov ww] in elkaar grijpen ⟨van tandwieltjes⟩; → **toothed, toothing**

³tooth /tuːθ, ˄tuːð/ [ov ww] ① tanden, van tanden voorzien ② ruig/ruw/oneffen maken ⟨oppervlak⟩ ③ in elkaar doen grijpen ⟨tandwieltjes⟩ ④ kauwen (op), bijten (op/in); → **toothed, toothing**

tooth·ache [telb + niet-telb zn] tandpijn, kiespijn
tooth·billed [bn] tandsnavelig ⟨van vogel⟩
tooth·brush [telb zn] tandenborstel
toothbrush moustache [telb zn] kort geknipte snor
tooth·comb [telb zn] ⟨BE⟩ stofkam, luizenkam
toothed /tuːθt/ [bn; volt deelw van tooth] ① getand, tandig ♦ *toothed gearing* tandwieloverbrenging ② met tanden

-toothed /tuːθt/ [volt deelw van tooth] ① getand ② met ... tanden ♦ *saw-toothed* met zaagtanden; *six-toothed* met zes tanden

tooth·ful /tuːθfʊl/ [telb zn] ① (muizen)hapje ② slokje, druppeltje, scheutje

¹tooth·ing /tuːθɪŋ, ˄-ðɪŋ/ [telb zn] ⟨bouwk⟩ getande rand, tanding, staande tand

²tooth·ing /tuːθɪŋ, ˄-ðɪŋ/ [niet-telb zn; gerund van tooth] het getand maken, het voorzien van tanden

tooth·ing-plane [telb zn] ⟨techn⟩ tandschaaf ⟨voor hout⟩

tooth·less /tuːθləs/ [bn; bw: ~ly; zn: ~ness] ① tandeloos ② krachteloos, zonder uitwerking

tooth·paste [niet-telb zn] tandpasta
tooth·pick [telb zn] ① tandenstoker ② houder voor tandenstoker ③ ⟨AE; sl⟩ slakkensteker, bajonet, bowiemes
tooth·pow·der [niet-telb zn] tandpoeder
tooth shell [telb zn] ⟨dierk⟩ tandhoornslak ⟨Scaphopoda⟩

tooth·some /tuːθsəm/ [bn; bw: ~ly; zn: ~ness] ① smakelijk ⟨van voedsel⟩, lekker ② aanlokkelijk, aantrekkelijk ♦ *toothsome offer* aanlokkelijk aanbod ③ sexy, lekker, wellustig, aantrekkelijk

tooth·wash [niet-telb zn] mondwater
tooth·wort /tuːθwɜːt, ˄-wɜrt/ [telb zn] ⟨plantk⟩ ① grote schubwortel ⟨Lathraea squamaria⟩ ② ⟨benaming voor plant van genus⟩ Dentaria

tooth·y /tuːθi/ [bn; vergr trap: toothier; bw: toothily] ① met veel/grote/vooruitstekende tanden ② getand, tandig

¹too·tle /tuːtl/ [niet-telb zn] getoeter, geblaas

²too·tle /tuːtl/ [onov ww] ① blazen, toeteren ⟨op instrument⟩ ♦ *tootle on* toeteren/blazen op ② ⟨inf⟩ (rond)toeren ♦ *tootle along* toeren; *tootle around* rondtoeren, rondkarren; *tootle down to* afzakken naar ③ ⟨sl⟩ onzin schrijven, bazelen

³too·tle /tuːtl/ [ov ww] blazen op ⟨instrument⟩, toeteren op ♦ *tootle one's horn* toeteren

¹too-too [bn] ① extreem ② ⟨inf⟩ te (beleefd/gestileerd/geaffecteerd)

²too-too [bw] al te zeer, overdreven

toots /tuːts, ˄tʊts/, **toot·sy** /tuːtsi, ˄tʊtsi/ [telb zn; geen mv] ⟨vnl AE⟩ schatje

toot·sy, toot·sie /tʊtsi/, **toot·sy-woot·sy** /tʊtsiwʊtsi/ [telb zn] ① ⟨scherts; kind⟩ voet(je), pootje ② → **toots**

¹top /tɒp, ˄tɑp/ [telb zn] ① ⟨benaming voor⟩ bovenstuk, bovenkant, dekblad, (boven)blad, tafelblad, bergtop, boomtop, kap ⟨van kinderwagen, rijtuig, auto, laars enz.⟩, dop, stop ⟨van fles⟩, top(je), bovenstuk(je) ⟨kledingstuk⟩, deksel ⟨van pan⟩, room ⟨op melk⟩, bovenrand ⟨van bladzijde⟩ ♦ *top of the car* autokap, autodak; *top of a desk* bureaublad; *you've got a nice top* je hebt een leuk topje/truitje aan ② ⟨vnl mv⟩ groen, loof ⟨van knolgewassen/wortelgewassen⟩ ③ tol ⟨speelgoed⟩ ④ ⟨scheepv⟩ mars ⑤ ⟨sport⟩ (slag met) topspin ⑥ bol lont/voorgaren ⟨voor spinnen⟩ ⟨·⟩ *sleep like a top* slapen als een roos/os

²top /tɒp, ˄tɑp/ [niet-telb zn] ① ⟨benaming voor⟩ top, hoogste punt, piek, spits, toppunt, hoogste plaats, hoofd-(einde), toppositie, topfunctie, top(score) ♦ *at the top (of the table)* aan het hoofd (van de tafel); *from top to bottom* van onder tot boven, volledig; *the top and bottom of it is ...* het komt kortweg neer op ...; *at the top of his career* op het hoogtepunt van zijn carrière; *come to/reach the top* de top bereiken; ⟨inf⟩ *at the top of the ladder/tree/pile* bovenaan de (maatschappelijke) ladder; *on top* boven(aan), bovenop, aan/op de top; *ice with strawberries on top* ijs met aardbeien erop; *at the top of one's speed* op topsnelheid; *from top to toe* van top tot teen, helemaal, geheel ② beste, belangrijkste ⟨van klas/organisatie⟩, hoofd, top, topfiguur, baas ♦ *be/come out (at the) top of the form/school* de beste van de klas/school zijn ③ oppervlakte ♦ *come to the top* aan de oppervlakte komen ④ hoogste versnelling ♦ *in top* in de hoogste versnelling ⑤ beste, puikje, elite, crème de la crème ♦ *the top of our team* de besten van onze ploeg ⟨·⟩ *to the top of one's bent* naar hartenlust; ⟨inf⟩ *blow one's top* in woede uitbarsten, (uit elkaar) barsten ⟨van woede⟩; gek worden, zijn verstand verliezen; *come out on top* overwinnen; *his son's death, coming on top of his own illness, was too much for the old man* de dood van zijn zoon, vlak na zijn eigen ziekte, werd de oude man te veel; *get on top of sth.* iets de baas worden; *go over the top* uit de loopgraven komen; de beslissende stap nemen, de knoop doorhakken; te ver gaan; uit zijn bol gaan, (wild) tekeergaan; *the problems got on top of him* de problemen werden hem te veel; *off the top of one's head* onvoorbereid, voor de vuist weg ⟨spreken⟩; *talk out of the top of one's head* zwammen, uit de nek(haren) kletsen; *top of the heap* winnaar; *keep on top of* de baas blijven; ⟨IE⟩ *the top of the morning (to you)* goeiemorgen; *on top of that* daar komt nog bij, bovendien; *on (the) top of* onder controle hebben; direct volgend op, meteen erna; afgezien van, boven op; volledig op de hoogte van; *on top of his salary*

top 1948

boven op/afgezien van zijn salaris; *he's on top of the situation* hij heeft de situatie onder controle; *over the top* te gek; ⟨dram⟩ overacterend, schmierend, overdreven doend; *as over the top as possible* zo extreem mogelijk; ⟨inf⟩ *take it from the top* bij het begin/van voren af aan beginnen; ⟨inf⟩ *up top* in het hoofd; *at the top of one's voice/lungs* luidkeels/ uit alle macht, uit volle borst; *(feel) on top of the world* (zich) heel gelukkig (voelen), dolblij/uitgelaten (zijn)

³**top** /tɒp, ᴬtɑp/ [bn, attr] ⟨ook fig⟩ hoogste, top-, bovenste, m.b.t. de top ♦ *top drawer* bovenste la; ⟨fig⟩ *out of the top drawer* van goede komaf; *top floor* bovenste verdieping; *top leader* topleider; *top left* links boven(aan); *the top notch of ambition* het toppunt van ambitie; *top note* hoogste noot; *top people* notabelen, vooraanstaanden; *top player* topspeler, sterspeler; *top prices* hoogste prijzen, topprijzen; ⟨fig⟩ *on the top rung (of the ladder)* boven aan de ladder; *at top speed* op topsnelheid; *top table* hoofdtafel; ⟨BE; inf⟩ *Tim is a top guy* Tim is een prima vent ▪ *on top line* optimaal functionerend; ⟨BE; inf⟩ *fancy a drink? Oh, top* wil je iets drinken? Ja, prima/goed idee

⁴**top** /tɒp, ᴬtɑp/ [onov ww] zich verheffen ▪ *top out* de laatste steen/dakpan leggen, het pannenbier drinken; → **topping**

⁵**top** /tɒp, ᴬtɑp/ [ov ww] ① van top voorzien, bedekken, bekronen ♦ *topped off* met bovenop; met tot besluit/ter afronding; *let's top off our talk with a drink* laten we ter afronding/tot besluit van ons gesprek een borrel nemen; ⟨fig⟩ *top off/up sth.* iets afmaken/voltooien/bekronen/afronden; *top out/(off) a building* het hoogste punt van een gebouw bereiken, de laatste dakpan leggen (en het pannenbier drinken); *topped with* met een top van; *topped with chocolate* afgemaakt met chocola, met een laagje chocola erop ② de top bereiken van ⟨ook figuurlijk⟩ ♦ *top the mountain* de top van de berg bereiken ③ aan/op de top staan ⟨ook figuurlijk⟩, aanvoeren ♦ *top the list* bovenaan de lijst staan; *top the school team* het schoolelftal aanvoeren ④ overtreffen, hoger/beter/groter zijn dan ♦ *to top it all* tenslotte, tot overmaat van ramp; *that even tops your story* dat is zelfs nog sterker dan jouw verhaal ⑤ toppen ⟨plant⟩, van de top ontdoen ♦ *top and tail* afhalen, schoonmaken, schillen, doppen ⑥ ⟨scheepv⟩ ⑦ springen over, nemen ⟨hindernis⟩ ⑧ ⟨sport, in het bijzonder tennis⟩ topspin geven ⑨ ⟨sport; in het bijzonder tennis⟩ topspin slaan ⑩ ⟨sl⟩ ophangen ▪ *top up (with) oil* (met) olie bijvullen; *top up a glass/drink* een glas bijvullen; *top up one's account* ⟨van mobiele telefoon⟩ zijn beltegoed opwaarderen; *top up one's mobile phone* zijn mobiele telefoon opwaarderen; → **topping**

top aide [telb zn] ① topadviseur ② hoofdassistent

¹**to·paz** /ˈtoʊpæz/ [telb zn] ⟨dierk⟩ topaaskolibrie ⟨Topaza pella⟩

²**to·paz** /ˈtoʊpæz/ [telb + niet-telb zn] ⟨geol⟩ topaas ♦ *oriental topaz* oosterse topaas

to·paz·o·lite /toʊpæzəlaɪt, ᴬ-ˌpeɪ-/ [telb zn] ⟨geol⟩ topasoliet, gele granaat

top banana [telb zn] ⟨AE; inf⟩ ① sterspeler ⟨variété⟩ ② baas, leider, sterke man

top boot [telb zn] kaplaars, rijlaars

top·brass [verzameln; (the)] ⟨inf; vnl mil⟩ hoge omes

top-class [bn] eersteklas, van topklasse, voortreffelijk

¹**top-coat** [telb zn] overjas

²**top-coat** [telb + niet-telb zn] bovenste verflaag, deklaag, laatste laklaag

top copy [telb zn] origineel ⟨tegenover doorslag⟩

top-dog [telb zn] ⟨sl⟩ heer en meester, overwinnaar, sterkste ♦ *be topdog* de overhand hebben, het voor het zeggen hebben

top-down [bn; attr + bw] van boven af, van boven naar beneden ⟨m.b.t. bedrijfsstructuur⟩

top-draw·er [bn] ① ⟨inf⟩ van goede komaf ② ⟨sl; mil⟩ belangrijkst, meest geheim

top-dress [ov ww] bestrooien ⟨met zand, mest enz.⟩ ♦ *top-dress manure on a field/a field with manure* een veld bemesten, mest uitstrooien op een veld

¹**top dressing** [telb zn] ① mest ⟨op land uitgestrooid⟩ ② losse gravellaag ⟨op weg⟩ ③ vernisje ⟨figuurlijk⟩

²**top dressing** [niet-telb zn] het bestrooien ⟨met zand, mest enz.⟩, bemesting aan de oppervlakte

¹**tope** /toʊp/ [telb zn] ① stoepa ⟨boeddhistisch heiligdom in Indië⟩ ② ⟨IndE⟩ bos(je) ⟨voornamelijk van mangobomen⟩ ③ ⟨dierk⟩ ruwe haai ⟨Galeorhinus galeus⟩

²**tope** /toʊp/ [onov + ov ww] ⟨vero⟩ (overmatig) drinken, drinken als een tempelier/spons, zuipen

top-end [bn, attr] van hoge kwaliteit

top·er /ˈtoʊpə, ᴬ-ər/ [telb zn] drinkebroer, dronkaard, zuiplap

top-flight, top-notch [bn] ⟨inf⟩ ① eersteklas, uitstekend, van de bovenste plank ② best mogelijk

top flight [niet-telb zn] top, hoogste regionen ⟨van maatschappij⟩

topfruit [niet-telb zn] ⟨BE⟩ boomfruit

top-full, top-ful [bn] boordevol

¹**top·gal·lant** /təgælənt/ [bn] ⟨scheepv⟩ bramra, bramsteng, bramwant, bramzeil

²**top·gal·lant** /təgælənt/ [bn] ⟨scheepv⟩ bram- ♦ *topgallant mast* bramsteng; *topgallant sail* bramzeil

top-gear [niet-telb zn] ⟨BE⟩ ① hoogste versnelling ♦ *in(to) top-gear* in de hoogste versnelling ② topconditie ♦ *he's back into top-gear* hij draait weer op volle toeren

top-gross·ing [bn] met de hoogste opbrengst ♦ *a top-grossing film* een kassakraker

top-ham·per [telb zn] ① ⟨scheepv⟩ bovenzeilen en want ② overdaad, onnodige belasting, overbodige last

top hat [telb zn] hoge zijden, hoge hoed

top-hat [bn, attr] voor topfunctionarissen, voor de hoogstbetaalden ⟨in zakenleven⟩

top-heav·y [bn, pred; vergr trap: top-heavier; zn: top-heaviness] ⟨ook fig⟩ topzwaar

¹**To·phet** /ˈtoʊfɪt/ [eigenn] Tofet ⟨Bijbelse plaats; Jer. 7:31⟩

²**To·phet** /ˈtoʊfɪt/ [eigenn, telb zn] Gehenna, (de) hel, helse poel

top-hole [bn] ⟨vero; BE; sl⟩ uitstekend, eersteklas, prima

¹**to·phus** /ˈtoʊfəs/ [telb + niet-telb zn; mv: tophi /-faɪ/] ⟨med⟩ jichtknobbel, tofes

²**to·phus** /ˈtoʊfəs/ [niet-telb zn] tuf(steen), du(i)fsteen

to·pi, to·pee /ˈtoʊpiː, ᴬtoʊˈpiː/ [telb zn] ⟨IndE⟩ tropenhelm

to·pi·a·rist /ˈtoʊpɪərɪst/ [telb zn] vakman die bomen/ struiken in figuren snoeit

¹**to·pi·a·ry** /ˈtoʊpɪəri, ᴬ-pieri/ [telb zn] ① vormboom ⟨in een figuur gesnoeide boom/struik⟩ ② tuin met in figuren gesnoeide bomen en struiken

²**to·pi·a·ry** /ˈtoʊpɪəri, ᴬ-pieri/ [niet-telb zn] vormsnoei, snoeiwerk, kunst, figuursnoeiwerk, figuurkunst

³**to·pi·a·ry** /ˈtoʊpɪəri, ᴬ-pieri/, **to·pi·a·ri·an** /ˌtoʊpiˈɛərɪən, ᴬ-ˈɛrɪən/ [bn] ① m.b.t./van vormsnoei ⟨van bomen, struiken⟩, m.b.t./van de snoeikunst ♦ *topiary art* vormsnoei(kunst) ② vorm- ♦ *topiary tree* vormboom

top·ic /ˈtɒpɪk, ᴬˈtɑpɪk/ [telb zn] onderwerp ⟨van gesprek⟩ ⟨ook taalkunde⟩, thema, topic ♦ *topic of conversation* gespreksthema; *off topic* offtopic ⟨niets met het onderwerp van doen hebbend⟩

top·i·cal /ˈtɒpɪkl, ᴬˈtɑpɪkl/ [bn; bw: -ly] ① actueel ♦ *topical film* actuele film ② plaatselijk ⟨ook medisch⟩, lokaal ♦ *topical anaesthesia* plaatselijke verdoving ③ naar onderwerp gerangschikt, in thema's verdeeld ④ thematisch, m.b.t. een thema/onderwerp

¹**top·i·cal·i·ty** /ˌtɒpɪˈkæləti, ᴬˌtɑpɪˈkæləti/ [telb zn; meestal mv] actualiteit, actueel onderwerp

²**top·i·cal·i·ty** /ˌtɒpɪˈkæləti, ᴬˌtɑpɪˈkæləti/ [niet-telb zn]

1 het actueel-zijn, actualiteit **2** het plaatselijk-zijn
top job [telb zn] topfunctie
top kick [telb zn; ook Top Kick] ⟨AE; sl; mil⟩ eerste sergeant
top·knot [telb zn] **1** (haar)knotje **2** strik ⟨in haar⟩ **3** kam ⟨van haan⟩, kuif **4** ⟨dierk⟩ gevlekte griet ⟨Zeugopterus punctatus⟩
top·less /tɒpləs, ᴬtɑp-/ [bn] **1** topless, met ontblote borsten ⟨van vrouw⟩, zonder bovenstuk(je) ⟨van kleding⟩ **2** met topless bediening **3** zonder top(je)
top-lev·el [bn, attr] op het hoogste niveau, top- ♦ *top-level talks* topgesprekken
top-light [telb zn] ⟨scheepv⟩ toplicht
top-lin·er [telb zn] ⟨vnl BE; inf⟩ attractie ⟨van een show⟩, ster
top·man /tɒpmən, ᴬtɑp-/ [telb zn; mv: topmen /-mən/] **1** eerste zager **2** ⟨scheepv⟩ marsgast
top·marks·man [telb zn; mv: topmarksmen] ⟨sport⟩ topschutter
top·mast /tɒpməst, ᴬtɑpməst/ [telb zn] ⟨scheepv⟩ (mars)steng
top·most [bn] (aller)hoogst
topnotch [bn] → **topflight**
top-notch·er /tɒpnɒtʃə, ᴬtɑpnɑtʃər/ [telb zn] ⟨inf⟩ eersteklas persoon, iemand van de bovenste plank, uitstekend iemand
top-of-the-bill [bn] bekendst, belangrijkst
to·pog·ra·pher /təpɒɡrəfə, ᴬtəpɑɡrəfər/ [telb zn] topograaf
top·o·graph·i·cal /tɒpəɡræfɪkl/, **top·o·graph·ic** /-fɪk/ [bn; bw: ~ly] topografisch ♦ *topographical anatomy* topografische anatomie
to·pog·ra·phy /təpɒɡrəfi, ᴬ-pɑ-/ [niet-telb zn] **1** topografie, plaatsbeschrijving **2** topografische situatie, bijzonderheden van een landstreek/plaats **3** topografische anatomie
top·o·log·ic /tɒpəlɒdʒɪk, ᴬtɑpələdʒɪk/, **top·o·log·i·cal** /-ɪkl/ [bn; bw: ~ally] ⟨psych, wisk⟩ topologisch ♦ ⟨wisk⟩ *topologically equivalent* topologisch equivalent; ⟨psych⟩ *topological psychology* topologische psychologie
to·pol·o·gist /təpɒlədʒɪst, ᴬ-pɑ-/ [telb zn] ⟨wisk⟩ topoloog
to·pol·o·gy /təpɒlədʒi, ᴬ-pɑ-/ [niet-telb zn] **1** ⟨wisk⟩ topologie **2** topologische psychologie **3** topografische anatomie
top·o·nym /tɒpənɪm, ᴬtɑ-/ [telb zn] ⟨taalk⟩ toponiem, plaatsnaam
top·o·nym·ic /tɒpənɪmɪk, ᴬtɑpə-/, **top·o·nym·i·cal** /-ɪkl/ [bn] ⟨taalk⟩ toponymisch, van/m.b.t. (de) toponymie/toponiemen
to·pon·y·my /təpɒnɪmi, ᴬtəpɑ-/ [niet-telb zn] **1** ⟨taalk⟩ toponymie, plaatsnaamkunde **2** nomenclatuur van de topografische anatomie
top·os /tɒpɒs, ᴬtɑpɑs/ [telb zn; mv: topoi /-pɔɪ/] ⟨letterk⟩ topos, gemeenplaats, vaste uitdrukking
top·per /tɒpə, ᴬtɑpər/ [telb zn] **1** ⟨inf⟩ kachelpijp, hoge hoed, cilinderhoed **2** ⟨inf⟩ topper, een van de bovenste plank, bovenste beste ♦ *of all ideas his was the absolute topper* van alle ideeën was het zijne zonder twijfel het beste; *that is the topper* dat spant de kroon; *that (song) is a topper* dat (liedje) is een topper **3** ⟨inf⟩ klap op de vuurpijl, knaller, uitsmijter ♦ *after all their obscene jokes, his came as a topper* na al hun schuine moppen, kwam de zijne als klap op de vuurpijl **4** ⟨inf⟩ moord kerel/meid, zo'n kerel/meid **5** topper ⟨korte damesmantel⟩
¹top·ping /tɒpɪŋ, ᴬtɑ-/ [telb + niet-telb zn; (oorspronkelijk) gerund van top] ⟨vnl cul⟩ toplaag(je), bovenste laagje, sierlaagje, saus ♦ *a frosted topping on the cake* een glazuurlaagje op de taart; *topping of whipped cream and nuts* bovenlaagje van slagroom en nootjes

²top·ping /tɒpɪŋ, ᴬtɑ-/ [bn; oorspronkelijk tegenwoordig deelw van top; bw: ~ly] **1** vooraanstaand, uitmuntend, uitnemend, prominent, voornaam, hoog ♦ *the topping people* de hoge heren, de grote lui, de prominenten, de chic **2** ⟨vero; BE; inf⟩ mieters, uitstekend, formidabel, uit de kunst, denderend, buitengewoon goed ♦ *have a topping time* het geweldig naar je zin hebben **3** ⟨AE, gew⟩ hooghartig, trots, uit de hoogte, arrogant, aanmatigend
top·pings /tɒpɪŋz, ᴬtɑ-/ [alleen mv] (oorspronkelijk) gerund van top] snoeisel, haksel ♦ *the toppings of this tree* de snoeitakken van deze boom
¹top·ple /tɒpl, ᴬtɑpl/ [onov ww] **1** (bijna) omvallen, tuimelen, kantelen, omkieperen, omgestoten worden ♦ *the boat toppled* de boot hing dreigend naar een kant; *topple down/over* neergaan, omvergaan, omtuimelen; *topple from power* ten val komen/gebracht worden; *the tree toppled* de boom kantelde **2** sterk dalen, kelderen ⟨van koers enz.⟩ ♦ *shares toppled* de aandelen zakten snel/kelderden
²top·ple /tɒpl, ᴬtɑpl/ [ov ww] **1** (bijna) doen omvallen, doen tuimelen/kantelen, omkieperen, omstoten **2** omverwerpen, ten val brengen ♦ *his regime will be toppled down/over* zijn bewind zal ten val gebracht worden, zijn regime zal omvergeworpen worden
top-rank·ing [bn] van de hoogste rang, hoogste in rang, hoogstgeplaatst
top-rated [bn] ⟨inf⟩ hoogst gewaardeerd, populairst, met de hoogste kijkcijfers
top round [niet-telb zn] ⟨AE⟩ scheepszij boven waterlijn
¹tops /tɒps, ᴬtɑps/ [niet-telb zn; vaak in predicatieve positie] ⟨inf⟩ je van het, uit de kunst, uitstekend, prima ♦ *come out tops* als de beste uit de bus komen; *the tops* het neusje van de zalm, het einde, de allerbeste; *she thinks she is the tops* ze denkt dat ze het helemaal is
²tops /tɒps, ᴬtɑps/ [alleen mv] **1** de beste, het neusje van de zalm **2** ⟨bridge⟩ tophonneurs, toppers **3** ⟨BE; inf⟩ aristocraten, vooraanstaanden
top·sail /tɒpsl, ᴬtɑpsl/ [telb zn] ⟨scheepv⟩ marszeil
top sawyer, top·man [telb zn] **1** eerste zager **2** ⟨BE; inf⟩ hoge piet, hoge ome, topfiguur
top scorer [telb zn] ⟨sport⟩ topscorer
top-se·cret [bn] uiterst geheim, strikt geheim
top seed [telb zn] ⟨tennis⟩ als eerste geplaatste speler
top shell [telb zn] ⟨dierk⟩ tolhoorn ⟨familie Trochidae⟩
¹top·side [telb zn] **1** bovenkant, bovenzijde **2** ⟨vnl mv⟩ ⟨scheepv⟩ scheepszij boven waterlijn
²top·side [telb + niet-telb zn] ⟨vnl BE⟩ ± biefstuk
³top·side [bw] **1** bovenaan ⟨ook figuurlijk⟩, aan de top **2** ⟨scheepv⟩ aan dek
top·sid·er /tɒpsaɪdə, ᴬtɑpsaɪdər/ [telb zn] topfiguur
tops·man /tɒpsmən, ᴬtɑps-/ [telb zn; mv: topsmen /-mən/] ⟨vnl BE⟩ beul
top·soil [niet-telb zn] bovenste laag losse (teel)aarde, bovengrond
top·spin [niet-telb zn] ⟨sport⟩ topspin ⟨bijvoorbeeld bij tennis⟩ ♦ *a ball with topspin* een bal met topspin(effect)
top·stone [telb zn] ⟨bouwk⟩ topsteen, deksteen, sluitsteen
¹top·sy-tur·vy /tɒpsɪtɜːvi, ᴬtɑpsɪtɜrvi/ [telb + niet-telb zn] chaos, grote verwarring, omgekeerde wereld, wanorde, warboel, ongerijmdheid ♦ *the topsy-turvy caused by their escape* de chaotische toestand veroorzaakt door hun ontsnapping
²top·sy-tur·vy /tɒpsɪtɜːvi, ᴬtɑpsɪtɜrvi/ [bn; vergr trap: ook topsy-turvier; bw: topsy-turvily; zn: topsy-turviness] ondersteboven gekeerd, chaotisch, ongerijmd, wanordelijk, op zijn kop gezet ♦ *the topsy-turvy course of things* de chaotische gang van zaken; *the world is going topsy-turvy* de wereld wordt op zijn kop gezet/raakt in grote verwarring; *turn everything topsy-turvy* de hele zaak op zijn kop zetten, alles door de war gooien, alles ondersteboven ke-

topsy-turvy

ren
³top·sy-tur·vy /tɒpsitɜːvi, ᴬtɑpsitɜrvi/ [bw] ondersteboven, op zijn kop, door elkaar, in grote verwarring, omgekeerd
top-up [telb zn; ook attributief] [1] aanvulling ♦ *another top-up?* nog eens bijvullen?; *top-up benefits* bovenwettelijke uitkeringen; *top-up fees* aanvullend/extra collegeld; *top-up payment* extra betaling; *top-up spending* aanvullende uitgave, extra-uitgave [2] opwaardering ⟨van beltegoed⟩
top-up card [telb zn] prepaidkaart, beltegoedkaart, opwaardeerkaart
toque /toʊk/ [telb zn] [1] toque ⟨ronde randloze dameshoed⟩ [2] ⟨gesch⟩ toque, stijve baret [3] ⟨CanE⟩ ijsmuts [4] ⟨dierk⟩ kroonaap ⟨Macaca radiata⟩
tor /tɔː, ᴬtɔr/ [telb zn] rotspunt, (rots)piek, steile rots
to·rah, to·ra /tɔːrə, ᴬtoʊrə/ [telb zn; ook Torah] Thora, mozaïsch(e) wet(boek), Pentateuch
torc [telb + niet-telb zn] → torque
¹torch /tɔːtʃ, ᴬtɔrtʃ/ [telb zn] [1] toorts, fakkel, flambouw ⟨ook figuurlijk⟩ ♦ *the house burned like a torch* het huis brandde als een fakkel; *hand on the torch (of knowledge/learning)* de fakkel der kennis/wetenschap doorgeven; *the torch of knowledge* de fakkel der wetenschap [2] ⟨BE⟩ zaklamp, zaklantaarn ♦ *an electric torch* een zaklantaarn [3] ⟨AE⟩ blaaslamp, soldeerlamp, lasbrander [4] ⟨AE; inf⟩ sigaar [5] ⟨AE; inf⟩ brandstichter [6] ⟨AE; inf⟩ smartlap • *carry a/the torch* een persoon/zaak onvoorwaardelijk trouw blijven; ⟨inf⟩ *carry a/the torch for s.o.* (onbeantwoorde) liefde koesteren voor iemand, hopeloos verliefd zijn op iemand, liefdesverdriet hebben om iemand
²torch /tɔːtʃ, ᴬtɔrtʃ/ [onov ww] ⟨AE⟩ een smartlap zingen, kwelen
³torch /tɔːtʃ, ᴬtɔrtʃ/ [ov ww] [1] vangen bij fakkellicht/lamplicht ⟨vis⟩ [2] met een fakkel verlichten/aansteken
torch·bear·er [telb zn] fakkeldrager ⟨ook figuurlijk⟩, kennisoverdrager, inspirator
torch dance [telb zn] fakkeldans
torch-fish·ing [niet-telb zn] het vissen bij lamplicht, nachtvisserij
¹torch·light [telb zn] [1] fakkel, toorts [2] ⟨BE⟩ zaklantaarn
²torch·light [niet-telb zn] [1] fakkellicht, toortslicht [2] ⟨BE⟩ licht van een zaklantaarn
torchlight procession [telb zn] fakkeloptocht
torch lily [telb zn] ⟨plantk⟩ vuurpijl ⟨Kniphofia uvaria⟩
tor·chon /tɔːʃɒn, ᴬtɔrʃɑn/, **torchon lace** [telb zn] grove kloskant
torch race [telb zn] fakkel(wed)loop ⟨als in Griekse oudheid⟩
torch singer [telb zn] ⟨vnl AE⟩ smartlappenzangeres, zangeres van sentimentele liedjes/het levenslied
torch song [telb zn] ⟨vnl AE⟩ smartlap, zeer sentimenteel lied, levenslied
torch thistle [telb zn] ⟨plantk⟩ toortsdistel, toortscactus ⟨genus Cereus⟩
torch·y /tɔːtʃi, ᴬtɔrtʃi/ [bn] ⟨inf⟩ hopeloos verliefd
¹tore /tɔː, ᴬtɔr/ [telb zn] ⟨bouwk⟩ torus
²tore /tɔː, ᴬtɔr/ [verleden tijd] → tear
tor·e·a·dor /tɒriədɔː, ᴬtɔ-, ᴬtɑ-/ [telb zn] toreador, stierenvechter ⟨voornamelijk te paard⟩
to·re·ro /tərɛəroʊ, ᴬ-rɛroʊ/ [telb zn] torero, stierenvechter
to·reu·tics /təruːtɪks/ [niet-telb zn] toreutiek, drijfwerk van goud/zilver/brons
tor·goch /tɔːgɒx, ᴬtɔrgoʊx/ [telb zn] ⟨dierk⟩ beekridder ⟨vis; Salvelinus alpinus⟩
tor·ic /tɒrɪk, ᴬtɔrɪk/ [bn] ⟨opt⟩ torisch
to·ri·i /tɔːriː/ [telb zn; mv: torii] torii, toegangspoort ⟨van shintoheiligdom⟩

¹tor·ment /tɔːment, ᴬtɔr-/ [telb + niet-telb zn] kwelling, (bron van) ergernis, plaag, pijn(iging), (te(u)rment, marteling, foltering ♦ *be a torment to s.o.* een bron van ergernis zijn voor iemand, een kwelling vormen voor iemand; *he was in torment* hij werd gekweld/gepijnigd
²tor·ment /tɔːment, ᴬtɔr-/ [ov ww] [1] kwellen, folteren, pijnigen, martelen, treiteren, plagen, hinderen ♦ *he was tormented by jealousy* hij werd gekweld door jaloezie; *I was tormented by mosquitoes* ik werd geplaagd/bestookt door muggen; *she torments him with all her questions* ze valt hem lastig met al haar vragen [2] verdraaien ⟨tekst⟩
tor·men·til /tɔːməntɪl, ᴬtɔr-/ [telb + niet-telb zn] ⟨plantk⟩ tormentil, meerwortel ⟨Potentilla tormentilla/erecta⟩
tor·men·tor, tor·ment·er /tɔːmentə, ᴬtɔrmentər/ [telb zn] [1] kweller, plaaggeest, treiteraar, pestkop, beul, pijniger [2] ⟨scheepv⟩ lange (ijzeren) vleesvork
tor·men·tress /tɔːmentrɪs, ᴬtɔr-/ [telb zn] kwelster, treiteraarster, pijnigster, beulin
torn /tɔːn, ᴬtɔrn/ [volt deelw] → tear
tor·na·dic /tɔːneɪdɪk, ᴬtɔr-/ [bn] m.b.t. een tornado, tornadoachtig, als een tornado, ⟨fig⟩ stormachtig
tor·na·do /tɔːneɪdoʊ, ᴬtɔr-/ [telb zn; mv: ook tornadoes] tornado, wervelwind, wervelstorm, ⟨fig⟩ stortvloed ♦ *a tornado of protest* een storm van protest; *a tornado of words* een stortvloed van woorden
to·roid /tɔːrɔɪd/ [telb zn] [1] ⟨elek⟩ toroïde [2] ⟨meetk⟩ torus
to·roi·dal /tɔːrɔɪdl/ [bn; bw: ~ly] [1] ⟨elek⟩ m.b.t. een toroide, toroïdeachtig, toroïdevormig [2] ⟨wisk⟩ m.b.t. een torus, torusvormig, torusachtig
to·rose /tɔːroʊs/, **to·rous** /-rəs/ [bn] ⟨biol⟩ [1] knobbelig, bobbelig [2] ⟨plantk⟩ met insnoeringen, langwerpig met verdikkingen
¹tor·pe·do /tɔːpiːdoʊ, ᴬtɔr-/ [telb zn; mv: torpedoes] [1] torpedo ♦ *aerial torpedo* luchttorpedo [2] ⟨AE⟩ knalpatroon ⟨van trein⟩, knalsein, knalsignaal [3] ⟨dierk⟩ sidderrog ⟨genus Torpedo⟩
²tor·pe·do /tɔːpiːdoʊ, ᴬtɔr-/ [ov ww] torpederen, aanvallen/vernietigen met torpedo's, ⟨fig⟩ doen mislukken, schipbreuk doen lijden
tor·pe·do-boat [telb zn] torpedoboot
torpedo-boat destroyer [telb zn] torpedo(boot)jager, jager
tor·pe·do·ist /tɔːpiːdoʊɪst, ᴬtɔr-/ [telb zn] torpedist, marinesoldaat van de torpedodienst
torpedo net [telb zn] torpedonet, vangnet ⟨van staaldraad⟩ voor torpedo's
torpedo netting [niet-telb zn] → torpedo net
torpedo tube [telb zn] torpedobuis ⟨lanceerbuis van torpedo's⟩
tor·pe·fy, tor·pi·fy /tɔːpɪfaɪ, ᴬtɔr-/ [ov ww] verdoven, gevoelloos maken
¹tor·pid /tɔːpɪd, ᴬtɔr-/ [telb zn] ⟨BE; inf⟩ torpidsboot
²tor·pid /tɔːpɪd, ᴬtɔr-/ [verzameln] ⟨BE; inf⟩ torpidsploeg ⟨acht roeiers⟩
³tor·pid /tɔːpɪd, ᴬtɔr-/ [bn; bw: ~ly; zn: ~ness] [1] gevoelloos, torpide, verdoofd, verstijfd [2] traag, lethargisch, sloom, apathisch, inactief, lui [3] in winterslaap, in slaap overwinterend ⟨van dieren⟩
tor·pid·i·ty /tɔːpɪdəti, ᴬtɔrpɪdəti/ [telb + niet-telb zn] torpiditeit, traagheid, gevoelloosheid, apathie, sloomheid, verdoving
Tor·pids /tɔːpɪdz, ᴬtɔr-/ [alleen mv] ⟨BE; inf⟩ Torpids ⟨studentenroeiwedstrijd in Oxford, 2e trimester⟩
tor·por /tɔːpə, ᴬtɔrpər/ [telb + niet-telb zn] gevoelloosheid, verdoving, torpiditeit, apathie, traagheid, luiheid
tor·po·rif·ic /tɔːpərɪfɪk, ᴬtɔr-/ [bn] verdovend, apathisch/lethargisch makend, traag/sloom makend, ⟨fig⟩ verlammend
tor·quate /tɔːkweɪt, ᴬtɔr-/ [bn] ⟨dierk⟩ gekraagd, met

kraag van (gekleurde) halsveren
¹torque /tɔːk, ᴬtɔrk/ [telb zn] torque ⟨gedraaide metalen halsring, bijvoorbeeld van Galliërs⟩
²torque /tɔːk, ᴬtɔrk/ [niet-telb zn] torsie, wringing, wringkracht, draaimoment, torsiekoppel
torque converter [telb zn] koppelomvormer ⟨van auto⟩
torque tube [telb zn] cardanbuis ⟨van auto⟩
torr /tɔː, ᴬtɔr/ [telb zn; mv: torr] ⟨natuurk⟩ torr ⟨drukeenheid, ¹⁄₆₀ van de normale atmosfeer⟩
tor·re·fac·tion /tɒrɪfækʃn, ᴬtɔrɪ-/ [telb + niet-telb zn] [1] roostering, roosting, het branden ⟨bijvoorbeeld van koffie⟩, het gebrand/geroosterd worden [2] droging, het drogen, het gedroogd worden
tor·re·fy, tor·ri·fy /tɒrɪfaɪ, ᴬtɔrɪ-/ [ov ww] [1] roosteren, roosten, branden ⟨bijvoorbeeld koffie⟩, verzengen [2] drogen ⟨bijvoorbeeld kruiden⟩
tor·rent /tɒrənt, ᴬtɔ-, ᴬtɑ-/ [telb zn] stortvloed ⟨ook figuurlijk⟩, woelige/krachtige stroom, stortbui, krachtige uitbarsting ♦ *the rain fell in torrents* het stortregende, er vielen slagregens, de regen stroomde neer; *a torrent of abuse* een stortvloed van scheldwoorden
tor·ren·tial /təˈrenʃl/ [bnw; bw: ~ly] m.b.t./als een stortvloed ⟨ook figuurlijk⟩, als een (woeste) stroom, onstuimig ♦ *torrential applause* overweldigend applaus; *torrential rains* stortregens
tor·rid /tɒrɪd, ᴬtɔ-, ᴬtɑ-/ [bnw; bw: ~ly] [1] zeer heet, tropisch, verzeng(en)d, uitdrogend, uitgedroogd, brandend ♦ *the torrid heat* de verzengende hitte; *the torrid zone* de tropen, de tropische zone/gordel [2] intens, gepassioneerd, onbeteugelbaar, hevig ♦ *a torrid desire* een vurig verlangen; *a torrid story of love and passion* een hartstochtelijk verhaal over liefde en passie
tor·rid·i·ty /təˈrɪdəti/ [telb + niet-telb zn] [1] extreme hitte, verzengende/tropische/brandende hitte [2] dorheid, droogte [3] heftigheid, hartstocht, vurigheid, gepassioneerdheid
torse /tɔːs, ᴬtɔrs/ [telb zn] [1] ⟨heral⟩ (hoofd)wrong, (helm)krans [2] tors, romp ⟨van mens of beeld⟩
tor·sel /tɔːsl, ᴬtɔrsl/ [telb zn] houten/stenen/ijzeren steun, stut ⟨van balk⟩
tor·sion /tɔːʃn, ᴬtɔrʃn/ [telb + niet-telb zn] [1] ⟨mechanica⟩ torsie, wringing, verdraaiing [2] ⟨wisk⟩ torsie, gewrongen/gedraaide vorm [3] ⟨med⟩ torsie, draaiing om de lengteas ⟨bijvoorbeeld van de testis⟩ [4] ⟨plantk⟩ spiraalvormige draaiing
tor·sion·al, tor·tion·al /tɔːʃnəl, ᴬtɔr-/ [bnw; bw: ~ly] m.b.t. torsie, gewrongen, door ineendraaiing wringing veroorzakend
torsion balance [telb zn] torsiebalans, wringbalans
torsion pendulum [telb zn] torsieslinger, roterende slinger
torsk /tɔːsk, ᴬtɔrsk/ [telb zn; mv: ook torsk] ⟨dierk⟩ lom ⟨een dorsvis; Brosmius brosme⟩
tor·so /tɔːsoʊ, ᴬtɔr-/ [telb zn; mv: ook torsoes; ook torsi /-saɪ/] torso, romp ⟨ook van beeld⟩, tors, mensenromp, ⟨form, fig⟩ onvoltooid/verminkt werkstuk
tort /tɔːt, ᴬtɔrt/ [telb zn] ⟨jur⟩ onrechtmatige daad, onrecht, (gerechtelijk vervolgbare) benadeling, ⟨België⟩ tort
tor·te /tɔːtə, ᴬtɔrtə/ [telb zn; mv: ook torten /-tən, ᴬ-tn/] taart(je) ⟨oorspronkelijk Duits, bestaand uit lagen, met chocolade⟩
tort-fea·sor /tɔːtfiːzə, ᴬtɔrtfiːzər/ [telb zn] ⟨jur⟩ overtreder, boosdoener, onrechtpleger, benadeler
tor·ti·col·lis /tɔːtɪkɒlɪs, ᴬtɔrtɪkɑlɪs/ [niet-telb zn] ⟨med⟩ torticollis ⟨scheve hals door nekkramp/halskramp⟩
tor·til·la /tɔːtiːjə, ᴬtɔr-/ [telb + niet-telb zn] ⟨cul⟩ tortilla ⟨Mexicaanse dunne platte (voornamelijk maïs)koek⟩
tor·tious /tɔːʃəs, ᴬtɔr-/ [bnw; bw: ~ly] ⟨jur⟩ onrechtmatig, onrechtvaardig, benadelend, overtredend, oneerlijk, on-

wettelijk
¹tor·toise /tɔːtəs, ᴬtɔrtəs/ [telb zn] [1] ⟨dierk⟩ landschildpad ⟨familie Testudinidae⟩ [2] ⟨vnl BE⟩ schildpad [3] traag iemand, slak [4] ⟨gesch⟩ schild(dak), testudo
²tor·toise /tɔːtəs, ᴬtɔrtəs/ [niet-telb zn] schildpad ⟨stof⟩
¹tor·toise-shell, ⟨in betekenis 1 ook⟩ **tortoiseshell cat,** ⟨in betekenis 2 ook⟩ **tortoiseshell butterfly** [telb zn] [1] lapjeskat, schildpadkat, gevlekte/driekleurige kat [2] ⟨dierk⟩ schoenlapper ⟨Nymphalidae⟩
²tor·toise-shell [niet-telb zn] schildpad ⟨als stof⟩
tor·trix /tɔːtrɪks, ᴬtɔr-/ [telb zn; mv: tortrices /-trɪsiːz/] ⟨dierk⟩ bladroller ⟨mot; familie Tortricidae⟩
¹tor·tu·os·i·ty /tɔːtʃʊɒsəti, ᴬtɔrtʃʊɑsəti/ [telb zn] [1] kronkeling, bocht, draai, slinger, kromming [2] bedrieglijke daad
²tor·tu·os·i·ty /tɔːtʃʊɒsəti, ᴬtɔrtʃʊɑsəti/ [niet-telb zn] [1] kronkeligheid [2] omslachtigheid, gecompliceerdheid, misleiding, bedrieglijkheid
tor·tu·ous /tɔːtʃʊəs, ᴬtɔr-/ [bn; bw: ~ly; zn: ~ness] [1] kronkelend, slingerend, bochtig, gebogen, tortueus, kronkelig ♦ *a tortuous road* een kronkelige weg [2] omslachtig, gecompliceerd, misleidend, bedrieglijk ♦ *a tortuous politician* een bedrieglijk politicus; *tortuous words* misleidende/slinkse woorden
¹tor·ture /tɔːtʃə, ᴬtɔrtʃər/ [telb + niet-telb zn] marteling, zware (lichamelijke/geestelijke) kwelling, pijniging, foltering ♦ *instrument of torture* martelwerktuig; *put s.o. to the torture* iemand op de pijnbank leggen, iemand de duimschroeven aandraaien/zetten; *the torture of uncertainty* de marteling/kwelling van de onzekerheid
²tor·ture /tɔːtʃə, ᴬtɔrtʃər/ [ov ww] [1] martelen, folteren, pijnigen ♦ *tortured by doubt/jealousy* gekweld door twijfels/jaloezie; *tortured style* verkrampte stijl [2] verdraaien, uit het verband rukken, (oneerlijk) veranderen ⟨bijvoorbeeld woorden⟩
torture chamber [telb zn] martelkamer, folterkamer
torture porn [niet-telb zn] martelporno
tor·tur·er /tɔːtʃərə, ᴬtɔrtʃərər/ [telb zn] [1] folteraar, beul, kweller, wreedaard [2] verdraaier ⟨bijvoorbeeld van woorden⟩
tor·tur·ous /tɔːtʃrəs, ᴬtɔr-/ [bnw; bw: ~ly] martelend, kwellend, pijnigend, folterend
to·rus /tɔːrəs/ [telb zn; mv: tori /-raɪ/] [1] ⟨bouwk⟩ torus, halfcirkelvormig profiel [2] ⟨wisk⟩ torus, ringoppervlak [3] ⟨plantk⟩ torus, bloembodem ⟨van bloem⟩, verdikking ⟨in middenlamel bij hofstippel van naaldbomen⟩ [4] ⟨med⟩ ronde zwelling, torus, bobbel, opzwelling, verhevenheid, verhoging
¹To·ry /tɔːri/ [telb zn] ⟨pol⟩ [1] ⟨BE; inf⟩ tory, conservatief, lid van de Engelse conservatieve partij [2] ⟨AE; gesch⟩ Britsgezinde (Amerikaan), loyalistisch kolonist ⟨tijdens Amerikaanse Vrijheidsoorlog⟩
²To·ry /tɔːri/ [bnw] van de Engelse conservatieve partij ♦ *a Tory government* een conservatieve regering; *Tory principles* conservatieve principes
To·ry·ism /tɔːriɪzm/ [niet-telb zn] ⟨pol⟩ conservatisme ⟨in Groot-Brittannië⟩, conservatieve politiek, conservatieve politieke stroming
tosh /tɒʃ, ᴬtɑʃ/ [niet-telb zn] ⟨inf⟩ onzin, nonsens, kletskoek, gezeur
¹toss /tɒs, ᴬtɔs/ [telb zn] [1] worp, werpafstand, ⟨sport⟩ opgooi, toss, kruis-of-muntworp ♦ *choose s.o. by/on the toss of a coin* het lot laten beslissen wie er wordt verkozen; *the toss before kick-off* het tossen voor de aftrap; *lose/win the toss* verliezen/winnen bij het tossen [2] ⟨vnl enkelvoud⟩ (benaming voor) beweging, hoofdbeweging, knik, schudbeweging, geschud, deining, slinger(ing), zwaai (door de lucht), val ♦ *a haughty toss of the head* een hooghartige hoofdbeweging, een trotse hoofdknik; *the toss of the sea* de deining van de zee; *take a toss* van het paard ge-

toss

slingerd worden, zandruiter worden, in het zand bijten; ⟨fig⟩ *the cabinet has taken a toss* het kabinet is gevallen ③ ⟨vnl enkelvoud⟩ kans van vijftig procent, kans van een op twee, (kwestie van) kruis of munt ♦ *it's a toss now whether he'll emigrate or not* de kansen zijn nu gelijk of hij wel of niet gaat emigreren ④ ⟨badm⟩ clear, lob ⚫ ⟨BE; inf⟩ argue the toss blijven zeuren/zeiken ⟨om definitieve beslissing toch aan te vechten⟩; ⟨BE; inf⟩ *I don't give a toss* het zal me worst wezen, het kan me niets/geen mallemoer schelen

²**toss** /tɒs, ᴬtɔs/ [onov ww] ① tossen, een munt opgooien, loten ♦ *we'll have to toss for it* we zullen erom moeten tossen, we zullen kruis of munt doen; *toss who is to queue* erom tossen wie in de rij moet gaan staan ② gegooid worden, (door de lucht) vliegen, opvliegen ③ vliegen, stuiven ♦ *he tossed out of the building* hij stoof het gebouw uit ⚫ zie: **toss off**; zie: **toss up**

³**toss** /tɒs, ᴬtɔs/ [onov + ov ww] ① slingeren, (doen) dobberen/woelen/draaien, (doen) schommelen ♦ *he was tossing about in his bed* hij lag in zijn bed te woelen/draaien; *the boat (was) tossed (about) over the waves* de boot slingerde heen en weer over de golven ② schudden, (doen) zwaaien, afwerpen ♦ *she tossed her head (back)* ze wierp haar hoofd in haar nek; *the horse tosses its rider* het paard werpt zijn berijder af ⚫ zie: **toss off**

⁴**toss** /tɒs, ᴬtɔs/ [ov ww] ① gooien, aangooien, opgooien, toegooien, in de lucht werpen ♦ *toss that dangerous thing aside/away* gooi dat gevaarlijke ding opzij/weg; *toss the ball to each other* elkaar de bal toewerpen; *be tossed and gored by a bull* omhoog gegooid en doorboord worden door een stier, op de hoorns genomen worden; *toss a coin to a musician* een muzikant een geldstuk toewerpen; *toss hay* hooi keren; *toss a pancake* een pannenkoek in de lucht keren; *tossed salad* gemengd slaatje (met slasaus) ② (grondig) overwegen, goed beschouwen, discussiëren over, van alle kanten bekijken ♦ *toss about/around a matter* een zaak goed doorpraten/overwegen ③ een munt opgooien met ♦ *I'll toss you for (who has) the clock* we loten om de klok ④ ⟨cul⟩ fatigeren, husselen, (met (sla)saus/boter ver)mengen, ((sla)saus/boter) mengen/werken door ⟨bijvoorbeeld sla⟩ ⑤ ⟨AE; sl⟩ fouilleren ⟨in het bijzonder op drugs⟩ ⚫ *toss down* achterover slaan, in één teug opdrinken, naar binnen gieten

toss·er /ˈtɒsə, ᴬtɔsər/ [telb zn] ① tosser, opgooier, opwerper, aangooier ② slingeraar, dobberaar, woeler, schommelaar ③ ⟨BE; sl⟩ idioot, zeikerd

¹**toss off** [onov + ov ww; wederkerend werkwoord] ⟨vulg⟩ zich aftrekken, trekken, rukken (masturberen) ♦ *toss off o.s.* vetten, zich afrukken

²**toss off** [ov ww] ① achteroverslaan (drank), achterover gooien, naar binnen gieten, in één teug opdrinken ② razendsnel produceren, uit zijn mouw schudden, tevoorschijn toveren, eruit gooien, moeiteloos verzinnen, afraffelen ♦ *toss off one's homework* zijn huiswerk snel maken; *toss off jokes* grappen uit zijn mouw schudden; *toss off limericks* achter elkaar limericks maken; *toss off a good speech* voor de vuist weg een goede toespraak houden ③ (van zich) afschudden, afwerpen, afgooien ♦ *toss off a rabid dog* een dolle hond van zich afschudden

toss-off [telb zn] ⟨inf⟩ vluggertje ♦ *his new novel is a toss-off* zijn nieuwe roman heeft hij vlug in elkaar geknutseld

toss·pot [telb zn] ⟨vero⟩ zuiplap, dronkenlap, pimpelaar, drankneus

toss up [onov ww] tossen, kruis of munt gooien, (munt) opgooien, loten door muntworp

toss-up [telb zn] ① ⟨vnl enkelvoud⟩ toss, opgooi ♦ *now the toss-up is being carried out* nu wordt er getost ② ⟨inf⟩ twijfelachtige zaak, onbesliste keuze/vraag, vraagteken, dubbeltje op zijn kant ♦ *it's a complete toss-up whether he'll pass his exam or not* het is een grote gok/nog maar zeer de vraag/volkomen onduidelijk of hij zal slagen voor zijn examen of niet

tot /tɒt, ᴬtɑt/ [telb zn] ① dreumes, peuter, klein kind, hummel ♦ *a tiny tot* een kleine hummel, een peutertje ② ⟨inf⟩ neutje, borreltje, scheutje, slokje, bekje ⟨van sterkedrank⟩ ♦ *a tot of whisky* een scheutje whisky ③ ⟨vnl BE; inf⟩ stuk vullis, vuilnisbakartikel, bot/lomp/vod van vuilnishoop ④ ⟨vnl BE; inf⟩ (optel)som, optelling

¹**to·tal** /ˈtoʊtl/ [telb zn] totaal, compleet aantal, volledige hoeveelheid, totaalbedrag, som ♦ *the total of human experience* het geheel van de/de gehele menselijke ervaring; *in total* alles bij elkaar, in totaal, opgeteld

²**to·tal** /ˈtoʊtl/ [bn; bw: ~ly] totaal, geheel, compleet, volledig, absoluut ♦ *total abstainer* geheelonthouder; *total abstinence* geheelonthouding; *total agreement* volledige overeenstemming; *in total amazement* in complete verbazing, stomverbaasd; *total amount* som, eindbedrag, totaal; *total blindness* volledige blindheid; *a total eclipse of the sun* een totale zonsverduistering; *the total extinction of a species* de volledige uitsterving van een soort; *in total ignorance* in absolute onwetendheid; *total loss* volledig/definitief verlies; ⟨verz⟩ total loss; *the total annual production* de totale jaarlijkse productie; ⟨psych⟩ *total recall* absoluut geheugen; *total reflection* totale weerkaatsing; *total silence* uiterste/absolute stilte; *sum total* totaalbedrag, eindbedrag; *total war* totale oorlog; *Total Quality Management, TQM* integrale kwaliteitszorg

³**to·tal** /ˈtoʊtl/ [onov ww] oplopen, in totaal zijn, bedragen ♦ *the dinner totalled to sixty dollars* het diner kwam in totaal op zestig dollar; *these percentages total up to ninety percent of the population* deze percentages komen bij elkaar op negentig percent van de bevolking

⁴**to·tal** /ˈtoʊtl/ [ov ww] ① bedragen, tot een bedrag komen van, belopen, oplopen tot ② het totaal vaststellen van, (bij elkaar) optellen ♦ *total up expenditures* de uitgaven optellen ③ ⟨vnl AE; inf⟩ total loss rijden, volledig in de vernieling/soep/kreukels/puin rijden

to·tal·i·tar·i·an /ˌtoʊtælɪˈtɛəriən, ᴬ-ˈtɛr-/ [bn] ⟨pol⟩ totalitair ♦ *a totalitarian government/state* een totalitaire regering/staat

to·tal·i·tar·i·an·ism /ˌtoʊtælɪˈtɛəriənɪzm, ᴬ-ˈtɛr-/ [niet-telb zn] ⟨pol⟩ totalitarisme, totalitair(e) systeem/regime

¹**to·tal·i·ty** /toʊˈtæləti/ [telb zn] (periode van) totale zonsverduistering

²**to·tal·i·ty** /toʊˈtæləti/ [telb + niet-telb zn] ① totaal, geheel, som, eindbedrag ② totaliteit, volledigheid, compleetheid

to·tal·i·za·tion, to·tal·i·sa·tion /ˌtoʊtlaɪˈzeɪʃn, ᴬˌtoʊtləˈzeɪʃn/ [telb + niet-telb zn] totalisatie, het totaliseren/bijeenvoegen, optelling

to·tal·i·za·tor, to·tal·i·sa·tor /ˈtoʊtlaɪzeɪtə, ᴬˈtoʊtləzeɪtər/ [telb zn] ① totalisator ⟨voornamelijk sport⟩, registratiemachine ⟨die totaal en verdeling van inzet bij wedrennen aangeeft⟩ ② totalisatorsysteem

to·tal·ize, to·tal·ise /ˈtoʊtlaɪz/ [ov ww] totaliseren, het totaal opmaken van, optellen, bijeenvoegen

to·tal·iz·er, to·tal·is·er /ˈtoʊtlaɪzə, ᴬˈtoʊtlaɪzər/ [telb zn] ① totalisator, registratiemachine ⟨bij wedrennen⟩ ② optelmachine

¹**tote** /toʊt/ [telb zn] ⟨inf⟩ ① ⟨vnl sport⟩ (verk: totalizator) toto, totalisator, wed(ren)machine, wedsysteem ② ⟨AE⟩ vracht, lading ③ → **tote bag**

²**tote** /toʊt/ [ov ww] ⟨inf⟩ (bij zich) dragen ⟨bijvoorbeeld geweer⟩, meevoeren, vervoeren, meeslepen, sjouwen, transporteren ♦ *tote a heavy load* een zware vracht meesjouwen

tote bag [telb zn] (grote) draagtas, boodschappentas

tote box [telb zn] ⟨AE⟩ kleine container/laadkist

¹**to·tem** /ˈtoʊtəm/ [telb zn] totem, (afbeelding van) mythisch beschermsymbool, (indiaans) familieteken/stam-

embleem

²**to·tem** /toʊtəm/ [verzameln] **totemgroep,** totemclan

to·tem·ic /toʊtɛmɪk/, **to·tem·is·tic** /toʊtəmɪstɪk/ [bn] ① **totemistisch** ② m.b.t. een totem, totemachtig ♦ *totemic animal* totemdier

to·tem·ism /toʊtəmɪzm/ [niet-telb zn] **totemisme**

to·tem·ist /toʊtəmɪst/, **to·tem·ite** /-maɪt/ [telb zn] totemist

to·tem·pole [telb zn] ① **totempaal** ② ⟨inf⟩ **hiërarchie** ♦ *high up on the social totempole* hoog op de maatschappelijke ladder

tote road [telb zn] ⟨vnl AE⟩ **(tijdelijk(e)) aanvoerweg/aanvoerpad** ⟨bijvoorbeeld in bos⟩, hulppad, noodpad

¹**toth·er, t'oth·er** /tʌðə, ʌ-ər/ [onbep vnw] ⟨vnl gew⟩ **de/het andere** ♦ *tother will be better* het andere zal beter zijn; ⟨scherts⟩ *you can't tell one from tother/tother from which* je kunt ze niet uit elkaar houden

²**toth·er, t'oth·er** /tʌðə, ʌ-ər/ [onbep det] ⟨vnl gew⟩ **de/het andere** ♦ *tother day* gisteren; *tother night* vorige nacht; *tother one is faster* de andere is sneller

¹**tot·ter** /tɒtə, ʌtɒtər/ [telb zn] **gewankel,** onzekere loopwijze, wankelende gang, onvaste stap, het wiebelen

²**tot·ter** /tɒtə, ʌtɒtər/ [onov ww] ① **wankelen** ⟨ook figuurlijk⟩, heen en weer zwenken, zwaaiend lopen, onzeker lopen ♦ *the child tottered while taking its first steps* het kind waggelde toen het zijn eerste pasjes deed; *the drunkard tottered in the streets* de dronkaard waggelde op straat; *the dictator's regime tottered at last* het regime van de dictator wankelde ten slotte; *she tottered towards suicide* ze verkeerde op de rand van de zelfmoord ② **wankelend overeind komen** ♦ *totter to one's feet* wankelend/wiebelend opstaan

tot·ter·er /tɒtərə, ʌtɒtərər/ [telb zn] **wiebelaar,** iemand die wankelt/waggelt, heen en weerzwaaiend persoon

tot·ter·y /tɒtri, ʌtɒtəri/ [bn] **wankel(end),** zwenkend, heen en weerzwaaiend, wiebelend, waggelend, overhellend ♦ *a tottery basis* een wankele basis; *a drunkard's tottery gait* de waggelende loop van een dronkaard

tot·ty, tot·tie /tɒti, ʌtɒti/ [niet-telb zn] ⟨BE sl⟩ **sexy/geile meiden,** lekker wijven

¹**tot up** [onov ww] **oplopen,** bedragen, bij elkaar komen, tot een bedrag komen, opgeteld worden ♦ *all these costs tot up to a considerable amount* al deze kosten lopen bij elkaar op tot een aanzienlijk bedrag

²**tot up** [ov ww] **optellen,** bij elkaar rekenen ♦ *tot up a whole list of articles* een hele lijst artikelen bij elkaar optellen

tot-up [telb zn] ⟨vnl BE⟩ **(optel)som,** optelling

tou·can /tuːkən, ʌ-kæn/ [telb zn] ⟨dierk⟩ **toekan** ⟨tropische Amerikaanse vogel; familie Ramphastidae⟩

¹**touch** /tʌtʃ/ [telb zn] ① **aanraking,** betasting, tik(je), contact, ⟨fig⟩ spoor, stempel ⟨van aanraking⟩ ♦ *it will break at a touch* het breekt zodra men het aanraakt; *I felt a touch on my shoulder* ik voelde een tikje op mijn schouder; *a touch of the sun* een lichte zonnesteek; ⟨fig⟩ een klap van de molen; *soft to the touch* zacht bij het aanraken ② **gevoel bij aanraking** ♦ *the silky touch of her skin/hair* het zijdeachtig gevoel van haar huid/haar ③ **vleugje,** tikje, snufje, ietsje, lichte aanval ⟨van ziekte⟩ ♦ *he felt a touch annoyed* hij voelde zich iets/enigszins verveeld; *a touch of salt* een snufje zout; *a touch of the flu* een lichte griepaanval; *a touch of colour/frost* een vleugje kleur/vorst; *a touch of irony/sarcasm* een tikje ironie/sarcasme; *have a touch of the tarbrush* enig neger/indianenbloed hebben ④ **toets,** (penseel)streek, trek(je), hand, stijl, manier ♦ *give/put the final/finishing touch(es) to sth.* de laatste hand leggen aan iets; *lose one's touch* achteruitgaan, het verleren; *the touch of a master* meesterhand; *touch of nature* natuurlijke trek; ⟨oneig, volks⟩ gevoelsuiting waarmee iedereen meevoelt; *have the Nelson touch* een situatie op de manier/met het talent van Nelson in handen nemen; *there is an Oriental touch about the place* de plaats heeft iets oosters/een oosterse sfeer ⑤ **aanslag**

⟨o.m. muziek⟩, toucher ♦ *light touch* lichte aanslag ⟨ook bijvoorbeeld van schrijfmachine⟩ ⑥ ⟨sl⟩ **lener** ⑦ ⟨sl⟩ **het lenen** ⟨van geld⟩ ⑧ ⟨sl⟩ **omkoopgeld**

²**touch** /tʌtʃ/ [niet-telb zn] ① **tastzin,** gevoel, ⟨sport⟩ gevoel voor de bal, techniek ② **voeling,** contact ♦ *be/keep in touch with* contact/voeling hebben/onderhouden met; *be out of touch with* geen contact/voeling (meer) hebben met; *be out of touch with the world/reality* de werkelijkheid niet (meer) onder ogen zien, in een droomwereld verkeren; *lose touch with* uit het oog verliezen; *within touch of* binnen bereik van ③ **tikkertje,** krijgertje ♦ *play at touch* krijgertje/tikkertje spelen ④ ⟨sport⟩ **(deel van het veld) buiten de zijlijn(en)** ⟨voornamelijk in voetbal, rugby⟩ ♦ *the ball is in touch* de bal is buiten de zijlijn; *kick the ball into touch* de bal over de zijlijn trappen ⑤ ⟨the⟩ ⟨vero⟩ **toetsing** ⟨goud⟩, ⟨fig⟩ proef ♦ *put to the touch* op de proef stellen; *stand the touch* de proef doorstaan ▪ *kick into touch* uitschakelen; *out of touch* verkalkt, vastgeroest, ingeslapen

³**touch** /tʌtʃ/ [onov ww] ① **raken,** elkaar raken, tegen elkaar komen, aan elkaar grenzen ♦ *they stood so close that their faces touched* ze stonden zo dicht bij elkaar dat hun gezichten elkaar raakten ② **aanlanden** ▪ *touch at* aandoen, aanlanden te, onderweg bezoeken ⟨voornamelijk van schip⟩; zie: **touch down**; *touch (up)on* aanroeren, aanstippen, terloops behandelen, oppervlakkig bespreken; → **touched**, **touching**

⁴**touch** /tʌtʃ/ [ov ww] ① **raken** ⟨ook figuurlijk⟩, aanraken, beroeren, betasten, ⟨muz⟩ aanslaan, bespelen ♦ *I dare not touch liquor* ik durf geen sterkedrank aan te raken/te gebruiken; *you haven't touched your plate/meal* je hebt nog geen hap gegeten; *touch a topic* een onderwerp aanroeren ② **een tikje geven,** aantasten, licht beschadigen, ⟨fig⟩ aanvatten, aankunnen ♦ *touch the bell* de bel een tikje geven, aanbellen; *he touched his cap* hij gaf een tikje aan zijn pet/tikte zijn pet aan; *blossom touched by the frost* door de vorst aangetaste bloesem; *nothing will touch those stains* niets kan deze vlekken wegkrijgen; *he could not touch the task* hij kon de opgave niet aan; *this weedkiller will not touch the grass* deze onkruidverdelger kan geen kwaad voor het gras; *generosity touched with self-interest* vrijgevigheid met een baatzuchtig tintje ③ **doen raken,** tegen elkaar tikken ④ **raken,** treffen, ontroeren ♦ *I am touched by his frankness* zijn openhartigheid raakt mij/maakt indruk op me; *a touching scene* een roerend tafereel; *he has touched my self-esteem* hij heeft me in mijn eigenwaarde geraakt; *touched with pity* door medelijden bewogen ⑤ **treffen,** betreffen, iets te doen/maken hebben met ♦ *the matter touches him closely* de zaak is van groot belang voor hem; *the course does not touch contemporary literature* de cursus behandelt de hedendaagse literatuur niet; *the matter touches my future* de zaak betreft mijn toekomst; *he does not want to touch politics* hij wil zich niet met politiek inlaten ⑥ **benaderen,** bereiken, halen, ⟨fig⟩ tippen aan, het halen bij, evenaren ♦ *touch s.o. for a fiver* iemand vijf pond aftroggelen; *no one can touch him in accuracy* niemand kan aan zijn nauwgezetheid tippen; *touch a port* een haven aandoen; *the plane almost touched the sound barrier* het vliegtuig haalde/bereikte bijna de geluidsbarrière; *nothing can touch his talent* niets kan zijn talent evenaren; *the thermometer touched 50°* de thermometer liep tot 50° op ⑦ **toetsen,** merken ⟨metaal⟩, aanzetten, aanstippen, een toets geven ⟨schilderij⟩ ♦ *touch in* toetsen aanbrengen, bijtekenen, bijschilderen; *touch up* retoucheren, bijwerken, bijschaven, een tikje/werk geven, ⟨fig⟩ opfrissen (geheugen) ▪ *touch down;* zie: **touch off**; ⟨BE; inf⟩ *touch up* vluchtig aaien ⟨in het bijzonder borst⟩, betasten, lastigvallen, ⟨België⟩ bepotelen; oprijven, opgeilen; ⟨sprw⟩ *he that touched pitch shall be defiled* ± wie met pek omgaat wordt ermee besmet, ± met honden in zijn bed gegaan, is met vlooien opgestaan; → **touched**, **touching**

touchable

touch·a·ble /tʌtʃəbl/ [bn; zn: ~ness] ⓘ raakbaar, voor (aan)raking vatbaar, gemakkelijk te raken/treffen/benaderen ② tastbaar, concreet
¹**touch and go** [telb zn] ⟨luchtv⟩ doorstartlanding
²**touch and go** [niet-telb zn] ⓘ een precaire situatie, een dubbeltje op zijn kant ② ongeregeldheid, veranderlijkheid ♦ *the touch and go of casual conversation* het voortdurend van onderwerp veranderen in een gesprek over koetjes en kalfjes
touch-and-go [bn] ⓘ precair, onzeker ♦ *it's a touch-and-go state of affairs* het is een dubbeltje op zijn kant; *it was touch-and-go with the victims* het was kantje boord/een dubbeltje op zijn kant voor de slachtoffers ② ⟨luchtv⟩ doorstart- ♦ *touch-and-go landing* doorstartlanding
touch·back [telb zn] ⟨American football⟩ spelhervatting
touch control [niet-telb zn] drukknopbediening
touch dancing [niet-telb zn] ⟨sl⟩ stijldansen ⟨waarbij de partners elkaar vasthouden⟩
touch·down [telb zn] ⓘ landing ⟨van vliegtuig/ruimtevaartuig⟩ ② ⟨American football, rugby⟩ touchdown ⟨zie touch down⟩
¹**touch down** [onov ww] landen, aan de grond komen, aan wal gaan ♦ *the assault division touched down on the beach* de stoottroepen landden op het strand; *the plane touched down and bounced back up* het vliegtuig raakte de grond en veerde/stuitte weer omhoog
²**touch down** [ov ww] ⓘ ⟨American football⟩ aan de grond brengen achter de doellijn ⟨bal; score van 6 punten⟩ ② ⟨rugby⟩ neerdrukken in eigen doelgebied ⟨bal; door verdediger⟩
tou·ché /tu:ʃeɪ, ᴬtu:ʃeɪ/ [tw] touché, raak!, juist!, goed gezegd!
touched /tʌtʃt/ [bn, pred; volt deelw van touch] ⓘ ontroerd, geroerd, geraakt ② getikt, geschift, maf, lijp, gek
touch·er /tʌtʃə, ᴬ-ər/ [telb zn] ⓘ aanraker ② ⟨bowls⟩ treffer ③ ⟨bowls⟩ toucher ⟨bowl die de jack raakt en met krijt gemerkt wordt⟩
touch football [niet-telb zn] American football waar tegenspeler aangeraakt wordt, niet omvergegooid
touch-hole [telb zn] zundgat
touch·ing /tʌtʃɪŋ/ [bn; tegenwoordig deelw van touch; bw: ~ly; zn: ~ness] (ont)roerend, aandoenlijk
touch judge [telb zn] ⟨sport⟩ grensrechter
touch·line [telb zn] ⟨sport⟩ zijlijn
touch-me-not [telb + niet-telb zn] ⓘ ⟨plantk⟩ springzaad ⟨genus Impatiens⟩, (i.h.b.) kruidje-roer-mij-niet, groot springzaad ⟨*I. noli-tangere*⟩ ② ⟨zelden⟩ ⟨med⟩ lupus, wolf
touch needle [telb zn] toetsnaald, proefnaald
touch off [ov ww] ⓘ afvuren, doen ontploffen, tot ontploffing brengen ♦ *touch off a charge of dynamite* een lading dynamiet doen ontploffen ② de stoot geven tot, in beweging brengen, aanleiding geven tot ♦ *the intervention of the police touched off three days of riots* de tussenkomst van de politie gaf aanleiding tot drie dagen rellen
touch-pad [telb zn] ⟨zwemsp⟩ aftikplaat ⟨in bassinwand⟩
touch·pan [telb zn] pan, kruitpan, vuurpan
touch-paper [niet-telb zn] salpeterpapier, lont
touch player [telb zn] ⟨sport, in het bijzonder tennis⟩ technische speler
touch·screen [telb zn] ⟨comp⟩ aanraakscherm
touch·stone [telb zn] toetssteen ⟨ook figuurlijk⟩, criterium, norm, maatstaf
touch-tone [bn, attr] druktoets-, drukknop- ♦ *touch-tone phone* toetstelefoon
touch-type [onov ww] blind typen/tikken
touch-up [telb zn] ⓘ verbetering, opknapbeurt, opknappertje, retouche, restauratie ② tik(je), ⟨fig⟩ wenk, opfrissing ⟨van geheugen⟩
touch·wood [niet-telb zn] vermolmd hout

touch·y /tʌtʃi/ [bn; vergr trap: touchier; bw: touchily; zn: touchiness] ⓘ overgevoelig, prikkelbaar, snel geraakt ② netelig, lastig, delicaat, precair, hachelijk
touch·y-feel·y [bn] ⟨inf⟩ ⓘ knuffelig, aanhalig, klef ② soft ⟨van onderwerp⟩, klef
¹**tough** /tʌf/ [telb zn] ⟨inf⟩ woesteling, gangster, crimineel, zware jongen, misdadiger, bandiet, rabauw
²**tough** /tʌf/ [bn; vergr trap: tougher; zn: ~ness] ⓘ taai ⟨ook figuurlijk⟩, stoer, ruig, gehard, sterk ♦ *as tough as old boots* vreselijk taai; keihard ⟨ook figuurlijk⟩ ② moeilijk, lastig ♦ *he's a tough customer* hij is geen gemakkelijke; *a tough job* een lastig karwei; *a tough nut* een lastig figuur/portret; *a tough nut to crack* een harde noot (om te kraken), een moeilijk probleem; een stug persoon ③ onbuigzaam, onverzettelijk, hard ♦ ⟨sl⟩ *he/she is a tough cookie* hij/zij is een taaie (rakker); hij/zij is geen doetje; *a tough guy* een keiharde; *get tough with* hard optreden tegen ④ ruw, agressief, gemeen, gewelddadig, misdadig, crimineel ⑤ ⟨inf⟩ tegenvallend, ongelukkig ♦ *tough (luck)!* (da's) pech!, jammer!; *it's tough on him* het is een erge tegenvaller/erg jammer voor hem; *it's your tough luck* het is je eigen stomme schuld ⑥ ⟨sl⟩ fantastisch, super, te gek, prima ⑦ *tough as nails* spijkerhard; *a tough row to hoe* een moeilijke taak/zwaar karwei; ⟨sl⟩ *tough shit/tit* lik mijn reet; zo gaat het nu eenmaal
³**tough** /tʌf/ [bw] hard, onbuigzaam, onverzettelijk ♦ *play tough* het hard spelen; *talk tough* zich keihard opstellen ⟨bij onderhandelen⟩ ⑦ ⟨AE; inf⟩ *hang tough* zich hard opstellen, z'n poot stijf houden, het niet opgeven
¹**tough·en** /tʌfn/ [onov ww] taai/hard/onbuigzaam worden ♦ *by training he had toughened up* door te trainen was hij harder/sterker geworden
²**tough·en** /tʌfn/ [ov ww] taai/hard/onbuigzaam doen worden ♦ *a good diet toughened him up* een goed dieet maakte hem harder/sterker
tough·ie, tough·y /tʌfi/ [telb zn] ⓘ rouwdouw ② lastig probleem, harde noot
tough·ish /tʌfɪʃ/ [bn] ⟨inf⟩ (iet)wat taai
tough-mind·ed [bn; bw: tough-mindedly; zn: tough-mindedness] realistisch, onsentimenteel, nuchter, praktisch
tough out [ov ww] ⟨inf⟩ weerstaan, het hoofd bieden ♦ *tough out the controversy* niet toegeven/van geen wijken willen weten in de controverse; *tough it out* volhouden, volharden, doorbijten
tou·pee /tu:peɪ, ᴬtu:peɪ/ [telb zn] haarstukje, toupet, pruik
¹**tour** /tʊə, ᴬtʊr/ [telb zn] ⓘ reis, rondreis, tochtje, trip, toer, uitstapje ♦ *a tour round Italy* een rondreis door Italië ② (kort) bezoek, bezichtiging ♦ *a tour of our overseas branches* een bezoek aan onze buitenlandse afdelingen; *a guided tour round the castle* een rondleiding door het kasteel ③ tournee ♦ *on tour* op tournee ④ verblijf, standplaats, detachering ♦ *tour of duty* detachering; *he did a tour of six months lecturing abroad* hij heeft een halfjaar in het buitenland gedoceerd; *the ambassador did a four-year tour in Washington* de ambassadeur heeft vier jaar Washington als standplaats gehad; hij is vier jaar in Washington gestationeerd geweest ⑤ ⟨sl⟩ werkdag
²**tour** /tʊə, ᴬtʊr/ [onov ww] reizen, rondreizen, een tochtje/trip/toer/uitstapje maken ♦ *tour round Italy* een rondreis door Italië maken
³**tour** /tʊə, ᴬtʊr/ [ov ww] ⓘ bereizen ② op tournee gaan/door/in
tou·ra·co, tu·ra·co, tu·ra·cou, tu·ra·ko /tʊərəkoʊ, ᴬtʊr-/ [telb zn] ⟨dierk⟩ toerako ⟨*Musophagidae*⟩
tour·bil·lion /tʊəbɪljən, ᴬtʊr-/, **tour·bil·lon** /tʊəbɪljən, ᴬtʊr-/ [telb zn] (ronddraaiende) vuurpijl
tour de force [telb zn; mv: tours de force /tʊədə-, ᴬtʊrdə-/] krachttoer

touring car, tour·er /tʊərə, ᴬtʊrər/ [telb zn] touringcar, reisauto, reiswagen, toerauto, toerwagen
touring party [telb zn] reisgezelschap
tour·ism /tʊərɪzm, ᴬtʊr-/ [niet-telb zn] toerisme
tour·ist /tʊərɪst, ᴬtʊr-/ [telb zn] ① toerist ② ⟨sl⟩ (gemakkelijk) slachtoffer ③ ⟨sl⟩ luie werker ◘ *the tourists* de gasten, het bezoekende team ⟨bijvoorbeeld Australisch cricketteam op tournee in Groot-Brittannië⟩
touristas [niet-telb zn] → turistas
tourist class [niet-telb zn] toeristenklasse
tour·is·tic /tʊərɪstɪk, ᴬtʊrɪ-/ [bn; bw: ~ally] toeristisch
tourist office, tourism office [telb zn] VVV-kantoor
tourist official [telb zn] VVV-beambte
tourist traffic [niet-telb zn] vreemdelingenverkeer
tourist trap [telb zn] gelegenheid waar toeristen worden afgezet ♦ *that restaurant is a tourist trap* in dat restaurant word je als toerist afgezet
tour·ist·y /tʊərɪsti, ᴬtʊr-/ [bn] ⟨inf; vnl pej⟩ toeristisch, overspoeld door toeristen, te veel op toeristen afgestemd
tour·ma·line /tʊəməlɪn, ᴬtʊr-/ [telb + niet-telb zn] toermalijn ⟨mineraal⟩
tour·na·ment /tʊənəmənt, tɔː-, ᴬtɜr-, ᴬtʊr-/ [telb zn] ① toernooi ② ⟨gesch⟩ steekspel, toernooi
tour·ne·dos /tʊənədoʊ, ᴬtʊrnədoʊ/ [telb + niet-telb zn; mv: tournedos] tournedos
tour·ney /tʊəni, ᴬtɜr-/ [telb zn] ① ⟨gesch⟩ steekspel, toernooi ② toernooi
tour·ni·quet /tʊənɪkeɪ, ᴬtɜrnɪkɪt/ [telb zn] ⟨med⟩ tourniquet
tour operator [telb zn] reisorganisator, touroperator
tou·sle, tou·zle, tow·sle /taʊzl/ [ov ww] in de war maken ⟨haar⟩, verfomfaaien
¹**tout** /taʊt/, **tout·er** /taʊtə, ᴬtaʊtər/ [telb zn] ① klantenlokker ② scharrelaar, sjacheraar, handelaar ⟨vooral in zwarte kaartjes en informatie over renpaarden⟩ ③ tipgever ⟨in het bijzonder in Noord-Ierland⟩, verklikker, aanbrenger, verrader
²**tout** /taʊt/ [onov ww] ① klanten lokken, werven ♦ *touting for orders* orders zien binnen te halen; *touting for nightclubs* klanten lokken voor nachtclubs ② sjacheren, handelen ⟨in informatie over renpaarden⟩
³**tout** /taʊt/ [ov ww] ① werven ② verhandelen, sjacheren ⟨in informatie over renpaarden⟩ ③ op de zwarte markt verkopen ⟨kaartjes⟩ ④ (aan)prijzen, omhoogschrijven ◘ zie: **tout about**; zie: **tout around**
tout about, tout around [ov ww] ① (heimelijk) aanbieden/verhandelen, op de zwarte markt verkopen ② (heimelijk) voorstellen ♦ *tout about unsavoury ideas* onverkwikkelijke ideeën opperen/rondstrooien
tout en·sem·ble /tuːt ɑ̃sɑːmbl/ [telb zn] ensemble, geheel
touter [telb zn] → tout¹
¹**tow** /toʊ/ [telb zn] ① sleep ② sleper
²**tow** /toʊ/ [niet-telb zn] ① het (mee)slepen ♦ *have/take a car in tow* een auto (gaan) slepen; *have/take s.o. in tow* iemand op sleeptouw hebben/nemen; *she had her children in tow* ze had haar kinderen bij zich; *on tow* sleep ⟨opschrift⟩ ② werk ⟨vlas- of hennepdraden⟩
³**tow** /toʊ/ [ov ww] slepen, op sleeptouw nemen, (weg)trekken ♦ *my car had to be towed* mijn auto moest gesleept worden
¹**tow·age** /toʊɪdʒ/ [telb zn] sleeploon
²**tow·age** /toʊɪdʒ/ [niet-telb zn] het slepen
¹**to·ward** /toʊəd, ᴬ-ərd/, **to·ward·ly** /-li/ [bn; bw: ~ly; zn: ~(li)ness] ⟨vero⟩ ① gewillig, gedwee, meegaand ② veelbelovend, gunstig ③ aanstaande, ophanden, op til ④ bezig, gaande
²**to·ward** /təwɔːd, ᴬtɔrd/, **to·wards** /təwɔːdz, ᴬtɔrdz/ [vz] ① ⟨ook fig⟩ (doel of richting) naar, naar ... toe, tot, voor ♦ *drawn toward Bill* tot Bill aangetrokken; *his efforts contributed mightily toward defeating the Republicans* zijn inspanningen droegen er veel toe bij de republikeinen te verslaan; *she lives out toward the convent* ze woont op de weg naar het klooster; *he worked towards a degree* hij werkte om een diploma te behalen; *a collection toward food for Poland* een geldinzameling om voedsel voor Polen te bekostigen; *aim toward a goal* streven naar een doel; *he did all he could toward helping her* hij deed alles wat hij kon om haar te helpen; *he pointed the knife toward the girl* hij richtte het mes op het meisje; *she turned toward Mary* ze keerde zich naar Mary toe; *money toward a new suit* geld voor een nieuw pak; *we're saving toward buying a house* we sparen met het oog op de aankoop van een huis; *heading toward self-extinction* op weg naar zelfvernietiging; *he walked toward the signpost* hij ging op de wegwijzer af; *a tendency toward suspicion* een neiging tot wantrouwen; *her window faced toward the sea* haar venster keek uit op de zee ② ⟨relatie⟩ ten opzichte van, met betrekking tot, betreffende, aangaande, jegens ♦ *her attitude toward the problem* haar houding ten opzichte van het probleem; *she's very sensitive toward cigarsmoke* ze is gevoelig voor sigarenrook; *insolence toward her teachers* onbeschaamdheid t.o.v. haar leerkrachten; *this is nothing toward the records she made before* dit is niets vergeleken bij de records die ze vroeger heeft behaald ③ ⟨tijd⟩ voor, vlak voor, naar ... toe ♦ *toward six o'clock* tegen zessen ④ ⟨voornamelijk towards⟩ nagenoeg, bijna, ongeveer, bij benadering ♦ *toward six thousand people* bijna zesduizend toeschouwers
tow·a·way [telb + niet-telb zn] ⟨AE⟩ wegsleping, het wegslepen ⟨van fout geparkeerde auto's⟩
towaway zone [telb zn] ⟨AE⟩ wegsleepzone
tow·bar [telb zn] ① trekhaak ② ⟨skisp⟩ sleepbeugel ⟨van skilift⟩, anker
tow·boat [telb zn] sleepboot
tow·col·oured [bn] vlasblond, vlaskleurig
¹**tow·el** /taʊəl/ [telb zn] handdoek ♦ ⟨bokssp⟩ *throw in the towel* de handdoek in de ring gooien; ⟨fig⟩ zich gewonnen geven, het opgeven
²**tow·el** /taʊəl/ [ov ww] ① ⟨meestal towel down⟩ (zich) afdrogen, afwrijven ② ⟨sl⟩ afranselen, een pak slaag geven; → towelling
towel horse, towel rack, towel rail [telb zn] handdoekrekje
¹**tow·el·ling**, ⟨AE⟩ **tow·el·ing** /taʊəlɪŋ/ [telb zn; (oorspronkelijk) gerund van towel] ⟨BE; sl⟩ afranseling, aframmeling, pak slaag
²**tow·el·ling**, ⟨AE⟩ **tow·el·ing** /taʊəlɪŋ/ [niet-telb zn; (oorspronkelijk) gerund van towel] ① badstof, handdoekenstof ② afdroging, het droogwrijven
¹**tow·er** /taʊə, ᴬ-ər/ [telb zn] ① toren ♦ *tower of Babel* toren van Babel; *tower of silence* dachma, toren der stilte; *the Tower (of London)* de Tower (van Londen) ② torengebouw, torenflat, kantoorflat ③ torenvesting ◘ *tower of strength* toeverlaat, toevlucht, reddende engel, rots in de branding
²**tow·er** /taʊə, ᴬ-ər/ [onov ww] ① uittorenen, (hoog) uitsteken, oprijzen, uitrijzen, (zich) hoog verheffen ♦ *tower above/over* uitsteken boven ② bidden ⟨van vogel⟩ ③ loodrecht opvliegen ⟨van gewonde vogel⟩; → towering
tower block [telb zn] ⟨BE⟩ torengebouw, torenflat, kantoorflat
tower crane [telb zn] torenkraan
tow·ered /taʊəd, ᴬ-ərd/ [bn] getorend, met torens
tow·er·ing /taʊərɪŋ/ [bn, attr; tegenwoordig deelw van tower] ① torenhoog, verheven, hoog oprijzend ② enorm, hevig ♦ *he's in a towering rage* hij is razend
tower waggon, ⟨AE⟩ **tower wagon** [telb zn] hoogwerker
tow·er·y /taʊəri/ [bn; vergr trap: ook towerier] ① getorend, met torens ② torenhoog, verheven, hoog oprijzend
tow·head [telb zn] vlaskop

towheaded

tow·head·ed [bn] vlasblond, vlasharig
towing line, tow·line, towing rope, tow·rope [telb zn] ⟨1⟩ sleeptouw, sleepkabel, jaaglijn ⟨2⟩ ⟨waterskiën⟩ skilijn
towing net, tow·net [telb zn] sleepnet
towing path, tow·path [telb zn] jaagpad
towing zone [telb zn] wegsleepzone
town /taʊn/ [telb + niet-telb zn] ⟨1⟩ stad ♦ *the best restaurant in town* het beste restaurant in de stad; *he is out of town* hij is de stad uit ⟨2⟩ ⟨AE⟩ gemeente ⟨3⟩ ⟨SchE⟩ boerderij met bijgebouwen · ⟨AE; sl⟩ *blow town* met de noorderzon vertrekken, een stad ontvluchten; *go to town* zich inzetten, zich uitsloven; ⟨inf⟩ uitspatten, zich uitleven; ⟨sl⟩ succes hebben; *he has really gone to town on redecorating his room* hij is flink te keer gegaan bij het opnieuw inrichten van zijn kamer; *town and gown* burgerij en studenten, niet-leden en leden van de universiteit ⟨in het bijzonder Oxbridge⟩; ⟨sl⟩ *be on the town* een sociale uitkering krijgen; *be (out) on the town* (aan het) stappen, (een avondje) uit/aan de boemel zijn; ⟨AE⟩ *paint the town (red)* de bloemetjes buiten zetten, aan de boemel gaan/zijn; *he went up to town from Nottingham* hij is vanuit Nottingham naar Londen gegaan; ⟨sprw⟩ *God made the country and man made the town* ± God maakte het land en de mens de stad
town clerk [telb zn] gemeentesecretaris
town council [telb zn] ⟨BE⟩ gemeenteraad
town councillor [telb zn] ⟨BE⟩ (gemeente)raadslid
town crier [telb zn] (stads)omroeper
town·ee, ⟨AE⟩ **town·ie, town·y** /taʊni:, ˄taʊni/ [telb zn; mv: townies] ⟨1⟩ ⟨sl, stud⟩ ploert ⟨2⟩ ⟨pej⟩ stadsmeneer, stedeling, stadsbewoner
town gas [niet-telb zn] stadsgas, lichtgas
town hall [telb zn] stadhuis, raadhuis
town house [telb zn] ⟨1⟩ huis in de stad, herenhuis ⟨2⟩ huis in stadswijk ⟨3⟩ rijtjeshuis ⟨4⟩ ⟨BE⟩ stadhuis, raadhuis
town·ie [telb zn] ⟨inf⟩ stadsmens
town·ish /taʊnɪʃ/ [bn] steeds
town·let /taʊnlɪt/ [telb zn] stadje, vlek
town major [telb zn] ⟨gesch⟩ bevelhebber ⟨van garnizoensstad of vesting⟩, plaatselijke commandant
town mayor [telb zn] ⟨BE⟩ burgemeester
town meeting [telb zn] ⟨AE⟩ gemeentevergadering ⟨waaraan alle kiesgerechtigde ingezetenen kunnen deelnemen⟩
town plan [telb zn] ⟨1⟩ (stads)plattegrond, stadsplan ⟨2⟩ stadsontwikkelingsplan
town planning [telb zn] ⟨AE⟩ stadsplanning
town refuse [niet-telb zn] stadsvuil, huisafval, huisvuil
town·scape /taʊnskeɪp/ [telb zn] stadsgezicht
towns·folk /taʊnzfəʊk/ [verzamelnw] ⟨1⟩ stedelingen, ingezetenen ⟨2⟩ stadsbewoners
town·ship /taʊnʃɪp/ [telb zn] ⟨1⟩ ⟨AE⟩ gemeente ⟨2⟩ ⟨AuE⟩ stadje, dorp, vlek ⟨3⟩ ⟨AuE; gesch⟩ stadsgebied ⟨4⟩ ⟨ZAE⟩ township, zwarte woonoord/stadsdeel ⟨5⟩ ⟨gesch⟩ kerspel, plattelandsgemeente ⟨6⟩ ⟨landmeterij⟩ township ⟨93,24 km²⟩
towns·man /taʊnzmən/ [telb zn; mv: townsmen /-mən/] ⟨1⟩ stedeling ⟨2⟩ stad(s)genoot
towns·peo·ple /taʊnzpi:pl/ [verzamelnw] ⟨1⟩ stedelingen, ingezetenen ⟨2⟩ stadsbewoners
towns·wom·an /taʊnzwʊmən/ [telb zn] ⟨1⟩ stedelinge ⟨2⟩ stadsgenote
town·wards /taʊnwədz/, ˄-wərdz/, **town·ward** /taʊnwəd, ˄-wərd/ [bw] stadwaarts
town·y /taʊni/ [bn; vergr trap: townier] steeds, stadsbewoner
towrope [telb zn] → towing line
tow-row /taʊraʊ/ [telb zn] herrie, rumoer, kabaal
towsle [ov ww] → tousle
tow-truck [telb zn] ⟨AE⟩ takelwagen, sleepwagen, sleepauto

tox·ae·mi·a, tox·e·mi·a /tɒksi:mɪə, ˄tɑk-/ [niet-telb zn] toxemie, bloedvergiftiging
tox·ic /tɒksɪk, ˄tɑk-/ [bn; bw: ~ally] ⟨1⟩ toxisch, giftig, vergiftigings- ♦ *toxic shock syndrome* tamponziekte; *toxic waste* giftig afval, gevaarlijke afvalstoffen ⟨2⟩ ⟨inf⟩ gemeen, vilein, akelig
¹**tox·i·cant** /tɒksɪkənt, ˄tɑk-/ [telb zn] vergif
²**tox·i·cant** /tɒksɪkənt, ˄tɑk-/ [bn] (ver)giftig
tox·ic·i·ty /tɒksɪsəti, ˄tɑksɪsəti/ [niet-telb zn] toxiciteit, giftigheid
tox·i·co·log·i·cal /tɒksɪkəlɒdʒɪkl, ˄tɑksɪkəlɑdʒɪkl/ [bn; bw: ~ly] toxicologisch
tox·i·col·o·gist /tɒksɪkɒlədʒɪst, ˄tɑksɪkɑ-/ [telb zn] toxicoloog
tox·i·col·o·gy /tɒksɪkɒlədʒi, ˄tɑksɪkɑ-/ [niet-telb zn] toxicologie, vergiftenleer
tox·in /tɒksɪn, ˄tɑk-/, **tox·ine** /-si:n/ [telb zn] toxine, giftige stof
tox·o·car·a /tɒksəkɑ:rə, ˄tɑksəkærə/ [telb zn] ⟨med⟩ toxocara, ⟨i.h.b.⟩ rondworm, spoelworm
¹**tox·oph·i·lite** /tɒksɒfɪlaɪt, ˄tɑksɑ-/ [telb zn] liefhebber van/meester in boogschieten
²**tox·oph·i·lite** /tɒksɒfɪlaɪt, ˄tɑksɑ-/ [bn] houdend van boogschieten
tox·o·plas·mo·sis /tɒksəʊplæzməʊsɪs, ˄tɑk-/ [niet-telb zn] ⟨med⟩ toxoplasmose
¹**toy** /tɔɪ/ [telb zn] ⟨1⟩ speeltje, speelgoed, speeltuig, ⟨fig⟩ speelbal ⟨2⟩ niemendal, prul, snuisterij, ⟨letterk, muz⟩ niemendalletje ⟨3⟩ spelletje ⟨figuurlijk⟩, grapje, tijdverdrijf ⟨4⟩ schoothondje, miniatuurhondje
²**toy** /tɔɪ/ [onov ww] spelen, zich amuseren, flirten, liefhebberen ♦ *toy with* spelen met ⟨ook figuurlijk⟩
³**toy** /tɔɪ/ [ov ww] verbeuzelen, verdoen ♦ *toy away time* tijd verbeuzelen
toy·box [telb zn] speelgoeddoos, speelgoedkist
toy boy [telb zn] ⟨inf⟩ knuffeltje ⟨van oudere vrouw⟩
toy dog [telb zn] ⟨1⟩ speelgoedhond ⟨2⟩ schoothondje, miniatuurhondje, dwerghondje
toy house [telb zn] speelgoedhuis, poppenhuis ⟨ook figuurlijk⟩
toy library [telb zn] spelotheek
toy shop [telb zn] speelgoedwinkel
toy soldier [telb zn] ⟨1⟩ speelgoedsoldaatje, tinnen soldaatje ⟨2⟩ paradesoldaat
toy spaniel [telb zn] toyspaniël, dwergspaniël
tpa [afk] (tonnes per annum)
TQM [niet-telb zn] (Total Quality Management) ikz ⟨integrale kwaliteitszorg⟩
tr [afk] ⟨1⟩ (transaction) ⟨2⟩ (transitive) overg. ⟨3⟩ (translated) ⟨4⟩ (translator) vert. ⟨5⟩ (translation) vert. ⟨6⟩ (transpose) ⟨7⟩ (treasurer) penningm. ⟨8⟩ (trust) ⟨9⟩ (trustee)
TR [afk] (tons registered)
tra·be·ate /treɪbiːeɪt/, **tra·be·at·ed** /-eɪtɪd/ [bn] ⟨bouwk⟩ met architraven, met bovendorpels, met/van horizontale balken ⟨i.t.t. gewelfd⟩
tra·bec·u·la /trəbekjʊlə, ˄-kjələ/ [telb zn; mv: trabeculae /-liː/] ⟨anat⟩ trabecula, spierbundel, bindweefselbundel
¹**trace** /treɪs/ [telb zn] ⟨1⟩ streep ⟨op beeldbuis⟩, inktlijn, spoor ⟨op radarscherm⟩ ⟨2⟩ tracé ⟨grondtekening van een vestingwerk enz.⟩ ⟨3⟩ streng ⟨touw of ketting waarmee een paard ingespannen wordt⟩ ⟨4⟩ ⟨wisk⟩ snijpunt, doorgangspunt, spoor ⟨van een matrix⟩ ⟨5⟩ engram ⟨chemische verandering in de hersenen t.g.v. het leerproces⟩ · *kick over the traces*, ⟨AE; inf⟩ *jump the traces* uit de band springen, het bit tussen de tanden nemen, de kont tegen de krib gooien
²**trace** /treɪs/ [telb + niet-telb zn] spoor, voetspoor, prent, ⟨ook fig⟩ overblijfsel, vleugje ♦ *traces of an old civilization* sporen van een oude beschaving; *not a trace of humour*

geen greintje humor; *lose trace of* uit het oog verliezen; *traces of magnesium* sporen magnesium; *gone without trace* spoorloos verdwenen

³**trace** /treɪs/ [onov ww] ▫ *it traces back to Roman times* het vindt zijn oorsprong in de Romeinse tijd; → **tracing**

⁴**trace** /treɪs/ [ov ww] ① tekenen, schetsen, traceren, trekken ⟨lijn⟩ ♦ *trace out* (uit)tekenen, schetsen, traceren ② (moeizaam) schrijven ③ overtrekken, calqueren, overtekenen ♦ *trace over* overtrekken, overtekenen, calqueren ④ volgen, nagaan ⑤ nagaan, naspeuren, het spoor volgen van, traceren, nasporen, opsporen ♦ *the rumour was traced back to a fellow student* men kwam erachter dat het gerucht afkomstig was van een medestudent; *he can trace back his family to William the Conqueror* hij kan zijn geslacht terugvoeren tot Willem de Veroveraar ⑥ vinden, ontdekken, op het spoor komen ♦ *I can't trace that book* ik heb dat boek niet kunnen vinden; *her disappointment can be clearly traced in her poems* haar teleurstelling spreekt duidelijk uit haar gedichten; → **tracing**

trace·a·bil·i·ty /ˌtreɪsəˈbɪləti/ [niet-telb zn] opspoorbaarheid, naspeurbaarheid, vindbaarheid, mogelijkheid om iets terug te voeren

trace·a·ble /ˈtreɪsəbl/ [bn] opspoorbaar, naspeurbaar, vindbaar na te gaan ♦ *traceable to* terug te voeren op, toe te schrijven aan

trace element [telb zn] spoorelement, bio-element, micro-element, oligo-element ⟨chemisch element dat slechts in zeer kleine hoeveelheden aanwezig is in (voornamelijk) levende organismen, bijvoorbeeld fluor, zink⟩

trace horse [telb zn] (extra) trekpaard ⟨dat er bij gespannen wordt om een wagen de heuvel op te krijgen⟩

trace·less /ˈtreɪsləs/ [bn] spoorloos

¹**trac·er** /ˈtreɪsə, ᴬ-ər/ [telb zn] ① speurder ⟨die vermiste personen/goederen opspoort⟩ ② opsporingsonderzoek ③ traceur, afschrijver ④ ⟨techn⟩ stift, traceerijzer ⑤ ⟨mil⟩ lichtspoorkogel, tracer ⑥ ⟨scheik, med⟩ tracer, merkstof, speurdosis ⑦ → **trace horse**

²**trac·er** /ˈtreɪsə, ᴬ-ər/ [niet-telb zn] ⟨mil⟩ lichtspoorammunitie, lichtspoorkogels

tracer bullet, tracer shell [telb zn] lichtspoorkogel, tracer

tracer element [telb zn] ⟨med, scheik⟩ tracer, merkstof

trac·er·ied /ˈtreɪs(ə)rid/ [bn] met tracering versierd

trac·er·y /ˈtreɪs(ə)ri/ [telb + niet-telb zn] ① (bouwk) tracering, traceerwerk, maaswerk ♦ *geometric tracery* geometrisch maaswerk ② netwerk ⟨op de vleugels van een insect⟩

tra·che·a /ˈtrɒkɪə, ᴬˈtreɪkɪə/ [telb zn; mv: ook tracheae /-kɪiː/] ① ⟨anat⟩ trachea, luchtpijp ② ⟨dierk⟩ trachee, luchtbuis, luchtvat ⟨van gelede dieren⟩ ③ ⟨plantk⟩ trachee, luchtvat, houtvat

tra·che·al /ˈtrɒkɪəl, ᴬˈtreɪkɪəl/ [bn] tracheaal

tra·che·i·tis /ˌtreɪkiˈaɪtɪs/ [telb + niet-telb zn] ⟨med⟩ tracheïtis, luchtpijpontsteking

tra·che·ot·o·my /ˌtrækiˈɒtəmi, ᴬˈtreɪkiˈɒtəmi/ [telb + niet-telb zn] ⟨med⟩ tracheotomie, luchtpijpsnede

tra·cho·ma /trəˈkoʊmə/ [telb + niet-telb zn] ⟨med⟩ trachoom, oogbindvliesontsteking

tra·cho·ma·tous /trəˈkɒmətəs, ᴬ-ˈkɑmətəs/ [bn] ⟨med⟩ trachoom-

tra·chyte /ˈtrækaɪt, ˈtreɪ-/ [niet-telb zn] ⟨geol⟩ trachiet

tra·chyt·ic /trəˈkɪtɪk/ [bn] ⟨geol⟩ trachietachtig

¹**trac·ing** /ˈtreɪsɪŋ/ [telb zn; (oorspronkelijk) gerund van trace] ① doordruk, overgetrokken tekening ② ⟨benaming voor⟩ registratie van instrument, cardiogram, ergogram ⟨enz.⟩

²**trac·ing** /ˈtreɪsɪŋ/ [niet-telb zn; (oorspronkelijk) gerund van trace] ① het overtrekken, het overtekenen, het calqueren ② opsporing

tracing foot [telb zn] ⟨schaatssp⟩ standbeen

tracing paper [niet-telb zn] calqueerpapier, overtrekpapier

¹**track** /træk/ [telb zn] ① ⟨vnl mv⟩ voetspoor, (voet)afdruk, prent ⟨van dieren⟩ ♦ ⟨fig⟩ *cover (up) one's tracks* zijn sporen uitwissen; *follow in s.o.'s tracks* iemands spoor volgen, iemands voetstappen drukken, in iemands voetstappen treden ⟨ook figuurlijk⟩ ② spoor, pad, bosweg, landweg, ⟨fig ook⟩ weg, baan ♦ *on the downward track* aan 't achteruitgaan/aftakelen ③ renbaan, racebaan, wielerbaan, sintelbaan, piste, parcours ④ rupsband ⑤ spoor, spoorbreedte, spoorwijdte ⑥ soundtrack, klankstrook ⟨van film⟩ ⑦ track, nummer ⟨van plaat, cd⟩ ⑧ track, (opname)spoor ⟨op tape/computerdiskette⟩

²**track** /træk/ [telb + niet-telb zn] ① spoor ⟨ook figuurlijk⟩ ♦ *beaten track* begaan pad, gebaande weg ⟨ook figuurlijk⟩; *go off the beaten track* ongebaande wegen gaan/bewandelen ⟨voornamelijk figuurlijk⟩; *go/keep to the beaten track* gebaande wegen gaan/bewandelen ⟨voornamelijk figuurlijk⟩; *on the track of* op het spoor van, op zoek/jacht naar; *be (hot) on s.o.'s track* iemand (dicht) op de hielen zitten/op het spoor zijn; *throw s.o. off the track* iemand op een dwaalspoor brengen; *the track of a torpedo* de bellenbaan van een torpedo ② (trein)spoor, spoor(weg)lijn ♦ *double/single track* dubbelspoor, enkelspoor; *leave the track* ontsporen, derailleren ▫ ⟨AE⟩ *across the tracks* in de achterbuurten; *freeze in one's tracks* als aan de grond genageld staan; ⟨inf⟩ *in one's tracks* ter plaatse, ter plekke; *keep track of* contact houden met; volgen, op de hoogte blijven van, de ontwikkeling bijhouden van; *lose track of* het contact verliezen met, uit het oog verliezen; niet meer op de hoogte blijven van; ⟨sl⟩ *make tracks* 'm smeren, zich uit de voeten maken; ⟨sl⟩ *make track for* achternagaan, achternazitten, afgaan op; *off the track* naast de kwestie, op het verkeerde pad; ⟨AE⟩ *on/from the wrong side of the (railroad) tracks* in/uit de achterbuurten

³**track** /træk/ [niet-telb zn] ① loopnummers ⟨atletiek⟩ ♦ ⟨AE⟩ *track and field* (athletics) (lichte) atletiek ② (lichte) atletiek

⁴**track** /træk/ [onov ww] ① sporen, in hetzelfde spoor lopen ⟨van wielen⟩ ② in de (platen)groef lopen ⟨van grammofoonnaald⟩ ③ zich ontwikkelen zoals voorzien ④ bewegen en filmen ⟨van camera⟩ ⑤ ⟨gesch, scheepv⟩ getrokken/gejaagd worden ⟨van schuit⟩; → **tracked**

⁵**track** /træk/ [ov ww] ① het spoor volgen van, sporen, volgen ♦ *track down* opsporen, ontdekken, achterhalen ② nasporen, traceren, naspeuren ♦ *track out* nasporen, traceren ③ van een spoor/sporen voorzien ④ afbakenen, plat treden ⟨pad⟩ ⑤ doorkruisen, doorreizen ♦ *track a desert* een woestijn doorkruisen ⑥ ⟨gesch, scheepv⟩ trekken, jagen ⟨schuit⟩ ⑦ ⟨AE⟩ sporen nalaten van/op ♦ *track mud on the floor* een spoor van modder achterlaten op de vloer; *track the snow* sporen nalaten in de sneeuw; *track up the floor* (modder)sporen achterlaten op de vloer; → **tracked**

track·age /ˈtrækɪdʒ/ [niet-telb zn] ① ⟨gesch, scheepv⟩ het trekken/jagen ⟨van schuiten⟩ ② ⟨AE⟩ spoorwegnet ③ ⟨AE⟩ (vergoeding voor) recht op gebruik van spoorlijnen van een andere maatschappij

track·ball [telb zn] ⟨comp⟩ trackball

tracked /trækt/ [bn; volt deelw van track] met rupsbanden ♦ *tracked vehicle* rupsvoertuig

track·er /ˈtrækə, ᴬ-ər/, ⟨in betekenis 3 ook⟩ **tracker dog** [telb zn] ① spoorvolger ⟨bij jacht⟩ ② padvinder ⟨letterlijk⟩ ③ speurhond ④ ⟨gesch, scheepv⟩ trekker ⟨van schuit⟩

tracker fund [telb zn] ⟨BE; fin⟩ trackerfonds ⟨beleggingsfonds dat de index volgt⟩, indexfonds

track error, tracking error [telb zn] fouthoek ⟨m.b.t. pick-upnaald⟩

track events [alleen mv] ⟨atl⟩ baannummers, loopnummers

trackie bottoms [alleen mv] ⟨inf⟩ trainingsbroek

tracking

track·ing [niet-telb zn] ⟨AE⟩ groepering van leerlingen/studenten volgens bekwaamheid/aanleg
tracking station [telb zn] volgstation ⟨van satellieten e.d.⟩
track·lay·er, track·man /trækmən/ [telb zn; mv: trackmen /-mən/] ⟨AE⟩ lijnwerker, spoorwegarbeider, raillegger, onderhoudsman van sporen
track·less /trækləs/ [bn] ① ongebaand ◆ *trackless forests* ongebaande wouden ② niet op rails lopend ◆ ⟨AE⟩ *trackless trolley* trolleybus ③ spoorloos
track meet [telb zn] ⟨AE⟩ atletiekontmoeting, atletiekwedstrijd
track record [telb zn] (beschrijving van) levensloop, staat van dienst, conduitestaat, lijst van prestaties/ervaringen, ± curriculum vitae
track·road [telb zn] ⟨gesch, scheepv⟩ trekweg, trekpad, jaagpad
track shoe [telb zn] spikes
track·suit [telb zn] trainingspak
track system [telb + niet-telb zn] → **tracking**
track·walk·er [telb zn] wegopzichter ⟨van spoorlijn⟩
track·way [telb zn] ① gebaande weg, (oude) rijweg ② spoorbaan ③ ⟨gesch, scheepv⟩ trekweg, trekpad, jaagpad
tract /trækt/ [telb zn] ① uitgestrekt gebied, uitgestrektheid, landstreek ◆ *tracts of desert* woestijngebieden ② traktaat(je) ⟨voornamelijk religie, moraal⟩ ③ ⟨anat⟩ kanaal ◆ *digestive tract* spijsverteringskanaal; *respiratory tract* ademhalingskanaal ④ ⟨r-k⟩ tractus ⑤ ⟨vero⟩ tijdspanne, tijdperk, periode
tract·a·bil·i·ty /træktəbɪləti/ [niet-telb zn] handelbaarheid, buigzaamheid, gewilligheid, meegaandheid
tract·a·ble /træktəbl/ [bn; bw: tractably; zn: ~ness] ① handelbaar, goed te bewerken, buigzaam ⟨materiaal⟩ ② handelbaar, gewillig, meegaand, plooibaar, dociel
¹**Trac·tar·i·an** /træktɛəriən, ^-tɛriən/ [telb zn] aanhanger van het tractarianisme
²**Trac·tar·i·an** /træktɛəriən, ^-tɛriən/ [bn] m.b.t. het tractarianisme
Trac·tar·i·an·ism /træktɛəriənɪzm, ^-tɛr-/ [eigenn] tractarianisme, Oxfordbeweging ⟨19e-eeuwse beweging in Engelse kerk⟩
trac·tate /træktɛɪt/ [telb zn] verhandeling, essay
trac·tion /trækʃn/ [niet-telb zn] ① tractie, trekking, het (voort)trekken ② het (voort)getrokken worden ③ aantrekking ④ trekkracht ⟨van locomotief⟩, aandrijving, voortstuwing ⑤ samentrekking ⟨bijvoorbeeld van spieren⟩ ⑥ grip, greep ⟨van band/wiel⟩ ⑦ ⟨med⟩ rekking, strekking ◆ *a leg in traction* een been in een rekverband
trac·tion·al /trækʃnəl/, **trac·tive** /træktɪv/ [bn, attr] tractie-, trek-
traction engine [telb zn] trekker, tractor
traction wheel [telb zn] drijfrad, trekwiel
trac·tor /træktə, ^-ər/ [telb zn] ① trekker, landbouwtrekker, tractor ② trekker, truck ③ vliegtuig met trekschroef
trad /træd/ [telb + niet-telb zn] ⟨inf⟩ ⟨verk: traditional⟩ traditional (jazz)
¹**trade** /treɪd/ [telb zn] ① ⟨vaak mv⟩ passaat(wind) ② ⟨AE⟩ (handels)transactie, uitwisseling ③ ⟨sl⟩ (homoseksuele) partner ⟨vaak i.v.m. prostitutie⟩
²**trade** /treɪd/ [telb + niet-telb zn] ① vak, beroep, ⟨i.h.b.⟩ ambacht, handwerk ◆ *the trade of a baker* het bakkersberoep; *a butcher by trade* slager van beroep; *learn a trade* een vak leren; *the tricks of the trade* de knepen van het vak ② handel, zaken ◆ *bad/good for trade* nadelig/bevorderlijk voor de handel; *balance of trade* handelsbalans, goederenbalans; ⟨AE⟩ *board of trade* kamer van koophandel; ⟨België⟩ handelskamer; ⟨BE; gesch⟩ *Board of Trade* ministerie van Handel; ⟨BE⟩ *Department of Trade and Industry* ± ministerie van Economische Zaken; *do a good trade* goede zaken doen; *be in trade* een zaak/winkel hebben; *terms of trade* (handels)ruilvoet ③ bedrijfstak, branche ◆ *the wool trade* de wolbranche · ⟨sprw⟩ *two of a trade can never agree* al doen twee hetzelfde, dan is het nog niet hetzelfde; ⟨sprw⟩ *Jack of all trades and master of none* twaalf ambachten, dertien ongelukken; ⟨sprw⟩ *every man to his trade* ± schoenmaker blijf bij je leest; ⟨sprw⟩ *there are tricks in every trade* ± de knepen van het vak
³**trade** /treɪd/ [niet-telb zn] ① ruilgoederen ② ⟨the⟩ ⟨BE; sl; scheepv⟩ duikbotendienst
⁴**trade** /treɪd/ [verzamelw] ① ⟨the⟩ (mensen van) het vak ⟨producenten, handelaars, soms ook klanten⟩ ② ⟨the⟩ ⟨BE; inf⟩ tappers ③ ⟨sl⟩ (homoseksuele) partners ⟨vaak i.v.m. prostitutie⟩
⁵**trade** /treɪd/ [onov ww] ① handel drijven, handelen, zaken doen ◆ *trade in silverware* zilverwerk verhandelen; *trade to a country* handel drijven op/zaken doen met een land; *trade with s.o.* met iemand zaken doen ② uitwisselen, (om)ruilen ◆ *trade down* iets voor iets goedkopers inruilen; *trade up* iets voor iets duurders inruilen; *trade with s.o. for sth.* met iemand uitwisselen/ruilen ③ ⟨AE⟩ klant zijn ◆ *trade at/with a shop* klant zijn van/in een winkel · *trade (up)on one's fame* zijn goede naam exploiteren; *she trades (up)on her parents' generosity* ze maakt misbruik van/speculeert op de goedgeefsheid van haar ouders
⁶**trade** /treɪd/ [ov ww] verhandelen, uitwisselen, (om)ruilen ◆ *shares were traded down/up to 690 pence* de aandelen werden goedkoper/duurder verhandeld tegen 690 pence; *trade in an old car for a new one* een oude auto voor een nieuwe inruilen; *trade insults* beledigingen uitwisselen, elkaar over en weer beledigen; *trade off* inruilen ⟨als compromis⟩
trade association [telb zn] beroepsvereniging
trade bill [telb zn] handelswissel
trade book [telb zn] ① algemeen boek ② handelseditie
trade card [telb zn] ⟨BE⟩ naamkaartje ⟨van handelaar, handelsreiziger⟩, visitekaartje
trade commissioner [telb zn] handelsattaché
trade council, trades council [telb zn] vakbondscentrale
trade cycle [telb zn] ⟨BE⟩ conjunctuur
trade deficit [telb zn] handelstekort
trade discount [telb + niet-telb zn] handelskorting, rabat
trade embargo [telb zn] handelsembargo
trade fair [telb zn] handelsbeurs
trade gap [telb zn] tekort op de handelsbalans
trade guild [telb zn] ambachtsgild(e)
¹**trade-in** [telb zn] inruilobject
²**trade-in** [telb + niet-telb zn] inruil
trade journal [telb zn] vakblad
trade-last [telb zn] ⟨inf⟩ ruilcompliment ⟨compliment van een derde dat doorgegeven wordt in ruil voor een aan de overbrenger⟩
trade-mark [telb zn] handelsmerk, ⟨fig⟩ typisch kenmerk ⟨van persoon⟩
trade mission [telb zn] handelsmissie
trade name [telb zn] ① handelsnaam, handelsbenaming ② firmanaam
trade-off [telb + niet-telb zn] ① inruil ⟨als compromis⟩ ② (evenwichtige) wisselwerking
trade price [telb zn] (groot)handelsprijs
trad·er /treɪdə, ^-ər/ [telb zn] ① handelaar, koopman ② handelsvaartuig, koopvaardijschip ③ eigenhandelaar ⟨op beurs⟩
trade relations [alleen mv] handelsbetrekkingen
trade relationship [telb + niet-telb zn] handelsbetrekking
trade route [telb zn] handelsroute, handelsweg
trade school [telb zn] vakschool

1958

trade secret [telb zn] vakgeheim, handelsgeheim
trades·man /treɪdzmən/ [telb zn; mv: tradesmen /-mən/] ① kleinhandelaar, winkelier, neringdoende ② vakman, ambachtsman, handwerksman
trades·peo·ple, trades·folk [alleen mv] kleinhandelaars, winkeliers, neringdoenden ⟨als groep⟩
Trades Union Congress [eigenn; the] Britse vakcentrale
trade surplus [telb zn] handelsoverschot
trades·wom·an [telb zn] winkelierster
trade ties [alleen mv] handelsbetrekkingen
trade union /treɪd juːnɪən/, **trades union** /treɪdz juːnɪən/ [telb zn] (vak)bond, vakvereniging, ⟨België⟩ syndicaat
trade unionism [niet-telb zn] vakverenigingswezen
trade unionist [telb zn] vakbondslid, aanhanger van een vakbond
trade union movement [verzamelm] vakbeweging
trade war [telb zn] handelsoorlog
trade wind [telb zn] passaatwind
trading estate [telb zn] industriegebied, industrieterrein
trading hours [alleen mv] openingstijd(en)
trading partner [telb zn] handelspartner
trading post [telb zn] handelsnederzetting, factorij
trading stamp [telb zn] spaarzegel
tra·di·tion /trədɪʃn/ [telb + niet-telb zn] ① traditie, overlevering ② ⟨jur⟩ traditie, terhandstelling
¹**tra·di·tion·al** /trədɪʃnəl/ [telb zn] volkswijs, volksmelodie, volksliedje
²**tra·di·tion·al** /trədɪʃnəl/, ⟨soms⟩ **tra·di·tion·ar·y** /trədɪʃənri, ᴬ-ʃəneri/ [bn] traditioneel, overgeleverd, vanouds gebruikelijk ♦ *traditional jazz* traditional jazz
tra·di·tion·al·ism /trədɪʃnəlɪzm/ [niet-telb zn] traditionalisme
tra·di·tion·al·ist /trədɪʃnəlɪst/ [telb zn] traditionalist
tra·di·tion·al·ly /trədɪʃnəli/ [bw] traditiegetrouw, vanouds, van oudsher
tra·di·tion·bound [bn] traditiegebonden
trad·i·tor /trædɪtər, ᴬ-dɪtər/ [telb zn; mv: ook traditores /-tɔːriːz/] ⟨rel⟩ traditor, verrader, overleveraar ⟨afvallig vroeg christen die heilige boeken aan vervolgers overleverde⟩
tra·duce /trədjuːs, ᴬ-duːs/ [ov ww] ⟨form⟩ kwaadspreken van, belasteren
tra·duce·ment /trədjuːsmənt, ᴬ-duːs-/ [niet-telb zn] ⟨form⟩ kwaadsprekerij, laster
tra·duc·er /trədjuːsə, ᴬ-duːsər/ [telb zn] ⟨form⟩ kwaadspreker, lasteraar
tra·du·cian·ism /trədjuːʃənɪzm, ᴬ-duː-/ [niet-telb zn] ⟨rel⟩ traducianisme ⟨leer van de overdracht van de ziel van ouders op kinderen⟩
¹**traf·fic** /træfɪk/ [telb + niet-telb zn] ① handel, koophandel ♦ *traffic in wood* handel in hout ② zwarte handel ♦ *traffic in drugs* drugshandel
²**traf·fic** /træfɪk/ [niet-telb zn] ① verkeer, vervoer, transport ② ⟨vero⟩ verkeer, omgang, contact(en)
³**traf·fic** /træfɪk/ [onov ww] ① handel drijven, handelen, zaken doen ② zwarte handel drijven, sjacheren ▪ *traffic in arms with s.o.* met iemand wapenhandel drijven; → **trafficking**
⁴**traf·fic** /træfɪk/ [ov ww] ① handel drijven in, verhandelen, handelen in, ruilen ② zwart verhandelen, sjacheren met ▪ *traffic away* verkwanselen; → **trafficking**
traf·fi·ca·tor /træfɪkeɪtə, ᴬ-keɪtər/ [telb zn] ⟨vnl BE⟩ richtingaanwijzer
traffic block [telb zn] ⟨BE⟩ (verkeers)opstopping
traffic bollard [telb zn] verkeerspaaltje ⟨op vluchtheuvel⟩
traffic calming [niet-telb zn] ⟨BE⟩ snelheidsbeperkende maatregelen ⟨zoals drempels⟩
traffic circle [telb zn] ⟨AE⟩ rotonde, (rond) verkeersplein
traffic cone [telb zn] pylon, verkeerskegel
traffic cop [telb zn] ⟨BE; inf⟩ verkeersagent(e)
traffic court [telb zn] ⟨AE⟩ verkeersrechter, kantongerecht, politierechter
traffic diversion [telb zn] (weg)omlegging
traffic island [telb zn] vluchtheuvel, eilandje
traffic jam [telb zn] (verkeers)opstopping
traf·fick·er /træfɪkə, ᴬ-ər/ [telb zn] ① handelaar, trafikant ② zwarthandelaar, sjacheraar
traf·fick·ing /træfɪkɪŋ/ [niet-telb zn; gerund van traffic] handel, ⟨België⟩ trafiek
traffic lane [telb zn] rijstrook
traffic light, traffic signal [telb zn; vaak mv] verkeerslicht, stoplicht ♦ ⟨inf⟩ *shoot the traffic lights* door rood rijden
traffic manager [telb zn] exploitatiechef van vervoerbedrijf
traffic policeman [telb zn] verkeersagent
traffic regulation [telb + niet-telb zn] verkeersregel(ing), het regelen van het verkeer, ⟨in mv⟩ verkeersreglement, verkeersvoorschriften
traffic school [telb zn] ⟨AE⟩ verplichte verkeerscursus ⟨in plaats van boete, voor verkeersovertreders⟩
traffic sign [telb zn] verkeersteken, verkeersbord
traffic warden [telb zn] ⟨BE⟩ ① parkeercontroleur, parkeercontroleuse ② verkeersagent(e)
¹**trag·a·canth** /trægəkænθ, ᴬtrædʒəkænθ/ [telb zn] ⟨plantk⟩ hokjespeul ⟨genus Astragalus⟩, ⟨i.h.b.⟩ traga(ca)ntstruik ⟨A. gummifer⟩
²**trag·a·canth** /trægəkænθ, ᴬtrædʒəkænθ/ [telb zn] ⟨plantk⟩ dragant, tragant(gom) ⟨uit A. gummifer⟩
tra·ge·di·an /trədʒiːdɪən/ [telb zn] ① tragicus, treurspeldichter(es), treurspeler, treurspeelster ② treurspeler, treurspelspeler, treurspeelster, treurspelspeelster, tragédienne
tra·ge·di·enne /trədʒiːdiɛn/ [telb zn] tragédienne
trag·e·dy /trædʒɪdi/ [telb + niet-telb zn] ① tragedie, drama, treurspel ② tragedie, tragiek, het tragische
¹**trag·ic** /trædʒɪk/ [telb zn] tragicus, treurspeldichter(es), treurspeler, treurspeelster
²**trag·ic** /trædʒɪk/, **trag·i·cal** /trædʒɪkl/ [bn; bw: ~ally] tragisch, treurig, droevig ♦ *a tragic event* een tragische/droevige gebeurtenis
³**trag·ic** /trædʒɪk/, **trag·i·cal** /trædʒɪkl/ [bn, attr; bw: ~ally] tragisch, tragedie-, treurspel- ♦ *a tragic actor* een treur(spel)speler; *tragic drama* de tragedie ⟨als genre⟩; *tragic irony* tragische ironie; *a tragic poet* een tragisch(e) dichter(es)/treurspeldichter(es)
trag·i·com·e·dy /trædʒɪkɒmɪdi, ᴬ-kɑ-/ [telb + niet-telb zn] tragikomedie
trag·i·com·ic /trædʒɪkɒmɪk, ᴬ-kɑ-/, **trag·i·com·i·cal** /-ɪkl/ [bn; bw: ~ally] tragikomisch
trag·o·pan /trægəpæn/ [telb zn] ⟨dierk⟩ saterhoen ⟨genus Tragopan⟩
tra·hi·son des clercs /traɪzɔ̃ deɪ klɛə, ᴬ-klɛr/ [telb zn; mv: trahisons des clercs /-zɔ̃-/] verraad der intellectuelen
¹**trail** /treɪl/ [telb zn] ① (benaming voor) iets dat (na)sleept, sleep, staart ⟨van affuit, meteoor⟩ ② sleep, gesleep, getrek, sleepbeweging ③ slier(t), stroom, rij, rist ♦ *trails of people* rijen/stromen mensen; *trails of smoke* rookslierten ④ rank ⟨van plant, als siermotief⟩ ⑤ spoor, pad ♦ *blaze a trail* een pad markeren (door ontschorsing), ⟨fig⟩ de weg banen, baanbrekend/pionierswerk verrichten; *a trail of blood* een bloedspoor; *a trail of destruction* een spoor van vernieling; *off the trail* het spoor bijster; *on the trail of* op het spoor van, op zoek/jacht naar ⑥ spoor, prent ⟨van dier⟩, geur(vlag) ⟨als spoor⟩ ♦ *be hard/hot on s.o.'s trail* ie-

trail

mand op de hielen/dicht achterna zitten ▪ ⟨vnl AE; inf⟩ *hit the trail* gaan reizen/trekken

²**trail** /treɪl/ [onov ww] 1 slepen, slieren, loshangen ♦ *her gown was trailing along on the ground* haar japon sleepte over de grond 2 zich slepen, zich voortsleuren, strompelen 3 drijven, stromen ⟨voornamelijk van rook⟩ 4 kruipen ⟨van planten⟩ 5 ⟨sport⟩ achterliggen, achterstaan, achteraankomen ▪ *his voice trailed away/off* zijn stem stierf weg; *he trailed off* hij droop af

³**trail** /treɪl/ [ov ww] 1 slepen, sleuren, slieren ♦ *trail one's limbs* zijn ledematen meeslepen, zich voortslepen; *trail o.s.* zich (voort)slepen, strompelen 2 nasporen, volgen, schaduwen 3 banen, effenen ⟨pad, weg⟩ ♦ *trail a path* een pad effenen 4 een pad/weg banen door ♦ *trail the grass* het gras platlopen 5 met rankwerk versieren ⟨aardewerk⟩ 6 (uit)rekken ⟨bijvoorbeeld toespraak⟩ 7 ⟨sport⟩ achterliggen op, achterstaan op, komen achter 8 ⟨film⟩ een trailer vertonen van

trail bike [telb zn] ⟨AE⟩ crossmotor

trail·blaz·er [telb zn] 1 iemand die een pad baant 2 wegbereider, pionier

trail·er /ˈtreɪlə, ˆ-ər/, ⟨in betekenis 8 ook⟩ **trail·ing wheel** [telb zn] 1 sleper 2 speurder 3 speurhond 4 kruipplant 5 trailer, aanhangwagen, oplegger 6 ⟨vnl AE⟩ trailer, caravan 7 ⟨film⟩ trailer 8 ⟨techn⟩ sleepwiel ⟨niet-aangedreven wiel⟩

trailer park [telb zn] ⟨AE⟩ camperterrein, caravanterrein

trailing arm [telb zn] ⟨atl⟩ achterste arm ⟨bij hordeloop⟩

trailing edge [telb zn] ⟨techn⟩ achterrand van vliegtuigvleugel

trailing leg [telb zn] ⟨atl⟩ achterste been, afzetbeen, sprongbeen

trail net [telb zn] sleepnet

¹**train** /treɪn/ [telb zn] 1 trein ♦ *by train* per/met de trein; *get off the train* (uit de trein) uitstappen; *on the train* in de trein; *get on a train* (op een trein) opstappen 2 sleep ⟨voornamelijk van japon⟩, ⟨fig⟩ nasleep ♦ *in the train of* als nasleep van 3 gevolg, stoet, sleep 4 rij, reeks, rist, opeenvolging, ⟨fig⟩ aaneenschakeling, keten, gang, loop ♦ *a train of events* een aaneenschakeling van gebeurtenissen; *preparations are in train* de voorbereidingen zijn aan de gang/en train; *a train of thoughts* een gedachtegang 5 ⟨mil⟩ trein, tros, artillerietrein, belegeringstrein 6 ⟨techn⟩ tandwieltrein, raderwerk, drijfwerk 7 ⟨CanE⟩ slee ⟨in het bijzonder voor vracht⟩ 8 loopvuur ⟨om explosieven te ontsteken⟩ 9 pronkstaart ⟨bijvoorbeeld van pauw⟩ 10 staart ⟨van komeet/affuit⟩

²**train** /treɪn/ [onov ww] 1 (zich) trainen, (zich) oefenen ♦ *train down* zich trainen om gewicht te verliezen 2 een opleiding volgen, studeren ♦ *he is training as a priest/for the priesthood* hij volgt de priesteropleiding/studeert voor priester; *he is training to be a lawyer* hij volgt een opleiding/studeert voor advocaat 3 ⟨inf⟩ sporen, met de trein gaan 4 ⟨AE; inf⟩ meedoen, zich aansluiten ♦ *train with* zich aansluiten bij, meedoen/omgaan met; → **trained, training**

³**train** /treɪn/ [ov ww] 1 trainen, oefenen ♦ *train s.o. down* iemand door training gewicht doen verliezen 2 trainen, africhten, drillen, dresseren ⟨dier⟩ 3 opleiden, scholen, opvoeden ♦ *train s.o. for/to* iemand opleiden voor; *their soldiers were trained up to a high level* hun soldaten werden tot een hoog niveau opgeleid 4 leiden ⟨plant⟩ 5 richten, mikken ♦ *the guns are trained (up)on the camp* de kanonnen zijn op het kamp gericht; → **trained, training**

train·a·ble /ˈtreɪnəbl/ [bn] te trainen, op te leiden, opvoedbaar

train·band [verzameln] ⟨gesch⟩ afdeling van Engelse/Amerikaanse burgermilitie ⟨16e-18e eeuw⟩

train·bear·er [telb zn] 1 sleepdrager, sleepdraagster 2 ⟨dierk⟩ sylfe ⟨Zuid-Amerikaanse kolibrie; Lesbia victoriae⟩

trained /treɪnd/ [bn; volt deelw van train] 1 getraind, geoefend, ervaren, met ervaring, geschoold ♦ *trained nurse* geschoold/gediplomeerd verpleegster 2 met sleep ♦ *trained gown* sleepjapon 3 geleid, lei- ⟨van planten⟩ ♦ *trained tree* leiboom

train·ee /treɪˈniː/ [telb zn] 1 stagiair(e) 2 rekruut

train·er /ˈtreɪnə, ˆ-ər/ [telb zn] 1 trainer, oefenmeester 2 trainer, opleider 3 ⟨vnl mv⟩ trainingsschoen, sportschoen 4 trainer, africhter 5 ⟨benaming voor⟩ oefentoestel, oefenvliegtuig, vluchtsimulator 6 ⟨AE; mil⟩ marinier die kanon horizontaal richt

train ferry [telb zn] (trein)ferry

train·ing /ˈtreɪnɪŋ/ [telb + niet-telb zn; (oorspronkelijk) gerund van train] training, oefening, opleiding, scholing, instructie, exercitie ♦ *in training* in training; in conditie/vorm; *go into training* op training gaan, gaan trainen; *out of training* niet in conditie/vorm; *physical training* conditietraining

training board [telb zn] ⟨BE⟩ officiële raad voor vakopleiding ⟨één per industrietak⟩

training college [telb + niet-telb zn] kweekschool ⟨in het bijzonder voor leraren⟩

training school [telb + niet-telb zn] 1 opleidingsschool 2 ⟨AE⟩ tuchtschool, ⟨België⟩ instelling

train·ing-ship [telb zn] opleidingsvaartuig

training shoes [alleen mv] trainingsschoenen

train·load [telb zn] treinlading

train·man /ˈtreɪnmən/ [telb zn; mv: trainmen /-mən/] ⟨AE⟩ treinbeambte ⟨voornamelijk die voor de remmen zorgt⟩

train oil [niet-telb zn] walvistraan, levertraan

train robbery [telb + niet-telb zn] treinroof

train set [telb zn] speelgoedtreinset

train·sick [bn] treinziek

train spotter [telb zn] 1 treinenspotter, treinnummerverzamelaar 2 dooie pier, droogkloot

train station [telb zn] (spoorweg)station

train·wreck [telb zn] 1 treinwrak 2 ⟨inf, fig⟩ wrak ⟨diep gezonken beroemdheid⟩

¹**traipse, trapes, trapse** /treɪps/ [telb zn] ⟨inf⟩ 1 slons 2 afmattende voettocht, vermoeiende wandeling, gesleep

²**traipse, trapes, trapse** /treɪps/ [onov ww] ⟨inf⟩ 1 sjouwen, slepen, moeizaam lopen, trekken ♦ *traipse along* voortsjouwen; *traipse away* wegtrekken 2 slenteren, rondlopen, rondhangen, rondneuzen ♦ *traipse about* rondslenteren

³**traipse, trapes, trapse** /treɪps/ [ov ww] ⟨inf⟩ slenteren langs, aflopen ♦ *traipse the street* de straat afslenteren/doorslenteren

trait /treɪt/ [telb zn] 1 trek, gelaatslijn, gelaatstrek 2 trek(je), karaktertrek, eigenschap, neiging, gewoonte 3 trek, toets, haal, (penseel)streek

trai·tor /ˈtreɪtə, ˆtreɪtər/ [telb zn] verrader, overloper ♦ *a traitor to his country* een landverrader; *turn traitor* een/tot verrader worden

trai·tor·ous /ˈtreɪtərəs/ [bn; bw: ~ly; zn: ~ness] verraderlijk

trai·tress /ˈtreɪtrɪs/ [telb zn] verraadster, overloopster

tra·jec·to·ry /trəˈdʒektri/ [telb zn] 1 baan ⟨van projectiel⟩ 2 ⟨wisk⟩ trajectorie

tra·la /trəˈlɑː/ [tw] tralala

¹**tram** /træm/, ⟨in betekenis 1 ook⟩ **tram·car** [telb zn] 1 ⟨vnl BE⟩ tram, tramwagen ♦ *by tram* met de tram 2 ⟨vnl BE⟩ tramrail 3 ⟨AE⟩ kabelwagen 4 ⟨mijnb⟩ (ijzeren) hond, kolenwagen ⟨in mijn⟩ 5 ⟨techn⟩ justeerapparaat, regeltoestel

²**tram** /træm/, ⟨in betekenis 1 ook⟩ **tram silk** [niet-telb

zn] [1] inslaggaren, inslagzijde [2] ⟨techn⟩ justering, instelling, afstelling

³**tram** /træm/ [onov ww] trammen, tremmen

⁴**tram** /træm/ [ov ww] ⟨mijnb⟩ met de (ijzeren) hond/kolenwagen vervoeren

tram·line [telb zn] [1] ⟨vnl mv⟩ tramrail, tramspoor [2] tramlijn

tram·lines [alleen mv] [1] grondregels, principes [2] ⟨inf; tennis⟩ tramrails, 'fietspad' ⟨dubbele zijlijnen⟩

¹**tram·mel, tram·el, tram·ell** /træml/ [telb zn] [1] schakelnet [2] vogelnet [3] ellipspasser [4] stokpasser [5] beenkluister ⟨om paard telgang aan te leren⟩ [6] ⟨techn⟩ justeerapparaat, regeltoestel [7] ⟨AE⟩ haal, heugel ⟨in open haard⟩

²**tram·mel, tram·el, tram·ell** /træml/ [ov ww] [1] kluisteren ⟨ook figuurlijk⟩, belemmeren, (ver)hinderen, tegenhouden [2] vangen, verstrikken ♦ *trammel up* verstrikken

trammel net [telb zn] [1] schakelnet [2] vogelnet

tram·mels, tram·els, tram·ells /træmlz/ [alleen mv] kluisters ⟨alleen figuurlijk⟩, keurslijf, belemmering ♦ *the trammels of etiquette* het keurslijf van de etiquette

¹**tra·mon·tane** /trɒmɒntein, ᴬ-mæn-/, ⟨in betekenis 4 ook⟩ **tra·mon·ta·na** /træmɒntɑːnə, ᴬ-moʊn-/ [telb zn] [1] iemand die aan de overzijde van de bergen woont ⟨in het bijzonder ten noorden van de Alpen⟩ [2] vreemdeling, buitenlander [3] onbeschaafd mens, barbaar [4] tramontane ⟨koude Adriatische noordenwind⟩

²**tra·mon·tane** /trɒmɒntein, ᴬ-mæn-/ [bn] [1] van over de bergen ⟨in het bijzonder van de noordkant van de Alpen⟩ [2] vreemd, buitenlands [3] onbeschaafd, barbaars [4] noordelijk, noorden- ⟨m.b.t. wind, in het bijzonder de tramontane⟩

¹**tramp** /træmp/, ⟨in betekenis 5 ook⟩ **tramp steamer** [telb zn] [1] tred, zware stap, stamp [2] voettocht, trektocht, mars ♦ *on the tramp* op de dool, de boer op [3] zoolbeslag [4] tramp, vagebond, zwerver, landloper [5] tramp(boot), vrachtzoeker, wilde boot [6] ⟨sl⟩ slet, lichtekooi

²**tramp** /træmp/ [niet-telb zn] getrappel, gestamp, geloop

³**tramp** /træmp/ [onov ww] [1] stappen, marcheren, benen, stampen [2] lopen, trekken, wandelen, een voettocht maken [3] rondzwerven, rondtrekken, ronddolen

⁴**tramp** /træmp/ [ov ww] [1] aflopen, afzwerven, doorlopen [2] trappen op, stampen op, vertrappelen, vertreden ♦ *tramp down* vertreden, vertrappen, plattrappen [·] ⟨inf⟩ *tramp it* lopen, trekken, te voet gaan

¹**tram·ple** /træmpl/ [telb zn] getrappel

²**tram·ple** /træmpl/ [onov ww] trappe(le)n, stappen, treden ♦ *trample about* rondstappen, rondmarcheren; *trample on s.o.'s feelings* iemands gevoelens kwetsen; *trample (up)on* trappen op, vertrapp(el)en ⟨fig⟩ met voeten treden

³**tram·ple** /træmpl/ [ov ww] vertrapp(el)en, trappen op, vertreden ♦ *trample to death* doodtrappen, doodstampen; *trample under foot* onder de voet lopen; ⟨fig⟩ met voeten treden

tram·pler /træmplə, ᴬ-ər/ [telb zn] trapper, trappelaar

¹**tram·po·line** /træmpəliːn, ᴬtræmpəliːn/ [telb zn] trampoline

²**tram·po·line** /træmpəliːn, ᴬtræmpəliːn/ [onov ww] ⟨op de⟩ trampoline springen; → trampolining

tram·po·lin·ing /træmpəliːnɪŋ/ [niet-telb zn; gerund van trampoline] (het) trampolinespringen

tram·way [telb zn] [1] tramweg [2] tramspoor

¹**trance** /trɑːns, ᴬtræns/ [telb + niet-telb zn] [1] trance, bedwelming, verlaagd/gewijzigd bewustzijn, droomtoestand, hypnose, extase, geestvervoering, geestverrukking ♦ *fall/go into a trance* in trance geraken; *be in a trance* in trance zijn; *send s.o. into a trance* iemand in trance brengen [2] catalepsie, schijndood

²**trance** /trɑːns, ᴬtræns/ [niet-telb zn] ⟨muz⟩ trance(muziek)

³**trance** /trɑːns, ᴬtræns/ [ov ww] ⟨form⟩ in trance/e brengen

tranche /trɑːnʃ, ᴬtrɑːnʃ/ [telb zn] tranche, deel ⟨van lening⟩

tran·ny /træni/ [telb zn] ⟨vnl BE; inf⟩ transistor(radio)

tran·quil /træŋkwɪl/ [bn; bw: ~ly; zn: ~ness] [1] kalm, gerust, rustig, bedaard, tranquil [2] sereen, vredig ♦ *tranquil waters* vredige/rimpelloze waters

tran·quil·i·ty, ⟨AE soms⟩ **tran·quil·li·ty** /træŋkwɪləti/ [niet-telb zn] kalmte, rust(igheid), gerustheid, tranquilliteit

tran·quil·li·za·tion, tran·quil·li·sa·tion /træŋkwɪlaɪzeɪʃn, ᴬ-lə-/ [telb + niet-telb zn] kalmering, bedaring

tran·quil·lize, tran·quil·lise /træŋkwɪlaɪz/ [onov + ov ww] kalmeren, (doen) bedaren, tot bedaren/rust brengen/komen

tran·quil·liz·er, tran·quil·lis·er /træŋkwɪlaɪzə, ᴬ-ər/ [telb zn] tranquillizer, kalmerend middel

trans [afk] [1] (transaction) [2] (transitive) [3] (translated) [4] (translation) [5] (translator) [6] (transportation) [7] (transpose) [8] (transposition) [9] (transverse) [10] (verk: transsexual)

trans- /træns, trænz/ trans-, over-, ver-, door-, -om ♦ *transform* transformeren, omzetten; *transpose* verplaatsen; *transcribe* transcriberen, overschrijven; *translucid* doorschijnend

¹**trans·act** /trænzækt/ [onov ww] [1] zaken doen/afhandelen/afwikkelen, onderhandelen [2] transigeren, een vergelijk treffen, een compromis sluiten

²**trans·act** /trænzækt/ [ov ww] verrichten, doen, afhandelen, afwikkelen ♦ *transact business with s.o.* met iemand zaken doen/afhandelen

¹**trans·ac·tion** /trænzækʃn/ [telb zn] transactie, zaak, verrichting, handelsovereenkomst ♦ *commercial transactions* handelsverkeer

²**trans·ac·tion** /trænzækʃn/ [telb + niet-telb zn] [1] afhandeling, afwikkeling, uitvoering [2] ⟨jur⟩ transactie, schikking, vergelijk

trans·ac·tions /trænzækʃnz/ [alleen mv] handelingen, rapport, verslagen ♦ *the Transactions of the Philological Society* de Handelingen van het Filologisch Genootschap

trans·ac·tor /trænzæktə, ᴬ-ər/ [telb zn] [1] uitvoerder, afhandelaar, afwikkelaar [2] onderhandelaar

trans·al·pine /trænzælpaɪn/ [bn, attr] trans-Alpijns ⟨voornamelijk gezien vanuit Italië⟩

trans·at·lan·tic /trænzətlæntɪk/ [bn] [1] trans-Atlantisch ⟨Amerikaans voor Europa; Europees voor Amerika⟩ [2] trans-Atlantisch ⟨over de Atlantische Oceaan⟩ ♦ *transatlantic flights* trans-Atlantische vluchten

trans·ceiv·er /trænsiːvə, ᴬ-ər/ [telb zn] ⟨radio⟩ zendontvanger, zendontvangapparaat

¹**tran·scend** /trænsend/ [onov ww] ⟨vero⟩ uitmunten, uitblinken

²**tran·scend** /trænsend/ [ov ww] [1] te boven gaan, uitreiken boven, transcenderen ♦ *it transcends the human mind* het gaat het menselijke verstand te boven [2] overtreffen ♦ *he transcends himself* hij overtreft zichzelf

tran·scen·dence /trænsendəns/, **tran·scen·den·cy** /-si/ [niet-telb zn] [1] superioriteit, voortreffelijkheid [2] ⟨filos, rel⟩ transcendentie

tran·scen·dent /trænsendənt/ [bn; bw: ~ly; zn: ~ness] [1] superieur, alles/allen overtreffend, buitengewoon, excellent, voortreffelijk [2] ⟨filos, rel⟩ transcendent, buitenaards, bovenaards, bovenzintuiglijk, buitenzintuiglijk, onkenbaar, onvatbaar [3] ⟨wisk⟩ transcendent(aal) ♦ *pi is a transcendent number* pi is een transcendent getal

tran·scen·den·tal /trænsendentl/ [bn; bw: ~ly] [1] ⟨filos⟩ transcendentaal, ⟨i.h.b. bij Kant⟩ a-priorisch, a priori, reëel ♦ *transcendental cognition* transcendentale kennis,

transcendentalism

a-priorikennis; *transcendental object* reëel object; *transcendental unity* transcendentale eenheid [2] **transcendentaal,** bovenzinnelijk, bovenzintuiglijk ♦ *transcendental meditation* transcendente meditatie [3] **geëxalteerd,** mystisch, visionair [4] **abstract,** duister, vaag [5] ⟨wisk⟩ **transcendent(aal)** ♦ *transcendental function* transcendentale functie; *transcendental number* transcendent getal

tran·scen·den·tal·ism /trænsendentlɪzm/ [niet-telb zn] ⟨filos⟩ **transcendentalisme,** transcendentale filosofie

tran·scen·den·tal·ist /trænsendentlɪst/ [telb zn] ⟨filos⟩ **transcendentaal filosoof**

trans·con·ti·nen·tal /trænskɒntɪnentl, ᴬ-kɑntnentl/ [bn] **transcontinentaal**

tran·scribe /trænskraɪb/ [ov ww] [1] **transcriberen,** voluit schrijven ⟨stenogram⟩, overschrijven, afschrijven, (in een andere spelling/tekens) overbrengen, in fonetisch schrift omzetten, ⟨muz⟩ bewerken, in een andere zetting overbrengen ♦ *transcribe the music for organ* de muziek voor orgel bewerken; *transcribe books into braille* boeken in brailleschrift transcriberen [2] ⟨radio⟩ **opnemen** ⟨voor latere uitzending⟩

tran·scrib·er /trænskraɪbə, ᴬ-ər/ [telb zn] [1] **overschrijver,** afschrijver, kopiist [2] **transcribeerder**

tran·script /trænskrɪpt/ [telb zn] **afschrift,** kopie

tran·scrip·tion /trænskrɪpʃn/ [telb + niet-telb zn] [1] **transcriptie,** afschrift, het overschrijven/afschrijven, ⟨muz⟩ bewerking, omzetting, arrangement [2] ⟨radio⟩ **opname** ⟨voor latere uitzending⟩

tran·scrip·tion·al /trænskrɪpʃnəl/ [bn, attr; bw: ~ly] **transcriptie-,** afschrijf-, overschrijf-

tran·scrip·tive /trænskrɪptɪv/ [bn; bw: ~ly] **overschrijvend,** imitatief, nabootsend

trans·duc·er /trænzdjuːsə, træns-, ᴬ-duːsər/ [telb zn] ⟨techn⟩ **transductor,** omvormer, omzetter

trans·duc·tion /trænzdʌkʃn, træns-/ [telb + niet-telb zn] ⟨genetica⟩ **transductie**

trans·earth /trænzɜːθ, ᴬ-ɜrθ/ [bn, attr] ⟨ruimtev⟩ **voorbij de aarde,** om de aarde heen, ⟨oneig⟩ naar de aarde (toe) ⟨van baan⟩

tran·sect /trænsekt/ [ov ww] **dwars doorsnijden**

¹**tran·sec·tion** /trænsekʃn/ [telb zn] **dwarsdoorsnede**

²**tran·sec·tion** /trænsekʃn/ [niet-telb zn] **het dwars doorsnijden**

tran·sept /trænsept/ [telb zn] ⟨bouwk⟩ **transept,** kruisbeuk, dwarsbeuk, dwarsschip

¹**trans·fer** /trænsfɜː, ᴬ-fɜr/ ⟨in betekenissen 1 en 4 ook⟩ **trans·fer·al, trans·fer·ral** /trænzfːrəl/ [telb zn] [1] ⟨benaming voor⟩ **overgeplaatste,** overgeplaatste militair, nieuwe leerling/student, transfer(speler) [2] **overschrijvingsbiljet, overschrijvingsformulier** [3] ⟨jur⟩ **overdrachtsakte, overdrachtsbrief** [4] **overdruk,** afdruk [5] **overdrukplaatje,** calqueerplaatje, decalcomanieplaatje, transfer [6] ⟨vnl AE⟩ **overstapkaartje** [7] **overstapstation** [8] **overzetplaats, overzetboot** ⟨voornamelijk voor trein⟩ [9] **verbindingsspoor**

²**trans·fer** /trænsfɜː, ᴬ-fɜr/ ⟨in betekenissen 1,2 en 3 ook⟩ **trans·fer·al, trans·fer·ral** /trænzfːrəl/ [telb + niet-telb zn] [1] **overmaking,** overhandiging [2] **overplaatsing,** verplaatsing, overbrenging, ⟨sport⟩ transfer [3] ⟨fin⟩ **overdracht,** overschrijving, overboeking, remise, transfer ♦ *transfer of shares* overdracht van aandelen [4] ⟨psych⟩ **transfer,** overdracht

³**trans·fer** /trænsfɜː, ᴬ-fɜr/ [onov ww] [1] **overstappen** ♦ *transfer from the train to the subway* van de trein naar de metro overstappen [2] **overgaan,** overgeplaatst/gemuteerd worden, veranderen ⟨van plaats, werk, school⟩ ♦ *he wanted to transfer to another club* hij hoopte naar een andere club over te gaan/van club te veranderen

⁴**trans·fer** /trænsfɜː, ᴬ-fɜr/ [ov ww] [1] **overmaken,** overhandigen [2] **overplaatsen,** verplaatsen, overbrengen ♦ *transfer an office from one place to another* een kantoor van een plaats naar een andere overbrengen [3] **overdragen,** overboeken, transfereren ♦ *transfer one's rights to s.o.* zijn rechten aan iemand (anders) overdragen [4] **overdrukken,** (de)calqueren [5] ⟨sport⟩ **transfereren** ⟨speler⟩ [6] ⟨taalk⟩ **overdrachtelijk/figuurlijk gebruiken** ⟨woord, uitdrukking⟩ ♦ *transferred meaning* overdrachtelijke betekenis

trans·fer·a·bil·i·ty /trænsfɜːrəbɪləti/ [niet-telb zn] [1] **verplaatsbaarheid** [2] **overdraagbaarheid** [3] ⟨fin⟩ **transferabiliteit,** inwisselbaarheid, verhandelbaarheid ⟨van cheque e.d.⟩

trans·fer·a·ble /trænsfɜːrəbl/ [bn] [1] **verplaatsbaar** [2] **overdraagbaar** ♦ *not transferable* persoonlijk; *a transferable vote* een overdraagbare stem [3] ⟨fin⟩ **transferabel,** inwisselbaar, verhandelbaar ⟨cheque e.d.⟩

transfer book [telb zn] **overdrachtsregister**

transfer deal [telb zn] ⟨sport⟩ **transferovereenkomst**

transfer demand [telb zn] ⟨sport⟩ **transferaanvraag**

trans·fer·ee /trænsfəriː/ [telb zn] [1] **overgeplaatste** [2] ⟨jur⟩ **cessionaris,** verkrijger, begunstigde

trans·fer·ence /trænsfrəns, ᴬtrænsfɜr-/, **trans·fer·al, trans·fer·ral** [telb + niet-telb zn] [1] **overmaking,** overhandiging [2] **overplaatsing,** verplaatsing, overbrenging [3] **overdracht,** overboeking, overschrijving, remise, transfer [4] ⟨psych⟩ **het overbrengen,** overbrenging ⟨van gevoelens, naar een ander object⟩

transfer fee [telb zn] ⟨sport⟩ **transfersom, transferbedrag** ⟨voor speler⟩

transfer list [telb zn] ⟨sport⟩ **transferlijst**

transfer market [telb zn] ⟨sport⟩ **transfermarkt**

transfer paper [niet-telb zn] **afdrukpapier,** decalcomanie

transfer payment [telb zn; vaak mv] **overdrachtsuitgave,** transfer payment

transfer picture [telb zn] **overdrukplaatje,** calqueerplaatje, decalcomania

trans·fer·rer /trænsfɜːrə, ᴬ-fɜrər/, ⟨in betekenis 2 vnl⟩ **trans·fer·or** /-fɜːrə, ᴬ-fɜrər/ [telb zn] [1] **overdrager,** overmaker, overbrenger [2] ⟨jur⟩ **cedent,** overdrager

trans·fer·rin /trænsfɜːrɪn/ [niet-telb zn] ⟨biochem⟩ **transferrine**

transfer RNA [niet-telb zn] ⟨biochem⟩ **transfer-RNA,** overdrachts-RNA, transport-RNA

trans·fig·u·ra·tion /trænsfɪɡjʊreɪʃn, ᴬ-ɡjə-/ [telb + niet-telb zn] **transfiguratie,** gedaanteverandering, gedaanteverwisseling, metamorfose

Trans·fig·u·ra·tion /trænsfɪɡjʊreɪʃn, ᴬ-ɡjə-/ [eigenn] [1] ⟨the⟩ **transfiguratie,** verheerlijking ⟨van Christus; Matth. 17:2⟩ [2] **feest van de transfiguratie** ⟨6 augustus⟩

trans·fig·ure /trænsfɪɡə, ᴬ-fɪɡjər/ [ov ww] [1] **transfigureren,** herscheppen, een andere gedaante geven [2] **transfigureren,** verheerlijken

trans·fi·nite /trænsfaɪnaɪt/ [bn] ⟨ook wisk⟩ **oneindig** ♦ *transfinite number* oneindig getal

trans·fix /trænsfɪks/ [ov ww] [1] **doorboren,** doorsteken ⟨bijvoorbeeld met lans⟩ [2] ⟨vast⟩ **spietsen** [3] **als aan de grond nagelen,** verlammen ♦ *he stood transfixed with horror* hij stond als aan de grond genageld van afgrijzen

¹**trans·form** /trænsfɔːm, ᴬ-fɔrm/ [telb zn] ⟨taalk, wisk⟩ **(product van) transformatie**

²**trans·form** /trænsfɔːm, ᴬ-fɔrm/ [onov ww] [1] ⟨van vorm/gedaante/karakter⟩ **veranderen,** een gedaanteverwisseling ondergaan [2] ⟨taalk, wisk⟩ **getransformeerd worden**

³**trans·form** /trænsfɔːm, ᴬ-fɔrm/ [ov ww] [1] ⟨van vorm/gedaante/karakter doen⟩ **veranderen,** transformeren, herscheppen, hervormen, omvormen ♦ *stress transformed him into an aggressive man* de stress veranderde hem in een agressief man [2] ⟨ook elektriciteit⟩ **omzetten,** transformeren ♦ *transform sugar into energy* suiker in/tot energie omzetten [3] ⟨taalk, wisk⟩ **transformeren,** herleiden

4 ⟨genetica⟩ transformatie laten ondergaan
trans·form·a·ble /trænsfɔ:məbl, ᴬ-fɔr-/ [bn] 1 transformeerbaar, veranderbaar, omvormbaar 2 ⟨taalk, wisk⟩ transformeerbaar, herleidbaar
¹**trans·for·ma·tion** /trænsfəmeɪʃn, ᴬ-fər-/ [telb zn] pruik, haarstukje ⟨voor vrouwen⟩
²**trans·for·ma·tion** /trænsfəmeɪʃn, ᴬ-fər-/ [telb + niet-telb zn] 1 transformatie, vervorming, (gedaante)verandering, metamorfose, omzetting 2 ⟨taalk, wisk⟩ transformatie, herleiding 3 ⟨natuurk⟩ transformatie, transmutatie 4 ⟨genetica⟩ transformatie
trans·for·ma·tion·al /trænsfəmeɪʃnəl, ᴬ-fər-/ [bn] transformationeel ♦ ⟨taalk⟩ *transformational grammar* transformationele grammatica
trans·for·ma·tion·al·ism /trænsfəmeɪʃnəlɪzm, ᴬ-fər-/ [niet-telb zn] ⟨taalk⟩ transformationalisme, transformationele taalkunde
trans·for·ma·tion·al·ist /trænsfəmeɪʃnəlɪst, ᴬ-fər-/ [telb zn] ⟨taalk⟩ transformationalist
transformation scene [telb zn] toneelwisseling ⟨bij open gordijn⟩, ⟨i.h.b.⟩ begin van de harlekinade
trans·for·ma·tive /trænsfɔ:mətɪv, ᴬ-fɔrmətɪv/ [bn] transformerend, herscheppend, hervormend, veranderend
trans·form·er /trænsfɔ:mə, ᴬ-fɔrmər/ [telb zn] 1 hervormer, veranderaar, omzetter 2 ⟨elek⟩ transformator
trans·form·ism /trænsfɔ:mɪzm, ᴬ-fər-/ [niet-telb zn] ⟨biol⟩ transformisme, evolutietheorie
trans·fuse /trænsfju:z/ [ov ww] 1 overgieten, overstorten 2 doordringen, infiltreren, doorsijpelen, ⟨fig ook⟩ inprenten, overdragen ♦ *he transfused his enthusiasm into his pupils/his pupils with his enthusiasm* hij doordrong zijn leerlingen van zijn enthousiasme/droeg zijn enthousiasme op zijn leerlingen over 3 een transfusie/infusie geven (van) ♦ *transfuse blood* een bloedtransfusie geven; *transfuse a patient* een patiënt een (bloed)transfusie geven
trans·fus·i·ble /trænsfju:zəbl/ [bn] geschikt voor transfusie
trans·fu·sion /trænsfju:ʒn/ [telb + niet-telb zn] transfusie, overgieting, ⟨med⟩ (bloed)transfusie
trans·fu·sion·al /trænsfju:ʒnəl/ [bn, attr] ⟨med⟩ transfusie- ♦ *transfusional shock* transfusieshock
trans·gen·der /trænzdʒendə, ᴬ-ər/, **trans·gen·der·ed** /trænzdʒendəd, ᴬ-ərd/ [bn, attr] als van een transgenderist, transgender-
trans·gen·ic /trænzdʒenɪk/ [bn] ⟨genetica⟩ transgeen ⟨met een vreemd gen⟩ ♦ *transgenic mice* transgene muizen
¹**trans·gress** /trænzgres/ [onov ww] ⟨form⟩ 1 een overtreding begaan 2 zondigen
²**trans·gress** /trænzgres/ [ov ww] ⟨form⟩ 1 overtreden, inbreuk maken op, schenden, zondigen tegen ♦ *transgress a commandment* een gebod overtreden 2 overschrijden, passeren
trans·gres·sion /trænzgreʃn/ [telb + niet-telb zn] ⟨form⟩ 1 overtreding, schending, zonde 2 ⟨ook financiën⟩ overschrijding, transgressie
trans·gres·sive /trænzgresɪv/ [bn; bw: ~ly] ⟨form⟩ 1 overtredend, strijdig, zondig ♦ *transgressive of the prescriptions* strijdig met de voorschriften 2 overschrijdend
trans·gres·sor /trænzgresə, ᴬ-ər/ [telb zn] ⟨form⟩ 1 overtreder, schender, zondaar 2 overschrijder
tranship, transhipment [niet-telb zn] → **transship**
trans·hu·mance /trænshju:məns, ᴬ-(h)ju:-/ [telb + niet-telb zn] verweiding, het overbrengen van de kudde ⟨naar andere weidegrond⟩
tran·sience /trænzɪəns, ᴬtrænʃns/, **tran·sien·cy** /-si/ [niet-telb zn] vluchtigheid, kortstondigheid, vergankelijkheid
¹**tran·sient** /trænzɪənt, ᴬtrænʃnt/ [bn] 1 ⟨benaming voor⟩ tijdelijk aanwezig persoon, tijdelijke werkkracht,

translate

passant, iemand op doorreis 2 ⟨techn⟩ ⟨benaming voor⟩ vluchtig fenomeen, ⟨i.h.b.⟩ stroomstoot
²**tran·sient** /trænzɪənt, ᴬtrænʃnt/ [bn; bw: ~ly; zn: ~ness] 1 voorbijgaand, vluchtig, kortstondig, vergankelijk, tijdelijk 2 doorreizend, doortrekkend 3 ⟨muz⟩ transitie-, overgangs-, verbindings- ♦ *transient chord* verbindingsakkoord
trans·il·lu·mi·nate /trænsɪlu:mɪneɪt/ [ov ww] ⟨vnl med⟩ doorlichten
trans·i·re /trænsaɪəri/ [telb zn] ⟨BE; handel⟩ geleidebiljet
tran·sis·tor /trænzɪstə, -sɪ-, ᴬ-ər/, ⟨in betekenis 2 ook⟩ **transistor radio** [telb zn] 1 transistor ⟨halfgeleider⟩ 2 transistor(radio)
tran·sis·tor·ize, tran·sis·tor·ise /trænzɪstəraɪz, -sɪ-/ [ov ww] transistoriseren, met transistors uitrusten
¹**tran·sit** /trænsɪt, -zɪt/ [telb zn] ⟨astron⟩ transietinstrument
²**tran·sit** /trænsɪt, -zɪt/ [telb + niet-telb zn] overgang, voorbijgang, doorgang, passage ⟨van hemellichaam⟩
³**tran·sit** /trænsɪt, -zɪt/ [niet-telb zn] 1 doorgang, doortocht, passage 2 transit, doorvoer, vervoer ♦ *in transit* tijdens het vervoer, onderweg 3 ⟨AE⟩ lokaal transport ⟨van personen, goederen⟩
⁴**tran·sit** /trænsɪt, -zɪt/ [onov + ov ww] voorbijgaan, passeren, doorgaan, trekken door, gaan over
transit camp [telb zn] doorgangskamp
transit circle, ⟨in betekenis 2 ook⟩ **transit instrument** [telb zn] ⟨astron⟩ 1 meridiaancirkel, uurcirkel 2 meridiaankijker, meridiaancirkel, transietinstrument, doorgangsinstrument, passage-instrument
transit compass, transit theodolite [telb zn] ⟨landmeetk⟩ transietinstrument ⟨voor het meten van horizontale hoeken⟩
transit country [telb zn] doorvoerland
transit duty [telb zn] transitorecht, doorvoerrecht
tran·si·tion /trænzɪʃn/ [telb + niet-telb zn] 1 overgang, transitie ♦ *period of transition* overgangsperiode 2 ⟨muz⟩ transitie, modulatie, overgang
tran·si·tion·al /trænzɪʃnəl/ [bn; bw: ~ly] tussenliggend, overgangs-, tussen-
tran·si·tion·a·ry /trænzɪʃənri, ᴬ-neri/ [bn, attr] overgangs-, tussen-
transition period [telb zn] overgangsperiode
¹**tran·si·tive** /trænsɪtɪv, -zɪtɪv/ [telb zn] ⟨taalk⟩ transitief (werkwoord), overgankelijk werkwoord, transitieve vorm
²**tran·si·tive** /trænsɪtɪv, -zɪtɪv/ [bn; bw: ~ly; zn: ~ness] 1 ⟨taalk⟩ transitief, overgankelijk 2 ⟨wisk, log⟩ transitief, overdraagbaar
tran·si·tiv·i·ty /trænsɪtɪvɪti, -zɪ-/ [niet-telb zn] ⟨taalk, wisk, log⟩ transitiviteit, ⟨taalk ook⟩ overgankelijkheid
transit lounge [telb zn] ⟨luchtv⟩ transitlounge
tran·si·to·ry /trænsɪtri, -zɪ-, ᴬtrænsɪtɔri/ [bn; bw: transitorily; zn: transitoriness] voorbijgaand, vluchtig, kortstondig, vergankelijk, tijdelijk ♦ ⟨jur⟩ *transitory action* niet aan rechtsgebied van het aangeklaagde feit gebonden actie
transit trade [niet-telb zn] transitohandel, doorvoerhandel
transit visa [telb zn] transitvisum, doorreisvisum
Trans-Jor·dan /trænzdʒɔ:dn, ᴬ-dʒɔrdn/ [eigenn] ⟨gesch⟩ Trans-Jordanië ⟨vroegere naam van Jordanië; 1922-49⟩
trans·lat·a·bil·i·ty /trænzleɪtəbɪlɪti, træns-/ [niet-telb zn] vertaalbaarheid
trans·lat·a·ble /trænzleɪtəbl, træns-/ [bn; zn: ~ness] vertaalbaar
trans·late /trænzleɪt, træns-/ [onov + ov ww] 1 vertalen, overzetten, overbrengen ♦ *this expression does not translate* deze uitdrukking is niet te vertalen; *translate a sentence from English into Dutch* een zin uit het Engels in het Ne-

translation

derlands vertalen; *translate literary language* **to** *everyday language* literaire in alledaagse taal overzetten ② interpreteren, uitleggen, vertolken ♦ *I translated his gestures wrongly* ik interpreteerde zijn gebaren verkeerd ③ omzetten, omvormen ⟨ook biochemie⟩ ♦ *translate ideas into actions* ideeën in daden omzetten ④ doorseinen ⟨telegram⟩ ⑤ ⟨form; rel⟩ overplaatsen, overbrengen ♦ *the bishop was translated to another see* de bisschop werd naar een andere residentie overgeplaatst; *the saint's relics were translated to the cathedral* de relieken van de heilige werden naar de kathedraal overgebracht ⑥ ⟨rel⟩ (ten hemel) opnemen, wegnemen ♦ ⟨Bijb⟩ *by faith Enoch was translated* door het geloof is Henoch weggenomen ⟨Hebr. 11:5⟩ ⑦ ⟨natuurk, wisk⟩ (parallel) verschuiven

trans·la·tion /trænzleɪʃn, træns-/ [telb + niet-telb zn] ① vertaling ♦ *simultaneous translation* simultaanvertaling ② omzetting, omvorming ③ ⟨form; rel⟩ translatie, overplaatsing, overbrenging ④ ⟨comm⟩ omzetting ⟨van signaal⟩ ⑤ ⟨natuurk, wisk⟩ translatie ⟨verplaatsing zonder rotatie⟩ ⑥ ⟨biochem⟩ translatie ⟨van genetische code in eiwitstructuur⟩ ⑦ ⟨jur⟩ overdracht ⟨voornamelijk van inbaar tegoed⟩

trans·la·tion·al /trænzleɪʃnəl, træns-/ [bn] ① vertalend, vertalings-, vertaal- ② ⟨natuurk⟩ translatorisch

translation dictionary [telb zn] vertaalwoordenboek

trans·la·tor /trænzleɪtə, træns-, ˄-leɪtər/ [telb zn] ① vertaler, vertaalster ② tolk ③ ⟨comm⟩ omzetter, vertolker ⟨van signaal⟩ ④ ⟨comp⟩ vertaler, vertaalprogramma

trans·la·tor·ese /trænzleɪtəriːz, træns-/ [niet-telb zn] armzalige vertaling, vertalersjargon

trans·lit·er·ate /trænzlɪtəreɪt, træns-/ [ov ww] transcriberen, omspellen ♦ *transliterate a Russian name into Roman script* een Russische naam in Romeins schrift overzetten

trans·lit·er·a·tion /trænzlɪtəreɪʃn, træns-/ [telb + niet-telb zn] transliteratie, transcriptie

trans·lo·ca·tion /trænzloʊkeɪʃn, træns-/ [telb + niet-telb zn] ① translocatie, verplaatsing, overplaatsing ② ⟨plantk⟩ stofverplaatsing ③ ⟨biochem⟩ translocatie ⟨omwisseling van niet-homogene chromosomen⟩

trans·lu·cence /trænzluːsns, træns-/, **trans·lu·cen·cy** /-si/ [niet-telb zn] doorschijnendheid

trans·lu·cent /trænzluːsnt, træns-/, **trans·lu·cid** /-luːsɪd/ [bn; bw: ~ly] ① doorschijnend ② doorzichtig

trans·lu·nar /trænzluːnə, ˄-ər/ [ruimtev] voorbij de maan, om de maan heen, ⟨oneig⟩ naar de maan (toe) ⟨van baan⟩

trans·lu·nar·y /trænzluːnəri/ [bn] ① voorbij de maan liggend ② etherisch, fantastisch

trans·mi·grant /trænzmaɪgrənt/ [telb zn] ① transmigrant, landverhuizer op doortocht ② immigrant

trans·mi·grate /trænzmaɪgreɪt, ˄-maɪgreɪt/ [onov ww] ① transmigreren, verhuizen ⟨van de ziel⟩ ② migreren, trekken, verhuizen

trans·mi·gra·tion /trænzmaɪgreɪʃn/ [niet-telb zn] ① transmigratie, zielsverhuizing ② transmigratie, migratie, het trekken/verhuizen

trans·mi·gra·tor /trænzmaɪgreɪtə, ˄-maɪgreɪtər/ [telb zn] transmigrant

trans·mi·gra·to·ry /trænzmaɪgrətri, ˄-tɔri/ [bn, attr] transmigratie-, transmigrerend

trans·mis·si·ble /trænzmɪsəbl, træns-/ [bn] ① overdraagbaar ② overleverbaar ③ overerfelijk

¹**trans·mis·sion** /trænzmɪʃn, træns-/ [telb zn] ① uitzending, programma ② ⟨techn⟩ transmissie, overbrenging, versnellingsbak ③ ⟨techn⟩ drijfwerk ⟨bijvoorbeeld van horloge⟩, aandrijving

²**trans·mis·sion** /trænzmɪʃn, træns-/ [niet-telb zn] ① overbrenging, overdracht ⟨ook m.b.t. ziekte, erfelijkheid⟩, transmissie ② overlevering, het doorgeven ③ ⟨comm⟩ uitzending, het overseinen/doorsturen, verzending ⟨van gegevens⟩ ④ ⟨natuurk⟩ het doorlaten, doorlating, geleiding

transmission line [telb zn] ⟨elek⟩ transmissielijn, hoogspanningsleiding

trans·mis·sive /trænzmɪsɪv, træns-/ [bn] ① overbrengend, overdragend ② overdraagbaar

trans·mit /trænzmɪt, træns-/ [onov + ov ww] ① overbrengen, overdragen ⟨ook m.b.t. ziekte, erfelijkheid⟩, overmaken, transmitteren ♦ *transmit a disease to children* een ziekte op kinderen overbrengen/dragen; *transmit a message* een boodschap overbrengen; *transmit power from the engine to the weels* kracht van de motor naar de wielen overbrengen; *sexually transmitted disease* seksueel overdraagbare aandoening/ziekte ② overleveren, doorgeven, voortplanten ⟨tradities, e.d.⟩ ③ ⟨comm⟩ overseinen, doorseinen, uitzenden ♦ *transmit a message by radio to another continent* een bericht via de radio naar een ander continent uitzenden ④ ⟨natuurk⟩ doorlaten, geleiden ♦ *metals transmit electricity* metalen geleiden elektriciteit; *transmitted light* doorvallend licht

trans·mit·ta·ble /trænzmɪtəbl, træns-/ [bn] overdraagbaar

trans·mit·tal /trænzmɪtl, træns-/ [bn] ① overbrenging, overmaking ② het doorgeven

trans·mit·ter /trænzmɪtə, træns-, ˄-mɪtər/ [telb zn] ① overbrenger, overdrager ② overleveraar ③ ⟨comm⟩ seintoestel, seingever ④ ⟨comm⟩ microfoon ⟨van telefoon⟩ ⑤ ⟨comm⟩ zender ⟨radio, tv⟩

trans·mog·ri·fi·ca·tion /trænzmɒgrɪfɪkeɪʃn, ˄-mɑ-/ [telb + niet-telb zn] ⟨scherts⟩ omtovering, gedaanteverandering, metamorfose

trans·mog·ri·fy /trænzmɒgrɪfaɪ, ˄-mɑ-/ [ov ww] ⟨scherts⟩ omtoveren, metamorfoseren

trans·mon·tane /trænzmɒnteɪn, ˄trænsmɒn-/ [bn] ① (van) over de bergen ⟨voornamelijk noordelijk van de Alpen⟩ ② vreemd ③ barbaars

trans·mun·dane /trænzmʌndeɪn/ [bn] buitenwereldlijk

trans·mut·a·bil·i·ty /trænzmjuːtəbɪləti/ [niet-telb zn] transmutabiliteit

trans·mut·a·ble /trænzmjuːtəbl/ [bn; bw: transmutably; zn: ~ness] transmutabel

trans·mu·ta·tion /trænzmjuːteɪʃn/ [telb + niet-telb zn] ⟨alch; kernfys; geometrie; biol⟩ transmutatie, omzetting, overgang, verandering

trans·mut·a·tive /trænzmjuːtətɪv/ [bn] transmuterend, transmutatie-

trans·mute /trænzmjuːt, træns-/ [ov ww] transmuteren, omzetten, omvormen, veranderen, doen overgaan ♦ *transmute copper into gold* koper in goud doen veranderen

trans·mut·er /trænzmjuːtə, træns-, ˄-mjuːtər/ [telb zn] transmutator, omzetter

trans·na·tion·al /trænznæʃnəl/ [bn] transnationaal, grensoverschrijdend, internationaal

trans·o·ce·an·ic /trænzoʊʃiænɪk, træns-/ [bn] ① overzees ② over de oceaan (gaand) ♦ *transoceanic flights* oceaanvluchten

tran·som /trænsm/, ⟨in betekenissen 3,4 ook⟩ **transom window** [telb zn] ① dwarsbalk ⟨in het bijzonder in raam⟩, glashout, (midden)kalf ② bovendorpel ⟨van deur⟩ ③ raam met dwarsbalk ④ ⟨AE⟩ bovenlicht, bovenraam ⑤ ⟨scheepv⟩ hekbalk ⑥ ⟨scheepv⟩ hek, spiegel

tran·somed /trænsəmd/ [bn] met (een) dwarsbalk(en)

transom hitch [telb zn] ⟨waterskiën⟩ spiegelbevestiging ⟨skilijnbevestiging aan achterkant boot⟩

tran·son·ic, trans-son·ic /trænsɒnɪk, ˄-sɑnɪk/ [bn] transsoon

trans·pa·cif·ic /trænzpəsɪfɪk, træns-/ [bn] over de Stille Zuidzee (gaand)

Trans·pa·dane /trænspədeɪn/ [bn, attr] Transpadaans,

over de Po gelegen/wonend, ⟨i.h.b.⟩ noordelijk van de Po gelegen/wonend

¹**trans·par·en·cy** /trænspærənsi, ᴬ-spər-/, **trans·par·ence** /-rəns/ [telb zn] ⟨foto⟩ dia(positief), transparant

²**trans·par·en·cy** /trænspærənsi, ᴬ-spər-/, **trans·par·ence** /-rəns/ [niet-telb zn] ① doorzichtigheid, transparantie ② ⟨foto⟩ transparantie

trans·par·ent /trænspærənt, ᴬ-sperənt/ [bn; bw: ~ly; zn: ~ness] ① doorzichtig ⟨ook figuurlijk⟩, transparant ♦ *a transparent plan* een doorzichtig plan ② open, oprecht, eerlijk, argeloos ③ eenvoudig, gemakkelijk te begrijpen ④ ⟨techn⟩ doorlatend ⟨straling⟩

trans·pierce /trænspɪəs, ᴬ-pɪrs/ [ov ww] doorsteken

trans·pir·a·ble /trænspaɪərəbl/ [bn] ① uitzweetbaar ② transpiratie/uitzweting doorlatend, permeabel

tran·spi·ra·tion /trænspɪreɪʃn/ [niet-telb zn] transpiratie, (uit)waseming, zweet, het zweten, verdamping ⟨van bladeren⟩

¹**tran·spire** /trænspaɪə, ᴬ-ər/ [onov ww] ① transpireren, zweten ⟨van mens, dier⟩ ② transpireren, (uit)zweten, (uit)wasemen, waterdamp afgeven ⟨bijvoorbeeld planten⟩ ③ uitlekken, aan het licht komen, bekend worden ♦ *it transpired that* het lekte uit dat ④ plaatsvinden, zich voordoen

²**tran·spire** /trænspaɪə, ᴬ-ər/ [ov ww] uitwasemen, uitzweten, afgeven, afscheiden

¹**trans·plant** /trænsplɑ:nt, ᴬ-plænt/ [telb zn] getransplanteerd orgaan/weefsel, transplantaat

²**trans·plant** /trænsplɑ:nt, ᴬ-plænt/ [telb + niet-telb zn] transplantatie, het transplanteren

³**trans·plant** /trænsplɑ:nt, ᴬ-plænt/ [onov + ov ww] ① verplanten, overplanten ② overbrengen, doen verhuizen ♦ *transplant to another area* naar een ander gebied overbrengen ③ ⟨med⟩ transplanteren, overplanten

trans·plant·er /trænsplɑ:ntə, ᴬ-plæntər/ [telb zn] ① (benaming voor) wie/wat (ver)plant, planter, plantmachine ② ⟨med⟩ transplanteerder, overplanter

trans·po·lar /trænspoʊlə, træns-, ᴬ-poʊlər/ [bn, attr] transpolair, over de pool (gaand) ♦ *transpolar flights* poolvluchten

tran·spond·er /trænspɒndə, ᴬ-spɒndər/ [telb zn] ⟨comm⟩ antwoordzender, transponder

trans·pon·tine /trænspɒntaɪn, ᴬ-pɑn-/ [bn, attr] ① aan de andere kant van de/over de brug, ⟨i.h.b.⟩ aan de zuidkant van de Thames ② ⟨BE⟩ melodramatisch, drakerig ⟨van toneel⟩

¹**trans·port** /trænspɔ:t, ᴬ-spɔrt/ [telb zn] ① (benaming voor) vervoermiddel, transportmiddel, vrachtwagen, verkeersvliegtuig, transportvliegtuig ⟨enz.⟩, legertruck, troepentransportschip, troepentransportvliegtuig, transportmechanisme ⟨bijvoorbeeld voor tape⟩ ② ⟨gesch⟩ gedeporteerde, banneling

²**trans·port** /trænspɔ:t, ᴬ-spɔrt/ [telb + niet-telb zn] extase, (vlaag van) vervoering/verrukking ♦ *in a transport of anger* in een vlaag van woede; *she was in transports of joy* zij was in vervoering van vreugde

³**trans·port** /trænspɔ:t, ᴬ-spɔrt/ [niet-telb zn] transport, vervoer, overbrenging

⁴**trans·port** /trænspɔ:t, ᴬ-spɔrt/ [ov ww] ① vervoeren, transporteren, overbrengen ② ⟨gesch⟩ deporteren, verbannen, transporteren ③ ⟨form; vnl passief⟩ in vervoering brengen ♦ *transported with joy* in de wolken van vreugde

trans·port·a·bil·i·ty /trænspɔ:təbɪləti, ᴬ-spɔrtəbɪləti/ [niet-telb zn] vervoerbaarheid

¹**trans·port·a·ble** /trænspɔ:təbl, ᴬ-spɔrtəbl/ [telb zn] ⟨inf⟩ (benaming voor) verplaatsbaar/draagbaar voorwerp, (bijvoorbeeld) draagbare schrijfmachine

²**trans·port·a·ble** /trænspɔ:təbl, ᴬ-spɔrtəbl/ [bn] ① vervoerbaar, transporteerbaar, draagbaar ② ⟨gesch⟩ met de-

portatie strafbaar

transport aircraft, transport plane [telb zn] (troepen)transportvliegtuig

¹**trans·por·ta·tion** /trænspɔ:teɪʃn, ᴬ-spər-/ [telb zn] ⟨AE⟩ ① vervoermiddel, transportmiddel ② vervoerkosten, transportkosten ③ (reis)kaartje

²**trans·por·ta·tion** /trænspɔ:teɪʃn, ᴬ-spər-/ [niet-telb zn] ① vervoer, transport, overbrenging ② ⟨gesch⟩ deportatie, verbanning, transportatie ③ ⟨gesch⟩ deportatietijd, ballingschap

transport cafe [telb zn] wegrestaurant ⟨in het bijzonder voor vrachtwagenchauffeurs⟩

trans·port·er /trænspɔ:tə, ᴬ-spɔrtər/ [telb zn] ① transporteur, vervoerder ② transportmiddel, autotransportwagen, transportkraan, rijdende hefkraan, transportband

transporter bridge [telb zn] brug met hangend overzetplatform

transporter crane [telb zn] transportkraan, rijdende hefkraan

transport ship [telb zn] transportschip

trans·pos·a·ble /trænspoʊzəbl/ [bn] transponeerbaar, omzetbaar, om te zetten

trans·pose /trænspoʊz/ [ov ww] ① anders schikken, verschikken, herschikken, verwisselen, verplaatsen, omzetten ② ⟨wisk⟩ transponeren, overbrengen ⟨van het ene lid van een vergelijking naar het andere⟩ ③ ⟨muz⟩ transponeren, omzetten

trans·pos·er /trænspoʊzə, ᴬ-ər/ [telb zn] ⟨vnl muz⟩ transponeerder, omzetter

trans·po·si·tion /trænspəzɪʃn/, **trans·pos·al** /trænspoʊzl/ [telb + niet-telb zn] ① verschikking, herschikking, verwisseling, omzetting, verplaatsing ② ⟨wisk⟩ transpositie, overbrenging ③ ⟨muz⟩ transpositie, omzetting

trans·pu·ter /trænzpju:tə, ᴬ-pju:tər/ [telb zn] ⟨comp⟩ transputer ⟨krachtige microchip⟩

¹**trans·sex·u·al** /trænzsekʃʊəl/ [telb zn] transseksueel

²**trans·sex·u·al** /trænzsekʃʊəl/ [bn] transseksueel

trans·sex·u·al·ism /trænzsekʃʊəlɪzm/ [niet-telb zn] transseks(ual)isme

¹**trans·ship** /trænsʃɪp/ [onov ww] op ander transport overgaan ⟨voornamelijk boot⟩

²**trans·ship** /trænsʃɪp/ [ov ww] overschepen, overladen

trans·ship·ment /trænsʃɪpmənt/ [niet-telb zn] overscheping, overlading

Trans-Si·be·ri·an /trænsaɪbɪərɪən, ᴬ-bɪr-/ [bn, attr] trans-Siberisch

trans-sonic /trænssɒnɪk, ᴬ-sɑnɪk/ [bn] → **transonic**

tran·sub·stan·ti·ate /trænsəbstænʃieɪt/ [ov ww] transsubstantiëren ⟨voornamelijk religie⟩, transmuteren, transformeren, omzetten

tran·sub·stan·ti·a·tion /trænsəbstænʃieɪʃn/ [niet-telb zn] transsubstantiatie ⟨voornamelijk religie⟩, transmutatie, transformatie, omzetting

tran·su·date /trænsʊdeɪt, ᴬ-sə-/ [telb zn] ① doorsijpelend vocht ② ⟨med⟩ transsudaat

¹**tran·su·da·tion** /trænsjʊdeɪʃn, ᴬ-sə-/ [telb zn] ① doorsijpelend vocht ② ⟨med⟩ transsudaat

²**tran·su·da·tion** /trænsjʊdeɪʃn, ᴬ-sə-/ [telb + niet-telb zn] ⟨med⟩ transsudatie

³**tran·su·da·tion** /trænsjʊdeɪʃn, ᴬ-sə-/ [niet-telb zn] doorsijpeling

tran·su·da·to·ry /trænsju:dətri, ᴬ-su:dətɔri/ [bn, attr] transsuderend, doorsijpelend, doorzwetend

¹**tran·sude** /trænsju:d, ᴬ-su:d/ [onov ww] ① doorzweten, doorsijpelen ② ⟨med⟩ transsuderen

²**tran·sude** /trænsju:d, ᴬ-su:d/ [ov ww] zweten door, sijpelen door

trans·u·ran·ic /trænzjʊrænɪk, træns-/ [bn] ⟨scheik⟩

Transvaal daisy

transuranisch ♦ *transuranic element* transuraan(element)
Trans·vaal dai·sy [telb zn] ⟨plantk⟩ Barberton daisy ⟨Gerbera jamesoni⟩
Trans·vaal·er /trænzvɑːlə, træns-, ^-ər/ [telb zn] Transvaler
Trans·vaal·i·an /trænzvɑːliən, træns-/ [bn] Transvaals
trans·val·u·a·tion /trænzvæljʊeɪʃn, træns-/ [niet-telb zn] herwaardering
trans·val·ue /trænzvælju:, træns-/ [ov ww] herwaarderen, een andere waarde toekennen aan
¹**trans·ver·sal** /trænzvɜːsl, træns-, ^-vɜrsl/ [telb zn] ⟨geometrie⟩ transversaal, transversaal, dwarslijn
²**trans·ver·sal** /trænzvɜːsl, træns-, ^-vɜrsl/ [bn; bw: ~ly] transversaal, dwars, kruiselings
¹**trans·verse** /trænzvɜːs, træns-, ^-vɜrs/ [telb zn] ⟨benaming voor⟩ iets dwars liggends, dwarsbalk, transept, dwarsbeuk
²**trans·verse** /trænzvɜːs, træns-, ^-vɜrs/ [bn; bw: ~ly; zn: ~ness] transvers, dwars, kruiselings, transversaal ♦ ⟨natuurk⟩ *transverse wave* transversale golf
trans·vest /trænzvest, træns-/ [ov ww] travesteren ♦ *transvest o.s.* zich travesteren
trans·ves·tism /trænzvestɪzm, træns-/, **trans·ves·ti·tism** /-vestɪtɪzm/ [niet-telb zn] transvestitisme, travestie
trans·ves·tite /trænzvestaɪt, træns-/ [telb zn] tra(ns)vestiet
Tran·syl·va·ni·a /trænsɪlveɪniə/ [eigenn] Transsylvanië, Zevenburgen
¹**Tran·syl·va·ni·an** /trænsɪlveɪniən/ [telb zn] bewoner van Transsylvanië
²**Tran·syl·va·ni·an** /trænsɪlveɪniən/ [bn] Transsylvanisch
trant·er /træntə, ^trænṭər/ [telb zn] ⟨gew⟩ [1] voerman [2] venter, marskramer
¹**trap** /træp/ [telb zn] [1] ⟨benaming voor⟩ val, (val)strik, klem, net, lus, strop, til, voetangel, voetijzer, valkuil, autoval ⟨bij snelheidscontrole⟩, visfuik ♦ *lay/set a trap* een val (op)zetten, een strik spannen; *walk/fall into a trap* in de val lopen [2] valstrik, truc(je), hinderlaag, strikvraag ♦ *this question is a trap* deze vraag is een strikvraag [3] sifon, hevel, stankafsluiter [4] (op)vangapparaat, (afvoer)filter, vetvanger, afvalfilter, zandfilter, zandzeef [5] stoomafsluiter [6] katapult ⟨bijvoorbeeld bij kleiduivenschieten, slagbal⟩, werpmachine [7] starthok ⟨bij hondenraces⟩ [8] tweewielige koets/kar, wagentje, hondenkar [9] valluik, valdeur [10] ⟨golf⟩ bunker, zandhindernis [11] ⟨sl⟩ smoel, wafel, snater, klep, ratel, mond ♦ *shut your trap* hou je wafel/rebbel, kop dicht; *shut s.o.'s trap* iemand tot zwijgen brengen [12] ⟨BE; sl⟩ smeris [13] ⟨sl⟩ tent, nachtclub
²**trap** /træp/ [niet-telb zn] [1] ⟨geol⟩ trapgesteente [2] ⟨geol⟩ val ⟨structuur waarin zich gas/olie kan ophopen⟩ [3] ⟨sl⟩ bedrog, oplichterij, sluwheid, leepheid ♦ *up to all sorts of trap* in staat tot allerlei bedrog
³**trap** /træp/ [onov ww] vallen zetten, strikken spannen, vallenzetter/trapper zijn
⁴**trap** /træp/ [ov ww] [1] (ver)strikken, (in een val) vangen, ⟨fig⟩ in de val laten lopen, bedotten, bedriegen ♦ *trap the criminal* de dief in de val laten lopen; *trap s.o. into a confession* iemand door een list tot een bekentenis dwingen [2] opsluiten, insluiten, verstrikken ♦ *be trapped* opgesloten zitten, in de val zitten, vast zitten; *trapped in the wreck* opgesloten in het wrak [3] van vallen voorzien, vallen zetten in, strikken spannen in, ⟨golf⟩ met bunkers omzomen [4] opvangen, stoppen ⟨ook voetbal⟩, ophouden ♦ *mountains trap the rain* bergen vangen de regen op [5] een sifon plaatsen in, van een (stank)afsluiter voorzien, afsluiten [6] opsmukken, tooien, versieren, optuigen ⟨paard⟩
trapan [ov ww] → trepan
trap·ball [telb + niet-telb zn] slagbal

trap block [telb zn] ⟨American football⟩ muizenval ⟨tactische zet waarbij verdediger naar voren gelokt en dan geblokkeerd wordt⟩
trap-block [ov ww] ⟨American football⟩ in de muizenval doen lopen ⟨zie trap block⟩
trap·door [telb zn] valdeur, val, (val)luik
trap-door spider [telb zn] ⟨dierk⟩ valdeurspin ⟨familie Ctenizidae⟩
trapes → **traipse**
tra·peze /trəpiːz/ [telb zn] trapeze, zweefrek
tra·pe·zi·form /trəpiːzɪfɔːm, ^-fɔrm/ [bn] trapeziumvormig
tra·pez·ist /trəpiːzɪst/ [telb zn] trapezist, trapezeacrobaat, trapezewerker
tra·pe·zi·um /trəpiːziəm/ [telb zn; mv: ook trapezia /-ziə/] [1] ⟨BE⟩ trapezium [2] ⟨AE⟩ trapezoïde, onregelmatige vierhoek [3] ⟨anat⟩ handwortelbeentje, trapezium
tra·pe·zi·us /trəpiːziəs/ [telb zn] ⟨anat⟩ monnikskapspier
¹**trap·e·zoid** /træpɪzɔɪd/ [telb zn] [1] ⟨BE⟩ trapezoïde, onregelmatige vierhoek [2] ⟨AE⟩ trapezium [3] ⟨anat⟩ handwortelbeentje, trapezoïde
²**trap·e·zoid** /træpɪzɔɪd/, **trap·e·zoi·dal** /træpɪzɔɪdl/ [bn] trapezoïdaal
trap·fall [telb zn] valkuil, val(strik)
trap·pe·an /træpɪən/, **trap·pous** /-pəs/, **trap·pose** /-poʊs/ [bn] ⟨geol⟩ m.b.t./van trapgesteente, ⟨i.h.b.⟩ basalt-, basalthoudend
trap·per /træpə, ^-ər/ [telb zn] [1] vallenzetter, strikkenzetter, pelsjager, trapper, woudloper [2] luchtdeurwachter ⟨in mijn⟩ [3] katapultbediener ⟨bij kleiduivenschieten⟩ [4] koetspaard
trap·pings /træpɪŋz/ [alleen mv] [1] (uiterlijke) sieraden, ornamenten, attributen, pracht, praal, vertoon [2] staatsietuig ⟨van paard⟩, ⟨i.h.b.⟩ sjabrak, versierd zadelkleed
Trap·pist /træpɪst/ [telb zn; ook attributief] trappist ⟨monnik⟩
Trap·pist·ine /træpɪstiːn/ [telb zn] trappistin
trap·py /træpi/ [bn] ⟨inf⟩ verraderlijk, bedrieglijk ♦ *you don't walk many miles on this trappy ground* je loopt niet veel kilometers op deze verraderlijke grond
trap·rock [niet-telb zn] ⟨geol⟩ [1] trapgesteente [2] val ⟨structuur waarin zich gas/olie kan ophopen⟩
traps /træps/ [alleen mv] [1] slaginstrumenten, slagwerk [2] ⟨inf⟩ spullen, boeltje, hebben en houden, bullen, bagage
trapse → **traipse**
trap·shoot·ing [niet-telb zn] het kleiduivenschieten
¹**trash** /træʃ/ [telb zn] ⟨AE⟩ vernieling, verwoesting
²**trash** /træʃ/ [niet-telb zn] [1] rotzooi, (oude) rommel, troep, prullen ⟨ook figuurlijk van kunst enz.⟩ ♦ *stop reading that trash* hou op met die troep/rommel te lezen [2] onzin, geklets, geleuter ♦ *talk trash* onzin verkopen [3] ⟨vnl AE⟩ afval, vuil(nis) [4] ⟨vnl AE⟩ nietsnut(ten), gepeupel, uitschot [5] snoeisel, snoeihout [6] ampas ⟨uitgeperst suikerriet⟩ [7] ⟨AE; inf⟩ *talk trash* (op elkaar) schelden, beledigen ⟨vooral in sportsituatie⟩; ⟨AE; inf⟩ *talk trash about s.o.* iemand zwartmaken, iemands naam door het slijk halen
³**trash** /træʃ/ [onov ww] ⟨AE⟩ [1] de boel in elkaar slaan, alles vernielen [2] ⟨sl⟩ meubels bij het grofvuil weghalen/van de straat halen; → **trashed**, **trashing**
⁴**trash** /træʃ/ [ov ww] [1] (af)snoeien, afhakken, van de buitenste blaren ontdoen ⟨voornamelijk jong suikerriet⟩ [2] ⟨AE⟩ vernielen, verwoesten, ⟨fig⟩ kleineren, afgeven op, afkraken, ⟨sl⟩ in elkaar slaan ♦ *I don't understand why he's always trashing his sister* ik begrijp niet waarom hij altijd zo afgeeft op zijn zuster [3] ⟨als rommel/afval⟩ wegwerpen, verwerpen, in de vuilnismand gooien, afdanken [4] vuilnis/rotzooi gooien op; → **trashed**, **trashing**
trash can [telb zn] ⟨AE⟩ vuilnisemmer

trash com·pac·tor /ˈtræʃkəmpæktə, ᴬˈtræʃkəmpæktər/ [telb zn] ⟨AE⟩ afvalpers, afvalverdichter, afvalcompactor
trashed /træʃt/ [bn; volt deelw van trash] ⟨AE; inf⟩ [1] zat, kachel, dronken [2] verwoest, helemaal kapot
trash·er /ˈtræʃə, ᴬ-ər/ [telb zn] ⟨AE⟩ [1] vernieler, verwoester, vandaal [2] ⟨sl⟩ verzamelaar van op straat gezette meubels
trash·er·y /ˈtræʃəri/ [niet-telb zn] rommel, afval, bocht, uitschot, prullen, rotzooi
trash·ice [niet-telb zn] stukjes ijs met water, ijswater
trash·ing /ˈtræʃɪŋ/ [niet-telb zn; gerund van trash] ⟨AE; sl⟩ vandalisme
trash·talk [niet-telb zn] ⟨AE; inf⟩ beledigingen, gescheld, zwartmakerij
trash talking, trash-talk·ing [niet-telb zn] ⟨AE⟩ ophitsende/beledigende taal ⟨om de spelers op te fokken, bij sportevenementen⟩, gescheld, het elkaar afzeiken
trash·y /ˈtræʃi/ [bn; vergr trap: trashier; bw: trashily; zn: trashiness] waardeloos, flut-, kitscherig, prullerig ♦ *trashy novel* flutroman
trass /træs/, **tar·ras** /ˈtærəs/ [niet-telb zn] ⟨bouwk⟩ tras, tufsteen
trat·to·ri·a /trætəˈriːə, ᴬˌtrɑːtəˈriːə/ [telb zn] ⟨Italiaans⟩ eethuisje, ⟨Italiaans⟩ restaurant
trau·ma /ˈtrɔːmə, ᴬˈtraʊmə/ [telb zn; mv: ook traumata /-mətə/] [1] verwonding, trauma, letsel, wond [2] ⟨psych⟩ trauma
trau·mat·ic /trɔːˈmætɪk, ᴬtraʊˈmætɪk/ [bn; bw: ~ally] [1] traumatisch, wond- ♦ *traumatic fever* wondkoorts; *traumatic neurosis* traumatische neurose [2] onaangenaam, beangstigend, traumatisch ♦ *traumatic experience* traumatische ervaring [3] traumatologisch ⟨m.b.t. behandeling van letsels⟩
trau·ma·tism /ˈtrɔːmətɪzm, ᴬˈtraʊ-/ [telb zn] [1] traumatisme, traumatische toestand [2] verwonding, trauma, letsel, wond
trau·ma·tize, trau·ma·tise /ˈtrɔːmətaɪz, ᴬˈtraʊ-/ [ov ww] [1] (ver)wonden, kwetsen, traumatiseren [2] ⟨psych⟩ traumatiseren
trav [afk] [1] (travel(s)) [2] (travel(l)er)
¹**tra·vail** /ˈtræveɪl, ᴬtrəˈveɪl/ [telb zn] ➔ travois
²**tra·vail** /ˈtræveɪl, ᴬtrəˈveɪl/ [niet-telb zn] [1] ⟨form⟩ zware arbeid, (krachtige) inspanning, gezwoeg [2] ⟨form⟩ (ziels)kwelling, zielenstrijd, beproeving, smart [3] ⟨vero⟩ barensweeën ♦ *woman in travail* vrouw in barensnood
³**tra·vail** /ˈtræveɪl, ᴬtrəˈveɪl/ [onov ww] ⟨vero of form⟩ [1] in barensnood verkeren, barensweeën hebben [2] zwoegen, zich inspannen, zich afsloven, arbeiden, slaven
trave /treɪv/ [telb zn] [1] hoefstal, noodstal, travalje [2] ⟨bouwk⟩ dwarsbalk, kruisbalk, trabes
¹**trav·el** /ˈtrævl/ [telb zn; vaak mv] (lange) reis, rondreis, tour, trip ♦ *our travels out west* onze reizen in het verre westen
²**trav·el** /ˈtrævl/ [niet-telb zn] [1] (het) reizen ♦ *book of travel* reisverhaal, reisbeschrijving [2] verkeer ♦ *heavy travel* druk verkeer [3] beweging, loop, slag ⟨van zuiger⟩
³**trav·el** /ˈtrævl/ [onov ww] [1] reizen, een reis maken ♦ *travel about* rondreizen; *travelling circus* rondreizend circus; *travel light* licht gepakt reizen; *travel through Europe* door Europa reizen; *travel by train* met de trein reizen [2] vertegenwoordiger/handelsreiziger zijn, reizen ♦ *travel for a publishing company* voor een uitgeverij reizen; *travel in electrical appliances* vertegenwoordiger in huishoudelijke apparaten zijn [3] dwalen, gaan ⟨van blik, gedachten⟩ ♦ *his eyes travel about the room* hij laat zijn ogen in de kamer ronddwalen; *travel over* dwalen over, gaan over, kijken naar, opnemen; *his eyes travel over the scene* hij laat zijn ogen over het tafereel dwalen; *his mind/thoughts travelled over the past events* hij liet zijn gedachten over de voorbije gebeurtenissen gaan; *his mind travelled back to* zijn gedachten gingen terug naar [4] zich (voort)bewegen, zich voortplanten, gaan ♦ *we have travelled far from those days* die dagen liggen ver achter ons; *light travels faster than sound* het licht plant zich sneller voort dan het geluid; *news travels fast* nieuws verspreidt zich snel; *the storm travels west* de storm trekt naar het westen [5] vertoeven, zich bewegen, omgaan ♦ *travel in wealthy circles* zich in rijke kringen bewegen [6] ⟨inf⟩ transport verdragen ♦ *flowers travel badly* bloemen kunnen slecht tegen vervoer [7] ⟨inf⟩ vliegen, rennen, hollen, snel gaan [8] ⟨sport, basketb⟩ lopen (met de bal) ⟨overtreding⟩ [9] ⟨techn⟩ lopen, verschuiven, (zich) bewegen, heen en weer lopen/gaan ♦ *the wheels travel in a groove* de wieltjes lopen in een gleuf [•] ⟨sprw⟩ *bad news travels fast* ± slecht nieuws komt altijd te vroeg; ⟨sprw⟩ *he travels fastest who travels alone* ± als je alleen te werk gaat, schiet je het hardst op; ➔ **travelled, travelling**
⁴**trav·el** /ˈtrævl/ [ov ww] [1] doorreizen, bereizen, doortrekken, doorkruisen, afreizen ⟨ook als handelsreiziger⟩ ♦ *the circus travels Europe* het circus reist heel Europa af [2] afleggen ♦ *travel 500 miles a day* 500 mijl per dag afleggen [3] volgen ⟨pad, weg⟩, begaan, bewandelen ♦ *travel the same path* hetzelfde pad bewandelen, dezelfde koers volgen [4] vervoeren, verschepen ♦ *travel cattle* vee vervoeren; ➔ **travelled, travelling**
travel agency, travel bureau [telb zn] reisbureau, reisagentschap
travel agent [telb zn] reisagent
travelator, travellator [telb zn] ➔ travolator
travel document [telb zn] reisdocument
trav·elled, ⟨AE⟩ **trav·eled** /ˈtrævəld/ [bn; volt deelw van travel] [1] bereisd ♦ *travelled person* bereisd man [2] druk bereden, veel bereisd, veel bezocht ♦ *travelled country* veel bezocht land [3] ⟨geol⟩ zwerf- ♦ *travelled stones* zwerfstenen
trav·el·ler, ⟨AE⟩ **trav·el·er** /ˈtrævlə, ᴬ-ər/ [telb zn] [1] reiziger, bereisd man [2] handelsreiziger, vertegenwoordiger [3] ⟨benaming voor⟩ bewegend mechanisme, loopkat, loopkraan, traveller, rondhout, (ge)leider ⟨waarop traveller beweegt⟩
traveller's cheque [telb zn] reischeque
trav·el·ler's-joy [niet-telb zn] ⟨plantk⟩ bosrank ⟨Clematis vitalba⟩
traveller's tale [telb zn] fabelachtig/onwaarschijnlijk verhaal, fabeltje, sterk verhaal
trav·el·ling, ⟨AE⟩ **trav·el·ing** /ˈtrævlɪŋ/ [niet-telb zn; gerund van travel] het reizen
travelling allowance [telb zn] reistoelage, reiskostenvergoeding
travelling case [telb zn] reiskoffer
travelling clock [telb zn] reiswekker
travelling companion [telb zn] reisgezel, reisgezellin
travelling expenses, ⟨in betekenis 1 ook⟩ **travelling charges** [alleen mv] [1] reiskosten [2] reiskostenvergoeding
trav·e·log, trav·e·logue /ˈtrævəlɒg, ᴬ-lɔːg, ᴬ-lɑːg/ [telb zn] (geïllustreerd) reisverhaal, reisfilm
travel pay [niet-telb zn] reiskostenvergoeding
travel permit [telb zn] reisvergunning
trav·els /ˈtrævlz/ [alleen mv] reisverhaal, reisbeschrijving ♦ *Gulliver's Travels* Gullivers Reizen
trav·el-sick [bn] reisziek, wagenziek, luchtziek, zeeziek
travel sickness [niet-telb zn] reisziekte, wagenziekte, luchtziekte, zeeziekte
trav·el-soiled [bn] vuil van de reis
travel trailer [telb zn] kampeerwagen, camper, caravan
trav·el-worn [bn] verreisd
travel writer [telb zn] schrijver/schrijfster van reisverhalen
trav·ers·a·ble /ˈtrævɜːsəbl, ᴬ-vɜːr-/ [bn] [1] doorkruisbaar,

traversal

te doorkruisen, doortrekbaar, passabel ② (zijwaarts) draaibaar ③ ⟨jur⟩ loochenbaar
tra·vers·al /trəvɜːsl, ᴬ-vɜrsl/ [telb + niet-telb zn] doortocht, overtocht, doorvaart, passage
¹**trav·erse** /trævɜːs, ᴬ-vɜrs/ [telb zn] ① dwarsstuk, dwarsbalk, bovendrempel, dwarshout, dwarsboom, slagboom ② galerij ③ tussenschot, (kamer)scherm, gordijn, hek ④ doorgang, passage, weg, passagegeld ⑤ meetlijn ⟨bij landmeten⟩, opgemeten stuk land ⑥ ⟨benaming voor⟩ zijwaartse beweging, verplaatsing, verschuiving, beweging ⟨van machine⟩, traverse, horizontale passage ⟨van bergwand⟩, traverse ⟨wending bij paardendressuur⟩ ⑦ ⟨natuurk, wisk⟩ transversaal, snijlijn ⑧ ⟨mil⟩ traverse, dwarswal, zijweer ⑨ ⟨mil⟩ draai-inrichting ⟨van vast kanon⟩ ⑩ ⟨jur⟩ ontkenning, verloochening, protest, verzet, bezwaar, exceptie ⑪ ⟨vero⟩ obstructie, hinderpaal, belemmering, tegenspoed
²**trav·erse** /trævɜːs, ᴬ-vɜrs/ [telb + niet-telb zn] doortocht, overtocht, doorvaart, doorreis, passage
³**trav·erse** /trævɜːs, ᴬ-vɜrs/ [bn; bw: ~ly] dwars(-), dwarsliggend, kruisend, transvers(aal) ♦ *traverse lines* snijdende rechten
⁴**trav·erse** /trævɜːs, trəvɜːs, ᴬtrəvɜrs/ [onov ww] ① heen en weer lopen/gaan/rijden, patrouilleren ♦ *cars traversing along the freeway* over de snelweg rijdende auto's ② (zich) draaien, zwenken, zijwaarts draaien ♦ *traversing compass needle* draaiende kompasnaald ③ traverseren, schuins klimmen/afdalen, dwarssprongen maken ⟨van paard⟩ ④ ⟨schermsp⟩ traverseren, zijdelings uitvallen
⁵**trav·erse** /trævɜːs, trəvɜːs, ᴬtrəvɜrs/ [ov ww] ① (door)kruisen, oversteken, doorreizen, (dwars) trekken door, doorsnijden, doorgaan ♦ *traverse the jungle* door de jungle trekken; *land traversed by canals* met kanalen doorsneden land; *search lights traverse the sky* zoeklichten doorklieven de lucht ② overspannen, liggen over ③ heen en weer lopen/gaan in ④ onderzoeken, zorgvuldig bestuderen ♦ *well traversed field* veel bestudeerd gebied/terrein ⑤ (zijwaarts) draaien, doen zwenken ⟨kanon⟩ ⑥ dwarsbomen, tegenwerken, betwisten, verijdelen, zich verzetten tegen ⑦ dwars beklimmen ⟨helling⟩ ⑧ ⟨jur⟩ tegenwerpingen maken op, ontkennen, loochenen, betwisten, aanvechten, excepties opwerpen tegen ⑨ ⟨scheepv⟩ langsscheeps brassen ⟨ra⟩
trav·ers·er /trævɜːsə, ᴬtrəvɜrsər/ [telb zn] ① draaischijf ⟨van spoorweg⟩ ② doorkruiser, doortrekker ③ ⟨jur⟩ protesteerder, loochenaar
traverse sailing [telb zn] ⟨scheepv⟩ koppelkoers
trav·er·tine /trævətɪn, ᴬ-vərtiːn/ [niet-telb zn] ⟨geol⟩ travertijn ⟨soort kalktufsteen⟩
¹**trav·es·ty** /trævɪsti/ [telb + niet-telb zn] ① travestie, karikatuur, parodie, vertekening, bespotting ♦ *travesty of justice* karikatuur van rechtvaardigheid ② vermomming, verkleding, travestie
²**trav·es·ty** /trævɪsti/ [ov ww] ① travesteren, parodiëren, belachelijk maken, ridiculiseren, vertekenen ② vermommen, verkleden
tra·vois /trəvɔɪ, ᴬtrævɔɪ/, **tra·voise** /trəvɔɪz, ᴬtrævɔɪz/, **tra·voy** /trəvɔɪ, ᴬtrævɔɪ/, **tra·vail** /trəveɪl/ [telb zn; mv: 1e variant ook travois] (soort) slee ⟨vervoermiddel van Amerikaanse indianen⟩
trav·ol·a·tor, trav·el·a·tor, trav·el·la·tor /trævəleɪtə, ᴬ-leɪtər/ [telb zn] rollend trottoir
¹**trawl** /trɔːl/ [telb zn] ① treilnet, sleepnet, trawl, kor(re), kornet ② zoektocht, speurtocht, jacht, (het) opvissen ⟨bijvoorbeeld naar talent⟩ ③ ⟨AE⟩ zetlijn
²**trawl** /trɔːl/ [niet-telb zn] het treilen
³**trawl** /trɔːl/ [onov ww] ① met een sleepnet vissen ♦ ⟨fig⟩ *trawl for* uitkammen, zorgvuldig doorzoeken ② met een sleephengel vissen ③ ⟨AE⟩ met een zetlijn vissen
⁴**trawl** /trɔːl/ [ov ww] ① met een sleepnet vangen ② met een sleephengel vissen naar, ⟨fig⟩ uitkammen, uitpluizen, zorgvuldig doorzoeken, (op)vissen uit ③ slepen ⟨sleepnet⟩ ④ ophangen ⟨zetlijn⟩ ⑤ ⟨AE⟩ met een zetlijn vangen
trawl·er /trɔːlə, ᴬtrɔːlər/ [telb zn] ① treiler, trawler ② trawlvisser
traw·ler·man /trɔːləmən, ᴬtrɔːlər-/ [telb zn; mv: trawlerman /-mən/] trawlvisser
trawl line [telb zn] ⟨AE⟩ zetlijn
trawl net [telb zn] treilnet, sleepnet, trawl
tray /treɪ/ [telb zn] ① plateau, (presenteer)blad, dienblad ② schaal ③ ⟨benaming voor⟩ bak(je), brievenbak(je), opbergbakje, (schuif)bakje ⟨in koffer⟩, schuiflade ⟨in kast⟩ ④ baanschuiver, baanruimer ⟨bij tram⟩
tray·ful /treɪfʊl/ [telb zn] plateau/schaal (vol) ♦ *trayful of glasses* (schenk)blad vol glazen
treach·er·ous /tretʃərəs/ [bn; bw: ~ly; zn: ~ness] verraderlijk, vals, perfide, bedrieglijk, trouweloos, onbetrouwbaar, gevaarlijk, misleidend, geniepig ♦ *treacherous ice* verraderlijk ijs; *treacherous memory* onbetrouwbaar geheugen
¹**treach·er·y** /tretʃəri/ [telb zn] daad van ontrouw/verraad
²**treach·er·y** /tretʃəri/ [niet-telb zn] verraad, ontrouw, trouweloosheid, trouwbreuk, woordbreuk, gemeenheid
¹**trea·cle** /triːkl/ [niet-telb zn] ① ⟨BE⟩ (suiker)stroop, blanke stroop, ⟨fig⟩ (overladen) zoetigheid, stroop, (wederzijdse) vleierij ♦ *a voice like treacle* een suikerzoete stem ② ⟨med⟩ triakel, teriakel, ⟨fig⟩ doelmatig medicijn
²**trea·cle** /triːkl/ [ov ww] met stroop insmeren/besmeren, met stroop zoeten
trea·cly /triːkli/ [bn] stroperig, kleverig, ⟨fig⟩ zoet(erig), vleiend, honingzoet
¹**tread** /tred/ [telb zn] ① trede, opstapje ② loopvlak ⟨van band⟩, rupsband ③ (voet)zool ④ wielbasis ⑤ (voet)afdruk, (voet)spoor ⑥ ⟨dierk⟩ hanentred ⑦ ⟨dierk⟩ hagelsnoer
²**tread** /tred/ [telb + niet-telb zn] ① tred, pas, stap, gang, schrede ♦ *with cautious tread* met zachte tred; *incessant tread of feet* onophoudelijke voetstappen; *a heavy tread* een zware stap ② profiel ⟨van band⟩
³**tread** /tred/ [niet-telb zn] ⟨vero⟩ het treden, paring, coïtus, het bespringen ⟨van mannelijke vogel⟩
⁴**tread** /tred/ [onov ww; trod, trodden/trod; verleden tijd verouderd trode] ① treden, stappen, wandelen, gaan, trappen ♦ *the island where no foot has trod* het eiland waar nog niemand een voet heeft gezet; *tread in* treden/stappen/trappen in; *tread in the mud* in de modder trappen; *tread on* trappen/stappen op; *don't tread on the grass* niet op het gras lopen ② paren, copuleren ⟨van mannelijke vogel⟩ ⋄ *tread lightly/carefully/warily* omzichtig/voorzichtig te werk gaan, omzichtig behandelen; ⟨sprw⟩ *fools rush in where angels fear to tread* ± de meester in zijn wijsheid gist, de leerling in zijn waan beslist, ± bezint eer gij begint
⁵**tread** /tred/ [ov ww; trod, trodden/trod; verleden tijd verouderd trode] ① betreden, bewandelen, begaan, wandelen op, (ver)volgen ♦ *tread a nice path to school* een mooie weg naar school nemen ② trappen, (ver)trappe(le)n, trappen op, vasttrappen, ⟨fig⟩ verdrukken, onderdrukken, onderwerpen ♦ *tread grain* graan dorsen ⟨met de voeten⟩; *tread grapes* druiven treden, (met de voeten) druiven persen; *tread in* intrappen, instampen; *tread one's inferiors* zijn ondergeschikten verdrukken; *tread mud into the carpet* modder in het tapijt vastlopen; *tread the pedals* op de pedalen trappen; *tread the soil* de aarde vaststampen ③ heen en weer lopen in, lopen door ♦ *tread the room* de kamer op en neer lopen ④ treden, bespringen, copuleren met ⟨van mannelijke vogel⟩ ⑤ (zich) banen, trappen, platlopen ♦ *tread a path* (zich) een weg banen ⑥ maken, uitvoeren ♦ *tread a few steps* enkele stappen zetten ⋄ zie:
tread down; zie: **tread out**

tread down [ov ww] vertrappe(le)n, neertrappen, vernietigen, platlopen, ⟨fig⟩ verdrukken ♦ *tread down one's shoes* zijn schoenen aftrappen

¹**tread·le** /tredl/ [telb zn] ① trapper, pedaal, trede, treeplank ② ⟨dierk⟩ hanentred ③ ⟨dierk⟩ hagelsnoer

²**tread·le** /tredl/ [onov ww] de trapper/het pedaal bedienen, trappen

treadle machine [telb zn] ① trapmachine ② ⟨drukw⟩ trapdrukmachine

tread·ler /tredlə, ᴬ-ər/ [telb zn] trapper

tread·mill [telb zn] tredmolen ⟨ook figuurlijk⟩

tread out [ov ww] ① (zich) banen ② treden, persen ⟨druiven⟩ ③ dorsen ⟨graan⟩ ④ uitstampen, uittrappen ♦ *tread out the fire* het vuur uittrappen/doven ⑤ dempen ⟨bijvoorbeeld opstand⟩

tread·wheel [telb zn] ⟨vero⟩ tredmolen

treas [afk] ① (treasurer) ② (treasury)

trea·son /triːzn/ [niet-telb zn] ① hoogverraad, landverraad ② verraad, trouwbreuk, trouweloosheid ③ ⟨gesch⟩ klein verraad ⟨voornamelijk tegenover leenheer of meester⟩

trea·son·a·ble /triːznəbl/, **trea·son·ous** /triːznəs/ [bn; bw: treasonably] verraderlijk, schuldig aan verraad, trouweloos

¹**treas·ure** /treʒə, ᴬ-ər/ [telb zn] schat, kostbaarheid, kostbaar stuk, ⟨inf⟩ schatje, lieveling, parel ♦ *my secretary is a treasure* ik heb een juweeltje van een secretaresse

²**treas·ure** /treʒə, ᴬ-ər/ [telb + niet-telb zn] schat, rijkdom, schatten ♦ *dig up buried treasure* begraven schatten opgraven; *treasure of ideas* schat aan ideeën

³**treas·ure** /treʒə, ᴬ-ər/ [ov ww] ① verzamelen, bewaren, ophopen ♦ *treasure up* vergaren, verzamelen, bewaren, opstapelen, oppotten ② waarderen, op prijs stellen, (als een schat) bewaren, koesteren, in ere houden ♦ *treasure up* waarderen, (als een schat) bewaren, koesteren

treas·ure-house [telb zn] schatkamer ⟨ook figuurlijk⟩, schathuis ♦ *the museum is a treasure-house of paintings* dit museum heeft een schat aan schilderijen

treasure hunt [telb zn] ① schatgraverij ② ⟨spel⟩ vossenjacht

treas·ur·er /treʒrə, ᴬ-ər/ [telb zn] ① schatmeester, thesaurier, penningmeester ② ambtenaar van financiën ③ conservator ④ ⟨AuE⟩ minister van Financiën

treas·ur·er·ship /treʒrəʃɪp, ᴬ-rər-/ [telb + niet-telb zn] schatmeesterschap, penningmeesterschap

treas·ur·ess /treʒrɪs, ᴬ-ər-/ [telb zn] penningmeesteres

treas·ure-trove /treʒətroʊv, ᴬtreʒərtroʊv/ [telb zn] ① gevonden schat ② schat, vondst, kostbare ontdekking, rijke bron ♦ *a treasure-trove to anthropologists* een rijke (informatie)bron voor antropologen

treas·ur·y /treʒri/ [telb zn] ① schatkamer, schatkist, ⟨fig⟩ bron ♦ *the treasury is nearly empty* de bodem van de schatkist wordt zichtbaar; *that book is a treasury of interesting facts* dat boek bevat een schat aan interessante informatie ② ministerie van Financiën ⟨gebouw⟩

Treas·ur·y /treʒri/ [verzamelw; the] ministerie van Financiën ♦ *First Lord of the Treasury* eerste minister ⟨van Engeland⟩; *Lords of the Treasury* Treasury Board

Treasury Bench [eigenn; the] ministersbank ⟨in Engels Lagerhuis⟩

Treasury bill [telb zn] schatkistpromesse ⟨in Groot-Brittannië en USA, met korte looptijd⟩

Treasury Board [eigenn; the] Treasury Board ⟨de aan het hoofd van de Engelse financiën staande personen, de eerste minister, de minister van Financiën, en vijf junior Lords⟩

Treasury bond [telb zn] ⟨vnl AE⟩ schatkistcertificaat ⟨met lange looptijd⟩

Treasury certificate [telb zn] ⟨AE⟩ schatkistbon, schatkistcertificaat ⟨met looptijd van 1 jaar⟩

Treasury note [telb zn] ① ⟨AE⟩ schatkistbiljet ⟨met looptijd van 1 tot 5 jaar⟩ ② ⟨BE; gesch⟩ bankbiljet (1914-1928), muntbiljet

treasury secretary [telb zn] minister van Financiën

¹**treat** /triːt/ [telb zn] traktatie, (feestelijk) onthaal, feest ♦ *it's my treat* ik trakteer; ⟨fig⟩ *it's a treat to hear Paul play* 't is een feest/genot om Paul te horen spelen; *stand treat* trakteren, betalen

²**treat** /triːt/ [onov ww] ① trakteren, fuiven, uitpakken ② onderhandelen, (vredes)besprekingen voeren, zaken doen ♦ *treat with* onderhandelingen voeren met ⬚ *treat of* behandelen

³**treat** /triːt/ [ov ww] ① bejegenen, behandelen, tegemoet treden, omgaan met ♦ *treat s.o. kindly* iemand vriendelijk behandelen ② ⟨med⟩ behandelen, een behandeling geven ♦ *treat a sprained ankle* een verstuikte enkel behandelen; *treat s.o. for shingles* iemand voor gordelroos behandelen ③ beschouwen, afdoen ♦ *treat sth. as a joke* iets als een grapje opvatten ④ aan de orde stellen, presenteren, behandelen, beschrijven ⟨onderwerp⟩ ♦ *treat a problem from different angles* een probleem van verschillende zijden belichten ⑤ ⟨techn⟩ bewerken, behandelen ♦ *treat a stain with acid* een vlek met zuur behandelen ⑥ trakteren, onthalen ♦ *treat s.o. to a dinner* iemand op een etentje trakteren

treat·a·ble /triːtəbl/ [bn] ① te behandelen ② ⟨vero⟩ handelbaar

treat·er /triːtə, ᴬtriːtər/ [telb zn] behandelaar

treat·ise /triːtɪs/ [telb zn] verhandeling, beschouwing, monografie, traktaat ♦ *a treatise on unemployment* een verhandeling over werkloosheid

treat·ment /triːtmənt/ [telb + niet-telb zn] ① behandeling, bejegening, verzorging, procédé ♦ *follow the prescribed treatment* de voorgeschreven behandeling volgen; *several treatments for acne* verschillende kuren tegen acne; *receive unfair treatment from s.o.* onbillijk behandeld worden door iemand; ⟨inf⟩ *the (full) treatment* de gebruikelijke behandeling, de standaardprocedure; *be under treatment* onder behandeling staan/zijn ② ⟨film⟩ draaiboek

¹**trea·ty** /triːti/ [telb zn] verdrag, overeenkomst, contract, traktaat ♦ *treaty of commerce* handelsverdrag

²**trea·ty** /triːti/ [niet-telb zn] contract, afspraak ♦ *by private treaty* ondershands, zonder makelaar ⟨van huizenverkoop⟩

treaty port [telb zn] verdragshaven

¹**tre·ble** /trebl/ [telb zn] ⟨muz⟩ ① sopraan, ⟨BE i.h.b.⟩ jongenssopraan ② sopraanpartij ③ sopraanstem, hoge (schelle) stem ④ hogetonenregelaar ⟨op versterker e.d.⟩

²**tre·ble** /trebl/ [niet-telb zn] ① drievoud, drievoudige ② ⟨the⟩ ⟨muz⟩ discant, bovenstem ③ hoge tonen ⟨m.b.t. versterker e.d.⟩

³**tre·ble** /trebl/ [bn; bw: trebly] ① driemaal, drievoudig, driedubbel ♦ *treble the amount* driemaal het aantal ② hoog, schril, ⟨muz vaak⟩ sopraan- ♦ *treble clef* g-sleutel; *treble pitch* sopraanligging; *treble recorder* altblokfluit ⬚ *the treble chance* het voorspellen van gelijk spel en de gewonnen uit- en thuiswedstrijden ⟨in Engeland⟩; *treble rhyme* glijdend rijm

⁴**tre·ble** /trebl/ [onov + ov ww] verdrievoudigen, met drie vermenigvuldigen

trebles ring [telb zn] ⟨darts⟩ driedubbelring ⟨op werpschijf, met een waarde van 3 maal sectorpuntenaantal⟩

treb·u·chet /trebjuʃet, ᴬ-bjə-/, **treb·uc·ket** /triːbʌkɪt/ [telb zn] ⟨gesch⟩ blijde, ballista, katapult ⟨in middeleeuwen⟩

tre·cen·tist /treɪtʃentɪst/ [telb zn] kunstenaar uit het (Italiaanse) trecento

tre·cen·to /treɪtʃentoʊ/ [niet-telb zn; the] trecento, veertiende eeuw ⟨in Italiaanse kunst⟩

¹**tree** /triː/ [telb zn] ① boom ♦ *grow on trees* welig tieren,

tree

voor het oprapen liggen; ⟨plantk⟩ *tree of Heaven* hemelboom ⟨Ailanthus glandulosa⟩; *tree of knowledge* boom der kennis (van goed en kwaad); *tree of liberty* vrijheidsboom; *tree of life* boom des levens, levensboom; ⟨fig⟩ *fall out of the ugly tree* moeders mooiste niet zijn; *be up a tree* in het nauw zitten [2] paal, balk, staak (in constructie) [3] kapstok [4] leest [5] ⟨vero, form⟩ galg [6] ⟨vero, form⟩ kruis(hout) [7] boomdiagram, stamboom, (taalk) boomdiagram) [·] ⟨sprw⟩ *a tree is known by its fruit* aan de vruchten kent men de boom; ⟨sprw⟩ *an apple never falls far from the tree* de appel valt niet ver van de stam; ⟨sprw⟩ *a good tree is a good shelter* wie tegen een goede boom leunt, heeft goede schaduw

²**tree** /triː/ [onov ww] de boom in vluchten

³**tree** /triː/ [ov ww] [1] de boom in jagen ♦ *the cat was treed by the sound of the fire alarm* het brandalarm joeg de kat de boom in [2] in het nauw drijven, klemzetten, in een hoek drijven [3] op de leest zetten [4] met bomen beplanten [·] ⟨boek⟩ *treed calf* leren boekband met boomschorsachtig reliëf

tree agate [telb zn] boomagaat

tree calf, treed calf /triːd kɑːf, ᴬ-kæf/ [niet-telb zn] ⟨boek⟩ leren boekband met boomschorsachtig reliëf

tree-creep·er [telb zn] ⟨dierk⟩ taigaboomkruiper ⟨klimvogel van de familie Certhiidae⟩

tree fern [telb zn] boomvaren

tree frog, tree toad [telb zn] ⟨dierk⟩ boomkikker, boomkikvors ⟨genus Hyla⟩

tree goose [telb zn; mv: tree geese] ⟨dierk⟩ brandgans, dondergans ⟨Branta leucopsis⟩

tree·hop·per [telb zn] ⟨dierk⟩ helmcicade ⟨familie Membracidae⟩

tree-house [telb zn] boomhut

tree·hug·ger [telb zn] milieuactivist

tree lark [telb zn] → **tree pipit**

tree·less /triːləs/ [bn] boomloos, zonder bomen

tree line [niet-telb zn] boomgrens

tree-lined [bn] met een bomenrij aan weerszijden

treen /triːn/ [bn] van hout

tree·nail, tre·nail /triːneɪl, trɛnl/ [telb zn] houten pen

tree nymph [telb zn] boomnimf, bosnimf

tree onion [telb zn] ⟨plantk⟩ boomui ⟨Allium proliferum⟩

treepipit [telb zn] ⟨dierk⟩ boompieper ⟨Anthus trivialis⟩

tree ring [telb zn] jaarring

tree shrew [telb zn] ⟨dierk⟩ toepaja ⟨familie Tupaiidae⟩

tree sparrow [telb zn] ⟨BE; dierk⟩ ringmus ⟨Passer montanus⟩

tree surgeon [telb zn] boomchirurg

tree surgery [niet-telb zn] boomchirurgie

tree toad [telb zn] → **tree frog**

tree tomato [telb zn] Zuid-Amerikaanse tomatenstruik ⟨familie Solanaceae⟩

tree·top [telb zn] boomtop

tree-trunk [telb zn] boomstam

tree wax [telb zn] boomwas

tre·fa /treɪfə/, **tref** /treɪf/ [bn] treife, niet koosjer

¹**tre·foil** /triːfɔɪl, trɛ-/ [telb zn] [1] ⟨plantk⟩ klaverblad, drieblad ⟨genus Trifolium⟩ [2] ⟨bouwk⟩ driepas

²**tre·foil** /triːfɔɪl, trɛ-/ [telb + niet-telb zn] klaver

tre·foiled /triːfɔɪld, trɛ-/ [bn] [1] driebladig [2] klaverbladvormig

tre·ha·la /trɪhɑːlə/ [niet-telb zn] ± Turks manna

¹**trek** /trɛk/ [telb zn] [1] tocht, lange reis, trek(tocht), uittocht, exodus ⟨oorspronkelijk Zuid-Afrikaanse geschiedenis⟩ [2] etappe ⟨van reis⟩

²**trek** /trɛk/ [onov ww] [1] (te voet) trekken, een trektocht maken [2] trekken, in dichte drommen/van heinde en verre komen, ⟨i.h.b. Zuid-Afrikaanse gesch⟩ met de ossenwagen trekken [3] (land)verhuizen [4] ⟨sl⟩ opkrassen

³**trek** /trɛk/ [ov ww] trekken ⟨bijvoorbeeld ossenwagen⟩

trek·ker /trɛkə, ᴬ-ər/ [telb zn] [1] trekker ⟨oorspronkelijk Zuid-Afrika⟩ [2] landverhuizer

Trek·kie /trɛki/ ⟨inf⟩ [1] trekkie, Star Trekfan [2] ruimtevaartfan, ruimtevaartliefhebber

trek-ox [telb zn] ⟨ZAE⟩ trekos

trek-tow [telb zn] ⟨ZAE⟩ trektouw ⟨voor ossenwagen⟩

¹**trel·lis** /trɛlɪs/ [telb zn] latwerk, traliewerk, lattenframe

²**trel·lis** /trɛlɪs/ [ov ww] [1] langs een latwerk leiden [2] voorzien van een latwerk

trel·lis-work [niet-telb zn] latwerk

trem·a·tode /trɛmətoʊd/ [telb zn] platworm, trematode, ingewandsworm, ⟨i.h.b.⟩ zuigworm

¹**trem·ble** /trɛmbl/ [telb zn; alleen enk] trilling, huivering, sidder, rilling ♦ ⟨inf⟩ *be all of a tremble* over zijn hele lichaam beven; *there was a tremble in Vic's voice* Vic's stem beefde/was onvast

²**trem·ble** /trɛmbl/ [onov ww] [1] beven, sidderen, rillen, bibberen, trillen ♦ *in fear and trembling* met angst en beven; *tremble with fear* beven van angst [2] schudden ♦ *the house trembled every time a bus drove past* iedere keer als er een bus langs reed, stond het huis te schudden [3] huiveren, in angst zitten, bezorgd zijn ♦ *I tremble at the idea* ik huiver bij de gedachte; *tremble for s.o.'s safety* zijn hart voor iemand vasthouden; *I tremble to think what may happen* ik moet er niet aan denken wat er zou kunnen gebeuren; → **trembling**

trem·bler /trɛmblə, ᴬ-ər/ [telb zn] [1] bibberaar, bangerd [2] sidderaal [3] ⟨elek⟩ zelfonderbreker

trem·bles /trɛmblz/ [alleen mv; werkwoord voornamelijk enk] ⟨med⟩ (benaming voor) ziekte waarbij beving/trilling optreedt, ⟨i.h.b.⟩ hersenontsteking ⟨bij vee⟩

trem·bling /trɛmblɪŋ/ [bn; tegenwoordig deelw van *tremble*] bevend, trillend [·] *trembling bog* trilveen; ⟨plantk⟩ *trembling poplar* ratelpopulier, trilpopulier ⟨Populus tremula⟩

trem·bling·ly /trɛmblɪŋli/ [bw] bevend, bibberig

trem·bly /trɛmbli/ [bn; vergr trap: tremblier] bevend, bibberig, rillend

trem·el·lose /trɛmələʊs/ [bn] ⟨plantk⟩ geleiachtig

tre·men·dous /trɪmɛndəs/ [bn; bw: ~ly; zn: ~ness] [1] enorm, ontzagwekkend, overweldigend, geweldig ♦ *a tremendous drinker* een enorme drinker; *tremendous personality* geduchte persoonlijkheid [2] ⟨inf⟩ fantastisch, reusachtig, enorm ♦ *tremendous voice* schitterende stem

trem·o·lo /trɛməloʊ/ [telb zn] ⟨muz⟩ [1] tremolo [2] vibrato [3] tremulant, tremolo ⟨orgelregister⟩ [4] ⟨oneigenlijk⟩ triller

trem·or /trɛmə, ᴬ-ər/ [telb zn] [1] beving, trilling ♦ *nervous tremor* zenuwtrekking, tic [2] aardschok, lichte aardbeving [3] huivering, siddering ♦ *all in a tremor* bibberend van de zenuwen; *tremor of fear* rilling van angst

trem·u·lous /trɛmjʊləs, ᴬ-mjələs/, **trem·u·lant** /-lənt/ [bn; bw: ~ly; zn: ~ness] [1] trillend, sidderend, bevend ♦ *tremulous voice* onvaste stem [2] weifelig, aarzelend, beschroomd, schroomvallig

tre·nail [telb zn] → **treenail**

¹**trench** /trɛntʃ/ [telb zn] [1] geul, sleuf, voor, greppel, sloot ♦ *dig trenches for draining* geulen graven voor de afwatering [2] ⟨mil⟩ loopgraaf [3] ⟨geol⟩ trog

²**trench** /trɛntʃ/ [onov ww] [1] inbreuk maken ♦ *trench (up)on one's capital* zijn kapitaal aanspreken; *trench (up)on s.o.'s time* beslag op iemands tijd leggen; *trench (up)on s.o.'s privacy/rights* inbreuk op iemands privacy/rechten maken [2] naderen, in de buurt komen ♦ *trench (up)on blasphemy* bij het godslasterlijke af zijn

³**trench** /trɛntʃ/ [ov ww] [1] loopgraven/greppels/geulen graven in [2] omspitten [3] voorzien van geulen, versterken met loopgraven ♦ *trenched fort* met geulen omringd fort [4] (door)snijden

trench·an·cy /trentʃnsi/ [niet-telb zn] [1] scherpzinnigheid, doorzicht [2] kracht, effectiviteit

trench·ant /trentʃnt/ [bn; bw: ~ly] [1] scherp, spits, scherpzinnig ◆ *trenchant remark* spitse opmerking [2] krachtig, effectief, doeltreffend

trench coat [telb zn] regenjas, trenchcoat

trench·er /trentʃə, ^-ər/ [telb zn] [1] sleuvengraver, ⟨bij uitbreiding⟩ greppelploeg [2] loopgraafmachine [3] broodplank, snijplank [4] ⟨vierkante⟩ baret ⟨bij hoogleraarstoga⟩ [5] ⟨vero⟩ voorsnijplank, houten dienbord

trencher cap [telb zn] ⟨vierkante⟩ baret ⟨bij hoogleraarstoga⟩

trencher companion [telb zn] disgenoot, tafelgenoot

trench·er·man /trentʃəmən, ^-tʃər-/ [telb zn; mv: trenchermen /-mən/] [1] eter ◆ *good/poor trencherman* flinke/slechte eter [2] ⟨vero⟩ klaploper

trench fever [telb + niet-telb zn] ⟨med⟩ loopgravenkoorts

trench fight [telb zn] loopgravengevecht

trench mortar [telb zn] ⟨mil⟩ loopgraafmortier

¹trench-plough [telb zn] ⟨techn⟩ greppelploeg

²trench-plough [onov ww] diep ploegen

trench shooting [niet-telb zn] ⟨sport⟩ (het) trapschieten

trench warfare [niet-telb zn] loopgravenoorlog

¹trend /trend/ [telb zn] [1] tendens, neiging, trend, richting ◆ *set the trend* de toon aangeven, voorop lopen, de mode dicteren; *the trend of the wind is towards the north* de wind trekt naar het noorden [2] stroming, richting ◆ *there's a trend away from the punk movement* er is een stroming die zich afkeert van de punkbeweging [3] ⟨fin⟩ *sliding trend* ineenstorting van de (aandelen)markt

²trend /trend/ [onov ww] [1] (af)buigen, (weg)draaien, lopen [2] neigen, overhellen, geneigd zijn ◆ *prices are trending downwards* de prijzen lijken te gaan zakken

trend·set·ter /trendsetə/ [telb zn] ⟨inf⟩ voorloper, koploper, trendsetter

trend·set·ting [bn] toonaangevend, trendsettend, modebepalend, voorop lopend

trend·spot·ter [telb zn] trendwatcher, trendspotter

¹trend·y /trendi/ [telb zn] ⟨inf⟩ hip figuur, snelle/blitse jongen, trendsetter

²trend·y /trendi/ [bn; vergr trap: trendier; bw: trendily; zn: trendiness] ⟨inf⟩ in, modieus

tren·tal /trentl/ [telb zn] ⟨r-k⟩ serie van dertig ziel(en)missen

trente et qua·rante /trɑːnt eɪ kərɑːnt/ [niet-telb zn] ⟨spel⟩ rouge-et-noir, trente-et-quarante

¹tre·pan /trɪpæn/ [telb zn] [1] ⟨med⟩ schedelboor, trepaan [2] ⟨mijnb⟩ schachtboor

²tre·pan /trɪpæn/, **tra·pan** /trəpæn/ [ov ww] [1] ⟨med⟩ doorboren, lichten, trepaneren ⟨schedel⟩ [2] ⟨mijnb⟩ boren ⟨schacht⟩ [3] ⟨vero⟩ in een val lokken, strikken

trep·a·na·tion /trepəneɪʃn/ [telb zn] ⟨med⟩ trepanatie, schedellichting

tre·pang /trɪpæŋ/ [telb zn] ⟨dierk⟩ tripang ⟨zeekomkommer; genus Holothuria⟩

treph·i·na·tion /trefɪneɪʃn/ [telb zn] ⟨med⟩ trepanatie

¹tre·phine /trɪfiːn/ [telb zn] ⟨med⟩ (verbeterde) schedelboor, trepaan

²tre·phine /trɪfiːn, ^-faɪn/ [ov ww] ⟨med⟩ trepaneren, lichten, doorboren ⟨schedel⟩

¹trep·i·da·tion /trepɪdeɪʃn/ [telb + niet-telb zn] siddering, beving, trilling ⟨in het bijzonder van ledematen⟩

²trep·i·da·tion /trepɪdeɪʃn/ [niet-telb zn] [1] onrust, agitatie, verwarring, ongerustheid [2] schroom, angst, beverigheid [3] *view sth. with trepidation* iets met angst en beven tegemoet zien

¹tres·pass /trespəs/ [telb zn] [1] overtreding ⟨ook juridisch⟩, inbreuk, schending [2] ⟨vero; Bijb⟩ zonde, schuld

²tres·pass /trespəs/ [onov ww] [1] op verboden terrein komen ⟨ook figuurlijk⟩ ◆ zie: **trespass on** [2] ⟨form⟩ een overtreding begaan, ⟨i.h.b.⟩ zondigen ◆ *trespass against* overtreden, zondigen tegen

tres·pass·er /trespəsə, ^-ər/ [telb zn] overtreder, ⟨i.h.b.⟩ indringer ◆ *trespassers will be prosecuted* verboden toegang voor onbevoegden

trespass offering [telb zn] zoenoffer

trespass on, trespass upon [onov ww] [1] wederrechtelijk betreden ⟨terrein⟩, ⟨fig⟩ schenden ◆ *trespass on s.o.'s preserves* onder iemands duiven schieten; *trespass on s.o.'s rights* iemands rechten met voeten treden [2] beslag leggen op, inbreuk maken op, misbruik maken van ⟨tijd, gastvrijheid⟩

¹tress /tres/ [telb zn] [1] haarlok, tres [2] vlecht, streng, tres

²tress /tres/ [ov ww] ⟨form⟩ vlechten; → **tressed**

tressed /trest/ [bn, attr; volt deelw van tress] gevlochten, met vlechten, in strengen verdeeld

tresses /tresɪz/ [alleen mv] ⟨form⟩ lokken, haar ⟨in het bijzonder van vrouw⟩

tress·y /tresi/ [bn] [1] gelokt [2] met vlechten, gevlochten, in strengen verdeeld [3] op vlechten/strengen lijkend

tres·tle /tresl/ [telb zn] [1] schraag, juk, bok, onderstel [2] → **trestle-bridge**

tres·tle-bridge [telb zn] schraagbrug

tres·tle·ta·ble [telb zn] schragentafel

tres·tle·tree [telb zn] ⟨scheepv⟩ langszaling

tres·tle·work [telb zn] steigerwerk ⟨van brug/viaduct⟩

tret /tret/ [telb zn] ⟨gesch⟩ overwicht, doorslag

trews /truːz/ [alleen mv; werkwoord steeds enk] ⟨SchE⟩ ⟨Schots geruite⟩ broek ◆ *two pairs of trews* twee broeken

trey /treɪ/ [telb zn] [1] drie ⟨op dobbel- of dominosteen, of kaart⟩ [2] ⟨AE; basketb⟩ driepunter

trf [afk] (tuned radio frequency)

TRH [afk] (Their Royal Highnesses)

tri /traɪ/ [telb zn] ⟨scheepv⟩ (verk: trimaran) trimaran

tri- /traɪ/ drie-, drievoudig, tri- ◆ *triaxial* drieassig; *tridimensional* driedimensionaal

tri·a·ble /traɪəbl/ [bn; zn: ~ness] [1] te proberen [2] te behandelen ⟨in rechtszaak⟩, te berechten

¹tri·ad /traɪæd/ [telb zn] [1] triad ⟨Welse aforistische literaire vorm⟩ [2] triad ⟨Chinese bende⟩ [3] ⟨muz⟩ drieklank

²tri·ad /traɪæd/ [verzamelen] drie, drietal, trits, drie-eenheid, triade

tri·ad·ic /traɪædɪk/ [bn; bw: ~ally] [1] drie-, triadisch, drietallig [2] ⟨muz⟩ drieklanks-

tri·age /triːɑːʒ/ [niet-telb zn] [1] sortering, schifting, het uitzoeken [2] triage ⟨van slachtoffers⟩ [3] uitschot ⟨van koffie⟩, triage

¹tri·al /traɪəl/ [telb zn] [1] poging [2] beproeving ⟨ook figuurlijk⟩, bezoeking, zorg, last, probleem ◆ *the trials of old age* de ongemakken van de ouderdom; *trials and tribulations* wederwaardigheden, zorgen en problemen [3] oefenwedstrijd [4] ⟨auto, motorsp⟩ trial, behendigheidsrit

²tri·al /traɪəl/ [telb + niet-telb zn] [1] (gerechtelijk) onderzoek, proces, openbare behandeling, rechtszaak, terechtzitting, verhoor ◆ *bring s.o. to trial, bring someone up for trial* iemand voor het gerecht/de rechter brengen, iemand voorbrengen, iemand laten voorkomen; *go on trial for* terechtstaan voor/wegens; *on trial* voor het gerecht; *be on trial* terechtstaan; *put s.o. on trial* iemand voor het gerecht/de rechter brengen, iemand voorbrengen, iemand laten voorkomen; *put s.o. on trial* iemand verhoren; *send s.o. for trial* iemand naar de terechtzitting verwijzen, iemand voorleiden; *stand (one's) trial* terechtstaan [2] ⟨ook attributief⟩ proef(neming), test, het uitproberen, experiment, onderzoek ◆ *trial and error* vallen en opstaan, pogen en falen; *put a motor to further trial* een motor nog uitgebreider testen; *give s.o. a trial* het met iemand proberen, iemand op proef nemen, iemand voor een proefperiode aanne-

trial

men; *give sth. a trial* iets testen; *make (a) trial of sth.* iets proberen/beproeven; *on trial* op proef; na/bij onderzoek, na/bij het uitproberen; *take sth. on trial* iets op proef nemen; *put to trial* op de proef stellen; *trial of strength* krachtmeting ▪ ⟨BE⟩ *trial of the pyx* jaarlijkse essaai ⟨muntkeuring⟩

³**tri·al** /traɪəl/ [ov ww] testen ⟨apparatuur⟩
tri·al-and-er·ror [bn, attr] proefondervindelijk, met vallen en opstaan ♦ *trial-and-error method* proefondervindelijke methode
trial balance [telb zn] ⟨boekh⟩ proefbalans
trial balloon [telb zn] proefballon(netje) ♦ *float trial balloons* proefballonnetjes oplaten
trial court [telb zn] ⟨jur⟩ rechtbank
trial heat [telb zn] ⟨sport⟩ serie, voorronde, kwalificatieronde ⟨voor finale⟩, halve finale
trial jury [verzameln] ⟨jur⟩ jury, twaalf gezworenen, leden van de jury
trial marriage [telb + niet-telb zn] proefhuwelijk
trial period [telb zn] proeftijd ♦ *appoint s.o. for a trial period* iemand op proef (aan)nemen
trial run [telb zn] proeftocht, proefrit, proefvlucht, proefvaart, het proefstomen, het proefdraaien ⟨ook figuurlijk⟩
trials bike [telb zn] ⟨BE; motorsp⟩ trialbike
tri·an·gle /traɪæŋgl/ [telb zn] ① driehoek, triangel ♦ ⟨natuurk; mech⟩ *triangle of forces* krachtendriehoek; *triangles of forests* driehoekige stukken bos ② drietal ③ drievoet, driepotige schraag ④ driehoeksverhouding ⑤ ⟨AE⟩ tekendriehoek ⑥ ⟨vaak meervoud met werkwoord in enkelvoud⟩ ⟨gesch, mil⟩ geselpaal ⑦ ⟨muz⟩ triangel ⑧ ⟨scheepv⟩ takel(gestel)
Tri·an·gle /traɪæŋgl/ [eignm] ⟨astron⟩ Driehoek ⟨Triangulum⟩
triangle flight [telb zn] ⟨zweefvliegen⟩ driehoeksvlucht
tri·an·gu·lar /traɪæŋgjʊlə, ᴬ-gjələr/ [bn; bw: ~ly] ① driehoekig, driezijdig, triangulair, trigonaal ♦ *triangular pyramid* driezijdige piramide ② driezijdig, trilateraal, tussen drie personen/zaken ♦ *triangular contest* driehoeksverkiezing; *triangular relationship* driehoeksverhouding; *triangular treaty* trilateraal verdrag
¹**tri·an·gu·lar·i·ty** /traɪæŋgjʊlærəti, ᴬ-gjə-/ [telb zn] driehoekige vorm, driehoek
²**tri·an·gu·lar·i·ty** /traɪæŋgjʊlærəti, ᴬ-gjə-/ [niet-telb zn] driehoekigheid, driezijdigheid
¹**tri·an·gu·late** /traɪæŋgjʊleɪt, ᴬ-gjə-/ [bn; bw: ~ly] ① driehoeks-, driehoekig ② ⟨dierk⟩ met driehoekstekening(en), uit driehoeken bestaand
²**tri·an·gu·late** /traɪæŋgjʊleɪt, ᴬ-gjə-/ [ov ww] ① in driehoeken verdelen ② driehoekig maken ③ ⟨landmeetk⟩ trianguleren ④ ⟨wisk⟩ gonometrisch berekenen
tri·an·gu·la·tion /traɪæŋgjʊleɪʃn/ [niet-telb zn] ⟨landmeetk⟩ triangulatie, driehoeksmeting
triangulation station, trig point [telb zn] ⟨landmeetk⟩ triangulatiepunt, waarnemingsstation voor een driehoeksmeting, meetpunt
Tri·as /traɪəs/ [eignm] ⟨geol⟩ trias
¹**Tri·as·sic** /traɪæsɪk/ [eignm; the] ⟨geol⟩ trias
²**Tri·as·sic** /traɪæsɪk/ [bn] ⟨geol⟩ triassisch, van/m.b.t. het trias
tri·ath·lon /traɪæθlən/ [telb zn] ⟨sport⟩ triatlon
tri·a·tom·ic /traɪətɒmɪk, ᴬ-tɑmɪk/ [bn] ⟨scheik⟩ drieatomig ⟨van molecule⟩
trib·ade /trɪbəd/ [telb zn] lesbienne
trib·a·dism /trɪbədɪzm/ [telb + niet-telb zn] lesbische liefde
¹**trib·al** /traɪbl/ [bn] ⟨vnl IndE⟩ in stamverband levend mens
²**trib·al** /traɪbl/ [bn; bw: ~ly] stam(men)-, van een stam, van stammen

trib·al·ism /traɪbəlɪzm/ [niet-telb zn] ① stamverband ② stamtradities, stamoverleveringen, stamcultuur ③ stamgevoel
tri·band /traɪbænd/ [bn] ⟨telefonie⟩ triband- ⟨geschikt voor drie verschillende netwerken⟩
tri·ba·sic /traɪbeɪsɪk/ [bn] ⟨scheik⟩ driebasisch
¹**tribe** /traɪb/ [telb zn] ⟨gesch⟩ fyle ⟨Grieks stamverband⟩
²**tribe** /traɪb/ [telb zn, verzameln] ① stam, volksstam ② groep, geslacht ⟨verwante dingen; niet specifiek⟩, ⟨vaak scherts⟩ horde, bende, kliek, club, troep ♦ *the tribe of film critics* de heren/kliek filmcritici; *they're coming in tribes* zij komen met hordes tegelijk ③ ⟨biol⟩ tribus ④ ⟨gesch⟩ tribus ⟨Rome⟩, ⟨bij uitbreiding⟩ wijk, volksafdeling, kiesdistrict ⑤ ⟨gesch⟩ stam ⟨van Israël⟩
tribes·man /traɪbzmən/ [telb zn; mv: tribesmen /-mən/] stamlid, stamgenoot
tribes·peo·ple [verzameln] leden van een stam
tribes·wom·an [verzameln] stamgenote, vrouwelijk stamlid
tri·bo- /traɪboʊ/ wrijvings-, tribo- ♦ *triboluminescence* triboluminescentie
tri·bol·o·gy /traɪbɒlədʒi, ᴬ-bɑ-/ [niet-telb zn] wrijvingsleer, wrijvingskunde, tribologie
¹**tri·brach** /trɪbræk/ [telb zn] ⟨gesch⟩ driearmig object, ⟨i.h.b.⟩ driearmig vuurstenen werktuig
²**tri·brach** /trɪbræk, traɪbræk/ [telb zn] ⟨letterk⟩ tribrachys ⟨versmaat met 3 korte lettergrepen⟩
¹**trib·u·la·tion** /trɪbjʊleɪʃn, ᴬ-bjə-/ [telb zn] bron van onheil/ellende/rampspoed
²**trib·u·la·tion** /trɪbjʊleɪʃn, ᴬ-bjə-/ [telb + niet-telb zn] beproeving, rampspoed, ellende
¹**tri·bu·nal** /traɪbjuːnl/ [telb zn] rechterstoel ♦ *appear before the tribunal of God* voor de rechterstoel van God verschijnen
²**tri·bu·nal** /traɪbjuːnl/ [verzameln] ① rechtbank, gerecht, tribunaal, vierschaar ⟨figuurlijk⟩ ♦ ⟨fig⟩ *before the tribunal of public opinion* voor het gerecht van de publieke opinie ② ± commissie, ± raad, ⟨i.h.b.⟩ ± huuradviescommissie, ± raad van onderzoek
trib·u·nate /trɪbjʊnət/ [telb + niet-telb zn] tribunaat, ambt van tribuun
trib·une /trɪbjuːn/ [telb zn] ① volkstribuun, volksvriend, voorvechter van het volk ② volksleider, volksmenner, demagoog ③ spreekgestoelte, sprekersplatform, podium, tribune ④ tribune ⟨oorspronkelijk in apsis van basiliek⟩ ⑤ bisschopstroon ⑥ ⟨gesch⟩ (volks)tribuun ⑦ ⟨gesch⟩ krijgstribuun ⟨in Romeins leger⟩, overste, hoofdofficier
¹**trib·u·ta·ry** /trɪbjʊtri, ᴬ-bjəteri/ [telb zn] ① schatplichtige ⟨staat, persoon⟩ ② zijrivier, bijrivier
²**trib·u·ta·ry** /trɪbjʊtri, ᴬ-bjəteri/ [bn; bw: tributarily; zn: tributariness] ① schatplichtig, tribuutplichtig, cijnsplichtig ♦ *tributary to* schatplichtig aan ② schatting betalend ③ bijdragend, helpend, ondersteunend, hulp- ④ zij-, bij- ⟨van rivier⟩
¹**trib·ute** /trɪbjuːt/ [telb zn] ⟨mijnb⟩ ① stukloon ⟨ook in natura⟩, akkoordwerk ② mijnhuur ⟨evenredig aan de opbrengst⟩
²**trib·ute** /trɪbjuːt/ [telb + niet-telb zn] ① schatting, bijdrage, belasting, cijns, tribuut ♦ *lay s.o. under tribute* iemand schatting opleggen, iemand schatplichtig maken ② hulde(blijk), eerbetoon, blijk van waardering ♦ *pay (a) tribute to s.o.* iemand eer bewijzen, iemand hulde brengen, respect betonen aan iemand ▪ *a tribute to* (een) blijk van; *the rejection of the plan is a tribute to their common sense* de verwerping van het plan getuigt van hun gezond verstand
tri·car /traɪkɑː, ᴬ-kɑr/ [telb zn] ⟨BE⟩ driewieler ⟨auto⟩
¹**trice** /traɪs/ [telb zn] ogenblik, moment, minuutje ♦ *in a trice* in een wip, direct, zo

²**trice** /traɪs/, **trice up** [ov ww] ⟨scheepv⟩ [1] ophalen (en sjorren), (op)hijsen (en vastsjorren) [2] vastsjorren, vastbinden, vastmaken

tri·cen·te·nar·y → tercentenary

¹**tri·ceps** /ˈtraɪseps/ [telb zn; mv: ook triceps] ⟨anat⟩ driehoofdige strekspier ⟨van bovenarm⟩, triceps

²**tri·ceps** /ˈtraɪseps/ [bn, attr] ⟨anat⟩ driehoofdig ⟨van spier⟩

trich- /trɪk/, **trich-o** /ˈtrɪkoʊ/ haar- ♦ trichoid haarachtig

tri·chi·a·sis /trɪˈkaɪəsɪs/ [telb + niet-telb zn; mv: trichiases] ⟨med⟩ trichiasis ⟨inwaartse groei van de wimpers⟩

tri·chi·na /trɪˈkaɪnə/ [telb zn; mv: ook trichinae /-niː/] ⟨dierk⟩ haarworm ⟨parasiet; Trichinella spiralis⟩

trich·i·nize, trich·i·nise /ˈtrɪkɪnaɪz/ [ov ww] met trichinen besmetten

trich·i·no·sis /ˌtrɪkɪˈnoʊsɪs/ [telb + niet-telb zn; mv: trichinoses /-siːz/] ⟨med⟩ trichineziekte, trichinose ⟨ontsteking door trichinen⟩

tri·chi·nous /ˈtrɪkɪnəs, trɪˈkaɪnəs/ [bn] ⟨med⟩ [1] trichineus, met trichinen, trichinen bevattende ♦ trichinous pork trichineus varkensvlees [2] m.b.t. trichinose

tri·chlo·ride /traɪˈklɔːraɪd/, **tri·chlo·rid** /-rɪd/ [telb zn] ⟨scheik⟩ trichloride

tri·chol·o·gy /trɪˈkɒlədʒi, ᴬ-kɑ-/ [niet-telb zn] haarkunde

trich·ome /ˈtrɪkoʊm, ˈtraɪ-/ [telb zn] ⟨plantk⟩ trichoom, plantenhaar ⟨op opperhuid⟩

trich·o·mon·ad /ˌtrɪkoʊˈmɒnæd, ᴬ-ˈmɑ-/ [telb zn] ⟨dierk, med⟩ trichomonas ⟨genus van parasitaire Flagellata/Zweepdiertjes⟩

trich·o·mo·ni·a·sis /ˌtrɪkəməˈnaɪəsɪs/ [telb + niet-telb zn; mv: trichomoniases /-siːz/] ⟨med⟩ trichomoniasis, ⟨i.h.b.⟩ witte vloed

¹**tri·chord** /ˈtraɪkɔːd, ᴬ-kɔrd/ [telb zn] ⟨muz⟩ driesnarig instrument

²**tri·chord** /ˈtraɪkɔːd, ᴬ-kɔrd/ [bn] ⟨muz⟩ [1] driesnarig [2] met drie snaren per toon

trich·o·tom·ic /ˌtrɪkəˈtɒmɪk, ᴬ-ˈtɑmɪk/, **tri·chot·o·mous** /trɪˈkɒtəməs, ᴬˈtraɪˈkɑtəməs/ [bn; bw: trichotomously] in drieën gesplitst, driedelig, drieledig

tri·chot·o·my /trɪˈkɒtəmi, ᴬˈtraɪˈkɑtəmi/ [telb zn] driedeling, drieledigheid, ⟨i.h.b. theol⟩ trichotomie ⟨lichaam, ziel, geest⟩

tri·chro·ic /traɪˈkroʊɪk/ [bn] driekleurig ⟨van kristal⟩

tri·chro·ism /ˈtraɪkroʊɪzm/ [telb + niet-telb zn] driekleurigheid ⟨van kristallen⟩, trichroïsme

tri·chro·ma·tic /ˌtraɪkroʊˈmætɪk/ [bn] driekleurig, driekleuren- ♦ trichromatic photography driekleurendruk; trichromatic vision trichromasie

tri·chro·ma·tism /traɪˈkroʊmətɪzm/ [niet-telb zn] trichromasie, driekleurigheid

¹**trick** /trɪk/ [telb zn; in bet 1, bet 2 en bet 3 vaak attributief] [1] truc ⟨ook figuurlijk⟩, kunstje, foefje, kunstgreep, list, smoesje, bedrog, kneep ♦ trick of the light bedrieglijke lichtval, speling van het licht; magic tricks goocheltrucs; ⟨fig⟩ the tricks of the trade de knepen van het vak; ⟨fig⟩ know the tricks of the trade het klappen van de zweep kennen, het fijne ervan weten [2] handigheid, slag, kunstje ♦ (soon) get/learn the trick of it (snel) de slag te pakken krijgen, het (snel) onder de knie hebben, (snel) de kneep vatten [3] streek, grap, geintje, poets, kattenkwaad ♦ she's full of tricks zij zit vol kattenkwaad/streken; play tricks kattenkwaad uithalen; play a trick (up)on s.o., play someone a trick iemand een streek leveren, iemand een kunstje flikken [4] aanwensel, hebbelijkheid, tic, (hinderlijke) gewoonte, maniertje ♦ you have the trick of pulling your hair while reading je hebt de vreemde gewoonte om aan je haren te trekken terwijl je leest [5] stommiteit, domme zet [6] werktijd, (werk)beurt, dienst, ⟨i.h.b. scheepv⟩ torn, stuurbeurt [7] ⟨inf⟩ (benaming voor) mooi meisje, brok, stoot, lekker stuk [8] ⟨kaartsp⟩ slag, trek [9] ⟨AE; sl⟩ hoerenloper, klant [10] ⟨AE; sl⟩ losse homopartner, los/wisselend contact • ⟨inf⟩ this poison should do the trick dit vergif moet het hem doen; ⟨AE; euf⟩ this lady does tricks in the afternoon deze dame zit/werkt/ontvangt 's middags, deze dame verdient er 's middags wat bij ⟨als prostituee⟩; ⟨inf⟩ do/turn the trick werken, het hem doen, het gewenste resultaat geven; ⟨inf⟩ I know a trick or two myself ik ben zelf ook niet van gisteren; ⟨inf⟩ not/never miss a trick overal van op de hoogte zijn, alles precies weten; ⟨inf⟩ play tricks de hoer uithangen; be up to tricks kattenkwaad uithalen; be up to s.o.'s tricks iemand doorhebben, iemand doorzien; ⟨AE; halloweenspel⟩ trick or treat! ± een snoepje of ik schiet!; how's tricks? hoe staat het ermee?, hoe gaat ie?, hoe is het?; ⟨sprw⟩ there are tricks in every trade de knepen van het vak; ⟨sprw⟩ you cannot teach/it's hard to teach an old dog new tricks oude beren dansen leren is zwepen verknoeien

²**trick** /trɪk/ [onov ww] [1] bedrog plegen [2] kattenkwaad uithalen, streken leveren, kunstjes flikken [3] ⟨ook trick out⟩ ⟨AE; sl⟩ neuken

³**trick** /trɪk/ [ov ww] [1] bedriegen, beduvelen, beetnemen, misleiden, bij de neus nemen ♦ trick s.o. into sth. iemand iets aanpraten, iemand ergens inluizen, iemand door list/met een smoesje ergens toe krijgen; she was tricked into marrying zij werd in een huwelijk gelokt; trick s.o. out of sth. iemand iets met een trucje/smoesje afhandig maken [2] oplichten, afzetten ♦ trick s.o. out of his money iemand zijn geld afhandig maken, iemand oplichten, iemand afzetten [3] van de wijs brengen, verbijsteren, verrassen [4] niet voldoen aan ⟨van ding⟩, teleurstellen [5] ⟨AE; sl⟩ als klant ontvangen ⟨van prostituees⟩ • trick out/up opsieren, versieren; tricked out/up in blue silk getooid in blauwe zijde

trick ankle [telb zn] zwakke enkel

trick cyclist [telb zn] [1] kunstfietser, kunstwielrijder [2] ⟨BE; sl⟩ zielenknijper, spych(iater)

trick dog [telb zn] gedresseerde hond, circushond

trick·er /ˈtrɪkə, ᴬ-ər/ [telb zn] bedrieger, oplichter

trick·er·y /ˈtrɪkəri/ [telb + niet-telb zn] bedrog, bedriegerij, bedotterij, beduvelarij

trick flying [niet-telb zn] kunstvliegen, stuntvliegen

trick knee [telb zn] zwakke knie, gammele knie

¹**trick·le** /ˈtrɪkl/ [telb zn] stroompje, straaltje

²**trick·le** /ˈtrɪkl/ [niet-telb zn] het druppelen, het sijpelen

³**trick·le** /ˈtrɪkl/ [onov ww] [1] druppelen, sijpelen, druipen, biggelen ♦ milk was trickling out over the table er sijpelde melk over de tafel; water trickled out of the crack in the rock er sijpelde water uit de rotssleet; trickle through doorsijpelen [2] ⟨benaming voor⟩ druppelsgewijs komen/gaan, binnendruppelen, bij stukjes en beetjes binnenkomen, langzaam rollen ⟨van bal⟩, uitlekken, één voor één/in kleine groepjes naar buiten komen ♦ the crowd started to trickle away after the speech na de toespraak begon de menigte zich op te lossen; the first guests trickled in at ten o'clock om tien uur druppelden de eerste gasten binnen; the ball trickled into the goal de bal rolde langzaam het doel in; rumours had trickled out er waren geruchten uitgelekt; money trickles up het geld dringt langzaam door ⟨van de armen⟩ tot de rijken/de rijke landen

⁴**trick·le** /ˈtrɪkl/ [ov ww] (laten) druppelen, druppelsgewijs laten neervallen ♦ she trickled the eyedrops into his right eye zij druppelde de oogdruppels in zijn rechteroog; the man trickled the golddust through his fingers de man liet het stofgoud door zijn vingers glijden

trickle charger [telb zn] ⟨techn⟩ acculader

trick·le-down [bn, attr] ⟨ec⟩ doordruppel-, trickledown-

trick·le-ir·ri·gate [ov ww] druppelbevloeien

trickle irrigation [niet-telb zn] → drip irrigation

trick·let /ˈtrɪklɪt/ [telb zn] stroompje, beekje

trick photograph [telb zn] trucfoto

trick question [telb zn] strikvraag

tricks /trɪks/ [alleen mv] ⟨AE, gew⟩ [1] snuisterijen, prul-

trick scene

letjes, prullaria ② boeltje, spullen
trick scene [telb zn] ⟨dram⟩ changement à vue ⟨decorwisseling bij open doek⟩
trick ski [telb zn] ⟨waterskiën⟩ figuurski
trick spider [telb zn] fopspin
trick·ster /trɪkstə, ˄-ər/ [telb zn] oplichter, bedrieger
trick·sy /trɪksi/ [bn; vergr trap: tricksier; bw: tricksily; zn: tricksiness] ① speels, guitig, schalks ② sluw, doortrapt, listig, verraderlijk ③ moeilijk, lastig ④ ⟨vero⟩ goed gekleed
trick·y /trɪki/, **trick·ish** /-ɪʃ/ [bn; vergr trap: trickier; bw: trickily; zn: trickiness] ① sluw, listig, geraffineerd, geslepen ♦ *a tricky salesman* een geslepen verkoper ② lastig, moeilijk, gecompliceerd ♦ *a tricky job* een moeilijk karwei, een precisiewerkje ③ netelig, lastig, delicaat ♦ *tricky question* netelige/delicate zaak; lastige vraag ④ vindingrijk, handig, vernuftig
tri·clin·ic /traɪklɪnɪk/ [bn] ⟨geol⟩ triclien ⟨van kristalstelsel⟩
tri·clin·i·um /traɪklɪnɪəm/ [telb zn; mv: triclinia /-nɪə/] ⟨Romeinse gesch⟩ ① triclinium ⟨tafel met drie aanligbanken⟩ ② eetzaal, triclinium
¹**tri·col·our**, ⟨AE⟩ **tri·col·or** /traɪkʌlə, ˄-ər/ [telb zn] ① driekleur, tricolore ② ⟨the; ook Tricolour⟩ tricolore, Franse vlag
²**tri·col·our**, ⟨AE⟩ **tri·col·or** /traɪkʌlə, ˄-ər/, **tri·col·oured**, ⟨AE⟩ **tri·col·ored** /traɪkʌləd, ˄traɪkʌlərd/ [bn] driekleurig
¹**tri·corne, tri·corn** /traɪkɔ:n, ˄-kɔrn/ [telb zn] ① driehoorn ② driekantige hoed/steek, tricorne
²**tri·corne, tri·corn** /traɪkɔ:n, ˄-kɔrn/ [bn] ① driekantig, driehoekig ② driehoornig
tri·cot /trɪːkoʊ/ [niet-telb zn] ① tricot ② ribtricot
tri·crot·ic /traɪkrɒtɪk, ˄-krɑtɪk/ [bn] ⟨med⟩ met drievoudige slag ⟨pols⟩
tric·trac, trick·track /trɪktræk/ [niet-telb zn] ⟨spel⟩ triktrak
tri·cus·pid /traɪkʌspɪd/ [bn] ⟨biol⟩ ① driepuntig ⟨tand⟩ ② driedelig ⟨hartklep⟩
¹**tri·cy·cle** /traɪsɪkl/ [telb zn] driewieler, ⟨i.h.b.⟩ driewielige invalidenwagen
²**tri·cy·cle** /traɪsɪkl/ [onov ww] in/op een driewieler rijden
tri·cy·clist /traɪsɪklɪst/ [telb zn] rijder op een driewieler
tri·dac·tyl /traɪdæktɪl/, **tri·dac·ty·lous** /-tɪləs/ [bn] ① drievingerig ② drietenig
tri·dent /traɪdnt/ [telb zn] drietand
tri·den·tate /traɪdenteɪt/ [bn] drietandig
¹**Tri·den·tine** /trɪdentaɪn, ˄traɪdentn/ [telb zn] rooms-katholiek
²**Tri·den·tine** /trɪdentaɪn, ˄traɪdentn/ [bn] Trents, Tridentijns, van het Trents concilie
tri·di·men·sion·al /traɪdɪmenʃnəl, -daɪ-/ [bn] driedimensionaal
trid·u·um /trɪdjʊəm/, **tri·duo** /-djʊoʊ/ [telb zn] ⟨r-k⟩ driedaagse kerkelijke viering, triduüm
tri·dy·mite /trɪdɪmaɪt/ [niet-telb zn] ⟨geol⟩ tridymiet
¹**tried** /traɪd/ [bn; oorspronkelijk volt deelw van try] beproefd, betrouwbaar
²**tried** /traɪd/ [verleden tijd] → **try**
¹**tri·en·ni·al** /traɪenɪəl/ [telb zn] ① derde verjaardag ② driejaarlijkse gebeurtenis/ceremonie, ⟨i.h.b. in anglic⟩ driejaarlijks bisschoppelijk bezoek aan dekenaat ③ driejarige periode ④ driejarige plant
²**tri·en·ni·al** /traɪenɪəl/ [bn; bw: ~ly] ① driejaarlijks, om de drie jaar terugkomend, triënnaal ② driejarig, drie jaar durend
tri·en·ni·um /traɪenɪəm/ [telb zn; mv: ook triennia /-enɪə/] tijdperk van drie jaar
tri·er, ⟨in betekenis 8 ook⟩ **tri·or** /traɪə, ˄-ər/ [telb zn]

1974

① iemand die probeert/poogt ② volhouder, doorzetter, doorbijter ③ proever, keurmeester ⟨van levensmiddelen⟩ ④ onderzoeker ⑤ rechter ⑥ proef, toets(steen) ⑦ beproeving ⟨van iemands geduld⟩ ⑧ ⟨jur⟩ persoon aangesteld om wraking van jurylid op grondigheid te onderzoeken
¹**tri·er·ar·chy** /traɪərɑːki, ˄-ɑrki/ [telb zn] ⟨gesch⟩ ① commando over triëre, ambt van triërarch, triërarchie ② ⟨in Athene⟩ triërarchie ⟨bekostiging van een triëre door burgers⟩
²**tri·er·ar·chy** /traɪərɑːki, ˄-ɑrki/ [verzamelen] ⟨gesch⟩ triërarchen
trifacial [bn] → **trigeminal**
tri·fid /traɪfɪd/ [bn] ⟨biol⟩ in drieën gesplitst, driedelig, in drie lobben/kwabben verdeeld
¹**trifle** /traɪfl/ [telb zn] ① kleinigheid, bagatel, wissewasje ♦ *not stick at trifles* niet blijven steken in onbelangrijke details ② prul(letje), snuisterij ♦ *give a trifle to s.o.* iemand een kleinigheid geven ③ kleine som, habbekrats, prikje, schijntje, kleinigheid ♦ *buy sth. for a trifle* iets voor een habbekrats kopen ④ beetje, wat, (p)ietsje ♦ *a trifle* een beetje, ietsje, enigszins; *he's a trifle slow* hij is ietwat langzaam
²**trifle** /traɪfl/ [telb + niet-telb zn] ⟨BE⟩ trifle ⟨custardtoetje met fruit, room, van sherry doordrenkte cake enz.⟩
³**trifle** /traɪfl/ [niet-telb zn] middelharde siertin/peauter ⟨tin en antimonium⟩
⁴**trifle** /traɪfl/ [onov ww] ① lichtvaardig handelen/spreken ② grappen, dollen ③ zie: **trifle with**; → **trifling**
⁵**trifle** /traɪfl/ [ov ww] verspillen, verdoen, verknoeien, verlummelen ♦ *trifle away money* geld verspillen/verkwanselen; → **trifling**
tri·fler /traɪflə, ˄-ər/ [telb zn] ① futselaar, beuzelaar ② lichtzinnig iemand
trifles /traɪflz/ [alleen mv] siertinnen gebruiksvoorwerpen
trifle with [onov ww] ① niet serieus nemen, achteloos behandelen ♦ *she is not a woman to be trifled with* zij is geen vrouw die met zich laat spotten ② lichtzinnig omspringen met, licht opnemen, spelen met ♦ *don't trifle with your health* speel niet met je gezondheid ③ spelen met, friemelen met/aan ♦ *stop trifling with your hair* stop met dat gefriemel aan je haar
tri·fling /traɪflɪŋ/ [bn; oorspronkelijk tegenwoordig deelw van trifle; bw: ~ly] ① onbelangrijk, te verwaarlozen, onbeduidend ♦ *of trifling importance* van weinig belang ② waardeloos, nutteloos ③ lichtzinnig, frivool, lichtvaardig
tri·fo·cal /traɪfoʊkl/ [bn] trifocaal ⟨van brillenglazen⟩
tri·fo·li·ate /traɪfoʊlɪət/, **tri·fo·li·at·ed** /-foʊlieɪtɪd/ [bn] ⟨plantk⟩ driebladig
tri·fo·li·um /traɪfoʊlɪəm/ [telb zn] ⟨plantk⟩ klaver ⟨genus Trifolium⟩
tri·fo·ri·um /traɪfɔːrɪəm/ [telb zn; mv: triforia /-rɪə/] ⟨bouwk⟩ triforium
tri·form /traɪfɔːm, ˄-fɔrm/, **tri·formed** /-fɔːmd, ˄-fɔrmd/ [bn] ① drievoudig, driedelig ② drievormig
tri·fur·cate /traɪfɜːkeɪt, ˄-fər-/, **tri·fur·cat·ed** /-keɪtɪd/ [bn] ① met drie takken ② in drieën gevorkt
¹**trig** /trɪg/ [telb zn] wig, keg, remblok
²**trig** /trɪg/ [bn; vergr trap: soms trigger] ① net(jes), keurig, voorbeeldig ② sterk, stevig, gezond
³**trig** /trɪg/ [onov ww] ⟨vero, behalve gew⟩ zich mooi maken, zich opknappen, zich opdoffen
⁴**trig** /trɪg/ [ov ww] ① remmen, stoppen, vastzetten, blokkeren ② (onder)steunen, stutten, schragen ③ ⟨verouderd, behalve gewestelijk⟩ mooi maken ♦ *trigged out/up in her best dress* keurig gekleed in haar mooiste jurk
⁵**trig** [afk] ① ⟨trigonometric⟩ ② ⟨trigonometry⟩
¹**tri·gem·i·nal** /traɪdʒemɪnl/ [telb zn] ⟨med⟩ driehoeksze-

nuw, drielingszenuw, (nervus) trigeminus
²tri·gem·i·nal /traɪdʒemɪnl/, tri·fa·cial /-feɪʃl/ [bn] ⟨med⟩ trigeminus-, driehoekszenuw- ♦ *trigeminal neuralgia* trigeminusneuralgie, tic douloureux, aangezichtspijn
tri·gem·i·nus /traɪdʒemɪnəs/ [telb zn; mv: trigemini /-naɪ, ^-ni/] ⟨med⟩ driehoekszenuw, drielingszenuw, (nervus) trigeminus
¹trig·ger /trɪgə, ^-ər/ [telb zn] [1] trekker, pal ⟨van pistool, veermechanisme, e.d.⟩ ♦ *pull the trigger* de trekker overhalen; ⟨fig⟩ het startschot geven, iets teweegbrengen, iets op gang brengen [2] ⟨scheik⟩ reactiestarter, reactie-initiator, reactieaanzetter ⟨van kettingreactie⟩
²trig·ger /trɪgə, ^-ər/ [ov ww] [1] teweegbrengen, veroorzaken, de stoot geven tot/aan, starten ♦ *trigger off* op gang brengen, het startschot geven voor; aanleiding geven tot; ten gevolge hebben, ⟨scheik⟩ starten, initiëren ⟨reactie⟩; *his remark triggered off a discussion* zijn opmerking had een discussie tot gevolg; *this poem was triggered off by my father* ik werd geïnspireerd tot dit gedicht door mijn vader [2] afvuren, de trekker overhalen van [3] ⟨sl⟩ plegen, meedoen aan ⟨roofoverval⟩
trig·ger·fish [telb zn] ⟨dierk⟩ trekkervis ⟨familie Balistidae⟩
trigger guard [telb zn] trekkerbeugel
trig·ger·hap·py [bn] [1] schietgraag, snel schietend, ⟨bij uitbreiding⟩ heethoofdig, strijdlustig ♦ *that man is a bit too trigger-happy* die man trekt zijn pistool wat al te snel; die man heeft zijn handen wat te los aan zijn lijf zitten [2] onbesuisd, onbezonnen [3] gewelddadig
tri·glyph /traɪglɪf/ [telb zn] ⟨bouwk⟩ triglief, driespleet ⟨in Dorische fries⟩
tri·glyph·ic /traɪglɪfɪk/, tri·glyph·i·cal /-ɪkl/ [bn] triglifisch, versierd met trigliefen, uit trigliefen bestaand
¹tri·gon /traɪgɒn, ^-gɑn/ [telb zn] [1] snijvlak, kauwvlak ⟨van bovenkies⟩ [2] ⟨astrol⟩ drietal dierenriemtekens ⟨120° van elkaar⟩ [3] ⟨gesch⟩ hoekharp [4] ⟨vero⟩ driehoek
²tri·gon /traɪgɒn, ^-gɑn/ [niet-telb zn] ⟨astrol⟩ driehoekig aspect ⟨hoek van 120°⟩
trig·o·nal /trɪgənl/ [bn; bw: ~ly] [1] driehoekig, trigonaal [2] ⟨geol⟩ trigonaal ⟨van kristalstelsel⟩ [3] ⟨plantk⟩ driekantig
trig·o·no·met·ric /trɪgənəmetrɪk, ^-noʊ-/, trig·o·no·met·ri·cal /-ɪkl/ [bn; bw: ~ally] trigonometrisch
trig·o·nom·e·try /trɪgənɒmɪtri, ^-nɑ-/ [niet-telb zn] trigonometrie, driehoeksmeting
trig point [telb zn] → triangulation station
tri·graph /traɪgrɑːf, ^-græf/ [zn] ⟨taalk⟩ drie letters als één klank uitgesproken
tri·he·dral /traɪhiːdrəl, -he-/ [bn] ⟨wisk⟩ drievlakkig
tri·he·dron /traɪhiːdrən, he-/ [telb zn; mv: ook trihedra /-drə/] ⟨wisk⟩ drievlak
tri·jet /traɪdʒet/ [telb zn] driemotorig straalvliegtuig
¹trike /traɪk/ [telb zn] ⟨BE; inf⟩ ⟨verk: tricycle⟩ driewieler
²trike /traɪk/ [onov ww] ⟨BE; inf⟩ op een driewieler rijden
¹tri·lat·er·al /traɪlætrəl, ^-lætərəl/ [bn] ⟨wisk⟩ driezijdige figuur
²tri·lat·er·al /traɪlætrəl, ^-lætərəl/ [bn; bw: ~ly] driezijdig, trilateraal
tril·by /trɪlbi/, **trilby hat** [telb zn] ⟨vnl BE⟩ slappe vilthoed, slappe deukhoed
tri·lin·e·ar /traɪlɪnɪə, ^-ər/ [bn] drielijnig, drielijn-, met/van drie lijnen
tri·lin·gual /traɪlɪŋgwəl/ [bn] drietalig
¹tri·lit·er·al /traɪlɪtrəl, ^-lɪtərəl/ [bn] woord(deel) van drie letters
²tri·lit·er·al /traɪlɪtrəl, ^-lɪtərəl/ [bn] drieletterig, drieletter- ⟨in het bijzonder bij semitische talen⟩
tri·lith /traɪlɪθ/, tri·lith·on /traɪlɪθɒn, ^-θɑn/ [telb zn] trilithon, trilith, triliet ⟨prehistorisch monument⟩
¹trill /trɪl/ [telb zn] [1] roller, triller, rollende slag ⟨van vo-

gels⟩ [2] trilling ⟨van spraakorganen⟩ [3] met trilling geproduceerde klank, rollende medeklinker ⟨bijvoorbeeld gerolde r⟩ [4] ⟨muz⟩ triller
²trill /trɪl/ [onov ww] ⟨vero⟩ druppelen, sijpelen, vloeien
³trill /trɪl/ [onov + ov ww] ⟨benaming voor⟩ trillen, rollen, kwinkeleren, trillers zingen, een triller slaan/uitvoeren, vibreren, tremolo spelen
⁴trill /trɪl/ [ov ww] met trilling produceren, rollen ♦ *trill the r* een rollende r maken
tril·lion /trɪlɪən/ [uitr vnw] [1] ⟨BE⟩ triljoen ⟨10¹⁸⟩, ⟨fig⟩ talloos [2] ⟨AE⟩ biljoen ⟨10¹²⟩, miljoen maal miljoen, ⟨fig⟩ talloos
tri·lo·bate /traɪloʊbeɪt/ [bn] ⟨plantk⟩ drielobbig, met 3 lobben
tri·lo·bite /traɪləbaɪt/ [telb zn] ⟨dierk⟩ trilobiet ⟨Trilobita; uitgestorven⟩
tri·loc·u·lar /traɪlɒkjələ, ^-lɑkjələr/ [bn] ⟨biol⟩ [1] driehokkig ⟨van vrucht⟩ [2] driecellig
tril·o·gy /trɪlədʒi/ [telb zn] trilogie
¹trim /trɪm/ [telb zn] [1] ⟨benaming voor⟩ versiering, garneersel, belegsel, opschik, sierstrip(pen) ⟨op auto⟩, sierlijst(en) [2] ⟨geen mv⟩ het bijpunten, het bijknippen
²trim /trɪm/ [telb + niet-telb zn] ⟨luchtv, scheepv⟩ trim, evenwicht, stabiliteit ⟨in het bijzonder bij duikboot⟩
³trim /trɪm/ [niet-telb zn] [1] staat ⟨van gereedheid⟩, toestand, orde, conditie ♦ *in trim* op/in orde, voor elkaar, in vorm, in conditie; klaar, gereed; *in proper trim* netjes in orde, in nette staat; *in sailing trim* zeilklaar, gereed om uit te varen; *the players were in (good) trim* de spelers waren in (goede) vorm; *out of trim* uit vorm, niet in vorm [2] kostuum, kledij, uitrusting ♦ *in trim* netjes/keurig gekleed; *in hunting trim* in jachtkostuum, in jagersuitrusting [3] lijstwerk, houtwerk ⟨van huis⟩ [4] afknipsel [5] ⟨AE⟩ etalagemateriaal [6] ⟨film⟩ uitgeknipt materiaal, afgekeurd materiaal [7] ⟨scheepv⟩ stuwage, verdeling [8] ⟨scheepv⟩ stand der zeilen
⁴trim /trɪm/ [bn; vergr trap: trimmer; bw: ~ly; zn: ~ness] [1] net(jes), goed verzorgd, in orde, keurig ♦ *a trim figure* een goed verzorgd figuur; *a trim garden* een keurig onderhouden tuin [2] goed zittend, goed passend ⟨van kleding⟩ [3] in vorm, in goede conditie
⁵trim /trɪm/ [onov ww] [1] zich in het midden houden, tussen de partijen doorzeilen, geen partij kiezen [2] laveren ⟨figuurlijk⟩, schipperen, de huik naar de wind hangen [3] ⟨scheepv⟩ stabiel liggen, in evenwicht zijn/liggen [4] ⟨scheepv⟩ alles zeilklaar maken, het schip optuigen [5] ⟨scheepv⟩ naar de juiste plaats draaien; → trimming
⁶trim /trɪm/ [ov ww] [1] ⟨benaming voor⟩ net(jes) maken, opknappen, (bij)knippen, bijsnijden, trimmen ⟨hond⟩, snuiten ⟨kaars⟩, afknippen ⟨lampenkousje⟩, bijschaven, bijwerken, afwerken, behouwen ⟨hout⟩ ♦ *trim s.o.'s hair* iemands haar bijpunten/bijknippen; *trim in* invoegen, inpassen [2] afknippen, weghalen, afhalen, ontdoen van, ⟨fig⟩ besnoeien, beknotten ♦ *trim away/off the branches* de takken afsnoeien; *I have to trim down my figure a little* ik moet wat afslanken; *trim (down) the expenditure* het mes zetten/kappen in de uitgaven, de uitgaven beperken; *millions trimmed off/out of welfare programs* miljoenen besnoeid op welzijnswerk [3] ⟨benaming voor⟩ versieren, opsieren, garneren, beleggen ⟨stof⟩, optuigen ⟨kerstboom⟩, opmaken ⟨etalage⟩ ♦ *trim o.s. (up)* zich opdoffen; *a coat trimmed with fur* een jas afgezet met bont; *trim (up) a dress with lace* een jurk garneren met kant [4] naar de wind zetten, brassen, trimmen ⟨zeil⟩, ⟨fig⟩ aanpassen, schikken ♦ *he trims his opinions to the political circumstances* hij past zijn meningen aan de politieke omstandigheden aan [5] ⟨inf⟩ verpletterend verslaan, onder de voet lopen ♦ *I trimmed my friend at checkers* ik heb mijn vriend met dammen in de pan gehakt [6] ⟨inf⟩ bedriegen, benadelen, tillen, plukken [7] ⟨inf⟩ een pak slaag geven, een flinke uit-

trimaran

brander geven, uitfoeteren ⑧ ⟨luchtv, scheepv⟩ trimmen ⑨ ⟨scheepv⟩ trimmen, st(o)uwen, verdelen ⟨lading⟩, tremmen ⟨kolen⟩; → trimming

tri·ma·ran /traɪmərǽn/ [telb zn] trimaran

tri·mer /traɪmə, ᴬ-ər/ [telb zn] ⟨scheik⟩ trimeer

tri·mer·ic /traɪmɛrɪk/ [bn] ⟨scheik⟩ trimeer-, van een trimeer

trim·er·ous /trɪmərəs/ [bn] driedelig, drieledig, uit drie delen bestaand

tri·mes·ter /trɪmɛstə, ᴬtraɪmɛstər/ [telb zn] ① trimester, kwartaal ② ⟨AE⟩ (school)trimester ⟨van studiejaar⟩

tri·mes·tral /trɪmɛstrəl, ᴬtraɪ-/, **tri·mes·tri·al** /-strɪəl/ [bn] driemaandelijks, kwartaal-

trim·e·ter /trɪmɪtə, ᴬ-mɪtər/ [telb zn] trimeter ⟨drievoetige versregel⟩

tri·met·ric /traɪmɛtrɪk/, **tri·met·ri·cal** /-ɪkl/ [bn] trimetrisch

trim·mer /trɪmə, ᴬ-ər/ [telb zn] ① snoeier, snoeimes, snoeischaar, snoeitang, snoeizaag, tuinschaar, tondeuse ② weerhaan ⟨figuurlijk⟩, opportunist ③ opmaakster ⟨van hoeden, enz.⟩ ④ ⟨bouwk⟩ raveelbalk, raveling ⑤ ⟨scheepv⟩ trimmer, kolentremmer ⑥ ⟨scheepv⟩ stuwadoor ⑦ ⟨elek⟩ trimmer ⟨ontvanger⟩

trim·ming /trɪmɪŋ/ [telb zn; oorspronkelijk tegenwoordig deelw van trim] ① garneersel, belegsel, oplegsel, boordsel ② ⟨inf⟩ pak rammel, aframmeling, uitbrander ♦ *give s.o. a sound trimming* iemand flink op zijn kop geven ③ ⟨inf⟩ nederlaag, verlies ♦ *take a trimming* een nederlaag lijden

trim·mings /trɪmɪŋz/ [alleen mv; oorspronkelijk tegenwoordig deelw van trim] ① garnituur, toebehoren ♦ *a piece of meat with all the trimmings* een gegarneerd stuk vlees, een stuk vlees met garnituur ② (af)snoeisel, afknipsel ③ opsmuk, franje ♦ *tell us the story without the trimmings* vertel ons het verhaal zonder opsmuk

tri·mor·phic /traɪmɔːfɪk, ᴬ-mɔr-/, **tri·mor·phous** /-fəs/ [bn] ⟨biol, geol⟩ trimorf, in drie vormen voorkomend

tri·mor·phism /traɪmɔːfɪzm, ᴬ-mɔr-/ [telb zn; alleen enk] ⟨biol, geol⟩ trimorfie

Trin [afk] (Trinity)

tri·nal /traɪnl/ [bn] driedelig, drievoudig

¹**trine** /traɪn/ [telb zn] drietal

²**trine** /traɪn/ [niet-telb zn] ⟨astrol⟩ driehoekig aspect ♦ *in trine to* in driehoekig aspect t.o.v.

³**trine** /traɪn/ [bn] ① drievoudig, driedelig, driedubbel ♦ *trine immersion* drievoudige/driemalige onderdompeling ⟨bij doop⟩ ② ⟨astrol⟩ in driehoekig aspect ③ ⟨astrol⟩ m.b.t. driehoekig aspect

Trine /traɪn/ [eigenn] Drie-eenheid

trines /traɪnz/ [alleen mv] drieling

trin·gle /trɪŋgl/ [telb zn] ① gordijnstang, gordijnroede ② ⟨bouwk⟩ lijstje

Trin·i·dad and To·ba·go /trɪnɪdæd ən təbeɪgoʊ/ [eigenn] Trinidad en Tobago

¹**Trin·i·dad·i·an** /trɪnɪdǽdɪən/ [telb zn] Trinidadder, inwoner/inwoonster van Trinidad

²**Trin·i·dad·i·an** /trɪnɪdǽdɪən/ [bn] Trinidads, van/uit/m.b.t. Trinidad

trin·i·tar·i·an /trɪnɪtɛərɪən, ᴬ-ter-/ [bn] drievoudig, driedelig

¹**Trin·i·tar·i·an** /trɪnɪtɛərɪən, ᴬ-ter-/ [telb zn] ① trinitariër ⟨belijder der Drie-eenheid⟩ ② trinitaris, trinitariër ③ ⟨BE; inf, stud⟩ student van Trinity College

²**Trin·i·tar·i·an** /trɪnɪtɛərɪən, ᴬ-ter-/ [bn] ① trinitair, trinitarisch, triniteits-, m.b.t. (de leer van der) Drie-eenheid ② van de trinitarissen

Trin·i·tar·i·an·ism /trɪnɪtɛərɪənɪzm, ᴬ-ter-/ [niet-telb zn] ⟨theol⟩ triniteitsleer, leer van de Drie-eenheid

tri·ni·tro·tol·u·ene /traɪnaɪtroʊtɒljuːiːn, ᴬ-tɑl-/, **tri·ni·tro·tol·u·ol** /-tɒljuɒl, ᴬ-tɑljuɒl/ [niet-telb zn] trinitrotolueen, trinitrotoluol, trotyl, TNT

¹**trin·i·ty** /trɪnəti/ [niet-telb zn] drie-eenheid, drievuldigheid

²**trin·i·ty** /trɪnəti/ [verzameln] drietal, trio, drie

Trin·i·ty /trɪnəti/, ⟨in betekenis 2 ook⟩ **Trinity Sunday** [eigenn] ① ⟨the⟩ ⟨theol⟩ Drie-eenheid, Drievuldigheid, Triniteit ♦ *the Holy Trinity* de heilige Drie-eenheid ② ⟨rel⟩ Drievuldigheids(zon)dag, trinitatis, triniteitszondag ③ trinitariërs, trinitarissen ⟨kloosterorde⟩ ④ ⟨BE; stud⟩ Trinity College ⟨in Cambridge en Oxford⟩

Trinity Brethren [alleen mv] ⟨BE⟩ ± werknemers van het loodswezen

Trinity House [niet-telb zn] ⟨BE⟩ ± loodswezen

Trinity sitting [niet-telb zn] ⟨BE; jur⟩ zomerzitting ⟨van het hooggerechtshof; van pinksterdrie tot 12 augustus⟩

Trinity term [telb + niet-telb zn] ⟨BE⟩ derde trimester, laatste trimester, paastrimester ⟨van studiejaar⟩

trin·ket /trɪŋkɪt/ [telb zn] ① kleinood, bijou ② snuisterij, prulletje

trin·ket·ry /trɪŋkɪtri/ [niet-telb zn] ① kleinodiën, bijouterie, bedeltjes ② snuisterijen, prullaria

¹**tri·no·mi·al** /traɪnoʊmɪəl/ [telb zn] ① drietermige naam ② ⟨wisk⟩ drieterm

²**tri·no·mi·al** /traɪnoʊmɪəl/ [bn] drietermig, uit drie termen bestaand ⟨ook wiskunde⟩

¹**tri·o** /triːoʊ/ [telb zn] ① ⟨muz⟩ trio ⟨voor drie partijen⟩ ② ⟨muz⟩ trio ⟨middendeel van klassieke dans⟩ ③ ⟨spel; piket⟩ trits, drie azen/heren/vrouwen/boeren

²**tri·o** /triːoʊ/ [verzameln] ① drietal, groep van drie, trio ② ⟨muz⟩ trio ⟨ensemble⟩

tri·ode /traɪoʊd/ [telb zn] ⟨elek⟩ triode, drie-elektrodebuis

tri·oe·cious /traɪiːʃəs/ [bn] ⟨plantk⟩ trioecisch (polygaam)

tri·ole /triːoʊl/ [telb zn] ⟨muz⟩ triool

tri·o·let /traɪəlɪt, ᴬtriː-/ [telb zn] triolet ⟨dichtvorm⟩

trior [telb zn] → trier

tri·ox·ide /traɪɒksaɪd, ᴬ-ɑk-/ [niet-telb zn] ⟨scheik⟩ trioxide

¹**trip** /trɪp/ [telb zn] ① tocht, reis ♦ *make a trip to the G.P.* een bezoek aan de huisarts afleggen; *take a trip* een tocht maken ② uitstapje, reisje, tochtje ♦ *the annual trip to Brighton* het jaarlijkse uitje naar Brighton ③ misstap ⟨ook figuurlijk⟩, val, fout, vergissing, verspreking ♦ *a trip of the tongue* een verspreking ④ het beentje lichten ⑤ pal, schakelaar, ontkoppelingsmechanisme, ⟨i.h.b. mil⟩ ontstekingsmechanisme ⑥ trippelpasje, getrippel, gehuppel ⑦ ⟨scheepv⟩ gang ⟨bij laveren⟩ ⑧ ⟨sl⟩ trip ⟨op drug; ook figuurlijk⟩, reuze ervaring, iets geweldigs, te gek iets ♦ *you'll find life here a perfect trip* je zult helemaal te gek gaan op het leven hier ⑨ ⟨sl⟩ toer ♦ *they are on the vegetarian trip* zij zijn op de vegetarische toer ⑩ ⟨sl⟩ levenswijze

²**trip** /trɪp/ [niet-telb zn] het overgaan/afgaan, ontsteking, ontkoppeling ⟨d.m.v. pal, schakelaar⟩

³**trip** /trɪp/ [onov ww] ① struikelen, uitglijden ⟨ook figuurlijk⟩ ♦ ⟨fig⟩ *trip on/over a long word* zich verslikken in/struikelen over een lang woord; *he was tripping up all the time* hij struikelde steeds ② huppelen, trippelen, trippen, dansen ♦ *the girl tripped across/down the meadow* het meisje huppelde/danste over het veld; *tripping rhythm* springend/huppelend ritme ③ een fout begaan, in de fout gaan, zich vergissen, zich verspreken, een misstap doen ♦ *the man tripped up after a few questions* de man versprak zich na een paar vragen ④ losschieten, losspringen, vrijkomen ⟨van pal e.d.⟩ ⑤ ⟨sl⟩ trippen, een trip maken ⟨op drug⟩ ♦ *trip out* trippen; *tripped out* high, onder invloed van drugs ⑥ ⟨zelden⟩ een uitstapje maken, erop uitgaan ▣ ⟨sprw⟩ *haste trips over its own heels* ± hardlopers zijn doodlopers, ± al te ras breekt hals; → tripping

⁴**trip** /trɪp/ [ov ww] ① laten struikelen, doen vallen, been-

tje lichten ♦ *trip s.o. up* iemand beentje lichten, iemand laten struikelen ② **op een fout betrappen,** op een blunder pakken ♦ *the journalist tried to trip the general up* de verslaggever probeerde de generaal zichzelf te laten tegenspreken/zich te laten verspreken ③ **erin laten lopen,** strikken, zich laten verspreken/tegenspreken, erin luizen ④ **losgooien** ⟨pal van machine⟩, losstoten ⟨bijvoorbeeld draad van alarm⟩, bij uitbreiding overhalen ⟨pal, schakelaar⟩ ♦ *trip the fuses* de zekeringen doen doorslaan; *trip a switch* (de stroom) uitschakelen ⟨door schakelaar over te halen⟩; *John tripped the wire, but the bucket of water missed him by an inch* John stootte het draadje los, maar de emmer water miste hem op het nippertje ⑤ ⟨scheepv⟩ **lichten** ⟨anker⟩ ⑥ ⟨scheepv⟩ **kaaien,** toppen, verticaal draaien, overeind zetten ⟨ra⟩ ⑦ ⟨scheepv⟩ **ophalen** ⟨marssteng⟩;
→ **tripping**

tri·par·tite /traɪpɑːtaɪt, ᴬ-pɑr-/ [bn; bw: ~ly] ① **drieledig,** driedelig, drievoudig ② **driezijdig,** trilateraal, van drie partijen, tripartiet ③ ⟨plantk⟩ **driedelig,** driebladig ⟨van blad⟩

tri·par·ti·tion /traɪpɑːtɪʃn, ᴬ-pɑr-/ [telb + niet-telb zn] **driedeling**

¹**tripe** /traɪp/ [telb zn] ⟨sl⟩ ① **prul,** waardeloos iets, ding van niks ② **drievoet**

²**tripe** /traɪp/ [niet-telb zn] ① **pens,** trijp ② ⟨inf⟩ **onzin,** troep, rommel ♦ *don't talk tripe* verkoop geen onzin; *I don't write such tripe* ik schrijf dergelijke rommel niet

tripes /traɪps/ [alleen mv] ⟨vulg⟩ ① **pens,** buik ② **ingewanden,** darmen

tri·pet·al·ous /traɪpetləs/ [bn] ⟨plantk⟩ **driebladig**

trip-ham·mer /trɪphæmə/ [bn] ⟨techn⟩ **staarthamer**

tri·phib·i·ous /traɪfɪbɪəs/ [bn] ⟨mil⟩ **te land, ter zee en in de lucht,** van leger, vloot en luchtmacht ⟨bijvoorbeeld van operatie⟩

triph·thong /trɪfθɒŋ, trɪp-, ᴬ-θɔŋ, ᴬ-θɑŋ/ [telb zn] ⟨taalk⟩ **drieklank**

triph·thong·al /trɪfθɒŋgl, trɪp-, ᴬ-θɔŋgl, ᴬ-θɑŋgl/ [bn] ⟨taalk⟩ **drieklank-**

tri·pin·nate /traɪpɪneɪt/ [bn] ⟨plantk⟩ **drievoudig geveerd** ⟨blad⟩

tri·plane /traɪpleɪn/ [telb zn] ⟨luchtv⟩ **driedekker**

¹**tri·ple** /trɪpl/ [telb zn] ① **drievoud** ② **drietal,** drie ③ ⟨honkb⟩ **driehonkslag**

²**tri·ple** /trɪpl/ [bn; bw: triply] ① **drievoudig,** driedubbel, drieledig, driedelig ♦ *triple acrostic* driedubbele acrostichon ⟨begin-, midden- en eindletters⟩; ⟨gesch⟩ *Triple Entente* Triple Entente, Drievoudige Overeenkomst; *triple rhyme* glijdend rijm ② **driemalig** ③ **driedubbel,** verdrievoudigd ▫ *triple crown* driedubbele kroon, driekroon, pauselijke kroon, tiara; ⟨rugby⟩ overwinning in vierlandenwedstrijd; het winnen van de drie belangrijkste wedstrijden, paardenraces ⟨enz.⟩; ⟨sport⟩ *triple play* triple spel ⟨uitschakeling van drie honklopers⟩

³**tri·ple** /trɪpl/ [onov ww] ⟨sport⟩ **driehonkslag slaan**

⁴**tri·ple** /trɪpl/ [onov + ov ww] **verdrievoudigen**

triple-digit inflation [telb zn] **inflatiepercentage van drie cijfers,** inflatie van meer dan 100%

tri·ple-head·ed [bn] **driehoofdig,** driekoppig

triple jump [telb + niet-telb zn; the; geen mv] ⟨atl⟩ **driesprong,** ⟨vnl België⟩ hink-stap-sprong

triple jumper [telb zn] ⟨atl⟩ **hink-stap-springer**

tri·ples /trɪplz/ [alleen mv] **klokkenspel** ⟨op zeven klokken⟩

¹**trip·let** /trɪplɪt/ [telb zn] ① **één van een drieling** ② **triplet** ⟨drieregelige strofe⟩ ③ ⟨muz⟩ **triool** ④ ⟨scheik⟩ **triplet(toestand)**

²**trip·let** /trɪplɪt/ [verzameln] **drietal,** drie, trio, triplet

triple time [niet-telb zn] ⟨muz⟩ **drieslagsmaat**

trip·lets /trɪplɪts/ [alleen mv] **drieling** ♦ *one of the triplets has survived* één van de drieling is nog in leven

¹**tri·plex** /trɪpleks, ᴬtraɪ-/, **triplex glass** [telb zn] ① **driedelig iets** ② ⟨AE⟩ **woning/appartement met drie verdiepingen**

²**tri·plex** /trɪpleks, ᴬtraɪ-/, ⟨ook⟩ **triplex glass** [niet-telb zn; vaak Triplex (Glass)] **triplexglas**

³**tri·plex** /trɪpleks, ᴬtraɪ-/, **triplex glass** [verzameln] **drietal,** trio, triplet

⁴**tri·plex** /trɪpleks, ᴬtraɪ-/ [bn] **driedelig,** drievoudig

¹**trip·li·cate** /trɪplɪkət/ [telb zn] ① ⟨vnl mv⟩ **één van drie (gelijke) exemplaren** ② **triplicaat,** derde exemplaar

²**trip·li·cate** /trɪplɪkət/ [niet-telb zn] **triplo,** drievoud ♦ *in triplicate* in triplo/drievoud

³**trip·li·cate** /trɪplɪkət/ [bn; bw: ~ly] ① **drievoudig,** in triplo ② **derde**

⁴**trip·li·cate** /trɪplɪkeɪt/ [ov ww] ① **in triplo schrijven/typen/maken,** driemaal kopiëren ② **verdrievoudigen**

trip·li·ca·tion /trɪplɪkeɪʃn/ [telb + niet-telb zn] ① **drievoud** ② **verdrievoudiging**

¹**tri·plic·i·ty** /trɪplɪsəti/ [telb zn] ① **drietal,** ⟨groep van⟩ drie ② ⟨astrol⟩ **drietal dierenriemtekens**

²**tri·plic·i·ty** /trɪplɪsəti/ [niet-telb zn] ① **drievoudigheid,** tripliciteit

¹**trip·loid** /trɪplɔɪd/ [telb zn] ⟨biol⟩ **triploïde cel/organisme**

²**trip·loid** /trɪplɔɪd/ [bn] ⟨biol⟩ **triploïde**

trip·loi·dy /trɪplɔɪdi/ [niet-telb zn] ⟨biol⟩ **triploïdie**

tri·pod /traɪpɒd, ᴬ-pɑd/ [telb zn] ① **drievoet,** driepoot ② ⟨benaming voor⟩ **drievoetig iets,** driepoot, statief, schraag, treeft, drievoetaffuit, tafel(tje)

trip·o·dal /trɪpədl/ [bn] **drievoetig,** driepotig

trip·o·li /trɪpəli/ [niet-telb zn] **tripel** ⟨polijstaarde⟩

¹**Tri·pol·i·tan** /trɪpɒlɪtən, ᴬ-pɑlɪtn/ [telb zn] **Tripolitaan**

²**Tri·pol·i·tan** /trɪpɒlɪtən, ᴬ-pɑlɪtn/ [bn] **Tripolitaans,** uit Tripoli, van de Tripolitanen

tri·pos /traɪpɒs, ᴬ-pɑs/ [telb zn] ⟨BE; Cambridge; stud⟩ ① ± **kandidaatsstudie,** ± kandidaatsexamen ⟨met specialisatie⟩, ± kantjes ② **lijst van geslaagde kandidaten**

trip·per /trɪpə, ᴬ-ər/ [telb zn] ① ⟨BE; vaak pej⟩ **dagjesmens** ② ⟨sl⟩ **tripper** ⟨op lsd⟩

trip·ping /trɪpɪŋ/ [bn; oorspronkelijk tegenwoordig deelw van trip; bw: ~ly] **lichtvoetig** ⟨ook figuurlijk⟩, luchtig, licht

trip·py /trɪpi/ [bn] **zweverig**

trip·tych /trɪptɪk/ [telb zn] ① **drieluik,** triptiek ♦ ⟨fig⟩ *he is writing a triptych* hij is een drieluik aan het schrijven ② **driebladig schrijftablet/wastafeltje**

trip·tyque /trɪptiːk/ [telb zn] **triptiek** ⟨voor auto⟩

trip wire [telb zn] **struikeldraad** ⟨als alarm/ontstekingsmechanisme⟩, valstrik

tri·reme /traɪriːm/ [telb zn] ⟨gesch⟩ **trireem,** triëre ♦ *by trireme* per trireem, met de triëre

tri·sect /traɪsekt/ [ov ww] **in drie (gelijke) delen verdelen**

tri·sec·tion /traɪsekʃn/ [telb + niet-telb zn] **verdeling in drie (gelijke) delen,** trisectie

tri·sec·tor /traɪsektə, ᴬ-ər/ [telb zn] **iemand die iets in drie (gelijke) delen verdeelt**

tri·skel·i·on /trɪskeliən, ᴬtraɪ-/, **tri·skele, tri·scele** /trɪskiːl, ᴬtraɪ-/ [telb zn; mv: 1e variant ook triskelia /trɪskeliə, ᴬtraɪ-/] **driearmig/driebenig symbool**

tris·mus /trɪzməs/ [telb + niet-telb zn] ⟨med⟩ **kaakklem,** kaakkramp, trismus

tri·sper·mous /traɪspɜːməs, ᴬ-spɜr-/ [bn] ⟨plantk⟩ **driezadig**

tri·state /traɪsteɪt/ [bn] ⟨AE⟩ **m.b.t. (een groep van) drie staten**

triste /triːst/ [bn] **droevig,** treurig, triest, somber

trist·ful /trɪstful/ [bn; bw: ~ly; zn: ~ness] ⟨vero⟩ **droevig,** treurig, triest, somber

tri·syl·lab·ic /traɪsɪlæbɪk/, **tri·syl·lab·i·cal** /-ɪkl/ [bn; bw: ~ally] **drielettergrepig**

tri·syl·la·ble /traɪsɪləbl/ [telb zn] ① **drielettergrepig**

trite

woord ② drielettergrepige versvoet
trite /traɪt/ [bn; vergr trap: triter; bw: ~ly; zn: ~ness] ① afgezaagd, cliché, versleten, banaal ② ⟨vero⟩ afgedragen, versleten
tri·the·ism /ˈtraɪθiɪzm/ [niet-telb zn] tritheïsme, driegodendom
tri·the·ist /ˈtraɪθiɪst/ [telb zn] tritheïst, aanhanger van het tritheïsme
tri·the·is·tic /traɪθiˈɪstɪk/, **tri·the·is·ti·cal** /-ɪkl/ [bn] tritheïstisch
trit·i·um /ˈtrɪtiəm/ [niet-telb zn] ⟨scheik⟩ tritium ⟨waterstofisotoop⟩
¹**tri·ton** /ˈtraɪtɒn, ˈtraɪtɑn/ [scheik zn] triton
²**tri·ton** /ˈtraɪtn/, ⟨in betekenissen 3 en 4 ook⟩ **triton shell** [telb zn] ① triton, lagere zeegod ② watersalamander, triton ③ triton(shoorn) ⟨Tritoniidae⟩ ④ tritonshoorn, trompetschelp
Triton /ˈtraɪtn/ [eigen zn] Triton
tri·tone /ˈtraɪtoʊn/ [telb zn] ⟨muz⟩ overmatige kwart, tritonus
trit·u·ra·ble /ˈtrɪtjʊrəbl, ˈ-tʃər-/ [bn] verpulverbaar, vermaalbaar
¹**trit·u·rate** /ˈtrɪtjʊreɪt, ˈ-tʃə-/ [telb zn] ⟨benaming voor⟩ fijngemalen iets, poeder, pulver, pulp
²**trit·u·rate** /ˈtrɪtjʊreɪt, ˈ-tʃə-/ [ov ww] ① verpulveren, verpoederen, fijnmaken, fijnstampen, fijnwrijven ② vermalen, fijnmalen, fijnkauwen ⟨voedsel⟩
¹**trit·u·ra·tion** /trɪtjʊˈreɪʃn, ˈ-tʃə-/ [zn] ⟨med⟩ poeder(mengsel)
²**trit·u·ra·tion** /trɪtjʊˈreɪʃn, ˈ-tʃə-/ [telb + niet-telb zn] verpulvering, verpoedering, vermaling, ⟨i.h.b.⟩ plombeerselbereiding
trit·u·ra·tor /ˈtrɪtjʊreɪtə, ˈ-tʃəreɪtər/ [telb zn] stamper ⟨voor poeders⟩
¹**tri·umph** /ˈtraɪəmf/ [telb zn] ⟨gesch⟩ triomf(tocht), zegetocht ⟨in het bijzonder in oude Rome⟩
²**tri·umph** /ˈtraɪəmf/ [telb + niet-telb zn] triomf ⟨ook figuurlijk⟩, overwinning, zegepraal, groot succes ♦ *in triumph* in triomf, triomfantelijk; *the warriors returned home in triumph* zegevierend keerden de krijgers huiswaarts; *the triumphs of science* de triomfen van de natuurwetenschap; *shouts of triumph* triomfgeschreeuw, jubelkreten
³**tri·umph** /ˈtraɪəmf/ [onov ww] ① zegevieren, overwinnen, de overwinning behalen/behaald hebben, triomferen ♦ *triumph over difficulties* moeilijkheden overwinnen, moeilijkheden te boven komen; *at last he triumphed over his enemies* uiteindelijk zegevierde hij over zijn vijanden ② jubelen, juichen, victorie roepen ♦ *triumph over a dead opponent* jubelen over/om een dode tegenstander ③ ⟨gesch⟩ een triomftocht houden, triomferen
tri·um·phal /traɪˈʌmfl/ [bn] triomf-, triomfaal, zege- ♦ *triumphal arch* triomfboog, erepoort; *triumphal car* triomfwagen, zegekar, zegewagen; *triumphal progress* triomftocht, zegetocht
tri·um·phal·ism /traɪˈʌmfəlɪzm/ [niet-telb zn] triomfalisme
tri·um·phant /traɪˈʌmfənt/ [bn; bw: ~ly] ① zegevierend, overwinnend, triomferend, zegepralend ② triomfantelijk, jubelend, juichend ♦ *triumphant look* triomfantelijke blik ③ ⟨theol⟩ *the Church Triumphant, the Triumphant Church* de triomferende kerk, de zegevierende kerk, de zegepralende kerk, ecclesia triumphans
tri·um·vir /traɪˈʌmvə, ˈ-ər/ [telb zn; mv: ook triumviri /-vəraɪ/] ⟨gesch⟩ drieman, triumvir, lid van een triumviraat
tri·um·vi·ral /traɪˈʌmvərəl/ [bn] triumvir(aat)-, van een drieman(schap)
¹**tri·um·vi·rate** /traɪˈʌmvɪrət/ [telb zn] ⟨gesch⟩ ambt van drieman, triumviraat, driemanschap
²**tri·um·vi·rate** /traɪˈʌmvɪrət/ [verzamel zn] ① driemanschap, triumviraat, triarchie ② ⟨groep van⟩ drie, drietal, trio, driemanschap
¹**tri·une** /ˈtraɪjuːn/ [telb zn] drie-enigheid, drie-eenheid
²**tri·une** /ˈtraɪjuːn/ [bn] drie-enig ⟨van god⟩
tri·u·ni·ty /traɪˈjuːnəti/ [telb zn] drie-eenheid, drie-enigheid
tri·va·lent /traɪˈveɪlənt, ˈtrɪvələnt/, **ter·va·lent** /tɜːˈveɪlənt, ˈtɜr-/ [bn] ⟨scheik⟩ trivalent, driewaardig
tri·val·vu·lar /traɪˈvælvjʊlə, ˈ-vjələr/ [bn] ⟨biol⟩ driekleppig
triv·et /ˈtrɪvɪt/ [telb zn] ① treeft, drievoet ② ⟨vnl AE⟩ onderzet(je), onderzetter, treeft ⟨voor pannen e.d.⟩
¹**triv·i·a** /ˈtrɪviə/ [alleen mv] onbelangrijke dingen, onbeduidende zaken, trivialiteiten
²**triv·i·a** /ˈtrɪviə/ [alleen mv] → **trivium**
triv·i·al /ˈtrɪviəl/ [bn; bw: ~ly; zn: ~ness] ① onbelangrijk, onbeduidend, onbetekenend ♦ *trivial loss* onbetekenend verlies ② gewoon, alledaags, banaal, triviaal ♦ *trivial life* alledaags leven, gewoon leventje; *trivial name* gewone naam; ⟨biol⟩ volksnaam; ⟨scheik⟩ triviale naam ⟨niets zeggend over structuur enz.⟩ ③ oppervlakkig, op kleinigheden gericht ♦ *trivial scientist* oppervlakkig wetenschapper ④ ⟨biol⟩ soort- ♦ *trivial name* soortaanduiding, soortnaam, epitheton ⟨in nomenclatuur van plant en dier⟩ ⑤ ⟨wisk⟩ triviaal
¹**triv·i·al·i·ty** /trɪviˈæləti/ [telb zn] ① idee/zaak/gebeurtenis van weinig belang ② gemeenplaats, banaliteit, nietszeggende opmerking
²**triv·i·al·i·ty** /trɪviˈæləti/ [niet-telb zn] ① onbeduidendheid, onbelangrijkheid ② alledaagsheid, banaliteit, trivialiteit
triv·i·al·ize, triv·i·al·ise /ˈtrɪviəlaɪz/ [ov ww] minder belangrijk/onbelangrijk maken, onbetekenend doen lijken, bagatelliseren ♦ *trivialize the losses* de verliezen als onbelangrijk voorstellen
triv·i·um /ˈtrɪviəm/ [telb zn; mv: trivia /-viə/] ⟨gesch⟩ trivium ⟨drie artes liberales: grammatica, dialectica, retorica⟩
tri·week·ly /traɪˈwiːkli/ [bn] ① driewekelijks ② drie maal per week plaatshebbend
-trix /trɪks/ ① ⟨vormt vragend naamwoord⟩ -trice, -trix ♦ *aviatrix* aviatrice ② ⟨wisk⟩ -trix ♦ *directrix* directrix ⟨richtlijn voor kegelsnede⟩
t-RNA [afk] ⟨biochem⟩ ⟨transfer RNA/ribonucleic acid⟩
¹**troat** /troʊt/ [telb zn] het burlen ⟨van bronstig hert⟩
²**troat** /troʊt/ [onov ww] burlen, bronstig loeien ⟨van hert⟩
tro·car /ˈtroʊkɑː, ˈ-kɑr/ [telb zn] ⟨med⟩ trocart, troiscart ⟨instrument⟩
¹**tro·cha·ic** /troʊˈkeɪɪk/ [telb zn; voornamelijk mv] trocheïsch(e) versvoet/regel/vers, trochee
²**tro·cha·ic** /troʊˈkeɪɪk/ [bn; bw: ~ally] trocheïsch
tro·chal /ˈtroʊkl/ [bn] ⟨dierk⟩ wielvormig, schijfachtig ♦ *trochal disc* trochus ⟨van raderdiertjes/Rotifera⟩
tro·chan·ter /troʊˈkæntə, ˈ-kæntər/ [telb zn] ① ⟨dierk⟩ trochanter ⟨2e segment van insectenpoot⟩ ② ⟨med⟩ trochanter ⟨beenuitsteeksel van het femur voor spieraanhechting⟩
tro·che /ˈtroʊki/ [telb zn] pilletje, tabletje, pastille
tro·chee /ˈtroʊkiː/ [telb zn] trochee, trocheus ⟨bepaalde versvoet⟩
troch·i·lus /ˈtrɒkɪləs, ˈtrɑ-/ [telb zn] ⟨dierk⟩ ① kolibrie ⟨Trochilidae⟩ ② zanger ⟨Silviidae⟩, ⟨i.h.b.⟩ fitis ⟨Phylloscopus trochilus⟩ ③ krokodilwachter ⟨Pluvianus aegyptius⟩
troch·le·a /ˈtrɒkliə, ˈtrɑ-/ [telb zn; mv: trochleae /-liiː/] ⟨med⟩ katrol, trochlea ⟨bovenste deel van sprongbeen⟩
troch·le·ar /ˈtrɒkliə, ˈtrɑkliər/ [bn] ① ⟨med⟩ trochlea-, van de trochlea ② ⟨med⟩ van de/m.b.t. de nervus trochlearis ⟨vierde hersenzenuw⟩ ③ ⟨plantk⟩ schijfvormig, wielvormig, katrolvormig
¹**tro·choid** /ˈtroʊkɔɪd/ [telb zn] ① hoorn, kinkhoorn ⟨soort

schelp〉 ② 〈biol〉 draaigewricht ③ 〈astron〉 trochoïde
²**tro·choid** /troʊkɔɪd/, **tro·choi·dal** /troʊkɔɪdl/ [bn; bw: ~ally] ① gewonden, spiraalvormig, gedraaid 〈van hoorn〉 ② 〈biol〉 om een/de as draaiend ③ 〈astron〉 trochoïdisch, trochoïdaal
trod /trɒd, ᴬtrɑd/ [verleden tijd en volt deelw] → tread
trod·den /trɒdn, ᴬtrɑdn/ [volt deelw] → tread
trode /troʊd/ [verleden tijd] → tread
trog /trɒg, ᴬtrɑg/ [onov ww] 〈BE; inf〉 slenteren
trog·lo·dyte /trɒglədaɪt, ᴬtrɑ-/ [telb zn] ① holbewoner, troglodiet ② primitieveling, bruut, aap ③ kluizenaar ④ mensaap
trog·lo·dyt·ic /trɒglədɪtɪk/, **trog·lo·dyt·i·cal** /-ɪkl/ [bn] ① troglodieten-, van de troglodiet(en) ② primitief, bruut
tro·gon /troʊgɒn, ᴬ-gɑn/ [telb zn] 〈dierk〉 trogon 〈tropische vogel; familie Trogonidae〉
¹**troi·ka** /trɔɪkə/ [telb zn] ① trojka 〈Russische slee/wagen〉 ② driespan
²**troi·ka** /trɔɪkə/ [verzamelm] driemanschap, trojka, triumviraat
troil·ism /trɔɪlɪzm/ [telb + niet-telb zn] trioseks, triootje
¹**Tro·jan** /troʊdʒən/ [telb zn] ① Trojaan ② harde werker, noeste werker, werkpaard ♦ *work like a Trojan* werken als een paard ③ dapper strijder, held ♦ *fight like a Trojan* vechten als een leeuw ④ vrolijke makker, losbol
²**Tro·jan** /troʊdʒən/ [bn] Trojaans ♦ *Trojan Horse* paard van Troje, houten paard 〈ook figuurlijk〉; ondergang
¹**troll** /troʊl/ [telb zn] ① sleeplijn 〈vistuig〉 ② aas 〈aan sleeplijn〉, blinkerd, snoeklepeltje ③ 〈zelden〉 reel, molentje 〈van hengel〉 ④ trol 〈in mythen〉 ⑤ 〈comp〉 trol 〈iemand die zich op internet stelselmatig misdraagt〉
²**troll** /troʊl/ [niet-telb zn] het vissen met sleeplijn/sleephengel
³**troll** /troʊl/ [onov ww] ① met sleeplijn/sleephengel vissen ♦ *troll for* met een sleeplijn vissen op ② een canon zingen ③ 〈vnl BE; inf〉 slenteren, wandelen, drentelen
⁴**troll** /troʊl/ [onov + ov ww] ① galmen, uit volle borst zingen/gezongen worden ♦ *troll the refrain* het refrein galmen; *a trolling song* een galmend lied ② rollen, ronddraaien
⁵**troll** /troʊl/ [ov ww] ① met sleeplijn/sleephengel vissen op ② slepen, trekken 〈sleeplijn〉 ③ bevissen, afvissen, vissen in 〈een water〉 ④ zingen 〈canon〉 ⑤ als canon zingen
trol·ley, trol·ly /trɒli, ᴬtrɑli/ [telb zn; mv: trolleys, trollies] ① 〈BE〉 〈benaming voor〉 tweewielig/vierwielig karretje, kar, steekkar, steekwagen, bagagewagen, winkelwagen, rolwagentje ② 〈ind, mijnb, spoorw〉 lorrie ③ → **trolley wheel** ④ trolley, wagentje, bak 〈van intern transportsysteem〉 ⑤ → **trolley car** ♦ *by trolley* per tram, met de tram ⑥ 〈BE〉 theeboy, theewagen ⑦ *off one's trolley* knettergek〉, verward; 〈sl〉 *slip (one's) trolley* onredelijk/gek worden
trolley bus [telb zn] trolleybus ♦ *by trolley bus* per trolleybus
trolley car [telb zn] 〈AE〉 tram
trol·leyed /trɒlid, ᴬtrɑlid/ [bn] 〈inf〉 ladderzat, stomdronken
trolley line [telb zn] ① trolleybusnet ② 〈AE〉 tramnet
trolley pole [telb zn] trolleystang 〈op tram, bus〉
trolley wheel [telb zn] trolley, (rol)stroomafnemer, contactrol
trol·lop /trɒləp, ᴬtrɑ-/ [telb zn] ① slons, sloddervos ② slet, sloerie, hoer
trom·bone /trɒmboʊn, ᴬtrɑm-/, 〈sl〉 **trom** /trɒm, ᴬtrɑm/ [telb zn] ① trombone, schuiftrompet, bazuin 〈orgelregister〉
trom·bon·ist /trɒmboʊnɪst, ᴬtrɑm-/ [telb zn] trombonist, schuiftrompettist
trom·mel /trɒml, ᴬtrɑml/ [telb zn] zeeftrommel, trommelzeef 〈voor erts〉
trompe /trɒmp, ᴬtrɑmp/ [telb zn] blaaspijp 〈voor oren via waterverplaatsing〉
trompe l'oeil /trɒmp lɜːi, ᴬtrɒp lʌi/ [telb zn] ① gezichtsbedrog, optisch bedrog ② trompe-l'oeil 〈schilderij met gezichtsbedrog〉
-tron /trɒn, ᴬtrɑn/ 〈vnl natuurk, scheik〉 -tron ♦ *magnetron* magnetron; *synchrotron* synchrotron
¹**troop** /truːp/ [telb zn] ① troep, menigte, hoop, massa ♦ *she always comes home with troops of friends* zij komt altijd met hordes vriendinnen thuis ② troep 〈verkenners〉 ③ 〈mil〉 troep, 〈i.h.b.〉 peloton 〈cavalerie/artillerie〉, 〈AE〉 eskadron 〈cavalerie〉 ④ 〈mil〉 ritmeesterschap ♦ *get one's troop* tot ritmeester bevorderd worden ⑤ 〈mil〉 marssignaal
²**troop** /truːp/ [onov ww] ① als groep gaan, en masse gaan, marcheren (in een rij) ♦ *troop along* in troepen rondtrekken; *troop away/off* als groep vertrekken, afmarcheren; *his children trooped in* zijn kinderen marcheerden naar binnen ② zich scharen, zich verzamelen, samenscholen ♦ *troop together/up* samenscholen ③ gaan, vertrekken ♦ *troop away/off* weggaan, vertrekken; *troop home* naar huis gaan ⑦ *troop with* (om)gaan met, zich ophouden met, huizen met
³**troop** /truːp/ [ov ww] in troepen formeren/opstellen
troop carrier [telb zn] 〈mil〉 troepentransportmiddel, transportvliegtuig, transportvaartuig, transportschip, transportwagen, transportvoertuig, transporttank
troop·er /truːpə, ᴬ-ər/ [telb zn] ① cavalerist ② gewoon soldaat 〈in artillerie/cavalerie〉 ③ cavaleriepaard ④ troepentransportschip, transportvaartuig ⑤ 〈vnl AE〉 bereden politieagent ⑥ 〈vnl AE〉 motoragent, staatspolitieagent 〈op motor〉 ⑦ *swear like a trooper* vloeken als een dragonder/ketter
troop-horse [telb zn] cavaleriepaard
troops /truːps/ [alleen mv] troepen(macht), strijdmachten, manschappen ♦ *10,000 troops* een troepenmacht van 10.000 man, 10.000 soldaten
troop·ship [telb zn] 〈mil〉 (troepen)transportschip, transportvaartuig
troops surge [telb zn] troepentoename, extra troepen, extra eenheden 〈in een conflictgebied〉
tro·pae·o·lum /troʊpiːələm/ [telb zn] 〈plantk〉 klimkers 〈genus Tropaeolum〉
trope /troʊp/ [telb zn] ① stijlfiguur, trope, figuurlijke uitdrukking ② 〈muz〉 trope 〈inlas in liturgisch gezang〉
troph·ic /trɒfɪk, ᴬtrɑ-/ [bn; bw: ~ally] 〈med〉 trofisch
tro·phied /troʊfid/ [bn] met trofeeën/tropeeën behangen
troph·o /troʊfoʊ, ᴬtrɑfoʊ/ 〈med〉 trofo- 〈m.b.t. voeding〉 ♦ *trophoblast* trofoblast 〈eivlies van de bastula〉
tro·phy /troʊfi/ [telb zn] ① prijs, trofee, beker ② trofee 〈ook figuurlijk〉, tropee, overwinningsteken, zegeteken ③ aandenken, trofee, gedenkteken ♦ *he took the snake home as a trophy* hij nam de slang als trofee/aandenken mee naar huis
trophy wife [telb zn] pronkstuk 〈een mooie jonge, vaak tweede, echtgenote〉, prijswijf
trop·ic /trɒpɪk, ᴬtrɑ-/ [telb zn] 〈astron〉 keerkring ♦ *tropic of Cancer* Kreeftskeerkring; *tropic of Capricorn* Steenbokskeerkringen
-trop·ic /trɒpɪk, ᴬtrɑ-/ -tropisch, -troop ♦ *geotropic* geotropisch; *isotropic* isotroop
trop·i·cal /trɒpɪkl, ᴬtrɑ-/, 〈in betekenis 2 ook〉 **tropic** [bn; bw: ~ly] ① tropisch, 〈fig〉 heet, zwoel, drukkend, welig, weelderig ♦ 〈astron〉 *tropical year* tropisch jaar, zonnejaar ② tropisch, beeldsprakig, oneigenlijk
trop·i·cal·ize, trop·i·cal·ise /trɒpɪkəlaɪz, ᴬtrɑ-/ [ov ww] aan de tropen aanpassen ♦ *tropicalized machinery* machines in tropenuitvoering
tropical socialism [niet-telb zn] met bepaalde warme landen geassocieerd socialisme 〈met name Cuba en Vene-

trop·ic·bird [telb zn] ⟨dierk⟩ keerkringsvogel ⟨genus Phaëthontidae⟩
trop·ics /trɒpɪks, ᴬtrɑ-/ [alleen mv; the] tropen ⟨als streek⟩
tro·pism /troʊpɪzm/ [niet-telb zn] ⟨biol⟩ tropisme
tro·po·log·ic /trɒpəlɒdʒɪk, ᴬtrɑpəlɑdʒɪk/, **tro·po·log·i·cal** /-ɪkl/ [bn; bw: ~ally] tropologisch
tro·pol·o·gy /trɒpɒlədʒi, ᴬtroʊpɑ-/ [telb zn] tropologie, leer van de beeldspraak ⟨voornamelijk m.b.t. de Bijbel⟩
tro·po·pause /trɒpəpɔːz, ᴬtrɑ-/ [niet-telb zn; the] ⟨meteo⟩ tropopauze ⟨dampkring tussen troposfeer en stratosfeer⟩
tro·po·sphere /trɒpəsfɪə, ᴬtrɑpəsfɪr/ [niet-telb zn; the] ⟨meteo⟩ troposfeer ⟨onderste laag van dampkring⟩
trop·po /trɒpoʊ, ᴬtrɑ-/ [bn] ⟨AuE; inf⟩ geschift, gek
¹**trot** /trɒt, ᴬtrɑt/ [telb zn] [1] draf(je), tippel, haastige beweging/bezigheid ♦ *at a trot* op een drafje; ⟨inf⟩ *be on the trot* ronddraven, rondschieten, niet stilzitten; ⟨sl⟩ *op de loop/voortvluchtig zijn*; *keep s.o. on the trot* iemand laten ronddraven/niet stil laten zitten [2] ⟨BE⟩ hummel(tje), dreumes(je) [•] ⟨inf⟩ *be on the trot* diarree hebben; ⟨inf⟩ *five times on the trot* vijf opeenvolgende keren
²**trot** /trɒt, ᴬtrɑt/ [onov ww] [1] draven ⟨ook van persoon⟩ [2] tippelen, trippelen ♦ *trot along* meetrippelen [3] ⟨inf⟩ lopen, (weg)gaan ♦ *trot along!* ga weg!, maak dat je wegkomt! [•] ⟨AE; inf⟩ *hot to trot* heet, hitsig; ⟨AE; fig⟩ *to be hot to trot* staan te trappelen om te beginnen; ⟨AE⟩ *to be hot to trot for* warmlopen voor
³**trot** /trɒt, ᴬtrɑt/ [ov ww] [1] doen draven ⟨ook persoon⟩ ♦ *trot out* afdraven, laten (voor)draven ⟨paard⟩ [2] afdraven, aflopen ⟨afstand⟩ [•] ⟨inf⟩ *trot out* uitpakken/voor de dag komen met, ten beste geven, tentoonspreiden; *trot out old stuff* oude kost weer opwarmen
Trot /trɒt, ᴬtrɑt/ [telb zn] ⟨inf; beled⟩ (verk: Trotskyist, Trotskyite) trotskist
troth /troʊθ, ᴬtrɔθ/ [niet-telb zn] ⟨vero⟩ [1] waarheid [2] (goede) trouw, betrouwbaarheid [3] trouwbelofte ♦ *plight one's troth* trouw beloven, een trouwbelofte doen [•] *troth* voorwaar, waarlijk
trot·line [telb zn] ⟨viss⟩ zetlijn, beug
trots /trɒts, ᴬtrɑts/ [alleen mv] [1] ⟨AuE; inf⟩ draverijevenement, draverij [2] ⟨sl⟩ diarree, loop ♦ *have the trots* aan de dunne zijn
Trots·ky·ism /trɒtskiːɪzm, ᴬtrɑt-/ [niet-telb zn] trotskisme
Trots·ky·ist /trɒtskiːɪst, ᴬtrɑt-/, **Trots·ky·ite** /-aɪt/ [telb zn] trotskist
¹**trot·ter** /trɒtə, ᴬtrɑtər/ [telb zn] [1] draver ⟨voornamelijk paard⟩ [2] ⟨scherts⟩ voet
²**trot·ter** /trɒtə, ᴬtrɑtər/ [telb + niet-telb zn] ⟨benaming voor⟩ poot, varkenspoot, schapenpoot
trot·toir /trɒtwɑː, ᴬtrɑtwɑr/ [telb zn] trottoir, stoep
tro·tyl /troʊtɪl, -tiːl, ᴬtroʊtl/ [niet-telb zn] ⟨scheik⟩ trotyl ⟨TNT⟩
trou·ba·dour /truːbədɔː, -dʊə, ᴬ-dɔr, ᴬ-dʊr/ [telb zn] [1] ⟨gesch⟩ troubadour, minnezanger, minstreel, speelman [2] straatzanger, liedjeszanger
¹**trou·ble** /trʌbl/ [telb + niet-telb zn] [1] zorg, bezorgdheid, angst, kommer, verdriet ♦ ⟨AE; inf⟩ *borrow trouble* zich zorgen maken voor zijn tijd, problemen oproepen; *that is the least of my troubles!* dat is mij een zorg!; *meet trouble halfway* zich zorgen maken voor zijn tijd; *that is your trouble!* dat is jouw probleem! [2] tegenslag, tegenspoed, beproeving, narigheid, sores, probleem, moeilijkheid ♦ ⟨inf⟩ *ask/look for trouble* moeilijkheden zoeken/uitlokken; *get into trouble* in de problemen/moeilijkheden raken/brengen; ⟨inf⟩ *get a girl into trouble* een meisje zwanger maken; *have trouble with* problemen hebben met; ⟨inf, fig⟩ *be in trouble* (ongehuwd) zwanger zijn; *be in trouble with the po-*

lice met de politie overhoop liggen; *make trouble (for s.o.)* (iemand) in de problemen/moeilijkheden brengen, (iemand) last bezorgen; *have one trouble after another* de ene tegenslag na de andere hebben; *the trouble with him is ...* het probleem met hem/zijn zwakke punt is ...; *he has been through much trouble* hij heeft veel tegenslag gekend; *what is the trouble now?* wat is er nu (weer) aan de hand? [3] ongemak, ongerief, overlast, last(post) ♦ *I do not want to be any trouble* ik wil (u) niet tot last zijn; ⟨inf; scherts⟩ *be more trouble than a cartload of monkeys to s.o.* iemand veel last bezorgen; *put s.o. to trouble* iemand last bezorgen; *I want to spare you trouble* ik wil je last besparen; *the child is a trouble to them* het kind is voor hen een last [4] moeite, inspanning ♦ *his troubles are over now* hij is nu uit zijn lijden; *give o.s./rake (the) trouble* zich de moeite getroosten; *go to the/some trouble* zich de/enige moeite getroosten; *it is a great trouble to get up early* het is een grote moeite om vroeg op te staan; *no trouble at all!* het is de moeite niet!, graag gedaan!; *it will be no trouble* het zal geen moeite kosten; *save o.s. the trouble* zich de moeite besparen; *it's more trouble than it's worth* het sop is de kool niet waard, het loont de moeite niet [5] kwaal, ziekte, ongemak ♦ *children's troubles* kinderziekten; *he suffers from mental trouble* hij lijdt aan een geestesziekte [6] ⟨vaak mv⟩ onlust, onrust, troebelen ♦ *make trouble* onrust stoken, herrie schoppen; *social trouble(s)* sociale onrust [•] ⟨sprw⟩ *don't meet trouble halfway* men moet een ongeluk geen bode zenden, men moet geen vuur bij het stro brengen; ⟨sprw⟩ *never trouble trouble until trouble troubles you* ± men moet de duivel niet aan de wand schilderen; ⟨sprw⟩ *a trouble shared is a trouble halved* gedeelde smart is halve smart
²**trou·ble** /trʌbl/ [niet-telb zn] [1] pech, mankement ♦ *the car has got engine trouble* de wagen heeft motorpech [2] gevaar, nood ♦ *be in trouble* in gevaar/nood zijn
³**trou·ble** /trʌbl/ [onov ww] [1] zich zorgen maken, ongerust zijn, *trouble about/over sth.* over iets piekeren/inzitten [2] moeite doen ♦ *do not trouble, thanks!* doe geen moeite, dank u!; *do not trouble to explain* doe de moeite niet om het uit te leggen
⁴**trou·ble** /trʌbl/ [ov ww] [1] verontrusten, beroeren, in beroering brengen, verstoren, verwarren ♦ *he has been troubled about/with family problems* hij heeft met gezinsproblemen te kampen; *you look troubled* je ziet er bezorgd uit; *troubled times* zware tijden; *what troubles me is ...* wat me dwars zit is ... [2] lastigvallen, storen, last bezorgen ♦ *may I trouble you for the salt?* mag ik u even het zout vragen?; *I'll/must trouble you to be quiet* mag ik u dringend verzoeken stil te zijn?; *can/may I trouble you to be quiet?* mag ik u vragen stil te zijn? [3] kwellen, ongemak/pijn bezorgen ♦ *she has been troubled with headaches for years* zij heeft al jarenlang last van hoofdpijn
trou·ble-free [bn] probleemloos ♦ *a trouble-free trip* een uitstapje zonder problemen
trou·ble·mak·er /trʌblmeɪkə, ᴬ-ər/ [telb zn] onruststoker, herrieschopper
trou·ble·shoot·er /trʌblʃuːtə, -ʃuːtər/ [telb zn] probleemoplosser, troubleshooter, ± puinruimer, ⟨techn⟩ storingzoeker
trou·ble·some /trʌblsəm/ [bn; bw: ~ly; zn: ~ness] lastig, storend, vervelend, moeilijk ♦ *troublesome child* lastig kind; *troublesome situation* moeilijke situatie
troub·le-spot [telb zn] haard van onrust
trou·blous /trʌbləs/ [bn] ⟨vero⟩ beroerd, benard, onrustig, woelig, moeilijk ♦ *troublous times* benarde tijden
trough /trɒf, ᴬtrɔf/ [telb zn] [1] trog, kneedbak [2] trog, drinkbak, eetbak [3] goot [4] golfdal [5] laagte(punt), diepte(punt) ⟨op meetapparaat, statistiek e.d.⟩ [6] ⟨meteo⟩ trog ⟨uitloper van lagedrukgebied⟩
trounce /traʊns/ [ov ww] afrossen, afranselen, afstraffen, ⟨vnl sport; fig⟩ inmaken; → **trouncing**

trounc·ing /tr<u>au</u>nsɪŋ/ [telb + niet-telb zn; (oorspronkelijk) gerund van trounce) afrossing, pak slaag/ransel, ⟨vnl sport; fig⟩ zware nederlaag
troupe /tru:p/ [telb zn] ① troep, groep ⟨voornamelijk acteurs, artiesten⟩ ② ⟨sl⟩ bende ⟨bijvoorbeeld zakkenrollers⟩
troup·er /tru:pə, ᴬ-ər/ [telb zn] ① lid van een troep/groep, ⟨fig⟩ goede/betrouwbare collega/medewerker ♦ ⟨fig⟩ *a good trouper* een goede/betrouwbare collega/medewerker ② ⟨AE⟩ ervaren acteur/artiest
¹trou·ser /tr<u>au</u>zə, ᴬ-ər/ [bn, attr] ① broek(s)- ♦ *trouser buttons* broeksknopen ② ⟨inf⟩ mannen-, mans- ♦ *a trouser character* een mannenrol die door een vrouw gespeeld wordt
²trou·ser /tr<u>au</u>zə, ᴬ-ər/ [ov ww] ⟨BE; inf⟩ in eigen zak steken, zijn zakken vullen met, opstrijken
trou·ser-clip [telb zn] broekveer, ⟨België⟩ fietsspeld
trou·sered /tr<u>au</u>zəd, ᴬ-zərd/ [bn] met een broek aan
trou·ser-leg [telb zn] broekspijp
trouser pocket, trousers pocket [telb zn] broekzak
trouser press [telb zn] broekpers
trou·sers /tr<u>au</u>zəz, ᴬ-zərz/ [alleen mv] (lange) broek ♦ *a pair of trousers* een (lange) broek; *wear the trousers* de broek aan hebben; ⟨België⟩ de broek dragen, het voor het zeggen hebben · ⟨AE; inf⟩ *dust a child's trousers* een kind een pak slaag/billenkoek geven
trou·ser-strap [telb zn] souspied
trouser suit [telb zn] ⟨BE⟩ broekpak
trous·seau /tr<u>u:</u>sou, ᴬtru:s<u>ou</u>/ [telb zn; mv: ook trousseaux /-souz/] uitzet
¹trout /tr<u>au</u>t/ [telb zn] ⟨BE; sl; beled⟩ ① ⟨benaming voor⟩ oude, lastige vrouw ♦ *old trout* oude tang/trut ② kouwe kikker, saaie reet
²trout /tr<u>au</u>t/ [telb + niet-telb zn; mv: voornamelijk trout] ⟨dierk⟩ ① forel ⟨genus Salmo, voornamelijk Salmo fario⟩ ② zeeforel ⟨Salmo trutta⟩
trout-col·oured, trout-col·ored [bn] forelkleurig ♦ *trout-coloured horse* forelschimmel
trou·vaille /tr<u>u</u>:vaɪ/ [telb zn] vondst
trou·vère /tru:v<u>ɛə</u>, ᴬ-v<u>er</u>/, **trou·veur** /-v<u>ɜ:</u>, ᴬ-v<u>ɜr</u>/ [telb zn] ⟨gesch⟩ trouvère, dichter, minnezanger ⟨Noord-Frans, 12e, 13e eeuw⟩
trove [telb zn] → treasure-trove
tro·ver /tr<u>ou</u>və, ᴬ-ər/ [telb zn] ⟨jur⟩ ① onrechtmatige toeeigening van gevonden bezit ② actie om de waarde van ontvreemd bezit terug te winnen
trow /trou/ [ov ww] ⟨vero⟩ denken, geloven, menen
¹trow·el /tr<u>au</u>əl/ [telb zn] ① troffel, truweel ② plantschopje, planttroffeltje · *lay it on with a trowel* het er dik op leggen, overdrijven, aandikken
²trow·el /tr<u>au</u>əl/ [ov ww] bepleisteren (met de troffel)
troy /trɔɪ/, **troy weight** [niet-telb zn] troysysteem
Troy /trɔɪ/ [eigennm] Troje
trp [afk] (troep)
trs [afk] (transpose)
¹tru·an·cy /tr<u>u:</u>ənsi/, **tru·an·try** /-tri/ [telb zn] keer dat men spijbelt
²tru·an·cy /tr<u>u:</u>ənsi/, **tru·an·try** /-tri/ [niet-telb zn] het spijbelen
¹tru·ant /tr<u>u:</u>ənt/ [telb zn] ① spijbelaar ♦ *play truant* spijbelen ② (pej) lijntrekker
²tru·ant /tr<u>u:</u>ənt/ [bn] ① spijbelend ② nietsdoend, rondhangend, doelloos, lui
³tru·ant /tr<u>u:</u>ənt/ [onov ww] spijbelen, rondhangen
truant officer [telb zn] ⟨AE⟩ spijbelambtenaar
truce /tru:s/ [telb + niet-telb zn] ① (tijdelijk) bestand, (tijdelijke) wapenstilstand ② respijt, verpozing, verademing
truce·less /tr<u>u:</u>sləs/ [bn] ononderbroken, onafgebroken ⟨voornamelijk van vijandelijkheden⟩

tru·cial /tr<u>u:</u>ʃl/ [bn, attr] ⟨gesch⟩ m.b.t. de wapenstilstand van 1835 tussen Groot-Brittannië en de drie Arabische golfstaten ♦ *Trucial States* verdragsstaten, Trucial states
¹truck /trʌk/ [telb zn] ① ⟨vnl AE⟩ vrachtwagen, vrachtauto, truck ② rolwagen ③ ⟨spoorw⟩ truck, bogie, draaistel ④ rolwiel ⑤ ⟨BE⟩ open goederenwagen ⑥ ⟨scheepv⟩ vlaggengaffel
²truck /trʌk/ [niet-telb zn] ① ruil, uitwisseling ② ruilhandel, ruilverkeer ③ handelsgoederen, handelswaar ④ kleingoed ⑤ ⟨inf⟩ zaken ⟨ook figuurlijk⟩, transacties, omgang ♦ *have/want no truck with* geen zaken doen/omgang hebben met, weigeren iets te maken te hebben met ⑥ ⟨inf⟩ flauwekul, onzin, nonsens ⑦ ⟨AE⟩ producten van marktkwekers, groenten, warmoezerijgewas ⑧ (verk: truck system)
³truck /trʌk/ [onov ww] ① handel drijven, zaken doen ② ⟨AE⟩ met een vrachtwagen/truck rijden ③ ⟨AE; inf⟩ doorgaan, voortgaan, verder gaan, verder sjokken
⁴truck /trʌk/ [ov ww] ① ruilen, uitwisselen ② per vrachtwagen vervoeren ③ ⟨AE; sl⟩ optillen, dragen ④ ⟨AE; sl⟩ (de jitterbug) dansen
¹truck·age /trʌkɪdʒ/ [telb zn] ① wagen, trucklading, vrachtwagen, vrachttrucklading ② vrachtwagentarief, trucktarief
²truck·age /trʌkɪdʒ/ [niet-telb zn] goederenvervoer per vrachtwagen/truck
truck·er /trʌkə, ᴬ-ər/ [telb zn] ⟨AE⟩ ① vrachtwagenchauffeur, truckchauffeur ② vrachtwagenbedrijf, truckbedrijf
truck farm, truck garden [telb zn] ⟨AE⟩ marktkwekerij, groentekwekerij
truck farmer, truck gardener [telb zn] ⟨AE⟩ marktkweker, groentekweker
truck·ing /trʌkɪŋ/ [niet-telb zn] ① vervoer per vrachtwagen ② ⟨AE⟩ marktkwekerij, het kweken voor de markthandel
¹truck·le /trʌkl/, ⟨BE in betekenis 2 ook⟩ **truckle bed** [telb zn] ① wieltje, rolwieltje ② (laag) rolbed
²truck·le /trʌkl/ [onov ww] kruipen, kruiperig doen, zich slaafs onderwerpen, al te lankmoedig zijn ♦ *truckle to s.o.* voor iemand kruipen/(al te) lankmoedig zijn
truck·ler /trʌklə, ᴬ-ər/ [telb zn] kruiper, kruipster, kruiperig mens
truck·load [telb zn] wagen, trucklading, vrachtwagen, vrachttrucklading
truck·man /trʌkmən/ [telb zn; mv: truckmen /-mən/] ① vrachtwagenchauffeur, truckchauffeur ② ruilhandelaar
truck stop [telb zn] ⟨AE⟩ chauffeurscafé
truck system [niet-telb zn] ⟨gesch⟩ ① truckstelsel, trucksysteem, gedwongen winkelnering ② betaling in natura
truc·u·lence /trʌkjʊləns, ᴬ-kjə-/, **truc·u·len·cy** /-lənsi/ [niet-telb zn] ① wreedheid, gewelddadigheid ② onbarmhartigheid ③ vechtlust, strijdlust, agressiviteit
truc·u·lent /trʌkjʊlənt, ᴬ-kjə-/ [bn; bw: ~ly] ① wreed, woest, wild, gewelddadig ② vernietigend ⟨figuurlijk⟩, onbarmhartig ♦ *truculent criticism* vernietigende kritiek ③ vechtlustig, strijdlustig, agressief, uitdagend
¹trudge /trʌdʒ/ [telb zn] (trek)tocht, mars
²trudge /trʌdʒ/ [onov ww] sjokken, slepen, sukkelen, ploeteren ♦ *trudge along* zich voortslepen; *trudge through the mud* door de modder ploeteren
³trudge /trʌdʒ/ [ov ww] afsjokken, afsukkelen ⟨afstand⟩
trudg·en, ⟨AE ook⟩ **trudg·eon** /trʌdʒən/, **trudgen stroke**, ⟨AE ook⟩ **trudgeon stroke** [telb + niet-telb zn] ⟨zwemsp⟩ crawlslag met schaarbeweging van de benen
¹true /tru:/ [bn; vergr trap: truer; zn: ~ness] ① waar, waar-

true

achtig, juist ◆ *in its true colours* in zijn ware gedaante; in werkelijkheid; *come true* uitkomen, werkelijkheid worden; *this is also true of him* dat klopt in zijn geval ook; *the true reason* de ware reden; *a true story* een waar (gebeurd) verhaal [2] echt, waar, (waarheids)getrouw, in overeenstemming, eensluidend ◆ *a true copy* een eensluidende kopie; *be true for/of* gelden voor; *true gold* echt goud; *the true heir* de rechtmatige erfgenaam; *hold true for* gelden voor, van kracht zijn voor; ⟨astron⟩ *true horizon* ware/astronomische horizon; *true love* ware liefde; ⟨aardr⟩ *true north* geografisch noorden; *sing a true note* een zuivere noot zingen; *in the truest sense of the word* in de ware betekenis van het woord; ⟨anat⟩ *true skin* lederhuid; *the true* het ware/onvervalste; *true to life* levensecht, (getrouw) naar het leven; *true to form/type* zoals verwacht/gebruikelijk; *that dog is not true to type* die hond is niet raszuiver/rasecht; *he answered true to form/type* hij antwoordde precies zoals van hem te verwachten viel; *that description is not true to the facts* die beschrijving is niet in overeenstemming met de feiten [3] trouw, getrouw, betrouwbaar, loyaal ◆ *a true friend* een trouwe vriend; *a true instrument* een betrouwbaar instrument; *a true sign* een zeker teken; *be true to one's word* zijn woord gestand doen; *remain true to one's friends* zijn vrienden trouw blijven [4] ⟨techn⟩ in de juiste positie, recht, niet slingerend, zuiver rond ◆ *that door is not true* die deur is niet juist geplaatst; *in (the) true* in de juiste positie ⟨van balk, deur, wiel e.d.⟩; *out of (the) true* niet in de juiste positie ⟨van balk, deur, wiel e.d.⟩ [·] ⟨AE; gesch⟩ *true bill* door 'grand jury' waarachtig bevonden akte van beschuldiging; ⟨bij uitbreiding⟩ waarachtige verklaring; ⟨jur⟩ *bring in/find a true bill* rechtsingang verlenen; *as true as a die* eerlijk als goud, door en door betrouwbaar; ⟨inf⟩ *he's got so much money, it's not true* het is gewoon niet normaal zoveel geld als hij heeft; *true rib* ware/lange rib; ⟨inf⟩ *too true!* inderdaad!; *(it is) true, he is a little hot-tempered* weliswaar is hij wat opvliegend; inderdaad, hij is wat opvliegend; ⟨sprw⟩ *many a true word is spoken in jest* al gekkende en mallende zeggen de boeren de waarheid, tussen boert en ernst zegt de zot zijn mening

²**true** /tru:/ ⟨ov ww⟩ ⟨techn⟩ in de juiste stand brengen, zuiver maken, richten ◆ *true up* in de juiste stand brengen

³**true** /tru:/ [bw] [1] waarheidsgetrouw ◆ *answer true* waarheidsgetrouw antwoorden; *ring true* echt klinken ⟨van munten; ook figuurlijk⟩; *tell true* de waarheid vertellen [2] juist ◆ *aim true* juist mikken [3] rasecht, raszuiver ◆ *breed true* zich raszuiver voortplanten [·] ⟨sprw⟩ *dying men speak true* ± stervenden spreken de waarheid

¹**true-blue** [telb zn] [1] loyaal persoon [2] ⟨BE⟩ onwrikbaar conservatief [3] ⟨BE⟩ orthodox/rechtzinnig presbyteriaan

²**true-blue** [bn] [1] betrouwbaar, eerlijk, loyaal [2] ⟨BE⟩ onwrikbaar, aarts- ⟨m.b.t. conservatief politicus⟩ [3] ⟨BE⟩ orthodox, rechtzinnig ⟨m.b.t. presbyteriaan⟩

true-born [bn] (ras)echt, geboren ◆ *a trueborn Londoner* een geboren Londenaar

true-bred [bn] [1] rasecht, raszuiver [2] welopgevoed, beschaafd

true-heart·ed [bn; zn: true-heartedness] trouwhartig, eerlijk, loyaal

true-life [bn, attr] waar (gebeurd)

true-love [telb zn] [1] lief(ste) [2] ⟨plantk⟩ eenbes ⟨Paris quadrifolia⟩

true-love knot, true-lov·er's knot [telb zn] liefdeknoop

truf·fle /trʌfl/ [telb zn] [1] ⟨plantk⟩ truffel ⟨Tuber⟩ [2] truffel ⟨bonbon⟩

truf·fled /trʌfld/ [bn] ⟨cul⟩ getruffeerd

trug /trʌg, ᴬtrʌg, ᴬtrʊg/ [telb zn] ⟨BE⟩ [1] houten melkpan [2] ondiep tuinmandje van houtstroken

tru·ism /tru:ɪzm/ [telb zn] [1] truïsme, waarheid als een koe [2] gemeenplaats, afgezaagd gezegde

tru·is·tic /tru:ɪstɪk/, **tru·is·ti·cal** /-ɪkl/ [bn] voor de hand liggend, vanzelfsprekend

trull /trʌl/ [telb zn] ⟨vero⟩ slet

tru·ly /tru:li/ [bw] [1] oprecht, waarlijk ◆ *I am truly grateful to you* ik ben u oprecht dankbaar; *speak truly* oprecht spreken, de waarheid zeggen [2] echt, werkelijk, voorwaar, eerlijk ◆ *a truly beautiful sight* een echt mooi uitzicht; *a truly brave soldier* voorwaar een moedig soldaat; *truly, I do not know that man* voorwaar/eerlijk, ik ken die man niet [3] (ge)trouw, toegewijd, loyaal ◆ *he had served them truly for years* hij had hen jaren trouw gediend [4] terecht, juist ◆ *he cannot truly be considered a tyrant* hij kan niet terecht als een tiran beschouwd worden; *it has been truly said* er is terecht gezegd [·] *yours truly* hoogachtend ⟨slotformule van brieven⟩; ⟨scherts⟩ ondergetekende, uw dienaar, ik

¹**trump** /trʌmp/ [telb zn] [1] troef ⟨ook figuurlijk⟩, troefkaart ◆ ⟨bridge⟩ *no trump(s)* sans (atout), zonder troef; *spades are trumps* schoppen is troef [2] ⟨inf⟩ fijne kerel [3] ⟨vero⟩ tromp, blaashoorn, bazuin, trompet [·] ⟨BE; inf⟩ *come/turn up trumps* voor een meevaller zorgen, mazzellen; geluk hebben met; *put s.o. to his trumps* iemand tot het uiterste dwingen; ⟨sprw⟩ *clubs are trumps* ± geweld gaat boven recht, ± met een handvol geweld komt men verder dan met een zak vol recht

²**trump** /trʌmp/ [niet-telb zn] ⟨vero⟩ bazuingeschal, trompetgeschal ◆ ⟨Bijb⟩ *the trump of doom* het laatste bazuingeschal ⟨van de laatste dag⟩; *the last trump* het laatste bazuingeschal ⟨van de laatste dag; I Kor. 15:52⟩

³**trump** /trʌmp/ [onov + ov ww] (in)troeven, troef (uit)spelen, met een troefkaart nemen/slaan [·] *trump up* verzinnen, fabriceren, improviseren; *the charge was clearly trumped up* de beschuldiging was duidelijk verzonnen

trump card [telb zn] troefkaart ⟨ook figuurlijk⟩ ◆ ⟨fig⟩ *play one's trump card* een hoge/zijn laatste troef uitspelen; *that was my trump card* dat was mijn kans/laatste redmiddel/troef

¹**trump·er·y** /trʌmpəri/ [niet-telb zn] ⟨form⟩ [1] protserige opschik [2] prullen, rommel [3] onzin, nonsens [4] schone schijn, bedrog

²**trump·er·y** /trʌmpəri/ [bn, attr] [1] prots(er)ig, prull(er)ig, waardeloos, nep- ◆ *trumpery jewels* nepjuwelen [2] schijnschoon, misleidend, bedrieglijk ◆ *trumpery arguments* schijnschone/misleidende argumenten

¹**trum·pet** /trʌmpɪt/ [telb zn] [1] trompet ◆ ⟨fig⟩ *blow one's own trumpet* zijn eigen loftrompet steken/lof zingen/verkondigen; *Feast of Trumpets* sjofar ⟨Joodse nieuwjaarsviering⟩; ⟨muz⟩ *flourish of trumpets* (trompet)fanfare; ⟨fig⟩ tamtam [2] trompet(register) ⟨van orgel⟩ [3] trompetblazer, trompetter ⟨voornamelijk geschiedenis⟩; benaming voor gezant [4] ⟨benaming voor⟩ trompetgeluid, trompetgeschal, trompetgeschetter, trompetsignaal, trompetstoot, trompetschreeuw ⟨van olifant⟩ [5] ⟨benaming voor⟩ trompetvormig voorwerp, spreektrompet, spreekhoorn, trompetvormig bloemkroon

²**trum·pet** /trʌmpɪt/ [onov ww] [1] trompet spelen [2] trompetten, trompen ⟨van olifant⟩

³**trum·pet** /trʌmpɪt/ [ov ww] trompetten ⟨ook figuurlijk⟩, uitbazuinen ◆ ⟨fig⟩ *trumpet (forth) s.o.'s praise* de loftrompet steken over iemand, iemands lof zingen/verkondigen/uitbazuinen

trum·pet-call [telb zn] [1] trompetsignaal [2] dringende oproep

trumpet creeper, trumpet vine [telb zn] ⟨plantk⟩ trompetbloem ⟨Campsis radicans⟩

trum·pet·er /trʌmpɪtə, ᴬ-pɪtər/, ⟨in betekenis 4 ook⟩ **trumpeter swan** [telb zn] [1] trompetter, trompetblazer, trompettist ◆ ⟨fig⟩ *be one's own trumpeter* zijn eigen loftrompet steken [2] omroeper, heraut [3] ⟨dierk⟩ trompettervogel ⟨genus Psophia⟩ [4] ⟨dierk⟩ trompetzwaan ⟨Olor buccinator⟩

trumpeter finch [telb zn] ⟨dierk⟩ woestijnvink ⟨Rhodospechys githaginea⟩

trum·pet-fish [telb zn; mv: ook trumpet-fish] ⟨dierk⟩ trompetvis ⟨genus Macrorhamphosidae⟩

trumpet flower [telb zn] ⟨plantk⟩ trompetbloem, bignonia ⟨familie Bignoniaceae⟩, datura ⟨familie Solanaceae⟩, doornappel ⟨Datura stramonium⟩

trum·pet-fly [telb zn] ⟨dierk⟩ horzel ⟨genus Oestroidae⟩

trum·pet-ma·jor [telb zn] ⟨mil⟩ trompetter-majoor

trum·pet·ry /trʌmpɪtri/ [niet-telb zn] trompetgeschal, het trompetten

trum·pet-shell [telb zn] ⟨dierk⟩ trompetschelp ⟨Triton variegatum⟩

trun·cal /trʌŋkl/ [bn, attr] [1] ⟨anat⟩ romp- [2] ⟨plantk⟩ stam-

¹**trun·cate** /trʌŋkeɪt/ [bn; bw: ~ly] afgeknot ♦ ⟨wisk⟩ *a truncate cone* een afgeknotte kegel; ⟨plantk⟩ *a truncate leaf* een afgeknot blad

²**trun·cate** /trʌŋkeɪt, ˄trʌŋkeɪt/ [ov ww] [1] beknotten ⟨ook figuurlijk⟩, (af)knotten, aftoppen, inkorten, besnoeien ♦ *truncate a story* een verhaal inkorten; *truncate a tree* een boom afknotten [2] ⟨techn⟩ afvlakken, afsteken, afslijpen ♦ *truncate a crystal* een kristal afslijpen

trun·ca·tion /trʌŋkeɪʃn/ [telb + niet-telb zn] [1] beknotting, afknotting, afknotting, inkorting ⟨ook figuurlijk⟩ [2] ⟨techn⟩ het afvlakken, het afsteken, afslijping

trun·cheon /trʌntʃn/ [telb zn] ⟨vnl BE⟩ wapenstok, (politie)knuppel, ⟨België⟩ matrak

¹**trun·dle** /trʌndl/, ⟨AE in betekenis 3 ook⟩ **trundle bed** [telb zn] [1] rolwieltje [2] lantaarnrad, schijfloop [3] onderschuifbed [4] rolwagentje, dolly [5] ⟨benaming voor⟩ rolbeweging, rolgeluid

²**trun·dle** /trʌndl/ [onov + ov ww] (voort)rollen ♦ *trundle a hoop* hoepelen

trunk /trʌŋk/ [telb zn] [1] (boom)stam [2] romp, tors(o) [3] thorax, borststuk ⟨van insecten⟩ [4] (grote) koffer ⟨vaak ook meubel⟩, hutkoffer [5] koker, leiding [6] snuit, slurf ⟨in het bijzonder van olifant⟩ [7] ⟨benaming voor⟩ hoofddeel van structuur, stam, hoofdader, zenuwstreng, (zuil)schacht, hoofdlijn ⟨van spoorweg/waterweg, telefoon⟩ [8] ⟨AE⟩ koffer, kofferruimte, kofferbak, achterbak ⟨van auto⟩ [9] ⟨scheepv⟩ ⟨benaming voor⟩ koker als onderdeel van schip, verbindingskoker tussen dekken, behuizing van het kielzwaard [10] ⟨scheepv⟩ ⟨benaming voor⟩ uitstekende structuur op scheepsdek, luikgathoofd, expansievat op tanker, scheepshut

trunk breeches [alleen mv] ⟨gesch⟩ korte pofbroek ⟨16e, 17e eeuw⟩

trunk call [telb zn] ⟨BE⟩ interlokaal (telefoon)gesprek

trunk·fish [telb zn] ⟨dierk⟩ koffervis ⟨familie Ostraciidae⟩

trunk·ing /trʌŋkɪŋ/ [niet-telb zn] distributie

trunk line [telb zn] hoofdlijn ⟨van spoorweg/waterweg, telefoon⟩

trunk road [telb zn] hoofdweg

trunks /trʌŋks/ [alleen mv] ⟨benaming voor⟩ korte broek, sportbroekje, zwembroek, (korte) onderbroek ⟨voor heren⟩

trun·nion /trʌnɪən/ [telb zn] ⟨techn⟩ tap, taats ⟨voornamelijk aan weerszijden van een kanonloop⟩

¹**truss** /trʌs/ [telb zn] [1] gebint(e), dakstoel, bint, dakkap, dakspant, kap(gebint) [2] bruggebint [3] tros ⟨bloemen, vruchten⟩ [4] ⟨bouwk⟩ spant, ligger, balk, draagsteen, console [5] ⟨med⟩ breukband [6] ⟨scheepv⟩ rak [7] ⟨BE⟩ ⟨benaming voor⟩ bundel, bos, pak, ⟨i.h.b.⟩ 56 pond oud of 60 pond vers hooi, 36 pond stro

²**truss** /trʌs/ [ov ww] [1] verankeren, versterken, ondersteunen ⟨dak, brug⟩ [2] (stevig) inbinden, opmaken ⟨bijvoorbeeld kip, voor het koken⟩, knevelen ⟨armen langs het lichaam⟩ ♦ *truss up* inbinden, opmaken ⟨kip⟩; knevelen

truss bridge [telb zn] vakwerkbrug

¹**trust** /trʌst/ [telb zn] [1] trust, kartel [2] opdracht, plicht, verplichting, taak, verantwoordelijkheid ♦ *fulfill one's trust* zijn opdracht/plicht vervullen/uitvoeren [3] ⟨benaming voor⟩ aan iemands hoede toevertrouwd vermogen/persoon, vermogen onder beheer van trustee

²**trust** /trʌst/ [niet-telb zn] [1] vertrouwen, geloof ♦ *place/put one's trust in s.o./sth.* zijn vertrouwen in iemand/iets stellen; *take one's explanation on trust* iemands verklaring te goeder trouw aanvaarden; *a position of trust* een vertrouwenspositie; *stay one's trust on God* zijn vertrouwen op God stellen [2] (goede) hoop, verwachting ⟨figuurlijk ook m.b.t. persoon, onderneming⟩ [3] (handels)krediet ♦ *supply goods on trust* goederen op krediet leveren [4] zorg, hoede, bewaring ♦ *put children in a guardian's trust* kinderen aan de hoede van een voogd toevertrouwen; *leave one's dog in trust with a neighbour* zijn hond aan de zorg van een buurman overlaten; *commit a child to s.o.'s trust* een kind aan iemands zorgen toevertrouwen [5] ⟨jur⟩ trust, machtiging tot beheer van goederen voor een begunstigde ♦ *hold property in/under trust* eigendom in bewaring in/onder trust hebben, over eigendom het beheer voeren [6] ⟨jur⟩ recht van begunstigde op door trustee beheerde goederen

³**trust** /trʌst/ [onov ww] [1] vertrouwen, zijn vertrouwen/hoop stellen ♦ *you should not trust in him* je mag hem niet vertrouwen; *never just trust to chance!* vertrouw nooit enkel op het toeval! [2] vertrouwen hebben, hopen [3] krediet geven, op krediet leveren; → **trusting**

⁴**trust** /trʌst/ [ov ww] [1] vertrouwen op, vertrouwen hebben/stellen in, geloven in, rekenen op, aannemen, (oprecht) hopen ♦ *do not trust him to do it!* reken er maar niet op dat hij dat doet!; ⟨inf⟩ *he will arrange that too, trust him for that!* hij speelt dat ook wel klaar, reken maar!; ⟨inf⟩ *I wouldn't trust him an inch*, ⟨inf⟩ *I wouldn't trust him as far as I could throw him* ik zou hem voor geen cent vertrouwen; *I trust everything is all right with him* ik hoop maar dat alles met hem in orde is [2] toevertrouwen, aan de hoede/zorgen toevertrouwen, in bewaring geven ♦ *he trusted his car to a friend* hij gaf zijn auto bij een vriend in bewaring; *he cannot be trusted with a lot of money* je kunt hem geen hoop geld toevertrouwen [3] krediet geven ♦ *he trusted his customer for yet another delivery* hij gaf zijn klant krediet voor nog een levering; → **trusting**

trust·a·ble /trʌstəbl/ [bn] te vertrouwen

trust·a·fari·an /trʌstəfæriən/ [telb zn] ⟨BE; inf⟩ rijk persoon die zich als arm voordoet

trust-bust·er [telb zn] ⟨AE; inf⟩ ambtenaar belast met opsporing van trustvorming

trust company, trust corporation [telb zn] trust, kartel ⟨in het bijzonder als bank⟩

¹**trus·tee** /trʌstiː/ [telb zn] ⟨vnl jur⟩ ⟨benaming voor⟩ beheerder, trustee, gevolmachtigde, lasthebber, bewindvoerder ⟨van vermogen/boedel⟩, bestuurder, regent, commissaris ⟨van inrichting/school⟩, executeur, curator, uitvoerder ⟨bij schuldzaken⟩, mandataris, beheerder van mandaatgebied, ⟨fig⟩ behoeder ♦ ⟨fig⟩ *stand trustee(s) for* waken over/voor [2] derde ⟨bij conservatoir beslag⟩ [3] → **trusty**

²**trus·tee** /trʌstiː/ [ov ww] [1] laten beheren, toevertrouwen [2] (conservatoir) beslag leggen op

trustee estate, trust estate [telb + niet-telb zn] door gevolmachtigde(n) beheerd goed

trustee process [telb zn] ⟨jur⟩ inbeslagneming ⟨bij conservatoir beslag⟩

¹**trus·tee·ship** /trʌstiːʃɪp/ [telb zn] trustgebied, mandaatgebied

²**trus·tee·ship** /trʌstiːʃɪp/ [telb + niet-telb zn] beheerderschap

³**trus·tee·ship** /trʌstiːʃɪp/ [niet-telb zn] [1] beheer, trust-

trustful

schap, trusteeship [2] mandaat
trust·ful /trʌstfl/ [bn; bw: ~ly; zn: ~ness] vertrouwend, goed van/vol vertrouwen
trust fund [telb zn; vaak mv] toevertrouwde gelden, beheerd fonds
trust·ing /trʌstɪŋ/ [bn; (oorspronkelijk) tegenwoordig deelw van trust; bw: ~ly] vertrouwend, vriendelijk
trust·less /trʌstləs/ [bn; bw: ~ly; zn: ~ness] [1] niet te vertrouwen, onbetrouwbaar [2] wantrouwig
trust money [niet-telb zn] toevertrouwde gelden, in bewaring gegeven geld
trust receipt [telb zn] (handel) trustcertificaat (voor handelskrediet)
trust territory [telb zn] trustgebied, mandaatgebied
trust·wor·thy /trʌstwɜːði, ^-wɜrði/ [bn; bw: trustworthily; zn: trustworthiness] betrouwbaar, te vertrouwen
¹**trust·y** /trʌsti/ [telb zn] vertrouweling, (i.h.b.) brave gevangene (met speciale privileges)
²**trust·y** /trʌsti/ [bn; vergr trap: trustier] (vero) [1] betrouwbaar, trouw, beproefd ♦ (BE) *trusty and well-beloved* trouwe en dierbare onderdanen [2] vertrouwend, vol vertrouwen
¹**truth** /truːθ/ [telb + niet-telb zn; mv: truths /truːðz, truːθs/] waarheid ♦ *fundamental truths* fundamentele waarheden; (form) *in truth* in waarheid/werkelijkheid, inderdaad; *the truth of the matter is ...* het zit eigenlijk/namelijk zo, dat ...; *stretch the truth* de waarheid geweld aandoen; *to tell the truth, truth to tell* om de waarheid te zeggen, om eerlijk te zijn; *tell/say/speak the truth* de waarheid spreken; *there is (some) truth in it* er is wel wat van waar/wat waars in; *there is no truth in it* er is geen woord van waar [•] (sprw) *speak the truth and shame the devil* vecht tegen de verleiding om te liegen en spreek de waarheid; (sprw) *the truth will out* de waarheid komt altijd aan het licht; (sprw) *a liar is not believed when he tells the truth* een leugenaar wordt niet geloofd, al zweert hij bij zijn ziel en hoofd; (sprw) *the sting of a reproach is the truth of it* ± hoe meer een verwijt op waarheid berust, hoe harder het aankomt; (sprw) *truth is stranger than fiction* ± de werkelijkheid is vaak vreemder dan de verbeelding
²**truth** /truːθ/ [niet-telb zn] [1] nauwkeurigheid, natuurgetrouwheid, precisie ♦ *this wheel is out of truth* dit wiel loopt scheef [2] echtheid [3] oprechtheid, eerlijkheid, waarheidsliefde ♦ *there is no truth in his expressions of friendship* zijn vriendschap is totaal geveinsd [4] (vero) trouw
truth drug [telb zn] waarheidsserum
truth·ful /truːθfl/ [bn; zn: ~ness] [1] waarheidlievend, eerlijk, oprecht [2] waar, (waarheids)getrouw, nauwkeurig ♦ *truthful account of what happened* getrouwe weergave van de feiten; *truthful portrait* levensecht portret
truth·ful·ly /truːθfli/ [bw] waarheidsgetrouw, naar waarheid, oprecht
truth table [telb zn] (log) waarheidstabel
truth-val·ue [telb zn] (log) waarheidswaarde
¹**try** /traɪ/ [telb zn] [1] poging ♦ *at the first try* bij de eerste poging; *have a try for sth.* iets te pakken proberen te krijgen; *give it a try* het eens proberen, een poging wagen; *have a try at sth./to do sth.* iets (eens) proberen (te doen); *in three tries* bij de derde poging; *make a good try* een goede poging doen [2] (rugby, American football) try (poging om conversie te maken)
²**try** /traɪ/ [onov + ov ww] proberen, zich inspannen, trachten, pogen, wagen, beproeven, uitproberen, testen, op de proef stellen, (ook fig) veel vergen van, vermoeien, schaden ♦ *try and get some rest* probeer wat rust te nemen; *just try and stop me!* probeer me maar eens tegen te houden!; *try the back door* de achterdeur proberen; *try to be on time* proberen op tijd te komen; *try one's best/hardest* zijn best doen; *try s.o.'s courage/patience* iemands moed/geduld op de proef stellen; *be tried by disasters* door rampen bezocht

1984

worden; *try the doors and windows* nakijken of de deuren en vensters dicht zijn; *try one's eyes* zijn ogen al te zeer inspannen/vermoeien; *try for* trachten te verwerven/bereiken, streven naar, solliciteren/dingen naar; *tried and found wanting* gewogen en te licht bevonden; *try one's hand (at sth.)* uitproberen wat men van iets terechtbrengt; *try harder next time!* doe volgende keer wat beter je best!; *try a jump* een sprong wagen; *try on* aanpassen (kleren); *have a suit tried on* zich een kostuum laten aanpassen; *try sth. on s.o.* iets op iemand uitproberen; (BE) *no use trying it on with me!* met mij moet je dat niet proberen!; (BE) *try it/one'a games/tricks on with s.o.* zijn spelletje met iemand proberen te spelen; *try out* testen, op de proef stellen, proberen, doen bij wijze van proef; (dram, muz) auditeren; (AE) *try out for* trachten te verwerven/bereiken, solliciteren/dingen naar; auditeren voor; *try sth. out on s.o.* iets op iemand uitproberen; *try it over first* probeer het eerst eens; *no use trying to persuade him* overtuigd krijg je hem toch niet; *try one's skill/strength* zijn vaardigheid/krachten beproeven; *try soap and water* het met zeep en water proberen; *try to swim* proberen te zwemmen; *try swimming* het met zwemmen proberen; *try whether it will break* proberen of het breekt [•] (sprw) *first catch your hare (before trying to cook it)* verkoop de huid van de beer niet, eer hij gevangen is; (sprw) *prosperity makes friends, adversity tries them* in het geluk wel broodvrienden, in de armoede geen noodvrienden, als de pot kookt dan bloeit de vriendschap, als de hond in de pot is vlieden de vrienden; (sprw) *if at first you don't succeed, try, try, try again* de aanhouder wint, met veel slagen valt de boom, met vallen en opstaan leert men lopen; → **tried, trying**
³**try** /traɪ/ [ov ww] [1] (jur) onderzoeken [2] (jur) verhoren, berechten ♦ *be tried for murder/for one's life* wegens moord terechtstaan; *try s.o. for murder/for his life* iemand voor moord berechten; *be tried on a charge of* terechtstaan wegens [3] (vero; jur) beslechten ♦ *try the matter out* de zaak uitvechten, beslechten [4] (AE; jur) voor de rechter brengen (zaak, door advocaat), aanhangig maken [5] uitkoken, zuiveren ♦ *try out* uitkoken (olie uit vet enz.) [6] smelten, koken ♦ *try out* smelten (vet enz.) [7] glad schaven ♦ *try up* glad schaven; → **tried, trying**
try·ing /traɪɪŋ/ [bn; tegenwoordig deelw van try; bw: ~ly] moeilijk, zwaar, hard, moeizaam, lastig ♦ *trying climate* afmattend klimaat; *trying day* lastige dag; *trying journey* vermoeiende tocht; *trying person to deal with* lastige klant; *trying situation* benarde situatie; *trying times* harde/benarde tijden; *trying to* vermoeiend voor
try·ing-on room [telb zn] paskamer
trying plane, try plane [telb zn] glad/zoetschaaf
trying square, try square [telb zn] winkelhaak
try-on [telb zn] [1] pasbeurt [2] (BE; inf) streek, poging tot bedotterij
try·out [telb zn] test, proef, oefentocht, oefenwedstrijd, (dram, muz) auditie, (dram) proefopvoering ♦ *give s.o. a tryout* het met iemand proberen, iemand een kans geven
try·pan·o·some /trɪpənəsoum, ^trɪpənə-/ [telb zn] trypanosoom (bloedparasiet)
try·pan·o·so·mi·a·sis /trɪpənəsoumaɪəsɪs, ^trɪpənə-/ [telb + niet-telb zn; mv: trypanosomiases] (med) trypanosomiasis
try-pot /traɪpɒt, ^-pɑt/ [telb zn] traanketel
tryp·sin /trɪpsɪn/ [telb + niet-telb zn] (biol) trypsine, trypsase
tryp·sin·o·gen /trɪpsɪnədʒən/ [telb + niet-telb zn] (biol) trypsinogeen
tryp·to·phan /trɪptəfæn/, **tryp·to·phane** /-feɪn/ [telb + niet-telb zn] (biol) tryptofaan
try·sail [telb zn] gaffelzeil
try square [telb zn] winkelhaak, blokhaak
¹**tryst** /trɪst, traɪst/ [telb zn] [1] (scherts) rendez-vous, af-

spraakje, ⟨vero⟩ afspraak ♦ *break (one's) tryst (with s.o.)* niet op het rendez-vous verschijnen, verstek laten gaan; *hold tryst with* een afspraak(je) hebben met; *keep (one's) tryst (with s.o.)* zich aan zijn afspraak houden ② ⟨SchE⟩ (vee)markt, jaarmarkt

²**tryst** /trɪst, traɪst/ [onov ww] ⟨scherts⟩ een afspraakje hebben/maken, ⟨vero⟩ een afspraak hebben/maken ♦ *tryst with* een afspraak(je) hebben/maken

³**tryst** /trɪst, traɪst/ [ov ww] ① ⟨scherts⟩ een afspraakje hebben/maken met, ⟨vero⟩ een afspraak hebben/maken met ② ⟨vnl SchE⟩ afspreken, vastleggen, vaststellen ⟨tijd of plaats⟩

tryst·er /trɪstə, traɪ-, ᴬ-ər/ [telb zn] ⟨vero⟩ iemand die afspraakjes maakt, iemand op vrijersvoeten

try·works /traɪwɜ:ks, ᴬ-wɜrks/ [alleen mv; werkwoord voornamelijk enk] traankokerij

TS [afk] (tensile strength)

tsar, czar /zɑ:, ᴬzɑr/ [telb zn] ① ⟨gesch⟩ tsaar ② tsaar ⟨figuurlijk⟩, despoot ③ ⟨inf⟩ autoriteit ♦ *a czar of industry* een industriemagnaat

tsar·dom, czar·dom /zɑ:dəm, ᴬzɑrdəm/ [telb + niet-telb zn] ⟨gesch⟩ tsarendom, tsarenrijk, heerschappij van de tsaar/tsaren

tsar·e·vich, tsar·e·vitch, czar·e·vich, czar·e·vitch /zɑ:rəvɪtʃ/ [telb zn] ⟨gesch⟩ tsarevitsj, kroonprins

tsa·rev·na, cza·rev·na /zɑ:rɛvnə/ [telb zn] ⟨gesch⟩ tsarevna ⟨dochter van de tsaar⟩

tsa·ri·na, cza·ri·na /zɑ:ri:nə/ [telb zn] ⟨gesch⟩ tsarina, keizerin

tsar·ism, czar·ism /zɑ:rɪzm/ [niet-telb zn] ⟨gesch⟩ tsarisme

tsar·ist, czar·ist /zɑ:rɪst/ [telb zn] ⟨gesch⟩ tsarist, aanhanger van de tsaar

tset·se, tzet·ze /tsɛtsi, sɛtsi, tɛtsi/, **tsetse fly, tzetze fly** /tsɛtsiflaɪ, sɛtsiflaɪ, tɛtsiflaɪ/ [telb zn; mv: ook tsetse] ⟨dierk⟩ tseetseevlieg (genus Glossina, in het bijzonder G. morsitans)

tsetse disease [niet-telb zn] n(a)gana

TSH [afk] ① (Their Serene Highnesses) ② (thyroid-stimulating hormone)

T-shirt, tee shirt [telb zn] T-shirt

¹**tsim·mes, tzim·mes** /tsɪməs/ [telb zn] toestand, heisa

²**tsim·mes, tzim·mes** /tsɪməs/ [niet-telb zn] ⟨cul⟩ simmes, groentestoofsel, fruitstoofsel

tsp [afk] (teaspoon)

T-square [telb zn] (T-vormige) tekenhaak

tsu·na·mi /tsʊnɑ:mi/ [telb zn; mv: ook tsunami] tsunami, vloedgolf

tsu·ris, tzu·ris /tsʊərɪs, ᴬtsʊrɪs/ [niet-telb zn] sores, problemen

TT [afk] ① (teetotal(ler)) ② (telegraphic transfer) ③ (torpedo tube) ④ (Tourist Trophy) ⑤ (tuberculin-tested)

Tu [afk] (Tuesday)

TU [afk] (Trade Union)

tu·a·ta·ra /tuətɑ:rə/ [telb zn] ⟨dierk⟩ brughagedis ⟨Sphenodon punctatus⟩

¹**tub** /tʌb/ [telb zn] ① tobbe, (was)kuip, ton, vat, (bloem)bak, pot, ⟨scheepv⟩ balie ② ton ⟨inhoudsmaat⟩ ♦ *a tub of butter* een ton boter ③ ⟨inf⟩ bad(kuip), ⟨BE⟩ bad, het baden ♦ *jump into one's/have a tub* een bad nemen ④ ⟨mijnb⟩ mijnwagen(tje) ⑤ ⟨sl⟩ dikkerd, dikzak ⑥ oefenboot, tubboot, ⟨pej of scherts⟩ ⟨trage⟩ schuit ⑦ ⟨pejoratief of schertsend⟩ kar, ⟨België⟩ bak ⟨auto⟩ ⑧ ⟨scherts⟩ kuip ⟨preekstoel⟩ ♦ *thump a tub* met zijn vuist(en) op tafel slaan

²**tub** /tʌb/ [onov ww] ① roeien ⟨in oefenboot⟩ ② een bad nemen

³**tub** /tʌb/ [ov ww] ① kuipen, tonnen, in vaten doen ② potten, planten ⟨in kuip⟩ ③ wassen, een bad geven ⟨in kuip⟩ ④ trainen ⟨roeiers⟩ ⑤ ⟨mijnb⟩ beschieten, bekleden, betimmeren ⟨schacht⟩

tu·ba /tju:bə, ᴬtu:bə/ [telb zn; mv: ook tubae /-bi:/] ① tuba ② tubaspeler ③ ⟨gesch⟩ tuba, Romeinse trompet ④ trompetregister, bazuinregister ⟨van orgel⟩

tu·bage /tju:bɪdʒ, ᴬtu:-/ [niet-telb zn] ① buizen(stel), pijpen ② buisaanleg, pijpaanleg ③ het aanbrengen/inbrengen van een buis

tu·bal /tju:bl, ᴬtu:bl/ [bn] ⟨vnl biol, med⟩ buis-, van de buis/buizen ♦ *tubal pregnancy* buitenbaarmoederlijke zwangerschap

tu·bate /tju:beɪt, ᴬtu:-/ [bn] buisvormig, met een buis, op een buis eindigend

tub·ba·ble /tʌbəbl/ [bn] wasbaar

tub·ber /tʌbə, ᴬ-ər/ [telb zn] ① kuiper, tonnenmaker ② bader

¹**tub·by** /tʌbi/ [telb zn] dikzak

²**tub·by** /tʌbi/ [bn; vergr trap: tubbier; zn: tubbiness] ① tonvormig, rond, lijvig ② dofklinkend, mat, klankloos ⟨in het bijzonder van viool⟩

tub chair [telb zn] crapaud, kuipstoel

¹**tube** /tju:b, ᴬtu:b/ [telb zn] ① (benaming voor) buis(je), pijp, slang, huls, bus, koker, tube, tubus, tubulus, luchtdrukbuis, vlampijp, elektronenbuis, radiobuis, beeldbuis ② binnenband ♦ *inner tube* binnenband ③ ⟨inf⟩ metrotunnel, metro [·] ⟨inf⟩ *go down the tube(s)* naar de knoppen/verdoemenis gaan, naar beneden kelderen, failliet gaan

²**tube** /tju:b, ᴬtu:b/ [niet-telb zn] ① ⟨inf⟩ metro, ondergrondse ♦ *travel by tube* de ondergrondse nemen ② ⟨the⟩ ⟨AE; inf⟩ televisie, de (beeld)buis ♦ *on the tube* op de beeldbuis, op het scherm

³**tube** /tju:b, ᴬtu:b/ [onov ww] ⟨vnl BE; inf⟩ de ondergrondse nemen ♦ *tube it* de metro nemen; *tube to work* met de metro naar het werk gaan; → tubing

⁴**tube** /tju:b, ᴬtu:b/ [ov ww] ① van een buis/buizen/... voorzien ♦ *tube a tyre* een binnenband opleggen ② in een buis/koker doen; → tubing

tube colour [niet-telb zn] tubeverf

tu·bec·to·my /tju:bɛktəmi, ᴬtu:-/ [telb + niet-telb zn] ⟨med⟩ tubectomie ⟨verwijdering van fallopische buis/buizen⟩

tube-feed [ov ww] door een buisje voeden

tube foot [telb zn] ⟨dierk⟩ arm ⟨bijvoorbeeld van zeester⟩

tube·less /tju:bləs, ᴬtu:b-/ [bn] zonder binnenband, enkelwandig ♦ *tubeless tyre* (lucht)band zonder binnenband, tubeless

tu·ber /tju:bə, ᴬtu:-/ [telb zn] ① ⟨plantk⟩ knol ② ⟨med⟩ knobbel, gezwel

tu·ber·cle /tju:bəkl, ᴬtu:bərkl/ [telb zn] ① knobbeltje, verdikking, uitsteeksel ② ⟨med⟩ knobbeltje, gezwelletje, ⟨i.h.b.⟩ tuberkel ③ ⟨plantk⟩ knolletje

tubercle bacillus [telb zn] ⟨dierk, med⟩ tuberkelbacil ⟨Mycobacterium tuberculosis⟩

tu·ber·cled /tju:bəkld, ᴬtu:bərkld/ [bn] ① met knobbeltjes ② met knolletjes

¹**tu·ber·cu·lar** /tjʊbɜ:kjʊlə, ᴬtʊbɜrkjələr/ [telb zn] tuberculoselijder, tbc-patiënt

²**tu·ber·cu·lar** /tjʊbɜ:kjʊlə, ᴬtʊbɜrkjələr/, **tu·ber·cu·late** /-lət/, **tu·ber·cu·lose** /-loʊs/, **tu·ber·cu·lous** /-ləs/ [bn; bw: ~ly, tuberculately, tuberculously] tuberculeus, vol tuberkels ♦ *tubercular consumption* longtering, tbc

tu·ber·cu·la·tion /tjʊbɜ:kjʊleɪʃn, ᴬtʊbɜrkjə-/ [niet-telb zn] het tuberculeus maken/worden

tu·ber·cu·lin /tjʊbɜ:kjʊlɪn, ᴬtʊbɜrkjə-/ [niet-telb zn] tuberculine

tuberculin test [telb zn] tuberculinetest

tu·ber·cu·lin-test·ed [bn] met tuberculine onderzocht, van met tuberculine onderzochte koeien, tbc-vrij ⟨van melk⟩

¹**tu·ber·cu·lize** /tjʊbɜ:kjʊlaɪz, ᴬtʊbɜrkjə-/ [onov + ov ww] tuberculeus worden

tuberculize

²**tu·ber·cu·lize** /tjʊbɜːkjʊlaɪz, ᴬtʊbɜrkjə-/ [ov ww] tuberculeus maken

tu·ber·cu·loid /tjʊbɜːkjʊlɔɪd, ᴬtʊbɜrkjə-/ [bn] tuberculeus

tu·ber·cu·lo·sis /tjʊbɜːkjʊloʊsɪs, ᴬtʊbɜrkjə-/ [niet-telb zn] tuberculose

tu·ber·if·er·ous /tjuːbərɪfrəs, ᴬtuː-/ [bn] knoldragend

tu·ber·i·form /tjʊbɜrɪfɔːm, ᴬtʊbɜrɪfɔrm/ [bn] knolvormig

¹**tu·ber·ose** /tjuːbərouz, ᴬtuːbrouz/ [telb zn] ⟨plantk⟩ tuberoos ⟨Polianthes tuberosa⟩

²**tu·ber·ose** /tjuːbrous, ᴬtuː-/, **tu·ber·ous** /-brəs/ [bn] 1 knolachtig 2 knoldragend 3 knobbelig, met tuberkels, tubereus

tu·ber·os·i·ty /tjuːbərɒsəti, ᴬtuːbərɑsəti/ [telb zn] knobbel, uitwas, gezwel, tuberositeit

tube skirt [telb zn] kokerrok

tube station [telb zn] metrostation

tub·fish /tʌbfɪʃ/ ⟨BE; dierk⟩ grote poon ⟨Trigla hirundo⟩

tub·ful /tʌbfʊl/ [telb zn] vat, ton, kuip

¹**tu·bi·corn** /tjuːbɪkɔːn, ᴬtuːbɪkɔrn/ [telb zn] ⟨dierk⟩ holhoornige ⟨familie Bovidae⟩

²**tu·bi·corn** /tjuːbɪkɔːn, ᴬtuːbɪkɔrn/ [bn] holhoornig

tu·bi·fex /tjuːbɪfeks, ᴬtuː-/ [telb zn; mv: ook tubifex] ⟨dierk⟩ tubifex ⟨borstelworm; genus Tubifex⟩

tu·bi·flo·rous /tjuːbɪflɔːrəs, ᴬtuːbɪflɔrəs/ [bn] buisbloemig

tu·bi·form /tjuːbɪfɔːm, ᴬtuːbɪfɔrm/ [bn] buisvormig

tu·bi·lin·gual /tjuːbɪlɪŋɡwəl, ᴬtuː-/ [bn] tubilinguaal, met buisvormige tong ⟨van vogels⟩

¹**tub·ing** /tjuːbɪŋ, ᴬtuː-/ [telb zn; (oorspronkelijk) gerund van tube] (gummi)slang, stuk buis/pijp

²**tub·ing** /tjuːbɪŋ, ᴬtuː-/ [niet-telb zn; (oorspronkelijk) gerund van tube] 1 buizen(stel), pijpen 2 buisaanleg, pijpaanleg

tub orator, tub preacher, tub-thump·er [telb zn] donderaar, bulderende redenaar, ⟨i.h.b.⟩ donderpredikant

tub·thump·ing [niet-telb zn] gebulder, gebral, bombastisch georeer

tu·bu·lar /tjuːbjʊlə, ᴬtuːbjələr/, **tu·bu·lous** /-ləs/ [bn] 1 buisvormig, pijpvormig, kokervormig, buis-, koker-, tubulair ◆ tubular bells klokkenspel; tubular cooler buizenkoeler; tubular furniture buismeubelen; tubular lamp buislamp; tubular post buizenpost, buispost, luchtdrukpost; tubular railway metro, ondergrondse spoorweg 2 ⟨AE; sl⟩ gaaf, hartstikke tof, te gek

tu·bu·late /tjuːbjʊleɪt, ᴬtuːbjə-/, **tu·bu·lat·ed** /-leɪtɪd/ [bn] 1 tubulair, buisvormig 2 met/voorzien van een buis/tubus

tu·bule /tjuːbjuːl, ᴬtuː-/ [telb zn] buisje, kokertje, pijpje

tu·bu·lif·er·ous /tjuːbjʊlɪfrəs, ᴬtuːbjə-/ [bn] met buisjes

TUC [afk] ⟨BE⟩ (Trades Union Congress)

¹**tuck** /tʌk/ [telb zn] 1 ⟨conf⟩ plooi, gestikt plooitje, plissé 2 (klein) visnet 3 naad ⟨onder achtersteven van schip⟩ 4 handeling van het instoppen/onderstoppen ◆ give the blanket a few extra tucks de deken nog een paar keer extra instoppen 5 ⟨BE; sl⟩ smulpartij 6 ⟨vero; SchE⟩ (trommel)slag 7 ⟨sport, in het bijzonder gymnastiek⟩ gehurkte houding 8 ⟨vero⟩ rapier, degen

²**tuck** /tʌk/ [niet-telb zn] ⟨BE; sl⟩ zoetigheid, snoep, lekkers

³**tuck** /tʌk/ [onov ww] plooien maken • ⟨BE; sl⟩ tuck into zich te goed doen aan, flink smullen van; → tucked

⁴**tuck** /tʌk/ [ov ww] 1 plooien, plisseren 2 inkorten, innemen, opnemen 3 opstropen, optrekken ◆ tuck up one's sleeves zijn mouwen opstropen 4 intrekken, optrekken, samentrekken ◆ with his legs tucked up under him in kleermakerszit 5 (ver)stoppen, wegstoppen, opbergen, verbergen ◆ tuck away wegstoppen, verbergen; a house tucked away among the trees een huis verscholen tussen de bomen; ⟨BE; inf⟩ tuck away/in verorberen, gretig naar binnen werken; tuck sth. in a corner iets in een hoekje wegstoppen; tuck sth. out of sight iets verstoppen; he tucked his wife's arm under his own hij nam zijn vrouw bij de arm 6 instoppen, wegstoppen, opvouwen ◆ tuck in the blankets de dekens instoppen; tuck one's shirt into one's trousers zijn hemd in zijn broek stoppen; tuck s.o. in/up iemand (lekker/warm) instoppen ⟨in bed⟩; tuck a shawl round s.o. een sjaal om iemand heen wikkelen 7 leggen ⟨visnet, met klein net⟩ • ⟨sl⟩ tucked up uitgemergeld, doodop; → tucked

tuck·a·way [bn, attr] opklapbaar, opvouwbaar

tucked /tʌkt/ [bn, attr; volt deelw van tuck] ⟨sport⟩ gehurkt ⟨van (af)sprong⟩

¹**tuck·er** /tʌkə, ᴬ-ər/ [telb zn] 1 plooi(st)er 2 plooivoet ⟨van naaimachine⟩ 3 ⟨gesch⟩ chemisette, kraaghemdje, jabot, (kanten) kraagje 4 ⟨vero⟩ voller

²**tuck·er** /tʌkə, ᴬ-ər/ [niet-telb zn] ⟨AuE; inf⟩ kost, eten

³**tuck·er** /tʌkə, ᴬ-ər/ [ov ww] ⟨AE; inf⟩ afmatten, uitputten, vermoeien ◆ tucker out afmatten

tuck·er·bag [telb zn] ⟨AuE; inf⟩ knapzak

tuck·et /tʌkɪt/ [telb zn] ⟨vero⟩ fanfare, trompetgeschal

tuck-in [telb zn] ⟨BE; inf⟩ smulpartij, (feest)maal

tuck jump [telb zn] ⟨gymn⟩ hurksprong

tuck-mon·ey [niet-telb zn] ⟨BE⟩ snoepcenten

tuck net, tuck seine [telb zn] (klein) visnet ⟨om vis uit groter net te scheppen⟩

tuck-shop [telb zn] ⟨BE⟩ snoepwinkeltje ⟨voornamelijk van school⟩

¹**tu·cum** /tuːkəm, ᴬtʊkuːm/, **tu·cu·ma** /tʊkuːmə/, ⟨ook⟩ **tucum palm** [telb zn] ⟨plantk⟩ (soort) palm ⟨voornamelijk Astrocaryum tucuma⟩

²**tu·cum** /tuːkəm, ᴬtʊkuːm/, **tu·cu·ma** /tʊkuːmə/ [telb + niet-telb zn] palmvezel ⟨van gelijknamige palm⟩

-tude /tjuːd, ᴬtuːd/ ⟨vormt zelfstandig naamwoord⟩ -heid, -tude ◆ sanctitude heiligheid

'tude /tjuːd, ᴬtuːd/ [niet-telb zn] ⟨AE; sl⟩ ⟨verk: attitude⟩ lef, durf, eigenwijze houding

Tu·dor /tjuːdə, ᴬtuːdər/ [eigenn, telb zn] Tudor, (lid van het) Tudor(vorsten)huis

Tudor arch [telb zn] tudorboog

Tu·dor·esque /tjuːdəresk, ᴬtuː-/ [bn] in tudorstijl, tudor-

Tudor flower [telb zn] ⟨bk⟩ tudorbloem ⟨driebladige versiering in tudorstijl⟩

Tudor rose [telb zn] ⟨bk, heral⟩ tudorroos ⟨combinatie van rode en witte roos⟩

Tudor style [niet-telb zn] tudorstijl

Tue, Tues [afk] (Tuesday)

Tues·day /tjuːzdi, -deɪ, ᴬtuːz-/ [eigenn, telb zn] dinsdag ◆ he arrives (on) Tuesday hij komt (op/a.s.) dinsdag aan; on Tuesday(s) dinsdags, op dinsdag, de dinsdag(en), elke dinsdag; ⟨BE⟩ he arrived on the Tuesday hij kwam (de) dinsdag/op dinsdag aan; ⟨vnl AE⟩ he works Tuesdays hij werkt dinsdags/op dinsdag/elke dinsdag

tu·fa /tjuːfə, ᴬtuː-/ [niet-telb zn] 1 sedimentgesteente 2 tuf(steen)

tu·fa·ceous /tjʊfeɪʃəs, ᴬtʊ-/ [bn] 1 sedimentair 2 tuf(steen)achtig, tufsteen-

tuff /tʌf/ [niet-telb zn] tuf(steen)

tuff·a·ceous /tʌfeɪʃəs/ [bn] tuf(steen)achtig, tufsteen-

tuf·fet /tʌfɪt/ [telb zn] 1 bosje (gras/haar), bundeltje, tuiltje 2 hobbel, bobbel, oneffenheid ⟨voornamelijk in grasveld⟩ 3 krukje, taboeret, voetbankje, voetkussen, poef

¹**tuft** /tʌft/ [telb zn] 1 bosje, trosje, kwastje, kuif(je), groepje bomen/struiken 2 ⟨biol⟩ bundeltje bloedvaten

²**tuft** /tʌft/ [onov ww] in bosjes groeien; → tufted

³**tuft** /tʌft/ [ov ww] 1 versieren met tuiltjes 2 in bosjes

tumefy

opsplitsen [3] doornaaien ⟨matras⟩ [4] opjagen ⟨bij klopjacht⟩; → **tufted**

tuft·ed /tʌftɪd/ [bn; volt deelw van tuft] [1] in bosjes groeiend ♦ ⟨plantk⟩ *tufted hair grass* smele ⟨Deschampsia caespitosa⟩; ⟨plantk⟩ *tufted loosestrife* (soort) moeraswederik ⟨Lysimachia/Naumburgia thyrsiflora⟩ [2] met/vol bosjes [3] ⟨vnl dierk⟩ gekuifd ♦ *tufted coquette* gekuifde koketkolibrie ⟨Lophornis ornatus⟩; *tufted deer* dwergmuntjak, kuifhert ⟨genus Elaphodus⟩; *tufted duck/pochard* kuifeend ⟨Aythya fuligula⟩; ⟨plantk⟩ *tufted pansy* hoornviooltje ⟨Viola cornuta⟩; *tufted puffin* gekuifde papegaaiduiker, pluimenkopduiker ⟨Lunda cirrhata⟩; *tufted titmouse* (soort) kuifmees ⟨Parus bicolor⟩; ⟨plantk⟩ *tufted vetch* vogelwikke ⟨Vicia cracca⟩

tuft·er /tʌftə, ᴬ-ər/ [telb zn] [1] jachthond ⟨afgericht om wild uit hun schuilplaats te jagen⟩ [2] doornaaier ⟨van matrassen⟩

tuft·y /tʌfti/ [bn; vergr trap: tuftier] [1] in bosjes groeiend [2] met/vol bosjes

¹**tug** /tʌɡ/ [telb zn] [1] ruk, haal, ⟨België⟩ snok ♦ *give a tug at* (heftig) rukken aan [2] (felle) strijd, inspanning, conflict ♦ ⟨inf⟩ *tug of love* touwtrekkerij om (de voogdij over) een kind ⟨tussen gescheiden ouders⟩; *tug between loyalty and desire* conflict tussen trouw en verlangen; *parting was a tug (at his heart-strings)* het vertrek deed hem pijn (aan het hart) [3] sleepboot [4] sleepvliegtuig [5] streng ⟨van trekdier⟩ [6] ⟨BE⟩ rabauw [7] ⟨BE; sl⟩ beursleerling ⟨voornamelijk te Eton⟩

²**tug** /tʌɡ/ [onov ww] [1] rukken, trekken, ⟨België⟩ snokken ♦ *tug at* rukken aan [2] zich inspannen, zwoegen, zich voortslepen ♦ *tug away at* zich met volledige overgave toeleggen op [3] wedijveren

³**tug** /tʌɡ/ [ov ww] [1] rukken aan, trekken aan, ⟨België⟩ snokken aan [2] sleuren ♦ *tug s.o. out of bed* iemand uit zijn bed sleuren [3] slepen ⟨sleepboot⟩

tug·boat [telb zn] sleepboot

¹**tug-of-war** [telb zn; mv: tugs-of-war] [1] touwtrekwedstrijd [2] krachtproef, krachtmeting, beslissende strijd, kritiek moment ♦ *the real tug-of-war* de grote moeilijkheid [•] ⟨sprw⟩ *when Greek meets Greek then comes the tug-of-war* ± als twee gelijkwaardige vijanden vechten, duurt de strijd lang

²**tug-of-war** [niet-telb zn] touwtrekken

tu·i /tuːiː/ [telb zn] ⟨dierk⟩ tui ⟨Nieuw-Zeelandse vogel; Prosthemadera novaeseelandiae⟩

tuille /twiːl/ [telb zn] ⟨gesch⟩ dijplaat

tu·i·tion /tjʊɪʃn, ᴬtʊ-/ [niet-telb zn] [1] schoolgeld, lesgeld [2] onderwijs

tu·i·tion·al /tjʊɪʃnəl, ᴬtʊ-/, **tu·i·tion·ar·y** /-ɪʃənri, ᴬ-ɪʃəneri/ [bn] onderwijs-, les-

tu·la /tuːlə/, **tula metal** [niet-telb zn] niëllo

tu·la·rae·mi·a, ⟨AE⟩ **tu·la·re·mi·a** /tuːləriːmɪə/ [niet-telb zn] tularemie ⟨infectieziekte, voornamelijk bij knaagdieren⟩

tu·la·rae·mic, ⟨AE⟩ **tu·la·re·mic** /tuːləriːmɪk/ [bn] tularemisch

tul·chan /tʌlxən/ [telb zn] ⟨SchE⟩ namaakkalf, ⟨opgevuld⟩ kalfsvel

tulchan bishop [telb zn] ⟨SchE; gesch⟩ titulair bisschop

tu·le /tuːli/ [niet-telb zn] ⟨plantk⟩ mattenbies ⟨Scirpus lacustris/acutus⟩

tu·lip /tjuːlɪp, ᴬtuː-/ [telb zn] tulp

tulip tree [telb zn] ⟨plantk⟩ [1] tulpenboom ⟨Liriodendron tulipifera⟩ [2] magnolia

tu·lip·wood [niet-telb zn] tulpenboomhout

tulle /tjuːl, ᴬtuːl/ [niet-telb zn] tule

tul·war, tul·waur /tʌlwɑː, ᴬ-wɑr/ [telb zn] (kromme) sabel ⟨voornamelijk in Noord-Indië⟩

¹**tum** /tʌm/ [telb zn] [1] getjingel, getokkel [2] trommelslag, roffel [3] ⟨kind; scherts⟩ buik(je)

²**tum** /tʌm/ [onov ww] [1] tjingelen, tokkelen [2] roffelen

¹**tum·ble** /tʌmbl/ [telb zn] [1] val(partij), tuimel(ing) ♦ *have a nasty tumble* lelijk vallen [2] salto (mortale), duikeling, (gewaagde) sprong [3] warboel ♦ *things were all in a tumble* alles lag overhoop, alles liep in het honderd [4] ⟨inf⟩ teken van herkenning/aanmoediging

²**tum·ble** /tʌmbl/ [onov ww] [1] vallen, tuimelen, struikelen, neerploffen, storten, instorten, neerstorten ♦ *tumble down* neerploffen, omvallen; *tumble down the stairs* van de trap rollen; *tumble in* binnenvallen, instorten; ⟨inf⟩ te kooi gaan; *tumble into the room* de kamer binnenvallen; *tumble off a horse* van een paard rollen; *tumble on s.o.* iemand tegen het lijf lopen; *tumble out of a window* door/uit een raam vallen; *tumble over* in het zand bijten, omtuimelen; *tumble over a root* over een wortel struikelen; *tumble to pieces* instorten ⟨van huis⟩; kapotvallen [2] rollen, tollen, wielen, woelen ♦ *tumble about* rondtollen, woelen; *tumble in one's bed* in zijn bed liggen woelen; *tumble over* rollen, woelen [3] stormen, lopen, zich haasten ♦ *tumble along* voorthollen; *tumble into one's clothes* in zijn kleren schieten; *tumble into/out of bed* in zijn bed ploffen/uit zijn bed springen; *tumble up the stairs* de trappen opstormen [4] (snel) zakken, dalen, kelderen ♦ *tumbling prices* dalende prijzen [5] tuimelen, zich ruggelings omdraaien ⟨van duif⟩ [6] duikelen, buitelen, (gewaagde) sprongen maken ♦ *tumble about* buitelen, luchtsprongen maken, de acrobaat uithangen [•] ⟨scheepv⟩ *tumble home/in* binnenwaarts buigen ⟨van wanden van schip⟩; *tumble to* snappen, doorhebben; ⟨scheepv⟩ *tumble up* (gevechts)positie(s) innemen ⟨bij alarm op schip⟩; *tumble upon* (toevallig) vinden

³**tum·ble** /tʌmbl/ [ov ww] [1] doen vallen, doen tuimelen, omgooien, kelderen, neerschieten ♦ *tumble down* omvergooien, omverduwen, doen instorten; *tumble in* naar binnen gooien; *tumble over* in het zand doen bijten, omverlopen, omverduwen; *tumble together/up* (op een hoop) bijeengooien, kreuken, verfrommelen, ruw aanpakken [3] drogen ⟨in droogtrommel⟩ [4] trommelpolijsten

tum·ble·bug, tum·ble·dung [telb zn] ⟨dierk⟩ mestkever ⟨familie Scarabaeidae⟩

tum·ble-down [bn, attr] bouwvallig, krotting

tumble drier, tumbler drier [telb zn] droogtrommel

tum·ble-home [niet-telb zn] ⟨scheepv⟩ binnenwaartse buiging ⟨van wanden van schip⟩

tumble mustard [telb zn] ⟨plantk⟩ Hongaarse raket ⟨Sisymbrium altissimum⟩

tum·bler /tʌmblə, ᴬ-ər/ [telb zn] [1] duikelaar ⟨ook kinderspeelgoed⟩ [2] acrobaat [3] tumbler, tuimelglas, (groot) bekerglas ⟨zonder voet⟩ [4] tuimelaar, tumbler ⟨soort duif⟩ [5] tuimelschakelaar [6] tuimelaar ⟨van slot of geweerslot; van baggermolen enz.⟩ [7] polijsttrommel [8] droogtrommel

tum·ble·weed [niet-telb zn] ⟨vnl AE; plantk⟩ amarant ⟨genus Amaranthus⟩, ⟨i.h.b.⟩ witte amarant ⟨A. albus⟩

tum·bling /tʌmblɪŋ/ [niet-telb zn] tumbling ⟨vorm van turnen⟩, grondoefeningen

tumbling barrel, tumbling box [telb zn] polijsttrommel

tumbling bay [telb zn] [1] waterkering, overlaat [2] reservoir

tum·bly /tʌmbli/ [bn] bouwvallig

tum·brel, tum·bril /tʌmbrɪl/ [telb zn] [1] stortkar, tuimelkar, mestkar [2] ⟨gesch⟩ munitiewagen [3] ⟨gesch⟩ gevangenkar [4] ⟨gesch⟩ dompelstoel

tu·me·fa·cient /tjuːmɪfeɪʃnt, ᴬtuː-/ [bn] zwelling veroorzakend

tu·me·fac·tion /tjuːmɪfækʃn, ᴬtuː-/ [telb + niet-telb zn] (op)zwelling, gezwel

¹**tu·me·fy** /tjuːmɪfaɪ, ᴬtuː-/ [onov ww] opzwellen

²**tu·me·fy** /tjuːmɪfaɪ, ᴬtuː-/ [ov ww] doen opzwellen

tumescence

tu·mes·cence /tjuːmesns, ᴬtuː-/ [telb + niet-telb zn] (op)zwelling, gezwel

tu·mes·cent /tjuːmesnt, ᴬtuː-/ [bn] (op)zwellend, gezwollen

tu·mid /tjuːmɪd, ᴬtuː-/ [bn; bw: ~ly] gezwollen, ⟨fig⟩ bombastisch

tu·mid·i·ty /tjuːmɪdəti, ᴬtuːmɪdəti/ [niet-telb zn] gezwollenheid, ⟨fig⟩ bombast

tum·my /tʌmi/ [zn] ⟨inf, kind⟩ buik(je), maag

tummy button [telb zn] ⟨inf, kind⟩ navel, ⟨België⟩ (buik)putje

tu·mor·ous /tjuːm(ə)rəs, ᴬtuː-/, **tu·mor·al** /tjuːm(ə)rəl, ᴬtuː-/ [bn] m.b.t./van een tumor, tumorachtig

tu·mour, ⟨AE⟩ **tu·mor** /tjuːmə, ᴬtuːmər/ [telb zn] tumor, (kwaadaardig) gezwel

tu·mour·i·gen·ic, ⟨AE⟩ **tu·mor·i·gen·ic** /tjuːmərɪdʒenɪk, ᴬtuː-/, **tu·mour·gen·ic,** ⟨AE⟩ **tu·mor·gen·ic** /tjuːmə-, ᴬtuːmər-/ [bn] tumorverwekkend, gezwelverwekkend

¹**tump** /tʌmp/ [telb zn] ⟨gew⟩ [1] heuveltje, (mols)hoop [2] bosje ⟨voornamelijk in moerasgebied⟩

²**tump** /tʌmp/ [ov ww] ⟨gew⟩ aanaarden

¹**tum-tum** /tʌmtʌm/ [telb zn] ⟨IndE⟩ (honden)karretje

²**tum-tum** /tʌmtʌm/ [niet-telb zn] [1] getjingel [2] geroffel [3] ⟨kindertaal of schertsend⟩ buik(je)

³**tum-tum** /tʌmtʌm/ [ov ww] [1] tjingelen [2] roffelen

tu·mu·lar /tjuːmjʊlə, ᴬtuːmjələr/ [bn] tumulus-, tumulusachtig, tumulusvormig

tu·mu·lose /tjuːmjʊloʊs, ᴬtuːmjəloʊs/, **tu·mu·lous** /-jʊləs, ᴬ-jələs/ [bn] vol heuveltjes, heuvelig

tu·mult /tjuːmʌlt, ᴬtuː-/ [telb + niet-telb zn] tumult, opschudding, ongeregeldheid, volksoploop, beroering, oproer, rumoer, lawaai, ophef, verwarring ♦ *in a tumult* totaal verward

tu·mul·tu·ar·y /tjuːmʌltʃʊəri, ᴬtuːmʌltʃʊeri/ [bn] wanordelijk, ongedisciplineerd, lukraak, verward

tu·mul·tu·ous /tjuːmʌltʃʊəs, ᴬtuː-/ [bn; bw: ~ly; zn: ~ness] tumultueus, rumoerig, lawaaierig, oproerig, woelig, wanordelijk

tu·mu·lus /tjuːmjʊləs, ᴬtuːmjə-/ [telb zn; mv: tumuli /-laɪ/] tumulus, (graf)heuvel

¹**tun** /tʌn/ [telb zn] vat, biervat, (gist)kuip, ton

²**tun** /tʌn/ [ov ww] vaten, tonnen, in een vat doen ⟨drank⟩ ♦ *tun up* vaten

¹**tu·na** /tjuːnə, ᴬtuːnə/ [telb zn] ⟨plantk⟩ [1] vijgencactus ⟨genus Opuntia⟩ [2] vrucht van de vijgencactus

²**tu·na** /tjuːnə, ᴬtuːnə/ [telb + niet-telb zn; mv: ook tuna] ⟨dierk, cul⟩ tonijn ⟨genus Thunnus⟩

tun·a·ble, tune·a·ble /tjuːnəbl, ᴬtuː-/ [bn] [1] te stemmen [2] melodieus, welluidend

tuna fish [niet-telb zn] ⟨cul⟩ tonijn

tun·dish /tʌndɪʃ/ [telb zn] ⟨BE, gew⟩ houten trechter

tun·dra /tʌndrə/ [telb + niet-telb zn] toendra, mossteppe

¹**tune** /tjuːn, ᴬtuːn/ [telb zn] wijsje, melodie, liedje, deuntje, ⟨fig⟩ toon ♦ ⟨inf⟩ *give us a tune* speel/zing eens wat (voor ons); *to the tune of* op de wijs van; *to the tune of loud jeers* onder luid boegeroep ・ *call the tune* de toon aangeven, de lakens uitdelen; *change one's tune* een andere toon aanslaan; ⟨i.h.b.⟩ een toontje lager gaan zingen; *make s.o. change his tune* iemand een toontje lager doen zingen; *dance to another tune, sing another/a different tune* een andere toon aanslaan; ⟨i.h.b.⟩ een toontje lager gaan zingen; ⟨sprw⟩ *there is many a good tune played on an old fiddle* ± iemands leeftijd zegt vaak niets over wat hij nog kan presteren; ⟨sprw⟩ *he who pays the piper calls the tune* wiens brood men eet, diens woord men spreekt

²**tune** /tjuːn, ᴬtuːn/ [niet-telb zn] [1] juiste toonhoogte, stemming ♦ *sing in tune* zuiver zingen, wijs houden; *be in good tune* goed gestemd zijn, zuiver zijn; *sing out of tune* vals zingen, geen wijs houden; *that violin is out of tune* die viool is ontstemd [2] overeenstemming, harmonie ♦ *it is in tune with the spirit of the time* het is in overeenstemming met de tijdgeest; *that was out of tune with his usual manner* dat was niet in overeenstemming met zijn gewone wijze van doen; *the building is out of tune with its surroundings* het gebouw detoneert met de omgeving [3] welluidendheid, melodieusheid ♦ *this music has little tune in it* deze muziek is niet erg melodieus [4] ⟨vero⟩ stemming, luim ♦ *in tune for* in de stemming voor ・ *out of tune* niet in goede conditie; *to some tune* in hoge mate; *to the tune of £1000* voor het lieve sommetje/bedrag van £1000

³**tune** /tjuːn, ᴬtuːn/ [onov ww] [1] harmoniëren ⟨ook figuurlijk⟩, overeenstemmen ♦ *tune with* harmoniëren met, overeenstemmen met [2] zingen ・ zie: **tune in**; zie: **tune out**; zie: **tune up**; → **tuning**

⁴**tune** /tjuːn, ᴬtuːn/ [ov ww] [1] stemmen, intoneren ♦ zie: **tune up** [2] afstemmen ⟨ook figuurlijk⟩, instellen, aanpassen, adapteren ♦ zie: **tune in**; *tune o.s. to* zich aanpassen aan; zie: **tune out**; *tuned to* afgestemd op [3] afstellen ⟨motor⟩, goed instellen, in orde brengen ♦ zie: **tune up**; → **tuning**

tune·ful /tjuːnfl, ᴬtuːnfl/ [bn; bw: ~ly; zn: ~ness] welluidend, melodieus

¹**tune in** [onov ww] ⟨sl⟩ gaan meedoen

²**tune in** [onov + ov ww] afstemmen, de radio/televisie aanzetten ♦ *tune in to* afstemmen op; ⟨fig⟩ *be tuned in to* voeling hebben met, ontvankelijk zijn voor

tune·less /tjuːnləs, ᴬtuːn-/ [bn; bw: ~ly] onwelluidend, niet melodieus

¹**tune out** [onov ww] ⟨vnl AE; inf⟩ afhaken, niet (meer) luisteren

²**tune out** [ov ww] ⟨vnl AE; inf⟩ negeren, niet (echt) luisteren naar ♦ *tune out the background music* de achtergrondmuziek negeren

tun·er /tjuːnə, ᴬtuːnər/ [telb zn] [1] ⟨muz⟩ stemmer [2] tuner, radio-ontvanger, televisieontvanger, ontvangtoestel

tune·smith [telb zn] liedjesschrijver

¹**tune up** [onov ww] [1] stemmen ⟨van orkest⟩ [2] zich in gereedheid brengen, zich opwarmen, warmdraaien [3] ⟨muz⟩ inzetten, beginnen te spelen/zingen

²**tune up** [ov ww] [1] stemmen [2] in gereedheid brengen, prepareren, afstellen, opvoeren ⟨motor⟩

tune-up [telb zn] [1] beurt ⟨van auto⟩, het afstellen [2] opwarming, het warmdraaien, warming-up

tung /tʌŋ/, **tung tree** [telb zn] ⟨plantk⟩ tungboom ⟨Aleurites fordii⟩

tung·oil [niet-telb zn] tungolie, Chinese houtolie

tung·sten /tʌŋstən/ [niet-telb zn] ⟨scheik⟩ wolfra(a)m ⟨element 74⟩

tu·nic /tjuːnɪk, ᴬtuː-/ [telb zn] [1] tunica ⟨ook van bisschop enz.⟩, onderkleed [2] ⟨biol⟩ tunica, omhullend vlies, bekleedsel, rok [3] tuniek, lange bloes, gympakje, (korte) uniformjas [4] ⟨dierk⟩ schede

tu·ni·ca /tjuːnɪkə, ᴬtuː-/ [telb zn; mv: tunicae /-kiː/] ⟨biol⟩ tunica, omhullend vlies, bekleedsel, rok

¹**tu·ni·cate** /tjuːnɪkət, ᴬtuː-/ [telb zn] ⟨dierk⟩ manteldiertje ⟨klasse Tunicata⟩

²**tu·ni·cate** /tjuːnɪkət, ᴬtuː-/ [bn] [1] ⟨dierk⟩ m.b.t./van de manteldieren, tot de manteldieren horend [2] ⟨biol⟩ met een tunica, met een omhullend vlies/bekleedsel/rok, gerokt

tu·ni·cle /tjuːnɪkl, ᴬtuː-/ [telb zn] tunica ⟨gewaad van bisschoppen en subdiakens⟩

¹**tun·ing** /tjuːnɪŋ, ᴬtuː-/ [telb + niet-telb zn; gerund van tune] [1] aanpassing [2] afstemming ⟨van radio enz.⟩

²**tun·ing** /tjuːnɪŋ, ᴬtuː-/ [niet-telb zn; gerund van tune] ⟨muz⟩ [1] het stemmen [2] het gestemd-zijn

tuning coil [telb zn] ⟨radio⟩ afstemspoel

tuning condensator [telb zn] ⟨radio⟩ afstemcondensator

tu·ning cone, tu·ning horn [telb zn] ⟨muz⟩ stemhoorn
tu·ning fork [telb zn] ⟨muz⟩ stemvork
tu·ning hammer [telb zn] ⟨muz⟩ stemhamer
tu·ning peg [telb zn] ⟨muz⟩ schroef ⟨van piano enz.⟩
Tu·ni·sia /tjʊnɪzɪə, ᴬtuːniːʒə/ [eigenn] Tunesië

Tunisia	
naam	Tunisia *Tunesië*
officiële naam	Republic of Tunisia *Republiek Tunesië*
inwoner	Tunisian *Tunesiër*
inwoonster	Tunisian *Tunesische*
bijv. naamw.	Tunisian *Tunesisch*
hoofdstad	Tunis *Tunis*
munt	Tunisian dinar *Tunesische dinar*
werelddeel	Africa *Afrika*
int. toegangsnummer 216 www .tn auto TN	

¹**Tu·ni·sian** /tjʊnɪzɪən, ᴬtʊniːʒn/ [telb zn] Tunesiër, Tunesische
²**Tu·ni·sian** /tjʊnɪzɪən, ᴬtʊniːʒn/ [bn] ① Tunesisch, uit Tunesië ② Tunisch, uit Tunis
¹**tun·nel** /tʌnl/ [telb zn] ① tunnel ◆ ⟨fig⟩ *the end of the tunnel* het einde van de ellende, licht in de duisternis ② onderaardse gang ⟨van mol⟩ ③ ⟨techn⟩ tunnel, schroefaskoker ④ ⟨AE, gew⟩ trechter
²**tun·nel** /tʌnl/ [onov ww] ① een tunnel graven ◆ *tunnel into* een tunnel maken in, zich een weg boren in; *tunnel through the mountain* de berg doorgraven ② ⟨elek, natuurk⟩ door een potentiaaldrempel/potentiaalbarrière heengaan ⟨tunneleffect⟩ ③ ⟨sl⟩ zich verschuilen
³**tun·nel** /tʌnl/ [ov ww] ① een tunnel graven in/door/onder ◆ *tunnel the Channel* een tunnel graven onder het Kanaal; *tunnel one's passage through the snow* zich een doorgang graven door de sneeuw ② graven, boren, banen
tun·nel·ler, ⟨AE⟩ **tun·nel·er** /tʌnlə, ᴬ-ər/ [telb zn] tunnelgraver
tunnel net [telb zn] fuik
tunnel vision [telb + niet-telb zn] ① tunnelvisie, het slechts oog hebben voor één zaak, kortzichtigheid, bekrompen kijk, beperkte blik ② ⟨med⟩ tunnelvisus, tunnelzicht
tun·ny /tʌni/, **tun·ny·fish** [telb + niet-telb zn; mv: ook tunny] ⟨dierk⟩ tonijn ⟨genus Thunnus⟩
tun·y /tjuːni, ᴬtuːni/ [bn] ⟨inf⟩ melodieus, vlot, lekker in het gehoor liggend ◆ *tuny song* meezinger
¹**tup** /tʌp/ [telb zn] ① ram ⟨mannelijk schaap⟩ ② ⟨techn⟩ heiblok, valblok
²**tup** /tʌp/ [onov + ov ww] dekken, bespringen ⟨van ram⟩
¹**tu·pe·lo** /tjuːpɪloʊ, ᴬtuː-/ [telb zn] ⟨plantk⟩ tupelo ⟨genus Nyssa, in het bijzonder N. aquatica⟩
²**tu·pe·lo** /tjuːpɪloʊ, ᴬtuː-/ [niet-telb zn] tupelohout
¹**Tu·pi** /tuːpi/ [eigenn] Tupi, de Tupi taal
²**Tu·pi** /tuːpi/ [telb zn; ook attributief; mv: ook Tupi] Tupi, Tupi-indiaan
tuppence [telb + niet-telb zn] → twopence
tuppenny → twopenny
Tup·per·ware /tʌpəweə, ᴬ-pərwer/ [niet-telb zn] ⟨merknaam⟩ tupperware ⟨plastic opbergmateriaal⟩
tuque /tjuːk, ᴬtuːk/ [telb zn] ⟨CanE⟩ wollen puntmuts
tu quo·que /tjuː kwoʊkwi, ᴬtuː-/ [tw] ⟨form⟩ jij ook ⟨trouwens⟩, net zoals jij ⟨om aanklager van hetzelfde te beschuldigen⟩
turaco, turacou, turako [telb zn] → touraco
¹**Tu·ra·ni·an** /tjʊreɪnɪən, ᴬtʊ-/ [eigenn] ⟨taalk⟩ Oeral-Altaïsch, de Oeral-Altaïsche taalgroep, Toeranisch
²**Tu·ra·ni·an** /tjʊreɪnɪən, ᴬtʊ-/ [telb zn] lid van een Toeranisch sprekend volk
³**Tu·ra·ni·an** /tjʊreɪnɪən, ᴬtʊ-/ [bn] ⟨taalk⟩ Oeral-Altaïsch, Toeranisch
tur·ban /tɜːbən, ᴬtɜr-/ [telb zn] ① tulband ② turban, tulband(hoed)je
tur·baned /tɜːbənd, ᴬtɜr-/ [bn] met een tulband
¹**tur·bar·y** /tɜːbri, ᴬtɜrbəri/ [telb zn] stuk veenland, stuk turfgrond, turfgraverij
²**tur·bar·y** /tɜːbri, ᴬtɜrbəri/ [niet-telb zn] ① veenland, turfgrond ② ⟨BE; jur⟩ recht van turfsteken/trekken ⟨op andermans/publieke grond⟩
¹**tur·bel·lar·i·an** /tɜːbɪleərɪən, ᴬtɜrbɪlɛrɪən/ [telb zn] ⟨dierk⟩ trilhaarworm ⟨klasse der Turbellaria⟩
²**tur·bel·lar·i·an** /tɜːbɪleərɪən, ᴬtɜrbɪlɛrɪən/ [bn] ⟨dierk⟩ van de trilhaarwormen
tur·bid /tɜːbɪd, ᴬtɜr-/ [bn; bw: ~ly; zn: ~ness] ① troebel, drabbig, modderig ② verward, warrig ◆ *turbid emotions* verwarde emoties ③ dicht, zwaar, dik ◆ *turbid fog* zware mist, dichte mist
tur·bid·i·ty /tɜːbɪdəti, ᴬtɜrbɪdəti/ [niet-telb zn] ① troebelheid, drabbigheid ② verwarring, warrigheid ③ dichtheid, dikheid
¹**tur·bi·nal** /tɜːbɪnl, ᴬtɜrbɪnl/ [telb zn] ⟨med⟩ neusschelp
²**tur·bi·nal** /tɜːbɪnl, ᴬtɜrbɪnl/ [bn] tolvormig
tur·bi·nate /tɜːbɪneɪt, ᴬ-tɜrbɪnət/, **tur·bi·nat·ed** /-neɪtɪd/ [bn] ① tolvormig ② spiraalvormig ⟨van schelp⟩ ③ ⟨med⟩ m.b.t. de neusschelp ◆ *turbinate bone* neusschelp
tur·bi·na·tion /tɜːbɪneɪʃn, ᴬtɜr-/ [telb + niet-telb zn] ① tolvorm, omgekeerde kegel ② spiraalvorm ⟨van schelp⟩
tur·bine /tɜːbaɪn, ᴬtɜrbɪn/ [telb zn] turbine, schoepenrad
tur·bit /tɜːbɪt, ᴬtɜr-/ [telb zn] meeuwduif, meeuwtje, turbit ⟨Engels sierduivenras⟩
tur·bo- /tɜːboʊ, ᴬtɜrboʊ/ ⟨techn⟩ turbo- ◆ *turbogenerator* turbogenerator
tur·bo·e·lec·tric /tɜːboʊɪlektrɪk, ᴬtɜrboʊ-/ [bn] turbo-elektrisch
tur·bo·fan /tɜːboʊfæn, ᴬtɜrboʊ-/ [telb zn] ⟨luchtv⟩ turbofan, omloopmotor
tur·bo·jet /tɜːboʊdʒet, ᴬtɜrboʊ-/, ⟨in betekenis 1 ook⟩ **turbojet engine** [telb zn] ⟨luchtv⟩ ① turbojet, turbinestraalmotor ② turbojetvliegtuig, turbojetmachine
tur·bo·prop /tɜːboʊprɒp, ᴬtɜrboʊpræp/, ⟨in betekenis 1 ook⟩ **turboprop engine** [telb zn] ⟨luchtv⟩ ① turboprop, schroefturbine ② turbopropmachine, turbopropvliegtuig
tur·bo·pump /tɜːboʊpʌmp, ᴬtɜrboʊ-/ [telb zn] turbinepomp
tur·bo·su·per·charg·er /tɜːboʊsuːpətʃɑːdʒə, ᴬtɜrboʊsuːpərtʃɑrdʒər/, **tur·bo·charg·er** /-tʃɑːdʒə, ᴬ-tʃɑrdʒər/ [telb zn] ⟨techn⟩ turbocompressor
tur·bot /tɜːbət, ᴬtɜrbət/ [telb + niet-telb zn] ① ⟨dierk⟩ tarbot ⟨Scophthalmus maximus⟩ ② platvis
tur·bo·train /tɜːboʊtreɪn, ᴬtɜrboʊ-/ [telb zn] turbotrein
tur·bu·lence /tɜːbjʊləns, ᴬtɜrbjə-/, **tur·bu·len·cy** /-si/ [niet-telb zn] ① wildheid, woestheid, onstuimigheid ② beroering, onrust, woeligheid ③ oproer(igheid) ④ ⟨meteo, natuurk⟩ turbulentie
tur·bu·lent /tɜːbjʊlənt, ᴬtɜrbjə-/ [bn; bw: ~ly] ① wild, woest, heftig, onstuimig ◆ *turbulent streams* woeste stromen ② woelig, roerig, onrustig ◆ *turbulent times* woelige tijden, roerige tijden ③ oproerig ◆ *turbulent crowd* oproerige menigte ④ ⟨meteo, natuurk⟩ turbulent ◆ ⟨natuurk⟩ *turbulent flow* turbulente stroming
Tur·co, Tur·ko /tɜːkoʊ, ᴬtɜr-/ [telb zn] ⟨mil⟩ turco
Tur·co-, Tur·ko- /tɜːkoʊ, ᴬtɜr-/ Turks-, Turk(en)- ◆ *Turcophile* Turkenvriend; Turksgezind, pro-Turks; *Turcophobe* Turkenhater; anti-Turks
Turcoman [eigenn, telb zn] → Turkmen
turd /tɜːd, ᴬtɜrd/ [telb zn] ⟨vulg⟩ ① drol, keutel ② verachtelijk persoon, misbaksel, lul, sul
tu·reen /tjʊriːn, ᴬtʊriːn/ [telb zn] ⟨cul⟩ terrine
¹**turf** /tɜːf, ᴬtɜrf/ [telb zn; mv: ook turves /tɜːvz, ᴬtɜrvz/] ① graszode, plag ② ⟨vnl IE⟩ turf ③ ⟨sl⟩ stek(kie), wijk,

turf buurt, gebied, grond ⟨van jeugdbende⟩ • ⟨sl⟩ *on the turf* aan de tippel; op zwart zaad

²**turf** /tɜːf, ᴬtɜrf/ [niet-telb zn] ① gras(veld), grasmat, zode ② ⟨the⟩ renbaan, racebaan, turf ③ ⟨the⟩ het paardenrennen, rensport • *be on the turf* in de rensport zitten; renpaarden houden; gokken

³**turf** /tɜːf, ᴬtɜrf/ [ov ww] ① bezoden, met zoden bekleden ② begraven, onder de zoden leggen ③ plaggen/zoden steken in/op ⟨stuk land⟩, ⟨vnl IE⟩ turf steken in/op • *this moor has been turfed out* alle turf is uit dit veen gehaald • ⟨vnl BE; inf⟩ *turf s.o. out* iemand eruit gooien/knikkeren; ⟨vnl BE; inf⟩ *turf s.o. out of a discotheque* iemand uit een disco smijten

turf accountant, turf commission agent [telb zn] ⟨vnl BE⟩ bookmaker

turf·ite /tɜːfaɪt, ᴬtɜr-/ [telb zn] rensportliefhebber

turf·man /tɜːfmən, ᴬtɜrf-/ [telb zn; mv: turfmen /-mən/] rensportliefhebber

turf toe [telb zn] ⟨AE; American football⟩ (grote)teenfractuur, stressfractuur ⟨van grote teen⟩

turf·y /tɜːfi, ᴬtɜrfi/ [bn; vergr trap: turfier; zn: turfiness] ① gras-, begraasd, van gras ② paardenren-, rensport- • *turfy talk* paardenrenpraat, gekletst over paardenrensport ③ ⟨vnl IE⟩ veen-, turf-, veenachtig, turfachtig

tur·ges·cence /tɜːdʒesns, ᴬtɜr-/, **tur·ges·cen·cy** /-si/ [niet-telb zn] ① ⟨vnl med⟩ (op)zwelling ② ⟨vnl med⟩ opgezwollenheid, opgeblazenheid ③ bombast, hoogdravendheid ④ zelfingenomenheid, eigendunk ⑤ ⟨plantk⟩ turgescentie

tur·ges·cent /tɜːdʒesnt, ᴬtɜr-/ [bn] ① ⟨vnl med⟩ (op)zwellend ② (op)gezwollen, opgeblazen

tur·gid /tɜːdʒɪd, ᴬtɜr-/ [bn; bw: ~ly; zn: ~ness] ① ⟨vnl med⟩ (op)gezwollen, opgeblazen ② bombastisch, gezwollen, hoogdravend

tur·gid·i·ty /tɜːdʒɪdəti, ᴬtɜrdʒɪdəti/ [niet-telb zn] ① ⟨vnl med⟩ opgezwollenheid, opgeblazenheid ② bombast, hoogdravendheid, gezwollenheid

tur·gor /tɜːgə, ᴬtɜrgər/ [niet-telb zn] ① ⟨vnl med⟩ (op)gezwollenheid, opgeblazenheid ② ⟨biol⟩ turgescentie ③ ⟨med⟩ turgor, spanning, zwelling ④ ⟨plantk⟩ turgor

Tu·ring ma·chine /tjʊərɪŋ məʃiːn, ᴬtʊrɪŋ-/ [telb zn] ⟨wisk⟩ turingmachine ⟨abstracte automaat⟩

tur·is·tas, tour·is·tas /tʊəriːstəs, ᴬtʊriː-/ [niet-telb zn; the] ⟨AE; sl⟩ racekak, diarree, ⟨België⟩ turista

¹**Turk** /tɜːk, ᴬtɜrk/ [eigenn] ⟨taalk⟩ Turks, de Turkse taal/talen

²**Turk** /tɜːk, ᴬtɜrk/ [telb zn] ① Turk(se) ② mohammedaan, moslim ③ Osmaan, Ottomaan ④ Turks paard ⑤ wildeman, woesteling, bruut, barbaar • ⟨scherts⟩ *our child is still a little Turk* ons kind is nog steeds een kleine wildebras ⑥ Turkstalige

¹**tur·key** /tɜːki, ᴬtɜrki/ [telb zn] ⟨AE; sl⟩ ① flop, fiasco, mislukking ② (stomme) idioot, lul, mislukkeling ③ ⟨bowling⟩ drie strikes achter elkaar

²**tur·key** /tɜːki, ᴬtɜrki/ [telb + niet-telb zn] ① ⟨dierk⟩ kalkoen ⟨Meleagris gallopavo⟩ ② ⟨dierk⟩ pauwkalkoen ⟨Agriocharis ocellata⟩ ③ ⟨sl; scherts⟩ goedkoop vlees, ⟨bij uitbreiding⟩ waardeloos iets • ⟨inf⟩ *talk turkey* geen blad voor de mond nemen, duidelijke taal spreken ⟨in zakengesprek⟩

Turkey /tɜːki, ᴬtɜr-/ [eigenn] Turkije

turkey buzzard, turkey vulture [telb zn] ⟨dierk⟩ kalkoengier ⟨Cathartes aura⟩

Turkey carpet [telb zn] Turks tapijt, smyrnatapijt

turkey cock [telb zn] ① kalkoense haan ② banjer, grote (mijn)heer, protser

Turkey leather [niet-telb zn] ⟨BE⟩ Turks leer, marokijn

turkey poult [telb zn] jonge kalkoen, kalkoenkuiken

Turkey red [niet-telb zn] ① ⟨ook attributief⟩ Turks rood ② Turks rood textiel

¹**Turkey stone** [telb zn] Turkse oliesteen ⟨slijpsteen⟩

²**Turkey stone** [telb + niet-telb zn] turkoois

¹**Tur·ki** /tɜːki, ᴬtɜr-/ [eigenn] ⟨taalk⟩ Turks ⟨onderdeel van de Altaïsche talen⟩, de Turkse talen, ⟨i.h.b.⟩ Oost-Turks

²**Tur·ki** /tɜːki, ᴬtɜr-/ [telb zn] Turk

³**Tur·ki** /tɜːki, ᴬtɜr-/ [bn] ① m.b.t. de Turkse talen, Turks, ⟨i.h.b.⟩ Oost-Turks ② Turks, van de Turken, ⟨i.h.b.⟩ van de Oost-Turken, Oost-Turks

Turkey	
naam	Turkey *Turkije*
officiële naam	Republic of Turkey *Republiek Turkije*
inwoner	Turk *Turk*
inwoonster	Turk *Turkse*
bijv. naamw.	Turkish *Turks*
hoofdstad	Ankara *Ankara*
munt	new Turkish lira *Turkse lire*
werelddeel	Europe, Asia *Europa, Azië*

int. toegangsnummer 90 www .tr auto TR

¹**Tur·kic** /tɜːkɪk, ᴬtɜr-/ [eigenn] ⟨taalk⟩ Turks, de Turkse talen

²**Tur·kic** /tɜːkɪk, ᴬtɜr-/ [bn] ① Turks, van de Turken ② m.b.t. de Turkse talen, Turks

¹**Tur·kish** /tɜːkɪʃ, ᴬtɜr-/ [eigenn] Turks, de Turkse taal ⟨van Turkije⟩

²**Tur·kish** /tɜːkɪʃ, ᴬtɜr-/ [bn] Turks, van de Turken, uit Turkije • *Turkish carpet* Turks tapijt; *Turkish coffee* Turkse koffie • *Turkish bath* Turks bad; *Turkish delight* Turks fruit; *Turkish towel* ruwe badhanddoek

¹**Turk·men** /tɜːkmən, ᴬtɜrkmən/, **Tur·ko·man, Tur·co·man** /tɜːkəmən, ᴬtɜr-/ [eigenn] Turkmeens, de Turkmeense taal

²**Turk·men** /tɜːkmən, ᴬtɜrkmən/, **Tur·ko·man, Tur·co·man** /tɜːkəmən, ᴬtɜrkəmən/ [telb zn; ook Turkmen] Turkmeen(se)

³**Turk·men** /tɜːkmən, ᴬtɜrkmən/, **Tur·ko·man, Tur·co·man** /tɜːkəmən, ᴬtɜr-/ [bn] Turkmeens

Turk·men·i·stan /tɜːkmenɪstɑːn, ᴬtɜrkmenɪstæn/ [eigenn] Turkmenistan

Turkmenistan	
naam	Turkmenistan *Turkmenistan*
officiële naam	Turkmenistan *Turkmenistan*
inwoner	Turkmen *Turkmeen*
inwoonster	Turkmen *Turkmeense*
bijv. naamw.	Turkmen *Turkmeens*
hoofdstad	Ashgabat *Asjchabad*
munt	Turkmen manat *Turkmeense manat*
werelddeel	Asia *Azië*

int. toegangsnummer 993 www .tm auto TM

Turko [telb zn] → Turco

Turkoman carpet [telb zn] Turkmeens tapijt ⟨handgeknoopt⟩

Turk's-cap /tɜːkskæp, ᴬtɜrkskæp/, ⟨in betekenissen 1 en 2 ook⟩ **Turk's-cap lily** [telb zn] ⟨plantk⟩ ① Turkse lelie ⟨Lilium martagon⟩ ② Lilium superbum ⟨Noord-Amerikaanse lelie⟩ ③ meloencactus ⟨genus Melocactus⟩

Turk's-head /tɜːkshed, ᴬtɜrks-/ [telb zn] ① ragebol ② ⟨scheepv⟩ Turkse knoop

tur·mer·ic /tɜːmərɪk, ᴬtɜr-/ [niet-telb zn] ① kurkuma, geelwortel, koenjit ⟨specerij⟩ ② kurkumine ⟨kleurstof⟩ ③ ⟨plantk⟩ kurkuma ⟨Curcuma longa⟩

tur·moil /tɜːmɔɪl, ᴬtɜr-/ [telb + niet-telb zn; geen mv] beroering, opschudding, verwarring, tumult • *the whole country was in (a) turmoil* het gehele land was in een staat van beroering

¹**turn** /tɜːn, ᴬtɜrn/ [telb zn] ① draai, draaiing, slag, omwenteling, ⟨fig⟩ ommekeer, ommezwaai, keerpunt, ken-

tering ⟨van getijde⟩, wisseling ♦ *turn of events* (onverwachte) wending/loop der gebeurtenissen; *turn of Fortune's wheel* lotswisseling; *on the turn* aan het veranderen, op het keerpunt; *be on the turn* op het keerpunt zijn; omslaan; keren, kenteren; *the tide is on the turn* het tij keert; ⟨fig⟩ *add a turn of the screw* de duimschroeven aandraaien, pressie uitoefenen; *a few turns of the screwdriver* een paar slagen met de schroevendraaier; *turn of the tide* getijwisseling, kentering ⟨ook figuurlijk⟩ [2] **bocht,** draai, kromming, wending, zwenking, ⟨bij uitbreiding⟩ afslag ♦ *the next right turn* de volgende afslag rechts; *take a turn to the right* rechts afslaan; naar rechts zwenken; *take the turn on the right* neem de afslag rechts [3] **wending,** keer, draai, (verandering van) richting ♦ *a favourable turn* een goede keer, een wending ten goede; ⟨fig⟩ *he gave the story a turn quite different from the one by the other students* hij gaf het verhaal een uitleg/betekenis die volkomen verschilde van die van de andere studenten; *the discussion took an interesting turn* de discussie nam een interessante wending; *take a turn for the worse* een ongunstige wending nemen, verslechteren [4] **beurt,** tijd ♦ *turn and turn about* bij beurten, afwisselend, om en om, om de beurt; *by turns* bij beurten, afwisselend, om en om, om de beurt; *my turn will come* mijn tijd komt nog wel; *in turn* om de beurt, achtereenvolgens, beurtelings; op zijn beurt; *in one's turn* op zijn beurt; *take it in turn(s) to do sth.* iets om beurten doen; *is it my turn to cook tonight?* ben ik vanavond aan de beurt om te koken?; *out of turn* vóór zijn beurt; niet op zijn beurt; op een ongeschikt moment; *talk out of turn* zijn mond voorbijpraten, zich verpraten; vóór zijn beurt spreken; *take turns (about)* elkaar aflossen; *take turns at sth.* iets om beurten doen, elkaar aflossen met iets; *we took turns at carrying the suitcases* om beurten droegen we de koffers; *wait one's turn* zijn beurt afwachten; *your turn* jij bent, jouw beurt [5] **dienst,** daad ♦ *do s.o. a bad/ill turn* iemand een slechte dienst bewijzen; *do s.o. a good turn* een goede dienst/daad [6] ⟨benaming voor⟩ **wijze waarop iemand/iets gevormd is,** aard, soort, slag, neiging, aanleg, vorm, gestalte, zinswending, formulering ♦ *be of a humorous turn* gevoel voor humor hebben; *turn of a knee* vorm van een knie; *have a turn for mathematics* een wiskundeknobbel hebben; *be of a musical turn (of mind)* muzikaal (aangelegd) zijn; *turn of phrase* formulering; *turn of a sentence* zinswending; *have a turn of speed* zeer snel kunnen gaan [7] ⟨benaming voor⟩ **korte bezigheid,** wandelingetje, ommetje, toertje, ritje, tochtje, rondje, fietstochtje, nummer(tje) ⟨in circus, show⟩, artiest ⟨in show⟩ ♦ *a turn on a bike* een fietstochtje; *take a turn* een ommetje maken, een blokje om gaan [8] **(korte) tijd** ⟨van deelname, werk⟩, poos, ⟨i.h.b.⟩ werktijd, dienst ♦ *take a turn at sth.* iets een tijdje doen; *take a turn at the wheel* het stuur een tijdje overnemen [9] **slag,** winding ⟨in touw, veer⟩ [10] **verdraaiing,** vervorming, draai ⟨inf⟩ **schok,** draai, schrik ♦ *she gave him quite a turn when she fell* zij joeg hem flink de stuipen op het lijf toen zij viel [12] ⟨inf⟩ **aanval,** vlaag ⟨van woede, ziekte⟩ [13] ⟨drukw⟩ **omgekeerde letter** ⟨als blokkade⟩ [14] ⟨ec⟩ **effectentransactie** ⟨met koop én verkoop⟩, ⟨bij uitbreiding⟩ transactie [15] ⟨ec⟩ **verschil tussen koop- en verkoopprijzen** ♦ *turn of the market* makelaarswinstmarge [16] ⟨muz⟩ **dubbelslag** ♦ *at every turn* bij elke stap/gelegenheid, overal, altijd, telkens weer; *on the turn* tegen het zure aan ⟨van melk⟩; tegen het ranzige aan ⟨van boter⟩; *serve one's turn* voldoen, aan zijn doel beantwoorden, dienstdoen, in de behoefte voorzien; *cooked/done to a turn* perfect klaargemaakt/bereid, precies gaar (gekookt); ⟨sprw⟩ *one good turn deserves another* de ene dienst is de andere waard

²**turn** /tɜːn, ᴬtɜrn/ [niet-telb zn] [1] **wisseling** ♦ *turn of the century* eeuwwisseling; *turn of the year* jaarwisseling [2] **effect,** draaiing ♦ *there's a lot of turn in this bat* dit bat geeft veel effect, er zit veel effect in dit bat

³**turn** /tɜːn, ᴬtɜrn/ [onov ww] [1] **woelen,** draaien ♦ *toss and turn all night* de hele nacht (liggen te) woelen en draaien [2] **zich richten,** zich wenden ♦ *turn aside* zich wenden, opzijgaan; *turn away* zich afwenden, zich afkeren, vertrekken, weggaan; *they turned away from the mess* zij wendden het hoofd af van de puinhoop; zij gingen weg van de rotzooi; *the conversation turned to sex* het gesprek kwam op seks; *turn from a life full of misery* een leven vol ellende achter zich laten/verlaten; *the girl turned to her aunt for help* het meisje wendde zich tot haar tante om hulp; *his thoughts turned to the essay he still had to write* zijn gedachten richtten zich op het opstel dat hij nog moest schrijven; *turn to* zich richten tot, zich wenden tot; beginnen; *turn to drink* beginnen te drinken, aan de drank raken; *turn to a book* een boek raadplegen; *turn to s.o.* zich tot iemand wenden, naar iemand toegaan (om hulp) [3] ⟨benaming voor⟩ **van richting veranderen,** afslaan, draaien, een bocht/draai maken, (zich) omkeren, (zich) omdraaien, omkijken, een keer nemen, keren, kenteren ⟨van getijde⟩, tweede helft beginnen ⟨op golfbaan⟩ ♦ *turn about* zich omkeren; *about turn!* rechtsom(keert)! ⟨bevel aan troepen⟩; *the aeroplane turned sharply* het vliegtuig maakte een scherpe bocht; *turn again* terugkeren, terugkomen, teruggaan, zich omkeren; *turn (a)round* zich omdraaien, zich omkeren, een ommekeer maken, omzwaaien, omkeren, van gedachten/mening/houding veranderen, zich bedenken; *our economy will not turn (a)round before next year* er zal geen ommekeer in onze economie komen voor volgend jaar; *turn back* terugkeren, omkeren, teruggaan; *Bob turned and threw a last glance at the city* Bob keek achterom en wierp een laatste blik op de stad; *the car turned left, right, and then turned into Bond Street* de auto sloeg linksaf, rechtsaf, en draaide toen Bond Street in; *turn down a side street* een zijstraat ingaan/inslaan; *we turned off the M 1 at Hatfield* we gingen van de M 1 af bij Hatfield; *turn and rend s.o.* iemand plotseling beginnen uit te foeteren, iemand plotseling voor alles en nog wat uitmaken; *then she turned round and said I couldn't use her car after all* toen zei ze zomaar dat ik haar auto toch niet kon gebruiken, toen bedacht ze zich en zei dat ik haar auto toch niet kon gebruiken; *the tide turns* het tij keert ⟨ook figuurlijk⟩; *after having failed in business, he turned to teaching* na mislukt te zijn in zaken, switchte hij naar onderwijs [4] **draaien** ⟨van hoofd, maag⟩, tollen, duizelen, van streek zijn ♦ *my head is turning* het duizelt mij [5] **gisten,** bederven [6] **verkopen,** lopen ⟨van koopwaar⟩ ♦ *these shirts turn well* deze overhemden verkopen goed/lopen goed [7] **stomp worden** ⟨van mes⟩ [•] zie: **turn down;** zie: **turn in;** *turn into* veranderen in, worden; *the little girl had turned into a grown woman* het kleine meisje was een volwassen vrouw geworden; zie: **turn off;** *turn on* draaien om, afhangen van, volgen uit; gaan over ⟨van gesprek⟩; *the success of a film turns on many factors* het succes van een film hangt van vele factoren af; *the conversation turned on the children's education* het gesprek ging over de opvoeding van de kinderen; *they turned on the leader when everything went wrong* zij keerden zich tegen de leider toen alles fout ging; zie: **turn on;** zie: **turn out;** zie: **turn over;** *turn to* aan het werk gaan, aanpakken, de handen uit de mouwen steken; *turn to* veranderen in, worden; *water turns to ice* water wordt ijs; zie: **turn up;** *turn (up)on* zich keren tegen, aanvallen; ⟨sprw⟩ *the tongue ever turns to the aching tooth* ± je gedachten draaien altijd in een cirkel om de problemen; ⟨sprw⟩ *even a worm will turn* men kan een pad wel net zolang trappen dat hij kwaakt; → **turning**

⁴**turn** /tɜːn, ᴬtɜrn/ [onov + ov ww] [1] **(rond)draaien,** (doen) draaien ♦ *the wheels turn fast* de wielen draaien snel; *this machine turns the wheels* deze machine laat de wielen draaien [2] ⟨benaming voor⟩ **omdraaien,** (doen) omkeren, (doen) keren, omploegen, omspitten, omslaan, keren

turn

⟨kraag⟩, omvouwen ♦ *turn about* omkeren, omdraaien; ⟨mil⟩ rechtsomkeert (laten) maken; *turn (a)round* ronddraaien; omkeren, omdraaien; *the room turned (a)round* de kamer draaide in het rond, de kamer tolde; *the aircraft turned (a)round* het vliegtuig keerde; *turn your face (a)round to the wall* draai je gezicht naar de muur; *turn your bikes (a)round and go back about four miles* keer de fietsen en ga ongeveer vier mijl terug; *turn back* omvouwen, omslaan; *turn back the sheets* de lakens omslaan/open slaan; *turn sth. back to front* iets achterstevoren keren; *turn back the corner of the page* de hoek van de bladzijde omvouwen; *the car turned* de auto keerde; *she turned the car* zij keerde de auto; *she turned my old coat* zij keerde mijn oude jas (binnenstebuiten); *turn the collar* de kraag omslaan; *turn the enemy* de vijand op de vlucht jagen; *turn the field* het veld (om)ploegen; *turn the room inside out* de kamer overhoophalen, de kamer van onder tot boven doorzoeken; *turn sth. inside out* iets binnenstebuiten keren; ⟨fig⟩ grondig doorzoeken, overhoophalen; *the bag turned inside out in the strong wind* de zak keerde binnenstebuiten in de sterke wind; *turn the page* de bladzijde omslaan; *the tap turns with difficulty* de kraan gaat moeilijk/draait zwaar; *turn to page seven* sla bladzijde zeven op; *turn topsy-turvy* ondersteboven keren, door elkaar gooien; in de war/door elkaar raken; *it seemed as if the world had turned topsy-turvy* het leek wel de omgekeerde wereld; *turn upside down* ondersteboven keren ③ draaien ⟨aan draaibank, bij pottenbakkerij e.d.⟩, gedraaid worden, zich laten draaien, ⟨fig⟩ vormen, maken, formuleren, uitdrukken ♦ *he can turn a compliment* hij weet hoe hij een complimentje moet maken; ⟨fig⟩ *finely turned legs* fraai gevormde benen; *turn a phrase* iets mooi zeggen; *turn a poem* een gedicht maken; *she turned a vase* zij draaide een vaas; *wood turns beautifully* hout draait mooi ④ verzuren, zuur worden/maken, (doen) schiften ♦ *the milk turns* de melk verzuurt; *the warm weather turned the milk* door het warme weer verzuurde de melk ⑤ verkleuren, van kleur (doen) veranderen, verschieten ♦ *his hair turned* zijn haar verkleurde/veranderde van kleur; → **turning**

⁵**turn** /tɜːn, ᴬtɜrn/ [ov ww] ① maken, draaien, beschrijven ⟨cirkel enz.⟩ ♦ *turn a circle* een cirkel maken/beschrijven ② overdenken, overwegen ♦ *turn about* overdenken, overwegen ③ omgaan ⟨hoek⟩, omdraaien, omzeilen ⟨kaap⟩, omtrekken ♦ *turn the position of an army* een leger(stelling) omtrekken ④ (doen) veranderen (van), omzetten, verzetten, (ver)maken, een wending geven aan ⟨gesprek⟩, bocht, draai laten maken, draaien, afwenden, ombuigen, omleiden, doen afbuigen ♦ ⟨sl⟩ *turn s.o. around* iemand van mening doen veranderen; *turn the bull's attack* de aanval van de stier afwenden; *turn the car into the garage* de auto in de garage indraaien; *turn the conversation* een andere wending aan het gesprek geven; *turn into* veranderen in, (ver)maken tot; omzetten in, vertalen in; *turn a prince into a frog* een prins in een kikker veranderen; *could you turn this story into Spanish?* kun je dit verhaal in het Spaans vertalen?; *she can turn a simple dress into an expensive looking one* zij kan een eenvoudige jurk vermaken tot eentje die er duur uitziet; ⟨fig⟩ *the terrible hangover turned him off drink* de geweldige kater genas hem van de drank; *turn a stream* een stroom omleiden; *turn the subject* van onderwerp veranderen; *turn the switch* de wissel omzetten/verzetten; *turn the conversation to sth. different* het gesprek op iets anders brengen ⑤ richten, wenden ♦ *turn against* opstoken/ophitsen tegen; *turn a child against his parents* een kind tegen zijn ouders opstoken; *turn your attention to the subject* richt je aandacht op het onderwerp; *she turned her face away from the corpses* zij wendde haar hoofd af van de lijken; *turn away/aside* afwenden, afkeren; *turn a gun on s.o.* een geweer op iemand richten; *you have to turn your thoughts to less serious matters now and then* zo nu en dan moet je je bezighouden met minder belangrijke zaken ⑥ doen worden, maken ♦ ⟨AE⟩ *turn loose* loslaten, vrijlaten; lossen, afvuren ⟨schot⟩; *the sun turned the papers yellow* de zon maakte de kranten geel ⑦ verdraaien, verzwikken ⟨enkel enz.⟩ ♦ *turn one's ankle* je enkel verzwikken ⑧ misselijk/duizelig/van streek maken, doen draaien, doen duizelen ♦ *Chinese food turns my stomach* Chinees eten maakt mijn maag van streek ⑨ worden ⟨tijd, leeftijd⟩, ⟨bij uitbreiding⟩ passeren, voorbij zijn, geweest zijn ♦ *my wife is/has turned fifty* mijn vrouw is de vijftig gepasseerd/is vijftig geworden; *Nancy is just turning twenty-one* Nancy is net eenentwintig geworden; *the boy turns 150 pounds* de jongen weegt meer dan 68 kilo; *it is/has turned six o'clock* het is zes uur geweest, het is over zessen ⑩ (weg)sturen, (weg)zenden ♦ *turn s.o. adrift* iemand aan zijn lot overlaten; *turn away* wegsturen, wegjagen, de deur wijzen, de laan uitsturen, ontslaan; ⟨fig⟩ verwerpen, afwijzen; *she turned the hungry boy away* zij joeg het hongerige knaapje weg; *we were turned back at the entrance* bij de ingang werden we teruggestuurd ⑪ ⟨benaming voor⟩ in bepaalde toestand brengen, doen, brengen, zetten, laten gaan ♦ *turn the cattle into the field* het vee in de wei zetten; *turn the dog loose at night* de hond 's avonds loslaten; *turn s.o. into the street* iemand op straat zetten; *turn the water into a bottle* het water in een fles doen ⑫ doen gisten ⑬ stomp maken, afstompen, ⟨fig⟩ afzwakken, verzachten ♦ *turn the edge of a knife* een mes stomp maken; *turn the edge of a report* de scherpe kantjes van een rapport afhalen, een rapport afzwakken ⑭ omzetten, draaien, een omzet hebben van, maken ⟨winst⟩ ♦ *turn a lot at Christmas* een hoop omzetten met de kerst; *turn a profit* winst maken, met winst draaien; ⟨sl⟩ *turn a tip* fooien verdienen ⑮ ⟨drukw⟩ omkeren ⟨letter als blokkade⟩ ♦ *turned letters* omgekeerde letters ·; zie: **turn down**; zie: **turn in**; zie: **turn off**; zie: **turn on**; zie: **turn out**; zie: **turn over**; ⟨scheepv⟩ *turn round* lossen, laden en laten vertrekken; zie: **turn up**; ⟨sprw⟩ *a soft answer turneth away wrath* een zacht woord stilt de toorn; → **turning**

⁶**turn** /tɜːn, ᴬtɜrn/ [koppelww] worden ♦ ⟨sl, fig⟩ *turn blue/green* doodvallen, geschokt/verbaasd/woedend zijn; *her skin turned brown* haar vel werd bruin; *his wife turned Catholic* zijn vrouw werd katholiek; ⟨AE⟩ *turn loose* loskomen, losloping worden; ⟨fig⟩ het vuur openen; *the milk turns sour* de melk wordt zuur; *turn traitor* verrader worden; → **turning**

turn·a·bout [telb zn] ① ommekeer, omzwaai, radicale verandering ♦ *the chance of a turnabout is dim* de kans op een ommekeer is klein ② ⟨AE⟩ draaimolen, carrousel

turn-and-slip indicator [telb zn] ⟨zweefvliegen⟩ bochtaanwijzer

turnaround [telb + niet-telb zn] → **turnround**

¹**turn·back** [telb zn] ① lafaard ② omgeslagen rand/mouw

²**turn·back, turned-back** [bn] omgeslagen, omgevouwen

turn bench [telb zn] draaibank ⟨van horlogemaker⟩

turn bridge [telb zn] draaibrug

turn·buck·le [telb zn] spanschroef

turn-cap [telb zn] gek ⟨op schoorsteen⟩

turn-coat [telb zn] overloper, afvallige, deserteur, renegaat

turn-cock [telb zn] ① afsluiter ② afsluitkraan

turn-down [bn] omgeslagen ⟨van kraag⟩

¹**turn down** [onov ww] ① zich laten vouwen/buigen ② ⟨ec⟩ achteruitgaan, neergaan, een recessie meemaken, dalen, minder worden ♦ *our economy is turning down* onze economie gaat achteruit

²**turn down** [ov ww] ① omvouwen, omslaan, ombuigen ♦ *I don't like turned down corners in my books* ik houd niet van ezelsoren in mijn boeken; *turn down the sheets* de lakens

omslaan/openslaan [2] (om)keren, omdraaien ⟨kaart⟩ [3] afwijzen ⟨plan, persoon⟩, van de hand wijzen, weigeren, verwerpen ♦ *seven applicants* were turned down at once zeven sollicitanten werden meteen afgewezen; *they turned your suggestion down* ze wezen je voorstel van de hand; *turn down a suitor* een huwelijkskandidaat afwijzen [4] lager zetten/draaien ⟨gas, licht⟩, minderen [5] zachter zetten/draaien ♦ *turn down the radio/volume* de radio/het geluid zachter zetten
turn·dun /tɜːndʌn, ᴬtɜːrn-/ [telb zn] ± ratel, ± snorrebot
turned-off [bn; oorspronkelijk volt deelw van turn off] ⟨sl⟩ [1] ongeïnteresseerd [2] beu, zat
turned-on [bn; oorspronkelijk volt deelw van turn on] ⟨sl⟩ [1] op de hoogte [2] opgewonden
turn·er /tɜːnə, ᴬtɜːrnər/ [telb zn] [1] → turn [2] draaier ⟨aan draaibank⟩ [3] ⟨BE⟩ tuimelaar ⟨tamme duif⟩ [4] ⟨AE⟩ turn-(st)er, gymnast
Turn·er /tɜːnə, ᴬtɜːrnər/ [telb zn] ⟨sl⟩ Duitser, mof
Tur·ner·esque /tɜːnəresk, ᴬtɜːr-/ [bn] in de stijl van Turner ⟨Engels schilder, 1775-1851⟩
¹**turn·er·y** /tɜːnəri, ᴬtɜːr-/ [telb zn] draaierij
²**turn·er·y** /tɜːnəri, ᴬtɜːr-/ [niet-telb zn] draaiwerk
¹**turn in** [onov ww] [1] binnengaan, binnendraaien, indraaien [2] naar binnen staan, inwaarts gebogen zijn ♦ *his feet turn in* zijn voeten staan naar binnen toe [3] ⟨inf⟩ onder de wol kruipen, erin gaan, het bed in rollen, erin duiken ♦ *I think it's a fine time to turn in* ik denk dat het een mooie tijd is om mijn bed op te zoeken [·] *turn in (up)on o.s.* in zichzelf keren, zich op zichzelf terugtrekken
²**turn in** [ov ww] [1] naar binnen vouwen, naar binnen buigen/omslaan/plooien, naar binnen zetten ♦ *he turned his knees in* hij draaide zijn knieën naar binnen [2] overleveren, overgeven, uitleveren ⟨aan politie⟩ ♦ *turn in a suspect* een verdachte overleveren [3] teruggeven, weer inleveren ♦ *please, turn in your sheet sleeping bag when you leave* lever a.u.b. uw lakenzak in wanneer u weg gaat [4] inleveren, geven ♦ *you've turned in an excellent piece of work this time* deze keer heb je een uitstekend stukje werk ingeleverd [5] neerzetten ⟨tijd enz.⟩, bereiken, halen ♦ *turn in one's best times at the Olympics* zijn beste tijden neerzetten/realiseren op de Olympische Spelen [6] ⟨inf⟩ opgeven, ophouden/kappen/stoppen met ♦ *the doctor said he had to turn in drinking* de dokter zei dat hij moest kappen met drinken [·] *turn it in* kap er mee, hou er mee op, genoeg; *turn s.o. in (up)on o.s.* iemand in zichzelf gekeerd maken
¹**turn·ing** /tɜːnɪŋ, ᴬtɜːr-/ [telb zn; gerund van turn] [1] (benaming voor) afsplitsing, aftakking, zijstraat, afslag, zijpad, zijrivier ♦ *the next turning on/to the right* de volgende straat rechts [2] bocht, draai, kronkeling [3] gedraaid voorwerp [4] draaierij [5] omgeslagen zoom, omgeslagen rand [·] ⟨sprw⟩ *it's a long lane/road that has no turning* 't is een lange laan die geen bochten heeft
²**turn·ing** /tɜːnɪŋ, ᴬtɜːr-/ [telb zn; gerund van turn] [1] → turn [2] het draaien ⟨aan draaibank⟩
turn·ing cir·cle [telb zn] draaicirkel ⟨van auto⟩
turn·ing judge [telb zn] ⟨zwemsp⟩ keerpuntcommissaris, keerpuntrechter
turn·ing lathe /tɜːnɪŋ leɪð/ [telb zn] draaibank
turn·ing point [telb zn] [1] keerpunt ⟨ook figuurlijk⟩ ♦ *turning point in/of s.o.'s life* keerpunt in iemands leven [2] ⟨wisk⟩ maximum, minimum ⟨van een kromme⟩
turn·ings /tɜːnɪŋz, ᴬtɜːr-/ [alleen mv; gerund van turn] draaispanen
¹**tur·nip** /tɜːnɪp, ᴬtɜːr-/ [telb zn] [1] ⟨plantk⟩ raap, knol, voederknol ⟨voor vee⟩, stoppelknol ⟨Brassica rapa⟩ [2] raap, knol ⟨dik, ouderwets horloge⟩
²**tur·nip** /tɜːnɪp, ᴬtɜːr-/ [niet-telb zn] rapen ♦ *eat turnip* rapen eten
turnip cabbage [telb + niet-telb zn] koolrabi, bovengrondse koolraap

turnip radish [telb + niet-telb zn] knolradijs
turnip tops [alleen mv] raapstelen
tur·nip·y /tɜːnɪpi, ᴬtɜːr-/ [bn] [1] knolachtig, raapachtig [2] met raapsmaak
¹**turn·key** [telb zn] ⟨vero⟩ gevangenisbewaarder, cipier
²**turn·key** [bn, attr] ± alles inbegrepen, ± kant-en-klaar, ± klaar voor gebruik ♦ *a turnkey contract* een alles inbegrepen contract; *a turnkey project* een project dat kant-en-klaar wordt opgeleverd
turn-off [telb zn] [1] afslag, zijweg [2] ⟨inf⟩ afknapper, antipathiek iemand/iets [3] product [4] productie
¹**turn off** [onov ww] [1] afslaan, een zijweg inslaan, een afslag nemen ♦ *that car turned off at the previous exit* die auto sloeg bij de vorige afslag af [2] ⟨sl⟩ afhaken, ongeïnteresseerd raken, interesse verliezen; → **turned-off**
²**turn off** [ov ww] [1] afsluiten, dichtdraaien ⟨gas, water⟩ ♦ *turn off the gas* draai het gas dicht, sluit het gas af [2] uitzetten, afzetten, uitdoen, uitdraaien, uitdrukken ♦ *turn off the telly and the lights* de tv en het licht uit doen [3] afleiden, omleiden, afweren ♦ *turn off hard questions* zich van moeilijke vragen afmaken/moeilijke vragen ontwijken [4] ontslaan, de laan uitsturen [5] produceren, maken, neerkalken ♦ *he used to turn off ten poems a week last year* verleden jaar pende hij gewoonlijk tien gedichten per week neer [6] ⟨inf⟩ weerzin opwekken bij, doen walgen, totaal niet aanslaan bij, doen afknappen ⟨ook seksueel⟩ ♦ *his new book turns me off* ik vind zijn nieuwe boek waardeloos; *it really turns me off* ik krijg er een punthoofd van, ik word er niet goed van [7] ⟨sl⟩ opknopen, ophangen [8] ⟨sl⟩ trouwen; → **turned-off**
turn-of-the-cen·tu·ry [bn, attr] van rond de eeuwwisseling
¹**turn on** [onov ww] [1] enthousiast/opgewonden/geïnteresseerd raken ♦ *some people turn on quickly* sommige mensen raken snel enthousiast/opgewonden [2] ⟨sl⟩ drugs gebruiken, high worden, onder invloed raken [3] ⟨sl⟩ seksueel aantrekkelijk zijn; → **turned-on**
²**turn on** [ov ww] [1] aanzetten, aandoen ⟨radio e.d.⟩, ⟨fig⟩ laten werken, laten komen ♦ *turn on your charms* je charmes laten werken; *turn on the waterworks* de waterlanders laten komen [2] opendraaien, openzetten ⟨water, gas⟩ [3] ⟨inf⟩ enthousiast maken, inspireren, stimuleren, aanslaan bij, ⟨i.h.b.⟩ ⟨seksueel⟩ opwinden, een kick geven ♦ *the new Bellow turns her on* de nieuwe Bellow slaat bij haar aan/doet haar wat; *does leather turn you on?* windt leer je op?, geeft leer je een kick? [4] ⟨inf⟩ leren kennen/appreciëren ♦ *turn s.o. on to classical music* iemand klassieke muziek leren appreciëren/waarderen [5] ⟨sl⟩ high ⟨bij/op⟩⟨van drugs⟩, high maken, invloed hebben op ♦ *does LSD turn you on quickly?* werkt lsd snel (bij jou)?, heeft lsd een snelle uitwerking op je? [6] ⟨sl⟩ aan de drugs helpen, inwijden in de drugs [7] ⟨sl⟩ voorstellen [8] ⟨sl⟩ voorzien van; → **turned-on**
turn-on [telb zn] ⟨inf⟩ [1] (benaming voor) interessant/opwindend/stimulerend persoon/iets [2] opwinding, rage, euforie
turn-out [telb zn] [1] opkomst ⟨bij vergadering enz.⟩, publiek, menigte, groep, aantal aanwezigen ♦ *we regret the poor turnout* we betreuren de armzalige opkomst [2] het uitrukken, het aantreden ♦ *ready for a nightly turnout* klaar om 's nachts uit te rukken [3] kleding, kleren, uitdossing, ⟨bij uitbreiding⟩ uitrusting, equipage ⟨paard, knecht enz.⟩ ♦ *she had a bizarre turnout* ze had bizarre kleren aan [4] opruimbeurt, schoonmaakbeurt ♦ *your kitchen needs a good turnout* jouw keuken heeft een flinke schoonmaakbeurt nodig [5] ⟨geen mv⟩ productie ♦ *a yearly turnout of hundred cars* een jaarlijkse productie van honderd auto's [6] ⟨BE⟩ (werknemers)staking, arbeidersstaking [7] ⟨BE⟩ staker [8] ⟨AE⟩ (benaming voor) uitwijkplaats, uitwijkspoor, inhaalstrook, stopplaats, parkeerplaats, par-

turn out

keerhaven, wisselspoor

¹**turn out** [onov ww] ① (op)komen, verschijnen, opdraven, uitlopen, de deur uitgaan ♦ *she was glad her husband didn't have to turn out in this rainy weather* zij was blij dat haar man niet de deur uit moest in dit natte weer; *the whole village turned out to welcome the long distance runner* het hele dorp liep uit om de langeafstandsloper te verwelkomen ② zich ontwikkelen, aflopen, uitvallen, gaan ♦ *how are your pupils turning out?* hoe staat het met je leerlingen?; *things will turn out all right* het zal goed aflopen/gaan ③ naar buiten staan ⟨van tenen e.d.⟩ ④ ⟨inf⟩ uit bed rollen, opstaan, er uit stappen ⑤ ⟨mil⟩ aantreden, in het geweer komen ⟨van de wacht⟩ ♦ *the guard turns out* de wacht treedt aan

²**turn out** [ov ww] ① uitdoen, uitdraaien ⟨licht, kachel e.d.⟩ ② eruit gooien, eruit zetten, wegsturen ♦ *be turned out of a job* ontslagen worden; *they were turned out of the country* zij werden het land uitgezet; *the owner himself had turned out the squatters* de eigenaar zelf had de krakers eruit gezet ③ produceren, maken, afleveren ♦ *this school will turn out at least six qualified people* deze school zal op zijn minst zes geschikte mensen afleveren; *turn out thirty new titles a year* dertig nieuwe titels per jaar uitbrengen/produceren ④ leegmaken, ledigen, omkeren, ⟨bij uitbreiding⟩ opruimen, uitmesten, een beurt geven, doen ♦ *I guess I have to turn out that drawer to find my papers* ik denk dat ik die la moet uitmesten om mijn papieren te vinden; *turn out your handbag* je handtas omkeren/leegmaken/binnenstebuiten keren ⑤ uitrusten, ⟨i.h.b.⟩ kleden, in de kleren steken, uitdossen ♦ *she always turned her daughter out well* zij stak haar dochter altijd goed in de kleren; *a beautifully turned out lady* een prachtig/chic geklede dame ⑥ naar buiten draaien/keren/zetten ⟨tenen⟩ ⑦ de wei indrijven, in de wei zetten ⟨vee⟩ ⑧ optrommelen, doen opkomen, bijeenroepen ⟨mensen⟩ ⑨ ⟨mil⟩ laten aantreden, in het geweer doen komen

³**turn out** [koppelww] blijken (te zijn), uiteindelijk zijn ♦ *as it turns out/as things turn out* zoals blijkt; *the man turned out to be my son* de man bleek mijn zoon te zijn; *our party turned out a failure* ons feestje bleek een mislukking; *it turned out that he didn't come at all* het bleek/het werd duidelijk dat hij helemaal niet kwam; *the day's turned out wet* het is een natte dag geworden; *she has turned out an attractive woman* zij is een aantrekkelijke vrouw geworden; *this machine turns out not to work as well as we thought* deze machine blijkt niet zo goed te werken als wij dachten

¹**turn·o·ver** [telb zn] ① omkanteling, omverwerping, omkering ② omwenteling, ommezwaai, verandering, kentering ③ ⟨geen mv⟩ omzetsnelheid ⟨van artikelen⟩ ④ ⟨geen mv⟩ omzet, ⟨België⟩ zakencijfer ⑤ ⟨geen mv⟩ verloop ⟨van personeel⟩ ⑥ ⟨benaming voor⟩ omgeslagen/omgevouwen iets, flap ⟨van boek⟩, omslag ⟨van mouw e.d.⟩, omgeslagen boord/hals, klep, overslag ⟨van enveloppe⟩ ⑦ ⟨BE⟩ krantenartikel dat op volgende bladzij wordt vervolgd ⑧ ⟨sl⟩ nacht voor vrijlating ⟨uit gevangenis⟩

²**turn·o·ver** [telb + niet-telb zn] (appel)flap

³**turn·o·ver** [bn] omgeslagen, omgevouwen ⟨van kraag⟩

¹**turn over** [onov ww] ① zich omkeren, zich omdraaien ♦ *Sheila turned over once more and fell asleep* Sheila draaide zich nog eens om en viel in slaap ② kantelen, omvallen, omslaan, omdraaien ♦ *the canoe turned over* de kano sloeg om ③ aanslaan, gaan lopen, starten ⟨van (auto)motor⟩

²**turn over** [ov ww] ① omkeren, omdraaien, op zijn kop zetten, kantelen, omslaan ♦ *the skinheads turned over a few cars* de skinheads zetten een paar auto's op hun kop; *the nurse turned the old man over* de zuster legde de oude man op zijn andere zijde ② omslaan ⟨bladzij⟩, doorbladeren, doorlopen, doorkijken ♦ *turn over a script* een script doorbladeren/lopen/kijken; *please turn over* zie ommezij-

de ③ starten ⟨auto, motor⟩ ④ overwegen, overdenken, beschouwen ♦ *turn sth. over in one's mind* iets (goed) overdenken/overwegen/bekijken ⑤ overgeven, overdoen, overmaken, overdragen, ⟨i.h.b.⟩ uitleveren, overleveren ⟨aan politie⟩ ♦ *turn over the captive* de gevangene uitleveren; *the burglar was turned over to the police* de inbreker werd aan de politie overgeleverd/overgedragen; *father Gale turned his business over to his only son* vader Gale deed zijn zaak over aan zijn enige zoon ⑥ omzetten, draaien, een omzet hebben van ♦ *this shop should turn over £100,000* deze winkel zou £100.000 moeten draaien/omzetten ⑦ ⟨sl⟩ beroven, kaalplukken, uitkleden

turnover rate [telb zn] omzetsnelheid

turn·pike, ⟨in betekenis 1 ook⟩ **turnpike road** [telb zn] ① ⟨AE⟩ tolweg, snelweg ⟨met tollen⟩ ② ⟨gesch⟩ tolweg ③ ⟨gesch⟩ tolhek, draaiboom, slagboom, tolboom ④ ⟨gesch⟩ Spaanse/Friese ruiter ⑤ ⟨SchE⟩ wenteltrap

turnpike man [telb zn] tolgaarder, tolwachter

¹**turn·round,** ⟨AE vnl⟩ **turn·a·round** [telb zn; meestal enk; the] (succesvolle) ommekeer, verbetering

²**turn·round,** ⟨AE vnl⟩ **turn·a·round** [niet-telb zn] ① (tijd nodig voor) aankomst, lossing, lading en vertrek ⟨in het bijzonder van schip of vliegtuig⟩ ♦ *the turnround (time) on a task* de tijd nodig om een taak van A tot Z uit te voeren/volledig af te werken ② tijd nodig voor een retour/reis heen en terug

turn signal [telb zn] ⟨AE⟩ richtingaanwijzer, clignoteur

turn slot [telb zn] ⟨parachutespringen⟩ stuurgat

turn·sole /tɜːnsoʊl, ˈtɜrn-/ [telb zn] ⟨plantk⟩ ① zonnewende(bloem), heliotroop ⟨Heliotropium⟩ ② zonnebloem ⟨Helianthus annuus⟩

turn·spit [telb zn] ① spitdraaier ② hondje als spitdraaier ③ draaispit, braadspit

turn·stile [telb zn] tourniquet, draaihek

turn·stone [telb zn] ⟨dierk⟩ ① steenloper ⟨Arenaria interpres⟩ ② zwartkopsteenloper ⟨Arenaria melanocephala⟩

turn·ta·ble [telb zn] ① draaischijf ⟨voor locomotieven⟩ ② draaischijf ⟨van platenspeler⟩ ③ platenspeler, pick-up, grammofoon, draaitafel

turn·ta·blist /ˈtɜːnteɪblɪst, ˈtɜrn-/ [telb zn] ⟨inf; muz⟩ turntablist ⟨iemand die de draaitafel als muziekinstrument gebruikt⟩

turn·tail [telb zn] ① overloper, afvallige, deserteur ② lafaard

¹**turn·up** [telb zn] ① opstaand iets, opgeslagen/omgeslagen iets, ⟨i.h.b.⟩ opslag, overslag ② ⟨inf⟩ ophef, kabaal, drukte, stennis, commotie ③ ⟨inf⟩ verrassing, toeval ♦ ⟨BE; inf⟩ *what a turnup for the book(s)!* wat een verrassing!, dat is nog eens iets (om over naar huis te schrijven)! ④ ⟨inf⟩ gevecht, knokpartij ⑤ ⟨vnl BE⟩ omslag, omgeslagen rand ⟨van broekspijp⟩ ⑥ ⟨sport⟩ uitgekomen kaart

²**turn·up** [bn] ① opstaand, opgeslagen ② opklapbaar ♦ *turnup bed* opklapbed

¹**turn up** [onov ww] ① verschijnen, komen (opdagen) ♦ *that couple always turns up late* dat paar komt altijd laat; *your sister always turns up at the wrong time* je zus verschijnt altijd op het verkeerde moment ② tevoorschijn komen, voor de dag komen, terechtkomen, boven water komen, opduiken ♦ *your brooch has turned up* je broche is terecht; *after so many years nobody expected the spy would turn up in London* na zoveel jaar had niemand verwacht dat de spion in Londen zou opduiken ③ zich voordoen, zich aanmelden, gebeuren, komen ♦ *sooner or later the opportunity will turn up* vroeg of laat doet de gelegenheid zich voor; *sth. has to turn up, you've waited so long* er moet iets komen, je hebt zo lang gewacht ④ naar boven gedraaid/gebogen zijn, naar boven krullen ⑤ ⟨ec⟩ aantrekken, verbeteren, omhooggaan, stijgen ⑥ ⟨scheepv⟩ overstag gaan, wenden ⑦ ⟨sprw⟩ *a bad penny always turns up* ± het zwarte schaap

van de familie komt altijd opdagen
²**turn up** [ov ww] ⒈ vinden ♦ *I turned up your letter under the table* ik vond je brief onder de tafel ⒉ blootleggen, aan de oppervlakte brengen, opgraven ♦ *an old mine was turned up by some playing children* een oude mijn werd door een paar spelende kinderen opgegraven; *turn up precious pottery* kostbaar aardewerk opgraven ⒊ ⟨benaming voor⟩ naar boven draaien/keren/zetten, opzetten ⟨kraag⟩, omkeren, omslaan ⟨mouw, pijp⟩, omhoogslaan, om(hoog)vouwen, opslaan ⟨ogen⟩ ♦ *he turned his collar up and went outside* hij zette zijn kraag op en ging naar buiten ⒋ opslaan, opzoeken ⟨bladzij⟩, ⟨bij uitbreiding⟩ naslaan, raadplegen ♦ *turn up an address* een adres opzoeken; *turn up a dictionary* een woordenboek raadplegen ⒌ hoger draaien ⟨d.m.v. knop⟩, harder zetten ⟨radio⟩, opdraaien ⟨(olie)lamp⟩ ♦ *turn up the gas* het gas hoger draaien; *turn up the telly* de tv harder zetten ⒍ ⟨BE; inf⟩ misselijk maken, doen walgen/kotsen ⒎ ⟨scheepv⟩ aan dek roepen ⒏ ⟨sl⟩ overdragen ⟨aan politie⟩ ⒐ ⟨sl⟩ verklikken ⟨aan politie⟩ ⒑ *turn it up* de brui eraan/ervan geven, ermee kappen, uitscheiden, stoppen; *turn it up!* stop er mee!, schei uit!; *I'd like to turn it all up and go to Sweden for a year* ik zou graag alles laten voor wat het is en een jaar naar Zweden gaan

¹**tur·pen·tine** /tɜːpəntaɪn, ᴬtɜr-/ [niet-telb zn] ⒈ terpentijnolie ⒉ terpentijn ⟨hars⟩
²**tur·pen·tine** /tɜːpəntaɪn, ᴬtɜr-/ [ov ww] ⒈ met terpentijnolie behandelen ⒉ met terpentijnolie vermengen ⒊ terpentijn winnen uit ⟨bomen⟩
turpentine tree [telb zn] ⟨plantk⟩ terpentijnboom ⟨Pistacia terbinthus⟩
¹**tur·peth** /tɜːpɪθ, ᴬtɜr-/ [telb zn] ⟨plantk⟩ Oost-Indische jalap ⟨Ipomoea turpethum/Operculina turpethum⟩
²**tur·peth** /tɜːpɪθ, ᴬtɜr-/ [niet-telb zn] Oost-Indische jalappen(wortel), ⟨oneig⟩ jalap ⟨als laxeermiddel⟩
¹**tur·pi·tude** /tɜːpɪtjuːd, ᴬtɜrpɪtuːd/ [telb zn] ⒈ schandelijke daad, minne streek ⒉ verdorven persoon
²**tur·pi·tude** /tɜːpɪtjuːd, ᴬtɜrpɪtuːd/ [niet-telb zn] verdorvenheid, laagheid, slechtheid
turps /tɜːps, ᴬtɜrps/ [niet-telb zn] ⒈ ⟨inf⟩ ⟨verk: turpentine⟩ terpentijnolie ⒉ ⟨AuE; sl⟩ alcohol, ⟨i.h.b.⟩ bier
tur·quoise /tɜːkwɔɪz, ᴬtɜr-/ [telb + niet-telb zn; vaak attributief] turkoois, turquoise
turquoise blue [niet-telb zn; vaak attributief] turquoiseblauw
turquoise green [niet-telb zn; vaak attributief] turquoisegroen
tur·ret /tʌrɪt, ᴬtɜrɪt/ [telb zn] ⒈ torentje ⒉ geschutkoepel, geschuttoren, pantserkoepel ⒊ belegeringstoren ⒋ ⟨techn⟩ revolverkop ⟨op draaibank⟩
tur·ret·ed /tʌrɪtɪd, ᴬtɜrɪtɪd/ [bn] ⒈ met torentje(s) ⒉ spits, torenvormig ♦ *turreted shell* torentje, hoorntje
turret lathe [telb zn] ⟨techn⟩ revolverdraaibank
tur·ric·u·late /tərɪkjʊlət, ᴬ-kjə-/, **tur·ric·u·lat·ed** /-leɪtɪd/ [bn] ⒈ met torentje(s) ⒉ spits, torenvormig
¹**tur·tle** /tɜːtl, ᴬtɜrtl/ [telb zn] ⒈ schildpad ⒉ ⟨vnl BE⟩ zeeschildpad ⒊ ⟨vnl AE⟩ zoetwaterschildpad ⒋ ⟨vero⟩ tortelduif ⒌ *turn turtle* kapseizen, omslaan, kantelen
²**tur·tle** /tɜːtl, ᴬtɜrtl/ [niet-telb zn] schildpad(vlees)
³**tur·tle** /tɜːtl, ᴬtɜrtl/ [onov ww] schildpadden vangen/jagen
tur·tle·dove [telb zn] ⟨dierk⟩ tortelduif ⟨Streptopelia turtur⟩
tur·tle·doves [alleen mv] tortelduifjes, verliefd stel
tur·tle·neck [telb zn] ⒈ col ⒉ coltrui
tur·tle·necked [bn] met col, col-
¹**turtle shell** [telb zn] ⟨dierk⟩ grote kauri ⟨Cypraea testudinaria⟩
²**turtle shell** [niet-telb zn] schildpad ⟨stof⟩
turves [alleen mv] → turf
¹**Tus·can** /tʌskən/ [eigenn] Toscaans, Toscaans dialect,

⟨i.h.b.⟩ Florentijns
²**Tus·can** /tʌskən/ [telb zn] Toscaan, bewoner van Toscane
³**Tus·can** /tʌskən/ [bn] ⒈ Toscaans, van/uit Toscane ♦ *Tuscan straw* Italiaans stro ⟨zeer fijn; voor strohoeden⟩ ⒉ m.b.t. de Toscaanse bouworde, Toscaans ♦ *Tuscan order* Toscaanse bouworde
¹**tush** /tʌʃ/ [telb zn] ⒈ puntige tand, ⟨i.h.b.⟩ hoektand ⟨van paard⟩ ⒉ slagtand ⒊ ⟨sl⟩ toges, kont, achterste
²**tush** /tʌʃ/ [telb + niet-telb zn] 'komkom'-geroep, 'och-och'-geluid
³**tush** /tʌʃ/ [bn] ⟨sl⟩ krijgszuchtig, boosaardig, gevaarlijk
⁴**tush** /tʌʃ/ [onov ww] zich geringschattend uitlaten, 'och, och' zeggen
⁵**tush** /tʌʃ/ [ov ww] → tusk
⁶**tush** /tʌʃ/ [tw] ⟨vero⟩ och, kom nou toch, wat nou
tush·er·y /tʌʃəri/ [niet-telb zn] geaffecteerd archaïsch taalgebruik
tush·y, tush·ie /tʌʃi/ [telb zn] ⟨sl⟩ toges, kont, achterste
¹**tusk** /tʌsk/ [telb zn] ⒈ slagtand, stoottand ⒉ scherp uitsteeksel, uitstekende tand
²**tusk** /tʌsk/ [ov ww] ⒈ opgraven/doorwroeten ⟨met de slagtanden⟩ ⒉ openrijten/doorboren ⟨met de slagtanden⟩
tusked /tʌskt/ [bn] met slagtanden
tusk·er /tʌskə, ᴬ-ər/ [telb zn] ⟨benaming voor⟩ dier met slagtanden, olifant, wild zwijn
tusk·y /tʌski/ [bn; vergr trap: tuskier] met slagtanden
tusser [telb + niet-telb zn] → tussore
tus·sive /tʌsɪv/ [bn] ⟨med⟩ hoest-
¹**tus·sle** /tʌsl/ [telb zn] vechtpartij, worsteling, strijd
²**tus·sle** /tʌsl/ [onov ww] vechten, strijden, worstelen, bakkeleien ♦ *tussle with problems* met problemen worstelen; *the firm was tussling with the bank* de firma lag in de clinch met de bank
tus·sock, ⟨AE ook⟩ **tus·suck** /tʌsək/ [telb zn] ⒈ pol ⟨gras, e.d.⟩ ⒉ bosje, dot ⟨haar, veren⟩ ⒊ → tussock moth
tussock grass [niet-telb zn] ⟨plantk⟩ beemdgras ⟨genus Poa⟩
tussock moth [telb zn] ⟨dierk⟩ donsvlinder ⟨familie Lymantriidae⟩
tus·sock·y /tʌsəki/ [bn] ⒈ polvormig, in pollen, in bosjes ⒉ met pollen bedekt, vol pollen
¹**tus·sore** /tʌsɔː, ᴬtʌsɔr/, ⟨BE ook⟩ **tus·ser** /tʌsə, ᴬtʌsər/, ⟨AE vnl⟩ **tus·sah** /tʌsə/, **tussore silk, tusser silk, tussah silk** [telb zn] ⟨dierk⟩ rups van de tussahvlinder ⟨Antheraea paphia⟩
²**tus·sore** /tʌsɔː, ᴬtʌsɔr/, ⟨BE ook⟩ **tus·ser** /tʌsə, ᴬtʌsər/, ⟨AE vnl⟩ **tus·sah** /tʌsə/, ⟨ook⟩ **tussore silk, tusser silk, tussah silk** [niet-telb zn] wilde zijde, tussahzijde, shantoeng
¹**tut** /tʌt/, ⟨in betekenis 1 ook⟩ **tut tut** [telb + niet-telb zn] ⒈ 'ts ts' geluid, 'nounou' gemompel, 'kom kom' geroep ⒉ ⟨BE; mijnb⟩ karwei, klus, werk, akkoord ♦ *by (the) tut* per karwei, op stukloon
²**tut** /tʌt/, **tut tut** [onov ww] afkeurend 'ts ts'/'jeetje' mompelen
³**tut** /tʌt/, **tut tut** [ov ww] met 'ts ts'/'nounou' begroeten ⟨idee⟩, afkeurend 'jeetje' mompelen bij/tegen
⁴**tut** /tʌt/ [tw] ts (ts), jeetje, nou (nou), ach kom, ach jee ♦ *tut! I spilled some wine* ach jee!/jeetje! ik heb wijn gemorst
¹**tu·te·lage** /tjuːtɪlɪdʒ, ᴬtuːtl-/ [telb + niet-telb zn; geen mv] voogdij(schap) ♦ *in tutelage* onder voogdij
²**tu·te·lage** /tjuːtɪlɪdʒ, ᴬtuːtl-/ [niet-telb zn] ⒈ onderricht, onderwijs, begeleiding ⒉ onmondigheid
tu·te·lar·y /tjuːtɪləri, ᴬtuːtleri/, **tu·te·lar** /tjuːtɪlə, ᴬtuːtlər/ [bn] ⒈ bescherm-, beschermend ♦ *tutelary goddess* schutsgodin, beschermgodin ⒉ voogd-, voogdij-, tutelair, van voogd
tu·te·nag /tjuːtɪnæg, ᴬtuːtnæg/ [niet-telb zn] ⒈ zink

tutor

⟨uit China en Oost-Indië⟩ ② nieuwzilver, nikkelmessing, hotelzilver, Berlijns zilver, alpaca

¹**tu·tor** /tjuːtə, ᴬtuːtər/ [telb zn] ① privéleraar, gouverneur, huisonderwijzer ② ⟨BE⟩ leerboek, handleiding ③ ⟨BE; stud⟩ studieleider, ± mentor ④ ⟨stud⟩ docent ⟨rang volgend op assistent⟩

²**tu·tor** /tjuːtə, ᴬtuːtər/ [onov ww] ① als privéleraar/gouverneur werken, huisonderwijzer zijn ② ⟨AE⟩ college krijgen van een docent, studeren bij een docent

³**tu·tor** /tjuːtə, ᴬtuːtər/ [ov ww] ① (privé)les geven, onderwijzen ♦ *she's tutoring me in French* zij geeft mij (privé)les in Frans ② bedwingen, beteugelen, in toom houden ♦ *tutor one's feelings* zijn gevoelens in toom houden; *tutor o.s.* zichzelf beheersen ③ africhten ⟨paard⟩, dresseren ④ ⟨heimelijk⟩ instructie(s)/informatie geven aan, bewerken ⟨bijvoorbeeld getuige⟩ ⑤ de voogdij hebben over, moeten zorgen voor

¹**tu·to·ri·al** /tjuːtɔːriəl, ᴬtuːtɔː-/ [telb zn] ① ⟨vnl BE⟩ college/werkgroep ⟨van studieleider⟩ ② ⟨AE; vnl techn⟩ (korte) handleiding

²**tu·to·ri·al** /tjuːtɔːriəl, ᴬtuːtɔː-/ [bn; bw: ~ly] ① van een privéleraar, huisonderwijzer- ② ⟨BE⟩ van een studieleider, studieleider- ③ ⟨AE⟩ van een docent, docent(en)-, met een docent ④ ⟨jur⟩ voogd(ij)-, tutelair

tu·tor·ship /tjuːtəʃɪp, ᴬtuːtər-/, **tu·tor·age** /tjuːtərɪdʒ, ᴬtuːtərɪdʒ/ [telb + niet-telb zn] ① privéleraarschap, functie van gouverneur ② ⟨BE⟩ functie van studieleider, ± mentorschap ③ ⟨AE⟩ docentschap ④ ⟨jur⟩ voogdij(schap)

tut·san /tʌtsn/ [telb zn] ⟨plantk⟩ hertshooi, mansbloed ⟨Hypericum androsaemum⟩

¹**tut·ti** /tuti, ᴬtuːti/ [telb zn] ⟨muz⟩ muziekstuk/passage door allen uitgevoerd

²**tut·ti** /tuti, ᴬtuːti/ [bw] ⟨muz⟩ allen tegelijk, tutti

tut·ti-frut·ti /tuːti fruːti/ [niet-telb zn] ① tuttifrutti, ⟨i.h.b.⟩ tuttifrutti-ijs ② tuttifrutti smaakstof

tut up →**tut**

tut·ty /tʌti/ [niet-telb zn] onzuivere zinkoxide

tu·tu /tuːtuː/ [telb zn] tutu ⟨kort balletrokje⟩

tut·work [niet-telb zn] ⟨BE; mijnb⟩ stukwerk, akkoordwerk

Tu·va·lu /tuvɑːluː, tuːvəluː/ [eigenn] Tuvalu

¹**Tu·va·lu·an** /tuːvəluːən/ [telb zn] Tuvaluaan(se), inwoner/inwoonster van Tuvalu

²**Tu·va·lu·an** /tuːvəluːən/ [bn] Tuvaluaans, van/uit/m.b.t. Tuvalu

¹**tu-whit tu-whoo** /təwɪt təwuː/, **tu-whit** /təwɪt/, **tu-whoo** /təwuː/ [telb + niet-telb zn] oehoe(geroep), gekras, geschreeuw ⟨van uil⟩

²**tu-whit tu-whoo** /təwɪt təwuː/, **tu-whit** /təwɪt/, **tu-whoo** /təwuː/ [onov ww] oehoeën, krassen, schreeuwen ⟨van uil⟩

tux·e·do /tʌksiːdoʊ/, ⟨inf⟩ **tux** /tʌks/ [telb zn] ⟨AE⟩ ① smoking ⟨kort zwart herenjasje⟩ ② smoking(kostuum) ③ ⟨sl⟩ dwangbuis

tux up [ov ww; altijd met wederkerend voornaamwoord als lijdend voorwerp] zijn smoking aantrekken ♦ *they had tuxed themselves up for the occasion* voor de gelegenheid hadden zij hun smoking aangetrokken

tu·yère, tu·yere /twiːeə, ᴬtuːjer/ [telb zn] ⟨techn⟩ blaaspijp, blaasmond(stuk)

TV [telb + niet-telb zn] (television) tv

TV- →**television-**

TVA [afk] (Tennessee Valley Authority)

TV dinner [telb zn] diepvriesmaal(tijd)

TVP [niet-telb zn] (textured vegetable protein) TVP

TV-sup·pressed [bn] tv-ontstoord

TV tie-in [telb zn] boek dat naar aanleiding van een tv-reeks wordt uitgegeven

¹**twad·dle** /twɒdl, ᴬtwɑdl/, **twat·tle** /twɒtl, ᴬtwɑtl/ [niet-telb zn] gewauwel, gebazel, gebeuzel, gezwets, geleuter

²**twad·dle** /twɒdl, ᴬtwɑdl/, **twat·tle** /twɒtl, ᴬtwɑtl/ [onov ww] leuteren, zwammen, wauwelen, zwetsen

twad·dler /twɒdlə, ᴬtwɑdlər/ [telb zn] wauwelaar(ster), kletskous, kletstante, zwamneus

twain /tweɪn/ [telb zn] ⟨vero⟩ twee(tal), paar, koppel • *in twain* in tweeën, doormidden

twaite /tweɪt/, **twaite shad** [telb zn] ⟨dierk⟩ fint ⟨vis; Alosa finta⟩

¹**twang** /twæŋ/, **twan·gle** /twæŋgl/ [telb zn] ① tjing, ploink ⟨van snaar⟩ ② neusgeluid, nasaal geluid, neusklank ♦ *speak with a twang* door de neus praten

²**twang** /twæŋ/, **twan·gle** /twæŋgl/ [onov ww] ① tjinken, ploinken, geplukt worden ⟨van snaar⟩ ② snorren, zoeven ⟨van pijl⟩ ③ neuzelen, door de neus praten ④ ⟨beled⟩ spelen ⟨op instrument⟩, plukken, rammen, jengelen, krassen, zagen, raspen ♦ *twang on a fiddle* op een viool zagen; *twanging on a guitar* plukkend aan een gitaar, jengelend op een gitaar

³**twang** /twæŋ/, **twan·gle** /twæŋgl/ [ov ww] ① scherp laten weerklinken, doen tjinken, laten ploinken ② nasaal uitspreken, nasaleren ③ afschieten ♦ *twang off an arrow* een pijl afschieten ④ ⟨beled⟩ bespelen, plukken aan, jengelen op, krassen op, zagen op

twang·y /twæŋi/ [bn] ① scherp (weerklinkend) ② nasaal, met een neusgeluid

twan·kay /twæŋkeɪ/, **twankay tea** [niet-telb zn] Chinese groene thee

'**twas** /twəz, ᴬtwəz, ⟨sterk⟩ twɒz, ᴬtwɑz, ᴬtwʌz/ (samentrekking van it was)

twat /twɒt, twæt, ᴬtwɑt/ [telb zn] ① ⟨sl; beled⟩ trut, kutwijf ② ⟨sl; beled⟩ lul, zak, kloothommel ③ ⟨vulg⟩ kut, pruim, trut, doos

twattle →**twaddle**

tway·blade /tweɪbleɪd/ [telb zn] ⟨plantk⟩ ① keverorchis ⟨genus Listera⟩, ⟨i.h.b.⟩ grote keverorchis ⟨L. ovata⟩ ② Liparis ⟨genus van kleine orchideeën⟩

¹**tweak** /twiːk/ [telb zn] ruk ⟨aan oor, neus⟩, kneep

²**tweak** /twiːk/ [ov ww] beetpakken (en omdraaien), knijpen in, trekken aan ♦ *tweak s.o.'s ears* iemand aan/bij zijn oren trekken; *tweak s.o.'s nose* iemands neus pakken en omdraaien, in iemands neus knijpen

tweak·er /twiːkə, ᴬ-ər/ [telb zn] ① iemand die knijpt/beetpakt ② ⟨BE; sl⟩ kattepul, slinger, katapult

twee /twiː/ ⟨bn; vergr trap: tweer, overtr trap: tweest⟩ ⟨BE⟩ ① fijntjes, popp(er)ig ② zoetelijk, (te) sentimenteel

tweed /twiːd/ [niet-telb zn; vaak attributief] tweed

¹**twee·dle** /twiːdl/ [telb + niet-telb zn] ① gefiedel ② gedoedel, het doedelen

²**twee·dle** /twiːdl/ [onov ww] ① ⟨benaming voor⟩ klungelen ⟨op instrument⟩, fiedelen, doedelen ② tjirpen, zingen, tierelieren ⟨van vogels⟩

twee·dle·dum and twee·dle·dee /twiːdldʌm ən twiːdldiː/ [niet-telb zn] één pot nat, lood om oud ijzer

Twee·dle·dum and Twee·dle·dee /twiːdldʌm ən twiːdldiː/ [eigenn] Tweedledum en Tweedledee ⟨naar Lewis Carroll⟩

tweeds /twiːdz/ [alleen mv] ① tweed pak ② tweed kleding

tweed·y /twiːdi/ [bn; vergr trap: tweedier; zn: tweediness] ① tweed-, van tweed ② (vaak) in tweed gekleed, tweed dragend ③ eenvoudig, gewoon, landelijk

'**tween** /twiːn/ [vz] (verk: between) tussen ♦ *caught 'tween two evils* tussen twee soorten kwaad gevangen

tween·ag·er /twiːneɪdʒə, ᴬ-ər/ [telb zn] ⟨inf⟩ tweenager ⟨iemand van ca. 8 tot 12 jaar⟩

'**tween-deck** [bn] ⟨scheepv⟩ tussendeks-

tween-decks [bw] ⟨scheepv⟩ tussendeks

'**tween decks,** '**tween deck** [telb zn; mv: alleen 'tweendecks] ⟨scheepv⟩ tussendek

tween·ie /twiːni/ [telb zn] ⟨inf⟩ tweenie, tweenager ⟨ie-

tween·y /twiːni/ [telb zn] ⟨BE⟩ dienstmeisje, hulpje ⟨in huishouden/keuken⟩

¹tweet /twiːt/ [telb zn] tjiep, piep, (ge)tjilp ⟨van vogeltje⟩

²tweet /twiːt/ [onov ww] tjilpen, tjirpen, piepen, tjiepen

tweet·er /twiːtə, ᴬtwiːtər/ [telb zn] hogetonenluidspreker, tweeter

tweeze /twiːz/ [ov ww] ⟨vnl AE⟩ met een pincet grijpen/uittrekken

tweez·ers /twiːzəz, ᴬ-zərz/ [alleen mv] pincet, epileertangetje ♦ *two pairs of tweezers* twee pincetten

tweezer work [niet-telb zn] precisiewerk

twelfth /twelfθ/ [telw] twaalfde ♦ *twelfth man* twaalfde man; ⟨cricket⟩ reservespeler ⟨die niet mag bowlen of batten⟩; ⟨muz⟩ *an interval of a twelfth* een interval van twaalf tonen ▪ ⟨BE; jacht⟩ *the (glorious) twelfth* 12 augustus ⟨opening van de jacht op korhoenders⟩

Twelfth-day [eigenn] Driekoningen, Epifanie

Twelfth-night [eigenn] driekoningenavond

twelve /twelv/ [telw] twaalf ⟨ook voorwerp/groep ter waarde/grootte van twaalf⟩ ♦ *in twelves* in groepen van twaalf; ⟨boek⟩ in duodecimo ▪ *the Twelve* de twaalf apostelen

twelve·fold [bn; bw] twaalfvoudig

twelve-inch [telb zn] ⟨muz⟩ maxisingle ⟨tegenover 'gewone' seven-inch⟩, discosingle, twelve-inch

twelve·mo /twelvmoʊ/ [telb zn] ⟨boek⟩ [1] duodecimo, 12° ⟨vierentwintig bladzijden in een vel⟩ [2] boekje in 12°, duodecimootje

¹twelve·month [telb zn; geen mv] jaar, twaalf maanden

²twelve·month [bw] [1] een jaar geleden ♦ *this week twelvemonth* deze week een jaar terug [2] over een jaar ♦ *this day twelvemonth* vandaag over een jaar

twelve-note, twelve-tone [bn] ⟨muz⟩ twaalftonig, dodecafonisch

twen·ti·eth /twentiɪθ, ᴬtwentiɪθ, ⟨inf⟩ ᴬtwʌniɪθ/ [telw] twintigste

twen·ty /twenti, ᴬtwenti, ⟨inf⟩ ᴬtwʌni/ [telw] twintig ⟨ook voorwerp/groep ter grootte/waarde van twintig⟩ ♦ *he found a twenty* hij vond een briefje van twintig; *in the twenties* in de jaren twintig; *a man in his twenties* een man van in de twintig; *they sold in the twenties* ze werden verkocht voor meer dan twintig pond/dollar ⟨enz.⟩; *temperatures in the twenties* temperaturen boven de twintig (graden); *he takes a (size) twenty* hij draagt maat twintig

twen·ty-first [telb zn; voornamelijk enk] eenentwintigste verjaardag(sfeest)

twen·ty·fold [bn; bw] twintigvoudig

twen·ty-four·mo /twentifɔːmoʊ, ᴬtwentifɔrmoʊ/ [telb zn] ⟨boek⟩ vierentwintiger formaat, 24° ⟨achtenveertig bladzijden in een vel⟩

24/7 /twentifɔː sevn, ᴬtwentifɔr-/ [bw] ⟨inf⟩ dag en nacht, dag in dag uit, vierentwintig uur per dag, zeven dagen per week

twen·ty-mo /twentimoʊ/ [telb zn] ⟨boek⟩ twintiger formaat, 20° ⟨veertig bladzijden in een vel⟩

twen·ty-one [niet-telb zn] ⟨AE; kaartsp⟩ eenentwintigen

twen·ty·some·thing [telb zn] twintiger

twen·ty-twen·ty [bn] normaal ⟨van gezichtsscherpte⟩

twen·ty-two, .22 [telb zn] ⟨jacht⟩ [1] .22-vuurwapen [2] .22-patroon

'twere /twɜː, ᴬtwɜr/ ⟨vero, form⟩ (samentrekking van it were)

twerp, twirp /twɜːp, ᴬtwɜrp/ [telb zn] ⟨sl⟩ [1] sul, domkop, sufferd, ⟨België⟩ snul [2] vervelende klier

twi·bill, twi·bil /twaɪbɪl, ᴬ-bl/ [telb zn] [1] dubbele bijl [2] hellebaard

twice /twaɪs/ [bw] tweemaal, twee keer, dubbel ♦ *I asked/told him twice* ik heb het hem tweemaal gevraagd/gezegd; ⟨inf⟩ *at/in twice* in twee keer; *twice daily* tweemaal daags/per dag; *twice a day* tweemaal per dag; *twice as good/much* tweemaal/dubbel zo goed/veel; *once or twice* een keer of twee; *think twice!* denk er goed over na!, handel niet onbezonnen!

twice-born [bn] ⟨rel⟩ wedergeboren ⟨figuurlijk⟩, bekeerd

twice-laid [bn] van strengen oud touw/koord gedraaid ⟨touw⟩

twic·er /twaɪsə, ᴬ-ər/ [telb zn] [1] iemand die iets tweemaal doet ⟨voornamelijk 's zondags twee kerkdiensten bijwoont⟩ [2] ⟨BE⟩ drukker-letterzetter [3] ⟨vnl BE; sl⟩ bedrieger, valsspeler

twice-told [bn] [1] tweemaal verteld [2] reeds verteld, welbekend, niet origineel, afgezaagd ♦ *a twice-told tale/joke* een oudbakken verhaal/mop met een baard

¹twid·dle /twɪdl/ [telb zn] [1] draai(tje) ♦ *give a twiddle* een draaitje geven [2] krul, kronkel

²twid·dle /twɪdl/ [ov ww] zitten te draaien, spelen, friemelen ♦ *twiddle with one's ring* met zijn ring zitten draaien

³twid·dle /twɪdl/ [ov ww] draaien met, zitten te spelen/friemelen met, zitten te draaien aan

twid·dle-twad·dle [niet-telb zn] kletspraat, geklets

twid·dly /twɪdli/ [bn] kronkelend, draaiend

twi-formed /twaɪfɔːmd, ᴬ-fɔrmd/ [bn] tweevormig

¹twig /twɪɡ/ [telb zn] [1] twijg, takje [2] ⟨anat⟩ tak(je) ⟨van bloedvat, zenuw e.d.⟩ [3] ⟨sl⟩ boom ▪ *hop the twig* het hoekje omgaan

²twig /twɪɡ/ [onov ww] ⟨BE; sl⟩ (het) snappen, (het) begrijpen

³twig /twɪɡ/ [ov ww] [1] zwiepend slaan [2] rukken, trekken [3] ⟨BE; sl⟩ bemerken, bekijken [4] ⟨BE; sl⟩ snappen, begrijpen

twig·gy /twɪɡi/ [bn; vergr trap: twiggier] [1] twijgachtig, rank, slank [2] rijk aan twijgen

¹twi·light /twaɪlaɪt/ [niet-telb zn] [1] schemering ⟨ook figuurlijk⟩, ⟨fig⟩ vage voorstelling, vaag begrip [2] schemerlicht, schemerdonker

²twi·light /twaɪlaɪt/ [ov ww; volt deelw ook twilit] zwak verlichten

twilight sleep [niet-telb zn] gedeeltelijke narcose ⟨m.n. tijdens bevalling⟩

twilight zone [telb zn] [1] overgangsgebied, schemerzone [2] vervallend stadsgedeelte

twi-lit /twaɪlɪt/ [bn] ⟨form⟩ schemerdonker

¹twill /twɪl/ [niet-telb zn] [1] keper(stof) [2] keper ⟨weefpatroon⟩

²twill /twɪl/ [ov ww] keperen, met een keper weven

'twill /twɪl/ [hulpww] ⟨vero, form⟩ (samentrekking van it will)

¹twin /twɪn/ [telb zn] [1] (één van een) tweeling, tweelingbroer, tweelingzuster [2] bijbehorende, tegenhanger

²twin /twɪn/ [bn, attr] tweeling-, dubbel, gepaard, bij elkaar horend ♦ *twin beds* lits-jumeaux; *twin brother/sister* tweelingbroer, tweelingzuster; *(the) Twin Cities* Minneapolis en St. Paul ⟨Minnesota⟩; ⟨AE; sl; techn⟩ *twin pots* (auto met) dubbele carburateur; ⟨BE⟩ *twin set* bij elkaar horend truitje en vest, twinset; *twin towers* twee identieke torens naast elkaar; ⟨BE⟩ *twin town* zusterstad, zustergemeente; ⟨BE⟩ *twin tub* was(-droog)combinatie

³twin /twɪn/ [onov ww] [1] een tweeling krijgen [2] een tweeling(kristal) vormen

⁴twin /twɪn/ [ov ww] ⟨BE⟩ samenbrengen, samenkoppelen tot een paar, jumelage aangaan ⟨steden⟩ ♦ *our two towns are twinned* onze twee steden zijn een jumelage aangegaan, onze steden zijn zustersteden

twin-bed·ded [bn] met twee bedden, met een lits-jumeaux

¹twine /twaɪn/ [telb zn] [1] streng, vlecht, tres [2] draai, kronkeling [3] wirwar, knoop, klit [4] ineenstrengeling

twine

²**twine** /twaɪn/ [niet-telb zn] twijn, twijndraad, twijngaren

³**twine** /twaɪn/ [onov ww] ① zich ineenstrengelen, zich dooreenvlechten ② kronkelen, zich (al) kronkelend voortbewegen ♦ *the river twines through the valley* de rivier kronkelt/meandert door de vallei

⁴**twine** /twaɪn/ [onov + ov ww] zich wikkelen, zich slingeren/winden ♦ *the vines twined (themselves) round the tree* de ranken slingerden/wikkelden zich om de boom

⁵**twine** /twaɪn/ [ov ww] ① twijnen, tweernen, twee draden ineendraaien ② wikkelen, winden, vlechten ♦ *she twined her arms (a)round my neck* zij sloeg haar armen rond mijn nek; *he twined a piece of string round his finger* hij draaide een stukje touw om zijn vinger ③ omwikkelen, bekransen

twin-en·gined [bn] tweemotorig

twin·flow·er [telb zn] ⟨plantk⟩ linnaeusklokje (Linnaea borealis)

¹**twinge** /twɪndʒ/ [telb zn] ① scheut, steek, plotselinge pijn ♦ *a sudden twinge of pain* een plotselinge pijnscheut ② ⟨fig⟩ knaging ⟨van geweten⟩, kwelling, wroeging ♦ *twinges of conscience* gewetenswroeging

²**twinge** /twɪndʒ/ [onov ww] pijn doen, steken ♦ *my side twinges* ik heb een steek in mijn zij

³**twinge** /twɪndʒ/ [ov ww] kwellen, pijn veroorzaken, prikken, steken ⟨van geweten⟩, knagen ♦ *twinged by fear* gekweld door angst

twin·jet [telb zn] tweemotorig straalvliegtuig

¹**twink** /twɪŋk/ [telb zn] ① oogwenk, ogenblik ♦ *in a twink* in een ogenblik ② ⟨sl⟩ verwijfde homo

²**twink** /twɪŋk/ [onov ww] schitteren, fonkelen

¹**twin·kle** /ˈtwɪŋkl/ [telb zn] ① schittering, fonkeling ♦ *a twinkle of delight in her eyes* een schittering van verrukking in haar ogen; *a mischievous twinkle* een guitige flikkering ② knip, knipoog, trekje ♦ *in a twinkle* in een oogwenk ③ trilling, vlugge, korte beweging ⟨voornamelijk van voet, in dans⟩ ④ ⟨inf; scherts⟩ *when you were just a twinkle in your father's eye* lang voor jouw tijd

²**twin·kle** /ˈtwɪŋkl/ [niet-telb zn; the] het schitteren, schittering, fonkeling ♦ *the twinkle of the city lights* het fonkelen/schitteren van de lichtjes van de stad; *the twinkle of the stars* het fonkelen/schitteren van de sterren

³**twin·kle** /ˈtwɪŋkl/ [onov ww] ① schitteren, fonkelen ♦ *his eyes twinkled with amusement* zijn ogen schitterden van plezier ② knipperen, knipogen ♦ *my eyes twinkled at the light* ik knipperde met mijn ogen tegen het licht; *the twinkling stars* de fonkelende sterren ③ trillen; → **twinkling**

⁴**twin·kle** /ˈtwɪŋkl/ [ov ww] knipperen met ♦ *twinkle one's eyes* met de ogen knipperen; → **twinkling**

twin·kling /ˈtwɪŋklɪŋ/ [telb zn; geen mv; gerund van twinkle] ① schittering, fonkeling ② knippering ③ ogenblik ♦ *in the/a twinkling of an eye* in een ogenblik/mum van tijd

twin-lens reflex [telb zn] tweelenzige reflexcamera

twins /twɪnz/ [alleen mv] tweeling, tweelingpaar ♦ *conjoined twins* Siamese tweeling

Twins /twɪnz/ [eigenn, mv; the] ⟨astrol, astron⟩ (de) Tweelingen, Gemini

¹**twin-screw** [telb zn] ⟨scheepv⟩ stoomboot met dubbele schroef

²**twin-screw** [bn, attr] ⟨scheepv⟩ met dubbele schroef

twin share [bn] op basis van twee personen, in tweepersoonskamer ⟨van hotel⟩

twin-track decision [telb zn] dubbelbesluit

¹**twirl** /twɜːl/ ᴬ/twɜrl/ [telb zn] ① draai(beweging), pirouette ♦ *give one's top a twirl* zijn tol opzetten ② krul, kronkel, spiraal, winding ⟨van schelp⟩

²**twirl** /twɜːl/ ᴬ/twɜrl/ [onov ww] ① snel draaien, tollen, wervelen ♦ *twirl round* ronddraaien, rondtollen ② ⟨sl⟩ werpen ⟨honkbal⟩

³**twirl** /twɜːl/ ᴬ/twɜrl/ [ov ww] ① doen draaien, laten tollen, een snelle draaibeweging geven aan ♦ *twirl one's thumbs* duimen, met zijn duimen draaien ② krullen, doen krullen ♦ *twirl one's hair around one's fingers* zijn haar rond zijn vingers draaien/krullen ③ ⟨inf; honkb⟩ werpen

twirl·er /ˈtwɜːlə/ ᴬ/ˈtwɜrlər/ [telb zn] ① tol ② majorette die staf doet draaien

twirl·y /ˈtwɜːli/ ᴬ/ˈtwɜrli/ [bn] ① gedraaid, bochtig, kronkelig ♦ *twirly-whirly* kronkelig ② spiraalvormig

twirp [telb zn] → **twerp**

¹**twist** /twɪst/ [telb zn] ① draai, draaiing, draaibeweging ♦ *give s.o.'s arm a twist* iemands arm omdraaien; *it has a twist* het staat scheef ② draai, bocht, kromming, kronkel, kink, ⟨fig⟩ wending ♦ *give the story a twist* het verhaal een andere wending geven; *give the truth a twist* de waarheid een beetje verdraaien; *a strange twist of events* een vreemde wending der gebeurtenissen; *a road full of twists and turns* een weg vol draaien en bochten; *give an unintended twist to s.o.'s words* iemands woorden onopzettelijk een andere wending geven ③ verdraaiing, misvorming, verrekking, vertrekking ⟨van gelaat⟩ ④ kneep, truc ♦ *all the old twists of bakery* al de oude kneepjes van het bakkersvak ⑤ afwijking, ⟨van karakter⟩ gril, trek ♦ *a funny twist of mind* een rare gril; ⟨sl⟩ *round the twist* stapelgek; *a twist of tongue* een (vreemde) tongval/onverwacht accent ⑥ ⟨van vuurwapen⟩ trek, helling der trekken ⑦ peperhuisje ♦ *a twist of paper* een peperhuisje, puntzakje (van in elkaar gedraaid papier) ⑧ schilletje ⟨van citrusvrucht e.d.⟩ ♦ *serve chilled with a twist of lemon* koud opdienen met een citroenschilletje ⑨ spiraalbeweging ♦ *the kite came down in a twist* de vlieger kwam met een spiraalbeweging naar beneden

²**twist** /twɪst/ [telb + niet-telb zn] ① twist, katoengaren, katoenkoord, katoensnoer ② gedraaid deeg, gedraaid broodje, strik(je) ③ roltabak ④ ⟨honkb; voornamelijk Amerikaans-Engels, Canadees-Engels⟩ effect, draaibal

³**twist** /twɪst/ [niet-telb zn] ① twist, cocktail met twee dranksoorten ② (the) twist ⟨dans uit de jaren zestig⟩ ③ ⟨sl⟩ bedriegerij, bedrog, omkoperij

⁴**twist** /twɪst/ [onov ww] ① draaien, trekken, zich krommen ♦ *the corners of his mouth twisted down* zijn mondhoeken trokken naar beneden ② draaien, zich wentelen, ronddraaien ♦ *twist and turn* (liggen te) woelen ③ kronkelen, meanderen, zich winden, een kromme baan volgen ⟨van bal⟩ ♦ *the road twists through the mountains* de weg kronkelt zich door de bergen; *twist and turn* (zich) kronkelen ④ zich wringen, krimpen ♦ *the poor man twisted about in pain* de arme vent lag te krimpen van de pijn; *the criminal twisted out of the policeman's grip* de boosdoener wrong zich uit de handen van de agent ⑤ de twist dansen; → **twisted**

⁵**twist** /twɪst/ [ov ww] ① samendraaien, samenstrengelen, twisten, tot garen ineendraaien, ⟨tabak⟩ spinnen ♦ *twist flowers into a garland* bloemen tot een krans samenvlechten ② vlechten, door twisten maken ♦ *twist a rope* een touw twisten/vlechten ③ winden, draaien om ♦ *twist the lid off a jar* het deksel van een jampot afdraaien ④ ⟨benaming voor⟩ verdraaien, verwringen, vertrekken, verrekken ⟨spier⟩, verstuiken ⟨voet⟩, forceren, verbuigen ⟨sleutel⟩, omdraaien ⟨arm⟩ ♦ *his features were twisted with pain* zijn gezicht was vertrokken/verwrongen van de pijn ⑤ ⟨fig⟩ verdraaien, een verkeerde voorstelling geven van ♦ *twist s.o.'s arm* iemands arm omdraaien; ⟨fig⟩ forceren, het op de keel zetten; *the press twisted his words into a confession* de pers verwrong zijn woorden tot een bekentenis; ⟨fig⟩ *twist the lion's tail* Groot-Brittannië tergen; *a twisted mind* een verwrongen geest ⑥ wringen, afwringen, uitwringen ♦ *twist a cloth* een doek uitwringen; *twist off a piece of wire* een stuk draad afwringen; *he is all twisted up with pain* hij is helemaal verwrongen van de pijn ⑦ spiraalvorm geven ♦ *twisted columns* spiraalzuilen

twopenny

[8] ⟨honkb; voornamelijk Amerikaans-Engels, Canadees-Engels⟩ effect geven [9] ⟨sl⟩ bedriegen; → **twisted**

twist·a·ble /twɪstəbl/ [bn] [1] vlechtbaar, spinbaar [2] wringbaar, (ver)draaibaar [3] wentelbaar

twist dive [telb zn] ⟨schoonspringen⟩ schroefsprong

twist drill [telb zn] spiraalboor

twist·ed /twɪstɪd/ [bn; oorspronkelijk volt deelw van twist] ⟨sl⟩ [1] getikt [2] dronken

twist·er /twɪstə, ^-ər/ [telb zn] [1] twister, spinner, touwdraaier [2] bedrieger [3] moeilijk karweitje [4] twistdanser, twister [5] ⟨honkb; voornamelijk Amerikaans-Engels, Canadees-Engels⟩ effectbal, draaibal [6] ⟨AE⟩ wervelwind [7] ⟨sl⟩ politieoverval

twist·y /twɪsti/ [bn; vergr trap: twistier] [1] kronkelig [2] oneerlijk, niet rechtdoorzee

¹twit /twɪt/ [telb zn] [1] verwijt [2] plagerij(tje) [3] ⟨BE; sl⟩ sufferd

²twit /twɪt/ [ov ww] ⟨inf⟩ [1] bespotten, (spottend) plagen [2] verwijten, berispen ♦ *twit s.o. with/about/on his clumsiness* iemand zijn onhandigheid verwijten

¹twitch /twɪtʃ/ [telb zn] [1] trek, kramp, zenuwtrek, stuiptrekking ♦ ⟨inf⟩ *be all of a twitch* over zijn hele lichaam beven [2] steek, scheut ⟨van pijn e.d.⟩ [3] ruk

²twitch /twɪtʃ/ [niet-telb zn] → **twitch-grass**

³twitch /twɪtʃ/ [onov ww] [1] trekken, trillen, zenuwachtig/krampachtig bewegen ♦ *a twitching muscle* een trillende spier; *her face twitched with terror* haar gezicht vertrok/beefde/trilde van angst [2] steken, schieten, plotseling pijn doen [3] rukken, herhaaldelijk trekken ♦ *I felt s.o. twitching at my sleeve* ik voelde iemand aan mijn mouw trekken/rukken [4] ⟨vrijwel steeds in gerund⟩ ⟨inf⟩ vogelen, vogels observeren

⁴twitch /twɪtʃ/ [ov ww] [1] vertrekken, krampachtig (doen) bewegen, trekken met ♦ ⟨fig⟩ *he didn't twitch an eyelid* hij vertrok geen spier [2] trekken aan, rukken aan ♦ *he kept twitching my coat* hij bleef aan mijn jas rukken; *the wind twitched the paper out of my hands* de wind rukte het papier uit mijn handen [3] ⟨inf⟩ waarnemen, observeren ⟨vogels⟩

twitch·er /twɪtʃə, ^-ər/ [telb zn] [1] iemand die trekt/rukt, trekker, rukker [2] ⟨inf⟩ vogelaar, vogelfreak, soortenjager

twitch-grass [niet-telb zn] ⟨plantk⟩ [1] kweek, kweekgras, tarwegras ⟨Agropyron repens⟩ [2] duist ⟨Alopercus myosuroides⟩

twitch·y /twɪtʃi/ [bn] zenuwachtig, prikkelbaar

twite /twaɪt/ [telb zn] ⟨dierk⟩ frater ⟨Carduelis flavirostris⟩

¹twit·ter /twɪtə, ^twɪtər/ [telb + niet-telb zn] zenuwachtigheid, opgewondenheid ♦ *all of a twitter* opgewonden, zenuwachtig

²twit·ter /twɪtə, ^twɪtər/ [niet-telb zn] getjilp, gesjilp, gekwetter, geschetter ♦ *the twitter of sparrows* het gekwetter van mussen

³twit·ter /twɪtə, ^twɪtər/ [onov ww] tjilpen, sjilpen, schetteren, kwetteren ♦ *teenage girls twittering on about trifles* schoolmeisjes die niet ophouden met kwetteren over onbenulligheden

twit·ter·y /twɪtəri/ [bn] zenuwachtig, opgewonden

twit-twat /twɪt, twɒt, ^-twɑt/ [telb zn] (huis)mus

'twixt → **betwixt**

two /tu:/ [telw] twee ⟨ook voorwerp/groep ter waarde/grootte van twee⟩, tweetal ♦ *two and two* twee aan twee; *two by two* twee aan twee; *two by three* tweemaal drie; *twee op drie*; *give me a two* geef mee een briefje van twee; *cut in two* in tweeën gesneden; ⟨muz⟩ *play it in two* speel het in (een/de maat van) twee; *arranged in twos* per twee gerangschikt; *an apple or two* een paar/enkele/een stuk of wat appelen; *two or three* twee of drie, een paar, enkele(n), een stuk of wat; *two years old* twee jaar oud [·] ⟨BE; inf⟩ *in two*

twos in één, twee, drie, in een paar tellen, in een mum van tijd

two-bag·ger [telb zn] ⟨honkb⟩ tweehonkslag

two-barred [bn] [·] ⟨dierk⟩ *two-barred crossbill* witbandkruisbek ⟨Loxia leucoptera⟩

two-bit [bn, attr] ⟨AE⟩ [1] ⟨inf⟩ vijfentwintig(dollar)cent-, van vijfentwintig (dollar)cent [2] ⟨sl⟩ klein, waardeloos, goedkoop

¹two-by-four [telb zn] balkje van twee bij vier duim doorsnede

²two-by-four [bn, attr] [1] van twee bij vier duim [2] klein, mini-, zakformaat, piepklein

two-col·our [bn, attr] tweekleuren- ♦ *two-colour illustrations* illustraties in twee kleuren

¹two-deck·er [bn] dubbeldekker

²two-deck·er [bn, attr] met twee verdiepingen/dekken

two-di·men·sion·al [bn; bw: two-dimensionally] tweedimensionaal

two-earn·er [bn, attr] tweeverdiener(s)- ♦ *two-earner couple/family* tweeverdieners; *two-earner household* tweeverdienershuishouden

two-edged [bn] ⟨ook fig⟩ tweesnijdend, in twee richtingen werkend

two-faced [bn; bw: two-facedly /tu:feɪstliɑtu:feɪstdli/; zn: two-facedness] met twee aangezichten, ⟨fig⟩ onoprecht, hypocriet, schijnheilig

two-fer /tu:fə, ^-ər/ [telb zn] ⟨AE; inf⟩ [1] kaart tegen half tarief ⟨voor schouwburg, e.d.⟩ [2] ⟨sl⟩ goedkope sigaar

two-fist·ed [bn] ⟨AE⟩ krachtig, sterk, energiek

two·fold /tu:foʊld/ [bn; bw] [1] tweevoudig, dubbel, tweeledig [2] tweedraads ⟨van garen⟩

two-foot·ed [bn] ⟨voetb⟩ tweebenig

two-four [bn, attr] ⟨muz⟩ tweekwarts ⟨van maat⟩

two-hand·ed [bn] [1] voor twee handen ♦ *two-handed sword* tweehandig zwaard [2] voor twee personen ♦ *two-handed saw* trekzaag [3] zowel links- als rechtshandig [4] tweehandig, met twee handen

two-horse [bn, attr] voor twee paarden

two-income family [telb zn] tweeverdienersgezin

two-line whip [telb zn] ⟨BE; pol⟩ dringende oproep, dringend stemadvies ⟨van fractieleider aan zijn fractie⟩

two-man [bn, attr] tweepersoons-

two-one [telb zn] ⟨BE; universiteit⟩ met veel genoegen ⟨bij examen⟩ ♦ *he got a two-one* hij is met veel genoegen afgestudeerd

two-pair [bn, attr] op de tweede verdieping, tweehoog ♦ *a two-pair room* kamer tweehoog

two-pair pack [telb zn] dubbelverpakking, twee-in-een

two part [niet-telb zn] ⟨SchE⟩ twee derde

two-part [bn, attr] [1] in twee delen ♦ *two-part code* codeboek in twee delen [2] ⟨muz⟩ tweestemmig ♦ *two-part form* tweestemmig zangstuk [3] dubbel ♦ *two-part tariff* dubbel tarief; ⟨muz⟩ *two-part time/measure* dubbele maat

¹two·pence, ⟨BE ook⟩ **tup·pence** /tʌpəns/ [telb zn] (Brits) muntstuk van twee pence

²two·pence, ⟨BE ook⟩ **tup·pence** /tʌpəns/ [niet-telb zn] twee pence ♦ *I don't care twopence* ik geef er geen zier/sikkepit om, 't kan me geen bal schelen

¹two·pen·ny, ⟨BE ook⟩ **tup·pen·ny** /tʌpni/ [telb zn; mv: in bet 1 ook twopenny] [1] Brits muntstuk van twee pence [2] ⟨BE; inf⟩ kop, bol ♦ *mind/tuck in your twopenny* pas op je kop! [·] *I don't care a twopenny* ik geef er geen barst om

²two·pen·ny, ⟨BE ook⟩ **tup·pen·ny** /tʌpni/ [niet-telb zn] zwak bier

³two·pen·ny, ⟨BE ook⟩ **tup·pen·ny** /tʌpni/ [bn, attr] twee pence kostend/waard ♦ *twopenny piece* (Brits) muntstuk ter waarde van twee new pence; *half a pound of twopenny rice* een half pond rijst voor twee pence [·] *don't care/ give a tuppenny damn* het kan me geen barst schelen

twopenny-halfpenny

two·pen·ny-half·pen·ny /tʌpnihɛɪpni/ [bn, attr] [1] goedkoop, waardeloos, rot-, snert- [2] ⟨vero⟩ **twee-en-een-halve pence kostend,** een halve stuiver waard

two-percent [bn, attr] **tweeprocent(s)-** ♦ ⟨AE⟩ *two-percent milk* halfvolle melk

two-phase [bn] ⟨elek⟩ **tweefasig**

¹**two-piece** [telb zn] [1] **deux-pièces,** tweedelig pakje [2] **bikini,** tweedelig badpak

²**two-piece** [bn] **tweedelig,** in twee bij elkaar passende delen ♦ *two-piece suit* tweedelig pak (jasje en broek)

¹**two-ply** [niet-telb zn] [1] **tweedraads (touw),** tweedraadse wol, tweedraads garen [2] **duplex hout,** hout/karton bestaande uit twee lagen

²**two-ply** [bn] [1] **tweedraads** [2] **duplex-,** tweelagig

two-seat·er [telb zn] **twoseater** ⟨auto/vliegtuig met twee zitplaatsen⟩

two-shift system [telb zn] **tweeploegenstelsel**

two-sid·ed [bn] [1] **tweezijdig,** bilateraal [2] **tweezijdig,** met twee kanten

two·some /tu:sm/ [telb zn] ⟨inf⟩ [1] **tweetal,** koppel [2] **spel voor twee**

two-spot [telb zn] ⟨AE⟩ [1] **kaartsp** [2] ⟨sl⟩ **bankbiljet van twee dollar**

two-stage [bn, attr] **tweetraps-** ♦ *two-stage rocket* tweetrapsraket

two-step [telb zn] **twostep** ⟨dans⟩

two-stroke [bn, attr] **tweetakt-** ♦ *two-stroke engine* tweetaktmotor

two-tier [bn, attr] **met twee verdiepingen/lagen** ♦ *two-tier bed* stapelbed; *two-tier cake* cake met twee verdiepingen; *two-tier post code* postcodesysteem met twee opeenvolgende selecties

¹**two-time** [bn, attr] **tweevoudig,** dubbel, tweemalig ♦ *a two-time loser* iemand die tweemaal veroordeeld/gescheiden is

²**two-time** [onov ww] ⟨inf⟩ **dubbel spel spelen,** twee partijen bedriegen

³**two-time** [ov ww] ⟨inf⟩ **bedriegen,** ontrouw zijn

two-tim·er [telb zn] ⟨inf⟩ **iemand die dubbel spel speelt,** bedrieger, ontrouwe minnaar

two-tim·ing [bn] ⟨sl⟩ [1] **bedrieglijk** [2] **dubbel spel spelend**

two-tone [bn, attr] [1] **tweekleurig** [2] **tweetonig** ⟨bijvoorbeeld toeter⟩

two-two [telb zn] ⟨BE; universiteit⟩ **met genoegen** ⟨bij examen⟩ ♦ *he got a two-two* hij is met genoegen afgestudeerd

'twould /twʊd/ [hulpww] ⟨form⟩ (samentrekking van it would)

two-up [niet-telb zn] ⟨AuE⟩ **gokspelletje waarbij gewed wordt of de twee (getoste) muntstukken met dezelfde kant naar boven zullen vallen**

two-way [bn, attr] [1] **tweerichtings-,** tweeweg- ♦ *two-way cock* tweewegskraan; *two-way mirror* doorkijkspiegel; *two-way radio* radio met zend- en ontvangstinstallatie; *two-way street* straat voor tweerichtingsverkeer; ⟨AE; inf, fig⟩ zaak van geven en nemen; ⟨stat⟩ *two-way table* tabel met twee ingangen; *two-way traffic* tweerichtingsverkeer [2] **wederzijds,** wederkerig ♦ ⟨fig⟩ *two-way communication* wederzijdse verstandhouding; *two-way relationship* wederzijdse verhouding, wederkerigheid [3] **tweezijdig** ♦ *two-way agreement* tweezijdige overeenkomst

TX [afk] ⟨Texas⟩

-ty /ti/ [1] **-heid,** -teit ♦ *safety* veiligheid; *cruelty* wreedheid; *faculty* faculteit; *puberty* puberteit [2] **-tig** ♦ *twenty* twintig; *seventy* zeventig; *haughty* hoogharrtig

ty·coon /taɪkuːn/ [telb zn] [1] **magnaat** ♦ *oil tycoon* petroleummagnaat [2] ⟨gesch⟩ **shogun**

tying [onvoltooid deelw] → **tie**

tyke, tike /taɪk/ [telb zn] [1] **bastaardhond,** straathond, mormel [2] ⟨BE, gew⟩ **rekel,** boef [3] ⟨BE⟩ ⟨vaak Tyke⟩ **iemand uit Yorkshire** [4] ⟨inf⟩ **dreumes,** hummeltje [5] ⟨inf⟩ **dondersteentje,** boefje, rakkertje

tyler [telb zn] → **tiler**

tym·bal, tim·bal /tɪmbl/ [telb zn] **pauk,** keteltrom

tym·pan /tɪmpən/ [telb zn] [1] ⟨drukw⟩ **timpaan,** persraam [2] ⟨bouwk⟩ **timpaan,** fronton

tym·pan·ic /tɪmpænɪk/ [bn] [1] **trommel-,** trommelvormig [2] **van/m.b.t. het trommelvlies** ♦ *tympanic membrane* trommelvlies

tym·pan·ist /tɪmpənɪst/ [telb zn] **paukenist**

tym·pa·ni·tes /tɪmpənaɪtiːz/ [niet-telb zn] ⟨med⟩ [1] **trommelzucht,** gasvorming in de buik [2] **trommelvliesontsteking**

tym·pa·num /tɪmpənəm/ [telb zn; mv: ook tympana /-nə/] [1] **trommelvlies** [2] **trommelholte,** middenoor [3] ⟨bouwk⟩ **timpaan,** fronton

typ [afk] [1] ⟨typographer⟩ [2] ⟨typographical⟩ [3] ⟨typography⟩

typ·al /taɪpl/ [bn] [1] **typisch** [2] **symbolisch** [3] **typografisch**

¹**type** /taɪp/ [telb zn] [1] **type,** model, voorbeeld, toonbeeld [2] **type,** grondvorm, grondbeeld, prototype [3] **symbool,** zinnebeeld [4] **type,** soort, model, vorm ♦ *a car of an old type* een wagen van een oud model [5] **afdeling** ⟨in systematiek⟩ ♦ ⟨dierk⟩ *the vertebrate type* de afdeling der gewervelde dieren [6] ⟨inf⟩ **type,** soort mens ♦ *he's not my type* hij is mijn type niet, ik val niet op hem/dat type [7] ⟨Bijb⟩ **voorafbeelding,** prefiguratie, voorafschaduwing [8] ⟨drukw⟩ **type,** lettervorm, gietvorm, (gegoten) drukletter [9] **beeldenaar,** muntstempel, muntmerk

²**type** /taɪp/ [niet-telb zn] [1] ⟨drukw⟩ **zetsel,** gezet werk, lood ♦ *in type* gezet; *in italic type* in cursief (schrift) [2] ⟨biol⟩ **(zuiver) ras,** grondvorm ♦ *revert to type* tot het oorspronkelijke ras terugkeren; ⟨fig⟩ zijn oude gewoonten weer opnemen; ⟨biol⟩ verwilderen

³**type** /taɪp/ [onov + ov ww] **typen,** tikken ♦ *type in* intikken, (met schrijfmachine) invullen; *type out* uittikken; *type up* in definitieve vorm uittikken

⁴**type** /taɪp/ [ov ww] [1] **typeren,** karakteriseren ♦ *he was typed as an unreliable person* hij werd als een onbetrouwbaar persoon getypeerd [2] **bepalen,** vaststellen, typeren ⟨bijvoorbeeld bloedgroep, ziekte⟩ [3] **symboliseren,** een zinnebeeld zijn van [4] ⟨Bijb⟩ **prefigureren,** van tevoren beduiden [5] ⟨dram⟩ **een geschikte rol geven** ⟨acteur, actrice⟩

-type /taɪp/ [1] ⟨vormt naamwoord⟩ **-type** ♦ *Linotype* linotype; *archetype* archetype [2] ⟨vormt bijvoeglijk naamwoord⟩ **gemaakt van** ♦ *ceramic-type materials* keramische stoffen [3] ⟨vormt bijvoeglijk naamwoord⟩ **-achtig,** gelijkend op ♦ *claret-type wine* bordeauxachtige wijn

type area [telb zn] ⟨drukw⟩ **zetspiegel**

type·bar [telb zn] [1] **typearm** ⟨van schrijfmachine⟩ [2] ⟨drukw⟩ **gezette regel**

type case [telb zn] ⟨drukw⟩ **letterkast, zetkast**

type·cast [ov ww] [1] ⟨dram⟩ **steeds eenzelfde soort rol geven** ⟨acteur⟩ ♦ *be typecast as a villain* altijd maar weer de schurk spelen [2] ⟨vnl pej⟩ **typeren,** noemen, beschrijven als

type cutter [telb zn] ⟨drukw⟩ **lettersnijder**

type·face [telb zn] ⟨drukw⟩ [1] **letterbeeld** [2] **lettertype, lettersoort**

type·found·er [telb zn] ⟨drukw⟩ **lettergieter**

type·found·ry [telb zn] ⟨drukw⟩ **lettergieterij**

type genus [telb zn] ⟨biol⟩ **belangrijkste geslacht** ⟨bijvoorbeeld Canis voor familie Canidae⟩

type-high [bn; bw] ⟨drukw⟩ **op letterhoogte**

type metal [telb + niet-telb zn] ⟨drukw⟩ **lettermetaal, letterspecie,** lood

type page [telb zn] ⟨boek⟩ **bladspiegel**

type·script [telb + niet-telb zn] getypte kopij, typoscript
type·set [bn] ⟨drukw⟩ gezet, in het lood
type·set·ter, ⟨in betekenis 2 ook⟩ **type·set·ting machine** [telb zn] ⟨drukw⟩ [1] (letter)zetter, typograaf [2] (letter)zetmachine
type·set·ting [niet-telb zn] ⟨drukw⟩ het (letter)zetten, typografie
type·site [telb zn] ⟨gesch⟩ belangrijkste vindplaats, hoofdvindplaats
type species [telb zn] ⟨biol⟩ belangrijkste soort ⟨bijvoorbeeld Panthera pardus voor genus Panthera⟩
type·write [onov + ov ww] typen, tikken, met de machine schrijven; → typewriting, typewritten
type·writ·er [telb zn] schrijfmachine
¹**type·writ·ing** [telb + niet-telb zn; (oorspronkelijk) gerund van typewrite] getypte kopij, typoscript
²**type·writ·ing** [niet-telb zn; (oorspronkelijk) gerund van typewrite] (het) machineschrijven, dactylografie
type·writ·ten [bn; volt deelw van typewrite] in machineschrift, getypt
typh·li·tis /tɪflaɪtɪs/ [telb + niet-telb zn] ⟨med⟩ ontsteking van het caecum
¹**ty·phoid** /taɪfɔɪd/, **typhoid fever** [niet-telb zn] ⟨med⟩ tyfus, tyfeuze koorts
²**ty·phoid** /taɪfɔɪd/, **ty·phoi·dal** /taɪfɔɪdl/ [bn, attr] tyfeus, tyfoïde ♦ *typhoid condition/state* tyfeuze conditie/toestand
ty·phon·ic /taɪfɒnɪk, ᴬ-fɑ-/ [bn] tyfoonachtig
ty·phoon /taɪfuːn/ [telb zn] tyfoon
ty·phous /taɪfəs/ [bn] tyfeus
ty·phus /taɪfəs/ [niet-telb zn] ⟨med⟩ vlektyfus
typ·i·cal /tɪpɪkl/, ⟨form⟩ **typ·ic** /tɪpɪk/ [bn; bw: ~ly] [1] typisch, typerend, karakteristiek, kenmerkend ♦ *be typical of* typisch zijn voor, typeren, karakteriseren [2] symbolisch, zinnebeeldig, emblematisch ♦ *be typical of* symbolisch zijn voor, symboliseren
typ·i·cal·i·ty /tɪpɪkæləti/ [niet-telb zn] [1] het typische, typisch karakter [2] het symbolische, symboliek
¹**typ·i·fi·ca·tion** /tɪpɪfɪkeɪʃn/ [telb zn] [1] typisch geval [2] symbolische voorstelling
²**typ·i·fi·ca·tion** /tɪpɪfɪkeɪʃn/ [telb + niet-telb zn] [1] typering, karakterisering [2] symbolisering [3] ⟨Bijb⟩ prefiguratie
typ·i·fy /tɪpɪfaɪ/ [ov ww] [1] typeren, karakteriseren [2] symboliseren [3] ⟨Bijb⟩ prefigureren
typing pool [verzameln] alle typisten van een bedrijf, typekamer
typ·ist /taɪpɪst/ [telb zn] typist(e), tikjuffrouw
¹**ty·po** /taɪpoʊ/ [telb zn] ⟨inf⟩ [1] typo, typograaf, drukker, (letter)zetter [2] ⟨AE⟩ drukfout, tikfout
²**ty·po, ty·pog** [afk] [1] (typographer) [2] (typographical) [3] (typography)
ty·pog·ra·pher /taɪpɒɡrəfə, ᴬ-pɑɡrəfər/ [telb zn] [1] typograaf, (boek)drukker [2] typograaf, (letter)zetter
ty·po·graph·ic /taɪpəɡræfɪk/, **ty·po·graph·i·cal** /-ɪkl/ [bn; bw: ~ally] typografisch, (boek)druk-, (letter)zet- ♦ *typographic error* drukfout, zetfout, tikfout, schrijffout
¹**ty·pog·ra·phy** /taɪpɒɡrəfi, ᴬ-pɑ-/ [telb zn] typografie, typografische verzorging ⟨bijvoorbeeld van boek⟩
²**ty·pog·ra·phy** /taɪpɒɡrəfi, ᴬ-pɑ-/ [niet-telb zn] [1] typografie, (boek)drukkunst [2] typografie, (het) (letter)zetten
ty·po·log·i·cal /taɪpəlɒdʒɪkl, ᴬlɑ-/ [bn] typologisch
ty·pol·o·gy /taɪpɒlədʒi, ᴬ-pɑ-/ [telb + niet-telb zn] typologie ⟨voornamelijk Bijbel⟩
ty·po·squat·ting /taɪpoʊskwɒtɪŋ/ [niet-telb zn] ⟨inf⟩ het typosquatten ⟨registreren en exploiteren van een domeinnaam die sterk lijkt op die van een al langer bekende, veelbezochte website⟩
typw [afk] [1] (typewriter) [2] (typewritten)
ty·ran·ni·cal /tɪrænɪkl/, **ty·ran·nic** /tɪrænɪk/ [bn; bw: ~ly; zn: ~ness] tiranniek
¹**ty·ran·ni·cide** /tɪrænɪsaɪd/ [telb zn] tirannenmoordenaar
²**ty·ran·ni·cide** /tɪrænɪsaɪd/ [telb + niet-telb zn] tirannenmoord
¹**tyr·an·nize, tyr·an·nise** /tɪrənaɪz/ [onov ww] als een tiran regeren, ⟨fig⟩ de tiran spelen ♦ *he tyrannized over the people* hij regeerde als een tiran over/tiranniseerde het volk
²**tyr·an·nize, tyr·an·nise** /tɪrənaɪz/ [ov ww] tiranniseren
ty·ran·no·saur /tɪrænəsɔː, ᴬ-sɔr/, **ty·ran·no·saur·us** /tɪrænəsɔːrəs/ [telb zn] tyrannosaurus ⟨grote dinosaurus⟩
tyr·an·nous /tɪrənəs/ [bn; bw: ~ly] tiranniek
¹**tyr·an·ny** /tɪrəni/ [telb zn] tirannieke daad
²**tyr·an·ny** /tɪrəni/ [telb + niet-telb zn] [1] tirannie, dwingelandij, ⟨fig⟩ wreedheid, hardvochtigheid [2] ⟨gesch⟩ tirannie, alleenheerschappij, despotisme
ty·rant /taɪərənt/ [telb zn] [1] tiran, dwingeland [2] ⟨gesch⟩ tiran, alleenheerser, despoot
tyrant bird, tyrant flycatcher [telb zn] ⟨dierk⟩ tiran ⟨vogel; genus Tyrannus⟩
tyre, ⟨AE⟩ **tire** /taɪə, ᴬ-ər/ [telb zn] [1] band, ⟨i.h.b.⟩ autoband [2] band, wielband ⟨om karrenwiel⟩
Tyre /taɪə, ᴬ-ər/ [eigennaam] Tyrus ⟨in Fenicië⟩
tyre cover [telb zn] (loopvlak van) buitenband
tyre-gauge [telb zn] (band)spanningsmeter
¹**Tyr·i·an** /tɪriən/ [telb zn] Tyriër
²**Tyr·i·an** /tɪriən/ [bn] Tyrisch • *Tyrian purple* klassiek purper, karmozijn(rood)
ty·ro, ti·ro /taɪroʊ/ [telb zn] beginner, beginneling, nieuweling
Ty·rol, Ti·rol /tɪroʊl/ [eigennaam; vaak the] Tirol
¹**Ty·ro·le·an** /tɪroʊliən/ [telb zn] Tiroler
²**Ty·ro·le·an** /tɪroʊliən/ [bn] Tirools • *Tyrolean crossing* tokkelbaan
¹**Tyr·o·lese** /tɪrəliːz/ [telb zn; mv: Tyrolese] Tiroler
²**Tyr·o·lese** /tɪrəliːz/ [bn] Tirools
Ty·ro·li·enne /tɪroʊliɛn/ [telb zn] tyrolienne ⟨dans, lied⟩
ty·ro·sine /taɪrəsiːn/ [niet-telb zn] ⟨scheik⟩ tyrosine
¹**Tyr·rhe·ni·an** /tɪriːniən/, **Tyr·rhene** /tɪriːn/ [telb zn] Etruriër, Etrusk
²**Tyr·rhe·ni·an** /tɪriːniən/, **Tyr·rhene** /tɪriːn/ [bn] Tyrrheens, Etrurisch, Etruskisch ♦ *Tyrrhenian Sea* Tyrrheense Zee
tzar, tzar- → tsar
tzetze, tzetze fly [telb zn] → tsetse
tzi·gane /tsɪɡɑːn/ [telb zn; ook Tzigane; ook attributief] tzigaan, (Hongaarse) zigeuner
tzimmes [telb + niet-telb zn] → tsimmes
tzuris [niet-telb zn] → tsuris

u

¹**u, U** /juː/ [telb zn; mv: u's, zelden us, U's, zelden Us] ① ⟨de letter⟩ u, U ② U-vorm⟨ig iets/voorwerp⟩ ③ ⟨BE; onderw⟩ nul ⟨als cijfer⟩
²**u** [afk] (unit)
³**u, U** [afk] ① (uncle) ② (upper)
¹**U** /uː/ [eigenn] Oe ⟨Birmaanse beleefdheidsvorm vóór persoonsnaam⟩
²**U** /juː/ [bn, attr] ⟨BE; inf⟩ (typisch) upper class ⟨voornamelijk m.b.t. taalgebruik⟩
³**U** [afk] ① ⟨BE; film⟩ (universal) AL (alle leeftijden) ② (university) ③ ⟨wisk⟩ (union) U
UAE [afk] ⟨United Arab Emirates⟩
UAW [afk] ① (United Auto, Aircraft and Agricultural Implements Workers) ② (United Automobile Workers)
ub·ble-gub·ble /ˌʌblɡʌbl/ [niet-telb zn] ⟨sl⟩ gelul, zinloos geklets
UB-40 /juːbiːfɔːti, ᴬ-fɔrti/ [telb zn] ⟨BE⟩ ① bewijs van inschrijving ⟨bij arbeidsbureau⟩, stempelkaart, ⟨België⟩ dopkaart ② ⟨inf⟩ stempelaar, werkloze, ⟨België⟩ dopper
u·bi·e·ty /juːbaɪəti/ [niet-telb zn] het ergens zijn
-u·bil·i·ty /jʊbɪləti/ -ubiliteit, -baarheid ♦ *volubility* volubiliteit; *dissolubility* oplosbaarheid
¹**u·bi·qui·tar·i·an** /juːbɪkwɪteəriən, ᴬ-ter-/ [telb zn] ⟨rel⟩ ubiquitist ⟨iemand die gelooft in de alomtegenwoordigheid van Christus⟩
²**u·bi·qui·tar·i·an** /juːbɪkwɪteəriən, ᴬ-ter-/ [bn, attr] ⟨rel⟩ ubiquiteit(s)-, alomtegenwoordigheid(s)-
u·biq·ui·tous /juːbɪkwɪtəs/ [bn; bw: ~ly; zn: ~ness] alomtegenwoordig ⟨ook figuurlijk⟩, ubiquitair
u·biq·ui·ty /juːbɪkwəti/ [niet-telb zn] alomtegenwoordigheid ⟨ook figuurlijk⟩, ubiquiteit ♦ ⟨BE; jur⟩ *the ubiquity of the King* de ubiquiteit van de koning ⟨in rechtbank, in de persoon van de rechters⟩
u·bi su·pra /uːbi suːprɑː/ [bw] waar boven vermeld
-u·ble /jʊbl, ᴬjəbl/ -baar ♦ *soluble* oplosbaar
U-boat [telb zn] U-boot, onderzeeër ⟨Duitse⟩
U-bolt [telb zn] U-bout
uc [afk] ⟨drukw⟩ (upper case)
UC [afk] (University College)
UCAS /juːkæs/ [eigenn] (Universities and Colleges Admissions Service) UCAS ⟨toelatingscommissie van universiteiten en hbo's; in Groot-Brittannië, sinds 1993-4⟩
UCATT [afk] ⟨BE⟩ (Union of Construction, Allied Trades, and Technicians)
UCCA /ˌʌkə/ [eigenn] ⟨BE⟩ (Universities Central Council on Admissions) UCCA ⟨toelatingscommissie van de Britse Universiteiten⟩

UCMJ [afk] ⟨AE⟩ (Uniform Code of Military Justice)
u·dal /juːdl/ [niet-telb zn] ⟨BE; jur⟩ ⟨benaming voor⟩ oude rechtsregels m.b.t. grondbezit ⟨nog op Shetland en Orkney⟩
UDC [afk] ⟨BE; gesch⟩ (Urban District Council)
ud·der /ˌʌdə, ᴬ-ər/ [telb zn] uier
ud·dered /ˌʌdəd, ᴬˌʌdərd/ [bn] met uier(s)
UDI [afk] (Unilateral Declaration of Independence)
UDM [afk] (Union of Democratic Mineworkers)
u·dom·e·ter /juːdɒmɪtə, ᴬjuːdɑmɪtər/ [telb zn] udometer, regenmeter
UDR [afk] (Ulster Defence Regiment)
UEFA /juːfə, jʊeɪfə/ [afk] (Union of European Football Associations)
UEL [afk] (United Empire Loyalists)
UFO, ufo /juːfoʊ, juːefoʊ/ [telb zn] (unidentified flying object) ufo, vliegende schotel
u·fo·log·i·cal /juːfəlɒdʒɪk, ᴬ-lɑ-/ [bn] ufologisch
u·fol·o·gist /juːfɒlədʒɪst, ᴬ-fɑ-/ [telb zn] ufoloog, ufodeskundige
u·fol·o·gy /juːfɒlədʒi, ᴬ-fɑ-/ [niet-telb zn] ufologie, ufowetenschap
U·gan·da /juːɡændə/ [eigenn] Uganda

Uganda	
naam	Uganda *Uganda*
officiële naam	Republic of Uganda *Republiek Uganda*
inwoner	Ugandan *Ugandees*
inwoonster	Ugandan *Ugandese*
bijv. naamw.	Ugandan *Ugandees*
hoofdstad	Kampala *Kampala*
munt	Uganda shilling *Ugandese shilling*
werelddeel	Africa *Afrika*

int. toegangsnummer 256 www .ug auto EAU

¹**U·gan·dan** /juːɡændən/ [telb zn] Ugandees, Ugandese
²**U·gan·dan** /juːɡændən/ [bn] Ugandees
¹**U·ga·rit·ic** /uːɡərɪtɪk/ [eigenn] Oegaritisch, de Oegaritische taal
²**U·ga·rit·ic** /uːɡərɪtɪk/ [bn] Oegaritisch
UGC [afk] ⟨BE⟩ (University Grants Committee)
ugh /ʊx, ʌɡ/ [tw] ba(h)
ug·li /ˌʌɡli/ [telb zn; mv: ook uglies] ugli ⟨kruising van grapefruit en mandarijn⟩
ug·li·fi·ca·tion /ˌʌɡlɪfɪkeɪʃn/ [niet-telb zn] verlelijking
ug·li·fy /ˌʌɡlɪfaɪ/ [ov ww] lelijk maken
ug·ly /ˌʌɡli/ [bn; vergr trap: uglier; bw: uglily; zn: ugli-

ness) ① lelijk, afschuwelijk, afstotend ♦ ⟨fig⟩ *ugly duckling* lelijk eendje; ⟨inf⟩ *(as) ugly as sin* (zo) lelijk als de hel/nacht ② verfoeilijk, laakbaar, bedenkelijk, gemeen ♦ *ugly American* verfoeilijke Amerikaan ⟨type van de Amerikaan die zich in het buitenland onbeschoft gedraagt; oorspronkelijk titel van boek⟩; *ugly behaviour* laakbaar/gemeen gedrag ③ dreigend, akelig ♦ *an ugly look* een dreigende blik; *an ugly sky* een dreigende lucht ④ ⟨inf⟩ vervelend, lastig, akelig, nijdig ♦ *an ugly customer* een lastig mens, een vervelend heerschap ⑤ *unemployment once more rears its ugly head* het spook van de werkloosheid waart weer rond, de werkloosheid steekt weer de kop op

¹**U·gri·an** /juːɡriən/ [eigenn] Oegrisch, de Oegrische taalgroep
²**U·gri·an** /juːɡriən/ [telb zn] Oegriër
³**U·gri·an** /juːɡriən/ [bn] Oegrisch
¹**U·gric** /uːɡrɪk/ [eigenn] Oegrisch, de Oegrische taalgroep
²**U·gric** /uːɡrɪk/ [bn] Oegrisch
UGT [afk] ⟨urgent ⟨telegram⟩⟩
uh /ɜː, ɑː/ [tw] eh ⟨duidt o.m. aarzeling bij het spreken aan⟩
UHF, uhf /juːeɪtʃef/ [afk] ⟨ultrahigh frequency⟩ UHF
uh-huh /ʌhhʌh, əhə/ [tw] ⟨vnl AE; inf⟩ aha, ja
uh·lan, u·lan /uːlɑːn, juːlən/ [telb zn] ⟨gesch⟩ ulaan ⟨lansier in Poolse, Duitse legers⟩
UHT [afk] ① ⟨ultra heat treated⟩ ② ⟨ultrahigh temperature⟩
uh-uh /ʌʌ, ʌʌ/ [tw] ⟨vnl AE; inf⟩ eheh, hm, nee
uit·land·er /eɪtlændə, ^-ər/ [telb zn] ⟨ZAE⟩ vreemdeling, buitenlander
Uit·land·er /eɪtlændə, ^-ər/ [telb zn] ⟨ZAE; gesch⟩ uitlander ⟨niet-Boer in Transvaal, Oranje-Vrijstaat⟩
UK [afk] ⟨United Kingdom⟩ UK
u·kase /juːkeɪz, ^-keɪs/ [bn] oekaze ⟨ook figuurlijk⟩, edict, decreet, verordening
U·kraine /juːkreɪn/ [eigenn; the] Oekraïne

Ukraine	
naam	Ukraine *Oekraïne*
officiële naam	Ukraine *Oekraïne*
inwoner	Ukrainian *Oekraïner*
inwoonster	Ukrainian *Oekraïense*
bijv. naamw.	Ukrainian *Oekraïens*
hoofdstad	Kiev *Kiev*
munt	hrivnya *grivna*
werelddeel	Europe *Europa*
int. toegangsnummer 380 www .ua auto UA	

¹**U·krain·i·an** /juːkreɪniən/ [eigenn] Oekraïens, de Oekraïense taal
²**U·krain·i·an** /juːkreɪniən/ [telb zn] Oekraïner, Oekraïense
³**U·krain·i·an** /juːkreɪniən/ [bn] Oekraïens
u·ku·le·le /juːkəleɪli/, **uke** /juːk/ [telb zn] ukelele
-u·lar /jʊlə, ^-ər/ -ulair ♦ *tubular* tubulair; *cellular* cellulair
ul·cer /ʌlsə, ^-ər/ [telb zn] ⟨open⟩ zweer, etterwond, ulcus, ⟨i.h.b.⟩ maagzweer, ⟨fig⟩ kanker, rotte toestand
¹**ul·cer·ate** /ʌlsəreɪt/ [onov ww] zweren, verzweren, (ver)etteren, (fig) te gronde/ten onder gaan
²**ul·cer·ate** /ʌlsəreɪt/ [ov ww] doen zweren/etteren, ⟨fig⟩ verderven, bederven, te gronde richten
ul·cer·a·tion /ʌlsəreɪʃn/ [telb + niet-telb zn] verzwering, zwering, zweer, (ver)ettering
ul·cer·a·tive /ʌlsəreɪtɪv/ [bn] zwerend, etterend
ul·cered /ʌlsəd, ^-ərd/ [bn] zwerend, etterend
ul·cer·ous /ʌlsrəs/ [bn] zwerend, etterend, vol zweren, ⟨fig⟩ verderfelijk, funest
-ule /juːl/ [vormt vaak diminutiva] -ule, -je, -tje, -etje ♦ *capsule* capsule; *globule* bolletje; *granule* korreltje; *pustule* puistje

u·le·ma, u·la·ma /uːləmə, ^-mɑ/ [telb zn; mv: ook ulema, ook ulama] oelama, oelama ⟨Arabische geleerde⟩
-u·lent /jʊlənt/ -ulent, -uleus, -erig ♦ *flatulent* winderig, opgeblazen; *turbulent* turbulent; *fraudulent* frauduleus
u·lig·i·nose /juːlɪdʒɪnoʊs/, **u·lig·i·nous** /-nəs/ [bn, attr] ⟨plantk⟩ moeras-
ul·lage /ʌlɪdʒ/ [niet-telb zn] wan, ullage ⟨lege ruimte in gevuld(e) fles, vat e.d.⟩
ul·na /ʌlnə/ [telb zn; mv: ulnae /-niː/] ellepijp ⟨ook bij dieren⟩
ul·nar /ʌlnə, ^-ər/ [bn, attr] ellepijp-
u·lot·ri·chan /juːlɒtrɪkən, ^-lɑ-/ [telb zn] ⟨antr⟩ wolharige
u·lot·ri·chous /juːlɒtrɪkəs, ^-lɑ-/, **ulotrichan** [bn] ⟨antr⟩ wolharig
-u·lous /jʊləs, ^-jələs/ -uleus, -achtig ♦ *fabulous* fabuleus, fabelachtig
ul·ster /ʌlstə, ^-ər/ [telb zn] ulster ⟨lange, dikke overjas⟩
Ul·ster·man /ʌlstəmən, ^-stər-/ [telb zn; mv: Ulstermen /-mən/] ⟨mannelijke⟩ inwoner van Ulster, man van Ulsterse afkomst
Ul·ster·wo·man [telb zn] inwoonster van Ulster, vrouw van Ulsterse afkomst
ul·te·ri·or /ʌltɪəriə, ^ʌltɪriər/ [bn, attr; bw: ~ly] ① aan gene zijde, aan de overkant, verderop gelegen, verder, ⟨fig⟩ marginaal, secundair ② later, ulterieur ③ ⟨inf⟩ verborgen, heimelijk ♦ *an ulterior motive* een heimelijk motief, een bijbedoeling
ul·ti·ma /ʌltɪmə/ [telb zn] laatste lettergreep van een woord
ul·ti·ma ra·tio /ʌltɪməreɪʃioʊ/ [niet-telb zn] ultima ratio, laatste/uiterste middel
¹**ul·ti·mate** /ʌltɪmət/ [telb zn] ① ⟨the⟩ summum, toppunt, (het) einde ♦ *the ultimate in luxury* het summum/nec plus ultra van luxe ② basisprincipe, grondregel ③ uitkomst, (uiteindelijk) resultaat ④ slot, laatste
²**ul·ti·mate** /ʌltɪmət/ [bn, attr; zn: ~ness] ① ultiem, finaal, uiteindelijk, laatst ♦ *ultimate cause* uiteindelijke oorzaak ② fundamenteel, elementair, primair, essentieel ③ uiterst, maximaal ♦ *the ultimate chic* het toppunt van chic; *ultimate fighting* ultimate fighting, freefighten, kooivechten ④ verst, meest afgelegen
ul·ti·mate·ly /ʌltɪmətli/ [bw] uiteindelijk, eindelijk, ten slotte
ul·ti·ma Thule /ʌltɪmə θuːli/ [eigenn] ultima Thule, einde van de wereld, ⟨fig⟩ iets onbereikbaars
ul·ti·ma·tism /ʌltɪmeɪtɪzm/ [niet-telb zn] extremisme, radicalisme
ul·ti·ma·tis·tic /ʌltɪmətɪstɪk/ [bn] extremistisch, radicaal
ul·ti·ma·tum /ʌltɪmeɪtəm/ [telb zn; mv: ook ultimata /-meɪtə/] ① ultimatum ② uiterste punt, ⟨fig⟩ einddoel ③ basisprincipe
ul·ti·mo /ʌltɪmoʊ/ [bn, postnom] ⟨form; handel⟩ van de vorige maand, passato ♦ *your letter of the 3rd ultimo* uw brief van de derde van vorige maand
ul·ti·mo·gen·i·ture /ʌltɪmoʊdʒenɪtʃə, ^-ər/ [niet-telb zn] ⟨jur⟩ opvolgingsrecht van de jongste
¹**ul·tra** /ʌltrə/ [telb zn] ultra, extremist, radicaal
²**ul·tra** /ʌltrə/ [bn, attr] extremistisch, radicaal
ul·tra- /ʌltrə/ ultra-, hyper-, aarts-, oer- ♦ *ultramodern* hypermodern; *ultraviolet* ultraviolet; *ultraconservative* oerconservatief
ul·tra·cen·tri·fuge /ʌltrəsentrɪfjuːdʒ/ [telb zn] ⟨techn⟩ ultracentrifuge
ul·tra·clean /ʌltrəkliːn/ [bn] ⟨techn⟩ ultraschoon, kiemvrij
¹**ul·tra-con·ser·va·tive** /ʌltrəkɒnsɜːvətɪv, ^ʌltrəkɑnsɜrvətɪv/ [telb zn] oerconservatief (mens)
²**ul·tra-con·ser·va·tive** /ʌltrəkɒnsɜːvətɪv,

ultrahigh

ᴬₐltrəkənsɜrvətɪv/ [bn] oerconservatief, ultraconservatief

ul·tra·high /ˌʌltrəhaɪ/ [bn] ⟨techn⟩ ultrahoog ♦ *ultrahigh frequency* ultrahoge frequentie

ul·tra·ism /ˈʌltrəɪzm/ [niet-telb zn] extremisme, radicalisme

ul·tra·ist /ˈʌltrəɪst/ [telb zn] extremist, radicaal

ul·tra·left /ˌʌltrəleft/ [bn] ⟨pol⟩ extreemlinks

ul·tra·left·ist /ˌʌltrəleftɪst/ [telb zn] ⟨pol⟩ extreemlinks politicus/persoon

¹**ul·tra·light** /ˌʌltrəlaɪt/ [telb zn] recreatievliegtuigje, ultralicht/lichtgewicht vliegtuigje, reclamevliegtuig

²**ul·tra·light** /ˌʌltrəlaɪt/ [bn] ultralicht, hyperlicht, vederlicht

¹**ul·tra·ma·rine** /ˌʌltrəməriːn/ [niet-telb zn] ultramarijn, lazuur(blauw)

²**ul·tra·ma·rine** /ˌʌltrəməriːn/ [bn] ① ultramarijn, lazuren, lazuurblauw ② overzees

ul·tra·mi·cro·scope /ˌʌltrəmaɪkrəskoʊp/ [telb zn] ultramicroscoop

ul·tra·mi·cro·scop·ic /ˌʌltrəmaɪkrəskɒpɪk, ᴬ-skɑ-/ [bn] ultramicroscopisch

ul·tra·mod·ern /ˌʌltrəmɒdn, ᴬ-mɑdərn/ [bn] hypermodern, ultramodern

ul·tra·mod·ern·ism /ˌʌltrəmɒdnɪzm, ᴬ-mɑdərnɪzm/ [bn] hypermodernisme, ultramodernisme

ul·tra·mod·ern·ist /ˌʌltrəmɒdnɪst, ᴬ-mɑdərnɪst/ [telb zn] hypermodernist, ultramodernist

ul·tra·mod·ern·is·tic /ˌʌltrəmɒdnɪstɪk, ᴬ-mɑdərnɪ-/ [bn] hypermodernistisch

¹**ul·tra·mon·tane** /ˌʌltrəmɒnteɪn, ᴬ-mɑnteɪn/ [telb zn] ① persoon die over de bergen woont ⟨in het bijzonder ten zuiden van de Alpen⟩, Italiaan ② ⟨vaak Ultramontane⟩ ⟨r-k, pol⟩ ultramontaan

²**ul·tra·mon·tane** /ˌʌltrəmɒnteɪn, ᴬ-mɑnteɪn/ [bn] ① ten zuiden van de Alpen, Italiaans ② ⟨r-k, pol⟩ ultramontaans

ul·tra·mun·dane /ˌʌltrəmʌndeɪn/ [bn] ① buitenwerelds ② extragalactisch

ul·tra·red /ˌʌltrəred/ [bn] infrarood

ul·tra·right /ˌʌltrəraɪt/ [bn] ⟨pol⟩ uiterst rechts, ultrarechts

ul·tra·right·ist /ˌʌltrəraɪtɪst/ [telb zn] uiterst rechtse, ultrarechtse, extreemrechtse

ul·tra·short /ˌʌltrəʃɔːt, ᴬ-ʃɔrt/ [bn] ultrakort

ul·tra·son·ic /ˌʌltrəsɒnɪk, ᴬ-sɑnɪk/ [bn; bw: ~ally] ⟨natuurk⟩ ultrasoon, ultrasonoor

ul·tra·son·ics /ˌʌltrəsɒnɪks, ᴬ-sɑnɪks/ [telb zn] ⟨natuurk⟩ ① ultrasone acustica/geluidsleer ② ultrasone technologie

¹**ul·tra·sound** /ˈʌltrəsaʊnd/ [telb zn] ultrasone klank

²**ul·tra·sound** /ˈʌltrəsaʊnd/ [niet-telb zn; ook attributief] ultrasone golven

ultrasound scan [telb zn] ⟨med⟩ echoscopie

ul·tra·vi·o·let /ˌʌltrəvaɪələt/ [niet-telb zn] ultraviolet

ul·tra vi·res /ˌʌltrəvaɪriːz/ [bn, pred; bw] ultra vires, buiten de bevoegdheid ⟨van iemand⟩

ul·u·lant /ˈjuːljʊlənt, ᴬ-ljə-/ [bn] huilend, schreeuwend, jammerend, weeklagend, juichend, joelend

ul·u·late /ˈjuːljʊleɪt, ᴬ-ljə-/ [onov ww] huilen, schreeuwen, roepen, jammeren, weeklagen, juichen, joelen

ul·u·la·tion /ˌjuːljʊleɪʃn, ᴬ-ljə-/ [niet-telb zn] gehuil, geschreeuw, gejammer, geweeklaag, gejuich, gejoel

U·lys·se·an /juːˈlɪsɪən/ [bn, attr] van/als Ulysses/Odysseus

Ulysses /juːˈlɪsiːz/ [eigenn] Odysseus, Ulysses

¹**um** /ʌm, mmm/ [onov ww] • ⟨inf⟩ *um and aah* geen ja en geen nee zeggen, eromheen draaien

²**um** /ʌm, mmm/ [tw] hm

-um → -ium

u·ma·mi /uˈmɑːmi/ [niet-telb zn] umami, natriumglutamaat

um·bay /ˈʌmbi/ [telb zn] ⟨sl⟩ schooier

um·bel /ˈʌmbl/ [telb zn] ⟨plantk⟩ scherm, umbella ⟨bloeiwijze⟩

um·bel·lar /ˈʌmbelə, ᴬ-ər/, **um·bel·late** /-belət, ˈʌmbəleɪt/, **um·bel·lat·ed** /ˌʌmbəleɪtɪd/ [bn] ⟨plantk⟩ schermbloemig

um·bel·lif·er·ous /ˌʌmbɪlɪfrəs/ [bn] ⟨plantk⟩ schermdragend, schermbloemig

um·bel·lule /ˈʌmbeljuːl/, **um·bel·let** /ˈʌmbəlɪt/ [telb zn] ⟨plantk⟩ schermpje

¹**um·ber** /ˈʌmbə, ᴬ-ər/ [telb zn] ⟨dierk⟩ ① vlagzalm ⟨Thymallus thymallus⟩ ② → **umber bird**

²**um·ber** /ˈʌmbə, ᴬ-ər/ [niet-telb zn] ① omber ⟨bruine aarden kleurstof⟩ ♦ *burnt umber* gebrande omber ⟨rood getint⟩; *raw umber* ruwe/ongebrande omber ② omberkleur, donkerbruin

³**um·ber** /ˈʌmbə, ᴬ-ər/ [bn, attr] ① omberkleurig, donkerbruin ② donker, duister

umber bird, um·brette /ˈʌmbret/ [telb zn] ⟨dierk⟩ ombervogel ⟨Scopus umbretta⟩

¹**um·bil·i·cal** /ˌʌmbɪlɪkl/ [bn] ⟨ruimtev, techn⟩ navelstreng, voedingslijn, voedingsleiding, ⟨fig⟩ (ver)binding

²**um·bil·i·cal** /ˌʌmbɪlɪkl/ [bn, attr] navel- ♦ *umbilical cord* navelstreng; ⟨ruimtev, techn⟩ *umbilical cord/cable* navelstreng; voedingslijn, voedingsleiding; *umbilical hernia* navelbreuk

um·bil·i·cate /ˌʌmbɪlɪkət/, **um·bil·i·cat·ed** /-keɪtɪd/ [bn] ① navelvormig ② met een navel

um·bil·i·cus /ˌʌmbɪlɪkəs/ [telb zn; mv: umbilici /-lɪsaɪ/] ① ⟨biol⟩ navel ② ⟨geometrie⟩ navelpunt, umbilicaalpunt

um·bles /ˈʌmblz/ [alleen mv] eetbare ingewanden ⟨bijvoorbeeld van hert⟩

um·bo /ˈʌmboʊ/ [telb zn; mv: ook umbones /ʌmˈboʊniːz/] ① schildknop ② ⟨biol⟩ knobbel, uitsteeksel

um·bo·nal /ˈʌmbənəl/, **um·bo·nate** /-nət, -neɪt/, **um·bon·ic** /ʌmˈbɒnɪk, ᴬ-bɑ-/ [bn] knobbelig, knobbelvormig

um·bra /ˈʌmbrə/ [telb zn; mv: ook umbrae /-briː/] ⟨astron⟩ ① kernschaduw, slagschaduw, volle schaduw, umbra ② umbra ⟨van zonnevlek⟩

um·brage /ˈʌmbrɪdʒ/ [niet-telb zn] ① ergernis, aanstoot ♦ *give umbrage* aanstoot geven, ergeren; *take umbrage at/over* aanstoot nemen aan, zich ergeren aan/over ② ⟨vero, form⟩ lommer, schaduw

¹**um·brel·la** /ʌmˈbrelə/ [telb zn] ① paraplu, ⟨fig⟩ bescherming, beschutting ⟨ook leger⟩, overkoepelende organisatie ♦ *under the umbrella of the EC* onder de bescherming van de EG; *under an umbrella of gunfire* onder de bescherming van geschutvuur ② parasol, tuinparasol, zonnescherm ③ umbrella, draaghemel, baldakijn ④ open parachute ⑤ ⟨dierk⟩ paraplu/schermvormig lichaam ⟨van kwal⟩

²**um·brel·la** /ʌmˈbrelə/ [bn, attr] algemeen, verzamel-, overkoepelend ♦ *umbrella term* overkoepelende term

umbrella bird [telb zn] ⟨dierk⟩ parasolvogel ⟨Cephalopterus ornatus⟩

um·brel·laed /ʌmˈbreləd/ [bn] onder een paraplu, ⟨fig⟩ onder bescherming

umbrella pine [telb zn] ⟨plantk⟩ ① parasolden ⟨Pinus pinea⟩ ② parasolden, parasolspar ⟨Sciadopitys verticillata; Japanse sierden⟩

umbrella stand [telb zn] paraplubak, paraplustandaard

umbrella tree [telb zn] ⟨plantk⟩ magnoliaboom ⟨Magnolia, in het bijzonder M. trepetala⟩

umbrette [telb zn] → **umber bird**

¹**Um·bri·an** /ˈʌmbrɪən/ [eigenn] Umbrisch, de Umbrische taal

²**Um·bri·an** /ˈʌmbrɪən/ [telb zn] Umbriër

³**Um·bri·an** /ˌʌmbrɪən/ [bn] Umbrisch
um·brous /ˈʌmbrəs/ [bn] duister, verdacht
um-hum /ʌmˈhʌm, əmˈhʌm/ [tw] ⟨vnl AE; inf⟩ aha, ja
u·mi·ak, oo·mi·ak /ˈuːmiæk/ [telb zn] oemiak, amiak ⟨open paddelboot van de Eskimo's⟩
¹**um·laut** /ˈʊmlaʊt/ [telb + niet-telb zn] ⟨taalk⟩ umlaut, umlautsteken
²**um·laut** /ˈʊmlaʊt/ [ov ww] ⟨taalk⟩ [1] umlaut doen ondergaan ⟨klank⟩ [2] met umlaut schrijven
¹**ump** /ʌmp/ [telb zn] ⟨inf; sport⟩ ⟨verk: umpire⟩ scheidsrechter, ref, scheids
²**ump** /ʌmp/ [onov + ov ww] ⟨inf; sport⟩ als scheids(rechter) optreden (bij), fluiten
umph /mmm/ [tw] hm ⟨bij scepsis, afkeer⟩
¹**um·pir·age** /ˈʌmpaɪərɪdʒ/ [telb zn] scheidsrechterlijke beslissing
²**um·pir·age** /ˈʌmpaɪərɪdʒ/ [niet-telb zn] scheidsrechterschap, umpireschap
¹**um·pire** /ˈʌmpaɪə, ᴬ-ər/ [telb zn] [1] ⟨jur, sport⟩ scheidsrechter, umpire ⟨voornamelijk bij tennis, honkbal, hockey, cricket, netbal⟩, ⟨American football⟩ tweede scheidsrechter [2] ⟨jur⟩ superarbiter, opperscheidsman [3] ⟨inf⟩ bemiddelaar
²**um·pire** /ˈʌmpaɪə, ᴬ-ər/ [onov + ov ww] als scheidsrechter/umpire optreden (in), als scheidsrechter/umpire beslissen (over)
um·pire·ship /ˈʌmpaɪəʃɪp, ᴬ-ər-/ [niet-telb zn] scheidsrechterschap, umpireschap
ump·teen /ˈʌmptiːn/, **um·teen** /ˈʌmtiːn/ [onbep det] ⟨inf⟩ een hoop, een massa, heel wat
ump·teenth /ˈʌmptiːnθ/, **um·teenth** /ˈʌmtiːnθ/, **ump·ti·eth** /ˈʌmptɪθ/ [telw] ⟨inf⟩ zoveelste
ump·ty /ˈʌmpti/ [onbep det] ⟨inf⟩ zoveel, tig, zo- en zoveel ♦ *he owns umpty houses* hij is eigenaar van zo- en zoveel huizen
ump·ty-umpth /ˈʌmptiʌmpθ/ [telw] ⟨AE; inf⟩ zoveelste ⟨in lange reeks⟩
un- /ʌn/ [1] ⟨vormt naamwoord met negatieve betekenis⟩ on- ♦ *uncertainty* onzekerheid [2] ⟨vormt bijvoeglijk naamwoord met negatieve betekenis⟩ on-, niet- ♦ *unwanted* ongewenst [3] ⟨vormt werkwoord met privatieve betekenis⟩ ont-, uit-, af-, los-, open- ♦ *uncage* uit de kooi laten; *unroll* afrollen, ontrollen; *unscrew* losschroeven [4] ⟨vormt bijwoord met negatieve betekenis⟩ on- ♦ *unfortunately* ongelukkigerwijs, helaas
'**un** [onbep vnw] → **one**
UN [eignm; the; werkwoord mv] (United Nations) VN, UNO
UNA [afk] ⟨BE⟩ (United Nations Association)
un·a·bashed /ʌnəˈbæʃt/ [bn; bw: ~ly] niet verlegen, ongegeneerd
un·a·bat·ed /ʌnəˈbeɪtɪd/ [bn; bw: ~ly] onverminderd, onverzwakt, onverflauwd
un·ab·bre·vi·at·ed /ʌnəˈbriːvieɪtɪd/ [bn] onverkort
¹**un·a·ble** /ʌnˈeɪbl/ [bn] ⟨vero⟩ onbekwaam, ongeschikt, incompetent
²**un·a·ble** /ʌnˈeɪbl/ [bn, pred] niet in staat ♦ *he was unable to come* hij was verhinderd/kon niet komen
un·a·bridged /ʌnəˈbrɪdʒd/ [bn] onverkort
un·ac·cent·ed /ʌnəkˈsentɪd/ [bn; bw: ~ly] ⟨taalk⟩ onbeklemtoond, toonloos, zonder (hoofd)accent, zwak beklemtoond
un·ac·cept·a·ble /ʌnəkˈseptəbl/ [bn; zn: ~ness] [1] onaanvaardbaar, onaannemelijk [2] onaangenaam, onwelkom
un·ac·com·mo·dat·ed /ʌnəˈkɒmədeɪtɪd, ᴬ-ˈkɑmədeɪtɪd/ [bn] [1] niet aangepast [2] niet uitgerust, zonder accommodatie
un·ac·com·mo·dat·ing /ʌnəˈkɒmədeɪtɪŋ, ᴬ-ˈkɑmədeɪtɪŋ/ [bn; bw: ~ly] niet inschikkelijk, onbuigzaam

un·ac·com·pa·nied /ʌnəˈkʌmpnid/ [bn] [1] onvergezeld [2] ⟨muz⟩ zonder begeleiding, a capella
un·ac·com·plished /ʌnəˈkʌmplɪʃt, ᴬ-ˈkɑm-/ [bn] [1] onvoltooid, onafgewerkt [2] onopgevoed, onbeschaafd, ongeschoold
un·ac·count·a·bil·i·ty /ʌnəkaʊntəbɪˈlɪəti/ [niet-telb zn] [1] onverklaarbaarheid [2] onberekenbaarheid, onvastheid ⟨van karakter⟩ [3] onaansprakelijkheid, onverantwoordelijkheid
un·ac·count·a·ble /ʌnəˈkaʊntəbl/ [bn; bw: unaccountably; zn: ~ness] [1] onverklaarbaar, verrassend [2] onberekenbaar, onvast ⟨van karakter⟩ [3] niet aansprakelijk, onverantwoordelijk, onaansprakelijk
un·ac·count·ed /ʌnəˈkaʊntɪd/ [bn] onverklaard, onverantwoord ♦ *unaccounted-for expenses* onverantwoorde uitgaven; *unaccounted-for phenomena* onverklaarde verschijnselen
¹**un·ac·cus·tomed** /ʌnəˈkʌstəmd/ [bn, attr] ongewoon, ongebruikelijk
²**un·ac·cus·tomed** /ʌnəˈkʌstəmd/ [bn, pred] niet gewend ♦ *he is unaccustomed to writing letters* hij is niet gewend brieven te schrijven
un·ac·knowl·edged /ʌnəkˈnɒlɪdʒd, ᴬ-ˈnɑ-/ [bn] niet erkend
¹**un·ac·quaint·ed** /ʌnəˈkweɪntɪd/ [bn; zn: ~ness] elkaar niet kennend, vreemd voor elkaar
²**un·ac·quaint·ed** /ʌnəˈkweɪntɪd/ [bn, pred; zn: ~ness] [1] onbekend, niet op de hoogte ♦ *he is unacquainted with the facts* hij is niet van de feiten op de hoogte [2] niet kennend, niet bekend ♦ *I was unacquainted with him* hij was mij niet bekend
un·ac·quired /ʌnəˈkwaɪəd, ᴬ-ərd/ [bn] niet verworven, ⟨fig⟩ niet aangeleerd, aangeboren, natuurlijk
un·act·a·ble /ʌnˈæktəbl/ [bn] onspeelbaar ⟨toneelstuk⟩
un·act·ed /ʌnˈæktɪd/ [bn] onuitgevoerd, (nog) niet opgevoerd, ongespeeld
un·ad·just·ed /ʌnəˈdʒʌstɪd/ [bn] [1] niet geregeld, niet in orde gebracht [2] niet ingesteld, niet gejusteerd [3] niet aangepast, niet in overeenstemming gebracht
un·a·dopt·ed /ʌnəˈdɒptɪd, ᴬ-ˈdɑp-/ [bn] [1] niet aangenomen [2] niet geadopteerd ⟨kind⟩ [3] ⟨BE; jur⟩ niet door plaatselijk bestuur in beheer genomen ⟨m.b.t. weg⟩
un·a·dorned /ʌnəˈdɔːnd, ᴬ-ˈdɔrnd/ [bn; zn: ~ness] onversierd, onopgesmukt
un·a·dul·ter·at·ed /ʌnəˈdʌltəreɪtɪd/, **un·a·dul·ter·ate** /ʌnəˈdʌltrət/ [bn; bw: ~ly] onvervalst, zuiver, echt
un·ad·vis·a·ble /ʌnədˈvaɪzəbl/ [bn; bw: unadvisably; zn: ~ness] [1] niet open voor advies/(goede) raad [2] niet aan te raden
un·ad·vised /ʌnədˈvaɪzd/ [bn; bw: ~ly /-vaɪzɪdli/; zn: ~ness -vaɪzɪdnəs/] [1] ondoordacht, onbedachtzaam, onverstandig [2] niet geadviseerd, zonder advies
un·af·fect·ed /ʌnəˈfektɪd/ [bn; bw: ~ly; zn: ~ness] [1] ongekunsteld, ongedwongen, ongemaakt, natuurlijk, oprecht ♦ *unaffected by* niet aangetast/beïnvloed door [2] niet aangetast, ⟨fig⟩ niet beïnvloed, ongewijzigd, onveranderd
un·af·ford·a·ble /ʌnəˈfɔːdəbl, ᴬ-ˈfɔr-/ [bn] onbetaalbaar
un·a·fraid /ʌnəˈfreɪd/ [bn, pred] niet bang, onbevreesd ♦ *unafraid of* niet bang voor
un·aid·ed /ʌnˈeɪdɪd/ [bn; bw: ~ly] zonder hulp
un·aimed /ʌnˈeɪmd/ [bn] niet gericht ⟨schot⟩, ⟨fig⟩ zonder doel, doelloos
un·al·ien·a·ble /ʌnˈeɪliənəbl/ [bn; bw: unalienably] onvervreemdbaar
un·a·like /ʌnəˈlaɪk/ [bn, bw] ongelijk(soortig)
un·a·live /ʌnəˈlaɪv/ [bn, pred] ongevoelig, ontoegankelijk ♦ *he is unalive to music* hij is ongevoelig voor muziek
un·al·lied /ʌnəˈlaɪd/ [bn] [1] ongebonden, zonder banden [2] niet verwant ⟨voornamelijk biologie⟩
un·al·loyed /ʌnəˈlɔɪd/ [bn] onvermengd ⟨ook figuurlijk⟩,

unalterable

zuiver, puur ♦ *unalloyed joy* pure vreugde; *unalloyed metal* niet gelegeerd/zuiver metaal

un·al·ter·a·ble /ʌnɔːltrəbl/ [bn; bw: unalterably; zn: ~ness] onveranderlijk, onverwrikbaar

un·al·tered /ʌnɔːltəd, ᴬ-tərd/ [bn] onveranderd, ongewijzigd

un·am·big·u·ous /ʌnæmbɪgjʊəs/ [bn; bw: ~ly] ondubbelzinnig

un·a·me·na·ble /ʌnəmiːnəbl, ᴬ-me-/ [bn; bw: unamenably] ① onhandelbaar, eigenzinnig ② onverantwoordelijk, onaansprakelijk ③ onvatbaar, onontvankelijk, ontoegankelijk ♦ *unamenable to criticism* onontvankelijk voor kritiek

un-A·mer·i·can /ʌnəmerɪkən/ [bn] on-Amerikaans, tegen de Amerikaanse gewoonten/belangen

un·an·chor /ʌnæŋkə, ᴬ-ər/ [onov + ov ww] het anker losgooien (van), ⟨fig⟩ losslaan

un·a·neled /ʌnəniːld/ [bn] ⟨vero; r-k⟩ zonder het heilig oliesel (ontvangen te hebben)

un·an·i·mat·ed /ʌnænɪmeɪtɪd/ [bn] ① onbezield, ongeanimeerd, saai ② onbezield, levenloos

u·na·nim·i·ty /juːnənɪməti/ [niet-telb zn] ① eenstemmigheid, eenparigheid, unanimiteit ② eensgezindheid

u·nan·i·mous /juːnænɪməs/ [bn; bw: ~ly; zn: ~ness] ① eenstemmig, eenparig, unaniem ② eensgezind

un·an·nealed /ʌnəniːld/ [bn] ⟨techn⟩ ongegloeid, niet getemperd/ontlaten ⟨m.b.t. glas, metaal⟩

un·an·nounced /ʌnənaʊnst/ [bn] onaangekondigd, onaangemeld

un·an·swer·a·ble /ʌnɑːnsrəbl, ᴬ-æn-/ [bn; bw: unanswerably; zn: ~ness] ① onweerlegbaar, onbetwistbaar ② niet te beantwoorden

un·an·swered /ʌnɑːnsəd, ᴬ-ænsərd/ [bn] ① onbeantwoord ② niet weerlegd

un·ap·peal·a·ble /ʌnəpiːləbl/ [bn; bw: unappealably; zn: ~ness] ⟨jur⟩ niet voor beroep vatbaar, geen beroep toelatend

un·ap·plied /ʌnəplaɪd/ [bn] niet aangewend, niet toegepast, ⟨fin⟩ dood ⟨kapitaal⟩

un·ap·proach·a·ble /ʌnəprəʊtʃəbl/ [bn; bw: unapproachably; zn: ~ness] ontoegankelijk, onbenaderbaar, ⟨fig⟩ ongenaakbaar

un·ap·pro·pri·at·ed /ʌnəprəʊprieɪtɪd/ [bn] ① niet voor een bepaald doel aangewezen ② niet toegewezen ⟨bijvoorbeeld goederen⟩ ③ niet toegeëigend, onbeheerd ④ ⟨handel⟩ onverdeeld ⟨m.b.t. winst⟩

un·apt /ʌnæpt/ [bn; bw: ~ly; zn: ~ness] ① ongeschikt ♦ *unapt for sth.* ongeschikt voor iets ② niet geneigd, ongeneigd ♦ *unapt to do sth.* niet geneigd iets te doen ③ ongepast ④ achterlijk, traag

un·ar·gu·a·ble /ʌnɑːgjʊəbl, ᴬ-ɑr-/ [bn; bw: unarguably] ontegenzeglijk, ontegensprekelijk

un·arm /ʌnɑːm, ᴬ-ɑrm/ [onov + ov ww] ⟨vero⟩ ontwapenen, (zich) van de wapenrusting ontdoen; → **unarmed**

un·armed /ʌnɑːmd, ᴬ-ɑrmd/ [bn] ① ook volt deelw van un·arm] ① → **unarm** ② ongewapend, ⟨fig⟩ weerloos ③ ⟨plantk⟩ ongewapend ⟨zonder stekels e.d.⟩

u·na·ry /juːnəri/ [bn] monadisch, eendelig, eencellig

un·a·shamed /ʌnəʃeɪmd/ [bn; bw: ~ly /-ʃeɪmdli/; zn: ~ness] zich niet schamend, zonder schaamte ② onbeschaamd, schaamteloos

un·asked /ʌnɑːs(k)t, ᴬ-æs(k)t/ [bn] ongevraagd ♦ *he came in unasked* hij kwam ongevraagd binnen; *my opinion was unasked for* er werd niet naar mijn mening gevraagd

un·as·pir·ing /ʌnəspaɪərɪŋ/ [bn; zn: ~ness] oneerzuchtig, zonder ambitie, bescheiden, tevreden

un·as·sail·a·ble /ʌnəseɪləbl/ [bn; bw: unassailably; zn: ~ness] ① onbetwistbaar ② onneembaar

un·as·sailed /ʌnəseɪld/ [bn] ① onbetwist ② niet aangevallen, ⟨fig⟩ onaangetast

un·as·ser·tive /ʌnəsɜːtɪv, ᴬ-sɜrtɪv/ [bn] bescheiden, teruggetrokken

un·as·sign·a·ble /ʌnəsaɪnəbl/ [bn] onoverdraagbaar, niet toe te wijzen

un·as·sist·ed /ʌnəsɪstɪd/ [bn] niet geholpen, zonder hulp

un·as·so·ci·at·ed /ʌnəsəʊʃieɪtɪd, -soʊsi-/ [bn] niet verenigd, niet geassocieerd, ⟨fig⟩ niet verwant ⟨m.b.t. verschijnselen⟩

un·as·sum·ing /ʌnəsjuːmɪŋ, ᴬ-suː-/ [bn; bw: ~ly; zn: ~ness] pretentieloos, bescheiden

un·at·tached /ʌnətætʃt/ [bn] ① los ② niet gebonden, onafhankelijk ⟨van kerk, partij e.d.⟩ ♦ ⟨mil⟩ *unattached officer* officier à la suite, gedetacheerd officier ③ alleenstaand, ongetrouwd ④ ⟨jur⟩ onbezwaard, vrij van lasten ⟨bijvoorbeeld hypotheek⟩

un·at·tain·a·ble /ʌnəteɪnəbl/ [bn] onbereikbaar, onhaalbaar

un·at·tend·ed /ʌnətendɪd/ [bn] ① niet begeleid, zonder begeleiding/gevolg ② onbeheerd, zonder toezicht/bewaking, alleen ♦ *leave sth. unattended* iets onbeheerd laten (staan) ③ verwaarloosd ♦ *the road was unattended to* de weg werd verwaarloosd

un·at·trac·tive /ʌnətræktɪv/ [bn; bw: ~ly; zn: ~ness] onaantrekkelijk

unau /juːnaʊ/ [telb zn] ⟨dierk⟩ oenau, tweevingerige luiaard (Choloepus didactylus)

un·au·then·tic /ʌnɔːθentɪk/ [bn] niet authentiek, niet echt

un·au·then·ti·cat·ed /ʌnɔːθentɪkeɪtɪd/ [bn] niet bekrachtigd, niet bevestigd/gewaarborgd

un·au·thor·ized, un·au·thor·ised /ʌnɔːθəraɪzd/ [bn] ① onbevoegd, zonder bevoegdheid/machtiging, niet gemachtigd/geautoriseerd ② ongeoorloofd, onrechtmatig, clandestien, onwettig

un·a·vail·a·ble /ʌnəveɪləbl/ [bn] ① niet beschikbaar, niet voorhanden ② onbruikbaar ③ nutteloos

un·a·vail·ing /ʌnəveɪlɪŋ/ [bn; bw: ~ly] vergeefs, nutteloos, vruchteloos

un·a·void·a·ble /ʌnəvɔɪdəbl/ [bn; bw: unavoidably; zn: ~ness] onvermijdelijk, onontkoombaar

¹**un·a·ware** /ʌnəweə, ᴬ-wer/ [bn] wereldvreemd, zweverig

²**un·a·ware** /ʌnəweə, ᴬ-wer/ [bn, pred] zich niet bewust, niet op de hoogte, niets vermoedend ♦ *be unaware of sth.* zich niet bewust zijn van iets, niet op de hoogte zijn van iets; *be unaware that* niet weten dat

un·a·wares /ʌnəweəz, ᴬ-werz/, **unaware** [bw] ① onverwacht(s), plotseling, onverhoeds, bij vergissing, per ongeluk ♦ *catch/take s.o. unawares* iemand verrassen/overvallen/overrompelen ② onbewust, ongemerkt, onopzettelijk, zonder het te merken/erbij na te denken

un·backed /ʌnbækt/ [bn] ① zonder steun, niet gesteund, zonder hulp ② zonder (rug)leuning ③ onbereden, nog nooit bereden ⟨paard⟩ ④ ⟨paardenrennen⟩ *unbacked horse* paard waarop niet gewed is

un·bag /ʌnbæg/ [ov ww] uit de zak halen/laten

¹**un·bal·ance** /ʌnbæləns/ [niet-telb zn] ① gebrek aan evenwicht, het niet-in-evenwicht-zijn ② onevenwichtigheid, verwarring, gestoordheid

²**un·bal·ance** /ʌnbæləns/ [ov ww] uit zijn evenwicht brengen ⟨ook figuurlijk⟩, in verwarring brengen; → **unbalanced**

un·bal·anced /ʌnbælənst/ [bn; volt deelw van unbalance] ① niet in evenwicht ② uit zijn evenwicht gebracht, in de war, gestoord ③ onevenwichtig ④ niet sluitend, niet vereffend ⟨begroting, rekening⟩

un·bal·last·ed /ʌnbæləstɪd/ [bn] ① zonder ballast, onvast, onstabiel ② leeghoofdig, met weinig geestelijke bagage, niet gehinderd door kennis

un·bar /ʌnbɑː, ᴬʌnbɑr/ [ov ww] ontsluiten, ontgrendelen, open doen, ⟨fig⟩ openstellen, vrij maken

un·bear·a·ble /ʌnbeərəbl, ᴬ-ber-/ [bn; bw: unbearably] [1] ondraaglijk, niet te verdragen [2] onuitstaanbaar, onverdraaglijk

un·beat·a·ble /ʌnbiːtəbl/ [bn; bw: unbeatably] onovertrefbaar, onoverwin(ne)lijk, onverslaanbaar

un·beat·en /ʌnbiːtn/ [bn] [1] niet verslagen, ongeslagen ⟨voornamelijk sport⟩ [2] onovertroffen, ongebroken ⟨record⟩ [3] onbetreden, ongebaand [4] niet geslagen

un·be·com·ing /ʌnbɪkʌmɪŋ/ [bn; bw: ~ly] [1] niet (goed) staand ♦ *this dress is unbecoming to her* deze jurk staat haar niet [2] ongepast, onbetamelijk, onbehoorlijk ♦ *your conduct is unbecoming for/to a gentleman!* zo gedraagt een heer zich niet!

un·be·friend·ed /ʌnbɪfrendɪd/ [bn] [1] zonder vriend(en) [2] zonder hulp, niet geholpen

un·be·got·ten /ʌnbɪgɒtn, ᴬ-gɑtn/ [bn] [1] (nog) ongeboren, (nog) niet voortgebracht [2] niet verwekt/voortgebracht, uit zichzelf zijnd, eeuwig

un·be·known /ʌnbɪnoʊn/, **un·be·knownst** /-noʊnst/ [bn, pred; bw] ⟨inf⟩ onbekend ♦ *unbeknown to anyone* bij niemand bekend; *she did it unbeknown to me* ze deed het buiten mijn medeweten/zonder dat ik het wist/zonder mijn voorkennis

un·be·lief /ʌnbɪliːf/ [niet-telb zn] [1] ⟨rel⟩ ongeloof, ongelovigheid [2] ongeloof, twijfel, scepsis

un·be·liev·a·ble /ʌnbɪliːvəbl/ [bn; bw: unbelievably] ongelofelijk

un·be·liev·er /ʌnbɪliːvə, ᴬ-ər/ [telb zn] [1] ⟨rel⟩ ongelovige, atheïst [2] ongelovige, twijfelaar

un·be·liev·ing /ʌnbɪliːvɪŋ/ [bn; bw: ~ly] [1] ⟨rel⟩ ongelovig, niet gelovig [2] ongelovig, twijfelend, sceptisch, wantrouwig

¹**un·bend** /ʌnbend/ [onov ww] [1] (zich) ontspannen, loskomen, zich laten gaan, ontdooien, uit de plooi komen [2] ontspannen, (weer) slap(per)/minder strak worden, verslappen [3] recht worden/trekken; → **unbending, unbent**

²**un·bend** /ʌnbend/ [ov ww] [1] ontspannen, tot rust doen komen ♦ *unbend one's mind* zich/zijn geest ontspannen [2] ontspannen, (weer) slap(per) maken ♦ *unbend a bow* een boog ontspannen [3] recht maken/buigen, strekken [4] ⟨scheepv⟩ losmaken ⟨touw⟩, losgooien, afslaan ⟨zeil⟩; → **unbending, unbent**

un·bend·ing /ʌnbendɪŋ/ [bn; (oorspronkelijk) tegenwoordig deelw van unbend; bw: ~ly; zn: ~ness] [1] (zich) ontspannend, tot rust komend, loskomend [2] onbuigzaam, resoluut, onverzettelijk, halsstarrig, star [3] gereserveerd, koel

un·bent /ʌnbent/ [bn; (oorspronkelijk) volt deelw] [1] ongebogen [2] ongebroken ⟨figuurlijk⟩, niet onderworpen

un·bi·ased, un·bi·assed /ʌnbaɪəst/ [bn; bw: ~ly; zn: ~ness] [1] onbevooroordeeld, onpartijdig [2] ⟨stat⟩ zuiver, onvertekend ⟨bijvoorbeeld van steekproef⟩

un·bid·da·ble /ʌnbɪdəbl/ [bn] ⟨BE⟩ onhandelbaar, ongehoorzaam, ongezeglijk

un·bid·den /ʌnbɪdn/, **un·bid** /ʌnbɪd/ [bn] ⟨form⟩ [1] ongenood, niet (uit)genodigd ♦ *unbidden guests* ongenode gasten [2] ongevraagd

un·bind /ʌnbaɪnd/ [ov ww; unbound, unbound] [1] losbinden, losmaken, loskrijgen [2] bevrijden, vrijlaten

un·blem·ished /ʌnblemɪʃt/ [bn] onbevlekt, smetteloos

un·blenched /ʌnblentʃt/, **un·blench·ing** /-tʃɪŋ/ [bn] niet (terug)wijkend, onwrikbaar, onversaagd, onverschrokken

un·blessed, un·blest /ʌnblest/ [bn] [1] ongezegend, ongewijd [2] vervloekt, ellendig, ongelukkig [3] niet gezegend met, niet voorzien van

un·block /ʌnblɒk, ᴬʌnblɑk/ [ov ww] [1] deblokkeren, de blokkade opheffen [2] vrijgeven ⟨gelden⟩

un·blood·ed /ʌnblʌdɪd/, ⟨in betekenis 1 ook⟩ **un·blood·ied** /-dɪd/ [bn] [1] niet bebloed [2] niet rasecht

un·blood·y /ʌnblʌdi/ [bn] [1] niet bloed(er)ig [2] niet bloeddorstig [3] onbloedig, zonder bloedvergieten, vreedzaam

un·blown /ʌnbloʊn/ [bn] [1] niet geblazen [2] (nog) in de knop, (nog) niet in bloei, onontloken

un·blush·ing /ʌnblʌʃɪŋ/ [bn] [1] schaamteloos, zonder blikken of blozen [2] niet blozend

un·bod·ied /ʌnbɒdid, ᴬ-bɑ-/ [bn] zonder lichaam, onstoffelijk, immaterieel, vormloos

un·bolt /ʌnboʊlt/ [ov ww] ontgrendelen, ontsluiten, openen, losmaken; → **unbolted**

un·bolt·ed /ʌnboʊltɪd/ [bn; in bet 2 volt deelw van unbolt] [1] ongebuild, ongezift ⟨meel⟩, ⟨fig⟩ grof [2] niet (af)gegrendeld, niet (af)gesloten

un·born /ʌnbɔːn, ᴬʌnbɔrn/ [bn] [1] (nog) ongeboren [2] toekomstig, nog niet bestaand

¹**un·bos·om** /ʌnbʊzəm/ [onov ww] zijn hart uitstorten, zeggen wat je op je hart hebt, zijn hart luchten

²**un·bos·om** /ʌnbʊzəm/ [ov ww] ontboezemen, uiten, onthullen, toevertrouwen ♦ *unbosom o.s. (to)* zijn hart uitstorten (bij)

un·bound·ed /ʌnbaʊndɪd/ [bn; bw: ~ly; zn: ~ness] [1] grenzeloos, onbegrensd, onbeperkt [2] teugelloos, niet ingehouden, mateloos

un·bowed /ʌnbaʊd/ [bn] [1] ongebogen [2] ongebroken ⟨figuurlijk⟩, niet verslagen/onderworpen

un·brace /ʌnbreɪs/ [ov ww] [1] losmaken ⟨band, riem⟩ [2] ontspannen ⟨ook figuurlijk⟩, tot rust doen komen, (weer) slap(per) maken [3] verzwakken

un·bred /ʌnbred/ [bn] [1] onopgevoed, onbeleefd, lomp [2] ongeschoold, onervaren

un·bri·dle /ʌnbraɪdl/ [ov ww] [1] aftomen ⟨paard⟩ [2] losmaken, loslaten, de vrije loop laten; → **unbridled**

un·bri·dled /ʌnbraɪdld/ [bn; volt deelw van unbridle; bw: ~ly] [1] afgetoomd, zonder toom ⟨paard⟩ [2] ongebreideld, teugelloos, tomeloos ♦ *unbridled tongue* losse tong

un·bro·ken /ʌnbroʊkən/ [bn; bw: ~ly; zn: ~ness] [1] ongebroken, ongeschonden, heel [2] ongetemd, niet onderworpen, ongedresseerd ⟨ook figuurlijk⟩ [3] ononderbroken, onafgebroken, aan één stuk door [4] onovertroffen, ongebroken ⟨record⟩ [5] ongeploegd ⟨land⟩

un·buck·le /ʌnbʌkl/ [ov ww] losgespen, losmaken

un·build /ʌnbɪld/ [ov ww; unbuilt, unbuilt] slopen, afbreken, neerhalen, vernietigen ⟨ook figuurlijk⟩; → **unbuilt**

un·built /ʌnbɪlt/ [bn] [1] (nog) onbebouwd ♦ ⟨ground⟩ *unbuilt on* onbebouwd ⟨terrein⟩ [2] (nog) onbebouwd

un·bun·dle /ʌnbʌndl/ [ov ww] [1] uitpakken [2] apart/los verkopen [3] ⟨ec⟩ splitsen ⟨bedrijf⟩

un·bur·den /ʌnbɜːdn, ᴬ-bɜr-/ ⟨vero⟩ **un·bur·then** /ʌnbɜːðn, ᴬ-bɜrðn/ [ov ww] [1] ontlasten, verlichten, van een last bevrijden/verlossen ♦ *unburden one's conscience* zijn geweten ontlasten; *unburden one's heart* zijn hart uitstorten; *unburden s.o. of a load* iemand een last afnemen; *unburden o.s. of sth.* iets opbiechten; *unburden o.s. (to)* zijn hart uitstorten (bij) [2] zich bevrijden van, opbiechten, bekennen, kwijtraken, toevertrouwen ♦ *unburden one's troubles/a secret to s.o.* iemand zijn zorgen/een geheim toevertrouwen

un·bur·y /ʌnberi/ [ov ww] [1] opgraven [2] onthullen, aan het licht brengen, oprakelen

un·but·ton /ʌnbʌtn/ [ov ww] [1] losknopen, losmaken, openen, opendoen [2] de jas openmaken van [3] uiten, onthullen, bekennen ♦ *unbutton one's heart* zijn hart uitstorten [4] ontcijferen, breken ⟨code⟩; → **unbuttoned**

un·but·toned /ʌnbʌtnd/ [bn; volt deelw van unbutton] [1] met de knopen los, niet (dicht)geknoopt [2] zonder

uncage

knopen ③ informeel, los, vrij, ongedwongen
un·cage /ʌnkeɪdʒ/ [ov ww] uit de kooi halen/laten, vrijlaten, bevrijden ⟨ook figuurlijk⟩
un·called /ʌnkɔ:ld/ [bn] ① ongeroepen, ongevraagd ② ⟨ec⟩ onopgevraagd, ongestort ⟨kapitaal⟩
un·called-for /ʌnkɔ:ldfɔ:, ᴬʌnkɔ:ldfɔr/ [bn] ① ongewenst, ongepast, niet op zijn plaats ② onnodig, overbodig, nergens voor nodig/goed voor ♦ *that remark was uncalled-for* die opmerking was nergens voor nodig ③ ongegrond, ongemotiveerd, zonder aanleiding
un·can·ny /ʌnkæni/ [bn; vergr trap: uncannier; bw: uncannily; zn: uncanniness] ① geheimzinnig, mysterieus, griezelig, eng ② bovennatuurlijk, abnormaal, buitengewoon ③ ⟨vnl SchE⟩ gevaarlijk, onvoorzichtig
¹**un·cap** /ʌnkæp/ [onov ww] zijn hoofddeksel afzetten/afnemen
²**un·cap** /ʌnkæp/ [ov ww] ① de pet/muts afnemen van ② de sluiting verwijderen van, openen ⟨fles⟩ ③ onthullen, openbaar maken, bekendmaken
un·cared-for /ʌnkeəd fɔ:, ᴬʌnkerdfɔr/ [bn] onverzorgd, verwaarloosd
un·car·ing /ʌnkeərɪŋ, ᴬ-kerɪŋ/ [bn] gevoelloos, onverschillig, ongevoelig
un·case /ʌnkeɪs/ [ov ww] ① uitpakken, uit de verpakking/bus/kist/kast halen/nemen, uit het etui halen/nemen ② ontvouwen, ontplooien ⟨vlag⟩
un·caused /ʌnkɔ:zd/ [bn] ① zonder oorzaak, spontaan, uit zichzelf ② zonder begin, uit zichzelf zijnd
un·ceas·ing /ʌnsi:sɪŋ/ [bn; bw: ~ly] onophoudelijk, voortdurend, onafgebroken ♦ *unceasing warfare* voortdurende strijd
un·cer·e·mo·ni·ous /ʌnserɪməʊnɪəs/ [bn; bw: ~ly; zn: ~ness] ① informeel, ongedwongen ② zonder plichtplegingen, onhoffelijk, bot
un·cer·tain /ʌnsɜ:tn, ᴬ-sɜr-/ [bn; bw: ~ly; zn: ~ness] ① onzeker, twijfelachtig, ongewis, dubbelzinnig ♦ *I am/feel uncertain (about) what to do* ik weet niet zeker/helemaal wat ik moet doen; *be uncertain of/about s.o.'s intentions* twijfelen aan iemands bedoelingen; *speak in no uncertain terms* in niet mis te verstane bewoordingen/duidelijk(e taal)/ ondubbelzinnig spreken, klare wijn schenken; *tell s.o. in no uncertain terms that* iemand (over)duidelijk te verstaan/ kennen geven dat ② onbepaald, vaag, onduidelijk, onbeslist ♦ ⟨vnl scherts⟩ *of uncertain age* van onbepaalde leeftijd; *uncertain plans* vage plannen ③ veranderlijk, onvast, onbestendig, wispelturig, onbetrouwbaar ♦ *a woman with an uncertain temper* een wispelturige vrouw
un·cer·tain·ty /ʌnsɜ:tnti, ᴬ-sɜr-/ [telb + niet-telb zn] ① onzekerheid, twijfel(achtigheid) ♦ *whether Peter is coming is still an uncertainty* het is nog onzeker of Peter komt ② onduidelijkheid, vaagheid ③ veranderlijkheid, onbetrouwbaarheid
uncertainty principle [telb zn] ⟨natuurk⟩ onzekerheidsbeginsel, onbepaaldheidsrelatie
un·chain /ʌntʃeɪn/ [ov ww] ontketenen, (van zijn ketenen) bevrijden, losmaken, loslaten, vrijlaten, ⟨fig⟩ de vrije loop laten
un·chal·lenged /ʌntʃælɪndʒd/ [bn] ① onbetwist, zonder tegenspraak/protest ♦ *we cannot let this pass unchallenged* we kunnen dit niet over onze kant laten gaan/zo maar laten gebeuren ② ongemoeid, ongehinderd
un·chan·cy /ʌntʃɑ:nsi, ᴬ-tʃæn-/ [bn] ⟨vnl SchE⟩ ① ongelukkig, ongelukbrengend, onheilspellend, noodlottig ② gevaarlijk ③ lastig, ongelegen
un·changed /ʌntʃeɪndʒd/ [bn] onveranderd, ongewijzigd
un·chang·ing /ʌntʃeɪndʒɪŋ/ [bn] niet veranderend, standvastig, onveranderlijk
un·char·i·ta·ble /ʌntʃærɪtəbl/ [bn; bw: uncharitably; zn: ~ness] harteloos, hard(vochtig), onbarmhartig, liefdeloos

2008

un·chart·ed /ʌntʃɑ:tɪd, ᴬʌntʃɑrtɪd/ [bn] niet in kaart gebracht ⟨gebied⟩, niet verkend/onderzocht, onbekend
un·char·tered /ʌntʃɑ:təd, ᴬʌntʃɑrtərd/ [bn] ongeregeld, wetteloos, onregelmatig
un·checked /ʌntʃekt/ [bn] ① ongehinderd, onbelemmerd, onbeteugeld ② ongecontroleerd
un·chis·tened /ʌnkrɪsnd/ [bn] ontkerstend
un·chris·tian /ʌnkrɪstʃən/ [bn; bw: ~ly] ① onchristelijk, niet christelijk, heidens ② onchristelijk, onbarmhartig, onbeschaafd ③ ⟨inf⟩ onchristelijk, schandelijk, barbaars ⟨tijdstip, prijs⟩
un·church /ʌntʃɜ:tʃ, ᴬʌntʃɜrtʃ/ [ov ww] ① uit de kerk stoten, excommuniceren, in de (kerk)ban doen ② de status van kerk ontnemen ⟨sekte⟩; → **unchurched**
un·churched /ʌntʃɜ:tʃt, ᴬʌntʃɜrtʃt/ [bn; oorspronkelijk volt deelw van unchurch] niet kerkelijk (gebonden), niet tot een kerk behorend
¹**un·cial** /ʌnsɪəl, ʌnʃl/ [telb zn; ook Uncial] manuscript in unciaalschrift
²**un·cial** /ʌnsɪəl, ʌnʃl/ [telb + niet-telb zn; ook Uncial] unciaal(letter)
³**un·cial** /ʌnsɪəl, ʌnʃl/ [niet-telb zn; ook Uncial] unciaalschrift
uncial letter [telb + niet-telb zn; ook Uncial letter] unciaal(letter)
uncial script [niet-telb zn; ook Uncial script] unciaalschrift
un·ci·form /ʌnsɪfɔ:m, ᴬ-fɔrm/, **un·ci·nate** /ʌnsɪnət/ [bn] haakvormig, gekromd ⟨voornamelijk anatomie⟩
un·cir·cum·cised /ʌnsɜ:kəmsaɪzd, ᴬ-sɜr-/ [bn] ① onbesneden ♦ ⟨Nieuwe Testament⟩ *the uncircumcised* de onbesnedenen, de heidenen ② niet-joods ③ onrein, heidens
un·cir·cum·ci·sion /ʌnsɜ:kəmsɪʒn, ᴬ-sɜr-/ [niet-telb zn] onbesnedenheid
un·civ·il /ʌnsɪvl/ [bn; bw: ~ly] ① onbeleefd, ongemanierd, lomp ② onbeschaafd, barbaars
un·civ·i·lized, un·civ·i·lised /ʌnsɪvɪlaɪzd/ [bn] onbeschaafd, barbaars
un·clad /ʌnklæd/ [bn; volt deelw van unclothe] ⟨form of scherts⟩ ongekleed, naakt, in adamskostuum
un·claimed /ʌnkleɪmd/ [bn] ① niet opgeëist ② niet afgehaald ⟨brief, bagage⟩
¹**un·clasp** /ʌnklɑ:sp, ᴬʌnklæsp/ [onov ww] ① losraken ② loslaten
²**un·clasp** /ʌnklɑ:sp, ᴬʌnklæsp/ [ov ww] ① loshaken, losgespen, openen ② loslaten
un·clas·si·fied /ʌnklæsɪfaɪd/ [bn] ① niet geclassificeerd, ongeordend, niet ingedeeld ② niet geheim/vertrouwelijk
un·cle /ʌŋkl/ [telb zn] ① oom ② ⟨sl⟩ Ome Jan, pandjesbaas, lommerd ③ ⟨AE; sl⟩ heler ④ ⟨AE; sl⟩ rechercheur van de narcoticabrigade ⑤ ⟨AE; inf, kind⟩ *cry/say uncle* zich overgeven; ⟨inf⟩ *Uncle Sam* Uncle Sam, de Amerikaanse regering, het Amerikaanse volk ⟨naar de afkorting US⟩
un·clean /ʌnkli:n/ [bn; vergr trap: uncleaner; bw: ~ly; zn: ~ness] ① vuil, smerig, goor ② bevuild ⟨figuurlijk⟩, bevlekt, gebruikt ③ onkuis, obsceen ④ onrein ⟨voornamelijk religie⟩ ♦ *unclean meat* onrein vlees; *unclean spirit* onreine/boze geest ⑤ rommelig, warrig, onduidelijk ⟨plan⟩
un·clean·ly /ʌnkli:nli/ [bn; vergr trap: uncleanlier; zn: uncleanliness] vuil, smerig, onrein, ⟨fig⟩ obsceen
un·clear /ʌnklɪə, ᴬʌnklɪr/ [bn; vergr trap: unclearer; bw: ~ly; zn: ~ness] onduidelijk
¹**un·clench** /ʌnklentʃ/, **un·clinch** /ʌnklɪntʃ/ [onov ww] zich openen ⟨van hand⟩, (zich) ontspannen
²**un·clench** /ʌnklentʃ/, **un·clinch** /ʌnklɪntʃ/ [ov ww] ① openen ⟨hand⟩, ontspannen ② loslaten
Un·cle Tom /ʌŋkl tɒm, ᴬ-tɑm/ [telb zn] ⟨pej⟩ onderdanige/slaafse neger, kruiper ⟨naar de roman Uncle Tom's Ca-

Un·cle-Tom [onov ww; ook uncle tom] ⟨pej⟩ onderdanig zijn, slaafs/nederig/dienstwillig/kruiperig/onderworpen zijn

Un·cle Tom·ish /ˌʌŋkl ˈtɒmɪʃ, ᴬ-tɑ-/ [bn] ⟨pej⟩ onderdanig, slaafs, nederig, kruiperig

Un·cle Tom·ism /ˌʌŋkl ˈtɒmɪzm, ᴬ-tɑ-/ [niet-telb zn] ⟨pej⟩ onderdanigheid, slaafsheid

un·cloak /ʌnˈkloʊk/ [ov ww] ① de mantel afnemen ② ontmaskeren, onthullen, blootleggen

un·clog /ʌnˈklɒɡ, ᴬʌnˈklɑɡ/ [ov ww] vrijmaken, een belemmering verwijderen uit, ontstoppen

¹**un·close** /ʌnˈkloʊz/ [onov ww] opengaan, zich openen

²**un·close** /ʌnˈkloʊz/ [ov ww] ① openen, openmaken ② onthullen, openbaar maken, bekendmaken

un·clothe /ʌnˈkloʊð/ [ov ww; ook unclad, unclad] ① ontkleden, ontbloten ② onthullen, openbaar maken, bekendmaken; → **unclad**

un·clothed /ʌnˈkloʊðd/ [bn] ⟨form⟩ ongekleed, onbekleed

un·cloud·ed /ʌnˈklaʊdɪd/ [bn] ① helder, scherp, duidelijk ② zorgeloos, onbekommerd, opgeruimd

un·clut·tered /ʌnˈklʌtəd, ᴬʌnˈklʌtərd/ [bn] ① opgeruimd, netjes ② ongecompliceerd, overzichtelijk

¹**un·co** /ˈʌŋkoʊ/ [telb zn] ⟨vero; SchE⟩ vreemd/wonderbaarlijk persoon/iets ② vreemdeling

²**un·co** /ˈʌŋkoʊ/ [bn] ⟨SchE⟩ vreemd, ongewoon, onbekend, eigenaardig ② bijzonder, buitengewoon, opmerkelijk

³**un·co** /ˈʌŋkoʊ/ [bw] ⟨SchE⟩ bijzonder, buitengewoon, zeer, hoogst ♦ *the unco guid/good* de (zeer) vromen/deugdzamen, de fijnen; ⟨pej⟩ de zedenprekers

¹**un·coil** /ʌnˈkɔɪl/ [onov ww] zich ontrollen

²**un·coil** /ʌnˈkɔɪl/ [ov ww] ontrollen, afrollen, afwikkelen, afhalen, loshalen

un·col·lect·ed /ˌʌnkəˈlektɪd/ [bn] ① niet verzameld ② niet geïnd ③ niet tot rust gekomen, verward

un·col·oured, ⟨AE⟩ **un·col·ored** /ʌnˈkʌləd, ᴬ-lərd/ [bn] ongekleurd (ook figuurlijk), zakelijk, objectief, helder ♦ *uncoloured by* niet gekleurd/beïnvloed door

un·come·at·a·ble /ˌʌnkʌˈmætəbl/ [inf] ① ontoegankelijk, ongenaakbaar ② onbereikbaar

un·come·ly /ʌnˈkʌmli/ [bn] ① ongepast, onjuist ② onaantrekkelijk

un·com·fort·a·ble /ʌnˈkʌm(p)ftəbl/ [bn; bw: uncomfortably; zn: ~ness] ① ongemakkelijk, oncomfortabel, onaangenaam, vervelend ♦ *I'm uncomfortable in this chair* ik zit hier niet lekker in deze stoel; *uncomfortable situation* pijnlijke situatie ② niet op zijn gemak, verlegen ♦ *feel uncomfortable* zich niet op zijn gemak voelen

un·com·mer·cial /ˌʌnkəˈmɜːʃl, ᴬ-mɜr-/ [bn] ① niet-commercieel ⟨project, muziek⟩, niet zakelijk ② niet handeldrijvend, zonder handel

un·com·mit·ted /ˌʌnkəˈmɪtɪd/ [bn] ① niet-gebonden, zelfstandig, vrij, neutraal ♦ *uncommitted countries* niet-gebonden landen; *he wants to remain uncommitted* hij wil zich niet vastleggen; *stay uncommitted* neutraal blijven ② niet verplicht, zonder verplichting(en)

¹**un·com·mon** /ʌnˈkʌmən, ᴬ-kɑ-/ [bn; vergr trap: uncommoner; bw: ~ly; zn: ~ness] ongewoon, buitengewoon, bijzonder, opmerkelijk, zeldzaam ♦ *uncommonly handsome* bijzonder knap; *uncommonly rude* uitermate/hoogst onbeleefd

²**un·com·mon** /ʌnˈkʌmən, ᴬ-kɑ-/ [bw] ⟨vero; gew; inf⟩ ongewoon

un·com·mu·ni·ca·tive /ˌʌnkəˈmjuːnɪkətɪv, ᴬ-keɪtɪv/ [bn; bw: ~ly; zn: ~ness] niet (bijzonder) mededeelzaam, zwijgzaam, gesloten, gereserveerd

un·com·pan·ion·a·ble /ˌʌnkəmˈpænjənəbl/ [bn] ongezellig

un·com·plain·ing /ˌʌnkəmˈpleɪnɪŋ/ [bn] gelaten, zonder morren, geduldig

un·com·pli·men·ta·ry /ˌʌnkɒmplɪˈmentri, ᴬˌʌnkɑmplɪˈmentəri/ [bn] niet (bijzonder) complimenteus, beledigend

un·com·pre·hend·ing /ˌʌnkɒmprɪˈhendɪŋ, ᴬ-kɑm-/ [bn; bw: ~ly] onbegrijpend

un·com·pro·mis·ing /ʌnˈkɒmprəmaɪzɪŋ, ᴬ-kɑm-/ [bn; bw: ~ly] ① onbuigzaam, onverzettelijk, niet toegeeflijk/inschikkelijk, halsstarrig ♦ *have uncompromising opinions about sth.* ergens een besliste mening over hebben ② vastberaden, standvastig, onwrikbaar

un·con·cealed /ˌʌnkənˈsiːld/ [bn] onverholen, openlijk

un·con·cern /ˌʌnkənˈsɜːn, ᴬ-sɜrn/ [niet-telb zn] ① onverschilligheid, gelatenheid, apathie ② onbezorgdheid, onbekommerdheid

¹**un·con·cerned** /ˌʌnkənˈsɜːnd, ᴬ-sɜrnd/ [bn; bw: ~ly; zn: ~ness] onbezorgd, onbekommerd, kalm ♦ *be unconcerned about* zich geen zorgen/niet druk maken over

²**un·con·cerned** /ˌʌnkənˈsɜːnd, ᴬ-sɜrnd/ [bn, pred; bw: ~ly; zn: ~ness] ① onverschillig, ongeïnteresseerd ♦ *he is unconcerned if we come* het laat hem koud of we komen ② niet betrokken ♦ *be unconcerned in/with* niet betrokken zijn bij, zich niet bezighouden/bemoeien met

un·con·di·tion·al /ˌʌnkənˈdɪʃnəl/ [bn; bw: ~ly] onvoorwaardelijk, absoluut, zonder voorbehoud ♦ *unconditional surrender* onvoorwaardelijke overgave

un·con·di·tioned /ˌʌnkənˈdɪʃnd/ [bn] ① onvoorwaardelijk, absoluut ② ⟨psych⟩ onvoorwaardelijk, niet geconditioneerd, natuurlijk, aangeboren ♦ *unconditioned reflex/response* niet geconditioneerde/aangeboren reflex

un·con·fer·ence /ʌnˈkɒnfrəns, ᴬ-kɑn-/ [telb zn] ⟨vnl AE⟩ unconference, bijeenkomst zonder vooraf vastgestelde agenda

un·con·firmed /ˌʌnkənˈfɜːmd, ᴬ-fɜrmd/ [bn] ① niet bevestigd/bekrachtigd ② ⟨rel⟩ niet geconfirmeerd, ⟨r-k⟩ niet gevormd ·∙∙ ⟨fin⟩ *unconfirmed letter of credit* ongeconfirmeerde/niet-geconfirmeerde kredietbrief, ongeconfirmeerd/niet-geconfirmeerd accreditief

un·con·form·a·ble /ˌʌnkənˈfɔːməbl, ᴬ-fɔr-/ [bn; bw: unconformably; zn: ~ness] ① niet overeenstemmend, onverenigbaar ♦ *unconformable to* strijdig met ② niet conformistisch, zich niet conformerend/aanpassend, ⟨i.h.b. gesch⟩ non-conformistisch ⟨t.a.v. de anglicaanse kerk⟩

un·con·gen·ial /ˌʌnkənˈdʒiːnɪəl/ [bn; bw: ~ly] ① onsympathiek ② niet verenigbaar, niet passend, ongelijksoortig ③ ongeschikt ④ onaangenaam

un·con·nect·ed /ˌʌnkəˈnektɪd/ [bn; bw: ~ly; zn: ~ness] ① niet verbonden, afzonderlijk ② onsamenhangend, verward ③ alleenstaand, zonder familie

un·con·scion·a·ble /ʌnˈkɒnʃnəbl, ᴬ-kɑn-/ [bn; bw: unconscionably] ① gewetenloos, zonder scrupules ② onredelijk ③ overdreven, exorbitant, onmogelijk ♦ *we had to wait an unconscionable time* we moesten onmenselijk lang wachten ④ schandalig, ontstellend, tenhemelschreiend

¹**un·con·scious** /ʌnˈkɒnʃəs, ᴬ-kɑn-/ [niet-telb zn; the] ⟨psych⟩ het onbewuste, het onderbewuste

²**un·con·scious** /ʌnˈkɒnʃəs, ᴬ-kɑn-/ [bn; bw: ~ly; zn: ~ness] ① onbewust, niet wetend ♦ *be unconscious of sth.* zich ergens niet bewust van zijn, ergens geen besef van hebben, iets niet weten/merken ② onbewust, onwillekeurig, onopzettelijk ♦ *unconscious cerebration* onbewuste hersenwerking ③ bewusteloos, buiten bewustzijn/kennis

un·con·sid·ered /ˌʌnkənˈsɪdəd, ᴬ-dərd/ [bn] ① onbezonnen, onoordacht, overhaast ② veronachtzaamd, buiten beschouwing gelaten, niet in aanmerking genomen

un·con·sti·tu·tion·al /ˌʌnkɒnstɪˈtjuːʃnəl, ᴬˌʌnkɑnstɪˈtuːʃnəl/ [bn; bw: ~ly] ongrondwettig, in strijd met de grondwet

un·con·strained /ˌʌnkənstreɪnd/ [bn; bw: ~ly] [1] ongedwongen, natuurlijk, vrij [2] ongedwongen, zonder dwang, vrijwillig

un·con·straint /ˌʌnkənstreɪnt/ [niet-telb zn] ongedwongenheid

un·con·test·ed /ˌʌnkəntestɪd/ [bn] onbetwist ♦ *uncontested election* verkiezing met slechts één kandidaat, verkiezing zonder tegenkandidaten

un·con·trol·la·ble /ˌʌnkəntroʊləbl/ [bn; bw: uncontrollably; zn: ~ness] [1] niet te beheersen, niet in de hand te houden, onbedwingbaar, onhandelbaar [2] onbeheerst, teugelloos ♦ *uncontrollable laughter* onbedaarlijk gelach

un·con·trolled /ˌʌnkəntroʊld/ [bn] niet onder controle ⟨ook figuurlijk⟩, onbeheerst, teugelloos

un·con·ven·tion·al /ˌʌnkənvenʃnəl/ [bn; bw: ~ly] [1] onconventioneel, ongebruikelijk [2] onconventioneel, niet conformistisch, vrij, natuurlijk [3] niet-conventioneel, nucleair, atoom- ⟨wapens, energie⟩

un·con·vinc·ing /ˌʌnkənvɪnsɪŋ/ [bn; bw: ~ly; zn: ~ness] niet overtuigend

un·cool /ˌʌnkuːl/ [bn] [1] ⟨inf⟩ niet cool, onhip, suf [2] ⟨sl⟩ onaangenaam, niet relaxed, onbehaaglijk, vervelend [3] ⟨sl⟩ ongepast, overdreven, aanstellerig

un·co·or·di·nat·ed /ˌʌnkoʊɔːdɪneɪtɪd, ˀ-ˀɔːrdn.eɪtɪd/ [bn] ongecoördineerd, slecht gecoördineerd, onhandig, slecht georganiseerd

un·cork /ʌnkɔːk, ˀʌnkɔːrk/ [ov ww] [1] ontkurken, opentrekken [2] onthullen, uiten, lucht geven aan, de vrije loop laten, eruit gooien

un·cor·rect·a·ble /ˌʌnkərektəbl/ [bn; bw: uncorrectably] onherstelbaar, hopeloos ♦ *an uncorrectably dismal place* een in- en innaargeestige plaats

un·cor·rob·o·rat·ed /ˌʌnkərɒbəreɪtɪd, ˀ-rɑːbəreɪtɪd/ [bn] niet bevestigd

un·cos /ʌnkoʊz/ [alleen mv] ⟨vero; ScHE⟩ nieuws, berichten, geruchten

un·count·a·ble /ʌnkaʊntəbl/ [bn] [1] ontelbaar, niet te tellen [2] ⟨taalk⟩ niet-telbaar

un·count·ed /ʌnkaʊntɪd/ [bn] [1] ongeteld [2] ontelbaar, talloos

uncount noun [telb zn] ⟨taalk⟩ niet-telbaar zelfstandig naamwoord

un·cou·ple /ˌʌnkʌpl/ [ov ww] ontkoppelen, afkoppelen, loskoppelen, afhaken, loshaken, losmaken, loslaten

un·couth /ʌnkuːθ/ [bn; bw: ~ly; zn: ~ness] onhandig, lomp, ongemanierd, grof, raar, vreemd

un·cov·e·nant·ed /ˌʌnkʌvənəntɪd/ [bn] [1] niet (contractueel) gebonden [2] niet vastgelegd/toegezegd/gewaarborgd (in een contract/verdrag) [3] ⟨rel⟩ niet voortvloeiend uit het verbond (der genade)

¹**un·cov·er** /ʌnkʌvə, ˀ-ər/ [onov ww] zijn hoofddeksel afnemen, het hoofd ontbloten; → **uncovered**

²**un·cov·er** /ʌnkʌvə, ˀ-ər/ [ov ww] [1] ⟨benaming voor⟩ de bedekking wegnemen van, het deksel afnemen van, de pet/hoed/muts afnemen van, ontsluieren, blootleggen, opgraven, openleggen, ontbloten, uit zijn schuilplaats drijven, opjagen, de dekking wegnemen van, zonder dekking laten [2] aan het licht brengen, onthullen, bekend/openbaar maken; → **uncovered**

un·cov·ered /ʌnkʌvəd, ˀ-vərd/ [bn; (oorspronkelijk) volt deelw van uncover] [1] onbedekt [2] onbeschermd [3] blootshoofds [4] ongedekt ⟨door verzekering⟩

un·cre·ate /ˌʌnkrieɪt/ [ov ww] (geheel) vernietigen; → **uncreated**

un·cre·at·ed /ˌʌnkrieɪtɪd/ [bn] [1] nog niet geschapen/bestaand [2] niet geschapen, zonder begin, uit zichzelf zijnd, eeuwig

un·crit·i·cal /ʌnkrɪtɪkl/ [bn; bw: ~ly] [1] onkritisch, zonder onderscheidingsvermogen [2] kritiekloos ♦ *accept sth. uncritically* iets domweg aanvaarden [3] niet onderzocht,

ongefundeerd

un·cross /ʌnkrɒs, ˀʌnkrɔːs/ [ov ww] uit een gekruiste positie halen ⟨armen, benen⟩, van elkaar doen, naast elkaar leggen; → **uncrossed**

un·crossed /ʌnkrɒst, ˀʌnkrɔːst/ [bn; in bet 1 volt deelw van uncross] [1] niet over elkaar, ongekruist ⟨armen, benen⟩ [2] zonder kruis [3] ongehinderd, niet doorkruist/gedwarsboomd [4] ⟨BE⟩ ongekruist ⟨cheque⟩

un·crown /ʌnkraʊn/ [ov ww] ontkronen, onttronen, afzetten ⟨ook figuurlijk⟩; → **uncrowned**

un·crowned /ʌnkraʊnd/ [bn; volt deelw van uncrown] [1] ongekroond ♦ *the uncrowned king/queen* de ongekroonde koning/koningin ⟨ook figuurlijk⟩ [2] nog niet gekroond

un·crush·a·ble /ʌnkrʌʃəbl/ [bn] [1] kreukvrij [2] onverzettelijk, standvastig, onbedwingbaar ♦ *be uncrushable* zich niet uit het veld laten slaan/gewonnen geven

UNCTAD /ʌŋktæd/ [eigenn] (United Nations Conference on Trade and Development) Unctad

¹**unc·tion** /ʌŋkʃən/ [telb zn] zalf, olie, balsem ⟨ook figuurlijk⟩

²**unc·tion** /ʌŋkʃən/ [niet-telb zn] [1] zalving ⟨ook figuurlijk⟩ ♦ *speak with much unction* met veel zalving spreken [2] vuur, gloed, enthousiasme [3] (overdreven) zwaarwichtigheid, bombast

unc·tu·os·i·ty /ˌʌŋ(k)tʃʊɒsəti, ˀ-ɑːsəti/ [niet-telb zn] [1] olieachtige eigenschap [2] zalvende eigenschap, ⟨fig⟩ zalving

unc·tu·ous /ʌŋktʃʊəs/ [bn; bw: ~ly; zn: ~ness] [1] zalvend, vleierig, glibberig, schijnheilig [2] vettig, vet, olieachtig, glibberig

un·cul·ti·vat·ed /ʌnkʌltɪveɪtɪd/ [bn] [1] onbeschaafd, cultuurloos, weinig ontwikkeld [2] onbebouwd ⟨land⟩ [3] niet gecultiveerd, natuurlijk

un·cul·tured /ʌnkʌltʃəd, ˀ-tʃərd/ [bn] [1] onbebouwd ⟨land⟩ [2] weinig ontwikkeld, onbeschaafd

un·curbed /ʌnkɜːbd, ˀʌnkɜːrbd/ [bn] tomeloos, teugelloos, ongetemd

¹**un·curl** /ʌnkɜːl, ˀʌnkɜːrl/ [onov ww] zich ontkrullen, zich ontrollen, glad/recht worden

²**un·curl** /ʌnkɜːl, ˀʌnkɜːrl/ [ov ww] ontkrullen, ontrollen, glad/recht maken

un·cur·tain /ʌnkɜːtn, ˀʌnkɜːrtn/ [ov ww] het gordijn wegtrekken van, ⟨fig⟩ onthullen; → **uncurtained**

un·cur·tained /ʌnkɜːtnd, ˀ-kɜːr-/ [bn; volt deelw van uncurtain] zonder gordijn(en)

un·cus·tomed /ʌnkʌstəmd/ [bn] [1] vrij van (invoer)rechten, accijnsvrij, belastingvrij [2] onveraccijnsd

un·cut /ʌnkʌt/ [bn] [1] ongesneden, ongemaaid, ongesnoeid [2] onopengesneden, onafgesneden ⟨bladzijden van boek⟩ [3] onverkort, ongecensureerd ⟨boek, film⟩ [4] ongeslepen ⟨diamant⟩

un·dat·ed /ʌndeɪtɪd/ [bn] ongedateerd, zonder (afloop)datum

un·daunt·ed /ʌndɔːntɪd/ [bn; bw: ~ly; zn: ~ness] onverschrokken, onbevreesd, onversaagd ♦ *undaunted by* niet ontmoedigd/uit het veld geslagen door

un·dec·a·gon /ʌndekəɡɒn, ˀ-ɡɑːn/ [telb zn] elfhoek

un·de·ceive /ˌʌndɪsiːv/ [ov ww] uit de droom helpen, de ogen openen, zijn illusies ontnemen, ontgoochelen

un·de·cid·ed /ˌʌndɪsaɪdɪd/ [bn; bw: ~ly; zn: ~ness] [1] onbeslist ♦ *the match was left undecided* de wedstrijd bleef/eindigde onbeslist [2] weifelend, aarzelend, besluiteloos ♦ *be undecided about* in dubio/tweestrijd staan omtrent; *he was undecided whether to go or not* hij aarzelde of hij nu wel of niet zou gaan

un·dec·i·mal /ʌndesɪml/ [bn] elftallig

un·decked /ʌndekt/ [bn] [1] onversierd, onopgesmukt [2] zonder dek(ken) ⟨vaartuig⟩ ♦ *an undecked rowboat* een open roeiboot

un·de·clared /ˌʌndɪkleəd, ᴬ-klɛrd/ [bn] ① niet aangegeven ⟨bij douane⟩ ② niet (openlijk) verklaard, niet bekendgemaakt, geheim gehouden, verzwegen

un·de·fend·ed /ˌʌndɪfendɪd/ [bn] ① onverdedigd, onbeschermd, open ② ⟨jur⟩ zonder verdediging/verdediger

un·de·filed /ˌʌndɪfaɪld/ [bn] ⟨vnl form⟩ onbezoedeld, zuiver ▫ *well of English undefiled* Chaucer

un·de·fin·a·ble /ˌʌndɪfaɪnəbl/ [bn] ondefinieerbaar, niet (nader) te bepalen

un·de·lete /ˌʌndɪliːt/ [ov ww] ⟨comp⟩ terughalen ⟨van gewiste bestanden⟩

un·de·mon·stra·tive /ˌʌndɪmɒnstrətɪv, ᴬ-mɑnstrətɪv/ [bn; bw: ~ly; zn: ~ness] gereserveerd, gesloten, afstandelijk, koel, zich niet gemakkelijk uitend/gevend

un·de·ni·a·ble /ˌʌndɪnaɪəbl/ [bn; bw: undeniably; zn: ~ness] ① onbetwistbaar, onaanvechtbaar, onweerlegbaar, onloochenbaar, onomstotelijk ♦ *that is undeniably true* dat is ontegenzeglijk waar ② voortreffelijk, uitstekend, onbesproken, onberispelijk

un·de·nom·i·na·tion·al /ˌʌndɪnɒmɪneɪʃnəl, ᴬ-nɑ-/ [bn] ① niet-confessioneel, neutraal, openbaar, ⟨België⟩ officieel ⟨onderwijs, school⟩ ② niet van/behorend tot een sekte

¹un·der /ˈʌndə, ᴬ-ər/ [bn, attr; vaak met volgend zn versmolten, en dan niet te scheiden van under-] ① onder-(ste), beneden(-), lager (gelegen) ♦ *under jaw* onderkaak; *under layers* onderste lagen ② ondergeschikt, tweede, lager ♦ *under classes* lagere klassen

²un·der /ˈʌndə, ᴬ-ər/ [bw] ① onder, eronder, hieronder, daaronder, (naar) beneden, omlaag ⟨ook figuurlijk⟩ ♦ *this is where they were buried under* hier werden ze bedolven; *he is down under* hij is beneden; *he forced his opponents under* hij kreeg zijn tegenstanders eronder; *when does the sun go under?* wanneer gaat de zon onder?; *groups of nine and under* groepen van negen en minder; *see under for details* voor nadere toelichting zie onderaan/hieronder/verderop; *I'm wearing a flannel petticoat under* ik heb onder mijn kleren een flanellen onderrok aan ② in bedwang, onder controle ♦ *she kept her anger under* ze hield haar woede in bedwang; *they kept the peasants under* ze hielden de boeren klein; *they kept their voices under* zij spraken op gedempte toon ③ bewusteloos, buiten kennis ♦ *the drug put her under for the evening* door het verdovingsmiddel raakte zij buiten bewustzijn de avond

³un·der /ˈʌndə, ᴬ-ər/ [vz] ① ⟨plaats, ook figuurlijk⟩ onder, verborgen onder, onder de bescherming van, ter ondersteuning van, onder het gezag van, onderworpen aan, onder toezicht van ♦ *it's listed under Biology* het staat (geklasseerd) onder biologie; *under the cliffs* aan de voet van de klippen; *under the door* een wig onder de deur; *under the dyke* achter de dijk; *from under the cupboard* (van) onder de kast vandaan; *hidden under the grass* verborgen onder het gras; *he felt safe with his best horse under him* hij voelde zich veilig op zijn beste paard; *serve under a strict master* dienen onder een strenge heer; *the town under the mountain* het stadje aan de voet van de berg; *went under the name of* was bekend onder de naam van; *listed under the names of his comrades* genoteerd onder de naam van zijn kameraden; ⟨SchE⟩ *under night* bij nacht, in het donker; *spoke to her under the pretext* of asking the way sprak haar aan onder het mom de weg te vragen; *lived under Queen Mary* leefde tijdens het bewind van Queen Mary; *live under the same roof* onder hetzelfde dak wonen; *be under full sail* met volle zeilen varen; *a letter sent under his seal* een brief onder zijn zegel verstuurd; *set out under a cloudy sky* vertrok bij bewolkt weer; *marched under the tricolour* marcheerden op met de driekleur; *ducked under water* dook onder water ② ⟨omstandigheid⟩ onder, in, onderhevig aan, in een toestand van, volgens, krachtens, bij, tijdens ♦ *under construction* in aanbouw; *I am under contract to stay* ik ben contractueel verplicht om te blijven; *the issue under discussion* het probleem dat ter discussie staat; *he had all his land under fence* al zijn landerijen waren omheind; *under fire* onder vuur; *placed under guard* onder bewaking gesteld; *under a bad influence* onder een slechte invloed; *land under forest* land met bossen beplant; *under the law* volgens/krachtens de wet; *he gave in under her nagging* hij gaf toe door haar aanhoudend gezeur; *swear under oath* onder ede zweren; *I am under an obligation to him* ik ben hem iets verschuldigd; *under penalty of death* op straffe des doods; *under severe pressure* onder zware druk; *under quarantaine* in quarantaine; *collapse under the strain* het onder de spanning begeven; *worked under a system of shifts* werkte in ploegendienst ③ ⟨graad of hoeveelheid⟩ minder dan ♦ *under age* te jong, minderjarig; ⟨landb⟩ *under ditch* lager dan de waterstand in de sloten; *under an hour* minder dan een uur, binnen het uur; *knew no-one under a lady* kende iemand die van lagere stand was dan een lady; *just under a mile* net iets minder dan een mijl; *marks under seventy percent* punten die lager liggen dan 70%; *children under six* kinderen beneden de zes jaar; *she's under weight* ze weegt te weinig

un·der- /ˈʌndə, ᴬˈʌndər/ ① onder, beneden- ♦ *underdeck* benedendek ② onder-, ondergeschikt, tweede ♦ *undersecretary* ondersecretaris, tweede secretaris ③ onder-, onvoldoende ♦ *underfed* ondervoed

un·der·a·chieve [onov ww] onvoldoende presteren, beter kunnen, achterblijven bij de verwachtingen, teleurstellen ⟨voornamelijk van leerling op school⟩

un·der·act [onov + ov ww] ⟨dram⟩ ① zwak spelen, slecht/slap spelen ② ingehouden/bewust onemotioneel spelen

un·der·age /ˌʌndəreɪdʒ/ [bn] minderjarig, beneden de wettelijke leeftijd, onmondig, onvolwassen

un·der·ap·pre·ci·ate [ov ww] onderwaarderen

¹un·der·arm /ˈʌndərɑːm, ᴬ-ɑrm/ [telb zn] ⟨euf⟩ oksel

²un·der·arm /ˈʌndərɑːm, ᴬ-ɑrm/ [bn; bw] ① onderhands, met de hand onder schouderhoogte ⟨voornamelijk sport⟩ ② onder de arm gelegen/geplaatst

un·der·bel·ly /ˈʌndəbeli, ᴬˈʌndər-/ [telb zn] ① buik ⟨van dier⟩, onderkant ② kwetsbare plaats, zwak punt, achilleshiel

¹un·der·bid [telb + niet-telb zn] onderbieding, het onderbieden

²un·der·bid [onov ww] te laag/weinig bieden

³un·der·bid [ov ww] onderbieden, lager/minder bieden dan, een lager bod doen dan

un·der·bid·der /ˈʌndəbɪdə, ᴬˈʌndərbɪdər/ [telb zn] op een na hoogste bieder

un·der·bod·ice /ˈʌndəbɒdɪs, ᴬˈʌndərbɑdɪs/ [telb zn] onderlijfje

un·der·bod·y /ˈʌndəbɒdi, ᴬˈʌndərbɑdi/ [telb zn] buik ⟨van dier⟩, onderkant

un·der·bred [bn] ① onopgevoed, ongemanierd ② niet rasecht/raszuiver, van gemengd ras

un·der·brush /ˈʌndəbrʌʃ, ᴬˈʌndər-/ [niet-telb zn] ⟨vnl AE⟩ kreupelhout, ondergroei

un·der·build /ˌʌndəbɪld, ᴬˈʌndər-/ [ov ww] ① (van onderen) stutten/schragen/steunen ② slecht bouwen

un·der·cap·i·tal·i·za·tion, un·der·cap·i·tal·i·sa·tion [telb + niet-telb zn] onderkapitalisatie

un·der·cap·i·tal·ize, un·der·cap·i·tal·ise [ov ww] onderkapitaliseren

un·der·car·riage /ˈʌndəkærɪdʒ, ᴬˈʌndər-/ [telb zn] ① onderstel ⟨van wagen⟩, chassis ② landingsgestel

un·der·cart /ˈʌndəkɑːt, ᴬˈʌndərkɑrt/ [telb zn] ⟨BE; inf⟩ landingsgestel

un·der·char·ac·ter·i·za·tion, un·der·char·ac·ter·i·sa·tion [telb + niet-telb zn] te geringe ontwikkeling van de personen, te vlakke beschrijving van de personen ⟨in roman, toneelstuk⟩

¹un·der·charge [telb zn] te lage prijs

undercharge

²**un·der·charge** [onov + ov ww] te weinig berekenen
³**un·der·charge** [ov ww] ⟦1⟧ te weinig (be)rekenen voor ⟦2⟧ onvoldoende laden
un·der·class /ˌʌndəklɑːs, ˌʌndərklæs/ [niet-telb zn] ⟦1⟧ laagste klasse, zwaksten in de samenleving, onderkant van de samenleving, paria's ⟦2⟧ ⟨vaak mv⟩ eerstejaarsstudenten, tweedejaarsstudenten ⟨aan universiteit of middelbare school⟩
un·der·class·man /ˌʌndəklɑːsmən, ˌʌndərklæsmən/ [telb zn; mv: underclassmen /-mən/] ⟨AE⟩ ⟦1⟧ eerstejaarsstudent, tweedejaarsstudent ⟦2⟧ leerling in de onderbouw
un·der·clay /ˌʌndəkleɪ, ˌʌndər-/ [telb zn] ⟨mijnb⟩ kleilaag onder een steenkoollaag
un·der·clothed [bn] onvoldoende gekleed
un·der·clothes /ˌʌndəkləʊðz, ˌʌndər-/ [alleen mv] ondergoed, onderkleding
un·der·cloth·ing /ˌʌndəkləʊðɪŋ, ˌʌndər-/ [niet-telb zn] ondergoed, onderkleding
¹**un·der·coat** /ˌʌndəkəʊt, ˌʌndər-/ [telb zn] ⟦1⟧ onderjas ⟦2⟧ ⟨vacht van⟩ onderhaar, ⟨vacht van⟩ wolhaar ⟦3⟧ grond(verf)laag ⟦4⟧ ⟨AE⟩ roestwerende laag ⟨onder auto⟩, tectyllaag
²**un·der·coat** /ˌʌndəkəʊt, ˌʌndər-/ [telb + niet-telb zn] ⟦1⟧ grondverf ⟦2⟧ ⟨AE⟩ roestwerend middel, tectyl
¹**un·der·coat·ing** /ˌʌndəkəʊtɪŋ, ˌʌndərkəʊtɪŋ/ [telb zn] ⟦1⟧ grond(verf)laag ⟦2⟧ ⟨AE⟩ roestwerende laag ⟨onder auto⟩, tectyllaag
²**un·der·coat·ing** /ˌʌndəkəʊtɪŋ, ˌʌndərkəʊtɪŋ/ [telb + niet-telb zn] ⟦1⟧ grondverf ⟦2⟧ ⟨AE⟩ roestwerend middel, tectyl
un·der·con·sump·tion [niet-telb zn] ⟨ec⟩ onderconsumptie
un·der·cov·er /ˌʌndəkʌvə, ˌʌndərkʌvər/ [bn] geheim ♦ *undercover agent* geheim agent, spion, infiltrant; *undercover man* spion ⟨ook in bedrijf⟩; stille, detective
un·der·crank·ing [niet-telb zn] het versneld opnemen, het opnemen met fastmotioneffect
un·der·croft /ˌʌndəkrɒft, ˌʌndərkrɔft/ [telb zn] crypt(e), krocht, onderaardse kapel
un·der·cur·rent /ˌʌndəkʌrənt, ˌʌndərkɜrənt/ [telb + niet-telb zn] onderstroom ⟨ook figuurlijk⟩, verborgen/onderdrukte stroom ⟨van⟩ gevoelens, verborgen/onderdrukte gedachte(stroom)
¹**un·der·cut** /ˌʌndəkʌt, ˌʌndər-/ [telb zn] ⟦1⟧ ⟨AE⟩ valkerf, kapsnede ⟨in boom, aan de kant waar hij heen moet vallen⟩ ⟦2⟧ ⟨sport⟩ (slag met) tegeneffect ⟦3⟧ onderstuk
²**un·der·cut** /ˌʌndəkʌt, ˌʌndər-/ [telb + niet-telb zn] ⟨vnl BE⟩ filet, (ossen)haas
³**un·der·cut** /ˌʌndəkʌt, ˌʌndər-/ [ov ww] ⟦1⟧ het onderstuk wegsnijden van ⟦2⟧ van onderen insnijden/wegsnijden/uitsnijden ⟦3⟧ ondergraven, ondermijnen ⟦4⟧ onderkruipen, voor een lager loon werken dan, een lagere prijs vragen dan, onderbieden, beunhazen ⟦5⟧ ⟨sport⟩ tegeneffect geven, met tegeneffect slaan ⟨bal⟩
¹**un·der·de·vel·op** [onov ww] economisch achteruitgaan ⟨van land⟩, verarmen; → **underdeveloped**
²**un·der·de·vel·op** [ov ww] economisch achteruit doen gaan, ruïneren; → **underdeveloped**
un·der·de·vel·oped [bn] onderontwikkeld ⟨ook economie, fotografie⟩, (nog) onvoldoende ontwikkeld, achtergebleven ♦ *underdeveloped country/nation* onderontwikkeld land, ontwikkelingsland; *underdeveloped negative* onderontwikkeld negatief
un·der·ditch /ˌʌndədɪtʃ, ˌʌndər-/ [ov ww] draineren
un·der·do [ov ww] onvoldoende doen, te kort/weinig doen, ⟨i.h.b.⟩ niet lang (genoeg) koken/bakken, niet gaar koken ♦ *underdone meat* niet (helemaal) gaar/niet doorbakken/te rauw vlees
un·der·dog /ˌʌndədɒg, ˌʌndərdɔg/ [telb zn] underdog, (zekere) verliezer, verdrukte, schlemiel
¹**un·der·drain** /ˌʌndədreɪn, ˌʌndər-/ [telb zn] draineerbuis, draineerleiding
²**un·der·drain** /ˌʌndədreɪn, ˌʌndər-/ [ov ww] draineren
un·der·draw [ov ww] ⟦1⟧ onderstrepen ⟦2⟧ onvoldoende/onnauwkeurig tekenen, onnauwkeurig voorstellen ⟦3⟧ beschieten, met planken bekleden ⟨dak⟩ ⟦4⟧ niet alles opnemen van ⟨rekening⟩
¹**un·der·dress** [onov ww] zich te dun/eenvoudig kleden
²**un·der·dress** [ov ww] te dun/eenvoudig kleden
un·der·em·ployed [bn] ⟦1⟧ geen volledige baan hebbend ⟦2⟧ geen passend werk hebbend
un·der·em·ploy·ment [niet-telb zn] niet voldoende/onvolledige werkgelegenheid
¹**un·der·es·ti·mate, un·der·es·ti·ma·tion** [telb + niet-telb zn] ⟦1⟧ te lage schatting ⟨van kosten e.d.⟩ ⟦2⟧ onderschatting ⟨bijvoorbeeld van tegenstander⟩
²**un·der·es·ti·mate** [onov + ov ww] te laag schatten
³**un·der·es·ti·mate** [ov ww] onderschatten
un·der·ex·er·cise [onov ww] te weinig bewegen/lichaamsbeweging hebben
un·der·ex·pose [onov + ov ww] ⟨foto⟩ onderbelichten
un·der·ex·po·sure [niet-telb zn] ⟨foto⟩ onderbelichting
un·der·feed [ov ww] onvoldoende voeden/te eten geven ♦ *underfed children* ondervoede kinderen
un·der·felt /ˌʌndəfelt, ˌʌndər-/ [niet-telb zn] viltpapier, ondertapijt
un·der·floor /ˌʌndəflɔː, ˌʌndərflɔr/ [bn] onder de vloer ♦ *underfloor heating* vloerverwarming
un·der·flow /ˌʌndəfləʊ, ˌʌndər-/ [telb + niet-telb zn] onderstroom ⟨ook figuurlijk⟩, verborgen/onderdrukte (stroom van) gevoelens, verborgen/onderdrukte gedachte(stroom)
un·der·foot /ˌʌndəfʊt, ˌʌndər-/ [bw] ⟦1⟧ onder de voet(en), op de grond, ⟨fig⟩ vertrapt, onderdrukt ♦ *crush/trample sth. underfoot* iets vertrappen ⟦2⟧ ondergronds ⟦3⟧ in de weg, voor de voeten
un·der·frame /ˌʌndəfreɪm, ˌʌndər-/ [telb zn] onderstel
un·der·fund /ˌʌndəfʌnd, ˌʌndər-/, **un·der·re·source** /-rɪzɔːs, -sɔːs, ˌʌ-rɪzɔrs, ˌʌ-sɔrs/ [ov ww] te weinig fondsen/middelen/subsidie geven aan ♦ *the program is seriously underfunded* het programma krijgt veel te weinig middelen
un·der·fur /ˌʌndəfɜː, ˌʌndərfɜr/ [niet-telb zn] onderhaar, onderwol ⟨in dierenvacht⟩
un·der·gar·ment /ˌʌndəgɑːmənt, ˌʌndərgɑrmənt/ [telb zn] onderkledingstuk
un·der·gird /ˌʌndəgɜːd, ˌʌndərgɜrd/ [ov ww] ⟦1⟧ ondergorden, met een gordel steunen ⟦2⟧ ondersteunen, schragen
un·der·go /ˌʌndəgəʊ, ˌʌndər-/ [ov ww] ondergaan, verduren, doorstaan, lijden
un·der·grad /ˌʌndəgræd, ˌʌndər-/ [telb zn] ⟨inf⟩ ⟦1⟧ ⟨verk: undergraduate⟩ student(e), niet-gegradueerde ⟦2⟧ ⟨verk: undergraduate⟩ college voor niet-gegradueerden
un·der·grad·u·ate /ˌʌndəgrædjʊət, ˌʌndər-/ [telb zn] student(e), niet-gegradueerde
un·der·grad·u·ette /ˌʌndəgrædjʊet, ˌʌndər-/ [telb zn] ⟨scherts⟩ studente
¹**un·der·ground** /ˌʌndəgraʊnd, ˌʌndər-/ [telb zn] ⟦1⟧ ⟨BE⟩ metro, ondergrondse ♦ *by underground* met de metro ⟦2⟧ ondergrondse, verzetsbeweging, illegaliteit ♦ *the underground during the Second World War* het verzet tijdens de Tweede Wereldoorlog ⟦3⟧ subversieve beweging, ondergrondse revolutionaire beweging/groep ⟦4⟧ underground, alternatieve (jongeren)beweging, hippiebeweging, subcultuur ⟦5⟧ onderaardse ruimte/gang
²**un·der·ground** /ˌʌndəgraʊnd, ˌʌndər-/ [bn] ⟦1⟧ ondergronds, (zich) onder de grond (bevindend) ♦ *underground water* grondwater ⟦2⟧ ondergronds, verborgen, heimelijk,

clandestien, illegaal ♦ *underground* **activities** clandestiene activiteiten; *go underground* onderduiken, ondergronds gaan werken; ⟨AE; gesch⟩ *underground railroad* underground railroad ⟨geheime organisatie die slaven hielp ontsnappen uit de slavenstaten voor de burgeroorlog⟩; *the organisation went underground* de organisatie werkte ondergronds verder

³**un·der·ground** /ˌʌndəɡraʊnd, ᴬˌʌndər-/ [bn, attr] underground, alternatief, experimenteel, avant-garde ♦ *underground church* undergroundkerk ⟨met radicale opvattingen⟩; *underground movie* experimentele film, avant-gardefilm; *underground press* undergroundpers ⟨experimentele/radicale/onregelmatig verschijnende kranten/bladen⟩

⁴**un·der·ground** /ˌʌndəɡraʊnd, ᴬˌʌndər-/ [ov ww] onder de grond plaatsen/leggen ⟨elektriciteitskabels e.d.⟩

⁵**un·der·ground** /ˌʌndəɡraʊnd, ᴬˌʌndər-/ [bw] 1 ondergronds, onder de grond 2 ondergronds, in het geheim, heimelijk, clandestien, illegaal

un·der·grown /ˌʌndəɡroʊn, ᴬˌʌndər-/ [bn] 1 niet volgroeid, klein, zwak 2 geheel begroeid ⟨met kreupelhout⟩, overwoekerd

un·der·growth /ˌʌndəɡroʊθ, ᴬˌʌndər-/ [niet-telb zn] 1 kreupelhout, ondergroei 2 onvolgroeidheid

¹**un·der·hand** /ˌʌndəhænd, ᴬˌʌndər-/ [telb zn] ⟨sport⟩ onderhandse worp/bal

²**un·der·hand** /ˌʌndəhænd, ᴬˌʌndər-/ [bn; bw] 1 onderhands, geheim, heimelijk, clandestien 2 achterbaks, slinks, bedrieglijk, geniepig 3 onopvallend, subtiel 4 onderhands, met de hand onder schouderhoogte ⟨voornamelijk sport⟩

un·der·hand·ed [bn; bw; bw: underhandedly; zn: underhandedness] 1 → **underhand²** ♦ *underhanded methods* achterbakse methoden 2 onderbezet, met te weinig personeel

un·der·hung /ˌʌndəhʌŋ, ᴬˌʌndər-/ [bn] 1 vooruitstekend ⟨onderkaak⟩ 2 met vooruitstekende onderkaak

un·der·in·sur·ance [niet-telb zn] ⟨verz⟩ onderverzekering

un·de·rived /ˌʌndɪraɪvd/ [bn] niet afgeleid, primair, oorspronkelijk, elementair

un·der·jaw /ˌʌndədʒɔː, ᴬˌʌndərdʒɔ/ [telb zn] onderkaak

un·der·kill [telb + niet-telb zn] 1 onvoldoende vernietigingskracht 2 gematigd optreden, gematigde bestraffing, terughoudendheid

¹**un·der·lay** /ˌʌndəleɪ, ᴬˌʌndər-/ [telb + niet-telb zn] 1 onderlegger 2 ondertapijt 3 ondermatras 4 ⟨drukw⟩ onderlegsel 5 onderstroom ⟨figuurlijk⟩

²**un·der·lay** /ˌʌndəleɪ, ᴬˌʌndər-/ [ov ww] onderleggen ⟨ook drukwezen⟩, (onder)steunen, ophogen

³**un·der·lay** /ˌʌndəleɪ, ᴬˌʌndər-/ [verleden tijd] → **underlie**

un·der·leaf /ˌʌndəliːf, ᴬˌʌndər-/ [telb zn] 1 onderkant van een blad 2 ⟨plantk⟩ amfigaster

¹**un·der·lease** /ˌʌndəliːs, ᴬˌʌndər-/ [telb + niet-telb zn] onderverhuur

²**un·der·lease** /ˌʌndəliːs, ᴬˌʌndər-/ [ov ww] onderverhuren

un·der·let /ˌʌndəlet, ᴬˌʌndər-/ [ov ww] 1 onderverhuren 2 onder de waarde verhuren 3 onderaanbesteden, uitbesteden

un·der·lie /ˌʌndəlaɪ, ᴬˌʌndər-/ [ov ww] 1 liggen onder, zich bevinden onder 2 ten grondslag liggen aan, de oorzaak zijn van, verklaren ♦ *underlying* **principles** grondprincipes 3 schuil gaan achter ♦ *underlying meaning* werkelijke betekenis 4 ⟨taalk⟩ de stam/het grondwoord zijn van 5 ⟨taalk⟩ de onderliggende structuur zijn van ♦ *underlying* **structure** onderliggende structuur, dieptestructuur 6 ⟨ec⟩ voorrang hebben boven, gaan/komen voor

¹**un·der·line** /ˌʌndəlaɪn, ᴬˌʌndər-/ [telb zn] 1 onderstreping, streep 2 onderschrift, tekst ⟨onder illustratie⟩

²**un·der·line** /ˌʌndəlaɪn, ᴬˌʌndər-/ [ov ww] onderstrepen ⟨ook figuurlijk⟩, benadrukken

un·der·lin·en /ˌʌndəlɪnɪn, ᴬˌʌndər-/ [niet-telb zn] onderlinnen, ondergoed

un·der·ling /ˌʌndəlɪŋ, ᴬ-dər-/ [telb zn] ondergeschikte ⟨voornamelijk pejoratief⟩, loopjongen

un·der·lip /ˌʌndəlɪp, ᴬ-dər-/ [telb zn] onderlip

un·der·manned [bn] 1 onvoldoende bemand, met te kleine bemanning ⟨schip⟩ 2 onderbezet, met te weinig personeel

un·der·men·tioned /ˌʌndəmenʃnd, ᴬˌʌndər-/ [bn, attr] ⟨BE⟩ onderstaand, volgend, (hier)onder genoemd

un·der·mine /ˌʌndəmaɪn, ᴬˌʌndər-/ [ov ww] ondermijnen, ondergraven ⟨ook figuurlijk⟩, verzwakken, aan het wankelen brengen

¹**un·der·most** /ˌʌndəmoʊst, ᴬˌʌndər-/ [bn] onderste, laagste

²**un·der·most** /ˌʌndəmoʊst, ᴬˌʌndər-/ [bw] op de onderste plaats, (helemaal) onderop, het laagst

un·der·named /ˌʌndəneɪmd, ᴬˌʌndər-/ [bn] (hier)onder genoemd/vermeld

¹**un·der·neath** /ˌʌndəniːθ, ᴬˌʌndər-/ [telb zn] onderkant

²**un·der·neath** /ˌʌndəniːθ, ᴬˌʌndər-/ [bn] 1 onder(liggend), zich onderaan/in/op bevindend, lager(gelegen), beneden ♦ *the underneath* de onderkant 2 onder de oppervlakte liggend, verborgen ♦ *the underneath* **meaning** de diepere betekenis 3 ⟨gew⟩ heimelijk

³**un·der·neath** /ˌʌndəniːθ, ᴬˌʌndər-/ [bw] 1 ⟨ook fig; plaats⟩ onderaan, eronder, aan de onderkant ♦ *she moved the* **carpet** *to reveal a hatch underneath* ze verlegde het tapijt en toonde een luik dat eronder verscholen lag; *they could no longer see the* **earth** *underneath* ze konden de aarde onder hen niet meer zien; *long paragraphs with lots of* **footnotes** *underneath* lange paragrafen met vele voetnoten onderaan 2 in de grond ♦ *he seemed aloof, but underneath he was kindhearted* hij scheen ongenaakbaar, maar in de grond had hij een goed hart

⁴**un·der·neath** /ˌʌndəniːθ, ᴬˌʌndər-/ [vz] ⟨plaats; ook fig⟩ beneden, (vlak) onder, bedekt onder ♦ *she sensed hatred underneath his* **flattery** ze voelde dat er haat schuilde onder zijn gevlei; *scribbled underneath the* **line** vlak onder de regel gekrabbeld; *underneath a cruel* **master** onder een wrede meester; *hidden underneath the* **surface** onder het oppervlak verborgen

un·der·note /ˌʌndənoʊt, ᴬˌʌndər-/ [telb zn] ondertoon

un·der·nour·ish [ov ww] onvoldoende te eten geven ♦ *undernourished* **children** ondervoede kinderen

un·der·nour·ish·ment [niet-telb zn] ondervoeding

un·der·oc·cu·pied [bn] 1 met weinig bewoners, (bijna) leegstaand ♦ *underoccupied large* **houses** grote huizen met weinig bewoners 2 weinig omhanden hebbend, weinig werk hebbend ♦ *underoccupied* **people** mensen met te weinig werk

un·der·paint /ˌʌndəpeɪnt, ᴬˌʌndər-/ [ov ww] voorbewerken ⟨schilderij⟩, een ruwe schets maken van ⟨ook figuurlijk⟩

un·der·pants /ˌʌndəpænts, ᴬˌʌndər-/ [alleen mv] onderbroek

un·der·part /ˌʌndəpɑːt, ᴬˌʌndərpɑrt/ [telb zn] 1 onderkant, onderzijde, onderste deel, onderdeel 2 ⟨dram⟩ bijrol, ondergeschikte rol

un·der·pass /ˌʌndəpɑːs, ᴬˌʌndərpæs/ [telb zn] onderdoorgang, tunnel ⟨onder (spoor)weg⟩

un·der·pay [ov ww] onderbetalen, te weinig betalen

un·der·pay·ment [niet-telb zn] onderbetaling

un·der·peo·pled [bn] te schaars bevolkt, onderbevolkt

un·der·pin /ˌʌndəpɪn, ᴬˌʌndər-/ [ov ww] onderstoppen, de fundamenten verstevigen van, ⟨fig⟩ ondersteunen, onderbouwen, schragen; → **underpinning**

un·der·pin·ning /ˌʌndəpɪnɪŋ, ᴬˌʌndər-/ [niet-telb zn]; oorspronkelijk tegenwoordig deelw van *underpin* 1 versteviging van de fundamenten 2 fundering ⟨ook figuur-

underpinnings

lijk), ondersteuning
un·der·pin·nings /ˌʌndəpɪnɪŋz, ᴬˌʌndərpɪnɪŋz/ [alleen mv; oorspronkelijk tegenwoordig deelw van underpin] ① ondergoed ② ⟨inf⟩ onderstel, benen
un·der·play [ov ww] ① bagatelliseren, afzwakken ② ⟨dram⟩ ingehouden spelen ③ ⟨kaartsp⟩ laten houden, duiken
un·der·plot /ˌʌndəplɒt, ᴬˌʌndərplɑt/ [telb zn] ① ⟨letterk⟩ ondergeschikt(e) intrige/handeling ② geheim plan, intrige, kuiperij
un·der·pop·u·lat·ed [bn] onderbevolkt, te dunbevolkt
un·der·price [ov ww] ① een lagere prijs vragen dan ⟨concurrent⟩, onderbieden ② te laag prijzen ⟨artikel⟩
un·der·priv·i·leged [bn] kansarm, achtergesteld, sociaal zwak, arm
un·der·prize [ov ww] onderwaarderen
un·der·pro·duce [ov ww] minder produceren (dan normaal) ♦ *steel was underproduced by 20%* er werd 20% minder staal geproduceerd
un·der·pro·duc·tion [niet-telb zn] onderproductie
un·der·pro·duc·tiv·i·ty [niet-telb zn] onvoldoende productiviteit
un·der·proof [bn] onder het standaardalcoholgehalte, onder de normale sterkte
un·der·prop /ˌʌndəprɒp, ᴬˌʌndərprɑp/ [ov ww] ondersteunen, stutten, schragen ⟨ook figuurlijk⟩ ♦ *underprop one's reputation* zijn reputatie hoophouden
un·der·quote [ov ww] ① een lagere prijs opgeven/vragen dan ⟨concurrent⟩, onderbieden ② een lagere prijs opgeven/vragen voor ⟨artikel⟩
un·der·rate [ov ww] ① te laag schatten ⟨kosten⟩ ② onderschatten ⟨tegenstander⟩
un·der·re·act [onov ww] onvoldoende reageren, niet afdoende/hard genoeg optreden
un·der·re·port [ov ww] te weinig aangifte doen van ♦ *rape was underreported* er werd te weinig aangifte gedaan van verkrachting
underresource [ov ww] → underfund
un·der·ripe [bn] niet geheel rijp
un·der·run /ˌʌndərʌn/ [ov ww] ① lopen/stromen onder ② ⟨scheepv⟩ binnenboord halen en inspecteren/repareren ⟨kabel, net⟩
¹**un·der·score** /ˌʌndəskɔː, ᴬˌʌndərskɔr/ [telb zn] onderstreping, streep
²**un·der·score** /ˌʌndəskɔː, ᴬˌʌndərskɔr/ [ov ww] onderstrepen ⟨ook figuurlijk⟩, benadrukken
¹**un·der·sea** /ˌʌndəsiː, ᴬˌʌndər-/ [bn] onderzees, onderzee-, onderwater-
²**un·der·sea** /ˌʌndəsiː, ᴬˌʌndər-/, **un·der·seas** /-siːz/ [bw] onderzees, onder het zeeoppervlak/de zeespiegel, onder water
un·der·seal /ˌʌndəsiːl, ᴬˌʌndər-/ [ov ww] ⟨BE⟩ voorzien van een roestwerende laag ⟨onderkant van auto⟩, tectyleren
un·der·sec·re·tar·y /ˌʌndəsek(r)ətri, ᴬˌʌndərsek(r)əteri/ [telb zn] ① ondersecretaris, tweede secretaris ② staatssecretaris ♦ *parliamentary undersecretary* ± staatssecretaris; *permanent undersecretary* ± secretaris-generaal ⟨van ministerie⟩
un·der·sell [ov ww] ① tegen een lagere prijs verkopen dan, goedkoper zijn dan ⟨concurrent⟩ ② onder de prijs/waarde verkopen, verkwanselen
¹**un·der·set** /ˌʌndəset, ᴬˌʌndər-/ [telb zn] onderstroom
²**un·der·set** /ˌʌndəset, ᴬˌʌndər-/ [ov ww] ondersteunen, stutten, schragen
un·der·sexed [bn] weinig seksueel aangelegd, weinig hartstochtelijk/erotisch, weinig geïnteresseerd in seks, koel, frigide
un·der·shirt /ˌʌndəʃɜːt, ᴬˌʌndərʃɜrt/ [telb zn] ⟨vnl AE⟩ (onder)hemd

¹**un·der·shoot** [telb + niet-telb zn] ⟨fin⟩ onderschrijding
²**un·der·shoot** [onov ww] ① te vroeg landen/aan de grond komen ⟨voor landingsbaan⟩ ② niet ver genoeg schieten
³**un·der·shoot** [ov ww] ① landen/aan de grond komen voor ⟨landingsbaan⟩ ② niet halen, schieten voor/onder, missen ⟨doel⟩
un·der·shorts /ˌʌndəʃɔːts, ᴬˌʌndərʃɔrts/ [alleen mv] ⟨AE⟩ onderbroek
un·der·shot /ˌʌndəʃɒt, ᴬˌʌndərʃɑt/ [bn] ① onderslachtig, door onderslag bewogen ⟨watermolen⟩ ♦ *undershot wheel* onderslachtig rad, onderslagrad ② ⟨van onderen⟩ vooruitstekend ③ met vooruitstekende onderkaak
un·der·shrub /ˌʌndəʃrʌb, ᴬˌʌndər-/ [telb zn] lage/kleine struik
un·der·side /ˌʌndəsaɪd, ᴬˌʌndər-/ [telb zn] onderkant, onderzijde
un·der·sign /ˌʌndəsaɪn, ᴬˌʌndər-/ [ov ww] ondertekenen; → undersigned
¹**un·der·signed** /ˌʌndəsaɪnd, ᴬˌʌndər-/ [bn; volt deelw van undersign] ondertekend
²**un·der·signed** /ˌʌndəsaɪnd, ᴬˌʌndər-/ [bn, attr; volt deelw van undersign] ondertekend hebbend ♦ *the undersigned* (de) ondergetekende(n); *I/we, the undersigned* ik/wij, ondergetekende(n)
un·der·sized, un·der·size [bn] te klein, onder de normale grootte, ondermaats, dwerg-, iel uitgevallen
un·der·skirt /ˌʌndəskɜːt, ᴬˌʌndərskɜrt/ [telb zn] onderrok, ⟨i.h.b.⟩ petticoat
un·der·slip /ˌʌndəslɪp, ᴬˌʌndər-/ [telb zn] onderjurk, onderrok
un·der·slung /ˌʌndəslʌŋ, ᴬˌʌndər-/ [bn] ⟨met veren⟩ van onderen aan de assen bevestigd ⟨chassis⟩
un·der·soil /ˌʌndəsɔɪl, ᴬˌʌndər-/ [niet-telb zn] ondergrond
un·der·staffed [bn] onderbezet, met te weinig personeel, met personeelstekort
¹**un·der·stand** /ˌʌndəstænd, ᴬˌʌndər-/ [onov ww] ① (het) begrijpen, het snappen ♦ *I simply don't understand* ik snap het gewoon niet ② het begrijpen, er begrip voor hebben ♦ *he begged her to understand* hij smeekte haar begrip voor de situatie te hebben ③ (goed) op de hoogte zijn, (goed) geïnformeerd zijn ♦ *understand about* verstand hebben van ④ verstand hebben; → understanding
²**un·der·stand** /ˌʌndəstænd, ᴬˌʌndər-/ [onov + ov ww] begrijpen, (er)uit opmaken/afleiden, aannemen, vernemen ♦ *they had a very pleasant time, or so I understand* ze hebben het erg naar hun zin gehad, tenminste dat heb ik begrepen; *I understood that you knew him* ik had begrepen dat je hem kende; *do I understand/am I to understand that you are in favour of this plan?* moet ik daaruit opmaken dat je voor dit plan bent?; *it is understood that they will arrive tomorrow, they are understood to arrive tomorrow* naar verluidt komen zij morgen; → understanding
³**un·der·stand** /ˌʌndəstænd, ᴬˌʌndər-/ [ov ww] ① begrijpen, (be)vatten, inzien, snappen, verstaan, verstand hebben van ♦ *what do you understand by that?* wat versta je daaronder?; *he understands children* hij weet hoe je met kinderen moet omgaan; *understand each other/one another* elkaar begrijpen, op dezelfde golflengte/een lijn zitten; *give s.o. to understand that* iemand te verstaan/kennen geven dat; *make o.s. understood* zich verstaanbaar maken, duidelijk maken wat men bedoelt; *(now,) understand me* nu moet je me goed begrijpen, begrijp me goed ② begrijpen, begrip hebben voor ③ verstaan ⟨taal⟩ ④ opvatten ♦ *understand a remark literally* een opmerking letterlijk opvatten ⑤ ⟨vnl passief⟩ erbij denken, (in gedachte) aanvullen, niet (openlijk/met zoveel woorden) noemen ⟨voornamelijk taalkunde⟩ ♦ *in this construction the object is understood* in deze constructie moet het voorwerp erbij gedacht

worden ⑥ ⟨vnl passief⟩ als vanzelfsprekend/feit aannemen, als afgesproken beschouwen ♦ *that is understood!* (dat spreekt) vanzelf!; → **understanding**
un·der·stand·a·ble /ˌʌndəˈstændəbl, ᴬˌʌndər-/ [bn; bw: understandably] begrijpelijk, te begrijpen, verstaanbaar
¹**un·der·stand·ing** /ˌʌndəˈstændɪŋ, ᴬˌʌndər-/ [telb zn; voornamelijk enk; (oorspronkelijk) gerund van understand] afspraak, overeenkomst, schikking ♦ *come to/reach an understanding* het eens worden, elkaar eens, tot een schikking komen; *on the understanding that* op voorwaarde dat, met dien verstande dat; *on the distinct understanding* onder uitdrukkelijke voorwaarde
²**un·der·stand·ing** /ˌʌndəˈstændɪŋ, ᴬˌʌndər-/ [telb + niet-telb zn; (oorspronkelijk) gerund van understand] (onderling) begrip, verstandhouding ♦ *there is not much understanding between them* ze hebben weinig begrip voor elkaar, hun verstandhouding laat te wensen over
³**un·der·stand·ing** /ˌʌndəˈstændɪŋ, ᴬˌʌndər-/ [niet-telb zn; (oorspronkelijk) gerund van understand] ① verstand, intelligentie, begrip, inzicht ♦ *matters beyond a child's understanding* zaken die het verstand van een kind te boven gaan ② interpretatie, beoordeling, opvatting, mening, idee ♦ *a wrong understanding of the situation* een verkeerde beoordeling/inschatting van de situatie
⁴**un·der·stand·ing** /ˌʌndəˈstændɪŋ, ᴬˌʌndər-/ [bn; oorspronkelijk tegenwoordig deelw van understand; bw: ~ly] ① verstandig, intelligent ② begripvol, begrip tonend, begrijpend, welwillend, vol begrip
un·der·state [ov ww] ① te laag opgeven ⟨leeftijd, inkomen enz.⟩, afzwakken ② (te) zwak/ingehouden/gematigd uitdrukken, niet (bepaald) overdrijven
un·der·state·ment [telb + niet-telb zn] understatement, (te) zwakke aanduiding/weergave ② te lage opgave
un·der·steer [niet-telb zn] ondersturing ⟨van auto⟩
un·der·stock [ov ww] ① onvoldoende bevoorraden ⟨winkel⟩ ② onvoldoende van vee voorzien ⟨boerderij⟩
un·der·sto·rey, un·der·sto·ry [telb zn] ondergroei, lagere begroeiing
un·der·strap·per /ˌʌndəˈstræpə, ᴬˌʌndərstræpər/ [telb zn] ondergeschikte ⟨voornamelijk pejoratief⟩, loopjongen
¹**un·der·stud·y** /ˌʌndəˈstʌdi, ᴬˌʌndər-/ [telb zn] ① ⟨dram⟩ doublure ② vervanger, invaller
²**un·der·stud·y** /ˌʌndəˈstʌdi, ᴬˌʌndər-/ [ov ww] ⟨dram⟩ ① als doublure optreden voor, vervangen ② als doublure instuderen ⟨rol⟩
un·der·sub·scribed [bn] met te weinig abonnees/deelnemers/cursisten ⟨enz.⟩ ♦ *this service is undersubscribed* voor deze dienst is er te weinig belangstelling
un·der·take /ˌʌndəˈteɪk, ᴬˌʌndər-/ [ov ww] ① ondernemen, ter hand nemen, voor zijn rekening nemen, aannemen ② op zich nemen, aanvaarden, aangaan ③ beloven, zich verplichten tot, zich verbinden tot ④ garanderen, instaan voor ♦ *I can't undertake that you will succeed* ik kan niet garanderen dat je zult slagen
¹**un·der·tak·er** /ˌʌndəˈteɪkə, ᴬˌʌndərteɪkər/ [telb zn] ① ondernemer ② (onder)aannemer ③ ⟨voornamelijk Undertaker⟩ ⟨gesch⟩ politiek leider die zijn invloed aanwendt ten gunste van de koning ⟨in het Engelse parlement, 17e eeuw⟩
²**un·der·tak·er** /ˌʌndəˈteɪkə, ᴬˌʌndərteɪkər/ [telb zn] begrafenisondernemer
¹**un·der·tak·ing** /ˌʌndəˈteɪkɪŋ, ᴬˌʌndər-/ [telb zn] ① onderneming ② (plechtige) belofte, garantie
²**un·der·tak·ing** /ˌʌndəˈteɪkɪŋ, ᴬˌʌndər-/ [niet-telb zn] het verzorgen van begrafenissen, lijkbezorging
un·der·tax [onov + ov ww] onvoldoende belasten, te weinig belasting heffen
un·der·ten·an·cy /ˌʌndəˈtenənsi, ᴬˌʌndər-/ [niet-telb zn] onderhuur, onderpacht

un·der·ten·ant /ˌʌndəˈtenənt, ᴬˌʌndər-/ [telb zn] onderhuurder, onderpachter
un·der-the-count·er, un·der-the-ta·ble [bn] onder de toonbank, clandestien
un·der·things /ˌʌndəˈθɪŋz, ᴬˌʌndər-/ [alleen mv] (dames)ondergoed
un·der·time [ov ww] ⟨foto⟩ onderbelichten
un·der·tint /ˌʌndəˈtɪnt, ᴬˌʌndər-/ [telb zn] zachte tint, pasteltint
un·der·tone /ˌʌndəˈtoʊn, ᴬˌʌndər-/ [telb zn] ① gedempte toon ♦ *speak in undertones/an undertone* met gedempte stem spreken ② ondertoon ⟨figuurlijk⟩, onderstroom ③ lichte tint, zweem ♦ *red with a slight undertone of yellow* rood met een klein beetje geel erin
un·der·tow /ˌʌndəˈtoʊ, ᴬˌʌndər-/ [telb zn] onderstroom ⟨in branding⟩
¹**un·der·val·u·a·tion** [telb zn] te lage prijs/waarde
²**un·der·val·u·a·tion** [niet-telb zn] ① onderwaardering ② onderschatting
¹**un·der·val·ue** [telb zn] te lage prijs/waarde
²**un·der·val·ue** [ov ww] ① onderwaarderen ⟨ook economie⟩, te laag waarderen, niet op zijn juiste waarde schatten, geringschatten ♦ *an undervalued currency* een ondergewaardeerde valuta ② onderschatten
un·der·vest /ˌʌndəˈvest, ᴬˌʌndər-/ [telb zn] ⟨BE⟩ (onder)hemd
un·der·wa·ter /ˌʌndəˈwɔːtə, ᴬˌʌndərwɒtər, ᴬ-wɑtər/ [bn; bw] ① onder water, onderwater-, onderzees, onder het wateroppervlak/de zeespiegel ♦ *underwater camera* onderwatercamera ② ⟨scheepv⟩ onder de waterlijn, onderwater- ♦ *underwater body* onderwatergedeelte ⟨van schip⟩
un·der·way /ˌʌndəˈweɪ, ᴬˌʌndər-/ [bn, attr] ① onderweg plaatsvindend ② reis-, voor onderweg
un·der·wear /ˌʌndəˈweə, ᴬˌʌndərwer/ [niet-telb zn] ondergoed, onderkleding
¹**un·der·weight** [telb zn] lichtgewicht, (te) licht persoon, veertje
²**un·der·weight** [niet-telb zn] ondergewicht
³**un·der·weight** [bn] te licht, onder zijn (normale) gewicht
un·der·whelm /ˌʌndəˈwelm, ᴬˌʌndərhwelm/ [ov ww] niet (bepaald) in vervoering brengen, koud laten
un·der·wing /ˌʌndəˈwɪŋ, ᴬˌʌndər-/ ⟨dierk⟩ ① ondervleugel, achtervleugel ⟨van insect⟩ ② ondervleugel, onderkant van een vleugel ③ weeskind ⟨vlinder; genus Catocala⟩ ♦ *red underwing* rood/gewoon weeskind ⟨Catocala nupta⟩
un·der·wood /ˌʌndəˈwʊd, ᴬˌʌndər-/ [niet-telb zn] kreupelhout, onderhout
¹**un·der·work** [onov ww] ① te weinig werken ② onder de markt werken, goedkoper werken, beunhazen
²**un·der·work** [ov ww] ① te weinig laten werken, niet genoeg te doen geven ② te weinig werk besteden aan, zich makkelijk afmaken van ③ goedkoper werken dan, onderkruipen
un·der·world /ˌʌndəˈwɜːld, ᴬˌʌndərwɜrld/ [telb zn] ① onderwereld, rijk der schimmen, onderaards rijk, Hades ② onderwereld, misdadigerswereld, penoze ③ tegenovergelegen deel van de aarde, antipoden ④ onderaards gebied
¹**un·der·write** /ˌʌndəˈraɪt/ [onov ww] verzekeringszaken doen, assureren, verzekeringen afsluiten, verzekeraar zijn; → **underwriting**
²**un·der·write** /ˌʌndəˈraɪt/ [ov ww] ① ondertekenen ⟨polis⟩, afsluiten ⟨verzekering⟩ ② (door ondertekening) op zich nemen/aanvaarden ⟨risico, aansprakelijkheid⟩ ③ verzekeren, assureren, een verzekering afsluiten voor ⟨voornamelijk scheepvaart⟩ ④ ⟨ec⟩ zich verplichten tot het kopen van ⟨niet-geplaatste aandelen⟩, de verkoop garanderen van ♦ *underwrite an issue* een emissie waarbor-

underwriter

gen/garanderen [5] zich garant stellen voor, borg staan voor, waarborgen, (financieel) steunen [6] onderschrijven, goedvinden, zich verenigen met [7] eronder schrijven; → **underwriting**

un·der·writ·er /ˈʌndəraɪtə, ᴬ-raɪtər/ [telb zn] [1] verzekeraar, ⟨i.h.b.⟩ zeeverzekeraar, zeeassuradeur [2] lid van een garantiesyndicaat ⟨van emissie⟩ ♦ *the underwriters* het garantiesyndicaat [3] borg

un·der·writ·ing /ˈʌndəraɪtɪŋ/ [niet-telb zn; gerund van underwrite] [1] het verzekeren, verzekering, ⟨i.h.b.⟩ zeeverzekering, zeeassurantie [2] garantie ⟨van emissie⟩

underwriting syndicate [telb zn] garantiesyndicaat ⟨van emissie⟩

un·de·scend·ed /ˌʌndɪˈsɛndɪd/ [bn] niet afgedaald ⟨bijvoorbeeld testikel⟩

un·de·served /ˌʌndɪˈzɜːvd, ᴬ-ˈzɜrvd/ [bn; bw: ~ly; zn: ~ness] onverdiend, onterecht

un·de·serv·ing /ˌʌndɪˈzɜːvɪŋ, ᴬ-ˈzɜr-/ [bn] onwaardig, niet verdienend ♦ *be undeserving of sth.* iets niet waard zijn/verdienen

un·de·signed /ˌʌndɪˈzaɪnd/ [bn; bw: ~ly] onopzettelijk, per ongeluk

un·de·sign·ing /ˌʌndɪˈzaɪnɪŋ/ [bn] oprecht, eerlijk

¹**un·de·sir·a·ble** /ˌʌndɪˈzaɪərəbl/ [telb zn] ongewenst persoon, ongewenst element, persona non grata

²**un·de·sir·a·ble** /ˌʌndɪˈzaɪərəbl/ [bn; bw: undesirably; zn: ~ness] ongewenst, onwenselijk ♦ *undesirable aliens* ongewenste vreemdelingen; *undesirable discharge* oneervol ontslag

un·de·sired /ˌʌndɪˈzaɪəd, ᴬ-ˈzaɪərd/ [bn] ongewenst, ongewild

un·de·sir·ing /ˌʌndɪˈzaɪərɪŋ/, **un·de·sir·ous** /-rəs/ [bn] niet verlangend/begerig ♦ *be undesiring of sth.* iets niet wensen/nastreven

un·de·ter·mined /ˌʌndɪˈtɜːmɪnd, ᴬ-ˈtɜr-/ [bn] [1] onbeslist [2] onbepaald, onzeker, onduidelijk, onbestemd [3] besluiteloos, weifelachtig

un·de·terred /ˌʌndɪˈtɜːd, ᴬ-ˈtɜrd/ [bn] niet afgeschrikt, niet ontmoedigd, onverschrokken, niet uit het veld geslagen

un·de·vel·oped /ˌʌndɪˈvɛləpt/ [bn] [1] onontwikkeld [2] onontgonnen

un·dies /ˈʌndiz/ [alleen mv] ⟨inf⟩ (dames)ondergoed

un·di·gest·ed /ˌʌndaɪˈdʒɛstɪd, ˌʌndɪ-/ [bn] [1] onverteerd [2] onverwerkt, ongeordend, verward

un·dig·ni·fied /ʌnˈdɪɡnɪfaɪd/ [bn] [1] niet waardig/achtenswaardig/eerbiedwaardig [2] niet in overeenstemming met zijn waardigheid

un·di·lut·ed /ˌʌndaɪˈluːtɪd/ [bn] onverdund, onvermengd, ⟨fig⟩ zuiver, onvervalst ♦ *undiluted pleasure* puur plezier

un·dine /ˈʌndiːn/ [telb zn] undine, vrouwelijke watergeest

un·di·rect·ed /ˌʌndɪˈrɛktɪd, ˌʌndaɪ-/ [bn] [1] niet geleid [2] ongericht, doelloos [3] ongeadresseerd

un·dis·charged /ˌʌndɪsˈtʃɑːdʒd, ᴬ-ˈtʃɑrdʒd/ [bn] [1] onbetaald, niet afgedaan ⟨schuld⟩ [2] niet afgeschoten ⟨geweer⟩ [3] niet gelost, niet uitgeladen ⟨goederen⟩ [4] ⟨jur⟩ niet gerehabiliteerd (gefailleerde)

un·dis·ci·pline /ʌnˈdɪsɪplɪn/ [niet-telb zn] gebrek aan discipline, ongedisciplineerdheid

un·dis·ci·plined /ʌnˈdɪsɪplɪnd/ [bn] [1] ongedisciplineerd [2] ongeschoold, ongeoefend, ongetraind

un·dis·closed /ˌʌndɪsˈkləʊzd/ [bn] niet bekendgemaakt, niet (nader) genoemd, geheim (gehouden) ♦ *undisclosed reserves* geheime reserves

un·dis·crim·i·nat·ing /ˌʌndɪsˈkrɪmɪneɪtɪŋ/ [bn] [1] geen onderscheid makend, zonder onderscheid, ongenuanceerd [2] onkritisch

un·dis·guised /ˌʌndɪsˈɡaɪzd/ [bn] niet vermomd/verborgen, ⟨fig⟩ onverholen, onverbloemd, openlijk

un·dis·mayed /ˌʌndɪsˈmeɪd/ [bn] niet ontmoedigd, niet afgeschrikt, niet uit het veld geslagen

un·dis·posed /ˌʌndɪsˈpəʊzd/ [bn] niet geneigd, onwillig, weerspannig [•] zie: **undisposed of**

undisposed of [bn] [1] niet geregeld, niet opgelost [2] niet weggedaan, niet verkocht, niet van de hand gedaan

un·dis·put·ed /ˌʌndɪsˈpjuːtɪd/ [bn] onbetwist, onbestreden, algemeen erkend

un·dis·tin·guished /ˌʌndɪsˈtɪŋɡwɪʃt/ [bn] [1] (zich) niet onderscheiden(d) [2] onduidelijk, moeilijk te onderscheiden [3] niet bijzonder, alledaags, onbetekenend, gewoon, niet om over naar huis te schrijven

un·dis·turbed /ˌʌndɪsˈtɜːbd, ᴬ-ˈtɜrbd/ [bn] ongestoord, ⟨België⟩ onverstoord

un·di·vid·ed /ˌʌndɪˈvaɪdɪd/ [bn] onverdeeld, volkomen, totaal, geheel en al

¹**un·do** /ʌnˈduː/ [onov ww; undid, undone] losgaan, los raken, opengaan, loslaten; → **undoing**, **undone**

²**un·do** /ʌnˈduː/ [ov ww; undid, undone] [1] losmaken, losknopen, openmaken [2] uitkleden [3] tenietdoen, ongedaan maken, uitwissen ♦ *this mistake can never be undone* deze fout kan nooit goedgemaakt worden [4] verleiden, van streek maken [5] ⟨vero⟩ ruïneren, in het verderf storten, te gronde richten, vernietigen [•] ⟨spwr⟩ *what's done cannot be undone* gedane zaken nemen geen keer; → **undoing**, **undone**

un·dock /ʌnˈdɒk, ᴬ-ˈdɑk/ [ov ww] ⟨ruimtev⟩ loskoppelen, ontkoppelen

un·do·er /ʌnˈduːə, ᴬ-ər/ [telb zn] [1] verwoester [2] iemand die iets ongedaan maakt [3] verleider

¹**un·do·ing** /ʌnˈduːɪŋ/ [telb zn; (oorspronkelijk) gerund van undo] ondergang, val, verderf, ongeluk

²**un·do·ing** /ʌnˈduːɪŋ/ [niet-telb zn; (oorspronkelijk) gerund van undo] [1] het ongedaan maken [2] het losmaken [3] het ruïneren, het te gronde richten

un·do·mes·ti·cat·ed /ʌnˈdəˈmɛstɪkeɪtɪd/ [bn] [1] ongetemd, wild [2] niet huishoudelijk (aangelegd)

un·done /ʌnˈdʌn/ [bn; volt deelw van undo] [1] ongedaan, onafgemaakt [2] los(gegaan), losgeraakt, losgemaakt ♦ *come undone* losgaan, losraken [3] geruïneerd, verloren

un·doubt·ed /ʌnˈdaʊtɪd/ [bn; bw: ~ly] [1] ongetwijfeld, zonder twijfel [2] ontwijfelbaar

un·draw /ʌnˈdrɔː/ [ov ww; undrew, undrawn] opentrekken, opzij trekken [•] *undrawn beer* niet getapt bier; *undrawn milk* ongemolken melk; *the designer left his plans undrawn* de ontwerper zette zijn plannen niet op papier/tekende zijn plannen niet uit

un·dreamed /ʌnˈdriːmd/, **un·dreamt** /ʌnˈdrɛmt/ [bn] onvoorstelbaar, ondenkbaar, fantastisch ♦ *undreamed of* onvoorstelbaar

¹**un·dress** /ˈʌndrɛs/ [telb zn] négligé, huisgewaad, informele kledij

²**un·dress** /ˈʌndrɛs/ [niet-telb zn] [1] naaktheid [2] ⟨mil⟩ klein tenue

³**un·dress** /ˈʌndrɛs/ [bn, attr] [1] ⟨mil⟩ behorend tot het klein tenue [2] m.b.t./met informele kledij [3] alledaags, gewoon, eenvoudig

⁴**un·dress** /ʌnˈdrɛs/ [onov ww] zich uitkleden; → **undressed**

⁵**un·dress** /ʌnˈdrɛs/ [ov ww] [1] uitkleden, ontkleden [2] ⟨med⟩ ontzwachtelen, verband verwijderen van [3] blootleggen; → **undressed**

un·dressed /ʌnˈdrɛst/ [bn; volt deelw van undress] [1] ongekleed, naakt, bloot ♦ *get undressed* zich uitkleden [2] zonder saus [3] niet bereid ⟨van voedsel⟩ [4] niet geprepareerd ⟨van huid⟩ [5] niet verbonden ⟨van wond⟩

undress rehearsal [telb zn] gewone repetitie ⟨in werkkleding⟩

un·due /ʌnˈdjuː, ᴬ-ˈduː/ [bn, attr] [1] overmatig, overdadig, buitensporig ♦ *exercise undue **influence** upon s.o.* te grote invloed op iemand uitoefenen [2] onbehoorlijk, ongepast, onbescheiden [3] niet verschuldigd

un·du·lant /ˈʌndjʊlənt, ᴬ-dʒə-/ [bn] golvend ▪ ⟨med⟩ *undulant fever* golvende koorts, maltakoorts

¹**un·du·late** /ˈʌndjʊlət/ [bn; bw: ~ly] golvend, gegolfd

²**un·du·late** /ˈʌndjʊleɪt, ᴬ-dʒə-/ [onov ww] golven, rimpelen, pulseren, trillen ♦ *undulating **wheat*** golvend graan

³**un·du·late** /ˈʌndjʊleɪt, ᴬ-dʒə-/ [ov ww] doen golven, doen rimpelen/trillen

¹**un·du·la·tion** /ˌʌndjʊˈleɪʃn, ᴬ-dʒə-/ [telb zn; vaak mv] golving, rimpeling, trilling, vibratie

²**un·du·la·tion** /ˌʌndjʊˈleɪʃn, ᴬ-dʒə-/ [niet-telb zn] het golven, het rimpelen/trillen, golfslag, deining

un·du·la·to·ry /ˈʌndjʊlətri, ˌʌndʒəˈlətɔri/ [bn] [1] golvend [2] m.b.t. golving, golfvormig

un·du·lous /ˈʌndjʊləs, ᴬ-dʒə-/ [bn] golvend

un·du·ly /ʌnˈdjuːli, ᴬ-ˈduː-/ [bw] [1] → undue uitermate, zeer, buitengewoon, overmatig [3] onbehoorlijk, ongepast [4] onrechtmatig

un·dust /ʌnˈdʌst/ [ov ww] onder het stof vandaan halen, opnieuw bovenhalen

un·du·te·ous /ʌnˈdjuːtɪəs, ᴬ-ˈduː-/, **un·du·ti·ful** /-tɪfl/ [bn] [1] zonder plichtsbesef, plichtvergeten [2] ongehoorzaam

un·dy·ing /ʌnˈdaɪɪŋ/ [bn; voornamelijk attributief] onsterfelijk, eeuwig, onvergankelijk

un·earned /ʌnˈɜːnd, ᴬ-ˈɜrnd/ [bn] onverdiend ♦ *unearned income* inkomen uit vermogen; *unearned **increment*** toevallige waardevermeerdering

un·earth /ʌnˈɜːθ, ᴬ-ˈɜrθ/ [ov ww] [1] opgraven, opdelven, rooien, ⟨fig⟩ opdiepen, opsnorren [2] onthullen, aan het licht brengen, blootleggen [3] uit zijn hol jagen ⟨dier⟩

un·earth·ly /ʌnˈɜːθli, ᴬ-ˈɜrθ-/ [bn; vergr trap: unearthlier; zn: unearthliness] [1] bovenaards [2] bovennatuurlijk, mysterieus, spookachtig [3] geheimzinnig, griezelig, angstaanjagend, eng [4] ⟨inf⟩ onmogelijk ⟨tijd⟩ ♦ *wake s.o. up at an unearthly hour* iemand op een belachelijk vroeg uur wakker maken

un·eas·i·ness /ˈʌniːzɪnəs/, ⟨form⟩ **un·ease** /ʌnˈiːz/ [niet-telb zn] [1] onbehaaglijkheid, ongemak(kelijkheid), onlust [2] bezorgdheid, onzekerheid, angst (voor)gevoel ♦ *cause s.o. uneasiness **over** sth.* iemand over iets ongerust maken [3] onrustigheid [4] verontrusting

un·eas·y /ʌnˈiːzi/ [bn; vergr trap: uneasier; bw: uneasily] [1] onbehaaglijk, ongemakkelijk, stroef ♦ *uneasy **conscience*** bezwaard geweten; *be uneasy **with*** zich niet op zijn gemak voelen met [2] bezorgd, ongerust, angstig ♦ *be uneasy **about**, grow uneasy **at*** zich zorgen maken over [3] onrustig ⟨bijvoorbeeld in slaap⟩ [4] verontrustend ▪ ⟨sprw⟩ *uneasy lies the head that wears a crown* daar is geen kroon of er staat een kruisje op

un·eat·able /ʌnˈiːtəbl/ [bn] oneetbaar, niet voor consumptie geschikt

un·eat·en /ʌnˈiːtn/ [bn] niet gegeten/genuttigd

un·ec·o·nom·ic /ˌʌniːkəˈnɒmɪk, ˌʌnekə-, ᴬ-ˈnɑmɪk/, **un·ec·o·nom·i·cal** /-ɪkl/ [bn; bw: ~ally] [1] oneconomisch, onrendabel, onvoordelig, niet lonend [2] verkwistend, spilziek

un·ed·u·cat·ed /ʌnˈedʒʊkeɪtɪd, ᴬ-dʒə-/ [bn] ongeschoold, onontwikkeld, ongeletterd

UNEF [eigenn] ⟨United Nations Emergency Force⟩

un·em·bar·rassed /ˌʌnɪmˈbærəst/ [bn] [1] vrij(moedig), open, niet verlegen [2] onbelemmerd, ongedwongen [3] vrij van hypotheek, onbezwaard

un·em·broi·dered /ˌʌnɪmˈbrɔɪdəd, ᴬ-dərd/ [bn] [1] ongeborduurd [2] onversierd, onopgesmukt, eenvoudig

un·e·mo·tion·al /ˌʌnɪˈmoʊʃnəl/ [bn; bw: ~ly] niet emotioneel, zonder emotie, niet ontroerd

¹**un·em·ploy·a·ble** /ˌʌnɪmˈplɔɪəbl/ [telb zn] persoon die niet tewerkgesteld kan worden

²**un·em·ploy·a·ble** /ˌʌnɪmˈplɔɪəbl/ [bn] ongeschikt voor een betrekking, onbemiddelbaar

un·em·ployed /ˌʌnɪmˈplɔɪd/ [bn] [1] ongebruikt [2] werkloos, zonder werk/betrekking ♦ *the unemployed* de werklozen [3] niet geïnvesteerd

un·em·ploy·ment /ˌʌnɪmˈplɔɪmənt/ [niet-telb zn] werkloosheid

unemployment benefit, unemployment pay [telb + niet-telb zn] werkloosheidsuitkering

unemployment figures [alleen mv] werkloosheidscijfers

unemployment insurance [niet-telb zn] werkloosheidsverzekering

unemployment rate [telb zn] werkloosheidspercentage, werkloosheidscijfer

un·en·closed /ˌʌnɪnˈkloʊzd/ [bn] niet omheind

un·en·cum·bered /ˌʌnɪnˈkʌmbəd, ᴬ-bərd/ [bn] [1] onbelast, onbezwaard ⟨in het bijzonder met hypotheek⟩ [2] vrij, alleenstaand, geen vrouw/man/... hebbend

un·end·ing /ʌnˈendɪŋ/ [bn; bw: ~ly; zn: ~ness] [1] oneindig, eindeloos, eeuwig [2] onophoudelijk [3] ⟨inf⟩ kolossaal, ongehoord

un·en·dowed /ˌʌnɪnˈdaʊd/ [bn] [1] onbegaafd, niet begiftigd ♦ *unendowed **with*** niet begiftigd met [2] niet gesubsidieerd

un·en·dur·a·ble /ˌʌnɪnˈdjʊərəbl, ᴬ-ˈdʊrəbl/ [bn] onverdraaglijk, niet uit te houden

un·en·fran·chised /ˌʌnɪnˈfræntʃaɪzd/ [bn] onvrij, ⟨i.h.b.⟩ zonder stemrecht/kiesrecht

un·en·gaged /ˌʌnɪnˈgeɪdʒd/ [bn] [1] vrij, niet gebonden/bezet/verloofd [2] niet bezig, met niets omhanden, werkeloos [3] ⟨mil⟩ niet in gevecht

un·en·gag·ing /ˌʌnɪnˈgeɪdʒɪŋ/ [bn] onsympathiek, onaantrekkelijk

un-Eng·lish /ʌnˈɪŋglɪʃ/ [bn] on-Engels, niet (typisch) Engels

un·en·light·ened /ˌʌnɪnˈlaɪtnd/ [bn] [1] onwetend, ongeïnformeerd, niet op de hoogte/ingelicht [2] onontwikkeld [3] bevooroordeeld, niet verlicht [4] bijgelovig

un·en·tailed /ˌʌnɪnˈteɪld/ [bn] vervreemdbaar ⟨bijvoorbeeld van recht⟩, vrij

un·en·tered /ʌnˈentəd, ᴬˈnentərd/ [bn] [1] niet ingeschreven ⟨bijvoorbeeld als lid⟩, niet geregistreerd [2] onbetreden, maagdelijk

un·en·vi·a·ble /ʌnˈenvɪəbl/ [bn] niet benijdenswaard(ig), onplezierig

¹**un·e·qual** /ʌnˈiːkwəl/ [telb zn] [1] persoon van andere stand [2] ongelijk ding

²**un·e·qual** /ʌnˈiːkwəl/ [bn; bw: ~ly; zn: ~ness] [1] ongelijk, oneerlijk ♦ *unequal **in** size* ongelijk in maat; *unequal **to** the other* ongelijk aan de ander [2] oneffen [3] onregelmatig

³**un·e·qual** /ʌnˈiːkwəl/ [bn, pred; bw: ~ly; zn: ~ness] niet opgewassen tegen, niet berekend voor ♦ *be unequal **to** one's work* zijn werk niet aankunnen

un·e·qualled, ⟨AE⟩ **un·e·qualed** /ʌnˈiːkwəld/ [bn] ongeëvenaard, zonder weerga

un·e·quiv·o·cal /ˌʌnɪˈkwɪvəkl/ [bn; bw: ~ly] duidelijk, onmiskenbaar, ondubbelzinnig

un·err·ing /ʌnˈɜːrɪŋ/ [bn; bw: ~ly; zn: ~ness] onfeilbaar, nooit falend, feilloos ♦ *unerring **devotion*** nimmer/niet aflatende toewijding

un·es·cap·a·ble /ˌʌnɪˈskeɪpəbl/ [bn; bw: unescapably] onontkoombaar, onvermijdelijk, niet te ontvluchten

UNESCO /juːˈneskoʊ/ [eigenn] ⟨United Nations Educational, Scientific, and Cultural Organization⟩ Unesco

¹**un·es·sen·tial** /ˌʌnɪˈsenʃl/ [telb zn] bijzaak

²**un·es·sen·tial** /ˌʌnɪˈsenʃl/ [bn] niet essentieel, onbelangrijk, niet wezenlijk

un·es·tab·lished /ˌʌnɪˈstæblɪʃt/ [bn] [1] niet gevestigd

unethical 2018

⟨bijvoorbeeld van reputatie⟩ ♦ *unestablished* **writers** schrijvers die nog geen naam hebben gemaakt; ⟨i.h.b.⟩ schrijvers die nog niet gepubliceerd hebben [2] niet in vaste dienst [3] niet tot staatskerk gemaakt
un·eth·i·cal /ʌnfəðəmd/ [bn; bw: unethically] onethisch
un·e·ven /ʌniːvn/ [bn; bw: ~ly; zn: ~ness] [1] ongelijk, oneffen ♦ *uneven* **bars** brug met ongelijke leggers; *the* **surface** *of that road is uneven* het oppervlak van die weg is oneffen [2] onregelmatig, ongelijkmatig ♦ *he ran at a rather uneven* **speed** hij liep met een onregelmatige snelheid [3] van ongelijke kwaliteit, ⟨euf⟩ middelmatig, slecht ♦ *he writes poems of uneven* **quality** hij schrijft gedichten van ongelijke/middelmatige kwaliteit
un·e·vent·ful /ʌnɪventfl/ [bn; bw: ~ly; zn: ~ness] onbewogen, kalm, rustig, saai ♦ *uneventful* **day** dag zonder belangrijke gebeurtenissen
un·ex·am·pled /ʌnɪgzɑːmpld, ᴬ-zæm-/ [bn] ⟨form⟩ weergaloos, zonder weerga, voorbeeldeloos, uitzonderlijk
un·ex·cep·tion·a·ble /ʌnɪksepʃnəbl/ [bn; bw: unexceptionably] onberispelijk, voortreffelijk
un·ex·cep·tion·al /ʌnɪksepʃnəl/ [bn; bw: ~ly] gewoon, normaal, geen uitzondering toelatend
un·ex·pect·ed /ʌnɪkspektɪd/ [bn; bw: ~ly; zn: ~ness] onverwacht, onvoorzien ▪ ⟨sprw⟩ *it's the unexpected that always happens* een ongeluk zit in een klein hoekje; ⟨sprw⟩ *nothing is so certain as the unexpected* ± je kunt er zeker van zijn dat er iets onverwachts gebeurt
un·ex·plained /ʌnɪkspleɪnd/ [bn] onverklaard, onopgehelderd
un·ex·plored /ʌnɪksplɔːd, ᴬ-splɔrd/ [bn] onverkend, niet geëxploreerd
un·ex·tend·ed /ʌnɪkstendɪd/ [bn] [1] niet uitgestrekt [2] zonder uitgestrektheid
un·fad·ing /ʌnfeɪdɪŋ/ [bn] [1] onverwelkelijk [2] vast ⟨in het bijzonder van kleuren⟩
un·fail·ing /ʌnfeɪlɪŋ/ [bn; bw: ~ly; zn: ~ness] [1] onfeilbaar, niet falend, zeker [2] onuitputtelijk, eindeloos, onophoudelijk [3] onverflauwd ♦ *unfailingly* **polite** altijd en eeuwig beleefd
un·fair /ʌnfeə, ᴬnfer/ [bn; vergr trap: unfairer; bw: ~ly; zn: ~ness] oneerlijk, onrechtvaardig, onjuist, onbillijk, onredelijk, partijdig ♦ *unfair* **competition** oneerlijke concurrentie; *unfair* **dismissal** onrechtmatig ontslag ▪ *unfair* **wind** ongunstige wind
un·faith·ful /ʌnfeɪθfl/ [bn; bw: ~ly; zn: ~ness] [1] ontrouw, niet loyaal, ⟨i.h.b.⟩ overspelig ♦ *be unfaithful* **with** overspel plegen met [2] onnauwkeurig, niet woordelijk
un·fal·ter·ing /ʌnfɔːltrɪŋ/ [bn; bw: ~ly] [1] zonder te aarzelen, zonder te struikelen/wankelen [2] zonder te stotteren/stamelen [3] onwankelbaar, vast, onwrikbaar, standvastig ♦ *unfaltering* **love** onwankelbare liefde; *unfaltering* **steps** vaste tred
un·fa·mil·iar /ʌnfəmɪljə, ᴬ-ər/ [bn] [1] onbekend, niet vertrouwd ♦ *the girl was not unfamiliar* **to** *him* het meisje was hem niet onbekend; *unfamiliar* **with** *their* **customs** niet vertrouwd met hun gewoonten [2] ongewoon, vreemd
un·fa·mil·i·ar·i·ty /ʌnfəmɪliærəti/ [niet-telb zn] [1] onbekendheid [2] ongewoonheid
un·fash·ion·a·ble /ʌnfæʃnəbl/ [bn; bw: unfashionably; zn: ~ness] [1] niet modieus [2] niet chic [3] ondeftig, niet deftig
¹**un·fas·ten** /ʌnfɑːsn, ᴬnfæsn/ ⟨onov ww⟩ los raken, loslaten, losgaan
²**un·fas·ten** /ʌnfɑːsn, ᴬnfæsn/ [ov ww] losmaken, losknopen, openmaken
un·fa·thered /ʌnfɑːðəd, ᴬ-ðərd/ [bn] [1] vaderloos [2] buitenechtelijk, onwettig, bastaard-, ⟨fig⟩ van onbekende oorsprong
un·fath·om·a·ble /ʌnfæðəməbl/ [bn; bw: unfathomably] [1] onpeilbaar, ondoorgrondelijk, raadselachtig [2] ondoordringbaar, onmetelijk
un·fath·om·ed /ʌnfæðəmd/ [bn] [1] ongepeild ⟨diepte⟩ [2] onopgelost, ondoorgrondelijk, raadselachtig [3] onmetelijk
un·fa·vour·a·ble, ⟨AE⟩ **un·fa·vor·a·ble** /ʌnfeɪvrəbl/ [bn; bw: unfavourably; zn: ~ness] ongunstig, onvoordelig ♦ ⟨ec⟩ *unfavourable* **balance** *(of trade)* passieve handelsbalans; *unfavourable* **for** *a trip/***to** *our plans* ongunstig voor een uitstapje/voor onze plannen
un·feath·er /ʌnfeðə, ᴬ-ər/ [ov ww] van veren ontdoen, plukken; → **unfeathered**
un·feath·ered /ʌnfeðəd, ᴬ-ðərd/ [bn; volt deelw van unfeather] [1] ongeplukt, niet van veren ontdaan [2] niet gevederd
un·fea·tured /ʌnfiːtʃəd, ᴬ-tʃərd/ [bn] [1] zonder gelaatstrekken [2] misvormd [3] niet voorzien (in het programma), niet aangekondigd
un·feel·ing /ʌnfiːlɪŋ/ [bn; bw: ~ly] gevoelloos ⟨ook figuurlijk⟩, hardvochtig, meedogenloos, wreed
un·feigned /ʌnfeɪnd/ [bn; bw: ~ly /-nɪdli/] ongeveinsd, oprecht, onvervalst
un·fenced /ʌnfenst/ [bn] [1] onbeschermd, onbeschut, weerloos [2] niet omheind
un·fet·ter /ʌnfetə, ᴬnfetər/ [ov ww] ontketenen ⟨ook figuurlijk⟩, bevrijden, losmaken; → **unfettered**
un·fet·tered /ʌnfetəd, ᴬnfetərd/ [bn; volt deelw van unfetter] ontketend ⟨ook figuurlijk⟩, bevrijd, vrij, ongebonden
un·fin·ished /ʌnfɪnɪʃt/ [bn] [1] onbeëindigd, onvolledig, onaf, onvoltooid ♦ *unfinished* **business** onafgedane kwestie(s) [2] onbewerkt ⟨bijvoorbeeld van hout⟩, naturel
¹**un·fit** /ʌnfɪt/ [telb zn] minderwaardig persoon
²**un·fit** /ʌnfɪt/ [bn; bw: ~ly; zn: ~ness] [1] ongeschikt, niet capabel, onbekwaam ♦ *unfit to be a marine* ongeschikt voor marinier; *unfit for duty* ongeschikt voor de dienst [2] ongezond, in slechte conditie
³**un·fit** /ʌnfɪt/ [ov ww] ongeschikt maken ♦ *unfit s.o. for sth.* iemand ongeschikt maken voor iets; → **unfitted**, **unfitting**
un·fit·ted /ʌnfɪtɪd/ [bn; volt deelw van unfit] [1] ongeschikt, onbekwaam [2] niet uitgerust/ingericht
un·fit·ting /ʌnfɪtɪŋ/ [bn; tegenwoordig deelw van unfit] [1] ongeschikt [2] ongepast
un·fix /ʌnfɪks/ [ov ww] [1] losmaken [2] verwarren, aan het wankelen brengen, schokken; → **unfixed**
un·fixed /ʌnfɪkst/ [bn; volt deelw van unfix] [1] los(gemaakt), onvast [2] verward, onzeker, weifelend, vaag [3] niet vastgesteld ⟨datum⟩
un·flag·ging /ʌnflægɪŋ/ [bn; bw: ~ly] onvermoeibaar, onverflauwd, onderbroken
un·flap·pa·bil·i·ty /ʌnflæpəbɪləti/ [niet-telb zn] onverstoorbaarheid
un·flap·pa·ble /ʌnflæpəbl/ [bn; bw: unflappably] ⟨inf⟩ onverstoorbaar, niet van zijn stuk te brengen, ijskoud
un·flat·ter·ing /ʌnflætrɪŋ, ᴬnflætərɪŋ/ [bn] niet (erg) vleiend, niet geflatteerd
un·fledged /ʌnfledʒd/ [bn] [1] nog niet kunnende vliegen, nog zonder veren, kaal [2] onrijp, onervaren, groen
un·fleshed /ʌnfleʃt/ [bn] [1] nog niet aan bloed gewend ⟨bijvoorbeeld jachthond⟩ [2] onervaren [3] zonder vlees, niet met vlees bedekt
un·flinch·ing /ʌnflɪntʃɪŋ/ [bn; bw: ~ly] [1] onbevreesd, onversaagd, onverschrokken, niet (terug)wijkend/terugdeinzend [2] ferm, vastberaden, resoluut
un·fo·cused /ʌnfoʊkəst/ [bn] [1] onscherp [2] ongericht, vaag, warrig, rommelig
¹**un·fold** /ʌnfoʊld/ [onov ww] [1] zich openvouwen, opengaan [2] zich uitspreiden [3] zich ontvouwen
²**un·fold** /ʌnfoʊld/ [ov ww] [1] openvouwen, loswikkelen,

openen, uitpakken, ontplooien ♦ *unfold a newspaper* een krant openslaan [2] uitspreiden ♦ *unfold the arms* de armen spreiden [3] openbaren, bekendmaken, blootleggen, ontvouwen, openleggen [4] *uit de schaapskooi laten*

un·for·bear·ing /ˌʌnfɔːˈbeərɪŋ, ᴬˌʌnfɔrˈbɛrɪŋ/ [bn] onverdraagzaam

un·fore·see·a·ble /ˌʌnfɔːˈsiːəbl, ᴬ-fɔr-/ [bn] onvoorspelbaar ♦ *unforeseeable changes* onvoorspelbare veranderingen

un·fore·seen /ˌʌnfɔːˈsiːn, ᴬ-fɔr-/ [bn] onvoorzien, onverwacht

un·for·get·ta·ble /ˌʌnfəˈgetəbl, ᴬˌʌnfərˈgetəbl/ [bn; bw: unforgettably] onvergetelijk

un·for·giv·a·ble /ˌʌnfəˈgɪvəbl, ᴬ-fər-/ [bn] onvergeeflijk

un·for·giv·ing /ˌʌnfəˈgɪvɪŋ, ᴬ-fər-/ [bn] [1] wrokkig, niet vergevensgezind, rancuneus, onverzoenlijk ♦ *he is an unforgiving man* hij vergeeft iemand niet snel [2] keihard ⟨van situaties⟩ ♦ *business is very fierce and unforgiving* het zakenleven is hard en meedogenloos

un·formed /ˌʌnˈfɔːmd, ᴬ-ˈfɔrmd/ [bn] [1] vormeloos, ongeorganiseerd [2] onontwikkeld, onrijp

¹**un·for·tu·nate** /ˌʌnˈfɔːtʃnət, ᴬˌʌnˈfɔrtʃənət/ [telb zn] [1] ongelukkige [2] verstoteling, verworpeling

²**un·for·tu·nate** /ˌʌnˈfɔːtʃnət, ᴬˌʌnˈfɔrtʃənət/ [bn; bw: ~ly; zn: ~ness] ongelukkig, onzalig, betreurenswaardig, jammerlijk ♦ *unfortunate place for trade* ongunstige plek voor handel; *unfortunate term* ongelukkige term

un·found·ed /ˌʌnˈfaʊndɪd/ [bn; bw: ~ly; zn: ~ness] [1] ongegrond, ongefundeerd [2] niet opgericht, niet gesticht

un·frame /ˌʌnˈfreɪm/ [ov ww] verwoesten

un·freeze /ˌʌnˈfriːz/ [onov + ov ww] ontdooien

un·fre·quent /ˌʌnˈfriːkwənt/ [bn] zeldzaam

un·fre·quent·ed /ˌʌnfrɪˈkwentɪd/ [bn] niet veel bezocht

un·friend·ed /ˌʌnˈfrendɪd/ [bn] zonder vrienden

un·friend·ly /ˌʌnˈfrendli/ [bn; vergr trap: unfriendlier; zn: unfriendliness] [1] onvriendelijk, vijandig, slechtgezind ♦ *unfriendly area* onveilig/onherbergzaam gebied; *unfriendly welcome* koele ontvangst [2] ongunstig, onvoordelig ⟨bijvoorbeeld van wind, weer⟩

un·frock /ˌʌnˈfrɒk, ᴬˌʌnˈfrɑk/ [ov ww] uit de orde stoten, uit het ambt ontzetten ⟨in het bijzonder priester⟩, devesteren

un·fruit·ful /ˌʌnˈfruːtfl/ [bn; bw: ~ly; zn: ~ness] [1] onvruchtbaar ⟨ook figuurlijk⟩, vruchteloos, geen vrucht dragend [2] niet winstgevend, niets opbrengend, nutteloos

un·ful·filled /ˌʌnfʊlˈfɪld/ [bn] onvervuld, niet gerealiseerd, niet verwezenlijkt

un·fund·ed /ˌʌnˈfʌndɪd/ [bn] ⟨fin⟩ ongefundeerd, niet geconsolideerd ⟨bijvoorbeeld van schuld⟩ ♦ *unfunded debt* vlottende schuld

un·fun·ny /ˌʌnˈfʌni/ [bn] flauw, zouteloos

¹**un·furl** /ˌʌnˈfɜːl, ᴬˌʌnˈfɜrl/ [onov ww] zich ontrollen, zich ontvouwen, zich ontplooien ⟨bijvoorbeeld van vlag⟩

²**un·furl** /ˌʌnˈfɜːl, ᴬˌʌnˈfɜrl/ [ov ww] ontrollen, ontvouwen, ontplooien ⟨bijvoorbeeld vlag⟩

un·fur·nished /ˌʌnˈfɜːnɪʃt, ᴬ-ˈfɜr-/ [bn] ongemeubileerd ♦ *unfurnished with* niet voorzien van, zonder

un·fused /ˌʌnˈfjuːzd/ [bn] [1] ongesmolten [2] zonder lont, zonder ⟨ontstekings⟩buis ⟨van granaat⟩

un·gain·ly /ˌʌnˈgeɪnli/ [bn; vergr trap: ungainlier; zn: ungainliness] lomp, onbevallig, onhandig, links, boers

un·gain·say·a·ble /ˌʌngeɪnˈseɪəbl/ [bn] onweerlegbaar, onweerspreekbaar

un·gar·nished /ˌʌnˈgɑːnɪʃt, ᴬ-ˈgɑr-/ [bn] onversierd, onopgemaakt, ongegarneerd, onopgesmukt

un·gat·ed /ˌʌnˈgeɪtɪd/ [bn] zonder hek(ken) ♦ *ungated level crossing* onbewaakte overweg

un·gear /ˌʌnˈgɪə, ᴬˌʌnˈgɪr/ [ov ww] ontkoppelen, losmaken

un·gen·er·ous /ˌʌnˈdʒenrəs/ [bn; bw: ~ly] [1] hard(vochtig), streng, onvriendelijk [2] gierig, vrekkig, egoïstisch

un·ge·ni·al /ˌʌnˈdʒiːniəl/ [bn] onvriendelijk, onprettig, onaangenaam, ongunstig, guur ⟨van weer⟩

un·gen·tle /ˌʌnˈdʒentl/ [bn] [1] van lage afkomst, onbeschaafd, onopgevoed [2] ruw, grof

un·gen·tle·man·ly /ˌʌnˈdʒentlmənli/ [bn] ⟨vnl sport⟩ onsportief ♦ *ungentlemanly conduct* onsportief gedrag

un·ge·potch /ˌʌnˈgɪpɒtʃ, ᴬ-pɑtʃ/, **un·ge·potched** /-pɒtʃt, ᴬ-pɑtʃt/, **un·ge·potch·ket** /-pɒtʃkɪt, ᴬ-pɑtʃkɪt/ [bn] ⟨sl⟩ [1] geïmproviseerd, amateuristisch [2] (toch) gelapt

un·get·at·a·ble /ˌʌngetˈætəbl/ [bn] ⟨inf⟩ onbereikbaar, ongenaakbaar

un·gird /ˌʌnˈgɜːd, ᴬˌʌnˈgɜrd/ [ov ww] losgorden, ontgordelen

un·giv·ing /ˌʌnˈgɪvɪŋ/ [bn] [1] onbuigzaam, stijf, niet meegevend [2] zuinig, krenterig

un·glazed /ˌʌnˈgleɪzd/ [bn] [1] onverglaasd, ongeglazuurd [2] zonder glas/ruiten

¹**un·glove** /ˌʌnˈglʌv/ [onov ww] zijn/haar handschoen(en) uittrekken; → **ungloved**

²**un·glove** /ˌʌnˈglʌv/ [ov ww] de handschoen(en) uittrekken van; → **ungloved**

un·gloved /ˌʌnˈglʌvd/ [bn; volt deelw van unglove] zonder handschoen(en)

un·glue /ˌʌnˈgluː/ [ov ww] losweken, losmaken; → **unglued**

un·glued /ˌʌnˈgluːd/ [bn; oorspronkelijk volt deelw van unglue] ⟨sl⟩ [1] woest, onbeheerst [2] krankzinnig

un·god·ly /ˌʌnˈgɒdli, ᴬ-ˈgɑd-/ [bn; vergr trap: ungodlier; zn: ungodliness] [1] goddeloos, zondig, profaan, onheilig [2] ⟨inf⟩ afgrijselijk, schandalig, verschrikkelijk ♦ *he rang me at an ungodly hour* hij belde me op een onchristelijk uur

un·got·ten /ˌʌnˈgɒtn, ᴬˌʌnˈgɑtn/ [bn] ⟨vero⟩ onverkregen, onverworven

un·gov·ern·a·ble /ˌʌnˈgʌvnəbl, ᴬ-vərnəbl/ [bn; bw: ungovernably; zn: ~ness] onbedwingbaar, ontembaar, onhandelbaar, onbestuurbaar

un·grace·ful /ˌʌnˈgreɪsfl/ [bn] onbevallig, lomp, onsierlijk

un·gra·cious /ˌʌnˈgreɪʃəs/ [bn; bw: ~ly; zn: ~ness] [1] onhoffelijk, grof, lomp [2] onaangenaam, onplezierig, onbevallig, afstotend, afstotelijk ♦ *ungracious task* ondankbare taak

un·gram·mat·i·cal /ˌʌngrəˈmætɪkl/ [bn] ongrammaticaal, agrammaticaal

un·grate·ful /ˌʌnˈgreɪtfl/ [bn; bw: ~ly; zn: ~ness] [1] ondankbaar [2] onplezierig, ondankbaar ⟨bijvoorbeeld van taak⟩

un·grudg·ing /ˌʌnˈgrʌdʒɪŋ/ [bn; bw: ~ly] gul, royaal, zeer welwillend ♦ *he was ungrudging in helping* hij hielp zonder morren

un·gual /ˈʌŋgwəl/ [bn] ⟨dierk⟩ [1] nagel-, klauw-, hoef- [2] nagelachtig, klauwachtig, hoefachtig [3] met nagels, met klauwen, gehoefd

un·guard·ed /ˌʌnˈgɑːdɪd, ᴬ-ˈgɑr-/ [bn; bw: ~ly; zn: ~ness] [1] onbewaakt ♦ *in an unguarded moment* op een onbewaakt ogenblik [2] onbedachtzaam, onvoorzichtig, onbehoedzaam, niet op zijn/haar hoede [3] achteloos, nonchalant, zorgeloos

un·guent /ˈʌŋgwənt/ [telb + niet-telb zn] zalf, smeersel

un·guic·u·late /ʌŋˈgwɪkjʊlət, ᴬ-kjə-/ [bn] ⟨dierk⟩ [1] met klauwen, met nagels, gehoefd [2] klauwvormig, hoefvormig

un·guis /ˈʌŋgwɪs/ [telb zn; mv: ungues /ˈʌŋgwiːz/] ⟨dierk⟩ nagel, klauw, hoef

¹**un·gu·late** /ˈʌŋgjʊleɪt, -lət, ᴬ-gjə-/ [telb zn] ⟨dierk⟩ gehoefd dier

²**un·gu·late** /ˈʌŋgjʊleɪt, -lət, ᴬ-gjə-/, **un·gu·lat·ed** /ˈʌŋgjʊleɪtɪd, ᴬˌʌŋgjəˈleɪtɪd/ [bn] ⟨dierk⟩ [1] gehoefd

ungum

2 hoefvormig

un·gum /ˌʌŋgʌm/ [ov ww] ontgommen • *come ungummed* de mist ingaan, mislukken

un·hair /ˌʌnhɛə, ˄ˌʌnhɛr/ [ov ww] ontharen, afharen

un·hal·lowed /ˌʌnhæloʊd/ [bn] 1 ongewijd, profaan, niet geheiligd 2 goddeloos, zondig, verdorven

un·hand /ˌʌnhænd/ [ov ww] ⟨vero⟩ loslaten, de handen van iemand afnemen

un·hand·some /ˌʌnhæn(t)səm/ [bn; bw: ~ly; zn: ~ness] 1 onaantrekkelijk, lelijk, alledaags 2 onhoffelijk, onbeleefd

un·hand·y /ˌʌnhændi/ [bn; vergr trap: unhandier; bw: unhandily; zn: unhandiness] 1 moeilijk te hanteren, log, plomp 2 onhandig, lelijk

un·hang /ˌʌnhæŋ/ [ov ww] afnemen, afhalen • *unhang a painting* een schilderij van de muur halen; → **unhanged**

un·hanged /ˌʌnhæŋd/ [bn; volt deelw van unhang] ⟨nog⟩ niet opgehangen

un·hap·py /ˌʌnhæpi/ [bn; vergr trap: unhappier; bw: unhappily; zn: unhappiness] 1 ongelukkig, bedroefd, ellendig 2 noodlottig, rampspoedig • ⟨vero⟩ ⟨als zinsbepaling⟩ *unhappily, I lost my passport* ongelukkigerwijs verloor ik mijn paspoort 3 ongepast, ongelukkig, tactloos

un·har·bour /ˌʌnhɑːbə, ˄ˌʌnhɑrbər/ [ov ww] ⟨BE⟩ uit zijn schuilplaats verjagen ⟨dier⟩

un·harmed /ˌʌnhɑːmd, ˄-hɑrmd/ [bn] ongedeerd, onbeschadigd

un·har·ness /ˌʌnhɑːnɪs, ˄-hɑr-/ [ov ww] 1 uitspannen ⟨paard⟩ 2 ⟨vero⟩ van het harnas ontdoen

un·health·y /ˌʌnhɛlθi/ [bn; vergr trap: unhealthier; bw: unhealthily; zn: unhealthiness] 1 ongezond ⟨ook figuurlijk⟩, ziekelijk, zwak ⟨inf⟩ link, ongezond, gevaarlijk, onveilig

un·heard /ˌʌnhɜːd, ˄ˌʌnhɜrd/ [bn] 1 niet gehoord, ongehoord, onverhoord • *unheard of* onbekend; *his advice went unheard* naar zijn advies werd niet geluisterd 2 ⟨vero⟩ ongekend, ongehoord, onbekend

un·heard-of /ˌʌnhɜːdɒv, ˄ˌʌnhɜrdɑv, ˄-ʌv/ [bn; zn: ~ness] ongekend, buitengewoon, ongehoord, onbekend

un·heed·ed /ˌʌnhiːdɪd/ [bn] genegeerd, in de wind geslagen

un·heed·ful /ˌʌnhiːdfl/ [bn] achteloos, onoplettend

un·heed·ing /ˌʌnhiːdɪŋ/ [bn] 1 onoplettend, achteloos, zorgeloos • *unheeding of* zich niet bekommerend om, niet lettend op 2 afwezig, zonder op te letten/het te merken

un·helm /ˌʌnhɛlm/ [ov ww] ⟨vero⟩ van de helm ontdoen

un·help·ful /ˌʌnhɛlpfl/ [bn] 1 niet behulpzaam, niet hulpvaardig 2 nutteloos • *unhelpful manual* handleiding waar men niets aan heeft

un·hes·i·tat·ing /ˌʌnhɛzɪteɪtɪŋ/ [bn; bw: ~ly] 1 prompt, zonder te aarzelen 2 vastberaden, standvastig, onwrikbaar

un·hewn /ˌʌnhjuːn/ [bn] ruw, ongepolijst, ongehouwen ⟨steen⟩, onbehouwen ⟨ook figuurlijk⟩

un·hinge /ˌʌnhɪndʒ/ [ov ww] 1 uit de scharnieren tillen, uit de hengsels lichten ⟨deur⟩ 2 ⟨inf⟩ uit zijn evenwicht brengen, verwarren • *his mind is unhinged* hij is van de kaart/de kluts kwijt

un·hitch /ˌʌnhɪtʃ/ [ov ww] loshaken, losmaken

un·ho·ly /ˌʌnhoʊli/ [bn; vergr trap: unholier; bw: unholily; zn: unholiness] 1 onheilig, goddeloos, slecht, verdorven 2 ⟨inf⟩ verschrikkelijk, schandelijk, gruwelijk • *unholy glee* (gemeen/duivels) leedvermaak; ⟨inf⟩ *at an unholy hour* op een onchristelijk tijdstip; *unholy noise* heidens lawaai, goddeloos leven

un·hon·oured /ˌʌnɒnəd, ˄-ɑnərd/ [bn] ongeëerd

un·hook /ˌʌnhʊk/ [ov ww] loshaken, afhaken, losmaken

un·hoped-for /ˌʌnhoʊp(t)fɔː, ˄-fɔr/, ⟨vero⟩ **un·hoped** /ˌʌnhoʊpt/ [bn] ongehoopt, onverwacht, onverhoopt

un·hope·ful /ˌʌnhoʊpfl/ [bn] niet hoopvol, hopeloos, moedeloos

un·horse /ˌʌnhɔːs, ˄-hɔrs/ [ov ww] 1 van het paard werpen, uit het zadel lichten, ten val brengen, omverwerpen ⟨ook figuurlijk⟩ 2 ⟨zelden⟩ uitspannen ⟨paard⟩

un·house /ˌʌnhaʊz/ [ov ww] uit zijn huis zetten, dakloos maken • *unhoused refugees* dakloze vluchtelingen

un·hou·seled /ˌʌnhaʊzld/ [bn] ⟨vero⟩ onbediend, zonder het Heilige sacrament (ontvangen te hebben)

un·hu·man /ˌʌnhjuːmən, ˄-(h)juː-/ [bn] 1 onmenselijk, barbaars 2 bovenmenselijk 3 niet-menselijk

un·hur·ried /ˌʌnhʌrid, ˄ˌʌnhɜrid/ [bn; bw: ~ly] niet gehaast, niet overijld, rustig

un·hurt /ˌʌnhɜːt, ˄-hɜrt/ [bn, pred] ongedeerd, niet gekwetst/gewond, onbeschadigd • *escape unhurt* er zonder kleerscheuren vanaf komen

un·husk /ˌʌnhʌsk/ [ov ww] 1 pellen, doppen 2 ontbloten, ontdoen

u·ni /juːni/ [telb zn] ⟨AuE, BE; inf⟩ universiteit, ⟨België⟩ unief

u·ni- /juːni/ een-, uni-, enkel- • *unipolar* eenpolig

¹U·ni·ate /juːnɪət, -nɪeɪt/ [telb zn] ⟨kerk⟩ lid van een geünieerde kerk ⟨oosterse kerk die suprematie van de paus erkent⟩

²U·ni·ate /juːnɪət, -nɪeɪt/ [bn] ⟨kerk⟩ geünieerd

u·ni·ax·i·al /juːniˈæksɪəl/ [bn] eenassig

u·ni·cam·er·al /juːnɪˈkæmrəl/ [bn] ⟨pol⟩ met één (wetgevende) kamer

UNICEF /juːnɪsɛf/ [eignn] (United Nations International Children's Emergency Fund) Unicef

u·ni·cel·lu·lar /juːnɪˈsɛljʊlə, ˄-ˈsɛljələr/ [bn] eencellig

U·ni·code /juːnɪkoʊd/ [niet-telb zn] ⟨comp⟩ Unicode ⟨16 bitscode⟩

u·ni·col·our, ⟨AE⟩ **u·ni·col·or** /juːnɪˈkʌlə, ˄-ər/, **u·ni·col·oured**, ⟨AE⟩ **u·ni·col·ored** /-kʌləd, ˄-kʌlərd/ [bn] eenkleurig, monochroom

u·ni·corn /juːnɪkɔːn, ˄juːnɪkɔrn/ [telb zn] 1 eenhoorn ⟨ook heraldiek⟩ 2 eenhoornvis, narwal 3 soort driespan

U·ni·corn /juːnɪkɔːn, ˄juːnɪkɔrn/ [telb zn] ⟨astron⟩ Eenhoorn, monoceros

unicorn fish, unicorn whale [telb zn] eenhoornvis, narwal

unicorn moth [telb zn] ⟨dierk⟩ windepijlstaart ⟨Herse Convolvuli⟩

u·ni·cy·cle /juːnɪsaɪkl/ [telb zn] eenwieler

un·i·den·ti·fied /ˌʌnaɪˈdɛntɪfaɪd/ [bn] niet geïdentificeerd • *unidentified flying object* onbekend vliegend voorwerp, vliegende schotel, ufo

u·ni·di·men·sion·al /juːnɪdaɪˈmɛnʃnəl, -dɪ-/ [bn] eendimensionaal

u·ni·di·rec·tion·al /juːnɪdɪˈrɛkʃnəl, -daɪ-/ [bn] in één richting, eenrichtings-, eenzijdig

UNIDO /juːˈniːdoʊ/ [afk] (United Nations Industrial Development Organization) Unido

u·ni·fic /juːˈnɪfɪk/ [bn] eenmakend, unificerend

u·ni·fi·ca·tion /juːnɪfɪˈkeɪʃn/ [niet-telb zn] unificatie, eenmaking, het een maken, het gelijkvormig maken

u·ni·flo·rous /juːˈnɪflɔrəs/ [bn] ⟨plantk⟩ eenbloemig

¹u·ni·form /juːnɪfɔːm/ [telb + niet-telb zn] uniform, dienstkleding • *be in uniform* in uniform zijn, geüniformeerd gaan, in het leger/de marine/bij de strijdkrachten dienen; *the uniform of a postman* de dienstkleding van een postbode

²u·ni·form /juːnɪfɔːm, ˄-fɔrm/ [bn; bw: ~ly; zn: ~ness] 1 uniform, (gelijk)vormig, gelijkvormig, eenvormig, eensluidend • *Uniform Business Rate* belasting voor bedrijven; *uniformly positive* onverdeeld gunstig 2 gelijkmatig, onveranderlijk, eenparig ⟨bijvoorbeeld van temperatuur⟩

³u·ni·form /juːnɪfɔːm, ˄-fɔrm/ [ov ww] 1 uniformeren, gelijk(vormig) maken, eensluidend maken 2 van een uniform voorzien, in uniform kleden/steken; → **uni-**

formed
u·ni·formed /juːnɪfɔːmd, ᴬ-fɔrmd/ [bn; volt deelw van uniform] geüniformeerd, in uniform
¹**u·ni·for·mi·tar·i·an** /juːnɪfɔːmɪtɛərɪən, ᴬ-fɔrmɪtɛrɪən/ [telb zn] ⟨geol⟩ aanhanger van het uniformitarianisme
²**u·ni·for·mi·tar·i·an** /juːnɪfɔːmɪtɛərɪən, ᴬ-fɔrmɪtɛrɪən/ [bn] ⟨geol⟩ uniformitarianistisch
u·ni·form·i·tar·i·an·ism /juːnɪfɔːmɪtɛərɪənɪzm, ᴬ-fɔrmɪtɛr-/ [niet-telb zn] ⟨geol⟩ uniformitarianisme
u·ni·for·mi·ty /juːnɪfɔːməti, ᴬ-fɔrməti/ [niet-telb zn] [1] uniformiteit, gelijk(vormig)heid, eenvormigheid, eensluidendheid [2] gelijkmatigheid, onveranderlijkheid, eenparigheid
u·ni·form·ize, u·ni·form·ise /juːnɪfɔːmaɪz, ᴬ-fɔr-/ [ov ww] uniformeren, gelijk(vormig)/eensluidend maken
¹**u·ni·fy** /juːnɪfaɪ/ [onov ww] zich verenigen
²**u·ni·fy** /juːnɪfaɪ/ [ov ww] verenigen, tot één maken, samenbundelen, gelijkschakelen
u·ni·lat·er·al /juːnɪlætrəl, ᴬ-lætərəl/ [bn; bw: ~ly] eenzijdig, unilateraal, van één kant ♦ ⟨jur⟩ *a unilateral contract* ± een eenzijdige overeenkomst; *unilateral disarmament* eenzijdige ontwapening
u·ni·lin·gual /juːnɪlɪŋgwəl/ [bn] eentalig
u·ni·lit·er·al /juːnɪlɪtrəl, ᴬ-lɪtərəl/ [bn] uit één letter bestaand
u·ni·loc·u·lar /juːnɪlɒkjʊlə, ᴬ-lɑkjələr/ [bn] ⟨plantk⟩ eenhokkig
un·im·ag·i·na·ble /ʌnɪmædʒɪnəbl/ [bn] onvoorstelbaar, ondenkbaar, onbegrijpelijk
un·im·ag·i·na·tive /ʌnɪmædʒɪnətɪv, ᴬ-neɪtɪv/ [bn] fantasieloos, zonder verbeeldingskracht, zonder fantasie, nuchter
un·im·ag·ined /ʌnɪmædʒɪnd/ [bn] ongedacht, niet voor te stellen, onbegrijpelijk
un·im·paired /ʌnɪmpɛəd, ᴬ-pɛrd/ [bn] ongeschonden, ongekrenkt, onverzwakt
un·im·pas·sioned /ʌnɪmpæʃnd/ [bn] nuchter, koel, onhartstochtelijk
un·im·peach·a·ble /ʌnɪmpiːtʃəbl/ [bn; bw: unimpeachably] [1] onbetwistbaar, ontwijfelbaar, onweerlegbaar, onwraakbaar [2] onberispelijk
un·im·por·tant /ʌnɪmpɔːtnt, ᴬ-pɔrtnt/ [bn; bw: ~ly] onbelangrijk
un·im·pressed /ʌnɪmprɛst/ [bn] niet onder de indruk
un·im·pres·sive /ʌnɪmprɛsɪv/ [bn] weinig indrukwekkend, saai, oninteressant
un·im·proved /ʌnɪmpruːvd/ [bn] [1] onverbeterd [2] ongebruikt, onbenut [3] onbebouwd ⟨van land⟩
un·in·cor·po·rat·ed /ʌnɪnkɔːpəreɪtɪd, ᴬ-kɔːrpəreɪtɪd/ [bn] zonder rechtspersoonlijkheid
un·in·formed /ʌnɪnfɔːmd, ᴬ-fɔrmd/ [bn] niet/slecht ingelicht, onwetend, niet op de hoogte
un·in·hab·it·a·ble /ʌnɪnhæbɪtəbl/ [bn] onbewoonbaar
un·in·hib·it·ed /ʌnɪnhɪbɪtɪd/ [bn; bw: ~ly] ongeremd, open, vrijuit
un·in·i·ti·a·ted /ʌnɪnɪʃieɪtɪd/ [bn] [1] oningewijd [2] niet begonnen, onbegonnen
un·in·spired /ʌnɪnspaɪəd, ᴬ-spaɪərd/ [bn] ongeïnspireerd, saai, niet opwindend
un·in·spir·ing /ʌnɪnspaɪərɪŋ/ [bn; bw: ~ly] niet inspirerend, niet opwekkend, saai
un·in·stall /ʌnɪnstɔːl/ [ov ww] ⟨comp⟩ de-installeren
un·in·struct·ed /ʌnɪnstrʌktɪd/ [bn] onwetend
un·in·tel·li·gent /ʌnɪntɛlɪdʒənt/ [bn; bw: ~ly] [1] dom, niet intelligent [2] onwetend
un·in·tel·li·gi·ble /ʌnɪntɛlɪdʒəbl/ [bn; bw: unintelligibly; zn: ~ness] onbegrijpelijk, niet te bevatten, niet te volgen, onverstaanbaar
un·in·ten·tion·al /ʌnɪntɛnʃnəl/ [bn; bw: ~ly] onbedoeld, ongewild, per ongeluk

un·in·ter·est·ed /ʌnɪntrɪstɪd, ᴬ-ɪntərɛstɪd/ [bn; bw: ~ly; zn: ~ness] [1] ongeïnteresseerd, onverschillig [2] zonder belangen, niet belanghebbend
un·in·ter·est·ing /ʌnɪntrɪstɪŋ, ᴬ-ɪntərɛstɪŋ/ [bn; bw: ~ly; zn: ~ness] oninteressant, niet boeiend
un·in·ter·rupt·ed /ʌnɪntərʌptɪd/ [bn] ononderbroken, doorlopend, onafgebroken
u·ni·nu·cle·ate /juːnɪnjuːklɪət, ᴬ-nuː-/ [bn] eenkernig
un·in·vent·ive /ʌnɪnvɛntɪv/ [bn; bw: ~ly] fantasieloos, niet oorspronkelijk, ongeïnspireerd
un·in·vit·ed /ʌnɪnvaɪtɪd/ [bn; bw: ~ly] ongenood, ongewenst
un·in·vit·ing /ʌnɪnvaɪtɪŋ/ [bn; bw: ~ly] onaantrekkelijk, niet uitnodigend/aanlokkelijk, afstotelijk
u·ni·o /juːnɪoʊ/ [telb zn] ⟨dierk⟩ stroommossel ⟨genus Unio⟩
¹**un·ion** /juːnɪən/ [telb zn] [1] ⟨vaak Union⟩ verbond, unie ♦ *the Union* de Unie van Engeland en Schotland (in 1603 of 1707); de Unie van Groot-Brittannië en Ierland (in 1801); de Verenigde Staten; de Unie van Zuid-Afrika; het Verenigd Koninkrijk; de Sovjet-Unie [2] huwelijk, verbintenis [3] uniesymbool ⟨deel van vlag⟩ ♦ *union down* met het uniesymbool naar beneden (als teken van rouw), ± halfstok [4] ⟨BE; gesch⟩ bestuurlijke eenheid van een aantal parochies ⟨t.b.v. armenzorg⟩ [5] ⟨BE; gesch⟩ arm(en)huis [6] ⟨BE; rel⟩ samenwerkingsverband van kerken [7] ⟨techn⟩ verbindingsstuk, koppelstuk [8] ⟨text⟩ mengvezel [9] ⟨wisk⟩ vereniging ⟨van twee of meer verzamelingen⟩
²**un·ion** /juːnɪən/ [niet-telb zn] [1] harmonie, eendracht, verbond ♦ *live in perfect union* in volmaakte harmonie leven [2] het verenigen, verbinding [3] het aan elkaar verbinden, koppeling, verbinding, ⟨i.h.b. med⟩ het aaneengroeien, het helen ♦ ⟨med⟩ *union by first intention* heling zonder granulatie; *union by second intention* heling met granulatie [4] ⟨vero⟩ geslachtsgemeenschap
³**un·ion** /juːnɪən/ [verzameln] [1] ⟨vak⟩bond, vakvereniging, vakcentrale [2] ⟨ook Union⟩ studentenvereniging, studentensociëteit ⟨ook gebouw⟩ ♦ *join the Union* lid worden van de sociëteit
union baron [telb zn] vakbondsleider, vakbondsbonze
union branch [telb zn] vakbondsafdeling
union card [telb zn] lidmaatschapskaart van vakbond
union catalogue [telb zn] centrale catalogus ⟨van bibliotheken⟩
un·ion·ism /juːnɪənɪzm/ [niet-telb zn] [1] ⟨ook Unionism⟩ unionisme, het streven naar een unie, unionistische principes, ⟨i.h.b.; BE⟩ het streven naar de vereniging van Groot-Brittannië en Ierland, ⟨AE⟩ steun aan de federale regering ⟨in het bijzonder tijdens Amerikaanse burgeroorlog⟩ [2] vakbondssysteem, vakbondswezen, vakbeweging
un·ion·ist /juːnɪənɪst/ [telb zn] [1] vakbondslid [2] aanhanger/voorstander van de vakbeweging [3] ⟨ook Unionist⟩ unionist, ⟨i.h.b.; BE⟩ voorstander van vereniging van Groot-Brittannië en (Noord-) Ierland, ⟨AE⟩ aanhanger van de federale regering ⟨tijdens Amerikaanse burgeroorlog⟩
un·ion·is·tic /juːnɪənɪstɪk/ [bn] unionistisch, naar een unie strevend
¹**un·ion·ize, un·ion·ise** /juːnɪənaɪz/ [onov ww] [1] een vakbond organiseren/vormen [2] lid worden van een vakbond
²**un·ion·ize, un·ion·ise** /juːnɪənaɪz/ [ov ww] [1] tot een vakbond maken [2] (tot) vakbondslid maken [3] onderwerpen aan vakbondsregels
union jack [telb zn] ⟨AE⟩ unievlag
Union Jack, ⟨ook⟩ **Union flag** [telb zn] Union Jack, Britse vlag, vlag van het Verenigd Koninkrijk
union leader [telb zn] vakbondsleider
union shop [telb zn] ⟨AE⟩ vakbondsbedrijf, bedrijf dat

union station

zijn werknemers verplicht lid te worden van de vakbond
u·nion station [telb zn] ⟨AE⟩ door een aantal maatschappijen gebruikt station
union suit [telb zn] ⟨AE⟩ hemdbroek, combinaison, combination
union workhouse [telb zn] ⟨BE; gesch⟩ arm(en)huis
u·nip·a·rous /juːnɪpərəs/ [bn] maar één jong barend ⟨in één worp⟩
u·ni·par·tite /juːnɪpɑːtaɪt, ᴬ-pɑr-/ [bn] ① ondeelbaar ② ongedeeld, niet verdeeld

the United Kingdom: England			1/5
county	**afkorting**	**hoofdstad**	
Avon	AVN	Bristol	
Bedfordshire	BDF	Bedford	
Berkshire	BRK	Reading	
Buckinghamshire	BKM	Aylesbury	
Cambridgeshire	CAM	Cambridge	
Cheshire	CHS	Chester	
Cleveland	CLV	Middlesbrough	
Cornwall	CON	Truro	
Cumbria	CMA	Carlisle	
Derbyshire	DBY	Matlock	
Devon	DEV	Exeter	
Dorset	DOR	Dorchester	
Durham/County Durham	DUR	Durham	
East Sussex	SXE	Lewes	
Essex	ESS	Chelmsford	
Gloucestershire	GLS	Gloucester	
Greater London	GLN	London	
Greater Manchester	GTM	Manchester	
Hampshire	HAM	Winchester	
Hereford and Worcester	HWR	Worcester	
Hertfordshire	HRT	Hertford	
Humberside	HUM	Beverly	
Isle of Wight	IOW	Newport	

u·ni·ped /juːnɪped/ [bn] eenvoetig, met één voet/poot
u·ni·per·son·al /juːnɪpɜːsnəl, ᴬ-pɜrs-/ [bn] ① maar één persoon omvattend ⟨van godheid⟩ ② ⟨taalk⟩ onpersoonlijk ⟨van werkwoord; bijvoorbeeld regenen⟩
u·ni·pla·nar /juːnɪpleɪnə, ᴬ-ər/ [bn] in één vlak liggend
u·ni·pod /juːnɪpɒd, ᴬ-pɑd/ [telb zn] eenbenig statief
u·ni·po·lar /juːnɪpoʊlə, ᴬ-ər/ [bn] eenpolig, unipolair
¹**u·nique** /juːniːk/ [telb zn] unicum, uniek exemplaar
²**u·nique** /juːniːk/ [bn; bw: ~ly; zn: ~ness] uniek, enig in zijn soort, ongeëvenaard, ⟨inf⟩ opmerkelijk, bijzonder, apart, uitzonderlijk
¹**u·ni·sex** /juːnɪseks/ [niet-telb zn] uniseks ⟨bijvoorbeeld kleding⟩
²**u·ni·sex** /juːnɪseks/ [bn] ① uniseks- ② onzijdig, geslachtloos, ongeslachtelijk
u·ni·sex·u·al /juːnɪsekʃʊəl/ [biol] eenslachtig
u·ni·son /juːnɪsn, -zn/ [niet-telb zn] ① ⟨muz⟩ unisono ♦ *play in unison* unisono spelen ② gelijktijdigheid, het tegelijk spreken ♦ *speak in unison* in koor spreken ③ harmonie, overeenstemming ♦ *work in unison* eendrachtig samenwerken
u·nis·o·nous /juːnɪsənəs/, **u·nis·o·nant** /-nənt/ [bn] ① ⟨muz⟩ gelijkluidend, één van klank ② eenstemmig, gelijkgestemd
¹**u·nit** /juːnɪt/ [telb zn] ① ⟨benaming voor⟩ eenheid, (zelfstandig) onderdeel, afdeling, unit, meetgrootheid, grondeenheid, basis, kern, cel, apparaat, toestel, module, (maat)eenheid, één eenheid ⟨in een getallenstelsel⟩, dosis ♦ *unit of account* rekeneenheid; *unit of output/production*

productie-eenheid; *per unit area* per eenheid van oppervlakte; *per unit time* per eenheid van tijd; *per unit force* per eenheid van kracht; *unit of time* tijdseenheid ② combineerbaar onderdeel ⟨van meubilair⟩, unit, blok, aanbouwkast ③ ⟨AE⟩ studie-uur, studiepunt, studie-eenheid ④ ⟨BE; fin⟩ aandeel in een beleggingsmaatschappij, depotbewijs ⑤ ⟨AuE⟩ appartement, wooneenheid
²**u·nit** /juːnɪt/ [verzamelen] ploeg, afdeling, unit
u·ni·tard /juːnɪtɑːd, ᴬ-tɑrd/ [telb zn] ① tricot ⟨van dansers⟩ ② ⟨sport⟩ nauwsluitend (zwem)pak, bodysuit

the United Kingdom: England			2/5
county	**afkorting**	**hoofdstad**	
Kent	KEN	Maidstone	
Lancashire	LAN	Preston	
Leicestershire	LEI	Leicester	
Lincolnshire	LIN	Lincoln	
Merseyside	MSY	Liverpool	
Norfolk	NFK	Norwich	
Northamptonshire	NTH	Northampton	
Northumberland	NBL	Morpeth	
North Yorkshire	NYK	Northallerton	
Nottinghamshire	NTT	Nottingham	
Oxfordshire	OXF	Oxford	
Shropshire	SAL	Shrewsbury	
Somerset	SOM	Taunton	
South Yorkshire	SYK	Barnsley	
Staffordshire	STS	Stafford	
Suffolk	SFK	Ipswich	
Surrey	SRY	Guildford	
Tyne and Wear	TWR	Newcastle	
Warwickshire	WAR	Warwick	
West Midlands	WMD	Birmingham	
West Sussex	SXW	Chichester	
West Yorkshire	WYK	Wakefield	
Wiltshire	WIL	Trowbridge	

¹**U·ni·tar·i·an** /juːnɪteərɪən, ᴬ-ter-/ [telb zn] ⟨rel⟩ ① unitariër ⟨verwerpt Drie-eenheid⟩ ② voorstander van geloofsvrijheid
²**U·ni·tar·i·an** /juːnɪteərɪən, ᴬ-ter-/ [bn] ⟨rel⟩ unitariërs-, unitaristisch ♦ *Unitarian church* unitariërskerk
U·ni·tar·i·an·ism /juːnɪteərɪənɪzm, ᴬ-ter-/ [niet-telb zn] ① ⟨rel⟩ unitarisme ② ⟨ook unitarianism⟩ gecentraliseerd bestuur/systeem
u·ni·tar·y /juːnɪtri, ᴬjuːnɪteri/ [bn] ① eenheids-, een eenheid vormend, een geheel vormend ② eenheids-, van een eenheid, uit eenheden bestaand ③ ⟨pol⟩ gecentraliseerd
unit cost [telb zn] ⟨ec⟩ gemiddelde kostprijs
¹**u·nite** /juːnaɪt/ [onov ww] ① zich verenigen, samenwerken, zich samen aan iets wijden, samengaan, zich bij elkaar aansluiten, een geheel/unie vormen, fuseren ♦ *the children united to buy a real nice present* de kinderen deden samen om een echt mooi cadeau te kopen; *all medical books unite in advising against* ... alle medische boeken raden ... af; *they united in fighting the oppressive hierarchy* tezamen bestreden zij de tirannieke hiërarchie; *our company has united with Dodgson's* ons bedrijf is met Dodgson samengegaan ② zich verbinden, zich vastzetten, aaneengroeien, aaneenkleven ③ zich mengen; → **united**
²**u·nite** /juːnaɪt/ [ov ww] ① verbinden, vastzetten, aan elkaar vastmaken ② verenigen, tot een geheel maken, samenbrengen, doen vermengen, doen versmelten ③ in de echt verbinden, trouwen • ⟨sprw⟩ *united we stand, divided we fall* eendracht maakt macht, tweedracht breekt kracht; → **united**
u·nit·ed /juːnaɪtɪd/ [bn; volt deelw van unite; bw: ~ly] ① ⟨vaak United⟩ verenigd ♦ *United Arab Emirates* Verenigde Arabische Emiraten; *United Kingdom* Verenigd Ko-

ninkrijk; *United* **Nations** Verenigde Naties; geallieerden ⟨in Tweede Wereldoorlog⟩; *United* **Nations** *Emergency Force* noodleger van de Verenigde Naties; ⟨gesch⟩ *United Provinces* (Zeven) Verenigde Provinciën, de Republiek der Verenigde Nederlanden; Verenigde Provincies ⟨India⟩; *United States (of America)* Verenigde Staten (van Amerika) [2] saamhorig, hecht, harmonieus, eendrachtig [3] gezamenlijk, onverdeeld ♦ *with their united powers* met vereende krachten [·] *United* **Brethren** hernhutters, Moravische broeders; ⟨sprw⟩ *united we stand, divided we fall* eendracht maakt macht, tweedracht breekt kracht

United Arab Emirates

naam	United Arab Emirates *Verenigde Arabische Emiraten*	
officiële naam	United Arab Emirates *Verenigde Arabische Emiraten*	
inwoner	Emirian *inwoner van de Verenigde Arabische Emiraten*	
inwoonster	Emirian *inwoonster van de Verenigde Arabische Emiraten*	
bijv. naamw.	Emirian *van de Verenigde Arabische Emiraten*	
hoofdstad	Abu Dhabi *Aboe Dhabi*	
munt	UAE dirham *dirham*	
werelddeel	Asia *Azië*	
int. toegangsnummer 971 www .ae auto UAE		

unit furniture [niet-telb zn] combinatiemeubilair, aanbouwmeubilair
unit holder [telb zn] ⟨BE; fin⟩ aandeelhouder in beleggingsmaatschappij
u·ni·tive /ˈjuːnətɪv/ [bn] bindend, samenbrengend, verenigend

the United Kingdom: Northern Ireland   3/5

county	afkorting	hoofdstad
Antrim	ANT	Belfast
Armagh	ARM	Armagh
Down	DOW	Downpatrick
Fermanagh	FER	Enniskillen
Londonderry	LDY	Derry
Tyrone	TYR	Omagh

u·ni·tize, u·ni·tise /ˈjuːnɪtaɪz/ [ov ww] [1] tot een eenheid omvormen/samenvoegen ♦ ⟨handel⟩ *unitized handling* containertransport [2] in eenheden splitsen

United Kingdom

naam	United Kingdom *Verenigd Koninkrijk*
officiële naam	United Kingdom of Great Britain and Northern Ireland *Verenigd Koninkrijk van Groot-Brittannië en Noord-Ierland*
inwoner	Briton *Brit*
inwoonster	Briton *Britse*
bijv. naamw.	British *Brits*
hoofdstad	London *Londen*
munt	pound sterling *pond sterling*
werelddeel	Europe *Europa*
int. toegangsnummer 44 www .uk auto GB	

unit price [telb zn] eenheidsprijs, prijs per eenheid
unit trust [telb zn] ⟨BE; fin⟩ beleggingsfonds
¹**u·ni·ty** /ˈjuːnəti/ [telb zn] [1] geheel, eenheid, samenstel [2] samenwerking, samenvoeging, combinatie [3] ⟨dram⟩ eenheid ♦ *the (dramatic) unities, the unities of* **time***, place and action* de drie eenheden, eenheid van tijd, plaats en handeling
²**u·ni·ty** /ˈjuːnəti/ [niet-telb zn] [1] het een-zijn, eenheid, samenhang [2] harmonie, overeenstemming, solidariteit ♦ *at/in unity* eendrachtig, eensgezind [3] continuïteit, bestendigheid [4] ⟨wisk⟩ één, eenheid

Univ, univ [afk] [1] (Universalist) [2] (universal) [3] (university)

the United Kingdom: Scotland   4/5

region	afkorting	hoofdstad
Borders	BOR	Newton St. Boswells
Central	CEN	Stirling
Dumfries and Galloway	DGY	Dumfries
Fife	FIF	Glenrothes
Grampian	GMP	Aberdeen
Highland	HLD	Inverness
Lothian	LTN	Edinburgh
Orkney	OKI	Kirkwall
Shetland	SHI	Lerwick
Strathclyde	STD	Glasgow
Tayside	TAY	Dundee
Western Isles	WIS	Stornoway

u·ni·va·lent /ˌjuːnɪˈveɪlənt/ [bn] ⟨scheik⟩ eenwaardig, monovalent

the United Kingdom: Wales   5/5

county	afkorting	hoofdstad
Clwyd	CWD	Mold
Dyfed	DFD	Carmarthen
Gwent	GNT	Cwmbran
Gwynedd	GWN	Caernarfon
Mid Glamorgan	MGM	Cardiff
Powys	POW	Llandrindod Wells
South Glamorgan	SGM	Cardiff
West Glamorgan	WGM	Swansea

u·ni·valve /ˈjuːnɪvælv/ [bn] ⟨biol⟩ [1] eenschalig ⟨van schelp⟩ [2] eenkleppig ⟨van doosvrucht⟩

United States

naam	United States *Verenigde Staten (VS)*
officiële naam	United States of America *Verenigde Staten van Amerika*
inwoner	American *Amerikaan*
inwoonster	American *Amerikaanse*
bijv. naamw.	American *Amerikaans*
hoofdstad	Washington DC *Washington*
munt	US dollar *Amerikaanse dollar*
werelddeel	America *Amerika*
int. toegangsnummer 1 www .us auto USA	

¹**u·ni·ver·sal** /ˌjuːnɪˈvɜːsl, ᴬ-ˈvɜːrsl/ [telb zn] [1] algemeen begrip/principe, algemene eigenschap [2] ⟨log⟩ universele propositie [3] ⟨vaak mv⟩ ⟨log, filos, taalk⟩ universale ⟨meervoud: universalia⟩
²**u·ni·ver·sal** /ˌjuːnɪˈvɜːsl, ᴬ-ˈvɜːrsl/ [bn; zn: ~ness] [1] universeel, algemeen, overal geldend, over de hele wereld hetzelfde, wereldomvattend, wereld- ♦ *Universal Declaration of Human Rights* universele verklaring van de rechten van de mens; *universal* **language** wereldtaal; *universal product code* universele productcode, streepjescode; ⟨log⟩ *universal proposition* universele propositie; *universal rule* algemeen geldende regel; *universal* **time** universele tijd, wereldtijd [2] universeel, alzijdig, veelzijdig, voor alle mogelijke doeleinden/gevallen ♦ *universal* **agent** algemeen agent, agent met volledig mandaat; *universal decimal classification* universele decimale classificatie; *univer-*

universalism

sal compass universeel kompas; ⟨techn⟩ *universal coupling/joint* kruiskoppeling; *universal donor* donor met bloedgroep O; *universal motor* universele motor; *universal scientist* universeel geleerde ③ algeheel, algemeen, totaal, alomvattend ♦ *universal agreement* algemene instemming; *it was received with universal enthousiasm* het werd met algemene geestdrift ontvangen; *universal legatee* universeel erfgenaam; *universal suffrage* algemeen kiesrecht ④ kosmisch, van het heelal, van de kosmos

u·ni·ver·sal·ism /juːnɪvɜːsəlɪzm, ᴬ-vɜr-/ [niet-telb zn] ① ⟨ook Universalism⟩ ⟨theol⟩ universalisme ⟨opvatting dat Gods genade universeel is⟩ ② universalisme, universaliteit, algemeenheid, alomvattendheid

¹**u·ni·ver·sal·ist** /juːnɪvɜːsəlɪst, ᴬ-vɜr-/ [telb zn; ook Universalist] ⟨theol⟩ universalist ⟨aanhanger van universalisme⟩

²**u·ni·ver·sal·ist** /juːnɪvɜːsəlɪst, ᴬ-vɜr-/, **u·ni·ver·sal·is·tic** /juːnɪvɜːsəlɪstɪk, ᴬ-vɜrsə-/ [bn] ① ⟨ook Universalist⟩ ⟨theol⟩ universalistisch, van/m.b.t. het universalisme/de universalisten ② universeel

u·ni·ver·sal·i·ty /juːnɪvɜːsæləti, ᴬ-vɜrsæləti/ [telb + niet-telb zn] universaliteit, algemeenheid, alzijdigheid, alomvattendheid

u·ni·ver·sal·ize, u·ni·ver·sal·ise /juːnɪvɜːsəlaɪz, ᴬ-vɜr-/ [ov ww] algemeen maken

u·ni·ver·sal·ly /juːnɪvɜːsəli, ᴬ-vɜr-/ [bw] ① → universal ② overal, door iedereen, algemeen ♦ *universally present* alomtegenwoordig

u·ni·verse /juːnɪvɜːs, ᴬ-vɜrs/ [telb zn] ① ⟨vnl the; ook Universe⟩ heelal, universum, kosmos ② ⟨vnl the; ook Universe⟩ wereld, schepping, mensheid ③ wereld, gebied, sfeer, terrein ④ ⟨stat⟩ universum, populatie ⑤ ⟨log⟩ verzameling, domein

the United States		1/2
staat	afkorting	hoofdstad
Alabama	AL	Montgomery
Alaska	AK	Juneau
Arizona	AZ	Phoenix
Arkansas	AR	Little Rock
California	CA	Sacramento
Colorado	CO	Denver
Connecticut	CT	Hartford
Delaware	DE	Dover
Florida	FL	Tallahassee
Georgia	GA	Atlanta
Hawaii	HI	Honolulu
Idaho	ID	Boise
Illinois	IL	Springfield
Indiana	IN	Indianapolis
Iowa	IA	Des Moines
Kansas	KS	Topeka
Kentucky	KY	Frankfort
Louisiana	LA	Baton Rouge
Maine	ME	Augusta
Maryland	MD	Annapolis
Massachusetts	MA	Boston
Michigan	MI	Lansing
Minnesota	MN	Saint Paul
Mississippi	MS	Jackson
Missouri	MO	Jefferson City
Montana	MT	Helena
Nebraska	NE	Lincoln
Nevada	NV	Carson City

u·ni·ver·si·ty /juːnɪvɜːsəti, ᴬ-vɜrsəti/ [telb + niet-telb zn, verzameln] universiteit, hogeschool ♦ *be at university, go to a university;* ⟨alleen BE⟩ *go to university* (aan de universiteit) studeren, student zijn

university extension [telb + niet-telb zn] ± volksuniversiteit, ± universitair(e) onderwijs/cursus voor niet-studenten

u·ni·ver·si·ty-trained [bn] academisch gevormd

u·niv·o·cal /juːnɪvoʊkl/ [bn] maar één betekenis hebbend, ondubbelzinnig, eenduidig

un·join /ʌndʒɔɪn/ [ov ww] losmaken, scheiden

un·joint /ʌndʒɔɪnt/ [ov ww] ① uit elkaar halen, losmaken ② ontwrichten; → unjointed

un·joint·ed /ʌndʒɔɪntɪd/ [bn; ook volt deelw van unjoint] ① → unjoint ② zonder gewrichten ③ onsamenhangend

un·just /ʌndʒʌst/ [bn; bw: ~ly; zn: ~ness] onrechtvaardig, onbillijk

un·jus·ti·fi·a·ble /ʌndʒʌstɪfaɪəbl/ [bn; bw: unjustifiably; zn: ~ness] niet te verantwoorden, onverdedigbaar

un·jus·ti·fied /ʌndʒʌstɪfaɪd/ [bn] ongerechtvaardigd, onverantwoord, ongewettigd

un·kempt /ʌnkempt/ [bn] ① ongekamd, warrig ② slonzig, onverzorgd, verwaarloosd ③ ⟨vero⟩ ruw, onbeschaafd

un·ken·nel /ʌnkenl/ [ov ww] ① ⟨jacht⟩ opjagen, uit het hol drijven ② uit de kennel laten ⟨honden⟩ ③ aan het licht brengen, onthullen, ontmaskeren

un·kind /ʌnkaɪnd/ [bn; vergr trap: unkinder; bw: ~ly; zn: ~ness] ① onaardig, onvriendelijk, onsympathiek ② ruw, grof, wreed

un·king /ʌnkɪŋ/ [ov ww] ① onttronen ② zijn koning ontnemen

un·king·ly /ʌnkɪŋli/ [bn] niet betamelijk voor een koning, ongepast voor een koning, onkoninklijk

unk·jay /ʌŋkdʒeɪ/ [telb zn] ⟨sl⟩ junkie

un·knight·ly /ʌnnaɪtli/ [bn] niet ridderlijk

the United States		2/2
staat	afkorting	hoofdstad
New Hampshire	NH	Concord
New Jersey	NJ	Trenton
New Mexico	NM	Santa Fe
New York	NY	Albany
North Carolina	NC	Raleigh
North Dakota	ND	Bismarck
Ohio	OH	Columbus
Oklahoma	OK	Oklahoma City
Oregon	OR	Salem
Pennsylvania	PA	Harrisburg
Rhode Island	RI	Providence
South Carolina	SC	Columbia
South Dakota	SD	Pierre
Tennessee	TN	Nashville
Texas	TX	Austin
Utah	UT	Salt Lake City
Vermont	VT	Montpelier
Virginia	VA	Richmond
Washington	WA	Olympia
West Virginia	WV	Charleston
Wisconsin	WI	Madison
Wyoming	WY	Cheyenne

¹**un·knit** /ʌnnɪt/ [onov ww; ook unknit, unknit] rafelen, kapotgaan, los gaan

²**un·knit** /ʌnnɪt/ [ov ww; ook unknit, unknit] ① uitrafelen, uittrekken ⟨breiwerk⟩ ② gladstrijken

un·knot /ʌnnɒt, ᴬʌnnɑt/ [ov ww] losknopen, losmaken

un·know /ʌnnoʊ/ [onov + ov ww] niet weten, zich niet bewust zijn (van)

un·know·a·ble /ʌnnoʊəbl/ [bn] onkenbaar, niet te bevatten, het (menselijk) begrip te boven gaand ♦ *the Unknowable* het Onkenbare

un·know·ing /ʌnnoʊɪŋ/ [bn; bw: ~ly] ① niet wetend, on-

bewust ♦ *unknowing of* onkundig van, zich niet bewust van [2] **onwetend, onkundig, onontwikkeld**
¹**un·known** /ʌnnoʊn/ [telb zn] **onbekende** ⟨ook wiskunde⟩
²**un·known** /ʌnnoʊn/ [bn] [1] **onbekend,** niet bekend, niet geweten, niet vastgesteld ♦ *unknown country* terra incognita; onbekend terrein ⟨ook figuurlijk⟩; *unknown quantity* onbekende grootheid; ⟨fig⟩ onbekende factor; *the Unknown Soldier/Warrior* de onbekende soldaat; *what they are up to is unknown to me* het is mij niet bekend wat ze van plan zijn [2] **onbekend,** vreemd, niet vertrouwd
³**un·known** /ʌnnoʊn/ [bw] **niet bekend, ongeweten** ♦ *it all happened unknown to us* het is allemaal buiten ons medeweten gebeurd
un·la·belled, ⟨AE⟩ **un·la·beled** /ʌnleɪbld/ [bn] **zonder etiket/label**
un·la·boured, ⟨AE⟩ **un·la·bored** /ʌnleɪbəd, ᴬ-bərd/ [bn] [1] **moeiteloos,** gemakkelijk [2] **onbewerkt,** niet gecultiveerd [3] **natuurlijk,** spontaan
un·lace /ʌnleɪs/ [ov ww] [1] **losmaken,** losstrikken, de veters losmaken van [2] **de kleren losmaken van**
un·lade /ʌnleɪd/ [onov + ov ww] ⟨scheepv⟩ **lossen**
un·lad·en /ʌnleɪdn/ [bn] **ongeladen** ♦ *unladen weight* leeggewicht
un·la·dy·like /ʌnleɪdilaɪk/ [bn] **ongemanierd,** onbetamelijk, niet netjes, niet gepast voor een dame
un·laid /ʌnleɪd/ [bn; ook volt deelw van unlay] [1] → **unlay** [2] **niet vastgelegd,** niet geplaatst [3] **niet bezworen,** niet bedwongen [4] **ongedraaid** ⟨van touw⟩
un·lash /ʌnlæʃ/ [ov ww] **losmaken,** losgooien
¹**un·latch** /ʌnlætʃ/ [onov ww] **opengaan,** losgaan, loslaten
²**un·latch** /ʌnlætʃ/ [ov ww] **openen,** ontsluiten, ontgrendelen, van het slot doen
un·law·ful /ʌnlɔːfl/ [bn; bw: ~ly; zn: ~ness] [1] **onwettig,** illegaal, wederrechtelijk [2] **onwettig,** buitenechtelijk ⟨van kind⟩
un·lay /ʌnleɪ/ [ov ww; unlaid, unlaid] ⟨scheepv⟩ **uiteendraaien** ⟨van touw⟩; → **unlaid**
un·lead·ed /ʌnledɪd/ [bn] [1] **loodvrij** ⟨benzine⟩ [2] **zonder lood,** niet verzwaard [3] ⟨drukw⟩ **kompres gezet**
un·learn /ʌnlɜːn, -lɜrn/ [ov ww; ook unlearnt, unlearnt] **afleren,** verleren; → **unlearned**
¹**un·learn·ed** /ʌnlɜːnɪd, ᴬ-lɜr-/ [bn; bw: ~ly] [1] **onwetend,** onontwikkeld, ongeletterd [2] **zonder opleiding,** ongeschoold [3] **onbedreven,** onervaren
²**un·learned** /ʌnlɜːnd, ᴬ-lɜrnd/, **un·learnt** /-lɜːnt, ᴬ-lɜrnt/ [bn; ook deelw van unlearn] [1] **ongeleerd,** natuurlijk [2] **niet geleerd** ⟨van les⟩
un·leash /ʌnliːʃ/ [ov ww] **losmaken van de riem** ⟨hond⟩, loslaten, laten aanvallen, ⟨ook fig⟩ ontketenen, de vrije loop laten ♦ *unleash a dog on s.o.* een hond op iemand loslaten; *unleash an army upon a country* een leger op een land afsturen; *unleash one's rage upon s.o.* woedend uitvallen tegen iemand, zijn woede op iemand koelen
un·leav·ened /ʌnlevnd/ [bn] **ongedesemd,** zonder zuurdesem ♦ ⟨fig⟩ *unleavened by* niet vermengd met, ontbloot/verstoken van
¹**un·less** /ənles, ⟨sterk⟩ ʌnles/ [vz] **behalve,** tenzij (misschien) ♦ *no-one unless her closest friends* niemand behalve haar intiemste vrienden
²**un·less** /ənles, ⟨sterk⟩ ʌnles/ [ondersch vw] **tenzij,** behalve, zonder dat ♦ *she won't be admitted unless she passes* ze zal niet toegelaten worden tenzij ze slaagt; *not a week goes by unless some unexpected visitor turns up* er gaat geen week voorbij zonder dat een onverwachte bezoeker opdaagt
un·let·tered /ʌnletəd, ᴬ-letərd/ [bn] [1] **ongeletterd,** onontwikkeld [2] **analfabeet** [3] **zonder letters,** zonder opschrift
¹**un·lev·el** /ʌnlevl/ [bn] **ongelijkmatig,** oneffen, hobbelig, niet vlak, scheef

²**un·lev·el** /ʌnlevl/ [ov ww] **ongelijk(matig) maken**
un·li·censed /ʌnlaɪsnst/ [bn] [1] **zonder vergunning** [2] **zonder goedkeuring,** zonder toestemming, niet geoorloofd [3] **bandeloos,** wetteloos, ongebreideld [4] ⟨drukw⟩ **vrij,** geen vergunning vereisend
un·licked /ʌnlɪkt/ [bn] [1] **ongelikt,** grof, ruw, onbehouwen [2] **niet (schoon) gelikt** ⟨van jong⟩
¹**un·like** /ʌnlaɪk/ [bn; bw] [1] **verschillend,** niet gelijkend, niet op elkaar lijkend ♦ *the photograph is unlike* de foto lijkt niet [2] **ongelijkwaardig** [3] ⟨wisk⟩ **tegengesteld** ♦ *unlike signs* tegengestelde tekens ⟨+ en −⟩ [4] ⟨vero⟩ **onwaarschijnlijk**
²**un·like** /ʌnlaɪk/ [vz] [1] **anders dan,** in tegenstelling tot ♦ *unlike most men* in tegenstelling tot de meeste mannen [2] **niet typisch voor** ♦ *that's unlike John* dat is niets voor John, daar is John de man niet naar
un·like·li·hood /ʌnlaɪklihʊd/ [telb + niet-telb zn] **onwaarschijnlijkheid**
un·like·ly /ʌnlaɪkli/ [bn; vergr trap: ook unlikelier; zn: unlikeliness] [1] **onwaarschijnlijk** ♦ *you'll find them in the most unlikely places* je vindt ze op de gekste plaatsen [2] **weinig belovend,** met weinig kans van slagen, niet hoopgevend, uitzichtloos ♦ *he is unlikely to succeed* hij heeft weinig kans van slagen [•] ⟨sprw⟩ *pigs might fly if they had wings (but they are very unlikely birds)* met sint-juttemis, als de kalveren op het ijs dansen, als de katten ganzeneieren leggen
¹**un·lim·ber** /ʌnlɪmbə, ᴬ-ər/ [onov ww] [1] ⟨mil⟩ **het geschut afleggen** [2] **zich gereedmaken,** de voorbereidende werkzaamheden verrichten
²**un·lim·ber** /ʌnlɪmbə, ᴬ-ər/ [ov ww] [1] ⟨mil⟩ **afleggen** ⟨geschut/affuit⟩ [2] **gereedmaken/klaar leggen (voor gebruik)**
un·lim·it·ed /ʌnlɪmɪtɪd/ [bn; bw: ~ly; zn: ~ness] **onbeperkt,** onbegrensd, ongelimiteerd
un·line /ʌnlaɪn/ [ov ww] **de voering halen uit;** → **unlined**
un·lined /ʌnlaɪnd/ [bn; ook volt deelw van unline] [1] → **unline** [2] **ongevoerd** [3] **zonder rimpels,** zonder lijnen
un·link /ʌnlɪŋk/ [ov ww] **losmaken,** loskoppelen
un·list·ed /ʌnlɪstɪd/ [bn] [1] **niet geregistreerd,** niet in de lijsten opgenomen ♦ *unlisted number* geheim telefoonnummer [2] ⟨fin⟩ **incourant,** niet officieel ⟨fonds⟩
un·lit /ʌnlɪt/ [bn] **onverlicht,** duister, donker
un·live /ʌnlɪv/ [ov ww] **ongedaan maken** ♦ *history cannot be unlived* gedane zaken nemen geen keer
¹**un·load** /ʌnloʊd/ [onov + ov ww] **lossen,** uitladen
²**un·load** /ʌnloʊd/ [ov ww] [1] **leegmaken** [2] **wegdoen,** zich ontdoen van, dumpen, lozen, kwijtraken ♦ *she is always unloading responsibilities onto him* ze schuift altijd alle verantwoordelijkheid op hem af [3] **ontladen** ⟨vuurwapen; ook figuurlijk⟩, afreageren, lucht geven aan, spuien, koelen [4] **de lading halen uit** ⟨camera⟩ [5] ⟨fin⟩ **spuien** ⟨effecten⟩ ♦ *unload shares onto s.o.* (grote hoeveelheden) aandelen aan iemand overdoen
¹**un·lock** /ʌnlɒk, ᴬ-nlɑk/ [onov ww] [1] **opengaan** [2] **losgaan,** losraken
²**un·lock** /ʌnlɒk, ᴬ-nlɑk/ [ov ww] [1] **openmaken,** opendoen, van het slot doen, ⟨ook fig⟩ openen, ontsluiten, tonen, ontsluieren, decoderen ♦ *unlock one's heart* zijn hart uitstorten; *unlock a mystery* een raadsel ontsluieren; *unlock the truth* de waarheid onthullen [2] **losmaken,** bevrijden ⟨ook figuurlijk⟩, de vrije loop laten ♦ *unlock emotions* emoties losmaken; *the wine has unlocked his tongue* de wijn heeft zijn tong losgemaakt
un·looked-for /ʌnlʊkt fɔː, ᴬ-fɔr/ [bn] **onverwacht,** onvoorzien, verrassend
un·loose /ʌnluːs/, **un·loos·en** /ʌnluːsn/ [ov ww] [1] **losmaken,** losknopen, loslaten, bevrijden, vrijlaten ⟨ook figuurlijk⟩ ♦ *old memories were unloose(ne)d* oude herinne-

unlovely

ringen kwamen boven ② ontspannen, losser maken, minder strak maken ♦ *she unloosened her grip round my wrist* haar hand om mijn pols ontspande zich

un·love·ly /ʌnlʌvli/ [bn; vergr trap: unlovelier; zn: unloveliness] ① lelijk, onaantrekkelijk ② akelig, afstotelijk

un·luck·y /ʌnlʌki/ [bn; vergr trap: unluckier; bw: unluckily; zn: unluckiness] ongelukkig, onfortuinlijk, vruchteloos, zonder succes, miserabel, betreurenswaardig, onverstandig ♦ *be unlucky* pech hebben; *unlucky fellow* pechvogel

un·made /ʌnmeɪd/ [bn] onopgemaakt ⟨van bed⟩

un·make /ʌnmeɪk/ [ov ww] ① vernietigen, kapotmaken, ruïneren ② ongedaan maken, herroepen, tenietdoen, annuleren ③ afzetten, uit zijn functie ontheffen ④ veranderen, van bepaalde kenmerken ontdoen/beroven ♦ *unmake one's mind* van gedachten veranderen

un·man /ʌnmæn/ [ov ww] ① de moed ontnemen/doen verliezen ② zwak/slap maken ③ van mannen/manschappen beroven ④ ontmannen, castreren; → **unmanned**

un·man·age·a·ble /ʌnmænɪdʒəbl/ [bn; bw: unmanageably; zn: ~ness] ① onhandelbaar, weerspannig ② onhanteerbaar, niet te beheersen/besturen

un·man·ly /ʌnmænli/ [bn; vergr trap: unmanlier; zn: unmanliness] ① eerloos ② onmenselijk ③ slap, laf ④ verwijfd

un·manned /ʌnmænd/ [bn; ook volt deelw van unman] ① → unman ② onbemand, zonder bemanning

un·man·nered /ʌnmænəd/ ᴬ-nərd/, ⟨in betekenis 1 ook⟩

un·man·ner·ly /ʌnmænəli/ ᴬ-ərli/ [bn] ① ongemanierd, slecht gemanierd, ruw, onbeschaafd, lomp ② ongekunsteld, natuurlijk, echt, eerlijk

un·man·ner·ly /ʌnmænəli/ ᴬ-nərli/ [bn] ⟨form⟩ ongemanierd, onbeschoft

un·marked /ʌnmɑːkt/ ᴬ-mɑrkt/ [bn] ① onopgemerkt ② ongemerkt, zonder merk(teken), ⟨taalk⟩ ongemarkeerd ③ zonder cijfer, onbeoordeeld · ♦ *a novel unmarked by psychological insight* een roman die niet uitblinkt door psychologisch inzicht

un·mar·ket·a·ble /ʌnmɑːkɪtəbl/ ᴬ-mɑrkɪtəbl/ [bn] onverkoopbaar, incourant

un·mar·ried /ʌnmærid/ [bn] ongetrouwd, ongehuwd

¹**un·mask** /ʌnmɑːsk/ ᴬnmæsk/ [onov ww] zijn masker afnemen; → **unmasking**

²**un·mask** /ʌnmɑːsk/ ᴬnmæsk/ [ov ww] het masker afnemen ⟨ook figuurlijk⟩, ontmaskeren, onthullen, de ware gedaante/toedracht tonen van, blootgeven, ⟨mil⟩ door te vuren verraden ⟨geschut, stelling⟩; → **unmasking**

un·mask·ing /ʌnmɑːskɪŋ/ ᴬ-mæsk-/ [telb zn; gerund van unmask] demasqué ⟨ook figuurlijk⟩, ontmaskering, onthulling

un·mast /ʌnmɑːst/ ᴬ-mæst/ [ov ww] ⟨scheepv⟩ ontmasten

un·mas·tered /ʌnmɑːstəd/ ᴬ-mæstərd/ [bn] ongebreideld, onbestuurd, onbeheerst

un·match·a·ble /ʌnmætʃəbl/ [bn] niet te evenaren, niet te vergelijken/overtreffen

un·matched /ʌnmætʃt/ [bn] ① ongeëvenaard, onvergelijkelijk, onovertroffen ② niet bij elkaar passend

un·mean·ing /ʌnmiːnɪŋ/ [bn; bw: ~ly; zn: ~ness] ① betekenisloos, zonder betekenis ② zinloos, doelloos ③ zonder uitdrukking, leeg, wezenloos

un·meant /ʌnment/ [bn] onbedoeld, onopzettelijk

un·meas·ur·a·ble /ʌnmeʒ(ə)rəbl/ [bn] onmetelijk ⟨ook figuurlijk⟩, onbeperkt, grenzeloos

un·meas·ured /ʌnmeʒəd/ ᴬ-ʒərd/ [bn] ① ongemeten ② onmetelijk, onbegrensd ③ ongebreideld, onbeheerst ④ ⟨letterk⟩ niet metrisch, vrij ⟨vers⟩

un·med·i·tat·ed /ʌnmedɪteɪtɪd/ [bn] spontaan, onovordacht, zonder nadenken gedaan/eruit geflapt

un·meet /ʌnmiːt/ [bn; bw: ~ly; zn: ~ness] ⟨vero⟩ ongepast, niet juist, onbehoorlijk

un·mem·o·ra·ble /ʌnmemrəbl/ [bn; bw: unmemorably] ① niet te onthouden ② om zo te vergeten, het onthouden niet waard, niet gedenkwaardig

un·men·tion·a·ble /ʌnmenʃnəbl/ [bn] ① taboe, verboden (om over te spreken) ② niet (nader) te noemen, onnoembaar ③ niet te beschrijven, onuitsprekelijk

un·men·tion·a·bles /ʌnmenʃnəblz/ [alleen mv] ⟨vero; scherts⟩ ondergoed

un·mer·ci·ful /ʌnmɜːsɪfl/ ᴬ-mɜr-/ [bn; bw: ~ly; zn: ~ness] genadeloos, onbarmhartig, meedogenloos ♦ *unmercifully hot* ongenadig/abnormaal heet

un·mind·ful /ʌnmaɪndfl/ [bn, attr] zorgeloos, vergeetachtig, achteloos ♦ *unmindful of* zonder acht te slaan op, zich niet bekommerend om

un·mis·tak·a·ble /ʌnmɪsteɪkəbl/ [bn; bw: unmistakably] ① onmiskenbaar, ondubbelzinnig, niet mis te verstaan ② overbekend

un·mit·i·ga·ble /ʌnmɪtɪɡəbl/ [bn] niet te verzachten, niet te verminderen

un·mit·i·gat·ed /ʌnmɪtɪɡeɪtɪd/ [bn; bw: ~ly] ① onverminderd, onverzacht ② absoluut, volkomen, volslagen, puur, door en door, aarts-, onvervalst ♦ *unmitigated disaster* regelrechte ramp; *unmitigated scoundrel* (drie)dubbel overgehaalde schelm

un·mixed /ʌnmɪkst/ [bn] onvermengd, zuiver, puur, onverdeeld

¹**un·moor** /ʌnmʊə/ ᴬ-mʊr/ [onov ww] ⟨scheepv⟩ een schip ontmeren, de ankers lichten, de trossen losgooien

²**un·moor** /ʌnmʊə/ ᴬ-mʊr/ [ov ww] ⟨scheepv⟩ ① ontmeren, losmaken (van de wal) ② onttuien, de ankers op één na lichten van ⟨schip⟩

un·mor·al /ʌnmɒrəl/ ᴬ-mɔː-, ᴬ-mɑː-/ [bn] ① niet moreel ② amoreel

un·mount·ed /ʌnmaʊntɪd/ [bn] ① onbereden, niet bereden (politie) ② niet gemonteerd ③ niet ingelijst/ingeraamd ② afgelegd ⟨kanon⟩

un·moved /ʌnmuːvd/ [bn] ① onbewogen, onaangedaan ② onveranderd, ongestoord, niet verstoord

un·mov·ing /ʌnmuːvɪŋ/ [bn] ① bewegingloos ② onaandoenlijk, onbewogen

un·muf·fle /ʌnmʌfl/ [ov ww] ontbloten ⟨gezicht⟩, van omhulsels ontdoen

un·mur·mur·ing /ʌnmɜːmərɪŋ/ ᴬ-mɜr-/ [bn; bw: ~ly] zonder morren, niet klagen, zonder een kik te geven

un·mu·si·cal /ʌnmjuːzɪkl/ [bn] ① onmuzikaal, onwelluidend ② onmuzikaal, zonder muzikaal gevoel

un·muz·zle /ʌnmʌzl/ [ov ww] de muilband afdoen, ⟨fig⟩ van de zwijgplicht ontheffen, het spreekverbod/de censuur opheffen van, bevrijden

un·nail /ʌnneɪl/ [ov ww] ① van spijkers ontdoen, losmaken, uit elkaar halen ② ontnagelen ⟨geschut⟩

un·name·a·ble /ʌnneɪməbl/ [bn] ① onnoembaar, onzegbaar, ⟨i.h.b.⟩ onuitsprekelijk (erg), onbeschrijfelijk ② niet te zeggen, onduidelijk, ondefinieerbaar

un·named /ʌnneɪmd/ [bn] ① naamloos ② onbekend, niet genoemd/bekendgemaakt/geïdentificeerd

un·nat·u·ral /ʌnnætʃrəl/ [bn; bw: ~ly; zn: ~ness] ① onnatuurlijk, tegennatuurlijk, abnormaal, ongewoon, vreemd, onmenselijk, pervers, homoseksueel, niet natuurlijk, gemaakt, gekunsteld, onecht ♦ *not unnaturally* vanzelfsprekend, uit de aard der zaak

un·nat·u·ral·ize, un·nat·u·ral·ise /ʌnnætʃrəlaɪz/ [ov ww] denaturaliseren, het staatsburgerschap ontnemen

un·na·vi·ga·ble /ʌnnævɪɡəbl/ [bn] onbevaarbaar

un·nec·es·sar·ies /ʌnnesəsriz/ ᴬ-seriz/ [alleen mv] onnodige zaken, overbodigheden, snuisterijen, rommel

un·nec·es·sar·y /ʌnnesəsri/ ᴬ-seri/ [bn; bw: unnecessarily; zn: unnecessariness] ① onnodig, niet noodzakelijk, nodeloos, zonder noodzaak ② overbodig

un·need·ed /ʌniːdɪd/ [bn] onnodig, niet noodzakelijk, overbodig
un·need·ful /ʌniːdfl/ [bn] onnodig
un·neigh·bour·ly /ʌnneɪbəli, ᴬ-bər-/ [bn] als een slechte buur, zich niet als goede buur gedragend
un·nerve /ʌnnɜːv, ᴬ-nɜrv/ [ov ww] van zijn stuk brengen, afschrikken, bang/nerveus maken, zijn kracht ontnemen, verlammen; → unnerving
un·nerv·ing /ʌnnɜːvɪŋ, ᴬ-nɜrv-/ [bn; tegenwoordig deelw van unnerve; bw: ~ly] zenuwslopend, verontrustend, enerverend ♦ *with unnerving certainty* met zenuwslopende/ontmoedigende zekerheid
un·not·ed /ʌnnoʊtɪd/ [bn] [1] onopgemerkt, ongezien [2] niet opmerkelijk, onbekend, onbelangrijk
un·no·tice·a·ble /ʌnnoʊtɪsəbl/ [bn] onzichtbaar, niet bespeurbaar, onmerkbaar
un·no·ticed /ʌnnoʊtɪst/ [bn] on(op)gemerkt, ongezien, zonder de aandacht te trekken
un·no·tic·ing /ʌnnoʊtɪsɪŋ/ [bn] zonder te zien, zonder op te merken ♦ *it is impossible that you have passed her unnoticing* het is onmogelijk dat je haar voorbij bent gelopen zonder haar te zien
un·num·bered /ʌnnʌmbəd, ᴬ-bərd/ [bn] [1] ongenummerd [2] ongeteld [3] ontelbaar, talloos
UNO /juːnoʊ/ [eigenn] (United Nations Organisation) VN
un·ob·jec·tion·a·ble /ʌnəbdʒekʃnəbl/ [bn] onberispelijk, onaanvechtbaar, onaanstotelijk
un·ob·serv·a·ble /ʌnəbzɜːvəbl, ᴬ-zɜr-/ [bn] onwaarneembaar, onzichtbaar
un·ob·ser·vant /ʌnəbzɜːvənt, ᴬ-zɜr-/ [bn] onopmerkzaam ♦ *unobservant of her angry looks* zonder haar boze blikken op te merken
un·ob·served /ʌnəbzɜːvd, ᴬ-zɜrvd/ [bn] on(op)gemerkt, zonder de aandacht te trekken, ongezien
un·ob·tain·a·ble /ʌnəbteɪnəbl/ [bn] [1] onverkrijgbaar, niet te krijgen [2] niet te bereiken (bijvoorbeeld telefonisch)
un·ob·tru·sive /ʌnəbtruːsɪv/ [bn; bw: ~ly; zn: ~ness] [1] onopvallend, niet opmerkelijk [2] discreet, tactvol, voorzichtig
un·oc·cu·pied /ʌnɒkjupaɪd, ᴬ-ɑkjə-/ [bn] [1] leeg, onbezet, vrij [2] 〈mil〉 onbezet, vrij, niet ingenomen [3] niet bezig, werkeloos
un·of·fend·ing /ʌnəfendɪŋ/ [bn] [1] onschuldig [2] niet aanstootgevend, niet beledigend
un·of·fi·cial /ʌnəfɪʃl/ [bn; bw: ~ly] [1] onofficieel, niet-vormelijk, niet in vol ornaat [2] onofficieel, officieus, niet bevestigd ▪ *unofficial strike* wilde staking
un·of·ten /ʌnɒfn, ᴬʌnɔfn/ [bw; alleen in negatieve verbindingen] zelden, niet vaak ♦ *not unoften* geregeld, niet zelden
un·o·pened /ʌnoʊpənd/ [bn] ongeopend, 〈i.h.b.〉 niet opengesneden 〈van boek〉
un·op·posed /ʌnəpoʊzd/ [bn] [1] niet tegen, niet afkerig, zonder bezwaren ♦ *unopposed to* niet afkerig van, geen bezwaar hebbend tegen [2] ongehinderd [3] zonder tegenstander
un·or·gan·ized, un·or·gan·ised /ʌnɔːgənaɪzd, ᴬ-ɔr-/ [bn] [1] ongeorganiseerd, onsamenhangend, rommelig [2] ongeorganiseerd, niet tot een vakbond behorend [3] niet organisch, niet levend
un·o·rig·i·nal /ʌnərɪdʒənl/ [bn] niet oorspronkelijk, niet origineel, afgeleid
un·or·tho·dox /ʌnɔːθədɒks, ᴬ-ɔrθədɑks/ [bn; bw: ~ly] [1] 〈rel〉 onorthodox, niet orthodox [2] onorthodox, onconventioneel, niet traditioneel
un·os·ten·ta·tious /ʌnɒstenteɪʃəs, ᴬ-ɑstən-/ [bn; bw: ~ly] beheerst, rustig, zonder veel vertoon, niet schreeuwerig
un·owned /ʌnoʊnd/ [bn] [1] zonder eigenaar [2] niet erkend

¹**un·pack** /ʌnpæk/ [onov + ov ww] uitpakken ♦ *unpack one's suitcase/clothes* zijn koffer/kleren uitpakken
²**un·pack** /ʌnpæk/ [ov ww] ontladen, van een last ontdoen, 〈fig〉 ontlasten, uitstorten
un·paged /ʌnpeɪdʒd/ [bn] 〈drukw〉 ongepagineerd, met ongenummerde pagina's
un·paid /ʌnpeɪd/ [bn] [1] onbetaald ♦ *unpaid bills* onbetaalde rekeningen; *unpaid for* onbetaald [2] onbezoldigd, onbetaald [3] ongefrankeerd
un·paired /ʌnpeəd, ᴬ-perd/ [bn] ongepaard, onpaar
un·pa·lat·a·ble /ʌnpælətəbl/ [bn] [1] niet te eten, onsmakelijk, niet lekker [2] niet te verteren, onaangenaam, akelig, niet te verdragen, onverkwikkelijk
un·par·al·leled /ʌnpærəleld/ [bn] zonder weerga, onvergelijkelijk, weergaloos, ongeëvenaard, ongekend
un·par·don·a·ble /ʌnpɑːdnəbl, ᴬ-pɑr-/ [bn] onvergeeflijk
un·par·lia·men·ta·ry /ʌnpɑːləmentri, ᴬ-pɑrləmentəri/ [bn] onparlementair, ongepast ♦ *unparliamentary language* onparlementaire/onbeschaafde taal, onparlementair/onbeschaafd taalgebruik
un·pass·a·ble /ʌnpɑːsəbl, ᴬ-pæs-/ [bn] [1] onovertrefbaar [2] 〈fin〉 ongangbaar [3] 〈gew〉 onbegaanbaar
un·pave /ʌnpeɪv/ [ov ww] opbreken 〈straat〉; → unpaved
un·paved /ʌnpeɪvd/ [bn; ook volt deelw van unpave] [1] → unpave [2] onbestraat, ongeplaveid, onverhard
un·peg /ʌnpeg/ [ov ww] [1] de pennen halen uit [2] losmaken, vrijmaken [3] 〈fin〉 destabiliseren, de stabilisatie opheffen van
un·pen /ʌnpen/ [ov ww] vrijlaten, uit de ren/de kooi laten
un·peo·ple /ʌnpiːpl/ [ov ww] ontvolken
un·peo·pled /ʌnpiːpld/ [bn] [1] ontvolkt [2] onbewoond
un·per·ceived /ʌnpəsiːvd, ᴬ-pər-/ [bn] onbemerkt, ongemerkt
un·per·plexed /ʌnpəplekst, ᴬ-pər-/ [bn] [1] eenvoudig, duidelijk [2] zonder verbijstering, kalm, niet verward
un·per·son /ʌnpɜːsn, ᴬ-pɜrsn/ [telb zn] niemand, iemand wiens bestaan genegeerd wordt/die doodgezwegen wordt, onpersoon
un·pick /ʌnpɪk/ [ov ww] lostornen, 〈fig〉 ongedaan maken ♦ *unpick a seam/stitches* een naad/steken lostornen
un·picked /ʌnpɪkt/ [bn] [1] ongesorteerd [2] ongeplukt
un·pile /ʌnpaɪl/ [ov ww] van een stapel afnemen, afstapelen
un·pin /ʌnpɪn/ [ov ww] [1] losspelden, losmaken [2] 〈schaaksp〉 ontpennen, uit de penning halen
un·placed /ʌnpleɪst/ [bn] [1] niet geplaatst, zonder vaste plaats/positie [2] 〈paardsp〉 niet geplaatst, niet bij de eerste drie (behorend)
un·plait /ʌnplæt, ᴬ-pleɪt/ [ov ww] [1] de vouwen/plooien halen uit, gladmaken, gladstrijken [2] ontvlechten, losmaken, loskammen 〈haar〉
un·play·a·ble /ʌnpleɪəbl/ [bn] [1] niet afspeelbaar, niet te draaien 〈plaat〉 [2] 〈sport〉 onbespeelbaar 〈veld〉 [3] 〈sport〉 niet (terug) te spelen, onspeelbaar 〈bal〉 ♦ 〈golf〉 *unplayable lie* onspeelbare/onmogelijke positie van de bal [4] onspeelbaar, niet te spelen 〈muziek〉
un·pleas·ant /ʌnpleznt/ [bn; bw: ~ly] onaangenaam, onplezierig, naar, akelig, vervelend
¹**un·pleas·ant·ness** /ʌnplezntnəs/ [telb zn] [1] onaangenaam voorval [2] wrijving, woorden, ruzie [3] 〈euf〉 oorlog
²**un·pleas·ant·ness** /ʌnplezntnəs/ [niet-telb zn] onaangenaamheid
un·plug /ʌnplʌg/ [ov ww] de stekker uittrekken van, loskoppelen, ontkoppelen, uitschakelen ♦ *unplug the phone* (de stekker van de) telefoon eruit trekken
un·plugged /ʌnplʌgd/ [bn] unplugged, akoestisch
un·plumbed /ʌnplʌmd/ [bn] ongepeild 〈ook figuurlijk〉, ongemeten, ononderzocht

unpointed

un·point·ed /ʌnpɔɪntɪd/ [bn] [1] ongepunt, zonder punt [2] ⟨taalk⟩ zonder interpunctie [3] ⟨taalk⟩ zonder vocalisatie, niet gepuncteerd [4] ⟨bouwk⟩ niet gevoegd

un·polished /ʌnpɒlɪʃt, ᴬ-pɑlɪʃt/ [bn] [1] ongepolijst ⟨ook stijl⟩, ongepeld ⟨rijst⟩ [2] ruw, onbeschaafd ⟨manieren⟩

un·polled /ʌnpoʊld/ [bn] [1] niet ondervraagd ⟨in opiniepeiling⟩ [2] niet gestemd hebbend ♦ *unpolled voter* nietstemmer, thuisblijver [3] niet (mee)geteld ⟨stem⟩

un·pop·u·lar /ʌnpɒpjʊlə, ᴬ-pɑpjələr/ [bn] impopulair, niet populair

un·pos·sessed /ʌnpəzest/ [bn] [1] zonder eigenaar, onbeheerd, vrij, onbezet, niet gebruikt [2] niet bezeten • *unpossessed of* niet in het bezit van, zonder

un·prac·ti·cal /ʌnpræktɪkl/ [bn] [1] onpraktisch [2] onhandig

un·prac·tised, ⟨AE⟩ **un·prac·ticed** /ʌnpræktɪst/ [bn] [1] onervaren, ongeoefend, niet geroutineerd [2] niet in praktijk gebracht, niet uitgeoefend, niet gebruikt

un·prec·e·dent·ed /ʌnpresɪdentɪd/ [bn; bw: ~ly] ongekend, ongehoord, nooit eerder voorgekomen, uniek, zonder weerga

un·pre·dict·a·ble /ʌnprɪdɪktəbl/ [bn; bw: unpredictably] onvoorspelbaar

un·prej·u·diced /ʌnpredʒədɪst/ [bn] onbevooroordeeld, onpartijdig

un·pre·med·i·tat·ed /ʌnpriːmedɪteɪtɪd/ [bn; bw: ~ly] onvoorbereid, niet tevoren beraamd, niet opzettelijk, spontaan

un·pre·pared /ʌnprɪpeəd, ᴬ-perd/ [bn; bw: ~ly; zn: ~ness] [1] niet klaar/gereed [2] onvoorbereid, geïmproviseerd [3] onverhoeds, onverwacht

un·pre·pos·sess·ing /ʌnpriːpəzesɪŋ/ [bn; bw: ~ly] [1] onaantrekkelijk, geen gunstige indruk makend, niet innemend [2] ⟨pej⟩ onduidelijk, onopvallend

un·pre·sum·ing /ʌnprɪzjuːmɪŋ, ᴬ-zuː-/ [bn] bescheiden, eenvoudig, niet arrogant

un·pre·tend·ing /ʌnprɪtendɪŋ/, **un·pre·ten·tious** /-tenʃəs/ [bn; bw: ~ly, unpretentiously] bescheiden, zonder pretenties, gewoon, eenvoudig

un·pre·vail·ing /ʌnprɪveɪlɪŋ/ [bn] [1] zonder succes, zonder baat, vruchteloos [2] niet gangbaar, ongebruikelijk

un·priced /ʌnpraɪst/ [bn] [1] ongeprijsd [2] ⟨form⟩ onbetaalbaar, onschatbaar

un·priest /ʌnpriːst/ [ov ww] het priesterschap ontnemen, uit het priesterambt zetten

un·prin·ci·pled /ʌnprɪnsɪpld/ [bn] zonder scrupules, gewetenloos, immoreel, eerloos, laag

un·print·a·ble /ʌnprɪntəbl/ [bn] niet geschikt voor publicatie, te godslasterlijk/obsceen/grof/... om te publiceren

un·print·ed /ʌnprɪntɪd/ [bn] [1] ongedrukt [2] onbedrukt

un·pris·on /ʌnprɪzn/ [ov ww] bevrijden, uit de gevangenis halen, vrijlaten

un·priv·i·leged /ʌnprɪv(ɪ)lɪdʒd/ [bn] onbevoorrecht, ⟨i.h.b.⟩ kansarm ⟨van bevolkingsgroep⟩

un·pro·duc·tive /ʌnprədʌktɪv/ [bn] niet/weinig vruchtbaar, zonder (veel) succes/effect/resultaat, niets/weinig opleverend, onproductief ⟨ook economie⟩ • ⟨ec⟩ *unproductive assets/capital* dood kapitaal; ⟨ec⟩ *unproductive credit* consumptief krediet

un·pro·fes·sion·al /ʌnprəfeʃnəl/ [bn] [1] niet professioneel, niet beroeps, niet van professie, amateur- [2] voor leken (begrijpelijk), onofficieel, leken- [3] niet zoals het hoort, amateuristisch

un·prof·it·a·ble /ʌnprɒfɪtəbl, ᴬ-prɑfɪtəbl/ [bn] onvruchtbaar, nutteloos, vergeefs, zonder resultaat

un·prompt·ed /ʌnprɒm(p)tɪd, ᴬ-prɑm(p)-/ [bn] spontaan, vanzelf, uit zichzelf

un·pro·nounce·a·ble /ʌnprənaʊnsəbl/ [bn] [1] onuitspreekbaar, moeilijk uit te spreken, niet om uit te spre-

ken [2] onuitspreekbaar, onnoembaar, onuitsprekelijk

un·pro·por·tion·ate /ʌnprəpɔːʃnət, ᴬ-pɔr-/, **un·pro·por·tion·ed** /-pɔːʃnd, ᴬ-pɔrʃnd/ [bn] onevenredig, niet in verhouding

un·pro·tec·ted /ʌnprətektɪd/ [bn] onbeschermd, onbeschut

un·proved /ʌnpruːvd/, **un·prov·en** /ʌnpruːvn, -proʊ-/ [bn] niet bewezen

un·pro·vid·ed /ʌnprəvaɪdɪd/ [bn; bw: ~ly] [1] onvoorzien, niet voorzien ♦ *he left his family unprovided for* hij liet zijn gezin onverzorgd achter; *the cabin was unprovided with kitchen utensils* in de hut was geen keukengerei aanwezig [2] onvoorzien, onverwacht

un·pro·voked /ʌnprəvoʊkt/ [bn] niet uitgelokt, zonder aanleiding

un·pub·lished /ʌnpʌblɪʃt/ [bn] ongepubliceerd, onuitgegeven

un·put·down·a·ble /ʌnpʊtdaʊnəbl/ [inf] niet weg te leggen ♦ *an unputdownable book* een boek dat je in één adem uit leest

un·qual·i·fied /ʌnkwɒlɪfaɪd, ᴬ-kwɑ-/ [bn] [1] niet gekwalificeerd, ongerechtigd, onbevoegd [2] ongeschikt, incompetent, niet bij machte [3] zonder voorbehoud, onvoorwaardelijk, onbeperkt, ondubbelzinnig, onverdeeld ♦ *unqualified success* volledig succes

un·queen /ʌnkwiːn/ [ov ww] [1] onttronen, als koningin afzetten [2] de koningin verwijderen uit ⟨bijenkorf⟩

un·ques·tion·a·ble /ʌnkwestʃənəbl/ [bn] onbetwistbaar, niet aan twijfel onderhevig, onomstotelijk, zeker, onaanvechtbaar

un·ques·tion·a·bly /ʌnkwestʃənəbli/ [bw] [1] → **unquestionable** [2] ongetwijfeld, zonder twijfel, zonder meer ♦ *they are unquestionably the best team* dat ze het beste team zijn, staat buiten kijf

un·ques·tioned /ʌnkwestʃənd/ [bn] [1] niet ondervraagd [2] onbetwistbaar, onaanvechtbaar [3] onbetwist, onaangevochten, niet tegengesproken

un·ques·tion·ing /ʌnkwestʃənɪŋ/ [bn; bw: ~ly] onvoorwaardelijk, zonder vragen te stellen, zonder te twijfelen, klakkeloos, voetstoots

un·qui·et /ʌnkwaɪɪt/ [bn] ⟨vnl form⟩ [1] rusteloos, opgewonden, nerveus [2] onrustig, roerig, woelig, vol beroering [3] lawaaierig

un·quot·a·ble /ʌnkwoʊtəbl/ [bn] niet aan te halen, te lang/schokkend/... om te citeren, niet voor herhaling vatbaar

un·quote /ʌnkwoʊt/ [onov ww; voornamelijk in gebiedende wijs] een citaat beëindigen, aanhalingstekens sluiten ♦ *he said (quote) '...' (unquote)* hij zei (begin citaat/aanhalingstekens openen) '...' (einde citaat/aanhalingstekens sluiten)

un·quot·ed /ʌnkwoʊtɪd/ [bn] [1] niet geciteerd [2] ⟨fin⟩ niet genoteerd ⟨op de beurs⟩

[1]**un·rav·el** /ʌnrævl/ [onov ww] [1] rafelen, rafelig worden [2] uit elkaar vallen, mislukken, de mist ingaan

[2]**un·rav·el** /ʌnrævl/ [ov ww] ontrafelen ⟨ook figuurlijk⟩, (uit)rafelen, uithalen, ⟨fig ook⟩ uit elkaar halen, uitzoeken, oplossen, ontwarren

un·rav·el·ment /ʌnrævlmənt/ [telb + niet-telb zn] [1] (uit)rafeling [2] ontwarring, afwikkeling, ontknoping

un·read /ʌnred/ [bn] [1] ongelezen [2] onbelezen, onontwikkeld

un·read·a·ble /ʌnriːdəbl/ [bn; bw: unreadably] [1] onleesbaar, niet te ontcijferen, onbegrijpelijk [2] onleesbaar, vervelend, slecht

un·read·y /ʌnredi/ [bn; vergr trap: unreadier; bw: unreadily] [1] niet klaar/gereed [2] traag, langzaam reagerend, sloom, besluiteloos ⟨gesch⟩ *the Unready* de Onberadene ⟨bijnaam van koning Aethelred van Engeland⟩

un·real /ʌnrɪəl, ᴬ-riːl/ [bn] [1] onwerkelijk, imaginair, denkbeeldig ② onecht, kunstmatig ③ onecht, onwaar, vals, onwaarachtig

un·re·al·is·tic /ˌʌnrɪəlˈɪstɪk/ [bn; bw: ~ally] niet realistisch, onrealistisch

un·re·al·i·ty /ˌʌnriˈæləti/ [telb + niet-telb zn] onwerkelijkheid

un·rea·son /ʌnˈriːzn/ [niet-telb zn] ⟨form⟩ ① redeloosheid ② onzin ③ chaos

un·rea·son·a·ble /ʌnˈriːznəbl/ [bn; bw: unreasonably; zn: ~ness] ① redeloos, verstandeloos ② onredelijk ③ buitensporig, exorbitant

un·rea·soned /ʌnˈriːznd/ [bn] ① redeloos ② onberedeneerd, ondoordacht

un·rea·son·ing /ʌnˈriːznɪŋ/ [bn; bw: ~ly] ① redeloos, blind, irrationeel ⟨van emotie⟩ ② niet redenerend, emotioneel, impulsief, onnadenkend

un·re·claimed /ˌʌnrɪˈkleɪmd/ [bn] ① onopgeëist, niet teruggevraagd ② onontgonnen ③ ongetemd ④ onverbeterd, onveranderd

un·rec·og·niz·a·ble, un·rec·og·nis·a·ble /ʌnˈrekəɡnaɪzəbl/ [bn] onherkenbaar

un·rec·og·nized, un·rec·og·nised /ʌnˈrekəɡnaɪzd/ [bn; bw: ~ly] ① onherkend, niet herkend ② niet erkend, onaanvaard

un·re·con·struct·ed /ˌʌnriːkənˈstrʌktɪd/ [bn] ① niet herbouwd ② niet gereconstrueerd ③ niet aangepast, uit de tijd

un·re·cord·ed /ˌʌnrɪˈkɔːdɪd, ᴬ-ˈkɔrdɪd/ [bn] niet opgetekend/genoteerd ♦ *his complaint went unrecorded* zijn klacht werd niet genoteerd

un·re·deemed /ˌʌnrɪˈdiːmd/ [bn] ① ⟨rel⟩ niet verlost ② niet ingelost/afgelost, niet nagekomen, niet vervuld ③ niet vrijgekocht, niet bevrijd ④ niet hersteld, niet goedgemaakt

¹**un·reel** /ʌnˈriːl/ [onov ww] zich afrollen, zich uitrollen, zich afwikkelen

²**un·reel** /ʌnˈriːl/ [ov ww] afrollen, uitrollen, afwikkelen, afwinden, afhaspelen

un·re·fined /ˌʌnrɪˈfaɪnd/ [bn] ① onbeschaafd, grof, lomp, ongecultiveerd ② ongeraffineerd, ongezuiverd

un·re·gard·ed /ˌʌnrɪˈɡɑːdɪd, ᴬ-ˈɡɑr-/ [bn] veronachtzaamd, nagelaten, verwaarloosd

un·re·gard·ful /ˌʌnrɪˈɡɑːdfl, ᴬ-ˈɡɑrd-/ [bn] onoplettend, achteloos ♦ *unregardful of* zonder rekening te houden met, zonder te letten op

un·re·gen·er·ate /ˌʌnrɪˈdʒenərət/ [bn] ① onverbeterd, niet hervormd, niet herboren, onbekeerd, verdorven ② koppig, halsstarrig, niet te bekeren

un·re·hearsed /ˌʌnrɪˈhɜːst, ᴬ-ˈhɜrst/ [bn] ① onverteld, onverhaald ② onvoorbereid, spontaan

un·re·lat·ed /ˌʌnrɪˈleɪtɪd/ [bn; zn: ~ness] ① niet verwant ② geen verband (met elkaar) houdend ♦ *he explained that the cold winter was unrelated to the production of exhaust gases* hij legde uit dat de koude winter geen verband hield/niets te maken had met het produceren van uitlaatgassen

un·re·lent·ing /ˌʌnrɪˈlentɪŋ/ [bn; bw: ~ly] ① onverminderd, niet aflatend, voortdurend, constant ② meedogenloos, onverbiddelijk

un·re·li·a·ble /ˌʌnrɪˈlaɪəbl/ [bn; bw: unreliably; zn: ~ness] onbetrouwbaar, niet te vertrouwen

un·re·lieved /ˌʌnrɪˈliːvd/ [bn; bw: ~ly] ① onverzacht, onverminderd ② eentonig, zonder enige afwisseling, vlak, saai ♦ *unrelieved by* niet afgewisseld met, niet onderbroken door ③ hevig, sterk, intens ④ ⟨mil⟩ niet afgelost

un·re·li·gious /ˌʌnrɪˈlɪdʒəs/ [bn] ① niet religieus, areligieus ② ongodsdienstig, zonder godsdienst, zonder geloof

un·re·mark·a·ble /ˌʌnrɪˈmɑːkəbl, ᴬ-ˈmɑr-/ [bn] ⟨form⟩ niet merkwaardig, opvallend, oninteressant, saai

un·re·mit·ted /ˌʌnrɪˈmɪtɪd/ [bn] ① ononderbroken, aanhoudend, onverminderd ② overgeven, niet kwijtgescholden

un·re·mit·ting /ˌʌnrɪˈmɪtɪŋ/ [bn; bw: ~ly; zn: ~ness] constant, niet aflatend, onverminderd

un·re·pair /ˌʌnrɪˈpeə, ᴬ-ˈper/ [niet-telb zn] verwaarlozing, verval, slechte staat

un·re·peat·a·ble /ˌʌnrɪˈpiːtəbl/ [bn] ① niet voor herhaling vatbaar, te erg om te herhalen ② uniek

un·re·pen·tant /ˌʌnrɪˈpentənt/ [bn] zonder berouw, halsstarrig, hardnekkig

un·rep·re·sen·ta·tive /ˌʌnreprɪˈzentətɪv/ [bn] ① niet representatief, atypisch ♦ *unrepresentative of the rest of his work* niet kenmerkend voor de rest van zijn werk ② ⟨pol⟩ niet representatief, ondemocratisch

un·re·quit·ed /ˌʌnrɪˈkwaɪtɪd/ [bn] onbeantwoord, niet beloond ♦ *unrequited love* onbeantwoorde liefde

un·re·serve /ˌʌnrɪˈzɜːv, ᴬ-ˈzɜrv/ [niet-telb zn] eerlijkheid, openheid, openhartigheid

un·re·served /ˌʌnrɪˈzɜːvd, ᴬ-ˈzɜrvd/ [bn; bw: ~ly /-ˈzɜːvɪdli, ᴬ-ˈzɜr-/] ① onverdeeld, geheel, volledig, onvoorwaardelijk ② openhartig, eerlijk ③ niet gereserveerd, niet besproken

un·re·solved /ˌʌnrɪˈzɒlvd, ᴬ-ˈzɑlvd/ [bn] ① onopgelost, onbeantwoord ② besluiteloos, weifelend

un·re·spon·sive /ˌʌnrɪˈspɒnsɪv, ᴬ-ˈspɑn-/ [bn; bw: ~ly; zn: ~ness] ① koel, koud, hard ② niet reagerend

un·rest /ʌnˈrest/ [niet-telb zn] onrust, beroering, opstandigheid

un·re·strained /ˌʌnrɪˈstreɪnd/ [bn; bw: ~ly] ① ongebreideld, onbeteugeld, heftig, wild ② ongeremd, spontaan, ongedwongen

un·re·strict·ed /ˌʌnrɪˈstrɪktɪd/ [bn] onbeperkt, onbelemmerd, ⟨i.h.b.⟩ zonder snelheidsbeperking

un·re·ten·tive /ˌʌnrɪˈtentɪv/ [bn] niet vasthoudend ♦ *unretentive memory* slecht geheugen

un·re·ward·ing /ˌʌnrɪˈwɔːdɪŋ, ᴬ-ˈwɔr-/ [bn] niet lonend, niet de moeite waard, ⟨fig⟩ ondankbaar ♦ *it was a very unrewarding job* het was zeer ondankbaar werk

un·rid·dle /ʌnˈrɪdl/ [ov ww] ontraadselen, oplossen, ontsluieren

un·ri·fled /ʌnˈraɪfld/ [bn] ① gladloops ⟨van geweer⟩ ② niet beroofd, niet geplunderd

un·rig /ʌnˈrɪɡ/ [ov ww] ① ⟨scheepv⟩ onttakelen, aftakelen, van de takeling ontdoen ② uitkleden, ontkleden

un·right·eous /ʌnˈraɪtʃəs/ [bn; bw: ~ly; zn: ~ness] ① slecht, zondig, kwaadaardig ② onrechtvaardig, onverdiend

un·rip /ʌnˈrɪp/ [ov ww] ① openscheuren ② lostornen

un·ripe /ʌnˈraɪp/ [bn; vergr trap: unriper] ① onrijp ⟨ook figuurlijk⟩, onvolwassen, onvolgroeid ② niet rijp, niet gereed, niet voorbereid ♦ *the time is unripe* de tijd is nog niet rijp

un·ri·valled, ⟨AE⟩ **un·ri·valed** /ʌnˈraɪvld/ [bn] ongeëvenaard, niet te evenaren, ongekend, ongelijkelijk, weergaloos

¹**un·robe** /ʌnˈroʊb/ [onov ww] zich ontkleden, zijn mantel/jas uit doen

²**un·robe** /ʌnˈroʊb/ [ov ww] ① ontkleden, de mantel/jas afnemen ② ontdoen van

¹**un·roll** /ʌnˈroʊl/ [onov ww] zich uitrollen, zich ontrollen, ⟨ook fig⟩ zich tonen, zich onthullen

²**un·roll** /ʌnˈroʊl/ [ov ww] uitrollen, ontrollen, ⟨ook fig⟩ tonen, onthullen

un·roof /ʌnˈruːf/ [ov ww] het dak/de bedekking afrukken/afhalen van

un·root /ʌnˈruːt/ [ov ww] ① ontwortelen, uit de grond trekken ② (met wortel en tak/al) uitroeien, vernietigen, verdelgen

un·round /ʌnˈraʊnd/ [ov ww] ⟨taalk⟩ ontronden, delabialiseren ⟨klinker⟩ ♦ *unrounded vowel* ongeronde klinker

UNRRA [afk] (United Nations Relief and Rehabilitation

unruffled

Administration)
un·ruf·fled /ʌnrʌfld/ [bn] kalm, onverstoord, bedaard, rustig
un·ruled /ʌnruːld/ [bn] [1] zonder leiding, niet geregeerd [2] ongelinieerd
un·ru·ly /ʌnruːli/ [bn; vergr trap: unrulier; zn: unruliness] onhandelbaar, tegendraads, niet te regeren, weerspannig, ongezeglijk
UNRWA /ʌnrə/ [afk] (United Nations Relief and Works Agency)
¹**un·sad·dle** /ʌnsædl/ [onov + ov ww] afzadelen, (een paard) ontzadelen
²**un·sad·dle** /ʌnsædl/ [ov ww] ontzadelen, uit het zadel werpen
un·safe /ʌnseɪf/ [bn; bw: ~ly; zn: ~ness] onveilig, onzeker
un·said /ʌnsed/ [bn; volt deelw van unsay] ongezegd, onuitgesproken, verzwegen
un·san·i·tar·y /ʌnsænɪtri, ᴬ-teri/ [bn] ⟨vnl AE⟩ ongezond, onhygiënisch
un·sat·is·fac·to·ry /ʌnsætɪsfæktri/ [bn; bw: unsatisfactorily; zn: unsatisfactoriness] onbevredigend
un·sat·u·rat·ed /ʌnsætʃəreɪtɪd/ [bn] ⟨scheik⟩ onverzadigd
un·sa·vour·y, ⟨AE⟩ **un·sa·vor·y** /ʌnseɪvri/ [bn; bw: unsavourly; zn: unsavouriness] [1] onsmakelijk, vies, onappetijtelijk, ⟨ook fig⟩ weerzinwekkend, onverkwikkelijk, laag-bij-de-gronds, goor, onfris [2] smakeloos, flauw, niet smakelijk
un·say /ʌnseɪ/ [ov ww] ⟨form⟩ terugnemen, herroepen ⟨woorden⟩; → unsaid
un·say·a·ble /ʌnseɪəbl/ [bn] onzegbaar
un·scathed /ʌnskeɪðd/ [bn] ongedeerd, onbeschadigd ♦ *get through unscathed* er zonder kleerscheuren doorheen komen; *return unscathed* heelhuids terugkeren
un·schooled /ʌnskuːld/ [bn] [1] ongeoefend, ongetraind, onervaren [2] natuurlijk, onaangeleerd ♦ *unschooled talent* natuurtalent
un·sci·en·tif·ic /ʌnsaɪəntɪfɪk/ [bn; bw: ~ally] [1] onwetenschappelijk [2] zonder wetenschappelijke kennis
un·scram·ble /ʌnskræmbl/ [ov ww] [1] ontcijferen, decoderen [2] ontwarren, uit elkaar halen
un·screened /ʌnskriːnd/ [bn] [1] onbeschermd, niet afgeschermd, onbeschut [2] ongezeefd [3] zonder scherm [4] zonder beeld, niet op het scherm getoond [5] niet doorgelicht, niet gescreend/onderzocht
¹**un·screw** /ʌnskruː/ [onov ww] [1] losraken [2] losgeschroefd worden; → unscrewed
²**un·screw** /ʌnskruː/ [ov ww] [1] losschroeven [2] losdraaien, opendraaien, eraf draaien ♦ *can you unscrew this bottle* krijg jij deze fles open?; → unscrewed
un·screwed /ʌnskruːd/ [bn; oorspronkelijk volt deelw van unscrew] ⟨sl⟩ [1] → unscrew [2] woest, wild [3] idioot
un·script·ed /ʌnskrɪptɪd/ [bn] zonder papiertje, uit het hoofd, voor de vuist (weg), onvoorbereid
un·scrip·tur·al /ʌnskrɪptʃrəl/ [bn] on-Bijbels, niet volgens de Schrift
un·scru·pu·lous /ʌnskruːpjʊləs, ᴬ-pjə-/ [bn; bw: ~ly; zn: ~ness] onscrupuleus, zonder scrupules, immoreel, gewetenloos
un·seal /ʌnsiːl/ [ov ww] [1] openen, het zegel verbreken van, ontzegelen [2] losmaken, ontsluiten ♦ *unseal one's lips* het zwijgen verbreken; → unsealed
un·sealed /ʌnsiːld/ [bn; ook volt deelw van unseal] [1] open, onverzegeld [2] niet bezegeld ⟨ook figuurlijk⟩, niet bekrachtigd [3] zonder zegel [4] losgemaakt, ontsloten
un·seam /ʌnsiːm/ [ov ww] lostornen, uit elkaar halen [2] openscheuren, openrijten; → unseamed
un·seamed /ʌnsiːmd/ [bn; ook volt deelw van unseam]

[1] losgetornd [2] opengescheurd [3] naadloos
un·search·a·ble /ʌnsɜːtʃəbl, ᴬʌnsɜr-/ [bn] onnaspeurlijk, onbegrijpelijk, niet te bevatten, ondoorgrondelijk
un·sea·son·a·ble /ʌnsiːznəbl/ [bn; bw: unseasonably; zn: ~ness] [1] ontijdig, ongelegen, ongeschikt, verkeerd, ongepast [2] abnormaal voor het seizoen, buiten het seizoen, onverwacht ♦ *an unseasonable summer* een slechte zomer
un·sea·soned /ʌnsiːznd/ [bn] [1] ongekruid [2] onvolgroeid, onrijp, groen [3] onervaren
un·seat /ʌnsiːt/ [ov ww] [1] afwerpen, uit het zadel werpen [2] doen vallen, doen ontzadelen [3] zijn positie afnemen, ⟨i.h.b. pol⟩ zijn zetel doen verliezen, wippen, ten val brengen; → unseated
un·seat·ed /ʌnsiːtɪd/ [bn; ook volt deelw van unseat] [1] niet gezeten, niet zittend [2] uit het zadel (geworpen) [3] weggewerkt, gewipt
un·sea·wor·thy /ʌnsiːwɜːði, ᴬ-wɜrði/ [bn] ⟨scheepv⟩ onzeewaardig
un·se·cured /ʌnsɪkjʊəd, ᴬ-kjʊrd/ [bn] [1] onbeveiligd [2] ⟨fin⟩ ongedekt ⟨schuld⟩ ♦ *unsecured loan* fiduciaire/ongedekte lening · ⟨fin⟩ *unsecured creditor* concurrente crediteur
un·seed·ed /ʌnsiːdɪd/ [bn] ⟨sport⟩ niet-geplaatst ⟨m.b.t. speler⟩
un·see·ing /ʌnsiːɪŋ/ [bn; bw: ~ly; zn: ~ness] niet(s) ziend, wezenloos, niets opnemend ♦ *look ahead with unseeing eyes* voor zich heen in het niets staren; *look at sth. with unseeing eyes* met (een) wezenloze blik naar iets kijken/staren; *John looked, unseeing, at the scenery* John keek naar het landschap zonder iets te zien/zonder te beseffen wat hij zag
un·seem·ly /ʌnsiːmli/ [bn; vergr trap: ook unseemlier; zn: unseemliness] [1] onbetamelijk, onbehoorlijk, ongepast [2] ongelegen, ongeschikt ♦ *at the most unseemly hours* op de meest onmogelijke uren [3] onaantrekkelijk, lelijk
¹**un·seen** /ʌnsiːn/ [telb zn] ⟨vnl BE⟩ ongeziene tekst ♦ *Latin unseens* ongeziene Latijnse teksten
²**un·seen** /ʌnsiːn/ [niet-telb zn; the] (de wereld van) het onzichtbare, de wereld van de geest
³**un·seen** /ʌnsiːn/ [bn] [1] onzichtbaar [2] onvoorbereid ♦ *do an unseen translation* een tekst à l'improviste/à vue vertalen
un·seg·re·gat·ed /ʌnsegrəgeɪtɪd/ [bn] zonder (rassen)scheiding, zonder afzondering, zonder onderscheid, zonder apartheid ♦ *negroes will be admitted on an unsegregated basis* negers zullen op basis van gelijkwaardigheid toegelaten worden
un·self /ʌnself/ [ov ww] onzelfzuchtig maken, van zelfzucht bevrijden, tot altruïsme brengen ♦ *unself o.s.* zich van zijn zelfzucht bevrijden, zijn zelfzucht opzijzetten
un·self·con·scious /ʌnselfkɒnʃəs, ᴬ-kɑn-/ [bn; bw: ~ly; zn: ~ness] ongedwongen, ongekunsteld, natuurlijk
un·sel·fish /ʌnselfɪʃ/ [bn; bw: ~ly; zn: ~ness] onbaatzuchtig, onzelfzuchtig, belangeloos
un·sent /ʌnsent/ [bn] niet verzonden · *unsent for* ongenood, ongevraagd
un·serv·ice·a·ble /ʌnsɜːvɪsəbl, ᴬ-sɜr-/ [bn; bw: unserviceably; zn: ~ness] [1] onbruikbaar [2] nutteloos
un·set /ʌnset/ [bn] [1] nog vloeibaar, ongezet, nog niet opgedroogd ♦ *unset concrete* ongezette beton [2] ongezet, ongeplaatst ♦ *an unset diamond* een ongezette diamant
¹**un·set·tle** /ʌnsetl/ [onov ww] [1] onvast worden, loskomen, wankelen [2] (aan het) wankelen (slaan) ⟨figuurlijk⟩, op losse schroeven komen te staan, onzeker worden [3] van streek raken, in de war raken, van zijn stuk gebracht zijn [4] wisselvallig worden, veranderlijk/onbestendig worden ⟨van weer⟩; → unsettled
²**un·set·tle** /ʌnsetl/ [ov ww] [1] doen loskomen, los maken, onvast maken, doen wankelen [2] doen wankelen ⟨fi-

guurlijk), op losse schroeven zetten, onzeker maken ♦ *these facts unsettle my belief in him* deze feiten brengen mijn geloof in hem aan het wankelen; *unsettling changes* veranderingen die alles op losse schroeven zetten ③ uiteenrukken ④ van streek maken, in de war brengen, verwarren, van zijn stuk brengen ♦ *this kind of food always unsettles my stomach* dit soort voedsel maakt mijn maag altijd van streek; → **unsettled**

un·set·tled /ʌnsetld/ [bn; volt deelw van unsettle; zn: ~ness] ① → **unsettle** ② onzeker, onvast, verwar(ren)d ♦ *unsettled times* onzekere tijden ③ wisselvallig, veranderlijk, onbestendig, onstandvastig ♦ *unsettled weather* wisselvallig/veranderlijk weer ④ onbeslist, onafgedaan, (nog) niet uitgemaakt, onzeker, weifelend ♦ *this issue is still unsettled* deze kwestie is nog niet afgedaan ⑤ onbetaald, (nog) niet afbetaald, onafgedaan ♦ *an unsettled bill* een nog niet betaalde rekening ⑥ onbewoond, (nog) niet gekoloniseerd ⑦ (rond)trekkend, nomadisch, (rond)zwervend, zonder vaste woonplaats ⑧ onstandvastig, onstabiel, ongeregeld, ontregeld, ongeordend ♦ *live an unsettled life* een ongeregeld leven leiden ⑨ in de war (gebracht), van streek (gebracht), verward, niet goed wijs, niet goed bij het hoofd

un·sew /ʌnsoʊ/ [ov ww; volt deelw ook unsewn] (los)tornen, lostrekken, uittrekken, losscheuren, losmaken ♦ *unsew a hem* een zoom lostornen

un·sewn /ʌnsoʊn/ [volt deelw] → **unsew**

un·sex /ʌnseks/ [ov ww] ① impotent maken ② castreren, ontmannen ③ aseksueel maken ⟨in het bijzonder een vrouw⟩, van haar/zijn typische vrouwelijke/mannelijke eigenschappen beroven, onvrouwelijk/onmannelijk maken; → **unsexed**

un·sexed /ʌnsekst/ [bn; ook volt deelw van unsex] ① → **unsex** ② nog niet geseskt ⟨van kuikens⟩ ♦ *unsexed chicks* eendagskuikens ③ geslachtloos, aseksueel

un·shack·le /ʌnʃækl/ [ov ww] ① ontboeien, losmaken ② bevrijden, vrijmaken ♦ *unshackle from* bevrijden/vrijmaken van

un·shad·ed /ʌnʃeɪdɪd/ [bn] ① onbeschaduwd, zonder schaduw, open ♦ *an unshaded path* een onbeschaduwd/open pad ② ongenuanceerd, zonder nuances/schakeringen ♦ *unshaded colours* kleuren zonder schakeringen ③ zonder kap/scherm ♦ *an unshaded lamp* een lamp zonder kap

un·shad·owed /ʌnʃædoʊd/ [bn] ① onbeschaduwd, zonder schaduw, onverduisterd ② onverstoord, zonder schaduwzijde(n) ♦ *unshadowed happiness* onverstoord geluk

un·shake·a·ble, un·shak·a·ble /ʌnʃeɪkəbl/ [bn; bw: unshakeably; zn: ~ness] onwrikbaar, onwankelbaar ♦ *an unshakeable belief* een onwrikbaar geloof

un·shamed /ʌnʃeɪmd/ [bn] ① onbeschaamd, niet beschaamd, schaamteloos ② niet beschaamd gemaakt

un·shape·ly /ʌnʃeɪpli/ [bn; zn: unshapeliness] slecht gevormd, (nog) ongevormd, lelijk

un·shap·en /ʌnʃeɪpən/, **un·shaped** /ʌnʃeɪpt/ [bn] ① ongevormd, vorm(e)loos ② misvormd, mismaakt, lelijk, slecht gevormd, wanstaltig

un·shav·en /ʌnʃeɪvn/ [bn] ongeschoren

un·sheathe /ʌnʃiːð/ [ov ww] uit de schede nemen ♦ *unsheathe one's sword* zijn zwaard trekken

¹**un·ship** /ʌnʃɪp/ [onov ww] ⟨scheepv⟩ ① ontscheept worden, gelost/uitgeladen worden ② weggenomen worden, afgenomen/verplaatst/uitgenomen worden ③ buiten boord gebracht worden ④ verplaatsbaar zijn, wegneembaar zijn; → **unshipped**

²**un·ship** /ʌnʃɪp/ [ov ww] ⟨scheepv⟩ ① ontschepen, lossen, uitladen ② wegnemen, afnemen, verplaatsen, uitnemen ⟨onderdeel van vaartuig⟩ ③ buiten boord brengen ♦ *unship the oars* de roeispanen buiten boord brengen; → **unshipped**

un·shipped /ʌnʃɪpt/ [bn; volt deelw van unship] ⟨scheepv⟩ ① onverscheept, niet ingeladen ② onverscheept, onverzonden ③ zonder schip ④ weggenomen, afgenomen, verplaatst, uitgenomen ⟨m.b.t. onderdelen van vaartuig⟩ ⑤ buiten boord gebracht

un·shod /ʌnʃɒd, ᴬʌnʃɑd/ [bn; (oorspronkelijk) volt deelw van unshoe] ① ⟨form⟩ ongeschoeid, blootsvoets ② ⟨paardenfokkerij⟩ onbeslagen

un·shoe /ʌnʃuː/ [ov ww; unshod, unshod; volt deelw ook unshodden] ① ontschoeien ② ⟨paardenfokkerij⟩ van hoefijzers/het hoefijzer ontdoen, de hoefijzers/het hoefijzer wegnemen van; → **unshod**

un·shorn /ʌnʃɔːn, ᴬʌnʃɔrn/ [bn] ① ongeschoren ⟨m.b.t. vee⟩ ② ongeknipt ♦ *an unshorn beard* een ongeknipte/ruige baard ③ ongeoogst, (nog) niet binnengehaald

un·shot /ʌnʃɒt, ᴬʌnʃɑt/ [bn] ① onafgeschoten, (nog) niet afgeschoten ② ongeraakt, niet getroffen ③ ongevarieerd, ongemengd, onvermengd

un·shrink·a·ble /ʌnʃrɪŋkəbl/ [bn] krimpvrij

un·shrink·ing /ʌnʃrɪŋkɪŋ/ [bn; bw: ~ly] ① niet (ineen)krimpend ② onvervaard, onbevreesd

un·shroud /ʌnʃraʊd/ [ov ww] ontsluieren, ontbloten, onthullen; → **unshrouded**

un·shroud·ed /ʌnʃraʊdɪd/ [bn; volt deelw van unshroud] ontsluierd, onbedekt, ontbloot, onbeschut

un·shut·ter /ʌnʃʌtə, ᴬʌnʃʌtər/ [ov ww] ① de luiken openen van ② de luiken wegnemen van

un·sift·ed /ʌnsɪftɪd/ [bn] ① ongezift ② ongecontroleerd, niet onderzocht, niet nagegaan

un·sight·ed /ʌnsaɪtɪd/ [bn; bw: ~ly] ① ongezien, onbekeken ② niet in het zicht, uit het gezicht ③ in zijn uitzicht belemmerd ④ zonder vizier (afgevuurd)

un·sight·ly /ʌnsaɪtli/ [bn; vergr trap: unsightlier; zn: unsightliness] onooglijk, afzichtelijk, lelijk, afstotelijk

un·sink·a·ble /ʌnsɪŋkəbl/ [bn] onzinkbaar

un·sized /ʌnsaɪzd/ [bn] ① niet op maat (gemaakt) ② niet volgens grootte gerangschikt ③ ⟨papierindustrie⟩ ongelijmd, opgeplaneerd

un·skil·ful, ⟨AE⟩ **un·skill·ful** /ʌnskɪlfl/ [bn; bw: ~ly; zn: ~ness] ① ondeskundig, onbedreven, onervaren ② onhandig, lomp

un·skilled /ʌnskɪld/ [bn] ① ongeschoold ♦ *unskilled labour* ongeschoolde arbeid; *an unskilled worker* een ongeschoolde arbeider ② onervaren, ongeoefend, onbedreven, ondeskundig ③ onafgewerkt, ruw, niet van vakmanschap getuigend

un·skimmed /ʌnskɪmd/ [bn] vol, niet afgeroomd ♦ *unskimmed milk* volle melk

un·slaked /ʌnsleɪkt/, ⟨in betekenissen 1 en 2 ook⟩ **un·slacked** /ʌnslækt/ [bn] ① onverminderd, onverslapt ♦ *unslaked angriness* onverminderde woede ② ongeblust ♦ *unslaked lime* ongebluste kalk ③ onverzadigd, ongelest ♦ *unslaked thirst* ongeleste dorst

un·sleep·ing /ʌnsliːpɪŋ/ [bn] ① nooit/niet slapend ② (altijd) actief, (altijd) waakzaam/wakker/alert

un·slept /ʌnslept/ [bn, pred] ① onbeslapen, ongebruikt ♦ *unslept in* onbeslapen ② zonder geslapen te hebben

un·sling /ʌnslɪŋ/ [ov ww; unslung, unslung] ① losmaken, loshaken ② afnemen, afzetten, afleggen ③ ⟨scheepv⟩ van de leng ontdoen, de leng (weg)nemen van

un·slough /ʌnslaʊ/ [ov ww] ⟨sl⟩ jatten

un·slung /ʌnslʌŋ/ [verleden tijd en volt deelw] → **unsling**

un·smil·ing /ʌnmaɪlɪŋ/ [bn; bw: ~ly; zn: ~ness] zonder een glimlach, met een strak gezicht

un·smoked /ʌnsmoʊkt/ [bn] ① onberookt ② onopgerookt ♦ *an unsmoked cigarette* een onopgerookte sigaret ③ ongerookt ♦ *unsmoked bacon* ongerookt spek

un·snap /ʌnsnæp/ [ov ww] ① de knip losmaken van, openknippen ② open klappen

un·snarl /ʌnsnɑːl, ᴬʌnsnɑrl/ [ov ww] ① ontwarren, los-

unsociability

maken [2] losmaken, bevrijden

un·so·cia·bil·i·ty /ʌnsoʊʃəbɪləti/ [niet-telb zn] [1] terughoudendheid, eenzelvigheid, gereserveerdheid, teruggetrokkenheid [2] het asociaal-zijn, ongezelligheid [3] ⟨vero⟩ onverenigbaarheid, onverzoenbaarheid, incompatibiliteit

un·so·cia·ble /ʌnsoʊʃəbl/ [bn; bw: unsociably; zn: ~ness] [1] terughoudend, eenzelvig, gereserveerd, teruggetrokken [2] asociaal, ongezellig ♦ *an unsociable atmosphere* een ongezellige sfeer [3] ⟨vero⟩ onverenigbaar, onverzoenbaar, incompatibel, niet bij elkaar passend

un·so·cial /ʌnsoʊʃl/ [bn; bw: ~ly] asociaal, onmaatschappelijk ♦ *unsocial hours* onmogelijke/ongebruikelijke (werk)tijden/uren

un·sock·et /ʌnspkɪt, ᴬ-sɑ-/ [ov ww] uit de kas/(gewrichts)holte losmaken, uit de kas/(gewrichts)holte nemen

un·sol·der /ʌnspldə, -soʊl-, ᴬ-sɑdər/ [ov ww] [1] (de soldering) losmaken [2] ontbinden ♦ *our friendship will never be unsoldered* onze vriendschap zal altijd blijven bestaan

un·solds /ʌnsoʊldz/ [alleen mv] ⟨handel⟩ onverkochte goederen

un·so·lic·it·ed /ʌnsəlɪsɪtɪd/ [bn] ongevraagd ⟨van goederen e.d.⟩

un·solv·a·ble /ʌnsplvəbl, ᴬ-sɑl-/ [bn] onoplosbaar

un·solved /ʌnsplvd, ᴬ-sɑlvd/ [bn] onopgelost

un·so·phis·ti·cat·ed /ʌnsəfɪstɪkeɪtɪd/ [bn; bw: ~ly; zn: ~ness] [1] onbedorven, echt, oprecht, eerlijk, onvervalst [2] onervaren, naïef, eenvoudig, onschuldig [3] ongekunsteld, natuurlijk, ongedwongen [4] ongecompliceerd, eenvoudig

un·sought /ʌnsɔːt/ [bn] ongezocht

un·sound /ʌnsaʊnd/ [bn; vergr trap: unsounder; bw: ~ly; zn: ~ness] [1] ongezond, ziek(elijk) ♦ *of unsound mind* krankzinnig, ontoerekeningsvatbaar [2] ongaaf [3] onstevig, ondegelijk, onvast, zwak, wrak [4] ondeugdelijk, gebrekkig, onjuist, vals [5] ongegrond, ongeldig [6] onbetrouwbaar, bedrieglijk, vals [7] onvast, licht, oppervlakkig, sluimerend ♦ *an unsound sleep* een onvaste slaap

un·spar·ing /ʌnspeərɪŋ, ᴬ-sper-/ [bn; bw: ~ly; zn: ~ness] [1] kwistig, gul, mild, vrijgevig, royaal ♦ *unsparing of* kwistig met [2] overvloedig [3] meedogenloos, onmeedogend, ongenadig, onbarmhartig, niets ontziend

un·speak /ʌnspiːk/ [ov ww; unspoke, unspoken] ⟨vero⟩ intrekken, terugnemen, terugtrekken, herroepen ⟨beweringen⟩; → unspoken

un·speak·a·ble /ʌnspiːkəbl/ [bn; bw: unspeakably; zn: ~ness] [1] onuitsprekelijk, onuitspreekbaar, onbeschrijf(e)lijk, onzegbaar ♦ *an unspeakable happiness* een onbeschrijfelijk geluk [2] abominabel (slecht), afschuwelijk, vreselijk (slecht), verfoeilijk [3] onuitspreekbaar, niet uit te spreken ♦ *an unspeakable word* een onuitspreekbaar woord

un·spe·cial·ized, un·spe·cial·ised /ʌnspeʃ(ə)laɪzd/ [bn] ongespecialiseerd

un·spec·i·fied /ʌnspesɪfaɪd/ [bn] ongespecificeerd, niet nader omschreven/beschreven

un·spent /ʌnspent/ [bn] [1] onuitgegeven, on(op)gebruikt, onverteerd [2] onuitgeput

un·sphere /ʌnsfɪə, ᴬʌnsfɪr/ [ov ww] uit de/zijn sfeer halen ♦ *unsphere a satellite* een satelliet uit zijn sfeer halen

un·spilled /ʌnspɪld/, **un·spilt** /ʌnspɪlt/ [bn] [1] ongestort [2] overgoten ♦ *unspilled blood* onvergoten bloed

un·spoiled /ʌnspɔɪld/, **un·spoilt** /ʌnspɔɪlt/ [bn] [1] onbeschadigd, niet getroffen [2] onbedorven

¹**un·spo·ken** /ʌnspoʊkən/ [bn; (oorspronkelijk) volt deelw van unspeak] [1] → unspeak [2] stil(zwijgend), onuitgesproken, niet onder woorden gebracht

²**un·spo·ken** /ʌnspoʊkən/ [bn, postnom; (oorspronkelijk) volt deelw van unspeak] onaangesproken, zonder aangesproken te worden ♦ *unspoken to* zonder aangesproken te worden

un·sport·ing /ʌnspɔːtɪŋ, ᴬʌnspɔrtɪŋ/, **un·sports·man·like** /ʌnspɔːtsmənlaɪk, ᴬʌnspɔrts-/ [bn] onsportief, unfair, oneerlijk

un·spot·ted /ʌnspptɪd, ᴬʌnspɑtɪd/ [bn; zn: ~ness] [1] ongevlekt, onbevlekt, onbezoedeld, vlekkeloos, zuiver ⟨ook figuurlijk⟩ ♦ *unspotted conscience* zuiver geweten [2] on(op)gemerkt, ongezien

un·sprayed /ʌnspreɪd/ [bn] onbespoten

un·sprung /ʌnsprʌŋ/ [bn] zonder vering, zonder veren

un·sta·ble /ʌnsteɪbl/ [bn; vergr trap: unstabler; bw: unstably; zn: ~ness] [1] veranderlijk, onstandvastig, onbestendig, wisselvallig [2] onevenwichtig, wispelturig, veranderlijk, onstandvastig, wankelmoedig [3] onstabiel ⟨ook natuurkunde, scheikunde⟩, labiel, wankel(baar), onvast ♦ ⟨scheik⟩ *unstable compound* onstabiele verbinding; *unstable equilibrium* wankel/instabiel evenwicht [4] onvast, los, onsolide, week, verplaatsbaar [5] ⟨natuurk⟩ radioactief [6] ⟨scheik⟩ instabiel

un·stamped /ʌnstæmpt/ [bn] [1] onbezegeld [2] on(af)gestempeld [3] ongefrankeerd, ongezegeld

un·starched /ʌnstɑːtʃt, ᴬ-stɑrtʃt/ [bn] [1] van (het) stijfsel ontdaan [2] minder stijf gemaakt [3] ongesteven

un·stat·u·ta·ble /ʌnstætjʊtəbl, ᴬ-tʃətəbl/ [bn; bw: unstatutably; zn: ~ness] niet statu(t)air, niet volgens/in overeenstemming met de statuten, onwettig

¹**un·stead·y** /ʌnstedi/ [bn; vergr trap: unsteadier; bw: unsteadily; zn: unsteadiness] [1] onvast, wankel ♦ *unsteady light* flikkerlicht; *unsteady steps* wankele stappen; *her voice was unsteady* haar stem was onvast [2] onstandvastig, onbestendig, veranderlijk, wisselvallig, wispelturig [3] onregelmatig ♦ *an unsteady rhythm* een onregelmatig ritme

²**un·stead·y** /ʌnstedi/ [ov ww] [1] onvast maken, aan het wankelen brengen, doen beven [2] onstandvastig maken, veranderlijk/wisselvallig/wispelturig maken [3] onregelmatig maken

un·steel /ʌnstiːl/ [ov ww] ontwapenen, (doen) ontdooien ⟨figuurlijk⟩

un·step /ʌnstep/ [ov ww] ⟨scheepv⟩ uit het spoor nemen ♦ *unstep the mast* de mast uit het spoor nemen

un·stick /ʌnstɪk/ [ov ww; unstuck, unstuck] [1] losmaken, losweken [2] ⟨luchtv; inf⟩ doen loskomen, van de grond doen komen; → unstuck

un·stint·ed /ʌnstɪntɪd/, **un·stint·ing** /ʌnstɪntɪŋ/ [bn; bw: ~ly] royaal, gul, kwistig

un·stitch /ʌnstɪtʃ/ [ov ww] (los)tornen, lostrekken, uittrekken, losmaken

un·stocked /ʌnstpkt, ᴬ-stɑkt/ [bn] [1] zonder lade ♦ *unstocked rifle* geweer zonder lade [2] zonder dieren/vissen/vee ♦ *unstocked wood* bos zonder dieren

un·stop /ʌnstpp, ᴬ-stɑp/, ⟨in betekenis 1 ook⟩ **un·stop·per** /-stppə, ᴬ-stɑpər/ [ov ww] [1] ontstoppen, openen, openmaken, vrijmaken, ontkurken ♦ *unstop a bottle* een fles ontkurken; *unstop a drain* een afvoerbuis ontstoppen [2] uittrekken ⟨orgelregister⟩; → unstopped

un·stop·pa·ble /ʌnstppəbl, ᴬ-stɑp-/ [bn; bw: unstoppably] onweerhoudbaar, onstuitbaar, niet te stoppen/stuiten

¹**un·stopped** /ʌnstppt, ᴬ-stɑpt/ [bn; ook volt deelw van unstop] [1] zonder stop [2] niet verstopt, zonder verstopping [3] doorlopend, met enjambement(en) ♦ *unstopped lines* doorlopende versregels [4] ⟨taalk⟩ open ♦ *an unstopped consonant* een open medeklinker

²**un·stopped** /ʌnstppt, ᴬ-stɑpt/ [bn, pred; ook volt deelw van unstop] ongehinderd, onbelemmerd, ongestoord, ononderbroken

un·strap /ʌnstræp/ [ov ww] (de riemen) losgespen (van), losmaken

un·strat·i·fied /ʌnstrætɪfaɪd/ [bn] ⟨geol⟩ niet gelaagd

un·streamed /ʌnstriːmd/ [bn] ⟨BE; onderw⟩ niet uitgesplitst naar begaafdheid
un·stressed /ʌnstrest/ [bn] 1 niet benadrukt 2 ⟨taalk⟩ zwak/niet beklemtoond, zonder (hoofd)accent, onbeklemtoond, toonloos
un·stri·at·ed /ʌnstraɪeɪtɪd/ [bn] 1 niet gestreept 2 niet gegroefd, niet geribbeld 3 effen, vlak, glad 4 ⟨med⟩ glad ♦ *striated and unstriated muscles* dwarsgestreepte en gladde spieren
un·strike·a·ble /ʌnstraɪkəbl/ [bn] zonder stakingsmogelijkheid/recht, onderhevig aan een stakingsverbod
un·string /ʌnstrɪŋ/ [ov ww; unstrung, unstrung] 1 van de snaren ontdoen, de snaren (weg)nemen van 2 de snaren losser spannen van ♦ *unstring a harp* de snaren van een harp losser spannen 3 de touwen/touwtjes losmaken van 4 afrijgen ♦ *unstring beads* kralen afrijgen 5 verzwakken, verslappen, ontzenuwen 6 overstuur maken ♦ *the accident unstrung him* het ongeval maakte hem helemaal van streek; → **unstrung**
un·striped /ʌnstraɪpt/ [bn] niet gestreept
un·struc·tured /ʌnstrʌktʃəd, ᴬ-tʃərd/ [bn] 1 niet gestructureerd, ongestructureerd, zonder hiërarchie, onsystematisch 2 niet vastgelegd, onbepaald, niet in regels gevat 3 informeel 4 ⟨psych⟩ zonder referentiekader
un·strung /ʌnstrʌŋ/ [bn; volt deelw van unstring] 1 zonder snaren 2 met ontspannen snaren 3 verzwakt, verslapt, krachteloos 4 overstuur, van streek, in de war
un·stuck /ʌnstʌk/ [bn; volt deelw van unstick] los ♦ *come unstuck* loskomen, losgaan [•] ⟨inf⟩ *come (badly) unstuck* in het honderd/de soep lopen, in de war raken, mislukken
un·stud·ied /ʌnstʌdɪd/ [bn] 1 ongekunsteld, natuurlijk, spontaan 2 ongestudeerd, ongeschoold, onkundig, onwetend ♦ *unstudied in* onwetend van, niet bekend met
un·stuff·y /ʌnstʌfi/ [bn; vergr trap: unstuffier] 1 niet benauwd, niet bedompt 2 informeel, los, niet gepland
un·sub·scribe /ʌnsəbskraɪb/ [onov ww] ⟨comp⟩ afmelden ⟨van mailinglijst op het internet⟩
un·sub·stan·tial /ʌnsəbstænʃl/ [bn; bw: ~ly] 1 onvast, week, slap, onstevig, onstabiel 2 onwezenlijk, ijl, onwerkelijk, onlichamelijk, onstoffelijk 3 ongefundeerd, ongegrond, ongerechtvaardigd ♦ *unsubstantial arguments* ongefundeerde argumenten
un·sub·stan·ti·at·ed /ʌnsəbstænʃieɪtɪd/ [bn] onbewezen, onbevestigd, niet gestaafd, ongefundeerd
un·suc·cess /ʌnsəkses/ [telb + niet-telb zn] mislukking, fiasco, echec
un·suc·cess·ful /ʌnsəksesfl/ [bn; bw: ~ly; zn: ~ness] 1 niet succesvol, zonder succes/resultaat 2 niet geslaagd, afgewezen ♦ *be unsuccessful* niet slagen
un·suit·a·bil·i·ty /ʌnsuːtəbɪləti/ [niet-telb zn] ongeschiktheid, ongepastheid, ongelegenheid
un·suit·a·ble /ʌnsuːtəbl/ [bn; bw: unsuitably; zn: ~ness] ongeschikt, ongepast, ongelegen, niet passend
un·suit·ed /ʌnsuːtɪd/ [bn] ongeschikt, ongepast, niet passend ♦ *unsuited for* ongeschikt voor; *unsuited to* niet passend bij
un·sul·lied /ʌnsʌlid/ [bn; zn: ~ness] ⟨form⟩ 1 onverdorven 2 zuiver, rein, vlekkeloos, zonder smet, blaamloos
un·sung /ʌnsʌŋ/ [bn] 1 niet gezongen 2 niet bezongen, onbezongen 3 miskend ♦ *an unsung hero* een miskende held
un·sunned /ʌnsʌnd/ [bn] 1 niet door de zon beschenen, zonder zon, onbeschenen 2 bleek, ongebruind 3 niet aan de openbaarheid prijsgegeven, verborgen (gehouden)
un·sup·port·a·ble /ʌnsəpɔːtəbl/ [bn] 1 ondraagbaar, ondraaglijk 2 onverdedigbaar, niet te verdedigen ♦ *unsupportable deeds* onverdedigbare daden
un·sup·port·ed /ʌnsəpɔːtɪd/ [bn] 1 niet ge-

staafd, onbewezen, onbevestigd 2 niet ondersteund, niet geschraagd/gesteund 3 onverdedigd, niet geruggensteund, niet aangeleund
un·sure /ʌnʃʊə, ᴬʌnʃʊr/ [bn; zn: ~ness] 1 onzeker, onvast ♦ *unsure of* onzeker van 2 onbetrouwbaar, onzeker, twijfelachtig 3 onveilig, gevaarlijk 4 onzeker, onbestendig, wisselvallig
un·sur·pass·a·ble /ʌnsəpɑːsəbl, ᴬʌnsərpæsəbl/ [bn; bw: unsurpassably] onovertrefbaar, weergaloos
un·sur·passed /ʌnsəpɑːst, ᴬʌnsərpæst/ [bn] onovertroffen, uitstekend, schitterend, uitmuntend
un·sus·pect·ed /ʌnsəspektɪd/ [bn; bw: ~ly; zn: ~ness] 1 onverdacht 2 on(op)gemerkt, ongezien 3 onbekend, ongekend 4 onverwacht, onvermoed
un·sus·pect·ing, un·sus·pi·cious /ʌnsəspɪʃəs/ [bn; bw: ~ly, unsuspiciously] 1 niets vermoedend ♦ *the unsuspecting public* het niets vermoedende publiek 2 niet achterdochtig, niet wantrouwig, argeloos
un·sus·tain·a·ble /ʌnsəsteɪnəbl/ [bn] ± verspillend
un·swathe /ʌnsweɪð/ [ov ww] ontzwachtelen, loswinden, loswikkelen
¹**un·swear** /ʌnsweə, ᴬʌnswer/ [onov ww; unswore, unsworn] het gezworene/een eed herroepen, het gezworene/een eed intrekken; → **unsworn**
²**un·swear** /ʌnsweə, ᴬʌnswer/ [ov ww; unswore, unsworn] herroepen, intrekken ♦ *unswear an oath* een eed herroepen; → **unsworn**
un·swerv·ing /ʌnswɜːvɪŋ, ᴬ-swɜr-/ [bn; bw: ~ly; zn: ~ness] 1 recht, niet afwijkend, constant, rechtdoor, rechtaan 2 onwankelbaar, onwrikbaar
un·sworn /ʌnswɔːn, ᴬʌnswɔrn/ [bn; ook volt deelw van unswear] 1 → **unswear** 2 onbeëdigd
un·syl·lab·ic /ʌnsɪlæbɪk/ [bn] ⟨taalk⟩ niet syllabisch
un·sym·met·ri·cal /ʌnsɪmetrɪkl/ [bn; bw: ~ly] asymmetrisch
un·sym·pa·thet·ic /ʌnsɪmpəθetɪk/ [bn] 1 ontoeschietelijk, onwelwillend 2 geen medeleven tonend, geen deelneming tonend 3 onbelangwekkend [•] *this is unsympathetic to me* dit ligt me niet
un·tack /ʌntæk/ [ov ww] 1 de rijgdraad halen uit 2 losmaken, losrijgen
un·tack·le /ʌntækl/ [ov ww] uitspannen
un·tan·gle /ʌntæŋgl/ [ov ww] 1 ontwarren 2 ophelderen, oplossen
un·tanned /ʌntænd/ [bn] 1 ongelooid ♦ *untanned leather* ongelooid leer 2 bleek, ongebruind ♦ *untanned skin* bleke huid
un·tapped /ʌntæpt/ [bn] 1 onaangesproken, (nog) niet gebruikt, onaangeboord ♦ *untapped sources* onaangeboorde bronnen 2 niet (af)getapt 3 (nog) niet aangestoken ♦ *untapped keg* nog niet aangestoken vaatje
un·tast·ed /ʌnteɪstɪd/ [bn] 1 niet geproefd, onaangeroerd 2 onbeproefd, niet uitgeprobeerd
un·taught /ʌntɔːt/ [bn; ook volt deelw van unteach; zn: ~ness] 1 → **unteach** 2 ongeschoold, niet onderwezen, niet geleerd 3 onwetend, ongeletterd 4 ongekunsteld, spontaan, natuurlijk, niet aangeleerd
un·taxed /ʌntækst/ [bn] onbelast, belastingvrij
un·teach /ʌntiːtʃ/ [ov ww; untaught, untaught] afleren, doen vergeten; → **untaught**
un·teach·a·ble /ʌntiːtʃəbl/ [bn; zn: ~ness] 1 niet te onderwijzen, niet te leren 2 hardleers
un·tear·a·ble /ʌnteərəbl, ᴬ-ter-/ [bn] niet te (ver)scheuren, on(ver)scheurbaar
un·tech·ni·cal /ʌntekɪnkl/ [bn] 1 atechnisch, ontechnisch 2 niet technisch ⟨taal, stijl⟩
un·tem·pered /ʌntempəd, ᴬ-pərd/ [bn] 1 ongematigd, onverbiddelijk 2 ⟨techn⟩ ongegloeid, niet getemperd/ontlaten ⟨van staal⟩ 3 ⟨bouwk⟩ slecht gemengd ⟨van metselspecie⟩

un·ten·a·ble /ʌnˈtenəbl/ [bn; bw: untenably; zn: ~ness] [1] onhoudbaar ⟨ook figuurlijk⟩, niet te verdedigen ♦ *untenable proposition* onhoudbare stelling [2] onbewoonbaar
un·ten·ant·a·ble /ʌnˈtenəntəbl/ [bn] [1] onverhuurbaar [2] onbewoonbaar
un·ten·ant·ed /ʌnˈtenəntɪd/ [bn] [1] onverhuurd [2] onbewoond, leeg(staand)
un·tend·ed /ʌnˈtendɪd/ [bn] onverzorgd, verwaarloosd
un·test·ed /ʌnˈtestɪd/ [bn] niet getest, onbeproefd
un·teth·er /ʌnˈteðə, ᴬ-ər/ [ov ww] losmaken, los laten lopen ⟨voornamelijk dier⟩; → untethered
un·teth·ered /ʌnˈteðəd, ᴬ-ðərd/ [bn; ook volt deelw van untether] [1] niet vastgebonden ⟨van dier⟩, loslopend, niet aangelijnd [2] ongebonden, vrij
un·thanked /ʌnˈθæŋkt/ [bn] ondankbaar, niet gewaardeerd ♦ *unthanked job* ondankbaar werk
un·thank·ful /ʌnˈθæŋkfl/ [bn; bw: ~ly; zn: ~ness] [1] ondankbaar, niet erkentelijk ♦ *unthankful person* ondankbaar iemand [2] onaangenaam, onplezierig
un·thatched /ʌnˈθætʃt/ [bn] niet met riet(en dak) bedekt ♦ *unthatched farm* boerderij zonder rieten dak
un·think /ʌnˈθɪŋk/ [ov ww; unthought, unthought] [1] uit zijn hoofd zetten, niet meer denken aan [2] van mening veranderen over; → unthought
un·think·a·ble /ʌnˈθɪŋkəbl/ [bn; bw: unthinkably; zn: ~ness] [1] ondenkbaar, onvoorstelbaar, ongelofelijk [2] onaanvaardbaar ♦ *it's unthinkable!* geen sprake van!, daar komt niets van in! [3] onwaarschijnlijk
un·think·ing /ʌnˈθɪŋkɪŋ/ [bn; bw: ~ly; zn: ~ness] [1] onnadenkend, onbezonnen, gedachteloos ♦ *unthinking moment* onbewaakt ogenblik [2] onbewust, onbedoeld, onopzettelijk, niet expres
un·thought /ʌnˈθɔːt/, **un·thought-of** /ʌnˈθɔːtɒv, ᴬʌnˈθɔːtɑv, ᴬ-ʌv/ [bn; 1e variant ook volt deelw van unthink] [1] → unthink [2] ondenkbaar, onverwacht, ongedacht, onvermoed, onvoorzien [3] ondenkbaar, onvoorstelbaar, ⟨bij uitbreiding⟩ onaanvaardbaar ♦ *in some circles it is still unthought of for a girl to choose her own husband* in sommige kringen is het nog ondenkbaar dat een meisje haar eigen man kiest
un·thought·ful /ʌnˈθɔːtfl/ [bn; bw: ~ly; zn: ~ness] [1] gedachteloos, automatisch [2] onattent, onoplettend
un·thread /ʌnˈθred/ [ov ww] [1] de draad halen uit ⟨naald⟩ [2] de weg vinden in ⟨doolhof⟩ [3] ontrafelen, ontwarren
un·threshed /ʌnˈθreʃt/ [bn] ongedorst, nog niet gedorst
un·thrift·y /ʌnˈθrɪfti/ [bn; bw: unthriftily; zn: unthriftiness] [1] verkwistend, verspillend [2] oneconomisch, niet winstgevend [3] niet gedijend ⟨van mens, vee⟩
un·throne /ʌnˈθroʊn/ [ov ww] onttronen
un·ti·dy /ʌnˈtaɪdi/ [bn; vergr trap: untidier; bw: untidily; zn: untidiness] onordelijk, slordig, rommelig
¹**un·tie** /ʌnˈtaɪ/ [onov ww] losgaan, losraken; → untied
²**un·tie** /ʌnˈtaɪ/ [ov ww] [1] losknopen, losmaken [2] bevrijden ⟨vastgebonden persoon⟩, vrijlaten, losbinden, losmaken [3] ontwarren, oplossen ⟨vraagstuk⟩; → untied
un·tied /ʌnˈtaɪd/ [bn; volt deelw van untie] [1] los(geknoopt), bevrijd ♦ *untied to* vrij van, los van, niet gebonden aan [2] ontward, opgelost ⟨vraagstuk⟩ [3] ongebonden, zonder beperkingen
¹**un·til** /ənˈtɪl, ⟨sterk⟩ ʌnˈtɪl/ [vz] ⟨tijd; vaak na negatieve constructies⟩ tot, niet voor, voor ♦ *I had barely noticed her until our collision* ik had haar nauwelijks opgemerkt totdat wij botsten; *she waited until midnight* ze wachtte tot middernacht; *I did not know about it until now* ik wist er niets van tot nu; *I cannot leave until Sunday* ik kan niet vertrekken voor zondag [2] ⟨richting en doel⟩ ⟨vnl SchE⟩ tot aan, naartoe ♦ *they walked until the hotel* ze liepen tot aan het hotel; *they left until the sea* ze vertrokken naar de zee
²**un·til** /ənˈtɪl, ⟨sterk⟩ ʌnˈtɪl/ [ondersch vw] ⟨tijd⟩ totdat, tot, voor ♦ *she cried until she fell asleep* ze huilde tot ze in slaap

viel; *I was very lonely until I met Mary* ik was erg eenzaam voor ik Mary ontmoette
un·tile /ʌnˈtaɪl/ [ov ww] de (dak)pannen nemen van, pannen ontdoen; → untiled
un·tiled /ʌnˈtaɪld/ [bn; volt deelw van untile] [1] van pannen ontdaan [2] zonder pannen
un·till·a·ble /ʌnˈtɪləbl/ [bn] onproductief, onvruchtbaar ♦ *untillable land* onvruchtbaar land
un·tilled /ʌnˈtɪld/ [bn] ongecultiveerd, onbebouwd, braakliggend
un·tim·bered /ʌnˈtɪmbəd, ᴬ-ərd/ [bn] [1] zonder bomen [2] zonder (timmer)hout
¹**un·time·ly** /ʌnˈtaɪmli/, ⟨SchE⟩ **un·time·ous, un·tim·ous** /-taɪməs/ [bn; vergr trap: untimelier; zn: untimeliness] [1] ongelegen, ontijdig, ongeschikt, ongepast [2] voortijdig, vroegtijdig, te vroeg ♦ *untimely death* te vroege dood; *come to an untimely end* te vroeg sterven; *don't call me again at such an untimely hour* bel me niet nog eens op zo'n onchristelijk uur
²**un·time·ly** /ʌnˈtaɪmli/ [bw] [1] ongelegen, op een verkeerd moment [2] voortijdig, te vroeg, vroegtijdig
un·tinged /ʌnˈtɪndʒd/ [bn] ongekleurd, niet beïnvloed, zonder tekenen ♦ *untinged by grief* zonder enig teken van verdriet
un·tir·ing /ʌnˈtaɪərɪŋ/ [bn; bw: ~ly] [1] onvermoeibaar [2] onvermoeid
un·ti·tled /ʌnˈtaɪtld/ [bn] [1] zonder titel ⟨van boek, edelman enz.⟩ [2] zonder recht/aanspraak ⟨op troon e.d.⟩
unto [vz] → to
un·to·geth·er /ʌntəˈgeðə, ᴬ-ər/ [bn] ⟨sl⟩ [1] slecht functionerend ⟨emotioneel of intellectueel⟩ [2] asociaal
un·told /ʌnˈtoʊld/ [bn] [1] niet verteld ♦ *untold history* niet geopenbaarde/vertelde geschiedenis [2] onnoemelijk, onmetelijk, mateloos, onuitsprekelijk ♦ *untold wealth* onmetelijke rijkdom
un·tomb /ʌnˈtuːm/ [ov ww] opgraven ⟨uit het graf⟩, uitgraven
¹**un·touch·a·ble** /ʌnˈtʌtʃəbl/ [telb zn; ook Untouchable] onaanraakbare ⟨laagste hindoekaste⟩, paria, onreine
²**un·touch·a·ble** /ʌnˈtʌtʃəbl/ [bn] [1] onaanraakbaar, onrein [2] on(aan)tastbaar, ongrijpbaar, onbereikbaar [3] niet aan te raken
un·touched /ʌnˈtʌtʃt/ [bn] onaangeraakt, onaangeroerd, onberoerd, onaangetast
un·to·ward /ʌntəˈwɔːd, ᴬʌnˈtɔːrd/ [bn; bw: ~ly; zn: ~ness] [1] ongelegen, ongunstig, ongewenst, ongelukkig [2] ongepast, onwelvoeglijk, onbetamelijk [3] onhandelbaar, eigenzinnig, weerbarstig ♦ *untoward circumstances* ongunstige omstandigheden
un·trace·a·ble /ʌnˈtreɪsəbl/ [bn; bw: untraceably; zn: ~ness] onvindbaar, niet te vinden/op te sporen
un·traced /ʌnˈtreɪst/ [bn] ⟨spoorloos⟩ verdwenen
un·trained /ʌnˈtreɪnd/ [bn] ongeoefend, ongeschoold, onervaren
un·tram·melled, ⟨AE⟩ **un·tram·meled** /ʌnˈtræmld/ [bn; zn: ~ness] ongeremd, onbeperkt, ongebonden, ongehinderd
un·trans·lat·a·ble /ʌntrænsˈleɪtəbl/ [bn; bw: untranslatably; zn: ~ness] onvertaalbaar, niet te vertalen
un·trans·port·a·ble /ʌntrænsˈpɔːtəbl, ᴬ-ˈspɔːrtəbl/ [bn] niet te vervoeren, onvoerbaar
un·trav·elled, ⟨AE⟩ **un·trav·eled** /ʌnˈtrævld/ [bn] [1] onbereisd ⟨van persoon⟩, provinciaal, bekrompen [2] niet bezocht, onbereisd, onbezocht
un·treat·ed /ʌnˈtriːtɪd/ [bn] onbehandeld ⟨ook medisch⟩ ♦ *untreated sewage* onbehandeld/ongezuiverd afvalwater
un·tried /ʌnˈtraɪd/ [bn] [1] niet geprobeerd, onbeproefd [2] niet getest [3] onervaren [4] (nog) niet berecht ⟨van gevangene⟩, (nog) onberecht [5] (nog) niet voorgeleid ⟨van arrestant⟩, (nog) niet verhoord [6] (nog) niet behandeld

un·trimmed /ʌntrɪmd/ [bn; zn: ~ness] ① niet (bij)geknipt, ongeknipt ♦ *untrimmed beard* onverzorgde baard ② zonder garneersel 〈van kleding e.d.〉

un·trod·den /ʌntrɒdn, ᴬ-trɑdn/ [bn] onbetreden, onbegaan

un·troub·led /ʌntrʌbld/ [bn; zn: ~ness] ① ongestoord ② kalm, rustig

un·true /ʌntruː/ [bn; vergr trap: untruer; bw: untruly; zn: ~ness] ① onwaar, niet waar ② ontrouw, niet loyaal ♦ *untrue to* niet trouw aan ③ afwijkend 〈van norm〉, onzuiver, scheef, ongelijk, niet waterpas ♦ *untrue tone* onzuivere toon/klank

un·truss /ʌntrʌs/ [ov ww] 〈vero〉 losmaken

un·trust·wor·thy /ʌntrʌstwɜːði, ᴬ-wɜrði/ [bn; zn: untrustworthiness] onbetrouwbaar

¹**un·truth** /ʌntruːθ/ [telb zn] onwaarheid, leugen

²**un·truth** /ʌntruːθ/ [niet-telb zn] onwaarheid, het onwaar-zijn

un·truth·ful /ʌntruːθfl/ [bn; bw: ~ly; zn: ~ness] ① leugenachtig, oneerlijk, onoprecht ② onwaar, onjuist

un·tuck /ʌntʌk/ [ov ww] losmaken 〈dekens e.d.〉

un·tune /ʌntjuːn, ᴬ-tuːn/ [ov ww] ontstemmen 〈ook figuurlijk〉, van slag brengen, uit zijn humeur brengen; → **untuned**

un·tuned /ʌntjuːnd, ᴬ-tuːnd/ [bn; in bet 3 volt deelw van untune] ① ongestemd ② niet (juist) afgestemd 〈van radio〉 ③ ontstemd 〈ook figuurlijk〉 ♦ *untuned father* ontstemde/boze vader; *untuned piano* ontstemde piano

un·tune·ful /ʌntjuːnfl, ᴬ-tuːnfl/ [bn; bw: ~ly; zn: ~ness] niet harmonieus, scherp, krassend

un·turned /ʌntɜːnd, ᴬ-tɜrnd/ [bn] niet omgedraaid

un·tu·tored /ʌntjuːtəd, ᴬ-tuːtərd/ [bn] ① ongeschoold, niet onderwezen ② ongeletterd, onwetend ③ naïef, ongekunsteld, eenvoudig ④ onbeschaafd, niet verfijnd, ruw

¹**un·twine** /ʌntwaɪn/ [onov ww] ontward raken, losgaan

²**un·twine** /ʌntwaɪn/ [ov ww] ontwarren, uit elkaar halen, uit de war halen

¹**un·twist** /ʌntwɪst/ [onov ww] ontward maken, losgaan, loskomen

²**un·twist** /ʌntwɪst/ [ov ww] ① loswinden, losdraaien ② ontwarren, uit de war halen

un·typ·i·cal /ʌntɪpɪkl/ [bn; bw: ~ly] atypisch

un·urged /ʌnɜːdʒd, ᴬʌnɜrdʒd/ [bn] onaangespoord, vrijwillig

un·us·a·ble /ʌnjuːzəbl/ [bn; bw: unusably] onbruikbaar, nutteloos

¹**un·used** /ʌnjuːzd/ [bn] ongebruikt, onbenut ♦ *unused glasses* ongebruikte glazen; *unused opportunity* onbenutte gelegenheid

²**un·used** /ʌnjuːst/ [bn, pred] niet gewend ♦ *unused to hard work/working hard* er niet aan gewend hard te (moeten) werken

un·u·su·al /ʌnjuːʒ(ʊ)əl/ [bn; zn: ~ness] ① ongebruikelijk, uitzonderlijk, ongewoon ② opmerkelijk, opvallend, buitengewoon

un·u·su·al·ly /ʌnjuːʒ(ʊ)əli/ [bw] ① → **unusual** ② bijzonder, erg ♦ *the children were unusually quiet today* de kinderen waren vandaag het erg rustig

un·ut·ter·a·ble /ʌnʌtrəbl, ᴬ-ʌtərəbl/ [bn; bw: unutterably] ① onuitsprekelijk 〈ook figuurlijk〉, onbeschrijf(e)lijk, vreselijk, afschuwelijk ♦ *unutterable beauty* onbeschrijf(e)lijke schoonheid; *unutterable idiot* volslagen idioot ② onuitspreekbaar

un·ut·tered /ʌnʌtəd, ᴬʌnʌtərd/ [bn] onuitgesproken, ongeuit

un·vac·ci·nat·ed /ʌnvæksɪneɪtɪd/ [bn] oningeënt

un·val·ued /ʌnvæljuːd/ [bn] ① ongewaardeerd ② ongetaxeerd, ongeschat

un·var·ied /ʌnveərid, ᴬ-ver-/ [bn] ongevarieerd, eentonig

un·var·nished /ʌnvɑːnɪʃt, ᴬ-vɑr-/ [bn] ① ongevernist ② onverbloemd, onopgesmukt ♦ *unvarnished truth* onverbloemde waarheid ③ rechtdoorzee, oprecht

un·var·y·ing /ʌnveəriɪŋ, ᴬ-ver-/ [bn; bw: ~ly] onveranderlijk, constant

¹**un·veil** /ʌnveɪl/ [onov ww] de sluier afdoen, de sluier laten vallen, zich onthullen; → **unveiled**

²**un·veil** /ʌnveɪl/ [ov ww] onthullen, 〈fig〉 openbaren, aan het licht brengen, ontmaskeren ♦ *unveil a secret* een geheim onthullen; *unveil a statue* een standbeeld onthullen; → **unveiled**

un·veiled /ʌnveɪld/ [bn; volt deelw van unveil] ongesluierd, zonder sluier

un·ven·ti·lat·ed /ʌnventɪleɪtɪd/ [bn] ① ongeventileerd, zonder ventilatie ② onbesproken, niet ter sprake gebracht, ongeuit

un·ver·i·fi·a·ble /ʌnverɪfaɪəbl/ [bn; bw: unverifiably] niet te verifiëren, onverifieerbaar

un·ver·i·fied /ʌnverɪfaɪd/ [bn] ongeverifieerd, onbewezen

un·versed /ʌnvɜːst, ᴬ-vɜrst/ [bn, pred] 〈form〉 onervaren, ongeschoold, onbedreven, ongeletterd ♦ *unversed in* niet ervaren in

un·vi·o·lat·ed /ʌnvaɪəleɪtɪd/ [bn] ongeschonden, ongerept

un·vis·it·ed /ʌnvɪzɪtɪd/ [bn] onbezocht, vergeten, gepasseerd

un·voice /ʌnvɔɪs/ [ov ww] 〈taalk〉 ① stemloos maken ② stemloos uitspreken; → **unvoiced**

un·voiced /ʌnvɔɪst/ [bn; in bet 2 volt deelw van unvoice] ① onuitgesproken, ongeuit, stil ♦ *unvoiced protest* stil protest ② 〈taalk〉 stemloos

un·vote /ʌnvəʊt/ [ov ww] bij stemming intrekken

un·vouched /ʌnvaʊtʃt/, **un·vouched-for** /-fɔː, ᴬ-fɔr/ [bn] niet gegarandeerd, onbewezen, onbevestigd

un·waged /ʌnweɪdʒd/ [bn] zonder inkomen, werkloos

un·waked /ʌnweɪkt/, **un·wa·kened** /-kənd/ [bn] ① niet gewekt ② niet wakker

un·want·ed /ʌnwɒntɪd, ᴬ-wɑntɪd/ [bn] ① ongewenst ② onnodig

un·war·like /ʌnwɔːlaɪk, ᴬ-wɔr-/ [bn] vredelievend, niet oorlogszuchtig

un·warmed /ʌnwɔːmd, ᴬ-wɔrmd/ [bn] onverwarmd, onverhit

un·warped /ʌnwɔːpt, ᴬ-wɔrpt/ [bn] ① niet vervormd, ongetrokken 〈van hout〉 ② onbevooroordeeld, onbevangen

un·war·rant·a·ble /ʌnwɒrəntəbl, ᴬ-wɔrəntəbl, ᴬ-wɑ-/ [bn; bw: unwarrantably; zn: ~ness] niet te rechtvaardigen, niet te verdedigen, onverantwoordelijk, onvergeeflijk

un·war·rant·ed /ʌnwɒrəntɪd, ᴬ-wɔrəntɪd, ᴬ-wɑ-/ [bn] ① ongerechtvaardigd, ongewettigd, ongegrond ② zonder waarborg/garantie

un·war·y /ʌnweəri, ᴬ-weri/ [bn; vergr trap: unwarier; bw: unwarily; zn: unwariness] onoplettend, onvoorzichtig

un·washed /ʌnwɒʃt, ᴬ-wɔʃt, ᴬ-wɑʃt/ [bn] ongewassen, vuil ▪ *the unwashed* het langharig tuig, het plebs, de meute

un·watched /ʌnwɒtʃt, ᴬnwɑtʃt/ [bn] ① onbewaakt, zonder toezicht ② ongezien ③ verwaarloosd

un·watch·ful /ʌnwɒtʃfl, ᴬ-wɑtʃ-/ [bn; bw: ~ly] onoplettend, niet op zijn hoede

un·wa·tered /ʌnwɔːtəd, ᴬ-wɔtərd, ᴬ-wɑ-/ [bn] ① onbesproeid, uitgedroogd ② zonder water, droog, dor ♦ *unwatered plains* dorre vlaktes ③ onverdund ♦ *unwatered wine* wijn zonder water, onverdunde wijn

un·wa·ver·ing /ʌnweɪvrɪŋ/ [bn; bw: ~ly] standvastig, onwrikbaar, vast ♦ *unwavering faith* vast geloof

un·weaned /ʌnwiːnd/ [bn] niet ontwend, ⟨i.h.b.⟩ de borst (nog) niet afgewend, (nog) niet gespeend
un·wear·a·ble /ʌnweərəbl, ᴬ-wer-/ [bn] ondraagbaar ⟨van kleding⟩, niet flatteus, afgedragen, versleten
un·wea·ri·a·ble /ʌnwɪəriəbl, ᴬ-wɪr-/ [bn; bw: unweariably] onvermoeibaar
un·wea·ried /ʌnwɪərid, ᴬ-wɪr-/ [bn; bw: ~ly; zn: ~ness] [1] onvermoeid [2] onvermoeibaar [3] niet moe, fris
un·wea·ry /ʌnwɪəri, ᴬ-wɪri/ [bn] onvermoeid
un·wea·ry·ing /ʌnwɪəriɪŋ, ᴬ-wɪr-/ [bn; bw: ~ly] [1] onvermoeibaar [2] niet vermoeiend/vervelend
un·weave /ʌnwiːv/ [ov ww] ⟨ook fig⟩ uitrafelen, uittrekken, ontrafelen
un·wed /ʌnwed/, **un·wed·ded** /ʌnwedɪd/ [bn] ongehuwd ⟨voornamelijk van vrouw⟩, ongetrouwd
un·weed·ed /ʌnwiːdɪd/ [bn] ongewied
un·weighed /ʌnweɪd/ [bn] [1] ongewogen [2] onoverwogen, onoverdacht, zonder overleg
un·wel·come /ʌnwelkəm/ [bn; bw: ~ly; zn: ~ness] niet welkom, ongewenst, onwelkom
un·well /ʌnwel/ [bn, pred; zn: ~ness] [1] onwel, ziek, onpasselijk [2] ⟨euf⟩ ongesteld, onwel
un·wept /ʌnwept/ [bn] [1] onbeweend ⟨van dode⟩, niet betreurd [2] onvergoten ⟨van tranen⟩
un·wet·ted /ʌnwetɪd/ [bn] droog (gebleven) ♦ *unwetted eyes* droge ogen
un·whipped /ʌnwɪpt, ᴬ-hwɪpt/ [bn] onbestraft
un·whit·ened /ʌnwaɪtnd, ᴬ-hwaɪtnd/ [bn] ongebleekt
un·whole·some /ʌnhoʊlsəm/ [bn; bw: ~ly; zn: ~ness] ongezond ⟨ook figuurlijk⟩ ♦ *unwholesome book* verderfelijk boek; *unwholesome food* ongezond voedsel; *unwholesome girl* ongezond/slecht uitziend meisje
un·wield·y /ʌnwiːldi/, **un·wield·ly** /-wiːldli/ [bn; vergr trap: unwieldier; bw: unwieldily; zn: unwieldiness, unwieldliness; bw: unwieldlily] [1] onhandelbaar, onhandig, onpraktisch [2] onbehouwen, lomp, onbeholpen [3] log
un·wife·ly /ʌnwaɪfli/ [bn] niet zoals het een echtgenote betaamt
un·will /ʌnwɪl/ [ov ww] [1] het tegendeel willen van [2] willoos maken; → **unwilled, unwilling**
un·willed /ʌnwɪld/ [bn; ook volt deelw van unwill] [1] → **unwill** [2] ongewild, onbedoeld
un·will·ing /ʌnwɪlɪŋ/ [bn; bw: ~ly; zn: ~ness] [1] onwillig, niet genegen ♦ *unwilling to do sth.* iets ongaarne doen, er niets voor voelen om iets te doen; *unwilling for sth.* iets niet willend; *unwilling for sth. to be done* iets ongaarne gedaan zien; *he's unwilling to go out of the way* hij is niet van plan uit de weg te gaan; *unwilling that* niet willend dat [2] met tegenzin gegeven/gedaan ♦ *unwilling advice* met tegenzin gegeven advies
¹**un·wind** /ʌnwaɪnd/ [onov ww; unwound, unwound] [1] zich afwikkelen ⟨ook figuurlijk⟩, zich ontrollen ♦ *the river unwound before his eyes* de rivier ontrolde zich voor zijn oog [2] ⟨inf⟩ zich ontspannen; → **unwound**
²**un·wind** /ʌnwaɪnd/ [ov ww; unwound, unwound] [1] afwikkelen, afwinden, ontrollen, loswinden [2] ontwarren; → **unwound**
un·wink·ing /ʌnwɪŋkɪŋ/ [bn; bw: ~ly] [1] zonder knipperen, vast ♦ *unwinking stare* vaste/starre blik [2] oppassend, waakzaam
un·win·na·ble /ʌnwɪnəbl/ [bn] [1] niet te winnen ⟨wedstrijd bijvoorbeeld⟩ [2] oninneembaar ⟨fort bijvoorbeeld⟩
un·wis·dom /ʌnwɪzdəm/ [niet-telb zn] dwaasheid
un·wise /ʌnwaɪz/ [bn; vergr trap: unwiser; bw: ~ly; zn: ~ness] onverstandig, dwaas, dom
un·wish /ʌnwɪʃ/ [ov ww] [1] niet meer wensen, intrekken, herroepen ⟨wens⟩ [2] wegwensen; → **unwished**
un·wished /ʌnwɪʃt/, **un·wished-for** /ʌnwɪʃtfɔː, ᴬʌnwɪʃtfər/ [bn; 1e variant (oorspronkelijk) volt deelw

van unwish] ongewenst, onbegeerd, niet welkom
un·with·ered /ʌnwɪðəd, ᴬ-ðərd/ [bn] onverwelkt, onverdord, levenskrachtig, fris
un·wit·nessed /ʌnwɪtnɪst/ [bn] [1] niet door een getuige ondertekend, ongestaafd [2] ongezien, nooit gezien
un·wit·ting /ʌnwɪtɪŋ/ [bn, attr; bw: ~ly; zn: ~ness] [1] onwetend, onbewust [2] onopzettelijk, ongewild
un·wom·an·ly /ʌnwʊmənli/ [bn] onvrouwelijk, ongepast voor een vrouw
un·wont·ed /ʌnwoʊntɪd/ [bn; bw: ~ly; zn: ~ness] ⟨form⟩ [1] ongewoon, ongebruikelijk [2] ⟨vero⟩ onvertrouwd, ongewend
un·wood·ed /ʌnwʊdɪd/ [bn] onbebost, boomloos
un·wooed /ʌnwuːd/ [bn] onopgevrijd, door niemand het hof gemaakt
un·work·a·ble /ʌnwɜːkəbl, ᴬ-wɜrk-/ [bn] (bijna) onuitvoerbaar, onhandzaam, onpraktisch
un·worked /ʌnwɜːkt, ᴬ-wɜrkt/ [bn] [1] onbewerkt, ruw [2] onontgonnen, ongebruikt, onaangeboord
un·work·man·like /ʌnwɜːkmənlaɪk, ᴬ-wɜrk-/ [bn] dilettanterig, amateuristisch, incompetent
un·world·ly /ʌnwɜːldli, ᴬ-wɜrldli/ [bn; zn: unworldliness] [1] onaards, onwerelds, spiritueel [2] wereldvreemd, naïef, ongecompliceerd, onverfijnd
un·worn /ʌnwɔːn, ᴬ-wɔrn/ [bn] ongedragen, onversleten, nieuw, origineel
un·wor·shipped, ⟨AE⟩ **un·wor·shiped** /ʌnwɜːʃɪpt, ᴬ-wɜr-/ [bn] onvereerd
un·wor·thy /ʌnwɜːði, ᴬ-wɜrði/ [bn; vergr trap: unworthier; bw: unworthily; zn: unworthiness] [1] onwaardig [2] onbetamelijk, ongepast, schandelijk, beneden peil ♦ *that attitude is unworthy of you* die houding siert je niet [3] waardeloos, laag (aangeschreven), verachtelijk [4] onverdiend, ongerechtvaardigd
un·wound /ʌnwaʊnd/ [bn; volt deelw van unwind] niet (op)gewonden, afgewonden
un·wound·ed /ʌnwuːndɪd/ [bn] niet gewond, intact, heel⟨huids⟩
un·wo·ven /ʌnwoʊvn/ [bn] ongeweven
un·wrap /ʌnræp/ [ov ww] openmaken, uitpakken, onthullen, loswikkelen
un·wrin·kle /ʌnrɪŋkl/ [ov ww] ontrimpelen, gladstrijken; → **unwrinkled**
un·wrin·kled /ʌnrɪŋkld/ [bn; volt deelw van unwrinkle] ongerimpeld, glad(gestreken)
un·writ·a·ble /ʌnraɪtəbl/ [bn] onbeschrijfbaar, onbeschrijf(e)lijk
un·writ·ten /ʌnrɪtn/ [bn] [1] ongeschreven, niet opgetekend, niet geboekstaafd [2] mondeling overgeleverd, traditioneel [3] onbeschreven [4] *unwritten law* ongeschreven wet, gewoonterecht; *the unwritten law* de bloedwraak ⟨voornamelijk na aanranding van de eerbaarheid van een familielid⟩
un·wrought /ʌnrɔːt/ [bn] [1] onafgewerkt, onbewerkt, ruw [2] ongebruikt, onontwikkeld, onaangeboord, onontgonnen
un·wrung /ʌnrʌŋ/ [bn] [1] on(uit)gewrongen [2] ongekweld, onverkrampt
un·yield·ing /ʌnjiːldɪŋ/ [bn; bw: ~ly; zn: ~ness] onbuigzaam, onverzettelijk, stijf(koppig), koppig, halsstarrig, bikkelhard
¹**un·yoke** /ʌnjoʊk/ [onov ww] ⟨vero⟩ [1] een trekdier het juk afnemen [2] het werk staken, ophouden met werken
²**un·yoke** /ʌnjoʊk/ [ov ww] [1] van het juk bevrijden, uitspannen [2] ontkoppelen, losmaken, loshaken, afhangen ⟨bijvoorbeeld ploeg⟩
¹**un·zip** /ʌnzɪp/ [onov ww] losgaan, opengaan, openritsen ♦ *her dress unzipped* de rits van haar japon ging open
²**un·zip** /ʌnzɪp/ [ov ww] [1] openritsen, openmaken, losmaken ⟨door de rits open te trekken⟩ [2] ⟨comp⟩ uitpakken

⟨decomprimeren⟩, unzippen ⟨3⟩ ⟨sl⟩ de weerstand breken van ⟨4⟩ ⟨sl⟩ oplossen, iets vinden op ⟨5⟩ ⟨sl⟩ op poten zetten
un·zoned /ˌʌnzˈəʊnd/ [bn] niet in zones opgedeeld
¹up /ʌp/ [telb zn] ⟨1⟩ ⟨opgaande⟩ helling ⟨2⟩ ⟨opwaartse beweging⟩ **³** hoogtepunt, goede/aangename periode ⟨4⟩ ⟨vnl AE; sl⟩ pepmiddel, stimulerend/opwekkend middel · ups and downs op en af, golvend terrein, hoog en laag, wisselvalligheden, ups en downs, voor- en tegenspoed ⟨afwisselend⟩; ⟨inf⟩ *on the up(-)and(-)up* ⟨vnl BE⟩ aan de beterende hand, gestaag stijgend/vooruitgaand; ⟨vnl AE⟩ eerlijk, rechtdoorzee, openhartig

²up /ʌp/ [niet-telb zn; the] ⟨tennis⟩ het (op)stuiten, het opspringen ⟨van een de grond rakende bal⟩

³up /ʌp/ [bn, attr] ⟨1⟩ omhoog-, op-, opgaand, opwaarts gericht, hogergeplaatst · the omhooggaande trap/lift; *an up stroke* opwaartse uithaal ⟨met pen⟩ ⟨2⟩ ⟨vnl BE⟩ naar een belangrijker/hoger gelegen plaats gaand ⟨van trein⟩ · *the up line* de Londenlijn; *the up platform* het perron voor de trein naar Londen; *the up train* de trein naar Londen ⟨de stad⟩ ⟨3⟩ ⟨vnl AE; sl⟩ opgewekt, uitgelaten, vrolijk · *Sue prefers ballads to up tunes* Sue hoort liever ballads dan vrolijke deuntjes ⟨4⟩ ⟨inf⟩ aan een kant gebakken ⟨van ei⟩ · ⟨natuurk⟩ *up quark* U-quark ⟨met een + ⅔ lading en een spin van + ½⟩

⁴up /ʌp/ [bn, pred] ⟨1⟩ (om)hoog, hoger(geplaatst), op, rechtstaand · *the flag is up* de vlag is gehesen; *that new skyscraper hasn't been up long* die nieuwe wolkenkrabber staat er nog niet zo lang; *the sun is up* de zon is op ⟨2⟩ op, uit bed, wakker ⟨3⟩ actief, gezond ⟨4⟩ stijgend ⟨naar vloedpeil⟩ · *the tide is up* het is vloed/hoogwater ⟨5⟩ ⟨form⟩ tot de strijd bereid, gevechtsklaar, gemobiliseerd ⟨6⟩ in beweging, versnellend · *the winds are up* de wind is in kracht toegenomen, het waait flink ⟨7⟩ gestegen · *sales are up* de verkoop is gestegen; *the temperature is up eight degrees* de temperatuur ligt acht graden hoger ⟨8⟩ ⟨inf⟩ bezig, aan de gang, gebeurend, gaande · *up and about/around* weer op de been, (druk) in de weer; *what's up?* wat gebeurt er (hier)? ⟨9⟩ onder consideratie, ter studie, ⟨bijvoorbeeld ter discussie⟩ voorgedragen, voorgelegd, in aanmerking komend · *that matter is up for discussion* die zaak staat open voor discussie/is voor discussie vatbaar; *that contract is up for renewal* dat contract moet vernieuwd worden; *the house is up for sale* het huis staat te koop ⟨10⟩ verkiesbaar gesteld, gegadigde, kandidaat · *Senator Smith is up for re-election* senator Smith stelt zich herkiesbaar ⟨11⟩ in beschuldiging gesteld, voor de rechtbank gedaagd, terechtstaand, verhoord · *he'll be up before the judge soon* hij zal weldra voor de rechter moeten komen ⟨12⟩ om, op, voorbij, beëindigd, verstreken · *it's all up with that fraud now* nu kan die oplichter het wel vergeten; *when is your leave up?* wanneer is je verlof om?; *time's up* de/je tijd is om ⟨13⟩ ⟨inf⟩ welingelicht, onderlegd, goed op de hoogte · *be well up in/on* veel afweten van, goed op de hoogte zijn van, goed (thuis) zijn in; *I'm not up on this subject* ik weet geen snars van dit onderwerp af ⟨14⟩ met voorsprong, vóór op tegenstrever · ⟨golf⟩ *I was up two holes* ik lag twee holes voor ⟨15⟩ ⟨sport, honkb⟩ aan slag ⟨16⟩ ingezet, op het spel (staand) ⟨17⟩ ⟨van weg⟩ opgebroken · *road up* werk in uitvoering ⟨waarschuwingsbord⟩ ⟨18⟩ ⟨van jockey⟩ erop, in het zadel ⟨19⟩ met een bepaalde bestemming voor ogen ⟨20⟩ duurder (geworden), in prijs gestegen · *coffee is up again* de koffie is weer eens duurder geworden ⟨21⟩ ⟨inf⟩ klaar ⟨van voedsel, drank⟩ · *coffee is up!* de koffie is klaar! ⟨22⟩ ⟨AE; sl⟩ high · *be up and doing* flink aanpakken, bezig/in de weer zijn; *be up and running* in vol bedrijf zijn; ⟨tennis⟩ *not up* tweemaal gestuit alvorens geslagen te worden ⟨m.b.t. bal⟩; resulterend in puntenverlies

⁵up /ʌp/ [bn, postnom] naar boven lopend, omhooggericht · *the road up* de naar boven leidende weg, de weg omhoog

⁶up /ʌp/ [onov ww] ⟨1⟩ ⟨met and + werkwoord⟩ ⟨inf⟩ plotseling/onverwachts doen/beginnen · *she upped and left* zij vertrok plotseling/zomaar ⟨2⟩ ⟨AE; sl⟩ (peppillen) slikken · *he upped with his fist* hij stak zijn vuist omhoog

⁷up /ʌp/ [ov ww] ⟨inf⟩ (plotseling) de hoogte in jagen, verhogen, (abrupt) doen stijgen · *he upped the offer* hij deed een hoger bod

⁸up /ʌp/ [bw; vaak predicatief] ⟨1⟩ ⟨ook fig⟩ plaats of richting⟩ omhoog, op, naar boven, opwaarts, noordwaarts, sterker, hoger, meer, verder ⟨enz.⟩, op-, uit- · *was braced up by the news* had nieuwe moed gekregen door het nieuws; *come up for air* aan de oppervlakte komen om lucht te happen; *up and down* op en neer, heen en weer; *dug up a bone* groef een been op; *face up* met de bovenkant naar omhoog gekeerd; *face up* naar boven gekeerd zijn; *six floors up* zes hoog; *heads up* met het hoofd omhoog; *help her up* help haar opstaan; *he is on his way up to the top* hij klimt omhoog; *keep your spirits up* hou moed; *lift up the child* til het kind op; *live up in the hills* boven in de bergen wonen; *live up in the clouds* met zijn hoofd in de wolken leven; *move up and down* op en neer bewegen; *puffed up* opgeblazen; *up the republic* leve de republiek; *row up* stroomopwaarts roeien; *sail up against the wind* tegen de wind in zeilen; ⟨paardsp⟩ *Moonshaft, Smith up* Moonshaft, bereden door Smith; *speed up* versnellen; *stand up* sta recht; *up till now* tot nu toe, tot nog toe; *up to and including* tot en met; *sums of up to sixty pounds* bedragen van hoogstens/maximaal zestig pond; ⟨muz⟩ *transposed up a third* een terts omhoog getransponeerd; *turn the card up* keer de kaart met de voorkant naar omhoog; *went up north* ging naar het noorden; *up with you!* sta op!; *up to now* tot dusver; *from £4 up* vanaf vier pond; *from youth up* van zijn jeugd af; *from then on up* van dan af aan; *up through history* door heel de geschiedenis heen; *children from six years up* kinderen van zes jaar en ouder ⟨2⟩ tevoorschijn, zichtbaar, voor, tot stand, uit-, over- · *build up a career* een carrière opbouwen; *come up for election* uitkomen in de verkiezingen; *gave himself up* gaf zichzelf over; *held it up to him* hield het hem voor; *the flowers opened up* de bloemen gingen open; *he turned up in Hong Kong* hij dook in Hongkong op ⟨3⟩ ⟨finaliteit of volledigheid⟩ helemaal, op, door-, af-, uit- · *block up* versperren; *bought up the entire stock* kocht de volledige voorraad op; *break up a road* een weg opbreken; *clean it up* maak het schoon; *drink up* drink je glas uit; *full up* (helemaal) vol; *I give up* ik geef het op; *she prettied it up* zij maakte het mooi; *rip up* kapotscheuren; *sew it up* naai het dicht; *all sold up* helemaal uitverkocht; *sum it up* vat het samen; *swallowed up in the bog* verzwonden in het moeras; *woke her up* maakte haar wakker; *all wrapped up* helemaal ingeduffeld/ingepakt ⟨4⟩ ⟨plaats of richting m.b.t. een centraal of sociaal belangrijk punt⟩ in, naar, ⟨BE i.h.b.⟩ in/naar de universiteit(sstad)/Londen, ⟨dram⟩ op het achtertoneel · *they came up to see us* ze kwamen ons bezoeken; *come up first* als eerste uitkomen; *go up to London* naar Londen gaan; ⟨golf⟩ *hit the ball up* speel de bal naar de hole toe; *it led up to the school* het leidde naar de school; ⟨dram⟩ *strolls up* kuiert naar achteren (op het toneel); *went up to Cambridge* ging in Cambridge studeren; ⟨naar de gevangenis⟩ *went up for three years* ging drie jaar zitten/brommen; *went up to the cottage for the weekend* ging het weekeinde in het buitenhuisje doorbrengen; *riots up in the suburbs* rellen in de randgemeenten · zie: **be up**; zie: **be up to**; *up and down* overal, in alle hoeken en gaatjes; ⟨sport⟩ *with a hundred up* met honderd punten (voor); *I don't feel up to it* ik voel er mij niet tegen opgewassen/toe in staat, ik durf het niet aan; *live up to one's religion* volgens/overeenkomstig zijn godsdienst leven; ⟨AE; sport⟩ *two up* twee gelijk; ⟨BE; sport⟩ *be two (goals/points) up* twee goals/punten voorstaan; *up with the revolution!* hoera voor/leve de revolutie!

⁹up /ʌp/ [vz] ⟨1⟩ ⟨ook fig; plaats of richting⟩ op, boven in, bo-

up

ven op, omhoog naar/in het noorden ♦ *escaped up the chimney* ontsnapte langs de schoorsteen; *up the coast to Edinburgh* langs de kust omhoog naar Edinburgh; *it's up the coast from here* het is hier vandaan verder langs de kust; *walked up the hill* liep de heuvel op; *lived up the mountain* woonde boven in de bergen; *went up the wind* gingen tegen de windrichting in 2 ⟨richting naar een centraal punt toe⟩ naar, in ♦ *walked up the avenue* liep de laan door; *travelled up the country* reisde het land in; *went up a cul-de-sac* sloeg een doodlopende weg in; *lives up the street* woont verderop in de straat; *walked up the street* liep de straat door; *up the valley* (verder) het dal in • *up and down the country* door/in het gehele land

¹⁰**up** [afk] (upper)

up- /ʌp/ 1 ⟨vormt naamwoord, bijvoeglijk naamwoord of werkwoord van werkwoord⟩ op-, omhoog- ♦ *uphold* ophouden, hooghouden; *uprise* opkomst; *upstanding* overeind staand 2 ⟨vormt bijvoeglijk naamwoord of bijwoord van naamwoord⟩ op(waarts)- ♦ *upstairs* de trap op, (naar) boven 3 ⟨vormt werkwoord van werkwoord⟩ om-, omver-, ont- ♦ *uproot* ontwortelen; *upturn* omgooien 4 ⟨vormt naamwoord, bijvoeglijk naamwoord of bijwoord van naamwoord⟩ boven- ♦ *upland* hoogland; *uptown* van/in/naar de bovenstad

UP [afk] 1 ⟨sl⟩ (up) ♦ *it's all UP with him* zijn geval is hopeloos, hij kan het nu wel helemaal vergeten, hij is er gloeiend bij 2 (Uttar Pradesh)

up-and-com·ing [bn] ⟨inf⟩ veelbelovend, aankomend, met de voet op de ladder, succes belovend, ondernemend, pienter

¹**up-and-down** [telb zn] ⟨inf⟩ blik, inspectie ⟨van boven naar beneden⟩

²**up-and-down** [bn] 1 op- en neergaand, golvend 2 verticaal

up-and-down·er /ˌʌpənˈdaʊnə, ᴬ-ər/ [telb zn] ⟨BE; inf⟩ ruzie, herrie, rel

up-and-o·ver [bn, attr] wentel-, klap- ♦ *up-and-over door* wenteldeur, klapdeur ⟨die tot horizontale positie opengeklapt wordt⟩

up-and-un·der [telb zn] ⟨rugby⟩ up-en-under ⟨hoge, verre bal naar voren⟩

up-and-up [niet-telb zn; alleen in uitdrukking] ⟨sl⟩ 1 ⟨BE⟩ succes ♦ *the plan is on the up-and-up* het plannetje werkt/begint vruchten af te werpen/loopt goed 2 ⟨AE⟩ eerlijkheid ♦ *he is on the up-and-up* hem kun je vertrouwen, met hem zit het wel snor

U·pan·i·shad /uːˈpænɪʃæd/ [telb zn] upanishad ⟨filosofische opstellen in het Sanskriet bij de oude Veda's⟩

¹**u·pas** /ˈjuːpəs/, ⟨ook⟩ **upas tree** [telb zn] ⟨plantk⟩ oepasboom ⟨Antiaris toxicaria⟩

²**u·pas** /ˈjuːpəs/ [niet-telb zn] 1 giftig melksap van de oepas ⟨gebruikt als pijlgif⟩ 2 verderfelijke invloed, vernietigende invloed

¹**up·beat** [niet-telb zn; the] ⟨muz⟩ 1 opslag, opmaat 2 ⟨sl⟩ bekende passage

²**up·beat** [bn] ⟨inf⟩ vrolijk, optimistisch, uitgelaten

up·bow /ˈʌpboʊ/ [telb zn] ⟨muz⟩ opstreek ⟨op viool⟩

up·braid /ʌpˈbreɪd/ [ov ww] ⟨form⟩ verwijten, bekijven, berispen, een (fikse) uitbrander geven, de mantel uitvegen ♦ *upbraid s.o. for doing sth./with sth.* iemand iets verwijten

up·bring·ing /ˈʌpbrɪŋɪŋ/ [telb zn] opvoeding, het grootbrengen

up·build [ov ww] opbouwen, uitbreiden, vermeerderen

UPC [afk] ⟨AE⟩ (Universal Product Code)

¹**up·cast** [telb zn] 1 opgooi, opwaartse worp, opgeworpene 2 ⟨mijnb⟩ (afvoer)ventilatieschacht, luchtkoker, uitstromingsschacht 3 ⟨geol⟩ bovenwaartse dislocatie van strata

²**up·cast** [bn] omhooggeworpen, opwaarts gericht, opge-

2038

slagen

³**up·cast** [ov ww] omhoog werpen, opgooien

up·chuck [onov + ov ww] ⟨vnl AE; sl⟩ (uit)kotsen

up·com·ing [bn, attr] ⟨vnl AE⟩ voor de deur staand, aanstaande, (weldra) verwacht, komend

¹**up·coun·try** [niet-telb zn] binnenland

²**up·coun·try** [bn] 1 in/naar/uit het binnenland ⟨in het bijzonder m.b.t. dunbevolkt land⟩ 2 achtergebleven, naïef, onwetend

³**up·coun·try** [bw] naar/in/van het binnenland, landinwaarts ♦ *travel upcountry* de boer op trekken

up·cy·cle [ov ww] upcyclen ⟨hergebruiken in de vorm van een product van hogere kwaliteit⟩

up·cy·cling [niet-telb zn] het upcyclen, upcycling

¹**up·date** [telb + niet-telb zn] 1 het herzien 2 meest recente gegevens 3 meest recente versie, bijdetijdse versie

²**up·date** [ov ww] moderniseren, bijwerken, aanvullen, herzien, van recente informatie voorzien, bij de tijd brengen, up-to-date maken

up·do [telb zn] updo, opgestoken kapsel

up·draft [telb zn] opwaartse luchtstroom

¹**up·end** [onov ww] aan het uiteinde omhoogkomen, op zijn kop staan

²**up·end** [ov ww] 1 op zijn kop zetten, op zijn kant/ondersteboven zetten 2 omverslaan

up·field [bn] ⟨sport⟩ op de andere speelhelft

¹**up·front** [bn] 1 ⟨inf⟩ openhartig, rondborstig, rechttoe rechtaan, recht voor zijn raap ♦ *be very up-front (about sth.)* geen blad voor de mond nemen 2 belangrijk(st) 3 tot het kader(personeel) behorend 4 op voorhand gemaakt/komend, vooraf-

²**up-front, up front** [bw] 1 vooruit, van tevoren, bij voorbaat 2 ⟨inf⟩ openhartig, rechtdoorzee

¹**up·grade** [telb zn] (oplopende) helling • *on the upgrade* oplopend, stijgend, toenemend; aan de beterende hand, vooruitgang boekend

²**up·grade** [bn] ⟨vnl AE⟩ 1 bergop(waarts) 2 moeilijk

³**up·grade** [ov ww] 1 bevorderen, promotie geven 2 veredelen ⟨veerassen⟩ 3 opvijzelen, opwaarderen 4 hoger prijzen 5 verbeteren

⁴**up·grade** [bw] bergop, opwaarts

¹**up·growth** [telb zn] uitwas, aanwas, aangroeisel

²**up·growth** [niet-telb zn] het opgroeien, opwaartse ontwikkeling

up·heaped [bn] opgehoopt

up·heav·al /ʌpˈhiːvl/ [telb zn] 1 opheffing 2 omwenteling, aardverschuiving, plotselinge onderbreking/verandering, ontreddering, opschudding ♦ *social upheaval* sociale beroering 3 ⟨geol⟩ bodemopheffing, bodemverheffing

¹**up·heave** /ʌpˈhiːv/ [onov ww] zich verheffen

²**up·heave** /ʌpˈhiːv/ [ov ww] opheffen, omhoogtillen

upheld [verleden tijd, volt deelw] → **uphold**

¹**up·hill** [telb zn] (opwaartse) helling

²**up·hill** [bn] 1 hellend, oplopend, (berg)opwaarts ♦ *uphill task* hels karwei 2 (aarts)moeilijk, zwaar, inspannend, veeleisend

³**up·hill** [bw] 1 bergop, naar boven/de heuveltop, omhoog 2 moeizaam, tegen de stroom in

up·hold /ʌpˈhoʊld/ [ov ww] 1 ophouden, rechthouden, (onder)steunen, schragen, hooghouden, handhaven 2 (moreel) steunen, aanmoedigen, goedkeuren 3 (her)bevestigen, blijven bij 4 ⟨vnl SchE⟩ verklaren, staande houden

up·hold·er /ʌpˈhoʊldə, ᴬ-ər/ [telb zn] 1 handhaver, steun 2 ⟨amb⟩ stoffeerder

up·hol·ster /ʌpˈhoʊlstə, ᴬ-ər/ [ov ww] stofferen ⟨vertrek, zetels⟩, bekleden; → **upholstered**

up·hol·stered /ʌpˈhoʊlstəd, ᴬ-stərd/ [bn; volt deelw van upholster] gestoffeerd • ⟨inf; scherts⟩ *well upholstered* ge-

zet, flink in het vlees zittend
up·hol·ster·er /ʌphoulstrə, ᴬ-ər/ [telb zn] ⟨amb⟩ stoffeerder
up·hol·ster·er-bee [telb zn] ⟨dierk⟩ behangersbij ⟨genus Megachile⟩
up·hol·ster·y /ʌphoulstri/ [niet-telb zn] 1 het stofferen, stoffeerderij 2 stoffering, bekleding
u·phroe, eu·phroe /juːfrou/ [telb zn] ⟨scheepv⟩ juffer, jufferblok
UPI [afk] (United Press International)
up·keep [niet-telb zn] onderhoud(skosten)
¹**up·land** /ʌplənd/ [telb zn; vaak mv] 1 hoogland, plateau 2 binnenland
²**up·land** /ʌplənd/ [bn] van/uit/in het hoogland, bovenlands
upland cotton [telb zn] ⟨plantk⟩ hooglandkatoen ⟨Gossypium hirsutum⟩
up·land·er /ʌpləndə, ᴬ-ər/ [telb zn] hooglander, bovenlander
upland plover [telb zn] ⟨dierk⟩ bartramruiter ⟨soort strandloper; Bartramia longicauda⟩
¹**up·lift** [telb + niet-telb zn; vaak attributief] 1 ondersteuning, opheffing, opwaartse kracht 2 opbeuring, verheffende invloed, lotsverbetering, morele prikkel 3 ⟨geol⟩ bodemopheffing, bodemverheffing 4 ⟨inf⟩ steungevende beha
²**up·lift** [ov ww] 1 ⟨form⟩ omhoogsteken, optillen, opheffen, in de hoogte houden 2 ⟨geestelijk⟩ verheffen, stichten, in vervoering brengen, aanmoedigen, bevorderen, verbeteren 3 ⟨SchE⟩ ophalen ⟨goederen⟩
uplift bra [telb zn] steungevende beha
¹**up·link** [telb zn] ⟨ruimtev⟩ (data)transmissie ⟨van grond naar ruimtevaartuig⟩
²**up·link** [ov ww] ⟨ruimtev⟩ overseinen ⟨naar ruimtevaartuig⟩
¹**up·load** [telb zn] ⟨comp⟩ upload, geüpload bestand
²**up·load** [onov + ov ww] ⟨comp⟩ uploaden ⟨naar een andere computer of server versturen⟩
up·man·ship /ʌpmənʃɪp/ [niet-telb zn] het voorblijven, het voorsprong hebben, het voorafgaan
up·mar·ket [bn; bw] voor de betere inkomensklasse, duurder, uit de duurdere prijsklasse, van betere kwaliteit ♦ *that shop has moved up-market* die winkel richt zich nu op de wat betere klant, de winkel is upmarket gegaan; *an up-market women's clothing store* een exclusieve boetiek in dameskleding
up·most [bn] → uppermost
up·on [vz] → on
¹**up·per** /ʌpə, ᴬ-ər/ [telb zn] 1 bovenleer ⟨van schoeisel⟩ 2 ⟨vnl AE; inf⟩ pepmiddel, stimulans, opwekkend middel ⟨in het bijzonder amfetaminetablet⟩, ⟨fig⟩ stimulans, leuke ervaring 3 ⟨inf⟩ boventand 4 ⟨inf⟩ bovenkooi, bovenste slaapplaats • ⟨inf⟩ *be (down) on one's uppers* gaten in de zolen hebben; ⟨fig⟩ berooid/straatarm zijn, op zwart zaad zitten
²**up·per** /ʌpə, ᴬ-ər/ [bn, attr] 1 hoger, boven-, opper- ♦ *upper arm* bovenarm; ⟨meteo⟩ *upper atmosphere* hogere atmosfeer ⟨boven troposfeer⟩; *upper bound* bovengrens, hoogste getal van verzameling; ⟨wisk⟩ *upper circle* balkon tweede rang, engelenbak; *upper lip* bovenlip; ⟨muz⟩ *upper partials* boventonen; *upper sixth* ± zesde klas vwo/atheneum ⟨tweede jaar in een sixth form; in Groot-Brittannië⟩; *upper storey* bovenhuis, bovenverdieping 2 meer noordelijk/landinwaarts/stroomopwaarts (gesitueerd), hoger gelegen ♦ *upper reaches of the Nile* bovenloop van de Nijl 3 belangrijker, hoger geplaatst, superieur, met hogere rang/graad ♦ *upper servants* het hogere huispersoneel • ⟨drukw⟩ *upper case* bovenkast, kapitaal, hoofdletters(chrift); *Upper Chamber* Hogerhuis; *the upper class* de hogere stand, de toplaag ⟨van de maatschappij⟩; de aristocratie; ⟨inf⟩ *the upper crust* de toplaag ⟨van de maatschappij⟩; de betere kringen, de aristocratie; *the upper dog* de overwinnaar; *have/get/gain the upper hand of* de overhand hebben/krijgen/nemen op, onder controle hebben/krijgen, een voorsprong hebben/behalen op; *the Upper House* het Hogerhuis; Senaat, Eerste Kamer ⟨buiten Groot-Brittannië; minst invloedrijke tak van het Parlement⟩; *between upper and nether millstone* onder druk, op de pijnbank, platgewalst; ⟨vnl form⟩ *the upper regions* de hogere regionen, de lucht, het zwerk; ⟨inf⟩ *the upper ten (thousand)* de hoogste kringen, de chic, de bovenlaag; ⟨scheepv⟩ *upper works* bovenschip, doodwerk
Upper [bn, attr] ⟨aardr, archeol, geol⟩ Opper-, Boven-, laat- ♦ *Upper Egypt* Boven-Egypte; *Upper Palaeolithic* bovenpaleolithicum; *Upper Volta* Boven-Volta
¹**up·per-case** [bn] m.b.t./in hoofdletters/kapitalen
²**up·per-case** [ov ww] in bovenkastletters drukken, in hoofdletters/kapitalen schrijven
up·per-class [bn] 1 m.b.t./uit/van de hogere stand, aristocratisch, uit de betere kringen 2 ⟨AE⟩ m.b.t./van/eigen aan de junior- en seniorklassen van een hogeschool, ± op doctoraal niveau, ⟨België⟩ licentieniveau
up·per·class·man /ʌpəklɑːsmən, ᴬʌpərklæsmən/, **up·per·class·wom·an** [telb zn; mv: upperclassmen, upperclasswomen] ⟨AE⟩ student(e) uit de juniorklassen/seniorklassen
up·per-crust [bn] ⟨sl⟩ chic, uit de betere kringen, van de (maatschappelijke) bovenlaag, aristocratisch
¹**up·per-cut** [telb zn] ⟨bokssp⟩ opstoot, uppercut
²**up·per-cut** [onov + ov ww] een uppercut toebrengen
¹**up·per·most** /ʌpəmoust, ᴬʌpər-/, **up·most** /ʌpmoust/ [bn] hoogst, bovenst, dominerend, belangrijkst
²**up·per·most** /ʌpəmoust, ᴬʌpər-/ [bw] in/op de eerste plaats, in de hoogste/sterkste positie, op de voorgrond ♦ *say what comes uppermost* zeg maar wat je het eerst (en het duidelijkst) voor de geest komt
upper school [telb + niet-telb zn] ⟨BE⟩ hogere klassen ⟨van de middelbare school⟩
up·per-up [telb zn] ⟨sl⟩ aangename/opwindende ervaring
up·pish /ʌpɪʃ/ [bn; bw: ~ly; zn: ~ness] ⟨BE; inf⟩ verwaand, arrogant, pretentieus, aanmatigend, onbeschaamd
up·pi·ty /ʌpəti/ [bn] ⟨inf⟩ 1 verwaand, arrogant, onbeschaamd 2 weerbarstig, stijfhoofdig
up·raise [ov ww] ⟨vnl form⟩ opheffen, opsteken, verheffen
up·rate [ov ww] opwaarderen, vooruitschuiven, verbeteren
¹**up·rear** [onov ww] zich verheffen, opstaan, opgetild worden
²**up·rear** [ov ww] optillen, opheffen, verheffen
¹**up·right** [telb zn] 1 stijl, (verticale) schraagbalk, staander, post, stut, ⟨sport ook⟩ (doel)paal 2 pianino, gewone piano, buffetpiano 3 verticaliteit, loodrechte positie
²**up·right** [bn; bw: uprightly; zn: uprightness] 1 recht-(opstaand), loodrecht staand, verticaal geplaatst, rechtstandig, kaarsrecht 2 oprecht, rechtdoorzee, rechtschapen, rechtvaardig, eerlijk 3 langwerpig • *upright piano* pianino, gewone piano, buffetpiano
³**up·right** [bw] rechtop, verticaal • ⟨sprw⟩ *an empty sack cannot stand upright* ± zonder water draait de molen niet, ± een lege beurs staat moeilijk recht
¹**up·rise** [telb zn] (opgaande) helling
²**up·rise** [telb + niet-telb zn] opgang, stijging, het opstaan
³**up·rise** [onov ww] 1 opstaan, oprijzen, opgaan, opstijgen 2 in zicht komen ⟨van achter de horizon⟩ 3 opzwellen, in omvang toenemen; → uprising
up·ris·ing /ʌpraɪzɪŋ/ [telb zn; oorspronkelijk tegenwoordig deelw van uprise] opstand, revolte

¹**up·riv·er** [telb zn] bovenstroomse streek, gebied aan de bovenloop

²**up·riv·er** [bn] stroomopwaarts (gelegen)

³**up·riv·er** [bw] stroomopwaarts, tegen de stroom in

up·roar /ˌʌprɔː, ˄-rɔr/ [telb + niet-telb zn] ① tumult, verwarring, rumoer, herrie, opschudding ② verhitte discussie(s)

up·roar·i·ous /ʌpˈrɔːrɪəs/ [bn; bw: ~ly; zn: ~ness] ① luidruchtig, tumultueus, lawaaierig, uitgelaten, rumoerig ② lachwekkend, uitermate amusant

up·root [ov ww] ① ontwortelen, met wortel(s) en al uitrukken ② ontwortelen, uit zijn vertrouwde omgeving wegrukken ⟨personen⟩ ③ uitroeien, radicaal verwijderen/vernietigen

up·rush [telb zn] opwelling, (plotselinge) aandrang, bevlieging, vloed

ups-a-daisy [tw] → **upsy-daisy**

up·sad·dle [onov ww] (een paard/muildier) opzadelen

up·scale [bn, attr] ⟨AE⟩ van/uit de betere kringen

¹**up·set** /ˈʌpset/ [telb zn] omverwerping, verstoring, totale ommekeer, verwarring ♦ *his sudden death was a complete upset of all their plans* zijn plotselinge dood stuurde al hun plannen in het honderd; *an upset to the liver function* een verstoring van de leverfunctie ② ontsteltenis, ergernis, (bron van) ellende, (emotionele) schok ♦ *Sheila has had a terrible upset* Sheila heeft een flinke opdoffer gekregen ③ ⟨inf⟩ ruzie ④ ongesteldheid ⟨in het bijzonder van de maag⟩, lichte maagstoornis ⑤ ⟨sport⟩ verrassende nederlaag/wending ⑥ ⟨techn⟩ smeedzadel, (op)gestuikt stuk ⑦ ⟨techn⟩ onvolkomenheid ⟨in timmerhout⟩

²**up·set** /ˈʌpset/ [bn; oorspronkelijk volt deelw van upset] ① ongesteld, lichtjes ziek ② omvergeworpen, omgekanteld ③ verstoord, verward ④ verslagen

³**up·set** /ˈʌpset/ [bn, pred; oorspronkelijk volt deelw van upset] angstig, verdrietig, bedroefd, geërgerd, geschokt, ontdaan

⁴**up·set** /ˈʌpset/ [onov ww] ① omkantelen, omslaan, kapseizen, omvallen ② overlopen ③ verstoord worden, in de war raken; → upset²

⁵**up·set** /ˈʌpset/ [ov ww] ① omstoten, omverwerpen, omgooien, doen kapseizen ♦ *upset an opponent* een tegenstander op de grond werpen/vloeren ② doen overlopen ③ in de war sturen, verstoren, verontrusten, van zijn stuk brengen, overstuur maken ♦ *a very upsetting experience* een heel nare/onplezierige ervaring; *it upset me greatly* ik ben er erg van geschrokken; *don't upset yourself* erger je niet, trek het je niet aan, maak je niet dik ④ ziek maken, van streek maken ⟨maag⟩ ♦ *the mussels upset me* de mosselen zijn me niet goed bekomen ⑤ (onverwacht) verslaan ⑥ (op)stuiken, in zadels smeden ⑦ ongedaan maken, vernietigen; → upset²

up·shot /ˈʌpʃɒt, ˄-ʃɑt/ [niet-telb zn; the] ① (eind)resultaat, uitkomst, conclusie, essentie ② ⟨boogschieten⟩ laatste schot

¹**up·side** /ˈʌpsaɪd/ [telb zn] ① voordeel, pluspunt, positieve zijde ② bovenkant, oppervlak, bovenzijde

²**up·side** /ˈʌpsaɪd/ [vz] ⟨AE; sl⟩ op ♦ *upside s.o.'s head* op z'n kop/harses

¹**up·side-down** [bn; zn: upside-downness] ① omgekeerd, ondersteboven (staand) ② ⟨inf⟩ totaal in de war, overhoop liggend, op zijn kop (staand) ▪ *upside-down cake* Moskovisch gebak

²**up·side-down, upside down** [bw] ① ondersteboven, omgekeerd, op zijn kop ② compleet in de war, op een chaotische manier, overhoop

up·sides /ˈʌpsaɪdz/ [bw] ⟨vnl BE; inf⟩ quitte, gelijk ⟨na vergelding⟩ ♦ *be upsides with* quitte zijn met, opnieuw gelijk staan met

up·si·lon /ˈʌpsɪlən, ˄ˈjuːpsɪlɑn/ [telb zn] ypsilon ⟨20e letter van het Griekse alfabet; ook natuurkunde⟩

up·skill [onov + ov ww] bijscholen

up·skill·ing /ˈʌpskɪlɪŋ/ [niet-telb zn] bevordering van deskundigheid, vaardigheidsverbetering, verbetering van vakbekwaamheid

up·skirt [bn] onder de rok ♦ *upskirt shots* stiekem onder de rok gemaakte opnamen/foto's

¹**up·spring** [telb zn] ⟨vero⟩ ① sprong omhoog, sprong voorwaarts ② totstandkoming

²**up·spring** [onov ww] ① opspringen ② ontspringen, tot stand komen, opduiken

¹**up·stage** [bn] ① ⟨dram⟩ m.b.t./van het achtertoneel ② ⟨inf⟩ hooghartig, uit de hoogte, verwaand ▪ ⟨BE; inf⟩ *be upstage and county* zich als zeer voornaam voordoen, snobistisch zijn

²**up·stage** [ov ww] ① ⟨dram⟩ de aandacht van het publiek wegtrekken van ⟨andere acteur, door hem met de rug naar het publiek te manoeuvreren⟩ ② ⟨inf⟩ meer aandacht trekken dan, de show stelen van, uit het voetlicht manoeuvreren, in de schaduw stellen, het gras voor de voeten wegmaaien ③ ⟨inf⟩ uit de hoogte behandelen

³**up·stage** [bw] ① ⟨dram⟩ achteraan op het toneel, weg van de voetlichten, naar het tweede plan ② op hooghartige wijze

¹**up·stairs** [alleen mv] ① bovenverdieping(en) ② ⟨BE; inf⟩ mijnheer en mevrouw ⟨ten opzichte van het huispersoneel⟩ ③ ⟨inf⟩ bovenkamer, hoofd

²**up·stairs, up·stair** [bn, attr] m.b.t./liggend op de bovenverdieping(en), boven-

³**up·stairs** [bw] ① naar/op de bovenverdieping(en), de trap op, naar boven, op een hogere verdieping ② ⟨inf⟩ naar een hogere graad/functie ③ ⟨inf⟩ in de bovenkamer, in het hoofd

up·stand·ing [bn] ① recht overeind (staand) ② flink uit de kluiten gewassen, struis, rijzig, flinkgebouwd ③ eerlijk, rechtdoorzee, oprecht, goed ▪ *be upstanding!* sta op! ⟨verzoek op te staan wanneer de rechter het hof betreedt/verlaat⟩

¹**up·start** /ˈʌpstɑːt, ˄-stɑrt/ [telb zn] ⟨pej⟩ parvenu, omhooggevallen arrivist, nouveau riche, ⟨bij uitbreiding ook⟩ nieuwkomer, pas beginnend (te) succesvol bedrijf

²**up·start** /ˈʌpstɑːt, ˄-stɑrt/ [bn] omhooggevallen, aanmatigend

³**up·start** /ˈʌpstɑːt, ˄-stɑrt/ [onov ww] ⟨vero⟩ opspringen, (verrast) opveren

¹**up·state** [telb zn] ⟨AE⟩ provincie ⟨afgelegener, in het bijzonder noordelijke delen van een staat⟩

²**up·state** [bn] ⟨AE⟩ meer naar het binnenland/noorden gelegen, provinciaal, provincie-, afgelegen

³**up·state** [bw] ⟨AE⟩ uit/naar/in de provincie, de boer op, noordelijk

¹**up·stream** [bn] tegen de stroom ingaand, stroomopwaarts gelegen

²**up·stream** [bw] stroomopwaarts, tegen de stroom in, naar de bron toe

up·stretched [bn] opgestoken, gestrekt ⟨in het bijzonder van armen⟩

up·stroke /ˈʌpstrəʊk/ [telb zn] ① opwaartse slag/beweging, ophaal, opstreek ⟨bijvoorbeeld van pen/borstel⟩ ② ⟨techn⟩ opgaande slag ⟨van motorzuiger⟩

up·surge /ˈʌpsɜːdʒ, ˄-sɜrdʒ/ [telb zn] ① opwelling, vlaag ② plotselinge toename, toeneming, vermeerdering, vergroting, opleving

up·sweep [telb zn] ① ⟨sl⟩ omhooggeborsteld/omhooggekamd kapsel ② ⟨atl⟩ onderhandse wissel ⟨van estafettestokje⟩

up·swept [bn] ① opgestoken ⟨haar⟩, omhooggeborsteld, omhooggekamd ② naar boven gebogen

up·swing [telb zn] toename, toeneming, vermeerdering, vergroting, opleving

up·sy-dai·sy /ˈʌpsi ˌdeɪzi/, **ups-a-daisy** [tw] hupsakee!

¹**up·take** /ˌʌpteɪk/ [telb + niet-telb zn] opname ⟨van voedsel e.d.⟩
²**up·take** /ˌʌpteɪk/ [niet-telb zn] **1** het optillen, het opheffen **2** ⟨the⟩ het begrijpen, het vatten ♦ *quick in/on the uptake* vlug van begrip; *slow in/on the uptake* niet zo vlug van begrip
up·tem·po [bn] ⟨muz⟩ snel
¹**up·throw** [telb zn] ⟨geol⟩ bovenwaartse dislocatie van strata ⟨gevolg van een opschuiving⟩
²**up·throw** [niet-telb zn] het omhoog gooien
up·thrust [telb zn] **1** ⟨natuurk⟩ opwaartse druk **2** ⟨geol⟩ bovenwaartse dislocatie van strata ⟨gevolg van een opschuiving⟩
up·tick [telb zn] ⟨sl⟩ **1** (kleine) toename, (kleine) stijging ♦ *an uptick in luxury spending* een toename van luxe-uitgaven **2** (lichte) verbetering
up·tight [bn] ⟨inf⟩ **1** zenuwachtig, gespannen **2** nijdig, kwaad, boos
up·tilt /ˌʌptɪlt/ [ov ww] optillen, omhoogtillen
up·time [niet-telb zn] productieve tijd ⟨van computer⟩, bereikbaarheid, uptime ⟨van server⟩
up-to-date [bn] **1** bijgewerkt ♦ *bring s.o. up-to-date* iemand van het laatste nieuws op de hoogte stellen; *bring sth. up-to-date* iets bijwerken, iets moderniseren, iets actualiseren **2** modern, bij(detijds), hedendaags, up-to-date, actueel
up-to-the-min·ute [bn] zeer modern, allerlaatst, allernieuwst ♦ *this model is up-to-the-minute* dit model heeft de nieuwste snufjes
¹**up·town** [niet-telb zn] **1** bovenstad **2** ⟨AE⟩ betere woonwijk
²**up·town** [bn] **1** van de bovenstad **2** ⟨AE⟩ van/m.b.t. de betere woonwijk(en)
³**up·town** [bw] **1** in/naar de bovenstad **2** ⟨AE⟩ in/naar de betere woonwijk(en)
up·train [telb zn] ⟨BE⟩ trein naar Londen/de stad
up·trend [telb zn] ⟨ec⟩ opleving
¹**up·turn** [telb zn] **1** ontreddering, beroering **2** verbetering, ommekeer, ⟨ec⟩ opleving
²**up·turn** [ov ww] **1** omdraaien, omkeren, naar boven draaien **2** omploegen, omwoelen, omspitten **3** omverwerpen, overhoop halen; → **upturned**
¹**up·turned** [bn] omhoog gedraaid ♦ *with upturned eyes* met opgeslagen ogen; *an upturned nose* een wipneus
²**up·turned** [bn, attr] ondersteboven gekeerd
UPU [afk] (Universal Postal Union)
up·val·u·a·tion [niet-telb zn] opwaardering
¹**up·ward** /ˌʌpwəd/, ᴬ-wərd/ [bn] stijgend, oplopend, omhooggaand, opwaarts, toenemend ♦ *upward mobility* opwaartse (sociale) mobiliteit; *an upward tendency* een stijgende lijn
²**up·ward** /ˌʌpwəd/, ᴬ-wərd/, **up·wards** /ˌʌpwədz/, ᴬ-wərdz/, ⟨soms⟩ **up·ward·ly** [bw] (naar) omhoog, naar boven, opwaarts, in stijgende lijn ♦ *from the knees upward* vanaf de knieën, boven de knieën; *upward of ten years old* boven de tien jaar; *upward of twenty people* meer dan twintig mensen
up·well [onov ww] opwellen, opborrelen
¹**up·whirl** [onov ww] opdwarrelen, opstuiven
²**up·whirl** [ov ww] doen opdwarrelen, doen opstuiven
up·wind [bn; bw] tegen de wind in
u·ra·cil /ˈjʊərəsɪl, ˈjʊrə-/ [telb zn] ⟨scheik⟩ uracil ⟨base⟩
u·rae·mi·a, ⟨AE⟩ **u·re·mi·a** /jʊəˈriːmɪə/ [telb + niet-telb zn] ⟨med⟩ uremic ⟨bloedvergiftiging⟩
u·rae·us /jʊəˈriːəs/ [telb zn] uraeus ⟨brilslang, symbool van macht van de Egyptische farao's⟩
U·ral /ˈjʊərəl, ᴬˈjʊrəl/ [eigenn; the] Oeral ⟨rivier in Rusland⟩
¹**U·ral-Al·ta·ic** /ˌjʊərəl ælˈteɪɪk, ᴬˈjʊrəl-/ [eigenn] Oeral-Altaïsch ⟨groep van Fins-Oegrische talen⟩
²**U·ral-Al·ta·ic** /ˌjʊərəl ælˈteɪɪk, ᴬˈjʊrəl-/ [bn] Oeral-Altaïsch

U·ra·li·an /jʊəˈreɪlɪən/ [bn] Oeraals, van/m.b.t. de Oeral
U·ral Mountains /ˈjʊərəl ˈmaʊntɪnz, ᴬˈjʊrəl ˈmaʊntnz/ [alleen mv] Oeral
Ural owl [telb zn] ⟨dierk⟩ oeraluil ⟨Strix uralensis⟩
U·rals /ˈjʊərəlz, ᴬˈjʊrəlz/ [alleen mv; the] Oeralgebergte
u·ran·ic /jʊəˈrænɪk/ [bn] **1** hemels **2** ⟨scheik⟩ uraniumhoudend, uraan-
u·ra·ni·um /jʊəˈreɪnɪəm/ [niet-telb zn] ⟨scheik⟩ uranium ⟨element 92⟩ ♦ *depleted uranium* verarmd uranium
uranium fuel [niet-telb zn] uraniumsplijtstof
u·ra·nog·ra·phy /ˌjʊərəˈnɒgrəfi, ᴬˌjʊrəˈnɑ-/ [niet-telb zn] uranografie ⟨beschrijving van de sterrenhemel⟩
u·ra·nol·o·gy /ˌjʊərəˈnɒlədʒi, ᴬˌjʊrəˈnɑ-/ [niet-telb zn] uranologie, hemelkunde, sterrenkunde
u·ra·nom·e·try /ˌjʊərəˈnɒmɪtri, ᴬˌjʊrəˈnɑ-/ [niet-telb zn] uranometrie, hemelmeting
u·ra·nous /ˈjʊərənəs, ᴬˈjʊrə-/ [bn] ⟨scheik⟩ uraniumhoudend, uraan-
U·ra·nus /ˈjʊəreɪnəs, ᴬˈjʊrənəs/ [eigenn] **1** Uranus ⟨Romeinse god⟩ **2** ⟨astron⟩ Uranus ⟨planeet⟩
u·rate /ˈjʊəreɪt, ᴬˈjʊreɪt/ [telb zn] ⟨scheik⟩ uraat, zout van urinezuur
ur·ban /ˈɜːbən, ᴬˈɜr-/ [bn, attr] stedelijk, urbain, stads- ♦ ⟨BE; gesch⟩ *urban district* stedelijk district ⟨onderafdeling van een graafschap⟩; *urban guerrilla* stadsguerrilla; *urban homesteading* toewijzing van onbewoonde/ontruimde huizen voor tijdelijke bewoning (tot de sloop) ⟨Amerikaans federaal programma⟩; ⟨AE⟩ *urban renewal* stadsvernieuwing; *urban sprawl* suburbanisatie ▪ *urban legend*, *urban myth* broodje aap ⟨modern volksverhaal⟩
Ur·ban /ˈɜːbən, ᴬˈɜr-/ [eigenn] Urbanus, Urbaan, Urbain
ur·bane /ɜːˈbeɪn, ᴬɜr-/ [bn; bw: ~ly] urbaan, hoffelijk, wellevend
ur·ban·ism /ˈɜːbənɪzm, ᴬˈɜr-/ [niet-telb zn] **1** urbanisme, stadscultuur, studie van de stad **2** urbanisatie ♦ *green urbanism* milieubewuste stedelijke planning
ur·ban·ite /ˈɜːbənaɪt, ᴬˈɜr-/ [telb zn] stedeling, stadsbewoner, stadsmens
ur·ban·i·ties /ɜːˈbænətiz, ᴬɜrˈbænətiz/ [alleen mv] beleefdheden
ur·ban·i·ty /ɜːˈbænəti, ᴬɜrˈbænəti/ [niet-telb zn] **1** urbaniteit, hoffelijkheid, wellevendheid **2** stadsleven
ur·ban·i·za·tion, ur·ban·i·sa·tion /ˌɜːbənaɪˈzeɪʃn, ᴬˌɜrbənə-/ [niet-telb zn] urbanisatie, verstedelijking
ur·ban·ize, ur·ban·ise /ˈɜːbənaɪz, ᴬˈɜr-/ [ov ww] verstedelijken, verstedsen
ur·ce·o·late /ˈɜːsɪələt, ᴬˈɜr-/ [bn] ⟨plantk⟩ urnvormig
ur·chin /ˈɜːtʃɪn, ᴬˈɜr-/ [telb zn] **1** rakker, deugniet, boefje, schooiertje **2** jongen, jongeman **3** zee-egel **4** ⟨vero⟩ egel **5** ⟨vero⟩ kabouter
Ur·du /ˈɜːduː, ˈʊəduː, ᴬˈʊrduː, ᴬˈɜr-/ [eigenn] Urdu ⟨officiële taal van Pakistan⟩
-ure ⟨vormt naamwoord⟩ ♦ *pleasure* plezier, genoegen; *pressure* druk; *prefecture* prefectuur; *legislature* wetgevende macht
u·re·a /ˈjʊərɪə, ᴬˈjɜriːə/ [niet-telb zn] ⟨scheik⟩ ureum, pisstof
u·re·ter /jʊəˈriːtə, ᴬˈjɜrɪtər/ [telb zn] ⟨anat⟩ ureter, urineleider
u·re·ter·ic /ˌjʊərɪˈterɪk, ᴬˌjʊr-/ [bn, attr] ⟨biol⟩ ureter-
u·re·thane /ˈjʊərəθeɪn, ᴬˈjʊr-/ [niet-telb zn] ⟨scheik⟩ urethaan
u·re·thra /jʊəˈriːθrə/ [telb zn; mv: ook urethrae /-riː/] ⟨anat⟩ urethra, urinekanaal, urinebuis, pisbuis
u·re·thro·scope /jʊəˈriːθrəskoʊp/ ⟨med⟩ uretroscoop
u·ret·ic /jʊəˈretɪk, ᴬˈjɜretɪk/ [bn, attr] **1** urine- **2** diuretisch
¹**urge** /ɜːdʒ, ᴬɜrdʒ/ [telb zn] drang, drift, impuls, neiging, behoefte

urge

²**urge** /ɜːdʒ, ˄ɜrdʒ/ [ov ww] [1] drijven, aansporen, voortdrijven, bespoedigen, aanzetten ♦ *urge on* voortdrijven [2] dringend verzoeken, bidden, smeken [3] bepleiten, aandringen op [4] trachten te overtuigen ♦ *she urged (up)on us the need for secrecy* zij drukte ons de noodzaak van geheimhouding op het hart [5] aanvoeren, naar voren brengen, benadrukken, met klem betogen

ur·gen·cy /ˈɜːdʒənsi, ˄ɜr-/ [telb + niet-telb zn] [1] drang, aandrang, pressie [2] urgentie, dringende noodzaak

ur·gent /ˈɜːdʒənt, ˄ɜr-/ [bn; bw: ~ly] [1] urgent, dringend, spoedeisend [2] aanhoudend, volhardend, hardnekkig, persistent

-u·ri·a /ˈjʊəriə, ˄ˈjʊriə/ ⟨med⟩ -urie ⟨aanwezigheid van een bepaalde stof in de urine⟩ ♦ *pyuria* pyurie, het aanwezig zijn van etter in de urine

u·ric /ˈjʊərɪk, ˄ˈjʊrɪk/ [bn, attr] urine- ♦ *uric acid* urinezuur

u·rim and thum·mim /ˈjʊrɪm ən ˈθʌmɪm/ [niet-telb zn] ⟨Bijb⟩ urim en tummim ⟨voorwerpen gebruikt bij het orakelspreken; Exod. 28:30⟩

u·ri·nal /ˈjʊərɪnl, jəˈreɪnl, ˄ˈjʊr-/ [telb zn] [1] urinaal, (pis)fles [2] urinoir, pisbak, openbare waterplaats

u·ri·nal·y·sis /ˌjʊərɪˈnælɪsɪs, ˄ˈjʊr-/ [telb zn; mv: urinalyses /-siːz/] urineonderzoek

¹**u·ri·nar·y** /ˈjʊərɪnri, ˄ˈjʊrəneri/ ⟨vero⟩ urinoir, openbare waterplaats

²**u·ri·nar·y** /ˈjʊərɪnri, ˄ˈjʊrəneri/ [bn] urine-

u·ri·nate /ˈjʊərɪneɪt, ˄ˈjʊr-/ [onov ww] urineren, wateren

u·ri·na·tion /ˌjʊərɪˈneɪʃn, ˄ˈjʊr-/ [niet-telb zn] urinelozing

u·rine /ˈjʊərɪn, ˄ˈjʊrɪn/ [niet-telb zn] urine, plas

urine sample [telb zn] urinemonster

u·ri·nol·o·gy /ˌjʊərɪˈnɒlədʒi, ˄ˈjʊrɪnɑː-/ [niet-telb zn] urologie

URL [telb zn] ⟨comp⟩ (Uniform Resource Locator) URL, webadres, internetadres

¹**urn** /ɜːn, ˄ɜrn/ [telb zn] [1] urn, lijkbus [2] koffieketel, theeketel [3] ⟨zelden⟩ graf

²**urn** /ɜːn, ˄ɜrn/ [ov ww] in een urn doen

urn flower [telb zn] ⟨plantk⟩ ⟨soort⟩ lelie ⟨Urceolina⟩

urn·ing /ˈɜːnɪŋ, ˄ɜr-/ [telb zn] urning, homoseksuele man

u·ro- /ˈjʊərəʊ, ˄ˈjʊroʊ/ [1] uro-, urine- ♦ *urocyst* urineblaas; *urolagnia* urolagnie [2] staart- ♦ *uropod* staartpoot ⟨van kreeften⟩

u·ro·chor·date /ˌjʊərəʊˈkɔːdeɪt, ˄ˌjʊrəˈkɔrdeɪt/ [telb zn] ⟨dierk⟩ manteldiertje ⟨Urochordata⟩

u·ro·dele /ˈjʊərədiːl, ˄ˈjʊrə-/ [telb zn] ⟨dierk⟩ salamanderachtige ⟨Urodela⟩

u·ro·gen·i·tal /ˌjʊərəʊˈdʒenɪtl, ˄ˌjʊrədˈʒenɪtl/ [bn] urogenitaal

u·rol·o·gist /jʊəˈrɒlədʒɪst, ˄ˈjərɑː-/ [telb zn] uroloog

u·rol·o·gy /jʊəˈrɒlədʒi, ˄ˈjərɑː-/ [niet-telb zn] urologie

u·ro·pyg·i·um /ˌjʊərəʊˈpɪdʒiəm, ˄ˈjʊrə-/ [telb zn] ⟨dierk⟩ romp van een vogel

u·ros·co·py /jʊəˈrɒskəpi, ˄ˈjʊrɑː-/ [telb zn] ⟨med⟩ uroscopie, urineonderzoek

Ur·sa Ma·jor /ˌɜːsə ˈmeɪdʒə, ˄ˌɜrsə ˈmeɪdʒər/ [eigenn] ⟨astron⟩ Grote Beer, Wagen

Ur·sa Mi·nor /ˌɜːsə ˈmaɪnə, ˄ˌɜrsə ˈmaɪnər/ [eigenn] ⟨astron⟩ Kleine Beer

ur·si·form /ˈɜːsɪfɔːm, ˄ˈɜrsɪfɔrm/ [bn] met de vorm van een beer

ur·sine /ˈɜːsaɪn, ˄ɜr-/ [bn] van/als een beer, beer-, beren-

¹**Ur·su·line** /ˈɜːsjʊlɪn, ˄ˈɜrsə-/ [telb zn] ursuline ⟨rooms-katholieke non⟩

²**Ur·su·line** /ˈɜːsjʊlɪn, ˄ˈɜrsə-/ [bn] ursulinen-, van de ursulinen

ur·ti·car·i·a /ˌɜːtɪˈkeəriə, ˄ˌɜrtɪˈkæriə/ [telb zn] ⟨med⟩ urticaria, netelroos

ur·ti·cate /ˈɜːtɪkeɪt, ˄ˈɜrtɪ-/ [ov ww] steken als een brandnetel

u·ru·bu /ˈʊərəbuː/ [telb zn] ⟨dierk⟩ zwarte gier ⟨Amerikaanse vogel; Coragyps atratus⟩

U·ru·guay /ˈjʊərəɡwaɪ, ˄ˈjʊr-/ [eigenn] Uruguay

Uruguay

naam	Uruguay *Uruguay*
officiële naam	Eastern Republic of Uruguay *Republiek ten oosten van de Uruguay*
inwoner	Uruguayan *Uruguayaan*
inwoonster	Uruguayan *Uruguayaanse*
bijv. naamw.	Uruguayan *Uruguayaans*
hoofdstad	Montevideo *Montevideo*
munt	Uruguayan peso *Uruguayaanse peso*
werelddeel	America *Amerika*
int. toegangsnummer 598	www .uy auto ROU

¹**U·ru·guay·an** /ˌjʊərəˈɡwaɪən, ˄ˈjʊr-/ [telb zn] Uruguayaan(se), Uruguees, Uruguese

²**U·ru·guay·an** /ˌjʊərəˈɡwaɪən, ˄ˈjʊr-/ [bn] Uruguayaans, Uruguees

ur·us /ˈjʊərəs, ˄ˈjʊrəs/ [telb zn] oeros

¹**us** /əs, ⟨sterk⟩ ʌs/, ⟨verkorting⟩ **'s** /s/ [pers vnw] [1] (voor/aan) ons ♦ *he couldn't believe us stealing bicycles* hij kon niet geloven dat wij fietsen stalen; *he brought us flowers* hij bracht ons bloemen; *he's going to hit us* hij gaat ons aanrijden; *all of us enjoyed it* wij genoten er allen van; *he helps them more than us* hij helpt hen meer dan ons [2] ⟨in nominatieffuncties⟩ ⟨vnl inf⟩ wij, ons ♦ *us and our worries* wij met onze zorgen; *they are as bad as us* ze zijn niet beter dan wij; *us being educated people ought to have known* daar wij ontwikkelde mensen zijn, hadden wij het moeten weten; *us girls refused to join in* wij meisjes weigerden mee te doen; *us and our friends heard you* wij en onze vrienden hebben je gehoord; *they are stronger than us* ze zijn sterker dan wij; *who, us?* wie, wij?; *'who did she say did it?' 'us'* 'Wie zei ze had het gedaan?' 'Wij' [3] ⟨verwijst naar 1e persoon enkelvoud⟩ mij, ons ♦ *give us a kiss now* geef me eens een kusje; *let us hear it again* laat het nog eens horen; *they have served us, their sovereign, well* zij hebben ons, hun soeverein, goed gediend; → we, ourselves

²**us** /əs, ⟨sterk⟩ ʌs/, ⟨verkorting⟩ **'s** /s/ [wk vnw] ⟨inf of gew⟩ ons(zelf) ♦ *we looked at us closely* we bekeken onszelf goed; *we built us a house* we bouwden ons een huis; → we, ourselves

US [afk] [1] (United States) VS [2] ⟨inf⟩ (Uncle Sam) [3] (unserviceable)

USA [afk] [1] (United States Army) [2] (United States of America) VS

us·a·ble /ˈjuːzəbl/ [bn] bruikbaar, handig, (goed) te gebruiken

USAF [afk] (United States Air Force)

us·age /ˈjuːzɪdʒ, -sɪdʒ/ [telb + niet-telb zn] gebruik, behandeling, gewoonte, ⟨handel⟩ usance, usantie, ⟨taalg⟩ taalgebruik

us·ance /ˈjuːzns/ [niet-telb zn] ⟨handel⟩ uso, gewone betalingstermijn

USB [telb zn; ook attributief] ⟨comp⟩ (universal serial bus) USB ⟨verbinding om randapparatuur op een pc aan te sluiten⟩, universele seriële bus ♦ *USB device* USB-apparaat; *USB stick* geheugenstick, USB-stick

¹**use** /juːs/ [telb + niet-telb zn] gebruik, aanwending, toepassing, beschikking, gewoonte, regel ♦ *for the use of* ten gebruike van; *for use in factories* voor industrieel gebruik; *she has the free use of the kitchen* zij heeft het vrije gebruik van de keuken; *in use* in gebruik; *come into use* in gebruik raken; *bring/put/take into use* in gebruik nemen/stellen; *lose the use of one's legs* het gebruik van zijn benen verliezen; *make a good use of* goed gebruikmaken van; *out of use* in onbruik; *put to a better use* een beter gebruikmaken van; *this can be put to various uses* dit kan op verschillende manieren gebruikt worden; *use and wont* vaste gewoonte,

usance ▫ ⟨sprw⟩ *sweet are the uses of adversity* ± men moet van de nood een deugd maken; ⟨sprw⟩ *keep a thing seven years and you will find a use for it* wie wat bewaart, heeft wat

²**use** /juːs/ [niet-telb zn] ⓵ nut, bruikbaarheid, utiliteit ♦ *do you have any use for this?* kun je dit nog gebruiken?; *have no use for* niet kunnen gebruiken; niets moeten hebben van; *insects also have their use* insecten hebben ook hun nut; *there is not much use for that in winter* 's winters heb je daar niet zoveel aan; *it is (of) no use arguing/to argue* tegenspreken heeft geen zin; *it's no use crying over spilt milk* gedane zaken hebben/nemen geen keer; *this will be of use* dit zal goed van pas komen; *what is the use of it?* wat heeft het voor zin? ⓶ liturgie, ritueel ⓷ ⟨jur⟩ baten, opbrengst, vruchten ♦ ⟨sprw⟩ *it's no use spoiling the ship for ha'p'orth of tar* men moet om een ei geen pannenkoek bederven, ± wat men aan het zaad spaart verliest men aan de oogst

³**use** /juːz/ [onov ww] ⟨sl⟩ ⟨drugs⟩ gebruiken, verslaafd zijn; → used, used to

⁴**use** /juːz/ [ov ww] ⓵ gebruiken ⟨ook drugs⟩, aanwenden, gebruikmaken van, zich bedienen van, in acht nemen, verbruiken ♦ ⟨sl⟩ *use one's bean/head* je hoofd gebruiken, nadenken; *use clothes* kleren dragen; *use your own judgment* ga op je eigen oordeel af; *use foul language* onbehoorlijke/obscene taal bezigen; *she could have used some moderation* zij had enige gematigdheid kunnen betrachten; *use s.o.'s name* iemand als referentie opgeven; *she only uses her maiden name* zij gebruikt alleen haar meisjesnaam; ⟨sl⟩ *use the needle* gebruiken, verslaafd zijn ⟨aan drugs⟩; *use up* opmaken, opgebruiken, uitputten; ⟨inf⟩ *he was used up* hij zat er volledig door, hij zat helemaal kapot ⓶ behandelen, bejegenen ♦ *he was ill used* hij werd slecht behandeld; → used, used to

use-by date /ˈjuːzbaɪdeɪt/ [telb zn] houdbaarheidsdatum

used /juːzd/ [bn; (oorspronkelijk) volt deelw van use] gebruikt, tweedehands

¹**used to** /ˈjuːst tə, -tʊ/ [bn, pred] gewend aan, gewoon aan ♦ *get used to* wennen aan, gewend raken aan; *he is used to driving* hij is het rijden gewend; *she is used to noise* ze is lawaai gewoon

²**used to** /ˈjuːstə, -stʊ/ [hulpww; ontkenning didn't use(d) to, of voornamelijk Brits-Engels, use(d)n't to; vragend did I use(d) to, of voornamelijk Brits-Engels, used I to; vragend ontkennend didn't I use(d) to, of voornamelijk Brits-Engels, use(d)n't I to/used I not to] had(den) de gewoonte te, ⟨ellipt⟩ deed, deden ♦ *she used to do her shopping on Wednesday* ze ging altijd 's woensdags winkelen; *let's sit around the fire like we used to (do)* laten we rond het vuur gaan zitten zoals we vroeger deden

used-to-be /ˈjuːstəbiː/ [telb zn] ⟨sl⟩ iemand die zijn tijd gehad heeft

use·ful /ˈjuːsfl/ [bn; bw: ~ly; zn: ~ness] ⓵ bruikbaar, nuttig, dienstig ♦ *come in useful* goed van pas komen; *he is a useful fellow* je hebt wat aan hem; *that will be useful for cooking in* dat kun je gebruiken om in te koken; *useful load* nuttige lading; *make o.s. useful* zich verdienstelijk maken; *have outlived its usefulness* zijn nut gehad hebben, zichzelf overleefd hebben; *be useful to* van nut zijn voor ⓶ ⟨sl⟩ verdienstelijk, prijzenswaardig

use·less /ˈjuːsləs/ [bn; bw: ~ly; zn: ~ness] ⓵ nutteloos, vergeefs, vruchteloos, onnut ⓶ onbruikbaar, waardeloos ⓷ ⟨inf⟩ in de put, akelig

Use·net /ˈjuːsnet/ [niet-telb zn] ⟨comp⟩ Usenet ⟨verzameling nieuwsgroepen als subnetwerk binnen internet⟩

us·er /ˈjuːzə, -ər/ [telb zn] ⓵ gebruiker, verbruiker ⓶ gebruiker, verslaafde ⟨alcohol, drugs⟩ ⓷ ⟨jur⟩ gebruiksrecht ♦ *right of user* gebruiksrecht, recht van gebruik

us·er-friend·ly [bn] gebruikersvriendelijk

user ID [telb zn] ⟨comp⟩ gebruikers-ID, loginnaam, gebruikersnaam

user interface [telb zn] ⟨comp⟩ gebruikersinterface

user name, user ID [telb zn] ⟨comp⟩ gebruikersnaam, loginnaam, gebruikers-ID

user's fee, user fee [telb zn] ⟨AE⟩ gebruiksbelasting

us·er-un·friend·ly [bn] gebruikersonvriendelijk

ush /ʌʃ/ [onov + ov ww] ⟨sl⟩ als portier/plaatsaanwijzer/ceremoniemeester/paranimf optreden voor

¹**ush·er** /ˈʌʃə, -ər/ [telb zn] ⓵ portier, zaalwachter, deurwachter ⓶ plaatsaanwijzer, ouvreuse ⓷ ceremoniemeester ♦ *gentleman usher of the Black Rod* ceremoniemeester van het Britse Hogerhuis ⓸ paranimf ⓹ bruidsjonker ⓺ ⟨vero; scherts⟩ ondermeester

²**ush·er** /ˈʌʃə, -ər/ [ov ww] ⓵ als portier/plaatsaanwijzer/ceremoniemeester/paranimf optreden voor ⓶ voorgaan, prederen ⓷ begeleiden naar, brengen naar ♦ *usher into* binnenleiden in; de (eerste) beginselen bijbrengen van ⓸ aankondigen, ⟨fig⟩ inluiden, de voorbode zijn van ♦ *usher in* inluiden; *usher out* uitlaten, naar buiten geleiden

ush·er·ette /ˌʌʃəˈret/ [telb zn] ouvreuse

ush·er·ship /ˈʌʃəʃɪp, ˈʌʃər-/ [telb zn] ⓵ ambt van portier/zaalwachter/deurwacht ⓶ functie van ceremoniemeester/bruidsjonker/paranimf

USIA [afk] (United States Information Agency)

USM [afk] ⓵ (Underwater-to-Surface Missile) ⓶ (United States Mail) ⓷ (Unlisted Securities Market)

USMA [afk] (United States Military Academy)

USN [afk] (United States Navy)

USO [afk] ⟨AE⟩ (United Service Organizations)

USP [telb zn] ⟨recl⟩ (unique selling proposition/point) USP, meest onderscheidende reclamekenmerk, exclusief verkoopargument

us·que·baugh /ˈʌskwɪbɔː/ [niet-telb zn] ⓵ ⟨SchE, IE⟩ whisk(e)y ⓶ soort Ierse brandewijn

USS [afk] ⓵ ⟨BE⟩ (Universities Superannuation Scheme) ⓶ (United States Ship)

USSR [eigenn] (Union of Soviet Socialist Republics) USSR

usu [afk] (usually)

u·su·al /ˈjuːʒʊəl, ˈjuːʒl/ [bn] gebruikelijk, gewoon ♦ *as usual* zoals gebruikelijk; *business as usual* alles gaat zijn gangetje; *my usual* mijn gewone drankje, hetzelfde als altijd; ⟨scherts⟩ *as per usual* zoals gewoonlijk; *the usual* hetzelfde ⟨drankje⟩ als altijd; *it is usual to* het is de gewoonte om

u·su·al·ly /ˈjuːʒ(ʊ)əli/ [bw] gewoonlijk, doorgaans, in de regel ♦ *more than usually happy* ongewoon tevreden/monter

u·su·cap·i·on /ˌjuːzjʊˈkeɪpɪən, ˌjuːzəˈkeɪpɪən/, **u·su·cap·tion** /-ˈkæpʃn/ [niet-telb zn] ⟨jur⟩ usucapio ⟨verkrijgende verjaring⟩

¹**u·su·fruct** /ˈjuːzjʊfrʌkt, ˈjuːzə-/ [niet-telb zn] ⟨jur⟩ usufructus, vruchtgebruik

²**u·su·fruct** /ˈjuːzjʊfrʌkt, ˈjuːzə-/ [ov ww] ⟨jur⟩ in vruchtgebruik hebben, het vruchtgebruik hebben van

¹**u·su·fruc·tu·ar·y** /ˌjuːzjʊˈfrʌktʃʊəri, ˌjuːzəˈfrʌktʃʊəri/ [telb zn] ⟨jur⟩ usufructuarius, vruchtgebruik(st)er

²**u·su·fruc·tu·ar·y** /ˌjuːzjʊˈfrʌktʃʊəri, ˌjuːzəˈfrʌktʃʊəri/ [bn] van/m.b.t. vruchtgebruik

u·su·rer /ˈjuːʒərə, -ər/ [telb zn] woekeraar

u·su·ri·ous /juːˈzjʊərɪəs, -ˈʒʊr-/ [bn; bw: ~ly; zn: ~ness] woekerachtig, woekerend, woeker- ♦ *usurious prices* woekerprijzen

u·surp /juːˈzɜːp, -ˈzɜrp/ [ov ww] usurperen, onrechtmatig in bezit nemen, zich toe-eigenen, overweldigen, zich aanmatigen ▫ zie: usurp on

u·sur·pa·tion /ˌjuːzɜːˈpeɪʃn, ˌjuːzər-/ [niet-telb zn] usurpatie, wederrechtelijke inbezitneming, overweldiging, aanmatiging

u·surp·er /juːˈzɜːpə, -ˈzɜrpər/ [telb zn] usurpator, overweldiger

usurp on, usurp upon [onov ww] inbreuk maken op,

usury

schenden
u·su·ry /juːʒəri/ [niet-telb zn] [1] woeker [2] woekerrente, woeker [3] rente, interest
USW [afk] (ultrashort wave) UHF
ut /ʌt, uːt/ [telb zn] ⟨muz⟩ ut, do
UT [afk] (Utah ⟨zipcode⟩)
ute /juːt/ [telb zn] ⟨AE, AuE; inf⟩ (kleine) open bestelwagen, pick-up
u·ten·sil /juːtensl/ [telb zn] [1] gebruiksvoorwerp, pot, pan, gerei ♦ *cooking utensils* keukengerei [2] ⟨mv⟩ werktuigen ⟨ook figuurlijk⟩, gereedschap
u·ter·ine /juːtərɪn, -raɪn/ [bn] [1] van/m.b.t. de baarmoeder, uterus-, baarmoeder- [2] met/van dezelfde moeder ♦ *uterine sister* halfzuster met dezelfde moeder
u·ter·us /juːtərəs/ [telb zn; mv: ook uteri /-raɪ/] uterus, baarmoeder
u·tile /juːtaɪl/ [bn] nuttig, bruikbaar
¹**u·til·i·tar·i·an** /juːtɪlɪteərɪən, ᴬ-ter-/ [telb zn] utilist, utilitarist
²**u·til·i·tar·i·an** /juːtɪlɪteərɪən, ᴬ-ter-/ [bn] [1] utilitair, nuttigheids- [2] utilitaristisch
u·til·i·tar·i·an·ism /juːtɪlɪteərɪənɪzm, ᴬ-ter-/ [niet-telb zn] utilisme, utilitarisme, nuttigheidssysteem
¹**u·til·i·ty** /juːtɪləti/ [telb zn] [1] (openbare) voorziening, ⟨i.h.b.⟩ nutsbedrijf, waterleidingbedrijf, gasbedrijf, elektriciteitsbedrijf [2] nuttig iets, voorwerp van nut [3] ⟨comp⟩ hulpprogramma ⟨met een specifiek doel⟩
²**u·til·i·ty** /juːtɪləti/ [niet-telb zn] [1] (praktisch) nut, nuttigheid, utiliteit [2] bruikbaarheid
utility bill [telb zn] ⟨AE⟩ gasrekening, waterrekening, elektriciteitsrekening
utility company [telb zn] (openbaar) nutsbedrijf, waterleidingbedrijf, gasbedrijf, elektriciteitsbedrijf
utility livestock [niet-telb zn] gebruiksvee
utility man [telb zn] [1] ⟨sport⟩ overal inzetbare speler [2] ⟨AE⟩ manusje-van-alles, factotum
utility pole [telb zn] ⟨AE⟩ elektriciteitspaal, telefoonpaal
utility program [telb zn] ⟨comp⟩ hulpprogramma ⟨met een specifiek doel⟩
utility room [telb zn] ± bijkeuken
utility routine [telb zn] ⟨comp⟩ hulpprogramma ⟨met een specifiek doel⟩
utility truck, utility vehicle [telb zn] (kleine) open bestelwagen, pick-up
utility value [telb + niet-telb zn] gebruikswaarde
u·til·iz·a·ble, u·til·is·a·ble /juːtɪlaɪzəbl, ᴬjuːtl-/ [bn] bruikbaar, toepasbaar, aanwendbaar
u·til·i·za·tion, u·til·i·sa·tion /juːtɪlaɪzeɪʃn, ᴬjuːtlə-/ [telb + niet-telb zn] (nuttig) gebruik, nuttige toepassing
u·til·ize, u·til·ise /juːtɪlaɪz, ᴬjuːtlaɪz/ [ov ww] gebruikmaken van, gebruiken, benutten, toepassen, aanwenden
-u·tion /uːʃn/ [vormt zn] [1] (geeft handeling/proces aan) ♦ *evolution* ontwikkeling [2] (geeft resultaat van een handeling/proces aan) ♦ *solution* oplossing
u·ti pos·si·de·tis /juːtaɪ pɒsɪdiːtɪs, ᴬ-pɑːsɪdiːtɪs/ [niet-telb zn] ⟨jur⟩ uti-possidetisbeginsel ⟨als onderdeel van een verdrag; elke partij behoudt wat hij (veroverd) heeft⟩
¹**ut·most** /ʌtmoʊst/, ⟨form⟩ **ut·ter·most** /ʌtəmoʊst, ᴬ-tər-/ [niet-telb zn] [1] uiterste, uiterste grens ♦ *enjoy o.s. to the utmost* buitengewoon genieten [2] uiterste best, al het mogelijke ♦ *do one's utmost* zijn uiterste best doen
²**ut·most** /ʌtmoʊst/, ⟨form⟩ **ut·ter·most** /ʌtəmoʊst, ᴬ-tər-/ [bn, attr] uiterst, hoogst ♦ *of the utmost importance* van het (aller)grootste belang
¹**U·to·pi·a** /juːtoʊpɪə/ [eigenn] Utopia
²**U·to·pi·a** /juːtoʊpɪə/ [telb + niet-telb zn] utopie, hersenschim, droombeeld, heilstaat
¹**u·to·pi·an** /juːtoʊpɪən/ [telb zn] ⟨ook Utopian⟩ bewoner van Utopia [2] utopist

²**u·to·pi·an** /juːtoʊpɪən/ [bn] [1] ⟨ook Utopian⟩ utopisch, utopiaans, onverwezenlijkbaar, hersenschimmig ♦ *utopian scheme* utopie, utopisch plan [2] utopistisch
u·to·pi·an·ism /juːtoʊpɪənɪzm/ [niet-telb zn] [1] utopisme [2] utopie
U-trap [telb zn] ⟨techn⟩ zwanenhals, stankafsluiter
U·trecht vel·vet /juːtrekt velvet/ [niet-telb zn] (wollen) pluche
u·tri·cle /juːtrɪkl/ [telb zn] ⟨biol⟩ [1] celblaasje [2] kleine lichaamsholte, ⟨i.h.b.⟩ utriculus ⟨in middenoor⟩
u·tric·u·lar /juːtrɪkjʊlə, ᴬ-kjələr/ [bn] blaasvormig, blaasjes-
¹**ut·ter** /ʌtə, ᴬʌtər/ [bn, attr; zn: ~ness] [1] uiterst, absoluut [2] compleet, volledig, totaal, volslagen
²**ut·ter** /ʌtə, ᴬʌtər/ [ov ww] [1] uiten, slaken ⟨bijvoorbeeld zucht, kreet⟩ [2] uitdrukken, zeggen, uitspreken [3] in omloop brengen ⟨vals geld⟩, uitgeven, uitzetten
ut·ter·a·ble /ʌtrəbl, ᴬʌtərəbl/ [bn] uit te drukken
¹**ut·ter·ance** /ʌtrəns, ᴬʌtərəns/ [telb zn] [1] uiting ⟨ook taalkunde⟩ [2] manier van uitdrukken, wijze van spreken, voordracht, uitspraak
²**ut·ter·ance** /ʌtrəns, ᴬʌtərəns/ [niet-telb zn] [1] het uiten, het uitdrukken ♦ *give utterance to* uiting geven aan, uitdrukking geven aan [2] spraakvermogen [3] ⟨the⟩ ⟨form⟩ het uiterste ♦ *(fight) to the utterance* tot het bittere eind (doorvechten)
ut·ter·ly /ʌtəli, ᴬʌtərli/ [bw] (→ utter) volkomen, volslagen, absoluut ♦ *utterly mad* volslagen krankzinnig
uttermost → utmost
U-tube [telb zn] U-buis
U-turn [telb zn] draai/ommezwaai van 180°, ⟨fig⟩ totale om(me)zwaai/om(me)keer ♦ ⟨verk⟩ *no U-turns* keren verboden; *a political U-turn* een politieke om(me)zwaai
UV [afk] (ultraviolet)
uve·a /juːvɪə/ [telb zn] uvea, druifvlies ⟨van oog⟩
u·vu·la /juːvjʊlə, ᴬ-vjə-/ [telb zn; mv: ook uvulae /-liː/] [1] huig [2] aanhangsel
u·vu·lar /juːvjʊlə, ᴬ-vjələr/ [bn; bw: ~ly] van de huig, huig-, uvulaar, uvulair ♦ ⟨taalk⟩ *uvular r* huig-r, uvulaire r
¹**ux·o·ri·cide** /ʌksɔːrɪsaɪd/ [telb zn] moordenaar van echtgenote
²**ux·o·ri·cide** /ʌksɔːrɪsaɪd/ [niet-telb zn] moord op echtgenote
ux·o·ri·ous /ʌksɔːrɪəs/ [bn; bw: ~ly; zn: ~ness] [1] dol op zijn echtgenote [2] slaafs ⟨tegenover echtgenote⟩ [3] blijk gevend van liefde voor zijn vrouw
¹**Uz·bek** /ʊzbek, ʌz-/ [eigenn] Oezbeeks, de Oezbeekse taal
²**Uz·bek** /ʊzbek, ʌz-/ [telb zn; mv: ook Uzbek] Oezbeek(se)
³**Uz·bek** /ʊzbek, ʌz-/ [bn] Oezbeeks
Uz·bek·i·stan /ʊzbekɪstɑːn, ʌz-, ᴬʊzbekəstæn/ [eigenn] Oezbekistan

Uzbekistan	
naam	Uzbekistan Oezbekistan
officiële naam	Republic of Uzbekistan Republiek Oezbekistan
inwoner	Uzbek Oezbeek
inwoonster	Uzbek Oezbeekse
bijv. naamw.	Uzbek Oezbeeks
hoofdstad	Tashkent Tasjkent
munt	Uzbek sum Oezbeekse som
werelddeel	Asia Azië
int. toegangsnummer 998 www .uz auto UZ	

V

¹v, V /viː/ [telb zn; mv: v's, zelden vs, V's, zelden Vs] ① (de letter) v, V ② V-vorm(ig iets/voorwerp), V-formatie ⟨van vliegtuigen⟩, V-hals ③ V ⟨Romeins cijfer 5⟩ ④ ⟨AE; inf⟩ vijfdollarbiljet

²v [afk] ① ⟨natuurk⟩ (velocity) v ② (verb) ww. ③ (verse) v. ④ (verso) ⑤ (versus) v. ⑥ (very) ⑦ (vide) v. ⑧ (volume) vol.

V [afk] ① ⟨in titels⟩ (Vice) ② (victory) V ③ (viscount) ④ (volt(s)) V ⑤ (volunteer)

Va [afk] (Virginia)

VA [afk] ① ⟨AE⟩ (Veterans' Administration) ② (Vicar Apostolic) ③ (Vice-Admiral) ④ ⟨BE⟩ (Order of Victoria and Albert) ⑤ ⟨AE⟩ (Virginia)

V & A [afk] ⟨BE⟩ (Victoria & Albert Museum)

vac /væk/ [telb zn] ⟨BE; inf⟩ ① (verk: vacation) ② (verk: vacuum cleaner)

¹va·can·cy /ˈveɪkənsi/ [telb zn] ① vacature, open(gevallen) plaats, openstaande betrekking ② lege plaats, ⟨i.h.b.⟩ onbezette kamer ♦ *no vacancies in this hotel* dit hotel is vol

²va·can·cy /ˈveɪkənsi/ [telb + niet-telb zn] lege ruimte, leegte, ruimte ♦ *stare into vacancy* voor zich uit staren

³va·can·cy /ˈveɪkənsi/ [niet-telb zn] ① vacatie, vacant/open/leeg/onbezet zijn ② leegte, ledigheid, leemte ③ afwezigheid, wezenloosheid

va·cant /ˈveɪkənt/ [bn; bw: ~ly; zn: ~ness] ① leeg, ledig ♦ ⟨AE⟩ *vacant lot* onbebouwd perceel, lege bouwgrond; *vacant of* zonder, ontbloot van; *a vacant seat* een onbezette stoel ② leeg(staand) ⟨van huis⟩, onbewoond ♦ ⟨BE; jur⟩ *vacant possession* leeg te aanvaarden ③ vacant ⟨van baan⟩, onbezet, open(staand) ④ afwezig ⟨van geest⟩, leeg, wezenloos ♦ *a vacant stare* een lege/wezenloze blik ⑤ dwaas

va·cat·able /vəˈkeɪtəbl, ˈveɪkeɪtəbl/ [bn] vacant/vrij te maken

¹va·cate /vəˈkeɪt, veɪ-, ˈveɪkeɪt/ [onov ww] ⟨AE⟩ vakantie nemen

²va·cate /vəˈkeɪt, veɪ-, ˈveɪkeɪt/ [ov ww] ① doen vrijkomen, vacant/vrij maken ② ontruimen ⟨huis⟩ ③ opgeven ⟨positie⟩, neerleggen ⟨ambt⟩, afstand doen van ⟨troon⟩ ④ ⟨jur⟩ nietig verklaren, vernietigen, annuleren

¹va·ca·tion /vəˈkeɪʃn, ˈveɪ-/ [telb + niet-telb zn] ① vakantie ⟨Brits-Engels voornamelijk van rechtbank en universiteiten⟩ ♦ *have a vacation* vakantie houden; *long vacation* grote vakantie, zomervakantie; *on vacation* met/op vakantie ② rusttijd ③ ontruiming ⟨van huis⟩ ④ afstand ⟨van de troon⟩ ⑤ ⟨jur⟩ vernietiging, annulering ⑥ ⟨sl⟩ gevangenisstraf

²va·ca·tion /vəˈkeɪʃn, ˈveɪ-/ [onov ww] ⟨AE⟩ ① vakantie nemen ② vakantie hebben ♦ *vacation at/in* vakantie houden in

va·ca·tion·ist /vəˈkeɪʃənɪst, ˈveɪ-/, **va·ca·tion·er** /-ʃənə, ˈ-ʃənər/ [telb zn] ⟨AE⟩ vakantieganger

vacation land [telb zn] ⟨AE⟩ pretpark

vac·ci·nal /ˈvæksɪnl/ [bn] vaccinaal

vac·ci·nate /ˈvæksɪneɪt/ [ov ww] vaccineren, inenten ♦ *vaccinate s.o. against smallpox* iemand inenten tegen pokken

vac·ci·na·tion /ˌvæksɪˈneɪʃn/ [telb + niet-telb zn] (koepok)inenting, vaccinatie, vaccinering ♦ *vaccination against smallpox* inenting tegen pokken

vac·ci·na·tor /ˈvæksɪneɪtə, ˈ-neɪtər/ [telb zn] inent(st)er, vaccinator, vaccinatrice, vaccinateur

¹vac·cine /ˈvæksɪn, -siːn, ˈvæksiːn/ [telb + niet-telb zn] vaccin(estof), ⟨i.h.b.⟩ koepokstof, entstof

²vac·cine /ˈvæksɪn, -siːn, ˈvæksiːn/ [bn] ① m.b.t. vaccine, ⟨i.h.b.⟩ koe(pok)- ♦ *vaccine lymph* vaccine, (koe)pokstof, inentsel, lymfe; *vaccine therapy* vaccinotherapie ② m.b.t. vaccinatie ♦ *a vaccine pustule* een pok, een pokpuist

vac·ci·nee /ˌvæksɪˈniː/ [telb zn] ingeënt persoon

vac·cin·i·a /vækˈsɪnɪə/ [telb + niet-telb zn] ⟨med⟩ koepokken, vaccine, vaccin(i)a

vac·il·late /ˈvæsɪleɪt/ [onov ww] ① aarzelen, schromen, weifelen ♦ *vacillate between* aarzelen tussen ② onzeker zijn, besluiteloos zijn ③ wankelen

vac·il·la·tion /ˌvæsɪˈleɪʃn/ [telb + niet-telb zn] aarzeling, weifeling

vac·il·la·tor /ˈvæsɪleɪtə, ˈ-leɪtər/ [telb zn] weifelaar

vac·il·la·to·ry /ˈvæsɪlətri, ˈ-tɔri/ [bn] ① weifelend ② besluiteloos

vacua [alleen mv] → **vacuum**

¹vac·u·i·ty /vəˈkjuːəti/ [telb zn; vaak mv] dwaasheid, onbelangrijkheid, dwaas idee

²vac·u·i·ty /vəˈkjuːəti/ [telb + niet-telb zn; vaak mv] leegheid, vacuüm, leemte

³vac·u·i·ty /vəˈkjuːəti/ [niet-telb zn] saaiheid, wezenloosheid

vac·u·o·lar /ˈvækjuəʊlə, ˈ-ər/ [bn] ⟨biol⟩ vacuolair

vac·u·o·la·tion /ˌvækjuəˈleɪʃn/ [niet-telb zn] vacuolevorming

vac·u·ole /ˈvækjuəʊl/ [telb zn] ⟨biol⟩ vacuole ⟨celblaasje in protoplasma⟩

vac·u·ous /ˈvækjuəs/ [bn; bw: ~ly; zn: ~ness] ⟨form⟩ ① leeg ② (lucht)ledig ③ wezenloos, leeg, leeghoofdig, dom ⟨bijvoorbeeld blik⟩ ④ doelloos ⟨bijvoorbeeld leven⟩ ⑤ zonder betekenis/inhoud, dwaas

¹vac·u·um /ˈvækjuəm/ [telb zn; mv: technisch ook vacua

vacuum

/ˈvækjʊə/ ① vacuüm ② leegte ♦ *leave a vacuum* een leegte achterlaten ③ ⟨verk: vacuum cleaner⟩ ④ ⟨sprw⟩ *nature abhors a vacuum* ± horror vacui (de afschuw der natuur van het ledige)

²**vac·u·um** /ˈvækjʊəm/ [onov + ov ww] ⟨inf⟩ (stof)zuigen ♦ *vacuum out the house* het huis stofzuigen

vacuum bottle, ⟨BE⟩ **vacuum flask** [telb zn] thermosfles

vacuum brake [telb zn] ⟨techn⟩ vacuümrem

vac·u·um-clean [onov + ov ww] (stof)zuigen

vacuum cleaner, ⟨inf ook⟩ **vacuum** [telb zn] stofzuiger

vacuum gauge [telb zn] ⟨techn⟩ vacuüm(druk)meter, onderdrukmeter

vac·u·um-packed [bn] vacuümverpakt

vacuum pump [telb zn] vacuümpomp

vacuum tube [telb zn] ⟨natuurk⟩ vacuümbuis, elektronenbuis, luchtledige buis

vacuum valve [telb zn] ① vacuümafsluiter, luchtklep ② elektronenbuis

VAD [afk] ((Member of) Voluntary Aid Detachment)

va·de·me·cum /ˌvɑːdɪˈmeɪkəm, ᴬˌveɪdi ˈmiːkəm/ [telb zn] handleiding, vademecum

¹**vag** /væɡ/ [telb zn] ⟨sl⟩ landloper, zwerver

²**vag** /væɡ/ [niet-telb zn] ⟨sl⟩ landloperij

³**vag** /væɡ/ [ov ww] ⟨sl⟩ ① arresteren wegens landloperij ② veroordelen wegens landloperij

¹**vag·a·bond** /ˈvæɡəbɒnd, ᴬ-bɑnd/ [telb zn] ① zwerver, vagebond, landloper ② ⟨inf⟩ schooier, schelm, schurk

²**vag·a·bond** /ˈvæɡəbɒnd, ᴬ-bɑnd/ [bn] ① (rond)zwervend, vagebonderend, (rond)dolend ② liederlijk

³**vag·a·bond** /ˈvæɡəbɒnd, ᴬ-bɑnd/ [onov ww] (rond)zwerven, vagebonderen, ronddolen

vag·a·bond·age /ˈvæɡəbɒndɪdʒ, ᴬ-bɑn-/, **vag·a·bond·ism** /-ɪzm/ [niet-telb zn] ① landloperij, vagebondage, het landlopen/zwerven ② landlopers, zwervers

va·gal /ˈveɪɡl/ [bn] ⟨med⟩ m.b.t. nervus vagus ⟨zwervende zenuw⟩

va·gar·i·ous /vəˈɡeərɪəs, ᴬ-ɡer-/ [bn] grillig, nukkig

va·gar·y /ˈveɪɡəri, ᴬˈvəɡeri/ [telb zn; vaak mv] gril, nuk, kuur, luim, caprice

va·gi·na /vəˈdʒaɪnə/ [telb zn; mv: ook vaginae /-niː/] ① vagina, schede ② ⟨plantk⟩ (blad)schede

vag·i·nal /vəˈdʒaɪnl, ᴬˈvædʒɪnl/ [bn] ① vaginaal, schede- ② schedeachtig

vag·i·nis·mus /ˌvædʒɪˈnɪzməs/ [niet-telb zn] vaginisme

vag·i·ni·tis /ˌvædʒɪˈnaɪtɪs/ [telb + niet-telb zn] ⟨med⟩ schedeontsteking, vaginitis, colpitis

¹**va·gran·cy** /ˈveɪɡrənsi/ [telb zn; vaak mv] afdwaling, uitweiding

²**va·gran·cy** /ˈveɪɡrənsi/ [niet-telb zn] landloperij, vagebondage

¹**va·grant** /ˈveɪɡrənt/ [telb zn] ① landloper, vagebond, zwerver ② dakloze ③ prostituee

²**va·grant** /ˈveɪɡrənt/, ⟨zelden⟩ **va·grom** /ˈveɪɡrəm/ [bn; bw: ~ly; zn: ~ness] ① (rond)zwervend, (rond)dolend, rondtrekkend, rondreizend ② wild groeiend, woekerend ③ afdwalend ⟨van aandacht⟩, ongestadig

¹**vague** /veɪɡ/ [telb zn] vaagheid ♦ *in the vague* in het vage, onduidelijk, niet scherp omlijnd/definitief, zonder vaste vorm

²**vague** /veɪɡ/ [bn; vergr trap: vaguer; bw: ~ly; zn: ~ness] ① vaag, onduidelijk, onbepaald ♦ *be vague about sth.* vaag zijn over/omtrent iets; *vague questions* onduidelijke vragen ② onzeker, vaag ③ onscherp, vaag

³**vague** /veɪɡ/ [bn, attr; meestal overtreffende trap] gering ♦ *I haven't the vaguest idea what you're talking about* ik heb geen flauw idee waar je het over hebt

vagu·ish /ˈveɪɡɪʃ/ [bn] vagelijk

va·gus /ˈveɪɡəs/ [telb zn; mv: vagi /ˈveɪɡaɪ/] ⟨med⟩ (nervus) vagus ⟨tiende hersenzenuw⟩, zwervende/dwalende zenuw

¹**vail** /veɪl/ [onov ww] ⟨form⟩ ① zich onderwerpen ② hulde brengen, ⟨i.h.b.⟩ het hoofd ontbloten

²**vail** /veɪl/ [ov ww] ⟨form⟩ ① neerlaten, strijken ② eerbied bewijzen aan, ⟨i.h.b.⟩ afnemen ⟨hoed⟩ ③ geven, onderwerpen

vain /veɪn/ [bn; vergr trap: vainer; zn: ~ness] ① verwaand, ijdel, zelfingenomen ♦ *vain of* trots/prat op ② zinloos, nutteloos, vruchteloos ♦ *in vain* tevergeefs ③ triviaal, leeg ④ ⟨Bijb⟩ *take God's name in vain* Gods naam ijdel gebruiken; *take s.o.'s name in vain* iemands naam ijdel gebruiken

vain·glo·ri·ous /ˌveɪnˈɡlɔːrɪəs/ [bn; bw: ~ly; zn: ~ness] ⟨form⟩ ① verwaand, ijdel ② snoevend, opschepperig, pochend

vain·glo·ry /ˌveɪnˈɡlɔːri, ᴬˈveɪnɡlɔri/ [niet-telb zn] ⟨form⟩ ① verwaandheid ② grootspraak, snoeverij, opschepperij

vain·ly /ˈveɪnli/ [bw] ① → vain ② tevergeefs, ijdel(lijk) ③ (op) verwaand(e wijze) ♦ *vainly they tried, vainly did they try* zij deden vergeefse pogingen

vair /veə, ᴬver/ [niet-telb zn] ① eekhoornvel ⟨wit met grijs⟩ ② ⟨heral⟩ vaar ⟨voering van beurtelings zilveren en azuren vakjes⟩, vair

¹**Vais·ya** /ˈvaɪsjə/ [telb zn] lid van de vaisja ⟨derde hoofdkaste⟩

²**Vais·ya** /ˈvaɪsjə/ [niet-telb zn] vaisja ⟨derde hoofdkaste bij hindoes⟩

val·ance, va·lence /ˈvæləns/ [telb zn] ① valletje, (af)hangende rand ② (meubel)damast ③ ⟨AE⟩ gordijnkap

val·anced, val·enced /ˈvælənst/ [bn] ① met een valletje ② met (meubel)damast ③ ⟨AE⟩ met een gordijnkap

vale /veɪl/ [telb zn] ⟨form⟩ ① vallei, dal ② vaarwel ♦ *vale!* Vaarwel!, vale! ③ *this vale of tears* dit tranendal

¹**val·e·dic·tion** /ˌvælɪˈdɪkʃn/ [telb zn] ⟨form⟩ afscheidswoord, afscheidsrede

²**val·e·dic·tion** /ˌvælɪˈdɪkʃn/ [niet-telb zn] ⟨form⟩ afscheid, vaarwel

val·e·dic·to·ri·an /ˌvælɪdɪkˈtɔːrɪən/ [telb zn] ⟨AE⟩ student die afscheidsrede houdt ⟨namens medeafstuderenden⟩

¹**val·e·dic·to·ry** /ˌvælɪˈdɪktri/ [telb zn] ⟨AE⟩ afscheidsrede

²**val·e·dic·to·ry** /ˌvælɪˈdɪktri/ [bn] ten afscheid, afscheids- ♦ ⟨vnl AE⟩ *valedictory speech* afscheidsrede

valence /ˈveɪləns/, ⟨BE ook⟩ **va·len·cy** /-si/ [telb + niet-telb zn] ① valentie, waardigheid ② valentiekracht, bindingskracht ⟨ook biologie, van genen⟩

valence electron [telb zn] ⟨scheik⟩ valentie-elektron

Va·len·ci·ennes /ˌvælənsiˈen, ᴬˌvɑlən-/ [niet-telb zn] valenciennes(kant)

val·en·tine /ˈvæləntaɪn/ [telb zn; ook Valentine] ① liefje ⟨gekozen op Valentijnsdag, 14 februari⟩ ② valentijnskaart ③ ⟨sl⟩ ontslagbrief

val·er·ate /ˈvæləreɪt/ [telb zn] ⟨scheik⟩ valeriaanester

¹**va·le·ri·an** /vəˈlɪərɪən, ᴬ-lɪr-/ [telb zn] ⟨plantk⟩ valeriaan ⟨genus Valeriana⟩, ⟨i.h.b.⟩ echte valeriaan ⟨V. officinalis⟩

²**va·le·ri·an** /vəˈlɪərɪən, ᴬ-lɪr-/ [niet-telb zn] ① valeriaan(wortel) ② valeriaan(tinctuur)

va·le·ric /vəˈlɪərɪk, ᴬ-lɪr-/ [bn] ⟨scheik⟩ uit valeriaan ♦ *valeric acid* valeriaanzuur, pentaanzuur

¹**val·et** /ˈvælɪt, ˈvæleɪ/ [telb zn] ① lijfknecht, (persoonlijke) bediende, lakei ② hotelbediende ③ ⟨sprw⟩ *no man is a hero to his valet* niemand is voor zijn kamerdienaar een held

²**val·et** /ˈvælɪt, ˈvæleɪ/ [onov ww] als lijfknecht/lakei dienen

³**val·et** /ˈvælɪt, ˈvæleɪ/ [ov ww] ① verzorgen ⟨als lijfknecht/lakei⟩ ② ⟨BE⟩ helemaal schoonmaken ⟨auto⟩, van binnen en van buiten schoonmaken

valet service, valeting service [telb zn] was- en strijkservice ⟨bijvoorbeeld in hotel⟩

¹**val·e·tu·di·nar·i·an** /ˌvælɪtjuːdɪˈneərɪən, ᴬ-tuːdnˈerɪən/,

val·e·tu·di·nar·y /-tjuːdɪnri, ᴬ-tuːdn·eri/ [telb zn] ① ziekelijk persoon ② hypochonder, hypochondrist

²**val·e·tu·di·nar·i·an** /ˌvælɪtjuːdɪneərɪən, ᴬ-tuːdn·erɪən/,
val·e·tu·di·nar·y /-tjuːdɪnri, ᴬ-tuːdn·eri/ [bn] ① ziekelijk, zwak van gezondheid, chronisch ziek ② hypochondrisch ③ reconvalescent, herstellend

val·e·tu·di·nar·i·an·ism /ˌvælɪtjuːdɪneərɪənɪzm, ᴬ-tuːdnər-/ [niet-telb zn] ① ziekelijkheid ② hypochondrie

val·gus /ˈvælgəs/ [telb + niet-telb zn] ⟨med⟩ valgusstand ⟨voetafwijking⟩

¹**Val·hal·la** /vælˈhælə/ [eigenn] ⟨myth⟩ Walhalla
²**Val·hal·la** /vælˈhælə/ [telb zn] ⟨fig⟩ walhalla

val·iance /ˈvælɪəns/, **val·ian·cy** /-si/ [niet-telb zn] moed, dapperheid, durf

val·iant /ˈvælɪənt/ [bn; bw: ~ly; zn: ~ness] ① moedig, dapper, heldhaftig, heroïsch ② waardevol, uitstekend

val·id /ˈvælɪd/ [bn; bw: ~ly; zn: ~ness] ① deugdelijk ⟨van argumenten e.d.⟩, verdedigbaar, steekhoudend, gegrond ② geldig ⟨van kaartje⟩ ♦ *your ticket is valid for three weeks* je kaartje is drie weken geldig ③ ⟨jur⟩ (rechts)geldig, wettig, van kracht ④ ⟨vero⟩ gezond, sterk, krachtig, goed functionerend

val·i·date /ˈvælɪdeɪt/ [ov ww] bevestigen, ratificeren, geldig verklaren, valideren, legaliseren, bekrachtigen

val·i·da·tion /ˌvælɪˈdeɪʃn/ [telb + niet-telb zn] bevestiging, geldigverklaring, ratificatie, validatie

va·lid·i·ty /vəˈlɪdəti/ [niet-telb zn] ① (rechts)geldigheid, het van-kracht-zijn ② redelijkheid ♦ *validity of an argument* redelijkheid van een argument ③ ⟨empirische wetenschappen⟩ validiteit, geldigheid ⟨van een test⟩

val·ine /ˈveɪliːn, ˈvæ-/ [niet-telb zn] ⟨scheik⟩ valine

va·lise /vəˈliːz, ᴬvəˈliːs/ [telb zn] ① ⟨AE⟩ valies, reistas ② plunjezak

Va·li·um /ˈvælɪəm/ [telb + niet-telb zn] valium

Val·kyr /ˈvælkɪə, ᴬ-kər/ [telb zn] ⟨verk: Valkyrie⟩ Walkure

Val·kyri·an /vælˈkɪərɪən, ᴬ-kɪr-/ [bn] ⟨myth⟩ m.b.t. de Walkuren

Val·kyr·ie /vælˈkɪəri, ᴬ-kɪri/ [telb zn] ⟨myth⟩ Walkure

val·lec·u·la /vəˈlekjʊlə, ᴬ-kjə-/ [telb zn; mv: valleculae /-liː/] ⟨biol⟩ plooi, groef, rimpel

val·lec·u·lar /vəˈlekjʊlə, ᴬ-kjələr/ [bn] ⟨biol⟩ m.b.t. plooien/groeven

val·lec·u·late /vəˈlekjʊlət, ᴬ-kjə-/ [bn] ⟨biol⟩ met plooien/groeven

val·ley /ˈvæli/ [telb zn] ① vallei, dal ♦ *drowned valley* verdronken vallei; ⟨aardr⟩ *hanging valley* hangend/zwevend zijdal ② stroomgebied ③ ⟨bouwk⟩ kiel ⟨inspringende hoek tussen dakvlakken⟩

val·lum /ˈvæləm/ [telb zn; mv: ook valla /ˈvælə/] wal met palissaden, bolwerk

va·lo·ni·a /vəˈloʊnɪə/ [niet-telb zn] valonea ⟨looivrucht⟩

valonia oak [telb zn] ⟨plantk⟩ valonea ⟨altijdgroene eik; Quercus aegilops⟩

val·or·i·za·tion, val·or·i·sa·tion /ˌvæləraɪˈzeɪʃn, ᴬ-rə-/ [telb + niet-telb zn] ⟨fin⟩ valorisatie

val·or·ize, val·or·ise /ˈvæləraɪz/ [ov ww] ⟨fin⟩ valoriseren, vaststellen ⟨waarde⟩

val·or·ous /ˈvælərəs/ [bn; bw: ~ly; zn: ~ness] moedig, dapper, koen, heroïsch

val·our, ⟨AE⟩ **val·or** /ˈvælə, ᴬ-ər/ [niet-telb zn] ⟨form⟩ (helden)moed, heldhaftigheid ⟨ook schertsend⟩ • ⟨sprw⟩ *discretion is the better part of valour* ± voorzichtigheid is de moeder der wijsheid

valse /væls, ᴬvɑls/ [telb zn] ⟨dans, muz⟩ wals

¹**val·u·able** /ˈvæljəbl/ [telb zn; vaak mv] kostbaarheid, kleinood, voorwerp van waarde

²**val·u·able** /ˈvæljəbl/ [bn; bw: valuably; zn: ~ness] ① waardevol, van betekenis, nuttig ♦ *valuable for/to* van waarde voor; *not valuable in money* van onschatbare waarde, onbetaalbaar ② kostbaar

¹**val·u·a·tion** /ˌvæljuˈeɪʃn/ [telb zn] ① taxatieprijs, vastgestelde waarde ♦ *at a valuation* tegen taxatieprijs ② waarde, beoordeling ♦ *set too high a valuation on s.o./sth.* iemand/iets te hoog aanslaan/schatten

²**val·u·a·tion** /ˌvæljuˈeɪʃn/ [telb + niet-telb zn] taxatie, schatting, waardebepaling, waardering

val·u·a·tor /ˈvæljʊeɪtə, ᴬ-eɪtər/ [telb zn] taxateur, schatter

¹**val·ue** /ˈvæljuː/ [telb zn] ① (gevoels)waarde, betekenis ② ⟨vaak mv⟩ maatstaf, waarde ③ ⟨muz⟩ waarde, (tijds)duur ④ ⟨techn; wetenschappelijk⟩ waarde

²**val·ue** /ˈvæljuː/ [telb + niet-telb zn] ① (gelds)waarde, valuta, prijs ♦ *value in account* waarde in rekening; *value added* toegevoegde waarde; *value same day* valuta per dezelfde dag; *decline/rise in value* in waarde verminderen/vermeerderen; *value in exchange* ruilwaarde; *get value for money* waar voor zijn geld krijgen; *be good value* zijn geld waard zijn, waar voor zijn geld zijn; (*get*) *value for money* waar voor zijn geld (krijgen); *raise/reduce the value* de waarde verhogen/verminderen; *value received* waarde genoten ⟨op wissel⟩; *set (a high) value on sth.* (veel) waarde aan iets hechten; *to the value of* ter waarde van ② nut, waarde ♦ *of great value in doing sth.* erg nuttig/waardevol bij het doen van iets ③ lichtverdeling ⟨op schilderij⟩ ♦ *out of value* te licht/donker

³**val·ue** /ˈvæljuː/ [ov ww; in bet 3 wederkerend werkwoord] ① taxeren, schatten, begroten ♦ *value at* taxeren op; *valued policy* getaxeerde polis ② waarderen, appreciëren, achten, op prijs stellen ♦ *valued friend* gewaardeerde vriend ③ zich beroemen, trots zijn, prat gaan ♦ *value o.s. on/for* zich beroemen/laten voorstaan op

val·ue-ad·ded [bn, attr] met toegevoegde waarde ♦ *value-added reseller* wederverkoper/reseller met toegevoegde waarde ⟨door extra service of iets extra's aan het product toe te voegen⟩; *value-added tax* belasting op de toegevoegde waarde, btw

val·ue-free [bn] waardevrij

value judgement [telb zn] waardeoordeel

val·ue·less /ˈvæljʊləs/ [bn; zn: ~ness] waardeloos, zonder waarde

value proposition [telb zn] toegevoegde waarde ⟨van een product⟩

val·u·er /ˈvæljʊə, ᴬ-ər/ [telb zn] taxateur

va·lu·ta /vəˈluːtə/ [niet-telb zn] ① wisselwaarde, koers ② munteenheid, geldstelsel, valuta

val·vate /ˈvælveɪt/, **valved** /ˈvælvd/ [bn; 2e variant volt deelw van valve] met kleppen

¹**valve** /vælv/ [telb zn] ① klep, afsluiter, deksel, ventiel ⟨ook muziek⟩, schuif ② klep(vlies) ⟨van hart, bloedvaten⟩ ③ ⟨BE; techn⟩ (elektronen)buis ④ ⟨BE; techn⟩ gloeikathodebuis ⑤ klep ⟨van doosvrucht⟩ ⑥ schaal, schelp ⑦ ⟨vero⟩ vleugel(deur)

²**valve** /vælv/ [ov ww] ① van kleppen voorzien ② ventileren ⟨met kleppen⟩; → valved

valve·less /ˈvælvləs/ [bn] zonder kleppen

valve trombone [telb zn] ventieltrombone

val·vu·lar /ˈvælvjʊlə, ᴬ-vjələr/ [bn] ① klepvormig ② met klep(pen) ③ m.b.t. kleppen ⟨in het bijzonder van het hart⟩, klep-, valvulair ♦ *valvular disease* ziekte van de (hart)kleppen

val·vule /ˈvælvjuːl/ [telb zn] ① klepje ② ⟨biol⟩ valvula

val·vu·li·tis /ˌvælvjʊˈlaɪtɪs, ᴬ-vjəˈlaɪtɪs/ [telb + niet-telb zn] ⟨med⟩ ontsteking van de (hart)kleppen

vam·brace /ˈvæmbreɪs/ [telb zn] ⟨gesch⟩ onderarmstuk ⟨van harnas⟩

¹**va·moose** /vəˈmuːs/, **va·mose** /vəˈmoʊs/ [onov ww] ⟨AE; inf⟩ 'm smeren, ervandoor gaan

²**va·moose** /vəˈmuːs/, **va·mose** /vəˈmoʊs/ [ov ww] ⟨AE; inf⟩ gehaast verlaten, 'm smeren uit

vamp

¹**vamp** /væmp/, ⟨in betekenis 1 ook⟩ **vam·pire** /væmpaɪə, ᴬ-ər/ [telb zn] ① ⟨inf⟩ verleidster, flirt, vamp, femme fatale ② bovenleer ③ voorschoen ④ lap(werk) ⑤ ⟨muz⟩ geïmproviseerd accompagnement ⑥ ⟨muz⟩ intro ⑦ ⟨muz⟩ tussenspel

²**vamp** /væmp/ [onov ww] ① zich gedragen als vamp ② ⟨muz⟩ accompagnement improviseren

³**vamp** /væmp/ [ov ww] ① verleiden, verlokken, inpalmen ② uitzuigen, uitbuiten ③ nieuwe voorschoen geven aan ④ accompagneren, improviseren bij ⑤ ⟨inf⟩ in elkaar draaien ⑥ ⟨gew⟩ stappen, lopen • *vamp up* in elkaar draaien, samenflansen; verzinnen ⟨smoesjes⟩; improviseren; oplappen

vamp·er /væmpə, ᴬ-ər/ [telb zn] ① (schoen)lapper, (schoen)hersteller ② ⟨muz⟩ improvisator van accompagnement

vam·pire /væmpaɪə, ᴬ-ər/ [telb zn] ① vampier ② uitzuiger ⟨figuurlijk⟩ ③ verleidster, flirt, vamp, femme fatale ④ valdeur ⟨op toneel⟩ ⑤ → **vampire bat**

vampire bat [telb zn] ⟨dierk⟩ vampier, ⟨i.h.b.⟩ gewone vampier ⟨Desmodus rotundus⟩

vam·pir·ic /væmpɪrɪk/, **vam·pir·ish** /væmpaɪərɪʃ/ [bn] vampierachtig

vam·pir·ism /væmpaɪərɪzm/ [niet-telb zn] ① vampirisme, geloof in vampiers ② uitzuigerij ⟨ook figuurlijk⟩

vam·plate /væmpleɪt/ [telb zn] ⟨gesch⟩ ijzeren handbeschermer ⟨van lans⟩

¹**van** /væn/ [telb zn] ① bestelwagen, bus(je), ⟨in samenstellingen vaak⟩ wagen, ⟨i.h.b.⟩ meubelwagen, conducteurswagen ② ⟨BE⟩ (goederen)wagon ③ ⟨BE⟩ woonwagen ⟨van zigeuners⟩ ④ ⟨form⟩ vleugel ⑤ ⟨vero⟩ wan ⟨voor kaf⟩ ⑥ ⟨vero⟩ (molen)wiek

²**van** /væn/ [niet-telb zn] ① ⟨the⟩ ⟨form⟩ voorhoede ⟨ook figuurlijk⟩, spits, pioniers • *in the van of* in de voorhoede van, aan de spits van; *lead the van* pionier(s) zijn, aan de spits staan ② ⟨BE; inf; tennis⟩ ⟨verk: advantage⟩ voordeel

³**van** /væn/ [onov ww] in een bestelwagen vervoeren

van·a·date /vænədeɪt/ [telb + niet-telb zn] ⟨scheik⟩ vanadaat

va·nad·ic /vənædɪk/ [bn] ⟨scheik⟩ met vanadium, vanadi- • *vanadic acid* vanadiumzuur

va·na·di·um /vəneɪdɪəm/ [niet-telb zn] ⟨scheik⟩ vanadium ⟨element 23⟩

va·na·dous /vænədəs, ᴬvəneɪdəs/ [bn, attr] ⟨scheik⟩ met vanadium, vanado-

Van Al·len ra·di·a·tion belt /væn ælən reɪdieɪʃn belt/, **Van Allen radiation layer, Van Allen belt, Van Allen layer** [telb zn] vanallengordel, stralingsgordel

¹**van·dal** /vændl/ [telb zn] vandaal, vernielzuchtige
²**van·dal** /vændl/ [bn] vandalistisch, vernielzuchtig
¹**Van·dal** /vændl/ [telb zn] Vandaal ⟨lid van Germaans volk⟩
²**Van·dal** /vændl/ [bn] m.b.t. de Vandalen, als/van een Vandaal

van·dal·ic /vændælɪk/ [bn] vandalistisch, vernielzuchtig

van·dal·ism /vændəlɪzm/ [niet-telb zn] vandalisme, vernielzucht

van·dal·ize, van·dal·ise /vændəlaɪz/ [ov ww] plunderen, vernielen, schenden

van·dyke /vændaɪk/ [telb zn] ① punt ⟨van kant e.d.⟩ ② (diep ingesneden) puntkraag

Van·dyke /vændaɪk/ [bn] als op de schilderijen van Van Dijck, Van Dijck- • *Vandyke beard* puntbaardje; *Vandyke brown* grijsbruin

vane /veɪn/ [telb zn] ① vin, blad, schoep ⟨van schroef⟩, vleugel ② molenwiek ③ wimpel, vaan(tje) ④ windwijzer, weerhaantje, (wind)vaan ⑤ vizier, korrel, diopter ⑥ vlag ⟨van veer⟩, baard

vaned /veɪnd/ [bn] met bladen/vinnen/schoepen

va·nes·sa /vənesə/ [telb zn] ⟨dierk⟩ ① schoenlapper ⟨vlinder; familie Nymphalidae⟩ ② admiraal ⟨Vanessa atalanta⟩ ③ distelvlinder ⟨Vanessa cardui⟩

vang /væŋ/ [telb zn] ⟨scheepv⟩ pardoen, topreep

¹**van·guard** /væŋɡɑːd, ᴬ-ɡɑrd/ [niet-telb zn; the] voorhoede ⟨ook figuurlijk⟩, spits, avant-garde • *be in the vanguard* in de voorhoede/voorop zijn, pionier(s)/leider(s) zijn

²**van·guard** /væŋɡɑːd, ᴬ-ɡɑrd/ [verzamelnaam] vooruitgeschoven troep(en)

¹**va·nil·la** /vənɪlə/, **va·nille** /vəniː/ [telb zn] ① ⟨plantk⟩ vanille(plant) ⟨genus Vanilla⟩ ② → **vanilla bean**

²**va·nil·la** /vənɪlə/, **va·nille** /vəniː/ [niet-telb zn] vanille, vanille-extract

³**va·nil·la** /vənɪlə/ [bn] doorsnee, gewoont(jes), alledaags, dertien in een dozijn, basis-, standaard, zonder franje • *plain vanilla couples* doodgewone doorsneestelletjes; *plain vanilla model* basismodel

vanilla bean, vanilla pod [telb zn] vanille(vrucht), vanillepeul

vanilla fudge [niet-telb zn] ± vanilleborstplaat

va·nil·lin /vənɪlɪn, vænɪlɪn/ [niet-telb zn] ⟨scheik⟩ vanilline

¹**van·ish** /vænɪʃ/ [onov ww] ① (plotseling) verdwijnen • *vanish from sight* uit het gezicht/oog verdwijnen ② (langzaam) vervagen, wegsterven ③ ophouden te bestaan ④ ⟨wisk⟩ naar nul naderen, nul worden

²**van·ish** /vænɪʃ/ [ov ww] doen verdwijnen

vanishing act, vanishing trick [telb zn] grote verdwijntruc • *do a vanishing act with sth.* iets wegtoveren/snel wegmoffelen

van·ish·ing cream [niet-telb zn] ± dagcrème ⟨die goed intrekt⟩

van·ish·ing point [telb + niet-telb zn; vaak enk] ① verdwijnpunt, vluchtpunt ② punt waarop iets ophoudt (te bestaan), einde • *cut down a disease to the vanishing point* ervoor zorgen dat een ziekte vrijwel niet meer voorkomt

¹**van·i·ty** /vænəti/ [telb zn] ① futiliteit, bagatel ② prul, snuisterij ③ ⟨AE⟩ kaptafel, toilettafel

²**van·i·ty** /vænəti/ [telb + niet-telb zn] ① ijdelheid, pronkzucht, verbeelding, verwaandheid • *injured vanity* gekrenkte ijdelheid; *tickle s.o.'s vanity* iemands eigenliefde strelen ② leegheid, vruchteloosheid

vanity bag, vanity case [telb zn] damestasje ⟨met make-upspullen⟩, beautycase, make-upkoffertje, toilettas

Vanity Fair [niet-telb zn] kermis der ijdelheid ⟨naar Bunyans Pilgrim's Progress⟩

vanity plate [telb zn] ⟨AE⟩ gepersonaliseerd(e) nummerbord/nummerplaat

vanity press [niet-telb zn] uitgeverij die boeken uitgeeft op kosten van de auteurs

vanity table [telb zn] ⟨AE⟩ kaptafel, toilettafel

van·i·ty u·nit /vænətijuːnɪt/, **Van·i·to·ry u·nit** /vænɪtɔːriːnɪt, ᴬvænətɔriːnɪt/ [telb zn] ingebouwde wastafel

vanity wall [telb zn] muur met diploma's, getuigschriften enz. ⟨bijvoorbeeld bij arts⟩

van·man /vænmən/, **van·ner** /vænə, ᴬ-ər/ [telb zn; mv: vanmen /-mən/] bestelwagenchauffeur

van·quish /væŋkwɪʃ/ [ov ww] ⟨form⟩ overwinnen ⟨ook figuurlijk⟩, verslaan, bedwingen

van·quish·a·ble /væŋkwɪʃəbl/ [bn] ⟨form⟩ te verslaan, te overwinnen

van·quish·er /væŋkwɪʃə, ᴬ-ər/ [telb zn] ⟨form⟩ overwinnaar, veroveraar

van·tage /vɑːntɪdʒ, ᴬvæntɪdʒ/ [niet-telb zn] voordeel ⟨in het bijzonder tennis⟩, voorsprong

vantage point, vantage ground [telb + niet-telb zn] voordeel(positie), gunstige ligging/waarnemingspost, geschikt (uitkijk)punt, voorsprong

Va·nu·a·tu /vænuɑːtuː, ᴬvɑnuː-/ [eigenn] Vanuatu ⟨repu-

vap·id /væpɪd/ [bn; bw: ~ly; zn: ~ness] [1] smakeloos, verschaald, ⟨bier⟩ laf [2] geestloos, saai, duf, flauw
¹**va·pid·i·ty** /vəpɪdəti/ [telb zn; vaak mv] geestloze opmerking
²**va·pid·i·ty** /vəpɪdəti/ [niet-telb zn] [1] smakeloosheid [2] geestloosheid
vapor → vapour
va·por·a·bil·i·ty /veɪprəbɪləti/ [niet-telb zn] verdampingsvermogen
va·por·a·ble /veɪprəbl/, **va·por·iz·a·ble**, **va·por·is·a·ble** /veɪpəraɪzəbl/ [bn] vluchtig
va·por·if·ic /veɪpərɪfɪk/ [bn] [1] dampend, dampvormig [2] dampachtig
va·por·i·form /veɪprɪfɔːm, ᴬ-fɔrm/ [bn] dampvormig
va·por·im·e·ter /veɪpərɪmɪtə, ᴬ-mɪtər/ [telb zn] verdampingsmeter, evaporimeter, atmometer
va·por·ish /veɪpərɪʃ/ [bn] damp(acht)ig, nevelig
va·por·i·za·tion, va·por·i·sa·tion /veɪpəraɪzeɪʃn, ᴬ-pərə-/ [telb + niet-telb zn] verdamping, vaporisatie
¹**va·por·ize, va·por·ise** /veɪpəraɪz/ [onov ww] verdampen
²**va·por·ize, va·por·ise** /veɪpəraɪz/ [ov ww] [1] laten verdampen, vaporiseren [2] verstuiven, besproeien
va·por·iz·er, va·por·is·er /veɪpəraɪzə, ᴬ-ər/ [telb zn] verstuiver, vaporisator
va·por·os·i·ty /veɪpərɒsəti, ᴬ-rɑsəti/ [niet-telb zn] [1] dampigheid [2] hoogdravendheid, opgeblazenheid
va·por·ous, ⟨BE ook⟩ **va·pour·ous** /veɪp(ə)rəs/, **va·por·y**, ⟨BE ook⟩ **va·pour·y** /veɪp(ə)ri/ [bn; zn: vapo(u)rousness] [1] dampig, vluchtig [2] dampvormig, mistig [3] hoogdravend, opgeblazen [4] ⟨vero⟩ vaag, ijl, etherisch
¹**va·pour**, ⟨AE⟩ **va·por** /veɪpə, ᴬ-ər/ [telb + niet-telb zn] (geneeskrachtige) damp
²**va·pour**, ⟨AE⟩ **va·por** /veɪpə, ᴬ-ər/ [niet-telb zn] ⟨natuurk, techn⟩ stoom, damp, wasem, mist
³**va·pour**, ⟨AE⟩ **va·por** /veɪpə, ᴬ-ər/ [onov ww] [1] verdampen [2] bluffen, opsnijden; → vapouring
⁴**va·pour**, ⟨AE⟩ **va·por** /veɪpə, ᴬ-ər/ [ov ww] doen verdampen ♦ *vapour away* verdampen; → vapouring
vapour density [telb + niet-telb zn] ⟨natuurk⟩ dampdichtheid
va·pour·er, ⟨AE⟩ **va·por·er** /veɪp(ə)rə, ᴬ-ər/ [telb zn] pocher, snoever, grootspreker
vapourer moth [telb zn] ⟨dierk⟩ witvlakvlinder ⟨Orgyia antiqua⟩
¹**va·pour·ing**, ⟨AE⟩ **va·por·ing** /veɪp(ə)rɪŋ/ [telb zn]; oorspronkelijk tegenwoordig deelw van vapo(u)r] opsnijderij, holle frasen
²**va·pour·ing**, ⟨AE⟩ **va·por·ing** /veɪp(ə)rɪŋ/ [bn; tegenwoordig deelw van vapo(u)r; bw: ~ly] blufferig, opsnijdend
vapour lock [telb zn] ⟨techn⟩ gasslot, dampverstopping
vapour pressure [telb + niet-telb zn] ⟨natuurk⟩ dampspanning
va·pours, ⟨AE⟩ **va·pors** /veɪpəz, ᴬ-ərz/ [alleen mv; the] ⟨vero⟩ [1] vapeurs ⟨ook schertsend⟩, opvliegers [2] zwaarmoedigheid, depressie
vapour trail [telb zn] condensatiestreep, condensatiespoor
va·pour·ware [niet-telb zn] ⟨scherts⟩ vapourware ⟨aangekondigd, maar nog niet of nooit op de markt gebracht product⟩, wishware, brochureware
va·que·ro /vækeəroʊ, ᴬvɑkeroʊ/ [telb zn] (Mexicaanse) cowboy, veedrijver, vaquero
var [afk] [1] (variant) [2] (variety)
VAR [telb zn] (value-added reseller) VAR ⟨wederverkoper/reseller met toegevoegde waarde⟩
va·rac·tor /vəræktə, ᴬ-ər/ [telb zn] ⟨elek, natuurk⟩ diode met variabele capaciteit

varicosity

va·ran /væræn/ [telb zn] ⟨dierk⟩ varaan ⟨soort hagedis; genus Varanus⟩
Va·ran·gi·an /vərændʒən/ [telb zn] Warang, Varang
Varangian guard [telb zn] lijfwacht ⟨van de Byzantijnse keizer⟩
var·ec /værek/ [niet-telb zn] kelp, varech, kelpsoda, wiersoda
var·i·a·bil·i·ty /veəriəbɪləti, ᴬveriəbɪləti/ [niet-telb zn] [1] veranderlijkheid, variabelheid, variabiliteit [2] onbestendigheid, ongedurigheid
¹**var·i·a·ble** /veəriəbl, ᴬver-/ [telb zn] [1] variabele (grootheid) [2] variabele waarde [3] veranderlijke ster, variabele [4] ⟨scheepv⟩ veranderlijke/wisselende wind
²**var·i·a·ble** /veəriəbl, ᴬver-/ [bn; bw: variably; zn: ~ness] veranderlijk, variabel, wisselend, schommelend, onbestendig, regelbaar ♦ *variable cost* variabele kosten
var·i·a·bles /veəriəblz, ᴬver-/ [alleen mv] streek der variabele winden
var·i·ance /veəriəns, ᴬver-/ [telb + niet-telb zn] [1] onenigheid, verschil van mening, geschil ♦ *be at variance* het oneens zijn; gebrouilleerd zijn; *set (people) at variance* (mensen) tegen elkaar opzetten, een breuk veroorzaken tussen (mensen) [2] verschil, afwijking ♦ *at variance with* in strijd met; in tegenspraak met [3] ⟨jur⟩ tegenspraak, geschil [4] ⟨stat⟩ variantie
¹**var·i·ant** /veəriənt, ᴬver-/ [telb zn] variant, afwijkende vorm/spelling/lezing
²**var·i·ant** /veəriənt, ᴬver-/ [bn] [1] verschillend, afwijkend, alternatief [2] wisselend, veranderlijk
var·i·ate /veəriet, ᴬveri-/ [telb zn] [1] ⟨stat⟩ (waarde van) kansvariabele [2] variabele
¹**var·i·a·tion** /veərieɪʃn, ᴬveri-/ [telb zn] [1] ⟨ballet⟩ solodans [2] ⟨muz⟩ variatie ♦ *variations on a theme* variaties op een thema
²**var·i·a·tion** /veərieɪʃn, ᴬveri-/ [telb + niet-telb zn] [1] variatie, (af)wisseling, verandering, afwijking, verscheidenheid ♦ ⟨biol⟩ *anatomical variation(s)* anatomische verandering(en); *a five per cent variation of the budget* een afwijking van vijf procent van de begroting; ⟨wisk⟩ *calculus of variation* variatierekening; *(a) variation in intelligence/kindness* (een) verscheidenheid in intelligentie/vriendelijkheid; *the variation of the landscape* de afwisseling van het landschap; *variation is very common among this sort of monkey* afwijking (van de soortkarakteristieken) is heel gewoon onder dit soort apen; *variation is an interesting phenomenon* organismeverandering is een interessant verschijnsel; *a survey of variation in voting behaviour* een onderzoek naar het variëren van het stemgedrag; ⟨biol⟩ *this is a variation of the same vulture* dit is een afwijking/variant van dezelfde gier [2] miswijzing ⟨van kompasnaald⟩
var·i·a·tion·al /veərieɪʃnəl, ᴬveri-/ [bn] m.b.t. variatie, met verandering/afwisseling, afwijkend
var·i·cel·la /værɪselə/ [telb + niet-telb zn] ⟨med⟩ waterpokken, valse pokken, pseudovariola, varicellen
var·i·cel·lar /værɪselə, ᴬ-ər/ [bn] ⟨med⟩ m.b.t. waterpokken, varicellen-, met/door waterpokken
var·i·ces /værɪsiːz/ [alleen mv] → varix
var·i·co·cele /værɪkəsiːl/ [telb + niet-telb zn] ⟨med⟩ spataderbreuk, zakaderbreuk, gezwel aan zaadstrengaderen, varicocele
var·i·col·oured, ⟨AE⟩ **var·i·col·ored** /veərikʌləd, ᴬverikʌlərd/ [bn] veelkleurig, met een variatie aan kleuren, bont(gekleurd)
var·i·cose /værɪkoʊs/ [bn] varikeus, m.b.t. spataderen, gezwollen, spataderig
varicose vein [telb zn; voornamelijk mv] spatader
¹**var·i·cos·i·ty** /værɪkɒsəti, ᴬ-kɑsəti/ [telb zn] spatader, varix, blauwscheut
²**var·i·cos·i·ty** /værɪkɒsəti, ᴬ-kɑsəti/ [telb + niet-telb zn] ⟨med⟩ spataderziekte

varicosity

³**var·i·cos·i·ty** /ˌværɪˈkɒsəti, ˄-ˈkɑsəti/ [niet-telb zn] ⟨med⟩ varicose, aanwezigheid van spataderen

var·ied /ˈveərid, ˄ˈverid/ [bn; volt deelw van vary; bw: ~ly] 1 **gevarieerd**, variatie vertonend, uiteenlopend, afwisselend, veelsoortig, (snel) veranderend, verscheiden ♦ *varied conclusions about this information* uiteenlopende conclusies over deze inlichtingen; *a varied job* een afwisselende baan; *her style of dressing is varied* zij kleedt zich gevarieerd 2 **veelkleurig**, bont

var·i·e·gate /ˈveəriəɡeɪt, ˄ˈver-/ [ov ww] 1 **(bont) schakeren**, kleurverschillen aanbrengen op, fel kleuren, kleurige vlekken/strepen maken op 2 **doen variëren**, variatie aanbrengen in, verschillend maken, doen uiteenlopen/afwisselen; → **variegated**

var·i·e·gat·ed /ˈveəriəɡeɪtɪd, ˄ˈveriəɡeɪtɪd/ [bn; volt deelw van variegate] 1 **(onregelmatig) gekleurd,** met bont kleurpatroon, gespikkeld, druk gestreept/gevlekt, bont geschakeerd ♦ *a variegated flower* een gevlekte/meerkleurige bloem; *a variegated leaf* een meerkleurig blad 2 **gevarieerd**, uiteenlopend

var·i·e·ga·tion /ˌveəriəˈɡeɪʃn, ˄ˌver-/ [niet-telb zn] 1 **(kleur)schakering** ⟨bijvoorbeeld van plant⟩, (onregelmatig) kleurpatroon, felle kleuring 2 **gevarieerdheid,** verscheidenheid

¹**var·i·e·tal** /vəˈraɪətl/ [telb zn] **variëteit,** soort

²**var·i·e·tal** /vəˈraɪətl/ [bn; bw: ~ly] m.b.t. biologische variatie/variëteit, variëteits-

¹**va·ri·e·ty** /vəˈraɪəti/ [telb zn] 1 ⟨enkelvoud⟩ **verscheidenheid,** uiteenlopende reeks, assortiment, te onderscheiden veelheid, variatie ♦ *they gave a variety of details in their description* ze gaven allerlei details in hun beschrijving 2 ⟨benaming voor⟩ **variëteit** ⟨voornamelijk biologie⟩, verscheidenheid, ras, (onder)soort ♦ *try to cultivate a new variety of freesia* een nieuw fresiaras proberen te kweken 3 **verschillend exemplaar (in grote groep),** soort ♦ *newly discovered varieties of Gothic manuscripts* pas ontdekte variëteiten van Gotische manuscripten; *some varieties of racket sports* enkele soorten racketsporten

²**va·ri·e·ty** /vəˈraɪəti/ [niet-telb zn] 1 **afwisseling,** variatie, verscheidenheid, (snelle) verandering, veelzijdigheid ♦ *our conversation was full of variety* ons gesprek was zeer afwisselend; *the food doesn't show much variety* het eten is niet erg gevarieerd; *man needs some variety now and then* de mens heeft af en toe wat afwisseling nodig 2 **variété,** musichall, vaudeville ⟨?⟩ ⟨spw⟩ *variety is the spice of life* verandering van spijs doet eten

variety artist [telb zn] **variétéartiest**

variety entertainment [telb + niet-telb zn] **variété,** variétéprogramma, variétévoorstelling

variety meat [niet-telb zn] ⟨AE⟩ **afvalvlees,** worstvlees, industrievlees, orgaanvlees

variety show [telb zn] **programma, voorstelling,** variétéprogramma, variétévoorstelling

variety store, variety shop [telb zn] ⟨AE⟩ **bazaar,** winkel voor allerlei (kleine) artikelen

var·i·form /ˈveərɪfɔːm, ˄ˈverɪfɔrm/ [bn] ⟨form⟩ **veelvormig,** met verscheidene/uiteenlopende vormen, van verschillende vorm ♦ *variform trees* bomen van uiteenlopende vormen

va·ri·o·la /vəˈraɪələ/ [telb + niet-telb zn] ⟨med⟩ **pokken,** pokziekte, variola

va·ri·o·lar /vəˈraɪələ, ˄-ər/, **va·ri·o·lous** /-ləs/ [bn] ⟨med⟩ **pokken-,** van/m.b.t./door pokken, met variola

va·ri·o·late /ˈveərɪəleɪt, ˄ˈverɪə-/ [ov ww] **(tegen de pokken) inenten**

va·ri·o·la·tion /ˌveərɪəˈleɪʃn, ˄ˌverɪə-/, **va·ri·o·li·za·tion, va·ri·o·li·sa·tion** /-laɪˈzeɪʃn, ˄-ləˈzeɪʃn/ [telb + niet-telb zn] ⟨med⟩ **inenting (tegen de pokken)**

var·i·o·lite /ˈveərɪəlaɪt, ˄ˈver-/ [niet-telb zn] **varioliet** ⟨steensoort⟩

var·i·o·loid /ˈveərɪələɪd, ˄ˈver-/ [telb + niet-telb zn] ⟨med⟩ **varioloïs** ⟨lichte vorm van pokken⟩

var·i·om·e·ter /ˌveərɪˈɒmɪtə, ˄ˌverɪˈɑmɪtər/ [telb zn] ⟨luchtv⟩ **variometer,** stijgsnelheidsmeter

var·i·o·rum /ˌveərɪˈɔːrəm, ˄ˌverɪˈɔrəm/, **variorum edition** [telb zn] 1 **geannoteerde uitgave,** uitgave met uitleg/commentaar 2 **variantenuitgave,** uitgave van verschillende versies van een tekst

var·i·ous /ˈveəriəs, ˄ˈver-/ [bn; bw: ~ly; zn: ~ness] 1 **gevarieerd,** veelsoortig, uiteenlopend, verschillend (van soort), veelzijdig ♦ *their various social backgrounds* hun uiteenlopende/verschillende sociale achtergrond; *her fortune has been variously estimated at between $50 and $80 m* de schattingen van haar fortuin lopen uiteen van 50 tot 80 miljoen dollar; *various rolls* allerlei broodjes 2 **verscheiden,** meer dan een, talrijk, divers ♦ *he mentioned various reasons* hij noemde diverse redenen

var·ix /ˈveərɪks, ˄ˈvær-/ [telb zn; mv: varices /ˈværɪsiːz/] 1 ⟨med⟩ **spatader** 2 **spiraalrichel** ⟨op schelp⟩

var·let /ˈvɑːlɪt, ˄ˈvɑr-/ [telb zn] 1 ⟨gesch⟩ **page,** ridderdienaar 2 ⟨vero⟩ **bediende,** lakei, huisknecht 3 ⟨vero⟩ **schurk,** boef

var·let·ry /ˈvɑːlɪtri, ˄ˈvɑr-/ [niet-telb zn] ⟨vero⟩ 1 **(ongeregeld) bediendepersoneel** 2 **gespuis,** gepeupel, geboefte, canaille, ongeregeld(e) goed/troep

var·mint, var·ment /ˈvɑːmɪnt, ˄ˈvɑr-/ [telb zn; mv: ook varmint] ⟨gew of inf⟩ 1 **(stuk) ongedierte,** schadelijk dier ♦ *the fox is sometimes called varmint* de vos wordt soms ongedierte genoemd 2 ⟨scherts⟩ **rekel,** schelm

var·na /ˈvɑːnə, ˄ˈvɑrnə/ [telb zn] **varna** ⟨hindoekaste⟩

¹**var·nish** /ˈvɑːnɪʃ, ˄ˈvɑr-/ [telb + niet-telb zn] 1 **vernis,** lak, vernislaag(je), laklaag(je), ⟨fig⟩ buitenkant, uiterlijk vertoon, schone schijn, glans ♦ *a varnish of civilization* een vernisje/dun laagje beschaving; *under a varnish of conventionality* onder een masker/uiterlijk van conventionaliteit 2 ⟨vnl BE⟩ **nagellak** 3 ⟨sl⟩ **sneltrein**

²**var·nish** /ˈvɑːnɪʃ, ˄ˈvɑr-/ [ov ww] **vernissen,** lakken, met een vernislaagje bedekken, een laklaagje aanbrengen op, ⟨fig⟩ mooier voorstellen, verbloemen ♦ *varnish your nails* je nagels lakken; *you must varnish over the table* je moet de tafel vernissen; *she tried to varnish over his misbehaviour* ze probeerde zijn wangedrag te verbloemen; *he tried to varnish over the role he played in the war* hij probeerde de rol die hij in de oorlog speelde mooier voor te stellen; *varnished paper* gelakt papier

varnish remover [telb zn] ⟨sl⟩ 1 **bocht,** slechte whisky 2 **sterke koffie**

¹**var·si·ty** /ˈvɑːsəti, ˄ˈvɑrsəti/ [telb zn] 1 ⟨vero; vnl BE; inf⟩ **universiteit** ⟨voornamelijk Oxford en Cambridge⟩ 2 ⟨verk: Varsity match⟩

²**var·si·ty** /ˈvɑːsəti, ˄ˈvɑrsəti/ [verzamelp] ⟨AE; vnl sport⟩ **universiteitsteam,** studentenploeg

varsity match [telb zn; vaak Varsity match] ⟨BE⟩ **wedstrijd tussen de universiteiten van Oxford en Cambridge**

var·so·vienne /ˌvɑːsouˈvien, ˄ˌvɑr-/, **var·so·vi·a·na** /-viˈɑːnə/ [telb zn] ⟨dans⟩ **varsovienne** ⟨soort polka⟩

var·us /ˈveərəs, ˄ˈværəs/ [telb + niet-telb zn] ⟨med⟩ **horrelvoet,** klompvoet, varusstand (van de voet)

varve /vɑːv, ˄ˈvɑrv/ [telb zn] ⟨geol⟩ **varve,** fluvioglaciaal jaarlaagje, (jaarlijks afgezette) bezinksellaag

var·y /ˈveəri, ˄ˈveri/ [onov + ov ww] **variëren, (doen) veranderen/afwisselen,** variatie (aan)brengen (in), variaties maken op, (zich) wijzigen, van elkaar (doen) verschillen, uiteenlopen(d maken), afwijken ♦ *his trips vary in duration between 3 and 7 days* zijn uitstapjes duren tussen de 3 en 7 dagen; *you may vary your expenses between £20 and £50 a day* je mag tussen de 20 en 50 pond uitgeven/onkosten maken per dag; *their expectations of the marriage varied too much* hun verwachtingen van het huwelijk liepen te zeer uiteen; *vary from the mean* afwijken van het gemiddelde; *temperatures vary from* 12° *to* 20° de temperatuur varieert van 12 tot 20 graden; *he hardly ever varies his eating habits* hij varieert zijn eetgewoonten bijna nooit; *his moods vary incredibly* zijn stemmingen zijn ongelofelijk veranderlijk; *opinions vary on this* de meningen hierover lopen uiteen/zijn verdeeld; *varying society* veranderende maatschappij; *you must vary your style of writing a little bit* je moet een beetje afwisseling in je schrijfstijl aanbrengen; *with varying success* met afwisselend succes; *vary with* variëren met; afhankelijk zijn van • *vary (directly) as* recht evenredig zijn met; *vary inversely as* omgekeerd evenredig zijn met

vas /væs/ [telb zn; mv: vasa /veɪsə/] ⟨anat⟩ vat, vas, (afvoer)leiding, kanaal, buis ⟨in dierlijk/plantaardig lichaam⟩

vas·cu·lar /væskjʊlə, ᴬ-kjələr/ [bn; bw: ~ly] ① ⟨biol⟩ vasculair, van/met/door (bloed)vaten, met kanalen, vaatrijk • *vascular bundle* vaatbundel ⟨van plant⟩; *vascular plant* vaatplant; *vascular system* vaatstelsel; *vascular tissue* vaatweefsel ② bezield, energiek, vurig, hartstochtelijk

vas·cu·lar·i·ty /væskjʊlærəti, ᴬ-kjəlærəti/ [niet-telb zn] ⟨biol⟩ vatenrijkdom, het vasculair-zijn

vas·cu·lum /væskjʊləm, ᴬ-kjə-/ [telb zn; mv: vascula /-lə/] botaniseerbus, botaniseertrommel

vas def·er·ens /væs defərenz/ [telb zn; mv: vasa deferentia /veɪsə defərenʃə/] ⟨anat⟩ vas deferens, zaadleider, zaadbalbuis

vase /vɑːz, ᴬveɪs/ [telb zn] vaas

va·sec·to·my /vəsektəmi/ [telb + niet-telb zn] ⟨med⟩ vasectomie ⟨operatieve⟩ verwijdering van zaadleider⟩

¹**vas·e·line** /væsliːn, -lɪn/ [niet-telb zn; ook Vaseline] vaseline

²**vas·e·line** /væsliːn, -lɪn/ [ov ww] met vaseline insmeren, vaseline aanbrengen op

vas·i·form /veɪzɪfɔːm, ᴬveɪsɪfɔrm/ [bn] ① buisvormig ② vaasvormig

va·so- /veɪzoʊ, veɪsoʊ/, **vas-** /væs/ vaso-, vaat-, (bloed)vat- • *vasoconstriction* vasoconstrictie

va·so·con·stric·tion /veɪzoʊkənstrɪkʃn, veɪsoʊ-/ [telb + niet-telb zn] vasoconstrictie, vaatvernauwing

va·so·con·stric·tor /veɪzoʊkənstrɪktə, veɪsoʊkənstrɪktə, ᴬveɪzoʊkənstrɪktər, ᴬveɪsoʊkənstrɪktər/ [telb zn] ⟨med⟩ vasoconstrictor ⟨zenuw of stof met vaatvernauwende werking⟩

va·so·dil·a·tion /veɪzoʊdaɪleɪʃn, veɪsoʊdaɪleɪʃn/, **va·so·di·la·ta·tion** /veɪzoʊdaɪlətaɪʃn, veɪsoʊdaɪlətaɪʃn/ [telb + niet-telb zn] vasodilatatie, vaatverwijding

va·so·di·la·tor /veɪzoʊdaɪleɪtə, veɪsoʊdaɪleɪtə, ᴬveɪzoʊdaɪleɪtər, ᴬveɪsoʊdaɪleɪtər/ [telb zn] ⟨med⟩ vasodilatator ⟨zenuw of stof met vaatverwijdende werking⟩

va·so·mo·tor /veɪzoʊmoʊtə, veɪsoʊmoʊtə, ᴬ-moʊtər/ [bn] vasomotorisch, van/m.b.t. vaatverwijding/vaatvernauwing • *vasomotor nerve* vasomotor, vasomotorische zenuw

va·so·pres·sin /veɪzoʊkpresɪn, veɪsoʊpresɪn/ [telb + niet-telb zn] vasopressine, antidiuretisch hormoon

vas·sal /væsl/ [telb zn] vazal, leenman, (feodale) onderdaan, ⟨fig⟩ ondergeschikte, afhankelijke, slaaf

vas·sal·age /væslɪdʒ/ [niet-telb zn] ① vazalliteit, vazallenplicht, vazallentrouw, verhouding van vazal tot heer ② leenmanschap ③ ondergeschiktheid, onderdanigheid, afhankelijkheid ④ vazallenstand, de vazallen ⑤ leen

vassal state [telb zn] vazalstaat, leenstaat, afhankelijke staat, satellietstaat

¹**vast** /vɑːst, ᴬvæst/ [bn] ⟨form⟩ (enorme) vlakte, uitgestrekte ruimte, immense oppervlakte • *the vasts of the sky* de onmetelijke luchten, de uitgestrektheid van de hemel

²**vast** /vɑːst, ᴬvæst/ [bn; vergr trap: vaster; bw: ~ly; zn: ~ness] enorm (groot), geweldig, onmetelijk, zeer uitgestrekt, groots, reusachtig • *a vast auditorium* een kolossale aula; *a vast country* een immens land; *vastly exaggerated* verschrikkelijk overdreven; *his vast expenses* zijn geweldig grote uitgaven; *to be vastly grateful* geweldig/bijzonder dankbaar zijn; *prices have vastly increased since last year* de prijzen zijn ontzettend gestegen sinds vorig jaar; *her vast pride* haar enorme trots; *a vast task* een veelomvattende taak, een reusachtig karwei

¹**vat** /væt/ [telb zn] ① vat, ton, kuip, fust ② verfkuip ③ looikuip ④ kuipkleurstof, indigo

²**vat** /væt/ [ov ww] ① in een vat stoppen ② in een kuip bewerken

VAT /viːeɪtiː, væt/ [niet-telb zn] (value-added tax) btw

vat·ic /vætɪk/, **vat·i·cal** /-ɪkl/ [bn] profetisch, voorspellend

¹**Vat·i·can** /vætɪkən/ [eigenn, verzamelin; the] Vaticaan, pauselijke stoel/autoriteit/regering

²**Vat·i·can** /vætɪkən/ [bn] Vaticaans, van/m.b.t./in het Vaticaan, pauselijk • *the Vatican Council* het Vaticaans concilie; *a Vatican decree* een Vaticaans/pauselijk besluit

Vatican City [eigenn] Vaticaanstad

Vat·i·can·ism /vætɪkənɪzm/ [niet-telb zn] ⟨vaak pej⟩ pauselijk gezag, pauselijk beleid

va·tic·i·nate /vətɪsɪneɪt/ [onov + ov ww] profeteren, voorspellen, voorzeggen

va·tic·i·na·tion /vətɪsɪneɪʃn/ [telb + niet-telb zn] profetie, voorspelling, het profeteren/voorspellen

va·tic·i·na·tor /vətɪsɪneɪtə, ᴬ-neɪtər/ [telb zn] profeet, ziener, voorspeller

vaude·ville /vɔːdəvɪl/, ⟨inf⟩ **vaude** /vɔːd/ [telb + niet-telb zn] ① vaudeville ⟨muzikaal blijspel⟩ ② vaudeville ⟨gezang met refrein⟩ ③ ⟨vnl AE⟩ variété⟨voorstelling⟩

¹**Vau·dois** /voʊdwɑː/ [eigenn] dialect van Vaud ⟨Zwitsers kanton⟩

²**Vau·dois** /voʊdwɑː/ [telb zn; mv: Vaudois /-dwɑːz/] inwoner van Vaud

³**Vau·dois** /voʊdwɑː/ [alleen mv] waldenzen ⟨godsdienstige sekte⟩

⁴**Vau·dois** /voʊdwɑː/ [bn] ① van/m.b.t. Vaud ② waldenzisch, van/m.b.t. de waldenzen

¹**vault** /vɔːlt/ [telb zn] ① gewelf, overwelfsel, verwelf(sel), verwulf(sel), boog • *the vault of the church* het gewelf van de kerk; ⟨form⟩ *the vaults of heaven* het hemelgewelf, de lucht ② gewelf, (gewelfde) grafkelder/wijnkelder/opslagplaats/kerker ③ welving ⟨van voet enz.⟩ ④ (bank)kluis, (ondergrondse) bewaarplaats, opbergplaats, safe • *the vaults were not even locked* de kluizen zaten niet eens op slot ⑤ sprong ⟨met stok/handensteun⟩, ⟨atl⟩ polsstok-(hoog)sprong • *a vault into the saddle* een sprong in het zadel; *a vault onto a horse* een sprong te paard

²**vault** /vɔːlt/ [onov ww] ⟨ook fig⟩ springen, een sprong maken ⟨met stok/handensteun⟩, ⟨atl⟩ polsstokhoogsprong maken • *vault onto a horse* te paard springen; *vault over a hedge* over een heg springen (met een stok); → **vaulted, vaulting**

³**vault** /vɔːlt/ [ov ww] ① springen over ② (over)welven, overkluizen, overspannen, van bogen voorzien, in de vorm van een gewelf bouwen; → **vaulted, vaulting**

vault·ed /vɔːltɪd/ [bn; volt deelw van vault] boog-, gewelfd • *vaulted bridge* boogbrug

vault·er /vɔːltə, ᴬ-ər/ [telb zn] ⟨atl⟩ (polsstokhoog)springer

¹**vault·ing** /vɔːltɪŋ/ [niet-telb zn; gerund van vault] ① gewelven, overwelfsel, gewelf ② het welven, het bouwen van gewelven ③ ⟨gymn⟩ (het paard)springen

²**vault·ing** /vɔːltɪŋ/ [bn; oorspronkelijk tegenwoordig deelw van vault] ⟨vnl form⟩ zeer hoog gegrepen, zeer groot, overdreven • *his vaulting ambition* zijn grenzeloze ambitie

vaulting box

vaulting box [telb zn] ⟨gymn⟩ springkast
vaulting horse [telb zn] ⟨gymn⟩ springpaard, lange springbok
¹**vaunt** /vɔːnt/ [telb zn] ⟨form⟩ snoeverij, opschepperij, grootdoenerij, grootspraak, gebluf ♦ *do not listen to his vaunts* luister niet naar zijn opschepperij
²**vaunt** /vɔːnt/ [onov ww] ⟨form⟩ opscheppen, bluffen, pochen, snoeven ♦ *vaunt of/about one's job* opscheppen over zijn baan, hoog opgeven van zijn baan
³**vaunt** /vɔːnt/ [ov ww] ⟨form⟩ opscheppen over, zich beroemen/snoeven op
vaunt·cour·i·er [telb zn] ⟨vero⟩ 1 voorbode, (vooruitgestuurde) boodschapper 2 verkenner ⟨in leger⟩
vaunt·er /vɔːntə, ᴬvɔːntər/ [telb zn] ⟨form⟩ opschepper, bluffer, grootspreker, pocher
vaunt·ing·ly /vɔːntɪŋli/ [bw] ⟨form⟩ snoevend, pochend, opscheppend
vav·a·sour, ⟨AE ook⟩ **vav·a·sor, vav·as·sor** /vævəsʊə,ᴬ-sɔr/ [telb zn] ⟨gesch⟩ leenman ⟨van baron/pair⟩
va-va-voom /vɑvəvuːm/ [niet-telb zn] ⟨fig⟩ dynamiek, pit, vuur, fut
VC [afk] 1 (Vice-Chairman) 2 (Vice-Chancellor) 3 (Vice-Consul) 4 (Victoria Cross) 5 (Viet Cong)
V-chip [telb zn] (violence chip) geweldchip ⟨in tv-toestel ingebouwde elektronische censuur⟩, antigeweldchip
vCJD [afk] (variant Creutzfeldt-Jakob disease) vCJD ⟨variant ziekte van Creutzfeldt-Jakob⟩
¹**VCR** [telb zn] (video cassette recorder) video(recorder)
²**VCR** [afk] (visual control room)
VD [afk] (venereal disease)
VDT [afk] ⟨comp⟩ (visual display terminal)
VDU [telb zn] ⟨comp⟩ (visual display unit) VDU, beeldscherm, terminal
VDU-screen [telb zn] ⟨comp⟩ beeldscherm
've /v/ [hulpww] (samentrekking van have)
¹**veal** /viːl/ [telb zn] (slacht)kalf
²**veal** /viːl/ [niet-telb zn] kalfsvlees
veal·er /viːlə,ᴬ-ər/ [telb zn] ⟨AE⟩ (slacht)kalf
veal·skin [telb + niet-telb zn] kalfshuid, kalfsvel
¹**vec·tor** /vektə,ᴬ-ər/ [telb zn] 1 ⟨wisk⟩ vector 2 ⟨med⟩ vector, bacillendrager, ziekteoverbrenger, infectieoverbrenger ⟨bijvoorbeeld insect⟩ 3 ⟨luchtv⟩ (vliegtuig)koers 4 kracht, veer, drijfkracht, drijfveer
²**vec·tor** /vektə,ᴬ-ər/ [ov ww] ⟨luchtv⟩ de koers aangeven voor, koers doen zetten naar, een bepaalde richting uitsturen
vec·to·ri·al /vektɔːrɪəl/ [bn] 1 ⟨wisk⟩ vectorieel 2 koers-, van/m.b.t. de (vliegtuig)koers
vector product [telb zn] ⟨wisk⟩ vectorproduct, uitwendig product
Ve·da /veɪdə, viːdə/ [eigenn, telb zn] ⟨rel⟩ Veda ⟨heilige geschriften van het hindoeïsme⟩
Ve·dan·ta /vədɑːntə,ᴬveɪdæntə/ [eigenn] vedanta ⟨hindoefilosofie⟩
Ve·dan·tic /vədɑːntɪk,ᴬveɪdæntɪk/ [bn] 1 van/m.b.t. de Veda, Veda- 2 van/m.b.t. de vedanta
Ve·dan·tist /vədɑːntɪst,ᴬveɪdæntɪst/ [telb zn] aanhanger van de vedanta
V-E Day [afk] (Victory in Europe Day ⟨8 mei 1945⟩)
ve·dette, vi·dette /vɪdet/ [telb zn] ⟨mil⟩ vedette, ruiterwacht
¹**Ve·dic** /veɪdɪk, viːdɪk/ [eigenn] Vedisch Sanskriet ⟨taal van de Veda's⟩
²**Ve·dic** /veɪdɪk, viːdɪk/ [bn] Vedisch, van/m.b.t. de Veda, veda- ♦ *the Vedic period* de Vedische periode
vee, ve /viː/ [telb zn] (de letter) v, V-vorm, V-formatie
vee·jay /viːdʒeɪ/ [telb zn] veejay, videojockey
vee·no /viːnoʊ/ [niet-telb zn] ⟨sl⟩ (goedkope rode) wijn, tafelwijn

Veep /viːp/ [telb zn] ⟨AE; inf⟩ (Amerikaanse) vicepresident
¹**veer** /vɪə,ᴬvɪr/ [telb zn] draai, koerswijziging, verandering van richting, wending
²**veer** /vɪə,ᴬvɪr/ [onov ww] 1 van richting/koers veranderen, omlopen, ruimen ⟨van wind⟩, ⟨fig⟩ zich wijzigen, omslaan, een andere kant opgaan ♦ *my thoughts veer away from this subject* mijn gedachten dwalen af van dit onderwerp; *the wind can back or veer* de wind kan krimpen of ruimen; *his mood veered into pessimism* zijn stemming sloeg om in pessimisme; *the car veered off/across the road* de auto schoot (plotseling) van de weg af/(dwars) over de weg; *his plans veered round* zijn plannen namen een keer, zijn plannen wijzigden zich; *the wind veered round to the east* de wind draaide/liep om naar het oosten; *our conversation veered round to sports* ons gesprek nam een wending en ging over op sport 2 ⟨scheepv⟩ halzen
³**veer** /vɪə,ᴬvɪr/ [ov ww] 1 van richting/koers doen veranderen, doen draaien/wenden, een andere kant op doen gaan ⟨ook figuurlijk⟩ 2 ⟨scheepv⟩ vieren, laten slippen/vieren ♦ *veer away/out a cable* een kabel uitschieten/naar buiten werpen; *veer and haul the ropes* de touwen beurtelings laten vieren en strak aantrekken; *veer a rope* een touw laten vieren

veg /vedʒ/ [telb zn; mv: voornamelijk veg] ⟨vnl BE; inf⟩ (verk: vegetable) groente ♦ *order veg and meat* (aardappelen,) groente(n) en vlees bestellen
¹**ve·gan** /viːgən,ᴬvedʒɪn/ [telb zn] veganist, strikte vegetariër
²**ve·gan** /viːgən,ᴬvedʒɪn/ [bn] veganistisch
ve·gan·sex·u·al [telb zn] ⟨vnl AE⟩ vegaseksueel ⟨veganist/vegetariër die geen seks met vleeseters wil⟩
veg·e·burg·er /vedʒɪbɜːgə,ᴬ-bɜrgər/ [telb zn] ⟨BE⟩ vegaburger, groenteburger
¹**veg·e·ta·ble** /vedʒɪtəbl/ [telb zn] 1 plant, gewas, plantaardig organisme, ⟨fig⟩ vegeterend mens ♦ *she didn't die but lived on as a vegetable* ze stierf niet maar leefde voort als een plant 2 groente, eetbaar gewas ♦ *fresh vegetables* verse groenten; *in Britain potatoes are also called vegetables* in Groot-Brittannië worden aardappels ook groente genoemd
²**veg·e·ta·ble** /vedʒɪtəbl/ [bn; bw: vegetably] planten-, van/m.b.t./uit(een) plant(en), plantaardig, als een plant, van/m.b.t. groente(n), groente- ♦ *vegetable butter* plantaardige margarine; *vegetable diet* plantaardig voedsel; *vegetable (horse)hair* plantenhaar, plantenvezels ⟨van dwergpalm⟩; wordt gebruikt als kussenvulling; *vegetable ivory* plantenivoor, plantaardig ivoor ⟨hard kiemwit van ivoorpalm⟩; *live vegetably* vegeteren, als een plant leven; *vegetable oil* plantenolie, plantaardige olie; *vegetable sponge* plantaardige spons, luffaspons; *vegetable tallow* plantentalk, plantenvet; *vegetable wax* plantenwas ♦ ⟨vnl BE⟩ *vegetable marrow* pompoen ⟨vrucht van Cucurbita pepo⟩; ⟨plantk⟩ *vegetable oyster* morgenster, haverwortel ⟨Tragopogon porrifolius⟩; ⟨bij uitbreiding⟩ *vegetable parchment* perkament papier; ⟨bij uitbreiding⟩ vetvrij papier
vegetable garden [telb zn] moestuin, groentetuin
vegetable kingdom [niet-telb zn; the] plantenrijk
vegetable soup [telb + niet-telb zn] groentesoep
veg·e·tal /vedʒɪtl/ [bn] 1 vegetaal, plantaardig, planten- 2 vegetatief, groeikracht bezittend/betreffend, ongeslachtelijk
¹**veg·e·tar·i·an** /vedʒɪteərɪən,ᴬ-ter-/ [telb zn] vegetariër, planteneter
²**veg·e·tar·i·an** /vedʒɪteərɪən,ᴬ-ter-/ [bn] vegetarisch, van/m.b.t./voor vegetariërs, plantaardig, plantenetend ♦ *a vegetarian diet* een vegetarisch dieet, vegetarisch/plantaardig voedsel; *a vegetarian restaurant* een vegetarisch restaurant
veg·e·tar·i·an·ism /vedʒɪteərɪənɪzm,ᴬ-ter-/ [niet-telb

zn] vegetarisme, leer/leefwijze van vegetariërs
veg·e·tate /ˈvedʒɪteɪt/ [onov ww] [1] groeien, spruiten ⟨(als) van plant⟩ [2] vegeteren ⟨figuurlijk⟩, een plantenleven leiden
veg·e·ta·tion /ˌvedʒɪˈteɪʃn/ [telb + niet-telb zn] [1] vegetatie, (planten)groei, plantenleven, plantenwereld, plantendek [2] het vegeteren, het leven als een plant
veg·e·ta·tion·al /ˌvedʒɪˈteɪʃnəl/, veg·e·ta·tious /-ˈteɪʃəs/ [bn] vegetaal, plantaardig, planten-, vegetatief
veg·e·ta·tive /ˈvedʒɪtətɪv, ᴬ-teɪtɪv/, veg·e·tive /ˈvedʒɪtɪv/ [bn; bw: ~ly; zn: ~ness] [1] vegetatief, planten-, plantaardig, vegetaal [2] vegetatief, groeikracht bezittend/bevorderend, groeiend, groei- [3] vegetatief, ongeslachtelijk ♦ *vegetative reproduction* ongeslachtelijke voortplanting [4] als een plant (levend), vegeterend ♦ *a vegetative state* een vegetatieve staat/toestand
¹veg·gie, veg·ie /ˈvedʒi/ [telb zn] ⟨inf⟩ [1] ⟨BE⟩ (verk: vegetarian) vegetariër [2] ⟨AE⟩ (verk: vegetable) groente ♦ *veggies* (aardappelen en) groenten
²veg·gie, veg·ie /ˈvedʒi/ [bn] ⟨inf⟩ (verk: vegetarian) vegetarisch
veg·gie·burg·er /ˈvedʒibɜːɡə, ᴬ-bɜrɡər/ [telb zn] vegaburger, groenteburger
veg out [onov ww] ⟨BE; inf⟩ niksen, lanterfanten ♦ *veg out in front of the TV* voor de buis hangen
ve·he·mence /ˈviːəməns/ [niet-telb zn] felheid, hevigheid, vurigheid, hartstocht(elijkheid), onstuimigheid ♦ *the vehemence of his behaviour* de onstuimigheid van zijn gedrag; *the vehemence of his character* de heftigheid/vurigheid van zijn karakter
ve·he·ment /ˈviːəmənt/ [bn; bw: ~ly] [1] fel, hevig, vurig, heftig, hartstochtelijk ♦ *a vehement aversion* een sterke afkeer; *a vehement desire* een vurig verlangen; *a vehement love* een hartstochtelijke/onstuimige liefde; *vehement protests* felle/hevige protesten; *a vehement remark* een felle opmerking [2] krachtig, fel, sterk ♦ *a vehement wind* een krachtige wind
ve·hi·cle /ˈviːɪkl/ [telb zn] [1] voertuig, vervoermiddel, wagen [2] middel, voertuig, medium, verbreidingsmiddel, uitdrukkingsmogelijkheid ♦ *a sonnet as a vehicle of the expression of feelings* een sonnet als een uitdrukkingsvorm van gevoelens; *a vehicle to set off her performance* een (hulp)middel om haar optreden goed te doen uitkomen; *this play is a vehicle for this actress* dit toneelstuk is bedoeld om deze actrice volledig tot haar recht te doen komen/deze actrice op het lijf geschreven; *television is a powerful vehicle* televisie is een machtig medium; *language is the vehicle of thought* taal is het voertuig van de gedachte [3] oplosmiddel, bindmiddel, medium, geleidingsstof [4] drager, overbrenger, vehikel ♦ *the vehicle of this culture* de overbrenger van deze cultuur; *insects as vehicles of diseases* insecten als dragers/overbrengers van ziekten [5] ⟨inf⟩ raket
ve·hic·u·lar /viːˈhɪkjʊlə, ᴬ-kjələr/ [bn] [1] van/m.b.t. voertuigen, vervoermiddelen-, wagen- ♦ *vehicular traffic* rijdend verkeer, verkeer op wielen, verkeer per as [2] als voertuig/middel fungerend ♦ *vehicular language* voertaal
vehm·ge·richt /ˈfeɪmɡərɪxt/ [telb + niet-telb zn] ⟨gesch⟩ veemgericht ⟨geheime volksrechtbank⟩
vehm·ic /ˈfeɪmɪk/ [bn] ⟨gesch⟩ veem-, m.b.t./van het veemgericht
V8 [telb zn] achtcilindermotor
¹veil /veɪl/ [telb zn] [1] sluier ⟨ook fotografie⟩, voile, ⟨fig⟩ dekmantel, mom, voorwendsel ♦ *a bridal veil* een bruidssluier; *cast/draw/throw a veil over sth.* een sluier over iets trekken; ⟨ook fig⟩ iets met de mantel der liefde bedekken; *veil of cloud* wolkensluier; *she dropped/lowered her veil* ze liet haar sluier vallen/sloeg haar sluier neer; *a veil of mist on the fields* een sluier van nevel op de velden; *to raise the veil* de sluier opslaan/terugslaan; *take the veil* de sluier

aannemen, in een klooster gaan, non worden; *under the veil of kindness* onder het mom van vriendelijkheid [2] gordijn ⟨bijvoorbeeld in Joodse tempel⟩, voorhang(sel), bedekking [3] dofheid ⟨van stem⟩, heesheid, schorheid, gevoileerdheid [4] ⟨anat⟩ zacht verhemelte, velum [5] ⟨plantk⟩ velum ⟨van paddenstoel⟩ ⊡ *beyond the veil* aan de andere kant van het graf
²veil /veɪl/ [ov ww] (ver)sluieren, (als) met een sluier bedekken, verdoezelen, maskeren, vermommen ♦ *a veiled bride* een gesluierde bruid; *mist veiled the fields* een sluier van nevel bedekte de velden; *a veiled threat* een verholen dreigement; *don't try to veil the truth* probeer niet de waarheid te verbloemen; *her voice was veiled* haar stem was gesluierd
¹veil·ing /ˈveɪlɪŋ/ [telb zn] sluier, voile, bedekking
²veil·ing /ˈveɪlɪŋ/ [niet-telb zn] voile(stof)
¹vein /veɪn/ [telb zn] [1] ⟨benaming voor⟩ ader, bloedvat, (erts)gang, (erts)ader, nerf ♦ *veins and arteries* aderen en slagaderen; *the blood in his veins* het bloed in zijn aderen; *through veins in the earth's crust flows water* door aderen in de aardkorst stroomt water; *veins of gold in the rock* goudaderen in de rots; *several patterns of veins in leaves* verscheidene aderpatronen in bladeren; *veins run through marble and other kinds of stone* er lopen aderen door marmer en andere soorten steen; *veins in the wings of insects* aderen in insectenvleugels; *the veins in this wood* de nerven in dit hout [2] vleugje, klein beetje ♦ *a vein of humour* een tikkeltje humor; *a vein of irony* een vleugje ironie [3] stemming, bui, luim, gemoedstoestand ♦ *he spoke in a dejected vein* hij sprak in een terneergeslagen gemoedstoestand; *he was in a jolly vein* hij had een jolige bui; *sorry, I'm not in the (right) vein for this* sorry, ik ben hiervoor niet in de (juiste) stemming [4] geest, gedachtegang, teneur, karaktertrek ♦ *the general vein of this generation of poets* de algemene geest van deze generatie dichters; *he spoke in the same vein* hij sprak in dezelfde geest
²vein /veɪn/ [ov ww] [1] aderen [2] marmeren; → veining
vein·ing /ˈveɪnɪŋ/ [niet-telb zn; gerund van vein] aderpatroon, adertekening, nervatuur ⟨voornamelijk van insectenvleugels, gesteenten⟩
vein·let /ˈveɪnlɪt/ [telb zn] adertje, kleine ader
vein·ous /ˈveɪnəs/ [bn] van/m.b.t./als/met aderen, vol aderen, aderrijk, geaderd
vein·stone [niet-telb zn] ⟨mijnb⟩ adergesteente ⟨waardeloos gesteente dat erts/mineralen bevat⟩
vein·y /ˈveɪni/ [bn; vergr trap: veinier] aderig, geaderd
vela /ˈviːlə/ [alleen mv] → velum
ve·la·men /vəˈleɪmən, ᴬ-mən/ [telb zn; mv: velamina /vəˈlæmɪnə/] ⟨anat⟩ [1] ⟨plantk⟩ velum, vlies, membraan [2] velum, zacht gehemelte
¹ve·lar /ˈviːlə, ᴬ-ər/ [telb zn] ⟨taalk⟩ velaar, velare klank ♦ *g and k are velars* g en k zijn velaren
²ve·lar /ˈviːlə, ᴬ-ər/ [bn] ⟨taalk⟩ velaar ♦ *velar consonant* velare medeklinker
ve·lar·ize, ve·lar·ise /ˈviːləraɪz/ [onov + ov ww] ⟨taalk⟩ velariseren, een velaar karakter geven
Vel·cro /ˈvelkrəʊ/ [niet-telb zn] ⟨(oorspronkelijk) merknaam⟩ klittenband, velcrostrip
veld, veldt /felt, velt/ [telb + niet-telb zn; vaak the] ⟨ZAE⟩ open vlakte, grasvlakte
veld·schoen, veldt·schoen, vel·skoon /ˈfel(t)skuːn, vel(t)-/ [telb zn] ⟨ZAE⟩ veldschoen, schoen van ongelooid leer
¹vel·le·i·ty /veˈliːəti/ [telb zn] neiging, onbeduidende wens ♦ *every wish, every velleity of his was satisfied* aan al zijn wensen, ook de minste, werd voldaan
²vel·le·i·ty /veˈliːəti/ [niet-telb zn] zwakke wil, vage begeerte
¹vel·li·cate /ˈvelɪkeɪt/ [onov ww] ⟨vero⟩ trekken, zich samentrekken, trillen ⟨van spier e.d.⟩

vellicate

²**vel·li·cate** /vɛlɪkeɪt/ [ov ww] ⟨vero⟩ ① steken, prikken, prikkelen ② krampachtig doen samentrekken ③ kietelen

¹**vel·lum** /vɛləm/ [telb zn] op velijn geschreven manuscript

²**vel·lum** /vɛləm/ [niet-telb zn] ① velijn, kalfsperkament ② velijnpapier

vel·o·cim·e·ter /vɛləsɪmɪtə, ᴬ-mɪtər/ [telb zn] snelheidsmeter

ve·loc·i·pede /vɪlɒsɪpiːd, ᴬvɪlɑ-/ [telb zn] ① vélocipède ② loopfiets ③ ⟨AE⟩ driewieler(tje) ⟨voor kinderen⟩

ve·loc·i·ty /vɪlɒsəti, ᴬvɪlɑsəti/ [telb + niet-telb zn] snelheid ♦ ⟨ec⟩ *velocity of circulation* omloopsnelheid ⟨van geld⟩; *velocity of escape* ontsnappingssnelheid ⟨ruimtevaart⟩

ve·lo·drome /viːlədroʊm, vɛ-/ [telb zn] velodroom, wielerbaan

¹**ve·lour, ve·lours** /vəlʊə, ᴬvəlʊr/ [telb zn; mv: velours] velours/fluwelen hoed

²**ve·lour, ve·lours** /vəlʊə, ᴬvəlʊr/ [niet-telb zn] velours, fluweel

ve·lou·té /vəluːteɪ, ᴬvəluːteɪ/ [telb + niet-telb zn] ① veloutésaus ② veloutésoep

ve·lum /viːləm/ [telb zn; mv: vela /viːlə/] ① ⟨anat⟩ velum, zachte gehemelte ② ⟨biol⟩ velum, vlies, membraan

ve·lu·ti·nous /vəluːtɪnəs, ᴬvəluːtn-əs/ [bn] fluweelachtig

¹**vel·vet** /vɛlvɪt/ [niet-telb zn] ① fluweel ② bast ⟨zacht vel om geweitak⟩ ③ ⟨fig⟩ voordeel, winst, ⟨sl⟩ poen ♦ ⟨vero⟩ *be/stand on velvet* ⟨fig⟩ op fluweel zitten; het financieel goed hebben; *gamble on velvet* met reeds gewonnen geld spelen

²**vel·vet** /vɛlvɪt/ [bn, attr] fluwelen ⟨ook figuurlijk⟩ ▫ ⟨dierk⟩ *velvet scoter* grote zee-eend ⟨Melanitta fusca⟩; *walk with a velvet tread* met een zachte/onhoorbare pas lopen

vel·ve·teen /vɛlvɪtiːn/ [niet-telb zn] katoenfluweel, velveteen

vel·ve·teens /vɛlvɪtiːnz/ [alleen mv] broek van katoenfluweel

vel·vet·y /vɛlvəti/ [bn] fluweelachtig, ⟨fig⟩ zacht, diep ♦ *velvety eyes* een diepe, zachte blik; *wine with a velvety taste* wijn met een zachte, fluwelen smaak; *a velvety voice* een fluwelen/zachte, volle stem

Ven [afk] (Venerable) Eerw.

ve·na /viːnə/ [telb zn; mv: venae /viːniː/] ader, vena, vene

ve·na ca·va /viːnə keɪvə, ᴬ-kɑvə/ [telb zn; mv: venae cavae /viːniː keɪviː/] ⟨anat⟩ holle ader

ve·nal /viːnl/ [bn; bw: ~ly] ⟨form⟩ corrupt, (om)koopbaar, veil ♦ *venal judge* corrupte rechter; *venal practices* corrupte praktijken

ve·nal·i·ty /viːnæləti/ [telb + niet-telb zn] ① corruptheid, (om)koopbaarheid ② corruptie, omkoping

ve·nat·ic /viːnætɪk/ [bn, attr] jacht-, jagers-

ve·na·tion /viːneɪʃn/ [telb + niet-telb zn] nervatuur ⟨van blad e.d.⟩

¹**vend** /vɛnd/ [telb zn] ⟨BE; jur⟩ verkoop

²**vend** /vɛnd/ [ov ww] ① verkopen ⟨ook juridisch⟩ ♦ *vend property* eigendom verkopen ② venten, aan de man brengen ♦ *vend shoestrings and matches* schoenveters en lucifers venten ③ in het openbaar uiten, luchten

ven·dace /vɛndeɪs, ᴬ-dɪs/ [telb zn; mv: ook vendace] ⟨dierk⟩ kleine marene ⟨Coregonus albula; Britse zoetwatervis⟩

ven·dage /vɛndɪdʒ/ [niet-telb zn] wijnoogst

¹**Ven·de·an** /vɛndiːən/ [telb zn] inwoner van de Vendée

²**Ven·de·an** /vɛndiːən/ [bn] m.b.t. de Vendée

vend·ee /vɛndiː/ [telb zn] ⟨jur⟩ koper

ven·det·ta /vɛndetə/ [telb zn] ① bloedwraak, vendetta ② ⟨inf⟩ vete, strijd, campagne

ven·deuse /vɑːndɜːz, ᴬvɑndʌz/ [telb zn] verkoopster ⟨in het bijzonder in modehuis⟩

vend·i·bil·i·ty /vɛndəbɪləti/ [niet-telb zn] verkoopbaarheid

¹**vend·i·ble** /vɛndəbl/ [telb zn; vaak mv] koopwaar

²**vend·i·ble** /vɛndəbl/ [bn] verkoopbaar

vend·ing ma·chine [telb zn] (verkoop)automaat ⟨voor sigaretten e.d.⟩

ven·di·tion /vɛndɪʃn/ [niet-telb zn] verkoop

ven·dor /vɛndə, ᴬ-ər/ [telb zn] ① verkoper ② verkoopautomaat

vendor's lien [niet-telb zn] grondpandrecht van de verkoper

vendor's share [telb zn] inbrengaandeel

ven·due /vɛndjuː, ᴬvenduː/ [telb zn] ⟨AE⟩ openbare verkoping, ⟨België⟩ openbare verkoop, vendu(tie)

¹**ve·neer** /vɪnɪə, ᴬvɪnɪr/ [telb zn] ⟨fig⟩ vernisje, dun laagje vernis ♦ *an impudent churl under a veneer of good manners* een onbeschofte lomperik onder een dun laagje/vernisje van goede manieren

²**ve·neer** /vɪnɪə, ᴬvɪnɪr/ [telb + niet-telb zn] fineer, fineerblad, fineerhout

³**ve·neer** /vɪnɪə, ᴬvɪnɪr/ [ov ww] ① fineren, fourneren, met een dun houtlaagje bedekken/beplakken ♦ *veneer with* fineren met ② ⟨fig⟩ een vernisje geven, aangenaam voorstellen, verbergen; → veneering

ve·neer·ing /vɪnɪərɪŋ, ᴬ-nɪr-/ [niet-telb zn; gerund van veneer] ① fineerhout, fineerbladen ② fineerwerk

ven·e·punc·ture, ven·i·punc·ture /vɛnɪpʌŋktʃə, ᴬ-ər/ [telb zn] ⟨med⟩ venapunctie ⟨het aanprikken van een ader⟩

ven·er·a·bil·i·ty /vɛnrəbɪləti/ [niet-telb zn] eerbiedwaardigheid, eerwaardigheid, achtbaarheid

ven·er·a·ble /vɛnrəbl/ [bn; bw: venerably; zn: ~ness] ① eerbiedwaardig, achtbaar, venerabel ♦ *a venerable beard* een eerbied inboezemende baard; *venerable relics* venerabele relikwieën ② ⟨kerk⟩ hoogeerwaard ⟨titel van aartsdiaken⟩ ♦ *the venerable Archdeacon* de Hoogeerwaarde Heer (Aartsdiaken) ③ ⟨r-k⟩ eerwaardig ⟨eerste graad van heiligheid⟩ ▫ *the Venerable Bede* Beda venerabilis

ven·er·ate /vɛnəreɪt/ [ov ww] vereren, aanbidden

ven·er·a·tion /vɛnəreɪʃn/ [niet-telb zn] verering, diepe eerbied ♦ *hold s.o. in veneration* iemand vereren, iemand diepe eerbied toedragen

ven·er·a·tor /vɛnəreɪtə, ᴬ-reɪtər/ [telb zn] vereerder, aanbidder

ve·ne·re·al /vɪnɪəriəl, ᴬ-nɪr-/ [bn, attr; bw: ~ly] venerisch, geslachts-, m.b.t. geslachtsziekten ♦ *venereal disease* venerische ziekte, geslachtsziekte; *the venereal rate in this town* het aantal gevallen van geslachtsziekten in deze stad

ve·ne·re·ol·o·gist /vɪnɪəriɒlədʒɪst, ᴬ-nɪriɑ-/ [telb zn] veneroloog, specialist voor geslachtsziekten

ve·ne·re·ol·o·gy /vɪnɪəriɒlədʒi, ᴬ-nɪriɑ-/ [niet-telb zn] ⟨med⟩ venerologie, leer/kennis van de geslachtsziekten

ven·er·y /vɛnəri/ [niet-telb zn] ⟨vero⟩ ① jacht(vermaak) ② wellust

ven·e·sec·tion /vɛnɪsekʃn/ [telb + niet-telb zn] ⟨med⟩ venesectie, (ader)lating, flebotomie

ve·ne·tian /vɪniːʃn/ [telb zn] jaloezie

¹**Ve·ne·tian** /vɪniːʃn/ [telb zn] Venetiaan(se)

²**Ve·ne·tian** /vɪniːʃn/ [bn] Venetiaans ♦ *Venetian glass* Venetiaans glas; *Venetian point* Venetiaanse kant; *Venetian red* Venetiaans rood, dodekop ▫ *Venetian blind* luxaflex, jaloezie, zonneblind; ⟨plantk⟩ *Venetian sumac* pruikenboom ⟨Cotinus coggygria⟩; *Venetian window* palladiaans venster

ve·ne·tianed /vɪniːʃnd/ [bn] met jaloezieën

Ven·e·zue·la /vɛnəzweɪlə/ [eigenn] Venezuela

¹**Ven·e·zue·lan** /vɛnəzweɪlən/ [telb zn] Venezolaan(se)

²**Ven·e·zue·lan** /vɛnəzweɪlən/ [bn] Venezolaans, van/uit/m.b.t. Venezuela

venge /vɛndʒ/ [ov ww] ⟨vero⟩ wreken

Venezuela	
naam	Venezuela *Venezuela*
officiële naam	Bolivarian Republic of Venezuela *Bolivariaanse Republiek Venezuela*
inwoner	Venezuelan *Venezolaan*
inwoonster	Venezuelan *Venezolaanse*
bijv. naamw.	Venezuelan *Venezolaans*
hoofdstad	Caracas *Caracas*
munt	bolívar *bolivar*
werelddeel	America *Amerika*
int. toegangsnummer 58 www .ve auto YV	

ven·geance /vendʒəns/ [telb + niet-telb zn] wraak ♦ *call down the vengeance of heaven on s.o.'s head* de hemelse wraak/straf tegen iemand aanroepen; *swear a vengeance on s.o.* zweren dat men zich op iemand zal wreken; *take vengeance for s.o.* iemand wreken; *take vengeance (up)on s.o.* zich op iemand wreken • ⟨inf⟩ *with a vengeance* duchtig, van je welste; dat het een aard had/heeft, in het kwadraat; en hoe!; overdreven; *work with a vengeance* werken dat de stukken eraf vliegen; *the wind blew with a vengeance* de wind waaide er duchtig op los

venge·ful /vendʒfl/ [bn; bw: ~ly; zn: ~ness] wraakzuchtig, wraakgierig, wraak-

ve·ni·al /viːniəl/ [bn; bw: ~ly] vergeeflijk, te vergeven, onbetekenend ♦ *venial fault* klein foutje; ⟨rel⟩ *venial sin* dagelijkse zonde, pekelzonde

ve·ni·al·i·ty /viːniæləti/ [niet-telb zn] vergeeflijkheid

¹**Ven·ice** /venɪs/ [eigenn] Venetië

²**Ven·ice** /venɪs/ [bn, attr] Venetiaans ♦ *Venice glass* Venetiaans glas

venipuncture [niet-telb zn] → venepuncture

ve·ni·re /vənaɪəri/, ⟨in betekenissen 1 en 3 ook⟩ **ve·ni·re fa·ci·as** /-feɪʃiæs/ [telb zn] ⟨jur⟩ ① ⟨BE⟩ dagvaarding ② ⟨AE⟩ groep opgeroepen juryleden ③ ⟨Amerikaans-Engels of geschiedenis⟩ bevel juryleden op te roepen ⟨aan sheriff⟩

ve·ni·re-man /vənaɪərimən/ [telb zn; mv: venire-men /-mən/] ⟨AE of gesch⟩ opgeroepen jurylid

venisection [telb + niet-telb zn] → venesection

ven·i·son /venɪsn, venɪzn/ [niet-telb zn] ① hertenvlees ② ⟨vero⟩ wild, wildbraad

Venn diagram /ven daɪəgræm/ [telb zn] ⟨wisk⟩ venn-diagram

ven·nel /venl/ [telb zn] ⟨SchE⟩ ① weggetje, laantje ② steeg

¹**ven·om** /venəm/ [telb zn] ⟨vero⟩ vergif(t)

²**ven·om** /venəm/ [niet-telb zn] ① vergif(t) ⟨van slang, schorpioen enz.⟩ ② venijn, boosaardigheid

³**ven·om** /venəm/ [ov ww] vergiftigen; → venomed

ven·omed /venəmd/ [bn; in bet 2 volt deelw van venom] ① giftig, venijnig, hatelijk ♦ *venomed words* woorden vol haat, giftige woorden ② vergiftigd

ven·om·ous /venəməs/ [bn; bw: ~ly; zn: ~ness] ① (ver)giftig ♦ ⟨scherts⟩ *what a venomous drink!* wat een bocht!; *venomous snake* gifslang, giftige slang ② venijnig, boosaardig, nijdig, giftig, dodelijk ♦ *venomous answer* giftig/nijdig antwoord; *venomous look* giftige/dodelijke blik

ve·nose /viːnoʊs, ᴬvenoʊs/ [bn] ⟨biol, med⟩ ① geaderd, met veel/dikke aderen ② → venous

ve·nos·i·ty /vɪnɒsəti, ᴬviːnɑsəti/ [niet-telb zn] ⟨med⟩ ① aderlijk karakter ⟨van bloed⟩ ② ⟨plantk⟩ geaderdheid

ve·nous /viːnəs/ [bn; bw: ~ly; zn: ~ness] ① ⟨med⟩ m.b.t. (de) ader(en), aderlijk, veneus ♦ *venous blood* aderlijk bloed ② ⟨plantk⟩ geaderd, generfd

¹**vent** /vent/, ⟨in betekenis 1 ook⟩ **vent-hole** [telb zn] ① ⟨benaming voor⟩ (lucht)opening, (ventilatie)gat, luchtgat, spleet, spongat, zwikgat ⟨van vat⟩, vingergat ⟨van blaasinstrument⟩ ② vulkaanmonding, vulkaankrater,

vulkaanopening, fumarole, spleet ③ zundgat ⟨van geweer e.d.⟩ ④ split ⟨in jas e.d.⟩ ⑤ ⟨dierk⟩ anus ⟨van lagere dieren⟩ ⑥ ⟨SchE⟩ schoorsteen(kanaal)

²**vent** /vent/ [telb + niet-telb zn; geen mv] ⟨ook fig⟩ uitlaat, uitweg ♦ *find (a) vent (to)* een uitweg vinden ⟨voor⟩; *give vent to one's feelings* zijn gevoelens de vrije loop laten, lucht geven aan zijn gevoelens, zijn hart luchten

³**vent** /vent/ [niet-telb zn] ① ontsnapping ⟨van lucht⟩ ② het lucht happen ⟨van otter, bever e.d.⟩

⁴**vent** /vent/ [onov ww] adem/lucht happen ⟨van otter, bever e.d.⟩

⁵**vent** /vent/ [ov ww] ① uiten ⟨gevoelens⟩, lucht geven aan, luchten ② afreageren ♦ *vent one's fury on* zijn woede koelen op; *vent sth. on s.o./sth.* iets afreageren op iemand/iets ③ ⟨techn⟩ ontluchten, afblazen, aftappen ④ split maken in ⟨jas⟩ ⑤ ⟨door opening⟩ laten wegstromen/wegtrekken ⟨stoom, water⟩, wegwerken, uitstoten ⑥ verbreiden, verkondigen ♦ *vent strange stories* vreemde verhalen verkondigen

vent·age /ventɪdʒ/ [telb zn] ① (lucht)gaatje ② vingergaatje ⟨van blaasinstrumenten⟩

ven·ter /ventə, ᴬventər/ [telb zn] ① ⟨med⟩ buik, abdomen ② ⟨med⟩ buik ⟨van spier⟩, dikste gedeelte, venter ③ ⟨jur⟩ baarmoeder, moeder, vrouw ♦ *of one venter* van dezelfde moeder; *he had two sons by one venter and a daughter by another* hij had twee zoons van een vrouw en een dochter van een ander

ven·ti·duct /ventɪdʌkt/ [telb zn] ⟨bouwk⟩ luchtkanaal, luchtkoker

ven·til /ventl/ [telb zn] ⟨muz⟩ klep, ventiel

ven·ti·late /ventɪleɪt, ᴬventleɪt/ [ov ww] ① ventileren, luchten ♦ *ventilate hay* hooi luchten; *ventilate the room* de kamer luchten ② (in het openbaar) bespreken, bediscussiëren, ventileren ♦ *ventilate a plan* een plan ventileren ③ naar buiten brengen, in het openbaar brengen, luchten, ventileren ♦ *ventilate one's opinion* zijn mening ventileren/naar buiten brengen ④ wannen ⟨graan⟩ ⑤ van ventilatie voorzien ⑥ ⟨med⟩ van zuurstof voorzien ⟨bloed⟩, zuurstof toevoeren aan

ven·ti·la·tion /ventɪleɪʃn, ᴬventleɪʃn/ [niet-telb zn] ① het ventileren, ventilatie ② ventilatie(systeem), luchtverversing, airconditioning ③ openbare discussie, ventilatie ④ uiting, het naar buiten brengen ⟨van mening e.d.⟩

ven·ti·la·tive /ventɪleɪtɪv, ᴬventleɪtɪv/, **ven·ti·la·to·ry** /ventɪleɪt(ə)ri, ᴬventlətɔri/ [bn] m.b.t. de ventilatie, ventilatie-

ven·ti·la·tor /ventɪleɪtə, ᴬventleɪtər/ [telb zn] ① ventilator ② ventilatiegat, ventilatierooster

vent·less /ventləs/ [bn] zonder luchtgat

¹**ven·tral** /ventrəl/, **ventral fin** [telb zn] ⟨dierk⟩ buikvin

²**ven·tral** /ventrəl/ [bn; bw: ~ly] ① ⟨dierk, med⟩ m.b.t. de buik, buik-, ventraal ♦ *ventral fin* buikvin ② ⟨plantk⟩ axiel

ven·tre à terre /vɑːntrə teə, ᴬ-ter/ [bw] in vliegende vaart

ven·tri·cle /ventrɪkl/ [telb zn] ⟨med⟩ ⟨benaming voor⟩ (orgaan)holte, ventrikel, hartkamer, hersenholte

ven·tri·cose /ventrɪkoʊs/, **ven·tri·cous** /-kəs/ [bn] ① buikig, zwaarlijvig, corpulent ② ⟨biol, med⟩ opgezwollen, uitgezet

ven·tric·u·lar /ventrɪkjʊlə, ᴬ-kjələr/ [bn] ⟨med⟩ ① m.b.t. de buik, buik-, ventraal ② m.b.t. een ventrikel, ventriculair

ven·tri·lo·qui·al /ventrɪloʊkwiəl/, **ven·tril·o·quis·tic** /ventrɪləkwɪstɪk/, **ven·tril·o·quous** /ventrɪləkwəs/ [bn; bw: ~ly] ① buiksprekend ② m.b.t. het buikspreken

ven·tril·o·quism /ventrɪləkwɪzm/, **ven·tril·o·quy** /ventrɪləkwi/ [telb + niet-telb zn; mv: ventriloquies] het buikspreken

ven·tril·o·quist /ventrɪləkwɪst/ [telb zn] buikspreker, ventriloquist

ven·tril·o·quize /ventrɪləkwaɪz/ [onov ww] buikspreken
ven·trip·o·tent /ventrɪpətənt/ [bn] ⟨form⟩ ① dikbuikig, corpulent ② gulzig, vraatzuchtig
¹ven·ture /ventʃə, ᴬ-ər/ [telb + niet-telb zn] ① (gevaarlijke) onderneming, waagstuk, gok, risico, ⟨i.h.b.⟩ speculatie ♦ *lucky venture* goede gok, geslaagde speculatie; *take a venture in sth.* iets ondernemen, iets proberen; in iets speculeren ② inzet ⟨bij onderneming, speculatie⟩, op het spel gezet(te) eigendom/goederen ♦ *lose one's venture* zijn inzet verliezen · *at a venture* op de gok, op goed geluk
²ven·ture /ventʃə, ᴬ-ər/ [onov ww] zich wagen ♦ *venture out* zich buiten wagen; *venture out of doors* zich op straat wagen
³ven·ture /ventʃə, ᴬ-ər/ [onov + ov ww] (aan)durven, wagen (iets te doen), durven (te beweren) ♦ *venture some criticism* het wagen/durven wat kritiek te uiten; *will you venture on one of these green cocktails?* ga je je aan een van de groene cocktails wagen?; *he ventured to refuse* hij durfde te weigeren; *venture to say* zo vrij zijn te zeggen; *venture that* durven te beweren dat; *she ventured to touch my pet snake* zij durfde mijn lievelingsslang aan te raken; *venture (up)on sth.* iets aandurven/wagen, iets durven te ondernemen · ⟨sprw⟩ *nothing ventured, nothing gained* wie waagt, die wint
⁴ven·ture /ventʃə, ᴬ-ər/ [ov ww] ① wagen, riskeren, in de waagschaal stellen, op het spel zetten ♦ *venture one's life* zijn leven op het spel zetten ② inzetten, wagen ♦ *venture a small bet* een gokje wagen; *he ventured fifty pounds on horse racing* hij vergokte vijftig pond aan paardenrennen ③ trotseren ♦ *venture the stormy weather* het stormachtige weer trotseren ④ ⟨ec⟩ op speculatie verzenden
venture capital [niet-telb zn] ⟨ec⟩ risicodragend kapitaal ⟨om nieuwe onderneming te financieren⟩
venture capital firm [telb zn] participatiemaatschappij
ven·tur·er /ventʃərə, ᴬ-ər/ [telb zn] ① waaghals, avonturier ② ⟨gesch⟩ koopman die overzee handel drijft
Venture Scout [telb zn] ⟨scouting/padv⟩ voortrekker
ven·ture·some /ventʃəsəm, ᴬ-tʃər-/, **ven·tur·ous** /ventʃrəs/ [bn; bw: ~ly; zn: ~ness] ① riskant, gevaarlijk, gewaagd ♦ *venturesome undertaking* gewaagde onderneming ② (stout)moedig, avontuurlijk, dapper
ven·tu·ri /ventjʊəri, ᴬ-tʊri/, **venturi tube** [telb zn] ⟨natuur⟩ venturibuis, venturimeter
ven·ue /venjuː/ [telb zn] ① plaats van samenkomst, ontmoetingsplaats, trefpunt, rendez-vous ♦ *tickets from the venue* kaarten aan de kassa verkrijgbaar; *the venue of the match is the centre court of Wimbledon* de plaats voor de wedstrijd is de hoofdbaan van Wimbledon ② plaats van handeling, terrein, toneel, ⟨i.h.b.⟩ plaats van het misdrijf ③ ⟨jur⟩ arrondissement, rechtsgebied ♦ *change of venue* verwijzing naar een ander gerecht; *change the venue* behandeling van een zaak naar een ander arrondissement overbrengen
ven·ule /venjuːl/ [telb zn] adertje, venula
¹Ve·nus /viːnəs/ [eigennm] ① Venus ⟨Romeinse liefdesgodin⟩, ⟨form⟩ de liefde/minne ② ⟨astron⟩ Venus ⟨planeet⟩
²Ve·nus /viːnəs/ [telb zn] Venus, schoonheid, mooie/verleidelijke vrouw
¹Ve·nu·sian /vɪnjuːziən, ᴬvɪnuːʃən/ [telb zn] bewoner van Venus
²Ve·nu·sian /vɪnjuːziən, ᴬvɪnuːʃən/ [bn] m.b.t. (de planeet) Venus
Venus's-comb /viːnəs(ɪz) koʊm/ [telb zn] ⟨plantk⟩ naaldenkervel ⟨Scandix pecten-veneris⟩
Venus's flower basket [telb zn] ⟨dierk⟩ venusmandje ⟨Euplectella aspergillum⟩
Ve·nus's-fly-trap [telb zn] ⟨plantk⟩ venusvliegenvanger, vliegenvangertje, Venus' vliegenval ⟨Dionaea muscipula⟩
Ve·nus's gir·dle [telb zn] ⟨dierk⟩ venusgordel ⟨Cestum veneris⟩
Ve·nus's-hair [telb zn] ⟨plantk⟩ venushaar ⟨Adiantum capillus-veneris⟩
Ve·nus's-look·ing-glass [telb zn] ⟨plantk⟩ ① venusspiegel, spiegelklokje ⟨Specularia speculum⟩ ② kleine venusspiegel, klein spiegelklokje ⟨Specularia hybrida⟩
Ve·nus's-shell [telb zn] ⟨dierk⟩ venusschelp ⟨Venus gallina/striatula⟩
Ve·nus's-slip·per [telb zn] ⟨plantk⟩ venusschoentje ⟨genus Cypripedium⟩, vrouwenschoentje
ve·ra·cious /vəreɪʃəs/ [bn; bw: ~ly; zn: ~ness] ⟨form⟩ ① oprecht, waarheidlievend, eerlijk ② waar(heidsgetrouw)
¹ve·rac·i·ty /vəræsəti/ [telb zn] waarheid
²ve·rac·i·ty /vəræsəti/ [niet-telb zn] ① waarheidsgetrouwheid ② waarheidsliefde, oprechtheid, eerlijkheid ③ geloofwaardigheid
ve·ran·da, ve·ran·dah /vərændə/ [telb zn] veranda
ve·ran·daed, ve·ran·dahed /vərændəd/ [bn] met veranda('s)
ver·a·trine /verətriːn, -trɪn/ [telb zn] ⟨med⟩ veratrine ⟨giftig alkaloïde uit nieswortel⟩
ve·ra·trum /vəreɪtrəm/ [telb zn] ⟨plantk⟩ nieskruid ⟨genus Helleborus⟩
verb ⟨CONJUGATION⟩ ⟨TENSE⟩ /vɜːb, ᴬvɜrb/ [telb zn] ⟨taalk⟩ werkwoord, verbum
¹ver·bal /vɜːbl, ᴬvɜrbl/ [telb zn] ① ⟨taalk⟩ verbaal substantief ② ⟨inf⟩ (mondelinge) verklaring ⟨in het bijzonder tegenover de politie⟩ ③ ⟨scherts⟩ woordenwisseling, ruzie
²ver·bal /vɜːbl, ᴬvɜrbl/ [bn; bw: ~ly] ① mondeling, gesproken, verbaal ♦ *verbal agreement* mondelinge overeenkomst ② m.b.t. woorden, woord(en)- ♦ *verbal criticism* tekstkritiek, woordkritiek; ⟨inf⟩ *verbal diarrhea* gezwets, spraakwaterval; *verbal flasher* woordkunstenaar ③ woordelijk, woord voor woord ♦ *his essay is a verbal copy of yours* zijn opstel is woord voor woord hetzelfde als dat van jou; *verbal translation* letterlijke vertaling ④ ⟨taalk⟩ werkwoordelijk, m.b.t. een werkwoord, verbaal ♦ *verbal noun* gerundium; infinitief; *verbal senses* werkwoordelijke betekenissen
³ver·bal /vɜːbl, ᴬvɜrbl/ [ov ww] ⟨BE; sl⟩ een (quasi-)bekentenis toeschrijven aan, schuldig doen lijken
¹ver·bal·ism /vɜːbəlɪzm, ᴬvɜr-/ [telb zn] ① uitdrukking, term, woord ② (holle) frase, cliché
²ver·bal·ism /vɜːbəlɪzm, ᴬvɜr-/ [niet-telb zn] ① verbalisme, woordenkraam ② letterzifterij ③ wijze van uitdrukken
ver·bal·ist /vɜːbəlɪst, ᴬvɜr-/ [telb zn] ① woordenkenner ② letterzifter
ver·bal·is·tic /vɜːbəlɪstɪk, ᴬvɜr-/ [bn] welbespraakt, met een goed woordgebruik
ver·bal·i·ty /vɜːbæləti, ᴬvɜrbæləti/ [niet-telb zn] woordenkraam, verbalisme
ver·bal·i·za·tion, ver·bal·i·sa·tion /vɜːbəlaɪzeɪʃn, ᴬvɜrbəlɪ-/ [telb + niet-telb zn] ① formulering ② ⟨taalk⟩ verbalisatie, het tot werkwoord maken, verbalisering
¹ver·bal·ize, ver·bal·ise /vɜːbəlaɪz, ᴬvɜr-/ [onov ww] ① zich uitdrukken in woorden ② veel woorden gebruiken
²ver·bal·ize, ver·bal·ise /vɜːbəlaɪz, ᴬvɜr-/ [ov ww] ① onder woorden brengen, verwoorden, formuleren ② ⟨taalk⟩ verbaliseren, verbaal/tot werkwoord maken
ver·ba·tim /vɜːbeɪtɪm, ᴬvɜrbeɪtɪm/ [bn; bw] woordelijk, woord voor woord, verbatim
ver·be·na /vɜːbiːnə, ᴬvɜr-/ [telb zn] ⟨plantk⟩ ijzerhard ⟨genus Verbena⟩, ridderkruid, verbena
ver·bi·age /vɜːbiɪdʒ, ᴬvɜr-/ [niet-telb zn] ① woordenstroom, stortvloed/omhaal van woorden, breedsprakig-

heid ② bewoordingen, woordkeus, dictie ♦ *use scientific verbiage* wetenschappelijke bewoordingen/dictie gebruiken

¹**ver·bi·cide** /vɜːbɪsaɪd, ᴬvɜr-/ [telb zn] ⟨scherts⟩ ① verkrachter van woorden ② woordverdraaier

²**ver·bi·cide** /vɜːbɪsaɪd, ᴬvɜr-/ [niet-telb zn] ⟨scherts⟩ ① verkrachting van woorden ② woordverdraaiing

ver·bose /vɜːbous, ᴬvɜr-/ [bn; bw: ~ly; zn: ~ness] breedsprakig, wijdlopig, langdradig, woordenrijk

ver·bos·i·ty /vɜːbɒsəti, ᴬvɜrbɒsəti/ [niet-telb zn] breedsprakigheid, wijdlopigheid, langdradigheid, woordenrijkheid

ver·bo·ten /feəboʊtn, ᴬvər-/ [bn] ⟨streng⟩ verboden

verb phrase [telb zn] ⟨taalk⟩ verbale constituent

verb sap [tw] (verbum sapienti sat est) verb. sap., verb. sat.

ver·dan·cy /vɜːdnsi, ᴬvɜr-/ [niet-telb zn] het groen-zijn ⟨ook figuurlijk⟩, groenheid

ver·dant /vɜːdnt, ᴬvɜr-/ [bn; bw: ~ly] ① groen(gekleurd), grasgroen ② met groen bedekt, met gras bedekt ③ groen ⟨alleen figuurlijk⟩, onervaren

verd an·tique, verde an·tique /vɜːd æntiːk, ᴬvɜrd-/ [telb zn] ① serpentijn(marmer), vert antique ② patina ⟨oxidatielaag op koper, brons e.d.⟩, kopergroen

ver·der·er, ver·de·ror /vɜːdərə, ᴬvɜrdərər/ [telb zn] ⟨BE⟩ houtvester, jachtopziener

ver·dict /vɜːdɪkt, ᴬvɜr-/ [telb zn] ① oordeel, mening, vonnis, beslissing ♦ *verdict on* oordeel over; *what's the general verdict on her behaviour of last night?* wat is de algemene mening over haar gedrag van gisteravond? ② ⟨jur⟩ (jury)uitspraak ♦ *bring in a verdict* uitspraak doen; *verdict of not guilty* juryvrijspraak ▪ ⟨jur⟩ *sealed verdict* schriftelijke uitspraak

ver·di·gris /vɜːdɪgriːs, ᴬvɜr-/ [niet-telb zn] ① patina ⟨oxidatielaag op koper, brons e.d.⟩, kopergroen ② Spaans groen, groenspaan, kopergroen

ver·di·ter /vɜːdɪtə, ᴬvɜrdɪtər/ [niet-telb zn] ⟨scheik⟩ basisch carbonaat, kopergroen

ver·dure /vɜːdʒə, ᴬvɜrdʒər/ [niet-telb zn] ⟨form⟩ groen, loof, gebladerte, groenheid, ⟨fig⟩ frisheid

ver·dured /vɜːdʒəd, ᴬvɜrdʒərd/ [bn] groen

ver·dur·ous /vɜːdʒərəs, ᴬvɜr-/ [bn; zn: ~ness] groen

Verey light [telb zn] → **Very light**

Verey pistol [telb zn] → **Very pistol**

¹**verge** /vɜːdʒ, ᴬvɜrdʒ/ [telb zn] ① rand, zoom, kant, boord ⟨voornamelijk figuurlijk⟩ ♦ *on the verge of 80* tegen de tachtig; *be on the verge of leaving* op het punt staan te vertrekken; *bring s.o. to the verge of despair* iemand op de rand van de wanhoop brengen ② roede, staf ③ grens, omlijsting, vatting ④ gebied ⑤ horizon ⑥ spil ⟨van onrust in uurwerk⟩ ⑦ roede, mannelijk lid ⟨bij ongewervelde dieren⟩ ⑧ ⟨BE⟩ berm ⑨ ⟨bouwk⟩ overstekende dakrand ⑩ ⟨bouwk⟩ schacht ⟨van klassieke zuil⟩

²**verge** /vɜːdʒ, ᴬvɜrdʒ/ [onov ww] ① neigen, hellen, zich uitstrekken ♦ *hills verging to the south* heuvels die op het zuiden liggen; *he's verging towards eighty* hij loopt tegen de tachtig ② grenzen ♦ *verging on the tragic* op het randje van het tragische; *verge (up)on* grenzen aan

verg·er /vɜːdʒə, ᴬvɜrdʒər/ [telb zn] ① ⟨vnl BE⟩ kerkdienaar, koster ② ⟨BE⟩ stafdrager, pedel

Vergil [eigenn] → **Virgil**

ver·glas /veəglɑː, ᴬvɜrglɑ/ [niet-telb zn] ijzel

ve·rid·i·cal /vərɪdɪkl/, **ve·rid·ic** /-dɪk/ [bn; bw: ~ly] ① waarheidlievend, waar, nauwkeurig ② ⟨psych⟩ geloofwaardig, waarachtig, in overeenstemming met de realiteit, echt

ve·rid·i·cal·i·ty /vərɪdɪkælətɪ/ [niet-telb zn] ① waarheidsliefde ② ⟨psych⟩ geloofwaardigheid, waarachtigheid

ver·i·est /verɪɪst/ [bn, attr; overtreffende trap van very]

→ **very**

ver·i·fi·a·ble /verɪfaɪəbl, -faɪəbl/ [bn] verifieerbaar, te verifiëren

ver·i·fi·ca·tion /verɪfɪkeɪʃn/ [telb + niet-telb zn] ① verificatie, onderzoek, controle, vergelijking ② staving, bevestiging, bekrachtiging, bewijs, volbrenging, uitvoering, bevestiging, vervulling ⟨van voorspelling, belofte⟩ ③ ratificatie

ver·i·fi·er /verɪfaɪə, ᴬ-ər/ [telb zn] verificateur

ver·i·fy /verɪfaɪ/ [ov ww] ① verifiëren, de waarheid/juistheid onderzoeken/nagaan van, onderzoeken, controleren, checken ② waarmaken, staven, bevestigen, bekrachtigen, deugdelijk verklaren, bewaarheiden, vervullen ⟨belofte⟩

ver·i·ly /verɪli/ [bw] ⟨vero, behalve Bijb⟩ waarlijk, voorwaar

ver·i·sim·i·lar /verɪsɪmɪlə, ᴬ-ər/ [bn; bw: ~ly] waarschijnlijk, blijkbaar waar/echt

¹**ver·i·si·mil·i·tude** /verɪsɪmɪlɪtjuːd, ᴬ-tuːd/ [telb zn] schijnwaarheid

²**ver·i·si·mil·i·tude** /verɪsɪmɪlɪtjuːd, ᴬ-tuːd/ [niet-telb zn] waarschijnlijkheid, aannemelijkheid

ver·ism /vɪərɪzm, ᴬvɪrɪzm/ [niet-telb zn] ⟨kunst⟩ verisme

ver·is·mo /verɪzmoʊ/ [telb + niet-telb zn] ⟨kunst⟩ verisme ⟨in opera⟩

ver·ist /vɪərɪst, ᴬvɪrɪst/ [telb zn] ⟨kunst⟩ verist ⟨aanhanger van het verisme⟩

ve·ris·tic /vɪərɪstɪk, ᴬvə-/ [bn] ⟨kunst⟩ veristisch

ver·i·ta·ble /verɪtəbl/ [bn; bw: veritably; zn: ~ness] waar, echt, werkelijk, onbetwistbaar, ⟨scherts⟩ hoogstwaarachtig

ver·i·tas /verɪtæs/ [niet-telb zn] waarheid

¹**ver·i·ty** /verəti/ [telb zn; voornamelijk mv] ⟨form⟩ (algemeen aanvaarde) waarheid

²**ver·i·ty** /verəti/ [niet-telb zn] ⟨vero⟩ waarheid, echtheid

¹**ver·juice** /vɜːdʒuːs, ᴬvɜr-/ [telb zn] sap van onrijp/zuur fruit

²**ver·juice** /vɜːdʒuːs, ᴬvɜr-/ [niet-telb zn] ⟨ook fig⟩ bitterheid, wrangheid

³**ver·juice** /vɜːdʒuːs, ᴬvɜr-/ [ov ww] ⟨ook fig⟩ verzuren

¹**ver·kramp·te** /fəkræm(p)tə, ᴬfərkrɒm(p)tə/ [telb zn] ⟨ZAE; gesch⟩ verkrampte ⟨reactionair; lid van de Nationale Partij die een rigide politiek voorstond ten opzichte van kleurlingen⟩

²**ver·kramp·te** /fəkræm(p)tə, ᴬfərkrɒm(p)tə/ [bn] ⟨ZAE; gesch⟩ reactionair

¹**ver·lig·te** /fəlɪxtə, ᴬfər-/ [telb zn] ⟨ZAE; gesch⟩ verligte ⟨progressist; lid van de Nationale Partij die een gematigde politiek voorstond ten opzichte van kleurlingen⟩

²**ver·lig·te** /fəlɪxtə, ᴬfər-/ [bn] ⟨ZAE; gesch⟩ progressief ⟨voornamelijk ten opzichte van kleurlingen⟩

ver·meil /vɜːmeɪl, ᴬvɜrmɪl/ [niet-telb zn] ① vermeil, verguld zilver/brons/koper ② oranjerood granaat ③ ⟨form⟩ vermiljoen

ver·mi- /vɜːmi, ᴬvɜrmi/ vermi-, worm- ♦ *vermicide* vermicide, wormmiddel; *vermiform* wormvormig

ver·mi·an /vɜːmɪən, ᴬvɜr-/ [bn] wormachtig, wormvormig

ver·mi·cel·li /vɜːmɪseli, ᴬvɜrmɪtʃeli/ [niet-telb zn] vermicelli

ver·mi·cide /vɜːmɪsaɪd, ᴬvɜr-/ [telb zn] vermicide, wormmiddel

ver·mic·u·lar /vɜːmɪkjʊlə, ᴬvɜrmɪkjələr/ [bn; bw: ~ly] ① wormachtig, wormvormig ② worm- ♦ *vermicular disease* wormziekte ③ wormstrepig ♦ *vermicular pottery* wormstrepig aardewerk

ver·mi·cu·late /vɜːmɪkjʊleɪt, ᴬvɜr-/ [bn] ① wormachtig, wormvormig ② worm- ③ kronkelend, kronkelig ④ wormstrepig ♦ *vermiculate pottery* wormstrepig aardewerk ⑤ wormstekig

ver·mic·u·la·tion /vɜːmɪkjʊleɪʃn, ᴬvɜrmɪkjə-/ [telb

vermicule

+ niet-telb zn) wormsgewijze/peristaltische beweging, peristaltiek ⟨in het bijzonder van de ingewanden⟩ [2] wormvormige strepen ⟨als ornament, in het bijzonder bouwkunst⟩ [3] wormstekigheid
ver·mi·cule /vɜːmɪkjuːl, ᴬvɜr-/ [telb zn] wormpje
ver·mic·u·lite /vɜːmɪkjʊlaɪt, ᴬvɜrmɪkjə-/ [telb zn] vermiculiet ⟨mineraal⟩
ver·mi·form /vɜːmɪfɔːm, ᴬvɜrmɪfɔrm/ [bn] wormvormig ◆ ⟨anat⟩ *vermiform appendix* wormvormig aanhangsel ⟨van de blindedarm⟩
ver·mi·fug·al /vɜːmɪfjuːgl, ᴬvɜrmɪfjəgl/ [bn] wormverdrijvend
ver·mi·fuge /vɜːmɪfjuːdʒ, ᴬvɜr-/ [telb zn] wormmiddel
¹**ver·mil·ion, ver·mil·lion** /vəmɪliən, ᴬvər-/ [telb + niet-telb zn] [1] cinnaber, mercurisulfide, vermiljoen ⟨grondstof voor pigment⟩ [2] vermiljoen ⟨pigment, kleur⟩
²**ver·mil·ion, ver·mil·lion** /vəmɪliən, ᴬvər-/ [bn] vermiljoen, vermiljoenkleurig
ver·min /vɜːmɪn, ᴬvɜr-/ [verzamelen; werkwoord voornamelijk mv] [1] ongedierte, schadelijk gedierte [2] gespuis, gepeupel, canaille
ver·mi·nate /vɜːmɪneɪt, ᴬvɜr-/ [onov ww] ongedierte broeien/krijgen, van ongedierte krioelen
ver·mi·na·tion /vɜːmɪneɪʃn, ᴬvɜr-/ [niet-telb zn] [1] het door ongedierte geplaagd worden [2] het broeien/krioelen van ongedierte
ver·min·ous /vɜːmɪnəs, ᴬvɜr-/ [bn; bw: ~ly] [1] vol (met) ongedierte [2] door ongedierte overgebracht ⟨ziekte⟩ [3] ⟨pej⟩ vies, afstotelijk
ver·miv·o·rous /vɜːmɪvərəs, ᴬvɜr-/ [bn] wormetend
ver·mouth /vɜːməθ, ᴬvɜrmuːθ/ [telb + niet-telb zn] vermout ◆ *French vermouth* droge vermout; *Italian vermouth* zoete vermout
¹**ver·nac·u·lar** /vənækjʊlə, ᴬvɜrnækjələr/ [telb zn; ⟨the⟩] [1] streektaal, landstaal, dialect [2] gemeenzame taal, dagelijkse spreektaal [3] sociolect, groepstaal [4] vaktaal, vakjargon [5] idioom [6] volkse/populaire/niet-wetenschappelijke naam ⟨van dier/plant⟩
²**ver·nac·u·lar** /vənækjʊlə, ᴬvɜrnækjələr/ [bn; bw: ~ly] [1] in de landstaal/streektaal [2] de landstaal/streektaal gebruikend [3] lokaal, van het land/de streek ⟨taal⟩, in lokale stijl ⟨bouwkunst, decoratie⟩ [4] niet wetenschappelijk, volks, populair ⟨m.b.t. naam van dier/plant⟩
¹**ver·nac·u·lar·ism** /vənækjʊlərɪzm, ᴬvɜrnækjə-/ [telb zn] lokale uitdrukking
²**ver·nac·u·lar·ism** /vənækjʊlərɪzm, ᴬvɜrnækjə-/ [niet-telb zn] gebruik van de lands/streektaal
¹**ver·nac·u·lar·i·ty** /vənækjʊlærəti, ᴬvɜrnækjəlærəti/ [telb zn] lokale uitdrukking
²**ver·nac·u·lar·i·ty** /vənækjʊlærəti, ᴬvɜrnækjəlærəti/ [niet-telb zn] gebruik van de lands/streektaal
ver·nac·u·lar·ize, ver·nac·u·lar·ise /vənækjʊləraɪz, ᴬvɜrnækjə-/ [ov ww] in de lands/streektaal overbrengen, aan de landstaal/streektaal aanpassen
ver·nal /vɜːnl, ᴬvɜrnl/ [bn, attr; bw: ~ly] ⟨form⟩ [1] lente-, voorjaars- [2] jeugdig, jong, fris ◆ ⟨astron⟩ *vernal equinox* lentepunt; lentenachtevening, lente-evening, voorjaarsequinox ◆ ⟨plantk⟩ *vernal grass* reukgras ⟨*Anthoxanthum odoratum*⟩
ver·nal·i·za·tion, ver·nal·i·sa·tion /vɜːnəlaɪzeɪʃn, ᴬvɜrnələ-/ [niet-telb zn] ⟨landb⟩ vernalisatie, jarovisatie, verzomering
ver·na·tion /vɜːneɪʃn, ᴬvɜr-/ [niet-telb zn] ⟨plantk⟩ knoplegging, vernatio ⟨m.b.t. blad in knop⟩
ver·ni·cle /vɜːnɪkl, ᴬvɜr-/ [eigenn, telb zn] ⟨Bijbel⟩ zweetdoek, Veronicadoek ⟨waarmee Veronica Christus' gelaat afwiste⟩, ⟨bij uitbreiding⟩ afbeelding van Christus' gelaat op doek
ver·ni·er /vɜːniə, ᴬvɜrniər/ [telb zn] vernier, hulpschaalverdeling ⟨verbeterde nonius⟩

2058

ver·nier engine, ver·nier rocket [telb zn] ⟨ruimtev⟩ correctiemotor, correctieraket
Ver·o·nal /verənl, ᴬ-nɒl/ [eigenn, niet-telb zn; ook veronal] veronal ⟨oorspronkelijk merknaam voor slaapmiddel barbital⟩
¹**Ver·o·nese** /verəniːz/ [telb zn; mv: Veronese] Veronees ⟨inwoner van Verona⟩
²**Ver·o·nese** /verəniːz/ [bn] Veronees, van/m.b.t. Verona
¹**ve·ron·i·ca** /vərɒnɪkə, ᴬvərɑ-/ [telb zn] [1] zweetdoek, Veronicadoek, ⟨bij uitbreiding⟩ afbeelding van Christus' gelaat op doek [2] ⟨stierengevecht⟩ manoeuvre waarbij stierenvechter doek voor stier houdt en terugtrekt, grondpas
²**ve·ron·i·ca** /vərɒnɪkə, ᴬvərɑ-/ [telb + niet-telb zn] ⟨plantk⟩ veronica, ereprijs ⟨genus *Veronica*⟩
ver·ru·ca /vəruːkə/ [telb zn; mv: ook verrucae /-kiː/] ⟨biol⟩ wrat
ver·ru·cose /verəkəʊs/, **ver·ru·cous** /-kəs, vəruːkəs/ [bn] wrattig, wratachtig, vol wratten
ver·sant /vɜːsnt, ᴬvɜr-/ [telb zn] ⟨berg⟩helling
ver·sa·tile /vɜːsətaɪl, ᴬvɜrsətl/ [bn; bw: ~ly; zn: ~ness] [1] veelzijdig, beweeglijk, versatiel ⟨van geest⟩ [2] ruim toepasbaar/toepasselijk, veelzijdig bruikbaar ◆ *a versatile material* een materiaal met veel toepassingsmogelijkheden [3] ⟨licht⟩ wendbaar, draaibaar, versatiel ◆ *versatile antennae of an insect* wendbare voelhoorns van een insect; *versatile anthers of a flower* wendbare helmknoppen van een bloem [4] veranderlijk, onstabiel, wispelturig ◆ *a versatile character* een veranderlijk karakter
ver·sa·til·i·ty /vɜːsətɪləti, ᴬvɜrsətɪləti/ [niet-telb zn] [1] veelzijdigheid, beweeglijkheid ⟨van geest⟩ [2] ruime toepasbaarheid/toepasselijkheid [3] veranderlijkheid, onstabiliteit [4] wendbaarheid
¹**verse** /vɜːs, ᴬvɜrs/ [telb zn] [1] vers, versregel, dichtregel [2] ⟨Bijbel⟩vers [3] vers, couplet, strofe ◆ *cap verses* voortgaan met een vers waarvan de eerste letter dezelfde is als de laatste van het vorige
²**verse** /vɜːs, ᴬvɜrs/ [niet-telb zn] [1] versvorm, dichtvorm, verzen ◆ *blank verse* blanke/onberijmde verzen; *free verse* vrije verzen ⟨zonder vormbeperking⟩; *write in verse* in verzen schrijven [2] verzen, dichtwerk, gedichten ◆ *occasional verse* gelegenheidspoëzie [3] verzenmakerij, rijmelarij
³**verse** /vɜːs, ᴬvɜrs/ [onov ww] rijmen, verzen maken, dichten
⁴**verse** /vɜːs, ᴬvɜrs/ [ov ww] [1] berijmen, in/op rijm zetten, in verzen overbrengen [2] berijmen, in verzen maken
versed /vɜːst, ᴬvɜrst/ [bn] bedreven, ervaren, getraind, geverseerd ◆ *well versed in* bedreven/ervaren in ◆ ⟨driehoeksmeting⟩ *versed cosine* cosinus versus ⟨1-sin⟩; *versed sine* sinus versus ⟨1-cos⟩
verse·man /vɜːsmən, ᴬvɜrs-/ [telb zn; mv: versemen /-mən/] verzenschrijver, verzenmaker, rijmelaar
verse·mong·er /vɜːsmʌŋgə, ᴬvɜrsmʌŋgər/ [telb zn] verzenlijmer, rijmelaar
ver·set /vɜːsɪt, ᴬvɜr-/ [telb zn] [1] ⟨Bijbel⟩vers [2] ⟨muz⟩ kort preludium/interludium voor orgel
ver·si·cle /vɜːsɪkl, ᴬvɜr-/ [telb zn] [1] versje, korte versregel [2] ⟨liturgie⟩ beurt(ge)zang, biddersgebed
ver·si·col·oured, ⟨AE⟩ **ver·si·col·ored** /vɜːsɪkʌləd, ᴬvɜrsɪkʌlərd/ [bn] [1] bontgekleurd, veelkleurig [2] met wisselende kleuren [3] iriserend, geïriseerd
ver·sic·u·lar /vɜːsɪkjʊlə, ᴬvɜrsɪkjələr/ [bn, attr] ⟨Bijbel⟩vers-, ⟨Bijbel⟩verzen-
ver·si·fi·ca·tion /vɜːsɪfɪkeɪʃn, ᴬvɜr-/ [niet-telb zn] [1] verskunst, rijmkunst [2] versbouw, versmaat, metrum
ver·si·fi·er /vɜːsɪfaɪə, ᴬvɜrsɪfaɪər/, **ver·si·fi·ca·tor** /vɜːsɪfɪkeɪtə, ᴬvɜrsɪfɪkeɪtər/ [telb zn] [1] verzenschrijver, verzenmaker, dichter [2] rijmelaar, verzenlijmer
¹**ver·si·fy** /vɜːsɪfaɪ, ᴬvɜr-/ [onov ww] [1] rijmen, verzen maken, dichten [2] rijmelen, verzen lijmen

²**ver·si·fy** /vɜːsɪfaɪ, ᴬvɜr-/ [ov ww] **1** **berijmen,** in/op rijm zetten, in verzen overbrengen **2** **berijmen,** in verzen maken

ver·sine /vɜːsaɪn, ᴬvɜr-/ [telb zn] ⟨driehoeksmeting⟩ **sinus versus** ⟨1-cos⟩

ver·sion /vɜːʃn, ᴬvɜrʒn/ [telb zn] **1** **vertaling,** versie ♦ *an English version of Faust* een Engelse vertaling van Faust **2** **versie,** lezing, voorstellingswijze **3** **versie,** variant, variatie, interpretatie, uitvoering, bewerking ♦ *a convincing version of a symphony* een overtuigende interpretatie van een symfonie; *a filmed version of a play* een filmadaptatie van een toneelstuk; *an improved version of an engine* een verbeterde versie van een motor; *a local version of a game* een lokale variant van een spel **4** ⟨med⟩ **versie** ⟨het keren van het kind in de baarmoeder⟩

Ver·sion /vɜːʃn, ᴬvɜrʒn/ [telb zn] **Bijbelvertaling** ♦ *Authorized Version* officiële Engelse Bijbelvertaling ⟨1611⟩; *Revised Version* herziene Engelse Bijbelvertaling ⟨1870-1884⟩; *Revised Standard Version* herziene Amerikaanse Bijbelvertaling ⟨1946-1957⟩

ver·sion·al /vɜːʃnəl, ᴬvɜrʒnəl/ [bn, attr] **m.b.t. (een) versie** ⟨voornamelijk van de Bijbel⟩

vers li·bre /veə liːbr(ə), ᴬver-/ [niet-telb zn] **vrije verzen**

vers·li·brist /veə liːbrɪst, ᴬver-/ [telb zn] **schrijver van vrije verzen,** verslibrist

ver·so /vɜːsoʊ, ᴬvɜr-/ [telb zn] **1** **versozijde,** ommezijde ⟨van blad⟩, linkerpagina ⟨in open boek⟩ **2** **keerzijde** ⟨van munt, medaille⟩

verst /vɜːst, ᴬvɜrst/ [telb zn] **werst** ⟨oude Russische afstandsmaat, 1011,78 m⟩

ver·sus /vɜːsəs, ᴬvɜr-/ [vz] **1** ⟨tegenstelling⟩ ⟨vnl jur of sport⟩ **contra,** versus, tegen(over) ♦ *Brown vs. Board of Education of Topeka* Brown contra de Onderwijscommissie van Topeka; *John's team versus Bill's* de ploeg van John tegen die van Bill **2** ⟨vergelijkend⟩ **vergeleken met,** tegenover, (te) onderschatten van ♦ *religion versus superstition* de godsdienst tegenover het bijgeloof

vert /vɜːt, ᴬvɜrt/ [niet-telb zn] **1** ⟨gesch, jur⟩ **groen (hout)** **2** ⟨gesch, jur⟩ **recht om groen hout te kappen** **3** ⟨heral⟩ **sinopel,** groene kleur

ver·te·bra /vɜːtɪbrə, ᴬvɜrtɪ-/ [telb zn; mv: ook vertebrae /-briː/] **(ruggen)wervel** ♦ *the vertebrae* de wervelkolom, de ruggengraat

ver·te·bral /vɜːtɪbrəl, ᴬvɜrtɪ-/ [bn, attr] **1** **gewerveld** **2** **vertebraal,** wervel- ♦ ⟨anat⟩ *vertebral canal* wervelkanaal; *vertebral column* wervelkolom, ruggengraat

¹**ver·te·brate** /vɜːtɪbrət, -breɪt, ᴬvɜrtɪ-/ [telb zn] **gewerveld dier,** vertebraat

²**ver·te·brate** /vɜːtɪbrət, -breɪt, ᴬvɜrtɪ-/, **ver·te·bra·ted** /vɜːtɪbreɪtɪd, ᴬvɜrtɪbreɪtɪd/ [bn, attr] **gewerveld**

ver·te·bra·tion /vɜːtɪbreɪʃn, ᴬvɜrtɪ-/ [niet-telb zn] **1** **gewervelde structuur** **2** **ruggengraat** ⟨figuurlijk⟩, pit

ver·tex /vɜːteks, ᴬvɜr-/ [telb zn; mv: ook vertices /-tɪsiːz/] **1** **top,** toppunt **2** ⟨anat⟩ **kruin,** schedelkap **3** ⟨meetk⟩ **hoekpunt,** ⟨i.h.b.⟩ top(punt) ⟨van driehoek, piramide enz.⟩ **4** ⟨astron⟩ **vertex,** toppunt, zenit ⟨van baan van hemellichaam⟩

¹**ver·ti·cal** /vɜːtɪkl, ᴬvɜrtɪkl/ [telb zn] **1** **loodlijn,** verticaal **2** **loodrecht/verticaal vlak** **3** **loodrechte/verticale cirkel**

²**ver·ti·cal** /vɜːtɪkl, ᴬvɜrtɪkl/ [niet-telb zn; the] **loodrechte/verticale stand** ♦ *out of the vertical* niet loodrecht/verticaal, uit het lood

³**ver·ti·cal** /vɜːtɪkl, ᴬvɜrtɪkl/ [bn; bw: ~ly] **1** **verticaal,** loodrecht, rechtstandig ♦ *vertical expansion* verticale groei/integratie ⟨van bedrijf, door bv. toeleveringsbedrijven over te nemen⟩; ⟨dierk⟩ *vertical fin* verticale/rechtstandige vin; *vertical integration* verticale integratie ⟨waarbij alle productiefasen/trappen van hiërarchie op elkaar afgestemd zijn⟩; *vertical plane* verticaal/loodrecht vlak; *vertical section* verticale doorsnede; *vertical take-off* verticale start ⟨van vliegtuig⟩ **2** **verticaal,** m.b.t. het toppunt/zenit ♦ ⟨astron⟩ *vertical circle* verticaalcirkel **3** ⟨anat⟩ **kruin-,** schedelkap- · *vertical angles* tegenoverstaande hoeken; *vertical file* dossierkast; knipselarchief

ver·ti·cal·i·ty /vɜːtɪkæləti, ᴬvɜrtɪkæləti/ [niet-telb zn] **het loodrecht-zijn,** rechtstandigheid

vertices [alleen mv] → **vertex**

ver·ti·cil /vɜːtɪsɪl, ᴬvɜrtɪ-/ [telb zn] ⟨plantk⟩ **krans** ⟨als bloeiwijze/groeiwijze⟩

ver·ti·cil·late /vɜːtɪsəleɪt, ᴬvɜrtɪsɪleɪt/ [bn; bw: ~ly] ⟨plantk⟩ **kransstandig**

ver·tig·i·nous /vɜːtɪdʒɪnəs, ᴬvɜr-/ [bn; bw: ~ly; zn: ~ness] **1** **draaiend,** wervelend **2** **duizelig,** draaierig **3** **duizelingwekkend** **4** **veranderlijk,** onstabiel, wispelturig

ver·ti·go /vɜːtɪɡoʊ, ᴬvɜrtɪ-/ [niet-telb zn] **1** **duizeligheid,** draaierigheid, duizeling **2** **verbijstering,** desoriëntatie **3** **kolder,** draaiziekte ⟨bij paarden enz.⟩

vertu → **virtu**

Ver·u·la·mi·an /verəleɪmiən/ [bn, attr] **m.b.t. Francis Bacon** ⟨Lord Verulam⟩

ver·vain /vɜːveɪn, ᴬvɜr-/ [niet-telb zn] ⟨plantk⟩ **verbena,** ijzerhard ⟨genus Verbena⟩

verve /vɜːv, ᴬvɜrv/ [niet-telb zn] **gloed,** vuur, geestdrift, bezieling, verve

ver·vet /vɜːvɪt, ᴬvɜr-/ [telb zn] ⟨dierk⟩ **groene meerkat** ⟨Cercopithecus aethiops⟩

¹**ver·y** /veri/ [bn, attr; vergr trap: verier] ⟨emfatisch; niet altijd vertaalbaar⟩ **1** **absoluut,** uiterst, strikt ♦ *from the very beginning till the very end* vanaf het allereerste begin tot het allerlaatste einde; *do one's very best* zijn uiterste best doen; *at the very height of his career* op het absolute hoogtepunt van zijn carrière; *this is the very minimum* dit is het uiterste minimum **2** ⟨als nadrukwoord⟩ **zelf,** zelfde, juist, precies, eigenlijk ♦ *under my very eyes* uitgerekend/vlak onder mijn ogen; *the very man he needed* precies de man die hij nodig had; *come this very minute* kom meteen; *he is the very picture/spit of his father* hij is het evenbeeld van zijn vader; *he died in this very room* hij stierf in deze zelfde kamer; *his very self* hijzelf, hemzelf, hij in eigen persoon; *this is the very thing for me* dat is net iets voor mij; *his very wastefulness ruined him* uitgerekend zijn verspilzucht ruïneerde hem; *these were his very words* dit waren letterlijk zijn woorden **3** **zelfs** ♦ *the very trees might hear it* zelfs de bomen zouden het kunnen horen **4** **enkel,** alleen (al), bloot ♦ *the very fact that ...* het blote feit/alleen al het feit dat ... **5** ⟨ouder⟩ **waar,** waarachtig, echt, gemeend, oprecht ♦ *the veriest child knows it* het kleinste kind weet het; *very God of very God* ware God van de ware God ⟨in gebeden⟩; *he gave sth. for very pity* uit oprecht medelijden gaf hij iets; *speak in very truth* in alle oprechtheid spreken; *there was no verier tyrant* er was geen groter/wreder tiran · *the very idea!* wat een idee!

²**ver·y** /veri/ [bw] **1** **heel,** erg, zeer, uiterst, aller- ♦ *that is very difficult* dat is heel erg moeilijk; *very good, Sir!* heel goed/zeker, meneer!; ⟨techn⟩ *very high frequency, Very High Frequency* VHF ⟨hoogfrequente radiogolven van 30-300 MHz⟩; *the very last day* de allerlaatste dag; *he looked very tired* hij zag er heel moe uit; ⟨techn⟩ *very low frequency, Very Low Frequency* VLF ⟨laagfrequente radiogolven van 3-30 kHz⟩; *thanks very much* heel erg bedankt; *he is very much better today* hij is heel wat beter vandaag; *he looked very much confused* hij zag er erg verward uit; *not very* niet erg, niet al te; ⟨euf⟩ *hoegenaamd niets,* geenszins; *not so very difficult* niet zo (erg) moeilijk, niet (al) te moeilijk; *he very often comes* hij komt heel vaak; *Very Reverend* Zeereerwaarde ⟨titel van deken⟩; *it was very tiring* het was erg vermoeiend; *oh, very well then!* oh, goed dan (, als het moet)! **2** **helemaal** ♦ *keep this for your very own* houd dit helemaal voor jezelf **3** **precies** ♦ *in the very same hotel* in precies hetzelf-

Very light

de hotel
Ver·y light, Ver·ey light /vɪəri laɪt, ᴬveri-/ [telb zn] lichtkogel, lichtgranaat
Very pistol, Verey pistol [telb zn] lichtpistool
ve·si·ca /vesɪkə, ᴬvəsiːkə/, ⟨in betekenis 2 ook⟩ **ve·si·ca pis·cis** /-pɪskɪs/ [telb zn; mv: vesicae (piscium) /vesɪsiː/] ① ⟨anat⟩ blaas, ⟨i.h.b.⟩ urineblaas, galblaas ② ⟨gotiek⟩ visblaas(motief) ⟨in beeldhouwkunst/schilderkunst⟩
ves·i·cal /vesɪkl/ [bn, attr] blaas-
¹**ves·i·cant** /vesɪkənt/, **ves·i·ca·to·ry** /-kətri, ᴬ-kətɔri/ [telb zn] blaartrekkend middel ⟨in het bijzonder bij chemische oorlogvoering⟩
²**ves·i·cant** /vesɪkənt/, **ves·i·ca·to·ry** /-kətri, ᴬ-kətɔri/ [bn] blaartrekkend
¹**ves·i·cate** /vesɪkeɪt/ [onov ww] blaren krijgen
²**ves·i·cate** /vesɪkeɪt/ [ov ww] blaren doen krijgen
ves·i·cle /vesɪkl/ [telb zn] ① ⟨anat⟩ blaasje, zakje ⟨met vocht⟩ ② ⟨med⟩ blaar ③ ⟨geol⟩ luchtbel, gasbel, holte ⟨in vulkanisch gesteente⟩
ve·sic·u·lar /vɪsɪkjʊlə, ᴬ-kjələr/ [bn; bw: ~ly] ① blaasjesachtig, blaarachtig, vol blaasjes/blaren, blaasjes-, blaren- ② blaasjes/blaren vormend ♦ *vesicular disease* blaasjes/blaren vormende ziekte
ve·sic·u·late /vɪsɪkjʊleɪt, ᴬ-kjə-/, **ve·sic·u·lose** /-loʊs/ [bn, attr] blaasjesachtig, blaarachtig, vol blaasjes/blaren, blaasjes-, blaren-
ve·sic·u·la·tion /vɪsɪkjʊleɪʃn, ᴬ-kjə-/ [niet-telb zn] vorming van blaasjes/blaren
ves·per /vespə, ᴬ-ər/ [telb zn] ⟨vero⟩ avond
Ves·per /vespə, ᴬ-ər/ [eigenn] ⟨vero⟩ vesper, Venus, de Avondster
ves·pers /vespəz, ᴬ-ərz/ [alleen mv; werkwoord soms enk] vesper(s), vespergetijde
ves·per·tine /vespətaɪn, ᴬ-pər-/, **ves·per·ti·nal** /-taɪnl/ [bn, attr] avond-, avondlijk ♦ *vespertine flower* avondbloem
ves·pi·ar·y /vespɪəri, ᴬvespieri/ [telb zn] wespennest
ves·pine /vespaɪn/ [bn, attr] wespen-
ves·sel /vesl/ [telb zn] ⟨form⟩ ① vat ⟨voor vloeistof⟩ ② ⟨anat, plantk⟩ vat, kanaal, buis ⟨voor bloed, vocht, sappen⟩ ③ vaartuig, schip ④ ⟨Bijb; scherts⟩ vat ⟨persoon als instrument van eigenschap⟩ ♦ ⟨Bijb⟩ *a chosen vessel* een uitverkoren werktuig ⟨Hand. 9:15⟩; *weak vessel* onbetrouwbaar persoon, zwak vat ● ⟨sprw⟩ *empty barrels/vessels make the most sound* holle vaten klinken het hardst
¹**vest** /vest/ [telb zn] ① ⟨BE⟩ flanel(letje), (onder)hemd ② ⟨AE; Brits-Engels handel⟩ vest ③ plastron ⟨in japon⟩
²**vest** /vest/ [onov ww] ⟨form⟩ zich (aan)kleden ⟨ook m.b.t. misgewaden e.d.⟩ ● *the estate vested in him* het landgoed kwam in zijn bezit; *that authority vests in the Crown* die bevoegdheid berust bij de Kroon
³**vest** /vest/ [ov ww] toekennen, bekleden ♦ *vest power in s.o.* iemand met macht bekleden; *vest one's property in s.o.* iemand met zijn bezittingen begiftigen; *the power is vested in the people* de macht ligt bij het volk; *vested interests* gevestigde belangen; belangengroep; ⟨jur⟩ *vested right* onvervreemdbaar recht; *vest s.o. with power* iemand met macht bekleden; *the parliament is vested with the legislative power* de wetgevende macht berust bij het parlement
ves·ta /vestə/ [telb zn] lucifertje
¹**ves·tal** /vestl/ [telb zn] vestaalse maagd, ⟨fig⟩ kuise vrouw, non
²**ves·tal** /vestl/ [bn, attr] vestaals, ⟨fig⟩ maagdelijk, kuis ♦ *vestal virgin* vestaalse maagd
vest·ee /vestiː/ [telb zn] plastron ⟨in japon⟩
¹**ves·ti·ar·y** /vestɪəri, ᴬvestieri/ [telb zn] ① kleedkamer ② vestiaire, garderobe
²**ves·ti·ar·y** /vestɪəri, ᴬvestieri/ [bn] kleding-, kleer-, kleren-
ves·tib·u·lar /vestɪbjʊlə, ᴬ-bjələr/ [bn] ⟨vnl anat⟩ vestibulair ♦ *vestibular nerve* vestibulaire, voorhofszenuw ⟨in het oor⟩

ves·ti·bule /vestɪbjuːl/ [telb zn] ① vestibule, hal, (voor)portaal, voorhuis ② kerkportaal ③ ⟨AE⟩ (trein)balkon ④ ⟨anat⟩ voorhof, vestibulum ⟨bijvoorbeeld van oor⟩ ⑤ ⟨inf; scherts⟩ achterwerk, koffer, kont
ves·tige /vestɪdʒ/ [telb zn] ① spoor, teken, overblijfsel, rest(je) ♦ *vestiges of an old civilization* sporen van een oude beschaving; *not a vestige of regret* geen spoor/zweem van spijt ② ⟨biol⟩ rudiment ⟨onfunctioneel geworden orgaan⟩
ves·tig·i·al /vestɪdʒl/ [bn, attr; bw: ~ly] ① overblijvend, resterend ② ⟨biol⟩ rudimentair ⟨m.b.t. orgaan⟩
ves·ti·ture /vestɪtʃə, ᴬ-ər/ [telb zn] ① investituur ② (be)kleding ③ ⟨biol⟩ begroeiing, bedekking ⟨bijvoorbeeld haar⟩
vest·less /ves(t)ləs/ [bn] kaal, onbedekt
vest·ment /ves(t)mənt/ [telb zn] ⟨form⟩ ① (ambts)kleed, (ambts)gewaad ② ⟨kerk⟩ liturgisch gewaad, ⟨i.h.b.⟩ misgewaad
vest-pock·et [bn, attr] ⟨AE⟩ vestzak-, miniatuur-, in (vest)zakformaat
ves·try /vestri/ [telb zn] ① sacristie ② consistoriekamer ③ vergadering van leden van een parochie/kerkgemeente, ⟨i.h.b.⟩ consistorie, kerkenraad ⟨voornamelijk in anglicaanse kerk⟩
ves·try·man /vestrimən/ [telb zn; mv: vestrymen /-mən/] kerkenraadslid ⟨voornamelijk in anglicaanse kerk⟩
¹**ves·ture** /vestʃə, ᴬ-ər/ [niet-telb zn] ⟨vero⟩ ① kleding ② bedekking, begroeiing ⟨van land met groen, behalve bomen⟩
²**ves·ture** /vestʃə, ᴬ-ər/ [ov ww] ⟨vero⟩ (be)kleden
ves·tur·er /vestʃərə, ᴬ-ər/ [telb zn] sacristein
ve·su·vi·an /vɪsuːviən/, **ve·su·vi·an·ite** /-naɪt/ [niet-telb zn] Vesuviaan, idokraas ⟨mineraal⟩
Ve·su·vi·an /vɪsuːviən/ [bn] Vesuviaans
¹**vet** /vet/ [telb zn] ⟨inf⟩ ① ⟨verk: veterinary surgeon, veterinarian⟩ dierenarts, veearts ② ⟨AE⟩ ⟨verk: veteran⟩ veteraan
²**vet** /vet/ [onov ww] veearts zijn/worden
³**vet** /vet/ [ov ww] ① medisch behandelen ⟨dier⟩ ② ⟨vnl BE; inf⟩ grondig onderzoeken, (medisch) keuren, ⟨fig⟩ doorlichten, natrekken
⁴**vet** [afk] ① ⟨veteran⟩ ② ⟨veterinarian⟩ ③ ⟨veterinary⟩
vetch /vetʃ/ [telb + niet-telb zn] ⟨plantk⟩ wikke ⟨genus Vicia⟩ ♦ *common vetch* voederwikke ⟨Vicia sativa⟩
vetch·ling /vetʃlɪŋ/ [telb + niet-telb zn] ⟨plantk⟩ lathyrus ⟨genus Lathyrus⟩, ⟨i.h.b.⟩ veldlathyrus ⟨L. pratensis⟩
vetch·y /vetʃi/ [bn] vol wikke
¹**vet·er·an** /vetrən, ᴬvetərən/ [telb zn] ① veteraan, oudgediende ⟨ook figuurlijk⟩, oud-soldaat ⟨met lange ervaring⟩ ② oldtimer, oud model auto ⟨van voor 1916 of 1905⟩ ③ ⟨AE⟩ gewezen militair
²**vet·er·an** /vetrən, ᴬvetərən/ [bn, attr] ① vergrijsd in het vak, door en door ervaren, volleerd, doorkneed ② veteranen- ● ⟨BE⟩ *veteran car* oldtimer, oud model auto ⟨van voor 1916 of 1905⟩
¹**vet·er·an·ize, vet·er·an·ise** /vetrɪnaɪz, ᴬvetərə-/ [onov ww] ⟨AE⟩ opnieuw dienst nemen
²**vet·er·an·ize, vet·er·an·ise** /vetrɪnaɪz, ᴬvetərə-/ [ov ww] ⟨AE⟩ tot veteraan maken, ervaring laten opdoen
Veterans Day [eigenn] ⟨AE⟩ 11 november ⟨herdenking van de wapenstilstand in 1918⟩
vet·er·i·nar·i·an /vetrɪneəriən, ᴬvetərəneriən/ [telb zn] ⟨vnl AE⟩ dierenarts, veearts
vet·er·i·nar·y /vet(rɪ)nri, ᴬvetərəneri/ [bn, attr] veeartsenij-, veeartsenijkundig, veterinair ♦ *veterinary medicine* veeartsenijkunde; *veterinary surgeon* dierenarts, veearts; *veterinary surgery* dierenpraktijk, veeartsenpraktijk
vet·i·ver /vetɪvə, ᴬvetɪvər/ [telb + niet-telb zn] ⟨plantk⟩

Vetiveria zizanioides ⟨grassoort uit tropisch Azië; voornamelijk de aromatische wortels ervan⟩

¹**ve‧to** /ˈviːtoʊ/ [telb + niet-telb zn] veto, recht van veto, vetorecht ♦ *exercise the veto* zijn vetorecht uitoefenen, van zijn recht van veto gebruikmaken; *put a/one's veto on sth.* zijn veto over iets uitspreken, het veto op iets plaatsen, zijn toestemming voor iets weigeren; *suspensive veto* opschortend veto

²**ve‧to** /ˈviːtoʊ/ [ov ww] zijn veto uitspreken over, het veto plaatsen op, zijn toestemming weigeren

ve‧to‧er /ˈviːtoʊə, ᴬˈviːtoʊər/, **ve‧to‧ist** /ˈviːtoʊɪst/ [telb zn] voorstander/gebruiker van het recht van veto

veto power [telb + niet-telb zn] vetorecht

vex /veks/ [ov ww] ⓵ ergeren, plagen, irriteren, treiteren ♦ *how vexing!* wat vervelend!; *that noise would vex a saint* dat lawaai zou een heilige zijn geduld doen verliezen ⓶ in de war/verlegenheid brengen, van zijn stuk brengen, verbijsteren ⓷ (voortdurend) ter sprake brengen, (voortdurend) oprakelen ⟨probleem⟩ ⓸ ⟨form⟩ deining verwekken ⟨letterlijk, bijvoorbeeld op zee⟩ ⓹ ⟨vero⟩ kwellen, bedroeven ⓺ ⟨sprw⟩ *he who peeps through a hole may see what will vex him* ± wie luistert aan de wand, hoort vaak zijn eigen schand; → vexed, vexing

¹**vex‧a‧tion** /vekˈseɪʃn/ [telb zn] ⓵ plagerij, plaag, kwelling ⓶ bron van ergernis

²**vex‧a‧tion** /vekˈseɪʃn/ [niet-telb zn] ⓵ ergernis, irritatie ⓶ plagerij, getreiter

vex‧a‧tious /vekˈseɪʃəs/ [bn; bw: ~ly; zn: ~ness] ⓵ plagerig, lastig, hinderlijk, ergerlijk ⓶ geërgerd, geïrriteerd ⓷ ⟨jur⟩ vexatoir ⟨m.b.t. tergende gerechtelijke actie⟩

vexed /vekst/ [bn; volt deelw van vex; bw: ~ly] ⓵ geërgerd, geïrriteerd ⓶ in de war, van zijn stuk, verbijsterd ♦ *be vexed at sth.* door iets van zijn stuk gebracht zijn ⓷ veelbesproken, netelig ♦ *a vexed question* een veelbesproken/netelige kwestie

vex‧er /ˈveksə, ᴬ-ər/ [telb zn] plager, treiteraar

vex‧il‧lol‧o‧gy /ˌveksɪˈlɒlədʒi, ᴬ-ˈlɑ-/ [niet-telb zn] vexillogie, banistiek, vlaggenkunde

vex‧il‧lum /vekˈsɪləm/ [telb zn; mv: vexilla /-lə/] ⓵ ⟨biol⟩ vlag ⟨van vlinderbloem, veer⟩ ⓶ ⟨kerk⟩ ⟨benaming voor⟩ vaan, processievaandel, banier, bisschopswimpel ⓷ ⟨gesch⟩ vaandel, vendel ⟨voornamelijk bij Romeinse cavalerie⟩

vex‧ing /ˈveksɪŋ/ [bn; tegenwoordig deelw van vex; bw: ~ly] ergerlijk, vervelend, irriterend

VF [afk] ⓵ (very fair) ⓶ (vicar forane) ⓷ (video frequency) ⓸ (visual field)

V-formation [telb zn] V-formatie ⟨vlucht trekvogels of vliegtuigen⟩

VFW [afk] (Veterans of Foreign Wars)

VG [afk] ⓵ (very good) ⓶ (Vicar General)

VGA [telb zn; ook attributief] ⟨comp⟩ (video graphics array) VGA

vhf, VHF [niet-telb zn] (very high frequency) FM, VHF

vi [afk] (vide infra)

VI [afk] ⓵ (Virgin Islands) ⓶ (volume indicator)

vi‧a /ˈvaɪə, ˈviː/ [vz] ⓵ ⟨ook fig; plaats en richting⟩ via, door, langs, over ♦ *left via the garden* vertrok door de tuin; *via Moscow* via Moskou; *communicated via the radio* praatten met elkaar over de radio ⓶ ⟨middel⟩ door middel van, door het gebruik van ♦ *he won her via much patience* hij won haar door veel geduld uit te oefenen; *spread dissatisfaction via a fuel shortage* zaaien ontevredenheid door een tekort aan brandstof

vi‧a‧bil‧i‧ty /ˌvaɪəˈbɪləti/ [niet-telb zn] ⓵ levensvatbaarheid, ⟨België⟩ leefbaarheid ⓶ doenlijkheid, uitvoerbaarheid

vi‧a‧ble /ˈvaɪəbl/ [bn; bw: viably] ⓵ levensvatbaar ⟨ook figuurlijk⟩, ⟨België⟩ leefbaar ♦ *commercially viable* commercieel haalbaar/levensvatbaar ⓶ doenlijk, uitvoerbaar, te verwezenlijken

vi‧a‧duct /ˈvaɪədʌkt/ [telb zn] viaduct

Vi‧a‧gra /vaɪˈægrə/ [telb + niet-telb zn] ⟨med; handelsmerk⟩ viagra, erectiepil

¹**vi‧al** /ˈvaɪəl/ [telb zn] fiool, ⟨i.h.b.⟩ medicijnflesje, injectieflacon

²**vi‧al** /ˈvaɪəl/ [ov ww] ⓵ in een flesje doen ⓶ in een flesje bewaren

via me‧di‧a /ˌvaɪə ˈmiːdɪə/ [telb zn; enk] middenweg, via media

vi‧and /ˈvaɪənd/ [telb zn; vaak mv] ⟨form⟩ eetwaar, spijs, levensmiddelen

vi‧at‧i‧cum /vaɪˈætɪkəm/ [telb zn; mv: ook viatica /-kə/] ⓵ (reis- en) teerkost ⓶ ⟨gesch⟩ viaticum, reispenning, teerpenning, reisgeld, teergeld ⓷ ⟨r-k⟩ viaticum, Heilige Teerspijze, laatste sacrament

vi‧a‧tor /vaɪˈeɪtɔː, ᴬ-eɪtər/ [telb zn; mv: viatores /vaɪəˈtɔːriːz/] (voet)reiziger

vibes /vaɪbz/ [verzamelin] ⟨inf⟩ ⓵ (verk: vibraphone) vibrafoon ⓶ (verk: vibrations) vibraties, uitstralende gedachten/gevoelens

vi‧brac‧u‧lar /vaɪˈbrækjʊlə, ᴬ-kjələr/ [bn, attr] tentakelachtig

vi‧brac‧u‧lum /vaɪˈbrækjʊləm, ᴬ-jə-/ [telb zn; mv: vibracula /-lə/] ⟨dierk⟩ tentakel ⟨van mosdiertjes; Bryozoa⟩

vi‧bran‧cy /ˈvaɪbrənsi/ [niet-telb zn] ⓵ trilling ⓶ levendigheid

¹**vi‧brant** /ˈvaɪbrənt/ [telb zn] ⟨taalk⟩ stemhebbende klank

²**vi‧brant** /ˈvaɪbrənt/ [bn; bw: ~ly] ⓵ trillend, vibrerend, bevend ⓶ helder ⟨van kleur⟩, sterk ⟨van licht⟩, weerklinkend ⟨van klank⟩ ⓷ levendig, krachtig ⟨van stem⟩, opwindend ⓸ ⟨taalk⟩ stemhebbend

vi‧bra‧phone /ˈvaɪbrəfoʊn/ [telb zn] vibrafoon

vi‧bra‧phon‧ist /ˈvaɪbrəfoʊnɪst/ [telb zn] vibrafonist

¹**vi‧brate** /vaɪˈbreɪt, ᴬˈvaɪbreɪt/ [onov ww] ⓵ trillen ⟨ook figuurlijk⟩, vibreren, beven, sidderen ⓶ slingeren, schommelen, oscilleren, pulseren ⓷ weifelen ⓸ weerklinken

²**vi‧brate** /vaɪˈbreɪt, ᴬˈvaɪbreɪt/ [ov ww] ⓵ doen trillen ⟨ook figuurlijk⟩, doen vibreren/beven/sidderen ⓶ doen slingeren, doen schommelen/oscilleren ⓷ doen weerklinken, uitstoten ⟨klanken⟩ ⓸ *vibrated concrete* trilbeton, schokbeton, getrild beton

vi‧bra‧tile /ˈvaɪbrətaɪl, ᴬˈvaɪbrətl/ [bn] ⓵ trillend, vibrerend, oscillerend ⓶ tril-, trillings-

vi‧bra‧til‧i‧ty /ˌvaɪbrəˈtɪləti/ [niet-telb zn] trilbaarheid

¹**vi‧bra‧tion** /vaɪˈbreɪʃn/ [telb zn; voornamelijk mv] ⟨inf⟩ geestelijke invloed, (atmo)sfeer, ambiance, stemming

²**vi‧bra‧tion** /vaɪˈbreɪʃn/ [telb + niet-telb zn] trilling, beving, oscillatie, vibratie, pulsering

vi‧bra‧tion‧al /vaɪˈbreɪʃnəl/ [bn] van de/van een vibratie, vibratie-, trillings-

vibration damper [telb zn] ⟨techn⟩ trillingsdemper

vi‧bra‧to /vɪˈbrɑːtoʊ/ [telb zn] ⟨muz⟩ vibrato ⟨het doen trillen van de stem/van instrumenten⟩

vi‧bra‧tor /vaɪˈbreɪtə, ᴬˈvaɪbreɪtər/ [telb zn] ⓵ triller ⟨ook muziek⟩, trilapparaat, zoemer ⓶ vibrator

vi‧bra‧to‧ry /ˈvaɪbrətəri, ᴬ-tɔːri/, **vi‧bra‧tive** /ˈvaɪbreɪtɪv, ᴬˈvaɪbrətɪv/ [bn] ⓵ trillend ⓶ trillings-, vibratie-, tril-

vib‧ri‧o /ˈvɪbrioʊ/, **vi‧bri‧on** /ˈvɪbriɒn, ᴬ-ɑn/ [telb zn; mv: voor 2e variant vibriones /vɪbriˈoʊniːz/] ⟨med⟩ vibrio ⟨bacterie⟩

vi‧bris‧sa /vaɪˈbrɪsə/ [telb zn; mv: vibrissae /-siː/] ⓵ neushaartje, trilhaar, snorhaar, tasthaar

vi‧bro- /ˈvaɪbroʊ/ ⟨vnl med⟩ tril-, trillings-, vibratie- ♦ *vibromassage* vibromassage, vibratiemassage

vi‧bro‧graph /ˈvaɪbrəɡrɑːf, ᴬ-ɡræf/ [telb zn] ⟨natuurk⟩ vibrograaf

vi‧bron‧ic /vaɪˈbrɒnɪk, ᴬ-brɑ-/ [bn] ⟨natuurk⟩ trillend

vi‧bro‧scope /ˈvaɪbrəskoʊp/ [telb zn] trillingsmeter

vi‧bur‧num /vaɪˈbɜːnəm, ᴬ-bɜr-/ [telb zn] ⟨plantk⟩

vic

sneeuwbal 〈Viburnum opulus roseum〉
vic [afk] ① (vicar) ② (vicinity)
¹Vic /vɪk/ [telb zn] (verk: Victoria) Victoria ♦ *the old Vic* theater(gezelschap) 〈Old Victoria Hall; in Londen〉
²Vic [afk] (Victoria)
vic·ar /vɪkə, ᴬ-ər/ [telb zn] ① predikant, dominee 〈anglicaanse kerk〉 ② 〈r-k〉 plaatsvervanger, vicaris ♦ *vicar apostolic* apostolisch vicaris; *cardinal vicar* bisschop van Rome; *the Vicar of (Jesus) Christ* de stedehouder van Christus, de paus ③ koorzanger 〈die delen van de kerkdienst zingt〉 ♦ 〈BE〉 *vicar choral* koorzanger; *lay vicar* lekenzanger
vic·ar·age /vɪkərɪdʒ/ [telb zn] ① predikantsplaats, predikantsresidentie ② pastorie ③ vicariaat
vic·ar·ess /vɪkərɪs/ [telb zn] ① plaatsvervangend abdis ② plaatsvangster ③ domineesvrouw
vic·ar·gen·e·ral [telb zn; mv: vicars-general] vicaris-generaal
vi·car·i·al /vɪkeərɪəl, ᴬ-ker-/ [bn] ① vicariërend, vicaris-, van een vicaris ② plaatsvervangend, gedelegeerd
vi·car·i·ate /vɪkeərɪət, ᴬ-ker-/, **vic·ar·ate** /vɪkərət/ [niet-telb zn] ① plaatsvervanging ② vicariaat 〈ambt, gebied of woning van een vicaris〉 ③ predikantschap
vi·car·i·ous /vɪkeərɪəs, ᴬvaɪker-/ [bn; bw: ~ly; zn: ~ness] ① overgedragen, gedelegeerd, afgevaardigd ② indirect, ersatz- ③ 〈form, vnl vero〉 plaatsvervangend ④ 〈form, vnl vero〉 voor anderen gedaan/geleden/ondergaan ♦ *vicarious suffering* lijden (van Christus) in onze plaats
vic·ar·ship /vɪkəʃɪp, ᴬ-kər-/ [niet-telb zn] vicariaat, ambt van vicaris
¹vice, 〈AE in betekenis 3 ook〉 **vise** /vaɪs/ [telb zn] ① gebrek, onvolkomenheid, onvolmaaktheid, tekort, 〈inf; scherts〉 slechte gewoonte/eigenschap, zwak punt ② kuur, gril 〈van paard, hond e.d.〉 ③ 〈vnl BE〉 handschroef, bankschroef ④ 〈inf〉 plaatsvervanger, vice-
²vice /vaɪs/ [telb + niet-telb zn] ondeugd, verdorvenheid, onzedelijkheid, slechtheid, corruptie
³vice /vaɪs/ [niet-telb zn] ontucht, prostitutie, zedeloosheid, losbandigheid, slechtheid 〈van karakter〉
⁴vice, 〈AE ook〉 **vise** /vaɪs/ [ov ww] vastzetten (in een bankschroef), vastnemen/vastgrijpen (als) in een bankschroef
⁵vice /vaɪsi/ [vz] in de plaats van, in opvolging van ♦ *he became mayor vice Mr Simmons* hij volgde meneer Simmons op als burgemeester
vice- /vaɪs/ *vice-*, waarnemend, onder-, plaatsvervangend, adjunct- ♦ *vice-president* vicepresident, vicevoorzitter, ondervoorzitter
vice-ad·mi·ral [telb zn] viceadmiraal
vice-chair [telb zn] vicepresidentschap
vice-chair·man [telb zn] vicepresident, ondervoorzitter, vicevoorzitter
vice-chair·man·ship [niet-telb zn] vicepresidentschap, vicevoorzitterschap
vice-cham·ber·lain [telb zn] 〈BE〉 waarnemend hofdignitaris
vice-chan·cel·lor [telb zn] ① vicekanselier 〈van gerecht〉, onderkanselier ② 〈BE〉 ± rector magnificus 〈van universiteit〉
vice-chan·cel·lor·ship [niet-telb zn] ambt/functie van vicekanselier, ambt/functie van onderkanselier
vice-con·sul [telb zn] viceconsul
vice-con·su·lar [bn] van de/van een viceconsul
vice-con·su·late [telb zn] viceconsulaat 〈residentie〉
vice-con·sul·ship [niet-telb zn] viceconsulaat 〈ambt〉
¹vice-ge·ren·cy /vaɪsdʒerənsi, ᴬ-dʒɪ-/ [telb zn] gebied/district onder de jurisdictie van een stadhouder
²vice-ge·ren·cy /vaɪsdʒerənsi, ᴬ-dʒɪ-/ [niet-telb zn] ① plaatsvervangerschap ② viceregentschap
¹vice-ge·rent /vaɪsdʒerənt, ᴬ-dʒɪ-/ [telb zn] ① viceregent, waarnemend regent ② stadhouder

²vice·ge·rent /vaɪsdʒerənt, ᴬ-dʒɪ-/ [bn] plaatsvervangend
vice-king [telb zn] onderkoning
vice-like, 〈AE ook〉 **vise-like** /vaɪslaɪk/ [bn] als in een schroef, stevig vast ♦ *a vicelike grip* een ijzeren greep
vic·e·nar·y /vɪsɪnri, ᴬ-neri/ [bn] twintigtallig
vi·cen·ni·al /vɪsenɪəl, ᴬvaɪ-/ [bn] ① om de twintig jaar voorkomend/gebeurend ② twintigjarig
vice-pres·i·den·cy [niet-telb zn] vicepresidentschap, vicevoorzitterschap
vice-pres·i·dent [telb zn] vicepresident, vicevoorzitter, ondervoorzitter
vice-pres·i·den·tial [bn] vicepresidentieel, vicevoorzitters-
vice-queen, vice-reine /vaɪsreɪn, ᴬvaɪsreɪn/ [telb zn] ① vrouw van de onderkoning ② 〈zelden〉 onderkoningin
vice-re·gal, vice-roy·al [bn; bw: viceregally, viceroyally] van de onderkoning, onderkoninklijk
vice·roy /vaɪsrɔɪ/ [telb zn] ① onderkoning ② 〈dierk〉 〈bepaalde Amerikaanse〉 vlinder 〈Limenitis archippus〉
¹vice-roy·al·ty, vice-roy·ship [telb zn] gebied/district/provincie van de onderkoning
²vice·roy·al·ty, vice-roy·ship [niet-telb zn] onderkoningschap
vice squad [verzamelen] zedenpolitie
vi·ce ver·sa /vaɪs vɜːsə, vaɪsi-, ᴬ-vɜr-/ [bw] vice versa, omgekeerd
Vi·chy /viːʃiː/ [eigenn, telb zn] Vichy, vichywater ♦ *Vichy water* vichywater
vi·chys·soise /vɪʃiswɑːz/ [niet-telb zn] 〈cul〉 crème vichyssoise, soort dikke aardappelsoep
vic·i·nage /vɪsɪnɪdʒ, ᴬvɪsn·ɪdʒ/ [niet-telb zn] ① nabijheid, buurt, omgeving, streek, omtrek ② nabuurschap, buurschap ③ buren
vic·i·nal /vɪsɪnl, ᴬvɪsn·əl/ [bn] ① naburig, aangrenzend, belendend ② lokaal, buurt- ♦ *vicinal road* lokale weg; 〈België〉 buurtweg
¹vi·cin·i·ty /vɪsɪnəti/ [telb zn] buurt, wijk
²vi·cin·i·ty /vɪsɪnəti/ [niet-telb zn] ① nabijheid, buurt, omgeving, streek, omtrek ♦ 〈form〉 *in the vicinity of* om en bij, ongeveer, in de buurt van; *in close vicinity to* in de onmiddellijke omgeving van ② nabuurschap, buurschap
vi·cious /vɪʃəs/ [bn; bw: ~ly; zn: ~ness] ① wreed, kwaadaardig, boosaardig, gemeen, hatelijk ♦ *vicious blow* gemene mep; *vicious kick* gemene trap; *vicious look* hatelijke/giftige blik; *vicious remarks* hatelijke opmerkingen, venijnige opmerkingen ② gevaarlijk ♦ *vicious(-looking) knife* gevaarlijk (uitziend) mes ③ weerspannig 〈van dieren〉, nukkig, vol kuren 〈paard〉, vals, gemeen 〈hond〉 ④ gebrekkig, met fouten, incorrect, ondeugdelijk, vicieus ⑤ 〈inf〉 hevig 〈van weer, hoofdpijn〉, gemeen ♦ *vicious headache* gemene/scherpe hoofdpijn; *vicious weather* guur weer; *vicious winter* strenge winter ⑥ gewelddadig, destructief ⑦ 〈form〉 verdorven, slecht, met ondeugden behept, verderfelijk, immoreel, ontaard ♦ *vicious habits* verdorven gewoontes ▫ *vicious circle* vicieuze cirkel 〈ook figuurlijk〉; kringredenering, cirkelredenering; *vicious spiral* (niet/moeilijk te doorbreken) spiraal
vi·cis·si·tude /vɪsɪsɪtjuːd, ᴬ-tuːd/ [telb zn] ① 〈vaak mv〉 wisselvalligheid, veranderlijkheid, onbestendigheid, lotgeval ♦ *the vicissitudes of fortune* de wisselvalligheden van het lot ② 〈form〉 afwisseling 〈van de seizoenen〉, opeenvolging
vi·cis·si·tu·di·nar·y /vɪsɪsɪtjuːdɪnri, ᴬ-tuːdn·eri/, **vi·cis·si·tu·di·nous** /-dɪnəs, ᴬ-dn·əs/ [bn] wisselvallig
vic·tim /vɪktɪm/ [telb zn] ① slachtoffer, offer, dupe ♦ *fall victim to s.o./sth.* aan iemand/iets ten prooi/offer vallen, het slachtoffer worden van iemand/iets; *victims of the flood* slachtoffers van de overstroming; *the victim of a swindler*

het slachtoffer van een oplichter [2] offer ⟨mens, dier⟩, slachtoffer, offerdier

vic·tim·i·za·tion, vic·tim·i·sa·tion /vɪktɪmaɪzeɪʃn, ᴬ-mə-/ [niet-telb zn] [1] slachtoffering [2] offering, slachting ⟨van offerdier⟩ [3] bedrog [4] rancunemaatregelen, represailles ⟨bijvoorbeeld tegen enkele stakers⟩, (onverdiende) straf [5] vernietiging ⟨van planten⟩

vic·tim·ize, vic·tim·ise /vɪktɪmaɪz/ [ov ww] [1] slachtofferen, tot slachtoffer maken, doen lijden [2] (op)offeren, slachten [3] bedriegen ♦ *victimize an old woman* een oud vrouwtje er in laten lopen [4] rancunemaatregelen/represailles nemen tegen ⟨bijvoorbeeld enkele stakers⟩, (onverdiend) straffen [5] vernietigen ⟨planten⟩

vic·tim·less /vɪktɪmləs/ [bn] zonder slachtoffer(s) ♦ *victimless crimes* misdaden zonder slachtoffers ⟨drugsgebruik, dronkenschap⟩

vic·tim·ol·o·gist /vɪktɪmɒlədʒɪst, ᴬ-mɑ-/ [telb zn] victimoloog

vic·tim·ol·o·gy /vɪktɪmɒlədʒi, ᴬ-mɑ-/ [niet-telb zn] victimologie ⟨bestudeert de slachtoffers en hun rol bij de misdaad zelf⟩

¹**vic·tor** /vɪktə, ᴬ-ər/ [telb zn] ⟨form⟩ overwinnaar, winnaar

²**vic·tor** /vɪktə, ᴬ-ər/ [bn, attr] zegevierend

vic·to·ri·a /vɪktɔːriə/ [telb zn] [1] victoria ⟨rijtuig⟩ [2] toerauto [3] ⟨dierk⟩ waaierduif ⟨Goura victoria⟩ [4] ⟨plantk⟩ victoria regia ⟨Victoria amazonica/regia⟩ [5] ⟨BE; inf; plantk⟩ victoria ⟨rode pruim; genus Prunus⟩

Victoria Cross [telb zn] Victoriakruis ⟨hoge militaire onderscheiding⟩

¹**Vic·to·ri·an** /vɪktɔːriən/ [telb zn] Victoriaan ⟨voornamelijk auteur⟩

²**Vic·to·ri·an** /vɪktɔːriən/ [bn] [1] victoriaans [2] victoriaans ⟨figuurlijk⟩, ± ⟨overdreven⟩ preuts, zeer conventioneel, oerdegelijk, hypocriet [3] uit Victoria

Vic·to·ri·a·na /vɪktɔːriɑːnə, ᴬ-ænə/ [alleen mv] victoriaanse (kunst)voorwerpen

¹**Vic·to·ri·an·ism** /vɪktɔːriənɪzm/ [telb zn] iets victoriaans

²**Vic·to·ri·an·ism** /vɪktɔːriənɪzm/ [niet-telb zn] victoriaanse smaak/stijl/gewoonte/houding

victoria pigeon [telb zn] ⟨dierk⟩ waaierduif ⟨Goura victoria⟩

victoria plum [telb zn] ⟨plantk⟩ victoria ⟨rode pruim; genus Prunus⟩

vic·to·rine /vɪktəriːn, ᴬ-riːn/ [telb zn] bontkraag voor dames, boa

¹**vic·to·ri·ous** /vɪktɔːriəs/ [bn; bw: ~ly; zn: ~ness] zegevierend, overwinnend, triomfantelijk ♦ *be victorious* zegevieren

²**vic·to·ri·ous** /vɪktɔːriəs/ [bn, attr; bw: ~ly; zn: ~ness] overwinnings- ♦ *victorious shout* overwinningskreet

vic·to·ry /vɪktri/ [telb + niet-telb zn] overwinning, zege, zegepraal, victorie ♦ *gain/win a victory over s.o.* over iemand zegevieren [•] *snatch victory (from/out of defeat)* nog net de overwinning behalen, net niet verslagen worden

victory ceremony [telb zn] ⟨sport⟩ cérémonie protocolaire

victory lap [telb zn] ⟨sport, in het bijzonder atletiek⟩ ererondje

victory platform, victory stand [telb zn] ⟨sport⟩ ereschavotje, erepodium

victory salute [telb zn] V-teken, overwinningsteken

¹**vict·ual,** ⟨soms ook⟩ **vit·tle** /vɪtl/ [niet-telb zn] ⟨form⟩ voedsel

²**vict·ual,** ⟨soms ook⟩ **vit·tle** /vɪtl/ [alleen mv] ⟨form⟩ levensmiddelen, mondvoorraad, proviand, leeftocht

³**vict·ual** /vɪtl/ [onov ww] [1] proviand inslaan/opdoen [2] ⟨zelden⟩ eten

⁴**vict·ual** /vɪtl/ [ov ww] provianderen, van levensmiddelen/mondvoorraad voorzien

vict·ual·ler, ⟨AE⟩ **vict·ual·er** /vɪtlə, ᴬvɪtlər/ [telb zn] [1] leverancier van levensmiddelen [2] proviandmeester, victualiemeester [3] proviandschip [4] ⟨vnl BE⟩ herbergier, caféhouder ♦ *licensed victualler* herbergier/caféhouder met vergunning [5] ⟨gesch⟩ zoetelaar(ster), marketent(st)er

¹**vi·cu·ña, vi·cu·na, vi·cug·na** /vɪkjuː(j)ə, ᴬ-kuː-/ [telb zn] ⟨dierk⟩ vicuña ⟨wilde lama; Lama vicugna⟩

²**vi·cu·ña, vi·cu·na, vi·cug·na** /vɪkjuː(j)ə, ᴬ-kuː-/ [niet-telb zn] vicuña, vicuñawol, vicuñaweefsel

vi·de /vaɪdi, viːdi/ [ov ww; alleen gebiedende wijs] zie, sla op, raadpleeg, vide ♦ *vide ante* zie boven; *vide infra* zie onder; *vide supra* zie boven

vi·de·li·cet /vɪdiːlɪset, ᴬ-de-/ [bw] ⟨form⟩ te weten, namelijk

¹**vid·e·o** /vɪdioʊ/ [telb zn] [1] video(film) ♦ *video on demand* video/tv/film op aanvraag ⟨via internet, kabel-tv of digitale tv⟩ [2] video(recorder) [3] video(cassette) [4] videoclip

²**vid·e·o** /vɪdioʊ/ [telb + niet-telb zn] [1] beeld(signaal) ⟨van tv-uitzending⟩ [2] ⟨AE⟩ tv, televisie ♦ *a star of video* een tv-ster

³**vid·e·o** /vɪdioʊ/ [bn, attr] beeld-, video- ♦ *video cartridge/cassette* beeldcassette, videocassette; *video frequency* beeldfrequentie, videofrequentie ⟨van tv-uitzending⟩; *video signal* beeldsignaal

⁴**vid·e·o** /vɪdioʊ/ [ov ww] op (de) video opnemen

vid·e·o- /vɪdioʊ/ video-, beeld-, tele- ♦ *videogenic* telegeniek

video adapter [telb zn] ⟨comp⟩ videokaart, grafische kaart

video arcade [telb zn] ⟨AE⟩ speelhal, amusementshal, automatenhal, ⟨België⟩ lunapark ⟨met videospelletjes⟩

vid·e·o·book [telb zn] videoboek ⟨video-opname alleen bestemd voor distributie⟩

video camera [telb zn] videocamera

vid·e·o·card [telb zn] ⟨comp⟩ videokaart, grafische kaart

video cassette [telb zn] videocassette

video cassette recorder [telb zn] videorecorder

vid·e·o·clip [telb zn] [1] fragment uit (speel)film [2] videoclip, liedjesfilm(pje)

video conferencing [niet-telb zn] (het) videovergaderen, (het) televergaderen

video diary [telb zn] videodagboek

vid·e·o·disc [telb zn] videoplaat, beeldplaat

vid·e·o·game [telb zn] videospel(letje), tv-spelletje

vid·e·o·gra·phy /vɪdɪŋɡrəfi, ᴬ-ɑɡ/ [niet-telb zn] ⟨form⟩ videografie

vid·e·o·ize, vid·e·o·ise /vɪdioʊaɪz/ [ov ww] voor de tv aanpassen, een tv-bewerking maken van

video jockey [telb zn] videojockey, veejay

vid·e·o ma·chine [telb zn] videorecorder

vid·e·o nas·ties /vɪdioʊ nɑːstiz, ᴬ-næstiz/ [alleen mv] gewelddadige en/of hard-pornografische videofilms

vid·e·o·phone, vid·e·o·tel·e·phone, view·phone [telb + niet-telb zn] videofoon, beeldtelefoon

vid·e·o·play·er [telb zn] [1] videorecorder [2] beeldspeler, videospeler

video poker [niet-telb zn] videopoker ⟨geautomatiseerd pokerspel⟩

vid·e·o·re·cord [ov ww] ⟨vnl BE⟩ op video/beeldband opnemen

video recorder [telb zn] videorecorder

vid·e·o·shop [telb zn] videotheek, videozaak, videoshop

¹**vid·e·o·tape** [telb + niet-telb zn] beeldband, videoband

²**vid·e·o·tape** [ov ww] op beeld/videoband opnemen

video tape recorder [telb zn] videorecorder

vid·e·o·tex /vɪdioʊteks/ [niet-telb zn] ⟨comp⟩ videotex, viditel

vid·e·o·theque /vɪdiətek/ [telb zn] videotheek

vid·e·o·trans·mis·sion [niet-telb zn] beeldoverbrenging
vid·e·o·view·ing sa·lon [telb zn] videoscoop
vi·de post /vaɪdiː poʊst/ [tw] zie beneden, zie verder
vi·de su·pra /vaɪdiː suːprə/ [tw] zie boven
vid·i·con /vɪdɪkɒn, ᴬ-kɑn/ [telb zn] ⟨techn⟩ vidicon ⟨opneembuis van tv-camera⟩
vi·di·mus /vaɪdɪməs, ᴬvɪdɪ-/ [telb zn] [1] vidimus, gelegaliseerd afschrift [2] inspectie, controle ⟨van rekening e.d.⟩
vie /vaɪ/ [onov ww] wedijveren, rivaliseren, (mede)dingen ♦ *vie with each other in quality* met elkaar in kwaliteit wedijveren; *vie with one another for victory* met elkaar om de overwinning wedijveren
vielle /vjɛl/ [telb zn] ⟨muz⟩ (draai)lier
Vi·en·na /vɪenə/ [eigennm; ook attributief] Wenen ♦ *Vienna sausage* Wener worst(je) ⟨vaak als hors-d'oeuvre⟩; *Vienna schnitzel* wienerschnitzel; *Vienna steak* rissole met gehakt
¹**Vi·en·nese** /viːəniːz/ [telb zn; mv: Viennese] Wener, Weense, inwoner/inwoonster van Wenen
²**Vi·en·nese** /viːəniːz/ [bn] Weens, Wener, Wiener
¹**Vi·et** /vjet, ᴬviet/ [telb zn] ⟨AE⟩ Vietnamees ⟨bewoner van Vietnam⟩
²**Vi·et** /vjet, ᴬviet/ [bn, attr] ⟨AE⟩ Vietnamees
Vi·et·nam /vjetnæm, ᴬvietnɑm/ [eigennm, telb zn] Vietnam ♦ *Afghanistan a Russian Vietnam?* Afghanistan een Russisch Vietnam?

Vietnam	
naam	Vietnam *Vietnam*
officiële naam	Socialist Republic of Viet Nam *Socialistische Republiek Vietnam*
inwoner	Vietnamese *Vietnamees*
inwoonster	Vietnamese *Vietnamese*
bijv. naamw.	Vietnamese *Vietnamees*
hoofdstad	Hanoi *Hanoi*
munt	dong *dong*
werelddeel	Asia *Azië*
int. toegangsnummer 84 www .vn auto VN	

¹**Vi·et·nam·ese** /vjetnəmiːz, ᴬviet-/ [eigennm] Vietnamees, de Vietnamese taal
²**Vi·et·nam·ese** /vjetnəmiːz, ᴬviet-/ [telb zn; mv: Vietnamese] Vietnamees, Vietnamese
³**Vi·et·nam·ese** /vjetnəmiːz, ᴬviet-/ [bn] Vietnamees
Vi·et·nam·i·za·tion, Vi·et·nam·i·sa·tion /vjetnəmaɪzeɪʃn, ᴬvietnəmə-/ [niet-telb zn] ⟨gesch⟩ vietnamisering
Vi·et·nam·ize, Vi·et·nam·ise /vjetnəmaɪz, ᴬviet-/ [ov ww] ⟨gesch⟩ vietnamiseren ⟨m.b.t. de Vietnamese oorlog, tot 1973⟩
Vi·et·nik /vjetnɪk, ᴬviet-/ [telb zn] ⟨gesch; sl⟩ tegenstander van Amerikaanse deelname in Vietnamese oorlog
¹**view** /vjuː/ [telb zn] [1] bezichtiging, inspectie, ⟨fig⟩ overzicht ♦ *a general view of the subject* een algemeen overzicht van het onderwerp [2] ⟨vaak mv⟩ zienswijze, visie, kijk, denkbeeld, opvatting ♦ ⟨inf⟩ *take a dim/poor view of s.o.'s conduct* iemands gedrag maar matig/nauwelijks waarderen; *fall in with/meet s.o.'s views* iemands zienswijze delen, met iemand meegaan; *hold extreme views in politics* extreme politieke ideeën op na houden; *in my/our view* volgens mij/ons, mijns/ons inziens; *take the view that* zich op het standpunt stellen dat; *take a different view on sth.* iets anders zien hierover [3] uitzicht, gezicht, ⟨fig⟩ vooruitzicht, kans ♦ *what a magnificent view!* wat een prachtig uitzicht!; *a superb view of the park* een schitterend uitzicht op het park!; *this policy has no view of success* deze politiek biedt geen uitzicht op succes [4] gezicht, afbeelding, ansicht, ⟨fig⟩ beeld, voorstelling ♦ *a book with many views* een boek met veel afbeeldingen; *I cannot form a clear view of the situation* ik kan mij geen duidelijk beeld vormen van de situatie [5] ⟨jur⟩ inspectie, ⟨i.h.b.⟩ gerechtelijke schouwing [6] ⟨vero⟩ intentie, bedoeling, oogmerk ♦ *with a view to doing sth.* met de bedoeling iets te doen [7] ⟨gew⟩ voorkomen, uitzicht · ⟨techn⟩ *exploded view* opengewerkte tekening, explosietekening, plofbeeld; ⟨sprw⟩ *distance lends the enchantment to the view* ± op een afstand ziet alles er schitterend uit
²**view** /vjuː/ [niet-telb zn] [1] zicht, gezicht(svermogen), het zien [2] zicht, uitzicht, gezichts(veld) ♦ *come into view* in zicht komen; *come in view of sth.* iets in zicht/het oog krijgen; *be hidden from view* voor het gezicht/oog verborgen zijn; *in full view of* voor de ogen van; ⟨scherts⟩ *heave in (to) view* zichtbaar worden, eraan komen, opdoemen; *be lost to one's view* uit het gezicht verdwenen/uit het oog zijn · *have in view* op het oog hebben; *in view of* met het oog op; *in view of his experience* gezien zijn ervaring; *keep in view* voor ogen houden; *on view* te zien, geëxposeerd; *with sth. in view* met iets voor ogen
³**view** /vjuː/ [onov ww] tv kijken
⁴**view** /vjuː/ [ov ww] [1] bekijken, (be)zien, beschouwen ⟨ook figuurlijk⟩, bezichtigen ♦ *view a new house* een nieuw huis bezichtigen; *an order to view* een schriftelijke toestemming voor bezichtiging ⟨voornamelijk van huis⟩ [2] inspecteren, schouwen
view·da·ta /vjuːdeɪtə/ [niet-telb zn] ⟨comp⟩ viewdata, viditel
view·er /vjuːə, ᴬ-ər/ [telb zn] [1] inspecteur, inspectrice, opzichter(es), schouw(st)er [2] bezichtig(st)er [3] kijk(st)er, ⟨i.h.b.⟩ tv-kijk(st)er [4] viewer ⟨voor het bekijken van dia's⟩
view·er·ship [telb zn] kijkerspubliek ⟨van televisie⟩, aantal tv-kijkers
view finder [telb zn] ⟨foto⟩ zoeker
view halloo [telb zn] ⟨jacht⟩ hallogeroep bij het vinden van vos
viewing figures [alleen mv] kijkcijfers
view·less /vjuːləs/ [bn] [1] zonder uitzicht [2] ⟨vnl AE⟩ zonder mening
view·point [telb zn] gezichtspunt, oogpunt, standpunt ⟨ook figuurlijk⟩
view·y /vjuːi/ [bn; vergr trap: viewier] ⟨inf⟩ [1] met extravagante ideeën [2] opzichtig
vi·ges·i·mal /vaɪdʒesɪml/ [bn, attr] twintigdelig, twintigtallig
vig·il /vɪdʒɪl/ [telb + niet-telb zn] [1] wake, nachtwake, vigilie ♦ *keep vigil* waken, de vigilie houden [2] ⟨r-k⟩ vigilie, vooravond ⟨van viering⟩ [3] ⟨vaak mv⟩ ⟨r-k⟩ vigilie, plechtigheid
vig·i·lance /vɪdʒɪləns/ [niet-telb zn] waakzaamheid, oplettendheid, alertheid ♦ *exercise vigilance* waakzaam blijven
vigilance committee [telb zn] ⟨vnl AE⟩ waakzaamheidscomité, (niet-officiële) burgerwacht
vig·i·lant /vɪdʒɪlənt/ [bn; bw: ~ly] waakzaam, oplettend, alert
vig·i·lan·te /vɪdʒɪlænti/ [telb zn] ⟨lid van⟩ burgerwacht, verontruste burger
vigil light [telb zn] [1] godslamp, altaarlamp ⟨altijd brandende lamp⟩ [2] kaars ⟨ontstoken door kerkganger⟩ [3] kaars, licht ⟨altijd brandend op heilige plaats⟩
¹**vi·gnette** /vɪnjet/ [telb zn] [1] vignet ⟨als boekversiering⟩ [2] portret/foto met vervloeiende randen [3] karakterschets, woordschildering
²**vi·gnette** /vɪnjet/ [ov ww] vignetteren ⟨portret, foto⟩
vi·gnet·tist /vɪnjetɪst/ [telb zn] vignettekenaar
vig·orish /vɪɡərɪʃ/ [telb zn] ⟨sl⟩ [1] rente ⟨te betalen aan woekeraar⟩ [2] verloren inzet
vig·or·ous /vɪɡərəs/ [bn; bw: ~ly; zn: ~ness] [1] krachtig, sterk, robuust [2] krachtig, kernachtig, gespierd ⟨taal⟩ [3] energiek, vitaal, levendig [4] krachtdadig, beslist [5] groeizaam, levenskrachtig, gezond ⟨planten⟩

vig ounce /vɪg aʊns/ [telb zn] ⟨sl⟩ ⟨financieel⟩ voordeel
vig·our, ⟨AE⟩ **vig·or** /vɪgə, ᴬ-ər/ [niet-telb zn] ① kracht, sterkte ② kracht, bloei ⟨van leven⟩ ♦ *in the vigour of his life* in de kracht/bloei van zijn leven ③ energie, vitaliteit, levendigheid ④ uitdrukkingskracht, kernachtigheid, gespierdheid ⟨van taal⟩ ⑤ krachtdadigheid, beslistheid ♦ *a law in vigour* een geldende/vigerende wet ⑥ groeikracht, groeizaamheid, levenskracht ⟨van planten, dieren⟩ ⑦ kracht, geldigheid ⟨van wet⟩
Vi·king /vaɪkɪŋ/ [telb zn; ook viking] Viking, Noorman
vile /vaɪl/ [bn; vergr trap: viler; bw: ~ly; zn: ~ness] ① gemeen, laag, verachtelijk, smerig ② ellendig, armoedig, miserabel ③ walgelijk, afschuwelijk ⟨bijvoorbeeld voedsel⟩ ④ ⟨inf⟩ gemeen, beroerd, heel slecht ⟨weer⟩
vil·i·fi·ca·tion /vɪlɪfɪkeɪʃn/ [telb + niet-telb zn] lasterpraat(je), kwaadsprekerij
vil·i·fi·er /vɪlɪfaɪə, ᴬ-ər/ [telb zn] lasteraar, kwaadspreker
vil·i·fy /vɪlɪfaɪ/ [ov ww] ⟨form⟩ belasteren, kwaadspreken over
vil·i·pend /vɪlɪpend/ [ov ww] ⟨vero⟩ ① minachten, minachtend behandelen ② kleineren, beschimpen, afgeven op
vill /vɪl/ [telb zn] ⟨gesch⟩ ① kerspel, landgemeente ② dorp
vil·la /vɪlə/ [telb zn] ① villa ⟨ook geschiedenis⟩, landhuis ② ⟨BE⟩ huis in betere buitenwijk
vil·la·dom /vɪlədəm/ [niet-telb zn] ⟨BE⟩ ① villabuurt, villawijk ② betere buitenwijk ③ villabewoners ④ bewoners van betere buitenwijk
¹**vil·lage** /vɪlɪdʒ/ [telb zn] ① dorp ② ⟨AE⟩ samengevoegde gemeente
²**vil·lage** /vɪlɪdʒ/ [verzameln] dorp, dorpelingen, dorpsbewoners
village green [telb zn] ± dorpsplein, ± dorpsweide, ± dorpsveld
village idiot [telb zn] dorpsgek, simpele geest
vil·lag·er /vɪlɪdʒə, ᴬ-ər/ [telb zn] dorpeling, dorpsbewoner
vil·lain /vɪlən/ [telb zn] ① boef, schurk, booswicht ② ⟨vaak inf⟩ boosdoener, slechte(rik) ♦ *the villain of the piece* de boosdoener; ⟨pej⟩ *you villain!* slecht mens! ③ ⟨inf; scherts⟩ rakker, deugniet ♦ *you villain!* rakker!, deugniet! ④ ⟨vero⟩ boerenknul ⑤ → villein
villainage [niet-telb zn] → villeinage
vil·lain·ous /vɪlənəs/ [bn; bw: ~ly; zn: ~ness] ① schurkachtig, gemeen, doortrapt, laag ② ⟨inf⟩ gemeen, ellendig, heel slecht ♦ *a villainous road* een ellendige weg
¹**vil·lain·y** /vɪləni/ [telb zn] schurkenstreek
²**vil·lain·y** /vɪləni/ [niet-telb zn] ① schurkachtigheid, doortraptheid, laagheid
vil·la·nelle /vɪlənel/ [telb zn] ⟨letterk⟩ villanella ⟨negentienregelig gedicht⟩
vil·lat·ic /vɪlætɪk/ [bn] ⟨form⟩ landelijk, rustiek
-ville /vɪl/ [vormt namen van fictieve plaatsen] ⟨vnl AE; inf⟩ -stad ♦ *it was dullsville* het was een saaie bedoening
vil·lein, vil·lain /vɪlən/ [telb zn] ⟨gesch⟩ horige, lijfeigene
vil·lein·age, vil·lain·age, ⟨AE ook⟩ **vil·len·age** /vɪlənɪdʒ/ [niet-telb zn] ⟨gesch⟩ horigheid, lijfeigenschap
vil·li·form /vɪlɪfɔːm, ᴬ-fɔrm/ [bn] ⟨anat, plantk⟩ haarvormig
¹**vil·los·i·ty** /vɪlɒsəti, ᴬ-lɑsəti/ [telb zn] ① ruigte, harig oppervlak ② villus, haarvormig uitsteeksel
²**vil·los·i·ty** /vɪlɒsəti, ᴬ-lɑsəti/ [niet-telb zn] harigheid, ruigte, ruigheid
vil·lous /vɪləs/, **vil·lose** /vɪloʊs/ [bn; bw: ~ly] ① ⟨anat⟩ villusachtig, villus-, haarvormig, met villi bedekt ② ⟨plantk⟩ harig, ruig
vil·lus /vɪləs/ [telb zn; mv: villi /vɪlaɪ/] ① ⟨anat⟩ villus ⟨haarvormig uitsteeksel, in het bijzonder op darmvlokken⟩ ② ⟨vaak mv⟩ ⟨plantk⟩ haar ⟨op vruchten, bloemen⟩

vim /vɪm/ [niet-telb zn] ⟨inf⟩ fut, pit, energie ♦ *vim and vigour* uitbundige energie
vi·na /viːnə/ [telb zn] ⟨muz⟩ vina ⟨Indisch snaarinstrument⟩
vi·na·ceous /vaɪneɪʃəs/ [bn] wijnrood, wijnkleurig
vin·ai·grette /vɪnɪgret/, ⟨in betekenis 2 ook⟩ **vinaigrette sauce** [telb + niet-telb zn] ① reukflesje ② ⟨cul⟩ vinaigrette(saus)
¹**Vin·cen·ti·an** /vɪnsenʃn/ [telb zn] bewoner/bewoonster van Saint Vincent
²**Vin·cen·ti·an** /vɪnsenʃn/ [bn] uit/van/m.b.t. Saint Vincent
vin·ci·bil·i·ty /vɪnsəbɪləti/ [niet-telb zn] ⟨form⟩ overwin(ne)lijkheid, overkomelijkheid
vin·ci·ble /vɪnsəbl/ [bn] ⟨form⟩ overwin(ne)lijk, te verslaan, ⟨fig⟩ overkomelijk
vin·cu·lum /vɪŋkjʊləm, ᴬ-kjə-/ [telb zn; mv: vincula /-lə/] ① ⟨wisk⟩ streep (boven symbolen) ⟨in plaats van haken⟩ ② ⟨anat⟩ (gewrichts)band
vin·di·ca·ble /vɪndɪkəbl/ [bn] verdedigbaar, te rechtvaardigen
vin·di·cate /vɪndɪkeɪt/ [ov ww] ① rechtvaardigen, steunen, staven ⟨stelling e.d.⟩ ② van verdenking/blaam zuiveren, in het gelijk stellen, rehabiliteren ③ bewijzen, aantonen ⟨betrouwbaarheid, rechtvaardigheid e.d.⟩
vin·di·ca·tion /vɪndɪkeɪʃn/ [telb + niet-telb zn; geen mv] ① rechtvaardiging ♦ *in vindication of* ter rechtvaardiging van ② rehabilitatie, vindicatie (van eer) ♦ *in vindication of* ter verdediging van ③ bewijs ♦ *in vindication of* ten bewijze van, om ... te bewijzen
vin·di·ca·tor /vɪndɪkeɪtə, ᴬ-keɪtər/ [telb zn] ① verdediger ② wreker
vin·di·ca·to·ry /vɪndɪkətri, ᴬ-kətori/, **vin·di·ca·tive** /vɪndɪkətɪv, ᴬvɪndɪkeɪtɪv/ [bn] ① rechtvaardigend, verdedigend ② ⟨jur⟩ wrekend, straffend, vindicatief ♦ *vindicatory justice* wrekende gerechtigheid
vin·dic·tive /vɪndɪktɪv/ [bn; bw: ~ly; zn: ~ness] wrekend, straffend, ⟨bij uitbreiding⟩ wraakgierig, rancuneus, vindicatief, wraakzuchtig ▪ ⟨jur⟩ *vindictive damages* morele schadevergoeding, smartengeld
vine /vaɪn/, ⟨in betekenis 1 ook⟩ **grape·vine** [telb zn] ① ⟨plantk⟩ wijnstok, wingerd ⟨genus Vitis⟩ ② rank, stengel ⟨van klimplant⟩ ③ ⟨AE⟩ kruiper, klimplant ▪ *clinging vine* klit ⟨van persoon⟩; ⟨vnl AE⟩ *die/wither on the vine* een vroege dood sterven, in de kiem gesmoord worden
vine·dress·er [telb zn] wijnbouwer, wijngaardenier
¹**vin·e·gar** /vɪnɪgə, ᴬ-ər/ [niet-telb zn] azijn, ⟨fig⟩ zuur karakter/gedrag
²**vin·e·gar** /vɪnɪgə, ᴬ-ər/ [ov ww] met azijn behandelen
vinegar eel [telb zn] ⟨dierk⟩ azijnaaltje ⟨Anguillula aceti⟩
vin·e·gar·roon /vɪnɪgəruːn/, **vin·e·ga·rone** /vɪnɪgəroʊn/ [telb zn] ⟨dierk⟩ azijnschorpioen ⟨Mastigoproctus giganteus⟩
vin·e·gar·y /vɪnɪgri/, **vin·e·gar·ish** /-grɪʃ/ [bn] azijnachtig ⟨ook figuurlijk⟩, zuur, wrang, azijnig ♦ *vinegary remarks* zure opmerkingen
vine louse, vine fretter [telb zn] ⟨dierk⟩ druifluis, fylloxera ⟨Phylloxera vitifoliae⟩
vin·er·y /vaɪnəri/ [telb zn] druivenkas, druivenserre
vines /vaɪnz/ [alleen mv] ⟨sl⟩ mooie kleren
vine·yard /vɪnjəd, ᴬ-jərd/ [telb zn] ① wijngaard ♦ ⟨Bijb⟩ *Naboth's vineyard* de wijngaard van Naboth; ⟨fig⟩ begeerd bezit ⟨1 Kon. 21⟩ ② ⟨inf⟩ werksfeer, werkterrein, werkgebied
vingt-un /væntœ̃/, **vingt-et-un** /vænteiœ̃/ [niet-telb zn] eenentwintigen ⟨kaartspel⟩
vin·i- /vɪni/, **vi·no-** /viːnoʊ/, **vin-** /vɪn/ wijn- ♦ *viniculturist* wijnbouwer, wijnboer
vi·nic /vɪnɪk/ [bn] van/m.b.t. wijn, wijn-

vin·i·cul·ture /vɪnɪkʌltʃə, ^-ər/ [niet-telb zn] wijnbouw
vin·i·cul·tur·ist /vɪnɪkʌltʃərɪst/ [telb zn] wijnbouwer
vin·i·fi·ca·tion /vɪnɪfɪkeɪʃn/ [niet-telb zn] wijnbereiding
vin·i·fy /vɪnɪfaɪ/ [ov ww] wijn maken van
vi·no /viːnoʊ/ [telb + niet-telb zn; mv: ook vinoes] ⟨inf⟩ (goedkope/gewone rode) wijn, rode tafelwijn
vi·nom·e·ter /vɪnɒmɪtə, ^-nɑmɪtər/ [telb zn] wijnmeter ⟨voor alcoholpercentage⟩
vi·nos·i·ty /vɪnɒsəti, ^-nɑsəti/ [niet-telb zn] [1] karakteristieke wijnsmaak/wijnkleur [2] verslaafdheid aan wijn
vi·nous /vaɪnəs/ [bn] [1] wijnachtig, wijn- ♦ *vinous flavour* wijnsmaak [2] wijnkleurig, wijnrood [3] onder de invloed van wijn, t.g.v. wijngebruik, door de wijn veroorzaakt ♦ *vinous eloquence* door de wijn geïnspireerde welbespraaktheid/losgemaakte tong [4] aan wijn verslaafd
vint /vɪnt/ [ov ww] bereiden ⟨wijn⟩
¹vin·tage /vɪntɪdʒ/ [telb zn; voornamelijk enk] [1] wijnoogst, wijnpluk, het wijnlezen [2] wijnbereiding [3] wijntijd, (tijd van de) wijnoogst ♦ *the vintage is early this year* de wijntijd valt vroeg dit jaar
²vin·tage /vɪntɪdʒ/ [telb + niet-telb zn] [1] wijnoogst, wijnopbrengst, ⟨bij uitbreiding⟩ oogstjaar, (goed) wijnjaar ♦ *a wine of 1947 vintage/the vintage of 1947* een wijn van (het jaar) 1947, een 1947 [2] (kwaliteits)wijn, wijn van een goed jaar ♦ *a bottle of vintage* een fles zeer goede wijn ⟨van een bepaald (oud) jaar⟩ [3] ⟨form⟩ wijn [4] ⟨inf⟩ jaar(gang), bouwjaar, lichting, type ♦ *they belong to the 1960 vintage* zij zijn van de lichting van 1960; *a car of 1955 vintage* een auto van het jaar 1955/uit 1955; *a coat of last year's vintage* een jas van vorig jaar [5] rijpheid, ervaring, leeftijd
³vin·tage /vɪntɪdʒ/ [bn, attr] [1] uitstekend, voortreffelijk, van hoog gehalte, superieur, kwaliteits- ♦ *this is vintage Shakespeare* dit is Shakespeare op zijn best; *a vintage silent film* een klassieke stomme film; *vintage wine* zeer goede wijn ⟨van een bepaald (oud) jaar⟩; *vintage year* uitstekend jaar/wijnjaar [2] oud, ouderwets, antiek, verouderd, gedateerd ♦ ⟨BE⟩ *vintage car* auto uit de periode 1916-1930
⁴vin·tage /vɪntɪdʒ/ [onov ww] wijnlezen, druiven plukken
⁵vin·tage /vɪntɪdʒ/ [ov ww] lezen, plukken ⟨druiven⟩
vin·tag·er /vɪntɪdʒə, ^vɪntɪdʒər/ [telb zn] druivenplukker, druivenlezer, wijnlezer
vint·ner /vɪntnə, ^-ər/ [telb zn] wijnhandelaar, wijnkoper
vin·y /vaɪni/ [bn, attr] [1] wijnstok-, wingerd- [2] met (wijn)ranken begroeid
vi·nyl /vaɪnɪl/ [telb + niet-telb zn] vinyl
vinyl group [niet-telb zn; the] ⟨scheik⟩ vinylgroep
vi·ol /vaɪəl/ [telb zn] ⟨muz⟩ [1] viola [2] (viola da) gamba
¹vi·o·la /vioʊlə/ [telb zn] ⟨muz⟩ [1] altviool, alt [2] alt, altist, altvioolspeler [3] viola ⟨voorloper van de viool⟩ [4] viola ⟨orgelregister⟩
²vi·o·la /vaɪələ/ [telb zn] ⟨plantk⟩ viooltje ⟨genus Viola⟩
vi·o·la·ble /vaɪələbl/ [bn; bw: violably; zn: ~ness] schendbaar, kwetsbaar
vi·o·la·ceous /vaɪəleɪʃəs/ [bn] [1] ⟨plantk⟩ behorend tot de viooltjesachtigen ⟨familie Violaceae⟩, vioolstjesachtig [2] violet, paars
vi·o·la da brac·cio /vioʊlədəbrætʃioʊ, ^vioʊlədəbrɑtʃoʊ/ [telb zn] ⟨muz⟩ viola da braccio ⟨voorloper van de altviool⟩
vi·o·la da gam·ba /vioʊlədəgæmbə, ^vioʊlədəgɑmbə/ [telb zn] ⟨muz⟩ (viola da) gamba ⟨soort knieviool⟩
vi·o·la d'a·mo·re /vioʊlədæmɔːri, ^vioʊlədæmɔreɪ/ [telb zn] ⟨muz⟩ viola d'amore
vi·o·late /vaɪəleɪt/ [ov ww] [1] overtreden, zich niet houden/storen aan, geweld aandoen, inbreuk maken op, met voeten treden ♦ *violate one's conscience* zijn geweten geweld aandoen; *violate a promise* een belofte breken; *violate s.o.'s rights* inbreuk maken op iemands rechten; *violate a treaty* een verdrag schenden [2] schenden, ontwijden, ontheiligen ⟨tempel, graf⟩ [3] verkrachten, schenden, onteren, aanranden [4] (grof) verstoren ♦ *violate the peace* de vrede/rust verstoren
vi·o·la·tion /vaɪəleɪʃn/ [telb + niet-telb zn] [1] overtreding ⟨ook sport⟩, schending, inbreuk ♦ *in violation of* met schending van; *violation of a promise* het breken van een belofte [2] schending, ontwijding, schennis [3] verkrachting, ontering, aanranding [4] (grove) verstoring ♦ *violation of civil order* verstoring van de openbare orde
vi·o·la·tor /vaɪəleɪtə, ^-leɪtər/ [telb zn] [1] overtreder [2] schender, ontwijder [3] verkrachter [4] (orde)verstoorder
vi·o·lence /vaɪələns/ [niet-telb zn] [1] geweld ♦ *acts of violence* gewelddadigheden; *do violence to* geweld aandoen, schade berokkenen; *do violence to the truth* de waarheid geweld aandoen; *do violence to s.o.'s words* iemands woorden verdraaien [2] gewelddadigheid [3] ⟨jur⟩ geweld, gewelpleging, daad van geweld, dreiging met geweld ♦ *die by violence* een gewelddadige dood sterven; *robbery with violence* diefstal met gewelpleging [4] hevigheid, wildheid, kracht
vi·o·lent /vaɪələnt/ [bn; bw: ~ly] [1] hevig, heftig, wild, krachtig, intens, geweldig ♦ *violent contrast* schril contrast; ⟨meteo⟩ *violent storm* zeer zware storm ⟨windkracht 11⟩; *in a violent temper* woest, woedend, driftig [2] gewelddadig ♦ *violent death* gewelddadige/onnatuurlijke dood; *lay violent hands on* geweld aandoen, geweld gebruiken tegen; *lay violent hands on o.s.* de hand aan zichzelf slaan [3] hel, schreeuwend ⟨kleur⟩ [4] misleidend ⟨interpretatie⟩ ♦ *a violent interpretation of the facts* een interpretatie die de feiten geweld aandoet/verdraait [·] ⟨sport⟩ *violent play* onnodig hard/keihard spel
vi·o·les·cent /vaɪəlesnt/ [bn] violetachtig, paarsachtig, naar violet/paars neigend
¹vi·o·let /vaɪəlɪt/ [telb zn] [1] viooltje [2] verlegen/bescheiden/stil persoon ♦ *blushing/shrinking violet* verlegen persoon, stille(rd)
²vi·o·let /vaɪəlɪt/ [telb + niet-telb zn] [1] violet, paars(achtig blauw) [2] violet, violette kleur/verfstof
³vi·o·let /vaɪəlɪt/ [niet-telb zn] violet, violette kleding/stof
⁴vi·o·let /vaɪəlɪt/ [bn] violet, paars(achtig blauw)
vi·o·lin /vaɪəlɪn/ [telb zn] [1] viool [2] viool, vioolspeler, vioolspeelster, violist(e) ♦ *the first/second violin* de eerste/tweede viool
vi·o·lin-bow [telb zn] strijkstok
vi·o·lin·ist /vaɪəlɪnɪst/ [telb zn] violist(e), vioolspeler, vioolspeelster
vi·o·list /vioʊlɪst/ [telb zn] [1] alt, altist, altvioolspeler, altvioolspeelster [2] violaspeler, violaspeelster
vi·o·lon·cel·list /vaɪələntʃelɪst, ^viːələn-/ [telb zn] (violon)cellist
vi·o·lon·cel·lo /vaɪələntʃeloʊ, ^viːələn-/ [telb zn] (violon)cel, (violon)cello
vi·o·lo·ne /vaɪəloʊn, ^viəloʊneɪ/ [telb zn] ⟨muz⟩ violone ⟨basinstrument⟩
VIP /viːaɪpiː/ [telb zn] ⟨vnl inf⟩ (very important person) vip, vooraanstaand/hooggeplaatst persoon, hoge piet, beroemdheid, coryfee
vi·per /vaɪpə, ^-ər/ [telb zn] [1] ⟨dierk⟩ adder ⟨familie Viperidae; ook figuurlijk⟩, slang, serpent, verrader ♦ *common viper* adder ⟨Vipera berus⟩; *generation of vipers* adder(en)gebroed [2] (giftige) slang [·] *nourish/nurse/rear a viper in one's bosom* een adder aan zijn borst/in zijn boezem koesteren
vi·per·ine /vaɪpəraɪn, -rɪn/ [bn] [1] m.b.t./van (een) adder(s) [2] adderachtig
vi·per·ish /vaɪpərɪʃ/ [bn] boosaardig, vals, verraderlijk, giftig, adderachtig
vi·per·ous /vaɪprəs/ [bn] [1] adderachtig ⟨ook figuurlijk⟩,

verraderlijk, boosaardig, vals ▢2 giftig ⟨ook figuurlijk⟩
viper's bugloss [telb + niet-telb zn] ⟨plantk⟩ (gewoon) slangenkruid ⟨Echium vulgare⟩
viper's grass [telb + niet-telb zn] ⟨plantk⟩ schorseneer ⟨Scorzonera hispanica⟩
vip lounge [telb zn] viproom
vi·ra·go /vɪrɑːɡoʊ/ [telb zn; mv: ook viragoes] ▢1 ⟨pej⟩ virago, manwijf, helleveeg, feeks ▢2 ⟨vero⟩ virago, vrouw met mannelijke eigenschappen/een mannelijk voorkomen, amazone
vi·ral /vaɪərəl/ [bn] viraal, m.b.t./van een virus, virus- ▫ ⟨inf⟩ *go viral* een hit/succes worden op het internet; *viral marketing* virale marketing ⟨reclameverspreiding via e-mail, soort mond-tot-mondreclame via internet⟩
vir·e·lay /vɪrɪleɪ/ [telb zn] virelai ⟨middeleeuwse Franse dichtvorm⟩
vir·e·o /vɪrioʊ/ [telb zn] ⟨dierk⟩ vireo ⟨vogel; familie Vireonidae⟩
vires [alleen mv] → vis
vi·res·cence /vɪresns/ [niet-telb zn] ▢1 groenheid ▢2 ⟨plantk⟩ vergroening
vi·res·cent /vɪresnt/ [bn] ▢1 groenend ▢2 groenig, groenachtig
vir·ga /vɜːɡə, ᴬvɜrɡə/ [niet-telb zn] ⟨meteo⟩ virga, valstreep
¹**vir·gate** /vɜːɡət, ᴬvɜr-/ [telb zn] ⟨gesch⟩ ± 12 hectare ⟨oude Engelse vlaktemaat⟩
²**vir·gate** /vɜːɡət, ᴬvɜr-/ [bn] ⟨biol⟩ roedevormig, recht, lang, dun
Vir·gil, Ver·gil /vɜːdʒɪl, ᴬvɜrdʒəl/ [eigenn] Vergilius
Vir·gil·i·an /vɜːdʒɪliən, ᴬvɜr-/ [bn] (als) van/m.b.t. Vergilius
¹**vir·gin** /vɜːdʒɪn, ᴬvɜr-/ [telb zn] ▢1 maagd ⟨ook van man⟩ ♦ *the (Blessed) Virgin (Mary)* de (Heilige) Maagd (Maria) ▢2 maagd, ongetrouwde/kuise vrouw, meisje ▢3 onwetende, nieuweling ♦ *a computer virgin* een leek op het gebied van computers; *a political virgin* een politiek groentje, een politieke maagd ▢4 ⟨rel⟩ maagd, kloosterzuster ▢5 ⟨r-k⟩ madonna, afbeelding/beeld van de Heilige Maagd ▢6 ⟨dierk⟩ ongedekt/onbevrucht vrouwtje ▢7 ⟨dierk⟩ zich parthenogenetisch/ongeslachtelijk voortplantend (vrouwelijk) insect
²**vir·gin** /vɜːdʒɪn, ᴬvɜr-/ [bn] ▢1 ⟨benaming voor⟩ maagdelijk, (als) van een maagd/jonge vrouw, zedig, kuis, zuiver, rein, onbevlekt, ongerept, onontgonnen, (nog) niet bestudeerd, (nog) niet bewerkt/behandeld ♦ *virgin birth* parthenogenese; ⟨rel⟩ maagdelijke geboorte (van Jezus); *virgin comb* (nog) niet voor broed gebruikte (honing)raat; *virgin forest* maagdelijk/onbetreden woud; *virgin paper* onbeschreven papier; *virgin queen* onbevruchte bijenkoningin; *the Virgin Queen* Koningin Elizabeth I; *virgin snow* maagdelijke/vers gevallen sneeuw; *virgin soil* onontgonnen grond ⟨ook figuurlijk⟩; *the mind of a child is no virgin soil* de geest van een kind is geen onbeschreven blad; *virgin steps* eerste stappen; *virgin to* niet gewend aan, vrij van; *virgin wool* scheerwol ▢2 gedegen ⟨metaal⟩, maagden-, zuiver ♦ *virgin gold* maagdengoud ▢3 ongepijnd ⟨honing⟩, maagden- ♦ *virgin honey* maagdenhoning, ongepijnde honing ▢4 ⟨dierk⟩ zich parthenogenetisch/ongeslachtelijk voortplantend ▫ *virgin oil* maagdenolie, natuurolie ⟨olijfolie⟩
Vir·gin /vɜːdʒɪn, ᴬvɜr-/ [eigenn; the] ⟨astrol, astron⟩ (de) Maagd, Virgo
¹**vir·gi·nal** /vɜːdʒɪnl, ᴬvɜr-/ [telb zn] ⟨muz⟩ virginaal ⟨soort klavecimbel⟩
²**vir·gi·nal** /vɜːdʒɪnl, ᴬvɜr-/ [bn; bw: ~ly] maagdelijk, kuis, zuiver, rein, ongerept
vir·gin·als /vɜːdʒɪnlz, ᴬvɜr-/ [alleen mv] ⟨muz⟩ virginaal ♦ *a pair of virginals* een virginaal
vir·gin·hood /vɜːdʒɪnhʊd, ᴬvɜr-/ [niet-telb zn] ▢1 maagdelijkheid, het (nog-)maagd-zijn ▢2 maagdelijkheid, maagdelijke/ongehuwde staat
Vir·gin·ia /vədʒɪniə, ᴬvər-/, **Virginia tobacco** [telb + niet-telb zn] virginia(tabak), Virginische tabak
Virginia creeper, Virginian creeper [telb + niet-telb zn] ⟨plantk⟩ wilde wingerd ⟨Parthenocissus quinquefolia⟩
Virginia deer [telb zn] ⟨dierk⟩ virginiahert ⟨Odocoileus virginianus⟩
Virginia fence, Virginia rail fence [telb zn] zigzagvormige omheining/afrastering
¹**Vir·gin·ian** /vədʒɪniən, ᴬvər-/ [telb zn] bewoner van Virginia
²**Vir·gin·ian** /vədʒɪniən, ᴬvər-/ [bn] Virginisch, van/m.b.t. Virginia
Virginia stock, Virginian stock [telb + niet-telb zn] ⟨plantk⟩ zeeviolier ⟨Malcolmia maritima⟩
Virgin Islands [eigenn; the; werkwoord mv] Maagdeneilanden ♦ *the British Virgin Islands* de Britse Maagdeneilanden; *the US Virgin Islands* de Amerikaanse Maagdeneilanden
vir·gin·i·ty /vɜːdʒɪnəti, ᴬvərdʒɪnəti/ [niet-telb zn] ▢1 maagdelijkheid, het (nog-)maagd-zijn, ⟨fig⟩ ongereptheid ▢2 kuisheid, zedigheid ▢3 maagdelijkheid, maagdelijke/ongehuwde staat
virgin's bower [telb zn] ⟨plantk⟩ bosrank, clematis ⟨genus Clematis⟩
¹**Vir·go** /vɜːɡoʊ, ᴬvɜr-/ [eigenn] ⟨astrol, astron⟩ (de) Maagd, Virgo
²**Vir·go** /vɜːɡoʊ, ᴬvɜr-/ [astrol] Maagd ⟨iemand geboren onder dit sterrenbeeld⟩
virgo in·tac·ta /vɜːɡoʊ ɪntæktə, ᴬvɜr-/ [telb zn] virgo intacta, ongerepte maagd ⟨met ongeschonden maagdenvlies⟩
vir·gule /vɜːɡjuːl, ᴬvɜr-/ [telb zn] schuine streep ⟨leesteken: /⟩
vir·id /vɪrɪd/ [bn] (helder) groen
vir·i·des·cence /vɪrɪdesns/ [niet-telb zn] ▢1 groen(ig)heid, groenachtigheid ▢2 vergroening, het groen worden
vir·i·des·cent /vɪrɪdesnt/ [bn] ▢1 groen(ig), groenachtig ▢2 groenend
vir·id·i·an /vɪrɪdiən/ [telb + niet-telb zn; ook attributief] chroomoxidehydraatgroen ⟨kleurpigment⟩, chroomgroen, (blauw)groen
vir·id·i·ty /vɪrɪdəti/ [niet-telb zn] groenheid ⟨ook figuurlijk⟩, onervarenheid
vir·ile /vɪraɪl, ᴬvɪrəl/ [bn] mannelijk, viriel, krachtig, manhaftig ▫ potent
vir·i·les·cence /vɪrɪlesns/ [niet-telb zn] vermannelijking
vir·il·ism /vɪrɪlɪzm/ [niet-telb zn] ⟨med⟩ virilisatie ⟨ontstaan van secundaire mannelijke geslachtskenmerken bij vrouw⟩
vi·ril·i·ty /vɪrɪləti/ [niet-telb zn] ▢1 mannelijkheid, viriliteit, kracht, manhaftigheid, manbaarheid ▢2 potentie
vi·ri·on /vɪrɪɒn, ᴬvaɪriɑn/ [telb zn] virion ⟨vrij virusdeeltje⟩
vi·ro·log·i·cal /vaɪərəlɒdʒɪkl, ᴬ-lɑ-/ [bn; bw: ~ly] virologisch
vi·rol·o·gist /vaɪərɒlədʒɪst, ᴬ-rɑ-/ [telb zn] viroloog
vi·rol·o·gy /vaɪərɒlədʒi, ᴬ-rɑ-/ [niet-telb zn] virologie ⟨leer der virussen/virusziekten⟩
vi·rose /vaɪroʊs/ [bn] ▢1 giftig ▢2 kwalijk riekend, stinkend
¹**vir·tu** /vɜːtuː, ᴬvɜr-/ [niet-telb zn] ▢1 kennis/verstand van kunst, kunstsmaak, gevoel voor kunst, kunstliefde ♦ *a man of virtu* een kunstkenner/kunstliefhebber ▢2 kunstwaarde ♦ *articles/objects of virtu* kunstvoorwerpen, antiquiteiten, curiosa, objets d'art
²**vir·tu** /vɜːtuː, ᴬvɜr-/ [verzameln] kunstvoorwerpen, anti-

quiteiten, curiosa, objets d'art

vir·tu·al /vɜːtʃʊəl, ᴬvɜr-/ [bn, attr] [1] feitelijk, eigenlijk, werkelijk, praktisch ♦ *to them it was a virtual defeat* voor hen kwam het neer op/betekende het/was het zoveel als een nederlaag [2] ⟨comp⟩ virtueel ♦ *virtual reality* virtuele werkelijkheid/realiteit; *virtual advertising* virtuele reclame; *virtual cash* digitaal geld; *virtual community* virtuele gemeenschap ⟨van computergebruikers⟩; *virtual memory* virtueel geheugen ⟨van computergebruikers⟩; *virtual office* virtueel kantoor; *virtual tour* virtuele rondleiding [3] ⟨natuurk, opt⟩ virtueel ♦ *virtual focus* virtueel brandpunt; *virtual image* virtueel beeld

vir·tu·al·i·ty /vɜːtʃʊælətɪ, ᴬvɜrtʃʊælətɪ/ [telb + niet-telb zn] [1] essentie, wezen [2] virtualiteit, potentieel vermogen

vir·tu·al·ly /vɜːtʃəlɪ, ᴬvɜrt-/ [bw] [1] → virtual [2] praktisch, feitelijk, in essentie, in de grond, vrijwel, virtualiter ♦ *my work is virtually finished* mijn werk is zogoed als af [3] ⟨comp⟩ via/op een computer, virtueel

vir·tue /vɜːtʃuː, ᴬvɜr-/ [telb + niet-telb zn] [1] deugd, deugdzaamheid, rechtschapenheid ♦ ⟨rel⟩ *cardinal virtues* kardinale deugden, hoofddeugden; *natural virtues* natuurlijke deugden; *make a virtue of necessity* van de nood een deugd maken; *theological virtues* theologische/goddelijke deugden [2] kuisheid, zedelijkheid [3] verdienste, goede eigenschap, sterk punt, kracht, fort [4] ⟨heilzame⟩ werking, geneeskracht [5] *by/in virtue of* krachtens, ingevolge, op grond van; ⟨sprw⟩ *virtue is its own reward* deugd beloont zichzelf; ⟨sprw⟩ *every man has the defects of his own virtues* ± iedereen heeft fouten die uit zijn deugden voortvloeien; ⟨sprw⟩ *patience is a virtue* geduld is een schone zaak

vir·tue·crat [telb zn] ⟨AE⟩ ⟨christen⟩moralist, christenmilitant

vir·tue·less /vɜːtʃuːləs, ᴬvɜr-/ [bn; zn: ~ness] zonder deugden, ⟨bij uitbreiding⟩ verdorven, slecht

vir·tues /vɜːtʃuːz, ᴬvɜr-/ [alleen mv; ook Virtues] ⟨rel⟩ Krachten ⟨vijfde der negen engelenkoren⟩

vir·tu·os·ic /vɜːtʃʊɒsɪk, ᴬvɜrtʃʊɑːsɪk/ [bn] virtuoos, met virtuositeit

vir·tu·os·i·ty /vɜːtʃʊɒsətɪ, ᴬvɜrtʃʊɑːsətɪ/ [niet-telb zn] [1] virtuositeit, meesterschap, grote bedrevenheid/vaardigheid [2] kunstliefde

vir·tu·o·so /vɜːtʃʊoʊzoʊ, ᴬvɜrtʃʊoʊsoʊ/ [telb zn; mv: ook virtuosi /-ziː/] [1] virtuoos, virtuoze [2] kunstkenner, kunstliefhebber, kunstverzamelaar, dilettant

vir·tu·ous /vɜːtʃʊəs, ᴬvɜr-/ [bn; bw: ~ly; zn: ~ness] [1] deugdzaam, rechtschapen [2] kuis, zedig [3] werkzaam, heilzaam, effectief

vir·u·lence /vɪrʊləns, ᴬvɪrə-/, **vir·u·len·cy** /-sɪ/ [niet-telb zn] [1] kwaadaardigheid ⟨ziekte⟩, virulentie [2] venijnigheid, kwaadaardigheid, bitterheid, rancune

vir·u·lent /vɪrʊlənt, ᴬvɪrə-/ [bn; bw: ~ly] [1] ⟨zeer⟩ giftig, dodelijk ⟨gif⟩ [2] kwaadaardig ⟨ziekte⟩, ⟨zeer⟩ schadelijk/gevaarlijk, virulent, hevig [3] venijnig, kwaadaardig, giftig, bitter, heftig [4] irriterend, aanstotelijk ♦ *virulent colours* schreeuwende kleuren

vi·rus /vaɪərəs/ [telb zn] [1] virus ⟨ook computer⟩ [2] smetstof, ziekteverwekker [3] ziekteziekte

virus scanner [telb zn] ⟨comp⟩ virusscanner

vis /vɪs/ [telb + niet-telb zn; mv: vires /vaɪriːz/] vis, kracht, vermogen, macht

Vis [afk] [1] (Viscount) [2] (Viscountess)

¹vi·sa /viːzə/, ⟨AE ook⟩ **vi·sé** /viːzeɪ/ [telb zn] visum ⟨op document, pas⟩, paraaf

²vi·sa /viːzə/, ⟨AE ook⟩ **vi·sé** /viːzeɪ/ [ov ww; ook visa'd, visé'd] [1] viseren, een visum plaatsen op, tekenen voor gezien [2] ratificeren

visa'd /viːzəd/ [verleden tijd en volt deelw] → visa

vis·age /vɪzɪdʒ/ [telb zn] ⟨form⟩ [1] gelaat, gelaatstrekken, gelaatsuitdrukking, (aan)gezicht [2] aanblik

-vis·aged /vɪzɪdʒd/ ⟨form⟩ met een ... gelaat/gezicht ♦ *sad-visaged* met een droevig gezicht; *dark-visaged* met een donker gelaat, met donkere gelaatstrekken

¹vis-à-vis /viːzəviː/ [telb zn; mv: vis-à-vis] [1] vis-à-vis ⟨persoon die tegenover ander zit⟩ [2] tegenhanger [3] ⟨AE⟩ begeleid(st)er, partner, metgezel(lin) [4] vis-à-vis ⟨rijtuig met zitplaatsen tegenover elkaar⟩

²vis-à-vis /viːzəviː/ [bw] vis-à-vis, ⟨recht⟩ tegenover elkaar

³vis-à-vis /viːzəviː/ [vz] [1] vis-à-vis, ⟨recht⟩ tegenover [2] tegenover, ten opzichte van, vergeleken met, in verhouding tot

Visc [afk] [1] (Viscount) [2] (Viscountess)

vis·ca·cha, viz·ca·cha /vɪskætʃə/ [telb zn] ⟨dierk⟩ viscacha ⟨woelmuis; Lagostomus maximus⟩

vis·cer·a /vɪsərə/ [alleen mv] ⟨anat⟩ inwendige organen, ⟨i.h.b.⟩ ingewanden

vis·cer·al /vɪsərəl/ [bn] [1] ⟨anat⟩ visceraal, m.b.t./van de ingewanden, inwendig ♦ *visceral nervous system* sympathisch zenuwstelsel, sympathicus [2] diepgeworteld, niet oppervlakkig [3] instinctief, intuïtief [4] lichamelijk

vis·cer·o·ton·ic /vɪsərətɒnɪk, ᴬvɪsəroʊtɑːnɪk/ [bn] ⟨psych⟩ viscerotoon ⟨houdend van gezelligheid⟩

vis·cid /vɪsɪd/ [bn; bw: ~ly; zn: ~ness] [1] kleverig [2] taai, stroperig, dik(vloeibaar), viskeus ⟨vloeistof⟩

¹vis·cid·i·ty /vɪsɪdətɪ/ [telb zn] kleverige/taaie substantie

²vis·cid·i·ty /vɪsɪdətɪ/ [niet-telb zn] [1] kleverigheid [2] taaiheid, stroperigheid, viscositeit

vis·com·e·ter /vɪskɒmɪtə, ᴬvɪskɑːmɪtər/, **vis·co·sim·e·ter** /vɪskəsɪmɪtə, ᴬ-sɪmɪtər/ [telb zn] viscosimeter, viscositeitsmeter

¹vis·cose /vɪskoʊs/ [niet-telb zn] [1] viscose ⟨grondstof⟩ [2] viscose(zijde)

²vis·cose /vɪskoʊs/ [bn] [1] kleverig [2] taai ⟨ook figuurlijk⟩, stroperig, dik(vloeibaar), viskeus

viscose rayon [niet-telb zn] viscoserayon, viscosezijde

¹vis·cos·i·ty /vɪskɒsətɪ, ᴬvɪskɑːsətɪ/ [telb zn] kleverige/taaie substantie

²vis·cos·i·ty /vɪskɒsətɪ, ᴬvɪskɑːsətɪ/ [telb + niet-telb zn] ⟨natuurk⟩ viscositeit, inwendige wrijving ♦ *dynamic viscosity* dynamische/absolute viscositeit; *kinematic viscosity* kinematische viscositeit

³vis·cos·i·ty /vɪskɒsətɪ, ᴬvɪskɑːsətɪ/ [niet-telb zn] [1] kleverigheid [2] taaiheid, stroperigheid

vis·count /vaɪkaʊnt/ [telb zn] burggraaf ⟨Engelse titel tussen baron en earl⟩

vis·count·cy /vaɪkaʊntsɪ/, **vis·count·ship** /-ʃɪp/ [telb + niet-telb zn] burggraafschap, waardigheid van een burggraaf

vis·count·ess /vaɪkaʊntɪs/ [telb zn] burggravin

vis·count·y /vaɪkaʊntɪ/ [telb + niet-telb zn] [1] burggraafschap, waardigheid van een burggraaf [2] burggraafschap, rechtsgebied/rechtsbevoegdheid van een burggraaf

vis·cous /vɪskəs/ [bn; bw: ~ly; zn: ~ness] [1] kleverig [2] taai ⟨ook figuurlijk⟩, stroperig, dik(vloeibaar) [3] ⟨natuurk⟩ hoog viskeus, dikvloeibaar

Visct [afk] [1] (Viscount) [2] (Viscountess)

¹vis·cum /vɪskəm/ [telb + niet-telb zn] ⟨plantk⟩ vogellijm, maretak, mistletoe ⟨genus Viscum⟩

²vis·cum /vɪskəm/ [niet-telb zn] vogellijm ⟨bereid uit bessen van de gelijknamige plant⟩

vis·cus /vɪskəs/ [telb zn; uitzonderlijk enk van] → viscera

¹vise /vaɪs/ [telb zn] ⟨AE⟩ bankschroef, handschroef, klemschroef, spanschroef

²vise /vaɪs/ [ov ww] ⟨AE⟩ klemmen, vastklemmen (in/als in een bankschroef)

visé → visa

visé'd /viːzeɪd/ [verleden tijd en volt deelw] → visa

vise·like [bn] → **vicelike**
Vish·nu /vɪʃnu:/ [eigenn] Visjnoe ⟨Indische godheid⟩
¹vis·i·bil·i·ty /vɪzəbɪləti/ [telb + niet-telb zn] zicht ⟨voornamelijk meteorologie⟩ ♦ *good/high visibility* goed zicht; *poor/low visibility* slecht zicht
²vis·i·bil·i·ty /vɪzəbɪləti/ [niet-telb zn] zichtbaarheid
¹vis·i·ble /vɪzəbəl/ [telb zn; vaak mv] ⟨ec⟩ (handels)product, ⟨mv⟩ (handels)goederen
²vis·i·ble /vɪzəbəl/ [bn; bw: visibly; zn: ~ness] zichtbaar, waarneembaar, merkbaar, duidelijk, opvallend ♦ ⟨ec⟩ *visible balance* handelsbalans ⟨m.b.t. goederen⟩; *the stain was barely visible* de vlek was nauwelijks te zien; *it was diminishing visibly* het werd zienderogen minder; ⟨ec⟩ *visible exports/reserve/supply* zichtbare uitvoer/reserve/voorraad; *visible horizon* zichtbare/schijnbare/lokale horizon · ⟨taalk⟩ *visible speech* visible speech ⟨alfabet van mondstanddiagrammen voor doven⟩
Vis·i·goth /vɪzɪgɒθ, ᴬ-gɑθ/ [telb zn] ⟨gesch⟩ Visigoot, West-Goot
Vis·i·goth·ic /vɪzɪgɒθɪk, ᴬ-gɑθɪk/ [bn] ⟨gesch⟩ Visigotisch, West-Gotisch
vis in·er·ti·ae /vɪs ɪnɜ:ʃii:, ᴬ-nɜr-/ [niet-telb zn] ⟨natuurk⟩ vis inertiae, werking der traagheid
¹vi·sion /vɪʒn/ [telb zn] [1] visioen, droom(beeld), wensbeeld, beeld ♦ *he had a clear vision of what was going to happen* hij zag duidelijk voor zich wat er ging gebeuren; *I had visions of missing the train* ik zag het al helemaal voor me dat ik de trein zou missen; *see visions* visioenen hebben, de zienersgave hebben [2] verschijning, droomverschijning, geestesverschijning, schim, fantoom [3] (vluchtige) blik, glimp, aanblik, (uit)zicht ♦ *catch a vision of* een glimp opvangen van; *what a vision of dreariness that town looked!* wat bood die stad een troosteloze aanblik! [4] droom, schoonheid, beeld ♦ *isn't she a vision?* is het geen plaatje? [5] ⟨tv⟩ beeld
²vi·sion /vɪʒn/ [niet-telb zn] [1] gezicht(svermogen), het zien ♦ *field of vision* gezichtsveld [2] visie, inzicht, vooruitziende blik, kijk ♦ *a man of vision* een man met visie
³vi·sion /vɪʒn/ [ov ww] [1] (als) in een droom/visioen zien, zich verbeelden, voor zich zien [2] (als) in een droom/visioen tonen
vi·sion·al /vɪʒnəl/ [bn; bw: ~ly] [1] visionair, m.b.t./van/als (een) visioen(en), gezien in een visioen [2] denkbeeldig, ingebeeld, onwerkelijk, droom-
¹vi·sion·a·ry /vɪʒnri, ᴬ-neri/ [telb zn] [1] ziener, visionair, profeet [2] dromer, idealist, fantast
²vi·sion·a·ry /vɪʒnri, ᴬ-neri/ [bn; zn: visionariness] [1] visionair, visioenen hebbend [2] dromerig, onpraktisch, idealistisch ⟨persoon⟩ [3] onrealistisch, onverwezenlijkbaar, fantastisch, utopisch ⟨plan⟩ [4] denkbeeldig, ingebeeld, onwerkelijk, droom- [5] met visie, vooruitziend, inzicht hebbend [6] visionair, m.b.t./van/als (een) visioen(en)
vi·sion-mix [onov ww] ⟨film, tv⟩ beelden mixen, beelden/opnames elkaar laten afwisselen
¹vis·it /vɪzɪt/ [telb zn] [1] bezoek, visite ⟨ook van dokter⟩, (tijdelijk) verblijf ♦ *go on a visit to s.o.* op bezoek gaan bij iemand; gaan logeren bij iemand; *pay s.o. a visit*, *pay a visit to someone* iemand een bezoek(je) brengen [2] inspectie, onderzoek, doorzoeking, visitatie [3] ⟨AE; inf⟩ praatje, babbeltje
²vis·it /vɪzɪt/ [onov ww] [1] een bezoek/bezoeken afleggen, op bezoek/visite gaan ♦ *visit with* een bezoek brengen aan, op visite gaan bij [2] ⟨AE⟩ logeren, verblijven [3] ⟨AE; inf⟩ een praatje maken, babbelen, kletsen ♦ *visit with* een praatje (gaan) maken met; → **visiting**
³vis·it /vɪzɪt/ [ov ww] [1] bezoeken, een bezoek brengen aan, op visite gaan bij, langs gaan (bij) ♦ *there is enough time to visit the bank* er is nog tijd genoeg om (even) langs de bank te gaan; *visit a cathedral* een kathedraal bezoeken/bezichtigen; ⟨comp⟩ *visit a site* een (web)site bezoeken [2] ⟨AE⟩ logeren bij, verblijven bij/in [3] inspecteren, onderzoeken, visiteren [4] bezoeken, treffen, teisteren ♦ *the village was visited by/with the plague* het dorp werd bezocht/getroffen door/met de pest [5] overvallen, (plotseling) opkomen bij, zich meester maken van, bekruipen ⟨van gevoelens⟩ [6] doen neerkomen, toebrengen, toedienen ♦ *visit one's wrath (up)on s.o.* zijn toorn doen neerkomen op iemand, iemand de volle laag geven [7] straffen, wreken, bezoeken ⟨voornamelijk Bijbel⟩ ♦ *I shall visit their sins upon them* Ik zal aan hen hun zonde bezoeken ⟨Exod. 32:34⟩; *visit upon* wreken op, bezoeken aan; *visit with* straffen met [8] verzorgen, hulp verlenen, helpen ♦ *visit the sick* de zieken verzorgen; → **visiting**
vis·it·a·ble /vɪzɪtəbl/ [bn] [1] geschikt voor bezoek, een bezoek waard [2] open (voor bezoek) ⟨museum⟩ [3] onderworpen aan inspectie, onder toezicht
¹vis·i·tant /vɪzɪtənt/ [telb zn] [1] ⟨form⟩ bezoeker, ⟨i.h.b.⟩ verschijning, geest, schim [2] ⟨dierk⟩ gast, dwaalgast, jaargast, wintergast, zomergast, trekvogel
²vis·i·tant /vɪzɪtənt/ [bn] ⟨vero⟩ bezoekend, op bezoek
¹vis·i·ta·tion /vɪzɪteɪʃn/ [telb zn] [1] (officieel) bezoek, huisbezoek ⟨van geestelijke⟩, inspectie(bezoek), (kerk)visitatie ♦ *visitation of the sick* ziekenbezoek ⟨van geestelijke⟩ [2] ⟨inf⟩ onbehoorlijk/al te lang bezoek [3] bezoeking, beproeving, bestraffing, ramp, ongeluk ♦ *a visitation of God* een bezoeking des Heren [4] zegening, beloning [5] ⟨dierk⟩ ongewone, massale trek ⟨van vogels enz.⟩
²vis·i·ta·tion /vɪzɪteɪʃn/ [telb + niet-telb zn] ⟨AE; jur⟩ bezoek(recht) ⟨van bezoekgerechtigde ouder⟩
Vis·i·ta·tion /vɪzɪteɪʃn/ [niet-telb zn; the] [1] Visitatie ⟨bezoek van Maria aan Elizabeth⟩ [2] Onze-Lieve-Vrouwe-visitatie ⟨rooms-katholieke feestdag⟩ [3] orde der Visitatie ⟨vrouwelijke kloosterorde⟩ ♦ *Nuns of the Visitation* zusters van de orde der Visitatie
visitation rights [alleen mv] ⟨AE; jur⟩ bezoekrecht ⟨van gescheiden ouder⟩
vis·i·ta·to·ri·al /vɪzɪtətɔ:riəl/, **vis·i·to·ri·al** /vɪzɪtɔ:riəl/ [bn] inspectie-, toezicht-, visitatie-, bezoek- ♦ *visitatorial authority/power* visitatierecht, visitatiebevoegdheid
¹vis·it·ing /vɪzɪtɪŋ/ [niet-telb zn; gerund van visit] [1] voornamelijk in samenst met naamwoord] het bezoeken, het afleggen van bezoeken, bezoek-, visite- ♦ *be on visiting terms with* een goede kennis/goede kennissen zijn van, over de vloer komen bij
²vis·it·ing /vɪzɪtɪŋ/ [bn; tegenwoordig deelw van visit] bezoekend, gast- ♦ *visiting professor* gasthoogleraar; ⟨sport⟩ *the visiting team* de gasten · ⟨AE; inf⟩ *visiting fireman* hoge/invloedrijke gast, hoog bezoek, hoge piet ⟨voornamelijk bij conferenties enz.⟩
visiting card [telb zn] visitekaartje ⟨alleen letterlijk⟩
visiting hours [alleen mv] bezoekuur, bezoektijd
visiting nurse [telb zn] ⟨AE⟩ wijkverpleegkundige
vis·i·tor /vɪzɪtə, ᴬvɪzɪtər/ [telb zn] [1] bezoeker, gast, logé, toerist, ⟨comp⟩ (website)bezoeker ♦ ⟨sport⟩ *the visitors are leading* de gasten/bezoekers staan voor; *they had many visitors today* ze hadden vandaag veel bezoek [2] ⟨dierk⟩ gast, dwaalgast, jaargast, wintergast, zomergast, trekvogel [3] inspecteur [4] ⟨rel⟩ visitatie
visitor's book [telb zn] gastenboek, naamboek ⟨in museum⟩
vis ma·jor [telb + niet-telb zn] ⟨jur⟩ vis major, overmacht
vi·son /vaɪsn/, **vison weasel** [telb zn] ⟨dierk⟩ Amerikaanse nerts, mink ⟨Mustela vison⟩
vi·sor, vi·zor /vaɪzə, ᴬ-ər/ [telb zn] [1] klep ⟨van pet⟩ [2] zonneklep ⟨van auto⟩ [3] ⟨gesch⟩ vizier ⟨van helm⟩ [4] ⟨vero⟩ masker
vi·sored, vi·zored /vaɪzəd, ᴬ-zərd/ [bn] [1] met een (zonne)klep [2] ⟨gesch⟩ met een vizier [3] ⟨vero⟩ gemaskerd, vermomd

vista

vis·ta /vɪstə/ [telb zn] [1] **uitzicht,** doorkijk(je), (ver)gezicht [2] **laan** [3] **(lange) reeks,** rij, aaneenschakeling ♦ *a vista of arches* een (lange) reeks bogen; *we saw a long vista of hard years stretching out before us* we zagen een lange reeks van moeilijke jaren voor ons in het verschiet liggen [4] **perspectief,** vooruitzicht ♦ *vista of the future* toekomstperspectief; *open up new vistas/a new vista* nieuwe perspectieven openen [5] **terugblik,** herinnering

vis·taed /vɪstəd/ [bn] [1] **met uitzicht,** een doorkijk biedend [2] **een laan/reeks vormend** [3] **(zichzelf) in het vooruitzicht gesteld**

Vis·tu·la /vɪstjʊlə, ᴬ-tʃələ/ [eigenn; the] **Weichsel,** Wisla ⟨rivier in Polen⟩

¹**vi·su·al** /vɪʒʊəl/ [telb zn] [1] ⟨vnl mv⟩ ⟨vnl AE⟩ **beeldmateriaal,** ⟨i.h.b.⟩ promotiefilm, reclamespot [2] ⟨techn⟩ **advertentieontwerp**

²**vi·su·al** /vɪʒʊəl/ [bn; bw: ~ly] [1] **visueel** ♦ ⟨onderw⟩ *visual aids* visuele hulpmiddelen; *visual arts* beeldende kunsten; ⟨comp⟩ *visual display unit* (beeld)scherm, monitor; *visual memory* visueel geheugen; *visual pollution* visuele vervuiling; *visually that lamp is very nice but it's rather unpractical* die lamp ziet er heel aardig uit maar hij is niet erg praktisch [2] **zichtbaar** [3] **optisch** ♦ *visual signal* optisch sein

³**vi·su·al** /vɪʒʊəl/ [bn; attr; bw: ~ly] ♦ *visual angle* gezichtshoek; *visual beam/ray* gezichtslijn, gezichtsstraal; *visual field* gezichtsveld; *visual nerve* gezichtszenuw; *visual purple* gezichtspurper ⟨rood pigment in netvlies⟩

vis·u·al·i·za·tion, vis·u·al·i·sa·tion /vɪʒʊəlaɪzeɪʃn, ᴬ-lə-/ [niet-telb zn] [1] **visualisatie,** het zich voorstellen [2] **visualisatie,** het zichtbaar maken, veraanschouwelijking

¹**vis·u·al·ize, vis·u·al·ise** /vɪʒʊəlaɪz/ [onov ww] [1] **zich een voorstelling maken** [2] **zichtbaar worden**

²**vis·u·al·ize, vis·u·al·ise** /vɪʒʊəlaɪz/ [ov ww] [1] **zich voorstellen,** zich een voorstelling maken van, visualiseren, zich een beeld vormen van, zich voor de geest halen [2] **visualiseren,** zichtbaar maken, veraanschouwelijken

vis vi·va /vɪs vaɪvə/ [niet-telb zn] ⟨natuurk⟩ **vis viva,** kinetische energie

¹**vi·tal** /vaɪtl/ [bn; bw: ~ly; zn: ~ness] [1] **essentieel,** vitaal, van wezenlijk/primair belang, onmisbaar ♦ *your help is vital for/to the scheme* het plan staat of valt met jouw hulp; *of vital importance* van vitaal belang, van levensbelang; *vitally important* van vitaal belang, van levensbelang; *vital organs* vitale organen; *a vital question* een vitale kwestie, een levenskwestie [2] **vitaal,** levenskrachtig, dynamisch [3] **fataal,** dodelijk ♦ *vital wound* fatale wond

²**vi·tal** /vaɪtl/ [bn, attr; bw: ~ly; zn: ~ness] **levens-,** vitaal, voor het leven kenmerkend/noodzakelijk ♦ ⟨filos⟩ *vital force* levenskracht, élan vital ⟨principe uit het vitalisme⟩; *respiration is a vital function* ademhalen is een levensverrichting; *vital heat* vitale warmte; *vital parts* edele delen, vitale delen; *vital power* levenskracht; ⟨filos⟩ *vital principle* levensprincipe ⟨principe uit het vitalisme⟩; *vital spirits* levensgeesten [•] *vital capacity* vitale capaciteit ⟨maximale capaciteit van longen⟩; ⟨inf⟩ *vital statistics* bevolkingsstatistiek, ⟨inf⟩ belangrijkste feiten, interessantste gegevens; maten ⟨van vrouw⟩

vi·tal·ism /vaɪtlɪzm/ [niet-telb zn] ⟨filos⟩ **vitalisme**

vi·tal·ist /vaɪtlɪst/ [telb zn] ⟨filos⟩ **vitalist,** aanhanger van het vitalisme

vi·tal·is·tic /vaɪtlɪstɪk/ [bn] ⟨filos⟩ **vitalistisch**

vi·tal·i·ty /vaɪtælətɪ/ [niet-telb zn] [1] **vitaliteit,** levenskracht, levendigheid, dynamiek, bezieling [2] **vitaliteit,** levensvatbaarheid

vi·tal·ize, vi·tal·ise /vaɪtlaɪz/ [ov ww] **bezielen,** leven geven aan, ⟨fig⟩ activeren, tot leven wekken, (nieuw) leven inblazen

vi·tals /vaɪtlz/ [alleen mv] [1] **edele delen** [2] **vitale delen**

⟨van motor enz.⟩

vi·ta·min /vɪtəmɪn, ᴬvaɪtə-/, ⟨zelden⟩ **vi·ta·mine** /-miːn/ [telb zn] **vitamine** ♦ *vitamin A/B* vitamine A/B ⟨enz.⟩

vi·ta·min·ize /vɪtəmɪnaɪz, ᴬvaɪtə-/ [ov ww] **vitamin(is)eren,** vitaminen toevoegen aan

vitamin tablet [telb zn] **vitaminetablet**

vi·tel·line /vɪtelɪn, vaɪ-/ [bn] [1] **dooier-,** m.b.t./van de dooier ♦ *vitelline membrane* dooierzak(je) [2] **eigeel**

vi·tel·lus /vɪteləs, vaɪ-/ [telb zn; mv: vitelli /-laɪ/] **dooier**

vi·ti·ate /vɪʃieɪt/ [ov ww] [1] **schaden,** tenietdoen, schenden, verzwakken ♦ *this fact vitiates your conclusion* dit feit doet jouw gevolgtrekking teniet; *vitiate the truth* de waarheid geweld aandoen [2] **bederven,** verontreinigen, vervuilen, ⟨ook fig⟩ corrumperen, aantasten ♦ *vitiated air* verontreinigde/bedorven lucht [3] **ongeldig/nietig maken** ⟨contract⟩

vi·ti·a·tion /vɪʃieɪʃn/ [niet-telb zn] [1] **schending,** het schaden [2] **verontreiniging,** bederf, aantasting ⟨ook figuurlijk⟩ [3] **het ongeldig maken** ⟨van contract⟩

vit·i·cul·ture /vɪtɪkʌltʃə, ᴬvɪtɪkʌltʃər/ [niet-telb zn] **wijnbouw**

vit·i·cul·tur·ist /vɪtɪkʌltʃərɪst, ᴬvɪtɪkʌltʃərɪst/ [telb zn] **wijnboer,** wijnbouwer

vit·i·li·go /vɪtɪlaɪɡoʊ, ᴬvɪtɪlaɪɡoʊ/ [niet-telb zn] ⟨med⟩ **vitiligo**

vit·re·os·i·ty /vɪtrɪɒsətɪ, ᴬ-ɑsətɪ/ [niet-telb zn] **glazigheid,** glasachtigheid

vit·re·ous /vɪtrɪəs/ [bn; bw: ~ly; zn: ~ness] [1] **glas-,** glazen, van glas ♦ *vitreous electricity* glaselektriciteit, positieve elektriciteit [2] **glasachtig,** glazig ♦ ⟨anat⟩ *vitreous body/humour* glaslichaam, glasachtig lichaam ⟨in het oog⟩; *vitreous enamel* email ⟨op metaal⟩ [3] ⟨anat⟩ **m.b.t./van het glaslichaam** ⟨in het oog⟩ [4] **glasgroen**

vi·tres·cence /vɪtresns/ [niet-telb zn] **verglazing**

vi·tres·cent /vɪtresnt/ [bn] [1] **verglazend** [2] **verglaasbaar**

vit·ri·fi·a·ble /vɪtrɪfaɪəbl/ [bn] **verglaasbaar**

¹**vit·ri·fi·ca·tion** /vɪtrɪfɪkeɪʃn/, **vit·ri·fac·tion** /vɪtrɪfækʃn/ [telb zn] **verglaasd voorwerp**

²**vit·ri·fi·ca·tion** /vɪtrɪfɪkeɪʃn/, **vit·ri·fac·tion** /vɪtrɪfækʃn/ [telb + niet-telb zn] **verglazing**

vit·ri·form /vɪtrɪfɔːm, ᴬ-fɔrm/ [bn] **glasachtig,** glazig

vit·ri·fy /vɪtrɪfaɪ/ [onov + ov ww] **verglazen,** in glas veranderen, glasachtig worden

vi·trine /vɪtriːn, ᴬvɪtriːn/ [telb zn] **vitrine**

¹**vit·ri·ol** /vɪtrɪəl/ [telb + niet-telb zn] ⟨scheik⟩ **vitriool,** sulfaat ♦ *blue vitriol* blauwe vitriool, kopersulfaat

²**vit·ri·ol** /vɪtrɪəl/ [niet-telb zn] ⟨scheik⟩ **vitriool,** zwavelzuur, ⟨fig⟩ bijtende opmerking/kritiek, sarcasme, venijn ♦ *oil of vitriol* vitrioololie, geconcentreerd zwavelzuur

vit·ri·o·late /vɪtrɪəleɪt/ [ov ww] [1] **in vitriool veranderen** [2] **met vitriool behandelen/verwonden**

vit·ri·ol·ic /vɪtrɪɒlɪk, ᴬ-ɑlɪk/ [bn] [1] **vitrioolachtig,** vitriool- [2] **bijtend,** sarcastisch, venijnig, giftig

Vi·tru·vi·an /vɪtruːvɪən/ [bn] ⟨als⟩ **van Vitruvius** ⟨Romeins architect⟩

vit·ta /vɪtə/ [telb zn; mv: ook vittae /vɪtiː/] [1] ⟨plantk⟩ **oliekanaal** [2] ⟨biol⟩ **(kleur)streep,** band

vi·tu·per·ate /vɪtjuːpəreɪt, ᴬvaɪtuː-/ [ov ww] **hekelen,** uitvaren tegen, beschimpen, tekeergaan tegen

vi·tu·per·a·tion /vɪtjuːpəreɪʃn, ᴬvaɪtuː-/ [telb + niet-telb zn] **hekeling,** beschimping, verwensing, scheldpartij

vi·tu·per·a·tive /vɪtjuːprətɪv, ᴬvaɪtuːpəreɪtɪv/ [bn; bw: ~ly] **hekelend,** scherp, giftig

vi·tu·per·a·tor /vɪtjuːpəreɪtə, ᴬvaɪtuːpəreɪtər/ [telb zn] **hekelaar,** beschimper

¹**vi·va** /vaɪvə/, ⟨in betekenis 1 ook⟩ **vi·vat** /vaɪvæt/ [telb zn] [1] **vivat** ⟨uitroep⟩, leve ♦ *viva the king!* leve de koning! [2] ⟨BE; inf⟩ **mondeling,** mondeling(e) examen/test

²**vi·va** /vaɪvə/ [ov ww; ook viva'd] ⟨BE; inf⟩ **mondeling exa-**

mineren/testen
vi·va·ce /vivɑːtʃi/ [bw] ⟨muz⟩ vivace, levendig, vlug
vi·va·cious /vɪˈveɪʃəs/ [bn; bw: ~ly; zn: ~ness] levendig, opgewekt, vrolijk
vi·vac·i·ty /vɪˈvæsəti/ [niet-telb zn] levendigheid, opgewektheid, vrolijkheid
viva'd /ˈvaɪvəd/ [verleden tijd en volt deelw] → viva
vi·van·diè·re /vivɑːnˈdiːeə, ᴬvɪvɑndɪeᵣ/ [telb zn] ⟨gesch⟩ marketentster, zoetelaarster ⟨in Frankrijk⟩
vi·var·i·um /vaɪˈveərɪəm, ᴬ-ˈver-/ [telb zn; mv: ook vivaria /-rɪə/] vivarium, terrarium
¹**vi·va vo·ce** /ˌvaɪvə ˈvoʊtʃi/ [telb zn] mondeling(e) examen/test
²**vi·va vo·ce** /ˌvaɪvə ˈvoʊtʃi/ [bn; bw] mondeling
vi·vax /ˈvaɪvæks/ [telb zn] ⟨dierk⟩ (Plasmodium) vivax ⟨malariaparasiet⟩
vi·ver·rine /ˈvaɪvəraɪn/ [bn] civetkatachtig, m.b.t./van de civetkat
viv·id /ˈvɪvɪd/ [bn; bw: ~ly; zn: ~ness] ① helder ⟨kleur, licht⟩, sterk, intens, scherp ② levendig, sterk, duidelijk ♦ *a vivid imagination* een levendige fantasie; *a vivid portrayal of* een levensechte schildering van; *I have a vivid recollection of …* ik kan me … nog levendig herinneren, … staat me nog helder voor de geest
viv·i·fi·ca·tion /ˌvɪvɪfɪˈkeɪʃn/ [niet-telb zn] ① bezieling, het (weer) tot leven wekken, vivificatie ② verlevendiging
viv·i·fy /ˈvɪvɪfaɪ/ [ov ww] ① leven geven aan, bezielen, (weer) tot leven wekken ② verlevendigen, levendig maken
viv·i·par·i·ty /ˌvɪvɪˈpærəti/ [niet-telb zn] ⟨biol⟩ viviparie, het vivipaar-zijn/levendbarend-zijn
vi·vip·a·rous /vɪˈvɪpərəs, ᴬvaɪ-/ [bn; bw: ~ly; zn: ~ness] ① ⟨dierk⟩ vivipaar, levendbarend ② ⟨plantk⟩ vivipaar
¹**viv·i·sect** /ˈvɪvɪsekt/ [onov ww] vivisectie bedrijven
²**viv·i·sect** /ˈvɪvɪsekt/ [ov ww] vivisectie bedrijven/toepassen op, levend snijden
viv·i·sec·tion /ˌvɪvɪˈsekʃn/ [telb + niet-telb zn] vivisectie ⟨ook figuurlijk⟩, ontleding, zeer kritisch onderzoek, het op de snijtafel leggen
viv·i·sec·tion·ist /ˌvɪvɪˈsekʃənɪst/ [telb zn] ① vivisector ⟨iemand die vivisectie bedrijft⟩ ② voorstander van vivisectie
viv·i·sec·tor /ˈvɪvɪsektə, ᴬ-ər/ [telb zn] vivisector
vix·en /ˈvɪksn/ [telb zn] ① moervos, wijfjesvos ② feeks, kreng, kijfster, helleveeg
vix·en·ish /ˈvɪksənɪʃ/, **vix·en·ly** /-li/ [bn] boosaardig ⟨van vrouw⟩, krengerig, kijfachtig, feeksachtig
viz /vɪz/ [bw; wordt voornamelijk gelezen as namely] (videlicet) namelijk, te weten, d.w.z.
viz·ard /ˈvɪzəd, ᴬˈvɪzərd/ [telb zn] ⟨vero⟩ masker, vermomming
vizcacha [telb zn] → viscacha
vi·zier, vi·zir /vɪˈzɪə, ᴬ-ˈzɪr/ [telb zn] vizier ⟨minister in islamitisch land⟩ ♦ ⟨gesch⟩ *grand vizier* grootvizier ⟨eerste minister van het Turkse rijk⟩
vi·zier·ate /ˈvɪzɪərət, ᴬ-zɪr-/, **vi·zier·ship** /ˈvɪzɪəʃɪp, ᴬ-zɪr-/ [telb + niet-telb zn] waardigheid/ambt(speriode) van een vizier
vizor [telb zn] → visor
vizored [bn] → visored
VJ [telb zn] (video jockey)
V-J Day [niet-telb zn] (Victory over Japan Day) dag van de overwinning op Japan ⟨15 augustus 1945 voor Groot-Brittannië; 2 september 1945 voor USA⟩
vl [afk] (variant reading ⟨varia lectio⟩)
¹**Vlach** /vlɑːk, vlæk/ [telb zn] Walachijer, Walach ⟨bewoner van Walachije, streek in Roemenië⟩
²**Vlach** /vlɑːk, vlæk/ [bn] Walachijs, m.b.t./van Walachije
VLCC [afk] (very large crude carrier)
vlei, vlaie, vly /fleɪ/ [telb zn] ⟨ZAE⟩ (moerassige) laagte

VLJ [telb zn] (very light jet) very light jet ⟨zeer licht straalvliegtuig⟩
vlog /vlɒɡ, ᴬvlɑɡ, ᴬvlɔɡ/ [telb zn] vlog, videolog ⟨weblog met videobeelden⟩
VLSI [afk] (Very Large Scale Integration)
V-neck [telb zn] V-hals
vo [afk] (verso)
VO [afk] ⟨BE⟩ (Royal Victorian Order)
vo·cab /ˈvoʊkæb/ [telb zn] ⟨inf⟩ (verk: vocabulary) woordenlijst, vocabulaire
¹**vo·ca·ble** /ˈvoʊkəbl/ [telb zn] ⟨taalk⟩ ① woord ⟨als vorm, niet als betekeniseenheid⟩ ② ⟨vero⟩ vocaal, klinker
²**vo·ca·ble** /ˈvoʊkəbl/ [bn] uitspreekbaar
vo·cab·u·lar·y /vəˈkæbjʊləri, ᴬ-bjəleri/ [telb zn] ① woordenlijst, vocabulaire, woordenboek, lexicon ② woordenschat, vocabulaire, lexicon, ⟨fig⟩ (geheel van) uitdrukkingsvormen/stijlvormen, repertoire ♦ *a limited vocabulary* een beperkte woordenschat; *the scientific vocabulary* het wetenschappelijke vocabulaire
¹**vo·cal** /ˈvoʊkl/ [telb zn] ① lied(je), (pop)song ② ⟨vnl mv⟩ zang ♦ *vocals: Pete Miller* zang: Pete Miller ③ ⟨taalk⟩ vocaal, klinker
²**vo·cal** /ˈvoʊkl/ [bn; bw: ~ly; zn: ~ness] ① gesproken, mondeling, vocaal ♦ *vocal communication* mondelinge communicatie; *vocal prayer* vocaal/gesproken gebed ② ⟨muz⟩ vocaal, gezongen, zang- ♦ *vocal concert* vocaal concert, zangconcert; *vocal group* zanggroep; *vocal music* vocale muziek; *vocal performer* vocalist(e), zanger(es) ③ zich (gemakkelijk/duidelijk) uitend, welbespraakt, sprekend, luidruchtig ♦ *be vocal about sth.* ergens geen doekjes om winden, iets niet onder stoelen of banken steken, iets rondbazuinen, de mond vol hebben van iets ④ gonzend, met veel geroezemoes, weerklinkend ♦ *vocal with* gonzend/weerklinkend van ⑤ ⟨taalk⟩ stemhebbend ⑥ ⟨taalk⟩ m.b.t./van (een) klinker(s), klinker-, vocaal- ⑦ ⟨form⟩ met stem begiftigd, een stem hebbend, bespraakt, ⟨fig⟩ murmelend, ruisend ⟨beekje enz.⟩
³**vo·cal** /ˈvoʊkl/ [bn, attr; bw: ~ly; zn: ~ness] stem-, m.b.t./van de stem ♦ *vocal cords/chords/bands* stembanden ① ⟨anat⟩ *vocal tract* aanzetstuk
vo·cal·ic /vəˈkælɪk/ [bn] ① m.b.t./van (een) klinker(s), klinker-, vocaal- ♦ ⟨taalk⟩ *vocalic harmony* vocaalharmonie ⟨in Turks enz.⟩ ② met veel klinkers, klinkerrijk
¹**vo·cal·ism** /ˈvoʊkəlɪzm/ [telb zn] ⟨taalk⟩ stemhebbende klank, ⟨i.h.b.⟩ vocaal, klinker
²**vo·cal·ism** /ˈvoʊkəlɪzm/ [niet-telb zn] ① stemgebruik ② zang(kunst), het zingen ③ ⟨taalk⟩ vocalisme, klinkerstelsel, klinkersysteem
vo·cal·ist /ˈvoʊkəlɪst/ [telb zn] vocalist(e), zanger(es)
vo·cal·i·ty /vəˈkæləti/ [niet-telb zn] ① stem, spraakvermogen ② ⟨taalk⟩ het stemhebbend-zijn
vo·cal·i·za·tion, vo·cal·i·sa·tion /ˌvoʊkəlaɪˈzeɪʃn, ᴬ-ləˈzeɪʃn/ [niet-telb zn] ① het uitspreken, uiting, stemgebruik ② ⟨taalk⟩ vocalisatie
¹**vo·cal·ize, vo·cal·ise** /ˈvoʊkəlaɪz/ [onov ww] ① ⟨muz⟩ vocaliseren ② (benaming voor) de stem gebruiken ⟨ook schertsend⟩, spreken, zingen, schreeuwen, neuriën
²**vo·cal·ize, vo·cal·ise** /ˈvoʊkəlaɪz/ [ov ww] ① (benaming voor) (met de stem) uiten, laten horen, uitspreken, zingen, (uit)schreeuwen, neuriën ② ⟨taalk⟩ vocaliseren, stemhebbend maken, in een klinker veranderen ③ ⟨taalk⟩ vocaliseren, vocaaltekens aanbrengen in ⟨Hebreeuwse tekst⟩
¹**vo·ca·tion** /voʊˈkeɪʃn/ [telb zn] ① beroep, betrekking, baan ② taak, rol
²**vo·ca·tion** /voʊˈkeɪʃn/ [telb + niet-telb zn] ① roeping ⟨ook religie⟩ ♦ *feel no vocation for* geen roeping voelen tot, zich niet geroepen/aangetrokken voelen tot ② aanleg, talent, geschiktheid ♦ *have a vocation for* aanleg/talent hebben voor, geknipt/in de wieg gelegd zijn voor

vo·ca·tion·al /voʊkeɪʃnəl/ [bn; bw: ~ly] [1] beroeps-, vak- ♦ *vocational bureau/office* bureau voor beroepskeuze; ⟨AE⟩ *vocational clinic* beroepskeuzeadviesbureau; *vocational education/training* vakonderwijs, beroepsonderwijs; *vocational guidance* beroepsvoorlichting; *vocational school* vakschool [2] m.b.t./van zijn roeping/aanleg

¹**voc·a·tive** /vɒkətɪv, ᴬvɑkətɪv/ [telb zn] ⟨taalk⟩ vocatief, vocatiefvorm, vocatiefconstructie

²**voc·a·tive** /vɒkətɪv, ᴬvɑkətɪv/ [bn] [1] ⟨taalk⟩ in/m.b.t./van de vocatief, vocatief- ♦ *the vocative case* de vocatief [2] (aan)roepend, aanspreek-

¹**vo·cif·er·ant** /vəsɪfərənt, ᴬvoʊ-/, **vo·cif·er·a·tor** /-reɪtə, ᴬ-reɪtər/ [telb zn] schreeuwer

²**vo·cif·er·ant** /vəsɪfərənt, ᴬvoʊ-/ [bn] schreeuwend, tierend, fulminerend

vo·cif·er·ate /vəsɪfəreɪt, ᴬvoʊ-/ [onov + ov ww] schreeuwen, uitroepen, fulmineren, heftig protesteren/uitvaren, tieren

vo·cif·er·a·tion /vəsɪfəreɪʃn, ᴬvoʊ-/ [telb + niet-telb zn] geschreeuw, getier, heftig protest

vo·cif·er·ous /vəsɪfərəs, ᴬvoʊ-/ [bn; bw: ~ly; zn: ~ness] [1] schreeuwend, tierend, fulminerend [2] lawaaierig, schreeuwerig, luidruchtig

vod /vɒd, ᴬvɑd/ [telb zn] ⟨inf⟩ (verk: vodka) wodka ♦ *a vod and ton* een wodka-tonic

VOD [niet-telb zn] (video on demand) VOD

¹**vod·cast** /vɒdkɑːst, ᴬvɑdkæst/ [telb zn] vodcast ⟨digitale video- of tv-uitzending via internet voor op je pc of videospeler⟩

²**vod·cast** /vɒdkɑːst, ᴬvɑdkæst/ [ov ww] vodcasten, als vodcast uitzenden

vod·ding /vɒdɪŋ, ᴬvɑ-/ [niet-telb zn] ⟨comp⟩ het vodcasten ⟨het uitzenden van digitale videobeelden⟩

vod·ka /vɒdkə, ᴬvɑdkə/ [telb + niet-telb zn] wodka

voe /voʊ/ [telb zn] kreek, inham, (smalle) baai ⟨op Shetlandeilanden en Orcaden⟩

vogue /voʊg/ [telb + niet-telb zn] [1] mode ♦ *there is a great vogue for records from the sixties at the moment* platen uit de jaren zestig zijn op het ogenblik erg in trek/populair; *be in vogue* in de mode zijn, in zwang/trek zijn, in zijn; *come into vogue* in de mode komen, opgang maken; *be out of vogue* uit de mode zijn; *be (all) the vogue* (erg) in de mode zijn, (bijzonder) populair zijn, het helemaal zijn [2] populariteit, geliefdheid ♦ *ten years ago his songs had a great vogue* tien jaar geleden waren zijn liedjes erg populair

vogue·ing, vogu·ing /voʊgɪŋ/ [niet-telb zn] vogueing ⟨dans op housemuziek⟩

vogue word [telb zn] modewoord, modeterm

vogu·ish, vogue·ish /voʊgɪʃ/ [bn] [1] modieus, chic [2] populair, in (de mode)

¹**voice** /vɔɪs/ [telb + niet-telb zn] [1] (benaming voor) stem, (stem)geluid, klank, toon, spraakvermogen, uitdrukking, uiting, stemrecht, mening, gevoelen, spreekbuis, spreker, zanger(es), zangpartij, zangstem, (orgel)register ♦ *the soft voice of a brooklet* het zachte gemurmel/geruis van een beekje; *find one's voice* woorden vinden ⟨na met stomheid geslagen te zijn⟩; *give voice to* uitdrukking geven aan, uiten, luchten; *the voice of God* de stem van God, Gods wil/gebod; *I have no voice in this matter* ik heb niets te zeggen/geen zeggenschap/geen stem in deze aangelegenheid; *in (good) voice* goed bij stem; *he has lost his voice* hij is zijn stem kwijt; *speak in a low voice* op gedempte toon spreken; *the voice of nature* de stem der natuur; *out of voice* niet bij stem; *he regarded himself as the voice of the poor* hij beschouwde zichzelf als de spreekbuis van de armen; *raise one's voice* zijn stem verheffen; protest aantekenen; ⟨form⟩ *with one voice* eenstemmig, unaniem [2] ⟨taalk⟩ vorm, modus ♦ *active/passive voice* bedrijvende/lijdende vorm [·] *give voice* zingen

²**voice** /vɔɪs/ [niet-telb zn] [1] ⟨taalk⟩ stem ♦ *with voice* met stem, stemhebbend [2] zang ⟨als studie, vak⟩

³**voice** /vɔɪs/ [ov ww] [1] uiten, uitdrukking/lucht geven aan, verwoorden, weergeven, vertolken [2] stemmen ⟨orgel⟩ [3] ⟨taalk⟩ met stem uitspreken, stemhebbend maken ♦ *a voiced consonant* een stemhebbende medeklinker

voice-ac·ti·vat·ed [bn] ⟨comp⟩ spraakgestuurd

voice box [telb zn] ⟨inf⟩ strottenhoofd

-voiced /vɔɪst/ met ... stem ♦ *soft-voiced* met zachte stem

voice·ful /vɔɪsfl/ [bn; zn: ~ness] ⟨form⟩ [1] met (luide) stem [2] weerklinkend, gonzend, luidruchtig, bruisend

voice·less /vɔɪsləs/ [bn; bw: ~ly; zn: ~ness] [1] zonder stem, stemloos, stom, stil, zwijgend [2] ⟨taalk⟩ stemloos

voice mail [niet-telb zn] voicemail

voice-o·ver [telb + niet-telb zn] commentaarstem ⟨bij film, documentaire⟩

voice part [telb zn] ⟨muz⟩ zangpartij, zangstem

voice pipe, voice tube [telb zn] ⟨anat⟩ spreekbuis

voice·print [telb zn] grafische voorstelling van de stem ⟨elektronisch⟩, grafische stemanalyse/spraakanalyse, stemafdruk

voic·er /vɔɪsə, ᴬ-ər/ [telb zn] (orgel)stemmer

voice vote [telb zn] mondelinge stemming ⟨gebaseerd op geluidssterkte van 'aye' en 'no'⟩

¹**void** /vɔɪd/ [telb zn; voornamelijk enk] [1] leegte, (lege) ruimte, leemte, vacuüm, lacune ♦ *the spaceship disappeared into the void* het ruimteschip verdween in de (kosmische) ruimte; *there was a painful void in his life* er was een pijnlijke leegte in zijn leven [2] ⟨bridge⟩ renonce ♦ *I have a void in hearts* ik heb een renonce (in) harten

²**void** /vɔɪd/ [bn; zn: ~ness] [1] leeg, ledig, verlaten ♦ ⟨kaartsp⟩ *my hearts are void* ik heb geen harten; ⟨bridge⟩ ik heb een renonce harten; ⟨kaartsp⟩ *void in hearts* geen harten; ⟨bridge⟩ een renonce harten; *void of* zonder, ontbloot van, vrij van, gespeend/verstoken van; *wholly void of interest* van geen enkel belang; *the man was completely void of fear* de man had nu totaal geen angst [2] niet bezet, ⟨tijd⟩ [3] vacant, onbezet, opengevallen ⟨post⟩ ♦ *fall void* vacant raken, vrij komen [4] ⟨jur⟩ nietig, ongeldig, vervallen ♦ *null and void* ongeldig, van nul en gener waarde [5] ⟨form⟩ nutteloos, zinloos, waardeloos ♦ *render void* tenietdoen

³**void** /vɔɪd/ [onov ww] zich ontlasten, zijn gevoeg doen, urineren; → voided

⁴**void** /vɔɪd/ [ov ww] [1] ongeldig maken ⟨voornamelijk juridisch⟩, nietig verklaren, vernietigen [2] legen, ledigen, leeggooien, leegmaken, ontruimen [3] lozen ⟨uitwerpselen⟩, afscheiden, zich ontdoen van ♦ *void urine* urineren; → voided

void·a·ble /vɔɪdəbl/ [bn; zn: ~ness] ⟨jur⟩ vernietigbaar

void·ance /vɔɪdns/ [niet-telb zn] [1] lediging, ontruiming [2] verwijdering [3] ontlasting [4] het vacant-zijn

void·ed /vɔɪdɪd/ [bn; oorspronkelijk volt deelw van void] ⟨heral⟩ geledigd

voi·là /vwɑːlɑː/ [tw] voilà, alsjeblieft!

voile /vɔɪl/ [niet-telb zn] voile ⟨dun weefsel⟩

voip /vɔɪp/ [onov + ov ww] voipen ⟨internetbellen⟩

VoIP [niet-telb zn] (Voice over Internet Protocol) VoIP ⟨telefonie via internet⟩

voir dire /vwɑːdɪə, ᴬvwɑr dɪr/ [telb zn] ⟨jur⟩ [1] (aan de rechtszaak) voorafgaande ondervraging ⟨van getuige of jurylid door rechter⟩ [2] getuigeneed ⟨afgelegd bij bet 1⟩

¹**vol** /vɒl, ᴬvɑl/ [telb zn] (verk: volume) (boek)deel

²**vol** [afk] [1] (volume) vol. [2] (volunteer) [3] (volcano)

vo·lant /voʊlənt/ [bn] [1] vliegend [2] ⟨form⟩ gezwind, snel, vlug, rap, kwiek

Vo·la·pük /vɒləpʊk, ᴬvoʊ-/ [eigenn] Volapük ⟨kunstmatige wereldtaal⟩

vo·lar /voʊlə, ᴬ-ər/ [bn] ⟨anat⟩ [1] m.b.t./van de handpalm [2] m.b.t./van de voetzool

VOLAR [afk] (volunteer army)

¹**vol·a·tile** /vɒlətaɪl, ᴬvɑlətl/ [telb zn] vluchtige stof

²**vol·a·tile** /vɒlətaɪl, ᴬvɑlətl/ [bn; zn: ~ness] ① vluchtig, (snel) vervliegend, in damp opgaand, etherisch ♦ *volatile oil* vluchtige/etherische olie; *volatile salt, sal volatile* vlugzout, reukzout ② levendig, opgewekt, monter, vrolijk ③ veranderlijk, wispelturig, onzeker, onstabiel ④ gevoelig, explosief, lichtgeraakt ⑤ (snel) voorbijgaand, vergankelijk, kortstondig, ongrijpbaar

vol·a·til·i·ty /vɒlətɪləti, ᴬvɑlətɪləti/ [niet-telb zn] ① vluchtigheid ② levendigheid, opgewektheid ③ veranderlijkheid, wispelturigheid ④ gevoeligheid ⑤ vergankelijkheid

vol·a·til·i·za·tion, vol·a·til·i·sa·tion /vɒlætɪlaɪzeɪʃn, ᴬvɑlətləzeɪʃn/ [niet-telb zn] vervluchtiging, het (doen) vervliegen

¹**vol·a·til·ize, vol·a·til·ise** /vɒlætɪlaɪz, ᴬvɑlətlaɪz/ [onov ww] vervliegen, vervluchtigen, in damp opgaan

²**vol·a·til·ize, vol·a·til·ise** /vɒlætɪlaɪz, ᴬvɑlətlaɪz/ [ov ww] doen vervliegen, vluchtig maken, in damp doen opgaan, vaporiseren

vol-au-vent /vɒlouvɑ̃, ᴬvɑl-/ [telb zn] ⟨cul⟩ vol-au-vent ⟨pastei met ragout⟩

vol·can·ic /vɒlkænɪk, ᴬvɑl-/, **vul·can·ic** /vʌl-/ [bn; bw: ~ally, vulcanically] vulkanisch ⟨ook figuurlijk⟩, zeer heftig, explosief ♦ ⟨geol⟩ *volcanic bomb* vulkanische bom; *volcanic eruption* vulkaanuitbarsting; *volcanic glass* vulkanisch glas; *volcanic temper* vulkanisch temperament

vol·can·ism /vɒlkənɪzm, ᴬvɑl-/, **vul·can·ism** /vʌl-/, **vol·ca·nic·i·ty** /vɒlkənɪsəti, ᴬvɑlkənɪsəti/, **vul·ca·nic·i·ty** /vʌl-/ [niet-telb zn] vulkanisme

vol·ca·no /vɒlkeɪnou, ᴬvɑl-/ [telb zn; mv: ook volcanoes] vulkaan ⟨ook figuurlijk⟩, explosieve situatie ♦ *active volcano* werkzame vulkaan; *dormant volcano* sluimerende vulkaan; *extinct volcano* uitgedoofde vulkaan

vol·can·o·log·i·cal /vɒlkənəlɒdʒɪkl, ᴬvɑlkənəlɑ-/, **vul·can·o·log·i·cal** /vʌl-/ [bn] vulkanologisch

vol·can·ol·o·gist /vɒlkənɒlədʒɪst, ᴬvɑlkənɑ-/, **vul·can·ol·o·gist** /vʌl-/ [telb zn] vulkanoloog

vol·can·ol·o·gy /vɒlkənɒlədʒi, ᴬvɑlkənɑ-/, **vul·can·ol·o·gy** /vʌl-/ [niet-telb zn] vulkanologie

¹**vole** /voul/ [telb zn] ⟨dierk⟩ woelmuis ⟨genus Microtus⟩

²**vole** /voul/ [telb zn] ⟨vero; kaartsp⟩ vole ⟨alle slagen⟩ ▪ *go the vole* alles op het spel zetten/riskeren

vo·let /vɒleɪ, ᴬvouleɪ/ [telb zn] vleugel ⟨van triptiek⟩, luik, paneel

Vol·ga /vɒlgə, ᴬvɑl-/ [eigenn] Wolga

vol·i·tant /vɒlɪtənt, ᴬvɑlɪtənt/ [bn] vliegend, (rond)fladderend

vo·li·tion /vəlɪʃn, ᴬvou-/ [niet-telb zn] ① wil, het willen, wilsuiting ♦ *by/of one's own volition* uit eigen wil, vrijwillig; *freedom of volition* wilsvrijheid ② (wils)besluit ③ wilskracht

vo·li·tion·al /vəlɪʃnəl, ᴬvou-/ [bn; bw: ~ly] ① m.b.t./van de wil, wils- ② wilskrachtig

vo·li·tive /vɒlɪtɪv, ᴬvɑlɪtɪv/ [bn] ① m.b.t./van de wil, wils- ② opzettelijk, gewild ③ ⟨taalk⟩ een wens/verlangen uitdrukkend, desideratief, optatief

¹**vol·ley** /vɒli, ᴬvɑli/ [telb zn] ① salvo ⟨ook figuurlijk⟩, (stort)vloed, kanonnade, stroom, regen ♦ *a volley of oaths/curses* een salvo van verwensingen, een scheldkanonnade ② ⟨sport⟩ volley, omhaal ⟨van voetbal⟩ ♦ *at/on the volley* uit de lucht, ineens; in het wilde weg

²**vol·ley** /vɒli, ᴬvɑli/ [onov ww] ① (gelijktijdig) losbranden, een salvo afvuren ⟨ook figuurlijk⟩ ② bulderen ⟨van kanonnen; ook figuurlijk⟩, donderen, knallen ③ in een salvo afgeschoten worden, (tegelijk) door de lucht vliegen ④ ⟨sport⟩ volleren, een volley/volleys maken/slaan, omhalen

³**vol·ley** /vɒli, ᴬvɑli/ [ov ww] ① in een salvo afschieten ⟨ook figuurlijk⟩, een salvo geven van, bestoken met, uitstoten ② ⟨sport⟩ uit de lucht/ineens slaan/schieten ⟨bal,

voordat deze de grond raakt⟩, ⟨voetb⟩ omhalen, direct op de slof nemen ⟨bal⟩ ③ ⟨tennis⟩ volleren, met een volley slaan

vol·ley·ball [telb + niet-telb zn] volleybal ⟨balspel en bal⟩

vols [afk] (volumes)

¹**volt,** ⟨in betekenissen 2 en 3 ook⟩ **volte** /voult/ [telb zn] ① ⟨elek⟩ volt ② ⟨paardsp; dressuur⟩ volte ⟨volle cirkeldraai⟩ ③ ⟨schermsp⟩ voltе, zwenking

²**volt** /voult/ [onov ww] ⟨schermsp⟩ een volte maken, uitwijken, zwenken

volt·age /voultɪdʒ/ [telb + niet-telb zn] ⟨elek⟩ voltage, elektrische spanning

vol·ta·ic /vɒlteɪɪk, ᴬvɑl-/ [bn] ⟨elek⟩ ① galvanisch ♦ *voltaic battery* galvanische batterij; *voltaic cell* galvanisch element, elektrische cel ② volta-, van Volta

¹**Vol·tair·e·an, Vol·tair·i·an** /vɒlteərɪən, ᴬvoulter-/ [telb zn] aanhanger van Voltaire

²**Vol·tair·e·an, Vol·tair·i·an** /vɒlteərɪən, ᴬvoulter-/ [bn] m.b.t./(als) van Voltaire, sceptisch

Vol·taire chair /vɒlteə tʃeə, ᴬvoulter tʃer/ [telb zn] voltaire ⟨fauteuil⟩

vol·ta·ism /vɒltəɪzm, ᴬvɑl-/ [niet-telb zn] ⟨elek⟩ galvanisme

vol·tam·e·ter /vɒltæmɪtə, ᴬvɑltæmɪtər/ [telb zn] ⟨elek⟩ voltameter

volte-face /vɒltfɑːs, ᴬvɑltfɑs/ [telb zn] volte-face, algehele omzwenking, draai van 180 graden ⟨voornamelijk figuurlijk⟩

volt·me·ter /voultmiːtə, ᴬ-miːtər/ [telb zn] ⟨elek⟩ voltmeter, spanningsmeter

vol·u·bil·i·ty /vɒljubɪləti, ᴬvɑljəbɪləti/ [niet-telb zn] welbespraaktheid, radheid van tong, flux de bouche, spraakzaamheid

vol·u·ble /vɒljubl, ᴬvɑljə-/ [bn; bw: volubly; zn: ~ness] ① gemakkelijk/vlot/veel pratend, rad van tong, spraakzaam, ⟨vaak pej⟩ praatziek ♦ *he is a voluble speaker* hij is goed van de tongriem gesneden; hij heeft een gladde tong ② ⟨plantk⟩ slingerend, kronkelend, klimmend

¹**vol·ume** /vɒljuːm, ᴬvɑljəm/ [telb zn] ① (boek)deel, boek, band, bundel ♦ *speak volumes* boekdelen spreken ② jaargang ③ ⟨ook attributief⟩ hoeveelheid, omvang, volume, massa ♦ *volume carmakers* grote autoproducenten, massaproducenten van auto's ④ ⟨vnl mv⟩ ronding, (ge)rond(e) iets/massa ♦ *the factory belched out volumes of black smoke* de fabriek braakte grote zwarte rookkolommen uit ⑤ ⟨gesch⟩ rol ⟨perkament, papyrus⟩

²**vol·ume** ⟨LIQUID⟩ ⟨SOLID⟩ /vɒljuːm, ᴬvɑljəm/ [niet-telb zn] ① volume, inhoud, grootte ② volume, (geluids)sterkte ♦ *turn down the volume* het geluid zachter zetten

volume control [telb zn] volumeregelaar, volumeknop, sterkteregelaar ⟨van versterker⟩

vol·umed /vɒljuːmd, ᴬvɑljəmd/ [bn] ① omvangrijk, kolossaal, lijvig, volumineus ② samengebald ⟨wolk⟩

-vol·umed /vɒljuːmd, ᴬvɑljəmd/ in ... delen ♦ *three-volumed* in drie delen

vol·u·met·ric /vɒljuˈmetrɪk, ᴬvɑljə-/ [bn; bw: ~ally] volumetrisch ♦ *volumetric analysis* volumetrische analyse ▫ ⟨scheepv⟩ *volumetric ton* registerton ⟨100 kubieke voet; 2,83 m³⟩

vo·lu·mi·nos·i·ty /vəluːmɪnɒsəti, ᴬ-nɑsəti/ [telb + niet-telb zn] ① omvangrijkheid, voluminositeit, lijvigheid ② productiviteit ⟨van schrijver⟩

vo·lu·mi·nous /vəluːmɪnəs/ [bn; bw: ~ly; zn: ~ness] ① omvangrijk, voluminues, zeer groot, geweldig, lijvig, wijd ⟨bijvoorbeeld kleding⟩ ② productief, vruchtbaar ⟨schrijver⟩ ③ uit veel (boek)delen bestaand

vol·un·ta·rism /vɒləntrɪzm, ᴬvɑ-/, ⟨in betekenissen 2 en 3 ook⟩ **vol·un·tar·y·ism** /vɒləntriɪzm, ᴬvɑlənteriɪzm/ [niet-telb zn] ① ⟨filos⟩ voluntarisme ② vrijwilligheid(sprincipe) ⟨verwerping van dwang⟩

voluntary

③ onafhankelijkheid(sprincipe) ⟨m.b.t. kerk en onderwijs⟩: financiering onafhankelijk van de staat, d.m.v. vrijwillige giften⟩

¹**vol·un·ta·ry** /vɒləntri, ᴬvɑləntéri/ [telb zn] ① vrije improvisatie ⟨voor/tijdens/na kerkdienst⟩, voorspel, tussenspel, naspel ② vrijwillig(e) gift/werk ③ ⟨vero; muz⟩ improvisatie, fantasie

²**vol·un·ta·ry** /vɒləntri, ᴬvɑləntéri/ [bn; bw: voluntarily; zn: voluntariness] ① vrijwillig, uit vrije/eigen beweging, uit eigen wil, niet gedwongen, spontaan ♦ ⟨BE⟩ *Voluntary Aid Detachment* organisatie van vrijwilligers in de gezondheidszorg; *voluntary confession* vrijwillige bekentenis; *voluntary laughter* spontaan gelach; *voluntary worker* vrijwilliger ② opzettelijk ③ ⟨biol⟩ willekeurig ⟨spier⟩

³**vol·un·ta·ry** /vɒləntri, ᴬvɑləntéri/ [bn, attr; bw: voluntarily; zn: voluntariness] ① vrijwilligers- ♦ *voluntary body* vrijwilligersorganisatie; *voluntary organization* ± stichting ② gefinancierd door vrijwillige giften

¹**vol·un·teer** /vɒləntɪə, ᴬvɑləntɪ́r/ [telb zn] ① vrijwilliger ⟨ook leger⟩ ② ⟨voornamelijk attributief⟩ ⟨plantk⟩ spontaan/vanzelf opkomende plant ⟨van cultuurgewas⟩, in het wild groeiende plant [·] ⟨sprw⟩ *one volunteer is worth two pressed men* ± met onwillige honden is het kwaad hazen vangen, ± met onwillige paarden is het kwaad rijden

²**vol·un·teer** /vɒləntɪə, ᴬvɑləntɪ́r/ [onov ww] ① zich (vrijwillig) aanmelden/aanbieden, uit eigen beweging meedoen, ⟨mil⟩ vrijwillig/als vrijwilliger dienst nemen ♦ *volunteer for* zich (vrijwillig) aanmelden/opgeven voor; *as yet nobody has volunteered for the job* er hebben zich tot op heden nog geen vrijwilligers gemeld voor het karwei ② ⟨plantk⟩ spontaan/vanzelf opkomen ⟨van cultuurgewas⟩, in het wild groeien

³**vol·un·teer** /vɒləntɪə, ᴬvɑləntɪ́r/ [ov ww] ① (vrijwillig/uit eigen beweging) aanbieden ② (ongevraagd) opperen, (spontaan) te berde brengen, ten beste geven, uit zichzelf zeggen ⟨opmerking, informatie⟩

volunteer army [telb zn] vrijwilligersleger
volunteer work [niet-telb zn] vrijwilligerswerk

vo·lup·té /vɒlʊpteɪ, ᴬvɔləpté/ [niet-telb zn] ⟨Frans⟩ zinnelijkheid, sensualiteit, wulpsheid, wellustigheid

¹**vo·lup·tu·a·ry** /vəlʌptʃʊəri, ᴬ-tʃʊeri/ [telb zn] ⟨form⟩ wellusteling, zinnelijk/sensueel iemand

²**vo·lup·tu·a·ry** /vəlʌptʃʊəri, ᴬ-tʃʊeri/ [bn] ⟨form⟩ wellustig, zinnelijk, sensueel, wulps, voluptueus

vo·lup·tu·ous /vəlʌptʃʊəs/ [bn; bw: ~ly; zn: ~ness] ① zinnelijk, sensueel, wellustig, wulps, voluptueus, geil ♦ *voluptuous life* zinnelijk leven; *voluptuous mouth* sensuele mond ② weelderig, rijk, overvloedig ③ genietend, vol genot

¹**vo·lute** /vəljuːt, ᴬvəluːt/ [telb zn] ① ⟨bouwk⟩ volute, voluut, krulversiering ⟨van Ionisch kapiteel⟩ ② krul, spiraal ③ ± ⟨schelp van⟩ kegel/rolslak, ± kegelschelp, ± rolschelp, ± toot

²**vo·lute** /vəljuːt, ᴬvəluːt/ [bn] ① gekruld, krulvormig, spiraalvormig ② ⟨plantk⟩ opgerold

vo·lut·ed /vəluːtɪd/ [bn] ① gekruld, krulvormig, spiraalvormig ② ⟨bouwk⟩ met voluten/krulversiering

vo·lu·tion /vəluːʃn/ [telb zn] ① draai(beweging), rollende beweging ② draai(ing), kronkel(ing), (spiraalvormige) krul, wrong

vol·va /vɒlvə, ᴬvɑlvə/ [telb zn] ⟨plantk⟩ schede ⟨van paddenstoel⟩

vol·vu·lus /vɒlvjʊləs, ᴬvɑlvjə-/ [telb zn] ⟨med⟩ darmkronkel

vo·mer /voʊmə, ᴬ-ər/ [telb zn] ⟨anat⟩ ploegschaarbeen

¹**vom·it** /vɒmɪt, ᴬvɑ-/ [telb zn] ① braking ② braakmiddel
²**vom·it** /vɒmɪt, ᴬvɑ-/ [niet-telb zn] braaksel
³**vom·it** /vɒmɪt, ᴬvɑ-/ [onov ww] braken ⟨ook figuurlijk⟩, vomeren
⁴**vom·it** /vɒmɪt, ᴬvɑ-/ [ov ww] (uit)braken ⟨ook figuurlijk⟩, overgeven, uitspuwen, (met kracht) uitstoten ♦ *the tank's side vomited out masses of oil* de zijkant van de tank braakte massa's olie uit; *she vomited up all yesterday's food* zij gaf al het eten van gisteren over

vomiting gas [telb + niet-telb zn] braakgas ⟨chloropicrine, nitrochloroform⟩
vomiting nut [telb zn] ⟨plantk⟩ braaknoot ⟨Nux vomica⟩

¹**vom·i·tive** /vɒmətɪv, ᴬvɑmətɪv/ [telb zn] braakmiddel, vomitief
²**vom·i·tive** /vɒmətɪv, ᴬvɑmətɪv/ [bn] braakwekkend, braak-

vom·i·to·ri·um /vɒmɪtɔːrɪəm, ᴬvɑ-/ [telb zn; mv: vomitoria /-rɪə/] ⟨Romeinse gesch⟩ toegang ⟨van amfitheater⟩

¹**vom·i·to·ry** /vɒmɪtri, ᴬvɑmɪtɔri/ [telb zn] ① braakmiddel ② braakmond, trechter, krater ③ → **vomitorium**
²**vom·i·to·ry** /vɒmɪtri, ᴬvɑmɪtɔri/ [bn] braakwekkend, braak-

vom·i·tu·ri·tion /vɒmɪtjʊrɪʃn, ᴬvɑmɪtʃə-/ [telb zn] vruchteloze braakpoging(en), loze braking(en)

vom·i·tus /vɒmɪtəs, ᴬvɑmɪtəs/ [niet-telb zn] braaksel

V-1 [telb zn] V₁, vliegende bom

¹**voo·doo** /vuːduː/ [telb zn] ① voodoobeoefenaar, tovenaar, heks ② magisch middel, tovermiddel, ban, vloek ♦ *put a voodoo on an enemy* een vloek uitspreken over een vijand

²**voo·doo** /vuːduː/ [niet-telb zn] voodoo ⟨magisch-religieuze cultus in West-Indië, in het bijzonder Haïti⟩

³**voo·doo** /vuːduː/ [ov ww] onder voodoobetovering brengen, beheksen

voo·doo·ism /vuːduːɪzm/ [niet-telb zn] voodoocultus, toverij

voo·doo·ist /vuːduːɪst/ [telb zn] ① voodooaanhanger ② voodoobeoefenaar, tovenaar, heks

-vo·ra /v(ə)rə/ [vormt mv naamwoord] -eters, -etende dieren ♦ *insectivora* insecteneters, insectenetende dieren

vo·ra·cious /vəreɪʃəs/ [bn; bw: ~ly; zn: ~ness] vraatzuchtig ⟨ook figuurlijk⟩, schrokkig, allesverslindend ♦ *a voracious appetite* een gulzige honger; *a voracious reader* een alleslezer

vo·ra·ci·ty /vəræsəti/ [niet-telb zn] vraatzucht, schrokkigheid

-vore /vɔː, ᴬvɔr/ [vormt naamwoord] -eter, -voor ♦ *a herbivore* een planteneter/herbivoor/plantenetend dier

-vo·rous /v(ə)rəs/ [vormt bn] -etend ♦ *carnivorous* vleesetend

vor·tex /vɔːteks, ᴬvɔr-/ [telb zn; mv: ook vortices /-tɪsiːz/] ① werveling ⟨ook figuurlijk⟩, wervelwind, draaikolk, maalstroom ♦ *be drawn into the vortex of politics* meegesleurd worden in de maalstroom van de politiek ② ⟨meteo⟩ (circulatie rond) lagedrukgebied

vor·tex-ring [telb zn] werveling, (k)ringetje ⟨bijvoorbeeld bij het roken⟩

vor·ti·cal /vɔːtɪkl, ᴬvɔrtɪkl/, **vor·ti·cose** /vɔːtɪkoʊs, ᴬvɔrti-/ [bn; bw: ~ly, vorticosely] wervelend, dwarrelend, als een draaikolk/wervelwind

vor·ti·cel·la /vɔːtɪselə, ᴬvɔrtɪ-/ [telb zn; mv: ook vorticellae /-liː/] ⟨dierk⟩ vorticella ⟨protozoön van het genus Vorticella⟩

vor·ti·cism /vɔːtɪsɪzm, ᴬvɔrtɪ-/ [niet-telb zn] ⟨kunst⟩ vorticisme ⟨Engelse variant van het futurisme in de jaren twintig⟩

vor·tig·i·nous /vɔːtɪdʒənəs, ᴬvɔr-/ [bn] draaiend, dwarrelend, wervelend

Vosges /voʊʒ/, **Vosges Mountains** [eigenn; the] de Vogezen

vo·ta·ress /voʊtrɪs, ᴬvoʊtərɪs/, **vo·tress** /voʊtrɪs/ [telb zn] ① volgelinge, aanbidster, aanhangster, vereerster ② ⟨vero; rel⟩ ordezuster

vo·ta·ry /voʊtri, ᴬvoʊtəri/ [telb zn] ① volgeling, aanbidder, vereerder, aanhanger ♦ *votary of music* muziekenthousiast; *votary of peace* voorvechter van de vrede; *votary of science* fervente beoefenaar van de wetenschap ② ⟨vero; rel⟩ ⟨benaming voor⟩ iemand die zich door plechtige belofte toewijdt aan een godheid, ordebroeder, monnik

¹**vote** /voʊt/ [telb zn] ① **stem,** uitspraak, votum ◆ *the motion was carried by two votes* de motie werd aangenomen met een meerderheid van twee stemmen; *casting vote* beslissende/doorslaggevende stem ⟨voornamelijk van voorzitter, bij staking van stemmen⟩; *cast/record one's vote* zijn stem uitbrengen; *dissentient vote* tegenstem; *give one's vote to/for* zijn stem geven aan, stemmen voor; *split one's vote* op kandidaten van verschillende partijen stemmen; ⟨België⟩ panacheren; *be within a vote of* maar een stem schelen of ② **stemming** ◆ *chosen by vote* bij stemming gekozen, verkozen; *vote of censure* votum/motie van afkeuring; *come/go to the vote* in stemming komen; tot stemming overgaan; *vote of confidence/no-confidence* motie van vertrouwen/wantrouwen; *put sth. to the vote* iets in stemming brengen; *take a vote on* (laten) stemmen over; *he proposed a vote of thanks to the guest-speaker* hij vroeg het publiek de gastspreker hun dank te betuigen; *unanimous vote* eenstemmigheid ③ **(gezamenlijke) stemmen,** stemmenaantal ◆ *the floating vote* de zwevende/onbeslisten kiezers, de stemmen van de politiek kleurlozen; *there was an immense vote against the proposal* er was een enorm stemmenaantal tegen het voorstel; *Labour vote* Labourkiezers, Labourstemmers; ⟨vnl BE⟩ *A and B split the women's vote* A en B kregen allebei stemmen van vrouwen ⟨zodat een antifeminist wellicht won⟩; *capture the women's vote* de stemmen van de vrouwelijke kiezers winnen ④ **stemrecht** ◆ *not in all countries do women have the vote* niet in alle landen bestaat het (algemeen) stemrecht voor vrouwen ⑤ **stemgerechtigde** ⑥ **stembriefje,** stemballetje ⑦ ⟨vnl BE⟩ **(door parlement gestemd) budget,** (goedgekeurde) begroting, gelden ◆ *the vote for the army/army vote* het budget voor landsverdediging; *a vote of £100,000 was passed* er werd 100.000 pond toegestaan

²**vote** /voʊt/ [onov ww] **stemmen,** een stemming houden ◆ *vote against/for a bill* tegen/voor een wetsontwerp stemmen; *vote liberal* stem liberaal, geef je stem aan de Liberalen; *let's vote on it* laten we erover stemmen

³**vote** /voʊt/ [ov ww] ① **bij stemming verkiezen** ◆ *vote Labour* op Labour stemmen; *the resolution was voted by a large majority* de resolutie werd aanvaard met een grote meerderheid ② **bij stemming bepalen,** beslissen, goedkeuren, verklaren ◆ *vote away* wegstemmen, stemmen voor het verlies van; zie: **vote down;** zie: **vote in;** *the colony voted itself into an independent state* de kolonie besliste bij stemming dat ze een onafhankelijke staat zou worden; *he was voted into the presidency for a second time* hij werd voor een tweede keer tot president gekozen; zie: **vote on;** *the expert was voted onto the Council* de expert werd verkozen tot lid van de Raad; zie: **vote out;** *vote s.o. out of office/power* bij stemming beslissen dat iemands ambtstermijn/bewind ten einde is, iemand wegstemmen; *Parliament voted itself out of existence* het parlement besloot bij stemming zichzelf te ontbinden; *they voted a petition to the President* zij besloten een petitie tot de president te richten; zie: **vote through** ③ **voteren,** (geld) toestaan ◆ *Parliament has voted the flooded region a large sum of money* het Parlement heeft een grote som geld toegewezen aan het overstroomde gebied ④ ⟨vnl passief⟩ ⟨inf⟩ **uitroepen tot,** het ermee eens zijn dat ◆ *he was voted a failure* hij werd algemeen uitgeroepen tot een mislukkeling; *the play was voted a success* het stuk werd algemeen als een succes beschouwd ⑤ ⟨inf⟩ **voorstellen** ◆ *I vote we leave now* ik stel voor dat we nu weggaan ⊡ ⟨sl⟩ *vote with one's feet* 'm peren ⟨uit protest⟩

vote·a·ble, vot·a·ble /voʊtəbl/ [bn] ① **stemgerechtigd** ② **verkiesbaar**

vote buying [niet-telb zn] **geronsel van stemmen**

vote down [ov ww] **(bij stemming) verwerpen,** overstemmen ◆ *vote down a proposal* een voorstel verwerpen

vote in [ov ww] **verkiezen** ◆ *the Conservatives were voted in again* de conservatieven werden opnieuw verkozen

vote·less /voʊtləs/ [bn] ① **zonder stemrecht,** niet stemgerechtigd ② **zonder stem**

vote on [ov ww] **verkiezen** ⟨tot lid⟩ ◆ *the Board needs experts, so we'll vote him on* de raad van commissarissen heeft experts nodig, dus zullen we voor hem stemmen

vote out [ov ww] **wegstemmen,** door stemming uitsluiten ◆ *they voted themselves out* ze besloten zichzelf weg te stemmen/zich af te scheiden

vot·er /voʊtə, ᴬvoʊtər/ [telb zn] ① **kiezer** ◆ *floating voter,* ⟨AuE⟩ *swinging voter* zwevende kiezer ② **stemgerechtigde**

vote through [ov ww] **(door stemming) goedkeuren,** erdoor stemmen ◆ *the House voted the Bill through* het parlement keurde het wetsontwerp goed

vot·ing /voʊtɪŋ/ [niet-telb zn; gerund van vote] **het stemmen**

voting age [niet-telb zn] **stemgerechtigde leeftijd**

voting booth [telb zn] ⟨AE⟩ **stemhokje**

voting machine [telb zn] **stemmachine**

voting paper [telb zn] **stembriefje,** stembiljet

voting right [telb zn] **stemrecht**

voting share [telb zn] **aandeel met stemrecht**

voting stock [niet-telb zn] ⟨AE⟩ **aandelen met stemrecht**

vo·tive /voʊtɪv/ [bn] ⟨rel⟩ **votief(-),** gelofte- ◆ *votive candle* votiefkaars; *votive mass* votiefmis; *votive offering* votiefgeschenk, geloftegift, ex voto; *votive tablet* votieftafel, votiefsteen

¹**vouch** /vaʊtʃ/ [onov ww] ① **instaan,** garant staan, borg staan ◆ *vouch for* instaan voor, waarborgen, garanderen ② **getuigen** ◆ *vouch for* getuigen van, bewijzen, bevestigen; *his behaviour vouched for his cowardice* zijn gedrag bewees zijn lafheid

²**vouch** /vaʊtʃ/ [ov ww] ① **bevestigen** ⟨met bewijs⟩, staven, bewijzen ② ⟨vero⟩ **citeren** ⟨als bewijs⟩, aanhalen

vouch·er /vaʊtʃə, ᴬ-ər/ [telb zn] ① ⟨benaming voor⟩ **bon,** coupon, waardebon, cadeaubon, consumptiebon, reductiebon, vrijkaart ② **getuige,** borg, iemand die garant staat voor iemand/iets ③ ⟨jur⟩ **bewijsstuk,** reçu, kwitantie

voucher copy [telb zn] **bewijsnummer** ⟨van krant, blad⟩

vouch·safe /vaʊtʃˈseɪf/ [ov ww] ⟨form⟩ ① **(genadig) toestaan/verlenen** ◆ *not vouchsafe s.o. an answer* zich niet verwaardigen iemand antwoord te geven; *favours vouchsafed them* aan hen verleende gunsten ② **zich verwaardigen** ◆ *vouchsafe to help s.o.* zo goed zijn/zich verwaardigen om iemand te helpen

vous·soir /vuːˈswɑː, ᴬvuːˈswɑr/ [telb zn] ⟨bouwk⟩ **boogsteen,** gewelfsteen

¹**vow** /vaʊ/ [telb zn] ① **gelofte,** eed, plechtige belofte ◆ *break a vow* een gelofte breken; *vow of chastity* kuisheidsgelofte; *make/take a vow* plechtig beloven, een eed afleggen; *perform a vow* een gelofte houden; *take vows* kloostergelofte afleggen; *be under a vow* plechtig beloofd hebben ② ⟨zelden⟩ **bede** ⊡ ⟨spw⟩ *vows made in storms are forgotten in calms* een belofte in dwang en duurt niet lang

²**vow** /vaʊ/ [onov ww] ① **gelofte afleggen,** plechtig beloven ② **(plechtige) verklaring afleggen**

³**vow** /vaʊ/ [ov ww] ① **(plechtig) beloven,** gelofte afleggen van, zweren ◆ *vow obedience* gehoorzaamheid beloven, gelofte van gehoorzaamheid afleggen; *vow revenge* wraak zweren; *vow a vow* een eed zweren; *he vowed he'd never speak to him again* hij zwoer dat hij nooit meer een mond tegen hem zou open doen ② ⟨form⟩ **wijden** ◆ *vow o.s. to God* zich aan God wijden ③ ⟨vero⟩ **(plechtig) verklaren,** beweren ◆ *vow that* verklaren dat

vow·el /vaʊəl/ [telb zn] ⟨taalk⟩ **klinker,** vocaal

vowel gradation

vow·el gradation [niet-telb zn] ⟨taalk⟩ ablaut
vow·el harmony [niet-telb zn] ⟨taalk⟩ vocaalharmonie
vow·el·ize, vow·el·ise /ˈvaʊəlaɪz/ [ov ww] ⟨taalk⟩ ① vocaliseren ⟨Arabisch, steno, enz.⟩ ② tot klinker maken
vow·elled, ⟨AE⟩ **vow·el·ed** /ˈvaʊəld/ [bn] ⟨taalk⟩ met klinkerindicatie, gevocaliseerd, met vocaaltekens
vow·el·less /ˈvaʊəlləs/ [bn] ⟨taalk⟩ zonder klinker(s), klankloos
vow·el·ly /ˈvaʊəli/ [bn] rijk aan klinkers, klankrijk
vowel mutation [niet-telb zn] ⟨taalk⟩ umlaut
vowel point [telb zn] ⟨taalk⟩ vocaalteken ⟨in Arabisch, Hebreeuws, enz.⟩
vox an·gel·i·ca /vɒks ænˈdʒelɪkə, ˆvɑks-/ [telb zn] ⟨muz⟩ engelenstem ⟨bepaald orgelregister⟩, vox angelica
vox hu·ma·na /vɒks hjuːˈmɑːnə, ˆvɑks (h)juː-/ [telb zn] ⟨muz⟩ vox humana ⟨bepaald orgelregister⟩
vox pop /vɒks ˈpɒp, ˆvɑks ˈpɑp/ [telb zn] ⟨inf⟩ ± straatinterview, ± straatenquête, ± opiniepeiling op straat ⟨door radio, tv, krant⟩, ⟨bij uitbreiding⟩ mening van op straat geïnterviewde
vox po·pu·li /vɒks ˈpɒpjʊlaɪ, ˆvɑks ˈpɑpjə-/ [niet-telb zn; the] stem des volks, vox populi, publieke opinie
¹**voy·age** /ˈvɔɪɪdʒ/ [telb zn] ⟨benaming voor⟩ lange reis, zeereis, bootreis, luchtreis, vliegreis ♦ *go on a voyage* op reis gaan; *voyage home* thuisreis, terugreis; *voyage out* heenreis
²**voy·age** /ˈvɔɪɪdʒ/ [onov ww] reizen
³**voy·age** /ˈvɔɪɪdʒ/ [ov ww] bereizen, bevaren, reizen door/over
voy·age·a·ble /ˈvɔɪɪdʒəbl/ [bn] bevaarbaar
voyage charter [telb + niet-telb zn] ⟨handel⟩ reisbevrachting(scontract), reischarter
voyage policy [telb zn] polis van reisverzekering
voy·ag·er /ˈvɔɪɪdʒə, ˆ-ər/ [telb zn] (ontdekkings)reiziger
voy·ages /ˈvɔɪɪdʒɪz/ [alleen mv] reizen, reisverslag
vo·ya·geur /vwɑːjɑːˈʒɜː, ˆ-ˈʒɜr/ [telb zn] ① Canadees schuitenvoerder ② pelsjager, trapper, woudloper
vo·yeur /vwɑːˈjɜː, ˆ-ˈjɜr/ [telb zn] voyeur, gluurder
vo·yeur·ism /vwɑːˈjɜːrɪzm/ [niet-telb zn] voyeurisme, mixoscopie
vo·yeur·is·tic /vwɑːjɜːˈrɪstɪk/ [bn; bw: ~ally] voyeuristisch
VP [afk] ① ⟨taalk⟩ (verb phrase) ② (vice president) VP
VR [afk] ① (variant reading) ② (Victoria Regina ⟨Queen Victoria⟩) ③ (Virtual Reality) VR
vraic /vreɪk/ [telb zn] ⟨BE⟩ kelp ⟨zeewier⟩
VRD [afk] ⟨BE⟩ (Volunteer Reserve Decoration)
VRI [afk] (Victoria Regina (et) Imperatrix ⟨Victoria, Queen and Empress⟩)
VRML [afk] ⟨comp⟩ (Virtual Reality Markup/Modelling Language ⟨wordt gebruikt om driedimensionale werelden te scheppen⟩)
vroom /vrʊm, vruːm/ [tw] vrrroem, brr ⟨geluid van een (auto)motor⟩
vs [afk] ① (versus) v., vs. ② (vide supra)
VS [afk] (veterinary surgeon)
V-sign [telb zn] ① V-teken, victorieteken ② ± opgeheven middelvinger
VSO [afk] ⟨BE⟩ (Voluntary Service Overseas)
VSOP [afk] (Very Special Old Pale)
VSTOL /ˈviːstɒl, ˆˈviːstɑl/ [afk] ⟨luchtv⟩ (vertical or short takeoff and landing)
Vt [afk] (Vermont)
VT [afk] (Vermont ⟨postcode⟩)
VTO [afk] ⟨luchtv⟩ (vertical takeoff) VTO
VTOL /ˈviːtɒl, ˆˈviːtɑl/ [afk] ⟨luchtv⟩ (vertical takeoff and landing) VTOL
VTR [afk] (video tape recorder)
V-2 [telb zn] V2 ⟨raket⟩
Vul [afk] (Vulgate)

Vul·can /ˈvʌlkən/ [eignn] Vulcanus ⟨Romeinse god⟩
vul·ca·ni·an, ⟨in betekenis 2 ook⟩ **Vulcanian** /vʌlˈkeɪnɪən/, **Vul·can·ic** /vʌlˈkænɪk/ [bn] ① → volcanic ② van Vulcanus
vulcanic [bn] → volcanic
vulcanicity [niet-telb zn] → volcanism
vulcanism [niet-telb zn] → volcanism
vul·can·ist /ˈvʌlkənɪst/ [telb zn; ook Vulcanist] ⟨geol⟩ aanhanger van het plutonisme, vulkanist
vul·can·ite /ˈvʌlkənaɪt/ [telb + niet-telb zn] eboniet
vul·can·iz·a·ble, vul·can·is·a·ble /ˈvʌlkənaɪzəbl/ [bn] te vulkaniseren, vulkaniseerbaar
vul·can·i·za·tion, vul·can·i·sa·tion /ˌvʌlkənaɪˈzeɪʃn, ˆ-nə-/ [niet-telb zn] vulkanisatie
vul·can·ize, vul·can·ise /ˈvʌlkənaɪz/ [ov ww] vulkaniseren
vul·can·iz·er, vul·can·is·er /ˈvʌlkənaɪzə, ˆ-ər/ [telb zn] ① vulkaniseerapparaat ② vulkaniseerder
vulcanological [bn] → volcanological
vulcanologist [telb zn] → volcanologist
vulcanology [niet-telb zn] → volcanology
vulg [afk] ① (vulgar) ② (vulgarly)
Vulg [afk] (Vulgate)
¹**vul·gar** /ˈvʌlɡə, ˆ-ər/ [bn; bw: ~ly; zn: ~ness] ① vulgair, plat, laag ⟨bij de gronds⟩, ordinair, grof ♦ *vulgar girlie* ordinair grietje; *vulgar joke* vulgaire grap; *vulgar language* grove taal; *vulgar taste* vulgaire smaak ② alledaags, gewoon ♦ *vulgar paintings* gewone/alledaagse schilderijen
²**vul·gar** /ˈvʌlɡə, ˆ-ər/ [bn, attr; bw: ~ly; zn: ~ness] ① (al)gemeen (bekend/aangenomen), volks(-), van het volk ♦ *vulgar error* algemene misvatting; *vulgar herd* grote massa, vulgus; *Vulgar Latin* vulgair Latijn; *vulgar law* vulgair recht; *vulgar opinion* algemene opinie; *vulgar superstition* volksbijgeloof; *the vulgar* het vulgus, het plebs, het grauw; *vulgar tongue* volkstaal, spreektaal ② van/in de volkstaal, van/in de landstaal ♦ *vulgar translation* een vertaling in de volkstaal ③ ⟨BE; wisk⟩ *vulgar fraction* gewone breuk
¹**vul·gar·i·an** /vʌlˈɡeərɪən, ˆ-ɡer-/ [telb zn] ordinaire vent, patser
²**vul·gar·i·an** /vʌlˈɡeərɪən, ˆ-ɡer-/ [bn] ordinair, proleterig, plat, grof
¹**vul·gar·ism** /ˈvʌlɡərɪzm/ [telb zn] vulgaire uitdrukking/opmerking, vulgarisme
²**vul·gar·ism** /ˈvʌlɡərɪzm/ [niet-telb zn] ① vulgariteit, platheid, alledaagsheid ② vulgair gedrag
¹**vul·gar·i·ty** /vʌlˈɡærəti/ [telb zn; vaak mv] ① platte uitdrukking, grove opmerking ♦ *utter vulgarities* vulgaire/grove taal uitslaan ② vulgariteit, ordinaire daad ♦ *eating with your mouth open is a vulgarity* met je mond open eten getuigt van slechte manieren
²**vul·gar·i·ty** /vʌlˈɡærəti/ [niet-telb zn] ① platheid, alledaagsheid, vulgariteit ② vulgair gedrag
vul·gar·i·za·tion, vul·gar·i·sa·tion /ˌvʌlɡəraɪˈzeɪʃn, ˆ-ɡərə-/ [telb + niet-telb zn] ① popularisatie, vulgarisatie ② verlaging ③ verruwing
¹**vul·gar·ize, vul·gar·ise** /ˈvʌlɡəraɪz/ [onov ww] zich vulgair gedragen
²**vul·gar·ize, vul·gar·ise** /ˈvʌlɡəraɪz/ [ov ww] ① populariseren, vulgariseren, gemeengoed maken ② verlagen, ontluisteren, vulgair/plat maken, in waarde doen dalen, afbreuk doen ③ verruwen ⟨persoon, manieren⟩
¹**vul·gate** /ˈvʌlɡeɪt, -ɡət/ [telb zn] ① volkstaal, omgangstaal, spreektaal ② erkende tekst
Vul·gate /ˈvʌlɡeɪt, -ɡət/ [niet-telb zn; the] ⟨Bijb⟩ Vulgata, Vulgaat
vul·ne·ra·bil·i·ty /ˌvʌlnrəbɪˈləti/ [niet-telb zn] kwetsbaarheid ⟨ook figuurlijk⟩, zwakheid, gevoeligheid
vul·ner·a·ble /ˈvʌlnrəbl/ [bn; bw: vulnerably; zn: ~ness] ① kwetsbaar ⟨ook figuurlijk⟩, zwak, gevoelig ♦ *s.o.'s vul-*

nerable *spot* iemands zwakke plek, iemands kwetsbare punt; *vulnerable to* kwetsbaar/gevoelig voor [2] ⟨bridge⟩ kwetsbaar

¹**vul·ner·ar·y** /vʌ́lnərəri, ᴬ-reri/ [telb zn] ⟨med⟩ heelmiddel, wondkruid, wondzalf

²**vul·ner·ar·y** /vʌ́lnərəri, ᴬ-reri/ [bn] ⟨med⟩ helend, geneeskrachtig ♦ *vulnerary **herbs*** geneeskrachtige kruiden

¹**vul·pi·cide** /vʌ́lpɪsaɪd/ [telb zn] vossendoder

²**vul·pi·cide** /vʌ́lpɪsaɪd/ [niet-telb zn] het doden van een vos

vul·pine /vʌ́lpaɪn/ [bn] [1] vos(sen)-, vosachtig [2] sluw, listig, slim, vindingrijk

vul·pin·ism /vʌ́lpɪnɪzm/ [niet-telb zn] slimheid, sluwheid, listigheid

vul·ture /vʌ́ltʃə, ᴬ-ər/ [telb zn] [1] ⟨dierk⟩ gier ⟨familie Accipitridae of Cathartidae⟩ [2] aasgier ⟨alleen figuurlijk⟩, haai, gier

vulture capitalist [telb zn] durfkapitalist ⟨die investeert om een bedrijf (vijandig) over te nemen⟩

vulture fund [telb zn] ⟨inf; fin⟩ aasgierfonds ⟨fonds dat investeert in een zwak bedrijf met als doel het over te nemen⟩

vul·tur·ine /vʌ́ltʃəraɪn/, **vul·tur·ish** /-ɪʃ/, **vul·tur·ous** /-əs/ [bn] [1] m.b.t. een gier, gier- [2] gierachtig [3] roofzuchtig, roofgierig

vul·va /vʌ́lvə/ [telb zn; mv: ook vulvae /-viː/] ⟨med⟩ schaamspleet, vulva

vul·var /vʌ́lvə, ᴬ-ər/ [bn] ⟨med⟩ m.b.t. de schaamspleet

vul·vi·tis /vʌlvaɪtɪs/ [telb + niet-telb zn] ⟨med⟩ ontsteking van de vulva, vulvitis

vv [afk] [1] (verses) [2] (vice versa) v.v. [3] (volumes)

vy·ing /vaɪɪŋ/ [tegenwoordig deelw] → vie

W

¹**w, W** /dˈʌblju:/ [telb zn; mv: w's, zelden ws, W's, zelden Ws] (de letter) w, W
²**w, W** [afk] ① (Wales) ② (warden) ③ (watt(s)) W ④ (Wednesday) wo ⑤ (week) ⑥ (weight) ⑦ (Welsh) ⑧ (west(ern)) W ⑨ (wicket) ⑩ (wide, width) br. ⑪ (wife) ⑫ (with) m. ⑬ (women's (size)) ⑭ (work)
wa [afk] (wind-assisted)
WA [afk] ① (Washington) ② (Western Australia) ③ (West Africa)
WAAA [afk] (Women's Amateur Athletic Association)
¹**Waac** /wæk/ [eigenn] ⟨gesch⟩ (Women's Army Auxiliary Corps) ± Milva
²**Waac** /wæk/ [telb zn] ⟨gesch⟩ lid van het Women's Army Auxiliary Corps, ± milva
¹**Waaf** /wæf/ [eigenn] ⟨gesch⟩ (Women's Auxiliary Air Force) ± Luva
²**Waaf** /wæf/ [telb zn] ⟨gesch⟩ lid van de Women's Auxiliary Air Force, ± luva
¹**WAC** /wæk/ [eigenn] ⟨AE⟩ (Women's Army Corps) ± Milva
²**WAC** /wæk/ [telb zn] ⟨AE⟩ lid van de Women's Army Corps, ± milva
¹**wack** /wæk/ [telb zn] ① ⟨BE, gew; voornamelijk in Liverpool⟩ gabber, kameraad, makker ② ⟨AE; inf⟩ halvegare, gek
²**wack** /wæk/ [bn] ⟨AE; inf⟩ waardeloos ♦ *school is wack* school is stom
wack·e /wæke/ [niet-telb zn] ⟨geol⟩ wacke ⟨gesteente⟩
¹**wack·o, whack·o** /wækoʊ/ [telb zn] ⟨vnl AE; inf⟩ malloot, idioot
²**wack·o, whack·o** /wækoʊ/ [bn] ⟨vnl AE; inf⟩ idioot, lijp, gestoord
wack·y, whack·y /wæki/ [bn; vergr trap: wackier; zn: wackiness] mesjogge, kierewiet
¹**wad** /wɒd/ [telb zn] ① prop ⟨watten, papier enz.; ook van kanon⟩, dot, (op)vulsel ② pak ⟨papieren, brieven, geld enz.⟩, ⟨inf⟩ massa, hoop ⟨tijd, publiciteit enz.⟩, ⟨AE; sl⟩ bom ⟨duiten⟩ ③ pak(je), rolletje ⟨bankbiljetten⟩ ④ ⟨AE⟩ pruim ⟨tabak⟩ ⑤ ⟨BE, gew⟩ pak hooi/stro ⑥ ⟨BE; sl; mil⟩ broodje, sandwich · ⟨AE; inf⟩ *shoot one's wad* zijn kruit verschieten; al zijn geld uitgeven; *have shot one's wad* uitgepraat zijn
²**wad** /wɒd/ ᴬ/wɑd/ [niet-telb zn] ⟨AE⟩ poen, duiten, geld(voorraad)
³**wad** /wɒd/ ᴬ/wɑd/ [onov ww] proppen, een prop vormen/veroorzaken; → **wadding**
⁴**wad** /wɒd/ ᴬ/wɑd/ [ov ww] ① tot een prop maken, in een prop oprollen ② proppen, een prop steken/doen in,

dichtstoppen, toestoppen, opproppen ③ opvullen, watteren, met watten voeren; → **wadding**
wad·a·ble, wade·a·ble /weɪdəbl/ [bn] doorwaadbaar
wad·ding /wɒdɪŋ/ ᴬ/wɑ-/ [niet-telb zn; gerund van wad] opvulsel, prop, watten
¹**wad·dle** /wɒdl/ ᴬ/wɑdl/ [niet-telb zn] waggelende/schommelende gang, eendengang
²**wad·dle** /wɒdl/ ᴬ/wɑdl/ [onov ww] waggelen, schommelend lopen
¹**wad·dy**, ⟨in betekenis 3 ook⟩ **wad·die** /wɒdi/ ᴬ/wɑdi/ [telb zn] ① ⟨AuE⟩ strijdknots, knuppel ② ⟨AuE⟩ (wandel)stok ③ ⟨AE⟩ veedrijver, cowboy
²**wad·dy** /wɒdi/ ᴬ/wɑdi/ [ov ww] ⟨AuE⟩ (neer)knuppelen
¹**wade** /weɪd/ [telb + niet-telb zn] het (door)waden ♦ *go for a wade* gaan waden
²**wade** /weɪd/ [onov ww] waden ♦ *wade through the water* door het water waden; ⟨inf, fig⟩ *wade through a boring book* een vervelend boek doorworstelen · ⟨inf⟩ *wade in* aanpakken, tussenbeide komen, zich mengen in; ⟨inf⟩ *wade into s.o./sth.* iemand/iets (hard) aanpakken/te lijf gaan
³**wade** /weɪd/ [ov ww] doorwaden
wadeable [bn] → **wadable**
wad·er /weɪdə/ ᴬ-ər/ [telb zn] ① wader ② waadvogel ③ ⟨vnl mv⟩ lieslaars, waterlaars, baggerlaars
wadge /wɒdʒ/ ᴬ/wɑdʒ/ [telb zn] ⟨BE; inf⟩ ① bundel, pak ⟨brieven, documenten⟩ ② stuk ⟨taart⟩
wa·di, wa·dy /wɒdi/ ᴬ/wɑdi/ [telb zn] ① wadi ⟨droge rivierbedding/ravijn in woestijnland⟩ ② rivier ⟨die uitdroogt in het droge seizoen⟩ ③ oase
wad·ing bird [telb zn] waadvogel
wad·ing pool [telb zn] pierenbad, pierenbak
wae /weɪ/ [tw] ⟨BE, gew⟩ wee, diepe smart
waf [afk] (with all faults)
¹**WAF** /wæf/ [eigenn] ⟨AE⟩ (Women in the Air Force) ± Luva
²**WAF** /wæf/ [telb zn] ⟨AE⟩ lid van de Women in the Air Force, ± luva
Wafd /wɒft/ ᴬ/wɑft/ [eigenn] Wafd ⟨Egyptische politieke partij, 1924-1952⟩
Wafdist /wɒfdɪst/ ᴬ/wɑf-/ [telb zn] wafdist ⟨lid van de Wafd⟩
¹**wa·fer** /weɪfə/ ᴬ-ər/ [telb zn] ① wafel(tje), oblie(tje) ② ⟨r-k⟩ hostie ♦ *the consecrated wafer* de gewijde/heilige hostie ③ ouwel ④ flentertje ⑤ ⟨elektronica⟩ wafel, plakje silicium ⟨wordt verwerkt tot aantal chips⟩
²**wa·fer** /weɪfə/ ᴬ-ər/ [ov ww] met een ouwel dichtplakken/toemaken
wafer biscuit [telb zn] wafeltje

wafer iron [telb zn] wafelijzer
wa·fer-thin [bn] [1] wafeldun, zeer dun [2] zeer klein
wafer tongs [alleen mv] wafelijzer
wa·fer·y /ˈweɪfri/ [bn] wafelachtig, dun als een wafel
¹waff /wɒf, ˆwæf, ˆwɑːf/ [telb zn] ⟨BE, ScHE, gew⟩ [1] golfbeweging [2] vleugje, windvlaag, windstoot [3] glimp
²waff /wɒf, ˆwæf, ˆwɑːf/ [onov ww] golven, fladderen
³waff /wɒf, ˆwæf, ˆwɑːf/ [ov ww] doen golven/fladderen
¹waf·fle /ˈwɒfl, ˆwɑːfl/ [telb zn] wafel
²waf·fle /ˈwɒfl, ˆwɑːfl/ [niet-telb zn] ⟨vnl BE; inf⟩ gewauwel, gezwets, onzin, quatsch, blabla ♦ *there's too much waffle in your article* er staat te veel blabla in je artikel
³waf·fle /ˈwɒfl, ˆwɑːfl/ [onov ww] ⟨vnl BE; inf⟩ wauwelen, kletsen, onzin verkopen/neerpennen ♦ *waffle on* voortwauwelen, voortkletsen
waffle iron [telb zn] [1] wafelijzer [2] ⟨sl⟩ stoeprooster
waf·fle-stomp·ers [alleen mv] ⟨sl⟩ ⟨zware⟩ wandelschoenen, stampers, klompen
waf·fly /ˈwɒfli, ˆwɑːfli/ [bn] ⟨BE; inf⟩ slap, waardeloos
¹waft /wɒft, ˆwɑːft, ˆwæft/, ⟨in betekenis 3 ook⟩ **weft** /weft/ [telb zn] [1] ⟨form⟩ vleugje, (rook)wolkje, zuchtje, wasem, stroompje, lichte vlaag [2] ⟨form⟩ handwuif [3] ⟨scheepv⟩ seinvlag, (vlag in) sjouw ⟨als noodsein⟩
²waft /wɒft, ˆwɑːft, ˆwæft/ [niet-telb zn] [1] gewaai, gezweef [2] (hand)gewuif
³waft /wɒft, ˆwɑːft, ˆwæft/ [onov ww] ⟨form⟩ zweven, drijven, waaien
⁴waft /wɒft, ˆwɑːft, ˆwæft/ [ov ww] ⟨form⟩ [1] voeren, dragen, doen zweven [2] zenden, overbrengen, doen drijven
waft·age /ˈwɒftɪdʒ, ˆwɑːf-, ˆwæf-/ [niet-telb zn] ⟨form⟩ [1] gezweef, gewaai [2] gewenk, gewuif [3] overbrenging, vervoer
¹waf·ture /ˈwɒftʃə, ˆwɑːftʃər, ˆwæf-/ [telb zn] vleugje, (rook)wolkje, wasem, zuchtje, stroompje
²waf·ture /ˈwɒftʃə, ˆwɑːftʃər, ˆwæf-/ [niet-telb zn] [1] gewaai [2] gezweef [3] (hand)gewuif, gewenk
waft·y /ˈwɑːfti, ˆwæfti/ [bn] luchtig, licht
¹wag /wæɡ/ [telb zn] [1] waggeling, kwispeling, wiebeling, schuddende/waggelende/wiebelende/kwispelende beweging ♦ *with a wag of his head* hoofdschuddend [2] ⟨inf⟩ grappenmaker, schalk, snaak [3] ⟨BE; sl⟩ spijbelaar ♦ *play (the) wag* spijbelen [4] ⟨sl⟩ piemeltje
²wag /wæɡ/ [onov ww] [1] waggelen, wiebelen, schommelen(d) lopen, zwaaien, heen en weer gaan/bewegen ♦ ⟨inf⟩ *beards/chins/jaws/tongues are wagging* de tongen komen in beweging; *set the tongues wagging* de tongen in beweging brengen [2] kwispelen, kwispelstaarten [3] bedrijvig zijn
³wag /wæɡ/ [ov ww] [1] schudden ⟨hoofd⟩, heen en weer bewegen ♦ *wag one's finger at s.o.* naar iemand de vinger/een vermanende vinger opsteken; *wag one's head* zijn hoofd schudden [2] kwispelen ⟨staart⟩ ♦ *the dog wags its tail* de hond kwispelstaart
¹wage /weɪdʒ/ [telb zn; voornamelijk mv] loon, arbeidsloon ♦ *at a wage/wages of £60 a week* tegen een weekloon van zestig pond; *he gets good wages* hij verdient goed; *minimum wage* minimumloon
²wage /weɪdʒ/ [niet-telb zn] [1] ⟨ec⟩ loonmassa [2] ⟨vero⟩ beloning, vergelding ♦ ⟨Bijb⟩ *the wages of sin is death* het loon der zonde is de dood ⟨Rom. 6:23⟩
³wage /weɪdʒ/ [onov ww] aan de gang zijn, bezig zijn, verlopen, voortduren
⁴wage /weɪdʒ/ [ov ww] [1] voeren ⟨oorlog, strijd, campagne⟩, leveren ⟨veldslag⟩ ♦ *wage war against/on* oorlog/strijd voeren tegen [2] ⟨vero; BE; gew⟩ huren, in dienst nemen
wage bill [telb zn] loonstaat, loonlijst
wage board, wage council, wages council [verzamelen] loonraad
wage claim [telb zn] looneis
wage-cut, ⟨BE⟩ **wages cut** [telb zn] loonsverlaging
wage demand [telb zn] looneis
wage determination [niet-telb zn] loonbepaling, het vaststellen van salarisschalen
wage drift [telb zn] loonstijging ⟨boven het nationale gemiddelde⟩
wage earner [telb zn] [1] loontrekker [2] kostwinner
wage freeze, ⟨BE⟩ **wages freeze** [telb zn] loonstop, het bevriezen van de lonen
wage-fund [telb zn] loonfonds
wage gap [telb zn] inkomenskloof
wage hike, wage increase [telb zn] loonsverhoging
wage packet [telb zn] loonzakje
wage-push inflation [niet-telb zn] loonkosteninflatie
¹wa·ger /ˈweɪdʒə, ˆ-ər/ [telb zn] ⟨form⟩ [1] weddenschap ♦ *lay/make a wager* een weddenschap aangaan; *take up a wager* een weddenschap aannemen [2] inzet [3] gok, waagstuk [4] ⟨vero; gesch⟩ tweegevecht ♦ *wager of battle* tweegevecht [·] ⟨jur⟩ *wager of law* proces waarbij de onschuld van beklaagde door getuigen onder ede wordt verklaard
²wa·ger /ˈweɪdʒə, ˆ-ər/ [onov ww] ⟨form⟩ een weddenschap aangaan
³wa·ger /ˈweɪdʒə, ˆ-ər/ [ov ww] ⟨form⟩ verwedden, wedden (om/met), op het spel zetten ♦ *wager money on a horse* geld op een paard verwedden; *I'll wager (you £10) that he'll come* ik wed (tien pond met u) dat hij komt; *I'll wager my head upon it* ik verwed mijn hoofd erom [·] ⟨inf⟩ *I shouldn't wager on that* daarop zou ik niet (te veel) rekenen
wage rate [telb zn] loonstandaard, loontarief
wa·ger·er /ˈweɪdʒrə, ˆ-ər/ [telb zn] wedder
wage restraint [telb zn] loonmatiging
wage scale [telb zn] loonschaal
wage settlement [telb zn] loonakkoord
wages floor [telb zn] ⟨ec⟩ minimumloon
wage slave [telb zn] loonslaaf
wage structure [telb zn] loonstelsel
wage-work·er [telb zn] ⟨AE⟩ [1] loonarbeider, loontrekker [2] kostwinner
¹wag·ger·y /ˈwæɡəri/ [telb zn] kwajongensstreek, grap, poets
²wag·ger·y /ˈwæɡəri/ [niet-telb zn] grappenmakerij, schelmenstreken, grappen
wag·gish /ˈwæɡɪʃ/ [bn; bw: ~ly; zn: ~ness] guitig, schalks, ondeugend
¹wag·gle /ˈwæɡl/ [telb zn] [1] ⟨inf⟩ waggeling, schommeling, wiebeling, kwispeling, waggelende/schommelende/kwispelende/wiebelende beweging [2] ⟨golf⟩ zwaai ⟨voor het slaan⟩
²wag·gle /ˈwæɡl/ [onov ww] [1] waggelen, wiebelen, schommelen ⟨bij het lopen⟩, zwaaien, heen en weer gaan/bewegen [2] kwispelen, kwispelstaarten [3] heupwiegen [4] ⟨golf⟩ zwaaien ⟨voor het slaan⟩
³wag·gle /ˈwæɡl/ [ov ww] [1] schudden ⟨hoofd⟩, heen en weer bewegen [2] kwispelen (met)
wag·gly /ˈwæɡli/ [bn] [1] waggelend, wankel [2] hobbelig ⟨weg⟩ [3] kwispelend
¹Wag·ne·ri·an /vɑːɡˈnɪəriən, ˆvɑːɡˈnɪriən/ [telb zn] wagneriaan
²Wag·ne·ri·an /vɑːɡˈnɪəriən, ˆvɑːɡˈnɪriən/ [bn] wagneriaans
¹wag·on, ⟨vnl BE ook⟩ **wag·gon** /ˈwæɡən/ [telb zn] [1] wagen, boerenwagen, vrachtwagen, vrachtkar [2] dienwagen(tje), theewagen [3] ⟨vnl AE⟩ speelgoedwagentje [4] ⟨vnl AE⟩ stationcar, combi [5] ⟨AE⟩ bestelwagen [6] ⟨AE⟩ wagentje, kar ⟨met ijs, worstjes, e.d.⟩ ♦ *ice-cream wagon* ijskarretje [7] ⟨BE⟩ goederenwagon, spoorwagen, goederenwagen [8] ⟨AE; vnl the⟩ politiewagen, celwagen, gevangenwagen [·] ⟨inf, fig⟩ *climb/get/jump on/aboard the wagon* de huik naar de wind hangen; ⟨AE; sl⟩ *fix s.o.'s wagon* een spaak in iemands wiel steken, iemand schaden/ruïneren; iem een lesje/mores leren; ⟨inf⟩ *be/fall/go off the (water) wagon* weer aan de drank zijn; *be/go on the (water) wagon*

wagon

geheelonthouder zijn/worden; ⟨form⟩ **hitch one's wagon to a star**/**the stars** hoog mikken; ⟨astron⟩ **the Wag(g)on** de Grote Beer/Wagen

²**wag·on** /wægən/ [onov ww] ⟨AE⟩ in een wagen reizen, goederen transporteren in een wagen

³**wag·on** /wægən/ [ov ww] ⟨AE⟩ in een wagen vervoeren

wagon bed, wagon box [telb zn] wagenbak

wagon boiler [telb zn] wagonketel ⟨van locomotief⟩

wagon builder [telb zn] wagenmaker

wag·on·er, ⟨vnl BE ook⟩ **wag·gon·er** /wægənə, ^-ər/ [telb zn] vrachtrijder, voerman

Wag·on·er, ⟨vnl BE ook⟩ **Wag·gon·er** /wægənə, ^-ər/ [telb zn] ⟨astron⟩ ① Grote Beer ② Wagenman

wag·on·ette, ⟨vnl BE ook⟩ **wag·gon·ette** /wægənet/ [telb zn] brik

wagon jack [telb zn] wagenwip

wa·gon-lit /vægɔ̃liː/ [telb zn; mv: ook wagons-lits /-liː(z)/] slaaprijtuig, wagon-lit

wag·on·load [telb zn] wagenvracht, wagenlading

wagon roof, wagon vault [telb zn] tongewelf

wagon train [telb zn] ⟨AE⟩ ① legertrein, legertros ② trein wagens ⟨bijvoorbeeld met kolonisten⟩

wag·tail [telb zn] ⟨dierk⟩ kwikstaart ⟨genus Motacilla⟩

Wa·ha·bi, Wah·ha·bi, Wah·ha·bee /wəhɑːbi/, **Wah·ha·bite** /-baɪt/ [telb zn] wahabiet ⟨aanhanger van een puriteinse mohammedaanse sekte⟩

wa·hi·ne /wɑːhiːni, ^-neɪ/, **va·hi·ne** /vɑː-/ [telb zn] ① vrouw ⟨in Polynesië⟩ ② (strand)pop(petje) ③ surfster

waif /weɪf/ [telb zn; vnl form] ① onbeheerd goed/ding/voorwerp/dier, strandgoed ♦ **waifs and strays** brokstukken, rommel, stukken en brokken ② dakloze, zwerver, zwerveling, verschoppeling, ⟨i.h.b.⟩ verlaten/verwaarloosd kind ♦ **waifs and strays** daklozen, zwervers; ⟨vnl⟩ dakloze/verwaarloosde kinderen/dieren ③ ⟨scheepv⟩ (kleine) seinvlag

¹**wail** /weɪl/ [telb + niet-telb zn] ① geweeklaag, jammerklacht, weeklacht, gejammer ② geloei, gehuil ⟨van sirene⟩

²**wail** /weɪl/ [onov ww] ① klagen ⟨ook van wind⟩, weeklagen, jammeren, lamenteren ② loeien, huilen ⟨van sirene⟩

³**wail** /weɪl/ [ov ww] ⟨form⟩ bejammeren, bewenen

wail·er /weɪlə, ^-ər/ [telb zn] klager, jammeraar

wail·ful /weɪlfl/ [bn; bw: ~ly] weeklagend, jammerend

wail·ing·ly /weɪlɪŋli/ [bw] weeklagend, jammerend

Wailing Wall /weɪlɪŋ wɔːl/ [eigenn; the] Klaagmuur ⟨in Jeruzalem⟩

wain /weɪn/ [telb zn] ⟨gew; form⟩ (grote) boerenwagen ♦ ⟨astron⟩ **the Wain** de Grote Beer

¹**wain·scot** /weɪnskət/ [telb + niet-telb zn] ① beschot, lambrisering ② plint

²**wain·scot** /weɪnskət/ [niet-telb zn] ⟨BE⟩ wagenschot

³**wain·scot** /weɪnskət/ [ov ww] beschieten, lambriseren, bekleden, betimmeren; → **wainscotting**

¹**wain·scot·ing, wain·scot·ing** /weɪnskətɪŋ, ^weɪnskoʊtɪŋ/ [telb + niet-telb zn; (oorspronkelijk) gerund van wainscot] lambrisering, beschot

²**wain·scot·ing, wain·scot·ing** /weɪnskətɪŋ, ^weɪnskoʊtɪŋ/ [niet-telb zn; (oorspronkelijk) gerund van wainscot] wagenschot

wain·wright /weɪnraɪt/ [telb zn] wagenmaker

WAIS [afk] ⟨comp⟩ (Wide Area Information Service ⟨trefwoordenindex op een database op internet⟩)

waist /weɪst/ [telb zn] ① middel, taille ⟨ook van kledingstuk⟩ ♦ **stripped to the waist** met ontbloot bovenlijf ② leest ③ smal(ler) gedeelte, vernauwing, versmalling, verdunning ⟨van lichaam, viool, wesp, zandloper⟩ ④ ⟨scheepv⟩ kuil, middendek ⑤ ⟨AE⟩ bloes, keursje, lijfje

waist·band, waist·belt [telb zn] ① broeksband, rokband ② gordel, ceintuur, riem

waist·cloth [telb zn] lendendoek

waist·coat /weɪskoʊt, ^weskət/ [telb zn] ⟨vnl BE⟩ vest

waist·coat·ed /weɪskoʊtɪd, ^weskətɪd/ [bn] ⟨vnl BE⟩ met een vest

waist·coat·ing /weɪskoʊtɪŋ, ^weskətɪŋ/ [niet-telb zn] ⟨vnl BE⟩ veststof

waist-deep, waist-high [bn; bw] tot aan het middel ⟨reikend⟩

waist·ed /weɪstɪd/ [bn] getailleerd

waist·line [telb zn] middel, taille ⟨ook van kledingstuk⟩

¹**wait** /weɪt/ [telb + niet-telb zn] ① wachttijd, (het) wachten ♦ *I hate these long waits* ik heb een hekel aan dit lange wachten; *we had a long wait for the train* we moesten lang op de trein wachten ② oponthoud, vertraging, uitstel, pauze ③ hinderlaag ♦ *lie in wait for s.o.* voor iemand op de loer liggen; *lay wait* zich in hinderlaag leggen, op de loer liggen, loeren

²**wait** /weɪt/ [onov ww] ① wachten, staan te wachten ♦ *do not keep him waiting about/around* laat hem niet staan wachten; *wait behind* even blijven ⟨wanneer anderen weg zijn⟩; *that can wait* dat heeft de tijd, dat kan wachten; *he cannot wait to go home* hij zit te springen om naar huis te gaan, hij weet niet hoe gauw hij naar huis moet gaan; ⟨fig⟩ *dinner is waiting* het eten is klaar, er is opgediend; *wait for high water* op het hoogwater/de vloed wachten; *wait for sth./s.o.* op iets/iemand wachten; *we had to wait for ten minutes* we moesten tien minuten wachten; *they kept me waiting (for) an hour* ze lieten mij een uur wachten; *wait a minute!* wacht even!; *they waited ten minutes* ze hebben tien minuten gewacht; *wait on* blijven wachten; ⟨vnl AE; inf⟩ *wait up (for s.o.)* (op iemand) wachten, blijven (stil)staan ⟨tot iemand bij is⟩; *I'll do it while you wait* het is direct klaar, u kunt erop wachten ② bedienen (aan tafel) ♦ ⟨BE⟩ *wait at table(s)*, ⟨AE⟩ *wait on table(s)* serveren, tafeldienen; *wait (up)on s.o.* iemand (be)dienen, verzorgen; bezoeken; op iemand wachten tot het hem schikt; *wait (up)on s.o. hand and foot* iemand op zijn wenken bedienen ⟨·⟩ *wait about/around* rondhangen; ⟨inf⟩ *wait for it!* wil je weleens wachten!, wacht! ⟨op het geschikte moment⟩; ⟨BE⟩ en nu komt het!; *wait for me!* niet zo vlug!; ⟨Bijb⟩ *wait on God* zijn hoop op God vestigen; *wait and see* ⟨de dingen⟩ afwachten; *a wait-and-see plan* een afwachtend plan; *you needn't wait up for me* je hoeft voor mij niet op te blijven; ⟨jacht⟩ *wait close upon* op de hielen volgen ⟨ruiter⟩; ⟨form⟩ *wait (up)on sth.* met iets gepaard gaan, op iets volgen; *you wait!* wacht maar (jij)!; ⟨sprw⟩ *everything comes to him who waits* de aanhouder wint, geduld overwint alles; ⟨sprw⟩ *they also serve who only stand and wait* ± de mensen die de onbelangrijke klusjes opknappen zijn ook onmisbaar; ⟨sprw⟩ *time and tide wait for no man* de tijd en het tij wachten op niemand; → **waiting**

³**wait** /weɪt/ [ov ww] ① afwachten, verbeiden, wachten op ♦ *wait one's chance/opportunity* wachten tot men zijn kans schoon ziet; *wait one's turn* zijn beurt afwachten ② ⟨inf⟩ uitstellen ♦ *don't wait dinner for me* wacht niet op mij met het eten ③ bedienen ♦ ⟨AE⟩ *wait table* serveren, tafeldienen ⟨·⟩ *wait out the storm* wachten tot de storm voorbij is; *we had to wait it out* we moesten wachten tot het afgelopen was; → **waiting**

wait-a-bit [telb zn] ⟨benaming voor⟩ doornplant die aan de kleren haakt

wait·er /weɪtə, ^weɪtər/ [telb zn] ① wachter, iemand die wacht ② kelner ③ serveerblad

¹**wait·ing** /weɪtɪŋ/ [niet-telb zn; gerund van wait] ① het wachten, wachttijd ② het blijven staan, het stilstaan ⟨van auto⟩ ♦ *no waiting* verboden stil te staan ③ bediening ♦ *do the waiting* bedienen ④ opwachting, dienst ♦ *in waiting* dienstdoend, dienst hebbend ⟨BE; mil⟩ *in waiting* in stelling; ⟨sprw⟩ *it is ill waiting for dead men's shoes* met naar de schoen van een dode te wachten kan men lang blootsvoets lopen, hopedoden leven lang

²**wait·ing** /weɪtɪŋ/ [bn, attr; tegenwoordig deelw van wait] 1 (af)wachtend ♦ a waiting attitude een afwachtende houding; adopt a waiting policy de kat uit de boom kijken 2 bedienend 3 dienstdoend, dienst hebbend

waiting game [niet-telb zn] afwachtende houding ♦ play a waiting game de kat uit de boom kijken

waiting list [telb zn] wachtlijst ♦ put s.o. on the waiting list iemand op de wachtlijst plaatsen

waiting man [telb zn] kamerheer

waiting room [telb zn] wachtkamer

waiting time [niet-telb zn] wachttijd

wait·ress /weɪtrɪs/ [telb zn] serveerster, kelnerin

waitress service [niet-telb zn] bediening aan tafel

wait·ron /weɪtrən/ [telb zn] ⟨scherts⟩ serveerpersoon, serveerder/serveerster

waits /weɪts/ [alleen mv] ⟨BE⟩ 1 ⟨vero⟩ straatzangers, straatmuzikanten ⟨met Kerstmis⟩ 2 ⟨gesch⟩ stadsmuzikanten, dorpsmuzikanten

waive /weɪv/ [ov ww] ⟨vnl form⟩ 1 afzien van, afstand doen van, laten varen, opgeven ⟨rechten, eisen, privileges⟩ 2 het stellen zonder, zich weerhouden van, zich onthouden van 3 uitstellen, verschuiven ⟨naar later⟩, opschorten, hangende laten ⟨probleem⟩ 4 ontslaan, van zich afzetten, opzijzetten

waiv·er /weɪvə, ᴬ-ər/ [telb zn] ⟨jur⟩ verklaring van afstand

¹**wake** /weɪk/ [telb zn] 1 kielwater, (kiel)zog, bellenbaan ⟨van torpedo⟩ 2 schroefwind, luchtverplaatsing ⟨achter vliegtuig⟩ 3 lichtspoor ⟨van hemellichaam, meteoor⟩ 4 ⟨vnl fig⟩ spoor, nasleep, kielzog ♦ in the wake of in het spoor van, in de voetstappen van; war brings misery in its wake ellende is de nasleep van de oorlog; follow in the wake of s.o. iemand op de voet volgen, de voetstappen van iemand drukken 5 vigilie, vieravond, vooravond van een feestdag, wake 6 dorpskermis 7 dodenwake ⟨voornamelijk in Ierland⟩ 8 ⟨gesch⟩ jaarlijks herdenkingsfeest ⟨van de beschermheilige van een kerk⟩ 9 ⟨vnl mv⟩ ⟨BE⟩ jaarlijks verlof, jaarlijkse vakantie ⟨voornamelijk in Noord-Engeland⟩

²**wake** /weɪk/ [niet-telb zn] het waken, het wakker-zijn, wake ♦ between sleep and wake, between wake and dream tussen slapen en waken

³**wake** /weɪk/ [onov ww; ook woke, woke(n)] 1 ⟨form⟩ ontwaken, wakker worden ⟨ook figuurlijk⟩ ♦ wake up ontwaken, wakker worden; wake up! word wakker!; luister!, let op! 2 ⟨taalkundig verouderd, behalve als tegenwoordig deelwoord en gerund⟩ waken, wakker zijn/liggen ♦ in his waking hours wanneer hij wakker is 3 zich bewust worden ♦ wake up to sth. zich van iets bewust worden, iets gaan inzien, van iets doordrongen raken 4 opstaan ⟨uit de dood⟩ ♦ wake from the dead uit het graf opstaan 5 ⟨gew⟩ bij een dode/zieke waken ⟨voornamelijk in Ierland⟩ ⟨·⟩ ⟨inf⟩ wake up and smell the coffee realistisch zijn, (wakker worden en) de realiteit onder ogen zien

⁴**wake** /weɪk/ [ov ww; ook woke, woke(n)] 1 ⟨form⟩ wekken, wakker maken/schudden ⟨ook figuurlijk⟩ ♦ wake up wekken, wakker maken 2 opwekken, veroorzaken, doen ontstaan, doen opvlammen 3 bewust maken, doordringen ♦ it waked him to the facts hij werd zich bewust van de feiten; wake s.o. up to sth. iemand van iets doordringen/bewust maken 4 doen opstaan ⟨uit de dood/het graf⟩ ♦ (loud) enough to wake the dead oorverdovend, zeer luidruchtig 5 verstoren, breken ⟨vrede, stilte, rust⟩, doen weergalmen/weerklinken 6 ⟨gew⟩ waken bij ⟨voornamelijk in Ierland⟩ ♦ wake a corpse bij een lijk waken ⟨·⟩ ⟨sprw⟩ wake not a sleeping lion men moet geen slapende honden wakker maken

wake·board·ing [niet-telb zn] het wakeboarden ⟨waterskiën op brede, korte board⟩

wake·ful /weɪkfl/ [bn; bw: ~ly; zn: ~ness] 1 wakend,

wakker, waakzaam 2 slapeloos ♦ wakeful nights slapeloze nachten

wake·less /weɪkləs/ [bn] vast, diep, ongestoord ⟨slaap⟩

¹**wak·en** /weɪkən/ [onov ww] ontwaken, wakker worden

²**wak·en** /weɪkən/ [ov ww] 1 wekken, wakker maken 2 opwekken

wake-rob·in [telb zn] ⟨plantk⟩ 1 ⟨BE⟩ aronskelk ⟨genus Arum⟩, ⟨i.h.b.⟩ gevlekte aronskelk ⟨A. maculatum⟩ 2 ⟨AE⟩ plant van het genus Trillium ⟨familie Liliaceae⟩

Wakes Week [eigenn] ⟨BE⟩ jaarlijks verlof, jaarlijkse vakantie ⟨voornamelijk in Noord-Engeland⟩

wake-up call [telb zn; voornamelijk mv] 1 waarschuwing(steken), klop op de deur 2 wektelefoontje

wak·ey wak·ey /weɪki weɪki/ [tw] ⟨BE; scherts; inf⟩ word wakker!, oogjes open!

waking dream [telb zn] dagdroom

Walachian [eigenn] → **Wallachian**

Wal·den·ses /wɒlˈdensiːz, ᴬwɑːl-/ [alleen mv] ⟨gesch⟩ waldenzen ⟨christelijke sekte⟩

¹**Wal·den·sian** /wɒlˈdensiən, ᴬwɑːl-/ [telb zn] ⟨gesch⟩ waldenzer

²**Wal·den·sian** /wɒlˈdensiən, ᴬwɑːl-/ [bn] ⟨gesch⟩ m.b.t. van de waldenzen

wal·dorf sal·ad /wɔːldɔːf sæləd, ᴬwɔːldɔːrf-/ [telb + niet-telb zn] ⟨AE; cul⟩ waldorfsalade

¹**wale** /weɪl/ [telb zn] 1 ribbel, ribbetje ⟨bijvoorbeeld in ribfluweel⟩ 2 weefselstructuur, textuur 3 boordsel, ⟨i.h.b.⟩ versterkte rand van gevlochten mand 4 ⟨scheepv⟩ zware zijplank aan boot, berghout, dolboord 5 ⟨vnl AE⟩ striem, streep ⟨van zweepslag⟩

²**wale** /weɪl/ [ov ww] 1 striemen ⟨letterlijk⟩ 2 met boordsel versterken

Wales ⟨GREAT BRITAIN⟩ /weɪlz/ [eigenn] Wales

Walhalla [eigenn, telb zn] → **Valhalla**

¹**walk** /wɔːk/ [telb zn] 1 gang, stap, tred, loop, manier van gaan ♦ know s.o. at his walk iemand aan zijn loop herkennen 2 stap, stapvoetse gang ⟨van paard⟩ 3 wandelpas, wandelgang, wandeltred, bedaarde tred, ⟨fig⟩ langzaam tempo ♦ go at walk met een wandelpas gaan; stapvoets gaan ⟨van paard⟩; win in a walk gemakkelijk/op zijn sloffen winnen 4 wandeling ♦ go for a walk een wandeling (gaan) maken; have/take a walk een wandeling (gaan) maken; a ten-minute walk een wandeling van tien minuten 5 levenswandel ♦ walk of life beroep, roeping; (maatschappelijke) rang/stand; every walk/all walks of life elke rang en stand 6 wandelplaats, wandelgang, wandelweg, promenade, laan, voetpad 7 ronde, wijk ⟨bijvoorbeeld van postbode⟩ 8 gebied, terrein, werkgebied, werkterrein, branche 9 territorium, hanenren, loop voor jonge honden, schapenweide 10 boswachterij 11 ⟨atl⟩ ⟨het⟩ snelwandelwedstrijd 12 ⟨honkb⟩ vrije loop ⟨naar eerste honk⟩ ⟨·⟩ ⟨vnl AE; inf⟩ take a walk! ach, ga fietsen!, rot op!

²**walk** /wɔːk/ [niet-telb zn] 1 wandelafstand, gaans ♦ it is ten minutes' walk het is op tien minuten gaans, het is tien minuten lopen 2 ⟨atl⟩ snelwandelen ♦ 50-k walk 50 km snelwandelen

³**walk** /wɔːk/ [onov ww] 1 lopen, gaan, wandelen, kuieren, te voet gaan ♦ walk about rondlopen, rondwandelen; walking dictionary/encyclopaedia wandelende encyclopedie; walk in binnenlopen; he walked in on me hij kwam onverwachts binnen, hij stond plotseling voor mijn neus; walk in one's sleep slaapwandelen; ⟨dierk⟩ walking leaf wandelend blad ⟨genus Phyllium⟩; walk out naar buiten gaan; walk up naar boven gaan; walking wounded gewonden die nog kunnen lopen 2 stappen, stapvoets gaan ⟨voornamelijk van paard⟩ 3 (rond)waren, verschijnen, spoken 4 ⟨vero; Bijb⟩ leven, handelen, zich gedragen ♦ ⟨Bijb⟩ walk in darkness in de duisternis wandelen ⟨Joh. 8:12⟩; ⟨Bijb⟩ walk with God met God wandelen ⟨naar Gen. 5:22⟩ 5 ⟨honkb⟩ een vrije loop krijgen 6 ⟨basketb⟩ lopen (met

de bal⟩ ⟨overtreding⟩ [7] vrijwillig vertrekken ⟨met name uit een dienstverband⟩ • ⟨form⟩ *walk abroad* zich verspreiden ⟨ziekte, misdaad⟩; *walk away from* ⟨inf⟩ er ongedeerd afkomen bij; ⟨sport⟩ met gemak achter zich laten; ⟨inf⟩ *walk away with* ervandoor gaan met, stelen; gemakkelijk winnen; ⟨sl⟩ *walk into a meal* toetasten; ⟨inf⟩ *walk into the trap* in de val lopen; ⟨inf⟩ *walk into a right hook* een rechtse hoekslag moeten incasseren; *walk off* opstappen, ervandoor gaan; *walk off with* ervandoor gaan met, stelen; gemakkelijk winnen; *walk on* een figurantenrol spelen; *walk out* ⟨inf⟩ het werk onderbreken, staken; opstappen, weglopen ⟨bijvoorbeeld bij overleg⟩; ⟨mil⟩ de kazerne verlaten; ⟨inf⟩ *walk out on s.o.* iemand in de steek laten/laten zitten; ⟨BE⟩ *walk out with s.o.* met iemand uitgaan/verkering hebben; ⟨inf⟩ *walk over* met gemak achter zich laten/overwinnen; ⟨inf⟩ *walk (all) over s.o.* met iemand de vloer aanvegen; ⟨sl⟩ *walk soft* bescheiden handelen; *walk tall* het hoofd hoog dragen, trots zijn; *walk through a course* een cursus oppervlakkig doornemen; *walk up!* kom erin!, komt dat zien!; *walk up to s.o.* op iemand af gaan; *walk up the street* langs de straat lopen; ⟨sprw⟩ *learn to walk before you run* loop niet vóórdat gij gaan kunt, vlieg niet eer gij vleugels hebt; → **walking**

⁴**walk** /wɔːk/ [ov ww] [1] **lopen,** gaan, te voet afleggen ⟨afstand⟩ ♦ *walk it* te voet gaan, lopen; gemakkelijk/op zijn sloffen winnen; *walk a minuet/quadrille* een menuet/quadrille dansen; *walk off one's fat* het buikje eraf lopen; *walk one's legs off* zich de benen uit het lijf lopen [2] **lopen over/door/langs/op,** aflopen, bewandelen, betreden [3] **meelopen/gaan met** ♦ *walk s.o. home* iemand naar huis brengen [4] **laten/doen lopen,** geleiden, uitlaten ⟨bijvoorbeeld hond⟩, stapvoets laten lopen ⟨paard⟩ ♦ ⟨inf⟩ *walk s.o. off his feet/legs* iemand de benen uit zijn lijf laten lopen/laten lopen tot hij erbij neervalt; *walk an actor through a scene* een acteur een scène voorspelen [5] ⟨honkb⟩ **een vrije loop geven/toestaan** [6] ⟨BE, gew⟩ **walken,** vollen ⟨wollen weefsel⟩ • *he talks the talk, but he doesn't really walk the walk* hij belooft veel, maar doen ho maar; ± veel geschreeuw, weinig wol; → **walking**

walk·a·ble /wɔːkəbl/ [bn] [1] **begaanbaar** [2] **te lopen** ⟨afstand⟩

walk·a·bout [telb + niet-telb zn] [1] **rondgang te midden van het publiek** ⟨bijvoorbeeld van voornaam persoon⟩ ♦ ⟨vnl BE; inf⟩ *go (on a) walkabout* zich onder het publiek begeven [2] ⟨vnl AuE⟩ **periode waarin Australische inboorling door de wildernis trekt,** zwerftocht, ⟨bij uitbreiding⟩ wandeltocht ♦ *go walkabout* door de wildernis trekken • ⟨BE; inf⟩ *go walkabout* ervandoor gaan, zijn hielen lichten; verdwijnen

walk·a·way [telb zn] ⟨AE; inf⟩ **walk-over,** gemakkelijke zege

walk·er /wɔːkə, ᴬ-ər/ [zn] [1] **wandelaar,** voetganger [2] **leurder,** colporteur [3] **loophek,** looprek [4] → **race walker**

walk·er-on [telb zn; mv: walkers-on] **figurant(e)**

walk·ies /wɔːkiz/ [tw] ⟨BE⟩ **uit!** ⟨gezegd tegen hond⟩, gaat ie mee?

walk·ie-talk·ie, walk·y-talk·y /wɔːkitɔːki/ [telb zn] ⟨inf⟩ **walkietalkie,** portofoon

¹**walk-in** [telb zn] ⟨vnl AE; inf⟩ [1] **iets waar een mens in gaat/kan** [2] **gemakkelijke (verkiezings)overwinning** [3] ⟨tennis⟩ **(eerste) vrije ronde,** bye, vrijloting

²**walk-in** [bn, attr] ⟨vnl AE; inf⟩ [1] **waar een mens in gaat/kan** ♦ *walk-in refrigerator* manshoge ijskast, koelkamer, koelcel [2] **met directe toegang** ⟨vanaf de straat, bijvoorbeeld flat⟩, inloop-, vrij toegankelijk [3] **gemakkelijk** ♦ *a walk-in victory* een gemakkelijke (verkiezings)overwinning [4] **waar je zonder afspraak kunt komen,** inloop- ♦ *walk-in business/clinic/centre* bedrijf/kliniek/centrum waar je zomaar kunt binnenlopen

walk·ing /wɔːkɪŋ/ [niet-telb zn; gerund van walk] [1] ⟨vnl BE⟩ **wandelen,** wandelsport ♦ *there's a lot of good walking in the area* je kunt hier heerlijk wandelen [2] **(het) snelwandelen**

walking boots, walking shoes [alleen mv] **wandelschoenen**

walking bus [telb zn] ⟨BE⟩ **groep schoolkinderen te voet** ⟨kinderen en ouders die in groepsverband van en naar school lopen⟩

walking frame [telb zn] **looprek**

walking orders [alleen mv] ⟨AE; inf⟩ **ontslag(brief),** congé

walking papers [alleen mv] ⟨AE; inf⟩ **ontslag(brief)** ♦ *get one's walking papers* zijn congé krijgen

walking race [telb zn] ⟨atl⟩ **snelwandelwedstrijd**

walking stick [telb zn] [1] **wandelstok** [2] ⟨dierk⟩ **wandelende tak** ⟨familie Phasmidae⟩

walking ticket [telb zn] ⟨AE; inf⟩ **ontslag(brief),** congé

walking tour [telb zn] ⟨vnl BE⟩ **trektocht**

walk·man /wɔːkmən/ [telb zn] ⟨(oorspronkelijk) merknaam⟩ **walkman,** straatcassette

walk-on, ⟨in betekenis 1 ook⟩ **walk-on part, walking-on part** [telb zn] [1] **figurantenrol** [2] **figurant(e)**

walk-out [telb zn] [1] **staking,** werkonderbreking [2] **het weglopen** ⟨uit een vergadering, ten teken van protest⟩

walk·o·ver [telb zn] ⟨inf⟩ **walk-over,** ⟨fig⟩ gemakkelijke overwinning, makkie

walk·through [telb zn] **(stapsgewijze) handleiding,** ⟨ook⟩ gids ⟨met oplossingen voor een computerspel⟩

¹**walk-up** [telb zn] ⟨AE; inf⟩ [1] **flat/kantoorgebouw zonder lift** [2] **flat/kantoor in gebouw zonder lift**

²**walk-up** [bn, attr] ⟨AE; inf⟩ **zonder lift** ♦ *a walkup apartment* een flat in een gebouw zonder lift

walk·way [telb zn] [1] **gang,** wandelgang, verbindingsgang [2] **wandelweg,** promenade

Walkyrie [telb zn] → **Valkyrie**

¹**wall** [telb zn] ⟨comp⟩ **prikbord** ⟨op internet(fora)⟩

²**wall** /wɔːl/ [telb zn] [1] **muur,** wand, ⟨sport, i.h.b. voetb⟩ muurtje ♦ *a blank wall* een lege muur; een blinde muur; *the Wall* de (Berlijnse) Muur, de Klaagmuur; ⟨fig⟩ *a writing on the wall* een teken aan de wand [2] ⟨biol⟩ **wand** ⟨bijvoorbeeld van ader⟩ [3] ⟨vaak mv⟩ **wal,** stadswal, vestingwal, stadsmuur [4] **waterkering,** dijk, dam [5] ⟨gesch, mil⟩ **schans,** verschansing • *between you, me and the wall* onder ons gezegd (en gezwegen); *climb (up) the wall(s)* razend zijn/worden, steigeren; *drive s.o. up the wall* iemand razend maken; *driven up against the wall* met de rug tegen de muur, tot wanhoop gedreven; *drive/push s.o. to the wall* iemand in het nauw drijven; *go to the wall* in een hoek geduwd worden, het onderspit delven, het afleggen; ⟨sl⟩ *go over the wall* uit de gevangenis ontsnappen; ⟨vnl AuE⟩ *nail s.o. to the wall* iemand publiekelijk aan het kruis nagelen; *push/send s.o. up the wall* iemand pisnijdig/razend maken, iemand doen steigeren; *be/go up the wall* steigeren, razend zijn/worden; ⟨sprw⟩ *walls have ears* de muren hebben oren; ⟨sprw⟩ *the apples on the other side of the wall are the sweetest* ± andermans schotels zijn altijd vet, ± al wat onze buurman heeft, lijkt ons beter dan wat God ons geeft; ⟨sprw⟩ *the weakest goes to the wall* ± de sterken verdringen de zwakken, ± de zwakste delft het onderspit

³**wall** /wɔːl/ [ov ww] [1] **ommuren** ♦ *a walled-in garden* een ingesloten/ingebouwde tuin; *wall up a prisoner* een gevangene tussen vier muren/achter de tralies zetten [2] **dichtmetselen** ♦ *wall off part of a room* een gedeelte van een kamer met een muur afsluiten; *wall up a door* een deur dichtmetselen; → **walling**

wal·la·bies /wɒləbiz, ᴬwɑ-/ [alleen mv] ⟨inf⟩ ⟨benaming voor⟩ **Australiërs,** ⟨i.h.b.⟩ Australisch rugbyteam

¹**wal·la·by** /wɒləbi, ᴬwɑ-/ [telb zn] ⟨dierk⟩ **wallaby** ⟨genus Wallabia; kleine kangoeroesoort⟩ • *on the wallaby (track)*

ronddolend, zonder werk

²**wal·la·by** /wɒləbi, ᴬwɑ-/ [telb + niet-telb zn] wallaby-bont

Wallach → Vlach

Wal·la·chi·a, Wal·a·chi·a /wɒleɪkɪə, ᴬwɑ-/ [eigenn] Walachije

¹**Wal·la·chi·an, Wal·a·chi·an** /wɒleɪkɪən, ᴬwɑ-/ [telb zn] Walachijer

²**Wal·la·chi·an, Wal·a·chi·an** /wɒleɪkɪən, ᴬwɑ-/ [bn] Walachijs

wal·lah, wal·la /wɒlə, ᴬwɒlə/ [telb zn; vaak attributief] ⟨IndE⟩ persoon met bepaalde taak ⟨voornamelijk man⟩

wal·la·roo /wɒləruː, ᴬwɑ-/ [telb zn] ⟨dierk⟩ wallaroe ⟨bergkangoeroe; Macropus robustus⟩

wall barley [niet-telb zn] ⟨plantk⟩ kruipertje, muizengerst ⟨Hordeum murinum⟩

wall bars [alleen mv] ⟨gymn⟩ wandrek, klimrek

wall·board [telb + niet-telb zn] bouwplaat ⟨voor beschieting⟩

wall·chart [telb zn] wandkaart, wandplaat

wall·cov·er·ing [telb + niet-telb zn] muurverf

wall creeper [telb zn] ⟨dierk⟩ rotskruiper ⟨Tichodroma muraria⟩

wall cress [niet-telb zn] ⟨plantk⟩ scheefkelk ⟨genus Arabis⟩

wal·let /wɒlɪt, ᴬwɑ-/ [telb zn] **1** portefeuille **2** portefeuille, bergmap **3** ⟨vero⟩ knapzak, bedelzak

wall·eye [telb zn] **1** glasoog ⟨met ongekleurde iris, voornamelijk bij paard⟩ **2** ⟨med⟩ oog met glasachtig hoornvlies **3** ⟨med⟩ divergent strabisme **4** ⟨dierk⟩ Amerikaanse snoekbaars ⟨Stizostedium vitreum⟩

wall-eyed [bn] **1** met een glasoog/glasogen **2** ⟨med⟩ met glasachtig hoornvlies **3** ⟨med⟩ met divergent strabisme **4** ⟨AE⟩ met uitpuilende ogen **5** ⟨AE; sl⟩ bezopen

wall fern [telb + niet-telb zn] ⟨plantk⟩ eikvaren ⟨Polypodium vulgare⟩

wall·flow·er [telb zn] **1** ⟨plantk⟩ muurbloem ⟨Cheiranthus cheiri⟩ **2** ⟨plantk⟩ Amerikaanse steenraket ⟨Erysimum asperum⟩ **3** ⟨inf, fig⟩ muurbloempje

wall fruit [telb + niet-telb zn] vrucht(en) van leiboom/leibomen

wall-game [niet-telb zn] soort voetbal, gespeeld langs muur ⟨in Eton⟩

wall-hang·ing [telb zn] ⟨AE⟩ wandkleed, wandtapijt

wall·ing /wɔːlɪŋ/ [telb + niet-telb zn; (oorspronkelijk) gerund van wall] muur(werk)

wall-less /wɔːlləs/ [bn] zonder muren

Wal·lo·ni·a /wɒləʊnɪə, ᴬwɑ-/ [eigenn] Wallonië

¹**Wal·loon** /wɒluːn, ᴬwɑ-/ [eigenn] Waals, de Waalse gewesttaal

²**Wal·loon** /wɒluːn, ᴬwɑ-/ [telb zn] Waal ⟨bewoner van Wallonië⟩

³**Wal·loon** /wɒluːn, ᴬwɑ-/ [bn] Waals ⟨m.b.t. Wallonië/het Waals⟩

¹**wal·lop** /wɒləp, ᴬwɑ-/ [telb zn] ⟨inf⟩ **1** dreun, mep, opduvel ♦ *pack a wallop* rake klappen kunnen uitdelen **2** ⟨BE⟩ logge beweging, ruk **3** stootkracht **4** enorme inwerking, invloed ♦ *pack a wallop* impact hebben

²**wal·lop** /wɒləp, ᴬwɑ-/ [niet-telb zn] ⟨BE; sl⟩ bier

³**wal·lop** /wɒləp, ᴬwɑ-/ [onov ww] **1** stommelen **2** bobbelen, borrelen ⟨van kokende vloeistof⟩; → **walloping**

⁴**wal·lop** /wɒləp, ᴬwɑ-/ [ov ww] ⟨inf⟩ **1** aframmelen, afranselen, inpeperen, hard slaan ⟨in het bijzonder honkbal⟩, ⟨fig⟩ neersabelen **2** inmaken, klop geven ⟨voornamelijk sport⟩ ♦ *wallop s.o. at tennis* iemand met tennis inmaken; → **walloping**

¹**wal·lop·ing** /wɒləpɪŋ/ [telb zn; oorspronkelijk tegenwoordig deelw van wallop] ⟨inf⟩ **1** aframmeling, afranseling **2** zware nederlaag

²**wal·lop·ing** /wɒləpɪŋ/ [bn; (oorspronkelijk) tegen-

woordig deelw van wallop] ⟨inf⟩ reusachtig, enorm, geweldig

¹**wal·low** /wɒləʊ, ᴬwɑ-/ [telb zn] **1** wenteling **2** poel, plas, modderpoel, modderplas ⟨bijvoorbeeld van buffels/varkens; ook figuurlijk⟩

²**wal·low** /wɒləʊ, ᴬwɑ-/ [onov ww] **1** (zich) wentelen, (zich) rollen, ploeteren ♦ ⟨inf, fig⟩ *be wallowing in money/it* bulken van het geld; *wallow in the mud* zich in het slijk wentelen ⟨voornamelijk figuurlijk⟩; ⟨fig⟩ *wallow in pleasures* zwelgen in genot **2** rollen, slingeren ⟨van schip⟩ **3** aanzwellen, golven

¹**wall painting** [telb zn] muurschildering, wandschildering, fresco

²**wall painting** [niet-telb zn] muurschilderkunst

¹**wall·pa·per** [niet-telb zn] **1** behang, behangsel(papier) **2** ⟨comp⟩ wallpaper, achtergrond

²**wall·pa·per** [ov ww] behangen

wallpaper music [niet-telb zn] ⟨BE⟩ muzikaal behang, muzak, achtergrondmuziek

wall pass [telb zn] ⟨voetb⟩ kort passje ⟨in een een-tweetje⟩

wall pellitory [telb + niet-telb zn] ⟨plantk⟩ glaskruid ⟨genus Parietaria⟩, ⟨i.h.b.⟩ klein glaskruid ⟨P. diffusa⟩

wall pepper [telb + niet-telb zn] ⟨plantk⟩ muurpeper ⟨Sedum acre⟩

wall-piece [telb + niet-telb zn, gesch, mil] stuk geschut op vestingwal/oorlogsschip

wall plate [telb zn] ⟨bouwk⟩ muurplaat

wall plug [telb zn] ⟨elek⟩ stekker

wall poster [telb zn] muurkrant

wall rocket [telb + niet-telb zn] ⟨plantk⟩ zandkool ⟨genus Diplotaxis, in het bijzonder D. tenuifolia⟩

wall rue [niet-telb zn] ⟨plantk⟩ muurvaren ⟨Asplenium ruta-muraria⟩

Wall Street /wɔːl striːt/ [eigenn] Wall Street ⟨financieel centrum van New York City⟩

'Nederlandse' geografische namen	
Broadway	heette oorspronkelijk *Brede Weg*
Brooklyn	komt van *Breukelen*
Coney Island	komt van *Konijneneiland*
Harlem	komt van *Haarlem*
New Zealand	heette oorspronkelijk *Nieuw-Zeeland*
Tasmania	genoemd naar ontdekkingsreiziger Abel *Tasman*
Wall Street	heette oorspronkelijk *Walstraat*

wall tie [telb zn] ⟨bouwk⟩ muuranker, spouwanker

wall-to-wall [bn, attr] **1** kamerbreed ⟨bijvoorbeeld tapijt⟩ **2** ⟨inf⟩ alles omvattend, volledig

wall tree [telb zn] leiboom

wall·wort /wɔːlwɜːt, ᴬwɔlwɜrt/ [niet-telb zn] ⟨plantk⟩ **1** kruidvlier ⟨Sambucus ebulus⟩ **2** groot glaskruid ⟨Parietaria officinalis⟩

wal·ly /wɒli, ᴬwɑli/ [telb zn] ⟨BE; inf⟩ sul, sukkel, sufferd, stommeling, ei, domoor

¹**wal·nut** /wɔːlnʌt, ⟨in betekenis 2 ook⟩ **walnut tree** [telb zn] ⟨plantk⟩ **1** walnoot ⟨genus Juglans⟩, ⟨i.h.b.⟩ okkernoot ⟨J. regia⟩ **2** (wal)notenboom, ⟨België⟩ notelaar, ⟨i.h.b.⟩ okkernotenboom ◘ *crack/break a walnut with a sledgehammer* met een kanon op een mug schieten; ⟨sprw⟩ *a woman, a dog and a walnut tree, the more you beat them the better they be* ± straffen helpt vaak

²**wal·nut** /wɔːlnʌt/ [niet-telb zn] ⟨plantk⟩ noten(bomen)hout, ⟨België⟩ notelaar ⟨in het bijzonder hout van de zwarte walnotenboom, Juglans nigra⟩

wal·rus /wɔːlrəs, ᴬwɒl-, ᴬwɑl-/ [telb zn; mv: ook walrus]

walrus moustache

⟨dierk⟩ walrus ⟨Odobenus rosmarus⟩
walrus moustache [telb zn] walrus(sen)snor, (zware) hangsnor
Walt /wɔːlt/ [eigenn] Wout
Wal·ter /wɔːltə, ᴬ-ər/ [eigenn] Wouter, Walter · *a Walter Mitty* dagdromer ⟨personage van J. Thurber⟩
walt·y /wɔːlti/ [bn] ⟨scheepv⟩ rank, onvast, wankel ⟨schip⟩
¹waltz /wɔːls, ᴬwɒlts/ [telb zn] ① wals ⟨dans(muziek)⟩ ② ⟨sl⟩ makkie
²waltz /wɔːls, ᴬwɒlts/ [onov ww] walsen, de/een wals dansen, ⟨fig⟩ ronddansen, dansen, huppelen, trippelen, dartelen, rondhuppelen, rondtrippelen, ronddartelen · ⟨dierk⟩ *waltzing mouse* dansmuis ⟨soort huismuis die niet recht kan lopen⟩ · ⟨inf⟩ *waltz off with* ervandoor gaan met
³waltz /wɔːls, ᴬwɒlts/ [ov ww] ① walsen met ② meetronen, meelokken, meevoeren, leiden ⟨persoon⟩
waltz·er /wɔːlsə, ᴬwɒltsər/ [telb zn] walser(es)
wam·pee, wam·pi /wɒmpiː, ᴬwɑm-/ [telb zn] ⟨plantk⟩ wampiboom ⟨Clausena lansium⟩
wam·pum /wɒmpəm, ᴬwɑm-/ [niet-telb zn] ① wampum ⟨schelpkralen, oorspronkelijk bij Noord-Amerikaanse indianen⟩ ② ⟨inf⟩ geld
wan /wɒn, ᴬwɑn/ [bn; vergr trap: wanner; bw: ~ly; zn: ~ness] ① bleek, flets, mat ⟨huidkleur⟩ ② lusteloos, vermoeid, zwak ③ flauw, zwak, verduisterd ⟨licht, voornamelijk van hemellichamen⟩
WAN [telb zn] ⟨comp⟩ (wide-area network) WAN, Wide Area Network
wand /wɒnd, ᴬwɑnd/ [telb zn] ① roede, (merk)stok, dirigeerstok, toverstokje, toverstaf · ⟨inf, fig⟩ *wave one's (magic) wand* zijn toverstokje tevoorschijn halen ② scepter, staf ③ paal, ⟨België⟩ wip ⟨voor het boogschieten⟩
¹wan·der /wɒndə, ᴬwɑndər/ [telb zn] ① zwerftocht, (grote) wandeling ② wandelgang
²wan·der /wɒndə, ᴬwɑndər/ [niet-telb zn] het (rond)zwerven
³wan·der /wɒndə, ᴬwɑndər/ [onov ww] ① (rond)zwerven, dwalen, dolen, trekken, ronddwalen, ronddolen, rondtrekken · *wander about* rondzwerven, ronddwalen; *wandering Jew* Wandelende Jood; ⟨fig⟩ zwerver, zwerfkat; ⟨med⟩ *wandering kidney* wandelende nier ② kronkelen, (zich) slingeren ⟨van rivier, weg⟩ ③ verdwalen, op de verkeerde weg raken ⟨ook figuurlijk⟩ · ⟨fig⟩ *wander from the right way* van de rechte/goede weg afwijken ④ afdwalen, afwijken ⟨ook figuurlijk⟩ · *wander from/off one's subject* van zijn onderwerp afdwalen ⑤ kuieren, wandelen ⑥ ijlen, malen, raaskallen; → wanderings
⁴wan·der /wɒndə, ᴬwɑndər/ [ov ww] doorkruisen, doorlopen, bereizen · *wander the streets* door de straten dolen; → wanderings
wan·der·er /wɒndrə, ᴬwɑndrər/ [telb zn] ① zwerver ② zwerfdier
wan·der·ings /wɒndrɪŋz, ᴬwɑn-/ [alleen mv; enk oorspronkelijk tegenwoordig deelw van wander] ① zwerftochten ② wartaal, het ijlen
wan·der·lust /wɒndəlʌst, ᴬwɑndər-/ [niet-telb zn] wanderlust, treklust, zwerflust
wan·der·oo /wɒndəruː, ᴬwɑn-/ [telb zn] ⟨dierk⟩ baardaap ⟨Macaca silenus⟩
¹wane /weɪn/ [niet-telb zn] ① het afnemen, het verminderen ⟨voornamelijk m.b.t. de maan⟩, ⟨fig⟩ het vervallen/achteruitgaan/tanen · *on the wane* aan het afnemen ⟨ook figuurlijk⟩ ② wankant, bleskant ⟨van hout⟩
²wane /weɪn/ [onov ww] afnemen, verminderen ⟨voornamelijk m.b.t. de maan⟩, ⟨fig⟩ vervallen, achteruitgaan, tanen · *the waning glory of the Roman Empire* de tanende glorie van het Romeinse Rijk; *wax and wane* toe- en afnemen, op en neer gaan
¹wan·gle /wæŋgl/ [telb zn] ⟨inf⟩ (slinkse) streek, truc, smoesje · *get sth. by a wangle* iets op slinkse wijze weten los te krijgen, iets versieren
²wan·gle /wæŋgl/ [onov ww] ⟨inf⟩ ① konkelen, konkelfoezen, draaien, intrigeren · *wangle (o.s.) out of a situation* zich uit een situatie weten te redden ② zich eruit draaien, zich redden
³wan·gle /wæŋgl/ [ov ww] ⟨inf⟩ weten los te krijgen, gedaan krijgen, klaarspelen, fiksen, bekonkelen · *wangle one's way into* zich indringen in; *wangle s.o. into a good job* een goede baan voor iemand weten te vinden; *wangle s.o. into doing sth.* iemand zover krijgen dat hij/zij iets doet; *wangle a well-paid job out of s.o.* een goed betaalde baan van iemand weten los te krijgen
wang·ler /wæŋglə, ᴬ-ər/ [telb zn] konkelaar, draaier, kuiper, intrigant
wan·i·gan, wan·ni·gan /wɒnɪgən, ᴬwɑ-/, **wan·gan** /wɒngən, ᴬwɑn-/ [telb zn] ⟨AE⟩ ① proviandkist ⟨in houthakkerskamp⟩ ② verplaatsbare barak ⟨in houthakkerskamp⟩
¹wank /wæŋk/ [telb zn] ⟨BE; vulg⟩ het zich aftrekken, rukpartij
²wank /wæŋk/ [onov ww] ⟨BE; vulg⟩ zich aftrekken, rukken · *wank off* zich aftrekken
Wan·kel en·gine /wæŋkl endʒɪn/ [telb zn] ⟨techn⟩ wankelmotor
wank·er /wæŋkə, ᴬ-ər/ [telb zn] ⟨BE; vulg⟩ ① rukker, trekker ② dilettant
wank·y /wæŋki/ [bn] beroerd, belazerd, slecht
wan·na /wɒnə, ᴬwɑnə/ ⟨inf; gew⟩ (samentrekking van want to)
wan·na·be, wan·na·bee /wɒnəbiː, ᴬwɑn-/ [telb zn] ⟨inf⟩ iemand die erg graag op zijn idool/een bepaald type wil lijken · *a Madonna wannabe* iemand die erg zijn best doet Madonna te zijn/evenaren, ± een Madonna-imitatie; *a wannabe musician* een zogenaamde muzikant
¹want /wɒnt, ᴬwɑnt/ [telb zn] behoefte · *meet a long-felt want* in een lang gevoelde behoefte voorzien; *a man of few wants* een man met weinig behoeften · ⟨sprw⟩ *he is rich that has few wants* hij is niet arm die weinig heeft, maar die met veel begeerten leeft, ± tevredenheid gaat boven rijkdom
²want /wɒnt, ᴬwɑnt/ [niet-telb zn] ① gebrek, gemis, afwezigheid · *drink water for/from want of anything better* water drinken bij gebrek aan iets beters ② tekort, nood · *be in want of money* in geldnood zitten ③ armoede, behoeftigheid · *live in want* in armoede leven · ⟨sprw⟩ *want is the mother of industry* nood zoekt brood; ⟨sprw⟩ *for want of a nail the shoe was lost* ± men moet om een ei geen pannenkoek bederven; ⟨sprw⟩ *the worth of a thing is best known by the want of it* men kent verloren geld en goed, maar eerst wanneer men 't missen moet
³want /wɒnt, ᴬwɑnt/ [onov ww] behoeftig/noodlijdend zijn · *he does not want for anything/wants for nothing* hij komt niets te kort; ⟨SchE, AE; inf⟩ *want in* erin/naar binnen willen; ⟨fig⟩ mee willen doen; *want out* eruit/naar buiten willen; ⟨fig⟩ ervandoor willen, hem willen smeren; ⟨sprw⟩ *waste not, want not* ± wie steeds koopt wat hij niet nodig heeft, heeft weldra nodig wat hij niet kopen kan, ± verteert vandaag niet wat u morgen kan ontbreken; → wanting
⁴want /wɒnt, ᴬwɑnt/ [ov ww] ① te kort/niet hebben, missen, mankeren, zitten zonder · *those people want food* die mensen hebben geen/te weinig voedsel; ⟨fig, vnl form⟩ *his reply wanted tact* zijn antwoord miste tact ② (graag) willen, wensen, begeren · *I want you to do it* ik wil dat jij het doet; *I want it (to be) done today* ik wil dat het vandaag gedaan wordt; *I do not want to do it* ik wil het niet doen; *want nothing to do with* niets te maken willen hebben met ③ moeten, hoeven · *the work wants doing/to be done* het werk moet gedaan worden; *you do not want to do it* je hoeft het niet te doen; *you want to see a psychiatrist* je moet naar

een psychiater ▯4▯ **nodig hebben,** vergen, vragen, vereisen ♦ *children want patience* kinderen vragen geduld; ⟨inf⟩ *it wants some doing* het vergt veel inspanning/heeft veel voeten in de aarde; *the garden wants manure* de tuin heeft mest nodig; *the servants are no longer wanted* de bedienden zijn geëxcuseerd ▯5▯ **zoeken,** vragen ⟨persoon⟩ ♦ *wanted by the police (for a crime)* gezocht door de politie (voor een misdaad); *wanted, experienced mechanic* gevraagd: ervaren monteur ▯•▯ *it wants two minutes to three (o'clock)* het is nog twee minuten voor drie; *want none of it* er niet van willen weten/horen; ⟨sprw⟩ *a thing you don't want is dear at any price* ± iets nutteloos is nooit zijn geld waard; ⟨sprw⟩ *if you want a thing well done, do it yourself* geen boodschap is zo goed als die men zelve doet, de beste bode is de man zelf; ⟨sprw⟩ *he that hath a full purse never wanted a friend* de rijken hebben veel vrienden, geld maakt vrienden; ⟨sprw⟩ *the more you have, the more you want* hoe meer men heeft, hoe meer men wil hebben; ⟨sprw⟩ *if you want peace, prepare for war* die vrede wil, bereide zich ten oorlog; → **wanting**
want·a·ble /wɒntəbl, ᴬwɑntəbl/ [bn] **aantrekkelijk,** attractief
wanted ad, ⟨AE⟩ **want ad** [telb zn] **'gevraagd'-advertentie**
wanted column [telb zn] **'gevraagd'-advertenties**
¹**want·ing** /wɒntɪŋ, ᴬwɑntɪŋ/ [bn, pred; tegenwoordig deelw van want] ▯1▯ **te kort,** niet voorhanden ♦ *the future of 'can' is wanting* de toekomende tijd van 'can' bestaat niet; *a few pages of the report are wanting* er ontbreken een paar bladzijden aan het rapport ▯2▯ **onvoldoende** ♦ *be found (to be) wanting* niet goed/onvoldoende bevonden worden; *be wanting in sth.* in iets tekortschieten; iets missen
²**want·ing** /wɒntɪŋ, ᴬwɑntɪŋ/ [vz; oorspronkelijk tegenwoordig deelw van want] ▯1▯ **zonder** ♦ *wanting confidence nothing can be done about it* zonder vertrouwen is er niets aan te doen ▯2▯ **min,** minus ♦ *one hour wanting three minutes* een uur min(us) drie minuten
¹**wan·ton** /wɒntən, ᴬwɑntn/ [telb zn] ▯1▯ **lichtzinnig persoon** ⟨voornamelijk vrouw⟩, lichtekooi ▯2▯ ⟨vero⟩ **robbedoes,** wild kind
²**wan·ton** /wɒntən, ᴬwɑntn/ [bn; bw: ~ly; zn: ~ness] ▯1▯ **lichtzinnig,** losbandig, wulps ⟨voornamelijk m.b.t. vrouw⟩ ▯2▯ **baldadig,** moedwillig, wreed, broodDronken ▯3▯ **buitensporig,** ongecontroleerd, onverantwoord ▯4▯ **weelderig,** welig ▯5▯ ⟨vero⟩ **speels,** dartel, grillig
³**wan·ton** /wɒntən, ᴬwɑntn/ [onov ww] ▯1▯ **dartelen,** stoeien, mallen ▯2▯ **flirten,** lichtzinnig doen ♦ *wanton with s.o.* met iemand flirten
⁴**wan·ton** /wɒntən, ᴬwɑntn/ [ov ww] **verspillen,** verkwisten
want·wit [telb zn] **uilskuiken,** domoor, dwaas
WAP /wæp, wɒp, ᴬwæp, ᴬwɑp/ [niet-telb zn] (wireless application protocol) **WAP** ⟨standaard voor mobiele informatiediensten⟩
WAP-en·a·bled [bn] **WAP-ondersteunend** ⟨van mobiele telefoon⟩, met WAP
wap·en·take /wæpənteɪk/ [telb zn] ⟨gesch⟩ **gouw,** district ⟨van graafschap, in Engeland⟩
wap·i·ti /wɒpəti, ᴬwɑpəti/ [telb zn; mv: ook wapiti] ⟨dierk⟩ **wapiti** ⟨hert; Cervus canadensis⟩
¹**war** /wɔː, ᴬwɔr/ [telb + niet-telb zn] **oorlog,** (gewapende) strijd ⟨ook figuurlijk⟩ ♦ *act of war* oorlogshandeling, oorlogsdaad; *the war against malnutrition* de strijd tegen de ondervoeding; *art of war* krijgskunst, krijgskunde, strategie; *at war with* op voet van/in oorlog met; *war of attrition* uitputtingsoorlog, slijtageslag; ⟨vnl fig⟩ *carry the war into the enemy's camp/country* de strijd tot het vijandelijke kamp uitbreiden, tot de tegenaanval overgaan; *council of war* krijgsraad; *declare war on* de oorlog verklaren aan; ⟨form⟩ *dogs of war* oorlogsverwoestingen; *war of the elements* strijd der elementen; *go to war* ten strijde trekken, een oorlog beginnen; *war to the knife* strijd op leven en dood; *laws of war* oorlogswetten; *levy war against/(up)on* de oorlog verklaren aan; beoorlogen, oorlog voeren tegen; *make/wage war on/upon/against* oorlog voeren/strijden tegen ⟨ook figuurlijk⟩; *war of nerves* zenuw(en)oorlog; *prisoner of war* krijgsgevangene; *rights of war* oorlogsgebruiken, oorlogsrecht; ⟨gesch⟩ *Wars of the Roses* Rozenoorlog ⟨in Engeland; 1455-1485⟩; ⟨gesch⟩ *War of Secession* Secessie-oorlog, Amerikaanse burgeroorlog; ⟨gesch⟩ *War of the Spanish Succession* Spaanse Successieoorlog; *trade of war* beroep van militair/soldaat; *war of words* woordenstrijd, heftig debat ▯•▯ ⟨inf⟩ *have been in the wars* er gehavend uitzien; ⟨sprw⟩ *all is fair in love and war* in oorlog en liefde is alles geoorloofd; ⟨sprw⟩ *if you want peace, prepare for war* die vrede wil, bereide zich ten oorlog
²**war** /wɔː, ᴬwɔr/ [niet-telb zn] **krijgskunst, krijgskunde,** strategie
³**war** /wɔː, ᴬwɔr/ [onov ww] **strijd/oorlog voeren,** strijden ⟨vaak figuurlijk⟩ ♦ *war against/for* strijden tegen/voor; *war with* oorlog voeren met; → **warring**
⁴**war** /wɔː, ᴬwɔr/ [ov ww] **bestrijden,** strijd/oorlog voeren tegen ♦ *war down* gewapenderhand overwinnen, met succes bestrijden; → **warring**
⁵**war** [afk] ⟨warrant⟩
War /wɔː, ᴬwɔr/ [afk] ⟨Warwickshire⟩
war baby [telb zn] **oorlogskind(je)**
¹**war·ble** /wɔːbl, ᴬwɔrbl/ [telb zn] ▯1▯ **wijsje,** lied(je) ⟨ook van vogel⟩ ▯2▯ **verharding op rug van paard door wrijving van het zadel** ▯3▯ **horzelbult** ⟨op rug van vee⟩ ▯4▯ ⟨dierk⟩ **horzellarve** ⟨familie Oestridae⟩
²**war·ble** /wɔːbl, ᴬwɔrbl/ [niet-telb zn] ▯1▯ **gekweel,** gezang ▯2▯ ⟨AE⟩ **gejodel**
³**war·ble** /wɔːbl, ᴬwɔrbl/ [onov + ov ww] ▯1▯ **kwelen,** vibreren, trillen ▯2▯ ⟨AE⟩ **jodelen** ▯3▯ **slaan** ⟨van vogel⟩ ▯4▯ **zingen** ⟨voornamelijk van vogel⟩
warble fly [telb zn] ⟨dierk⟩ **horzel** ⟨genus Hypoderma⟩
war·bler /wɔːblə, ᴬwɔrblər/ [telb zn] ▯1▯ **kweler,** zanger ▯2▯ **nachtegaal,** zangeres ▯3▯ ⟨dierk⟩ **zanger** ⟨subfamilie Sylviinae⟩ ▯4▯ ⟨dierk⟩ **woudzanger** ⟨familie Parulidae⟩ ▯5▯ ⟨muz⟩ **triller** ⟨op doedelzak⟩ ▯•▯ ⟨dierk⟩ *barred warbler* sperwergrasmus ⟨Sylvia nisoria⟩
war bride [telb zn] **oorlogsbruid(je)**
war chest [telb zn] ▯1▯ **oorlogskas, krijgskas** ▯2▯ **strijdfonds, strijdkas** ⟨voor politieke strijd⟩
war cloud [telb zn; voornamelijk mv] **oorlogswolk**
war correspondent [telb zn] **oorlogscorrespondent**
¹**war·craft** [telb zn; mv: warcraft] ▯1▯ **oorlogsschip** ▯2▯ **gevechtsvliegtuig**
²**war·craft** [niet-telb zn] **krijgskunst, krijgskunde**
war crime [telb zn] **oorlogsmisdaad**
war criminal [telb zn] **oorlogsmisdadiger**
war cry [telb zn] **strijdkreet, strijdleus, strijdleuze** ⟨ook figuurlijk⟩, **oorlogskreet, oorlogsleus**
¹**ward** /wɔːd, ᴬwɔrd/ [telb zn] ▯1▯ **afdeling, zaal, ziekenhuisafdeling, ziekenhuiszaal** ♦ *walk the wards* (als medisch student) kliniek lopen, coschappen lopen ▯2▯ **(stads)wijk** ⟨als onderdeel van kiesdistrict⟩ ▯3▯ **pupil** ⟨voornamelijk minderjarige onder voogdij⟩, ⟨fig⟩ beschermeling ♦ ⟨jur⟩ *ward of court/in Chancery* onder bescherming van het gerecht staande minderjarige/zwakzinnige ▯4▯ **afdeling/blok van gevangenis** ▯5▯ ⟨vaak mv⟩ **inkeping in sleutelbaard** ▯6▯ ⟨vaak mv⟩ **slotwerk** ⟨waarin sleutelbaard past⟩ ▯7▯ ⟨vero⟩ **wacht** ▯8▯ ⟨vero⟩ **binnenplein** ⟨van kasteel, burcht⟩ ▯9▯ ⟨schermsp⟩ **het pareren**
²**ward** /wɔːd, ᴬwɔrd/ [niet-telb zn] ⟨vero⟩ ▯1▯ **bewaking,** (verzekerde) bewaring ♦ *child in ward* kind onder voogdij, pupil; *put s.o. in/under ward* iemand onder voogdij/curatele stellen; ⟨form⟩ *keep watch and ward over s.o.* iemand onder (voortdurend) toezicht houden ▯2▯ **voogdij(schap),** hoede, curatele

ward

³**ward** /wɔːd, ᴬwɔrd/ [ov ww] ⓵ afweren, afwenden, pareren ♦ *ward off* afweren, afwenden, pareren; *ward off one's despair by drinking* zijn wanhoop verdrinken ⓶ ⟨vero⟩ bewaken, beschermen ♦ *ward s.o. from sth.* iemand tegen iets beschermen

-ward /wəd, ᴬwərd/ ⓵ ⟨vormt bijvoeglijk naamwoord⟩ -waarts ♦ *on an earthward course* in een baan naar de aarde ⓶ ⟨vormt bijwoord⟩ ⟨vnl AE⟩ -waarts ♦ *eastward* oostwaarts, naar het oosten ⓷ ⟨vormt richtingaanduidende naamwoord met windstreken⟩ ♦ *to the eastward* in oostelijke richting, naar het oosten

war damage [niet-telb zn] oorlogsschade

war dance [telb zn] krijgsdans

war dead [telb zn] gesneuvelde ♦ *the war dead in the Falkland Islands* zij die op de Falkland Eilanden sneuvelden

¹**war·den** /wɔːdn, ᴬwɔrdn/ [telb zn] ⓵ ⟨BE⟩ ⟨benaming voor⟩ hoofd, beheerder, bestuurder ⟨van sommige colleges, scholen, ziekenhuizen, tehuizen⟩, herbergvader, herbergmoeder, kerkvoogd ⟨beheerder van kerkelijke goederen⟩ ⓶ ⟨AE⟩ gevangenisdirecteur ⓷ ⟨benaming voor⟩ wachter, opzichter, bewaker ⟨voor toezicht op naleving van de wet⟩, havenmeester, marktopzichter, marktmeester, huismeester, conciërge, portier, blokhoofd ⟨bij luchtaanvallen⟩ ⓸ ⟨BE⟩ gildemeester ⟨in het bijzonder van een Londense Citygilde⟩ ⓹ soort stoofpeer

²**war·den** /wɔːdn, ᴬwɔrdn/ [onov ww] als jachtopziener bewaken/beschermen

war·den·ship /wɔːdnʃɪp, ᴬwɔr-/, **war·den·ry** /-ri/ [telb + niet-telb zn] ambt/bevoegdheid van beheerder/wachter

war department [telb zn] ministerie van Oorlog

ward·er /wɔːdə, ᴬwɔrdər/ [telb zn] ⓵ ⟨BE⟩ cipier, gevangenbewaarder ⓶ ⟨AE⟩ schildwacht

ward heel·er [telb zn] ⟨AE; inf⟩ partijhandlanger

war dog [telb zn] ⓵ oorlogshond ⓶ vechtjas, ijzervreter ⓷ oorlogsstoker

War·dour Street /wɔːdə striːt, ᴬwɔrdər-/ [eigenn; ook attributief] ⟨BE⟩ antiekhandel, filmhandel ⟨naar straat in Londen⟩

Wardour Street English [niet-telb zn] ⟨BE⟩ ouderwets, geaffecteerd Engels

ward·ress /wɔːdrɪs, ᴬwɔr-/ [telb zn] gevangenbewaarster

ward·robe /wɔːdrəʊb, ᴬwɔr-/ [telb zn] ⓵ kleerkast, klerenkast, hangkast ⓶ garderobe ⟨ook van theater⟩ ⓷ ⟨dienst voor de⟩ koninklijke garderobe ⓸ ⟨scherts⟩ *wardrobe malfunction* modemisser

wardrobe master [telb zn] costumier

wardrobe mistress [telb zn] costumière, kostuumnaaister

wardrobe trunk [telb zn] kleerkoffer ⟨die ook als hangkast kan dienen⟩

ward·room [telb zn] ⓵ officierenkajuit, officiersmess ⟨op oorlogsschip⟩ ⓶ ⟨BE; mil⟩ wachtlokaal

-wards /wədz, ᴬwərdz/ [vormt bijwoord] -waarts ♦ *eastwards* oostwaarts, naar het oosten

ward·ship /wɔːdʃɪp, ᴬwɔrd-/ [niet-telb zn] voogdij, hoede ♦ *have the wardship of* de voogdij hebben over; *under wardship* onder voogdij

ward·sis·ter [telb zn] ⟨BE⟩ hoofdverpleegster

¹**ware** /weə, ᴬwer/ [telb zn; voornamelijk mv] waar, waren, koopwaar, goederen

²**ware** /weə, ᴬwer/ [niet-telb zn; voornamelijk met attribuut] aardewerk ♦ *Wedgwood ware* wedgwoodaardewerk

³**ware** /weə, ᴬwer/ [bn, pred] ⟨vero⟩ waakzaam, op zijn hoede

⁴**ware, 'ware** /weə, ᴬwer/ [ov ww; voornamelijk gebiedende wijs] ⟨vero⟩ op zijn hoede zijn voor, oppassen voor, denken om ♦ *ware hounds!* pas op, honden!

war effort [telb zn; geen mv] oorlogsinspanningen

¹**ware·house** [telb zn] ⓵ pakhuis, opslagplaats, magazijn ♦ *bonded warehouse* entrepot ⓶ meubelopslagplaats ⓷ ⟨BE⟩ groothandel

²**ware·house** [ov ww] opslaan, bewaren

warehouse charges [alleen mv] opslagkosten

warehouse company [telb zn] ⟨handel⟩ veem

ware·house·man /weəhaʊsmən, ᴬwer-/ [telb zn; mv: warehousemen /-mən/] ⓵ pakhuisknecht ⓶ pakhuiseigenaar ⓷ ⟨BE⟩ groothandelaar in textiel

warehouse receipt [telb zn] ⟨handel⟩ opslagbewijs

war establishment [niet-telb zn] oorlogssterkte

war·fare /wɔːfeə, ᴬwɔrfer/ [niet-telb zn] oorlog(voering), (gewapend) conflict, strijd ⟨ook figuurlijk⟩

war footing [telb zn] voet van oorlog ♦ *on a war footing* op voet van oorlog

war game [telb zn; vaak mv] ⓵ oorlogsspel, oorlogsscenario ⟨theoretische manoeuvres⟩ ⓶ manoeuvre(s)

war-gam·ing /wɔːɡeɪmɪŋ, ᴬwɔr-/ [niet-telb zn] het spelen van een oorlogsscenario

war-god [eigenn, telb zn] oorlogsgod, ⟨i.h.b.⟩ Mars ⟨bij de Romeinen⟩

war grave [telb zn] oorlogsgraf

war·head [telb zn] kop van raket/torpedo/bom, ⟨i.h.b.⟩ kernkop

war hero [telb zn] oorlogsheld

war-horse [telb zn] ⓵ oorlogspaard, strijdros ⓶ ⟨inf⟩ ijzervreter ⓷ ⟨inf⟩ oude rot ⟨voornamelijk in de politiek⟩, veteraan ⓸ ⟨inf; muz, dram⟩ afgezaagd stuk

¹**war·like** /wɔːlaɪk, ᴬwɔr-/ [bn] krijgshaftig, strijdlustig, martiaal

²**war·like** /wɔːlaɪk, ᴬwɔr-/ [bn, attr] militair, oorlog(s)- ♦ *warlike preparations* militaire voorbereidselen

war loan [telb zn] ⟨BE⟩ oorlogslening

war·lock /wɔːlɒk, ᴬwɔrlɑk/ [telb zn] ⟨vero⟩ tovenaar, heksenmeester

war·lord [telb zn] ⓵ militair leider ⓶ militair machthebber ⟨in het bijzonder tijdens Chinese burgeroorlog, 1920-1930⟩, warlord, krijgsheer

¹**warm** /wɔːm, ᴬwɔrm/ [telb + niet-telb zn] warmte ♦ *give your hands a warm!* warm je handen wat!; *come in and have a warm!* kom binnen en warm je wat!; ⟨vnl BE⟩ *he likes the warm of his office* hij houdt van de warmte van zijn kantoor

²**warm** /wɔːm, ᴬwɔrm/ [bn; bw: ~ly; zn: ~ness] ⓵ warm ⟨ook figuurlijk⟩, hartelijk, vriendelijk, innemend ♦ *warm blood* warm bloed; *warm colours* warme kleuren; *warm greetings* hartelijke groeten; *keep a place warm for s.o.* iemands stoel warm houden, een plaats voor iemand openhouden; *warm reception* hartelijke ontvangst; ⟨fig; iron⟩ vijandige reactie; *a warm smile* een vriendelijke glimlach; *they were sitting there (as) warm as toast* ze zaten daar lekker warm/te bakken; *give a warm welcome to* hartelijk welkom heten; ⟨fig; iron⟩ ongunstig onthalen, hevig weerstand bieden aan; ⟨vnl BE⟩ *wrap up warm!* kleed je warm aan! ⓶ warm, vurig, hevig, enthousiast, gloedvol ♦ *a warm supporter* een vurig aanhanger ⓷ warm, liefdevol, verliefd, teder ♦ *she gave him a warm glance* ze wierp hem een verliefde blik toe; ⟨vnl AE; euf⟩ *speak too warmly* al te heftig spreken ⓸ warmbloedig, hartstochtelijk, ontvlambaar, heet, pikant, prikkelend ⟨m.b.t. seks⟩ ♦ *a warm temper* een warmbloedig temperament ⓹ warm, verwarmend, ⟨fig⟩ moeilijk ♦ *warm clothes* warme kleren; *a warm walk* een moeilijke wandeltocht ⓺ verhit ⟨ook figuurlijk⟩, heet(gebakerd), opgewonden, geanimeerd, heftig ♦ *a warm argument* een heftige ruzie; *a warm discussion* een geanimeerde discussie; *warm with wine* opgewonden door de wijn ⓻ te warm, gevaarlijk ♦ *he left when it got warm* hij vertrok toen het hem te warm/gevaarlijk werd; *make things warm for s.o.* tegen iemand stemming maken, het iemand moeilijk maken; iemand straffen; *warm work*

2086

gevaarlijk werk [8] vers ⟨spoor⟩ ♦ *a warm scent/smell/trail* een vers spoor [9] ⟨BE; inf⟩ er warmpjes bij zittend, welgesteld, in goeden doen [•] *you are getting warm/warmer* je brandt je!, warm! ⟨bij spel, bijvoorbeeld m.b.t. verstopt voorwerp⟩; ⟨sprw⟩ *cold hands warm heart* ± schijn bedriegt

³**warm** /wɔːm, ᴬwɔrm/ [onov ww] [1] warm worden ⟨ook figuurlijk⟩, in de stemming (ge)raken ♦ *warm to sth.* geïnteresseerd (ge)raken/opgaan in iets, de smaak te pakken krijgen van iets; *warm to/toward(s) s.o.* iets gaan voelen voor iemand, gaan houden van iemand [2] zich (ver)warmen [•] zie: **warm up**; → **warming**

⁴**warm** /wɔːm, ᴬwɔrm/ [ov ww] [1] warmen, verwarmen ♦ ⟨sport⟩ *warm the bench* op de bank zitten ⟨als invaller⟩; ⟨AE; vaak pej⟩ *warm over* opwarmen ⟨ook figuurlijk⟩ [2] opwarmen ⟨ook figuurlijk⟩, warm maken [•] zie: **warm up**; → **warming**

warm blood [telb zn] [1] warmbloedig dier [2] warmbloedpaard

warm-blood·ed [bn] ⟨ook fig⟩ warmbloedig, vurig, hartstochtelijk

warmed-o·ver [bn, attr] ⟨fig⟩ opgewarmd ♦ *warmed-over ideas* opgewarmde kost

war memorial [telb zn] oorlogsmonument

warm·er-up·per /wɔːmərʌpə, ᴬwɔrməərʌpər/ [telb zn] ⟨inf⟩ opwarmertje

warm front [telb zn] ⟨meteo⟩ warmtefront

warm-heart·ed [bn] warmhartig, warm, hartelijk

warm·ing /wɔːmɪŋ, ᴬwɔr-/ [telb zn; oorspronkelijk tegenwoordig deelw van warm] pak slaag, afstraffing ⟨ook figuurlijk⟩

warming pan [telb zn] beddenpan

warm·ish /wɔːmɪʃ, ᴬwɔr-/ [bn] enigszins warm, lauw

war·mong·er /wɔːmʌŋgə, ᴬwɔrmɑŋgər/ [telb zn] aanstichter tot oorlog, ⟨België⟩ oorlogs(aan)stoker

warmth /wɔːmθ, ᴬwɔrmθ/ [telb + niet-telb zn] ⟨ook fig⟩ warmte, hartelijkheid, gloed, vuur

¹**warm up** [onov ww] [1] warm(er) worden ⟨ook figuurlijk⟩, opwarmen, op temperatuur komen, ⟨fig⟩ in de stemming (ge)raken ♦ *warm up to sth.* opgaan in/enthousiast worden over iets [2] ⟨sport⟩ een warming-up doen, de spieren losmaken

²**warm up** [ov ww] [1] opwarmen ⟨ook figuurlijk⟩, warm maken, in de stemming brengen ♦ ⟨fig⟩ *warmed-up ideas* opgewarmde kost [2] verwarmen, warmen

warm-up [telb zn] opwarming(stijd) ⟨voornamelijk sport, techniek⟩

warn /wɔːn, ᴬwɔrn/ [onov + ov ww] [1] waarschuwen, opmerkzaam maken, inlichten, verwittigen ♦ *warn against s.o./sth.* voor iemand/iets waarschuwen; *warn s.o. of sth.* iemand op iets opmerkzaam maken, iemand voor iets waarschuwen; *warn (s.o.) that sth. might happen* (iemand) waarschuwen dat iets zou kunnen gebeuren [2] waarschuwen, aanzeggen, aanmanen, aansporen, aanzetten ♦ *warn (s.o.) against doing sth.* (iemand) (ervoor) waarschuwen iets niet te doen, (iemand) voor iets waarschuwen; *warn a warship away* een oorlogsschip verjagen; *warn s.o. not to do sth.* iemand waarschuwen iets niet te doen; *warn s.o. off* iemand de toegang ontzeggen, iemand weren/uitsluiten; *warn a bookmaker off the races* een bookmaker de toegang tot de renbaan ontzeggen [3] vermanen, waarschuwen, berispen ♦ *warn s.o. that he neglects his duty* iemand waarschuwen dat hij zijn plicht verwaarloost; → **warning**

warn·er /wɔːnə, ᴬwɔrnər/ [telb zn] waarschuw(st)er

¹**warn·ing** /wɔːnɪŋ, ᴬwɔr-/ [telb + niet-telb zn; (oorspronkelijk) gerund van warn] [1] waarschuwing, waarschuwingsteken, aanmaning, vermaning, ⟨fig⟩ afschrikwekkend voorbeeld ♦ *give a warning* een waarschuwing geven, waarschuwen; *take warning* met een waarschuwing rekening houden; *let this be a warning to us of what could happen* laat dit (voor) ons een waarschuwing zijn voor wat er zou kunnen gebeuren [2] ⟨techn⟩ voorslag ⟨tik van klok voor het slaan⟩ [3] ⟨vero⟩ opzegging, ⟨België⟩ opzeg ♦ *give s.o. (a week's) warning* iemand met een week opzeggen [•] ⟨sprw⟩ *red sky at night, shepherd's/sailor's delight; red sky in the morning, shepherd's/sailor's warning* des avonds rood, des morgens goed weer aan boord; morgenrood, water in de sloot

²**warn·ing** /wɔːnɪŋ, ᴬwɔr-/ [bn; tegenwoordig deelw van warn; bw: ~ly] waarschuwend ♦ *warning shot* waarschuwingsschot

warning coloration [niet-telb zn] ⟨dierk⟩ waarschuwingskleur

warning shot [telb zn] waarschuwingsschot

warning strike [telb zn] waarschuwingsstaking

warning system [telb zn] ⟨mil⟩ waarschuwingssysteem

War Office [eigenn; the] ⟨BE; gesch⟩ ministerie van Oorlog

¹**warp** /wɔːp, ᴬwɔrp/ [telb zn] [1] ⟨geen mv⟩ scheluwte, kromtrekking ⟨voornamelijk in hout⟩ [2] ⟨(geestelijke) afwijking, perversiteit [3] ⟨scheepv⟩ trektouw voor schip, boegseerlijn, boegseertros, verhaaltouw, verhaaltros, werptros

²**warp** /wɔːp, ᴬwɔrp/ [niet-telb zn] [1] schering ⟨bij het weven⟩ ♦ *warp and weft/woof* schering en inslag [2] bezinksel, slib [•] ⟨AE⟩ *warp and woof* fundament, grondslag

³**warp** /wɔːp, ᴬwɔrp/ [onov ww] [1] scheluw/krom trekken ⟨voornamelijk van hout⟩ [2] afwijken, deviëren

⁴**warp** /wɔːp, ᴬwɔrp/ [ov ww] [1] scheluw/krom trekken ⟨voornamelijk hout⟩ [2] scheeftrekken, verwringen, bevooroordeeld maken ♦ *his past has warped his judgment* zijn verleden heeft zijn oordeelsvermogen verwrongen; *he has a warped sense of humour* hij heeft een bizar/vreemd gevoel voor humor [3] bevloeien, beslibben ♦ *a warped-up channel* een dichtgeslibd kanaal [4] ⟨scheepv⟩ verhalen, boegseren [5] ⟨weverij⟩ scheren

warp·age /wɔːpɪdʒ, ᴬwɔrp-/ [niet-telb zn] kromming

war paint [niet-telb zn] [1] oorlogsverf, oorlogsopmaak ⟨in het bijzonder bij indianen⟩ [2] ⟨inf⟩ pontificaal, vol ornaat, groot tenue [3] ⟨scherts⟩ make-up, opmaak

war·path [telb zn] ⟨vnl fig⟩ oorlogspad ♦ *be/go on the warpath* op het oorlogspad zijn/gaan; ⟨inf, fig⟩ kwaad zijn

warp·er /wɔːpə, ᴬwɔrpər/ [telb zn] ⟨weverij⟩ [1] scheerder [2] scheermachine

war·plane [telb zn] gevechtsvliegtuig

warragal → **warrigal**

¹**war·rant** /wɒrənt, ᴬwɔː-, ᴬwɑː-/ [telb zn] [1] bevel(schrift), ceel, aanhoudingsbevel ♦ *warrant of apprehension* bevel(schrift) tot aanhouding; *warrant of arrest* bevel tot (voorlopige) inhechtenisneming, arrestatiebevel; *warrant to arrest (s.o.)* bevel tot inhechtenisneming (van iemand); *warrant of attorney* notariële volmacht; *issue a warrant against s.o.* een bevelschrift tot aanhouding uitvaardigen; *a warrant is out against him* er loopt een aanhoudingsbevel tegen hem [2] machtiging, volmacht, (betalings)mandaat, procuratie, sanctie [3] (waar)borg, garantie, bewijs ♦ *be s.o.'s warrant* borg staan voor iemand [4] opslagbewijs, warrant, ceel [5] ⟨mil⟩ aanstelling [6] → **warrant officer**

²**war·rant** /wɒrənt, ᴬwɔː-, ᴬwɑː-/ [niet-telb zn] rechtvaardiging, grond ♦ *no warrant for* geen grond/reden tot; *there's no warrant for it* het valt niet te rechtvaardigen

³**war·rant** /wɒrənt, ᴬwɔː-, ᴬwɑː-/ [onov + ov ww] [1] garanderen, instaan voor, waarborgen ♦ *warranted pure* gegarandeerd zuiver [2] ⟨inf⟩ verzekeren ♦ *I/I'll warrant (you)* dat kan ik je verzekeren, beslist

⁴**war·rant** /wɒrənt, ᴬwɔː-, ᴬwɑː-/ [ov ww] [1] rechtvaardigen, billijken, wettigen [2] machtigen, machtiging geven aan

war·rant·a·ble /wɒrəntəbl, ᴬwɔːrəntəbl, ᴬwɑː-/ [bn; bw: warrantably; zn: ~ness] [1] verdedigbaar, gewettigd, te

warrantee

rechtvaardigen ② jaagbaar ⟨van hert, 5 à 6 jaar oud⟩
war·ran·tee /wɒrəntiː, ᴬwɔ-, ᴬwɑ-/ [telb zn] persoon aan wie iets gewaarborgd wordt
war·rant·er /wɒrəntə, ᴬwɔrəntər, ᴬwɑ-/, **war·ran·tor** /-tɔː, ᴬ-tɔr/ [telb zn] ① waarborg ⟨persoon⟩ ② volmachtgever
warrant holder [telb zn] hofleverancier ♦ *royal warrant holder* hofleverancier
war·rant·less /wɒrəntləs, ᴬwɔ-, ᴬwɑ-/ [bn] zonder bevel(schrift)
warrant officer, ⟨inf⟩ **warrant** [telb zn] hogere onderofficier, ± adjudant-onderofficier
¹**war·ran·ty** /wɒrənti, ᴬwɔrənti, ᴬwɑ-/ [telb zn] ① ⟨jur⟩ (schriftelijke) garantie, waarborg ♦ *it is still under warranty* het valt nog onder de garantie ② machtiging
²**war·ran·ty** /wɒrənti, ᴬwɔrənti, ᴬwɑ-/ [niet-telb zn] rechtvaardiging, grond ♦ *warranty for sth.* rechtvaardiging voor iets
war record [telb zn] oorlogsverleden
war·ren /wɒrən, ᴬwɔ-, ᴬwɑ-/ [telb zn] ① konijnenpark ② dichtbevolkt gebied ③ mensenpakhuis, (huur)kazerne, konijnenhokken ④ doolhof ⟨van straatjes⟩, wirwar ⑤ ⟨vnl BE⟩ broedplaats ⑥ ⟨gesch⟩ wildpark
war·ren·er /wɒrənə, ᴬwɔrənər, ᴬwɑ-/ [telb zn] ① opzichter van een wildpark ② opzichter van een konijnenpark
¹**war·ri·gal, war·ra·gal, war·ra·gul** /wɒrɪgl, ᴬwɔrɪgl/ [telb zn] ⟨AuE; dierk⟩ dingo ⟨Canis dingo⟩
²**war·ri·gal, war·ra·gal, war·ra·gul** /wɒrɪgl, ᴬwɔrɪgl/ [bn] ⟨AuE⟩ ① wild, ongetemd ② ongeciviliseerd
war·ring /wɔːrɪŋ/ [bn, attr; tegenwoordig deelw van war] ① strijdend, vijandig ♦ *warring parties* strijdende/vijandige partijen ② (tegen)strijdig ♦ *warring opinions* (tegen)strijdige meningen
¹**war·ri·or** /wɒrɪə, ᴬwɔrɪər, ᴬwɑ-/ [telb zn] ① strijder, krijgsman, krijger ② ⟨form⟩ soldaat ♦ *unknown warrior* onbekende soldaat
²**war·ri·or** /wɒrɪə, ᴬwɔrɪər, ᴬwɑ-/ [bn, attr] krijgshaftig ⟨van volk⟩, krijgsmans-
warrior ant [telb zn] ⟨dierk⟩ bloedrode roofmier ⟨Formica sanguinea⟩
war risk [telb zn] ⟨verz⟩ oorlogsrisico
War·saw /wɔːsɔː, ᴬwɔrsɔ/ [eigenn] Warschau
Warsaw Pact [eigenn; the] Warschaupact
war·ship [telb zn] oorlogsschip
war·song [telb zn] krijgslied
wart /wɔːt, ᴬwɔrt/ [telb zn] ① wrat ⟨ook plantkunde⟩, uitwas ♦ *warts and all* met alle gebreken ② ⟨inf⟩ onderkruipsel, onooglijk mannetje
wart disease [telb + niet-telb zn] ⟨plantk⟩ wratziekte ⟨van aardappelen; Synchytrium endobioticum⟩
wart grass [niet-telb zn] ⟨plantk⟩ kroontjeskruid ⟨Euphorbia helioscopia⟩
wart hog [telb zn] ⟨dierk⟩ wrattenzwijn ⟨Phacochoerus authiopicus⟩
war·time [niet-telb zn] oorlogstijd
wart·weed [niet-telb zn] ⟨plantk⟩ ① tuinwolfsmelk ⟨Euphorbia peplus⟩ ② kroontjeskruid ⟨E. helioscopia⟩ ③ akkerkool ⟨Lapsana communis⟩ ④ stinkende gouwe ⟨Chelidonium majus⟩
wart·wort /wɔːtwɜːt, ᴬwɔrtwɜrt/ [telb zn] ⟨plantk⟩ wrattenkruid ⟨genus Euphorbia⟩
wart·y /wɔːti, ᴬwɔrti/ [bn; vergr trap: wartier] ① wratachtig, wratvormig ② wrattig, vol wratten
war victim [telb zn] oorlogsslachtoffer
war-wea·ry [bn; zn: war-weariness] oorlogsmoe, strijdensmoe
war whoop [telb zn] strijdkreet, oorlogskreet, aanvalskreet ⟨in het bijzonder van indianen⟩
war-wid·ow [telb zn] oorlogsweduwe
war·y /weəri, ᴬweri/ [bn; vergr trap: warier; bw: warily;

zn: wariness] ① omzichtig, bedachtzaam, alert ♦ *wary of* op zijn hoede voor ② voorzichtig, behoedzaam
was /wəz, ᴬwəz, ⟨sterk⟩ wɒz, ᴬwɑz, ᴬwʌz/ [1e en 3e pers enk verleden tijd] → be
was·a·bi /wəsɑːbi/ [niet-telb zn] wasabi ⟨Japanse mierikswortelpasta⟩
¹**wash** /wɒʃ, ᴬwɔʃ, ᴬwɑʃ/ [telb zn] ① was, het wassen, het gewassen worden, wassing ♦ *get a wash* gewassen worden; *give sth. a wash* iets wassen; *have a wash* zich wassen ② ⟨benaming voor⟩ water(tje), lotion, haarwater, slootwater, drab, slappe thee, bier, water ⟨na sterkedrank⟩ ③ laag(je), vernis(laag), laklaag ④ dun laagje (waterverf/inkt) ⑤ ondiepte, zandbak ⑥ aarde die edelmetalen of edelstenen bevat, ⟨i.h.b.⟩ goudhoudende grond ⑦ blad ⟨van roeispaan⟩
²**wash** /wɒʃ, ᴬwɔʃ, ᴬwɑʃ/ [telb + niet-telb zn] was(goed) ♦ *a large wash* veel wasgoed
³**wash** /wɒʃ, ᴬwɔʃ, ᴬwɑʃ/ [niet-telb zn] ① ⟨the⟩ was(inrichting) ♦ *at the wash* bij de wasserij/in de was; *in the wash* in de was; *send clothes to the wash* kleren in de was doen ② golfslag, deining ③ zog, kielwater, doodwater ④ alluvie, aangeslibde grond ⑤ spoeling, varkensdraf ⑥ spoelwater ⑦ gegiste vloeistof ⑧ gebazel ⑨ ⟨inf⟩ *it'll come out in the wash* het zal wel loslopen
⁴**wash** /wɒʃ, ᴬwɔʃ, ᴬwɑʃ/ [bn, attr] ⟨AE; inf⟩ wasbaar
⁵**wash** /wɒʃ, ᴬwɔʃ, ᴬwɑʃ/ [onov ww] ① zich wassen, zich opfrissen ♦ *wash with soap* zich wassen met zeep ② gewassen (kunnen) worden ③ (in de was) eruit gaan ⟨van vuil⟩ ♦ *that stain will wash off* die vlek gaat er uit in de was ④ ⟨inf⟩ geloofwaardig zijn, overtuigend zijn ♦ *it won't wash with him* hij zal het niet geloven; *that argument won't wash* dat argument gaat niet op ⑤ breken ⟨van golf⟩ ♦ *the waves wash against the dykes* de golven slaan tegen de dijken; *wash along* spoelen langs; *wash in(to)* binnenspoelen in ⑥ erts wassen ♦ *wash for gold* grond wassen op zoek naar goud ⑦ *wash ashore* aanspoelen; zie: **wash out**; zie: **wash up**; → **washing**
⁶**wash** /wɒʃ, ᴬwɔʃ, ᴬwɑʃ/ [ov ww] ① wassen, ⟨fig⟩ zuiveren ♦ *wash clean* schoonwassen; ⟨euf⟩ *wash one's hands* naar het toilet gaan; *wash me throughly from mine iniquity* was mij geheel van mijn ongerechtigheid ⟨Ps. 51:4⟩; *wash off* (eraf) wassen; *wash the dirt out of sth.* ergens het vuil uit wassen; *wash with soap* met zeep wassen ② wassen, de was doen ③ afwassen, de afwas doen ④ wassen ⟨erts⟩ ⑤ bevochtigen ⑥ meesleuren ⟨van water⟩, wegspoelen ♦ *be washed overboard* overboord slaan ⑦ uitspoelen, eroderen ⑧ wassen ⟨tekening⟩ ♦ *wash in* inkleuren ⟨lucht⟩ ⑨ bedekken ⟨metaal, met edeler metaal⟩ ♦ *wash with gold* vergulden ⑩ witten, kalken, sauzen ⑪ witwassen ⟨geld⟩, witmaken ⑫ zie: **wash away**; zie: **wash down**; zie: **wash out**; zie: **wash up**; → **washing**
Wash [afk] ⟨Washington⟩
wash·a·ble /wɒʃəbl, ᴬwɔʃəbl, ᴬwɑ-/ [bn] wasbaar, wasecht
wash-and-wear [bn] ± zelfstrijkend, ± no-iron
wash away [ov ww] ① afwassen, afspoelen, ⟨fig⟩ reinigen, zuiveren ♦ *wash away s.o.'s sins* iemand reinigen van zijn zonden ② uitwassen ⟨vlekken⟩ ③ meesleuren ⟨van water⟩, wegspoelen
wash·ba·sin, ⟨AE⟩ **wash·bowl** [telb zn] wasbak, fonteintje
wash·bear [telb zn] ⟨AE⟩ wasbeer(tje)
wash·board [telb zn] ① wasbord ② ⟨scheepv⟩ zetbo(o)rd
wash·cloth, ⟨in betekenis 2 ook⟩ **wash·rag** [telb zn] ① droogdoek ② ⟨AE⟩ washandje
wash-day [telb zn] wasdag
wash dirt [niet-telb zn] goudaarde, goudhoudende aarde
wash down [ov ww] ① wegspoelen ⟨voedsel, met drank⟩ ♦ *wash the bread down with milk* het brood wegspoelen met

melk ② (helemaal) schoonmaken ♦ *wash down* *with ammonia* schoonmaken met ammonia
¹**wash·draw·ing** [telb zn] gewassen tekening
²**wash·draw·ing** [niet-telb zn] het maken van gewassen tekeningen
washed-out [bn; oorspronkelijk volt deelw van wash out] ① verbleekt (in de was) ② verzwakt, uitgeput, uitgeblust, bekaf, uitgeteld, bleek ♦ *look washed-out* een uitgebluste indruk maken ③ ⟨sport⟩ afgelast (wegens regen) ④ overstroomd
washed-up [bn; oorspronkelijk volt deelw van wash up] ⟨inf⟩ verslagen, geruïneerd, aan de grond
wash·er /wɒʃə, ᴬwɔʃər, ᴬwɑ-/ [telb zn] ① wasser ② ⟨techn⟩ (sluit)ring, onderlegplaatje, afdichtingsring ③ ⟨techn⟩ leertje ④ wasmachine, wasautomaat ⑤ ⟨verk: screenwasher⟩
wash·er·wom·an, ⟨AE ook⟩ **wash·wom·an** [telb zn] wasvrouw
wash·er·y /wɒʃri, ᴬwɔ-, ᴬwɑ-/ [telb zn] ① (erts)wasserij ② ⟨mijnb⟩ zuiverhuis, wasserij
wash·e·te·ri·a /wɒʃətɪəriə, ᴬwɔʃ-, ᴬwɑʃətɪriə/ [telb zn] wasserette
wash-hand [bn, attr] ⟨BE⟩ voor het handen wassen ♦ *wash-hand stand* wastafel (voor wasgerei)
wash·house [telb zn] washuis, washok
¹**wash·ing** /wɒʃɪŋ, ᴬwɔ-, ᴬwɑ-/ [niet-telb zn; (oorspronkelijk gerund van wash] ① was(goed) ② wassing
²**wash·ing** /wɒʃɪŋ, ᴬwɔ-, ᴬwɑ-/ [bn, attr; oorspronkelijk tegenwoordig deelw van wash] wasecht
wash·ing-ma·chine [telb zn] wasmachine, wasautomaat
wash·ing-pow·der [niet-telb zn] waspoeder, wasmiddel
wash·ings /wɒʃɪŋz, ᴬwɔ-, ᴬwɑ-/ [alleen mv; (oorspronkelijk gerund van wash] waswater, spoelwater
wash·ing-so·da [niet-telb zn] soda, natriumcarbonaat
Wash·ing·to·ni·an /wɒʃɪŋtoʊniən, ᴬwɔ-, ᴬwɑ-/ [telb zn] inwoner van Washington
wash·ing-up [niet-telb zn] afwas, vaat
washing-up liquid [telb zn] afwasmiddel
washing-up machine [telb zn] afwasmachine, vaatwasmachine
wash·land [telb zn] vlietland, uiterwaarden
wash-leath·er [telb + niet-telb zn] zeem(leer)
wash·out [telb zn] ① uitspoeling, erosie ② weggespoelde rails/weg ③ ⟨inf⟩ flop, fiasco, mislukking ④ ⟨inf⟩ mislukkeling ⑤ ⟨sport, in het bijzonder ijshockey⟩ afgekeurd doelpunt
¹**wash out** [onov ww] ① (in de was) eruit gaan ⟨van vlekken⟩ ② ⟨sl⟩ mislukken, verslagen worden, verliezen ③ ⟨sl⟩ blut raken; → **washed-out**
²**wash out** [ov ww] ① uitwassen, omwassen ♦ *wash out with soap* uitwassen met zeep ② wegspoelen, uitspoelen ③ spuiten uit, spoelen uit, gutsen uit ④ ⟨inf⟩ onmogelijk maken ⟨van regen, de wedstrijd⟩ ⑤ ⟨sl⟩ (per ongeluk) om zeep helpen/brengen; → **washed-out**
wash over [onov ww] ① overspoelen ⟨ook figuurlijk⟩ ♦ *the noise washed over him* het geluid overspoelde hem ② vernissen, lakken
wash·room [telb zn] ① wasruimte, waslokaal ② ⟨AE; euf⟩ toilet, de toiletten
wash sale [telb zn] ⟨AE; fin⟩ gefingeerde verkoop ⟨van aandelen⟩
wash·stand [telb zn] wastafel ⟨voor wasgerei⟩
wash·tub [telb zn] (was)tobbe
¹**wash up** [onov ww] ① ⟨AE⟩ zich opfrissen, zich wassen ② ⟨BE⟩ afwassen, de vaat doen; → **washed-up**
²**wash up** [ov ww] ① doen aanspoelen ⟨van getijde⟩ ② ⟨sl⟩ met succes voltooien, beëindigen; → **washed-up**
wash·y /wɒʃi, ᴬwɔʃi, ᴬwɑʃi/ [bn; vergr trap: washier; bw:

washily; zn: washiness] ① waterig ⟨van vloeistof⟩, slap, dun ② bleek, kleurloos, mat ③ verwaterd
wasp /wɒsp, ᴬwɑsp, ᴬwɔsp/ [telb zn] ⟨dierk⟩ wesp ⟨genus Vespa⟩ ② nijdas, spin
WASP /wɒsp, ᴬwɑsp, ᴬwɔsp/ [telb zn; ook attributief] ⟨vaak pej⟩ (White Anglo-Saxon Protestant ⟨burgerlijke, traditionele Amerikaan⟩)
wasp-bee [telb zn] ⟨dierk⟩ wespbij ⟨genus Nomada⟩
wasp-bee·tle [telb zn] ⟨dierk⟩ boktor ⟨familie Cerambycidae⟩
wasp-fly [telb zn] ⟨dierk⟩ zweefvlieg ⟨genus Syrphus⟩
wasp·ish /wɒspɪʃ, ᴬwɑs-, ᴬwɔs-/ [bn; bw: ~ly; zn: ~ness] ⟨vaak pej⟩ ① wespachtig ② opvliegend, giftig, nijdig, humeurig ③ dun, slank ⟨als een wesp⟩
wasp-waist [telb zn] wespentaille
wasp-waist·ed [bn] met een wespentaille
¹**was·sail** /wɒseɪl, ᴬwɑsl/ [telb zn] ⟨vero⟩ drinkgelag ◘ *wassail! prosit!*
²**was·sail** /wɒseɪl, ᴬwɑsl/ [telb + niet-telb zn] ⟨vero⟩ gekruide drank ⟨bier, wijn⟩
³**was·sail** /wɒseɪl, ᴬwɑsl/ [onov ww] ⟨vero⟩ brassen, drinken ◘ *go wassailing* langs de huizen gaan om kerstliederen te zingen
was·sail·er /wɒseɪlə, ᴬwɑsl-ər/ [telb zn] ⟨vero⟩ drinkebroer, drinker
Was·ser·mann test /wæsəməntest, ᴬwɑsərmən-/ [telb zn] ⟨med⟩ Wassermannreactie
wassup, whassup /wɑsʌp, ᴬwɒsʌp/ [tw] ⟨sl⟩ hé, hoe is ie ⟨als groet⟩, hallo
wast [2e pers enk verleden tijd, verouderd of religie] → **be**
wast·age /weɪstɪdʒ/ [telb + niet-telb zn] ① verspilling, verbruik, slijtage, verlies ⟨door lekkage⟩ ② verloop ⟨van personeel⟩, achteruitgang ♦ *natural wastage* natuurlijk verloop
¹**waste** /weɪst/ [telb zn] ⟨vaak mv⟩ ① woestenij, woestijn, woeste grond, wildernis ② verspilling ③ afvalproduct ④ uitwerpselen ⑤ misdruk ⑥ → **wastepipe**
²**waste** /weɪst/ [niet-telb zn] ① afval, puin, gruis, vuilnis ♦ *go to waste* verloren gaan, verspild worden; *run to waste* verspild worden ⟨van vloeistof⟩; verwilderen ⟨van een tuin⟩ ② achteruitgang, slijtage, verlies ③ ⟨jur⟩ verwaarlozing, verval ④ katoenafval ◘ ⟨sprw⟩ *haste makes waste* ± haastige spoed is zelden goed
³**waste** /weɪst/ [bn, attr] ① woest, ledig, braak(liggend), verlaten, onvruchtbaar ♦ *waste land* woestenij; *lay waste* verwoesten; *lie waste* braak liggen ② waardeloos ③ afval-, overtollig, afgewerkt ④ ongebruikt, ⟨fig⟩ onbewogen ⟨van tijden⟩
⁴**waste** /weɪst/ [onov ww] ① (ver)slijten ② verspillend handelen ③ verspild worden, afnemen, slinken, verloren gaan ♦ *wasting asset* afnemend bezit ⟨oliebron, kolenmijn enz.⟩ ④ wegteren, wegkwijnen, vermageren ♦ *waste away* wegkwijnen, wegteren ⑤ voorbijgaan ⟨van tijd⟩ ⑥ ⟨sport⟩ intensief trainen ⟨om gewicht te halen⟩ ◘ ⟨sprw⟩ *waste not, want not* ± wie steeds koopt wat hij niet nodig heeft, heeft weldra nodig wat hij niet kopen kan, ± verteert vandaag niet wat u morgen kan ontbreken; → **wasted**
⁵**waste** /weɪst/ [ov ww] ① verspillen, verkwisten, verkwanselen, vermorsen ♦ *waste breath/words (on sth.)* vergeefs praten; *not waste breath/words (on sth.)* ⟨ergens⟩ geen woorden (aan) vuilmaken; *waste good money on that boy* zijn (goeie) geld vergooien aan zo'n jongen ② ⟨vaak passief⟩ verwoesten ③ doen slijten ④ ⟨jur⟩ verwaarlozen ⟨bezittingen⟩ ⑤ ⟨AE; sl⟩ koud maken, om zeep helpen ⑥ ⟨AE; sl⟩ inmaken ◘ ⟨sprw⟩ *better belly bust than good meat wasted* beter buik geborsten dan goede spijs verloren; → **wasted**
waste·bas·ket [telb zn] ⟨vnl AE⟩ afvalbak, (i.h.b.) prullenmand
waste·book [telb zn] notitieboekje, opschrijfboekje

wast·ed /weɪstɪd/ [bn; oorspronkelijk volt deelw van waste] ⟨sl⟩ [1] **gebroken**, kapot, op, in de vernieling [2] **onder de drugs/alcohol,** dronken, high

waste-dis·pos·al [niet-telb zn] [1] **afvalverwerking** [2] ⟨BE⟩ **afvalvernietiger** ⟨in gootsteen⟩, voedsel(rest)vermaler

waste economy [telb zn] **wegwerpeconomie**

waste·ful /weɪstfl/ [bn; bw: ~ly; zn: ~ness] **verspillend,** verkwistend, spilziek

waste·gate [telb zn] **afvoersluis**

waste heat [niet-telb zn] **afvalhitte**

waste·land [telb + niet-telb zn] **woestenij,** onbewoonbaar gebied ♦ ⟨fig⟩ *a cultural wasteland* een cultureel onderontwikkeld gebied

waste·less /weɪs(t)ləs/ [bn] [1] **onuitputtelijk** [2] **onverslijtbaar**

waste·pa·per [niet-telb zn] **scheurpapier,** papierafval, misdruk

waste·pa·per·bas·ket [telb zn] **prullenmand,** papiermand

waste·pipe [telb zn] **afvoer(buis),** loospijp

waste product [telb zn] **afvalproduct**

wast·er /weɪstə, ˆ-ər/ [telb zn] [1] **verspiller,** verkwister, spilzieke iemand [2] ⟨sl⟩ **nietsnut,** mislukkeling

waste-weir [telb zn] ⟨techn⟩ **overlaat,** overloop

wast·rel /weɪstrəl/ [telb zn] [1] **mislukkeling,** nietsnut [2] **misbaksel** ⟨product⟩, misdruk, mislukt artikel [3] **verkwister,** verspiller [4] **schooier,** schoffie, verwaarloosd kind [5] **uitgemergeld beest,** ziekelijk dier

¹**watch** /wɒtʃ, ˆwɑtʃ/ [telb zn] [1] **horloge,** klokje [2] ⟨vaak mv⟩ **(nacht)wake** ♦ *in the watches of the night* in de slapeloze uren 's nachts; 's nachts [3] **bewaker,** wachter, wachtpost, ⟨i.h.b.⟩ nachtwaker ♦ *set a watch* een wacht uitzetten [4] ⟨scheepv⟩ **waaktijd,** wachtkwartier, kwart

²**watch** /wɒtʃ, ˆwɑtʃ/ [telb + niet-telb zn; geen mv] [1] **wacht,** het waken, waakzaamheid, oplettendheid, hoede ♦ *keep (a) watch* (de) wacht houden; *keep (a) good watch* goed uitkijken; *keep watch for s.o.* uitkijken naar iemand, iemand opwachten; *keep (a) (close/careful) watch on* (nauwlettend) in de gaten houden; *(be) on the watch* op wacht/op de uitkijk (staan), op zijn hoede (zijn); *on the watch for* wachtend op, op zijn hoede voor; *be on the watch for pickpockets* pas op voor zakkenrollers; *under watch and ward* onder voortdurend toezicht [2] **wacht(dienst)** ♦ *be on the watch* de wacht hebben; *keep/stand watch* op wacht staan

³**watch** /wɒtʃ, ˆwɑtʃ/ [verzameln] [1] **wacht,** bewaking, wachters, uitkijk ♦ *keep watch over* de wacht houden over, bewaken; *set a watch (up)on s.o.* iemand laten bewaken, iemand in de gaten laten houden [2] ⟨scheepv⟩ **wacht,** kwartier [3] ⟨gesch⟩ **nachtwacht** [4] ⟨gesch⟩ **ongeregelde hooglandse troepen** ⟨18e eeuw⟩

⁴**watch** /wɒtʃ, ˆwɑtʃ/ [onov ww] [1] **kijken,** toekijken [2] **wachten** ♦ *watch for one's chance* zijn kans afwachten [3] **wacht houden,** waakzaam zijn, uitkijken, opletten ♦ *watch (out) for* uitkijken naar, loeren op; *watch out* uitkijken, oppassen [4] **de wacht houden,** op wacht staan ♦ ⟨fig⟩ *watch over* waken over, beschermen [5] **waken,** opblijven, wakker blijven ♦ *watch at/by* waken bij; *watch and pray* waak en bid

⁵**watch** /wɒtʃ, ˆwɑtʃ/ [ov ww] [1] **bekijken,** kijken naar ♦ *watch the telly* tv kijken [2] **afwachten** ⟨kans, gelegenheid⟩, wachten op ♦ *watch one's chance* zijn kans afwachten; *watch one's time* zijn tijd afwachten [3] **gadeslaan,** letten op, in de gaten houden, (belangstellend/nauwlettend) volgen ♦ ⟨jur⟩ *watch a case* een rechtszaak volgen ⟨van advocaat voor belanghebbende cliënt⟩; *I had the feeling of being watched all day* ik had het gevoel dat ik de hele dag gevolgd/geschaduwd werd; *watch s.o. in* iemand volgen tot hij thuis is; *watch it!* pas op!, voorzichtig!; *watch one's weight* zijn/haar gewicht in de gaten houden, op zijn/haar gewicht letten; *watch yourself* pas op! [4] **bewaken,** hoeden ⟨vee⟩ [5] **verzorgen,** zorgen voor ♦ ⟨sprw⟩ *a watched pot never boils* ± aan wachten komt geen eind

watch·band [telb zn] **horlogeband(je)**

watch bill [telb zn] ⟨scheepv⟩ **wachtrol**

watch box [telb zn] **wachthuisje**

watch cap [telb zn] ⟨scheepv⟩ **= bivakmuts**

watch·case [telb zn] **horlogekast**

watch chain [telb zn] **horlogeketting**

Watch Committee [verzameln] ⟨BE; gesch⟩ **gemeenteraadscommissie voor politiezaken**

watch·cry [telb zn] [1] **roep van wachter** [2] **leus,** slogan

watch crystal [telb zn] ⟨AE⟩ **horlogeglas**

¹**watch·dog** [telb zn] **waakhond** ⟨ook figuurlijk⟩, (be)waker

²**watch·dog** [ov ww] **nauwgezet in het oog houden**

watchdog commission [telb zn] **controlecommissie,** commissie van toezicht

watch·er /wɒtʃə, ˆwɑtʃər/ [telb zn] [1] **wachter,** bewaker, oppasser [2] **waker,** iemand die waakt ⟨bij zieke⟩ [3] **waarnemer,** volger ⟨vaak in samenstellingen⟩ [4] ⟨vnl in samenstellingen⟩ **kenner,** expert ♦ *Vatican watcher* Vaticaankenner, Vaticaanwatcher

watch face [telb zn] **wijzerplaat**

watch fire [telb zn] **wachtvuur,** kampvuur, legervuur

watch·ful /wɒtʃfl, ˆwɑtʃ-/ [bn; bw: ~ly; zn: ~ness] [1] **waakzaam,** wakend, oplettend ♦ *watchful about* voorzichtig met; *watchful against* op zijn hoede voor; *be watchful to do sth.* zich ervoor hoeden iets te doen; *be watchful for* uitzien naar; *be watchful of* in 't oog houden, in de gaten houden; *be watchful over* waken over [2] ⟨vero⟩ **slapeloos**

watch glass [telb zn] **horlogeglas** ⟨ook in laboratorium⟩

watch hand [telb zn] **horlogewijzer**

watch·house [telb zn] **wachthuis**

watching brief [telb zn] ⟨jur⟩ **instructie voor advocaat een proces te volgen voor niet betrokken partij** ♦ ⟨fig⟩ *hold/have a watching brief for sth.* iets (nauwkeurig) in de gaten houden

watch·less /wɒtʃləs, ˆwɑtʃ-/ [bn; zn: ~ness] [1] **niet waakzaam,** onoplettend [2] **onbewaakt**

watch light [telb zn] [1] **licht van wachter** [2] **nachtlicht**

watch·mak·er [telb zn] **horlogemaker**

watch·man /wɒtʃmən, ˆwɑtʃ-/ [telb zn; mv: watchmen /-mən/] [1] **bewaker,** ⟨i.h.b.⟩ nachtwaker, wachter [2] ⟨vero; gesch⟩ **nachtwacht,** waker

watch night [niet-telb zn] [1] **oudejaarsavond,** oudejaarsnacht [2] **oudejaarsavonddienst**

watch night service [telb zn] **oudejaarsavonddienst**

watch spring [telb zn] **horlogeveer**

watch-strap, watch·band [telb zn] **horlogebandje**

watch·tow·er [telb zn] **wachttoren**

watch·word [telb zn] [1] **wachtwoord,** parool [2] **leus,** slogan, kreet

watch·work [niet-telb zn] **uurwerk** ⟨van een horloge⟩, raderwerk

¹**wa·ter** /wɔːtə, ˆwɒtər, ˆwɑ-/ [niet-telb zn] [1] **water,** watermassa, ⟨scheik⟩ aqua ⟨H₂O⟩ ♦ *across/over the water* over het water; *the blue water* het ruime sop; *travel by water* te water/per boot reizen; *hard water* hard water; ⟨Bijb; fig⟩ *water of life* water des levens ⟨Openb. 21:6⟩; ⟨inf, fig⟩ *spend money like water* geld uitgeven als water; ⟨scheepv⟩ *make/take water* water maken/inkrijgen; *open water* open water; *volle zee*; *running water* stromend water; *soft water* zacht water; *tread water* watertrappelen; *be under water* onder (water) staan, overstroomd zijn [2] **water,** regen [3] **(oplossing in) water,** watertje, eau [4] **water,** waterstand ♦ *at high water* bij hoogwater; *at low water* bij laagwater [5] ⟨benaming voor⟩ **vochtig lichaamsproduct,** zweet, speeksel, urine, tranen ♦ *hold one's water* zijn water ophouden; *make/pass water* wateren, zijn water lozen [6] **water,** door-

zichtigheid, helderheid ⟨van edelsteen⟩ ♦ *of the first water* van het eerste/zuiverste water ⟨ook figuurlijk⟩ [7] water, golvende weerschijn ⟨van moiré stof⟩ [8] ⟨inf⟩ waterverf [9] ⟨fin⟩ water ⟨obligatie, aandeel zonder onderpand⟩ • *above the water* boven Jan; *back water* (de riemen) strijken; ⟨inf; pej⟩ *water bewitched* slap brouwsel, slootwater ⟨in het bijzonder slappe thee⟩; *water on the brain* waterhoofd; *a lot of water has flowed/gone/passed under/beneath the bridge* het is lang geleden; *that is water under the bridge/over the dam* dat is verleden tijd; daar is niets meer aan te doen; *be (just) like water off a duck's back* niet het minste effect hebben, iemand niet raken; *like a fish out of water* als een vis op het droge, niet in zijn element; *hold water* steek houden; *water on the knee* water in de knie; *bring the water to s.o.'s mouth* iemand doen watertanden; *test the water(s)* de stemming peilen; ⟨sl⟩ *turn off s.o.'s water* iemand op zijn nummer zetten; voorgoed afrekenen met iemand; *writ(ten) in water* vluchtig, voorbijgaand, zonder blijvende waarde; ⟨sprw⟩ *water is a boon in the desert, but a drowning man curses it* water is onmisbaar maar niet voor een drenkeling, ± ik lust wel bonen, maar niet met bakken vol; ⟨sprw⟩ *we never miss the water till the well runs dry* wanneer de put droog is weet men wat het water kost, als er geen water meer is kent men de waarde van de put; ⟨sprw⟩ *you can lead a horse to the water but you can't make it drink* men kan een paard wel in 't water trekken, maar het niet dwingen te drinken; ⟨sprw⟩ *a mill cannot grind with water that is past* met verlopen water maalt geen molen, de molen gaat niet om met het wind die voorbij is; ⟨sprw⟩ *blood is thicker than water* ± het hemd is nader dan de rok; ⟨België⟩ ± eerst oom en dan oompjes kinderen

²**wa·ter** /wɔːtə, ᴬwɔtər, ᴬwɑ-/ ⟨onov ww⟩ [1] tranen, lopen, wateren ♦ *my eyes watered* mijn ogen traanden [2] watertanden ♦ *make the mouth water* doen watertanden; *my mouth waters after/for it* het water loopt me in de mond [3] water drinken ♦ *the herd watered at the pool* de kudde ging drinken aan de poel [4] ⟨scheepv⟩ water innemen [5] verwateren ⟨ook figuurlijk⟩

³**wa·ter** /wɔːtə, ᴬwɔtər, ᴬwɑ-/ ⟨ov ww⟩ [1] water geven, begieten, besprenkelen, bevochtigen ♦ *water the plants* de planten water geven [2] aanlengen, verdunnen, wateren, water doen bij ♦ *water down* aanlengen, verdunnen; ⟨fig⟩ afzwakken, verzwakken; *a watered-down version of the original* een verwaterde versie van het origineel; *watering milk* melk aanlengen [3] van water voorzien, bewateren, bespoelen, besproeien ♦ *London is watered by the Thames* door Londen stroomt de Theems [4] drenken, wateren ♦ *water the horses* de paarden drenken [5] ⟨voornamelijk voltooid deelwoord⟩ moireren, vlammen, wateren ♦ *watered silk* moiré [6] ⟨fin⟩ verwateren ⟨kapitaal⟩ ♦ *watering of capital* kapitaalverwatering

wa·ter·age /wɔːtərɪdʒ, ᴬwɔtərɪdʒ, ᴬwɑ-/ ⟨niet-telb zn⟩ ⟨BE⟩ [1] vervoer te water, watervervoer [2] vracht(kosten) voor watervervoer

water bailiff [telb zn] ⟨BE⟩ [1] douanebeambte in haven [2] ⟨gesch⟩ waterschout, visserijopzichter, dijkgraaf, watergraaf

wa·ter-based [bn] op waterbasis ⟨van verf bijvoorbeeld⟩

water bath [telb zn] waterbad ⟨ook scheikunde⟩, bain-marie

water bear [telb zn] ⟨dierk⟩ beerdiertje ⟨Tardigrada⟩

water bed [telb zn] waterbed

water beetle [telb zn] waterkever, watertor

water bird [telb zn] watervogel

water biscuit [telb zn] kaakje

water blister [telb zn] ⟨med⟩ waterspuit, waterblaas

water bloom [niet-telb zn] (water)kroos

wa·ter·board·ing [niet-telb zn] waterboarding ⟨verhoormethode waarbij een verdrinkingsdood wordt gesimuleerd⟩

water boatman [telb zn] ⟨dierk⟩ bootsmannetje ⟨Notonecta glanca⟩

wa·ter·borne [bn] [1] drijvend, vlot [2] over water vervoerd, zee- ♦ *waterborne trade* zeehandel [3] door (drinken van) water overgebracht ♦ *a waterborne disease* een door water overgebrachte ziekte [4] op waterbasis ⟨verf⟩

water bottle [telb zn] [1] (water)karaf [2] ⟨mil⟩ veldfles [3] ⟨wielersp⟩ bidon, ⟨België⟩ drinkbus

waterbottle cage [telb zn] ⟨wielersp⟩ bidonhouder, ⟨België⟩ drinkbushouder

wa·ter-bound [bn] [1] door water ingesloten [2] door water tegengehouden

water bowser [telb zn] watertank, tankwagen

wa·ter-brain [telb + niet-telb zn] draaiziekte ⟨bij schapen⟩

water brash [telb + niet-telb zn] (het) zuur, hartwater

water breaker [telb zn] ⟨scheepv⟩ vaatje ⟨voor drinkwater⟩

wa·ter-buck [telb zn] ⟨dierk⟩ ellipswaterbok ⟨Kobus ellipsiprymnus⟩

water buffalo [telb zn] ⟨dierk⟩ waterbuffel ⟨Bubalus arnee⟩, ⟨i.h.b.⟩ karbouw ⟨Bubalus (arnee) bubalis⟩

water bug [telb zn] ⟨dierk⟩ waterwants ⟨familie Belostomatidae⟩

water bus [telb zn] waterbus, watertram

water butt [telb zn] regenton, waterton, watervat

water cannon [telb zn] waterkanon, waterwerper

water carrier [telb zn] [1] waterdrager [2] vervoerder te water

¹**Water Carrier** [eigenn; the] ⟨astrol, astron⟩ (de) Waterman, Aquarius

²**Water Carrier** [telb zn] ⟨astrol⟩ Waterman ⟨iemand geboren onder dit sterrenbeeld⟩

water chestnut [telb zn] ⟨plantk, cul⟩ waternoot, waterkastanje ⟨Trapa natans⟩

water chute [telb zn] waterroetsjbaan

water clock [telb zn] waterklok

water closet [telb zn] watercloset

water cock [telb zn] waterkraan

¹**water colour** [telb zn] aquarel, waterverfschilderij

²**water colour** [niet-telb zn] [1] het aquarelleren [2] waterverf, aquarelverf

water colourist [telb zn] aquarellist

water colours [alleen mv] waterverf, aquarelverf

water compress [telb zn] ⟨med⟩ kompres, natte omslag

wa·ter-cooled [bn] watergekoeld

water cooler [telb zn] [1] koeltank ⟨voor drinkwater⟩ [2] waterkoeler

water cooler gossip [niet-telb zn] roddel in de gang ⟨bij de waterkoeler⟩, geroddel op de werkvloer

wa·ter-course [telb zn] [1] waterloop, stroom(pje) [2] waterbedding [3] ⟨marine⟩ walmgat, zoggat

water cracker [telb zn] [1] kaakje [2] ⟨techn⟩ glastraan

¹**wa·ter-craft** [telb zn; mv: watercraft] vaartuig

²**wa·ter-craft** [niet-telb zn] vaardigheid te water

water crane [telb zn] [1] waterpomp ⟨voor stoomlocomotief⟩ [2] hydraulische kraan

wa·ter-cress [niet-telb zn] ⟨plantk⟩ witte waterkers ⟨Nasturtium officinale⟩

water cure [telb zn] ⟨med⟩ waterkuur, watergeneeswijze

water diviner [telb zn] roedeloper, waterzoeker

water dog [telb zn] [1] waterhond [2] ⟨fig⟩ waterrot, ervaren zeeman

wa·ter-drink·er [telb zn] geheelonthouder

wa·ter-drop [telb zn] [1] waterdrup(pel) [2] traan

water dropwort [telb zn] ⟨plantk⟩ pijptorkruid ⟨Oenanthe fistulosa⟩

water engine [telb zn] [1] pompmachine [2] hydrauli-

water engineering

sche machine
water engineering [niet-telb zn] natte waterbouw
wa·ter·er /wɔːtrə, ᴬwɔtərər, ᴬwɑ-/ [telb zn] gieter
wa·ter·fall [telb zn] ⟨ook fig⟩ waterval
water feature [telb zn] waterornament
wa·ter·find·er [telb zn] roedeloper, waterzoeker
water flag [telb zn] ⟨plantk⟩ gele lis ⟨Iris pseudacorus⟩
water flea [telb zn] ⟨dierk⟩ watervlo ⟨genera Cladocera, Cyclops, Daphnia⟩
Wa·ter·ford glass /wɔtəfəd glɑːs, ᴬwɔtərfərd glæs, ᴬwɑ-/ [niet-telb zn] waterfordglas ⟨zeer klaar flintglas⟩
water fountain [telb zn] drinkfonteintje
¹**wa·ter·fowl** [telb zn; mv: ook waterfowl] watervogel
²**wa·ter·fowl** [verzameln] watergevogelte, watervogels, waterwild
wa·ter·front [telb zn; voornamelijk enk] waterkant ⟨van stadsdeel, enz.⟩, waterzijde ♦ *on the waterfront* aan de waterkant
water furrow [telb zn] ⟨landb⟩ greppel
wa·ter·fur·row [ov ww] ⟨landb⟩ draineren d.m.v. greppels
water gap [telb zn] bergkloof ⟨waar water door stroomt⟩
water garden [telb zn] ① tuin met waterplanten ② watertuin
water gas [niet-telb zn] watergas, blauwgas
water gate [telb zn] ① sluisdeur ② toegang over water
¹**water gauge, water gage** [telb zn] (water)peilglas
²**water gauge, water gage** [niet-telb zn] waterdruk ⟨als maat⟩
¹**water glass** [telb zn] ① wateruurwerk, waterklok, clepsydra ② waterglas ③ peilglas ④ watertelescoop
²**water glass** [niet-telb zn] ⟨scheik⟩ waterglas ⟨Na₂O.×SiO₂, natriumsilicaatoplossing⟩
water gruel [niet-telb zn] watergruwel
water hammer [niet-telb zn] waterslag ⟨in leidingen⟩
water haul [telb zn] mislukking, fiasco
wa·ter·head [telb zn] bron ⟨van een rivier⟩
water heater [telb zn] ① boiler, heetwatertoestel, heetwaterketel ② ⟨vnl AE⟩ geiser
water hemlock [telb zn] ⟨plantk⟩ waterscheerling ⟨Cicuta virosa⟩
water hen [telb zn] ⟨dierk⟩ waterhoen ⟨Gallinula chloropus⟩
water hog [telb zn] ⟨dierk⟩ waterzwijn ⟨Hydrochoerus capybara⟩
water hole [telb zn] ① waterpoel ② bijt ⟨in ijs⟩
water hyacinth [telb zn] ⟨plantk⟩ waterhyacint ⟨Eichhornia crassipes⟩
water ice [telb + niet-telb zn] waterijs
wa·ter·ing can, ⟨AE⟩ **watering pot** [telb zn] gieter
watering hole [telb zn] ① waterpoel ② ⟨sl; scherts⟩ kroeg
watering place [telb zn] ① waterplaats, wed, drenkplaats ② waterplaats ⟨voor waterinname⟩ ③ kuuroord, badplaats
watering trough [telb zn] drinkbak, (water)trog
wa·ter·ish /wɔːtərɪʃ, ᴬwɔtərɪʃ, ᴬwɑ-/ [bn; zn: ~ness] waterig, waterachtig
water jacket [telb zn] ⟨techn⟩ watermantel, koelmantel ⟨voornamelijk van verbrandingsmotor⟩
water jump [telb zn] ① ⟨paardsp⟩ sloot(sprong) ② ⟨atl⟩ sloot, waterbak, ⟨België⟩ beek
water kelpie [telb zn] ⟨SchE⟩ watergeest
wa·ter-laid [bn] gedraaid uit drie drievoudige strengen ⟨touw⟩
water lane [telb zn] vaargeul, doorgang
wa·ter·less /wɔːtələs, ᴬwɔtər-, ᴬwɑ-/ [bn] waterloos, zonder water, droog
water level [telb zn] ① waterstand, waterpeil, waterniveau ② grondwaterpeil ③ waterpas

water lily [telb zn] waterlelie ⟨genus Nymphaea⟩
water line [telb zn] ① waterlijn ⟨van schip⟩ ♦ *light water line* waterlijn van ongeladen schip ② watermerk, waterlijn
wa·ter·log [ov ww] ① vol water doen lopen ⟨schip⟩ ② met water doortrekken ⟨grond, hout⟩
Wa·ter·loo /wɔːtəluː, ᴬwɔtərluː, ᴬwɑ-/ [telb zn; voornamelijk enk] (verpletterende) nederlaag, beslissende slag ♦ *meet one's Waterloo* verpletterend verslagen worden
water main [telb zn] hoofdleiding ⟨van waterleiding⟩
wa·ter·man /wɔːtəmən, ᴬwɔtər-, ᴬwɑ-/ [telb zn; mv: watermen /-mən/] ① veerman, schuitenvoerder, jollenman ② roeier ③ watergeest
wa·ter·man·ship /wɔːtəmənʃɪp, ᴬwɔtər-, ᴬwɑtər-/ [niet-telb zn] ⟨roei- en zeilsp⟩ roeivaardigheid, zeilvaardigheid, roeikunst, zeilkunst
¹**wa·ter·mark** [telb zn] ① watermerk ⟨in papier⟩ ② waterpeil ③ waterlijn
²**wa·ter·mark** [ov ww] watermerken, van watermerk voorzien ⟨papier⟩
water meadow [telb zn] uiterwaard
wa·ter·mel·on [telb + niet-telb zn] ⟨plantk⟩ watermeloen ⟨Citrullus vulgaris⟩
water meter [telb zn] watermeter, hydrometer
water mill [telb zn] watermolen
water mint [niet-telb zn] ⟨plantk⟩ watermunt, balsemkruid ⟨Mentha aquatica⟩
water mocassin [telb zn] ⟨dierk⟩ watermocassinslang ⟨Agkistrodon piscivorus⟩
water mole [telb zn] ⟨AuE; dierk⟩ vogelbekdier ⟨Ornithorhynchus anatinus⟩
water moth [telb zn] ⟨dierk⟩ kokerjuffer ⟨orde Trichoptera⟩
water nymph [telb zn] waternimf, najade
water ordeal [telb zn] waterproef
water ouzel [telb zn] ⟨dierk⟩ waterspreeuw ⟨Cinclus cinclus⟩
water parsnip [niet-telb zn] ⟨plantk⟩ grote watereppe ⟨Sium latifolium⟩
water parting [telb zn] → **watershed**
water pepper [telb zn] ⟨plantk⟩ waterpeper, bitterplant, bittertong ⟨Polygonum hydropiper⟩
water pheasant [telb zn] ⟨dierk⟩ grote zaagbek ⟨Mergus merganser⟩
water pipe [telb zn] ① water(leiding)pijp ② waterpijp, nargileh ⟨Turks⟩, hookah ⟨Indisch⟩
water pipit [telb zn] ⟨dierk⟩ waterpieper ⟨Anthus spinoletta⟩
water pistol [telb zn] waterpistool
water plane [telb zn] ① watervliegtuig, hydroplaan ② doorsnede van schip ⟨langs waterlijn⟩
water plantain [telb zn] ⟨plantk⟩ waterweegbree ⟨genus Alisma⟩
water plate [telb zn] warmwaterbord
water platter [telb zn] Victoria (regia) ⟨reuzenwaterlelie⟩
water polo [niet-telb zn] waterpolo
wa·ter·pot [telb zn] ① waterkan ② gieter
wa·ter·pow·er [niet-telb zn] waterkracht, hydraulische kracht
¹**wa·ter·proof** [telb zn] ⟨vnl BE⟩ (waterdichte) regenjas
²**wa·ter·proof** [telb + niet-telb zn] waterdicht materiaal
³**wa·ter·proof** [bn; zn: waterproofness] waterdicht
⁴**wa·ter·proof** [ov ww] waterdicht maken
wa·ter·quake [telb zn] zeebeving
water rail [telb zn] ⟨dierk⟩ waterral ⟨Rallus aquaticus⟩
water ram [telb zn] waterram, hydraulische ram/pers
water rat [telb zn] → **water vole**
water rate [telb zn] ⟨BE⟩ waterleidingrekening
wa·ter-re·pel·lent [bn] waterafstotend

water-resistant [bn] bestand tegen water, ⟨oneig⟩ waterdicht

wa·ter-ret, wa·ter-rot [ov ww] roten ⟨in water⟩

wa·ters /wɔːtəz, ᴬwɔtərz, ᴬwɑ-/ [alleen mv] ① (territoriale) wateren ♦ *in British waters* in Britse wateren ② water ⟨van een rivier⟩, stroom, wetering, vliet ③ mineraal water, ⟨fig⟩ (water)kuur ♦ *drink/take the waters* een kuur doen ④ ⟨form⟩ zeegebied, plas, zeeën ♦ *cross the waters* de zee/oceaan oversteken ⑤ ⟨inf⟩ waterverfschilderijen, aquarellen ⑥ ⟨the⟩ (vrucht)water ♦ *the waters broke and soon the child was born* het water brak en het kind werd spoedig geboren • *waters of forgetfulness* vergetelheid; dood; *muddy/stir the waters* roet in het eten gooien, de boel in de war schoppen; ⟨sprw⟩ *still waters run deep* stille waters hebben diepe gronden

wa·ter·scape [telb zn] watergezicht, zeegezicht

water scorpion [telb zn] ⟨dierk⟩ waterschorpioen ⟨Nepa cinerea⟩

water seal [telb zn] waterafsluiter, waterslot

water set [telb zn] waterstel

wa·ter·shed, ⟨in betekenis 1 ook⟩ **water parting** [telb zn] ① waterscheiding ② ⟨fig⟩ keerpunt

wa·ter·shoot [telb zn] waterafvoerbuis, watergoot

wa·ter·side [niet-telb zn; the] waterkant, wal(kant), oever ♦ *along the waterside* langs de waterkant; *by the waterside* aan de waterkant

water skater, water strider [telb zn] ⟨dierk⟩ schaatsenrijder ⟨roofwants; familie Gerridae⟩

water ski [telb zn] waterski

wa·ter-ski [onov ww] waterskiën

water snake [telb zn] ⟨dierk⟩ ringslang ⟨genus Natrix⟩

water softener [telb zn] waterontardingsapparaat

water soldier [telb zn] ⟨plantk⟩ krabbenscheer, wateraloë, waterbitter, schepenmoerasaloë, waterster, ruiterkruid ⟨Stratiotes aloides⟩

wa·ter-sol·u·ble [bn] in water oplosbaar

water souchy /wɔːtəsuːʃi, ᴬwɔtərsuːʃi, ᴬwɑ-/ [telb zn] waterzootje, waterbaars, waterbot, waterzalm

water spaniel [telb zn] waterhond

water spider [telb zn] ⟨dierk⟩ waterspin ⟨Argyroneta aquatica⟩

wa·ter·splash [telb zn] ondergelopen stuk weg

water sports [alleen mv] watersport

wa·ter·spout [telb zn] ① waterspuwer, spuier, gargouille ② waterhoos

water sprite [telb zn] watergeest

water starwort [telb zn] ⟨plantk⟩ sterrenkroos, haarsteng ⟨genus Callitriche⟩

water station [telb zn] ⟨atl⟩ waterpost ⟨bij marathon of snelwandelen⟩

water supply [niet-telb zn] ① watervoorziening ② wateraanvoer ③ watervoorraad

water table [telb zn] ① grondwaterspiegel ② kroonlijst

water thyme [niet-telb zn] ⟨plantk⟩ brede waterpest ⟨Elodea canadensis⟩

water tiger [telb zn] ⟨dierk⟩ larve van de waterroofkever ⟨genus Dytiscus⟩

wa·ter·tight [bn; zn: watertightness] ⟨ook fig⟩ waterdicht ♦ *watertight agreement* waterdichte afspraak; *watertight compartment* waterdichte ruimte ⟨bijvoorbeeld in schip⟩; ⟨fig⟩ *in watertight compartments* geïsoleerd, afgezonderd

water torture [telb zn] marteling ⟨door onophoudelijk geluid van druipend water⟩

water tower [telb zn] ① watertoren ② uitschuifbare brandladder

water treader [telb zn] ⟨dierk⟩ waterloper ⟨kever; familie Mesoveliidae⟩

water trefoil [telb zn] ⟨plantk⟩ waterdrieblad, waterklaver ⟨Menyanthes trifoliata⟩

water vapour [niet-telb zn] waterdamp

water vole, water rat [telb zn] ⟨dierk⟩ waterrat ⟨Arvicola amphibius⟩

water wagon [telb zn] sproeiwagen • *go on the water wagon* geheelonthouder worden

water wagtail [telb zn] ⟨dierk⟩ rouwkwikstaart ⟨Motacilla alba yarrellii⟩

wa·ter·ward /wɔːtəwəd, ᴬwɔtərwərd, ᴬwɑ-/, **wa·ter·wards** /wɔːtəwədz, ᴬwɔtərwərdz, ᴬwɑ-/ [bw] waterwaarts

wa·ter·way [telb zn] ① waterweg ② vaarwater ③ watergang ⟨van schip⟩

wa·ter·weed [telb zn] ⟨plantk⟩ waterpest ⟨genus Elodea⟩

water wheel [telb zn] waterrad, molenrad, scheprad

water wings [alleen mv] (zwem)vleugels

water witch [telb zn] ⟨AE⟩ ① roedeloper ② watergeest, nix(e)

wa·ter·works [alleen mv] ① waterleiding(bedrijf) ② ⟨inf⟩ waterlanders, tranen ♦ *turn on the waterworks* beginnen te blèren, in tranen uitbarsten ③ ⟨inf⟩ (werking van de) blaas

wa·ter·y /wɔːtri, ᴬwɔtəri, ᴬwɑ-/ [bn; vergr trap: waterier; zn: wateriness] ① waterachtig, water- ② doorweekt, vol water ③ waterig, smakeloos ♦ *watery vegetables* waterachtige groenten ④ waterig, nat, vochtig, tranend ♦ *watery eye* waterig oog, traanoog ⑤ (te sterk) verdund, waterig, slap ⑥ slap, waterig, zwak, verwaterd, flauw, zonder pit ⑦ verbleekt ⟨kleur⟩, bleek ⑧ regenachtig, regen- ⑨ waterrijk ♦ *watery grave* zeemansgraf; *watery waste* troosteloze watervlakte

Wat·son /wɒtsn, ᴬwɑtsn/ [eignm, telb zn] Watson, sufferd ⟨metgezel van genie⟩

wat·son·ia /wɒtsoʊniə, ᴬwɑt-/ [telb zn] ⟨plantk⟩ watsonia ⟨irisachtige; genus Watsonia⟩

watt /wɒt, ᴬwɑt/ [telb zn] watt

wat·tage /wɒtɪdʒ, ᴬwɑtɪdʒ/ [niet-telb zn] wattverbruik, wattage

Wat·teau back /wɒtoʊ bæk, ᴬwɑtoʊ-/ [telb zn] geplooide rug à la Watteau ⟨van japon⟩

Watteau bodice [telb zn] lijfje à la Watteau ⟨met vierkante halsuitsnijding en pofmouwen⟩

Watteau hat [telb zn] hoed à la Watteau ⟨met brede rand en bloemen⟩

watt-hour [telb zn] wattuur

¹**wat·tle** /wɒtl, ᴬwɑtl/ [telb zn] ① lel, halskwab ⟨voornamelijk van vogels⟩ ② baard ⟨van vis⟩ ③ ⟨gew⟩ (tenen) hindernis, horde, hek

²**wat·tle** /wɒtl, ᴬwɑtl/ [telb + niet-telb zn] ⟨plantk⟩ (Australische) acacia ⟨genus Acacia⟩

³**wat·tle** /wɒtl, ᴬwɑtl/ [niet-telb zn] ① hordewerk, gevlochten rijswerk ♦ *wattle and da(u)b* met leem opgevuld vlechtwerk ② twijgen, tenen ⟨voor hordewerk⟩ ③ acaciaschors ⟨looimiddel⟩

⁴**wat·tle** /wɒtl, ᴬwɑtl/ [ov ww] ① vlechten, dooreenstrengelen ② van tenen/twijgen maken ③ met (tenen) vlechtwerk bedekken

wat·tle-and-daub, wat·tle-and-dab [bn, attr] van tenen en leem ♦ *a wattle-and-daub hut* een hut van tenen en leem, een hut van vitselwerk

wat·tled /wɒtld, ᴬwɑtld/ [bn] ① met een lel/halskwab ⟨voornamelijk van vogels⟩ ② met een baard ⟨van vis⟩

wat·tles /wɒtlz, ᴬwɑtlz/ [alleen mv] twijgen, tenen ⟨voor hordewerk⟩

wat·tle·work [niet-telb zn] hordewerk

watt·me·ter [telb zn] wattmeter

waul, wawl /wɔːl/ [onov ww] krollen, janken ⟨van kat⟩

WAV [niet-telb zn] ⟨comp⟩ (waveform audio format) WAV ⟨formaat van audiobestanden⟩

¹**wave** /weɪv/ [telb zn] ① golf ⟨ook figuurlijk⟩, baar, roller,

wave

waterberg, gulp, vloed, ⟨fig⟩ opwelling ♦ ⟨natuurk⟩ *travelling wave* lopende golf; *wave of violence* golf/stroom van geweld [2] (haar)golf, golving [3] wuivend gebaar, gewuif [4] golf(beweging), verkeersgolf, aanvalsgolf [5] golflijn, vlam ⟨van stof⟩ ♦ *attack in waves* in golven aanvallen [6] ⟨techn⟩ golf(lengte)·⟨AE⟩ *make waves* moeilijkheden veroorzaken, problemen geven; ⟨form⟩ *the wave(s)* de zee/golven/baren

²**wave** /weɪv/ [onov ww] [1] golven, wuiven, fluctueren [2] wapperen ⟨van vlag⟩

³**wave** /weɪv/ [onov + ov ww] [1] wuiven, toewuiven, zwaaien ♦ ⟨fig⟩ *wave sth. aside* iets van tafel vegen; *wave at s.o.* naar iemand zwaaien; *wave s.o. away/off* iemand gebaren weg te gaan; *wave down a car* een auto gebaren te stoppen; *wave s.o. goodbye* iemand uitwuiven; *wave one's hand to s.o.* naar iemand zwaaien; *wave s.o. on* iemand gebaren verder te gaan; *wave to s.o.* naar iemand wuiven/gebaren [2] krullen, onduleren, golven ♦ *she waved her hair* zij krulde haar haar

⁴**wave** /weɪv/ [ov ww] [1] doen golven [2] doen wapperen [3] wateren, moireren ⟨zijde⟩

Wave /weɪv/ [telb zn] ⟨AE⟩ vrouwelijke vrijwilliger ⟨zie WAVES⟩

wave·band [telb zn] ⟨elek⟩ (golf)band

wave equation [telb zn] ⟨natuurk, wisk⟩ golfvergelijking

wave·form [telb zn] golfvorm

wave front [telb zn] ⟨natuurk⟩ golffront

wave function [telb zn] ⟨natuurk⟩ golffunctie ⟨ψ⟩

wave-guide [telb zn] ⟨techn⟩ golfgeleider

wave·length [telb zn] ⟨techn⟩ golflengte ⟨λ; ook figuurlijk⟩ ♦ *be on the same wavelength* op dezelfde golflengte zitten ⟨voornamelijk figuurlijk⟩

wave·less /weɪvləs/ [bn; bw: ~ly] rimpelloos, zonder golven, kalm, glad

wave·let /weɪvlɪt/ [telb zn] golfje, rimpel

wave lift [telb zn] ⟨zweefvliegen⟩ golfstijgwind

wave mechanics [alleen mv; werkwoord ook enk] ⟨natuurk⟩ golfmechanica

wave number [telb zn] ⟨natuurk⟩ golfnummer

wave power [niet-telb zn] golfenergie

¹**wa·ver** /weɪvə, ᴬ-ər/ [telb zn] [1] wuiver [2] onduleerder [3] haarkruller [4] ⟨AE; sl⟩ overdreven patriot [5] ⟨AE; sl⟩ overdreven patriottisch boek/lied/toneelstuk

²**wa·ver** /weɪvə, ᴬ-ər/ [telb + niet-telb zn] [1] wankeling [2] aarzeling, weifeling [3] flikkering

³**wa·ver** /weɪvə, ᴬ-ər/ [onov ww] [1] wankelen, waggelen [2] onzeker worden, zweven, beven [3] weifelen, aarzelen, onvast worden ♦ *waver between* aarzelen tussen [4] wijken ⟨van troepen⟩ [5] flikkeren ⟨van licht⟩, flakkeren ⟨van kaars⟩ [6] schommelen, variëren; → **wavering**

wa·ver·er /weɪvərə, ᴬ-ər/ [telb zn] weifelaar(ster)

wa·ver·ing /weɪvrɪŋ/ [bn; tegenwoordig deelw van waver; bw: ~ly] [1] wankelend [2] weifelend

wa·ver·y /weɪvri/ [bn] wankelend, onvast

WAVES /weɪvz/ [afk] ⟨AE⟩ (Women Accepted for Volunteer Emergency Service)

¹**wave·ski** [niet-telb zn] waveski ⟨kano waar men bovenop zit, met peddel⟩

²**wave·ski** [onov ww] waveskiën, brandingkanoën, brandingkanovaren ⟨op een waveski⟩

wave theory [niet-telb zn] golftheorie ⟨ook taalkunde⟩

¹**wa·vy, wa·vey** /weɪvi/ [bn] ⟨dierk⟩ rossneeuwgans ⟨Anser/Chen rossii⟩

²**wa·vy** /weɪvi/ [bn; vergr trap: wavier; bw: wavily; zn: waviness] golvend, deinend

wa·wa /wɑːwɑː/ [telb zn] ⟨muz⟩ sourdineklank ⟨van trompet⟩

wawl [onov ww] → **waul**

¹**wax** /wæks/ [telb zn] [1] ⟨inf⟩ ± zwarte schijf, ± (grammofoon)plaat [2] ⟨sl⟩ woedeaanval, slecht humeur ♦ *get into a wax* woedend worden; *be in a wax* woedend zijn; *put s.o. in a wax* iemand woedend maken

²**wax** /wæks/ [niet-telb zn] [1] (bijen)was ♦ ⟨fig⟩ *be wax in s.o.'s hands* als was in iemands handen zijn; *lost wax* cire perdue; *mould s.o. like wax* iemand vormen/kneden als was [2] (boen)was, boenmiddel [3] lak [4] oorsmeer·⟨inf⟩ *put on wax* op de plaat zetten

³**wax** /wæks/ [onov ww] [1] wassen, opkomen ⟨van water⟩ ♦ ⟨fig⟩ *wax and wane* toenemen en afnemen [2] ⟨form⟩ wassen, groeien, toenemen ⟨voornamelijk van maan⟩ [3] ⟨vero⟩ worden ♦ *wax angry/merry* kwaad/blij worden; → **waxing**

⁴**wax** /wæks/ [ov ww] [1] in de was zetten, met was behandelen, wrijven, boenen, wassen ♦ *waxed end* wasdraad; *wax one's moustache* zijn snor opstrijken met was; *waxed paper* waspapier [2] ontharen/epileren met was [3] opnemen ⟨voor grammofoonplaat⟩ [4] ⟨AE; sl⟩ overtreffen [5] ⟨AE; sl⟩ overwinnen, verpletterend verslaan, afmaken; → **waxing**

waxbean [telb zn] → **waxpod**

wax·ber·ry /wæksbri, ᴬ-beri/ [telb zn] ⟨plantk⟩ [1] vrucht van wasboom [2] → **wax myrtle**

wax·bill [telb zn] ⟨dierk⟩ prachtvink ⟨genus Estrilda⟩

waxbird [telb zn] → **waxwing**

wax candle [telb zn] waskaars

wax cloth [niet-telb zn] wasdoek, waslinnen

wax·en /wæksn/ [bn] [1] glad als was [2] week als was [3] ⟨vero⟩ van was, wassen

wax end [telb zn] [1] wasdraad [2] pekdraad ⟨van schoenmaker⟩

wax·flow·er [telb zn] [1] wasbloem, kunstbloem [2] ⟨plantk⟩ bruidsbloem, stefanotis ⟨Stephanotis floribunda⟩

wax·ing /wæksɪŋ/ [niet-telb zn; gerund van wax] epilatie/ontharing met was

wax insect [telb zn] ⟨dierk⟩ (was)schildluis ⟨Ericerus pela⟩

wax light [telb zn] waslicht, waskaars

wax myrtle, waxberry, wax tree [telb zn] ⟨plantk⟩ wasboom, wasgagel ⟨Myrica cerifera⟩

wax painting [niet-telb zn] wasschilderkunst

wax palm [telb zn] ⟨plantk⟩ [1] waspalm ⟨Ceroxylon andicola⟩ [2] carnaubapalm, waspalm ⟨Copernica cerifera⟩

wax paper [niet-telb zn] waspapier, vetvrij papier

wax pocket [telb zn] waskliertje ⟨van bij⟩

waxpod, waxpod bean, wax bean [telb zn] ⟨plantk⟩ wasboon, gele boon ⟨Phaseolus vulgaris⟩

wax tablet [telb zn] wastafeltje

wax tree [telb zn] ⟨plantk⟩ [1] rhus, sumale ⟨Rhus succedanea⟩ [2] → **wax myrtle**

wax·wing, wax·bird [telb zn] ⟨dierk⟩ pestvogel ⟨Bombycilla garrulus⟩

¹**wax·work** [telb zn] wassen beeld, wasmodel

²**wax·work** [niet-telb zn] [1] wassen beelden [2] wasboetseerkunst

wax worker [telb zn] wasboetseerder

wax·works [alleen mv] wassenbeeldententoonstelling, wassenbeeldenmuseum

wax·y /wæksi/ [bn; vergr trap: waxier; bw: waxily; zn: waxiness] [1] wasachtig [2] wasbleek [3] glazig ⟨van aardappelen⟩ [4] ⟨sl⟩ woedend, opvliegend

¹**way** /weɪ/ [telb zn] [1] weg ⟨ook in straatnamen; ook figuurlijk⟩, baan, pad, lijn, (normale) loop/gang ♦ *across the way* aan de overkant (van de weg); *Appian Way* Via Appia; *it's all in the way of business* dat hoort nu eenmaal bij zaken; ⟨fig⟩ *it is not in my way* het ligt niet op mijn weg; *over the way* aan de overkant (van de weg); *that's the way* zo gaat het nu eenmaal [2] route, weg ♦ *ask the way* de weg vragen; *by the way* onderweg; *go s.o.'s way* met iemand oplopen; ⟨fig⟩ *things are going his way* het gaat hem goed, het

zit hem mee; *way home* thuisreis, weg naar huis; *way in* ingang; *lead the way* de weg wijzen, voorgaan, een voorbeeld geven; leiden tot; *lose the/one's way* verdwalen, de weg kwijtraken; *on the way out* op weg naar buiten, ⟨inf, fig⟩ uit (de mode) rakend, minder in zwang; (uit)stervend; *(be) on your way!* wegwezen!; *spring is on its way* de lente is in aantocht; *we're on our/the way* we komen eraan, we zijn onderweg; ⟨inf⟩ *our child is on the way* ons kind is op komst ⟨ongeboren kind⟩; *(go) on one's/the way (to)* op weg (gaan naar); *better weather is on the way* er is beter weer op komst; *way out* uitgang; ⟨fig⟩ uitweg; *out of the way* ver weg, afgelegen; *out of one's way* van de weg af(geraakt), niet op de route; *it won't take you far out of your way* je hoeft er niet ver voor om (te rijden); *pave the way (for sth./s.o.)* de weg banen/effenen, het mogelijk/gemakkelijk maken (voor iets/iemand) ⟨ook figuurlijk⟩; *pay one's way* geen schulden maken, zonder verlies werken; zijn eigen kosten (kunnen) betalen; *pay one's way through college* zelf zijn universiteitsstudie (kunnen) betalen; *pick one's way* voorzichtig een weg zoeken; ⟨fig⟩ behoedzaam te werk gaan; *point the way* de weg wijzen ⟨ook figuurlijk⟩; *snake one's way (through)* zich kronkelend een weg banen (door); *wend one's way* gaan, lopen; ⟨fig⟩ *work one's way* zich een weg banen, vooruitkomen; *work one's way to Sweden* al werkend naar Zweden trekken; *work one's way through college* werkstudent zijn; *work one's way through a novel* zich door een roman heen werken 3 manier ⟨van doen enz.⟩, wijze, vaste manier, ⟨vaak mv⟩ gewoonte, gebruik, ⟨pej⟩ hebbelijkheid ♦ *one way and another* alles bij elkaar (genomen), het een met het ander; *he does not care one way or another* het laat hem koud; *one way or another/the other* op de een of andere manier; *in a big way* op grote schaal; grandioos; met enthousiasme; *the way to do sth.* de (beste) manier om iets te doen; *do sth. a certain way* iets op een bepaalde manier doen; *fall into evil/bad ways* slechte gewoonten krijgen; ⟨fig⟩ *find a way* een manier vinden, er raad op weten; *don't get into the way of spending too much money* maak er geen gewoonte van om te veel geld uit te geven; *the good old ways* de goede oude gewoontes, de goede oude tijd; *have a way of doing sth.* de gewoonte hebben/er een handje van hebben iets te doen; *it's not her way to lie* het is niet haar gewoonte om te liegen, zij liegt nooit; *it's only his way* zo is hij nu eenmaal; *in its way* in zijn soort; *in this way* op deze manier, zo; *way of life* levenswijze; *mend one's ways* zijn leven beteren; *play it one's (own) way* het op z'n eigen manier doen, z'n eigen zin doen; *go the right way about sth.* iets op de juiste wijze aanpakken; *set in one's ways* met vast(geroest)e gewoontes; *the way I see it* zoals ik het zie; *the way John does it* zoals John het doet; *it's disgusting the way you eat this* het is afgrijselijk zoals je dit opeet; *way of thinking* denktrant, denkwijze; *to her way of thinking* naar haar mening, volgens haar; ⟨inf⟩ *there are/is no two ways about it* er is geen twijfel (over) mogelijk; *go the wrong way about sth.* iets verkeerd aanpakken 4 richting, kant, zijde ♦ *drop in when you are our way* wip binnen als je in de/ onze buurt bent; *the other way around* andersom, omgekeerd; *that manuscript came his way* het manuscript viel hem in handen/kwam onder zijn ogen; *come/fall (in) s.o.'s way* iemand ten deel vallen; *such opportunities don't often come/happen/pass your way* zulke kansen krijg je niet vaak, zulke kansen doen zich niet vaak voor; *look the other way* de andere kant opkijken, een oogje dichtdoen ⟨ook figuurlijk⟩; ⟨inf⟩ *somewhere Reading way* ergens in de buurt van Reading; *send s.o.'s way* in iemands richting sturen; *step this way, please* komt u verder; hierheen, graag; *I don't know which way to turn* ik weet niet welke kant ik op moet, ik weet me geen raad 5 opzicht, aspect, punt ♦ *better every way* in alle opzichten beter; *in a way* in zekere zin, tot op zekere hoogte; *in no way* helemaal niet; *in more ways than one* in meerdere opzichten; *no way better* geenszins/

in geen enkel opzicht beter 6 ⟨enkelvoud⟩ afstand, eind, stuk ♦ *all the way* de gehele weg, het hele stuk; helemaal, tot het (bittere) einde; *go all the way* het echt doen, met iemand neuken; *go a long way with s.o.* ver met iemand meegaan; ⟨fig⟩ het in grote trekken met iemand eens zijn; *go a long way to meet s.o.* iemand een heel eind tegemoetkomen ⟨ook figuurlijk⟩; *a long way away/off* een heel eind weg, ver weg; *your birthday is still a long way off* je bent nog lang niet jarig; *a long way off perfection* verre van volmaakt 7 ⟨enkelvoud⟩ toestand, gesteldheid, staat ♦ ⟨BE; inf⟩ *in a (great) way* opgewonden; *be in the same way* er net zo aan toe zijn 8 *any way* in ieder geval, hoe dan ook, toch; *a way around* een omweg; ⟨inf⟩ *they were laughing all the way to the bank* zij streken een vette winst op; ⟨sl⟩ *be that way about each other* verliefd op elkaar zijn; *both ways* supertrio- ⟨van weddenschap op paard⟩; *by the way* terloops, tussen haakjes, trouwens, overigens, à propos; ⟨AE; inf⟩ *that's the way the cookie crumbles* zo gaat het nu eenmaal; *the Way of the Cross* de kruisweg; *cut both/two ways* goede en slechte gevolgen hebben ⟨van daad⟩; beide partijen steunen; ⟨BE⟩ *each way* supertrio- ⟨van weddenschap⟩; *go the way of all the earth* de weg van al het aardse gaan ⟨Jozua 23:14⟩; sterven; *eat one's way through* (helemaal) met moeite opeten; *either way* hoe dan ook; ⟨AE; inf⟩ *every which way* overal, in alle hoeken en gaten; verward, door elkaar; *feel one's way* op de tast/het gevoel gaan; ⟨fig⟩ aftasten, voorzichtig proberen, voorzichtig te werk gaan; *find one's way to* zijn weg vinden naar; *find its/one's/the way* aankomen ⟨ter bestemming⟩; bereiken, zijn bestemming vinden; *go the way of all flesh* de weg van alle vlees gaan, sterven; *get one's (own) way* zijn zin krijgen, doen wat men wil; *go one's way* weggaan, zijns weegs gaan, opstappen; ⟨fig⟩ *go one's own way* zijn eigen weg gaan; *go out of one's/the way* zijn (uiterste) best doen, moeite doen, zich uitsloven; *she's going out of her way to help/insult me* ze doet erg/flink haar best om me te helpen/beledigen; *have one's way* zijn zin krijgen; *have it both ways* het een én het ander zeggen/ doen, van beide kanten profiteren; *have a way with one* met mensen om kunnen gaan, mensen voor zich in weten te nemen; *let him have his own way* geef hem zijn zin, laat hem zijn zin doordrijven, laat hem zijn eigen gang gaan; *have (it) one's (own) way* zijn zin krijgen, doen wat men wil; *you can't have it both ways* óf het een óf het ander; *have one's way with a woman* zijn zin doordrijven bij een vrouw ⟨met als resultaat: het bed⟩; *have a way with elderly people* met ouderen om weten te gaan; ⟨BE⟩ *once in a way* hoogst zelden, zo af en toe; *ways and means* financiën, geldmiddelen; wetgeving, methoden en middelen om de regering inkomsten te verschaffen; *have ways and means of getting sth.* de juiste wegen weten om iets (gedaan) te krijgen; *go the way of nature* sterven; ⟨AE; inf⟩ *no way!* geen sprake van!; *out of the way* bijzonder, speciaal, ongewoon, extreem; illegaal, immoreel, verkeerd; kwijt, verloren; *they had done nothing out of the way* zij hadden niets bijzonders/extreems/verkeerds gedaan; ⟨inf⟩ *he cannot punch his way out of a paper bag* hij is een slapjanus; *see one's way (clear) to doing sth.* wel een kans/mogelijkheid zien/zijn kans schoon zien om iets te doen; *I don't see my way to getting you that job* ik zie niet hoe ik jou dat baantje zou kunnen bezorgen; ⟨sl⟩ *forty ways for/from/to Sunday* alle kanten op; ⟨sl⟩ *swing both ways* biseksueel zijn; *take one's own way* zijn eigen weg gaan, zijn eigen zin doen; *take one's way (to/towards)* vertrekken/op weg gaan (naar); *wind one's way into s.o.'s affections* bij iemand in de gunst proberen te komen; *that's the way of the world* zo gaat het nu eenmaal (in de wereld); ⟨sprw⟩ *there are more ways of killing a dog than hanging him* men kan de hond wel dood krijgen, al hangt men hem niet op; ⟨sprw⟩ *the way to a man's heart is through his stomach* de weg naar het hart van de man gaat door de maag; ⟨sprw⟩ *there are more ways of killing a cat than by chok-*

ing it with cream men kan de kat wel dood krijgen, al hangt men hem niet op; ⟨sprw⟩ *better to ask the way than go astray* ± men kan beter tweemaal vragen dan éénmaal het spoor bijster worden; ⟨sprw⟩ *the longest way round is the nearest/shortest way home* een goed pad krom loopt niet om; ⟨sprw⟩ *love will find a way* liefde zoekt list; ⟨sprw⟩ *pouring oil on fire is not the way to quench it* men moet geen olie op het vuur gooien; ⟨sprw⟩ *the shortest way round is the longest way home* ± de kortste omweg is de langste weg naar huis; ⟨sprw⟩ *a straw will show which way the wind blows* ± ogenschijnlijk onbelangrijke dingen kunnen aangeven wat er gaat gebeuren; ⟨sprw⟩ *it's as well to know which way the wind blows* het is goed om te weten uit welke hoek de wind waait; ⟨sprw⟩ *where there is a will there's a way* waar een wil is, is een weg

²**way** /weɪ/ [niet-telb zn] ① (voort)gang, vooruitgang, snelheid, vaart ♦ ⟨vnl scheepv⟩ *be under way* onderweg zijn, onder stoom/zeil zijn, varen; *gather way* vaart krijgen ⟨van schip⟩; ⟨vnl scheepv⟩ *get under way* onder zeil gaan, vertrekken, afvaren, op gang komen; ⟨vnl scheepv⟩ *have way on* onderweg zijn, onder stoom/zeil zijn, varen; ⟨scheepv⟩ *lose way* vaart minderen, snelheid minderen; *under way* in beweging, aan de gang; ⟨scheepv⟩ varend, onderweg; *negotiations are well under way* onderhandelingen zijn in volle gang ② ruimte ⟨ook figuurlijk⟩, ruim baan, plaats, gelegenheid ♦ *clear the way* de weg banen/vrijmaken ⟨ook figuurlijk⟩; ruim baan maken; *force one's way (through/to)* zich een weg banen (door/naar); *give way* toegeven, meegeven ⟨ook figuurlijk⟩; wijken, voorrang geven/verlenen; doorzakken, bezwijken; bakzeil halen; opgeven; *give way to* toegeven aan, bezwijken voor, wijken voor; overgaan in ⟨bijvoorbeeld een ander type landschap⟩; *in one's way* in de weg; *get in the way (of sth./s.o.)* (iets/iemand) in de weg zitten; *make way for* plaats/ruimte maken voor; *out of the/one's way* uit de weg ⟨ook figuurlijk⟩; *put s.o. out of the way* iemand uit de weg ruimen; *get sth. out of the way* iets uit de weg ruimen, iets afhandelen; *put sth. (in) s.o.'s way* iemand helpen iets te bemachtigen, iemand aan iets helpen; *put s.o. in the way of a house* iemand aan een huis helpen; *put s.o. in the way of (doing) sth.* iemand op weg helpen (met iets), iemand in de gelegenheid stellen (iets te doen), het iemand mogelijk maken (iets te doen); *stand in the way* in de weg staan; tegenhouden ③ (werk)gebied, branche, lijn, ⟨in samenstellingen vaak⟩ -handel ♦ *be/come/fall/lie in one's way* in zijn lijn liggen, iets/interessant voor iemand zijn; *that's out of my way* dat is niets voor mij; dat is mijn vak niet; *oil is out of his way* hij zit niet in de oliehandel ④ *by way of* via; door middel van; bij wijze van; als; gewoonlijk; *by way of a joke* voor de grap, als grap; *by way of Brighton* via Brighton; *by way of business* voor zaken; *by way of a change* voor de verandering; *by way of finding sth.* teneinde/om iets te vinden; *he's by way of reading a lot* hij geeft voor/pretendeert veel te lezen; *he's by way of being a musician* hij is in zekere zin een muzikant; *she's by way of being very helpful* zij is altijd zeer hulpvaardig; *she's not by way of getting up early* zij staat gewoonlijk niet vroeg op; *use a piece of glass by way of knife* een stuk glas als mes gebruiken; *give way hard(er)* roeien, uithalen; *go somewhere in the way of business* ergens voor zaken heengaan; *make way* vooruitgang boeken, opschieten, vooruitkomen ⟨ook figuurlijk⟩; *make one's way somewhere* ergens heen gaan; *make one's (own) way (in life/the world)* zijn weg (door het leven) vinden, in de wereld vooruitkomen/succes hebben

³**way** /weɪ/ [bw] ① ver, lang, een stuk/eind ♦ *way back* ver terug, (al) lang geleden; ⟨AE⟩ *s.o. from way back* iemand uit een afgelegen gebied; *way over yonder* daarginds helemaal ② ⟨AE⟩ → **away**

-way, -ways /weɪz/ ⟨vormt bijvoeglijke naamwoorden en bijwoorden die richting/manier aangeven⟩ ♦ *halfway*, halverwege; *sideways* zijwaarts, zijdelings

way-a·head [bn] ⟨inf⟩ zijn tijd vooruit, blits, uiterst modern, te gek ♦ *way-ahead art* avant-gardekunst

way-back [bn] ⟨AE⟩ afgelegen, uit het binnenland/achterland

way bent [niet-telb zn] ⟨plantk⟩ muizengerst, kruipertje ⟨Hordeum murinum⟩

way·bill [telb zn] ① vervoerbiljet, vrachtbrief ② passagierslijst

way·bread [niet-telb zn] ⟨plantk⟩ grote weegbree ⟨Plantago major⟩

way·far·er [telb zn] ⟨form⟩ trekker, (voet)reiziger

way·far·ing [bn] ⟨trekkend, reizend ·⟩ ⟨plantk⟩ *wayfaring tree* wollige sneeuwbal ⟨Viburnum lantana⟩

way freight [niet-telb zn] ⟨AE⟩ stukgoed, goederen ⟨op tussenstation geladen/gelost⟩

way·lay /weɪleɪ, ^weɪleɪ/ [ov ww] ① belagen ⟨ook figuurlijk⟩, opwachten ♦ *she waylaid her husband on his way home from the pub* zij wachtte haar man op tijdens zijn tocht van de kroeg naar huis ② onderscheppen

way·leave [niet-telb zn] ⟨jur⟩ recht van overpad ⟨voornamelijk aan elektriciteitsbedrijf, mijnindustrie⟩

way·less /weɪləs/ [bn] ongebaand, onbegaanbaar

way·mark [telb zn] wegwijzer, wegaanduiding

way-off [bn] ⟨AE, gew⟩ afgelegen, ver

way-out [bn] ⟨inf⟩ te gek, geavanceerd, excentriek ♦ *a way-out* een te gekke vogel, een excentriekeling

way passenger [telb zn] ⟨AE⟩ treinreiziger die op tussenstation instapt/uitstapt

ways /weɪz/ [alleen mv] ① ⟨scheepv⟩ stapel, helling ② ⟨AE, inf⟩ afstand, eind ③ ⟨AE⟩ gedeelten, stukken ♦ *divide sth. four ways* iets in vieren delen ④ ⟨techn⟩ geleidingen ⟨waarover iets beweegt⟩

way shaft [telb zn] ⟨techn⟩ tuimelas

way·side [niet-telb zn; the; ook attributief] kant van de weg, berm ♦ *by the wayside* aan de kant van de weg, langs de weg; ⟨fig⟩ *fall by the wayside* afvallen, uitvallen; ⟨fig⟩ *go by the wayside* terzijde/aan de kant geschoven worden

wayside flower [telb zn] bermbloem

wayside inn, wayside restaurant [telb zn] ① ± wegrestaurant ② ± chauffeurscafé

way station [telb zn] ⟨AE⟩ tussenstation, spoorweghalte, stationnetje

way·ward /weɪwəd, ^-wərd/ [bn; bw: ~ly; zn: ~ness] ① eigenzinnig, nukkig, met een eigen wil, koppig ♦ *wayward child* onhandelbaar kind; *your daughter is wayward* je dochter heeft wel een willetje ② grillig, onvoorspelbaar, onberekenbaar

way·worn [bn] moe van de reis, moe van het reizen, verreisd

wayz·goose /weɪzguːs/ [telb zn] ± kopperfeest, ± koppertjesmaandag

wa·za·a·ri /wɑːzɑːri/ [telb zn] ⟨vechtsport, in het bijzonder judo⟩ waza-ari ⟨een bijna-ippon; 7 punten⟩

wa·zoo /wəzuː/ [telb zn] ⟨AE, inf⟩ gat, achterste

wazz /wæz/ [niet-telb zn] ⟨·⟩ ⟨sl⟩ *have a wazz* pissen

wb, WB [afk] ① (Water Board) ② (waybill)

Wb [afk] (weber(s))

W by N, WbN [afk] (west by north)

W by S, WbS [afk] (west by south)

WC [afk] ① (water closet) wc ② (West Central)

WCC [afk] (World Council of Churches)

W/Cdr [afk] (Wing Commander)

WD [afk] ① (War Department) ② ⟨BE⟩ (Works Department)

we /wi, ⟨sterk⟩ wiː/ [pers vnw] ① wij ♦ *none but we can know than we* zij werkten harder dan wij; *we voted for him* we hebben voor hem gestemd; *it is we who are responsible* wij zijn verantwoordelijk; *we, cruel?* wij, wreed? ② ⟨verwijst naar 1e persoon enkelvoud⟩ ⟨form⟩ wij ♦ *we have chosen ourself a royal bride* wij hebben ons een koninklijke bruid uitgezocht; *we do not wish to disregard the reader* wij willen de lezer niet voor het hoofd stoten ③ ⟨emfatisch gebruikt als accusatief⟩ ⟨gew, vnl BE⟩ ons, wij ♦ *he hated even we, who had been his friends* hij haatte zelfs ons, die zijn vrienden waren geweest; *the likes of we* mensen zoals wij; → **us, ourselves, ourself**

WEA [afk] ⟨BE⟩ (Workers' Educational Association)

weak /wiːk/ [bn; vergr trap: weaker; bw: ~ly] ① zwak ⟨ook figuurlijk⟩, slap, week ⟨gestel⟩, broos ♦ *weak at/in physics* zwak/minder goed in natuurkunde; *weak constitution* zwak gestel; *weak eyes* slechte ogen; ⟨natuurk⟩ *weak force* zwakke wisselwerking; *weak hand* slechte kaarten; *have a weak head* zwakzinnig zijn; *weak heart* zwak hart; ⟨natuurk⟩ *weak interaction* zwakke wisselwerking; *go weak at the knees* slappe knieën krijgen ⟨m.b.t. verliefdheid⟩; op zijn benen staan te trillen ⟨van angst⟩; *have a weak mind* zwakzinnig zijn; *in a weak moment* in een zwak ogenblik; *weak mother* zwakke/te toegevende moeder; *weak nerves* zwakke zenuwen; *weak resistance* flauwe tegenstand; *weak sight* zwak gezicht; *weak stomach* zwakke maag; *weak voice* zwakke stem ② flauw, zwak, matig ⟨aanbod, markt, beurs⟩ ♦ *a weak demand (for)* weinig vraag (naar) ③ niet overtuigend, zwak, aanvechtbaar, twijfelachtig ♦ *weak argument* zwak argument ④ waterig, aangelengd, dun, slap ⑤ onderbezet ⟨van bemanning⟩, zwak, niet talrijk ⑥ slordig ⟨van stijl⟩, zwak ⑦ ⟨taalk⟩ onbeklemtoond, zwak ♦ *weak ending* zwakke uitgang; *weak grade* onbeklemtoonde ablautvorm ⑧ ⟨taalk⟩ zwak ⟨van werkwoord⟩ ♦ *weak verb* zwak/regelmatig werkwoord •> *weaker brethren* zwakke broeders; *have weak knees* besluiteloos/zonder ruggengraat zijn, bangelijk zijn; *weak sister* stoetehaspel; *have a weak spot for* een speciaal plekje in zijn hart hebben voor; *weak vessel* onbetrouwbaar persoon; *weaker vessel* zwak vat, vrouw ⟨1 Petr. 3:7⟩; *as weak as water/a kitten* zo slap als een vaatdoek; ⟨sprw⟩ *the strength of the chain is in its weakest link* de keten is zo sterk als de zwakste schakel; ⟨sprw⟩ *the weakest goes to the wall* ± de sterken verdringen de zwakken, ± de zwakste delft het onderspit; ⟨sprw⟩ *the spirit is willing but the flesh is weak* de geest is gewillig maar het vlees is zwak

¹**weak·en** /wiːkən/ [onov ww] toegeven, zwichten

²**weak·en** /wiːkən/ [onov + ov ww] verzwakken, verslappen, zwak(ker) worden/maken, verflauwen

³**weak·en** /wiːkən/ [ov ww] verdunnen

weak·er sex [niet-telb zn; the] zwakke geslacht

weak·fish [telb zn; mv: ook weakfish] ⟨AE⟩ soort zeebaars ⟨genus Cynoscion⟩

weak form [telb zn] ⟨taalk⟩ zwakke vorm

weak-hand·ed [bn] met te weinig personeel, onderbezet

weak-heart·ed [bn; bw: weakheartedly; zn: weakheartedness] flauwhartig, moedeloos

weak·ish /wiːkɪʃ/ [bn; bw: ~ly; zn: ~ness] vrij zwak, zwakkelijk, sukkelend

weak-kneed [bn; bw: weak-kneedly; zn: weak-kneedness] ① besluiteloos, zwak, slap, niet wilskrachtig ② bangelijk, timide, laf, verlegen ③ met zwakke knieën

weak·ling /wiːklɪŋ/ [telb zn] zwakkeling, slappeling

weak·ly /wiːkli/ [bn; vergr trap: weaklier; zn: weakliness] ziekelijk, zwak, slapjes, slap

weak-mind·ed, weak-head·ed [bn; bw: weak-mindedly; zn: weak-mindedness; bw: weak-headedly; zn: weak-headedness] ① zwakzinnig, zwakbegaafd, ⟨fig⟩ achterlijk, niet goed bij zijn/haar hoofd ② zwak ⟨van wil/karakter⟩, besluiteloos

¹**weak·ness** /wiːknəs/ [telb zn] ① zwak punt, zwakke plaats ② zwakheid, zwakte, zonde, fout ♦ *drinking is my only weakness* drinken is mijn enige zonde/fout ③ zwak, voorliefde, neiging ♦ *she has a weakness for blonde women* zij valt op blonde vrouwen

²**weak·ness** /wiːknəs/ [niet-telb zn] zwakte, slapte, zwakheid

¹**weal** /wiːl/, ⟨ook⟩ **wheal** /wiːl/, ʰwiːl/ [telb zn] striem, streep

²**weal** /wiːl/ [niet-telb zn] ⟨vnl form⟩ wel(zijn), voorspoed, geluk ♦ *for the general/public weal* voor het algemeen welzijn

³**weal** /wiːl/ [ov ww] striemen, striemen slaan

weald /wiːld/ [telb zn] ⟨BE; form⟩ ① beboste streek ② open land

¹**wealth** /welθ/ [niet-telb zn] overvloed, schat, grote hoeveelheid, rijkdom ♦ *wealth of hair* dikke bos haar; *wealth of notes* een overvloed/massa noten

²**wealth** /welθ/ [telb + niet-telb zn] ⟨ec⟩ rijkdom ⟨totaal van gebruiks- en kapitaalgoederen⟩

³**wealth** /welθ/ [niet-telb zn] rijkdom(men), bezit(tingen), vermogen •> ⟨sprw⟩ *health is better than wealth* ± gezondheid is een grote schat, ± een zieke koning is armer dan een gezonde bedelaar

wealth tax [niet-telb zn] vermogensbelasting

wealth·y /welθi/ [bn; vergr trap: wealthier; bw: wealthily] rijk, vermogend, kapitaalkrachtig ⟨sprw⟩ *early to bed and early to rise, makes a man healthy, wealthy and wise* ± vroeg op en vroeg naar bed te zijn, dat is de beste medicijn, ± vroeg uit en vroeg onder dak, is gezond en groot gemak

¹**wean** /wiːn/ [telb zn] ⟨SchE⟩ kleine, kind

²**wean** /wiːn/ [ov ww] spenen ⟨kind, jong⟩ •> *wean s.o. (away) from sth.* iemand iets afnemen, iemand ergens van vervreemden/weghouden, iemand iets afleren/afwennen; *he tried to wean her from coming home so late at night* hij probeerde haar te laten ophouden 's avonds zo laat thuis te komen

wean·er /wiːnə, ʰ-ər/ [telb zn] pas gespeend dier

¹**wean·ling** /wiːnlɪŋ/ [telb zn] pas gespeend kind/jong

²**wean·ling** /wiːnlɪŋ/ [bn] pas gespeend

weap·on /wepən/ [telb zn] ⟨ook fig⟩ wapen ♦ *sarcasm was his favourite weapon* sarcasme was zijn favoriete wapen

weap·oned /wepənd/ [bn] gewapend

weap·on·ize, ⟨BE ook⟩ **weap·on·ise** /wepənaɪz/ [ov ww] tot wapen transformeren

weap·on·less /wepənləs/ [bn] ongewapend

weap·on·ry /wepənri/ [niet-telb zn] wapentuig, wapens, bewapening

weap·ons-grade [bn] wapengeschikt

¹**wear** /weər, ʰwer/ [niet-telb zn] ① dracht, het aanhebben, het dragen ⟨kleding⟩ ♦ *in general wear* in de mode; *in wear* regelmatig gedragen; *have sth. in wear* iets regelmatig dragen ② het gedragen worden ⟨van kleding⟩, gebruik ③ slijtage ♦ *show (signs of) wear* slijtageplekken vertonen ④ sterkte, kwaliteit ♦ *there's a great deal of wear in it* het kan nog een tijdje mee ⑤ ⟨vnl in samenstellingen⟩ (passende) kleding, (-)kleren, (-)tenue, (-)goed •> *wear and tear* slijtage; ⟨ec⟩ afschrijving

²**wear** /weər, ʰwer/ [onov ww; wore, worn] ① goed blijven ⟨ook figuurlijk⟩, zich goed houden, lang duren ♦ *wear well* er nog goed uitzien ⟨van persoon⟩; lang meegaan ⟨van kleding⟩ ② voortkruipen ⟨van tijd⟩, voortduren ♦ *wear on* voortduren, omkruipen; *as the day wore on* naarmate de dag vorderde; *the meeting wore on* de vergadering ging maar door; *the week wears to its end* de week loopt (langzaam) ten einde ③ ⟨scheepv⟩ halzen, overstag gaan •> zie: **wear away;** zie: **wear off;** zie: **wear out;** ⟨sprw⟩ *it's better to wear out than to rust out* het is beter te slijten dan te roesten; → **wearing**

³**wear** /weər, ʰwer/ [onov + ov ww; wore, worn] ⟨ook fig⟩ verslijten, (af)slijten, uitslijten ♦ *worn book* stukgelezen boek; *worn clothes* afgedragen kleren; *you've worn holes in*

wear

your elbows je ellebogen zijn door; *wear sth. into holes* iets afdragen tot de gaten er in vallen, ergens gaten in krijgen; *his socks have been worn into holes* zijn sokken zitten vol gaten; *worn joke* afgezaagde grap, oude mop; *a path was worn across the moors* een pad was uitgesleten dwars door de heidevelden; *worn to a shadow* nog maar een schim van zichzelf; *wear thin* dun worden, slijten, afnemen; *my patience is wearing thin* mijn geduld raakt op ▪ zie: **wear away**; zie: **wear down**; zie: **wear off**; zie: **wear out**; ⟨sprw⟩ *constant dripping wears away the stone* ± gestadig druppelen holt de steen, ± elke dag een draadje is een hemdsmouw in het jaar; → **wearing**

⁴**wear** /weər, ᴬwer/ [ov ww; wore, worn] ① dragen ⟨aan het lichaam⟩, aan hebben ♦ *wear one's age/years well* er nog goed uit zien, goed geconserveerd zijn; *worn clothes* gedragen kleding, ⟨sl⟩ *wear two hats* twee petten op hebben ② vertonen, hebben, tentoonspreiden, ⟨i.h.b.⟩ voeren ⟨kleur, vlag⟩ ♦ *he wears a beard* hij heeft een baard; *wear a smile* glimlachen ③ uitputten, vermoeien, verzwakken, afmatten ♦ *worn with travel* vermoeid ④ ⟨inf; vaak met ontkenning⟩ aanvaarden, accepteren, tolereren, toestaan ♦ *they won't wear it* zij nemen/pikken het niet (langer); *he wouldn't wear it* hij trapte er niet in ⑤ doorbrengen ⟨tijd⟩, verslijten ⑥ uitslijten ⟨van water⟩, eroderen, afslijten ⑦ ⟨scheepv⟩ (over een andere boeg) wenden ▪ zie: **wear away**; zie: **wear out**; ⟨sprw⟩ *if the cap/shoe fits, wear it* wie de schoen past, trekke hem aan; ⟨sprw⟩ *uneasy lies the head that wears a crown* daar is geen kroon of er staat een kruisje op; → **wearing**

wear·a·ble /weərəbl, ᴬwer-/ [bn] draagbaar, (geschikt om) te dragen

wear·a·bles /weərəblz, ᴬwer-/ [alleen mv] kleren, kleding, kledij

¹**wear away** [onov ww] (langzaam) voortkruipen, voortduren ⟨van tijd, dag e.d.⟩

²**wear away** [onov + ov ww] verslijten, (doen) verdwijnen, (doen) slijten, uitslijten, uithollen ♦ *the names on the tomb had worn away* de namen op de graftombe waren uitgesleten/weggesleten

³**wear away** [ov ww] ① uitputten, afmatten ② doorbrengen, verslijten ⟨tijd⟩

wear down [onov + ov ww] ① (af)slijten, verslijten ② verzwakken, verminderen, uitputten, afmatten ♦ *wear down resistance* tegenstand (geleidelijk) overwinnen; *her will to leave home wore down* haar verlangen om uit huis te gaan nam af

wear·er /weərə, ᴬwerər/ [telb zn] ① drager ② verslijter ♦ ⟨sprw⟩ *only the wearer knows where the shoe pinches* ieder voelt het best waar hem de schoen wringt

wea·ried /wɪərɪd, ᴬwɪrɪd/ [bn] oorspronkelijk volt deelw van weary; bw: ~ly; zn: ~ness] vermoeid, afgemat, uitgeput

wea·ries /wɪərɪz, ᴬwɪriz/ [alleen mv; the] ⟨sl⟩ neerslachtigheid

wea·ri·less /wɪərɪləs, ᴬwɪr-/ [bn; bw: ~ly] ① onvermoeibaar ② onvermoeid

wear·ing /weərɪŋ, ᴬwer-/ [bn; oorspronkelijk tegenwoordig deelw van wear; bw: ~ly] vermoeiend, uitputtend, slopend

wea·ri·some /wɪərɪsəm, ᴬwɪr-/ [bn; bw: ~ly; zn: ~ness] ① vermoeiend ♦ *they've had a wearisome week* zij hebben een zware/vermoeiende week gehad ② vervelend, saai, langdradig

¹**wear off** [onov ww] (geleidelijk) minder worden, verdwijnen, afslijten, verflauwen ♦ *the drink wore off* de invloed van de drank werd minder; *the novelty will soon wear off* het nieuwtje zal er (wel) gauw af gaan

²**wear off** [onov + ov ww] verslijten, afslijten, (doen) wegslijten ♦ *the paint soon wore off* de verf sleet er al gauw af

¹**wear out** [onov ww] afgemat/uitgeput/vermoeid raken ♦ *his patience wore out* zijn geduld raakte op ▪ ⟨sprw⟩ *it's better to wear out than to rust out* het is beter te slijten dan te roesten; → **worn-out**

²**wear out** [onov + ov ww] verslijten, afdragen, (doen) slijten, uitslijten ♦ *wear out three pairs of shoes in a year* drie stel schoenen in een jaar verslijten; → **worn-out**

³**wear out** [ov ww] ① uitputten, afmatten, vermoeien ♦ *wear o.s. out* uitgeput raken, zich uitsloven, zich uit de naad werken ② doorbrengen, verslijten ♦ *wear out one's days in trifles* zijn dagen verslijten met onbenulligheden; → **worn-out**

wear·proof [bn] slijtvast, duurzaam on(ver)slijtbaar

¹**wea·ry** /wɪəri, ᴬwɪri/ [bn; vergr trap: wearier; bw: wearily; zn: weariness] ① moe, vermoeid ♦ *look weary* er moe uit zien; *weary of* moe van ⟨ook figuurlijk⟩; *weary with waiting* het wachten moe ② vermoeiend ♦ *a weary walk* een vermoeiende wandeling ③ mat, moe, lusteloos ④ vervelend, saai

²**wea·ry** /wɪəri, ᴬwɪri/ [onov ww] ① moe worden ♦ *weary of* moe worden van, genoeg krijgen van ② vervelend/eentonig worden ③ ⟨vnl SchE⟩ (hevig) verlangen, smachten ♦ *weary to do sth.* ernaar verlangen iets te doen; *weary for* smachten naar; → **wearied**

³**wea·ry** /wɪəri, ᴬwɪri/ [ov ww] ① vermoeien ♦ *weary out* afmatten, uitputten; *weary s.o. with talk* iemand vermoeien met gepraat ② vervelen; → **wearied**

wea·sand, wea·zand /wiːznd/ [telb zn] ⟨vero behalve gew⟩ luchtpijp

¹**wea·sel** /wiːzl/ [telb zn; mv: in bet 1 ook weasel] ① ⟨dierk⟩ wezel ⟨genus Mustela, in het bijzonder Mustela nivalis⟩ ② ⟨inf⟩ gluiperd, onderkruiper ▪ *pop goes the weasel* traditionele Engelse dans, kringdans

²**wea·sel** /wiːzl/ [onov ww] ⟨vnl AE⟩ ① dubbelzinnig spreken ② ⟨inf⟩ zich drukken, zich snor drukken, ertussenuit knijpen ♦ *weasel out (of one's duty)* zich onttrekken (aan zijn plicht), zijn plicht uit de weg gaan

wea·sel-faced [bn] met een spits gezicht

weasel word [telb zn; voornamelijk mv] ⟨inf⟩ verdoezelende term, ⟨mv⟩ wollig/verhullend taalgebruik

¹**weath·er** /weðə, ᴬ-ər/ [niet-telb zn] ① weer, weder ♦ ⟨luchtv⟩ *above the weather* boven het weer; *weather of mass destruction* extreme weersomstandigheden ⟨door klimaatverandering⟩; *wet weather* nat weer ② ⟨AE⟩ slecht weer, storm, zwaar weer ③ ⟨scheepv⟩ loefzijde, windzijde ▪ ⟨scheepv⟩ *the ship is making bad/good weather of it* het schip houdt (niet) goed in de storm, het schip komt de storm (niet) goed door; ⟨inf⟩ *(be/feel) under the weather* (zich) niet lekker (voelen); dronken (zijn); katterig (zijn); ⟨sl⟩ (pijnlijk) ongesteld (zijn)

²**weath·er** /weðə, ᴬ-ər/ [bn, attr] ⟨scheepv⟩ loef-, aan de loef(zijde) ♦ *on the weather beam* te loever(t); *weather ga(u)ge* loef; *get/have the weather ga(u)ge of* te windvaart/loever(t) zijn van; ⟨fig⟩ de loef afsteken; *carry weather helm* loefgierig zijn; *weather side* loef(zijde), windzijde

³**weath·er** /weðə, ᴬ-ər/ [onov ww] ① verweren ② verduren, goed blijven ♦ *weather through a crisis* een crisis doorstaan; → **weathering**

⁴**weath·er** /weðə, ᴬ-ər/ [ov ww] ① aan weer en wind blootstellen, luchten, drogen ⟨aan de lucht⟩ ② ⟨vaak passief⟩ doen verweren ♦ *weathered oak* namaakoud eikenhout ③ ⟨scheepv⟩ te loever voorbij varen/omzeilen ⟨ook figuurlijk⟩ ④ doorstaan ⟨storm; ook figuurlijk⟩, te boven komen ♦ *weather out* doorstaan, te boven komen ⑤ ⟨bouwk⟩ laten aflopen ⟨dak, kozijn enz.⟩ ⑥ ⟨bouwk⟩ elkaar laten overlappen ⟨dakpannen, planken⟩; → **weathering**

weath·er·beat·en [bn] ① (door storm) beschadigd/geteisterd ② verweerd ⟨van gezicht⟩

¹**weath·er·board** [telb zn] waterdorpel, onderdorpel

²**weath·er·board,** ⟨in betekenis 1 ook⟩ **weath·er-**

board·ing [niet-telb zn] [1] houten buitenbekleding ⟨van elkaar overlappende planken⟩, beschot(werk) [2] ⟨scheepv⟩ loef(zijde), windzijde
³**weath·er·board** [ov ww] ⟨bouwk⟩ potdekselen ⟨buitenmuren⟩; met elkaar overlappende planken⟩
weath·er·boards [alleen mv] houten buitenbekleding ⟨van elkaar overlappende planken⟩, beschot(werk)
weath·er·bound [bn] [1] aan huis gebonden ⟨door slecht weer⟩ [2] opgehouden door slecht weer
weather bureau [telb zn] ⟨AE⟩ weerkundige dienst ⟨van meteorologisch instituut⟩
weather centre [telb zn] ⟨BE⟩ weerkundige dienst ⟨van meteorologisch instituut⟩
weather chart, weather map [telb zn] weerkaart
weather clerk [telb zn] weermannetje
weather cloth [niet-telb zn] ⟨scheepv⟩ presenning, geteerd zeildoek
weath·er·cock [telb zn] weerhaan, windwijzer, ⟨fig⟩ draaier, opportunist
weather contact, weather cross [telb zn] ⟨techn⟩ kortsluiting ⟨door nat weer⟩
weather deck [telb zn] bovenste dek
weather eye [telb zn] [1] goed oog voor weersveranderingen [2] opmerkzaamheid ♦ *keep a/one's weather eye on/open (for)* op zijn hoede zijn (voor), oppassen (voor), goed in de gaten houden
weather forecast [telb zn] weersverwachting, weerbericht
weather forecaster, weath·er·per·son [telb zn] meteoroloog, weerman, weervrouw
weather gall [telb zn] bijregenboog
weath·er·girl [telb zn] weervrouw, meteorologe
weath·er·glass [telb zn] weerglas, barometer
weather house [telb zn] weerhuisje
¹**weath·er·ing** /ˈweðərɪŋ/ [telb zn; (oorspronkelijk) gerund van *weather*] ⟨benaming voor⟩ aflopend vlak ⟨ter afwatering⟩, lekdorpel ⟨van raam⟩, aflopend dak, waterslag
²**weath·er·ing** /ˈweðərɪŋ/ [niet-telb zn; (oorspronkelijk) gerund van *weather*] ⟨ook geol⟩ verwering
weath·er·ize /ˈweðəraɪz/ [ov ww] weerbestendig maken
weath·er·ly /ˈweðəli/, ᴬ/ˈweðərli/ [bn; zn: weatherliness] ⟨scheepv⟩ loefgierig
weath·er·man [telb zn] weerman, meteoroloog
weather map [telb zn] → **weather chart**
weath·er·most /ˈweðəmoʊst/, ᴬ/-dər-/ [bn] ⟨scheepv⟩ het meest naar loefzijde
weather moulding [telb zn] ⟨bouwk⟩ [1] druiplijst, kranslijst [2] (lood)slab
weath·er·per·son [telb zn] weerman, weervrouw
¹**weath·er·proof** [bn; zn: weatherproofness] weerbestendig, waterdicht, winddicht, tegen weer en wind bestand
²**weath·er·proof** [ov ww] weerbestendig maken
weather prophet [telb zn] weerprofeet, weervoorspeller
weather report [telb zn] weerbericht, weerrapport
weath·ers /ˈweðəz/, ᴬ/-ərz/ [alleen mv] weersomstandigheden, weersgesteldheid ♦ *(a coat) for all weathers* (een jas) voor elk weer; *in all weathers* weer of geen weer, ongeacht de weersomstandigheden
weather service [telb zn] weerdienst, meteorologische dienst
weather ship [telb zn] weerschip
weather stain [telb zn] weervlek, verweerde plek, ⟨mv⟩ weer
weath·er·stained [bn] door het weer aangetast/verkleurd, verweerd, met weervlekken
weather station [telb zn] weerstation, meteorologisch station
weather strip, weather stripping [telb + niet-telb zn] tochtstrip, tochtlat(ten), tochtband

weath·er·tight [bn; zn: weathertightness] weervast, weerbestendig
weather tiles [alleen mv] elkaar overlappende dakpannen
weather vane [telb zn] windwijzer, windvaan(tje)
weath·er·wise [bn] [1] weerwijs, met verstand van het weer [2] ingewijd, met inzicht in de situatie
weath·er·worn [bn] verweerd
¹**weave** /wiːv/ [telb zn] [1] weefsel [2] (weef)patroon
²**weave** /wiːv/ [onov ww] [1] zigzaggen, (zich) slingeren, ⟨verk⟩ weven, van rijstrook wisselen ♦ *weaving in and out of the crowds* zigzaggend door de menigte; *if we go before the rush hour we don't have to weave in and out among the cars* als we voor het spitsuur gaan, hoeven we niet tussen de auto's te zigzaggen/weven [2] waggelen, schommelen, heen en weer gaan [3] ⟨BE; sl; mil, luchtv⟩ ontwijken, ontwijkende beweging(en) maken ♦ *the Spitfires always weaved around that part of Belgium* de spitfires vlogen altijd om dat gedeelte van België heen
³**weave** /wiːv/ [ov ww] zich slingerend/zigzaggend banen ♦ *they were weaving their way through the full hall* zij baanden zich zigzaggend een weg door de volle hal
⁴**weave** /wiːv/ [onov + ov ww, wove, woven; volt deelw zelden wove] weven ♦ *weave cotton* katoen weven; *this dress was woven from India cotton* deze jurk werd van katoen uit India geweven; *weave up the red wool* de rode wol opweven; *weave up a piece of cloth* een stuk stof weven; *he had woven up the wool into a very fine blanket* hij had van de wol een zeer mooie deken geweven
⁵**weave** /wiːv/ [ov ww; wove, woven; volt deelw zelden wove] [1] vlechten, weven ♦ *weave a crown of flowers* een kroon van bloemen vlechten [2] verweven, verwerken ♦ *weave one's own ideas into a summary* zijn eigen ideeën in een samenvatting verwerken [3] maken ⟨verhaal⟩, ophangen, vormen, weven ♦ *he had woven the different versions into his account of what had happened* hij had de verschillende versies verwerkt tot zijn versie van wat er was gebeurd; *he started to weave a strange story round her disappearance* hij begon een vreemd verhaal rondom haar verdwijning op te hangen [4] bedenken, beramen, smeden ♦ *they wove an ingenious plan to escape* zij bedachten een ingenieus plan om te ontsnappen [5] spinnen ⟨van spin, rups⟩
weav·er /ˈwiːvə/, ᴬ/-ər/ [telb zn] [1] wever [2] ⟨dierk⟩ wevervogel ⟨familie Ploceidae⟩
weav·er·bird [telb zn] ⟨dierk⟩ wevervogel ⟨familie Ploceidae⟩
weaver's knot, weaver's hitch, weaver's bend [telb zn] ⟨scheepv⟩ schootsteek, weversknoop
weav·ing loom [telb zn] weefgetouw, weefstoel
weav·ing mill [telb zn] weverij
weazand [telb zn] → **weasand**
¹**web** /web/ [telb zn] [1] web, spinnenweb, herfstdraad, spinrag, cocondraad [2] web, weefsel, netwerk, net, ⟨ook fig⟩ ingewikkelde structuur ♦ *a web of lies* een web van leugens; *web of roads* netwerk van wegen [3] val, netten [4] weefsel, doek, stuk stof ⟨op weefgetouw⟩ [5] vlies, zwemvlies, vlieghuid ⟨van vleermuis⟩ [6] vlag, baarden ⟨van vogelveer⟩ [7] papierrol, rotatiedrukpapier [8] ⟨benaming voor⟩ verbindingsstuk, verbindingsplaat, lijf van I-balk/H-balk, baard ⟨van sleutel⟩, zaagblad, velg ⟨van wiel⟩ [9] ⟨bouwk⟩ gewelfkap, gewelfkluis
²**web** /web/ [onov ww] een web spinnen, een netwerk vormen
³**web** /web/ [ov ww] [1] met een web bedekken ⟨ook figuurlijk⟩, met/als een netwerk bedekken, een netwerk leggen over [2] in een web vangen, in een web verstrikken
Web /web/ [eignm; the] het web
web address [telb zn] webadres, internetadres
web beacon [telb zn] ⟨comp⟩ webbaken, webbeacon, webbug ⟨om internetbezoek te detecteren⟩

webbed

web·bed /webd/ [bn] ⬚1 **met (zwem)vliezen,** met een vlies ⬚2 **met vlieghuid**
Web·ber /wɛbə, ᴬ-ər/ [telb zn] ⟨comp⟩ **webgebruiker,** webber
web·bing /wɛbɪŋ/ [niet-telb zn] ⬚1 **singel(band),** webbing, geweven band ⬚2 **omboordsel,** stootkant ⬚3 **(zwem)vlies** ⬚4 **weefsel**
web browser [telb zn] ⟨comp⟩ **webbrowser,** bladerprogramma, browser(programma)
web·cam [telb zn] ⟨comp⟩ **webcam** ⟨digitale camera aangesloten op internet⟩, webcamera
¹**web·cast** [telb zn] ⟨comp⟩ **(live) uitzending via internet/het web,** webcasting
²**web·cast** [onov + ov ww] ⟨comp⟩ **(live) uitzenden via internet/het web,** webcasten; → **webcasting**
web·cast·ing [niet-telb zn; gerund van webcast] ⟨comp⟩ **het (live) uitzenden/verspreiden via internet/het web,** webcasting
Web·crawl·er [telb zn] ⟨comp⟩ **Webcrawler** ⟨zoekprogramma op het web⟩
web designer [telb zn] ⟨comp⟩ **websiteontwerper,** webdesigner
we·ber /veɪbə, ᴬwɛbər/ [telb zn] **weber** ⟨eenheid van inductieflux⟩
web eye [telb + niet-telb zn] ⟨med⟩ **vleugelvel,** pterygium
web-foot·ed, web-toed [bn] ⬚1 **met (zwem)vliezen tussen de tenen** ⬚2 **met zwempoten**
web·head [telb zn] ⟨inf; comp⟩ **internetverslaafde,** internettalent
webisode /wɛbɪsoʊd/ [telb zn] ⟨media⟩ **webisode** ⟨kort, alleen op internet te bekijken filmpje⟩
web·log, blog [telb zn] ⟨comp⟩ **weblog,** digitaal dagboek op internet⟩, blog
web·mas·ter [telb zn] ⟨comp⟩ **webmaster,** websitebeheerder
web offset [niet-telb zn] ⟨drukw⟩ **offset met rotatiedrukpapier**
web·page [telb zn] ⟨comp⟩ **webpagina,** internetpagina
web ring [telb zn] ⟨comp⟩ **verzamelgids** ⟨van websites met een overeenkomstig onderwerp⟩, webring
web·site [telb zn] ⟨comp⟩ **weblocatie,** website
web traffic [niet-telb zn] ⟨comp⟩ **webverkeer** ⟨aantal bezoekers per website/webpagina⟩
web wheel [telb zn] ⬚1 **blokrad,** blokwiel, schijfwiel ⬚2 **uit een stuk bestaand wieltje/radertje**
web·worm [telb zn] ⟨AE⟩ **spinner,** rups
web·zine /wɛbziːn/ [telb zn] ⟨comp⟩ **webzine** ⟨digitaal tijdschrift⟩, digizine
¹**wed** /wed/ [onov + ov ww; volt deelw ook wed] **trouwen,** huwen, in de echt verbinden/verbonden worden ♦ *wedded couple* getrouwd paar; *the old priest had wedded our parents too* de oude priester heeft onze ouders ook getrouwd; *William wedded his wife on December 26th* William trouwde zijn vrouw op 26 december; *Zelda and Frederic wedded in the autumn of '23* Zelda en Frederic trouwden in de herfst van '23; → **wedded**
²**wed** /wed/ [ov ww; volt deelw ook wed] **paren,** koppelen, verenigen ♦ *wed to* paren aan, koppelen aan, verenigen met; *the designer has wedded simplicity to ample interior space in this car* de ontwerper heeft in deze auto eenvoud gekoppeld aan een zee van binnenruimte; → **wedded**
we'd /wiːd/ ⟨sterk⟩ wiːd/ ⬚1 ⟨samentrekking van we had⟩ ⬚2 ⟨samentrekking van we should⟩ ⬚3 ⟨samentrekking van we would⟩
Wed [afk] ⟨Wednesday⟩
¹**wed·ded** /wedɪd/ [bn, attr; oorspronkelijk volt deelw van wed] ⬚1 **huwelijks-,** van het huwelijk ♦ *wedded happiness* huwelijksgeluk; *wedded life* huwelijksleven ⬚2 **wettig** ⟨van huwelijk, e.d.⟩ ♦ *wedded husband* wettige echtgenoot; *wedded wife* wettige echtgenote
²**wed·ded** /wedɪd/ [bn, pred; oorspronkelijk volt deelw van wed] **verslingerd,** verknocht, verslaafd, getrouwd ♦ *wedded to his job* getrouwd met zijn werk, verslingerd aan zijn werk; *be wedded to the idea of protectionism* zich blind staren op het idee van protectionisme, niet kunnen loskomen van het idee van protectionisme
wed·ding /wedɪŋ/ [telb zn] ⬚1 **huwelijk(splechtigheid),** bruiloft, trouwerij ⬚2 **koppeling,** het samengaan
wedding anniversary [telb zn] **trouwdag** ♦ *celebrate one's 25th wedding anniversary* zijn 25-jarig huwelijk vieren
wedding breakfast [telb zn] **bruiloftsmaal,** broodmaaltijd/lunch na trouwerij, déjeuner dinatoire
wedding cake [telb zn] **bruidstaart,** bruiloftstaart
wedding ceremony [telb zn] **huwelijksplechtigheid,** trouwplechtigheid
wedding chapel [telb zn] ⟨AE⟩ **trouwkapel,** trouwkerkje
wedding day [telb zn] **trouwdag** ⟨dag waarop je trouwt⟩
wedding dress [telb zn] **trouwjurk,** bruidsjapon, trouwjapon
wedding gift [telb zn] **huwelijksgeschenk, huwelijkscadeau**
wedding march [telb zn] **bruiloftsmars**
wedding register [telb zn] **huwelijkslijst**
wedding ring, ⟨vnl AE⟩ **wedding band** [telb zn] **trouwring**
we·del /veɪdl/ [onov ww] **met wedeln skiën**
We·deln /veɪdln/ [telb zn; ook wedeln; mv: ook Wedeln] **wedeln** ⟨bij skiën⟩
¹**wedge** /wedʒ/ [telb zn] ⬚1 **wig** ⟨ook figuurlijk⟩, keg ♦ *drive a wedge between the parties* een wig drijven tussen de partijen, tweedracht zaaien tussen de partijen ⬚2 **wigvorm,** wigformatie, driehoeksformatie ♦ ⟨AE⟩ *flying wedge* V-formatie, wigformatie ⟨bijvoorbeeld van politie, om iemand door menigte te loodsen⟩; *wedge of tanks* tankwig ⬚3 **hoek,** punt ⟨van kaas, taart⟩ ♦ *wedge of cheese* hoekje kaas, puntje kaas ⬚4 **sleehak** ⬚5 **schoen met sleehak** ⬚6 **spijkerkop,** driehoek ⟨van spijkerschrift⟩ ⬚7 ⟨golf⟩ **wedge** ⟨om bal uit bunker te slaan⟩ ⬚8 ⟨meteo⟩ **wig** ⟨uitloper van hogedrukgebied⟩ ⬚• ⟨sprw⟩ *the thin end of the wedge is dangerous* ± alle begin is moeilijk
²**wedge** /wedʒ/ [onov ww] **bekneld raken,** vast komen te zitten
³**wedge** /wedʒ/ [ov ww] ⬚1 **vastzetten,** vastklemmen, inklemmen, vastwiggen ♦ *we were wedged (in) between the police and the rioters* we zaten ingeklemd tussen de politie en de relschoppers; *wedge a door (open)* een deur vastzetten (zodat hij open blijft) ⬚2 **duwen,** dringen, proppen ♦ *wedge away/off* opzij duwen/dringen, wegduwen; *we wedged everything in/into the suitcase* we propten alles in de koffer; *the little girl was wedged into the corner* het meisje werd de hoek ingedrukt; *wedge together* samenpakken; *he wedged his way through the crowded room* hij drong zich door de overvolle kamer heen ⬚3 **splijten,** splitsen, klieven ⟨met wig⟩
wedge heel [telb zn] **sleehak**
wedge-shaped [bn] **wigvormig,** V-vormig
wedge·wise /wedʒwaɪz/ [bw] **wigsgewijs,** wigswijze, als een wig
wed·lock /wedlɒk, ᴬ-lɑk/ [niet-telb zn] **huwelijk(se staat)** ⬚• *born in wedlock* echt, wettig; *born out of wedlock* buiten huwelijk geboren, onecht, onwettig, natuurlijk; ⟨sprw⟩ *wedlock is a padlock* ± trouwen is houwen, ± geen houwelijk of het heeft iets berouwelijk
Wed·nes·day /we(d)nzdi, -deɪ/ [eigenn, telb zn] **woensdag** ♦ *he arrives (on) Wednesday* hij komt (op/a.s.) woensdag aan; *on Wednesday(s)* woensdags, op woensdag, de woensdag(en), elke woensdag; ⟨BE⟩ *he arrived on the Wednesday* hij kwam (de) woensdag/op woensdag aan;

⟨vnl AE⟩ *he works Wednesdays* hij werkt woensdags/op woensdag/elke woensdag
Weds [afk] (Wednesday)
¹**wee** /wi:/ [telb zn] ⟨SchE⟩ tijdje, poosje ♦ *bide a wee* een tijdje blijven
²**wee** /wi:/, ⟨ook⟩ **wee-wee** [telb + niet-telb zn; alleen enk] ⟨vnl BE; inf, kind⟩ plasje ♦ *do (a) wee, have a wee* een plasje plegen/doen, piesen
³**wee** /wi:/, ⟨ook⟩ **wee-wee** [niet-telb zn] ⟨vnl BE; inf, kind⟩ pies, plas
⁴**wee** /wi:/ [bn, attr; vergr trap: weer] ⟨SchE; inf, kind⟩ klein ♦ *a wee bit* een klein beetje, ietsje, een pietsje ⟨ook ironisch⟩; *he was shouting he was just a wee bit drunk* hij schreeuwde dat hij maar een pietsje dronken was; *I want a wee drop of gin in my martini* ik wil een klein drupje gin in mijn martini ▫ *the wee folk* het sprookjesvolk, de elfen, de feeën; ⟨AE⟩ *the wee hours* de kleine uurtjes
⁵**wee** /wi:/, **wee-wee** [onov ww] ⟨vnl BE; inf, kind⟩ een plasje doen
¹**weed** /wi:d/ [telb zn] [1] onkruid ♦ *his garden is running to weeds* zijn tuin wordt door onkruid overwoekerd [2] ⟨inf⟩ sigaar [3] ⟨inf⟩ sigaret, ⟨i.h.b.⟩ stickie, joint [4] (magere) knol [5] lange slapjanus, lange slungel, spriet [6] ⟨vaak mv⟩ kledingstuk [7] rouwband ▫ ⟨sprw⟩ *there's no garden without its weeds* elk heeft in zijn tuintje genoeg te wieden; ⟨sprw⟩ *ill weeds grow apace* onkruid vergaat niet; ⟨sprw⟩ *a man of words and not of deeds is like a garden full of weeds* kakelen is nog geen eieren leggen, 't is met zeggen niet te doen
²**weed** /wi:d/ [niet-telb zn] [1] ⟨the⟩ tabak, het kruid ♦ *the soothing weed* het kalmerende kruid, tabak [2] wier [3] kruid, groen ⟨i.t.t. zaad van krulden⟩ [4] ⟨the⟩ ⟨sl⟩ marihuana, hasj, hasjiesj, weed, wiet
³**weed** /wi:d/ [onov + ov ww] wieden, schoffelen ♦ *she's weeding (the garden)* zij is (de tuin) aan het wieden
⁴**weed** /wi:d/ [ov ww] [1] verwijderen, wieden, schoffelen ♦ *they weeded (out) all the flowers from/out of the garden* zij verwijderden alle bloemen uit de tuin [2] wieden ⟨alleen figuurlijk⟩, ontdoen, zuiveren ♦ *weed out* apart zetten/nemen, afscheiden; verwijderen, uithalen; (uit)dunnen; *weed out the herd* de kudde (uit)dunnen; *the manager weeded out the most troublesome employees* de manager zette de lastigste werknemers aan de kant
weed-er /wi:də, ᴬ-ər/ [telb zn] [1] wied(st)er [2] wiedijzer, wiedvorkje, schoffel [3] wiedmachine
weed-grown [bn] met onkruid overwoekerd, vol met onkruid
weed-head [telb zn] ⟨AE; sl⟩ potroker, wietroker, marihuanaroker
weed-hook [telb zn] wiedijzer ⟨achter ploeg⟩
weed killer [telb zn] onkruidverdelger, onkruidverdelgingsmiddel
weeds /wi:dz/ [alleen mv] rouwkleding, rouwkleed, rouwdracht, weduw(e)dracht
weed-y /wi:di/ [bn; vergr trap: weedier; bw: weedily; zn: weediness] [1] vol onkruid, overgroeid met onkruid [2] onkruidachtig [3] slungelig, opgeschoten, spichtig [4] zwak, slap ⟨van karakter⟩
week /wi:k/ [telb zn] [1] week ♦ *coming week* volgende week; *what day of the week is it?* wat is het vandaag?; *a week from Wednesday* woensdag over een week; *week of Sundays, week of weeks* zeven weken; ⟨fig⟩ een hele tijd, een eeuwigheid; *yesterday week* gisteren een week geleden; *today/tomorrow/(on) Tuesday week* vandaag/morgen/dinsdag over een week; *the accident happened three weeks last Thursday* het ongeluk vond afgelopen donderdag drie weken geleden plaats; *my sister will pay us a visit a week (on) Sunday* zondag over een week komt mijn zusje bij ons langs [2] werkweek ♦ *I never go to the cinema in the week* door de week ga ik nooit naar de bioscoop; *most people work a 40-hour week* de meeste mensen werken 40 uur per week, de meeste mensen hebben een 40-urige werkweek ▫ *week in, week out* week in, week uit, wekenlang; *make a week of it* het een week laten duren, het een week lang doen

---

w/c en w/e

in Engelstalige zakelijke correspondentie wordt meestal niet met weeknummers gewerkt, maar met **w/c** en **w/e**
· w/c = week commencing
· w/c 23 August = de week die begint op maandag 23 augustus
· w/e = week ending
· w/e 27 August = de week die eindigt op vrijdag 27 augustus

---

week·day [telb zn] [1] doordeweekse dag, weekdag [2] werkdag
¹**week·end** [telb zn] weekend, weekeinde ♦ *work at weekends,* ⟨AE⟩ *work (on) weekends* (in) de weekenden werken
²**week·end** [onov ww] het weekend doorbrengen, weeke(i)nden ♦ *I'm weekending at my parents in London* ik ben het weekend bij mijn ouders in Londen
week·end·er /wi:kendə, ᴬ-ər/ [telb zn] [1] weekendtas, weekendkoffer, reiskoffertje [2] iemand die weekendtochtjes maakt, weekendgast
weekend farmer [telb zn] hobbyboer
week-long [bn; bw] een week lang, van een week ♦ *a week-long rest* een week rust, een rust van een week
¹**week·ly** /wi:kli/ [telb zn] [1] weekblad [2] wekelijks verschijnend tijdschrift
²**week·ly** /wi:kli/ [bn; bw] wekelijks ♦ *drop by weekly* eens per week binnenvallen; *she earns £150 weekly* zij verdient 150 pond in de week; *a weekly visit* een wekelijks bezoek
week·night [telb zn] doordeweekse avond/nacht, avond/nacht in de week ♦ *Jane works on weeknights,* ⟨AE⟩ *Jane works weeknights* Jane werkt door de week 's avonds
week-old [bn] al een week durend ♦ *a week-old strike* een staking die al een week duurt
¹**ween** /wi:n/ [onov ww] ⟨vero⟩ verwachten, hopen
²**ween** /wi:n/ [ov ww] ⟨vero⟩ van mening zijn, denken, menen ♦ *I ween that* ik ben van mening dat, ik denk dat
wee·nie, wie·nie /wi:ni/ [telb zn] ⟨AE; inf⟩ [1] hotdog, worstje [2] slappe (lul) ⟨penis⟩ [3] lul(letje), trut, zak, idioot [4] blokker, blokbeest ⟨serieus student⟩
wee·ny /wi:ni/ [bn; vergr trap: weenier] ⟨inf⟩ heel klein, piepklein
wee·ny-bop·per /wi:nibɒpə, ᴬ-bɑpər/ [telb zn] ⟨BE⟩ vroegrijp schoolkind, discokind, klein meisje, ⟨van 9-12⟩ dat aan de jeugdcultuur meedoet
¹**weep** /wi:p/ [telb zn] huilbui ♦ ⟨AE; sl⟩ *put on the weeps* janken, huilen; *let them have their weep* laat ze maar (uit)huilen
²**weep** /wi:p/ [onov ww; wept, wept] [1] wenen, schreien, tranen vergieten/storten, huilen ♦ *everybody wept at his funeral* iedereen huilde bij zijn begrafenis; *weep for/over s.o.* iemand bewenen, om iemand huilen; *weep for/with joy* van vreugde schreien/huilen; *weep for/with pain* huilen van de pijn [2] treuren, rouwen ♦ *no one will weep over his resignation* niemand zal een traan laten om zijn vertrek, niemand zal rouwig zijn om zijn ontslag; *you better stop weeping over your failures* je kan beter ophouden je mislukkingen te betreuren [3] ⟨benaming voor⟩ vocht afscheiden/verliezen, druppelen, regenen, dragen ⟨van wond⟩, zweten, vloeien, nat/vochtig zijn ♦ ⟨med⟩ *weeping eczema* vochtig eczeem; *the wound keeps weeping* de wond blijft vocht afscheiden ▫ ⟨sprw⟩ *laugh and the world laughs with you; cry/weep and you cry/weep alone* ± vrolijke mensen hebben altijd veel vrienden om zich heen; treurige mensen worden gemeden; → **weeping**
³**weep** /wi:p/ [ov ww; wept, wept] [1] betreuren, rouwen

weeper

om, bewenen ♦ *weep one's miserable fate* zijn ellendige lot bewenen [2] storten, vergieten, schreien (tranen) ♦ *weep bitter tears* bittere tranen schreien; *weep many tears over a friend* veel tranen vergieten om een vriend [3] huilen, schreien ♦ *weep away the time* de tijd huilend doorbrengen; *weep away one's sorrows* (zijn verdriet) uithuilen; *weep o.s. to sleep* zichzelf in slaap huilen [4] druppelen, laten vallen, afscheiden (druppels) • *weep out* huilend uitbrengen, in tranen zeggen; *she could only weep out a farewell to her lover* zij kon slechts in/onder tranen haar minnaar vaarwel zeggen; → **weeping**

weep·er /wiːpə, ᴬ-ər/ [telb zn] [1] huiler, huilebalk [2] schreier, rouwklager (bij begrafenis) [3] rouwteken, rouwband (op hoed), rouwfloers, rouwsluier, (vnl mv) witte manchetten (van weduwe) [4] afvoer, afwateringsbuis, afwateringspijp, afwateringsgat (door muur, wand) [5] schreiersbeeldje (op graftombe) [6] dierk kapucijnaap (genus Cebus), (i.h.b.) gewone kapucijnaap, witschouderkapucijnaap (Cebus capucinus)

weephole [telb zn] → **weeper** bet 4

weep·ing /wiːpɪŋ/ [bn; oorspronkelijk tegenwoordig deelw van weep] met hangende takken, treur- ♦ *weeping ash* treures; *weeping birch* treurbeuk; *weeping willow* treurwilg

¹**weep·y, weep·ie** /wiːpi/ [telb zn] (inf) smartlap, tranentrekker, sentimentele draak, film/stuk/boek om bij te janken

²**weep·y** /wiːpi/ [bn; vergr trap: weepier] [1] huilerig, schreierig, snotterig [2] sentimenteel

wee·ver /wiːvə, ᴬ-ər/ [telb zn] (dierk) pieterman (vis; familie Trachinidae)

wee·vil /wiːvl/ [telb zn] (dierk) [1] snuitkever (familie Curculionidae) [2] graanklander (Sitophilus granarius)

wee·vil·y, wee·vil·ly /wiːvli/, **wee·vil·ed, wee·vil·led** /wiːvld/ [bn] vol graankalanders, besmet met korenwormen

wee-wee → **wee**

wef [afk] (with effect from) m.i.v.

weft /weft/ [telb zn] [1] inslag, inweefsel [2] inslaggaren [3] weefsel [4] vlechtriet, vlechtrijs [5] sliert, flard, wolkje (van mist, rook) [6] (mode) weft, weave, haarverlenging [7] (scheepv) → **waft**

Wehr·macht /vɛəmæxt, ᴬvɛrmɑkt/ [niet-telb zn; the] (gesch) Wehrmacht (van het Derde Rijk)

¹**weigh** /weɪ/ [telb + niet-telb zn] weging • *under weigh* in beweging, aan de gang, onderweg

²**weigh** /weɪ/ [onov ww] [1] van belang zijn, van gewicht zijn, gewicht in de schaal leggen, invloed hebben ♦ *that didn't weigh with the judge* dat had geen invloed op de rechter; *economic considerations do weigh with us in our decision* economische overwegingen tellen wel mee in onze besluitvorming [2] drukken, een last zijn, bezwaren ♦ *his unemployment weighs (up)on him* hij gaat gebukt onder zijn werkloosheid; *at the moment I have too many things weighing (up)on my mind* op het moment heb ik te veel dingen aan mijn hoofd [3] (scheepv) het anker lichten, (bij uitbreiding) uitvaren • *weigh against s.o./sth.* ten nadele van iemand/iets werken, van nadelige invloed zijn op iemand/iets; *weigh in* bijdragen, steunen; *the members weighed in with ample donations* de leden droegen bij met ruime donaties; *weigh in with* (triomfantelijk) op de proppen komen met, aan komen zetten met; (inf) zich bemoeien met

³**weigh** /weɪ/ [onov + ov ww] wegen, gewicht hebben (van), het gewicht vaststellen (van) ♦ *weigh the baby* de baby wegen; *weigh in* (laten) wegen (bagage enz. voor reis); wegen (bokser voor wedstrijd; jockey na race); zich laten wegen (van bokser, jockey); *Rodriguo weighed in at less than 200 lbs* Rodriguo woog voor de wedstrijd minder dan 91 kilo; *weigh out* afwegen, afmeten; *it weighs four pounds* het weegt vier pond • *the tree weighed down to the water with the weight of the two boys* door het gewicht van de twee jongens boog de boom naar het water

⁴**weigh** /weɪ/ [ov ww] [1] overwegen, overdenken, overpeinzen, (met elkaar) vergelijken, afwegen ♦ *they weighed their own proposals against/with ours* zij vergeleken hun eigen voorstellen met de onze; *weigh various plans against/tegen elkaar afwegen; *weigh up* wikken en wegen, overwegen, naast elkaar leggen; schatten, taxeren, opnemen; zich een mening vormen over; *weigh up the situation* de situatie opnemen; *weigh up the pros and cons* de voor- en de nadelen tegen elkaar afwegen; *she weighed up her chances to get a job* zij bekeek haar kansen op een baan; *I don't like to weigh up a newcomer at once* ik houd er niet van om direct klaar te staan met een oordeel over een nieuwkomer; *weigh one's words* zijn woorden wegen [2] lichten (anker, schip) • *weigh down* beladen, naar beneden (doen) buigen; (fig) deprimeren, (neer)drukken; *his marriage problems weigh him down* hij gaat gebukt onder zijn huwelijksproblemen; *the sherpa was weighed down with food for three weeks* de sherpa werd beladen met eten voor drie weken; *weigh up* omhoogbrengen (tegengewicht)

weigh·a·ble /weɪəbl/ [bn] weegbaar

weigh·age /weɪdʒ/ [telb + niet-telb zn] waaggeld, weegloon

weigh·bridge [telb zn] weegbrug

weigh·er /weɪə, ᴬ-ər/ [telb zn] (ook sport) weger

weigh·house [telb zn] waag

weigh-in [telb zn] gewichtscontrole (van bokser voor wedstrijd; van jockey na race), wegen na de wedren

weigh·ing ma·chine /weɪɪŋ məʃiːn/ [telb zn] weegtoestel

weigh·man /weɪmən/ [telb zn; mv: weighmen /-mən/] weger (in het bijzonder in mijnen)

weigh-out [telb zn] gewichtscontrole (van jockey voor race), wegen voor de wedren

gewicht van dingen		1/2
Engels	omrekenfactor	**Nederlands**
ounce	x 28,35 =	gram
pound	x 0,453 =	kilo
(AE) (short) ton	x 0,907 =	ton
(BE) (long) ton	x 1,016 =	ton
(metric) tonne	x 1 =	ton
Nederlands		**Engels**
gram	x 0,035 =	ounce
kilo	x 2,205 =	pound
ton	x 1,103 =	(AE) (short) ton
ton	x 0,984 =	(BE) (long) ton
ton	x 1 =	(metric) tonne
voorbeeld		
7 pounds	x 0,453 =	3,2 kilo
500 gram	x 0,035 =	17,5 ounces

¹**weight** /weɪt/ [telb zn] [1] gewicht (voor weegschaal) ♦ *weights and measures* maten en gewichten; *a weight of one pound* een gewicht van een pond [2] gewicht, zwaar voorwerp, presse-papier, (techn) gewicht (van klok), (sport) gewicht ♦ *you're still too weak to lift weights* je bent nog te zwak om zware dingen te tillen; *put the weight* kogelstoten [3] (zware) last, (fig) druk, belasting ♦ *these walls can never bear such a weight* deze muren kunnen nooit zo'n gewicht dragen; *get the weight off one's feet/legs* gaan zitten/liggen, zijn benen wat rust geven; *his departure is a weight off my mind* zijn vertrek is een pak van mijn hart, zijn vertrek is een grote zorg minder; *the disappearance of his son*

was a weight on his mind de verdwijning van zijn zoon lag hem als een loden last op het hart

²**weight** /weɪt/ [niet-telb zn] ① **gewicht**, zwaarte ♦ *sell by weight* bij het gewicht verkopen; *lose weight* gewicht verliezen, afvallen, vermageren; *over weight* te zwaar; *put on weight* aankomen, zwaarder worden; *under weight* te licht; *what's your weight?* wat is jouw gewicht?, hoe zwaar ben jij? ② **belang**, gewicht(igheid), invloed, aanzien ♦ *of great weight* van groot belang/gewicht; *have great weight with s.o.* zwaar tellen bij iemand, belangrijk zijn in iemands ogen; *man of weight* man van aanzien/gewicht/invloed; *the weight of this speech* het belang van deze speech; *worth one's weight in gold* zijn gewicht in goud waard ③ **gewichtsstelsel** ④ **gewichtsklasse** ⟨in boksen e.d.⟩ ⑤ **stevigheid**, dichtheid ⟨van textiel⟩ ⑥ **grootste deel, hoofddeel**, grootste nadruk, grootste klemtoon ♦ *the weight of evidence is against them* het grootste gedeelte van het bewijsmateriaal spreekt in hun nadeel ⑦ **(relatieve) waarde** ⑧ ⟨natuurk⟩ **neerwaartse kracht** ⟨van lichaam⟩, zwaartekracht ⑨ ⟨wisk⟩ **gewicht**, wegingscoëfficiënt • *carry weight* gewicht in de schaal leggen, van belang zijn; *give weight to* versterken, extra bewijs leveren voor; *lay weight on sth.* iets benadrukken/belangrijk vinden; ⟨mil⟩ *weight of metal* vuurkracht ⟨van schip⟩; *pull one's weight* met volle kracht roeien; ⟨fig⟩ (ieder) zijn steentje bijdragen, zijn aandeel leveren; *swing one's weight* zijn invloed aanwenden; *take the weight off your feet* gaan zitten (uitrusten); *throw one's weight about/around* zich laten gelden, doen alsof men heel wat is, gewichtig doen; de baas (proberen te) spelen

³**weight** /weɪt/ [ov ww] ① **verzwaren**, zwaar(der) maken ♦ *weighted silk* verzwaarde zijde ② **beladen** ⟨ook figuurlijk⟩, belasten, gebukt doen gaan ♦ *weight down* belasten, overladen, gebukt doen gaan ③ **(met een gewicht) vervalsen**, ⟨wisk⟩ wegen, met een bepaalde factor vermenigvuldigen ⟨in statistiek⟩ ♦ *weighted average* gewogen gemiddelde; *the audience was weighted with his supporters* het publiek zat vol supporters van hem ④ ⟨sport⟩ **met gewicht verzwaren** ⟨paard; als handicap⟩ ⑤ ⟨wisk⟩ **wegen**, vermenigvuldigen met een bepaalde factor ⟨in statistiek⟩; → **weighted, weighting**

gewicht van dingen	2/2

- 1 long ton = 2240 pounds
- 1 short ton = 2000 pounds
- 1 pound = 16 ounces
- 1 metric tonne = 1000 kilos

- als een Engels woord een gewicht aangeeft dat groter is dan 1, wordt het meervoud gebruikt: *one and a half pounds, six metric tonnes*
- de volgende afkortingen worden gebruikt: **oz** = ounce, **lb** = pound, **sh t** = short ton, **l t** = long ton

weight·ed /weɪtɪd/ [bn; oorspronkelijk volt deelw van weight] • *be weighted against s.o./sth.* iemand/iets benadelen, in het nadeel werken van iemand/iets; *be weighted in favour of s.o./sth.* iemand/iets bevoordelen, in het voordeel werken van iemand/iets

weight·ing /weɪtɪŋ/ [telb + niet-telb zn; (oorspronkelijk) gerund van weight; alleen enk] ⟨vnl BE⟩ **standplaatstoelage**, (extra) tegemoetkoming in de woonlasten

weight·less /weɪtləs/ [bn; bw: ~ly; zn: ~ness] **gewichtloos** ⟨ook van ruimtevaarder⟩, zonder gewicht

weight·lift·er [telb zn] **gewichtheffer**

weight·lift·ing [niet-telb zn] **gewichtheffen**

weight loss [telb + niet-telb zn] **gewichtsverlies**

weight watcher [telb zn] **lijner**, iemand die aan de lijn doet

weight·y /weɪti/ [bn; vergr trap: weightier; bw: weighti-ly; zn: weightiness] ① **zwaar** ② **belangrijk**, zwaarwegend, gewichtig, van groot belang, het overwegen waard ③ **invloedrijk**, gezaghebbend ④ **drukkend**, bezwarend, benauwend ⑤ **weloverwogen** ⑥ **ernstig**, gewichtig

gewicht van mensen	1/2

Brits-Engels

- in het Brits-Engels wordt het gewicht van mensen in **stones and pounds** uitgedrukt
  1 stone = 14 pounds = 6,342 kilo
  1 pound = 0,453 kilo
- er zijn verschillende manieren om in het Brits-Engels het gewicht van iemand te zeggen of te schrijven:
  he weighs ten stone and five pounds; he weighs ten stone five pounds; he's ten stone five pounds
- bij het gewicht van mensen wordt altijd het enkelvoud **stone** gebruikt
- als men wil zeggen of vragen hoe zwaar iemand is, gebruik dan niet **heavy**, maar **weight** of **how much**:
  what is your weight?; how much do you weigh?

omrekenen naar stone and pounds

- neem het gewicht in kilo's
- deel dit aantal door 6,35
- het getal voor de komma is het aantal **stones**
- deel het getal na de komma door 14; dit is het aantal pounds
- u heeft nu het aantal **stone and pounds**

omrekenen naar kilo's

- neem het gewicht in **stone and pounds**
- vermenigvuldig het aantal **stones** met 6,35
- vermenigvuldig het aantal **pounds** met 0,453
- tel deze twee uitkomsten bij elkaar op
- u heeft nu het gewicht in kilo's

Wei·mar·an·er /vaɪməraːnə, ᴬ-rɑnər/ [eigenn, telb zn] **weimaraner**, Weimarse staande hond

weir /wɪə, ᴬwɪr/ [telb zn] ① **(stuw)dam**, waterkering ② ⟨vis⟩**weer**

¹**weird** /wɪəd, ᴬwɪrd/ [telb zn] ⟨vero behalve SchE; form⟩ ① **(nood)lot**, beschikking ② ⟨voornamelijk Weird⟩ **schikgodin** ③ **waarzegger, waarzegster** • *dree one's weird* zich schikken in zijn lot, tevreden zijn met zijn lot

²**weird** /wɪəd, ᴬwɪrd/ [bn; vergr trap: weirder; bw: ~ly; zn: ~ness] ① **geheimzinnig**, bovennatuurlijk, griezelig, eng, akelig ② ⟨inf⟩ **raar**, vreemd, ongewoon, gek, eigenaardig ♦ *the weirdest clothes* de gekste kleding; *weird ideas about marriage* vreemde ideeën over het huwelijk; *weird and wonderful* nieuwerwets ③ ⟨vero⟩ **van het noodlot**, noodlottig, van de schikgodin(nen) ♦ *the weird sisters* de schikgodinnen • *the weird sisters* heksen

weird·ie, weird·y /wɪədi, ᴬwɪrdi/, **weird·o** /-doʊ/ [telb zn; mv: weirdies, weirdoes] ⟨inf⟩ ① **rare (snuiter)**, vreemde vogel, excentriekeling, lijperik, gek ② **rariteit**, absurd geval, absurde toestand, raar ding, gekke gebeurtenis

welch [onov + ov ww] → **welsh**

Welch → **Welsh**

welcher [telb zn] → **welsher**

¹**wel·come** /welkəm/ [telb zn] **welkomstgroet**, welkom, verwelkoming ♦ *give a welcome to s.o.* iemand verwelkomen, iemand bij aankomst begroeten • *welcome to the club* dan kunnen we elkaar een hand geven; *welcome!* welkom!

²**wel·come** /welkəm/ [telb + niet-telb zn] **onthaal**, ontvangst, verwelkoming ♦ *bid s.o. welcome* iemand welkom heten; *his plan found an enthusiastic welcome* zijn plan vond een enthousiast onthaal, zijn plan werd enthousiast ontvangen; *they gave the speaker a hearty welcome* zij heet-

ten de spreker hartelijk welkom, zij ontvingen de spreker hartelijk · *outstay one's welcome* langer blijven dan men welkom is, blijven plakken; *wear out one's welcome* te vaak langskomen, de deur plat lopen; te lang blijven zitten, blijven plakken; ⟨sprw⟩ *welcome is the best cheer* ± een welkome gast wordt warm onthaald

³**wel·come** /welkəm/ [bn; bw: ~ly; zn: ~ness] welkom, aangenaam, gelegen komend, gewenst ♦ *a welcome change in tactics* een welkome verandering van tactiek; *a welcome guest* een welkome gast; *make s.o. welcome* iemand het gevoel geven dat hij welkom is; *every penny is welcome* elke penny is welkom · ⟨inf⟩ *be welcome as (the) flowers in May* met open armen ontvangen worden; *welcome home/back* welkom thuis; *welcome to this country* welkom in dit land

⁴**wel·come** /welkəm/ [bn, pred; bw: ~ly; zn: ~ness] ± vrij, ± zonder meer toegestaan ♦ *you're welcome to join her company* het staat je vrij haar gezelschap te houden; *you're welcome to live at my place* je mag gerust bij mij komen wonen; ⟨iron⟩ *you're welcome to take my job* wat mij betreft, mag je mijn baantje overnemen; ⟨iron⟩ *he's welcome to this girl* van mij mag hij dit meisje hebben; *you're welcome to the use of my books* je mag mijn boeken gerust gebruiken; *everyone is welcome to his own opinion* het staat iedereen vrij te denken wat hij wil; ⟨iron⟩ *you're welcome to give it a try* van mij/voor mijn part mag je een gooi doen · ⟨vaak iron⟩ *and welcome* van harte, graag; wat mij betreft, van mij, voor mijn part; *'thank you' 'you're welcome'* 'dank u' 'graag gedaan, geen dank, niets te danken, tot uw dienst'; ⟨sprw⟩ *a constant guest is never welcome* ± lange gasten, stinkende gasten, ± gasten en vis blijven maar drie dagen fris

⁵**wel·come** /welkəm/ [ov ww] [1] verwelkomen, begroeten, welkom heten ♦ *welcome back a team* een ploeg bij terugkomst begroeten; *welcome in the visitors* de visite binnenlaten, de visite welkom heten; *rich people used to welcome the poor into their homes at Christmas* rijke mensen haalden vroeger de armen in huis met Kerstmis; *a welcoming smile* een uitnodigende lach; *welcome s.o. with kisses* iemand met kussen begroeten [2] (gunstig) onthalen, (gunstig) ontvangen, verwelkomen, als een aanwinst begroeten ♦ *we'd welcome a change* we zouden een verandering toejuichen/op prijs stellen; *his ideas were welcomed by the majority* zijn ideeën vonden een goed onthaal bij de meerderheid; *welcome a new plan coldly* een nieuw plan koeltjes ontvangen/begroeten

welcome mat [telb zn] [1] deurmat ⟨met het woord welkom⟩ [2] ⟨inf⟩ warm onthaal ♦ *put/roll out the welcome mat for* hartelijk welkom heten

wel·com·er /welkəmə, ᴬ-ər/ [telb zn] verwelkomer

¹**weld** /weld/ [telb zn] [1] las, lasnaad, welnaad [2] ⟨plantk⟩ wouw ⟨Reseda luteola⟩

²**weld** /weld/ [niet-telb zn] [1] welling, het lassen [2] gele verfstof ⟨uit bloem van wouw⟩

³**weld** /weld/ [onov ww] zich laten wellen/lassen ⟨van ijzer⟩, lasbaar zijn, geschikt zijn om te lassen

⁴**weld** /weld/ [ov ww] [1] lassen, wellen ♦ *weld a pipe* een pijp lassen; *weld up/together* aaneenlassen [2] samenvoegen, aaneensmeden, nauw verbinden, versmelten ♦ *he had welded the different articles into one book* hij had de verschillende artikelen tot één boek gesmeed; *weld the various parties together* de verschillende partijen tot een geheel smeden/tot één samenvoegen [3] solderen

weld·a·ble /weldəbl/ [bn] lasbaar, welbaar

weld·er /weldə, ᴬ-ər/ [telb zn] lasser

weld·less /weldləs/ [bn] zonder las(naad), naadloos

wel·fare /welfeə, ᴬ-fer/ [niet-telb zn] [1] welzijn, welvaart [2] welvaart, voorspoed [3] maatschappelijk werk, welzijnszorg, welzijnswerk, sociale zorg [4] bijstand, steun ♦ *be on welfare* van de bijstand leven, steun trekken

welfare mother [telb zn] bijstandsmoeder

welfare shop [telb zn] ⟨BE⟩ bijstandswinkel ⟨gemeentelijk adviesbureau waar bijstandtrekkers terecht kunnen voor het aanvragen van eenmalige uitkeringen voor de aanschaf van noodzakelijke, huishoudelijke apparaten⟩

welfare state /welfeəsteɪt, ᴬwelfeərsteɪt/ [telb + niet-telb zn; ook Welfare State; the] verzorgingsstaat, welvaartsstaat

welfare work [niet-telb zn] maatschappelijk werk, welzijnszorg, welzijnswerk

welfare worker, welfare officer [telb zn] welzijnswerk(st)er, agoog, agoge, maatschappelijk werk(st)er, ⟨België⟩ maatschappelijk assistent(e)

---

gewicht van mensen 2/2

Amerikaans-Engels

- in het Amerikaans-Engels wordt het gewicht van mensen in pounds uitgedrukt
  1 pound = 0,453 kilo
- er zijn verschillende manieren om in het Amerikaans-Engels het gewicht van iemand te zeggen of te schrijven:
  he weighs a hundred and fifty pounds; he's a hundred and fifty pounds
- als men wil zeggen of vragen hoe zwaar iemand is, gebruik dan niet heavy, maar weight of how much:
  what is your weight?; how much do you weigh?

omrekenen naar pounds

- neem het gewicht in kilo's
- deel dit aantal door 0,453
- u heeft nu het gewicht in pounds

omrekenen naar kilo's

- neem het gewicht in pounds
- vermenigvuldig het aantal pounds met 0,453
- u heeft nu het gewicht in kilo's

---

wel·far·ism /welfeərɪzm, ᴬ-fer-/ [niet-telb zn] (het voorstaan van een) politiek van sociale voorzieningen

wel·far·ist /welfeərɪst, ᴬ-fer-/ [telb zn] aanhanger/voorstander van de verzorgingsstaat

wel·far·ite /welfeəraɪt, ᴬ-fer-/ [telb zn] ⟨AE; beled⟩ steuntrekker, bijstandtrekker

wel·kin /welkɪn/ [niet-telb zn; the] ⟨form⟩ [1] hemelgewelf, firmament, uitspansel [2] zwerk, wolken

¹**well** /wel/ [telb zn] [1] put ♦ *drive/sink a well* een put boren/slaan [2] boorput, oliebron [3] ⟨benaming voor⟩ koker, schacht, liftkoker, liftschacht, luchtkoker, ventilatieschacht, trappenhuis, lichtkoker [4] inktpot [5] pomphuis, pompruimte ⟨in schip⟩ [6] ⟨vis⟩kaar, beun, bun [7] ⟨benaming voor⟩ diepe ruimte, diepte, kuil, orkestbak, orkestruimte, bak, kofferruimte ⟨van auto⟩, kuiltje, holte ⟨in bord, voor jus e.d.⟩ [8] ⟨BE; jur⟩ advocatenbank ⟨in rechtszaal⟩ [9] ⟨vero⟩ bron ⟨ook figuurlijk⟩, wel ♦ *well of inspiration* bron van inspiratie · ⟨sprw⟩ *the pitcher goes so often to the well that it is broken at last* de kruik gaat zolang te water tot zij breekt; ⟨sprw⟩ *we never miss the water till the well runs dry* wanneer de put droog is weet men wat het water kost, als er geen water meer is kent men de waarde van de put

²**well** /wel/ [niet-telb zn] het beste, het goede, succes ♦ *wish s.o. well* iemand het beste/succes toewensen · leave/let well alone, ⟨AE⟩ leave/let well enough alone laat maar zo, het is wel goed zo; het betere is de vijand van het goede; een bevredigende situatie niet nodeloos (willen) verbeteren, niet veranderen wat al goed genoeg is

³**well** /wel/ [bn; vergr trap: better, overtr trap: best] ⟨vnl AE⟩ goed, gezond, wel ♦ *a well man* een gezond mens; *the well* de gezonde mensen; → better, best

⁴**well** /wel/ [bn, pred; vergr trap: better, overtr trap: best] [1] gezond, goed, beter, wel ♦ *she's feeling well again* zij

voelt zich weer goed; *get well* aan de beterende hand zijn, genezen [2] goed, in orde, bevredigend, naar iemands zin, naar wens, juist ♦ *well enough* goed genoeg, het kan er mee door, behoorlijk; *all is not quite well with him since he lost his wife* het gaat niet zo best met hem sinds hij zijn vrouw heeft verloren; *Alison told me she's well where she is now* Alison zei me dat ze het naar haar zin heeft waar ze nu is [3] raadzaam, verstandig, aanbevelenswaardig, wenselijk ♦ *as well* goed, beter, raadzaam, verstandig(er); *it would be (just) as well to confess your little accident* je kan het beste je ongelukje maar opbiechten; *it would be well to contact them first* het zou raadzaam zijn om eerst contact met ze op te nemen [4] gelukkig, gunstig, goed ♦ *it was well that we started early today* het was maar goed dat we vroeg begonnen waren vandaag [·] *(all) well and good* prima; goed, nou goed dan; *if you accept that offer, well and good* als je dat bod aanneemt, goed; *very well* goed dan, nou goed; *all very well* alles goed en wel, allemaal erg leuk (maar); *it's all very well for you to move to England, but what about me* het is natuurlijk leuk voor je dat je naar Engeland verhuist, maar heb je ook aan mij gedacht; *'you better take a blanket with you' 'oh, very well, if you think so'* 'je kan beter een deken meenemen' 'o, nou goed, als je denkt dat het nodig is'; *she's well in with my boss* zij staat in een goed blaadje bij mijn baas; ⟨sprw⟩ *it's as well to know which way the wind blows* het is goed om te weten uit welke hoek de wind waait; → **better**, **best**

⁵**well** /wel/ [onov ww] vloeien, stromen, (op)wellen, opborrelen ♦ *blood welled forth/out (from the gash)* bloed stroomde eruit (uit de gapende wond); *well over* overstromen; *well up* opwellen, opborrelen, opkomen ⟨van tranen⟩; opwellen, naar boven komen ⟨van gevoelens⟩; aanzwellen, luider worden ⟨van geluid⟩; *a feeling of pity welled up in him* een gevoel van medelijden welde in hem op

⁶**well** /wel/ [ov ww] doen vloeien, laten stromen

⁷**well** /wel/ [bw; van good; better, best] [1] op de juiste/goede manier, goed, wel, juist, naar wens, bevredigend ♦ *John did as well as you* John deed het net zo goed als jij; *behave well* zich goed gedragen; *well done!* goed gedaan!; *well painted* goed geschilderd; *well run!* goed gelopen!; *I don't speak Russian very well* ik spreek niet erg goed Russisch [2] zorgvuldig, grondig, door en door, goed, helemaal ♦ *well cooked* door en door gekookt, goed gaar; *know s.o. well* iemand goed kennen, iemand van nabij kennen; *listen well to my words* luister goed naar mijn woorden; *think well before you answer* denk goed na voordat je antwoordt [3] ver, ruim, zeer, een heel stuk, een eind ♦ *well in advance* ruim van tevoren, ver vooruit; *well away* een eind op weg, opgeschoten; *be well away on sth.* flink opschieten met iets, aardig ver zijn met iets; *it's well out of the way* het is een eind uit de route; *she's well over sixty years of age/well past sixty* zij is ver over de zestig; *well pleased* zeer tevreden, zeer in haar/zijn sas; *well up in sth.* goed op de hoogte van iets; *his name is well up in the list* hij staat bijna bovenaan de lijst; *she's well up in the computer technology* zij is goed thuis in de computertechniek; *he made it well within the time* hij haalde het ruimschoots binnen de tijd; *the exhibition was well worth visiting* de tentoonstelling was een bezoek ruimschoots/zeer waard [4] gunstig, vriendelijk, lovend, prijzend, goedkeurend ♦ *speak well of s.o.* goedkeurend/lovend over iemand praten; *treat s.o. well* iemand vriendelijk behandelen [5] redelijkerwijze, met recht, met reden, terecht, mogelijk ♦ *I cannot very well refuse to help him* ik kan moeilijk weigeren om hem te helpen; *you may (just) as well go* je kunt net zo goed/voor hetzelfde geld gaan; *it may well be that she is right* het is mogelijk/waarschijnlijk/het kan best zijn dat zij het bij het rechte eind heeft, mogelijk heeft ze gelijk; *you may well wonder what they are doing* je mag je met afgrijzen wat ze aan het doen zijn [6] verstandig, raadzaam, wijs(elijk) ♦ *you're acting well* je handelt verstandig [7] fortuinlijk, voordelig, gelukkig, goed ♦ *marry well* goed trouwen, een goed huwelijk sluiten [·] *as well* ook, eveneens, evenzeer; net zo lief, net zo goed; *in theory as well as in practice* zowel in theorie als in praktijk; ⟨inf⟩ *well away* aangeschoten, ver heen, aardig dronken; *well off* rijk, welgesteld; *be well off* er warmpjes bijzitten, het goed hebben, geluk hebben; *she doesn't know when she's well off* ze weet niet hoe goed ze het heeft; *be well out of it* er goed van af komen; *you are well out of this affair* je mag van geluk spreken/je gelukkig prijzen dat je van de zaak af bent; *well and truly* helemaal; *he's well and truly drunk/beaten* hij is volslagen dronken/volkomen verslagen; ⟨sprw⟩ *speak well of the dead* van de doden niets dan goeds; ⟨sprw⟩ *they die well that live well* ± tegen de dood is geen schild, leef dan gelijk gij sterven wilt; ⟨sprw⟩ *if you want a thing well done, do it yourself* geen boodschap is zogoed als die men zelve doet, de beste bode is de man zelf; ⟨sprw⟩ *all is well that ends well* eind goed, al goed; ⟨sprw⟩ *well begun is half done* een goed begin is het halve werk; ⟨sprw⟩ *one might as well be hanged for a sheep as a lamb* ± als je toch moet hangen, kan je beter iets uithalen waardoor je die straf echt verdient; ⟨sprw⟩ *he cannot speak well who cannot hold his tongue* ± 't is een goed spreken dat een goed zwijgen beteren zal, ± waar klappen goed is, is zwijgen nog beter, ± spreken is zilver, zwijgen is goud; ⟨sprw⟩ *if a thing is worth doing, it's worth doing well/badly* als je iets doet, doe het dan goed; → **better**, **best**

⁸**well** /wel/ [tw] [1] zo, nou, wel ♦ *well, here we are* zo, we zijn er; nou we zijn er; *well, what a surprise* zó, wat een verrassing; *well, well! she found herself a lover* nounou!, zo zo!, wel wel! ze heeft een jongen op de kop getikt [2] nou ja, goed dan, jawel ⟨maar⟩ ♦ *well, if she loves the boy* nou ja, als ze van de jongen houdt [3] goed, nu ♦ *well, she continued with a long story about* goed/wel, ze ging verder met een lang verhaal over [·] *well then!* welnu; *well then?* wel?, nu?; *oh well/ah well, you can't win them all* nou ja/ach, je kan niet altijd winnen

we'll /wɪl, ⟨sterk⟩ wiːl/ [1] (samentrekking van we shall) [2] (samentrekking van we will)

well-ad·just·ed [bn; vergr trap: ook better-adjusted] [1] welgepast, goed (aan)gepast/geschikt [2] goed geregeld, goed afgesteld

well-ad·vised [bn; vergr trap: ook better-advised] [1] verstandig, raadzaam, wijs [2] weldoordacht, goed doordacht ⟨plan⟩

well-af·fect·ed [bn; vergr trap: ook better-affected] welgezind ♦ *be well-affected to(wards) s.o.* iemand welgezind zijn

well-ap·point·ed [bn; vergr trap: ook better-appointed] goed ingericht, goed uitgerust, goed voorzien

well·a·way /ˌwelǝˈweɪ/, **well·a·day** /-deɪ/ [tw] ⟨vero, behalve scherts⟩ ach, wee, helaas

well-bal·anced [bn; vergr trap: ook better-balanced] [1] evenwichtig, verstandig, gezond ⟨persoon⟩ [2] goed uitgebalanceerd, evenwichtig samengesteld ⟨dieet e.d.⟩

well-be·haved [bn; vergr trap: ook better-behaved] [1] welgemanierd, beschaafd [2] oppassend, fatsoenlijk

well-be·ing [niet-telb zn] welzijn, welvaart

¹**well-be·loved** /ˌwelbɪˈlʌvɪd/ [telb zn] geliefde, beminde, lieveling

²**well-be·loved** /ˌwelbɪˈlʌvd, -ˈlʌvɪd/ [bn; vergr trap: ook better-beloved] welgeliefd, welbemind, zeer geliefd

well-born [bn] van goede huize, van goede komaf/familie

well-bred [bn; vergr trap: ook better-bred] [1] welopgevoed, beschaafd, welgemanierd [2] van een goed ras ⟨van dieren⟩

well-cho·sen [bn; vergr trap: better-chosen, overtr trap: best-chosen] welgekozen, treffend, passend ♦ *in well-chosen words* in welgekozen bewoordingen

well-con·di·tioned [bn; vergr trap: ook better-condi-

well-conducted

tioned) [1] in goede conditie, in goede staat, gezond [2] evenwichtig, verstandig
well-con·duct·ed [bn; vergr trap: ook better-conducted] [1] goed geleid/bestuurd, goed georganiseerd ⟨van vergadering⟩ [2] welgemanierd, met goed gedag
well-con·nect·ed [bn; vergr trap: ook better-connected] met goede (familie)relaties
well-con·ten·ted [bn] heel tevreden, gelukkig
well-de·fined [bn; vergr trap: ook better-defined] duidelijk omlijnd, scherp afgetekend, duidelijk zichtbaar ⟨van omtrek, grenzen⟩
well-de·vel·oped [bn] goed ontwikkeld
well-dis·pos·ed [bn; vergr trap: ook better-disposed] welwillend, welgezind, goedgunstig, hulpvaardig ♦ *well-disposed towards* welwillend jegens, vriendelijk tegen
well-do·er [telb zn] weldoener
well-do·ing [niet-telb zn] [1] het weldoen, weldadigheid, goede daden [2] welvaart, welzijn
well-done [bn; vergr trap: voor bet 2 ook better-done] [1] goed doorbakken, goed gaar ⟨van vlees⟩ [2] goed uitgevoerd, goed gedaan, goed gemaakt
well-dressed [bn] goed gekleed
well-earned [bn; vergr trap: ook better-earned] welverdiend ⟨rust⟩
well-ed·u·ca·ted [bn] beschaafd, gecultiveerd
well-endowed [bn] [1] getalenteerd [2] ⟨inf⟩ fors/weelderig geschapen ⟨van man en vrouw⟩
well-es·tab·lished [bn; vergr trap: ook better-established] [1] voldoende bewezen ⟨van principe, e.d.⟩ [2] reeds lang gevestigd ⟨firma⟩
well-fa·voured [bn] ⟨vero⟩ knap, aantrekkelijk, goed uitziend
well-fed [bn; vergr trap: ook better-fed] [1] goed gevoed [2] weldoorvoed, welgedaan, dik, gezet
well-formed [bn; zn: well-formedness] ⟨taalk⟩ welgevormd, grammaticaal correct
well-found [bn] goed uitgerust, volledig uitgerust ⟨van schip⟩
well-found·ed [bn; vergr trap: ook better-founded] gegrond, op feiten gebaseerd, goed gefundeerd
well-groomed [bn; vergr trap: ook better-groomed] (wel)verzorgd ⟨van paard, persoon, tuin⟩, gesoigneerd, goed onderhouden
¹**well-ground·ed** [bn; vergr trap: ook better-grounded] gegrond, goed gefundeerd
²**well-ground·ed** [bn, pred; vergr trap: ook better-grounded] goed onderlegd ♦ *well-grounded in sth.* goed onderlegd in iets
well·head [telb zn] [1] bron, oorsprong [2] hoofdbron [3] mond van een put, putrand
well-heeled [bn] ⟨inf⟩ rijk, goed bij kas, in goeden doen
well·hole [telb zn] [1] trappenhuis [2] liftkoker, liftschacht
well-hung [bn; vergr trap: ook better-hung] ⟨sl⟩ fors/weelderig geschapen, met joekels ⟨van vrouw⟩, met een joekel ⟨van man⟩
wel·lies /wẹliz/ [alleen mv] ⟨inf⟩ (verk: Wellingtons) rubberlaarzen
well-in·formed [bn; vergr trap: ook better-informed] [1] goed op de hoogte, ontwikkeld, met goede algemene ontwikkeling, ⟨i.h.b.⟩ deskundig [2] goed ingelicht, welingelicht ⟨kring, persoon⟩
Wel·ling·ton /wẹlɪŋtən/, **Wellington boot** [telb zn] [1] rubberlaars, regenlaars [2] kaplaars, hoge laars ⟨voor tot over de knie⟩
wel·ling·to·nia /welɪŋtoʊnɪə/ [telb zn] ⟨plantk⟩ mammoetboom ⟨Sequoiadendron giganteum⟩
well-in·ten·tioned [bn; vergr trap: ook better-intentioned] [1] goed bedoeld [2] welmenend, met de beste bedoelingen

well-judged [bn] goed beoordeeld, tactvol
well-kept [bn] [1] goed onderhouden ⟨van gebouw/tuin⟩ [2] goed bewaard ⟨van geheim⟩
well-knit [bn] stevig gebouwd, krachtig, goedgebouwd ⟨van lichaam bijvoorbeeld⟩
well-known [bn; vergr trap: ook better-known] [1] bekend, algemeen bekend ⟨persoon⟩ [2] vertrouwd, bekend ⟨stem⟩
well-lined [bn] ⟨inf⟩ [1] gespekt, welvoorzien, goedgevuld ⟨beurs⟩ [2] goed gevuld, vol ⟨maag⟩
well-made [bn] [1] goedgevormd ⟨persoon⟩, goedgebouwd [2] knap gemaakt
well-man·nered [bn; vergr trap: ook better-mannered] welgemanierd, beschaafd, beleefd
well-marked [bn; vergr trap: ook better-marked] scherp (omlijnd), duidelijk, precies
well-matched [bn] [1] goed bij elkaar passend, op elkaar afgestemd [2] aan elkaar gewaagd, tegen elkaar opgewassen
well-mean·er [telb zn] welmenend iemand, iemand die het goed bedoelt
well-mean·ing [bn; vergr trap: ook better-meaning] [1] goedbedoeld, welgemeend [2] welmenend, goed bedoeld
well-meant [bn] goedbedoeld, met de beste bedoelingen
well·ness /wẹlnəs/ [niet-telb zn] ⟨AE⟩ gezondheid
well-nigh [bw] ⟨form⟩ bijna, bijkans, nagenoeg, vrijwel ♦ *it's well-nigh impossible* het is vrijwel onmogelijk
well-off [bn; vergr trap: better-off, overtr trap: best-off] rijk, welgesteld ♦ *well-off for books* rijkelijk voorzien van boeken, met veel boeken; *well-off for money* goed in het geld zittend, met veel geld
well-oiled [bn] [1] goed functionerend, goed/gesmeerd lopend [2] ⟨sl⟩ dronken, nat, zat, in de olie
well-or·dered [bn] goed geordend
well-paid [bn; vergr trap: ook better-paid] goedbetaald
well-pleased [bn] zeer verheugd, erg in zijn schik
well-pre·served [bn; vergr trap: ook better-preserved] goed geconserveerd ⟨van ouder iemand⟩
well-pro·por·tioned [bn] [1] regelmatig gebouwd, goed gebouwd [2] in de juiste verhouding, goed geproportioneerd
well-read /wẹlrẹd/ [bn; vergr trap: ook better-read] belezen
well-reg·u·lat·ed [bn] goed geregeld, goed geordend, ordelijk
well-re·put·ed [bn] met/van goede naam
well room [telb zn] drinkhal, kuurzaal ⟨in badplaats⟩
well-round·ed [bn] [1] veelzijdig, gevarieerd ⟨opleiding enz.⟩ [2] volslank [3] afgerond ♦ *a well-rounded sentence* een goede afgeronde zin [4] compleet, afgerond, zonder lacunes, totaal- ⟨programma⟩
wells /welz/ [alleen mv] badplaats ⟨met bronnen⟩, kuuroord
well-seem·ing [bn] schoonschijnend
well-set, ⟨in betekenis 2 ook⟩ **well-set-up** [bn] [1] bekwaam neergezet, vakkundig geplaatst, ⟨i.h.b.⟩ goed opgesteld ⟨van batsman⟩ [2] stevig gebouwd, krachtig gebouwd
well-shav·en [bn] gladgeschoren
Wells·ian /wẹlzɪən/ [bn] ⟨als⟩ van H.G. Wells ⟨romanschrijver 1866-1946⟩
well-spent [bn] goed besteed ⟨geld, tijd enz.⟩
well-spo·ken [bn] [1] treffend, juist, goed gekozen, goed gezegd [2] welsprekend, ⟨i.h.b.; vnl BE⟩ met beschaafde uitspraak
well·spring [telb zn] bron, oorsprong ⟨ook figuurlijk⟩
well-stacked [bn] ⟨inf⟩ fors/weelderig geschapen ⟨van vrouw⟩, met kanjers

well staircase [telb zn] wenteltrap
well-stocked [bn] goed voorzien/gevuld
well-thought-of [bn; vergr trap: ook better-thought-of] geacht, van goede naam, in aanzien staand
well-thought-out [bn; vergr trap: ook better-thought-out] goed doordacht, weldoordacht, weloverwogen
well-thumbed [bn] beduimeld
well-tim·bered [bn] [1] goed getimmerd ⟨huis⟩ [2] houtrijk ⟨stuk land⟩
well-timed [bn; vergr trap: ook better-timed] op het juiste moment gedaan/gekomen/geplaatst/gezegd, goed getimed
well-to-do [bn] ⟨inf⟩ rijk, bemiddeld, welgesteld
well-tried [bn] beproefd
well-trod·den, well-trod [bn] druk begaan, druk bezocht, veel betreden ⟨van pad⟩
well-turned [bn; vergr trap: ook better-turned] [1] goed uitgedrukt, goed geformuleerd, ⟨i.h.b.⟩ gelukkig gekozen [2] welgevormd, goed gevormd [3] mooi gerond ⟨van boog⟩
well-turned-out [bn] piekfijn gekleed, om door een ringetje te halen
well-up·hol·stered [bn] ⟨scherts⟩ dik, vet, gezet, goed in het vlees zittend
well-wish·er [telb zn] iemand die iemand het beste toewenst, iemand die gelukwenst
well-wom·an [bn, attr] gynaecologisch
well-worn [bn] [1] afgezaagd, cliché, alledaags [2] versleten, afgedragen [3] op juiste wijze gedragen
[1]**wel·ly** /weli/ [telb zn] ⟨BE; inf⟩ ⟨verk: Wellington (boot)⟩
[2]**wel·ly** /weli/ [niet-telb zn] [•] ⟨BE; inf⟩ *give it some welly!* zet 'm op!
[1]**welsh** /welʃ/, **welch** /weltʃ/ [onov ww] zijn woord niet houden, verplichtingen niet nakomen, zich onttrekken aan verplichtingen ♦ *welsh on debts* schulden niet (af)betalen; *welsh on a deal* zich niet aan een afspraak houden; *welsh on a promise* een belofte niet nakomen
[2]**welsh** /welʃ/, **welch** /weltʃ/ [onov + ov ww] verdwijnen zonder (uit) te betalen, met het geld ervandoor gaan, belazeren ⟨van gokker, bookmaker⟩ ♦ *welsh (on) people* er met het geld van de mensen vandoor gaan, de mensen belazeren
[1]**Welsh,** ⟨zelden⟩ **Welch** /welʃ/ [eigenn] Wels ⟨taal⟩, het Welsh ⟨taal⟩
[2]**Welsh,** ⟨zelden⟩ **Welch** /welʃ/ [verzameln; the] bewoners van Wales
[3]**Welsh,** ⟨zelden⟩ **Welch** /welʃ/ [bn] [1] Wels, van/uit Wales [2] in het Wels, Wels [•] *Welsh corgi* Welsh corgi ⟨kortbenige herdershond⟩; ⟨BE⟩ *Welsh dresser* buffet(kast) ⟨met boven open planken⟩; ⟨plantk⟩ *Welsh onion* grof bieslook ⟨Allium fistulosum⟩; *Welsh rabbit/rarebit* Welsh rabbit, toast met gesmolten kaas; *the Welsh Wizard* de tovenaar uit Wales ⟨(bijnaam van) D. Lloyd George⟩
welsh·er /welʃə, ᴬ-ər/, **welch·er** /-tʃə, ᴬ-tʃər/ [telb zn] bedrieger, oplichter ⟨van bookmaker⟩
Welsh·man /welʃmən/ [telb zn; mv: Welshmen /-mən/] bewoner van Wales
Welsh·wom·an [telb zn] bewoonster van Wales
[1]**welt** /welt/ [telb zn] [1] rand ⟨tussen bovenleer en zool van schoen⟩ [2] striem, streep [3] slag, harde klap, mep, loei [4] boordsel, rand, stootband, stootkant
[2]**welt** [bn] [ov ww] [1] afzetten met boordsel, boorden [2] aftuigen, slaan, ranselen [3] striemen maken op
Welt·an·schau·ung /veltaːnʃaʊʊŋ/ [telb zn; mv: ook Weltanschauungen /-ən/] [1] wereldbeeld, wereldbeschouwing [2] levensopvatting, levensvisie, levensbeschouwing
[1]**wel·ter** /weltə, ᴬ-ər/ [telb zn] [1] zware ruiter/jockey [2] ⟨iemand uit het⟩ weltergewicht [3] ⟨inf⟩ harde klap, mep, oplawaai, dreun [4] ⟨inf⟩ gevaarte, kanjer, beer, reus

[2]**wel·ter** /weltə, ᴬ-ər/ [niet-telb zn] het rollen, deining ⟨van zee⟩
[3]**wel·ter** /weltə, ᴬ-ər/ [verzameln] [1] verwarring, warboel, chaos, rotzooi [2] mengelmoes, enorm aantal, enorme hoeveelheid ♦ *a welter of political beliefs is/are to be heard on this meeting* een mengelmoes van politieke credo's is te horen op deze vergadering
[4]**wel·ter** /weltə, ᴬ-ər/ [onov ww] [1] zich rollen, zich wentelen, rondwoelen ♦ *welter in* zich wentelen in [2] baden ♦ *welter in blood* baden in bloed [3] slingeren, deinen, zwalken, op en neer gaan ⟨van zee, schipbreukeling⟩
welter race [telb zn] race voor zware jockeys
[1]**wel·ter·weight** [telb zn] [1] zware ruiter/jockey [2] ⟨bokser uit het⟩ weltergewicht [3] extra gewicht, toegevoegd gewicht ⟨als aanvulling op gewicht van renpaard⟩
[2]**wel·ter·weight** [niet-telb zn] weltergewicht ⟨gewichtsklasse⟩
Welt·schmerz /velt ʃmeəts, ᴬ-ʃmerts/ [niet-telb zn] weltschmerz
[1]**wen** /wen/ [telb zn] [1] ⟨med⟩ uitwas, wen [2] grote, overbevolkte stad ♦ *the great wen* Londen [3] wen, runenteken voor w
[2]**wen** /wen/ [telb + niet-telb zn] ⟨vero⟩ krop, struma
[1]**wench** /wentʃ/ [telb zn] [1] ⟨verouderd, behalve gewestelijk⟩ meisje, ⟨i.h.b.⟩ (boeren)deerne, wicht [2] ⟨vero⟩ lichtekooi, prostituee [3] ⟨vero⟩ ⟨dienst⟩meid
[2]**wench** /wentʃ/ [onov ww] [•] ⟨scherts⟩ *he was out wenching all night* hij is de hele nacht achter de meiden aan geweest
wench·er /wentʃə, ᴬ-ər/ [telb zn] ⟨vero⟩ hoerenloper
[1]**wend** /wend/ [onov ww] ⟨vero⟩ gaan, zich begeven naar
[2]**wend** /wend/ [ov ww] ⟨form⟩ gaan ♦ *wend one's way* zich begeven, gaan; vertrekken
Wend /wend/ [telb zn] Wend, Sorb
[1]**Wend·ish** /wendɪʃ/, **Wend·ic** /-dɪk/ [eigenn] Sorbisch, de taal van de Wenden/Sorben
[2]**Wend·ish** /wendɪʃ/, **Wend·ic** /-dɪk/ [bn] [1] van de Wenden/Sorben [2] in het Sorbisch
Wendy house [telb zn; ook wendy house] ⟨BE⟩ speelhuisje ⟨voor kinderen⟩
[1]**Wens·ley·dale** /wenzlɪdeɪl/ [telb zn] wensleydale(schaap) ⟨langwollig schaap⟩
[2]**Wens·ley·dale** /wenzlɪdeɪl/ [niet-telb zn] wensleydale(kaas) ⟨witte/blauwe kaas⟩
went /went/ [verleden tijd] → go
wen·tle·trap /wentltræp/ [telb zn] ⟨dierk⟩ wenteltrap ⟨schelpdier; genus Scalaria⟩
wept /wept/ [verleden tijd en volt deelw] → weep
were /wə, ᴬwər, ⟨sterk⟩ wɜː, ᴬwɜːr/ [2e pers enk en alle personen mv verleden tijd aantonende wijs, en alle personen verleden tijd aanvoegende wijs] → be
we're /wɪə, ᴬwɪr, ⟨sterk⟩ wiːə, ᴬwiːr/ ⟨samentrekking van we are⟩
weren't /wɜːnt, ᴬwɜrnt/ ⟨samentrekking van were not⟩
were·wolf, wer·wolf /weəwʊlf, ᴬwɪr-/ [telb zn; mv: wer(e)wolves /-wʊlvz/] weerwolf
wer·geld /wɜːgeld, ᴬwɜr-/, **wer·gild, were·gild** /-gɪld/ [niet-telb zn] ⟨gesch⟩ weergeld
wert /wɜːt, ᴬwɜrt/ [2e pers enk verleden tijd, verouderd of religieus] → be
wer·the·ri·an /veətɪərɪən, ᴬvertɪrɪən/ [bn] wertherachtig, wertheriaans ⟨naar Goethes Die Leiden des jungen Werthers⟩
Wer·ther·ism /veətərɪzm, ᴬvertər-/ [niet-telb zn] ziekelijke sentimentaliteit, wertherachtige melancholie ⟨naar Goethes Die Leiden des jungen Werthers⟩
[1]**Wes·ley·an** /wezlɪən/ [telb zn] ⟨rel⟩ methodist, volgeling van Wesley
[2]**Wes·ley·an** /wezlɪən/ [bn] ⟨rel⟩ methodistisch, volgens Wesley, van Wesley
Wes·ley·an·ism /wezlɪənɪzm/ [niet-telb zn] methodis-

west

me, leer van Wesley

¹west /west/ [niet-telb zn; the] **1** westen ♦ *to the west of* ten westen van, westelijk van **2** ⟨vaak West⟩ westelijk gedeelte/gebied, westen ♦ *in the west of England* in het westen van Engeland **3** westenwind **4** ⟨bridge⟩ west ▪ ⟨sprw⟩ *east or west, home is best* oost west, thuis best; ⟨sprw⟩ *when the sun is in the west, lazy people work the best* als de zon is in 't west, zijn de luiaards op hun best

²west /west/ [bn, attr] **1** ⟨vaak West⟩ westelijk, west(en)-, in het westen gelegen ♦ *the West Bank* de westelijke Jordaanoever; *west coast* westkust; ⟨gesch⟩ *West Germany* West-Duitsland, BRD; *West Indies* West-Indië **2** uit het westen komend, westelijk ♦ *west wind* westenwind ▪ *the West End* West End (het uitgaanscentrum van Londen)

³west /west/ [bw; vaak West] **1** west, naar het westen, ten westen, westwaarts, westelijk ♦ *west by north* west ten noorden; *west by south* west ten zuiden; *west of* ten westen van, westelijk van; *we were walking west* we liepen naar het westen **2** uit het westen, westelijk, west **3** in het westen

West /west/ [eigenn; the] **1** Westen (i.t.t. het Oosten, Oostblok), Occident, Avondland **2** westelijk halfrond **3** ⟨AE⟩ Westen (ten westen van de Mississippi) **4** ⟨AE; gesch⟩ Westen (ten westen van het Alleghenygebergte) **5** ⟨gesch⟩ West-Romeinse Rijk ▪ *West Central* West Central ⟨Londens postdistrict⟩

west·a·bout /westəbaʊt/ [bw] ⟨scheepv⟩ oostwaarts

west·bound [bn] naar het westen gaand, westwaarts reizend ♦ *a westbound ship* een schip dat naar het westen vaart

West Country [eigenn; the] het zuidwesten van Engeland

¹west·er /westə, ᴬ-ər/ [telb zn] wester, westerstorm, westenwind

²west·er /westə, ᴬ-ər/ [onov ww] **1** naar het westen gaan/draaien (van zon, maan, ster), ⟨i.h.b.⟩ ondergaan ♦ *a westering sun* een ondergaande zon **2** westelijken, naar het westen draaien ⟨van wind⟩

¹west·er·ly /westəli, ᴬ-stər-/ [telb zn] westenwind, westerstorm ♦ ⟨meteo⟩ *the Westerlies* de (heersende) westenwinden

²west·er·ly /westəli, ᴬ-stər-/ [bn] westelijk, westen- ⟨van wind⟩

³west·er·ly /westəli, ᴬ-stər-/ [bn, attr] west-, westelijk ♦ *the westerly coast of the island* de westkust van het eiland

⁴west·er·ly /westəli, ᴬ-stər-/ [bw] **1** west, westwaarts, in/naar het westen, westelijk **2** westelijk, uit het westen, west

¹west·ern /westən, ᴬwestərn/ [telb zn] **1** ⟨vaak Western⟩ western, wildwestfilm, wildwestroman **2** westerling **3** ⟨AE⟩ iemand uit het westen/de westelijke staten van de USA

²west·ern /westən, ᴬwestərn/ [bn] **1** westelijk, west(en)- **2** in het westen wonend/liggend/groeiend **3** westwaarts **4** uit het westen ⟨van wind⟩

Western [bn] **1** westers (i.t.t. oosters en Oostblok-), occidental ♦ ⟨gesch⟩ *Western Church* westerse kerk; *Western civilization* westerse beschaving; ⟨gesch⟩ *Western Empire* West-Romeinse Rijk; *Western Ghats* West-Ghats ⟨bergketen in India⟩; *Western Hemisphere* westelijk halfrond; *Western Sahara* Westelijke Sahara; *Western Samoa* West-Samoa ▪ uit het westen/de westelijke staten van de USA ▪ *Western roll* zijrol, westernroll ⟨bij hoogspringen⟩

west·er·ner /westənə, ᴬwestərnər/ [telb zn] **1** westerling **2** ⟨vaak Westerner⟩ iemand uit het westen/de westelijke staten van de USA

west·ern·i·za·tion, west·ern·i·sa·tion /westənaɪzeɪʃn, ᴬ-stərnə-/ [niet-telb zn] verwestersing

west·ern·ize, west·ern·ise /westənaɪz, ᴬ-stər-/ [ov ww] verwestersen, westerse leefwijze opdringen, westers maken

west·ern·most /westənmoʊst, ᴬ-stərn-/ [bn] westelijkst, meest westelijk gelegen

¹Western Samoan [telb zn] West-Samoaan(se)

²Western Samoan [bn] West-Samoaans

¹West German [telb zn] ⟨gesch⟩ West-Duitser, inwoner/inwoonster van de BRD

²West German [bn] ⟨gesch⟩ West-Duits, van/uit de BRD

¹West Indian [telb zn] inwoner/bewoner van West-Indië

²West Indian [bn] West-Indisch

west·ing /westɪŋ/ [zn] ⟨scheepv⟩ **1** (afgelegde) afstand westwaarts **2** westelijke richting/koers

¹West·min·ster /wes(t)mɪnstə, ᴬ-ər/ [telb zn] ⟨BE⟩ (ex-)leerling van Westminster School

²West·min·ster /wes(t)mɪnstə, ᴬ-ər/ [niet-telb zn] ⟨BE⟩ parlement(sgebouwen)

West Nile virus [telb zn] westnijlvirus

¹west-north-west [niet-telb zn] westnoordwesten

²west-north-west [bn; bw] westnoordwestelijk

¹Wes·tra·lian /westreɪliən/ [telb zn] iemand uit West-Australië

²Wes·tra·lian /westreɪliən/ [bn] van/uit/m.b.t. West-Australië

¹west-south-west [niet-telb zn] westzuidwesten

²west-south-west [bn; bw] westzuidwestelijk

¹west·ward /westwəd, ᴬ-wərd/ [niet-telb zn] **1** westen **2** westelijk gedeelte/gebied

²west·ward /westwəd, ᴬ-wərd/ [bn; bw: ~ly] westelijk, westwaarts

³west·ward /westwəd, ᴬ-wərd/, **west·wards** /westwədz, ᴬ-wərdz/ [bw] westwaarts, naar het westen

¹wet /wet/ [telb zn] ⟨inf⟩ **1** ⟨enkelvoud; vnl BE⟩ borrel, glaasje, slokje ♦ *have a wet* een glaasje nemen, er eentje achterover slaan **2** ⟨BE⟩ sukkel, slappeling, doetje, slome duikelaar, duf **3** ⟨AE⟩ voorstander van vrije drankverkoop **4** ⟨BE; pol⟩ gematigd conservatief

²wet /wet/ [niet-telb zn; the] **1** nat weer, regen ♦ *they were glad to come in out of the wet* zij waren blij dat ze uit de regen konden binnenkomen **2** nattigheid, vocht(igheid)

³wet /wet/ [bn; vergr trap: wetter; bn: ~ly; zn: ~ness] **1** nat, vochtig, nog niet droog, vloeibaar ♦ *get wet* nat worden; *wet goods* natte waren; *wet pack* natte omslag ⟨om lichaam(sdeel)⟩; *wet paint* natte verf, nat, pas geverfd; *wet road* natte weg; *be wet to the skin* nat tot op de huid/doornat zijn, geen droge draad aan zijn lichaam hebben; *wet steam* natte stoom; *wet through* door en door nat, kletsnat, helemaal doorweekt; *his moustache was wet with beer* zijn snor was nat van het bier **2** regenachtig, nat ♦ *Ireland is a wet country* Ierland is een land met veel regen; *the wet monsoon* de natte/kwade moesson, de zomermoesson; *it's going to be a wet night* het wordt een natte nacht; *wet weather* regenachtig weer, nat weer **3** met behulp van water/vocht, nat ⟨van methode⟩ ♦ ⟨foto⟩ *wet plate* natte plaat **4** ⟨inf⟩ dronken, aangeschoten, nat, zat **5** ⟨inf⟩ fout, verkeerd, mis ♦ *you're all wet* je bent niet goed wijs **6** ⟨inf⟩ sentimenteel, klef **7** ⟨BE; inf⟩ slap, sullig, sloom ♦ *oh no, not him, he's such a wet person* o nee, hem niet, hij is zo'n slome **8** ⟨BE; inf; pol⟩ (te) gematigd conservatief ♦ *wet state* niet drooggelegde staat, staat met vrije drankhandel **9** ⟨vnl AE; inf⟩ met vrije drankverkoop, zonder alcoholverbod, niet drooggelegd ▪ *wet blanket* domper, koude douche; spelbreker; *put/throw a wet blanket on* een dom-per zetten op, verpesten; *wet dream* natte droom; *he's still wet behind the ears* hij is nog niet droog achter de oren, hij is nog zeer jong en onervaren, hij komt pas kijken; *get one's feet wet* meedoen, zich met de zaak inlaten, het spel meespelen; *wet fish* verse vis; *wet fly* natte (kunst)vlieg ⟨bij sportvisserij⟩; *wet look* glans(laag), glimmend oppervlak ⟨op plastic, leer⟩; ⟨inf⟩ *feel like a wet rag* zich voelen als een dweil/vaatdoek; **wet rot** bruine rot; **kelderzwam** ⟨Coniophora puteana⟩; ⟨inf⟩ **look like a wet weekend** treurig/sip kijken; **wringing wet** drijf(nat), druipnat, kletsnat

⁴**wet** /wet/ [onov ww] nat worden; → **wetting**

⁵**wet** /wet/ [ov ww; Brits-Engels in bet 2 wet, wet] ⓵ nat maken, bevochtigen ♦ *he just wets his fingers and his face in the morning*'s morgens maakt hij alleen zijn gezicht en vingers even nat ⓶ plassen in/op ⟨bed, e.d.⟩ ♦ *wet the bed* bedwateren; → **wetting**

wet·back [telb zn] ⟨AE⟩ illegale Mexicaanse gastarbeider ⟨die bijvoorbeeld de Rio Grande is overgezwommen⟩

wet bar [telb zn] ⟨AE⟩ bar, barkast, barmeubel ⟨met aanrecht en stromend water⟩

wet-bulb [bn, attr] van/m.b.t. natte bol ⟨van vochtigheidsmeter⟩ ♦ *wet-bulb temperature* nattebolteratuur; *wet-bulb thermometer* natte thermometer

wet dock [telb zn] nat dok ⟨als ligplaats/losplaats/laadplaats⟩

weth·er /weðə, ᴬ-ər/ [telb zn] hamel

wet·land /wetlənd, -lænd/ [telb zn; voornamelijk mv] waterrijk natuurgebied, moerasland, drassig land, watergebied

wet nurse [telb zn] ⓵ min, zoogster ⓶ iemand die verwent/vertroetelt, verzorger

wet-nurse [ov ww] ⓵ zogen ⟨van min⟩ ⓶ vertroetelen, in de watten leggen, verwennen

wet sales [alleen mv] ⟨BE⟩ drankverkoop, drankinkomsten

wet suit [telb zn] ⟨sport⟩ wetsuit, duikerspak

wet·ta·ble /wetəbl/ [bn] bevochtigbaar

wet·ting /wetɪŋ/ [telb + niet-telb zn; gerund van wet] het nat (gemaakt) worden ♦ *get a wetting* doornat worden, een nat pak halen

wetting agent [telb zn] bevochtigingsmiddel

wetting solution [niet-telb zn] bewaarvloeistof, inzetvloeistof ⟨voor contactlenzen⟩

wet·tish /wetɪʃ/ [bn] nattig, vochtig

wet·ware /wetweə, ᴬ-wer/ [niet-telb zn] ⟨sl⟩ hersenen

WEU [afk] (Western European Union) WEU

we've /wiv, ⟨sterk⟩ wiːv/ (samentrekking van we have)

wey /weɪ/ [telb zn] wey ⟨oud gewicht, inhoudsmaat; 2 of 3 centenaar, of 40 schepel⟩

wf [afk] (wrong fount)

WFTU [afk] (World Federation of Trade Unions)

wg [afk] (wire gauge)

¹**whack** /wæk, ᴬhwæk/ [telb zn] ⓵ klap, mep, slag ⓶ ⟨inf⟩ (aan)deel, portie ♦ *I thought I'd had my whack of bad luck* ik dacht dat ik mijn portie ongeluk wel had gehad; *stand one's whack* ± een rondje geven ⓷ ⟨inf⟩ poging ♦ *if you can't do it, you must let her have/take a whack at it too* als jij het niet kan, moet je haar ook een kans geven ⓸ ⟨AE; inf⟩ *out of whack* defect, kapot; niet passend, niet goed afgesteld; uit zijn fatsoen; *whack!* pats!, klets!

²**whack** /wæk, ᴬhwæk/ [onov ww] ⟨inf⟩ slaan, meppen, klappen ⓸ ⟨sl⟩ *whack off* zich aftrekken, rukken, masturberen; → **whacked, whacking**

³**whack** /wæk, ᴬhwæk/ [ov ww] ⓵ ⟨inf⟩ een mep/klap geven, slaan (op), een klap verkopen ♦ *he whack the table with his walking stick* hij sloeg op tafel met zijn wandelstok ⓶ ⟨BE; inf⟩ leggen, stoppen, smijten ♦ *just whack some sausages under the grill* gooi/doe gewoon effe wat worstjes onder de grill ⓷ hakken ⓸ ⟨BE⟩ (ver)delen ♦ *whack up* (gelijk) verdelen ⓹ ⟨vnl BE⟩ verslaan, klop geven ⓺ ⟨AE; sl⟩ koud maken, omleggen, uit de weg ruimen ⓹ *whack up* (snel) bij elkaar krijgen; (snel) in elkaar zetten; aanzetten tot, opjutten tot; *whack up s.o. to work harder* iemand achter de vodden zitten; *whack up the necessary signatures* de nodige handtekeningen snel bij elkaar krijgen ♦ *they had already whacked up a church, though the first priest had yet to come* ze hadden al een kerk in elkaar gezet, hoewel de eerste priester er nog moest komen; → **whacked, whacking**

whacked /wækt, ᴬhwækt/, **whacked out** [bn, pred; oorspronkelijk volt deelw van whack] ⟨inf⟩ doodmoe, doodop, kapot, uitgepoept

whack·er /wækə, ᴬhwækər/ [telb zn] ⓵ lel, kanjer, gevaarte, reus ⓶ leugen van heb ik jou daar, leugen van je welste

¹**whack·ing** /wækɪŋ, ᴬhwæ-/ [telb + niet-telb zn; (oorspronkelijk gerund van whack] ⓵ afranseling, pak slaag ♦ *get a whacking* een pak slaag/rammel krijgen ⓶ ⟨sl⟩ verdeling

²**whack·ing** /wækɪŋ, ᴬhwæ-/ [bn; bw; (oorspronkelijk tegenwoordig deelw van whack] ⟨vnl BE; inf⟩ enorm, reuzen-, reusachtig, geweldig, kolossaal ♦ *a whacking big car* een ontzettende grote wagen

whack·o /wækoʊ, ᴬhwæ-/ [tw] ⟨BE; sl⟩ prachtig, te gek, jeetje

whack-up [telb zn] ⟨sl⟩ verdeling ⟨van buit enz.⟩

whacky [bn] → **wacky**

¹**whale** /weɪl, ᴬhweɪl/ [telb zn; mv: ook whale] ⓵ walvisachtige ⟨orde Cetacea⟩, ⟨i.h.b.⟩ walvis ⓶ ⟨AE⟩ autoriteit ⟨op bepaald gebied⟩, hoge ome, beroemdheid, grote ⓷ ⟨comp⟩ iemand met veel virtuele vrienden ♦ *she's a whale at/on history* zij is een ster/kei in geschiedenis; *a whale for/on sth.* verzot/dol/gek op iets; ⟨inf⟩ *a whale of a …* een reusachtig/buitengewoon/geweldig/pracht-…; *a whale of a film* een dijk van een film; *a whale of a play* een reuzestuk, een prachtstuk; *they invited a whale of a lot of people* zij nodigden een massa mensen uit; *they've had a whale of a (good) time in Disneyland* zij hebben zich reuze vermaakt in Disneyland, zij hebben vreselijke lol gehad in Disneyland

²**whale** /weɪl, ᴬhweɪl/ [onov ww] ⓵ walvissen vangen, op walvis jagen, aan walvisvangst doen ⓶ ⟨AE; inf⟩ aanvallen ♦ *whale away at sth./s.o.* op iets/iemand hameren/beuken; iets/iemand scherp aanvallen, krachtig van leer trekken tegen iets/iemand; → **whaling**

³**whale** /weɪl, ᴬhweɪl/ [ov ww] ⟨AE; inf⟩ afranselen, aftuigen, een pak slaag geven; → **whaling**

whale-back [telb zn] ⓵ schip met walvisdek ⓶ zacht glooiende heuvel

whale·boat [telb zn] (walvis)sloep

whale·bone [telb + niet-telb zn] balein

whale calf [telb zn] walvisjong

whale fin [niet-telb zn] balein

¹**whale fishery** [telb zn] walvisvangstgebied

²**whale fishery**, ⟨ook⟩ **whale fishing** [niet-telb zn] walvisvangst

whale head [telb zn] ⟨dierk⟩ schoenbekooievaar ⟨Balaeniceps rex⟩

whale-man /weɪlmən, ᴬhweɪl-/ [telb zn; mv: whalemen /-mən/] walvisvaarder ⟨schip én schepeling⟩

whale oil [niet-telb zn] (walvis)traan

whal·er /weɪlə, ᴬhweɪlər/ [telb zn] ⓵ walvisvaarder, walvisjager ⟨persoon⟩ ⓶ walvisvaarder ⟨schip⟩ ⓷ walvissloep ⓸ ⟨AE⟩ iets groots/buitengewoons, kanjer, lel, gevaarte, reus, beer, bom, pracht, juweel ⓹ ⟨dierk⟩ mensenhaai ⟨genus Carcharhinus⟩

¹**whal·er·y** /weɪləri, ᴬhweɪləri/ [telb zn] ⓵ walvisstation ⓶ fabrieksschip ⟨voor walvisverwerking⟩

²**whal·er·y** /weɪləri, ᴬhweɪləri/ [niet-telb zn] walvisvangst

whale shark [telb zn] ⟨dierk⟩ walvishaai ⟨Rhincodon typus⟩

¹**whal·ing** /weɪlɪŋ, ᴬhweɪ-/ [telb + niet-telb zn; (oorspronkelijk gerund van whale] ⟨AE; inf⟩ pak rammel, pak slaag

²**whal·ing** /weɪlɪŋ, ᴬhweɪ-/ [niet-telb zn; (oorspronkelijk gerund van whale] walvisvangst

³**whal·ing** /weɪlɪŋ, ᴬhweɪ-/ [bn] ⟨AE; inf⟩ reusachtig, kolossaal, geweldig, reuzen-

whaling gun [telb zn] harpoenkanon, walviskanon

whaling master [telb zn] ⟦1⟧ kapitein van een walvisvaarder ⟦2⟧ hoofd van een walvisstation
whaling station [telb zn] walvisstation
¹**wham** /wæm, ᴬhwæm/ [telb zn] klap, slag, dreun, knal ♦ *we heard a loud wham when his car hit the house* we hoorden een zware dreun toen zijn wagen tegen het huis vloog ▪ *wham!* knal!, boem!
²**wham** /wæm, ᴬhwæm/ [onov ww] knallen, dreunen, beuken
³**wham** /wæm, ᴬhwæm/ [ov ww] smijten, slaan, klappen
wham·my /ˈwæmi, ᴬhwæmi/ [telb + niet-telb zn] ⟨AE; sl⟩ vloek, vervloeking, boze oog, bezwering ♦ *put the whammy on s.o.* iemand ongeluk toewensen/voorspellen, een vloek uitspreken over iemand; (ook fig) iemand doen verstommen/verlammen
¹**whang** /wæŋ, ᴬhwæŋ/ [telb zn] ⟨inf⟩ ⟦1⟧ slag, klap, dreun ⟦2⟧ riem ⟦3⟧ zweep ⟦4⟧ zweepslag ⟦5⟧ ⟨BE⟩ homp, stuk, dikke snee ⟨brood enz.⟩
²**whang** /wæŋ, ᴬhwæŋ/ [onov ww] ⟨inf⟩ dreunen, bonzend weerklinken
³**whang** /wæŋ, ᴬhwæŋ/ [ov ww] ⟨inf⟩ ⟦1⟧ dreunen op, bonzen op, bonken op/tegen, met een dreun raken ♦ *he couldn't stop, so his head whanged the wall* hij kon niet meer stoppen, zodat zijn hoofd met een dreun de muur raakte ⟦2⟧ slaan, meppen, een beuk verkopen ⟦3⟧ aftuigen, afranselen met riem/zweep
⁴**whang** /wæŋ, ᴬhwæŋ/ [bw] ⟨inf⟩ precies ♦ *he threw it whang in the bull's eye* hij gooide het precies in de roos
¹**whang·ee** /wæŋˈgiː, ᴬhwæŋ-/ [telb zn] bamboerotting, bamboe(wandel)stok
²**whang·ee** /wæŋˈgiː, ᴬhwæŋ-/ [niet-telb zn] whangee ⟨bamboe uit Japan, China; genus Phyllostachys⟩
whare /ˈwɒri, ᴬwɔri/ [telb zn] ⟨NZE⟩ huis, hut, Maorihuis, Maorihut
¹**wharf** /wɔːf, ᴬhwɔrf/ [telb zn; mv: ook wharves /wɔːvz, ᴬhwɔrvz/] kaai, kade, aanlegsteiger, laad- en losplaats
²**wharf** /wɔːf, ᴬhwɔrf/ [onov ww] meren, aanleggen aan kade; → **wharfing**
³**wharf** /wɔːf, ᴬhwɔrf/ [ov ww] ⟦1⟧ aan kade meren, aan kade vastleggen ⟦2⟧ uitladen, lossen op/aan de kade, aan wal brengen ⟦3⟧ bekaden, van kaden voorzien, beschoeien; → **wharfing**
wharf·age /ˈwɔːfɪdʒ, ᴬhwɔrfɪdʒ/ [niet-telb zn] ⟦1⟧ kadegebruik ⟦2⟧ kadegeld, liggeld, losgeld ⟦3⟧ kaden, kaaien, kadecomplex
wharf charges [alleen mv] kaaigeld, kadegeld, liggeld, losgeld
¹**wharf·ing** /ˈwɔːfɪŋ, ᴬhwɔr-/ [telb + niet-telb zn; (oorspronkelijk) gerund van wharf] beschoeiing
²**wharf·ing** /ˈwɔːfɪŋ, ᴬhwɔr-/ [niet-telb zn; (oorspronkelijk) gerund van wharf] kaden, kaaien, kadecomplex
wharf·in·ger /ˈwɔːfɪndʒə, ᴬhwɔrfɪndʒər/ [telb zn] ⟦1⟧ kademeester, kadebaas ⟦2⟧ kade-eigenaar
wharf·mas·ter [telb zn] kademeester, kadebaas
wharf rat [telb zn] ⟦1⟧ ⟨dierk⟩ bruine rat ⟨Rattus norvegicus⟩ ⟦2⟧ ⟨sl⟩ kaailoper, baliekluiver, straatslijper
whas·sup, was·sup /wʌsʌp, ᴬwɒsʌp/ [tw] ⟨sl⟩ hé, hoe is ie ⟨als groet⟩, hallo
¹**what** /wɒt, ᴬwɑt, ᴬwʌt, (sterk) ᴬhwɑt, ᴬhwʌt/ [vr vnw; ook in uitroep] wat ♦ *what about you* hoe gaat het met jou?; *what about an ice-cream?* wat zou je denken van een ijsje?; *what about that problem!* maar hoe los je dat probleem op?; *she won't mind and what if she does?* ze zal het best vinden, en zo niet, wat dan nog?; *what's he the better for it?* wat heeft hij eraan?, wat koopt hij ervoor?, welk voordeel heeft hij ervan?; *what did he do?* wat heeft hij gedaan?; *you were going to do what?* wát ging je doen?; *with toys and sweets and what else* met speelgoed en snoep en wat nog allemaal; *what's the English for gezellig?* wat is gezellig in het Engels?; *what do you use it for?* waarvoor gebruik je het?;

what did he do that for? waarom deed hij dat?; *what do you usually give?* hoeveel geef je gewoonlijk?; *what must he have gone through!* wat moet hij niet allemaal hebben doorgemaakt!; *books, clothes, records and what have you* boeken, kleren, platen en wat nog allemaal; *what the hell/devil* ⟨enz.⟩ wat voor de duivel/drommel ⟨enz.⟩; *what do you think I am?* wat denk je wel dat ik ben?; *what if* wat als; *what if I die?* stel dat ik doodga, wat dan?; *what is it?* hoe heet het ook weer?; *what is John?* wat is John van beroep?; *what is left of it?* wat/hoeveel is er nog van over?; *what is he/it like?* wat voor iemand/iets is hij/het?; ⟨fig⟩ *what are you like?* wat maak je me nou?; *what is it like to be 80* wat voor gevoel is het/hoe voelt het om 80 te zijn?; *you know what Mary is* je weet hoe Mary is, je kent Mary wel/toch; *no matter what* hoe dan ook, wat er ook gebeure; *Mr What's his name* meneer Dinges; ⟨inf⟩ *what's his/her/... name?* hoe heet hij/zij/... ook weer?; *what next?* wat is het volgende?; ⟨inf; pej⟩ *what next* wat staat ons nog te wachten?; ⟨inf⟩ *what is it now?* wat nu weer?; ⟨BE⟩ *what's o'clock* hoe laat is het?; ⟨inf⟩ *what of it* wat is ermee (aan de hand), en wat (zou dat) dan nog?, en dan?; *what of him?* wat nieuws heb je van hem?; *what of this?* wat vind je hiervan?; *what of the weather?* hoe is het weer?; *is she a dancer or what?* is ze een danseres of zo?; *is it a blizzard or what?* is het een sneeuwstorm of wat?; *what is that to you* wat betekent dat voor jou?; *what then?* wat dan?; *what though he love(s) another* wat geeft het als hij van een ander(e) houdt; *what do you want?* wat wil je?; *what with* bij, (aan)gezien, met; ⟨sl⟩ *what's the fuss?* waarom al die herrie?; ⟨sl⟩ *whats (up) with John?* wat is er met John aan de hand?; *what with one thing and another* om een lang verhaal kort te maken, kortom; *what with all the expenses I'd run into* als je alle onkosten die ik had moeten maken meetelt; ⟨inf⟩ *what?* wablief?; *what* ja, wat is er?; *what, no meat!* wat, geen vlees!; *what, a blue daffodil!* wat, een blauwe narcis ▪ *what else!* zeker!; ⟨inf⟩ *and what not* en wat al niet, enzovoorts enzovoorts; *so what?* nou en?, en dan?, wat dan nog?; wel, wat nu?; ⟨AE; inf⟩ *what's up with that?* wat zullen we nu beleven!, wat krijgen we nou!, wat is hier aan de hand!
²**what** ⟨RELATIVE⟩ /wɒt, ᴬwɑt, ᴬwʌt, (sterk) ᴬhwɑt, ᴬhwʌt/ [betr vnw] ⟦1⟧ ⟨in indirecte vraag niet te scheiden van het vragend voornaamwoord⟩ wat, dat(gene) wat, hetgeen ♦ *come what may* wat er ook moge gebeuren; *just what I need* net wat ik nodig heb; *what's more* bovendien, meer/erger nog; *I used what of my strength I had left* ik gebruikte al wat ik nog aan kracht over had; *say what you will* wat je ook zegt; *times are not what they were* de tijden zijn veranderd; *what was more surprising was her willingness to help* wat nog meer verbazing wekte/nog verbazingwekkender was haar bereidheid om te helpen; *John's still what he has been* John is nog altijd dezelfde ⟦2⟧ ⟨substandaard⟩ die, dat ♦ *the lad what sold it to me* de jongen die het mij verkocht heeft ▪ ⟨inf⟩ *not so bad but what it got a prize* niet zo slecht dat het geen prijs kreeg; *what's what, what is what* de precieze toedracht, alle feiten, de waarheid
³**what** /wɒt, ᴬwɑt, ᴬwʌt, (sterk) ᴬhwɑt, ᴬhwʌt/ [onbep det; soms moeilijk te scheiden van de vragende determinator] ⟨form⟩ welke (ook), die, dat ♦ *he brought what clothes he could find* hij bracht alle kleren mee die hij maar kon vinden; *eat what fruit you like* eet welk fruit je maar wilt; *what little I had I gave* het beetje dat ik had, gaf ik; *he maintained what order he could* hij hield de boel zo goed mogelijk in orde; *what remarks he made insulted her* die opmerkingen die hij maakte beledigden haar; *what work we did was worthwhile* het beetje werk dat we deden was de moeite waard
⁴**what** /wɒt, ᴬwɑt, ᴬwʌt, (sterk) ᴬhwɑt, ᴬhwʌt/ [vr det] welk(e) ♦ *what answer did you get?* welk antwoord kreeg je?; *what books do you read?* wat voor boeken lees je?; *who built*

what house? wie heeft welk huis gebouwd?; *what price freedom?* hoeveel is de vrijheid ons waard?

⁵**what** /wɒt, ᴬwɑt, ᴬwʌt, ⟨sterk⟩ ᴬhwɒt, ᴬhwʌt/ [predet; graadaanduidend; in uitroepen] wat (voor), welk ♦ *what colours and what sounds!* wat een kleuren en wat een klanken!; *think what a surprise it would be* denk je eens in wat een verrassing het zou zijn

⁶**what** /wɒt, ᴬwɑt, ᴬwʌt, ⟨sterk⟩ ᴬhwɒt, ᴬhwʌt/ [tw] ⟨BE; vero⟩ niet waar, hé ♦ *what ho!* hola!, hei daar!; *a funny little fellow, what* een raar mannetje, vind je niet

what·cha·ma·call·it /wɒtʃəməkɔːlɪt, ᴬwɑt-/ [telb zn] ⟨inf⟩ ding(es), hoe-heet-het(-ook-al-weer)

¹**what·ev·er,** ⟨form⟩ **what·e'er,** ⟨nadrukvorm, vero in BE⟩ **what·so·ev·er,** ⟨vero⟩ **what·so** [onbep vnw] ⎕ ⟨leidt relatieve bijzinnen in⟩ alles wat, wat ook ♦ *I'll stay whatever happens* ik blijf, wat er ook gebeurt; *eat whatever you like* eet wat je maar wil ⎕ om het even wat, wat dan ook ♦ *have you found your scarf or gloves or whatever* heb je je sjaal of handschoen of wat je ook kwijt was gevonden; *whatever he may have said, don't believe him* wat hij ook beweerd moge hebben, geloof hem niet; *she suffers from rheumatism or whatever* ze lijdt aan reumatiek of zoiets

²**what·ev·er,** ⟨form⟩ **what·e'er,** ⟨nadrukvorm, vero in BE⟩ **what·so·ev·er,** ⟨vero⟩ **what·so** [vr vnw] ⟨inf⟩ wat (toch) ♦ *whatever are you doing?* wat doe je daar toch?; *whatever for?* waarom toch?; *whatever happened* wat is er in 's hemelsnaam gebeurd?

³**what·ev·er,** ⟨form⟩ **what·e'er,** ⟨nadrukvorm, vero in BE⟩ **what·so·ev·er,** ⟨vero⟩ **what·so** [onbep det] ⎕ welke dan ook, om het even welke ♦ *any colour whatever* om het even welke kleur; *buy whatever meat you can find* koop het vlees dat je kunt krijgen; *in whatever place he had met this wonderful girl* in een of andere plaats had hij dit fantastische meisje ontmoet; *whatever skills he had I do not like him* welke vaardigheden hij ook heeft, ik mag hem niet ⎕ ⟨geplaatst na het naamwoord; in vraag of ontkenning⟩ helemaal, totaal, überhaupt ♦ *no bread whatever* helemaal geen brood; *no hope left whatever* geen straaltje hoop meer; *no-one whatever* helemaal niemand

⁴**what·ev·er** [tw] best hoor, het zal wel

¹**what·not** /wɒtnɒt, ᴬhwɑtnɑt, ᴬhwʌt-/ [telb zn] ⎕ etagère ⎕ dingetje, gevalletje

²**what·not** /wɒtnɒt, ᴬhwɑtnɑt, ᴬhwʌt-/ [niet-telb zn] wat al niet, noem maar op ♦ *she bought books, records and whatnot* ze kocht boeken, platen en noem maar op

whats·it /wɒtsɪt, ᴬwɑtsɪt/ [telb zn] ⟨inf⟩ ding(es), hoe-heet-het(-ook-alweer)

whatso → whatever
whatsoever, whatsoe'er → whatever

whaup /wɔːp, ᴬhwɑp/ [telb zn; mv: ook whaup] ⟨ScHE; dierk⟩ wulp ⟨Numenius arquata⟩

wheal /wiːl, ᴬhwiːl/ [telb zn] ⎕ ⟨gew; mijnb⟩ mijn, groeve ⎕ → weal

¹**wheat** /wiːt, ᴬhwiːt/ [telb zn] tarwesoort

²**wheat** /wiːt, ᴬhwiːt/ [niet-telb zn] tarwe ♦ *puffed wheat* gepofte tarwekorrels ⎕ *separate the wheat from the chaff* het kaf van het koren scheiden; ⟨sprw⟩ *there is no wheat without chaff* geen koren zonder kaf

wheat belt [telb zn] tarwezone, tarwegordel, tarwegebied

wheat·ear [telb zn] ⎕ tarweaar ⎕ ⟨dierk⟩ tapuit ⟨Oenanthe oenanthe⟩

wheat·en /wiːtn, ᴬhwiːtn/ [bn] tarwe-, van tarwe(meel) ♦ *wheaten products* tarweproducten; *wheaten straw* tarwestro

wheat·field [telb zn] tarweveld
wheat germ [telb zn] tarwekiem
wheat·grass [niet-telb zn] ⟨plantk⟩ kweek(gras) ⟨Agropyron repens⟩
wheat intolerance [telb + niet-telb zn] tarwe-intolerantie

wheat·meal [niet-telb zn] ⟨BE⟩ tarwemeel, ⟨i.h.b.⟩ volkoren tarwemeel

wheat pit [niet-telb zn] ⟨AE⟩ tarwehoek ⟨op beurs⟩
wheats /wiːts, ᴬhwiːts/ [alleen mv] ⟨BE⟩ tarweplanten
Wheat·stone bridge /wiːtstən brɪdʒ, ᴬwiːtstoʊn-/ [telb zn] ⟨elek, natuurk⟩ brug van Wheatstone

whee /wiː, ᴬhwiː/ [tw] jee, jippie, hoera
¹**whee·dle** /wiːdl, ᴬhwiːdl/ [niet-telb zn] vleierij, geflikflooi
²**whee·dle** /wiːdl, ᴬhwiːdl/ [onov ww] flikflooien, vleien
³**whee·dle** /wiːdl, ᴬhwiːdl/ [ov ww] ⎕ met gevlei overhalen ♦ *he wheedled her into a better mood* met gevlei bracht hij haar in een beter humeur; *she wheedled her husband into moving out of the city* met lieve woordjes wist zij haar man over te halen uit de stad te verhuizen ⎕ aftroggelen, afvleien ♦ *wheedle a promise out of s.o.* iemand een belofte afvleien; *wheedle s.o. out of some money* iemand wat geld aftroggelen

whee·dler /wiːdlə, ᴬhwiːdlər/ [telb zn] mooiprater, vleier
whee·dling·ly /wiːdlɪŋli, ᴬhwiːd-/ [bw] met gevlei/lieve woordjes

¹**wheel** /wiːl, ᴬhwiːl/ [telb zn] ⎕ wiel, rad ♦ *fifth wheel* vijfde wiel/rad aan de wagen ⟨ook figuurlijk⟩ ⎕ ⟨benaming voor⟩ rad, wiel, draaischijf, pottenbakkersschijf, pottenbakkerswiel, spinnewiel, zon, (vuur)rad ⟨van vuurwerk⟩, waterrad, molenrad, scheprad, tredmolen, rad, draaischijf ⟨van roulette⟩, rad van avontuur, rad der fortuin ⎕ zwenking, draai ⟨van troepen(bewegingen)⟩ ⎕ cirkel, rond, kring ⎕ refrein ⟨van gedicht⟩ ⎕ ⟨AE; inf⟩ fiets ⎕ ⟨AE; sl⟩ hoge ome, hoge piet, invloedrijk persoon, grote ⎕ ⟨sport⟩ radslag ♦ *wheel a wheel* een radslag maken ⎕ *grease the wheels* alles vlot(jes) laten verlopen ⟨in het bijzonder door smeergeld⟩; *wheel of life* kringloop der wedergeboorten/van existenties ⟨in boeddhisme⟩; *put/set the wheels in motion, start the wheels turning* de zaak in beweging/aan het rollen brengen

²**wheel** /wiːl, ᴬhwiːl/ [telb + niet-telb zn] draaiing, omwenteling ⟨ook figuurlijk⟩

³**wheel** /wiːl, ᴬhwiːl/ [niet-telb ww] ⎕ ⟨the⟩ stuurwiel, stuurrad, stuur, roer ♦ ⟨fig⟩ *be at the wheel* de leiding hebben, de baas zijn, de touwtjes in handen hebben; *at/behind the wheel* aan het roer/stuur, achter het stuur; ⟨fig⟩ met de leiding belast, met de touwtjes in handen; *the man at the wheel* bestuurder, chauffeur, roerganger; ⟨fig⟩ *take the wheel* de leiding/het heft in handen nemen ⎕ rad ⟨martelwerktuig⟩ ♦ *break on the wheel* radbraken

⁴**wheel** /wiːl, ᴬhwiːl/ [onov ww] ⎕ rollen, rijden ♦ *wheel along* voortrollen, voortsnorren, rijden ⎕ zich omkeren, zich omdraaien, ronddraaien, van richting veranderen ♦ *wheel about/around/round* zich omdraaien, ronddraaien; *wheel from s.o.* zich afwenden van iemand ⎕ van mening/gedachten veranderen ♦ *wheel about* van gedachten/mening veranderen; *in a short time he has completely wheeled about* in korte tijd is hij helemaal omgeslagen ⎕ cirkelen, in rondjes vliegen ⟨van vogels⟩ ⎕ fietsen ⎕ ⟨mil⟩ zwenken, draaien ⎕ ⟨vnl AE; inf⟩ *wheeling and dealing* (het) ritselen, gesjacher, gemarchandeer, gekonkel(foes); → wheeled

⁵**wheel** /wiːl, ᴬhwiːl/ [onov + ov ww] (om)wentelen, (doen) draaien, ronddraaien; → wheeled

⁶**wheel** /wiːl, ᴬhwiːl/ [ov ww] ⎕ duwen, trekken ⟨iets op wieltjes⟩, (ver)rijden, rollen ♦ *wheel a bicycle up the hill* een fiets de berg opduwen; *he wheeled her breakfast to her bedroom* hij reed haar ontbijt naar haar slaapkamer; *they wheeled in the victims* zij reden de slachtoffers naar binnen; *the nurse always wheels me into the garden after dinner* de zuster rijdt mij altijd de tuin in na het eten; *they wheeled the patient back to his room* ze reden de patiënt te-

wheel animal

rug naar zijn kamer; *wheel the **pram/wheelchair*** achter de kinderwagen/rolstoel lopen, de kinderwagen/rolstoel duwen; *wheel a **wheelbarrow*** met een kruiwagen lopen, kruien [2] van wiel(en) voorzien [3] *wheel in false arguments* met onjuiste argumenten komen aandragen; *please, could you wheel **in** the next applicant* kun je de volgende sollicitant binnenbrengen; → **wheeled**

wheel animal, wheel animalcule [telb zn] ⟨dierk⟩ raderdiertje ⟨Rotifera, Rotatoria⟩
wheel·back [telb zn] stoel met wielvormige leuning
wheel·bar·row [telb zn] kruiwagen
wheel·base [telb + niet-telb zn] ⟨techn⟩ wielbasis, radstand
wheel boat [telb zn] raderboot
wheel brake [telb zn] radrem
wheel chain [telb zn] ⟨scheepv⟩ stuurketting
wheel·chair, wheel chair [telb zn] rolstoel
wheel clamp [telb zn] parkeerklem, wielklem
wheel drag [telb zn] ⟨techn⟩ remschoen
wheeled /wiːld, ʰwiːld/ [bn; volt deelw van wheel] op/met wielen, verrijdbaar ♦ *wheeled bed* bed op wieltjes
wheel·er /ˈwiːlə, ˈʰwiːlər/ [telb zn] [1] iemand die duwt [2] achterpaard [3] wielenmaker, wielensmid, wagenmaker [4] fietser, wielrijder [5] voertuig, ⟨i.h.b.⟩ rijwiel, fiets [6] ⟨AE⟩ uitgekookte vent, sluwe vos
-wheel·er /wiːlə, ʰwiːlər/ -wieler ♦ *two-wheeler* tweewieler
¹wheel·er-deal·er [telb zn] ⟨vnl AE; inf⟩ sjacheraar, iemand die van alles ritselt, handige jongen, sluwe vos, gladakker
²wheel·er-deal·er [onov ww] ⟨vnl AE; inf⟩ van alles ritselen, sjacheren, sjoemelen, marchanderen
wheel flange [telb zn] radkrans, flens
wheel horse [telb zn] [1] achterpaard ⟨van span paarden⟩ [2] ⟨AE⟩ werkezel, zwoeger, harde werker, werkpaard ⟨in het bijzonder in de politiek⟩
wheel house [telb zn] stuurhut, stuurhuis
wheel·ie /ˈwiːli, ˈʰwiːli/ [telb zn] ⟨inf⟩ wheelie ⟨op achterwiel rijden met (motor)fiets⟩ ♦ *do a wheelie* een wheelie maken
wheelie bin, wheeley bin, wheely bin [telb zn] minicontainer ⟨verrijdbare vuilnisbak⟩, afvalcontainer
wheel lock [telb zn] [1] radslot ⟨van geweer⟩ [2] geweer met radslot [3] letterslot
wheel·man /ˈwiːlmən, ˈʰwiːl-/ [telb zn; mv: wheelmen /-mən/] [1] fietser, wielrijder [2] ⟨AE⟩ roerganger, stuurman
wheel rope [telb zn] ⟨scheepv⟩ stuurreep
wheels /wiːlz, ʰwiːlz/ [alleen mv] [1] raderwerk, machine, inrichting, organisatie ♦ *the wheels of life* het raderwerk van het leven [2] ⟨inf⟩ auto, wagen, kar ♦ *on wheels* per auto, in de auto, met de wagen; *they're coming on wheels* zij komen met de wagen ♦ *go on (oiled) wheels* op wieltjes/rolletjes lopen, gesmeerd gaan; *oil the wheels* ervoor zorgen dat het gesmeerd gaat, vlekkeloos laten verlopen, smeren; *wheels within wheels* ingewikkeld apparaat, gecompliceerd mechanisme; ⟨fig⟩ ingewikkelde zaak; *there are wheels within wheels* het zit zeer ingewikkeld in elkaar, de zaak is ingewikkelder dan zo op het eerste gezicht lijkt
wheels·man /ˈwiːlzmən, ˈʰwiːlz-/ [telb zn; mv: wheelsmen /-mən/] ⟨AE⟩ roerganger, stuurman
wheel spin [niet-telb zn] snelle draaiing van het wiel, rotatie van het wiel
wheel·suck·er [telb zn] ⟨sl; wielersp⟩ wieltjeszuiger, wieltjesplakker
wheel suspension [niet-telb zn] wielophanging
wheel tread [telb zn] loopvlak ⟨van wiel⟩
wheel·work [telb zn] raderwerk, wielwerk
wheel·wright [telb zn] wielenmaker, wielensmid, wa-

genmaker
whee·ple /wiːpl, ʰwiːpl/ [onov + ov ww] ⟨BE, gew⟩ fluiten ♦ *the curlew wheeples* de wulp roept; *he wheepled an old tune* hij floot een oud wijsje
¹wheeze /wiːz, ʰwiːz/ [telb zn] [1] gepiep, gefluit, gehijg ⟨van ademhaling⟩ [2] ⟨sl⟩ grap, geintje, ⟨i.h.b.⟩ grap, anekdote, gag [3] ⟨sl⟩ banaliteit, mop met een baard, afgezaagd verhaal, overbekend verhaal [4] ⟨sl⟩ plannetje, idee [5] ⟨sl⟩ snufje, handig dingetje, slim apparaatje
²wheeze /wiːz, ʰwiːz/ [onov ww] [1] piepen, fluiten(d ademhalen) [2] hijgen, puffen, zwaar ademen
³wheeze /wiːz, ʰwiːz/ [ov ww] hijgend voortbrengen, puffend zeggen ♦ *at first he could only wheeze **out** a few words* eerst kon hij slechts hijgend en puffend een paar woorden uitbrengen
wheez·y /ˈwiːzi, ˈʰwiːzi/ [bn; vergr trap: wheezier; bw: wheezily; zn: wheeziness] [1] hijgend, hijgerig, puffend, amechtig, kortademig [2] piepend, fluitend [3] ⟨inf⟩ slim ⟨plan⟩
whelk /welk, ʰwelk/ [telb zn] [1] puist, pukkel [2] striem, slag, streep [3] ⟨dierk⟩ wulk ⟨familie Buccinidae⟩, ⟨i.h.b.⟩ wulk, kinkhoorn ⟨Buccinum undatum⟩
whelked /welkt, ʰwelkt/ [bn] [1] gestriemd, met striemen/strepen [2] puisterig, pukkelig [3] gewonden, gedraaid ⟨als wulk⟩
whelm /welm, ʰwelm/ [ov ww] ⟨form⟩ [1] overstromen, overspoelen, verzwelgen [2] hullen, onderdompelen, bedekken [3] overstelpen, overdonderen, overladen
¹whelp /welp, ʰwelp/ [telb zn] [1] jong, puppy, welp [2] kind, jong [3] kwajongen, brutale aap, vlegel, vlerk [4] ⟨vnl mv⟩ ⟨scheepv⟩ kies ⟨van kaapstander, spil⟩ [5] ⟨techn⟩ tand ⟨van kettingrad⟩, rib, ribbel
²whelp /welp, ʰwelp/ [onov + ov ww] jongen, werpen ⟨van dieren⟩
³whelp /welp, ʰwelp/ [ov ww] [1] uitbroeden, beramen ⟨boze plannen⟩ [2] ⟨beled⟩ jongen, werpen, baren ⟨van vrouw⟩
¹when /wen, ʰwen/ [telb zn] wanneer, het ogenblik, tijd(stip) ♦ *they told me the when and where* ze vertelden mij plaats en datum [2] ⟨bij 't inschenken⟩ *say when* zeg maar als 't genoeg is
²when /wen, ʰwen/ [vr vnw] wanneer ♦ *he left after when?* hoe laat zei je dat hij vertrokken was?; *since when has he been here?* sinds wanneer/hoe lang is hij al hier?; *until when can you stay* tot wanneer kun je blijven?
³when /wen, ʰwen/ [betr vnw] ⟨form⟩ welk ogenblik ♦ *they were last seen on March 3, since when they haven't been heard from* ze zijn het laatst gesignaleerd op 3 maart en sindsdien is er niets meer van hen vernomen
⁴when [vw] /wen, ʰwen/ [bw] [1] ⟨vragend⟩ wanneer ♦ *when shall I see you?* wanneer zie ik je weer? [2] ⟨betrekkelijk; als het antecedent ingesloten is, niet te scheiden van het voegwoord⟩ wanneer, waarop, dat ♦ *I hate winter, when all is grey and sad* ik haat de winter, wanneer alles grijs en droevig is; *a year when my life changed completely* een jaar waarin mijn leven volledig veranderde [3] ⟨onbepaalde tijdaanduiding⟩ indertijd, ⟨inf⟩ *you should have known him way back when* je had hem indertijd moeten kennen
⁵when /wen, ʰwen/ [ondersch vw] [1] wanneer, toen, als, op het ogenblik dat ♦ ⟨ellipt⟩ *when a boy* toen hij nog een jongen was; ⟨ellipt⟩ *when seeing me* toen hij me zag; *when I was young* toen ik nog jong was; *when I whistle the game is over* op het ogenblik dat ik fluit is het spel afgelopen [2] ⟨telkens⟩ wanneer, indien, terwijl, als ♦ ⟨ellipt⟩ *inflammable when dry* ontvlambaar als het droog is; *ah, when I think of London!* ah, als ik aan Londen denk; *when I awake so early I am grumpy* telkens als ik zo vroeg wakker word, heb ik een humeur om op te schieten; *I cannot travel when I have no money* ik kan niet reizen als ik geen geld heb [3] aangezien dat, als (het zo is dat) ♦ *why use gas when it*

can explode? waarom gas gebruiken als je weet dat het kan ontploffen? ④ hoewel, terwijl, ondanks (het feit) dat ♦ *he wasn't interested when he could have made a fortune in it* hij was niet geïnteresseerd hoewel hij daarmee een fortuin had kunnen maken ⑤ en toen, waarbij ♦ *he went for his opponent, when the audience cheered him on* hij ging recht op zijn tegenstander af, onder aanmoediging van het publiek

¹**whence** /wens, ᴬhwens/ [vr vnw] · ⟨vero⟩ *from whence do these strangers come?* waar komen deze vreemdelingen vandaan?; ⟨vero⟩ *from whence could he deduce that ...?* waaruit heeft hij kunnen afleiden dat ...?

²**whence** /wens, ᴬhwens/ [betr vnw] · ⟨vero⟩ *the land from whence she comes* het land waar zij vandaan komt

³**whence** /wens, ᴬhwens/ [bw] ⟨vero⟩ ① ⟨vragend⟩ van waar, waarvandaan, waaruit ♦ *whence rises your fear?* waaruit ontstaat je angst? ② ⟨betrekkelijk⟩ van waar, waar vandaan, waaruit ⟨ook figuurlijk⟩ ♦ *dreams whence poetry springs* dromen waaruit dichtkunst ontspringt; *I heard a crash, whence I assumed that Jill had fainted* ik hoorde een klap, waaruit ik afleidde dat Jill flauwgevallen was

whence·so·ev·er, whenc·ev·er [ondersch vw] ⟨form⟩ van waar ook, waar ook vandaan, waaruit ook ♦ *whencesoever they came they were all welcome* van waar zij ook kwamen zij waren allen welkom

¹**when·ev·er,** ⟨form in betekenis 1 ook⟩ **when·e'er, when·so·ev·er, when·so·e'er** [bw] ① om het even wanneer ♦ *come whenever* kom om het even wanneer ② wanneer (toch/in 's hemelsnaam) ♦ *whenever did I say that?* wanneer in 's hemelsnaam heb ik dat gezegd?

²**when·ev·er,** ⟨in betekenis 1 ook, form⟩ **when·e'er, when·so·ev·er, when·so·e'er** [ondersch vw] ① telkens wanneer/als, wanneer ook, om het even wanneer ♦ *whenever we meet he turns away* telkens als wij elkaar tegenkomen keert hij zich af ② ⟨voornamelijk Schots-Engels en Iers-Engels⟩ zo gauw als ♦ *whenever he arrived home he started rebuilding the house* zo gauw hij thuiskwam begon hij het huis te herbouwen

¹**where** /weə, ᴬhwer/ [telb zn; the] de plaats (waar) ♦ *have they fixed the where and when yet?* hebben ze plaats en datum al vastgelegd?; *wanted to know the where and when of the wedding* wilde weten waar en wanneer het huwelijk plaatshad

²**where** /weə, ᴬwer, ⟨sterk⟩ ᴬhwer/ [bw] ① ⟨vragend⟩ waar, waar, waarheen, waarin, waarop, enz. ⟨ook figuurlijk⟩ ♦ *where can I find him?* waar vind ik hem?, waar is hij?; ⟨inf⟩ *where do you come from and where are you going to?* waar kom je vandaan en waar ga je heen?; *where are you going?* waar ga je naartoe?; ⟨fig⟩ *and where will that idiot be then?* en wat zal die idioot dan beginnen?, en hoe zal die idioot er dan aan toe zijn?; ⟨inf, fig⟩ *where does he come in?* wat heeft hij daarmee te maken?, wat is zijn rol in de zaak?; ⟨fig⟩ *where's the use?* wat baat het?, wat voor nut heeft het? ② ⟨betrekkelijk; zonder antecedent vaak niet te scheiden van betekenis 1⟩ (al)waar, waarheen ♦ ⟨inf⟩ *the Privilège, that's where it's at* de Privilège, dáár gebeurt het/daar moet je wezen/daar is het te doen; *Rome, where once Caesar reigned* Rome, alwaar eens Caesar heerste; *take me where I can see better* breng me ergens naartoe waar ik beter kan zien; *Van Dale Lexicografie, where all inquiries about this dictionary should be sent* Van Dale Lexicografie, waar alle vragen om inlichtingen over dit woordenboek naartoe gestuurd moeten worden; *it was where the two rivers meet* het gebeurde waar de twee stromen samenvloeien

³**where** /weə, ᴬwer, ⟨sterk⟩ ᴬhwer/ [ondersch vw] ① terwijl, daar waar ♦ *where she was shy her brother was very talkative* terwijl zij eerder verlegen was, was haar broer heel spraakzaam; *where you preach justice abroad you don't practise it at home* hoewel je elders rechtvaardigheid preekt pas je dit thuis niet toe ② ⟨leidt een bepaling van omstandigheid of voorwaarde in⟩ daar waar, in die omstandigheden waar, waarbij, zodanig dat ♦ *we must agree where strategy is concerned* we moeten het eens worden wat de strategie betreft; *nothing has changed where Rita is concerned* er is niets veranderd ten opzichte van Rita; *multiply y by x where x is the sum of a and b* vermenigvuldig y met x terwijl x de som is van a plus b; *where she feels confident she acts differently* in omstandigheden waar zij zich zeker voelt handelt zij anders

¹**where·a·bouts** /weərəbʌʊts, ᴬhwer-/ [alleen mv] verblijfplaats, adres, plaats waar iemand/iets zich bevindt ♦ *his whereabouts is/are not known* zijn verblijfplaats is niet bekend, waar hij uithangt is niet bekend

²**where·a·bouts** /weərəbʌʊts, ᴬhwer-/ [bw] waar ergens, waar ongeveer ♦ *I can't remember whereabouts I saw your purse yesterday* ik kan me niet herinneren waar ik je portemonnee gisteren ergens heb gezien

where·as /weəræz, ᴬweræz, ⟨sterk⟩ ᴬhwæræz/ [ondersch vw] ⟨form⟩ ① ⟨vnl jur⟩ aangezien, in aanmerking genomen dat, daar, vermits ♦ *whereas the accused has pleaded guilty and whereas said accused ... we conclude that ...* gezien de beschuldigde schuldig pleit en gezien voormelde beschuldigde ... besluiten wij dat ... ② hoewel, daar waar, terwijl ♦ *actually he should study languages whereas he should actually have chosen sth. technical* hij is talen gaan studeren terwijl hij eigenlijk iets technisch had moeten kiezen

where·at [ondersch vw] ⟨vero of form⟩ waarna, waarop

where·by [bw] ⟨form⟩ waardoor

¹**where·fore** [telb zn; voornamelijk mv] reden, doel · ⟨sprw⟩ *every why has a wherefore* alle waarom heeft zijn daarom

²**where·fore, where·for** [ondersch vw] ⟨form⟩ waarom, om welke reden ♦ *she had humiliated him, wherefore he sought revenge* ze had hem vernederd en daarom wilde hij zich wreken

where·in [bw] ⟨form, vero; vragend; ook als betrekkelijk voornaamwoord gebruikt⟩ waarin ♦ *wherein am I wrong?* waarin ben ik fout?; *the idea wherein he is wrong* de gedachte waarin hij fout is

where·in·to [bw] ⟨vero⟩ waarin

where·of [bw] ⟨form, vero; vragend; ook als betrekkelijk voornaamwoord gebruikt⟩ waarvan ♦ *whereof is he afraid?* waar is hij bang voor?; *the things whereof he spoke* de dingen waarvan hij sprak

¹**where·up·on** [bw] ⟨vero; vragend; ook als betrekkelijk voornaamwoord gebruikt⟩ waarop ♦ *a hill whereupon stands an old house* een heuvel waarop een oud huis staat; *whereupon can she rely?* waar kan zij op vertrouwen?

²**where·up·on** [ondersch vw] waarna, waarop ♦ *he emptied his glass, whereupon he came to me* hij dronk zijn glas leeg, waarna hij bij me kwam

¹**wher·ev·er** /wɔrevə, ᴬ-ər/ [bw] ⟨inf⟩ waar (toch/in 's hemelsnaam) ♦ *wherever can John be?* waar in 's hemelsnaam mag John wel wezen?

²**wher·ev·er** /wɔrevə, ᴬ-ər/, ⟨form⟩ **wher·e'er, where·so·ev·er, where·so·e'er** [ondersch vw] waar ook, overal waar, waar ook, om het even waar ♦ *I'll think of you wherever you go* ik zal aan je denken waar je ook naartoe gaat

where·with [bw] ⟨vero; vragend; ook als betrekkelijk voornaamwoord gebruikt⟩ waarmede

¹**where·with·al** [niet-telb zn; the] de middelen, het geld ♦ *I'd like to buy a big house, but I don't have the wherewithal* ik zou graag een groot huis kopen, maar ik heb er het geld niet voor

²**where·with·al** [bw] → wherewith

¹**wher·ry** /weri, ᴬhweri/ [telb zn] ① roeiboot, jol, veerboot, overzetboot (aan het veer) ② ⟨BE⟩ sloep, vissersvaartuig, schuit ③ ⟨AE⟩ wherry (lichte sportroeiboot)

²**wher·ry** /weri, ᴬhweri/ [ov ww] overzetten/vervoeren (in een roeiboot)

wher·ry·man /wɛrimən, ᴬhwɛri-/ [telb zn; mv: wherrymen /-mən/] veerman, jollenman

¹**whet** /wet, ᴬhwet/ [telb zn] ① prikkel, stimulans ② ⟨gew⟩ keer, maal ♦ *this whet* deze keer ③ ⟨inf⟩ borrel, aperitief

²**whet** /wet, ᴬhwet/ [niet-telb zn] het wetten, het slijpen, het aanzetten, het scherpen

³**whet** /wet, ᴬhwet/ [ov ww] ① wetten, slijpen, aanzetten, scherpen ② prikkelen, aanwakkeren, stimuleren, intensiveren

wheth·er /weðə, ᴬ-ər, ⟨sterk⟩ ᴬhweðər/ [ondersch vw] ① ⟨vragend⟩ of ♦ *he did not say whether he liked it or not/ whether or not he liked it* hij zei niet of hij het leuk vond of niet ② ⟨met ev; niet alternatieven in⟩ of(wel), hetzij ♦ *whether he be ill or not I shall tell him* of hij nu ziek is of niet, ik zal het hem zeggen; *she was saved, whether by chance or by intent* ze werd gered, zij het toevallig of opzettelijk ▫ *whether or no(t)* in elk geval

whet·stone [telb zn] wetsteen, slijpsteen

whet·ter /wetə, ᴬhwetər/ [telb zn] ① slijper ② prikkel, stimulans ♦ *a whetter of the appetite* iets dat de eetlust opwekt, een aperitief; ⟨fig⟩ iets dat naar meer doet verlangen

¹**whew** /hju:, ʃju:/ [telb zn] fluitend geluid ▫ *whew!* hé, tsst, tjonge; pf, oef, hèhè!

²**whew** /hju:, ʃju:/ [onov ww] ① een fluitend geluid maken ② een uitroep van verbazing/opluchting slaken

whey /wei, ᴬhwei/ [niet-telb zn] wei, hui

whey·ey /weii, ᴬhweii/, **whey·ish** /-iʃ/ [bn] weiachtig, waterig, bleek

whey·faced [bn] bleek ⟨gelaatskleur⟩, grauw

¹**which** /witʃ, ᴬwitʃ, ⟨sterk⟩ ᴬhwitʃ/ [onbep vnw] om het even welke, welke (ook), die(gene) die/welke, wat ♦ *wear skirts or trousers, which you like* draag rokken of broeken, wat je verkiest

²**which** /witʃ, ᴬwitʃ, ⟨sterk⟩ ᴬhwitʃ/ [vr vnw] welke (ervan), wie, wat ♦ *he likes milk or custard, I've forgotten which* hij lust melk of vla, ik ben vergeten welk van de twee; *which of the girls hit Sarah* welke van de meisjes heeft Sarah geslagen?; *he could not tell which is which* hij kon ze niet uit elkaar houden

³**which** /witʃ, ᴬwitʃ, ⟨sterk⟩ ᴬhwitʃ/ [betr vnw] ① die, dat, welke, wat ♦ *the injustice against which we fight/ which we fight against* het onrecht waartegen wij vechten; *the dog which bit you* de hond die je gebeten heeft; *the hedge, which was growing thick* de haag, die dicht aan het groeien was; *the clothes which you ordered* de kleren die je besteld hebt; ⟨gew⟩ *he carried sth. which I couldn't see what it was* hij droeg iets waarvan ik niet kon zien wat het was; *that which she had seen* dat wat ze gezien had ② ⟨met zin als antecedent⟩ wat, ⟨als die zin volgt⟩ (iets) wat ♦ *he said they were spying on him, which is sheer nonsense* hij zei dat ze hem bespioneerden, wat zuivere onzin is ③ ⟨m.b.t. personen⟩ (iets) wat, ⟨vero of Bijb⟩ die ♦ *he longs for a strong father, which he hasn't got* hij verlangt naar een sterke vader(figuur), iets wat hij niet heeft; *our Father which art in heaven* Onze Vader die in de hemelen zijt

⁴**which** /witʃ, ᴬwitʃ, ⟨sterk⟩ ᴬhwitʃ/ [onbep det] welk(e) ... ook, om het even welk(e) ♦ *have which dress you choose* neem de jurk die je verkiest; *which way you do it* hoe je het ook doet

⁵**which** /witʃ, ᴬwitʃ, ⟨sterk⟩ ᴬhwitʃ/ [vr det] welk(e) ♦ *which cities have you visited?* welke steden heb je bezocht?; *which colour do you prefer?* welke kleur verkies je?

⁶**which** /witʃ, ᴬwitʃ, ⟨sterk⟩ ᴬhwitʃ/ [betr det] ⟨form⟩ welk(e) ♦ *she hated bottle-green, which colour reminded her of her school uniform* ze had een hekel aan flessengroen, een kleur die haar herinnerde aan haar schooluniform

¹**which·ev·er**, ⟨vero⟩ **which·so·ev·er** [onbep vnw] om het even welke, welke (ook), die(gene) die/welke, wat ♦ *wear skirts or trousers, whichever you like* draag rokken of broeken, wat je verkiest; *take whichever you prefer* neem de gene die je het leukst vindt

²**which·ev·er**, ⟨vero⟩ **which·so·ev·er** [onbep det] welk(e) ... ook, om het even welk(e) ♦ *take whichever dress you prefer* neem de jurk die je het leukst vindt; *whichever way you do it* hoe je het ook doet

whick·er /wikə, ᴬhwikər/ [onov ww] hinniken

whid·ah, whyd·ah /widə, ᴬhwidə/ [telb zn] ⟨dierk⟩ wida ⟨vogel; genus Vidua⟩

¹**whiff** /wif, ᴬhwif/ [telb zn] ① zuchtje, stroompje, tocht ⟨van lucht⟩ ② vleug ⟨van geur⟩, zweem, ⟨ook fig⟩ spoor ③ wolkje, flard ⟨van rook⟩ ④ teug, het opsnuiven, het inademen ⑤ trek, haal ⟨aan sigaar enz.⟩ ⑥ sigaartje ⑦ ⟨dierk⟩ scharretong ⟨Lepidorhombus megastoma⟩ ⑧ ⟨BE⟩ lichte roeiboot ⑨ schot ⟨hagel⟩

²**whiff** /wif, ᴬhwif/ [onov ww] (onaangenaam) ruiken, rieken

³**whiff** /wif, ᴬhwif/ [onov + ov ww] ① blazen, uitblazen, puffen, waaien ② inhaleren, inzuigen

⁴**whiff** /wif, ᴬhwif/ [ov ww] opsnuiven

whif·fet /wifit, ᴬhwi-/ [telb zn] ⟨AE⟩ ① hondje ② onderdeurtje, kereltje, ventje ③ wijsneus ④ broekje, snotaap ⑤ (rook)wolkje

¹**whif·fle** /wifl, ᴬhwifl/ [telb zn] ① zuchtje, briesje, luchtje ② fluitend geluid, geflu it

²**whif·fle** /wifl, ᴬhwifl/ [niet-telb zn] ① geflakker, het flikkeren, ⟨fig⟩ het weifelen, het voortdurend van mening veranderen ② gedraai, het zoeken van uitvluchten

³**whif·fle** /wifl, ᴬhwifl/ [onov ww] ① bij vlagen waaien ② flakkeren, flikkeren, ⟨fig⟩ weifelen, voortdurend van mening veranderen ③ draaien, uitvluchten zoeken ④ fluiten, een fluitend geluid maken

⁴**whif·fle** /wifl, ᴬhwifl/ [ov ww] wegblazen, ⟨fig⟩ verstrooien, verspreiden

whif·fle·tree [telb zn] ⟨AE⟩ zwing, zwenghout ⟨dwarshout aan de dissel van een wagen waaraan de strengen vastgemaakt worden⟩

whif·fy /wifi, ᴬhwifi/ [bn, pred] ▫ ⟨inf⟩ *it's a bit whiffy here* het stinkt hier nogal

Whig /wig, ᴬhwig/ [telb zn; ook attributief] ⟨gesch⟩ ① Schotse presbyteriaan ⟨17e eeuw⟩ ② ⟨BE⟩ whig ⟨lid van de partij die de voorloper was van de liberale partij⟩; tegenstander van de tory's ③ ⟨AE⟩ whig ⟨lid van de partij 1834-1855 die later de republikeinse partij werd⟩

Whig·ger·y /wigəri, ᴬhwi-/, **Whig·gism** /wigizm, ᴬhwi-/ [niet-telb zn] beginselen van de whigs

Whig·gish /wigiʃ, ᴬhwi-/ [bn] neigend naar de beginselen van de whigs

¹**while** /wail, ᴬhwail/ [telb zn; voornamelijk enk] tijd(je), poos(je), wijl(e) ♦ *(for) a while* een tijdje, een poosje, een ogenblik; *a while ago* zo-even, een poosje terug; *all the while* de hele tijd; al die tijd; *a while back* een tijd geleden; *between while*s tussendoor; *we haven't seen her for a long while* wij hebben haar lang niet gezien; *a great/good while* geruime tijd, een aardig poosje; *in/after a while* na een tijdje, iets later; binnenkort, weldra, aanstonds; *(every) once in a while* af en toe, bij tijd en wijle, een enkele keer; *the while* onderwijl, ondertussen, inmiddels, terwijl; *worth while* de moeite waard, de tijdverspilling, welbesteed; *they will make it worth your while* je zult er geen spijt van hebben

²**while** /wail, ᴬhwail/, ⟨vnl BE⟩ **whilst** /wailst, ᴬwailst, ⟨sterk⟩ ᴬhwailst/, ⟨vero⟩ **whiles** /wailz, ᴬwailz, ⟨sterk⟩ ᴬhwailz/ [ondersch vw] ① tijd, zo lang als ♦ ⟨ellipt⟩ *he was seen while forcing a door* hij werd gezien terwijl hij een deur forceerde; *while I cook the meal you can clean the bathroom* terwijl ik het eten maak kun jij de badkamer schoonmaken ② ⟨tegenstelling⟩ terwijl, hoewel, daar waar ♦ *while she has the talent she does not have the perseverance* hoewel ze het talent heeft zet ze echter niet door ③ ⟨voor bijkomende informatie, zonder tegenstelling⟩

terwijl (ook), en (bovendien) ♦ *the house was tidy while the garden was in perfect order* het huis was kraakhelder en de tuin was ook perfect in orde
while away [ov ww] verdrijven ⟨de tijd⟩
¹**whi·lom** /ˈwaɪləm, ᴬhwaɪ-/ [bn] ⟨vero⟩ voormalig, vroeger, gewezen
²**whi·lom** /ˈwaɪləm, ᴬhwaɪ-/ [bw] weleer, vroeger
whim /wɪm, ᴬhwɪm/ [telb zn] ① gril, kuur, luim, opwelling, bevlieging ♦ *the whim struck her to buy a boat* zij kreeg het in haar hoofd om een boot te kopen ② ⟨mijnb⟩ kaapstander, windas
whim·brel /ˈwɪmbrəl, ᴬhwɪm-/ [telb zn] ⟨dierk⟩ regenwulp ⟨*Numenius phaeopus*⟩
whim·my [bn] → **whimsical**
¹**whim·per** /ˈwɪmpə, ᴬhwɪmpər/ [telb zn] ① zacht gejank, gejammer ♦ *without a whimper* zonder een kik te geven ② gedrens, gejengel
²**whim·per** /ˈwɪmpə, ᴬhwɪmpər/ [onov ww] ① janken, jammeren ② drenzen, jengelen, dreinen ③ ruisen ⟨van wind⟩, murmelen
³**whim·per** /ˈwɪmpə, ᴬhwɪmpər/ [ov ww] jammerend uiten
whim·per·er /ˈwɪmprə, ᴬhwɪmprər/ [telb zn] ① janker, jammeraar ② drens, drein(er)
whim·si·cal /ˈwɪmzɪkl, ᴬhwɪm-/, **whim·my** /ˈwɪmi, ᴬhwɪmi/ [bn; bw: ~ly] ① grillig, capricieus, willekeurig, fantastisch ② eigenaardig, typisch, zonderling
¹**whim·si·cal·i·ty** /ˌwɪmzɪˈkæləti, ᴬhwɪmzɪˈkæləti/ [telb zn; voornamelijk mv] gril, kuur, luim, caprice
²**whim·si·cal·i·ty** /ˌwɪmzɪˈkæləti, ᴬhwɪmzɪˈkæləti/ [niet-telb zn] grilligheid, luimigheid
¹**whim·sy, whim·sey** /ˈwɪmzi, ᴬhwɪmzi/ [telb zn] gril, kuur, luim, opwelling, bevlieging
²**whim·sy, whim·sey** /ˈwɪmzi, ᴬhwɪmzi/ [niet-telb zn] eigenaardigheid, zonderlingheid
¹**whin** /wɪn, ᴬhwɪn/, **whin·sill, whin·stone** [telb zn] ① stuk basalt ② stuk hoornsteen
²**whin** /wɪn, ᴬhwɪn/, **whin·sill, whin·stone** [niet-telb zn] ① basalt ② hoornsteen
³**whin** /wɪn, ᴬhwɪn/ [niet-telb zn] ⟨plantk⟩ gaspeldoorn, doornstruik, Franse brem, genst, ginster, steekbrem ⟨*Ulex europaeus*⟩
whin·chat /ˈwɪntʃæt, ᴬhwɪn-/ [telb zn] ⟨dierk⟩ paapje ⟨zangvogel; *Saxicola rubetra*⟩
¹**whine** /waɪn, ᴬhwaɪn/ [telb zn] ① gejammer, gejank, gejengel ② gierend geluid, geloei ⟨van sirene⟩ ③ gezeur, geklaag, gezanik
²**whine** /waɪn, ᴬhwaɪn/ [onov ww] ① janken, jammeren, jengelen ② gieren, loeien ③ zeuren, klagen, zaniken, dreinen
³**whine** /waɪn, ᴬhwaɪn/ [ov ww] jammeren, jammerend zeggen/uitbrengen
whin·er /ˈwaɪnə, ᴬhwaɪnər/ [telb zn] zanik, jammeraar, zeur
whin·ey, whin·y /ˈwaɪni, ᴬhwaɪni/ [bn] zeurderig, klagend, kribbig
whinge /wɪndʒ, ᴬhwɪndʒ/ [onov ww] mopperen, klagen, zeuren
¹**whin·ny** /ˈwɪni, ᴬhwɪni/ [telb zn] hinnikend geluid, gehinnik
²**whin·ny** /ˈwɪni, ᴬhwɪni/ [onov ww] hinniken
¹**whip** /wɪp, ᴬhwɪp/ [telb zn] ① zweep, karwats, gesel ② zweepslag ③ striem ④ ⟨benaming voor⟩ met zweep vergelijkbaar iets, molenwiek, loot, scheut, rijs, twijg, teen, sprietantenne ⑤ koetsier, menner, voerman ⑥ ⟨jacht⟩ whip, hondenmeester ⑦ ⟨pol⟩ whip ⟨parlementslid verantwoordelijk voor partijdiscipline in fractie⟩ ⑧ ⟨BE; pol⟩ oproep tot aanwezigheid ⟨bij debat, stemming e.d.⟩ ♦ *a three-line whip* een dwingend(e) oproep/stemadvies ⟨van fractieleider aan zijn fractie⟩; *a two-line whip* een dringend(e) oproep/stemadvies ⟨van fractie-

leider aan zijn fractie⟩ ⑨ ⟨scheepv⟩ wipper, hijstalie ⑩ ⟨cul⟩ dessert van stijf geklopte room of eiwit, mousse ⑪ ⟨handw⟩ overhandse naad/steek ⑫ ⟨AE⟩ autobaan ⟨op kermis⟩, autootjes ⟨die vlug en sprongsgewijs rijden⟩ ▪ ⟨inf⟩ *crack the whip* het heft/de macht in handen hebben
²**whip** /wɪp, ᴬhwɪp/ [niet-telb zn] ① ⟨BE⟩ partijdiscipline, partij-instructies ♦ *withdraw the whip* uit de fractie zetten ② buigzaamheid, veerkracht, soepelheid ⟨voornamelijk van golfstok⟩
³**whip** /wɪp, ᴬhwɪp/ [onov + ov ww] snel bewegen, snellen, schieten, stuiven, wippen ♦ *whip away* wegnemen, afrukken, weggrissen; *whip back* terugwippen; *whip off* afnemen, wegrukken; *she whipped off her coat* zij gooide haar jas uit; *the men whipped off their caps* de mannen rukten zich de pet van het hoofd; *he whipped out a knife* hij haalde plotseling een mes tevoorschijn; *he whipped round* hij draaide zich vliegensvlug om; *he whipped round the corner* hij schoot de hoek om; *the teacher whipped through the book* de leraar schoot door het boek heen; *whip up* snel oppakken; in elkaar draaien, snel in elkaar zetten; → **whipping**
⁴**whip** /wɪp, ᴬhwɪp/ [ov ww] ① omwinden, omwoelen, takelen ② overhands naaien ③ zwepen, ⟨met de zweep⟩ slaan, ranselen, ervanlangs geven, geselen, striemen ♦ *whip in the hounds* de jachthonden bijeen jagen; *whip on* voortdrijven; *the rain whipped the windows* de regen striemde tegen de ramen; *that whipped up his anger* dat wekte zijn woede op; *he whipped up his audience* hij zweepte zijn toehoorders op ④ afvissen ⑤ kloppen ⟨slagroom, enz.⟩, stijf slaan ♦ *whipped cream* slagroom ⑥ doen tollen ⟨zweeptol⟩ ⑦ ⟨sl⟩ verslaan, kloppen, in de pan hakken; → **whipping**
whip·cord [niet-telb zn] ① zweepkoord ② whipcord ⟨soort stof⟩ ③ catgut, darmsnaar
whip·cord·y /ˈwɪpkɔːdi, ᴬhwɪpkɔrdi/ [bn] pezig, gespierd
whip crane [telb zn] takel, hijstoestel
whip·fish [telb zn; mv: whipfish] ⟨dierk⟩ klipvis ⟨*Chaetodontidae*⟩
whip hand [niet-telb zn; the] hand waarin de zweep wordt gehouden, rechterhand ♦ ⟨fig⟩ *have (got) the whip hand of/over* beheersen, macht hebben over
whip·han·dle [telb zn] zweepsteel
whip·lash [telb zn] ① zweepkoord ② zweepslag ⟨ook figuurlijk⟩ ③ ⟨med⟩ whiplash (injury) ⟨nekspierverrekking, bijvoorbeeld ten gevolge van aanrijding van achteren⟩, zweepslag(kwetsuur) ④ ⟨dierk⟩ zweepdraad, flagellum
whiplash injury [telb zn] ⟨med⟩ whiplash (injury) ⟨spierverrekking, bijvoorbeeld ten gevolge van aanrijding van achteren⟩, zweepslag(kwetsuur)
whip·per-in /ˈwɪpərɪn, ᴬhwɪ-/ [telb zn; mv: whippers-in /ˈwɪpəz-, ᴬhwɪpərz-/] ① ⟨jacht⟩ whip, hondenmeester ② whip, fractielid dat zijn medeleden tot opkomst maant ③ paard dat als laatste aankomt
whip·per·snap·per /ˈwɪpəsnæpə, ᴬhwɪpərsnæpər/, **whip·ster** /ˈwɪpstə, ᴬhwɪpstər/ [telb zn] ① kereltje, broekje, snotjongen ② wijsneus
whip·pet /ˈwɪpɪt, ᴬhwɪ-/, ⟨in betekenis 2 ook⟩ **whippet tank** [telb zn] ① whippet ⟨kleine windhond⟩ ② ⟨mil⟩ kleine tank
¹**whip·ping** /ˈwɪpɪŋ, ᴬhwɪ-/ [telb zn; oorspronkelijk tegenwoordig deelw van whip] pak slaag, aframmeling
²**whip·ping** /ˈwɪpɪŋ, ᴬhwɪ-/ [niet-telb zn; oorspronkelijk tegenwoordig deelw van whip] takelgaren, takeling
whipping boy [telb zn] ⟨gesch⟩ geselknaap, strafknaap ⟨jongen die samen met een prins werd opgevoed en in diens plaats gestraft werd⟩, ⟨fig⟩ zondebok
whipping cream [niet-telb zn] slagroom ⟨nog in vloeibare vorm⟩
whipping post [telb zn] geselpaal
whipping top [telb zn] zweeptol, drijftol

whippletree

whip·ple·tree /wɪpltri:, ᴬhwɪ-/ [telb zn] zwing, zwenghout

whip·poor·will /wɪpʊwɪl, ᴬhwɪpər-/ [telb zn] ⟨dierk⟩ whippoorwill ⟨Amerikaanse nachtzwaluw of geitenmelker; Caprimulgus vociferus⟩

whip·py /wɪpi, ᴬhwɪpi/ [bn; zn: whippiness] [1] als een zweep, zweep- [2] veerkrachtig, buigzaam, zwiepend

whip·ray [telb zn] ⟨dierk⟩ pijlstaartrog ⟨familie Dasyatidae⟩

whip-round [telb zn] inzameling, collecte ♦ *have a whip-round* de pet laten rondgaan

¹whip·saw [bn] trekzaag

²whip·saw [ov ww] [1] met een trekzaag bewerken [2] ⟨AE⟩ in de tang nemen ⟨voornamelijk bij het pokerspel⟩

whip scorpion [telb zn] ⟨dierk⟩ zweepschorpioen ⟨Pedipalpi⟩

whip snake [telb zn] ⟨dierk⟩ zweepslang ⟨Masticophus flagellum⟩

whip·sock·et [telb zn] zweepkoker

whipster [telb zn] → whippersnapper

¹whip-stitch [telb zn] overhandse steek

²whip-stitch [ov ww] overhands naaien

whip-stock [telb zn] zweepsteel

whip-tail [telb zn] ⟨benaming voor⟩ dier met lange dunne staart, kleinste jager ⟨meeuwachtige vogel; Stercorarius longicaudus⟩, voshaai, zeevos ⟨Alopias vulpinus⟩, blauwgrijze kleine kangoeroe ⟨Macropus parryi⟩, zweepschorpioen ⟨Pedipalpi⟩, renhagedis ⟨Cnemidophorus⟩

whir → **whirr**

¹whirl /wɜ:l, ᴬhwɜrl/ [telb zn] [1] werveling, ronddraaiende beweging, draaikolk [2] verwarring, roes ♦ *my thoughts are in a whirl* mijn hoofd tolt, het duizelt mij [3] drukte, gewoel, maalstroom, tumult ♦ *in a whirl of activity* met koortsachtige bedrijvigheid; *the social whirl* het drukke sociale leven [4] haspel [5] winding ⟨van schelp⟩ [6] ⟨plantk⟩ krans ⟨van bladeren⟩ [7] ⟨AE; inf⟩ poging ♦ *give it a whirl* probeer het eens een keer

²whirl /wɜ:l, ᴬhwɜrl/ [onov ww] [1] tollen, rondtuimelen ♦ *my head whirls* mijn hoofd tolt, het duizelt mij [2] stormen, snellen, stuiven, vliegen

³whirl /wɜ:l, ᴬhwɜrl/ [onov + ov ww] ronddraaien, wervelen, (doen) dwarrelen, kolken, zich snel omdraaien ♦ *he whirled round* hij draaide zich vliegensvlug om

⁴whirl /wɜ:l, ᴬhwɜrl/ [ov ww] met een vaart(je) wegvoeren ♦ *the royal visitors were whirled away/off* de koninklijke bezoekers werden snel weggevoerd

whirl·i·gig /wɜ:lɪgɪg, ᴬhwɜr-/ [telb zn] [1] tol ⟨speelgoed⟩, molentje [2] mallemolen, draaimolen, carrousel, ⟨fig⟩ maalstroom, snelle opeenvolging ♦ *the whirligig of time* het rad van avontuur, het rad der fortuin [3] → **whirligig beetle** [4] wispelturig persoon

whirligig beetle [telb zn] ⟨dierk⟩ draaikever, schrijvertje ⟨soort watertor; Gyrinidae⟩

whirl·pool [telb zn] [1] draaikolk, wieling, maalstroom ⟨ook figuurlijk⟩ [2] wervelbad, massagebad, ⟨oneig⟩ bubbelbad

whirlpool bath [telb zn] → whirlpool bet 2

¹whirl·wind [telb zn] [1] wervelwind, windhoos, stofhoos [2] drukte, maalstroom, mallemolen [3] ⟨AE⟩ stofhoos ♦ *ride the whirlwind* de storm beteugelen; ⟨sprw⟩ *sow the wind and reap the whirlwind* die wind zaait, zal storm oogsten

²whirl·wind [bn, attr] bliksem-, zeer snel ♦ *a whirlwind campaign* een bliksemcampagne

whirl·y·bird /wɜ:lɪbɜ:d, ᴬhwɜrlibərd/ [telb zn] ⟨sl⟩ helikopter, wentelwiek

¹whirr, ⟨AE⟩ **whir** /wɜ:, ᴬhwɜr/ [telb zn] [1] gegons, gezoem, gesnor, gebrom [2] geklapwiek

²whirr, ⟨AE⟩ **whir** /wɜ:, ᴬhwɜr/ [onov ww] [1] gonzen, zoemen, snorren, brommen [2] klapwieken

¹whish /wɪʃ, ᴬhwɪʃ/ [telb zn] gesuis, geruis, gezoef ♦ *whish!* sst, ssh, stil!

²whish /wɪʃ, ᴬhwɪʃ/ [onov ww] suizen, ruisen, zoeven ♦ *whish past* voorbijsuizen

whisht /wɪʃt, ᴬhwɪʃt/ [niet-telb zn] ⟨vnl SchE en IE⟩ [1] stilte, (stil)zwijgen [2] → whist ♦ *whisht!* sst, ssh, stil!

¹whisk /wɪsk, ᴬhwɪsk/ [telb zn] [1] kwast, plumeau, stoffer, klerenborstel [2] ⟨cul⟩ garde, (eier)klopper [3] vlugge beweging, zwaai, zwiep, veeg, slag, tik ♦ *whisk!* wip!, hup!

²whisk /wɪsk, ᴬhwɪsk/ [onov ww] vliegen, snellen, glippen, schieten, wippen

³whisk /wɪsk, ᴬhwɪsk/ [ov ww] [1] zwaaien, zwiepen, slaan, vegen ♦ zie: **whisk away**; zie: **whisk off** [2] snel vervoeren ♦ zie: **whisk away**; zie: **whisk off** [3] ⟨cul⟩ (op)kloppen, stijf slaan ♦ *whisk up* kloppen, stijf slaan

whisk away, whisk off [ov ww] [1] wegzwiepen, wegjagen, wegvegen, wegslaan [2] snel wegvoeren, snel weghalen ♦ *the children were whisked off to bed* de kinderen werden snel in bed gestopt

whisk broom [telb zn] ⟨AE⟩ borsteltje, ⟨vnl gebruikt als⟩ kleerborstel

whisk·er /wɪskə, ᴬhwɪskər/ [telb zn] [1] snorhaar, snorharen, snor ⟨van kat enz.⟩ [2] ⟨inf⟩ (p)ietsje, haar(tje) [3] haarfijn metaalkristal ♦ *win by a whisker* met een neuslengte/net aan winnen

whisk·ered /wɪskəd, ᴬhwɪskərd/ [bn] [1] met bakkebaarden [2] met een snor, besnord ⟨kat enz.⟩ ♦ ⟨dierk⟩ *whiskered tern* witwangstern ⟨Chlidonias hybrida⟩

whisk·ers /wɪskəz, ᴬhwɪskərz/ [alleen mv] [1] bakkebaard(en) [2] snorharen, snor ⟨van kat enz.⟩

whiskey sour [telb zn] whisky sour ⟨cocktail⟩

whis·ki·fied /wɪskifaɪd, ᴬhwɪ-/ [bn, pred] ⟨scherts⟩ in de olie, aangeschoten, zat

¹whis·ky, ⟨Amerikaans-Engelse/Iers-Engelse spelling⟩ **whis·key** /wɪski, ᴬhwɪ-/ [telb zn] [1] glas whisky [2] ⟨gesch⟩ sjees, cabriolet

²whis·ky, ⟨Amerikaans-Engelse/Iers-Engelse spelling⟩ **whis·key** /wɪski, ᴬhwɪ-/ [niet-telb zn] whisky

whisky jack, whiskey jack [telb zn] ⟨dierk⟩ Canadese gaai ⟨Perisoreus canadensis⟩

whisp → **wisp**

¹whis·per /wɪspə, ᴬhwɪspər/ [telb zn] [1] gefluister, geruis ♦ *in whispers, in a whisper* fluisterend [2] gefluisterde opmerking [3] gerucht, praatje, insinuatie [4] vleugje, zweempje

²whis·per /wɪspə, ᴬhwɪspər/ [niet-telb zn] het fluisteren, fluistering

³whis·per /wɪspə, ᴬhwɪspər/ [onov + ov ww] fluisteren, lispelen, ruisen, bedekt zeggen, roddelen ♦ *whisper about/around that* het praatje rondstrooien dat; *it is whispered that* er wordt gefluisterd dat, het gerucht gaat dat

whis·per·er /wɪsprə, ᴬhwɪspərər/ [telb zn] fluisteraar

whis·per·ing cam·paign [telb zn] fluistercampagne

whispering gallery [telb zn] fluistergaanderij, fluistergalerij

¹whist, whisht /wɪst, ᴬhwɪst/ [niet-telb zn] ⟨vnl SchE en IE⟩ whist ⟨kaartspel⟩

²whist /wɪst, ᴬhwɪst/ [bn] ⟨BE; vero⟩ stil, rustig

whist drive [telb zn] whist drive ⟨whistwedstrijd met wisselende partners⟩

¹whis·tle /wɪsl, ᴬhwɪsl/ [telb zn] [1] fluit, fluitje [2] gefluit, getureluur, fluitend geluid [3] ⟨inf⟩ keel ♦ *wet one's whistle* de keel smeren ⟨met drank⟩ ♦ ⟨inf⟩ *blow the whistle on* uit de school klappen over, een boekje opendoen over, erbij lappen; een eind maken aan, een halt toeroepen; *pay for one's whistle* ergens duur voor betalen, leergeld betalen/geven

²whis·tle /wɪsl, ᴬhwɪsl/ [onov + ov ww] fluiten, gieren, een fluitend geluid maken, een fluitsignaal geven ♦ *whistle for a wind* door fluiten trachten een briesje te krijgen ⟨bijgeloof van matrozen); *he whistled up a servant* hij floot een bediende ▪ *he can whistle for it* hij kan ernaar fluiten, hij kan het wel vergeten; *they let him go whistle* zij hielden helemaal geen rekening met hem; *whistle up* tevoorschijn toveren, uit het niets tevoorschijn roepen

whis·tle-blow·er [telb zn] ⟨inf⟩ [1] fluiter, ⟨België⟩ fluitenier, ⟨fig⟩ iemand die een einde maakt aan iets [2] informant

whis·tler /wɪslə, ʰwɪslər/ [telb zn] [1] fluit(st)er, fluitblazer, fluitist(e) [2] fluitende vogel [3] dampig paard [4] ⟨dierk⟩ grijze marmot ⟨Marmota caligata⟩ [5] ⟨radio⟩ fluittoon

whis·tle-stop [telb zn] ⟨AE⟩ [1] klein stationnetje, klein plaatsje [2] bliksembezoek ⟨in het bijzonder van politicus op verkiezingstournee⟩

whis·tle-stop [onov ww] ⟨AE⟩ een reeks bliksembezoeken afleggen ⟨in het bijzonder van politicus op verkiezingstournee⟩

whistle-stop tour [telb zn] ⟨pol⟩ verkiezingstournee door het platteland, verkiezingstournee langs kleine plaatsjes

whis·tling buoy [telb zn] brulboei

whis·tling ket·tle [telb zn] fluitketel

whit /wɪt, ʰwɪt/ [telb zn; alleen enk] ⟨form⟩ grein, zier, sikkepit, jota ♦ *every whit* in elk opzicht; *no/not a/never a whit* geen haartje, geen zier, geen steek

Whit /wɪt, ʰwɪt/ [eigenn; ook attributief] Pinkster(en)

¹**white** /waɪt, ʰwaɪt/ [telb zn] [1] witte kleurstof, witte verf, witte kleur [2] oogwit, wit [3] blanke ♦ ⟨AE; vnl sl; beled; negers⟩ *poor whites* arme blanken in de zuidelijke staten [4] witje ⟨vlinder⟩ [5] wit dier [6] doelwit, wit ▪ ⟨sprw⟩ *two blacks do not make a white* ± dat iemand anders een fout maakt, is geen excuus om ook die fout te maken

²**white** /waɪt, ʰwaɪt/ [telb + niet-telb zn] [1] eiwit, wit [2] witte wijn

³**white** /waɪt, ʰwaɪt/ [niet-telb zn] [1] wit ⟨ook schaken, dammen⟩, het witte, witspeler ♦ *dressed in white* in het wit gekleed; *in the white* ongeverfd, blank ⟨van hout⟩ [2] ⟨drukw⟩ wit, interlinie [3] ⟨the⟩ ⟨bilj⟩ witte bal

⁴**white** /waɪt, ʰwaɪt/ [bn; vergr trap: whiter; zn: ~ness] [1] wit, grijs, bleek, blank, ⟨fig⟩ rein, onschuldig ♦ *white (blood) cell* wit bloedlichaampje, leukocyt; *white Christmas* een witte kerst; *white coal* witte steenkool; ⟨BE⟩ *white coffee* koffie met melk/room; *the White Continent* Antarctica; *white corpuscule* wit bloedlichaampje, leukocyt; *white currant* witte aalbes; ⟨astron⟩ *white dwarf* witte dwerg; *white flag* witte vlag ⟨ook figuurlijk⟩; *white ginger* witte gember; ⟨BE; gesch⟩ *white gloves* witte handschoenen ⟨aan een rechter van het hof van assisen aangeboden als er geen zware delicten op de rol stonden⟩; ⟨fig⟩ *white hands* reine handen, onschuld; *white heat* witte gloeihitte; ⟨fig⟩ kookpunt, toppunt; *at a white heat* in dolle drift, razend; *white leather* wit leer; *white magic* witte magie; ⟨med⟩ *white matter* witte stof ⟨in hersenen en ruggenmerg⟩; *white meat* wit vlees ⟨gevogelte, kalfsvlees enz.⟩; *white mustard* witte mosterd; ⟨dierk⟩ *white pelican* witte pelikaan ⟨Pelecanus onocrotalus⟩; *white pepper* witte peper; ⟨AE⟩ *white ribbon* wit lintje, insigne van afschaffingsgenootschap, ± blauwe knoop, ± insigne van zedelijkheidsapostel; *white rose* witte roos ⟨embleem van het huis van York in Rozenoorlogen⟩; ⟨cul⟩ *white sauce* witte saus, bloemsaus; *the white scourge* de witte dood ⟨tuberculose⟩; *white as a sheet* lijkbleek, wit als een doek; *white squall* witte bui ⟨zonder onweer of zware bewolking⟩; *white sugar* geraffineerde suiker; *white tie* wit strikje ⟨van rokkostuum⟩; rokkostuum, avondkleding; *he wanted a white wedding* hij wilde dat ze in het wit zou trouwen; *white whale* witte walvis; *white wine* witte wijn; ⟨fig⟩ *white witch* goede heks [2] doorzichtig, kleurloos [3] blank ⟨van mens⟩ ♦ *white hunter* blanke jager/safarileider; *white slave* blanke slavin; *white slavery* handel in blanke slavinnen; *white supremacy* doctrine dat het blanke ras superieur is; ⟨AE; beled⟩ *white trash* arme blanken uit de zuidelijke staten [4] antirevolutionair, reactionair, royalistisch ▪ *white alloy* witmetaal; *in a white anger* in dolle drift, woedend; *white ant* termiet; *bleed s.o. white* iemand uitkleden/uitzuigen, iemand het vel over de oren halen; *white book* witboek; ⟨plantk⟩ *white bryony* heggenrank ⟨Bryonia dioica⟩; ⟨BE; gew; landb⟩ *white corn* lichte graansoorten ⟨gerst, haver, tarwe⟩; ⟨landb⟩ *white crop* (oogst van) lichte graansoorten ⟨gerst, rogge, haver, tarwe⟩; ⟨dierk⟩ *great white egret* grote zilverreiger ⟨Egretta alba⟩; *white elephant* witte olifant; kostbaar maar lastig bezit; onwelkom geschenk; *white ensign* Britse marinevlag; *the white feather* witte veer, teken van lafheid; *show the white feather* zich lafhartig gedragen; *White Friar* karmeliet; *white frost* rijp; *go white about the gills* bleek/wit om de neus worden van schrik; *white gold* witgoud; *white goods* witgoed, wit huishoudtextiel; witgoed, huishoudelijke apparaten ⟨koelkasten enz.⟩; *white grouse* sneeuwhoen; *white gum* Australische gomboom; ⟨AE; med⟩ (soort) uitslag aan hals en armen bij kinderen; *white hope* iemand van wie men grote verwachtingen heeft; *white horses* witgekuifde golven; *white lady* white lady (cocktail) ⟨met room en gin⟩; *white lead* loodwit; *white lie* leugentje om bestwil; *white light* daglicht; ⟨AE; sl⟩ *white lightning* illegaal gestookte/ingevoerde sterkedrank; *white metal* witmetaal; *white monk* cisterciënzer (monnik), bernardijn; *white night* slapeloze nacht; ⟨elek⟩ *white noise* witte ruis, geluidsgolven met een uniform frequentiespectrum; *the White Pages* het gewone gedeelte ⟨van de telefoongids, de witte (telefoon)gids ⟨tegenover de gouden gids/beroepengids⟩; ⟨BE⟩ *white paper, White Paper* witboek; *in a white rage* in dolle drift, woedend; *White Russia* Wit-Rusland; *White Russian* Wit-Rus; Wit-Russisch(e taal); *white sale* uitverkoop van witgoed; witte week; ⟨dierk⟩ (great) *white shark* witte haai ⟨Charcharodon charcharias⟩; *stand in a white sheet* zijn zonden belijden; *white spirit* terpentine; ⟨dierk⟩ *white stork* ooievaar ⟨Ciconia ciconia⟩; ⟨scheik⟩ *white vitriol* zinksulfaat; ⟨dierk⟩ *white wagtail* witte kwikstaart ⟨Motacilla alba⟩; *white water* ondiep water; kolkend/schuimend water, branding; *a white wedding* een traditionele huwelijksplechtigheid ⟨met de bruid in het wit⟩

⁵**white** /waɪt, ʰwaɪt/ [onov ww] → white out

⁶**white** /waɪt, ʰwaɪt/ [ov ww] [1] ⟨vero⟩ wit maken, witten, ⟨bij uitbreiding⟩ bleken, doen verbleken, ⟨fig⟩ witwassen ♦ ⟨Bijb⟩ *whited sepulchre* witgepleisterd graf ⟨Matth. 23:27⟩; schijnheilige, farizeeër [2] ⟨drukw⟩ wit invoegen in/tussen

white-backed [bn] ▪ ⟨dierk⟩ *white-backed woodpecker* witrugspecht ⟨Dendrocopos medius⟩

¹**white·bait** [telb + niet-telb zn] ⟨dierk⟩ inanga ⟨snoekforel die in Nieuw-Zeeland voorkomt; Galaxiidae⟩

²**white·bait** [alleen mv] ⟨dierk⟩ zeebliek ⟨jonge haring⟩

white·beam [telb zn] ⟨plantk⟩ meelbes ⟨soort lijsterbes; Sorbus aria⟩

white·beard [telb zn] grijsaard

white-billed [bn] ▪ ⟨dierk⟩ *white-billed diver* geelsnavelduiker ⟨Gavia adamsii⟩

white·board [telb zn] (school)bord ⟨wit gekleurd⟩

White·boy /waɪtbɔɪ, ʰwaɪt-/ [gesch] whiteboy ⟨lid van de illegale Ierse agrarische bond in de 19e eeuw⟩

white bread [telb + niet-telb zn] wittebrood, wit brood

white-bread [bn; attributief] ⟨AE⟩ doodgewoon, alledaags ♦ *a white-bread family* de familie Doorsnee

white·cap [telb zn] [1] witgekuifde golf, schuimkop [2] ⟨dierk⟩ ringmus ⟨Passer Montanus⟩ [3] ⟨dierk⟩ grasmus ⟨Sylvia communis⟩ [4] ⟨AE⟩ whitecap, lid van een zogenaamd waakzaamheidscomité met terreurmethoden

¹**White·chap·el** /waɪtʃæpl, ʰwaɪt-/ [eigenn] Whitecha-

Whitechapel

pel ⟨beruchte Londense buurt⟩
²**White·chap·el** /waɪtʃæpl, ᴬhwaɪt-/, ⟨voor betekenis 1 ook⟩ **Whitechapel cart** [telb zn] 1 tweewielig wagentje met veren 2 ⟨kaartsp⟩ het uitkomen met een singleton om later te kunnen introeven ⟨whist⟩
white·coat [telb zn] jonge zeehond
white·col·lar [bn, attr] wittebroorden-, hoofd- ⟨arbeider(s)⟩ ♦ *white-collar crime* wittebroordencriminaliteit; *white-collar workers* kantoormensen, ambtenaren
white·crest·ed [bn] witgekuifd ⟨van golven, vogels⟩
white·ear [telb zn] ⟨dierk⟩ tapuit ⟨zangvogel; Oenanthe oenanthe⟩
white·eye [telb zn] ⟨dierk⟩ brilvogel ⟨Zosterops⟩
white·eyed [bn] ● ⟨dierk⟩ *white-eyed pochard* witoogeend ⟨Aythya nyroca⟩
white·face [niet-telb zn] witte grime
white·faced [bn] 1 bleek, met een bleek gezicht 2 met een bleke snuit ⟨m.b.t. dieren⟩ ♦ *a white-faced horse* (een paard met) een bles 3 met een witte façade 4 wit geschminkt
¹**white·fish** [telb zn; mv: ook whitefish] ⟨dierk⟩ houting ⟨zalmachtige vis; Coregonus oxyrinchus⟩
²**white·fish** [niet-telb zn] ⟨BE; dierk⟩ witvis ⟨kabeljauw, tong, heilbot enz.⟩
white flight [niet-telb zn] ⟨AE⟩ witte vlucht ⟨de trek van blanken naar een voornamelijk blanke omgeving⟩
white·fly [niet-telb zn] motluis ⟨Aleurodidae⟩
white·foot [telb zn; mv: whitefeet] 1 witte voet 2 witvoet ⟨paard met witte voet⟩
white·front·ed [bn] ● ⟨dierk⟩ *white-fronted goose* kolgans ⟨Anser albifrons⟩; ⟨dierk⟩ *lesser white-fronted goose* dwerggans ⟨Anser erythropus⟩
white·haired [bn] met witte haren, grijs, blond ● *the white-haired boy* het lievelingetje
White·hall /waɪthɔːl, waɪthɔːl/ [eigenn] Whitehall, de ⟨Britse⟩ regering
white·hand·ed [bn] 1 met blanke handen, ⟨fig⟩ rein, zuiver, onschuldig 2 met witte voorpoten
white·head [telb zn] mee-eter, comedo
white·head·ed [bn] met witte haren, grijs, blond, witgekuifd, met witte veren op de kop ♦ ⟨dierk⟩ *white-headed duck* witkopeend ⟨Oxyura leucocephala⟩ ● *the white-headed boy* het lievelingetje
white-heart cherry [telb zn] knapkers ⟨grote, hartvormige kers⟩
white-hot [bn] witheet, witgloeiend
White House /waɪt haʊs, ᴬhwaɪt-/ [eigenn; the] het Witte Huis, ⟨fig⟩ de Amerikaanse president
white-knuck·le, white-knuck·led [bn] 1 bloedstollend, ijzingwekkend 2 verstijfd ⟨van angst⟩, versteend
white-liv·ered [bn] laf(hartig)
white man [telb zn] 1 blanke ♦ *the white man's burden* de plicht van het blanke ras om de gekleurde rassen te ontwikkelen ⟨naar een gedicht van Kipling⟩ 2 ⟨inf⟩ eerlijke vent
white meat [niet-telb zn] wit vlees ⟨kalfsvlees, kip enz.⟩
¹**whit·en** /waɪtn, ᴬhwaɪtn/ [onov ww] wit/bleek worden, opbleken; → whitening
²**whit·en** /waɪtn, ᴬhwaɪtn/ [ov ww] witten, bleken; → whitening
whit·en·er /waɪtnə, ᴬhwaɪtnər/ [telb + niet-telb zn] bleekwater
whitening [niet-telb zn] → whiting
¹**white·out** [telb zn] ⟨meteo⟩ white-out ⟨verschijnsel in voornamelijk polaire gebieden⟩
²**white-out** [niet-telb zn] ⟨AE⟩ Tipp-Ex, correctievloeistof
¹**white out** [onov ww] sneeuwblind/mistblind worden/zijn
²**white out** [ov ww] ⟨drukw⟩ wit invoegen in/tussen ⟨zetsel⟩

white-rumped [bn] ● ⟨dierk⟩ *white-rumped sandpiper* Bonapartes strandloper ⟨Calidris fuscicollis⟩; ⟨dierk⟩ *white-rumped swift* witstuitgierzwaluw ⟨Apus cafer⟩
whites /waɪts, ᴬhwaɪts/ [alleen mv] 1 wit tenue, witte kleren, witte kleding 2 bloem, meel 3 ⟨the⟩ ⟨inf; med⟩ witte vloed ⟨leukorroe⟩
white-slave traffic [niet-telb zn; the] handel in blanke slavinnen
white·smith [telb zn] 1 blikslager 2 metaalwerker
White's thrush [telb zn] ⟨dierk⟩ goudlijster ⟨Zootnera dauma⟩
white-tailed [bn] ● ⟨dierk⟩ *white-tailed eagle* zeearend ⟨Haliaeetus albicilla⟩
white·thorn [telb + niet-telb zn] witte meidoorn
white·throat [telb zn] ⟨dierk⟩ grasmus ⟨Sylvia communis⟩ ● *lesser whitethroat* braamsluiper ⟨Sylvia curruca⟩
white-tie [bn, attr] in avondkleding, formeel ● *a white-tie affair* een formele aangelegenheid, waar men in avondkleding verschijnt
white van man [telb zn] ⟨BE; inf; scherts⟩ 1 (roekeloze) bestuurder van wit bestelbusje ⟨vaak bouwvakkers, vaklui op weg naar huis, een klus⟩, gevaar op de weg, rouwdouw in het verkeer, ⟨bij uitbreiding⟩ agressieveling 2 laagopgeleid persoon met uitgesproken, meestal rechtse, politieke opvattingen
white·wall, white·wall tire [telb zn] ⟨AE⟩ witte flank ⟨autoband met witte zijkant⟩, whitewall
¹**white·wash** [telb + niet-telb zn] 1 vergoelijking, dekmantel 2 ⟨BE; fin⟩ rehabilitatie
²**white·wash** [niet-telb zn] witkalk, witsel
³**white·wash** [ov ww] 1 witten 2 vergoelijken 3 van blaam zuiveren, schoonwassen 4 ⟨BE; fin⟩ rehabiliteren 5 ⟨AE⟩ geen punt laten maken ⟨de tegenstander⟩
white·wash·er [telb zn] witter
white·wing [telb zn] 1 ⟨BE; dierk⟩ vink ⟨Fringilla coelebs⟩ 2 ⟨AE; inf⟩ straatveger ⟨in wit uniform, voornamelijk in New York⟩
white-winged [bn] met witte vleugels ♦ ⟨dierk⟩ *white-winged black gull* witvleugelstern ⟨Chlidonias leucopterus⟩; ⟨dierk⟩ *white-winged lark* witvleugelleeuwerik ⟨Melanocoryphas leucoptera⟩
white·wood [niet-telb zn] without, blank hout
¹**whit·ey** /waɪti, ᴬhwaɪti/ [eigenn; ook Whitey] ⟨AE; beled⟩ de blanke(n)
²**whit·ey** /waɪti, ᴬhwaɪti/ [telb zn] 1 witkop 2 ⟨AE; beled⟩ bleekscheet ⟨blanke⟩
¹**whith·er** /wɪðə, ᴬwɪðər, ⟨sterk⟩ ᴬhwɪðər/ [onbep vnw] ⟨vero, ook fig⟩ daar waarheen, ergens waarheen, een plaats waarheen ♦ *I do not have whither to go* ik kan nergens naartoe
²**whith·er** /wɪðə, ᴬwɪðər, ⟨sterk⟩ ᴬhwɪðər/, ⟨in betekenis 3 ook⟩ **whith·er·so·ev·er** [bw] ⟨vero, ook fig⟩ 1 ⟨vragend⟩ waarheen, waar naartoe, waar ♦ *whither democracy?* waarheen met de democratie?; *whither goest thou?* waar gaat gij heen? 2 ⟨betrekkelijk⟩ naar daar waar, naar ergens waar, waarheen ♦ *the house whither he longed to travel* het huis waarnaar hij verlangde te reizen; *went I know not whither* ging ik weet niet waar naartoe; *he went whither she sent him* hij ging waarheen zij hem stuurde 3 ⟨waarheen ook⟩ ♦ *whither(soever) thou goest, thou shalt be alone* waarheen gij ook gaat, gij zult alleen zijn
¹**whit·ing** /waɪtɪŋ, ᴬhwaɪtɪŋ/ [telb zn] ⟨dierk⟩ wijting ⟨Merlangus merlangus⟩
²**whit·ing** /waɪtɪŋ, ᴬhwaɪtɪŋ/, ⟨ook⟩ **whit·en·ing** /waɪtnɪŋ, ᴬhwaɪt-/ [niet-telb zn; 2e variant oorspronkelijk tegenwoordig deelw van whiten] witsel, witkrijt, witkalk
whiting pout [telb zn] ⟨dierk⟩ steenbolk ⟨vis; Gadus luscus⟩
whit·ish /waɪtɪʃ, ᴬhwaɪtɪʃ/ [bn] witachtig
whit·leath·er /wɪtleðə, ᴬhwɪtleðər/ [niet-telb zn; ook at-

tributief] wit leer ♦ *whitleather* **boots** witleren laarzen
Whit·ley Coun·cil /wɪtli kaʊnsl, ᴬhwɪtli-/ [telb zn] ⟨BE⟩ whitleyraad, bedrijfsraad ⟨naar J.H. Whitley, voorzitter van de commissie die in 1916 de oprichting van dergelijke raden aanbeval⟩
whit·low /wɪtloʊ, ᴬhwɪt-/ [telb zn] ⟨med⟩ fijt, omloop ♦ *have a* **whitlow** (een) omloop hebben
Whit Monday [eigenn] pinkstermaandag, tweede pinksterdag, pinkster twee
Whit Saturday [eigenn] (de) (zater)dag voor Pinkster(en)
¹**Whit·sun** /wɪtsn, ᴬhwɪtsn/ [eigenn] Pinkster(en)
²**Whit·sun** /wɪtsn, ᴬhwɪtsn/ [bn, attr] pinkster- ♦ *Whitsun* **week** pinksterweek
¹**Whit Sunday** [eigenn] pinksterzondag, Pinkster(en), pinksteren één
²**Whit Sunday**, ⟨vnl⟩ **Whit·sun·day** [telb + niet-telb zn] ⟨SchE; gesch⟩ betaaldag, dag waarop pacht begint of eindigt ⟨15 mei⟩
Whit·sun·tide [eigenn] Pinksteren, pinkstertijd
whit·tle /wɪtl, ᴬhwɪtl/ [ov ww] snijden ⟨hout⟩, snippers afsnijden van, besnoeien ⟨ook figuurlijk⟩ ♦ *whittle at a piece of wood* een stuk hout besnijden; *whittle* **away** stukjes afsnijden van, kleiner maken; *whittle* **down** besnijden ⟨hout⟩; ⟨fig⟩ besnoeien, reduceren, beknibbelen
whit·tler /wɪtlə, ᴬhwɪtlər/ [telb zn] iemand die hout besnijdt
Whit·tues·day [eigenn] dinsdag na Pinksteren, pinksterdinsdag, pinkster drie
Whit·week [eigenn] pinksterweek
Whit·week·end [telb + niet-telb zn] pinksterweekend
whit·y /waɪti, ᴬhwaɪti/ [bn] witachtig, wit(te)-
¹**whizz, whiz** /wɪz, ᴬhwɪz/ [telb zn] ① gefluit, het zoeven, gesuis, gezoem, gesnor ② ⟨AE⟩ vliegensvlug tochtje, bliksembezoek ③ ⟨AE; inf⟩ plasje ④ ⟨inf⟩ kei, kraan, bolleboos, wonder ♦ *she is a whizz* **at** *physics* zij is steengoed in natuurkunde
²**whizz, whiz** /wɪz, ᴬhwɪz/ [onov ww] ① zoeven, fluiten, suizen, zoemen, snorren ♦ *they whizzed* **past** zij zoefden voorbij ② ⟨AE; inf⟩ een plasje plegen
¹**whizz-bang, whiz-bang** /wɪz bæŋ, ᴬhwɪz-/ [telb zn] (soort) granaat/vuurpijl
²**whizz-bang, whiz-bang** /wɪz bæŋ, ᴬhwɪz-/ [bn, attr] ⟨inf⟩ briljant, eersteklas
whiz·zer /wɪzə, ᴬhwɪzər/ [telb zn] ⟨techn⟩ hydro-extractor, droogmachine
whizz·kid, whiz·kid [telb zn] briljant jongmens, kei, wonderkind, whizzkid
whiz·zy /wɪzi, ᴬhwɪzi/ [bn; vergr trap: whizzier] vernuftig, slim, handig
¹**who** /hu:/ [onbep vnw] → **whom, whose, whoever**
²**who** /hu:/ [vr vnw] wie ♦ *who should* **appear** *but John* tot onze verrassing verscheen John; *who* **cares**? wat geeft het?; *who did you get it* **from**? van wie heb je het gekregen?; *he hit* **who**? hij sloeg wie?; *who* **is** *this*? met wie spreek ik? ⟨aan de telefoon⟩; *who does he think he* **is**? wie denkt hij wel dat hij is?; *who did she* **meet**? wie kwam zij tegen?; *who do you think I saw*? wie denk je dat ik gezien heb?; *know who's who* weten wie/wat iedereen is, iedereen kennen; *Who is Who*? Who is who?, Wie is dat? ⟨titel van biografische naslagwerken⟩; → **whom, whose**
³**who** ʀᴇʟᴀᴛɪᴠᴇ /(h)ʊ, ⟨sterk⟩ hu:/ [betr vnw; met ingesloten antecedent niet te scheiden van het onbep voornaamwoord who] die, wie ♦ *anyone who* **disagrees** wie niet akkoord gaat; ⟨substandaard; als accusatief gebruikt⟩ *a philosopher of who I had never heard* een filosoof van wie ik nooit had gehoord; *my sister, who* **is** *a nurse* mijn zuster, die verpleegster is; *such who* **look down** *on us* diegenen die op ons neerkijken; ⟨als accusatief gebruikt⟩ *the farmer who John* **met** *last year* de boer die John vorig jaar heeft ontmoet; → **whom, whose**

whose of who's?

whose – van wie
· *whose house is that?*
who's – wie is/wie zijn/wie heeft/wie hebben
· *who's been eating my pudding?*
· *who's that boy in the green jacket?*

WHO [afk] (World Health Organization)
whoa /woʊ, ᴬhwoʊ/ [tw] ho
who·dun·nit, who·dun·it /hu:dʌnɪt/ [telb zn] ⟨inf⟩ detective, detectiveroman, detectivefilm, puzzeldetective
¹**who·e·ver**, ⟨form⟩ **who·e'er**, ⟨vero in BE⟩ **who·so·ev·er**, ⟨vero⟩ **who·so**, ⟨soms⟩ **who** [onbep vnw] om het even wie, wie (dan) ook, al wie ♦ *feed him, whoever he may be* geef hem te eten, wie hij ook mag zijn; *whoever he chooses is lost* diegene die/al wie hij uit kiest is verloren; *give it* **to** *whoever you like* geef het aan wie je ook wil; → **whomever, whosever**
²**who·ev·er**, ⟨form⟩ **who·e'er**, ⟨vero in BE⟩ **who·so·ev·er**, ⟨vero⟩ **who·so** [vr vnw] ⟨inf⟩ wie (toch) ♦ *whoever can that be?* wie kan dat toch zijn?; → **whomever, whosever**
¹**whole** /hoʊl/ [telb + niet-telb zn] geheel, eenheid, som, totaal ♦ *as a* **whole** als geheel, in zijn geheel; *on the* **whole** over het geheel genomen, alles bij elkaar; in het algemeen; *(in)* **whole** *or in* **parts** heel of in stukjes; *the* **whole** het geheel, alles; *the whole of Boston* heel Boston
²**whole** /hoʊl/ [bn] ① geheel, heel, totaal, volledig, gans ♦ *the whole* **five** alle vijf; *do sth. with one's whole* **heart** iets van ganser harte/met volledige inzet doen; *whole* **holiday** hele vakantiedag; *whole* **number** heel getal; *swallow sth.* **whole** iets in zijn geheel doorslikken; ⟨fig⟩ iets voor zoete koek aannemen ② geheel, gaaf, ongeschonden, gezond, volmaakt ♦ *come back* **whole** ongedeerd terugkomen; *make whole* herstellen, heel maken; *he got off with a whole* **skin**/*in a whole* **skin** hij kwam er heelhuids doorheen · ⟨AE; sl⟩ *the whole* **ball of wax** het hele zoo(i)tje; *whole* **cloth** stof zoals ze door de fabriek wordt afgeleverd; ⟨AE⟩ *out of whole* **cloth** verzonnen, uit de lucht gegrepen; *whole* **gale** zware storm ⟨windkracht 10⟩; ⟨sl⟩ *go (the) whole* **hog** tot het einde toe doorgaan, niet halverwege ophouden; ⟨inf⟩ *whole* **jingbang** de hele reut(emeteut); ⟨AE; sl⟩ *the whole* **kit and caboodle** de hele santenkraam; *whole* **life insurance** overlijdensverzekering, levensverzekering waarbij men gedurende het hele leven premie betaalt; *a whole lot* **better** heel wat beter; *a whole lot of* **people** een heleboel mensen; ⟨AE; inf⟩ *the whole* **shebang** het hele zootje; ⟨muz⟩ *whole* **tone**, ⟨AE; muz⟩ *whole* **step** seconde; ⟨sprw⟩ *one rotten apple will infect the whole barrel/the rotten apple injures its neighbours* één rotte appel bederft de hele mand, één rotte appel in de mand maakt al het gave fruit te schand
³**whole** /hoʊl/ [bn, attr] vol ♦ *whole* **milk** volle melk · ⟨AE; inf⟩ *the whole* **enchilada** de hele rataplan/santenkraam
⁴**whole** /hoʊl/ [bw] totaal, geheel ♦ *a whole* **new** *life* een totaal nieuw leven
whole·food [niet-telb zn; vaak attributief; mv: soms wholefoods] natuurvoeding, natuurlijke voeding, natuurlijk voedsel
whole·foot·ed [bn] de voet plat neerzettend
whole·heart·ed [bn; bw: wholeheartedly] hartgrondig, onverdeeld, oprecht, van ganser harte
whole-length [bn, attr] ① onverkort ② de volle lengte beslaand ♦ *whole-length* **mirror** passpiegel; *a whole-length* **portrait** een portret ten voeten uit
whole·meal [bn, attr] volkoren
whole·ness /hoʊlnəs/ [niet-telb zn] heelheid, volledigheid, gaafheid, ongeschondenheid
whole note [telb zn] ⟨AE; muz⟩ hele noot
whole-plate [telb zn] ⟨foto⟩ negatief(plaat)/foto van 16,5

wholesale

× 21,6 cm

¹**whole·sale** /hoʊlseɪl/ [niet-telb zn] **groothandel**, engroshandel, grossierderij ♦ *sell by wholesale,* ⟨AE⟩ *sell at wholesale* in het groot verkopen

²**whole·sale** /hoʊlseɪl/ [bn] ① **in het groot**, groothandel-, grossiers-, en-gros- ♦ *wholesale business* groothandelszaak; *wholesale dealer* groothandelaar; *wholesale prices* groothandelsprijzen ② **massaal**, op grote schaal ♦ *wholesale slaughter* massamoord ③ **algemeen**, alles insluitend, geheel

³**whole·sale** /hoʊlseɪl/ [onov ww] ① **groothandel drijven** ② **in het groot verkocht worden**

⁴**whole·sale** /hoʊlseɪl/ [ov ww] **in het groot verkopen**

⁵**whole·sale** /hoʊlseɪl/ [bw] ① **in het groot** ♦ *sell wholesale* in het groot verkopen ② **op grote schaal** ③ **zonder onderscheid**

whole·sal·er /hoʊlseɪlə, ᴬ-ər/ [telb zn] **groothandelaar**, grossier

whole·some /hoʊlsəm/ [bn; bw: ~ly; zn: ~ness] **gezond**, heilzaam ♦ *wholesome advice* nuttige raad; *a wholesome complexion* een gezonde kleur; *wholesome food* gezond voedsel

whole-tone [bn, attr] ⟨muz⟩ **m.b.t. hele tonen** ♦ *whole-tone scale* heletoonladder

whole-wheat [bn, attr] **volkoren** ♦ *whole-wheat flour* volkorenmeel

who'll /(h)ʊl, ⟨sterk⟩ huːl/ ① (samentrekking van who will) ② (samentrekking van who shall)

whol·ly /hoʊli/ [bw] ① **geheel**, geheel en al, totaal, compleet ② **exclusief**

¹**whom** /huːm/ [onbep vnw] ⟨vnl form⟩ → **who, whose, whomever**

²**whom** /huːm/ [vr vnw] ⟨vnl form⟩ **wie**, wien ♦ *there are whom I cannot convince* er zijn er die ik niet kan overtuigen; *for whom did you buy it?* voor wie heb je het gekocht?; *he wondered whom John had invited* hij vroeg zich af wie John had uitgenodigd; *whom did you receive?* wie heb je ontvangen?; → **who, whose**

³**whom** /huːm/ [betr vnw; met ingesloten antecedent niet te scheiden van het onbep voornaamwoord whom] ⟨vnl form⟩ **die**, wie, wien ♦ *a plague for whom he respects most* een pest voor degene die hij het meeste respecteert; ⟨substandaard, nominatief gebruikt⟩ *a child whom she hoped would become a great actor* een kind dat, naar zij hoopte een groot acteur zou worden; *the clerk whom you insulted* de bediende die je beledigde; ⟨als nominatief gebruikt⟩ *oblivious of whom nursed him* zonder te merken wie hem verpleegde; *the girl, whom he had seen before* het meisje, dat hij vroeger had gezien; → **who, whose**

whom·ev·er, (vero in BE) **whom·so·ev·er,** ⟨vero⟩

whom·so, ⟨soms⟩ **whom** [onbep vnw] ⟨form⟩ **wie(n) ook**, om het even wie ♦ *whomever he helps he should care for himself too* wie hij ook helpt, hij zou ook voor zichzelf moeten zorgen; *tell whomever you meet* zeg het aan iedereen die je tegenkomt; ⟨substandaard⟩ *a biography of whomever had ended the war* een biografie van diegene die een einde had gemaakt aan de oorlog; → **whoever, whosoever**

whomp /wɒmp, ᴬhwɑmp/ [ov ww] ⟨sl⟩ **beslissend verslaan** ▫ *whomp up* in elkaar zetten, creëren, construeren

whomso [onbep vnw; accusatief van whoso] → **whomever**

whomsoever [onbep vnw; accusatief van whosoever] → **whomever**

whoo /wuː, ᴬhwuː/ [tw] ① **o!** ⟨drukt opwinding, verbazing, opluchting enz. uit⟩ ② **(oe)hoe** ⟨imitatie van de roep van uil⟩

¹**whoop** /wuːp, ᴬhuːp/, **hoop** /huːp/ [telb zn] ① **uitroep**, roep, schreeuw, kreet ⟨van verrukking, opwinding, vreugde⟩ ② **oorlogskreet**, krijgsgeschreeuw, jachtgeschreeuw ③ **krassend geluid**, gekras ⟨van vogels⟩ ④ **haal** ⟨bij kinkhoest⟩ ⑤ ⟨inf⟩ **zier**, sikkepit

²**whoop, hoop** /wuːp, ᴬhuːp/ [onov ww] ① **schreeuwen**, roepen, een kreet slaken ⟨van verrukking, opwinding, vreugde⟩ ② **krassen** ⟨van vogels⟩ ③ **hoesten** ⟨bij kinkhoest⟩

³**whoop, hoop** /wuːp, ᴬhuːp/ [ov ww] ① **schreeuwen**, roepen ② **toeschreeuwen**, toeroepen, toebrullen ③ **opjagen** ⟨prijzen⟩ ▫ ⟨inf⟩ *whoop it up* keet maken, uitbundig feestvieren, brassen, fuiven; ⟨AE⟩ herrie schoppen, de trom roeren, enthousiasme/interesse wekken

whoop-de-do /huːpdɪduː, ᴬhwuːp-/ [telb + niet-telb zn] ⟨sl⟩ ① **uitbundigheid**, vertoon van emoties/weelde ② **luidruchtige verwarring** ③ **viering** ④ **gekrakeel**, ophef, publiciteit

whoop-de-doo·dle /huːpdɪduːdl, ᴬhwuːp-/ [telb zn; vaak attributief] ⟨sl⟩ ① **overdreven lof** ② **ophef**, publiciteit

¹**whoop·ee** /wʊpi, ᴬ(h)wʊpi/ [niet-telb zn] ⟨AE; sl⟩ **pret**, feest, fuif ♦ *make whoopee* keet/pret maken, fuiven, feestvieren, aan de zwier gaan, uitbundig feesten ▫ *make whoopee* vrijen, wippen

²**whoop·ee** /wʊpiː, ᴬ(h)wʊpiː/ [tw] ⟨AE; sl⟩ **joepie**

whoop·ee wa·ter [niet-telb zn] ⟨sl⟩ ① **drank** ② **wijn**, ⟨i.h.b.⟩ champagne

whoop·er /wuːpə, ᴬhuːpər/ [telb zn] ① **schreeuwer**, roeper ② → **whooper swan** ③ → **whooping crane**

¹**whoop·er-doop·er** /huːpəduːpə, ᴬhwuːpərduːpər/ [niet-telb zn] ⟨sl⟩ **drank**

²**whoop·er-doop·er** /huːpəduːpə, ᴬhwuːpərduːpər/ [bn] ⟨sl⟩ **uitstekend**

whooper swan /huːpə swɒn, ᴬhuːpər swɑn/, **whoop·er, whoop·ing swan** /huːpɪŋ-/ [telb zn] ⟨dierk⟩ **wilde zwaan** ⟨Cygnus cygnus⟩

whoop·ing cough /huːpɪŋ kɒf, ᴬ-kɔf/ [niet-telb zn] **kinkhoest**

whoop·ing crane [telb zn] ⟨dierk⟩ **trompetkraanvogel** ⟨Grus americana⟩

whoops /wʊps, ᴬhwʊps/ [tw] ⟨inf⟩ **hupsakee**, hopla, daar gaat ie

¹**whoosh** /wʊʃ, ᴬhwuːʃ/ [niet-telb zn] ① **het gutsen**, het stromen ② **gesuis**, geruis, gesis

²**whoosh** /wʊʃ, ᴬhwuːʃ/ [onov ww] ① **gutsen**, stromen ② **suizen**, ruisen, sissen ③ ⟨sl⟩ **scheuren**, snel rijden/vliegen, suizen

¹**whop, wop** /wɒp, ᴬhwɑp/ [telb zn] ⟨AE; sl⟩ **bons**, slag, klap

²**whop, wop** /wɒp, ᴬhwɑp/ [ov ww] ⟨sl⟩ **afranselen**, klop geven, slaan, ⟨fig⟩ verslaan, overwinnen; → **whopping**

whop·per /wɒpə, ᴬhwɑpər/ [telb zn] ⟨inf⟩ ① **kanjer**, kokker(d), baas, prachtexemplaar ② **grove/kolossale leugen**

¹**whop·ping** /wɒpɪŋ, ᴬhwɑ-/ [niet-telb zn; gerund van whop] ⟨inf⟩ **pak ransel/slaag/rammel**, ⟨België⟩ rammeling

²**whop·ping** /wɒpɪŋ, ᴬhwɑ-/ [bn, attr; tegenwoordig deelw van whop] ⟨inf⟩ **kolossaal**, reusachtig, geweldig ♦ *a whopping lie* een kolossale/grove leugen

³**whop·ping** /wɒpɪŋ, ᴬhwɑ-/ [bw; oorspronkelijk tegenwoordig deelw van whop] ⟨inf⟩ **door en door**, zeer, enorm ♦ *whopping big* enorm groot

¹**whore** /hɔː, ᴬhɔr/ [telb zn] **hoer**

²**whore** /hɔː, ᴬhɔr/ [onov ww] ① ⟨vero⟩ **hoereren** ② ⟨fig⟩ **afgoderij bedrijven**, onrechtvaardigheid plegen ♦ ⟨Bijb⟩ *when they go a whoring after their gods* wanneer zij hun goden overspelig nalopen ⟨Exod. 34:15⟩

whore·dom /hɔːdəm, ᴬhɔr-/ [niet-telb zn] ① **hoererij**, ontucht ② ⟨Bijb⟩ **afgoderij**, afgodendienst

whore-hop·per /hɔːhɒpə, ᴬhɔrhɑpər/ [bn] ⟨sl⟩ ① **hoerenloper** ② **neukhond**

¹**whore·house** [telb zn] **bordeel**, hoerenkast, ⟨België⟩ hoerenkot

²**whore·house** [bn] ⟨sl⟩ ① sensueel ② opzichtig ③ passend in een bordeel
whore·mas·ter, whore·mong·er [telb zn] ① ⟨vero⟩ hoereerder ② ontuchtige
¹**whore·son** /ˈhɔːsn, ᴬˈhɔrsn/ [telb zn] ⟨vero; pej⟩ hoerenzoon, hoerenjong, bastaard
²**whore·son** /ˈhɔːsn, ᴬˈhɔrsn/ [bn, attr] ⟨vero⟩ ① afschuwelijk, verschrikkelijk ② bastaard-
whor·ish /ˈhɔːrɪʃ/ [bn; bw: ~ly; zn: ~ness] hoerachtig, ontuchtig, wulps
whorl /wɜːl, ᴬˈhwɔrl/ [telb zn] ① krans ⟨van bladeren rond stam⟩ ② spiraal ⟨van schelp, vingerafdruk⟩, kronkel(ing), krul ③ spiraalwinding ④ ⟨techn⟩ spilwieltje ⑤ ⟨bouwk⟩ voluut ⟨van wijnranken/wijnbladeren⟩
whorled /wɜːld, ᴬˈhwɔrld/ [bn] kransvormig, gedraaid, kransgewijs geplaatst, spiraalvormig
whort /wɜːt, ᴬˈhwɜrt/, **whor·tle** /wɜːtl, ᴬˈhwɜrtl/, **whor·tle·ber·ry** /-bri, ᴬ-beri/ [telb zn] ⟨plantk⟩ blauwe bosbes, blauwbes ⟨Vaccinium myrtillus⟩
who's /(h)uz, ⟨sterk⟩ huːz/ ① (samentrekking van who is) ② (samentrekking van who has) ③ (samentrekking van who does)
¹**whose** /huːz/ [onbep vnw] → whosever
²**whose** /huːz/, **who·so·ev·er** [onbep vnw, vr vnw] → who, whoever
³**whose** /huːz/ [vr vnw] wiens, wier, van wie/wat, waarvan ♦ *whose dress is this?* wiens jurk is dit?; *whose sister are you?* wie zijn zus ben je?; *whose is this?* van wie is dit?
⁴**whose** RELATIVE WHO /huːz/ [betr vnw] met ingesloten antecedent niet te scheiden van het onbep voornaamwoord whose⟩ waarvan, van wie/welke, wiens, wier ♦ *a child whose clothes are too small* een kind van wie de kleren te klein zijn; *(he) whose heart is filled with spite* hij wiens hart met nijd is vervuld; *the judge, whose verdict is respected* de rechter, wiens uitspraak geëerbiedigd wordt; *a plan whose development was delayed* een plan waarvan de uitwerking werd vertraagd; *the rebels, whose pursuit the soldiers had given up* de rebellen, waarvan de soldaten de achtervolging hadden opgegeven; *a writer whose books are read by all* een schrijver wiens boeken door iedereen worden gelezen
whoseso [bez vnw; genitief van whoso] → whosever
whosesoever [bez vnw; genitief van whoever] → whosever
whos·ev·er, ⟨soms⟩ **whose·so·ev·er, whose,** ⟨vero⟩ **whose·so** [bez vnw] van wie ook, wiens ook ♦ *whosever book this is, it is unreadable* van wie dit boek ook is, het is onleesbaar; *take whosever/whose coat fits you* draag een mantel die je past, van wie die ook is
who·sit /ˈhuːzɪt/ [telb zn] ⟨sl⟩ (samentrekking van who's it) dinges
whoso [onbep vnw, vr vnw] → whoever
whosoever [onbep vnw, vr vnw] → whoever
who've /(h)uv, ⟨sterk⟩ huːv/ (samentrekking van who have)
W-hr [afk] (watt-hour)
whs [afk] (warehouse)
whsle [afk] (wholesale)
¹**whump** /wʌmp, ᴬˈhwʌmp/ [telb zn] bons, plof, dreun
²**whump** /wʌmp, ᴬˈhwʌmp/ [onov ww] bonzen, ploffen, dreunen
whup /wʌp, ᴬˈhwʌp/ [ov ww] ⟨vnl AE; inf⟩ makkelijk verslaan, in de pan hakken, kloppen
¹**why** /waɪ, ᴬˈhwaɪ/ [telb zn] ① waarom, reden ♦ *the whys and (the) wherefores of the arrangement* het hoe en waarom van de regeling ② vraag, mysterie ♦ *concerning the whys of existence* in verband met de vragen van ons bestaan ③ ⟨sprw⟩ *every why has a wherefore* alle waarom heeft zijn daarom
²**why** /waɪ, ᴬˈwaɪ, ⟨sterk⟩ ˈhwaɪ/ [bw] ① ⟨vragend⟩ waarom, om welke reden ♦ *why not ask him?* waarom vraag je het

(hem) niet gewoon?; *why did you hit her?* waarom heb je haar geslagen? ② ⟨betrekkelijk; leidt betrekkelijke bijzinnen in met of zonder antecedent⟩ waarom, om welke reden ♦ *the reason why he did it* de reden waarom hij het deed; *that may be why he didn't come* dat is misschien de reden waarom hij niet gekomen is
³**why** /waɪ, ᴬˈhwaɪ/ [tw] ① ⟨verrassing⟩ wel allemachtig, wel verdraaid, verhip ♦ *why, if it isn't Mr Smith* wel verdraaid, wie we daar hebben! Mr. Smith! ② ⟨antwoord op domme vraag⟩ natuurlijk, nogal wiedes, nou zeg ♦ *three plus five? why, eight* drie plus vijf? acht natuurlijk; *why, a child could answer that* nou zeg, een kind zou op die vraag kunnen antwoorden ③ ⟨als pauze⟩ wel eh ... ♦ *'Is she really fifty?' 'Why, she is, but I'm not supposed to tell you'* 'Is ze echt vijftig?' 'Wel, eh, ja, maar eigenlijk mag ik je dat niet vertellen' ④ ⟨voor protest⟩ nou en, wel, en dan ♦ *why, it is easy* kom, het is gemakkelijk; *why, what's the harm?* nou en? wat voor kwaad kan het? ⑤ ⟨voor hoofdzin na voorwaardelijke bijzin⟩ wel ♦ *if he refuses, why then let him refuse* als hij weigert, wel laat hem dan maar weigeren
whydah [telb zn] → whidah
wi [afk] ① (when issued) ② (wrought iron)
WI [afk] ① (West Indian) ② (West Indies) ③ (Wisconsin) ④ ⟨BE⟩ (Women's Institute)
WIA [afk] (wounded in action)
Wic·ca /ˈwɪkə/ [niet-telb zn; ook wicca] hekserij
¹**wick** /wɪk/ [telb zn] ① wiek, pit, lemmet, kousje ⟨van lamp⟩, katoen ② ⟨med⟩ tampon ③ ⟨vero⟩ stad, dorp, gehucht, district ④ ⟨gew⟩ melkerij, zuivelboerderij ⑤ ⟨sl⟩ *dip one's wick* neuken; ⟨BE; sl⟩ *get on s.o.'s wick* iemand op de zenuwen werken
wick·ed /ˈwɪkɪd/ [bn; vergr trap: wickeder; bw: ~ly; zn: ~ness] ① slecht, verdorven, zondig, goddeloos ♦ *Wicked Bible* Bijbel uit 1632 ⟨waarin het woordje 'not' ontbreekt bij het zevende gebod⟩; *the wicked one* Satan, de Boze ② kwaadaardig, hatelijk, boosaardig, gemeen, giftig ⟨tong⟩ ③ humeurig ④ verderfelijk, nadelig, schadelijk, kwalijk ⟨hoest⟩, gevaarlijk ⟨storm⟩, streng ⟨winter⟩ ⑤ walgelijk, uiterst onaangenaam, weerzinwekkend ⟨stank⟩ ⑥ ⟨inf⟩ geweldig, verschrikkelijk, buitengewoon, formidabel ♦ *wicked prices* schandalijk hoge prijzen; *a wicked waste of money* een schandalige geldverspilling ⑦ ⟨sl⟩ *shake a mean/wicked calf/hoof/leg* goed/graag dansen; ⟨sprw⟩ *there is no peace for the wicked* het zijn altijd dezelfden die ervoor moeten opdraaien, ± eens een dief, altijd een dief
¹**wick·er** /ˈwɪkə, ᴬ-ər/ [telb zn] rijs, teen, (wilgen)takje
²**wick·er** /ˈwɪkə, ᴬ-ər/ [niet-telb zn] mandenwerk, vlechtwerk
³**wick·er** /ˈwɪkə, ᴬ-ər/ [ov ww] ⟨sl⟩ (in prullenmand) weggooien
wicker basket [telb zn] tenen mand
wicker bottle, wicker flask [telb zn] mandfles
wicker chair [telb zn] rieten stoel
wicker cradle [telb zn] mandenwieg
wicker furniture [niet-telb zn] rieten meubelen
wicker table [telb zn] rieten tafel
wick·er·work [niet-telb zn] mandenwerk, vlechtwerk
wick·et /ˈwɪkɪt/ [telb zn] ① deurtje, hekje, poortje, klinket, deurraampje, sluisdeurtje, ⟨AE⟩ schuifdeurtje ② ⟨cricket⟩ wicket ♦ *at the wicket* aan (de) slag; *catch at the wicket* bij het wicket opvangen ⟨door wicketkeeper⟩; *wicket is down* batsman is out; *be four wickets down* vier batsmen zijn out; *wicket falls* batsman is out; *hit wicket* uit ⟨doordat de batsman de wicket heeft aangeraakt⟩; *keep wicket* het wicket verdedigen, wicketkeepen; *wicket is lost* batsman is out; *take a wicket* een batsman out maken; *wicket is taken* batsman is out; *third wicket* periode tussen tweede en derde keer wegsturen van batsman; *win by two wickets* winnen met drie batsmen niet out ③ ⟨cricket⟩ ter-

wicket-door

rein om, bij en tussen de wickets, pitch ④ ⟨cricket⟩ staat van het terrein/de pitch ♦ ⟨fig⟩ *on a good wicket* in een gunstige positie; ⟨fig⟩ *bat/be on a sticky wicket* in een ongunstige positie zijn, zich in een moeilijk parket bevinden ⑤ ⟨AE⟩ hoepel(tje), boogje, poortje ⟨croquet⟩ ⑥ ⟨BE⟩ *defend one's wicket* voor eigen parochie preken, met zijn eigen winkel bezig zijn

wick·et-door, wick·et-gate [telb zn] deurtje, hekje, poortje

wick·et·keep·er [eigenn] ⟨cricket⟩ wicketkeeper ⟨veldspeler met beenbeschermers en handschoenen die achter het wicket staat⟩

wick·ing /wɪkɪŋ/ [niet-telb zn] lampenkatoen, materiaal voor kaarsen/lampenpitten/lemmeten/wieken

wick·i·up, wik·i·up /wɪkiʌp/ [telb zn] ⟨AE⟩ soort wigwam

widdershins [bw] → withershins

¹**wide** /waɪd/ [niet-telb zn] ① ⟨honkb⟩ wijd(bal) ⟨buiten slagzone⟩ ② ⟨cricket⟩ wide, wijd ⟨extra gescoord punt doordat bowl wijd/buiten slagbereik wordt gebowld⟩ ⑥ *the wide* de wijde wereld; *to the wide* totaal, compleet, volledig; *broke to the wide* totaal geruïneerd, bankroet

²**wide** /waɪd/ [bn; bw: ~ly; zn: ~ness] ① wijd, breed ♦ ⟨fig⟩ *wide margin* grote marge/speling; ⟨AE; sl, fig⟩ *a wide place in the road* een plaatsje, een gehucht, een gat; *the wide world* de wijde wereld ② ruim, uitgestrekt, breedvoerig, ampel, uitgebreid, omvangrijk, veelomvattend, (zeer) groot, aanzienlijk ⟨verschil⟩, rijk ⟨ervaring⟩, algemeen ⟨kennis⟩, rekbaar ⟨begrip⟩ ♦ *of wide distribution* wijd verbreid; *of wide fame* wijdbefaamd; *a wide generalization* een sterke veralgemening; *he has wide interests* hij heeft een brede interesse; *a wide public* een breed publiek; *a man of wide reading* een belezen man; *take wide views* een ruime blik hebben ③ vrij, los, onbelemmerd, onbevooroordeeld ④ wijd open ⟨ogen, mond⟩ ♦ *wide eyes* wijd open ogen ⑤ ernaast, niet raak, ver naast ⟨schot, gissing⟩ ♦ ⟨honkb⟩ *wide ball* wijd(bal) ⟨buiten slagzone⟩; *wide of the truth* ver van de waarheid; *wide of the mark/purpose* er vierkant naast, irrelevant; *his answer was wide of the mark* hij sloeg de plank helemaal mis ⑥ ⟨BE; sl⟩ pienter, glad, sluw, geslepen, schrander, uitgeslapen, handig, zonder scrupules ♦ *wide boy* gladde jongen ⑦ ⟨taalk⟩ breed ⟨klinker⟩ ⑥ *give s.o./sth. (a) wide berth* iemand/iets uit de weg blijven, met een grote boog om iemand/iets heenlopen; ⟨honkb⟩ *four wide ones* vier wijd

³**wide** /waɪd/ [bw] ① wijd, breed, wijduit, breeduit ② helemaal, volledig ③ mis, verkeerd, (ver) ernaast ♦ *the dart went wide of the target* het pijltje ging ver naast het doel

wide-an·gle [bn, attr] groothoek-, wijdhoek- ♦ *wide-angle lens* groothoeklens

¹**wide-a·wake, wide-a·wake hat** [telb zn] flambard, flaphoed

²**wide-a·wake** [bn; vergr trap: wide-awaker; zn: wide-awakeness] klaarwakker, ⟨inf, fig⟩ uitgeslapen, waakzaam, pienter, bijdehand, op zijn hoede

wide-eyed [bn; vergr trap: ook wider-eyed] ① met wijd open ogen ② verbaasd ③ onschuldig, naïef, lichtgelovig

wide-flung [bn] ① wijd geopend ② wijd verspreid, ver verspreid

wide·ly /waɪdli/ [bw] ① → wide ② wijd, wijd uiteen, ver uit elkaar ③ breed, wijd, over een groot gebied, ⟨ook fig⟩ op vele gebieden ♦ *widely known* wijd en zijd bekend; *widely read* zeer belezen, erudiet ④ sterk, zeer, heel, erg ♦ *differ widely* sterk verschillen, zeer uiteenlopen

wide-mouthed [bn] ① met een brede/grote mond ② luid, klinkend

wid·en /waɪdn/ [onov + ov ww] verwijden, wijder/breder/ruimer worden/maken, uitbreiden, verruimen, verbreden

wide-o·pen [bn] ① wijd open, ruim ② uiterst kwetsbaar, blootgesteld ⟨aan aanval⟩ ③ onzeker ⟨afloop⟩ ④ ⟨AE; inf⟩ laks, los ⟨van zeden⟩, vrij, open ⟨stad, maatschappij⟩

wide-rang·ing [bn] breed opgezet, van grote omvang

wide-screen [niet-telb zn] breedbeeld(formaat)

wide-screen [bn, attr] ⟨film⟩ breedbeeld- ♦ *wide-screen TV* breedbeeldtelevisie

wide·spread, wide-spread·ing [bn] ① wijdverspreid, wijdverbreid, wijdvertakt ② uitgespreid, uitgestrekt, uitgebreid, verstrekkend ③ algemeen verspreid/aanvaard/voorkomend

wid·geon, ⟨BE ook⟩ **wig·eon** /wɪdʒən/ [telb zn; mv: ook wi(d)geon] ⟨dierk⟩ ① smient ⟨Anas penelope⟩ ② Amerikaanse smient ⟨Anas americana⟩

wid·get /wɪdʒɪt/ [telb zn] ⟨inf⟩ dingetje, apparaatje, een of ander iets/artikel ⟨enz.⟩

wid·ish /waɪdɪʃ/ [bn] nogal wijd/breed/ruim

¹**wid·ow** /wɪdoʊ/ [telb zn] ① weduwe ② extra hand ⟨kaartspel⟩ ③ ⟨boek⟩ hoerenjong

²**wid·ow** /wɪdoʊ/ [ov ww] ① tot weduwe/weduwnaar maken ♦ *her widowed father* haar vader die weduwnaar is ② beroven ♦ ⟨form⟩ *her widowed heart* haar eenzaam hart; *widow of* beroven van, ontnemen

widow bird [eigenn] ⟨dierk⟩ wida ⟨vogel; genus Vidua⟩

wid·ow·er /wɪdoʊə, ᴬ-ər/ [telb zn] weduwnaar

wid·ow·er·hood /wɪdoʊəhʊd, ᴬ-doʊər-/ [niet-telb zn] weduwnaarschap

wid·ow·hood /wɪdoʊhʊd/ [niet-telb zn] weduwstaat, weduwschap

widow's cruse [niet-telb zn] klein lijkende, maar onuitputtelijke voorraad ⟨naar I Kon. 17:10-16⟩

widow's mite [telb zn] penningske der weduwe ⟨Marcus 12:42⟩

widow's peak [telb zn] V-vormige haarlok in het midden van het voorhoofd

widow's walk [telb zn] uitkijkpost, platform ⟨op het dak, om schepen te observeren⟩

widow's weeds [alleen mv] weduwedracht

¹**width** /wɪdθ/ [telb zn] baan ⟨van rok, japon⟩

²**width** /wɪdθ/ [telb + niet-telb zn] wijdte, breedte

³**width** /wɪdθ/ [niet-telb zn] ruimheid ⟨van opvattingen⟩ ♦ *width of mind* ruimdenkendheid

width-ways /wɪdθweɪz/, **width-wise** /-waɪz/ [bw] in de breedte

wield /wiːld/ [ov ww] ① uitoefenen, bezitten, gebruiken, handhaven ⟨macht, invloed⟩ ♦ ⟨inf, fig⟩ *wield a big stick over s.o.* iemand eronder houden ② hanteren, gebruiken ⟨gereedschap; formeel ook: wapen⟩, voeren ⟨pen⟩, ⟨form⟩ zwaaien ⟨scepter⟩

wield·a·ble /wiːldəbl/ [bn] hanteerbaar, (goed) te hanteren

wield·er /wiːldə, ᴬ-ər/ [telb zn] uitoefenaar, hanteerder

wield·y /wiːldi/ [bn; vergr trap: wieldier] ① sterk, krachtig ② hanteerbaar, (goed) te hanteren

wiener roast [telb zn] barbecue met frankfurterworstjes/knakworstjes

wie·ner·wurst /viːnəvɜst, ᴬwiːnərwʊrst/, ⟨AE⟩ **wie·ner** /wiːnər/ [telb zn] ⟨AE⟩ wenerworst, frankfurter(worstje)

wienie [telb zn] → weenie

wife /waɪf/ [telb zn; mv: wives /waɪvz/] ① vrouw, echtgenote, huisvrouw, gade ♦ ⟨vero⟩ *have/take to wife* tot vrouw hebben/nemen; ⟨BE; inf⟩ *the wife* vrouwlief, mijn vrouw; *wedded/lawful wife* wettige echtgenote ② ⟨vero; gewestelijk behalve in samenstellingen⟩ vrouw, vrouwspersoon ③ ⟨pej⟩ wijf ♦ *old wives' tale* oudewijvenpraat ④ wijfje ⟨vrouwelijk dier⟩ ⑥ ⟨sprw⟩ *he that hath wife and children hath given hostages to fortune* ± die zijn gemak moede is, neme een wijf, ± trouwen is geen kinderspel, die getrouwd zijn weten het wel, ± geen houwelijk of het heeft iets berouwelijk; ⟨sprw⟩ *a good husband makes a good wife* ± die goed doet, goed ontmoet

wife·dom /waɪfdəm/, **wife·hood** /-hʊd/ [niet-telb zn] staat van getrouwde vrouw
wife·less /waɪfləs/ [bn] ongetrouwd
wife·like /waɪflaɪk/, **wife·ly** /-li/ [bn] vrouwelijk, (als) van een vrouw, een vrouw passend/betamend
wife·li·ness /waɪflinəs/ [niet-telb zn] vrouwelijkheid
wife-swap·ping [niet-telb zn] ⟨inf⟩ partnerruil
wif·ey, **wif·ie** /waɪfi/ [telb zn] ⟨inf⟩ wijfje, vrouwtje
wi-fi /waɪfaɪ/ [niet-telb zn] ⟨comp⟩ (verk: wireless fidelity) wifi
¹**wig** /wɪg/ [telb zn] ① pruik ② ⟨AE; sl⟩ bol, knikker, kop, geest ⟨·⟩ ⟨inf⟩ *keep your wig on!* maak je niet druk!, wind je niet op!, blijf kalm!
²**wig** /wɪg/ [ov ww] ① ⟨BE⟩ een uitbrander geven, hekelen, doorhalen, gispen, berispen ② ⟨AE; sl⟩ irriteren, ergeren ⟨·⟩ ⟨AE; sl⟩ *wig out* maf/kierewiet worden; door het dolle heen raken; ⟨AE; sl⟩ *wigged out* high; ⟨AE; sl⟩ *wig out over the Beatles* dwepen met de Beatles; → **wigged, wigging**
Wig [afk] (Wigtownshire)
wig block [telb zn] pruikenbol
wigeon [telb zn] → **widgeon**
wigged /wɪgd/ [bn] gepruikt
wig·ger /wɪgə, ^-ər/ [telb zn] ⟨sl; scherts⟩ blanke/witte neger ⟨blanke die zich identificeert met de zwarte cultuur⟩, wigger
¹**wig·ger·y** /wɪgəri/ [telb zn] ① pruik(en) ② pruikenwinkel
²**wig·ger·y** /wɪgəri/ [niet-telb zn] het pruikdragen, pruikenmode
wig·ging /wɪgɪŋ/ [telb zn; oorspronkelijk tegenwoordig deelw van wig] ⟨BE⟩ uitbrander, standje
¹**wig·gle** /wɪgl/, **wig·gle-wag·gle** [telb + niet-telb zn] ⟨inf⟩ gewiegel, gewiebel, geschommel, gewaggel ⟨·⟩ ⟨AE; sl⟩ *get a wiggle on* zich reppen, opschieten
²**wig·gle** /wɪgl/, ⟨in betekenissen 1 en 2 ook⟩ **wig·gle-wag·gle** [onov ww] ⟨inf⟩ ① wiegelen, wiebelen, waggelen, schommelen ② wriemelen, kronkelen ♦ *wiggle out of sth.* zich naar buiten wurmen
³**wig·gle** /wɪgl/ [ov ww] ⟨inf⟩ doen wiegelen, doen wiebelen/waggelen/schommelen ♦ *wiggle one's eyebrows* zijn wenkbrauwen op en neer bewegen; *wiggle one's toes* zijn tenen bewegen
wig·gler /wɪglə, ^-ər/ [telb zn] ① iemand die wiebelt/wriemelt, wiebelaar, wriemelaar ② larve, pop ⟨van muskiet⟩ ③ ⟨sportvis⟩ pilker, kunstaas
wiggle room [niet-telb zn] ⟨inf⟩ → **wriggle room**
wig·gly /wɪgli/, **wig·gly-wag·gly** /wɪgliwægli/ [bn] ① wiggelend, wiebelend, waggelend, schommelend ② wriemelend, kronkelend
wig·gy /wɪgi/ [bn] ⟨AE; sl⟩ maf, raar, vreemd, bizar
¹**wight** /waɪt/ [telb zn] ⟨vero, behalve scherts of gew⟩ schepsel, wezen, mens, ⟨vnl⟩ ellendeling
²**wight** /waɪt/ [bn] ⟨vero⟩ dapper, koen, moedig
wig·less /wɪgləs/ [bn] zonder pruik
wig·let /wɪglɪt/ [telb zn] haarstukje
wig·out [telb zn] ⟨inf⟩ driftbui, woede-uitbarsting
¹**wig·wag** /wɪgwæg/ [telb zn] ① (vlag)signaal, (vlaggen)sein ② boodschap ③ seinsysteem ⟨met vlaggen⟩
²**wig·wag** /wɪgwæg/ [niet-telb zn] het wenken, gewenk
³**wig·wag** /wɪgwæg/ [onov + ov ww] ⟨inf⟩ heen en weer bewegen, een teken/signaal geven, seinen, wenken
wig·wag·ger /wɪgwægə, ^-ər/ [telb zn] seiner, seingever
wig·wam /wɪgwæm, ^-wɑm/ [telb zn] wigwam, indianentent, indianenhut
wikiup [telb zn] → **wickiup**
wil·co /wɪlkoʊ/ [tw] (verk: will comply) wilco ⟨radio; duidt instemming/inwilliging aan⟩
¹**wild** /waɪld/ [telb zn; the; vaak mv] woestenij, wildernis, wilde streek ♦ ⟨inf⟩ *(out) in the wilds* in de wildernis, in de woeste/onbewoonde gebieden

²**wild** /waɪld/ [niet-telb zn] (vrije) natuur, natuurlijke staat ♦ *in the wild* in de vrije natuur
³**wild** /waɪld/ [bn; vergr trap: wilder; bw: ~ly; zn: ~ness] ① wild, ongetemd, in het wild levend/voorkomend, niet gekweekt ⟨van plant⟩, niet gedomesticeerd ⟨van dier⟩ ♦ ⟨dierk⟩ *wild cat* wilde kat ⟨Felis silvestris⟩; *wild flower* wilde bloem; ⟨plantk⟩ *wild hyacinth* wilde hyacint ⟨Scilla non-scripta⟩; ⟨plantk⟩ *wild marjoram* wilde marjolein ⟨Origanum vulgare⟩; ⟨plantk⟩ *wild rice* wilde rijst ⟨Zizania aquatica⟩; *run wild* in het wild rondlopen; *wild silk* wilde zijde; ⟨plantk⟩ *wild thyme* wilde tijm ⟨Thymus serpyllum⟩; ⟨biol⟩ *wild type* wilde/natuurlijke soort ⟨plant, dier⟩ ② barbaars, onbeschaafd, ongeciviliseerd ⟨van volk⟩ ♦ *wild man* wildeman, wilde, barbaar; *run wild* verwilderen ⟨van tuin, bijvoorbeeld⟩; *the Wild West* het wilde westen; *wild and woolly* onverfijnd, barbaars, ongelikt ③ schuw, schichtig ⟨van dier⟩ ④ ⟨benaming voor⟩ onbeheerst, onbeteugeld, losgeslagen, onstuimig, grillig, onberekenbaar, losbandig, bandeloos, woest, uitgelaten, uitbundig, ongeregeld, onconventioneel ♦ *a wild youth* een losbandige jeugd ⑤ stormachtig, woelig, ruw, guur ⟨van weer, zee⟩ ♦ *a wild night* een stormnacht; *wild weather* guur weer ⑥ woest, onherbergzaam, eenzaam, verlaten, onbebouwd, ongecultiveerd ⟨van streek⟩ ⑦ dol, gek, waanzinnig, buiten zichzelf, opgewonden ♦ *drive wild* gek/dol/woest maken; *go wild* gek/dol/woest worden; *the wildest nonsense* je reinste onzin; *run wild* uit de band springen, zich uitleven; *wild with joy* dol van vreugde; *wild with anger* razend van woede; *wild with excitement* dol van opwinding ⑧ woest, woedend, razend ♦ *it made him wild to see it* hij werd razend toen hij het zag ⑨ doldriest, overhaast, lukraak, overijld, dwaas, onbezonnen ♦ *a wild guess* een lukrake gissing, zomaar een gok, een slag in de lucht; *wild rumours* wilde geruchten; *wild words* losse beweringen, praatjes ⑩ wanordelijk, onsamenhangend, slordig, verward, in de war, woest, chaotisch ⑪ fantastisch ⟨van idee⟩, buitensporig, extravagant, overdreven, excentriek ♦ *the wildest dreams* de stoutste dromen; *a wild idea* een fantastisch idee ⑫ roekeloos, vermetel, gedurfd, gewaagd ⑬ verdwaald ⟨kogel⟩ ⑭ ⟨inf⟩ prachtig, geweldig (goed), aangenaam ⑮ ⟨spel⟩ wild, met een waarde naar keuze ⟨van speelkaart⟩ ♦ *play poker with deuces wild* pokeren met de tweeën als wilde kaart ⟨·⟩ ⟨plantk⟩ *wild basil* borstelkrans ⟨Satureja fistulosa⟩; ⟨dierk⟩ *wild boar* wild zwijn, everzwijn ⟨Sus scrofa⟩; *wild camping* vrij kamperen; ⟨plantk⟩ *wild celery* vallisneria ⟨Vallisneria spiralis⟩; ⟨dierk⟩ *wild goose* grauwe gans ⟨Anser anser⟩; *wild horses couldn't stop us!* niets kan ons tegenhouden!; *wild horses wouldn't make me go there again!* met geen stok krijg je me er nog heen!; *wild horses wouldn't get/drag it from/out of me!* voor geen geld ter wereld vertel ik het; ⟨pol⟩ *wild man* extremist; *wild man (of the woods)* orang-oetang; *wild oats* jeugdzonden; *he has sown his wild oats* hij is zijn wilde haren kwijt; ⟨plantk⟩ *wild oat(s)* oot, wilde haver ⟨Avena fatua⟩; ⟨plantk⟩ *wild olive* oleaster, wilde olijfboom ⟨variant van de Olea europea⟩; olijfachtige boom ⟨i.h.b.⟩ olijfwilg ⟨Elaeagnus angustifolia⟩; ⟨plantk⟩ *wild pansy* driekleurig viooltje ⟨Viola tricolor⟩; ⟨plantk⟩ *wild pink* Amerikaanse soorten silene ⟨in het bijzonder Silene caroliniana⟩; ⟨plantk⟩ *wild rye* grassoorten van het genus Elymus; ⟨onder andere⟩ zandhaver ⟨E. arenarius⟩
⁴**wild** /waɪld/ [bn, pred; vergr trap: wilder; bw: ~ly; zn: ~ness] woest, enthousiast, dol, gek ♦ *she's wild about him* ze is totaal weg van hem; *be wild about sth.* wild enthousiast over iets zijn; *be wild to do sth.* dol zijn om iets te doen; *wild for revenge* op wraak belust
⁵**wild** /waɪld/ [bw] wild, in het wilde weg ♦ *shoot wild* in het wilde weg schieten
wild card [telb zn] ① ⟨tennis⟩ wildcard ⟨recht/toestemming van toernooileiding om speler zonder kwalificatie

wildcat

toe te laten⟩ [2] ⟨comp⟩ wildcard, joker

¹**wild·cat** [telb zn; mv: ook wildcat] [1] ⟨dierk⟩ wilde kat, boskat ⟨Felis silvestris⟩, Nubische kat ⟨F. lybica⟩ [2] ⟨vnl AE; dierk⟩ kleinere katachtigen, ⟨vnl⟩ moeraskat ⟨Felis chaus⟩, lynx ⟨Lynx⟩, ocelot ⟨Felis pardalis⟩ [3] ⟨fig, inf⟩ heethoofd, kat ⟨in het bijzonder vrouw⟩ [4] ⟨vnl AE⟩ onzekere/speculatieve/lukrake gasboring/petroleumboring [5] wilde staking [6] zwendelmaatschappij, financiële instelling van twijfelachtig allooi [7] ⟨AE⟩ losse locomotief

²**wild·cat** [bn, attr] [1] onsolide ⟨bank, firma, bankpapier⟩, zwendel-, (financieel) onbetrouwbaar, roekeloos [2] clandestien ⟨van brouwerij, luchtvaartlijn⟩ [3] onzeker, twijfelachtig, speculatief ⟨van gas- of petroleumboring⟩ [4] wild, onofficieel ⟨van staking⟩ ♦ *wildcat rumours* uit de lucht gegrepen geruchten [•] ⟨AE⟩ *wildcat train* extra trein

³**wild·cat** [onov ww] [1] op eigen houtje/speculatief proefboren ⟨gas, petroleum⟩ [2] wild/dwaas speculeren [3] een losse locomotief besturen; → wildcatting

⁴**wild·cat** [ov ww] op eigen houtje/speculatief proefboren naar/in ⟨olie, gas; gebied⟩; → wildcatting

wild·cat·ter /ˈwaɪldkætə, ˆ-kætər/ [telb zn] ⟨AE⟩ [1] iemand die op eigen houtje/speculatief proefboringen doet ⟨naar gas/olie⟩ [2] wilde/dwaze speculant, zwendelaar

wild·cat·ting /ˈwaɪldkætɪŋ/ [niet-telb zn; gerund van wildcat] ⟨AE⟩ [1] speculatieve boring ⟨naar gas/olie⟩ [2] zwendelarij, wilde/dwaze speculatie

wil·de·beest /ˈwɪldɪbiːst/ [telb zn; mv: ook wildebeest] ⟨ZAE; dierk⟩ gnoe ⟨Gonnochaetes⟩ ♦ *blue wildebeest* blauwe/gestreepte gnoe ⟨G. tawinus⟩

¹**wil·der** /ˈwɪldə, ˆ-ər/ [onov ww] ⟨vero, form⟩ [1] ronddwalen, de weg kwijtraken [2] in de war geraken

²**wil·der** /ˈwɪldə, ˆ-ər/ [ov ww] ⟨vero, form⟩ [1] op een dwaalspoor brengen, misleiden [2] in de war brengen, verwarren, verbijsteren, van zijn stuk brengen

wil·der·ness /ˈwɪldənəs, ˆ-dər-/ [telb zn] [1] wildernis, woestenij ⟨ook figuurlijk⟩ [2] massa, menigte ♦ *a wilderness of people/voices/things* een massa/menigte mensen/stemmen/dingen [3] ⟨the; vero; Bijb⟩ de woestijn ♦ ⟨vnl form⟩ *a voice (crying) in the wilderness* een roepende in de woestijn [•] *send s.o. in(to) the wilderness* iemand de woestijn in sturen, iemand eruit gooien ⟨in het bijzonder in de politiek⟩

wilderness area [telb zn] ⟨AE⟩ beschermd natuurgebied ⟨met totaal bouwverbod⟩

wild-eyed [bn] [1] met wilde blik [2] onberaden, onbezonnen, onmogelijk, onuitvoerbaar, fantastisch

wild·fire [telb zn] [1] Grieks vuur [2] lopend vuurtje ♦ *like wildfire* als een lopend vuurtje ⟨rondgaan⟩; *sell like wildfire* als warme broodjes over de toonbank gaan [3] weerlicht [4] dwaallichtje

wild·flow·er, wild flower [telb zn] wilde bloem

wild·fowl [verzameln] wild gevogelte ⟨voornamelijk waterwild⟩

wild·fowl·er [telb zn] jager op wild gevogelte/waterwild

wild-goose chase [telb zn] dwaze/hopeloze/vruchtloze onderneming ♦ *lead s.o. a wild-goose chase* iemand misleiden

¹**wild·ing** /ˈwaɪldɪŋ/ [telb zn] [1] wildeling, wilde appelboom [2] wilde appel [3] wild dier [4] woesteling

²**wild·ing** /ˈwaɪldɪŋ/ [bn, attr] [1] in het wild groeiend, onveredeld [2] wild, ongetemd ⟨van dier⟩

wild·ish /ˈwaɪldɪʃ/ [bn; zn: ~ness] nogal/tamelijk wild

wild·life [niet-telb zn] dieren in het wild

wildlife preserve [telb zn] wildreservaat

wild·lif·er /ˈwaɪld laɪfə, ˆ-ər/ [telb zn] natuurbeschermer ⟨voornamelijk van wilde dieren⟩

wild·ling /ˈwaɪldlɪŋ/ [telb zn] [1] wildling, zaailing [2] wilde plant, wild dier

wild-track [bn, attr] ⟨film⟩ afzonderlijk, los van het beeld opgenomen ⟨m.b.t. geluidsband⟩

wild·wa·ter [telb + niet-telb zn] voornamelijk attributief] wild stromend water ♦ ⟨sport⟩ *wildwater racing* (het) wildwatervaren

wild·wood [telb zn] ⟨form⟩ oerwoud

¹**wile** /waɪl/ [telb zn; voornamelijk mv] [1] list, kneep, kunstgreep, (sluwe) streek [2] sluwheid, bedriegerij, bedrog

²**wile** /waɪl/ [ov ww] [1] (ver)lokken, verleiden ♦ *wile s.o. away* iemand weglokken; *wile s.o. into sth.* iemand tot iets verlokken [2] verdrijven ⟨tijd⟩ ♦ *wile away the time* de tijd verdrijven

wilf /wɪlf/ [onov + ov ww] (what was I looking for) wilfen ⟨browsen op het internet zonder specifiek doel⟩

wilf·ing /ˈwɪlfɪŋ/ [niet-telb zn] het wilfen, browsen op het internet zonder specifiek doel

¹**wil·ful**, ⟨AE⟩ **will·ful** /ˈwɪlfl/ [bn; bw: ~ly; zn: ~ness] eigenzinnig, halsstarrig, koppig, weerspannig, weerbarstig

²**wil·ful**, ⟨AE⟩ **will·ful** /ˈwɪlfl/ [bn, attr; bw: ~ly; zn: ~ness] opzettelijk, moedwillig, expres, weloverwogen ♦ *wilful murder* moord met voorbedachten rade

wi·li·ness /ˈwaɪlinəs/ [niet-telb zn] sluwheid

¹**will** /wɪl/ [telb zn] [1] testament ♦ *his last will (and testament)* zijn laatste wilsbeschikking; *make one's will* zijn testament maken; *under his will* krachtens zijn testament

²**will** /wɪl/ [telb + niet-telb zn] wil, wilskracht, begeerte, wens, verlangen ♦ *against his will* tegen zijn wil/zin; *at her own sweet will* precies zoals ze wil; *break s.o.'s will* iemands wil(skracht) breken; *free will* vrije wil; *freedom of the will* wilsvrijheid; *full of good will* vol goede wil; *good/ill will* goede/slechte wil; *he had/got his will* hij kreeg zijn zin; ⟨euf⟩ *she has a will of her own* ze weet wat ze wil, ze heeft een eigen willetje, ze is koppig; *he did it of his own free will* hij deed het uit vrije wil/uit eigen beweging; *strength of the will* wilskracht; *a strong/weak will* een sterke/zwakke wil; ⟨Bijb⟩ *Thy will be done* Uw wil geschiede; *with a will* resoluut, vastberaden, uit alle macht, energiek, enthousiast; *work one's will* zijn zin doordrijven, zijn wil opleggen [•] ⟨sprw⟩ *take the will for the deed* ook de goede wil is te prijzen; ⟨sprw⟩ *where there is a will there's a way* waar een wil is, is een weg

³**will** /wɪl/ [niet-telb zn] willekeur, goeddunken, welgevallen ♦ *at will* naar goeddunken/willekeur/welgevallen; ⟨jur⟩ *tenant at will* huurder die naar willekeur op straat kan worden gezet

⁴**will** /wɪl/ [onov ww; soms moeilijk te scheiden van het elliptisch gebruik van will⁷ bet 1] willen, wensen, verlangen, begeren ♦ ⟨vero⟩ *will he, nill he* willens nillens, goedof kwaadschiks; ⟨vero⟩ *what wilt thou?* wat wilt gij?; *tell whatever lies you will* vertel maar zoveel leugens als je wil; *I could help in the kitchen, if you will* ik zou in de keuken kunnen helpen, als je dat wilt [•] *the truth will out* de waarheid komt altijd aan het licht; ⟨sprw⟩ *man does what he can, and God what he will* de mens wikt, God beschikt; → would

⁵**will** /wɪl/ [onov + ov ww] willen, de vaste wil hebben ♦ *he wills me to go* hij wil dat ik ga; *God willing* als/zo God het wil, als het God(e) behaagt/belieft; *God wills that man should be eternal*, ⟨vero⟩ *God willeth/willed that man should be eternal* God wil(de) dat de mens eeuwig leve; *he who wills success is half-way to it* wie succes echt wil heeft het al half; *willing and wishing are not the same* willen en wensen zijn twee; → willing

⁶**will** /wɪl/ [ov ww] [1] ⟨jur⟩ bij testament vermaken/nalaten ♦ *he willed his money to a hospital* hij vermaakte zijn geld aan een hospitaal [2] door wilskracht (af)dwingen, bevelen, verordenen, zijn wil opleggen aan, suggereren ♦ *the hypnotist willed his patient* de hypnotiseur legde de patiënt zijn wil op; *the sorcerer willed a genie into his presence* de tovenaar beval een geest voor hem te verschijnen; *can*

you will yourself into contentment? kan jij jezelf tot tevredenheid dwingen? [3] beslissen, besluiten, bepalen ♦ *he willed to depart* hij besloot te vertrekken; → **willing**
⁷**will** /wɪl/ [hulpww] [1] ⟨wilsuiting; ook emfatisch⟩ willen, zullen ♦ *we will be kind to her but will she respond?* we zijn bereid lief te zijn voor haar maar zal zij dat beantwoorden?; ⟨emfatisch⟩ *I said I would do it and I will* ik heb gezegd dat ik het zou doen en ik zal het ook doen; ⟨form⟩ *will you have some more tea?* wilt u nog meer thee?; *he will not hear of it* hij wil er niet van horen; *will you hurry up, please?* wil je opschieten, alsjeblieft?; *shut the door, will you/won't you?* doe de deur dicht, alsjeblieft; ⟨emfatisch⟩ *she will try it on her own* ze wil en ze zal het in haar eentje proberen [2] ⟨gewoonte/herhaling; vaak onvertaald⟩ plegen, kunnen ♦ *boys will be boys* jongens zijn nu eenmaal jongens; *she will cry if you only frown at her* ze huilt al als je boos naar haar kijkt; *accidents will happen* ongelukken zijn niet te vermijden; *the cats will knock over the vases* de katten stoten altijd de vazen om; *he will spend hours drawing* hij pleegt uren achtereen te tekenen [3] ⟨onvoltooid toekomende tijd, voltooid toekomende tijd⟩ zullen ♦ *John will leave for Edinburgh tomorrow* Jan vertrekt morgen naar Edinburgh; *I will lend you a hand* ik zal je een handje helpen; *only time will tell* de tijd zal het leren [4] ⟨geschiktheid e.d.⟩ kunnen, in staat zijn te, toelaten te, zullen, volstaan om te ♦ *this will do* zo is het genoeg; *this will get you nowhere* zo kom je nergens; *a cheap cotton will make pretty curtains* van een goedkoop katoentje kun je best mooie gordijntjes maken [5] ⟨onderstelling⟩ zullen ♦ *I expect you will appreciate the scenery* ik denk dat je het landschap wel zult waarderen; *that will be John* dat zal John wel zijn; *London will be twenty miles away* Londen moet tweeëndertig kilometers van hier liggen [6] ⟨gebod⟩ zullen, moeten ♦ *you will do as I say* je zult doen wat ik zeg; *candidates will produce their certificates* de kandidaten moeten hun getuigschriften overleggen; → **would**
Will /wɪl/ [eigenn] Wim
will-be [bn] toekomstig ♦ *will-be subscribers* toekomstige abonnees
-willed /wɪld/ met een ... wil ♦ *strong-willed* met een sterke wil
wil·lem·ite /wɪləmaɪt/ [niet-telb zn] willemiet ⟨soort zinkerts; Zn₂SiO₄⟩
wil·let /wɪlɪt/ [telb zn] ⟨dierk⟩ willet ⟨Amerikaanse strandvogel; Catoptrophorus semipalmatus⟩
willful [bn] → **wilful**
Wil·liam /wɪljəm/ [eigenn] Willem ♦ *William the Silent* Willem de Zwijger
wil·lie /wɪli/ [telb zn] ⟨BE; inf, kind⟩ plasser, piemel(tje)
Wil·lie, ⟨ook⟩ **Wil·ly** /wɪli/ [eigenn] Willy, Wim
wil·lies /wɪliz/ [alleen mv; the] ⟨sl⟩ kriebels, de zenuwen ♦ *get the willies* de kriebels krijgen, het op zijn zenuwen krijgen; *it gives her the willies* het werkt op haar zenuwen, ze krijgt er kippenvel van
will·ing /wɪlɪŋ/ [bn; oorspronkelijk tegenwoordig deelw van will; bw: ~ly; zn: ~ness] gewillig, bereid(willig) ♦ *I am willing to admit that ...* ik geef grif toe dat ...; *willing hands* bereidwillige handen; *willing or not willing* willen of niet, goedschiks of kwaadschiks, willens nillens, of hij/zij het wil of niet; *he's quite willing to do it* hij is wel bereid het te doen; *willing workers* werkwilligen [·] *a willing horse* een gewillig(e) werker/werkpaard; *flog a willing horse, ride a willing horse to death* het uiterste vergen van iemands goede wil; ⟨sprw⟩ *the spirit is willing but the flesh is weak* de geest is gewillig maar het vlees is zwak; ⟨sprw⟩ *never spur a willing horse* gewillige paarden hoeft men niet met sporen te steken; ⟨sprw⟩ *all lay loads on a willing horse* ± al te goed is buurmans gek
wil·li·waw /wɪliwɔː/ [telb zn] ⟨AE⟩ koude zeewaartse rukwind, (koude) windvlaag

will-less /wɪləs/ [bn; bw: ~ly; zn: ~ness] willoos
will-o'-the-wisp /wɪlədəwɪsp/ [telb zn] dwaallicht, stalkaarsje, ⟨fig⟩ ongrijpbaar/onvatbaar/elusief persoon, bedrieglijke hoop, hersenschim ♦ *chase the will-o'-the-wisp* het onbereikbare najagen
¹**wil·low** /wɪloʊ/, **wil·low-tree** [telb zn] [1] wilg [2] slaghout, cricketbat, honkbalslaghout ♦ *handle the willow* het bat hanteren [3] ⟨techn⟩ wolf, duivel, snar ⟨om wol, katoen te zuiveren⟩ [4] ⟨techn⟩ lompenwolf ⟨voor papierfabricage⟩
²**wil·low** /wɪloʊ/, **wil·low-tree** [niet-telb zn] wilgenhout
³**wil·low** /wɪloʊ/ [ov ww] ⟨techn⟩ wolven ⟨wol, katoen, lompen⟩
wil·low-gar·land, wil·low-wreath [telb zn] wilgenkrans
wil·low-herb [telb zn] ⟨plantk⟩ basterdwederik, wilgenroosje ⟨Epilobium angustifolium⟩
wil·low-ma·chine, wil·low·ing-ma·chine [telb zn] ⟨techn⟩ [1] wolf, duivel, snar ⟨om wol, katoen te zuiveren⟩ [2] lompenwolf ⟨papierfabricage⟩
willow oak [telb zn] ⟨AE; plantk⟩ wilgeneik ⟨Quercus phellos⟩
wil·low-pat·tern [niet-telb zn] wilgenmotief, wilgendessin, wilgenpatroon, wilgentekening ⟨blauw motief op wit porselein⟩
willow tit [telb zn] ⟨dierk⟩ matkop ⟨Parus montanus⟩
wil·low-war·bler, wil·low-wren, wil·low-spar·row [telb zn] ⟨dierk⟩ fitis ⟨Phylloscopus trochilus⟩
wil·low·ware /wɪloʊweə, ⁎-wer/ [niet-telb zn] porselein met wilgenmotief
wil·low·y /wɪloʊi/ [bn] [1] vol wilgen [2] met rijen wilgen beplant [3] wilgachtig, ⟨fig⟩ soepel, lenig, slank, elegant
will power [niet-telb zn] wilskracht
wil·ly /wɪli/ [telb zn] [1] ⟨techn⟩ wolf, duivel, snar ⟨om wol/katoen te zuiveren⟩ [2] ⟨gew⟩ mand
Willy [eigenn] → **willie**
¹**wil·ly-nil·ly** /wɪlinɪli/ [bn, attr] ongewild, onvermijdelijk, tegen wil en dank, nillens willens ♦ *a willy-nilly confrontation* een onvermijdelijke confrontatie; *he became a willy-nilly hero* hij werd een held tegen wil en dank
²**wil·ly-nil·ly** /wɪlinɪli/ [bw] willens nillens, willen of niet, willens of onwillens, goedschiks of kwaadschiks, of hij/zij het wil of niet
wil·ly-wil·ly [telb zn] ⟨AuE⟩ wervelwind, wervelstorm
wil·so·ni·an /wɪlsoʊniən/ [bn] wilsoniaans, in de geest van Wilson ⟨28e president van de USA⟩
Wil·son's phal·a·rope /wɪlsnzfæləroʊp/ [bn] ⟨dierk⟩ grote franjepoot ⟨Phalaropus tricolor⟩
¹**wilt** /wɪlt/, ⟨in betekenis 3 ook⟩ **wilt disease** [niet-telb zn] [1] verwelking, verflensing [2] verflauwing, vermindering, verzwakking ♦ *wilt of enthusiasm* bekoeling van het enthousiasme [3] verwelkingsziekte
²**wilt** /wɪlt/ [onov ww] [1] verwelken, verflensen, verleppen, kwijnen, verdorren, verschrompelen [2] hangerig worden, lusteloos/druilig/slap worden, verslappen, het hoofd laten hangen, de moed verliezen
³**wilt** /wɪlt/ [ov ww] [1] doen verwelken, doen verflensen/verleppen/verdorren/verschrompelen [2] lusteloos maken, hangerig/druilig maken, doen verslappen, de moed/kracht ontnemen, ontzenuwen
⁴**wilt** /wɪlt/ [hulpww] 2e pers enk, verouderd of religie]
→ **will**
Wil·ton /wɪltən, ⁎-tn/, **Wilton carpet, Wilton rug** [telb zn] wiltontapijt ⟨Engelse tapijtsoort met zachte, dikke pool⟩
Wilts /wɪlts/ [afk] (Wiltshire)
wi·ly /waɪli/ [bn; vergr trap: wilier; bw: wilily; zn: wiliness] sluw, listig, geslepen, slim, berekenend, getruukt
¹**wim·ble** /wɪmbl/ [telb zn] handboor, fretboor, drilboor
²**wim·ble** /wɪmbl/ [ov ww] boren, drillen

wimp /wɪmp/ [telb zn] ⟨inf⟩ sul, lulletje, slappe kerel, ei, doetje, slapjanus, labbekak

wimp·ish /wɪmpɪʃ/, **wimp·y** /wɪmpi/ [bn; vergr trap: wimpier] ⟨inf⟩ slap, sullig, bleekneuzig

¹**wim·ple** /wɪmpl/ [telb zn] ① kap, nonnenkap, ⟨gesch ook⟩ vrouwenkap ② plooi, vouw ③ rimpeling ⟨van watervlak⟩ ④ kromming, bocht

²**wim·ple** /wɪmpl/ [onov ww] ① in plooien neervallen ② rimpelen ⟨van watervlak⟩

³**wim·ple** /wɪmpl/ [ov ww] ① met een kap bedekken, sluieren ② in plooien leggen ③ doen rimpelen ⟨watervlak⟩

¹**win** /wɪn/ [telb zn] ⟨vnl sport⟩ overwinning, succes, gewonnen partij, triomf, (rit)zege

²**win** /wɪn/ [onov ww; won, won] ① zegevieren, de overwinning behalen, triomferen, (het) winnen, zijn zin krijgen ♦ *win at cards* bij het kaarten winnen; *win by a head/neck* met een koplengte/neklengte winnen; *win by two lengths* met twee lengten winnen; ⟨inf; vnl scherts⟩ *you can't win (them all)* je kan niet altijd winnen, het is niet altijd rozengeur en maneschijn; *win hands down* op zijn sloffen winnen, gemakkelijk/op zijn gemak winnen; *win in a canter* op zijn sloffen/op één been winnen, gemakkelijk/op zijn gemak winnen; *win through to (the top)* erin slagen (de top te) bereiken, zegevieren, het halen, het redden; *who won?* wie heeft er gewonnen?; *let those laugh who win* de winnaar heeft makkelijk lachen; *so you win!* jij haalt het dus! ② slagen, succes hebben ♦ *win clear/free/loose* erin slagen zich los/vrij te maken; ⟨inf⟩ *win home* thuis geraken, het winnen, erdoorheen geraken/komen, zijn doel bereiken, er zich doorslaan; *win through* erdoorheen komen, zijn doel bereiken, zich erdoorheen slaan ▪ *these theories are winning through* deze theorieën vinden langzamerhand ingang/winnen veld; *win to power* de macht verkrijgen; *win to shore* de kust bereiken; *win to manhood* de mannelijke leeftijd bereiken; *win to an ideal* een ideaal bereiken; *that theory won upon him* hij begon meer en meer te voelen voor die theorie; → **winning**

³**win** /wɪn/ [ov ww; won, won] ① winnen ⟨race, weddenschap, verkiezing, partij, geld, prijs, toss⟩ ♦ *win three seats from the Conservatives* drie zetels op de conservatieven winnen; *win money of s.o.* van iemand geld winnen ② verkrijgen, verwerven, behalen ⟨zege, prijs, roem, eer, positie, fortuin⟩, winnen ⟨vriendschap, vertrouwen⟩, innemen ⟨fort⟩, ontginnen ⟨mijn, ader⟩, winnen ⟨erts⟩, krijgen, voor zich winnen ⟨vrouw⟩ ♦ *win back* terugwinnen, herwinnen; *win s.o. to consent* iemands toestemming verkrijgen; ⟨vnl form, fig⟩ *win the ear of s.o.* iemand voor zich innemen; ⟨fig⟩ *win a name (for o.s.)* naam maken; *she soon won her audience over* zij veroverde al spoedig de harten van haar toehoorders; *it won her the first price* hiermee behaalde zij de eerste prijs; *you win some, you lose some* pech gehad; volgende keer beter; ⟨vero, fig⟩ *win one's spurs* geridderd worden; zijn sporen verdienen; *win one's way with s.o.* iemands tegenstand overwinnen ③ overreden, overhalen, bewegen ♦ *win s.o. to do sth.* iemand overreden iets te doen; *win s.o. over* iemand overhalen; *win s.o. over to sth.* iemand voor iets winnen ④ ⟨sl⟩ gappen ▪ *he that would the daughter win, must with the mother first begin* die de dochter trouwen wil, moet de moeder vrijen; ⟨sprw⟩ *faint heart never won fair lady* ± wie niet waagt, die niet wint, ± jan-durft-niet doet zelden een goede markt; ⟨sprw⟩ *a good name is sooner lost than won* eer is teer, let op uw eer en houd ze net, het witste kleed is 't eerst besmet, verloren eer keert moeilijk weer; → **winning**

win·bet [telb zn] weddenschap dat een paard als eerste zal eindigen

¹**wince** /wɪns/ [telb zn] ① huivering ⟨van pijn, angst⟩, vertrekking, schok(je), ineenkrimping ♦ *without a wince* zonder een spier te vertrekken ② ⟨BE⟩ haspel, zeskanter ⟨gebruikt bij het verven van stoffen⟩

²**wince** /wɪns/ [onov ww] huiveren, ineenkrimpen, vertrekken, ⟨van pijn enz.⟩ terugdeinzen, een huivering/schok door zich heen voelen gaan, beven, rillen ♦ *wince at s.o.'s words* van iemands woorden huiveren; *wince under the blow* ineenkrimpen onder de slag; *without wincing* zonder een spier te vertrekken

win·cey /wɪnsi/ [niet-telb zn] hemdstof, wol-katoenmengsel, wol-linnenmengsel

win·cey·ette /wɪnsiet/ [niet-telb zn] ⟨BE⟩ flanel

¹**winch** /wɪntʃ/ [telb zn] ① kruk, handvat ⟨van wiel⟩, zwengel, as, spil ② wins, lier, windas, winch ③ haspel, zeskanter ⟨gebruikt bij het verven van stoffen⟩ ④ ⟨BE⟩ reel, spoel, molen ⟨van hengelroede⟩

²**winch** /wɪntʃ/ [ov ww] opwinden met een windas, omhooghijsen met een wins

Win·ches·ter /wɪntʃɪstə, ᴬ-tʃestər/, ⟨in betekenis 3 ook⟩ **Winchester quart** [telb zn] ① ⟨comp⟩ winchester-(schijf), harde schijf, harddisk ② winchestergeweer, winchesterbuks ③ ⟨BE⟩ inhoudsmaat van ½ gallon ⟨ongeveer 2,27 l⟩

Winchester disk [telb zn] → **Winchester bet 1**

winch launch [telb zn] ⟨zweefvliegen⟩ lierstart

¹**wind** /waɪnd/ [telb zn] ① slag, winding, wikkeling ② slag, (om)wenteling, draai ③ bocht, draai, kronkel

²**wind** /wɪnd, ⟨dichtl ook⟩ waɪnd/ [telb + niet-telb zn] ① wind, luchtstroom, tocht ♦ ⟨fig⟩ *wind(s) of change* andere wind; *contrary wind* tegenwind; *in the wind's eye* pal tegen de wind in; *fair wind* gunstige wind; *the wind is falling* de wind neemt af; ⟨vnl fig⟩ *get/have/take the wind of s.o.* iemand de loef afsteken, de meerdere zijn van iemand, de overhand hebben op iemand; *little wind* weinig wind; ⟨fig⟩ *the wind is in that quarter* de wind waait uit die hoek; *the wind is rising* de wind neemt toe/wakkert aan; ⟨fig⟩ *take the wind from/out of s.o.'s sails* iemand de wind uit de zeilen nemen; *variable wind* veranderlijke wind; ⟨fig⟩ *wind and weather* weer en wind ② wind, windstreek, ⟨ook scheepv⟩ windrichting ♦ *(sail/run) before the wind* voor de wind/met de wind mee (zeilen); *down/into/on the wind* met de wind mee, in de richting van de wind; ⟨scheepv⟩ *off the wind* van de wind; ⟨scheepv⟩ *on a wind* tegen de wind in; *up the wind* tegen de wind in ③ wind(vlaag), rukwind ♦ ⟨sail⟩ *close to the/near the wind* ⟨scheepv⟩ scherp (bij de wind) (zeilen); ⟨fig⟩ de grens van het oorbare/toelaatbare (raken); *fling/throw sth. to the winds* iets in de wind slaan/veronachtzamen, iets overboord gooien; *there's sth. in the wind* er is iets op til/hangt iets in de lucht; er is iets gaande/aan de hand; *like the wind* als de wind, vliegensvlug; *on the wind* (gedragen/meegevoerd) met de wind; ⟨vulg⟩ *piss against/into the wind* tegen wind in pissen ⟨figuurlijk⟩; ⟨vero, inf⟩ *raise the wind* (in één klap) aan geld komen; *see which way/how the wind is blowing/blows* kijken uit welke hoek de wind waait/hoe de vlag erbij hangt; *between wind and water* op een kwetsbare plek; *whistle down the wind* ⟨valkerij⟩ lossen; ⟨fig⟩ laten vallen, in de steek laten; ⟨sprw⟩ *sow the wind and reap the whirlwind* die wind zaait, zal storm oogsten; ⟨sprw⟩ *hoist your sail when the wind is fair* men moet zeilen als de wind waait, ± men moet het ijzer smeden als het heet is; ⟨sprw⟩ *God tempers the wind to the shorn lamb* God geeft koude naar kleren; ⟨sprw⟩ *it's an ill wind that blows nobody any good* er waait geen wind of hij is iemand gedienstig; ⟨sprw⟩ *March winds and April showers bring forth May's flowers* ± de stormen in maart en de buien in april zorgen voor de bloemen in mei; ⟨sprw⟩ *a straw will show which way the wind blows* ± ogenschijnlijk onbelangrijke dingen kunnen aangeven wat er gaat gebeuren; ⟨sprw⟩ *it's as well to know which way the wind blows* het is goed om te weten uit welke hoek de wind waait

³**wind** /wɪnd, ⟨dichtl ook⟩ waɪnd/ [niet-telb zn] ① (buik)wind, darmgas(sen), veest ♦ ⟨euf⟩ *break wind* een wind laten ② adem(haling), lucht, ⟨i.h.b.⟩ regelmatige ademha-

ling, ⟨bij uitbreiding⟩ maagstreek ♦ *get back/recover one's wind* (weer) op adem komen; *have one's wind taken* naar adem snakken ⟨van een klap⟩; *lose one's wind* buiten adem raken; *have lost one's wind* buiten adem zijn ③ wind, kletspraat, prietpraat, omhaal, loze woorden, holle frasen, ⟨bij uitbreiding; inf⟩ kletsmeier(s) ♦ *load of wind* kletspraat ④ wind, lucht, tijdverspilling, boter aan de galg, nutteloze overpeinzing/inspanning ⑤ lucht, door de wind meegevoerde geur, ⟨bij uitbreiding⟩ vlaag geluid · *broken wind* dampigheid, kortademigheid ⟨van paard⟩; *get wind of sth.* ergens lucht van krijgen; *get/take wind* uitlekken, ruchtbaar worden; *second wind* het weer op adem komen; (nieuwe) energie (voor tweede krachtsinspanning); *get one's second wind* er weer tegenaan kunnen; ⟨inf⟩ *get/have the wind up* hem knijpen, in de rats zitten, het in zijn broek doen; ⟨inf⟩ *put the wind up s.o.* iemand de stuipen op het lijf jagen

⁴**wind** /wɪnd, ⟨dichtl ook⟩ waɪnd/ [verzamelnw; the] ⟨muz⟩ ① blazerssectie, blaasinstrumenten ② blazerssectie, blazers

⁵**wind** /waɪnd/ [ov ww; ook wound, wound] blazen (op), doen schallen ♦ *wind a blast on the horn* een stoot op de hoorn geven; *wind a horn* op een hoorn blazen

⁶**wind** /waɪnd/ [onov ww; voornamelijk wound, wound] ① kronkelen, meanderen, zich slingeren ♦ *winding path* kronkelpad, slingerpad; *the river winds through the landscape* de rivier kronkelt door het landschap ② spiralen, zich draaien/strengelen/wikkelen/winden ♦ *the plant winds round the tree* de plant slingert zich om/rond de boom; *winding staircase/stairs* wenteltrap ③ draaien, kronkelen, ⟨arg⟩listig te werk gaan; → winding

⁷**wind** /waɪnd/ [onov + ov ww; voornamelijk wound, wound] winden, spoelen, draaien · zie: **wind down**; *wind on (a film)* (een filmpje) doorspoelen; zie: **wind up**; → winding

⁸**wind** /waɪnd/ [ov ww; voornamelijk wound, wound] ① zich slingerend banen, doordringen, indringen ♦ *the river winds its way through the landscape* de rivier kronkelt zich door het landschap ② winden, wikkelen, (op)rollen ♦ *wind back* terugspoelen; *wind in* binnenhalen, inhalen ⟨van vis(lijn)⟩; *wind wool* wol op een kluwen winden; *wind yarn on to a reel* garen op een klos winden ③ omwinden, omwikkelen, omstrengelen, ⟨bij uitbreiding⟩ omvatten ♦ *wind s.o. in one's arms* iemand in zijn armen nemen; *wind one's arms (a)round s.o.* zijn armen om iemand heen slaan; *wind a blanket (a)round o.s.* een deken om zich heen slaan, zich in een deken wikkelen ④ (rond)draaien, ⟨i.h.b.⟩ opwinden ⟨horloge⟩ ♦ zie: **wind down**; *wind a handle* een hendel draaien; zie: **wind up**; *wind one's watch* zijn horloge opwinden ⑤ ophalen, hijsen, takelen, ophijsen, optakelen, ⟨scheepv⟩ winden ♦ *wind the anchor* het anker winden; *wind a bucket* een emmer ophalen ⑥ (ver)vlechten, sluw verwerken ♦ *wind a threat into a letter* een dreigement in een brief vervlechten · zie: **wind up**; *wind o.s./one's way into s.o.'s friendship/affections* erin slagen bij iemand in het gevlij te komen; → winding

⁹**wind** /wɪnd/ [ov ww] ① luchten, ventileren, laten doorwaaien ② (be)speuren, ruiken, lucht krijgen van ⟨in het bijzonder van honden⟩, ⟨bij uitbreiding⟩ achtervolgen (door op de geur af te gaan) ③ buiten adem brengen, ⟨i.h.b.⟩ de adem benemen, naar adem laten snakken/happen ⟨door een stomp⟩, afrijden ⟨paard⟩ ♦ *winded by a climb* buiten adem van een klim ④ op adem laten komen, laten uitblazen ⟨in het bijzonder paard⟩ ⑤ ⟨inf⟩ laten boeren, een boertje laten doen ⟨baby⟩

wind·age /wɪndɪdʒ/ [telb + niet-telb zn] ① speelruimte ⟨van projectiel in vuurwapen⟩ ② windinvloed ⟨op projectiel⟩ ③ windcompensatie ⟨van vizier van vuurwapens⟩ ④ luchtturbulentie ⟨door snel bewegend voorwerp⟩ ⑤ luchtweerstand ⑥ ⟨scheepv⟩ loef(zijde), windzijde

wind-as·sist·ed [bn] ⟨atl⟩ met (te veel) rugwind
wind·bag /wɪn(d)bæɡ/ [telb zn] ⟨inf⟩ zemel, ouwehoer
wind band [telb zn] ① blaasorkest ② blazerssectie
wind·bound [bn] ⟨scheepv⟩ verwaaid, door tegenwind opgehouden
wind box, wind-chest [telb zn] ⟨muz⟩ windkas(t), windkamer ⟨van orgel⟩
wind·break, wind-break [telb zn] windbreking, beschutting tegen de wind
wind·break·er [telb zn; ook Windbreaker] ⟨AE⟩ windjack, windjekker ⟨oorspronkelijk merknaam⟩
wind·cheat·er [telb zn] ⟨BE⟩ windjack, windjekker
wind·chill [telb zn] gevoelstemperatuur, windverkilling
windchill factor, windchill index [telb zn] verkillingsfactor
wind chimes [alleen mv] windklokkenspel
wind colic [telb zn] windkoliek
wind cone [telb zn] → windsock
¹**wind down** /waɪnd daʊn/ [onov ww] ① aflopen ⟨van uurwerkveer⟩, steeds langzamer gaan lopen ② teruglopen, achteruitgaan, afzakken, wegzakken, verlopen ♦ *the offensive wound down* de klad kwam in het offensief
²**wind down** /waɪnd daʊn/ [ov ww] ① omlaagdraaien ♦ *wind down a car window* een portierraampje naar beneden draaien ② afbouwen, (geleidelijk) verminderen, terugschroeven
wind energy [niet-telb zn] windenergie
wind·er /waɪndə, ^-ər/ [telb zn] ① winder ⟨in het bijzonder arbeider in textielfabriek⟩ ② haspel, spoel, klos ③ (opwind)sleutel ④ wenteltraptrede, bochttrede
¹**wind·fall** [telb zn] ① afgewaaide vrucht, val, raap ♦ *these apples are windfalls* dit zijn valappelen ② meevaller, mazzeltje, buitenkansje, ⟨i.h.b.⟩ erfenisje
²**wind·fall** [bn, attr] ① afgewaaid ② meegenomen, onverhoopt ♦ *windfall profits* onverhoopte winst
wind·fal·len [bn, attr] afgewaaid ♦ *windfallen apples* valappelen
windfall tax [telb zn] ⟨BE⟩ aanvullende heffing van de winstbelasting ⟨achteraf, bij onverwachte hoge winst⟩
wind farm, windmill farm [telb zn] windmolenpark
wind·flow·er [telb zn] anemoon
wind-force [telb zn] ① windkracht ⟨in het bijzonder op de schaal van Beaufort⟩ ② windkracht, windenergie
wind furnace [telb zn] windoven
wind-gauge, wind gauge /wɪn(d)ɡeɪdʒ/ [telb zn] ① windmeter, anemometer, anemograaf ② ⟨muz⟩ windwaag, orgelwindmeter ③ windvizier ⟨aan geweer⟩
wind harp [telb zn] ⟨muz⟩ windharp, eolusharp
wind·hov·er [telb zn] ⟨BE⟩ windwanner, torenvalk
¹**wind·ing** /waɪndɪŋ/ [telb zn; oorspronkelijk tegenwoordig deelw van wind] ① winding, slag, ⟨ook techn⟩ wikkeling ② spiraal ③ kronkel(ing), bocht, draai
²**wind·ing** /waɪndɪŋ/ [niet-telb zn; oorspronkelijk tegenwoordig deelw van wind] winding, het winden
wind·ing·ly /waɪndɪŋli/ [bw] kronkelend, slingerend, bochtig
wind·ing sheet /waɪndɪŋ ʃiːt/ [telb zn] lijkwade, lijkkleed
wind·ing-up /waɪndɪŋʌp/ [telb + niet-telb zn] ⟨handel⟩ liquidatie, opheffing
wind instrument [telb zn] ⟨muz⟩ blaasinstrument, ⟨mv⟩ harmonieorkest ♦ *an organ is also a wind instrument* een orgel is ook een blaasinstrument
wind-jam·mer /wɪn(d)dʒæmə, ^-ər/ [telb zn] ① ⟨scheepv⟩ windjammer ② ⟨BE⟩ windjek(ker)
¹**wind·lass** /wɪndləs/ [telb zn] windas, lier, ⟨scheepv⟩ ankerspil
²**wind·lass** /wɪndləs/ [ov ww] ophalen/hijsen met een windas, ⟨scheepv⟩ winden
wind·less /wɪndləs/ [bn] windstil, wind(e)loos

windlestraw

¹**win·dle·straw** /wɪndlstrɔː/ [telb zn] ① ⟨BE⟩ (oude) droge grashalm ② ⟨SchE⟩ slungel
²**win·dle·straw** /wɪndlstrɔː/ [niet-telb zn] ⟨BE⟩ (oud) droog gras ⟨in het bijzonder met lange halmen⟩
wind machine [telb zn] ⟨dram⟩ windmachine
wind·mill /wɪn(d)mɪl/ [telb zn] ① windmolen, ⟨i.h.b.⟩ graanmolen, meelmolen, korenmolen ② ⟨speelgoed⟩molentje ③ windturbine, windmolen ▪ *fight/tilt at windmills* tegen windmolens vechten; *throw one's cap over the windmill* zich nergens wat van aantrekken, maling hebben aan alles/iedereen
windmill farm [telb zn] → **wind farm**
¹**win·dow** /wɪndoʊ/ [telb zn] ① raam, venster, ⟨i.h.b.⟩ ruit, ⟨bij uitbreiding⟩ raamlijst, raamkozijn, ⟨fig⟩ venster, informatiebron ♦ *blank/blind/false window* blind/loos venster/raam; *window on the future/world* venster op de toekomst/wereld ② kijkgat, venster, (kijk)opening ③ etalage ④ loket, loketruitje, loketraampje ⑤ venster ⟨van envelop(pe)⟩ ⑥ ⟨natuurk⟩ venster ⟨elektromagnetisch spectrumgedeelte dat een stof doorlaat⟩ ⑦ ⟨ruimtev⟩ lanceervenster, ⟨fig⟩ kritieke periode ⑧ ⟨windsurfen⟩ zeilvenster ⑨ ⟨mil⟩ chaff ⟨metaalfoliewolk ter storing van radar⟩ ▪ *a window of opportunity for peace* een gouden/kleine kans op vrede, de deur naar de vrede staat op een kier; ⟨inf⟩ *out of the window* niet meer meetellend, afgedaan, afgeschreven; ⟨sprw⟩ *when the wolf comes in the door, love creeps/leaps out of the window* als de armoede binnen komt, vliegt de liefde het venster uit
²**win·dow** /wɪndoʊ/ [ov ww] van een raam/ramen voorzien ♦ *windowed* voorzien van een raam/ramen
window-box, window box [telb zn] bloembak ⟨in de buitenvensterbank⟩
win·dow-clean·er [telb zn] glazenwasser
window dresser, window trimmer [telb zn] ① etaleur ② opsmukker, iemand die iets geflatteerd voorstelt
win·dow-dress·ing, **window dressing** [niet-telb zn] ① het etaleren, etalage ② etalage, etalage-inrichting, etalagemateriaal ③ lokmiddel, lokkertje ④ etalage, (misleidende) gunstige voorstelling, flattering, ⟨i.h.b. stat⟩ window dressing
window envelope [telb zn] vensterenvelop(pe)
window frame [telb zn] (venster)kozijn, raamlijst
window glass [niet-telb zn] vensterglas
win·dow-ledge [telb zn] vensterbank, raamkozijn
win·dow·less /wɪndoʊləs/ [bn] vensterloos, zonder ramen
win·dow·pane, win·dow-pane [telb zn] ① (venster)ruit ② ⟨AE⟩ → **tattersall**
win·dows /wɪndoʊz/ [alleen mv] ⟨AE; sl⟩ brillenglazen, bril
win·dow-seat [telb zn] stoel bij het raam, zitje in de vensternis
window shade [telb zn] ⟨AE⟩ (over)gordijn, ⟨i.h.b.⟩ rolgordijn
win·dow-shop [onov ww] etalage(s) kijken ♦ *go window-shopping* etalages gaan kijken
win·dow-shop·per [telb zn] etalagekijk(st)er
win·dow-shop·ping [niet-telb zn] het etalages kijken
window shutter [telb zn] blind, vensterluik
win·dow·sill, win·dow-sill [telb zn] vensterbank, raamkozijn
win·dow-tax [niet-telb zn] ⟨gesch⟩ raambelasting, vensterbelasting
window trimmer [telb zn] → **window dresser**
wind·pipe [telb zn] ⟨anat⟩ luchtpijp
wind-rode [bn] ⟨scheepv⟩ op de wind gezwaaid
wind rose [telb zn] ⟨meteo⟩ windkaart
¹**wind·row** [telb zn] ① zwad(e), graszwad(e), hooizwad(e), korenzwad(e) ② turfwal ⟨die te drogen ligt⟩ ③ (door de wind gevormde) wal ⟨van bladeren, sneeuw e.d.⟩

²**wind·row** [ov ww] tot wallen/zwaden vormen
winds /wɪndz/ ⟨dichtl ook⟩ waɪndz/ [alleen mv] ① windstreek ② ⟨the⟩ blazerssectie, blaasinstrumenten ③ ⟨the⟩ blazerssectie, blazers ▪ *to (all) the (four) winds* in het rond, alle kanten op
wind·sail, wind-sail [telb zn] ① (molen)wiek ② ⟨scheepv⟩ koelzeil
wind scoop [telb zn] ⟨scheepv⟩ windhapper
wind·screen [telb zn] ① ⟨BE⟩ voorruit ⟨van auto⟩ ② ⟨AE⟩ windscherm, windschut
windscreen washer, ⟨AE⟩ **windshield washer** [telb zn] ruitensproeier
windscreen wiper [telb zn] ⟨BE⟩ ruitenwisser ⟨van auto⟩
wind shake [telb zn] windscheur, windbarst ⟨in hout⟩
wind shear [telb zn] windschering
wind·shield [telb zn] ① windscherm ⟨van motor/scooter⟩ ② ⟨AE⟩ voorruit ⟨van auto⟩ ③ ⟨AE⟩ windscherm, windschut
windshield wiper [telb zn] ⟨AE⟩ ruitenwisser ⟨van auto⟩
wind·shift [telb zn] ⟨meteo⟩ windsprong
wind·sock, wind·sleeve, wind cone [telb zn] windzak ⟨op vliegveld⟩
¹**Wind·sor** /wɪnzə, ˰-ər/ [eigenn] Windsor ♦ *House of Windsor* Huis Windsor ⟨(naam van) Britse koninklijke familie (sinds 1917)⟩
²**Wind·sor** /wɪnzə, ˰-ər/ [telb zn] → **Windsor bean**
Windsor bean [telb zn] ⟨plantk⟩ tuinboon, paardenboon, roomse boon, veldboon ⟨Vicia faba⟩
Windsor chair [telb zn] windsorstoel
Windsor soap [niet-telb zn] windsorzeep ⟨geparfumeerde zeep⟩
Windsor tie [telb zn] windsordas
Windsor uniform [telb zn] ⟨BE⟩ windsoruniform
wind sprint [telb zn] ⟨sport⟩ intervalsprint, (kort) fel sprintje
wind·storm [telb zn] storm ⟨met weinig regen⟩
wind·suck·ing [niet-telb zn] het luchtzuigen, het luchtslikken ⟨van paard⟩
wind·surf [onov ww] ⟨sport⟩ (wind)surfen, plankzeilen
wind·surf·er [telb zn] ⟨sport⟩ windsurfer, plankzeiler
wind·surf·ing [niet-telb zn] ⟨sport⟩ windsurfen, surfen, windsurfing
wind·swept [bn] ① winderig, door de wind geteisterd, open, ⟨i.h.b.⟩ aan winderosie blootstaand ② verwaaid, verfomfaaid
wind·tight [bn] winddicht
wind tunnel [telb zn] ⟨techn⟩ windtunnel, luchttunnel
wind turbine [telb zn] windturbine, windgenerator
¹**wind up** /waɪnd ʌp/ [onov ww] ① ⟨inf⟩ eindigen ⟨als⟩, (nog eens) belanden ⟨in⟩, terechtkomen ⟨in⟩, worden ⟨tot⟩ ♦ *he wound up drunk* op het laatst was hij dronken; *he'll wind up in prison* hij belandt nog eens in de gevangenis; *she'll wind up running this place* zij schopt het nog eens tot directeur hier; *you'll wind up with an ulcer* jij loopt nog eens een maagzweer op ② ⟨handel⟩ sluiten, liquideren, zich opheffen
²**wind up** /waɪnd ʌp/ [onov + ov ww] besluiten, beëindigen, afronden, afwikkelen ♦ *wind up one's affairs* zijn zaken afhandelen; *wind up a conversation/project* een gesprek/project beëindigen; *when the project winds up* als het project eindigt/gestaakt wordt; *winding up* tot besluit; resumerend
³**wind up** /waɪnd ʌp/ [ov ww] ① opwinden, opdraaien ⟨van veermechanisme⟩ ♦ *wind up an alarm* een wekker opwinden ② omhoogdraaien, ophalen, ophijsen, opdraaien ♦ *wind up a bucket* een emmer ophalen; *wind up a roller-blind* een rolgordijn ophalen ③ ⟨vnl passief⟩ opwinden, emotioneren, opzwepen ♦ *wound up to fury* opgezweept

tot razernij; *wind o.s. up* zich opladen; zijn krachten verzamelen; *expectation was wound up to a high pitch* de verwachting was hoog gespannen; *be/get wound up* opgewonden zijn/raken ④ ⟨sl⟩ pesten, treiteren, op de kast jagen

¹**wind-up** [telb zn] ① afsluiting ② einde ③ ⟨atl⟩ aanzwaai ⟨voorbereidende zwaai van discuswerper en kogelslingeraar⟩ ④ ⟨honkb⟩ vrije stand ⟨verplichte werppositie⟩

²**wind-up** [bn, attr] ① slot- ♦ *wind-up speech* slotrede, slotwoord ② opwindbaar ♦ *a wind-up toy car* een opwindautootje

¹**wind·ward** /wɪn(d)wəd, ᴬ-wərd/ [niet-telb zn] loef(zijde), windzijde ⚫ *get to windward of* de stank ontwijken van; ⟨fig⟩ de loef afsteken; *to (the) windward of* in een gunstige positie/gunstig gesitueerd ten opzichte van

²**wind·ward** /wɪn(d)wəd, ᴬ-wərd/ [bn] ① loef-, wind- ♦ *windward side* loefzijde, windzijde ② windwaarts, in de richting van de wind, tegen de wind (in)

³**wind·ward** /wɪn(d)wəd, ᴬ-wərd/ [bw] windwaarts, tegen de wind in, te loevert

Windward Islands /wɪn(d)wəd aɪlən(d)z, ᴬ-wərd-/ [alleen mv] ⟨aardr⟩ ① Windward Islands, Bovenwindse Eilanden, zuidelijke Kleine Antillen ② Windward Islands, Bovenwindse Eilanden, oostelijke Genootschapseilanden/Societyeilanden ⟨o.m. Tahiti⟩

wind·y /wɪndi/ [bn; vergr trap: windier; bw: windily; zn: windiness] ① winderig, door de wind geteisterd, open, onbeschut ② winderig, met veel wind ③ winderig, gezwollen, opgeblazen, hol, leeg, wijdlopig ④ winderig, flatulent ⑤ ⟨vnl BE; sl⟩ benauwd, bang, schijterig ⚫ *The Windy City* Chicago

¹**wine** /waɪn/ [telb + niet-telb zn] wijn, ⟨bij uitbreiding⟩ iets bedwelmends/benevelends ♦ *dry wine* droge wijn; *red wine* rode wijn; *sparkling wine* mousserende wijn, schuimwijn; *still wine* niet mousserende wijn; *sweet wine* zoete wijn ⚫ *wine, women and song* wijntje en trijntje; Wein, Weib und Gesang; ⟨sprw⟩ *good wine needs no bush* goede wijn behoeft geen krans; ⟨sprw⟩ *old friends and old wine are best* ± oude vrienden en oude wijn zijn de beste

²**wine** /waɪn/ [niet-telb zn; ook attributief] wijnrood

³**wine** /waɪn/ [onov ww] wijn drinken ♦ *wine and dine* uitgebreid dineren

⁴**wine** /waɪn/ [ov ww] op wijn onthalen, wijn schenken ♦ *wine and dine* op een diner trakteren

wine bar [telb zn] ⟨BE⟩ wijnlokaal, bodega

wine-ber·ry [telb zn] ⟨plantk⟩ ① (Japanse) wijnbes ⟨Rubus phoenicolasius⟩ ② makomako ⟨Aristotelia racemosa⟩

wine-bib·ber /waɪnbɪbə, ᴬ-ər/ [telb zn] pimpelaar, drinkebroer

wine-bib·bing /waɪnbɪbɪŋ/ [niet-telb zn] (ge)pimpel, het pimpelen

wine-bis·cuit [telb zn] wijnkoekje

wine-bot·tle [telb zn] wijnfles

wine cask [telb zn] wijnvat

wine cellar [telb zn] wijnkelder, ⟨bij uitbreiding⟩ wijncollectie

wine-col·oured [bn] wijnkleurig, (i.h.b.) wijnrood

wine cooler [telb zn] wijnkoeler

wine-cup [telb zn] ⟨plantk⟩ Callirhoë digitata

wine-glass, ⟨in betekenis 2 ook⟩ **wine-glass·ful** [telb zn] ① wijnglas, roemer ② wijnglas ⟨als (culinaire) maat⟩

wine-grow·er [telb zn] wijnbouwer, wijnboer

wine-grow·ing [niet-telb zn] wijnbouw

wine lees [telb zn; mv] wijndroesem ① wijnmoer ② ± bordeauxrood

wine·less /waɪnləs/ [bn] zonder wijn

wine palm [telb zn] wijnpalm(boom)

wine-press, wine presser [telb zn] wijnpers, druivenpers

win·er·y /waɪnəri/ [telb zn] wijnmakerij

wine·sap [telb zn; ook Winesap] winesap ⟨Amerikaanse winterappel⟩

wine·shop [telb zn] wijnlokaal, wijnhuis, wijntapperij

wine·skin [telb zn] wijnzak

wine-stone [niet-telb zn] wijnsteen

wine-tast·er [telb zn] ① wijnproever ② wijnproefglas

wine-tast·ing [niet-telb zn] wijnproef, het wijnproeven

wine vinegar [niet-telb zn] ⟨cul⟩ wijnazijn

wine-wait·er [telb zn] wijnkelner, sommelier

¹**wing** /wɪŋ/ [telb zn] ① vleugel ⟨van vogel/insect/vleermuis/vliegende vis⟩, vlerk, wiek ♦ ⟨fig⟩ *add/give/lend wings to* vleugels geven (aan); ⟨fig⟩ *spread/stretch/try one's wings* zijn vleugels uitslaan, uitvliegen, op eigen benen gaan staan; ⟨fig⟩ *take under one's wings* onder zijn vleugels/hoede nemen ② (vliegtuig)vleugel, draagvlak ③ ⟨benaming voor⟩ vleugelachtig/vleugelvormig object, vleugel, zijstuk, vleugel, flank, vleugel, (partij)vleugel, vleugel, vleugelspeler, vleugel, (wind)vaan, vleugel ⟨van vouwdeuren⟩, (scheeps)zeil, (molen)wiek, oor ⟨van fauteuil⟩, tochtraampje, vleugelraampje ⟨van autoportier⟩, dochteronderneming, dochterorganisatie, poot, afdeling, bedrijfspoot, bedrijfsafdeling ④ ⟨BE⟩ (auto)spatbord, autospatscherm ⑤ ⟨inf⟩ vlerk ⟨arm⟩ ⑥ ⟨mil⟩ luchtgevechtseenheid ⟨van twee of meer - meestal drie - escadrilles⟩ ⑦ ⟨vnl mv⟩ ⟨dram⟩ coulisse ♦ *in the wings* achter de coulissen ⚫ *clip s.o.'s wings* iemand kortwieken/vleugellam maken/beperken in zijn mogelijkheden; *on the wing* in de vlucht; ⟨inf⟩ op reis, onderweg, bezig, druk; *singe one's wings* zijn vingers branden, zich in de vingers snijden; *take wings* wegvliegen; ervandoor gaan; *waiting in the wings* paraat staand, zich gereedhoudend; op de loer (liggend); ⟨sprw⟩ *fear lends/gives wings* angst geeft vleugels, ± angst en vreze doen de oude lopen; ⟨sprw⟩ *pigs might fly if they had wings (but they are very unlikely birds)* met sint-juttemis, als de kalveren op het ijs dansen, als de katten ganzeneieren leggen

²**wing** /wɪŋ/ [onov + ov ww] vliegen, wieken, (als) op vleugels gaan ♦ *the bird wings (through) the air* de vogel wiekt door de lucht; *the plane wings (its way) through the air* het vliegtuig doorklieft het luchtruim; → **winged**

³**wing** /wɪŋ/ [ov ww] ① van vleugels voorzien, een vleugel bouwen aan, ⟨bij uitbreiding; fig⟩ vleugels geven, voortjagen ♦ *fear winged her steps* de angst gaf haar vleugels ② van veren voorzien ⟨pijl⟩ ③ vleugellam maken, aan de vleugel verwonden, ⟨scherts⟩ aan de arm verwonden ④ afschieten ⚫ ⟨dram⟩ *wing it* improviseren, op de souffleur rekenen; → **winged**

¹**wing·back** [telb zn] ⟨sport⟩ vleugelverdediger

²**wing·back** [telb zn] ⟨sport⟩ vleugelverdediging ♦ *play left wingback* linksachter staan/spelen

wing-beat, wing-stroke [telb zn] vleugelslag, wiekslag

wing-case, wing-sheath [telb zn] ⟨dierk⟩ vleugelschild ⟨van insect⟩

wing chair [telb zn] oorfauteuil

wing collar [telb zn] puntboord

wing commander [telb zn] ⟨mil⟩ commandant van luchtgevechtseenheid ⟨van 2 of meer escadrilles; ongeveer luitenant-kolonel⟩

wing-cov·ert [telb zn] ⟨dierk⟩ dekveer

wing-ding /wɪŋdɪŋ/ [telb zn] ⟨AE; sl⟩ ① knalfeest ② toeval ⟨door drugsgebruik/epilepsie, al dan niet voorgewend⟩ ⚫ *throw a wingding* in woede/emotie uitbarsten

winge [onov ww] → **whinge**

wing·ed /wɪŋd, ⟨dichtl⟩ wɪŋɪd/ [bn; oorspronkelijk volt deelw van wing] ① gevleugeld ♦ *winged god* Mercurius, Hermes; *winged horse* gevleugeld paard, Pegasus; ⟨dichters⟩; ⟨bij uitbreiding⟩ dichtkunst; *Winged Victory* Nike ⟨gevleugelde godin der overwinning⟩; ⟨fig⟩ *winged words* gevleugelde woorden ② ⟨vnl form⟩ (als) op vleugels, vliegend, ⟨fig⟩ snel, vlug ③ ⟨vnl form⟩ hooggestemd, verheven, subliem

wing·er /wɪŋə, ᴬ-ər/ [telb zn] ⟨vnl BE; sport⟩ vleugelspeler, ⟨i.h.b.⟩ buitenspeler
-wing·er /wɪŋə, ᴬ-ər/ [zn] ⟨pol⟩ lid van extreme vleugel ♦ *left-winger* links-radicaal [2] ⟨vnl BE⟩ ⟨sport⟩ -vleugelspeler, -buiten(speler) ♦ *left-winger* linkervleugelspeler; ⟨i.h.b.⟩ linksbuiten
wing flap [telb zn] ⟨luchtv⟩ vleugelklep
wing-game [verzameln] ⟨BE⟩ vederwild, gevleugeld wild
wing half, wing half·back [telb zn] ⟨vero; sport⟩ kanthalf
wing·less /wɪŋləs/ [bn] ongevleugeld, zonder vleugels
wing·let /wɪŋlɪt/ [telb zn] vleugeltje, vlerkje
wing mirror [telb zn] ⟨BE⟩ buitenspiegel, zijspiegel
wing nut [telb zn] vleugelmoer
wings /wɪŋz/ [alleen mv] ⟨BE⟩ vliegersinsigne, vliegervink ⟨bij de RAF⟩
wing screw [telb zn] vleugelschroef, vleugelbout
wing-sheath [telb zn] → wing-case
wing·span, wing·spread [telb zn] vleugelspanning, vlucht, ⟨i.h.b. luchtv⟩ spanwijdte
wing-stroke [telb zn] → wing-beat
wing tip [telb zn] vleugelpunt ⟨van vogel/vliegtuig⟩
¹**wink** /wɪŋk/ [telb zn] [1] knipperbeweging ⟨met de ogen⟩, ooggewenk, ⟨i.h.b.⟩ knipoog(je) ♦ *give s.o. a wink* iemand een knipoog geven [2] ⟨int enkelvoud⟩ ogenblik ⟨in het bijzonder m.b.t. slaap⟩, dutje, slaapje ♦ *not get a wink (of sleep)/not sleep a wink* geen oog dichtdoen [3] (licht)signaal, lichtgeknipper ⟨van auto⟩ ♦ *forty winks* dutje, hazenslaapje ⟨in het bijzonder overdag⟩; *in a wink* in een oogwenk; ⟨inf⟩ *tip s.o. the wink* iemand een hint/seintje/wenk geven, iemand (stiekem) informeren; naar iemand knipogen; ⟨sprw⟩ *a nod is as good as a wink (to a blind horse)* een goed verstaander heeft maar een half woord nodig
²**wink** /wɪŋk/ [onov ww] [1] knipogen ♦ *wink at s.o.* naar iemand knipogen [2] twinkelen ♦ *winking stars* twinkelende sterren ▪ *wink at sth.* de ogen voor iets sluiten; iets door de vingers zien
³**wink** /wɪŋk/ [onov + ov ww] [1] knipperen (met) (de ogen) ♦ *wink the eyes* met de ogen knipperen [2] ⟨BE⟩ knipperen (met), aan en uit doen/gaan ⟨van lampen⟩, een lichtsignaal geven, ⟨i.h.b.⟩ zijn richtingaanwijzer(s) aan hebben/zetten ♦ *wink one's lights* met zijn lichten knipperen
⁴**wink** /wɪŋk/ [ov ww] [1] (weg)pinken, (weg)knipperen ♦ *wink a tear away* een traan wegpinken [2] door een knipoog te kennen geven
wink·er /wɪŋkə, ᴬ-ər/ [telb zn] [1] knipperaar [2] ⟨vnl mv⟩ oogklep ⟨van paard⟩ [3] ⟨vnl mv⟩ ⟨BE; inf⟩ richtingaanwijzer, knipperlicht
wink·ing light [telb zn; voornamelijk mv] ⟨BE⟩ richtingaanwijzer, knipperlicht
wink·le /wɪŋkl/ [telb zn] ⟨dierk⟩ alikruik ⟨genus Littorina, in het bijzonder L. littorea⟩
winkle out [ov ww] ⟨vnl BE⟩ lospeuteren, uitpeuteren, uitpersen, ⟨bij uitbreiding⟩ boven water krijgen ♦ *winkle information out of s.o.* informatie van iemand lospeuteren; *winkle out snipers from a place* een plek uitkammen op sluipschutters
wink·le-pick·er [telb zn] ⟨sl⟩ punter, puntschoen
win·less /wɪnləs/ [bn] ⟨sport⟩ zonder een overwinning
win·ner /wɪnə, ᴬ-ər/ [telb zn] [1] winnaar, winner, ⟨bij uitbreiding⟩ winnend doelpunt ♦ *tip the winner* de winnaar voorspellen ⟨van paardenrennen⟩; het welslagen van iets voorspellen [2] favoriet, grootste kanshebber ♦ ⟨inf⟩ *be on to a winner* een lot uit de loterij hebben [3] (kas)succes, kasstuk, successtuk
¹**win·ning** /wɪnɪŋ/ [telb zn; oorspronkelijk tegenwoordig deelw van win] [1] overwinning, winst, victorie, het winnen [2] ⟨mijnb⟩ nieuwe winplaats, winning
²**win·ning** /wɪnɪŋ/ [bn; tegenwoordig deelw van win]

[1] winnend, zegevierend [2] winnend, de winst/overwinning brengend ♦ *winning hit* winnende slag; ⟨kaartsp⟩ *winning trick* winnende slag, winner [3] winstgevend, lucratief, geslaagd, succesvol [4] innemend, aantrekkelijk ♦ *winning smile/personality* innemende (glim)lach/persoonlijkheid
win·ning·est /wɪnɪŋɪst/ [bn] ⟨AE⟩ met de meeste overwinningen op zijn/haar naam, succesvolst ♦ *the winningest team in baseball* het honkbalteam dat het vaakst een overwinning behaald heeft
winning post [telb zn] ⟨sport⟩ eindpaal, finishpaal
win·nings /wɪnɪŋz/ [alleen mv; oorspronkelijk tegenwoordig deelw van win] winst, gokwinst, speelwinst
¹**win·now** /wɪnoʊ/ [telb zn] wan, wanmand, wanmolen
²**win·now** /wɪnoʊ/ [niet-telb zn] het wannen
³**win·now** /wɪnoʊ/ [onov ww] graan wannen, ⟨fig⟩ het kaf van het koren scheiden
⁴**win·now** /wɪnoʊ/ [ov ww] [1] wannen, van kaf ontdoen ♦ *winnow wheat* tarwe wannen [2] wegblazen ⟨kaf⟩ ♦ *winnow the chaff (away/out) (from the grain)* het kaf (uit het koren) wannen [3] wegblazen, uit elkaar slaan, verspreiden [4] blazen tegen, laten vliegen, laten opwaaien [5] ⟨(uit)ziften, schiften, sorteren, zuiveren, scheiden [6] ⟨form⟩ heftig beroeren, wieken ⟨door de lucht, van vleugels⟩, schudden ⟨van vacht⟩ ♦ *winnow the air* door de lucht wieken; *the dog winnows its hair* de hond schudt zijn vacht; *bird winnowing its wings* klapwiekende vogel
win·now·er /wɪnoʊə, ᴬ-ər/ [telb zn] [1] wanner [2] wanmolen, wanmachine
win·o /waɪnoʊ/ [telb zn; mv: ook winoes⟩ ⟨sl⟩ zuiplap, dronkenlap ⟨in het bijzonder van wijn⟩
win·some /wɪnsəm/ [bn; bw: ~ly; zn: ~ness] [1] aantrekkelijk, bekoorlijk, charmant, sprankelend, appetijtelijk [2] innemend, sympathiek
¹**win·ter** /wɪntə, ᴬwɪntər/ [telb zn; voornamelijk mv] ⟨form⟩ levensjaar ♦ *a man of sixty winters* een man van zestig jaren
²**win·ter** /wɪntə, ᴬwɪntər/ [telb + niet-telb zn] winter, ⟨bij uitbreiding⟩ koude/barre/nare/doodse tijd ♦ *by winter* met/tegen de winter; *in winter's winters*, in de winter; *the last few winters* de laatste paar winters; *last/this winter* van de winter, afgelopen/komende winter ▪ ⟨sprw⟩ *a green winter makes a fat churchyard* zachte winters, vette kerkhoven
³**win·ter** /wɪntə, ᴬwɪntər/ [onov ww] overwinteren, de winter doorbrengen ♦ *winter in the south* overwinteren in het zuiden
⁴**win·ter** /wɪntə, ᴬwɪntər/ [ov ww] overhouden, laten overwinteren, gedurende de winter binnenhalen/onderbrengen/verzorgen ⟨in het bijzonder van planten/vee⟩
winter aconite [telb zn] ⟨plantk⟩ winterakoniet, wolfswortel ⟨Eranthis hyemalis⟩
winter apple [telb zn] winterappel
winter barley [niet-telb zn] wintergerst
winter cherry [telb zn] ⟨plantk⟩ jodenkers, winterkers ⟨Physalis alkekengi⟩
winter cress [telb zn] ⟨plantk⟩ barbarakruid ⟨genus Barbara⟩, ⟨i.h.b.⟩ winterkers, gewoon barbarakruid ⟨B. vulgaris⟩
winter crop [telb zn] wintergewas
winter garden [telb zn] wintertuin, oranjerie
¹**win·ter·green** [telb zn] ⟨plantk⟩ [1] gaultheria van Canada ⟨Gaultheria procumbens⟩ [2] wintergroen ⟨genus Pyrola⟩, ⟨i.h.b.⟩ klein wintergroen ⟨P. minor⟩ [3] schermdragend wintergroen ⟨Chimaphila umbellata⟩
²**win·ter·green** [niet-telb zn] wintergroenolie ⟨uit de Gaultheria procumbens⟩
win·ter·ize, win·ter·ise /wɪntəraɪz/ [ov ww] klaarmaken/uitrusten voor de winter ⟨bijvoorbeeld auto/huis⟩
winter jasmine [telb zn] ⟨plantk⟩ winterjasmijn ⟨Jas-

minum nudiflorum⟩

win·ter·less /wɪntələs, ᴬwɪntər-/ [bn] zacht, zonder (een) echte winter(s)

win·ter·ly /wɪntəli, ᴬwɪntərli/ [bn] → wintry

Winter Olympics [alleen mv] Olympische winterspelen

winter quarters [alleen mv; werkwoord ook enk] ① ⟨vnl mil⟩ winterkwartier(en) ② winterstandplaats ⟨van circus⟩

winter sleep [niet-telb zn] winterslaap

winter solstice [telb zn] ⟨astron⟩ ① winterpunt, wintersolstitium ② winterzonnestilstand

winter sports [alleen mv] wintersporten, ijssporten, sneeuwsporten

win·ter·time, ⟨form ook⟩ **win·ter·tide** [niet-telb zn] wintertijd, winter(seizoen) ◆ *in (the) wintertime* 's winters, in de winter

win·ter-weight [bn] berekend op de winter, dik/warm genoeg voor de winter ⟨kleding⟩

winter wheat [niet-telb zn] wintertarwe

win·try /wɪntri/, **win·ter·y** /wɪntri, ᴬwɪntəri/, **win·ter·ly** /wɪntəli, ᴬwɪntərli/ [bn; vergr trap: wintrier; bw: wintrily; zn: wint(e)riness] ① winters, winterachtig, winter-, guur ② kil, koud, troosteloos, vreugdeloos

win-win [bn, attr] met alleen maar winnaars/voordelen, win-win- ◆ *it's a win-win situation* je zit altijd goed

win·y /waɪni/ [bn; vergr trap: winier] ① wijn-, wijnachtig ② benevelend, bedwelmend ③ koppig, sterk ⟨van drank⟩

¹**wipe** /waɪp/ [telb zn] ① veeg ◆ *give a wipe even afvegen/afnemen* ② ⟨inf⟩ lel, mep, aai ③ ⟨inf⟩ doekje, poetslap ④ ⟨sl⟩ snotlap, zakdoek ⑤ ⟨inf⟩ veeg uit de pan, sneer ⑥ ⟨techn⟩ nok, kam ⑦ ⟨AE; sl⟩ moord

²**wipe** /waɪp/ [onov + ov ww] → **wipe off, wipe up**

³**wipe** /waɪp/ [ov ww] ① (af)vegen, (weg)wrijven, wissen, uitwissen, wegwissen ◆ *wipe away* wegvegen, wegwrijven; *wipe down/give a wipe-down* afnemen, (helemaal) droog/schoon wrijven; *wipe one's eyes* zijn tranen afvegen; *wipe one's feet/shoes* zijn voeten vegen; *wipe a sentence off the board* een zin op het bord uitvegen; *my remark wiped the smile off his face* mijn opmerking deed de glimlach van zijn gezicht verdwijnen; zie: **wipe out**; *wipe over/give a wipe-over* (even/oppervlakkig) afnemen ② (af)drogen, droog wrijven ◆ *wipe dishes/one's hands* borden/zijn handen afdrogen ③ ⟨sl⟩ meppen, rammen, afdrogen ④ uitsmeren ⟨in dunne laag⟩

¹**wipe off** [onov ww] ① afveegbaar/wegveegbaar zijn, uitwisbaar zijn ◆ *paint won't wipe off* verf kun je niet wegvegen ② van zijn surfplank vallen

²**wipe off** [ov ww] ① afvegen, wegvegen, uitwissen, uitvlakken ② tenietdoen, ⟨i.h.b.⟩ delgen ⟨schuld e.d.⟩

wipe out [ov ww] ① uitvegen, uitdrogen, (van binnen) schoonwrijven/droogwrijven ② vereffenen, (beide, uitwissen ③ tenietdoen, ongedaan maken, neutraliseren, uitschakelen ④ wegvagen, met de grond gelijk maken ⑤ uitroeien, vernietigen ⑥ ⟨inf⟩ afpeigeren, vloeren ◆ *Jane was wiped out* Jane was bekaf

¹**wipe-out** [telb zn] val ⟨van surfplank/schaatsplank⟩

²**wipe-out** [telb + niet-telb zn] ① ⟨elek⟩ het wegdrukken/weggedrukt worden ⟨van radiosignaal⟩ ② vernietiging

wip·er /waɪpə, ᴬ-ər/ [telb zn] ① veger, wisser, droger ② ruitenwisser ③ ⟨techn⟩ nok, kam ④ ⟨elek⟩ sleepcontact

¹**wipe up** [onov + ov ww] afdrogen ◆ *help to wipe up (the dishes)/with the wiping-up* helpen met afdrogen

²**wipe up** [ov ww] opnemen, opdweilen

WIPO [afk] (World Intellectual Property Organization)

¹**wire** /waɪə, ᴬwaɪər/ [telb zn] ① metaalkabel, ⟨i.h.b.⟩ telefoonkabel, telefoonlijn, telegraafkabel, telegraaflijn ② draadafrastering, ⟨i.h.b.⟩ prikkeldraadafrastering ③ telegraafdienst, telegraafnet ④ ⟨vnl AE⟩ ⟨inf⟩ telegram ◆ *by wire* telegrafisch, per telegram; *send off a wire* een telegram verzenden ⑤ ⟨papierindustrie⟩ zeefdoek ⑥ ⟨AE; paardenrennen⟩ finishdraad ⑦ ⟨jacht⟩ strik ⑧ ⟨sl⟩ zakkenroller ⑨ ⟨muz⟩ snaar, ⟨bij uitbreiding⟩ snaarinstrument ⦁ ⟨inf⟩ *right down to the wire* tot het laatst, tot het laatste moment; *get (in) under the wire* net op tijd komen; (iets) op het nippertje af hebben

²**wire** /waɪə, ᴬwaɪər/ [telb + niet-telb zn] metaaldraad ◆ *barbed wire* prikkeldraad ⦁ *get one's wires crossed* de draad kwijtraken, in verwarring raken; *lay wires* voorbereidingen treffen voor; *pull (the) wires* achter de schermen ageren, machineren

³**wire** /waɪə, ᴬwaɪər/ [onov + ov ww] ⟨vnl AE; inf⟩ telegraferen ◆ *wire (to) s.o.* iemand een telegram sturen ⦁ ⟨vero; BE; inf⟩ *wire in* aan de slag gaan; → **wired**, wiring

⁴**wire** /waɪə, ᴬwaɪər/ [ov ww] ① met (een) draad/met draden vastmaken/verbinden ② (aan een draad) rijgen ③ ⟨elek⟩ bedraden ◆ *wire for sound* geluidsbedrading aanbrengen (in) ④ ⟨jacht⟩ strikken ⑤ ⟨croquet⟩ opsluiten ⟨bal zodanig spelen dat een poortje of het eindpaaltje voor de tegenspeler in de weg staat⟩; → **wired**, wiring

wire-bird [telb zn] ⟨dierk⟩ sint-helenaplevier ⟨Charadrius sanctaehelenae⟩

wire bridge [telb zn] kabelbrug, hangbrug

wire brush [telb zn] staalborstel, draadborstel

wire cloth [niet-telb zn] ⟨fijn⟩ draadgaas, draadweefsel ⟨voor zeven⟩

wire-cut·ter [telb zn] draadschaar

wire-cut·ters [alleen mv] draadschaar

wired /waɪəd, ᴬ-ərd/ [bn; (oorspronkelijk) volt deelw van wire] ① (met draad) verstevigd ⟨van kleding⟩ ② op het alarmsysteem aangesloten ③ voorzien van afluisterapparatuur ④ ⟨inf⟩ (te) opgewonden ⑤ ⟨inf⟩ gespannen, zenuwachtig, ⟨bij uitbreiding⟩ snel geïrriteerd, opgefokt ⑥ ⟨inf⟩ high, stoned ⑦ ⟨AE; inf⟩ verslaafd ◆ *wired on* verslaafd aan

wired-on tyre [telb zn] ⟨wielersp⟩ draadband

wire-draw [ov ww] ① tot draad trekken ⟨metaal⟩ ② uitrekken, oprekken ③ verdraaien, verwringen ④ uitspinnen, langdradig maken, muggenziften; → **wire-drawn**

wire·draw·er [telb zn] draadtrekker

wire-drawn [bn; oorspronkelijk volt deelw van wire-draw] ① uitgesponnen ② spitsvondig

wire·frame [telb zn] ⟨comp⟩ wireframe

wire gauge [telb zn] ① draadmaat, draadkaliber, draaddikte ② draadklink, draadmaat

wire gauze [telb + niet-telb zn] draadgaas, draadweefsel

wire glass [niet-telb zn] draadglas, gewapend glas

wire-grass [telb zn] ⟨plantk⟩ handjesgras, bermudagras ⟨Cynodon dactylon⟩

wire·hair [telb zn] ruw/draadharige foxterriër

wire-haired [bn] ruwharig, draadharig ⟨van hond⟩

¹**wire·less** /waɪələs, ᴬwaɪər-/, ⟨in betekenis 2 ook⟩ **wireless set** [telb zn] ① radio(tele)gram ② ⟨vero; BE⟩ radio, radiotoestel, radio-ontvanger

²**wire·less** /waɪələs, ᴬwaɪər-/ [niet-telb zn] radiotelegrafie, radiotelefonie, draadloze telegrafie/telefonie ◆ *send a message) by wireless* (een boodschap) radiotelefonisch/telegrafisch (verzenden)

³**wire·less** /waɪələs, ᴬwaɪər-/ [bn, attr] draadloos, ⟨i.h.b.; BE⟩ radio-, van/m.b.t. radio ◆ *wireless communications* draadloze communicatie; *wireless internet* draadloos internet; *wireless telegraphy* draadloze telegrafie; *wireless telephone* radiotelefoon

⁴**wire·less** /waɪələs, ᴬwaɪər-/ [onov ww] een draadloos bericht verzenden

⁵**wire·less** /waɪələs, ᴬwaɪər-/ [ov ww] ① draadloos verzenden, radiotelegrafisch/telefonisch verzenden ② draadloos verwittigen, radiotelegrafisch/telefonisch op de hoogte brengen

wire line [telb zn] ① telefoonflijn, telegraaflijn

wireman

2 → **wire mark**
wire·man /waɪəmən, ˄-ər-/ [telb zn; mv: wiremen /-mən/] 1 lijnwerker 2 ± elektricien, ± bedradingsdeskundige
wire mark [telb zn] ⟨papierind⟩ lijnwatermerk, waterlijn
wire mattress [telb zn] draadmatras
wire mesh [niet-telb zn] draadgaas, metaalgaas, harmonicagaas, vlechtdraad
wire nail [telb zn] draadnagel
wire netting [niet-telb zn] grof draadgaas
wire·pull·er [telb zn] machineerder, iemand die achter de schermen ageert
wire·pull·ing [niet-telb zn] het machineren, het ageren achter de schermen
wir·er /waɪərə, ˄-ər/ [telb zn] ⟨i.h.b. jacht⟩ jager met strikken
wire rope [telb zn] draadkabel, staal(draad)kabel
wire scape [telb zn] door (hoogspannings)kabels ontsierd landschap
wire stitch [telb zn] 1 rugnietje 2 hechtdraad ⟨van boekrug⟩
wire·tap [ov ww] ⟨vnl AE⟩ aftappen, afluisteren ⟨telefoon⟩; → **wiretapping**
wire·tap·ping [niet-telb zn; gerund van wiretap] het afluisteren/aftappen ⟨van telefoon⟩
wire-walk·er [telb zn] koorddanser
wire wheel [telb zn] spaakwiel
¹**wire wool** [telb zn] pannenspons ⟨van staalwol⟩
²**wire wool** [niet-telb zn] staalwol
wire·work·er [telb zn] draadvlechter
wire·worm [telb zn] ⟨dierk⟩ 1 ritnaald ⟨kniptorlarve; genus Elateridae⟩ 2 miljoenpoot ⟨genus Diplopoda⟩, ⟨i.h.b.⟩ aardveelpoot ⟨Julus terrestris⟩ 3 ingewandsworm ⟨Haemonchus contortus⟩
wire-wove [bn, attr] ⟨papierind⟩ 1 velijnen, velijn- ♦ *wire-wove paper* velijnpapier 2 van geweven draad
¹**wir·ing** /waɪərɪŋ/ [niet-telb zn; oorspronkelijk tegenwoordig deelw van wire] ⟨elek⟩ bedrading
²**wir·ing** /waɪərɪŋ/ [niet-telb zn; oorspronkelijk tegenwoordig deelw van wire] 1 het vastmaken/verbinden met draad 2 ⟨elek⟩ bedrading, het bedraden/aanbrengen van bedrading
wir·y /waɪəri/ [bn; vergr trap: wirier; bw: wirily; zn: wiriness] 1 draad-, van draad 2 taai, buigzaam/sterk als draad, ⟨bij uitbreiding⟩ weerbarstig, springerig ⟨haar⟩ 3 pezig 4 taai, onvermoeibaar
Wis [afk] ⟨Wisconsin⟩
Wisd [afk] ⟨Wisdom of Solomon⟩
wis·dom /wɪzdəm/ [niet-telb zn] 1 wijsheid, ⟨gezond⟩ verstand, wijze gedachten 2 wijsheid, geleerdheid ▪ ⟨sprw⟩ *experience is the mother of wisdom* ± ondervinding is de beste leermeester
Wisdom literature [eigenn] 1 ⟨gesch⟩ (Babylonische/Egyptische) wijsheidsliteratuur 2 ⟨Bijb⟩ wijsheidsliteratuur, wijsheidsboeken
wisdom tooth [telb zn] verstandskies ▪ *cut one's wisdom teeth* de jaren des onderscheids bereiken
¹**wise** /waɪz/ [niet-telb zn] ⟨vero⟩ wijze, manier ♦ *in any wise* op de een of andere/enigerlei wijze; *in no wise* op generlei wijze; *in solemn wise* op plechtige wijze; *in some wise* op zeker wijze; *in/on this wise* op deze wijze
²**wise** /waɪz/ [bn; vergr trap: wiser; bw: ~ly] 1 wijs, verstandig, oordeelkundig ♦ *be wise enough not to do sth.* zo wijs zijn iets (na) te laten/niet te doen; *he wisely kept silent* hij zweeg wijselijk 2 wijs, geleerd, ontwikkeld 3 slim, sluw 4 geïnformeerd, op de hoogte, zich bewust van ♦ *(come away) no/none the wiser/not much wiser* niets/weinig wijzer (zijn geworden); *without anyone's being the wiser* onopgemerkt, zonder dat er een haan naar kraait 5 ⟨sl⟩ eigenwijs, kapsones- 6 ⟨vero⟩ magisch, occulte/bovenaardse macht bezittend ♦ *wise man* tovenaar; ⟨i.h.b.⟩ (een der) Wijze(n) uit het Oosten ▪ *wise after the event* wetend hoe het moet; *it is easy to be wise after the event* achteraf is het (altijd) makkelijk praten; ⟨sl⟩ *get wise* kapsones krijgen; *wise man of Gotham* dwaas, onnozele hals; *put s.o. wise (to s.o./sth.)* iemand (wat iemand/iets betreft) uit de droom helpen; *wise saw* wijze spreuk; ⟨inf⟩ *be/get wise to (s.o./sth.)* (iemand/iets) doorhebben/doorkrijgen, (iemand/iets) in de gaten/in de peiling/in de smiezen hebben/krijgen; *the wise old world* algemene traditie en gewoonte; ⟨sprw⟩ *a word is enough to the wise* een goed verstaander heeft maar een half woord nodig; ⟨sprw⟩ *penny wise, pound foolish* sommige mensen zijn zuinig als het om kleine bedragen gaat, terwijl ze grote bedragen over de balk gooien; ⟨sprw⟩ *some are wise and some are otherwise* ± de ene mens is de andere niet, ± je hebt mensen en potloden; ⟨sprw⟩ *wise men learn from other's mistakes* verstandige mensen leren van andermans fouten; ⟨sprw⟩ *where ignorance is bliss, 'tis folly to be wise* ± wat niet weet, wat niet deert; ⟨sprw⟩ *it's easy to be wise after the event* als het kleed gemaakt is ziet men de fouten; ⟨sprw⟩ *early to bed and early to rise, makes a man healthy, wealthy and wise* ± vroeg op en vroeg naar bed te zijn, dat is de beste medicijn, ± vroeg uit en vroeg onder dak, is gezond en groot gemak; ⟨sprw⟩ *a still tongue makes a wise head* ± het is vaak verstandig om je mond te houden, ± spreken is zilver, zwijgen is goud
-wise /waɪz/ [vormt bn en bijwoord] 1 -(ge)wijs, op de wijze van, zoals, -lings, in de richting van ♦ *clockwise* met de (wijzers van de) klok mee; *crosswise* kruiselings; *lengthwise* in de lengterichting, overlangs 2 ⟨inf⟩ -technisch, wat ... aangaat, in ... opzicht ♦ *taxwise* fiscaal, belastingtechnisch; *moneywise* wat geld betreft, financieel; *saleswise* verkooptechnisch
wise·a·cre /waɪzeɪkə, ˄-ər/, **wise·head**, ⟨inf ook⟩ **wise guy** [telb zn] wijsneus, betweter, eigenwijze figuur
¹**wise·crack** [telb zn] ⟨inf⟩ 1 geintje, kwinkslag, gevatheid 2 geintje, mop, lolletje
²**wise·crack** [onov ww] ⟨inf⟩ een geintje maken
wise·crack·er /waɪzkrækə, ˄-ər/ [telb zn] ⟨inf⟩ grappenmaker, geinponem
wi·sent /wiːznt/ [telb zn] ⟨dierk⟩ wisent, Europese bizon ⟨Bison bonasus⟩
¹**wise up** [onov ww] ⟨vnl AE; inf⟩ in de gaten/peiling/smiezen krijgen, doorkrijgen, wakker worden ♦ *wise up to what is going on* in de smiezen krijgen wat er gaande is
²**wise up** [ov ww] ⟨vnl AE; inf⟩ uit de droom helpen, inseinen ♦ *get wised up* uit de droom geholpen worden; *wise s.o. up to what is going on* iemand de ogen openen voor wat er gaande is
¹**wish** /wɪʃ/ [telb zn] 1 verlangen, begeerte, behoefte, zin ♦ *I have no wish for such remarks* ik heb geen behoefte aan dergelijke opmerkingen; *have a great wish to go somewhere* een sterk verlangen hebben ergens heen te gaan, ergens heel graag heen willen; *she had no/not much wish to go there* ze had geen/weinig zin om erheen te gaan 2 wens ♦ *best/good wishes* beste wensen, gelukwensen; *disregard s.o.'s wishes* geen rekening houden met/voorbijgaan aan iemands wensen; *express a wish to* de wens te kennen geven te; *I have got my wish* mijn wens is vervuld; *she couldn't grant my wish* ze kon mijn wens niet inwilligen; *last wish* laatste wens; *make a wish* een wens doen ▪ ⟨sprw⟩ *the wish is the father to the thought* de wens is de vader van de gedachte; ⟨sprw⟩ *if wishes were horses, then beggars would ride* als wensen paarden waren, hoefden bedelaars niet te lopen
²**wish** /wɪʃ/ [onov + ov ww] 1 wensen, willen, verlangen, begeren ♦ *it is to be wished* het is te wensen/wenselijk; *what more can you wish for?* wat wil je nog meer?; *have everything*

one could (possibly) wish for alles hebben wat zijn hartje begeert; *I wish I knew* wist ik het maar; ⟨alleen tegenwoordige tijd⟩ *I wish I were a cat,* ⟨BE ook⟩ *I wish I was a cat* ik wou dat ik een kat was ② (toe)wensen ♦ *wish s.o. good day* iemand goedendag/gedag zeggen; *wish s.o. ill* iemand verwensen/niets goeds (toe)wensen; ⟨iron⟩ *wish s.o. joy of s.o./sth.* iemand veel plezier wensen met iemand/iets; *wish s.o. well* iemand het beste/alle goeds (toe)wensen [•] *wish away* wegwensen, wensen dat iets niet bestond; ⟨inf⟩ *wish s.o. further* willen dat iemand ophoepelt; *wish on a star* een wens doen onder aanroeping van een ster; *don't wish your kids on me again* scheep mij (nu) niet weer met je kinderen op; *I wouldn't wish that on my worst enemy* dat zou ik mijn ergste vijand nog niet toewensen; *wish on(to)* toewensen; opschepen met; *wish on/upon* een wens doen met behulp van een talisman; ⟨form⟩ *wish upon* toewensen; opschepen met; ⟨sprw⟩ *many kiss the hand they wish to cut off* ± wacht u voor de katten die likken vóór en achter krabben, ± velen hebben honing in de mond en het scheermes aan de riem
wish·bone [telb zn] vorkbeen ⟨van vogel⟩
wish·er /wɪʃə, ᴬ-ər/ [telb zn] wenser
wish·ful /wɪʃfl/ [bn; bw: ~ly; zn: ~ness] wensend, verlangend ♦ *wishful thinking* wishful thinking, ± vrome wens, ± ijdele hoop, ± wensdenken
wish fulfilment [telb + niet-telb zn] ⟨ook psych⟩ wensvervulling
wish·ing-cap [telb zn] wenshoedje, toverhoed
wishing well [telb zn] wensput
wish list [telb zn] verlanglijst(je)
wish-wash [niet-telb zn] ⟨vnl inf⟩ ① slootwater, klap in je gezicht ⟨slappe/dunne krachteloze soep, koffie, e.d.⟩ ② slobber ⟨veevoer⟩ ③ geleuter, slap geklets/geschrijf
wish·y-wash·y /wɪʃiwɒʃi, ᴬ-wɔʃi, ᴬ-wɑʃi/ [bn; vergr trap: wishy-washier] ① waterig, slap, dun ② krachteloos, slap, armetierig, armzalig
¹**wisp** /wɪsp/ [telb zn] ① bosje, bundeltje ♦ *wisp of hay* bosje hooi ② pluimpje, plukje, kwastje, piek ♦ *wisp of hair* plukje haar, piek ③ sliert, kringel, (rook)pluim(pje) ♦ *wisp of steam* sliert stoom ④ spriet(je), spichtig ding ♦ *wisp of a girl* spichtig meisje ⑤ zweem ♦ *wisp of a smile* zweem van een glimlach ⑥ troep, vlucht ⟨in het bijzonder snippen⟩ ⑦ (verk: will-o'-the-wisp) dwaallichtje, stalkaars
²**wisp** /wɪsp/ [onov ww] (omhoog)kringelen
³**wisp** /wɪsp/ [ov ww] ① tot een bundeltje/bosje/plukje draaien ② ⟨vnl BE⟩ (met een bosje gras) afvegen ③ doen kringelen ♦ *a cigarette wisping smoke* een sigaret waar rook vanaf kringelt
wisp·y /wɪspi/, **wisp·ish** /wɪspɪʃ/ [bn; vergr trap: wispier] ① in (een) bosje(s), plukkig, piekerig ② sliertig, kringelend ③ spichtig, sprieterig
wist [verleden tijd en volt deelw] → **wit**
wis·te·ri·a /wɪstɪəriə, ᴬ-stɪriə/, **wis·tar·i·a** /wɪstɛəriə, ᴬ-stɪriə/ [telb zn] ⟨plantk⟩ wisteria, wistaria ⟨klimplant van het genus Wisteria⟩, ⟨i.h.b.⟩ blauweregen (W. sinensis)
wist·ful /wɪstfl/ [bn; bw: ~ly; zn: ~ness] ① weemoedig, melancholiek, droefgeestig, naargeestig, treurig gestemd ② smachtend
¹**wit** /wɪt/ [telb zn] ① gevat/ad rem/geestig iemand ② verstand, benul, intelligentie ♦ *have a nimble wit* vlug van geest zijn; *have enough wit/the wit to say no* zo verstandig zijn nee te zeggen ③ ⟨vero⟩ wijs man [•] *at one's wit's end* ten einde raad; *past the wit of man* het menselijk verstand te boven gaand
²**wit** /wɪt/ [niet-telb zn] ① scherpzinnigheid, vernuft, spitsheid ♦ *have the wit to realise sth.* zo scherpzinnig zijn iets te beseffen ② esprit, geestigheid, gevatheid ♦ (have a) *ready wit* gevat/geestig zijn [•] ⟨sprw⟩ *brevity is the soul of wit* kortheid is het wezen van geestigheid; ⟨sprw⟩ *an ounce of discretion is worth a pound of wit* ± wees niet grappig ten

kosten van anderen, gezond verstand is meer waard dan grote intelligentie
³**wit** /wɪt/ [onov ww; wot, wist] ⟨vero, behalve in bijbehorende uitdrukking⟩ weten ♦ ⟨vnl form; jur⟩ *to wit* te weten, namelijk, dat wil zeggen; → **witting**
⁴**wit** /wɪt/ [ov ww; wot, wist] ⟨vero⟩ (gaan) beseffen, (te) weten (komen); → **witting**
¹**witch** /wɪtʃ/ [telb zn] ① heks, (tover)kol, tovenares ② ravissante vrouw ③ toverheks, lelijk oud wijf ④ ⟨dierk⟩ aalbot (Glyptocephalis cynoglossus)
²**witch** /wɪtʃ/ [ov ww] ① beheksen ② door hekserij/toverkracht teweegbrengen ③ fascineren, betoveren; → **witching**
witch·craft [niet-telb zn] tove(na)rij, ⟨i.h.b.⟩ hekserij
witch doctor [telb zn] medicijnman, toverdokter
witch elm [telb zn] → **wych elm**
witch·er·y /wɪtʃəri/ [niet-telb zn] ① betovering, bekoring, charme ② → **witchcraft**
witch·es'-broom [telb zn] heksenbezem ⟨zwamwoekering⟩
witch·es' sab·bath [telb zn; ook Witches' Sabbath] heksensabbat
witch·et·ty /wɪtʃəti/, **witchetty grub** [telb zn] ⟨AuE; dierk⟩ eetbare larve ⟨familie Cossidae; geliefd voedsel van de aborigenes⟩
witch·find·er [telb zn] heksenziener
witch hazel [telb zn] → **wych hazel**
witch hunt [telb zn] ① heksenjacht, hetze, ketterjacht ② ⟨gesch⟩ heksenjacht, heksenvervolging
witch-hunt·ing [niet-telb zn] (het uitvoeren van een) heksen/ketterjacht
¹**witch·ing** /wɪtʃɪŋ/ [niet-telb zn; oorspronkelijk tegenwoordig deelw van witch] → **witchcraft**
²**witch·ing** /wɪtʃɪŋ/ [bn; tegenwoordig deelw van witch] betoverend, charmant, bekoorlijk, fascinerend
³**witch·ing** /wɪtʃɪŋ/ [bn, attr; tegenwoordig deelw van witch] heksen-, spook- ♦ *the witching hour* het spookuur, middernacht; *the witching time of night* het spookuur van de nacht ⟨Shakespeare, 'Hamlet' III, ii 406⟩
witch-meal [niet-telb zn] heksenmeel ⟨pollen van wolfsklauw⟩
wit·e·na·ge·mot /wɪtɪnəgəmout, ᴬwɪtn-/, **wit·an** /wɪtn, ᴬwɪtɑn/ [telb zn] ⟨gesch⟩ witenagemot ⟨oud-Engelse adviesraad van de kroon⟩
with /wɪð, wɪθ/ [vz] ① (betrokkenheid bij handelingstoestand) met ♦ *he went into the matter with the boss* hij besprak de zaak met de baas; *got involved with that crowd* hij geraakte bij die bende betrokken; *the difference with Dublin is ...* het verschil met Dublin is ...; *it has no influence with the children* het heeft geen invloed op de kinderen; *compared with Mary* vergeleken bij Mary; *he started with Mary* hij begon bij Mary; *he was friendly with his neighbours* hij was vriendelijk tegen zijn buren; *I disagreed with his point* ik ging niet akkoord met zijn stelling; *identical with Sheila's* identiek aan die van Sheila; *he is on good terms with his colleagues* hij kan goed opschieten met zijn collega's ② ⟨richting⟩ mee met, overeenkomstig (met) ♦ *I walked part of the way with the girl* ik wandelde een eindje met het meisje mee; *come with me* kom met mij mee; ⟨fig⟩ *sympathise with a person* met iemand meevoelen; *it changes with the seasons* het verandert met de seizoenen; *it will grow with time* het zal mettertijd groeien; *it varies with the weather* het wisselt met het weer ③ ⟨begeleiding; samenhang; kenmerk⟩ (samen) met, bij, inclusief, hebbende, gekenmerkt door ♦ *he assumed, with the author, that ...* hij nam, met de auteur, aan dat ...; *take the bad with the good* het kwade met het goede nemen; *he worked with Bayer* hij werkte bij Bayer; *she can sing with the best of them* ze kan zingen als de beste; *he came with his books* hij bracht zijn boeken mee; *he finished it with the boss* hij maakte het sa-

withal

men met de baas af; *with certain **conditions*** op zekere voorwaarden; *he came with his **daughter*** hij kwam met zijn dochter; *with a gentle **disposition*** met een zacht karakter; *he did it with **ease*** hij deed het met gemak; *he watched with **fear*** hij keek toe vol angst; *he walked with his **hands** in his pockets* hij liep met de handen in de zakken; ⟨in refrein⟩ *with a **hey** diddle diddle* van je tralderaldera; *what's with **him**?* wat is er met hem (aan de hand)?; *carried his **guilt** with him* droeg zijn schuld overal met zich mee; *he has a pleasing way with **him*** hij is een aangenaam persoon; *lost with **honour*** eervol verloren; *three **lectures** with coffee breaks and lunch* drie lezingen, met koffiepauzen en lunch; *this, with the **library** books, should do* met de boeken uit de bibliotheek, zou dit moeten volstaan; ⟨brief⟩ *with **love** you* toegenegen; *it's all right with **me*** ik vind het goed/mij is het om het even; *get away with a few **scratches*** er met een paar schrammen vanaf komen; *heat the milk with the **spices*** verwarm de melk met de kruiden erin; *a man with many **talents*** een man met vele talenten; ⟨in brief⟩ *with **thanks*** dankbaar (de uwe); *spring is with **us*** het is lente; *it costs £6 with **VAT*** het kost £6, btw inbegrepen; *peace be with **you*** vrede zij met u; ⟨ellipt⟩ *she likes her coffee with* ze heeft haar koffie het liefst mét (melk) [4] ⟨ook fig; plaats⟩ bij, toevertrouwd aan ♦ *she stayed with her **aunt*** ze verbleef bij haar tante; *he stands well with **father*** hij staat bij vader in een goed blaadje; *left it with **Jill*** vertrouwde het aan (de zorgen van) Jill toe; *the doctor is with **John*** de dokter is bij Jan; *luck is with **Sheila*** Sheila heeft het geluk aan haar zijde; *with **Mary** it always fails* bij Mary mislukt het altijd; *things are different with **poets*** bij dichters liggen de zaken anders [5] ⟨tegenstelling⟩ niettegenstaande ♦ *a nice girl, with all her **faults*** een lief meisje, ondanks haar gebreken [6] ⟨middel of oorzaak⟩ met, met behulp van, door middel/toedoen van ♦ *he arrived with his **car*** hij kwam met de auto; *clouds heavy with **snow*** wolken vol sneeuw; *down with the **flu*** ziek met de griep; *threatened with **extinction*** bedreigd met uitroeiing; *ill with the '**flu*** heeft de griep; *fix it with **glue*** repareer het met lijm; *bowed down with **grief*** gebukt onder droefenis; *they woke her with their **noise*** zij maakten haar wakker met hun lawaai; *she succeeded with **patience*** met geduld slaagde zij erin; *he ended with a **poem*** hij besloot met een gedicht; *separated with **poplars*** gescheiden door populieren; *pleased with the **results*** tevreden over de resultaten; *sick with **worry*** ziek van de zorgen [7] ⟨tijd⟩ bij, tegelijkertijd/samen met ♦ *with the economic **crisis** many emigrated* met de economische crisis weken velen uit; *rises with the **dawn*** staat op bij het ochtendkrieken; *with his **death** all changed* met zijn dood veranderde alles; *she's not with **it*** ze heeft geen benul; ze is niet goed bij; ze is hopeloos ouderwets; *he arrived with **Mary*** hij kwam tegelijkertijd met Mary aan; *with **that** he left* dit gezegd zijnde vertrok hij; *what with **this**, that and the other, I never finished it* met alles wat erbij kwam heb ik het nooit afgekregen; *what **with*** wegens, als gevolg van; *with these **words** she broke down* bij deze woorden barstte zij in tranen uit • *away/down with **him**!* weg met hem!; zie: **be with**; ⟨vnl pej⟩ *he's in with some **oddballs*** hij gaat om/verkeert met enkele rare snuiters; *off **with** you* maak dat je wegkomt, scheer je weg; *it's all over with **him*** het is met hem afgelopen; *what's up with **him**?* wat heeft hij?, wat is er met hem aan de hand?; *I'm with **you** there* dat ben ik met je eens

¹**with·al** /wɪðɔːl/ [bw] ⟨vero⟩ [1] bovendien, daarnaast, daarenboven ♦ *intelligent and a good **son** withal* verstandig en bovendien een goede zoon [2] desondanks, alles bij elkaar genomen ♦ *friendly but a **rogue** withal* vriendelijk maar desondanks toch een schurk [3] ⟨middel⟩ daarmee ♦ *took some water and rinsed his **shirt** withal* nam water en spoelde zijn hemd ermee uit

²**with·al** /wɪðɔːl/ [vz; voornamelijk in vragende of betrekkelijke zinnen, en steeds achteraan⟩ ⟨vero⟩ met, bij ♦ *who had he gone withal?* met wie was hij meegegaan?

¹**with·draw** /wɪðdrɔː, wɪθ-/ [onov ww; withdrew, withdrawn] [1] uit de weg gaan, opzijgaan, opzijstappen ♦ *withdraw against a **wall*** zich tegen een muur drukken [2] zich terugtrekken ♦ *the **army** withdrew* het leger trok terug; *withdraw from a **room*** zich uit een kamer terugtrekken [3] zich onttrekken aan, niet deelnemen, zich (verder) onthouden van; → **withdrawn**

²**with·draw** /wɪðdrɔː, wɪθ-/ [ov ww; withdrew, withdrawn] [1] terugtrekken, terugnemen, opzijtrekken, onttrekken, wegnemen ♦ *withdraw an **army*** een leger terugtrekken; *withdraw a **curtain*** een gordijn opzijschuiven; *withdraw from **circulation*** uit de circulatie nemen; *withdraw a **child** from school* een kind van school af halen; *withdraw one's **team** from a tournament* zijn ploeg uit een toernooi terugtrekken/niet aan een toernooi laten deelnemen; *withdraw one's **hand*** zijn hand terugtrekken; ⟨fig⟩ *withdraw one's **labour*** in staking gaan [2] terugnemen, intrekken, herroepen ♦ *withdraw a(n) **favour/offer/promise*** een gunst/aanbod/belofte intrekken, op een gunst/aanbod/belofte terugkomen; *be forced to withdraw a **remark*** gedwongen worden iets/een opmerking terug te nemen [3] ⟨fin⟩ opnemen ♦ *withdraw **$10*** tien dollar opnemen; → **withdrawn**

with·draw·al /wɪðdrɔːəl, wɪθ-/, **with·draw·ment** /-drɔːmənt/ [telb + niet-telb zn] [1] terugtrekking, terugtocht, het (zich) terugtrekken, ⟨bij uitbreiding⟩ vervreemding [2] teruggetrokken toestand [3] opname ⟨van bankrekening⟩ [4] onthouding, staking van het gebruik van een verslavend middel [5] ontwenning ⟨van verslavend middel⟩

withdrawal symptom [telb zn; voornamelijk mv] ontwenningsverschijnsel

with·draw·ing-room [telb zn] ⟨vero⟩ salon, ontvangkamer

with·drawn /wɪðdrɔːn, wɪθ-/ [bn; oorspronkelijk volt deelw van withdraw] [1] teruggetrokken, op zichzelf (levend) [2] (kop)schuw, bescheiden, verlegen [3] afwezig

withe /wɪθ/, **with·y** /wɪði/ [telb zn] (wilgen)twijg, teen, rijs

¹**with·er** /wɪðə, ᴬ-ər/ [onov ww] [1] verwelken, verleppen, verdorren, verschrompelen, uitdrogen, uitteren ♦ *withered **leaves*** dorre bla(de)ren; *the **leaves** withered (up)* de bladeren verdorden [2] vergaan, verkwijnen, wegkwijnen, verbleken ♦ *my **hopes** withered (away)* mijn hoop vervloog

²**with·er** /wɪðə, ᴬ-ər/ [ov ww] [1] doen verwelken/verleppen/verdorren/verschrompelen [2] doen vergaan/verkwijnen/wegkwijnen/verbleken [3] vernietigen, wegvagen, ⟨i.h.b.⟩ het zwijgen opleggen ♦ *withering **look/remark*** vernietigende blik/opmerking; *wither s.o. **with** a look* iemand met een blik het zwijgen opleggen

with·ers /wɪðəz, ᴬ-ərz/ [alleen mv] schoft ⟨van paard⟩

with·er·shins /wɪðəʃɪnz, ᴬwɪðər-/, **wid·der·shins** /wɪdə-, ᴬwɪdər-/ [bw] ⟨SchE⟩ in tegengestelde richting, achteruit, ⟨i.h.b.⟩ tegen de draaiing van de zon in, tegen de (wijzers van de) klok in

with·held /wɪðhɛld, wɪθ-/ [verleden tijd en volt deelw] → **withhold**

¹**with·hold** /wɪðhoʊld, wɪθ-/ [onov ww; withheld, withheld] zich ont/weerhouden, nalaten, achterwege laten ♦ *withhold from **sth.*** iets achterwege laten

²**with·hold** /wɪðhoʊld, wɪθ-/ [ov ww; withheld, withheld] onthouden, niet geven/inruimen/toestaan, inhouden ♦ *withhold one's **support** from s.o.* iemand zijn steun onthouden; *withhold a **visa/one's consent*** een visum/zijn toestemming weigeren

with·hold·ing tax [telb zn] [1] ⟨AE⟩ voorheffing ⟨op inkomen⟩, loonbelasting [2] ⟨fin⟩ voorheffing op interesten en dividenden, ⟨België⟩ roerende voorheffing

¹**with·in** /wɪðɪn, ᴬwɪðɪn, ᴬ-θɪn/ [bw; plaatsaanduidend]

witticism

1 ⟨vero⟩ binnen, aan de binnenkant, binnenshuis, ⟨fig, van gemoed, karakter enz.⟩ inwendig ♦ *he was fuming within* inwendig kookte hij van woede; *inquire within* binnen te bevragen; *John was not within* John was niet thuis; *the names mentioned within* de namen hierin vermeld; *rotten without and within* rot van binnen en van buiten; *it is much warmer within* het is in huis veel warmer; *had enemies without and within* had vijanden buiten en binnen 2 ⟨dram⟩ achter de coulissen ♦ *trumpets sound within* achter de coulissen hoort men trompetten

²**with·in** /wɪðɪn, ᴬwɪðɪn, ᴬ-θɪn/ [vz] 1 ⟨ook fig; plaats⟩ binnen in, in ♦ *within doors* binnenshuis; *within the family* in de familiekring; *down within the ground* onder de grond; *the traveller's instinct lived within him* de reislust leefde in hem; *wrapped within himself* in zichzelf opgesloten; *good within itself* goed op zich; *complete within itself* volledig in zichzelf besloten; *my heart sank within me* het hart zonk mij in de schoenen; *a novel within a novel* een roman in een roman; *within o.s.* bij zichzelf; *within the organization* binnen de organisatie; *within four walls* tussen vier muren 2 ⟨tijd⟩ binnen, vóór het einde van, vóór het verstrijken van ♦ *returned within an hour* kwam binnen het uur terug 3 ⟨benadering en beperking⟩ binnen de grenzen van, binnen het bereik van ♦ *within my allowance* binnen de mogelijkheden van mijn toelage; *within the given conditions* in de gegeven omstandigheden; *solved it to within five decimals* loste het op tot op vijf decimalen/cijfers na de komma; *came to within six feet from the goal* kwam tot op anderhalve meter van het doel; *stay within one's limits* binnen de grenzen van zijn mogelijkheden blijven; *I was within a little of losing my balance* het scheelde geen haartje of ik had mijn evenwicht verloren, ik kon mijn evenwicht maar net/op het nippertje behouden; *within o.s.* binnen (het bereik van) zijn mogelijkheden, zonder zich overdreven in te spannen; *within sight* zichtbaar; *within the time it takes to ...* binnen de tijd die nodig is om te ...; *within a few years* binnen een tijdspanne van enkele jaren 4 ⟨richting⟩ tot/naar binnen in, in ... in ♦ *dropped it within the dough* liet het in het deeg vallen; *fled within the ranks of the allies* vluchtte tot achter de linies van de geallieerden

¹**with·out** /wɪðaʊt, ᴬwɪðaʊt, ᴬ-θaʊt/ [bw] 1 ⟨vero⟩ buiten, aan de buitenkant, uiterlijk, uitwendig ♦ *cleaned the house within and without* maakte het huis van binnen en van buiten schoon; *gazed through the window at the sky without* staarde door het venster naar de lucht daarbuiten; *was nervous without* was zichtbaar zenuwachtig 2 ⟨eigenlijk elliptisch gebruik van voorzetsel⟩ zonder ♦ *he had to do/go without* hij moest het stellen zonder; *she has her coffee without* ze drinkt haar koffie zonder

²**with·out** /wɪðaʊt, ᴬwɪðaʊt, ᴬ-θaʊt/ [vz] 1 zonder, bij ontbreken van, in afwezigheid van, niet vergezeld van ♦ *without a cure* zonder genezing; *I'll do it without fail* ik doe het zonder mankeren/zeker; *it goes without saying* het hoeft geen betoog; *without hope* hopeloos; *without my knowing about it* zonder dat ik het wist; *he cannot do without his paper* hij kan niet zonder zijn krant; *speak without thinking* spreken zonder nadenken; *left without a word* vertrok zonder een woord te zeggen 2 voorbij, buiten de grenzen van, buiten het bereik ♦ *without my grasp* buiten mijn bereik/begrip; *without my reach* buiten mijn bereik; *without the wood's edge* voorbij de rand van het bos 3 ⟨vero; plaats⟩ buiten, aan de buitenkant van ♦ *without the family* buiten de familiekring; *voices without him* stemmen buiten hem; *stood without the house* stond buiten voor het huis

³**with·out** /wɪðaʊt, ᴬwɪðaʊt, ᴬ-θaʊt/ [ondersch vw; voornamelijk na negatief] ⟨vnl gew⟩ tenzij, zonder dat ♦ *he cannot know without that Sheila told him* hij kan het niet weten tenzij Sheila het hem verteld heeft; *not without she give her permission* niet zonder dat zij haar toestemming geeft

¹**with·stand** /wɪðstænd, wɪθ-/ [onov ww; withstood, withstood] verzet/weerstand bieden, zich (met succes) verzetten

²**with·stand** /wɪðstænd, wɪθ-/ [ov ww; withstood, withstood] 1 weerstaan, het hoofd bieden, weerstreven ♦ *withstand an attack* een aanval weerstaan/afslaan 2 bestand zijn tegen, opgewassen zijn tegen, kunnen doorstaan/weerstaan ♦ *withstand wind and weather* bestand zijn tegen weer en wind

with·stand·a·ble /wɪðstændəbl, wɪθ-/ [bn] te weerstaan
with·stand·er /wɪðstændə, wɪθ-, ᴬ-ər/ [telb zn] 1 tegenstrever, iemand die tegenstreeft, tegenstander 2 iemand die zich verzet/weerstand biedt
with·stood /wɪðstʊd, wɪθ-/ [verleden tijd en volt deelw] → withstand
with·wind /wɪθwaɪnd/ [telb zn] ⟨plantk⟩ winde ⟨genus Convulvulus⟩
withy [telb zn] → withe
wit·less /wɪtləs/ [bn; bw: ~ly; zn: ~ness] dwaas, achterlijk, stom, stupide, hersenloos
wit·ling /wɪtlɪŋ/ [telb zn] flauwe grappenmaker
wit·loof /wɪtlouf/ [telb + niet-telb zn] witlof
¹**wit·ness** /wɪtnɪs/ [telb zn] 1 (oog)getuige ⟨ook juridisch⟩ ♦ *witness for the defence* getuige à decharge 2 getuige, medeondertekenaar ♦ *call to witness* tot getuige roepen; *witness for the prosecution* getuige à charge
²**wit·ness** /wɪtnɪs/ [niet-telb zn] 1 getuigenis, getuigenverklaring ♦ *bear/give witness (on behalf of s.o.)* getuigen/ een getuigenverklaring afleggen (ten gunste van iemand) 2 getuigenis, (ken)teken, bewijs ♦ *in witness of* ten getuige van, als blijk/bewijs van · *bear witness of/to* staven, bewijzen; het opnemen voor
³**wit·ness** /wɪtnɪs/ [onov ww] 1 ⟨ook jur⟩ getuigen, getuigenis afleggen (van), als getuige verklaren/bevestigen ♦ *witness against/for s.o.* getuigen tegen/voor iemand; *witness to sth.* getuige zijn van iets; *witness to having seen sth.* getuigen/als getuige verklaren dat men iets gezien heeft 2 getuigen, als bewijs dienen, pleiten ♦ *witness against/ for s.o.* tegen/voor iemand pleiten
⁴**wit·ness** /wɪtnɪs/ [ov ww] 1 getuige zijn van ♦ *witness an accident* getuige zijn van een ongeluk 2 getuige zijn bij, als getuige ondertekenen ♦ *witness a signature* (als getuige) medeondertekenen 3 getuigen van, aantonen, een teken/bewijs zijn van ♦ *(as) witness my poverty* waarvan mijn armoede moge getuigen · ⟨form⟩ *this is a dangerous stretch, witness the number of accidents here* dit is een gevaarlijk stuk weg, getuige het aantal ongelukken hier
witness box [telb zn] ⟨BE⟩ getuigenbank
witness stand [telb zn] ⟨AE⟩ getuigenbank
wits /wɪts/ [alleen mv] verstand, benul, intelligentie ♦ *have quick/slow wits* vlug/traag van begrip zijn; *have the wits to say no* zo verstandig zijn nee te zeggen · *at one's wits' end* ten einde raad; ⟨vero⟩ *the five wits* de vijf zinnen; het verstand, de geest; *have/keep one's wits about one* alert/ opmerkzaam zijn; bijdehand/pienter zijn; *live by/on one's wits* scharrelen, op ongeregelde/bijdehante manier aan de kost komen; *out of one's wits* niet goed wijs/bij zinnen, gek, (door het) dol(le); *pit one's wits against s.o.* het moeten opnemen tegen iemand, zijn krachten meten met iemand ⟨bijvoorbeeld in quiz⟩; *scare s.o. out of one's wits* iemand de stuipen op het lijf jagen; *set one's wits to* aanpakken, te lijf gaan ⟨probleem⟩; *set one's wits to another's* het moeten opnemen tegen iemand, zijn krachten meten met iemand ⟨bijvoorbeeld in quiz⟩
-**wit·ted** /wɪtɪd/ [van verstand, van begrip ♦ *quick-witted* schrander, pienter, vlug van begrip
wit·ter on /wɪtən, ᴬwɪtərən/ [onov ww] ⟨inf⟩ kletsen, wauwelen
wit·ti·cism /wɪtɪsɪzm/ [telb zn] kwinkslag, bon mot, ge-

witting

vatte/geestige opmerking

wit·ting /wɪtɪŋ/ [bn; oorspronkelijk tegenwoordig deelw van wit; bw: ~ly] bewust, doelbewust, welbewust, willens en wetens, opzettelijk, voorbedachtelijk

wit·ty /wɪti/ [bn; vergr trap: wittier; bw: wittily; zn: wittiness] gevat, geestig, snedig, ad rem

¹**wive** /waɪv/ [onov + ov ww] ⟨vero⟩ huwen, trouwen, een/tot vrouw nemen ▪ ⟨sprw⟩ *first thrive and then wive* eerst het kooitje klaar, dan het vogeltje erin

²**wive** /waɪv/ [ov ww] ⟨vero⟩ een echtgenote verschaffen, aan de vrouw brengen

wivern [telb zn] → wyvern

wives [alleen mv] → wife

wiz /wɪz/ [telb zn] ⟨sl⟩ (verk: wizard) geweldenaar, fenomeen, wereldwonder, genie

¹**wiz·ard** /wɪzəd, ᴬ-ərd/ [telb zn] ① tovenaar, magiër ② fenomeen, genie, tovenaar, ⟨comp⟩ wizard ♦ *pinball wizard* flipperfenomeen, genie op de flipperkast ③ goochelaar, jongleur ▪ *The Wizard of the North* De Tovenaar van het Noorden ⟨bijnaam van Sir Walter Scott⟩

²**wiz·ard** /wɪzəd, ᴬ-ərd/ [bn] ⟨BE; sl⟩ waanzinnig, te gek, eindeloos, fenomenaal ♦ *absolutely wizard* helemaal te gek

wiz·ard·ry /wɪzədri, ᴬ-zər-/ [niet-telb zn] ① tove(na)rij, magie ② genialiteit, buitengewone begaafdheid

¹**wiz·en** /wɪzn/ [onov ww] verschrompelen, rimpelen, uitdrogen, verdorren; → wizened

²**wiz·en** /wɪzn/ [ov ww] doen verschrompelen/rimpelen/uitdrogen/verdorren; → wizened

wiz·ened /wɪznd/, **wiz·en** /wɪzn/ [bn; 1e variant volt deelw van wizen] verschrompeld, gerimpeld, verweerd ♦ *wizened apple/face* gerimpelde(e) appel/gezicht

WIZO [afk] (Women's International Zionist Organisation)

wk [afk] ① (weak) ② (week) ③ (work)

wkly [afk] (weekly)

WL, wl [afk] ① (waterline) ② (wave length)

Wm [afk] (William)

WM [afk] ① (Watermark) ② (White Metal)

WMD [afk] (weapons of mass destruction) massavernietigingswapens

wmk [afk] (watermark)

WMO [afk] (World Meteorological Organization)

WNW [afk] (West-North-West)

¹**wo, woa** [tw] → whoa

²**wo** /woʊ/ [tw] ho

³**wo** [afk] (walk-over)

WO [afk] ① (Walkover) ② (War Office) ③ (Warrant Officer)

¹**woad** /woʊd/ [telb zn] ⟨plantk⟩ wede ⟨Isatus tinctoria⟩

²**woad** /woʊd/ [niet-telb zn] wedeblauw ⟨kleurstof⟩

³**woad** /woʊd/ [ov ww] verven met wedeblauw

¹**wob·ble, wab·ble** /wɒbl, ᴬwɑbl/ [telb zn] ① schommeling, afwijking, fluctuatie ② hapering ③ beving, trilling, vibratie

²**wob·ble** /wɒbl, ᴬwɑbl/ [onov ww] ① waggelen, wankelen, zwalken, zwaaien ♦ *wobble about* waggelen, wankelen ② beven, trillen, vibreren ♦ *her hand/voice wobbled* haar hand/stem beefde/trilde ③ weifelen, besluiteloos zijn, in dubio staan, dubben

³**wob·ble** /wɒbl, ᴬwɑbl/ [onov + ov ww] wiebelen/schommelen (met) ♦ *wobble one's chair* met/op zijn stoel wiebelen; *the table wobbles* de tafel wiebelt

wob·bler /wɒblə, ᴬwɑblər/ [telb zn] ① waggelaar ② wiebelaar ③ weifelaar ④ wankel voorwerp

¹**wob·bly** /wɒbli, ᴬwɑbli/ [telb zn] ① ziektetje, ± griepje ② ⟨ook Wobbly⟩ ⟨AE; inf⟩ Wobbly ⟨lid van de Industrial Workers of the World⟩ ▪ ⟨BE; inf⟩ *throw a wobbly* zich onvoorspelbaar gedragen, in woede uitbarsten, in paniek raken

²**wob·bly** /wɒbli, ᴬwɑbli/ [bn; vergr trap: wobblier] ① wankel, onvast, wiebelig ② beverig, trillerig ③ besluit-

teloos, onzeker, weifelend

Wo·den, Wo·dan /woʊdn/ [eigenn] ⟨myth⟩ Wodan, Odin

wodge /wɒdʒ, ᴬwɑdʒ/ [telb zn] ⟨BE; inf⟩ homp, brok, hoop

¹**woe,** ⟨vero ook⟩ **wo** /woʊ/ [telb zn; voornamelijk mv] ramp(spoed), narigheid, wee, ellende ♦ *he told her all his woes* hij vertelde haar al zijn rampspoed(en)

²**woe,** ⟨vero ook⟩ **wo** /woʊ/ [niet-telb zn] smart, wee ♦ *woe betide him (if)* wee hem (als); *woe is me* wee mij; *tale of woe* smartelijk verhaal; *woe (un)to the inhabitants of the earth and of the sea!* wee degenen die de aarde en de zee bewonen! ⟨Openb. 12:12⟩

woe·be·gone, wo·be·gone /woʊbigɒn, ᴬ-gɔn, ᴬ-gɑn/ [bn] ① treurig, somber, triest, naargeestig, ellendig ② ⟨vero⟩ bezocht, getroffen, gekweld

woe·ful, wo·ful /woʊfl/ [bn; bw: ~ly] ① smartelijk, verdrietig, kommervol, diep treurig ② jammerlijk, ellendig, miserabel, intriest ③ beklagenswaardig, rampzalig, deplorabel

¹**wog** /wɒg, ᴬwɑg/ [telb zn] ⟨BE; sl; beled⟩ bruinjoekel, koffieboon, reep chocola, donkere buitenlander ⟨in het bijzonder oosterling⟩

²**wog** /wɒg, ᴬwɑg/ [niet-telb zn] ⟨AuE; inf⟩ ziekte ♦ *get the wog* ziek worden

wok /wɒk, ᴬwɑk/ [telb zn] ⟨cul⟩ wok

woke /woʊk/ [verleden tijd en volt deelw] → wake

woken /woʊkən/ [volt deelw] → wake

wold /woʊld/ [telb zn; als 2e lid van samenstellingen voornamelijk Wold; vaak mv met enkelvoudige betekenis] ± heide, ± onbegroeid heuvelland ⟨vergelijk het Nederlandse achtervoegsel -wold(e)⟩ ♦ *the (Yorkshire) Wolds* de Yorkshire Wolds

¹**wolf** /wʊlf/ [telb zn; mv: wolves /wʊlvz/; mv: in bet 1 ook wolf] ① wolf ⟨ook dierkunde; in het bijzonder Canis lupus⟩ ② haai, gier, inhalig/hebzuchtig iemand ③ ⟨inf⟩ casanova, vrouwenjager ④ ⟨muz⟩ wolf ⟨huilende bijtoon; vals interval⟩ ▪ *cry wolf (too often)* (te vaak) (lichtvaardig) loos alarm slaan; *keep the wolf from the door* (nog) brood op de plank hebben, de kost verdienen, de mond openhouden; *have/hold a wolf by the ears* een wolf bij de oren houden, in een lastig parket/netelige situatie verkeren; *wolf in sheep's clothing* wolf in schaapskleren; *throw to the wolves* voor de leeuwen gooien, genadeloos opofferen; ⟨sprw⟩ *when the wolf comes in the door, love creeps/leaps out of the window* als de armoede binnen komt, vliegt de liefde het venster uit; ⟨sprw⟩ *it's a foolish sheep that makes the wolf his confessor* ± alleen dwazen gaan bij de duivel te biecht; ⟨sprw⟩ *a growing youth has a wolf in his belly* ± jongelui hebben een razende honger

wolf		
dier	wolf	wolf
mannetje	male wolf	wolf
vrouwtje	she-wolf	wolvin
jong	cub	welp
groep	pack	roedel
roep	howl	huilen
geluid	howl	

²**wolf** /wʊlf/ [niet-telb zn] wolf(spels)

³**wolf** /wʊlf/ [ov ww] (op)schrokken, buffelen, verslinden, (op)eten als een wolf ♦ *wolf (down) one's food* zijn eten naar binnen schrokken

wolf call [telb zn] ⟨AE⟩ lokfluitje ⟨voornamelijk van mannen naar vrouw⟩

wolf cub [telb zn] ① wolfsjong, wolfje ② ⟨vero; BE; scouting/padvinderij; ook Wolf Cub⟩ welp

wolf fish [telb zn] ⟨dierk⟩ zeewolf ⟨genus Anarhichas⟩

wolf·hound [telb zn] wolfshond, ⟨i.h.b.⟩ barzoi, Ierse

wolfshond
wolf·ish /wʊlfɪʃ/ [bn; bw: ~ly] wolfachtig, als een wolf, wolf- ♦ *wolfish appetite* honger als een paard/wolf
wolf·kin /wʊlfkɪn/ [telb zn] wolfje, jonge wolf, wolfsjong
wolf·ling /wʊlflɪŋ/ [telb zn] jonge wolf, wolfje, wolfsjong
wolf pack [telb zn] ⟨mil⟩ wolfpack ⟨aanvalseenheid van onderzeeërs of jachtvliegtuigen⟩
wolf·ram /wʊlfrəm/, ⟨in betekenis 1 ook⟩ **wolf·ram·ite** /-aɪt/ [niet-telb zn] [1] wolfraamerts, wolframiet [2] ⟨scheik⟩ wolfra(a)m, wolframium ⟨element 74⟩
wolfs·bane /wʊlfsbeɪn/ [telb + niet-telb zn] ⟨plantk⟩ [1] akoniet, monnikskap ⟨genus Aconitum, i.h.b.⟩ gele monnikskap ⟨A. lycoctonum⟩ [2] winterakoniet, wolfswortel ⟨Eranthis hyemalis⟩
wolf's-claw, wolf's-foot [telb zn] ⟨plantk⟩ wolfsklauw ⟨genus Lycopodium⟩
wolf-skin [telb zn] wolfspels
wolf's-milk [telb zn] ⟨plantk⟩ wolfsmelk ⟨genus Euphorbia⟩, ⟨i.h.b.⟩ kroontjeskruid ⟨E. helioscopia⟩, heksenmelk ⟨E. esula⟩
wolf spider [telb zn] ⟨dierk⟩ wolfsspin ⟨familie Lycosidae⟩
wolf tone, wolf note [telb zn] ⟨muz⟩ wolf, wolfsnoot
wolf whistle [telb zn] lokfluitje ⟨van mannen naar een vrouw⟩
¹**wol·ver·ine, wol·ver·ene** /wʊlvəriːn, ᴬ-riːn/ [telb zn] ⟨dierk⟩ veelvraat ⟨Gulo gulo⟩
²**wol·ver·ine, wol·ver·ene** /wʊlvəriːn, ᴬ-riːn/ [niet-telb zn] wolverine ⟨pels van veelvraat⟩
wolves [alleen mv] → **wolf**
¹**wom·an** /wʊmən/ [telb zn; mv: women /wɪmɪn/] [1] vrouw ♦ *single woman* ongetrouwde vrouw [2] (vrouw)-mens, vrouwspersoon, wijf [3] werkster, (dienst)meid [4] verwijfde man, wijf [5] maîtresse ♦ *kept woman* maîtresse [6] vrouw, echtgenote ▪ *the other woman* de ander ⟨met wie een man het houdt⟩; de rivale, het liefje; *woman with a past* vrouw met een verleden; *woman of the streets* tippelaarster, straatmadelief, prostituee; *woman of the town* hoer, prostituee; *woman of the world* vrouw van de wereld, mondaine vrouw; ⟨sprw⟩ *a woman, a dog and a walnut tree, the more you beat them the better they do* straffen helpt vaak; ⟨sprw⟩ *a woman's work is never done* ± de huisvrouw is nooit klaar met werken; ⟨sprw⟩ *no kitchen is large enough to hold two women* ± twee vrouwen in één huis, twee katten aan één muis; ⟨sprw⟩ *men make houses, women make homes* ± de man bouwt een huis, de vrouw maakt er een thuis van; ⟨sprw⟩ *a man is as old as he feels, and a woman as old as she looks* ± een man is net zo oud als hij zich voelt en een vrouw is zo oud als ze eruitziet
²**wom·an** /wʊmən/ [niet-telb zn] [1] de vrouw, het vrouwelijke geslacht ♦ *woman differs from man* de vrouw verschilt/onderscheidt zich van de man [2] de vrouw, de vrouwelijke emoties/gevoelens, het vrouwelijke wezen ♦ *all the woman in her rose in rebellion* al wat vrouwelijk in haar was/haar hele vrouwelijke wezen kwam in opstand
³**wom·an** /wʊmən/ [ov ww] ⟨vero⟩ voorzien van vrouwelijk personeel/vrouwen
-wom·an /wʊmən/ -vrouw, -te, -ster, -es ♦ *gentlewoman* edelvrouw; *needlewoman* naaister; *countrywoman* landgenote
woman author [telb zn; mv: women authors] schrijfster
wom·an-chas·er [telb zn] rokkenjager, vrouwenjager, donjuan, charmeur
woman doctor [telb zn; mv: women doctors] vrouwelijke arts
woman driver [telb zn; mv: women drivers] chauffeuse, vrouw achter het stuur
woman friend [telb zn; mv: women friends] vriendin

wom·an-hat·er [telb zn] vrouwenhater
¹**wom·an·hood** /wʊmənhʊd/ [niet-telb zn] [1] vrouwelijkheid, vrouwelijke staat, het (volwassen) vrouw-zijn [2] vrouwelijkheid, vrouwelijk instinct
²**wom·an·hood** /wʊmənhʊd/ [verzameln] de vrouwen, het vrouwelijk geslacht
wom·an·ish /wʊmənɪʃ/ [bn; bw: ~ly; zn: ~ness] [1] vrouwelijk, vrouwen- ♦ *womanish clothes* vrouwenkleren [2] ⟨vnl pej⟩ verwijfd ♦ *womanish walk* verwijfd loopje
¹**wom·an·ize, wom·an·ise** /wʊmənaɪz/ [onov ww] achter de vrouwen aan zitten, (altijd) op de versiertoer zijn
²**wom·an·ize, wom·an·ise** /wʊmənaɪz/ [ov ww] vervrouwelijken
wom·an·iz·er, wom·an·is·er /wʊmənaɪzə, ᴬ-ər/ [telb zn] vrouwenjager, rokkenjager, (ras)versierder
wom·an·kind, wom·en·kind [verzameln] de vrouwen, het vrouwelijke geslacht ▪ *one's womankind* het vrouwvolk, zijn vrouwelijke gezinsleden
wom·an·less /wʊmənləs/ [bn] zonder vrouw
wom·an·like /wʊmənlaɪk/ [bn] → **womanly**
wom·an·ly /wʊmənli/ [bn; vergr trap: womanlier; zn: womanliness] vrouwelijk, kenmerkend/passend voor een vrouw
wom·an·pow·er [niet-telb zn] vrouwelijke arbeidskracht(en)
woman's rights, women's rights [alleen mv] gelijkberechtiging van de vrouw, vrouwenrechten, de rechten van de vrouw
woman suffrage [niet-telb zn] vrouwenkiesrecht
woman's wit [niet-telb zn] vrouwelijke intuïtie
womb /wuːm/ [telb zn] baarmoeder, ⟨ook fig⟩ schoot ▪ *the womb of time* de schoot van de toekomst; het begin der tijden
wom·bat /wɒmbæt, ᴬwɑm-/ [telb zn] ⟨dierk⟩ [1] wombat ⟨Phascolomis ursinus⟩ [2] breedkopwombat ⟨Lasiorhinus latifrons⟩
womb-to-tomb [bn, attr] ⟨AE; inf⟩ van de wieg tot het graf, volledig
wom·en [alleen mv] → **woman**
wom·en·folk [verzameln] [1] vrouwelijke gezinsleden, vrouwvolk [2] ⟨inf⟩ vrouwvolk, vrouwen
wom·en·folks [alleen mv] → **womenfolk**
women's group [telb zn] vrouwengroep
Women's Institute /wɪmɪnz ɪnstɪtjuːt, ᴬ-tuːt/ [eigenn] ⟨BE⟩ ± plattelandsvrouwenbeweging, plattelandsvrouwenvereniging
Women's Lib /wɪmɪnzlɪb/, **Women's Liberation** [niet-telb zn; ook women's lib] vrouwenemancipatiebeweging, ± Dolle Mina, ± Rooie Vrouwen, ± feminisme
Women's Libber /wɪmɪnzlɪbə, ᴬ-ər/ [telb zn; ook women's libber] lid van de vrouwenemancipatiebeweging, ± Dolle Mina, ± lid van de Rooie Vrouwen, ± feministe
women's magazine [telb zn] dames(week)blad, vrouwenblad
women's movement [niet-telb zn; the] vrouwenbeweging
women's refuge, women's refuge centre, women's shelter [telb zn] blijf-van-mijn-lijfhuis, ⟨België⟩ (vrouwen)vluchthuis, vrouwenhuis
womens' room [telb zn] ⟨vnl AE; euf⟩ damestoilet
women's studies [alleen mv; werkwoord ook enk] vrouwenstudies
women's suffrage [niet-telb zn] stemrecht voor vrouwen
won /wʌn/ [verleden tijd en volt deelw] → **win**
¹**won·der** /wʌndə, ᴬ-ər/ [telb zn] [1] wonder, volmaakt voorwerp ♦ *the seven Wonders of the World* de zeven wereldwonderen/wonderen der wereld; *the wonder is* het wonderlijke is; *it's a wonder (that)* het is een wonder/verbazingwekkend (dat) [2] wonder, mirakel ♦ ⟨fig⟩ *do/work*

wonder

wonders wonderen doen/verrichten ③ ⟨inf⟩ wereldwonder, duivelskunstenaar ④ ⟨AE⟩ knipkoekje, knippertje • *what a wonder!* wonderbaarlijk!, onvoorstelbaar!; ⟨sprw⟩ *wonders never cease* de wonderen de wereld zijn (nog) niet uit; ⟨sprw⟩ *a wonder lasts but nine days* geen praatje zo groot, 't bloedt in acht dagen dood

²**won·der** /wʌndə, ᴬ-ər/ [niet-telb zn] verwondering, bewondering, (bewonderende) verbazing, ontzag • *filled with wonder* vol bewondering; *look all wonder* in en al verbazing zijn; *look at sth. in open-mouthed/silent wonder* stomverwonderd/in stille verbazing naar iets kijken • (*it is/it's) little/no wonder (that)* (het is) geen wonder (dat); *what wonder* geen wonder, nogal logisch

³**won·der** /wʌndə, ᴬ-ər/ [onov ww] ① verbaasd staan, verrast zijn, zich verwonderen, zich verbazen, (vreemd) opkijken • *wonder at sth.* verbaasd van iets staan, vreemd van iets opkijken; *it's not to be wondered at* het is niet verwonderlijk; *I don't wonder at her hesitation* haar aarzeling verbaast me niet; *I don't wonder* geen wonder; (dat/het) verbaast me niet(s); *I wondered to hear* tot mijn verbazing hoorde ik; *stand wondering* vreemd opkijken, verbaasd staan ② benieuwd zijn, zich iets afvragen • *I'm wondering* ik ben benieuwd ③ iets betwijfelen, zich iets afvragen • *is that so? I wonder (about it)* o ja? Ik betwijfel het (ten zeerste)/moet het nog zien/vraag het me af

⁴**won·der** /wʌndə, ᴬ-ər/ [ov ww] ① zich verbazen over, verrast zijn over/door, zich verwonderen over, vreemd opkijken van • *I shouldn't wonder if ...* het zou me niet verbazen als ..., het zit er dik in dat ...; ik zou maar niet vreemd opkijken als ...; *wonder that* zich erover verbazen dat; *I wondered he wasn't fined* tot mijn verbazing kreeg hij geen bekeuring ② benieuwd zijn naar, zich afvragen • *I wonder who will win* ik ben benieuwd/het zal mij benieuwen wie er wint; *I wonder what the time/who it is* hoe laat/wie zou het zijn?, ik ben benieuwd hoe laat/wie het is; *she was just wondering how you were* ze vroeg zich net af hoe het met je ging; *I wonder whether she noticed* ik vraag me af of ze het gemerkt heeft; *I wonder whether I might ask you sth.* zou ik u iets mogen vragen?

wonder boy [telb zn] wonderkind
wonder drug [telb zn] wondermiddel, wondermedicijn
won·der·ful /wʌndəfl, ᴬ-dər-/ [bn; bw: ~ly; zn: ~ness] ① verwonderlijk, verbazingwekkend, opzienbarend, bewonderenswaardig, wonderbaarlijk ② schitterend, geweldig, fantastisch, heerlijk ③ prachtig, oogstrelend, wonderschoon
won·der·ing·ly /wʌndrɪŋli/ [bw] verwonderd, verbaasd, bewonderend, met ontzag
¹**won·der·land** [telb zn; voornamelijk enk] wonderland, wonderschoon/sprookjesachtig gebied
²**won·der·land** [niet-telb zn] wonderland, sprookjesland, sprookjeswereld
¹**won·der·ment** /wʌndəmənt, ᴬ-dər-/ [telb zn] wonder, mirakel
²**won·der·ment** /wʌndəmənt, ᴬ-dər-/ [niet-telb zn] ① verwondering, verbazing, verrassing, ontzag ② verwondering, onbegrip, nieuwsgierigheid
won·der·mong·er [telb zn] ① wonderdoener ② verteller van wonderen/wonderverhalen
won·der-strick·en, won·der-struck [bn] stomverwonderd, perplex, met stomheid geslagen
won·der·work·er [telb zn] wonderdoener
won·der·work·ing [bn] wonderdadig, wonderdoend, miraculeus
¹**won·drous** /wʌndrəs/ [bn; bw: ~ly; zn: ~ness] ⟨form⟩ wonder, verwonderlijk, wonderbaarlijk • *wondrous tales* wondere vertellingen
²**won·drous** /wʌndrəs/ [bw; alleen in combinatie met bn] ⟨form⟩ wonder, bovenmatig, buitengemeen • *wondrous rare* buitengemeen zeldzaam

won·ga /wɒŋɡə, ᴬwɑːŋɡə/ [niet-telb zn] ⟨BE; sl⟩ poen
wonk /wɒŋk, ᴬwɑːŋk/ [telb zn; inf] ① harde werker, serieus iemand, blokker ② expert, kenner • *policy wonk* politicus met een uitgebreide dossierkennis en veel oog voor detail; ± dossiervreter ③ druiloor, sul, oen
won·ky /wɒŋki, ᴬwɑːŋki/ [bn; vergr trap: ook wonkier] ⟨BE; sl⟩ krakkemikkig, wankel, wrak, ⟨fig⟩ onzeker, slap, onvast, beverig, zwak
¹**wont** /wəʊnt/ [niet-telb zn] ⟨form⟩ gewoonte, usance • *as is my wont* zoals ik pleeg te doen/bij mij te doen gebruikelijk (is)
²**wont** /wəʊnt/ [bn, pred] ⟨form⟩ gewoon, gewend • *be wont to* plegen/gewoon zijn te
³**wont** /wəʊnt/ [onov ww; verleden tijd en volt deelw ook wont] ⟨form⟩ plegen, gewoon/gewend zijn
⁴**wont** /wəʊnt/ [ov ww; verleden tijd en volt deelw ook wont] ⟨form⟩ (ge)wennen, vertrouwd maken • *wont to/with* (ge)wennen aan, vertrouwd maken met
won't /wəʊnt/ (samentrekking van will not)
wont·ed /wəʊntɪd/ [bn, attr] gewoonlijk, gebruikelijk
¹**woo** /wuː/ [niet-telb zn] liefde • *pitch woo* vrijen
²**woo** /wuː/ [onov ww] een vrouw het hof maken, (uit) vrijen (gaan)
³**woo** /wuː/ [ov ww] ① dingen naar (de gunst van), voor zich trachten te winnen • *woo the voters* dingen naar de gunst van de kiezers ② najagen, nastreven • *woo success* succes zoeken/nastreven ③ trachten over te halen, aansporen, aandringen, (ver)lokken • *woo s.o. to do sth.* iemand trachten over te halen iets te doen ④ ⟨form⟩ het hof maken, dingen naar de hand van • *woo a woman* een vrouw het hof maken
¹**wood** /wʊd/ [telb zn] ① (vaak mv met enkelvoudige betekenis) bos • *beat the woods* wild uit het bos (op)drijven/jagen, de bossen afzoeken/uitkammen; *a walk in the woods* een wandeling in het bos/de bossen ② (bowls) bowl (eenzijdig verzwaarde bal) ③ golfclub met houten kop, wood ④ houten blaasinstrument ⑤ houtsoort • *a hard wood* een harde houtsoort ⑥ ⟨sl⟩ bar, toog • *out of the wood*, ⟨AE⟩ *out of the woods* in veilige haven, de moeilijkheden te boven, uit de problemen/de gevarenzone, buiten gevaar; *don't halloo till you are out of the wood*, ⟨AE⟩ *don't halloo till you are out of the woods* juich niet te vroeg, prijs de dag niet voor het avond is; *he can't see the wood for the trees* hij ziet door de bomen het bos niet meer; ⟨inf⟩ *take to the woods* ervandoor gaan en zich niet meer laten zien, zich uit de voeten maken
²**wood** /wʊd/ [niet-telb zn] hout • ⟨AE⟩ *knock (on) wood* het afkloppen; *made of wood* van hout; *touch (on) wood* het afkloppen • *from the wood* uit het vat/de tap, op fust; ⟨muz⟩ *the wood is too loud* het hout is te luid; ⟨inf⟩ *saw wood* ronken, snurken, slapen als een blok; ⟨sprw⟩ *wood half-burnt is easily fired* eens gebrand, haast gevlamd
³**wood** /wʊd/ [bn] houten
⁴**wood** /wʊd/ [onov ww] hout innemen/verzamelen; → wooded
⁵**wood** /wʊd/ [ov ww] ① bebossen ② met hout vullen, van hout voorzien; → wooded
wood alcohol [niet-telb zn] houtalcohol, methylalcohol
wood anemone [telb zn] ⟨plantk⟩ bosanemoon, windroos ⟨Anemone nemorosa⟩
wood ant [telb zn] ⟨dierk⟩ rode bosmier ⟨Formica rufa⟩
wood betony [telb zn] ⟨plantk⟩ kartelblad ⟨genus Pedicularis⟩
wood·bine /wʊdbaɪn/, **wood·bind** /wʊdbaɪnd/ [telb zn] ⟨plantk⟩ ① wilde kamperfoelie ⟨Lonicera periclymenum⟩ ② ⟨AE⟩ wilde wingerd ⟨Parthenocissus quinquefolia⟩
wood·block [telb zn] ① ⟨bk⟩ hout(snede)blok ② ⟨AE; bk⟩

houtsnede ③ ⟨muz⟩ woodblock ④ ⟨BE⟩ vloerdeel
wood·bor·er [telb zn] houtboorder ⟨insect⟩
wood·bound [bn] door bos/houtgewas omgeven/ingesloten
wood·carv·er [telb zn] houtsnijder
wood·carv·ing [telb + niet-telb zn] houtsculptuur, houtsnijwerk
wood·chat, woodchat shrike [telb zn] ⟨dierk⟩ roodkopklauwier ⟨Lanius senator⟩
wood·chop·per [telb zn] houthakker
wood·chuck [telb zn] ⟨dierk⟩ bosmarmot ⟨Marmota monax⟩
wood coal [niet-telb zn] houtskool
wood·cock [telb zn; mv: ook woodcock] ⟨dierk⟩ houtsnip ⟨Scolopax rusticola⟩
wood·craft [niet-telb zn] ① houtsnijkunst, houtbewerking ② boskennis, oriëntatievermogen, het vermogen zich te redden in een bos
wood·cut [telb zn] ⟨bk⟩ ① houtsnede ② hout(snede)blok
wood·cut·ter [telb zn] ① houthakker ② houtgraveur, houtsnijder
wood duck [telb zn] ⟨dierk⟩ carolina-eend ⟨Aix sponsa⟩
wood·ed /wʊdɪd/ [bn; volt deelw van wood] bebost, bosrijk
¹**wood·en** /wʊdn/ [bn; bw: ~ly; zn: ~ness] ① houterig, stijf, star, harkerig ② wezenloos, onaandoenlijk, apathisch
²**wood·en** /wʊdn/ [bn, attr; bw: ~ly; zn: ~ness] houten ♦ ⟨gesch⟩ *wooden horse* houten/Trojaans paard; *wooden Indian* houten indiaan ⟨voor sigarenwinkels in USA⟩; *wooden shoe* klomp ▪ ⟨AE; sl⟩ *wooden kimono* doodkist; ⟨BE; inf⟩ *the wooden spoon* de poedelprijs; *wooden walls* (kustverdedigings)schepen, vloot
wood engraver [telb zn] ① houtgraveur, houtsnijder ② houtkever, ⟨i.h.b.⟩ bastkever, schorskever
wood engraving [telb + niet-telb zn] houtgravure, houtgraveerkunst
wood·en·head [telb zn] stomkop
wood·en·head·ed [bn] dom, stom, bot, achterlijk
wood·en·ware, wood·ware [niet-telb zn] houtwaren, houten artikelen/spullen, ⟨i.h.b.⟩ houten keukengerei
wood·fib·re [telb + niet-telb zn] houtvezel, houtslijp
wood fretter [telb zn] houtworm
wood·grain [niet-telb zn; ook attributief] houtnerf
wood·grouse [telb zn] ⟨dierk⟩ auerhoen ⟨Tetrao urogallus⟩
wood hyacinth [telb zn] ⟨plantk⟩ wilde hyacint ⟨Scilla non-scripta⟩
wood ibis [telb zn] ⟨dierk⟩ Amerikaanse nimmerzat ⟨Mycteria americana⟩
wood·land /wʊdlənd/ [telb + niet-telb zn; vaak attributief; vaak mv met enkelvoudige betekenissen] bos, bosgebied, bosterrein, bosrijke streek
wood·lark [telb zn] ⟨dierk⟩ boomleeuwerik ⟨Lullula arborea⟩
wood·less /wʊdləs/ [bn] ① bosloos, onbebost ② houtloos, houtvrij
wood lot [telb zn] bosbouwgebied, houtkamp, stuk/perceel bos
wood louse [telb zn] ① pissebed ② stofluis ③ termiet, witte mier
wood·man /wʊdmən/ [telb zn; mv: woodmen] ⟨BE⟩ ① houtvester ② boswachter ③ houthakker
wood mouse [telb zn] ⟨dierk⟩ bosmuis ⟨Apodemus sylvaticus⟩
wood·note [telb zn; voornamelijk mv] bosgeluid, wildzang ⟨ook figuurlijk⟩
wood nymph [telb zn] bosnimf
wood owl [telb zn] ⟨dierk⟩ bosuil ⟨Strix aluco⟩

wood·peck·er [telb zn] ⟨dierk⟩ specht ⟨familie Picidae⟩ ♦ *great spotted woodpecker* grote bonte specht ⟨Dendrocopos major⟩; *lesser spotted woodpecker* kleine bonte specht ⟨Dendrocopos minor⟩
wood pie [telb zn] ⟨BE⟩ grote bonte specht
wood pigeon [telb zn] ⟨dierk⟩ houtduif ⟨Columba palumbus⟩
wood·pile [telb zn] houtmijt, houtstapel, stapel (brand)hout
wood pimpernel [telb zn] ⟨plantk⟩ boswederik ⟨Lysimachia nemorum⟩
wood pulp [niet-telb zn] houtpulp
wood-push·er [telb zn] ⟨sl⟩ slechte schaker
wood·ruff /wʊdrʌf/ [telb zn] ⟨plantk⟩ bedstro ⟨genus Asperula⟩, ⟨i.h.b.⟩ lievevrouwebedstro ⟨Asperula odorata⟩
wood rush [telb zn] ⟨plantk⟩ veldbies ⟨genus Luzula⟩
wood sage [telb zn] ⟨plantk⟩ valse salie ⟨Teucrium scorodonia⟩
wood sandpiper [telb zn] ⟨dierk⟩ bosruiter ⟨Tringa glareola⟩
wood·scape [telb zn] bosgezicht, boslandschap
wood·screw [telb zn] houtschroef
wood·shed [telb zn] houtschuur(tje), houtloods, houthok
wood·skin [telb zn] (boom)schorskano, korjaal
woods·man /wʊdzmən/ [telb zn; mv: woodsmen] ① bosbewoner ② woudloper ③ houtvester ④ boswachter ⑤ houthakker
wood sorrel [telb zn] ⟨plantk⟩ klaverzuring ⟨genus Oxalis⟩
wood spirit, wood spirits [niet-telb zn] houtgeest ⟨onzuivere methylalcohol⟩
wood·spite [telb zn] ⟨dierk⟩ groene specht ⟨Picus viridis⟩
wood·stove, wood-burning stove [telb zn] houtkachel
wood sugar [telb + niet-telb zn] houtsuiker
woods·y /wʊdsi/ [bn; vergr trap: woodsier] ⟨AE⟩ ⟨als⟩ van het bos, bos-
wood tar [niet-telb zn] houtteer
wood vinegar [niet-telb zn] houtazijn, houtzuur
wood·wall, wood·wale /wʊdwɔːl/ [telb zn] ⟨BE⟩ groene specht ⟨Picus viridis⟩
wood warbler [telb zn] ⟨dierk⟩ ① fluiter ⟨Phylloscopus sibilatrix⟩ ② woudzanger ⟨familie Parulidae⟩
wood·ward /wʊdwəd, ᴬ-wərd/ [bw] boswaarts
wood·wasp [telb zn] boswesp
wood·wax·en [telb zn] ⟨plantk⟩ verfbrem ⟨Genista tinctoria⟩
wood·wind [verzamelm; mv met zelfde betekenissen] ⟨muz⟩ hout ⟨houten blaasinstrumenten in orkest⟩
wood·wool [niet-telb zn] boswol, houtwol
wood·work [niet-telb zn] ① houtbewerking, timmermanskunst, schrijnwerkerskunst ② houtwerk ▪ *crawl/come out of the woodwork* uit het niets/plotseling opduiken, uit de lucht komen vallen
wood·worm [telb + niet-telb zn] houtworm
wood·y /wʊdi/ [bn; vergr trap: woodier; zn: woodiness] ① houtachtig, houtig, hout-, verhout ♦ ⟨plantk⟩ *woody nightshade* bitterzoet ⟨Solanum dulcamara⟩ ② boomrijk, bosrijk, (dicht) bebost
wood yard [telb zn] houtopslag, houtopslagplaats, houtopslagterrein, houttuin
woo·er /wuːə, ᴬ-ər/ [telb zn] ⟨form⟩ vrijer, minnaar, geliefde
¹**woof** /wʊf/ [telb zn] woef(geluid), waf, blaf, geblaf
²**woof** /wuːf, ᴬwʊf/ [niet-telb zn; the] ① inslag ⟨van weefsel⟩ ② weefwijze, weefstructuur
³**woof** /wʊf/ [onov ww] waffen, blaffen
woof·er /wuːfə, ᴬwʊfər/ [telb zn] woofer, lagetonenconus, lagetonenluidspreker

woofter

woof·ter /wʊftə, ᴬ-ər/ [telb zn] ⟨BE; sl; beled⟩ nicht, flikker, poot, mietje

¹**wool** /wʊl/ [telb zn] wolgaren/soort, sajet

²**wool** /wʊl/ [niet-telb zn] ⒈ (scheer)wol, ⟨bij uitbreiding⟩ wolachtige substantie ⒉ wol(len kleding) ♦ *wear wool* wol(len kleding) dragen ⒊ ⟨scherts⟩ (kroes)haar, haardos, ragebol · *dyed in the wool* door de wol geverfd, doorgewinterd; *pull the wool over s.o.'s eyes* iemand voor het lapje houden/zand in de ogen strooien/in de boot nemen; *keep your wool on* maak je niet dik/druk, hou je in, laat je niet opnaaien; ⟨inf⟩ *lose one's wool* kwaad worden, uit zijn slof schieten, zijn geduld/zelfbeheersing verliezen; ⟨AE; inf⟩ *he's all wool and a yard wide* hij heeft een hart van goud, hij is de goedheid zelve; ⟨België⟩ hij heeft een hart van suikerbrood en marsepein; ⟨sprw⟩ *much cry and little wool* veel geschreeuw en weinig wol

³**wool** /wʊl/ [bn] wollen, van wol

wool·ball [telb zn] wolbal ⟨in het bijzonder in schapenmaag⟩

wool·card·er [telb zn] wolkaarder

wool·clip [telb zn] woloogst, wolopbrengst

wool·comb·er [telb zn] wolkammer

woold /wʊld, ᴬwuːld/ [ov ww] ⟨scheepv⟩ omwoelen

wool fat [niet-telb zn] wolvet, lanoline

wool·fell [telb zn] (schapen)vacht

¹**wool·gath·er·ing** [niet-telb zn] verstrooidheid, afwezigheid, dromerigheid, dagdromerij

²**wool·gath·er·ing** [bn] verstrooid, afwezig, dromerig, met zijn gedachten elders, met zijn hoofd er niet bij, in hoger sferen

wool·grow·er [telb zn] wolschapenfokker, wolboer, wolfabrikant

woolled, ⟨AE ook⟩ **wooled** /wʊld/ [bn] ⒈ ⟨voornamelijk als 2e lid in samenstellingen⟩ wollig, harig ⒉ woldragend

¹**wool·len,** ⟨AE ook⟩ **wool·en** /wʊlən/ [telb zn] wollen weefsel, wolweefsel

²**wool·len,** ⟨AE ook⟩ **wool·en** /wʊlən/ [bn] wollen, van wol

³**wool·len,** ⟨AE ook⟩ **wool·en** /wʊlən/ [bn, attr] wol-, m.b.t. wol ♦ *woollen merchant* wolhandelaar; *woollen mill* wolspinnerij, wolfabriek

wool·lens, ⟨AE ook⟩ **wool·ens** /wʊlənz/ [alleen mv] wollen kledingstukken, wolgoed

¹**wool·ly,** ⟨AE ook⟩ **wool·y** /wʊli/ [telb zn] ⟨vnl mv⟩ ⒈ wolletje, trui, wollen kledingstuk/ondergoed ⒉ ⟨sl; beled⟩ neger, kroeskop ⒊ ⟨sl⟩ schaap

²**wool·ly,** ⟨AE ook⟩ **wool·y** /wʊli/ [bn; vergr trap: woollier; zn: woolliness] ⒈ woldragend, met wol bedekt ⒉ wolachtig, wollig, kroes ⒊ wollig, onduidelijk, vaag, troebel, warrig, onscherp ⒋ wollen, van wol · *woolly bear* beerrups

wool·ly-head·ed [bn] ⒈ warhoofdig ⒉ kroesharig

wool·man /wʊlmən/ [telb zn; mv: woolmen] wolhandelaar

wool oil [niet-telb zn] wolvet

wool·pack [telb zn] ⒈ (wol)baalzak ⒉ stapelwolk ⒊ ⟨gesch⟩ baal wol, wolbaal

wool·sack [telb zn] wolzak ♦ *the woolsack* de wolzak/woolsack ⟨waarop de voorzitter van het Engelse Hogerhuis zit⟩; *reach the woolsack* Lord Chancellor/voorzitter van het Hogerhuis worden, ± op het kussen geraken; *take seat on the woolsack* ⟨lett⟩ plaatsnemen op de wolzak; een zitting van het Hogerhuis openen

wool·sey [niet-telb zn] → linsey-woolsey

wool·skin [telb zn] (schapen)vacht

wool·sort·er [telb zn] wolsorteerder

woolsorter's disease [telb + niet-telb zn] ⟨med⟩ miltvuur, koolzweer, antrax, woolsorter's disease ⟨bij de mens⟩

wool-sta·pler [telb zn] ⒈ wolhandelaar, wolopkoper ⒉ wolsorteerder

wooz·y /wuːzi/ [bn; vergr trap: woozier; bw: woozily; zn: wooziness] ⟨inf⟩ wazig, licht in het hoofd, ijl, onvast, suffig, (i.h.b.) aangeschoten, lichtelijk beneveld

wop → **whop**

Wop /wɒp, ᴬwɑp/ [telb zn; ook wop] ⟨pej⟩ Italiaan, salamivolk, spaghettivreter

Worces·ter sauce /wʊstə sɔːs, ᴬwʊstər-/ [niet-telb zn] worcestersaus

Worcs [afk] (Worcestershire)

¹**word** /wɜːd, ᴬwɜrd/ [telb zn] ⒈ woord ⟨ook computer⟩, ⟨bij uitbreiding⟩ (gesproken) uiting ♦ *take s.o. at his word* iemand aan zijn woord houden, iets dat iemand zegt letterlijk/woordelijk opvatten; *bandy words with s.o.* met iemand redetwisten/hoge woorden hebben; *beyond words* niet in woorden uit te drukken; sprakeloos; *in word and deed* met/in woord en daad; *have a word in s.o.'s ear* iemand iets toefluisteren; *words fail me* ik ben met stomheid geslagen, ik heb er geen woorden voor; *a man of few words* een man van weinig woorden; *word for word* woord voor woord, woordelijk; *too ... for words* te ... om waar te zijn/voor woorden; *that is not the word for it* dat is het (juiste) woord niet, dat is te zwak uitgedrukt; *have no words for sth.* ergens geen woorden voor hebben; *right from the word go* vanaf het begin/de start/het startsein; ⟨rel⟩ *the Word of God, God's word* het Woord Gods; *have a word to say* iets te zeggen/mee te delen hebben; *in a/one word* kortom, kort en goed, in één woord; *in other words* met andere woorden, anders gezegd; *put into words* onder woorden brengen, verwoorden, formuleren; *of many words* spraakzaam, wijdlopig; *(not) in so many words* (niet) met zoveel woorden; *by word of mouth* mondeling, van mond tot mond, via mondelinge overlevering; *put words in(to) s.o.'s mouth* iemand woorden in de mond leggen; *take the words out of s.o.'s mouth* iemand de woorden uit de mond halen; *I don't believe a word of it* ik geloof er geen woord/niets van; *play (up)on words* (een) woordspeling(en) maken; *put in a (good) word for s.o. (with s.o.)* een goed woordje doen voor iemand (bij iemand), iemand aanbevelen (bij iemand); *say a few words* een paar woorden zeggen, een toespraakje houden; ⟨rel⟩ *the Word* het Woord; *the Word Made Flesh* het vleesgeworden Woord ⟨Jezus⟩; *waste words* woorden verspillen; *a word to the wise* voor de goede verstaander; ⟨euf⟩ *have words with s.o.* woorden hebben met iemand; *have a word with s.o.* iemand (even) spreken; *the written word* het geschreven woord ⒉ (geen mv) (ere)woord, belofte ♦ *his word is (as good as) his bond* je kunt hem op zijn woord vertrouwen, hij is een man van zijn woord; *break one's word* zijn woord breken/schenden; *I give you my word for it* ik verzeker het je op mijn erewoord; *give/pledge one's word* zijn woord geven; *go back on one's word* zijn woorden/belofte(n) terugnemen; *word of honour* woord van eer, erewoord; *keep one's word* zijn woord nakomen, (zijn) woord houden; *take s.o.'s word for it* iemand op zijn woord geloven; *upon my word* op mijn (ere)woord; *(upon) my word!* nee maar!, wat zeg je me daarvan!, mijn hemel! ⒊ woord, machtwoord, wachtwoord, bevel ♦ *act at the word* (meteen) op het bevel in actie komen; *at the general's word* op bevel van de generaal; *give the word before you pass* geef het wachtwoord voor je doorloopt; *his word is law* zijn wil is wet; *say the word* een seintje geven; *say the word, and I'll leave* als je liever hebt dat ik wegga, hoef je het alleen maar te zeggen · *at a word* op afroep, direct opvraagbaar; *eat/swallow one's words* zijn woorden inslikken, iets terugnemen; *I could not get a word in edgeways/edgewise* ik kon er geen speld tussen krijgen; *hang (up)on s.o.'s words/every word* aan iemands lippen hangen; *not mince one's words* er geen doekjes om winden, geen blad voor de mond nemen; *a word in season* een woordje op zijn tijd, een advies/

raad op het juiste ogenblik/te rechter tijd; *the words **stick** in his throat* de woorden blijven hem in de keel steken; *in words of one **syllable*** klaar en duidelijk, in simpele bewoordingen, om eerlijk te zijn; *weigh one's words* zijn woorden wegen; ⟨AE; sl⟩ *you want to go with me? Word!* wil je met me mee? Top!/Zeker!; ⟨sprw⟩ *a word spoken is past recalling* eens gezegd, blijft gezegd; ⟨sprw⟩ *words cut more than swords* het woord is een scherp snijdend zwaard, ± een goed woord baat, een kwaad woord schaadt; ⟨sprw⟩ *when the word is out it belongs to another* eens gezegd, blijft gezegd; ⟨sprw⟩ *actions speak louder than words* ± praatjes vullen geen gaatjes, ± zeggen en doen is twee, ± 't met zeggen niet te doen; ⟨sprw⟩ *deeds not words* geen woorden maar daden, ± kallen is mallen, doen is een ding; ⟨sprw⟩ *he who gives fair words feeds you with an empty spoon* ± een vleier is vriend in de mond, maar altijd vijand in de grond; ⟨sprw⟩ *fine words butter no parsnips* schone woorden maken de kool niet vet, woorden vullen geen zakken, praatjes vullen geen gaatjes; ⟨sprw⟩ *an honest man's word is (as good as) his bond* ± een man een man, een woord een woord; ⟨sprw⟩ *hard words break no bones* schelden doet geen zeer (slaan zoveel te meer); ⟨sprw⟩ *a man of words and not of deeds is like a garden full of weeds* kakelen is nog geen eieren leggen, 't is met zeggen niet te doen; ⟨sprw⟩ *sticks and stones may break my bones, but names/words will never hurt me* ± schelden doet geen zeer; ⟨sprw⟩ *many a true word is spoken in jest* al gekkende en mallende zeggen de boeren de waarheid, tussen boert en ernst zegt de zot zijn mening; ⟨sprw⟩ *a word is enough to the wise* een goed verstaander heeft maar een half woord nodig

²**word** /wɜːd, ᴬwɜrd/ [niet-telb zn] nieuws, bericht, boodschap ♦ *when word **came** of his death* toen het bericht van zijn overlijden arriveerde; *the word **got round** that* het bericht deed de ronde dat; ***leave** word that* bericht achterlaten; ***leave** word (with s.o.) (for s.o.)* een boodschap achterlaten (bij iemand) (voor iemand); ***send** word of* berichten, laten weten; *word **has it that*** het verhaal/gerucht gaat dat

³**word** /wɜːd, ᴬwɜrd/ [ov ww] verwoorden, onder woorden brengen, formuleren; → wording

word·age /wɜːdɪdʒ, ᴬwɜr-/ [niet-telb zn] [1] ⟨the⟩ aantal woorden, woordenbestand, woordental [2] omslachtigheid, woordenvloed, woordendiarree [3] ⟨the⟩ verwoording

word-blind [bn] woordblind

word blindness [niet-telb zn] woordblindheid

word·book [telb zn] woordenboek, lexicon, woordenlijst

word building [niet-telb zn] woordvorming

word class [telb zn] ⟨taalk⟩ woordsoort

word-deaf [bn] woorddoof

word deafness [niet-telb zn] woorddoofheid

word division [niet-telb zn] woordsplitsing, afbreking

word-game [telb zn] woordenspel

word·ing /wɜːdɪŋ, ᴬwɜr-/ [telb zn; oorspronkelijk tegenwoordig deelw van word] verwoording, formulering, woordkeus, redactie

word·less /wɜːdləs, ᴬwɜr-/ [bn; bw: ~ly; zn: ~ness] woordloos, onverwoord, onuitgedrukt, onuitgesproken, stil(zwijgend)

word-lore [niet-telb zn] woordkennis, woordstudie

word monger [telb zn] [1] woordenkramer, woordknutselaar [2] ⟨scherts⟩ schrijver, pennenridder

word order [telb + niet-telb zn] ⟨taalk⟩ woordvolgorde, woordschikking

word painter [telb zn] woordkunstenaar, woordschilder, beeldend woordgebruiker

word painting [niet-telb zn] woordkunst, woordschildering

word-per·fect [bn] ⟨BE⟩ woordgetrouw, letterlijk, correct tot in detail, ⟨i.h.b. drama⟩ rolvast

word picture [telb zn] woordschildering

¹**word play** [telb zn] woordspeling

²**word play** [telb + niet-telb zn] woord(en)spel

word process [ov ww] ⟨comp⟩ tekstverwerken; → word processing

word processing [telb zn; gerund van word process] ⟨comp⟩ tekstverwerking

word processor [telb zn] ⟨comp⟩ tekstverwerker

words /wɜːdz, ᴬwɜrdz/ [alleen mv] [1] tekst, woorden ♦ *the words of a song* de tekst van een lied(je) [2] rol

word·smith [telb zn] woordensmeder

word spinning [niet-telb zn] woordenkramerij

word splitting [niet-telb zn] het afbreken van woorden

word square [telb zn] woordenvierkant

word wrap, word wrapping [niet-telb zn] ⟨comp⟩ woordoverloop

word·y /wɜːdi, ᴬwɜrdi/ [bn; vergr trap: wordier; bw: wordily; zn: wordiness] [1] omslachtig, omstandig, langdradig, wijdlopig, breedvoerig [2] verbaal, woord(en)- ♦ *wordy war* woordentwist [3] praatziek, kwebbelig

wore /wɔː, ᴬwɔr/ [verleden tijd] → wear

¹**work** /wɜːk, ᴬwɜrk/ [telb + niet-telb zn] [1] werk(stuk), arbeid ♦ *set **about** one's work in the wrong way* verkeerd te werk gaan, zijn werk verkeerd aanpakken; *a work of **art*** een kunstwerk; *at work* aan het werk, bezig, in werking, aan de gang; op het/zijn/haar werk; *men at work* werk in uitvoering; *have one's work **cut out** for one* handen vol werk hebben, ergens de handen aan vol hebben, genoeg te doen hebben; *be in (regular) work* (vast) werk hebben; *the work of a moment* het werk van een ogenblik; *the work of an hour/a day* een uur(tje)/dag werk; *this must be the work of the cat* hier zit de kat achter; *out of work* zonder werk, werkloos; *past work* niet meer in staat om te werken; *set to work* aan het werk gaan/zetten [2] borduurwerk, handwerk, naaldwerk; *laid work* richelieuwerk, Engels borduurwerk ▪ *that was a good day's work* dat was een hele klus; ⟨ec⟩ *work in **progress*** ⟨boekh⟩ onderhanden werk, goederen in bewerking; ⟨sprw⟩ *the devil finds work for idle hands* ledigheid is des duivels oorkussen; ⟨sprw⟩ *a woman's work is never done* ± de huisvrouw is nooit klaar met werken; ⟨sprw⟩ *all work and no play makes Jack a dull boy* ± 't is een slecht doen waar het nooit kermis is, ± de boog kan niet altijd gespannen zijn; ⟨sprw⟩ *if 'ifs' and 'ans' were pots and pans, there'd be no work for tinkers* als is verbrande turf, als de hemel valt, hebben we allemaal blauwe hoedjes, als de hemel valt, zijn alle mussen dood; ⟨sprw⟩ *many hands make light work* veel handen maken licht werk

²**work** /wɜːk, ᴬwɜrk/ [onov ww; verouderd ook wrought, wrought] [1] werken, functioneren ♦ *work **against*** tegengaan, tegenwerken, belemmeren, ongunstig/negatief beïnvloeden; *work **at*** werken aan; *work **away*** (druk) aan het werk zijn; *work **away at*** zijn best doen op, zich inzetten voor; *it works **by electricity*** het werkt/loopt op elektriciteit; *work **for** the cleansing department* bij de gemeentereiniging werken; *work **on*** doorwerken; *work **to** rule* een stiptheidsactie houden; *work **to*** werken volgens/aan de hand van, zich houden aan, zich laten leiden door; *work **towards** a common goal* een gemeenschappelijk doel nastreven; *work **with*** (samen)werken met [2] uitwerking hebben ♦ *the scheme didn't work* het plan werkte niet; *work **(up)on*** van invloed zijn op, beïnvloeden, doorwerken in/op; een beroep doen op [3] in werking/beweging zijn ♦ *her lips worked* haar lippen trilden/maakten krampachtige bewegingen; *the machine doesn't work* de machine doet het/loopt/werkt niet; *the wheel works **on** a pivot* het wiel draait om een spil; *the working of the **water*** het woelen van het water; *thoughts working **within** s.o.* gedachten die doormalen in iemands hoofd/iemand niet loslaten [4] bewerkbaar/hanteerbaar zijn, zich laten bewerken ♦ *lead works*

work

easily lood laat zich gemakkelijk bewerken/verwerken 5 gisten, werken 6 raken ⟨in een bepaalde toestand⟩ ♦ *the boy's socks worked down* de sokken van de jongen waren afgezakt; *the screws worked loose* de schroeven zijn los geraakt; *your shirt worked out* je overhemd hangt uit je broek; *work round to a certain point of view* toewerken naar/aansturen op een bepaald gezichtspunt; *the wind has worked round (to the east)* de wind is (naar het oosten) gedraaid 7 werken ⟨van hout, schip enz.⟩ 8 naaien, naaiwerk verrichten, handwerken 9 ⟨scheepv⟩ opwerken • zie: **work in**; zie: **work out**; zie: **work up**; ⟨sprw⟩ *when the sun is in the west, lazy people work the best* als de zon is in 't west, zijn de luiaards op hun best; → **working, wrought**

³**work** /wɜːk, ᴬwɜrk/ [ov ww; verouderd ook wrought, wrought] 1 verrichten, tot stand brengen, bewerkstelligen, aanrichten ♦ ⟨sl⟩ *I'll work it if I can* ik zal het voor elkaar zien te krijgen/het zien te ritselen; *work miracles/wonders* wonderen verrichten 2 laten werken, aan het werk hebben ♦ *work s.o. hard* iemand hard laten werken 3 in werking zetten, aanzetten, bedienen, bewerken, gebruiken, in bedrijf houden ♦ *work a district* een district afwerken/afreizen/tot zijn rayon hebben; *work a farm* het boerenbedrijf uitoefenen; *work a mine* een mijn exploiteren; *worked by steam* met stoom aangedreven; *work a typewriter* typen, met een schrijfmachine werken 4 zich banen ⟨een weg door iets⟩ ♦ *he worked a few jokes into his speech* hij verwerkte een paar grapjes in zijn rede; *work one's way through university* zelf zijn studie bekostigen (als werkstudent); *he worked his knife through the wood* hij werkte/wrikte zijn mes door het hout; *work one's way to the top* zich naar de top werken 5 bewerken, kneden, vormen, werken met ♦ *work clay* in klei werken, kleien, boetseren 6 oppeppen, opzwepen, aanzetten ♦ *work s.o. to tears* iemand tot tranen toe bewegen/in huilen doen uitbarsten 7 (op)naaien, stikken, borduren 8 uitwerken, oplossen, uitrekenen 9 aftuigen, onder handen nemen • zie: **work in**; zie: **work off**; zie: **work out**; zie: **work over**; zie: **work up**; → **working, wrought**

-**work** /wɜːk, ᴬwɜrk/ -werk ♦ *woodwork* houtwerk; *housework* huishoudelijk werk; *paintwork* schilderwerk; *piecework* stukwerk

work·a·bil·i·ty /wɜrkəblɪəti, ᴬwɜrkəblɪəti/ [niet-telb zn] 1 bruikbaarheid 2 uitvoerbaarheid 3 bewerkbaar, verwerkbaarheid 4 rendabiliteit

work·a·ble /wɜːkəbl, ᴬwɜr-/ [bn; bw: workably; zn: ~ness] 1 bedrijfsklaar, gebruiksklaar, bruikbaar 2 uitvoerbaar, doenlijk, haalbaar, werkbaar 3 bewerkbaar, verwerkbaar, handelbaar, hanteerbaar 4 exploitabel, rendabel

work·a·day /wɜːkədeɪ, ᴬwɜr-/ [bn, attr] (alle)daags, doordeweeks, prozaïsch

work·a·hol·ic /wɜːkəhɒlɪk, ᴬwɜrkəhɒlɪk, ᴬ-hɔː-/ [telb zn] werkidioot, werkverslaafde, arbeidsmaniak, workaholic

workaround [telb zn] alternatief, alternatieve oplossing

work·bag [telb zn] gereedschapstas, gereedschapszak, naaizak(je)

work·bas·ket [telb zn] werkmand, naaimand(je)

work·bench [telb zn] werkbank, werktafel

work·book [telb zn] 1 werkboek(je), opgavenboek 2 handleiding, instructieboekje 3 werkboekje

work·box [telb zn] gereedschapsbak, gereedschapsdoos, gereedschapskist, ⟨i.h.b.⟩ naaidoos

work·camp [telb zn] werkkamp, ⟨i.h.b.⟩ vrijwilligerskamp

work·day [telb zn] werkdag, arbeidsdag

work·er /wɜːkə, ᴬwɜrkər/ [telb zn] 1 werker, arbeider, werkende, werknemer 2 werkbij, werkmier

worker participation [niet-telb zn] medezeggenschap (van de werknemers)

worker priest [telb zn] priester-arbeider

worker's compensation, workmen's compensation [telb zn] ongevallenuitkering

work ethic [telb zn] arbeidsethos

work experience [niet-telb zn] 1 (werk)ervaring 2 ⟨BE⟩ training, stage

work·fare /wɜːkfeə, ᴬwɜrkfer/ [niet-telb zn] tewerkstellingsbijstand ⟨bijstand met werkverplichting⟩

work·fel·low [telb zn] maat, collega

work·flow [niet-telb zn] werkstroom ⟨logische volgorde van activiteiten⟩, workflow

work·folk [verzameln] werkvolk, werklui, ⟨i.h.b.⟩ landarbeiders

work·folks [alleen mv] werkvolk, werklui, ⟨i.h.b.⟩ landarbeiders

work force [telb zn] 1 aantal arbeidskrachten, personeel(sbestand) 2 ⟨the⟩ arbeidspotentieel, actieve bevolking, beroepsbevolking

work·horse [telb zn] werkpaard ⟨ook figuurlijk⟩, werkezel

work·house [telb zn] 1 werkinrichting, werkhuis 2 ⟨BE; gesch⟩ arm(en)huis

work-in [telb zn] bezetting, bedrijfsbezetting, fabrieksbezetting

¹**work in** [onov ww] doordringen, binnendringen ♦ *the dust still worked in* het stof drong toch nog naar binnen • *work in with* (kunnen) samenwerken (met)

²**work in** [ov ww] 1 (moeizaam) insteken 2 verwerken ♦ *try to work in the needle* probeer de naald er (toch) in te krijgen; *I'll try to work it in somewhere* ik zal het er ergens tussen proberen te prutsen 3 inwrijven, inmasseren

¹**work·ing** /wɜːkɪŋ, ᴬwɜrkɪŋ/ [telb zn; oorspronkelijk tegenwoordig deelw van work; voornamelijk mv] 1 uitgraving, mijn, bergwerk, groeve 2 werking, functionering 3 trekking, (verkrampte) beweging

²**work·ing** /wɜːkɪŋ, ᴬwɜrkɪŋ/ [bn, attr; tegenwoordig deelw van work] werkend, werk- ♦ *the working class* de werkende klasse/arbeidersklasse; *working man* arbeider; *working mother* buitenshuis werkende moeder

working breakfast [telb zn] werkontbijt

working capital [niet-telb zn] bedrijfskapitaal, werkkapitaal

work·ing-class [bn] van/m.b.t./typisch voor de werkende klasse/arbeidende klasse/arbeidersklasse ♦ *a working-class hero* een held van de arbeidende klasse; *he is not quite working-class* hij is niet bepaald een type uit de arbeidende klasse

work·ing-con·di·tions [alleen mv] 1 arbeidsvoorwaarden 2 arbeidsomstandigheden

working day [telb zn] werkdag

working dinner [telb zn] werkdiner

working drawing [telb zn] constructietekening, werktekening

working girl [telb zn] ⟨euf⟩ prostituee, werkende vrouw

working group [telb zn] werkgroep

working hours [alleen mv] 1 werkuren 2 kantooruren

working hypothesis [telb zn] werkhypothese

working knowledge [telb zn; geen mv] praktijkkennis, praktische beheersing ♦ *a working knowledge of German* een voldoende beheersing van het Duits

working lunch [telb zn] werklunch

working majority [telb zn] werkbare/regeerkrachtige/effectieve meerderheid

working model [telb zn] bedrijfsmodel, schaalmodel

working order [niet-telb zn] bedrijf ♦ *in working order* bedrijfsklaar; in bedrijf, goed/normaal functionerend

work·ing-out [telb zn] 1 uitwerking 2 uitvoering

working paper [telb zn] 1 discussienota, discussiestuk ② interim-rapport

working papers [alleen mv] ① ⟨AE⟩ werkvergunning ② werkdossier

working party [verzameln] onderzoekscommissie, enquêtecommissie, werkgroep

working plan [telb zn] werkplan, werktekening

working practices [alleen mv] werkmethoden

working session [telb zn] werkzitting, werkbijeenkomst

working visit [telb zn] werkbezoek

working week [telb zn] werkweek

work·less /wɜːkləs, ᴬwɜrk-/ [bn] werkloos

work·load [telb zn] arbeidstaak, werk(last), werkbelasting

work·man /wɜːkmən, ᴬwɜrk-/ [telb zn; mv: workmen] werkman, arbeider, ambachtsman, handwerksman · ⟨sprw⟩ *a bad workman always blames his tools* een slechte werkman beschuldigt altijd zijn getuig, een kwaad werkman vindt nooit goed gereedschap

work·man·like /wɜːkmənlaɪk, ᴬwɜrk-/, **work·man·ly** /-mənli/ [bn] ambachtelijk, vakbekwaam, vakkundig, degelijk

work·man·ship /wɜːkmənʃɪp, ᴬwɜrk-/ [niet-telb zn] ① vakmanschap, vakkundigheid ② (hand)werk ③ uitvoering, afwerking

work·mate [telb zn] ⟨vnl BE⟩ maat, collega

work off [ov ww] wegwerken ♦ *work off against/on* afreageren op; *work off steam* stoom afblazen

work·out [telb zn] ① training, trainingsperiode, oefenwedstrijd, oefenpartij ② ⟨sl⟩ uitputtende klus

¹**work out** [onov ww] ① zich ontwikkelen, verlopen, (gunstig) uitpakken/uitvallen ② oplosbaar/uitwerkbaar/berekenbaar zijn, uitkomen ③ ⟨sport⟩ trainen, sparren, de spieren losmaken, zich opwarmen · *work out at/to* uitkomen op, bedragen

²**work out** [ov ww] ① uitwerken, opstellen (plan, enz.) ② uitrekenen, uitwerken, berekenen, becijferen, oplossen, uitzoeken ♦ ⟨inf⟩ *work things out* problemen uit de weg ruimen, de dingen op een rijtje zetten; ⟨inf⟩ *those things work themselves out* zulke dingen gaan vanzelf over/komen vanzelf goed ③ ⟨inf⟩ hoogte krijgen van, doorgronden, doorzien, uitvlooien ④ ⟨vnl passief⟩ uitputten ⟨mijn enz.⟩

work over [ov ww] ① ⟨vnl AE; sl⟩ afrossen, aftuigen, bewerken, onder handen nemen ② (grondig) nazien/controleren

work·peo·ple [alleen mv] werkmensen, werkenden, werkvolk, werknemers

work permit [telb zn] werkvergunning

work·piece [telb zn] werkstuk

work·place [telb zn; the] werk(plek) ♦ *at/in the workplace* op het werk

work placement [telb zn] stage

workplace nursery [telb zn] bedrijfscrèche

work practice [telb zn] werkwijze

work·room [telb zn] werkruimte

works /wɜːks, ᴬwɜrks/ [alleen mv] ① oeuvre, werken, verzameld werk ♦ *the works of* het verzameld werk van ② ⟨rel⟩ werken ♦ *works of mercy* liefdewerk(en), werken van barmhartigheid; *works of supererogation* opera supererogationis ③ werken, verdedigingswerken, versterkingswerken, vestingswerken ④ werk, mechanisme ♦ *the works of a clock* het werk van een klok ⑤ ⟨the; inf⟩ werkwoord voornamelijk enkelvoud⟩ zooi, bups, bende, mikmak, zwik ⑥ ⟨werkwoord voornamelijk enkelvoud⟩ fabriek, bedrijf, werkplaats ♦ *the works is closed* de fabriek is dicht ⑦ kunstwerken (bruggen enz.) · ⟨sl⟩ *give the (whole/entire) works* helemaal opknappen; volgens de regels van de kunst behandelen; de volle laag geven; het hele verhaal/alles vertellen; ⟨i.h.b.⟩ (iemand) om zeep helpen; ⟨inf⟩ *gum up the works* de boel in de war sturen; *it's in the works* het zit in de molen, er wordt aan gewerkt; ⟨vnl AE; inf⟩ *shoot the works* alles op alles zetten, alles riskeren

works council, works committee [verzameln] ondernemingsraad

work·shad·ow·ing [niet-telb zn] (het) in de praktijk meelopen, (het) snuffelstage (lopen)

work·shar·ing [niet-telb zn] deeltijdbaan, deeltijdbanen, deeltijdse arbeid

work·sheet [telb zn] ① kladje, kladblaadje, kladpapiertje ② aantekenvel

¹**work·shop** [telb zn] ① werkplaats, atelier ② workshop

²**work·shop** [verzameln] werkgroep

work·shy [bn] werkschuw

work·stand, work·ta·ble [telb zn] werktafel, ⟨i.h.b.⟩ naaitafel

work·sta·tion [telb zn] ① werkplek ② ⟨comp⟩ werkstation

work stoppage [telb zn] werkonderbreking, staking, het neerleggen van het werk

work study [niet-telb zn] arbeidsanalyse, arbeidsstudie

work-surface, work·top [telb zn] ⟨vnl BE⟩ werkblad, aanrecht

work-to-rule [telb zn] ⟨BE⟩ stiptheidsactie

¹**work up** [onov ww] toewerken ♦ *work up to* toewerken naar

²**work up** [ov ww] ① opbouwen, uitbouwen ② stimuleren ♦ *work up an appetite* de eetlust opwekken; *work up enthusiasm* enthousiasme opbrengen ③ woedend/nerveus maken ♦ *he feels worked up about the I.R.S.* hij zit in zijn rats vanwege de fiscus; *the referee worked the crowd up* de scheidsrechter wekte de woede van het publiek; *don't get worked up* maak je geen zorgen/niet druk, rustig nou maar ④ opwerken, omhoogwerken ♦ *work one's way up from* zich omhoogwerken vanuit ⑤ (om)vormen ♦ *he's working up his notes into a book* hij is bezig zijn aantekeningenmateriaal te schrijven/werken tot een boek · *work s.o./o.s. up* iemand/zichzelf oppeppen/opjuinen

work·wear [niet-telb zn] werkkleding, werkkleren

work·week [telb zn] ⟨vnl AE⟩ werkweek

work·wom·an [telb zn] arbeidster

world /wɜːld, ᴬwɜrld/ [telb zn] ① wereld ♦ *the world of the arts* de wereld der (beeldende) kunst; *bring into the world* ter wereld brengen; met zijn geboorte meekrijgen/meegekregen hebben; *in a world by o.s.* in een eigen wereld; *carry the world before one* de wereld/de publiciteit stormenderhand veroveren, een overrompelend succes behalen; *the world to come* het hiernamaals, het leven na de dood; *come into the world* ter wereld komen, geboren worden; *the world of dreams* de wereld van de droom, de droomwereld; *the world's end* het einde van de wereld; *the world, the flesh, and the devil* de wereld, het vlees en de duivel; de verleidingen waaraan de mens blootstaat; *forsake/renounce the world* der wereld afsterven, zich van de wereld afwenden; *the Fourth World* de vierde wereld, de allerarmste landen; *give to the world* het licht doen zien, in het licht geven, publiceren; *go up/move up in the world* vooruitkomen in de wereld, stijgen op de maatschappelijke ladder; *go down/come down in the world* achteropraken in de wereld, zakken op de maatschappelijke ladder, aan lagerwal raken; *nothing in the world* niets ter wereld; *why in the world did you do this?* waarom heb je dat in 's hemelsnaam/godsnaam gedaan?; *all the world knows* de hele wereld/iedereen weet het; het is wijd en zijd bekend; *know/see the world* de wereld kennen/zien; *the other world* het hiernamaals, de andere wereld; ⟨inf⟩ *out of this world* niet van deze wereld; te gek; *(all) the world over* over de hele wereld; *take the world as one finds it* het leven nemen zoals het is; *tell the world* (iets/het) wereldkundig maken/goed laten merken; *the/this world* de(ze) wereld, het leven op aarde,

World Bank

het sterfelijk leven; *the Third World* de derde wereld 2 ⟨inf⟩ massa, hoop, boel, menigte ♦ *are worlds apart* liggen ver uiteen, verschillen als dag en nacht; *worlds/a world too big* veel/méters te groot; *make a world of difference* veel/een hoop verschil uitmaken; *I'd give the world to ...* ik zou er alles (ter wereld) voor over hebben om ...; *it will do you a/the world of good* daar zul je reuze van opknappen/veel baat bij hebben; *not be long for this world* niet lang meer te leven hebben ▫ *begin the world* het echte leven beginnen; ⟨rel⟩ *world without end* van eeuwig tot eeuwig, tot in de eeuwen der eeuwen, tot in der eeuwen eeuwigheid; *not for (all) the world* voor niets ter wereld, voor geen goud/prijs; *is for all the world like/as if* lijkt sprekend/als twee druppels water/in alles op; ⟨inf⟩ *how goes the world with you?*, ⟨inf⟩ *how is the world using you?* hoe staat het leven?, hoe gaat het met jou?; *the world's his oyster* de wereld ligt aan zijn voeten, hij doet alles waar hij zin in heeft; *set the world on fire* iets zeer opmerkelijks/bijzonders doen; ⟨inf⟩ *set the world to rights* alles verbeteren/in orde maken; *think the world of s.o.* een zeer hoge dunk van iemand hebben, hoog opgeven van iemand, iemand hoog aanslaan; iemand op handen dragen; *tired/whacked to the world* doodop, doodmoe, helemaal kapot; *my car is all the world to me* mijn auto betekent alles voor me/is mijn lust en mijn leven; *all the world and his wife* heel de beau monde; Jan en alleman, iedereen, niemand uitgezonderd; ⟨sprw⟩ *laugh and the world laughs with you; cry/weep and you cry/weep alone* vrolijke mensen hebben altijd veel vrienden om zich heen; treurige mensen worden gemeden; ⟨sprw⟩ *half the world knows not how the other halve lives* mensen uit de ene sociale laag hebben er geen idee van hoe de mensen uit de andere leven; ⟨sprw⟩ *the hand that rocks the cradle rules the world* wie de wieg schommelt, schommelt de wereld, wie de jeugd heeft, heeft de toekomst; ⟨sprw⟩ *it is love that makes the world go round* ± liefde laat de wereld draaien; ⟨sprw⟩ *it takes all sorts to make a world* ± op de wereld vind je allerlei soorten mensen, ± zulke mensen moeten er ook zijn

World Bank [eigenn; the] Wereldbank
world-beat·er [telb zn] superkampioen, wereldsucces, wereldwonder
world-class [bn] van wereldklasse
World Court [eigenn; the] 1 Internationaal Gerechtshof ⟨van de UNO⟩ 2 ⟨gesch⟩ Permanent Hof van Arbitrage
World Cup /wɜːldkʌp, ᴬwɜrldkʌp/ [eigenn] ⟨voetb⟩ wereldbeker, wereldkampioenschap(pen)
world economy [telb zn] wereldeconomie
world-fa·mous [bn] wereldberoemd, wereldvermaard
world language [telb zn] wereldtaal
world-lead·er [telb zn] 1 ⟨politiek⟩ leider/staatshoofd van een grote mogendheid 2 ⟨ec⟩ toonaangevend bedrijf
world-line [telb zn] ⟨natuurk⟩ wereldlijn
world·ling /wɜːldlɪŋ, ᴬwɜrld-/ [telb zn] wereldling, werelds(gezind) iemand
¹**world·ly** /wɜːldli, ᴬwɜr-/ [bn; vergr trap: worldlier; zn: worldliness] werelds, wereldlijk, wereldwijs, mondain ♦ *worldly wisdom* wereldwijsheid
²**world·ly** /wɜːldli, ᴬwɜr-/ [bn, attr; vergr trap: worldlier; zn: worldliness] wereldlijk, werelds, aards, materieel, profaan ♦ *worldly goods* wereldse goederen
world·ly-mind·ed [bn] werelds(gezind), aards
world·ly-wise [bn] wereldwijs
world money [niet-telb zn] internationale valuta
world music [niet-telb zn] wereldmuziek
world-old [bn] oeroud, zo oud als de wereld
world power [telb zn] wereldmacht
world rec·ord [telb zn] wereldrecord
World Series, world's series [eigenn; the] *world series,* Amerikaans kampioenschap honkbal

world-shak·ing [bn] wereldschokkend
world soul [telb zn; voornamelijk enk] wereldziel
world's people [verzameln] niet-quakers, de kinderen der wereld
world view [telb zn] ⟨vnl enkelvoud⟩ 1 wereldbeeld, wereldbeschouwing 2 levensopvatting
world war [telb zn] wereldoorlog ♦ *First World War* Eerste Wereldoorlog; *Second World War* Tweede Wereldoorlog
world-wea·ry [bn; vergr trap: world-wearier; zn: world-weariness] levensmoe, de wereld moe
¹**world·wide** [bn] wereldomspannend, wereldomvattend, mondiaal, universeel, wereldwijd
²**world·wide** [bw] over de hele wereld, mondiaal, universeel, wereldwijd
¹**worm** /wɜːm, ᴬwɜrm/ [telb zn] 1 worm, aardworm, regenworm, houtworm, pier, ⟨bij uitbreiding; dierk⟩ hazelworm ⟨Anguis fragilis⟩ ♦ ⟨fig⟩ *the worm of conscience* de (knagende) worm van het geweten; ⟨fig⟩ *tread on a worm and it will turn*, ⟨fig⟩ *even a worm will turn* when trodden on zelfs een worm kronkelt zich als je erop trapt, zelfs de zachtzinnigste mens gaat protesteren als je hem te slecht behandelt 2 worm, tor, dweil, verachtelijke figuur 3 schroefdraad 4 (koel)spiraal 5 (tong)worm ⟨van hond⟩ 6 ⟨comp⟩ worm(virus) 7 ⟨mil⟩ krasijzer, krasser ⟨voor geweer e.d.⟩ ▫ *daily chores are the worm in the bud/apple of married life* de dagelijkse sleur is de pest/verderf van het huwelijksleven; ⟨sprw⟩ *even a worm will turn* men kan een pad wel net zolang trappen dat hij kwaakt; ⟨sprw⟩ *the early bird catches/gets the worm* een vroege vogel vangt veel wormen, de morgenstond heeft goud in de mond, vroeg begonnen, veel gewonnen
²**worm** /wɜːm, ᴬwɜrm/ [onov ww] 1 kronkelen, wriemelen, kruipen ♦ *wormed through the grass* kronkelde door het gras 2 pieren, pieren/wormen zoeken ▫ *worm into s.o.'s confidence* slinks iemands vertrouwen weten te winnen; *worm out of one's punishment* onder zijn straf uit weten te komen/kronkelen
³**worm** /wɜːm, ᴬwɜrm/ [ov ww] 1 ontwormen, van wormen genezen/ontdoen/zuiveren 2 wurmen ♦ *worm one's way into* zich naar binnen weten te wurmen in; *wormed himself into her heart* wist geleidelijk tot haar hart door te dringen; *worm o.s. out of sth.* zich ergens uit weten te wringen/draaien 3 ontfutselen, ontlokken ♦ *worm a secret out of s.o.* een geheim uit iemand weten te krijgen/wurmen 4 de worm wegsnijden van ⟨hondentong⟩, van de tongriem snijden ⟨hond⟩ 5 ⟨scheepv⟩ trenzen 6 ⟨mil⟩ met krasser/krasijzer schoonmaken ⟨geweer e.d.⟩
WORM /wɜːm, ᴬwɜrm/ [afk] ⟨comp⟩ (Write-Once-Read-Many (times)) WORM, WORM-schijf
worm cast [telb zn] wormhoop(je)
worm-eat·en [bn] wormstekig, door houtworm aangetast, aangevreten, ⟨bij uitbreiding⟩ versleten, aftands
worm·er·y /wɜːməri, ᴬwɜrməri/ [telb zn] 1 wormenkwekerij 2 wormenbak
worm fence [bn] zigzaghek, virginiahek
worm fever [niet-telb zn] wormkoorts
worm-fish·ing [niet-telb zn] pieren, vissen met wormen
worm gear [telb zn] 1 worminrichting, wormwielinrichting, wormoverbrenging, wormwieloverbrenging, wormwerk 2 → **worm wheel**
worm·grass [telb zn] ⟨plantk⟩ Spigelia marilandica
worm·hole [telb zn] 1 wormgaatje, wormgat 2 ⟨natuurk⟩ wormgat
worm-holed [bn] wormstekig, met wormgaatjes
worm·like /wɜːmlaɪk, ᴬwɜrm-/ [bn] wormachtig, wormvormig
worm powder [telb + niet-telb zn] wormpoeder
worms /wɜːmz, ᴬwɜrmz/ [alleen mv] ⟨med⟩ wormen, hel-

minthiasis

worm·seed [telb zn] [1] wormzaad [2] wormkruid [3] ⟨plantk⟩ welriekende ganzenvoet ⟨Chenopodium ambrosioides⟩

worm's-eye view [telb zn; voornamelijk enk] ⟨scherts⟩ wormperspectief

worm wheel [telb zn] wormwiel

¹**worm·wood** /wɜːm/ ⟨plantk⟩ alsem ⟨genus Artemisia⟩, ⟨i.h.b.⟩ absintalsem ⟨Artemisia absinthium⟩

²**worm·wood** [niet-telb zn] alsem, bittere smart

worm·y /wɜːmi, ᴬwɜːrmi/ [bn; vergr trap: wormier; zn: worminess] [1] wormachtig, wormvormig, wormig, worm-, ⟨fig⟩ kruiperig, laag, gemeen [2] wormstekig [3] vol wormen, verwormd

worn /wɔːn, ᴬwɔːrn/ [volt deelw] → wear

¹**worn-out** [bn; oorspronkelijk volt deelw van wear out] afgedragen, (tot op de draad) versleten ♦ *a worn-out shirt* een versleten hemd

²**worn-out** [bn, pred; oorspronkelijk volt deelw van wear out] uitgeput, afgemat, doodop, doodmoe, bekaf, op, doorgedraaid

wor·ri·ed /wʌrid, ᴬwɜːrid/ [bn; volt deelw van worry; bw: ~ly] bezorgd, ongerust, bekommerd, verontrust ♦ *a worried look* een zorgelijk gezicht; *wear a worried look* bezorgd kijken; *is much/very worried* is zeer/erg bezorgd, zit er erg over in; *the worried well* de hypochondergemeenschap, de allesvrezers

wor·ri·er /wʌriə, ᴬwɜːriər/ [bn] [1] tobber [2] zorgenkind [3] lastpost, kwelgeest

wor·ri·less /wʌriləs, ᴬwɜːri-/ [bn] zorgeloos, onbezorgd, onbekommerd

¹**wor·ri·ment** /wʌrimənt, ᴬwɜːri-/ [telb zn] ⟨vnl AE⟩ (voorwerp van) zorg, probleem

²**wor·ri·ment** /wʌrimənt, ᴬwɜːri-/ [niet-telb zn] zorg, bezorgdheid

wor·ri·some /wʌrisəm, ᴬwɜːri-/ [bn; bw: ~ly] [1] zorgwekkend, onrustbarend, zorgelijk [2] zorgelijk, zwaartillend, tobberig

wor·rit /wʌrɪt, ᴬwɜːrɪt/ ⟨gew; inf⟩ → worry

¹**wor·ry** /wʌri, ᴬwɜːri/ [telb zn] [1] ⟨vnl mv⟩ (voorwerp van) zorg, beslommering, kwelling ♦ *it's a worry to him having to sell his car* hij zit erover in dat hij zijn auto moet verkopen [2] zorgenkind, bron van zorgen

²**wor·ry** /wʌri, ᴬwɜːri/ [niet-telb zn] [1] (be)zorg(dheid), ongerustheid, verontrusting [2] aanval, het bij de keel grijpen ⟨van hond⟩, het zich vastbijten, het grijpen en heen en weer schudden

³**wor·ry** /wʌri, ᴬwɜːri/ [onov ww] zich zorgen/ongerust maken, inzitten, tobben, piekeren, zuchten ♦ *I have enough to worry about* ik heb al genoeg aan mijn hoofd; *worry about/over* inzitten/zich zorgen maken over; *don't you worry* wees maar niet bang, maak je geen zorgen, rustig maar ▫ *worry along/through* moeizaam vooruitkomen, voorttobben, aanmodderen, voortmodderen; *worry at* sleuren/trekken aan ⟨van hond⟩; zich het hoofd breken over ⟨probleem⟩; aandringen bij; *she worried at her father to give her a new bicycle* zij bleef bij haar vader zeuren om een nieuwe fiets; *worry away (at a problem)* zich het hoofd breken over (een probleem); ⟨inf⟩ *not to worry* geen nood, maak je geen zorgen, niks aan de hand; → worried, worrying

⁴**wor·ry** /wʌri, ᴬwɜːri/ [ov ww] [1] lastigvallen, hinderen, storen, zorgen baren, kwellen, plagen ♦ *his condition worries me* ik maak me ongerust over zijn toestand; *worry s.o. for* bij iemand zeuren om; *worry o.s. (about)* zich zorgen maken (om), bezorgd zijn (om); *the rain doesn't worry him* de regen deert hem niet/kan hem niet schelen; *you'll worry yourself to death* je maakt je veel te druk [2] naar de keel vliegen ⟨van hond⟩, (herhaaldelijk) aanvallen, de tanden zetten in, bijten in/naar [3] steeds aanraken, niet met rust laten ♦ *he was worrying the sore spot with his fingers* hij zat steeds met zijn vingers aan de zere plek, hij kon niet met zijn vingers van de zere plek afblijven ▫ *worry down food* eten met moeite naar binnen krijgen; *worry out a problem* een probleem met veel moeite weten op te lossen/de baas worden; → worried, worrying

worry beads [alleen mv] friemelkettinkje, speelkransje, vingersnoer ⟨kralenkettinkje om de vingers iets te doen te geven⟩

wor·ry·ing /wʌriɪŋ, ᴬwɜːriɪŋ/ [bn; tegenwoordig deelw van worry; bw: ~ly] zorgwekkend, zorgelijk, verontrustend

wor·ry·wart /wʌriwɔːt, ᴬwɜːriwɔːrt/, ⟨BE⟩ **wor·ry·guts**, ⟨AE⟩ **wor·ry·well** [telb zn] ⟨inf⟩ tobber, zwartkijker, pessimist, pietlut, zenuwlijer

¹**worse** /wɜːs, ᴬwɜːrs/ [niet-telb zn] iets slechters/ergers, slechtere/ergere dingen ♦ *a change for the worse* een verandering ten kwade, een verslechtering, geen verbetering; *have/get the worse* aan het kortste eind trekken, het onderspit delven; *worse is to follow* het ergste komt nog; *or worse* of nog erger/slechter ▫ ⟨AE⟩ *if worse comes to worst* in het ergste/uiterste geval

²**worse** /wɜːs, ᴬwɜːrs/ [bn; vergrotende trap van bad] slechter, erger, minder (goed) ♦ *worse and worse* steeds erger/slechter; *be worse at Spanish than ...* slechter in Spaans zijn dan ...; *to make things worse* tot overmaat van ramp; *you're making matters worse* je verergert de zaak (nog); *is worse off than ...* is slechter af dan ...; *this cheese is smelling worse than ever* deze kaas stinkt erger dan ooit; *worse still* erger/sterker nog ▫ *the worse for drink/liquor* aangeschoten, onder invloed; *a fate worse than death* het ergste wat je kan overkomen; ⟨scherts⟩ verkrachting; *is none the worse for* is niet minder geworden van, ondervindt geen nadeel van, heeft niet geleden onder; *worse luck!* pech gehad!, jammer!, helaas!; *the worse for wear* versleten, beschadigd, gehavend; er niet op vooruitgegaan; ⟨sprw⟩ *worse things happen at sea* het kon erger; ⟨sprw⟩ *the remedy may be worse than the disease* het middel is erger dan de kwaal; ⟨sprw⟩ *the sun is never the worse for shining on a dunghill* goede mensen worden niet gecorrumpeerd door een slechte omgeving; ⟨sprw⟩ *nothing so bad but might have been worse* ± het had altijd nog erger kunnen zijn; ⟨sprw⟩ *praise makes good men better and bad men worse* ± lof maakt goede mensen beter en slechte mensen slechter; ⟨sprw⟩ *a good tale is none the worse for being told twice* ± goed nieuws mag best vaak verteld worden

³**worse** /wɜːs, ᴬwɜːrs/ [bn, pred; vergrotende trap van ill] zieker, zwakker, achteruit ♦ *getting worse every day* gaat met de dag/ziender ogen achteruit

⁴**worse** /wɜːs, ᴬwɜːrs/ [onov + ov ww] → worsen

⁵**worse** /wɜːs, ᴬwɜːrs/ [bw] slechter, erger ♦ *she's been taken worse* ze/haar toestand is achteruitgegaan; *I want the money worse than you do* ik heb het geld harder nodig dan jij ▫ *I like him none the worse for it* ik mag hem er niet minder om; ⟨sprw⟩ *(you could) go further and fare worse* grijp de kans

wors·en /wɜːsn, ᴬwɜːrsn/ [onov + ov ww] verergeren, verslechteren, slechter worden/maken, bemoeilijken

¹**wor·ship** /wɜːʃɪp, ᴬwɜːr-/ [niet-telb zn] [1] verering, aanbidding, eerbied, verheerlijking [2] godsdienstigheid, godsdienst(oefening), eredienst ♦ *do worship* naar de kerk gaan, de eredienst/mis bijwonen [3] ⟨vero⟩ waardigheid, achting, aanzien, verdienste ♦ *have worship* in achting staan, (hoog) in aanzien staan; *win worship* in aanzien komen ▫ ⟨BE⟩ *His Worship* de Edelachtbare; ⟨BE⟩ *Your Worship* Edelachtbare, Uwe Edelachtbaarheid

²**wor·ship** /wɜːʃɪp, ᴬwɜːr-/ [onov ww] [1] ter kerke gaan, een eredienst/mis bijwonen, zijn godsdienstplichten vervullen [2] van eerbied vervuld zijn/blijk geven, in aanbidding verzonken zijn

³**wor·ship** /wɜːʃɪp, ᴬwɜːr-/ [ov ww] ⟨ook fig⟩ aanbidden, vereren, eerbiedigen, eerbied betonen, toegewijd zijn

worshipful

aan, verheerlijken

¹**wor·ship·ful** /wɜːʃɪpfl, ᴬwɜr-/ [bn; bw: ~ly; zn: ~ness] eerbiedig, devoot

²**wor·ship·ful** /wɜːʃɪpfl, ᴬwɜr-/ [bn, attr; vaak Worshipful] ⟨vero, behalve in titels; BE⟩ achtbaar, eerwaardig

wor·ship·per, ⟨AE⟩ **wor·ship·er** /wɜːʃɪpə, ᴬwɜrʃɪpər/ [telb zn] ① kerkganger, gelovige, (aan)bidder ② aanbidder, vereerder, verheerlijker

¹**worst** /wɜːst, ᴬwɜrst/ slechtst(e), ergst(e) ♦ *at (the) worst* in het slechtste/ergste/ongunstigste geval, op zijn slechtst/allerergst; ⟨vnl BE⟩ *if (the) worst comes to (the) worst* in het ergste/uiterste geval; *do your worst* doe maar wat je niet laten kan, kom maar op; *let him do his worst* laat hem zijn gang maar gaan/hem maar tekeergaan, ik/we lust(en) hem rauw; *get/have the worst of it* aan het kortste eind trekken, het onderspit delven, de nederlaag lijden; *he always thinks the worst of people* hij denkt altijd het slechtste van de mensen; *make/have the worst of both worlds* het slechtst denkbare resultaat krijgen ▪ ⟨sprw⟩ *hope for the best and fear/prepare for the worst* men moet het beste hopen, het ergste komt gauw genoeg

²**worst** /wɜːst, ᴬwɜrst/ [bn; overtreffende trap van bad] slechtst, ergst ▪ *be one's own worst enemy* zichzelf/zijn eigen zaak schaden, (altijd) zijn eigen ruiten ingooien/inslaan; ⟨AE; inf⟩ *he wants to be an actor the worst way* hij wil het allerliefst/vurig/dolgraag toneelspeler worden

³**worst** /wɜːst, ᴬwɜrst/ [bn, attr; overtreffende trap van ill] ziekst, zwakst, er het slechtst aan toe

⁴**worst** /wɜːst, ᴬwɜrst/ [ov ww] ⟨vero⟩ vellen, (ver)slaan, overwinnen

⁵**worst** /wɜːst, ᴬwɜrst/ [bw] ① slechtst, ergst ♦ *come off worst* aan het kortste eind trekken, de nederlaag lijden, het onderspit delven; *the worst dressed man* de slechtst geklede man ② ziekst, zwakst, er het slechtst aan toe

worst-case [bn, attr] (aller)slechtst, ongunstigst ♦ *in the worst-case scenario* in het allerslechtste geval

wor·sted /wʊstɪd/ [niet-telb zn; ook attributief] kamgaren, wollen garen

¹**wort** /wɜːt, ᴬwɜrt/ [telb zn; voornamelijk in combinatie] kruid, mos, plant

²**wort** /wɜːt, ᴬwɜrt/ [niet-telb zn] wort ⟨ter bereiding van bier⟩

¹**worth** /wɜːθ, ᴬwɜrθ/ [telb + niet-telb zn; alleen enk] ① waarde, waardigheid, kwaliteit, verdienste, allooi ♦ *know s.o.'s worth* weten wat iemand waard is; *of great/little/no worth* van grote/geringe/geen waarde ② marktwaarde, tegenwaarde ♦ *1000 dollar worth of timber* voor 1000 dollar hout, hout ter waarde van 1000 dollar ▪ ⟨sprw⟩ *the worth of a thing is best known by the want of it* men kent verloren geld en goed, maar eerst wanneer men 't missen moet

²**worth** /wɜːθ, ᴬwɜrθ/ [bn, pred + postnom] waard ♦ *land worth 100,000 dollars* land met een/ter waarde van 100.000 dollar; *for what/all it's worth* voor wat het waard is; wat het ook mag betekenen/waard mag wezen; *he died worth a fortune* hij bezat bij zijn dood een fortuin/stierf schatrijk; *any biologist worth the name* iedere bioloog van enige naam; *that is worth notice* dat is opmerkenswaardig/verdient de aandacht; *what's your old man worth?* hoeveel heeft jouw oudeheer?; *it is sth. worth praying for/having* ⟨enz.⟩ het is iets om voor te bidden/om te hebben ⟨enz.⟩; *worth seeing* bezienswaardig; *it is worth (one's) while* het is de moeite waard, het loont de moeite; *it's (well) worth it* het loont ruimschoots de moeite, het is het/de moeite ruimschoots waard ▪ *not worth a red cent* geen cent waard, waardeloos; *not worth a tinker's cuss* geen moer waard, waardeloos; *not worth a tuppenny damn* volkomen waardeloos, geen rode rotcent waard; *for all one is worth* uit alle macht, met volle overgave; *the game is not worth the candle* het sop is de kool niet waard; het is de moeite niet waard; *not worth the paper it is printed/written on* zonde van het papier, waardeloos; *he is (not) worth his salt* hij is de kost/zijn geld (niet) waard; *a trick worth two of that* een beter middel; *make it worth your while* het de moeite waard maken voor je; ⟨sprw⟩ *one pair of heels is often worth two pairs of hands* ± het is beter te buigen dan te barsten, ± beter blo Jan dan do Jan; ⟨sprw⟩ *an hour's sleep before midnight is worth three after* de uren slaap voor middernacht tellen dubbel; ⟨sprw⟩ *one volunteer is worth two pressed men* ± met onwillige honden is het kwaad hazen vangen, ± met onwillige paarden is het kwaad rijden; ⟨sprw⟩ *if a thing is worth doing, it's worth doing well/badly* als je iets doet, doe het dan goed; ⟨sprw⟩ *a bird in the hand is worth two in the bush* beter één vogel in de hand dan tien in de lucht, ± beter één turf in de keuken dan duizend op het veenland; ⟨sprw⟩ *a peck of dust in March is worth a king's ransom* stof in maart is goud waard, een droge maart is goud waard, als 't in april maar regenen wil; ⟨sprw⟩ *an ounce of discretion is worth a pound of wit* wees niet grappig ten kosten van anderen, gezond verstand is meer waard dan grote intelligentie; ⟨sprw⟩ *a little help is worth a deal of pity* ± een beetje hulp is meer waard dan een lange preek, ± een lepel vol daad is beter dan een schepel vol raad

³**worth** /wɜːθ, ᴬwɜrθ/ [ov ww] ⟨vero, behalve in bijbehorende uitdrukking⟩ geworden ♦ *woe worth (the day)* wee/vervloekt (de dag)

worth·less /wɜːθləs, ᴬwɜrθ-/ [bn; bw: ~ly; zn: ~ness] ① waardeloos ② nietswaardig, onwaardig

worth·while [bn] de moeite waard/lonend, waardevol, nuttig, dienstig

¹**wor·thy** /wɜːði, ᴬwɜrði/ [telb zn] ⟨vaak iron⟩ notabele, hoge heer, vooraanstaande/aanzienlijke figuur, waardigheidsbekleder, (plaatselijke) held/beroemdheid

²**wor·thy** /wɜːði, ᴬwɜrði/ [bn; bw: worthily; zn: worthiness] ① waardig, eervol, eerzaam, waardevol ♦ ⟨inf; scherts⟩ *I'm/we're not worthy* wat een eer, uw nederige dienaar ② waard ♦ *worthy to be mentioned* vermeldenswaard; *in clothes worthy of the occasion* ⟨vero⟩ *in clothes worthy the occasion* in bij de gelegenheid passende kleding; *worthy of praise* prijzenswaardig, loffelijk; *he isn't worthy of her* hij is haar niet waard; *nothing worthy of mention* niets noemenswaardigs ③ ⟨vaak iron⟩ achtenswaardig, braaf ▪ ⟨sprw⟩ *the labourer is worthy of his hire* een arbeider is zijn loon waard

-wor·thy /wɜːði, ᴬwɜrði/ [vormt bn] ± -waardig ♦ *seaworthy* zeewaardig; *blameworthy* laakbaar

¹**wot** /wɒt, ᴬwɑt/ ⟨inf⟩ → **what**

²**wot** /wɒt, ᴬwɑt/ [1e en 3e pers enk tegenwoordige tijd] ⟨vero⟩ → **wit**

wot·cha, wot·cher /wɒtʃə, ᴬwɑt-/ [tw] ⟨BE; sl⟩ hoi, hé, hallo

¹**would** /wʊd/ [ov ww; verleden tijd van will] ⟨vero, behalve in wenszin⟩ willen, wensen ♦ *he would that she returned* hij wenste dat zij terug zou komen; *would God/I would to heaven that he had died!* was hij in 's hemelsnaam toch maar gestorven!; *what would the queen of me?* wat wil de koningin van mij?; *he would a word with us* hij wilde ons spreken; *would I were rich!* was ik maar rijk!; → **will**

²**would** /(w)əd, ⟨sterk⟩ wʊd/ [hulpww; verleden tijd van will] ① ⟨wilsuiting; ook emfatisch en voorwaardelijk⟩ willen, zullen, wensen, (ver)kiezen ♦ *do unto others as you would have others do unto you* wat gij wilt dat u geschiedt, doe dat ook een ander; *even though it rained he would go to the seaside* hoewel het regende wilde hij toch/per se naar het strand; *she would have her way* ze moest en zou haar zin krijgen; *she would have Mary go to college* ze zou willen dat Mary naar de universiteit ging; *I wish he would leave me alone* ik wilde/wou dat hij me met rust liet; *I would like to show you this* ik zou je dit graag laten zien; *if only he would listen* als hij maar wilde luisteren; *I would rather/sooner starve than eat his food* ik zou nog liever verhonge-

ren dan eten van hem aannemen; *though he knew the danger he would not be stopped* hoewel hij het gevaar kende liet hij zich niet tegenhouden ② ⟨gewoonte/herhaling⟩ placht, ⟨vnl vertaald d.m.v. bijwoord als⟩ gewoonlijk, steeds, altijd ♦ *he would eat without speaking* hij at altijd zonder te spreken; *we would walk to school together* we liepen gewoonlijk samen naar school ③ ⟨voorwaarde⟩ zou(den) ♦ *I would have finished it but for her interfering* ik zou het af hebben als zij er zich niet mee had bemoeid; *if she had come I would have had to get out the photos* als zij was gekomen, zou ik de foto's tevoorschijn hebben moeten halen; *I would try it anyway* ik zou het toch maar proberen (als ik jou was) ④ ⟨in afhankelijke bijzinnen die een wens uitdrukken⟩ zou(den) ♦ *she hoped that Mary would be happy* ze hoopte dat Mary gelukkig zou zijn; *I wish John would return* ik wilde dat John terugkwam ⑤ ⟨neutrale aanduiding van toekomende tijd in verleden context⟩ zou(den) ♦ *he was writing the book that would bring him fame* hij was het boek aan het schrijven dat hem beroemd zou maken; *they promised that they would come* ze beloofden te zullen komen/dat ze zouden komen ⑥ ⟨onderstelling⟩ moeten, zullen, zou(den), moest(en) ♦ *he would be in bed by now* hij zal nu wel in bed liggen; *you would be the man I need* jij zal waarschijnlijk de man zijn die ik zoek; *he thought John would have returned by then* hij dacht dat John tegen die tijd wel terug zou zijn ⑦ ⟨geschiktheid⟩ kunnen, kon(den), volstaan, in staat zijn, toelaten ♦ *you would not bend that bar* je zou die stang niet kunnen buigen; *this contraption would drive two hundred kilometers per hour* deze rare machine kon tweehonderd kilometer per uur rijden ⑧ ⟨in vraag, als vriendelijk verzoek⟩ zou(den) ♦ *would you help me lift it?* wil je me helpen het op te tillen?; *would you please shut the door?* kun je de deur sluiten alsjeblieft? ⑨ ⟨twijfel of onzekerheid⟩ zou kunnen ♦ *an impressive result, I would say* een indrukwekkend resultaat, zou ik zeggen; *the problem would seem to lie deeper* het leek of het probleem dieper zat; *we would suggest the following* we zouden het volgende willen voorstellen ⑩ ⟨als onvriendelijk bevel⟩ moest(en) ♦ *they ordered that all visitors would be searched* ze bevalen dat alle bezoekers gefouilleerd zouden worden; → **will**

would-be [bn, attr] ① ⟨pej⟩ would-be, zogenaamd, pseudo-, zogeheten, beweerd, gewild, bedoeld ⟨maar niet geslaagd⟩ ♦ *would-be artist* would-be kunstenaar; *would-be idealism* zogeheten idealisme; *would-be humoristic remark* humoristisch bedoelde opmerking ② toekomstig, in de dop, met de wil ... te worden/zijn ♦ *would-be lawyer* advocaat in de dop

wouldn't /wʊdnt/ ⟨samentrekking van would not⟩
wouldst, wouldest /wʊd(ɪ)st/ ⟨hulpww⟩ 2e pers enk, verouderd of religie⟩ → **would**
Woulfe bottle, Woulff bottle /wʊlf bɒtl, ᴬ- bɑːtl/ [telb zn] ⟨scheik⟩ woulfefles
¹**wound** /wuːnd/ [telb zn] (ver)wond(ing), kwetsuur, ⟨fig⟩ krenking, belediging ♦ *dress a wound* een wond verbinden ▪ *lick one's wounds* zijn wonden likken ⟨na de nederlaag⟩
²**wound** /wuːnd/ [ov ww] (ver)wonden, (een) wond(en) toebrengen aan, kwetsen, ⟨fig⟩ grieven, krenken
³**wound** /waʊnd/ [verleden tijd en volt deelw] → **wind**
wound fever [niet-telb zn] wondkoorts
wound·less /wuːndləs/ [bn] ongewond, ongedeerd, heelhuids
wound stripe [telb zn] ⟨in USA; gesch⟩ wondstreep ⟨mouwstreep van in het gevecht gewonde militair⟩
wound·wort /wuːndwɜːt, ᴬ-wɜrt/ [telb zn] ① wondkruid, ⟨i.h.b.; plantk⟩ wondklaver ⟨Anthyllis vulneraria⟩ ② ⟨plantk⟩ andoorn ⟨genus Stachys⟩
¹**wove** /woʊv/ [bn, attr] velijnen ♦ *wove paper* velijnpapier
²**wove** /woʊv/ [verleden tijd en, zelden, volt deelw] → **weave**

wo·ven /woʊvən/ [volt deelw] → **weave**
¹**wow** /waʊ/ [telb zn; alleen enk] ⟨inf⟩ klapper, wereldsucces, sensatie ▪ *wow!* wow!, gaaf!, te gek!
²**wow** /waʊ/ [niet-telb zn] wow, janken ⟨van grammofoon enz.⟩
³**wow** /waʊ/ [ov ww] ⟨sl⟩ overweldigen, imponeren, een kick geven, achterover doen vallen, als een bom inslaan bij
wow factor [telb zn; voornamelijk enk] wowfactor
wow·ser /waʊzə, ᴬ-ər/ [telb zn] ⟨AuE⟩ ① godsdienstfanaat, streng gelovige, steile zeiker, ⟨bij uitbreiding⟩ bekrompen persoon, kwezel ② spelbreker ③ geheelonthouder
WP [afk] ① (weather permitting) ② (word processing) ③ (word processor)
WPB [afk] (Wastepaper Basket)
WPC [afk] (Woman Police Constable)
wpfl [afk] (worshipful)
wpm [afk] (words per minute)
WR [afk] (West Riding ⟨in Yorkshire⟩)
¹**WRAC** /ræk/ [telb zn] lid van het WRAC, vrouwelijke militair, ± milva ⟨in Engeland⟩
²**WRAC** [afk] ⟨BE⟩ (Women's Royal Army Corps)
¹**wrack** /ræk/ [telb zn] ① wrak, ravage ② ⟨enkelvoud⟩ zwerk, wolkendek, wolkendrift, voortdrijvende wolken ③ spoortje, zweempje
²**wrack** /ræk/ [niet-telb zn] ① schipbreuk ② verwoesting, verval, ondergang, ruïne ③ (zee)wier ⟨als mest gebruikt⟩
³**wrack** /ræk/ [onov ww] ten onder/te gronde gaan, schipbreuk lijden
⁴**wrack** /ræk/ [ov ww] te gronde richten
WRAF [afk] ⟨BE⟩ (Women's Royal Air Force)
wraith /reɪθ/ [telb zn] (geest)verschijning, schim, spook(gestalte)
¹**wran·gle** /ræŋgl/ [telb + niet-telb zn] ruzie, twist, herrie, bonje
²**wran·gle** /ræŋgl/ [onov ww] ruzie maken, ruziën, twisten, kijven, bekvechten ♦ *wrangle with s.o. about/over sth.* met iemand over iets/om iets ruziën
³**wran·gle** /ræŋgl/ [ov ww] ① ruziënd voor elkaar krijgen, met trammelant lospeuteren/gedaan krijgen ② ⟨AE, gew⟩ hoeden, bijeendrijven ⟨paarden, vee⟩
wran·gler /ræŋglə, ᴬ-ər/ [telb zn] ① ruziemaker ② wrangler ⟨student die bij het hoogste wiskunde-examen te Cambridge de eerste graad heeft behaald⟩ ③ cowboy, ⟨i.h.b.⟩ paardenverzorger
¹**wrap** /ræp/ [telb zn; voornamelijk mv] ① omslag(doek), omgeslagen kledingstuk, sjaal, stola ② (reis)deken, overtrek, plaid ③ wrap ⟨opgerold pannenkoekje met vulling⟩ ▪ *take the wraps off* onthullen, tentoonstellen, presenteren, vrijgeven; *under wraps* geheim, buiten de publiciteit
²**wrap** /ræp/ [onov ww; verleden tijd en voltooide tijd ook wrapt] zich wikkelen/winden ♦ *vines wrapping around a pillar* zich om een pilaar slingerende wijnranken ▪ zie: **wrap up**; → **wrapping**
³**wrap** /ræp/ [ov ww; verleden tijd en voltooide tijd ook wrapt] ① inpakken, verpakken ♦ *he wrapped his present (up) in paper* hij deed er een papiertje om zijn cadeau ② wikkelen, omslaan, vouwen ♦ *he wrapped his coat about him* hij trok zijn jas om zich heen; *she wrapped her arms about him* ze sloeg haar armen om hem heen ③ hullen, omhullen, verhullen, bedekken ♦ *wrapped in mist* in nevelen gehuld ▪ zie: **wrap up**; → **wrapping**
wrap·a·round /ræpəraʊnd/ [telb zn; vaak attributief] ① kledingstuk dat omgeslagen moet worden, ⟨i.h.b.⟩ peignoir, badjas, kamerjas ♦ *wraparound skirt* wikkelrok, overslagrok ② hoes ③ automatische regelterugloop ⟨in tekstopmaak⟩
wrap·a·rounds /ræpəraʊndz/, **wraparound sunglasses** [alleen mv] halfronde zonnebril ⟨die de ogen

wrappage

geheel omsluit〉
wrap·page /ræpɪdʒ/ [niet-telb zn] → **wrapping**
¹**wrap·per** /ræpə, ᴧ-ər/ [telb zn] ① 〈vnl BE〉(stof)omslag, kaft ② banderol, kruisband, adresband(je) ③ peignoir, huisjasje ④ papiertje, pakpapier, wikkel ⑤ dekblad 〈van sigaar〉 ⑥ stoflaken ⑦ sjaal, omslagdoek ⑧ inpakker, inpakster
²**wrap·per** /ræpə, ᴧ-ər/ [ov ww] verpakken, van een omslag/banderol voorzien
wrap·ping /ræpɪŋ/, **wrap·pings** /-pɪŋz/ [niet-telb zn; oorspronkelijk tegenwoordig deelw van wrap] verpakkingsmateriaal, bedekking, emballage, omkleedsel, windselen
wrapping paper [niet-telb zn] inpakpapier
wrapt /ræpt/ [verleden tijd en voltooide tijd] → **wrap**
¹**wrap up** [onov ww] ① zich (warm) (aan)kleden, zich (goed/stevig) inpakken ② 〈sl〉 zijn mond houden ♦ *wrap up!* hou je kop/harses!
²**wrap up** [ov ww] ① verpakken, inpakken, 〈fig〉 verhullen ② warm aankleden, (goed/stevig) inpakken ③ afwikkelen, afronden, rond maken, sluiten ♦ *wrap up a deal* een overeenkomst sluiten ④ in het kort weergeven, samenvatten ⑤ 〈sl〉 de beslissende slag slaan ⚫ *be wrapped up in* opgaan in, gebiologeerd/geboeid zijn door, verwikkeld/verdiept/verzonken zijn in; *wrap it up!* hou op!, schei uit!, hou je kop!
wrap-up [telb zn] 〈sl〉 ① gemakkelijke verkoop ② ingepakte/verzegelde rotzooi ③ fluitje van een cent ④ (samenvattting en) conclusie ⑤ kort nieuwsoverzicht, korte samenvatting van het nieuws
wrasse /ræs/ [telb zn] 〈dierk〉 lipvis 〈familie Labridae〉
wrath /rɒθ, ᴧræθ/ [niet-telb zn] 〈form〉 toorn, gram(schap), woede ♦ *the grapes of wrath* de druiven der gramschap ⚫ 〈sprw〉 *a soft answer turneth away wrath* een zacht woord stilt de toorn; 〈sprw〉 *let not the sun go down on your wrath* laat de zon niet ondergaan over uw toorn
wrath·ful /rɒθfl, ᴧræθfl/ [bn; bw: ~ly; zn: ~ness] toornig, gramstorig, vergramd, woedend
wrath·y /rɒθi, ᴧræθi/ [bn; vergr trap: wrathier; bw: wrathily] 〈AE〉 → **wrathful**
wreak /riːk/ [ov ww] ① uitstorten, loslaten, lucht geven aan, uiten ♦ *wreak vengeance (up)on* wraak nemen op; *wreak rage (up)on s.o.* zijn woede uitstorten over/koelen op ② veroorzaken, aanrichten ♦ *wreak damage* schade veroorzaken/aanrichten ③ 〈vero〉 wraak nemen voor, wreken ♦ *wreak wrongs* onrecht wreken
wreath /riːθ/ [telb zn; mv: wreaths /riːðz, riːθs/] ① krans, grafkrans, lijkkrans, rouwkrans ② krans, erekrans, lauwerkrans, haarkrans ③ bloemkrans, slinger, guirlande ④ krans, ring, kronkel ♦ *wreath of smoke* kringetje rook
¹**wreathe** /riːð/ [onov ww] kringelen, kronkelen, slingeren
²**wreathe** /riːð/ [ov ww] ① omkransen, om(k)ringen, omhullen, omkrullen, omhuiven ♦ *wreathed in* om(k)ringd door, gehuld in; 〈fig〉 *a face wreathed in smiles* een in glimlachen gehuld gelaat ② (tot een krans) vlechten, verstrengelen ③ wikkelen, strengelen, omwikkelen, omstrengelen ♦ *the snake wreathed itself (a)round the branch* de slang wikkelde zich/kronkelde om de tak ④ (be)kransen, met een krans tooien
¹**wreck** /rek/ [telb zn] wrak 〈ook figuurlijk〉, ruïne ♦ *her husband is a wreck* haar man is een wrak/weinig meer; *their plan is a wreck* er is weinig over van hun plan, hun plan is aan gruzelementen
²**wreck** /rek/ [niet-telb zn] ① schipbreuk 〈ook figuurlijk〉, ondergang, verwoesting, vernietiging, vergaan ② wrakgoed, wrakhout, strandgoed
³**wreck** /rek/ [onov ww] ① schipbreuk lijden, ten onder/te gronde gaan ② 〈AE〉 wrakken opruimen/slopen, bergen, een (auto)sloperij hebben ③ 〈AE〉 strandjutten, wrakgoed zoeken/roven; → **wrecked**
⁴**wreck** /rek/ [ov ww] ① 〈vnl passief〉 schipbreuk doen lijden, doen stranden, aan de grond doen lopen, 〈fig〉 fnuiken, dwarsbomen, verijdelen, doen mislukken ♦ *wrecked goods* wrakgoederen, wrakgoed; *wrecked sailors* schipbreukelingen; *the ship was wrecked on the rocks* het schip liep/verging op de rotsen ② in de vernieling rijden ③ ruïneren, verwoesten, te gronde richten ④ slopen, neerhalen, ontmantelen ⑤ 〈sl〉 klein maken, stuk slaan 〈bankbiljet〉 ⑥ 〈sl〉 verbrassen; → **wrecked**
wreck·age /rekɪdʒ/ [niet-telb zn] ① wrakgoed, wrakstukken, brokstukken, restanten, overblijfselen, puin, ravage ② schipbreuk, ondergang, verwoesting
wrecked /rekt/ [bn; volt deelw van wreck] 〈sl〉 ① straalbezopen ② zeer high
wreck·er /rekə, ᴧ-ər/ [telb zn] ① verwoester, vernieler, saboteur ② berger, bergingsmaatschappij ③ 〈vnl gesch〉 strandjutter, stranddief ④ 〈vnl AE〉 sloper, sloopbedrijf ⑤ 〈vnl AE〉 takelwagen, kraanwagen 〈ook trein〉 ⑥ 〈vnl AE〉 bergingsschip, bergingsvaartuig
wreck·ing ball [telb zn] sloopkogel
wrecking bar [telb zn] breekbeitel, breekijzer
wrecking company [telb zn] bergingsmaatschappij
wreck master, wreck commissioner [telb zn] strandvonder, strandvoogd, strandmeester
wren /ren/ [telb zn] 〈dierk〉 winterkoning 〈familie Troglodytidae〉
Wren /ren/ [telb zn] 〈BE; inf〉 lid van de Women's Royal Navy Service, ± marva
¹**wrench** /rentʃ/ [telb zn] ① ruk, draai ② verrekking, verzwikking, verdraaiing, verstuiking, ontzetting, ontwrichting ♦ *he gave his ankle a wrench* hij verdraaide/verzwikte zijn enkel ③ verdraaiing 〈van feiten e.d.〉 ④ afscheidssmart ♦ *it was a terrible wrench for the mother to leave her child alone* het deed de moeder pijn zich los te moeten scheuren van haar kind ⑤ 〈AE〉 moersleutel ⚫ 〈inf〉 *throw a wrench into sth.* iets in de war schoppen/sturen
²**wrench** /rentʃ/ [onov ww] wringen, wrikken, rukken
³**wrench** /rentʃ/ [ov ww] ① wringen, wrikken, loswringen, loswrikken, rukken, een ruk geven aan, draaien ♦ *wrench away/off* losrukken, wegrukken, loswrikken, afwrikken, afdraaien; *wrench sth. from s.o.* iemand iets ontwringen/worstelen; *wrench open* openwrikken, openrukken ② verzwikken, verrekken, verdraaien, verstuiken ③ verwringen, verminken, verwrongen weergeven, vertekenen ④ een pijnscheut geven, steken, pijn doen, aan het hart gaan, prangen
¹**wrest** /rest/ [telb zn] ① ruk, draai ② 〈vero; muz〉 stemhamer(tje)
²**wrest** /rest/ [ov ww] ① rukken, losrukken, wegrukken, wringen, wrikken, loswringen, loswrikken ♦ 〈fig〉 *wrest a confession from* een bekentenis persen uit; 〈fig〉 *wrest a living from the soil* zijn levensonderhoud ontwoekeren aan de grond; *he wrested the key out of her hands* hij rukte de sleutel uit haar handen ② zich meester maken van, naar zich toe trekken, zich toe-eigenen, opeisen ③ verdraaien, verwringen, geweld aandoen ♦ *wrest the law/the meaning of a sentence* de wet/de betekenis van een zin geweld aandoen
wrest block, wrest plank [telb zn] stemblok 〈van piano〉
¹**wres·tle** /resl/ [telb zn] worsteling, gevecht, strijd, 〈i.h.b.〉 worstelpartij, worstelwedstrijd
²**wres·tle** /resl/ [onov ww] worstelen 〈ook figuurlijk〉 ♦ *wrestle with s.o.* met iemand vechten/worstelen; *wrestle with problems* met problemen kampen; *wrestle with one's conscience* met zijn geweten worstelen; → **wrestling**
³**wres·tle** /resl/ [ov ww] ① worstelen met/tegen, in een worsteling gewikkeld zijn met ♦ *wrestle s.o. to the ground* iemand tegen de grond werken ② deelnemen aan 〈wor-

stelwedstrijd), worstelen ⟨partij⟩ ③ ⟨AE, gew⟩ tegen de grond drukken ⟨kalf, enz., ter brandmerking⟩; → **wrestling**
wres·tler /ˈreslə, ˄-ər/ [telb zn] worstelaar
wres·tling /ˈreslɪŋ/ [niet-telb zn; oorspronkelijk tegenwoordig deelw van wrestle] ⟨sport⟩ worstelen
wrest pin [telb zn] stemschroef ⟨van piano⟩
wretch /retʃ/ [telb zn] ① stakker, stumper, sloeber, zielenpoot ② ellendeling, beroerling, klier, smiecht, schooier ③ ⟨scherts⟩ schurk, boef, schooier, naarling
wretch·ed /ˈretʃɪd/ [bn; bw: -ly] ① beklagenswaardig, zielig, arm, droevig ② ellendig, ongelukkig, miserabel, erbarmelijk, betreurenswaardig ♦ *feel wretched* zich ellendig/hopeloos voelen ③ verachtelijk, laag, armzalig ④ waardeloos, beroerd, rot-, vervloekt
wrick → **rick**
¹**wrig·gle** /ˈrɪgl/ [telb zn] kronkelbeweging, wriemelbeweging, gekronkel, gewriemel
²**wrig·gle** /ˈrɪgl/ [onov ww] kronkelen, wriemelen, wriggelen, ⟨fig⟩ zich in allerlei bochten wringen, draaien ♦ *wriggle on one's chair* heen en weer zitten schuiven op zijn stoel; *wriggle out of sth.* ergens onderuit proberen/weten te komen, zich ergens uit proberen/weten te draaien/wriemelen; *wriggle through the crowd* zich door de menigte heen wriemelen/kronkelen
³**wrig·gle** /ˈrɪgl/ [ov ww] ① wriemelen met, wriemelend heen en weer bewegen ② kronkelend afleggen ♦ *wriggle one's way through sth.* zich ergens doorheen wurmen
wrig·gler /ˈrɪglə, ˄-ər/ [telb zn] ① kronkelaar, draaier ② muskietenlarve
wriggle room [niet-telb zn] ⟨fig, inf⟩ speelruimte
wright /raɪt/ [telb zn] ⟨vero behalve in combinatie⟩ maker, vervaardiger ♦ *wheelwright* wielenmaker, wielensmid
¹**wring** /rɪŋ/ [telb zn] ① kneepje, draai, wrong ♦ *give clothes a wring* kleren (uit)wringen; *give s.o.'s hand a wring* iemand de hand drukken ② kaaspers ③ ciderpers, appelpers
²**wring** /rɪŋ/ [onov ww; wrung, wrung] zich verwringen (van de pijn), kronkelen, ineenkrimpen
³**wring** /rɪŋ/ [ov ww; wrung, wrung] ① omdraaien ♦ *wring a hen's neck* een kip de nek omdraaien ② (uit)wringen, door de wringer halen, mangelen ♦ *wring your wet shirt out* wring je natte hemd uit ③ uitpersen, uitwringen, uitknijpen ♦ *wring the water out* wring het water eruit; ⟨inf⟩ *wringing wet* drijf(nat), druipnat ④ verwringen, verrekken ⑤ wringen, drukken, persen, samenknijpen ♦ *wring s.o.'s hand* iemand stevig de hand drukken, in iemands hand knijpen; *wring one's hands* de handen wringen ⑥ pijnlijk aandoen/treffen, prangen, kwellen, folteren, mangelen ⑦ afpersen, afdwingen, ontwringen ♦ *wring a confession from/out of s.o.* iemand een bekentenis afdwingen ⊡ ⟨inf⟩ *wringing* drijf, drijfnat, druipnat
wring·er /ˈrɪŋə, ˄-ər/ [telb zn] wringer, wringmachine, mangel ♦ ⟨sl, fig⟩ *put s.o. through the wringer* iemand door de wringer halen; agressief optreden tegen iemand
wring·ing ma·chine /ˈrɪŋɪŋ məˌʃiːn/ [telb zn] wringer, wringmachine, mangel
¹**wrin·kle** /ˈrɪŋkl/ [telb zn] ① rimpel, plooi, vouwtje, kreuk ② ⟨inf⟩ foefje, kunstje, handigheidje, kneep ③ ⟨inf⟩ tip, wenk, idee ④ ⟨sl⟩ schoonmoeder ⑤ ⟨sl⟩ stijl, mode ♦ *the latest wrinkle* de laatste mode ⑥ ⟨sl⟩ slim idee, ongewone benadering ⟨van probleem⟩ ♦ *that's a new wrinkle* dat is een frisse benadering
²**wrin·kle** /ˈrɪŋkl/ [onov + ov ww] rimpelen, rimpels (doen) krijgen, rimpelig worden/maken, kreuke(le)n, vouwen, plooien
¹**wrin·kly** /ˈrɪŋkli/ [telb zn; meestal mv] ⟨BE; inf⟩ oudje, bes
²**wrin·kly** /ˈrɪŋkli/ [bn] rimpelig, gerimpeld, kreukelig
¹**wrist** /rɪst/ [telb zn] ① pols(gewricht) ② pols(stuk) ⟨van kleding⟩, manchet ③ → **wrist pin**

²**wrist** /rɪst/ [niet-telb zn] pols, polseffect, polswerk
³**wrist** /rɪst/ [ov ww] vanuit de pols/met een polsbeweging gooien/slaan
wrist·band [telb zn] ① horlogebandje, pols(arm)band ② polsmofje, manchet ③ ± respectbandje
wrist-drop [niet-telb zn] polsverlamming, onderarmverlamming
wrist·er /ˈrɪstə, ˄-ər/ [telb zn] polsmofje
wrist joint [telb zn] polsgewricht
wrist·let /ˈrɪstlɪt/ [telb zn] ① horlogeband(je) ② polsband(je) ⟨bij sport⟩ ③ armband(je) ④ polsmofje ⑤ handboei
wrist pin [telb zn] ⟨AE⟩ zuigerpen, pistonpen
wrist-slap·per /ˈrɪstˌslæpər/ [telb zn] ⟨sl⟩ doetje, sul, kwezel
wrist·watch [telb zn] polshorloge
wrist work [niet-telb zn] polswerk
wrist·y /ˈrɪsti/ [bn; vergr trap: wristier] ⟨vnl sport⟩ sterk in de pols(en), pols(en) spelend
¹**writ** /rɪt/ [telb zn] bevelschrift, dwangbevel, gerechtelijk schrijven, exploot, dagvaarding, akte ♦ *writ of election* bevelschrift tot het uitschrijven van (tussentijdse) verkiezing; *writ of error* bevelschrift tot vonnisherziening wegens vormfout; *writ of execution* akte van executie; *writ of habeas corpus* habeascorpusakte, bevelschrift tot voorleiding van een arrestant; *writ of inquiry* bevelschrift tot vaststelling van een schadeloosstelling; *writ of prohibition* bevelschrift tot staking van rechtsvervolging; *serve a writ on* een dagvaarding betekenen aan; *writ of subpoena* dagvaarding; *writ of summons* dagvaarding; oproeping ⊡ *our writ doesn't run there* dat valt buiten ons ressort, ons gezag geldt daar niet
²**writ** /rɪt/ [niet-telb zn] de Schrift ⟨Bijbel⟩
³**writ** /rɪt/ [verleden tijd en volt deelw] ⟨vero⟩ → **write**
writ·a·ble /ˈraɪtəbl/ [bn] (op)schrijfbaar, op schrift te zetten
¹**write** /raɪt/ [onov ww; wrote, written; verouderd writ, writ] → **writing, write down, write in, write off**
²**write** /raɪt/ [onov + ov ww; wrote, written; verouderd writ, writ] schrijven, schrijfwerk verrichten, pennen, als schrijver werken, opmaken, opstellen, op papier zetten, beschrijven, neerschrijven, onderschrijven, opschrijven, uitschrijven, ⟨comp⟩ (weg)schrijven ♦ *write about/on a subject* over een onderwerp schrijven; ⟨AE⟩ *write away (to s.o.) for sth.* (iemand) schrijven om iets te bestellen, iets schriftelijk/over de post bestellen (bij iemand); *write back* terugschrijven, antwoorden; *write a check* een cheque uitschrijven; ⟨comp⟩ *write data on a disk* informatie op schijf zetten/wegschrijven; *write a form* een formulier invullen; *write a legible hand* een leesbare hand schrijven, een leesbaar handschrift hebben; *write in ink/pencil* met inkt/potlood schrijven; *write one's life* zijn autobiografie schrijven; *write a character out of a television series* een personage uit een televisieserie schrijven; ⟨vnl AE; inf⟩ *write a person* iemand schrijven; *write a policy* een polis ondertekenen; *write two sheets* twee vel volschrijven; *write one's thoughts* zijn gedachten opschrijven/op papier zetten; *write together* aaneenschrijven ⟨woorden⟩; *a wall written all over* een volgeschreven muur ⊡ *nothing to write home about* niet(s) om over naar huis te schrijven, niets bijzonders, niet veel soeps; *writ/written large* in hoofdletters, op grote(re) schaal; duidelijk (herkenbaar); *envy was written on/all over his face* de jaloezie was van zijn gezicht te scheppen/stond hem op het gezicht te lezen; → **writing**
³**write** /raɪt/ [ov ww; wrote, written; verouderd writ, writ] ① ⟨vero⟩ beschrijven, afschilderen ♦ *he wrote himself an honest man* hij beschreef zichzelf als een eerlijk man ② ⟨AE⟩ overmaken, verkopen (bijvoorbeeld huis) ⊡ zie: **write down**; zie: **write in**; zie: **write off**; zie: **write out**; zie: **write up**; → **writing**
¹**write down** [onov ww] simpel schrijven, onnodig ver-

write down

simpelen ♦ *write down to children* naar kinderen toe schrijven, op de hurken gaan zitten

²**write down** [ov ww] ① neerschrijven, opschrijven, op papier vastleggen ② beschrijven, uitmaken voor, afschilderen (als), beschouwen (als) ♦ *write s.o. down (as) a bore* iemand uitmaken voor een vervelende vent ③ in prijs verlagen, depreciëren, devalueren, terugbrengen ④ afschrijven, in waarde verminderen ⑤ neerhalen, afbreken, afdoen, afkammen

write-down [telb zn] ⟨vnl BE⟩ afschrijven, waardevermindering

¹**write in** [onov ww] schrijven, schriftelijk verzoeken ♦ *write in for a free catalogue* schrijven om een gratis catalogus, een gratis catalogus bestellen, de bon invullen voor een gratis catalogus; *write in to a newspaper* een ingezonden brief schrijven, een brief sturen naar een krant

²**write in** [ov ww] ① bijschrijven, invoegen, toevoegen, inlassen ② ⟨AE⟩ stemmen op ⟨een niet op het stembiljet voorkomende kandidaat⟩, toevoegen ⟨naam van niet-kandidaat⟩

write-in [telb zn; ook attributief] ⟨AE⟩ stem voor niet-kandidaat, ± voorkeurstem

¹**write off** [onov ww] schrijven, over de post bestellen ♦ *write off (to s.o.) for sth.* (iemand) schrijven om iets te bestellen, iets schriftelijk/over de post bestellen (bij iemand)

²**write off** [ov ww] ① afschrijven ⟨ook figuurlijk⟩, in waarde verminderen, afvoeren, schrappen ♦ *write off losses/a car* verliezen/een auto afschrijven ② (op)schrijven, in elkaar draaien, opmaken

write-off [telb zn] ① afschrijving ② total loss, weggooier ⟨figuurlijk⟩

write out [ov ww] ① uitschrijven, geheel/voluit (op)schrijven ② (uit)schrijven ⟨cheque e.d.⟩ ③ leegschrijven ♦ *an author who has written himself out* een auteur die uitgeschreven is/niets (nieuws) meer te melden heeft ④ schrappen, uitschrijven ⟨rol in tv-serie⟩ ♦ *her part was written out* haar rol was geschrapt

writ·er /ˈraɪtə, ᴬˈraɪtər/ [telb zn] ① schrijver, schrijfster, auteur, scribent ② schrijver, klerk ⦁ ⟨jur⟩ *Writer to the Signet* procureur ⟨in Schotland⟩

writer's block [niet-telb zn] writer's block, schrijversblok

writer's cramp [niet-telb zn] schrijfkramp

writ·er·ship /ˈraɪtəʃɪp, ᴬˈraɪtər-/ [telb + niet-telb zn] ① schrijverschap ② klerkschap

write up [ov ww] ① bijwerken ⟨dagboek⟩ ② uitwerken, uitschrijven ③ recenseren, bespreken, een verslag schrijven van, ⟨i.h.b.⟩ lovend/gunstig bespreken ④ overwaarderen ⑤ opschrijven

¹**write-up** [telb zn] verslag, recensie, ⟨i.h.b.⟩ lovende bespreking

²**write-up** [niet-telb zn] overwaardering

¹**writhe** /raɪð/ [telb + niet-telb zn] kronkeling, (ver)draaiing, siddering, trekking, rilling

²**writhe** /raɪð/ [onov + ov ww; voltooide tijd ook, verouderd, writhen] wringen, kronkelen, (ineen)krimpen, sidderen ♦ *writhe at/under insults* heftig aangegrepen worden door/ineenkrimpen onder beledigende opmerkingen; *writhe with pain* kronkelen van de pijn

writ·ing /ˈraɪtɪŋ/ [niet-telb zn; oorspronkelijk tegenwoordig deelwoord van write] ① schrijven ② (hand)schrift ③ schrift, schriftuur ♦ *a piece of writing* een stuk (tekst); *put sth. down in writing* iets op schrift stellen ⦁ *the writing on the wall* het teken aan de wand, het mene tekel

writing case [telb zn] schrijfbakje, schrijfcassette

writing desk [telb zn] schrijfbureau, secretaire, schrijflessenaar

writing master [telb zn] schrijfleraar

writing materials [alleen mv] schrijfbenodigdheden, schrijfgerei

writing pad [telb zn] schrijfblok, blocnote

writing paper [niet-telb zn] ① schrijfpapier ② briefpapier, postpapier

writ·ings /ˈraɪtɪŋz/ [alleen mv; oorspronkelijk tegenwoordig deelw van write] werken, geschriften

Writ·ings /ˈraɪtɪŋz/ [eigenn; the; werkwoord mv] ⟨Bijb⟩ hagiografen

writing skill [telb + niet-telb zn] schrijfvaardigheid

writing table [telb zn] schrijftafel

writ·ten /ˈrɪtn/ [volt deelw] → **write**

WRNS [afk] (Women's Royal Naval Service)

¹**wrong** /rɒŋ, ᴬrɔːŋ/ [telb zn] ① onrechtvaardigheid, onrecht, inbreuk, onbillijkheid ♦ *do s.o. a great wrong* iemand een groot onrecht aandoen ② misstand, wantoestand ③ ⟨jur⟩ onrechtmatige daad ⦁ ⟨sprw⟩ *two wrongs do not make a right* dat iemand anders een fout maakt, is geen excuus om ook die fout te maken, ± vergeld kwaad niet met kwaad; ⟨sprw⟩ *submitting to one wrong brings on another* ± al te goed is buurmans gek

²**wrong** /rɒŋ, ᴬrɔːŋ/ [niet-telb zn] kwaad, onrecht ♦ *do wrong* onrecht doen, zondigen, ergens verkeerd aan doen, een misstap begaan; *do s.o. wrong* iemand onrecht (aan)doen/onrechtvaardig behandelen; *the King can do no wrong* de koning is onschendbaar ⦁ *be in the wrong* het mis hebben, zich vergissen; de schuldige zijn, het gedaan hebben; *put s.o. in the wrong* iemand de zwartepiet toespelen/de schuld geven/in het ongelijk stellen

³**wrong** /rɒŋ, ᴬrɔːŋ/ [bn; bw: ~ly; zn: ~ness] ① verkeerd, fout, onjuist, incorrect ♦ *wrongly accused* valselijk/ten onrechte beschuldigd; *the clock is wrong* de klok loopt niet gelijk; *wrong in the head* niet goed bij zijn hoofd, gek; ⟨fig⟩ *back the wrong horse*, ⟨fig⟩ *bet on the wrong horse* op het verkeerde paard wedden; *wrong number* verkeerd nummer/verbonden; *the wrong side* de binnenkant/keerzijde/verkeerde kant/averechtse kant ⟨van weefsel enz.⟩; *wrong side out* binnenstebuiten; *on the wrong track* op het verkeerde spoor; *(the) wrong way round* andersom, achterstevoren, de verkeerde kant op; *go down the wrong way* in iemands verkeerde keelgat schieten/terechtkomen ⟨van eten⟩; ⟨inf⟩ *what's wrong with ...?* wat is er mis/aan de hand met/fout aan ...?; wat mankeert er aan ...? ② ⟨sl⟩ onbetrouwbaar, oneerlijk ③ ⟨sl⟩ misdadig ④ ⟨inf⟩ walgelijk ⦁ *begin/start at the wrong end* op de verkeerde manier/plaats beginnen; *get hold of the wrong end of the stick* het bij het verkeerde eind hebben, er faliekant naast zitten; *find o.s. at the wrong end of the gun* een pistool op zich gericht zien, in de loop van een pistool kijken; *on the wrong foot* in een ongunstige positie; op het verkeerde moment; *be caught on the wrong foot* verrast/overvallen worden, verrast worden met de broek op de enkels, op het verkeerde been gezet worden; *start on the wrong foot with s.o.* iemand het begin al tegen zich innemen; *bring one's eggs/hogs/pigs to the wrong market* op het verkeerde paard wedden, van een koude kermis thuiskomen; *wrong number* verkeerd idee; psychopaat; gevaarlijk persoon; onbetrouwbaar iemand; ⟨sl⟩ *come to the wrong shop* aan het verkeerde adres (gekomen) zijn; *wrong side out* binnenste buiten; *on the wrong side of sixty* de zestig gepasseerd; ⟨AE⟩ *the wrong side of the tracks* de achterbuurten/zelfkant, het arme gedeelte (van een stad); *get on the wrong side of s.o.* iemands sympathie verliezen/verspelen, het bij iemand verbruien/verbruid hebben, iemand tegen zich innemen; *get out of bed on the wrong side* met zijn verkeerde been uit bed stappen; *he is laughing on the wrong side of his face/mouth now* het lachen is hem vergaan, hij lacht als een boer die kiespijn heeft, hij kijkt op zijn neus; *get the wrong sow by the ear* de verkeerde voor hebben/te pakken hebben, het bij het verkeerde eind hebben; *bark up the wrong tree* op het verkeerde spoor zijn; aan het verkeerde adres zijn, bij de verkeerde aankloppen; ⟨inf⟩ *wrong 'un* slechterik, smiecht, oplichter, kwaaie;

⟨inf⟩ *rub (up) the wrong way* tegen de haren instrijken; *stroke s.o.'s hair the wrong way* iemand tegen de haren in strijken/irriteren; *you're wrong* je hebt ongelijk/vergist je

⁴**wrong** /rɒŋ, ᴬrɔŋ/ [bn, pred; bw: ~ly; zn: ~ness] slecht, verkeerd, niet goed ♦ *you're wrong to do this/it's wrong of you to do this* u doet hier verkeerd aan; *stealing is wrong* stelen is verkeerd/slecht ▪ ⟨sprw⟩ *right or wrong my country* ± of het juist is of niet, voor het nationale belang sluit men de rijen

⁵**wrong** /rɒŋ, ᴬrɔŋ/ [ov ww] ① onrecht/geen recht doen, onrechtvaardig behandelen, onredelijk/onbillijk zijn tegen, verongelijken ♦ *wrong a person* iemand tekortdoen ② onbillijk/verkeerd beoordelen

⁶**wrong** /rɒŋ, ᴬrɔŋ/ [bw] ① foutief, verkeerd, onjuist ♦ *guess wrong* verkeerd gokken, misraden; *you told me wrong* je hebt het me verkeerd verteld, je hebt me verkeerd voorgelicht ② in de verkeerde richting, de verkeerde kant op

wrong·do·er /rɒŋduːə, ᴬrɔŋduːər/ [telb zn] (wets)overtreder, misdadiger, crimineel, boosdoener, kwaaddoener, onverlaat

¹**wrong·do·ing** /rɒŋduːɪŋ, ᴬrɔŋduːɪŋ/ [telb zn] wandaad, overtreding, vergrijp

²**wrong·do·ing** /rɒŋduːɪŋ, ᴬrɔŋduːɪŋ/ [niet-telb zn] wangedrag, misdadigheid, onrecht

wrong·er /rɒŋə, ᴬrɔŋər/ [telb zn] → **wrongdoer**

wrong-foot [ov ww] ⟨sport⟩ op het verkeerde been zetten

wrong·ful /rɒŋfl, ᴬrɔŋfl/ [bn; bw: ~ly; zn: ~ness] ① onterecht, ongerechtvaardigd, onbillijk ② onrechtmatig, wederrechtelijk, onwettig, illegitiem

wrong·head·ed [bn; bw: wrongheadedly; zn: wrongheadedness] ① dwars, dwarsdrijverig, dwarsliggerig, obstinaat, eigenwijs, onverbeterlijk ② foutief, verkeerd, onjuist, dwaal-

wrote /rəʊt/ [verleden tijd] → **write**

wroth /rəʊθ, rɒθ, ᴬrɔθ/ [bn, pred] ⟨form of scherts⟩ vergramd, gramstorig, toornig

wroth·ful /rɒθfl, ᴬrɔθfl/, **wroth·y** /rɒθi, ᴬrɔθi/ [bn] toornig, gramstorig, vergramd, woedend

¹**wrought** /rɔːt/ [bn; oorspronkelijk volt deelw van work] ⟨vero, behalve in wrought iron⟩ ① gewrocht, doorwrocht, (hecht) doortimmerd ② vervaardigd, gesmeed, geslagen ♦ *wrought by hand* met de hand vervaardigd; ⟨ook attributief⟩ *wrought iron* smeedijzer(en), welstaal; *wrought of iron* van ijzer

²**wrought** /rɔːt/ [verleden tijd en voltooide tijd] ⟨vero⟩ → **work**

wrought up [bn] gespannen, geprikkeld, nerveus, opgewonden, overspannen, opgefokt

WRT ⟨chat⟩ (with regard to) mbt ⟨met betrekking tot⟩

wrung /rʌŋ/ [verleden tijd en volt deelw] → **wring**

¹**wry** /raɪ/ [bn; vergr trap: wryer, wrier, overtr trap: wryest, wriest; bw: ~ly; zn: ~ness] ① (ver)zuur(d), wrang, wrokkig, gewrongen, grimmig, scheef ♦ *wry face* zuur gezicht; *wry mouth* zuinig mondje; *there was never a wry word between us* er viel tussen ons nooit een onvertogen woord ② (licht) ironisch, spottend, droog, laconiek ⟨van humor⟩ ♦ *a wry remark* een (licht) ironische/spottende opmerking; *wry smile* spottend lachje ③ ⟨zelden⟩ verdraaid, verkeerd, scheef ⟨idee enz.⟩

²**wry** /raɪ/ [ov ww] (ver)wringen, (ver)draaien

wry·bill [telb zn] ⟨dierk⟩ wrybill, scheefsnavelplevier ⟨Anarhynchus frontalis; in Nieuw-Zeeland⟩

wry·mouthed [bn] ① met een scheve mond ② schamper, wrang, grimmig, bitter

¹**wry·neck** [telb zn] ⟨dierk⟩ ① draaihals ⟨vogel; Jynx torquilla⟩ ② scheefhals, scheefnek, iemand met scheve nek

²**wry·neck** [telb + niet-telb zn] ⟨med⟩ scheefhals, torticollis

wry-necked [bn] met scheve hals

WS [afk] (Writer to the Signet)
WSW [afk] (West-South-West)
wt [afk] (weight)
¹**wuff** /wʌf, wʊf/ [telb zn] geblaf
²**wuff** /wʌf, wʊf/ [onov ww] blaffen
wul·fen·ite /wʊlfənaɪt/ [niet-telb zn] wulfeniet ⟨mineraal⟩
wump /wʌmp/, **wumph** /wʌmf/ [telb zn] bons(geluid), plof, doffe dreun
wun·der·kind /vʊndəkɪnt, ᴬ-dər-/ [telb zn] wonderkind
wurst /wɜːst, ᴬwɜrst/ [telb + niet-telb zn] worst
wur·zel /wɜːzl, ᴬwɜrzl/ [zn] (verk: mangel-wurzel)
¹**wuss** /wʌs/ [telb zn] ⟨AE; sl⟩ slapjanus, slappeling
²**wuss** /wʌs/ [bn; ongeletterde, voornamelijk Amerikaans-Engelse vorm van worse] → **worse**
wuth·er /wʌðə, ᴬ-ər/ [onov ww] ⟨BE, gew⟩ loeien ⟨van de wind⟩ ♦ *wuthering heights* omstormde hoogten; ⟨als titel van boek van E. Brontë⟩ de woeste hoogte
wuz·zy /wʌzi/ [bn] ① ⟨sl⟩ verward, versuft ② verzwakt
WV [afk] (West Virginia ⟨postcode⟩)
W Va [afk] (West Virginia)
WVS [afk] (Women's Volunteer Service)
WWF [afk] (Worldwide Fund for Nature) WNF (Wereldnatuurfonds)
WW I [eigenn] (World War I) WO I
WW II [eigenn] (World War II) WO II
WWW [afk] (World Wide Web) www
WY [afk] (Wyoming ⟨postcode⟩)
Wy·an·dot /waɪəndɒt, ᴬ-dɑt/ [telb zn; mv: ook Wyandot] Wyandot, Huron(indiaan)
Wy·an·dotte /waɪəndɒt, ᴬ-dɑt/ [telb zn] ① ⟨ook wyandotte⟩ wyandotte(kip) ② → **Wyandot**
wych alder, wich alder, witch alder /wɪtʃ ɔːldə, ᴬ-ər/ [telb zn] ⟨plantk⟩ fothergilla ⟨genus Fothergilla⟩
wych elm, wich elm, witch elm /wɪtʃ elm/ [telb zn] ⟨plantk⟩ ruwe iep, bergiep, olm ⟨Ulmus glabra/scabra⟩
wych hazel, wich hazel, witch hazel /wɪtʃ heɪzl/ [telb zn] ⟨plantk⟩ ① Amerikaanse toverhazelaar ⟨Hamamelis virginiana; ook oplossing van bast en bladeren, medicinaal gebruikt⟩ ② → **wych elm**
Wyc·liff·ite, Wyc·lif·ite /wɪklɪfaɪt/ [telb zn] ⟨gesch⟩ volgeling van Wyclif, lollard
wye /waɪ/ [telb zn] ① letter y, ypsilon, i-grec, Griekse ij ② Y-vormig iets, vork, gaffel
¹**Wyke·ham·ist** /wɪkəmɪst/ [telb zn] wykehamist, (oud-)leerling van Winchester College
²**Wyke·ham·ist** /wɪkəmɪst/ [bn, attr] van/m.b.t. Winchester College betreffende, Winchester-
wynd /waɪnd/ [telb zn] ⟨SchE⟩ steeg, straatje
Wyo [afk] (Wyoming)
WYSIWYG /wɪziwɪg/ [afk] ⟨comp⟩ (What You See Is What You Get)
wy·vern, wi·vern /waɪvən, ᴬ-vərn/ [telb zn] ⟨heral⟩ wyvern, tweepotige gevleugelde draak

X

¹x, X /eks/ [telb zn; mv: x's, zelden xs, X's, zelden Xs] [1] ⟨de letter⟩ x, X [2] X, kruisje ⟨als handtekening/symbool voor een kus of uitgebrachte stem⟩, met een kruisje gemarkeerde plek ♦ *x marks the spot* daar ligt/is het [3] ⟨wisk⟩ x ⟨(eerste) onbekende/coördinaat⟩, ⟨alg⟩ onbekende persoon/factor/grootheid [4] X ⟨Romeins getal 10⟩ [5] ⟨X-vorm(ig voorwerp/iets)⟩ [6] ⟨X⟩ Christus, christendom [7] ⟨AE; inf⟩ tiendollarbiljet, tientje • *a film rated X* een film voor boven de achttien

²x /eks/ [ov ww; x'd of xed, x-ing of x'ing, x's of xes] [1] met een x markeren [2] x'en, weg-x'en, uit-x'en, met x'en doorhalen ♦ *x out* met x'en doorhalen; ⟨fig⟩ annuleren, schrappen

xan·thate /ˈzænθeɪt/ [telb + niet-telb zn] ⟨scheik⟩ xanthogenaat

Xan·thi·an /ˈzænθɪən/ [bn] van/m.b.t. Xanthos ♦ *the Xanthian marbles* het harpijenmonument

xan·thic /ˈzænθɪk/ [bn, attr] ⟨scheik⟩ xanthogeen ♦ *xanthic acid* xanthogeenzuur

xan·thine /ˈzænθiːn, -θɪn/ [niet-telb zn] ⟨scheik⟩ xanthine

Xan·thip·pe /zænˈθɪpi/ [telb zn] xantippe, helleveeg, kenau

xan·tho·ma /zænˈθoʊmə/ [telb + niet-telb zn; mv: ook xanthomata /-mətə/] ⟨med⟩ xanthoom

xan·tho·phyll /ˈzænθoʊfɪl/ [telb + niet-telb zn] ⟨plantk, scheik⟩ xanthofyl, bladgeel

xan·thous /ˈzænθəs/ [bn] geel, gelig, geelachtig

x-ax·is [telb zn] ⟨wisk⟩ x-as

xc, xcp [afk] (ex coupon)

X-certificate → X-rated

X-chro·mo·some [telb zn] ⟨biol⟩ X-chromosoom

xd, x-div [afk] (ex dividend) xd

xe·bec, ze·bec, ze·beck /ˈziːbek/ [telb zn] schebek ⟨zeilschip in de Middellandse Zee⟩

xeno- /ˈzenoʊ/ xeno-, vreemd-, vreemdelingen- ♦ *xenolith* xenoliet; *xenophobe* xenofoob, vreemdelingenhater

xe·nog·a·my /zenˈɒɡəmi, ˈzɪnɒ-/ [niet-telb zn] ⟨plantk⟩ xenogamie, kruisbevruchting, kruisbestuiving

xen·o·graft /ˈzenəɡrɑːft, ˈ-ɡræft/ [telb + niet-telb zn] ⟨biol, med⟩ heterotransplantatie, xenotransplantatie ⟨bijvoorbeeld met weefsel van (ander) diersoort⟩

xen·o·lith /ˈzenəlɪθ/ [telb zn] ⟨geol⟩ xenoliet

xen·o·ma·ni·a /zenəˈmeɪniə/ [niet-telb zn] xenomanie, voorliefde voor het vreemde/buitenlandse

xe·non /ˈzenɒn, ˈziːnɒn/ [niet-telb zn] ⟨scheik⟩ xenon ⟨element 54⟩

xen·o·phobe /ˈzenəfoʊb/ [telb zn] xenofoob, vreemdelingenhater

xen·o·pho·bi·a /zenəˈfoʊbiə/ [niet-telb zn] xenofobie, vreemdelingenangst, vreemdelingenhaat

> **x-**
> Engelse woorden die met x- beginnen, worden altijd uitgesproken met een z (tenzij de x een aparte lettergreep is, zoals bij X-chromosome of X-ray):
> · xenophobia
> · xerox (de naam van het bedrijf en het daarvan afgeleide werkwoord)
> · xylophone

xen·o·pho·bic /zenəˈfoʊbɪk/ [bn] xenofobisch, afkerig van buitenlanders

¹xen·o·trans·plant /zenoʊˈtrænsplɑːnt, ˈ-plænt/ [telb zn] xenotransplant ⟨orgaan van een dier gebruikt in xenotransplantatie⟩

²xen·o·trans·plant /zenoʊˈtrænsplɑːnt, ˈ-plænt/ [telb + niet-telb zn] xenotransplantatie

xen·o·trans·plan·ta·tion /zenoʊtrænsplɑːnˈteɪʃn, ˈ-plæn-/ [niet-telb zn] xenotransplantatie

xe·ran·the·mum /zɪˈrænθɪməm/ [niet-telb zn] xeranthemum ⟨plantengeslacht⟩

xe·ro·der·ma /zɪərə(ʊ)ˈdɜːmə, ˈzɪrədɜrmə/ [niet-telb zn] ⟨med⟩ xeroderma

xe·rog·ra·phy /zɪˈrɒɡrəfi, ˈ-rɑ-/ [telb + niet-telb zn] xerografie ⟨kopie/kopieerprocedé zonder inkt⟩

¹xe·roph·a·gy /zɪˈrɒfədʒi, ˈ-rɑ-/ [telb zn] vastendag ⟨waarop men xerofagie beoefent⟩, ⟨in mv⟩ xerofagiën

²xe·roph·a·gy /zɪˈrɒfədʒi, ˈ-rɑ-/ [niet-telb zn] xerofagie ⟨vorm van vasten waarbij alleen brood, zout, water en groenten genuttigd worden⟩

xe·roph·i·lous /zɪˈrɒfɪləs, ˈ-rɑ-/ [bn] ⟨plantk⟩ xerofiel ⟨gedijend in droge omgeving⟩

xer·o·phyte /ˈzɪərəfaɪt, ˈzɪr-/, **xer·o·phile** /-faɪl/ [telb zn] ⟨plantk⟩ xerofyt ⟨plant die gedijt in droge omgeving⟩

¹Xe·rox /ˈzɪərɒks, ˈze-, ˈzɪraks, ˈziː-/ [telb zn; ook xerox] ⟨oorspronkelijk handelsmerk⟩ [1] (foto)kopie [2] (foto)kopieerapparaat

²Xe·rox /ˈzɪərɒks, ˈze-, ˈzɪraks, ˈziː-/ [onov + ov ww; ook xerox] ⟨oorspronkelijk handelsmerk⟩ (foto)kopiëren, xeroxen

¹Xho·sa, Xo·sa /ˈkɔːsə, ˈkoʊsə/ [eigenn; mv: ook X(h)osa] Xhosa, taal der Xhosa

²Xho·sa, Xo·sa /ˈkɔːsə, ˈkoʊsə/ [telb zn; mv: ook X(h)osa] Xhosa ⟨Bantoevolk in Zuid-Afrika⟩

XHTML [afk] ⟨comp⟩ (eXtensible Hyper Text Markup Language) XHTML
¹**xi** /saɪ, ˄zaɪ/ [telb zn] ksi ⟨14e letter van het Griekse alfabet⟩
²**xi** [afk] (ex interest)
xiph·i·as /zɪfiəs/ [telb zn; mv: xiphias] ⟨dierk⟩ zwaardvis ⟨familie Xiphiidae; in het bijzonder Xiphias gladius⟩
xiph·oid /zɪfɔɪd/ [telb zn] zwaardvormig ♦ ⟨med⟩ *xiphoid process* zwaardvormig aanhangsel ⟨processus xifoïdeus; van borstbeen⟩
XL [afk] ⟨in kleding⟩ (extra large) XL
X·mas /krɪsməs/ [eigenn] ⟨inf⟩ kerst, Kerstmis
XML [niet-telb zn] ⟨comp⟩ (Extensible Markup Language) XML ⟨uitbreidbare opmaaktaal⟩
xn [afk] ⟨handel⟩ (ex new shares)
Xn [afk] (Christian)
xo·a·non /zouənɒn, ˄-nɑn/ [telb zn; mv: xoana /-nə/] xoanon ⟨Grieks houten godsbeeld⟩
X-ra·di·a·tion [niet-telb zn] [1] röntgenstraling [2] röntgenbehandeling, röntgenbestraling, röntgendoorlichting
X-rat·ed, ⟨BE ook⟩ **X-cer·tif·i·cate** [bn] (voor) boven de achttien ⟨van film⟩
X-rat·ing [telb zn] keuring boven de 18, ⟨België⟩ voorbehouden ♦ *some erotic scenes earned the film an X-rating* enkele erotische scènes zorgden ervoor dat de film als keuring boven de 18 meekreeg
¹**X-ray, x-ray** [telb zn] [1] ⟨vnl mv⟩ ⟨ook attributief⟩ röntgenstraal [2] röntgenfoto [3] röntgenonderzoek, doorlichting [4] röntgenapparaat
²**X-ray, x-ray** [ov ww] [1] doorlichten ⟨ook figuurlijk⟩, röntgenen, met röntgenstralen onderzoeken [2] bestralen [3] een röntgenfoto maken van, röntgenen
x-ray astronomy [niet-telb zn] röntgenastronomie, röntgensterrenkunde
x-ray diffraction [niet-telb zn] röntgendiffractie
x-ray examination [telb zn] röntgenonderzoek
x-ray scanning [niet-telb zn] röntgenonderzoek ⟨van materialen, enz.⟩
x-ray source, X-ray star [telb zn] röntgenbron, röntgenster
x-ray therapy [niet-telb zn] röntgentherapie
x-ray tube [telb zn] röntgenbuis
xs /ɛksɪz/ [alleen mv] atmosferische storingen
Xt [afk] [1] (Christ) [2] (Christian)
Xtian [afk] (Christian)
Xty [afk] (Christianity)
¹**XX** /dʌbl ɛks/ [telb zn] ⟨sl⟩ dubbelspel
²**XX** /dʌbl ɛks/ [niet-telb zn] bier van middelbare sterkte, middelbier
XXX /trɛbl ɛks/ [niet-telb zn] sterkste (soort) bier
xy·lem /zaɪləm/ [niet-telb zn] ⟨plantk⟩ xyleem, houtweefsel
xy·lene /zaɪliːn/ [telb + niet-telb zn] ⟨scheik⟩ xyleen
xy·lo- /zaɪloʊ/ xylo-, hout- ♦ zie: **xylograph**; zie: **xylophagous**
xy·lo·graph /zaɪləɡrɑːf, ˄-ɡræf/ [telb zn] xylografie, houtgravure, houtsnede
xy·log·ra·pher /zaɪlɒɡrəfə, ˄-lɑɡrəfər/ [telb zn] xylograaf, houtgraveur, houtsnijder
xy·lo·graph·ic /zaɪləɡræfɪk/ [bn; bw: ~ally] xylografisch
xy·log·ra·phy /zaɪlɒɡrəfi, ˄-lɑ-/ [telb + niet-telb zn] xylografie, houtgravure, houtsnede, houtsnijkunst
xy·lo·nite /zaɪlənaɪt/ [niet-telb zn] celluloid
xy·loph·a·gous /zaɪlɒfəɡəs, ˄-lɑ-/ [bn] ⟨dierk⟩ hout etend
xy·lo·phone /zaɪləfoʊn/ [telb zn] xylofoon
xy·lo·phon·ist /zaɪləfoʊnɪst/ [telb zn] xylofonist
xys·ter /zɪstə, ˄-ər/ [telb zn] ⟨med⟩ xyster, raspatorium ⟨botschraper⟩

xys·tus /zɪstəs/ [telb zn; mv: xysti /zɪstaɪ/] ⟨gesch⟩ xystus

y

¹y, Y /waɪ/ [telb zn; mv: y's, zelden ys, Y's, zelden Ys] **1** ⟨de letter⟩ y, Y **2** ⟨wisk⟩ y ⟨(tweede) onbekende/coördinaat⟩ **3** Y-vorm⟨ig iets/voorwerp⟩
²y, Y [afk] **1** ⟨year(s)⟩ **2** ⟨yen⟩ **3** ⟨Yeomanry⟩ **4** ⟨AE⟩ (Y.M.C.A.) **5** ⟨AE⟩ (Y.W.C.A.)
-y, ⟨in betekenis 1 ook⟩ **-ey**, ⟨in betekenis 2 ook⟩ **-ie** /i/ **1** ± -(er)ig, ± -achtig ♦ *gluey* plakkerig; *hairy* harig; *windy* winderig; *clayey* kleiig; *glassy* glazig; *sleepy* slaperig; *wintry* winters **2** ⟨vormt verkleinwoord⟩ **-ie, -je** ♦ *daddy* pappie; *granny* omaatje **3** ⟨vormt zelfstandig naamwoord⟩ ♦ *army* leger; *glory* glorie; *remedy* remedie; *inquiry* onderzoek
¹yab·ber /jæbə, ᴬ-ər/ [niet-telb zn] ⟨AuE⟩ gepraat, gekletst, gewauwel, gebrabbel, gekakel
²yab·ber /jæbə, ᴬ-ər/ [onov ww] ⟨AuE⟩ praten, kletsen, wauwelen, brabbelen, kakelen
yab·by, yab·bie /jæbi/ [telb zn] ⟨dierk⟩ yabby ⟨Parachaeraps bicarinatus; Australisch kreeftje, vaak als aas gebruikt⟩
¹yac·ca /jækə/ [telb zn] ⟨plantk⟩ podocarpus(boom) ⟨genus Podocarpus⟩
²yac·ca /jækə/ [niet-telb zn] podo, podocarpushout
¹yacht /jɒt, ᴬjɑt/ [telb zn] **1** jacht, wedstrijdjacht, zeiljacht, toerjacht, motorjacht, plezierjacht **2** ijszeiljacht
²yacht /jɒt, ᴬjɑt/ [onov ww] ⟨met een jacht⟩ zeilen; → yachting
yacht club [telb zn] jachtclub, zeilvereniging
yacht·er /jɒtə, ᴬjɑtər/ [telb zn] zeiler, jachteigenaar
yacht·ie /jɒti, ᴬjɑti/ [telb zn] ⟨AuE, AE; inf⟩ zeiler, zeilgek, jachteigenaar
yacht·ing /jɒtɪŋ, ᴬjɑtɪŋ/ [niet-telb zn; oorspronkelijk tegenwoordig deelw van yacht] (wedstrijd)zeilen ♦ *go yachting* gaan zeilen
yacht racer [telb zn] ⟨zeilsp⟩ wedstrijdzeiler
yachts·man /jɒtsmən, ᴬjɑts-/ [telb zn; mv: yachtsmen /-mən/] zeiler, jachteigenaar
yachts·man·ship /jɒtsmənʃɪp, ᴬjɑts-/ [niet-telb zn] zeilkunst
yachts·wom·an [telb zn] zeilster, jachteigenares
¹yack·e·ty-yack /jækətijæk/, **yack** /jæk/ [niet-telb zn] ⟨sl⟩ geouwehoer, gezeik, gelul, geleuter, geëmmer, geteut
²yack·e·ty-yack /jækətijæk/, **yack** /jæk/ [onov ww] ⟨sl⟩ ouwehoeren, lullen, zeiken, leuteren, emmeren, teuten
yad·a yad·a yad·a, yad·da yad·da yad·da /jædə jædə jædə/ [tw] ⟨AE; inf⟩ blablabla ⟨om een lang verhaal kort te maken⟩
yaf·fle, yaf·fil /jæfl/, **yaf·fin·gale** /jæfɪŋgeɪl/ [telb zn] ⟨BE, gew; dierk⟩ groene specht ⟨Picus viridis⟩
ya·gi /jɑːgi/, **yagi aerial** [telb zn; soms Yagi] ⟨tv, astron⟩ yagiantenne
yah /jɑː/ [tw] **1** pf, hm, het zou wat **2** ⟨AE⟩ ja
ya·hoo /jɑːhuː, ᴬjɑhuː/ [telb zn] yahoo ⟨in 'Gulliver's Travels'⟩, ⟨bij uitbreiding⟩ bruut, schoft, beest, buffel, ongelikte beer
Yah·weh, Jah·weh /jɑːweɪ/, **Yah·veh, Jah·veh** /-veɪ/ [eigenn] Jahweh
Yah·wist, Jah·wist /jɑːwɪst/, **Yah·vist, Jah·vist** /-vɪst/ [telb zn] jahwist
¹yak /jæk/ [telb zn] ⟨dierk⟩ jak ⟨Bos grunniens⟩
²yak, yack /jæk/, **yock** /jɒk, ᴬjɑk/, **yuk, yuck** /jʌk/ [telb zn] ⟨sl⟩ **1** stommeling **2** (diepe) lach **3** (prima) grap
³yak /jæk/ [niet-telb zn] ⟨sl⟩ geouwehoer, geleuter
⁴yak /jæk/ [onov ww] ⟨sl⟩ ouwehoeren, leuteren
yak·ka, yak·ker, yack·er /jækə, ᴬ-ər/ [niet-telb zn] ⟨AuE; inf⟩ werk
yak·ky /jæki/ [bn] ⟨sl⟩ **1** praatziek **2** luidruchtig
yale /jeɪl/ [telb zn] ⟨heral⟩ yale ⟨fabeldier met hoorns en slagtanden⟩
Yale lock /jeɪl lɒk, ᴬ-lɑk/ [telb zn] ⟨merknaam⟩ yaleslot
y'all, yall /jɔːl/ [verk: you-all]
yam /jæm/ [telb + niet-telb zn] **1** ⟨plantk⟩ yam ⟨genus Dioscorea⟩, ⟨i.h.b.⟩ bataat ⟨Dioscorea batatas⟩ **2** yam(swortel) **3** ⟨AE⟩ jam, bataat, zoete aardappel ⟨Ipomoea batatas⟩
ya·men, ya·mun /jɑːmən/ [telb zn] mandarijnshof, mandarijnswoning
¹yam·mer /jæmə, ᴬ-ər/ [telb + niet-telb zn] ⟨inf⟩ **1** gejammer, jammerklacht, gemekker **2** gekakel, woordenstroom, geklep
²yam·mer /jæmə, ᴬ-ər/ [onov ww] ⟨inf⟩ **1** jammeren, mekkeren, janken, jengelen, drenzen **2** kakelen, kleppen, snateren, zwetsen
¹yang /jæŋ/ [telb zn] ⟨sl⟩ lul, pik
²yang /jæŋ/ [niet-telb zn; ook Yang] ⟨filos⟩ yang
¹yank /jæŋk/ [telb zn] ⟨inf⟩ ruk, sjor, hengst
²yank /jæŋk/ [ov ww] ⟨inf⟩ een ruk geven, sjorren, rukken, hengsten ♦ *yank at sth.* aan iets rukken/sjorren
³yank /jæŋk/ [ov ww] ⟨inf⟩ een ruk geven aan, sjorren, trekken, wegrukken, losrukken, loshengsten ♦ *yank off* afrukken, losrukken; *yank out a tooth* een tand er uit rukken
Yank [telb zn] ⟨inf⟩ ⟨verk: Yankee⟩
¹Yan·kee /jæŋki/ [eigenn] Amerikaans, Yankee-engels,

⟨i.h.b.⟩ New-Englanddialect

²**Yan·kee** /jæŋki/ [telb zn] ① ⟨vnl AE⟩ yank(ee), inwoner van New England ② ⟨ook attributief⟩ ⟨vnl BE⟩ yank(ee), Amerikaan ③ ⟨gesch⟩ yank(ee), noorderling, soldaat van het noordelijke leger

¹**Yan·kee Doo·dle** /jæŋki duːdl/ [eigenn] Yankee Doodle ⟨een Amerikaans volkslied⟩

²**Yan·kee Doo·dle** /jæŋki duːdl/ [telb zn] → Yankee²

¹**yap** /jæp/ [telb zn] ① kef(geluid), gekef ② ⟨sl⟩ schreeuwlelijk ③ ⟨sl⟩ kwebbel, waffel, smoel, mond ④ ⟨sl⟩ verhaal, kwebbelverhaal, zeurverhaal, bedelverhaal, klaaglitanie

²**yap** /jæp/ [onov ww] ① keffen ② ⟨sl⟩ kleppen, kakelen, kwebbelen, tetteren ③ ⟨sl⟩ zijn scheur/bek/smoel opendoen/openhalen ⟨om te klagen/protesteren⟩

ya·pok /jəpɒk, ˄-pɑk/ [telb zn] ⟨dierk⟩ yapok ⟨Chironectes minimus; buidelrat⟩

yapp /jæp/ [telb zn] bijbelband ⟨slappe leren boekband met over het boekblok stekende randen⟩

yap·per /jæpə, ˄-ər/ [telb zn] ① keffer(tje) ② kletsmeier

Yar·bor·ough /jɑːbrə, ˄jɑrbərə/ [telb zn] ⟨sl; spel⟩ waardeloze kaarten, klotekaarten ⟨niet hoger dan de negen⟩

¹**yard** AREA LENGTH SOLID /jɑːd, ˄jɑrd/ [telb zn] ① yard ⟨0,914 m⟩, ± meter ◆ *by the yard* per yard; ⟨fig⟩ bij de el, ellenlang ② yard ⟨0,765 m³⟩, kubieke yard, ± kubieke meter, ± kuub ③ ⟨scheepv⟩ ra ◆ *peak the yards* de ra's toppen ④ ⟨meest in samenstellingen⟩ (omheind) terrein, binnenplaats, erf, depot, ⟨i.h.b.⟩ oefenterrein, entrainement ⟨voor paarden⟩ ⑤ ⟨AE⟩ plaatsje, (achter)tuin, gazon ⑥ ⟨vnl AE⟩ (spoorweg)emplacement ⑦ ⟨AE⟩ winterkwartier ⟨voor dieren⟩ ⑧ ⟨BE⟩ *yard of ale* yardglas, ± fluit(glas); ⟨BE; inf⟩ *the Yard* de Yard, Scotland Yard; ⟨sprw⟩ *give him an inch and he'll take a yard/mile* als men hem een vinger geeft, neemt hij de hele hand

²**yard** /jɑːd, ˄jɑrd/ [onov ww] ① bijeenkomen in winterkwartier, het winterkwartier opzoeken ⟨van herten enz.⟩ ② ⟨sl⟩ vreemdgaan, een slippertje maken, een vreemd bed induiken ◆ *she didn't like to yard on her man* ze wilde haar man niet bedriegen

³**yard** /jɑːd, ˄jɑrd/ [ov ww] ① (op een afgesloten terrein) bijeendrijven ⟨vee⟩ ② opslaan ⟨hout⟩

¹**yard·age** /jɑːdɪdʒ, ˄jɑr-/ [telb zn] ① aantal yards ② lengte in yards, ± ellenmaat

²**yard·age** /jɑːdɪdʒ, ˄jɑr-/ [niet-telb zn] ① (per yard verkocht(e)) textiel/stoffen ② gebruik van veeterrein ⟨tijdens transport⟩ ③ stal(lings)kosten ⟨van vee⟩ ④ ⟨American football⟩ terreinwinst ⟨in yards uitgedrukt⟩

yardage chain [telb zn] ⟨American football⟩ meetketting ⟨gebruikt om terreinwinst in yards te meten⟩

yard·arm [telb zn] ⟨scheepv⟩ ranok, nok van ra

yard·bird [telb zn] ⟨sl⟩ gevangene, veroordeelde

yard bull [telb zn] ⟨sl⟩ bewaker, rechercheur ⟨spoorwegen⟩

yard dog [telb zn] ⟨sl⟩ hufter

yard goods [alleen mv] ellengoed, (geweven) stukgoed, manufacturen, meterwaar

Yar·die /jɑːdi, ˄jɑr-/ [telb zn] ⟨BE; sl⟩ ① Jamaicaan(se) ② Jamaicaanse drugsdealer/drugsgangster

yard·man /jɑːdmən, ˄jɑrd-/ [telb zn; mv: yardmen /-mən/] ① rangeerder ② terreinwerker ③ ⟨AE⟩ los werkman, ⟨i.h.b.⟩ tuinman

yard·mas·ter [telb zn] rangeermeester, opzichter buitendienst

¹**yard patrol** [telb zn] ⟨sl⟩ ① gevangene, bajesklant ② bewaker, cipier

²**yard patrol** [verzameln] ⟨sl⟩ ① gevangenen, bajesklanten ② smerissen, politie ⟨in gevangenis⟩

yard·pig /jɑːp-/ [telb zn] ⟨sl⟩ ① rangeerlocomotief ② gevangene, veroordeelde

yard·sale [telb zn] ⟨vnl AE⟩ rommelverkoop, straatverkoop, huismarkt ⟨verkoop van voornamelijk huisraad op het erf van de verkoper⟩

yard·stick, yard·wand [telb zn] meetlat, ellenstok ⟨van 1 yard lang⟩, ⟨fig⟩ maatstaf

yard·tack·le [telb zn] ⟨scheepv⟩ noktafel

yare /jeə, ˄jer/ [bn; bw: ~ly] ⟨vero⟩ kwiek, vief, kittig, wakker, alert

yar·mul·ke, yar·mel·ke, yar·mul·ka /jɑːməlkə, ˄jɑr-/ [telb zn] (joods) gebedskapje, keppeltje

¹**yarn** /jɑːn, ˄jɑrn/ [telb zn] ① ⟨inf⟩ lang (reis)verhaal, ⟨vaak pej⟩ (langdradig/oeverloos) verhaal • *spin a yarn* een lang verhaal houden, eindeloos doorkletsen/doorzeuren, een verhaal opdissen ⟨als excuus⟩

²**yarn** /jɑːn, ˄jɑrn/ [niet-telb zn] garen, draad ◆ *spun yarn* schiemansgaren

³**yarn** /jɑːn, ˄jɑrn/ [onov ww] ⟨inf; vnl pej⟩ lange verhalen houden, oeverloos kletsen, op zijn praatstoel zitten

yar·row /jærou/ [telb + niet-telb zn] ⟨plantk⟩ duizendblad ⟨Achillea millefolium⟩

yash·mak, yas·mak, yash·mac /jæʃmæk/ [telb zn] jasjmak, (gezichts)sluier ⟨van mohammedaanse vrouw⟩

yat·a·ghan, yat·a·gan, at·a·ghan /jætəɡæn, ˄at·a·ghan /ætəɡæn/ [telb zn] jatagan ⟨soort dolk/zwaard⟩

¹**ya·ta·ta ya·ta·ta** /jætətə:jætətə:/ [niet-telb zn] ⟨sl⟩ ① eentonig gepraat ② geklets, gelul

²**ya·ta·ta ya·ta·ta** /jætətə:jætətə:/ [onov ww] ⟨sl⟩ (langdurig) kletsen, leuteren, lullen

yat·ter /jætə, ˄jætər/ [onov ww] kletsen, kleppen, leuteren

¹**yaw** /jɔː/ [telb zn] giering, gier(slag), slinger(ing)

²**yaw** /jɔː/ [onov ww] gieren, niet op koers blijven, (heen en weer) slingeren, zwalken

³**yaw** /jɔː/ [ov ww] laten gieren, gieren met, niet op koers (kunnen) houden

yawl /jɔːl/ [telb zn] ⟨scheepv⟩ ① yawl ② jol ③ sloep

¹**yawn** /jɔːn/ [telb zn] ① geeuw, gaap ② ⟨inf⟩ slaapverwekkende/duffe toestand, iets om bij in slaap te vallen ③ gapende opening/afgrond

²**yawn** /jɔːn/ [onov ww] ① geeuwen, gapen ◆ *yawning hole* gapend gat ② gapen ⟨figuurlijk⟩, wijd geopend zijn

³**yawn** /jɔːn/ [ov ww] geeuwen, geeuwend/gapend zeggen ◆ *yawn one's head off* ontzettend gapen

yawn·y /jɔːni/ [bn] ① geeuwerig, slaperig ② slaapverwekkend

¹**yawp** /jɔːp/ [telb zn] ⟨AE⟩ blaf(geluid), geblaf, gekef

²**yawp** /jɔːp/ [niet-telb zn] ⟨AE; sl⟩ gebral, geblaat

³**yawp** /jɔːp/ [onov ww] ⟨AE⟩ ① krijsen ② blaffen, keffen ③ ⟨sl⟩ brallen

yaws /jɔːz/ [niet-telb zn] ⟨med⟩ framboesia, guineapokken, tonga, yaws ⟨huidaandoening⟩

y-ax·is [telb zn] ⟨wisk⟩ y-as

YB [afk] (Yearbook)

YC [afk] (Yacht Club)

Y-chro·mo·some [telb zn] ⟨biol⟩ Y-chromosoom

y·clept /ɪklept/, **y·cleped** /ɪkliːpt/ [bn, pred] ⟨vero⟩ genaamd, geheten

yd [afk] (yard(s))

yds [afk] (yards)

¹**ye** /jiː/ [pers vnw] ⟨vero, gew of scherts⟩ gij(lieden), u, jullie, jij, jou ◆ *I love ye all* ik hou van jullie allemaal; *arise, ye maids* sta op, gij meisjes; *I'll show ye* ik zal het je tonen

²**ye** /jiː/ [lidw] ⟨pseudo-oud; vnl in namen van handelszaken⟩ de ◆ *ye olde Spanish inn* de oude Spaanse uitspanning

¹**yea** /jeɪ/ [telb zn] ① stem vóór ② *yeas and nays* stemmen vóór en tegen ② voorstemmer ❸ *yea and nay* besluiteloosheid, geaarzel, geen ja en geen nee

²**yea** /jeɪ/ [bw] ① ⟨verouderd, behalve bij stemprocedures⟩ ja ◆ *let your yea be yea, and your nay, nay* uw ja zij ja, uw nee nee, laat ja bij u ja zijn, en neen neen ⟨Jak. 5:12⟩ ② ⟨vero⟩ (ja) zelfs, sterker nog ◆ *doubt, yea despair* twijfel, ja zelfs wanhoop

yeah, yeh, ⟨AE ook⟩ **yah** /jeə/ [bw] ⟨inf⟩ ja ♦ *(oh) yeah?* (o) ja?

¹yean /ji:n/ [onov ww] lammeren, jongen

²yean /ji:n/ [ov ww] werpen ⟨lammeren⟩

yean·ling /ji:nlɪŋ/ [telb zn] ① lam(metje) ② geit(enbok)je

year /jɪə, jɜː, ᴬjɪr/ [telb zn] ① jaar, kalenderjaar, studiejaar ♦ *year after/by year* jaar op jaar, van jaar tot jaar, ieder jaar; *civil year* burgerlijk jaar; ⟨vnl jur⟩ *for a year and a day* gedurende een jaar en een dag; ⟨BE; inf⟩ *in the year dot/one* in het jaar nul; *for many years* sedert jaar en dag; *the year of grace/Our Lord/our redemption* in het jaar onzes Heren; *year in, year out* jaar in, jaar uit; *of late years* (in) de laatste jaren; *man of the year* man van het jaar; *over the years* met de jaren; *that suit put years on him/took years off him* in dat pak zag hij er jaren ouder/jonger uit; *all the year round* het hele jaar door; *a year from today* vandaag over een jaar ② lange tijd, ⟨fig⟩ eeuw ③ ⟨sl⟩ dollar • ⟨sprw⟩ *it will be all the same in a hundred years* over honderd jaar zijn we allemaal dood, wie dan leeft, die dan zorgt; ⟨sprw⟩ *keep a thing seven years and you will find a use for it* wie wat bewaart, heeft wat

year·book [telb zn] jaarboek

year-end [telb zn] boekjaar ♦ *year-end profits* eindejaarswinst

¹year·ling /jɪəlɪŋ, jɜː-, ᴬjɪr-/ [telb zn] ① jaarling, eenjarig dier, ⟨i.h.b.⟩ eenjarig renpaard ② ⟨AE⟩ tweedejaars ⟨op militaire academie⟩

²year·ling /jɪəlɪŋ, jɜː-, ᴬjɪr-/ [bn, attr] eenjarig, één jaar oud, één jaar durend ♦ *yearling bonds* obligaties met een looptijd van één jaar; *yearling heifer* hokkeling ⟨eenjarig kalf⟩

year·long [bn] één jaar durend

¹year·ly /jɪəli, jɜːli, ᴬjɪrli/ [bn] jaarlijks, jaar- ♦ *a yearly average* een jaargemiddelde; *a yearly income* een jaarinkomen; *the yearly meeting* de jaarlijkse bijeenkomst

²year·ly /jɪəli, jɜːli, ᴬjɪrli/ [bw] jaarlijks, elk jaar, per jaar ♦ *hired yearly* gehuurd per jaar

yearn /jɜːn, ᴬjɜrn/ [onov ww] ① smachten, verlangen, zuchten, hunkeren ♦ *yearn after/for* smachten naar; *she yearned to leave this unfamiliar town* zij verlangde er hevig naar deze onbekende stad te verlaten ② genegenheid/tederheid/medelijden voelen ♦ *yearn to(wards)* van genegenheid/tederheid/medelijden vervuld zijn t.o.v. iemand;
→ yearning

¹year·ning /jɜːnɪŋ, ᴬjɜr-/ [telb + niet-telb zn; gerund van yearn] ① sterk verlangen, het smachten, hunkering ② medelijden

²year·ning /jɜːnɪŋ, ᴬjɜr-/ [bn; tegenwoordig deelw van yearn; bw: ~ly] smachtend, hunkerend, hevig verlangend

year-round [bn] het hele jaar door lopend

years /jɪəz, jɜːz, ᴬjɜrz/ [alleen mv] ① jaren, leeftijd ♦ *at my years* op mijn leeftijd; *the years of discretion* de jaren des onderscheids; ⟨België⟩ de jaren van discretie en verstand; *young for her years* jong voor haar jaren; *he is getting along/on in years* hij wordt een dagje ouder; *he's very active for a man of his years* hij is zeer actief voor een man/voor iemand van zijn leeftijd ② eeuwigheid ⟨alleen figuurlijk⟩, eeuwen ♦ *it has been years* het is eeuwen geleden

yeast /ji:st/ [niet-telb zn] ① gist, schimmel, ⟨fig⟩ desem ② schuim ⟨op golven⟩

yeast extract [niet-telb zn] marmite, biergistextractpasta

yeast infection [niet-telb zn] vaginale infectie, candidiasis

yeast·pow·der [niet-telb zn] bakpoeder

yeast·y /ji:sti/ [bn; vergr trap: yeastier; bw: yeastily; zn: yeastiness] ① gistend ⟨ook figuurlijk⟩, gistig, schuimend, bruisend, woelig, turbulent ② luchtig, oppervlakkig, woordenrijk

yech /jex, jek/ [tw] bah, gadsie

yegg /jeg/, **yegg·man** /jegmən/ [telb zn; mv: yeggmen /-mən/] ⟨AE; sl⟩ kraker, inbreker, dief

yeh /jeə/ [bw] ⟨AE⟩ ja

yelk [telb + niet-telb zn] → yolk

¹yell /jel/ [telb zn] ① gil, kreet, schreeuw, uitroep ② ⟨AE; vnl onderw⟩ yell ⟨om sporters aan te moedigen⟩, supportersstrijdkreet

²yell /jel/ [onov + ov ww] gillen, brullen, schreeuwen ♦ *yell for help* om hulp schreeuwen; *yell one's head off* tekeergaan, tieren; *just yell* geef maar een gil; *yell out in pain* het uitschreeuwen van de pijn; *yell out an order* een bevel schreeuwen; *yell with delight* gillen van de pret

yell·er /jelə, ᴬ-ər/ [telb zn] ① schreeuwer, roeper ② yeller, aanmoediger

¹yel·low /jeloʊ/ [telb zn] ① gele kleur/verfstof ② eigeel, dooier ③ gele mot ④ gele vlinder ⑤ iemand van het gele ras ⑥ ⟨sl⟩ neger met lichte huid

²yel·low /jeloʊ/ [niet-telb zn] ① geel ♦ *dressed in yellow* in het geel gekleed ② ⟨inf⟩ laf(hartig)heid

³yel·low /jeloʊ/ [bn; vergr trap: ook yellower] ① geel, gouden, geelachtig ♦ ⟨voetb⟩ *show s.o. a yellow card* iemand een gele kaart geven; *yellow fever* gele koorts; *yellow jack/Jack* gele vlag, quarantainevlag; ⟨bij uitbreiding⟩ gele koorts; ⟨wielersp⟩ *the yellow jersey* de gele trui; *yellow lines* dubbele gele streep; *yellow spot* gele vlek ⟨in het oog⟩ ② met een gele huid, oosters ♦ *the yellow peril* het gele gevaar ③ jaloers, afgunstig ④ wantrouwend, achterdochtig, argwanend ⑤ ⟨sl⟩ laf ♦ *she has a yellow streak in her* zij is laf ⑥ ⟨sl⟩ met een lichte huid ⟨negers⟩ ♦ *yellow girl* (aantrekkelijke) mulattin • *yellow dirt* goud; *yellow metal* messing, geelkoper ⟨60% koper en 40% zink⟩; *yellow pages* gele gids, gouden gids, beroepengids; *the yellow press* de sensatiepers, de boulevardpers; ⟨plantk⟩ *yellow rattle* ratelaar, hanenkam ⟨Rhinantus crista galli⟩; ⟨plantk⟩ *yellow rocket* barbarakruid ⟨Barbara vulgaris⟩; *Yellow Sea* Gele Zee; ⟨dierk⟩ *yellow wagtail* Engelse gele kwikstaart ⟨Motacilla flava⟩

⁴yel·low /jeloʊ/ [onov + ov ww] vergelen, geel worden/maken

yel·low·back [telb zn] ① goedkope roman ⟨met gele kaft⟩ ② ⟨sl⟩ bankbiljet

yel·low-bel·ly [telb zn] ① lafaard ② vis met gele buik ③ halfbloed ④ ⟨AE; vnl pej⟩ Mexicaan

yel·low-billed [bn] • ⟨dierk⟩ *yellow-billed cuckoo* geelsnavelkoekoek ⟨Coccyzus americanus⟩

yel·low-bird [telb zn] ⟨AE; dierk⟩ ⟨benaming voor⟩ (goud)geel zangvogeltje ⟨in het bijzonder Dendroica petechia⟩

yel·low-boy [telb zn] ⟨BE; sl⟩ goudstuk, goudvink, geeltje

yel·low-breast·ed [bn] • ⟨dierk⟩ *yellow-breasted bunting* wilgengors ⟨Emberiza aureola⟩

yel·low-browed [bn] • ⟨dierk⟩ *yellow-browed warbler* bladkoning ⟨Phylloscopus inornatus⟩

yel·low-bunt·ing [telb zn] ⟨dierk⟩ geelgors ⟨Emberiza citrinella⟩

yel·low-cake [niet-telb zn] uraniumconcentraat ⟨verwerkbare verbinding van uranium⟩

yel·low-dog [bn, attr] ⟨AE⟩ ① laf, gemeen ② antivakbond- ♦ *a yellow-dog contract* arbeidsovereenkomst waarbij de werknemer afziet van het lidmaatschap van een vakbond

¹yel·low flag [telb zn] ⟨plantk⟩ gele lis ⟨Iris pseudacorus⟩

²yel·low flag [niet-telb zn; the] ① gele vlag ⟨quarantainevlag⟩ ② ⟨auto⟩ gele vlag ⟨ter aanduiding van gevaar⟩

yel·low-gum [telb + niet-telb zn] ⟨med⟩ geelzucht ⟨bij pasgeborenen⟩, icterus neonatorum

yel·low-ham·mer /jeloʊhæmə, ᴬ-ər/ [telb zn] ⟨dierk⟩ ① geelgors ⟨Emberiza citrinella⟩ ② ⟨AE⟩ goudspecht ⟨Colaptus auratis⟩

yel·low·ish /jeloʊɪʃ/ [bn] geelachtig, gelig

yel·low·legs [telb zn; mv: yellowlegs] ▪ ⟨AE; dierk⟩ *greater yellowlegs* grote geelpootruiter ⟨Tringa melanoleuca⟩; ⟨AE; dierk⟩ *lesser yellowlegs* kleine geelpootruiter ⟨Tringa flavipes⟩

yel·low·ness /jelounəs/ [niet-telb zn] [1] geelheid [2] lafheid

yellow pad [telb zn] blocnote met geel papier

yel·lows /jelouz/ [alleen mv; the] [1] geelzucht ⟨van paard en vee⟩ [2] ⟨AE⟩ plantenziekte waarbij het blad geel wordt ⟨veroorzaakt door de schimmel Fusarium⟩

yel·low·wood [niet-telb zn] geelhout, cubahout, citroenhout, fisethout, fustiekhout

yel·low·y /jeloui/ [bn] gelig, geelachtig

¹yelp /jelp/ [telb zn] [1] gekef [2] gejank [3] gil

²yelp /jelp/ [onov ww] [1] keffen [2] janken [3] een gil geven, gillen

yelp·er /jelpə, ᴬ-ər/ [telb zn] keffer

Yem·en /jemən/ [eigenn] Jemen

Yemen

naam	Yemen *Jemen*
officiële naam	Republic of Yemen *Republiek Jemen*
inwoner	Yemeni *Jemeniet*
inwoonster	Yemeni *Jemenitische*
bijv. naamw.	Yemeni *Jemenitisch*
hoofdstad	San'a *Sanaa*
munt	Yemeni rial *Jemenitische rial*
werelddeel	Asia *Azië*

int. toegangsnummer 967   www .ye   auto Y

¹Yem·e·ni /jeməni/ [telb zn; mv: ook Yemeni] Jemeniet, Jemenitische

²Yem·e·ni /jeməni/ [bn] Jemenitisch, uit/van/m.b.t. Jemen

¹yen /jen/ [telb zn; mv: yen] [1] yen ⟨Japanse munt⟩ [2] ⟨geen mv⟩ ⟨inf⟩ verlangen

²yen /jen/ [onov ww] ⟨inf⟩ (vurig) verlangen

ye·nems /jenəmz/ [niet-telb zn] ⟨sl⟩ wat anderen aanbieden ◆ *my brand of cigarettes is yenems* ik rook elk merk sigaretten (dat ik aangeboden krijg)

yen·ta /jentə/ [telb zn] ⟨AE; sl⟩ [1] kletskous, roddeltante [2] bemoeial

yentz /jents/ [ov ww] ⟨AE; sl⟩ [1] belazeren, afzetten [2] neuken

yeo·man /joumən/ [telb zn; mv: yeomen /-mən/] [1] eigenerfde, vrijboer, kleine landeigenaar [2] ⟨BE; gesch⟩ yeoman ⟨iemand die grond bezat met een jaaropbrengst van ten minste 40 shilling en daaraan bepaalde rechten ontleende⟩ [3] ⟨BE; gesch⟩ bediende aan het hof/bij adellijke familie [4] ⟨BE⟩ lid van de vrijwillige bereden landmilitie [5] ⟨BE; scheepv⟩ onderofficier belast met het seinen ◆ *yeoman of signals* onderofficier belast met het seinen [6] ⟨AE; scheepv⟩ onderofficier belast met administratieve werkzaamheden ▪ ⟨BE⟩ *Yeoman of the Guard* soldaat van de lijfwacht van de Engelse koningen, soldaat der koninklijke garde ⟨bewaakt ook de Tower⟩

yeo·man·ly /joumənli/ [bn] [1] zoals een yeoman, zoals een eigenerfde/vrijboer/kleine landeigenaar [2] krachtig, stoer, sterk, trouw

yeo·man·ry /joumənri/ [verzamelw; the] ⟨BE⟩ [1] de klasse van kleine landeigenaren [2] vrijwillige bereden landmilitie uit kleine landeigenaren bestaand, bereden vrijwilligerskorpsen

yeo·man serv·ice, yeo·man's serv·ice /joumənz sɜːvɪs, ᴬ-sɜr-/ [niet-telb zn] goede dienst, nuttig werk ◆ *he has done yeoman service* hij heeft zich erg verdienstelijk gemaakt

Yeoman Usher [telb zn] ⟨BE⟩ onderceremoniemeester van het Hogerhuis

yep /jep/, **yup** /jʌp/ [bw] ⟨AE; inf⟩ ja

yer /jə, ᴬjər/ ['ongeletterde' vorm van your] → **your**

yer·ba ma·té /jɜːbə mɑːteɪ, ᴬjɜr-/ [niet-telb zn] maté ⟨Zuid-Amerikaanse groene thee⟩

¹yes /jes/ [telb zn] [1] ja, bevestigend antwoord ◆ *say yes* ja zeggen, het jawoord geven [2] ja-stem ◆ *there were ten yeses* er waren tien stemmen voor [3] voorstemmer

²yes /jes/ [onov ww] ja zeggen

³yes /jes/ [ov ww] instemmen met, ja zeggen tegen, beamen

⁴yes /jes/ [bw] ja, o ja?, wat is er van uw dienst? ◆ *More tea? Yes please.* Nog wat thee? Ja graag ▪ *I went, yes, and liked it* ik ben er heen gegaan en vond het zelfs leuk; *I could eat another one, yes, or even two* ik zou er nog wel een kunnen eten of zelfs wel twee

yes-girl [telb zn] ⟨sl⟩ seksueel inschikkelijke jonge vrouw

ye·shi·va, ye·shi·vah /jəʃiːvə/ [telb zn; mv: ook yeshivoth /-vout/] jesjiva ⟨traditionele joodse school⟩

yes-man [telb zn; geen mv] ⟨inf⟩ jaknikker, jabroer

yes·ter- /jestə, ᴬ-ər/ ⟨form⟩ van gisteren, gister- ◆ *yestermorn* gisterochtend

¹yes·ter·day /jestədi, -deɪ, ᴬ-stər-/ [telb zn; zelden mv] het (recente) verleden

²yes·ter·day /jestədi, -deɪ, ᴬ-stər-/ [niet-telb zn] gisteren ◆ *yesterday's weather was terrible* het weer van gisteren was afgrijselijk

³yes·ter·day /jestədi, -deɪ, ᴬ-stər-/ [bw] [1] gisteren ◆ *where was he yesterday morning?* waar was hij gisterochtend?; *I saw him yesterday week* ik heb hem gisteren een week geleden gezien [2] onlangs, kort geleden ▪ ⟨sprw⟩ *jam tomorrow and jam yesterday, but never jam today* de regel is: morgen jam en gisteren jam, maar nooit vandaag jam

yesterday afternoon [niet-telb zn] gisterenmiddag

yesterday evening [niet-telb zn] gisteravond

yesterday morning [niet-telb zn] gisterochtend

¹yes·ter·eve, yes·ter·evening [telb zn] ⟨form⟩ gisteravond

²yes·ter·eve, yes·ter·evening [bw] ⟨form⟩ gisteravond

¹yes·ter·morn·ing [telb zn] ⟨form⟩ gisterochtend, gistermorgen

²yes·ter·morn·ing [bw] ⟨form⟩ gisterochtend, gistermorgen

¹yes·ter·night [telb zn] ⟨form⟩ gisternacht, gisteravond

²yes·ter·night [bw] ⟨form⟩ gisternacht, gisteravond

¹yes·ter·year [niet-telb zn] ⟨form⟩ [1] vorig jaar, verleden jaar [2] recent verleden

²yes·ter·year [bw] ⟨form⟩ [1] verleden jaar [2] kort geleden, voorheen

¹yet /jet/ [bw] [1] nog, tot nu toe, nog altijd ◆ *as yet* tot nu toe; *she has yet to ring up* ze heeft nog steeds niet opgebeld; ⟨sl⟩ *he's still sleeping yet* die ligt nog steeds te ronken!; *a yet uglier maid* een nog lelijkere dienstbode [2] ⟨in vragende zinnen⟩ al ▪ opnieuw, nog ◆ *yet again* nog weer; *she won't listen to her mother nor yet to her sister* zij wil niet naar haar moeder luisteren, en ook niet naar haar zuster; *yet once more* nog een keer [4] toch nog, uiteindelijk ◆ *he'll beat you yet* hij zal jou nog wel verslaan [5] toch, nochtans ◆ *and yet she refused* maar toch weigerde zij het

²yet /jet/ [nevensch vw] maar (toch), doch, echter, nochtans ◆ *strange yet true* raar maar waar; *she seems shy, yet she is not* ze lijkt verlegen maar is het toch niet; *I would like to, yet sth. holds me back* ik zou graag maar toch houdt iets mij tegen

ye·ti /jeti/ [telb zn] yeti, verschrikkelijke sneeuwman

¹yew /juː/, ⟨in betekenis 1 ook⟩ **yew tree** [telb zn] [1] ⟨plantk⟩ taxus(boom) ⟨genus Taxus⟩ [2] boog ⟨van taxushout⟩

²yew /juː/ [niet-telb zn] taxushout

Y-fronts /waɪfrʌnts/ [alleen mv] herenslip ⟨met gulp in vorm van omgekeerde Y⟩

YHA

YHA [afk] (Youth Hostels Association)
Yid /jɪd/ [telb zn] ⟨sl; pej⟩ Jood, jid, smous
¹Yid·dish /jɪdɪʃ/ [eigenn] Jiddisch, de Jiddische taal
²Yid·dish /jɪdɪʃ/ [bn] Jiddisch
Yid·dish·er /jɪdɪʃə, ^-ər/ [telb zn] ⟨sl⟩ iemand die Jiddisch spreekt
¹yield /ji:ld/ [telb zn] ① opbrengst, productie, oogst, rendement ② kracht ⟨van kernexplosie⟩, sterkte
²yield /ji:ld/ [niet-telb zn] het meegeven
³yield /ji:ld/ [onov ww] ① vrucht dragen ♦ *yield well* een goede oogst leveren, goed dragen ⟨van boom⟩ ② zich overgeven, opgeven, bezwijken ③ zwichten, toegeven, wijken, zich onderwerpen, zich neerleggen ♦ *yield to reason* naar rede luisteren; *yield to temptation* voor de verleiding bezwijken; *it yields in quality to the red one* kwalitatief gezien is het minder dan de rode; *that disorder yields to treatment nowadays* die aandoening kan tegenwoordig heel goed behandeld worden; *I yield to no one in my respect for his achievement* ik doe voor niemand onder in mijn respect voor zijn prestatie ④ voorrang verlenen ♦ *yield to the right* voorrang verlenen aan het verkeer van rechts ⑤ meegeven, doorbuigen, geen weerstand bieden ⑥ plaatsmaken, het veld ruimen ♦ ⟨AE⟩ *yield to the senator from Wyoming* het woord gunnen aan de senator van Wyoming; → **yielding**
⁴yield /ji:ld/ [ov ww] ① voortbrengen, opleveren, opbrengen, afwerpen, geven ♦ *yield up* opbrengen, opleveren ② overgeven, opgeven, afstaan, overdragen, overleveren ♦ *yield (up) one's position to the enemy* zijn positie aan de vijand prijsgeven; *yield up* overgeven, opgeven, afstaan; *yield up secrets* geheimen prijsgeven ③ verlenen, gunnen, bieden, geven, schenken ♦ *yield full justice to s.o.* iemand alle recht laten wedervaren; *yield passage* doorgang verlenen ④ toegeven; → **yielding**
yield·er /ji:ldə, ^-ər/ [telb zn] ① iemand die toegeeft, iemand die zwicht ♦ *he is a hard yielder* hij zwicht niet gauw ② iets dat productief is, iets dat vrucht afwerpt ♦ *that tree is a good yielder* die boom draagt veel vruchten
yield·ing /ji:ldɪŋ/ [bn; tegenwoordig deelw van yield; bw: ~ly] ① meegevend, buigzaam ② meegaand, toegevend, toegeeflijk, inschikkelijk, dociel ③ productief, vruchtbaar, voortbrengend, winstgevend ♦ ⟨plantk⟩ *high yielding varieties* variëteiten met een hoge opbrengst
yield point [telb zn] ⟨natuurk, techn⟩ rekgrens, vloeigrens, vloeipunt
¹yike /jaɪk/ [telb zn] ⟨AuE; inf⟩ ruzie, gevecht
²yike /jaɪk/ [onov ww] ⟨AuE; inf⟩ ruziën, vechten
¹yin /jɪn/ [niet-telb zn] ⟨filos⟩ yin
²yin /jɪn/ [onbep vnw] ⟨SchE⟩ een
³yin /jɪn/ [onbep det] ⟨SchE⟩ een
ying-yang /jɪŋ jæŋ/ [telb zn] ⟨sl⟩ snikkel, leuter, pik
¹yip /jɪp/ [telb zn] ⟨AE⟩ ① gekef ⟨van hond⟩ ② gil, gier, schreeuw
²yip /jɪp/ [onov ww] ⟨AE⟩ ① keffen ⟨van hond⟩ ② huilen ⟨van hond⟩ ③ krijsen, uitschreeuwen ⟨van de pijn, plezier⟩
³yip /jɪp/ [ov ww] ⟨AE; sl; golf⟩ verknoeien ⟨put⟩, slecht slaan
yip·pee /jɪpi:, ^jɪpi/ [tw] ⟨inf⟩ joepie, hoera
yip·pie, yip·py /jɪpi/ [telb zn] yippie, politieke hippie, lid van de Youth International Party, ± kabouter
yips /jɪps/ [alleen mv; the] ⟨sport⟩ zenuwen, druk ⟨waardoor men slecht speelt⟩
-yl /ɪl, i:l/ [duidt radicaal aan] ⟨scheik⟩ -yl ♦ *ethyl* ethyl
¹y-lang-y-lang /i:læŋ i:læŋ, ^i:lɑŋ i:lɑŋ/ [telb zn] ⟨plantk⟩ Cananga odorata ⟨uit bloesems wordt canangaolie gehaald⟩
²y-lang-y-lang /i:læŋ i:læŋ, ^i:lɑŋ i:lɑŋ/ [niet-telb zn] canangaolie, ylangylangolie
Y-lev·el [telb zn] ⟨landmeetk⟩ waterpasinstrument

YMCA [afk] (Young Men's Christian Association)
Y-moth [telb zn] ⟨dierk⟩ pistooltje, gamma-uil ⟨Plusia gamma; vlinder⟩
yo /joʊ/ [tw] ⟨AE; sl⟩ hé!
yob /jɒb, ^jɑb/, **yob·bo** /jɒboʊ, ^jɑ-/ [telb zn] ⟨BE; sl⟩ vandaal, reltrapper, herrieschopper, onbeschofte vlerk, ruziezoeker, ⟨mv⟩ straattuig, opgeschoten tuig
yob·ber·y /jɒbəri, ^jɑb-/ [niet-telb zn] ⟨BE; sl⟩ herrieschopperij, baldadigheid, vandalisme
yob·bish /jɒbɪʃ, ^jɑbɪʃ/ [bn] baldadig, vernielzuchtig, onbeschoft, hondsbrutaal
yob·bism /jɒbɪzm, ^jɑ-/ [niet-telb zn] baldadigheid, vernielzuchtigheid, vandalistisch gedrag, tuig-van-de-richelmentaliteit
yod /jɒd, ^jɑd/ [telb + niet-telb zn] ① jod ⟨tiende letter van het Hebreeuws⟩ ② i, j ⟨als klank⟩
¹yo·del /joʊdl/ [telb + niet-telb zn] gejodel, jodellied, jodelroep
²yo·del /joʊdl/ [onov + ov ww] jodelen
yo·del·ler, ⟨AE ook⟩ **yo·del·er** /joʊdlə, ^-ər/ [telb zn] ① jodeler ② ⟨sl⟩ verklikker
yo·ga /joʊgə/ [niet-telb zn; ook Yoga] yoga, ⟨i.h.b.⟩ hatha yoga
yogh /jɒx, ^joʊk/ [telb zn] yogh ⟨Middelengelse letter voor j/g⟩
yo·gi /joʊgi/ [telb zn; mv: ook yogin /-gɪn/] yogi, yogaleraar, yogabeoefenaar
yog·ic /joʊgɪk/ [bn] ① m.b.t. yoga ② m.b.t. de/een yogi
yo·gism /joʊgɪzm/ [niet-telb zn] ⟨vaak Yogism⟩ yoga
yo·gurt, yo·ghurt, yo·ghourt /jɒgət, ^joʊgərt/ [niet-telb zn] yoghurt, ⟨i.h.b.⟩ Bulgaarse yoghurt
yo-heave-ho /joʊhi:vhoʊ/ [tw] ⟨scheepv⟩ een, twee, hup, hé, hup ⟨bij hijsen e.d.⟩
¹yo-ho /joʊhoʊ/ [onov ww] hallo/hé/joehoe roepen
²yo-ho /joʊhoʊ/, **yo-ho-ho** /-hoʊ/ [tw] ① johoe, joho, joehoe, hallo, hé ② → **yo-heave-ho**
¹yoick /jɔɪk/ [onov ww] ⟨jacht⟩ tsa tsa roepen, pak ze schreeuwen
²yoick /jɔɪk/ [ov ww] ⟨jacht⟩ aanhitsen, ophitsen ⟨honden⟩
yoicks /jɔɪks/ [tw] tsa, pak ze, grijp ze ⟨tegen honden, bij vossenjacht⟩
¹yoke /joʊk/ [telb zn; in bet 2 ook yoke] ① juk ⟨ook geschiedenis, figuurlijk⟩, dwingelandij, heerschappij, slavernij ♦ *bring under the yoke of s.o.* onder het juk van iemand brengen, aan iemand onderwerpen; *pass/come under the yoke* onder het juk doorgaan, zich onderwerpen; *throw off the yoke* het juk afwerpen/afschudden, in opstand komen tegen de dwingelandij ② koppel, span, paar, juk ♦ *three yoke of oxen* drie juk ossen, drie stel ossen ③ draagjuk, emmerjuk ④ schouderstuk, heupstuk ⟨van kleding⟩ ⑤ ⟨vnl enkelvoud⟩ band, verbond, verbintenis, juk ⟨van huwelijk⟩ ⑥ ⟨elek⟩ juk ⟨van elektromagneet⟩ ⑦ ⟨scheepv⟩ juk ⟨van roer⟩ ⑧ ⟨techn⟩ traverse, juk
²yoke /joʊk/ [onov ww] ① samengaan, verbonden zijn ② samenwerken, collega's zijn, partners zijn ③ getrouwd zijn
³yoke /joʊk/ [ov ww] ① onder een/het juk brengen, jukken, inspannen, voorspannen ♦ *yoke the oxen to the cart* de ossen voor de kar spannen ② (een) trekdier(en) voorspannen ♦ *yoke the cart* de trekdieren voor de kar spannen ③ koppelen, verbinden, paren, samenbrengen ♦ *yoked in marriage* in de echt verbonden; *yoke s.o. to another* iemand aan een ander koppelen; *be yoked to a life of hard work* vastzitten aan een leven van hard werken
yoke elm [telb zn] ⟨plantk⟩ haagbeuk, steenbeuk, jukboom, wielboom ⟨Carpinus betulus⟩
yoke·fel·low, yoke·mate [telb zn] ① makker, kameraad, lotgenoot, collega ② levensgezel(lin), partner, echtgenoot, echtgenote
yo·kel /joʊkl/ [telb zn] boerenkinkel, boer, heikneuter,

pummel
yoke line [telb zn] stuurtouw, juklijn ⟨van boot⟩
yo·kel·ish /jo͟ʊklɪʃ/ [bn] ruw, onbehouwen, lomp
yoke-toed [bn] met klimvoeten ⟨van vogels⟩
yold /joʊld/ [telb zn] ⟨sl⟩ sul, sukkel
¹**yolk** /joʊk/, **yelk** /jelk/ [telb + niet-telb zn] dooier
²**yolk** /joʊk/, **yelk** /jelk/ [niet-telb zn] wolvet, wolwas
yolk bag, yolk sac [telb zn] dooiervlies, dooierzak, dooiermembraan
yolk·y /jo͟ʊki/ [bn] ① dooier- ② met dooier ③ dooierachtig ④ vettig ⟨van wol⟩
Yom Kip·pur /jɒm kɪpʊə, ᴬjɑm kɪpər/ [eigenn] ⟨jod⟩ Grote Verzoendag, Jom Kipoer
yomp /jɒmp, ᴬjɑmp/ [onov ww] ⟨BE; sl; mil⟩ zwoegen(d marcheren) ⟨zwaar beladen, over moeilijk terrein⟩, ploeteren, ploegen, trekken
yomp·er /jɒmpə, ᴬjɑmpər/ [telb zn] ⟨BE; sl; vnl mil⟩ ① soldaat ② ⟨vnl mv⟩ legerkistje, ⟨stevige⟩ stapper, bergschoen
¹**yon** /jɒn, ᴬjɑn/ [aanw vnw] ⟨vero of gew⟩ gene, die/dat (daar), gindse ◆ *I like yon better* die mag ik liever
²**yon** /jɒn, ᴬjɑn/ [bw] ⟨vero behalve gew⟩ ginder, ginds, daar
³**yon** /jɒn, ᴬjɑn/ [aanw det] ⟨vero behalve gew⟩ ginds, gene
¹**yond** /jɒnd, ᴬjɑnd/ [bw] ⟨form⟩ daarginds, ginder
²**yond** /jɒnd, ᴬjɑnd/ [aanw det] ⟨form⟩ ginds, die/dat daar
¹**yon·der** /jɒndə, ᴬjɑndər/ [bw] ⟨form⟩ ginder, ginds, daar, daarginds
²**yon·der** /jɒndə, ᴬjɑndər/ [aanw det] ⟨form⟩ ginds, daar ginder, die/dat daar
yo·ni /jo͟ʊni/ [telb zn] ⟨rel⟩ yoni(beeldje), (beeltenis van de) vrouwelijke geslachtsdelen ⟨bij Shaktiverering⟩
yonks /jɒŋks, ᴬjɑŋks/ [niet-telb zn] ⟨BE; inf⟩ lange tijd, tijden, eeuwen ◆ *we haven't been there for yonks* we zijn daar in geen tijden geweest
¹**yoof** /juːf/ [niet-telb zn] ⟨BE; scherts⟩ jeugd, jongelui ◆ *today's yoof* de jongeren van vandaag
²**yoof** /juːf/ [bn, attr] ⟨BE; scherts⟩ jongeren-, jeugd- ◆ *yoof culture* jeugdcultuur
yoo-hoo /juːhuː/ [tw] joehoe, joho, hé
yoot /juːt/ [telb zn] ⟨sl⟩ jeugdige misdadiger
yore /jɔː, ᴬjɔr/ [niet-telb zn; altijd met *of*] ⟨form⟩ vroeger ◆ *of yore* ⟨van⟩ vroeger, voorheen, uit voorbije tijden
york /jɔːk, ᴬjɔrk/ [ov ww] ⟨cricket⟩ met een yorker uitschakelen ⟨batsman⟩
York /jɔːk, ᴬjɔrk/ [eigenn] ⟨gesch⟩ (het huis) York ◆ *York and Lancaster* (de huizen) York and Lancaster ⟨in de Rozenoorlogen⟩
york·er /jɔːkə, ᴬjɔrkər/ [telb zn] ⟨cricket⟩ yorker ⟨bal die onder de bat doorgaat⟩
York·er /jɔːkə, ᴬjɔrkər/ [telb zn] ① inwoner van York ② ⟨gesch⟩ inwoner van New York
Yorkie [telb zn] → **Yorkshire terrier**
¹**York·ist** /jɔːkɪst, ᴬjɔr-/ [telb zn] ⟨gesch⟩ aanhanger van (het huis) York
²**York·ist** /jɔːkɪst, ᴬjɔr-/ [bn] ⟨gesch⟩ van (het huis) York
York rose, York and Lancaster rose [telb zn] ⟨plantk⟩ rood-witte Damascener roos ⟨Rosa damascena var. versicolor⟩
Yorks /jɔːks, ᴬjɔrks/ [afk] (Yorkshire)
Yorkshire flannel [niet-telb zn] ongeverfde flanel
Yorkshire fog [niet-telb zn] ⟨plantk⟩ witbol ⟨Holcus Lanatus⟩
York·shire·man /jɔːkʃəmən, ᴬjɔrkʃɪrmən/ [telb zn; mv: Yorkshiremen /-mən/] iemand uit York(shire)
Yorkshire pudding [telb + niet-telb zn] ⟨cul⟩ yorkshirepudding ⟨in rosbiefjus gebakken beslag, met roastbeef gegeten⟩
Yorkshire relish [niet-telb zn] yorkshiresaus ⟨pikante saus⟩

Yorkshire terrier, York·ie /jɔːki, ᴬjɔrki/ [telb zn] yorkshireterriër ⟨dameshondje⟩
York·shire-wo·man [telb zn] vrouw uit York(shire)
¹**Yo·ru·ba** /jɒrʊbə, ᴬjɔrəbə/ [eigenn; mv: ook Yoruba] Yoruba, taal van de Yoruba
²**Yo·ru·ba** /jɒrʊbə, ᴬjɔrəbə/ [telb zn; mv: ook Yoruba] Yoruba ⟨Sudanneger⟩
¹**you** /juː/ [telb zn] (persoon als) jij ◆ *she is another you* ze is een evenbeeld van jou; *poor you!* arm schaap!; *find the real you* zoek jezelf zoals je werkelijk bent
²**you** /jʊ, jə, ⟨sterk⟩ juː/ [pers vnw] ① ⟨enkelvoud⟩ jij, jou, je, ⟨form⟩ u ◆ *'You're a fool' 'You're another'* 'Jij bent een stommeling' 'Jij ook'; *you brat* jij schooier; *she ran away from you* ze liep van je weg; *where are you going?* waar ga je heen?; *she will make you a good wife* ze zal een goede vrouw voor je zijn; *I saw you chasing her* ik heb gezien hoe je haar achterna zat; *here's to you* op jouw gezondheid; *I'm Sarah to you* voor jou heet ik Sarah ② ⟨mv⟩ jullie, u ◆ *the thief among you* de dief die zich onder jullie bevindt; *what are you two up to?* wat voeren jullie twee uit?; *I heard you quarreling* ik hoorde jullie ruzie maken ⓘ *to you* in gewone taal; zie: **you-all**; → **yourself, yourselves**
³**you** /jʊ, jə, ⟨sterk⟩ juː/ [onbep vnw] ⟨inf⟩ je, men ◆ *if you consider all these things* als men/je al deze dingen overweegt; *he'll dance you a dance* hij zal je eens een dansje tonen; *that's men for you* zo zijn de mannen; *that's fame for you* dat noem ik nou nog eens beroemd zijn; → **yourself, yourselves**
⁴**you** /jʊ, jə, ⟨sterk⟩ juː/ [wk vnw] ⟨vero of gew⟩ jezelf, uzelf, jullie zelf ◆ *build you a castle* bouw uzelf een kasteel; *rest you a while* rust even uit; → **yourself, yourselves**
you-all /juːɔːl, jɔːl/ [pers vnw; voornamelijk mv, soms ook enk] ⟨gew, vnl AE⟩ jullie ◆ *what you-all don't know* wat jullie niet weten
you'd /jʊd, jəd, ⟨sterk⟩ juːd/ ① (samentrekking van *you had*) ② (samentrekking van *you would*)
you-know-what [niet-telb zn] ⟨inf⟩ je-weet-wel(-wat), dinges
you-know-who [niet-telb zn] ⟨inf⟩ je-weet-wel(-wie), dinges
you'll /jʊl, jəl, ⟨sterk⟩ juːl/ [hulpww] ① (samentrekking van *you will*) ② (samentrekking van *you shall*)
¹**young** /jʌŋ/ [verzamelnn] ① (the) de jongelui, de jeugd ② jongen ⟨van dier⟩ ◆ *the young of a tiger* de jongen van een tiger; *with young* drachtig, zwanger
²**young** /jʌŋ/ [bn; vergr trap: *younger*, overtr trap: *youngest*] ① (benaming voor) jong, pasgeboren, klein, jong, niet oud, nieuw, vers, fris ◆ *young carrots* jonge worteltjes; *young child* klein kind, kindje; *a young family* een jong gezin, een gezin met kleine kinderen; *young fry* klein grut, het jonge volkje/spul; ⟨vero of scherts⟩ *young lady* jongedame, vriendin; *young lettuce* frisse sla, verse sla; ⟨vero of scherts⟩ *young man* jongeman, vriend, vrijer; ⟨BE; jur⟩ *young offender* jeugdige/minderjarige delinquent; ⟨BE; jur⟩ *young offender institution* jeugdgevangenis; *young and old* jong en oud, iedereen; ⟨BE; jur⟩ *young person* jongere, jongeman ⟨14-17 jaar⟩; *you young rascal* jij kleine kwajongen, jij kleine rakker; *he's not as young as he used to be* hij is ook niet meer van de jongsten; *young thing* jong ding, jongmens; ⟨vnl⟩ jong meisje; ⟨inf⟩ *young 'un* jongen, jochie, baasje, kereltje; jongmens; *young wine* jonge wijn; *Martin Luther: 500 years young* Martin Luther: 500 jaar jong ② vroeg, net begonnen, jong ◆ *the nineteenth century was still young* de negentiende eeuw was pas begonnen, het was nog in het begin van de negentiende eeuw; *the day is young* het is nog vroeg ③ junior, jong(er)e ◆ ⟨gesch⟩ *the Young Pretender* de jonge pretendent ⟨kleinzoon van Jacobus II⟩; *young Smith* Smith junior, de jonge Smith; *the younger Smith, Smith the younger* de jongere/jongste Smith ④ jeugdig, jong, (als) van een jeugdig persoon ◆ *in his*

younger days in zijn jonge jaren/dagen, in zijn jeugd; *with young élan* met jeugdig elan, met het elan van de jeugd; *John looks young for his years* John ziet er jong uit voor zijn leeftijd ⑤ onervaren, net beginnend, jong ♦ *young doctor* jonge dokter; *this man is young in business* deze man zit pas in zaken; ⟨vnl AE⟩ *young marrieds* jonggetrouwden, pasgetrouwd stel ⑥ ⟨aardr, geol⟩ jong ⟨van laag, gebergte e.d.; in het eerste stadium van de erosiecyclus⟩ ⑦ ⟨vaak Young⟩ ⟨pol⟩ nieuw, jong ⟨op de jeugd gericht; vernieuwd⟩ ♦ ⟨gesch⟩ *Young Turks* Jong-Turken ▫ *young blood* nieuw bloed, vers bloed, nieuwe ideeën, nieuwe mensen; *the Younger Edda* de Snorra Edda, de proza-Edda; *young fustic* geelhout, fisethout, fustiekhout; ⟨kaartsp⟩ *younger hand* achterhand, partner, maat ⟨die laatst uitkomt⟩; *Young Hopeful* belofte, veelbelovend jongmens ⟨ook ironisch⟩; *the young idea* de gedachtewereld van het kind; *young lady* schat, lieveling, meisje, vriendin; *young man* vriend, vrijer, schat, gozer; ⟨scherts⟩ *young shaver* jochie; *young turk* wildebras; ⟨pol⟩ *Young Turk* revolutionair, rebel, radicaal progressief iemand; *young woman* schat, vriendin, meisje, lieveling; ⟨sprw⟩ *those whom the gods love die young* wie de goden liefhebben, sterft jong; ⟨sprw⟩ *better be an old man's darling than a young man's slave* ± beter het liefje van een oude man dan het slaafje van een jonge man

young·er /jʌŋə, ᴬjʌŋgər/ [vergrotende trap] → **young**
young·est /jʌŋgɪst/ [overtreffende trap] → **young**
young·ish /jʌŋɪʃ/ [bn] nogal jong, vrij jong, jeugdig, aan de jonge kant
¹young·ling /jʌŋlɪŋ/ [telb zn] ① ⟨benaming voor⟩ jong persoon, jongeling, jongeman, jongmens, jong meisje, jongedame ② jong, jong dier ③ jonge plant
²young·ling /jʌŋlɪŋ/ [bn] jong, jeugdig
young·ster /jʌŋstə, ᴬ-ər/ [telb zn] ① jongmens, jongeling, jongeman, jongere, ⟨mv⟩ jongelui ② jochie, kereltje, baasje, koter ③ jong dier ④ ⟨AE; mil⟩ tweedejaars marinecadet, ± jong officiertje, ± jong broekje
youn·ker /jʌŋkə, ᴬ-ər/ [telb zn] ⟨vero⟩ ① jongmens, jongeman ② jochie, kereltje, kind, koter, jong
your /jə, ᴬjər, ⟨sterk⟩ jʊə, jɔː, ᴬjʊr/ [bez det] ① jouw, jullie, je, uw, van jou/jullie ♦ *relieved at your safe arrival* opgelucht over je veilige aankomst; *this is your day* dit is jullie grote dag/geluksdag; *work your hardest* werken zo hard je kunt; *study your history* leer je geschiedenis; *I was surprised at your leaving so hastily* ik was verbaasd dat je zo haastig vertrok; *your man* de man over wie je 't had, de man in kwestie ② ⟨inf; vnl pej⟩ zo'n ⟨fameuze⟩, een ♦ *your facetious bore* zo'n ⟨fameuze⟩ flauwe grappenmaker; *so this is your Hyde Park!* dit is dus dat (beroemde) Hyde Park van jullie! ▫ *where are your Pele's now?* waar zijn de Pele's nu?
you're /jə, ᴬjər, ⟨sterk⟩ jʊə, jɔː, ᴬjʊr/ [koppelww] (samentrekking van *you are*)
yours /jɔːz, ᴬjʊrz, ᴬjɔːrz/ [bez vnw] ① ⟨predicatief gebruikt⟩ van jou/jullie, de/het jouwe, de/het uwe ♦ *is this sock yours?* is deze sok van jou?; *take what is yours* neem wat van jou is ② de/het jouwe/uwe ♦ *it is yours to react* het is aan u/het is uw taak/het ligt op uw weg te reageren; *a friend of yours* een vriend van jou, één van je vrienden; *in reply to yours of the 25th* in antwoord op uw brief van de 25e; *take yours* neem het uwe; ⟨scherts⟩ *what's yours?* wat neem jij?, wat wil je drinken?; *you and yours* u en de uwen ▫ *(I remain) yours faithfully* hoogachtend; *sincerely yours* met vriendelijke groeten; *yours truly* hoogachtend; uw dienaar, ⟨scherts⟩ de ondergetekende, ik; ⟨vulg⟩ *up yours!* krijg de klere!, ⟨België⟩ kus mijn kloten!
your·self /jəself, ᴬjər-/ [wk vnw; enk] ① je, zich ♦ *allow yourself some rest* gun jezelf wat rust; *don't hurt yourself* kwets je/jezelf niet; *then you came to yourself* toen kwam je bij; *you are not yourself* je bent niet in je gewone doen ② ⟨als nadrukwoord⟩ je zelf, zelf ♦ *she's as bright as yourself* ze is zo slim als jij zelf bent; *do it yourself* doe het zelf; ⟨als antwoord op⟩ *'How are you?'*, ⟨sl⟩ *'How's yourself?'* 'Hoe gaat het met je?' 'En met jou?'; *a girl like yourself* een meisje zoals jij; *yourself an honest person you don't recognize deceit in others* omdat je zelf een eerlijke mens bent herken je het bedrog in anderen niet; *your son and yourself* uw zoon en uzelf; *you yourself told me* je hebt het me zelf gezegd
your·selves /jəselvz, ᴬjər-/ [wk vnw; mv] ① zich, jullie ♦ *buy yourselves some sweets* koop voor jezelf wat snoep; *dry yourselves properly* droog jullie goed af; *keep it for yourselves* hou het voor jullie zelf; *you ought to be ashamed of yourselves* jullie zouden je moeten schamen; *you are not yourselves today* jullie zijn vandaag niet in jullie gewone doen ② ⟨als nadrukwoord⟩ zelf ♦ *yourselves are to blame* jullie hebben zelf de schuld; *as good as yourselves* zo goed als jullie zelf zijn; *finish it yourselves* maak het zelf af; *I told your teacher and yourselves* ik heb het aan jullie leraar en aan jullie zelf gezegd; *you yourselves should know* jullie zouden het zelf moeten weten; *yourselves still young* consider the problems of the elderly jullie die zelf nog jong zijn, denk eens aan de problemen van de ouden van dagen
¹youth /juːθ/ [telb zn; mv: youths /juːðz, ᴬjuːðzɪ juːθs/] ① jongeman, jongen, jonge vent, jongeling ② ⟨vnl mv⟩ (mannelijke of vrouwelijke) teenager, ⟨in mv⟩ jongelui, jongeren ♦ *a couple of youths were waiting for him* een paar jongelui stonden op hem te wachten ▫ ⟨sprw⟩ *a growing youth has a wolf in his belly* jongelui hebben een razende honger
²youth /juːθ/ [telb + niet-telb zn; mv: youths /juːðz, ᴬjuːðzɪ juːθs/] ① jeugd, jeugdigheid, het jong-zijn, jonge jaren ♦ *from youth onwards* van jongs af, van zijn jeugd af; *he has had a happy youth* hij heeft een gelukkige jeugd gehad; *the drink restored him to youth* het drankje gaf hem zijn jeugd terug ② beginstadium, beginfase, vroege periode ⟨van project e.d.⟩ ▫ ⟨sprw⟩ *youth and age will never agree* jong en oud zijn het nooit eens
³youth /juːθ/ [verzameln; mv: youths /juːðz, ᴬjuːðzɪ juːθs/] jeugd, jongeren ♦ *he's always in the company of youth* hij verkeert altijd onder de jeugd, hij trekt altijd met jongeren op ▫ ⟨sprw⟩ *youth will be served* laat jonge mensen van het leven genieten; ⟨sprw⟩ *youth must have its fling* de jeugd moet haar tijd hebben
youth centre, youth club [telb zn] jeugdcentrum, jeugdclub, jeugdgebouw, jeugdhonk
Youth Court [telb zn] kinderrechter ⟨in Groot-Brittannië⟩
youth culture [niet-telb zn] jongerencultuur
youth custody centre [telb zn] ⟨BE⟩ jeugdgevangenis, opvoedingsgesticht, tuchtschool ⟨voor jongeren van 15 tot 21⟩
youth·ful /juːθfl/ [bn; bw: ~ly; zn: ~ness] ① jeugdig, jong, van de jeugd, jeugd- ♦ *with youthful optimism* met jeugdig optimisme ② jong, in de beginfase/een vroeg stadium verkerend ⟨van project e.d.⟩ ♦ *youthful trees* jonge boompjes ③ vitaal, vief, krachtig, fris, kras ♦ *youthful prose* krachtig proza ④ ⟨geol⟩ jong ⟨uit tertiair, quartair⟩
youth hostel [telb zn] jeugdherberg
youth hos·tel·ling [niet-telb zn] ⟨BE⟩ van jeugdherberg naar jeugdherberg trekken
youth movement [verzameln] jeugdbeweging
you've /jəv, ⟨sterk⟩ juːv/ [hulpww] (samentrekking van *you have*)
yow /jaʊ/ [tw] o ⟨van pijn/verrassing⟩, au
¹yowl /jaʊl/ [telb zn] gehuil ⟨voornamelijk van kat, hond⟩, gejank, gekrol, gemiauw, geschreeuw
²yowl /jaʊl/ [onov + ov ww] huilen ⟨voornamelijk van dieren⟩, janken, schreeuwen, krollen, miauwen
¹yo-yo /jəʊjəʊ/ [telb zn] ① jojo, klimtol ② ⟨sl⟩ domkop, idioot, sufferd, simpel iemand ③ ⟨sl⟩ opportunist
²yo-yo /jəʊjəʊ/ [onov ww] ① heen en weer gaan, heen en

weer reizen, op en neer gaan ② schommelen, op en neer gaan ⟨van prijzen, e.d.⟩ ③ weifelen, aarzelen ♦ *yo-yo on an issue* de ene keer zo, de andere keer zus over een zaak oordelen, nu eens dit, dan weer dat over een kwestie zeggen
y·per·ite /iːpəraɪt/ [telb zn] ⟨scheik⟩ yperiet, mosterdgas
yr [afk] ① (year) j., J. ② (years) ③ (younger) jr. ④ (your)
yrs [afk] ① (years) ② (yours)
YTS [afk] (Youth Training Scheme)
yt·ter·bi·um /ɪtɜːbɪəm, ᴬɪtɜr-/ [niet-telb zn] ⟨scheik⟩ ytterbium ⟨element 70⟩
yt·tri·um /ɪtrɪəm/ [niet-telb zn] ⟨scheik⟩ yttrium ⟨element 39⟩
Y2K [afk] (year two thousand) jaar 2000
yu·an, yü·an /juːɑːn, juːən/ [telb zn; mv: ook yuan, ook yüan] ① yuan ⟨Chinese munt(eenheid)⟩ ② nieuwe Taiwanese dollar
yuc·ca /jʌkə/ [telb zn] ⟨plantk⟩ yucca, adamsnaald ⟨Yucca⟩
yuck, yuk /jʌk/, **yuch** /jʌx/ [tw] ⟨inf⟩ bah, gadsie, get
yuck·y, yuk·ky /jʌki/ [bn; vergr trap: yuckier] ⟨inf⟩ smerig, afgrijselijk, vies, walgelijk
yuft /jʌft, ᴬjʊft/ [niet-telb zn] juchtleer
¹**Yu·go·slav, Ju·go·slav** /juːɡoʊslɑːv/, **Yu·go·sla·vi·an, Ju·go·sla·vi·an** /juːɡoʊslɑːvɪən/ [telb zn] ⟨gesch⟩ Joegoslaaf, Joegoslavische
²**Yu·go·slav, Ju·go·slav** /juːɡoʊslɑːv/, **Yu·go·sla·vi·an, Ju·go·sla·vi·an** /juːɡoʊslɑːvɪən/ [bn] ⟨gesch⟩ Joegoslavisch, van/uit Joegoslavië
Yu·go·sla·vi·a, Ju·go·sla·vi·a /juːɡoʊslɑːvɪə/ [eigenn] ⟨gesch⟩ Joegoslavië
yu·ko /juːkoʊ/ [telb zn] ⟨vechtsport, in het bijzonder judo⟩ yuko ⟨halve ippon; 5 punten⟩
yuk-yuk /jʌkjʌk/ [niet-telb zn] ⟨sl⟩ blabla, geëmmer, gezeik
¹**yule** /juːl/ [telb zn] kerstfeest
²**yule** /juːl/ [niet-telb zn] kersttijd, midwintertijd)
Yule /juːl/ [eigenn] Kerstmis, kerst
Yule Day [eigenn] ⟨SchE⟩ Kerstmis
yule log [telb zn] ① joelblok ⟨blok hout in kersthaardvuur⟩ ② joelblokcake
yule·tide [niet-telb zn] kersttijd, midwinter(tijd)
Yule·tide [eigenn] Kerstmis, kerst
yum·my /jʌmi/ [bn; vergr trap: yummier] ⟨sl⟩ ① lekker, heerlijk, zalig, smakelijk ♦ *the yummy flavour of olives* de heerlijke smaak van olijven ② prachtig, verrukkelijk, fijn ⟨bijvoorbeeld van kleuren⟩
yum·my mum·my [telb zn] ⟨inf⟩ hippe moeder
yum-yum /jʌmjʌm/ [tw] mmm, lekker, heerlijk, dat is/wordt smullen
yup [bw] → yep
yup·pie, yup·py /jʌpi/ [telb zn] (young urban professional) yuppie
yuppie flu, yuppie disease [telb + niet-telb zn] ⟨inf⟩ yuppengriep, yuppieziekte, chronischevermoeidheidssyndroom, ± ME
yup·pi·fi·ca·tion /jʌpɪfɪkeɪʃn/ [niet-telb zn] yuppificatie
yup·pi·fy /jʌpɪfaɪ/ [ov ww; voornamelijk passief] ⟨scherts⟩ verbeteren ⟨woonwijk, door nieuwe bewoners uit beter milieu⟩, yuppieachtig inrichten, aantrekkelijk maken voor yuppies, upgraden ♦ *yuppified restaurant* geyuppificeerd/geüpgraded/veryupt restaurant
yurt /jʊət, ᴬjʊrt/ [telb zn; mv: yurta /jʊətə, ᴬjʊrtə/] joert(e) ⟨tent van Aziatische nomaden⟩
YWCA [afk] (Young Women's Christian Association)
y·wis /ɪwɪs/ [bw] ⟨vero⟩ zeker, stellig, gewis, waarlijk

Z

¹z, Z /zed, ᴬziː/ [telb zn; mv: z's, zelden zs, Z's, zelden Zs] ① (de letter) z, Z ② ⟨wisk⟩ z ⟨derde onbekende/coördinaat⟩ ▪ ⟨AE; inf⟩ *catch/get some Z's* een dutje doen, een uiltje knappen; ⟨België⟩ een uiltje vangen

²z, Z [afk] (zero)

za·ba·glio·ne /zæbljoʊni, ᴬzɑ-/ [niet-telb zn] ⟨cul⟩ zabaglione ⟨nagerecht van eierdooiers, suiker en (in het bijzonder) marsalawijn⟩, kandeel

zaf·fre, ⟨AE ook⟩ **zaf·fer** /zæfə, ᴬ-ər/ [niet-telb zn] saffloer, safflower, saffer, kobaltkalk ⟨om glas blauw te kleuren⟩

zaf·tig /zɑːftɪɡ, **zof·tig** /zɔːf-/, **zof·tic**, **zof·tick** /-tɪk/ [bn] ⟨sl⟩ ① met gevulde boezem, met flinke boezem ② gevuld, volslank, mollig, gezellig dik, lekker rond ⟨van figuur, lichaam⟩ ③ rijkgevuld, barok, sappig ⟨taal⟩

zag /zæɡ/ [telb zn] scherpe bocht, haakse bocht, haakse hoek

za·ire /zɑːɪə, ᴬ-ɪr/ [telb zn; mv: ook zaires /-ɪəz, ᴬ-ɪrz/] zaïre ⟨munt(eenheid) van Zaïre⟩

Za·ire /zɑːɪə, ᴬ-ɪr/ [eigenn] Zaïre

¹Za·ir·e·an /zɑːɪərɪən, ᴬ-ɪr-/ [telb zn] Zaïrees, Zaïrese

²Za·ir·e·an /zɑːɪərɪən, ᴬ-ɪr-/ [bn] Zaïrees

Zam·bi·a /zæmbɪə/ [eigenn] Zambia

Zambia	
naam	Zambia *Zambia*
officiële naam	Republic of Zambia *Republiek Zambia*
inwoner	Zambian *Zambiaan*
inwoonster	Zambian *Zambiaanse*
bijv. naamw.	Zambian *Zambiaans*
hoofdstad	Lusaka *Loesaka*
munt	Zambian kwacha *Zambiaanse kwacha*
werelddeel	Africa *Afrika*
int. toegangsnummer 260 www .zm auto Z	

¹Zam·bi·an /zæmbɪən/ [telb zn] Zambiaan(se)

²Zam·bi·an /zæmbɪən/ [bn] Zambiaans

zam·bo /zæmboʊ/ [telb zn] zambo, halfbloed ⟨neger-indiaan/Europeaan⟩

zam·bo·ni /zæmboʊni/ [telb zn; ook Zamboni] ⟨schaatssp⟩ dweilmachine, zamboni

zamindar [telb zn] → zemindar

zan·der /zændə, ᴬ-ər/ [telb zn] ⟨dierk⟩ snoekbaars ⟨Lucioperca sandra, Stizostedium lucioperca⟩

zan·te·wood /zæntiwʊd/ [niet-telb zn] fisethout, fustiekhout, geelhout

¹za·ny /zeɪni/ [telb zn] ① idioot, halvegare, rare snuiter ② ⟨dram, gesch⟩ hansworst, harlekijn, potsenmaker

²za·ny /zeɪni/ [bn; vergr trap: zanier] ① grappig, zot, leuk, komisch ② idioot, waanzinnig, absurd, raar, gek

za·ny·ism /zeɪniɪzm/ [telb + niet-telb zn] hansworsterij, potsenmakerij

Zan·zi·ba·ri /zænzɪbɑːri/ [telb zn] iemand uit Zanzibar, Zanzibari

¹zap /zæp/ [telb zn] ⟨sl⟩ confrontatie, botsing, discussie

²zap /zæp/ [niet-telb zn] ⟨sl⟩ pit, pep, fut, kracht

³zap /zæp/ [onov ww] ⟨inf⟩ ① snel gaan, zoeven, vliegen, snellen, racen ♦ *he was zapping off in his car to London* hij scheurde weg in zijn wagen naar Londen; *zap!* zoef!, flits!, wam! ② snel (heen en weer) schakelen ⟨tussen diverse tv-kanalen⟩, zappen, kanaalzwemmen

⁴zap /zæp/ [ov ww] ⟨inf⟩ ① neerschieten, neermaaien, neerhalen, afmaken ② raken, treffen, ⟨fig⟩ diepe indruk maken op ③ verslaan, kleinkrijgen, de baas worden ④ zwaar onder vuur nemen, bestoken, ⟨i.h.b.⟩ bombarderen ⑤ bestoken ⟨met vragen⟩, lastigvallen, discussiëren met ♦ *they zapped the prime minister until he gave his opinion on the matter* zij vielen de minister-president lastig tot hij zijn mening over de zaak gaf ⑥ snel brengen, wegschieten, flitsen ♦ *his time machine zapped us into the twenty-second century* zijn tijdmachine flitste ons naar de tweeëntwintigste eeuw ⑦ snel overschakelen van ... naar iets anders ♦ *zap a programme* snel overschakelen van een programma naar een ander programma/kanaal ⑧ ⟨AE⟩ (even) in de magnetron koken/zetten ⑨ ⟨comp⟩ leegmaken ⟨file⟩, wissen ▪ *zap up sth.* iets snel in elkaar flansen, iets in elkaar rammen

za·pa·te·a·do /zɑːpəteɪɑːdoʊ/ [telb zn] zapateado ⟨soort flamencodans⟩

zap·per /zæpə, ᴬ-pər/ [telb zn] ⟨AE⟩ ① ⟨inf⟩ zapper, kanaalzwemmer ② ⟨inf⟩ afstandsbediening ③ ⟨sl⟩ afkraker ④ ⟨sl⟩ vernietigende kritiek

zappy [bn] → zippy

zarape [telb zn] → serape

Zarathustrian → Zoroastrian

za·ri·ba, za·re·ba, za·ree·ba /zərɪːbə/ [telb zn] ① palissade, omheining ⟨in Sudan⟩ ② omheind dorp, kamp met palissade ⟨in Sudan⟩

zas·tru·ga /zæstruːɡə/ [telb zn; voornamelijk mv; mv: zastrugi /-ɡi/] sneeuwribbel

zax /zæks/, **sax** /sæks/ [telb zn] leidekkershamer

za·zoo /zæzuː/ [telb zn] ⟨sl⟩ kerel

zaz·zle /zæzl/ [telb zn] ⟨veel⟩ sexappeal

zeal /ziːl/ [niet-telb zn] ijver, geestdrift, vuur, graagte, enthousiasme ♦ *show zeal for sth.* voor iets ijveren, enthousiast voor iets zijn ▪ ⟨sprw⟩ *zeal without knowledge is a runaway horse/a fire without light* ijver zonder verstand is schade voor de hand

Zea·land /ziːlənd/ [eigenn] ① Sjælland, Seeland ⟨Deens eiland⟩ ② → Zeeland

zeal·ot /zelət/ [telb zn] dweper, fanatiekeling, zeloot, ijveraar

Zeal·ot /zelət/ [telb zn] ⟨gesch⟩ zeloot

zea·lot·ic /zəlɒtɪk, ᴬzəlɑtɪk/ [bn] dweepziek, zelotisch, fanatiek

zeal·ot·ry /zelətri/ [niet-telb zn] fanatisme, zelotisme, dweepzucht

zeal·ous /zeləs/ [bn; bw: ~ly; zn: ~ness] ① ijverig, geestdriftig, vurig, enthousiast ♦ *zealous in the pursuit of happiness* geestdriftig in de jacht op/naar geluk ② ijverend, verlangend, gretig, begerig ♦ *be zealous to make it* erop gebrand zijn te slagen in het leven, graag succes willen hebben; *zealous for fame* verlangend naar roem; *zealous for the Christian faith* ijverend voor het christelijk geloof

zebec, zebeck [telb zn] → xebec

ze·bra /zebrə, ᴬziːbrə/ [telb zn] ① zebra ② ⟨inf⟩ zwart-wit gestreept iets ③ ⟨BE⟩ zebra(pad), voetgangersoversteekplaats ④ ⟨AE; sl; sport⟩ scheidsrechter ⑤ ⟨AE; sl; sport⟩ lijnrechter

zebra crossing [telb zn] ⟨BE⟩ zebra(pad), voetgangersoversteekplaats

zebra finch [telb zn] ⟨dierk⟩ zebravink ⟨Taeniopygia guttata⟩

zebra wolf [telb zn] ⟨dierk⟩ buidelwolf ⟨Thylacinus cynocephalus⟩

ze·brine /zebraɪn, ᴬziːbraɪn/ [bn] zebra-achtig

ze·bu /ziːbjuː, -buː/ [telb zn] ⟨dierk⟩ zeboe, bultrund ⟨Bos indicus⟩

zec·chi·no /zekiːnoʊ/, **zec·chin, zech·in** /zekɪn/ [telb zn; mv: zecchini /zekiːni/] ⟨gesch⟩ zecchino ⟨Venetiaanse munt⟩

Zech [eigenn] ⟨Zechariah⟩ Zach.

zed /zed/ [telb zn] ⟨BE⟩ ⟨de letter⟩ z

zed·o·ar·y /zedʊəri, ᴬzedʊeri/ [niet-telb zn] ⟨farm, vnl gesch⟩ zedoarwortel ⟨in het bijzonder van de Curcuma zedoaria⟩

zee /ziː/ [telb + niet-telb zn] ⟨AE⟩ ⟨de letter⟩ z

Zee·land /ziːlənd/ [eigenn] Zeeland

Zee·land·er /ziːləndə, ᴬ-ər/ [telb zn] Zeeuw

Zee·man ef·fect /ziːmən ɪfekt, ᴬzeɪmən-/ [telb zn] ⟨natuurk⟩ zeemaneffect

ZEG [afk] ⟨Zero Economic Growth⟩

ze·in /ziːɪn/ [niet-telb zn] ⟨scheik⟩ zeïne ⟨proteïne in mais⟩

Zeit·geist /tsaɪtgaɪst/ [niet-telb zn; the] tijdgeest

zeit·geist·y /tsaɪtgaɪsti/ [bn] de tijdgeest uitdragend

ze·min·dar, za·min·dar /zemɪndɑː, ᴬzəmiːndɑr/ [telb zn] ⟨gesch⟩ ① belastingpachter ⟨in India van de mogols⟩ ② landpachter ⟨in Brits-Indië⟩

Zen /zen/, **Zen Buddhism** [niet-telb zn] zen(boeddhisme)

¹**ze·na·na** /zenɑːnə/ [telb zn] ⟨gesch⟩ vrouwenverblijf, harem ⟨in India en Perzië⟩

²**ze·na·na** /zenɑːnə/, ⟨ook⟩ **zenana cloth** [niet-telb zn] soort dunne stof

¹**Zend** /zend/ [eigenn] Zend, Avestisch ⟨oude Iraanse taal⟩

²**Zend** /zend/ [telb zn] begeleidend commentaar, Zend ⟨bij Avestateksten⟩

³**Zend** /zend/ [niet-telb zn] Zend-Avesta

Zend-A·ves·ta /zendəvestə/ [niet-telb zn] Zend-Avesta ⟨boeken met leer van Zarathoestra⟩

ze·ner di·ode /ziːnə daɪoʊd, ᴬ-ər-/ [telb zn] zenerdiode

ze·nith /zenɪθ, ᴬziː-/ [telb zn] ① toppunt, hoogste punt, top, piek, zenit ♦ *at the zenith of his fame* op het toppunt van zijn roem, in het zenit van zijn roem; *reach the zenith* het toppunt bereiken ② ⟨the⟩ zenit, schedelpunt ③ ⟨the⟩ hemelboog, hemelbol

ze·nith·al /zenɪθl, ᴬziː-/ [bn] ① zenit-, van het zenit ② hoogst, top-

zenith distance [telb zn] zenitsafstand

ze·o·lite /ziːəlaɪt/ [telb zn] zeoliet ⟨poreus mineraal⟩

zep, zepp /zep/ [telb zn] ⟨inf⟩ ⟨verk: zeppelin⟩ zeppelin

Zeph [eigenn] ⟨Zephaniah⟩ Zef.

¹**zeph·yr** /zefə, ᴬ-ər/ [telb zn] ① zefier, koele westenwind ② ⟨benaming voor⟩ licht kledingstuk, lichte hoed, sjaaltje, dunne duster, sporttricot

²**zeph·yr** /zefə, ᴬ-ər/ [niet-telb zn] zefier ⟨stof⟩

Zeph·yr /zefə, ᴬ-ər/ [eigenn] Zephyrus

zep·pe·lin /zepəlɪn/ [telb zn; ook Zeppelin] zeppelin, luchtschip

¹**ze·ro** /zɪəroʊ, ᴬzɪroʊ, ᴬziː-/ [bn] ⟨meteo⟩ weinig of geen ⟨van zicht; minder dan 100 voet verticaal; minder dan 100 m horizontaal⟩ ♦ *visibility is zero* het zicht is nul

Engelse woorden voor nul	1/2
sport (exclusief tennis en cricket)	Brits-Engels: nil; Amerikaans-Engels: zero of nothing
tennis	love
cricket	a duck ⟨soms ook wel nought⟩
temperatuur	zero ⟨Brits-Engels: nul graden Celsius; Amerikaans-Engels: nul graden Fahrenheit⟩
rekenen, wiskunde, wetenschap, techniek	Brits-Engels: nought of zero; Amerikaans-Engels: zero
datums	oh (1805: eighteen oh five)
telefoonnummers	zero of oh
nul komma nul (helemaal niets)	zilch ⟨*and what did I get for all that work? zilch!*⟩

Engelse woorden voor nul	2/2
het Engelse woord null wordt gebruikt om de ongeldigheid van iets aan te geven: *the previous contract is now null and void* ⟨het vorige contract is hierbij ongeldig⟩	

²**ze·ro** /zɪəroʊ, ᴬzɪroʊ, ᴬziː-/ [onov ww] het vizier instellen, scherp stellen ♦ *zero in on* ⟨mil⟩ zich inschieten op; het vuur richten op, bestoken, ⟨fig⟩ zijn aandacht richten op, zich bezighouden met ⟨probleem⟩; inhaken op; *zero in on a new market* inhaken op een nieuwe markt ▪ *zero in on* zich samentrekken om, insluiten, omsluiten, samendrommen rondom; *the boys zeroed in on the drunk* de jongens dromden samen om de dronkaard; *the police zeroed in on the hiding place* de politie vormde een steeds kleiner cirkel rond de schuilplaats

³**ze·ro** /zɪəroʊ, ᴬzɪroʊ, ᴬziː-/ [telw] nul, nulpunt, beginpunt, laagste punt, nulinstelling ⟨ook leger, van een operatie⟩, ⟨fig⟩ nul(liteit), onbelangrijk iemand/iets, prul ♦ ⟨fig⟩ *his mood was at zero* zijn stemming was beneden peil; *temperatures below zero* temperaturen onder nul/het vriespunt; *his chances of recovery were zero* hij had geen enkele kans op herstel; *he is a real zero* hij is een grote nul; *zero was set for May 6 at 0500 hours* het begin van de operatie werd vastgesteld op 6 mei om 5 uur 's morgens; *the device is set to zero* het toestel is op nul afgesteld

zero coupon bond [telb zn] ⟨fin⟩ nulcouponobligatie

zero economic growth, Zero growth [niet-telb zn] nulgroei ⟨voornamelijk economisch⟩

ze·ro-grav·i·ty, ze·ro-g [niet-telb zn] ⟨ruimtev⟩ gewichtloosheid ♦ *operate at zero-gravity* werk uitvoeren bij gewichtloze toestand/een zwaartekracht van nul

zero hour [niet-telb zn] ① ⟨mil⟩ uur nul ⟨van operatie⟩

zero option

[2] kritiek moment, beslissend tijdstip
zero option [niet-telb zn] nuloptie
zero point [niet-telb zn] nulpunt
zero population growth [niet-telb zn] stationaire bevolking, nulgroei van de bevolking
ze·ro-rat·ed [bn] met nultarief belast
zero-sum game [telb zn; voornamelijk enk] ⟨AE⟩ nulsomspel ⟨in speltheorie⟩, ⟨fig⟩ geen-winst-geen-verliessituatie
ze·roth /zɪərouθ, ^zɪr-, ^zi:-/ [telw] nulde
zero tolerance [niet-telb zn] zerotoleranceaanpak ⟨harde politiestrategie⟩, lik-op-stukbeleid ♦ *policy of zero tolerance* zerotolerancebeleid
¹zest /zest/ [telb + niet-telb zn] [1] ⟨enkelvoud⟩ ⟨benaming voor⟩ iets extra's, jeu, pit, extra genot, extra smaak, iets pikants ♦ *her presence gave zest to the party* haar aanwezigheid maakte het feestje een stuk levendiger; *give/add zest to* meer smaak geven aan, wat meer pit geven, extra jeu geven aan [2] ⟨enkelvoud⟩ animo, zin, vuur, spirit, enthousiasme ♦ *zest for life* levenslust, levensvreugde; *with zest* vol vuur, met animo, enthousiast; *with a zest that was unusual for him* met een voor hem ongewoon enthousiasme; *have a zest for work* graag werken, er met zin tegen aangaan [3] ⟨stukje⟩ sinaasappelschil/citroenschil ⟨in drankje⟩, ⟨bij uitbreiding⟩ sinaasappelschilsap, citroenschilsap [4] smaakmaker, kruiderij ♦ *give zest to* kruiden, meer smaak geven aan
²zest /zest/ [ov ww] meer smaak geven aan ⟨ook figuurlijk⟩, meer kleur geven aan, iets extra's geven aan, kruiden
zest·ful /zestfl/ [bn] enthousiast, vol vuur
ze·ta /zi:tə, ^zeɪtə/ [telb + niet-telb zn] zèta ⟨6e letter van het Griekse alfabet⟩
¹ze·tet·ic /zi:tetɪk, ^zɪtetɪk/ [telb zn] onderzoeker, vorser, zoeker, ⟨i.h.b. filos⟩ scepticus
²ze·tet·ic /zi:tetɪk, ^zɪtetɪk/ [bn] onderzoekend, vorsend, heuristisch
zeug·ma /zju:gmə, ^zu:-/ [telb zn] ⟨taalk⟩ zeugma
Zeus /zju:s, ^zu:s/ [eigenn] Zeus ♦ *by Zeus!* wel verdorie!, drommels!
zex /zeks/ [tw] ⟨sl⟩ [1] hou op! [2] wegwezen!
zhlub /ʒlʌb/, **zhlob** /ʒlɒb, ^ʒlɑb/ [telb zn] ⟨sl⟩ pummel
zhlub·by /ʒlʌbi/, **zhlob·by** /ʒlɒ-, ^ʒlɑ-/ [bn] ⟨sl⟩ [1] vervelend [2] grof, ruw
¹zib·e·line, zib·el·line /zɪbəlaɪn/ [telb zn] ⟨dierk⟩ sabel(dier) ⟨Martes zibellina⟩
²zib·e·line, zib·el·line /zɪbəlaɪn/ [niet-telb zn] [1] zibeline ⟨zachte wol⟩ [2] sabelbont, zibeline
¹zib·et, ⟨AE ook⟩ **zib·eth** /zɪbɪt/ [telb zn] ⟨dierk⟩ Aziatische civetkat ⟨Viverra zibetha⟩
²zib·et, ⟨AE ook⟩ **zib·eth** /zɪbɪt/ [niet-telb zn] civeton ⟨reukstof van de civetkat⟩
zi·do·vu·dine /zɪdoʊvjudaɪn/ [niet-telb zn] AZT ⟨tegen aids⟩
ziff /zɪf/ [telb zn] ⟨AuE; inf⟩ baard(je)
zig·a·bo, zig·a·boo, zig·a·boo /zɪgəbu:/ [telb zn; ook attributief] ⟨sl⟩ nikker, neger
zig·get·ty /zɪgəti/ [tw] ⟨sl⟩ goed zo!
zig·gu·rat /zɪgʊræt, ^zɪgə-/, **zik·ku·rat** /zɪkʊ-, ^zɪkə-/ [telb zn] ⟨gesch⟩ ziggoerat ⟨torentempel⟩
¹zig·zag /zɪgzæg/ [telb zn] [1] zigzag, zigzagkoers, zigzaglijn, zigzagweg, zigzagloopgraaf [2] scherpe bocht, haakse bocht, haakse hoek [3] ⟨vnl BE⟩ voetgangersoversteekplaats ⟨met zigzagstrepen en stoplichten⟩
²zig·zag /zɪgzæg/ [onov ww] zigzaggen ♦ *the road zigzagged down to the valley* de weg zigzagde naar de vallei toe
³zig·zag /zɪgzæg/ [ov ww] laten zigzaggen, een zigzag doen volgen, een zigzagvorm geven aan
⁴zig·zag /zɪgzæg/ [bw] zigzag, in een zigzaglijn
zig·zag·ge·ry /zɪgzægəri/ [niet-telb zn] zigzagbeweging, zigzaglijn, zigzagkoers
zig·zag·gy /zɪgzægi/ [bn] zigzag-, zigzagvormig
¹zilch /zɪltʃ/ [telb zn] ⟨AE; sl⟩ [1] sul, eikel [2] puist(je)
²zilch /zɪltʃ/ [niet-telb zn] ⟨AE; sl⟩ nul (komma nul), niks, niets, nop(pes) ♦ *the second place at a World Championship is worth zilch* de tweede plaats op een wereldkampioenschap is niks waard
zil·lion /zɪliən/ [telb zn] ⟨inf⟩ onbepaald groot getal, eindeloos groot aantal, massa, tig ♦ *zillions of mosquitoes* hordes/miljoenen/massa's muggen
zil·lion·aire /zɪliəneə, ^-ner/ [telb zn] ⟨inf⟩ onmetelijk rijk iemand, veelvoudig miljonair
Zim·bab·we /zɪmbɑ:bwi/ [eigenn] Zimbabwe

Zimbabwe	
naam	Zimbabwe *Zimbabwe*
officiële naam	Republic of Zimbabwe *Republiek Zimbabwe*
inwoner	Zimbabwean *Zimbabwaan*
inwoonster	Zimbabwean *Zimbabwaanse*
bijv. naamw.	Zimbabwean *Zimbabwaans*
hoofdstad	Harare *Harare*
munt	Zimbabwe dollar *Zimbabwaanse dollar*
werelddeel	Africa *Afrika*
int. toegangsnummer 263 www .zw auto ZW	

¹Zim·bab·we·an /zɪmbɑ:bwiən/ [telb zn] Zimbabwaan(se)
²Zim·bab·we·an /zɪmbɑ:bwiən/ [bn] Zimbabwaans, uit/van Zimbabwe
Zim·mer /zɪmə, ^-ər/, **Zimmer frame, Zimmer aid** [telb zn] ⟨BE⟩ loophek(je), looprek(je)
¹zinc /zɪŋk/ [niet-telb zn] ⟨scheik⟩ zink ⟨element 30⟩
²zinc /zɪŋk/ [ov ww] verzinken, galvaniseren, met zink bedekken, met zink behandelen
zinc blende [niet-telb zn] (zink)blende, zinksulfide, sfaleriet
zinc·if·er·ous /zɪŋkɪfrəs/ [bn] zinkhoudend
zin·co /zɪŋkoʊ/ [telb zn] ⟨verk: zincograph⟩
¹zin·co·graph /zɪŋkəgrɑ:f, ^-græf/ [telb zn] [1] zinko(grafie), lijncliché in zink, zinkgravure [2] afdruk van een zinkcliché/zinkgravure, zinko(grafie), zinkotype
²zin·co·graph /zɪŋkəgrɑ:f, ^-græf/ [onov ww] etsen/graveren op zink
³zin·co·graph /zɪŋkəgrɑ:f, ^-græf/ [ov ww] zinkografisch reproduceren/afdrukken
zin·co·gra·phy /zɪŋkɒgrəfi, ^-kɑ-/ [niet-telb zn] zinkografie, zinkotypie
zinc ointment [telb + niet-telb zn] ⟨med⟩ zinkzalf
zinc oxyde [niet-telb zn] zinkoxide
zinc white [niet-telb zn] zinkwit, zinkoxide ⟨als pigment voor verf⟩
zinc·y /zɪŋki/ [bn] [1] zinkachtig [2] zinkhoudend [3] zinkzine, 'zine /zi:n/ [telb zn] ⟨verk: magazine⟩ blad, zine, tijdschrift
¹zing /zɪŋ/ [telb + niet-telb zn] ⟨inf⟩ kracht, vitaliteit, enthousiasme
²zing /zɪŋ/ [niet-telb zn; the] ⟨inf⟩ gefluit, gesuis, het vliegen, het zingen ⟨van kogels enz.⟩
³zing /zɪŋ/ [onov ww] ⟨inf⟩ [1] fluiten, vliegen, zingen, snorren, suizen ⟨van kogels enz.⟩ [2] overlopen ⟨figuurlijk⟩, blaken, bruisen ♦ *zing with energy* bruisen van energie
⁴zing /zɪŋ/ [ov ww] [1] ⟨vnl AE⟩ overvallen ⟨figuurlijk⟩, treffen, teisteren [2] ⟨vnl AE⟩ aanvallen, kritiseren, uithalen naar [3] → zing up
zin·ga·ro /zɪŋgəroʊ/, ⟨vrouwelijk⟩ **zin·ga·ra** /-rə/ [telb zn; mv: zingari /-ri:/; mv: vrouwelijk zingare /-reɪ/ zigeuner(in)
zing·er /zɪŋə, ^-ər/ [telb zn] ⟨sl⟩ [1] iemand met pit/spirit,

energiek iemand ② gevatte opmerking, gevat antwoord, scherpe opmerking, snedigheid, scherp antwoord, lik op stuk, openingstreffer ③ iets buitengewoons, iets bijzonders ♦ *for a young actress she played a zinger of a part* voor een jonge actrice speelde zij een schitterende rol

zing up [ov ww] ⟨sl⟩ oppeppen, weer leven geven, opkalefateren, oplappen

zing·y /zɪni/ [bn; vergr trap: zingier] schitterend, prachtig, flitsend, blits ♦ *a zingy new suit* een flitsend nieuw pak

zin·ni·a /zɪnɪə/ [telb zn] ⟨plantk⟩ zinnia ⟨geslacht van Compositae⟩

Zi·on /zaɪən/ [eigenn] ① Zion, Sion ⟨tempelheuvel; Joodse volk; Israël; oude Jeruzalem⟩ ② hemel, koninkrijk Gods, het nieuwe Jeruzalem, godsstad ③ de kerk

Zi·on·ism /zaɪənɪzm/ [niet-telb zn] zionisme

¹Zi·on·ist /zaɪənɪst/ [telb zn] zionist

²Zi·on·ist /zaɪənɪst/, **Zi·on·is·tic** /zaɪənɪstɪk/ [bn] zionistisch

Zi·on·ite /zaɪənaɪt/ [telb zn] sioniet, inwoner van Sion, uitverkorene

Zi·on·ward /zaɪənwəd/, ᴬ-wərd/ [bw] hemelwaarts, naar Zion/Sion

¹zip /zɪp/, ⟨in betekenis 2 ook⟩ **zip fastener** [telb zn] ① ⟨benaming voor⟩ snerpend geluid, gescheur ⟨van kleding⟩, gesnerp, gefluit ⟨van kogels⟩, gezoef, gesuis ♦ *he heard the zip of an arrow* hij hoorde het zoeven van een pijl ② ⟨vnl BE⟩ rits(sluiting), treksluiting ③ ⟨AE; sl⟩ Vietcong soldaat ④ → **Zip code**

²zip /zɪp/ [niet-telb zn] ⟨inf⟩ ① pit, fut, spirit, energie, leven ♦ *even at the end of the day she's still full of zip* zelfs tegen het eind van de dag zit zij nog vol leven/energie ② ⟨AE⟩ niks, noppes, niets, nul

³zip /zɪp/ [onov ww] ① snerpen, zoeven, scheuren, fluiten, suizen ♦ *bullets zipped over them* kogels floten over hen heen ② snel gaan, snellen, schieten, vliegen ♦ *the train zipped along* de trein ging snel; *people zipped by without looking at the tramp* de mensen schoten voorbij zonder een blik op de zwerver te werpen ③ vastgeritst, losgeritst, ingeritst worden ♦ *this coat zips easily* de rits van deze jas gaat gemakkelijk ④ ⟨sl⟩ zijn mond houden

⁴zip /zɪp/ [ov ww] ① ritsen ♦ *zip a case open* een koffer openritsen; *zip a case shut* een koffer dichtritsen; *zip up a bag* een tas dichtritsen; *zip up s.o.* de rits bij iemand vastmaken; *zip up one's coat* zijn jas vastritsen, zijn jas dichtritsen ② doen voortsnellen, voortstuwen ③ oppeppen, extra leven inblazen ♦ *zip up an old play with some new dialogues* een oud stuk oppeppen met wat nieuwe dialogen ④ ⟨comp⟩ zippen, comprimeren, inpakken ⑤ ⟨sl⟩ dicht doen, houden ⟨zijn mond⟩ ⑥ ⟨AE; sl; vnl sport⟩ op de nul-(stand) houden, niet laten scoren

zip bag [telb zn] tas met ritssluiting, ritstas

zip-code [ov ww] ⟨AE⟩ van een postcode voorzien, een postcode zetten op, ⟨België⟩ een postnummer zetten op

Zip code, zip code, ZIP code [telb zn] ⟨AE⟩ postcode, ⟨België⟩ postnummer

zip drive [telb zn] ⟨comp⟩ zipdrive

zip file [telb zn] ⟨comp⟩ zipbestand ⟨gecomprimeerd bestand⟩, zipfile

zip fuel [telb zn] ⟨sl⟩ straaljagerbrandstof

zip line [telb zn] tokkelbaan

zip·per /zɪpə/, ᴬ-ər/ [telb zn] ⟨vnl AE⟩ rits(sluiting)

zip·po /zɪpoʊ/ [telw] ⟨AE; inf⟩ noppes, nul, niks

zip·py /zɪpi/, **zap·py** /zæpi/ [bn; vergr trap: zippier] ⟨inf⟩ energiek, snel, flitsend, levendig, pittig, vitaal

zip up [ov ww] ⟨comp⟩ comprimeren, inpakken

zip wire [telb zn] tokkelbaan

zirc·al·loy /zɜːkælɔɪ/, ⟨AE⟩ **zir·cal·loy, zir·ca·loy** /zɜrkəlɔɪ/ [niet-telb zn] ⟨scheik⟩ zircaloy ⟨zirkoniumlegering⟩

zir·con /zɜːkɒn/, ᴬzɜrkɑn/ [telb + niet-telb zn] zirkoon ⟨mineraal⟩

zir·co·ni·a /zɜːkoʊnɪə/, ᴬzɜr-/ [niet-telb zn] ⟨scheik⟩ zirkonium(di)oxide

zir·co·ni·um /zɜːkoʊnɪəm/, ᴬzɜr-/ [niet-telb zn] ⟨scheik⟩ zirkonium, zirkoon ⟨element 40⟩

zit /zɪt/ [telb zn] ⟨sl⟩ puist(je), pukkel

zith·er /zɪðə/, ᴬzɪθər/ [telb zn] citer

zith·er·ist /zɪðərɪst/, ᴬzɪθə-/ [telb zn] citerspeler

zith·ern /zɪðən/, ᴬ-θərn/ [telb zn] citer

¹zizz /zɪz/ [telb zn; alleen enk] ⟨BE; inf⟩ dutje, tukje ♦ *have/take a zizz* een tukje doen, een hazenslaapje doen

²zizz /zɪz/ [onov ww] ⟨BE; inf⟩ een uiltje knappen

Z-Latin [niet-telb zn] ⟨sl⟩ circusjargon, kermisjargon

zlo·ty /zlɒti/, ᴬzlɔti/ [telb zn; mv: ook zloty] zloty ⟨Poolse munt(eenheid)⟩

Zo·ar /zoʊɑː:/, ᴬ-ɑr/ [eigenn, telb zn] ⟨Bijb⟩ Zoar, toevluchtsoord, wijkplaats ⟨Gen. 19:22-23⟩

¹zo·di·ac /zoʊdɪæk/ [eigenn, telb zn; als eigennaam the] ⟨astrol⟩ dierenriem, zodiak

²zo·di·ac /zoʊdɪæk/ [telb zn] cirkel, kringloop, cyclus, ronde

zo·di·a·cal /zoʊdaɪəkl/ [bn] zodiakaal-, in de/van de dierenriem ♦ *zodiacal light* zodiakaallicht

zo·e·trope /zoʊɪtroʊp/ [telb zn] draaibare cilinder met schijnbaar bewegende afbeeldingen aan binnenkant

zoftic, zoftick, zoftig [bn] → zaftig

zo·ic /zoʊɪk/ [bn] van dieren afkomstig, zoïsch

-zo·ic /zoʊɪk/ ① -zoïsch ⟨duidt bestaanswijze aan⟩ ♦ *holozoic* holozoïsch ⟨van protozoa⟩ ② ⟨geol⟩ -zoïsch ♦ *Mesozoic* mesozoïsch

Zo·i·lus /zoʊɪləs/ [telb zn] zoïlus, kleingeestig/vitterig criticus, criticaster

zoll·ver·ein /tsɒlfəraɪn/, ᴬtsɔl-/ [telb zn] ① ⟨vaak Zollverein⟩ tolverbond, ⟨i.h.b. in Duitsland⟩ Zollverein ② tolunie, tolverbond

zom·bie, ⟨AE ook⟩ **zom·bi** /zɒmbi/, ᴬzɑmbi/ [telb zn] ① ⟨rel; voodoo⟩ levend lijk, herrezen dode ② ⟨rel; voodoo⟩ toverkracht om iemand te laten herrijzen ③ ⟨rel; voodoo⟩ slangengod ④ ⟨inf⟩ levenloos iemand, robot, automaat, wandelend lijk, zoutzak ⑤ ⟨sl⟩ zombie ⟨longdrink met rum, likeur en vruchtensap⟩ ⑥ ⟨comp⟩ zombie, zombiecomputer

zo·nal /zoʊnl/, **zo·na·ry** /zoʊnəri/ [bn; bw: ~ly] ① zonaal, zone-, gordel- ② in zones verdeeld, zonair ③ gordelvormig, zoneachtig, ringvormig

zo·nate /zoʊneɪt/, **zo·nat·ed** /zoʊneɪtɪd/ [bn] ① ⟨biol⟩ met ringen/strepen/gordels, geringd, gestreept ② ⟨plantk⟩ in een strook/rij ⟨van sporen⟩

zon·da /zɒndə/, ᴬzɑndə/ [telb zn] zonda ⟨föhnwind in Argentinië⟩

¹zone /zoʊn/ [telb zn] ① streek, gebied, deel, terrein, zone ⟨waar iets geldt/heerst/groeit⟩ ♦ *demilitarized zone* gedemilitariseerde zone; *erogenous zones* erogene zones; *industrial zone* industriegebied ② aardgordel, zone, luchtstreek, strook, gordel ③ ring, kring, streep ④ tijdzone ⑤ ⟨AE⟩ postdistrict, telefoondistrict, treindistrict ⑥ ⟨geol⟩ (gesteenteniveau gekarakteriseerd door bepaalde fossielen) ⑦ ⟨geol⟩ metamorfe zone ⑧ ⟨wisk⟩ zone ⑨ ⟨vero⟩ gordel, band, riem ⑩ *be in the zone* in topvorm zijn

²zone /zoʊn/ [ov ww] ① in zones/gebieden/districten onderverdelen ② bestemmen, aanwijzen, indelen ♦ *zone a part of the town as residential* een deel van de stad voor bewoning bestemmen; *zone an area for building cheap houses* een gebied aanwijzen voor de bouw van goedkope huizen ③ omgorden ⟨ook figuurlijk⟩, met een gordel omgeven ⑩ *zone off* tot speciaal gebied verklaren, een aparte zone maken van; *the shopping precinct has been zoned off for pedestrians* het winkelgebied is een aparte zone geworden voor voetgangers; → **zoning**

zone blocking

zone blocking, zone coverage [niet-telb zn] ⟨American football⟩ zonedekking

zone defence [niet-telb zn] ⟨sport⟩ ruimtedekking, zonedekking

zon·ing /zoʊnɪŋ/ [niet-telb zn; gerund van zone] zonering, indeling in zones/gebieden/wijken, ⟨i.h.b.⟩ ruimtelijke ordening, (het maken van (een)) bestemmingsplan(nen)

¹zonk /zɒŋk, ᴬzɑŋk/ [telb zn] ⟨sl⟩ dreun, stamp

²zonk /zɒŋk, ᴬzɑŋk/ [onov ww] ⟨sl⟩ bewusteloos raken, van de wereld raken ⟨door alcohol- of druggebruik⟩ ♦ *zonk out* bewusteloos raken; (als een blok) in slaap vallen

³zonk /zɒŋk, ᴬzɑŋk/ [ov ww] ⟨sl⟩ ① versuffen, bedwelmen ② meppen, slaan

zonked /zɒŋkt, ᴬzɑŋkt/ [bn] ⟨sl⟩ zwaar onder invloed, ladderzat, stomdronken, apelazarus, apestoned, helemaal weg

zonk·ers /zɒŋkəz, ᴬzɑŋkərz/ [bn, pred] ⟨sl⟩ woest, krankzinnig, buiten zichzelf ♦ *go zonkers* door het dolle heen raken

zoo /zuː/ [telb zn] ⟨inf⟩ (verk: zoological garden(s)) dierentuin

zoo- /zoʊ(ə)/ dier(en)-, zoö- ♦ *zootherapy* dierengeneeskunde

zo·o·chem·is·try /zoʊəkemɪstri/ [niet-telb zn] scheikunde der dierlijke stoffen

zo·o·ge·og·ra·phy /zoʊədʒiɒɡrəfi, ᴬ-ɑɡrəfi/ [niet-telb zn] zoögeografie, dierengeografie

zo·og·ra·pher /zoʊɒɡrəfə, ᴬ-ɑɡrəfər/ [telb zn] zoögraaf, dierenbeschrijver

zo·og·ra·phy /zoʊɒɡrəfi, ᴬ-ɑɡrəfi/ [niet-telb zn] zoögrafie, dierenbeschrijving

zo·oid /zoʊɔɪd/ [telb zn] ① ⟨biol⟩ beweeglijke cel, ⟨i.h.b.⟩ beweeglijke gameet, spermatozoïde ② ⟨dierk⟩ zoïde

zo·oi·dal /zoʊɔɪdl/ [bn] ⟨biol⟩ zoïde-, van zoïden, met zoïden

zoo·keep·er [telb zn] dierenverzorger

zool [afk] ① (zoological) ② (zoology)

zo·ol·a·try /zoʊɒlətri, ᴬ-ɑlətri/ [telb + niet-telb zn] dierenaanbidding, zoölatrie

zoo·lo /zuːloʊ/ [zn] ⟨sl; beled⟩ nikker, sambo, zoeloe

zo·o·log·i·cal /zoʊəlɒdʒɪkl, ᴬ-lɑ-/, **zo·o·log·ic** /-lɒdʒɪk, ᴬ-lɑdʒɪk/ [bn; bw: ~ly] zoölogisch, dierkundig ♦ *zoological garden(s)* dierentuin, zoölogische tuin, diergaarde, dierenpark

zo·ol·o·gist /zoʊɒlədʒɪst, ᴬ-ɑlə-/ [telb zn] zoöloog, dierkundige

¹zo·ol·o·gy /zoʊɒlədʒi, ᴬ-ɑlə-/ [telb zn] dierkundeboek, zoölogieboek, zoölogisch werk, dierkundestudie

²zo·ol·o·gy /zoʊɒlədʒi, ᴬ-ɑlə-/ [niet-telb zn] ① dierkunde, zoölogie ② dierenleven, fauna, dierenwereld ⟨in bepaalde streek⟩

¹zoom /zuːm/ [telb zn] ① ⟨enkelvoud⟩ gezoem ② ⟨luchtv⟩ zoemvlucht, zoemer ③ ⟨foto⟩ zoomlens, zoomobjectief, zoom

²zoom /zuːm/ [onov ww] ① zoemen, snorren ② ⟨luchtv⟩ snel stijgen ⟨ook figuurlijk⟩, de hoogte in schieten ♦ *prices zoomed up* de prijzen schoten omhoog ② ⟨inf⟩ zoeven, hard rijden, pezen ♦ *zoom across* dwars over schieten/zoeven; *zoom along* voortzoeven; *zoom away* wegzoeven, wegschieten; *zoom past* voorbijzoeven ④ ⟨foto⟩ zoomen ♦ *zoom in (on)* inzoomen (op); *zoom out* uitzoomen

³zoom /zuːm/ [ov ww] ① doen zoemen/snorren ② ⟨luchtv⟩ snel doen stijgen ③ ⟨foto⟩ doen zoomen ⟨beeld⟩

zoom lens [telb zn] ⟨foto⟩ zoomlens, zoomobjectief

zo·o·morph /zoʊəmɔːf, ᴬ-mɔrf/ [telb zn] dierenafbeelding, ⟨i.h.b.⟩ zoömorfe godenafbeelding

zo·o·mor·phic /zoʊəmɔːfɪk, ᴬ-mɔrfɪk/ [bn] ① zoömorf, in dierenvorm, aan diergestalten ontleend ② met zoömorfe goden, met dieren als goden

zo·o·mor·phism /zoʊəmɔːfɪzm, ᴬ-mɔr-/ [niet-telb zn] ① zoömorfisme, voorstelling van god als dier ② gebruik van zoömorfe figuren ⟨in kunst e.d.⟩

zo·o·phyte /zoʊəfaɪt/ [telb zn] zoöfyt, plantdier ⟨bijvoorbeeld zeeanemoon, spons⟩

zo·o·phyt·ic /zoʊəfɪtɪk/ [bn] ① zoöfyt-, van een zoöfyt ② zoöfytachtig, plantdierachtig

zo·o·plank·ton /zoʊəplæŋktən/ [niet-telb zn] dierlijk plankton, zoöplankton

zo·o·spore /zoʊəspɔː, ᴬ-spɔr/ [telb zn] zoöspore, zwermspore

zo·ot·o·my /zoʊɒtəmi, ᴬ-ɑtəmi/ [niet-telb zn] zoötomie, dierenontleedkunde

zoot suit /zuːtsuːt/ [telb zn] zoot suit ⟨ruim zittend pak met grote gevulde schouders, nauwsluitend om de enkels, meestal gedragen met bretels⟩

zorb·ing /zɔːbɪŋ, ᴬzɔːr-/ [niet-telb zn] ⟨sport⟩ zorbing ⟨het in een plastic bal van een helling rollen⟩

zo·ri /zɔːri/ [telb zn; mv: zori] Japanse (gevlochten) sandaal

zor·ille, zor·il /zɒrɪl, zərɪl, ᴬzɑrɪl, ᴬzərɪl/ [telb zn] ⟨dierk⟩ gestreepte bunzing ⟨Ictonyx striatus⟩

¹Zo·ro·as·tri·an /zɒroʊæstriən, ᴬzɔ-/, **Za·ra·thus·tri·an** /zærəθuːstriən/ [telb zn] volgeling van Zarathoestra

²Zo·ro·as·tri·an /zɒroʊæstriən, ᴬzɔ-/, **Za·ra·thus·tri·an** /zærəθuːstriən/ [bn] ① van/m.b.t. Zarathoestra ② van/m.b.t. de leer van Zarathoestra

Zo·ro·as·tri·an·ism /zɒroʊæstriənɪzm, ᴬzɔ-/ [niet-telb zn] leer van Zarathoestra

¹zos·ter /zɒstə, ᴬzɑstər/ [telb zn] (Griekse) gordel

²zos·ter /zɒstə, ᴬzɑstər/ [telb + niet-telb zn] ⟨med⟩ (herpes) zoster, gordelroos, sint-antoniusvuur

zos·te·ra /zɒstɪərə, ᴬzɑstɪrə/ [telb zn] ⟨plantk⟩ zeegras ⟨plantengeslacht; Zostera⟩

Zou·ave /zuːɑːv, zwɑː-v/ [telb zn] zoeaaf

zou·ave jack·et [telb zn] zoeavenjackje ⟨van vrouw⟩

zounds /zaʊndz/ [tw] ⟨BE; vero⟩ sakkerloot!, verdraaid!, verduiveld!, drommels!

zow·ie /zaʊi/ [niet-telb zn] ⟨sl⟩ jen, joie de vivre

ZPG [afk] (zero population growth)

z-score [telb zn] ⟨stat⟩ z-waarde

zuc·chet·ta /tsuːketə, ᴬzuːketə/, **zuc·chet·to** /-ketoʊ/ [telb zn] ⟨r-k⟩ kalot, solidee, pileolus, priestermutsje

zuc·chi·ni /zuːkiːni/ [telb zn; culinaria ook niet-telbaar zn; mv: ook zucchini] ⟨AE; cul, plantk⟩ courgette ⟨familie Cucurbitaceae⟩

zug·zwang /tsuːktsvɑŋ/ [niet-telb zn] ⟨schaaksp⟩ zetdwang

¹Zu·lu /zuːluː/ [eigenn; mv: ook Zulu] Zoeloe, Zoeloetaal, Bantoetaal

²Zu·lu /zuːluː/ [telb zn; mv: ook Zulu] ① Zoeloe ② ⟨sl; beled⟩ nikker

³Zu·lu /zuːluː/ [bn] Zoeloes, van/m.b.t. de Zoeloes/Zoeloetaal, Zoeloe-

zwie·back /zwiːbæk, ᴬzwaɪ-/ [telb zn; mv: ook zwieback] soort Duitse beschuit

¹Zwing·li·an /zwɪŋliən/ [telb zn] ⟨rel⟩ zwingliaan

²Zwing·li·an /zwɪŋliən/ [bn] ⟨rel⟩ zwingliaans

zwit·ter·i·on /tsvɪtəraɪən, ᴬtsvɪtəraɪən/ [telb zn] ⟨scheik⟩ zwitterion, dipoolion

zy·de·co /zaɪdəkoʊ/ [niet-telb zn] zydeco ⟨volksmuziek van Franstalige Amerikanen⟩

zy·gal /zɪɡl/ [bn] ① H-vormig ② jukvormig, juk-

zy·go- /zaɪɡoʊ, zɪɡoʊ/, **zyg-** /zaɪɡ, zɪɡ/ zyg(o)- ♦ ⟨plantk⟩ *zygospore* zygospore; ⟨med⟩ *zygapophysis* zygapofyse; ⟨plantk⟩ *zygomorphic, zygomorphous* zygomorf, tweezijdig symmetrisch

¹zy·go·dac·tyl /zaɪɡoʊdæktɪl, zɪɡ-/ [telb zn] ⟨dierk⟩ klimvogel

²zy·go·dac·tyl /zaɪɡoʊdæktɪl, zɪɡ-/, **zy·go·dac·tyl·ous**

/zaɪɡʊdæktələs, zɪɡ-/ [bn] ⟨dierk⟩ met klimpoten
zy·go·ma /zaɪɡoʊmə, zɪ-/ [telb zn; mv: zygomata /-mətə/] ⟨med⟩ [1] jukboog [2] jukbeen
zy·go·mat·ic /zaɪɡoʊmætɪk, zɪ-/ [bn] ⟨med⟩ zygomatisch, jukbeen-, jukboog-, jukvormig ♦ *zygomatic bone* jukbeen
zy·go·sis /zaɪɡoʊsɪs, zɪ-/ [telb zn; mv: zygoses /-siːz/] ⟨biol⟩ zygose ⟨versmelting van twee geslachtscellen⟩
zy·gote /zaɪɡoʊt, zɪ-/ [telb zn] ⟨biol⟩ zygoot
zy·mase /zaɪmeɪs/ [telb zn] zymase ⟨gistingbevorderend ferment⟩
¹**zy·mo·sis** /zaɪmoʊsɪs/ [telb zn; mv: zymoses /-siːz/] zymose, gisting, fermentatie
²**zy·mo·sis** /zaɪmoʊsɪs/ [telb + niet-telb zn; mv: zymoses /-siːz/] ⟨med⟩ infectieziekte
zy·mot·ic /zaɪmɒtɪk, ᴬ-mɑtɪk/ [bn; bw: ~ally] [1] zymotisch, gistings-, gistend [2] ⟨med⟩ van/m.b.t. een infectie, infectie-, besmettelijk, epidemisch ♦ *zymotic disease* infectieziekte, besmettelijke ziekte
zy·mur·gy /zaɪmɜːdʒi, ᴬ-mɜr-/ [niet-telb zn] ⟨scheik⟩ zymurgie

Onregelmatige werkwoorden

onbepaalde wijs	verleden tijd	verleden deelwoord
abide	abode (abided)	abode (abided)
alight	alit (alighted)	alit (alighted)
arise	arose	arisen
awake	awoke (awaked)	awoken (awaked)
be	was / were	been
bear	bore	borne
beat	beat	beaten
become	became	become
befall	befell	befallen
beget	begot / ‹vero, Bijb› begat	begotten
begin	began	begun
behold	beheld	beheld
bend	bent	bent
bereave	bereft (bereaved)	bereft (bereaved)
beseech	beseeched	besought
beset	beset	beset
bespeak	bespoke	bespoken
bestrew	bestrewed	bestrewn (bestrewed)
bestride	bestrode	bestridden
bet	bet (betted)	bet (betted)
betake	betook	betaken
bethink	bethought	bethought
bid (= bevelen, noden, zeggen)	bid / bade	bid(den)
bid (= bieden)	bid	bid(den)
bide	bode (bided)	bided
bind	bound	bound
bite	bit	bitten
bleed	bled	bled
bless	blest (blessed)	blest (blessed)
blow	blew	blown
break	broke	broken
breed	bred	bred
bring	brought	brought
broadcast	broadcast (broadcasted)	broadcast (broadcasted)
build	built	built

burn	burnt (burned)	burnt (burned)
burst	burst	burst
buy	bought	bought
can	could	–
cast	cast	cast
catch	caught	caught
chide	chid (chided)	chid (den) (chided)
choose	chose	chosen
clad	clad	clad
cleave	cleft (clove)	cleft (cloven)
cling	clung	clung
clothe	clothed / ‹schr› clad	clothed / ‹schr› clad
come	came	come
cost	cost	cost
creep	crept	crept
crow	crowed (crew)	crowed
cut	cut	cut
deal	dealt	dealt
dig	dug	dug
dight	dight (dighted)	dight (dighted)
dive	dived / ‹AE ook› dove	dived
do	did	done
draw	drew	drawn
dream	dreamt (dreamed)	dreamt (dreamed)
drink	drank	drunk
drive	drove	driven
dwell	dwelt (dwelled)	dwelt (dwelled)
eat	ate	eaten
fall	fell	fallen
feed	fed	fed
feel	felt	felt
fight	fought	fought
find	found	found
fit	fitted / ‹AE ook› fit	fitted / ‹AE ook› fit
flee	fled	fled
fling	flung	flung
fly	flew	flown
forbear	forbore	forborne
forbid	forbade	forbidden
forecast	forecast (forecasted)	forecast (forecasted)

ONREGELMATIGE WERKWOORDEN

forget	forgot	forgotten
forgive	forgave	forgiven
forgo	forwent	forgone
forsake	forsook	forsaken
forswear	forswore	forsworn
freeze	froze	frozen
gainsay	gainsaid	gainsaid
geld	gelded / gelt	gelded / gelt
get	got	got / ‹AE› gotten
gild	gilded / gilt	gilded / gilt
gird	girded / girt	girded / girt
give	gave	given
go	went	gone
grind	ground	ground
grow	grew	grown
hamstring	hamstrung (hamstringed)	hamstrung (hamstringed)
hang	hung	hung
have	had	had
hear	heard	heard
heave	heaved / ‹scheepv› hove	heaved / ‹scheepv› hove
hew	hewed	hewn (hewed)
hide	hid	hidden
hit	hit	hit
hold	held	held
hurt	hurt	hurt
inlay	inlaid	inlaid
keep	kept	kept
kneel	knelt (kneeled)	knelt (kneeled)
knit	knit (knitted)	knit (knitted)
know	knew	known
lade	laded	laden (laded)
lay	laid	laid
lead	led	led
lean	leant (leaned)	leant (leaned)
leap	leapt (leaped)	leapt (leaped)
learn	learnt (learned)	learnt (learned)
leave	left	left
lend	lent	lent
let	let	let

ONREGELMATIGE WERKWOORDEN

lie (= liggen)	lay	lain
light	lit (lighted)	lit (lighted)
lose	lost	lost
make	made	made
may	might	–
mean	meant	meant
meet	met	met
methinks	methought	-
mislead	misled	misled
misspell	misspelled / ‹BE ook› misspelt	misspelled / ‹BE ook› misspelt
mistake	mistook	mistaken
misunderstand	misunderstood	misunderstood
mow	mowed	mown (mowed)
overhear	overheard	overheard
overpass	overpast (overpassed)	overpast (overpassed)
oversleep	overslept	overslept
partake	partook	partaken
pay	paid	paid
pen	pent (penned)	pent (penned)
plead	pleaded / ‹AE/SchE ook› pled	pleaded / ‹AE/SchE ook› pled
prove	proved	proved / ‹AE/SchE schr› proven
put	put	put
quit	quit	quit
read	read	read
reave	reft (reaved)	reft (reaved)
reeve	reeved / rove	reeved / rove
rend	rent	rent
rid	rid	rid
ride	rode	ridden
ring	rang	rung
rise	rose	risen
rive	rived	riven (rived)
run	ran	run
saw	sawed	sawn (sawed)
say	said	said
see	saw	seen
seek	sought	sought

ONREGELMATIGE WERKWOORDEN

sell	sold	sold
send	sent	sent
set	set	set
sew	sewed	sewn (sewed)
shake	shook	shaken
shall	should	–
shave	shaved	shaved / shaven
shear	sheared	shorn (sheared)
shed	shed	shed
shend	shent	shent
shine (= schijnen)	shone	shone
shit	shit / shat	shit / shat / shitten
shoe	shod	shod
shoot	shot	shot
show	showed	shown
shrink	shrank	shrunk
shrive	shrove	shriven
shut	shut	shut
sing	sang	sung
sink	sank	sunk
sit	sat	sat
skydive	skydived / ‹AE ook; inf› skydove	skydived
slay	slew	slain
sleep	slept	slept
slide	slid	slid
sling	slung	slung
slink	slunk	slunk
slit	slit	slit
smell	smelt (smelled)	smelt (smelled)
smite	smote	smitten
sneak	sneaked / ‹inf ook› snuck	sneaked / ‹inf ook› snuck
sow	sowed	sown (sowed)
speak	spoke	spoken
speed	sped (speeded)	sped (speeded)
spell	spelt (spelled)	spelt (spelled)
spend	spent	spent
spill	spilled (spilt)	spilled (spilt)
spin	spun	spun
spit	spit / spat	spit / spat
split	split	split
spoil	spoilt (spoiled)	spoilt (spoiled)
spread	spread	spread
spring	sprang	sprung
stand	stood	stood

ONREGELMATIGE WERKWOORDEN

stave	stove (staved)	stove (staved)
steal	stole	stolen
stick	stuck	stuck
sting	stung	stung
stink	stank / stunk	stunk
strew	strewed	strewn (strewed)
stride	strode	stridden
strike	struck	struck
string	strung	strung
strive	strove	striven
swear	swore	sworn
sweat	sweat (sweated)	sweat (sweated)
sweep	swept	swept
swell	swelled	swollen (swelled)
swim	swam	swum
swing	swung	swung
take	took	taken
teach	taught	taught
tear	tore	torn
tell	told	told
think	thought	thought
thrive	throve (thrived)	thriven (thrived)
throw	threw	thrown
thrust	thrust	thrust
tread	trod	trodden
unbind	unbound	unbound
unclothe	unclad (unclothed)	unclad (unclothed)
understand	understood	understood
undertake	undertook	undertaken
undo	undid	undone
unstring	unstrung	unstrung
unswear	unswore	unsworn
unwind	unwound	unwound
uphold	upheld	upheld
upset	upset	upset
wake	woke (waked)	woke(n) (waked)
waylay	waylaid	waylaid
wear	wore	worn
weave	wove	woven
wed	wedded (wed)	wedded (wed)
weep	wept	wept

wet	wetted (wet)	wetted (wet)
will	would	–
win	won	won
wind	wound	wound
withdraw	withdrew	withdrawn
withhold	withheld	withheld
withstand	withstood	withstood
wrap	wrapped / wrapt	wrapped / wrapt
wring	wrung	wrung
write	wrote	written

Onregelmatige vormen van be, do en have

vormen van be

tegenwoordige tijd

basisvorm	*verkorte vorm*	*verkorte vraagvorm met ontkenning*
I am	I'm	aren't I
you are	you're	aren't you
he / she / it is	he's / she's / it's	isn't he / she / it
we / they are	we're / they're	aren't we / they

verleden tijd

basisvorm	*verkorte vraagvorm met ontkenning*
I was	wasn't I
you were	weren't you
he / she / it was	wasn't he / she / it
we / they were	weren't we / they

Opmerkingen

1 In niet-Standaardengels komt de ontkenningsvorm *ain't* voor bij alle personen, enkelvoud en meervoud, in de tegenwoordige tijd. Dus: *I ain't, you ain't, he ain't, we ain't, they ain't.*
2 De verkorte vorm *'s* kan staan voor óf *is* óf *has*.

vormen van do

tegenwoordige tijd

basisvorm	verkorte vraagvorm met ontkenning
I do	don't I
you do	don't you
he / she / it does	doesn't he / she / it
we / they do	don't we / they

verleden tijd
Bij alle personen is de vorm *did*, dus: *I did, you did* enz.

vormen van have

tegenwoordige tijd

basisvorm	verkorte vorm	verkorte vraagvorm met ontkenning
I have	I've	haven't I
you have	you've	haven't you
he / she / it has	he's / she's / it's	hasn't he / she / it
we / they have	we've / they've	haven't we / they

verleden tijd
Bij alle personen is de vorm *had*, dus: *I had, you had* enz. De verkorte vorm is *'d*, dus: *I'd, you'd, we'd* enz.

Opmerkingen
1 De verkorte vorm *'s* kan staan voor óf *has* óf *is*.
2 De verkorte vorm *'d* kan staan voor óf *had* óf *would*.